Avec la lettre d'actualité de votre Code,
ne manquez rien de l'actualité législative
et jurisprudentielle.

Pour la recevoir chaque mois,
rendez-vous sur **activation-dalloz.fr**
et munissez-vous de cette clé :

GZLZ87319112

DALLOZ

Lefebvre Dalloz

Pourquoi activer mon Code en ligne :

Selon mon édition, l'activation de mon Code
me permet d'accéder aux enrichissements suivants,
sur ordinateur, tablette et smartphone :

	CODE ÉDITION LIMITÉE*	CODE ÉDITION CLASSIQUE
Lettre d'actualité du Code	✓*	✓*
Accès aux codes officiels secs	✓	✓
Mise à jour en continu		✓
Liens vers la jurisprudence		✓
Accès aux commentaires et textes complémentaires		✓
Accès aux articles des revues Dalloz		✓

www.activation-dalloz.fr

La clé d'activation se trouve sous l'étiquette de couverture
pour les codes édition classique
et en première page pour les codes limités.

* Disponible pour les titres suivants :
Code civil, Code de procédure civile, Code pénal, Code de procédure pénale,
Code de commerce, Code du travail.

118e édition

CODE DE COMMERCE

Annoté

Papier & numérique

DALLOZ

118e édition

Sous la direction de

Nicolas RONTCHEVSKY
Professeur à l'Université de Strasbourg

Annotations de jurisprudence et bibliographie par

Éric CHEVRIER
Directeur éditorial des Codes

et

Pascal PISONI
Rédacteur aux Éditions Dalloz

DALLOZ

ÉDITIONS DALLOZ

31-35, rue Froidevaux, 75685 Paris Cedex 14

ISBN 978-2-247-21420-4
ISBN 978-2-247-21422-8

Avant-propos

*Quelque deux cents ans après le Code napoléonien de 1807, l'ordonnance n° 2000-912 du 18 septembre 2000 — suivie du décret n° 2007-431 du 25 mars 2007 et de l'arrêté du 14 janvier 2009 —, donnant le jour au **nouveau Code de commerce**, a redonné au droit commercial son homogénéité en réunissant, dans neuf livres, les règles fondamentales qui régissent la matière :*

- ***livre I** : Commerce et commerçants ; fonds de commerce*
- ***livre II** : Sociétés commerciales et groupements d'intérêt économique*
- ***livre III** : Ventes particulières (au déballage, aux enchères, soldes) et clauses d'exclusivité*
- ***livre IV** : Concurrence et prix*
- ***livre V** : Effets de commerce et garanties*
- ***livre VI** : Difficultés des entreprises (prévention, sauvegarde, redressement et liquidation judiciaires)*
- ***livre VII** : Juridictions commerciales et organisation du commerce*
- ***livre VIII** : Professions réglementées (administrateurs et mandataires judiciaires, experts en diagnostic, commissaires aux comptes)*
- ***livre IX** : Outre-mer*

*L'**édition 2023** du Code de commerce Dalloz comprend :*

*— la **codification**, aussi bien dans sa partie Législative que dans ses parties Réglementaire et Arrêtés. A la fin de chaque article codifié, la référence au texte ancien est mentionnée, permettant une correspondance entre disposition nouvelle et disposition ancienne ;*

*— un **Appendice** regroupant de nombreuses rubriques annotées en rapport avec le droit commercial, et notamment des développements en matière de concurrence déloyale, de vente internationale de marchandises, de sous-traitance et de financement de l'entreprise ;*

*— des **tables** sur pages roses : la table des matières du Code de commerce en début d'ouvrage, les tables chronologique et alphabétique en fin d'ouvrage ;*

*— de nombreuses **annotations de jurisprudence et références bibliographiques**, y compris en matière de sociétés commerciales et de*

baux commerciaux, l'exhaustivité de ces matières étant respectivement regroupée au sein du Code des sociétés Dalloz et du Code des baux Dalloz.

Depuis plusieurs millésimes, un ***travail de hiérarchisation*** *des annotations de jurisprudence a été accompli, pour ne garder sur le papier que les décisions essentielles, la complétude se retrouvant sur les supports numériques. Après la vente, le nantissement et la location-gérance de fonds de commerce (2022), les ventes commerciales et les ventes internationales de marchandises (2021), le crédit-bail, la cession de créances professionnelles, la garantie autonome et les taux d'intérêts (2020), c'est en matière de compétence commerciale que ce travail a été accompli pour la présente édition.*

Les pictogrammes (jurisprudence), (doctrine des revues Dalloz) et (législation) signalent que les textes intégraux correspondants sont accessibles en hyperliens sur le Code en ligne. En particulier, des textes européens, l'intégralité des annexes de la partie codifiée et les rubriques Contrats d'affaires et Unités de mesure figurent dans les versions numériques du Code de commerce Dalloz. A noter également que certaines références de publication des décisions citées sont exclusivement mentionnées sur le Code en ligne.

NOTA. *Dans toutes les dispositions législatives et réglementaires en vigueur, la référence au gage et au créancier gagiste s'entend de la référence au nantissement et au créancier nanti lorsque la sûreté a pour objet un bien meuble incorporel. Réciproquement, la référence au nantissement et au créancier nanti s'entend de la référence au gage et au créancier gagiste lorsque la sûreté a pour objet un bien meuble corporel (Ord. n° 2006-346 du 23 mars 2006, art. 55).*
Dans toutes les dispositions législatives et réglementaires, la référence au Conseil de la concurrence est remplacée par la référence à l'Autorité de la concurrence (Décr. n° 2008-1161 du 13 nov. 2008, art. 4).
Les références à des dispositions abrogées par l'art. 34 de l'Ord. n° 2016-301 du 14 mars 2016 et par l'art. 8 du Décr. n° 2016-884 du 29 juin 2016 relatifs aux parties législative et réglementaire du code de la consommation sont remplacées par des références aux dispositions correspondantes du code de la consommation dans sa rédaction annexée à ladite ordonnance (Ord. et Décr. préc., art. 2, en vigueur le 1er juill. 2016).

Liste des abréviations

🔗 Hyperlien vers la décision intégrale accessible sur le Code en ligne

🔗 Hyperlien vers un article de doctrine dans une revue accessible sur le Code en ligne

🔗 Hyperlien vers un texte complémentaire accessible sur le Code en ligne

AAI Autorité administrative indépendante
ACPR Autorité de contrôle prudentiel et de résolution
Actu. Actualité
AJ Actualité jurisprudentielle du Recueil Dalloz
AJCA Actualité juridique Contrats d'affaires (Dalloz)
AJ contrat Actualité juridique contrat (Dalloz)
AJDA Actualité juridique Droit administratif (Dalloz)
AJDI Actualité juridique Droit immobilier (Dalloz)
AJ fam. Actualité juridique famille (Dalloz)
AJ pénal Actualité juridique pénal (Dalloz)
Al. Alinéa
ALD Actualité législative Dalloz (à partir de 1993)
AMF Autorité des marchés financiers
ANC Autorité des normes comptables
Anc. Ancien
Ann. loyers Annales des loyers
ANSA Association nationale des sociétés par actions
APC Actualité des procédures collectives
Arr. Arrêté
Art. Article
Ass. Assemblée
Ass. nat. Assemblée nationale
Ass. plén. Assemblée plénière de la Cour de cassation
aud. sol. Audience solennelle
Aut. conc. Autorité de la concurrence (qui s'est substituée au Conseil de la concurrence en mars 2009)

BALO Bulletin des annonces légales obligatoires
Banque Revue Banque
Banque et Dr. Revue Banque et Droit
BCE Banque centrale européenne
BIBL. Bibliographie
BIBL. GÉN. Bibliographie générale
BICC Bulletin d'information de la Cour de cassation
BID Bulletin d'information et de documentation de la DGCCRF
BJB Bulletin Joly Bourse et produits financiers

BJE	Bulletin Joly Entreprises en difficulté
BJS	Bulletin Joly Sociétés
BLD	Bulletin législatif Dalloz
BOCC	Bulletin officiel de la concurrence, de la consommation et de la répression des fraudes
BODACC	Bulletin officiel des annonces civiles et commerciales
BOMJ	Bulletin officiel du ministère de la justice
BRDA	Bulletin rapide de droit des affaires
BTL	Bulletin des transports et de la logistique
Bull. Aix-en-Provence	Bulletin d'Aix-en-Provence
Bull. civ.	Bulletin des arrêts des chambres civiles de la Cour de cassation
Bull. CNCC	Bulletin du Conseil national des commissaires aux comptes
Bull. crim.	Bulletin des arrêts de la chambre criminelle de la Cour de cassation
Bull. RCS	Bulletin du registre du commerce et des sociétés

C.	Code
c/	Contre
CAA	Cour administrative d'appel
Cah. dr. entr.	Cahiers de droit de l'entreprise
Cah. dr. eur.	Cahiers de droit européen
Cah. jurispr. Aquitaine	Cahiers de jurisprudence d'Aquitaine
Cah. just.	Cahiers de la justice (Dalloz)
CASF	Code de l'action sociale et des familles Dalloz
Cass.	Cour de cassation
C. assur.	Code des assurances Dalloz
C. baux	Code des baux Dalloz
CCC	Contrats Concurrence Consommation
CCE	Communication Commerce électronique
CCH	Code de la construction et de l'habitation Dalloz
CCI	Chambre de commerce et d'industrie
CCIA	Code du cinéma et de l'image animée Dalloz (disponible sur le Code en ligne)
C. civ.	Code civil Dalloz
C. com.	Code de commerce Dalloz
C. compliance	Code de la compliance Dalloz
C. consom.	Code de la consommation Dalloz
C. copr.	Code de la copropriété Dalloz
CCP	Code de la commande publique Dalloz
CCRCS	Comité de coordination du RCS
CDAC	Commission départementale d'aménagement commercial
CDEC	Commission départementale d'équipement commercial
C. défense	Code de la défense
C. dom. Ét.	Code du domaine de l'État
C. douanes	Code des douanes Dalloz
CE	Conseil d'État
CECEI	Comité des établissements de crédit et des entreprises d'investissement
CEDH	Cour européenne des droits de l'homme

C. élect.	Code électoral Dalloz
C. énergie	Code de l'énergie Dalloz
C. envir.	Code de l'environnement Dalloz
CEPC	Commission d'examen des pratiques commerciales
CESEDA	Code de l'entrée et du séjour des étrangers et du droit d'asile Dalloz
C. expr.	Code de l'expropriation pour cause d'utilité publique Dalloz
CFE	Centre de formalités des entreprises
CGA	Conditions générales d'achat
CGCT	Code général des collectivités territoriales Dalloz
CGI	Code général des impôts Dalloz
CGPPP	Code général de la propriété des personnes publiques Dalloz
CGV	Conditions générales de vente
ch.	Chambre
chap.	Chapitre
Ch. mixte	Chambre mixte de la Cour de cassation
Ch. réun.	Chambres réunies de la Cour de cassation
Chron.	Chronique
Chron. C. cass.	Chronique de jurisprudence de la Cour de cassation du Recueil Dalloz
Circ.	Circulaire
Civ.	Chambre civile de la Cour de cassation
CJCE	Cour de justice des Communautés européennes (jusqu'en nov. 2009)
CJUE	Cour de justice de l'Union européenne (depuis déc. 2009)
C. mon. fin.	Code monétaire et financier Dalloz
CNAC	Commission nationale d'aménagement commercial
CNEC	Commission nationale d'équipement commercial
COJ	Code de l'organisation judiciaire
Com.	Chambre commerciale de la Cour de cassation
Comm. CEE, Comm. CE	Commission des Communautés européennes
Comm. EDH	Commission européenne des droits de l'homme
Comp.	Comparez
concl.	Conclusions
conf.	Solution conforme
conf. par	Confirmé par
Cons. conc.	Conseil de la concurrence (remplacé par l'Autorité de la concurrence en mars 2009)
Cons. const.	Conseil constitutionnel
Constr.-Urb.	Construction-Urbanisme
Contra	Solution contraire
Conv.	Convention
Conv. EDH	Convention européenne de sauvegarde des droits de l'homme et des libertés fondamentales
C. patr.	Code du patrimoine Dalloz
CPCE	Code des postes et des communications électroniques
C. pén.	Code pénal Dalloz
CPI	Code de la propriété intellectuelle Dalloz

C. pr. civ.	Code de procédure civile Dalloz
C. pr. coll.	Code des procédures collectives Dalloz
C. pr. exéc.	Code des procédures civiles d'exécution Dalloz
C. pr. fisc.	Code de procédure fiscale Dalloz
C. pr. pén.	Code de procédure pénale Dalloz
CRBF	Comité de la réglementation bancaire et financière
Crim.	Chambre criminelle de la Cour de cassation
C. rur.	Code rural et de la pêche maritime Dalloz
CSI	Code de la sécurité intérieure Dalloz
C. sociétés	Code des sociétés Dalloz
CSP	Code de la santé publique Dalloz
C. sport	Code du sport Dalloz
CSS	Code de la sécurité sociale Dalloz
C. tourisme	Code du tourisme Dalloz
C. transp.	Code des transports Dalloz
C. trav.	Code du travail Dalloz
C. urb.	Code de l'urbanisme Dalloz
CVIM	Convention de Vienne sur les contrats de vente internationale de marchandises

---

D.	Recueil Dalloz
DA	Recueil analytique de jurisprudence et de législation Dalloz (années 1941 à 1944)
D. actu.	Dalloz actualité
D. Affaires	Dalloz Affaires (de 1995 à 1999)
Dalloz IP/IT	Revue du droit de la propriété intellectuelle et du numérique (Dalloz)
Dalloz jurisprudence	Base de jurisprudence accessible sur les portails Dalloz
DC	Recueil critique de jurisprudence et de législation Dalloz (années 1941 à 1944)
DDH	Déclaration des droits de l'homme et du citoyen de 1789
Décis.	Décision
Décr.	Décret
Décr.-L.	Décret-loi
Defrénois	Répertoire du notariat Defrénois
DGCCRF	Direction générale de la concurrence, de la consommation et de la répression des fraudes
DH	Recueil hebdomadaire de jurisprudence Dalloz (années antérieures à 1941)
Dir.	Directive
Doctr.	Doctrine
DP	Recueil périodique et critique mensuel Dalloz (années antérieures à 1941)
DP diff. entr.	Dictionnaire permanent difficultés des entreprises
Dr. adm.	Droit administratif
Dr. et patr.	Droit et patrimoine
Dr. et pr.	Droit et procédures (ancienne Revue des huissiers)
Dr. fam.	Droit de la famille
Dr. pénal	Droit pénal
Dr. soc.	Droit social (Dalloz)

Dr. sociétés	Droit des sociétés
EIRL	Entrepreneur individuel à responsabilité limitée
eod. loc.	Au même endroit
eod. v^{o}, *eisd.* v^{is}	Même(s) mot(s) que celui (ceux) qui vient (viennent) d'être cité(s)
Err.	Erratum
esp.	Espèce
FORM. PR. COM.	Formules de procédure commerciale Dalloz
Gaz. Pal.	Gazette du Palais
GEIE	Groupement européen d'intérêt économique
GIE	Groupement d'intérêt économique
HCGE	Haut Conseil de gouvernement d'entreprise
H3C	Haut Conseil du commissariat aux comptes
ibid.	Au même endroit
infra	Ci-dessous
Instr.	Instruction
IR	Informations rapides du Recueil Dalloz
J.	Jurisprudence
JAL	Journal d'annonces légales
JCP	Juris-Classeur périodique (Semaine juridique), édition générale
JCP E	Juris-Classeur périodique, édition Entreprise
JCP N	Juris-Classeur périodique, édition Notariale
JDI	Journal de droit international (Clunet)
JEX	Juge de l'exécution
JO	Journal officiel
JOAN Q, JO Sénat Q	Journal officiel, Assemblée nationale, Sénat, Questions écrites
JOCE	Journal officiel des Communautés européennes (jusqu'au 31 janv. 2003)
JONC	Journal officiel, numéro complémentaire
JOUE	Journal officiel de l'Union européenne (depuis le 1er févr. 2003)
Journ. not.	Journal des notaires et des avocats
Journ. sociétés	Journal des sociétés
J. prox.	Juge de proximité
Just. et cass.	Justice et cassation (Dalloz)
Justices	Revue générale de droit processuel Justices (Dalloz)
L.	Loi
LCR	Lettre de change-relevé
LDDC	L'Essentiel droit de la distribution et de la concurrence
Lebon	Recueil des arrêts du Conseil d'État
LEDEN	L'Essentiel droit des entreprises en difficulté

Lettre distrib.	La lettre de la distribution
Liv.	Livre
Loyers et copr.	Loyers et copropriété
LPA	Les Petites Affiches
LPF	Livre des procédures fiscales
MARD	Mode alternatif de règlement des différends
MDD	Marque de distributeur
Mod.	Modifié
n°	Numéro
NCPC	Nouveau code de procédure civile (pour les années 1975 à 2007 ; devenu le Code de procédure civile depuis la L. n° 2007-1787 du 2 déc. 2007, art. 26-III)
NDLR	Note de la rédaction
Nouv.	Nouveau
obs.	Observations
Ord.	Ordonnance
P	Arrêt publié au bulletin civil ou au bulletin criminel de la Cour de cassation
p.	Page
Pan.	Panorama
préc.	Précité
Propr. ind.	Propriété industrielle
QPC	Question prioritaire de constitutionnalité
Quot. jur.	Quotidien juridique
R.	Rapport annuel de la Cour de cassation
rapp.	Rapport
Rappr.	Rapprocher
RCA	Responsabilité civile et assurances
RCC	Revue de la concurrence et de la consommation
RCS	Registre du commerce et des sociétés
RDBB	Revue de droit bancaire et de la bourse (jusqu'en 1999)
RDBF	Revue de droit bancaire et financier (depuis 1999)
RDC	Revue des contrats
RDI	Revue de droit immobilier (Dalloz)
RDLC	Revue des droits de la concurrence – Concurrences
RD rur.	Revue de droit rural
RDSS	Revue de droit sanitaire et social (Dalloz)
RDT	Revue de droit du travail (Dalloz)
RD transp.	Revue de droit des transports et de la mobilité
REC	Réseau européen de la concurrence
Rec. jur. de l'Est	Recueil juridique de l'Est
Recomm.	Recommandation
Rect.	Rectificatif
réf.	Référé

Règl.	Règlement
Rép.	Réponse
Rép. C. cass.	Réponse de la Cour de cassation à une question posée par une juridiction du fond
RÉP. CIV.	Répertoire de droit civil Dalloz
RÉP. COM.	Répertoire de droit commercial Dalloz
RÉP. CONT. ADM.	Répertoire de contentieux administratif Dalloz
RÉP. EUR.	Répertoire de droit européen Dalloz
RÉP. INTERNAT.	Répertoire de droit international Dalloz
Rép. min.	Réponse ministérielle
RÉP. PÉN.	Répertoire de droit pénal et de procédure pénale Dalloz
RÉP. PR. CIV.	Répertoire de procédure civile Dalloz
RÉP. SOCIÉTÉS	Répertoire des sociétés Dalloz
Req.	Chambre des requêtes de la Cour de cassation
req.	Requête
Rev. arb.	Revue de l'arbitrage
Rev. crit. DIP	Revue critique de droit international privé (Dalloz)
Rev. fonds com.	Revue des fonds de commerce
Rev. huiss.	Revue des huissiers de justice
Rev. loyers	Revue des loyers et des fermages
Rev. sociétés	Revue des sociétés (Dalloz)
Rev. UE	Revue de l'Union européenne (Dalloz)
RF compt.	Revue française de comptabilité
RFDA	Revue française de droit administratif (Dalloz)
RJ com.	Revue de jurisprudence commerciale
RJDA	Revue de jurisprudence de droit des affaires
RJF	Revue de jurisprudence fiscale
RJPF	Revue juridique personnes et famille
RLC	Revue Lamy de la concurrence
RLDA	Revue Lamy droit des affaires
RLDC	Revue Lamy droit civil
RPC	Revue des procédures collectives
RSC	Revue de science criminelle et de droit pénal comparé (Dalloz)
RTD civ.	Revue trimestrielle de droit civil (Dalloz)
RTD com.	Revue trimestrielle de droit commercial (Dalloz)
RTD eur.	Revue trimestrielle de droit européen (Dalloz)
RTDI	Revue trimestrielle de droit immobilier
RTDF	Revue trimestrielle de droit financier

S.	Recueil Sirey
s.	Et suivants
SAS	Société par actions simplifiée
SCI	Société civile immobilière
SDECC	Service de documentation et d'études de la Cour de cassation
Sect.	Section
SEL	Société d'exercice libéral
SELARL	Société d'exercice libéral à responsabilité limitée
SHAL	Support habilité à recevoir des annonces légales
SNC	Société en nom collectif

Soc.	Chambre sociale de la Cour de cassation
sol. impl.	Solution implicite
Somm.	Sommaires
ss.	Sous
supra	Ci-dessus
t.	Tome
TA	Tribunal administratif
TASS	Tribunal des affaires de sécurité sociale
T. civ.	Tribunal, chambre civile
T. com.	Tribunal de commerce
T. confl.	Tribunal des conflits
T. corr.	Tribunal, chambre correctionnelle
TEG	Taux effectif global
TFUE	Traité sur le fonctionnement de l'Union européenne (ex. Traité instituant les Communautés européennes)
TGI	Tribunal de grande instance
TI	Tribunal d'instance
Tit.	Titre
TJ	Tribunal judiciaire
TPICE	Tribunal de première instance des Communautés européennes
T. pol.	Tribunal de police
TRACFIN	Traitement du renseignement et action contre les circuits financiers clandestins
Trib. UE	Tribunal de l'Union européenne (depuis déc. 2009)
V.	Voir
v° ou vis	Mot ou mots

TABLE DES MATIÈRES

CODE DE COMMERCE

LIVRE PREMIER
DU COMMERCE EN GÉNÉRAL

CODE DE COMMERCE

LIVRE DEUXIÈME

DES SOCIÉTÉS COMMERCIALES ET DES GROUPEMENTS D'INTÉRÊT ÉCONOMIQUE

LIVRE QUATRIÈME

DE LA LIBERTÉ DES PRIX ET DE LA CONCURRENCE

LIVRE CINQUIÈME

DES EFFETS DE COMMERCE ET DES GARANTIES

LIVRE HUITIÈME

DE QUELQUES PROFESSIONS RÉGLEMENTÉES

LIVRE NEUVIÈME

DISPOSITIONS RELATIVES À L'OUTRE-MER

APPENDICE

CODE DE COMMERCE

PREMIÈRE PARTIE : LÉGISLATIVE

(Ord. nº 2000-912 du 18 sept. 2000)

BIBL. GÉN. ▶ Codification : Bureau et Molfessis, *D. 2001. 361* (le nouveau code de commerce ? Une mystification). – Arrighi de Casanova et Douvreleur, *JCP 2001. I. 285* (la codification par ordonnances. A propos du code de commerce). – Reigné et Delorme, *JCP E 2001, p. 1* (même thème). – Dossier spécial, *Dr. et patr. 7-8/2001. 50* (nouveau code de commerce). – Molfessis, *RTD civ. 2002. 592* (l'avènement du droit de la codification à droit constant). Paclot, *JCP E 2002, nº 39, p. 1514* (de l'illégalité des dispositions pénales de l'Ord. du 18 sept. 2000 relative à la partie législative du code de commerce). – Guével, *Gaz. Pal. 2003. 875* (remarques sur la syntaxe et quelques substantifs du code de commerce). – Pétel, 1807-2007, Bicentenaire du code de commerce : la transformation du droit commercial sous l'impulsion de la jurisprudence, *Dalloz 2008. 23* (décodification et recodification : un si mauvais code ?). – Garcia, *Dr. et patr. 7-8/2010. 54* (Conv. EDH et code de commerce : sources complémentaires ou concurrentes ?).

▶ Bicentenaire du code de commerce : Univ. Paris-II, Le code de commerce 1807-2007, Livre du bicentenaire, *Dalloz, 2007*. – Univ. Paris-I, 1807-2007, Bicentenaire du code de commerce : la transformation du droit commercial sous l'impulsion de la jurisprudence, *Dalloz, 2008*. – Association du bicentenaire du code de commerce, *Bicentenaire du code de commerce 1807-2007, Dalloz, 2008*. – Leveneur, *CCC 2007. Repère 1*. – Vallens, *D. 2007. 669* (le droit des faillites de 1807 à aujourd'hui). – F.-X. Lucas, *BJS mars 2007, Éditorial* (le prétendu bicentenaire du soi-disant code dit « de commerce »). – Hilaire, *D. 2007. 928* (la codification du droit commercial). – Monéger, *Loyers et copr. 2007. Repère 4*. – Terré et Outin-Adam, *D. 2007. 1377* (si l'on voulait un code de commerce). – Le Corre, *Gaz. Pal. 2007. 2311* (1807-2007, 200 ans pour passer du droit de la faillite du débiteur au droit de sauvegarde de l'entreprise). – Perruchot-Triboulet, *LPA 7 sept. 2007* (le financement des entreprises dans un nouveau code des activités économiques). – Stoffel-Munck, *Écrits en l'honneur de J. Foyer, Economica, 2008, p. 951* (le code de commerce : fils du code civil ?).

▶ Législation économique : V. Bibl. au **C. com.**

LIVRE PREMIER DU COMMERCE EN GÉNÉRAL

TITRE PREMIER DE L'ACTE DE COMMERCE

Art. L. 110-1 **La loi répute actes de commerce :**

1º Tout achat de biens meubles pour les revendre, soit en nature, soit après les avoir travaillés et mis en œuvre ;

2º Tout achat de biens immeubles aux fins de les revendre, à moins que l'acquéreur n'ait agi en vue d'édifier un ou plusieurs bâtiments et de les vendre en bloc ou par locaux ;

3º Toutes opérations d'intermédiaire pour l'achat, la souscription ou la vente d'immeubles, de fonds de commerce, d'actions ou parts de sociétés immobilières ;

4º Toute entreprise de location de meubles ;

5º Toute entreprise de manufactures, de commission, de transport par terre ou par eau ;

6º Toute entreprise de fournitures, d'agence *[agences]*, **bureaux d'affaires, établissements de ventes à l'encan, de spectacles publics ;**

7º Toute opération de change, banque *(Ord. nº 2009-866 du 15 juill. 2009, art. 17, en vigueur le 1er nov. 2009)* **« , courtage** *(L. nº 2013-100 du 28 janv. 2013, art. 22)* **« , activité d'émission et de gestion de monnaie électronique » et tout service de paiement » ;**

8º Toutes les opérations de banques publiques ;

9º Toutes obligations entre négociants, marchands et banquiers ;

10° Entre toutes personnes, les lettres de change ;

(Ord. n° 2021-1192 du 15 sept. 2021, art. 28, en vigueur le 1er janv. 2022) « **11° Entre toutes personnes, les cautionnements de dettes commerciales.** » — *[C. com., art. 632.]*

Les modifications apportées par l'Ord. n° 2009-866 du 15 juill. 2009 sont applicables en Nouvelle-Calédonie et dans les îles Wallis-et-Futuna (Ord. n° 2010-11 du 7 janv. 2010, art. 16). Celles apportées par le titre Ier de la L. n° 2013-100 du 28 janv. 2013 sont applicables dans les îles Wallis-et-Futuna (Ord. n° 2013-792 du 30 août 2013, art. 18).

Pour la définition du commerçant, V. art. L. 121-1.

Pour la définition légale des activités agricoles ayant un caractère civil, V. C. rur., art. L. 311-1.

Pour les activités de pêche maritime, V. C. rur., art. L. 931-1.

RÉP. COM. vis *Actes de commerce*, par Houtcieff ; *Cautionnement commercial*, par Piette.

BIBL. ▶ Calais-Auloy, *Études à la mémoire d'H. Cabrillac* (grandeur et décadence de l'art. 632 C. com.). – Le Fur, Le code de commerce 1807-2007, Livre du bicentenaire, *Dalloz, 2007, p. 307* (le compte courant, l'oublié du code de commerce). – J.-P. et M. Bertrel, *Dr. et patr. 1/2008. 30* (la commercialité de l'acquisition de contrôle). – Dondero, *D. 2009. 1097* (la présomption de solidarité en matière commerciale : une rigueur à modérer). – Brignon, *RTD com. 2015. 671* (conséquences de la commercialité des actes). – Richelme, *LPA 4 févr. 2019* (il faut redéfinir ce qu'est l'acte de commerce). – Paulet, *LPA 12 mars 2020* (nature juridique des opérations de vente réalisées en ligne par les particuliers). – Forti, *RTD com. 2021. 257* (le domaine de la présomption de solidarité en matière commerciale). – Aynès, *RLDA suppl. nov. 2021. 4* (le nouveau cautionnement commercial).

I. ACTES DE COMMERCE

A. ACTES DE COMMERCE PAR NATURE

1° ÉCHANGE ET NÉGOCE

1. *Achat pour revendre : finalité lucrative.* L'achat pour revendre avec bénéfice n'a le caractère commercial que s'il est exécuté avec une finalité lucrative. • T. com. Seine, 12 mars 1912 : *DP 1912. 2. 207.* ♦ L'achat pouvant porter sur tout bien meuble, le pharmacien qui achète des médicaments fait acte de commerce. • Crim. 25 mai 1905 : *DP 1905. 1. 399.* ♦ L'achat pour revendre à titre habituel des biens meubles par l'intermédiaire d'un site de vente aux enchères électroniques constitue pour un particulier une activité commerciale. • TGI Mulhouse, 12 janv. 2006 : *CCE 2006, n° 112, obs. Grynbaum.*

2. *Preuve.* L'intention de revendre se prouve par tout moyen et peut résulter de la multiplicité des opérations. • Colmar, 16 juin 1982 : *Gaz. Pal. 1983. 1. Somm. 114.* ♦ Eu égard à l'importance et à la fréquence des transactions et au fait que les œuvres d'art étaient demeurées peu de temps dans le patrimoine du contribuable, il y a lieu de retenir que celui-ci doit être regardé non pas comme un simple collectionneur mais comme s'étant livré, habituellement, pour son propre compte, à une activité d'achat d'œuvres d'art en vue de leur revente. • CE 18 juin 2007, n° 270734 : *CCE 2008, n° 49, obs. Neau-Leduc.*

3. *Opérations immobilières.* **BIBL.** Frossard, *RTD com. 1966. 535.* – Jestaz, *D. 1972. Chron. 177.* – Steinmetz, *RTD com. 1973. 471.* ♦ Il résulte de l'art. 632, al. 3 [C. com., art. L. 110-1, al. 3], que l'achat pour revendre avec bénéfice est commercial lorsqu'il a pour objet un immeuble, et il n'en est autrement que lorsque l'acquéreur a agi en vue d'édifier un ou plusieurs bâtiments et de les vendre en bloc ou par locaux. V. : * Rép. min., *JO déb. Sénat 18 mai 1971, p. 469.* ♦ Pour une application de cette disposition à un marchand de biens apparent, V. • Com. 3 mai 1994, n° 92-17.273 P. ♦ Un commerçant ne peut prétendre tirer la preuve qu'une acquisition immobilière a été effectuée dans son intérêt et pour son usage personnel du fait qu'il n'a pas mentionné sa qualité de marchand de biens dans l'acte d'acquisition de l'immeuble ni fait figurer cette transaction dans son registre professionnel non plus qu'au bilan de son activité commerciale, alors qu'il est établi que le but de l'opération était bien de revendre l'immeuble après l'avoir transformé et amélioré ou de le louer pour en tirer des bénéfices et que l'achat a été réalisé dans un but spéculatif avec la participation de deux autres marchands de biens en s'inscrivant dans le cadre de l'activité commerciale de l'intéressé. • Paris, 11 janv. 1995 : *D. 1995. IR 62.* – V. **RÉP. COM.**, v° *Marchand de biens*, par Cruvelier. ♦ Le notaire ne peut céder séparément ses activités (de négociation de biens à louer et de gérance d'immeubles donnés à bail) pratiquées hors monopole qui, au sein de l'office, ne peuvent être exercées qu'à titre accessoire, sans méconnaître l'interdiction qui lui est faite de se livrer à des opérations de commerce. • Civ. 1re, 30 mars 2005, n° 01-17.437 P : *D. 2005. IR 1051, obs. Daleau ; JCP N 2005, n° 50, p. 2054, avis Sainte-Rose.* – V. Décr. n° 45-0117 du 19 déc. 1945, art. 13, 1°. – C. pr. civ.

4. *Sociétés immobilières.* Sur la nécessité de déterminer le caractère civil ou commercial de l'activité principale d'une SCI, dans la mesure où elle perd sa nature civile et donc sa personnalité morale en cas d'activité principale commerciale, V., s'agissant d'une société ayant été contrainte de vendre des terrains non bâtis alors que son objet social était la construction d'immeubles et la vente de ceux-ci, • Civ. 3e, 5 juill. 2000, n° 98-20.821 P : *D. 2002. Somm. 477, obs. Hallouin* ; *Rev. sociétés 2001. 100, note Saintourens* ; *RJDA 2000, n° 1001* ; *Dr. sociétés 2000, n° 151, obs. Bonneau* • 18 févr. 2009, n° 08-12.490 : *Defrénois 2009. 1961, obs. Hovasse* ; *BJS 2009. 566, note Saintourens.* ♦ Une SCI ayant été constituée en vue d'acquérir un terrain et y édifier des immeubles en vue de leur revente, il en résulte qu'elle n'effectue pas d'actes de commerce et n'a pas la qualité de commerçante. • Com. 13 nov. 2007, n° 06-17.823. ♦ Mais la SCI qui rénove des immeubles en vue de la vente a une activité commerciale malgré sa forme civile. • T. com. Paris, 18 avr. 1991 : *Dr. sociétés 1992, n° 179, obs. Chaput.* – V. aussi • Rouen, 22 nov. 1995 : *JCP E 1996. Pan. 461* • Paris, 14 juin 2002 : *RJDA 2003, n° 848* (pour une société en participation).

5. Construction. Une entreprise de construction est commerciale, même si elle ne comporte que la fourniture de la main-d'œuvre, sans revente de marchandises ou location de matériel. • Req. 20 oct. 1908 : *DP 1909. 1. 246.* ♦ Sur les travaux de nature artisanale, V. notes 43 s.

6. Lotissement. Les opérations de lotissement qui consistent à acquérir un terrain, à le diviser en parcelles et à vendre celles-ci, après avoir réalisé les équipements de voirie et d'assainissement nécessaires dans le respect de la réglementation d'urbanisme applicable, constituent une activité de nature commerciale. • Rouen, 22 nov. 1995 : *préc. note 4.*

7. Location immobilière. L'art. L. 123-1 C. com. prévoit que seules peuvent être inscrites au RCS les personnes physiques « ayant la qualité de commerçant », laquelle est, en vertu de l'art. L. 121-1 du même code, conférée à « ceux qui exercent des actes de commerce ». Dès lors, en subordonnant le bénéfice de l'exonération des plus-values de cession prévue par l'art. 151 *septies* CGI à une condition spécifique aux commerçants, alors même que l'activité de location de biens immeubles ne constitue pas un acte de commerce au sens de l'art. L. 110-1 C. com., le législateur ne s'est pas fondé sur un critère objectif et rationnel en fonction du but visé. • Cons. const. 8 févr. 2018, n° 2017-689 QPC : *D. 2018. Actu. 298* ; *AJDI 2018. 537, obs. Maublanc* ; *BJS 2018. 664, obs. Lefébure.* ♦ Sur la nature civile de l'entreprise de location d'immeuble, à moins qu'elle ne soit l'accessoire d'une activité commerciale : • Com. 5 déc. 1961 : *D. 1962. 88* • Req. 26 juill. 1911 : *DP 1913. 1. 298.* ♦ En revanche, l'exploitant d'un camping est commerçant. • Soc. 13 nov. 1980, n° 79-14.787 P. ♦ La location d'immeuble n'est pas constitutive d'un acte de commerce, tandis que l'est en revanche toute entreprise de location de meubles. L'activité de loueur de logements meublés ne confère pas la qualité de commerçant à celui qui s'y livre à titre de profession habituelle, la location de meuble n'étant en principe qu'accessoire à celle d'immeuble qui conserve un caractère prédominant. Il n'en va autrement que lorsque la location du logement meublé s'accompagne, tout au long du séjour du locataire, de prestations de services s'apparentant à celles d'hôtellerie (petits déjeuners, ménage, renouvellement du linge, pressing…), conférant alors un caractère commercial (Avis CCRCS n° 2018-005 du 18 juill. 2018 : *BRDA 2019, n° 3, p. 18* ; *BJS 2018. 664, obs. Gourlaouen*). ♦ L'activité de location de chambres d'hôtes s'analyse en une mise à disposition de chambres meublées, assortie de prestations de services liées à un hébergement temporaire ; cette activité entre donc bien dans le champ des actes de commerce comme entreprise de fourniture de services. Le loueur de chambre d'hôtes doit être qualifié de commerçant lorsqu'il exerce celle-ci de façon régulière, soit de manière saisonnière, soit tout au long de l'année, dans l'intention de réaliser des profits subvenant aux besoins de son existence. Toutefois, lorsque cette activité est exercée par un exploitant agricole et qu'elle a pour support l'exploitation agricole, elle possède un caractère civil et l'exploitant, personne physique, n'est pas soumis à immatriculation au RCS (Avis CCRCS n° 2016-018 des 15 sept. et 18 oct. 2016 : *BRDA 2017, n° 4, p. 17*). – V. aussi * Rép. min. n° 83995 : *JOAN Q 29 août 2006, p. 9184.*

8. Location de meubles. Si la licence de brevet est un contrat de louage dont l'objet est une invention, la conclusion de ce type de contrat par un GIE titulaire d'un brevet qu'il a lui-même déposé ne constitue pas une entreprise de location de meubles au sens du 4° de l'art. L. 110-1. • Com. 29 janv. 2020, n° 18-26.357 P : *D. 2020. Actu. 280* .

2° INDUSTRIE

9. Activités extractives. Sur l'exploitation des mines, V. C. minier, art. L. 131-3, *infra.* ♦ Sur le caractère civil de l'exploitation des sources, V. • Req. 27 mars 1866 : *DP 1866. 1. 428.*

10. Manufactures. Sur la conception large de l'entreprise de manufacture, V. • Req. 20 oct. 1908 : *DP 1909. 1. 246.*

11. Activités agricoles. Sur le caractère civil de l'activité agricole, V. notes 40 et 41.

3° BANQUE, FINANCE ET ASSURANCES

12. Opérations de banque et d'assurance. BIBL. Prieur, *Banque et Dr. 3-4/1990. 83* (banques non commerçantes). – P. Bernard et Sardin, *Procédures 1998. Chron. 6* (les tribunaux de commerce sont-ils compétents à l'égard des sociétés d'assurance mutuelles ?). – Vallansan, *RJ com. 2002. 243* (observations sur le caractère commercial des banques mutualistes). ♦ Les opérations de banque sont de nature commerciale. ♦ V., pour un notaire : • Com. 2 févr. 1970, n° 68-13.575 P : *JCP 1970. II. 16313, obs. J. A.* • TGI Bressuire, 5 janv. 1966 : *D. 1966. Somm. 83 ; RTD com. 1966. 648, obs. Houin ; JCP 1966. II. 14683.* ♦ ... A moins qu'elles soient réalisées sans intention spéculative : • Com. 20 oct. 1981, n° 80-10.482 P : *D. 1982. IR 121, obs. Vasseur* (pour le service public des chèques postaux). ♦ Conf., pour une caisse de crédit agricole, société civile à caractère coopératif et mutualiste : • Civ. 3e, 26 janv. 1982, n° 80-12.327 P : *D. 1983. IR 185, obs. Vasseur. – Contra* : • Bastia, 26 nov. 1992 : *D. 1994. Somm. 322, obs. Vasseur.* ♦ ... Et, pour une caisse centrale de crédit mutuel : • Com. 24 janv. 1984, n° 82-11.740 P • 11 déc. 1973, n° 72-13.718 P : *RTD com. 1974. 317, obs. Jauffret.* ♦ Une personne morale, même si elle est de statut civil, peut être tenue pour commerçante dans l'exercice d'une activité habituelle consistant en la pratique répétée d'actes de commerce, ce qui est le cas pour les Caisses de crédit agricole, dans leurs pratiques des opérations de banque. • Com. 17 juill. 2001, n° 98-18.435 P : *D. 2001. AJ 2409 ; RTD com. 2001. 868, obs. Saintourens ; Banque et Dr. 1-2/2002. 46, obs. Bonneau.* ♦ Dans le même sens, s'agissant des caisses d'épargne effectuant habituellement des opérations de banque et de bourse. • Orléans, 18 oct. 2001 : *RJDA 2002, n° 582.* ♦ Aucun texte ne sanctionne le fait pour une société coopérative d'exercer une activité commerciale. • Com. 20 nov. 2007, n° 05-16.219 P : *D. 2008. Pan. 872, obs. Synvet ; RTD com. 2008. 143, obs. Monsèrié-Bon ; JCP E 2008, n° 44, p. 34, obs. Gros ; RJDA 2008, n° 168 ; Dr. sociétés 2008, n° 150, obs. Mortier.*

13. Compétence de la juridiction commerciale. Dès lors que la responsabilité contractuelle imputée à une caisse syndicale de crédit mutuel, ayant légalement la possibilité de garder son statut civil, est afférente à son activité de dispensatrice de crédits, la juridiction commerciale est compétente pour en connaître. • Com. 10 mars 1998, n° 95-14.030 P : *D. 1998. IR 98 ; RTD com. 1998. 651, obs. Cabrillac.* ♦ Le litige opposant une banque à un syndic de copropriété professionnel, titulaire nominal de comptes bancaires ouverts pour la gestion des intérêts de la copropriété, relève de la compétence de la juridiction commerciale. • Paris, 28 févr. 1996 : *BICC 1996, n° 691.* – V. Veaux, *RTD com. 1950. 11.*

14. Sociétés d'assurances. Les sociétés d'assurances à primes fixes ont le caractère commercial et sont justiciables des tribunaux de commerce pour les engagements qu'elles contractent. • Civ. 5 févr. 1884 : *DP 1894. 1. 134.* ♦ En revanche, les compagnies d'assurances mutuelles sont, en principe, des sociétés civiles, dont les opérations n'ont pas le caractère commercial. • Civ. 3 août 1921 : *DP 1925. 1. 75* • Paris, 2 mars 1974 : *Gaz. Pal. 1975. Somm. 14 ; RTD com. 1975. 266, obs. Jauffret* • 4 déc. 1991 : *D. 1992. IR 75.* – Dans le même sens, V. • Civ. 1re, 22 oct. 1996 : *cité note 6 ss. art. L. 110-2* • Versailles, 14 févr. 2002 : *BICC 2002, n° 1115* • 28 févr. 2002 : *RJDA 2003, n° 93.* ♦ ... A moins que les statuts aient prévu la possibilité d'effectuer des opérations commerciales qui n'ont rien d'accessoire. • Com. 5 mai 2009, n° 08-17.599 P : *D. 2009. AJ 1415 ; RTD com. 2009. 583, obs. Monsèrié-Bon ; Dr. sociétés 2009, n° 157 ; obs. Mortier.* ♦ V. C. assur., art. L. 310-7. – **C. assur.**

15. Opérations de bourse. Sur les cessions d'actions ou de parts sociales, V. note 10 ss. art. L. 721-3. ♦ Les opérations d'achat et de revente d'actions en bourse faites par des particuliers ne sont pas considérées comme des actes de commerce sauf s'il s'agit d'une personne qui en fait sa profession habituelle et agit pour le compte d'autrui. • Com. 20 sept. 2017, n° 16-15.856 : *RJDA 2018, n° 201.* ♦ Sur les opérations boursières réalisées par des particuliers, qui sont commerciales, notamment en raison de la fréquence et de l'importance des ordres, V. • Paris, 13 janv. 1976 : *JCP 1977. II. 18576, note Boitard ; RTD com. 1977. 73, obs. Jauffret.* ♦ V. aussi note 10 ss. art. L. 123-1.

4o ACTIVITÉ D'INTERMÉDIAIRES ET SPECTACLES

16. Agence d'affaires. Les activités d'agence d'affaires sont commerciales, qu'il s'agisse d'agences de recouvrement de créances : • Paris, 7 févr. 1977 : *Gaz. Pal. 1977. 1. 293.* ♦ ... Ou de généalogistes : • CE 16 févr. 1948 : *JCP 1948. II. 4346.* ♦ Pour des consultations juridiques, V. • T. com. Seine, 18 avr. 1966 : *RTD com. 1967. 467, obs. Jauffret.* ♦ Pour l'exploitation d'un bureau d'expertises, V. • Com. 21 mars 1995, n° 92-20.477 P : *RTD com. 1995. 827, obs. Bouloc ; BJS 1995. 509, note Couret.* ♦ L'activité, qui porte de façon générale sur tous diagnostics et toutes opérations connexes participant à la pérennité, à l'optimisation et à la transmission du patrimoine, entre dans la catégorie des fournitures de service ; une telle activité, qui n'est pas purement intellectuelle, revêt un caractère commercial dès lors qu'elle est exercée à titre habituel et lucratif. • Com. 5 déc. 2006, n° 04-20.039 P : *D. 2007. AJ 89, obs. Chevrier ; RTD com. 2007. 673, obs. Saintourens ; JCP E 2008, n° 1, p. 26, note Grimonprez ; CCC 2007, n° 87, obs. Leveneur ; RJDA 2007, n° 419.* ♦ En ce qu'elle répute acte de commerce « toute entreprise de fournitures », y inclus les fournitures de services, la loi n'exclut pas expressément la fourniture de conseils à titre lucratif – qui relève de la catégorie des prestations de services – du champ des actes de commerce. Lorsque les activités de conseil impliquent une organisation mettant en œuvre, sous la direction d'un entrepreneur, des moyens humains et/ou matériels sur lesquels il est essentiellement spéculé pour la réalisation d'une entreprise de fourniture de services, celles-ci doivent être qualifiées d'actes de commerce accomplis à titre de profession habituelle et impliquent l'immatriculation de l'entrepreneur au RCS (Avis CCRCS n° 2017-006 du 30 mai 2017 : *JCP 2017, n° 892*).

17. Agences de voyages. Sur le caractère commercial des agences de voyages, V. • Com. 8 juill. 1969 : *JCP 1970. II. 16155 bis.* ♦ Sur les agences de voyages, V. en matière de tribunal compétent : • Orléans, 26 avr. 2007 : *RJDA 2008, n° 350.* ♦ V. C. tourisme, art. L. 211-1 s. – **C. consom.** ou **C. tourisme**. ♦ V. RÉP. COM., vis *Agence de voyages*, par Dagorne-Labbe ; *Agents d'affaires*, par Voinot.

18. Agences matrimoniales. A un caractère commercial, malgré son objet, l'agence matrimoniale. • Com. 3 avr. 1984, n° 82-16.115 P : *RTD com. 1985. 81 ; Gaz. Pal. 1984. 2. 708, note Dupichot* • 11 oct. 1982, n° 80-14.900 P : *D. 1982. IR 536 ; RTD com. 1982. 85, obs. Derruppé.* ♦ Sur le courtage matrimonial, V. C. consom., art. L. 224-90 s. – **C. consom.**

19. Activité de courtage. Sur le caractère commercial d'un acte de courtage immobilier isolé, V. • Civ. 1re, 21 oct. 1968, n° 66-13.366 P : *D. 1969. 82.* ♦ Mais une société exerçant à titre principal une activité de courtier d'assurance, qui a conclu avec des établissements bancaires et des entreprises d'investissement des contrats afin de prospecter et démarcher des clients, proposer à ces derniers des produits d'investissement et recueillir directement leurs ordres et qui, disposant d'un mandat permanent des établissements bancaires, est rémunérée pour cette activité par des commissions fixées selon des barèmes annexés aux contrats en agissant pour le compte de ses mandants et en recherchant leur intérêt exclusif, se livre à une activité à caractère non commercial alors même qu'elle n'est pas habilitée à conclure au nom de ses mandants. • CE 21 déc. 2007, n° 287662 : *JCP E 2008, n° 9, p. 47, note D. F.*

20. Agents artistiques et sportifs. Sur le caractère commercial de l'activité d'agent artistique, V. C. trav., art. L. 7121-11, ss. art. L. 134-17. ♦ Sur la nature des sociétés de perception et de répartition des droits d'auteur et des droits voisins, V. CPI, art. L. 321-1 et L. 321-2. – **CPI**. ♦ Sur les dispositions encadrant la profession d'agent sportif, V. C. sport, art. L. 222-7 s. – **C. sport**.

21. Spectacles publics. A un caractère commercial, l'exploitation : d'une salle de conférence. • Com. 7 mars 1972, n° 70-10.563 P. ♦ ... D'un théâtre. • Paris, 3 juill. 1996 : *D. Affaires 1996. 1187.* ♦ ... D'un club de football professionnel. • Reims, 19 févr. 1980 : *JCP 1981. II. 19496, note Guyon ; RTD com. 1981. 520, obs. Dubarry.* ♦ Comp. notes 22 et 24.

B. COMMERCIALITÉ ACCESSOIRE

22. Actes accomplis pour les besoins du commerce. Sur la présomption de commercialité, V. note 3 ss. art. L. 721-3. ♦ Un acte civil par nature accompli par un commerçant pour les besoins de son commerce est commercial par accessoire. • Req. 29 janv. 1883 : *DP 1883. 1. 514* • Civ. 3 janv. 1956 : *D. 1956. Somm. 133.* ♦ Ont été, dès lors, jugés de nature commerciale : un contrat d'assurance. • Civ. 24 janv. 1865 : *DP 1865. 1. 72* • Paris, 13 nov. 1909 : *ibid. 1910. 5. 9* • T. civ. Seine, 22 déc. 1931 : *DH 1932. 143.* ♦ ... Le mandat de représentation en justice donné par un commerçant à un agréé. • Req. 12 déc. 1911 : *DP 1913. 1. 129, note Feuilloley.* ♦ ... Des emprunts. • Civ. 30 juill. 1907 : *DP 1908. 1. 161* • Douai, 31 juill. 1913 : *ibid. 1914. 2. 1, note Percerou* • Besançon, 16 mars 1936 : *DH 1936. 2. 136.* ♦ ... Une convention de compte courant. • Req. 1er févr. 1928 : *DH 1928. 151.* ♦ ... Les cotisations d'assurance sociale. • Civ. 28 oct. 1957 : *D. 1958. 461.* ♦ ... Le contrat de location de matériel de télésurveillance destiné à assurer la sécurité d'un fonds de commerce. • Lyon, 30 avr. 1999 : *BICC 1999, n° 1312.* ♦ Comp., pour une association, • Com. 12 févr. 1985, n° 83-10.864 P • Dijon, 4 nov. 1987 : *D. 1988. IR 223, obs. Hassler.*

23. Délits et quasi-délits. BIBL. Giverdon, *RTD com. 1953. 855.* ♦ Sont commerciales en vertu de l'accessoire, les obligations qui peuvent résulter pour un commerçant d'un délit ou d'un quasi-délit ou, plus généralement, des règles de la responsabilité civile. • Civ. 28 oct. 1896 : *DP 1897. 1. 583* • Req. 11 juill. 1900 : *DP 1900. 1. 508* • Civ. 19 mars 1907 : *DP 1907. 1. 423* • 25 févr. 1924 : *DP 1925. 1. 188* • Req. 11 déc. 1944 : *D. 1945. 213, note Gabolde* • T. com. Seine, 22 juin 1951 : *D. 1951. Somm. 78* • Paris, 11 févr. 1976 : *RTD com. 1976. 678, obs. Jauffret.* ♦ Il est nécessaire que l'infraction ou la faute se rattache par un lien direct et immédiat à l'exercice du commerce. • Civ. 9 déc. 1901 : *DP 1902. 1. 311.* – Comp. : • T. com. Paris, 7 avr. 1995 : *Gaz. Pal. 1996. 1. Somm. 62.* ♦ V., au cas d'injure ou de diffamation par un commerçant à l'égard d'un autre à propos de leur commerce, • T. civ. Saint-Nazaire, 17 avr. 1951 : *D. 1951. Somm. 69.* ♦ A propos de concurrence déloyale, V. • Com. 7 avr. 1967 : *D. 1968. 61.*

24. Actes civils par accessoire. Un acte commercial par nature a un caractère civil s'il n'est que l'accessoire d'une activité ou d'un acte civil, tel est le cas de spectacles publics organisés par un comité des fêtes caritatif. • Com. 13 mai 1970 : *D. 1970. 644.* ♦ Pour accueillir l'exception d'incompétence au profit de la juridiction commerciale, après avoir relevé que le dossier fourni par la société indiquait que la production d'électricité revendue à la société ERDF par un particulier permettrait de couvrir les mensualités du crédit souscrit par cette dernière, l'arrêt retient que la vente d'énergie constitue un acte de commerce et que le tribunal de commerce est compétent pour connaître des actes préparatoires nécessaires, comme l'achat et le financement de l'opération, qui sont des actes commerciaux par accessoire. En se déterminant ainsi, sans rechercher si l'installation photovoltaïque litigieuse n'était pas principalement destinée à un usage personnel, la cour d'appel n'a pas donné de base légale à sa décision. • Civ. 1re, 25 févr. 2016, n° 15-10.735 P : *D. 2016. Actu. 541* ; *AJCA 2016. 247, obs. Lebel* ; *JCP E 2016, n° 1161* ; *CCC 2016, n° 128, obs. Bernheim-Desvaux* ; *RJDA 2016, n° 412.* ♦ Comp., dans la même affaire, jugeant que c'est à bon droit que le juge d'instance, constatant que la production en vue de la vente habituelle d'électricité constitue un acte de commerce au sens de l'art. L. 110-1, a considéré que le contrat de crédit conclu pour financer l'acquisition et l'installation de panneaux photovoltaïques était un acte de commerce accessoire à l'opération de production et revente de l'électricité, même si le particulier n'a pas la qualité de commerçant : • Bordeaux, 24 nov. 2016, n° 16/02868 : *AJ contrat 2017. 95, obs. Brignon* .

25. Actes mixtes. V. § VI ss. art. L. 721-3.

26. Sociétés à forme commerciale. V. note 8 ss. art. L. 721-3. ♦ Sur l'exclusion de la propriété commerciale, V. art. L. 145-1.

C. ACTES DE COMMERCE PAR LA FORME

BIBL. Pirovano, *D. 1976. Chron. 249.*

27. Effets de commerce. V. art. L. 511-1 et L. 721-4. ♦ V. aussi, C. consom., art. L. 313-13, ss. art. L. 511-5.

D. COMMERCIALITÉ JURISPRUDENTIELLE

1° OPÉRATIONS SUR FONDS DE COMMERCE

28. Cession de fonds de commerce. Est commerciale la vente du fonds de commerce. • Com. 20 mai 1969, n° 66-11.155 P • 13 juin 1989, n° 87-12.651 P : *D. 1989. IR 195.* ♦ V. *contra*, lorsque le vendeur n'a plus la qualité de commerçant : • Paris, 27 nov. 1962 : *D. 1963. 49.* ♦ La promesse synallagmatique de vente d'un fonds de commerce constitue un acte de commerce au sens de l'art. 632 [C. com., art. L. 110-1]. • Com. 8 janv. 1991, n° 88-17.227 P : *RTD com. 1991. 565, obs. Derruppé* . ♦ La cession d'un fonds de commerce présentant le caractère d'un acte de commerce, les cédants, en l'absence de stipulation contraire, s'obligent solidairement au respect de la clause de non-rétablissement et à la réparation du préjudice causé par sa violation. • Com. 8 juin 1993, n° 89-14.658 P. ♦ Sur la qualification d'acte de commerce d'une promesse d'achat d'un fonds de commerce en vue de son exploitation, V. • Com. 19 juin 1972, n° 71-12.845 P : *D. 1972. 607* ; *JCP 1973. II. 17356, note Calais-Auloy.* ♦ Sur la souscription de billets à ordre en règlement du prix, V. • Paris, 18 mai 1957 : *D. 1957. Somm. 111.*

29. Autres actes en vue d'exercer un commerce. La location d'un immeuble par un commerçant pour y exploiter son commerce est un acte de commerce. • Civ. 19 nov. 1924 : *DP 1926. 1. 138* • Paris, 28 mai 1945 : *D. 1945. 341* • 14 nov. 1949 : *D. 1950. 372, note Ripert* • Com. 28 nov. 1961 : *Gaz. Pal. 1962. 1. 220.* ♦ Au sens de l'art. 632 [C. com., art. L. 110-1], un acte accompli par un non-commerçant devient un acte de commerce lorsqu'il est passé dans le but d'exercer un commerce et qu'il est indispensable à l'exercice de celui-ci. • Com. 13 mai 1997, n° 94-20.772 P : *D. Affaires 1997. 753* ; *Defrénois 1998. 664, obs. J. Honorat et Hovasse.* ♦ Tel n'est pas le cas du prêt souscrit par l'épouse d'un commerçant en vue de l'acquisition d'un fonds de commerce, dès lors que l'emprunteur, conjoint collaborateur, n'exploite pas personnellement le fonds. • Même arrêt. ♦ Il ne se déduit pas de la seule participation du conjoint à l'achat du fonds de commerce qu'il avait lui-même la qualité de commerçant, sans rechercher s'il avait, lui aussi, l'intention de l'exploiter. • Com. 15 nov. 2005, n° 97-20.832 P : *D. 2006. AJ 229, obs. Chevrier* ; *RTD com. 2006. 563, obs. Saintourens* ; *JCP E 2006, n° 10, p. 453, note Reifegerste* ; *RJDA 2006, n° 451.*

2° CAUTIONNEMENT COMMERCIAL

30. Intérêt personnel de la caution. BIBL. Bouloc, *Rev. sociétés 1992. 1* (cautionnement donné par un dirigeant de société). – Legros, *Rev. sociétés 1998. 281* (protection jurisprudentielle du dirigeant social caution). – Dumont-Lefrand, *Dr. et patr. 7-8/2008. 72* (la nature civile ou commerciale du cautionnement). ♦ Le cautionnement est un acte civil, à moins que la caution, qu'elle ait ou non la qualité de commerçant, ait un intérêt patrimonial au paiement de la dette garantie, alors même qu'elle ne participe pas directement ou indirectement à l'activité du débiteur. • Com. 20 juill. 1981 : *RJ com. 1982. 59, note J. Mestre* • 21 oct. 1980 : *Gaz. Pal. 1981. 1. Somm. 34, obs. Piedelièvre* • 16 mars 1993, n° 90-19.205 P : *D. 1993. IR 143* ; *BJS 1993. 559, note Delebecque* (cassant • Versailles, 28 juin 1990 : *D. 1991. Somm. 385, obs. Aynès*) • Paris, 28 oct. 1992 : *BJS 1993. 75, note Delebecque.*

31. Dirigeants de sociétés commerciales. Est commercial le cautionnement donné par un gérant pour une dette de la SARL qu'il dirige. • Com. 7 juill. 1969 : *D. 1970. 14.* – V. aussi : • Versailles, 7 déc. 2006 : *RJDA 2007, n° 397.* ♦

Le cautionnement a un caractère commercial dès lors qu'il a été donné par le gérant associé majoritaire, pour garantir une opération à finalité commerciale et dans laquelle la caution avait un intérêt patrimonial personnel. • Paris, 3 juill. 2008 : *JCP E 2008, n° 38, p. 16.* ♦ Considérant que le dirigeant est présumé avoir un intérêt patrimonial lorsqu'il cautionne les dettes de la société qu'il dirige, V. • Com. 18 janv. 2000 : *RDBF 2000, n° 191, obs. Legeais* • Paris, 9 févr. 2000 : *eod. loc.* ♦ Cette présomption semble renforcée lorsque le dirigeant est en même temps l'actionnaire majoritaire, V. • Paris, 21 janv. 2000 : *RDBF 2000, n° 191, obs. Legeais* • 14 févr. 2001 : *BRDA 2001, n° 9, p. 3.* ♦ V., pour le président d'une SA : • Com. 28 oct. 1968 : *JCP 1969. II. 15884* • Paris, 16 juin 1993 : *D. 1993. IR 213.* ♦ Dans le même sens, s'agissant de cautions garantissant des sociétés commerciales faisant partie d'un groupe économique, dont l'une en était le véritable dirigeant et dans lequel les deux avaient des intérêts et des responsabilités croisés, V. • Com. 26 mai 1999 : *RJDA 1999, n° 1002.* ♦ ... Pour un associé, gérant de fait : • Com. 4 juin 1973 : *RJ com. 1975. 49, note Chartier* • 10 juill. 1973 : *ibid.* • Paris, 22 avr. 1992 : *RJDA 1992, n° 740* • Rouen, 28 juill. 1999 : *RDBF 2000, n° 191, obs. Legeais.* ♦ Comp., jugeant la qualité de dirigeant de fait insuffisante, • Paris, 10 févr. 1993 : *JCP 1995. II. 22438, note Guez.* ♦ N'a pas le caractère commercial un cautionnement donné par les administrateurs d'une société alors qu'il n'est pas établi qu'ils avaient un intérêt personnel dans le prix qu'ils cautionnaient. • Com. 19 nov. 1973 : *JCP 1973. IV. 429* • Paris, 10 déc. 1971 : *RTD com. 1972. 328 ; Gaz. Pal. 1972. 1. 218.*

32. Conjoint du dirigeant. La communauté de biens entre époux ne suffit pas à caractériser l'intérêt personnel du conjoint à l'obtention d'un crédit pour la société dont l'autre époux est le dirigeant. • Paris, 13 juin 1991 : *D. 1991. Somm. 385, obs. Aynès* • Civ. 1re, 9 déc. 1992, n° 91-12.413 P : *D. 1993. Somm. 311, obs. Aynès ; Dr. sociétés 1993, n° 68, obs. Bonneau* • Versailles, 18 mai 1995 : *BJS 1995. 841, note Delebecque.* ♦ La qualité de membre de surveillance de la société cautionnée à une date postérieure à l'engagement souscrit, tout comme la qualité d'épouse commune en biens du dirigeant de ladite société, ne saurait conférer au cautionnement une nature commerciale. • Paris, 1er déc. 1999 : *JCP E 2000, n° 3, p. 61 ; BJS 2000. 391, note Le Cannu.* ♦ Comp., en ce sens qu'a un intérêt personnel d'ordre patrimonial la caution, concubin du débiteur principal, vivant avec celui-ci au siège de l'entreprise, V. • Com. 22 avr. 1997, n° 95-10.820 : *D. Affaires 1997. 701.* ♦ V. aussi, considérant que le fait, pour la caution, d'être le conjoint du gérant de la société débitrice suffit à caractériser son intérêt patrimonial : • Paris, 19 sept. 1997 : *JCP 1998. I. 149, n° 3, obs. Simler et Delebecque.*

33. Associés de sociétés commerciales. Sur le caractère commercial de l'engagement d'un associé détenant 33 % des parts, les autres parts appartenant à ses frères, fondateur de la société et y exerçant depuis la création, les fonctions de directeur des travaux : • Paris, 20 janv. 1999 : *JCP E 1999, n° 9-10, p. 394 ; RJDA 1999, n° 602.* ♦ Pour les associés d'une société qui se sont portés caution du remboursement d'un prêt consenti pour l'acquisition d'un fonds de commerce dès lors qu'ils s'étaient engagés dans le seul espoir de réaliser une opération permettant d'améliorer une situation financière et patrimoniale personnelle difficile : • Rouen, 7 oct. 1999 : *JCP 2000. IV. 2732 ; RJDA 2000, n° 912.* ♦ Pour des associés qui avaient contribué à la création de la société, qui remplaçaient le gérant en cas d'empêchement de celui-ci et qui étaient habilités par les statuts à signer les effets de commerce : • Com. 21 févr. 2006 : *LPA 18 janv. 2007, note Guerchoun ; BJS 2006. 764, obs. Baranger ; RJDA 2006, n° 701.* ♦ Pour une directrice commerciale salariée, détentrice de 50 % des parts sociales : • Versailles, 19 oct. 1995 : *BJS 1996. 31, note P. S.* ♦ Comp. pour des actionnaires minoritaires : • Paris, 22 juin 1994 : *RTD com. 1994. 698, obs. Derruppé* • 11 déc. 1996 : *BJS 1997. 204, note Delebecque* • 26 nov. 1997 : *ibid. 1998. 220* • Toulouse, 8 mars 1999 : *RDBF 2000, n° 191, obs. Legeais.* ♦ Pour un associé égalitaire ne participant pas à la gestion de la société : • Paris, 25 janv. 1995 : *D. 1995. IR 80.* – V. aussi • Paris, 2 juill. 1997 : *RJDA 1997, n° 1377* • Aix-en-Provence, 26 nov. 1998 : *LPA 24 mai 2000, note Vincensini.* ♦ Pour un associé majoritaire retraité cautionnant les engagements de la société dont son fils était gérant dès lors que l'intention libérale résultant du lien parental est le seul moteur de l'engagement en tant que caution : • Aix-en-Provence, 17 sept. 1999 : *RDBF 2000, n° 191, obs. Legeais.* ♦ La possession de la moitié des parts de la société cautionnée ne suffit pas à donner à l'engagement de caution une nature commerciale. • Paris, 19 mai 1998 : *Gaz. Pal. 1999. 1. Somm. 261.*

34. Qualité de commerçant. Le caractère commercial du cautionnement, à lui seul, ne confère pas la qualité de commerçant à la caution. • Com. 25 mars 1997, n° 95-10.430 P : *D. Affaires 1997. 608* • Paris, 14 févr. 2001 : *préc. note 31.* ♦ Le fait pour un dirigeant de s'engager en qualité de caution à de multiples reprises au profit de plusieurs personnes morales qu'il dirige ne confère pas à son engagement un caractère commercial dans la mesure où, n'accomplissant pas à titre habituel des actes de commerce, il ne peut être considéré comme commerçant. • Com. 1er oct. 1997, n° 95-12.092 : *RTD com. 1998. 131, obs. Derruppé ; LPA 24 mai 1999, note Kéita.*

35. Preuve. V. note 4 ss. art. L. 110-3.

3° CONTRÔLE D'UNE SOCIÉTÉ COMMERCIALE

36. Cession de contrôle. Sur le caractère commercial des conventions emportant cession de contrôle d'une société commerciale, encore qu'elles ne soient pas conclues entre commerçants : • Com. 28 déc. 1978 : *D. 1980. 316, note Bousquet* • 28 nov. 2006, n° 05-14.827 : *RTD com. 2007. 148, obs. Champaud et Danet ; RJDA 2007, n° 489 ; Dr. sociétés 2007, n° 30, obs. Hovasse.* ♦ Sur les cessions d'actions ou de parts sociales, V. note 10 ss. art. L. 721-3.

37. Conventions portant sur le contrôle. La convention qui a pour objet l'organisation de la société commerciale en transférant son contrôle ou en garantissant le maintien de son titulaire est un acte commercial et relève de la compétence des tribunaux de commerce. • Com. 26 mars 1996, n° 94-14.051 P : *D. 1996. Somm. 342, obs. Hallouin ; BJS 1996. 588, note Rontchevsky ; JCP E 1996. II. 855, note Bonneau* • Civ. 1re, 3 juill. 2013 : *JCP E 2014, n° 1189, spéc. n° 6, obs. Buchberger.* ♦ Un pacte d'actionnaires portant sur le contrôle d'une société commerciale doit être considéré comme un acte de commerce par nature. • TGI Lyon, 10 avr. 1992 : *cité note 10 ss. art. L. 721-3.*

II. ACTIVITÉS CIVILES

A. AGRICULTURE

BIBL. Crevel, *RD rur. 2009. Dossier 19* (la commercialité interstitielle du locataire rural).

38. Définition. V. l'art. L. 311-1 C. rur., définissant les activités agricoles à caractère civil.

39. Juridiction compétente. Si l'art. L. 521-5 C. rur. soumet les sociétés coopératives et leurs unions à la compétence des juridictions civiles, il n'a pas pour effet de soustraire à la compétence des tribunaux de commerce les contestations relatives aux actes de commerce définis à l'art. L. 110-1 C. com. que les sociétés coopératives ou leurs unions peuvent faire avec des tiers non coopérateurs (agents commerciaux). • Rouen, 9 févr. 2006 : *RD rur. 2006, n° 255.*

40. Activités à caractère civil. V. art. L. 721-6, al. 1er. ♦ La vente des produits d'un fonds rural par le propriétaire, fermier ou cultivateur de ce fonds, constitue un acte civil. • Civ. 30 nov. 1931 : *DH 1932. 83* • Rennes, 12 févr. 1974 : *D. 1974. Somm. 49 ; RTD com. 1957. 267.* ♦ Ainsi, par exemple, les Hospices de Beaune lorsqu'ils vendent leur vin accomplissent un acte civil. • Civ. 1re, 21 avr. 1976 : *JCP 1977. II. 18605, note Chaput ; D. 1976. Somm. 58 ; RTD com. 1976. 484, obs. Jauffret.* ♦ Il en va de même de l'exploitant dont la production d'œufs est l'activité principale, et bien qu'il achète une grande quantité hebdomadaire d'aliments, dès lors qu'il vend les produits de son élevage sans procéder à des achats pour revendre. • Com. 11 avr. 1995, n° 93-16.064 P : *D. 1995. IR 151 ; Defrénois 1995. 1296, obs. J. Honorat.*

41. Exploitation commerciale. Lorsque l'agriculteur procède à une exploitation agricole de transformation de produits venant à titre principal d'autres exploitations, son activité est de nature commerciale. • Req. 4 févr. 1925 : *DH 1925. 138* • Aix-en-Provence, 3 sept. 1976 : *D. 1978. 119, note Sortais ; RTD com. 1978. 92, obs. Derruppé.* ♦ Est commercial l'élevage d'animaux en vue de la revente dont l'engraissement n'est pas assuré par les produits de l'exploitation mais principalement par des fourrages ou aliments du dehors. • Com. 23 mars 1981, n° 79-12.516 P : *RTD com. 1981. 515, obs. Derruppé* • 17 févr. 1982, n° 80-10.786 P : *RTD com. 1983. 58, obs. Derruppé* • Rennes, 1er juin 1983 : *ibid. 1985. 82, obs. Derruppé.* ♦ Les prestations de travaux agricoles qui ne sont pas le prolongement de l'acte de production et qui n'ont pas pour support l'exploitation agricole sont des activités de service ayant un caractère commercial. * Avis CCRCS n° 03-38 : *Bull. RCS 2005, n° 28 ; BRDA 2005, n° 4, p. 16.* ♦ Les prestations d'hôtellerie fournies à titre habituel par la SCEA étant dépourvues de lien avec l'activité agricole, elles n'ont pas pour support l'exploitation, et la décision d'affecter à l'activité hôtelière le dernier bâtiment non encore exploité à cette fin est contraire aux statuts en ce qu'elle porte atteinte au caractère civil de l'objet social. • Com. 13 juill. 2010, n° 09-16.100 P : *D. 2010. Actu. 1867 ; RJDA 2010, n° 1090 ; Dr. sociétés 2010, n° 199, obs. Hovasse.* ♦ Une EARL est, comme toute société civile, immatriculée au RCS ; elle ne peut exercer une activité commerciale qu'à condition que cette activité soit accessoire à son activité principale agricole et ne peut exercer une activité commerciale secondaire indépendante de son activité principale. * Avis CCRCS n° 2012-015.

B. ARTISANAT

42. Statut professionnel. V. App., v° *Artisans.*

43. Définition. L'artisan se distingue du commerçant en ce que ses revenus professionnels proviennent essentiellement de son travail manuel et qu'il ne spécule ni sur les matières premières, ni sur le travail d'autrui. • Civ. 22 avr. 1909 : *DP 1909. 1. 344* • Com. 4 déc. 1968 : *D. 1969. 200 ; RTD com. 1969. 439, obs. Jauffret.* ♦ L'inscription au registre des métiers d'un artisan n'est qu'une formalité d'ordre purement administratif qui ne permet pas d'exclure la qualité de commerçant. • Poitiers, 23 nov. 1992 : *RJ Centre-Ouest 1994. 192, note Quément.*

44. Illustrations. Dès lors qu'il est constaté qu'un plombier-chauffagiste travaillait seul, sans l'apport d'une main-d'œuvre interne ou externe, qu'il exerçait de manière prépondérante une activité de production, transformation et prestation de services dont il tire l'essentiel de sa rémunération, et que l'achat pour revendre de marchandises représentait pour lui seulement l'équivalent d'environ 5 % de son résultat d'exploitation, c'est-à-dire était accessoire et marginal, une cour d'appel a fait ressortir que cet entrepreneur était un travailleur indépendant dont les gains provenaient essentiellement du produit de son travail personnel et qu'il ne spéculait ni sur les marchandises ni sur la main-d'œuvre. • Com. 11 mars 2008, n° 06-20.089 P : *cité note 73 ss. art. 2 de la L. n° 63-628 du 2 juill. 1963, App., v° Concurrence.* ♦ Est un artisan le cordonnier qui n'emploie aucun ouvrier, ne possède ni magasin, ni vitrine, ne travaille que sur commande et dont le gain ne semble avoir pour origine que son travail manuel, alors que ses achats de cuir ne sont faits qu'au fur et à mesure de ses besoins. • Req. 22 avr. 1909 : *DP 1909. 1. 344.* ♦ Pour un serrurier : • Req. 28 févr. 1933 : *DH 1933. 177.* ♦ Pour un chauffeur de taxi conduisant seul son propre véhicule : • Com. 28 mars 1973, n° 72-10.858 P. ♦ Comp. pour des patrons bateliers : • Com. 21 mai 1985, n° 82-16.624 P : *D. 1985. IR 490, obs. A. Honorat* • 19 nov. 1975 : *JCP 1976. IV. 111.* ♦ ... Un maçon : • Com. 16 juill. 1982, n° 81-14.195 P. – *Contra* : • Com. 19 juin 1984 : *RTD com. 1985. 83, obs. Derruppé.* ♦ ... Un réparateur de machines agricoles : • Com. 4 oct. 1966 : *D. 1966. 682 ; RTD com. 1967. 127, obs. Jauffret.* ♦ ... Un coiffeur : • Com. 3 nov. 1954 : *Bull. civ. IV, n° 324.* ♦ ... Alors même qu'il vendrait des produits capillaires indépendamment de l'exécution de la prestation de service de coiffure, dès lors que ces ventes présentent un caractère insignifiant (Avis CCRCS n° 2015-02 du 5 févr. 2015). ♦ ... Un plâtrier-peintre : • Civ. 18 oct. 1954 : *D. 1954. 751.*

45. Incompatibilités avec la qualité de commerçant. N'a pas la qualité d'artisan, mais celle de commerçant, un fabricant de pâtes alimentaires n'employant pas de main-d'œuvre, mais utilisant des machines importantes. • Com. 2 mai 1972, n° 71-11.216 P : *D. 1972. Somm. 163 ; RTD com. 1973. 60, obs. Jauffret.* ♦ L'emploi de huit salariés a été jugé incompatible avec le caractère civil de l'activité. V. • Toulouse, 13 janv. 1983 : *Gaz. Pal. 1983. 2. Somm. 413.* ♦ V., pour un employeur qui porte son personnel de dix à vingt-cinq puis à soixante ouvriers, bien qu'il n'ait qu'un seul client, • Com. 23 janv. 1967, n° 64-12.944 P.

46. Franchise. Le contrat de franchise n'étant pas nécessairement commercial, s'agissant du litige opposant le franchiseur à un franchisé artisan indépendant non inscrit au registre du commerce, le tribunal de commerce n'est pas compétent. • Com. 25 oct. 1994 : *CCC 1995, n° 27, obs. Leveneur.*

47. Nantissement du fonds artisanal. Sur la compétence de la juridiction civile, V. L. n° 96-603 du 5 juill. 1996, ss. art. L. 142-1.

C. ENSEIGNEMENT

48. Auto-école. L'enseignement de la pratique automobile est essentiellement un acte de technicien et a donc une nature civile, les fournitures n'en étant que l'accessoire. • Com. 3 juin 1986 : *D. 1986. IR 417, obs. A. Honorat ; RTD com. 1986. 513, obs. Derruppé* • T. com. Paris, 8 juill. 1977 : *ibid. 1977. 476, obs. Derruppé* • Colmar, 17 déc. 1996 : *LPA 2 mai 1997, note Vallens.*

49. Internat. Un chef d'institution ne fait pas acte de commerce en assurant, avec le concours de collaborateurs, l'instruction de ses élèves, bien qu'il pourvoie au logement et à la nourriture de ceux-ci. • Civ. 20 avr. 1931 : *DH 1931. 314.* – Comp. : • Caen, 12 juill. 1967 : *D. 1968. 208.* ♦ Pour l'achat d'articles de bureau, V. • Civ. 14 mai 1952 : *D. 1953. Somm. 5.*

50. Instituteur. Sur l'incompatibilité de cette qualité avec celle de commerçant, V. • Com. 4 oct. 1994, n° 92-15.102 P : *D. 1995. 456, note Barabé-Bouchard ; RTD com. 1995. 105, obs. Derruppé .*

Code minier *(Ord. n° 2011-91 du 20 janv. 2011, en vigueur le 1er mars 2011)* **Art. L. 131-3** L'exploitation des mines est considérée comme un acte de commerce.

Cette disposition s'applique aux sociétés civiles existant au 22 mai 1955 sans qu'il y ait lieu de modifier leurs statuts. – *[C. minier, art. 23.]*

Code rural et de la pêche maritime *(Ord. n° 2010-462 du 6 mai 2010, art. 1er)* **Art. L. 311-1** Sont réputées agricoles toutes les activités correspondant à la maîtrise et à l'exploitation d'un cycle biologique de caractère végétal ou animal et constituant une ou plusieurs étapes nécessaires au déroulement de ce cycle ainsi que les activités exercées par un exploitant agricole qui sont dans le prolongement de l'acte de production ou qui ont pour support l'exploitation. *(L. n° 97-1051 du 18 nov. 1997)* « Les activités de cultures marines *(L. n° 2019-469 du 20 mai 2019, art. 4)* « et d'exploitation de marais salants » sont réputées agricoles, nonobstant le statut social dont relèvent ceux qui les pratiquent. » *(L. n° 2005-157 du 23 févr. 2005, art. 38-I)* « Il en est de même des activités de préparation et d'entraînement des équidés domestiques en vue de leur exploitation, à l'exclusion des activités de spectacle. » *(L. n° 2010-874 du 27 juill. 2010, art. 59)* « Il en est de même de la production et, le cas échéant, de la commercialisation, par un ou plusieurs exploitants agricoles, de biogaz, d'électricité et de chaleur par la méthanisation, lorsque cette production est issue pour au moins 50 % de matières provenant *(L. n° 2014-1170 du 13 oct. 2014, art. 3)* « d'exploitations agricoles ». Les revenus tirés de la commercialisation sont considérés comme des revenus agricoles, au prorata de la participation de l'exploitant agricole dans la structure exploitant et commercialisant l'énergie produite. Les modalités d'application du présent article sont déterminées par décret. »

Les activités agricoles ainsi définies ont un caractère civil.

(Ord. n° 2005-1127 du 8 sept. 2005, art. 7) « Toutefois, pour la détermination des critères d'affiliation aux régimes de protection sociale des non-salariés et des salariés des professions agricoles, sont considérées comme agricoles les activités mentionnées respectivement aux articles L. 722-1 et L. 722-20. »

RÉP. COM. v° *Agriculture*, par OLSZAK.

Pour des annotations et des références bibliographiques, V. ***C. rur.***

Art. L. 931-1 Toute activité de pêche maritime pratiquée, à titre professionnel, à bord d'un navire et en vue de la commercialisation des produits est réputée commerciale sauf lorsqu'elle est exercée à titre individuel sur des navires d'une longueur inférieure ou égale à douze mètres ou effectuant habituellement des sorties de moins de vingt-quatre heures.

Art. L. 110-2 La loi répute pareillement actes de commerce :

1° Toute entreprise de construction, et tous achats, ventes et reventes de bâtiments pour la navigation intérieure et extérieure ;

2° Toutes expéditions maritimes ;

3° Tout achat et vente d'agrès, apparaux et avitaillements ;

4° Tout affrètement ou nolissement, emprunt ou prêt à la grosse ;

5° Toutes assurances et autres contrats concernant le commerce de mer ;

6° Tous accords et conventions pour salaires et loyers d'équipages ;

7° Tous engagements de gens de mer pour le service de bâtiments de commerce. – *[C. com., art. 633.]*

1. Construction et réparation navales. Les dispositions du 1° de l'art. L. 110-2 attribuent la qualité d'acte de commerce par nature à l'activité de construction de navires à la condition qu'elle soit effectuée en entreprise. • Rouen, 30 mars 2006 : *JCP E 2006, n° 31-34, p. 1377.* ♦ Mais l'entreprise de réparation navale n'est pas envisagée par ce texte, elle ne constitue pas un acte de commerce par nature. • Même arrêt. ♦ V. aussi note 23 ss. art. L. 110-4.

2. Plaisance. L'achat d'un navire de plaisance, non en vue de la revente, mais pour l'usage personnel de l'acquéreur, n'a pas de caractère commercial. • Req. 23 janv. 1888 : *DP 1888. 1. 405.* ♦ ... Pas plus que la navigation de plaisance, même si le yacht se rendait pour réparations, dans le chantier d'un port. • Caen, 25 févr. 1963 : *D. 1963. 348, note Jambu-Merlin.* – Et, sur pourvoi, • Com. 2 déc. 1965 : *D. 1966. 501, note Rodière.*

3. Expéditions maritimes. Toutes les expéditions maritimes, sans exception, sont commerciales ; il en est ainsi, not*amment, des entreprises de pêche, si modestes soient-elles.* • Douai, 6 févr. 1913 : *DP 1914. 2. 56* • Rouen, 31 mars 1931 : *DH 1931. 359.* ♦ Mais ne donnait pas une base légale à sa décision la cour d'appel qui, pour attribuer la qualité de commerçant à un patron-pêcheur, retenait que, quelle que fût l'étendue de son activité de patron de pêche, simple pêcheur vendant les poissons tirés de la mer, ou pêcheur industriel transformant et conditionnant les fruits de sa pêche avant de les vendre, il effectuait habituellement des expéditions maritimes, lesquelles sont réputées actes de commerce par l'art. 633 [C. com., art. L. 110-2], sans rechercher dans quelles conditions s'exerçait son activité professionnelle. • Com. 18 janv. 1994, n° 91-16.894 P : *JCP 1994. IV. 764.* ♦ Comp., désormais : C. rur., art. L. 931-1, ss. art. L. 110-1. ♦ L'exception faite par l'art. L. 931-1 C. rur. à la présomption de commercialité de l'activité de pêche maritime n'implique pas nécessairement que l'activité ainsi limitée (navire de moins de 12 mètres et sortie de moins de 24 heures) soit non commerciale. Il y a lieu de se pencher cas par cas sur les conditions dans lesquelles cette dernière est exercée ; deux situations étant alors à distinguer selon que l'activité du patron pêcheur, ou de l'entrepreneur se présentant comme tel, est ou non marquée par l'implication personnelle et dominante du capitaine dans les opérations de navigation et de pêche (Avis CCRCS n° 2018-017 du 19 déc. 2018).

4. Affrètement. Le contrat d'affrètement n'est commercial pour l'affréteur qu'autant qu'il se rattache à des opérations de commerce. • Req.

30 juill. 1884 : *DP 1885. 1. 193* • Aix-en-Provence, 22 juin 1899 : *DP 1899. 2. 438.* ♦ V. aussi, pour un affrètement conclu par l'État en vue du transport de denrées nécessaires au ravitaillement de l'armée : • Paris, 26 oct. 1927 : *DP 1928. 2. 205.* ♦ ... Ou par l'Office national interprofessionnel des céréales : • Aix-en-Provence, 16 oct. 1951 : *D. 1951. 676.* ♦ Comp., en ce sens que la nature maritime d'une vente *caf* ou *fob* ne suffit pas à la faire considérer comme commerciale : • Alger, 19 nov. 1952 : *D. 1954. 541, note Chauveau.*

5. Transport de passagers. Le contrat de transport de passagers par mer, commercial pour l'armateur, est purement civil pour le passager, qui peut donc, à son choix, assigner l'armateur devant le tribunal civil ou le tribunal de commerce. • Req. 11 janv. 1860 : *DP 1860. 1. 91.*

6. Assurances concernant le commerce de mer. Il résulte de l'art. L. 322-26-1 C. assur. que les sociétés d'assurances mutuelles ont un objet non commercial ; par suite, elles échappent à la compétence des tribunaux de commerce, même si elles accomplissent des actes qui, telles les assurances concernant le commerce de la mer visées à l'art. 633 [C. com., art. L. 110-2], sont réputés acte de commerce. • Civ. 1re, 22 oct. 1996, n° 93-17.255 P : *RTD com. 1997. 85, obs. Derruppé* ; *BJS 1997. 468, note Rontchevsky.* ♦ Comp. note 14 ss. art. L. 110-1.

7. Engagement maritime. Le contrat d'engagement maritime est commercial, même pour les gens de mer. • Civ. 5 févr. 1896 : *DP 1896. 1. 575, concl. Desjardins.*

Art. L. 110-3 **A l'égard des commerçants, les actes de commerce peuvent se prouver par tous moyens à moins qu'il n'en soit autrement disposé par la loi.** – *[C. com., art. 109.]*

Sur la signature électronique, V. C. civ., art. 1367. – **C. civ.** *– V. aussi C. pr. civ., art. 287 à 288-1. –* **C. pr. civ.**

RÉP. COM. v° *Preuve*, par GRYNBAUM.

BIBL. ▸ PARLÉANI, *D. 1983. Chron. 65.* – CHAMOUX, *JCP 1981. I. 3008.* – C. N., *LPA 6 juill. 1987* (techniques nouvelles). – RUET, *RTD com. 1991. 151* (office du juge). – LÉONNET, *JCP 1993. I. 3722* (preuve en matière de concurrence et de réglementation économique). – TONNELLIER et DUPUIS-TOUBOL, *JCP E 1998, n° 51, p. 2011* (le commerce électronique vaut bien une réforme du droit de la preuve). – VILLEROIL, *Banque et Dr. 1-2/1999. 22* (télétransmission confrontée au droit de la preuve). – HASSLER, *LPA 21 sept. 1999* (preuve de l'existence d'un contrat et internet). – MORENO, *ibid. 27 sept. 2000* (droit de la preuve à l'heure d'internet). – SCHWERER, *CCC 2000. Chron. 16* (réflexions sur la preuve et la signature dans le commerce électronique). – COUPEZ et GAILLIÈGUE, *CCE 2002. Chron. 25* (vers une signature électronique juridiquement maîtrisée). – LIARD, *ibid. 26* (responsabilité des prestataires de service de certification). – ASSAYA et BAUDOUIN, *JCP E 2003, n° 4, p. 164* (signature électronique par cryptographie à clé publique). – KHALIL, *CCE 2003. Chron. 10* (signature électronique : certificats qualifiés « publics » ou certificats qualifiés « privés » ?). – PIETTE-COUDOL, *ibid. 2004. Chron. 29* (écrit et signature électronique depuis la LCEN) ; *ibid. 2005. Chron. 2* (identité des personnes, les certificats et la signature électronique). – BLANCHETTE, *ibid. 13* (modernité et intelligibilité du droit de la preuve français). – Dossier, *AJCA 2015. 199* (la preuve dans le contentieux commercial et de la concurrence). – GODON, *D. 2015. 2580* (la liberté de la preuve en droit commercial : une illusion). – D'ALÈS et SICSIC, *JCP E 2016, n° 1200* (le droit à la preuve dans le procès commercial).

A. DOMAINE

1. Preuve à l'égard des commerçants. L'art. 1326 [1376] C. civ. ne s'applique pas lorsqu'il s'agit, à l'égard de commerçants, de prouver des actes de commerce, lesquels, conformément à l'art. L. 110-3 C. com., peuvent se prouver par tous moyens, à moins qu'il n'en soit décidé autrement par la loi. • Civ. 1re, 2 mai 2001, n° 98-23.080 P : *D. 2001. AJ 1950, obs. Lienhard* ; *RTD com. 2001. 867, obs. Saintourens* ; *Defrénois 2001. 1057, obs. Libchaber* (pour une reconnaissance de dette). ♦ L'art. 109 [C. com., art. L. 110-3] n'est applicable que lorsque le commerçant a agi dans l'exercice ou pour l'intérêt de son propre commerce. • Com. 19 janv. 1993, n° 90-16.380 P : *D. 1993. IR 36* ; *Defrénois 1993. 1374, obs. Aubert* • 12 oct. 1982, n° 81-11.812 P. ♦ Une société anonyme étant commerciale par la forme, un acte de commerce peut être prouvé contre elle par tous moyens. • Com. 13 nov. 2007, n° 06-17.823 : *RJDA 2008, n° 162.* ♦ Il en va de même à l'égard d'une SARL, sauf à la société à justifier que l'acte était étranger à son commerce. • Com. 10 mars 2004, n° 02-15.256 : *RJDA 2004, n° 994.* ♦ Dès lors qu'il est constaté que le demandeur a souhaité financer une opération commerciale consistant en l'aménagement et l'exploitation d'un restaurant après transformation d'un fonds de commerce de buvette, ce dont il résulte que la preuve est libre. • Com. 26 mai 2004, n° 02-16.480 : *RJDA 2004, n° 1290.* ♦ Les règles de la preuve commerciale s'appliquent à l'acte modificatif d'une convention initiale intervenue entre deux commerçants pour l'exercice de leur commerce, même si l'une des parties a perdu la qualité de commerçant. • Com. 16 déc. 1980, n° 79-13.166 P. ♦ Mais les règles de preuve de droit civil s'appliquent à un commerçant dès lors que le prêt que celui-ci a consenti à un autre commerçant est étranger à l'exercice de son commerce. • Civ. 1re, 23 mai 1977, n° 76-10.156 P.

2. Taux d'intérêt. Sur la stipulation d'intérêt conventionnelle, V. C. civ. art. 1907. – **C. civ.** ♦ V. note 13 ss. art. L. 314-5 C. consom., App., v° *Prêts d'argent – Intérêts des capitaux.*

3. Actes mixtes. La règle vaut dans les actes mixtes à l'égard du seul commerçant, contre qui un acte de commerce peut se prouver par tout moyen. • Civ. 1re, 21 févr. 1984, n° 82-15.707 P. ♦ C'est à l'égard des commerçants que les actes de commerce peuvent se prouver par tous moyens. • Paris, 24 oct. 1986 : *D. 1987. Somm. 443, obs. Aynès* • Com. 21 juill. 1988 : *RTD com. 1989. 60, obs. Derruppé ; JCP E 1989. II. 15519, note Delebecque* • 21 juin 1994, n° 92-18.630 P : *D. 1994. IR 216* (preuve à l'égard d'une banque) • Civ. 1re, 8 févr. 2000, n° 98-10.107 P : *D. 2000. AJ 135, obs. Daleau ; RTD com. 2000. 327, obs. Derruppé* (preuve à l'égard d'un garage). ♦ Dans un acte mixte, les règles de preuve de droit civil s'appliquent envers la partie pour laquelle il est de caractère civil. • Civ. 1re, 2 mai 2001 : *préc. note 1.* ♦ La preuve d'un nantissement, même consenti par un non-commerçant, peut être apportée par tous moyens, dès lors qu'il a été constitué en garantie des engagements d'un commerçant envers un autre commerçant. • Com. 2 oct. 2001 : *cité note 4 ss. art. L. 521-1.*

4. Cautionnement. **BIBL.** Bouloc, *Rev. sociétés 1992. 1* (cautionnement par un dirigeant de société). – Mouly, *RJDA 1993. 679* (cautionnement omnibus). – Danet, *RTD com. 1994. 173* (même thème). – Moulin, *RDBF 2001, n° 32* (preuve du cautionnement par télécopie). – V. C. civ., art. 2292. – **C. civ.** ♦ Alors même qu'un cautionnement serait de nature commerciale, l'art. 1326 [1376] C. civ. s'applique à un souscripteur qui n'a pas la qualité de commerçant, aurait-il en tant que dirigeant de la société cautionnée un intérêt patrimonial dans l'opération principale. • Com. 21 juin 1988, n° 86-10.128 P : *D. 1988. IR 195 ; JCP 1989. II. 21170, note Delebecque* • 11 janv. 1994, n° 91-19.449 P • Paris, 24 oct. 1986 : *D. 1987. Somm. 443, obs. Aynès.* ♦ Dans le même sens, jugeant que l'application de l'art. 109 [C. com., art. L. 110-3], s'agissant du cautionnement d'une SARL donné par un associé détenant 50 % du capital, suppose la preuve que cet associé accomplissait à titre habituel et professionnel des actes de commerce : • Com. 2 avr. 1996, n° 94-18.495 : *BJS 1996. 665, note Delebecque.* – V. aussi • Com. 12 mai 1998, n° 95-15.355 P : *D. Affaires 1998. 1174, obs. J. F. ; CCC 1998, n° 128, obs. Leveneur ; JCP E 1998, n° 50, p. 1970, note Leveneur* • Civ. 1re, 18 mai 2004, n° 01-17.007 P : *D. 2004. AJ 1665 ; JCP E 2005, n° 24, p. 1005, obs. Simler ; RTD com. 2004. 693, obs. Saintourens ; LPA 21 mars 2005, note Favario.* ♦ En revanche, l'art. 1326 [1376] C. civ. ne s'applique pas lorsqu'il s'agit, à l'égard des commerçants, de prouver des actes de commerce. • Com. 15 nov. 1988, n° 87-11.626 P : *D. 1990. 3, note Ancel* • 11 déc. 1990, n° 89-15.048 P : *D. 1991. 584, note Bandrac.*

Sur les conséquences attachées au caractère commercial du cautionnement, en ce qui concerne l'application de l'art. 1326 [1376] C. civ. et la couverture des intérêts conventionnels, V. • Civ. 1re, 29 févr. 2000, n° 97-21.873 P : *D. 2000. Somm. 342, obs. Brémond* • 10 juill. 2001, n° 98-21.575 P : *D. 2001. AJ 2408.* – Comp. • Com. 16 mars 1999, n° 96-12.653 P : *JCP 1999. II. 10184, note Casey* • 17 juill. 2001, n° 97-17.579 P : *D. 2001. AJ 2514.*

5. Cession de parts sociales. V. • Com. 11 mars 2003, n° 99-20.331 : *RJDA 2003, n° 599.* ♦ V. aussi note 10 ss. art. L. 721-3.

B. LIBERTÉ DE LA PREUVE

BIBL. Huet, *D. 1992. Chron. 33* (télécopie) ; *ibid. 2000. Chron. 95* (consécration de la preuve et de la signature électroniques). – Dutour, *LPA 23 févr. 1996* (convention de preuve et télécopieurs). – Ammar, *RTD civ. 1993. 499* (preuve technologique). – Van Gœthem-Devoluet, *LPA 15 août 1994* (télépaiement). – Garola Giuglaris, *D. Affaires 1995. 211.* – Bréban et Pottier, *Gaz. Pal. 1996. 276 et 863* (transactions électroniques). – Lautrette, *LPA 10 mai 1996* (télex, télécopie, télégramme). – Colloque, *ibid. 29 mai 1996* (informatique, télématique et preuve). – Oudot, *ibid. 6 mai 1998* (signature numérique). – V. aussi Bibl. ss. art. L. 110-3.

6. Diversité des modes de preuve. Tous les modes de preuve sont admissibles en matière commerciale, la preuve par présomptions comme la preuve par témoins. • Civ. 3 févr. 1904 : *DP 1904. 1. 215.* ♦ ... Même pour prouver contre et outre le contenu des actes. • Req. 25 nov. 1903 : *DP 1904. 1. 183.* ♦ Une cour d'appel, usant de son pouvoir souverain d'appréciation de l'impossibilité morale de se procurer une preuve littérale de l'acte juridique résultant de l'usage en matière agricole qui autorise les parties à conclure verbalement les ventes d'aliments pour le bétail, a estimé que ces commandes pouvaient être faites par téléphone et ne pas être concrétisées par un écrit daté et signé par le client. • Com. 22 mars 2011, n° 09-72.426 P : *D. 2011. Chron. C. cass. 2687, obs. Arbellot ; RTD civ. 2011. 491, obs. Deumier ; RJDA 2011, n° 599.* ♦ Le juge peut souverainement retenir à titre de présomption simple la composition d'un code confidentiel d'un système informatique fonctionnant régulièrement. • Montpellier, 9 avr. 1987 : *JCP 1988. II. 20984, note Boizard ; RTD civ. 1988. 758, obs. Mestre.* ♦ Cependant, l'automatisme d'une écriture informatisée ne saurait exprimer la volonté d'une banque de contrepasser une écriture. • Com. 22 nov. 1976, n° 75-11.949 P : *Banque 1977. 605, note L. Martin.* ♦ En rejetant les demandes en paiement du fournisseur, sans rechercher, ainsi qu'elle y était invitée, si le fait, pour la société, d'avoir passé commande après avoir reçu les nouveaux tarifs, et d'avoir accepté les livraisons afférentes sans réserve, n'établissait pas la preuve de l'acceptation de ces tarifs, la cour d'appel a privé sa décision de base légale. • Com. 14 mars 2018, n° 16-25.850 : *AJ contrat 2018. 243, obs. Magnier-Merran*. ♦ Sur la force probante de photocopies de factures ou d'estimations en l'absence des originaux des factures d'achat, V. • Civ. 1re, 23 sept. 2020, n° 19-11.443 P.

7. Conventions sur la preuve. Sur la validité des conventions de preuve entre professionnels, V. • T. com. Paris, 3 sept. 2007 : *RDBF 2008, n° 121, obs. Caprioli.*

8. Signature électronique. Sur l'adaptation du droit commun de la preuve aux technologies de l'information et sur la signature électronique, V. note et Bibl. ss. art. L. 110-3.

9. Facture. BIBL. R. Savatier, *RTD com. 1973. 1.*
♦ Une facture, bien qu'établie par des moyens informatiques, peut valoir preuve de l'existence et du contenu d'un contrat conclu entre EDF et ses clients, même non commerçants. • T. com. Paris, 24 juin 1975 : *RJ com. 1976. 19.* – Comp. • Com. 11 mars 1980, n° 78-12.466 : *JCP 1980. IV. 206.* ♦ V. aussi, sur l'insuffisance de la seule production de factures pour justifier de l'obligation de la partie à laquelle on les oppose, en raison de la règle selon laquelle nul ne peut se créer une preuve à soi-même : • Versailles, 4 févr. 1993 : *Gaz. Pal. 1994. 1. Somm. 81* • Com. 6 déc. 1994, n° 93-12.309 : *CCC 1994, n° 67, obs. Leveneur.* ♦ V. art. 289 *bis* CGI, App., v° *Factures.*

10. Comptabilité. Sur la force probante des *documents comptables*, V. notes ss. art. L. 123-23.

11. Preuve de la date. A l'égard des commerçants la date d'un acte de commerce peut être prouvée par tous moyens. • Civ. 3e, 29 nov. 2005, n° 04-11.321 P : *D. 2006. AJ 144, obs. Chevrier* ; *RTD com. 2006. 45, obs. Monéger* ; *Gaz. Pal. 2006. 1917, note Barbier ; RJDA 2006, n° 115.* ♦ L'art. 1328 [1377] C. civ., relatif à la date certaine des actes sous seing privé, n'est pas applicable en matière commerciale. • Civ. 21 avr. 1869 : *DP 1869. 1. 407* • Req. 9 janv. 1906 : *DP 1906. 1. 77* • Com. 25 avr. 1983, n° 81-16.804 P : *D. 1984. 1, note Jourdain ; Gaz. Pal. 1983. 2. Pan. 239, obs. Dupichot* • 17 mars 1992, n° 90-10.694 P : *D. 1992. Somm. 399, obs. Delebecque* • 4 mai 1999, n° 97-12.085 : *RJDA 1999, n° 775.* ♦ Mais une SCI bailleresse n'ayant pas la qualité de commerçant, la preuve de la date du bail conclu par la société pour sa réinstallation ne peut être rapportée que dans les conditions de l'art. 1328 [1377] C. civ. • Civ. 3e, 13 juin 2007, n° 06-14.856 P : *D. 2007. AJ 1880, obs. Mbotaingar* ; *RLDA sept. 2007. 28, obs. Cerati-Gauthier.* ♦ Le contrat de location-gérance passé par acte sous seing privé n'a pu avoir date certaine à l'égard du propriétaire du local commercial – en l'absence des autres conditions susceptibles d'après l'art. 1328 [1377] C. civ. de conférer un tel effet et la publication dans un JAL ne figurant pas parmi ces conditions – que du jour de son enregistrement. • Paris, 21 mars 2007 : *AJDI 2007. 840* .

Art. L. 110-4 **I. — Les obligations nées à l'occasion de leur commerce entre commerçants ou entre commerçants et non-commerçants se prescrivent par** *(L. n° 2008-561 du 17 juin 2008, art. 15)* **« cinq » ans** *[ancienne rédaction : dix ans]* **si elles ne sont pas soumises à des prescriptions spéciales plus courtes.**

II. — Sont prescrites toutes actions en paiement :

1° Pour nourriture fournie aux matelots par l'ordre du capitaine, un an après la livraison ;

2° Pour fourniture de matériaux et autres choses nécessaires aux constructions, équipements et avitaillements du navire, un an après ces fournitures faites ;

3° Pour ouvrages faits, un an après la réception des ouvrages.

(Abrogé par L. n° 2013-619 du 16 juill. 2013, art. 32-II) **« III. — *Les actions en paiement des salaires des officiers, matelots et autres membres de l'équipage se prescrivent par cinq ans*** *(Abrogé par L. n° 2008-561 du 17 juin 2008, art. 15)* ***« conformément à l'article 2277 du code civil ».*** » — *[C. com., art. 189 bis, 433 et 433-1.]*

Les dispositions de la L. n° 2008-561 du 17 juin 2008 qui réduisent la durée de la prescription s'appliquent aux prescriptions à compter du jour de l'entrée en vigueur de la présente loi (JO 18 juin), sans que la durée totale puisse excéder la durée prévue par la loi antérieure. Lorsqu'une instance a été introduite avant l'entrée en vigueur de la loi précitée, l'action est poursuivie et jugée conformément à la loi ancienne. Cette loi s'applique également en appel et en cassation (L. préc., art. 26-II et III).

Le III de l'art. L. 110-4 est abrogé à compter de l'entrée en vigueur de la L. n° 2013-504 du 14 juin 2013 relative à la sécurisation de l'emploi (JO 16 juin). Les actions en justice nées antérieu-

rement à l'entrée en vigueur de la loi précitée demeurent régies par le III de l'art. L. 110-4 dans sa version antérieure à la L. n° 2013-619 du 16 juill. 2013 (L. préc., art. 32-II et III).

RÉP. COM. v° *Prescription*, par CASSON.

BIBL. ▶ LEGROS, *Dr. Sociétés nov. 1991. 1* (prescription du cautionnement du dirigeant). – RODOLPHE, *LPA 5 nov. 2004* (prescription en matière d'octroi de crédit à long terme). – BRENNER, Le code de commerce 1807-2007, Livre du bicentenaire, *Dalloz, 2007, p. 502* (prescription commerciale). ▶ Loi n° 2008-561 du 17 juin 2008 : STORCK, *LPA 2 avr. 2009* (prescription commerciale et réforme du 17 juin 2008). – GRIMONPREZ, *RLDA nov. 2009. 51* (nouveau visage de la prescription en droit des affaires). – RUMEAU-MAILLOT, *Rev. sociétés 2012. 203* (délais de prescription en droit des sociétés).

I. PRESCRIPTION DE DROIT COMMUN

A. PRESCRIPTION QUINQUENNALE [RÉGIME NOUVEAU]

1. Application. V. la nouvelle rédaction du I de l'art. L. 110-4 et la seconde note rédactionnelle sous cet article. ♦ La durée du délai de prescription prévu à l'art. L. 110-4-I a été réduite de dix à cinq ans par la L. du 17 juin 2008 portant réforme de la prescription en matière civile. • Com. 3 avr. 2013, n° 12-15.492 P : *D. 2013. Actu. 905 ; JCP E 2013, n° 1221 ; BRDA 2013, n° 8, p. 1.* ♦ Ayant retenu à bon droit que la réduction de la prescription de l'art. L. 110-4, de dix à cinq ans, applicable le 19 juin 2008, s'appliquait aux instances introduites postérieurement à cette date, sans que la durée totale de la prescription puisse excéder celle prévue par la loi antérieure, la cour d'appel, qui, après avoir retenu que l'exécution de l'échéancier avait interrompu la prescription, a fixé le point de départ de celle-ci à la date du dernier règlement effectué, en 2002, puis relevé qu'à la date de l'assignation introductive d'instance du 7 janv. 2013, la prescription, qui ne pouvait dépasser dix ans, était acquise, a légalement justifié sa décision. • Com. 3 oct. 2018, n° 17-19.841 : *BJS 2019. 9, note Juillet.*

2. Point de départ. Le point de départ du délai de la prescription extinctive prévu à l'art. L. 110-4, modifié par la L. n° 2008-561 du 17 juin 2008, court à compter de la vente initiale, intervenue le 18 mars 2008, de sorte que l'action fondée sur la garantie des vices cachés, engagée les 9 et 10 févr. 2016, était manifestement irrecevable, l'action récursoire contre le fabricant ne pouvant offrir à l'acquéreur final plus de droits que ceux détenus par le vendeur intermédiaire. • Civ. 1re, 6 juin 2018, n° 17-17.438 P : *D. 2018. Chron. C. cass. 2041, obs. Kloda ; AJ contrat 2018. 377, note Mainguy ; JCP E 2018, n° 1352 ; RJDA 2019, n° 177.* ♦ Après avoir exactement rappelé que le délai de prescription quinquennale prévu par l'art. L. 110-4 courait à compter de l'exigibilité de l'obligation et retenu que la facture mentionnait un paiement « net dans 14 jours », de sorte que la créance n'était exigible que quatorze jours après la date de la facture, la cour d'appel en a exactement déduit que l'action en paiement n'était pas prescrite. • Com. 5 déc. 2018, n° 17-16.282 : *RJDA 2019, n° 308.* ♦ En l'état d'énonciations, constatations et appréciations, faisant ressortir qu'une société commerciale connaissait, dès l'achèvement de ses prestations, les faits lui permettant d'exercer son action en paiement de leur prix, la cour d'appel a exactement retenu que l'action en paiement introduite par cette société plus de cinq ans après était prescrite, peu important la date à laquelle elle avait décidé d'établir sa facture. • Com. 26 févr. 2020, n° 18-25.036 P : *cité note 8 ss. art. L. 441-9.* ♦ Lorsqu'un emprunteur, ayant adhéré au contrat d'assurance de groupe souscrit par la banque prêteuse à l'effet de garantir, en cas de survenance de divers risques, l'exécution de tout ou partie de ses engagements, reproche à cette banque d'avoir manqué à son obligation de l'éclairer sur l'adéquation des risques couverts à sa situation personnelle d'emprunteur et d'être responsable de l'absence de prise en charge, par l'assureur, du remboursement du prêt au motif que le risque invoqué n'était pas couvert, le dommage qu'il invoque consiste en la perte de la chance de bénéficier d'une telle prise en charge. Ce dommage se réalisant au moment du refus de garantie opposé par l'assureur, cette date constitue le point de départ du délai de prescription de l'action en responsabilité exercée par l'emprunteur. • Com. 6 janv. 2021, n° 18-24.954 P : *D. 2021. Actu. 76 ; RTD civ. 2021. 411, obs. Barbier ; JCP E 2021, n° 1080, note Pellier ; RJDA 2021, n° 280.* ♦ Il résulte des art. L. 110-4 C. com. et 2224 C. civ. que, lorsqu'un emprunteur a adhéré à un contrat d'assurance de groupe souscrit par le prêteur à l'effet de garantir l'exécution de tout ou partie de ses engagements, le délai de prescription de son action en responsabilité au titre d'un manquement du prêteur au devoir d'information et de conseil sur les risques couverts court à compter du jour où il a connaissance du défaut de garantie du risque qui s'est réalisé. • Civ. 1re, 5 janv. 2022, n° 20-16.031 B : *D. actu. 17 janv. 2022, obs. Hélaine ; D. 2022. Actu. 4.*

3. Substitution de prescription. L'opposabilité au codébiteur et à la caution solidaires de la substitution de la prescription, ayant pu se produire, en l'état du droit antérieur à la L. du 17 juin 2008, à la suite de la décision d'admission des créances au passif du débiteur principal du 7 sept. 2004, ne peut avoir eu pour effet de soumettre l'action en paiement du créancier contre le codébiteur et la caution solidaires au délai d'exécution des titres exécutoires, de sorte qu'ayant constaté que la liquidation judiciaire du débiteur avait été clôturée le 18 janv. 2005, ce dont il résultait que le délai de prescription de l'action en paiement issu de l'art. L. 110-4 C. com., interrompu pendant la durée de la procédure collective, avait recommencé à courir à cette date pour une durée de dix ans, réduite à cinq ans à compter du 19 juin 2008, et qu'il était donc expiré lors de la délivrance de la première assignation le 20 août 2013. • Com. 4 juill. 2018, n° 16-20.205 P : *D. 2018. Actu. 1484* ; *AJ contrat 2018. 438, obs. Piette* ; *RJDA 2018, n° 868.* ♦ Il résulte de l'art. L. 5113-5 C. transp. que l'action en garantie des vices cachés contre le constructeur d'un navire se prescrit par un an à compter de la date de la découverte du vice. Cependant, l'interversion de la prescription résultant de l'assignation en référé-expertise, délivrée par l'acquéreur du navire avant l'entrée en vigueur de la L. n° 2008-561 du 17 juin 2008 a entraîné la substitution, à cette courte prescription, de celle prévue par l'art. L. 110-4 C. com., applicable aux actions entre commerçants, d'une durée de dix ans, réduite à cinq ans par ladite loi. Par ailleurs, à compter de l'entrée en vigueur de cette loi, c'est le nouveau délai de prescription de cinq ans qui a commencé à courir, sans que la durée totale de la prescription puisse excéder la durée prévue par la loi antérieure. • Com. 5 mai 2021, n° 19-16.571 : *RTD com. 2021. 649, obs. Bouloc* .

B. PRESCRIPTION DÉCENNALE [RÉGIME ANCIEN]

4. *Procès équitable et Convention EDH.* La prescription instituée par l'art. L. 110-4 n'apporte aucune restriction incompatible avec les stipulations combinées des art. 6, § 1er, de la Conv. EDH et 1er du Protocole additionnel à ladite Convention. • Com. 28 sept. 2010, n° 09-68.214 : *JCP E 2010, n° 2122, note Maublanc ; BJS 2010. 917.* ♦ Sur le point de savoir si l'application immédiate d'une règle de prescription issue d'un revirement de jurisprudence aboutit à priver l'une des parties d'un procès équitable (à propos de la prescription décennale et de la prescription de droit commun), V. • Agen, 10 oct. 2007 : *BICC 1er avr. 2008, n° 584.*

1° DOMAINE

5. *Obligations nées à l'occasion du commerce.* La prescription de l'art. 189 *bis* [C. com., art. L. 110-4] vise toutes les obligations nées à l'occasion du commerce du commerçant, qu'elles soient contractuelles • Nancy, 6 nov. 1979 : *JCP 1979. IV. 390.* ♦ ... Quasi contractuelles. • Com. 7 avr. 1967, n° 64-13.457 P : *D. 1967. 511 ; RTD com. 1967. 1047, obs. Jauffret* • Orléans, 18 oct. 2001 : *RJDA 2002, n° 582.* ♦ ... Délictuelles. • Com. 14 mai 1979, n° 77-13.606 P • Civ. 3e, 5 oct. 1994, n° 92-14.582 P : *RJDA 1994, n° 1003* • Paris, 26 juin 1996 : *D. 1996. IR 185.* – V. aussi : • Com. 12 mai 2004, n° 02-17.735 P : *D. 2004. Somm. 2708, obs. Aynès* ; *JCP E 2004, n° 27, p. 1079 ; LPA 28 juill. 2004, obs. E. C. ; RJDA 2004, n° 1287* • Civ. 3e, 26 oct. 2004, n° 03-13.408 : *AJDI 2004. 911* (responsabilité délictuelle de l'agent immobilier ayant commis une erreur lors de la conclusion d'un bail commercial entre commerçants). ♦ Sont soumises à la prescription décennale les obligations nées de la loi entre commerçants ou entre commerçants et non-commerçants à l'occasion de leur commerce, telle que l'obligation de rembourser résultant du paiement de l'indu. • Com. 29 nov. 2005, n° 02-20.865 P : *D. 2006. AJ 230, obs. Chevrier* ; *JCP E 2006, n° 2, p. 82 ; RJDA 2006, n° 381* • 23 oct. 2001, n° 99-14.817 : *RJDA 2002, n° 228.* ♦ C'est en vain que le prêteur soutient que le prêt d'argent entre personnes physiques est un acte civil, dès lors que le prêt était destiné à l'acquisition d'un fonds de commerce ; un tel prêt s'inscrit dans l'activité commerciale, de sorte qu'il est soumis à l'art. L. 110-4. • Paris, 4 juill. 2008 : *JCP 2008. IV. 2560.* ♦ Après avoir énoncé que la communauté de biens entre époux ne suffit pas à établir la nature commerciale de l'engagement de caution de l'épouse du dirigeant de la société cautionnée, l'arrêt retient, dans l'exercice de son pouvoir souverain, que l'intérêt personnel de l'épouse est démontré par son implication personnelle dans la bonne marche de la société. Ayant déduit de ces constatations et appréciations que la caution était directement et personnellement intéressée au bon fonctionnement de la société et qu'elle avait signé l'acte de cautionnement dans cette perspective, la cour d'appel, qui a caractérisé l'intérêt patrimonial personnel de la caution dans l'opération garantie, a exactement décidé que la prescription commerciale était applicable, peu important que les parties au contrat de cautionnement n'aient pas eu la qualité de commerçants. • Com. 3 oct. 2018, n° 17-19.841 : *préc. note 1.* ♦ En revanche, les formalités à accomplir en application de l'art. L. 221-14 C. com., qui ne constituent pas une obligation née à l'occasion du commerce entre commerçants ou entre commerçants et non-commerçants, ne relèvent pas de la prescription prévue à l'art. L. 110-4. • Com. 25 sept. 2012, n° 11-30.018 P : *D. 2012. Actu. 2303, obs. Lienhard* ; *JCP E 2012 n° 1638 ; RJDA 2013, n° 60 ; Dr. sociétés 2012, n° 208, obs. Gallois-Cochet.* ♦ S'agissant d'une action en nullité de vente d'œuvre d'art, les dispositions de l'art. L. 110-4 sont inapplicables, car il ne s'agit pas d'une action entre commerçants née de leur commerce. • Paris, 26 juin 2007 : *D. 2007. 2788, note Baillet Bouin* . ♦ L'action en recherche de la responsabilité civile d'un avocat au titre de son activité de conseil et de rédaction d'acte, même lorsqu'elle est exercée sous la forme d'une société d'exercice libéral à responsabilité limitée, relève de la prescription contractuelle de droit commun et non de la prescription commerciale. • Civ. 1re, 9 avr. 2015, n° 14-13.323 P : *D. 2015. Actu. 873*. ♦ Jugeant que la prescription commerciale de l'art. L. 110-4 n'est pas applicable aux marchés publics, V. • CE 7 juin 2018, n° 416535 : *AJDA 2018. 1795, note Hoepffner* ; *AJ contrat 2018. 388, obs. Bucher*.

6. Bon de caisse. Les bons de caisse n'étant pas des valeurs mobilières mais des titres exprimant une reconnaissance de dette de la banque qui a reçu les fonds dans le cadre de son activité, le délai de prescription est le délai de droit commun prévu par l'art. L. 110-4. • Com. 27 mars 2012, n° 11-15.316 P : *D. 2012. Actu. 940, obs. Delpech* ; *JCP E 2012, n° 1646, spéc. n° 7, obs. Routier* ; *RJDA 2012, n° 817.* ♦ ... Et non le délai spécifique aux effets de commerce édicté par l'art. 179 [C. com., art. L. 511-78]. • Com. 21 mars 1995, n° 93-12.383 P : *RTD com. 1995. 824, obs. Cabrillac* ; *RJDA 1995, n° 1064.* ♦ V. aussi note 1 ss. art. L. 223-1 C. mon. fin., App., v° *Banque et financement de l'entreprise.*

7. Transport. La lettre qui garantit le transporteur maritime, ou le consignataire du navire, des conséquences dommageables pour eux d'une livraison irrégulière faite sans remise du connaissement, consacrant un engagement indépendant du contrat de transport, il en résulte que l'action exercée sur le fondement exclusif d'une telle lettre de garantie par son bénéficiaire à l'encontre de son signataire, celui-ci fût-il le commissionnaire ayant conclu le contrat de transport maritime, est soumise non à la prescription annale du droit des transports, mais à la prescription commerciale de droit commun. • Com. 17 juin 1997, n° 95-13.895 P : *D. 1998. Somm. 322, obs. Mercadal* (appliquant cette même prescription à l'action ayant pour fondement, non le contrat de transport, mais le mandat salarié existant entre les parties). ♦ L'action en responsabilité civile du transporteur contre l'entrepreneur de manutention pour dommage causé au navire relève de la prescription de l'art. L. 110-4. • Com. 7 déc. 2004, n° 02-18.196 P : *JCP E 2005, n° 4, p. 111* ; *RJDA 2005, n° 258.*

8. Immobilier. Sur l'application de la prescription de l'art. L. 110-4 à une demande tendant à voir constater la déchéance du droit aux intérêts, même présentée par voie d'exception, dans le cadre d'un litige en matière de prêt immobilier, V. • Civ. 1re, 16 oct. 2001, n° 99-14.711 P : *RTD com. 2002. 34, obs. Saintourens* ; *CCC 2002, n° 67, obs. Raymond* ; *RJDA 2002, n° 296* • 24 avr. 2013, n° 12-14.377 P : *D. 2013. Actu. 1124* ; *JCP 2013, n° 535* ; *CCC 2013, n° 171, obs. Raymond* ; *RJDA 2013, n° 834* • 29 mai 2013, n° 11-24.278 P : *D. 2013. Actu. 1405* ; *JCP 2013, n° 739, note Lasserre Capdeville* ; *CCC 2013, n° 198, obs. Raymond.* ♦ Le délai de la prescription court à compter de la date à laquelle le contrat de crédit est définitivement formé. • Civ. 1re, 18 nov. 2003, n° 01-11.858 : *RJDA 2004, n° 611.* ♦ Jugeant que le créancier bénéficiaire d'un engagement de main levée d'hypothèque doit en obtenir l'exécution dans les dix ans prévus à l'art. L. 110-4 pour ne pas encourir la prescription, V. • Civ. 3e, 24 avr. 2003, n° 01-17.943 P : *JCP E 2003, n° 25, p. 1025* ; *RJDA 2003, n° 884.* ♦ Jugeant qu'il convient de rechercher l'activité effective d'une SCI afin de déterminer si elle est de nature civile ou commerciale en vue de l'application de l'art. L. 110-4. • Civ. 3e, 18 févr. 2009, n° 08-12.490 : *cité note 4 ss. art. L. 110-1.*

9. Actes mixtes. Les actions en nullité des actes mixtes (en l'espèce un prêt bancaire) relèvent de la prescription décennale si elles ne sont pas soumises à des prescriptions plus courtes. • Civ. 1re, 27 juin 2006, n° 04-12.912 P : *D. 2006. AJ 1889, obs. Delpech* ; *RTD com. 2007. 675, obs. Saintourens* ; *JCP E 2006, n° 35, p. 1417* ; *RJDA 2006, n° 1200.* ♦ L'art. 189 *bis* [C. com., art. L. 110-4] ne distingue pas selon le caractère civil ou commercial des obligations qu'il vise. • Civ. 1re, 29 avr. 1997, n° 95-10.199 P : *D. 1997. 327, note Chartier* ; *CCC 1997, n° 130, note Leveneur* ; *Defrénois 1997. 1269, obs. Honorat et Hovasse* (obligations nées des fautes professionnelles d'un notaire à l'égard d'une banque) • Paris, 27 mai 2008 : *JCP 2008. IV. 2218* (action en responsabilité contre le notaire par une société commerciale ayant acheté un immeuble pour le louer) • Com. 2 mars 2010, n° 09-13.257. ♦ ... Il s'applique donc à la dette d'honoraires d'une société commerciale découlant des prestations d'un avocat exécutées pour son compte. • Civ. 2e, 4 janv. 2006, n° 04-20.136 P : *D. 2006. AJ 303, obs. Chevrier* ; *JCP E 2006, n° 5, p. 242* ; *RJDA 2006, n° 484.* ♦ La prescription décennale s'applique à des obligations nées à l'occasion de l'exercice de son activité par un entrepreneur qui a exécuté des ouvrages pour une copropriété alors même que les factures correspondent à des travaux ayant un caractère civil. • Civ. 3e, 2 févr. 1994, n° 91-16.310 P : *RTD com. 1994. 473, obs. Derruppé*. ♦ Elle s'applique au litige né de la souscription au capital d'une société anonyme. • Paris, 17 janv. 2008 : *JCP E 2008, n° 28-29, p. 33, note Thomas.* ♦ L'obligation légale relative à la formation professionnelle des salariés d'une société commerciale étant née à l'occasion de l'exercice du commerce par cette société, la prescription de l'art. L. 110-4 est applicable. • Soc. 9 juill. 2008, n° 07-11.955 P : *D. 2008. AJ 2142, obs. Perrin* ; *JCP E 2008, n° 38, p. 47.* ♦ La société étant une société commerciale par la forme, il en résulte qu'elle a la qualité de commerçante et qu'il convient d'appliquer la prescription prévue à l'art. L. 110-4. • Com. 26 oct. 2010, n° 09-71.166 : *RTD com. 2011. 309, obs. Saintourens*.

10. Relations banque-client. Sur l'application de la prescription décennale à la demande de l'emprunteur d'un crédit immobilier à voir constater la déchéance du droit aux intérêts, en application de l'art. L. 312-33 [ancien] C. consom., V. • Civ. 1re, 30 sept. 1997, n° 96-04.005 P : *D. 1997. IR 215* ; *CCC 1997, n° 184, obs. Raymond* • 4 mai 1999, n° 97-04.119 P : *D. 1999. IR 170* ; *CCC 1999, n° 150, obs. Raymond* ; *RTD com. 1999. 629, obs. Derruppé* • 13 mars 2001, n° 98-19.691 P • 9 juill. 2003, n° 01-11.153 P : *D. 2003. AJ 2008* ; *JCP E 2003, n° 39, p. 1509* ; *RJDA 2003, n° 1114* • Com. 7 janv. 2004, n° 01-03.966 : *RDC 2004. 663, obs. Bruschi.* ♦ Pour une application de la prescription décennale à une caisse de crédit agricole dans sa pratique des opérations de banque, V. • Com. 17 juill. 2001, n° 98-18.435 P : *D. 2001. AJ 2409* ; *RTD com. 2001. 868, obs. Saintourens* ; *RJDA 2002, n° 116.* ♦ ... A une demande en responsabilité dirigée contre une banque sur le fondement d'une obligation d'information et de conseil qui lui incombe en sa qualité de souscripteur de l'assurance groupe proposée aux emprunteurs. • Civ. 2e, 24 févr. 2005, n° 04-11.182 P : *JCP E 2005, n° 15-16, p. 643* ; *RJDA 2005, n° 774.* ♦ La demande de restitution d'intérêts, de frais et de commissions indûment prélevés sur un compte par un établissement bancaire, qu'elle soit présentée par voie d'action ou de défense au fond, est soumise à la prescription édictée par l'art. L. 110-4. • Com. 30 janv. 2019, n° 17-20.496 P : *D. 2019. Actu. 252* ; *JCP E 2019, n° 1094.*

2° POINT DE DÉPART DE LA PRESCRIPTION

11. Point de départ. La prescription d'une action en responsabilité court à compter de la réalisation du dommage ou de la date à laquelle il est révélé à la victime si celle-ci établit qu'elle n'en avait pas eu précédemment connaissance. • Civ. 1re, 9 juill. 2009, n° 08-10.820 P : *D. 2009. AJ 1960, obs. Delpech* ; *RTD com. 2009. 794, obs. Legeais* ; *JCP E 2009, n° 38, p. 14* ; *Gaz. Pal. 2009. 3224, obs. Bury* ; *RJDA 2010, n° 454* • Civ. 2e, 19 nov. 2009, n° 06-12. 942. ♦ Sur la question de savoir si le point de départ de l'action en responsabilité contre les gérants et dépositaires de fonds communs à crédits d'impôts, dits fonds turbo, en cas de redressement fiscal, doit être la date de notification du crédit d'impôts, celle des avis de mise en recouvrement ou celle des notifications de redressement, V. • Com. 23 sept. 2008, n° 07-11.125 P : *D. 2008. AJ 2427, obs. Delpech* ; *JCP E 2008, n° 2350* ; *Gaz. Pal. 2009. 2710, obs. du Rusquec* ; *BRDA 2008, n° 19, p. 13,* qui casse • Paris, 16 nov. 2006 : *D. 2007. AJ 16, obs. Delpech* ; *JCP E 2007, n° 17, p. 16* • T. com. Paris, 2 déc. 2003 : *D. 2004. AJ 504* ; *RJDA 2004, n° 728.* – V. aussi sur cet arrêt, Belloc, *JCP E 2004, n° 45-46, p. 1768.* ♦ La responsabilité du mandataire commerçant envers son mandant, à raison des fautes résultant des vices affectant des notifications, se prescrit par dix ans à compter de la réalisation du dommage. • Com. 27 sept. 2005, n° 02-21.045 P : *RTD com. 2006. 472, obs. Bouloc* ; *JCP 2005. IV. 3310* ; *RJDA 2006, n° 23* (la nullité des notifications n'a pas produit d'effets dommageables avant sa constatation judiciaire). ♦ L'action en responsabilité contractuelle à l'encontre du fabricant auquel il était reproché un manquement à son devoir d'information et de conseil envers l'acheteur est soumise à prescription de dix ans applicable entre commerçants ou entre commerçants et non-commerçants, le délai commençant à courir à compter de la livraison des matériaux à l'entrepreneur. • Civ. 3e, 7 janv. 2016, n° 14-07.033 P.

Saisie d'une action en responsabilité engagée à titre principal par des cautions contre une banque pour soutien abusif de crédit, une cour d'appel décide exactement que le point de départ du délai de prescription de l'art. L. 110-4 doit être fixé au jour où les cautions ont su que les obligations résultant de leurs engagements étaient mises à exécution du fait de la défaillance du débiteur principal, en l'espèce à la date à laquelle l'assignation en paiement leur a été délivrée. • Com. 24 juin 2003, n° 00-12.566 P : *D. 2003. AJ 2308, obs. Avena-Robardet (3e esp.)* ; *JCP E 2003, n° 37, p. 1409* ; *RJDA 2004, n° 98* ; *LPA 24 nov. 2003, obs. Houtcieff.* ♦ Comp., retenant que le délai de prescription commence à courir à compter de la mise en demeure de la caution et non nécessairement à la date de son assignation devant les tribunaux : • Com. 12 mai 2004, n° 02-17.735 P : *préc. note 5* (cautionnement disproportionné). ♦ Dans un cas où un emprunteur avait mis en cause la responsabilité de la banque pour manquement à son obligation de mise en garde, cette action est prescrite dès lors qu'elle a été engagée plus de dix ans après une mise en demeure de payer adressée à l'emprunteur, ce dont il résultait que le dommage s'était révélé au plus tard à cette date. • Civ. 1re, 9 févr. 2012, n° 10-21.968 : *RJDA 2012, n° 709.* ♦ Pour un arrêt retenant comme point de départ de la prescription le jour d'un commandement aux fins de saisie, V. • Com. 12 mai 2004, n° 02-10.653 P : *JCP E 2004, n° 27, p. 1079* ; *RDBF 2004, n° 160, obs. Legeais* ; *LPA 28 juill. 2004, obs. E. C.* ; *RJDA 2004, n° 1288.* ♦ Jugeant que, s'agissant d'une action en responsabilité pour soutien abusif, le point de départ de la prescription court à compter du jour de la connaissance par les créanciers du principe du dommage et de l'imputabilité de ce dommage aux concours financiers consentis par la banque. • Paris, 13 janv. 2005 : *RDBF 2005, n° 100, obs. Lucas.* ♦ Le point de départ du délai de prescription de l'action en responsabilité exercée par la caution contre la banque est fixé au jour où la caution a su, par la mise en demeure qui lui était adressée, que les obligations résultant de son engagement allaient être mises à exécution du fait de la défaillance du débiteur principal. • Com. 4 mai 2017, n° 15-22.830 : *RJDA 2017, n° 653.*

12. Date d'exigibilité de la créance contractuelle. La date de l'exigibilité de la créance à l'égard du débiteur principal constitue le point de départ de la prescription décennale, ce principe valant même en cas de prorogation du terme de l'ouverture de crédit consentie au débiteur principal. • Civ. 3e, 22 sept. 2010, n° 09-15.781 P : *D. 2010. 2292 ; RDI 2010. 558, obs. Tournafond ; JCP E 2010, n° 1900.* ♦ Le point de départ de la prescription doit être fixé au jour où l'obligation du débiteur principal a été mise à exécution. • Rennes, 20 sept. 1989 : *Gaz. Pal. 1990. 1. 152, note Prévault.* ♦ Le caractère accessoire du cautionnement a pour conséquence que le point de départ de l'obligation de la caution est le même que celui de l'obligation principale. • Même arrêt. ♦ Le dommage résultant d'un manquement au devoir de conseil dû à l'assuré sur l'adéquation de la garantie souscrite à ses besoins se réalise au moment du refus de garantie opposé par l'assureur. • Civ. 2e, 18 mai 2017, n° 16-17.754 P : *D. 2017. Actu. 1120 ; JCP E 2017, n° 1305 ; CCC 2017, n° 164, obs. Leveneur ; RJDA 2017, n° 850.* ♦ Le dommage résultant du manquement d'une banque à son obligation de mettre en garde un emprunteur non averti sur le risque d'endettement excessif né de l'octroi d'un prêt consiste en la perte d'une chance d'éviter le risque qui s'est réalisé, ce risque étant que l'emprunteur ne soit pas en mesure de faire face au paiement des sommes exigibles au titre du prêt, de sorte que le délai de prescription de l'action en indemnisation d'un tel dommage commence à courir, non à la date de conclusion du contrat de prêt, mais à la date d'exigibilité des sommes au paiement desquelles l'emprunteur n'est pas en mesure de faire face. • Com. 22 janv. 2020, n° 17-20.819 : *RJDA 2020, n° 233.*

13. Action directe. Le délai de prescription de dix ans de l'action contractuelle directe du maître de l'ouvrage contre le fabricant, fondée sur la non-conformité des matériaux, court à compter de la livraison des matériaux à l'entrepreneur. • Civ. 3e, 26 juin 2002, n° 00-12.023 P : *RTD civ. 2003. 103, obs. Jourdain ; RDI 2002. 424, obs. Malinvaud ; CCC 2002, n° 173, obs. Leveneur.*

14. Répétition de l'indu. L'action en répétition de l'indu ne pouvant être utilement engagée qu'à compter de la date où le paiement est devenu indu, c'est à cette date que doit être fixé le point de départ de la prescription commerciale. • Civ. 3e, 31 mai 2007, n° 06-13.224 P : *D. 2007. AJ 1733, obs. Forest ; JCP E 2007, n° 30, p. 15 ; RJDA 2007, n° 820.*

3° RÉDUCTION, INTERRUPTION ET INTERVERSION DE LA PRESCRIPTION

15. Réduction conventionnelle. Le délai de l'art. 189 *bis* [C. com., art. L. 110-4] peut être conventionnellement réduit. • Com. 21 mars 1995, n° 93-12.383 P : *préc. note 6.*

16. Interruption. Il appartient à celui qui se prévaut d'un acte interruptif de prescription de l'établir, et ce n'est pas au commerçant débiteur qui oppose à la demande en paiement de son créancier que son obligation est prescrite par l'accomplissement du délai de dix ans prévu à l'art. 189 *bis* [C. com., art. L. 110-4] qu'il appartient d'établir que le versement d'une somme, invoquée par son adversaire comme ayant interrompu la prescription, est intervenu pour une autre raison que celle avancée par le demandeur. • Com. 9 nov. 1993, n° 91-20.113 P : *RTD civ. 1995. 115, obs. Mestre ; JCP 1994. IV. 77.* ♦ Sur l'effet interruptif attaché à la compensation, V. • Civ. 1re, 22 oct. 2002, n° 00-20.648 P : *JCP E 2002, n° 49, p. 1939 ; RJDA 2003, n° 212 ; LPA 20 août 2003, note Brémond.* ♦ La procédure pénale, du chef de complicité de banqueroute, à l'encontre d'un banquier, s'étant terminée par un jugement de relaxe qui a débouté les parties civiles de leurs demandes de dommages-intérêts, et dès lors que, par application de l'art. 2247 [2243 nouv.] C. civ., si la demande est rejetée, l'interruption de la prescription est regardée comme non avenue, ladite procédure n'a pu interrompre la prescription de l'action des créanciers et du liquidateur en réparation du préjudice subi pour octroi abusif de crédit par ce banquier. • Civ. 2e, 24 janv. 1996, n° 93-21.870 P. ♦ L'opposabilité à la caution solidaire de la substitution de la prescription trentenaire à la prescription décennale résultant de la décision d'admission de la créance garantie au passif du débiteur principal n'a pas pour effet de soumettre les poursuites du créancier contre la caution à cette prescription trentenaire. Le délai pour agir du créancier contre cette caution, sur le fondement d'un acte notarié revêtu de la formule exécutoire, reste déterminé par la nature de la créance détenue sur la caution, le délai de prescription étant néanmoins interrompu pendant la durée de la procédure collective du débiteur principal jusqu'à la date de sa clôture. • Civ. 2e, 10 janv. 2019, n° 16-24.742 P : *D. actu. 30 janv. 2019, obs. Pellier ; JCP E 2019, n° 1049.* ♦ L'admission de la créance de la Caisse au passif de la société débitrice principale n'ayant pas eu pour effet de soumettre à la prescription trentenaire l'exercice des voies d'exécution de la Caisse contre la caution, il en résulte que, après son interruption pendant la durée de la procédure collective du débiteur principal jusqu'à sa clôture, la Caisse disposait d'un nouveau délai pour agir, soumis à la prescription de l'art. L. 110-4. • Même arrêt.

17. Interversion. BIBL. Agostini, *D. 2010. 2465* (interversion des prescriptions et réforme de la prescription). ♦ Le code de commerce n'institue pas une interversion de prescriptions pour la prescription décennale prévue à l'art. L. 110-4. • Paris, 28 juin 2001 : *D. 2001. AJ 2741, obs. Avena-Robardet* , conf. par • Civ. 1re, 14 déc. 2004, n° 01-15.734 P : *D. 2005. AJ 280, obs. Avena-Robardet ; JCP E 2005, n° 6, p. 207 ; CCC 2005, n° 63, obs. Leveneur ; RJDA 2005, n° 487.*

18. Acte authentique revêtu de la formule exécutoire. La durée de la prescription est déterminée par la nature de la créance, et la circonstance que celle-ci soit constatée par un acte authentique revêtu de la formule exécutoire n'a pas pour effet de modifier cette durée. • Cass., ch. mixte, 26 mai 2006, n° 03-16.800 P : *BICC 15 juill. 2006, p. 12, rapp. Mazars, avis Main ; D. 2006. 1793, note Wintgen ; RTD civ. 2006. 558, obs. Mestre et Fages ; ibid. 829, obs. Perrot ; JCP 2006. II. 10129, note Croze ; RJDA 2006, n° 974 ; RLDA sept. 2006. 78, note Durand et Suquet.* ♦ La durée de la prescription d'une créance est exclusivement déterminée par la nature de celle-ci, peu important que soit poursuivie l'exécution du titre exécutoire la constatant. • Civ. 1re, 12 juill. 2007, n° 06-11.369 P : *D. 2008. Pan. 1169, obs. Leborgne ; RTD com. 2008. 46, obs. Saintourens ; JCP E 2008, n° 3, p. 22, note Lamoril ; RJDA 2007, n° 1303* • Civ. 2e, 7 juin 2007, n° 06-13.771 : *JCP 2007. II. 10135, note Salati ; RDBF 2007, n° 193, obs. Piedelièvre ; Procédures 2007, n° 252.* ♦ V. aussi, jugeant qu'en retenant que la prescription applicable était celle prévue par l'art. 2262 [ancien] C. civ., même si la créance autrement constatée eût été soumise à la prescription prévue à l'art. L. 110-4 C. com., alors qu'il s'agissait d'une action en justice pour avoir paiement, peu important que l'acte litigieux fût un titre exécutoire et alors que les obligations nées à l'occasion de leur commerce entre commerçants ou entre commerçants et non-commerçants se prescrivent par dix ans sans distinguer selon la forme en laquelle elles ont été constatées, une cour d'appel a violé ce texte. • Civ. 1re, 11 févr. 2003, n° 00-18.692 P : *D. 2003. AJ 694, obs. Chevrier ; JCP E 2003, n° 14, p. 587 ; RJDA 2003, n° 1033 ; Procédures 2003, n° 165, obs. Perrot.* ♦ Sur la non-admission d'un pourvoi au motif que le moyen tiré de la violation des art. 189 *bis* [C. com., art. L. 110-4] et 2262 [ancien] C. civ. n'est pas de nature à permettre l'admission des pourvois, V. • Com. 8 oct. 2003, n° 00-18.309 : *JCP E 2004, n° 32-35, p. 1296, note Billiau ; JCP 2004. II. 10096, note Descorps-Declère* (contrariété avec • Civ. 1re, 11 févr. 2003, n° 00-18.692 P : *préc.*).

19. Condamnations résultant d'une décision de justice. L'action en recouvrement des condamnations résultant d'une décision de justice est soumise à la prescription de droit commun de trente ans, même entre commerçant. • Civ. 2e, 10 juin 2004, n° 03-11.146 P : *Defrénois 2005. 626, obs. Bénabent.* ♦ La durée de la prescription est déterminée par la nature de l'obligation, et la circonstance que celle-ci soit constatée par un jugement qui en prend acte n'a pas pour effet de modifier cette durée. • Com. 8 juin 2010, n° 09-13.148.

20. Admission d'une créance au passif. Dès lors qu'une créance résultant d'un prêt constaté par acte notarié a été admise définitivement, en l'absence de tout recours, au passif de la liquidation judiciaire de l'emprunteur, la cour d'appel retient exactement que l'admission au passif a entraîné la substitution de la prescription trentenaire à la prescription décennale et que cette interversion des prescriptions est opposable à la caution. • Com. 5 déc. 2006, n° 05-11.761 P : *D. 2007. AJ 229 ; JCP E 2007, n° 1450, note Cabrillac ; RJDA 2007, n° 384.* – V. aussi • Com. 29 sept. 2009, n° 08-19.777 P : *D. 2009. AJ 2422, obs. Lienhard ; Rev. sociétés 2010. 314, note Lecourt ; JCP 2010, n° 100, note Cabrillac ; RJDA 2010, n° 52 ; Dr. sociétés 2009, n° 225, obs. Gallois-Cochet* • 13 oct. 2015, n° 11-20.746 P : *D. actu. 29 oct. 2015, obs. Delpech.* ♦ L'opposabilité, à la caution solidaire, de la substitution de la prescription trentenaire à la prescription décennale ayant pu se produire, en l'état du droit antérieur à la L. du 17 juin 2008, à la suite de la décision d'admission de la créance garantie au passif du débiteur principal, n'a pas pour effet de soumettre les poursuites du créancier contre la caution à cette prescription trentenaire. Le délai pour agir du créancier contre cette caution, sur le fondement d'un acte notarié revêtu de la formule exécutoire, reste déterminé par la nature de la créance détenue sur la caution, le délai de prescription étant néanmoins interrompu pendant la durée de la procédure collective du débiteur principal jusqu'à la date de sa clôture. • Com. 3 oct. 2018, n° 16-26.985 P : *AJ contrat 2018. 545, obs. Mouial Bassilana ; RTD com. 2019. 484, obs. Martin-Serf ; JCP E 2018, n° 1560 ; RJDA 2018, n° 943.* ♦ L'admission de la créance de la société au passif de la clinique n'a pas eu pour effet de soumettre à la prescription trentenaire l'action dirigée contre la caution, qui demeurait soumise à celle de l'art. L. 110-4 C. com., laquelle a été interrompue jusqu'à la clôture de la liquidation judiciaire, et non au délai d'exécution prévu par l'art. L. 111-4 C. pr. exéc. dès lors que la société n'agissait pas en recouvrement d'un des titres exécutoires mentionnés à l'art. L. 111-3, 1° à 3°, du même code. • Même arrêt. – V. aussi • Com. 16 janv. 2019, n° 17-14.002 P : *D. actu. 31 janv. 2019, obs. Pellier ; JCP E 2019, n° 1108, note Pellier ; RJDA 2019, n° 222 ; RPC 2019, n° 68, obs. Aynès.*

II. PRESCRIPTIONS SPÉCIALES

21. Prescriptions prévues par la loi. L'expiration des délais prévus par la convention de place du 22 nov. 1988 pour saisir la commission arbitrale prévue par cette convention n'est pas une cause d'extinction des obligations d'une société de bourse à qui il est demandé par une autre de livrer des titres, et ne peut introduire un délai préfix ou une prescription autre que celle que la loi détermine. • Paris, 18 mai 1992 : *LPA 28 oct. 1992, chron. de Vauplane ; BJB 1993. 143, note Peltier.*

22. Prescriptions particulières. Le régime spécifique réservé aux prescriptions particulières prévues aux art. 2271, 2272 et 2273 [anciens] C. civ. ne peut être étendu aux prescriptions des actions mentionnées à l'art. 433 [C. com., art. L. 110-4] ci-dessus, qui ne sont pas fondées sur une présomption de paiement. • Com. 26 mai 1987, n° 85-12.546 P : *Gaz. Pal. 1987. 2. Pan. 181.* ♦ La prescription décennale de l'art. L. 110-4 C. com. ne s'applique, selon ce texte, que si les obligations ne sont pas soumises à des prescriptions spéciales plus courtes ; or il résulte de l'art. 2277 [ancien] C. civ. que les intérêts moratoires des sommes dues se prescrivent par cinq ans, pourvu que la dette ne soit pas contestée en son principe ou sa quotité. • Paris, 10 mars 2004 : *Gaz. Pal. 2005. Somm. 564, obs. Vray.* ♦ De la même façon, si les droits résultant de la cession d'un fonds de commerce entre deux commerçants rentrent bien, en principe, dans le champ d'application de l'art. L. 110-4 C. com., l'analyse fait ressortir que la créance litigieuse porte sur le montant des loyers et des charges locatives, soumise par sa nature à la prescription quinquennale définie par l'art. 2277 C. civ. • Paris, 17 sept. 2008 : *AJDI 2009. 302.*

23. Commerce maritime. Le 2e al. de l'art. L. 110-4 C. com., qui n'est que la transposition de l'ancien art. 433 du même code, ne concerne que le commerce maritime. • Civ. 3e, 10 oct. 2007, n° 06-17.222 P : *D. 2007. AJ 2677, obs. Delpech ; JCP 2008. II. 10089, note Lebel.* ♦ La prescription annale de l'art. L. 110-4, II, al. 2, ne concerne que le commerce maritime. • Civ. 3e, 2 mars 2010 : *JCP 2010, n° 404, note Lebel.* ♦ Ayant relevé que la fourniture des équipements litigieux avait été faite pour les besoins de l'exploitation du navire, une cour d'appel n'a pas à effectuer une recherche sur la portée, entre coobligés solidaires, de l'interruption de la prescription de l'art. L. 110-4, II, 2°, par une mesure conservatoire pratiquée à l'égard de l'un d'eux. • Com. 5 juin 2012, n° 09-14.501 P : *D. 2012. 2580, note Hontebeyrie ; JCP E 2012, n° 1421 ; RJDA 2012, n° 850.*

24. Construction et réparation d'un navire. La prescription annale prévue par l'art. 433 [C. com., art. L. 110-4] pour les actions en paiement des travaux réalisés sur ouvrage existant ne s'applique pas à la construction d'un navire qui constitue une vente à livrer. • Com. 9 avr. 1991, n° 89-16.772 P : *BTL 1991. 364.* ♦ De simples travaux de réparation avec fourniture de matériaux et de main-d'œuvre sur un navire existant ne constitue pas un contrat d'entreprise au sens de l'art. 1792 C. civ. ; dès lors, l'action en paiement du prix de ces réparations est soumise à la prescription annale de l'art. L. 110-4-II-2°. • Poitiers, 12 déc. 2006 : *RD transp. 2007, n° 140, obs. Staes.* ♦ Pour la réparation du moteur d'un navire de pêche, V. • Com. 8 janv. 2008, n° 06-17.357. ♦ Sauf impossibilité absolue d'agir, l'action en paiement du prix de travaux de réparation exécutés sur un navire se prescrit dans un délai d'un an à compter de leur réception. • Com. 14 janv. 1997, n° 95-10.188 P : *RJDA 1997, n° 732 ; RJ com. 1998. 138, note Dalloz.* ♦ La réception de travaux de réparation navale est l'acte par lequel celui qui les a commandés les accepte, avec ou sans réserves. Si cette réception peut être tacite et résulter de la reprise de possession du navire, c'est à la condition que soit caractérisée la volonté non équivoque du donneur d'ordre d'accepter les travaux. Le moyen, qui, en ce qu'il soutient que la prise de possession du navire suffirait à elle seule, sans autre circonstance, à établir la réception, procède d'un postulat erroné, n'est pas fondé. • Com. 19 sept. 2018, n° 17-17.748 P : *D. 2018. Actu. 1862 ; JCP E 2018, n° 1518 ; RJDA 2019, n° 60.* ♦ Sur le relevé d'office de l'interruption de la prescription annale et le principe du contradictoire, V. • Com. 22 janv. 2008, n° 06-18.095 : *RD transp. 2008, n° 38, obs. O. S.*

25. Concours et combinaison de prescriptions. L'action en garantie des vices cachés, même si elle doit être exercée dans les deux ans de la découverte du vice, est aussi enfermée dans le délai de prescription prévu par l'art. L. 110-4, qui court à compter de la vente initiale. • Com. 16 janv. 2019, n° 17-21.477 P : *D. 2019. Actu. 124 ; RTD civ. 2019. 358, obs. Gautier.* ♦ Il ressort des art. 1648 C. civ. et L. 110-4 C. com. que l'action de l'acquéreur résultant de vices rédhibitoires doit être intentée contre son vendeur dans un délai de deux ans à compter de la découverte du vice, tout en étant enfermée dans le délai de la prescription quinquennale qui court à compter de la date de la vente conclue entre les parties, peu important que l'action du vendeur contre le fabricant soit prescrite. • Civ. 1re, 8 avr. 2021, n° 20-13.493 P : *D. 2021. 2032, note Bucher ; RJDA 2021, n° 462.* ♦ Jugé que le délai d'un an pour agir en garantie des vices cachés contre le constructeur d'un navire (C. transp., art. L. 5113-5) ne peut être utilement invoqué qu'à l'intérieur de la prescription extinctive de dix ans prévue par l'art. L. 110-4 : • Com. 27 nov. 2001, n° 99-13.428 P : *JCP E 2002, n° 8-9, p. 370 ; CCC 2002, n° 43, obs. Leveneur ; RJDA 2002, n° 454.* ♦ Comp. : • Com. 27 nov. 2001, n° 99-16.498 P : *JCP E 2002, n° 3, p. 107 ; RJDA 2002, n° 455.* ♦ Sur l'articulation de la prescription commerciale et de la prescription de droit commun des constructeurs, V. • Civ. 3e, 16 oct. 2002, n° 01-10.330 P : *D. 2003. 300, note*

Malinvaud ; *JCP 2002. IV. 2901 et 2902* ; *Defrénois 2003. 330, obs. Périnet-Marquet* • 26 oct. 2005, n° 04-15.419 P : *Dr. et patr. 3/2006. 115, obs. Mallet-Bricout* • 22 nov. 2006, n° 05-19.565 P : *RDI 2007. 93, obs. Malinvaud*. – V. aussi C. civ., art. 1792-4-1. – **C. civ.** ♦ La courte prescription de trois ans édictée au bénéfice des commissaires aux comptes (C. com., art. L. 822-18), en raison du caractère dérogatoire au droit commun de cette prescription, ne concerne que les interventions des commissaires aux comptes définies par la loi ; les obligations résultant des interventions définies par convention se prescrivent par dix ans en application de l'art. L. 110-4. • Paris, 30 juin 2006 : *D. 2006. AJ 2243, obs. Lienhard* ; *JCP E 2007, n° 8, p. 36, note Paclot.*

Loi n° 77-4 du 3 janvier 1977,

Modifiant l'article 189 bis du code de commerce [C. com., art. L. 110-4, I] concernant la prescription en matière commerciale.

....

Art. 2 *(Abrogé par L. n° 2014-617 du 13 juin 2014, art. 12, à compter du 1er janv. 2016)* *« Les établissements dépositaires de sommes et valeurs sont autorisés à clôturer les comptes qu'ils tiennent lorsque les dépôts et avoirs inscrits à ces comptes n'ont fait l'objet, de la part des ayants droit, d'aucune opération ou réclamation depuis dix années. Ces avoirs sont déposés dans un établissement habilité à cet effet par décret. — V., désormais C. mon. fin., art. L. 312-19, App., vº Banque et financement de l'entreprise.*

« Ils resteront détenus pour le compte de leur titulaire par ledit établissement jusqu'à l'expiration du délai prévu à l'article (Ord. nº 2006-460 du 21 avr. 2006, art. 2 et 7-I) « L. 1126-1 du code général de la propriété des personnes publiques ». »

(L. nº 2014-617 du 13 juin 2014, art. 12, en vigueur le 1er janv. 2016) « Les sociétés ou établissements à caractère commercial peuvent déposer à la Caisse des dépôts et consignations les titres émis par eux et mentionnés à l'article L. 1126-1 du code général de la propriété des personnes publiques lorsqu'il s'est écoulé plus de dix ans sans réclamation des titulaires depuis le jour où ces derniers ont eu le droit d'en exiger le paiement. — *V. ledit art. L. 1126-1, App., vº Banque et financement de l'entreprise.*

« Ces titres sont détenus par la Caisse des dépôts et consignations, pour le compte de leurs détenteurs, jusqu'à l'expiration du délai prévu au premier alinéa de l'article L. 518-24 du code monétaire et financier. »

Un décret en Conseil d'État fixera les conditions d'application du présent article. — *V. CGPPP, art. R. 1126-1, R. 1126-2 et R. 1126-4 à R. 1126-6.* — ***C. sociétés** ou **CGPPP**.*

Les dispositions qui précèdent dérogent à l'article L. 110-4 du code de commerce.

Clôture de compte (jurispr. antérieure à la L. n° 2014-617 du 13 juin 2014). Sur la non-application de la prescription commerciale à un compte bancaire n'ayant enregistré aucun mouvement pendant plus de dix ans, V. • Paris, 13 oct. 2000 : *JCP E 2000, n° 50, p. 1930.* ♦ Pour une application combinée des art. 2, ci-dessus, et 189 *bis* [C. com. L. 110-4 (I)], V. • Com. 13 mars 2001, n° 97-21.489 P : *RTD com. 2001. 745, obs. Cabrillac* ; *LPA 10 mai 2001, obs. E. C.* ♦ La prescription de l'action en restitution des dépôts inscrits en compte ne commence à courir qu'après la clôture du compte. • Com. 10 déc. 2003 : *RJDA 2004, n° 605.* ♦ Comp., retenant implicitement la connaissance par le déposant de la clôture du compte comme point de départ de la prescription, V. • Com. 8 mars 2005, n° 01-16.132 P : *D. 2006. Pan. 164, obs. Martin* ; *JCP E 2005, n° 47, p. 1973, obs. Salgueiro* ; *LPA 16 janv. 2006, obs. E. C.* ; *RTD com. 2005. 397, obs. Legeais* ; *RJDA 2005, n° 871.* ♦ Sur les conséquences des dispositions particulières régissant la clôture de compte en matière de délai de conservation des archives, V. • Douai, 21 déc. 2006 : *cité note 2 ss. art. L. 123-22.* ♦ De l'avis de la CEDH, l'État a l'obligation positive de protéger le citoyen et doit prévoir ainsi l'obligation des banques, compte tenu des conséquences fâcheuses que peut avoir la prescription, de tenir informé le titulaire d'un compte inactif de l'approche de la fin du délai de prescription et lui donner ainsi la possibilité d'interrompre la prescription. • CEDH 29 janv. 2013 : *JCP 2013, n° 181, obs. Gonzales* ; *RDBF 2013, n° 79, obs. Crédot et Samin.*

Art. 3 Les prescriptions en cours à la date de la publication de la présente loi seront acquises à l'expiration d'un délai de dix ans à compter de cette date sans que la durée totale de la prescription puisse excéder le délai prévu par la loi antérieure.

Art. 4 L'article L. 110-4 du code de commerce est applicable à la Nouvelle-Calédonie, dans les territoires de la Polynésie française, de Wallis-et-Futuna, des Terres australes et antarctiques françaises ainsi que dans le département de Saint-Pierre-et-Miquelon.

TITRE DEUXIÈME DES COMMERÇANTS

CHAPITRE PREMIER DE LA DÉFINITION ET DU STATUT

SECTION PREMIÈRE DE LA QUALITÉ DE COMMERÇANT

Art. L. 121-1 Sont commerçants ceux qui exercent des actes de commerce et en font leur profession habituelle. – *[C. com., art. 1er.]*

Pour la définition des professions libérales, V. L. nº 2012-387 du 22 mars 2012, art. 29-I. — ***C. avocat****.*

Pour la définition du consommateur, V. C. consom., art. liminaire. — ***C. consom.***

Sur les effets attachés à l'immatriculation au RSC, V. art. L. 123-7 s.

RÉP. COM. vº *Commerçant*, par LEBEL.

BIBL. ▶ RICHARD, Bicentenaire du code de commerce 1807-2007, *Dalloz, 2008* (la qualité de commerçant dans le code de 1807). – DONDERO, *D. 2009. 1097* (la présomption de solidarité en matière commerciale : une rigueur à modérer). – LEBEL, *RLDA févr. 2011. 60* (du commerçant et de l'artisan à l'activité commerciale et artisanale). – VAN STEENLANDT, *Defrénois 2012. 368* (définition des professions libérales). – HICHRI, *LPA 24 oct. 2013* (le statut « libéral-commerçant » du pharmacien : pivot de la compétitivité du monopole officinal). – MAUPAS, *JCP E 2018, nº 1530* (les nouvelles habitudes des particuliers et le statut de commerçant). – FORTI, *RTD com. 2021. 257* (le domaine de la présomption de solidarité en matière commerciale).

1. Actes de commerce. V. art. L. 110-1. ♦ N'accomplissant pas à titre habituel et principal des actes de commerce, n'ont pas la qualité de commerçant : les agréés près les tribunaux de commerce. V. • Civ. 5 févr. 1907 : *DP 1907. 1. 429.* ♦ ... Les architectes, V. • Civ. 12 déc. 1897 : *DP 1900. 1. 584* • T. com. Marseille, 23 févr. 1923 : *DP 1926. 2. 157, note Minvielle.* ♦ ... Sauf s'ils ne se cantonnent pas à l'exercice de leur profession, à l'égard d'entrepreneurs. • Civ. 10 juill. 1922 : *DP 1925. 1. 216.* ♦ ... Ou à l'occasion d'achats de matériaux de construction. • Civ. 15 janv. 1900 : *DP 1900. 1. 97.* ♦ A la qualité de commerçant la personne physique qui, bien que non inscrite au RCS et n'ayant pas réitéré la promesse d'achat du fonds de commerce de débit de boissons, a exploité ce fonds et fait des actes de commerce de manière habituelle et à titre professionnel. • Caen, 31 mars 2005 : *JCP E 2005, nº 36, p. 1430.* ♦ Acquiert la qualité de commerçant assujetti à l'immatriculation au RCS quiconque, agissant en son nom et pour son propre compte, se livre de manière habituelle et professionnelle à des achats de biens meubles en vue de les revendre, que ces reventes aient lieu en France ou à l'étranger. • Crim. 30 mars 2016, nº 15-81.478 P : *BJS 2016. 503, obs. Teboul.*

Pour un arrêt jugeant que la demande tendant à ce qu'il soit fait interdiction à certaines sociétés d'exercer une activité d'assistance et de représentation devant le tribunal de commerce, de consultation et de rédaction d'actes en matière juridique, ne relève pas des tribunaux de commerce, V. • Paris, 29 oct. 1997 : *D. 1997. IR 246 ; D. Affaires 1998. 26, obs. V. A.-R.*

2. Profession habituelle. **BIBL.** Ponton-Grillet, *D. 1990. Chron. 157* (spéculation). – Pousson-Petit, *RTD com. 1984. 15* (pluriactivité). ♦ La profession s'entend d'une occupation sérieuse de nature à produire des bénéfices et à subvenir aux besoins de l'existence. • Paris, 30 avr. 1906 : *DP 1907. 5. 9.* ♦ Comp., pour des spéculations en bourse : • Paris, 13 janv. 1976 : *JCP 1977. II. 18576 ; RTD com. 1977, obs. Boitard* • Com. 28 avr. 1981 : *JCP 1982. II. 19740.* ♦ ... Pour la signature de lettres de change : • Com. 11 mai 1993, nº 91-14.734 P : *Gaz. Pal. 1994. 2. 639, note Dupichot* • Paris, 14 janv. 1987 : *D. 1987. IR 38* • Orléans, 17 déc. 1964 : *D. 1965. 330 ; RTD com. 1965. 576, obs. Jauffret* • Aix-en-Provence, 28 févr. 1973 : *D. 1974. Somm. 111 ; RTD com. 1976. 62, obs. Jauffret* • 21 juin 1991 : *RJDA 1991, nº 1067.*

La qualification relève du contrôle de la Cour de cassation. • Com. 2 oct. 1984 : *RTD com. 1985. 506, obs. Derruppé* • 18 nov. 1986 : *Gaz. Pal. 1987. 1. 167, note A. Honorat.* ♦ L'exercice habituel d'actes de commerce constitue un fait juridique dont la preuve peut être rapportée par tous moyens. • Amiens, 17 oct. 1997 : *Gaz. Pal. 23-24 déc. 1998. Pan. 10.* ♦ La qualité de commerçant ne saurait résulter de cette seule indication dans une déclaration fiscale. • Civ. 1re, 31 janv. 1966, nº 64-10.680 P : *D. 1966. 288.* ♦ Comp. : • Req. 24 févr. 1903 : *DP 1903. 1. 189.* ♦ ... Et pour l'inscription au rôle des patentes : • Civ. 14 mai 1912 : *DP 1912. 1. 303.* ♦ ... Ou au répertoire SIRENE : • Nîmes, 22 mai 2003 : *cité note 3.* ♦ La qualité de commerçant ne saurait non plus résulter : de la seule inscription sur la liste des électeurs au tribunal de commerce. • Agen, 23 déc. 1921 : *DP 1922. 2. 7.* ♦ ... De l'inscription d'un nantissement sur du matériel d'équipement par un établissement de crédit. • Versailles, 22 janv. 1998 : *Gaz. Pal. 2-4 mai 1999, p. 14.* ♦ ... De l'accomplissement d'un acte de commerce isolé. • Aix-en-Provence, 12 nov. 1998 : *APC 1999, nº 156.*

L'acte isolé de marchand de biens, non renouvelé, pas plus que l'utilisation de lettres de change et bordereaux Dailly pour règlements dans le cadre de l'activité professionnelle d'architecte ne peuvent permettre de caractériser une activité commerciale. • Pau, 18 mai 1995 : *Cah. jurispr. Aquitaine 1993, n° 3, p. 113.* ♦ V. aussi, sur l'insuffisance à cet égard de l'acte de donner son fonds de commerce en location-gérance à une société, de s'être porté caution des dettes de cette société et d'être inscrit au registre du commerce. • Com. 20 févr. 1996, n° 93-20.866 P : *RTD com. 1996. 443, obs. Derruppé ; Defrénois 1996. 653, obs. J. Honorat.* ♦ V. également, pour la seule souscription d'un cautionnement commercial, note 34 ss. art. L. 110-1.

Sont commerçants pour avoir, de manière indépendante, effectué des actes de commerce à titre de profession habituelle, des frères ayant exploité en commun le fonds de commerce familial, et en ont assuré l'un et l'autre la direction effective en se substituant à leur mère âgée dans l'exercice d'une profession commerciale. • Com. 30 mars 1993, n° 91-17.019 P : *D. 1993. IR 130.*

L'utilisation de personnes morales pour masquer des agissements personnels ne fait pas obstacle à la constatation d'une pratique habituelle, par leur auteur, d'actes de commerce pour son propre compte. • Paris, 27 sept. 1996 : *RJ com. 1997. 161, note X. Vincent.*

3. Activité indépendante. N'a pas la qualité de commerçant celui qui, bien qu'agissant à titre professionnel, n'accomplit pas d'actes de commerce en son nom et pour son compte personnel. ♦ V., pour des gérants salariés de succursales. • Soc. 19 nov. 1959 : *JCP 1960. II. 11397, note Bizière.* ♦ ... Des agents commerciaux. • Com. 28 oct. 1980 : *D. 1981. IR 196* • 29 oct. 1979, n° 75-14.226 P : *Gaz. Pal. 1980. 1. 187, note Dupichot* • Amiens, 13 juill. 1977 : *JCP 1979. II. 19163, note J. Hémard ; RTD com. 1979. 697, obs. Derruppé.* ♦ ... Un agent d'assurances. • Req. 8 nov. 1933 : *DH 1933. 586.* ♦ ... Des VRP. • Civ. 15 mai 1912 : *DP 1912. 1. 303.* ♦ V. art. L. 7311-2 s. C. trav., ss. art. L. 134-17 C. com. ♦ N'ont pas non plus la qualité de commerçant : le médecin, personne physique exploitant et dirigeant un laboratoire d'analyses de biologie médicale [laboratoire de biologie médicale], car il exerce une activité libérale selon les règles de l'art. prescrites par l'art. L. 754 CSP [V. désormais l'art. L. 6223-1]. • Aix-en-Provence, 21 juin 1991 : *D. 1993. Somm. 24, obs. J. Penneau.* ♦ ... Le marabout fournissant des conseils et directives. • Paris, 27 mai 1992 : *JCP E 1992. Pan. 1194.* ♦ ... Le magnétiseur, qui reçoit des clients pour la mise en œuvre individuelle d'un art ou d'une science. • Nîmes, 22 mai 2003 : *JCP 2004. IV. 2338.* ♦ La qualité de commerçant a été, en revanche, reconnue à un salarié qui n'en accomplissait pas moins des actes de commerce pour son compte personnel. V. • Req. 9 juin 1928 : *DA 1928. 397.* ♦ ... Ou encore exceptionnellement à un conseil juridique, lequel était, en outre, organisateur-conseil. V. • Com. 18 janv. 1966, n° 64-11.708 P : *D. 1966. 358.* ♦ Sur la qualité de commerçant : du locataire-gérant d'un fonds de commerce, V. art. L. 144-2. ♦ ... De l'agent artistique, V. C. trav., art. L. 7121-11, ss. art. L. 134-17 C. com.

4. Associations. BIBL. Do Carmo, *LPA 7 juill. 1995.* – Grellière, *RTD com. 1997. 537* (de l'illicéité ou non de l'association commerçante). ♦ Nonobstant le caractère religieux et sacré de l'objet d'une association régie par la loi du 1er juill. 1901, les juges du fond ont pu décider que l'activité de l'association est de nature commerciale dès lors que, notamment, elle approvisionne les fidèles en denrées alimentaires préparées conformément à des préceptes religieux, et qu'ainsi elle exerce par profession habituelle des actes réputés de commerce par l'art. 1er [C. com., art. L. 121-1]. • Com. 17 mars 1981, n° 79-14.117 P : *D. 1983. 23, note Plaisant ; Rev. sociétés 1982. 124, note Sousi.* ♦ Comp., reprochant à une décision d'avoir retenu la qualité de commerçant d'une association, au motif qu'elle se livrait habituellement à des actes de commerce, sans avoir recherché si cette activité revêtait un caractère spéculatif répété au point de primer l'objet statutaire : • Com. 12 févr. 1985, n° 83-10.864 P : *D. 1985. IR 473, obs. Julien ; RTD com. 1985. 772, obs. Alfandari et Jeantin ; ibid. 1986. 67, obs. Derruppé.* ♦ Relève des juridictions consulaires l'association dont l'activité commerciale d'agence de voyage absorbe l'essentiel voire même la totalité de l'activité sociale de l'association et alors que l'importance de la rémunération de son président ne peut être liée qu'à la recherche d'un profit. • Toulouse, 19 déc. 1995 : *LPA 5 mai 1997, note Do Carmo Silva.* ♦ Pour un arrêt considérant qu'une association, dont l'objet est l'insertion sociale de personnes handicapées, qui effectue des achats de matière première en vue de leur revente après transformation, n'a pas la qualité de commerçant dans la mesure où le but de ces actes n'est pas de générer des bénéfices dont elle aurait la libre disposition, ce qui est la situation de tout commerçant, V. • Versailles, 29 mai 2000 : *Rev. sociétés 2000. 735, obs. crit. Guyon.* ♦ V. aussi, refusant à une association le bénéfice : de la loi du 20 mars 1956 relative à la location-gérance des fonds de commerce, note 3 ss. art. L. 144-3. ♦ ... De l'inscription au RCS, note 1 ss. art. L. 123-1. ♦ V. aussi note 6.

5. Représentants d'une société. La cour d'appel a tout d'abord exactement retenu que les différents contrats commerciaux signés par M avec les clients des sociétés X et Y ne s'analysaient pas à son égard en des actes de commerce, dès lors qu'ils l'ont été en sa qualité de mandataire social pour le compte de ces entités et non pour son compte personnel. Elle a ensuite constaté que les seuls actes de commerce accomplis par M étaient constitués par l'acte de cession ayant conféré le contrôle de la société cédée et la signature d'une garantie d'actif et de passif à l'occasion de ce transfert de contrôle. De telle sorte qu'elle en a, à bon droit, déduit que ces actes ne suffisaient pas, du fait de leur nombre limité, à démontrer que M en avait fait sa profession habituelle, de sorte qu'il n'était pas commerçant. • Com. 29 janv. 2020, n° 19-12.584 P : *D. 2020. 868, note Can Koray ; RTD com. 2020. 777, obs. Saintourens ; Rev. sociétés 2020. 474, note Heinich ; JCP E 2020, n° 1264, note Receveur ; RJDA 7/2020. 463, note Gibirila ; BJS 4/2020. 23, obs. Reygrobellet.* ♦ Si selon l'art. 5, al. 2, de la loi du 24 juill. 1966 [C. com., art. L. 210-6], les personnes agissant au nom d'une société en formation n'ayant pas encore acquis la personnalité morale sont tenues solidairement et indéfiniment des actes accomplis, il ne résulte pas de ce texte que leur soit nécessairement conférée la qualité de commerçant selon les critères de l'art. 1er [C. com., art. L. 121-1]. • Paris, 14 janv. 1987 : *préc. note 2.* ♦ Cette qualité n'est pas attribuée aux membres d'une SARL, fussent-ils gérants. • T. com. Seine, 14 janv. 1927 : *DP 1928. 2. 27, note Pic* • Lyon, 11 févr. 1943 : *DC 1943. 112, note Chéron* • Montpellier, 23 nov. 1954 : *D. 1956. Somm. 13.*

6. Paracommercialité. BIBL. Lapierre, *RJ com. 1980, n° spécial, p. 113.* – Le Roy, *JCP E 1981. II. 13587.* ♦ V. aussi note 4.

7. Fonctionnaires. Si la qualité de fonctionnaire est incompatible avec celle de commerçant, cette incompatibilité ne peut être invoquée par un fonctionnaire qui a pris un fonds de commerce en location-gérance pour se soustraire à ses obligations contractuelles. • Com. 30 janv. 1996, n° 94-10.233 P : *D. 1996. IR 58 ; Dr. sociétés 1996, n° 70, note Bonneau.*

8. Conseil en propriété industrielle. Sur l'incompatibilité de la profession de conseil en propriété industrielle avec toute activité de caractère commercial, qu'elle soit exercée directement ou par personne interposée, V. CPI, art. L. 422-12. – CPI.

9. Professions civiles. Pour la définition légale des activités agricoles ayant un caractère civil, V. C. rur., art. L. 311-1, ss. art. L. 110-1 C. com. ♦ V. notes 38 s. ss. art. L. 110-1.

10. Preuve. BIBL. Delga, *ALD 1985. 79.* ♦ Sur les effets attachés à l'immatriculation au RCS, V. art. L. 123-7 s. – V. aussi • Com. 6 janv. 1987, n° 85-16.524 P : *Rev. sociétés 1987. 411, note Chaput.* ♦ ... Et sur l'absence de radiation, V. Delga, *D. 1985. Chron. 117.* ♦ Une personne physique ne saurait se soustraire au risque commercial en omettant de se soumettre à l'obligation d'inscription au RCS. • Caen, 31 mars 2005 : *préc. note 1.*

Art. L. 121-2 *(L. n° 2010-658 du 15 juin 2010, art. 2-V)* **Le mineur émancipé peut être commerçant sur autorisation du juge des tutelles au moment de la décision d'émancipation et du président du** *(Ord. n° 2019-964 du 18 sept. 2019, art. 35, en vigueur le 1er janv. 2020)* **« tribunal judiciaire** *[ancienne rédaction : tribunal de grande instance]* **» s'il formule cette demande après avoir été émancipé.** — *V. aussi C. civ., art. 413-8.* — ***C. civ.***

BIBL. ▶ Gaudemet-Tallon, *RTD com. 1966. 229.* ▶ Sur l'accomplissement d'actes de commerce isolés : Jauffret, *ibid. 1974. 229.* – Massip, *Defrénois 1974. 1057.* – Couchez, *JCP 1975. I. 2684.* – Lecourt, *JCP N 1974. I. 5788.* – Moreau, *JCP 1975. I. 2718.* ▶ Loi n° 2010-658 du 10 juin 2010 : Cathelineau-Roulaud, *JCP E 2010, n° 1727* (effets de la réglementation des incapacités sur les sociétés). – Julienne, *Dr. fam. 2010. Étude 31* (le mineur, acteur de la vie économique ?). – Legrand, *LPA 24 nov. 2010* (le mineur non émancipé EIRL : quelle perspective pour les parents ?). – Saintourens, *RTD com. 2010. 686* (mineur et activité commerciale : la réforme de 2010). – Eschylle, *ibid. 2013. 203* (capacité commerciale du mineur émancipé). – Julienne, *JCP N 2014, n° 1004* (l'entrée d'un mineur dans une société civile ou commerciale).

1. Mineur émancipé. Sur les actes accomplis par un mineur émancipé, V. C. civ., art. 413-6. – C. civ.

2. Jouissance légale. Sur l'exploitation d'un fonds appartenant au mineur en vertu du droit de jouissance légale, V. C. civ., art. 386-1 s. – C. civ.

3. Majeur sous tutelle ou curatelle. BIBL. Gosselin-Gorand, *JCP N 2008, n° 38, p. 27* (l'incapacité commerciale après la réforme de la protection des majeurs protégés). ♦ Aucun texte n'interdit à la personne en curatelle d'exercer le commerce, celle-ci devant toutefois être assistée de son curateur pour accomplir les actes de disposition que requiert l'exercice de cette activité. Aucun texte n'interdit donc à une personne en curatelle d'exercer une activité d'« apporteur d'affaires en agence immobilière » sous le régime de la micro-entreprise. • Cass., avis, 6 déc. 2018, n° 18-70.011 P : *D. 2019. 365, note Peterka ; AJ fam. 2019. 41, obs. Raoul-Cormeil ; RJDA 5/2019. 399, avis Marilly ; LPA 28 févr. 2019, note Rieubernet.*

4. Mineur associé. En raison de son incapacité, le mineur doit être représenté pour la conclusion d'un contrat de société en qualité d'associé. L'acte d'apport ou d'acquisition de parts sociales étant un acte de disposition du patrimoine du mineur, celui-ci doit être représenté soit par ses deux parents en cas d'administration légale pure et simple, soit par un seul de ses deux parents sur autorisation du juge des tutelles, soit par son tuteur, autorisé par le conseil de famille ou par le juge des tutelles (Avis CCRCS n° 2013-010 du 27 mars 2013 : *JCP N 2014, n° 1004, note Julienne*). ♦ Dans le cadre de son contrôle de régularité, le greffier devra vérifier soit que le mineur est représenté à l'acte par ses deux parents dont l'identité doit figurer dans l'acte avec la mention de la représentation, soit que le dossier comporte, outre l'acte signé par le représentant du mineur, une copie de l'autorisation délivrée par le conseil de famille ou par le juge des tutelles (même avis). ♦ Le fait que les parents soient personnellement associés de la société ne modifie pas la question de la représentation du mineur (même avis).

Code civil

Art. 388-1-2 *(Ord. n° 2015-1288 du 15 oct. 2015, art. 5, en vigueur le 1er janv. 2016)* Un mineur âgé de seize ans révolus peut être autorisé, par son ou ses administrateurs légaux, à accomplir seul les actes d'administration nécessaires à la création et à la gestion d'une entreprise individuelle à responsabilité limitée ou d'une société unipersonnelle. Les actes de disposition ne peuvent être effectués que par son ou ses administrateurs légaux.

L'autorisation mentionnée au premier alinéa revêt la forme d'un acte sous seing privé ou d'un acte notarié et comporte la liste des actes d'administration pouvant être accomplis par le mineur. – *Anc. art. 389-8 C. civ. – V.* ***C. com.****, éd. 2016 et antérieures.*

Les dispositions issues de l'art. 5 de l'Ord. n° 2015-1288 du 15 oct. 2015 sont applicables aux administrations légales en cours au jour de son entrée en vigueur (Ord. préc., art. 17-III).

Sur l'entreprise individuelle à responsabilité limitée, V. art. L. 526-6 s.

BIBL. ▸ Loi n° 2012-387 du 22 mars 2012 : MARIA, *Dr. fam. 2012, n° 104* (mineur et EIRL ou la prémajorité nécessairement au-delà de 16 ans). – LEGROS, *Dr. sociétés 2012. Repère 11* (âge minimal du mineur entrepreneur : 16 ans).

Art. L. 121-3 Le conjoint d'un commerçant n'est réputé lui-même commerçant que s'il exerce une activité commerciale séparée de celle de son époux. – *[C. com., art. 4.]*

RÉP. COM. v° *Conjoint du chef d'entreprise*, par SAINTOURENS.

BIBL. ▸ MARTIN, *D. 1982. Chron. 293*. – MAUBRU, *JCP 1983. I. 3109*. – RANDOUX, *ibid. 3103*. – COLOMER, *Defrénois 1982. 1393*. – BEAUCHARD, *D. 1984. Chron. 147 ; Rect. 174*. – DERRUPPÉ, *RTD com. 1983. 209 et 1984. 67*. – GUYÉNOT, *ALD 1983. 84 et 95*. – WAGNER, *D. 1985. Chron. 1*. – LE DOLLEY, *JCP E 1982. II. 14069*. – MENJUCQ, *JCP N 1996. I. 1141*. – TEILLIAIS, *Rev. huiss. 1997. 217* (conjoint collaborateur et régimes matrimoniaux) ; *LPA 29 nov. 1996* (collaboration non statutaire). – D'HOIR-LAUPRÊTRE, *Dr. et patr. 1/1998. 20* (le conjoint du chef d'entreprise : la nécessité d'une plus grande autonomie patrimoniale dans le respect des intérêts de tous les créanciers). – COCQUEMPOT-CAULIER, *JCP E 2002, n° 15, p. 639* (le conjoint collaborateur endetté « laissé pour compte » des mesures d'assainissement économique) ; *ibid. n° 15-16, p. 705* (la protection du conjoint collaborateur... un leurre !). – CONTE et MONÉGER (ss. la dir.), *JCP N 2003, n° 17, p. 655* (conjoint et exploitation). – MALAURIE et FULCHIRON, *Defrénois 2004. 1503* (les relations pécuniaires entre époux à l'occasion de leur activité professionnelle). – QUÉTANT, *ibid. 2005. 486* (contrat de travail entre époux). – CASTAGNÉ, *JCP N 2006, nos 45 et 46, p. 1951 et 1985* (un mariage à trois : le commerçant, son conjoint et le fonds de commerce).

1. *Conditions.* Après avoir constaté que le conjoint d'un commerçant non seulement entretenait avec les clients du magasin de son épouse des relations suivies et fréquentes, et avait une procuration sur le compte bancaire du commerce, mais surtout qu'il avait conclu le contrat d'assurance du magasin et que son nom figurait, comme celui de son épouse, dans la publicité du magasin, une cour d'appel peut, en l'état de ces constatations et sans inverser la charge de la preuve, retenir que ce conjoint était commerçant pour avoir, de manière indépendante, exercé des actes de commerce et en avoir fait sa profession habituelle. • Com. 15 oct. 1991, n° 89-19.281 P : *D. 1991. IR 246.*

2. *Office du juge.* Ne met pas la Cour de cassation en mesure d'exercer son contrôle la cour d'appel qui retient qu'il n'est pas contesté que l'épouse n'est pas inscrite au RCS et qu'il ne résulte pas des pièces versées aux débats qu'elle ait la qualité de commerçante, se déterminant par de tels motifs impropres à établir que l'épouse n'exerçait pas des actes de commerce de manière indépendante et n'en avait pas fait sa profession habituelle. • Com. 4 janv. 1994, n° 92-11.654 P : *D. 1994. IR 22.* ♦ Ne donne pas de base légale à sa décision la cour d'appel qui tient pour commerçante l'épouse d'un commerçant, dont il est par ailleurs allégué qu'elle est institutrice, sans rechercher si l'intéressée n'exerçait pas de manière habituelle une autre activité que celle de commerçante, exclusive de celle-ci. • Com. 4 oct. 1994, n° 92-15.102 P : *D. 1995. 456, note Barabé-Bouchard* ; *Defrénois 1995. 249, obs. Le Cannu.* ♦ Comp., jugeant que la présomption dont bénéficie, en vertu de l'art. 4 [C. com., art. L. 121-3], le conjoint d'un commerçant, mentionné au RCS en qualité de collaborateur, est irréfragable. • Rouen, 12 nov. 1992 : *RJDA 1993, n° 343.*

3. Redressement judiciaire. **BIBL.** Maubru, *JCP 1976. I. 2804.* – Colloque du 30 mai 1997, *LPA 26 août 1998* (procédures collectives et communauté conjugale). – Castagné, *JCP N 2006, n° 25, p. 1208* (femmes, soyez soumises… ! après la loi de sauvegarde des entreprises). – Deckon, *LPA 14 et 15 janv. 2008* (le conjoint du débiteur soumis à une procédure collective en droit uniforme de l'OHADA). ♦ Une procédure de redressement judiciaire peut être ouverte à l'égard de chacun des époux dès lors que chacun d'eux a acquis la qualité de commerçant en accomplissant des actes de commerce de façon habituelle et indépendante au sein de l'activité commune, notamment en raison des opérations commerciales effectuées par l'intermédiaire du compte bancaire de l'épouse. • Com. 27 mai 1986, n° 85-12.110 P : *RTD com. 1986. 514, obs. Derruppé* • 15 juill. 1987, n° 85-17.220 P : *RTD com. 1988. 421, obs. Derruppé.* ♦ Il ne se déduit pas de la souscription, par l'épouse de l'exploitant d'un fonds de commerce en liquidation judiciaire, déclarée au registre du commerce en qualité de « conjoint collaborateur », en son nom personnel, d'un emprunt professionnel en vue de l'achat du droit au bail du local commercial et d'une ouverture de crédit sur le compte courant de l'entreprise dont elle avait la signature, qu'elle ait exercé une activité commerciale à titre de profession habituelle. • Com. 21 mai 1996, n° 93-18.408 : *D. 1996. IR 162* ; *Dr. sociétés 1996, n° 125, obs. Chaput.*

Les personnes qui exploitent en commun un fonds de commerce et qui remplissent les conditions fixées par l'art. L. 620-2 C. com. [ancien] peuvent, chacune, faire l'objet d'un redressement ou d'une liquidation judiciaire ; en l'absence de confusion des patrimoines, le tribunal doit, après avoir constaté l'état de cessation des paiements de chacune d'elles, ouvrir autant de procédures distinctes que de personnes. • Com. 15 mars 2005, n° 03-19.359 P : *D. 2005. Pan. 2013, obs. Lucas* ; *Rev. sociétés 2005. 684, note Le Corre* ; *JCP E 2005, n° 49, p. 2098, note Léobon* ; *RJDA 2005, n° 839.*

4. Surendettement. V. C. consom., art. L. 711-3. – C. consom. ♦ V. aussi note 2 ss. art. L. 121-4.

SECTION II DU CONJOINT, DU PARTENAIRE LIÉ PAR UN PACTE CIVIL DE SOLIDARITÉ OU DU CONCUBIN DU CHEF D'ENTREPRISE, TRAVAILLANT DANS L'ENTREPRISE FAMILIALE *(L. n° 2021-1754 du 23 déc. 2021, art. 24, en vigueur le 1er janv. 2022).*

BIBL. GÉN. ► Boutiron et Lécuyer, *Dr. et patr. 4/2012. 26* (le divorce de l'entrepreneur). – Colloque, *LPA 8-9 mai 2014* (entreprises et ruptures familiales). – Dossier, *AJ fam. 2020. 205* (le divorce du chef d'entreprise).

Art. L. 121-4 *(L. n° 2005-882 du 2 août 2005, art. 12-II)* **I. — Le conjoint du chef d'une entreprise artisanale, commerciale ou libérale qui y exerce de manière régulière une activité professionnelle opte pour l'un des statuts suivants :**

1° Conjoint collaborateur ;

2° Conjoint salarié ;

3° Conjoint associé.

II. — En ce qui concerne les sociétés, le statut de conjoint collaborateur n'est autorisé qu'au conjoint du gérant associé unique ou du gérant associé majoritaire d'une société à responsabilité limitée ou d'une société d'exercice libéral à responsabilité limitée *(Abrogé par L. n° 2019-486 du 22 mai 2019, art. 11-III et XIV, à compter du 1er janv. 2020)* ***« répondant à des conditions de seuils fixées par décret en Conseil d'État ».***

Le choix effectué par le conjoint du gérant associé majoritaire de bénéficier du statut de conjoint collaborateur est porté à la connaissance des associés lors de la première assemblée générale suivant la mention de ce statut auprès des organismes mentionnés au IV.

III. — Les droits et obligations professionnels et sociaux du conjoint résultent du statut pour lequel il a opté.

(L. n° 2019-486 du 22 mai 2019, art. 8) **« IV. — Le chef d'entreprise est tenu de déclarer l'activité professionnelle régulière de son conjoint dans l'entreprise et le statut choisi par ce dernier auprès des organismes habilités à enregistrer l'immatriculation de l'entreprise. Seul le conjoint collaborateur fait l'objet d'une mention** *(Ord. n° 2021-1189 du 15 sept. 2021, art. 1er, en vigueur le 1er janv. 2023)* **« au registre du commerce et des sociétés, au registre spécial des agents commerciaux, au registre spécial des**

entreprises individuelles à responsabilité limitée et au registre national des entreprises *[ancienne rédaction : dans les registres de publicité légale à caractère professionnel]* **».**

« A défaut de déclaration d'activité professionnelle, le conjoint ayant exercé une activité professionnelle de manière régulière dans l'entreprise est réputé l'avoir fait sous le statut de conjoint salarié.

« A défaut de déclaration du statut choisi, le chef d'entreprise est réputé avoir déclaré que ce statut est celui de conjoint salarié. »

(L. n° 2021-1754 du 23 déc. 2021, art. 24, en vigueur le 1er janv. 2022) **« IV *bis*. — Une personne ne peut conserver le statut de conjoint collaborateur pendant une durée supérieure à cinq ans, en tenant compte de l'ensemble des périodes et des entreprises au titre desquelles elle a opté pour ce statut.**

« Au-delà de cette durée, le conjoint continuant à exercer une activité professionnelle de manière régulière dans l'entreprise opte pour le statut de conjoint salarié ou de conjoint associé. A défaut, il est réputé avoir opté pour le statut de conjoint salarié. »

(L. n° 2019-486 du 22 mai 2019, art. 8) **« V. — La définition du conjoint collaborateur, les modalités des déclarations prévues au présent article et les autres conditions d'application du présent article sont fixées par décret en Conseil d'État. »** — *V. art. R. 121-1 s.*

Pour les personnes exerçant au 1er janv. 2022 une activité professionnelle sous le statut de conjoint collaborateur, la durée de cinq ans mentionnée au IV bis de l'art. L. 121-4 C. com. s'apprécie au regard des seules périodes postérieures à cette date. Toutefois, les personnes atteignant au plus tard le 31 déc. 2031 l'âge prévu au 1° de l'art. L. 351-8 CSS peuvent conserver le statut de conjoint collaborateur jusqu'à la liquidation de leurs droits à pension (L. n° 2021-1754 du 23 déc. 2021, art. 24-III).

Sur l'exercice d'une activité commerciale ou artisanale ambulante par tout préposé, salarié ou personne mentionné à l'art. L. 121-4, V. art. R. 123-208-5.

BIBL. ▶ Loi n° 2005-882 du 2 août 2005 : DELFOSSE et PÉNIGUEL, *Dr. et patr. 10/2005, suppl., p. 5.* - LÉCUYER, *Dr. sociétés 2005. Chron. 12.* - SAINTOURENS, *RTD com. 2005. 701.* - MONNET, *Dr. sociétés 2005, n° 222.* - CASTAGNÉ, *JCP N 2005, n° 50, p. 2065 ; ibid. 2006, nos 45 et 46, p. 1951 et 1985* (un mariage à trois : le commerçant, son conjoint et le fonds de commerce). - RAFFI, *LPA 4-5 août 2009* (statut de conjoint collaborateur : évolution récente et difficultés d'application). ▶ Loi n° 2008-776 du 4 août 2008 : DELPECH, *Rép. com. Dalloz, Cah. de l'actualité n° 2008-5, p. 19* (extension du statut du conjoint du chef d'entreprise au pacsé). - SAINTOURENS, *RTD com. 2008. 688* (idem). - BOUTIRON, *Dr. et patr. 9/2012. 77* (le partenaire ou concubin de l'entrepreneur). - NDLR, *BRDA 2019, n° 10, p. 49* (renforcement de la protection du conjoint du chef d'entreprise par la L. du 22 mai 2019). - SAINTOURENS, *RTD com. 2019. 599* (le statut du conjoint du chef d'entreprise après la loi PACTE du 22 mai 2019). - NDLR, *BRDA 2019, n° 21, p. 15* (protection du conjoint du chef d'entreprise : le décret d'application de la loi PACTE est paru).

1. Conjoint salarié. Dès lors qu'il est établi que le mari participe effectivement à l'activité de son épouse à titre professionnel et habituel et qu'il perçoit une rémunération horaire minimale égale au SMIC, il faut en déduire que les dispositions du code du travail sont applicables à leur relation professionnelle, sans qu'il soit nécessaire de se prononcer sur l'existence d'un lien de subordination qui n'est pas une condition d'application de l'art. L. 784-1 [abrogé] C. trav. • Soc. 6 nov. 2001, n° 99-40.756 P : *D. 2002. 987, note Rossi ; RTD com. 2002. 33, obs. Saintourens ; JCP E 2002, n° 13, p. 575, note Corrignan-Carsin.*

2. Conjoint collaborateur. Le statut de conjoint collaborateur ne peut être adopté que par un couple marié ; un concubin, un pacsé ne peuvent bénéficier de ce statut (Avis CCRCS n° 05-81 : *Bull. RCS 2005, n° 30-32, p. 51*). ♦ Seule la personne mariée au chef d'entreprise peut bénéficier de ce statut ; la question de son ouverture aux titulaires d'un PACS, évoquée lors des débats parlementaires, n'a pas été retenue (Rép. min. n° 102528 : *JOAN Q, 16 janv. 2006, p. 610 ; BJS 2007. 410*). ♦ L'ouverture du statut de conjoint collaborateur aux pacsés prend en compte les évolutions de la société et pourrait être proposée dans le cadre d'une prochaine évolution législative (Rép. min. n° 4737 : *JOAN Q, 25 déc. 2007, p. 8248 ; Rev. sociétés 2008. 215 ; JCP N 2008, n° 2, p. 12 ; Dr. sociétés 2008. Alerte 13*). ♦ Mais le code de commerce n'ayant pas été modifié par la L. n° 2006-728 du 23 juin 2006 portant réforme des successions et des libéralités, qui a étendu les droits des titulaires d'un PACS, la question de l'extension du statut de conjoint collaborateur aux pacsés reste à traiter pour les professions indépendantes non agricoles (Rép. min. n° 13777 : *JOAN Q, 26 févr. 2008, p. 1661 ; JCP N 2008, n° 11, p. 8*). ♦ V. désormais l'art. L. 121-8.

Un juge ne peut pas valablement déclarer irrecevable la demande d'ouverture d'une procédure de surendettement formée par un époux au motif que celui-ci est inscrit au RCS en qualité de conjoint collaborateur, sans rechercher si cet époux est lui-même commerçant ou artisan. • Civ. 2e, 14 sept. 2006, n° 05-16.143 : *RTD com. 2006. 919, obs. Paisant ; JCP E 2007, n° 1, p. 20, obs. Cabrillac ; BRDA 2006, n° 19, p. 9 ; Dr. et patr. 6/2007. 89, obs. Macorig-Venier.*

3. Conjoint de l'agent commercial. Considérant que celui-ci peut opter pour le statut de conjoint collaborateur, et recommandant de porter cette mention sur le registre spécial des agents commerciaux (Avis CCRCS n° 03-74 : *BRDA 2006, n° 22, p. 11*).

4. Conjoint du gérant associé. Le statut de conjoint collaborateur peut bénéficier au conjoint de tout associé exerçant les fonctions de gérant au sein d'un collège de gérance majoritaire (Avis CCRCS nos 07-18 et 08-35 : *BRDA 2010, n° 19, p. 2*).

Art. L. 121-5 Une personne *(Ord. n° 2021-1189 du 15 sept. 2021, art. 1er, en vigueur le 1er janv. 2023)* **« dont l'entreprise est mentionnée comme relevant du secteur des métiers et de l'artisanat au registre national des entreprises** *[ancienne rédaction : immatriculée au répertoire des métiers]* **» ou un commerçant ne peut, sans le consentement exprès de son conjoint, lorsque celui-ci participe à son activité professionnelle en qualité de conjoint travaillant dans l'entreprise, aliéner ou grever de droits réels les éléments du fonds de commerce ou de l'entreprise artisanale dépendant de la communauté, qui, par leur importance ou par leur nature, sont nécessaires à l'exploitation de l'entreprise, ni donner à bail ce fonds de commerce ou cette entreprise artisanale. Il ne peut, sans ce consentement exprès, percevoir les capitaux provenant de telles opérations.**

Le conjoint qui n'a pas donné son consentement exprès à l'acte peut en demander l'annulation. L'action en nullité lui est ouverte pendant deux années à compter du jour où il a eu connaissance de l'acte, sans pouvoir jamais être intentée plus de deux ans après la dissolution de la communauté. — *[L. n° 82-596 du 10 juill. 1982, art. 2.]*

Sur la mention au répertoire des métiers du conjoint collaborant au fonctionnement de l'entreprise artisanale, V. Décr. n° 98-247 du 2 avr. 1998, art. 14, App., v° Artisans.

V. C. civ., art. 1424 et 1425. — **C. civ.**

Art. L. 121-6 **Le conjoint collaborateur, lorsqu'il est mentionné au registre du commerce et des sociétés** *(Ord. n° 2021-1189 du 15 sept. 2021, art. 1er, en vigueur le 1er janv. 2023)* **« ou, pour une entreprise du secteur des métiers et de l'artisanat, au registre national des entreprises,** *[ancienne rédaction :, au répertoire des métiers ou au registre des entreprises tenu par les chambres de métiers d'Alsace et de Moselle]* **» est réputé avoir reçu du chef d'entreprise le mandat d'accomplir au nom de ce dernier les actes d'administration concernant les besoins de l'entreprise.**

Par déclaration faite devant notaire, à peine de nullité, chaque époux a la faculté de mettre fin à la présomption de mandat, son conjoint présent ou dûment appelé. La déclaration notariée a effet, à l'égard des tiers, trois mois après que mention en aura été portée au registre du commerce et des sociétés *(Ord. n° 2021-1189 du 15 sept. 2021, art. 1er, en vigueur le 1er janv. 2023)* **« ou, pour une entreprise du secteur des métiers et de l'artisanat, au registre national des entreprises** *[ancienne rédaction :, au répertoire des métiers ou au registre des entreprises tenu par les chambres de métiers d'Alsace et de Moselle]* **». En l'absence de cette mention, elle n'est opposable aux tiers que s'il est établi que ceux-ci en ont eu connaissance.**

La présomption de mandat cesse également de plein droit en cas d'absence présumée de l'un des époux, de séparation de corps ou de séparation de biens judiciaire, de même que lorsque les conditions prévues au premier alinéa ci-dessus ne sont plus remplies. — *[L. n° 82-596 du 10 juill. 1982, art. 9.]*

1. Présomption de mandat. Pour un arrêt ayant admis que puisse être déduite de l'attitude du *conjoint collaborateur* sa volonté de « sortir » du statut légal, V. • Douai, 13 mars 1997 : *D. 1997. 433, note Voinot .* ♦ Jugeant que la conjointe du commerçant objet d'une procédure collective, qui n'est pas immatriculée en qualité de commerçante, ne peut, sur sa demande, être admise au bénéfice de la liquidation judiciaire : • Com. 11 févr. 2004, n° 01-00.430 P : *D. 2004. AJ 565, obs. Lienhard ; JCP E 2004, n° 48, p. 1886, note Parachkevova ; RTD com. 2004. 243, obs. Saintourens ; Dr. et patr. 6/2004. 101, obs. Monsèrié-Bon ; RJDA 2004, n° 731.* ♦ V. aussi note 4 ss. art. L. 620-2.

2. Intervention à l'instance. Le conjoint collaborateur, lorsqu'il est mentionné au RCS, est réputé avoir reçu du chef d'entreprise le mandat d'accomplir au nom de ce dernier les actes d'administration concernant les besoins de l'entreprise. Pour déclarer recevable l'intervention volontaire du mari, l'arrêt relève que les époux se sont mariés sous le régime légal de la communauté réduite aux acquêts et retient que le fonds de commerce est commun aux deux époux, à défaut de prouver que sa création est antérieure à la célébration du mariage, de sorte que le mari, conjoint collaborateur de son épouse, a qualité pour agir. En statuant ainsi, après avoir constaté que l'épouse était seule titulaire du bail des locaux dans lesquels était exploité le fonds de commerce, peu important le statut de conjoint collaborateur de son mari, la cour d'appel, qui n'a pas tiré les conséquences légales de ses propres constatations, a violé les art. 329 C. pr. civ., 1401 C. civ. et L. 121-6, al. 1er, C. com. • Civ. 3e, 17 sept. 2020, n° 19-18.435 P : *cité note 12 ss. art. L. 145-60.*

Art. L. 121-7 *(L. n° 2005-882 du 2 août 2005, art. 14)* **Dans les rapports avec les tiers, les actes de gestion et d'administration accomplis pour les besoins de l'entreprise par le conjoint collaborateur sont réputés l'être pour le compte du chef d'entreprise et n'entraînent à la charge du conjoint collaborateur aucune obligation personnelle.**

BIBL. ▶ Loi du 2 août 2005 : DELFOSSE et PÉNIGUEL, *Dr. et patr. 10/2005, suppl., p. 8.* – LÉCUYER, *Dr. sociétés 2005. Chron. 12.* – SAINTOURENS, *RTD com. 2005. 701* .

Art. L. 121-8 *(L. n° 2008-776 du 4 août 2008, art. 16-III)* **La présente section est également applicable aux personnes qui sont liées au chef d'entreprise par un pacte civil de solidarité** *(L. n° 2021-1754 du 23 déc. 2021, art. 24, en vigueur le 1er janv. 2022)* **« ou qui vivent en concubinage avec le chef d'entreprise ».**

Sont applicables en Nouvelle-Calédonie et dans les îles Wallis-et-Futuna les adjonctions et modifications apportées à l'art. L. 121-8 par la L. n° 2008-776 du 4 août 2008 (Ord. n° 2009-896 du 24 juill. 2009, art. 1er-I).

Sur l'exercice d'une activité commerciale ou artisanale ambulante par tout préposé, salarié ou personne mentionné à l'art. L. 121-8, V. art. R. 123-208-5.

Loi n° 89-1008 du 31 décembre 1989,

Relative au développement des entreprises commerciales et artisanales et à l'amélioration de leur environnement économique, juridique et social.

Art. 14 I. — Le conjoint survivant du chef d'une entreprise *(L. n° 2005-882 du 2 août 2005, art. 16-V)* « artisanale, commerciale ou libérale » qui justifie par tous moyens avoir participé directement et effectivement à l'activité de l'entreprise pendant au moins dix années, sans recevoir de salaire ni être associé aux bénéfices et aux pertes de l'entreprise, bénéficie d'un droit de créance d'un montant égal à trois fois le salaire minimum interprofessionnel de croissance annuel en vigueur au jour du décès dans la limite de 25 p. 100 de l'actif successoral. Ce droit est garanti sur la généralité des meubles par le privilège inscrit au *(Ord. n° 2021-1192 du 15 sept. 2021, art. 35, en vigueur le 1er janv. 2022)* « 3° *[ancienne rédaction : 4°]* » de l'article *(Ord. n° 2006-346 du 23 mars 2006, art. 54)* « 2331 » du code civil, sur la généralité des immeubles par le privilège inscrit au 2° de l'article *(Ord. n° 2021-1192 du 15 sept. 2021, art. 35, en vigueur le 1er janv. 2022)* « 2377 *[ancienne rédaction : 2375]* » du code civil et sur les immeubles par une hypothèque légale. Le cas échéant, le montant des droits propres du conjoint survivant dans les opérations de partage successoral et de liquidation du régime matrimonial est diminué de celui de cette créance. Pour la liquidation des droits de succession, cette créance s'ajoute à la part du conjoint survivant.

II *et* III. *[...]*

BIBL. ▶ DAGOT, *JCP N 1990. I. 317.*

Sur l'interprétation de l'art. 14 ci-dessus, V. : * *p. 1743 ; JCP E 1992. Pan. 531.* Rép. min. n° 51775, *JOAN Q, 13 avr. 1992,*

CHAPITRE II **DES COMMERÇANTS ÉTRANGERS**

(L. n° 2006-911 du 24 juill. 2006, art. 22)

RÉP. COM. v° *Commerçant étranger*, par CHIRONNIER.

BIBL. GÉN. ▶ TAGER, *AJDI 1939. 278.* – PEUCHOT, *RD publ. 1989. 1095* (carte d'identité de commerçant étranger). ▶ Ord. n° 2004-279 du 25 mars 2004 : SAINTOURENS, *RTD com. 2004. 694* (suppression de la carte d'identité spéciale). ▶ Loi nº 2006-911 du 24 juill. 2006 : *BRDA 2006, nº 15-16, p. 11*. – ALVES, *RLDA oct. 2006. 18*. – Inforeg, *Cah. dr. entr. 2007, nº 6, p. 69* (nouveau statut du dirigeant étranger). – BERGER-WALLISER et MOES, *RTD com. 2009. 669* (conditions d'accès au marché français pour les opérateurs économiques étrangers, non ressortissants communautaires).

Art. L. 122-1 et L. 122-2 *Abrogés par L. nº 2014-1 du 2 janv. 2014, art. 21-I.*

Art. L. 122-3 et L. 122-4 *Abrogés par L. nº 2006-911 du 24 juill. 2006, art. 22. – V. art. L. 122-1.*

CHAPITRE III DES OBLIGATIONS GÉNÉRALES DES COMMERÇANTS

SECTION PREMIÈRE DU REGISTRE DU COMMERCE ET DES SOCIÉTÉS

RÉP. COM. vº *Registre du commerce et des sociétés*, par BEDER.

BIBL. ▶ DERRUPPÉ, *RTD com. 1985. 84*. – A. P. S. , *Gaz. Pal. 1984. 2. Doctr. 482*. – AZZOUZ, *JCP N 1988. Prat., p. 117*. – BOULOC, *Gaz. Pal. 1985. 2. Doctr. 419*. – LE CANNU, *LPA 11 sept. 1984*. – DELEBECQUE, *Journ. not. 1986. 1031*. – ROTTY, *JCP E 1984. I. 13621*. – BAHANS, *Dr. et patr. 3/2005. 66* (les actes de société sous forme électronique). – GUÉRIN, *Administrer 10/2005. 25* (conséquences de la non-immatriculation d'une SCI au RCS dans ses relations avec la copropriété). – BARBIER, *AJDI 2005. 887* (particularités de l'obligation d'immatriculation au registre du commerce en droit spécial des baux commerciaux). – MENJUCQ, *RLDA juill. 2009. 89* (prépondérance de la loi d'immatriculation et nécessité d'un contrôle rapide et sûr de la constitution des sociétés). – BOBET et GOURGOUILLAT, *ibid. 97* (les grandes tendances du RCS en Europe et le choix fait par la France dans la transposition de la directive de 1968). – Dossier, *BJS 2013. 75* (actualité 2012 du RCS). – BAHANS et SAINTOURENS, *Dr. et patr. 10/2013. 77* (l'identification juridique : les registres professionnels).

SOUS-SECTION 1 DES PERSONNES TENUES À L'IMMATRICULATION

Art. L. 123-1 I. — **Il est tenu un registre du commerce et des sociétés auquel sont immatriculés, sur leur déclaration :**

1º Les personnes physiques ayant la qualité de commerçant, même si elles sont tenues à immatriculation au *(Ord. nº 2021-1189 du 15 sept. 2021, art. 2, en vigueur le 1er janv. 2023)* **« registre national des entreprises** *[ancienne rédaction : répertoire des métiers]* **» ;**

2º Les sociétés et groupements d'intérêt économique ayant leur siège dans un département français et jouissant de la personnalité morale conformément à l'article 1842 du code civil ou à l'article L. 251-4 ;

3º Les sociétés commerciales dont le siège est situé hors d'un département français et qui ont un établissement dans l'un de ces départements ;

4º Les établissements publics français à caractère industriel ou commercial ;

5º Les autres personnes morales dont l'immatriculation est prévue par les dispositions législatives ou réglementaires ; *— V. art. A. 123-18 et A. 123-19. — Pour les intermédiaires d'assurances immatriculés au RCS, V. C. assur., art. R. 512-2. —* ***C. assur.***

6º Les représentations commerciales ou agences commerciales des États, collectivités ou établissements publics étrangers établis dans un département français.

II. — Figurent au registre, pour être portés à la connaissance du public, les inscriptions et actes ou pièces déposés prévus par décret en Conseil d'État. *— [Décr. nº 84-406 du 30 mai 1984, art. 1er.] — V. art. R. 123-31 s.*

Pour l'immatriculation des personnes qui font profession habituelle d'effectuer des opérations de change manuel, V. C. mon. fin., art. L. 524-3. — ***C. mon. fin.***

Sur le registre des bénéficiaires effectifs, V. C. mon. fin., art. L. 561-46 s. et R. 561-55 s. — ***C. mon. fin.***

L'immatriculation obligatoire à un registre de l'agriculture, prévue par l'art. L. 311-2 C. rur. des personnes physiques ou morales exerçant à titre habituel des activités réputées agricoles au sens du code rural, à l'exception des cultures marines et des activités forestières, ne dispense pas, le cas échéant, de l'immatriculation au RCS (C. rur., art. L. 311-2). — V. art. L. 311-1 C. rur., ss. art. L. 110-1.

Sur les conditions d'immatriculation des sociétés d'exercice libéral, V. Circ. 16 mars 1998 : BOMJ, nº 69, p. 92. — Sur l'obligation faite aux sociétés civiles constituées avant le 1er juill. 1978 et non encore immatriculées de s'immatriculer avant le 1er nov. 2002, V. L. n° 78-9 du 4 janv. 1978, telle que modifiée par la L. n° 2001-420 du 15 mai 2001, art. 44 au **C. sociétés.** *– Sur l'extension de cette obligation à toutes les sociétés, V. Rép. min. n° 36676 : JO Sénat Q, 14 févr. 2002, p. 499.*

1. Associations. **BIBL.** Kamden, *D. 1996. Chron. 213*. ♦ L'art. 1er du Décr. de 1984 [C. com., art. L. 123-1] limitant l'immatriculation au RCS des personnes morales à celles pour lesquelles la loi ou le règlement le prévoit, il y a lieu d'infirmer une ordonnance ayant dit qu'un greffier devait procéder à l'inscription d'une association. • Paris, 13 févr. 1992 : *D. 1992. IR 142 ; RTD com. 1992. 579, obs. Derruppé ; JCP E 1992. II. 291 ; BJS 1992. 437, note Jeantin* (conf. par • Com. 1er mars 1994, n° 92-13.529 P : *D. 1994. 528, note Coutant ; Rev. sociétés 1994. 502, note Guyon ; JCP 1995. II. 22418, note Kamden ; Dr. sociétés 1994, n° 88, note Bonneau*). ♦ La Conv. EDH ne peut pas être invoquée par une association pour réclamer son inscription au RCS qui lui a été justement refusée au motif qu'elle n'entrait dans aucune des catégories de personnes morales dont le texte prévoit qu'elles peuvent y être inscrites. • Com. 15 nov. 1994, n° 93-10.193 P : *D. 1994. IR 269 ; Dr. sociétés 1995, n° 24, note Bonneau ; LPA 26 juill. 1995, note Gibirila* (V. l'arrêt d'appel : • Paris, 12 nov. 1992 : *Dr. sociétés 1993, n° 25, note Bonneau ; BJS 1993. 103, note Legros*). ♦ Mais une association, constituée et déclarée conformément aux dispositions de la L. du 1er juill. 1901, doit être immatriculée au RCS si elle devient « gérante-mandataire » d'un fonds de commerce, au sens de la législation en vigueur (art. L. 146-1). * Avis CCRCS n° 2018-010 du 18 juill. 2018 : *BJS 2018. 665, obs. Gourlaouen.*

Sur l'obligation d'immatriculation au RCS des associations exerçant, exclusivement ou non, une activité économique effective depuis au moins deux années et émettant des obligations, V. C. mon. fin., art. L. 213-10. – **C. mon. fin.**

2. Agriculteurs exerçant des activités touristiques. Sur la nécessité et les conditions de l'immatriculation, V. : * Rép. min. n° 21010 : *JO Sénat Q, 15 oct. 1992, p. 2358.*

3. Caisse de crédit mutuel. Les caisses de crédit agricole mutuel sont dispensées de l'immatriculation ; il en résulte que la personnalité morale de la caisse est sans lien avec son inscription au RCS. • Com. 28 févr. 2006, n° 04-16.514 P : *Rev. sociétés 2006. 800, note Mathey ; RDBF 2006, n° 87, obs. Crédot et Samin ; Dr. sociétés 2006, n° 102, obs. Lécuyer.* ♦ Une caisse de crédit mutuel, en sa qualité de société coopérative, n'est pas une société commerciale. Dès lors, c'est à bon droit qu'une cour d'appel a considéré qu'aux dates auxquelles les actes litigieux ont été signés (un commandement de payer délivré le 15 juill. 2003), la caisse de crédit mutuel, constituée le 15 janv. 1966, n'avait pas l'obligation de s'immatriculer au RCS. • Com. 23 mai 2006, n° 04-20.198 P : *D. 2006. AJ 1894, obs. Lienhard ; JCP E 2007, n° 29, p. 24, obs. Mahfoudi ; RJDA 2006, n° 922.*

4. Diffusion par voie télématique. **BIBL.** Colloque CREDA, *JCP E 1994. I. 387.* ♦ L'art. 1er, dern. al. [C. com., art. L. 123-1, dern. al.], prévoyant que les inscriptions, actes ou pièces déposés figurent au registre pour être portés à la connaissance du public, en diffusant ces informations par le biais de son serveur, INFOGREFFE ne fait que se conformer à ces prescriptions légales, sauf à démontrer qu'il porte à la connaissance du public des informations non prévues par le texte ou inexactes, et qu'il enfreint les dispositions de la L. du 6 janv. 1978 (informatique et libertés). • TGI Paris, 23 sept. 1992 : *JCP E 1992. Pan. 1196.* ♦ Ne peut être reprochée la diffusion de l'adresse personnelle du demandeur, cette mention étant prévue par l'art. 15 (10°) du Décr. n° 84-406 du 30 mai 1984 (devenu art. R. 123-54). • Même jugement. ♦ Comp., jugeant qu'un dirigeant peut s'opposer à la diffusion d'informations le concernant pour raison légitime : • Paris, 22 juin 1993 : *JCP E 1994. I. 359, n° 13, obs. Vivant et Le Stanc.*

5. Responsabilité du diffuseur. En ce que le serveur minitel EURIDILE, géré par l'Institut national de la propriété industrielle, constitue un service public à caractère industriel et commercial, les actions tendant à la réparation des préjudices causés aux tiers par son fonctionnement ressortissent à la compétence des juridictions de l'ordre judiciaire. • TGI Bar-le-Duc, 16 janv. 1997 : *D. Affaires 1997. 317.* ♦ La diffusion par l'INPI, par le biais de ce serveur, d'une information erronée est constitutive d'une faute civile de nature à engager la responsabilité délictuelle de son auteur. • Même jugement.

6. Artisans. L'art. L. 123-1 prévoit une immatriculation au RCS pour les commerçants, mais non pour les artisans. Au regard de l'immatriculation à ce registre, les commerçants et les artisans se trouvent donc placés dans une situation différente. Il suit de là que le moyen tiré de ce que les art. 2 et 19 du Décr. n° 2007-750 du 9 mai 2007 créeraient une rupture d'égalité entre les commerçants et les artisans ne peut qu'être écarté. • CE 5 mai 2008 : *cité note 3 ss. art. R. 123-82.*

7. Cabinet d'avocats. Les cabinets d'avocats anglo-saxons constitués sous forme de sociétés commerciales, de SEL ou de SCP sont soumis, lors de l'ouverture d'un établissement en France, à l'obligation de s'immatriculer au greffe du tribunal de commerce prévue par l'art. R. 123-112. Les cabinets constitués sous forme d'associations ou de partenariats (*Limited Liability Partnership*), qui ne sont pas assimilables aux formes sociales soumises à l'obligation générale d'immatriculation posées par l'art. L. 123-1, ne sont en revanche pas inscrits au RCS à l'occasion de l'ouverture d'un bureau sur le territoire national. * Rép. min. n° 14614 : *JO Sénat Q 25 nov. 2010, p. 3119 ; D. 2010. Actu. 2833, obs. Lienhard ; JCP E 2010, n° 646.*

8. Professionnels de l'immobilier. Les activités de courtier, d'agent immobilier et d'administrateur de biens sont de nature commerciale et les personnes qui s'y livrent sont assujetties à l'immatriculation au RCS (Avis CCRCS n° 2012-035 du 25 oct. 2012). ♦ Dès lors qu'elles se livrent ou prêtent leur concours aux opérations d'entremise et de gestion immobilière portant sur des immeubles et des fonds de commerce, ces personnes doivent être titulaires d'une carte professionnelle dont il revient au greffier de vérifier l'obtention lors de l'inscription au RCS (même avis).

9. Point relais. La personne assurant la gestion d'un « relais poste » se borne à effectuer des prestations postales au nom et pour le compte de l'exploitant public La Poste. Cette seule activité, exercée dans le cadre d'un mandat, ne lui confère pas la qualité de commerçant ; elle n'est donc pas tenue à immatriculation (Avis CCRCS n° 2013-33 du 17 déc. 2013). ♦ Pour la situation des personnes assurant la tenue d'un dépôt de pain, selon qu'il achète le pain pour le revendre ou vend le pain pour le compte du boulanger : * Avis CCRCS n° 86-11 du 7 nov. 1986.

10. Trader. A la qualité de commerçant tenu à immatriculation au RCS celui qui se livre sur les marchés financiers, même au moyen de ses capitaux personnels, à l'activité de « trader » dite « en fonds propres » ou « pour propre compte » dès lors que, en raison de leur multiplicité et de leur importance, les achats à titre habituel de valeurs mobilières, devises ou produits dérivés sont réalisés à titre habituel, pour les revendre dans une intention spéculative (Avis CCRCS n° 2016-014 du 5 juill. 2016 : *JCP E 2017. Actu. 3*).

11. Conciergerie privée. L'exercice à titre de profession habituelle et indépendante, par une personne physique, de l'activité dite de « conciergerie privée », désignant l'activité proposant de simplifier la vie de sa clientèle en lui permettant de gagner du temps en lui confiant, contre rémunération, l'exécution de tâches diverses (courses, entretien du linge, soin et promenade d'animaux de compagnie...), emporte obligation pour l'intéressé d'être immatriculé au RCS (Avis CCRCS n° 2018-006 du 18 juill. 2018 : *BRDA 2019, n° 3, p. 18 ; BJS 2018. 665, obs. Gourlaouen*).

12. Tenue d'un blog. La personne physique qui tient un blog assurant la diffusion de publicités à titre habituel et lucratif – empiétant ainsi sur le domaine des sites marchands ou servant de vecteur, contre rémunération, à la diffusion de publicités pour le compte d'annonceurs désirant promouvoir leurs produits ou services, voire leur image de marque – a la qualité de commerçant et est donc tenue à immatriculation au RCS lorsque la diffusion de ces publicités ne peut être considérée comme accessoire à une activité ou à des actes civils (Avis CCRCS n° 2019-001 du 1er juill. 2019 : *BRDA 2019, n° 22, p. 21*).

Art. L. 123-1-1 *(Abrogé par L. n° 2014-626 du 18 juin 2014, art. 27-II) (L. n° 2008-776 du 4 août 2008, art. 8-I)* ***Par dérogation à l'article L. 123-1, les personnes physiques exerçant une activité commerciale à titre principal ou complémentaire sont dispensées de l'obligation de s'immatriculer au registre du commerce et des sociétés tant qu'elles bénéficient du régime prévu à l'article L. 133-6-8 du code de la sécurité sociale.***

Un décret en Conseil d'État précise les conditions d'application du présent article et, notamment, les modalités de déclaration d'activité en dispense d'immatriculation, auprès du centre de formalités des entreprises compétent, les conditions de l'information des tiers sur l'absence d'immatriculation, ainsi que les modalités de déclaration d'activité consécutives au dépassement de seuil. *— V. art. R. 123-3, R. 123-32-1, R. 123-220, R. 123-224 et R. 123-237-1.*

Les personnes mentionnées au premier alinéa dont l'activité principale est salariée ne peuvent exercer à titre complémentaire auprès des clients de leur employeur, sans l'accord de celui-ci, l'activité professionnelle prévue par leur contrat de travail.

Les dispositions de l'art. L. 123-1-1 ne s'appliquent qu'aux personnes physiques qui n'étaient pas immatriculées au RCS à la date de publication de la L. n° 2008-776 du 4 août 2008 (JO 5 août).

Les dispositions issues de l'art. 27 de la L. n° 2014-626 du 18 juin 2014 entrent en vigueur à une date fixée par décret et, au plus tard, six mois à compter de la date de publication de ladite loi. Les personnes dispensées d'immatriculation en application de l'art. L. 123-1-1, dans sa rédaction antérieure à la loi précitée, disposent d'un délai de douze mois à compter de l'entrée en vigueur de l'art. 27 susvisé pour s'immatriculer auprès du répertoire compétent (L. préc., art. 27-VI). — V. aussi note ss. art. R. 123-5.

Les personnes dispensées d'immatriculation en application des dispositions de l'art. L. 123-1-1 ou du V de l'art. 19 de la L. n° 96-603 du 5 juill. 1996, dans leur rédaction antérieure à la L. n° 2014-626 du 18 juin 2014, indiquent, au moment de leur demande d'immatriculation, le numéro unique d'identification mentionné à l'art. D. 123-235, qui leur a été attribué lors de leur déclaration d'activité. Cette demande est présentée au plus tard le 19 déc. 2015 au CFE compétent ou au greffe du tribunal compétent en application de l'art. R. 123-5. Il est fait application des dispositions de la

1re phrase du second al. de l'art. 1316-4 [1367] C. civ. aux signatures électroniques requises pour les demandes susmentionnées lorsque celles-ci sont transmises par voie électronique (Décr. n° 2015-731 du 24 juin 2015, art. 6-IV).

DELMAS EXPRESS *Auto-entrepreneur, 2021/2022,* par Delpech.

BIBL. ▶ Monéger et Brault, *Loyers et copr. 2008. Étude 8* (modernisation du statut des baux dans la LME du 4 août 2008). – Torck et Hovasse, *Dr. sociétés 2008. Étude 10* (analyse des mesures en faveur des PME). – Saintourens, *RTD com. 2008. 687* (dispense d'immatriculation au RCS pour les commerçants bénéficiaires du régime micro-social). – Boismain, *LPA 9 janv. 2009* (dispense d'immatriculation au RCS et renouvellement du bail commercial). – Nurit-Pontier, *D. 2009. 585* (dispense d'immatriculation de l'auto-entrepreneur : une simplification non dénuée de risques). – Reygrobellet, *RLDA mars 2009. 77* (l'auto-entrepreneur : vers un statut de l'activité indépendante). – Gallois-Cochet, *JCP E 2009, n° 16-17, p. 25* (micro-entreprise, micro-entrepreneur et auto-entrepreneur après la LME). – Barthélémy, *ibid., n° 18, p. 42* (statut de l'auto-entrepreneur, présomption renforcée d'absence de contrat de travail et développement de la création d'entreprise). – Bruder, *JCP N 2009, n° 24, p. 35* (les avantages du statut de l'auto-entrepreneur en matière de création d'entreprise). – Laval-Mader, *AJDA 2009. 1230* (un fonctionnaire peut-il devenir auto-entrepreneur ?). – Vauvillé, *RPC 2010. Étude 3* (brèves observations sur le passif de l'auto-entrepreneur). – Legrand, *D. 2010. 1898* (l'auto-entrepreneur à l'ère EIRL). – Pomade, *Rev. sociétés 2010. 495* (l'auto-entreprenariat : une solution à la création d'entreprise ?). – Delpech, *RLDA févr. 2011. 63* (la création de l'entreprise individuelle simplifiée). – Legrand, *LPA 25-26 avr. 2011* (auto-entrepreneur EIRL). – Pontif, *RDSS 2013. 536* (chômeur entrepreneur). – Loi n° 2014-626 du 18 juin 2014 : Legrand, *LPA 16 sept. 2013* (quel avenir pour les auto-entrepreneurs ?) ; *LPA 26 juin 2014* (les poussins rentrent dans les rangs). – Reygrobellet, *JCP N 2014, n° 1246* (L. n° 2014-626 du 18 juin 2014 sur l'artisanat, le commerce et les TPE). – NDLR, *BRDA 2014, n° 13, p. 13* (immatriculation des auto-entrepreneurs).

1. Auto-entrepreneur : interdiction de gérer. S'agissant de l'interdiction de gérer prononcée en application de l'art. L. 653-8 C. com. dont l'étendue peut être limitée, elle l'autorise à adopter le statut d'auto-entrepreneur pendant la durée de son interdiction fixée à six ans. • Paris, 7 sept. 2010 : *Dr. sociétés 2011, n° 118, obs. J.-P. L.* ♦ *Contra*, estimant que l'auto-entrepreneur ne peut exercer son activité s'il se trouve sous le coup d'une interdiction de gérer une entreprise commerciale ou artisanale (Rép. min. n° 107215 : *JOAN Q, 20 sept. 2011, p. 10061 ; D. 2011. Actu. 2274, obs. Delpech ; JCP E 2012, n° 1069, note Delattre ; RPC 2012, n° 105, obs. Martin-Serf*).

2. Liquidation judiciaire. Pour l'ouverture d'une procédure collective à l'encontre d'un auto-entrepreneur dont le passif provenait, de façon résiduelle, de son activité professionnelle, V. • T. com. Caen, 12 janv. 2011 : *cité note 12 ss. art. L. 620-2.*

3. Cumul avec une activité indépendante. L'activité de travailleur indépendant ne peut être cumulée avec une autre activité exercée sous le régime de l'auto-entrepreneur. En revanche, un travailleur indépendant peut très bien exercer plusieurs activités au sein de la même auto-entreprise, du moment que le chiffre d'affaires cumulé de ces activités ne dépasse pas les plafonds applicables pour le régime du microfiscal (Rép. min. n° 95807 : *JOAN Q, 20 sept. 2011, p. 10061 ; D. 2011. Actu. 2274, obs. Delpech ; JCP N 2011, n° 736*).

4. Cumul avec une activité salariée. S'agissant des salariés, le régime de l'auto-entrepreneur présente une réelle opportunité, puisque le cumul d'activités est possible sous condition. Le salarié ne peut alors pas exercer, en complément, une activité identique à celle de son employeur et auprès de la même clientèle, sans avoir obtenu l'accord de son employeur. En outre, le régime de l'auto-entrepreneur n'a nullement été conçu pour couvrir l'externalisation abusive de salariés ou le recrutement de faux indépendants (Rép. min. n° 95807 : *préc. note 3*).

5. Ressortissant étranger. Sur l'application du statut d'auto-entrepreneur aux ressortissants de l'Union européenne et des pays tiers, V. * Rép. min. n° 110909 : *JOAN Q, 22 mai 2012, p. 4089 ; JCP E 2012, n° 1405.*

6. Courtier d'assurances. L'auto-entrepreneur courtier d'assurances ne peut opter pour la dispense prévue à l'art. L. 123-1-1 ; il est tenu à l'immatriculation au RCS (Avis CCRCS n° 2012-006 du 16 févr. 2012).

7. Requalification. Sur l'échec d'une requalification en contrat de travail d'un chauffeur-livreur exerçant sous le statut d'auto-entrepreneur, dès lors qu'il avait toute liberté pour organiser son travail, même s'il utilisait les véhicules de son donneur d'ordre, V. • Soc. 20 oct. 2015, n° 14-16.179 : *BRDA 2015, n° 23, p. 10.*

8. Déclaration auprès du CFE. Jugeant que la déclaration d'activité au centre de formalité des entreprises est la seule formalité susceptible d'avoir une portée équivalente à celle de l'immatriculation au RCS, un certificat d'inscription Insee ne suffisant pas : • Grenoble, 29 oct. 2015, n° 13/00070 : *RJDA 2016, n° 353 ; Rev. loyers 2016. 555, note Brena.*

Art. L. 123-2 **Nul ne peut être immatriculé au registre s'il ne remplit les conditions nécessaires à l'exercice de son activité. Les personnes morales doivent, en outre, avoir accompli les formalités prescrites par la législation et la réglementation en vigueur les concernant.** – *[Décr. n° 84-406 du 30 mai 1984, art. 2.]*

BIBL. ▶ LEBOUCHÉ, *Dr. sociétés 1999. Chron. 1* (dirigeants étrangers de sociétés : quelles règles respecter pour exercer ?).

1. Titre de séjour. S'agissant d'une demande d'immatriculation introduite par un gérant de SARL de nationalité algérienne, il n'y a pas lieu de prendre en compte la réglementation des étrangers relative aux conditions d'obtention d'un titre de séjour en France supérieur à trois mois, l'immatriculation au RCS n'étant soumise qu'aux seules conditions imposées par le Décr. n° 84-406 du 30 mai 1984 (art. R. 123-31 s.). • Paris, 7 juill. 1995 : *JCP E 1995. Pan. 1178.* ♦ Comp., en ce sens que, s'agissant d'un ressortissant algérien, le demandeur se trouve dispensé de la carte de commerçant étranger et peut présenter à l'appui de son immatriculation le récépissé de demande de carte de séjour, en vertu des dispositions de la circulaire du 14 mars 1986 relative aux conditions de circulation, d'emploi et de séjour en France des ressortissants algériens, • Paris, 12 oct. 1995 : *BJS 1996. 59, obs. P. S.* – V. aussi • Paris, 27 oct. 1995 : *Gaz. Pal. 1996. 2. Somm. 366.* ♦ V. également, sur l'obligation de présenter un titre de séjour, pour le ressortissant algérien acquéreur d'un fonds de commerce, * Rép. min. n° 31063 : *JOAN Q, 22 janv. 1996, p. 389.* ♦ Sur le contrôle du greffier, V. note ss. art. R. 123-94.

2. Inscription au répertoire des métiers. L'immatriculation au répertoire des métiers est une obligation légale conditionnant l'exercice des activités qui relèvent du secteur des métiers. Pour autant, elle n'est pas la condition de l'immatriculation d'une société au RCS, dont la finalité première est son accession à la personnalité morale, mais la condition de la régularité de la mention audit registre de l'exercice effectif de telles activités (Avis CCRCS n° 2015-019 du 10 nov. 2015 : *BRDA 2016, n° 3, p. 8*).

Art. L. 123-3 **Faute par un commerçant personne physique de requérir son immatriculation dans le délai prescrit, le juge commis soit d'office, soit à la requête du procureur de la République ou de toute personne justifiant y avoir intérêt, rend une ordonnance lui enjoignant** *(L. n° 2012-387 du 22 mars 2012, art. 1er-I)* **« , le cas échéant sous astreinte, » de demander son immatriculation.**

Dans les mêmes conditions, le juge peut enjoindre *(L. n° 2012-387 du 22 mars 2012, art. 1er-I)* **« , le cas échéant sous astreinte, » à toute personne immatriculée au registre du commerce et des sociétés qui ne les aurait pas requises dans les délais prescrits, de faire procéder soit aux mentions complémentaires ou rectifications qu'elle doit y faire porter, soit aux mentions ou rectifications nécessaires en cas de déclarations inexactes ou incomplètes, soit à la radiation.**

Le greffier d'une juridiction qui rend une décision impliquant l'obligation pour une personne de s'immatriculer doit notifier cette décision au greffier du tribunal de commerce dans le ressort duquel l'intéressé a son siège ou son établissement principal. Le greffier du tribunal de commerce destinataire de la décision saisit le juge commis à la surveillance du registre. – *[Décr. n° 84-406 du 30 mai 1984, art. 58.]*

1. Saisine d'office. Le juge peut se saisir d'office, ou il peut être saisi par le procureur de la République ou par toute personne justifiant y avoir intérêt (Rép. min. n° 106126 : *JOAN Q, 15 mai 2007, p. 4600 ; JCP E 2007, n° 23, p. 32*).

2. Intérêt à agir. Le juge commis à la surveillance du RCS peut, à la requête de toute personne justifiant y avoir intérêt, enjoindre à toute personne immatriculée au registre qui ne les aurait pas requises de faire procéder soit aux mentions complémentaires ou rectifications qu'elle doit y faire porter, soit aux mentions ou rectifications nécessaires en cas de déclarations inexactes ou incomplètes, soit à la radiation. Une société, en qualité d'associée d'une autre société assujettie à l'obligation d'immatriculation, a un intérêt à saisir le juge pour faire procéder à la rectification de déclarations inexactes de l'assujettie, mentionnées au registre. • Com. 9 sept. 2020, n° 19-15.422 P : *D. 2020. Actu. 1791 ; RTD com. 2020. 872, obs. Lecourt ; Rev. sociétés 2020. 670, note Reygrobellet ; JCP E 2020, n° 1374 ; RJDA 2021, n° 313.*

Art. L. 123-4 *(Abrogé par L. n° 2012-387 du 22 mars 2012, art. 1er-I)* ***Le fait pour toute personne tenue de requérir une immatriculation, une mention complémentaire ou rectificative, ou une radiation au registre du commerce et des sociétés, de ne pas, sans excuse jugée valable, dans les quinze jours de la date à laquelle est devenue définitive l'ordonnance rendue par le juge commis à la surveillance du registre lui enjoignant de requérir l'une de ces formalités,***

déférer à cette injonction, est puni d'une amende de 3 750 €. *— V., désormais, sur le prononcé d'astreintes, art. L. 123-3.*

Le tribunal peut, en outre, priver l'intéressé, pendant un temps qui n'excédera pas cinq ans, du droit de vote et d'éligibilité aux élections des tribunaux de commerce, *(L. n° 2010-853 du 23 juill. 2010, art. 8)* ***« chambres de commerce et d'industrie territoriales » et conseils de prud'hommes.*** *— V., désormais art. L. 123-5, al. 2.*

Le tribunal ordonne que l'immatriculation, les mentions ou la radiation devant figurer au registre du commerce et des sociétés y seront portées dans un délai déterminé, à la requête de l'intéressé. *— [Ord. n° 58-1352 du 27 déc. 1958, art. 1er.] — V. art. R. 123-84.*

La sanction prévue en cas de récidive, telle qu'elle figurait à l'art. 1er de l'Ord. n° 58-1352 du 27 déc. 1958, n'a pas été reprise lors de la codification de cet art.

Sur la réinsertion de la virgule après les mots « sans excuse jugée valable », par l'art. 50-II de la L. n° 2003-7 du 3 janv. 2003 (JO 4 janv.), V. Saintourens, RTD com. 2003. 269.

Art. L. 123-5 **Le fait de donner, de mauvaise foi, des indications inexactes ou incomplètes en vue d'une immatriculation, d'une radiation ou d'une mention complémentaire ou rectificative au registre du commerce et des sociétés est puni d'une amende de 4 500 € et d'un emprisonnement de six mois.**

(L. n° 2012-387 du 22 mars 2012, art. 1er-I) **« Le tribunal compétent peut, en outre, priver l'intéressé, pendant un temps qui n'excède pas cinq ans, du droit de vote et d'éligibilité aux élections des tribunaux de commerce, chambres de commerce et d'industrie et conseils de prud'hommes. »** *— [Ord. n° 58-1352 du 27 déc. 1958, art. 2.]*

Mentions inexactes. Doit être condamné le prévenu qui, lors de son inscription en vue de sa nomination au poste de P-DG d'une société, a omis de mentionner une déclaration de faillite personnelle. • Paris, 26 avr. 1993 : *JCP E 1993. Pan. 744.* ♦ La présence d'un « homme de paille » destiné à occuper la place de gérant de droit alors que la direction effective de l'entreprise est assurée de fait par une autre personne constitue une fraude passible des sanctions pénales prévues par l'art. L. 123-5, et dont le but consiste à dissimuler aux autorités de contrôle et aux tiers l'identité du véritable dirigeant de l'entreprise ; celui qui a sciemment prêté son nom à l'accomplissement d'une telle fraude ne saurait s'en prévaloir, sauf à invoquer sa propre turpitude. • Versailles, 11 sept. 2003, n° 02/7281 : *RJDA 2004, n° 206.*

Art. L. 123-5-1 *(L. n° 2001-420 du 15 mai 2001)* **A la demande de tout intéressé ou du ministère public, le président du tribunal, statuant en référé, peut enjoindre sous astreinte au dirigeant de toute personne morale de procéder au dépôt des pièces et actes au registre du commerce et des sociétés auquel celle-ci est tenue par des dispositions législatives ou réglementaires.**

Le président peut, dans les mêmes conditions et à cette même fin, désigner un mandataire chargé d'effectuer ces formalités.

L'art. L. 123-5-1 est applicable à Mayotte, en Nouvelle-Calédonie et à Wallis-et-Futuna (Ord. n° 2004-604 du 24 juin 2004, art. 56-I, 57-II et 58-II).

BIBL. ▶ LEGROS, *Dr. sociétés 2013. Étude 13* (exécution forcée du dépôt au greffe des comptes des sociétés commerciales). – CARRIÈRE, *Option Finance, 28 oct. 2013, p. 29* (le législateur, le chef d'entreprise et l'obligation de dépôt des comptes annuels). – ALMASEANU, *JCP E 2019, n° 1518* (la redoutable efficacité du référé-injonction aux fins de publication des comptes).

1. Référé-injonction. L'art. L. 123-5-1 concerne notamment le dépôt des comptes annuels ; l'injonction à une finalité différente de celle prévue par l'art. L. 611-2 C. com. qui permet au président du tribunal de procéder à des investigations en cas d'injonction infructueuse : * Rép. min. n° 92639 : *JOAN Q, 20 juin 2006, p. 6643 ; BJS 2006. 1097.* ♦ L'art. L. 123-5-1 est applicable en cas de carence du président du conseil d'administration dans la production du rapport sur le contrôle interne, qui doit être annexé au rapport de gestion et, à ce titre, déposé avec lui au greffe du tribunal de commerce : * Rép. min. n° 37779 : *JOAN Q, 11 janv. 2005, p. 372.* ♦ L'instauration de la procédure de référé-injonction de faire afin de contraindre le dirigeant de la société d'effectuer le dépôt des pièces et actes au RCS, conforte l'intention du législateur de dépénaliser l'obligation de dépôt des comptes annuels visée par l'art. L. 232-22 C. com. • Douai, 3 déc. 2004 : *D. 2005. AJ 359, obs. Lienhard ; Rev. sociétés 2005. 668, obs. Bouloc ; BJS 2005. 486, note Mascala ; RJDA 2005, n° 993.* ♦ Sur la désignation d'un mandataire *ad hoc* pour palier le refus du dirigeant, V. • Douai, 30 oct. 2012 : *RPC 2012, n° 176, obs. Delattre.*

2. Cumul de textes applicables. Après avoir rappelé que l'art. L. 123-5-1 prévoit qu'à la demande de tout intéressé ou du ministère public, le président du tribunal, statuant en référé, peut enjoindre sous astreinte au dirigeant de toute personne morale de procéder au dépôt des pièces et actes au RCS auquel celle-ci est tenue par des dispositions législatives ou réglementaires, l'arrêt relève que l'art. R. 210-18 prévoit une autre action en permettant à tout intéressé de demander au président du tribunal de commerce, statuant en référé, de désigner un mandataire chargé d'accomplir la formalité, puis énonce exactement que les actions prévues par ces dispositions spéciales ne sont pas exclusives de celle fondée sur les dispositions de droit commun prévues par l'art. L. 232-23, qui font obligation à toute société par actions, et non à son dirigeant, de déposer ses comptes. C'est, en conséquence, à bon droit que la cour d'appel, retenant souverainement que les sociétés demanderesses justifiaient d'un intérêt à agir, les a dites recevables en leur action formée, en application des art. L. 232-23 C. com. et 873, al. 1er, C. pr. civ., contre la société, tendant à obtenir d'elle le respect de son obligation de dépôt. • Com. 3 mars 2021, ☎ n° 19-10.086 P : *cité note 1 ss. art. L. 232-23.*

3. Faits justificatifs. Les menaces invoquées par le représentant légal d'une société anonyme pour justifier son refus de dépôts des comptes sociaux selon lesquelles cette publication était susceptible de porter atteinte aux intérêts de l'entreprise compte tenu du marché où elle intervient (exploitation de ces informations par les concurrents pour mettre en œuvre des politiques agressives), seraient-elles établies, n'apparaissent pas suffisantes pour justifier une violation délibérée de l'art. L. 232-23 C. com., et justifier que le juge des référés face usage de la faculté dont il dispose de ne pas prononcer d'injonction. • TGI Avesnes-sur-Helpe, ord., 15 nov. 2007 : *JCP E 2008, n° 9, p. 36, note Delattre.* ♦ Il y a lieu, cependant, d'apprécier le risque créé par l'absence de publication au regard des objectifs des textes de droit communautaire et de droit interne. • Même ordonnance.

4. Signature du greffier. Exigeant, dans le cadre du II de l'art. L. 611-2 C. com., que l'ordonnance du président du tribunal comporte l'indication du nom et la signature d'un greffier, V. • Com. 29 sept. 2009, ☎ n° 08-14.146 P : *D. 2009. AJ 2422, obs. Lienhard ✎ ; Rev. sociétés 2010. 90, note Poracchia ✎ ; JCP E 2009, n° 46, p. 37, note Roussel Galle ; RJDA 2010, n° 528.*

5. Communication de pièces. La communication de pièces (comptes annuels non déposés au greffe) ne peut être obtenue sur le fondement de l'art. L. 123-5-1, cette disposition ne visant que la possibilité de donner injonction au dirigeant d'une personne morale de procéder au dépôt au RCS des pièces et actes prévus par des dispositions législatives ou réglementaires. • Paris, 11 juin 2003 : *RJDA 2004, n° 578.*

6. Personne intéressée. Le terme « tout intéressé » se définit comme celui qui manifeste le désir d'accéder aux comptes sociaux sans qu'il lui soit demandé de s'expliquer sur les motifs de cet intérêt et sans que le juge ne puisse faire la part des choses entre l'intérêt légitime et la simple curiosité. • Poitiers, 18 janv. 2011 : ☎ *RPC 2011, n° 154, obs. Delattre.* ♦ L'action prévue par l'art. L. 123-5-1 est ainsi ouverte à tout intéressé, c'est-à-dire toute personne qui cherche à avoir connaissance de l'information qui aurait dû être publiée, sans restriction. • Même arrêt. ♦ L'action tendant à assurer l'accomplissement des formalités de publicité incombant aux sociétés commerciales en application des dispositions de l'art. L. 232-23 C. com. est, sauf abus, ouverte à toute personne, sans condition tenant à l'existence d'un intérêt particulier. • Com. 3 avr. 2012, ☎ n° 11-17.130 P : *Rev. sociétés 2012. 571, note Reygrobellet ✎ ; JCP E 2012, n° 263 ; LPA 29 oct. 2012, note Stefania ; RJDA 2012, n° 683 ; Dr. sociétés 2012, n° 100, obs. Gallois-Cochet.*

7. Astreinte. Sur ses modalités, V. notamment : • Poitiers, 25 janv. 2011 : *RPC 2011, n° 155, obs. Delattre.* ♦ Le droit de l'Union européenne ne s'oppose pas à une réglementation nationale selon laquelle, en cas de dépassement du délai prévu pour la publicité des documents comptables, une amende minimale est infligée immédiatement à la société de capitaux dont une succursale est située dans l'État membre concerné, et ce sans lui adresser au préalable une mise en demeure et sans lui donner la possibilité de s'exprimer sur le manquement imputé. • CJUE 26 sept. 2013, ☎ n° C-418/11 : *BJS 2013. 792, note Mastrullo.*

Art. L. 123-5-2 *(L. n° 2018-938 du 30 oct. 2018, art. 8)* **Lorsque les dirigeants d'une société commerciale transformant des produits agricoles, commercialisant des produits alimentaires, exploitant, directement ou indirectement, un ou plusieurs magasins de commerce de détail de produits de grande consommation ou intervenant dans le secteur de la distribution comme centrale de référencement ou d'achat d'entreprises de *commerce de détail* ne procèdent pas au dépôt des comptes dans les conditions et délais prévus aux articles L. 232-21 à L. 232-23, le président du tribunal de commerce peut adresser à cette société une injonction de le faire à bref délai sous astreinte. Le montant de cette astreinte ne peut excéder 2 % du chiffre d'affaires journalier moyen hors taxes réalisé en France par la société au titre de cette activité, par jour de retard à compter de la date fixée par l'injonction.**

BIBL. ▶ NDLR, *BRDA 2018, n° 22, p. 6* (une injonction spécifique pour obliger les entreprises de la distribution à déposer leurs comptes).

SOUS-SECTION 2 TENUE DU REGISTRE ET EFFETS ATTACHÉS À L'IMMATRICULATION

Art. L. 123-6 **Le registre du commerce et des sociétés est tenu par le greffier de chaque tribunal de commerce, sous la surveillance du président ou d'un juge commis à cet effet, qui sont compétents pour toutes contestations entre l'assujetti et le greffier** *(Abrogé par Ord. n° 2021-1189 du 15 sept. 2021, art. 2, à compter du 1er janv. 2023) (Ord. n° 2016-1635 du 1er déc. 2016 art. 16)* ***« et pour autoriser l'accès au document relatif au bénéficiaire effectif mentionné à l'article L. 561-46 du code monétaire et financier ».*** *– [Décr. n° 84-406 du 30 mai 1984, art. 4, al. 1er.] – V. art. R. 123-79.*

(Abrogé par Ord. n° 2021-1189 du 15 sept. 2021, art. 2, à compter du 1er janv. 2023) « (L. n° 2015-990 du 6 août 2015, art. 60-I-1°) ***« Le greffier transmet à l'Institut national de la propriété industrielle, par voie électronique et sans frais, un document valant original des inscriptions effectuées au greffe et des actes et pièces qui y sont déposés, dans un délai et selon des modalités fixées*** *[fixés]* ***par décret.*** *– V. art. D. 123-80-1.*

« « Il lui transmet également, par voie électronique, sans frais ni délai, les résultats des retraitements des informations contenues dans les inscriptions, actes et pièces mentionnés au deuxième alinéa, dans un format informatique ouvert de nature à favoriser leur interopérabilité et leur réutilisation au sens *(Ord. n° 2016-307 du 17 mars 2016, art. 4)* ***« des articles L. 321-1 et suivants du code des relations entre le public et l'administration », et à assurer leur compatibilité avec le registre national dont l'Institut national de la propriété industrielle assure la centralisation dans le cadre de sa mission prévue au 2° de l'article L. 411-1 du code de la propriété intellectuelle. Le décret mentionné au deuxième alinéa du présent article précise également les modalités de cette transmission, notamment le format des données informatiques. »***

« (L. n° 2012-1270 du 20 nov. 2012, art. 31) ***« Dans les départements d'outre-mer et dans les collectivités d'outre-mer de Saint-Martin et de Saint-Barthélemy, le ministre de la justice peut déléguer, lorsque le fonctionnement normal des registres du commerce et des sociétés est compromis, par convention, leur gestion matérielle à la chambre de commerce et d'industrie de ces départements ou à la chambre consulaire interprofessionnelle à Saint-Martin ou à la chambre économique multiprofessionnelle à Saint-Barthélemy. Le greffe reste compétent pour le contrôle des actes et des extraits du registre ainsi que pour toute contestation entre l'assujetti et la chambre compétente. La durée maximale de la convention est de vingt-quatre mois, renouvelable dans les mêmes conditions. »***

« (L. n° 2015-990 du 6 août 2015, art. 60-I-2°) ***« Par dérogation à l'avant-dernier alinéa et à titre expérimental pour une durée n'excédant pas trois ans, dans les départements d'outre-mer de la Guadeloupe, de la Martinique et de La Réunion, la gestion matérielle des registres du commerce et des sociétés est déléguée à la chambre de commerce et d'industrie compétente. Cette délégation de gestion s'opère dans les conditions déterminées au même alinéa. Pour le bon déroulement de l'expérimentation, la convention mentionnée audit alinéa porte sur toute sa durée. Les expérimentations débutent le 1er janvier 2016 au plus tard. Un rapport est remis, au terme de la deuxième année, sur les conditions d'exécution de la délégation. » »***

L'art. L. 123-6, dans sa rédaction résultant du 1° du I de l'art. 60 de la L. n° 2015-990 du 6 août 2005, est applicable à Wallis-et-Futuna. Le même art. L. 123-6, dans sa rédaction résultant du I de l'art. 60 préc., entre en vigueur à la même date que le premier arrêté fixant les tarifs des prestations des greffiers des tribunaux de commerce en application de l'art. 50 de ladite loi (V. art. L. 444-3), et au plus tard à l'expiration du douzième mois suivant la promulgation de la même loi (L. préc., art. 60-III et IV).

Art. L. 123-7 **L'immatriculation d'une personne physique emporte présomption de la qualité de commerçant. Toutefois, cette présomption n'est pas opposable aux tiers et administrations qui apportent la preuve contraire. Les tiers et administrations ne sont pas admis à se prévaloir de la présomption s'ils savaient que la personne immatriculée n'était pas commerçante.** *– [Décr. n° 84-406 du 30 mai 1984, art. 64.]*

BIBL. ▶ DELGA, *ALD 1985. 79 ; D. 1985. Chron. 117.* – DESDEVISES, *JCP 1975. I. 2705.*

Qualité de commerçant. Pour contester sa qualité de commerçant invoquée par des tiers ou des administrations se prévalant de la présomption instituée par l'art. L. 123-7, la personne immatriculée au RCS doit prouver que ces derniers savaient qu'elle n'était pas commerçante, à défaut de quoi la présomption est irréfragable contre cette personne. • Com. 27 sept. 2016, n° 14-21.964 P : *D. 2016. Actu. 1998 ; RTD com. 2016. 679, obs. Saintourens ; JCP E 2016, n° 1651, note Lebel ; RJDA 2017, n° 96 ; Gaz. Pal. 10 janv. 2017, p. 56, obs. Reille.* ♦ Sur la présomption irréfragable de la qualité de commerçant, en l'absence de radiation, lorsque l'intéressé avait exercé une activité, V. • Com. 6 janv. 1987, n° 85-16.524 P : *Rev. sociétés 1987. 411, note Chaput* • 9 févr. 1971 : *D. 1972. 600, note Jauffret ; RTD com. 1972. 475, obs. Houin* • 17 mars 1981 : *ibid. 1981. 517, obs. Derruppé* • Paris, 19 sept. 1995 : *Dr. sociétés 1995, n° 243, obs. Chaput.* – Comp. : • Paris, 24 févr. 1995 : *ibid. 1995, n° 136, obs. Chaput ; RJDA 1995, n° 991.* ♦ Comp. aussi, exigeant, de la part d'une personne inscrite, la preuve de l'exercice effectif du commerce : • Paris, 1er oct. 1996 : *BJS 1997. 44, note crit. Vallansan.* ♦ Sur l'inefficacité d'une radiation anticipée alors que l'intéressé poursuit en fait son activité, V. • Com. 4 juill. 1960, n° 58-11.567 P : *D. 1960. Somm. 106.* ♦ Le Décr. n° 86-465 du 25 mars 1986 a supprimé l'obligation faite à celui qui donne son fonds en location-gérance de s'immatriculer au RCS ; dès lors qu'il est relevé que le loueur était inscrit au RCS depuis le 11 juin 2001 et qu'il était demeuré inscrit après avoir donné son fonds en location-gérance le 1er juill. 2002, il en résulte qu'il était présumé avoir la qualité de commerçant. • Com. 17 févr. 2015, n° 13-27.508 P : *D. 2015. Actu. 487 ; RTD com. 2015. 227, obs. Saintourens ; JCP E 2015, n° 1326, note Brignon ; RJDA 2015, n° 491.*

L'affiliation à un régime spécial d'assurance vieillesse des commerçants ne dépend pas de la capacité d'exercer le commerce de l'assuré, mais de l'exercice effectif par ce dernier d'une activité professionnelle comportant l'inscription au RCS. • Civ. 2e, 20 janv. 2012, n° 10-27.127 P : *AJ fam. 2012. 149, note Verheyde ; JCP E 2012, n° 1410, note Gosselin-Gorand ; RJDA 2012, n° 463.*

Art. L. 123-8 La personne assujettie à immatriculation qui n'a pas requis cette dernière à l'expiration d'un délai de quinze jours à compter du commencement de son activité, ne peut se prévaloir, jusqu'à immatriculation, de la qualité de commerçant tant à l'égard des tiers que des administrations publiques. Toutefois, elle ne peut invoquer son défaut d'inscription au registre pour se soustraire aux responsabilités et aux obligations inhérentes à cette qualité.

Sans préjudice de l'application de l'article L. 144-7, le commerçant inscrit qui cède son fonds ou qui en concède l'exploitation notamment sous forme de location-gérance ne peut opposer la cessation de son activité commerciale, pour se soustraire aux actions en responsabilité dont il est l'objet du fait des obligations contractées par son successeur dans l'exploitation du fonds, qu'à partir du jour où a été opérée la radiation ou la mention correspondante. – *[Décr. n° 84-406 du 30 mai 1984, art. 65.]*

1. *Défaut d'immatriculation.* Sur l'impossibilité, pour une personne physique, faute d'immatriculation, de bénéficier d'un redressement judiciaire, V. note 4 ss. art. L. 620-2.

2. *Siège social.* Pour une société immatriculée au lieu de son siège social et non pas au lieu où elle exploite son fonds de commerce, V. • Civ. 3e, 31 mai 1978, n° 77-10.371 P : *RTD com. 1979. 89, obs. Derruppé.*

3. *Compétence juridictionnelle.* Sur l'influence de l'immatriculation sur la revendication de la compétence commerciale, V. • T. civ. Pontoise, 13 oct. 1964 : *RTD com. 1965. 85, obs. Jauffret.* ♦ ... De la prescription décennale [désormais quinquennale] découlant de l'art. 189 *bis* [C. com., art. L. 110-4], V. • Com. 2 mars 1993, n° 90-22.135 P.

4. *Radiation.* Pour une application du 2e al. de l'art. L. 123-8, V. • Besançon, 30 nov. 2004 : *JCP E 2005, n° 4, p. 109.*

Art. L. 123-9 La personne assujettie à immatriculation ne peut, dans l'exercice de son activité, opposer ni aux tiers ni aux administrations publiques, qui peuvent toutefois s'en prévaloir, les faits et actes sujets à mention que si ces derniers ont été publiés au registre.

En outre, la personne assujettie à un dépôt d'actes ou de pièces en annexe au registre ne peut les opposer aux tiers ou aux administrations, que si la formalité correspondante a été effectuée. Toutefois, les tiers ou les administrations peuvent se prévaloir de ces actes ou pièces.

Les dispositions des alinéas précédents sont applicables aux faits ou actes sujets à mention ou à dépôt même s'ils ont fait l'objet d'une autre publicité légale. Ne peuvent toutefois s'en prévaloir les tiers et administrations qui avaient personnellement connaissance de ces faits et actes. – *[Décr. n° 84-406 du 30 mai 1984, art. 66.]*

1. Domaine d'application. Les art. 8 de la loi du 24 juill. 1966 [C. com., art. L. 210-9] et 66 [C. com., art. L. 123-9] ci-dessus ne sont pas applicables au litige qui oppose la société à une personne qui, après avoir cessé ses fonctions d'administrateur, agit en qualité de salarié et n'est donc pas un tiers. • Soc. 9 oct. 1991, n° 88-43.048 P : *D. 1991. IR 258 ; Rev. sociétés 1992. 318, note Chartier ; BJS 1991. 1119.* ♦ L'art. 66, al. 1er [C. com., art. L. 123-9, al. 1er], ne concerne que les actes par lesquels la responsabilité d'une société peut être engagée, et non ceux qui servent de base à l'application des sanctions à l'égard des dirigeants sociaux en cas de procédure collective. • Com. 14 oct. 1997, n° 95-15.384 P : *D. 1997. IR 243* • Paris, 18 janv. 1994 : *RJDA 1994, n° 528 ; BJS 1994. 309, note A. C.* • 22 mars 1994 : *ibid. 679.* ♦ La personne assujettie à immatriculation ne peut, dans l'exercice de son activité, opposer aux tiers les faits et actes sujets à mention que si ces derniers ont été publiés au RCS. Néanmoins, l'inopposabilité ne concerne pas les faits et actes qui mettent en jeu sa responsabilité personnelle sur le fondement de l'art. L. 651-2 C. com. • Com. 16 juin 2021, n° 20-15.399 : *Rev. sociétés 2021. 548, note Caroline-Henry ; RJDA 2021, n° 663 ; Dr. sociétés 2021, n° 124, obs. Legros.* ♦ V. aussi note 3 ss. art. L. 653-5.

Une SNC, bénéficiaire d'un contrat de crédit-bail, n'ayant pas respecté l'obligation contractuelle d'informer le crédit-bailleur de sa transformation en SARL, ne peut pas opposer à celui-ci le changement de sa forme sociale, quand bien même ce changement a été régulièrement publié. • Com. 1er oct. 1996, n° 94-16.808 : *BJS 1997. 37, note Le Cannu.*

2. Épouse du commerçant. L'épouse séparée de corps d'un commerçant exploitant un fonds ayant appartenu à la communauté, qui, n'ayant pas la qualité de commerçante, n'était pas assujettie à l'immatriculation, peut opposer aux tiers le jugement de séparation de corps bien qu'il n'ait pas été publié au RCS. • Civ. 1re, 20 oct. 1992, n° 91-12.421 P : *Defrénois 1993. 512, obs. crit. Sénéchal* (Décr. n° 67-237 du 23 mars 1967). ♦ De même, l'épouse du commerçant peut opposer le changement de régime matrimonial, malgré le défaut de publication. • Toulouse, 27 avr. 1995 : *JCP 1995. I. 3869, n° 6, obs. Wiederkehr.*

3. Actes modificatifs. BIBL. Bahans, *BJS 2013. 95* (publicité au RCS et opposabilité de la disparition d'une personne morale). ♦ Manque de base légale l'arrêt qui, à la suite de la fusion de sociétés de caution mutuelle, retient que ces sociétés n'ont d'autres obligations, selon la L. du 13 mars 1917 [C. mon. fin., art. L. 515-4 s.], que de déposer les actes modificatifs au greffe du tribunal d'instance, ce qui a été fait en l'espèce, alors que les actes modificatifs affectant une société ne sont opposables aux tiers que s'ils ont été publiés au RCS, conformément à l'art. 66 [C. com., art. L. 123-9], même s'ils ont fait l'objet d'une autre publicité légale. • Com. 29 juin 1993, n° 91-17.183 P : *D. 1993. IR 206 ; BJS 1993. 914, note Saintourens ; Dr. sociétés 1993, n° 180, note Bonneau ; JCP E 1994. II. 563, note Le Nabasque.* ♦ Les actes concernant la vie d'une société commerciale ne sont opposables aux tiers qu'à compter de leur mention au RCS, même s'ils ont fait l'objet d'une autre publicité légale : • Com. 18 déc. 2007, n° 06-18.936 : *RJDA 2008, n° 680 ; Dr. sociétés 2008, n° 90, obs. Coquelet.* – V. aussi • Com. 24 mai 2011, n° 10-19.222 P : *D. 2011. Actu. 1556 ; Dr. sociétés 2011, n° 189, obs. Mortier ; BJS 2011. 758, note Raffray.* ♦ L'opposabilité aux tiers des cessions de parts d'une SNC suppose que les formalités d'opposabilité à la société prévues par le 1er al. de l'art. L. 221-14 C. com. aient été accomplies antérieurement ou concomitamment à la publicité au RCS ; dès lors qu'une seule des formalités légales n'a pas été observée, la cession est inopposable aux tiers, peu important qu'ils en aient eu connaissance par ailleurs. • Paris, 4 nov. 2003 : *RJDA 2004, n° 998.* ♦ Il résulte de l'art. 1844-5, al. 3, C. civ., ensemble les art. L. 123-9, R. 210-14 et R. 123-66 C. com., que la disparition de la personnalité juridique d'une société n'est rendue opposable aux tiers que par la publication au RCS des actes ou événements l'ayant entraînée, même si ceux-ci ont fait l'objet d'une autre publicité légale. • Com. 20 sept. 2011, n° 10-15.068 P : *D. 2011. Actu. 2333, obs. Lienhard ; JCP E 2011, n° 1827, note Lebel ; Gaz. Pal. 2011. 3463, obs. Zattara-Gros ; Dr. sociétés 2012, n° 2, obs. Mortier.* ♦ Comp., jugeant qu'ayant retenu qu'une SCI avait été dissoute par décision de son associé unique, laquelle avait été publiée dans un JAL, la cour d'appel en a exactement déduit qu'une société était fondée à se prévaloir de la perte de la personnalité juridique de la SCI survenue avant l'assignation, peu important que la publication de la décision de dissolution au RCS ait été faite postérieurement à cet acte. • Com. 11 mars 2014, n° 13-10.557 P : *D. 2014. Actu. 720 ; Rev. sociétés 2014. 665, note Thomas ; RJDA 2014, n° 530.*

4. Possibilité pour les tiers de se prévaloir des actes non publiés. Les tiers, dont fait partie le banquier par rapport à la société qui est sa cliente, peuvent se prévaloir des actes ou faits même non publiés (changement de gérant) dont ils ont connaissance. • T. com. Paris, 22 mars 1994 : *Dr. sociétés 1994, n° 132, note Bonneau.*

5. Connaissance personnelle des tiers. BIBL. Gourlaouen, *BJS 2013. 97* (non-publication au RCS de la nomination d'un gérant et inopposabilité aux tiers). ♦ Les dispositions de l'art. L. 123-9, al. 3, bien que codifiées dans un chapitre concernant les obligations des commerçants, ont une portée générale ; elles s'appliquent à toutes personnes assujetties à un dépôt d'acte au RCS telles que les associés des sociétés civiles qui sont tenus de publier l'acte par lequel ils cèdent leurs parts sociales. • Bordeaux, 17 juin 2004 : *RJDA 2005, n° 716.* – Contra : • Paris, 8 mars 2005 : *RTD com. 2005. 760, obs. Champaud et Danet ; Rev. sociétés 2005. 469, obs. Urbain-Parleani ; RJDA 2005, n° 1231.* ♦ En vertu de l'art. 66, al. 3, *in fine* [C. com., art. L. 123-9, al. 3], un établissement financier ne peut se prévaloir de l'absence de publication de la démission du gérant d'une SARL dès lors qu'il reconnaît en avoir eu connaissance dans un JAL. En conséquence, cette connaissance de la démission décharge le gérant qui, s'étant porté caution de la société vis-à-vis de l'établissement financier pour une durée limitée à ses fonctions, n'est pas concerné par les dettes sociales postérieures à la cessation de ses fonctions. • Bordeaux, 24 mars 1993 : *JCP 1993. IV. 1771.* ♦ De même une SARL ne peut prétendre n'avoir pas eu personnellement connaissance de la nomination du président du conseil d'administration d'une SA, alors que son personnel avait travaillé dans les locaux de cette SA et que la presse s'était largement fait l'écho de cette nomination. • Paris, 15 sept. 1995 : *BRDA 1995, n° 22, p. 3 ; BJS 1996. 50, note Le Cannu.* ♦ Ayant relevé que la règle de répartition prévue par les statuts avait été modifiée par délibération adoptée en assemblée générale extraordinaire avant que l'intéressé acquière la qualité d'associé, et retenu que celui-ci avait une connaissance personnelle de la modification intervenue, ce dont il résulte qu'il ne pouvait se prévaloir du défaut de mise à jour et de publication des statuts modifiés, la cour d'appel en a exactement déduit que cette modification statutaire était opposable à l'associé. • Com. 9 mars 2010, n° 09-13.036 : *Dr. sociétés 2010, n° 88, obs. Hovasse.* ♦ Un gérant de SARL ayant régulièrement démissionné et le tribunal en ayant été informé à l'audience, l'intéressé n'avait plus qualité pour représenter la société lors de l'audition préalable au prononcé d'un redressement judiciaire, eût-il été régulièrement convoqué en l'absence de publication de sa démission. • Com. 23 mai 1995, n° 93-12.910 P : *D. 1995. IR 195 ; BJS 1995. 879, note Le Cannu.*

6. Réinscription rétroactive. L'autorité de chose jugée qui s'attache à l'arrêt ayant réformé l'ordonnance du juge commis à la surveillance du RCS, ayant, par suite d'une erreur administrative, ordonné à tort la radiation d'office de la société preneur à bail dudit registre, ne s'oppose pas à ce que le bailleur ait pu valablement, au regard des dispositions de l'art. 66 [C. com., art. L. 123-9], fonder le congé, avec refus de renouvellement sans indemnité d'éviction, sur le défaut, à la date où il avait été délivré, d'immatriculation au registre. • Com. 12 janv. 1999, n° 96-17.210 P : *D. Affaires 1999. 447, obs. Y. R. ; BJS 1999. 488, note Bahans ; JCP 1999. II. 10125, note Kéita.* ♦ Un preneur à bail ne peut donc faire grief à une cour d'appel d'avoir déclaré inopposable au bailleur sa réinscription rétroactive audit registre, suite à l'annulation de la radiation d'office. • Même arrêt.

7. Renouvellement du bail commercial. **BIBL.** Cornille, *Gaz. Pal. 2005. Doctr. 903* (immatriculation et droit au renouvellement). – Brault, *Loyers et copr. 2005. Chron. 5* (évolution de la jurisprudence). – Barbier, *AJDI 2005. 887* (particularités de l'obligation d'immatriculation en droit spécial des baux commerciaux). – Denizot, *AJDI 2006. 24* (rôle de la bonne foi dans la condition d'immatriculation au RCS posée par le statut des baux commerciaux). – Boccara, *Administrer 4/2006. 13* (simplifier la problématique de l'immatriculation au RCS). – Betoulle, *AJDI 2006. 356* (immatriculation, commerces dépendants et statut des baux commerciaux). – Boismain, *LPA 9 janv. 2009* (la dispense d'immatriculation au RCS et le renouvellement du bail commercial). ♦ V. art. L. 145-1 s.

Art. L. 123-9-1 *(Abrogé par L. n° 2019-486 du 22 mai 2019, art. 1er-I et VIII, à compter du 1er janv. 2023) (L. n° 2003-721 du 1er août 2003)* ***Le greffier du tribunal ou l'organisme mentionné au dernier alinéa de l'article 2 de la loi n° 94-126 du 11 février 1994 relative à l'initiative et à l'entreprise individuelle*** *[V. ce texte ss. art. R. 123-1]* ***délivre gratuitement un récépissé de dépôt de dossier de création d'entreprise à toute personne assujettie à l'immatriculation au registre, dès que celle-ci a déposé un dossier de demande d'immatriculation complet. Ce récépissé permet d'accomplir, sous la responsabilité personnelle de la personne physique ayant la qualité de commerçant ou qui agit au nom de la société en formation, les démarches nécessaires auprès des organismes publics et des organismes privés chargés d'une mission de service public. Il comporte la mention : "En attente d'immatriculation".***

Les conditions d'application du présent article sont définies par décret en Conseil d'État. – *V., relatif au RCS, art. R. 123-93.*

Les dispositions de l'art. L. 123-9-1 sont applicables en Polynésie française, à Wallis-et-Futuna et en Nouvelle-Calédonie (L. n° 2003-721 du 1er août 2003).

V. art. L. 123-33.

BIBL. ▶ Lienhard, *D. 2003. 1900.* – Trébulle, *Dr. sociétés 2003, n° 159.* – Saintourens, *RTD com. 2003. 687.*

SOUS-SECTION 3 DOMICILIATION DES PERSONNES IMMATRICULÉES

BIBL. ▶ Loi pour l'initiative économique : LIENHARD, *D. 2003. 1900* . – Œuvre collective, *RJ com. 2003. 339, spéc. 345.* – TRÉBULLE, *Dr. sociétés 2003, n° 161.* – BRAULT, *Gaz. Pal. 2003. Doctr. 2802.* – SAINTOURENS, *RTD com. 2003. 689* . – BLATTER, *AJDI 2004. 14* .

V. Circ. CIV 2004-06 D1 du 14 juin 2004, relative à la domiciliation des personnes demandant leur immatriculation au RCS et au répertoire des métiers (BOMJ 2004, n° 94 ; BRDA 2005, n° 3, p. 20).

§ 1er DISPOSITIONS APPLICABLES AUX PERSONNES PHYSIQUES *(L. n° 2003-721 du 1er août 2003, art. 6-I).*

Art. L. 123-10 *(L. n° 2003-721 du 1er août 2003, art. 6)* **Les personnes physiques demandant leur immatriculation au registre du commerce et des sociétés ou au** *(Ord. n° 2021-1189 du 15 sept. 2021, art. 2, en vigueur le 1er janv. 2023)* **« registre national des entreprises en tant qu'entreprise du secteur des métiers et de l'artisanat** *[ancienne rédaction : répertoire des métiers]* **» doivent déclarer l'adresse de leur entreprise et en justifier la jouissance.** *(L. n° 2008-776 du 4 août 2008, art. 8-VI)* **« Elles peuvent notamment domicilier leur entreprise dans des locaux occupés en commun par plusieurs entreprises dans des conditions fixées par décret en Conseil d'État. Ce décret précise, en outre, les équipements ou services requis pour justifier la réalité de l'installation de l'entreprise domiciliée. »**

Les personnes physiques peuvent déclarer l'adresse de leur local d'habitation et y exercer une activité, dès lors qu'aucune disposition législative ou stipulation contractuelle ne s'y oppose.

Lorsqu'elles ne disposent pas d'un établissement, les personnes physiques peuvent, à titre exclusif d'adresse de l'entreprise, déclarer celle de leur local d'habitation. Cette déclaration n'entraîne ni changement d'affectation des locaux, ni application du statut des baux commerciaux.

L'art. L. 123-10, dans sa rédaction issue de la L. n° 2003-721 du 1er août 2003, est applicable aux entreprises immatriculées au registre du commerce et des sociétés ou au répertoire des métiers à la date de la promulgation de cette loi (JO 1er août). — Les dispositions de l'art. L. 123-10 sont applicables en Polynésie française, à Wallis-et-Futuna et en Nouvelle-Calédonie (L. n° 2003-721 du 1er août 2003, art. 58-I). — Sont applicables en Nouvelle-Calédonie et dans les îles Wallis-et-Futuna les adjonctions et modifications apportées à l'art. L. 123-10 par la L. n° 2008-776 du 4 août 2008 (Ord. n° 2009-896 du 24 juill. 2009, art. 1er-I).

Sur l'insaisissabilité de la résidence principale de l'entrepreneur individuel qui y exerce son activité, V. note ss. art. L. 526-1.

V., relatif au RCS, art. R. 123-32 s., R. 123-37, R. 123-39, R. 123-48 et R. 123-49. — V., relatif au répertoire des métiers, Décr. n° 98-247 du 2 avr. 1998, art. 9, App., v° Artisans.

Domiciliation en commun. L'art. L. 123-10 [dans sa rédaction issue de la L. n° 2003-721 du 1er août 2003] n'autorise plus les personnes physiques à domicilier leurs entreprises dans des locaux occupés en commun par plusieurs entreprises en souscrivant un contrat de domiciliation : Avis CCRCS n° 03-51 du 6 nov. 2003, *Bull. RCS 2004, n° 24, p. 17.* ♦ Comp., précisant que la domiciliation d'une personne physique dans une société de domiciliation en commun est possible à la condition que cette personne y soit installée de manière effective et y exerce une activité, ce qui implique la mise à disposition d'un local dont l'adresse est déclarée au registre à titre d'adresse d'établissement : Avis CCRCS n° 04-40, *BRDA 2004, n° 17, p. 11.* ♦ V. désormais les 2e et 3e phrases du premier alinéa de l'art. L. 123-10.

§ 2 DISPOSITIONS APPLICABLES AUX PERSONNES MORALES *(L. n° 2003-721 du 1er août 2003).*

Art. L. 123-11 *(L. n° 2003-721 du 1er août 2003, art. 6-I)* **Toute personne morale demandant son immatriculation au registre du commerce et des sociétés doit justifier de la jouissance du ou des locaux où elle installe, seule ou avec d'autres, le siège de l'entreprise, ou, lorsque celui-ci est situé à l'étranger, l'agence, la succursale ou la représentation établie sur le territoire français.**

La domiciliation d'une *(Ord. n° 2009-104 du 30 janv. 2009, art. 9)* **« personne morale » dans des locaux occupés en commun par plusieurs entreprises est autorisée**

dans des conditions fixées par décret en Conseil d'État. Ce décret précise, en outre, les équipements ou services requis pour justifier la réalité du siège de *(Ord. n° 2009-104 du 30 janv. 2009, art. 9)* **« la personne morale » domiciliée.** – *V. art. R. 123-167 s.*

Al. 3 à 9 Abrogés par Ord. n° 2009-104 du 30 janv. 2009, art. 9. – V. art. L. 123-11-2 et L. 123-11-6.

Sont applicables en Nouvelle-Calédonie et dans les îles Wallis-et-Futuna, dans les conditions prévues aux II et IV de l'art. 9 de l'Ord. n° 2009-865 du 15 juill. 2009 (V. art. L. 931-1-1 s. et L. 951-1-1 s.), les modifications apportées par l'art. 9 de l'Ord. n° 2009-104 du 30 janv. 2009 à l'art. L. 123-11 (Ord. n° 2009-865 du 15 juill. 2009, art. 9-I).

V., relatif au RCS, art. R. 123-31 s.

Sur la rédaction de l'art. L. 123-11 antérieure à la L. n° 2003-721 du 1er août 2003, V. ss. art. L. 123-11-1.

1. Centre de domiciliation. L'inscription d'une SARL au RCS ne peut pas être écartée au motif que le siège social se situe dans un centre de domiciliation. • Paris, 7 juill. 1995 : *Dr. sociétés 1995, n° 232, obs. Bonneau.* ♦ V. note ss. art. R. 123-168.

2. Boîte postale. Une boîte postale ne peut pas être considérée comme un lieu où il est possible d'installer une société. • Paris, 5 déc. 2007 : *RJDA 2008, n° 408 ; Dr. sociétés 2008, n° 93, obs. M.-L. C.*

3. Justificatif de jouissance des locaux. Aucune disposition législative ou réglementaire ne s'oppose à ce qu'une filiale présente, en vue de justifier de la jouissance du local qu'elle déclare comme siège social, sous sa responsabilité, une attestation de mise à disposition de locaux établie par sa société-mère. Suffisante lorsque ces locaux coïncident avec le siège social de la société mère, cette attestation doit dans le cas contraire s'accompagner d'un justificatif de la jouissance, par la société mère, des locaux en cause (Avis CCRCS n° 2014-19 du 1er juill. 2014 : *BRDA 2014, n° 20, p. 6 ; Journ. sociétés 11/2014. 54, obs. MdM*).

4. Garage. Le garage et l'adresse choisie faisant partie d'un même lot de copropriété comprenant un local commercial, rien ne s'oppose à la domiciliation de la société à l'emplacement du garage qui est l'une des deux adresses du même local, l'adresse du garage donnant accès au local. • Paris, 14 oct. 2014 : *RJDA 2014, n° 904 ; Dr. sociétés 2014, n° 190, obs. Roussille.*

5. Représentation permanente d'une société étrangère. Une société comorienne disposant en France, au domicile de son gérant, d'une représentation permanente pour les besoins de son activité commerciale, laquelle valait ouverture d'un premier établissement sur le territoire national, est tenue de s'immatriculer au RCS français sur le fondement des dispositions des art. L. 123-1, I, 3°, L. 123-11 et R. 123-35. • Crim. 20 juin 2017, n° 14-85.879 P : *D. 2017. Actu. 1366 ; RJDA 2017, n° 631 ; LPA 13 oct. 2017, note Gamaleu Kameni ; BJS 2018. 662, obs. Teboul.*

Art. L. 123-11-1 *(L. n° 2003-721 du 1er août 2003, art. 6-I ; L. n° 2005-882 du 2 août 2005, art. 30)* **« Toute personne morale est autorisée » à installer son siège au domicile de son représentant légal et y exercer une activité, sauf dispositions législatives ou stipulations contractuelles contraires.**

Lorsque la personne morale est soumise à des dispositions législatives ou stipulations contractuelles mentionnées à l'alinéa précédent, son représentant légal peut en installer le siège à son domicile, pour une durée ne pouvant ni excéder cinq ans à compter de la création de celle-ci, ni dépasser le terme légal, contractuel ou judiciaire de l'occupation des locaux.

Dans ce cas, elle doit, préalablement au dépôt de sa demande d'immatriculation *(L. n° 2005-882 du 2 août 2005, art. 30)* **« ou de modification d'immatriculation » notifier par écrit au bailleur, au syndicat de la copropriété ou au représentant de l'ensemble immobilier son intention d'user de la faculté ainsi prévue.**

Avant l'expiration de la période mentionnée au deuxième alinéa, la personne doit, sous peine de radiation d'office, communiquer au greffe du tribunal les éléments justifiant son changement de situation, selon les modalités fixées par décret en Conseil d'État.

Il ne peut résulter des dispositions du présent article ni le changement de destination de l'immeuble, ni l'application du statut des baux commerciaux. – *V. anc. art. L. 123-11.*

V., relatif au RCS, art. R. 123-53 s. et R. 123-171.

Les art. L. 123-11 et L. 123-11-1, dans leur rédaction issue de la L. n° 2003-721 du 1er août 2003, sont applicables aux entreprises immatriculées au RCS ou au répertoire des métiers à la date de la promulgation de cette loi. — Les dispositions des art. L. 123-11 et L. 123-11-1 sont applicables en Polynésie française, à Wallis-et-Futuna et en Nouvelle-Calédonie (L. n° 2003-721 du 1er août 2003).

BIBL. ▶ Loi du 2 août 2005 : SAINTOURENS, *Rev. sociétés 2005. 540* . - LÉCUYER, *Dr. sociétés 2005. Chron. 12.* - BOUGNOUX, *Dr. sociétés 2014. Formule 10* (domiciliation d'une société dans un local d'habitation : lettres au bailleur et au syndic). - CHAUDRÉ, *JCP E 2014, n° 1549* (autorisation de domiciliation du siège social au domicile du représentant légal). - LUCAS, *LPA 1er oct. 2015* (domiciliation d'une société chez son représentant légal titulaire d'un bail d'habitation).

1. Domicile du représentant légal. Dans le cas où aucune disposition législative ou stipulation contractuelle contraire ne s'oppose à l'installation du siège social de la personne morale au domicile de son représentant légal (C. com., art. L. 123-11-1, al. 1er), le transfert du siège social est possible à tout moment ; dans le cas contraire, une personne morale ne peut transférer son siège social au domicile de son représentant légal après son immatriculation au RCS : Avis CCRCS n° 02-62 du 6 nov. 2003 : *Bull. RCS 2003, n° 24, p. 21.* – V. aussi * Rép. min. n° 38172, *JOAN Q, 22 juin 2004, p. 4749 ; BJS 2004. 1008.* – V. la rédaction de l'al. 1er de l'art. L. 123-11-1, issue de la L. n° 2005-882 du 2 août 2005. ♦ La faculté prévue à l'art. L. 123-11-1 de fixer le siège de la SA au domicile de son représentant légal est limitée à celui du directeur général ; une SA ne peut installer de siège au domicile des directeurs généraux délégués : Avis CCRCS n° 04-59 du 17 oct. 2005 : *Bull. RCS 2005, n° 30-32, p. 63 ; BRDA n° 24, p. 4.* ♦ Lorsque les statuts en prévoient la désignation pour exercer les pouvoirs confiés au président par l'art. L. 123-11-1, les directeur général ou directeur général délégué d'une SAS ont, de même que le président, la qualité de représentant légal de la société. Dans ces conditions, le siège social peut être installé au domicile des intéressés : Avis CCRCS n° 2014-017 du 12 juin 2014. ♦ Pour une faute de gestion du gérant pour ne pas avoir modifié le siège de la société situé au domicile conjugal, alors qu'il était en instance de divorce et n'y habitait plus, V. • Montpellier, 31 mars 2015, n° 13/05654 : *RJDA 2015, n° 755.*

2. Dispositions législatives contraires. Le déclarant n'est pas tenu de justifier qu'il n'existe aucune disposition légale qui s'oppose à l'installation du siège social de la personne morale au domicile de son représentant légal : Avis CCRC nos 04-22 et 03-56 : *Bull. RCS 2005, n° 28 ; BRDA 2005, n° 5, p. 14.* ♦ Les dispositions législatives contraires se trouvent aux art. L. 510-1 à L. 510-4 C. urb. et L. 631-7 s. CCH : * Rép. min. n° 14295, *JO Sénat Q 7 juill. 2005, p. 1834 ; BJS 2005. 900.* ♦ Les dispositions des art. L. 631-7 à L. 631-10 CCH ont été modifiées par la L. n° 2008-776 du 4 août 2008 (JO 5 août). ♦ Comp., antérieurement : • Paris, 24 sept. 1999 : *D. 1999. AJ 57, obs. A. L.* ; *RJDA 2000, n° 162 ; Rev. sociétés 1999. 874, obs. Guyon ; BJS 2000. 543, note M. Storck.*

3. Pièces justificatives. Sur les pièces justificatives que doit produire une société constituée pour l'exploitation d'un fonds agricole personnellement pris à bail par son représentant légal, en cas d'installation du siège social au domicile de celui-ci, dans des locaux d'habitation compris dans le bail, V. Avis CCRCS n° 2014-05 du 14 mars 2014.

4. Changement de destination des lieux. Les dispositions de l'art. L. 123-11 [L. 123-11-1] ne permettant que la domiciliation du siège social dans des locaux loués à usage d'habitation et non l'affectation de ceux-ci à l'exercice d'une activité commerciale, V. validant le congé délivré par le bailleur à un gérant exerçant une activité d'agent commercial, et ayant domicilié celle-ci dans un appartement loué à usage exclusif d'habitation, • Paris, 15 mars 2002 : *RJDA 2002, n° 1273.* ♦ La domiciliation d'une personne morale dans les locaux à usage d'habitation pris à bail par son représentant légal n'entraîne pas un changement de la destination des lieux si aucune activité n'y est exercée. • Civ. 3e, 25 févr. 2016, n° 15-13.856 P : *D. 2016. Actu. 545, obs. Rouquet* ; *AJDI 2016. 683, obs. Damas* ; *Rev. sociétés 2016. 604, obs. Reygrobellet* ; *RJDA 2016, n° 372.*

§ 3 DISPOSITIONS COMMUNES

(Ord. n° 2009-104 du 30 janv. 2009, art. 9)

Sont applicables en Nouvelle-Calédonie et dans les îles Wallis-et-Futuna, dans les conditions prévues aux II et IV de l'art. 9 de l'Ord. n° 2009-865 du 15 juill. 2009 (V. art. L. 931-1-1 s. et L. 951-1-1 s.), les modifications apportées par l'art. 9 de l'Ord. n° 2009-104 du 30 janv. 2009 aux art. L. 123-11-2 à L. 123-11-8 (Ord. n° 2009-865 préc. art. 9-1).

Art. L. 123-11-2 **L'activité de domiciliation ne peut être exercée dans un local à usage d'habitation principale ou à usage mixte professionnel.** — *Cet art. est l'anc. al. 3 de l'art. L. 123-11. — Sur les sanctions, V. art. L. 123-11-8.*

Les personnes exerçant l'activité mentionnée à l'art. L. 123-11-2 disposent, pour se mettre en conformité avec ces dispositions, d'un délai d'un an à compter de la publication du décret prévu à l'art. L. 123-11-7 (Ord. n° 2009-104 du 30 janv. 2009, art. 20). — V. Décr. n° 2009-1695 du 30 déc. 2009 (JO 31 déc.).

Les personnes exerçant l'activité mentionnée à l'art. L. 123-11-2 disposent, pour se mettre en conformité avec ces dispositions, d'un délai d'un an à compter de la publication des dernières dispositions réglementaires nécessaires pour rendre applicable en Nouvelle-Calédonie et dans les îles Wallis-et-Futuna la totalité des décrets prévus à l'art. L. 123-11-7 (Ord. n° 2009-865 du 15 juill. 2009, art. 13). — V. Décr. n° 2009-1695 du 30 déc. 2009 (JO 31 déc.).

Les personnes exerçant l'activité mentionnée à l'art. L. 123-11-2 à la date de publication du Décr. n° 2009-1695 du 30 déc. 2009 (JO 31 déc.) présentent au préfet, dans l'année suivant cette date, un dossier de demande d'agrément comprenant l'ensemble des pièces mentionnées à l'art. R. 123-166-2 ainsi qu'un extrait d'immatriculation au RCS. Le dépôt de la demande donne lieu à récépissé. Celui-ci habilite le demandeur à exercer régulièrement son activité jusqu'à l'intervention de la décision du préfet. Par dérogation à l'art. R. 123-166-3, cette décision doit être expresse quelle qu'en soit la teneur.

Art. L. 123-11-3 I. — **Nul ne peut exercer l'activité de domiciliation s'il n'est préalablement agréé par l'autorité administrative, avant son immatriculation au registre du commerce et des sociétés.** — *V. art. R. 123-166-1 s.*

II. — L'agrément n'est délivré qu'aux personnes qui satisfont aux conditions suivantes :

1° Justifier la mise à disposition des personnes domiciliées de locaux dotés d'une pièce propre à assurer la confidentialité nécessaire et à permettre une réunion régulière des organes chargés de la direction, de l'administration ou de la surveillance de l'entreprise ainsi que la tenue, la conservation et la consultation des livres, registres et documents prescrits par les lois et règlements ;

2° Justifier être propriétaire des locaux mis à la disposition de la personne domiciliée ou titulaire d'un bail commercial de ces locaux ;

3° N'avoir pas fait l'objet d'une condamnation définitive :

***a)* Pour crime ;**

***b)* A une peine d'au moins trois mois d'emprisonnement sans sursis pour :**

— l'une des infractions prévues au titre Ier du livre III du code pénal et pour les délits prévus par des lois spéciales et punis des peines prévues pour l'escroquerie et l'abus de confiance ;

— recel ou l'une des infractions assimilées au recel ou voisines de celui-ci, prévues à la section II du chapitre Ier du titre II du livre III du code pénal ;

— blanchiment ;

— corruption active ou passive, trafic d'influence, soustraction et détournement de biens ;

— faux, falsification de titres ou autres valeurs fiduciaires émises par l'autorité publique, falsification des marques de l'autorité ;

— participation à une association de malfaiteurs ;

— trafic de stupéfiants ;

— proxénétisme ou l'une des infractions prévues par les sections II et II *bis* du chapitre V du titre II du livre II du code pénal ;

— l'une des infractions prévues à la section III du chapitre V du titre II du livre II du code pénal ;

— l'une des infractions à la législation sur les sociétés commerciales prévues au titre IV du livre II du présent code ;

— banqueroute ;

— pratique de prêt usuraire ;

— l'une des infractions prévues *(Ord. n° 2019-1015 du 2 oct. 2019, art. 27, en vigueur le 1er janv. 2020)* **« aux articles L. 324-1 à L. 324-4, L. 324-10 et L. 324-12 à L. 324-14 du code de la sécurité intérieure » ;** — *V.* ***CSI*** *ou* ***C. consom.***

— infraction à la législation et à la réglementation des relations financières avec l'étranger ;

— fraude fiscale ;

— l'une des infractions prévues aux articles L. 115-16 et L. 115-18, L. 115-24, L. 115-30, L. 121-6, L. 121-28, L. 122-8 à L. 122-10, L. 213-1 à L. 213-5, L. 217-1 à L. 217-3, L. 217-6 à L. 217-10 *[anciens]* **du code de la consommation ;**

– l'une des infractions prévues aux articles L. 8221-1 et L. 8221-3 du code du travail ;

4° N'avoir pas été l'auteur de faits ayant donné lieu, depuis moins de cinq ans, à une sanction disciplinaire ou administrative de retrait de l'agrément de l'activité de domiciliation ;

5° N'avoir pas été frappé de faillite personnelle ou de l'une des mesures d'interdiction ou de déchéance prévues au livre VI du présent code.

BIBL. ▸ PAULIN, *Dr. sociétés 2010. Alerte 11* (l'agrément des domiciliataires d'entreprises).

Agrément préfectoral. Dans un contrat de domiciliation, l'indication des références de l'agrément préfectoral prévu par l'art. L. 123-11-3, et exigée par l'annexe 1-1 (V. ss. art. A. 123-50), s'entend du numéro de l'arrêté autorisant la société de domiciliation à exercer son activité (Avis CCRCS n° 2013-024 du 4 oct. 2013 : *JCP E 2013. Actu. 864 ; BRDA 2013, n° 22, p. 4*).

Art. L. 123-11-4 L'agrément n'est délivré aux personnes morales que si les actionnaires ou associés détenant au moins 25 % des voix, des parts ou des droits de vote et les dirigeants satisfont aux conditions posées aux 3°, 4° et 5° de l'article L. 123-11-3.

Lorsqu'une personne exploite un ou plusieurs établissements secondaires, elle justifie que les conditions posées au*[x]* 1° et 2° de l'article L. 123-11-3 sont réalisées pour chacun des établissements exploités.

Tout changement important dans l'activité, l'installation, l'organisation ou la direction de la personne soumise à agrément doit être porté à la connaissance de l'autorité administrative.

Art. L. 123-11-5 Les personnes exerçant l'activité de domiciliation mettent en œuvre les obligations relatives à la lutte contre le blanchiment des capitaux et le financement du terrorisme définies au chapitre Ier du titre VI du livre V du code monétaire et financier. – *V. ces dispositions au* ***C. mon. fin.***

V. Lignes directrices DGCCRF et TRACFIN sur les obligations relatives à la lutte contre le blanchiment de capitaux et le financement du terrorisme des personnes exerçant l'activité de domiciliation (juin 2019). – ***C. compliance.***

Art. L. 123-11-6 *(L. n° 2014-344 du 17 mars 2014, art. 112-VIII)* « I. – » Sont qualifiés pour procéder, dans le cadre de leurs compétences respectives, à la recherche et à la constatation des infractions aux dispositions des articles de la présente sous-section et des règlements pris pour leur application :

1° Les agents mentionnés à l'article L. 243-7 du code de la sécurité sociale ;

2° Les inspecteurs du travail et les contrôleurs du travail et fonctionnaires de contrôle assimilés au sens de l'article L. 8113-7 du code du travail ;

3° Les agents des caisses de mutualité sociale agricole mentionnés à l'article L. 724-7 du code rural et de la pêche maritime.

A cet effet, ils agissent, chacun pour ce qui le concerne, conformément aux règles de recherche et de constatation des infractions déterminées par les dispositions du code rural et de la pêche maritime, du code de la sécurité sociale et du code du travail qui leur sont applicables.

Les infractions sont constatées par des procès-verbaux faisant foi jusqu'à preuve du contraire et transmis directement au parquet.

(L. n° 2014-344 du 17 mars 2014, art. 112-VIII) « II. – Les infractions aux dispositions du I de l'article L. 123-11-3 sont recherchées, constatées et poursuivies par les agents mentionnés au II de l'article L. 450-1 dans les conditions fixées par les articles L. 450-2 à L. 450-7, L. 450-8, *(Ord. n° 2017-303 du 9 mars 2017, art. 2-II)* « L. 470-1, L. 490-1 et L. 490-8 *[ancienne rédaction : L. 465-1, L. 470-1 et L. 470-5]* ». » – *Anc. art. L. 123-11, al. 4 à 9.*

Art. L. 123-11-7 Les conditions d'application du présent paragraphe sont déterminées par décret en Conseil d'État. – *V. art. R. 123-166-1 s.*

Art. L. 123-11-8 Est puni d'un emprisonnement de six mois et d'une amende de 7 500 € le fait, pour toute personne, d'exercer l'activité de domiciliation mentionnée à l'article L. 123-11-2 sans avoir préalablement obtenu l'agrément prévu à l'article L. 123-11-3 ou après le retrait ou la suspension de cet agrément.

SECTION II DE LA COMPTABILITÉ DES COMMERÇANTS

SOUS-SECTION 1 DES OBLIGATIONS COMPTABLES APPLICABLES À TOUS LES COMMERÇANTS

RÉP. COM. v^is *Comptabilité,* par CRUVELIER ; *Inventaire et comptes annuels,* par ANDERNACK.

BIBL. GÉN. ▶ DERRUPPÉ, *RTD com. 1984. 66.* – CORDOLIANI, *JCP E 1983. II. 14158.* – DELMOTTE, *Journ. not. 1984. 145.* – KERVILER, *Banque 1984. 907 et 1246.* – DU PONTAVICE, CORMAILLE DE VALBRAY, D'ILLIERS, DANJOU, LEDOUBLE, MULLENBACH, KAISER, BLUETH et MANSON, *RF compt. 1987. 379.* – REINHARD, *RJ com. 1987, n° spéc., p. 34.* – LEDOUBLE, *JCP E 1995. I. 497.* – PETITJEAN, *JCP E 2004, n° 51, p. 2015* (l'internationalisation de la comptabilité française en 2005). – HOVASSE, *Cah. dr. entr. 2005, n° 1, p. 11* (comptes sociaux et liberté contractuelle). – BOULOC, *Rev. sociétés 2005. 31* (incidence des normes européennes sur les normes comptables). – ROSSIGNOL, *LPA 30 sept. 2005* (l'État et la comptabilité de l'entreprise). – RAYNOUARD, *RJ com. 2006. 276* (le droit comptable post-Eron). – PETITJEAN, *JCP E 2006, n° 45, p. 1898* (vers de nouvelles normes comptables pour les PME). – Colloque, *LPA 12 avr. 2007* (la comptabilité dans l'entreprise et la responsabilité pénale). – DE CASTET, *D. 2008. 860* (le droit au service de la comptabilité ou la comptabilité investie par le droit).

Art. L. 123-12 Toute personne physique ou morale ayant la qualité de commerçant doit procéder à l'enregistrement comptable des mouvements affectant le patrimoine de son entreprise. Ces mouvements sont enregistrés chronologiquement.

Elle doit contrôler par inventaire, au moins une fois tous les douze mois, l'existence et la valeur des éléments actifs et passifs du patrimoine de l'entreprise.

Elle doit établir des comptes annuels à la clôture de l'exercice au vu des enregistrements comptables et de l'inventaire. Ces comptes annuels comprennent le bilan, le compte de résultat et une annexe, qui forment un tout indissociable. – *[C. com., art. 8.] — V. art. L. 123-25.*

Sur la création de l'Autorité des normes comptables, V. Ord. n° 2009-79 du 22 janv. 2009 (JO 23 janv.) et Décr. n° 2010-56 du 15 janv. 2010 (JO 17 janv.).

BIBL. ▶ BARTHÈS DE RUYTER, *LPA 10 déc. 1999.*

1. Durée de l'exercice social. Les dispositions de l'art. 8, auxquelles il ne saurait être dérogé qu'à titre exceptionnel, ayant pour finalité de permettre l'appréciation suivant une périodicité fixe des résultats de l'activité de la société, notamment par comparaison des résultats financiers de chaque exercice, une société ne peut donc valablement adopter de manière permanente et pour des raisons de commodité, une périodicité inférieure ou supérieure à un an, en prévoyant dans ses statuts que les dates d'ouverture et de clôture des exercices sociaux seraient fixées « à la fin du mois de mars ou au début avril ». • Paris, 21 mars 2000 : *RJDA 2000, n° 876.* ♦ Jugeant qu'une cour d'appel devait rechercher si l'ancien gérant, qui produisait aux débats les factures, les relevés bancaires et un livre journal informatique, avait ou non l'obligation de présenter les comptes annuels avant la fin du premier exercice comptable de la société, à la fin de sa gérance qui n'avait durée que sept mois. • Com. 14 mai 2008, n° 07-10.092 : *BJS 2008. 786, note Lecourt.*

2. Sanctions. En cas d'ouverture d'une procédure de redressement judiciaire, constitue le délit de banqueroute par abstention de tenue de toute comptabilité le fait, par tout commerçant ou dirigeant d'une personne morale commerçante, de s'abstenir de procéder, au mépris des dispositions de l'art. 8 [C. com., art. L. 123-12], à l'enregistrement chronologique des mouvements affectant le patrimoine de l'entreprise et à l'établissement de l'inventaire périodique des éléments actifs et passifs de ce patrimoine. • Crim. 6 déc. 1993, n° 93-81.475 P : *D. 1994. IR 50.* ♦ V. aussi : • Crim. 17 nov. 2004, n° 03-82.296 : *Dr. pénal 2005, n° 61, obs. Robert* • 26 janv. 2005, n° 04-84.442 : *Dr. sociétés 2005, n° 146, obs. Salomon ; Dr. pénal 2005, n° 61, obs. Robert* • 8 oct. 2008, n° 08-81.769 : *RJDA 2009, n° 568 ; Dr. sociétés 2009, n° 17, obs. Salomon.* – V. aussi • Paris, 12 oct. 2005 : *Dr. sociétés 2006, n° 66, obs. Salomon.*

3. Fait justificatif. Le danger d'être éventuellement exposé à des vols et agressions (fonds de commerce de bijouterie) ne peut justifier le défaut de dépôt des comptes annuels au greffe du tribunal de commerce. • Crim. 1er juin 2005, n° 05-80.351 P : *D. 2005. Pan. 2993, obs. Mascala ; RTD com. 2005. 751, obs. Champaud et Danet ; RJDA 2005, n° 1239 ; BJS 2005. 1367, note Malabat.* ♦ Il importe peu que le défaut de tenue des documents comptables soit résulté du fait que le dirigeant ne parvenait pas à se mettre d'accord avec la société d'expertise comptable sur le montant des honoraires de la prestation. • Douai, 7 janv. 2015 : *JCP E 2015, n° 1291, note Delattre.*

4. Débiteur de l'obligation. L'obligation d'enregistrement comptable des mouvements affectant le patrimoine d'une entreprise, résultant de l'art. L. 123-12, incombe aux dirigeants de droit et de fait d'une personne morale. • Crim. 31 oct. 2007, n° 06-89.045 P : *D. 2007. AJ 3074, obs. Lienhard ; Rev. sociétés 2008. 165, obs. Matsopoulou ; RJDA 2008, n° 314 ; Dr. sociétés 2008, n° 18, obs. Salomon ; BJS 2008. 332, note Chilstein.*

Art. L. 123-13 Le bilan décrit séparément les éléments actifs et passifs de l'entreprise, et fait apparaître, de façon distincte, les capitaux propres.

Le compte de résultat récapitule les produits et les charges de l'exercice, sans qu'il soit tenu compte de leur date d'encaissement ou de paiement. Il fait *(Ord. n° 2015-900 du 23 juill. 2015, art. 1er-1°)* **« apparaître par différence, après déduction des amortissements, des dépréciations et des provisions** *[ancienne rédaction : apparaître, par différence après déduction des amortissements et des provisions]* **», le bénéfice ou la perte de l'exercice. Les produits et les charges, classés par catégorie, doivent être présentés soit sous forme de tableaux, soit sous forme de liste.**

Le montant des engagements de l'entreprise en matière de pension, de compléments de retraite, d'indemnités et d'allocations en raison du départ à la retraite ou avantages similaires des membres ou associés de son personnel et de ses mandataires sociaux est indiqué dans l'annexe. Par ailleurs, les entreprises peuvent décider d'inscrire au bilan, sous forme de provision, le montant correspondant à tout ou partie de ces engagements.

L'annexe complète et commente l'information donnée par le bilan et le compte de résultat. — *[C. com., art. 9, al. 1er à 4.]*

Les dispositions issues de l'Ord. n° 2015-900 du 23 juill. 2015 s'appliquent aux comptes afférents aux exercices ouverts à compter du 1er janv. 2016 (Ord. préc., art. 4).

Les art. L. 123-13, L. 123-17, L. 123-19 et L. 123-20 sont applicables dans les îles Wallis-et-Futuna dans leur rédaction issue de l'Ord. n° 2015-900 du 23 juill. 2015 (Ord. préc., art. 3).

Compte de résultat. Une espérance de dommages et intérêts ne constitue pas un produit susceptible d'être pris en compte dans les résultats de l'exercice, en application de l'art. L. 123-13. • Com. 20 juin 2006, n° 04-16.238 P : *RTD com. 2006. 891, obs. Legeais ; JCP E 2006, n° 48, p. 2036, n° 44, obs. Stoufflet ; RJDA 2006, n° 1257.* ♦ Sur les conséquences, V. note 2 ss. art. L. 123-14.

Art. L. 123-14 Les comptes annuels doivent être réguliers, sincères et donner une image fidèle du patrimoine, de la situation financière et du résultat de l'entreprise.

Lorsque l'application d'une prescription comptable ne suffit pas pour donner l'image fidèle mentionnée au présent article, des informations complémentaires doivent être fournies dans l'annexe.

Si, dans un cas exceptionnel, l'application d'une prescription comptable se révèle impropre à donner une image fidèle du patrimoine, de la situation financière ou du résultat, il doit y être dérogé. Cette dérogation est mentionnée à l'annexe et dûment motivée, avec l'indication de son influence sur le patrimoine, la situation financière et le résultat de l'entreprise. — *[C. com., art. 9, al. 5 à 7.]*

Sans faire obstacle à l'application des peines de droit commun, est puni des peines prévues à l'art. 1741 CGI quiconque a sciemment omis de passer ou de faire passer des écritures ou a passé ou fait passer des écritures inexactes ou fictives au livre-journal prévu par les art. L. 123-12 à L. 123-14 C. com., ou dans les documents qui en tiennent lieu (CGI, art. 1743).

BIBL. ▸ Sur l'image fidèle : DOYEN, *Gaz. Pal. 1984. 1. Doctr. 211.* – MATT et MIKOL, *RF compt. déc. 1986, p. 39.* – STOLOWY, *JCP E 2000, n° 6, p. 219.* – MEDUS, *Rev. sociétés 1993. 509* (conventions de portage et information comptable et financière). – LEDOUBLE, *JCP E 1995. I. 437* (même thème).

1. Engagement de portage. Des engagements de portage doivent, en application des art. 9 [C. com., art. L. 123-14] et 24 du Décr. n° 83-1020 du 29 nov. 1983 [C. com., art. R. 123-195 s.], faire l'objet d'une mention spéciale dans l'annexe du bilan pour donner une image fidèle du patrimoine, de la situation financière et des résultats de l'entreprise. • Paris, 6 avr. 1994 : *D. 1994. IR 144 ; JCP E 1994. I. 388, obs. Ledouble ; Rev. sociétés 1994. 735, note Medus ; Dr. sociétés 1995, n° 105, note Hovasse.* ♦ Comp., estimant, notamment, que les conséquences comptables de la convention de portage doivent être tirées au moment de son exécution, et non dès sa signature : * Rép. min. n° 22967 : *JOAN Q, 2 mai 1995, p. 2296 ; Dr. sociétés 1995, n° 167, note crit. Vidal.*

2. *Dommages et intérêts.* La comptabilisation irrégulière d'une espérance de dommages et intérêts en produit n'est pas susceptible de relever du régime spécifique du 3e al. de l'art. L. 123-14. • Com. 20 juin 2006, n° 04-16.238 P : *cité note ss. art. L. 123-13.*

3. *Événement significatif.* S'il survient un événement susceptible de fausser les comptes déjà arrêtés, le dirigeant doit demander le report de l'assemblée générale ordinaire annuelle, et il doit en outre informer les actionnaires ou associés, par une mention dans l'annexe, des événements significatifs intervenus depuis la clôture de l'exercice jusqu'à la date de l'assemblée. • Crim. 17 oct. 2007, n° 07-81.033 : *JCP E 2008, n° 42, p. 38, obs. Navarro ; BRDA 2008, n° 2, p. 4 ; Dr. sociétés 2008, n° 63, obs. Salomon.*

4. *Sanctions de droit commun.* Sur la faillite personnelle, V. art. L. 653-3. ♦ Sur la banqueroute, V. art. L. 654-2. ♦ Sur la sanction pénale des faux, V. C. pén., art. 441-1. – **C. pén.** – Comp. : • Paris, 18 avr. 1970 : *D. 1970. 595, note Vasseur ; RTD com. 1971. 514, obs. Bouza.* ♦ Sur le délit d'escroquerie, V. • Crim. 10 nov. 1971, n° 69-92.308 P : *D. 1972. Somm. 17.*

Art. L. 123-15 **Le bilan, le compte de résultat et l'annexe doivent comprendre autant de rubriques et de postes qu'il est nécessaire pour donner une image fidèle du patrimoine, de la situation financière et du résultat de l'entreprise. Chacun des postes du bilan et du compte de résultat comporte l'indication du chiffre relatif au poste correspondant de l'exercice précédent.**

(Ord. n° 2009-79 du 22 janv. 2009, art. 5-I) **« Les éléments composant les capitaux propres sont fixés par décret. Le classement des éléments du bilan et du compte de résultat ainsi que les mentions à inclure dans l'annexe sont fixés par un règlement de l'Autorité des normes comptables. »** – *[C. com., art. 10, al. 1er et 2.]* – *V. art. R. 123-180 s.*

Art. L. 123-16 *(Ord. n° 2014-86 du 30 janv. 2014, art. 1er)* **Les petites entreprises peuvent, dans des conditions fixées par un règlement de l'Autorité des normes comptables, adopter une présentation simplifiée de leurs comptes annuels.**

(L. n° 2019-486 du 22 mai 2019, art. 47) **« Les moyennes entreprises peuvent, dans des conditions fixées par un règlement de l'Autorité des normes comptables, adopter une présentation simplifiée de leur compte de résultat. »**

Sont des petites entreprises au sens du présent article les commerçants, personnes physiques ou personnes morales, pour lesquels, au titre du dernier exercice comptable clos et sur une base annuelle, deux des trois seuils suivants, dont le niveau et les modalités de calcul sont fixés par décret, ne sont pas dépassés : le total du bilan, le montant net du chiffre d'affaires ou le nombre moyen de salariés employés au cours de l'exercice. – *V. art. D. 123-200.*

(L. n° 2019-486 du 22 mai 2019, art. 47) **« Sont des moyennes entreprises au sens du présent article les commerçants, personnes physiques ou personnes morales, pour lesquels, au titre du dernier exercice comptable clos et sur une base annuelle, deux des trois seuils suivants, dont le niveau et les modalités de calcul sont fixés par décret, ne sont pas dépassés : le total du bilan, le montant net du chiffre d'affaires ou le nombre moyen de salariés employés au cours de l'exercice. »**

Lorsqu'une entreprise dépasse ou cesse de dépasser deux de ces trois seuils, cette circonstance n'a d'incidence que si elle se produit pendant deux exercices consécutifs.

Les art. L. 123-16 à L. 123-16-2, L. 123-25 et L. 232-25, tels qu'issus de l'Ord. n° 2014-86 du 30 janv. 2014, s'appliquent aux comptes afférents aux exercices clos à compter du 31 déc. 2013 et déposés à compter du 1er avr. 2014. Pour les comptes déposés en 2014, il n'est pas fait application des dispositions du dern. al. de l'art. L. 123-16 et du 3e al. de l'art. L. 123-16-1 dans leur rédaction issue de l'Ord. préc. Les dispositions issues de cette même Ord. sont applicables dans les îles Wallis-et-Futuna (Ord. préc., art. 6 et 7).

Les dispositions issues de la L. n° 2019-486 du 22 mai 2019 s'appliquent aux comptes afférents aux exercices clos à compter de la publication de ladite loi (L. préc., art. 47-IV).

BIBL. ▶ Teller, *BJS 2014. 141* (allégement des obligations comptables des micro-entreprises et petites entreprises). – Lecourt, *Rev. sociétés 2014. 342* (simplification des obligations comptables de sociétés). – Gallois-Cochet, *Dr. sociétés 2014. Étude 12* (allégement des obligations comptables des petites entreprises). – Inforeg, *Cah. dr. entr. 2014, n° 3, Prat. 12* (nouvelles règles comptables des micro-entreprises et petites entreprises). – NDLR, *BRDA 2019, n° 10, p. 23* (mesures d'assouplissement pour les comptes annuels par la L. du 22 mai 2019).

Amortissement. Les dispositions du 5e al. de l'art. 214-3 du plan comptable général permettent à une petite entreprise au sens de l'art. L. 123-16 C. com. d'amortir sur dix ans l'ensemble des fonds commerciaux inscrits à l'actif de son bilan. Toutefois, ces dispositions ne subordonnent pas l'exercice de l'option qu'elles prévoient à la condition, prévue par la loi fiscale, que les effets bénéfiques sur l'exploitation du fonds commercial dont il s'agit prennent fin à une date déterminée. Compte tenu de l'incompatibilité de cette règle comptable avec la règle législative, propre à la détermination de l'assiette de l'impôt, résultant des art. 39 CGI et 38 *sexies* de l'annexe III du même code, une petite entreprise qui met en œuvre l'option prévue à l'art. 214-3 du plan comptable général ne saurait en conséquence s'en prévaloir pour la détermination de son résultat fiscal. • CE, avis, 8 sept. 2021, n° 453458 : *JO 12 sept. 2021.*

Ancien art. L. 123-16 (*L. n° 2011-525 du 17 mai 2011, art. 55-I*) *« Les commerçants, personnes physiques ou morales, peuvent, dans des conditions fixées par un règlement de l'Autorité des normes comptables, adopter une présentation simplifiée de leurs comptes annuels lorsqu'ils ne dépassent pas, à la clôture de l'exercice, des chiffres fixés par décret pour deux des critères suivants : le total de leur bilan, le montant net de leur chiffre d'affaires ou le nombre moyen de salariés permanents employés au cours de l'exercice. » Ils perdent cette faculté lorsque cette condition n'est pas remplie pendant deux exercices successifs.* — [*C. com., art. 10, al. 3.*]

Présentation des comptes annuels. Les sociétés commerciales déposent au greffe du tribunal de commerce les comptes annuels dans la présentation avec laquelle ces comptes ont été établis, détaillée ou simplifiée. Les sociétés bénéficiant de la possibilité d'établir des comptes dans la présentation simplifiée peuvent également décider d'établir ces comptes dans une présentation détaillée et les déposer au greffe sous cette forme (Avis CCRCS n° 2012-021 du 30 mai 2012 : *JCP E 2012. Actu. 475*).

Art. L. 123-16-1 (*Ord. n° 2014-86 du 30 janv. 2014, art. 2*) **Par dérogation aux dispositions du troisième alinéa de l'article L. 123-12, les micro-entreprises, à l'exception de celles dont l'activité consiste à gérer des titres de participations et de valeurs mobilières, ne sont pas tenues d'établir d'annexe.**

Sont des micro-entreprises au sens du présent article les commerçants, personnes physiques ou personnes morales, pour lesquels, au titre du dernier exercice comptable clos et sur une base annuelle, deux des trois seuils suivants, dont le niveau et les modalités de calcul sont fixés par décret, ne sont pas dépassés : le total du bilan, le montant net du chiffre d'affaires ou le nombre moyen de salariés employés au cours de l'exercice. — *V. art. D. 123-200.*

Lorsqu'une entreprise dépasse ou cesse de dépasser deux de ces trois seuils, cette circonstance n'a d'incidence que si elle se produit pendant deux exercices consécutifs

V. note ss. art. L. 123-16.

Ancien art. L. 123-16-1 (*L. n° 2011-525 du 17 mai 2011, art. 55-I*) *Les personnes morales mentionnées à l'article L. 123-16 et placées sur option ou de plein droit sous le régime réel simplifié d'imposition peuvent présenter une annexe établie selon un modèle abrégé fixé par un règlement de l'Autorité des normes comptables.* — *V. Règl. ANC n° 2011-02 du 9 juin 2011 homologué par Arr. du 27 déc. 2011 (JO 30 déc.).*

Art. L. 123-16-2 (*Ord. n° 2014-86 du 30 janv. 2014, art. 3*) **Les dispositions des articles L. 123-16 et L. 123-16-1 ne sont pas applicables :**

1° Aux établissements de crédit et sociétés de financement mentionnés à l'article L. 511-1 du code monétaire et financier et aux établissements de paiement et établissements de monnaie électronique mentionnés à l'article L. 521-1 du même code ;

2° Aux entreprises d'assurance et de réassurance mentionnées aux articles L. 310-1 et L. 310-1-1 du code des assurances (*Ord. n° 2017-484 du 6 avr. 2017, art. 17*) **« , aux fonds de retraite professionnelle supplémentaire mentionnés à l'article L. 381-1 du même code, aux institutions de retraite professionnelle supplémentaire mentionnées à l'article L. 942-1 du code de la sécurité sociale, aux mutuelles ou unions mentionnées à l'article L. 214-1 du code de la mutualité », aux organismes de sécurité sociale mentionnés à l'article L. 114-8 du code de la sécurité sociale, aux institutions de prévoyance et à leurs unions régies par le titre III du livre IX du code de la sécurité sociale et aux mutuelles et unions de mutuelles régies par le livre II du code de la mutualité ;**

3° Aux personnes et entités dont les titres financiers sont admis aux négociations sur un marché réglementé ;

4° Aux personnes et entités qui font appel à la générosité *(L. n° 2021-875 du 1er juill. 2021, art. 9)* « du public » au sens de la loi n° 91-772 du 7 août 1991 relative au congé de représentation en faveur des associations et des mutuelles et au contrôle des comptes des organismes faisant appel à la générosité publique.

V. note ss. art. L. 123-16.

Art. L. 123-17 *(Ord. n° 2015-900 du 23 juill. 2015, art. 1er-2°)* « Sauf dans des cas exceptionnels, afin de donner une image fidèle du patrimoine, de la situation financière et du résultat de l'entreprise et dans les conditions prévues par un règlement de l'Autorité des normes comptables, les méthodes comptables retenues et la structure du bilan et du compte de résultat *[ancienne rédaction : A moins qu'un changement exceptionnel n'intervienne dans la situation du commerçant, personne physique ou morale, la présentation des comptes annuels comme des méthodes d'évaluation retenues]* » ne peuvent être modifiées d'un exercice à l'autre. Si des modifications interviennent, elles sont décrites et justifiées dans l'annexe *(L. n° 2011-525 du 17 mai 2011, art. 55-I)* « et signalées, le cas échéant, dans le rapport des commissaires aux comptes ». — *[C. com., art. 11.]*

V. notes ss. art. L. 123-13.

La prolongation des concessions aéroportuaires des sociétés prévue à l'art. L. 6322-2 C. transp. constitue un changement exceptionnel intervenu dans la situation de ces sociétés au sens de l'art. L. 123-17.

Les comptes annuels d'une société en nom collectif ne peuvent être établis et approuvés que conformément aux dispositions de l'art. 16 de la loi du 24 juill. 1966 [C. com., art. L. 221-7]. • Com. 21 mars 1995, n° 93-14.580 P : *cité note 1 ss. art. L. 221-7.*

Art. L. 123-18 A leur date d'entrée dans le patrimoine de l'entreprise, les biens acquis à titre onéreux sont enregistrés à leur coût d'acquisition, les biens acquis à titre gratuit à leur valeur vénale et les biens produits à leur coût de production.

Pour les éléments d'actif immobilisés, les valeurs retenues dans l'inventaire doivent, s'il y a lieu, tenir compte des plans d'amortissement. Si la valeur d'un élément de l'actif devient inférieure à sa valeur nette comptable, cette dernière est ramenée à la valeur d'inventaire à la clôture de l'exercice, que la dépréciation soit définitive ou non.

Les biens fongibles sont évalués soit à leur coût moyen pondéré d'acquisition ou de production, soit en considérant que le premier bien sorti est le premier bien entré.

La plus-value constatée entre la valeur d'inventaire d'un bien et sa valeur d'entrée n'est pas comptabilisée. S'il est procédé à une réévaluation de l'ensemble des immobilisations corporelles et financières, l'écart de réévaluation entre la valeur actuelle et la valeur nette comptable ne peut être utilisé à compenser les pertes ; il est inscrit distinctement au passif du bilan. — *[C. com., art. 12.]* — *V. art. R. 123-178 et R. 123-208.*

BIBL. ► Sur la réévaluation des immobilisations : Pinoteau, *JCP 1974. I. 2636.* – Du Pontavice, *Rev. sociétés 1974. 29.* – Jadaud, *Defrénois 1978. 1391.*

Art. L. 123-19 Les éléments d'actif et de passif doivent être évalués séparément.

Aucune compensation ne peut être opérée entre les postes d'actif et de passif du bilan ou entre les postes de charges et de produits du compte de résultat *(Ord. n° 2015-900 du 23 juill. 2015, art. 1er-3°)* « , sauf dans des cas exceptionnels prévus par un règlement de l'Autorité des normes comptables ».

Le bilan d'ouverture d'un exercice doit correspondre au bilan de clôture de l'exercice précédent. — *[C. com., art. 13.]*

V. notes ss. art. L. 123-13.

Art. L. 123-20 Les comptes annuels doivent respecter le principe de prudence. Pour leur établissement, le commerçant, personne physique ou morale, est présumé poursuivre ses activités.

Même en cas d'absence ou d'insuffisance du bénéfice, il doit être procédé *(Ord. n° 2015-900 du 23 juill. 2015, art. 1er-4°)* « aux amortissements, dépréciations et provisions *[ancienne rédaction : aux amortissements et provisions]* » nécessaires.

Il doit être tenu compte des *(Ord. n° 2015-900 du 23 juill. 2015, art. 1er-4°)* **« passifs qui ont pris naissance** *[ancienne rédaction : risques et des pertes intervenus]* **» au cours de l'exercice ou d'un exercice antérieur, même s'ils sont connus entre la date de la clôture de l'exercice et celle de l'établissement des comptes.** – *[C. com., art. 14.]*

V. notes ss. art. L. 123-13.

BIBL. ▶ FEUILLET, *Rev. sociétés 1984. 464* (principe de prudence).

Art. L. 123-21 Seuls les bénéfices réalisés à la date de clôture d'un exercice peuvent être inscrits dans les comptes annuels. Peut être inscrit, après inventaire, le bénéfice réalisé sur une opération partiellement exécutée et acceptée par le cocontractant lorsque sa réalisation est certaine et qu'il est possible, au moyen de documents comptables prévisionnels, d'évaluer avec une sécurité suffisante le bénéfice global de l'opération. – *[C. com., art. 15.]*

BIBL. ▶ FEUILLET, *Rev. sociétés 1984. 464* (principe d'annuité).

Art. L. 123-22 Les documents comptables sont établis en *(L. n° 2003-7 du 3 janv. 2003)* **« euros » et en langue française.** – *V., dérogeant à cette règle pour les SICAV et les fonds communs de placement, C. mon. fin., art. L. 214-17-3 et L. 214-106.* – ***C. mon. fin.***

Les documents comptables et les pièces justificatives sont conservés pendant dix ans.

Les documents comptables relatifs à l'enregistrement des opérations et à l'inventaire sont établis et tenus sans blanc ni altération d'aucune sorte, dans des conditions fixées par décret en Conseil d'État. – *[C. com., art. 16.]* – *V. art. R. 123-172 s.*

BIBL. ▶ Inforeg, *Cah. dr. entr. 2011, n° 6, p. 73* (documents commerciaux : quels délais de conservation et quels moyens d'archivage pour le chef d'entreprise ?).

Sur l'unité monétaire et l'euro, V. C. mon. fin., art. L. 111-1 s., App. v° Banque et financement de l'entreprise.

1. Capital social en écus ou en euros. **BIBL.** Ghilardi, *BJS 1992. 880.* – Grua, *RJ com. 1993. 227.* – Barbiéri, *LPA 6 sept. 1999* (basculement du capital et tenue de comptabilité des sociétés en euros sont-ils dissociables ?). – Dossier : Les entreprises et l'euro, *JCP E 2001, n° 43-44, p. 1710 s.* ♦ Jugeant, avant la L. du 3 janv. 2003, que la loi ne fait pas obstacle au libellé du capital social en écus dès lors que dans les comptes, la contrevaleur en francs français de ce capital est indiquée pour assurer, notamment, l'information des tiers (à propos d'une société d'exercice libéral à responsabilité limitée). • Paris, 3 juin 1994 : *D. 1994. IR 190 ; Rev. sociétés 1994. 701, note Parléani* ; *JCP 1994. II. 22316, note Guyon ; LPA 19 oct. 1994, note Gavalda ; Dr. sociétés 1994, n° 158, obs. Le Nabasque ; Gaz. Pal. 1995. 1. 13, note Monnot des Angles.* ♦ Les SICAV constituées sous forme de SA ou de SAS peuvent, en tant qu'OPCVM, comptabiliser dans une unité monétaire autre que l'euro les apports faits par les associés, lors de la constitution ou au cours de l'existence de la vie sociale, pour déterminer le montant de leur capital social. Ce montant, qui doit figurer dans les statuts de la société, pourra être mentionné comme tel au RCS dans la devise concernée (Avis CCRCS n° 2017-008 du 30 mai 2017).

2. Délai de conservation. Il résulte de l'art. L. 123-22 que les documents comptables et pièces justificatives n'ont pas à être conservés par un commerçant au-delà d'une durée de dix ans. • Com. 24 avr. 2007, n° 05-21.477 P : *D. 2008. Pan. 882, obs. D. R. Martin* ; *JCP E 2007, n° 41, p. 33, obs. Navarro ; LPA 7 sept. 2007, note Barbièri ; RJDA 2007, n° 922.* ♦ Une banque ne peut être condamnée à communiquer des documents de plus de dix ans, qu'elle n'était pas tenue de conserver. • Com. 11 janv. 2005 : *Banque et Dr. 3-4/2006. 77, obs. Guillot* • Rennes, 14 sept. 2006 : *ibid. nov.-déc. 2007. 52, obs. Guillot.* ♦ Mais l'expiration du délai de prescription n'interdit pas au juge d'ordonner la présentation du document qui aurait été conservé. • Dijon, 29 févr. 1876 : *DP. 1877. 2. 94.* ♦ Sur l'obligation de conservation décennale, V. • Paris, 10 mars 1986 : *Banque 1986. 505, obs. Rives-Lange.* ♦ Il ne résulte pas de l'art. L. 123-22 que le commerçant ait l'obligation de détruire ses archives à l'expiration du délai de dix ans pendant lequel il doit les conserver. • Com. 29 oct. 2003, n° 00-21.947 P : *D. 2003. IR 2803* ; *JCP E 2004, n° 10, p. 374, note Barbièri ; LPA 11 mars 2004, obs. E. C. ; RJDA 2004, n° 394* • 4 mars 2008, n° 06-10.087 : *D. 2009. Pan. 1046, obs. D. R. Martin* ; *RJDA 2008, n° 700.* – V. aussi • Paris, 19 oct. 2010 : *Gaz. Pal. 2010. 3681, obs. Moore.* ♦ L'action en paiement d'un salarié n'étant pas prescrite, il appartient à la banque, qui ne conteste pas avoir été dépositaire des fonds (réserve de participation), de justifier, fût-ce au-delà du délai de conservation des archives commerciales, de l'exécution de son obligation de restitution. • Com. 29 oct. 2003, n° 00-21.947 P : *préc.* ♦ Une banque ne peut se retrancher derrière les dispositions de l'art. L. 123-22 pour soutenir son impossibilité à établir la clôture du compte (V. L. n° 77-4 du 3 janv. 1977, ss. art. L. 110-4), cet article n'instituant qu'un minimum de conservation qui n'exclut pas que la banque puisse prendre d'autres dispositions pour aller au-delà de ce minimum et qui n'implique pas non plus qu'elle détruise ses archives passé ce délai de dix ans. • Douai, 21 déc. 2006 : *JCP E 2007, n° 45, p. 14, obs. Routier.* ♦ Jugeant que la preuve de la conservation des archives, passé le délai de 10 ans, incombe à celui qui en demande communication : • Com. 22 janv. 2008, n° 07-12.462 : *JCP E 2008, n° 24, p. 12, obs. Routier.*

Les difficultés à retrouver dans leurs archives certaines pièces utiles pour leur défense, sans montrer en quoi l'ancienneté de ces pièces excédait les délais imposés par les règles de droit commun de conservation des documents des sociétés commerciales, ne permettent pas aux requérantes de démontrer en quoi la durée de la procédure d'enquête a pu nuire à leur défense. • Cons. conc. n° 04-D-74 du 21 déc. 2004. ♦ Aux termes de l'art. L. 110-4 C. com., les obligations nées à l'occasion de leur commerce entre commerçants ou entre commerçants et non-commerçants se prescrivent généralement par dix ans [désormais cinq ans], de telle sorte que les entreprises, notamment celles visées par les griefs dans une procédure devant le Conseil de la concurrence, avaient l'obligation de conserver leurs documents commerciaux de manière à pouvoir présenter leur défense. • Cons. conc. n° 06-D-03 du 9 mars 2006 : *D. 2006. AJ 1040, obs. Chevrier ; CCC 2006, n° 89, obs. Malaurie-Vignal ; RLC juill.-sept. 2006. 23, note Sélinsky* (conf. par • Paris, 29 janv. 2008 : *cité note 11 ss. art. L. 464-8*). ♦ V. aussi, sur l'articulation entre les art. L. 123-22, L. 441-3, al. 2 et R. 441-3 C. com. : • Cons. conc. n° 05-D-32 du 22 juin 2005 : *Procédures 2005, n° 212, obs. Croze.* ♦ Sur la purge comptable cinq ans après le dénouement des contrats d'assurance vie (décès ou terme), si aucune prestation n'avait été réclamée par le bénéficiaire, et sur des destructions d'archives se rapportant à des contrats non réglés, pratiques contraires aux dispositions de l'art. L. 132-22, rendu applicable aux entreprises d'assurance par le code des assurances, V. • Décis. ACPR n° 2014-01 du 19 déc. 2014.

Art. L. 123-23 La comptabilité régulièrement tenue peut être admise en justice pour faire preuve entre commerçants pour faits de commerce.

Si elle a été irrégulièrement tenue, elle ne peut être invoquée par son auteur à son profit.

La communication des documents comptables ne peut être ordonnée en justice que dans les affaires de succession, communauté, partage de société et en cas *(L. n° 2005-845 du 26 juill. 2005, art. 165-II)* **« de procédures de sauvegarde, » de redressement ou de liquidation judiciaires.** — *[C. com., art. 17.]*

1. Force probante. Sur la valeur probante des documents comptables, V. C. civ., art. 1378 s. – **C. civ.** – Comp. : art. L. 110-3 C. com. ♦ La comptabilité régulièrement tenue peut être admise par le juge pour faire preuve entre commerçants pour faits de commerce. • Com. 2 juin 1980, n° 79-10.836 P • 27 avr. 1993, n° 91-16.223 : *CCC 1993, n° 147.* ♦ Prive sa décision de base légale la cour d'appel qui, pour rejeter les demandes en paiement formées par une société commerciale, retient qu'elle ne verse aux débats, pour prétendre au paiement d'une certaine somme réclamée au titre de commandes et livraisons corrélatives de marchandises, que les factures et documents comptables par elle établis, sans examiner le contenu de ces documents comptables et sans préciser en quoi ils ne pouvaient être admis comme moyen de preuve entre deux sociétés commerciales. • Com. 1er juill. 2020, n° 18-22.067 : *D. 2020. Chron. C. cass. 2481, obs. Kass-Danno.* ♦ Sur l'obligation, pour le juge, de rechercher si la comptabilité était régulièrement tenue, V. • Com. 18 févr. 1992, n° 89-10.673 P. ♦ Sur le pouvoir souverain d'appréciation du juge, V. • Com. 18 mars 1969 : *D. 1969. 514.* ♦ Sur la présomption de fait tirée d'une comptabilité irrégulièrement tenue, V. • Civ. 17 mars 1938 : *DP 1938. 1. 115, note Mimin.* – V. aussi Japiot, *RTD com. 1923. 5.*

Dans l'impossibilité de se procurer une preuve littérale de la part d'un commerçant, les juges peuvent puiser dans les livres de commerce de celui-ci les renseignements propres à étayer des présomptions. • Com. 12 oct. 1982, n° 81-12.727 P. ♦ Dans les secteurs où il est d'usage de ne pas avoir recours à l'écrit pour formaliser les transactions (ventes portant sur des fruits et légumes entre grossistes et détaillants), il est néanmoins possible de démontrer la réalité des transactions par les éléments comptables fournis aux débats. • Aix-en-Provence, 29 mai 2008 : *BICC 15 févr. 2010, n° 223.*

2. Production et communication. Sur la production et la communication de documents comptables, V. C. pr. civ., art. 11 et 132 à 142. – **C. pr. civ.** ♦ Et sur une communication en dehors de tout litige, Comp. : • Req. 16 mars 1892 : *DP 1892. 1. 240.* ♦ Sur les droits de l'acquéreur d'un fonds de commerce, V. art. L. 141-2. ♦ Sur la communication à l'administration fiscale, V. art. L. 85 et R. 85-1 LPF. – **C. pr. fisc.** ♦ L'acquéreur d'actions ne peut pas utilement invoquer l'art. L. 123-23 car, en application de la clause d'*earn out*, l'existence ou non d'un droit pour le cédant à un complément de prix dépend exclusivement des résultats qui ne peuvent être constatés qu'au vu des documents comptables. • Caen, 30 mars 2006, n° 05/01484 : *RJDA 2007, n° 1108.*

3. Mesure d'instruction. Les dispositions de l'art. 17 [C. com., art. L. 123-23] ne peuvent être invoquées pour faire échec au pouvoir du juge d'ordonner, sur le fondement de l'art. 145 NCPC [renommé C. pr. civ.] (dans le cadre d'une mesure d'instruction *in futurum*), les productions utiles. • Civ. 2e, 6 mai 1999, n° 96-10.631 P : *D. Affaires 1999. 1080, obs. V. A.-R.*

Art. L. 123-24 **Tout commerçant est tenu de se faire ouvrir un compte** *(Abrogé par L. n° 2003-7 du 3 janv. 2003)* ***« dans une banque, »*** **dans un établissement de crédit ou dans un bureau de chèques postaux.** – *[L. 22 oct. 1940, art. 6, 1re phrase.]*

La 2e phrase de l'art. 6 de la L. du 22 oct. 1940 – normalement abrogée à compter de l'entrée en vigueur de la partie réglementaire du code de commerce (Ord. n° 2000-912 du 18 sept. 2000, art. 4-III-7°) – prévoyait en cas d'infraction une amende fiscale de 0, 50 F recouvrée comme en matière de timbre, un arrêté devant désigner les agents qualifiés pour constater les contraventions.

SOUS-SECTION 2 DES OBLIGATIONS COMPTABLES APPLICABLES À CERTAINS COMMERÇANTS *(L. n° 2011-525 du 17 mai 2011, art. 55-I).*

Art. L. 123-25 **Par dérogation aux dispositions des premier et troisième alinéas de l'article L. 123-12, les personnes physiques placées sur option ou de plein droit sous le régime réel simplifié d'imposition peuvent n'enregistrer les créances et les dettes qu'à la clôture de l'exercice et ne pas établir d'annexe.**

(Ord. n° 2014-86 du 30 janv. 2014, art. 4) **« Les personnes morales ayant la qualité de commerçant et placées sur option ou de plein droit sous le régime simplifié d'imposition peuvent présenter une annexe abrégée établie selon un modèle fixé par un règlement de l'Autorité des normes comptables.**

« Par dérogation aux dispositions du premier alinéa de l'article L. 123-12, ces mêmes personnes, à l'exception de celles contrôlées par une société qui établit des comptes en application de l'article L. 233-16, peuvent enregistrer leurs créances et leurs dettes à la clôture de l'exercice. » – *[C. com., art. 17-1.]*

V. note ss. art. L. 123-16.

Art. L. 123-26 **Par dérogation aux dispositions du deuxième alinéa de l'article L. 123-13, les personnes physiques placées sur option ou de plein droit sous le régime réel simplifié d'imposition peuvent inscrire au compte de résultat, en fonction de leur date de paiement, les charges dont la périodicité n'excède pas un an, à l'exclusion des achats.** – *[C. com., art. 17-2.]*

Art. L. 123-27 **Par dérogation aux dispositions du troisième alinéa de l'article L. 123-18, les personnes physiques placées sur option ou de plein droit sous le régime réel simplifié d'imposition peuvent procéder à une évaluation simplifiée des stocks et des productions en cours, selon une méthode fixée par** *(Ord. n° 2009-79 du 22 janv. 2009, art. 5-III)* **« règlement de l'Autorité des normes comptables ».** – *[C. com., art. 17-3.]*

Art. L. 123-28 *(L. n° 2008-776 du 4 août 2008, art. 9-I)* **Par dérogation aux dispositions des articles L. 123-12 à L. 123-23, les personnes physiques bénéficiant du régime défini à l'article 50-0 du code général des impôts** *[régime d'imposition des micro-entreprises]* **peuvent ne pas établir de comptes annuels. Elles tiennent un livre mentionnant chronologiquement le montant et l'origine des recettes qu'elles perçoivent au titre de leur activité professionnelle. Elles tiennent également, lorsque leur commerce principal est de vendre des marchandises, objets, fournitures et denrées à emporter ou à consommer sur place, ou de fournir le logement, un registre récapitulé par année, présentant le détail de leurs achats. Un décret fixe les conditions dans lesquelles ce livre et ce registre sont tenus.** – *V. art. D. 123-205-1.*

Sont applicables en Nouvelle-Calédonie et dans les îles Wallis-et-Futuna les adjonctions et modifications apportées à l'art. L. 123-28 par la L. n° 2008-776 du 4 août 2008 (Ord. n° 2009-896 du 24 juill. 2009, art. 1er-I).

Sur la communication à l'administration, par les personnes ayant la qualité de commerçant, des livres dont la tenue est obligatoire ainsi que des documents annexes, V. LPF, art. L. 85 et R. 85-1. – ***C. pr. fisc.***

BIBL. ▶ Delpech, *Rép. com. Dalloz, Cah. de l'actualité n° 2008-5, p. 16* (simplification de la comptabilité des personnes physiques). – Castagné, *JCP N 2008, n° 50, p. 25* (le statut d'auto-entrepreneur). ▶ V. aussi la Bibl. ss. l'art. L. 123-1-1.

Art. L. 123-28-1 *(L. n° 2015-990 du 6 août 2015, art. 203-I)* Par dérogation aux articles L. 123-12 à L. 123-23, les personnes physiques mentionnées au deuxième alinéa de l'article L. 123-16-1 peuvent ne pas établir de bilan et de compte de résultat lorsqu'elles n'emploient aucun salarié et qu'elles ont effectué une inscription de cessation totale et temporaire d'activité au registre du commerce et des sociétés. La dérogation n'est plus applicable en cas de reprise de l'activité et au plus tard à l'issue du deuxième exercice suivant la date de l'inscription. La dérogation ne s'applique pas lorsqu'il est procédé à des opérations modifiant la structure du bilan au cours de l'exercice considéré. Les modalités d'application du présent article sont fixées par décret. — *V. art. D. 123-208-01.*

Les art. L. 123-28-1 et L. 123-28-2 sont applicables dans les îles Wallis-et-Futuna (L. n° 2015-990 du 6 août 2015, art. 203-II).

Art. L. 123-28-2 *(L. n° 2015-990 du 6 août 2015, art. 203-I)* Par dérogation aux articles L. 123-12 à L. 123-23, les personnes morales mentionnées au deuxième alinéa de l'article L. 123-16-1 peuvent établir un bilan abrégé et un compte de résultat abrégé lorsqu'elles n'emploient aucun salarié et qu'elles ont effectué une inscription de cessation totale et temporaire d'activité au registre du commerce et des sociétés. La dérogation n'est plus applicable en cas de reprise de l'activité et au plus tard à l'issue du deuxième exercice suivant la date de l'inscription. La dérogation ne s'applique pas lorsqu'il est procédé à des opérations modifiant la structure du bilan au cours de l'exercice considéré. Les modalités d'application du présent article sont fixées par décret. — *V. art. D. 123-208-01.*

V. note ss. art. L. 123-28-1.

SECTION III DES ACTIVITÉS COMMERCIALES ET ARTISANALES AMBULANTES

(L. n° 2008-776 du 4 août 2008, art. 53-I)

RÉP. COM. v° *Marchands ambulants et forains*, par VOINOT.

Art. L. 123-29 Toute personne physique ou morale doit, pour exercer ou faire exercer par son conjoint ou ses préposés une activité commerciale ou artisanale ambulante hors du territoire de la commune où est situé son habitation ou son principal établissement, en faire la déclaration préalable auprès de l'autorité compétente pour délivrer la carte mentionnée au quatrième alinéa. — *Sur les sanctions, V. art. R. 123-208-8.*

Il en va de même pour toute personne *(L. n° 2017-86 du 27 janv. 2017, art. 193-IV)* « sans domicile stable » entendant exercer ou faire exercer par son conjoint ou ses préposés une activité commerciale ou artisanale ambulante.

La déclaration mentionnée au premier alinéa est renouvelable périodiquement.

Cette déclaration donne lieu à délivrance d'une carte permettant l'exercice d'une activité ambulante. — *V. art. R. 123-208-1 s. et A. 123-80-1 s.*

1. Ventes ambulantes. Sur la vente dans un stand installé sur une plage et la détermination du droit de propriété de l'espace public, V. • Fort-de-France, 4 juill. 2008 : *JCP 2008. IV. 3026.*

2. Ventes sauvages. V. note 1 ss. art. L. 442-11.

3. Carte professionnelle. Dans le cadre juridique actuel, il est délivré une carte par établissement. Les préposés (salariés ou conjoints collaborateurs) présentent, à toute réquisition, copie de la carte de la personne pour laquelle ils exercent une activité commerciale ou artisanale accompagnée d'un document justifiant un lien avec le titulaire de ladite carte ainsi qu'un document justifiant de leur identité. Le conjoint du chef d'une entreprise artisanale, commerciale ou libérale qui y exerce de manière régulière une activité professionnelle peut opter pour le statut qui correspond le mieux à sa situation au sein de l'entreprise : conjoint collaborateur, conjoint salarié ou conjoint associé : * Rép. min. n° 111285 : *JOAN Q, 23 août 2011, p. 9086 ; RLDA oct. 2011. 28, obs. Filiol de Raimond.*

Code de la sécurité intérieure

Art. L. 322-5 *(Ord. n° 2012-351 du 12 mars 2012, en vigueur le 1er mai 2012)* Sont également exceptées des dispositions *(Ord. n° 2019-1015 du 2 oct. 2019, art. 5, en vigueur le 1er janv. 2020)* « de l'article L. 320-1 les jeux d'argent et de hasard proposés » au public à l'occasion, pendant la durée et dans l'enceinte des fêtes foraines.

Les caractéristiques techniques *(Ord. nº 2019-1015 du 2 oct. 2019, art. 5, en vigueur le 1er janv. 2020)* « des jeux forains mentionnés » à l'alinéa précédent, les personnes susceptibles d'en proposer l'utilisation au public, la nature et la valeur des lots sont précisées par voie réglementaire. — *[L. du 21 mai 1836, art. 7.]*

Art. L. 322-6 *(Ord. nº 2012-351 du 12 mars 2012, en vigueur le 1er mai 2012)* Sont exceptés des dispositions de l'article *(Ord. nº 2019-1015 du 2 oct. 2019, art. 5, en vigueur le 1er janv. 2020)* « L. 324-4 » les appareils de jeux proposés au public à l'occasion, pendant la durée et dans l'enceinte des fêtes foraines. Les caractéristiques techniques de ces appareils, la nature des lots, le montant des enjeux, le rapport entre ce dernier et la valeur des lots et, le cas échéant, les personnes susceptibles d'en proposer l'utilisation au public sont précisés par voie réglementaire. — *[L. nº 83-628 du 12 juill. 1983, art. 2, al. 4.]*

Art. D. 322-4 *(Décr. nº 2014-1253 du 27 oct. 2014, en vigueur le 1er janv. 2015)* Bénéficient de la dérogation prévue par les articles L. 322-5 et L. 322-6 du présent code les *(Décr. nº 2020-1773 du 21 déc. 2020, art. 2)* « jeux d'argent et de hasard » proposés au public à l'occasion, pendant la durée et dans l'enceinte des fêtes foraines qui :

1º N'offrent que des lots en nature ;

2º Fonctionnent avec une mise unitaire maximum de 1,5 € ;

3º Ne proposent pas de lots dont la valeur excède trente fois le montant de la mise unitaire.

Ces *(Décr. nº 2020-1773 du 21 déc. 2020, art. 2)* « jeux d'argent et de hasard » sont proposés au public par des personnes soumises au régime prévu par l'article L. 123-29 du code de commerce et qui ont pour activité exclusive la tenue d'établissements destinés au divertissement du public.

Art. L. 123-30 **Outre les officiers et agents de police judiciaire, ont compétence pour constater par procès-verbal les contraventions prévues par le décret mentionné à l'article L. 123-31 :**

1º Les agents de police judiciaire adjoints mentionnés au 2º de l'article 21 du code de procédure pénale ; — *V. art. R. 123-208-5.*

2º Les fonctionnaires chargés du contrôle des marchés et des halles situés sur le territoire de la commune sur laquelle le commerçant ou l'artisan ambulant exerce son activité commerciale ou artisanale, habilités à cette fin. — *V. art. R. 123-208-6.*

Art. L. 123-31 **Les modalités d'application de la présente section sont fixées par décret en Conseil d'État, notamment les conditions d'habilitation des agents mentionnés au 2º de l'article L. 123-30 et les modalités d'exercice de leur compétence.**

SECTION IV DES FORMALITÉS ADMINISTRATIVES DES ENTREPRISES

(L. nº 2019-486 du 22 mai 2019, art. 1er-I, en vigueur le 1er janv. 2023)

BIBL. GÉN. ▶ NDLR, *BRDA 2019, nº 10, p. 47* (simplification des formalités de publicité par la L. du 22 mai 2019).

Art. L. 123-32 **La présente section est applicable aux relations entre, d'une part, les entreprises et, d'autre part, les administrations de l'État, les établissements publics de l'État à caractère administratif, les collectivités territoriales, leurs groupements et leurs établissements publics à caractère administratif, les personnes privées chargées d'un service public administratif, les organismes gérant des régimes de protection sociale relevant du code de la sécurité sociale et du code rural et de la pêche maritime ou mentionnés aux articles L. 3141-32 et L. 5427-1 du code du travail et les organismes chargés de la tenue d'un registre de publicité légale, y compris les greffes.**

Toutefois, elle n'est pas applicable aux relations entre les entreprises et les ordres professionnels, sauf quand il est fait application du troisième alinéa de l'article L. 123-33 du présent code.

V. note ss. art. L. 123-33.

Art. L. 123-33 **A l'exception des procédures et formalités nécessaires à l'accès aux activités réglementées et à l'exercice de celles-ci, toute entreprise se conforme à l'obligation de déclarer sa création, la modification de sa situation ou la cessation de ses**

activités auprès d'une administration, d'une personne ou d'un organisme mentionnés à l'article L. 123-32 par le dépôt d'un seul dossier comportant les déclarations qu'elle est tenue d'effectuer.

Ce dossier est déposé par voie électronique auprès d'un organisme unique désigné à cet effet. Ce dépôt vaut déclaration auprès du destinataire dès lors que le dossier est régulier et complet à l'égard de celui-ci. — *L'organisme unique est l'Institut national de la propriété industrielle (Décr. n° 2020-946 du 30 juill. 2020, art. 1er).*

Tout prestataire de services entrant dans le champ d'application de la directive 2006/123/CE du Parlement européen et du Conseil du 12 décembre 2006 relative aux services dans le marché intérieur peut accomplir par voie électronique l'ensemble des procédures et formalités nécessaires à l'accès à son activité et à l'exercice de celle-ci auprès de l'organisme unique mentionné au deuxième alinéa du présent article.

Un décret en Conseil d'État désigne l'organisme unique mentionné au même deuxième alinéa, définit les conditions de dépôt du dossier ainsi que les modalités d'accompagnement et d'assistance des entreprises par les organismes consulaires et par l'organisme unique, précise les modalités de vérification du dossier et décrit les conditions de transmission des informations collectées par cet organisme unique aux administrations, aux personnes ou aux organismes mentionnés à l'article L. 123-32 ainsi que les conditions d'application du troisième alinéa du présent article. Il précise également les conditions dans lesquelles l'usager créant son entreprise par l'intermédiaire de l'organisme unique peut se voir proposer de façon facultative des outils permettant de le renseigner sur les détails et les enjeux de la vie d'une entreprise. — *V. nouv. art. R. 123-1 s.*

Les dispositions issues de l'art. 1er de la L. n° 2019-486 du 22 mai 2019 entrent en vigueur à une date fixée par décret en Conseil d'État, et au plus tard le 1er janv. 2023. Ce décret définit les modalités transitoires mises en œuvre à compter de la mise en place de l'organisme prévu au 2e al. de l'art. L. 123-33, qui intervient au plus tard le 1er janv. 2021 (L. préc., art. 1er-VIII). — V. Décr. n° 2021-300 du 18 mars 2021.

Art. L. 123-34 Dans ses relations avec les administrations, personnes ou organismes mentionnés à l'article L. 123-32, une entreprise ne peut être tenue d'indiquer un numéro d'identification autre que le numéro unique attribué dans des conditions fixées par décret. Un identifiant spécifique peut être utilisé à titre complémentaire, notamment pour certaines activités soumises à déclaration ou autorisation préalables, dans des conditions fixées par décret.

L'entreprise ne peut être tenue de mentionner un autre numéro dans ses papiers d'affaires tels que factures, notes de commandes, tarifs, documents publicitaires, correspondances et récépissés concernant ses activités.

V. note ss. art. L. 123-33.

Art. L. 123-35 Lorsqu'ils sont transmis par voie électronique, les documents comptables sont déposés selon des modalités fixées par décret en Conseil d'État.

V. note ss. art. L. 123-33.

SECTION V DU REGISTRE NATIONAL DES ENTREPRISES

(Ord. n° 2021-1189 du 15 sept. 2021, art. 2, en vigueur le 1er janv. 2023)

BIBL. GÉN. ▶ SAINTOURENS, *RTD com. 2021. 765* (création du registre national des entreprises).

SOUS-SECTION 1 DES ENTREPRISES TENUES À L'IMMATRICULATION

Art. L. 123-36 Il est tenu un registre national des entreprises, auquel s'immatriculent les entreprises exerçant sur le territoire français une activité de nature commerciale, artisanale, agricole ou indépendante.

Sont ainsi immatriculées, sur leurs déclarations :

1° Les personnes mentionnées aux 1° à 6° du I de l'article L. 123-1 ;

2° Les agents commerciaux mentionnés à l'article L. 134-1 ;

3° Les personnes relevant du secteur des métiers et de l'artisanat mentionnées à l'article 19 de la loi n° 96-603 du 5 juillet 1996 relative au développement et à la promotion du commerce et de l'artisanat ;

4° Les personnes exerçant une activité agricole au sens de l'article L. 311-1 du code rural et de la pêche maritime ;

5° Les personnes physiques, autres que celles mentionnées aux 1° à 4° ci-dessus, établies en France et exerçant une activité économique régulière et professionnelle, y compris une activité libérale soumise à un statut législatif ou réglementaire ou dont le titre est protégé ;

6° Les entreprises étrangères sans établissement stable en France.

Art. L. 123-37 Font l'objet d'une inscription au registre national des entreprises, ou d'un dépôt pour y être annexés :

1° Pour les personnes mentionnées au 1° de l'article L. 123-36, l'ensemble des informations, actes et pièces figurant au registre du commerce et des sociétés en application du II de l'article L. 123-1 et de toute disposition législative ou réglementaire particulière ;

2° Pour les personnes physiques mentionnées au 2° de l'article L. 123-36, l'ensemble des informations et pièces figurant au registre spécial des agents commerciaux ;

3° Pour les sociétés mentionnées aux articles L. 232-21 à L. 232-23, les documents comptables mentionnés à ces mêmes articles et aux articles L. 232-25 et L. 232-26 ;

4° Pour les sociétés et entités mentionnées au 1° de l'article L. 561-45-1 du code monétaire et financier, les informations relatives aux bénéficiaires effectifs définies à l'article L. 561-46 du même code ;

5° Pour les personnes physiques mentionnées aux 1° à 5° de l'article L. 123-36, l'information relative à l'existence le cas échéant d'une déclaration d'insaisissabilité des droits de la personne physique immatriculée sur tout bien foncier non affecté à son usage professionnel, prévue à l'article L. 526-1, d'une renonciation à une telle insaisissabilité ou à l'insaisissabilité des droits sur la résidence principale de la personne physique immatriculée, prévues à l'article L. 526-3, ou d'une révocation d'une telle renonciation, prévue au même article ;

6° Pour les personnes physiques mentionnées aux 1° à 5° de l'article L. 123-36 ayant choisi d'exercer sous le régime de l'entrepreneur individuel à responsabilité limitée défini à l'article L. 526-6, les informations et pièces relatives à ce régime mentionnées aux articles L. 526-7 à L. 526-11 et L. 526-14 à L. 526-17.

Un décret en Conseil d'État précise les informations et pièces qui doivent faire l'objet d'une inscription ou d'un dépôt, selon les catégories d'entreprises mentionnées aux 1° à 6° de l'article L. 123-36.

Art. L. 123-38 Le fait de donner, de mauvaise foi, des indications inexactes ou incomplètes en vue d'une immatriculation, d'une modification de sa situation ou de la radiation du registre national des entreprises d'une personne mentionnée aux 2° à 6° de l'article L. 123-36 est puni d'une amende de 4 500 euros et d'un emprisonnement de six mois.

SOUS-SECTION 2 DE LA VALIDATION DES DONNÉES PRÉSENTES DANS LE REGISTRE NATIONAL DES ENTREPRISES ET DES CONTRÔLES OPÉRÉS PAR CERTAINES AUTORITÉS

§ 1er DISPOSITIONS COMMUNES

Art. L. 123-39 Un décret en Conseil d'État détermine la liste des informations déclarées et des pièces transmises par la personne tenue à l'immatriculation qui sont inscrites et déposées au registre national des entreprises après validation par les autorités mentionnées au sein de la présente sous-section.

Art. L. 123-40 Les autorités mentionnées au sein de la présente sous-section contrôlent que les entreprises relevant de leur champ de compétence satisfont aux conditions nécessaires à l'accès à leur activité ou à l'exercice de celle-ci. La nature et l'étendue de ce contrôle sont précisées, pour chaque autorité, au sein de la présente sous-section.

§ 2 DE LA VALIDATION ET DES CONTRÔLES OPÉRÉS PAR LES GREFFIERS DES TRIBUNAUX DE COMMERCE OU DES TRIBUNAUX JUDICIAIRES STATUANT EN MATIÈRE COMMERCIALE

Art. L. 123-41 Les inscriptions d'informations et les dépôts de pièces au registre national des entreprises sont validés par le greffier du tribunal de commerce ou du tribunal judiciaire statuant en matière commerciale compétent pour les personnes physiques et les personnes morales mentionnées aux 1° et 2° de l'article L. 123-36 ainsi que pour les personnes physiques mentionnées aux 4° et 5° du même article ayant choisi d'exercer leur activité sous le régime de l'entrepreneur individuel à responsabilité limitée.

Art. L. 123-42 La décision d'inscription d'une information ou le constat du dépôt d'une pièce au registre du commerce et des sociétés, au registre spécial des agents commerciaux ou au registre spécial des entreprises individuelles à responsabilité limitée par le greffier du tribunal de commerce ou du tribunal judiciaire statuant en matière commerciale, après réalisation des contrôles qui lui incombent en ces matières, emporte validation de l'inscription de cette information ou du dépôt de cette pièce auprès du registre national des entreprises.

§ 3 DE LA VALIDATION ET DES CONTRÔLES OPÉRÉS PAR LES PRÉSIDENTS DES CHAMBRES DE MÉTIERS ET DE L'ARTISANAT

Art. L. 123-43 Les inscriptions d'informations et les dépôts de pièces au registre national des entreprises sont validées, pour les personnes physiques mentionnées au 3° de l'article L. 123-36, par le président de la chambre de métiers et de l'artisanat de région ou, par délégation, le président de la chambre de métiers et de l'artisanat de niveau départemental compétente.

Pour une durée de cinq ans, à compter de l'entrée en vigueur de l'art. 44 de l'Ord. nº 2021-1189 du 15 sept. 2021, le président de la chambre de métiers et de l'artisanat de région ou, par délégation, le président de la chambre de métiers et de l'artisanat de niveau départemental, lorsqu'il exerce ses attributions issues de l'art. L. 123-43 C. com., saisit le représentant de l'État dans le département aux fins de consultation du bulletin nº 2 du casier judiciaire. Le représentant de l'État fait connaître au président de la chambre de métiers et de l'artisanat de région ou, par délégation, le président de la chambre de métiers et de l'artisanat de niveau départemental compétente, l'existence d'une éventuelle interdiction. Pour l'application de l'art. 44 préc. dans les départements du Bas-Rhin, du Haut-Rhin et de la Moselle, les attributions dévolues aux présidents des chambres de métiers et de l'artisanat de région sont exercées par le président des chambres de métiers régies par les art. 103 s. du code professionnel local du 26 juill. 1900 pour l'Alsace et la Moselle (Ord. préc., art. 44, en vigueur le 1er janv. 2023).

Art. L. 123-44 Le président de la chambre de métiers et de l'artisanat de région ou, par délégation, le président de la chambre de métiers et de l'artisanat de niveau départemental vérifie que les personnes physiques mentionnées au 3° de l'article L. 123-36 et les dirigeants sociaux des personnes morales mentionnées au 3° du même article ne sont pas frappés de l'interdiction prévue à l'article L. 653-8 ou de la peine complémentaire d'interdiction d'exercer une activité professionnelle ou sociale pour crime ou délit prévue au 11° de l'article 131-6 du code pénal. Ces interdictions et peines font obstacle à l'immatriculation des personnes concernées au registre national des entreprises et sont susceptibles d'entraîner, si elles y sont déjà immatriculées, leur radiation d'office.

Aux fins d'opérer ce contrôle, les personnels des chambres de métiers et de l'artisanat compétentes, individuellement désignés et spécialement habilités par le président de la chambre de métiers et de l'artisanat dont ils relèvent, peuvent demander communication au Conseil national des greffiers des tribunaux de commerce des informations et des données à caractère personnel enregistrées dans le fichier national automatisé des interdits de gérer en application de l'article L. 128-2, afin d'avoir connaissance d'une éventuelle interdiction.

Art. L. 123-45 Le président de la chambre de métiers et de l'artisanat de région ou, par délégation, le président de la chambre de métiers et de l'artisanat de niveau départemental contrôle le respect, par les personnes physiques et les personnes morales mentionnées au 3° de l'article L. 123-36 :

1° Des conditions prévues par les I et IV de l'article 19 de la loi n° 96-603 du 5 juillet 1996 relative au développement et à la promotion du commerce et de l'artisanat ;

2° Le cas échéant, de l'obligation de qualification professionnelle des personnes exerçant certaines activités listées à l'article 16 de la loi n° 96-603 du 5 juillet 1996 susmentionnée.

Lorsque la qualification requise pour l'exercice des activités mentionnées au 2° est détenue par un salarié de l'entreprise, cette dernière transmet à compter de son immatriculation ou de son changement de situation les pièces exigées attestant de cette qualification, dans un délai dont la durée est déterminée par décret en Conseil d'État. L'absence de remise de ces pièces dans le délai requis entraîne la radiation de l'entreprise du registre, sauf pour celle-ci à modifier son activité.

Art. L. 123-46 La personne qui a intégralement satisfait aux validations et contrôles opérés en application des articles L. 123-43 à L. 123-45 est immatriculée au registre national des entreprises avec la mention "entreprise du secteur des métiers et de l'artisanat" sans que cela ne la dispense, le cas échéant, de l'immatriculation au registre du commerce et des sociétés.

Fait l'objet d'une inscription spécifique au registre national des entreprises la qualité d'artisan, d'artisan d'art, de maître ou de maître-artisan au sens de l'article 21 de la loi n° 96-603 du 5 juillet 1996 susmentionnée *[relative au développement et à la promotion du commerce et de l'artisanat]* reconnue ou attribuée aux personnes suivantes :

1° Les personnes physiques mentionnées au 3° de l'article L. 123-36 et leur conjoint collaborateur le cas échéant ;

2° Les dirigeants sociaux des personnes morales mentionnées au 3° de l'article L. 123-36, leurs conjoints collaborateurs et leurs conjoints associés le cas échéant ;

3° Les associés prenant part personnellement et habituellement à l'activité des personnes morales mentionnées au 3° de l'article L. 123-36.

Art. L. 123-47 Les personnes physiques et les personnes morales dont l'activité consiste en la fabrication de plats à consommer sur place peuvent demander lors de leur immatriculation à être inscrites en tant qu'entreprise du secteur des métiers et de l'artisanat. Dans ce cas, les validations et les contrôles prévus aux articles L. 123-43 à L. 123-45 sont réalisés et l'entreprise, si elle y satisfait, relève du secteur des métiers et de l'artisanat en application du premier alinéa du I de l'article 19 de la loi n° 96-603 du 5 juillet 1996 relative au développement et à la promotion du commerce et de l'artisanat.

Les personnes physiques et les personnes morales mentionnées au troisième alinéa du I de l'article 19 de la loi n° 96-603 du 5 juillet 1996 susmentionnée peuvent demander à ne plus être immatriculées en tant qu'entreprise du secteur des métiers et de l'artisanat. Dans ce cas, elles cessent d'être soumises aux validations et aux contrôles prévus aux articles L. 123-43 à L. 123-45.

Les personnes physiques et les personnes morales mentionnées au quatrième alinéa du I de l'article 19 de la loi n° 96-603 du 5 juillet 1996 susmentionnée peuvent demander à être immatriculées en tant qu'entreprise du secteur des métiers et de l'artisanat. Dans ce cas, elles sont soumises aux validations et aux contrôles prévus aux articles L. 123-43 à L. 123-45.

§ 4 DE LA VALIDATION ET DES CONTRÔLES OPÉRÉS PAR LES PRÉSIDENTS DES CHAMBRES DE MÉTIERS ET D'ARTISANAT

Art. L. 123-48 Les inscriptions d'informations et les dépôts de pièces au registre national des entreprises sollicités à l'occasion de demandes d'immatriculation, d'inscriptions modificatives et de radiations, sont validés, pour les personnes physiques mentionnées à l'article L. 311-2 du code rural et de la pêche maritime, par la caisse départementale ou pluridépartementale de mutualité sociale agricole compétente.

Art. L. 123-49 La personne qui a intégralement satisfait aux validations et contrôles opérés en application de l'article L. 123-48 est immatriculée au registre national des entreprises avec la mention "entreprise dirigée par un actif agricole" sans que cela ne la dispense, le cas échéant, de l'immatriculation au registre du commerce et des sociétés.

L'information selon laquelle une personne physique, immatriculée au registre national des entreprises, en tant qu'entrepreneur individuel ou en tant que dirigeant ou associé d'une personne morale, a qualité d'actif agricole au sens de l'article L. 311-2 du code rural et de la pêche maritime, est inscrite sous la forme d'une mention "actif agricole".

SOUS-SECTION 3 DE LA TENUE DU REGISTRE NATIONAL DES ENTREPRISES

Art. L. 123-50 Le registre national des entreprises est tenu par l'Institut national de la propriété industrielle.

Les inscriptions d'informations ou les dépôts de pièces annexées au registre national des entreprises mentionnés à l'article L. 123-37 sont réalisés par l'intermédiaire de l'organisme unique mentionné à l'article L. 123-33 et dans les conditions prévues à ce même article, à l'occasion :

1° Soit d'une déclaration ou d'un dépôt émanant de la personne tenue à l'immatriculation ou d'un tiers habilité légalement ou judiciairement, le cas échéant après validation des autorités mentionnées au sein de la sous-section 2 ;

2° Soit d'une transmission d'informations ou de pièces par des autorités mentionnées au sein de la sous-section 2 de la présente section ou désignées par des dispositions législatives ou réglementaires spécifiques, intervenant d'office ou sur la demande de tiers.

Ordonnance n° 2021-1189 du 15 septembre 2021, *portant création du registre national des entreprises.* **Art. 46** I. — Afin de constituer le registre national des entreprises, l'Institut national de la propriété industrielle est autorisé à établir et mettre à jour un registre contenant l'ensemble des informations et pièces des entreprises devant y figurer à la date fixée par la présente ordonnance.

L'Institut national de la propriété industrielle est autorisé à avoir librement recours aux données en sa possession, notamment celles figurant au registre national du commerce et des sociétés prévu à l'article L. 123-6 du code de commerce, ou librement accessibles, notamment celles figurant au répertoire national des entreprises et de leurs établissements prévu à l'article R. 123-220 du même code.

L'Institut national de la propriété industrielle est destinataire, par voie électronique, sans frais et jusqu'au 31 décembre 2022 :

1° Par CMA France et par les chambres de métiers et de l'artisanat départementales ou de région, des résultats des retraitements des informations et pièces figurant dans le répertoire national des métiers, dans les répertoires des métiers tenus localement ou dans le registre des entreprises mentionnés à l'article 19 de la loi du 5 juillet 1996 susvisée ;

2° Par l'assemblée permanente des chambres d'agriculture et par les chambres d'agriculture, des résultats des retraitements des informations et pièces figurant dans le registre des actifs agricoles mentionné à l'article L. 311-2 du code rural et de la pêche maritime et dans les registres de l'agriculture mentionnés à l'article D. 311-8 du même code ;

3° Par les greffiers des tribunaux de commerce ou des tribunaux judiciaires statuant en matière commerciale, des résultats des retraitements des informations et pièces figurant aux registres spéciaux des entreprises individuelles à responsabilité limitée prévus à l'article L. 526-7 du code de commerce ou aux registres spéciaux dédiés aux agents commerciaux mentionnés à l'article L. 134-1 du même code.

Un décret en Conseil d'État détermine les modalités et la périodicité de ces transmissions.

II. — Dans le cas où, pour une même entreprise, les données collectées auprès des différents teneurs de registres et répertoires ne sont pas concordantes, l'Institut national de la propriété industrielle ne procède à l'inscription et à la publication des données que d'un seul teneur, selon des modalités déterminées par décret en Conseil d'État.

Art. L. 123-51 La constitution du registre national des entreprises est réalisée sous format numérique. Y figurent les dossiers numériques des entreprises immatriculées et, au sein de chaque dossier, l'ensemble des informations et pièces ayant fait l'objet d'une inscription ou d'un dépôt, ainsi que les dates de ces évènements.

Les pièces justificatives transmises sous forme numérique à l'appui des déclarations et des dépôts sont conservées par le teneur du registre.

Art. L. 123-52 L'intégralité des informations inscrites et pièces annexées au registre national des entreprises, à l'exception des documents comptables couverts par une déclaration de confidentialité, fait l'objet d'une mise à la disposition du public gratuite et sous forme électronique, à des fins de consultation ou réutilisation.

La mise à disposition des informations inscrites relatives à l'identité et au domicile des personnes physiques mentionnées dans le registre est limitée aux nom, nom d'usage, pseudonyme, prénoms, mois, année de naissance et commune de résidence.

Par exception à l'alinéa précédent, l'intégralité des informations est mise à la disposition des autorités, administrations, personnes morales et professions dont la liste est déterminée par décret en Conseil d'État.

Art. L. 123-53 Ont accès sans restriction à l'intégralité des informations et pièces annexées contenues dans le registre, ainsi qu'aux pièces justificatives conservées :

1° Les personnes immatriculées pour les données les concernant ;

2° Les autorités suivantes dans le cadre de leur mission :

a) Les autorités judiciaires ;

b) La cellule de renseignement financier nationale mentionnée à l'article L. 561-23 du code monétaire et financier ;

c) Les agents de l'administration des douanes agissant sur le fondement des prérogatives conférées par le code des douanes ;

d) Les agents habilités de l'administration des finances publiques chargés du contrôle et du recouvrement en matière fiscale ;

e) Les officiers habilités de police judiciaire de la police nationale et de la gendarmerie nationale, ainsi que les agents des douanes et des services fiscaux habilités à effectuer des enquêtes judiciaires en application des articles 28-1 et 28-2 du code de procédure pénale ;

f) Les autorités mentionnées au sein de la sous-section 2 de la présente section, pour les entreprises relevant de leur champ de compétence et à l'exception des pièces annexées couvertes par une déclaration de confidentialité.

SOUS-SECTION 4 DISPOSITIONS GÉNÉRALES

Art. L. 123-54 I. – L'inscription d'informations ou le dépôt de pièces au registre national des entreprises fait l'objet de l'acquittement de droits.

II. – Les personnes mentionnées au 1° de l'article L. 123-36 s'acquittent d'un droit dont le barème est déterminé par décret, dans la limite de 10 €, pour les inscriptions complémentaires et modificatives, le dépôt des comptes annuels, le dépôt des actes modificatifs.

Le montant des droits acquittés est affecté au teneur du registre national des entreprises et recouvré par l'organisme unique mentionné à l'article L. 123-33 dans des conditions prévues par décret en Conseil d'État. Son paiement est exigible concomitamment au dépôt de la formalité sollicitée.

III. – Les personnes mentionnées au 3° de l'article L. 123-36 s'acquittent d'un droit dont le barème est déterminé par décret :

1° Dans la limite de 45 € pour les formalités d'immatriculation au registre national des entreprises en tant qu'entreprises du secteur des métiers et de l'artisanat ;

2° Dans la limite de 40 € pour les demandes d'inscriptions complémentaires et modificatives au registre. Ce droit est dû quel que soit le nombre de modifications demandées concomitamment ;

3° Dans la limite de 6,50 € pour les dépôts d'actes auprès du registre national des entreprises qui sont réalisés indépendamment d'une demande d'immatriculation ou d'une demande d'inscriptions modificatives.

Le montant des droits acquittés est affecté à la chambre de métiers et de l'artisanat de région compétente et recouvré par l'organisme unique mentionné à l'article L. 123-33 dans des conditions prévues par décret en Conseil d'État. Son paiement est exigible concomitamment au dépôt de la formalité sollicitée.

IV. – Les limites mentionnées aux 1° et 2° du III sont fixées respectivement à 15 euros et 14 euros pour les personnes mentionnées au 3° de l'article L. 123-36 qui sont immatriculées ou en cours d'immatriculation au registre du commerce et des sociétés. Ces personnes sont dispensées du paiement des droits prévus au 3° du même III.

V. – Sont dispensées du paiement des droits prévus au II et III du présent article les personnes physiques qui bénéficient du régime prévu à l'article L. 613-7 du code de la sécurité sociale ainsi que les personnes morales dont le dirigeant bénéficie de ce régime.

VI. – Les dispositions du III, IV et V sont applicables aux formalités de dépôt et de transfert des déclarations et d'inscription des mentions indiqués à l'article L. 526-19 du code de commerce qui sont accomplies auprès du registre national des entreprises.

VII. – Sous réserve des modalités définies par le présent article, les droits recouvrés par l'organisme unique mentionné à l'article L. 123-33 le sont selon les mêmes procédures et sous les mêmes sanctions, garanties, sûretés et privilèges que les droits d'enregistrement. Les réclamations sont présentées, instruites et jugées selon les règles applicables à ces mêmes droits.

Art. L. 123-55 Lorsque la contestation de la décision relative à l'inscription d'informations ou au dépôt de pièces au registre national des entreprises porte sur la validation ou le contrôle d'une autorité mentionnée à la sous-section 2 de la présente section, seule la décision de cette autorité est susceptible de contestation devant la juridiction compétente pour connaître de ces litiges. La décision de la juridiction compétente est opposable de plein droit au teneur du registre national des entreprises.

Art. L. 123-56 Pour l'application de la présente section dans les départements du Bas-Rhin, du Haut-Rhin et de la Moselle, les attributions dévolues aux présidents et aux personnels des chambres de métiers et de l'artisanat de région sont exercées par le président et le personnel des chambres de métiers régies par les articles 103 et suivants du code professionnel local du 26 juillet 1900 pour l'Alsace et la Moselle.

Pour l'application de la présente section dans les départements et régions de la Guadeloupe et de la Réunion et dans les collectivités territoriales de Guyane et de Martinique, les attributions dévolues aux caisses départementales ou pluridépartementales de mutualité sociale agricole sont exercées par les caisses générales de sécurité sociale mentionnées à l'article L. 752-1 du code de la sécurité sociale.

Art. L. 123-57 Les modalités d'application de la présente section sont déterminées par décret en Conseil d'État.

CHAPITRE IV DES SOCIÉTÉS COOPÉRATIVES DE COMMERÇANTS DÉTAILLANTS

RÉP. SOCIÉTÉS v° *Coopérative de commerçants détaillants*, par Dissaux.

BIBL. GÉN ▶ Granvuillemin, *JCP E 2003, n° 20, p. 844* (déclin ou renouveau ?). – Saintourens, *BJS 2004. 752* (réforme par l'Ord. n° 2004-274 du 25 mars 2004). – Souilleaux, *Gaz. Pal. 2013. 596* (la double qualité du commerçant au sein d'un groupement du commerce associé). – Holler, *ibid. 602* (sort des excédents des coopératives de commerçants). – Julien-Saint-Amand et Cuillier, *Dr. sociétés 2013. Formule 8* (société coopérative de commerçants détaillants : mise en place d'un dividende coopératif). ▶ L. n° 2014-856 du 31 juill. 2014 : Granvuillemin, *JCP E 2014, n° 1478, spéc. n°s 29 s.* (la loi relative à l'économie sociale et solidaire et le droit coopératif). – Le Floch, *JCP E 2014, n° 1514* (la société coopérative de commerçants détaillants après la loi du 31 juill. 2014). – Souilleaux, *Dr. sociétés 2016. Formule 5* (statut des SA coopératives de commerçants).

Art. L. 124-1 *(L. n° 2001-420 du 15 mai 2001)* « Les sociétés coopératives de commerçants détaillants ont pour objet d'améliorer par l'effort commun de leurs associés les conditions dans lesquelles ceux-ci exercent leur activité commerciale. A cet effet, elles peuvent notamment exercer directement ou indirectement pour le compte de leurs associés les activités suivantes : »

1° Fournir en totalité ou en partie à leurs associés les marchandises, denrées ou services, l'équipement et le matériel nécessaires à l'exercice de leur commerce, notamment par la constitution et l'entretien de tout stock de marchandises, la construction, l'acquisition ou la location ainsi que la gestion de magasins et entrepôts particuliers, l'accomplissement dans leurs établissements ou dans ceux de leurs associés de toutes opérations, transformations et modernisation utiles ;

2° Regrouper dans une même enceinte les commerces appartenant à leurs associés, créer et gérer tous services communs à l'exploitation de ces commerces, construire, acquérir ou louer les immeubles nécessaires à leur activité ou à celle des associés, et en assurer la gestion, le tout dans les conditions prévues par le chapitre V du présent titre ;

3° Dans le cadre des dispositions législatives concernant les activités financières, faciliter l'accès des associés et de leur clientèle aux divers moyens de financement et de crédit ;

(L. n° 2014-856 du 31 juill. 2014, art. 35) « 3° *bis* Organiser entre les associés une coopération financière, notamment à travers la constitution de sociétés, exerçant sous leur contrôle direct ou indirect et ayant pour finalité d'apporter par tous moyens un soutien à l'achat, à la création et au développement du commerce, dans le respect des dispositions propres aux établissements de crédit. Le capital des sociétés ainsi constituées doit être majoritairement détenu par les coopératives et des associés coopérateurs ; les associés non coopérateurs ne peuvent en aucun cas détenir ensemble plus de 35 % du total des droits de vote. Lorsque la part de capital que détiennent les associés non coopérateurs excède cette limite, le nombre de droits de vote est réduit à due proportion ; »

4° Exercer les activités complémentaires à celles énoncées ci-dessus, et notamment fournir à leurs associés une assistance en matière de gestion technique, financière et comptable ;

5° *(L. n° 2012-387 du 22 mars 2012, art. 1er-II)* « Acheter des fonds de commerce dont *(Abrogé par L. n° 2019-744 du 19 juill. 2019, art. 2)* « , *par dérogation à l'article L. 144-3,* » la location-gérance est concédée dans un délai de deux mois à un associé et qui doivent être rétrocédés dans un délai maximal de sept ans. Le défaut de rétrocession dans ce délai peut donner lieu à injonction suivant les modalités définies au second alinéa de l'article L. 124-15 ; »

6° *(L. n° 2001-420 du 15 mai 2001)* « Définir et mettre en œuvre par tous moyens une politique commerciale commune propre à assurer le développement et l'activité de ses associés, notamment :

(Ord. n° 2004-274 du 25 mars 2004, art. 1er) « — par la mise en place d'une organisation juridique appropriée ; »

« — par la mise à disposition d'enseignes ou de marques dont elles ont la propriété ou la jouissance ;

« — par la réalisation d'opérations commerciales publicitaires ou non pouvant comporter des prix communs ;

« — par l'élaboration de méthodes et de modèles communs d'achat, d'assortiment et de présentation de produits, d'architecture et d'organisation des commerces ;

(L. n° 2014-856 du 31 juill. 2014, art. 36) « — par l'élaboration et la gestion d'une plate-forme de vente en ligne ; »

« 7° Prendre des participations même majoritaires dans des sociétés directement ou indirectement associées exploitant des fonds de commerce. »

L'art. L. 124-1 dans sa rédaction issue de la L. n° 2001-420 du 15 mai 2001 et de l'Ord. n° 2004-274 du 25 mars 2004 est applicable à Mayotte (Ord. préc., art. 47-II).

Responsabilité. En l'état des constatations et appréciations, faisant ressortir que ni la loi ni les statuts de la société n'instituaient une subordination juridique entre la société coopérative et ses adhérents mais seulement une faculté d'organiser une coopération financière, la cour d'appel a pu retenir que les agissements de certains des membres du réseau, pénalement répréhensibles, ne pouvaient relever que de leur fait personnel et que la société, qui n'était responsable d'aucune négligence ou passivité fautive, n'avait commis aucun acte de concurrence déloyale. • Com. 27 janv. 2021, n° 18-14.774 : *RJDA 2021, n° 748 ; CCC 2021, n° 79, obs. Malaurie-Vignal.*

Art. L. 124-1-1 *(L. n° 2014-856 du 31 juill. 2014, art. 37)* Nulle répartition ne peut être opérée entre les associés coopérateurs si ce n'est au prorata des opérations traitées avec chacun d'eux ou réalisées par la coopérative dans un rôle d'intermédiaire entre ces associés et des tiers.

Art. L. 124-2 *(Abrogé par L. nº 2014-856 du 31 juill. 2014, art. 38) « Les sociétés coopératives de commerçants de détail ne peuvent admettre de tiers non associés à bénéficier de leurs services.*

« Toutefois, » Les sociétés coopératives de pharmaciens d'officine ne peuvent refuser leurs services en cas d'urgence, aux pharmaciens d'officine non associés et à tous les établissements publics ou privés où sont traités les malades, lorsque ces établissements sont régulièrement propriétaires d'une officine. – *[L. nº 72-652 du 11 juill. 1972, art. 2.]*

Art. L. 124-3 Les sociétés coopératives de commerçants de détail sont des sociétés *(L. nº 2014-856 du 31 juill. 2014, art. 39)* « à capital variable constituées sous forme de société à responsabilité limitée ou de société anonyme » et fonctionnant conformément aux dispositions du livre II, titre III, chapitre Ier. Elles sont régies par les dispositions du présent chapitre et par celles non contraires du livre II, titres Ier à IV et de la loi nº 47-1775 du 10 septembre 1947 portant statut de la coopération. Les dispositions du livre II, titres Ier à IV concernant la constitution des réserves légales leur sont applicables.

Peuvent être seules considérées comme sociétés coopératives de commerçants de détail ou unions de ces sociétés, et sont seules autorisées à prendre ce titre et à l'adjoindre à leur dénomination, les sociétés et unions constituées dans le but d'effectuer les opérations visées à l'article L. 124-1 et qui se conforment, pour leur constitution et leur fonctionnement, aux prescriptions du présent chapitre. – *[L. nº 72-652 du 11 juill. 1972, art. 3.] – V. L. nº 47-1775 du 10 sept. 1947, portant statut de la coopération au* ***C. sociétés.***

Art. L. 124-4 *(Ord. nº 2004-274 du 25 mars 2004, art. 2-II)* « Sans préjudice de l'application des dispositions de l'article 3 *bis* de la loi nº 47-1775 du 10 septembre 1947 portant statut de la coopération, tout commerçant, exerçant le commerce de détail, régulièrement établi sur le territoire d'un État étranger, peut être membre de coopératives de commerçants. » Il en est de même des sociétés coopératives régies par le présent chapitre, ainsi que des entreprises immatriculées à la fois au *(Ord. nº 2021-1189 du 15 sept. 2021, art. 3, en vigueur le 1er janv. 2023)* « registre national des entreprises en tant qu'entreprise du secteur des métiers et de l'artisanat *[ancienne rédaction : répertoire des métiers]* » et au registre du commerce et des sociétés. Les coopératives régies par le présent chapitre peuvent admettre en qualité d'associés des personnes physiques ou morales intéressées par leur activité et compétentes pour en connaître.

Les sociétés coopératives de commerçants de détail qui exercent les activités visées au 2º de l'article L. 124-1 peuvent, en outre, admettre en qualité d'associé toute personne visée à l'article L. 125-1. – *[L. nº 72-652 du 11 juill. 1972, art. 4.]*

(Ord. nº 2004-274 du 25 mars 2004, art. 2-II) « Les commerçants de détail dont la coopérative est affiliée à une autre coopérative de commerçants de détail peuvent bénéficier directement des services de cette dernière. » – *V. L. nº 47-1775 du 10 sept. 1947, portant statut de la coopération au* ***C. sociétés.***

Art. L. 124-4-1 *(L. nº 2014-856 du 31 juill. 2014, art. 40)* Les statuts d'une société coopérative de commerçants peuvent prévoir que l'associé qui souhaite céder son fonds de commerce, ou plus de 50 % des parts sociales ou actions composant le capital de la société exploitant ce fonds, ou encore le bien immobilier dans lequel est exploité ce fonds, doit en informer la coopérative. La coopérative dispose, à compter de la réception de cette information, d'un délai de trois mois pour présenter une offre d'acquisition.

La cession intervenue en méconnaissance du premier alinéa peut être annulée par le tribunal compétent.

Si la cession n'est pas intervenue dans un délai de deux ans, le cédant en informe la coopérative qui peut présenter une nouvelle offre dans les conditions prévues au premier alinéa.

La clause mentionnée au premier alinéa est écartée en cas de succession, de liquidation du régime matrimonial ou de cession à un conjoint, à un ascendant ou à un descendant.

Art. L. 124-5 Les sociétés régies par le présent chapitre peuvent constituer entre elles des unions ayant les mêmes objets que ceux définis à l'article L. 124-1.

Ces unions doivent se conformer, pour leur constitution et leur fonctionnement, aux mêmes règles que lesdites sociétés. Le *(L. n° 2014-856 du 31 juill. 2014, art. 39)* « premier » alinéa de l'article 9 de la loi du 10 septembre 1947 portant statut de la coopération leur est applicable.

Les unions de sociétés coopératives de commerçants de détail ne peuvent comprendre que des sociétés coopératives de détail ou leurs associés. Les commerçants détaillants dont la coopérative est affiliée à une union peuvent bénéficier directement des services de cette union.

Les sociétés coopératives de commerçants de détail et leurs unions peuvent constituer des unions mixtes avec d'autres sociétés coopératives et leurs unions.

(Ord. n° 2015-1127 du 10 sept. 2015, art. 1er) « Par dérogation à l'article L. 223-1, le nombre des associés d'une union régie par le présent article ne peut être inférieur à quatre s'il s'agit d'une société à responsabilité limitée ». — *[L. n° 72-652 du 11 juill. 1972, art. 5.] — V. L. n° 47-1775 du 10 sept. 1947, portant statut de la coopération au* ***C. sociétés.***

Art. L. 124-6 *(L. n° 2014-856 du 31 juill. 2014, art. 39)* « Dans une coopérative constituée sous forme de société anonyme, » les administrateurs ou les membres du directoire et du conseil de surveillance sont des personnes physiques ayant soit la qualité d'associé, à titre personnel, soit la qualité de président du conseil d'administration, *(L. n° 2005-882 du 2 août 2005, art. 31-I)* « de directeur général, » de membre du directoire ou de gérant d'une société ayant elle-même la qualité d'associé.

Les fonctions des membres du conseil d'administration ou des membres du conseil de surveillance sont gratuites et n'ouvrent droit qu'au remboursement, sur justification, des frais, ainsi que, le cas échéant, au paiement d'une indemnité compensatrice du temps et du travail consacrés à l'administration de la coopérative.

(Ord. n° 2004-274 du 25 mars 2004, art. 3) « Le président du conseil d'administration ou les membres du directoire ainsi que le président du conseil de surveillance peuvent recevoir une rémunération. Toutefois, ils ne peuvent être rémunérés au prorata des opérations faites ou des excédents réalisés que si ce mode de rémunération est prévu par les statuts. » Ceux-ci précisent l'instance habilitée à fixer pour une durée n'excédant pas cinq années le maximum de rétributions annuelles.

Les décisions prises pour l'exécution de l'alinéa précédent sont ratifiées par l'assemblée générale annuelle qui suit la date à laquelle elles sont intervenues. — *[L. n° 72-652 du 11 juill. 1972, art. 7.]*

Art. L. 124-6-1 *(L. n° 2014-856 du 31 juill. 2014, art. 39)* Dans une coopérative constituée sous forme de société à responsabilité limitée, le ou les gérants sont des personnes physiques ayant soit la qualité d'associé à titre personnel, soit la qualité de président du conseil d'administration, de directeur général, de membre du directoire ou de gérant d'une société ayant elle-même la qualité d'associé. Les sociétés coopératives comptant plus de vingt associés doivent être administrées par trois gérants ou plus.

Art. L. 124-7 Les statuts peuvent prévoir que des sociétés coopératives de commerçants détaillants sont associées dans les conditions prévues à l'article 3 *bis* de la loi du 10 septembre 1947 portant statut de la coopération. Dans ce cas, elles ne peuvent recourir aux services de la société coopérative dont elles sont associées. — *[L. n° 72-652 du 11 juill. 1972, art. 8.]*

Art. L. 124-8 *(L. n° 2014-856 du 31 juill. 2014, art. 39)* « L'assemblée des associés ou » l'assemblée générale délibère valablement lorsque le tiers des associés existants à la date de la convention sont présents ou représentés.

Toutefois, les assemblées convoquées en vue de modifier les statuts ne délibèrent valablement que si la moitié au moins des associés existants à la date de la convocation sont présents ou représentés.

Les associés qui ont exprimé leur suffrage par correspondance, quand les statuts les y autorisent, comptent pour la détermination du quorum.

Lorsque le quorum n'est pas atteint, une nouvelle assemblée est convoquée. Elle délibère valablement quel que soit le nombre des associés présents ou représentés. – *[L. n° 72-652 du 11 juill. 1972, art. 9.]*

Art. L. 124-9 Les délibérations de *(L. n° 2014-856 du 31 juill. 2014, art. 39)* « l'assemblée des associés ou de » l'assemblée générale sont prises à la majorité des voix dont disposent les associés présents ou représentés. *(Ord. n° 2004-274 du 25 mars 2004, art. 4)* « Toutefois, une majorité des deux tiers des voix des associés présents ou représentés est requise pour toute modification des statuts. »

Si la coopérative exerce les activités prévues au 2° de l'article L. 124-1, il est dérogé à cette disposition dans les conditions prévues par l'article L. 125-10. – *[L. n° 72-652 du 11 juill. 1972, art. 10.]*

Art. L. 124-10 L'exclusion d'un associé peut être prononcée, selon le cas, par le conseil d'administration ou par le conseil de surveillance *(L. n° 2014-856 du 31 juill. 2014, art. 39)* « si la société coopérative est constituée sous forme de société anonyme, ou par la gérance s'il s'agit d'une société à responsabilité limitée », l'intéressé étant dûment entendu.

Tout associé frappé d'une mesure d'exclusion a la possibilité de faire appel de cette décision devant l'assemblée générale *(L. n° 2014-856 du 31 juill. 2014, art. 39)* « ou l'assemblée des associés » qui statue sur son recours lors de la première réunion ordinaire qui suit la notification de l'exclusion. Celle-ci prend effet au jour de la notification de son acceptation par l'assemblée générale *(L. n° 2014-856 du 31 juill. 2014, art. 39)* « ou l'assemblée des associés ».

Toutefois *(L. n° 2014-856 du 31 juill. 2014, art. 39)* « , lorsque la société est constituée sous forme de société anonyme », le conseil d'administration ou le conseil de surveillance, selon le cas, peut, lorsque l'intérêt de la société l'exige, suspendre l'exercice des droits que l'associé exclu tient de sa qualité de coopérateur jusqu'à notification à ce dernier de la décision de l'assemblée générale, sans que la durée de cette suspension puisse excéder une année.

Si la décision tendant à exclure un associé n'est pas justifiée par un motif sérieux et légitime, le tribunal, saisi dans le délai d'un mois à compter de la notification du rejet du recours de l'associé par l'assemblée générale *(L. n° 2014-856 du 31 juill. 2014, art. 39)* « ou l'assemblée des associés », peut, soit réintégrer l'associé indûment exclu, soit lui allouer des dommages et intérêts, soit prononcer l'une et l'autre de ces mesures.

Lorsque la coopérative exerce les activités prévues au 2° de l'article L. 124-1, les dispositions du présent article ne sont pas applicables. Il est fait application des articles L. 125-15 et L. 125-16. – *[L. n° 72-652 du 11 juill. 1972, art. 11.]*

BIBL. ▸ DONDERO, *Gaz. Pal. 2013. 607* (procédure d'exclusion d'un associé dans les coopératives de commerçants).

1. Contestation d'une exclusion. Un associé coopérateur exclu d'une coopérative par décision du conseil d'administration peut engager directement une action en justice pour faire constater que son exclusion n'était pas fondée, sans avoir à saisir au préalable l'assemblée générale d'un recours contre cette décision, un tel recours n'étant qu'une faculté et non une obligation. • Com. 18 janv. 2011, n° 09-68.911 : *Rev. sociétés 2011. 351, note Urbain-Parleani ; JCP E 2013, n° 1703, spéc. n° 28, obs. Hiez ; RJDA 2011, n° 329.* ♦ L'art. L. 124-10 n'interdit pas à l'associé coopératif qui a voté lors de l'assemblée générale en faveur de la résolution ayant confirmé son exclusion de contester ultérieurement celle-ci en justice. • Com. 4 déc. 2012, n° 11-27.667 : *JCP E 2013, n° 1031, obs. Dondero ; RJDA 2013, n° 138 ; Dr. sociétés 2013, n° 45, obs. Hovasse ; BJS 2013. 320, note Mortier.* ♦ L'art. L. 124-10 est applicable aux seules sociétés coopératives de commerçants détaillants. • Com. 4 nov. 2014, n° 13-23.569 : *Rev. sociétés 2015. 452, note Parleani*

2. Saisine du tribunal. L'art. L. 124-10 ne prévoyant aucune sanction en cas de non-respect du délai de saisine de la juridiction, il ne peut s'en déduire qu'à défaut de respect dudit délai, l'action en nullité serait prescrite. • Com. 4 déc. 2012, n° 11-27.667 : *préc. note 1.*

Art. L. 124-11 S'il s'agit d'une coopérative exerçant les activités prévues au *(Ord. n° 2004-274 du 25 mars 2004, art. 5)* « 2° » de l'article L. 124-1, le remboursement des parts sociales de l'associé qui se retire ou qui est exclu s'effectue, par dérogation à l'article 18 de la loi du 10 septembre 1947 portant statut de la coopération, dans les conditions prévues par les articles L. 125-17 et L. 125-18.

Il reste cependant tenu pendant cinq années à compter du jour où il a définitivement perdu la qualité d'associé, tant envers la coopérative qu'à l'égard des tiers, de toutes les obligations existant à la clôture de l'exercice au cours duquel il a quitté la coopérative. *(L. n° 2014-856 du 31 juill. 2014, art. 39)* « Le conseil d'administration, le conseil de surveillance ou la gérance », selon le cas, peut, pendant cinq ans au plus, conserver tout ou partie des sommes dues à l'ancien associé, en application de l'alinéa précédent, dans la limite du montant nécessaire à la garantie des obligations dont il est tenu en application du présent alinéa, et à moins que l'intéressé ne fournisse des sûretés suffisantes. — *[L. n° 72-652 du 11 juill. 1972, art. 12.] — V. L. n° 47-1775 du 10 sept. 1947, portant statut de la coopération au* **C. sociétés.**

Art. L. 124-12 L'assemblée générale ordinaire peut, en statuant aux conditions de quorum et de majorité de l'assemblée générale extraordinaire *(L. n° 2014-856 du 31 juill. 2014, art. 39)* « si la coopérative est constituée sous forme de société anonyme, ou l'assemblée des associés statuant aux conditions de quorum et de majorité de l'assemblée ayant pour objet la modification des statuts s'il s'agit d'une société coopérative constituée sous forme de société à responsabilité limitée », transformer en parts sociales tout ou partie des ristournes bloquées en comptes individualisés ainsi que tout ou partie des ristournes distribuables aux coopérateurs au titre de l'exercice écoulé.

Dans ce dernier cas, les droits de chaque coopérateur dans l'attribution des parts résultant de cette augmentation de capital sont identiques à ceux qu'il aurait eus dans la distribution des ristournes. — *[L. n° 72-652 du 11 juill. 1972, art. 14.]*

Art. L. 124-13 La caisse centrale de crédit coopératif est autorisée à effectuer toutes opérations financières en faveur des sociétés constituées conformément aux dispositions du présent chapitre, notamment à mettre à leur disposition les fonds qui lui sont spécialement attribués ou qu'elle peut se procurer sous forme d'emprunts ou par le réescompte des effets souscrits, à donner son aval ou à se porter caution pour garantir leurs emprunts, à recevoir et à gérer leurs dépôts de fonds. — *[L. n° 72-652 du 11 juill. 1972, art. 15.]*

Art. L. 124-14 En cas de dissolution d'une société coopérative ou d'une union régie par les dispositions du présent chapitre et sous réserve des dispositions des alinéas suivants du présent article, l'excédent net de l'actif sur le capital est dévolu soit à d'autres sociétés coopératives ou unions de coopératives, soit à des œuvres d'intérêt général ou professionnel.

Toutefois, une société coopérative ou une union peut être autorisée par arrêté du ministre chargé de l'économie et des finances, pris après avis du Conseil supérieur de la coopération, à répartir l'excédent net de l'actif à ses associés. Cette répartition ne peut comprendre la part de l'excédent net d'actif qui résulte de l'aide accordée directement ou indirectement à la société ou à l'union par l'État ou par une collectivité publique. Cette part doit être reversée dans les conditions prévues par l'arrêté d'autorisation.

La répartition entre les associés de l'excédent net d'actif est de plein droit lorsque la société coopérative exerce les activités visées au 2° de l'article L. 124-1. — *[L. n° 72-652 du 11 juill. 1972, art. 16.]*

Art. L. 124-15 Tout groupement de commerçants détaillants établi en vu de l'exercice d'une ou plusieurs activités visées aux 1°, 3° et 4° de l'article L. 124-1 doit, s'il n'a pas adopté la forme de société coopérative de commerçants détaillants régie par les dispositions du présent chapitre, être constitué sous la forme de société anonyme, de société à responsabilité limitée, de groupement d'intérêt économique ou de groupement européen d'intérêt économique.

(L. n° 2012-387 du 22 mars 2012, art. 1er-III) « Le ministère public ou toute personne intéressée peut saisir le président du tribunal compétent statuant en référé afin d'enjoindre, le cas échéant sous astreinte, aux commerçants membres du groupement formé en violation du premier alinéa de se constituer sous l'une des formes prévues. » — *[L. n° 72-652 du 11 juill. 1972, art. 17.]*

Art. L. 124-16 Les sociétés coopératives d'achat en commun de commerçants détaillants et leurs unions constituées sous l'empire de la loi n° 49-1070 du 2 août 1949 sont considérées comme satisfaisant aux dispositions du présent chapitre sans qu'il soit nécessaire qu'elles modifient leurs statuts.

Toutefois, les sociétés bénéficiaires des dispositions de l'alinéa précédent doivent procéder à la mise en conformité de leurs statuts à l'occasion de toute modification ultérieure desdits statuts. — *[L. n° 72-652 du 11 juill. 1972, art. 18, al. 2 et 3.]*

CHAPITRE V DES MAGASINS COLLECTIFS DE COMMERÇANTS INDÉPENDANTS

RÉP. COM. v° *Magasins collectifs de commerçants indépendants,* par PAILLUSSEAU et LE FLOCH.

BIBL. GÉN. ▶ GUYON, *D. 1973. Chron. 91.* - SENNA, *Rev. sociétés 1972. 443* (sociétés coopératives de commerçants et magasins collectifs de commerçants indépendants).

SECTION PREMIÈRE DE LA CONSTITUTION DU MAGASIN COLLECTIF

Art. L. 125-1 Les dispositions du présent chapitre s'appliquent aux personnes physiques ou morales réunies dans une même enceinte, sous une même dénomination, pour exploiter, selon des règles communes, leur fonds de commerce ou leur entreprise *(Ord. n° 2021-1189 du 15 sept. 2021, art. 4, en vigueur le 1er janv. 2023)* « du secteur des métiers et de l'artisanat immatriculée au registre national des entreprises *[ancienne rédaction : immatriculée au répertoire des métiers]* » sans en aliéner la propriété, créant ainsi un magasin collectif de commerçants indépendants. — *[L. n° 72-651 du 11 juill. 1972, art. 1er.]*

Art. L. 125-2 Les personnes visées à l'article L. 125-1 constituent, sous forme de groupement d'intérêt économique ou de société anonyme à capital variable ou de société coopérative de commerçants détaillants, une personne morale qui a la propriété et la jouissance ou seulement la jouissance des bâtiments et aires annexes du magasin collectif, définit et met en œuvre la politique commune, organise et gère les services communs.

Le groupement d'intérêt économique ou la société, propriétaire de tout ou partie des sols, bâtiments et aires annexes du magasin collectif, ne peut rétrocéder tout ou partie de ces biens immobiliers à ses membres pendant l'existence dudit magasin.

Peuvent seuls être considérés comme magasins collectifs de commerçants indépendants, et sont seuls autorisés à prendre ce titre et à l'adjoindre à leur dénomination, les groupements d'intérêt économique, les sociétés anonymes à capital variable et les sociétés coopératives de commerçants détaillants qui se conforment, pour leur constitution et leur fonctionnement, aux prescriptions du présent chapitre. — *[L. n° 72-651 du 11 juill. 1972, art. 2.]*

Art. L. 125-3 Le groupement d'intérêt économique ou la société qui a recours au crédit-bail, est considéré comme utilisateur au sens de l'article 5 *b* de l'ordonnance n° 67-837 du 28 septembre 1967. — *[L. n° 72-651 du 11 juill. 1972, art. 3.]*

Art. L. 125-4 Chaque membre du groupement d'intérêt économique ou de la société est titulaire de parts ou d'actions non dissociables de l'utilisation d'un emplacement déterminé par le contrat constitutif ou les statuts, et bénéficie de services communs.

Le contrat constitutif ou les statuts peuvent attribuer à tout titulaire un autre emplacement en fonction d'activités saisonnières.

L'assemblée des membres ou l'assemblée générale, selon le cas, est seule compétente pour modifier, avec l'accord des intéressés, les emplacements ainsi attribués.

Les dispositions du présent chapitre relatives aux parts sociales sont applicables aux actions visées au premier alinéa ci-dessus. — *[L. n° 72-651 du 11 juill. 1972, art. 4.]*

Art. L. 125-5 Lorsqu'un fonds de commerce ou une entreprise *(Ord. n° 2021-1189 du 15 sept. 2021, art. 4, en vigueur le 1er janv. 2023)* « du secteur des métiers et de l'artisanat immatriculée au registre national des entreprises *[ancienne rédaction : immatriculée au répertoire des métiers]* » sont transférés ou créés dans le magasin collectif, il n'en est pas fait apport au groupement ou à la société en représentation des parts attribuées à leur propriétaire. Les parts du groupement ou de la société ne représentent pas la valeur du fonds ou de l'entreprise. Sont également prohibés tous apports autres qu'en espèces. – *[L. nº 72-651 du 11 juill. 1972, art. 5.]*

Art. L. 125-6 En cas de location-gérance du fonds de commerce ou de l'entreprise *(Ord. nº 2021-1189 du 15 sept. 2021, art. 4, en vigueur le 1er janv. 2023)* « du secteur des métiers et de l'artisanat immatriculée au registre national des entreprises *[ancienne rédaction : immatriculée au répertoire des métiers]* », le bailleur est seul membre du groupement ou de la société.

Le transfert dans le magasin collectif d'un fonds ou d'une entreprise préexistante ne peut être effectué qu'avec l'accord du locataire-gérant. – *[L. nº 72-651 du 11 juill. 1972, art. 6.]*

Art. L. 125-7 Le propriétaire d'un fonds de commerce grevé du privilège ou d'un nantissement prévu par les chapitres Ier à III du titre IV du présent livre doit, préalablement à son adhésion à un magasin collectif et au transfert de ce fonds dans ledit magasin, accomplir les formalités de publicité prévues aux articles L. 141-21 et L. 141-22.

Si le créancier titulaire du privilège ou du nantissement n'a pas notifié d'opposition par voie d'inscription au greffe dans les dix jours de la *(L. nº 2016-1524 du 14 nov. 2016, art. 21-I)* « dernière en date des publications prévues » aux articles L. 141-12 et L. 141-13, il est réputé avoir donné son accord à l'adhésion du propriétaire du fonds.

En cas d'opposition, la mainlevée de celle-ci est ordonnée en justice, si le propriétaire du fonds justifie que les sûretés dont dispose le créancier ne sont pas diminuées par le fait de l'adhésion au magasin collectif ou que des garanties au moins équivalentes lui sont offertes. A défaut de mainlevée de l'opposition, le commerçant ne peut adhérer au magasin collectif tant qu'il demeure propriétaire du fonds. – *[L. nº 72-651 du 11 juill. 1972, art. 7.]*

Art. L. 125-8 Le contrat constitutif ou les statuts, selon le cas, doivent, à peine de nullité, et sous la responsabilité solidaire des signataires, contenir la mention expresse, soit qu'aucun fonds n'est grevé du privilège ou d'un nantissement prévu aux chapitres Ier à III du titre IV du présent livre, soit, dans le cas contraire, qu'il n'a pas été formé d'opposition préalablement à l'adhésion d'un des membres ou que mainlevée en a été ordonnée par justice. – *[L. nº 72-651 du 11 juill. 1972, art. 8.]*

Art. L. 125-9 Les magasins collectifs de commerçants indépendants déjà créées par l'intermédiaire d'une personne morale peuvent, par voie d'adaptation ou de transformation, se placer sous le régime prévu par le présent chapitre.

Tout membre peut, par voie de référé, demander la désignation d'un mandataire spécialement chargé de convoquer l'assemblée aux fins de statuer sur ces adaptations ou transformations.

Nonobstant toute disposition contraire, ces décisions sont prises à la majorité en nombre des membres composant la personne morale. Ceux qui n'y ont pas concouru peuvent, toutefois, se retirer en demandant le remboursement de leurs titres, actions ou parts, dans les conditions prévues aux articles L. 125-17 et L. 125-18. – *[L. nº 72-651 du 11 juill. 1972, art. 19, al. 1er à 3.]*

SECTION II DE L'ADMINISTRATION DU MAGASIN COLLECTIF

Art. L. 125-10 Un règlement intérieur est annexé au contrat constitutif ou aux statuts, selon le cas.

Le contrat constitutif ou les statuts, ainsi que le règlement intérieur, ne peuvent être modifiés que par l'assemblée, ou l'assemblée générale, selon le cas, statuant à la majorité absolue en nombre des membres du groupement ou de la société, ou, si le contrat constitutif ou les statuts le prévoient, à une majorité plus importante. Il en est de même des décisions portant agrément ou exclusion.

Les autres décisions sont prises dans les conditions propres à chacune des formes prévues à l'article L. 125-2. Toutefois, nonobstant les dispositions du livre II, les statuts d'une société anonyme à capital variable constituée en application du présent chapitre peuvent stipuler que chacun des actionnaires dispose d'une voix en assemblée générale, quel que soit le nombre d'actions qu'il détient. – *[L. nº 72-651 du 11 juill. 1972, art. 9.]*

Art. L. 125-11 Le règlement intérieur détermine les règles propres à assurer une politique commerciale commune. Il fixe les conditions générales d'exploitation, et, notamment :

1° Les jours et heures d'ouverture ainsi que, le cas échéant, les périodes de fermeture saisonnières ou pour congés annuels ;

2° L'organisation et la gestion des services communs et la répartition des charges correspondant à ces services ;

3° Sous réserve de la législation en vigueur en la matière, l'aménagement des activités concurrentes, ainsi que la détermination des activités annexes qui peuvent être exercées par chaque membre en concurrence avec celles d'autres membres du magasin ;

4° Le choix des inscriptions publicitaires et décors propres à chaque emplacement et éventuellement leur harmonisation ;

5° Les actions collectives ou individuelles d'animation du magasin, notamment celles à caractère saisonnier. – *[L. nº 72-651 du 11 juill. 1972, art. 10.]*

SECTION III DE L'AGRÉMENT ET DE L'EXCLUSION

Art. L. 125-12 Le contrat constitutif ou les statuts, selon le cas, peuvent subordonner toute cession de parts à l'agrément du cessionnaire par l'assemblée du groupement ou par l'assemblée générale de la société, selon le cas. L'assemblée ou l'assemblée générale se prononce dans le délai d'un mois à compter de la date de la demande d'agrément.

Le contrat constitutif ou les statuts, selon le cas, peuvent également soumettre à cet agrément les ayants droit d'un titulaire de parts décédé qui ne participaient pas à son activité dans le magasin collectif.

Le refus d'agrément donne droit à indemnité dans les conditions prévues aux articles L. 125-17 et L. 125-18. – *[L. nº 72-651 du 11 juill. 1972, art. 11.]*

Art. L. 125-13 La clause d'agrément n'est pas opposable en cas de vente forcée des parts, que celles-ci aient ou non fait l'objet d'un nantissement. – *[L. nº 72-651 du 11 juill. 1972, art. 12.]*

Art. L. 125-14 Le contrat constitutif ou les statuts, selon le cas, peuvent subordonner la mise en location-gérance d'un fonds de commerce ou d'une entreprise artisanale du magasin collectif à l'agrément du locataire gérant par l'assemblée.

En cas *(L. nº 2005-845 du 26 juill. 2005, art. 165-II)* « de procédures de sauvegarde, » de redressement ou de liquidation judiciaires du propriétaire, cette clause ne peut être invoquée si la conclusion d'un contrat de location-gérance est autorisée par le tribunal conformément aux dispositions du titre II du livre VI. – *[L. nº 72-651 du 11 juill. 1972, art. 13.]*

Art. L. 125-15 L'organe d'administration du magasin collectif peut adresser un avertissement à tout membre qui, par son fait ou celui des personnes à qui il a confié l'exploitation de son fonds ou de son entreprise, commet une infraction au règlement intérieur.

En cas de location-gérance, cet avertissement est également notifié au locataire-gérant.

Si dans les trois mois qui suivent, cet avertissement est demeuré sans effet et si les intérêts légitimes du magasin collectif ou de certains de ses membres sont compromis, l'assemblée des membres, ou l'assemblée générale, selon le cas, a la faculté de prononcer, à la majorité prévue à l'article L. 125-10, l'exclusion de l'intéressé.

Jusqu'à ce que la décision d'exclusion soit devenue définitive, l'exclu a la faculté de présenter un ou plusieurs cessionnaires dans les conditions déterminées par le contrat constitutif ou les statuts. – *[L. nº 72-651 du 11 juill. 1972, art. 14.]*

Art. L. 125-16 Sous réserve de la procédure d'évaluation des parts prévue au second *alinéa de l'article* L. 125-17, tout membre d'un magasin collectif peut déférer au *(Ord. nº 2019-964 du 18 sept. 2019, art. 35, en vigueur le 1er janv. 2020)* « tribunal judiciaire *[ancienne rédaction : tribunal de grande instance]* », dans le délai d'un mois de sa notification par lettre recommandée avec demande d'avis de réception, toute décision prise en application des articles L. 125-12, L. 125-14 et du troisième alinéa de l'article L. 125-15.

Le tribunal peut annuler ou réformer la décision qui lui est déférée ou y substituer sa propre décision.

Nonobstant toute clause contraire, le recours en justice est suspensif de l'exécution de la décision déférée, sauf dans le cas d'une décision d'exclusion motivée par la non-utilisation des emplacements ou par le non-paiement des charges. — *[L. nº 72-651 du 11 juill. 1972, art. 15.]*

Art. L. 125-17 En cas d'exclusion, de départ ou de décès accompagnés du refus d'agrément du cessionnaire ou des successeurs, le titulaire des parts, ou, en cas de décès, ses ayants droit, ont la faculté de transférer ou d'aliéner leur fonds de commerce ou leur entreprise *(Ord. nº 2021-1189 du 15 sept. 2021, art. 4, en vigueur le 1er janv. 2023)* « du secteur des métiers et de l'artisanat immatriculée au registre national des entreprises *[ancienne rédaction : immatriculée au répertoire des métiers]* ». Le nouvel attributaire de l'emplacement ou, à défaut, le groupement ou la société, selon le cas, leur rembourse la valeur de leurs parts, augmentée, s'il y a lieu, de la plus-value que leurs aménagements ont pu conférer à l'emplacement dont ils étaient titulaires.

Cette valeur est fixée par l'assemblée ou l'assemblée générale, selon le cas, en même temps qu'est prise la décision d'exclusion ou celle refusant l'agrément du cessionnaire ou des successeurs. En cas de désaccord, elle est déterminée à la date de ces décisions par un expert désigné par *(Ord. nº 2019-738 du 17 juill. 2019, art. 3)* « jugement du président du tribunal judiciaire dans les conditions prévues à l'article 1843-4 du code civil. Ce jugement *[ancienne rédaction : ordonnance du président du tribunal de grande instance statuant en la forme des référés. Cette ordonnance]* » n'est susceptible d'aucune voie de recours nonobstant toute clause contraire. Le rapport d'expertise est soumis à l'homologation du président du *(Ord. nº 2019-738 du 17 juill. 2019, art. 3)* « tribunal judiciaire statuant selon la procédure accélérée au fond *[ancienne rédaction : tribunal de grande instance statuant en la forme des référés]* ». — *[L. nº 72-651 du 11 juill. 1972, art. 16.]*

Les dispositions issues de l'Ord. nº 2019-738 du 17 juill. 2019 s'appliquent aux demandes introduites à compter du 1er janv. 2020 (Ord. préc., art. 30).

Art. L. 125-18 Dans les cas prévus au premier alinéa de l'article L. 125-17, le groupement ou la société ne peuvent procéder à l'installation d'un nouvel attributaire que si ont été versées à l'ancien titulaire des parts ou, en cas de décès, à ses ayants droit, les sommes prévues audit article L. 125-17, ou à défaut, une provision fixée par le président du *(Ord. nº 2019-738 du 17 juill. 2019, art. 3)* « tribunal judiciaire statuant en référé *[ancienne rédaction : tribunal de grande instance statuant en la forme des référés]* ».

Toutefois, ce versement préalable n'est pas exigé lorsqu'une caution a été donnée pour le montant de ces sommes ou de cette provision par *(L. nº 2003-7 du 3 janv. 2003)* « un établissement de crédit » ou un établissement financier spécialement habilité à cet effet, ou lorsque ce montant a été consigné entre les mains d'un mandataire désigné au besoin par ordonnance rendue en *(Ord. nº 2019-738 du 17 juill. 2019, art. 3)* « référé *[ancienne rédaction : la forme des référés]* ».

En outre, s'il s'agit d'une coopérative, le conseil d'administration *(L. nº 2014-856 du 31 juill. 2014, art. 39)* « , le directoire ou la gérance », selon le cas, peut invoquer les dispositions du second alinéa de l'article L. 124-11. — *[L. nº 72-651 du 11 juill. 1972, art. 17.]*

Les dispositions issues de l'Ord. nº 2019-738 du 17 juill. 2019 s'appliquent aux demandes introduites à compter du 1er janv. 2020 (Ord. préc., art. 30).

SECTION IV DE LA DISSOLUTION

Art. L. 125-19 Sauf clause contraire du contrat constitutif ou des statuts, *(L. nº 2005-845 du 26 juill. 2005, art. 165-II)* « la procédure de sauvegarde ou le » redressement ou la liquidation judiciaires de l'un des membres n'entraîne pas de plein droit la dissolution du groupement d'intérêt économique. — *[L. nº 72-651 du 11 juill. 1972, art. 18.]*

CHAPITRE VI DES SOCIÉTÉS DE CAUTION MUTUELLE

Art. L. 126-1 Les règles de création de sociétés de caution mutuelle entre commerçants, industriels, fabricants, artisans, sociétés commerciales, membres des professions libérales, propriétaires d'immeubles ou de droits immobiliers, ainsi qu'entre les opérateurs *(Ord. n° 2021-1192 du 15 sept. 2021, art. 34, en vigueur le 1er janv. 2022)* « , détenteurs de stocks de pétrole brut ou de produits pétroliers *[ancienne rédaction : mentionnés à l'article L. 524-1]* », sont fixées par la loi du 13 mars 1917 *[C. mon. fin., art. L. 515-4 s.]*. – V. ***C. mon. fin.***

CHAPITRE VII DU CONTRAT D'APPUI AU PROJET D'ENTREPRISE POUR LA CRÉATION OU LA REPRISE D'UNE ACTIVITÉ ÉCONOMIQUE

(L. n° 2003-721 du 1er août 2003, art. 20)

BIBL. GÉN. ▶ AUZERO, *BJS 2003. 895, spéc. 902.* – Œuvre collective, *RJ com. 2003. 339, spéc. 370.* – CASTAGNÉ, *JCP N 2004, n° 14, p. 597, spéc. n° 28* (création d'entreprise). – TOUBOUL, *JCP E 2004, n° 27, p. 1092* (le dispositif « couveuse »). – ADOM et HIEZ, *BJS 2005. 1316.*

Art. L. 127-1 L'appui au projet d'entreprise pour la création ou la reprise d'une activité économique est défini par un contrat par lequel une personne morale s'oblige à fournir, par les moyens dont elle dispose, une aide particulière et continue à une personne physique, non salariée à temps complet, qui s'engage à suivre un programme de préparation à la création ou à la reprise et à la gestion d'une activité économique. Ce contrat peut aussi être conclu entre une personne morale et le dirigeant associé unique d'une personne morale.

Art. L. 127-2 Le contrat d'appui au projet d'entreprise est conclu pour une durée qui ne peut excéder douze mois, renouvelable deux fois. Les modalités du programme d'appui et de préparation et de l'engagement respectif des parties contractantes sont précisées par le contrat. Sont ainsi déterminées les conditions dans lesquelles la personne bénéficiaire peut prendre à l'égard des tiers des engagements en relation avec l'activité économique projetée.

Le contrat est, sous peine de nullité, conclu par écrit.

Art. L. 127-3 Le fait pour la personne morale responsable de l'appui de mettre à disposition du bénéficiaire les moyens nécessaires à sa préparation à la création ou la reprise et à la gestion de l'activité économique projetée n'emporte pas, par lui-même, présomption d'un lien de subordination.

La mise à disposition de ces moyens et la contrepartie éventuelle des frais engagés par la personne morale responsable de l'appui en exécution du contrat figurent à son bilan.

Art. L. 127-4 Lorsqu'en cours de contrat débute une activité économique, le bénéficiaire doit procéder à l'immatriculation de l'entreprise, si cette immatriculation est requise par la nature de cette activité.

Avant toute immatriculation, les engagements pris par le bénéficiaire à l'égard des tiers à l'occasion du programme d'appui et de préparation sont, au regard de ces tiers, assumés par l'accompagnateur. La personne morale responsable de l'appui et le bénéficiaire sont, après l'immatriculation, tenus solidairement des engagements pris par ce dernier conformément aux stipulations du contrat d'appui, jusqu'à la fin de celui-ci.

Art. L. 127-5 Le contrat d'appui au projet d'entreprise pour la création ou la reprise d'une activité économique ne peut avoir pour objet ou pour effet d'enfreindre les dispositions des articles L. 125-1, L. 125-3, L. 324-9 ou L. 324-10 *[L. 8221-1, L. 8221-2, L. 8221-3, L. 8221-5, L. 8231-1, L. 8241-1, L. 8141-2 nouv.]* du code du travail.

L'acte de création ou de reprise d'entreprise doit être clairement distingué de la fonction d'accompagnement.

Art. L. 127-6 La situation professionnelle et sociale du bénéficiaire du contrat d'appui au projet d'entreprise est déterminée par les articles L. 783-1 et L. 783-2 *[L. 5142-1 et L. 5142-3 nouv.]* du code du travail.

La personne morale responsable de l'appui est responsable à l'égard des tiers des dommages causés par le bénéficiaire à l'occasion du programme d'appui et de préparation mentionné aux articles L. 127-1 et L. 127-2 avant l'immatriculation visée à l'article L. 127-4. Après l'immatriculation, la personne morale responsable de l'appui garantit la responsabilité à l'occasion du contrat d'appui, si le bénéficiaire a bien respecté les clauses du contrat jusqu'à la fin de ce dernier.

Art. L. 127-7 Les modalités de publicité des contrats d'appui au projet d'entreprise pour la création ou la reprise d'une activité économique et les autres mesures d'application du présent chapitre sont fixées par décret en Conseil d'État. – *V. art. R. 127-1 s.*

CHAPITRE VIII DU FICHIER NATIONAL DES INTERDITS DE GÉRER

(L. nº 2012-387 du 22 mars 2012, art. 71)

V. l'ancien chapitre VIII relatif aux incapacités d'exercer une profession commerciale ou industrielle, abrogé par L. nº 2008-776 du 4 août 2008. – ***C. com.****, éd. 2012 ou antérieures, et* ***C. com.***

BIBL. GÉN. ▶ FLAICHER-MANEVAL et REYGROBELLET, *RLDA mai 2012. 22* (L. nº 2012-387 du 22 mars 2012 : aspects de droit commercial). - DELATTRE, *RPC 2019. Étude 8* (le FNIG, le RCS et le B1, outils de contrôle contre celles et ceux qui ne respectent pas les interdictions de gérer).

Art. L. 128-1 Afin de lutter contre les fraudes, de prévenir la commission des infractions prévues aux articles 434-40-1 du code pénal et L. 654-15 du présent code et de favoriser l'exécution des mesures d'interdiction de gérer prononcées par les juridictions judiciaires, le Conseil national des greffiers des tribunaux de commerce est autorisé à mettre en œuvre un fichier national automatisé des interdits de gérer. – *V. art. L. 741-2.*

La tenue de ce fichier est une mission de service public assurée par le Conseil national des greffiers des tribunaux de commerce à ses frais et sous sa responsabilité.

Sont inscrites dans ce fichier les faillites personnelles et les autres mesures d'interdiction de diriger, de gérer, d'administrer ou de contrôler, directement ou indirectement, une entreprise commerciale, industrielle ou artisanale, une exploitation agricole, une entreprise ayant toute autre activité indépendante ou une personne morale prononcées à titre de sanction civile ou commerciale ou à titre de peine et résultant des décisions juridictionnelles passées en force de chose jugée. Ne sont pas inscrites les sanctions disciplinaires. – *V. art. R. 128-2, R. 128-3, R. 128-5.*

Le fichier mentionne le jugement ou l'arrêt ayant prononcé la mesure.

Ce fichier est régi par le présent chapitre et par la loi nº 78-17 du 6 janvier 1978 relative à l'informatique, aux fichiers et aux libertés. *(Abrogé par Ord. nº 2018-1125 du 12 déc. 2018, art. 3, à compter du 1er juin 2019) « Il est mis en œuvre après accomplissement des formalités préalables prévues au chapitre IV de la même loi. »*

Art. L. 128-2 Les greffiers des tribunaux de commerce et les greffiers des tribunaux civils statuant en matière commerciale bénéficient d'un accès permanent au fichier mentionné à l'article L. 128-1.

Peuvent être destinataires, au sens du *(Ord. nº 2018-1125 du 12 déc. 2018, art. 3, en vigueur le 1er juin 2019)* « 9) de l'article 4 du règlement (UE) 2016/679 du Parlement européen et du Conseil du 27 avril 2016 relatif à la protection des personnes physiques à l'égard du traitement des données à caractère personnel et à la libre circulation de ces données », sur simple demande et sans frais, des informations et des données à caractère personnel enregistrées dans le fichier prévu au même article L. 128-1 :

1° Les magistrats et les personnels des juridictions de l'ordre judiciaire, pour les besoins de l'exercice de leurs missions ;

2° Les personnels des services du ministère de la justice, pour les besoins de l'exercice de leurs missions ;

3° Les représentants de l'administration et d'organismes définis par décret en Conseil d'État, dans le cadre de leur mission de lutte contre les fraudes ;

(L. nº 2014-626 du 18 juin 2014, art. 23) « 4° Les personnels des chambres de métiers et de l'artisanat départementales et de région et les personnels des chambres de métiers d'Alsace et de Moselle, dans le cadre de leurs missions *(Ord. nº 2021-1189 du 15 sept. 2021, art. 5, en vigueur le 1er janv. 2023)* « de validation et de contrôle relatives au registre national des entreprises *[ancienne rédaction : respectives de tenue du répertoire des métiers et du registre des entreprises]* », désignés selon des modalités définies par décret en Conseil d'État. »

Les personnes mentionnées au 2° informent le secrétaire général du comité interministériel de restructuration industrielle, à sa demande, si une personne pressentie pour exercer des fonctions de direction, gestion, administration ou contrôle dans un dossier dont ce comité a été saisi est inscrite dans ce fichier. – *V. art. R. 128-6 s.*

Art. L. 128-3 Les consultations du fichier mentionné à l'article L. 128-1 font l'objet d'un enregistrement comprenant l'identifiant du consultant, la date et l'heure de la consultation.

Art. L. 128-4 Aucune interconnexion au sens du 3° du I de l'article *(Ord. n° 2018-1125 du 12 déc. 2018, art. 3, en vigueur le 1er juin 2019)* « 33 » de la loi n° 78-17 du 6 janvier 1978 précitée ne peut être effectuée entre le fichier national automatisé des interdits de gérer et tout autre fichier ou traitement de données à caractère personnel détenu par une personne quelconque ou par un service de l'État ne dépendant pas du ministère de la justice.

Art. L. 128-5 Les modalités d'application du présent chapitre sont déterminées par décret en Conseil d'État pris après avis de la Commission nationale de l'informatique et des libertés. — *V. art. R. 128-1 s.*

CHAPITRE IX DU TUTORAT RÉMUNÉRÉ EN ENTREPRISE *(L. n° 2008-776 du 4 août 2008, art. 69-III, 1°).*

(L. n° 2005-882 du 2 août 2005, art. 24-I)

BIBL. ► DELFOSSE et PÉNIGUEL, *Dr. et patr. 10/2005, suppl., p. 11.* ► Loi n° 2008-776 du 4 août 2008 : DELPECH, *Rép. com. Dalloz, Cah. de l'actualité n° 2008-5, p. 14* (extension du tutorat assuré par le cédant après la cession d'une entreprise).

Art. L. 129-1 *(L. n° 2005-882 du 2 août 2005, art. 24-I)* Le cédant d'une entreprise commerciale, artisanale *(L. n° 2008-776 du 4 août 2008, art. 69-III, en vigueur le 1er janv. 2009)* « , libérale » ou de services peut, après cette cession *(Abrogé par L. n° 2008-776 du 4 août 2008, art. 69-III, à compter du 1er janv. 2009)* ***« et la liquidation de ses droits à pension de retraite »***, conclure avec le cessionnaire de cette entreprise une convention aux termes de laquelle il s'engage *(L. n° 2008-776 du 4 août 2008, art. 69-III, en vigueur le 1er janv. 2009 ; L. n° 2019-486 du 22 mai 2019, art. 10)* « , contre rémunération ou à titre bénévole, » à réaliser une prestation temporaire de tutorat. Cette prestation vise à assurer la transmission au cessionnaire de l'expérience professionnelle acquise par le cédant en tant que chef de l'entreprise cédée. *(L. n° 2019-486 du 22 mai 2019, art. 10)* « Si une rémunération est versée, » le tuteur reste affilié aux régimes de sécurité sociale dont il relevait antérieurement à la cession.

Les conditions d'application des dispositions du présent article sont fixées par décret en Conseil d'État. — *V. Décr. n° 2007-478 du 29 mars 2007 ci-dessous.*

Sur le cumul d'une rémunération et d'une pension de vieillesse pour les personnes effectuant une prestation de tutorat en application de l'art. L. 129-1, V. CSS, art. D. 634-13-2. — **CSS.**

Entreprises libérales. Depuis la L. n° 2008-776 du 4 août 2008, le tutorat d'entreprise concerne aussi le cédant d'une entreprise libérale. ♦ Antérieurement, les professionnels libéraux ne bénéficiaient pas du dispositif de tutorat en entreprise puisque l'art. L. 129-1 ne visait pas expressément les entreprises libérales (Rép. min. n° 240 : *JOAN Q, 9 oct. 2007, p. 6145 ; JCP N 2007, n° 42, p. 12 ; BJS 2007. 1297*).

Décret n° 2007-478 du 29 mars 2007,

Pris pour l'application de l'article L. 129-1 du code de commerce et relatif au tutorat en entreprise.

BIBL. ► NDLR, *BRDA 2007, n° 7, p. 13.* – Rédaction DO, *JCP E 2007, n° 17, p. 3.* – Inforeg, *Cah. dr. entr. 3-4/2010* (tutorat d'entreprise : aspects fiscaux).

Art. 1er Toute personne affiliée au régime de protection sociale visé au titre III du livre VI du code de la sécurité sociale, dès lors qu'elle a cédé à titre onéreux ou gratuit son entreprise individuelle, *ou la majorité des parts de la société qu'elle possédait en son nom propre ou, en toute propriété ou en usufruit, avec son conjoint et ses enfants mineurs non émancipés,* peut être le tuteur du cessionnaire d'une entreprise commerciale, artisanale ou de services, au sens de l'article L. 129-1 du code de commerce.

Art. 2 Les actions de tutorat, accomplies en application de la convention de tutorat prévue à l'article L. 129-1 du code de commerce, constituent une prestation de services.

Art. 3 La convention de tutorat détermine :

1° Le contenu des actions à engager par le tuteur envers son cessionnaire, celles-ci pouvant notamment porter sur la gestion financière et comptable, les méthodes de vente et de promotion, la gestion de la clientèle et des fournisseurs, ainsi que la connaissance des éléments spécifiques de toute nature liés à l'entreprise cédée, en fonction des besoins du cessionnaire ;

2° Les modalités pratiques de réalisation de ces actions et, si nécessaire, les moyens matériels, techniques ou de toute autre nature mis à la disposition du tuteur par le cessionnaire ;

3° La durée de la convention, les modalités de sa prolongation et, le cas échéant, de sa résiliation anticipée ;

4° Le cas échéant, le montant et les modalités de versement, par le cessionnaire, de la rétribution du tuteur et de remboursement des frais éventuels supportés par ce dernier dans le cadre de sa prestation.

Art. 4 La convention de tutorat est conclue au plus tard dans les soixante jours suivant la date de cession de l'entreprise. A titre dérogatoire, ce délai court à compter de la date d'entrée en vigueur du présent décret *[JO 30 mars]* pour les cessions d'entreprises intervenues à compter du 1er janvier 2006.

La convention est conclue pour une durée minimale de deux mois. Cette durée ne peut excéder un an, y compris les éventuelles prolongations.

Art. 5 Lorsque le tuteur perçoit une rétribution, il adresse une copie de la convention de tutorat à la caisse du régime social des indépendants dont il dépend, ainsi que des avenants prolongeant éventuellement la durée de la convention.

Sur la prime de transmission accordée au cédant d'une entreprise, V. CGI, art. 200 octies. – ***CGI****. – V. aussi Décr. n° 2007-479 du 29 mars 2007 (JO 30 mars).*

TITRE TROISIÈME DES COURTIERS, DES COMMISSIONNAIRES, DES TRANSPORTEURS, DES AGENTS COMMERCIAUX ET DES VENDEURS À DOMICILE INDÉPENDANTS *(L. n° 2008-776 du 4 août 2008, art. 61-I-1°).*

RÉP. COM. v° *Distribution*, par GRIGNON.

CHAPITRE PREMIER DES COURTIERS

RÉP. COM. v° *Courtage*, par DISSAUX.

SECTION PREMIÈRE DES COURTIERS EN GÉNÉRAL *(L. n° 2011-850 du 20 juill. 2011, art. 41-I).*

Art. L. 131-1 Il y a des courtiers de marchandises, des courtiers interprètes et conducteurs de navires, des courtiers de transport par terre et par eau. – *[C. com., art. 77.] — V. notes 6, 7 et 8 ss. art. L. 132-1.*

Sur les courtiers interprètes et conducteurs de navires, V. L. n° 2001-43 du 16 janv. 2001 et Décr. n° 2003-247 du 13 mars 2003, ss. art. L. 131-11.

Sur les courtiers en vins, V. L. n° 49-1652 du 31 déc. 1949 et Décr. n° 2007-222 du 19 févr. 2007, ss. art. L. 131-11.

Sur les courtiers de fret fluvial, V. C. transp., art. L. 4441-1, L. 4441-2, R. 4441-1 s. –* ***C. transp.***

BIBL. ▸ ABOU DAHER, *LPA 22 déc. 2011* (la rémunération des courtiers). – DILOY, *RLDA sept. 2012. 94* (étendue des pouvoirs du courtier et incidences lors de l'extinction du contrat à l'initiative du donneur d'ordre). – DISSAUX, *AJ contrat 2017. 512* (qualification de courtage : l'un sous le multiple). – GANTSCHNIG, *ibid. 515* (rémunération du courtier). – LEMAY, *ibid. 518* (responsabilité du courtier).

Art. L. 131-2 *(L. n° 2011-850 du 20 juill. 2011, art. 41-II, en vigueur le 1er sept. 2011)* **Le courtage de marchandises peut être effectué par tout commerçant.**

Art. L. 131-3 Les courtiers de transport par terre et par eau constitués selon la loi ont seuls, dans les lieux où ils sont établis, le droit de faire le courtage des transports

par terre et par eau. Ils ne peuvent cumuler leurs fonctions avec celles de courtiers de marchandises ou de courtiers conducteurs de navires, désignés *(L. n° 2003-7 du 3 janv. 2003)* « à l'article L. 131-1 ». – *[C. com., art. 82.]*

Art. L. 131-4 *Abrogé par L. n° 2001-43 du 16 janv. 2001.*

Art. L. 131-5 Les prestataires de services d'investissement peuvent faire, concurremment avec les courtiers de marchandises, les négociations et le courtage des ventes ou achats des matières métalliques. Ils ont seuls le droit d'en constater le cours. – *[C. com., art. 76.]*

Art. L. 131-6 à L. 131-10 *Abrogés par L. n° 2001-43 du 16 janv. 2001.*

Art. L. 131-11 Le fait pour un courtier d'être chargé d'une opération de courtage pour une affai re où il avait un intérêt personnel, sans en prévenir les parties auxquelles il aura servi d'intermédiaire, est puni d'une amende de 3 750 €, sans préjudice de l'action des parties en dommages-intérêts. S'il est inscrit sur la liste des courtiers *(L. n° 2011-850 du 20 juill. 2011, art. 41-III, en vigueur le 1er sept. 2011)* « mentionnée à l'article L. 131-12 », il en est rayé *(L. n° 2012-387 du 22 mars 2012, art. 119-I)* « sans pouvoir s'y inscrire de nouveau pendant une durée qui ne peut excéder cinq ans ». – *[L. 18 juill. 1866, art. 7.]*

Loi n° 2001-43 du 16 janvier 2001,

Portant diverses dispositions d'adaptation au droit communautaire dans le domaine des transports.

Décret n° 2003-247 du 13 mars 2003,

Pris pour l'application du chapitre Ier du titre Ier de la loi n° 2001-43 du 16 janv. 2001 portant diverses dispositions d'adaptation au droit communautaire dans le domaine des transports et relatif aux courtiers interprètes et conducteurs de navires.

Loi n° 49-1652 du 31 décembre 1949,

Réglementant la profession de courtiers en vins dits "courtiers de campagne".

Décret n° 2020-1253 du 13 octobre 2020,

Relatif au registre national des courtiers en vins et spiritueux.

Décret n° 2020-1254 du 13 octobre 2020,

Relatif à l'accès et à l'exercice de la profession de courtier en vins et spiritueux.

Arrêté du 13 octobre 2020,

Fixant les modalités d'inscription au registre national des courtiers en vins et spiritueux.

SECTION II DES COURTIERS DE MARCHANDISES ASSERMENTÉS

(L. n° 2011-850 du 20 juill. 2011, art. 41-IV, en vigueur le 1er sept. 2011)

BIBL. GÉN. ▸ THOMESSET-PIERRE, *JCP E 2013, n° 1018* (réforme de la profession de courtiers de marchandises assermentés : handicap ou opportunité ?) ; *JCP E 2019, n° 1423* (courtiers de marchandises assermentés : disparition programmée d'une profession séculaire ?).

SOUS-SECTION 1 CONDITIONS D'ASSERMENTATION

Art. L. 131-12 La liste des courtiers de marchandises assermentés est établie par chaque cour d'appel sur réquisition du procureur général. Elle fait apparaître, pour chacun d'eux, la date de son inscription ainsi que sa ou ses spécialisations professionnelles telles qu'elles ont été sanctionnées par l'examen d'aptitude prévu au 5° de l'article L. 131-13.

La cour d'appel peut procéder à de nouvelles inscriptions ou à des modifications de la liste chaque fois qu'elle en est requise.

Art. L. 131-13 Nul ne peut être inscrit sur la liste des courtiers de marchandises assermentés d'une cour d'appel s'il ne remplit les conditions suivantes :

1° Être français ou ressortissant d'un État membre de l'Union européenne ou d'un autre État partie à l'accord sur l'Espace économique européen ;

2° N'avoir pas été frappé de faillite personnelle ou d'une autre sanction en application du titre V du livre VI ou des dispositions antérieurement applicables et n'avoir pas été l'auteur de faits contraires à l'honneur ou à la probité ayant donné lieu à condamnation pénale ou de faits ayant donné lieu à une sanction disciplinaire ou administrative de destitution, radiation, révocation, de retrait d'agrément ou d'autorisation dans la profession exercée antérieurement ;

3° Être inscrit au registre du commerce et des sociétés à titre personnel ;

4° Être habilité à diriger des ventes volontaires de meubles aux enchères publiques et avoir exercé son activité pendant deux ans au moins dans la spécialité professionnelle pour laquelle l'inscription est demandée ; — *En vigueur le 1er août 2015.*

5° Avoir subi avec succès depuis moins de trois ans l'examen d'aptitude dans une ou plusieurs spécialités professionnelles pour lesquelles l'inscription est demandée ; — *V. art. R. 131-14 s.*

6° Avoir sa résidence dans le ressort de la cour d'appel. — *V. art. R. 131-1.*

Les courtiers de marchandises assermentés inscrits sur les listes des cours d'appel à la date d'entrée en vigueur de la L. n° 2011-850 du 20 juill. 2011 (fixée au 1er sept. 2011) remplissent la condition de qualification professionnelle prévue au 4° de l'art. L. 131-13. Ils restent en fonctions sous réserve de justifier auprès de la cour d'appel sur la liste de laquelle ils sont inscrits des garanties financières prévues à l'art. L. 131-15 dans un délai de six mois à compter de cette date (L. préc., art. 42-III). Le 4° de l'art. L. 131-13 entre en vigueur le premier jour du premier mois de la quatrième année suivant la publication de la L. n° 2011-850 du 20 juill. 2011 (JO 21 juill.). Durant cette période, le candidat à l'inscription sur la liste des courtiers de marchandises assermentés d'une cour d'appel doit justifier avoir, depuis moins de deux ans avant sa demande, soit accompli un stage de quatre ans auprès d'un courtier assermenté, dont deux ans au moins dans la spécialité professionnelle dans laquelle l'inscription est demandée, soit exercé pendant trois ans la profession de courtier de marchandises, dont deux ans au moins dans cette même spécialité, à titre personnel ou en qualité de président du conseil d'administration ou de membre du directoire d'une société anonyme, de gérant d'une société commerciale, d'associé d'une société en nom collectif, de directeur ou de fondé de pouvoir d'une entreprise pratiquant le courtage (L. préc., art. 42-IV).

Inscription au RCS. Un salarié d'une société de courtage ne doit pas être immatriculé au RCS à titre personnel s'il exerce l'activité de courtage au nom et pour le compte d'une personne morale inscrite sur la liste des courtiers de marchandises assermentés d'une cour d'appel (Avis CCRCS n° 2013-036 du 17 déc. 2013).

Art. L. 131-14 En vue de l'inscription d'une personne morale sur la liste des courtiers de marchandises assermentés d'une cour d'appel, il doit être justifié :

1° Que ses dirigeants n'ont pas fait l'objet d'une condamnation pénale définitive pour des faits contraires à l'honneur, à la probité ou aux bonnes mœurs ou de faits de même nature ayant donné lieu à une sanction disciplinaire ou administrative de destitution, radiation, révocation, de retrait d'agrément ou d'autorisation dans la profession qu'ils exerçaient antérieurement ;

2° Que la personne morale exerce une activité de courtage de marchandises depuis au moins deux ans dans la spécialité professionnelle pour laquelle l'inscription est demandée ;

3° Que les activités auxquelles se livre la personne morale ne sont pas incompatibles avec les fonctions de courtier de marchandises assermenté ;

4° Qu'elle compte parmi ses dirigeants, associés ou salariés au moins une personne remplissant les conditions prévues aux 1°, 2°, 4° et 5° de l'article L. 131-13 ;

5° Qu'elle a son siège social, une succursale ou un établissement en rapport avec sa spécialité dans le ressort de la cour d'appel. – *V. art. R. 131-1.*

Art. L. 131-15 Le courtier de marchandises assermenté doit justifier :

1° De l'existence dans un établissement de crédit d'un compte destiné exclusivement à recevoir les fonds détenus pour le compte d'autrui ; – *V. art. R. 131-8.*

2° D'une assurance couvrant sa responsabilité professionnelle ;

3° D'une assurance ou d'un cautionnement garantissant la représentation des fonds mentionnés au 1°. – *V. art. R. 131-7.*

Art. L. 131-16 Tout changement survenant dans la situation des courtiers ayant sollicité ou obtenu leur inscription sur une liste, en ce qui concerne les conditions prévues à l'article L. 131-15, doit être porté sans délai à la connaissance du procureur général.

Art. L. 131-17 Nul ne peut être inscrit en qualité de courtier de marchandises assermenté sur plusieurs listes de cours d'appel.

Art. L. 131-18 Les personnes inscrites sur les listes de courtiers assermentés mentionnées à l'article L. 131-12 peuvent faire état, dans les activités réservées à ces courtiers, de leur qualité sous la dénomination "courtier de marchandises assermenté près la cour d'appel de" suivie de la ou des spécialités professionnelles sous lesquelles elles sont inscrites.

Les courtiers de marchandises assermentés admis à l'honorariat peuvent continuer à utiliser leur titre à la condition de le faire suivre par le mot "honoraire". – *V. art. R. 131-6.*

Art. L. 131-19 Toute personne, autre que celles mentionnées à l'article L. 131-18, qui a fait usage de l'une des dénominations mentionnées à ce même article est punie des peines prévues à l'article 433-17 du code pénal.

Est puni des mêmes peines celui qui a fait usage d'une dénomination tendant à créer une confusion dans l'esprit du public avec les dénominations mentionnées à l'article L. 131-18 du présent code.

Art. L. 131-20 En dehors de sa fonction de courtier de marchandises assermenté, celui-ci peut exercer soit à titre personnel, soit dans le cadre d'une société *[,]* sa profession habituelle, notamment la commission, le courtage, l'agence commerciale et la consignation de marchandises. Dans l'exercice de ces activités, il doit clairement faire apparaître qu'il n'agit pas en qualité de courtier assermenté.

Art. L. 131-21 Lors de son inscription sur la liste dressée par la cour d'appel, le courtier de marchandises prête serment devant cette cour de remplir avec honneur et probité les devoirs de sa fonction. – *V. art. R. 131-4.*

Art. L. 131-22 Un courtier assermenté peut être radié de la liste dressée par la cour d'appel soit après une démission volontaire, soit par mesure disciplinaire.

Son inscription devient caduque s'il cesse d'exercer à titre personnel le courtage des marchandises faisant l'objet de la spécialité professionnelle pour laquelle il est inscrit ou si, spécialisé dans une branche d'activité pour laquelle l'exigence du renouvellement de l'examen technologique a été reconnue nécessaire, il n'a pas subi avec succès ce nouvel examen à l'expiration de la période fixée.

Il peut, pour des raisons importantes appréciées par la cour d'appel après avis du procureur général, demander sa mise en congé temporaire. Il en est fait mention sur la liste si cette mise en congé s'applique à une période égale ou supérieure à six mois.

SOUS-SECTION 2 FONCTIONS DES COURTIERS DE MARCHANDISES ASSERMENTÉS

Art. L. 131-23 Si, dans le ressort de la cour d'appel, il n'existe pas de courtier assermenté spécialisé dans une catégorie de marchandises donnée ou si ce courtier se récuse, le tribunal peut désigner un courtier de la spécialité considérée assermenté auprès d'une autre cour d'appel ou un courtier de marchandises assermenté exerçant dans son ressort une autre spécialité professionnelle.

Hors les cas de désignation par le tribunal, le courtier de marchandises assermenté est compétent sur l'ensemble du territoire national dans la branche d'activité correspondant à sa spécialité professionnelle telle qu'elle figure sur les listes prévues à l'article L. 131-12.

Art. L. 131-24 Le cours des marchandises cotées à la bourse de commerce est constaté par les courtiers de marchandises assermentés de la spécialité professionnelle correspondante exerçant sur cette place.

Dans le cas où ces courtiers ne représenteraient pas suffisamment toutes les spécialités professionnelles et opérations commerciales qui se pratiquent sur cette place, la chambre de commerce et d'industrie, après avis du Conseil national des courtiers de marchandises assermentés, peut décider, chaque année, qu'un certain nombre de courtiers non assermentés et de négociants de la place concourront avec les courtiers de marchandises assermentés, et sous la responsabilité de ceux-ci, à la constatation du cours des marchandises.

Les courtiers de marchandises assermentés sont également compétents pour effectuer la constatation des cours des denrées et produits issus de l'agriculture et de la pêche faisant l'objet de ventes aux enchères en gros dans les lieux affectés à leur expédition ou à leur vente en gros.

Art. L. 131-25 Les courtiers de marchandises assermentés délivrent des certificats de cours des marchandises lorsque ceux-ci ont été constatés dans les conditions prévues à l'article L. 131-24.

Dans le cas contraire, ils établissent des attestations de prix indiquant, sous leur responsabilité, le prix pratiqué pour une marchandise à la date et aux lieux déterminés.

Art. L. 131-26 Les courtiers de marchandises assermentés procèdent aux reventes et rachats de marchandises en cas d'inexécution d'un contrat ou marché.

Art. L. 131-27 L'estimation, à défaut d'expert désigné par accord entre les parties, et la vente aux enchères publiques de marchandises déposées dans un magasin général en application de l'article L. 522-31 doivent être effectuées par les soins des courtiers de marchandises assermentés.

Les courtiers de marchandises assermentés peuvent être appelés à procéder à des expertises judiciaires ou amiables de marchandises en gros.

Art. L. 131-28 Les courtiers de marchandises assermentés sont compétents, sauf désignation par le tribunal d'un commissaire-priseur judiciaire ou d'un autre officier public, pour procéder aux ventes publiques suivantes :

1° Ventes de marchandises en gros autorisées ou ordonnées par le tribunal de commerce dans les conditions prévues aux articles L. 322-14 et suivants ;

2° Ventes des marchandises du débiteur en cas de liquidation judiciaire dans les conditions prévues aux articles L. 642-19 et suivants ;

3° Ventes sur réalisation de gage dans les conditions prévues *(Ord. n° 2021-1192 du 15 sept. 2021, art. 34, en vigueur le 1er janv. 2022)* « au deuxième alinéa de l'article 2346 du code civil *[ancienne rédaction : à l'article L. 521-3]* ».

Les courtiers de marchandises assermentés inscrits, à la date d'entrée en vigueur de la L. n° 2011-850 du 20 juill. 2011 (fixée au 1er sept. 2011), sur les listes des cours d'appel dressées en application de la réglementation applicable avant cette date, qui poursuivent une activité de ventes volontaires aux enchères publiques de marchandises en gros, disposent d'un délai de six mois à compter de la promulgation de cette même loi pour se mettre en conformité avec l'ensemble des dispositions du chapitre Ier du titre II du livre III (L. préc., art. 42-II).

Sur les conditions d'accès à la profession de commissaire de justice pour les courtiers de marchandises assermentés, V. Décr. n° 2019-1185 du 15 nov. 2019, art. 3 et 5 ; Arr. du 19 oct. 2020 fixant la liste des pièces à produire pour une demande de dispense prévue au II de l'art. 5 du Décr. préc. ; Arr. du 19 oct. 2020 fixant le programme et les modalités de l'examen d'aptitude à la profession de commissaire de justice pour les courtiers de marchandises assermentés.

Art. L. 131-29 Les courtiers de marchandises assermentés peuvent être désignés pour procéder aux ventes publiques suivantes :

1° Ventes aux enchères de marchandises en gros ayant fait l'objet d'une saisie administrative ou judiciaire ;

2° Ventes aux enchères de marchandises au détail ordonnées par décision de justice, à défaut de commissaire-priseur judiciaire ;

3° Ventes de marchandises en application de l'article L. 342-11 du code rural et de la pêche maritime ;

4° Ventes aux enchères dans les lieux affectés à l'expédition ou à la vente en gros des denrées et produits provenant de l'agriculture et de la pêche.

Art. L. 131-30 A peine de radiation définitive de la liste de la cour d'appel, le courtier de marchandises assermenté chargé de procéder à une vente publique ou qui a été requis pour l'estimation de marchandises déposées dans un magasin général ne peut se rendre acquéreur pour son compte des marchandises dont la vente ou l'estimation lui a été confiée.

Art. L. 131-31 Les droits de courtage pour les ventes publiques ainsi que le montant des vacations dues au courtier de marchandises assermenté pour l'estimation des marchandises déposées dans un magasin général sont fixés dans les conditions prévues par arrêté du ministre chargé du commerce.

Toutefois, en cas de ventes aux enchères publiques judiciaires ou forcées, la rémunération des courtiers de marchandises assermentés est fixée par application du tarif des commissaires-priseurs judiciaires.

SOUS-SECTION 3 LA DISCIPLINE DES COURTIERS DE MARCHANDISES ASSERMENTÉS

Art. L. 131-32 Tout manquement aux lois et règlements relatifs à sa profession ou à ses fonctions de courtier assermenté et tout manquement à la probité ou à l'honneur, même se rapportant à des faits étrangers aux missions qui lui ont été confiées, expose le courtier de marchandises assermenté qui en serait l'auteur à des poursuites disciplinaires.

La caducité de l'inscription ou la radiation du courtier de marchandises assermenté ne fait pas obstacle aux poursuites si les faits qui lui sont reprochés ont été commis pendant l'exercice de ses fonctions.

Les peines disciplinaires sont :

1° L'avertissement ;

2° La radiation temporaire pour une durée maximale de trois ans ;

3° La radiation avec privation définitive du droit d'être inscrit sur une des listes prévues à l'article L. 131-12 ou le retrait de l'honorariat.

Les poursuites sont exercées par le procureur de la République devant le *(Ord. n° 2019-964 du 18 sept. 2019, art. 35, en vigueur le 1er janv. 2020)* « tribunal judiciaire *[ancienne rédaction : tribunal de grande instance]* » dans le ressort duquel le courtier assermenté exerce son activité. L'action disciplinaire se prescrit par dix ans. Les décisions en matière disciplinaire sont motivées. Elles sont susceptibles d'un recours devant la cour d'appel. — *V. art. R. 131-18 s.*

La radiation définitive ainsi que les peines disciplinaires prononcées au jour de l'entrée en vigueur de la L. n° 2011-850 du 20 juill. 2011 (fixée au 1er sept. 2011) à l'encontre d'un courtier de marchandises assermenté continuent à produire leurs effets. Les pouvoirs disciplinaires des chambres syndicales de courtiers de marchandises assermentés supprimées par la loi précitée sont prorogés à l'effet de statuer sur les instances disciplinaires en cours au jour de l'entrée en vigueur de cette loi. Les TGI sont compétents pour connaître de l'ensemble des procédures engagées à compter de la date d'entrée en vigueur de ladite loi, quelle que soit la date des faits poursuivis. Seules peuvent être prononcées les sanctions encourues à la date des faits. Les cours d'appel et la Cour de cassation demeurent saisies des procédures disciplinaires pendantes devant elles (L. préc., art. 42-VI). — V. aussi note ss. art. R. 131-24.

SOUS-SECTION 4 LE CONSEIL NATIONAL DES COURTIERS DE MARCHANDISES ASSERMENTÉS

Art. L. 131-33 Les courtiers de marchandises assermentés sont représentés par un Conseil national des courtiers de marchandises assermentés. — *V. art. R. 131-24 s.*

L'ensemble des biens, droits et obligations de l'assemblée permanente des présidents de chambres syndicales de courtiers de marchandises assermentés et des compagnies de courtiers de marchandises assermentés sont transférés au Conseil national des courtiers de marchandises assermentés, sans pouvoir donner lieu à aucune perception de droits, impôts ou taxes de quelque nature que ce soit. Les compagnies de courtiers de marchandises assermentés sont dissoutes dans un délai de six mois à compter de l'entrée en vigueur de la L. n° 2011-850 du 20 juill. 2011 (fixée au 1er sept. 2011). Les modalités d'application de ces dispositions sont fixées par décret en Conseil d'État (L. préc., art. 42-V).

Art. L. 131-34 **Le conseil national, établissement d'utilité publique doté de la personnalité morale, est chargé :**

1° D'examiner, sur le plan national, les questions relatives à l'exercice de la fonction de courtier de marchandises assermenté et de donner, le cas échéant, aux pouvoirs publics son avis sur ces questions ;

2° De donner son avis aux cours d'appel sur les candidatures aux fonctions de courtier de marchandises assermenté ;

3° De tenir à jour, sur le plan national, la liste des courtiers inscrits auprès des cours d'appel en les regroupant éventuellement par spécialités ;

4° D'organiser les examens d'aptitude ; – *V. art. R. 131-17.*

5° De prévenir et concilier tous différends entre courtiers de marchandises assermentés ainsi que de recevoir les réclamations faites contre les courtiers et de les communiquer, le cas échéant, au procureur de la République territorialement compétent.

SOUS-SECTION 5 CONDITIONS D'APPLICATION

Art. L. 131-35 **Un décret en Conseil d'État fixe les conditions d'application de la présente section, notamment les modalités d'inscription sur les listes de courtiers de marchandises assermentés, ainsi que celles relatives à la prestation de serment, à l'honorariat, à la procédure disciplinaire, à l'organisation et au fonctionnement du Conseil national des courtiers de marchandises assermentés.** – *V. art. R. 131-1 s.*

CHAPITRE II DES COMMISSIONNAIRES

SECTION PREMIÈRE DES COMMISSIONNAIRES EN GÉNÉRAL

RÉP. COM. v° *Commissionnaire*, par DISSAUX.

BIBL. GÉN. ▶ LAVABRE, *RJDA 1996, p. 619.* – AUCKENTHALER, *D. 1998. Chron. 53* (commettant, commissionnaire à la vente). – AUQUE, *AJDI 2001. 1059* (commission-affiliation). – MARTINET et AKYUREK, *RDC 2007. 944* (le droit au non-renouvellement du contrat de commission-affiliation). – MAINGUY et RESPAUD, *Mél. le Tourneau, Dalloz, 2008, p. 705* (à propos du contrat de « commission-affiliation »). – LOYER-LEMERCIER, *JCP E 2011, n° 1218* (quel avenir pour le contrat de commission affiliation ?). – DISSAUX, *RTD com. 2011. 33* (la commission-affiliation : un monstre juridique ?). – RAJA, *ibid. 2014. 1* (pour un renouveau du contrat d'affiliation). – L'HOMME et CHAVANET, *RDBF 2016. Étude 11* (la cession de créances issues de « contrat commissionnaires »).

Art. L. 132-1 **Le commissionnaire est celui qui agit en son propre nom ou sous un nom social pour le compte d'un commettant.**

Les devoirs et les droits du commissionnaire qui agit au nom d'un commettant sont déterminés par le titre XIII du livre III du code civil. – *[C. com., art. 94.]*

I. QUALIFICATION DU CONTRAT DE COMMISSION

A. CRITÈRES DE LA QUALITÉ DE COMMISSIONNAIRE

1. *Action en son nom propre.* Le commissionnaire, à la différence d'un mandataire, agit en son nom propre ou sous un nom social qui n'est pas celui de son commettant. • Com. 6 juill. 1960, n° 58-11.222 P • 3 mai 1965, n° 60-11.866 P. ♦ En l'état d'une convention par laquelle un industriel confiait à une société la vente d'une certaine quantité de marchandises, qu'il s'engageait à fournir à un prix précisé, prix que la société devait facturer directement à sa propre clientèle et sur lequel elle devait toucher, à titre de rémunération, une commission forfaitaire, la cour d'appel, qui relève que la société traitait en toute liberté avec sa propre clientèle sans avoir à justifier de ses ventes envers son fournisseur, peut estimer, sans méconnaître l'art. 94 [C. com., art. L. 132-1], que l'absence de mandat dans les rapports entre les parties ne permet pas de considérer que la société a agi en qualité de commissionnaire de l'industriel et que l'opération s'analyse en un marché pour la vente d'une quantité de marchandise à un prix convenu. • Com. 29 avr. 1963, n° 60-13.450 P. ♦ V. aussi, pour une agence de voyages, • Com. 20 nov. 1967 : *D. 1968. 362.* ♦ ... Pour un commissionnaire de transport, • Com. 3 oct. 1989, n° 87-15.725 P : *RTD com. 1990. 251, obs. Bouloc* • Civ. 1re, 10 févr. 1998, n° 96-13.209 P : *RTD com. 1998. 914, obs. Bouloc*. ♦ ... Pour l'exploitant d'une station-service, • Com. 3 janv. 1995, n° 93-11.953 : *RJDA 1995, n° 425.*

2. Commissionnaire de transport. Pour décider qu'une société agit en qualité de commissionnaire de transport, il ne suffit pas de retenir que celle-ci est titulaire de la licence de commissionnaire de transport, que, dans ses relations contractuelles avec le donneur d'ordre, elle est tenue de réexpédier les marchandises de celui-ci, d'établir un contrat de transport émargé chaque fois par le transporteur affrété ; encore faut-il constater que, dans l'organisation du transport des marchandises que le donneur d'ordre lui confie, cette société agit en qualité d'intermédiaire libre du choix des voies et des moyens et concluant les conventions de transport en son propre nom. • Com. 6 oct. 1992, n° 90-19.259 P : *D. 1992. IR 257.* ♦ V. aussi, • Rouen, 6 avr. 2000 : *JCP 2001. IV. 1768* • Versailles, 22 oct. 1998 : *BICC 1999, n° 1232.* ♦ Sur les critères de la qualité de commissionnaire de transport, V. aussi note 1 ss. art. L. 132-3.

3. Révélation du commettant. Dès lors que le commissionnaire a agi en son propre nom, il importe peu que l'acheteur ait eu connaissance de l'identité du commettant. • Com. 7 mai 1962, n° 58-12.762 P. ♦ Sur la responsabilité du commissionnaire révélant, sans l'accord de celui-ci, le nom du commettant, V. • Rouen, 25 juin 1904 : *DP 1906. 2. 191.*

B. DISTINCTION DU CONTRAT DE COMMISSION AVEC D'AUTRES CONTRATS

4. Mandataire. Il résulte de l'art. 94 [C. com., art. L. 132-1] que les dispositions du code civil sur le mandat, et notamment l'art. 1994, al. 2, qui autorise le mandataire substitué à agir directement contre le mandant en paiement de la rétribution qui lui est due, ne sont applicables au contrat de commission de transport que si le commissionnaire a agi au nom de son commettant et non en son propre nom. • Com. 9 déc. 1997, n° 95-22.096 P : *D. Affaires 1998. 195, obs. S. P. ; RJ com. 1998. 194, rapp. Rémery et note Vialard ; JCP 1998. II. 10201, note Litty.* ♦ Il résulte des dispositions de l'art. 94, al. 2 [C. com., art. L. 132-1, al. 2], que les règles du code civil, relatives au *mandat, s'appliquent* au *commissionnaire* qui agit, non en son propre nom, mais en celui de son commettant. • Com. 20 juin 1995, n° 93-17.291 P. ♦ V. aussi • Com. 28 mai 2002, n° 00-12.358 P : *D. 2002. AJ 2187 ; JCP E 2003, n° 36, p. 1381, obs. Bon-Garcin ; RTD com. 2003. 160, obs. Bouloc*. ♦ Sur la qualité de mandataire, exclusive de celle de commissionnaire, V. aussi : • Com. 10 févr. 1970, n° 68-10.363 P • Reims, 18 mai 1976 : *RTD com. 1976. 789, obs. Hémard.* ♦ La banque qui souscrit des parts d'un fonds d'investissement en son propre nom mais pour le compte de son client agit en qualité de commissionnaire au sens de l'art. L. 132-1. • T. com. Paris, 9 sept. 2011 : *BJB 2011. 655, note Riassetto.* ♦ Sur la distinction entre le contrat de commission et le mandat de transmission d'ordre, V. • TGI Paris, 15 déc. 1999 : *Banque et Dr. 7-8/2000. 41, obs. de Vauplane.* ♦ Sur le rejet de la qualification de mandat d'intérêt commun, V. note 34.

5. Diffuseur de presse. BIBL. Ghestin, *D. 1994. Chron. 73* (les diffuseurs de presse bénéficient-ils du régime du mandat d'intérêt commun ?). ♦ Jugeant que le contrat de diffuseur de presse est un mandat d'intérêt commun : • Com. 20 févr. 2007, n° 05-18.444 P : *D. 2007. AJ 867, obs. Delpech ; RTD com. 2007. 590, obs. Bouloc ; JCP E 2007, n° 30, p. 23, note Leveneur ; CCC 2007, n° 124, obs. Malaurie-Vignal ; RJDA 2007, n° 1227* • 29 févr. 2000, n° 97-15.935 P : *D. 2000. AJ 165, obs. Faddoul ; JCP E 2000. 1287, note Cadou ; CCC 2000, n° 93, obs. Leveneur.* – V. aussi : • Com. 2 mars 1993, n° 90-18.403 P : *D. 1994. 48, note Aubert-Monpeyssen ; JCP 1993. II. 22176, note Béhar-Touchais ; CCC 1993, n° 106, obs. Leveneur.*

6. Courtier. Le courtier se distingue du commissionnaire en ce qu'il ne passe pas par lui-même un contrat et qu'il se borne à rapprocher les parties. • Com. 15 oct. 1964, n° 64-90.667 P : *D. 1965. 175.*

7. Agent commercial. L'agent commercial n'a pas la qualité de commissionnaire, dès lors qu'il ne s'engage pas personnellement. • Paris, 20 nov. 1963 : *RTD com. 1964. 136, obs. Hémard.* ♦ V. art. L. 134-1 s.

8. Centrales d'achat et de référencement : qualification. BIBL. Delbarre et Lavabre, *D. 1985. Chron. 165 ; RJDA 1996, p. 135.* – Kutscher-Puis, *RJ com. 2008. 349* (le régime juridique allemand des contrats d'affiliation et de référencement : une interrogation). – Ferrier, *AJ contrat 2018. 16* (la centrale de référencement : serviteur ou maître ?). ♦ Pour une qualification en contrat de courtage, V. : • Com. 17 mars 2004, n° 01-10.103 P : *cité note 44 ss. anc. art. L. 442-6, reproduit ss. art. L. 442-1.* ♦ Une centrale d'achat se borne à exécuter les commandes de ses adhérents en vue de les faire bénéficier de conditions plus avantageuses que celles consenties au commerce indépendant ; ses responsables agissant comme commissionnaires ne deviennent à aucun moment propriétaires de la marchandise et n'achètent pas en vue de revendre avec bénéfices. • T. corr. Paris, 30 janv. 1974 : *Gaz. Pal. 1974. 2. 529, note Fourgoux.* – V. RÉP. COM. v° *Centrales et groupements d'achat et de référencement*, par Dissaux.

Est un contrat de référencement le contrat passé entre un fournisseur et un groupement d'achat qui se charge de négocier aux meilleures conditions des offres avec les fournisseurs au profit de ses adhérents ou affiliés qui conservent la maîtrise de leurs achats. • Versailles, 16 déc. 1987 : *D. 1988. IR 50.* ♦ Ainsi, une telle centrale n'a pas la qualité de commissionnaire lorsqu'elle se borne à apporter à ses adhérents une assistance technique et que les contrats sont conclus directement entre les adhérents et les fournisseurs. • Versailles, 29 sept. 1988 : *JCP 1989. II. 21190, note Estoup.* – Comp. : • Versailles, 16 déc. 1987 : *préc.* ♦ V. aussi, pour une centrale de référencement investie par les fournisseurs d'un mandat de recouvrement, • Paris, 5 mai 1993 : *D. 1995. Somm. 80, obs. Ferrier*. ♦ Ne caractérise pas un contrat de commission entre le fournisseur agréé d'une centrale d'acheteurs et celle-ci, le fait que l'organisme centralise les commandes de ses adhérents, les transmet aux fournisseurs à une date déterminée et vérifie la ponctualité des livraisons, qu'il effectue les paiements pour la totalité des factures de ses adhérents émanant des fournisseurs agréés et se porte ducroire des premiers à l'égard des seconds, lesquels doivent toujours et sans aucune exception considérer les membres du groupement au travers de celui-ci, alors que si la convention interdit au fournisseur de traiter avec un adhérent de la centrale, c'est uniquement dans le cas où ces relations se feraient en dehors et à l'insu d'elle. • Com. 22 mars 1994, n° 92-11.087 P : *D. 1995. Somm. 80, obs. Ferrier* ; *JCP 1994. I. 3781, n° 4, obs. Virassamy.*

Sur la licéité des centrales au regard du droit de la concurrence, V. note 18 ss. art. L. 420-1.

9. Centrales d'achat et de référencement : régime. Dès lors qu'elle relève que le rôle d'une société était celui d'un intermédiaire qui faisait connaître des fournisseurs à ses adhérents et négociait les meilleures conditions des transactions à intervenir entre eux, une cour d'appel constate par là même que l'économie du contrat conclu entre cette société et un fournisseur n'impliquait pas que celle-là fût garante de l'exécution des commandes passées par les membres du groupement. • Com. 28 mai 1991, n° 88-19.359 P : *D. 1992. Somm. 390, obs. Ferrier*. – V. déjà en ce sens : • Com. 23 oct. 1990, n° 88-13.468 P. ♦ Ayant retenu qu'un fournisseur traitait directement avec les commerçants qu'une société, déclarant agir en qualité d'« organisme référenceur », avait fait connaître à ce fournisseur, une cour d'appel a décidé à juste titre qu'en l'absence de stipulation à cet égard, cette société n'avait pas l'obligation de l'informer de l'éventuelle insolvabilité de ses cocontractants pendant le cours des relations entre ces parties. • Com. 28 mai 1991, n° 88-19.359 P : *préc.* ♦ V., dans le même sens, pour un groupement d'achat agissant en qualité de courtier, • Com. 28 mai 1991, n° 89-20.575 P : *D. 1992. Somm. 390, obs. Ferrier*. ♦ Comp., pour une société coopérative d'achats garante de la solvabilité de ses adhérents, • Com. 25 oct. 1994, n° 93-10.344 P : *D. 1997. Somm. 64, obs. Ferrier*. – V. aussi • Com. 3 janv. 1995, n° 93-12.737 P : *D. 1997. Somm. 64, obs. Ferrier*. ♦ V. aussi note 29.

10. Contrat de ferroutage. Une société qui conclut un contrat de ferroutage en optant pour le transport ferroviaire de ses marchandises selon un horaire SNCF qu'elle a choisi n'agit pas en qualité de commissionnaire dans la mesure où, dans l'organisation du transport, elle n'a pas eu le libre choix des voies et des moyens. • Com. 19 janv. 1999, n° 96-18.495 P : *D. 1999. 243, note Delebecque* ; *LPA 12 févr. 1999* (et sur renvoi • Rouen, 13 mai 2003 : *JCP E 2004, n° 38, p. 1443, obs. Letacq*, partiellement cassé par • Com. 1er févr. 2005, n° 03-16.773 : *JCP E 2005, n° 44-45, p. 1865, obs. Letacq*, et de nouveau sur renvoi • Caen, 6 mars 2008 : *JCP E 2008, n° 40, p. 28, obs. Letacq* ; *RD transp. 2008, n° 130, obs. Bon-Garcin*). ♦ Sur la distinction entre contrat de ferroutage et contrat de commission, V. aussi • Paris, 2 juill. 1999 : *D. 2000. Somm. 293, obs. Mercadal*.

II. CARACTÈRES DU CONTRAT DE COMMISSION

11. Caractère commercial. Lorsque le commissionnaire conclut un contrat de commission à titre professionnel, l'opération est commerciale et il a la qualité de commerçant. • Com. 2 nov. 1954 : *Gaz. Pal. 1955. 1. 5.* ♦ Sur le droit du commissionnaire à la propriété commerciale, V. • Bordeaux, 18 oct. 1948 : *JCP 1949. II. 4706, note Hémard.*

12. Conséquences : liberté de la preuve. Sur la liberté de preuve de la commission commerciale, V. • Aix-en-Provence, 23 nov. 1937 : *DH 1938. 105.* ♦ Sur la preuve de la clause de ducroire, V. note 22.

13. Caractère personnel. Le contrat de commission est conclu *intuitu personae*. • Paris, 30 mai 1969 : *RTD com. 1970. 767, obs. Hémard.*

14. Établissement stable (non). Il résulte des dispositions de l'art. L. 132-1 que les contrats conclus par le commissionnaire, alors même qu'ils sont conclus pour le compte de son commettant, n'engagent pas directement ce dernier vis-à-vis des cocontractants du commissionnaire ; par suite, un commissionnaire ne peut en principe constituer, du seul fait de ce qu'en exécution de son contrat de commission il vend, tout en signant les contrats en son propre nom, les produits ou services du commettant pour le compte de celui-ci, un établissement stable du commettant, sauf s'il ressort soit des termes mêmes du contrat de commission, soit de tout autre élément de l'instruction, qu'en dépit de la qualification de commission donnée par les parties au contrat qui les lie, le commettant est personnellement engagé par les contrats conclus avec des tiers par son commissionnaire qui doit alors, de ce fait, être regardé comme son représentant et constituer un établissement stable. • CE 31 mars 2010, n° 304715 : *JCP E 2010, n° 1433, note Rivière, Escaut et Bonneaud ; Dr. sociétés 2010, n° 153, obs. J.-L. Pierre.*

III. EXÉCUTION DU CONTRAT

A. OBLIGATIONS ET RESPONSABILITÉ DU COMMISSIONNAIRE

1° RÉALISATION DE L'OPÉRATION

15. Exécution des ordres du commettant. Commet une faute le commissionnaire de transport qui, n'ayant reçu de l'expéditeur que le mandat limité de livrer la marchandise contre payement de son prix par le destinataire désigné au contrat de transport, excède les bornes de ce mandat en procédant, sans instructions, au payement des droits de douane. Par suite, les juges peuvent mettre à la charge de ce transporteur le dommage résultant de cette faute en le condamnant à rembourser les droits de douane dus par l'expéditeur auquel les marchandises ont été renvoyées à la suite du refus du destinataire d'en prendre livraison. • Com. 18 nov. 1969, n° 68-11.253 P.

16. Obligation d'information. Sur l'obligation d'information, à la charge du commissionnaire, au cas de difficultés d'exécution, V. • Com. 24 nov. 1970, n° 69-13.347 P : *D. 1971. Somm. 58* • Paris, 17 juin 1932 : *Gaz. Pal. 1932. 2. 56.*

17. Exclusivité. Le commissionnaire peut s'engager à traiter des opérations pour le compte exclusif du commettant. • Reims, 18 mai 1976 : *préc. note 4.*

18. Faculté de substitution. Au cas de substitution par un tiers, le commissionnaire reste responsable, à l'égard du commettant, du choix de la personne et de la transmission des instructions du commettant. • Com. 23 nov. 1970, n° 69-12.735 P. ♦ Le commissionnaire intermédiaire est responsable vis-à-vis du commissionnaire principal des dommages dus au fait du voiturier qu'il a choisi librement. • Com. 3 oct. 1989, n° 87-15.275 : *préc. note 1.* ♦ V. art. L. 133-1. ♦ Le recours à un substitué imposé par une autorité étrangère ne fait perdre au commissionnaire de transport ni sa qualité, ni la responsabilité qui s'y attache. • Com. 5 déc. 1989, n° 88-11.387 : *D. 1990. Somm. 270, obs. Rémond-Gouilloud.*

19. Engagement personnel. Le commissionnaire agissant en son propre nom se trouve personnellement et seul engagé à l'égard des tiers avec lesquels il traite. • Com. 15 juill. 1963, n° 60-13.600 P. ♦ Sur l'action directe des tiers à l'encontre du commettant, V. note 31.

2° STIPULATIONS PARTICULIÈRES

20. Contrepartie. Le commissionnaire ne peut se porter contrepartiste à l'insu de son commettant, lequel serait en droit de demander la nullité de l'opération et la répétition des sommes payées. • Civ. 10 déc. 1912 : *DP 1914. 1. 97, note Lacour ; S. 1916. 1. 41, note Nacquet* • Req. 28 mars 1904 : *DP 1905. 1. 65, note Lacour ; S. 1904. 1. 456.* ♦ Sur la qualification d'escroquerie, V. • Crim. 1er déc. 1911 : *DP 1915. 1. 57, note Lacour* • 23 janv. 1913 : *ibid.* ♦ En revanche, le commettant peut expressément autoriser le commissionnaire à se porter contrepartiste, serait-ce par une régularisation *a posteriori*. • Civ. 10 déc. 1912 : *préc.*

Sur la validité des *marchés d'application*, V. • Versailles, 13 nov. 1985 : *Gaz. Pal. 1986. 2. Somm. 281.*

21. Ducroire : portée. BIBL. Hennebelle, *JCP E 2000, n° 36, p. 1366.* ♦ L'obligation du commissionnaire ducroire ne se limite pas, sauf convention contraire, à la solvabilité du tiers avec lequel il contracte. • Com. 6 janv. 1981, n° 79-11.803 P : *JCP 1982. II. 19829, note Hémard ; Gaz. Pal. 1981. 2. Pan. 180, obs. Piedelièvre.* ♦ V. aussi cet arrêt pour l'inclusion dans la garantie des frais de poursuite et des intérêts de découverts supportés par le commettant. ♦ A défaut de stipulation contraire, fût-elle implicite, la clause de ducroire garantit le défaut de paiement à l'échéance par un tiers et non la solvabilité de celui-ci. • Com. 22 oct. 1996, n° 94-20.488 P : *D. 1998. 511, note Arlie ; CCC 1997, n° 21, obs. Leveneur.* ♦ Le commissionnaire ducroire d'une société de financement qui, en cette qualité, conclut un contrat de crédit-bail a qualité pour agir en résiliation du contrat pour non-paiement des loyers et a intérêt à poursuivre le débiteur pour obtenir réparation de son préjudice, dès lors que, en sa qualité, il est tenu de régler l'intégralité des loyers dus à la société de financement. • Paris, 15 mai 1990 : *D. 1990. IR 158.*

Justifie sa décision, la cour d'appel qui a rejeté la demande des époux tendant à obtenir la nullité de la procédure de saisie sur le fondement de l'art. 1415 C. civ. dès lors que le locataire-gérant avait été condamné à payer à la société non pas en sa qualité de ducroire mais en sa qualité de commissionnaire, de sorte que le locataire-gérant et son épouse ne pouvaient pas invoquer les dispositions de l'art. 1415 précité. • Civ. 1re, 17 oct. 2007, n° 06-13.218 : *RJDA 2008, n° 193.*

22. Ducroire : preuve. L'existence d'un engagement de ducroire ne se présume pas. V. • Versailles, 16 déc. 1987 : *préc. note 8.* ♦ Cependant, la preuve d'une convention de ducroire dans un contrat de commission commerciale peut être rapportée par tout moyen. • Aix-en-Provence, 23 nov. 1937 : *préc. note 12* • TGI Reims, 25 oct. 1984 : *Gaz. Pal. 1985. 1. Somm. 106.* ♦ La preuve peut résulter d'un usage professionnel, s'agissant d'un dépositaire distributeur de journaux.

• Rennes, 9 juill. 1974 : *JCP 1975. II. 17990, note Plaisant.*

3° RESPONSABILITÉ DU COMMISSIONNAIRE

23. Responsabilité envers le commettant. S'agissant de la responsabilité du commissionnaire à l'égard du commettant, s'appliquent les règles du mandat. • Com. 4 déc. 1973, n° 72-12.994 P. ♦ V. C. civ., art. 1991 s. – **C. civ.** ♦ Sur sa responsabilité, s'il traite avec un tiers notoirement insolvable, V. • Com. 5 oct. 1965, n° 62-12.268 P : *Gaz. Pal. 1966. 1. 218.* ♦ Comp., sur l'obligation de renseignement sur la solvabilité des adhérents d'un groupement d'achat agissant en tant que courtier : • Com. 16 janv. 1990, n° 88-11.541 P : *D. 1990. IR 42.*

24. Force majeure. Sur le caractère libératoire de la force majeure, V. • Req. 7 nov. 1904 : *S. 1906. 1. 284.* ♦ La cour d'appel qui retient l'obligation faite à un chef de gare, par une décision soudaine qui n'était pas prévisible, d'interrompre la circulation de wagons contenant du vin importé, ce qui rendait absolument impossible leur acheminement, fait ainsi ressortir le caractère imprévisible et irrésistible d'un événement, qu'elle a pu dès lors considérer comme un cas de force majeure de nature à exonérer le commissionnaire de transport, garant du voiturier. • Com. 26 févr. 1980, n° 77-14.299 P.

25. Responsabilité envers le transporteur. Le commissionnaire de transport qui agit en son propre nom est responsable envers le transporteur des dommages causés par la marchandise au moyen de transport. • Com. 14 janv. 2004, n° 02-13.587 P : *D. 2004. Somm. 1348, obs. Delebecque ; JCP E 2004, n° 12, p. 445 ; CCC 2004, n° 36, obs. Leveneur ; RTD com. 2004. 588, obs. Bouloc ; RJDA 2004, n° 557* (et sur renvoi : • Paris, 18 janv. 2007 : *RD transp. 2007, n° 225, obs. Bon-Garcin*). ♦ Et dans la même affaire, jugeant que le commissionnaire de transport, dont la responsabilité vis-à-vis du transporteur a été retenue en raison de dommages causés par la marchandise au moyen de transport, ne peut être garanti par son donneur d'ordre, auquel il est lié par un contrat de commission de transport, que s'il établit que ce dommage a pour origine un fait imputable à ce dernier : • Com. 4 mars 2008, n° 07-13.007 P : *D. 2008. AJ 846, obs. Delpech ; RTD com. 2008. 845, obs. Bouloc ; JCP E 2008, n° 16, p. 28 ; RJDA 2008, n° 1208.*

26. Responsabilité envers les tiers. Le commissionnaire peut être tenu d'une obligation de garantir les vices cachés de la chose vendue à l'égard de l'acquéreur. • Paris, 13 juin 1892 : *DP 1893. 2. 470.*

27. Responsabilité pénale. Sur la condamnation pour tromperie d'un commissionnaire français ayant introduit sur le territoire national des marchandises espagnoles non conformes aux qualités substantielles présentées sur l'étiquetage, V. • Crim. 9 mars 1999, n° 97-83.825 P : *D. Affaires 1999. 826, obs. C. R.*

B. OBLIGATIONS DU COMMETTANT

28. Frais et avances. Les frais et avances sont dus que l'opération soit ou non conclue. • Com. 26 janv. 1965, n° 60-11.349 P.

29. Paiement de la commission. A défaut de stipulation contraire, la commission est due dès la conclusion, que le contrat soit ou non exécuté. • Req. 21 déc. 1892 : *D. 1893. 1. 118.* ♦ Comp., subordonnant le versement de ristournes à une centrale d'achat au paiement effectif du prix par le fournisseur : • Versailles, 16 déc. 1987 : *préc. note 8.* ♦ La commission n'est pas due dès lors que l'inexécution tient à une faute du commissionnaire. • Req. 17 mars 1926 : *S. 1926. 1. 285* • Colmar, 6 juill. 1937 : *DH 1937. 559.*

30. Détermination de la commission. A défaut de détermination contractuelle, la commission est fixée par le juge lequel peut retenir les usages du lieu d'exécution. • Com. 16 janv. 1979 : *JCP 1979. IV. 98.*

31. Action des tiers. Sur l'absence d'engagement direct du commettant envers le cocontractant du commissionnaire, V. note 19. ♦ Sur l'exercice de l'action *de in rem verso* par le tiers, V. • Rouen, 25 juin 1904 : *DP 1906. 2. 191.* ♦ En revanche, en ce sens que le cocontractant dispose d'une action directe contre le commettant dont le nom lui a été révélé, V. • T. com. Paris, 25 sept. 1985 et • Lyon, 6 déc. 1985 : *Cah. dr. entr. 1986, n° 27, p. 10 et 12.*

C. FIN DU CONTRAT

32. Décès d'un contractant. Le contrat de commission est conclu *intuitu personae* et prend fin au décès de l'une des parties. • Paris, 30 mai 1969 : *cité note 13.*

33. Durée déterminée. A l'arrivée du terme, le commettant peut mettre fin au contrat sans avoir à justifier de son refus. • Paris, 20 nov. 1963 : *D. 1964. Somm. 42.* ♦ Pour un non-renouvellement abusif, V. • Com. 22 oct. 1996, n° 94-20.488 P : *préc. note 21.*

34. Durée indéterminée. Lorsque la commission est conclue pour une durée indéterminée, elle peut être résiliée unilatéralement par chacune des parties. • Rennes, 3 juill. 1974 : *JCP 1975. II. 17990, note Plaisant.* ♦ Sur la sanction d'une rupture abusive, V. • Com. 10 févr. 1970, n° 68-10.363 P : *D. 1970. 392* • 30 nov. 1993, n° 91-19.768 : *RJDA 1994, n° 513.* ♦ Sur le rejet de la qualification de mandat d'intérêt commun, V. • Com. 27 juin 1978, n° 76-13.791 P : *D. 1978. IR 452 ; RTD com. 1979. 316, obs. Hémard* • Reims, 18 mai 1976 : *ibid. 1976. 789, obs. Hémard* • Com. 10 févr. 1970, n° 68-10.363 P : *préc.* ♦ Comp., accordant cette qualité aux diffuseurs de presse, V. note 5.

Art. L. 132-2 Le commissionnaire a privilège sur la valeur des marchandises faisant l'objet de son obligation et sur les documents qui s'y rapportent pour toutes ses créances de commission sur son commettant, même nées à l'occasion d'opérations antérieures.

Dans la créance privilégiée du commissionnaire sont compris, avec le principal, les intérêts, commissions et frais accessoires. – *[C. com., art. 95.]*

I. DOMAINE DU PRIVILÈGE

A. BÉNÉFICIAIRES DU PRIVILÈGE

1. Commissionnaires visés. Le privilège de l'art. 95 [C. com., art. L. 132-2] appartient au commissionnaire acheteur aussi bien qu'au commissionnaire vendeur. • Rouen, 7 mars 1906 : *DP 1910. 1. 345, note Lacour (sous Civ. 27 juill. 1909).* ♦ Il appartient au commissionnaire de transport, comme à tout autre commissionnaire. • Lyon, 13 mars 1933 : *DP 1933. 1. 60* • 27 mai 1977 : *BTL 1977. 336.*

Le commissionnaire de transport qui s'est dessaisi de la marchandise au profit de son client, avant de se la voir confiée à nouveau pour la stocker en attente d'une revente, doit, pour bénéficier du privilège, prouver que c'est en qualité de commissionnaire qu'il est en possession de ladite marchandise. • Com. 19 déc. 1995, n° 93-19.852 P : *D. Affaires 1996. 174.* ♦ V. aussi • Paris, 11 juill. 1999 : *JCP 2000. I. 259, n° 22, obs. Simler et Delebecque.*

2. Commissionnaire en douane. Il appartient au commissionnaire en douane, pour bénéficier du privilège de l'art. 95 [C. com., art. L. 132-2], de rapporter la preuve qu'il a effectué les formalités douanières, non en qualité de transitaire, mais en celle de commissionnaire. • Com. 2 févr. 1999, n° 97-17.059 P : *D. 2000. Somm. 293, obs. Mercadal ; RJDA 1999, p. 214, rapp. Rémery.* ♦ En effet, un tel commissionnaire, malgré l'intitulé de sa profession, peut accomplir les formalités en douane, soit comme mandataire d'autrui, soit pour le compte d'un commettant, mais sous son nom propre, mais il ne bénéficie du privilège institué à l'art. 95 [C. com., art. L. 132-2] que dans le second cas. • Même arrêt. – V. aussi • Com. 2 oct. 2007, n° 06-16.316 : *JCP E 2008, n° 35, p. 19, obs. Delebecque.*

B. CRÉANCES GARANTIES

3. Avances et frais. Le privilège s'étend au payement des avances et frais relatifs à l'ensemble des opérations faites avec le commettant, sans distinguer suivant qu'elles se rapportent aux marchandises encore détenues ou à celles qui ont été précédemment expédiées. • Com. 11 mai *1976, n° 74-15.145 P* • 17 juin 1978, n° 77-10.466 P.

4. Absence de lien. Il n'est pas nécessaire qu'existe un lien entre la créance garantie et les marchandises détenues. • Lyon, 13 mars 1933 : *préc. note 1* • Paris, 6 nov. 1968 : *D. 1969. Somm. 19* • Rouen, 15 mai 1959 : *JCP 1959. II. 11192, note Rodière.* ♦ Ainsi, une société commise pour recevoir les marchandises et les acheminer sur le destinataire après avoir effectué les opérations de dédouanement nécessaires est en droit d'exercer sur les marchandises le privilège de l'art. 95 [C. com., art. L. 132-2] pour obtenir de son commettant le règlement des sommes dues relatives à un transport antérieur. • Paris, 18 mai 1994 : *D. 1995. 15, note B. M.*

II. EXERCICE DU PRIVILÈGE

5. Absence de formalités. L'art. 95 [C. com., art. L. 132-2] accorde de plein droit au commissionnaire régulièrement entré en possession, le privilège qu'il institue. • Com. 2 juin 1977, n° 76-11.122 P.

A. ASSIETTE

6. Propriété du donneur d'ordre. Les marchandises entrant dans l'assiette du privilège doivent appartenir au donneur d'ordre. • Com. 5 févr. 1980, n° 78-15.097 P • Paris, 27 janv. 1960 : *Gaz. Pal. 1960. 1. 170* • Rouen, 15 mai 1959 : *préc. note 4.* ♦ Mais il suffit que, lors de l'exercice de ce droit, le commissionnaire ait cru de bonne foi que la marchandise était la propriété de son débiteur, cette condition étant remplie lorsque l'existence d'une clause de réserve de propriété n'était pas visée sur les documents de transport et n'a été portée que tardivement à la connaissance du commissionnaire. • Paris, 18 mai 1994 : *préc. note 4.* ♦ Sur l'influence de la bonne foi, V. aussi • Paris, 25 avr. 1969 : *Gaz. Pal. 1969. 1. 322* • Lyon, 21 févr. 1969 : *RTD com. 1972. 680, obs. Hémard.*

7. Possession des marchandises. Depuis la L. n° 98-69 du 6 févr. 1998, le privilège est détaché de toute exigence de possession (sur l'exigence antérieure de possession des marchandises, V. • Paris, 12 mai 1980 : *D. 1980. IR 555* • 8 oct. 1987 : *D. 1987. IR 218*).

B. EFFETS

8. Rang du privilège. Les privilèges établis par les art. 91 et 95 [C. com., art. L. 521-1 et L. 132-2] étant du même ordre, leur rang, en cas de conflit, se règle d'après l'antériorité. • Civ. 12 mai 1885 : *DP 1885. 1. 185.* ♦ Le privilège du commissionnaire est primé par le privilège du tiers qui a engagé des frais pour la conservation des marchandises après leur remise au concessionnaire. • Civ. 13 nov. 1962 : *JCP 1963. II. 12976.* ♦ Il avait été jugé que le commissionnaire de transport, s'il est de bonne foi, peut opposer son privilège au vendeur non payé des marchandises qui les revendique dans la faillite de l'acheteur. • Com. 15 déc. 1947 : *D. 1948. 112* • Paris, 25 avr. 1969 : *D. 1969. Somm. 67.* ♦ V. aussi note 13.

9. Saisie-arrêt et saisie-attribution. Sur le droit du commissionnaire de faire saisir-arrêter le prix de vente en cas d'aliénation des marchandises par le commettant, V. • Civ. 24 déc. 1895 : *DP 1896. 1. 237.* ♦ V. note 10.

10. Droit de rétention : champ d'application. La rétention ne peut être interprétée comme une voie de fait, même si les sommes dues par le client du commissionnaire se situent dans la limite des facilités de règlement qu'il accorde habituellement, alors qu'il ne peut être fait échec à l'exercice du privilège prévu à l'art. 95 [C. com., art. L. 132-2] lorsque les conditions de cet exercice sont remplies. • Com. 15 oct. 1991, n° 89-21.017 P : *D. 1991. IR 255.* ♦ En ce sens que la saisie-arrêt par le commissionnaire entre ses propres mains ne fait pas perdre le droit de rétention, seule la demande en validité de la saisie pouvant avoir cet effet, V. • Com. 23 juin 1992, n° 90-16.665 : *BTL 1992. 498.* ♦ Un commissionnaire ne peut invoquer son droit de rétention sur des marchandises contrefaites dès lors que leur caractère illicite interdit leur commercialisation. • Com. 26 oct. 1999, n° 96-20.488 P : *D. 2000. 365, note Marotte ; JCP 1999. I. 209, n° 14, obs. Delebecque.* ♦ Sur le droit de rétention du commissionnaire, V. aussi • Civ. 6 avr. 1875 : *DP 1875. 1. 354* • Com. 28 mai 1991, n° 90-11.736 : *BTL 1991. 718.*

11. Droit de rétention : créance exigible. Sur l'exigence d'une créance certaine et exigible, V. • Com. 7 janv. 1992, n° 89-20.968 P. ♦ ... Sauf en cas de doute sérieux sur la solvabilité du débiteur. V. • Paris, 27 janv. 1993 : *BTL 1993. 259.* ♦ Pour un exercice abusif, faute d'exigibilité des créances, V. • Com. 28 juin 1994, n° 92-17.149 : *BTL 1994. 581.* ♦ Mais dès lors qu'il est établi qu'au jour de l'exercice du droit de rétention, le commissionnaire disposait de plusieurs créances liquides et exigibles à l'encontre du commettant, l'exercice du droit de rétention ne caractérise aucun abus quand bien même il aurait été fait état par erreur d'une dette n'incombant pas au commettant. • Versailles, 14 oct. 2004 : *JCP 2005. IV. 2524.* – V. aussi • T. com. Bordeaux, 3 oct. 2004 : *JCP E 2005, n° 24, p. 1008, obs. Delebecque.*

12. Droit de rétention : réserve de propriété. Sur le conflit avec le vendeur sous réserve de propriété, V. • Paris, 4 févr. 2000 : *BRDA 2000, n° 9, p. 9.* ♦ Jugeant que le commissionnaire, qui n'est pas partie au contrat de vente, n'a pas à vérifier que les marchandises qui lui sont confiées ne sont pas grevées d'une clause de réserve de propriété ni à informer le vendeur de ces marchandises de l'existence de créances antérieures susceptibles d'entraîner l'exercice du droit de rétention. • Paris, 17 sept. 2003 : *RJDA 2004, n° 161.* ♦ V. aussi, note 45 *in fine* ss. art. L. 624-16.

13. Droit de rétention et procédure collective. Le droit de rétention dont bénéficie le commissionnaire de transport sur les marchandises qui lui ont été confiées pour expédition est la conséquence du privilège institué au profit de tout commissionnaire par l'art. 95 [C. com., art. L. 132-2], ce dont il résulte que le commissionnaire qui n'a demandé son admission au passif de la procédure collective du commettant qu'à titre chirographaire, perdant ainsi son privilège, ne peut, non plus retenir les marchandises. • Com. 8 juin 1999, n° 97-12.233 P : *D. 2000. Somm. 297, obs. Mercadal ; JCP 1999. II. 10121, rapp. Rémery ; ibid. 2000. I. 209, n° 18, obs. Delebecque, et 233, obs. Cabrillac ; RTD com. 1999. 968, obs. Martin-Serf.* ♦ Sur l'exercice du droit de rétention dans la procédure collective, V. note 70 ss. art. L. 622-7.

SECTION II DES COMMISSIONNAIRES POUR LES TRANSPORTS

RÉP. COM. v° *Commissionnaire de transport*, par Letacq et Bonjour.

BIBL. GÉN. ▶ Peyrefitte, *D. 1978. Chron. 213.* – Rodière, *RTD com. 1957. 1 et 523.* – Delebecque, *D. Affaires 1998. 870* (amélioration des conditions d'exercice de la profession de transporteur routier). – Tilche, *BTL 1998. 275* (garanties de paiement). – Paulin, *Mél. Serra, Dalloz 2006, p. 325* (réflexions sur la distinction entre contrat de transport et contrat de commission de transport). – Aymeric, *RTD com. 2009. 493* (sur le sous-commissionnaire de transport). – Delebecque, *Mél. Bouloc, Dalloz, 2006, p. 301* (actualité de la commission de transport). – Bon-Garcin, *RD transp. 2011, n° 14* (les commissionnaires et les auxiliaires de transport entrent dans le code des transports). – Paulin, *JCP 2013, n° 25* (contrat de commission de transport : quels critères objectifs pour une qualification subjective ?).

Art. L. 132-3 Le commissionnaire qui se charge d'un transport par terre ou par eau est tenu d'inscrire sur son livre-journal la déclaration de la nature et de la quantité des marchandises, et, s'il en est requis, de leur valeur. – *[C. com., art. 96.]*

V. art. R. 132-1.

Sur l'impossibilité pour les sociétés coopératives d'entreprises de transport public routier de marchandises d'exercer les activités d'auxiliaire de transport régies par les art. L. 132-3 à L. 132-7 C. com., V. C. transp., art. L. 3441-5, ss. art. L. 133-5.

I. QUALIFICATION DU CONTRAT

A. CRITÈRES DISTINCTIFS DE LA COMMISSION DE TRANSPORT

1. *Libre choix de l'organisation de l'intégralité du transport.* La commission de transport, convention par laquelle le commissionnaire s'engage envers le commettant à accomplir pour le compte de celui-ci des actes juridiques nécessaires au déplacement d'une marchandise d'un lieu à un autre, se caractérise, non seulement par la latitude laissée au commissionnaire d'organiser librement le transport par les voies et les moyens de son choix, sous son nom et sa responsabilité, mais aussi par le fait que cette convention porte sur le transport de bout en bout. • Com. 16 févr. 1988, n° 86-18.309 P : *RTD com. 1988. 682, obs. Hémard et Bouloc* • 8 déc. 1980, n° 79-13.203 P : *D. 1981. IR 346* • 26 févr. 1985, n° 83-13.579 P : *RTD com. 1986. 155, obs. Hémard et Bouloc.* ♦ Revêt la qualité de commissionnaire de transport l'intermédiaire qui, aux termes mêmes de ses conditions générales, détermine librement l'organisation des prestations confiées à des sous-traitants, choisis par lui, sans que le cocontractant puisse intervenir dans ce choix. A ce premier critère s'ajoute la conclusion du contrat de transport par l'intermédiaire en son nom propre (circonstance résultant de sa qualité d'expéditeur et même de destinataire) portée sur la lettre de voiture, ainsi que celui de la facturation forfaitaire de l'ensemble des prestations. • Com. 6 mai 1997, n° 94-15.589 P : *RJDA 1997, n° 1045 ; JCP E 1999, n° 16, p. 715, obs. D. M.* ♦ V. aussi note 2 ss. art. L. 132-1. ♦ Comp., définissant le commissionnaire de transport comme un intermédiaire chargé d'organiser et de faire exécuter tout ou partie du transport : • Versailles, 15 déc. 1994 : *RJDA 1995, n° 844.*

2. *Licence professionnelle.* La détention par l'intermédiaire d'une licence de commissionnaire n'emporte pas, par elle-même, qualification du contrat. • Rennes, 5 juin 1986 : *BTL 1986. 631* • Com. 6 oct. 1992, n° 90-19.259 P : *D. 1992. IR 257.* ♦ L'absence de licence n'est pas de nature à disqualifier un contrat de commission. • Com. 11 mai 1976, n° 74-15.145 P : *BTL 1976. 317* • Versailles, 14 juin 2001 : *JCP E 2002, n° 1, p. 11.*

3. *Substitution.* La qualité de commissionnaire de transport ne résulte pas, pour celui qui a été chargé de l'acheminement d'une marchandise de bout en bout, du seul fait qu'il s'est substitué un tiers dans l'exécution de l'expédition s'il ne justifie pas du consentement de son donneur d'ordre à l'existence de cette substitution. • Com. 10 mai 2005, n° 04-10.235 P : *D. 2005. 2293, note Guignard ; RTD com. 2006. 187, obs. Bouloc ; JCP E 2005, n° 44-45, p. 1866, obs. Letacq ; RJDA 2005, n° 1217.* ♦ La substitution d'un transporteur sans accord de son donneur d'ordre ne change pas la qualité de celui qui procède à cette substitution. • Com. 27 nov. 2007, n° 06-20.620 P : *D. 2008. AJ 11, obs. Delpech ; JCP E 2008, n° 25, p. 20, note Sabard ; RJDA 2008, n° 522.* ♦ Sur la qualification d'une entreprise de transport se substituant un tiers pour l'exécution du transport dont elle était chargée, V. • Com. 25 juin 1979, n° 77-12.169 P : *BTL 1979. 452 et 446, chron. Brunat.* – V. aussi • Com. 29 mai 1990, n° 88-18.592 : *D. 1992. Somm. 81, obs. Rèmond-Gouilloud .* ♦ N'a pas la qualité de commissionnaire, l'intermédiaire à qui un transport a été commandé et qui le sous traite. • Paris, 11 juin 1981 : *BTL 1981. 420* • Douai, 25 nov. 1982 : *ibid. 1982. 594.* ♦ V. aussi note 1.

B. DISTINCTION AVEC D'AUTRES CONTRATS

4. *Contrat de transport.* Ainsi, quelles qu'aient pu être les modalités ultérieures selon lesquelles, en pratique, le transporteur a exécuté ses obligations, il y a contrat de transport et non commission de transport, dès lors qu'une entreprise s'est engagée à prendre en charge des marchandises et à les transporter elle-même à destination, et encore que les parties au contrat n'aient entendu se lier que pour cet objet, s'il n'a pas été convenu que cette société donne ses soins au transport et y fasse procéder de bout en bout par les moyens de son choix. • Com. 13 févr. 1978, n° 77-12.124 P • 17 juill. 1978, n° 76-15.482 P : *D. 1979. IR 32.*

5. *Transitaire.* Sur la qualification de « transitaire » ayant pour mandat d'assurer le passage d'un moyen de transport à un autre, V. • Com. 10 oct. 1966, n° 64-13.497 P. – Comp. : • Req. 6 juill. 1927 : *BTL 1927. 103* • Paris, 25 févr. 1960 : *Gaz. Pal. 1960. 1. 110* • Com. 9 avr. 1991, n° 89-18.032 : *BTL 1991. 378* • Paris, 12 avr. 1991 : *ibid.* – V. Brunat, *ibid. 1979. 478 ;* Tilche, *ibid. 1995. 826.* ♦ V. note 13 ss. art. L. 132-5.

6. *Manutentionnaire.* L'entreprise qui a reçu mission du transporteur maritime de décharger un conteneur d'un navire et d'en assurer la garde et le dépotage dans ses entrepôts aux fins de délivrance des marchandises au destinataire est intervenue en qualité d'entreprise de manutention et non de commissionnaire de transport, dès lors que rien ne permet d'isoler la mission d'ensemble qui était la sienne, le transport ferroviaire du conteneur qu'impliquait la localisation de ses entrepôts. • Rouen, 10 sept. 1998 : *JCP E 1999, n° 26, p. 1129.*

7. Contrats particuliers. Il avait été jugé que l'entreprise de déménagement, qui s'engage à assurer le transport d'un mobilier, doit être considérée comme commissionnaire au sens des art. 96 s. [C. com., art. L. 132-3 s.]. • Com. 19 juin 1957 : *D. 1958. 113, note Rodière* • 20 avr. 1967, n° 65-12.836 P. – Rappr. : • Com. 25 févr. 1963, n° 60-12.350 P : *D. 1963. 422.* ♦ Pour un déménagement industriel où il a été jugé que le prestataire – chargé du démontage, du transport et du remontage, sans instruction du client et disposant du libre choix des modalités de transport – est bien intervenu en qualité de commissionnaire de transport, V. • Versailles, 14 juin 2001 : *préc. note 2.* ♦ Comp., désormais : notes 11 et 12 ss. art. L. 133-6.

Sur le contrat de remorquage, V. • Soc. 12 mars 1942 : *DC 1943. 35, note Roger* • Montpellier, 15 févr. 1956 : *D. 1957. Somm. 27.* ♦ Sur le contrat de « remonte-pente », V. • Grenoble, 11 mars 1941 : *DC 1943. 143, note Desbois,* et sur pourvoi, • Com. 7 févr. 1949 : *D. 1949. 377, note Derrida.*

II. EXÉCUTION DU CONTRAT

8. Devoir de conseil. Le commissionnaire est tenu d'un devoir de conseil à l'égard du commettant. • Com. 22 avr. 1986, n° 84-12.193 P : *BTL 1986. 395* • 18 juin 1980, n° 77-13.613 P : *ibid. 1980. 552.* ♦ Il en va différemment dès lors que le commettant est en mesure d'apprécier les risques courus. • Aix-en-Provence, 7 déc. 1977 : *BTL 1978. 264.* – V. • Com. 31 janv. 1978, n° 76-13.968 P : *JCP 1979. II. 19142, note Rodière.*

9. Obligation de se renseigner. Le commissionnaire de transport, tenu d'une obligation de résultat envers son client ainsi que d'une obligation de veiller au bon déroulement de l'opération, à charge pour lui de mettre tout en œuvre pour résoudre les difficultés qui pourraient se présenter, est tenu de se renseigner et d'informer son client, avant l'expédition, des conditions d'acheminement de la marchandise et notamment de l'aviser que des garanties bancaires pourraient être exigées pour traverser certains pays. • Versailles, 14 mai 1998 : *BICC 1999, n° 148 ; JCP E 1998, n° 40, p. 1524.* ♦ Il lui appartient donc, sous astreinte, de mettre en place la caution bancaire requise pour permettre la réexpédition de la marchandise. • Même arrêt.

10. Assurance de la marchandise. Sauf stipulation contraire, le commissionnaire n'est pas tenu d'assurer la marchandise contre le risque de transport. • Com. 27 oct. 1975, n° 74-11.281 P : *BTL 1975. 526.* ♦ Le mandat à lui donné de souscrire une assurance en garantie de la valeur de la marchandise doit résulter d'une manière non équivoque d'instructions précises, de même que l'acceptation par le commissionnaire de cette mission spécifique. • Paris, 29 mai 1990 : *D. 1992. Somm. 79, obs. Rèmond-Gouilloud.* ♦ Sur l'inexécution d'une obligation conventionnelle, V. • Paris, 24 mars 1983 : *BTL 1983. 542.* ♦ Sur l'obligation du commissionnaire de vérifier que le transporteur qu'il a choisi est assuré, V. • Bordeaux, 13 juill. 1982 : *BTL 1983. 542.*

11. Choix du transporteur. Le commissionnaire peut engager sa responsabilité si le transporteur qu'il a choisi n'est pas apte à assurer l'opération. • Com. 15 janv. 1980, n° 76-14.500 P : *BTL 1980. 160.*

12. Groupage de marchandises. BIBL. Brunat, *BTL 1989. 355.* ♦ Pour une application à des marchandises appartenant à des expéditeurs différents mais destinées à un même lieu, V. • T. com. Angoulême, 22 févr. 1979 : *JCP 1980. II. 19275, note Rodière.*

13. Ferroutage. Sur la pratique, par le commissionnaire de transport, du « ferroutage », V. • Paris, 6 juin 1996 : *Gaz. Pal. 1997. 1. 316.*

14. Droit international privé. L'art. 4, § 4, dernière phrase, de la Conv. de Rome sur la loi applicable aux obligations contractuelles doit être interprété en ce sens que cette disposition s'applique à un contrat de commission de transport uniquement lorsque l'objet principal du contrat consiste dans le transport proprement dit de la marchandise concernée, ce qu'il appartient à la juridiction de renvoi de vérifier. • CJUE 23 oct. 2014, n° C-305/13 : *D. 2015. 136, note Delebecque et Lévy ; Rev. crit. DIP 2015. 221, note Legros ; RJ com. 2015. 450, obs. Berlioz.* – Et appliquant cette jurisprudence en droit interne : • Com. 10 févr. 2015, n° 12-13.052 P : *D. 2015. Actu. 429 ; RTD com. 2015. 619, obs. Delebecque ; JCP E 2015, n° 1312, note Dupont-le-Grand ; RJDA 2015, n° 330.* ♦ Sur la loi d'autonomie applicable à un contrat de transport international, V. • Com. 8 juill. 1981, n° 79-14.473 P. ♦ Sur la loi applicable au contrat par lequel une société belge confie à une autre société belge le soin de procéder au transport d'une machine depuis l'Espagne jusqu'en Belgique, V. • Rouen, 2 févr. 1995 : *D. 1995. 612, note B. M.* ♦ La Conv. CMR du 19 mai 1956, qui ne régit pas la commission de transport, ne peut justifier la compétence du tribunal saisi de l'action en responsabilité intentée par un commettant à l'encontre d'un commissionnaire de transport. • Com. 18 sept. 2007, n° 06-13.097 P : *D. 2007. AJ 2468, obs. Delpech ; JCP 2007. IV. 2900 ; RJDA 2008, n° 128* (et sur renvoi : • Versailles, 18 sept. 2008 : *RJDA 2008, n° 24*) • 11 déc. 2007, n° 06-18.192 P : *cité note 5 ss. art. L. 132-4.* ♦ En matière de clause limitative de responsabilité dont l'opposabilité dépend de la qualification de transporteur ou de commissionnaire, V. • Com. 27 nov. 2007, n° 06-20.620 P : *préc. note 3.*

15. Droit du travail. Lorsque le commissionnaire, en qualité d'intermédiaire, organise le transport en concluant avec le transporteur un contrat de transport, son exécution par les salariés du transporteur exclut qu'ils soient, au sens de l'art. L. 412-5 [L. 2141-11] C. trav., mis à disposition du commissionnaire, peu important les directives générales données par celui-ci au transporteur. • Soc. 15 févr. 2006, n° 05-60.088 P : *JCP E 2006, n° 22, p. 977, obs. Béal et Rouspide.*

Art. L. 132-4 **Il est garant de l'arrivée des marchandises et effets dans le délai déterminé par la lettre de voiture, hors les cas de la force majeure légalement constatée.** – *[C. com., art. 97.]*

Sur la responsabilité du voiturier en cas de retard, V. art. L. 133-2.

BIBL. ▸ DELEBECQUE, *RJDA 1996, p. 219.*

1. Délai de livraison. En l'absence de stipulation relative à la durée de l'opération, le commissionnaire doit respecter un délai raisonnable en fonction des circonstances. • Paris, 23 mars 1982 : *D. 1983. IR 125.* ♦ Sa mention sur le bordereau de groupage, signé par le transporteur, oblige ce dernier au respect de ce délai. • Grenoble, 10 juill. 1980 : *BTL 1981. 346.*

2. Information sur la livraison. Le commissionnaire de transport est tenu de suivre le déroulement du transport de bout en bout jusqu'à la livraison et notamment d'aviser le destinataire de l'arrivée de la marchandise. • Versailles, 14 sept. 2004 : *BICC 2005, n° 749.* ♦ Si une absence d'avis caractérise une faute personnelle du commissionnaire de nature à engager sa responsabilité, une condamnation à réparation suppose qu'un lien de causalité entre la faute et le préjudice puisse être établi ; tel n'est pas le cas lorsqu'il n'est pas démontré qu'un avis donné au destinataire aurait permis une prise de possession immédiate des marchandises par la suite volées. • Même arrêt.

3. Retards de livraison. Le retard dans la livraison en gare ne donne lieu à des dommages-intérêts qu'à partir du jour où le chemin de fer a été mis en demeure de livrer par une sommation ou autre acte équivalent, tel qu'une lettre recommandée. • Civ. 7 déc. 1938 : *DH 1939. 67* • 9 juill. 1945 : *D. 1946. 52* • Com. 13 juill. 1945 : *D. 1946. 52* • 13 juill. 1953 : *D. 1953. 644.* ♦ Sur les effets de l'avis d'arrivée en gare, qui n'opère pas mise en demeure, mais fixe seulement le point de départ des droits de magasinage, V. • Com. 3 juin 1953 : *D. 1954. Somm. 2.* ♦ Même en l'absence de mise en demeure, la société de chemin de fer peut être condamnée à des dommages-intérêts si elle a reconnu sa responsabilité. • Com. 10 janv. 1956, n° 2.115 P : *D. 1956. Somm. 109.* ♦ Sur la responsabilité d'un commissionnaire de transport pour manquement à son obligation de diligence et de surveillance en cas de retard dans la livraison de la marchandise destinée à un salon professionnel, V. • Aix-en-Provence, 9 mars 2000 : *JCP 2000. IV. 2903.*

4. Force majeure. En ce sens que présente les caractères de la force majeure, la situation de blocage même prévisible, qui empirait dans le transport aérien et résultait de la guerre du Golfe, à laquelle un commissionnaire de transport s'est heurté en dépit de toutes les mesures qu'il avait prises pour éviter que cet événement ne retarde l'acheminement des marchandises, mais sans toutefois pouvoir y parvenir en raison de l'irrésistibilité de la situation, V. • Com. 16 mars 1999, n° 97-11.428 : *CCC 1999, n° 86, obs. Leveneur.* ♦ V. note 18 ss. art. L. 132-5.

5. Destination. Il appartient au commissionnaire de transport, qui s'est engagé, en cette qualité à accomplir, pour le compte de son commettant, les actes juridiques nécessaires au déplacement d'une marchandise, et qui, en cette qualité, a reçu toute latitude pour organiser librement le transport par les voies et les moyens de son choix, de prendre toutes les mesures appropriées pour faire en sorte que la marchandise soit acheminée jusqu'à la destination prévue. • Com. 11 déc. 2007, n° 06-18.192 P : *D. 2008. Pan. 1245, obs. Kenfack ; RTD com. 2008. 454, obs. Delebecque ; JCP E 2008, n° 4, p. 44 ; RJDA 2008, n° 520.* ♦ Dès lors que l'expéditeur avait confié à son commissionnaire de transport l'organisation du transport de la marchandise jusqu'à sa « mise à FOB », il en résulte que ce dernier en était responsable à l'égard de son commettant jusqu'à son chargement à bord du navire. • Com. 7 sept. 2010, n° 09-16.359 P : *D. 2010. Actu. 2061 ; RJDA 2010, n° 1154.*

Art. L. 132-5 **Il est garant des avaries ou pertes de marchandises et effets, s'il n'y a stipulation contraire dans la lettre de voiture, ou force majeure.** – *[C. com., art. 98.]*

Sur la responsabilité du voiturier en cas de perte ou d'avaries, V. art. L. 133-1.

BIBL. ▸ RODIÈRE, *RTD com. 1957. 535.* – DELEBECQUE, *RJDA 1996. 219.*

I. GARANTIE DU FAIT PERSONNEL DU COMMISSIONNAIRE

A. CONDITIONS ET PORTÉE DE LA GARANTIE

1. Commissionnaires intermédiaires. En vertu des art. 98 et 99 [C. com., art. L. 132-5 et L. 132-6] et sous réserve des clauses conventionnelles d'exonération de responsabilité, le commissionnaire de transport, fût-il un commissionnaire intermédiaire, est garant, sauf force majeure, vice propre de la marchandise ou faute de l'expéditeur, des avaries ou perte de marchandises qu'il a confiées au transporteur choisi par lui (action entre un commissionnaire principal et un commissionnaire intermédiaire). • Com. 1er juill. 1997, n° 94-21.931 P : *D. 1997. IR 172 ; D. Affaires 1997. 939.*

2. Faute personnelle. Le commissionnaire de transport, responsable de son propre fait mais aussi de ceux des transporteurs qu'il s'est substitués, n'engage sa responsabilité pour son fait personnel que lorsque celui-ci est à l'origine des avaries ou des pertes de marchandises. • Com. 22 nov. 2011, n° 10-20.599 : *RJDA 2012, n° 401.* ♦ Sur l'obligation pour les juges du fond de caractériser la faute personnelle du commissionnaire, V. • Com. 22 juill. 1986, n° 84-11.792 P • 16 nov. 1993, n° 92-60.306 P : *D. 1993. IR 256.*

3. Mode de transport. Le commissionnaire est responsable du non-respect des instructions de l'expéditeur dans le choix du mode de transport ayant entraîné une augmentation du coût de transport. • Paris, 27 févr. 1975 : *BTL 1975. 131* • 24 mars 1958 : *D. 1958. 127.* – Comp. : • Com. 16 déc. 1957, n° 618 P : *JCP 1958. II. 10675, note Rodière.* ♦ Jugeant que l'obligation du transporteur d'acheminer la marchandise par air ou par route est une obligation alternative : • Com. 7 déc. 2004, n° 03-12.032 : *D. 2005. 2392, note Delebecque ; RTD civ. 2005. 782, obs. Mestre et Fages .*

Commet une faute personnelle le commissionnaire de transport qui choisit, d'une part, un matériel dépourvu d'unité de froid pour l'acheminement d'un conteneur chargé de bœuf congelé, d'autre part, des transporteurs qui ont accepté d'effectuer le transport dans de telles conditions. • Rouen, 16 mars 1995 : *JCP 1995. IV. 1830.*

4. Arrimage des marchandises. Sur la responsabilité du commissionnaire du fait du mauvais arrimage de fûts contenant la marchandise, V. • Paris, 15 juin 1979 : *DMF 1980. 86.* ♦ Comp., lorsque le défaut d'arrimage et de calage des marchandises est imputable à l'expéditeur : • Com. 3 oct. 1989, n° 87-15.548 P. ♦ Mais le commissionnaire s'étant contractuellement chargé des opérations de saisissage et de conditionnement du voilier qu'il avait facturées à son commettant, la cour d'appel a pu retenir, par une interprétation de la portée de cet engagement, qu'il avait pris à sa charge les conséquences de ces opérations, peu important qu'elles puissent avoir été partiellement réalisées par le commettant. • Com. 4 mars 2008, n° 06-20.378 : *RD transp. 2008, n° 112, obs. Bon-Garcin.*

5. Conditionnement des marchandises. Le commissionnaire de transport est responsable des avaries dues au conditionnement des marchandises chargées avec d'autres, dans un conteneur, lorsque ces avaries sont dues au contact avec ces dernières marchandises qui ont rendu les marchandises avariées impropres à la consommation à laquelle elles étaient destinées. • T. com. Paris, 19 nov. 1979 : *DMF 1980. 376.* ♦ Pour la condamnation d'un commissionnaire à réparer le préjudice occasionné aux marchandises alors qu'il avait préconisé au transporteur chargé de l'acheminement de celles-ci, de la faire dans une remorque bâché sans lui indiquer la nature et la valeur des marchandises, V. • Com. 5 févr. 2002, n° 99-15.327 P : *JCP E 2002, n° 13, p. 517.* ♦ Mais si le commissionnaire doit réparer l'entier dommage causé aux marchandises transportées, l'indivisibilité d'éléments transportés dans des colis différents ne peut lui être opposée que s'il en a été informé lors de la conclusion du contrat et qu'il a pu ainsi prévoir l'aggravation possible des conséquences dommageables d'une avarie et de l'obligation à réparation lui incombant. • Paris, 19 juin 2003 : *RJDA 2003, n° 1176.*

6. Déclaration de valeur. Le commissionnaire qui a omis de faire une déclaration de valeur, alors que la marchandise dépasse le montant de la limitation de responsabilité du transporteur, commet une faute qui l'engage à réparer le préjudice ainsi causé au propriétaire des marchandises dont il avait la charge. • Rouen, 16 août 1979 : *DMF 1980. 272.*

7. Prix du transport. BIBL. Brunat, *BTL 1977. 311* (application des tarifs). ♦ En cas de redressement de tarif opéré par l'Administration dans les rapports entre commissionnaire et transporteurs affrétés, l'expéditeur, en raison du caractère d'ordre public des tarifs, doit payer au commissionnaire le supplément de tarif ; mais le commissionnaire doit lui payer la même somme à titre de dommages-intérêts pour faute professionnelle. • Com. 9 mai 1977, n° 75-14.728 P : *D. 1977. IR 484.*

8. Recouvrement du prix. Le commissionnaire qui a contracté l'obligation, non seulement de pourvoir au transport des marchandises mais d'en recouvrer le prix, est responsable de plein droit, en vertu de l'art. 99 [C. com., art. L. 132-6], de celui qu'il a choisi pour exécuter cette prestation. • Com. 6 févr. 1973, n° 71-12.892 P : *D. 1973. IR 88 ; JCP 1973. II. 17432, note Rodière* • 8 juill. 2003, n° 01-16.930 P : *D. 2003. AJ 2237, obs. Chevrier ; JCP E 2003, n° 41, p. 1601 ; CCC 2003, n° 154, obs. Leveneur ;*

RTD com. 2004. 366, obs. Bouloc ; *RJDA 2004, n° 41.*

9. *Expédition contre remboursement.* Sur la responsabilité du commissionnaire de transport chargé d'une expédition contre remboursement, le transporteur ayant accepté à son ordre un chèque, libellé, qui n'était pas provisionné alors que les modalités de paiement prévoyaient que le chèque devait être établi à l'ordre de l'expéditeur, V. • Paris, 8 avr. 1998 : *JCP E 1999, n° 16, p. 717, obs. B.-G.* ♦ Commet une faute le transporteur qui accepte en paiement une lettre de change alors que l'expédition contre remboursement impose un paiement par chèque ou espèces. • Com. 12 oct. 1999, n° 97-15.759 : *JCP E 2000, n° 29, p. 1183, obs. Bon-Garcin.* ♦ En l'absence de stipulation contraire, le transport contre remboursement étant soumis au contrat type messagerie applicable en la cause, le transporteur est tenu de ne délivrer la marchandise qu'en contrepartie de la remise d'espèces ou d'un chèque. • Com. 8 juill. 2003, n° 01-16.930 P : *préc. note 8.*

10. *Attestation bancaire.* Le fait qu'un commissionnaire ait livré des marchandises en contrepartie d'une attestation bancaire qui était fausse ne peut engager sa responsabilité, car il n'aurait pu avoir l'obligation de s'assurer de l'authenticité de cette attestation que s'il s'était trouvé en présence de circonstances de nature à éveiller sa méfiance. • Paris, 22 avr. 1977 : *D. 1977. 531, note Vasseur.* ♦ Sur la responsabilité du commissionnaire pour inobservation des instructions de livraison contre remise d'une attestation bancaire de paiement et pour retard à informer le commettant du refus par le destinataire de prendre livraison, V. • Paris, 14 avr. 1980 : *BTL 1980. 500.*

11. *Crédit documentaire.* L'obligation pour un commissionnaire de transport, chargé en cette qualité d'organiser un transport, de transmettre à son commettant, vendeur de la marchandise, les documents nécessaires à l'exécution par la banque émettrice d'un crédit documentaire, constitue, pour ce commissionnaire, un mandat distinct de son contrat de commission. • Com. 14 mai 2008, n° 07-11.158 P : *D. 2008. AJ 1476, obs. Delpech* ; *RTD com. 2008. 899, obs. Delebecque* ; *JCP E 2008, n° 25, p. 24* ; *RJDA 2008, n° 1119.*

12. *Solvabilité du destinataire.* Dans le cadre de son mandat, le commissionnaire de transport a pour seule obligation de se faire remettre un chèque présentant une apparence régulière et portant la mention de certification. Il ne lui appartient pas de contrôler, lorsque ces vérifications ont été faites, la solvabilité du destinataire ou de se renseigner auprès de la banque mentionnée sur le titre ; s'il s'avère ultérieurement que le titre a été falsifié, la responsabilité du commissionnaire ne peut être engagée sauf à l'expéditeur de rapporter la preuve que l'anomalie que comportait le titre pouvait être aisément décelée par un professionnel vigilant. • Versailles, 24 juin 1993 : *D. 1993. IR 210.* ♦ Le commissionnaire de transport, qui, ayant en outre de sa mission reçu mandat de son commettant de se faire remettre, préalablement à la livraison de la marchandise, les documents en justifiant le paiement, et qui, pour avoir fait perdre à son mandant le prix de la marchandise en la délivrant sans exiger la remise de ces documents, est condamné à lui en payer le prix, est légalement subrogé dans les droits du vendeur créancier, qu'il a ainsi remboursé, contre l'acheteur, débiteur du prix, dont il a payé la dette. • Com. 5 oct. 1993, n° 91-15.200 P : *D. 1993. IR 231.* ♦ Sur l'action du commissionnaire subrogé, V. aussi note 21.

B. CLAUSES LIMITATIVES DE RESPONSABILITÉ

13. *Validité.* BIBL. Brunat, *BTL 1976. 78.* – Tilche, Chao et Berthod, *ibid. 1992. 472* (adhésion du destinataire). ♦ Sur la validité, depuis la loi du 17 mars 1905, de la clause de non-responsabilité stipulée par un commissionnaire de transport, V. • Besançon, 27 janv. 1911 : *DP 1913. 2. 144.* ♦ Les conditions générales de la Fédération des commissionnaires et auxiliaires de transport, dont les limitations de réparation concernent tous les intermédiaires membres de la fédération, quels que soient le titre juridique ou la fonction au titre de laquelle ils interviennent, ces membres étant génériquement désignés sous le terme de « transitaires ». • Com. 11 juin 1996, n° 94-13.975 P : *RJDA 1996, n° 1332.* ♦ V. aussi note 6 ss. art. L. 132-6.

14. *Opposabilité.* L'absence de protestation de l'expéditeur lors de la réception du récépissé de transport fixant un plafond de réparation ne prouve pas que l'expéditeur avait eu connaissance de la clause limitative et l'avait acceptée au moment de la formation du contrat. • Com. 3 déc. 1985, n° 83-17.173 P. ♦ Une clause du papier à lettres du commissionnaire de transport mentionnant que toutes ses opérations sont effectuées aux conditions générales établies par une organisation professionnelle n'apporte pas la preuve que l'expéditeur ait connu cette clause à l'occasion soit du transport litigieux, qui n'avait donné lieu à aucun échange de correspondance, soit de transports antérieurs. • Paris, 26 janv. 1981 : *BTL 1981. 141.* ♦ Pour l'inopposabilité de clauses limitatives de responsabilité figurant au verso du bulletin de remise de marchandises signé par le préposé du donneur d'ordre, en raison de leur illisibilité et de leur manque de clarté, V. • Com. 14 avr. 1992, n° 90-15.373 P : *D. 1992. IR 164.* – V. aussi • Com. 27 nov. 2007, n° 06-16.523 : *RJDA 2008, n° 372.* ♦ Le destinataire de la marchandise volée au cours du transport, étant étranger au contrat conclu entre l'expéditeur et le commissionnaire, il en résulte qu'il n'avait pas eu connaissance de la clause et n'avait pu l'accepter. • Com. 26 mai 1992, n° 90-19.295 P.

15. *Faute lourde.* Commet une faute lourde le commissionnaire confiant des marchandises périssables à la SNCF, sans modifier l'itinéraire, alors qu'il savait qu'une grève des cheminots allait intervenir. • Com. 6 mai 1997, n° 94-15.589 P : *D. Affaires 1997. 893.* ♦ La personne qui intervient dans l'organisation d'un transport en qualité de commissionnaire substitué est tenue de garantir le fait du voiturier en la personne duquel doivent être appréciées les conditions de la force majeure et de l'existence d'une faute lourde afin d'appliquer ou non une clause limitative de responsabilité (à propos du transport de pièces de monnaie). • Com. 3 oct. 1989, n° 87-18.479 P : *D. 1990. 81, concl. Jéol, et Somm. 269, obs. Rèmond-Gouilloud.* ♦ Le commissionnaire de transport, « garant » des faits de son substitué, ne peut opposer à son client les limitations contractuelles de responsabilité si celui qu'il a choisi a commis une faute lourde. • Paris, 15 déc. 1986 : *BTL 1987. 171.* ♦ Sur la faute lourde du commissionnaire de transport et du transporteur substitué, V. • Com. 9 déc. 2008, n° 07-20.934 P : *D. 2009. AJ 93 ; RTD com. 2009. 434, obs. Bouloc ; JCP E 2009, n° 5, p. 42 ; RJDA 2009, n° 429.* ♦ Sur la faute lourde, V. aussi note 3 ss. art. L. 133-8. ♦ Le commissionnaire de transport qui sait, ou ne peut raisonnablement ignorer, que les marchandises qui lui sont confiées comportent un risque particulier de vol a l'obligation d'informer le voiturier de telle sorte que puissent être prises les mesures nécessaires à leur sécurité. Ayant retenu que le commissionnaire n'avait mentionné sur la lettre de voiture ni la nature de la marchandise ni leur valeur et n'avait donné aucune instruction quant à des précautions particulières à prendre, une cour d'appel a pu en déduire une faute personnelle à la charge du commissionnaire, en raison de laquelle il ne pouvait bénéficier de la limitation d'indemnisation, ainsi qu'il résulte de l'art. L. 132-5. • Com. 13 juill. 2010, n° 09-15.472 P : *D. 2010. Actu. 1935 ; RTD com. 2010. 778, obs. Bouloc ; JCP E 2010, n° 1836 ; RJDA 2010, n° 1153.*

16. *Obligation essentielle.* Il convient de rechercher si l'impossibilité de localiser les marchandises remises au transporteur pendant leur acheminement ne constituait pas un manquement de celui-ci à une obligation essentielle permettant de réputer non écrite la clause limitative d'indemnisation contenue non dans un contrat-type, s'agissant d'un commissionnaire de transport, mais dans la convention liant les parties. • Com. 5 juin 2007, n° 06-14.832 P : *R. 2007, p. 434 ; D. 2007. Pan. 2973, obs. Fauvarque-Cosson ; RTD com. 2008. 174, obs. Bouloc ; JCP 2007. II. 10145, note Houtcieff ; LPA 6 févr. 2008, obs. Houtcieff ; RJDA 2008, n° 271.* – Sur cet arrêt, V. aussi Paulin, *JCP E 2007, n° 41, p. 22* (le caractère essentiel de l'obligation de traçabilité : à quoi bon ?).

C. EXONÉRATION DE RESPONSABILITÉ

17. *Faute de l'expéditeur.* Le commissionnaire de transport a la possibilité de s'exonérer de sa responsabilité envers le destinataire ou son assureur subrogé s'il fait la preuve que le dommage résulte de la faute du chargeur. • Com. 3 oct. 1989, n° 87-18.479 P : *préc. note 4.* ♦ V., refusant de limiter la responsabilité du commissionnaire de transport en raison de la faute de l'expéditeur qui n'aurait pas spécialement attiré son attention sur la valeur de la marchandise transportée, alors que la cour d'appel aurait dû rechercher si le chauffeur ne pouvait stationner son véhicule sur une aire de stationnement éclairée ou dans un site clos et surveillé du commissionnaire : • Com. 30 juin 2004, n° 03-11.629 P : *JCP E 2004, n° 38, p. 1421.* – V. dans la même affaire : • Com. 27 nov. 2007, n° 06-20.620 P : *cité note 3 ss. art. L. 132-3.*

18. *Force majeure.* Sur le verglas, cas de force majeure, à condition qu'il soit cumulativement imprévisible et insurmontable, V. • Com. 6 févr. 1973, n° 71-13.436 P : *JCP 1973. II. 17501, note Rodière.* ♦ V. aussi à propos de la tempête de décembre 1999 : • Versailles, 30 oct. 2003 : *RJDA 2004, n° 405.* ♦ Jugeant que la simple constatation administrative de l'état de catastrophe naturelle ne suffit pas à caractériser la force majeure, V. • Civ. 3e, 10 déc. 2002, n° 01-12.851 P : *D. 2003. IR 106 ; RJDA 2003, n° 243.* ♦ V., admettant la force majeure, pour des wagons-citernes bloqués dans une gare par la SNCF, • Com. 26 févr. 1980, n° 77-14.299 P : *RTD com. 1981. 356, obs. Hémard.* ♦ En revanche, n'ont pas été jugées constitutives de force majeure : la guerre civile au Liban, événement connu au moment de la conclusion du contrat. • Paris, 9 févr. 1984 : *BTL 1985. 13.* – Comp. note 4 ss. art. L. 132-4. ♦ ... Une grève de dockers menaçant depuis treize jours. • Paris, 26 avr. 1984 : *ibid. 1985. 61.*

Saisis par l'expéditeur d'une marchandise, à l'égard du commissionnaire de transport, d'une demande de réparation du préjudice causé par le retard dû au fait du seul voiturier, les juges du fond ne peuvent, sans contradiction, d'une part, admettre, dans les relations entre le commissionnaire et le voiturier, la force majeure invoquée par ce dernier, et, d'autre part, rejeter cette même excuse, dans les rapports du commissionnaire avec l'expéditeur. • Com. 15 juin 1973, n° 72-10.636 P : *D. 1973. Somm. 131.*

19. *Vice de la chose.* Dès lors que le commissionnaire de transport est lui-même expéditeur et n'allègue pas la force majeure, il ne peut s'exonérer de sa responsabilité qu'en établissant le vice propre de la marchandise transportée, à condition que celui-ci constitue pour lui une cause étrangère. • Com. 20 janv. 1998, n° 95-20.705 P : *RJDA 1998, n° 595.* ♦ V., pour un *vice propre de la marchandise* (santé fragile d'une jument), qualifié de cause étrangère ne pouvant être imputée, au sens de l'art. 1147 [ancien] C. civ., au commissionnaire, • Paris, 14 déc. 1989 : *D. 1990. Somm. 269, obs. Rèmond-Gouilloud* . ♦ V. aussi notes 11 et 12 ss. art. L. 133-1.

II. ACTION EN PAIEMENT CONTRE LE COMMISSIONNAIRE

20. Auteur de l'action. En ce sens que l'expéditeur et le destinataire ayant adhéré au contrat de transport disposent chacun d'un droit d'action contre le commissionnaire de transport et ce, quels que soient les termes de la vente à l'origine du déplacement de la marchandise, V. • Versailles, 14 mai 1998 : *JCP E 1998, n° 40, p. 1524.* ♦ Le destinataire, subrogé dans les droits de l'expéditeur, est en droit d'obtenir la condamnation *in solidum* du commissionnaire et de son transporteur. • Paris, 21 mars 2002 : *BICC 2002, n° 1179.*

21. Commissionnaire subrogé. Jugeant qu'en indemnisant son commettant en réparation d'une avarie, en application de l'art. L. 132-5, un commissionnaire a exécuté son obligation légale de garantie et se trouve légalement subrogé dans les droits du destinataire pour agir à l'encontre du transporteur aérien. • Versailles, 4 sept. 2003 : *RJDA 2004, n° 158.*

22. Contrats internationaux. Les juges du fond ne peuvent retenir l'application de la loi française sur les seuls motifs que le transport avait été exécuté en partie en France et que la livraison avait eu lieu en France ; ils se devaient de procéder à une comparaison avec la loi allemande, s'agissant d'un commissionnaire ayant son siège social en Allemagne duquel il avait organisé l'opération de transport. • Com. 19 déc. 2006, n° 05-19.723 P : *D. 2007. Chron. C. cass. 1755, obs. Courbe* ; *RTD com. 2007. 628, obs. Delebecque* ; *JCP E 2007, n° 8, p. 25* ; *RJDA 2007, n° 449.*

Art. L. 132-6 Il est garant des faits du commissionnaire intermédiaire auquel il adresse les marchandises. – *[C. com., art. 99.]*

BIBL. ► RODIÈRE, *D. 1958. Chron. 217* (commissionnaires de transport successifs). – AYMERIC, *RTD com. 2009. 493* (sur le sous-commissionnaire de transport).

I. GARANTIE DU COMMISSIONNAIRE DU FAIT DE SES SUBSTITUÉS

A. CONDITIONS ET PORTÉE DE LA GARANTIE

1. Commissionnaires et actions visés. V. note 1 ss. art. L. 132-5.

2. Domaine de la garantie. Le commissionnaire de transport ne répond que de la partie du transport dont il s'est chargé. • Com. 16 mars 1981 : *BTL 1981. 316.*

3. Responsabilité du fait d'autrui. Le commissionnaire-chargeur ne peut s'exonérer de sa responsabilité en alléguant qu'il n'a commis aucune faute et en prouvant que la perte ou l'avarie est imputable au transporteur intermédiaire. • Civ. 9 juill. 1872 : *DP 1872. 1. 224* • Req. 3 juill. 1894 : *DP 1894. 1. 488.* ♦ Le commissionnaire de transport est responsable non seulement de ses propres fautes mais aussi de celles des transporteurs qu'il s'est substitués. • Com. 16 nov. 1993, n° 91-14.987 P : *BTL 1993. 915.* ♦ Il répond même de la faute lourde du transporteur. • Com. 14 janv. 1975, n° 73-13.359 P : *BTL 1975. 81.* ♦ Le commissionnaire de transport est, par application des art. 98, 99 et 103 [C. com., L. 132-5, L. 132-6 et L. 133-1], responsable du fait de son substitué envers son donneur d'ordre, notamment en cas de vol des marchandises, et s'il peut invoquer une clause contractuelle limitative de responsabilité, encore faut-il que son substitué n'ait pas commis une faute lourde exclusive de toute limitation de responsabilité. • Versailles, 20 juin 2000 : *JCP E 2000, n° 42, p. 1639.*

4. Illustrations. Sur la responsabilité relative au recouvrement du prix des marchandises, V. note 8 ss. art. L. 132-5. ♦ Sur la responsabilité du commissionnaire de transport en cas de perte survenue au cours d'un transport aérien, V. • Com. 28 févr. 1984, n° 82-12.780 P : *RTD com. 1985. 158, obs. Hémard et Bouloc.*

5. Absence de solidarité. Le commissionnaire de transport, garant des faits du commissionnaire ou du voiturier intermédiaire, n'est pas solidairement responsable avec eux des avaries ou des pertes survenues à la marchandise, alors du moins qu'aucune faute n'est relevée à sa charge. • Com. 5 déc. 1951 : *D. 1952. 449, note Goré.* ♦ Sur sa responsabilité solidaire en cas de faute, V. • Paris, 30 oct. 1944 : *D. 1945. 192, note Aubrun.*

B. LIMITATIONS DE RESPONSABILITÉ

6. Limitations de responsabilité du substitué. Le commissionnaire de transport, responsable en raison de la faute commise par l'un de ses substitués, bénéficie dans ce cas des limitations légalement prévues et applicables auxdits substitués (à propos d'un transport maritime régi par la L. n° 66-420 du 18 juin 1966, désormais codifiée au code des transports). • Com. 29 nov. 1994, n° 92-21.021 P : *D. 1995. IR 8.* ♦ Lorsqu'il est poursuivi par le commettant, à la suite de la perte du colis transporté, sur le fondement de la responsabilité du fait du transporteur substitué, le commissionnaire de transport bénéficie de la limitation de responsabilité instituée au profit du transporteur. • Com. 5 déc. 2006, n° 04-19.385 P : *D. 2007. AJ 222, obs. Delpech* ;

RTD com. 2007. 591, obs. Bouloc ; *JCP E 2007, n° 5, p. 23* ; *RJDA 2007, n° 612.* ♦ Comp., considérant qu'un commissionnaire de transport, garant envers son commettant du transporteur maritime qu'il s'est substitué, ne peut en cette qualité, ni opposer à l'ayant droit le caractère exclusif de la responsabilité du transporteur, ni se prévaloir des clauses limitatives de sa propre responsabilité personnelle, ni invoquer les limitations légales de responsabilité du transporteur maritime, dès lors que la faute inexcusable de celui-ci y fait échec. • Com. 27 oct. 1998, n° 96-16.387 P : *D. 1999. 427, note Ammar* ; *JCP E 1998, n° 50, p. 1953* ; *RJDA 1999, n° 41.* ♦ Comp., aussi jugeant que le commissionnaire de transport, tenu responsable du fait du transporteur aérien qu'il s'est substitué, sur le fondement de l'art. 99 [C. com., art. L. 132-6], ne peut se prévaloir à l'égard de son commettant des dispositions de l'art. 22 de la Conv. de Varsovie relatives à la limitation de responsabilité du transporteur aérien. • Paris, 18 juin 1992 : *JCP 1992. IV. 2850.* ♦ Si le commissionnaire de transport ne peut être tenu à l'égard de son commettant, au-delà de ce à quoi est tenu son substitué, il peut en aller différemment lorsqu'il a commis une faute personnelle dans l'accomplissement de la mission qui lui avait été confiée (à propos dudit art. 22 de la Conv. de Varsovie). • Com. 22 oct. 1996, n° 94-16.371 P. ♦ Le commissionnaire reconnu personnellement responsable de l'entier dommage ne peut opposer à la victime les plafonds d'indemnisation qu'il pourrait opposer en sa qualité de garant du fait de ses substitués. • Com. 30 juin 2015, n° 13-28.846 P : *RTD com. 2015. 741, obs. Bouloc* . ♦ Sur la faute personnelle, V. note 14.

Sauf clause limitant sa responsabilité propre, le commissionnaire de transport peut se voir opposer, par le transporteur commis, la limitation de responsabilité incluse dans le récépissé de livraison de la marchandise qu'il a remis au transporteur. • Com. 6 févr. 1996, n° 94-13.570 P : *D. Affaires 1996. 388.* ♦ Les conditions générales de la Fédération nationale des commissionnaires de transport n'ayant pas de caractère réglementaire, la limitation d'indemnité qu'elles contiennent, en cas de pertes ou avaries, ne peut être opposée par le commissionnaire substitué au commissionnaire principal, domicilié en Suisse, dès lors qu'elle n'avait pas été stipulée pour l'opération litigieuse ou à l'occasion de prestations antérieures. • Com. 20 févr. 1996, n° 93-18.739 P : *D. 1996. 290, note Delebecque* ; *JCP 1996. IV. 858.* ♦ V. aussi note 11.

C. EXONÉRATION DU COMMISSIONNAIRE

7. Substitué imposé au commissionnaire. Le commissionnaire de transport ne répond de plein droit de l'activité des agents ultérieurs du transport que dans la mesure où ceux-ci ont été librement choisis par ses soins ; lorsque le choix d'un transitaire a été imposé par l'expéditeur au commissionnaire, à qui aucune faute personnelle n'est reprochée, les juges sont fondés à décider que ce dernier n'est pas responsable du préjudice causé à l'expéditeur par le fait dudit transitaire. • Com. 4 déc. 1973, n° 72-13.097 P. – V. aussi • Lyon, 7 nov. 1974 : *BTL 1975. 46.* ♦ V., pour la responsabilité du commissionnaire dit « intermédiaire », • Paris, 12 mars 1975 : *BTL 180* • 20 mars 1975 : *ibid. 346* • 28 mars 1977 : *ibid. 1977. 348.*

En revanche, le commissionnaire ne peut dégager sa responsabilité en invoquant le fait que le choix du transporteur lui a été imposé par un organisme public bénéficiaire d'un monopole. • Com. 13 janv. 1987, n° 84-15.732 P • 11 févr. 2004, n° 01-16.651 P : *D. 2004. AJ 699* ; *JCP E 2004, n° 38, p. 1444, obs. Bon-Garcin* ; *RTD com. 2004. 395, obs. Delebecque* ; *RJDA 2004, n° 705.* ♦ V., dans le même sens, alors même que le commissionnaire a informé par lettre l'expéditeur de l'intervention nécessaire d'un agent imposé par une autorité locale : • Com. 5 déc. 1989, n° 88-11.387 : *D. 1990. Somm. 270, obs. Rèmond-Gouilloud* .

8. Exonération du transporteur substitué. Lorsque le transporteur est légalement exonéré d'un dommage subi par la marchandise, le commissionnaire l'est pareillement à l'égard de son commettant. • Aix-en-Provence, 18 avr. 1975 : *BTL 1975. 383.* ♦ V. aussi, pour une exonération du voiturier pour cause de force majeure, • Com. 6 févr. 1973, n° 71-13.436 P : *JCP 1973. II. 17501, note Rodière.*

II. ACTIONS EN RESPONSABILITÉ

A. ACTION DE L'EXPÉDITEUR OU DU DESTINATAIRE

9. Action contre le commissionnaire. Si le commissionnaire de transport est tenu envers son commettant en raison du fait de ses substitués, le commettant peut ne demander réparation qu'au commissionnaire de transport sur le fondement de l'art. 99 [C. com., art. L. 132-6], sans avoir à mettre en cause le transporteur en vertu de l'art. 103 [C. com., art. L. 133-1], aucune indivisibilité n'existant entre les deux actions. • Com. 6 janv. 1998, n° 95-21.307 P : *D. 1998. IR 36* . – V. rapp. Apollis, *RJDA 1998, p. 179.*

10. Action directe. L'expéditeur, ou le destinataire, est recevable à agir contre les commissionnaires ou voituriers intermédiaires qui ont concouru au transport. • Civ. 12 juin 1872 : *DP 1872. 1. 216* • 1er déc. 1896 : *DP 1897. 1. 561.* ♦ Toutefois, le voiturier intermédiaire ne répond que de son fait ; il ne peut donc être déclaré responsable de la perte ou de l'avarie extérieure d'un colis que s'il est établi qu'il l'a reçu du précédent transporteur, et de l'avarie antérieure que s'il est prouvé qu'elle s'est produite pendant la partie du transport qu'il a effectuée. • Civ. 13 avr.

1874 : *DP 1876. 1. 255* • 4 févr. 1914 : *DP 1916. 1. 141* • 23 janv. 1924 : *DH 1924. 162.* ♦ Il en est de même du dernier voiturier. • Civ. 21 janv. 1925 : *DP 1927. 1. 127.* ♦ ... A moins que le transport n'ait eu lieu en port dû, auquel cas ce voiturier, exerçant, pour le recouvrement du prix, les droits des voituriers antérieurs, doit subir les conséquences des faits qui engagent leur responsabilité. • Civ. 6 mai 1872 : *DP 1872. 1. 107* • Req. 6 janv. 1874 : *DP 1875. 5. 81* • Civ. 7 juill. 1924 : *DH 1924. 583.*

Il résulte de la lettre et de l'esprit de l'art. 101 [C. com., art. L. 132-8, dans sa rédaction antérieure à la L. n° 98-69 du 6 févr. 1998] que, lorsque le commissionnaire fait exécuter un transport (en l'occurrence un déménagement) par un sous-traitant, qui a nécessairement en la matière la qualité de sous-commissionnaire ou de voiturier, l'expéditeur peut agir directement contre celui-ci, même si son nom ne figure pas dans le titre de transport, sur le fondement de la seule responsabilité contractuelle, s'agissant d'une demande concernant un même contrat de transport. • Paris, 18 janv. 1995 : *D. 1995. IR 111.* ♦ V. désormais art. L. 132-8.

B. ACTION EN GARANTIE DU COMMISSIONNAIRE

11. Action récursoire. Le commissionnaire de transport peut agir contre le transporteur en réparation du préjudice subi par son commettant, même s'il ne l'a pas encore indemnisé, faute d'action principale exercée par ce dernier. • Com. 4 nov. 1977, ☖ n° 76-13.024 P : *D. 1978. IR 164* • 18 déc. 1978, ☖ n° 76-12.801 P : *D. 1979. IR 135.* ♦ Toutefois, le commissionnaire ne peut agir en garantie contre le transporteur qu'à concurrence des sommes qu'il a lui-même payées à son commettant et son action doit être rejetée dès lors qu'il a été indemnisé par son assureur et ne justifie pas avoir indemnisé le destinataire. • Rouen, 14 mai 1980 : *BTL 1980. 331.* ♦ Le commissionnaire exerçant l'action directe contre le transporteur doit prouver qu'il a dédommagé l'ayant droit ou s'est engagé à le faire. • Com. 4 mai 1982, ☖ n° 78-14.406 P : *D. 1982. IR 482* • 14 juin 1994, ☖ n° 92-18.381 P. – V. aussi • Com. 2 févr. 1993, ☖ n° 91-14.705 P : *D. 1993. 588, note B. M.* ✎ (à propos d'un commissionnaire qui s'était substitué un autre commissionnaire intermédiaire) • 23 sept. 1982 : *BTL 1982. 548* • 4 oct. 1982, ☖ n° 80-11.547 P : *ibid. 549* • 22 avr. 1997, ☖ n° 94-15.241 P. ♦ Le commissionnaire de transport n'a pas à justifier d'une subrogation dans les droits de son client pour *agir en garantie* contre le voiturier. • Com. 13 juin 1989, ☖ n° 87-15.767 : *BTL 1989. 527* • Reims, 22 mai 1996 : *D. 1998. Somm. 320, obs. Mercadal* ✎. ♦ V. aussi • Com. 31 mars 1998, ☖ n° 96-12.897 : *LPA 19 mai 1998, note Humann.* ♦ Les dommages subis par une machine transportée s'étant produits au cours de l'exécution du contrat de manutention conclu entre le manutentionnaire et le commissionnaire substitué en sa qualité de mandataire substitué du commettant, la responsabilité du manutentionnaire ne peut être recherchée par l'assureur, subrogé dans les droits du commettant, que sur le fondement contractuel. • Com. 20 févr. 1996, ☖ n° 93-18.739 P : *préc. note 6.*

Lorsque à la suite de pertes ou dommages résultant d'un transport maritime le commissionnaire de transport est assigné par son commettant en tant que garant du fait du transporteur maritime qu'il s'est substitué, il a qualité pour agir, dans le délai de trois mois, en responsabilité à l'encontre de celui-ci, par la voie d'un appel en garantie, quand bien même le commettant figurerait comme chargeur au connaissement, dès lors que c'est le commissionnaire qui, en tant que chargeur réel ayant conclu le contrat de transport maritime et du fait de la garantie qu'il assume, à ce titre envers son client, supporte le préjudice. • Com. 2 févr. 1999, ☖ n° 96-17.915 P : *D. 2000. 295, obs. Mercadal* ✎.

12. Preuve de la responsabilité du substitué. Le commissionnaire a la charge de la preuve de la responsabilité de son substitué dans l'avarie subie par la marchandise. Cette preuve n'est pas rapportée lorsqu'il n'est pas démontré que les réserves mentionnées dans la lettre de transport à l'arrivée n'ont pas été, en réalité, rajoutées postérieurement et qu'une lettre de confirmation a effectivement été adressée. • Paris, 18 juin 1992 : *préc. note 6.*

13. Défaut d'information du substitué. Justifie légalement sa décision de débouter le commissionnaire principal de transport, condamné à réparer le préjudice de l'expéditeur, de son appel en garantie dirigé contre le commissionnaire substitué, la cour d'appel qui retient que le commissionnaire principal n'a pas communiqué à son substitué les informations nécessaires à la bonne exécution du transport, dès lors qu'elle a ainsi établi le manquement personnel du commissionnaire principal non au regard de son obligation de conseil mais d'information. • Com. 22 févr. 1994, ☖ n° 92-13.138 P.

14. Faute personnelle du commissionnaire. La faute personnelle du commissionnaire de transport lui interdit d'obtenir la garantie des voituriers. • Rouen, 16 mars 1995 : *JCP 1995. IV. 1830.* ♦ Ayant relevé que le vol de la marchandise avait comme origine le refus par le destinataire d'accepter la marchandise en raison d'une erreur dans la préparation de la commande commise par le commissionnaire qui a conduit le transporteur à reprendre puis entreposer la marchandise dans ses locaux où elle a été volée, une cour d'appel a ainsi caractérisé un lien de causalité entre la faute du commissionnaire et le préjudice, et a ainsi légalement justifié sa décision condamnant le commissionnaire. • Com. 12 avr. 2005, ☖ n° 03-19.638 P : *D. 2005. Pan. 2753, obs.*

Kenfack ; *RTD com. 2005. 828, obs. Bouloc* ; *JCP E 2005, n° 26, p. 1119* ; *RJDA 2005, n° 977.*

15. Partage de responsabilité. Le commissionnaire de transport répondant envers le commettant non seulement de ses propres fautes mais aussi de celles des transporteurs qu'il s'est substitués, il convient de tenir compte dans la condamnation du commissionnaire de la part de préjudice provenant de la faute du transporteur. • Com. 12 avr. 2005, n° 03-19.638 P : *préc. note 14.* ♦ Un partage de responsabilité est sans incidence sur l'application du plafond d'indemnisation prévu par le contrat type. • Même arrêt.

Art. L. 132-7 La marchandise sortie du magasin du vendeur ou de l'expéditeur voyage, s'il n'y a convention contraire, aux risques et périls de celui à qui elle appartient, sauf son recours contre le commissionnaire et le voiturier chargés du transport. – *[C. com., art. 100.]*

Charge des risques. Les clauses franco-frontière, qui ne concernent que les frais de transport, n'ont pas pour effet de différer le transfert de propriété, et sont, dès lors, sans incidence sur les risques du transport, lesquels sauf convention contraire restent soumis à l'art. 100 [C. com., art. L. 132-7]. • Com. 23 juin 1998, n° 96-17.171 P.

Art. L. 132-8 La lettre de voiture forme un contrat entre l'expéditeur, le voiturier et le destinataire ou entre l'expéditeur, le destinataire, le commissionnaire et le voiturier. Le voiturier a ainsi une action directe en paiement de ses prestations à l'encontre de l'expéditeur et du destinataire, lesquels sont garants du paiement du prix du transport. Toute clause contraire est réputée non écrite. – *[C. com., art. 101.]*

Sur l'action directe en matière de contrat de transports de déménagement, V. C. consom., art. L. 224-64, ss. art. L. 133-9.

BIBL. ► ZERBO, *D. 2001. 2290* (privilège et droit de rétention du voiturier : halte à la confusion). – BON-GARCIN, *RJDA 2002, p. 1039* (action en paiement du prix du transport). – F. PETIT, *JCP E 2004, n° 26, p. 1044* (nature de l'action du transporteur impayé). – HÉCART, *D. 2006. 1821* (action directe du voiturier : sagacité ou maladresse ?). – PAULIN, *JCP E 2012, n° 1674* (autonomie de la garantie de paiement du transporteur). – TSIAKLAGKANOU, *D. 2020. 2137* (blockchain et transport routier).

1. Application dans le temps. La L. n° 98-69 du 6 févr. 1998 n'est pas applicable aux contrats conclus antérieurement à son entrée en vigueur. • Com. 10 mai 2005, n° 03-17.618 P : *D. 2005. Pan. 2748, obs. Kenfack* ; *JCP E 2005, n° 46, p. 1927, obs. C. L.* ; *RJDA 2005, n° 973.* – V. aussi note 2.

I. RESPONSABILITÉ CONTRACTUELLE DU TRANSPORTEUR

A. PARTIES AU CONTRAT DE TRANSPORT

2. Destinataire. Dès lors qu'il est établi qu'une société est destinataire de la marchandise transportée, il en résulte qu'elle est partie à un contrat de transport, peu important que la lettre de voiture ne comporte pas toutes les mentions imposées par l'art. L. 132-9 C. com. • Com. 15 mars 2005, n° 03-19.295 P : *D. 2005. 1161, note Tosi* ; *RTD com. 2005. 827, obs. Bouloc* ; *JCP E 2005, n° 44-45, p. 1866, obs. Bon-Garcin* ; *RJDA 2005, n° 695.* ♦ L'expéditeur, le transporteur et le destinataire sont parties à une convention ayant pour objet la même opération de transport. • Com. 10 janv. 2006, n° 04-12.120 P : *D. 2006. AJ 442, obs. Chevrier* ; *RTD com. 2006. 658, obs. Bouloc* ; *JCP E 2006, n° 35, p. 1419, obs. Bon-Garcin* ; *BRDA 2006, n° 22, p. 5.* – V. aussi : • Com. 26 sept. 2006, n° 04-14.029 P : *cité note 10.*

Avant la L. n° 98-69 du 6 févr. 1998, le destinataire ne devenait partie au contrat de transport qu'à la livraison des marchandises : • Com. 18 mars 2003, n° 01-11.495 P : *D. 2003. AJ 1164, obs. Chevrier* ; *JCP E 2003, n° 23, p. 932* ; *RTD com. 2003. 562, obs. Bouloc* ; *RJDA 2003, n° 830* • Dijon, 24 sept. 2002 : *JCP E 2003, n° 10, p. 395.* ♦ Sur l'absence d'effet légal du contrat de transport, V. note 1.

3. Destinataire intermédiaire. En l'absence de lettre de voiture, celui qui reçoit la marchandise et l'accepte sans indiquer agir pour le compte d'un mandant est garant du paiement du prix du transport envers le voiturier. • Com. 22 janv. 2008, n° 06-11.083 P : *D. 2008. AJ 471, obs. Delpech* ; *RTD com. 2008. 618, obs. Bouloc* ; *JCP E 2008, n° 40, p. 29, obs. Bailly-Hascoët* ; *RJDA 2008, n° 651.* ♦ Celui qui, figurant sur la lettre de voiture en tant que destinataire, reçoit la marchandise et l'accepte sans indiquer agir pour le compte d'un mandant est garant du paiement du prix du transport envers le voiturier. • Com. 22 janv. 2008, n° 06-15.957 P : *D. 2009. Pan. 973, obs. Kenfack* ; *RTD com. 2008. 618, obs. Bouloc* ; *JCP E 2008, n° 40, p. 29, obs. Bailly-Hascoët* ; *RJDA 2008, n° 651.* ♦ Même s'il ne figure pas en qualité de destinataire sur la lettre de voiture, celui qui reçoit la marchandise et l'accepte sans indiquer agir pour le compte d'un mandant est garant du paiement du prix du transport envers le voiturier. • Com. 15 avr. 2008, n° 06-11.083 P : *D. 2009. 475, note Haftel* ; *RTD com. 2008. 847, obs. Bouloc* ; *JCP E 2008, n° 24, p. 34* ; *RJDA 2008, n° 909.*

Dès lors que les lettres de voiture mentionnent explicitement, sans précisions ou réserves, comme destinataire, la société contre laquelle le transporteur intente l'action directe, et, d'autre part, comportent toutes, dans la rubrique « émargement destinataires », le cachet de cette entreprise, cette dernière est bien ainsi le destinataire au sens de l'art. L. 132-8, peu important qu'après réception des colis transportés, elle ait ensuite, en vertu d'autres accords, finalement livré ces marchandises à un tiers. • Paris, 18 déc. 2003 : *D. 2004. AJ 698* . ♦ Au regard du contrat de transport, a seul qualité de destinataire celui qui figure comme tel sur le document de transport ; c'est donc le destinataire désigné par l'expéditeur que le transporteur a seul à connaître, même s'il sait qu'il n'est pas le destinataire final. • Lyon, 12 janv. 2006 : *BICC 2006, n° 818.* – V. aussi • Rouen, 18 mai 2006 : *JCP E 2006, n° 35, p. 1420, obs. Letacq.* ♦ L'art. L. 132-8 n'opérant pas de distinction entre destinataire réel, intermédiaire, final ou de transit..., toutes notions qui lui sont étrangères, est destinataire celui à qui est remise physiquement la marchandise à l'issue du déplacement confié au transporteur exerçant l'action directe et qui l'a acceptée. • Orléans, 11 mai 2006 : *RJDA 2006, n° 1138* (plate-forme logistique). ♦ Le second transporteur qui a reçu la marchandise des mains d'un premier transporteur est destinataire de celle-ci et peut être actionné en paiement du prix du transport par le premier transporteur. • Paris, 22 févr. 2007 : *RD transp. 2007, n° 76, obs. Paulin.* ♦ Pour la qualification de destinataire intermédiaire d'un dépôt de presse, V. • Paris, 27 mars 2008 : *BRDA 2008, n° 13, p. 6.*

4. Expéditeur. Il résulte de l'art. L. 132-8 que le transporteur doit apporter la preuve de la qualité d'expéditeur ou de destinataire de celui qu'il a assigné en garantie de paiement du prix du transport. • Com. 13 févr. 2007, n° 05-18.590 P : *D. 2007. AJ 725, obs. Delpech* ; *RTD com. 2007. 592, obs. Bouloc* ; *JCP E 2007, n° 40, p. 28, obs. Bon-Garcin* ; *RJDA 2007, n° 1093.* ♦ Si la société, auprès de laquelle le transporteur était venu chercher la marchandise, a tenu le rôle de « remettant », le transporteur ne rapporte cependant pas la preuve de la qualité d'expéditrice de celle-ci. • Même arrêt. ♦ L'action directe en paiement du prix du transport ne peut être exercée, sur le fondement de l'art. L. 132-8, par le transporteur *non réglé à l'encontre du vendeur* « départ usine » de la marchandise transportée, dès lors que celui-ci n'a pas la qualité d'expéditeur et que le transporteur ne l'ignorait pas. • Orléans, 14 sept. 2007 : *RJDA 2008, n° 656.* – V. aussi • Rouen, 6 déc. 2007 : *RD transp. 2008, n° 58, obs. Paulin.* ♦ Ayant relevé qu'une société, qui figure comme expéditrice sur les quatre lettres de voiture qu'elle a signées, a cependant vendu la marchandise transportée à la société X suivant l'incoterm EXW, c'est-à-dire « départ usine », qui désigne une vente au départ, dans laquelle le vendeur n'est pas l'expéditeur puisque c'est à l'acheteur d'assurer le transport, l'arrêt en déduit que la société X, acheteur, cumulait les positions d'expéditeur et de destinataire (rejet de l'action en paiement dirigée contre le vendeur en vertu de l'art. L. 132-8). • Com. 28 oct. 2008, n° 07-20.786 : *D. 2009. Pan. 974, obs. Kenfack* ; *JCP E 2009, n° 41, p. 26, obs. Fl. Petit.* – V. aussi • Com. 11 oct. 2011, n° 10-20.455 : *JCP E 2011, n° 1914, note Dupont-Legrand.* ♦ Dès lors qu'il est relevé qu'une société a mis en place une logistique pour le transport de bout en bout des téléphones qu'elle fabriquait et qu'à cette fin, elle avait conclu un contrat de commission avec un transporteur qui lui a entièrement facturé le prix de sa prestation, il en résulte que seule la société était l'expéditeur des marchandises, ayant seul qualité pour agir en réparation. • Com. 19 mai 2015, n° 14-11.065 P : *D. 2015. Actu. 1151* ; *AJCA 2015. 373, obs. Lévy* ; *RTD com. 2015. 583, obs. Bouloc* ; *JCP E 2015, n° 1282* ; *RJDA 2015, n° 656.* ♦ Après avoir constaté que la lettre de voiture mentionnait la société, qui y avait apposé son cachet et sa signature, en qualité d'expéditeur/remettant, l'arrêt retient que celle-ci avait elle-même chargé, à l'aide de moyens de manutention spéciaux lui appartenant, les marchandises à l'intérieur du conteneur remis au transport ; que par ces constatations et appréciations, la cour d'appel a fait ressortir qu'en dépit du choix par les parties au contrat de vente de l'Incoterm *Ex works*, la société avait assumé la responsabilité des opérations de chargement de sorte qu'elle devait répondre des conséquences dommageables de leur exécution défectueuse. • Com. 13 sept. 2016, n° 14-23.137 P : *D. 2016. Actu. 1813* ; *AJ contrat 2016. 498, obs. Fleuris* ; *JCP E 2016, n° 1531* ; *RJDA 2016, n° 849.*

5. Manutention. La manutention étant indissociable du contrat de transport, en raison de son caractère accessoire, il convient de faire application de l'art. 101 [ancienne rédaction] et de considérer que, le manutentionnaire ayant été requis par le commissionnaire, le recours direct de l'expéditeur contre cet opérateur relève de la responsabilité contractuelle. • Com. 11 juin 1996, n° 93-21.075 P : *JCP 1996. IV. 1800.* ♦ V. aussi note 33 ss. art. L. 133-6. ♦ Dès lors qu'il n'est pas établi que les opérations de manutention ont été accomplies avant la prise en charge du matériel par le transporteur, elles ne font pas partie du contrat de transport. • Paris, 21 janv. 1998 : *JCP E 1999, n° 16, p. 715, obs. D. M.*

B. ACTION EN RESPONSABILITÉ

6. Nature contractuelle de l'action. Le destinataire, qui est en droit de réclamer au transporteur maritime la réparation des avaries subies par la marchandise livrée, exerce, même si les clauses attributives de compétence territoriale figurant sur l'ordre de mouvement ne lui sont pas opposables faute d'avoir été portées à sa connaissance et d'avoir été acceptées par lui, une action en responsabilité contractuelle sur le fondement de la convention de transport. • Com. 18 oct. 1994, n° 92-16.861 P : *JCP 1995. I. 3853, n° 1, obs. Viney.* ♦ V. aussi, censurant les juges du fond pour refus d'application de l'art. L. 132-8, et jugeant que l'action pour avarie du destinataire contre le transporteur est une action contractuelle : • Com. 4 mars 2008, n° 07-11.728 P : *D. 2008. AJ 845, obs. Delpech ; RTD com. 2008. 846, obs. Bouloc ; JCP E 2008, n° 16, p. 28 ; RJDA 2008, n° 652.* ♦ De même, jugeant que l'action du destinataire, partie au contrat de transport, pour perte de marchandise, contre le transporteur, est une action contractuelle : • Com. 1er avr. 2008, n° 07-11.093 P : *D. 2008. AJ 1140, obs. Delpech ; JCP E 2008, n° 21, p. 31 ; RJDA 2008, n° 911.*

7. *Clause attributive de compétence.* Le consentement du destinataire au contrat de transport ne s'étend pas à la clause attributive de compétence qui, insérée dans la lettre de voiture, ne fait pas partie de l'économie du contrat et doit être acceptée par lui. • Com. 4 janv. 2005, n° 03-17.677 P : *D. 2005. Pan. 2749, obs. Kenfack ; RTD com. 2005. 589, obs. Bouloc ; JCP 2005. II. 10067, note Legros ; RJDA 2005, n° 377.* – V. aussi • Com. 18 oct. 1994, n° 92-16.861 P : *préc. note 6.* – Comp. • Com. 10 janv. 2006, n° 04-12.120 P : *préc. note 2.* ♦ V. aussi, jugeant que pour être opposable la clause de juridiction doit présenter un caractère contractuel et être acceptée par les parties, • Paris, 10 nov. 1999 : *Gaz. Pal. 3-5 févr. 2002. Somm. 21.*

8. *Juridiction compétente.* La lettre de voiture n'ayant pas pour objet l'organisation d'un service public, ne faisant pas participer le transporteur à l'exécution d'un service public dans le transport de marchandises concernées, et ne comportant aucune clause exorbitante du droit commun, ce document ne fait naître entre les parties que des rapports de droit privé ; dès lors, l'action prévue par l'art. L. 132-8 ne relève pas de la compétence du tribunal administratif. • TA Amiens, 14 oct. 2008 : *AJDA 2009. 221* . ♦ Le juge administratif est compétent pour statuer sur l'action directe en paiement de prestations de transport effectuées par un voiturier sous-traitant de la société de transports à laquelle elles avaient été commandées dans le cadre d'un marché public de transport. • T. confl. 19 nov. 2012, n° 3874 P : *AJDA 2013. 298, note Martin ; Procédures 2013, n° 57, obs. Deygas.* ♦ Pour rejeter l'exception d'incompétence au profit de la juridiction administrative, le jugement énonce qu'est établie l'existence de lettres de voiture, dont le commissionnaire est une société et le destinataire, une commune, et que la juridiction judiciaire doit, en conséquence, se reconnaître compétente ; en se déterminant ainsi, sans rechercher, comme il le lui était demandé, si le contrat de transport litigieux avait pour objet l'exécution de travaux publics et revêtait, par suite, un caractère administratif, de sorte que l'action directe exercée par le voiturier ressortissait à la juridiction administrative, le tribunal d'instance n'a pas donné de base légale à sa décision. • Civ. 1re, 31 janv. 2018, n° 16-21.771 P : *RTD com. 2018. 456, obs. Bouloc ; AJDA 2018. 247, obs. de Montecler* .♦ Estimant compétente la juridiction judiciaire, le contrat n'ayant pas un caractère administratif : • T. confl. 9 déc. 2019, n° 4164 P : *AJDA 2019. 2523, obs. Maupin ; JCP E 2020, n° 1332, spéc. n° 3, obs. Bon-Garcin ; RJDA 2020, n° 266.*

II. GARANTIE DU PAIEMENT DU PRIX

9. *Transports internationaux.* L'art. L. 132-8 n'est pas une loi dont l'observation est nécessaire pour la sauvegarde de l'organisation politique, sociale et économique du pays au point de régir impérativement la situation quelle que soit la loi applicable et de constituer une loi de police. • Com. 13 juill. 2010, n° 10-12.154 P : *D. 2010. 2339, note Da Silva ; RTD com. 2010. 779, obs. Bouloc ; JCP E 2010, n° 1937, note Chabert ; RJDA 2010, n° 1152* (sur renvoi : • Montpellier, 11 mai 2011 : *RD transp. 2011, n° 179, obs. Paulin*) • Rennes, 1er juin 2010 : *JCP E 2010, n° 1772, spéc. n° 9, obs. Bon-Garcin* • Bordeaux, 26 janv. 2010 : *RTD com. 2010. 626, obs. Delebecque* . ♦ L'art. L. 132-8 est une disposition d'ordre public interne de protection ; il ne répond pas à la définition de la loi de police, n'ayant pas un caractère « internationalement impératif » de nature à écarter le droit anglais dont l'application a été décidée selon les critères des art. 4. 4 et 4. 5 de la Convention de Rome. • Rennes, 5 sept. 2006 : *RTD com. 2007. 265, obs. Delebecque ; RLDA nov. 2006. 69, note Nourissat.* – V. aussi • Com. 18 sept. 2012, n° 11-20.789 P : *D. 2012. 2930, note Haftel ; RTD com. 2012. 842, obs. Bouloc ; JCP E 2012, n° 1626.* ♦ La Convention internationale de transport de marchandises par route du 19 mai 1956, dite CMR, étant muette sur l'action directe du transporteur à l'encontre du destinataire, il convient, par application de l'art. 4 de la Convention de Rome du 19 juin 1980, de la soumettre à la loi avec laquelle le contrat présente les liens les plus étroits (en l'espèce l'art. L. 132-8). • Com. 24 mars 2004, n° 02-16.573 P : *D. 2005. Pan. 2756, obs. Kenfack ; JCP E 2004, n° 30, p. 1208, note Delebecque ; RTD com. 2004. 805, obs. Bouloc ; RJDA 2004, n° 977.* – Sur cet arrêt, V. aussi note 1 ss. art. L. 133-6. ♦ Dans le même sens : • Versailles, 3 avr. 2003 : *RTD com. 2003. 848, obs. Delebecque* • TGI Thionville, 22 janv. 2004 : *ibid. 2004. 640, obs. Delebecque* • Paris, 29 juin 2005 : *ibid. 2005. 872, obs. Delebecque*

• Com. 7 mars 2006, n° 04-13.358 : *RTD com. 2006. 701, obs. Delebecque ; RJDA 2006, n° 1020.* ♦ C'est sur le fondement de l'art. L. 132-8 C. com., et non sur l'art. 32-1 de la Convention du 19 mai 1956, qu'il convient de fixer le délai de prescription annale, dans la mesure où, si cette convention s'applique au transport international, elle ignore l'action directe en paiement de l'expéditeur, ce qui conduit à l'écarter dans toutes ses composantes. • Aix-en-Provence, 6 déc. 2007 : *BICC 15 avr. 2008, n° 704.* ♦ Comp. retenant que l'art. L. 132-8 n'est pas applicable en matière de transports internationaux et que les obligations du destinataire doivent s'apprécier au regard de la Convention de Genève du 19 mai 1956, V. • Com. 26 nov. 2002, n° 00-21.612 P : *JCP E 2003, n° 4, p. 154 ; RTD com. 2003. 211, obs. Delebecque ; RJDA 2003, n° 383.* – V. aussi • Com. 1er mars 2016, n° 14-22.608 : *D. 2016. 988, note Allain ; RJDA 2016, n° 616.*

A. PORTÉE DE LA GARANTIE

10. Preuve du prix. L'expéditeur, le transporteur et le destinataire étant parties à une convention ayant pour objet la même opération de transport, le prix dont le destinataire est garant du paiement auprès du transporteur est celui convenu entre ce dernier et l'expéditeur. • Com. 10 janv. 2006, n° 04-12.120 P : *préc. note 2.* ♦ Ayant relevé que le transporteur n'apportait pas la preuve de ce prix convenu, un tribunal a légalement justifié sa décision rejetant la demande en paiement du transporteur dirigée contre le destinataire. • Même arrêt. ♦ Le transporteur ne rapportant pas la preuve du prix facturé par le commissionnaire au destinataire et partant, celle du prix convenu antérieurement, pour ce transport, entre le transporteur et le commissionnaire de transport, expéditeur de la marchandise, il doit être débouté de son action en paiement. • Com. 26 sept. 2006, n° 04-14.029 P : *R. 2006, p. 390 ; D. 2006. AJ 2529, obs. Delpech ; RTD com. 2007. 442, obs. Bouloc ; JCP E 2006, n° 43-44, p. 1837 ; CCC 2007, n° 5 ; RJDA 2007, n° 348.* ♦ Les juges doivent rechercher si, pour l'exercice de l'action en garantie du paiement du prix du transport dirigée contre le destinataire, le transporteur ne justifiait pas du prix convenu avec l'expéditeur par l'envoi d'une facture à celui-ci. • Com. 30 oct. 2012, n° 11-22.917 P : *D. 2012. Actu. 2591, obs. Delpech ; RTD com. 2013. 135, obs. Bouloc ; RJDA 2013, n° 231.* ♦ Sur la preuve du contrat de transport en l'absence de lettre de voiture, V. • Com. *22 janv. 2008, n° 06-11.083 P : préc. note 3.*

11. Transport franco de port. Le destinataire est garant du paiement du prix du transport franco de port envers le voiturier alors même qu'il s'est déjà acquitté de sa facture auprès de l'expéditeur. • Com. 15 mars 2005, n° 03-19.295 P : *préc. note 2.*

B. ACTION DIRECTE DU TRANSPORTEUR

12. Condition de l'action directe. Le voiturier s'entend du professionnel qui effectue personnellement la prestation de déplacement de la marchandise. • Com. 18 mars 2014 n° 12-29.524 P : *D. 2014. Pan. 2273, obs. Kenfack ; AJCA 2014. 130, note Godin et Decour ; RTD com. 2014. 393, obs. Bouloc ; RJDA 2014, n° 693* • 24 janv. 2018, n° 16-21.284 : *D. 2018. Pan. 1414, obs. Kenfack ; AJ contrat 2018. 142, obs. Delebecque ; RJDA 2018, n° 318.* ♦ Le voiturier qui exécute, en qualité de substitué, l'expédition, a une action directe en paiement de ses prestations contre l'expéditeur, garant du prix du transport sauf si ce dernier a interdit à son cocontractant toute substitution. • Com. 28 janv. 2004, n° 02-13.912 P : *D. 2004. 944, note Tosi ; JCP E 2004, n° 18, p. 722, note Delebecque ; CCC 2004, n° 54, obs. Leveneur ; RTD com. 2004. 588, obs. Bouloc ; RJDA 2004, n° 704.* ♦ Il résulte de l'art. L. 132-8 que ne peut être opposée au transporteur substitué exerçant l'action directe contre l'expéditeur que l'interdiction de substitution dont ce voiturier a eu ou aurait dû avoir connaissance. • Com. 13 juin 2006, n° 05-16.921 P : *D. 2006. 1967, note Tosi ; RTD com. 2007. 225, obs. Bouloc ; JCP E 2007, n° 40, p. 28, obs. Bon-Garcin ; RJDA 2006, n° 1218* • Orléans, 28 juin 2007 : *RJDA 2008, n° 650.* ♦ L'action directe ouverte au voiturier contre le destinataire, partie au contrat de transport, n'est pas subordonnée par les dispositions légales à la constatation préalable d'un obstacle définitif au recouvrement de la créance du voiturier à l'encontre de l'expéditeur. • Paris, 18 déc. 2003 : *préc. note 3.* ♦ Jugeant que le voiturier qui n'a pas été réglé de ses prestations peut en exiger directement le paiement auprès de l'expéditeur, qui n'est pas fondé à lui opposer les paiements faits par lui antérieurement au commissionnaire, même s'il ignorait, lors de ces paiements, l'existence du transporteur. • Com. 26 nov. 2002, n° 01-01.056 P : *JCP E 2003, n° 4, p. 154 ; RJDA 2003, n° 382.* ♦ Rappr., s'agissant de l'action de l'expéditeur contre le voiturier alors que son nom ne figure pas dans le titre de transport : • Paris, 18 janv. 1995 : *D. 1995. IR 111.* ♦ Le destinataire est garant du paiement du prix du transport alors même que l'expéditeur a déjà fait un premier versement entre les mains du commissionnaire. • Com. 4 févr. 2003, n° 01-11.031 P : *JCP E 2003, n° 13, p. 541 ; RJDA 2003, n° 719.* ♦ *Contra,* s'agissant de l'action du sous-mandataire contre le mandant initial, • Com. 3 déc. 2002, n° 00-18.988 P : *D. 2003. 786, note Mallet-Bricout ; JCP E 2003, n° 36, p. 1381, obs. Bon-Garcin ; CCC 2003, n° 55, obs. Leveneur ; RTD com. 2003. 214, obs. Delebecque ; RJDA 2003, n° 486.* – Pour un parallèle avec la situation du mandataire substitué, V. les notes ss. C. civ., art. 1994. – **C. civ.**

13. Commissionnaire subrogé. Lorsque le commissionnaire de transport a réglé le prix des transports aux voituriers, il est subrogé dans leurs droits (C. civ., anc. art. 1251, 3°) et comme tel fondé à actionner directement le destinataire en paiement. • Com. 2 juin 2004, n° 02-20.535 P : *D. 2004. 2492, note Bon-Garcin* ; *JCP E 2004. II. 10185, note Planckeel ; CCC 2004, n° 120, obs. Leveneur ; RJDA 2004, n° 1213 ; RTD com. 2005. 163, obs. Bouloc* . ♦ L'exercice de l'action directe du commissionnaire n'est pas subordonné à la preuve de la défaillance de son donneur d'ordre. • Orléans, 19 janv. 2006 : *D. 2007. Pan. 117, obs. Kenfack* ; *RJDA 2006, n° 407.* ♦ La subrogation n'a lieu qu'à concurrence de la somme versée au transporteur, laquelle ne peut comprendre que le prix du transport à l'exclusion de la marge bénéficiaire et de la commission du commissionnaire. • Même arrêt. ♦ Mais encore faut-il que le commissionnaire apporte la preuve du paiement du transporteur pour exercer l'action directe à l'encontre de l'expéditeur ou du destinataire. • Com. 9 mai 2007, n° 06-13.499 : *RD transp. 2007, n° 152, obs. Bon-Garcin.*

14. Expéditeur subrogé. L'expéditeur, subrogé dans les droits du transporteur substitué pour l'avoir payé de son fret, n'acquiert, du fait de cette subrogation, ni la garantie de paiement exclusivement réservée au transporteur, ni aucun droit à l'égard du cessionnaire. • Com. 13 nov. 2007, n° 06-18.978 P : *D. 2007. AJ 3004, obs. Delpech* ; *RTD com. 2008. 410, obs. Bouloc* ; *JCP 2007. IV. 3291.* ♦ Celui qui est subrogé dans les droits du voiturier pour l'avoir payé de son fret n'acquiert pas, du fait de cette subrogation, la garantie de paiement instituée par l'art. L. 132-8, réservée exclusivement au transporteur. • Com. 22 janv. 2008, n° 06-19.423 P : *D. 2009. 475, note Haftel* ; *RTD com. 2008. 618, obs. Bouloc* ; *JCP 2008. II. 10073, note Delebecque ; RJDA 2008, n° 651.* ♦ Exclusivement réservée au transporteur qui exécute matériellement le déplacement de la marchandise, que le législateur a entendu seul protéger, l'action directe en paiement du prix du transport prévue par l'art. L. 132-8 ne peut être transmise au cessionnaire de la créance de ce prix, de sorte que, ne pouvant lui-même l'exercer, le cessionnaire n'a pu, de son fait, priver la caution d'un droit préférentiel dans lequel elle aurait pu être subrogée. • Com. 29 mai 2019, n° 17-24.845 P : *D. 2019. Actu. 1165* ; *JCP E 2019, n° 1314 ; AJ contrat 2019. 352, obs. Paulin* ; *RJDA 2019, n° 657.*

15. Faute du transporteur. L'exercice de l'action directe prévue par l'art. L. 132-8 ne suppose pas l'absence de faute de la part du transporteur qui l'exerce. • Orléans, 22 févr. 2007 : *RJDA 2007, n° 1230.* ♦ Mais l'attitude du transporteur, qui ne s'est nullement inquiété du non-paiement de ces traites à leurs échéances et qui a poursuivi pendant plusieurs mois ses prestations de transport sans tenter aucun recouvrement à l'égard de l'expéditeur, empreinte de négligence et de légèreté, se trouve être en grande partie à l'origine du préjudice subi par le destinataire actionné en vertu d'une action directe et qui se trouve contraint de régler à nouveau des frais de transport déjà inclus dans le prix des marchandises qu'il avait payées. • Colmar, 12 nov. 2003 : *JCP 2004. IV. 2595* (dommages-intérêts alloués au destinataire). ♦ Sur les conséquences de la mauvaise foi du transporteur qui connaissait les difficultés de trésorerie de son donneur d'ordre, V. • Douai, 17 janv. 2008 : *RD transp. 2008, n° 171, obs. Ch. P.* ♦ Les dispositions de l'art. L. 132-8 excluent toute action de l'expéditeur ou du destinataire en responsabilité du transporteur pour avoir poursuivi des relations avec son donneur d'ordre en dépit des difficultés de paiement rencontrées ou sans les avoir informés de celles-ci. • Com. 25 nov. 2020, n° 18-25.768 P : *D. 2020. Actu. 2396* ; *RJDA 2021, n° 232.*

16. Liquidation judiciaire. L'action directe du transporteur n'est pas subordonnée à la déclaration de sa créance au passif du donneur d'ordre. • Com. 17 déc. 2003, n° 02-12.891 P : *D. 2004. AJ 212* ; *JCP E 2004, n° 8-9, p. 301 ; RTD com. 2004. 367, obs. Bouloc* ; *RJDA 2004, n° 421* • Rouen, 13 janv. 2000 : *APC 2000, n° 202* • Colmar, 12 nov. 2003 : *JCP 2004. IV. 2595.* ♦ Et la procédure collective dont le commissionnaire fait l'objet est, à cet égard, sans incidence sur l'action du transporteur. • Versailles, 21 nov. 2002 : *RJDA 2003, n° 719.*

17. Prescription. L'action directe en paiement que le transporteur peut exercer à l'encontre de l'expéditeur, sur le fondement de l'art. L. 132-8, se prescrit, en droit interne, par un an, ainsi qu'il est prévu à l'art. L. 133-6, al. 2. • Orléans, 23 sept. 2004 : *RJDA 2004, n° 1323.* ♦ Mais le transporteur sous-traitant qui agit en paiement contre le chargeur non sur le fondement de l'art. L. 132-8 mais sur la loi du 31 déc. 1975 (V. cette loi, App., v° *Sous-traitance*) n'est pas soumis à la prescription annale de l'art. L. 133-6. • Lyon, 8 févr. 2007 : *RD transp. 2007, n° 229, obs. Paulin.* ♦ Si, en matière de transports, l'art. L. 132-8 prévoit que l'expéditeur et le destinataire sont garants du prix du transport, il ne s'ensuit pas pour autant une solidarité ; il en résulte que le transporteur ne peut invoquer l'interruption de la prescription lorsque, après s'être tourné contre son donneur d'ordre, il se retourne contre le destinataire. • Paris, 1er avr. 2010 : *JCP E 2010, n° 1772, spéc. n° 9, obs. Bon-Garcin ; RD transp. 2010, n° 148, obs. Paulin.* ♦ En effet, l'expéditeur et le destinataire de la marchandise n'étant pas tenus solidairement, l'action directe en paiement du transporteur contre l'expéditeur ne peut avoir d'effet interruptif sur la prescription à l'égard du destinataire. • Com. 12 juill. 2011, n° 10-18.675 P : *D. 2012. Pan.*

1440, obs. Kenfack ; *RTD com. 2011. 791, obs. Bouloc* ; *JCP E 2012, n° 1090, note Paulin* ; *RJDA 2011, n° 912.* ♦ V., pour les transports internationaux, note 1 ss. art. L. 133-6.

18. Transport aérien. Pour l'application de l'art. L. 132-8 au bénéfice d'un commissionnaire de transport qui a désintéressé une compagnie aérienne, V. • T. com. Nanterre, 16 déc. 2005 : *RD transp. 2007, n° 15, obs. Delebecque* (infirmé par • Versailles, 10 janv. 2008 : *RD transp. 2008, n° 131, obs. Bon-Garcin,* en raison de l'absence de qualité de commissionnaire de transport de l'agent de fret).

19. Transport fluvial. L'action directe en paiement prévue par l'art. L. 132-8 ne s'applique pas dans le cadre d'un transport fluvio-maritime, cette disposition ne s'appliquant pas aux transports maritimes. • Colmar, 20 janv. 2010 : *RD transp. 2010, n° 220, obs. Paulin.*

20. Transporteur substitué. Le paiement d'un transporteur sous-traitant par l'expéditeur ou le destinataire libère ces derniers de leur dette à l'égard de ce transporteur, en qualité de garants du paiement du fret au sens de l'art. L. 132-8, mais pas de la dette contractuelle à l'égard du donneur d'ordre qui reste impayé. • Com. 1er févr. 2011, n° 09-72.309 P : *D. 2011. Actu. 512, obs. Delpech* ; *RTD com. 2011. 407, obs. Bouloc* ; *JCP E 2011, n° 1658, spéc. n° 8, obs. Petit.*

Art. L. 132-9 **I. — La lettre de voiture doit être datée.**

II. — Elle doit exprimer :

1° La nature et le poids ou la contenance des objets à transporter ;

2° Le délai dans lequel le transport doit être effectué.

III. — Elle indique :

1° Le nom et le domicile du commissionnaire par l'entremise duquel le transport s'opère, s'il y en a un ;

2° Le nom de celui à qui la marchandise est adressée ;

3° Le nom et le domicile du transporteur.

IV. — Elle énonce :

1° Le prix de la voiture ;

2° L'indemnité due pour cause de retard.

V. — Elle est signée par l'expéditeur ou le commissionnaire.

VI. — Elle présente en marge les marques et numéros des objets à transporter.

VII. — La lettre de voiture est copiée par le commissionnaire sur un registre coté et paraphé, sans intervalle et de suite. — *[C. com., art. 102.]*

La lettre de voiture a été remplacée par le récépissé, d'abord pour les transports par chemin de fer, puis pour les transports sur route et par eau (L. 13 mai 1863, art. 10, DP 1863. 4. 54 ; L. 30 mars 1872, art. 1er, § 2, DP 1872. 4. 77).

1. Portée des omissions. Il appartient aux tribunaux d'apprécier quelles sont, parmi les mentions prévues par l'art. 102 [C. com., art. L. 132-9], dont aucune n'est prescrite à peine de nullité, celles qui sont substantielles et sans lesquelles il ne peut y avoir de lettre de voiture. • Civ. 30 janv. 1867 : *DP 1867. 1. 72* • Req. 11 mai 1915 : *DP 1916. 1. 11.* ♦ Ainsi, l'écrit remis à un voiturier peut être qualifié lettre de voiture, bien qu'il n'indique ni le délai ni le prix du transport. • Civ. 2 mai 1854 : *DP 1854. 1. 253.* – V. aussi note 5 ss. art. L. 132-8.

2. Équivalences. La griffe ou le cachet d'une maison de commerce peut équivaloir, notamment pour les lettres de voiture, à la signature du négociant (sol. impl.). • Req. 11 mai 1915 : *préc. note 1.*

3. Droits du porteur. Bien que son nom ne figure sur la lettre de voiture ni comme expéditeur, ni comme destinataire, la personne qui a donné mandat à un tiers d'expédier des marchandises lui appartenant, et qui est porteur de la lettre de voiture, est recevable à agir directement contre le transporteur. • Civ. 24 mai 1897 : *DP 1898. 1. 23, note Sarrut* • Req. 22 juin 1903 : *DP 1904. 1. 242.* – Comp. : • Civ. 5 déc. 1952 : *D. 1953. Somm. 17.* ♦ V. aussi note 9 ss. art. L. 132-6.

4. Absence de lettre de voiture. Viole les art. L. 110-3, L. 132-8 et L. 132-9 C. com., la cour d'appel qui, tout en constatant qu'une société avait effectué des transports pour le compte d'une autre, rejette la demande en paiement du transporteur au motif qu'aucune lettre de voiture n'avait été signée, alors que la lettre de voiture ne fait foi que jusqu'à preuve contraire de l'existence et des conditions du contrat de transport. • Com. 27 mars 2007, n° 05-21.326 : *RD transp. 2007, n° 135, obs. Paulin* • 30 oct. 2012, n° 11-22.917 P : *cité note 10 ss. art. L. 132-8* • Lyon, 2 avr. 2009 : *BICC 1er nov. 2009, n° 1441.*

Code des transports **Art. L. 1432-7** Sans préjudice des dispositions impératives issues des conventions internationales, les contrats de commission de transport sont, quel que soit le mode de transport, soumis aux règles prévues aux articles L. 132-3 à L. 132-9 du code de commerce. — *Sur la définition des commissionnaires de transport, V. C. transp., art. L. 1411-1. — V. aussi C. transp., art. L. 1432-8 s., R. 1411-1, R. 1422-1 s. — **C. transp.***

BIBL. ▶ BON-GARCIN, *RD transp. 2011, n° 14* (les commissionnaires et les auxiliaires de transport entrent dans le code des transports).

....

Art. L. 6422-1 Le contrat de transport de marchandises par air est constaté par une lettre de transport aérien ou un récépissé. Ce titre contient, outre les énonciations prévues par l'article L. 132-9 du code de commerce, l'indication que le transport est effectué par aéronef. — *[C. aviat., art. L. 321-2.]*

Règlement CE n° 593/2008 du 17 juin 2008, *sur la loi applicable aux obligations contractuelles (« Rome I »).* **Art. 5** *Contrats de transport.* 1. A défaut de choix exercé conformément à l'article 3, la loi applicable au contrat de transport de marchandises est la loi du pays dans lequel le transporteur a sa résidence habituelle, pourvu que le lieu de chargement ou le lieu de livraison ou encore la résidence habituelle de l'expéditeur se situe aussi dans ce pays. Si ces conditions ne sont pas satisfaites, la loi du pays dans lequel se situe le lieu de livraison convenu par les parties s'applique.

2. A défaut de choix exercé conformément au deuxième alinéa du présent paragraphe, la loi applicable au contrat de transport de passagers est la loi du pays dans lequel le passager a sarésidence habituelle, pourvu que le lieu de départ ou le lieu d'arrivée se situe dans ce pays. Si ces conditions ne sont pas satisfaites, la loi du pays dans lequel le transporteur a sa résidence habituelle s'applique.

Les parties ne peuvent choisir comme loi applicable au contrat de transport de passagers, conformément à l'article 3, que la loi du pays dans lequel :

a) le passager a sa résidence habituelle, ou

b) le transporteur a sa résidence habituelle, ou

c) le transporteur a son lieu d'administration centrale, ou

d) le lieu de départ est situé, ou

e) le lieu de destination est situé.

3. S'il résulte de l'ensemble des circonstances de la cause que le contrat présente des liens manifestement plus étroits avec un pays autre que celui visé au paragraphe 1 ou 2, la loi de cet autre pays s'applique.

Le Règl. CE n° 593/2008 du 17 juin 2008 s'applique aux contrats conclus après le 17 déc. 2009 (Règl. préc., art. 28, JOUE L 177 du 4 juill. 2008).

BIBL. ▶ D'AVOUT, *RLDA juill.-août 2008. 69.* – LEGROS, *RD transp. 2009. Étude 3* (loi applicable au contrat de transport).

CHAPITRE III DES TRANSPORTEURS

*V. C. civ., art. 1782 à 1786. — **C. civ.***

*V. Règl. (CE) n° 1071/2009 du 21 oct. 2009 établissant des règles communes sur les conditions à respecter pour exercer la profession de transporteur par route. — **C. transp.***

RÉP. COM. v° *Contrat de transport,* par MERCADAL.

RÉP. CIV. v° *Contrat de transport,* par LE TOURNEAU et BLOCH.

BIBL. GÉN. ▶ COUDEVYLLE-LOQUET, *RTD com. 1992. 751* (effet relatif des contrats en matière de transport interne de marchandises). – CARRÉ, *JCP E 2002, n° 26, p. 1086* (conditions d'exercice du métier de chauffeur routier et l'alternative du contrat de transport). – DELEBECQUE, *Mél. Aubert, Dalloz, 2005, p. 103* (pour une théorie du contrat de transport). – LEGROS, *JDI 2007. 799 et 1081* (conflits de normes en matière de contrats de transport internationaux de marchandises). – STAES, *RD transp. 2009. Étude 5* (régime des prescriptions applicables aux transports terrestres de marchandises). – MAZZEGA et JOB, *LPA 19 juin 2009* (médiation : quel avenir pour le règlement des litiges en matière de droit des transports et de la logistique ?). –

Vallansan et Petit, *LPA 28 nov. 2012* (existe-t-il une théorie du contrat de transport ?). – Hocquet-Berg, *RJ com. 2016. 329* (le contrat de transport, creuset de l'obligation de sécurité). – N. Picod, *ibid. 347* (le contrat de transport à l'épreuve du droit commun des obligations).

Art. L. 133-1 **Le voiturier est garant de la perte des objets à transporter, hors les cas de la force majeure.**

Il est garant des avaries autres que celles qui proviennent du vice propre de la chose ou de la force majeure.

Toute clause contraire insérée dans toute lettre de voiture, tarif ou autre pièce quelconque, est nulle. – *[C. com., art. 103.]*

Sur la responsabilité du commissionnaire en cas de perte ou d'avaries, V. art. L. 132-5.

La responsabilité des prestataires de services postaux au sens de l'art. L. 1 CPCE est engagée dans les conditions prévues par les art. 1103, 1104, 1193 s. et 1240 s. C. civ. à raison des pertes et avaries survenues lors de la prestation. Toutefois, cette responsabilité tient compte des caractéristiques des envois et des tarifs d'affranchissement selon des modalités fixées par un décret en Conseil d'État qui détermine des plafonds d'indemnisation (CPCE, art. L. 7, dans sa rédaction issue de l'Ord. n° 2016-131 du 10 févr. 2016).

I. CONDITIONS DE LA GARANTIE

1. *Exclusion des transports internationaux.* Sur l'inapplicabilité de l'art. 103 [C. com., art. L. 133-1] en cas de transport international de marchandises sur route, les dispositions de la Conv. CMR de Genève du 19 mai 1956 devant impérativement recevoir application, V. • Com. 25 mai 1993, n° 91-10.350 P : *D. 1993. IR 162.* ♦ La Conv. CMR est un texte d'ordre public qui exclut l'application du droit national sauf sur les points où elle s'y réfère ou sur ceux qu'elle ne règle pas. Le juge doit l'appliquer d'office et les parties ne peuvent y déroger hors les cas qu'elle prévoit. • Com. 30 juin 2009, n° 08-15.026 P : *D. 2009. AJ 1963, obs. Delpech ; RTD com. 2009. 802, obs. Bouloc ; JCP E 2009, n° 41, p. 25, obs. Bon-Garcin.* ♦ V. ladite Conv. – C. transp.

A. NOTION DE VOITURIER

2. *Définition du voiturier.* Celui qui effectue régulièrement des transports sous bordereau de livraison émis par un commissionnaire est un transporteur public, peu important qu'il ait été radié du RCS. • Com. 3 avr. 2002, n° 00-11.398 P : *RTD com. 2002. 719, obs. Bouloc.* ♦ Est transporteur celui qui a la maîtrise et la direction de l'opération. • Paris, 30 janv. 1960 : *D. 1960. Somm. 61.* ♦ Comp., pour la qualification de contrat d'entreprise : • Versailles, 12 janv. 1989 : *D. 1989. IR 72.* ♦ Comp. aussi, à propos du contrat de promenade à cheval ou à dos d'âne, • Civ. 1re, 3 mai 1988, n° 86-18.778 P • 25 avr. 1967, n° 66-10.113 P. ♦ Le fait de tracter une semi-remorque avec un tracteur appartenant à l'entreprise et de la transporter d'un point à un autre pour le compte d'un tiers, constitue non un simple convoyage mais un transport routier de marchandises au sens de l'art. 1er du Décr. n° 86-567 du 14 mars 1986 *[abrogé]* relatif au registre des transporteurs. • Poitiers, 15 avr. 1994 : *JCP 1994. IV. 2522.*

Sur la distinction entre contrat de transport et contrat de déménagement, V. • Com., 20 janv. 1998, n° 95-22.190 P.

Sur la distinction entre contrat de transport et contrat de convoyage, V. • Poitiers, 6 oct. 1998 : *BICC 1999, n° 482.* ♦ Sur le transport pour son propre compte, V. Brunat, *BTL 1990. 423.* ♦ Sur le contrat d'affrètement, V. • Civ. 1re, 6 juin 1990, n° 88-18.991 P : *D. 1990. Somm. 272, obs. Rèmond-Gouilloud.* – V. aussi Carré, *JCP E 1999, n° 5, p. 210.* ♦ Sur le contrat de ferroutage, V. • Com. 19 janv. 1999, n° 96-18.495 P : *préc. note 10 ss. art. L. 132-1.* ♦ Sur la responsabilité du tractionnaire, V. aussi • Com. 25 juin 1991, n° 89-21.346 P : *D. 1992. Somm. 80, obs. Rèmond-Gouilloud.* – Comp. • Com. 3 janv. 1991, n° 89-14.278 : *BTL 1991. 237.*

3. *Exclusion du transport bénévole.* Le transport effectué à titre bénévole n'est pas soumis aux art. 103 s. [C. com., art. L. 133-1 s.]. • Com. 14 déc. 1993, n° 92-11.417 : *RJDA 1994, n° 520.* ♦ Sur le caractère essentiel du prix pour l'existence d'un contrat de transport, V. • Aix-en-Provence, 27 janv. 1988 : *BTL 1989. 365.* ♦ Sur la notion de transport « intéressé », V. obs. Jourdain ss. • Civ. 1re, 6 avr. 1994, n° 91-21.047 P : *RTD civ. 1994. 866.* ♦ Sur l'expédition en port payé, V. • Rennes, 19 juin 1985 : *BTL 1985. 373.* ♦ Sur l'obligation pesant sur le destinataire en cas d'expédition en port dû, V. • Com. 19 mars 1985, n° 83-14.314 P • 20 janv. 1987, n° 85-13.164 P. – Comp. : • Paris, 13 sept. 1989 : *RTD com. 1990. 257, obs. Bouloc.*

4. *Exclusion de la location de véhicule.* La location de véhicule avec chauffeur n'est pas soumise aux art. 103 s. [C. com., art. L. 133-1 s.]. • Paris, 7 avr. 1994 : *BTL 1994. 352.* ♦ Si dans un contrat de transport, le transporteur est, sauf cas de force majeure, garant des objets transportés, le contrat de location de véhicule n'implique pas, quant à lui, que le loueur réponde des objets transportés. • Com. 3 juin 1998, n° 96-16.335 P. ♦ Sur la distinction entre contrat de location et contrat de transport, V. • Paris, 26 févr. 2004 : *JCP E 2004, n° 38, p. 1443, obs. Bon-Garcin.*

B. PORTÉE DE LA GARANTIE

5. Obligation de confidentialité. BIBL. Tilche, *BTL 1994. 753.* ♦ Le transporteur est tenu vis-à-vis de l'expéditeur d'une obligation de confidentialité. • Lyon, 7 oct. 1994 : *BTL 1995. 757.*

6. Vérification du poids. Justifie légalement sa décision condamnant un voiturier à garantir un chargeur organisant un transport de marchandises en conteneur des condamnations, mises à la charge de ce dernier, l'arrêt qui, en relevant que ce voiturier a pris en charge le conteneur sans formuler de réserves, alors qu'il aurait pu aisément vérifier son poids, ne met pas à la charge de ce transporteur l'obligation de vérifier le contenu du conteneur ni inverse la charge de la preuve. • Com. 14 avr. 1992, n° 90-15.373 P : *D. 1992. IR 169.*

7. Respect de la chaîne du froid. Il résulte de l'art. 8. 2 du contrat-type de transport « marchandises périssables sous température dirigée », suivant lequel le transporteur est responsable du maintien de la température ambiante à l'intérieur du véhicule selon les indications portées sur le document de transport ou selon les instructions écrites du donneur d'ordre, que la non-conformité de la température à celle contractuellement prévue constitue une avarie, même en l'absence d'altération physique de la marchandise. • Com. 9 févr. 2016, n° 14-24.219 P : *D. 2016. Actu. 423* ; *RTD com. 2016. 325, obs. Bouloc* ; *JCP 2016, n° 1140* ; *RJDA 2016, n° 438.*

8. Marchandises impayées. Commet une faute dans l'exécution de son mandat et doit être condamné au paiement du prix des marchandises transportées le transporteur routier qui, à deux reprises, a livré les marchandises non dans le local commercial du destinataire mais directement dans le coffre d'une voiture garée dans la rue et a accepté du destinataire la remise de chèques, assortis d'une demande de présentation différée au paiement, qui se sont révélés non provisionnés. • Com. 7 juill. 1992, n° 90-17.950 P : *JCP 1992. IV. 2651.* ♦ Est justifiée la condamnation d'un transporteur au paiement des marchandises qu'il a livrées au destinataire contre remise d'un chèque qui s'est révélé être sans provision, alors que ce transporteur qui, aux termes du contrat de transport, n'était tenu d'accepter des espèces que si la législation l'y autorisait, a livré la marchandise contre remise d'un chèque tiré, non pas sur le compte du destinataire, mais sur celui d'un tiers, et qu'il a ainsi commis une faute dans l'exécution de sa mission. • Com. 5 oct. 1993, n° 91-14.338 P : *D. 1993. IR 231.* ♦ Comp., s'agissant d'un transporteur chargé dans le cadre de son mandat de livrer la marchandise contre remboursement d'un chèque tiré, non pas sur le compte du destinataire mais sur celui d'un tiers : • Versailles, 26 nov. 1998 : *RJDA 1999, n° 167.*

9. Marchandises sous la garde de l'expéditeur. Avant la prise en charge par le voiturier, la marchandise reste sous la garde de l'expéditeur, dont la responsabilité peut être engagée (à propos de l'explosion de produits pyrotechniques sur le quai d'embarquement de l'expéditeur). • Com. 8 févr. 1994, n° 91-16.494 P : *LPA 15 mars 1996, note Duquesne.* ♦ La prise en charge s'entend de la remise physique de la marchandise au transporteur qui l'accepte, peu important qu'aucun document n'établisse cette acceptation. • Com. 19 mai 2015, n° 13-25.264 : *RTD com. 2015. 582, obs. Bouloc* ; *RJDA 2016, n° 283.*

10. Marchandises délivrées au destinataire. Le voiturier est responsable des pertes et dommages subis par la marchandise jusqu'à sa livraison, laquelle s'entend de la remise physique de la marchandise au destinataire ou à son représentant qui l'accepte. • Com. 11 juin 2003, n° 01-15.663 P : *D. 2003. AJ 1837* ; *JCP E 2003, n° 32-35, p. 1313* ; *RTD com. 2004. 150, obs. Bouloc* ; *RJDA 2003, n° 1175* • 30 juin 2004, n° 03-10.751 P : *JCP E 2004, n° 38, p. 1422* ; *CCC 2004, n° 150, obs. Leveneur* ; *RJDA 2005, n° 30.* ♦ Sur l'application du principe selon lequel le voiturier n'est plus responsable des marchandises dès lors qu'elles ont été délivrées au destinataire, au cas d'un wagon pénétrant sur un embranchement particulier, V. • Com. 29 nov. 1971, n° 70-12.498 P.

Sauf en cas de faute de sa part ou de convention contraire, la mauvaise exécution de l'obligation de livraison ne pèse pas sur le chargeur, fût-il vendeur, mais sur le transporteur à qui elle incombe. • Com. 14 déc. 2010, n° 09-71.947 P : *D. 2011. Actu. 159* ; *RTD com. 2011. 405, obs. Bouloc* ; *JCP E 2011, n° 1059* ; *RJDA 2011, n° 403.*

C. EXCLUSION DE LA GARANTIE

11. Vice propre de la chose : notion. Ni le défaut d'emballage, ni la fragilité de l'objet transporté ne constituent par eux-mêmes un vice propre de la chose ; il y a lieu de rechercher dans chaque espèce si l'emballage était défectueux à raison de la nature de l'objet. • Civ. 27 déc. 1909 : *DP 1912. 1. 59* • 26 mai 1914 : *DP 1916. 1. 157.* ♦ En ce qui concerne une marchandise impropre par elle-même à supporter un transport, V. • Paris, 28 mai 1980 : *BTL 1980. 346* • 24 nov. 1960 : *JCP 1961. II. 12222, note Rodière* • Rouen, 6 nov. 1970 : *D. 1971. 274, note Rodière.* ♦... Un arrimage insuffisant, V. • Com. 10 avr. 1962 : *JCP 1963. II. 12984.* ♦ Le transporteur routier s'exonère de sa responsabilité recherchée pour avaries à l'engin transporté en prouvant le fait de l'expéditeur qui n'a pas immobilisé les éléments mobiles de celui-ci, cette opération relevant du conditionnement, qui n'incombe pas au transporteur, et non de l'arrimage, qui est une opération distincte. • Orléans, 30 oct. 2008 : *BICC 1er nov. 2009, n° 1442.* ♦ Sur le fait de la chose d'un tiers (wagons chargés d'explosifs) sous la garde du voiturier, V. • Aix-en-Provence, 7 mars 1942 : *DC 1943. 137, note Le Balle.*

12. Preuve du vice propre de la chose. La preuve du vice propre de la chose incombe au transporteur. • Com. 25 janv. 1954 : *Gaz. Pal. 1954. 1. 423.* ♦ La réception par le transporteur des colis sans observations ni réserves ne lui enlève pas le droit de faire la preuve du fait exonératoire. • Civ. 15 nov. 1897 : *DP 1898. 1. 127* • 24 avr. 1914 : *DP 1916. 1. 150* • Aix-en-Provence, 27 mai 1988 : *RTD com. 1989. 723, obs. Bouloc.* ♦ Comp., sur la présomption d'avaries en cas de réserves formulées, • Com. 8 nov. 1983, n° 80-13.442 P.

13. Force majeure. Le caractère de force majeure n'est reconnu à la guerre ou à la grève que s'il en résulte, pour le transporteur, une impossibilité absolue d'exécuter le contrat. • Req. 19 févr. 1872 : *DP 1872. 1. 245* • 24 avr. 1872 : *ibid. 448* • 17 juill. 1912 : *DP 1913. 1. 539* • Paris, 24 févr. 1916 : *DP 1916. 2. 49, note L. S.* • Grenoble, 8 mars 1916 : *ibid.* ♦ Les juges doivent rechercher si l'extension d'une grève de la SNCF est prévisible en fonction des circonstances. • Civ. 1re, 18 mai 1989, n° 87-16.051 P : *RTD com. 1990. 96, obs. Bouloc.* ♦ L'irrésistibilité de l'événement, est à elle seule, constitutive de la force majeure, lorsque sa prévision ne saurait permettre d'en empêcher les effets, sous réserve que le débiteur ait pris toutes les mesures requises pour éviter la réalisation de l'événement (à propos d'un vol à main armée). • Com. 1er oct. 1997, n° 95-12.435 P : *D. 1998. Somm. 199, obs. Delebecque ; CCC 1998, n° 4, obs. Leveneur.* – V. Rapp. Apollis, *RJDA 1997, p. 899.* ♦ V. aussi, considérant que la force majeure peut être constituée par la seule irrésistibilité de l'événement, • Com. 28 avr. 1998, n° 96-13.607 P : *D. 1999. 469, note B. M.-F. L.* ♦ *Contra*, jugeant l'irrésistibilité insuffisante et réaffirmant l'exigence du critère de l'imprévisibilité, V. • Cass., ass. plén., 14 avr. 2006, n° 02-11.168 P : *cité note 271, App., v° Contrats d'affaires.* ♦ En déduisant le caractère irrésistible de l'incendie d'un entrepôt de son imprévisibilité et en se bornant à relever que le transporteur avait pris toutes les mesures requises pour éviter la réalisation de l'événement, une cour d'appel n'a pas dit en quoi l'événement avait été irrésistible. • Com. 5 juill. 2005, n° 04-11.961 : *RJDA 2005, n° 1192.* ♦ Jugeant que l'imprévisibilité ne résulte pas du pourcentage de risque encouru mais de la connaissance de l'instant réel où elle peut être subie (l'attrait particulier de la marchandise transportée – tabac – ne rend pas le vol prévisible) : • Douai, 6 févr. 2003 : *RJDA 2004, n° 526.* ♦ Pour mettre hors de cause le voiturier, l'arrêt retient qu'il n'est pas démontré que celui-ci ait commis une faute inexcusable, ni même une quelconque faute, la cause exclusive du dommage étant, d'une part, le manquement du commissionnaire à son obligation de transmettre les consignes de sécurité, d'autre part, la faute de l'expéditeur ayant omis de remettre au conducteur les règles principales de sécurité des marchandises. En statuant ainsi, tout en relevant que la circonstance que le transporteur avait omis de garer le véhicule dans un lieu surveillé et de laisser le tracteur couplé à la remorque était en lien de causalité direct avec la perte des marchandises, la cour d'appel, qui n'a pas tiré les conséquences légales de ses constatations, a violé l'art. L. 133-1. • Com. 21 oct. 2020, n° 19-16.206 P : *D. 2021. 330, note Sindres ; JCP E 2020, n° 1482.*

14. Phénomènes naturels. Les phénomènes atmosphériques (inondation, neige, gelée ou chaleur) ne sont considérés comme des cas de force majeure que s'ils revêtent une intensité exceptionnelle. • Civ. 17 mai 1882 : *DP 1883. 1. 14* • 11 juill. 1892 : *DP 1892. 1. 429* • Req. 19 févr. 1924 : *DH 1924. 186* • Com. 6 févr. 1973, n° 71-13.436 P : *JCP 1973. II. 17501, note Rodière* • 19 avr. 1982, n° 78-13.638 P : *BTL 1982. 331.* ♦ Sur l'influence des prévisions météorologiques, V. • Paris, 21 mai 1985 : *BTL 1985. 346.*

Constitue un cas de force majeure pour la SNCF la coupure d'alimentation en électricité de la rame imputable au disjoncteur du fournisseur d'électricité qui s'est déclenché en raison de graves conditions climatiques locales. • Bourges, 10 nov. 1993 : *JCP 1994. IV. 1220.*

15. Vol ou incendie. En principe, l'incendie et le vol ne sont pas considérés comme des cas de force majeure. • Civ. 17 févr. 1874 : *DP 1874. 1. 302* • Req. 6 janv. 1892 : *DP 1892. 1. 356* • Lyon, 30 avr. 1947 : *D. 1948. Somm. 14* • Com. 5 janv. 1988 : *JCP E 1988. I. 17202* • Paris, 17 févr. 1988 : *D. 1988. IR 88* • Com. 3 oct. 1989, n° 87-18.479 P : *RTD com. 1990. 255, obs. Bouloc.* ♦ Les vols ou les destructions volontaires commis à l'intérieur d'une enceinte où stationnent habituellement des véhicules de transport de marchandises ne sont, d'une manière générale, ni imprévisibles, ni inévitables, et ne peuvent par conséquent constituer un cas de force majeure, même lorsque l'enceinte est clôturée et fermée à clé. • Dijon, 26 sept. 1995 : *Gaz. Pal. 1998. 1. Somm. 397.* ♦ La perturbation du fonctionnement de l'entreprise ne constitue pas une circonstance propre à rendre l'événement inévitable. • Com. 2 juin 2004, n° 02-20.846 P : *JCP E 2004, n° 30, p. 1223 ; RTD com. 2004. 640, obs. Delebecque ; RJDA 2004, n° 1214.*

C'est au commissionnaire de transport et à son transporteur substitué qui tentent de s'exonérer de la responsabilité pesant sur eux au titre de la perte totale de la marchandise transportée en se prévalant de la force majeure, de prouver la réalité d'un événement irrésistible dont la prévision n'a pas empêché les effets, et ce, sous réserve qu'aient été prises toutes les mesures requises pour éviter la réalisation de l'événement. • Versailles, 21 janv. 1999 : *BICC 1999, n° 1451.* ♦ Tel n'est pas le cas lorsque le vol avec violence dont a été victime le voiturier est survenu alors que celui-ci a commis une faute d'imprudence en choisissant de garer son camion, de nuit, sur une aire de stationnement non gardée, dans une zone géographique où le risque d'agression était important alors qu'il ne pouvait ignorer ni la fréquence des vols sur parkings, ni la nature aisément commercialisable des marchandises transportées et le caractère peu protecteur de son camion muni d'une simple bâche. • Même arrêt • Orléans, 11 mars 2004 : *RJDA 2004, n° 976* (mauvaise conception et organisation du transport). ♦ Est exonéré de sa responsabilité, en raison d'une force majeure, le transporteur qui, sauf à se rendre coupable de non-assistance à personne apparemment en danger, a stoppé son véhicule devant le corps inanimé d'un cycliste, alors qu'aucun fait ne pouvait l'inciter à la méfiance, que les conditions de la prise d'otage excluaient toute résistance du chauffeur, le caractère insurmontable du vol étant ainsi établi. • Com. 29 mai 2001, n° 98-17.247 P. ♦ Le départ du convoi en fin de journée impliquant un arrêt de nuit n'est pas fautif s'agissant d'un transport international d'environ 900 km. • Com. 30 juin 2004, n° 03-13.091 P : *JCP E 2004, n° 38, p. 1421 ; BRDA 2004, n° 19, p. 7.* ♦ Sur la question de savoir si la conclusion d'un contrat de transport sécurisé de matériel informatique rend le vol prévisible, V. • Com. 8 mars 2011, n° 10-12.807 : *JCP E 2011, n° 1658, spéc. n° 10, obs. Bon-Garcin* • 22 janv. 2013, n° 11-28.083 : *RTD com. 2013. 331, obs. Bouloc ; RJDA 2013, n° 408.*

16. *Fait d'un tiers.* Le fait d'un tiers exonère le transporteur. • Req. 1er août 1929 : *DP 1930. 1. 25, note Josserand.* ♦ ... Du moins s'il est imprévisible et irrésistible, c'est-à-dire constitutif de la force majeure. • Req. 2 mars 1927 : *DP 1927. 1. 121, note L. Mazeaud* • Civ. 1er févr. 1937 : *DP 1937. 1. 41, note Roger.* ♦ Sur la faute de la victime, V. • Lyon, 5 déc. 1929 : *DP 1930. 2. 23* • Grenoble, 12 juin 1945 : *D. 1945. 344* • 14 avr. 1958 : *D. 1958. 414, note Rodière.*

17. *Assurance de l'expéditeur.* Le transporteur ne peut s'exonérer de sa responsabilité en invoquant l'assurance contractée par l'expéditeur. • Civ. 13 mai 1924 : *DP 1924. 1. 160* • Req. 27 mars 1928 : *DH 1928. 272* • Paris, 3 mai 1949 : *D. 1950. 283.* – V. aussi, note Aubrun, *DP 1924. 2. 111.* – Comp. : • Grenoble, 3 févr. 1954 : *D. 1954. 617, note Sauvage.*

II. INDEMNISATION

18. *Preuve du dommage.* Il appartient au demandeur de rapporter la preuve du dommage qu'il allègue. • Paris, 10 juill. 1975 : *BTL 1975. 419.*

A. RÈGLES LÉGALES

19. *Étendue de l'indemnisation.* Le voiturier n'est tenu, conformément à l'art. 1150 C. civ., que des dommages-intérêts qui ont été prévus ou qu'on a pu prévoir lors du contrat. • Civ. 22 nov. 1893 : *DP 1894. 1. 358* • 7 juill. 1924 : *DP 1927. 1. 119.* ♦ ... Sauf en cas de faute lourde assimilable au dol, où le dommage doit être intégralement réparé. • Civ. 29 juin 1932 : *DP 1933. 1. 49, note Josserand.* ♦ Sur la faute lourde, V. notes ss. art. L. 133-8.

20. *Fixation de l'indemnité.* L'art. 1150 C. civ. ne concerne que la détermination du dommage (nature, étendue), et non son indemnisation ; c'est donc à bon droit qu'en cas de perte d'une marchandise, le juge tient compte, dans la fixation de l'indemnité, de la hausse des cours au jour du jugement. • Com. 16 févr. 1954 : *D. 1954. 534, note Rodière.* ♦ Le voiturier, en cas d'avarie, ne peut être contraint à réparer en nature. • Civ. 4 juin 1924 : *DP 1927. 1. 136 et la note.* – V. conf. • Civ. 19 janv. 1926 : *DH 1926. 115.* ♦ Les juges, devant trancher le litige conformément à l'art. 103 [C. com., art. L. 133-1], ne peuvent modérer, en équité, la responsabilité du transporteur : V. • Com. 16 avr. 1996, n° 93-20.664 : *CCC 1996, n° 122, obs. Leveneur.*

B. LIMITATIONS CONVENTIONNELLES DE RESPONSABILITÉ

21. *Prohibition des clauses de non-responsabilité.* Toute clause qui exonère le transporteur de sa responsabilité est réputée non écrite. • Com. 3 avr. 1968, n° 63-11.668 P : *JCP 1968. II. 15575, note Rodière.* ♦ Est nulle une clause ayant pour effet d'exclure, en toutes circonstances, la responsabilité du transporteur en cas de perte des colis dont la valeur dépasse un certain montant. • Com. 24 mars 2021, n° 14-22.708 P : *cité note 1 ss. art. L. 133-8.* ♦ Mais la nullité des clauses de non-responsabilité n'enlève pas au voiturier le droit de prouver que l'avarie provient de la force majeure, du vice propre de la chose ou de la faute de l'expéditeur. • Civ. 25 févr. 1913 : *DP 1913. 1. 228.* ♦ Le voiturier conserve également le droit de prouver qu'il y a eu erreur dans le pesage au départ, bien que le chargement et le poids mentionné aient été acceptés sans réserves. • Civ. 30 janv. 1923 : *DP 1923. 1. 46.*

22. *Principe de validité des clauses limitatives.* BIBL. Chao, *BTL 1988. 397.* – Rodière, *D. 1954. 123.* – Marchac, *RD transp. 2011. For-*

mule 2 (clause limitative de responsabilité dans les contrats de transport terrestre de marchandises). ♦ La prohibition des clauses de non-responsabilité, édictée par l'art. 103, al. 3 [C. com., art. L. 133-1, al. 3], ne s'étend pas aux clauses limitatives de la responsabilité, qui demeurent licites. • Civ. 12 juill. 1923 : *DP 1926. 1. 229* • 14 avr. 1924 : *DH 1924. 393* • Com. 3 janv. 1950 : *D. 1950. 225* • 30 janv. 1967 : *D. 1968. 160, note Durand.* ♦ Le voiturier, qui n'a commis aucune faute lourde équivalente au dol, ne peut être tenu de garantir son donneur d'ordres audelà des limites du contrat qu'il a conclu avec lui. • Com. 26 mai 1992, n° 90-19.295 P.

23. Conditions de validité des clauses limitatives. L'indemnité due pour cause de retard peut être invoquée alors même que le maximum fixé est inférieur à la valeur de l'objet pourvu que l'indemnité ne soit pas tellement réduite qu'il y aurait, en fait, exonération totale de responsabilité. • Com. 3 janv. 1950 : *cité note 22.* ♦ Le juge doit constater expressément le caractère dérisoire de l'indemnité. • Même arrêt. ♦ ... Et rechercher si la clause limitative n'a pas été acceptée en contrepartie de l'application d'un tarif réduit. • Com. 19 mars 1952 : *D. 1952. 401.* ♦ Une clause limitative de responsabilité n'est admise que si elle a été connue et acceptée par l'expéditeur au moment de la conclusion du contrat et si elle ne fixe pas un montant dérisoire à l'indemnité pouvant être due par le voiturier. Toutefois, quel que soit le montant de l'indemnité proposée, la clause limitative est valable lorsque le voiturier offre à l'expéditeur la possibilité d'une réparation intégrale moyennant la souscription d'une assurance. • Rouen, 25 sept. 1996 : *JCP 1997. IV. 664.* ♦ Sur l'acceptation de la clause, V. aussi note 14 ss. art. L. 132-5.

24. Inefficacité des clauses limitatives. V. notes ss. art. L. 133-8.

III. EXERCICE DE L'ACTION

25. Titulaires de l'action. BIBL. Delebecque, *D. Affaires 1995. 189.* ♦ Le droit d'agir contre le voiturier appartient à la fois à l'expéditeur, qui a contracté avec lui, et au destinataire, qui exerce une action directe née de la stipulation que le contrat contient en sa faveur. • Civ. 8 mars 1911 : *DP 1913. 1. 228* • 23 juin 1943 : *DA 1943. J. 69* • Paris, 19 juin 1943 : *DC 1944. J. 61, note Roger* • Com. 1er févr. 1955 : *D. 1956. 338, note Durand ; JCP 1955. II. 8772, note Hémard.* ♦ Le destinataire, subrogé dans les droits de l'expéditeur, est en droit d'obtenir la condamnation *in solidum* du commissionnaire et de son transporteur. • Paris, 21 mars 2002 : *BICC 2002, n° 1179.* ♦ Sur la qualité de destinataire de la société ayant réceptionné les marchandises en apposant sur le bon de livraison la mention « sous réserve de déballage », alors même que la livraison ne s'est pas faite au lieu de son établissement, V. • Com. 20 janv. 1998, n° 95-19.774 P : *D. Affaires 1998. 373, obs. J. F. ; JCP E 1999, n° 16, p. 713, obs. D. M.*

26. Nature de l'action. L'action est de nature contractuelle. • Com. 28 févr. 1984, n° 82-15.834 P • 10 juill. 1989 : *BTL 1989. 619.* ♦ Sur l'absence de lien juridique entre le destinataire et le mandataire de l'expéditeur, V. • Com. 20 févr. 1990, n° 88-10.695 P. ♦ V. aussi note 6 ss. art. L. 132-8.

27. Recevabilité de l'action. L'action de l'expéditeur n'est pas subordonnée à la preuve d'un préjudice personnel ; mais elle n'est recevable que si le destinataire n'a pas pris livraison ou ne l'a fait qu'en conservant son recours conformément à l'art. 105 [C. com., art. L. 133-3]. • Paris, 19 juin 1943 : *préc. note 25.* ♦ Sur la réception des marchandises, V. art. L. 133-3 et L. 133-4. ♦ Sur la prescription de l'action, V. art. L. 133-6.

Art. L. 133-2 **Si, par l'effet de la force majeure, le transport n'est pas effectué dans le délai convenu, il n'y a pas lieu à indemnité contre le voiturier pour cause de retard.** – *[C. com., art. 104.]*

Sur la responsabilité du commissionnaire en cas de retard, V. art. L. 132-4.

Pour les dommages directs causés par le retard dans la distribution d'un envoi postal, la responsabilité des prestataires des services postaux au sens de l'art. L. 1 CPCE est engagée dans les conditions prévues par les art. 1103, 1104, 1193 s. et 1240 s. C. civ., si le prestataire a souscrit un engagement portant sur le délai d'acheminement de cet envoi postal. Toutefois, cette responsabilité tient compte des caractéristiques des envois et des tarifs d'affranchissement selon des modalités fixées par un décret en Conseil d'État qui détermine des plafonds d'indemnisation (CPCE, art. L. 8, dans sa rédaction issue de l'Ord. n° 2016-131 du 10 févr. 2016).

Art. L. 133-3 **La réception des objets transportés éteint toute action contre le voiturier pour avarie *ou perte partielle* si dans les trois jours, non compris les jours fériés, qui suivent celui de cette réception, le destinataire n'a pas notifié au voiturier, par acte extrajudiciaire ou par lettre recommandée, sa protestation motivée.** *(Abrogé par L. n° 2009-1503 du 8 déc. 2009, art. 40-II) (L. n° 2009-888 du 22 juill. 2009, art. 34-II)* ***« Ce délai de trois jours ne s'applique pas aux prestations de déménagement. »*** – *V., en matière de contrats de transports de et hors déménagement, C. consom., art. L. 121-95 et L. 121-105, ss. art. L. 133-9.*

Si dans le délai ci-dessus prévu il est formé une demande d'expertise en application de l'article L. 133-4, cette demande vaut protestation sans qu'il soit nécessaire de procéder comme il est dit au premier alinéa.

Toutes stipulations contraires sont nulles et de nul effet. Cette dernière disposition n'est pas applicable aux transports internationaux. – *[C. com., art. 105.]*

BIBL. ▶ DURAND, *D. 1950. Chron. 56.* – HÉMARD, *RTD com. 1951. 3.* – BRUNAT, *BTL 1968. 98 ; ibid. 1977. 394.* – COLAS, *Gaz. Pal. 1981. 2. Doctr. 564.*

I. EXTINCTION DE L'ACTION

A. DOMAINE DE LA FIN DE NON-RECEVOIR

1° QUANT À LA NATURE DU TRANSPORT

1. CMR. Sur l'inapplicabilité de l'art. 105 [C. com., art. L. 133-3] au transport régi par la Conv. de Genève du 19 mai 1956 (CMR), V. • Com. 2 oct. 1990, n° 88-18.561 P • 25 mars 1997, n° 94-20.157 P : *D. Affaires 1997. 533.*

2. Transport maritime. La fin de non-recevoir de l'art. 105 [C. com., art. L. 133-3] n'est pas applicable aux transports maritimes. • Com. 28 févr. 1984, n° 82-10.285 P.

3. Modalités d'expédition. Il n'y a pas à distinguer suivant que l'expédition est faite en port dû ou en port payé. • Req. 25 mai 1891 : *DP 1892. 1. 273* • Civ. 23 juin 1913 : *DP 1915. 1. 6.*

2° QUANT À LA NATURE DE L'ACTION

4. Action contre le commissionnaire. Le commissionnaire de transport ne peut invoquer l'inobservation des formalités de l'art. 105 [C. com., art. L. 133-3] lorsqu'il a l'obligation d'assurer ou de faire assurer leur accomplissement. • Com. 16 oct. 1967, n° 65-10.215 P : *D. 1968. Somm. 45.* ♦ Mais la fin de non-recevoir profite au commissionnaire dans la mesure où, faute de protestation régulière formulée par le destinataire à la livraison, l'action en responsabilité contre le transporteur effectif se trouve elle-même éteinte. • Com. 13 avr. 1972, n° 71-10.023 P : *D. 1972. Somm. 152.* ♦ La fin de non-recevoir tirée de l'art. L. 133-3 ne profite par voie de conséquence au commissionnaire de transport ou au voiturier ayant sous-traité le transport que dans la mesure où l'action contre le voiturier effectif ou le transporteur sous-traitant qui exécute les opérations de transport se trouve elle-même éteinte. • Com. 1er déc. 2009, n° 08-15.015 P : *D. 2010. 409, note Tosi ; RTD com. 2010. 184 et 417, obs. Bouloc ; JCP E 2010, n° 1046 ; RJDA 2010, n° 361.*

5. Action contre le transporteur. La fin de non-recevoir de l'art. 105 [C. com., art. L. 133-3] s'étend à toute action née du contrat de transport dirigée contre le voiturier en cas d'avarie ou de perte partielle. • Com. 6 mai 1965, n° 62-11.407 P : *D. 1966. Somm. 2.* ♦ Elle est opposable à l'expéditeur comme au destinataire. • Civ. 16 janv. 1923 : *DP 1926. 1. 237.* ♦ Mais elle ne concerne que les rapports entre l'expéditeur ou le destinataire d'une part, et le voiturier ou le commissionnaire de transport, d'autre part, et pour les seules actions nées du contrat de transport proprement dit. • Req. 5 nov. 1923 : *ibid.* ♦ Elle est donc inapplicable au cas où le transporteur est assigné en tant que responsable du fait d'un de ses préposés. • T. civ. Seine, 14 mai 1949 : *D. 1949. 374.* ♦ Le dernier transporteur n'est pas soumis à l'art. 105 [C. com., art. L. 133-3], dans ses rapports avec une entreprise qui, ayant reçu la marchandise d'un transporteur intermédiaire, a seulement joué le rôle d'expéditeur à son égard. • Com. 30 janv. 1978, n° 76-14.654 P. ♦ L'art. L. 133-3 ne concerne que les rapports entre le voiturier et le destinataire, et non entre le fournisseur et le destinataire. • Saint-Denis de la Réunion, 30 avr. 2008 : *BICC 15 sept. 2009, n° 1175.*

6. Retour de marchandises. **BIBL.** Tilche, *BTL 1994. 545.* ♦ L'expéditeur n'a pas à se conformer aux prescriptions de l'art. 105 [C. com., art. L. 133-3], applicables au seul destinataire ayant pris possession des marchandises. • Rouen, 9 juin 1994 : *BTL 1994. 555.*

3° QUANT AUX PERTES ET AVARIES

7. Retard et perte totale. L'action exercée contre le transporteur pour retard dans la livraison n'est pas soumise à la déchéance édictée par l'art. 105 [C. com., art. L. 133-3]. • Civ. 5 mai 1903 : *DP 1904. 1. 244* • Com. 4 nov. 1970, n° 69-10.959 P : *D. 1971. 324.* ♦ Sur l'absence d'application de l'art. 105 [C. com., art. L. 133-3] au cas de perte totale, V. • Com. 26 janv. 1982, n° 80-15.077 P : *D. 1983. IR 125, obs. Mercadal.*

8. Avarie et perte partielle. La fin de non-recevoir prévue par l'art. L. 133-3, al. 1er, en l'absence de protestation motivée notifiée dans les trois jours de la réception des objets transportés, si elle est exclue en cas de perte totale de la marchandise, c'est-à-dire d'absence de présentation de celle-ci, demeure opposable à l'action tendant à la réparation d'une avarie, quelle que soit sa gravité. • Com. 5 mai 2015, n° 14-11.148 P : *D. 2015. Actu. 1151 ; RTD com. 2015. 584, obs. Bouloc ; JCP E 2015, n° 1253 ; RJDA 2015, n° 561.* ♦ La fin de non-recevoir peut être opposée par le transporteur au cas de perte d'un ou de plusieurs des colis qui composent une expédition unique, cette perte étant partielle et non totale. • Civ. 7 juin 1904 : *DP 1906. 1. 296.* ♦ Sur la distinction entre ces deux sortes de pertes, V. • Com. 5 janv. 1973, n° 71-12.626 P : *D. 1973. IR 40* • 6 juin 1984, n° 82-14.593 P : *RTD com.*

1985. 569, obs. Hémard et Bouloc. ♦ Sur une fin de non-recevoir opposée au cas de substitution d'un colis étranger à l'expédition, V. • Civ. 1er juill. 1896 : *DP 1898. 1. 396, note Sarrut* • Req. 16 avr. 1904 : *DP 1905. 1. 415.*

9. Dommages non apparents. L'extinction de l'action contre le voiturier pour avarie ou perte partielle, lorsque, dans les trois jours, non compris les jours fériés, qui suivent celui de la réception des objets transportés, le destinataire n'a pas notifié au voiturier, par acte extrajudiciaire ou par lettre recommandée, sa protestation motivée, concerne tous les dommages, y compris ceux non apparents lors de cette réception. • Com. 7 nov. 2006, n° 04-17.128 P : *D. 2006. AJ 2845, obs. Delpech ; RTD com. 2007. 442, obs. Bouloc ; JCP E 2007, n° 10, p. 14, note Poumarède ; RJDA 2007, n° 350.* ♦ La notification au transporteur de la protestation motivée du destinataire, qui doit être faite, par application des dispositions de l'art. L. 133-3, dans les trois jours à peine d'extinction de toute action contre le transporteur, concerne tous les dommages, y compris ceux non apparents lors de la réception. • Orléans, 4 avr. 2008 : *BICC 15 déc. 2008, n° 1938.*

Sur l'application de l'art. 105 [C. com., art. L. 133-3] au cas de vice caché, V. • Com. 30 mars 1993, n° 91-17.269 : *BTL 1993. 307.*

B. CONDITIONS DE LA FIN DE NON-RECEVOIR

10. Réception de la marchandise. La réception de la marchandise, qui sert de point de départ au délai de trois jours de l'art. 105 [C. com., art. L. 133-3], s'entend de la prise de livraison effective ; l'émargement du livre de sortie et la mise de la marchandise à la disposition du destinataire ne suffisent pas. • Civ. 3 févr. 1913 : *DP 1914. 1. 63* • Paris, 24 nov. 1922 : *DP 1922. 2. 175.* ♦ Sur la « réception » et ses effets, V. note ss. • Com. 21 oct. 1958 : *D. 1959. 224* • 6 févr. 1968, n° 65-11.250 P : *D. 1968. 529 ; BTL 1968. 48.* ♦ V. aussi, jugeant que la livraison s'entend de la remise physique de la marchandise au destinataire où à son représentant qui l'accepte : • Com. 11 juin 2003, n° 01-15.663 P : *cité note 10 ss. art. L. 133-1.*

11. Absence de réception. Dès lors que la réception de la marchandise par le destinataire n'a pas été réalisée, le transporteur ne peut opposer la fin de non-recevoir de l'art. 105 [C. com., art. L. 133-3]. • Com. 9 mars 1967, n° 64-10.714 P. ♦ ... Même si, après avoir, aux termes du premier contrat de transport, refusé les pièces endommagées, le destinataire a donné son accord à un nouveau transport pour retour de celles-ci à leur fabricant aux fins de réparation. • Même arrêt.

Une cabine de téléphérique, objet lourd et encombrant transporté dans des conditions spéciales, ayant été déposée dans la cour du destinataire, qui avait refusé de signer une décharge au transporteur, sans qu'il en ait pris possession, une cour d'appel peut en déduire que la réception, au sens de l'art. 105 [C. com., art. L. 133-3], ne s'était pas opérée et que le transporteur n'était donc pas fondé à se prévaloir de la fin de non-recevoir instituée par ce texte. • Com. 20 mai 1986, n° 84-12.806 P : *RTD com. 1987. 256, obs. Hémard et Bouloc.*

12. Droit de vérification. Le destinataire a le droit d'exiger, avant de prendre livraison, la vérification tant intérieure qu'extérieure des colis. • Civ. 22 nov. 1933 : *DP 1934. 1. 97, note Roger* • Req. 8 janv. 1912 : *DP 1912. 1. 293.* ♦ Le voiturier ne peut invoquer l'art. 105 [C. com., art. L. 133-3] si le destinataire n'a pas été mis en mesure de vérifier les marchandises, par le fait du voiturier ou par force majeure. • Civ. 27 avr. 1921 : *DP 1926. 1. 237* • 21 juin 1911 : *DP 1913. 1. 3.* ♦ Sur la fraude du voiturier, V. • Req. 29 avr. 1947 : *Gaz. Pal. 1947. 2. 79.*

13. Faute lourde. La faute lourde du transporteur est insuffisante pour rendre inapplicables les dispositions de l'art. 105 [C. com., art. L. 133-3]. • Com. 28 mars 2000, n° 97-22.300 : *Dr. et patr. 12/2000. 72, obs. Chabas.*

II. PROTESTATION DU DESTINATAIRE

A. FORME DE LA PROTESTATION

14. Formalités impératives. Les formalités imposées par l'art. 105 [C. com., art. L. 133-3] pour la notification au voiturier de la protestation motivée du destinataire sont impérativement et limitativement déterminées et ne cessent exceptionnellement de s'appliquer que si des réserves, même verbales, ont été faites par le destinataire lors de la livraison et acceptées, expressément ou tacitement, par le transporteur. • Civ. 5 févr. 1918 : *DP 1919. 1. 37* • 4 juin 1934 : *DH 1934. 430* • Com. 18 oct. 1949 : *D. 1949. 567.* ♦ La protestation motivée qui doit être adressée au transporteur par le destinataire doit être formulée dans les formes limitativement énumérées par l'art. 105 [C. com., art. L. 133-3]. • 3 janv. 1978, n° 76-14.269 P • 24 nov. 1987, n° 86-14.424 P : *D. 1987. IR 250 ; RTD com. 1988. 498, obs. Hémard et Bouloc.* ♦ Une lettre recommandée adressée au fabricant de la marchandise est insuffisante, même confirmée par une lettre simple adressée au transporteur. • Com. 3 janv. 1978, n° 76-14.269 P : *préc.* ♦ L'envoi d'un télex ne satisfait pas aux exigences de ce texte. • Com. 4 nov. 1986, n° 85-13.861 P • 30 nov. 1993, n° 91-20.358 P : *CCC 1994, n° 45, obs. Leveneur.*

15. Expertise amiable. Une expertise amiable ne saurait être assimilée à l'une des formes de protestation de l'art. 105, al. 2 [C. com., art. L. 133-3, al. 2], dès lors qu'elle n'est pas formée en application de l'art. 106 [C. com., art. L. 133-4]. • Com. 11 déc. 1985, n° 84-11.981 P : *BTL 1986. 196* • 6 févr. 1968, n° 65-11.250 P : *préc.*

note 10 • Paris, 9 avr. 1986 : *ibid. 1987. 46.*

16. Réserves concomitantes à la livraison. Les juges du fond écartent à bon droit la fin de non-recevoir tirée de l'art. 105 [C. com., art. L. 133-3] soulevée par le transporteur en relevant que les réserves formulées par le destinataire de la livraison litigieuse avaient été portées par le réceptionnaire sur le bon de livraison et acceptées par le transporteur de façon non équivoque. • Com. 24 nov. 1987, n° 86-14.424 P : *préc. note 14.* ♦ La règle posée par l'art. 105 [C. com., art. L. 133-3] admet une dérogation lorsque des réserves, même verbales ont été faites et acceptées expressément ou tacitement par le transporteur. • Paris, 16 mai 1990 : *D. 1990. Somm. 270, obs. Rèmond-Gouilloud.*

17. Réserves antérieures à la livraison. Pour faire obstacle à la fin de non-recevoir de l'art. 105 [C. com., art. L. 133-3], les réserves ou protestations du destinataire formulées avant la livraison des marchandises doivent être réitérées postérieurement à la livraison dans les formes prescrites par le texte. • Com. 6 févr. 1968, n° 65-11.250 P : *préc. note 10* • Paris, 21 janv. 1964 : *D. 1964. Somm. 50.* ♦ Des réserves formulées avant livraison et au surplus non acceptées par le transporteur, ne suppléent pas valablement aux formalités de l'art. 105 [C. com., art. L. 133-3]. • Com. 23 mai 1977, n° 75-14.958 P.

18. Acceptation tacite des réserves. Des réserves verbales sont insuffisantes dès lors que leur notification n'intervient que cinq jours après la livraison. • Com. 4 oct. 1971, n° 70-11.545 P. ♦ Il en va différemment lorsqu'elles ont été acceptées par le transporteur de façon non équivoque. • Com. 17 juill. 1968, n° 66-12.082 P : *JCP 1969. II. 15717, note R. R. ; D. 1969. 98* • Aix-en-Provence, 18 mars 1982 : *D. 1983. 580, note Sériaux* • Paris, 16 mai 1990 : *préc. note 16.* ♦ Le conducteur d'un camion dont le commettant est un entrepreneur de transport représente celui-ci pour tout ce qui a trait à l'exécution du transport dont il est chargé. Par suite, le transporteur ne saurait faire grief aux juges du fond d'avoir écarté la fin de non-recevoir tirée de l'art. 105 [C. com., art. L. 133-3], dès lors que les réserves formulées par le destinataire ont été portées par le réceptionnaire sur le bon de livraison en présence du préposé du transporteur, qui ne les a ni contestées, ni contredites par une mention contraire. • Com. 24 nov. 1987, n° 86-14.424 P : *préc. note 14* • 19 mars 1996, n° 94-11.785 : *RJDA 1996, n° 918.* ♦ L'accusé de réception des réserves n'en implique pas l'acceptation. • Com. 11 déc. 1950 : *D. 1951. 110.* ♦ Sur la reconnaissance de responsabilité par le transporteur, V. • Paris, 10 juin 1955 : *D. 1955. 582, note Rodière.* ♦ Sur le refus de prendre livraison, V. • Com. 11 févr. 1958 : *RTD com. 1958. 818, obs. Hémard* • 20 mai 1986, n° 84-12.806 P : *BTL 1986. 446.*

19. Motivations. L'accomplissement, par le destinataire, des formalités de l'art. 105 [C. com., art. L. 133-3] ne le dispense pas d'établir que le dommage est antérieur à la livraison. • Paris, 18 mars 1977 : *JCP 1979. II. 19247, note Rodière.* ♦ Une réserve trop générale et imprécise faite à la livraison ne peut tenir lieu de cette preuve. • Même arrêt. ♦ Ne remplissent pas l'exigence de l'art. 105 [C. com., art. L. 133-3] les réserves telles que « matériels endommagés – sous réserve ». • T. com. Paris, 12 juin 1995 : *Gaz. Pal. 1996. 2. Somm. 549.* – V. aussi • Metz, 1er oct. 1980 : *D. 1981. IR 544, obs. Mercadal.* ♦ Pour pouvoir déroger aux dispositions de l'art. L. 133-3 les réserves écrites mentionnées à la livraison sur le document de transport doivent être significatives, complètes et acceptées par le transporteur ; ainsi les réserves doivent faire apparaître avec netteté l'étendue et l'importance du dommage et donc être précises quant à la nature de l'avarie et quant à la quantité de matériels concernés. • Versailles, 6 nov. 2003 : *RJDA 2004, n° 422.*

B. DÉLAI DE LA PROTESTATION

20. Délai de trois jours. Le délai de trois jours suivant la réception durant lequel le destinataire doit notifier au voiturier sa protestation motivée pour avarie ou perte partielle est d'ordre public. • Com. 8 juin 2010, n° 09-68.829 : *JCP E 2010, n° 1772, spéc. n° 10, obs. Letacq.* ♦ Les réserves, dès lors qu'elles ont été formulées dans le délai de l'art. 105 [C. com., art. L. 133-3], n'ont pas à être renouvelées lors de la prise de possession ultérieure. • Com. 21 oct. 1958 : *D. 1959. 224.*

21. Jour férié. Dès lors qu'il a constaté que la livraison a été effectuée le 16 déc., la lettre recommandée comportant la protestation motivée du destinataire ayant été envoyée au voiturier le 20 déc., lendemain d'un jour férié, c'est à bon droit qu'un arrêt retient que la réclamation du destinataire relative à du mobilier livré après sa conservation en garde-meubles de façon incomplète est recevable. • Com. 12 mai 1992, n° 90-17.853 P : *D. 1992. IR 190.* ♦ Sur la computation du délai, V. aussi, pour la prise en compte du samedi, • T. com. Paris, 11 janv. 1972 : *BTL 1972. 54.*

22. Fin de non-recevoir. Le juge peut relever d'office la fin de non-recevoir à condition d'inviter les parties à présenter leurs observations en respectant le principe de la contradiction. • Com. 16 févr. 1993, n° 90-19.671. ♦ *Contra*, jugeant que le juge n'a pas la possibilité, pour une réouverture des débats, de se substituer au transporteur pour soulever d'office la fin de non-recevoir : • Paris, 5 mars 2008 : *RJDA 2008, n° 912.*

Art. L. 133-4 En cas de refus des objets transportés ou présentés pour être transportés, ou de contestation de quelque nature qu'elle soit, sur la formation ou l'exécution du contrat de transport, ou à raison d'un incident survenu au cours même et à l'occasion du transport, l'état des objets transportés ou présentés pour être transportés et, en tant que de besoin, leur conditionnement, leur poids, leur nature, etc., sont vérifiés et constatés par un ou plusieurs experts nommés par le président du tribunal de commerce ou, à défaut, par le président du *(Ord. nº 2019-964 du 18 sept. 2019, art. 35, en vigueur le 1er janv. 2020)* « tribunal judiciaire *[ancienne rédaction : tribunal d'instance]* » et par ordonnance rendue sur requête.

Le requérant est tenu, sous sa responsabilité, d'appeler à cette expertise, même par simple lettre recommandée ou par télégramme, toutes parties susceptibles d'être mises en cause, notamment l'expéditeur, le destinataire, le voiturier et le commissionnaire, et les experts doivent prêter serment, sans formalité d'audience, devant le juge qui les a commis ou devant le juge du *(Ord. nº 2019-964 du 18 sept. 2019, art. 35, en vigueur le 1er janv. 2020)* « tribunal judiciaire *[ancienne rédaction : tribunal d'instance]* » où ils procèdent. Toutefois, en cas d'urgence, le juge saisi de la requête peut dispenser de l'accomplissement de tout ou partie des formalités prévues au présent alinéa. Mention est faite de cette dispense dans l'ordonnance.

Le dépôt ou séquestre des objets en litige, et ensuite leur transport dans un dépôt public, peut être ordonné.

La vente peut en être ordonnée jusqu'à concurrence des frais de voiture ou autres déjà faits. Le juge attribue le produit de la vente à celle des parties qui a fait l'avance desdits frais. – *[C. com., art. 106.]*

BIBL. ▶ Brunat, *BTL 1982. 306.* – Jeuland, *D. 2000. Chron. 209* (expertise commerciale). – Leconte et Luquiau, *RD transp. 2014. Formule 2* (requête et ordonnance aux fins d'expertise judiciaire de l'art. L. 133-4).

I. EXPERTISE JUDICIAIRE

1. *Domaine.* L'art. 106 [C. com., art. L. 133-4] ne s'applique que dans les rapports du voiturier avec le destinataire ou l'expéditeur ; en cas de contestation entre ces derniers, l'expertise est soumise aux règles du droit commun. • Civ. 1er mars 1892 : *DP 1892. 1. 235* • Req. 15 juill. 1907 : *DP 1908. 1. 31* • Com. 9 juill. 1953 : *JCP 1954. II. 8072, note Rodière.* ♦ S'il a pour mission de vérifier et de constater l'état des objets transportés ou présentés pour être transportés, et, en tant que de besoin, leur conditionnement, leur poids et leur nature, l'expert nommé sur le fondement de l'art. L. 133-4 peut aussi recevoir les missions de donner un avis sur l'origine des dommages subis par la marchandise et le préjudice subi. • Com. 30 juin 2015, nº 13-27.609 P : *D. 2015. Actu. 1484.*

2. *Demande d'expertise.* L'expertise peut intervenir utilement après l'introduction d'une instance relative à l'exécution du contrat de transport. • Req. 2 août 1911 : *DP 1912. 1. 264.* ♦ L'expertise ne peut être ordonnée qu'une seule fois en application de l'art. 106 [C. com., art. L. 133-4]. • Req. 1er août 1934 : *DH 1934. 457.* ♦ Sur la recevabilité d'une action en référé de droit *commun, V. • Civ. 6 mai 1929 : DP 1929. 1. 118.* ♦ L'expertise prononcée en application de l'art. L. 133-4, mesure conservatoire prise dans l'intérêt commun de tous ceux que l'état de la marchandise intéresse, est ordonnée sur requête du président du tribunal de commerce qui, tenu d'y faire droit, ne peut apprécier si les circonstances exigent que cette décision soit prise contradictoirement. • Com. 30 juin 2015, nº 13-27.609 P : *préc. note 1.*

3. *Autres modes de preuve.* L'expertise de l'art. 106 [C. com., art. L. 133-4] n'est que l'un des procédés pour établir l'existence et l'importance du dommage et n'exclut aucun autre mode de preuve. • Com. 30 janv. 1978, nº 76-14.654 P.

4. *Caractère conservatoire.* L'expertise de l'art. 106 [C. com., art. L. 133-4] est une mesure conservatoire prise dans l'intérêt commun de tous ceux que l'état de la marchandise intéresse. • Req. 2 août 1911 : *DP 1912. 1. 264* • 22 juill. 1913 : *DP 1915. 1. 16.* ♦ Il s'ensuit que les frais qu'elle occasionne incombent à celui dont elle établit la faute, et il n'importe que cette faute ait été ou non l'objet d'une action judiciaire. • Com. 7 déc. 1948 : *D. 1949. 43* • 14 mars 1949 : *D. 1949. 441 et la note.*

5. *Prescription.* L'expertise ordonnée en application de l'art. L. 133-4 constitue une mesure conservatoire prise dans l'intérêt commun de tous ceux que l'état de la marchandise intéresse et non une citation en justice. La demande de désignation d'un expert judiciaire, présentée par simple requête, n'interrompt pas la prescription. • Com. 5 avr. 2011, nº 10-15.852 P : *D. 2012. Pan. 1442, obs. Kenfack ; RTD com. 2011. 632, obs. Bouloc ; JCP E 2011, nº 1658, spéc. nº 9, obs. Legros ; RJDA 2011, nº 697.*

6. *Mise en cause.* Sur les formes (lettres simples ou télégrammes), V. • Com. 23 mai 1977 : *BTL 1977. 388.*

7. Opposabilité de l'expertise. Les résultats de l'expertise sont opposables même à ceux qui n'y ont été ni présents, ni représentés. • Civ. 3 avr. 1913 : *DP 1914. 1. 96* • Req. 24 juin 1912 : *DP 1913. 1. 363.* – Comp. : • Colmar, 9 nov. 1955 : *D. 1956. Somm. 70.*

8. Portée de l'avis de l'expert. Les juges ne sont pas tenus de suivre l'avis de l'expert, mais ils doivent établir expressément que le voiturier n'a pas prouvé le fait exonératoire, tel que le vice propre, qu'il invoque. • Civ. 19 janv. 1914 : *DP 1914. 1. 294* • 16 juill. 1914 : *DP 1916. 1. 150.* ♦ ... Ou du moins énoncer les motifs pour lesquels ils se sont écartés de l'avis des experts. • Civ. 16 juin 1914 : *DP 1914. 1. 294.*

9. Principe du contradictoire. La convocation des parties à une réunion d'expertise diligentée en application de l'art. 106 [C. com., art. L. 133-4], adressée par fax 24 heures à l'avance, satisfait suffisamment aux exigences de ce texte dès lors qu'un tel délai est suffisant pour permettre aux parties de se faire représenter et, s'agissant du transporteur, pour prévenir en tant que de besoin son assureur. • Versailles, 7 sept. 2000 : *JCP E 2001, n° 1, p. 14.*

II. VENTE DES MARCHANDISES

10. Obligations du voiturier. Le voiturier qui s'est conformé, pour procéder à la vente, aux dispositions de l'art. 106 [C. com., art. L. 133-4] n'est tenu envers le propriétaire de la marchandise que d'une somme égale au produit de la vente ; il ne peut être condamné, notamment, à verser à l'expéditeur le prix que celui-ci devait recevoir du destinataire acheteur. • Civ. 7 juin 1904 : *DP 1906. 1. 316* • 8 févr. 1909 : *DP 1910. 1. 158.*

11. Responsabilité du voiturier. La vente des marchandises par le transporteur sans observer les formalités de l'art. 106 [C. com., art. L. 133-4] est de nature à engager sa responsabilité et à le rendre débiteur, envers le destinataire, d'une somme supérieure au prix de la vente, si l'omission desdites formalités a été la cause du dommage. • Com. 15 déc. 1947 : *D. 1948. 153.*

Art. L. 133-5 *(Ord. n° 2010-1307 du 28 oct. 2010, art. 4, en vigueur le 1er déc. 2010)* **Sans préjudice des dispositions prévues par le code des transports, les dispositions contenues dans le présent chapitre sont applicables aux transporteurs routiers, fluviaux et aériens.** – *[C. com., art. 107.]*

BIBL. ▶ Delebecque, *D. 2010. 2715* (le code à droit constant des transports : une œuvre monumentale encore perfectible). – Faivre, *LPA 10 févr. 2011* (nul n'est censé ignorer les dispositions du code des transports). – Paulin, *RD transp. 2011. Repère 7* (le nouvel art. L. 133-5 C. com.).

V. C. transp., art. L. 1000-1, L. 1000-2, L. 1000-3. — Sur les conditions d'exercice, V. C. transp., art. L. 1411-1. — Sur l'accès à la profession de transporteur, V. C. transp., art. L. 1422-1, L. 1422-2, L. 1422-3, L. 1422-4, L. 1422-5. — Sur l'exécution des opérations de transport, V. C. transp., art. L. 1431-1, L. 1431-2. — Sur les contrats de transport de marchandises, V. C. transp., art. L. 1432-1, L. 1432-2, L. 1432-3, L. 1432-4, L. 1432-5, L. 1432-6, L. 1432-12. — Sur les transports routier de marchandises, V. C. transp., art. L. 3211-1, L. 3211-2, L. 3211-3. — Sur les contrats de transport routier de marchandises, V. C. transp., art. L. 3221-1, L. 3221-2, L. 3221-3, L. 3221-4, L. 3222-1, L. 3222-2, L. 3222-4, L. 3222-5, L. 3222-6, L. 3222-7, L. 3222-8, L. 3222-9. — Sur le contrat de location de véhicules industriels, V. C. transp., art. L. 3223-1, L. 3223-2, L. 3223-3. — Sur les sanctions, V. C. transp., art. L. 3241-1, L. 3241-2, L. 3241-3, L. 32414, L. 3241-5, L. 3242-1, L. 3242-2, L. 3242-3, L. 3242-4, L. 3242-5. — Sur le transport public routier, V. C. transp., art. L. 3411-1. — Sur le cabotage routier de marchandises, V. C. transp., art. L. 3421-3, L. 3421-4, L. 3421-5, L. 3421-6, L. 3421-7, L. 3421-8. — Sur les sociétés coopératives de transport, V. C. transp., art. L. 3441-1, L. 3441-2, L. 3441-3, L. 3441-4, L. 3441-5, L. 3441-6. — Sur la responsabilité du transporteur aérien de marchandises, V. C. transp., art. L. 6422-2, L. 6422-3, L. 6422-4, L. 6422-5. — **C. transp.**

Code des transports Art. L. 1432-1 *(Ord. n° 2010-1307 du 28 oct. 2010)* Les dispositions des articles L. 133-1 à L. 133-9 du code de commerce s'appliquent aux contrats de transports routiers, fluviaux et aériens.

....

Art. L. 3441-5 *(Ord. n° 2010-1307 du 28 oct. 2010)* Les sociétés coopératives d'entreprises de transport public routier de marchandises ont la qualité de voiturier pour l'application des dispositions des articles L. 132-8, L. 132-9 et L. 133-1 à L. 133-9 du code de commerce. – *[L. n° 83-657 du 20 juill. 1983, art. 35 bis.]*

Art. L. 133-6 Les actions pour avaries, pertes ou retards, auxquelles peut donner lieu contre le voiturier le contrat de transport, sont prescrites dans le délai d'un an, sans préjudice des cas de fraude ou d'infidélité.

Toutes les autres actions auxquelles ce contrat peut donner lieu, tant contre le voiturier ou le commissionnaire que contre l'expéditeur ou le destinataire, aussi bien que celles qui naissent des dispositions de l'article 1269 du *(L. n° 2007-1787 du 20 déc. 2007, art. 26-IV)* « code de procédure civile », sont prescrites dans le délai d'un an.

Le délai de ces prescriptions est compté, dans le cas de perte totale, du jour où la remise de la marchandise aurait dû être effectuée, et, dans tous les autres cas, du jour où la marchandise aura été remise ou offerte au destinataire.

Le délai pour intenter chaque action récursoire est d'un mois. Cette prescription ne court que du jour de l'exercice de l'action contre le garanti.

Dans le cas de transports faits pour le compte de l'État, la prescription ne commence à courir que du jour de la notification de la décision ministérielle emportant liquidation ou ordonnancement définitif. — *[C. com., art. 108.]*

Les actions en responsabilité pour avaries, pertes ou retards engagées au titre des art. L. 7 et L. 8 CPCE sont prescrites dans le délai d'un an à compter du lendemain du jour du dépôt de l'envoi (CPCE, art. L. 10). — V. les secondes notes ss. art. L. 133-1 et L. 133-2.

I. DOMAINE DE LA PRESCRIPTION

1. *Transports internationaux.* La Conv. de Varsovie ne s'appliquant pas aux rapports entre le commissionnaire de transport et son commettant, la prescription applicable en matière de transport aérien est celle de l'art. 108 [C. com., art. L. 133-6], et non celle de deux ans de la Conv. de Varsovie. • T. com. Paris, 28 nov. 1979 : *BTL 1980. 54.* ♦ Dès lors que les règles uniformes concernant le contrat de transport international de marchandises, dites RUCIM, de la Conv. de Berne du 9 mai 1980 relatives aux transports ferroviaires internationaux sont applicables, l'application des dispositions de l'art. 108 [C. com., art. L. 133-6] est exclue. • Com. 9 déc. 1997, n° 95-20.010 P. ♦ Dans le cadre d'un transport soumis à la Conv. CMR du 19 mai 1956, la prescription de l'action directe en paiement des prestations du transport à l'encontre du destinataire est soumise aux dispositions de l'art. 32 CMR ; dès lors, pour déclarer prescrite cette action, le juge, qui fait application de l'art. L. 133-6 C. com., viole les art. 32 CMR et L. 132-8 C. com. • Com. 24 mars 2004, n° 02-16.573 P : *cité note 9 ss. art. L. 132-8* • Versailles, 11 mai 2006 : *JCP E 2006, n° 43-44, p. 1836.* ♦ Viole les art. 32 CMR, L. 132-8 et L. 133-6 C. com. la cour d'appel qui, pour déclarer prescrite l'action du transporteur en garantie du paiement du fret contre le destinataire, fait application du troisième de ces textes alors que l'action en garantie du paiement du prix du transport, prévue par le deuxième de ces textes, se prescrit conformément aux dispositions du premier. • Com. 6 déc. 2011, n° 10-23.466 P : *D. 2012. Actu. 4, obs. Delpech ; RTD com. 2012. 187, obs. Bouloc ; JCP E 2012, n° 1033 ; RJDA 2012, n° 399.* ♦ Comp., sur l'exclusion de l'art. 32 CMR, V. • Com. 22 nov. 1988, n° 87-15.417 P : *RTD com. 1989. 532, obs. Bouloc.* ♦ Jugeant que le transport routier qui succède à un transport aérien qui a pris fin conformément à la lettre de transport aérien au lieu de réacheminement des marchandises, est régi par le droit français et relève ainsi de la prescription de l'art. L. 133-6. • Montpellier, 27 mars 2007 : *RD transp. 2007, n° 118, obs. Delebecque.*

A. ACTIONS VISÉES

2. *Actions en paiement ou en restitution.* Sont soumises à la prescription annale édictée par l'art. L. 133-6, sauf au cas de fraude ou d'infidélité, toutes les actions auxquelles le contrat de transport peut donner lieu (restitution du montant des surfacturations). • Com. 3 mai 2011, n° 10-11.983 P : *D. 2011. Actu. 1342, obs. Delpech ; RTD com. 2011. 632, obs. Bouloc ; JCP 2011, n° 1030, spéc. n° 2, obs. Billiau ; RJDA 2011, n° 772.* ♦ Un contrat type, institué sur le fondement de l'art. 8, § II, de la L. du 30 déc. 1982 [V. C. transp., art. L. 1432-4 et L. 1432-12], règle pour l'avenir, dès l'entrée en vigueur du décret qui l'établit, les rapports que les parties n'ont pas définis au contrat de transport qui les lie. • Com. 22 janv. 2008, n° 06-19.440 P : *cité note 38 ss. anc. art. L. 442-6, reproduit ss. art. L. 442-1.* ♦ La demande du voiturier en règlement du prix du transport par lui exécuté est bien née du contrat de transport. • Com. 7 janv. 1955 : *D. 1955. 453* • 2 mai 1966 : *D. 1967. Somm. 3.* ♦ ... Comme l'action en réparation des avaries causées au moyen de transport par le vice propre des marchandises chargées par l'affréteur. • Rouen, 6 nov. 1970 : *D. 1971. 274, note Rodière.* ♦ Au nombre des actions relatives au contrat de transport doivent être comprises celles qui ont trait aux frais de magasinage. • Com. 7 janv. 1955 : *D. 1955. 453.* ♦ ... Ou de stockage. • Rouen, 10 mai 2007 : *RD transp. 2008, n° 6, obs. O. S.* ♦ ... Celle relative aux « taxes de précarité » destinées à compenser les moyens supplémentaires mis en œuvre par le transporteur pour une courte période. • Versailles, 4 nov. 2004 : *RJDA 2005, n° 1304.* ♦ ... Celle tendant au paiement de sommes encaissées par le transporteur. • Com. 30 oct. 1979, n° 78-10.857 P : *D. 1980. IR 29.* ♦ ... Celle visant à obtenir la restitution d'accessoires de transports, tels que les modules, étagères ou roll danois utilisés pour le transport de végétaux. • Orléans, 17 mars 2005 : *RJDA 2005, n° 974* • Rouen, 31 mai 2007 : *RD transp. 2008, n° 166, obs. O. S.* (conteneur). ♦ ... Et, plus généralement, celles qui sont relatives aux frais exposés à l'occasion d'opérations se rattachant directement au contrat de transport et aux obligations respectives des voituriers. • Com. 4 déc. 1967 : *D. 1968. 246.* ♦ Est soumise à la prescription annale de l'art. 108 [C. com., art. L. 133-6] l'action du transporteur visant la compensation effectuée par son donneur d'ordre entre des créances nées à l'occasion de l'exécution de contrats de transport. • Com. 8 juin 1993, n° 91-14.712 : *BTL 1993. 475.* ♦ L'action intentée par le transporteur contre l'expéditeur qui a pratiqué une compensation arbitraire est soumise à la prescription annale de l'art. L. 133-6. • Com. 16 janv. 2007, n° 05-17.001 : *RD transp. 2007, n° 24, obs. Paulin.* ♦ L'ordonnance du juge-commissaire, qui autorisait un paiement prohibé, ayant été annulée, c'est en tirant la conséquence de l'effet rétroactif du jugement prononçant son annulation et en faisant l'exacte application de l'art. L. 622-7 C. com. que l'arrêt retient qu'en raison de cette décision le paiement n'avait pas été autorisé et que l'action tendant à son annulation et à la restitution des fonds, qui ne constituait pas une action à laquelle peut donner lieu le contrat de transport au sens de l'art. L. 133-6, était soumise, non à la prescription par un an prévue par ce dernier texte, mais à la prescription par trois ans prévue par l'art. L. 622-7 préc. • Com. 20 oct. 2021, n° 20-16.231 B : *cité note 74 ss. art. L. 622-7.*

Sur l'effet interruptif attaché à la compensation et le moment où elle peut être invoquée, V. note 45. ♦ Pour une action en paiement d'un complément de prix d'un transport, V. • Orléans, 22 févr. 2007 : *RJDA 2007, n° 835.* ♦ Sur l'application au mandat spécial, accessoire du contrat de transport, V. • Paris, 16 janv. 1991 : *BTL 1991. 363.* ♦ Comp., pour un mandat d'assurance, • Lyon, 12 juill. 1996 : *ibid. 1997. 64.* ♦ V. aussi note 7 ss. art. L. 110-4. ♦ Sur la prescription annale et les actions engagées en cas de rupture brutale des relations commerciales (C. com., art. L. 442-1), V. • Dijon, 11 janv. 2007 : *RD transp. 2007, n° 104, obs. Paulin.*

3. Action directe en paiement. V. note 17 ss. art. L. 132-8.

4. Livraison contre remboursement. Il a été jugé que sont applicables à la stipulation d'une livraison contre remboursement les dispositions de l'art. 108 [C. com., art. L. 133-6] fixant à un an la période pendant laquelle toute action dirigée contre le commissionnaire est recevable, la stipulation d'une livraison contre remboursement n'étant qu'une modalité de la livraison, elle-même incluse dans le contrat de commission. • Paris, 13 sept. 1989 : *D. 1989. IR 248 ; RTD com. 1990. 257, obs. Bouloc.* ♦ V. aussi, pour l'action de l'expéditeur contre le transporteur tendant au remboursement, dans le cadre d'une « expédition contre remboursement », • Versailles, 16 janv. 1997 : *RJDA 1997, n° 509.*

5. Actions en responsabilité du transporteur. La demande en paiement de dommages-intérêts intentée par le transporteur contre l'expéditeur pour rupture abusive du contrat de transport liant les parties est fondée sur le contrat de transport dont la résiliation est contestée (art. L. 133-6, al. 2) ; elle se prescrit donc dans le délai d'un an. • Com. 9 juill. 2002, n° 00-15.889 : *RJDA 2002, n° 1271.* ♦ Si l'action en responsabilité fondée sur l'art. L. 442-6, I, 5° [ancien], pour rupture brutale d'une relation commerciale établie, fût-elle née d'un contrat de transport, est soumise au délai de prescription de droit commun, l'action en réparation pour rupture fautive d'un contrat de transport, tirée des conditions d'exécution du contrat et fondée sur le droit commun de la responsabilité contractuelle, se prescrit par un an en application de l'art. L. 133-6. • Com. 18 oct. 2016, n° 15-13.725 : *CCC 2017, n° 8, obs. Mathey ; RJDA 2017, n° 139.* ♦ L'action en responsabilité des transporteurs en cas de rétention abusive des marchandises découle du contrat de transport et, comme telle, est soumise à la prescription biennale. • Chambéry, 4 mai 2004 : *JCP E 2005, n° 5, p. 181, obs. Delebecque.* ♦ L'action en réparation des dommages causés par la marchandise transportée à l'engin de transport exercée par le transporteur contre l'expéditeur est, au sens de l'art. L. 133-6, al. 2, l'une de celles auxquelles peut donner lieu le contrat de transport. • Com. 26 févr. 2020, n° 18-11.430 : *RTD com. 2020. 444, obs. Bouloc ; RJDA 2020, n° 342.*

6. Actions en responsabilité contre le transporteur. Lorsque, en raison d'une avarie imputable au seul transporteur, un client a été condamné à payer au fournisseur le prix de la marchandise transportée, il ne saurait, deux années plus tard, retenir ce prix sur celui de transports ultérieurs, ce procédé revenant à imposer au transporteur, contre son gré, le paiement par voie de compensation d'une indemnité d'avarie, alors que ce client avait laissé se prescrire l'action en paiement d'une telle indemnité, soumise au délai d'un an prévu par l'art. 108 [C. com., art. L. 133-6]. • Rennes, 21 janv. 1998 : *JCP E 1998, n° 50, p. 1954.* ♦ Toutes les actions auxquelles le contrat de transport peut donner lieu, en ce compris les demandes de répétition de l'indu et les demandes reconventionnelles de compensation, sont soumises à la prescription annale prévue à l'art. L. 133-6, sauf au cas de fraude ou d'infidélité. • Com. 27 sept. 2017, n° 16-12.942 P : *cité note 39.*

7. Demande reconventionnelle contre le transporteur. La prétention du client d'une société de transport tendant à obtenir la compensation de sa dette (paiement du prix de transport) avec une créance sur la société de transport résultant de livraisons inférieures en quantité à celles prévues s'analyse en une créance de dommages-intérêts constituant une demande reconventionnelle. • Com. 26 mai 1998, n° 96-15.570 P : *D. 1998. IR 160 ; RTD com. 1999. 182, obs. Bouloc*. ♦ Sur la distinction entre demande reconventionnelle et action récursoire, V. note 37.

8. Actions du substitut du transporteur. La prescription annale de l'art. L. 133-6 est applicable à l'action en réparation introduite par une société à l'encontre d'une autre société avec laquelle elle a participé de manière concertée en vue d'assurer un transport de marchandise. • Com. 15 mai 2001, n° 98-19.651 P.

9. Actions contre l'assureur du transporteur. C'est la prescription annale, et non la prescription biennale de l'art. L. 114-1 C. assur., qui s'applique à l'égard de la victime de l'avarie qui agit contre l'assureur au titre du contrat d'assurance liant le transporteur à l'assureur. • Paris, 23 oct. 2001 : *D. 2001. IR 3327*. ♦ L'action directe de la victime contre l'assureur de responsabilité trouve son fondement dans le droit de la victime à réparation de son préjudice et se prescrit, en conséquence, par le même délai que l'action de la victime contre le responsable. • Civ. 2e, 11 sept. 2008, n° 07-19.507 : *RD transp. 2008, n° 226, obs. Staes.*

10. Commissionnaires de transport. La prescription de l'art. 108 [C. com., art. L. 133-6] doit être étendue aux actions qui concernent le commissionnaire. • Com. 20 avr. 1967, n° 65-12.836 P : *D. 1968. 33* • Paris, 15 juill. 1925 : *DH 1925. 615.* ♦ Comp. note Aubrun, *DP 1924. 2. 111* • T. com. Seine, 21 déc. 1938 : *DH 1939. 224* • Com. 8 avr. 1967, n° 65-10.006 P. ♦ Sur l'application au commissionnaire de transport et en douane, V. • Paris, 25 juin 1991 : *BTL 1991. 489* • Rouen, 15 mars 2007 : *RD transp. 2007, n° 151, obs. Bon-Garcin.* ♦ L'art. 108 [C. com., art. L. 133-6] s'applique à l'action du commissionnaire contre le transporteur, à qui il avait confié le soin d'acheminer les marchandises avariées, en réparation du préjudice commercial résultant de la perte de la clientèle de son mandant, cette perte étant en relation directe avec la mauvaise exécution du contrat de transport par le transporteur. • Com. 22 avr. 1997, n° 94-15.241 P : *D. 1998. Somm. 321, obs. Mercadal*.

Les marchandises n'étant pas perdues du seul *fait de leur rétention* par un commissionnaire de transport, la prescription de l'action en réparation du préjudice résultant de l'exercice abusif du droit de rétention formée contre ce dernier par le destinataire non livré ne court pas. • Com. 8 juin 1999, n° 97-12.233 P : *préc. note 13 ss. art. L. 132-2.* ♦ Comp., jugeant que viole l'art. L. 133-6, al. 2, une cour d'appel qui, pour rejeter une fin de non-recevoir tirée de la prescription de l'action, retient que l'action intentée par le destinataire découle de l'exercice du droit de rétention du commissionnaire et qu'elle n'est donc pas atteinte par la prescription d'un an prévue par ce texte : • Com. 24 sept. 2003, n° 02-10.710 P : *D. 2003. AJ 2570 ; JCP E 2004, n° 36, p. 1343, obs. Delebecque ; RTD com. 2004. 366, obs. Bouloc ; RJDA 2004, n° 160.*

Sur la notion de commissionnaire de transport, V. notes 1 s. ss. art. L. 132-3. ♦ V. aussi note 21.

11. Sous-traitance. L'action en paiement auquel le contrat de transport donne lieu contre l'expéditeur de la part du voiturier est soumise à la prescription annale édictée par l'art. L. 133-6, même lorsqu'elle est exercée conformément aux dispositions de la L. n° 75-1334 du 31 déc. 1975 relative à la sous-traitance. • Com. 1er avr. 2008, n° 07-13.323 P : *D. 2008. AJ 1140, obs. Delpech ; RTD com. 2008. 846, obs. Bouloc ; JCP E 2008, n° 40, p. 31, obs. Bon-Garçin ; RJDA 2008, n° 910.*

12. Entreprises de déménagement : jurisprudence antérieure à la loi de 2003. Le contrat de déménagement est un contrat d'entreprise qui se différencie du contrat de transport en ce que son objet n'est pas limité au déplacement de la marchandise. • Com. 20 janv. 1998, n° 95-22.190 P : *D. Affaires 1998. 331, obs. V. A.-R.* • 26 juin 2001, n° 98-22.908 : *CCC 2001, n° 153, note Leveneur ; RTD com. 2003. 804, obs. Bouloc ; RJDA 2002, n° 37* • 1er avr. 2003, n° 01-03.109 P : *JCP E 2003, n° 36, p. 1378, obs. Bon-Garcin ; CCC 2003, n° 103, obs. Leveneur ; RTD com. 2003. 804, obs. Bouloc ; RJDA 2003, n° 944* • 6 juill. 2010, n° 09-14.661 : *CCC 2010, n° 241, obs. Leveneur.* ♦ Dès lors, les règles spéciales concernant la livraison et la prescription dans le contrat de transport et résultant des art. L. 133-3 à L. 133-6 ne trouvent pas à s'appliquer. • Com. 3 avr. 2001, n° 98-21.233 P : *JCP E 2002, n° 15, 642, note Delebecque* • 26 juin 2001, n° 98-22.908 : *préc.* • 9 juill. 2002, n° 00-20.480 : *CCC 2003, n° 1, obs. Leveneur.* ♦ Sur la cassation d'un arrêt qui, ayant retenu que l'opération de déménagement s'analysant en un dépôt et un contrat de transport, la facturation du prix du garde-meuble étant inférieur au déménagement et la part du transport étant la plus importante des prestations effectuées, a accueilli la fin de non-recevoir tirée de l'art. L. 133-3 C. com., V. • Com. 11 juin 2002, n° 00-11.592 P : *JCP E 2002, n° 36, p. 1360 ; RTD com. 2003. 159, obs. Bouloc ; Gaz. Pal. 2003. Somm. 552, obs. Peisse.* ♦ Comp., jugeant que la prescription de l'art. 108 [C. com., art. L. 133-6] est applicable à l'action en responsabilité exercée contre une entreprise de déménagements : • Com. 19 juin 1957 : *D. 1958. 113, note Rodière.* – Comp. : • Com. 25 févr. 1963 : *D. 1963. 422* • 20 avr. 1967, n° 65-12.836 P : *préc. note 10*

• Paris, 2 avr. 1960 : *D. 1961. Somm. 66.* ♦ V. aussi note 4 ss. art. L. 132-3. ♦ Rappr., dans une hypothèse où l'expéditeur s'était chargé des opérations d'emballage, le voiturier ne se chargeant, outre le transport, que de la manutention qui n'était alors que l'accessoire au transport proprement dit, de telle sorte que la relation contractuelle ainsi nouée devait être qualifiée de contrat de transport et non de contrat de déménagement : • Com. 10 mars 2004, n° 02-14.761 P : *D. 2004. AJ 1019 ; JCP E 2004, n° 38, p. 1442, obs. Bon-Garcin ; CCC 2004, n° 93, obs. Leveneur ; RTD com. 2004. 803, obs. Bouloc ; RJDA 2004, n° 813.*

13. Entreprises de déménagement : incidence de la loi de 2003. BIBL. Fl. Petit, *JCP E 2009, n° 41, p. 23* (les errements législatifs du déménagement). – Mausen, *LPA 3 nov. 2009* (le déménageur, nouveau Janus du monde juridique – à propos de la loi du 22 juill. 2009). – Brunaux, *CCC 2010. Étude 5* (la nature juridique du contrat de déménagement). ♦ L'art. 26 de la L. n° 2003-495 du 12 juin 2003 a ajouté à l'art. 5 de la L. n° 82-1153 du 30 déc. 1982 [V. C. transp., art. L. 1000-3], un alinéa assimilant à un transport de marchandises l'opération de transport effectuée dans le cadre d'un déménagement, et a modifié en ce sens, notamment, l'art. 8 de cette même loi. – V. cet art. au **C. com.**, éd. 2011 ou antérieures, ss. art. L. 133-9. ♦ L'ensemble de ces modifications avait toutefois été abrogé par la L. n° 2009-526 du 12 mai 2009, art. 23, avant d'être rétabli par la L. n° 2009-888 du 22 juill. 2009, art. 34. ♦ Les modifications apportées à la loi de 1982 précitée par la loi du 12 juin 2003 qui, pour l'obligation de la présence de certaines clauses dans les contrats, assimilent désormais contrats de transport et contrats relatifs au déménagement, à supposer qu'on puisse en déduire que le contrat de déménagement soit devenu globalement, par détermination de la loi, un contrat de transport, n'ont pas vocation à s'appliquer en l'espèce, dès lors que la nouvelle loi est intervenue au cours du délibéré du premier juge et qu'il n'existe aucun indice que le législateur aurait entendu répondre à un impérieux motif d'intérêt général pour corriger la qualification du contrat de déménagement donnée par la Cour de cassation. • Orléans, 21 oct. 2004 : *RJDA 2005, n° 129.* ♦ *Contra*, jugeant la loi du 12 juin 2003 d'application immédiate : • Grenoble, 6 mars 2007 : *JCP E 2008, n° 40, p. 30, obs. Bon-Garcin ; RD transp. 2007, n° 226, obs. Paulin.* ♦ La clause d'un contrat de déménagement qui renvoie à l'art. L. 133-6 pour l'application de la prescription annale est licite et s'impose aux parties, peu important que l'art. 5 de la L. n° 82-1153 du 30 déc. 1982 [V. C. transp., art. L. 1000-3], dans sa rédaction issue de la L. n° 2003-495 du 12 juin 2003, assimile les opérations de transport effectuées dans le cadre d'un déménagement à des transports de marchandise. • Versailles, 25 mai 2004 : *BICC 2005, n° 298.* ♦ Il résulte des art. 5 et 8 de la loi de 1982, dans leur rédaction issue de la loi du 12 juin 2003, que les dispositions du contrat type général du 6 avr. 1999 sont applicables aux déménagements. • Paris, 19 mai 2010 : *RD transp. 2010, n° 185, obs. Paulin.* ♦ V. art. L. 133-9.

14. Prestation prépondérante. Ayant estimé que l'obligation principale de la société de transit consistait à transporter des échantillons ou des résultats reçus d'un laboratoire au cours de tournées régulières, tandis que les autres prestations n'étaient qu'accessoires, la cour d'appel a exactement retenu que les parties étaient liées par contrat de transport soumis à la prescription annale de l'art. L. 133-6. • Com. 11 déc. 2012, n° 11-18.528 : *D. 2013. 884, note Paulin .* ♦ Jugeant, en revanche, que ne constitue pas un contrat de transport le contrat ayant pour objet une mise à disposition de véhicules en y associant un chauffeur, facturée selon un prix fixé au kilomètre et selon le type de camion utilisé : • Com. 20 avr. 2017, n° 15-20.760 : *RJDA 2017, n° 453.*

B. ACTIONS EXCLUES

15. Transport de personnes. L'art. 108 [C. com., art. L. 133-6] ne concerne que les actions auxquelles donne lieu le transport des marchandises, à l'exclusion de celles qui naissent du transport des personnes. • Req. 28 juin 1916 : *DP 1917. 1. 35.*

16. Transport maritime. L'art. 108 [C. com., art. L. 133-6] ne s'applique qu'aux transports par terre ou par eau, à l'exclusion des transports maritimes, qui sont régis, à cet égard, par l'art. 433 [C. com., art. L. 110-4]. • Req. 7 nov. 1904 : *DP 1908. 1. 67.* – Comp. : • Com. 20 avr. 1967, n° 65-12.836 P : *préc. note 10.* ♦ La prescription de l'art. 108 [C. com., art. L. 133-6] ne s'applique pas au transport maritime international. • Versailles, 6 avr. 1995 : *RJDA 1995, n° 920.* ♦ V. C. transp., art. L. 5422-18. – C. transp.

17. Contrats distincts du transport. L'art. 108 [C. com., art. L. 133-6] ne s'applique pas aux engagements concernant un transport exceptionnel mais indépendants du contrat de transport. • Com. 21 avr. 1970, n° 67-13.534 P : *D. 1970. 611.* ♦ N'entre pas dans le domaine de l'art. L. 133-6 l'action dérivée d'un autre contrat que le contrat de transport, telle l'action fondée sur l'inexécution d'un contrat de vente et d'installation de divers équipements sur un tracteur ayant été endommagé lors d'un accident survenu à l'occasion du transport. • Paris, 8 juin 2001 : *Gaz. Pal. 3-5 févr. 2002. Somm. 21, note Vray.* ♦ Ayant constaté que le contrat de dépôt liant la commune au galeriste stipulait l'obligation pour la première de prendre en charge les frais de transport aller et retour de l'œuvre, ceux de sa conservation et plus généralement ceux nécessaires à son dépôt et à son exploitation, la cour d'appel, qui a considéré que les opérations de déplacement de l'œuvre n'étaient que l'accessoire de ce contrat, en a exactement déduit que les dispositions de l'art. L. 133-6 n'étaient pas applicables. • Com. 8 juill. 2014, n° 12-28.764 : *RJDA 2015, n° 94.*

18. Actions récursoires. L'art. 108 [C. com., art. L. 133-6] ne s'applique pas aux actions récursoires entre propriétaires locateurs de wagons-réservoirs et réseaux immatriculateurs. • Civ. 22 nov. 1926 : *DP 1927. 1. 159, note Roger* • 7 mai 1945 : *D. 1945. 296.* ♦ ... Ni à l'action récursoire dirigée contre le manutentionnaire. • Com. 10 mars 1981, n° 79-12.622 P.

19. Actions du destinataire. Dès lors que la marchandise ne lui a pas été livrée en raison d'un accident survenu au camion qui la transportait, le destinataire n'a pu adhérer au contrat de transport conclu entre l'expéditeur et le transporteur. Aussi ce destinataire, agissant contre le transporteur en réparation des dommages causés à son chantier par suite d'une erreur de manœuvre du camionneur, ne peut se voir opposer la prescription de l'art. 108 [C. com., art. L. 133-6]. • Com. 6 oct. 1992, n° 90-18.492 P : *JCP 1992. IV. 3000.* ♦ La commune qui charge une entreprise de faire installer une pompe sur un lieu de livraison n'est pas partie au contrat de transport unissant cette entreprise au transporteur, quand bien même est-elle propriétaire de la pompe ; dès lors, en tant que tiers au contrat de transport, elle n'a pas à introduire son action dans le délai prévu à l'art. L. 133-6. • Lyon, 31 janv. 2008 : *BICC 15 déc. 2008, n° 1936.*

20. Action du transitaire. L'action en paiement du transitaire à l'encontre de son mandant n'est pas soumise à la prescription annale mais à celle du droit commun de l'art. L. 110-4. • Com. 31 janv. 2012, n° 10-24.731 P : *D. 2012. Actu. 493, obs. Delpech* ; *RJDA 2012, n° 768.*

21. Formalités de douane. L'art. 108 [C. com., art. L. 133-6] n'est pas applicable aux actions nées de l'exécution, par un commissionnaire de transport, d'un mandat donné pour l'accomplissement de formalités de douanes. • Com. 11 déc. 1985, n° 84-11.981 P : *RTD com. 1987. 117, obs. Hémard et Bouloc* • 30 mai 1995, n° 93-17.240 : *BTL 1995. 435* • Paris, 18 sept. 1990 : *D. 1991. IR 219* ; *RTD com. 1991. 287, obs. Bouloc* . – Rappr. dans le cas d'un transport routier international : • Com. 28 mai 2002, n° 00-14.765 P : *RTD com. 2003. 161, obs. Bouloc* ; *RJDA 2002, n° 1142.* ♦ Ayant énoncé que la demande de remboursement des frais de douane par le commissionnaire en douane avait pour *fondement le mandat* donné pour l'accomplissement des formalités douanières, soit un contrat indépendant du contrat de commission de transport, la cour d'appel en a déduit à bon droit que la prescription annale de l'art. L. 133-6 n'était pas applicable aux actions nées de son exécution. • Com. 22 mars 2016, n° 14-16.592 P : *D. 2016. Actu. 781* . ♦ V. aussi C. douanes, art. 86. – **C. douanes.**

22. Autres litiges entre transporteurs. Est soumis à la prescription décennale applicable en matière commerciale et non à la prescription annale du contrat de transport de litige né de l'exécution d'une convention organisant, au sein d'un pool de transporteurs, tant la répartition des commandes de transport que leur facturation. • Rouen, 9 nov. 1995 : *JCP 1996. IV. 402.* ♦ Même si les créances relevaient de l'art. 108 [C. com., art. L. 133-6], celui-ci ne serait pas pour autant applicable dès lors que les transporteurs procédaient entre eux à des règlements par compte courant générant une novation des créances. • Même arrêt. ♦ L'art. 108 [C. com., art. L. 133-6] ne s'applique pas à l'action en responsabilité fondée sur un accident corporel survenu à l'occasion du contrat de transport. • Com. 28 avr. 1965, n° 62-11.465 P : *D. 1966. 6, note Durand* • Rouen, 6 nov. 1970 : *D. 1971. 274, note Rodière.* ♦ L'art. L. 133-6 ne concerne que les actions auxquelles donne lieu le transport de marchandises, à l'exclusion de celles exercées sur le fondement de l'art. L. 442-6-I-5° [ancien]. Dès lors, l'action pour rupture brutale de relations commerciales établies, fussent-elles nées d'un contrat de transport, n'est pas soumise à la prescription annale de l'art. L. 133-6. • Com. 1er oct. 2013, n° 12-23.456 P : *D. 2013. Pan. 2819, obs. Dorandeu* ; *RTD com. 2014. 392, obs. Bouloc* ; *CCC 2014, n° 42, obs. N. M.* ; *RJDA 2013, n° 1052.* – Sur cette question, V. aussi note 6 ss. anc. art. L. 442-6, reproduit ss. art. L. 442-4.

23. Mesures d'instruction. L'action purement probatoire fondée sur l'art. 145 NCPC [renommé C. pr. civ.] n'est pas une action née du contrat de transport. • Com. 13 mai 2003, n° 01-10.955 P : *D. 2003. AJ 1563* ; *JCP 2003. II. 10193, note Chabot* ; *RTD com. 2003. 805, obs. Bouloc* ; *Gaz. Pal. 2004. Somm. 1403, obs. du Rusquec* ; *RJDA 2003, n° 1062.*

C. CAS DE FRAUDE ET D'INFIDÉLITÉ

BIBL. Tilche, *BTL 1992. 650.*

24. Critères. La fraude ou l'infidélité s'entend d'un comportement qui met une partie dans l'impossibilité de faire valoir ses droits en temps utile. • Lyon, 2 févr. 2010 : *RD transp. 2010, n° 232, obs. Staes.* ♦ La fraude ou l'infidélité, visée par l'art. 108, al. 1er [C. com., art. L. 133-6, al. 1er], suppose de la part du voiturier la volonté malveillante, la déloyauté, la dissimulation du préjudice causé à l'expéditeur ou au destinataire ; elle ne peut consister en une simple rectification matérielle opérée sur le récépissé, conformément aux résultats du pesage à l'arrivée. • Com. 2 janv. 1952 : *D. 1952. Somm. 45* • Paris, 22 avr. 1992 : *BTL 1992. 653.* ♦ Seuls les cas de fraude ou d'infidélité prévus par l'art. L. 133-6, al. 1er, qui ne se confondent pas avec la faute inexcusable prévue par l'art. L. 133-8, en ce qu'ils supposent de la part du transporteur à l'égard de son cocontractant une volonté malveillante, une déloyauté ou une dissimulation du préjudice causé à l'expéditeur ou au destinataire, sont de nature à faire échec à la prescription d'un an des actions auxquelles peut donner lieu le contrat de transport. • Com. 13 déc. 2016, n° 15-19.509 P : *D. 2017. Actu. 4* ; *AJ contrat 2017. 78, note Delebecque* ; *JCP E 2017, n° 1041* ; *RJDA 2017, n° 246.* ♦ N'est pas constitutif de fraude ou d'infidélité le comportement d'un commissionnaire qui a gardé le silence pendant quelques mois sur la circonstance que la marchandise n'avait pas été délivrée contre remise de l'original de connaissement, comme le prévoyait le contrat conclu avec l'expéditeur. • Com. 11 janv. 1994, n° 92-10.241 P : *JCP 1994. IV. 671* ; *CCC 1994, n° 68, obs. Leveneur.*

25. Mensonges. Même s'ils ne sont pas constitutifs de fraude au sens de l'art. 108, les mensonges répétés d'un commissionnaire de transport ont pour effet de suspendre le délai de prescription entre la date où la livraison aurait dû avoir lieu et le jour où le commissionnaire de transport a annoncé aux destinataires la perte des colis. • Com. 3 mai 1976, n° 75-10.528 P : *JCP 1977. II. 18573, note Rodière.*

26. Portée. La fraude ou l'infidélité peuvent faire échec à la prescription annale des actions auxquelles peuvent donner lieu le contrat de transport, aussi bien qu'à celles qui naissent de l'art. 1269 C. pr. civ. • Com. 22 mai 2013, n° 11-27.352 P : *D. 2013. Actu. 1341, obs. Delpech* ; *RTD com. 2013. 801, obs. Bouloc* ; *JCP E 2013, n° 1363* ; *RJDA 2013, n° 1010* ; *Gaz. Pal. 2013. 2312, note Paulin.* ♦ V. aussi, jugeant que l'al. 1er concernant la fraude ou l'infidélité concerne également les actions visées à l'al. 2 : • Bordeaux, 7 janv. 1969 : *D. 1969. 422, note Rodière*, et sur pourvoi, • Com. 4 mai 1970, n° 69-11.432 P : *D. 1970. 521* • Paris, 22 avr. 1992 : *préc. note 24.* ♦ L'exception de fraude ou d'infidélité, qui fait échec à la prescription d'un an du droit des transports, peut toujours être invoquée contre le commissionnaire de transport, peu important qu'elle ne soit pas prévue dans le contrat-type. • Com. 20 sept. 2017, n° 16-17.152 P : *cité note 15 ss. art. L. 441-9.*

II. DÉLAI DE PRESCRIPTION

BIBL. Tilche, *BTL 1995. 51* (computation du délai).

27. Clauses abréviatives. La disposition de l'art. 108, al. 1er, relative au délai de la prescription, n'est pas d'ordre public ; les parties peuvent donc y déroger, notamment par une clause abréviative. • Civ. 4 déc. 1895 : *DP 1896. 1. 241* • Montpellier, 9 nov. 1954 : *D. 1955. Somm. 35.* – V. aussi • Pau, 18 déc. 2006 : *RD transp. 2007, n° 97, obs. Staes.* ♦ Sur la preuve de la renonciation, V. • Com. 16 oct. 2007, n° 06-13.765 : *RD transp. 2007, n° 241, obs. Staes.*

28. Faute lourde. La disposition contractuelle abrégeant le délai de prescription reçoit application même en cas de faute lourde. • Com. 12 juill. 2004, n° 03-10.547 P : *D. 2004. 2296, note Delebecque* ; *JCP E 2005, n° 44-45, p. 1869, obs. Legros* ; *CCC 2004, n° 169, obs. Leveneur* ; *RJDA 2004, n° 1286* ; *RTD com. 2005. 164, obs. Bouloc* .

29. Invocation du délai. Le moyen tiré de la prescription ne peut être invoqué pour la première fois devant la Cour de cassation. • Civ. 1er févr. 1899 : *DP 1899. 1. 337.*

A. POINT DE DÉPART

BIBL. Tilche, *BTL 1994. 667* (retour à l'expéditeur).

30. Principe. Le point de départ de la prescription des actions contre le voiturier n'est pas le jour de la conclusion du contrat de transport mais celui où la marchandise a été remise ou offerte au destinataire. • Com. 8 janv. 1979, n° 77-12.358 P : *D. 1979. IR 173.* ♦ De la même façon, viole l'art. L. 133-6, une cour d'appel qui fait partir le délai de prescription à la date de la rupture des relations contractuelles entre les parties alors que le délai de prescription court à compter du jour où la marchandise a été remise ou offerte au destinataire. • Com. 18 févr. 2003, n° 01-12.368 P : *JCP E 2003, n° 15, p. 637* ; *RTD com. 2003. 562, obs. Bouloc* ; *RJDA 2003, n° 720.* ♦ *Contra* : ayant déduit du transbordement de la marchandise depuis le navire choisi par le commissionnaire de transport sur un navire choisi par le donneur d'ordre et de la poursuite de l'expédition à la seule initiative de ce dernier que le contrat de commission de transport avait pris fin lors du transbordement, une cour d'appel a retenu à bon droit que le point de départ de la prescription de l'action contre le commissionnaire était la date du transbordement. • Com. 5 juill. 2005, n° 04-11.655 P : *D. 2005. Pan. 2751, obs. Kenfack* ; *JCP E 2005, n° 43, p. 1821* ; *RJDA 2005, n° 1218.*

L'art. L. 133-6 précise que pour toutes actions dérivant du contrat de transport et autres que celles de perte totale, le délai de prescription annale court du jour où la marchandise aura été offerte ou remise au destinataire ; or, la marchandise n'est pas offerte au destinataire tant que le voiturier lui oppose son droit de rétention. • Com. 26 sept. 2006, n° 04-19.843 P : *D. 2006. AJ 2600, obs. Delpech* ; *RTD com. 2007. 442, obs. Bouloc* ; *JCP E 2006, n° 43-44, p. 1837* ; *RJDA 2007, n° 261.*

31. Computation. Il résulte des art. 2260 [2228] C. civ. et L. 133-6 C. com. que la prescription annale commence à courir le lendemain de la livraison à zéro heure et n'est acquise que lorsque le dernier jour du terme est accompli.

• Com. 27 mars 2007, n° 05-21.326 : *RD transp. 2007, n° 158, obs. Staes.* – V. aussi • Paris, 5 avr. 2007 : *RD transp. 2007, n° 182, obs. Staes.*

32. Fractionnement de l'envoi. Dans le cas où le contrat a prévu le fractionnement de l'expédition en plusieurs envois, le point de départ est le jour de la dernière livraison. • Com. 8 janv. 1979, n° 77-12.358 P : *préc. note 30* • Versailles, 27 nov. 2003 : *BICC 2004, n° 719.*

33. Avaries. En cas d'avaries, la prescription court du jour où la marchandise avariée a été livrée. • Com. 15 oct. 1957 : *D. 1958. 76, note Rodière.* ♦ ... Ou mise à la disposition du destinataire, sans qu'il soit nécessaire que le voiturier ait eu recours à une mise en demeure formelle, ou que la marchandise refusée ait été déposée dans un lieu public. • Civ. 4 mars 1890 : *DP 1890. 1. 371* • 7 mai 1930 : *DP 1930. 1. 142.* ♦ La date de restitution à l'expéditeur de colis endommagés constitue le point de départ du délai de prescription. • Com. 13 mars 1984, n° 82-13.704 P : *RTD com. 1985. 571, obs. Hémard et Bouloc.* ♦ La manutention, malgré son importance, n'ayant été que l'accessoire du contrat unique de transport au cours duquel une machine a été avariée, l'action diligentée contre le transporteur hors délai annal de l'art. 108 [C. com., art. L. 133-6], courant à compter de la livraison, est prescrite. • Com. 11 juin 1996, n° 93-21.075 P.

34. Accident. Lorsqu'un accident se produit lors d'une opération de transport, la prescription annale n'a pas pour point de départ le jour de cet accident mais le jour de livraison de la marchandise accidentée. • T. com. Paris, 27 juin 1994 : *RJDA 1994, n° 1141.*

35. Perte totale. En cas de perte totale, le délai de prescription court du jour où la remise de la marchandise aurait dû être effectuée. • Paris, 24 nov. 1960 : *D. 1961. Somm. 55* • Com. 6 juin 1984, n° 82-14.593 P : *RTD com. 1985. 570, obs. Hémard et Bouloc.* ♦ V. au cas ou la date initiale de livraison a été retardée, jugeant que la nouvelle date se substitue à celle initialement prévue pour le décompte du délai de prescription annale : • Com. 11 juill. 2006, n° 04-18.079 P : *D. 2006. AJ 2099, obs. Chevrier ; RTD com. 2006. 946, obs. Delebecque ; JCP E 2006, n° 36, p. 1487 ; RJDA 2007, n° 46.* ♦ V. note 36.

36. Influence du lieu de livraison. Lorsque le contrat de commission prévoit que la livraison doit avoir lieu au domicile du destinataire et non à l'issue de la traversée maritime, l'exécution du contrat couvre la période d'entrepôt des meubles et le délai de prescription de l'art. 108 [C. com., art. L. 133-6] ne commence à courir que du jour où le mobilier a été remis au domicile du destinataire et accepté par lui. • Com. 3 janv. 1978, n° 76-12.641 P. ♦ La perte, au sens de l'art. 108 [C. com., art. L. 133-6], s'entend non seulement de la destruction des choses transportées, mais encore de leur livraison par erreur à une personne autre que le destinataire. • Civ. 4 mars 1914 : *DP 1916. 1. 143* • 3 nov. 1947 : *D. 1948. Somm. 1.*

37. Actions récursoires : prescription d'un mois. BIBL. Tilche, *BTL 1993. 518.* ♦ Ne sont soumises au délai de prescription d'un mois, prévu par l'art. 108, al. 4 [C. com., art. L. 133-6, al. 4], que les actions récursoires qui sont elles-mêmes fondées sur un contrat de transport. • Com. 26 mai 1998, n° 96-15.531 P : *D. 1998. IR 166 ; JCP E 1999, n° 16, p. 714, obs. D. M. ; RTD com. 1999. 182, obs. Bouloc.* ♦ Le recours en garantie exercé par la SNCF contre une autre société n'est pas fondé sur le contrat de transport, mais sur le contrat de mandat qui lie ces deux sociétés, de telle sorte qu'il n'y a pas lieu d'appliquer le délai d'un mois prévu par l'art. L. 133-6 C. com., mais celui de dix ans [désormais cinq ans] prévu à l'art. L. 110-4 du même code. • Caen, 6 mars 2008 : *JCP 2009. IV. 1678.* ♦ Le délai de prescription d'un mois de l'art. L. 133-6 n'est pas opposable à un prestataire de services qui, assigné en indemnisation par son client en raison d'une livraison tardive de la prestation promise, appelle en garantie le transporteur, dès lors que cette action récursoire ne se rattache pas à une action principale née de l'exécution du contrat de transport mais d'un contrat d'entreprise. • Versailles, 15 mai 2003 : *BICC 2004, n° 542.* ♦ Le seul fait de relever qu'une société n'était pas seulement transitaire et agent de douane, mais également chargée de faire exécuter le transport maritime, ne suffit pas à caractériser la qualité de commissionnaire de transport de cette société, justifiant qu'elle puisse se prévaloir de la fin de non-recevoir tirée de la prescription posée à l'art. L. 133-6, al. 4. • Com. 27 juin 2006, n° 04-13.164 P : *D. 2007. Pan. 117, obs. Kenfack ; RTD com. 2006. 945, obs. Delebecque ; JCP E 2006, n° 35, p. 1427.* ♦ Sur la distinction entre demande reconventionnelle et action récursoire, V. • Com. 19 févr. 2008, n° 07-10.078 P : *D. 2008. AJ 688, obs. Delpech ; RTD com. 2008. 844, obs. Bouloc ; JCP 2008. IV. 1569 ; RJDA 2008, n° 655.*

38. Actions récursoires : point de départ du délai de prescription. Cette prescription ne commence à courir que du jour où une action principale née du contrat de transport a été exercée contre le transporteur garanti. • Com. 15 oct. 1957 : *D. 1958. 37, note Rodière.* ♦ Viole l'art. 108, al. 4 [C. com., art. L. 133-6, al. 4], la cour d'appel qui, pour écarter la fin de non-recevoir tirée de la prescription d'un mois prévue par cet art., retient que la caducité de l'assignation du destinataire de la marchandise à l'encontre de l'expéditeur ayant été constatée par jugement, le tribunal n'avait pas à être saisi et que le délai d'un mois pour l'exercice de l'action récursoire du fournisseur à l'encontre du transporteur n'avait pas couru, alors que le délai pour exercer l'action récursoire à l'encontre du transporteur avait couru à compter du jour de l'exercice de l'action du destinataire contre le fournisseur. • Com. 7 juill. 1998, n° 96-17.855 P : *D. Affaires 1998. 1691, obs. V. A.-R. ; RJDA 1998, n° 1220.* ♦ La règle de calcul du délai de l'art. 642 NCPC [renommé C. pr. civ.] est applicable. • Paris, 23 nov. 1994 : *BTL 1995. 55.*

B. SUSPENSION ET INTERRUPTION

1° SUSPENSION

39. Adage contra non valentem agere. La courte prescription de l'art. 108 [C. com., art. L. 133-6], en matière de transport, ne court pas à l'encontre de celui qui était dans l'impossibilité d'agir pour avoir, de manière légitime et raisonnable, ignoré la naissance de son droit. • Com. 13 avr. 1999, n° 97-16.632 P : *JCP 1999. II. 10222, note Fages ; RTD com. 1999. 948, obs. Bouloc* . ♦ Mais la règle selon laquelle la prescription ne court pas à l'encontre de celui qui est dans l'impossibilité d'agir par suite d'un empêchement quelconque résultant soit de la loi, soit de la convention ou de la force majeure ne s'applique pas lorsque le titulaire de l'action disposait encore, au moment où cet empêchement a pris fin, du temps nécessaire pour agir avant l'expiration du délai de prescription. • Com. 11 janv. 1994, n° 92-10.241 P : *préc. note 24.* ♦ L'art. L. 133-6 n'impose pas la preuve de l'impossibilité d'agir dans le délai d'un an suivant la découverte de la fraude. • Com. 27 sept. 2017, n° 16-12.942 P : *D. 2018. Pan. 1414, obs. Kenfack ; RTD com. 2017. 984, obs. Bouloc ; JCP E 2017, n° 1573 ; BRDA 2017, n° 22, p. 11.*

2° INTERRUPTION

40. Citation en justice. La citation en justice n'interrompt la prescription que si elle a été signifiée par le créancier lui-même au débiteur se prévalant de la prescription. • Com. 14 nov. 1977, n° 76-12.311 P • 9 janv. 1990, n° 88-15.354 P : *D. 1990. Somm. 271, obs. Rèmond-Gouilloud ; RTD com. 1990. 465, obs. Bouloc* . ♦ Aussi l'assignation délivrée au transporteur par l'assureur de l'expéditeur n'a-t-elle pas d'effet interruptif sur l'action engagée par celui-ci. • Com. 11 juin 1996, n° 93-21.075 P : *préc. note 33.*

41. Assignation en référé. L'assignation en référé en vue de faire désigner un expert a pour effet d'interrompre la prescription annale. • Com. 10 oct. 1995, n° 93-21.400 P : *D. Affaires 1995. 179 ; RJ com. 1996. 52, rapp. Rémery.* ♦ L'assignation en référé qui tend à obtenir une provision constitue une citation en justice interruptive de la prescription dont l'effet se prolonge jusqu'à ce que le litige porté devant le juge des référés ait trouvé sa solution. • Com. 27 nov. 2001, n° 99-10.551 P : *RTD com. 2002. 361, obs. Bouloc* . ♦ V. C. civ., art. 2241. – **C. civ.**

42. Autres actes interruptifs. La prescription de l'art. 108 [C. com., art. L. 133-6] peut être interrompue par une demande reconventionnelle présentée oralement devant le tribunal de commerce (art. 871 C. pr. civ., désormais art. 860-1). • Paris, 14 oct. 1994 : *RJ com. 1996. 18, note François.* ♦ ... Ou par une assignation non placée (assignation dont la copie n'a pas été remise au greffe au plus tard huit jours avant la date de l'audience ; art. 857, al. 2, C. pr. civ.). • Paris, 9 nov. 1994 : *ibid.* ♦ ... La plainte avec constitution de partie civile contre une personne non dénommée, le demandeur manifestant ainsi sa volonté de mettre en jeu la responsabilité du transporteur. • Com. 28 avr. 1998, n° 95-15.453 P : *D. 1998. IR 219 ; CCC 1998, n° 98, obs. Leveneur ; RTD com. 1999. 181, obs. Bouloc* . ♦ Dès lors que l'interruption de prescription n'exige pas que l'acte soit porté à la connaissance du débiteur dans le délai de prescription, viole les art. 108 [C. com., art. L. 133-6] et 2244 [ancien] C. civ., l'arrêt qui, pour une demande reconventionnelle en paiement du transporteur, présentée par conclusion au greffe dans le délai d'un an, déclare l'action prescrite pour ne pas avoir été signifiée dans le délai d'un an. • Civ. 2e, 26 nov. 1998, n° 95-19.280 P : *D. 1999. IR 28 ; D. Affaires 1999. 333, obs. J. F.* ♦ La prescription annale de l'art. L. 133-6 est interrompue du fait de la reconnaissance par l'expéditeur du non-paiement des sommes dues au transporteur. • Aix-en-Provence, 29 mai 2008 : *BICC 15 sept. 2009, n° 1173.* ♦ ... Constitue une telle reconnaissance la demande faite au transporteur de prendre en compte les sommes versées par un codébiteur et de l'informer sur le montant restant à payer. • Même arrêt.

43. Absence d'effet interruptif. Ni le refus d'accepter la marchandise, ni sa remise ultérieure, sous réserve des droits des parties, ni l'expertise prévue par l'art. 106 [C. com., art. L. 133-4], ni de simples pourparlers entre le voiturier et le destinataire, ne suffisent pour interrompre la prescription. • Civ. 19 juin 1895 : *DP 1896. 1. 171* • 7 mai 1930 : *DP 1930. 1. 142* • Paris, 24 nov. 1960 : *D. 1961. Somm. 55.* – V. aussi • Versailles, 16 déc. 2004 : *BICC 2005, n° 852.* ♦ ... Laquelle n'est pas davantage interrompue par l'envoi d'une lettre recommandée avec avis de réception. • Paris, 8 juill. 1977 : *RTD com. 1978. 180, obs. Hémard.* ♦ ... D'un courrier afin de trouver une solution amiable au litige. • Versailles, 30 janv. 1997 : *D. Affaires 1997. 569.* ♦ ... Ou par l'émission d'une facture de réclamation. • Versailles, 20 avr. 1995 : *Gaz. Pal. 1996. 1. Somm. 189.* ♦ Elle n'est pas non plus interrompue par une expertise amiable. • Com. 21 mars 1984, n° 83-10.774 P : *RTD com. 1985. 160, obs. Hémard et Bouloc.* ♦ ... Ni par de nombreuses démarches précontentieuses. • Com. 12 nov. 1997, n° 95-16.149 P : *D. Affaires 1997. 1461.* ♦ ... Ni par l'indemnisation du dommage matériel alors que l'assureur de responsabilité du transporteur a refusé l'indemnisation du dommage immatériel, les dommages litigieux relevant d'une garantie distincte. • Civ 1re, 9 oct. 2001, n° 98-22.711 P : *JCP E 2001, n° 47, p. 1841 ; RJDA 2002, n° 150.* ♦ … Ou par l'existence d'une lettre du mandataire de l'assureur du transporteur contestant le droit à indemnisation réclamée par l'expéditeur. • Même arrêt. ♦ Des courriers adressés par un commissionnaire à son client, soit pour solliciter le versement de pièces nécessaires au traitement d'un dossier ouvert à la suite d'un vol des marchandises transportées, soit pour l'informer des principes qui régissent la responsabilité du commissionnaire de transport, ne peuvent avoir un caractère interruptif à défaut de renfermer une quelconque offre d'indemnisation comportant reconnaissance du préjudice subi ni aucune promesse formelle de le réparer. • Versailles, 11 mars 2004 : *BICC 2005, n° 2165.* ♦ Une demande de renseignements émanant tant du transporteur que de son assureur ne constitue pas une reconnaissance du droit du réclamant de nature à interrompre la prescription. • Versailles, 6 avr. 1995 : *BICC 1995, n° 1067.* ♦ Il en va de même d'un courrier émanant du transporteur destiné à faire savoir à l'expéditeur que le dossier sur la contestation résultant du sinistre serait géré par son service contentieux. • Lyon, 15 mars 2007 : *JCP E 2007, n° 31-34, p. 20.*

44. Régularisation de l'acte interruptif. Sur la possibilité de régulariser l'acte interruptif, et de le faire après l'expiration du délai d'un an, en vertu de l'art. 126 NCPC [renommé C. pr. civ.], V. • Com. 5 juill. 1988, n° 87-10.590 P : *RTD com. 1989. 303, obs. Bouloc.* ♦ Pour une assignation affectée d'un vice de forme (date correspondant à un jour férié et où la juridiction ne siégeait pas) interrompant la prescription annale de l'art. L. 133-6, V. • Cass., ch. mixte, 7 juill. 2006, n° 03-20.026 P : *D. 2006. IR 1984 ; RTD civ. 2006. 820, obs. Perrot ; Gaz. Pal. 2006. 2517, avis Domingo.*

45. Compensation. Par application de l'art. 1290 [ancien] C. civ., la compensation s'opère de plein droit par la seule force de la loi même à l'insu du débiteur, son bénéfice pouvant être invoqué à tout moment. • Com. 30 mars 2005, n° 04-10.407 P : *D. 2005. Pan. 2751, obs. Kenfack ; RTD civ. 2005. 599, obs. Mestre et Fages ; JCP E 2005, n° 23, p. 976 ; LPA 18 mai 2005, note Tosi ; RJDA 2005, p. 791, rapp. de Monteynard.* ♦ *Contra* : • Com. 6 févr. 1996, n° 93-21.627 P : *D. 1998. 87, note Brémond ; RTD com. 1996. 518, obs. Bouloc* • Orléans, *26 avr. 2007 : RJDA 2008, n° 450* (pour une compensation judiciaire). – V. aussi • Com. 26 mai 1998, n° 96-15.750 P : *D. 1998. IR 160 ; RTD com. 1999. 182, obs. Bouloc* (la prétention tendant à obtenir la compensation constitue une demande reconventionnelle qui doit être formée dans le délai d'un an). ♦ A la date de la compensation légale, la prescription de l'excédent de la dette la plus élevée est interrompue. • Com. 30 mars 2005, n° 04-10.407 P : *préc.* ♦ Sur l'absence d'effet interversif, V. • Com. 27 mai 2008, n° 07-13.565 P : *cité note 48.* – V. aussi • Com. 16 nov. 2010, n° 09-15.203 : *RD transp. 2011, n° 18, obs. Staes.* ♦ Sur le régime de la compensation issu de l'Ord. n° 2016-131 du 10 févr. 2016, V. C. civ., art. 1347 s. – **C. civ.**

46. Durée de l'interruption. L'effet interruptif de la prescription résultant d'une action en justice se prolonge jusqu'à ce que le litige trouve sa solution. • Com. 15 oct. 1991, n° 90-10.922 P : *D. 1992. Somm. 409, obs. Aubert .* ♦ Une assignation en référé aux fins de rendre communes à un tiers les opérations d'expertise précédemment ordonnées interrompt la prescription à l'égard de ce tiers jusqu'à ce que le litige ait trouvé sa solution, c'est-à-dire jusqu'à la décision rendant communes les opérations d'expertise. • Com. 30 juin 2004, n° 03-10.751 P : *RJDA 2005, n° 30.*

47. Point de départ du nouveau délai. En procédant à l'assignation au fond plus d'un an après l'ordonnance de désignation d'expert, les demandeurs ont agi tardivement. • Civ. 2e, 27 janv. 1993, n° 91-17.069 P. – V. aussi • Com. 10 oct. 1995, n° 93-21.400 P : *préc. note 41* • 5 déc. 1995, n° 94-10.952 P : *RTD com. 1996. 327, obs. Bouloc .* ♦ V., en matière de compensation, note 45.

48. Effet interversif. **BIBL.** Agostini, *D. 2010. 2465* (interversion des prescriptions et réforme de la prescription). ♦ Selon l'art. 2231 C. civ. issu de la L. n° 2008-561 du 17 juin 2008, l'interruption efface le délai de prescription acquis ; elle fait courir un nouveau délai de même durée que l'ancien. La doctrine semble assez unanime pour considérer que la loi de 2008, si elle n'a pas modifié la prescription annale applicable au contrat de transport, a supprimé l'institution de l'interversion de prescription. ♦ Refusant de faire jouer le mécanisme de l'interversion en se fondant sur l'art. 2231 C. civ., V. : • Com. 16 sept. 2014, n° 13-17.252 P : *D. actu. 1er oct. 2014, obs. Delpech ; JCP E 2014, n° 1521 ; Gaz. Pal. 2015. 1049, obs. Carayol.*

Auparavant, jugeant que les actes interruptifs de la prescription annale de l'art. 108 [C. com., art. L. 133-6] (reconnaissance de responsabilité, offre d'une indemnité) ne produisent effet interversif, substituant à cette prescription celle de trente ans du droit commun, que s'ils ont un caractère novatoire : • Civ. 11 juin 1877 : *DP 1877. 1. 374* • 12 nov. 1877 : *DP 1880. 1. 88, note Holleaux.* – V. aussi Halleaux, note *DP 1928. 2. 174* • Com. 3 juin 1955 : *D. 1956. Somm. 53.* ♦ La substitution de la prescription de droit commun à la courte prescription de l'art. 108 [C. com., art. L. 133-6] ne peut résulter que d'une reconnaissance de responsabilité et d'un engagement de réparer le dommage émanant du débiteur de l'obligation. • Com. 3 déc. 1996, n° 94-19.754 P : *D. 1997. Somm. 180, obs. Delebecque* • 19 févr. 2002, n° 99-18.196 : *RJDA 2002, n° 761* • Lyon, 21 déc. 2006 : *RD transp. 2007, n° 78, obs. Staes.* ♦ En présence d'une courte prescription ne reposant pas sur une présomption de paiement, la compensation opposée par un débiteur à la suite d'une mise en demeure délivrée par son créancier, si elle vaut reconnaissance de dette et interrompt la prescription (V. note 45), n'a pas d'effet novatoire et, en conséquence, n'entraîne pas l'interversion de la prescription. • Com. 27 mai 2008, n° 07-13.565 P : *D. 2008. AJ 1621, obs. Delpech* ; *JCP E 2008, n° 27, p. 12, concl. Bonhomme ; ibid., n° 40, p. 31, obs. Reinhard ; RJDA 2008, n° 133.*

49. Effet interversif : illustrations (jurispr. antérieure à la L. du 17 juin 2008). Les juges du fond peuvent, par une souveraine appréciation, estimer que des écrits émanant d'un transporteur constituent, tant de la part du transporteur que de son assureur, une reconnaissance précise de responsabilité valant titre nouveau substituant à la prescription annale la prescription décennale entre commerçants. • Com. 12 janv. 1988, n° 86-16.861 P : *D. 1989. 23, note Legros.* ♦ V. aussi, déduisant la reconnaissance de sa responsabilité, par le transporteur, d'une lettre de celui-ci invitant l'assureur à « faire le maximum » pour réparer le dommage, • Com. 26 févr. 1991, n° 89-15.706 : *D. 1992. Somm. 80, obs. Rèmond-Gouilloud*. ♦ Comp., exigeant : une offre d'indemnisation : • Com. 3 déc. 1996, n° 94-19.754 P : *préc. note 48.* ♦ ... Une « promesse chiffrée de réparer les conséquences de l'accident » : • Com. 29 janv. 1985, n° 83-13.814 P : *RTD com. 1986. 299, obs. Hémard et Bouloc.* ♦ L'existence d'un accord entre les parties, portant sur l'état de leurs factures et avoirs respectifs, a pour effet de substituer à la prescription prévue à l'art. 108 [C. com., art. L. 133-6] la prescription de droit commun. • Com. 23 juin 1987, n° 85-17.973 P : *RTD com. 1988. 497, obs. Hémard et Bouloc.* ♦ V. aussi, pour une reconnaissance de dette de l'expéditeur valant engagement inconditionnel de payer, provoquant l'interversion de la prescription, • Com. 14 mars 1995, n° 92-21.672 P.

50. Absence d'effet interversif (jurispr. antérieure à la L. du 17 juin 2008). A défaut de reconnaissance de la dette contenant un engagement inconditionnel de payer, l'acte interruptif fait simplement courir, à compter de sa date, un nouveau délai de prescription d'un an. • Paris, 15 oct. 1997 : *D. 1997. IR 241 ; D. Affaires 1998. 62, obs. J. F.* ♦ En ce sens que l'interversion de la prescription ne saurait résulter de la non-contestation par le transporteur de sa responsabilité envers l'expéditeur et de l'avis à celui-ci des démarches immédiatement accomplies auprès des gendarmes et de l'assureur à qui a été demandée la mise en jeu de la garantie, V. • Civ. 1re, 10 mai 2000, n° 98-12.720 P : *D. 2000. AJ 307, obs. Faddoul* ; *RTD com. 2000. 1004, obs. Bouloc*. ♦ Il ne saurait être fait grief à un tribunal d'avoir déclaré prescrite l'action contre le transporteur, alors que la reconnaissance de responsabilité de ce dernier, accompagnée de la remise d'un chèque, aurait substitué au délai annal de l'art. 108 [C. com., art. L. 133-6] la prescription de droit commun, dès lors qu'il ne résulte ni du jugement, ni du dossier de procédure, ni d'aucun autre moyen de preuve que l'ayant droit à la marchandise ait soutenu, en réplique aux conclusions orales de ce transporteur soulevant la prescription, qu'il y avait eu interversion de celle-ci du fait du règlement de l'indemnité. • Com. 2 mars 1999, n° 97-10.503 P : *JCP E 1999, n° 17, p. 744.* ♦ Une lettre adressée par un expert amiable, donnant son accord sur le devis de réparation le moins cher, ne constitue pas une reconnaissance de responsabilité et une offre d'indemnisation engageant le transporteur et son assureur et valant titre nouveau substituant à la prescription annale la prescription décennale. • Lyon, 19 avr. 2007 : *RD transp. 2008, n° 24, obs. Staes.*

Art. L. 133-7 **Le voiturier a privilège sur la valeur des marchandises faisant l'objet de son obligation et sur les documents qui s'y rapportent pour toutes créances de transport, même nées à l'occasion d'opérations antérieures, dont son donneur d'ordre, l'expéditeur ou le destinataire restent débiteurs envers lui, dans la mesure où le propriétaire des marchandises sur lesquelles s'exerce le privilège est impliqué dans lesdites opérations.**

Les créances de transport couvertes par le privilège sont les prix de transport proprement dits, les compléments de rémunération dus au titre de prestations annexes et d'immobilisation du véhicule au chargement ou au déchargement, les frais engagés dans l'intérêt de la marchandise, les droits, taxes, frais et amendes de douane liés à une opération de transport et les intérêts. – *[C. com., art. 108-1.]*

BIBL. ► DELEBECQUE, *D. Affaires 1998. 870* (amélioration des conditions d'exercice de la profession de transporteur routier). – TILCHE, *BTL 1998. 275* (garanties de paiement). – SIMLER et DELEBECQUE, *JCP 1998. I. 149, n° 21.* – ZERBO, *D. 2001. 2290* (privilège et droit de rétention du voiturier : halte à la confusion).

1. Domaine du privilège. Le transporteur dispose, par application de l'art. 108-1, en garantie du paiement des créances dont elle est titulaire sur le propriétaire des marchandises, d'un droit de rétention sur l'ensemble des marchandises qui lui ont été confiées par ce dernier, sans que l'ouverture d'une procédure collective ne puisse remettre en cause son exercice, en le limitant aux seules marchandises confiées au voiturier antérieurement à l'ouverture de ladite procédure. • Besançon, 8 mars 2000 : *JCP 2000. I. 259, n° 23, obs. Delebecque.* ♦ Le liquidateur n'ayant pas usé de la faculté de solliciter le retrait des marchandises faisant l'objet du droit de rétention ni demandé leur réalisation, ce dont il résulte que les dispositions des art. L. 133-7 et L. 622-21 (ancien) ne peuvent trouver à s'appliquer. • Com. 16 janv. 2007, n° 05-14.262 : *RD transp. 2007, n° 25, obs. Paulin.*

Le créancier titulaire du privilège du transporteur et d'un droit de rétention sur des marchandises peut être considéré comme se prévalant de façon non équivoque du privilège du transporteur lorsqu'il déclare sa créance à titre privilégié « compte tenu du droit de rétention exercé sur les marchandises ». • Com. 3 juill. 2007, n° 05-21.136 : *Banque et Dr. 11-12/2007. 64, obs. Jacob.* ♦ Le bénéfice d'un droit de rétention n'est pas un privilège mais une sûreté supplémentaire, distincte de celles conférées au commissionnaire et au transporteur par les art. L. 132-2 et L. 133-7 leur octroyant les privilèges invoqués par le transporteur dans sa déclaration de créances. • Dijon, 18 juin 2013 : *JCP E 2013, n° 1679, spéc. n° 19, obs. Delebecque.* ♦ Dans les factures annexées à la déclaration de créance, les frais de transport et frais annexes de stockage sous douane, de droits de douane, d'assurance et de surtaxe carburant bénéficient incontestablement du privilège du transporteur tel que défini par l'art. L. 133-7 ; en revanche la facturation des prestations logistiques, c'est-à-dire du stockage facturé au mois, ne porte pas sur une prestation annexe du transporteur et ne bénéficie pas du privilège invoqué. • Même arrêt.

2. Étendue du privilège. Le privilège s'étend à tout document constitutif de droit au profit du débiteur, et notamment aux chèques remis à l'ordre de ce dernier dans le cadre, comme en l'espèce, d'expéditions contre remboursement. • Paris, 10 sept. 2003 : *JCP E 2004, n° 36, p. 1343, obs. Delebecque.*

3. Propriété des marchandises. Sur l'exigence que le propriétaire des marchandises soit « impliqué » dans les opérations pour que le transporteur puisse se prévaloir du privilège, V. • Paris, 5 avr. 2005 : *JCP E 2005, n° 51-52, p. 2209, obs. Delebecque.* ♦ Ne donne pas de base légale à sa décision au regard de l'art. L. 133-7 la cour d'appel qui, pour rejeter la demande de l'expéditeur tendant à voir juger abusif le droit de rétention exercé par le transporteur, se borne à relever que le propriétaire effectif de la marchandise, au moment où le transporteur a exercé son droit de rétention, soit le destinataire, était bien concerné par les transports impayés, alors qu'il lui revenait de préciser en quoi le propriétaire des marchandises sur lesquelles le transporteur avait exercé son privilège était impliqué dans les opérations de transport antérieures à l'occasion desquelles étaient nées les créances qu'elle entendait recouvrer. • Com. 27 juin 2006, n° 05-16.053 P : *D. 2006. AJ 1888, obs. Delpech ; RTD com. 2007. 225, obs. Bouloc ; JCP E 2006, n° 51-52, p. 2196, obs. Delebecque ; RJDA 2007, n° 45.*

4. Remise ordonnée en justice. La libération des marchandises, après la perte judiciaire par le commissionnaire de transport de son droit de rétention, impose seulement à ce dernier de mettre à disposition de son client les marchandises qu'il détenait, c'est-à-dire de ne plus s'opposer à leur remise ordonnée en justice, cette libération n'impliquant pas, en outre, qu'il fasse l'avance de tous les frais qu'elle entraîne et dont, en tout état de cause, l'importateur reste le débiteur final. • Orléans, 22 févr. 2007 : *RJDA 2007, n° 636.*

Art. L. 133-8 *(L. n° 2009-1503 du 8 déc. 2009, art. 34-II)* **Seule est équipollente au dol la faute inexcusable du voiturier ou du commissionnaire de transport. Est inexcusable la faute délibérée qui implique la conscience de la probabilité du dommage et son acceptation téméraire sans raison valable. Toute clause contraire est réputée non écrite.**

BIBL. ▶ DELEBECQUE, *RD transp. 2009. Repère 10* (pour la faute inexcusable). – NDLR, *BRDA 2009, n° 24, p. 14* (faute du transporteur équivalente au dol). – LETACQ, *RJDA 2010. 453* (de la faute lourde à la faute inexcusable dans les transports). – DESHAYES, *RDC 2010. 615* (disparition de la faute lourde en droit des transports). – PAULIN, *RD transp. 2011. Repère 4* (considérations sur la faute inexcusable). – PEENE, *RD transp. 2014. Étude 7* (la faute dolosive : évolutions récentes).

1. Faute inexcusable. La faute inexcusable du transporteur est une faute délibérée impliquant la conscience de la probabilité du dommage et son acceptation téméraire sans raison valable. • Com. 18 nov. 2014, n° 13-23.194 P : *D. 2014. Actu. 2404 ; AJCA 2015. 123, note Delebecque ; JCP E 2014, n° 1658 ; CCC 2015, n° 27, obs. Leveneur ; RJDA 2015, n° 183.* ♦ En déduisant du fait que le transporteur ait garé son véhicule à un endroit inhabituel qu'il y a eu perception d'un risque qui a été délibérément couru dès lors qu'il était initialement envisagé de garer le camion dans l'enceinte de la brigade de gendarmerie, motifs impropres à caractériser que le transporteur avait conscience qu'un dommage résulterait probablement de son comportement, la cour d'appel a privé sa décision de base légale au regard de l'art. L. 133-8. • Com. 13 déc. 2016, n° 15-16.027 P : *D. 2017. Chron. C. cass. 1077, obs. Jollec ; AJ contrat 2017. 78, note Delebecque ; JCP E 2017, n° 1042 ; CCC 2017, n° 49, obs. Leveneur ; RJDA 2017, n° 331.* ♦ Le vol du chargement ayant été perpétré de nuit pendant le sommeil du chauffeur, lequel a été contraint de s'arrêter pour respecter les temps de repos obligatoires en cours de transport et a garé son poids lourd sur une aire de stationnement le long d'une autoroute, particulièrement visible des véhicules passant sur la route fréquentée et que de l'autre côté du poids lourd, il y avait un mur haut rendant peu concevable la venue de personnes ou de véhicules de cet endroit, qu'il est par ailleurs constaté que seule la nature de la marchandise a été mentionnée sur la lettre de voiture et la confirmation d'affrètement et que la preuve de la connaissance, par le transporteur, de la valeur de cette marchandise et des risques engendrés par le transport n'est pas démontrée, il en résulte qu'aucune faute inexcusable n'était caractérisée. • Com. 13 sept. 2017, n° 16-10.596 P : *D. 2017. 2348, note Balat ; AJ contrat 2017. 500, obs. Fleuris ; RTD com. 2017. 982, obs. Bouloc ; RTD civ. 2018. 129, obs. Jourdain ; JCP E 2017, n° 1530 ; RJDA 2017, n° 716.* ♦ Ayant énoncé que seule la faute inexcusable définie à l'art. L. 133-8 C. com., auquel renvoie l'art. 29 CMR, est susceptible d'écarter les limitations d'indemnisation, l'arrêt retient qu'il ne pouvait être déduit, ni du retard dans la livraison, ni du défaut de demande d'instruction complémentaire en cours de livraison, la preuve d'une faute au sens du texte précité. • Com. 9 mai 2018, n° 17-13.030 P : *D. 2018. Actu. 1004 ; AJ contrat 2018. 341, obs. Lévy ; JCP E 2018, n° 1496, spéc. n° 4, obs. Bourdeaux ; RJDA 2018, n° 571.* ♦ Mais le fait d'avoir stationné pour la nuit une remorque chargée de marchandises sensibles, sans aucun dispositif de fermeture, sur un terrain non surveillé, constitue une faute du transporteur. En effet, ce stationnement, de nuit, sur un site isolé en pleine campagne, même régulièrement occupé par les véhicules d'une entreprise de transport, donnant directement sur la voie publique, sans aucune surveillance effective, d'un chargement composé de nombreux colis, donc facilement enlevables, dans une remorque non cadenassée, tandis que le transporteur ne pouvait ignorer la valeur du chargement, et ce, en contradiction flagrante avec les instructions reçues, constitue une faute délibérée et dépasse le seuil de la simple négligence. Dès lors, un transporteur professionnel ne pouvait pas ne pas avoir conscience de la probabilité d'un vol dans de telles conditions de telle sorte que le transporteur a pris, en toute connaissance de cause, le risque sérieux de voir ces marchandises dérobées, l'acceptant ainsi de façon téméraire et sans raison valable. • Com. 21 nov. 2018, n° 17-17.468 P : *D. 2019. Pan. 1470, obs. Kenfack ; AJ contrat 2019. 44, obs. Delebecque ; JCP E 2018, n° 1644 ; RJDA 2019, n° 89.* ♦ La destruction, même volontaire, par le transporteur des marchandises qui lui ont été confiées ne pouvant pas, par principe, être qualifiée de faute inexcusable, contrairement au postulat énoncé par la première branche, cette qualification dépendant des circonstances de chaque espèce, la cour d'appel, qui a retenu que la société UPS avait détruit les marchandises en partie calcinées par l'incendie, a légalement justifié sa décision. • Com. 24 mars 2021, n° 14-22.708 P : *D. 2021. Actu. 693 ; JCP E 2021, n° 1363, note Siguoirt ; RJDA 2021, n° 385.*

Jurisprudence antérieure à la L. n° 2009-1503 du 8 déc. 2009.

2. Inefficacité des clauses limitatives : dol ou faute lourde. BIBL. Matsopoulou, *JCP E 1997. I. 646.* – Brunat, *BTL 1979. 130.* – Rèmond-Gouilloud, *ibid. 1985. 337.* ♦ Le transporteur de marchandises, tenu de répondre contractuellement envers l'expéditeur du vol des marchandises transportées commis par ses préposés en cours du transport, ne peut se prévaloir en pareil cas de la limitation contractuelle d'indemnisation prévue à son profit. • Com. 17 nov. 1981, n° 79-13.030 P. ♦ La faute lourde du transporteur doit, comme de droit commun, être assimilée au dol, de sorte que la limitation de responsabilité prévue par des dispositions tarifaires ne peut produire effet. • Com. 7 mai 1980, n° 77-14.009 P : *D. 1981. 245, note Chabas ; RTD com. 1980. 821, obs. Hémard ; JCP 1980. II. 19473, note Rodière.* ♦ *Contra*, en matière de clause abréviative de prescription : • Com. 12 juill. 2004, n° 03-10.547 P : *cité note 28 ss. art. L. 133-6.* ♦ Le transporteur qui a été chargé de transporter une marchandise en s'étant vu interdire toute sous-traitance par l'expéditeur et qui sous-traite l'opération, se refusant ainsi, de propos délibéré, à exécuter son engagement, commet une faute dolosive qui le prive du bénéfice des limitations d'indemnisation que lui ménage la loi ou le contrat. • Com. 4 mars 2008, n° 07-11.790 P : *D. 2009. Pan. 975, obs. Kenfack ; RTD com. 2008. 845, obs. Bouloc ; JCP 2008. II. 10079, note Guignard ; CCC 2008, n° 172, obs. Leveneur ; RJDA 2008, n° 654.* ♦ Les dispositions exonératoires de responsabilité telles qu'elles étaient prévues par l'art. 10 CPCE dans sa rédaction applicable en la cause ne s'appliquent pas dans le cas où La Poste a commis une faute lourde dans l'exécution de sa mission. • Com. 7 sept. 2010, n° 09-66.477 P : *D. 2010. Actu. 2515, obs. Delpech ; JCP E 2010, n° 1909, note Delebecque ; RJDA 2011, n° 37.*

3. Définition et preuve de la faute lourde. La faute lourde est une négligence d'une extrême gravité, confinant au dol et dénotant l'inaptitude du transporteur, maître de son action, à l'accomplissement de la mission contractuelle qu'il a acceptée. • Com. 3 mai 1988, n° 86-17.753 P : *RTD com. 1989. 116, obs. Bouloc* • Paris, 9 déc. 2009, n° 08/11412. ♦ La faute lourde de nature à tenir en échec la limitation d'indemnisation prévue ne saurait résulter du seul retard de livraison (affaire *Chronopost*). • Cass., ch. mixte, 22 avr. 2005, n° 03-14.112 P : *BICC 15 juill. 2005, p. 17, rapp. Garban, avis de Gouttes ; D. 2005. 1864, note Tosi ; RTD civ. 2005. 604, obs. Jourdain ; JCP E 2005, n° 40, p. 1634, note Paulin ; CCC 2005, n° 150, obs. Leveneur ; RJDA 2005, n° 808.* ♦ ... Ni du seul fait pour le transporteur de ne pouvoir fournir d'éclaircissements sur la cause du retard. • Cass., ch. mixte, 22 avr. 2005, n° 02-18.326 P : *eod. loc.* • Com. 13 nov. 2007, n° 06-18.860 : *RD transp. 2008, n° 8, obs. I. B.-G.* – V. aussi • Paris, 2 déc. 2004 : *RDC 2005. 266, obs. Mazeaud.* ♦ Le seul fait pour le transporteur de ne pouvoir donner d'éclaircissements sur les causes et les circonstances de la perte d'une partie de la marchandise transportée n'établit pas l'existence d'une faute lourde. • Com. 9 mai 1995, n° 93-13.397 P : *D. 1995. IR 150* • 30 mars 1999, n° 96-22.706 : *JCP E 2000, n° 29, p. 1184, obs. Bon-Garcin* • Paris, 12 janv. 2000 : *ibid.* ♦ La faute lourde de nature à tenir en échec la limitation d'indemnisation prévue par le contrat type messagerie applicable à la cause ne saurait résulter du seul manquement à une obligation contractuelle, fût-elle essentielle, mais doit se déduire de la gravité du comportement du débiteur. • Com. 21 févr. 2006, n° 04-20.139 P : *D. 2007. Pan. 114, obs. Kenfack ; RTD civ. 2006. 322, obs. Jourdain ; JCP E 2006, n° 16, p. 731 ; CCC 2006, n° 103, obs. Leveneur ; RJDA 2006, n° 645* • 13 juin 2006, n° 05-12.619 P : *D. 2007. Pan. 114, obs. Kenfack ; RTD civ. 2006. 773, obs. Jourdain ; JCP E 2006, n° 45, p. 1892, note Paulin ; RJDA 2007, n° 44* (alors même que la distance à parcourir n'était que de 25 km). ♦ Comp. la seconde note rédactionnelle ss. art. L. 133-2.

4. Appréciation par les juges du fond. La conjonction des fautes des auteurs du dommage dans la réalisation de celui-ci n'interdit pas aux juges du fond d'apprécier la gravité respective des fautes commises. • Com. 19 nov. 1996, n° 94-12.254 P : *RJDA 1997, n° 354.*

5. Vol ou abandon de la marchandise. Pour un vol dans un camion laissé sans surveillance, • Com. 15 nov. 1988, n° 87-12.624 P • 3 avr. 2002, n° 00-11.398 P : *RTD com. 2002. 719, obs. Bouloc* • 10 oct. 1995, n° 93-17.383 : *BTL 1995. 763* • *26 sept. 2006,* n° *04-18.232 : CCC 2007, n° 3, obs. Leveneur* • Paris, 11 janv. 1996 : *D. 1997. 149, note B. M.* • Versailles, 4 févr. 2003 : *RJDA 2003, n° 489* (chauffeur dormant dans la cabine) • 16 janv. 1997 : *D. Affaires 1997. 602* • 13 janv. 1999 : *Gaz. Pal. 12-14 déc. 1999. Somm. 45* (stationnement dans un lieu où l'attaque à main armée est courante) • 18 févr. 1998 : *JCP E 1999, n° 16, p. 716, obs. I. B.-G.* (chauffeur victime d'une supercherie) • 7 mai 1999 : *D. 2000. 198, note Mercadal ; RJDA 1999, n° 1208* • 28 mars 2000 : *RJDA 2000, n° 765.* ♦ Sur la faute lourde du voiturier qui n'a pas tenu compte de la consigne du commissionnaire de ne pas s'arrêter dans une zone déterminée, la marchandise ayant été volée la nuit, tandis que le camion était stationné dans un parking se situant dans cette zone alors que le chauffeur dormait pendant le stationnement qui a duré cinq heures, V. • Com. 28 nov. 2000, n° 98-13.707 P : *D. 2001. 2029, note Mercadal et Letacq ; RTD com. 2001. 504, obs. Bouloc*. – Comp. : • Rouen, 27 juin 1996 : *JCP 1997. IV. 666.* ♦ Comp., lorsque le camion, fermé et équipé d'un dispositif antivol, n'est resté qu'une heure sans surveillance, • Com. 16 nov. 1993, n° 91-17.610 P. ♦ Comp. aussi, en cas de vol du chargement d'un camion que le chauffeur avait garé dans la cour fermée du transporteur, contre un quai de déchargement en vue de bloquer les portes, qu'il avait verrouillées et dont l'antivol était enclenché : • Com. 3 avr. 2002, n° 00-14.327 P : *RTD com. 2002. 719, obs. Bouloc*. – Dans le même sens : • Com. 14 juin 1994, n° 91-21.425 P : *D. 1994. IR 185* • Versailles, 18 sept. 2003 : *RJDA 2004, n° 156.* ♦ ... Pour une omission d'informer le cocontractant de la non-livraison de la marchandise, stockée pendant plus de deux mois dans les entrepôts du transporteur. • Paris, 3 juin 1993 : *D. 1994. 255, note B. M.* ♦ ... Pour une négligence grave dans le contrôle de l'arrimage d'un voilier. • Com. 31 janv. 1995, n° 93-12.248 P. ♦ ... Pour un transporteur qui remet un colis à un tiers sans s'assurer qu'il a reçu mandat de réceptionner la marchandise pour le compte du destinataire. • Com. 11 juill. 1995, n° 93-17.477 P. ♦ ... Pour un transporteur qui remet un pli à un mauvais destinataire. • Com. 10 mars 2009, n° 08-15.457 P : *D. 2009. AJ 869, obs. Delpech ; RTD com. 2009. 610, obs. Bouloc ; JCP E 2009, n° 18, p. 28 ; CCC 2009, n° 159 ; RJDA 2009, n° 642.* ♦ ... Pour l'abandon d'une partie de la marchandise. • Orléans, 7 oct. 2004 : *RJDA 2005, n° 130.* ♦ Sur la faute lourde de la SNCF dans le cas de disparitions successives de colis ayant une grande valeur et impliquant des précautions particulières, cette société ayant fait preuve de négligence en ne justifiant d'aucune mesure concrète prise à la suite des différents sinistres. V. • Paris, 21 janv. 2000 : *BICC 2000, n° 878.*

Dès lors que n'est pas constaté le fait qu'il ait circulé plusieurs heures avec un chargement précieux facilement repérable, ne commet pas de faute lourde le transporteur qui, n'ayant pas pu effectuer sa livraison au jour dit en raison d'une présentation tardive chez le destinataire, ramène en vue d'une seconde présentation la marchandise dans ses entrepôts et se trouve alors victime d'un vol avec agression. • Com. 2 févr. 1999, n° 96-14.771 P : *JCP E 1999, n° 13, p. 551.* ♦ Constitue une simple négligence et non une faute lourde le fait pour un transporteur de ne pas avoir retiré les clés de contact du camion contenant la marchandise volée alors que celui-ci était resté stationné sans surveillance pendant un bref instant dans un parking privé physiquement séparé de la voie publique par une clôture. • Paris, 13 sept. 2000 : *JCP E 2000, n° 43-44, p. 1686 ; RJDA 2001, n° 311,* cassé par • Com. 15 oct. 2002, n° 00-21.962 : *RJDA 2003, n° 136.* ♦ Sur la faute lourde d'un transporteur pour un vol de marchandises entreposées dans ses locaux, celui-ci s'étant abstenu de changer le code d'accès après le départ de l'entreprise d'un salarié, V. • Paris, 25 oct. 2000 : *BRDA 2001, n° 1, p. 7.* ♦ Commet une faute lourde le transporteur dont le préposé, conducteur du véhicule, accepte de prendre à son bord un inconnu, qui, l'agressant, dérobe le véhicule et son chargement. • Paris, 14 déc. 2006 : *RD transp. 2007, n° 155, obs. Paulin.*

6. Accident de la circulation. Reposant sur le contrat de transport de marchandises, relève des art. L. 133-1 s., et non de la L. n° 85-677 du 5 juin 1985, l'action intentée par le commissionnaire sous-traitant pour perte de marchandises contre le transporteur victime d'un accident de la circulation ; étant entendu qu'un accident de véhicule terrestre à moteur n'est pas imprévisible. • Reims, 9 juin 2008 : *BICC 15 déc. 2008, n° 1937.* ♦ Pour un camion coincé sous un pont, • Com. 17 nov. 1992, n° 91-12.223 P : *CCC 1993, n° 42, obs. Leveneur* • 2 févr. 1993, n° 91-14.473 P • 8 juin 1993, n° 90-19.666 P : *D. 1993. IR 198.* ♦ Sur la faute lourde d'un transporteur roulant à une vitesse excessive, V. • Com. 28 juin 2005, n° 03-20.744 P : *D. 2005. Pan. 2750, obs. Kenfack ; RTD com. 2006. 474, obs. Bouloc ; JCP 2005. II. 10150, note Tricoire ; CCC 2005, n° 201, obs. Leveneur ; RJDA 2005, n° 1214.* – Comp. • Com. 3 mars 1998, n° 95-20.628 P : *RJDA 1998, n° 860.* ♦ V. dans le domaine des transports ferroviaires, • Com. 26 juin 1972 : *D. 1972. 607 ; JCP 1973. II. 17379, note Rabut.* ♦ Jugeant que l'assoupissement du chauffeur n'étant pas dû à une cause exogène telle que l'alcool, que l'accident s'étant produit un mardi tandis que le conducteur, qui n'avait pas conduit pendant la fin de semaine précédente, n'avait parcouru que 300 km et que, les conditions atmosphériques et de trafic étant normales, la faute commise, en l'absence de tout élément aggravant, ne peut constituer une faute lourde : • Com. 30 juin 2004, n° 02-17.048 P : *D. 2005. Pan. 2750, obs. Kenfack ; JCP E 2004, n° 38, p. 1422 ; RJDA 2005, n° 31 ; RTD com. 2005. 163, obs. Bouloc .* ♦ Dès lors que les limitations de vitesse ont été respectées, un brusque coup de frein n'est pas la cause du dommage dans la mesure où celui-ci constitue un risque inhérent au transport par route qui doit être pleinement pris en compte par l'expéditeur dans la réalisation des opérations de calage/arrimage. • Versailles, 27 oct. 2005 : *RJDA 2006, n° 646 (2e esp.).* ♦ En perdant seul le contrôle de l'ensemble routier sur une voie en bon état, le conducteur a commis une faute particulièrement lourde puisqu'il s'est montré incapable d'adopter un mode de conduite compatible avec les conditions de circulation et le comportement du véhicule. • Lyon, 8 févr. 2007 : *BICC 1er mai 2007, n° 953.* ♦ Mais en jugeant que le simple fait de s'endormir au volant, de s'engager involontairement sur une bretelle d'autoroute et de heurter la barrière de sécurité en provoquant la perte de sa cargaison suffit à caractériser la faute lourde, par le défaut total de toute maîtrise du camion, la maîtrise constante du camion étant la première obligation du conducteur, la cour d'appel s'est déterminée par des motifs impropres à caractériser la faute lourde du transporteur. • Com. 1er déc. 2009, n° 08-15.015 P : *cité note 4 ss. art. L. 133-3.*

7. Manquement à une obligation essentielle. Le spécialiste du transport rapide qui garantit la fiabilité et la célérité de son service, s'étant engagé à livrer les plis de son client dans un délai déterminé, en raison du manquement à cette obligation essentielle, la clause limitative de responsabilité du contrat, qui contredit la portée de l'engagement pris, doit être réputée non écrite. • Com. 22 oct. 1996, n° 93-18.632 P : *D. 1997. 121, note Sériaux ; CCC 1997, n° 24, note Leveneur ; JCP E 1997. II. 924, note Adam ; JCP 1997. II. 22881, note Cohen.* – V. aussi Larroumet, *D. 1997. Chron. 145* ; Chazal, *JCP 1998. I. 152* ; Guéguen, *D. 1999. Chron. 352* . ♦ V. sur renvoi, validant la limitation de responsabilité sur le fondement du contrat type applicable à la cause, • Com. 9 juill. 2002, n° 99-12.554 P : *D. 2002. Somm. 2836, obs. Delebecque ; JCP E 2002, n° 48, p. 1923, note Loiseau et Billiau ; CCC 2003, n° 2, obs. Leveneur ; RJDA 2003, n° 23* (cassation de • Caen, 5 janv. 1999 : *D. 2000. Somm. 294, obs. Mercadal ; JCP 2000. I. 199, n° 14, obs. Viney).* ♦ V. également • Paris, 28 avr. 2000 : *BRDA 2000, n° 12, p. 7* • T. com. Nanterre, 1er déc. 2000 : *D. 2001. IR 358* . – Rappr., • Com. 17 juill. 2001, n° 98-15.678 : *JCP 2002. I. 148, n° 17, obs. Loiseau* • Civ. 1re, 22 juin 2004, n° 01-00.444 : *LPA 7 juin 2006, note Grimaldi ; RDC 2005. 270, obs. D. Mazeaud.* ♦ Ne donne pas de base à sa décision au regard de l'art. 1131 [ancien] C. civ. une cour d'appel qui, pour débouter l'expéditeur de sa demande d'indemnisation à la suite de la perte des marchandises pendant le transport, n'a pas recherché si la clause limitative d'indemnisation dont se prévalait la société *Chronopost*, qui n'était pas prévue par un contrat type établi par décret, ne devait pas être réputée non écrite par l'effet d'un manquement du transporteur à une obligation essentielle du contrat. • Com. 30 mai 2006, n° 04-14.974 P :

D. 2006. 2288, note Mazeaud ; RTD civ. 2006. 773, obs. Jourdain ; JCP 2006. IV. 2393 ; CCC 2006, n° 183, obs. Leveneur ; RJDA 2006, n° 1021. ♦ Jugeant que l'expéditeur ne saurait se prévaloir de la plaquette publicitaire du transporteur mentionnant des délais de livraison de 24 à 72 heures sur toute la France pour retenir la responsabilité du transporteur en raison d'un retard, ces délais n'ayant qu'un caractère indicatif, à défaut de signature du document par le client : • Paris, 29 janv. 1997 : *JCP 1997. IV. 2122.*

Sur l'opposition d'une clause excluant expressément la responsabilité de *Chronopost* dans le cas d'acheminement de réponses à appels d'offres, pour lesquels la société de transport rapide prévoit un service spécifique, V. • Versailles, 8 juin 2006 : *BICC 1er déc. 2006, n° 2363.*

Art. L. 133-9 *(L. n° 2009-1503 du 8 déc. 2009, art. 40-II)* **Sans préjudice des articles** *(Ord. n° 2016-301 du 14 mars 2016, art. 2, en vigueur le 1er juill. 2016)* **« L. 224-63 et L. 224-64 » du code de la consommation, les dispositions des articles L. 133-1 à L. 133-8 relatives au voiturier s'appliquent aux entreprises de transport de déménagement dès lors que la prestation objet du contrat de déménagement comprend pour partie une prestation de transport.**

BIBL. ▸ Fl. Petit, *JCP E 2009, n° 41, p. 23* (les errements législatifs du déménagement). – Mausen, *LPA 3 nov. 2009* (le déménageur, nouveau Janus du monde juridique – à propos de la loi du 22 juill. 2009). – Paulin, *RD transp. 2010, n° 57* (la loi du 8 déc. 2009 apporte certaines dérogations au régime du contrat de déménagement, par rapport au droit commun du contrat de transport). – Brunaux, *CCC 2010. Étude 5* (la nature juridique du contrat de déménagement). – Gency-Tandonnet, *JCP E 2010, n° 1655* (le régime mixte du contrat de transport de déménagement). – Fl. Petit, *ibid., n° 1772, spéc. n° 4* (le déménageur, un transporteur pas comme les autres). – Bon-Garcin, *RD transp. 2010. Étude 14* (le contrat de déménagement au regard du droit français et du droit allemand).

Prescription. Il résulte de la combinaison des art. L. 133-6 et L. 133-9 que les actions auxquelles peut donner lieu le contrat de déménagement sont prescrites dans le délai d'un an, dès lors que ce contrat comprend pour partie une prestation de transport, et qu'un tel délai court à compter de la remise de la marchandise au destinataire, peu important que celui-ci soit un consommateur. • Civ. 1re, 12 oct. 2016, n° 15-21.194 : *D. 2017. 51, note Balat ; AJ contrat 2017. 45, obs. Bazin ; JCP E 2017, n° 1567, obs. Siguoirt ; CCC 2017, n° 2, obs. Leveneur.*

Code de la consommation

(Ord. n° 2016-301 du 14 mars 2016, en vigueur le 1er juill. 2016)

Contrats de transport de déménagement

Art. L. 224-63 *(Ord. n° 2016-301 du 14 mars 2016, en vigueur le 1er juill. 2016)* Par dérogation aux dispositions du premier alinéa de l'article L. 133-3 du code de commerce, le délai de forclusion applicable aux contrats de transports de déménagement conclus entre un professionnel et un consommateur est fixé à dix jours *(L. n° 2017-203 du 21 févr. 2017, art. 7)* « calendaires révolus » à compter de la réception des objets transportés. Les protestations motivées émises par lettre recommandée dans ce délai produisent leurs effets même en l'absence de réserves formulées à la livraison. Les réserves émises par le destinataire à la livraison et non contestées par le transporteur dispensent de la protestation motivée prévue au présent article.

Lorsque la procédure à suivre pour émettre des réserves n'a pas été communiquée au consommateur dans les conditions fixées par arrêté ministériel, le délai prévu au premier alinéa est porté à trois mois. — *V. Arr. du 27 avr. 2010 (JO 6 mai) au* ***C. consom.***

Art. L. 224-64 *(Ord. n° 2016-301 du 14 mars 2016, en vigueur le 1er juill. 2016)* L'action directe en paiement du transporteur prévue par l'article L. 132-8 du code de commerce ne peut être mise en œuvre à l'encontre du consommateur qui s'est déjà acquitté du paiement de la prestation de déménagement auprès d'une entreprise de déménagement.

Contrats de transport hors déménagement

Art. L. 224-65 *(Ord. n° 2016-301 du 14 mars 2016, en vigueur le 1er juill. 2016)* Lorsque le consommateur prend personnellement livraison des objets transportés et lorsque le voiturier ne justifie pas lui avoir laissé la possibilité de vérifier effectivement leur bon état, le délai mentionné à l'article L. 133-3 du code de commerce qui éteint toute action contre le voiturier est porté à dix jours.

CHAPITRE IV DES AGENTS COMMERCIAUX

RÉP. COM. v° *Agent commercial,* par LELOUP.

RÉP. EUR. v° *Agences commerciales,* par LELOUP.

BIBL. GÉN. ▶ JAZÉ-DEKEUWER, *ALD 1992. 131.* – FERRIER, *Cah. dr. entr. 1991, n° 6.* – LELOUP, *JCP 1992. I. 3557.* – THRÉARD, *Gaz. Pal. 1992. 1. Doctr. 74* (agents de l'automobile). – FERRY, *JCP E 1993. I. 233* (contrat international d'agent commercial). – INFOREG, *Cah. dr. entr. 2006, n° 3, p. 81* (l'agent commercial). – ROUQUIÉ, *RLDA mai 2007. 70* (prétendu contrat de prestation en visite médicale) ; *JCP E 2009, n° 20-21, p. 27* (de la fraude à la loi commerciale aux délits de main-d'œuvre illicite et de marchandage de l'industrie pharmaceutique). – HANINE-ROUSSEL, *RJ com. 2010. 521* (la compétence juridictionnelle en matière de contrat d'agence commerciale). – DISSAUX, *RTD com. 2011. 33* (la commission-affiliation, : un monstre juridique ?). – BONNET DESPLAN, *RLDA mai 2011. 41* (commission-affiliation : la menace des requalifications – de l'agent commercial au gérant de succursale). – Dossier, *AJCA 2014. 355* (le contrat d'agent commercial, développements récents). – GRIGNON, *JCP E 2020, n° 1063* (à propos de la clause d'itinérance en matière d'agence commerciale).

Art. L. 134-1 L'agent commercial est un mandataire qui, à titre de profession indépendante, sans être lié par un contrat de louage de services, est chargé, de façon permanente, de négocier et, éventuellement, de conclure des contrats de vente, d'achat, de location ou de prestation de services, au nom et pour le compte de producteurs, d'industriels, de commerçants ou d'autres agents commerciaux. Il peut être une personne physique ou une personne morale *(Ord. n° 2021-1189 du 15 sept. 2021, art. 6, en vigueur le 1er janv. 2023)* **« et s'immatricule, sur sa déclaration, au registre spécial des agents commerciaux ».**

Ne relèvent pas des dispositions du présent chapitre les agents dont la mission de représentation s'exerce dans le cadre d'activités économiques qui font l'objet, en ce qui concerne cette mission, de dispositions législatives particulières. – *[L. n° 91-593 du 25 juin 1991, art. 1er.]*

Sur la présomption légale de non-salariat s'agissant des personnes physiques immatriculées au registre des agents commerciaux, V. App., v° Commerce (organisation), C. trav., art. L. 8221-6.

1. *Profession indépendante.* Le statut d'agent commercial issu du Décr. du 23 déc. 1958 ne permet pas d'assimiler celui-ci à un mandataire salarié agissant dans le seul intérêt de son mandant. • Com. 31 mars 1992, n° 90-14.106 : *RJDA 1992, n° 817.* ♦ Pour une qualification de mandat d'intérêt commun et non plus de contrat d'agence commerciale en raison du fait que le mandataire a cédé une certaine maîtrise de l'organisation de son activité en contrepartie d'un risque commercial amoindri, V. • Com. 29 oct. 2002, n° 99-18.796 : *RJDA 2003, n° 132.* ♦ Retenant que c'est à celui qui se prétend agent commercial d'en rapporter la preuve : • Com. 24 sept. 2003, n° 02-12.265 • Metz, 27 mai 2014 : *CCC 2014, n° 195, obs. N. M.* ♦ Sur le pouvoir souverain des juges du fond pour apprécier les caractères indépendant et permanent de l'activité de l'agent, V. • Com. 14 juin 2005, n° 03-14.401 : *D. 2006. Pan. 514, obs. Ferrier* .

2. L'agent commercial est un mandataire exerçant une activité civile ayant pour objet de négocier et de conclure des contrats pour le compte et au nom de son mandant, à l'inverse du concessionnaire, qui est un commerçant agissant pour son propre compte en achetant personnellement des marchandises en vue de les revendre à sa propre clientèle. • Versailles, 6 nov. 1997 : *RJDA 1998, n° 579* • 20 nov. 1997 : *JCP E 1998, n° 10, p. 349.* ♦ V. aussi • Com. 3 oct. 2000, n° 97-19.999 : *RJDA 2001, n° 20* • Paris, 14 mai 1999 : *RJDA 1999, n° 1198.* ♦ Pour un distributeur pourvu d'une clientèle propre qui ne peut se prévaloir du statut d'agent commercial, V. • Com. 10 juill. 2007, n° 05-19.373 P : *D. 2008. Pan. 2196, obs. Ferrier* ; *RTD com. 2008. 45, obs. Saintourens* ; *JCP E 2007, n° 39, p. 21* ; *CCC 2007, n° 234, obs. Malaurie-Vignal* ; *RJDA 2008, n° 29* • Versailles, 1er oct. 2009 : *RTD com. 2010. 272, obs. Saintourens* . ♦ Sur la requalification d'une convention en contrat d'agence commerciale, V. • Paris, 2 mai 2002 : *RJDA 2002, n° 1130* ; *LPA 3 juill. 2003, obs. Etner.* ♦ Pour une activité d'assistance technique et de conseil dépourvue de démarchage et de négociation, V. • Versailles, 8 févr. 2007 : *JCP E 2007, n° 23, p. 24.* – V. aussi • Poitiers, 15 mai 2007 : *JCP 2008. IV. 1195* • Paris, 6 nov. 2007 : *RJDA 2008, n° 636* • 12 oct. 2007 : *CCC 2008, n° 41, obs. N. M.* ♦ L'intermédiaire, dont l'activité consiste en la promotion des produits d'une société sans pouvoir les négocier avec la clientèle, ne peut bénéficier du statut d'agent commercial. • Com. 9 déc. 2014, n° 13-22.476 : *CCC 2015, n° 31, obs. Mathey* ; *RJDA 2015, n° 262.* ♦ Dès lors qu'il est constaté que l'intermédiaire ne dispose pas, de façon permanente, d'un pouvoir de négocier des contrats au nom et pour le compte de son mandant, il ne peut avoir la qualité d'agent commercial. • Com. 27 avr. 2011, n° 10-14.851 P : *D. 2011. Actu. 1279 ; JCP E 2011, n° 1388 ; CCC 2011, n° 167, obs. N. M. ; RJDA 2011, n° 790.* ♦ N'est pas un agent commercial le mandataire chargé de négocier des contrats de référencement. • Montpellier, 8 févr. 2011 : *RJDA 2011, n° 410.* ♦ L'art. 1er, § 2, de la Dir. 86/653/CEE du 18 déc. 1986 doit être interprété en ce sens que la circonstance qu'une personne chargée de façon permanente, soit de négocier la vente ou l'achat de marchandises pour une autre personne, soit de négocier et de conclure ces opérations au nom et pour le compte de celle-ci, mais également, pour cette même personne, des activités d'une autre nature, sans que les secondes soient accessoires par rapport aux premières, et exerce son activité depuis l'établissement de cette dernière, ne fait pas obstacle à ce qu'elle puisse être qualifiée d'« agent commercial » pourvu que ces circonstances n'empêchent pas cette personne d'exercer son activité de manière indépendante, ce qu'il appartient à la juridiction de renvoi de vérifier. • CJUE 21 nov. 2018, n° C-452/17 : *D. 2019. Pan. 791, obs. Ferrier ; CCC 2019, n° 4, obs. Mathey ; RJDA 2019, n° 82.* ♦ L'art. 1er, § 2, de la Dir. 86/653/CEE du 18 déc. 1986 doit être interprété en ce sens qu'une personne ne doit pas nécessairement disposer de la faculté de modifier les prix des marchandises dont elle assure la vente pour le compte du commettant pour être qualifiée d'agent commercial, au sens de cette disposition. • CJUE 4 juin 2020, n° C-828/18 : *D. 2020. 1497, note Dissaux ; AJ contrat 2020. 378, note Leloup ; JCP E 2020, n° 1483, note Grignon ; RJDA 2021, n° 86.* ♦ Il en résulte que doit désormais être qualifié d'agent commercial le mandataire, personne physique ou morale, qui, à titre de profession indépendante, sans être lié par un contrat de louage de services, est chargé, de façon permanente, de négocier et, éventuellement, de conclure des contrats de vente, d'achat, de location ou de prestation de services au nom et pour le compte de producteurs, d'industriels, de commerçants ou d'autres agents commerciaux, quoiqu'il ne dispose pas du pouvoir de modifier les prix de ces produits ou services. • Com. 2 déc. 2020, n° 18-20.231 P : *D. 2020. Actu. 2452 ; JCP 2020, n° 1562 ; RJDA 2021, n° 157 ; RJ com. 2021. 219, note Macri.* – V. aussi • Com. 12 mai 2021, n° 19-17.042 P : *D. 2021. Chron. C. cass. 1002, obs. Le Bras ; JCP E 2021, n° 1275 ; RJDA 2021, n° 561.* ♦ Sur le sens du mot « négocier » dans l'art. L. 134-1, V. • Paris, 20 mars 2014 : *AJCA 2014. 246, note Leloup.* – Et posant une question préjudicielle sur ce point : • T. com. Paris, 19 déc. 2018 : *RJ com. 2019. 52, obs. Leloup.*

3. Une société qui reçoit mandat d'effectuer des opérations afférentes à l'enregistrement et au paiement de paris puis de restituer les fonds ainsi perçus n'exerce pas une activité d'agent commercial dès lors que, n'ayant pas reçu mission de démarcher la clientèle, elle est d'une part soumise à un contrôle de son mandant sur les conditions d'exploitation du point de vente et d'autre part, à des consignes réglementaires strictes lui ôtant toute marge de négociation. • Paris, 18 oct. 2001 : *RJDA 2002, n° 495.* ♦ V. aussi, s'agissant d'un distributeur de téléphones mobiles dépourvu de liberté commerciale par rapport à l'opérateur : • Versailles, 16 déc. 2004 : *JCP E 2005, n° 8, p. 304 ; Gaz. Pal. 2005. Somm. 1280.* – V. aussi • Paris, 23 févr. 2006 : *D. 2006. 2306, note crit. Ferrier ; JCP 2006. II. 10108, note appr. Stoffel-Munck ; CCE 2006, n° 82, obs. Stoffel-Munck* (conf. par • Com. 15 janv. 2008, n° 06-14.698 P : *D. 2008. AJ 350, obs. Chevrier ; RTD com. 2008. 495, obs. Saintourens ; JCP 2008. II. 10105, note Dissaux ; CCC 2008, n° 68, obs. Mathey ; RJDA 2008, n° 396*). – Sur la même problématique : • Com. 20 mai 2008, n° 07-12.234 : *D. 2009. Pan. 2893, obs. Ferrier ; CCC 2008, nos 176 et 179, obs. Mathey* • 27 oct. 2009, n° 08-16.623 : *D. 2011. Pan. 548, obs. Ferrier ; RLDA janv. 2010. 70, obs. Bourdeau et Grignon ; RDLC 2010, n° 1, p. 114, obs. Ferré* • 21 juin 2011, n° 10-18.577 : *D. 2012. Pan. 581, obs. Ferrier ; CCC 2011, n° 190, obs. Mathey.* ♦ Pour une qualification en contrat de courtage, V. • Com. 24 sept. 2003, n° 02-12.265 : *préc. note 1.* ♦ Le paiement d'un droit d'entrée est incompatible avec le statut d'agent commercial, mais peut en revanche être regardé valablement comme la contrepartie des avantages supposés bénéficier au franchisé. • Nîmes, 14 févr. 2006 : *Lettre distrib. 12/2006, p. 1, obs. Grignon.* ♦ Mais pour un contrat dit de « commissionnement-affiliation », comportant des stipulations contractuelles relevant à la fois du mandat et de la commission, requalifié en contrat d'agent commercial, V. • Paris, 13 sept. 2006 : *JCP E 2006, n° 51-52, p. 2202 ; Cah. dr. entr. 2007, n° 3, p. 47, note Bonnet-Desplan* (censurée par : • Com. 26 févr. 2008, n° 06-20.772 : *cité note 4* ; et sur renvoi, requalifiant le commissionnaire affilié en agent commercial : • Paris, 9 avr. 2009 : *D. 2009. 1942, note Ferrier ; RTD com. 2009. 683, obs. Saintourens ; JCP E 2009, n° 37, p. 20, note Dissaux ; CCC 2009, n° 264, obs. Mathey ; RJDA 2009, n° 1070* ; de nouveau censurée par : • Com. 29 juin 2010, n° 09-66.773 P : *cité note 4*). – V. aussi Loyer-Lermercier, *JCP E 2011, n° 1218* (quel avenir pour le contrat de commission-affiliation ?).

4. Nature civile. L'agent commercial, simple mandataire qui n'a pas de clientèle propre, ne peut être titulaire d'un fonds de commerce, et n'a pas la qualité de commerçant. • Com. 26 févr. 2008, n° 06-20.772 : *D. 2008. 2907, note Ferrier ; JCP 2008. II. 10094, note Mainguy ; CCC 2008, n° 95, obs. Mathey ; LPA 9 juill. 2008,* *note Tiquant ; RJDA 2008, n° 901.* ♦ La principale différence entre les commissionnaires et les agents commerciaux est que les agents commerciaux ne sont pas propriétaires de leur clientèle ni de leur fonds de commerce. Ainsi, dès lors qu'il est constaté que le distributeur est propriétaire de son fonds de commerce, ce qui est incompatible avec la qualité de mandataire, il faut en conclure qu'il s'agit bien d'un contrat de commission-affiliation relevant des dispositions des art. L. 132-1 s. C. com. • Pau, 16 déc. 2010 : *JCP E 2011, n° 1246, note Dissaux ; CCC 2011, n° 140, obs. Mathey.* ♦ La circonstance que le distributeur ait été titulaire du bail commercial est un élément essentiel pour déterminer si celui-ci a la qualité de commerçant qu'un agent commercial ne peut posséder. • Com. 29 juin 2010, n° 09-66.773 P : *D. 2010. Actu. 1703, obs. Chevrier ; RTD com. 2010. 687, obs. Saintourens ; JCP E 2010, n° 1694, note Dissaux ; JCP 2010, n° 876, note Grimaldi ; CCC 2010, n° 223, obs. Mathey ; RJDA 2010, n° 1065.* ♦ Le contrat d'agent commercial étant de nature civile, il ne peut être reçu aucune preuve par témoins contre et outre le contenu des actes. • Com. 24 oct. 1995, n° 93-21.866 P : *D. 1995. IR 247.* ♦ De même, n'est pas valable la clause attributive de compétence au tribunal de commerce. • Com. 24 oct. 1995, n° 94-10.661 P : *D. 1995. IR 247.* ♦ V. et Comp. note 54 (Com. 10 juin 1997) ss. art. L. 721-3. ♦ Toutefois, nonobstant la nature civile du mandat unissant l'agent commercial à la société appelante, celle-ci est bien fondée à revendiquer la compétence de la juridiction consulaire puisque le litige oppose deux personnes morales ayant la qualité de commerçantes et ayant contracté à l'occasion de leur activité commerciale. • Paris, 3 oct. 2002 : *Lettre distrib. 11/2002, p. 2* • Com. 3 nov. 2004, n° 02-20.468 : *RJDA 2005, n° 543* (agent immatriculé au RCS). ♦ Sur l'application des options de compétence territoriale de l'art. 46 NCPC [renommé C. pr. civ.], V. • Paris, 17 sept. 1997 : *D. Affaires 1997. 1219.* ♦ Dès lors qu'un agent commercial n'entend pas prouver outre et contre le contenu du contrat mais démontrer l'existence d'une convention verbale distincte postérieure, la preuve d'un accord par tous moyens est recevable. • Com. 25 juin 2002, n° 00-14.326 P : *cité note ss. art. L. 134-2.*

5. Qualité du mandant. L'activité d'architecte d'intérieur-designer, qui consiste à aménager des magasins, à réaliser des stands de salons et des décors de vitrines ainsi qu'à créer des objets, constitue une activité économique impliquant la circulation de biens et la fourniture de services, se rattachant ainsi à celle de producteur au sens de l'art. L. 134-1. • Com. 20 mars 2012, n° 11-15.287 P : *D. 2012. Actu. 871, obs. Chevrier ; RTD com. 2012. 609, obs. Bouloc ; CCC 2012, n° 120, obs. Mathey ; RJDA 2013, n° 222.* ♦ Les dispositions des art. L. 134-1 s. n'exigent pas que l'activité économique qu'elles visent soit l'activité principale du mandant (chambre de commerce et d'industrie). • Com. 5 avr. 2005, n° 02-11.673 P : *D. 2005. AJ 1149, obs. Chevrier ; JCP E 2005, n° 31-34, p. 1328, obs. Respaud ; CCC 2005, n° 110, obs. Malaurie-Vignal ; RJDA 2005, n° 963.*

6. Réglementation particulière. La mission d'intermédiaire en opérations de banque est une activité exercée en vertu d'un mandat délivré par un établissement de crédit, exclue en conséquence du champ d'application de la loi du 25 juin 1991 [C. com., art. L. 134-1]. • Agen, 11 mars 2002 : *BICC 2002, n° 838.* ♦ Conf. par : • Com. 18 févr. 2004, n° 02-14.768 P : *D. 2004. AJ 633, obs. Chevrier ; JCP E 2004, n° 20-21, p. 811, obs. Stoufflet ; CCC 2004, n° 72, obs. Leveneur ; RTD com. 2004. 586, obs. Bouloc ; RJDA 2004, n° 1209.* – V. aussi • Com. 12 déc. 2006, n° 05-17.707 : *RDBF 2007, n° 47, obs. Crédot et Samin.* ♦ Pour l'activité d'agent immobilier (loi Hoguet), V. désormais art. 4 de la L. n° 70-9 du 2 janv. 1970, ci-dessous. ♦ Pour l'activité d'agent général d'assurance, V. les obs. ss. • Com. 18 mai 2010, n° 09-15.023 : *CCC 2010, n° 207, obs. N. M.*

7. Personne morale. Sur la substitution à l'agent personne physique d'une société pour exercer ses activités, V. • Versailles, 4 sept. 2003 : *RJDA 2004, n° 38.* ♦ La dissolution d'une société dont les parts sont réunies en une seule main entraîne la transmission universelle du patrimoine à l'associé unique, sans qu'il y ait lieu à liquidation. Si, sauf accord du cocontractant, un contrat d'agence commerciale conclu en considération de la personne d'une telle société prend fin au plus tard par l'effet de la dissolution de celle-ci, l'associé unique n'en recueille pas moins les créances et les dettes antérieurement nées dans le patrimoine social au titre de ce contrat. • Com. 7 juin 2006, n° 05-11.384 P : *R. 2006, p. 358 ; D. 2006. AJ 1685, obs. Lienhard ; RTD civ. 2006. 764, obs. Mestre et Fages ; JCP E 2006, n° 36, p. 1493, note Hovasse ; LPA 7 sept. 2006, note Morelli.* – V. aussi Dubertret, *Rev. sociétés 2006. 721* (l'*intuitu personae* dans les fusions). ♦ Sur l'impossibilité pour un agent commercial d'exercer sa profession sous la forme d'une société d'exercice libéral à responsabilité limitée, V. • Rouen, 13 mars 2008 : *cité note 1 ss. art. R. 123-95.*

8. Rattachement volontaire au statut. L'application du statut d'agent commercial ne dépend ni de la volonté exprimée par les parties dans le contrat, ni de la dénomination qu'elles ont donnée à leurs conventions mais des conditions dans lesquelles l'activité est effectivement exercée. • Com. 10 déc. 2003, n° 01-11.923 P : *D. 2005. Pan. 150, obs. Ferrier ; JCP E 2004, n° 7, p. 252 ; CCC 2004, n° 34, obs. Leveneur ; RTD civ. 2004. 285, obs. Mestre et Fages ; RJDA 2004, n° 416* • 21 juin 2016, n° 14-26.938 :

AJCA 2016. 402, obs. Lecourt ; *CCC 2016, n° 186, obs. Mathey* ; *RJDA 2016, n° 777.* ♦ V. aussi, jugeant que les juges ne sont pas liés par la qualification juridique que les parties donnent à leurs conventions : • Paris, 15 mai 2003 : *RJDA 2003, n° 1056* • 2 mai 2002 : *préc. note 2.* ♦ Si le statut d'agent commercial est inapplicable aux négociateurs immobiliers et ne peut donc régir l'activité de la personne considérée, les parties sont toutefois libres de convenir que cette dernière aurait droit, en cas de rupture de leurs relations à une indemnité telle que prévue par les art. L. 134-12 et L. 134-13 C. com., et ainsi décider contractuellement que, quel que soit le statut applicable, le négociateur pouvait prétendre à l'indemnité prévue en cas de rupture des relations entre l'agent commercial et son mandant. • Com. 10 févr. 2009, n° 07-21.058.

9. Conjoint de l'agent commercial. V. note 3 ss. art. L. 121-4.

10. Agent maritime. Sur l'application du statut des agents commerciaux à un agent consignataire de navires exerçant également des fonctions d'agent maritime pour le compte de l'armateur, V. • Montpellier, 18 nov. 2008 : *RD transp. 2009, n° 121, obs. Ndendé.* ♦ Mais si le contrat d'agence maritime rentre bien dans le champ d'application de la L. du 25 juin 1991 [C. com., art. L. 134-1 s.], celle-ci n'est pas une loi de police dans l'ordre international pouvant être opposée à une sentence arbitrale. • Paris, 6 mai 2014 : *RTD com. 2015. 622, obs. Delebecque* ; *RDC 2015. 81, obs. Laazouzi.*

11. EIRL. Sur l'application aux agents commerciaux du statut d'entrepreneur individuel à responsabilité limitée, V. * Rép. min. n° 87875 : *JOAN Q, 21 déc. 2010* ; *D. 2011. Actu. 71* ; *JCP N 2011, n° 112.* ♦ V. aussi art. R. 134-5 à R. 134-7, R. 134-12.

Loi n° 70-9 du 2 janvier 1970,

Réglementant les conditions d'exercice des activités relatives à certaines opérations portant sur les immeubles et les fonds de commerce.

Art. 4 *Al. 1er. — V. **C. baux.***

(L. n° 2006-872 du 13 juill. 2006, art. 97) « Les dispositions du chapitre IV du titre III du livre Ier du code de commerce sont applicables aux personnes visées au premier alinéa lorsqu'elles ne sont pas salariées ». *(L. n° 2014-366 du 24 mars 2014, art. 24-I-5°)* « Ces personnes doivent contracter une assurance contre les conséquences pécuniaires de leur responsabilité civile professionnelle, dans des conditions fixées par décret en Conseil d'État. »

*Al. 3 à 7. — V. **C. baux.***

BIBL. ► COHEN-BOULAKIA, *Lettre distrib. 10/2006, p. 1* (agents immobiliers et agents commerciaux : de l'ordre dans la maison ?). – BEDDELEEM, *Administrer 12/2006. 56* (l'agent commercial après la loi ENL). – DISSAUX, *ibid. mars 2010. 13* (l'application de la théorie du mandat d'intérêt commun à l'agent immobilier). – BEDDELEEM, *ibid. nov. 2011. 7* (formalités professionnelles de l'agent commercial). – MOYSE, *Gaz. Pal. 2012. 179* (limites de l'intervention des négociateurs immobiliers ayant le statut d'agent commercial). – Inforeg, *Cah. dr. entr. 2014, n° 4, p. 53* (agent commercial immobilier ou « négociateur immobilier »).

1. Négociateur immobilier. La disposition issue de la L. du 13 juill. 2006 modifiant l'art. 4 de la L. du 2 janv. 1970 a pour objet de conférer aux négociateurs immobiliers non salariés un statut complet et adapté à leur activité de mandataire indépendant. Elle consiste en une extension du champ d'application du statut des agents commerciaux contenu aux art. L. 134-1 s. C. com. Elle déroge implicitement mais nécessairement, pour lui être postérieure, à la disposition restrictive du 2e al. de l'art. L. 134-1 de ce code qui faisait auparavant obstacle à ce que ces négociateurs puissent exercer sous le statut d'agent commercial. Pour étendu qu'il soit, le statut des agents commerciaux, en tant qu'il s'applique aux négociateurs immobiliers, doit se combiner avec les règles propres à cette activité, telle l'impossibilité d'exercer l'activité de négociateur sous une forme sociétaire (Rép. min. n° 25009 : *JO Sénat Q 14 déc. 2006, p. 3113* ; *D. 2007. 9* ; *AJDI 2007. 335* ; *RLDA févr. 2007. 23, obs. Lefèvre*). ♦ Les dispositions d'ordre public de la L. du 2 janv. 1970 s'appliquent aux personnes se livrant ou prêtant leur concours, de manière habituelle, à des opérations prévues par l'art. 1er de cette loi, fût-ce pour le compte de promoteurs, que ceux-ci soient ou non propriétaires des biens immobiliers en cause. Dès lors, ayant reçu mandat, par un contrat d'agence commerciale, d'exercer une activité relevant de la L. du 2 janv. 1970 en méconnaissance des dispositions de l'art. L. 134-1, al. 2, C. com., le mandataire était dans l'impossibilité d'exercer ses fonctions, et il ne pouvait donc prétendre aux indemnités sollicitées. • Civ. 1re, 23 févr. 2012, n° 10-18.343 P : *D. 2012. Actu. 611* ; *RTD com. 2012. 393, obs. Bouloc* ; *JCP 2012, n° 272* ; *RJDA 2012, n° 846.*

2. Jurisprudence antérieure. Ayant exactement retenu que dès lors que le contrat litigieux, exécuté avant l'entrée en vigueur de la L. du 13 juill. 2006 modifiant l'art. 4, al. 1er, de la

L. du 2 janv. 1970, avait pour objet l'exercice d'une activité régie par cette loi, cette activité se trouvait exclue, en vertu de l'art. L. 134-1, al. 2, C. com., de l'application du statut des agents commerciaux, la cour d'appel en a déduit à bon droit qu'une telle exclusion, si elle privait les parties du droit de se prévaloir de ce statut, n'emportait pas annulation dudit contrat qu'elle a requalifié en mandat d'intérêt commun. • Com. 10 avr. 2008 : *RJDA 2008, n° 795* • Civ. 1re, 28 janv. 2010, n° 08-70.341 : *D. actu. 8 févr. 2010, obs. Chevrier ; RLDA sept. 2010. 129, obs. Bourdeau.* ♦ V. aussi : • Com. 7 juill. 2004, n° 02-18.135 P : *D. 2004. AJ 2230, obs. Rouquet ; JCP 2005. II. 10132, note Leloup ; CCC 2004, n° 167, obs. Leveneur ; RJDA 2005, n° 27 ; AJDI 2005. 236, note Thioye ; RTD com. 2005. 42, obs. Saintourens.* – Sur cet arrêt, V. aussi Guilly et d'Orso, *Rev. loyers 2005. 232.* ♦ Dès lors qu'il est démontré que l'activité principale du demandeur consistait à prêter son concours à des opérations de vente ou de location immobilière, ce qui caractérise l'activité d'agent immobilier et l'empêche en conséquence de réclamer l'application à son profit de l'art. L. 134-1, al. 2. • Civ. 1re, 17 févr. 2011, n° 10-13.980 P : *D. 2011. Actu. 676, obs. Rouquet ; RTD com. 2011. 310, obs. Saintourens ; AJDI 2011. 393, obs. Thioye ; JCP E 2011, n° 1248 ; CCC 2011, n° 109, obs. Leveneur ; RJDA 2011, n° 411.*

3. Carte professionnelle. Il résulte des art. 1er et 4 de la L. du 2 janv. 1970, ce dernier dans sa rédaction issue de la L. du 13 juill. 2006, ensemble de l'art. L. 134-1, al. 2, C. com., textes d'ordre public, que les agents commerciaux ne peuvent exercer, en cette qualité, des activités régies par la L. du 2 janv. 1970 pour le compte de mandants qui ne seraient pas titulaires de la carte professionnelle exigée par celle-ci. • Civ. 1re, 28 avr. 2011, n° 10-14.258 P : *D. 2011. Actu. 1282 ; RTD com. 2011. 631, obs. Bouloc ; AJDI 2011. 646, obs. Thioye ; JCP E 2011, n° 1391 ; RJDA 2011, n° 901* • 17 mars 2016, n° 14-21.738 P : *D. 2016. Actu. 703 ; AJCA 2016. 258, obs. Lecourt ; JCP E 2016, n° 1202 ; CCC 2016, n° 119, obs. N. M. ; RJDA 2016, n° 525* • Com. 18 oct. 2011, n° 10-30.087 P : *D. 2011. Actu. 2654, obs. Rouquet ; RTD com. 2012. 75, obs. Saintourens ; AJDI 2012. 295, note Thioye ; JCP E 2011, n° 1811.* ♦ En application de l'art. 4 de la L. du 2 janv. 1970 dans sa rédaction issue de l'art. 97 de la L. du 13 juill. 2006, le collaborateur non salarié d'un agent immobilier, qui est désormais soumis au statut des agents commerciaux, n'a pas à obtenir lui-même la carte professionnelle prévue par l'art. 1er du Décr. n° 72-678 du 20 juill. 1972, mais doit justifier de l'attestation prévue par l'art. 9 de ce décret, délivrée par son mandant, titulaire de la carte précitée. • Cass., avis, 28 avr. 2011, n° 10-30.087 P : *D. 2011. Actu. 1282 ; BRDA 2011, n° 9, p. 7.*

Art. L. 134-2 **Chaque partie a le droit, sur sa demande, d'obtenir de l'autre partie un écrit signé mentionnant le contenu du contrat d'agence, y compris celui de ses avenants.** – *[L. n° 91-593 du 25 juin 1991, art. 2.]*

Preuve du contrat. Le contrat d'agent commercial est un contrat consensuel qui peut être prouvé par tout écrit, dès lors qu'il est accepté par les cocontractants et qu'il indique la qualité de chacune des parties (à propos de l'ancien art. 1er du Décr. du 23 déc. 1958). • Com. 19 janv. 1993, n° 91-12.711 P. ♦ Il peut ainsi être prouvé par de simples échanges de correspondances. • Com. 12 nov. 1997, n° 95-19.960 : *D. Affaires 1997. 1663* • 9 juill. 2002, n° 00-21.500 : *Cah. dr. entr. 2002, n° 5, p. 32, obs. Grignon.* ♦ Dans le même sens, s'agissant d'un contrat de sous-agent commercial, V. • Com. 28 mai 2002, n° 98-22.536 P : *JCP 2002. IV. 2249 ; RTD com. 2003. 157, obs. Bouloc.* ♦ L'art. L. 134-2 n'exigeant aucun écrit, la preuve d'un accord par tous moyens est donc recevable, y compris par attestations, dès lors que l'agent commercial n'entend pas prouver contre et outre le contenu du contrat. • Com. 25 juin 2002, n° 00-14.326 P : *D. 2002. AJ 2529, obs. Chevrier ; RTD com. 2003. 157, obs. Bouloc ; RJDA 2002, n° 1259 ; LPA 3 juill. 2003, obs. Etner.* ♦ Sur la charge de la preuve, V. • Com. 24 sept. 2003, n° 02-12.265 : *cité note 1 ss. art. L. 134-1.*

Art. L. 134-3 **L'agent commercial peut accepter sans autorisation la représentation de nouveaux mandants. Toutefois, il ne peut accepter la représentation d'une entreprise concurrente de celle de l'un de ses mandants sans accord de ce dernier.** – *[L. n° 91-593 du 25 juin 1991, art. 3.]*

1. Activités concurrentes. Même en l'absence d'exclusivité, l'agent commercial est tenu de se comporter loyalement vis-à-vis de son mandat, ce qui implique, conformément à l'art. L. 134-3, de l'informer pour obtenir son autorisation au cas où il voudrait mener des activités similaires avec un concurrent. • Com. 15 mai 2007, n° 06-12.282 P : *D. 2007. AJ 1592, obs. Chevrier ; RTD com. 2008. 172, obs. Bouloc ; JCP E 2007, n° 46, p. 35, note Perruchot-Triboulet ; CCC 2007, n° 202, obs. Malaurie-Vignal ; RJDA 2008, n° 30.* – V. aussi • Com. 24 mai 2011, n° 10-16.969 : *CCC 2011, n° 166, obs. N. M. ; RLDA sept. 2011. 32, note Favario.* ♦ Peu important à cet égard que les faits reprochés soient intervenus hors du territoire de prospection dès lors que l'interdiction de représenter un concurrent sans l'autorisation du mandant n'était pas restreinte au seul territoire dans lequel l'agent bénéficiait d'une exclusivité. • Com. 8 oct. 2013, n° 12-24.064 : *CCC 2014, n° 10, obs. N. M. ; RJDA 2014, n° 103.* ♦ Les dispositions de l'art. L. 134-3 n'étant pas d'ordre public, les parties peuvent y déroger, notamment en rayant la clause du contrat interdisant, pendant la durée de celui-ci, à l'agent d'intervenir pour le compte d'autres entreprises commercialisant les mêmes produits. • Paris, 17 oct. 2013 : *RJDA 2014, n° 325.* ♦ Pour des produits jugés non interchangeables, V. • Com. 10 nov. 2015, n° 14-14.820 : *RJDA 2016, n° 367.*

2. *Concurrence déloyale.* Si l'agent a commis une faute grave pour ne pas avoir informé son mandant qu'il exerçait au profit d'un concurrent une activité en tous points similaire, manquant ainsi à son obligation de loyauté, ce qui justifiait la rupture du contrat sans indemnité, il ne peut en revanche lui être reproché un comportement constitutif de concurrence déloyale dès lors que l'activité qu'il a développée au profit d'un concurrent de son mandant n'a pas été accompagnée de manœuvres destinées à détourner irrégulièrement la clientèle de ce dernier, à entraîner une confusion dans l'esprit de cette clientèle ou à désorganiser son entreprise. • Com. 7 janv. 2014, n° 12-29.934 : *Just. et cass. 2014. 167, rapp. Mouillard ; RJDA 2014, n° 324.*

Art. L. 134-4 Les contrats intervenus entre les agents commerciaux et leurs mandants sont conclus dans l'intérêt commun des parties.

Les rapports entre l'agent commercial et le mandant sont régis par une obligation de loyauté et un devoir réciproque d'information.

L'agent commercial doit exécuter son mandat en bon professionnel ; le mandant doit mettre l'agent commercial en mesure d'exécuter son mandat. — *[L. n° 91-593 du 25 juin 1991, art. 4.]* — *V. art. L. 134-16.*

1. *Obligation de loyauté.* RÉP. COM. V° *Concurrence (obligation de non-concurrence)*, par PICOD, AUGUET et GOMY. ♦ Sur l'obligation de non-concurrence qu'implique le devoir de loyauté, V. • Paris, 17 janv. 1995 : *D. 1995. Somm. 260, obs. Serra* (à propos de l'anc. art. 2 du Décr. du 23 déc. 1958) • 20 janv. 1995 : *ibid.* (même régime) • Com. 16 oct. 2001, n° 99-11.932 : *RJDA 2002, n° 149* • 7 oct. 2008, n° 07-16.918 : *D. 2009. Pan. 1442, obs. Gomy* • Lyon, 30 avr. 2008 : *CCC 2008, n° 201, obs. N. M.* ♦ Ne manque pas à son obligation de loyauté envers son mandant l'agent commercial qui l'informe tardivement de ce qu'il a retiré tous ses moyens de travail à son sous-agent, dès lors que l'exécution du contrat le liant à ce dernier relève exclusivement du pouvoir d'organisation dont l'agent est investi pour l'accomplissement de son mandat. • Com. 26 oct. 2010, n° 09-68.561 P. ♦ Manque en revanche à son obligation de loyauté l'agent qui produit un faux contrat comportant une clause d'exclusivité dans le but d'obtenir les commissions et indemnités qu'il sollicitait. • Com. 29 nov. 2011, n° 10-25.874 : *CCC 2012, n° 90, obs. Mathey ; RJDA 2012, n° 493.*

Sur l'obligation du mandant de mettre l'agent commercial en mesure d'exécuter son mandat, V. • Com. 24 nov. 1998, n° 96-18.357 P : *D. 1999. IR 9 ; CCC 1999, n° 56, obs. Malaurie-Vignal ; JCP E 1999, n° 29, p. 1242, note Jamin ; RTD civ. 1999. 98, obs. Mestre* .

2. *Réciprocité.* Sur la réciprocité de l'obligation de loyauté et d'information entre le mandant et l'agent commercial pouvant entraîner un partage de responsabilité, V. • Paris, 8 mars 2001 : *D. 2002. Somm. 1263, obs. Picod* . – V. aussi • Com. 30 mai 2007, n° 05-12.030 : *RJDA 2007, n° 1223.* ♦ L'obligation réciproque de loyauté exige un comportement actif des parties. • Nancy, 23 avr. 2014 : *AJCA 2014. 248, note Lecourt* .

3. *Intérêt commun.* Sur la notion de mandat d'intérêt commun dans le cas d'un contrat d'agence commerciale, V. • Aix-en-Provence, 19 juin 2001 : *JCP 2002. II. 10122, note Mouveau* • Com. 29 oct. 2002, n° 99-12.766 : *RJDA 2003, n° 252.*

4. *Redevance mensuelle.* Le contrat liant les parties étant qualifié de contrat d'agent commercial, la redevance n'est pas due par le mandataire au mandant en contrepartie de l'exclusivité territoriale, la clause d'exclusivité étant au contraire ici une garantie de la rémunération du mandataire. Les redevances versées sont dès lors dépourvues d'objet. • Paris, 26 juin 2019 : *JCP E 2019, n° 1424, note Dissaux.*

Art. L. 134-5 Tout élément de la rémunération variant avec le nombre ou la valeur des affaires constitue une commission au sens du présent chapitre.

Les articles L. 134-6 à L. 134-9 s'appliquent lorsque l'agent est rémunéré en tout ou partie à la commission ainsi définie.

Dans le silence du contrat, l'agent commercial a droit à une rémunération conforme aux usages pratiqués, dans le secteur d'activité couvert par son mandat, là où il exerce son activité. En l'absence d'usages, l'agent commercial a droit à une rémunération rai-

sonnable qui tient compte de tous les éléments qui ont trait à l'opération. – *[L. n° 91-593 du 25 juin 1991, art. 5.]*

Art. L. 134-6 **Pour toute opération commerciale conclue pendant la durée du contrat d'agence, l'agent commercial a droit à la commission définie à l'article L. 134-5 lorsqu'elle a été conclue grâce à son intervention ou lorsque l'opération a été conclue avec un tiers dont il a obtenu antérieurement la clientèle pour des opérations du même genre.**

Lorsqu'il est chargé d'un secteur géographique ou d'un groupe de personnes déterminé, l'agent commercial a également droit à la commission pour toute opération conclue pendant la durée du contrat d'agence avec une personne appartenant à ce secteur ou à ce groupe. – *[L. n° 91-593 du 25 juin 1991, art. 6.]*

BIBL. ▶ BOURDEAU, *Cah. dr. entr. 2007, n° 3, p. 53* (retour sur le droit à commission de l'agent commercial) ; *ibid., p. 57* (vers une généralisation du droit à commission indirecte de l'agent ?) ; *ibid., p. 63* (portée d'une telle généralisation). - LICARI, *RLDA juin 2007. 47* (contours du commissionnement indirect de l'agent).

1. *Agent chargé d'un secteur géographique.* L'art. 7, § 2, premier tiret, de la Dir. 86-653-CEE du 18 déc. 1986, relative à la coordination des droits des États membres concernant les agents commerciaux indépendants, doit être interprété en ce sens que l'agent commercial, lorsqu'il est chargé d'un secteur géographique, a droit à la commission afférente aux opérations conclues avec des clients appartenant à ce secteur, même si elles l'ont été sans son intervention. • CJCE 12 déc. 1996, n° C-104/95 : *D. 1997. 438, note Leloup*. ♦ Le même art. 7, § 2, doit être interprété en ce sens que la notion de « client appartenant à ce secteur » est déterminée, dans le cas où le client est une personne morale, par le lieu des activités commerciales effectives de cette dernière. Lorsque la société exerce son activité commerciale en divers lieux ou lorsque l'agent opère sur plusieurs territoires, d'autres éléments peuvent entrer en ligne de compte pour déterminer le centre de gravité de l'opération encourue, notamment le lieu où les négociations avec l'agent ont eu lieu ou auraient normalement dû avoir lieu, l'endroit où la marchandise a été livrée, ainsi que le lieu où se trouve l'établissement qui a passé la commande. • Même arrêt. – V. aussi • Com. 3 mars 2009, n° 07-21.586 : *D. 2009. Pan. 2893, obs. Ferrier* ; *CCC 2009, n° 126, obs. Mathey; RJDA 2009, n° 535*. ♦ S'agissant d'une convention qui concède à l'agent commercial le droit d'exercer son activité dans certains départements déterminés, il convient d'appliquer le principe selon lequel l'agent, dès lors qu'il est chargé d'un secteur géographique, a droit à la commission afférente aux opérations conclues avec des clients appartenant à ce secteur, même si elles l'ont été sans son intervention. • Paris, 8 nov. 2000 : *D. 2001. 232, obs. Chevrier*. ♦ Dès lors qu'une cour d'appel constate que l'agent n'a pas été chargé d'un secteur géographique déterminé, elle ne peut accorder des commissions indirectes (cassation pour violation par fausse application de l'art. L. 134-6). • Com. 8 déc. 2009, n° 08-17.749 P : *D. 2011. Pan. 548, obs. Ferrier* ; *RTD com. 2010. 416, obs. Bouloc* ; *JCP E 2010, n° 4, p. 35* ; *CCC 2010, n° 202, obs. Mathey* ; *RJDA 2010, n° 235*.

Mais si le droit à commission indirecte existe, c'est à la condition qu'aucune clause contraire ne figure dans le contrat. • Aix-en-Provence, 13 juin 2012 : *RDLC 2012, n° 4, p. 82, obs. Ferré*.

2. *Exclusivité.* L'art. 6 de la L. n° 91-593 du 25 juin 1992 [C. com., art. L. 134-6] ne lie pas le droit à commission de l'agent à l'existence en sa faveur d'une clause de représentation exclusive. • Paris, 8 nov. 2000 : *préc. note 1*. – Dans le même sens, V. • Com. 23 janv. 2007, n° 05-10.264 P : *D. 2007. Chron. C. cass. 1308, obs. Salomon* ; *RTD com. 2007. 588, obs. Bouloc* ; *JCP E 2007, n° 9, p. 28, obs. Berlioz* ; *CCC 2007, n° 68, obs. Malaurie-Vignal* ; *RJDA 2008, n° 260* ; *RLDA mars 2007. 38, note Bacchichetti*. – Comp. • Com. 8 avr. 2008, n° 06-21.526 : *CCC 2008, n° 153, obs. Mathey* (l'exclusivité ainsi accordée ouvre droit à l'agent à être rémunéré sur les ventes non effectuées directement par lui). ♦ Pour la reconnaissance d'une exclusivité implicite de secteur, V. • Com. 8 mars 2005, n° 02-20.878.

3. *Ventes parallèles.* L'art. 7, § 2, premier tiret, de la directive du 18 déc. 1986, doit être interprété en ce sens que l'agent commercial chargé d'un secteur géographique déterminé n'a pas droit à la commission pour les opérations conclues par des clients appartenant à ce secteur avec un tiers en l'absence d'intervention, directe ou indirecte, du commettant. • CJCE 17 janv. 2008, n° C-19/07 : *D. 2008. AJ 408, obs. Chevrier* ; *RTD com. 2008. 902, obs. Delebecque* ; *JCP E 2009, n° 19, p. 27, obs. Respaud* ; *CCC 2008, n° 67, obs. Mathey* ; *RJDA 2008, n° 637* ; *RLDA avr. 2008. 55, note Nourissat*. – Arrêt rendu sur question préjudicielle posée par • Com. 19 déc. 2006, n° 03-12.724 P : *D. 2007. AJ 369, obs. Chevrier* ; *JCP E 2007, n° 6-7, p. 22* ; *CCC 2007, n° 67, obs. Malaurie-Vignal* ; *RLDA juin 2007. 47, note Licari*. ♦ Constatant que les achats ont été effectués auprès de grandes centrales ou de revendeurs métropolitains, que l'agent commercial ne démontre pas que ces achats auraient été contrôlés directement ou indirectement par ses mandantes et qu'il s'infère de l'arrêt se prononçant sur les conditions de la rupture des relations entre l'agent commercial et ses mandantes, qu'aucun manquement n'est imputable aux sociétés mandantes dans le cadre de ces ventes parallèles, il en résulte que ces dernières ne sont pas intervenues dans les ventes parallèles invoquées et que celles-ci n'ouvraient dans ces circonstances pas droit, pour l'agent commercial, à percevoir une commission. • Com. 1er juill. 2008, n° 03-12.724 P : *D. 2008. Chron. C. cass. 2754, obs. Salomon ; JCP E 2009, n° 19, p. 28, obs. Respaud ; CCC 2008, n° 197, obs. Mathey ; RJDA 2008, n° 1252.*

4. Garantie de bonne fin. Est valable la clause selon laquelle seules sont dues les commissions portant sur les affaires menées à bonne fin, qui a pour but d'assurer l'équilibre entre les parties et d'éviter les ventes hasardeuses par un agent assuré de percevoir immédiatement la commission prévue dans son intégralité. • Com. 31 mars 1992, n° 90-14.106 : *RJDA 1992, n° 817.*

5. Fait générateur. Le fait générateur de la créance de commission de l'agent commercial se situe au moment où le cocontractant se trouve lié au mandant, conformément à l'art. L. 134-6, lequel fixe le droit à commission « pour toute opération commerciale conclue pendant la durée du contrat d'agence ». • Com. 15 nov. 2005, n° 03-13.261 P : *D. 2005. AJ 3086, obs. Lienhard ; RTD com. 2006. 656, obs. Bouloc ; JCP E 2006, n° 2, p. 82 ; RJDA 2006, n° 432.* ♦ En vertu de l'art. L. 134-6, l'agent commercial ayant un droit à commission lorsque l'opération commerciale a été conclue grâce à son intervention, le fait générateur de sa créance de commissions se situe au moment où le cocontractant se trouve lié au mandant, de sorte qu'en application de l'art. L. 621-43, dans sa rédaction alors en vigueur, il doit déclarer ses créances de commissions, même non exigibles au jour de l'ouverture de la procédure collective du mandant, dès lors que les ventes avaient été conclues antérieurement. • Com. 7 mars 2018, n° 16-24.657 P : *AJ contrat 2018. 189, obs. Ancelin et Laventurier ; RTD com. 2018. 474, obs. Martin-Serf ; CCC 2018, n° 86, obs. Mathey ; RJDA 2018, n° 441 ; RPC 2020, n° 147, obs. Saint-Alary-Houin.* ♦ Sur la question de savoir si c'était le lieu de situation du magasin qui déterminait le paiement des commissions ou le lieu de situation de la plate-forme ou centrale d'achat, V. • Com. 19 déc. 2006, n° 05-14.256 : *CCC 2007, n° 69, obs. Malaurie-Vignal.* ♦ Dès lors qu'aux termes du contrat seules des opérations facturées permettent le versement d'une commission, il en résulte qu'un simple accord-cadre sur les conditions de prix, de remise et de mise en stock, en fonction des besoins du client, ne suffit pas à faire droit à une demande de commissions, faute pour l'agent de justifier de commandes effectivement passées. • Com. 9 déc. 2014, n° 13-23.309 P : *cité note 7 ss. art. L. 134-12.*

6. Calcul des commissions. Les commissions devant être calculées sur le montant des ventes réalisées par le mandant dans le cadre de l'accomplissement de sa mission par l'agent, la cour d'appel en a exactement déduit que les bonifications, qui sont accordées par le mandant à ses clients en fin d'année indépendamment de ces ventes, devaient en être exclues. • Com. 19 mars 2013, n° 12-14.427 : *CCC 2013, n° 135, obs. N. M. ; RJDA 2013, n° 602.*

Art. L. 134-7 Pour toute opération commerciale conclue après la cessation du contrat d'agence, l'agent commercial a droit à la commission, soit lorsque l'opération est principalement due à son activité au cours du contrat d'agence et a été conclue dans un délai raisonnable à compter de la cessation du contrat, soit lorsque, dans les conditions prévues à l'article L. 134-6, l'ordre du tiers a été reçu par le mandant ou par l'agent commercial avant la cessation du contrat d'agence. — *[L. n° 91-593 du 25 juin 1991, art. 7.]*

Délai raisonnable. Jugeant qu'un délai de trois mois, fixé conventionnellement, pouvait être considéré comme raisonnable : • Lyon, 28 janv. 2011 : *JCP E 2011, n° 1346, obs. Mathey ; CCC 2011, n° 113, obs. Mathey ; RLDA juin 2011. 77, obs. Grignon.*

Art. L. 134-8 L'agent commercial n'a pas droit à la commission prévue à l'article L. 134-6 si celle-ci est due, en vertu de l'article L. 134-7, à l'agent commercial précédent, à moins que les circonstances rendent équitable de partager la commission entre les agents commerciaux. — *[L. n° 91-593 du 25 juin 1991, art. 8.]*

Art. L. 134-9 La commission est acquise dès que le mandant a exécuté l'opération ou devrait l'avoir exécutée en vertu de l'accord conclu avec le tiers ou bien encore dès que le tiers a exécuté l'opération.

La commission est acquise au plus tard lorsque le tiers a exécuté sa part de l'opération ou devrait l'avoir exécutée si le mandant avait exécuté sa propre part. Elle est

payée au plus tard le dernier jour du mois qui suit le trimestre au cours duquel elle était acquise. — *[L. n° 91-593 du 25 juin 1991, art. 9.]* — *V. art. L. 134-16.*

Paiement des commissions. Sur la possibilité de déroger, dans un sens favorable à l'agent, à la règle légale prévue pour le paiement des commissions, selon un usage constant établi entre le mandant et l'agent au fur et à mesure de l'encaissement des ventes, V. • Com. 27 sept. 2017, n° 14-25.100 : *CCC 2017, n° 241, obs. Mathey.*

Art. L. 134-10 Le droit à la commission ne peut s'éteindre que s'il est établi que le contrat entre le tiers et le mandant ne sera pas exécuté et si l'inexécution n'est pas due à des circonstances imputables au mandant.

Les commissions que l'agent commercial a déjà perçues sont remboursées si le droit y afférent est éteint. — *[L. n° 91-593 du 25 juin 1991, art. 10.]* — *V. art. L. 134-16.*

Charge de la preuve. Il incombe au mandant de rapporter la preuve de l'extinction de son obligation de payer les commissions correspondant aux contrats souscrits. • Com. 31 mars 2015, n° 14-10.346 P : *D. 2016. Pan. 970, obs. Ferrier* ; *AJCA 2015. 284, obs. Ancelin et de Bakker* ; *JCP E 2015, n° 1208* ; *CCC 2015, n° 139, obs. Mathey* ; *RJDA 2015, n° 648.*

Art. L. 134-11 Un contrat à durée déterminée qui continue à être exécuté par les deux parties après son terme est réputé transformé en un contrat à durée indéterminée.

Lorsque le contrat d'agence est à durée indéterminée, chacune des parties peut y mettre fin moyennant un préavis. Les dispositions du présent article sont applicables au contrat à durée déterminée transformé en contrat à durée indéterminée. Dans ce cas, le calcul de la durée du préavis tient compte de la période à durée déterminée qui précède.

La durée du préavis est d'un mois pour la première année du contrat, de deux mois pour la deuxième année commencée, de trois mois pour la troisième année commencée et les années suivantes. En l'absence de convention contraire, la fin du délai de préavis coïncide avec la fin d'un mois civil.

Les parties ne peuvent convenir de délais de préavis plus courts. Si elles conviennent de délais plus longs, le délai de préavis prévu pour le mandant ne doit pas être plus court que celui qui est prévu pour l'agent. — *V. art. L. 134-16.*

Ces dispositions ne s'appliquent pas lorsque le contrat prend fin en raison d'une faute grave de l'une des parties ou de la survenance d'un cas de force majeure. — *[L. n° 91-593 du 25 juin 1991, art. 11.]*

1. Domaine d'application. Si les dispositions de l'art. 11 [C. com., art. L. 134-11], selon lesquelles les parties à un contrat d'agence commerciale à durée indéterminée peuvent y mettre fin en respectant un préavis, s'appliquent au contrat à durée déterminée qui, du fait de la poursuite de son exécution par les deux parties au-delà de son terme est devenu un contrat à durée indéterminée, en revanche elles ne s'appliquent ni en cas de faute grave de l'une des parties ni en présence d'un contrat à durée déterminée dont la résiliation est intervenue avant l'expiration de cette durée. • Rouen, 14 mai 1998 : *RJDA 1998, n° 1353* • 11 mai 2000 : *BRDA 2000, n° 19, p. 7.*

2. Préavis. Dès lors qu'il est constaté que le contrat signé le 1er juill. 2005 a été rompu le 10 déc. 2007, il faut considérer que le contrat était dans sa troisième année d'exécution, de telle sorte que le préavis était de trois mois. • Com. 2 nov. 2011, n° 10-22.859 P : *D. 2011. Actu. 2790, obs. Chevrier* ; *RTD com. 2012. 185, obs. Bouloc* ; *JCP E 2011, n° 1857* ; *CCC 2012, n° 39, obs. Mathey* ; *RJDA 2012, n° 152.* ♦ Sur la distinction entre préavis légal et préavis réel, V. • T. com. Paris, 3 avr. 2001 : *Gaz. Pal. 30 juin-2 juill. 2002. Somm. 20.*

L'art. L. 442-6-I-5° ne s'applique pas lors de la cessation des relations ayant existé entre un agent commercial et son mandant pour lesquelles la durée de préavis qui doit être respectée est fixée par l'art. L. 134-11 en fonction du nombre d'années d'exécution du contrat. • Com. 3 avr. 2012, n° 11-13.527 P : *D. 2012. Pan. 2765, obs. Dorandeu* ; *JCP E 2013, n° 1200, spéc. n° 7, obs. Respaud* ; *CCC 2012, n° 149, obs. Mathey* ; *RJDA 2012, n° 804* • Paris, 5 févr. 2015, n° 13/11944 : *AJCA 2015. 233, obs. Ancelin et de Bakker* – V. déjà • Com. 10 mai 2011, n° 10-17.952 : *RJDA 2011, n° 694* ; *RLDA janv. 2012. 69, obs. Grignon* • Aix-en-Provence, 25 janv. 2012 : *CCC 2012, n° 178, obs. N. M.* ♦ Sur l'indépendance des dispositions de l'art. L. 442-6-I-5° avec celles relatives au statut d'agent commercial : • Com. 26 févr. 2008, n° 07-14.056 : *JCP E 2009, n° 1479, obs. Mainguy.*

3. Tacite reconduction d'un CDD. Pour un arrêt estimant, implicitement, qu'un contrat à durée déterminée avec tacite reconduction illimitée ne doit pas être requalifié en contrat à durée indéterminée en application de l'art. L. 134-11, V.

• Com. 13 nov. 2003, n° 02-10.448 P : *D. 2003. AJ 3047, obs. Chevrier* ; *JCP E 2004, n° 1-2, p. 6* ; *RTD com. 2004. 365, obs. Bouloc* ; *RJDA 2004, n° 300*.

4. Indemnité de préavis. Il ne peut être alloué une indemnité de préavis au mandant auquel est imputée la rupture du contrat d'agent commercial, quand bien même il n'aurait commis aucune faute grave. • Com. 4 févr. 2014, n° 12-14.466 P : *D. 2014. Actu. 420* ; *AJCA 2014. 46, obs. Ancelin* ; *CCC 2014, n° 88, obs. Mathey* ; *RJDA 2014, n° 424*. ♦ Sur l'inapplicabilité du délai de déchéance de l'art. L. 134-12, V. • Com. 11 mars 2008, n° 07-10.590 P : *cité note 11 ss. art. L. 134-12*.

Art. L. 134-12 **En cas de cessation de ses relations avec le mandant, l'agent commercial a droit à une indemnité compensatrice en réparation du préjudice subi.**

L'agent commercial perd le droit à réparation s'il n'a pas notifié au mandant, dans un délai d'un an à compter de la cessation du contrat, qu'il entend faire valoir ses droits.

Les ayants droit de l'agent commercial bénéficient également du droit à réparation lorsque la cessation du contrat est due au décès de l'agent. – *[L. n° 91-593 du 25 juin 1991, art. 12.]*

BIBL. ▶ MOUSSERON, *Cah. dr. entr. 1992, n° 5, p. 27*. – WAGNER, *CCC 1998. Chron. 9* (indemnité de cessation de contrat après la directive du 18 déc. 1986). – ALFREDO, *JCP E 2007, n° 48, p. 22* (contrat d'agence franco-espagnol). – N. FERRIER, *JCP E 2014, n° 1062* (des limites à l'indemnisation de l'agent commercial). – LECOURT, *AJCA 2014. 360* (les limites au droit à indemnité compensatrice de l'agence commerciale). – BONTINCK et CORNIL, *RJ com. 2015. 8* (rupture du contrat de distribution intra-communautaire).

1. Ordre public. Est contraire à l'ordre public la clause par laquelle les parties décident qu'un comportement déterminé constitue une faute grave privative d'indemnité. • Com. 28 mai 2002, n° 00-16.857 P : *cité note 1 ss. art. L. 134-13*. ♦ Dans le même sens, s'agissant de la clause d'un contrat d'agence commerciale limitant l'indemnité de clientèle due à l'agent en cas de rupture imputable à l'entreprise. • Pau, 24 sept. 1998 : *Cah. Jurispr. d'Aquitaine 1999, n° 1, p. 120*. ♦ Quelles que soient les clauses de résiliation prévues dans le contrat, la légitimité de la rupture de celui-ci doit s'apprécier au regard des dispositions d'ordre public des art. L. 134-12 et L. 134-13. • Com. 19 mars 2013, n° 12-14.173 : *CCC 2013, n° 112, obs. Mathey*. ♦ La stipulation selon laquelle le contrat peut être résilié sans indemnité compensatrice n'est pas opposable à l'agent commercial. • Nîmes, 17 avr. 2008 : *CCC 2009, n° 75, obs. N. M.* ♦ Le contrat ne peut subordonner l'octroi de l'indemnité de rupture à l'accroissement de la clientèle. • Paris, 9 déc. 2010 : *RJDA 2011, n° 235* ; *RLDA juin 2011. 74, obs. Grignon*. ♦ Il résulte du caractère d'ordre public que si les parties peuvent convenir d'indemnités se cumulant avec celle prévue par le texte, toute clause prévoyant une indemnisation différente est non avenue. • Com. 17 juin 2003, n° 01-11.300 P : *cité note 9*. ♦ L'art. 19 de la Dir. 86/563/CEE du 18 déc. 1986 doit être interprété en ce sens que l'indemnité de cessation de contrat *qui résulte de l'art.* 17 de cette directive ne peut pas être remplacée, en application d'une convention collective, par une indemnité déterminée en fonction de critères autres que ceux fixés par cette dernière disposition sauf s'il est établi que l'application de cette convention garantit, dans tous les cas, à l'agent commercial une indemnité égale ou supérieure à celle qui résulterait de l'application de ladite disposition. • CJCE 23 mars 2006, n° C-465/04 : *JCP E 2006, n° 16, p. 728* ; *RJ com. 2006. 345, obs. Raynouard* ; *RDC 2006. 1175, obs. Béhar-Touchais*. ♦ En l'absence de circonstances susceptibles de l'exclure, l'indemnité est due à l'agent commercial en cas de cessation de ses relations avec le mandant. • Com. 8 févr. 2011, n° 10-30.527 : *CCC 2011, n° 90, obs. Mathey* ; *RLDA juin 2011. 74, obs. Grignon* • 26 juin 2012, n° 11-19.446 : *CCC 2012, n° 229, obs. Mathey* ; *RJDA 2012, n° 1067*. ♦ L'indemnité prévue à l'art. L. 134-12 est une créance légale d'ordre public économique dont le mandant n'est exonéré que dans les trois cas limitativement énumérés par l'art. L. 134-13. Dès lors, aucune autre cause exonératrice ne peut être prise en compte, quand bien même elle revêtirait les caractères de la force majeure. • Paris, 26 mars 2015, n° 14/06339 : *AJCA 2015. 334, obs. Lecourt* ; *CCC 2015, n° 168, obs. Mathey*.

2. Loi de police. La loi du 25 juin 1991 [C. com., art. L. 134-1 s.], loi protectrice d'ordre public interne, n'est pas une loi de police applicable dans l'ordre international, de telle sorte que la rupture du contrat de droit international peut être régie, conformément aux stipulations contractuelles, par le droit d'un autre État ne prévoyant pas l'attribution d'une indemnité de rupture. • Com. 28 nov. 2000, n° 98-11.355 P : *D. 2001. AJ 305, obs. Chevrier* ; *RTD com. 2001. 1067*, obs. Jacquet ; *JCP 2001. II. 10527, note Bernardeau* • 5 janv. 2016, n° 14-10.628 : *AJCA 2016. 162, obs. Nourissat* ; *RTD com. 2016. 589, obs. Delebecque* ; *JCP E 2016, n° 1468, note Alfredo* ; *CCC 2016, n° 64, obs. Mathey* ; *RJDA 2016, n° 258*. – V. aussi Raynaud, *Cah. dr. entr. 2001, n° 2, p. 12*. ♦ Déniant également le caractère d'ordre public international à l'art. L. 134-4 C. com. : • Civ. 1re, 25 oct. 2005, n° 02-13.252 P : *D. 2006. 199, avis Sainte-Rose*.

Les art. 3 et 7, § 2, de la Conv. de Rome du 19 juin 1980 doivent être interprétés en ce sens que la loi d'un État membre de l'Union européenne qui satisfait à la protection minimale prescrite par la Dir. 86/653/CEE du 18 déc. 1986, choisie par les parties à un contrat d'agence commerciale, peut être écartée par la juridiction saisie, établie dans un autre État membre, en faveur de la *lex fori* pour un motif tiré du caractère impératif, dans l'ordre juridique de ce dernier État membre, des règles régissant la situation des agents commerciaux uniquement si la juridiction saisie constate de façon circonstanciée que, dans le cadre de cette transposition, le législateur de l'État du for a jugé crucial, au sein de l'ordre juridique concerné, d'accorder à l'agent commercial une protection allant au-delà de celle prévue par ladite directive, en tenant compte à cet égard de la nature et de l'objet de telles dispositions impératives. • CJUE 17 oct. 2013, n° C-184/12 : *D. 2014. 60, note d'Avout ; RTD com. 2014. 457, obs. Delebecque ; JCP 2013, n° 1287, note Nourissat ; CCC 2014, n° 4, obs. Mathey ; RJDA 2014, n° 7 ; RLDA avr. 2014. 56, note Dalmazir.* – V. aussi Nourissat, *RLDA oct. 2013. 56* (retour sur les lois de police dans l'ordre international à propos de quelques éléments d'actualité en matière de contrat d'agence commerciale).

La Dir. 86/653/CEE du 18 déc. 1986 et l'accord créant une association entre la Communauté économique européenne et la Turquie doivent être interprétés en ce sens qu'ils ne s'opposent pas à une réglementation nationale transposant cette directive dans le droit de l'État membre concerné, qui exclut de son champ d'application un contrat d'agence commerciale dans le cadre duquel l'agent commercial est établi en Turquie, où il exerce les activités découlant de ce contrat, et le commettant est établi dans ledit État membre, de telle sorte que, dans de telles circonstances, l'agent commercial ne peut pas se prévaloir des droits que ladite directive garantit aux agents commerciaux après la cessation d'un tel contrat d'agence commerciale. • CJUE 16 févr. 2017, n° C-507/15 : *AJ contrat 2017. 186, obs. Nourissat ; RLDA mai 2017. 23, note de Clavière ; Europe 2017, n° 145, obs. Michel.*

3. Préjudice du mandataire. L'indemnité de cessation de contrat due à l'agent commercial a pour objet de réparer le préjudice qui comprend la perte de toutes les rémunérations acquises lors de l'activité développée dans l'intérêt commun des parties, sans qu'il y ait lieu de distinguer selon leur nature. • Com. 5 avr. 2005, n° 03-15.228 P : *D. 2005. AJ 1150, obs. Chevrier ; JCP E 2005, n° 31-34, p. 1329, obs. Respaud ; CCC 2005, n° 146, obs. Leveneur ; RJDA 2005, n° 964* • 26 mars 2008, n° 07-10.286 : *CCC 2008, n° 154, obs. Mathey ; BRDA 2008, n° 8, p. 7 ; RLDA juill.-août 2008. 104, obs. Grignon.* ♦ ... Et peu important que certaines d'entre elles soient destinées à couvrir les frais et charges exposés au titre de l'exécution du mandat. • Com. 25 juin 2013, n° 11-25.528 : *D. 2014. Pan. 898, obs. Ferrier ; CCC 2013, n° 236, obs. Mathey ; RJ com. 2013. 497, obs. Leloup.* ♦ Ainsi, il doit être tenu compte de tous les éléments de la rémunération de l'agent pendant l'exécution du contrat, sans qu'il y ait lieu de distinguer si elle provient de clients préexistants au contrat ou au contraire apportés par l'agent. • Com. 10 févr. 2009, n° 07-21.386 : *CCC 2009, n° 126, obs. Mathey.* ♦ Sur la prise en compte de la partie fixe mensuelle de la rémunération, V. : • Com. 8 oct. 2013, n° 12-26.544 : *JCP E 2013, n° 1598 ; CCC 2014, n° 9, obs. N. M. ; RJDA 2014, n° 102.* ♦ Mais doit être pris en compte comme base de calcul de l'indemnité le montant des commissions perçues par l'agent à l'exclusion de la rémunération au titre de l'activité d'importation qu'il exerçait dès lors que cette dernière était une simple faculté accordée à l'agent qui ne pouvait être considérée comme accessoire à l'activité d'agent commercial. • Orléans, 12 mai 2005 : *RJDA 2005, n° 1345.* ♦ Sur les composantes de ce préjudice, V. • Com. 6 févr. 1996, n° 94-11.588 : *RJDA 1996, n° 492* • Paris, 20 janv. 1995 : *D. 1997. Somm. 52, obs. Ferrier* • Com. 27 oct. 1998, n° 96-11.012 P : *RJDA 1999, n° 32.* ♦ Sur le calcul du montant de l'indemnité de résiliation, V. • Nancy, 22 sept. 1999 : *D. 1999. AJ 62, obs. J. F. ; LPA 9 mars 2000, obs. Mathey* • Paris, 27 oct. 2000 : *D. 2001. AJ 477, obs. Chevrier* • 25 févr. 2004 : *cité note 2 ss. art. L. 134-16.* ♦ L'exercice, par l'agent commercial, de mandats similaires susceptibles de lui procurer des ressources de substitution est sans incidence sur l'évaluation de l'indemnité de cessation de contrat. • Paris, 11 févr. 2004 : *D. 2005. Pan. 153, obs. Ferrier*. ♦ La cessation du contrat d'agent commercial fait perdre à l'agent la part de marché qu'il pouvait espérer de la poursuite du contrat dès lors qu'il justifie des commissions perçues pendant la durée de celui-ci. • Com. 8 nov. 2005, n° 04-14.423. ♦ La disparition du fait du mandant du produit objet du contrat d'agence commerciale entraîne la rupture de celui-ci et ouvre droit, au profit de l'agent, à l'indemnité prévue à l'art. L. 134-12. • Com. 18 nov. 2008, n° 07-16.319 : *RJDA 2009, n° 330.* ♦ Refusant de verser l'indemnité prévue à l'art. L. 134-12 dès lors qu'il est relevé que le contrat n'avait pu donner lieu au paiement d'aucune commission, V. • Com. 4 nov. 2014, n° 13-18.024 P : *D. 2014. Actu. 2340 ; RTD com. 2015. 147, obs. Bouloc ; JCP E 2014, n° 1626 ; CCC 2015, n° 4, obs. Mathey ; BRDA 2014, n° 24, p. 9.*

L'art. 17, § 2, sous a), de la Dir. 86/653/CEE du 18 déc. 1986 doit être interprété en ce sens, d'une part, qu'il ne permet pas que le droit de l'agent commercial à une indemnité soit d'office limité par ses pertes de commissions résultant de la cessation de la relation contractuelle, même lorsque les avantages conservés par le commettant doivent être considérés comme supérieurs et, d'autre part, dans le cas où le commettant appartiendrait à un groupe de sociétés, les avantages retirés par les sociétés dudit groupe ne sont, en principe, pas réputés faire partie des avantages du commettant et, par conséquent, ils ne doivent pas être nécessairement pris en compte dans le calcul du droit de l'agent commercial à une indemnité. • CJCE 26 mars 2009, n° C-348/07 : *D. 2009. AJ 1141 ; RTD com. 2009. 609, obs. Bouloc ; CCC 2010, n° 40, obs. Mathey ; RJ com. 2009. 251, note Kutscher-Puis.*

4. Période d'essai. Posant la question de savoir si l'agent est en droit de bénéficier d'une indemnité compensatrice lorsque la cessation du contrat d'agence commerciale intervient au cours de la période d'essai qui y est stipulée, V. • Com. 6 déc. 2016, n° 15-14.212 : *D. 2017. Pan. 886, obs. Ferrier ; CCC 2017, n° 51, obs. Mathey.* ♦ ... Et la réponse de la cour : l'art. 17 de la Dir. 86/653/CEE du 18 déc. 1986 relative à la coordination des droits des États membres concernant les agents commerciaux indépendants doit être interprété en ce sens que les régimes d'indemnisation et de réparation que cet article prévoit, respectivement à ses § 2 et 3, en cas de cessation du contrat d'agence commerciale, sont applicables lorsque cette cessation intervient au cours de la période d'essai que ce contrat stipule. • CJUE 19 avr. 2018, n° C-645/16 : *D. 2019. Pan. 791, obs. Ferrier ; AJ contrat 2018. 294, obs. Nourissat ; JCP E 2018, n° 1294, note Grignon ; CCC 2018, n° 128, obs. Mathey ; RJDA 2018, n° 721 ; RJ com. 2018. 263, note Leloup.* ♦ ... Et son application : pour rejeter la demande d'indemnité compensatrice, l'arrêt retient que cette indemnité n'est pas due lorsque la cessation du contrat intervient pendant la période d'essai dès lors que le statut des agents commerciaux, qui suppose pour son application que la convention soit définitivement conclue, n'interdit pas la stipulation par les parties d'une période d'essai ; en statuant ainsi, la cour d'appel a violé les art. L. 134-12 C. com. et 17 de la Dir. 86/653/CEE du 18 déc. 1986. • Com. 23 janv. 2019, n° 15-14.212 P : *D. 2019. Chron. C. cass. 1367, obs. Le Bras ; AJ contrat 2019. 187, obs. Ancelin et Legros ; JCP E 2019, n° 1166, note Grignon ; CCC 2019, n° 42, obs. Mathey ; RJDA 2019, n° 253.* ♦ V. déjà, jugeant que la clause qui permettrait au mandant de rompre sans indemnité le contrat au cours d'une période d'essai doit être réputée non écrite : • Paris, 6 sept. 2012 : *D. 2013. Pan. 737, obs. Ferrier ; CCC 2012, n° 253, obs. Mathey.* ♦ *Contra*, jugeant que le statut des agents commerciaux, qui suppose pour son application que la convention soit définitivement conclue, n'interdit pas une période d'essai ; par suite, dans un cas où le mandant met fin au contrat avant l'expiration de cette période, l'indemnité compensatrice légale n'est pas due. • Com. 23 juin 2015, n° 14-17.894 P : *D. 2015. Chron. C. cass. 2212, obs. Gauthier ; AJCA 2015. 484, obs. Ancelin et de Bakker ; JCP E 2015, n° 1360 ; CCC 2015, n° 199, obs. Mathey ; RJDA 2016, n° 103 ; LPA 25 janv. 2016, note Stefania ; RDC 2016. 66, obs. Grimaldi* • 17 juill. 2001, n° 97-17.539 : *RJDA 2002, n° 36.*

5. Préjudice du mandant. Sur l'application de l'art. 2007 C. civ., selon lequel le mandant, si la renonciation du mandataire au mandat lui préjudicie, devra en être indemnisé par le mandataire (à propos de l'anc. art. 3 du Décr. du 23 déc. 1958), V. • Com. 14 mars 1995, n° 93-12.144 P : *D. 1995. IR 85.* ♦ En ce sens que l'art. 2007 C. civ. ne trouve application que s'il est établi que le mandataire a rompu le contrat de manière abusive ou déloyale et s'il en résulte un préjudice pour le mandant, V. : • Versailles, 26 juin 1997 : *D. Affaires 1997. 1151.*

6. Non-renouvellement. Jugeant que l'agent commercial a le droit au paiement de l'indemnité compensatrice à la suite du non-renouvellement du contrat par le mandant, V. • Com. 28 mai 2002, n° 00-16.857 P : *cité note 1 ss. art. L. 134-13.* ♦ L'agent commercial qui refuse de conclure un nouveau contrat à l'expiration du précédent n'a pas l'initiative de la cessation du contrat au sens de l'art. L. 134-13, de sorte qu'il n'est pas privé du droit à indemnité prévu par l'art. L. 134-12. • Com. 21 juin 2017, n° 15-29.127 P : *D. 2018. Pan. 871, obs. Ferrier ; AJ contrat 2017. 392, obs. Ancelin et Manière ; JCP E 2017, n° 1394 ; CCC 2017, n° 168, obs. Mathey ; RJDA 2018, n° 17.*

7. Cumul d'indemnités. Pour un arrêt censurant une cour d'appel ayant accordé à un agent commercial une indemnité au titre de la rupture du contrat et une indemnité au titre de la perte de clientèle, V. • Com. 25 juin 2002, n° 99-20.959 P : *D. 2002. AJ 2467, obs. Chevrier ; CCC 2002, n° 152, obs. Leveneur ; RTD com. 2003. 158, obs. Bouloc ; RJDA 2002, n° 1260 ; LPA 3 juill. 2003, obs. Etner.* ♦ Le préjudice subi par l'agent commercial qui cesse ses fonctions, sans agrément par le mandant du successeur présenté par lui, est déjà réparé par l'indemnité de fin de contrat, laquelle, étant destinée à réparer le préjudice résultant pour lui de la cessation de ses fonctions, prend nécessairement en compte la perte du droit de présentation d'un successeur du fait de la non-transmission du contrat. • Com. 9 déc. 2014, n° 13-23.309 P : *D. 2015. Actu. 7 ; AJCA 2015. 141, obs. Leloup ; RTD com. 2015. 148, obs. Bouloc ; JCP E 2015, n° 1054, note Ferrier ; CCC 2015, n° 36, obs. N. M. ; RJDA 2015, n° 556.*

8. Rupture d'un CDD. Selon l'art. L. 134-12 la cessation du contrat d'agent commercial, même à durée déterminée, donne droit à réparation du préjudice résultant de la perte pour l'avenir des revenus tirés de l'exploitation de la clientèle commune, tandis que le caractère anticipé de cette cessation donne droit à réparation du préjudice résultant de la perte de commissions jusqu'à la date conventionnellement prévue. • Com. 23 avr. 2003, n° 01-15.639 P : *D. 2003. 2883, note Ferrier ; JCP E 2004, n° 12, p. 464, obs. Grignon ; CCC 2003, n° 121, obs. Leveneur ; RJDA 2003, n° 940.* ♦ Pour un arrêt entérinant, implicitement, la solution selon laquelle l'indemnité de rupture est due à l'échéance d'un contrat conclu pour une durée déterminée, V. • Com. 13 nov. 2003, n° 02-10.448 P : *cité note 3 ss. art. L. 134-11.*

9. Avance sur indemnité. Pour un arrêt refusant de considérer que l'indemnité de rupture avait été versée dans le cours de l'exécution du contrat car incluse dans le calcul des commissions perçues par l'agent, V. • Com. 17 juin 2003, n° 01-11.300 P : *D. 2003. Somm. 2428, obs. Ferrier ; JCP E 2004, n° 12, p. 464, obs. Grignon ; CCC 2003, n° 133, obs. Leveneur ; RJDA 2003, n° 1170.* ♦ Si l'agent n'a pas perçu de commission faute d'avoir atteint les quotas fixés, il a reçu une rémunération contractuelle mensuelle pour des activités annexes ; l'indemnité de fin de contrat doit être fixée par référence à cette rémunération. • Com. 21 oct. 2008, n° 08-10.578 : *JCP E 2009, n° 1, p. 22, note Mathey ; CCC 2008, n° 268, obs. Mathey.*

10. Compensation. Validant une clause organisant la transmission par un mandant à son agent commercial d'un fichier de clientèle contre paiement d'un prix matérialisé par une imputation sur l'indemnité compensatrice due en cas de rupture du contrat : • Com. 21 févr. 2012, n° 11-13.395 : *D. 2013. Pan. 737, obs. Ferrier ; RLDA sept. 2012. 99, note crit. Bourdeau.*

11. Déchéance. La prescription annale commence à courir à compter de l'extinction effective des relations contractuelles et non à la date de la notification de la rupture par le mandant. • Com. 11 juin 2002, n° 00-14.631 : *Cah. dr. entr. 2003, n° 3, p. 25, obs. Grignon* • Douai, 5 mai 2009 : *CCC 2009, n° 268, obs. Mathey.* ♦ Le point de départ de ce délai de déchéance s'entend de la cessation effective des relations contractuelles, c'est-à-dire de la date à laquelle il a été décidé que le contrat cesserait d'être exécuté, peu important que cette date soit antérieure à l'expiration du préavis qui aurait dû être accordé. • Com. 18 janv. 2011, n° 09-72.510 P : *D. 2011. Actu. 371, obs. Chevrier ; RTD com. 2011. 406, obs. Bouloc ; JCP E 2011, n° 1158 ; CCC 2011, n° 58, obs. Mathey ; RJDA 2011, n° 305 ; RLDA mars 2011. 40, obs. Lecourt.* ♦ Il incombe au mandant qui invoque la déchéance du droit à indemnité d'établir que la réclamation de l'agent commercial est tardive. • Com. 27 sept. 2005, n° 04-13.106 P : *D. 2005. AJ 2590, obs. Chevrier ; RTD com. 2006. 472, obs. Bouloc ; JCP E 2005, n° 44-45, p. 1871 ; RJDA 2006, n° 129.* ♦ Le délai de déchéance d'un an prévu à l'art. L. 134-12 ne s'applique pas à l'indemnité visant à compenser le non-respect du préavis prévu par l'art. L. 134-11. • Com. 11 mars 2008, n° 07-10.590 P : *D. 2008. AJ 913, obs. Chevrier ; RTD com. 2008. 843, obs. Bouloc ; JCP E 2008, n° 19, p. 32 ; CCC 2008, n° 127, obs. Mathey ; RJDA 2008, n° 638.* ♦ Seule la demande concernant l'indemnité de cessation du contrat réclamée par le mandataire est mentionnée par les dispositions de l'art. L. 134-12. • Paris, 20 oct. 2004 : *D. 2004. AJ 3067 .* ♦ La déchéance encourue par l'agent commercial pour ne pas avoir réclamé l'indemnité à laquelle il avait droit dans le délai de un an ne saurait empêcher les sous-agents commerciaux qui ont fait diligence dans leurs demandes de percevoir l'indemnité qui leur est due. L'agent condamné au paiement de l'indemnité n'est alors pas fondé à solliciter la garantie du mandant principal. • Paris, 26 mars 2015, n° 14/06339 : *préc. note 1.*

La notification prévue à l'art. L. 134-12, al. 2, n'est soumise à aucun formalisme particulier (notification à un représentant du mandant, doté de larges pouvoirs de représentation et habilité, comme tel, à recevoir la notification de l'agent). • Com. 21 oct. 2014, n° 13-18.370 P : *cité note 3 ss. art. L. 134-16.* – V. aussi • Com. 15 mars 2017, n° 15-20.115 : *AJ contrat 2017. 233, obs. Lecourt ; RJDA 2017, n° 449.* ♦ L'agent commercial a satisfait à la loi par son courrier notifiant au mandant son désaccord sur les conditions d'indemnisation proposées par ce dernier. • Paris, 20 oct. 2004 : *préc.* ♦ ... Ou par son assignation en référé qui manifestait de façon expresse son intention de faire valoir ses droits. • Même arrêt. ♦ La notification prévue à l'art. 12, al. 2 [C. com., art. L. 123-18, al. 2], par laquelle l'agent commercial doit faire connaître au mandant dans le délai d'un an à compter de la cessation du contrat qu'il entend faire valoir ses droits, peut être faite par l'intermédiaire de son conseil dès lors que le courrier respecte les dispositions des art. 665 à 669 NCPC [renommé C. pr. civ.]. • Nancy, 22 sept. 1999 : *préc. note 3.* ♦ L'art. L. 134-12 n'imposant aucun formalisme particulier, la notification par voie postale, même si l'accusé de réception n'a été signé que par un seul des destinataires, est parfaitement valable dès lors que ni la date d'expédition, ni la réception effective, ne pas contestées, et cela en application de l'art. 668 C. pr. civ. • Bastia, 10 févr. 2016, n° 14/00141 : *CCC 2016, n° 90, obs. Mathey.* ♦ L'agent commercial peut faire valoir ses droits en la forme ordinaire prévue par l'art. 667 C. pr. civ., sans qu'il soit nécessaire d'y procéder par voie d'assignation en paiement. • Montpellier, 12 sept. 2012 : *RJDA 2013, n° 223.* ♦ Sur la prise en compte d'une lettre marquant sans équivoque, peu avant la rupture, la volonté de l'agent de réclamer au mandant l'indemnité qui lui serait due au cas ou celle-ci interviendrait, V. • Com. 11 mars 2008, n° 07-10.590 P : *préc.* ♦

L'indication faite à sa mandante par l'agent commercial de payer l'indemnité compensatrice à la personne de son gérant est sans incidence sur l'obligation dont il demande l'exécution. • Com. 18 nov. 2008, n° 07-19.131 : *RLDA mai 2009. 90, obs. Grignon.* ♦ Si pour conserver son droit à réparation l'agent doit notifier au mandant qu'il entend faire valoir ses droits dans le délai d'un an de la cessation du contrat, il n'est pas tenu de faire connaître le motif de sa décision. • Com. 8 févr. 2011, n° 10-12.876 P : *cité note 7 ss. art. L. 134-13.*

L'art. L. 134-12 n'institue pas une prescription extinctive de l'action de l'agent commercial, mais une déchéance de son droit à réparation. • Com. 18 mai 2005, n° 03-20.820 P : *D. 2005. AJ 1475, obs. Chevrier ; RTD com. 2006. 186, obs. Bouloc ; JCP 2005. IV. 2505 ; CCC 2005, n° 162, obs. Leveneur ; RJDA 2005, n° 965* • 22 sept. 2021, n° 18-26.690 : *CCC 2021, n° 164, obs. Mathey* • Versailles, 11 sept. 2008 : *RJDA 2008, n° 1253.* ♦ ... De sorte que les règles de la prescription de l'action ne sont pas applicables. • Com. 27 sept. 2005, n° 03-18.579 P : *D. 2005. AJ 2591, obs. Chevrier ; RTD com. 2006. 472, obs. Bouloc ; JCP E 2006, n° 5, p. 244, note Faure-Abbad ; RJDA 2005, n° 1346.* ♦ ... Et il importe peu que l'agent ait saisi une juridiction incompétente dès lors que cette saisine manifeste son intention de réclamer des indemnités. • Montpellier, 6 mai 2008 : *CCC 2009, n° 74, obs. N. M.* ♦ Mais les demandes présentées devant le conseil des prud'hommes et fondées sur l'existence d'un prétendu contrat de travail ne peuvent valoir notification au mandant de l'intention de l'agent de réclamer une indemnisation au titre de la cessation d'un contrat d'agence commerciale. • Com. 29 sept. 2009, n° 08-17.611 P : *D. 2009. AJ 2423, obs. Chevrier ; RTD com. 2010. 183, obs. Bouloc ; JCP E 2009, n° 42, p. 28 ; CCC 2009, n° 286, obs. Mathey ; RJDA 2010, n° 22* (cassation de • Montpellier, 6 mai 2008 : *préc.*). ♦ En l'absence de la notification prévue à l'art. L. 134-12, al. 2, le droit à indemnité né de la rupture d'un premier contrat est éteint passé le délai d'un an après celle-ci, peu important la conclusion d'un second contrat, différent du premier. • Com. 3 oct. 2006, n° 05-10.127 : *JCP E 2007, n° 14-15, p. 12, note Leveneur ; CCC 2007, n° 40, obs. Leveneur* (sur renvoi : • Grenoble, 25 juin 2008 : *RLDA mai 2009. 88, obs. Bourdeau*). ♦ Jugeant que les pourparlers qui auraient pu exister entre les parties sont sans incidence sur l'obligation pesant sur l'agent commercial : • Paris, 30 janv. 2008 : *CCC 2008, n° 101, obs. N. M.*

12. *Tribunal compétent.* BIBL. Hanine-Roussel, *JCP E 2013, n° 1307* (agence commerciale : règles de compétence territoriale). – Nourissat, *AJCA 2014. 367* (le contrat d'agent commercial en DIP). – Guyader, *RLDA oct. 2018. 59* (détermination du tribunal compétent pour les litiges relatifs à un contrat d'agence commerciale international). ♦ L'art. 5, point 1, sous b), second tiret, du Règl. n° 44/2001 doit être interprété en ce sens que, en cas de fourniture de services dans plusieurs États membres, le tribunal compétent pour connaître de toutes les demandes fondées sur le contrat est celui dans le ressort duquel se trouve le lieu de la fourniture principale des services. Pour un contrat d'agence commerciale, ce lieu est celui de la fourniture principale des services de l'agent, tel qu'il découle des dispositions du contrat ainsi que, à défaut de telles dispositions, de l'exécution effective de ce contrat et, en cas d'impossibilité de le déterminer sur cette base, celui où l'agent est domicilié. • CJUE 11 mars 2010, n° C-19/09 : *D. 2010. AJ 834 ; JCP E 2010, n° 1579, note Fernet ; RJDA 2010, n° 586 ; RLDA juill.-août 2010. 72, note Porcheron* • Civ. 1re, 7 déc. 2011, n° 10-26.557 : *Rev. crit. DIP 2012. 430, note Corneloup ; CCC 2012, n° 89, obs. Malaurie-Vignal* • Com. 6 oct. 2015, n° 13-18.704 : *AJCA 2015. 533, obs. Nourissat ; CCC 2016. Chron. 3, n° 1, par Leclerc ; RJDA 2016, n° 104.* ♦ Viole l'art. 5-1 du Règl. CE 44/2001 du 22 déc. 2000, l'arrêt qui, pour déclarer incompétente la juridiction française pour statuer sur une indemnité de clientèle réclamée par l'agent commercial en France d'une société ayant son siège au Portugal, retient que cette indemnité constitue l'exécution d'une obligation autonome devant s'exécuter au domicile du débiteur au Portugal, alors que les parties étaient liées par un contrat de fourniture de service et que les prestations de service devaient s'exécuter en France. • Civ. 1re, 3 oct. 2006, n° 04-14.233 P : *R. 2006, p. 459 ; D. 2006. IR 2548 ; RTD com. 2007. 267, obs. Delebecque ; JCP 2007. II. 10028, note Asfar ; LPA 18 juin 2007, note Toulouse* • Com. 8 juill. 2008, n° 07-20.995 : *RJDA 2008, n° 1202 ; RLDA mai 2009. 87, obs. Bourdeau.* ♦ *Contra*, jugeant que l'indemnité de fin de contrat étant une dette indépendante du caractère licite ou non de la rupture du contrat, il en résulte que la demande en paiement de cette indemnité ne porte pas sur l'exécution d'une prestation de service, de telle sorte qu'en application de l'art. 42 NCPC [renommé C. pr. civ.] étendu à l'ordre international, seul est compétent le tribunal du domicile du défendeur. • Civ. 1re, 14 mars 2006, n° 05-13.820 P : *D. 2006. IR 1062 ; JCP 2006. IV. 1815.* ♦ Comp., pour une demande également de dommages-intérêts pour rupture abusive du contrat, l'obligation servant de base à cette demande étant de nature à déterminer la compétence de la juridiction saisie, V. • Civ. 1re, 14 mars 2006, n° 03-12.991.

La clause de compétence faisant partie de l'économie des contrats internationaux, comme la définition du mandat confié de celle des contrats d'agents commerciaux, une cour d'appel a souverainement estimé que, compte tenu des éléments en cause, la signature globale du contrat, constituant un écrit au sens de l'art. 17 de la Conv. de Bruxelles du 27 sept. 1968, suffisait à exprimer le consentement de l'agent commercial à la clause de prorogation de juridiction. • Civ. 1re, 12 déc. 2006, n° 05-21.388 P : *D. 2007. AJ 221, obs. Chevrier ; RTD com. 2007. 630, obs. Delebecque ; JCP 2007. IV. 1157 ; RLDA mars 2007. 61, obs. Pellegrini.*

La compétence du tribunal du lieu du domicile du défendeur n'a pas un caractère exclusif ; ayant relevé que le mandat d'agent commercial avait été exécuté dans la Sarthe, la cour d'appel a pu retenir que le tribunal de commerce du Mans était territorialement compétent, tant par application de l'art. 46, al. 2, C. pr. civ., pour connaître de la demande en paiement de commissions intéressant l'exécution de la prestation de service, qu'en raison de la connexité non contestée entre cette prétention et celle tendant au paiement d'une indemnité de fin de mandat, pour statuer sur cette autre demande. • Civ. 2e, 18 juin 2009, n° 08-18.753 P : *JCP E 2009, n° 31-34, p. 31 ; RJDA 2009, n° 916 ; RLDA janv. 2010. 75, obs. Bourdeau.* ♦ Sur l'incompétence du tribunal de Beauvais, s'agissant d'un agent commercial dont l'essentiel des activités était exercé en Belgique, pour le compte d'une société dont le siège était au Luxembourg et dont il ressortait que le client français n'avait pas été démarché en France, V. • Com. 14 mai 2013, n° 11-26.631 P : *D. 2014. Pan. 898, obs. Ferrier ; CCC 2013, n° 180, obs. Mathey ; RJDA 2013, n° 869 ; RJ com. 2013. 504, obs. Berlioz.*

13. Régime fiscal. BIBL. Perrotin, *LPA 13-14 août 2012* (l'agent commercial et l'art. 155 A CGI). ♦ L'assujettissement à l'impôt de l'indemnité de cessation de contrat d'agence commerciale ne constitue pas un préjudice réparable. • Com. 15 sept. 2009, n° 08-16.696 P : *D. 2011. Pan. 548, obs. Ferrier ; RTD com. 2009. 802, obs. Bouloc ; JCP E 2009, n° 42, p. 28 ; CCC 2009, n° 263, obs. Mathey ; RJDA 2009, n° 1071 ; RLDA déc. 2009. 37, note Bourdeau et Grignon* • 15 nov. 2011, n° 10-20.104 : *CCC 2012, n° 88, obs. Mathey. – Contra* : • Amiens, 2 avr. 2009 : *CCC 2009, n° 218, obs. Mathey.* ♦ En effet, les dispositions fiscales frappant les revenus sont sans incidence sur les obligations des personnes responsables du dommage et le calcul de l'indemnisation des victimes. • Civ. 2e, 16 nov. 1994, n° 93-14.554 P : *D. 1995. 220, note Chartier ; RJDA 1995, n° 238.* ♦ Sur les modalités d'imposition des indemnités de rupture de contrat perçues par les agents commerciaux, V. : Res. n° 2006/26 (FP), 28 mars 2006 : *D. 2006. 1882, obs. Leloup ; JCP E 2006, n° 19, p. 887, obs. D. F.*

14. Décès de l'agent. La loi ne distinguant pas entre les causes de décès de l'agent commercial, qui constitue l'événement objectif à l'origine de la rupture du contrat, le suicide de l'agent ne peut exclure le droit à indemnisation de ses ayants droit. • Com. 23 nov. 2010, n° 09-17.167 P : *D. 2010. Actu. 2906, obs. Chevrier ; JCP E 2010, n° 2136 ; CCC 2011, n° 27, obs. Mathey ; RJDA 2011, n° 137 ; RLDA janv. 2011. 26, obs. Bocobza-Berlaud.*

Art. L. 134-13 **La réparation prévue à l'article L. 134-12 n'est pas due dans les cas suivants :**

1° La cessation du contrat est provoquée par la faute grave de l'agent commercial ;

2° La cessation du contrat résulte de l'initiative de l'agent à moins que cette cessation ne soit justifiée par des circonstances imputables au mandant ou dues à l'âge, l'infirmité ou la maladie de l'agent commercial, par suite desquels la poursuite de son activité ne peut plus être raisonnablement exigée ;

3° Selon un accord avec le mandant, l'agent commercial cède à un tiers les droits et obligations qu'il détient en vertu du contrat d'agence. – *[L. n° 91-593 du 25 juin 1991, art. 13.] – V. art. L. 134-16.*

BIBL. ► Ferré et Pihéry, *AJCA 2014. 363* (preuve de la faute grave et évaluation des indemnités).

1. Faute grave. La faute grave est celle qui porte atteinte à la finalité commune du mandat d'intérêt commun et rend impossible le maintien du lien contractuel. • Com. 15 oct. 2002, n° 00-18.122 : *CCC 2003, n° 19, obs. Leveneur ; Cah. dr. entr. 2003, n° 3, p. 24, obs. Grignon.* ♦ Il convient de distinguer la faute grave, justifiant la privation d'indemnité de rupture, du simple manquement aux obligations contractuelles justifiant la rupture du contrat. • Com. 21 juin 2011, n° 10-19.902 : *JCP E 2011, n° 1607, note Mathey ; RJDA 2011, n° 1020.* ♦ Pour déterminer si un agent commercial a droit, lors de la rupture du contrat d'agence, à l'indemnité compensatrice légalement prévue, il appartient au seul juge, et non à la convention des parties, de qualifier de faute grave les faits qui lui sont soumis. • Com. 28 mai 2002, n° 00-16.857 P : *D. 2002. Somm. 3004, obs. Ferrier ; JCP E 2002, n° 51-52, p. 2063, note Perruchot-Triboulet ; RTD com. 2003. 158, obs. Bouloc ; LPA 3 juill. 2003, obs. Etner.* ♦ ... Et c'est au mandant qu'il appartient de rapporter la preuve d'une telle faute. • Com. 15 oct. 2002, n° 00-18.122 : *préc.* • Versailles, 27 oct. 2005 : *BICC 2006, n° 425.* ♦ Pour la prise en compte, dans l'appréciation faite par les juges, de l'aveu même de l'agent de son incapacité à démarcher sérieusement la clientèle, V.

• Com. 10 juill. 2007, n° 06-13.975 : *JCP E 2008, n° 20, p. 27, obs. Mainguy.* ♦ Viole les art. L. 134-12 et L. 134-13 l'arrêt qui, pour réduire le droit à indemnité compensatrice du préjudice résultant de la cessation des contrats, retient que celle-ci est imputable aux agents commerciaux qui ont commis des fautes, mais qui ne revêtent pas le caractère de gravité de nature à leur faire perdre tout droit à réparation. • Com. 23 sept. 2008, n° 07-13.338 : *JCP E 2009, n° 1, p. 23, note Mathey ; CCC 2008, n° 269, obs. Mathey ; RJDA 2009, n° 91.*

Pour apprécier si les manquements de l'agent commercial à ses obligations sont suffisamment graves pour justifier la résiliation du contrat, les juges ont à prendre en compte toutes les circonstances de la cause intervenues jusqu'au jour de la décision. • Com. 14 nov. 2006, n° 05-11.278 : *CCC 2007, n° 8, obs. Malaurie-Vignal ; RJDA 2007, n° 341.* ♦ Le mandant peut toujours, même si elle s'est révélée postérieurement à la rupture du contrat, invoquer l'existence d'une faute commise antérieurement. • Paris, 19 juin 2003 : *D. 2003. AJ 2437*. – V. aussi • Com. 15 mai 2007, n° 06-12.282 P : *cité note 1 ss. art. L. 134-3* • 1er juin 2010, n° 09-14.115 : *RJDA 2010, n° 1067* • 24 nov. 2015, n° 14-17.747 : *RTD civ. 2016. 115, obs. Barbier ; CCC 2016, n° 35, obs. Mathey ; RJDA 2016, n° 102* • 14 févr. 2018, n° 16-26.037 : *D. 2019. Pan. 792, obs. Ferrier ; RJDA 2018, n° 412.* ♦ Mais le comportement de l'agent ne peut être qualifié de faute grave par le mandant qui en avait eu connaissance avant la rupture du contrat mais l'avait toléré en ne lui reprochant aucune faute grave dans le courrier qu'il invoquait. • Com. 11 juin 2002, n° 98-21.916 : *RJDA 2002, n° 1132 ; LPA 3 juill. 2003, obs. Etner.* ♦ Jugé toutefois que l'art. 18, ss. a), de la Dir. 86/653/CEE du 18 déc. 1986 s'oppose à ce qu'un agent commercial indépendant soit privé de son indemnité de clientèle lorsque le commettant établit l'existence d'un manquement de l'agent commercial ayant eu lieu après la notification de la résiliation du contrat moyennant préavis et avant l'échéance de celui-ci et qui était de nature à justifier une résiliation sans délai du contrat en cause. • CJUE 28 oct. 2010, n° C-203/09 : *D. 2010. Actu. 2575, obs. Chevrier ; JCP E 2010, n° 1992 ; CCC 2011, n° 65, obs. N. M. ; RJDA 2011, n° 136 ; RJ com. 2010. 528, note Leloup.* ♦ Les juges du fond doivent rechercher si l'absence de tout reproche ou de mise en garde formulés par le mandant à son agent sur son comportement pendant l'exécution du contrat qui aurait été connu et toléré n'était pas de nature à avoir une incidence sur la gravité des manquements imputés. • Com. 7 avr. 2009, n° 08-12.832 (V. sur renvoi : • Amiens, 15 déc. 2011 : *CCC 2012, n° 127, obs. N. M.*). – V. aussi • Com. 8 déc. 2009, n° 08-17.749 P : *cité note 1 ss. art. L. 134-6.* ♦ L'examen de la réalité et de la gravité des manquements de l'agent commercial à son obligation de ne pas concurrencer déloyalement son mandant est nécessairement préalable à l'appréciation de l'existence d'une faute grave de l'agent commercial. • Com. 25 sept. 2007, n° 06-14.019 : *CCC 2008, n° 5, obs. Mathey ; RLDA oct. 2007. 56, obs. Anadon.* ♦ Sur le contrôle de la gravité de la faute et de la proportionnalité de la sanction, V. • Com. 9 oct. 2012, n° 11-22.876 : *CCC 2013, n° 5, obs. Mathey ; RJ com. nov.-déc. 2012. 12, note Leloup.*

Si la faute grave de l'agent commercial le prive de l'indemnité de cessation du contrat, elle peut aussi entraîner sa responsabilité pour faits de concurrence déloyale pour le préjudice causé au mandant. • Com. 15 mai 2007, n° 05-19.447 : *CCC 2007, n° 239, obs. M. M.-V. ; RJDA 2008, n° 31 ; RLDA juill.-août 2008. 104, obs. Bourdeau.*

2. Illustrations. Jugeant que le manquement d'un agent commercial au devoir de loyauté (représentation de produits concurrents) constitue une faute grave, exclusive du versement de l'indemnité de résiliation : • Com. 16 oct. 2001, n° 99-11.932 : *RJDA 2002, n° 149* • 30 nov. 2004, n° 02-17.414 : *RJDA 2005, n° 541* (actionnaire de l'agent en concurrence avec le mandant) • 22 nov. 2016, n° 15-17.131 : *CCC 2017, n° 32, obs. Mathey ; RJDA 2017, n° 173* • Paris, 27 janv. 2005 : *Lettre distrib. 3/2005, p. 3* (gravité intrinsèque) • Agen, 20 févr. 2008 : *D. 2009. AJ 1442, obs. Gomy* • Paris, 4 janv. 2017, n° 14/12979 : *AJ contrat 2017. 138, obs. Lecourt*. ♦ Mais la dissimulation de la représentation d'une société concurrente par l'épouse de l'agent commercial, qui n'était pas tenu d'une exclusivité au bénéfice de son mandant, ne constitue pas, par nature, une faute grave. • Com. 27 sept. 2005, n° 03-20.128. ♦ Commet une faute grave l'agent qui n'a pas exécuté le contrat en bon professionnel en négligeant de prospecter la clientèle pour laquelle il avait une exclusivité et en s'abstenant de pallier les conséquences de l'indisponibilité de son salarié. • Com. 10 juill. 2007, n° 06-13.975 : *JCP E 2007, n° 40, p. 36.* ♦ L'agent, qui a manifesté un désintérêt manifeste et généralisé dans l'exécution de son mandat s'étant traduit par une inertie totale dans le démarchage et la prospection, dans l'absence de réponse aux demandes de la mandante ayant empêché celle-ci d'être informée de l'évolution du marché, comme de participation à des réunions et salons professionnels, et qui n'a fait preuve d'aucune coopération loyale avec sa mandante, qu'elle a contrainte d'intervenir dans le secteur concédé dans l'unique but de pallier ses carences afin de conserver la clientèle, a manqué gravement à ses obligations contractuelles et rendu impossible le maintien de leurs relations. • Com. 9 déc. 2014, n° 13-28.170 : *CCC 2015, n° 60, obs. Mathey ; RJDA 2015, n° 263* • 9 juin 2015, n° 14-14.396 : *AJCA 2015. 384, obs. Ancelin et de Bakker ; CCC 2015, n° 230, obs. Mathey ; RJDA*

2015, n° 820. ♦ Sur la faute grave de l'agent commercial qui perçoit une double commission au détriment de son mandant, V. • Com. 20 sept. 2016, n° 15-12.994 : *D. 2017. Pan. 886, obs. Ferrier ; RJDA 2017, n° 14.* ♦ En accueillant la demande d'indemnité alors qu'elle constatait que le courtage en prêts immobiliers était devenu une activité incompatible avec le statut d'agent commercial et que, dans sa lettre de résiliation du contrat pour faute grave, le mandant reprochait à son agent de lui faire courir, par son attitude négligente et passive, un risque de sanctions graves, la cour d'appel a violé les art. L. 134-11 et L. 134-13. • Com. 27 janv. 2021, n° 18-26.497 : *RJDA 2021, n° 382 ; CCC 2021, n° 77, obs. Mathey.* ♦ Ne commet pas une faute grave l'agent commercial qui n'a pas tenu informé son mandant de simples pourparlers préparatoires à une cession de contrat qui ne s'est finalement pas réalisée. • Com. 26 oct. 2010, n° 09-68.561 P. ♦ Le simple projet de créer une société concurrente ne constitue pas en soi une faute grave dès lors que l'agent ne l'a effectivement pas mis à exécution et qu'il n'est pas établi qu'il présentait un caractère réellement sérieux. • Com. 7 oct. 2014, n° 13-21.665 : *RJDA 2015, n° 178.*

Sur la nullité d'une clause prévoyant la résiliation d'un contrat d'agence commerciale sans indemnité en cas de non-réalisation des objectifs assignés à l'agent, V. • Versailles, 15 sept. 2000 : *BRDA 2000, n° 21, p. 7.* ♦ V. aussi, considérant que le défaut de réalisation des objectifs commerciaux ne constitue pas nécessairement une faute grave, celle-ci devant être appréciée par le juge, les parties ne pouvant en définir valablement les éléments dans le contrat : • Même arrêt. ♦ De simples griefs même justifiés ne caractérisent pas la faute grave dès lors que les obligations respectives des parties n'avaient pas été formalisées par écrit et qu'aucun courrier préalable ne faisait précisément état de difficultés susceptibles de justifier la rupture. • Bordeaux, 17 mai 2004 : *JCP 2004. IV. 3542.* ♦ Il convient de rechercher si des fautes successives et renouvelées ne constituaient pas, par leur caractère répétitif et leur accumulation, une faute grave. • Com. 15 sept. 2009, n° 08-15.613 : *RJDA 2009, n° 1072 ; RLDA janv. 2010. 73, obs. Grignon.*

3. Clause résolutoire. *Considérant* que le fait que l'agent commercial ait demandé en justice l'application de la clause résolutoire figurant au contrat et la résiliation de ce dernier n'emporte pas, à lui seul, rupture du contrat de sa part, V. • Com. 24 nov. 1998, n° 96-18.357 P : *D. 1999. IR 9 ; RJDA 1999, n° 32.* ♦ Sur la résiliation d'un contrat d'agence par le mandant en application d'une clause lui en donnant le droit en cas de non-réalisation des objectifs par l'agent, V. • Paris, 18 juin 1999 : *RJDA 1999, n° 1199.*

4. Initiative de l'agent. Pour une rupture intervenue à l'initiative de l'agent qui a manifesté son intention de reprendre son travail salarié à l'issue d'un congé sabbatique durant lequel il avait, pour le compte de son employeur, exercé l'activité d'agent commercial, V. • Com. 22 janv. 2002, n° 98-21.953 : *RJDA 2002, n° 375.* ♦ Rappr., jugeant que dès lors qu'elle ne justifie pas de la contrainte qu'elle invoque l'ayant obligée à nover son contrat d'agent commercial en contrat de travail, la requérante ne justifie pas d'une résiliation par le mandant de son contrat d'agent commercial mais bien plutôt d'un accord réciproque pour mettre fin, selon certaines modalités, à ce contrat : • Paris, 19 juin 2003 : *préc. note 1.* ♦ L'arrivée à échéance d'un contrat à durée déterminée ne saurait valoir, en soi, cessation du contrat à l'initiative de l'agent. L'agent qui souhaite ne pas prolonger un mandat au-delà de l'échéance prévue peut donc le faire, sans avoir à respecter de préavis et sans avoir à indemniser le mandant du fait de la rupture des relations contractuelles, mais il ne peut demander à être indemnisé du fait de la fin du contrat si le mandant lui avait proposé le renouvellement dans des conditions non abusives. • Rennes, 9 avr. 2013 : *JCP E 2013, n° 1564, note Bourdeau ; RJDA 2014, n° 101.* ♦ Pour une rupture de contrat d'agence commerciale intervenue à l'initiative de l'agent, mais imputable au mandant, V. • Com. 23 juin 2004, n° 02-17.311 P : *JCP E 2004, n° 37, p. 1371 ; CCC 2004, n° 134, obs. Leveneur ; RTD com 2005. 409, obs. Bouloc ; RJDA 2005, n° 28* • Rouen, 14 mai 1998 : *RJDA 1998, n° 1353.* ♦ V. également • Rouen, 11 mai 2000 : *BRDA 2000, n° 19, p. 7* • Paris, 12 mars 2003 : *Lettre distrib. 5/2003, p. 4.* ♦ Pour une distinction entre initiative et imputabilité de la rupture, V. • Com. 6 mars 2007, n° 05-17.630 : *CCC 2007, n° 118, obs. Malaurie-Vignal.* ♦ La rupture du contrat d'un « commun accord » par les parties ouvre droit à indemnisation de l'agent, dès lors qu'aucun autre élément ne permet d'affirmer que la rupture procède d'une demande de l'agent. • Paris, 23 févr. 2017, n° 14/20582 : *RJDA 2017, n° 542.* ♦ Pour un sous-agent prenant l'initiative de rompre le contrat le liant à un agent commercial du fait de la rupture du premier contrat liant ce dernier au mandant, V. • Bordeaux, 5 mars 2012 : *BRDA 2012, n° 6, p. 7.* ♦ La demande en justice des agents tendant à obtenir la résiliation des contrats n'emporte pas, à elle seule, la rupture de ces contrats. • Com. 6 sept. 2016, n° 14-22.287 : *AJ contrat 2016. 496, obs. Lecourt .* ♦ Le refus par l'agent de signer un avenant modifiant le contrat initial, et quand bien même il serait démontré qu'il lui serait plus favorable, ne saurait constituer une faute grave. • Aix-en-Provence, 20 févr. 2014 : *AJCA 2014. 91, obs. Leloup .*

5. Circonstances imputables au mandant. Il appartient à l'agent commercial, demandeur de l'indemnité de rupture, de démontrer que la cessation de son activité était intervenue à l'initiative du mandant, ou, à défaut, qu'elle était justifiée par des actes imputables à celui-ci. • Com. 15 nov. 2011, n° 10-26.180 : *CCC 2012, n° 61, obs. Mathey.* ♦ Le caractère tardif de l'invocation des manquements reprochés au mandant en établit la dimension accessoire et artificielle, la privant ainsi de crédibilité et de pertinence. • Rouen, 22 mars 2012 : *BRDA 2012, n° 9, p. 7.* ♦ La demande d'indemnité d'un agent commercial ayant pris l'initiative de la rupture du contrat doit être rejetée dès lors que le mandant qui s'était trouvé dans une situation financière délicate l'ayant empêché de continuer à assurer le même niveau de rémunération de son agent commercial, n'avait pas tenté de causer un préjudice à celui-ci et que c'était bien l'agent qui avait préféré ne pas poursuivre une activité qu'il n'estimait plus rentable. • Paris, 14 févr. 2002 : *RJDA 2002, n° 758 ; LPA 3 juill. 2003, obs. Etner.* ♦ Comp., jugeant au contraire que la réduction des commissions décidée par le mandant constitue une circonstance imputable à ce dernier : • Com. 18 déc. 2007, n° 06-17.191 : *RJDA 2008, n° 639.* ♦ Le mandant qui ne respecte pas la clause d'exclusivité dont bénéficie l'agent et qui ne lui verse pas les commissions pour toute opération conclue avec une personne appartenant au secteur exclusif dont il bénéficie (C. com., art. L. 134-6, al. 2), crée les circonstances qui lui rendent imputable la rupture du contrat à l'initiative de l'agent. • Com. 5 oct. 2004, n° 02-17.231 : *RJDA 2005, n° 373.* – V. aussi • Com. 5 avr. 2005, n° 03-18.809 : *RJDA 2005, n° 1206* • 14 juin 2005, n° 03-14.401 • 1er mars 2011, n° 10-11.079 : *RJDA 2011, n° 1019.* ♦ Sur la prise en compte d'un cas de force majeure qui interdirait d'imputer la rupture au mandant, V. • Com. 3 avr. 2013, n° 12-15.000 : *CCC 2013, n° 155, obs. Mathey.*

Il n'est nullement interdit à un mandant de retirer, dans le cadre de sa politique commerciale et financière, une partie des attributions confiées à l'agent commercial en procédant aux adaptations souhaitées, dès lors que ce retrait s'inscrit dans le cadre de sa politique ; mais ce retrait ne doit pas avoir pour but ou pour effet principal d'affecter les ressources de l'agent, qui peut le cas échéant prétendre à être indemnisé partiellement en pourcentage de la perte constatée. • Aix-en-Provence, 5 sept. 2005 : *Lettre distrib. 6/2006, p. 2.*

6. Cession du contrat. Le contrat d'agence commerciale, conclu en considération de la personne du contractant, ne peut être transmis, même *par cession partielle d'actif*, qu'avec l'accord du cessionnaire et de l'agent commercial. • Com. 29 oct. 2002, n° 01-03.987 : *D. 2003. 2231, note Brill et Koering ; CCC 2003, n° 36, obs. Leveneur ; RTD civ. 2003. 295, obs. Mestre et Fages ; RJDA 2003, n° 263.* ♦ V., toutefois, sur la poursuite du contrat d'agence commerciale en cas de mise en location-gérance du fonds du mandant malgré la contestation par le locataire-gérant de l'existence d'un lien contractuel entre lui et l'agent commercial engagé par le loueur : • Bordeaux, 13 nov. 2002 : *Lettre distrib. 7-8/2003. 3.* ♦ Le refus d'agrément du successeur d'un agent commercial doit être justifié. • Rouen, 16 avr. 2009 : *CCC 2009, n° 217, obs. Mathey.* ♦ Sur une promesse de cession du contrat, incluse dans un contrat de travail ou susceptible de constituer une stipulation pour autrui, V. • Com. 21 oct. 2014, n° 13-18.370 P : *cité note 3 ss. art. L. 134-16.* ♦ Sur le refus de cumuler une indemnité pour refus d'agrément d'un successeur avec une indemnité de fin de contrat, V. • Com. 9 déc. 2014, n° 13-23.309 P : *cité note 7 ss. art. L. 134-12.*

7. Âge de l'agent. Les juges doivent rechercher si l'âge de soixante ans et les circonstances particulières de la situation personnelle de l'agent étaient susceptibles de ne plus lui permettre raisonnablement de poursuivre son activité. • Com. 8 févr. 2011, n° 10-12.876 P : *D. 2011. Actu. 591 ; JCP E 2011, n° 1220 ; CCC 2011, n° 91, obs. Mathey ; RJDA 2011, n° 521 ; RLDA juin 2011. 75, obs. Grignon* • 29 nov. 2011, n° 10-26.759 : *CCC 2012, n° 96, obs. N. M. ; RJDA 2012, n° 279 ; RDLC 2012, n° 1, p. 120, obs. Ferré* • 19 mars 2013, n° 12-13.258 : *CCC 2013, n° 116, obs. N. M.* • 25 juin 2013, n° 12-30.162 : *CCC 2013, n° 214, obs. N. M.* • 23 juin 2015, n° 14-14.856 : *AJCA 2015. 485, obs. Lecourt ; RJDA 2015, n° 742.* ♦ La seule circonstance que l'âge de l'agent était supérieur à 60 ans, âge de départ à la retraite de droit commun pour les salariés, ne le dispense pas de l'obligation de démontrer qu'en l'espèce cet âge ne permettait plus d'exiger raisonnablement de lui la poursuite de son activité et justifiait par là la cessation du contrat. • Paris, 12 févr. 2004 : *D. 2004. AJ 696 ; Cah. dr. entr. 2004, n° 3, p. 33, obs. Grignon ; RJDA 2004, n° 972* (2 arrêts). ♦ C'est au jour où l'agent prend l'initiative de rompre le mandat ou, au plus tard, à la date d'effet de cette rupture, que doivent exister les circonstances d'âge ou de maladie justifiant la cessation du contrat, étant précisé que, si elles n'existent qu'à la date où la cessation a pris effet, elles doivent avoir été prévisibles à la date où elle a été notifiée. • Mêmes arrêts. ♦ L'agent peut invoquer son état de santé postérieurement à la notification de sa décision de cesser son activité dès lors qu'il établit qu'il était effectivement dans l'impossibilité d'exécuter sa mission à cette date. • Douai, 2 juin 2011 : *CCC 2011, n° 239, obs. N. M.*

Il résulte du 2° de l'art. L. 134-13 qu'en cas de décès, âge, infirmité ou maladie de l'agent commercial, personne physique, l'indemnité est due aux ayants droit ou à l'agent commercial. En l'espèce, seule la SARL, personne morale, dont l'agent était le gérant, est à la cause et elle ne peut invoquer à son profit les dispositions rappelées ci-dessus, étant observé que son objet social ne se confond pas avec la seule activité d'agence commerciale et que l'agent a fait le choix d'exercer son activité sous la forme sociétaire avec les conséquences qui s'ensuivent. • Rennes, 31 oct. 2006 : *Lettre distrib. 11/2006.*

Art. L. 134-14 **Le contrat peut contenir une clause de non-concurrence après la cessation du contrat.**

Cette clause doit être établie par écrit et concerner le secteur géographique et, le cas échéant, le groupe de personnes confiés à l'agent commercial ainsi que le type de biens ou de services pour lesquels il exerce la représentation aux termes du contrat.

La clause de non-concurrence n'est valable que pour une période maximale de deux ans après la cessation d'un contrat. — *[L. n° 91-593 du 25 juin 1991, art. 14.]* — V. art. L. 134-16.

BIBL. ▶ Bourdeau, *Journ. sociétés 12/ 2015. 28* (clause de non-concurrence dans le contrat d'agence commerciale).

1. Critère de proportionnalité. Sur l'absence de base légale d'une décision qui, pour décider de la nullité d'une clause de non-concurrence, se détermine par référence à l'étendue territoriale de la clause, sans constater qu'elle ne se limitait pas au secteur géographique et au type de biens et services pour lesquels le contrat d'agent commercial avait été conclu et qu'elle n'était pas nécessaire à la protection des intérêts du mandant et sans vérifier de façon concrète si cette clause avait pour effet d'empêcher les anciens agents commerciaux d'exercer toute activité professionnelle, V. • Com. 4 juin 2002, n° 00-14.688 P : *D. 2003. Somm. 904, obs. Picod ; JCP 2003. II. 10164, note Licari ; CCC 2002, n° 153, obs. Leveneur ; RTD com. 2003. 159, obs. Bouloc ; Gaz. Pal. 2003. Somm. 1112, obs. Guével.* – V. aussi • Rennes, 15 févr. 2011 : *RJDA 2011, n° 603 ; RLDA juin 2011. 76, obs. Grignon.* ♦ Jugeant que la limitation dans l'espace de la clause de non-concurrence était trop importante puisque son étendue sur un rayon de 50 kilomètres autour de chaque agence du mandant restreignait de manière excessive la liberté d'exercice professionnel de l'agent, V. • Com. 17 janv. 2012, n° 10-27.701 : *Gaz. Pal. 2012. 1692, obs. Pignarre ; RJDA 2012, n° 468.* ♦ Jugeant une clause nulle pour défaut de corrélation entre la clientèle contractuellement confiée à l'agent et l'engagement de non-concurrence, de telle sorte que l'étendue de celui-ci n'était pas nécessaire à la protection des intérêts du mandant, V. • Com. 15 mai 2012, n° 11-18.330 : *RJDA 2012, n° 847.* ♦ Annulant une clause de non-concurrence faute d'une délimitation territoriale définie, empêchant ainsi l'agent d'exercer son activité dans un quelconque secteur et sur tout le territoire national, V. • Com. 23 sept. 2014, n° 13-21.285 : *D. 2014. Pan. 2489, obs. Gomy ; RJDA 2014, n° 894.* ♦ Sur le critère de proportionnalité en matière de clause de non-concurrence, V. L. n° 63-628 du 2 juill. 1963, art. 2, notes 90 et 96, App., v° *Concurrence.*

2. Contrepartie financière. Le législateur n'a pas entendu que l'obligation de non-concurrence soit indemnisée lorsque la clause qui la stipule est conforme aux dispositions de l'art. L. 134-14. • Com. 4 déc. 2007, n° 06-15.137 P : *D. 2008. Pan. 248, obs. Gomy ; RTD com. 2008. 409, obs. Bouloc ; JCP E 2008, n° 20, p. 27, obs. Mainguy ; CCC 2008, n° 38, obs. Mathey ; RJDA 2008, n° 261.* – V. aussi • Com. 10 févr. 2015, n° 13-25.667 : *D. 2015. Pan. 2527, obs. Gomy ; RJDA 2015, n° 490.* ♦ L'exigence d'une contrepartie financière ne saurait être imposée dans le cadre du contrat d'agent commercial dans la mesure où rien ne permet d'ajouter aux conditions de validité limitativement énumérées par le législateur dans l'art. L. 134-14. • Reims, 9 mai 2005 : *JCP 2006. IV. 1858* • Caen, 3 nov. 2005 : *cité note 3* • Aix-en-Provence, 19 juin 2006 : *D. 2006. Pan. 2924, obs. Gomy* • Grenoble, 19 oct. 2006 : *D. 2008. Pan. 248, obs. Gomy.* ♦ Rien n'interdit toutefois que le contrat prévoie une telle contrepartie financière : • Pau, 14 déc. 2009 : *D. 2010. Pan. 2542, obs. Gomy.* ♦ Sur cette exigence en matière de contrat de travail, V. L. n° 63-628 du 2 juill. 1963, art. 2, note 91, App., v° *Concurrence.*

3. Clause pénale. Dans un contrat d'agent commercial, la clause qui prévoit une indemnité minimale en cas de violation de la clause de non-concurrence par l'agent s'analyse en une clause pénale. • Caen, 3 nov. 2005 : *JCP E 2006, n° 23, p. 1015.*

4. Dommages et intérêts. Sur la question de savoir si la violation d'une clause de non-concurrence post-contractuelle peut justifier une demande judiciaire d'interdiction de tout acte de concurrence ainsi que la fixation d'une astreinte par infraction constatée, ou si elle permet simplement une condamnation à des dommages et intérêts, V. • Bourges, 10 juill. 2014 : *AJCA 2014. 343, obs. Robinne.*

Art. L. 134-15 **Lorsque l'activité d'agent commercial est exercée en exécution d'un contrat écrit passé entre les parties à titre principal pour un autre objet, celles-ci peuvent décider par écrit que les dispositions du présent chapitre ne sont pas applicables à la partie correspondant à l'activité d'agence commerciale.**

Cette renonciation est nulle si l'exécution du contrat fait apparaître que l'activité d'agence commerciale est exercée, en réalité, à titre principal ou déterminant. – *[L. n° 91-593 du 25 juin 1991, art. 15.]* – *V. art. L. 134-16.*

Renonciation au statut. Pour une application de ce texte à un agent de marque automobile (agent services) malgré la maladresse de la rédaction de la clause, les juges préférant rechercher la commune intention des parties plutôt que de s'arrêter aux termes de la stipulation contractuelle, V. • Paris, 26 mars 2002 : *Cah. dr. entr. 2002, n° 5, p. 32, obs. Grignon.* ♦ Pour une appréciation du caractère « principal ou déterminant » de l'activité d'agence commerciale, V. • Com. 3 mars 2004, n° 02-12.905 P : *D. 2004. AJ 1382 ; JCP E 2004, n° 49, p. 1928, note Rouquié ; CCC 2004, n° 73, obs. Leveneur ; LPA 27 juin 2005, obs. Bacchichetti et Dom ; RTD com. 2004. 804, obs. Bouloc ; RJDA 2004, n° 971.*

Ayant constaté que l'activité d'agent commercial ne représentait que 1 % de son chiffre d'affaires total, ce dont il résultait qu'elle était accessoire, une cour d'appel, qui retient que le distributeur ne justifie nullement du caractère déterminant du contrat d'agent de service Renault pour son activité principale de garagiste liée à l'attrait du panneau de la marque Renault, a pu estimer licite la renonciation au statut d'agent commercial. • Com. 12 juill. 2005, n° 04-12.983 P : *D. 2005. AJ 2216, obs. Chevrier ; RTD com. 2006. 471, obs. Bouloc ; JCP E 2006, n° 27-28, p. 1213, obs. Grignon ; RJDA 2005, n° 1205.*

Art. L. 134-16 Est réputée non écrite toute clause ou convention contraire aux dispositions des articles L. 134-2 et L. 134-4, des troisième et quatrième alinéas de l'article L. 134-11, et de l'article L. 134-15 ou dérogeant, au détriment de l'agent commercial, aux dispositions du deuxième alinéa de l'article L. 134-9, du premier alinéa de l'article L. 134-10, des articles L. 134-12 et L. 134-13 et du troisième alinéa de l'article L. 134-14. – *[L. n° 91-593 du 25 juin 1991, art. 16.]*

1. Immatriculation. L'art. L. 134-16, qui répute non écrite toute clause contraire à certaines dispositions du statut des agents commerciaux, n'interdit pas aux parties de subordonner la prise d'effet du contrat d'agent commercial à l'immatriculation de l'agent sur le registre spécial. • Com. 8 juill. 2003, n° 02-11.262 P : *D. 2003. AJ 2234, obs. Chevrier ; JCP E 2004, n° 11, p. 422, obs. Grignon ; RTD com. 2004. 364, obs. Bouloc ; RJDA 2004, n° 37 ; RJ com. 2003. 389, obs. Leloup.* – Sur l'immatriculation, V. notes ss. art. R. 134-6.

2. Indemnisation. Si la clause d'évaluation *a priori* de l'indemnisation d'un agent commercial en cas de cessation de ses relations avec le mandant n'est pas valable dans la mesure où elle a un caractère forfaitaire, il n'en est pas de même de la clause qui permet à l'agent d'obtenir, en cas de rupture, une indemnité compensatrice du préjudice subi égale ou supérieure à ce préjudice. • Com. 20 mars 2007, n° 06-11.987 : *RJDA 2008, n° 262.* ♦ Jugeant que la clause limitant l'indemnité prévue à l'art. L. 134-12 à la valeur revenant personnellement à l'agent commercial dans l'apport, la création ou le développement de la clientèle, empêche l'indemnisation entière du préjudice éprouvé par l'agent et qu'elle doit donc être réputée non écrite : • Paris, 25 févr. 2004 : *RJDA 2004, n° 1210.* – Comp., pour les VRP, art. L. 7313-13 s. C. trav., V. ss. art. L. 134-17.

3. Renonciation. Une clause, qui constitue une renonciation par avance de l'agent commercial à son droit à une indemnité de cessation de contrat, fût-elle incluse dans un contrat de travail ou susceptible de constituer une stipulation pour autrui au profit du mandant, est contraire aux dispositions d'ordre public de l'art. L. 134-16 et doit être réputée non écrite. • Com. 21 oct. 2014, n° 13-18.370 P : *D. 2014. Actu. 2173, obs. Chevrier ; JCP E 2014, n° 1610 ; CCC 2014, n° 272, obs. N. M.*

Art. L. 134-17 Un décret en Conseil d'État fixe les conditions d'application du présent chapitre. – *[L. n° 91-593 du 25 juin 1991, art. 19.]* – *V. art. R. 134-1 s.*

Code du travail

Voyageurs, représentants et placiers

RÉP. COM. v° *Voyageurs, représentants, placiers*, par GRIGNON.

Art. L. 7311-2 Les dispositions du présent titre s'appliquent au voyageur, représentant ou placier exclusif, ainsi qu'au salarié qui, conjointement à l'exercice effectif et habituel de la représentation, accepte de se livrer à d'autres activités, quelle qu'en soit la nature, pour le compte d'un ou plusieurs de ses employeurs. – *[Anc. art. L. 751-2.]*

Art. L. 7311-3 Est voyageur, représentant ou placier, toute personne qui :

1° Travaille pour le compte d'un ou plusieurs employeurs ;

2° Exerce en fait d'une façon exclusive et constante une profession de représentant ;
3° Ne fait aucune opération commerciale pour son compte personnel ;
4° Est liée à l'employeur par des engagements déterminant :
a) La nature des prestations de services ou des marchandises offertes à la vente ou à l'achat ;
b) La région dans laquelle il exerce son activité ou les catégories de clients qu'il est chargé de visiter ;
c) Le taux des rémunérations. – *[Anc. art. L. 751-1, al. 1er fin et al. 2 à 5.]*

Art. L. 7312-1 Les dispositions du chapitre VII du titre II du livre Ier du code de commerce relatives aux incapacités d'exercer une profession commerciale et industrielle sont applicables au voyageur, représentant ou placier qui exerce la représentation commerciale dans les conditions du présent titre. – *[Anc. art. L. 751-14.]*

Art. L. 7313-1 Toute convention dont l'objet est la représentation, conclue entre un voyageur, représentant ou placier et un employeur est, nonobstant toute stipulation expresse du contrat ou en son silence, un contrat de travail. – *[Anc. art. L. 751-1, al. 1er.]*

Art. L. 7313-2 L'absence de clauses interdisant soit l'exercice d'une autre profession, soit l'accomplissement d'opérations commerciales personnelles ne peut faire obstacle à l'application des dispositions de l'article L. 7313-1. – *[Anc. art. L. 751-1, al. 6.]*

Art. L. 7313-3 En l'absence de contrat de travail écrit, toute personne exerçant la représentation est présumée être un voyageur, représentant ou placier soumis aux règles particulières du présent titre. – *[Anc. art. L. 751-4.]*

Art. L. 7313-4 Est nulle toute convention qui aurait pour objet de faire obstacle à l'application des dispositions du présent titre. – *[Anc. art. L. 751-11.]*

Art. L. 7313-5 Le contrat de travail peut comporter une période d'essai dont la durée ne peut être supérieure à trois mois. – *[Anc. art. L. 751-6, al. 1er.]*

Art. L. 7313-6 Le contrat de travail peut, pour sa durée, prévoir l'interdiction pour le voyageur, représentant ou placier, de représenter des entreprises ou des produits déterminés.

Lorsque le contrat de travail ne prévoit pas cette interdiction, il comporte, à moins que les parties n'y renoncent par une stipulation expresse, la déclaration des entreprises ou des produits que le voyageur, représentant ou placier représente déjà et l'engagement de ne pas prendre en cours de contrat de nouvelles représentations sans autorisation préalable de l'employeur. – *[Anc. art. L. 751-3.]*

Art. L. 7313-7 Les commissions dues au voyageur, représentant ou placier du commerce sont payées au moins tous les trois mois. – *[Anc. art. L. 751-12.]*

Art. L. 7313-8 Les dispositions des articles L. 3253-2 et L. 3253-3, relatives aux garanties des rémunérations dans le cadre d'une procédure de sauvegarde, de redressement ou de liquidation judiciaire, s'appliquent aux voyageurs, représentants ou placiers pour les rémunérations de toute nature dues au titre des quatre-vingt-dix derniers jours de travail. – *[Anc. art. L. 751-15.]*

Art. L. 7313-9 En cas de rupture du contrat de travail, la durée du préavis ne peut être inférieure à :
1° Un mois durant la première année de présence dans l'entreprise ;
2° Deux mois durant la deuxième année ;
3° Trois mois au-delà. – *[Anc. art. L. 751-5, al. 1er fin de la 1re et 2e phrase.]*

Art. L. 7313-10 La durée du préavis du voyageur, représentant ou placier employé hors de France est augmentée de la durée normale du voyage de retour lorsque la rupture du contrat entraîne son retour en France. – *[Anc. art. L. 751-5, al. 2.]*

Art. L. 7313-11 Quelles que soient la cause et la date de rupture du contrat de travail, le voyageur, représentant ou placier a droit, à titre de salaire, aux commissions et remises sur les ordres non encore transmis à la date de son départ, mais qui sont la suite directe des remises d'échantillon et des prix faits antérieurs à l'expiration du contrat. – *[Anc. art. L. 751-8, al. 1er.]*

Art. L. 7313-12 Sauf clause contractuelle plus favorable au voyageur, représentant ou placier, le droit à commissions est apprécié en fonction de la durée normale consacrée par les usages.

Une durée plus longue est retenue pour tenir compte des sujétions administratives, techniques, commerciales ou financières propres à la clientèle. Cette durée ne peut excéder trois ans à compter de la date à laquelle le contrat de travail a pris fin. – *[Anc. art. L. 751-8, al. 2.]*

Art. L. 7313-13 En cas de rupture du contrat de travail à durée indéterminée par l'employeur, en l'absence de faute grave, le voyageur, représentant ou placier a droit à une indemnité pour la part qui lui revient personnellement dans l'importance en nombre et en valeur de la clientèle apportée, créée ou développée par lui.

Le montant de cette indemnité de clientèle tient compte des rémunérations spéciales accordées en cours de contrat pour le même objet ainsi que des diminutions constatées dans la clientèle préexistante et imputables au salarié.

Ces dispositions s'appliquent également en cas de rupture du contrat de travail par suite d'accident ou de maladie entraînant une incapacité permanente totale de travail du salarié. – *[Anc. art. L. 751-9, al. 1er.]*

Art. L. 7313-14 L'indemnité de clientèle est due en cas de rupture du contrat de travail à durée déterminée par l'employeur avant l'échéance du terme ou lorsque le contrat venu à échéance n'est pas renouvelé, et en l'absence de faute grave. – *[Anc. art. L. 751-9, al. 2.]*

Art. L. 7313-15 L'indemnité de clientèle ne se confond ni avec l'indemnité pour rupture abusive du contrat de travail à durée indéterminée, ni avec celle due en cas de rupture anticipée du contrat de travail à durée déterminée. – *[Anc. art. L. 751-9, al. 3.]*

Art. L. 7313-16 L'indemnité de clientèle ne peut être déterminée forfaitairement à l'avance. – *[Anc. art. L. 751-9, al. 4.]*

Art. L. 7313-17 Lorsque l'employeur est assujetti à une convention ou accord collectif de travail ou à une décision unilatérale de sa part ou d'un groupement d'employeurs, le voyageur, représentant ou placier peut, dans les cas de rupture du contrat de travail mentionnés aux articles L. 7313-13 et L. 7313-14, bénéficier d'une indemnité.

L'indemnité est égale à celle à laquelle le voyageur, représentant ou placier aurait pu prétendre si, bénéficiant de la convention ou du règlement il avait, selon son âge, été licencié ou mis à la retraite.

Cette indemnité n'est pas cumulable avec l'indemnité de clientèle. Seule la plus élevée est due. – *[Anc. art. L. 751-9, al. 5.]*

Art. L. 7313-18 Le conseil de prud'hommes est seul compétent pour connaître des litiges relatifs à l'application du contrat de représentation régi par les dispositions du présent titre. – *[Anc. art. L. 751-10, phrase 1.]*

Artistes de spectacles

Art. L. 7121-11 L'activité d'agent artistique présente un caractère commercial au sens des dispositions du code de commerce. – *[Anc. art. L. 762-4.]*

CHAPITRE V DES VENDEURS À DOMICILE INDÉPENDANTS

(L. no 2008-776 du 4 août 2008, art. 61-I, 2o)

BIBL. ▶ DELPECH, *Rép. com. Dalloz, Cah. de l'actualité no 2008-5, p. 22* (régime juridique des vendeurs à domicile indépendants).

Art. L. 135-1 Le vendeur à domicile indépendant est celui qui effectue la vente de produits ou de services dans les conditions prévues par la section III du chapitre Ier du titre II du livre Ier du code de la consommation, à l'exclusion du démarchage par téléphone ou par tout moyen technique assimilable, dans le cadre d'une convention écrite de mandataire, de commissionnaire, de revendeur ou de courtier, le liant à l'entreprise qui lui confie la vente de ses produits ou services.

Art. L. 135-2 Le contrat peut prévoir que le vendeur assure des prestations de service visant au développement et à l'animation du réseau de vendeurs à domicile indépendants, si celles-ci sont de nature à favoriser la vente de produits ou de services de l'entreprise, réalisée dans les conditions mentionnées à l'article L. 135-1. Le contrat précise la nature de ces prestations, en définit les conditions d'exercice et les modalités de rémunération.

Pour l'exercice de ces prestations, le vendeur ne peut en aucun cas exercer une activité d'employeur, ni être en relation contractuelle avec les vendeurs à domicile indépendants qu'il anime.

Aucune rémunération, à quelque titre que ce soit, ne peut être versée par un vendeur à domicile indépendant à un autre vendeur à domicile indépendant, et aucun achat ne peut être effectué par un vendeur à domicile indépendant auprès d'un autre vendeur à domicile indépendant.

Art. L. 135-3 **Les vendeurs à domicile indépendants dont les revenus d'activité ont atteint un montant fixé par arrêté au cours d'une période définie par le même arrêté sont tenus de s'inscrire au registre du commerce et des sociétés ou au registre spécial des agents commerciaux à compter du 1er janvier qui suit cette période.**

Arrêté du 31 mai 2001,

Portant fixation des cotisations forfaitaires et des assiettes forfaitaires relatives aux personnes assurant la vente de produits et de services à domicile par démarchage de personne à personne ou par réunion en application de l'article 42 de la loi n° 94-637 du 25 juillet 1994 relative à la sécurité sociale.

Art. 5 Sont tenus de s'inscrire au registre du commerce et des sociétés ou au registre spécial des agents commerciaux, en application de l'article 42 de la loi du 25 juillet 1994 susvisée, les vendeurs à domicile indépendants qui remplissent les deux conditions suivantes :

1° Avoir exercé l'activité de vente à domicile durant trois années civiles complètes et consécutives ;

2° Avoir tiré de cette activité, pour chacune de ces trois années, une rémunération, telle qu'elle est prise en compte pour la détermination du mode de calcul des cotisations de sécurité sociale fixé à l'article 2 du présent arrêté, dont le montant brut est supérieur à 50 % du plafond annuel de la sécurité sociale.

Dès lors que ces deux conditions sont réunies simultanément, l'inscription à l'un de ces deux registres est obligatoire à compter du 1er janvier qui suit ces trois années civiles.

TITRE QUATRIÈME DU FONDS DE COMMERCE

RÉP. COM. v^is *Fonds de commerce,* par DERRUPPÉ et DE RAVEL D'ESCLAPON ; *Fonds de commerce (Régime fiscal),* par CRUVELIER.

DALLOZ ACTION *Fonds de commerce,* par REYGROBELLET et DENIZOT, *2012/2013, 2e édition.*

DELMAS *Fonds de commerce, 2020/2021,* par DELPECH.

BIBL. GÉN. ▶ MONÉGER, *AJDI 2001. 1042* (émergence et évolution de la notion de fonds de commerce). – VERBIEST et LEBORNE, *Gaz. Pal. 23-24 oct. 2002, p. 21* (fonds de commerce virtuel : une réalité juridique ?). – REZEK, *JCP N 2002, n° 51-52, p. 1785* (nécessaire distinction entre fonds de commerce et fonds artisanal) ; *ibid. 2006, n° 39, p. 1716* (vingt raisons de réformer la vente des fonds de commerce). – ADENOT, *JCP E 2006, n° 46, p. 1934* (évaluation du fonds de commerce d'agence immobilière). – VERBIEST, *CCE 2008. Étude 10* (le fonds de commerce électronique : vers une reconnaissance juridique ?). – MENDOZA-CAMINADE, *Mél. le Tourneau, Dalloz, 2008, p. 763* (la notion de fonds de commerce à l'épreuve de l'Internet : faut-il admettre le fonds de commerce électronique ?). – BRENNER, *Dr. et patr. 1/2009. 52* (la saisie du fonds d'entreprise). – SAVARY et DUBUISSON, *JCP N 2009, n° 15-16, p. 31* (le fonds et l'immeuble d'exploitation) ; *RLDA avr. 2009. 21* (un site internet est-il un fonds de commerce ?). – LÉCUYER, *Gaz. Pal. 2009. 1738* (la spécificité traditionnelle du fonds de commerce et sa mise en concurrence contemporaine par des notions voisines). – STOFFEL-MUNCK et DECOCQ, *ibid. 1781* (l'avènement du fonds de commerce électronique). – CHABOT, *RLDA juill. 2009. 109* (retour sur le « fonds d'exercice libéral ». Plaidoyer pour la consécration législative d'une notion prétorienne). – LAPORTE-LECONTE, *AJDI 2010. 273* (l'ouverture de l'immeuble aux activités commerciales). – LÉVI et REYGROBELLET, *Mél. Tricot, Dalloz/Litec, 2011, p. 207* (questions de fonds). – REYGROBELLET, *RLDA févr. 2011. 68* (sort du fonds de commerce et du fonds artisanal dans le contexte juridique modifié). – VABRES, *RTD com. 2011. 215* (valorisation du fonds de commerce par l'intermédiation). – LACHIÈZE, *LPA 29 sept. 2011* (QPC et fonds de commerce). – PERO AUGEREAU-HUE et DELORME, *AJDI 2013. 257* (sécurisation des droits du commerçant sur le domaine public). – THIOYE, *Journ. sociétés 9/2013. 16* (apport d'un fonds de commerce). – INFOREG, *Cah. dr. entr. 2014, n° 3, Prat. 13* (l'expropriation des fonds de commerce). – DOUVILLE, *Dalloz IP/IT 2019. 670* (le fonds de commerce électronique : de sa reconnaissance à sa marginalisation).

La vente ou l'apport d'un fonds de commerce en société, ainsi que la vente-échange-dation d'un fonds de commerce doivent être regardés comme un acte de disposition du patrimoine des personnes placées en curatelle ou en tutelle (Décr. n° 2008-1484 du 22 déc. 2008, annexe I, JO 31 déc.). – **C. civ.**

CHAPITRE PREMIER DE LA VENTE DU FONDS DE COMMERCE

SECTION PREMIÈRE DE L'ACTE DE VENTE

BIBL. ▶ LE MAZIER, *Defrénois 1990. 271.* – RAFFRAY, *JCP N 1997. Prat. 3929* (rédaction de l'acte de vente de fonds de commerce). – TEILLIAIS, *LPA 25 avr. 1997.* – BILLON-GRAND et HERRNBERGER, *JCP N 2004, n° 40, p. 1477* (« questionnaire-cédant » préalable à une cessaion de fonds de commerce). – BIGAS et VARLET, *ibid. 2005, n° 44-45, p. 1844* (réalisation en France d'un contrat de *sale of business* de droit anglais). – HERRNBERGER et BILLON-GRAND, *ibid. 2006, n° 7, p. 361* (lettre de mission du conseil pour une cession de fonds de commerce). – REZEK, *ibid., n° 9, p. 450 ; rect. ibid. n° 15-16, p. 795* (nécessaire relecture de certains textes relatifs aux ventes de fonds de commerce). – REZEK et KÉRAVEC, *ibid. n° 47, p. 2038* (cession amiable de fonds de commerce : prix payable comptant et à terme – formules). – REZEK, *JCP E 2008, n° 47, p. 34* (pourquoi modérer la libération du prix de vente du fonds de commerce). – PROOST, *Defrénois 2008. 2141* (vente de fonds de commerce par acte sous signatures privées et cession de bail par acte authentique séparé : danger !). – HUGON, *Gaz. Pal. 2009. 1763* (la cession du fonds de commerce, instrument d'un changement de contrôle de l'entreprise). – VÉRIGNON, *JCP N 2012, n° 1377* (vente de fonds de commerce avec clause de réserve de propriété). – MONSÈRIÉ-BON et AMIZET, *RPC 2015. Dossier 22* (cession du fonds de commerce en liquidation judiciaire). – GOMY, *Journ. sociétés 12/ 2015. 20* (de la garantie dans la vente de fonds de commerce à la servitude dans la vente d'immeuble). – SAINTOURENS, *RTD com. 2016. 419* (la vente de fonds de commerce après l'Ord. n° 2016-131 du 10 févr. 2016 portant réforme du droit des contrats).

▶ Loi n° 2015-990 du 6 août 2015 : BRIGNON, *JCP E 2015, n° 1484* (les baux commerciaux et les ventes de fonds de commerce après la loi Macron). – REZEK, *JCP N 2015, n° 1198* (pour une bonne réalisation de la vente d'un fonds de commerce : forme et fond après la loi Macron). – SAINTOURENS, *RTD com. 2015. 687* (la vente de fonds de commerce après la loi Macron).

Art. L. 141-1 *(Abrogé par L. n° 2019-744 du 19 juill. 2019, art. 1er)* ***I. — Dans tout acte constatant une cession amiable de fonds de commerce, consentie même sous condition et sous la forme d'un autre contrat ou l'apport en société d'un fonds de commerce,*** *(L. n° 2016-1691 du 9 déc. 2016, art. 129)* ***« sauf si l'apport est fait à une société détenue en totalité par le vendeur, » le vendeur est tenu d'énoncer :***

1° Le nom du précédent vendeur, la date et la nature de son acte d'acquisition et le prix de cette acquisition pour les éléments incorporels, les marchandises et le matériel ;

2° L'état des privilèges et nantissements grevant le fonds ;

3° *(L. n° 2008-776 du 4 août 2008, art. 56-VI)* ***« Le chiffre d'affaires qu'il a réalisé durant les trois exercices comptables précédant celui de la vente, ce nombre étant réduit à la durée de la possession du fonds si elle a été inférieure à trois ans ; »***

4° Les *(L. n° 2012-387 du 22 mars 2012, art. 3-I)* ***« résultats d'exploitation*** *[ancienne rédaction : bénéfices commerciaux]* ***» réalisés pendant le même temps ;***

5° Le bail, sa date, sa durée, le nom et l'adresse du bailleur et du cédant, s'il y a lieu.

II. — L'omission des énonciations ci-dessus prescrites peut, sur la demande de l'acquéreur formée dans l'année, entraîner la nullité de l'acte de vente. — *[L. 29 juin 1935, art. 12.]*

BIBL. ▶ DAGOT, *Defrénois 2007. 191* (le point sur les déclarations de chiffres d'affaires et bénéfices commerciaux). – NDLR, *BRDA 2007, n° 14, p. 14* (mentions obligatoires de l'acte de vente). ▶ L. n° 2008-776 du 4 août 2008 : LÉVI, *RLDA nov. 2008. 17* (un grand pas pour le praticien de la vente de fonds de commerce... ?). – SAINTOURENS, RTD com. 2008. 689 (la réforme des mentions obligatoires). – MAZAN et SAMSON, *JCP E 2009, n° 19, p. 9* (la loi du 4 août 2008 apporte-t-elle les évolutions suffisantes ?). ▶ L. n° 2012-387 du 22 mars 2012 : VAUVILLÉ, *Defrénois 2012. 399* (clarification du droit, amélioration des procédures et « trompe-l'œil »). – SAINTOURENS, *RTD com. 2012. 293* (modification des mentions légales devant figurer dans l'acte de vente). – REZEK, *JCP E 2012, n° 1609* (nouveautés dans la rédaction des ventes de fonds de commerce). ▶ L. n° 2019-744 du 19 juill. 2019 : NDLR, *BRDA 2019, n° 17, p. 35* (mesures en matière de fonds de commerce). – Saintourens, *RTD com. 2019. 606* (la vente et la location-gérance de fonds de commerce après la loi de simplification du 19 juill. 2019). – Quiquerez, *RLDA mai 2020. 33* (impact de la loi Soilihi sur les contrats portant sur les fonds de commerce).

I. CHAMP D'APPLICATION

A. ACTES VISÉS

1. *Acte de vente d'un fonds.* **BIBL.** Rossignol, *JCP N 1977. I. 6596.* ♦ La loi du 29 juin 1935 ne vise que le cas où un acte a été rédigé pour constater la vente d'un fonds de commerce. • Riom, 23 juin 1947 : *D. 1948. 117, note crit. Ripert.* ♦ Le fait que le fonds vendu soit en location-gérance ne permet pas au vendeur de se soustraire à l'obligation d'énoncer les mentions prévues par la loi. • Riom, 27 oct. 1964 : *D. 1964. 771 ; RTD com. 1965. 88.* ♦ En l'absence de clientèle attachée au site Internet et de référence au chiffre d'affaires généré par les ventes de biens présentés sur le site, il n'est pas établi que la cession a porté sur un fonds de commerce. • Poitiers, 2 juill. 2010 : *JCP 2011, n° 137.*

2. *Promesse de vente.* **BIBL.** Biquez, *RTD com. 1957. 73.* – Boccara, *JCP 1970. I. 2357 bis.* – J. Honorat, *Defrénois 1986. 1334.* – Précigout, *JCP N 1955. I. 1243.* – Rezek et Kéravec, *JCP N 2006, n° 20, p. 1012* (formule). ♦ L'art. 12 [C. com., art. L. 141-1] est applicable lorsqu'il ressort des stipulations que l'acte relate une promesse synallagmatique de vente sous une condition qui ne s'est pas réalisée, alors qu'aux termes de l'art. 1589 C. civ. une telle promesse vaut vente. • Com. 24 nov. 1954 : *Gaz. Pal. 1955. 1. 35.* ♦ Une promesse unilatérale de vente assortie d'un important dédit doit contenir les énonciations de l'art. 12 [C. com., art. L. 141-1]. • Com. 8 nov. 1972, n° 71-12.459 P : *JCP 1973. II. 17565, note Boccara.* – Comp. : • Com. 20 nov. 1962, n° 59-11.863 P : *D. 1963. 3.* ♦ V., pour un dédit non chiffré, • Com. 24 oct. 1984, n° 83-11.650 P : *RTD com. 1985. 507, obs. Derruppé.* – *Contra* : • Com. 9 nov. 1971, n° 70-13.996 P : *D. 1972. 62.* ♦ Le fait que la promesse doive être réitérée devant notaire ne dispense pas d'y faire figurer les énonciations obligatoires. • Com. 24 avr. 1981, n° 79-14.912 P : *D. 1981. 556.*

3. *Opérations assimilées.* Pour la cession du matériel à un locataire-gérant, V. • Com. 18 janv. 1984, n° 82-13.331 P : *RTD com. 1984. 656, obs. Derruppé.* ♦ Pour la résiliation de droit au bail contre une indemnité, V. • Civ. 1re, 4 mai 1977, n° 74-11.713 P : *RTD com. 1977. 484, obs. Derruppé.* ♦ Pour une concession de licence d'exploitation, V. • Com. 9 juin 2004, n° 01-11.964 P : *JCP E 2004, n° 32-35, p. 1280.* – Sur cet arrêt, V. aussi Cozian, *JCP E 2004, n° 47, p. 1819* (abus de droit ?).

4. *Droit international privé.* L'art. 12 [C. com., art. L. 141-1] s'applique à la vente passée en France d'un fonds de commerce situé à l'étranger, lorsque n'est pas établie la volonté des parties de soumettre la forme de leur contrat à la loi qui régit au fond celui-ci ou à leur loi nationale. • Civ. 1re, 10 déc. 1974, n° 73-11.238 P : *D. 1975. 685, note Malaurie et Morin.*

B. ACTES EXCLUS

5. *Ventes verbales.* Sur leur validité, V. • Com. 22 déc. 1955, n° 7.946 P. ♦ Sur la preuve par tout moyen, V. • Civ. 3 févr. 1930 : *DP 1932. 1. 28* • Com. 22 déc. 1955, n° 7.946 P : *préc.*

6. *Actes n'emportant pas cession de clientèle.* En ce sens que la cession distincte du mobilier et d'une licence de débit de boissons, ne comportant aucun élément relatif à la nature et à l'importance d'une clientèle, ni au chiffre d'affaires d'un fonds de commerce, ne constitue pas la vente d'un fonds de commerce, V. • Com. 26 mars 1996, n° 93-20.073 : *D. Affaires 1996. 640.* ♦ Sur l'application de l'art. 12 [C. com., art. L. 141-1] dans le cadre de la mise en œuvre d'un droit de préemption contractuel accordé au bailleur en cas de vente du fonds par le preneur, V. • Versailles, 7 juin 1991 : *D. 1991. IR 215* • Civ. 3e, 12 juill. 1995, n° 93-11.666 P.

7. *Cession de parts sociales.* Sur l'inapplicabilité de l'art. 12 [C. com., art. L. 141-1] à une cession massive de parts sociales, V. • Com. 13 févr. 1990, n° 88-10.661 P : *D. 1990. 470, note d'Hoir-Lauprêtre ; JCP 1990. II. 21587, note Lazarski ; Rev. sociétés 1990. 251, note Le Cannu* • 6 juin 1990, n° 88-15.784 P : *Defrénois 1991. 607, note J. Honorat* • 19 nov. 1991, n° 88-18.546 : *Dr. sociétés 1992, n° 12, obs. Le Nabasque* • Paris, 25 juin 2004 : *RJDA 2004, n° 1337.* – *Contra* : • Paris, 31 janv. 1997 : *D. 1997. IR 59 ; JCP 1997. II. 22875, note Viandier ; BJS 1997. 427, note Le Cannu* • Aix-en-Provence, 5 oct. 1993 : *JCP 1994. IV. 629* (jugeant que les cessions successives de la totalité des parts sociales d'une SARL impliquent nécessairement le transfert du fonds de commerce constitutif de l'objet social). – Comp. : • Com. 3 nov. 1980, n° 79-11.968 P. ♦ La cession de la totalité des parts d'une SARL, qui ne peut avoir pour effet d'emporter transfert de la propriété d'éléments du patrimoine social, n'est pas susceptible de dissimuler une cession de fonds de commerce. • Com. 11 mars 2014, n° 12-24.901 : *RJDA 2014, n° 532 ; Dr. sociétés 2014, n° 80, obs. Hovasse.* ♦ V. toutefois, sur la nullité d'une cession de parts de SARL ayant eu pour but de dissimuler une cession de fonds de commerce, afin d'éluder l'art. 12 [C. com., art. L. 141-1], • Versailles, 25 févr. 1988 : *D. 1988. IR 94.* – Rappr. : • Paris, 31 mai 1996 : *RJDA 1996, n° 1205.*

8. Fusion de sociétés. Le choix fait par les parties en faveur de l'adoption du régime juridique de la fusion-absorption exclut l'application des règles propres à la cession de fonds de commerce. • Paris, 10 avr. 1986 : *Rev. sociétés 1986. 428, note Daigre ; D. 1987. Somm. 391, obs. Bousquet.*

II. ÉNONCIATIONS OBLIGATOIRES

9. Liste exhaustive. La liste des énonciations obligatoires de l'art. 12 [C. com., art. L. 141-1] est limitative. • Com. 7 juin 1974, n° 73-11.391 P : *D. 1974. Somm. 103 ; RTD com. 1974. 485, obs. Jauffret.* ♦ La perte d'une clientèle ne figure pas au nombre de ces énonciations. • Com. 13 janv. 1998, n° 95-14.521 : *D. Affaires 1998. 322, obs. A.-L. M.-D. ; RTD com. 1998. 323, obs. Derruppé.* ♦ Pour les livres de comptabilité, V. art. L. 141-2.

10. Chiffre d'affaires et bénéfices (Jurispr. antérieure à la L. n° 2008-776 du 4 août 2008). Les indications orales sur le chiffre d'affaires sont insuffisantes en l'absence des énonciations légales. • Com. 18 oct. 1971, n° 70-11.405 P. ♦ La mise en location-gérance d'un fonds de commerce ne dispense pas, par elle-même, son vendeur d'observer les prescriptions édictées par l'art. 12 [C. com., art. L. 141-1]. • Com. 7 déc. 1993, n° 91-21.391 P : *D. 1994. IR 16 ; Defrénois 1994. 554, obs. Le Cannu ; RTD com. 1994. 42, obs. Derruppé ; JCP N 1996. II. 231, note Raffray.*

11. Calcul de la période triennale. La période des trois dernières années mentionnée par la loi doit être calculée de quantième en quantième en remontant dans le passé à partir du jour de la conclusion de la vente. • Com. 24 nov. 1954 : *Gaz. Pal. 1955. 1. 35 ; RTD com. 1955. 303* • 10 déc. 1991, n° 89-22.023 P : *D. 1993. 21, note Hallouin.*

12. Comptes non arrêtés. Le vendeur ne peut s'exonérer de son obligation pour la période correspondant à l'exercice en cours au prétexte que ses comptes ne sont pas arrêtés et doit, au contraire, prendre toutes dispositions pour fournir ces informations à l'acquéreur, en procédant, si nécessaire, par approximation à partir des éléments comptables en sa possession. • Com. 29 avr. 1997, n° 93-18.415 : *D. Affaires 1997. 851 ; RTD com. 1998. 134, obs. Derruppé.* – V. aussi • Versailles, 9 oct. 1992 : *D. 1992. IR 272 ; RTD com. 1993. 83, obs. Derruppé.*

13. Communication des bénéfices réels. Le montant du chiffre d'affaires et des bénéfices commerciaux [désormais résultats d'exploitation] ne doit pas être celui du forfait fiscal des bénéfices commerciaux. • Com. 8 févr. 1971, n° 69-13.281 P • Civ. 1re, 12 déc. 1979 : *D. 1980. IR 176 ; RTD com. 1980. 74, obs. Derruppé.* ♦ L'art. L. 141-1 exige que soient communiqués les bénéfices et donc *a contrario* également les pertes subies. • Versailles, 23 mars 2006 : *RJDA 2006, n° 1013.* ♦ V. note 1 ss. art. L. 141-3.

14. Évaluation comparative. Il est de principe que la valeur vénale d'un bien, pour l'acquisition d'un fonds de commerce, doit être fixée par l'administration par comparaison avec les cessions de biens intrinsèquement similaires reflétant la réalité du marché. Toutefois, lorsque la méthode dite comparative ne peut être appliquée, il incombe à l'administration de rechercher la méthode la plus pertinente mettant en œuvre des critères en adéquation avec la situation du fonds concerné. Ainsi, c'est à bon droit que l'administration a estimé les fonds, en utilisant une méthode d'évaluation à partir des données comptables et reposant sur le chiffre d'affaires moyen de la société au cours des trois derniers exercices précédant la mutation. • Rouen, 8 nov. 2006 : *JCP 2007. IV. 1459.*

15. Bail. Sur l'insuffisance de la seule mention de l'existence d'un bail « en cours de renouvellement », V. • Paris, 22 sept. 1987 : *D. 1987. IR 199.*

16. Contrats de distribution. V. note 26 ss. art. L. 141-5.

III. SANCTION DES OMISSIONS

17. Réduction du prix. La loi ne prévoyant que l'action en nullité, une action en réduction du prix est irrecevable. • Com. 18 janv. 1984, n° 82-11.958 P. – V. cep. • Com. 23 mars 1965, n° 62-11.861 P. ♦ Rappr. note 7 ss. art. L. 141-3.

18. Dommages et intérêts. Le dommage peut être suffisamment réparé par l'octroi de dommages et intérêts. • Com. 11 juill. 1977, n° 76-10.703 : *D. 1978. 155 ; RTD com. 1978. 95, obs. Derruppé.* ♦ Comp., au cas d'inexactitude : note 5 ss. art. L. 141-3.

19. Responsabilité de l'intermédiaire. Pour la condamnation d'un rédacteur d'acte ayant omis les indications relatives aux chiffres d'affaires et bénéfices, sans même avoir vérifié si la comptabilité empêchait de fournir ces résultats, V. • Civ. 1re, 17 déc. 1996, n° 94-19.478 P : *D. Affaires 1997. 150 ; BJS 1997. 243, note Baranger.* ♦ Le notaire, en sa qualité d'officier public, est tenu de veiller à l'efficacité des actes qu'il établit et doit prendre toutes les mesures qui permettent de sauvegarder les intérêts des acquéreurs d'un fonds de commerce au regard des exigences de l'art. 12 [C. com., art. L. 141-1]. • Civ. 1re, 13 oct. 1999, n° 97-14.521 P : *JCP 1999. IV. 2948 ; Defrénois 1999. 1342, obs. Aubert ; RTD com. 2000. 330, obs. Derruppé.* ♦ Mais le notaire n'est, en principe, pas tenu à une obligation de conseil et de mise en garde en ce qui concerne l'opportunité économique de l'opération à laquelle il prête son concours. • Civ. 1re, 4 nov. 2011, n° 10-19.942 P : *D. 2011. Actu. 2793 ; AJDI 2012. 52 ; JCP E 2012, n° 1006, note Legeais ; JCP N 2012, n° 1063, note Poumarède.*

A. ACTION EN NULLITÉ

20. Nullité relative. Aux termes de l'art. 12 [C. com., art. L. 141-1], l'omission des formalités prévues par ce texte ne peut être prononcée que sur la demande de l'acquéreur. • Com. 17 nov. 1998, n° 96-22.256 : *D. Affaires 1999. 116.*

21. Renonciation. Si l'acquéreur ne peut renoncer dans l'acte de vente à demander la nullité. • Com. 4 nov. 1970, n° 68-12.261 P : *D. 1971. 231.* ♦ ... Ni même renoncer à ce droit avant la conclusion de l'acte. • Versailles, 1er juill. 1999 : *D. 1999. AJ 28* . ♦ ... Il a été cependant jugé que, s'agissant d'une nullité relative, il peut y renoncer après la vente. • T. com. Mirecourt, 13 déc. 1935 : *Rev. loyers 1936. 263.*

22. Réitération de la vente par acte authentique. Si les dispositions de l'art. 12 [C. com., art. L. 141-1] sont applicables à l'acte sous seing privé, par lequel le transfert de propriété du fonds vendu est subordonné à la passation d'un acte authentique, et qui ne comporte aucune mention quant au résultat du fonds, l'acquéreur n'est toutefois pas fondé à poursuivre l'annulation de la vente dès lors que les parties ont maintenu leur commune volonté lors de la signature de l'acte authentique qui n'était affecté d'aucune cause de nullité. • Com. 27 juin 2000, n° 95-15.406 P : *D. 2000. AJ 357, obs. Monéger-Dupuis ; RTD com. 2000. 849, obs. Derruppé ; JCP N 2001, n° 25, p. 1068, note Leveneur ; LPA 16 mars 2001, obs. Martin.*

23. Délai pour agir : caractère préfix. Après avoir exactement énoncé que le délai d'un an dans lequel se trouve enfermée l'action fondée sur les art. 12 et 13 de la loi du 29 juin 1935 [C. com., art. L. 141-1 et L. 141-3] constitue un délai préfix, une cour d'appel décide à bon droit que l'expiration de ce délai interdit à l'acquéreur d'un fonds de commerce d'invoquer, même par voie d'exception, les omissions et inexactitudes visées par ces textes. • Com. 31 mars 2004, n° 01-13.089 P : *D. 2004. AJ 1238, obs. Chevrier ; JCP E 2004, n° 28-29, p. 1153, note Kéita ; RTD com. 2004. 695, obs. Saintourens ; RJDA 2004, n° 966.* ♦ Il s'agit d'un délai préfix, qui n'est susceptible ni d'interruption, ni de suspension. • Com. 10 déc. 1991, n° 89-14.344 P : *CCC 1992, n° 45, obs. crit. Leveneur ; RTD com. 1992. 353, obs. Derruppé .*

24. Point de départ du délai. Le délai d'une année court du jour de la vente et non de la prise de possession. • Com. 15 déc. 1987, n° 86-13.588 P : *JCP 1988. IV. 77* • 3 mars 1992, n° 89-16.371 P : *D. 1992. IR 101 ; RTD com. 1992. 353, obs. Derruppé* (à propos d'un compromis de vente sous seing privé). – Dans le même sens : • Com. 6 févr. 1996, n° 93-12.868 P : *D. 1996. IR 84 ; JCP E 1996. II. 841, note Petit.* ♦ Pour la détermination du point de départ du délai de prescription en cas de pluralité d'actes, V. • Com. 26 mai 2004, n° 00-12.028 : *RJDA 2004, n° 1208.* ♦ Sur la possibilité d'agir encore en nullité pour dol, V. • Com. 5 juill. 1977 : *D. 1977. IR 494.* ♦ V. notes 28 s.

B. PRONONCÉ DE LA NULLITÉ

25. Preuve. C'est à l'acquéreur qu'il incombe, du fait qu'il est demandeur en annulation du contrat, de prouver que, par l'omission des énonciations légales, son consentement a été vicié et qu'il a subi un préjudice. • Com. 21 juill. 1953 : *Gaz. Pal. 1953. 2. 316* • 10 mai 1982, n° 80-15.383 P.

26. Vice du consentement. Le juge doit rechercher si l'omission a vicié le consentement de l'acquéreur et a été pour lui la cause d'un préjudice. • Com. 5 janv. 1971, n° 69-13.476 P • 13 mars 2001, n° 97-22.288 : *JCP E. 2001, n° 48, p. 1915, note Kamdem* • 27 avr. 2011, n° 10-14.813 : *RJDA 2011, n° 789.* ♦ La nullité n'a pas été retenue, même en l'absence de toute énonciation, dès lors qu'il est établi que l'acquéreur connaissait la plupart des précisions exigées et que l'omission des autres ne lui a pas causé préjudice. • Com. 4 févr. 1965, n° 63-11.545 P • 1er déc. 1992, n° 90-14.578 P : *D. 1993. IR 17* . ♦ Comp., pour un acquéreur, professionnel averti : • Com. 22 nov. 1965, n° 60-12.044 P • 18 janv. 1984, n° 82-11.958 P. ♦ ... Ou ayant pu compulser les livres comptables : • Com. 23 juin 1980, n° 78-14.535 P : *D. 1980. 542 ; RTD com. 1981. 65, obs. Derruppé* • 30 janv. 1990, n° 87-14.493 P : *D. 1991. Somm. 163, obs. Paisant* .

27. Erreur. N'est pas une cause de nullité de la vente l'erreur portant uniquement sur la valeur du fonds de commerce. • Com. 28 juin 1994, n° 92-19.202 : *Rev. loyers 1994. 493.* ♦ Dès lors que le caractère erroné des énonciations fournies par les vendeurs concernant les résultats d'exploitation du bien cédé ainsi que l'absence de clientèle propre à celui-ci malgré sa désignation à l'acte de vente comme partie du fonds de commerce ont vicié le consentement des acquéreurs au point qu'ils n'auraient pas contracté s'ils en avaient eu connaissance, il en résulte une erreur sur les qualités substantielles de la chose vendue, sanctionnée par la nullité de la vente. • Com. 18 juin 1996, n° 93-19.645 : *D. 1998. 305, note Jault-Seseke* .

28. Dol : notion. Le dol ne peut être invoqué par l'acquéreur que dans la mesure où le vendeur lui a caché sciemment l'existence d'une situation susceptible d'influer dans des conditions notables sur le chiffre d'affaires des fonds et où, par sa réticence ou son silence volontaire, il a manqué à la bonne foi sur laquelle l'autre partie était en droit de compter. • Versailles, 21 mai 1986 : *D. 1986. 560, note Jeantin.* ♦ V. aussi • Com. 21 mars 2000, n° 97-11.177 : *Dr. et patr. 10/2000. 103, obs. Chauvel.* ♦ Pour un arrêt considérant que la réticence dolosive rend toujours excusable l'erreur provoquée, V. • Civ. 3e, 21 févr. 2001, n° 98-20.817 P : *D. 2001. 2702, note Mazeaud ; JCP 2001. I. 330, n° 10, obs. Constantin ; Defrénois 2001. 703, obs. Libchaber.* – Sur cet arrêt, V. aussi Mouly, *D. 2003. 2023* . ♦ Sur le caractère déterminant du dol, V. • Com. 9 oct. 2001, n° 99-13.502 : *RJDA 2002, n° 5.*

29. Dol : illustrations. Sur le dol résultant de l'absence d'information sur un litige intéressant le droit au bail, V. • Com. 14 nov. 1995, n° 92-18.140 : *JCP 1997. II. 22818, note Boccara.* ♦ Sur l'annulation d'une vente de fonds d'officine de pharmacie lorsque, par des manœuvres dolosives, des ventes massives de produits et de substances illicites augmentant le chiffre d'affaires ont été dissimulées à l'acquéreur du fonds, alors qu'un tel chiffre était irréalisable dans le cadre d'une exploitation licite normale, V. • Rouen, 10 déc. 1996 : *JCP E 1998, n° 41, p. 1571.* ♦ Sur l'annulation pour dol en raison du défaut d'information du cessionnaire de la non-réalisation de travaux demandés par la commission départementale de sécurité, V. • Civ. 3e, 6 juill. 2005, n° 01-03.590 P : *JCP E 2005, n° 38, p. 1534 ; BRDA 2005, n° 19, p. 5.* ♦ Pour une réticence dolosive relative : aux contrats de distribution, V. note 26 ss. art. L. 141-5. ♦ ... A l'obligation de non-concurrence, V. • Com. 20 juin 1995, n° 92-16.647 P : *cité note 9 ss. art. L. 141-5.* ♦ V. aussi note 7 ss. art. L. 141-3.

30. Dol : régime. Viole les art. 1116 [1137] et 1234 [ancien] C. civ. l'arrêt qui, après avoir constaté l'existence d'un dol commis par un vendeur de fonds de cinéma ayant dissimulé la résiliation du droit au bail, dol qui avait eu pour effet de vicier l'ensemble de la transaction, considère que la remise en l'état des parties étant impossible en fait, le vendeur doit simplement être condamné à restituer une indemnité, alors qu'il résulte de la nullité de la cession que l'acheteur est en droit d'obtenir restitution de l'intégralité des sommes versées lors de la vente. • Com. 19 mai 1998, n° 96-16.393 P : *D. 1999. 406, note Ribeyrol-Subrenat ; JCP 1999. II. 10194, note Karm ; RJDA 1998, n° 1094.* ♦ Viole l'art. 1371 [ancien] C. civ. l'arrêt qui pour décider que le cessionnaire d'un fonds de commerce ne peut prétendre à la restitution intégrale des sommes versées lors de la cession énonce que cette restitution le ferait profiter d'un enrichissement sans cause, alors que le cédant s'étant rendu coupable de dol, se trouve donc privé de l'action *de in rem verso.* • Même arrêt. ♦ Une réticense dolosive rend toujours excusable l'erreur provoquée ; l'erreur de l'acquéreur (obligation de vérifier l'état de la concurrence), provoquée par la réticense dolosive du vendeur (défaut d'information de l'ouverture prochaine d'un fonds concurrent), est excusable. • Com. 13 févr. 2007, n° 04-16.520 : *RJDA 2007, n° 1076.*

31. Nullité facultative. La nullité est facultative pour le juge, qui peut apprécier si l'omission des énonciations a pu vicier le consentement de l'acquéreur. • Com. 30 oct. 1951 : *D. 1952. 86 ; RTD com. 1952. 305* • 21 juin 1966, n° 62-11.295 P. ♦ Le juge du fond doit rechercher si l'omission a pu causer un préjudice à l'acquéreur. • Com. 8 févr. 1971, n° 69-13.281 P • 11 oct. 1982, n° 80-14.900 P. – V. aussi • Com. 20 oct. 1998, n° 96-18.321 : *D. Affaires 1998. 1892 ; RJDA 1998, n° 1347.* ♦ Par suite, il y a lieu à cassation de l'arrêt qui juge que l'omission des mentions suffit à rendre admissible l'action en nullité et refuse d'apprécier si cette nullité devait ou non être prononcée. • Com. 19 janv. 1983, n° 81-14.486 P • 23 juill. 1957 : *D. 1957. 710 ; RTD com. 1958. 66* • 9 déc. 1957 : *Gaz. Pal. 1958. 1. 109.* – Comp. : • Com. 3 mai 1976, n° 75-10.142 P : *D. 1976. IR 208.*

32. Liquidation judiciaire. L'action en nullité de la cession d'un fonds de commerce en raison du non-respect des dispositions de l'art. L. 141-1, n'entre pas dans les prévisions de l'art. L. 621-40 C. com. *[ancien]*, dans la mesure où si cette cession peut effectivement entraîner la restitution du prix, elle n'est pas une action en paiement visée à l'art. L. 621-40 *[ancien]*, la restitution du prix n'étant que la conséquence de l'annulation de la vente. • Toulouse, 5 nov. 2002 : *JCP E 2003, n° 41, p. 1598.*

Art. L. 141-2 *(L. n° 2016-1691 du 9 déc. 2016, art. 129)* **« Au jour de la cession, le vendeur et l'acquéreur visent un document présentant les chiffres d'affaires mensuels réalisés entre la clôture du dernier exercice comptable et le mois précédant celui de la vente.**

« Pendant une durée de trois ans à compter de l'entrée de l'acquéreur en jouissance du fonds, le vendeur met à sa disposition, à sa demande, tous les livres de comptabilité qu'il a tenus durant les trois exercices comptables précédant celui de la vente. »

Toute clause contraire est réputée non écrite.

Ancien art. L. 141-2 ***Au jour de la cession, le vendeur et l'acheteur visent tous les livres de comptabilité qui ont été tenus par le vendeur** (L. n° 2005-882 du 2 août 2005, art. 32)* ***« durant les trois exercices comptables précédant celui de la vente, ce nombre étant réduit à la durée de possession du fonds si elle a été inférieure à trois ans, ainsi qu'un document présentant les chiffres d'affaires mensuels réalisés entre la clôture du dernier exercice et le mois précédant celui de la vente. »***

Ces livres font l'objet d'un inventaire signé par les parties et dont un exemplaire est remis à chacune d'elles. Le cédant doit mettre ces livres à la disposition de l'acquéreur pendant trois ans, à partir de son entrée en jouissance du fonds.

Toute clause contraire est réputée non écrite. — *[L. du 29 juin 1935, art. 15.]*

V. note ss. art. L. 141-12.

BIBL. ▶ Crémieux, *Rev. fonds com. 1936. 408.* – Hugot, *JCP E 1994. I. 347* (panorama de jurisprudence). ▶ Loi du 2 août 2005 : Delfosse et Péniguel, *Dr. et patr. 10/2005, suppl., p. 16.* – Saintourens, *RTD com. 2005. 706.*

1. Promesses de vente. L'art. 15 [C. com., art. L. 141-2] concernant le visa des livres de comptabilité du vendeur est applicable aux promesses synallagmatiques de vente. • Paris, 24 mai 1983 : *D. 1983. IR 355 ; RTD com. 1984. 68, obs. Derruppé.*

2. Non-confidentialité des livres de comptabilité. Il résulte de l'art. 15 [C. com., art. L. 141-2] que les documents comptables qui s'y trouvent mentionnés n'ont, à l'égard de l'acheteur d'un fonds de commerce, aucun caractère confidentiel ; ces documents peuvent donc être communiqués directement à l'acquéreur par le comptable du vendeur, sans faute de sa part. • Civ. 1re, 27 janv. 1993, n° 91-12.640 P : *Defrénois 1993. 1440, obs. Vermelle.*

3. Délai triennal. La période des trois dernières années mentionnée à l'art. 15 [C. com., art. L. 141-2] doit être calculée de quantième à quantième en remontant dans le passé à partir du jour de la conclusion de la vente. • Paris, 24 mai 1983 : *préc. note 1.*

4. Mise à disposition. Le vendeur d'un fonds de commerce, qui demeure propriétaire de ses livres de comptabilité, satisfait à l'obligation, que lui impose l'art. 15, al. 2 [C. com., art. L. 141-2, al. 2], de les communiquer à l'acquéreur, en les tenant à sa disposition chez un tiers, si aucun obstacle n'empêche leur consultation. • Com. 16 mars 1993, n° 90-21.527 P : *D. 1993. IR 95.* ♦ L'exécution de l'obligation de communication des livres de comptabilité est sans incidence sur la prise de possession des éléments du fonds de commerce dont ces livres ne font pas partie. • Com. 23 juin 2004, n° 02-13.084 : *cité note 3 ss. art. L. 141-4.*

5. Non-communication. Le non-respect des dispositions de l'art. L. 141-2 n'étant pas sanctionné par la nullité de la cession du fonds de commerce, la cour d'appel a fait l'exacte application de ce texte en n'annulant pas la cession. • Com. 12 oct. 2010, n° 07-17.933 : *RTD com. 2011. 312, obs. Saintourens* • 25 janv. 2017, n° 15-19.399 : *RJDA 2017, n° 326 ; Defrénois 2018, n° 15, p. 32, obs. Vauvillé.* ♦ Le défaut de visa n'implique pas de vice de consentement d'un acquéreur qui ne conteste pas avoir eu connaissance de la comptabilité. • Com. 29 mai 1973, n° 72-11.913 P. – V. aussi • Com. 17 nov. 1998, n° 97-10.332 : *D. Affaires 1999. 18, obs. A.-L. M.-D.* ♦ Lorsque le vendeur n'a pas communiqué ses livres, il lui appartiendra d'établir l'exactitude des mentions figurant dans l'acte de vente. • Lyon, 30 mars 1938 : *Rev. fonds com. 1939. 177.* – Comp. note 4 ss. art. L. 141-3. ♦ Il a parfois été jugé que l'art. 15 [C. com., art. L. 141-2] n'ayant prévu aucune sanction, le défaut de visa et d'inventaire n'emporterait aucune conséquence en lui-même. V. • Lyon, 30 mars 1938 : *Rev. fonds com. 1939. 177* • Rouen, 24 févr. 1939 : *ibid. 372.*

Art. L. 141-3 **Le vendeur est, nonobstant toute stipulation contraire, tenu de la garantie à raison de l'inexactitude de ses énonciations dans les conditions édictées par les articles 1644 et 1645 du code civil.**

Les intermédiaires, rédacteurs des actes et leurs préposés, sont tenus solidairement avec lui s'ils connaissent l'inexactitude des énonciations faites. — *[L. 29 juin 1935, art. 13.]*

1. Assimilation de l'inexactitude à un vice caché. L'art. 13 [C. com., art. L. 141-3] assimile l'inexactitude des énonciations de l'acte de vente d'un fonds de commerce à un vice caché (à propos d'une officine de pharmacie inapte, dans le cadre d'un exercice régulier de la profession de pharmacien, à produire le chiffre d'affaires annoncé). • Civ. 1re, 3 juill. 1996, n° 94-16.196 P : *JCP E 1997. II. 1021, note Monéger.*

2. Énonciation facultative. Lorsqu'une action en garantie est exercée en raison de l'inexactitude d'une énonciation qui n'est pas exigée par l'art. 12 [C. com., art. L. 141-1], elle est soumise au droit commun de la garantie des vices cachés. • Com. 7 juin 1974, n° 73-11.391 P : *RTD com. 1974. 485, obs. Jauffret.* – *Contra* : • Lyon, 21 mai 1975 : *ibid. 1975. 801, obs. Jauffret.* ♦ Le système d'assainissement étant inclus dans l'accord de cession dès lors que, nécessaire à l'exploitation du fonds, il faisait l'objet d'un engagement du vendeur, son dysfonctionnement rend le fonds impropre à son usage. • Com. 3 déc. 2013, n° 12-20.991 : *RTD com. 2014. 308, obs. Saintourens ; JCP E 2014, n° 1178, note Leveneur ; CCC 2014, n° 61, obs. Leveneur.*

3. Notion d'inexactitude. Les mentions portées dans l'acte de vente sont inexactes lorsqu'elles ne se rapportent pas exclusivement au fonds de commerce vendu (à propos d'annuités de bénéfices commerciaux correspondant à l'activité de l'ensemble du fonds exploité par les vendeurs, dont seule une partie est vendue). • Com. 31 mars 1992, n° 89-18.732 P : *D. 1992. IR 133* • 3 déc. 2002, n° 00-21.669 : *JCP N 2003, n° 7-8, p. 297 ; RTD com. 2003. 270, obs. Saintourens ; RJDA 2003, n° 583.* ♦ Dès lors que dans l'acte de vente doit figurer la mention du bénéfice réel, l'indication des seuls bénéfices fiscaux constitue une inexactitude, pas une omission. • Com. 10 mai 1982, n° 80-15.383 P • 3 nov. 1983, n° 81-16.678 P : *JCP 1984. IV. 10* • 29 avr. 1997, n° 93-18.415 : *D. Affaires 1997. 851 ; RTD com. 1998. 134, obs. Derruppé* .

4. Charge de la preuve. S'agissant de la garantie du vendeur, l'acquéreur doit démontrer cette inexactitude. • Com. 9 juin 1970, n° 68-14.353 P : *D. 1970. 762.*

5. Intérêt pour agir. Il est nécessaire que les inexactitudes soient préjudiciables à l'acquéreur et l'action ne saurait être admise lorsque les bénéfices réels ont été supérieurs au bénéfice fiscal, seul indiqué. • Com. 21 mars 1966 : *D. 1966. 435.* ♦ Il a pu être exigé la preuve que l'inexactitude a constitué une cause d'erreur viciant le consentement. • Com. 8 juin 1970, n° 69-10.626 P : *D. 1970. Somm. 200.* ♦ La relaxe du vendeur des poursuites pour escroquerie n'est pas un obstacle à l'action. • Com. 1er mars 1971, n° 69-14.149 P. ♦ Estimant que les juges doivent rechercher si les inexactitudes relevées n'avaient pas déterminé l'acquéreur à accepter le prix auquel il a contracté : • Com. 6 mai 2008, n° 07-14.321 : *RJDA 2008, n° 1248.*

6. Clause de non-garantie et information de l'acquéreur. La clause par laquelle l'acquéreur d'un fonds de commerce s'oblige à prendre le fonds dans l'état où il se trouve, sans pouvoir exiger aucune indemnité ou diminution de prix pour quelque cause que ce soit, ne fait pas obstacle à l'action résolutoire résultant de l'existence d'un vice caché. • Com. 26 juin 1973, n° 72-11.863 P. ♦ L'accord des parties pour une approximation du montant des bénéfices en cause figurant à l'acte de vente n'enlève rien à la garantie des cédants concernant le montant énoncé. • Com. 12 mars 1996, n° 93-21.238 : *RTD com. 1996. 445, obs. Derruppé* . ♦ La garantie due par le vendeur ne saurait être écartée par le fait que l'acquéreur ait été informé par l'acte de vente que les chiffres mentionnés étaient globaux et incluaient en conséquence toutes les activités exercées par le vendeur, y compris celles qu'il avait conservées (hypothèse d'une cession partielle). • Com. 3 déc. 2002, n° 00-21.669 : *préc. note 3.*

7. Action en réduction de prix. Retenant les inexactitudes, et pas seulement les omissions dans les mentions d'un acte de vente relatives au chiffre d'affaires et aux bénéfices, les juges ont pu déclarer recevable et fondée l'action en réduction de prix de l'acquéreur procédant de l'art. 13 [C. com., art. L. 141-3]. • Com. 23 mars 1965, n° 62-11.861 P • 16 juill. 1981, n° 80-11.395 P : *RTD com. 1982. 400, obs. Derruppé.* ♦ Le prix de cession d'un fonds de commerce peut être réduit au motif que le fichier « clients » était difficilement exploitable par le cessionnaire. • Com. 20 oct. 1992, n° 90-13.072 P : *JCP 1992. IV. 3089.* ♦ L'inexactitude des mentions obligatoires ne peut donner lieu qu'à l'action en garantie prévue à l'art. 13, al. 1er [C. com., art. L. 141-3, al. 1er], sans pouvoir entraîner, à la différence de leur omission, l'annulation de la vente du fonds de commerce, seule demandée par les acquéreurs. • Com. 1er déc. 1992, n° 90-14.578 P : *D. 1993. IR 17.* ♦ Seul peut justifier l'action en réduction du prix de vente formée par l'acquéreur un dol imputable au vendeur ou à son représentant, à l'exclusion des réticences dolosives qui pourraient être le fait du cédant du pas-de-porte de la boutique où s'exerce l'activité, lequel, n'étant pas le vendeur du fonds, ne peut être condamné personnellement à supporter la réduction du prix. • Com. 23 nov. 1993, n° 92-10.284 P : *D. 1994. Somm. 234, obs. Paisant ; JCP 1994. IV. 267.* ♦ L'inexactitude du chiffre d'affaires mentionné dans l'acte de vente d'un fonds de commerce ne constitue pas un vice caché affectant l'usage du fonds. • Com. 11 janv. 2017, n° 15-22.382 : *RJDA 2017, n° 239.* ♦ Considérant que la restitution à laquelle un cocontractant est condamné à la suite d'une réduction de prix prévue à l'art. 1644 C. civ. ne constitue pas par elle-même un préjudice indemnisable, V. • Civ. 1re, 16 janv. 2001, n° 98-15.048 P : *D. 2001. IR 594 ; Defrénois 2001. 722, obs. Aubert.* ♦ Sur les sanctions de la garantie des vices cachés, V. art. 1644 et 1645 C. civ.

8. Obligation de délivrance. L'acquéreur mis en possession de l'objet de la vente a néanmoins, s'il s'agit d'une vente commerciale, le droit d'obtenir la réduction du prix en cas d'exécution défectueuse ou incomplète par le vendeur de son obligation de délivrance, prévue par l'art. 1610 C. civ. • Com. 15 déc. 1992, n° 90-19.006 P.

9. Garantie d'éviction. **BIBL.** Coudert, *D. 1973. Chron. 113.* – Chalvignac, *LPA 16 déc. 2002.* – Forti, *RDC 2016. 556* (fondement de l'obligation de non-concurrence dans les contrats relatifs à une clientèle : pour le remplacement de la garantie d'éviction par le droit commun des contrats). ♦ Pour la mise en œuvre de la garantie d'éviction, il n'y a pas lieu de rechercher si l'acquéreur était de bonne foi, V. • Com. 20 févr. 2001, n° 98-16.842 P : *JCP E 2001, n° 47, p. 1866, note Kéita.* ♦ Pour un arrêt écartant le jeu de la garantie d'éviction à l'occasion d'une vente des éléments incorporels d'un fonds de commerce, l'acquéreur s'étant engagé dans une opération risquée sans précaution, V. • Com. 9 oct. 2001, n° 99-15.253 : *RJDA 2002, n° 240.*

10. Responsabilité de droit commun. Les dispositions spéciales de l'art. 13 [C. com., art. L. 141-3] n'interdisent pas à l'acquéreur d'un fonds de commerce de rechercher la responsabilité de droit commun du vendeur, notamment pour dol, quand bien même les manœuvres alléguées auraient trait à l'inexactitude des énonciations obligatoires portées à l'acte. • Com. 15 janv. 2002, n° 99-18.774 P : *D. 2002. Somm. 2045, obs. Brémond ; JCP 2002. II. 136, note Cermolacce ; RTD com. 2002. 265, obs. Saintourens*. ♦ Pour un vendeur sanctionné pour réticence dolosive à propos de l'exploitation d'une terrasse qui avait été construite sur une plage sans autorisation administrative, V. • Com. 19 févr. 2008, n° 06-22.014 : *RJDA 2008, n° 780.*

11. Responsabilité des intermédiaires. Pour une rédaction fautive de l'acte authentique, qui mentionnait que la cession du fonds de commerce comprenait, au titre des éléments incorporels, l'enseigne et le nom commercial de la marque du constructeur automobile qui y était visé, V. • Civ. 1re, 20 déc. 2007, n° 06-20.147 : *RJDA 2008, n° 391.* ♦ Pour un arrêt écartant le recours en garantie formé par le cédant d'un fonds de commerce qui était coresponsable d'un dol, contre le notaire rédacteur de l'acte ayant commis une faute professionnelle, V. • Civ. 1re, 16 janv. 2001, n° 98-15.048 P : *JCP 2001. IV. 1411* • Com. 28 avr. 2004, n° 01-13.032 : *RJDA 2004, n° 1087* (rejet d'un recours en garantie contre un expert-comptable).

Art. L. 141-4 **L'action résultant de l'article L. 141-3 doit être intentée par l'acquéreur dans le délai d'une année, à compter de la date de sa prise de possession.** – *[L. 29 juin 1935, art. 14.]*

1. Caractère préfix du délai. Le délai imposé par l'art. 14 [C. com., art. L. 141-4] est un délai préfix qui n'est susceptible ni d'interruption, ni de suspension. • Com. 7 oct. 1997, n° 95-17.936 P : *D. 1997. IR 230 ; JCP E 1997. II. 1034, note Croze ; Defrénois 1998. 245, obs. Le Cannu ; RTD com. 1998. 134, obs. Derruppé*. ♦ Il ne peut donc être interrompu par une assignation délivrée devant un tribunal incompétent. • Même arrêt.

Après avoir exactement énoncé que le délai d'un an dans lequel se trouve enfermée l'action fondée sur les art. 12 et 13 de la L. du 29 juin 1935 [C. com., art. L. 141-1 et L. 141-3] constitue un délai préfix, une cour d'appel décide à bon droit que l'expiration de ce délai interdit à l'acquéreur d'un fonds de commerce d'invoquer, même par voie d'exception, les omissions et inexactitudes visées par ces textes. • Com. 31 mars 2004, n° 01-13.089 P : *cité note 23 ss. art. L. 141-1.* ♦ Comp., considérant que les conclusions reconventionnelles déposées au greffe d'un tribunal de commerce interrompent, à leur date, la prescription dès lors que le concluant a comparu ou a été représenté à l'audience et qu'il en résulte que viole les art. 2244 [ancien] C. civ., 871 NCPC [renommé C. pr. civ.], ensemble les art. 13 et 14 de la loi du 19 juin 1935 [C. com., art. L. 141-3 et L. 141-4], l'arrêt qui, pour déclarer *irrecevable* la demande reconventionnelle de l'acquéreur d'un fonds de commerce en réduction du prix, retient que les conclusions reconventionnelles de l'acquéreur produisent effet à la date à laquelle elles ont été soutenues et que le délai préfix de l'art. 14 [C. com., art. L. 141-4] était alors expiré : • Civ. 2e, 26 nov. 1998, n° 96-12.262 P : *D. 1999. IR 28 ; D. Affaires 1999. 199, obs. A.-L. M.-D.*

2. Dol. Seule l'action fondée sur l'inexactitude des mentions obligatoires est enfermée dans le délai de l'art. 14 [C. com., art. L. 141-4], mais non l'action en résolution de la vente pour dol. • Com. 5 juill. 1977 : *D. 1977. IR 494.* ♦ L'action en nullité fondée sur le dol ne se prescrit que par cinq ans. • Paris, 19 févr. 1971 : *RTD com. 1973. 69, obs. Jauffret.* – Comp. : • Lyon, 21 mai 1975 : *D. 1975. Somm. 107.*

3. Computation du délai. Le délai d'une année court de la date de prise de possession et non pas à dater du jour de l'acte de vente. • Com. 11 oct. 1971, n° 70-11.715 P : *D. 1972. 181 ; RTD com. 1972. 50, obs. Jauffret* • 3 mars 1992, n° 89-16.371 P. ♦ Dès lors que l'acquéreur n'a pas pris possession, le délai n'a pas couru et il est toujours en droit d'agir. • Rouen, 31 janv. 1958 : *D. 1958. 455 ; RTD com. 1958. 740.* ♦ L'action en garantie intentée plus d'un an après la prise de possession est prescrite sans qu'il y ait lieu de rechercher si le point de départ du délai devait être différé à la date de remise des livres de caisse à l'acquéreur qui ne font pas partie des éléments du fonds. • Com. 23 juin 2004, n° 02-13.084 : *RJDA 2005, n° 22.* – V. aussi note 4 ss. art. L. 141-2.

4. Date de l'action. Au regard des prescriptions de l'art. 14 [C. com., art. L. 141-4], l'action en garantie est intentée par l'acquéreur à la date de la délivrance de l'assignation au vendeur (et non de la saisine du tribunal). • Com. 15 oct. 1996, n° 94-13.752 P : *D. 1996. IR 240 ; Defrénois 1997. 464, obs. Le Cannu.*

5. Exception de nullité. L'exception de nullité peut seulement jouer pour faire échec à la demande d'exécution d'un acte juridique qui n'a pas encore été exécuté ; par suite, dans un cas où, poursuivie en exécution de son engagement, une caution avait opposé la nullité de celui-ci en conséquence de la nullité de la vente du fonds de commerce sur lequel le créancier avait inscrit un nantissement, une cour d'appel peut décider que, la caution n'ayant invoqué la nullité de cette vente qu'après l'expiration du délai d'un an prévu à l'art. L. 141-4, sa demande d'annulation était irrecevable. • Com. 8 oct. 2003, n° 00-22.382 : *RJDA 2004, n° 272.* ♦ V., pour une demande reconventionnelle par voie d'exception, • Com. 31 mars 2004, n° 01-13.089 P : *cité note 23 ss. art. L. 141-1.*

SECTION II DU PRIVILÈGE DU VENDEUR

Art. L. 141-5 **Le privilège du vendeur d'un fonds de commerce n'a lieu que si la vente a été constatée par un acte authentique ou sous seing privé, dûment enregistré** *(Abrogé par Ord. n° 2021-1192 du 15 sept. 2021, art. 27, à compter d'une date qui sera fixée par décret et qui ne pourra être postérieure au 1er janv. 2023)* ***«, et que s'il a été inscrit sur un registre public tenu au greffe du tribunal de commerce dans le ressort duquel le fonds est exploité».***

Il ne porte que sur les éléments du fonds énumérés dans la vente et dans l'inscription, et à défaut de désignation précise, que sur l'enseigne et le nom commercial, le droit au bail, la clientèle et l'achalandage.

Des prix distincts sont établis pour les éléments incorporels du fonds, le matériel et les marchandises.

Le privilège du vendeur qui garantit chacun de ces prix, ou ce qui en reste dû, s'exerce distinctement sur les prix respectifs de la revente afférents aux marchandises, au matériel et aux éléments incorporels du fonds.

Nonobstant toute convention contraire, les paiements partiels autres que les paiements comptants s'imputent d'abord sur le prix des marchandises, ensuite sur le prix du matériel.

Il y a lieu à ventilation du prix de revente mis en distribution, s'il s'applique à un ou plusieurs éléments non compris dans la première vente. – *[L. 17 mars 1909, art. 1er.]*

FORM. PR. COM. v° *Envoi au greffe des bordereaux d'inscription du privilège du vendeur*, par PUECH.

BIBL. ▸ REZEK, *JCP N 2009, n° 36, p. 29* (spécificités rédactionnelles du bordereau d'inscription d'un privilège de vendeur de fonds de commerce) ; *JCP N 2011, n° 1224* (réflexion sur l'unité du privilège de vendeur de fonds de commerce).

I. ÉLÉMENTS DU FONDS DE COMMERCE

BIBL. Derruppé, *in Mél. Terré, Dalloz, PUF, Juris-Classeur, 1999, p. 577* (avenir du fonds de commerce et de la propriété commerciale). – Chazal, *Defrénois 2001. 167* (l'usufruit d'un fonds de commerce). – Rezek, *JCP N 2004, n° 36, p. 1294* (principe de spécialité des inscriptions grevant un fonds de commerce).

1. Universalité mobilière de fait. **BIBL.** Meiller, *RTD civ. 2012. 651* (universalité de fait). ♦ Aucun texte ne définit la composition du fonds de commerce et la loi du 17 mars 1909 énumère seulement les divers éléments qui peuvent servir à le constituer. • Civ. 2e, 10 juill. 1953 : *Bull. civ. II, n° 252 ; D. 1953. 598.* ♦ Le fonds de commerce est une universalité distincte des éléments qui la composent. • Req. 13 mars 1888 : *DP 1888. 1. 351* • Civ. 31 oct. 1906 : *DP 1906. 1. 528 ; S. 1922. 1. 313, note H. Rousseau* • 26 juill. 1932 : *Gaz. Pal. 1932. 2. 687, sous note.* ♦ C'est une universalité mobilière insusceptible de cession partielle (à propos de l'application de l'art. 1840 CGI). • Com. 12 nov. 1992, n° 90-20.845 P : *Defrénois 1993. 502, obs.* Le Cannu ; *D. 1992. IR 281* • 26 oct. 1993, n° 91-15.877 P : *D. 1994. Somm. 54, obs. Rozès ; JCP N 1994. II. 65, note Destame* (à propos de la cession d'un fonds de commerce exploité dans un local essentiel à cette exploitation et pris à bail, qui emporte nécessairement cession de ce bail).

2. Appréciation par les juges du fond. Il appartient aux juges du fond d'apprécier, d'après les éléments désignés par la convention, si ceux que les parties ont compris dans leurs opérations sont ou non des éléments essentiels sans lesquels un fonds ne saurait exister. • Civ. 10 juill. 1953 : *D. 1953. 598.* ♦ La question de savoir si un fonds survit à la disparition de certains éléments et la détermination des éléments essentiels à cet égard, sont laissées aux juges du fond. • Civ. 1re, 30 oct. 1957 : *Bull. civ. I, n° 407.* ♦ Pour un acte de cession du fonds de commerce, par lequel le cessionnaire avait accepté de prendre le fonds avec tous ses éléments corporels et incorporels en dépendant dans l'état où il se trouvait sans recours contre le cédant pour quelque cause que ce soit, V. • Civ. 3e, 30 sept. 2015, n° 14-21.237 P : *AJDI 2016. 11, note Planckeel ; JCP 2015, n° 1134, obs. Bouzol ; Gaz. Pal. 2015. 3777, obs. Aniel-Barrau.*

A. CLIENTÈLE

3. Distinction avec la personne de l'exploitant. Juridiquement, il serait contraire à la dignité de l'Homme et à la liberté du travail de considérer la personne physique de l'exploitant (chef étoilé de renommée internationale) ou celle de ses collaborateurs comme un élément matériel d'un fonds de commerce ; il convient de ne pas confondre l'attraction de la personne de l'exploitant, ayant son effet propre de valorisation économique du fonds où il travaille, avec le transfert juridique d'une clientèle d'un fonds de commerce à un autre. • Paris, 1er juill. 2004 : *RTD com. 2005. 248, obs. Saintourens*.

4. Distinction avec l'achalandage. **BIBL.** Derruppé, *Écrits en l'honneur de J. Savatier, p. 167.* – Rotondi, *Ann. dr. com. 1930. 137.* ♦ L'achalandage constitué par le monopole de fait résultant du privilège d'exploitation par un concessionnaire d'un emplacement de marché se distingue d'une véritable clientèle nécessaire à l'existence d'un fonds de commerce. • Com. 3 févr. 1970, n° 68-10.522 P : *D. 1970. 626.* – Comp. : • Com. 31 mai 1988, n° 86-17.770 P : *RTD com. 1988. 609, obs. Derruppé.*

5. Caractère essentiel de la clientèle. **BIBL.** Collomb, *RTD com. 1979. 1.* – Derruppé, *in Études Jauffret, 1974, p. 231.* – Randoux, *JCP 1991. I. 3533* (désinvestissement). – Sabireau-Perez, *Gaz. Pal. 1998. 1313.* – Leloup, *Gaz. Pal. 2009. 1801* (la place de la clientèle aujourd'hui). ♦ La clientèle est la condition essentielle d'existence d'un fonds de commerce. • Req. 15 févr. 1937 : *DP 1938. 1. 13, note Cordonnier ; S. 1937. 1. 169, note Rousseau ; Rev. gén. dr. com. 1938. 164, note Lagarde* • Com. 29 mai 1953 : *JCP 1953. II. 7720, note Cohen* • 7 mars 1978, n° 76-13.388 P : *D. 1978. IR 453 ; RTD com. 1979. 91, obs. Derruppé* • Civ. 3e, 18 mai 1978, n° 76-13.943 P : *D. 1978. IR 488 ; RTD com. 1978. 559, obs. Derruppé ; JCP 1978. IV. 220.* ♦ A défaut de clientèle, un fonds de commerce ne saurait exister. • Com. 23 mai 1960, n° 235 P • 16 janv. 1990, n° 87-20.156 : *JCP 1991. II. 21662* • Civ. 3e, 18 mai 1978, n° 76-13.943 P : *préc.* ♦ Sur une clientèle réduite à un seul client, V. • Com. 7 déc. 1965, n° 62-10.937 P. ♦ Un fonds de commerce ne survit pas à la disparition de la clientèle. • Civ. 3e, 18 mai 1978, n° 76-13.943 P : *préc.* ♦ V. cependant, • Com. 10 mars 1970, n° 67-13.697 P : *D. 1970. 586 ; Journ. not. 1971, art. 49897, note Viatte.* ♦ En ce sens que la cession d'une branche autonome d'activité à laquelle est attachée une clientèle propre constitue une cession de fonds de commerce indépendant, V. • Com. 14 avr. 1992, n° 89-20.908 P : *RTD com. 1993. 82, obs. Derruppé*. ♦ Sur la cession successive d'éléments isolés emportant transfert de clientèle, V. • Com. 6 juin 1990, n° 89-11.437 P : *RTD com. 1991. 27, obs. Derruppé*. ♦ V. aussi note 7. ♦ L'omission de transmettre tout ou partie de la clientèle lors de la cession du fonds constitue pour le vendeur une inexécution de son obligation de délivrance et justifie la demande en résiliation de ladite cession formée par l'acquéreur. • Com. 24 nov. 1992, n° 91-11.055 P.

6. Clientèle préexistante. **BIBL.** Boccara, *Gaz. Pal. 1994. 2. Doctr. 1021* (distribution intégrée). – Rakotovahiny, *Bull. act. Lamy droit commercial juill. 2003, p. 1* (commerce inclus). – Sainturat, *AJDI 2004. 355* (même thème). – Boulogne-Yang-Ting, *AJDI 2005. 556* (commerce intégré). ♦ Le premier gérant libre d'une station-service ne peut prétendre n'avoir trouvé aucune clientèle à son entrée dans les lieux, dès lors que dès le premier jour des automobilistes s'y sont ravitaillés. • Com. 27 févr. 1973, n° 71-10.653 P : *D. 1974. 283, obs. Derruppé ; JCP 1973. II. 17403, note A. S.* – Dans le même sens, V. • Com. 21 mars 1995, n° 93-11.868 P : *D. 1995. IR 101 ; Defrénois 1995. 950, obs. Le Cannu.* – Comp. cependant : • Com. 3 juin 1982, n° 80-16.081 P.

Le public qui fréquente les buffets-buvettes s'étant rendu sur les lieux pour assister aux courses de chevaux, les exploitants ne se constituent pas une clientèle personnelle distincte de celle de l'organisateur des courses. • Cass., ass. plén., 24 avr. 1970, n° 68-10.914 P : *D. 1970. 381, note R. L.* ♦ Il revient au juge de rechercher si le titulaire du fonds de commerce exploitait une clientèle attachée à l'activité de restauration qui soit distincte de celle du port de plaisance où elle était exercée. • Com. 28 mai 2013, n° 12-14.049 P : *JCP E 2013, n° 1391 ; LPA 6 nov. 2013, note Humann ; RLDA oct. 2013. 22, obs. Farache.* ♦ Exigeant que le preneur rapporte la preuve d'une clientèle propre, mais non que celle-ci soit *prépondérante*, V. • Civ. 3e, 19 mars 2003, n° 01-17.679 P : *D. 2003. 2749, note Kenfack ; JCP E 2003, n° 30, p. 1243, note Kéita ; RTD com. 2003. 275, obs. Monéger ; RJDA 2003, n° 572* • 19 janv. 2005, n° 03-15.283 P : *D. 2006. Pan. 926, obs. Rozès ; JCP E 2005. II. 10040, note Reifegerste ; LPA 22 nov. 2005, note Humann ; RJDA 2005, n° 362 ; AJDI 2005. 476, obs. Blatter*. ♦ *Contra*, précisant que n'est pas titulaire d'un fonds de commerce le commerçant exploitant un banc de poissons installé à proximité d'un supermarché, dès lors que la clientèle de ce commerce est constituée, de manière largement prépondérante, par celle du supermarché exploité par la société propriétaire du local. • Civ. 3e, 27 nov. 1991, n° 90-15.177 P. ♦ Comp., lorsque le locataire a une pleine autonomie de gestion et une clientèle propre, distincte de celle du supermarché : • Civ. 3e, 24 janv. 1996, n° 94-10.322 P : *RJDA 1996, n° 464.* ♦ La cessation d'exploitation par le cédant, qui n'a pas à elle seule d'incidence sur l'existence du fonds de commerce, ne peut constituer la cause de sa disparition que si elle a entraîné la perte de la clientèle. • Com. 17 janv. 2012, n° 11-10.468 : *JCP E 2012, n° 1129 ; RJDA 2012, n° 490.* ♦ Sur la propriété de la clientèle en cas de franchise, V. notes 29 s. ss. art. L. 330-3.

7. Clientèle commerciale. Les établissements publics ne sont pas propriétaires d'un fonds de commerce. • Civ. 29 janv. 1952 : *D. 1952. 737, note Derrida* (à propos d'EDF). ♦ Pour que le fonds soit commercial, il est nécessaire qu'il soit exploité par un commerçant et que l'objet du fonds soit de faire des actes de commerce. • Pau, 30 mars 1960 : *Gaz. Pal. Tables 1960-1965, v° Fonds de commerce, n° 1.* ♦ Une société à forme commerciale et à objet civil n'exploite pas un fonds de commerce. • Paris, 14 nov. 1959 : *JCP 1960. II. 11784, note Boccara ; RTD com. 1960. 551, obs. Jauffret.* ♦ Comp. note 26 ss. art. L. 110-1. ♦ Les débits de tabacs ne constituent pas des fonds de commerce. • Req. 13 mars 1905 : *DP 1907. 1. 15.*

8. Obligation légale de non-rétablissement. **BIBL.** Chalvignac, *LPA 16 déc. 2002* (garantie légale d'éviction et clause de non-concurrence). – Violet, *Defrénois 2006. 467* (quels rapports entre obligation de garantie et obligation de non-concurrence). – Bucher, *CCC 2011. Étude 12* (l'obligation de non-concurrence née de la garantie d'éviction : entre droit de la concurrence et droits fondamentaux). ♦ **RÉP. COM.** v° *Concurrence (obligation de non-concurrence)*, par Picod, Auguet et Gomy. ♦ Même si l'acte de cession ne comporte aucune clause de non-rétablissement, il n'en demeure pas moins que le vendeur qui a cédé son fonds de commerce, et notamment sa clientèle, est tenu de procurer à son acheteur la jouissance paisible de la chose vendue et de s'abstenir de tout acte de nature à détourner la clientèle du fonds vendu. • Com. 14 avr. 1992, n° 89-21.182 P : *CCC 1992, n° 149, obs. Leveneur ; Defrénois 1992. 1358, obs. Sénéchal ; D. 1993. Somm. 239, obs. Paisant.* ♦ En cas de cession d'un fonds de commerce, la garantie légale d'éviction interdit au vendeur de détourner la clientèle du fonds cédé, et si le vendeur est une personne morale cette interdiction pèse non seulement sur elle, mais aussi sur son dirigeant ou sur les personnes qu'il pourrait interposer pour échapper à ses obligations. • Com. 24 mai 2005, n° 02-19.704 P : *D. 2005. AJ 1634, obs. Chevrier ; RTD com. 2006. 295, obs. Saintourens ; JCP E 2005, n° 27-28, p. 1181 ; CCC 2005, n° 135, obs. Malaurie-Vignal ; RJDA 2005, n° 962* • Orléans, 7 févr. 2008 : *D. 2009. Pan. 1441, obs. Gomy.* ♦ Ne donne pas de base légale à sa décision la cour d'appel qui refuse d'ordonner la cessation d'actes manifestement déloyaux en raison de l'illicéité patente d'une clause de non-concurrence, sans rechercher si l'accomplissement de tels actes, qui pouvait avoir pour effet d'empêcher le cessionnaire de poursuivre l'activité économique cédé et de réaliser l'objet social, ne constituait pas une méconnaissance de la garantie légale d'éviction. • Com. 18 oct. 2011, n° 10-24.808 : *JCP E 2011, n° 1807 ; CCC 2012, n° 3, obs. Leveneur.* ♦ Constitue une *faute délictuelle* à la charge de l'acquéreur l'achat d'un fonds de commerce créé par le vendeur en infraction à l'obligation légale de garantie pesant sur lui à l'égard du cessionnaire d'un fonds similaire, objet d'une vente antérieurement conclue, dès lors que l'acquéreur du fonds était informé de cette obligation. • Com. 4 mai 1993, n° 91-14.855 P : *RJDA 1993, n° 888.*

9. Clause de non-rétablissement. **RÉP. COM.** v° *Concurrence (obligation de non-concurrence)*, par Picod, Auguet et Gomy. ♦ En ce sens qu'en l'absence de préjudice, l'acheteur est sans intérêt à agir en exécution de la clause de non-réinstallation et qu'il commet un abus de droit en en demandant l'exécution, V. • Civ. 1re, 19 nov. 1996, n° 94-20.207 P : *RTD civ. 1997. 156, obs. Gautier ; RJDA 1997, n° 169* (vente d'une officine pharmaceutique). ♦ En cas de clause de non-rétablissement, il est nécessaire de constater en quoi le comportement du vendeur est contraire aux stipulations, lorsqu'il n'est que salarié d'une société concurrente : • Com. 22 janv. 1991, n° 88-14.915 P : *D. 1991. IR 53* • 22 oct. 1991, n° 90-11.193 P : *D. 1992. Somm. 349, obs. Serra* • 8 déc. 1992, n° 91-11.826 P : *D. 1993. 603, note Sage* (relevant le lien de subordination entre le vendeur devenu gérant technique salarié d'un concurrent et son employeur). ♦ V. aussi, pour un vendeur vivant maritalement avec la locataire-gérante d'un fonds de même nature, • Com. 4 mai 1993, n° 91-20.374 P. ♦ Le vendeur d'un fonds de commerce ne contrevient à la clause de non-concurrence insérée dans l'acte de vente que s'il participe à la direction d'un établissement concurrent mais ne la méconnaît pas s'il n'en est qu'un collaborateur subordonné même bénévole. • Com. 5 déc. 2000, n° 98-20.706 : *RJDA 2001, n° 414.* ♦ Sur l'interprétation d'une clause de non-concurrence relative à un fonds de commerce de débit de boissons, proposant également de la petite restauration, V. • Com. 26 oct. 1993, n° 92-10.631 P : *D. 1995. Somm. 207, obs. Serra.* ♦ Pour les mêmes difficultés s'agissant de l'activité de location de salle avec traiteur et brasserie, V. • Com. 20 sept. 2011, n° 10-20.664 : *RTD com. 2012. 80, obs. Saintourens ; RJDA 2012, n° 5.*

Dans le cas où les parties ont stipulé que le vendeur ne pourrait se rétablir dans une activité déterminée pendant un certain délai, l'expiration de ce délai n'a pas pour effet de le libérer de l'obligation légale de garantie de son fait personnel, qui est d'ordre public (arrêt fondé sur les art. 1625, 1626 et 1628 C. civ.). • Com. 14 avr. 1992, n° 89-21.182 P : *préc.* ♦ Dans le même sens, V. • Com. 16 janv. 2001, n° 98-21.145 P : *D. 2002. 712, note Archer ; JCP E 2001, n° 37, p. 1429, note Kéita ; RTD com. 2001. 406, obs. Derruppé ; CCC 2001, n° 42, obs. Malaurie-Vignal.* ♦ Après l'expiration de la clause de non-concurrence, le cessionnaire des actions de la société demeure fondé à se prévaloir de la garantie légale d'éviction, qui interdit au cédant tout agissement ayant pour effet de l'empêcher de poursuivre l'activité économique de la société et de réaliser l'objet social. • Com. 15 déc. 2009, n° 08-20.522 P : *D. 2010. AJ 206 ; RTD com. 2010. 155, obs. Dondero ; JCP E 2010, n° 1359, note Roussille ; CCC 2010, n° 66, obs. Leveneur ; RJDA 2010, n° 378.* – V. aussi • Orléans, 11 mars 2010 : *D. 2010. Pan. 2541, obs. Gomy* . ♦ Même si le vendeur d'un fonds de commerce a été une SARL et non personnellement sa gérante, il n'en demeure pas moins que l'obligation de non-concurrence pèse également sur cette dernière. • Paris, 30 janv. 1992 : *D. 1993. Somm. 160, obs. Serra* . – *Contra* : • Com. 11 juill. 2006, n° 04-20.552 : *cité note 95 ss. L. n° 63-628 du 2 juill. 1963, App., v° Concurrence.* ♦ Commet une réticence dolosive le gérant d'une société venderesse de son fonds de commerce contractuellement tenu d'une obligation de non-concurrence et de non-rétablissement, dès lors que son épouse est gérante d'une autre société, qui a un objet social et une activité identiques, et que ladite épouse n'a cédé ses parts et cessé son activité qu'après la vente du fonds. • Com. 20 juin 1995, n° 92-16.647 P : *D. Affaires 1995. 9 ; D. 1995. IR 211* . ♦ La cession d'un fonds de commerce présentant le caractère d'un acte de commerce, les cédants, en l'absence de stipulation contraire, s'obligent solidairement au respect de la clause de non-rétablissement stipulée à l'acte et à la réparation du préjudice en résultant. • Com. 8 juin 1993, n° 89-14.658 P. ♦ Sur la transmissibilité de l'obligation de non-concurrence, V. • Com. 1er avr. 1997, n° 95-12.025 P : *cité note 27.* ♦ Sur la détermination du débiteur de l'obligation de non-concurrence en cas de vente d'un fonds de commerce, V. aussi les obs. de Saintourens ss. • Paris, 31 oct. 2007 : *RTD com. 2008. 46* .

B. DIVERSITÉ DES ÉLÉMENTS

BIBL. Rezek, *JCP E 2003, n° 28-29, p. 1183* (vente de fonds de commerce et titre d'occupation des locaux commerciaux). – Dejoie et Phan Thanh, *JCP N 2009, n° 19, p. 17* (cession du droit au bail).

10. Droit au bail. De principe, le droit au bail n'est pas nécessairement l'élément essentiel d'un fonds de commerce. • Req. 22 oct. 1923 : *DP 1924. 1. 77* • Civ. 17 juill. 1928 : *DH 1928. 510* • Req. 30 janv. 1934 : *S. 1935. 1. 12* • Civ. 13 mars 1944 : *Gaz. Pal. 1944. 1. 263* • Com. 29 mai 1953 : *D. 1953. 599 ; RTD com. 1954. 75, obs. Jauffret* • Civ. 1re, 8 déc. 1964, n° 63-10.522 P : *Gaz. Pal. 1965. 1. 250.* ♦ Quelle que soit son importance, le droit au bail ne constitue pas, de plein droit, un élément nécessaire du fonds de commerce, qui peut exister en dehors de lui (à propos d'un local occupé en vertu d'un droit d'usage intransmissible). • Com. 27 avr. 1993, n° 91-12.561 P : *D. 1993. IR 129 ; Defrénois 1993. 1202, obs. Le Cannu.* ♦ Il n'importe que le bail ait une importance considérable et constitue à lui seul la presque totalité de la valeur du fonds. • T. civ. Cambrai, 10 déc. 1953 : *JCP 1954. II. 8289, note Cohen.* – Comp. : • Com. 6 déc. 1982, n° 81-14.422 P : *JCP 1984. II. 20158, note Cohen* • 14 nov. 1995, n° 92-18.140 : *Administrer 2/1996. 33, obs. Boccara.* ♦ Sur les conséquences de la résolution de la vente d'un fonds de commerce sur le bail commercial conclu en vue de son exploitation, V. • Civ. 3e, 30 oct. 2002, n° 01-01.219 P : *AJDI 2003. 31, obs. Dumont* ; *RTD com. 2003. 56, obs. Saintourens* ; *JCP E 2003, n° 26, p. 1096, note Kéita ; RJDA 2003, n° 12.* ♦ V. aussi note 7 ss. art. L. 642-7 et, en la matière, • Com. 13 nov. 2002, n° 01-01.995 : *AJDI 2003. 504, obs. Le Corre* . ♦ Sur les conséquences de la résiliation judiciaire du bail sur la vente du fonds de commerce, V. • Com. 16 oct. 2007, n° 05-20.395 : *cité note 183, App., v° Contrats d'affaires.* ♦ Sur la vente d'un fonds de commerce sous condition de la conclusion d'un nouveau bail, V. aussi • Com. 22 nov. 2017, n° 16-21.401 : *RTD com. 2018. 56, obs. Saintourens* ; *RJDA 2018, n° 405.*

11. Cession du droit au bail. La cession d'un fonds de commerce n'inclut pas nécessairement celle du bail des locaux d'exploitation de ce fonds. • Com. 9 mai 2007, n° 05-20.057 : *RJDA 2007, n° 993 ; Rev. loyers 2007. 393, obs. Gallet.* ♦ Dès lors qu'une partie non négligeable de la clientèle a été effectivement cédée, il y a bien vente de fonds de commerce et non cession de droit au bail. • Civ. 3e, 29 nov. 2005, n° 04-17.031 : *Administrer 2/2006. 32, obs. Boccara et Lipman-W. Boccara.* ♦ Comp., jugeant que l'acte, intitulé cession de fonds de commerce, emportait en réalité la vente du seul droit au bail en l'absence totale d'achalandage, de marchandises et d'activité commerciale durant l'année ayant précédé l'acte litigieux : • Com. 24 janv. 2006, n° 04-15.175 : *RJDA 2006, n° 626.* ♦ La cession qui porte sur un fonds fermé alors que l'exploitant était radié du RCS pour cessation d'activité s'analyse en une cession de droit au bail. • Toulouse, 4 avr. 2006 : *JCP N 2007, n° 45, p. 18, obs. Rezek.* ♦ Sur la cession du fonds de commerce incluant le droit au bail à une société en formation et ses conséquences sur le droit au renouvellement et, partant, ses corollaires que sont le droit à indemnité d'éviction et le droit au maintien dans les lieux, V. • Civ. 3e, 2 févr. 2005, n° 03-18.575 P : *D. 2005. AJ 718, obs. Lienhard* ; *JCP E 2005, n° 11, p. 452 ; RTD com. 2005. 259, obs. Monéger* ; *RJDA 2005, n° 509* • 6 avr. 2005, n° 01-12.719 P : *D. 2006. Pan. 929, obs. Rozès* ; *JCP E 2005, n° 48, p. 2042, obs. Kenfack ; AJDI 2005. 659, obs. Dumont* ; *RJDA 2005, n° 943.* ♦ Sauf clause contraire incluse dans l'acte, toute cession de fonds de commerce emporte cession de la créance d'indemnité d'éviction due au cédant et du droit au maintien dans les lieux, et cette cession peut valablement intervenir jusqu'au paiement de l'indemnité d'éviction. • Civ. 3e, 17 févr. 2010, n° 08-19.357 P : *AJDI 2010. 631, note Dumont-Lefrand* ; *JCP E 2010, n° 1680, note Mercier ; RJDA 2010, n° 921.* ♦ Une ordonnance d'expropriation, qui éteint le droit au bail, ne fait pas disparaître le fonds de commerce, et la cession de ce fonds emporte, sauf clause contraire incluse dans l'acte, cession de la créance d'indemnité d'éviction due au cédant. • Civ. 3e, 20 mars 2013, n° 11-28.788 P : *D. 2013. Actu. 839 ; RTD com. 2013. 227, obs. Saintourens ; Dr. et patr. 6/2013. 76, obs. Seube ; Loyers et copr. 2013, n° 178, obs. Brault.* ♦ La cession du fonds de commerce qui comprend la cession du bail n'entraîne pas la transmission de l'obligation d'informer le bailleur d'une sous-location intervenue antérieurement à la cession de ce fonds. • Civ. 3e, 17 sept. 2008, n° 07-10.170 P : *D. 2008. AJ 2426, obs. Forest ; RTD com. 2009. 280, obs. Saintourens ; AJDI 2009. 360, obs. Denizot ; JCP E 2008, n° 42, p. 22 ; Gaz. Pal. 2009. 527, obs. Brault ; RJDA 2009, n° 8.*

1° ÉLÉMENTS INCLUS

12. Droit de place sur un marché. BIBL. Jauffret, *RTD com. 1968. 1019.* – Vilar, *ibid. 1973. 27.* ♦ La présentation d'un successeur par le bénéficiaire d'un droit de place sur un marché à l'autorité municipale octroyante, qui ne contrevient en rien à l'inaliénabilité du domaine public, peut s'accompagner de la cession onéreuse d'éléments identiques à ceux d'un fonds de commerce. • Civ. 1re, 5 déc. 1995, n° 93-12.096 P : *D. Affaires 1996. 167 ; JCP 1996. I. 3929, n° 10, obs. Billiau ; Defrénois 1996. 743, obs. Delebecque.* ♦ Bien que la concession d'un emplacement sur un marché municipal dont un marchand ambulant était bénéficiaire fût un bien hors commerce, ni cessible ni saisissable, les juges doivent rechercher si ce commerçant ne pouvait être détenteur d'un fonds de commerce auquel était attachée une clientèle. • Com. 4 févr. 2014, n° 12-25.528 : *D. actu. 6 mars 2014, obs. Delpech.*

Sur le droit d'occupation d'emplacement dans un marché d'intérêt national, V. art. L. 761-1 s. ♦ Sur la concession immobilière, V. note 13.

13. Concession immobilière. Le droit de concession immobilière est susceptible d'être compris dans un nantissement de fonds de commerce. – V. L. n° 67-1253 du 30 déc. 1967, art. 51, al. 2 et 3. – **C. civ.** ou **C. baux**. ♦ Lors d'une cession de fonds de commerce, l'autorisation d'occupation du domaine public est annulée de plein droit. Le nouveau propriétaire du fonds doit, dès lors, demander une nouvelle autorisation. Le « droit de terrasse » ne fait donc pas partie, à ce jour, des éléments figurant habituellement dans le fonds de commerce (Rép. min. n° 36869 : *JOAN Q 7 janv. 2014, p. 79 ; RTD com. 2014. 305, obs. Saintourens*).

14. Marchandises et matériel. BIBL. Garçon, *JCP N 2008, n° 40, p. 17* (le casse-tête des agencements dans la cession de fonds de commerce). ♦ La cession de marchandises n'est pas essentielle pour caractériser la cession d'un fonds de commerce et il n'y a pas lieu à se livrer dans le détail à l'examen des marchandises susceptibles d'avoir été liquidées ou non, cédées ou non. • Paris, 21 janv. 2009 : *Administrer 4/2009. 44, obs. Lipman-W. Boccara.* ♦ Mais quand, dans un fonds de commerce, la clientèle a presque totalement disparu et qu'une ordonnance d'expulsion est sur le point de mettre fin au droit au bail, le matériel peut constituer la seule valeur et la véritable substance du fonds. • Com. 2 août 1949 : *JCP 1949. II. 5188, note Saint-Alary ; S. 1950. 1. 81, note Cohen.* ♦ V. art. L. 142-2. – Comp. : • Com. 2 juill. 1979, n° 77-16.035 P. – V. aussi • Com. 9 oct. 1990, n° 89-13.438 P. ♦ Sur les conditions de reprise du stock, et notamment sa valeur, V. • Com. 23 juin 2015, n° 14-16.013 : *AJCA 2015. 389, obs. Reygrobellet ; RJDA 2015, n° 741.* ♦ Sur l'immobilisation, V. note 24.

15. Nom commercial. V. RÉP. COM., v° *Nom commercial*, par LOISEAU. ♦ Le nom commercial est un élément du fonds de commerce. L'extinction du droit privatif portant sur le nom commercial et l'enseigne ne pouvant résulter que de la disparition du fonds de commerce ou de l'abandon de ce droit, le commerçant, qui quitte le lieu où se trouve installé son établissement, peut conserver les éléments incorporels et les utiliser ultérieurement pour distinguer son activité au nouveau siège de celle-ci (à propos d'un théâtre). • Paris, 3 juill. 1996 : *D. Affaires 1996. 1187.* ♦ L'obligation de délivrance du vendeur d'un fonds de commerce comprenant tous les éléments corporels et incorporels composant le fonds, y compris l'enseigne et le nom commercial, manque à cette obligation le vendeur qui affirme dans l'acte de cession avoir la libre disposition du fonds et de tous les éléments le composant, alors qu'il avait autorisé un ancien employé à utiliser l'enseigne, bien qu'il ait obtenu en justice, avant la cession, la condamnation de celui-ci à en cesser toute utilisation. • Paris, 25 oct. 2000 : *BRDA 2000, n° 24, p. 9.*

En principe, l'acquéreur et tous les exploitants successifs ont le droit de faire usage du nom du fondateur sous lequel la maison est connue. • Paris, 7 nov. 1949 : *JCP 1951. II. 6079.* ♦ A défaut de mention dans l'acte, l'usage du nom par l'acquéreur ne doit pas être réduit en fonction de la durée d'une interdiction de rétablissement. • Com. 16 juin 1958, n° 1.600 P. ♦ En revanche, l'acquéreur du fonds ne saurait se présenter sous ce nom dans l'accomplissement d'actes juridiques par substitution à son nom patronymique. • Paris, 12 nov. 1908 : Ann. propr. ind. *1909. 293.* – Comp. : • Com. 12 mars 1985 : *D. 1985. 471, note Ghestin ; Gaz. Pal. 1985. 1. 246, note Le Tallec ; JCP 1985. II. 20400, concl. Montanier et note Bonet* • TGI Paris, 27 juin 1984 : *JCP 1986. II. 20582, note Plaisant ; RTD com. 1986. 245, obs. Chavanne et Azéma.*

16. Marque. Lorsque la marque est cédée dans le même temps que le fonds qui l'exploite, elle constitue un élément du fonds de commerce et supporte, avec l'ensemble des autres éléments, le droit de mutation applicable aux cessions de fonds de commerce ; il en est de même pour la cession des droits de propriété industrielle, dès lors qu'ils sont cédés en même temps que tout ou partie d'un fonds de commerce dont ils dépendent. • Com. 23 oct. 2007, n° 06-18.570 P : *D. 2007. AJ 2880, obs. Chevrier ; JCP E 2007, n° 50, p. 53, note Debat ; CCE 2008, n° 15, obs. Neau-Leduc.* ♦ A raison de son exploitation antérieure, la marque cédée bénéficiait d'une renommée et d'une notoriété certaines et, de ce fait, d'une clientèle propre qui lui était attachée, de sorte que sa cession, ainsi que celle des droits de possession industrielle, est soumise au droit de mutation de l'art. 719 CGI, peu important que la mutation du fonds ait été opérée par deux cédants au bénéfice de deux acquéreurs. • Même arrêt. ♦ Ayant relevé que les marques n'étaient ni apportées ni mises à disposition de la société bénéficiaire de l'apport, et que seul un droit d'usage précaire était consenti sur les noms commerciaux, et retenu que l'exploitation autonome et durable de la branche d'activité qui ne pouvait être acquise qu'à la condition que soit garantie la pérennité, sinon de l'usage de la marque, en tout cas celle du nom commercial assurant le ralliement de la clientèle constitutive d'un élément essentiel du fonds de commerce n'était pas assurée, la cour d'appel en a exactement déduit que, nonobstant la garantie légale d'éviction du fait personnel du vendeur pesant sur l'apporteur, celui-ci n'avait pas apporté une branche complète et autonome d'activité au sens du CGI. • Com. 10 janv. 2006, n° 02-17.279 : *BJS 2006. 945, obs. Couret et Dondero.*

17. Dénomination sociale. La dénomination sociale, en tant qu'elle a vocation à désigner la société elle-même, se distingue du nom commercial, qui désigne l'entreprise ou le fonds de commerce et ne saurait donc se confondre avec la personne morale qui l'exploite. Par suite, une société ne peut pas faire valoir qu'en acquérant le fonds de commerce d'une autre société avec notamment l'enseigne et le nom de commercial de celle-ci, elle en avait également acquis la dénomination sociale. • *Versailles, 19 oct. 2006 : RJDA 2007, n° 356.* ♦ Dès lors que la société locataire de locaux à usage commercial a été autorisée par les propriétaires à utiliser leur nom patronymique, ce nom est devenu un élément du fonds de commerce et une cour d'appel retient à bon droit que la société peut valablement céder ce nom avec le fonds. • Civ. 3e, 25 nov. 2009, n° 08-21.384 P : *JCP 2010, n° 1005 ; RJDA 2010, n° 119.*

18. Enseigne. BIBL. Boulanger, *Rev. gén. dr. com. 1940. 5.* ♦ L'enseigne commerciale est un attribut du fonds de commerce, au même titre que le droit au bail, la clientèle et l'achalandage d'une part, le mobilier commercial, le matériel et l'outillage servant à l'exploitation du fonds d'autre part. • Paris, 5 janv. 2011 : *BRDA 2011, n° 7, p. 7 ; Administrer 3/2011. 30, obs. Lipman-W. Boccara.* ♦ L'enseigne, qui est un signe par lequel le commerçant informe la clientèle de sa présence à l'emplacement des locaux loués dans lesquels il exerce son activité, indispensable à l'individualisation de son commerce, est un attribut du fonds de commerce. • Versailles, 29 sept. 2011 : *Loyers et copr. 2012, n° 78, obs. Brault.* ♦ Le cédant d'un fonds de commerce ayant vendu, parmi les éléments incorporels du fonds, l'enseigne et le nom commercial, n'est pas fondé à se rétablir dans un fonds de même nature en reprenant ces mêmes nom et enseigne, même en dehors du périmètre de la clause de non-concurrence qu'il a souscrite. • Orléans, 14 juin 2007 : *RJDA 2008, n° 736.* ♦ L'absence de transfert de l'enseigne, qui n'est pas l'élément essentiel d'un fonds de commerce, ne permet pas d'écarter la réalité de la cession, laquelle peut intervenir sans que soit associée celle de l'enseigne, sauf à démontrer que l'enseigne est indissolublement liée à la vie du fonds. • Paris, 21 janv. 2009 : *préc. note 14.* ♦ Sur la dissociation du fonds et de l'enseigne, V. aussi • T. com. Lyon, 19 déc. 1949 : *D. 1950. 275, note Ripert.* ♦ V. aussi • Paris, 3 juill. 1996 : *préc. note 15.* ♦ RÉP. COM. v° *Enseigne*, par Olszak.

19. Propriété industrielle. Sur l'inclusion de droits de propriété industrielle dans un fonds de commerce, V. • Com. 18 janv. 1950, n° 36.548 P • 6 déc. 1984, n° 82-16.828 P : *D. 1987. Somm. 39, obs. Burst* • 24 sept. 2002 : *JCP E 2003, n° 37, p. 1436, obs. Greffe* • TGI Paris, 9 juill. 1985 : *RTD com. 1987. 51, obs. Azéma et Chavanne.*

20. Licences. Les licences de débits de boissons sont des accessoires du fonds de commerce. • Req. 14 juin 1926 : *S. 1927. 1. 266* • Com. 17 juin 1953 : *Bull. civ. III, n° 227* • Civ. 3e, 14 déc. 1971, n° 70-12.378 P. ♦ Comp., jugeant que la licence ne peut être cédée qu'en tant qu'élément du fonds de commerce indispensable à son exploitation mais dépourvu d'utilité en dehors de ce cadre commercial : • Limoges, 24 mai 1993 : *RTD com. 1994. 38, obs. Derruppé .* ♦ Pour un arrêt considérant que la cession d'une licence de débit de boissons, présentée comme seul élément d'actif subsistant, équivaut à la cession du fonds de commerce, V. • Com. 20 oct. 1998, n° 96-15.107 P : *D. Affaires 1998. 1946, obs. A.-L. M.-D.* ♦ La licence d'exploitation d'un débit de boissons constitue un droit incorporel saisissable dans les conditions de la saisie des valeurs mobilières. • Cass., avis, 8 févr. 1999, n° 09-80.015 P : *D. Affaires 1999. 583, obs. A.-L. M.-D. ; Rev. huiss. 1999. 454, obs. Daigre ; RTD com. 1999. 631, obs. Derruppé .* ♦ V. aussi note 1 ss. art. L. 141-1. ♦ La licence d'exploitation d'un débit de boissons ayant la même nature de meuble incorporel que le fonds de commerce dont elle est l'un des éléments et ne se transmettant pas par simple tradition manuelle, doit être écartée pour ladite licence la présomption prévue par l'art. 2279 [2276 nouv.] C. civ. selon lequel « en fait de meubles, la possession vaut titre ». • Com. 7 mars 2006, n° 04-13.569 P : *D. 2006. 2897, note Kuhn ; RTD civ. 2006. 348, obs. Revet ; JCP 2006. II. 10143, note Loiseau ; Defrénois 2007. 70, obs. J. Honorat.*

La caducité de la licence peut entraîner la disparition du fonds si elle était nécessaire à l'exploitation, et provoquer la nullité de la cession pour dol. • Com. 11 mai 1970, n° 68-12.616 P. ♦ Comp., pour la cession de la jouissance d'une licence : • Com. 20 mars 1973, n° 71-13.874 P. ♦ ... Et pour une licence d'exploitation de moulins ou les contingents d'exploitation ou de mouture : • Com. 7 mars 1955 : *Gaz. Pal. 1955. 1. 336 ; RTD com. 1955. 545, obs. Jauffret* • 23 juin 1965, n° 61-11.569 P • 10 mai 1971, n° 68-12.283 P. ♦ Sur la cession de la carte de transports publics, V. • Com. 24 oct. 1949 : *D. 1949. 550.*

21. Numéro de téléphone. Le numéro de téléphone d'un établissement commercial, lié au nom commercial et servant comme lui à identifier et à localiser l'activité, constitue un élément incorporel du fonds de commerce dans la mesure où il sert à l'exploitation du fonds. • Nancy, 21 mai 1997 : *JCP 1998. IV. 2553.* ♦ Commettent une faute engageant leur responsabilité les anciens gérants salariés d'un fonds de commerce qui, alors qu'ils figurent dans l'annuaire téléphonique, transfèrent la ligne sous le même numéro au nom du nouvel établissement qu'ils exploitent. • Même arrêt.

22. Contrats d'édition. Sur la transmission des contrats d'édition en cas de transmission du fonds de commerce d'édition, V. CPI, art. L. 132-16. – **CPI.**

23. Contrats d'assurance. BIBL. Pichard, *JCP E 1996. I. 547.* – V. C. assur., art. L. 121-10. – **C. civ.** ou **C. assur.**

2° ÉLÉMENTS EXCLUS

24. Immeubles. BIBL. Blaise, *RTD com. 1966. 827.* – Savary et Dubuisson, *JCP N 2009, n° 15-16, p. 31* (le fonds et l'immeuble d'exploitation). – Bouquet, *Gaz. Pal. 2009. 1827* (repenser l'exclusion traditionnelle des immeubles). ♦ Le droit réel en vertu duquel le commerçant occupe un immeuble est exclu des éléments du fonds susceptibles d'être cédés ou nantis. • Civ. 21 juill. 1937 : *DP 1940. 1. 17, note Voirin ; S. 1938. 1. 337, note Lagarde.* ♦ Lorsque le propriétaire d'un fonds de commerce est en même temps propriétaire de l'immeuble où s'effectue l'exploitation, ledit immeuble n'est pas un élément du fonds, lequel consiste en un ensemble de biens mobiliers corporels et incorporels. • Limoges, 26 nov. 1990 : *D. 1992. 452, note Prévault.* ♦ Sur l'exclusion d'un droit de passage, V. • Civ. 3e, 8 déc. 1971, n° 70-12.240 P. ♦ L'exclusion s'étend aux immeubles par destination, tel le matériel qui est au service de l'immeuble. • Req. 20 janv. 1913 : *S. 1920. 1. 33, note Wahl* • Civ. 27 juin 1944 : *DC 1944. 93, note A. C.* • Civ. 3e, 6 janv. 1972, n° 70-11.872 P : *D. 1972. 398* • Civ. 1re, 4 juin 1962, n° 58-10.977 P : *D. 1962. Somm. 133* • Com. 12 nov. 2020, n° 17-31.713 : *RTD com. 2021. 291, obs. Saintourens ; AJDI 2021. 124, obs. Porcheron ; RJDA 2021, n° 223.* ♦ La vente du matériel par le propriétaire met fin à l'immobilisation. • Aix-en-Provence, 29 déc. 1949 : *JCP 1950. 2. 5571, note Saint-Alary ; RTD com. 1950. 399, obs. Jauffret.* – Comp. : • Req. 23 févr. 1926 : *DH 1926. 179.*

L'adjudicataire d'un immeuble comportant un fonds, et qui n'a contracté aucune obligation particulière sur l'exploitation dudit fonds, ne peut voir sa responsabilité mise en œuvre par l'exploitant du seul fait de la privation imposée de la jouissance des lieux où s'exerce le commerce. • Limoges, 26 nov. 1990 : *préc.* ♦ L'adjudicataire d'un immeuble comportant un fonds de commerce, s'il n'a pas droit à la jouissance de ce fonds dès la date d'adjudication et n'en acquiert pas la propriété, entre cependant en jouissance de l'immeuble et peut donc l'exploiter à cette date, en sorte que les sommes perçues depuis lors par l'ancien propriétaire qui occupait encore les locaux lui étaient dues. • Com. 31 mars 2009, n° 08-14.180 P : *D. 2009. AJ 1139, obs. Chevrier ; RTD com. 2009. 686, obs. Saintourens ; JCP E 2009, n° 39, p. 24, note Planckeel.*

25. Exclusion de principe des contrats. BIBL. Savary et Dubuisson, *JCP N 2009, n° 19, p. 41* (le fonds et les contrats d'exploitation). – Inforeg, *Cah. dr. entr. 2009, n° 3, p. 51* (sort des contrats en cas de vente d'un fonds de commerce). – Pancrazi, *Gaz. Pal. 2009. 1820* (repenser l'exclusion traditionnelle des contrats et obligations). – Augagneur et Riera-Thiebault, *LPA 19 févr. 2015* (obligations cachées du repreneur d'un fonds de commerce en matière de relations commerciales). ♦ En l'absence de clause expresse, la vente d'un fonds de commerce n'emporte pas de plein droit cession à la charge de l'acheteur du passif des obligations dont le vendeur pourra être tenu en raison des engagements initialement souscrits par lui. • Civ. 3e, 7 déc. 2005, n° 04-12.931 P : *JCP E 2006, n° 4, p. 190 ; RJDA 2006, n° 766* • Com. 3 oct. 2006, n° 04-16.890 : *RJDA 2007, n° 140* • 13 janv. 2009, n° 07-21.380 : *RJDA 2009, n° 534.* ♦ La cession d'un fonds de commerce n'emporte pas, sauf exceptions prévues par la loi, la cession des contrats liés à l'exploitation de ce fonds. • Com. 4 mars 2020, n° 18-24.557 : *RTD com. 2020. 780, obs. Saintourens ; RJDA 2020, n° 483.* ♦ Il est de principe constant que le fonds de commerce n'est pas un patrimoine autonome, et ne comprend ni les dettes ni les créances du commerçant, et que, par voie de conséquence, les contrats en sont exclus. • Paris, 19 juin 1991 : *D. 1992. Somm. 388, obs. Ferrier* . ♦ Il n'est d'exception que pour certains d'entre eux admis par la loi, à savoir les contrats de travail, d'assurance, d'édition et de bail. Pour tous autres contrats, il appartient aux parties de prévoir leur inclusion, ce qui peut être fait, de manière expresse ou tacite, et dans le cas seulement où lesdits contrats n'ont pas été passés *intuitu personae* (à propos d'un contrat de distribution). • Même arrêt. – V., dans le même sens, • Com. 25 janv. 2000, n° 97-13.447 : *RJDA 2000, n° 644.* ♦ V. aussi, à défaut d'acceptation par le crédit-bailleur de la clause de reprise du contrat de crédit-bail, • Com. 8 mars 1994, n° 92-11.854 P : *RJDA 1994, n° 771.* – Rappr. : • Civ. 1re, 30 avr. 2009, n° 08-11.093 P : *D. 2009. 2400, note Andreu* ; *RTD civ. 2009. 531, obs. Fages* ; *JCP 2009, n° 27, p. 17, note Ansault.* ♦ Le contrat de vente du fonds de commerce prévoyant que l'acquéreur était tenu de faire son affaire personnelle et de prendre à son compte la poursuite de toutes commandes et marchés en cours, ce dernier est tenu de répondre aux désordres affectant des chantiers de son prédécesseur, les chantiers faisant l'objet de réserves s'assimilant à des marchés en cours. • Com. 18 sept. 2007, n° 05-20.708 : *RJDA 2007, n° 1214.* ♦ La cession d'un fonds de commerce n'emportant pas, sauf exceptions prévues par la loi, la cession des contrats liés à l'exploitation de ce fonds, la cession d'un fonds de commerce d'agent immobilier n'emporte pas cession des mandats confiés à ce professionnel (cassation d'un arrêt ayant retenu que le mandat de recherche d'un bien immobilier à acquérir fait partie de la clientèle d'un fonds de commerce d'agent immobilier et que, l'acte de cession du fonds comprenant la clientèle, le mandat avait été cédé de plein droit). • Com. 28 juin 2017, n° 15-17.394 P : *cité note 2 ss. art. L. 641-11-1.*

26. Contrat de distribution. Pour conclure valablement le contrat de cession du fonds, l'acquéreur devant avoir connaissance du contenu des contrats de distribution, la vente peut être annulée, dès lors que le vendeur a, par une réticence dolosive, omis de révéler à l'acquéreur l'interdépendance des contrats de distributeurs agréés dont il avait le bénéfice et les conditions contractuelles qui subordonnaient leur reconduction. • Com. 4 mai 1993, n° 91-17.321 P : *D. 1993. IR 144* ; *JCP E 1994. I. 310, n° 2, obs. Izorche* ; *CCC 1993, n° 171, obs. Leveneur.* ♦ V. aussi : sur la responsabilité du fait de la rupture suite à la cession du fonds, • Paris, 30 juin 1994 : *RTD com. 1994. 696, obs. Derruppé* . ♦ ... Sur la stipulation, dans l'acte de vente, d'une condition suspensive de reconduction, au profit de l'acquéreur, du contrat de distribution, • Com. 10 janv. 1995, n° 92-20.798 : *CCC 1995, n° 66, obs. Leveneur.*

27. Clause de non-concurrence. Une clause de non-concurrence ne peut valablement être opposée au cessionnaire du fonds qu'à condition qu'elle ait été insérée dans l'acte de cession du fonds et expressément acceptée par lui. • Com. 1er avr. 1997, n° 95-12.025 P : *D. 1998. Somm. 111, obs. Libchaber* ; *RTD com. 1998. 135, obs. Derruppé* . – V. aussi • Com. 11 mars 2014, n° 13-12.507 : *RJDA 2014, n° 596* ; *RDC 2014. 675, obs. Grimaldi.* ♦ V. aussi, cassant un arrêt ayant admis qu'une clause de non-concurrence, constituant un accessoire du fonds de commerce, avait été transmise au locataire-gérant, • Com. 1er oct. 1996, n° 94-17.351 : *RJDA 1997, n° 12.* ♦ Comp., décidant que c'est par une appréciation souveraine de volontés qu'une cour d'appel a condamné une EURL à l'exécution d'une obligation qui incombait primitivement à l'apporteur du fonds de commerce et a ainsi retenu implicitement mais nécessairement que l'apport de ce fonds de commerce à la société s'était accompagné d'une cession de l'obligation de garantie afférente à la vente d'une caravane : • Com. 4 juill. 1995, n° 93-17.969 P : *Dr. sociétés 1995, n° 205, note Bonneau* ; *JCP 1996. II. 22623, note Leveneur.*

28. Taxe professionnelle. Si les parties peuvent déroger à la règle selon laquelle la taxe professionnelle est due, pour chaque année entière, par les personnes qui, au 1er janv. de l'année d'imposition, exercent l'activité professionnelle dans le fonds de commerce, et convenir d'un partage *prorata temporis* des impositions de l'année de l'acquisition, un tel partage ne résultait pas des termes de la stipulation litigieuse. • Com. 19 janv. 2016, n° 14-22.655 : *RJDA 2016, n° 365.*

29. Subvention de fonctionnement d'un CE. Selon l'art. L. 141-5 C. com., la vente d'un fonds de commerce ne transmet pas au cessionnaire les dettes du cédant, et si, selon l'art. L. 435-5 C. trav., devenu l'art. L. 2327-11 du même code, le comité d'entreprise mis en place dans le cadre d'un établissement cédé demeure en fonction, il n'en résulte pas que le nouvel employeur est tenu des dettes de l'ancien. • Soc. 28 mai 2008, n° 07-40.904 P : *D. 2008. AJ 1699* ; *JCP E 2008, n° 26, p. 38.*

30. Services télématiques. Les services minitels créés par une société ne sauraient être assimilés au fonds de commerce lui-même. • Paris, 6 avr. 2001 : *CCE 2002, n° 60, obs. Grynbaum.*

31. Documents comptables. V. art. L. 141-2.

32. Carte professionnelle. Écartant implicitement que la carte professionnelle d'un agent immobilier puisse être un élément du fonds de commerce, V. : • Civ. 1re, 3 juill. 2013, n° 12-30.180 : *AJDI 2013. 776* .

II. PRIVILÈGE

A. CONDITIONS

33. Acte écrit. Une inscription de privilège peut être prise en vertu d'un jugement constatant l'existence d'une vente de fonds de commerce. • T. com. Marseille, 7 juill. 1939 : *Rev. fonds com. 1939. 532.* ♦ Sur la subrogation à un cessionnaire, V. • Req. 15 janv. 1934 : *DP 1934. 1. 158, note Montier.* ♦ ... Et sur les billets de fonds, V. • Civ. 11 déc. 1940 : *DC 1943. J. 49, note Trasbot* • Com. 10 déc. 1968 : *RTD com. 1969. 549.*

34. Ventilation du prix. V. note 35 et art. L. 141-9 et sur la nullité qui résulterait de l'énonciation d'un prix global, V. • Paris, 2 nov. 1923 : *DH 1924. 13.*

B. PORTÉE DU PRIVILÈGE

35. Éléments du fonds. A défaut de précision sur les éléments dans la vente et dans l'inscription, le privilège, en ce qui concerne les éléments incorporels, ne portera que sur le nom commercial et l'enseigne, le droit au bail, la clientèle et l'achalandage. • Paris, 2 nov. 1923 : *DH 1924. 13.* ♦ Comp. : art. L. 141-9. ♦ Sur les frais et coûts du contrat, V. • Paris, 17 oct. 1935 : *Rev. fonds com. 1939. 454.*

36. Rang du privilège. **BIBL.** Mazin, *Defrénois 1935. 281.* ♦ V. aussi note 1 ss. art. L. 141-1.

37. Renonciation. Manque à son devoir de conseil l'avocat qui n'attire pas spécialement l'attention de son client sur les risques de la renonciation au privilège du vendeur : • Civ. 1re, 21 janv. 2003, n° 00-19.522 : *RDBF 2004, n° 19, obs. Legeais.*

Art. L. 141-6 *(Ord. n° 2021-1192 du 15 sept. 2021, art. 27, en vigueur à une date qui sera fixée par décret et qui ne pourra être postérieure au 1er janv. 2023)* **« Le privilège du vendeur est opposable aux tiers par la publicité qui en est faite par inscription dans un registre tenu au greffe du tribunal de commerce compétent, selon des modalités déterminées par décret en Conseil d'État. Lorsque cette inscription est prise dans les trente jours suivant la date de l'acte de vente, elle prime toute inscription prise dans le même délai du chef de l'acquéreur ; elle est opposable aux créanciers de l'acquéreur en sauvegarde, en redressement ou en liquidation judiciaire, ainsi qu'à sa succession acceptée à concurrence de l'actif net dans le même délai** *[ancienne rédaction : L'inscription doit être prise, à peine de nullité, dans les trente jours suivant la date de l'acte de vente. Elle prime toute inscription prise dans le même délai du chef de l'acquéreur ; elle est opposable aux créanciers de l'acquéreur en sauvegarde, en redressement ou en liquidation judiciaire, ainsi qu'à sa succession bénéficiaire]*. »

L'action résolutoire, établie par l'article 1654 du code civil, doit, pour produire effet, être mentionnée et réservée expressément dans l'inscription. Elle ne peut être exercée au préjudice des tiers après l'extinction du privilège. Elle est limitée, comme le privilège, aux seuls éléments qui ont fait partie de la vente. – *[L. 17 mars 1909, art. 2, al. 1er et 2.]*

FORM. PR. COM. v° *Bordereau d'inscription de privilège du vendeur et d'action résolutoire*, par PUECH.

A. INSCRIPTION DU PRIVILÈGE

1. Délai d'inscription. Le délai court à compter de la signature de l'acte de vente par l'une et l'autre des parties. • Paris, 25 avr. 1974 : *RTD com. 1974. 485, obs. Jauffret.* – Comp. : • Amiens, 24 juin 1952 : *JCP 1953. II. 7770, note Cohen.* ♦ Le jour qui sert de point de départ au délai n'appartient pas à celui-ci. • Paris, 3 févr. 1969 : *D. 1969. Somm. 58* • Rouen, 16 juin 1961 : *Gaz. Pal. Tables 1961-1965*, v° *Fonds de commerce, n° 102.* ♦ V. C. pr. civ., art. 642. – **C. pr. civ.**

2. Nullité. La perte, par le vendeur, du privilège dont *il n'a* requis l'inscription dans les délais ou à défaut de renouvellement de l'inscription, emporte, vis-à-vis des tiers, celle de l'action résolutoire. • Civ. 17 juill. 1928 : *Gaz. Pal. 1928. 2. 609* • Req. 16 avr. 1942 : *ibid. 1942. 2. 15.* ♦ Sur l'influence du redressement ou de la liquidation judiciaire de l'acheteur, V. art. L. 622-30.

B. ACTION RÉSOLUTOIRE

3. Condition de publicité. **BIBL.** Jauffret, *Rev. crit. légis. et jurispr. 1929. 183.* ♦ L'action résolutoire du vendeur impayé est subordonnée à l'inscription régulière du privilège du vendeur. • Com. 3 oct. 1977, n° 76-10.316 P. ♦ Comp. note 2. ♦ Toutefois, les créanciers chirographaires n'étant pas des tiers au sens de l'art. 7 de la loi du 23 mars 1855 (art. 2379 C. civ.), la sanction de l'absence d'inscription ne peut être invoquée que par les créanciers nantis du chef de l'acquéreur ou par les sous-acquéreurs de bonne foi. • Req. 7 mai 1923 : *S. 1924. 1. 103* • 12 févr. 1936 : DH 1936. 145. ♦ Contra, à propos de la masse des créanciers du débiteur en liquidation judiciaire : • Req. 16 avr. 1942 : *Gaz. Pal. 1942. 2. 15.* ♦ Sur l'interdiction actuelle d'une action en résolution après ouverture d'un redressement ou d'une liquidation judiciaires, V. les art. L. 622-21 et L. 643-1. ♦ V. aussi note 4 ss. art. L. 643-2. ♦

Seuls les tiers pouvant invoquer l'absence de publicité, le vendeur reste recevable à agir en résolution de la vente selon le droit commun, à l'égard de l'acquéreur. • Com. 10 févr. 1958, n° 1.915 P : *JCP 1959. II. 10993, note Cohen ; RTD com. 1959. 688, obs. Jauffret* • Req. 7 mai 1923 : *préc.* • T. com. Dunkerque, 26 juin 1950 : *RTD com. 1950. 401, obs. Jauffret.*

4. Location-gérance. La résolution de la vente entraîne résiliation de la location-gérance. • T. com. Marseille, 3 juill. 1957 : *JCP 1958. II. 10847, note Cohen ; RTD com. 1959. 77, obs. Jauffret.*

Art. L. 141-7 En cas de résolution judiciaire ou amiable de la vente, le vendeur est tenu de reprendre tous les éléments du fonds qui ont fait partie de la vente, même ceux pour lesquels son privilège et l'action résolutoire sont éteints. Il est comptable du prix des marchandises et du matériel existant au moment de sa reprise de possession d'après l'estimation qui en est faite par expertise contradictoire, amiable ou judiciaire, sous la déduction de ce qui peut lui rester dû par privilège sur les prix respectifs des marchandises et du matériel, le surplus, s'il y en a, devant rester le gage des créanciers inscrits et, à défaut, des créanciers chirographaires. — *[L. 17 mars 1909, art. 2, al. 3.]*

V. note rédactionnelle à la fin de l'Avant-propos en début d'ouvrage.

1. Compte de reprise de possession. La reprise porte sur tous les éléments du fonds objet de la vente. • Com. 14 mai 1952 : *JCP 1952. II. 7327, note Cohen* • Aix-en-Provence, 19 janv. 1954 : *D. 1954. Somm. 37.* ♦ Les éléments incorporels doivent être repris pour le prix porté au contrat. • Com. 20 juin 1978, n° 76-14.829 P : *JCP 1979. II. 19122, note A. S.* ♦ V., sur la limitation de la mission de l'expert à l'estimation du matériel et des marchandises, • Aix-en-Provence, 19 janv. 1954 : *préc.* ♦ Le vendeur peut compenser de façon séparée pour chaque compartiment, le prix qu'il doit régler avec ce qui lui restait dû sur ces éléments. • Paris, 27 juin 1975 : *RTD com. 1976. 49, obs. Jauffret.*

2. Bénéfices réalisés par l'acheteur. Il y a lieu de tenir compte des bénéfices réalisés par l'acheteur dans l'exploitation du fonds qu'il doit restituer. • Orléans, 13 mai 1925 : *DP 1931. 2. 65, note Montier* • T. com. Le Havre, 27 févr. 1934 : *ibid.* • Lyon, 1er juin 1939 : *Rev. fonds com. 1939. 437.* ♦ Sur le droit de rétention de l'acheteur invoquant des créances contre le vendeur, V. • Amiens, 11 juin 1964 : *D. 1965. 355, note M. Cabrillac.*

3. Dommages-intérêts. Le vendeur peut obtenir des dommages-intérêts de résolution : ... en cas de préjudice causé par la moins-value du fonds. • Com. 4 nov. 1975, n° 74-12.150 P : *RTD com. 1976. 343, obs. Jauffret* • Versailles, 17 déc. 1980 : *Gaz. Pal. 1982. 1. Somm. 24.* ♦ ... En cas de préjudice certain, et pour indemnisation de privation de jouissance. • T. com. Le Havre, 25 nov. 1933 : *Gaz. Pal. 1934. 1. 143.* ♦ ... Quand la mauvaise gestion de l'acquéreur a entraîné une diminution de valeur des éléments incorporels. • Paris, 1er avr. 1941 : *Gaz. Pal. 1941. 1. 489.* ♦ Sur la réparation du préjudice subi par le vendeur d'un fonds de commerce en cas de résolution de la vente entraînant la disparition du fonds, V. • Com. 30 juin 1998, n° 96-13.842 : *JCP E 1999, n° 22, p. 960, note Moizard.*

4. Droits des sous-acquéreurs. L'action en résolution du vendeur lui permet de reprendre en quelques mains qu'ils soient et en quelque lieu qu'ils aient été transportés, tous les éléments du fonds qui ont fait partie de la vente, même ceux dont il a reçu le prix et pour lesquels son privilège est éteint. • Com. 14 mai 1952 : *Bull. civ. II, n° 189 ; JCP 1952. II. 7327, note Cohen.* ♦ Pour les sous-acquéreurs d'éléments isolés, la revendication est permise, s'agissant d'éléments incorporels, l'art. 2279 [2276 nouv.] C. civ. n'étant pas applicable, alors que, pour les éléments corporels, elle est possible si les acquéreurs sont de mauvaise foi. • Civ. 28 juill. 1938 : *DH 1938. 497.*

Art. L. 141-8 Le vendeur qui exerce l'action résolutoire doit la notifier aux créanciers inscrits sur le fonds au domicile par eux *(Ord. n° 2021-1192 du 15 sept. 2021, art. 27, en vigueur le 1er janv. 2023)* **« déclaré** *[ancienne rédaction : élu]* **» dans leurs inscriptions. Le jugement ne peut intervenir qu'après un mois écoulé depuis la notification.** — *[L. 17 mars 1909, art. 2, al. 4.] — V. art. R. 141-6.*

FORM. PR. COM. v° *Notification au créancier inscrit d'une action en résolution de vente de fonds de commerce*, par PUECH.

1. Notification aux créanciers inscrits. L'art. 2 [C. com., art. L. 141-10] disposant que le jugement ne peut intervenir qu'après un mois écoulé depuis la notification, celle-ci peut encore avoir lieu postérieurement à l'introduction de l'instance, dès lors qu'entre la date de la notification et celle du jugement du tribunal se sera écoulé au moins un mois. • Com. 25 oct. 1972, n° 70-14.166 P. ♦ Seuls les créanciers inscrits peuvent se prévaloir de cette irrecevabilité, à l'exclusion de l'acquéreur. • T. com. Marseille, 25 oct. 1933 : *Rev. fonds com. 1936. 614.* ♦ En l'absence de notification, la demande de résolution sera déclarée irrecevable. • T. com. Seine, 30 déc. 1909 : *DP 1910. 2. 315.* ♦ En revanche, s'il n'y a pas de créanciers inscrits, la résolution peut intervenir sans qu'il y ait lieu à notification. • Orléans, 13 mai 1925 : *Gaz. Trib. 1925. 2. 795.*

2. Opposition des créanciers du vendeur. La résolution est opposable aux créanciers du vendeur, alors même qu'ils auraient fait opposition au paiement du prix. • Req. 12 févr. 1936 : *DH 1936. 145.*

Art. L. 141-9 **Le vendeur, qui a stipulé lors de la vente que, faute de paiement dans le terme convenu, la vente serait résolue de plein droit, ou qui en a obtenu de l'acquéreur la résolution à l'amiable, doit notifier aux créanciers inscrits, aux domiciles** *(Ord. nº 2021-1192 du 15 sept. 2021, art. 27, en vigueur le 1er janv. 2023)* **« déclarés dans leurs inscriptions** *[ancienne rédaction : élus]* **», la résolution encourue ou consentie, qui ne deviendra définitive qu'un mois après la notification ainsi faite.** – *[L. 17 mars 1909, art. 2, al. 5.] – V. art. R. 141-6.*

FORM. PR. COM. v^is *Mise en demeure de payer visant une clause résolutoire ; Notification à un créancier inscrit d'une mise en demeure visant une clause résolutoire ; Action résolutoire pour défaut de paiement du prix ; Notification à un créancier inscrit de la résiliation amiable d'un acte de vente d'un fonds de commerce,* par PUECH.

Art. L. 141-10 **Lorsque la vente d'un fonds est poursuivie aux enchères publiques, soit à la requête d'un administrateur judiciaire ou d'un** *(L. nº 2005-845 du 26 juill. 2005, art. 165-V)* **« mandataire judiciaire », soit judiciairement à la requête de tout autre ayant droit, le poursuivant doit la notifier aux précédents vendeurs, au domicile** *(Ord. nº 2021-1192 du 15 sept. 2021, art. 27, en vigueur le 1er janv. 2023)* **« déclaré** *[ancienne rédaction : élu]* **» dans leurs inscriptions, avec déclaration que, faute par eux d'intenter l'action résolutoire dans le mois de la notification, ils sont déchus, à l'égard de l'adjudicataire, du droit de l'exercer.** – *[L. 17 mars 1909, art. 2, al. 6.] – V. art. R. 141-6.*

Art. L. 141-11 **Les articles L. 624-11 à L. 624-18 ne sont applicables ni au privilège ni à l'action résolutoire du vendeur d'un fonds de commerce.** – *[L. 17 mars 1909, art. 2, al. 7.]*

Art. L. 141-12 **Sous réserve des dispositions relatives à l'apport en société des fonds de commerce prévues aux articles L. 141-21 et L. 141-22, toute vente ou cession de fonds de commerce, consentie même sous condition ou sous la forme d'un autre contrat, ainsi que toute attribution de fonds de commerce par partage ou licitation, est,** *(L. nº 2005-845 du 26 juill. 2005, art. 161-I)* **« sauf si elle intervient en application de l'article L. 642-5, » dans la quinzaine de sa date, publiée à la diligence de l'acquéreur** *(L. nº 2019-486 du 22 mai 2019, art. 3-II)* **« sur un support habilité à recevoir des annonces légales dans »** *(L. nº 2016-1524 du 14 nov. 2016, art. 21-I)* **« le département dans lequel le fonds est exploité et sous forme d'extrait ou d'avis au *Bulletin officiel des annonces civiles et commerciales*. En ce qui concerne les fonds forains, le lieu d'exploitation est celui où le vendeur est inscrit au registre du commerce et des sociétés. »** – *[L. 17 mars 1909, art. 3, al. 1er.]*

Les modifications issues de la L. nº 2016-1524 du 14 nov. 2016 sont applicables en Polynésie française et dans les îles Wallis-et-Futuna (L. préc., art. 30-I).

FORM. PR. COM. v^is *Annonce après la vente d'un fonds de commerce ; Lettre à un journal d'annonces légales,* par PUECH.

BIBL. ► ALLAIN, *JCP E 2012, nº 1277* (durée de séquestre du prix de cession d'un fonds de commerce après la loi du 22 mars 2012). – REZEK, *JCP N 2012. Actu. 408 ; JCP E 2012, nº 1609* (L. nº 2012-387 du 22 mars 2012 : nouveautés dans la rédaction des ventes de fonds de commerce). – PROOST, *ibid. 519* (commentaires complémentaires et avis divergents). – SAINTOURENS, *RTD com. 2012. 294* (calcul du délai d'accomplissement des formalités de publicité). – CHAUDRÉ, *Dr. sociétés 2017. Formule 1* (SA : rétablissement de la publication d'un apport de fonds de commerce).

Attribution à titre de dividende. Le transfert du fonds de commerce résultant de son attribution à titre de dividende doit être publié dans un journal d'annonces légales et au BODACC. * Communic. ANSA nº 12-005 du 4 janv. 2012 : *BRDA 2012, nº 4, p. 4.*

Art. L. 141-13 **La publication de l'extrait ou de l'avis faite en exécution de l'article précédent doit être, à peine de nullité, précédée soit de l'enregistrement de l'acte contenant mutation,** *(L. n° 2015-990 du 6 août 2015, art. 107-I-4°)* **« sauf s'il s'agit d'un acte authentique, » soit, à défaut d'acte, de la déclaration prescrite par les articles 638 et 653 du code général des impôts. Cet extrait doit, sous la même sanction, rapporter les date, volume et numéro de la perception, ou, en cas de simple déclaration, la date et le numéro du récépissé de cette déclaration et, dans les deux cas, l'indication du bureau où ont eu lieu ces opérations. Il énonce, en outre, la date de l'acte, les noms, prénoms et domiciles de l'ancien et du nouveau propriétaire, la nature et le siège du fonds, le prix stipulé, y compris les charges ou l'évaluation ayant servi de base à la perception des droits d'enregistrement, l'indication du délai ci-après fixé pour les oppositions et une élection de domicile dans le ressort du tribunal.** – *[L. 17 mars 1909, art. 3, al. 2.]*

FORM. PR. COM. v° *Enregistrement d'un acte de vente d'un fonds de commerce*, par PUECH.

BIBL. ▶ COHEN, *RTD com. 1949. 256 ; JCP 1955. I. 1252.* – REZEK, *JCP N 2006, n° 9, p. 450, spéc. p. 453* (rédaction d'une annonce légale). – DEJOIE et PHAN THANH, *Defrénois 2009. 977* (publication de la cession de fonds de commerce).

I. DOMAINE ET FORME DE LA PUBLICITÉ DE LA VENTE

A. OPÉRATIONS VISÉES

1. Vente de fonds de commerce. **BIBL.** Raffray et Sénéchal, *JCP N 1986. Prat. 441.* ♦ Une vente portant sur un élément isolé du fonds de commerce autre que la clientèle n'est pas soumise à publicité. • Civ. 13 mars 1944 : *S. 1944. 1. 83.* ♦ V., au cas de disparition de la clientèle et de l'achalandage, • Com. 10 mars 1970, n° 67-13.697 P : *D. 1970. 586.* – Comp. : • Amiens, 13 mai 1976 : *D. 1976. Somm. 68.* ♦ V. note 1 ss. art. L. 141-5. ♦ Sur l'exclusion de la vente des fonds artisanaux, V. • Com. 29 oct. 1963, n° 60-10.907 P : *D. 1964. 51.*

2. Donation. Sur l'application des formalités à la donation, V. * Rép. min. : *JOAN Q, 11 juin 1952, p. 2825.*

3. Redressement et liquidation judiciaires. **BIBL.** Jaffrain, *JCP E 1993. I. 205.* – Rakotovahiny, *D. 2000. Chron. 51* . ♦ La L. n° 85-98 du 25 janv. 1985 sur le redressement et la liquidation judiciaires ne contenant aucune disposition particulière sur la publicité de la cession des fonds dans le cadre d'une telle procédure, il en résulte que les formalités de publicité des cessions de fonds sont régies par la loi de 1909 et que les publicités doivent être effectuées, que la cession intervienne ou non dans le cadre de procédures collectives (Rép. min. n° 11026 : *JOAN Q, 3 déc. 1998, p. 3879).* ♦ V. aussi, note 20 ss. art. L. 642-1 et notes 3 et 4 ss. art. L. 622-17 ancien, cité ss. art. L. 642-19. ♦ Sur les conséquences du non-respect des mesures de publicité, en cas de clôture des opérations de liquidation pour insuffisance d'actif, V. note 14 ss. art. L. 643-11.

4. Indemnité d'éviction. Sur la question de savoir si une indemnité d'éviction peut être assimilée au prix de cession d'un fonds de commerce pour l'application de l'art. 3 [C. com., art. L. 141-12 s.], V. • Paris, 24 avr. 1998 : *D. Affaires 1998. 991, obs. A.-L. M.-D.*

B. OPÉRATIONS EXCLUES

5. Cession de parts sociales. **BIBL.** Jeantin, *JCP N 1988. Prat. 353.* – Taudin, *LPA 21 janv. 1987.* ♦ La loi du 17 mars 1909 [C. com., art. L. 141-5 s.] est inapplicable, en l'absence de simulation : au cas de cession de la majorité des parts. • Com. 1er mars 1982, n° 80-10.325 P : *BJS 1982. 395* • 22 janv. 1974, n° 72-14.113 P. ♦ ... Ou même de la réunion des parts entre les mains d'un unique associé. • Com. 4 janv. 1971, n° 69-14.504 P : *Rev. sociétés 1972. 239, note J. H.* • 17 juill. 1973, n° 72-13.292 P : *ibid. 1974. 321, note Sortais.* ♦ Comp., en matière fiscale, Instr. 17 avr. 1987 : *BODGI 7 H. 1. 87* • Com. 7 mars 1984, n° 81-13.728 P : *Rev. sociétés 1985. 406, note Sortais ; Defrénois 1984. 1246, note Jadaud* • CE 2 mars 1987 : *Rev. sociétés 1988. 81, note David.* ♦ En revanche, la publicité est nécessaire lorsque la cession des parts ou des actions d'une société dissimule la vente d'un fonds de commerce. • Paris, 4 nov. 1963 : *D. 1964. 60 ; RTD com. 1964. 286, obs. Jauffret* • Com. 29 nov. 1971, n° 69-10.863 P : *Rev. sociétés 1972. 703, note Oppetit.* ♦ V. aussi note 7 ss. art. L. 141-1.

Sur l'apport en société, V. art. L. 141-21.

6. Cession isolée du droit au bail. **BIBL.** Dagot, *JCP N 1992. I. 197.* ♦ L'art. 3 [C. com., art. L. 141-12 s.] n'est pas applicable à la cession isolée du bail. • Com. 6 déc. 1982, n° 81-14.422 P • Paris, 15 sept. 1995 : *Loyers et copr. 1995, n° 479, obs. Brault.*

C. FORMES

7. Auteur. Si, suivant l'art. 3 [C. com., art. L. 141-12], la publicité est opérée à la diligence de l'acquéreur, elle peut aussi être effectuée à la diligence du vendeur ou des créanciers ou d'un *syndic de faillite.* • T. civ. Hazebrouck, 6 juin 1932 : *Gaz. Pal. 1933. 1. 152, sous-note.*

8. Enregistrement. A défaut d'enregistrement ou de mention dans les publications de cet enregistrement, la publicité est nulle et la nullité est d'ordre public. • T. com. Saint-Étienne, 10 oct. 1929 : *DH 1930. 31.* ♦ Cependant, la vente elle-même est valable. • T. com. Salon-de-Provence, 6 déc. 1935 : *Rev. fonds com. 1936. 46.* ♦ ... Et l'acte sous seing privé a date certaine. • Colmar, 3 juill. 1935 : *ibid. 616.*

9. Publicité. Les publications ne sont pas faites suivant les formes prescrites lorsque : l'insertion ne porte ni la mention du nom et du domicile de l'acquéreur, ni le domicile précis du vendeur, ni l'élection de domicile. • Paris, 24 janv. 1925 : *Gaz. Trib. 1926. 2. 74.* ♦ ... Lorsque ni le nom des parties, ni la date de l'acte de vente, ni l'indication des délais d'opposition ne figurent dans l'insertion. • T. com. Marseille, 24 juin 1912 : *Journ. Marseille 1913. 5* • 23 juill. 1914 : *ibid. 1915-1916. 39.* ♦ ... Lorsque l'insertion ne contient ni la date, ni le domicile des parties, ni l'indication des délais, ni l'élection de domicile. • T. com. Nice, 15 juill. 1910 : *D. 1913. 5. 3.* ♦ ... Ne contient pas élection de domicile. • Rennes, 23 mai 1914 : *Rec. Nantes 1914. 1. 316* • T. civ. Hazebrouck, 6 juin 1932 : *préc. note 7* • T. com. Orléans, 13 janv. 1954 : *D. 1954. Somm. 47 ; Gaz. Pal. 1954. 1. 235.* ♦ ... Ne contient pas le nom de l'acquéreur. • T. com. Marseille, 17 mai 1922 : *Journ. Marseille 1924. 50.*

Au contraire, ont été tenues pour valables : l'insertion ne contenant pas mention du délai des oppositions. • T. com. Calais, 29 déc. 1925 : *Gaz. Pal. 1926. 1. 611.* ♦ Comp. note 12. ♦ ... L'insertion incomplète mais ne laissant aucun doute ni sur le nom du vendeur, ni sur la situation du fonds, ni sur la personne chargée de recevoir les oppositions, alors qu'une opposition a été utilement formée. • T. com. Marseille, 11 mai 1911 : *Journ. Marseille 1911. 268.* ♦ ... L'insertion ne portant pas le nom de l'acquéreur. • T. com. Seine, 16 juin 1910 : *Journ. Trib. com. 1912. 54.*

10. Immatriculation ultérieure. Sur les difficultés rencontrées par l'acquéreur d'un fonds de commerce demandant son immatriculation au RCS postérieurement à sa demande de parution de l'avis au BODACC, V. * Rép. min. n° 10424 : *JOAN Q, 8 juin 1998, p. 3170.*

II. SANCTIONS

11. Validité de la vente. La publicité organisée par la loi du 17 mars 1909 n'ayant d'autre objet que de protéger les créanciers contre la disparition de leur gage, la vente du fonds est parfaite dès que les parties sont d'accord sur la chose et sur le prix. • Poitiers, 9 juill. 1929 : *S. 1930. 2. 27.* ♦ ... Et le transfert de propriété du fonds, qui a lieu par le seul consentement, se réalise le jour même de la vente. • T. com. Marseille, 6 déc. 1961 : *RTD com. 1963. 72, obs. Jauffret.* ♦ Le défaut d'accomplissement de la publicité requise par l'art. 3 [C. com., art. L. 141-12] n'est pas sanctionné par la nullité de la vente mais par l'inopposabilité du paiement du prix aux créanciers du précédent propriétaire. • Com. 30 juin 1998, n° 96-14.746 : *RJDA 1998, n° 1206.* ♦ Le fait que la vente n'ait pas été publiée n'est pas une cause de nullité, la seule sanction consistant dans la non-libération de l'acquéreur à l'égard des tiers s'il paye son vendeur sans avoir accompli les formalités. • Paris, 9 janv. 1929 : *JCP 1929. 347 ; Gaz. Pal. 1929. 1. 84.* – V. aussi • Com. 24 mai 2005, n° 02-18.096 P : *cité note 1 ss. art. L. 141-17.* ♦ Sur la qualité de tiers des créanciers qui n'ont pas fait opposition au paiement du prix pour une action exercée par un syndic en cas de règlement judiciaire, V. • Com. 1er juin 1981, n° 79-14.101 P : *D. 1981. 654, note Marty ; RTD com. 1982. 91, obs. Derruppé ; JCP 1982. II. 19878, note Cohen* • 24 mai 2005, n° 01-15.337 P : *cité note 2 ss. art. L. 141-17.*

12. Délai des oppositions. Lorsque la publication au *Bulletin officiel du registre du commerce* a été faite tardivement, la seule sanction est que le délai des oppositions ne part que de la publication au Bulletin. • Com. 14 oct. 1958 : *Gaz. Pal. 1958. 2. 297 ; RTD com. 1959. 79, obs. Jauffret.* ♦ En l'absence, dans l'avis de cession, de l'indication du délai légal de dix jours, l'opposition d'un des créanciers du vendeur au paiement du prix ne peut, du seul fait qu'elle est formée hors de ce délai, être déclarée irrecevable. • Com. 16 janv. 1996, n° 92-19.697 P : *D. 1996. IR 49 ; RTD com. 1996. 239, obs. Derruppé* . ♦ Mais jugeant que l'avis paru au BODACC n'avait pas à mentionner à nouveau le délai de dix jours qui figurait dans l'avis publié au JAL auquel l'avis au BODACC renvoyait : • Paris, 3 déc. 2004 : *RTD com. 2005. 252, obs. Saintourens* ♦ L'engagement du vendeur de faire son affaire personnelle des éventuelles oppositions ne saurait faire échec aux dispositions de l'art. 3, al. 9 [C. com., art. L. 141-17], qui sont d'ordre public. • Com. 15 mai 1973, n° 72-11.484 P : *D. 1973. Somm. 103.*

13. Conflit entre acquéreurs. BIBL. Boulanger, *RTD civ. 1935. 435.* ♦ Sur l'opposabilité de la cession par la publicité aux seuls créanciers, à l'exclusion des acquéreurs successifs d'un même fonds, V. • Civ. 17 juill. 1930 : *S. 1931. 1. 297, note Hubert* • T. com. Marseille, 6 déc. 1961 : *RTD com. 1963. 72, obs. Jauffret.* ♦ L'art. 1141 [1198] C. civ. est inapplicable à la cession de fonds de commerce, le conflit entre deux acquéreurs successifs devant être résolu en fonction de la date de l'acte. • Besançon, 15 mars 1989 : *RTD com. 1990. 186, obs. Derruppé* .

14. Préjudice du vendeur. L'acquéreur commet une faute en ne procédant pas aux formalités dans les délais requis (40 jours de retard) et en remettant les fonds tardivement au vendeur, dès lors qu'il n'expliquait pas pourquoi l'acte de cession avait été enregistré plus de dix jours après l'expiration du délai de quinzaine et que le délai d'un mois qui s'était écoulé entre la publication dans un JAL et la parution au BODACC ne pouvait pas être imputé au greffe du tribunal de commerce. • Versailles, 7 juin 2007 : *RJDA 2007, n° 1216.*

Art. L. 141-14 **Dans les dix jours suivant la** *(L. n° 2016-1524 du 14 nov. 2016, art. 21-I)* **« dernière en date des publications prévues » à l'article** *(L. n° 2003-7 du 3 janv. 2003)* **« L. 141-12 », tout créancier du précédent propriétaire, que sa créance soit ou non exigible, peut former au domicile élu,** *(L. n° 2015-990 du 6 août 2015, art. 107-I-5°)* **« par acte extrajudiciaire ou par lettre recommandée avec demande d'avis de réception », opposition au paiement du prix. L'opposition, à peine de nullité, énonce le chiffre et les causes de la créance et contient une élection de domicile dans le ressort de la situation du fonds. Le bailleur ne peut former opposition pour loyers en cours ou à échoir, et ce, nonobstant toutes stipulations contraires. Aucun transport amiable ou judiciaire du prix ou de partie du prix n'est opposable aux créanciers qui se sont ainsi fait connaître dans ce délai.** – *[L. 17 mars 1909, art. 3, al. 4.] – V. art. R. 141-2.*

V. note ss. art. L. 141-12.

FORM. PR. COM. v° *Opposition au paiement du prix de vente d'un fonds de commerce,* par PUECH.

BIBL. ▶ MOREL, *Ann. dr. com. 1912. 103.* – JAFFRAIN, *JCP N 1992. I. 363* (paiement d'un avis à tiers détenteur). – TEILLIAIS, *Rev. huiss. 1998. 11.* – BOUTRY, *JCP N 2001, n° 8, p. 478* (le sort des créanciers du cédant lors de la cession du fonds). – REZEK, *ibid. 2006, n° 9, p. 450, spéc. p. 413* (sort du prix de vente des marchandises) ; *ibid., n° 39, p. 1716* (vingt raisons de réformer la vente des fonds de commerce). – THÉRON, *RPC 2008. Dossier 13* (liquidation judiciaire et ventes de fonds de commerce). – DEJOIE et PHAN THANH, *Defrénois 2009. 801* (le sort du prix de vente de fonds de commerce). – BRENAC et BRANCO FERNANDES, *RPC 2015. Dossier 23* (sort du prix de cession du fonds de commerce en liquidation judiciaire).

I. CONDITIONS DE L'OPPOSITION

A. CONDITIONS DE FOND

1. *Qualité du cédant.* Les dispositions des art. L. 141-14 à L. 141-20 ne peuvent s'appliquer dans les cas où le vendeur du fonds de commerce est une collectivité ou un établissement public local : * Rép. min. n° 12654 : *JO Sénat Q 26 août 2004, p. 1939 ; D. 2004. 2485 ; RTD com. 2005. 44, obs. Saintourens.*

2. *Créanciers opposants.* Le droit de faire opposition est ouvert à tout créancier du vendeur du fonds de commerce ; il n'importe qu'il s'agisse d'un créancier chirographaire ou d'un créancier privilégié, mais l'opposition est inutile aux créanciers inscrits pour exercer leur droit de suite. • Civ. 21 déc. 1937 : *DH 1938. 65.* ♦ Il n'importe que les créanciers soient antérieurs ou postérieurs à la vente. • Colmar, 11 mai 1935 : *Gaz. Pal. 1935. 2. 288.* ♦ Si les créanciers d'un précédent vendeur ne sont pas recevables, il en va différemment d'un porteur de billets de fonds faisant opposition au paiement du prix par un sous-acquéreur du fonds alors que le porteur du billet pouvait être considéré comme ayant un privilège inscrit. • Civ. 19 févr. 1946 : *D. 1946. 184 ; JCP 1946. II. 3113, note crit. Toujas.* ♦ Toutefois, le créancier agent d'affaires ne peut se prévaloir de la protection de l'art. 3 [C. com., art. L. 141-14] lorsqu'il a donné son accord au paiement fait par l'acheteur entre les mains du vendeur. • Com. 8 avr. 1976, n° 75-10.340 P : *D. 1976. Somm. 55.* ♦ En outre, seuls les créanciers peuvent faire opposition à l'exclusion de l'acquéreur du fonds. • Paris, 8 juin 1935 : *DH 1935. 546* • Amiens, 26 oct. 1977 : *D. 1978. IR 79 ; RTD com. 1978. 98, obs. Derruppé* • Paris, 16 mai 1990 : *RTD com. 1990. 376, obs. Derruppé.* ♦ Est régulière l'opposition effectuée par l'huissier du Trésor public créancier, lequel est habilité au même titre que les huissiers de justice, à procéder aux mesures conservatoires nécessaires au recouvrement des créances. • Com. 6 mai 2002, n° 00-14.655 P : *cité note 8.*

3. *Créances.* La créance invoquée doit être certaine et non pas éventuelle pour ouvrir droit à l'opposition. • Com. 21 janv. 1974, n° 72-14.348 P • Req. 16 nov. 1921 : *S. 1923. 1. 217, note Bourcart.* ♦ Est insuffisante l'invocation d'une créance litigieuse. • Civ. 2e, 10 juill. 1957, n° 693 P.

4. *Délais.* L'opposition doit être faite dans le délai de dix jours, au-delà elle serait nulle et de nul effet. • Civ. 5 juill. 1932 : *DP 1933. 1. 165, note Nast* • Com. 24 févr. 1981, n° 79-13.889 P : *D. 1981. 272 ; RTD com. 1981. 720, obs. Derruppé.* ♦ Le point de départ du délai est constitué par la publication au *BODACC* : * Rép. min. : *JOAN Q, 4 févr. 1980, p. 429 ; RTD com. 1980. 77, obs. Derruppé.*

5. *Saisie de droit commun.* Sur la possibilité s'offrant aux créanciers de pratiquer une saisie-arrêt de droit commun au-delà du délai de 10 jours tant que le prix n'est pas payé, V. • Civ. 5 juill. 1932 : *préc. note 4.*

6. *Action paulienne.* Sur l'exercice de l'action paulienne en application de l'art. 1167 [1341-2] C. civ., lorsque la cession a été faite en fraude des droits des créanciers, V. • Com. 12 janv. 1988, n° 86-12.485 P.

7. *Avis à tiers détenteur.* Les avis à tiers détenteur émanant du Trésor public, même qualifiés par leur auteur d'opposition au paiement du prix de vente de fonds de commerce, restent soumis aux dispositions combinées des art. 1663 CGI [exigibilité de l'impôt], L. 262 et L. 263 LPF [attribution immédiate de la créance saisie], auxquels l'art. 3 [C. com., art. L. 141-14] ne déroge pas, de sorte qu'agit en violation de ces textes, l'administration qui procède au recouvrement forcé, par une voie d'exécution entraînant transfert immédiat de la créance appréhendée dans le patrimoine du Trésor, de sommes dont il est constant qu'elles n'étaient pas encore exigibles faute d'avoir fait l'objet de mises en recouvrement, et qu'elle ne peut davantage prétendre avoir agi à titre purement conservatoire faute de justifier d'une créance fiscale certaine à l'encontre de la société débitrice. • TGI Thonon-les-Bains, 15 avr. 1997 : *BICC 1997, n° 1130.* – V. aussi Bourdillat, *JCP N 1998, n° 10, p. 361.* ♦ V. également considérant que l'avis à tiers détenteur ne peut plus servir de support à la procédure d'opposition, • CE 28 nov. 1997, n° 154912 : *JCP N 1998, n° 15-16, p. 577, note Bourdillat ; RTD com. 1998. 570, obs. Derruppé* .

Il convient de rechercher si les créances de taxe sur la valeur ajoutée, ayant fait l'objet de l'avis à tiers détenteur, ne constituaient pas des dettes de la société qui, étant afférentes à des périodes d'activité antérieures à la cession du fonds de commerce, étaient nées avant la publication de la cession, peu important à cet égard que ces dettes ne fussent devenues exigibles que par la notification des rappels d'imposition postérieurs à cette date. • Com. 24 mai 2011, n° 10-18.074 P : *cité note 2 ss. art. L. 141-17.*

B. CONDITIONS DE FORME

8. *Acte extrajudiciaire.* BIBL. Soulard, *Rev. huiss. 1958. 205.* ♦ L'opposition au paiement du prix de vente d'un fonds de commerce, qui constitue un acte conservatoire, ne peut, aux termes de l'art. 3, al. 4 de la loi de 1909 [C. com., art. L. 141-14], être effectuée que par acte extrajudiciaire. • Com. 6 mai 2002, n° 00-14.655 P : *D. 2002. AJ 2126 ; RTD com. 2002. 652, obs. Saintourens* . ♦ Est donc régulière l'opposition effectuée par un huissier du Trésor public, lequel est habilité à procéder, de même que les huissiers de justice, aux actes conservatoires nécessaires au recouvrement des créances de l'État. • Même arrêt. ♦ Toute opposition doit être faite par acte extrajudiciaire, sous peine de nullité. • Paris, 5 nov. 1957 : *D. 1958. Somm. 23 ; RTD com. 1958. 69, obs. Jauffret ; Gaz. Pal. 1957. 2. 381* • 9 mars 1994 : *JCP N 1994. II. 247, note Kuhn.* ♦ L'acte extrajudiciaire est une formalité substantielle et d'ordre public, requise à peine de nullité. Par suite, la télécopie envoyée par le conseil d'un créancier au notaire du cédant ne satisfait pas aux exigences de l'art. L. 141-14 et cette opposition se trouve dénuée de tout effet. • Versailles, 3 déc. 2009 : *RJDA 2010, n° 491.* ♦ L'opposition prévue par l'art. 808 C. civ. n'équivaut pas à l'acte extrajudiciaire exigé par la loi de 1909. • Civ. 5 juill. 1932 : *préc. note 4.* ♦ Une opposition formée par lettre recommandée est dénuée de tout effet sans qu'il y ait à rechercher l'existence d'un préjudice. • Civ. 2e, 12 mai 1986, n° 84-10.174 P : *RTD com. 1986. 395, obs. Derruppé ; JCP N 1987. II. 4, note Lafond.* ♦ Comp., pour l'insuffisance d'une déclaration à une faillite : • Com. 5 déc. 1955 : *JCP 1956. II. 9131, note Cohen.* – *Contra* : • Paris, 28 mars 1946 : *D. 1946. 246.* ♦ Une lettre recommandée ne peut entraîner l'indisponibilité du prix de vente et son destinataire n'est tenu à l'égard du créancier d'aucune obligation d'information. • Civ. 1re, 22 mai 2001, n° 98-21.799 : *Defrénois 2002. 1095, obs. Théry.*

9. *Énonciations.* L'opposition doit porter l'énonciation du chiffre et des causes de la créance. • Paris, 5 nov. 1957 : *préc. note 8.*

10. *Lieu de l'opposition.* Il résulte des dispositions des art. L. 141-12, L. 141-13 et L. 141-14 que le cessionnaire d'un fonds de commerce doit publier la cession du fonds et élire domicile, l'opposition devant être formée au domicile élu par le cessionnaire mentionné dans cette publication. • Com. 8 juin 2017, n° 16-11.441 : *RTD com. 2017. 824, obs. Saintourens ; RJDA 2018, n° 15.*

II. EFFETS DE L'OPPOSITION

11. *Effet sur la prescription.* L'opposition au paiement du prix de vente d'un fonds de commerce n'étant qu'un acte conservatoire, elle ne peut être assimilée à une saisie et n'est pas, par conséquent, un acte interruptif de la prescription au sens de l'art. 2244 [ancien] C. civ., dont l'énumération est limitative. • Com. 16 juin 1998, n° 96-14.170 P : *D. Affaires 1998. 1207, obs. A.-L. M.-D. ; Procédures 1998, n° 195, obs. Perrot.*

12. *Indisponibilité du prix.* N'est pas opposable aux créanciers du vendeur d'un fonds de commerce le paiement fait à ce dernier par l'acquéreur avant l'expiration du délai accordé par la loi aux créanciers pour faire opposition. • Com. 19 mai 1998, n° 95-17.643 : *D. Affaires 1998. 1120, obs. A.-L. M.-D. ; RTD com. 1998. 823, obs. Derruppé* . ♦ L'opposition pratiquée sur le fondement de l'art. L. 141-14 ne confère pas au créancier le droit d'être payé par préférence, mais elle s'analyse en une simple mesure conservatoire ayant pour effet de rendre provisoirement indisponible la créance du vendeur. • Agen, 15 avr. 2013 : *JCP 2013, n° 818, obs.*

Valiergue. ♦ L'opposition au paiement du prix d'un fonds de commerce, effectuée par un créancier du vendeur en application de l'art. L. 141-14, est un acte conservatoire qui a pour seul effet de rendre le prix provisoirement indisponible, sans qu'il puisse être préjugé de sa distribution effective au créancier opposant. Le moyen, qui postule qu'en l'état d'oppositions dont les montants cumulés excédaient le prix séquestré, le séquestre n'avait plus d'obligations envers le vendeur, manque donc en droit. • Com. 2 déc. 2020, n° 18-14.272 : *RJDA 2021, n° 339.* ♦ L'opposition ne tend pas à une appropriation du prix au profit du créancier opposant mais s'analyse en un acte conservatoire ayant pour but de faire défense au séquestre de se dessaisir des fonds et de permettre au créancier opposant de faire valoir postérieurement ses droits. • Versailles, 10 juin 1993 : *D. 1993. IR 214.*

13. Modification du prix. Les parties à l'acte ne sauraient ultérieurement à l'opposition modifier le montant du prix au détriment des créanciers. • Grenoble, 28 janv. 1910 : *DP 1910. 2. 317.* ♦ V. cep., pour une résolution judiciaire de la vente, • Req. 12 févr. 1936 : *DH 1936. 145.*

14. Droit de suite. En prolongeant l'indisponibilité du prix de la vente, l'opposition, loin de valoir renonciation tacite au droit de suite du créancier opposant, tend à préserver l'exercice de celui-ci. • Versailles, 10 juin 1993 : *préc. note 12.*

15. Absence de droit de préférence. Les créanciers qui ont fait opposition dans le délai légal ne tiennent d'aucune disposition de la loi de 1909 [C. com., art. L. 141-5 s.], le droit d'être payé par préférence. • Civ. 3 juin 1935 : *Gaz. Pal. 1935. 2. 274* • Com. 5 avr. 1965 : *D. 1965. 742 ; JCP 1965. II. 14316, note J. A.* ♦ ... L'opposition, simple mesure conservatoire ayant pour effet de rendre provisoirement indisponible la créance du vendeur. • Com. 21 sept. 2004, n° 00-22.266 : *RJDA 2005, n° 118.* ♦ V. toutefois les exceptions résultant de l'art. L. 141-15, al. 2.

16. Saisie-attribution. Les créanciers opposants ne tiennent pas, de la loi de 1909, le droit d'être payés par préférence, l'opposition, simple mesure conservatoire, ayant pour effet de rendre provisoirement indisponible le prix, un créancier est donc en droit d'exercer une saisie-attribution. • Civ. 2e, 6 juill. 2000, n° 98-20.286 P : *D. 2000. AJ 371, obs. Monéger-Dupuis ; RTD com. 2000. 850, obs. Derruppé.* ♦ L'opposition au paiement du prix de vente d'un fonds de commerce est une simple mesure conservatoire qui a pour effet de rendre provisoirement indisponible la créance mais n'interdit pas au créancier d'exercer une saisie-attribution dont l'effet sera différé jusqu'à ce que la créance devienne disponible. L'opposition au prix de vente empêche seulement le paiement immédiat du créancier. • Colmar, 12 déc. 2011 : *RTD com. 2012. 82, obs. Saintourens ; RJDA 2012, n° 150.* ♦ L'acte de saisie-attribution emportant à concurrence des sommes pour lesquelles elle est pratiquée attribution immédiate au profit du saisissant de la créance disponible entre les mains du tiers, V. cassant un arrêt qui accueille la demande du créancier saisissant dirigée contre le tiers saisi en paiement des causes de la saisie, alors que la créance saisie, constituée par le prix de vente d'un fonds de commerce, n'est pas disponible : • Civ. 2e, 16 mars 2000, n° 98-14.725 P : *RTD com. 2000. 589, obs. Derruppé ; RDBF 2000, n° 167, obs. Delleci.*

17. Maintien de l'opposition. S'agissant de la cession d'un fonds de commerce, c'est à bon droit qu'une cour d'appel a relevé que l'opposition sur le prix de vente, prévue par l'art. 3 de la loi du 17 mars 1909 [C. com., art. L. 141-12 s.], a pour objet de préserver et de garantir les droits éventuels du bailleur et que dès lors que ce dernier, par son inaction, retarde l'issue du litige, il n'a aucune légitimité à voir maintenir une opposition, même cantonnée. • Civ. 3e, 9 juill. 2003, n° 02-11.794 P : *JCP E 2003, n° 39, p. 1510.*

18. Défaut d'opposition. L'absence d'opposition d'un créancier, en cas de liquidation amiable d'une société, ne peut exonérer de sa responsabilité le liquidateur qui a refusé de prendre en considération cette créance : • Com. 9 nov. 1993, n° 91-18.143 P : *Dr. sociétés 1994, n° 22, note Bonneau* • 7 déc. 1993, n° 91-15.605 P : *Dr. sociétés 1994, n° 22, note Bonneau.* ♦ Ayant constaté que la banque avait fait connaître sa volonté de se prévaloir de son nantissement et revendiqué à plusieurs reprises le paiement de ses créances, les juges du fond ont pu déduire que le séquestre et son mandataire (qui avaient reçu mission de ne payer le prix aux vendeurs qu'après avoir désintéressé les éventuels créanciers inscrits ou opposants suivant leur rang) avaient commis une faute en négligeant d'appeler ce créancier à la répartition du prix. • Com. 22 mai 2002, n° 00-18.387 : *Banque et Dr. 11-12/2003. 62, obs. Guillot.*

III. PROCÉDURE COLLECTIVE

19. Déclaration des créances. Sur l'obligation faite aux créanciers opposants de déclarer leurs créances à la procédure collective du vendeur, V. • Paris, 7 nov. 2001 : *D. 2001. AJ 3618.*

20. Nullité de la période suspecte. L'opposition au paiement du prix de cession d'un fonds de commerce formée par un créancier du propriétaire du fonds n'est qu'un acte conservatoire ayant pour seul effet de rendre indisponible le prix de vente et de permettre au créancier de faire valoir postérieurement ses droits dans une distribution du prix et ne peut être assimilée à une saisie. Par suite, dans un cas où une banque avait reçu un paiement après avoir fait opposition au versement du prix de vente d'un fonds de commerce entre les mains du cédant, son débiteur, et où, dans le cadre de la liquidation judiciaire de ce dernier, le liquidateur judiciaire avait demandé l'annulation de ce paiement sur le fondement de l'art. L. 621-108 [L. 632-2] C. com. car la vente était intervenue en période suspecte, la banque ne peut pas utilement soutenir qu'ayant fait opposition, elle avait perçu un paiement forcé ne tombant pas sous le coup des nullités de la période suspecte. • Com. 1er déc. 2009, ♔ n° 08-13.551 : *RJDA 2010, n° 490.*

Art. L. 141-15 Au cas d'opposition au paiement du prix, le vendeur peut, en tout état de cause, après l'expiration du délai de dix jours, se pourvoir en référé devant le président du tribunal *(Abrogé par L. n° 2015-990 du 6 août 2015, art. 107-I-6°) « de grande instance »* afin d'obtenir l'autorisation de toucher son prix malgré l'opposition, à la condition de verser à la Caisse des dépôts et consignations, ou aux mains d'un tiers commis à cet effet, une somme suffisante, fixée par le juge des référés, pour répondre éventuellement des causes de l'opposition dans le cas où il se reconnaîtrait ou serait jugé débiteur. Le dépôt ainsi ordonné est affecté spécialement, aux mains du tiers détenteur, à la garantie des créances pour sûreté desquelles l'opposition aura été faite et privilège exclusif de tout autre leur est attribué sur ledit dépôt, sans que, toutefois, il puisse en résulter transport judiciaire au profit de l'opposant ou des opposants en cause à l'égard des autres créanciers opposants du vendeur, s'il en existe. A partir de l'exécution de l'ordonnance de référé, l'acquéreur est déchargé et les effets de l'opposition sont transportés sur le tiers détenteur.

Le juge des référés n'accorde l'autorisation demandée que s'il lui est justifié par une déclaration formelle de l'acquéreur mis en cause, faite sous sa responsabilité personnelle et dont il est pris acte, qu'il n'existe pas d'autres créanciers opposants que ceux contre lesquels il est procédé. L'acquéreur, en exécutant l'ordonnance, n'est pas libéré de son prix à l'égard des autres créanciers opposants antérieurs à ladite ordonnance s'il en existe. – *[L. 17 mars 1909, art. 3, al. 5 et 6.]*

FORM. PR. COM. v° *Référé à fin de cantonnement après opposition,* par PUECH.

1. Mainlevée et bien-fondé de l'opposition. BIBL. Ver Hulst, *LPA 7 mars 2001* (compétence d'attribution du président du TGI). ♦ Le président du tribunal n'est compétent qu'en l'absence d'instance au principal, alors même qu'il aurait été antérieurement saisi. • Com. 9 mai 1956 : *Gaz. Pal. 1956. 2. 30 ; JCP 1956. II. 9461, note E. M.* • 7 déc. 1960, n° 59-13.456 P : *cité note 3.* ♦ L'art. 3 [C. com., art. L. 141-15] ne distingue pas entre l'instance introduite par le vendeur du fonds de commerce aux fins d'obtenir mainlevée de l'opposition et celle qui est engagée par le créancier opposant pour faire statuer sur son droit de créance, dès lors que l'action ainsi exercée met en jeu le bien-fondé de l'opposition. • Com. 29 juin 1954 : *JCP 1954. II. 8278, note A. C.* ♦ Le président est compétent lorsque l'opposition est nulle par irrespect des formes. • Colmar, 13 janv. 1937 : *Rev. fonds com. 1937. 228.* ♦ Il en est ainsi en cas d'opposition tardive. • Paris, 5 mai 1924 : *DP 1927. 2. 65, note Chéron. – Contra :* • Dijon, 16 juill. 1941 : *DA 1942. 44.* ♦ ... Ou au cas où l'opposant ne démontre pas l'existence d'une créance certaine à son profit. • Com. 21 janv. 1974, ♔ n° 72-14.348 P.

2. Mise en cause de l'acquéreur. En vertu de *l'art. 3, al. 7 [C. com., art. L. 141-16],* l'autorisation par le vendeur de toucher son prix est subordonnée à la justification par l'acquéreur de l'absence d'autres créanciers opposants que ceux qui se sont manifestés ; par suite le défaut de l'acquéreur devant le juge des référés paralyse l'action du vendeur. • Com. 25 juin 1969, n° 67-14.482 P. ♦ La mise en cause de l'acquéreur absent de l'instance est nécessaire à la recevabilité de la demande de mainlevée. • Paris, 17 nov. 1982 : *D. 1983. IR 130.* ♦ Comp., au cas d'opposition par un créancier sans droit ni titre : • Versailles, 30 sept. 1988 : *Gaz. Pal. 1989. 1. Somm. 125.*

3. Cantonnement. En cas de demande de cantonnement, la mise en cause de l'acquéreur est obligatoire. • Paris, 19 mars 1960 : *D. 1960. Somm. 78* • 15 oct. 1965 : *D. 1966. 261* • 26 mars 1966 : *RTD com. 1967. 131, obs. Jauffret.* ♦ Sur la compétence exclusive du président du TGI, juge des référés, V. • Civ. 28 févr. 1933 : *DH 1933. 218 ; S. 1935. 1. 57, note Hébraud.* ♦ Sur la voie de l'appel à l'ordonnance, V. • Colmar, 14 mai 1952 : *JCP 1953. II. 7437, note Cohen.* ♦ ... Et sur l'incidence de l'instance au fond, • Com. 7 déc. 1960, n° 59-13.456 P : *Gaz. Pal. 1961. 1. 169.* ♦ V. aussi note 17 ss. art. L. 141-14.

4. Appel de l'ordonnance. La cour d'appel est incompétente, sur appel de l'ordonnance, si, à la date de l'audience, le juge du principal est saisi. • Com. 7 déc. 1960, n° 59-13.456 P : *préc. note 3. – Contra :* • Paris, 5 nov. 1957 : *préc. note 9 ss. art. L. 141-14.* ♦ Il n'en irait autrement qu'au cas où la loi du 17 mars 1909 n'est pas applicable. V. • Civ. 3e, 20 juin 1979, ♔ n° 78-12.530 P : *JCP E 1979. I. 8079 ; RTD com. 1979. 709, obs. Derruppé.*

5. Compétence matérielle au principal. Sur la compétence au principal du tribunal civil, V. • T. com. Seine, 29 juin 1938 : *Gaz. Pal. 1938. 2.*

669. ♦ *Contra*, sur la compétence exclusive au principal du tribunal de commerce, V. • T. civ. Lille, 18 juill. 1911 : *S. 1912. 2. 190.* ♦ Sur l'influence de la nature civile ou commerciale de la créance contestée, V. • T. com. Reims, 7 janv. 1938 : *Rev. fonds com. 1938. 161.*

Art. L. 141-16 **Si l'opposition a été faite sans titre et sans cause ou est nulle en la forme et s'il n'y a pas instance engagée au principal, le vendeur peut se pourvoir en référé devant le président du tribunal** *(Abrogé par L. n° 2015-990 du 6 août 2015, art. 107-I-6°)* **« *de grande instance* », à l'effet d'obtenir l'autorisation de toucher son prix, malgré l'opposition.** – *[L. 17 mars 1909, art. 3, al. 7.]*

FORM. PR. COM. v^is *Référé après opposition sans titre et sans cause ou nulle en la forme ; Mainlevée d'une opposition au paiement du prix de vente d'un fonds de commerce*, par PUECH.

1. Opposition irrégulière. L'opposition irrégulière n'est pas en elle-même une faute justifiant l'octroi de dommages et intérêts. • Civ. 2e, 10 févr. 1977, n° 75-13.844 P : *D. 1977. IR 245 ; RTD com. 1977. 489, obs. Derruppé.*

2. Notaire. Les notaires qui ont désintéressé le créancier du vendeur d'un fonds de commerce, ce créancier n'ayant pas été payé par l'acquéreur en raison du caractère irrégulier de son opposition, sont valablement subrogés dans les droits de celui-ci et peuvent ainsi obtenir du vendeur payé indûment le remboursement de leurs règlements. • Civ. 1re, 8 juill. 1994, n° 90-14.591 P : *Defrénois 1994. 1465, obs. Delebecque.* ♦ Engage sa responsabilité le notaire qui, nonobstant une opposition au paiement du prix de vente du fonds de commerce formée par un créancier du vendeur, se dessaisit d'une partie du prix au profit de ce dernier, alors qu'en cas de doute sur la régularité de l'opposition il lui appartient, non de se faire juge de cette validité, mais d'attendre qu'il soit statué sur la demande de mainlevée. • TGI Rochefort-sur-Mer, 23 avr. 1997 : *Gaz. Pal. 1998. 1. Somm. 200, obs. Vray.*

3. Instance principale. Une instance ayant été engagée au principal par le créancier opposant pour faire statuer sur l'existence de son droit de créance, il en résulte, par application de l'art. L. 141-16, que le juge des référés est dépourvu de pouvoirs pour se prononcer sur la demande d'autorisation faite par le vendeur de toucher son prix malgré l'opposition, peu important que cette instance au principal n'ait été introduite que postérieurement à la demande du vendeur. • Orléans, 18 déc. 2003 : *RJDA 2004, n° 414.* ♦ V. aussi notes 1 et 3 ss. art. L. 141-15.

Art. L. 141-17 **L'acquéreur qui paie son vendeur sans avoir procédé** *(L. n° 2016-1524 du 14 nov. 2016, art. 21-I)* **« aux publications prescrites », ou avant l'expiration du délai de dix jours, n'est pas libéré à l'égard des tiers.** – *[L. 17 mars 1909, art. 3, al. 8.]*

V. note ss. art. L. 141-12.

1. Opposabilité du paiement du prix. Il résulte de l'art. 3, al. 8, de la loi du 17 mars 1909, devenu l'art. L. 141-17, que la publicité de la vente du fonds de commerce constitue une condition d'opposabilité aux tiers, non de la vente, mais du paiement du prix. • Com. 24 mai 2005, n° 02-18.096 P : *D. 2005. AJ 1698, obs. Chevrier ; RTD com. 2006. 294, obs. Saintourens ; JCP E 2006, n° 12, p. 563, note Rezek ; RJDA 2005, n° 960.* ♦ La publication de la vente du fonds de commerce ne constitue pas une condition d'opposabilité de la cession au créancier du vendeur. • Com. 15 juin 2010, n° 09-67.057 : *RJDA 2010, n° 1063.* ♦ V. aussi note 11 ss. art. L. 141-13.

2. Action en paiement. Après avoir relevé que l'acquéreur d'un fonds de commerce avait versé le prix au vendeur avant l'expiration du délai pendant lequel les oppositions pouvaient être faites, une cour d'appel a légalement justifié sa décision en retenant que le paiement était inopposable aux créanciers du vendeur, peu important qu'ils aient ou non fait opposition au paiement du prix. • Com. 24 mai 2005, n° 01-15.337 P : *D. 2005. 2612, note Sénéchal ; RTD com. 2006. 294, obs. Saintourens ; JCP E 2005, n° 30, p. 1284 ; RJDA 2005, n° 961.* ♦ La faute commise par le cessionnaire en payant le prix avant l'expiration du délai d'opposition prive le receveur des impôts du paiement de la totalité des sommes qu'il aurait pu appréhender lors de la distribution du prix de cession et non des seules sommes au titre desquelles il a fait opposition. • Com. 24 mai 2011, n° 10-18.074 P : *D. 2011. Actu. 1554 ; RTD com. 2011. 724, obs. Saintourens ; JCP E 2011, n° 1512 ; RJDA 2011, n° 693.* – V. aussi • Com. 20 sept. 2017, n° 16-16.602 : *RJDA 2018, n° 16 ; RPC 2018, n° 37, obs. Blanc.* ♦ Les créanciers du vendeur du fonds étant des tiers au sens de l'art. 3 [C. com., art. L. 141-17], qu'ils aient ou non fait opposition au paiement du prix, le *syndic de faillite*, agissant au nom de l'ensemble des créanciers du vendeur, a qualité pour exercer l'action en paiement contre les acquéreurs sur le fondement du dernier alinéa de l'art. 3 [C. com., art. L. 141-17]. • Com. 1er juin 1981, n° 79-14.101 P : *préc. note 11 ss. art. L. 141-13.*

3. Saisie-arrêt. Lorsque les créanciers n'ont pas fait opposition régulière dans les délais, ils peuvent agir suivant les voies d'exécution du droit commun en opérant saisie-arrêt. • Civ. 5 juill. 1932 : *DP 1933. 1. 165, note Nast.*

4. Paiement partiel. En payant partie du prix entre les mains du vendeur sans attendre l'expiration du délai pour faire opposition, l'acquéreur a commis une faute dont il doit réparation ; il lui revient alors de payer à la banque, créancière chirographaire au titre de la créance de découvert, la totalité des sommes dont cette dernière restait créancière sur sa cliente. • TGI Paris, 25 janv. 2006 : *Banque et Dr. 5-6/2007. 64, obs. Guillot.*

Art. L. 141-18 *(L. n° 2016-1524 du 14 nov. 2016, art. 21-I)* **Si la vente ou la cession d'un fonds de commerce comprend des succursales ou établissements situés sur le territoire français,** *(Ord. n° 2021-1192 du 15 sept. 2021, art. 27, en vigueur à une date qui sera fixée par décret et qui ne pourra être postérieure au 1er janv. 2023)* **« la publication prescrite aux articles L. 141-7 à L. 141-17 doit être faite** *[ancienne rédaction : l'inscription et la publication prescrites aux articles L. 141-6 à L. 141-17 doivent être faite]* **» également** *(L. n° 2019-486 du 22 mai 2019, art. 3-II)* **« sur un support habilité à recevoir des annonces » légales au lieu du siège de ces succursales ou établissements.** — *[L. 17 mars 1909, art. 4, al. 1er, 1re phrase.] — V. art. R. 141-1-1.*

V. note ss. art. L. 141-12.

Notion de succursale. BIBL. Lescot, *Rev. jur. sociétés 1924. 207.* – Bruzin, *JCP 1946. I. 567.* ♦ La succursale effectue des activités semblables à celles de l'établissement principal. • Com. 6 nov. 1951 : *D. 1952. 58.* ♦ Le seul emploi d'une enseigne commune ne saurait suffire à caractériser la succursale. • T. civ. Rouen, 30 nov. 1948 : *Gaz. Pal. 1949. 1. 96.* ♦ Le responsable de la direction de la succursale doit être sous la dépendance du propriétaire de l'établissement principal. • Req. 29 janv. 1934 : *S. 1934. 1. 181* • Paris, 5 juill. 1971 : *Gaz. Pal. 1971. 2. 761.* ♦ Toutefois, le directeur de la succursale doit avoir qualité pour traiter au nom de l'établissement avec des tiers. • Agen, 22 juill. 1935 : *S. 1935. 2. 236* • T. civ. Lille, 6 nov. 1950 : *D. 1951. 198.* – Comp. : • CJCE 22 nov. 1978 : *Rec. CJCE, p. 2138.*

Art. L. 141-19 **Pendant les vingt jours qui suivent la publication au *Bulletin officiel des annonces civiles et commerciales* prévue à l'article L. 141-12, une copie authentique ou l'un des originaux de l'acte de vente est tenu, au domicile élu, à la disposition de tout créancier opposant ou inscrit pour être consulté sans déplacement.**

(Abrogé par L. n° 2015-990 du 6 août 2015, art. 107-I-9°) ***« Pendant le même délai, tout créancier inscrit ou qui a formé opposition dans le délai de dix jours fixé par l'article L. 141-14 peut prendre, au domicile élu, communication de l'acte de vente et des oppositions et, si le prix ne suffit pas à désintéresser les créanciers inscrits et ceux qui se sont révélés par des oppositions, au plus tard dans les dix jours qui suivent la publication au Bulletin officiel des annonces civiles et commerciales prévue à l'article L. 141-12, former, en se conformant aux prescriptions des articles L. 141-14 à L. 141-16 une surenchère du sixième du prix principal du fonds de commerce, non compris le matériel et les marchandises.***

« La surenchère du sixième n'est pas admise après la vente judiciaire d'un fonds de commerce ou la vente poursuivie à la requête d'un administrateur judiciaire ou d'un *(L. n° 2005-845 du 26 juill. 2005, art. 165-V)* ***« mandataire judiciaire », ou de copropriétaires indivis du fonds, faite aux enchères publiques et conformément aux articles L. 143-6 et L. 143-7*** *(L. n° 2005-845 du 26 juill. 2005, art. 161-II)* ***« , ou selon les dispositions de l'article L. 642-5 ».***

« L'officier public commis pour procéder à la vente doit n'admettre à enchérir que des personnes dont la solvabilité lui est connue, ou qui ont déposé soit entre ses mains, soit à la Caisse des dépôts et consignations, avec affectation spéciale au paiement du prix, une somme qui ne peut être inférieure à la moitié du prix total de la première vente, ni à la portion du prix de ladite vente stipulée payable comptant, augmentée de la surenchère.

« L'adjudication sur surenchère du sixième a lieu aux mêmes conditions et délais que la vente sur laquelle la surenchère est intervenue.

« Si l'acquéreur surenchéri est dépossédé par suite de la surenchère, il doit, sous sa responsabilité, remettre les oppositions formées entre ses mains à l'adjudicataire, sur récépissé, dans la huitaine de l'adjudication, s'il ne les a pas fait connaître antérieurement par mention insérée au cahier des charges. L'effet de ces oppositions est reporté sur le prix de l'adjudication. » — *[L. 17 mars 1909, art. 5.]*

FORM. PR. COM. v[is] *Surenchère du sixième formée après les publications d'annonces ; Récépissé des oppositions formulées ; Envoi au surenchérisseur d'une demande de mention au cahier des charges des oppositions reçues,* par Puech.

BIBL. ▸ Rival, *Rev. fonds com. 1938. 1.*

I. CONDITION DE LA SURENCHÈRE

A. VENTE D'UN FONDS DE COMMERCE

1. Nécessité d'une vente. La surenchère, supposant une vente de fonds de commerce, est irrecevable au cas d'une cession de location-gérance. • Civ. 8 mars 1938 : *DH 1938. 225.* ♦ Sur l'admission au cas d'échange, V. • Com. 21 mars 1960, n° 57-11.852 P.

2. Exclusion des ventes judiciaires. Les ventes qui ont été effectuées aux enchères publiques assujetties aux formes de l'art. 17 [C. com., art. L. 143-6], offrant toutes les garanties de juste prix n'ouvrent pas la voie de la surenchère, qu'il s'agisse d'une vente ordonnée à la requête de l'administration des Domaines. • Paris, 12 juill. 1948 : *Gaz. Pal. 1948. 2. 206.* ♦ ... De la vente d'un fonds de commerce indivis appartenant pour partie à un mineur. • Com. 6 mai 1953 : *JCP 1953. II. 7688, note Cohen ; RTD com. 1953. 880, obs. Jauffret.* ♦ ... De la vente décidée par l'ordonnance du président du tribunal civil à la requête de l'administrateur séquestre. • Paris, 12 juill. 1948 : *préc.* ♦ Il en irait autrement au cas d'irrégularité dans le déroulement de la procédure. • T. civ. Doullens, 14 févr. 1945 : *Gaz. Pal. 1945. 1. 190* (à propos de l'omission d'une signification aux créanciers inscrits). ♦ En outre, les dispositions de l'art. 5 [C. com., art. L. 141-19] ne sont pas d'ordre public. • Req. 14 déc. 1926 : *S. 1927. 1. 50.* – Comp. : • T. com. Fécamp, 19 févr. 1958 : *Rec. Le Havre 1958. 2. 53.* ♦ Par conséquent, a pu être insérée au cahier des charges de la vente une clause autorisant la surenchère, alors même que la vente portait sur un immeuble et sur un fonds de commerce. • Req. 1er avr. 1925 : *DP 1925. 1. 169, note J. Percerou* • 2 juill. 1928 : *JCP 1928. 1350* (sur la théorie de l'accessoire). ♦ Pour une licitation du seul fonds de commerce, V. • Aix-en-Provence, 17 avr. 1931 : *DP 1932. 2. 103* • T. civ. Perpignan, 30 mars 1949 : *RTD com. 1949. 207, obs. Jauffret.*

3. Préemption. En cas d'exercice du droit de préemption de l'enregistrement ou de l'administration des impôts prévu, en cas d'insuffisance de prix, par l'art. 668 CGI (art. L. 18 LPF), les créanciers conservent les droits d'opposition et de surenchère. • Lyon, 31 mars 1949 : *Gaz. Pal. 1949. 2. 37 ; JCP 1949. II. 7067, note D. L. ; RTD com. 1949. 623, obs. Jauffret.*

4. Redressement judiciaire. BIBL. Bac, *JCP E 1998, n° 6, p. 211.* ♦ Sous l'ancienne législation, il a été jugé que l'autorisation donnée au syndic de traiter à forfait une partie de l'actif mobilier du débiteur ne transforme pas la vente amiable du fonds de commerce ainsi consentie en une vente judiciaire de nature à faire échec à la surenchère du sixième. • Com. 30 mars 1981, n° 79-13.713 P : *RTD com. 1981. 519, obs. Derruppé ; JCP E 1981. I. 9823.* ♦ V. note 20 ss. art. L. 642-1 et notes 3 et 4 ss. art. L. 622-17 ancien, cité ss. art. L. 642-19.

B. INSUFFISANCE DU PRIX

5. Créances inférieures au prix. Dès lors que le montant total des créances ouvrant droit à surenchère s'avère inférieur au prix de la vente, la demande de surenchère n'a plus de raison d'être et sera rejetée. • Grenoble, 28 janv. 1910 : *DP 1910. 2. 317 ; S. 1911. 2. 297, note Wahl.*

6. Détermination du prix. Bien que la surenchère se calcule sur les seuls éléments incorporels, il doit être tenu compte du prix de tous les éléments du fonds. • Req. 24 mai 1927 : *DP 1927. 1. 170* • Com. 23 mai 1960 : *D. 1960. Somm. 110 ; Gaz. Pal. 1960. 2. 177 ; RTD com. 1961. 57, obs. Jauffret.* ♦ Le prix à prendre en considération est le prix total comportant et la partie du prix payable au comptant et les paiements à terme. • Aix-en-Provence, 11 juill. 1939 : *Rev. fonds com. 1939. 513.* ♦ V. toutefois, ne tenant compte que du prix payé comptant, • Aix-en-Provence, 10 mars 1941 : *Gaz. Pal. 1941. 1. 505.* ♦ Au cas d'une vente globale du fonds avec d'autres biens, V. • Aix-en-Provence, 10 mars 1941 : *préc.* – *Contra* : • T. com. Seine, 19 nov. 1935 : *Gaz. Pal. 1936. 1. 198* (procédant à une ventilation du prix s'agissant des droits de gérance d'un débit de tabacs).

C. CRÉANCIERS SURENCHÉRISSEURS

7. Qualité des créances. En ce qui concerne les créances permettant de surenchérir, il n'y a lieu de tenir compte que des créances inscrites et de celles des créanciers qui ont fait opposition dans les délais. La seule formalité de déclaration des créances ne saurait, au cas de procédure collective du vendeur suppléer à l'absence d'opposition. • Com. 5 déc. 1955, n° 4.108 P : *JCP 1956. II. 9131, note Cohen.* ♦ Pour un exemple de créances permettant de former surenchère, V. • T. com. Saint-Étienne, 11 févr. 1954 : *Gaz. Pal. 1954. 1. 318 ; RTD com. 1954. 596, obs. Jauffret.* – Comp. : • Req. 16 nov. 1921 : *S. 1923. 1. 217, note Bourcart.* ♦ Dès lors que sa créance est certaine, alors même qu'elle n'est pas exigible, l'épouse divorcée du vendeur, créancière d'une pension alimentaire, est recevable en sa surenchère. • Req. 24 mai 1927 : *DP 1927. 1. 170 ; Gaz. Pal. 1927. 2. 330.*

8. *Pouvoir du dirigeant social.* S'agissant d'un acte utile à la conservation du gage de la société, le représentant légal de celle-ci a le pouvoir de former surenchère, en l'absence de décision de l'assemblée générale. • Com. 21 mars 1960, n° 57-11.852 P : *préc. note 1.*

9. *Société en formation.* La surenchère faite au nom d'une société en formation qui, non immatriculée, était alors dépourvue d'existence légale, n'est pas régulière. • Civ. 2e, 18 mai 1989, n° 88-12.849 P : *JCP N 1990. II. 205, note Garçon* • 13 déc. 1995, n° 94-16.189 : *Dr. sociétés 1996, n° 50, note Bonneau ; RJ com. 1998. 19, note Putman* • 25 juin 1997, n° 95-14.546 P : *Dr. sociétés 1997, n° 141, note Bonneau ; Defrénois 1997. 1287, obs. Hovasse.*

II. PROCÉDURE DE LA SURENCHÈRE

A. DÉLAI

10. *Nature juridique.* Le délai de vingt jours n'est pas un délai franc. – V. C. pr. civ., art. 640 s. – C. pr. civ. ♦ Ce délai n'est pas d'ordre public et peut être allongé d'un commun accord entre vendeur et acquéreur. • Civ. 14 avr. 1924 : *DH 1924. 370.*

11. *Nullité de la publication.* Lorsque la publication est nulle, le délai de surenchère comme le délai d'opposition courent et il n'est pas possible pour les créanciers de faire opposition à une surenchère. • Rennes, 3 janv. 1950 : *JCP 1950. II. 5483, note crit. Cohen ; RTD com. 1950. 401, obs. crit. Jauffret.*

B. FORMES

12. *Signification.* En ce qui concerne les formes de la surenchère, la signification peut être faite au domicile élu, bien que la loi ne le précise pas, alors qu'il importe que tous les actes faits pour la sauvegarde de l'intérêt des créanciers puissent être signifiés au domicile élu. • Civ. 27 juill. 1920 : *S. 1921. 1. 55.*

13. *Contenu de l'acte.* Une surenchère supérieure à la surenchère légale (sixième du prix des éléments incorporels, non compris le matériel et les marchandises), en ce qu'elle porte sur le prix total du fonds, n'est pas nulle, les juges pouvant rectifier l'erreur matérielle. • T. com. Marseille, 20 juill. 1928 : *DH 1928. 603.* ♦ En revanche, la surenchère est nulle si elle ne contient pas offre de fournir caution, ni justification d'une solvabilité suffisante. • Toulouse, 13 oct. 1930 : *S. 1931. 2. 224.* – Comp. : • T. com. Beauvais, 24 juill. 1928 : *Gaz. Pal. 1928. 2. 907.* ♦ Jugé que la surenchère était valable, même sans qu'aucune caution n'ait été présentée, lorsque le juge a enjoint au surenchérisseur de fournir cette caution pour une somme fixée. • T. com. Rouen, 4 déc. 1957 : *RTD com. 1958. 319, obs. crit. Jauffret.* ♦ S'agissant d'une formalité qui n'est pas substantielle, le défaut de signature du surenchérisseur n'est pas sanctionné par la nullité. – V. • Lyon, 2 déc. 1981 : *JCP N 1983. II. 256.*

14. *Solvabilité du surenchérisseur.* V. aussi note 13. ♦ La justification de la solvabilité suffisante du surenchérisseur ne saurait être exigée dans l'acte, la loi n'en précisant pas le moment. • Com. 21 juill. 1987, n° 85-18.253 P. ♦ La solvabilité peut être implicitement admise. • Com. 21 mars 1960, n° 57-11.852 P : *préc. note 1.* – Comp. : • Com. 28 févr. 1956, n° 1.301 P.

15. *Désistement.* V. art. L. 143-14, al. 4. ♦ Il résulte de la combinaison de l'art. 5 [C. com., art. L. 141-19] et de l'art. 23, al. 4 [C. com., art. L. 143-14, al. 4], que le désistement du surenchérisseur doit être accepté par tous les créanciers opposants et inscrits. • Com. 6 déc. 1961, n° 58-12.333 P. ♦ Sur l'effet de ce désistement, V. • Com. 19 nov. 1963, n° 60-10.799 P.

16. *Surenchère abusive.* V., sur les hypothèses de procédure de surenchère abusive, • Com. 2 nov. 1964, n° 61-10.566 P • 17 nov. 1966 : *Bull. civ. III, n° 435* • Lyon, 16 janv. 1961 : *Gaz. Pal. Tables 1960-65, n° 199.*

III. ADJUDICATION

17. *Acquéreur initial adjudicataire.* Quand l'adjudication est prononcée au profit de l'acquéreur primitif, c'est du jour de la vente qu'il est réputé propriétaire du fonds. • T. com. Marseille, 15 mars 1936 : *Rev. fonds com. 1936. 282.* ♦ Sur des offres réelles pour désintéresser les créanciers inscrits et opposants, comp. : • Civ. 23 déc. 1924 : *DP 1926. 1. 188 ; Gaz. Pal. 1925. 1. 313* (à propos de l'art. 23 [C. com., art. L. 143-13 s.]).

18. *Tiers adjudicataire.* L'adjudication consécutive à la surenchère du sixième entraîne la résolution de la vente initiale. • Civ. 2e, 17 déc. 1984, n° 83-14.432 P : *RTD com. 1985. 739, obs. Derruppé ; JCP 1985. II. 20520, note Cohen.*

19. *Dépenses.* Lorsque l'acquéreur surenchéri a effectué des dépenses il a été décidé (mais en matière de surenchère du dixième) que, par application de l'art. 2175 [2470] C. civ., l'adjudicataire devait rembourser les dépenses utiles, dans la mesure où elles ont procuré une plus-value au fonds et les dépenses nécessaires intégralement. • Req. 23 mars 1925 : *DH 1925. 285.*

Art. L. 141-20 Lorsque le prix de la vente est définitivement fixé, *(Abrogé par L. n° 2015-990 du 6 août 2015, art. 107-I-10°)* ***« qu'il y ait eu ou non surenchère, »*** **l'acquéreur, à défaut d'entente entre les créanciers pour la distribution amiable de son prix, est tenu, sur la sommation de tout créancier, et dans la quinzaine suivante, de consigner la portion exigible du prix, et le surplus au fur et à mesure de l'exigibilité, à la**

charge de toutes les oppositions faites entre ses mains ainsi que des inscriptions grevant le fonds et des cessions qui lui ont été notifiées. – *[L. 17 mars 1909, art. 6.]*

BIBL. ► VAUVILLÉ, *JCP E 1996. I. 548* (distribution amiable du prix de cession).

Art. L. 141-21 Sauf s'il résulte d'une opération de fusion ou de scission soumise aux dispositions du quatrième alinéa de l'article L. 236-2 et des articles L. 236-7 à L. 236-22 *(L. n° 2016-1691 du 9 déc. 2016, art. 129)* **« ou s'il est fait à une société détenue en totalité par le vendeur », tout apport de fonds de commerce fait à une société en constitution ou déjà existante doit être porté à la connaissance des tiers dans les conditions prévues par les articles L. 141-12 à L. 141-18** *(L. n° 2019-486 du 22 mai 2019, art. 3-II)* **« sur un support habilité à recevoir des annonces » légales et par voie d'insertion** *(Abrogé par L. n° 2015-990 du 6 août 2015, art. 107-I-11°)* ***« dans les journaux d'annonces légales et »*** **au Bulletin officiel des annonces civiles et commerciales.**

(Abrogé par L. n° 2015-990 du 6 août 2015, art. 107-I-11°) ***« Toutefois, si par suite de l'application des dispositions législatives et réglementaires en vigueur relatives à la publication des actes de société, les indications prévues par ces articles figurent déjà dans le numéro du journal d'annonces légales où les insertions doivent être effectuées, il peut être procédé par simple référence à cette publication. »***

Dans *(L. n° 2016-1524 du 14 nov. 2016, art. 21-I)* **« ces insertions », l'élection de domicile est remplacée par l'indication du greffe du tribunal de commerce où les créanciers de l'apporteur doivent faire la déclaration de leurs créances.** – *[L. 17 mars 1909, art. 7, al. 1er à 3.]*

V. note ss. art. L. 141-12.

RÉP. SOCIÉTÉS v^is *Apports*, par BLAISE ; *Entreprise unipersonnelle à responsabilité limitée*, par SERLOOTEN.

BIBL. ► BOUVIER-BANGILLON, *Ann. dr. com. 1909. 449.* – HOUPIN, *Journ. sociétés 1933. 321.*

1. Apport d'un fonds. L'apport d'éléments corporels se présentant comme l'essentiel d'un fonds de commerce avec tous les éléments de valeur qui le composent est soumis à l'art. 7 [C. com., art. L. 141-21] et suppose l'accomplissement des mêmes formalités de publicité qu'au cas de vente. • Amiens, 13 mai 1976 : *D. 1976. Somm. 68 ; RTD com. 1976. 681, obs. Jauffret.* – Comp. : • TGI Villefranche, 9 oct. 1970 : *Defrénois 1972. 706.* ♦ Sur les apports mixtes, V. • Paris, 24 oct. 1934 : *DP 1936. 2. 59.* ♦ Sur l'apport en jouissance, V. Wahl, *Journ. sociétés 1909. 252.* ♦ L'art. 7 ne faisant aucune distinction entre les droits rémunérant l'apport, l'attribution de parts en nue-propriété n'empêche pas l'application de ce texte. • Bordeaux, 27 nov. 1995 : *Cah. jurispr. Aquitaine 1996, n° 2, p. 91.* ♦ Sur la notion de fonds de commerce, V. art. L. 141-5.

2. Sociétés bénéficiaires. Toute société commerciale personnalisée quelle qu'en soit la forme *est assujettie aux formalités de la loi du 17 mars* 1909 [C. com., art. L. 141-21 s.], notamment une société anonyme. • T. com. Seine, 6 mars 1929 : *Gaz. Pal. 1929. 2. 132.* ♦ Toutefois, en l'absence de transfert de propriété, les dispositions légales ne s'appliquent pas. • Com. 15 mai 1973 : *D. 1974. 418, note Bouloc.* ♦ V. cependant, pour une application originale à une société en participation, au cas de transfert de la propriété du fonds à un membre, • Rouen, 23 avr. 1971 : *D. 1972. 676, note Bouloc,* conf. par • Com. 15 mai 1973 : *préc.* ♦ Comp., au cas de *faillite* de l'apporteur à une société de fait : • Com. 15 oct. 1963, n° 62-10.168 P.

3. Fusion. **BIBL.** Solal, *RTD com. 1967. 459.* ♦ Sur l'exclusion de la publicité légale au cas de fusion de sociétés, V. • Bordeaux, 26 août 1997 : *BICC 1998, n° 453.* ♦ V. aussi note 8 ss. art. L. 141-1. ♦ Jurisprudence désormais confirmée par L. 141-21, al. 1er, reprenant l'art. 7, al. 1er de la loi de 1909 tel que mod. par L. n° 94-126 du 11 févr. 1994. ♦ Sur la portée de cette modification, V. Dossier ANSA nov.-déc. 1995, n° 2796.

4. Formalités. La publicité de l'apport étant distincte de celle de l'acte de société, avec laquelle elle ne se confond pas, il convient de procéder à des insertions distinctes ; sauf en ce qui concerne les informations communes aux deux publications, la seconde peut alors faire référence au premier avis. • Com. 11 févr. 1969, n° 65-13.118 P : *JCP 1969. II. 16137, note Richard ; RTD com. 1970. 100, obs. Jauffret.*

Art. L. 141-22 Dans les dix jours de la *(L. n° 2016-1524 du 14 nov. 2016, art. 21-I)* **« dernière en date des publications prévues » aux articles L. 141-12 et L. 141-13, tout créancier non inscrit de l'associé apporteur fait connaître au greffe du tribunal de commerce** *(Ord. n° 2021-1192 du 15 sept. 2021, art. 27, en vigueur à une date qui sera fixée par décret et qui ne pourra être postérieure au 1er janv. 2023)* **« désigné à l'article L. 141-6** *[ancienne rédaction : de la situation du fonds]* **», sa qualité de créancier et la**

somme qui lui est due. *(Abrogé par Ord. n° 2021-1192 du 15 sept. 2021, art. 27, à compter d'une date qui sera fixée par décret et qui ne pourra être postérieure au 1er janv. 2023) « Le greffier lui délivre un récépissé de sa déclaration. »* — *V. art. R. 143-10.*

A défaut par les associés ou l'un d'eux de former dans la quinzaine suivante une demande en annulation de la société ou de l'apport, ou si l'annulation n'est pas prononcée, la société est tenue, solidairement avec le débiteur principal, au paiement du passif déclaré dans le délai ci-dessus et justifié.

En cas d'apport d'un fonds de commerce par une société à une autre société, notamment par suite d'une fusion ou d'une scission, les dispositions de l'alinéa précédent ne sont pas applicables lorsqu'il y a lieu à application des articles L. 236-14, L. 236-20 et L. 236-21 ou lorsque est exercée la faculté prévue à l'article L. 236-22. — *[L. 17 mars 1909, art. 7, al. 4 à 6.]*

V. note ss. art. L. 141-12.

A. DÉCLARATION DES CRÉANCES

1. Qualité de créancier. L'action est réservée aux seuls créanciers. • Com. 2 juin 1965, n° 62-12.858 P. ♦ Le créancier n'a pas à fournir de justification de sa créance au greffier. • Paris, 27 févr. 1926 : *Journ. sociétés 1926. 485.* ♦ Au cas de compte courant, une partie peut, en se prétendant créancière, être admise à bénéficier de l'art. 7. • Civ. 21 juill. 1931 : *DP 1932. 1. 49, note Hamel.* ♦ Lorsqu'une créance est reconnue par un jugement, celui-ci rétroagit au jour de la demande. • T. com. Seine, 6 mars 1929 : *Gaz. Pal. 1929. 2. 132.*

2. Créanciers inscrits. Les créanciers inscrits bénéficient d'un droit de suite et conservent leurs droits sans avoir à procéder à déclaration. • Civ. 21 déc. 1937 : *DP 1938. 1. 65.* ♦ V. cependant, sur la solidarité de la société, • T. com. Lyon, 29 juill. 1914 : *DP 1920. 2. 71.*

3. Délai. Le point de départ du délai de déclaration des créances est la dernière des publications prévues par l'art. 3 [C. com., art. L. 141-12 s.] et le délai n'est pas franc. • T. com. Marseille, 27 nov. 1925 : *DH 1925. 704.* ♦ Le créancier peut faire la déclaration avant même que le délai n'ait commencé à courir. • Com. 28 déc. 1968 : *D. 1969. Somm. 71.*

4. Formalités. L'indication de la cause de la créance n'est pas exigée, la publicité n'étant établie que pour rendre la société débitrice ou l'obliger à demander la nullité de l'apport ou de la société. • Com. 14 oct. 1958 : *Gaz. Pal. 1958. 2. 297.*

5. Défaut de déclaration. Lorsque la déclaration n'a pas été faite ou lorsqu'elle est nulle, le créancier est déchu de tout droit contre la société à laquelle le fonds a été apporté. • Orléans, 26 nov. 1970 : *RTD com. 1971. 984.* ♦ Sur l'inefficacité d'une saisie-arrêt à l'initiative du créancier forclos, V. • T. com. Marseille, 21 juin 1926 : *Journ. sociétés 1928. 592.*

B. ACTION EN NULLITÉ DES ASSOCIÉS

6. Titulaire. L'action en nullité n'appartient pas à l'apporteur lui-même qui ne peut invoquer une nullité provenant de son fait. • T. com. Seine, 19 avr. 1937 : *Gaz. Pal. 1937. 2. 53.*

7. Délai. L'action doit être engagée dans le délai de quinzaine dont le point de départ est le lendemain du jour où expire le délai de déclaration des créances. • T. com. Marseille, 27 nov. 1925 : *Gaz. Pal. 1926. 1. 256.*

8. Nullité facultative. Le tribunal saisi de la demande en nullité n'est pas obligé de prononcer la nullité de l'apport ou de la société et peut rejeter la demande, en particulier lorsque les créanciers ont été désintéressés ou vont l'être. • T. com. Seine, 19 avr. 1937 : *Gaz. Pal. 1937. 2. 53.* ♦ Sur la nullité, V. art. L. 235-1.

C. ENGAGEMENT SOLIDAIRE DE LA SOCIÉTÉ

9. Nature juridique. La solidarité légale établie par l'art. 7 [C. com., art. L. 141-22] produit les mêmes effets que celle qui résulterait d'une convention et en vertu de l'art. 1285 [ancien] C. civ., dès lors la remise de dette accordée par la société à l'un des codébiteurs doit profiter aux autres. • Lyon, 25 févr. 1914 : *Journ. sociétés 1914. 451.* ♦ La société n'a que les obligations d'une caution solidaire de la dette de l'apporteur. • Toulouse, 25 mars 1927 : *Journ. sociétés 1929. 288.* ♦ Sur le recours contre la société au cas de faillite de l'apporteur, V. • T. com. Seine, 4 avr. 1911 : *Journ. sociétés 1911. 514.* ♦ La dette de la société est chirographaire. • T. com. Marseille, 9 janv. 1911 : *Journ. faillites 1912. 186.* ♦ Sur le régime de la solidarité issu de l'Ord. n° 2016-131 du 10 févr. 2016, V. C. civ., art. 1310 s. – **C. civ.**

D. SORT DES DETTES

10. Absence de décharge du cédant. L'apport d'un fonds de commerce à une société, même accompagné d'une cession expresse des dettes contractées pour son exploitation, n'a pas pour effet de décharger le cédant de ces dettes. • Com. 27 janv. 1998, n° 95-12.034 : *D. Affaires 1998. 411, obs. A.-L. M.-D. ; RTD com. 1998. 324, obs. Derruppé.*

SECTION III DE L'INSTAURATION D'UN DÉLAI PERMETTANT AUX SALARIÉS DE PRÉSENTER UNE OFFRE EN CAS DE VENTE D'UN FONDS DE COMMERCE DANS LES ENTREPRISES QUI NE SONT PAS SOUMISES À L'OBLIGATION DE METTRE EN PLACE UN COMITÉ D'ENTREPRISE *(L. nº 2015-990 du 6 août 2015, art. 204-II-1º et 2º).*

(L. nº 2014-856 du 31 juill. 2014, art. 19)

Les art. L. 141-23 à L. 141-27 s'appliquent aux cessions conclues trois mois au moins après la date de publication de la L. nº 2014-856 du 31 juill. 2014 (L. préc., art. 98).

V. 2ᵉ note rédactionnelle au-dessus de l'art. L. 23-10-1.

BIBL. GÉN. ▶ COURET et DELAGE, *JCP E 2014, nº 1434* (obligation pour le cédant d'informer les salariés de sa volonté de céder le contrôle de l'entreprise). – DONDERO, *Gaz. Pal. 2014. 2932* (information des salariés sur la cession d'une entreprise commerciale). – NDLR, *BRDA 2014, nº 18, p. 14* (information des salariés en cas de cession de l'entreprise qui les emploie). – REZEK, *JCP N 2014, nº 1355* (transmission d'entreprises et information préalable des salariés). – BASDEVANT, *RTDF 2014, nº 4, p. 44* (obligation d'information des salariés en cas de cession de leur entreprise). ▶ L. nº 2015-990 du 6 août 2015 : NDLR, *BRDA 2015, nºˢ 15-16, p. 20* (des aménagements bienvenus). – VAUVILLÉ, *Defrénois 2015. 915* (le droit d'information des salariés après la L. du 6 août 2015). – BRINGER et THOMAS, *Journ. sociétés 12/2015. 35* (information des salariés préalablement à certaines opérations de cession d'entreprises).

Art. L. 141-23 **Dans les entreprises qui n'ont pas l'obligation de mettre en place un comité d'entreprise en application de l'article L. 2322-1 du code du travail, lorsque le propriétaire d'un fonds de commerce veut le** *(L. nº 2015-990 du 6 août 2015, art. 204-II-3º)* **« vendre », les salariés en sont informés, et ce au plus tard deux mois avant la** *(L. nº 2015-990 du 6 août 2015, art. 204-II-1º)* **« vente », afin de permettre à un ou plusieurs salariés de l'entreprise de présenter une offre pour l'acquisition du fonds.** – *V. art. D. 141-3.*

Lorsque le propriétaire du fonds n'en est pas l'exploitant, cette information est notifiée à l'exploitant du fonds et le délai court à compter de la date de cette notification. L'exploitant du fonds porte sans délai à la connaissance des salariés cette notification, en les informant qu'ils peuvent *(L. nº 2015-990 du 6 août 2015, art. 204-II-6º)* **« lui » présenter** *(Abrogé par L. nº 2015-990 du 6 août 2015, art. 204-II-5º)* **« *au cédant* » une offre** *(L. nº 2015-990 du 6 août 2015, art. 204-II-4º)* **« d'achat ».**

(L. nº 2015-990 du 6 août 2015, art. 204-II-7º) **« L'exploitant notifie sans délai au propriétaire toute offre d'achat présentée par un salarié. »**

Lorsque le fonds est exploité par son propriétaire, celui-ci notifie sa volonté de *(L. nº 2015-990 du 6 août 2015, art. 204-II-3º)* **« vendre » directement aux salariés en les informant qu'ils peuvent lui présenter une offre** *(L. nº 2015-990 du 6 août 2015, art. 204-II-4º)* **« d'achat », et le délai court à compter de la date de cette notification.**

La *(L. nº 2015-990 du 6 août 2015, art. 204-II-1º)* **« vente » peut intervenir avant l'expiration du délai de deux mois dès lors que chaque salarié a fait connaître** *(Abrogé par L. nº 2015-990 du 6 août 2015, art. 204-II-5º)* **« *au cédant* » sa décision de ne pas présenter d'offre.**

(L. nº 2015-990 du 6 août 2015, art. 204-II-8º) **« Lorsqu'une action en responsabilité est engagée, la juridiction saisie peut, à la demande du ministère public, prononcer une amende civile dont le montant ne peut excéder 2 % du montant de la vente. »**

Les modifications apportées par l'art. 204-II de la L. nº 2015-990 du 6 août 2015 aux art. L. 141-23, L. 141-25 à L. 141-28, L. 141-30 à L. 141-32 entrent en vigueur à une date fixée par décret, et au plus tard six mois après la promulgation de la loi (L. préc., art. 204-III). — Date fixée au 1ᵉʳ janv. 2016 (Décr. nº 2015-1811 du 28 déc. 2015, art. 3).

Art. L. 141-24 **A leur demande, les salariés peuvent se faire assister par un représentant de la chambre de commerce et de l'industrie régionale, de la chambre régionale d'agriculture, de la chambre régionale de métiers et de l'artisanat territorialement compétentes en lien avec les chambres régionales de l'économie sociale et solidaire et par toute personne désignée par les salariés, dans des conditions définies par décret.** – *V. art. D. 141-5.*

Art. L. 141-25 L'information des salariés peut être effectuée par tout moyen, précisé par voie réglementaire, de nature à rendre certaine la date de sa réception par ces derniers. — *V. art. D. 141-4.*

(L. n° 2015-990 du 6 août 2015, art. 204-II-9°) « Lorsque l'information est faite par lettre recommandée avec demande d'avis de réception, la date de réception de l'information est la date de la première présentation de la lettre. »

Les salariés sont tenus à une obligation de discrétion s'agissant des informations reçues en application de la présente section, dans les mêmes conditions que celles prévues pour les membres des comités d'entreprise à l'article L. 2325-5 du code du travail, sauf à l'égard des personnes dont le concours est nécessaire pour leur permettre de présenter *(Abrogé par L. n° 2015-990 du 6 août 2015, art. 204-II-5°) « au cédant »* une offre *(L. n° 2015-990 du 6 août 2015, art. 204-II-4°)* « d'achat ».

V. note ss. art. L. 141-23.

Art. L. 141-26 La *(L. n° 2015-990 du 6 août 2015, art. 204-II-1°)* « vente » intervient dans un délai maximal de deux ans après l'expiration du délai prévu à l'article L. 141-23. Au-delà de ce délai, toute *(L. n° 2015-990 du 6 août 2015, art. 204-II-1°)* « vente » est soumise aux articles L. 141-23 à L. 141-25.

V. note ss. art. L. 141-23.

Art. L. 141-27 La présente section n'est pas applicable :

1° En cas de *(L. n° 2015-990 du 6 août 2015, art. 204-II-10°)* « vente » du fonds à un conjoint, à un ascendant ou à un descendant ;

2° Aux entreprises faisant l'objet d'une procédure de conciliation, de sauvegarde, de redressement ou de liquidation judiciaires régie par le livre VI ;

(L. n° 2015-990 du 6 août 2015, art. 204-II-10°) « 3° Si, au cours des douze mois qui précèdent la vente, celle-ci a déjà fait l'objet d'une information en application de l'article 18 de la loi n° 2014-856 du 31 juillet 2014 relative à l'économie sociale et solidaire. »

V. note ss. art. L. 141-23.

SECTION IV DE L'INFORMATION ANTICIPÉE DES SALARIÉS LEUR PERMETTANT DE PRÉSENTER UNE OFFRE EN CAS DE VENTE D'UN FONDS DE COMMERCE DANS LES ENTREPRISES SOUMISES À L'OBLIGATION DE METTRE EN PLACE UN COMITÉ D'ENTREPRISE *(L. n° 2015-990 du 6 août 2015, art. 204-II-1° et 11°).*

(L. n° 2014-856 du 31 juill. 2014, art. 19)

Les art. L. 141-28 à L. 141-32 s'appliquent aux cessions conclues trois mois au moins après la date de publication de la L. n° 2014-856 du 31 juill. 2014 (L. préc., art. 98).

V. 2e note rédactionnelle au-dessus de l'art. L. 23-10-1.

Art. L. 141-28 Dans les entreprises soumises à l'obligation de mettre en place un comité d'entreprise en application de l'article L. 2322-1 du code du travail et se trouvant, à la clôture du dernier exercice, dans la catégorie des petites et moyennes entreprises au sens de l'article 51 de la loi n° 2008-776 du 4 août 2008 de modernisation de l'économie, lorsqu'il veut *(L. n° 2015-990 du 6 août 2015, art. 204-II-3°)* « vendre » un fonds de commerce, son propriétaire notifie sa volonté de *(L. n° 2015-990 du 6 août 2015, art. 204-II-3°)* « vendre » à l'exploitant du fonds.

Au plus tard en même temps qu'il procède, en application de l'article *(L. n° 2015-994 du 17 août 2015, art. 18-XV, en vigueur le 1er janv. 2016)* « L. 2323-33 *[ancienne rédaction : L. 2323-19]* » du code du travail, à l'information et à la consultation du comité d'entreprise, l'exploitant du fonds porte à la connaissance des salariés la notification prévue au premier alinéa du présent article et leur indique qu'ils peuvent *(L. n° 2015-990 du 6 août 2015, art. 204-II-6°)* « lui » présenter *(Abrogé par L. n° 2015-990 du 6 août 2015, art. 204-II-5°) « au cédant »* une offre *(L. n° 2015-990 du 6 août 2015, art. 204-II-4°)* « d'achat ».

(L. n° 2015-990 du 6 août 2015, art. 204-II-7°) « L'exploitant notifie sans délai au propriétaire toute offre d'achat présentée par un salarié. »

Lorsque le fonds est exploité par son propriétaire, celui-ci notifie directement aux salariés sa volonté de *(L. n° 2015-990 du 6 août 2015, art. 204-II-3°)* **« vendre », en les informant qu'ils peuvent lui présenter une offre** *(L. n° 2015-990 du 6 août 2015, art. 204-II-4°)* **« d'achat ».**

(L. n° 2015-990 du 6 août 2015, art. 204-II-12°) **« Lorsqu'une action en responsabilité est engagée, la juridiction saisie peut, à la demande du ministère public, prononcer une amende civile dont le montant ne peut excéder 2 % du montant de la vente. »**

En cas d'absences concomitantes du *[de]* **comité d'entreprise et de délégué** *[délégués]* **du personnel, constatées conformément aux articles L. 2324-8 et L. 2314-5 du code du travail, la** *(L. n° 2015-990 du 6 août 2015, art. 204-II-1°)* **« vente » est soumise** *(L. n° 2015-990 du 6 août 2015, art. 204-II-12°)* **« aux articles L. 141-23 à L. 141-27 » du présent code.**

V. note ss. art. L. 141-23.

Art. L. 141-29 **A leur demande, les salariés peuvent se faire assister par un représentant de la chambre de commerce et de l'industrie régionale, de la chambre régionale d'agriculture, de la chambre régionale de métiers et de l'artisanat territorialement compétentes en lien avec les chambres régionales de l'économie sociale et solidaire et par toute personne désignée par les salariés, dans des conditions définies par décret.** – *V. art. D. 141-5.*

Art. L. 141-30 **L'information des salariés peut être effectuée par tout moyen, précisé par voie réglementaire, de nature à rendre certaine la date de sa réception par ces derniers.** – *V. art. D. 141-4.*

(L. n° 2015-990 du 6 août 2015, art. 204-II-9°) **« Lorsque l'information est faite par lettre recommandée avec demande d'avis de réception, la date de réception de l'information est la date de la première présentation de la lettre. »**

Les salariés sont tenus à une obligation de discrétion s'agissant des informations reçues en application de la présente section, dans les mêmes conditions que celles prévues pour les membres des comités d'entreprise à l'article L. 2325-5 du code du travail, sauf à l'égard des personnes dont le concours est nécessaire pour leur permettre de présenter *(Abrogé par L. n° 2015-990 du 6 août 2015, art. 204-II-5°)* ***« au cédant »*** **une offre** *(L. n° 2015-990 du 6 août 2015, art. 204-II-4°)* **« d'achat ».**

V. note ss. art. L. 141-23.

Art. L. 141-31 **La** *(L. n° 2015-990 du 6 août 2015, art. 204-II-1°)* **« vente » est de nouveau soumise aux articles L. 141-28 à L. 141-30 lorsqu'elle intervient plus de deux ans après** *(L. n° 2015-990 du 6 août 2015, art. 204-II-13°)* **« la date à laquelle tous les salariés ont été informés de la vente. »**

Si pendant cette période de deux ans le comité d'entreprise est consulté, en application de l'article *(L. n° 2015-994 du 17 août 2015, art. 18-XV, en vigueur le 1er janv. 2016)* **« L. 2323-33 » du code du travail, sur un projet de** *(L. n° 2015-990 du 6 août 2015, art. 204-II-1°)* **« vente » du fonds de commerce, le cours de ce délai de deux ans est suspendu entre la date de saisine du comité et la date où il rend son avis et, à défaut, jusqu'à la date où expire le délai imparti pour rendre cet avis.**

V. note ss. art. L. 141-23.

Art. L. 141-32 **La présente section n'est pas applicable :**

1° En cas de *(L. n° 2015-990 du 6 août 2015, art. 204-II-10°)* **« vente » du fonds à un conjoint, à un ascendant ou à un descendant ;**

2° Aux entreprises faisant l'objet d'une procédure de conciliation, de sauvegarde, de redressement ou de liquidation judiciaires régie par le livre VI ;

(L. n° 2015-990 du 6 août 2015, art. 204-II-10°) **« 3° Si, au cours des douze mois qui précèdent la vente, celle-ci a déjà fait l'objet d'une information en application de l'article 18 de la loi n° 2014-856 du 31 juillet 2014 relative à l'économie sociale et solidaire. »**

V. note ss. art. L. 141-23.

CHAPITRE II DU NANTISSEMENT DU FONDS DE COMMERCE

RÉP. COM. v^is *Fonds de commerce ; Nantissement de fonds de commerce,* par DERRUPPÉ et DE RAVEL D'ESCLAPON.

BIBL. GÉN. ► MAZIN, *Defrénois 1935. 281.* – MONTIER et FAUCON, *Rev. fonds com. 1939. 329.* – WEILL et MAUS, *D. 1956. Chron. 87.* – OLIVIER, *Dr. et patr. 7-8/2014. 24* (le notaire et le nantissement de fonds de commerce). – CHOQUET, *Dr. et pr. 2018. 236* (le nantissement judiciaire provisoire du fonds de commerce).

Art. L. 142-1 Les fonds de commerce peuvent faire l'objet de nantissements, sans autres conditions et formalités que celles prescrites par le présent chapitre et le chapitre III ci-après.

Le nantissement d'un fonds de commerce ne donne pas au créancier *(Ord. nº 2021-1192 du 15 sept. 2021, art. 27, en vigueur à une date qui sera fixée par décret et qui ne pourra être postérieure au 1er janv. 2023)* **« nanti** *[ancienne rédaction : gagiste]* **» le droit de se faire attribuer le fonds en paiement et jusqu'à due concurrence.** – *[L. 17 mars 1909, art. 8.]*

FORM. PR. COM. vº *Bordereau d'inscription d'un nantissement de fonds de commerce,* par PUECH.

Loi nº 96-603 du 5 juillet 1996, *relative au développement et à la promotion du commerce et de l'artisanat.* **Art. 22** Le fonds exploité dans l'exercice de l'une des activités professionnelles visées au I de l'article 19, par une personne physique ou morale qui n'a pas la qualité de commerçant, peut faire l'objet de nantissement dans les conditions et sous les formalités prévues par la loi du 17 mars 1909 *[C. com., art. L. 142-1 s.]* relative à la vente et au nantissement des fonds de commerce. – *V. ledit art. 19, App., vº Artisans.*

Ce fonds est dénommé fonds artisanal.

Sont seuls susceptibles d'être compris dans le nantissement du fonds artisanal : l'enseigne et le nom professionnel, le droit au bail, la clientèle et l'achalandage, le mobilier professionnel, le matériel ou l'outillage servant à l'exploitation du fonds, les dessins et modèles ainsi que les autres droits de propriété industrielle, littéraire ou artistique qui y sont attachés.

Sous réserve des dispositions de la loi nº 85-98 du 25 janvier 1985 *[C. com., art. L. 620-1 s.]* précitée, la juridiction civile connaît des questions relatives au nantissement du fonds artisanal. – *V. C. com., art. L. 620-1 s.*

BIBL. ► LEBLANC, *RD rur. 1997. 99.* – PUYGAUTHIER, *JCP N 1997. Prat. 4035.* – LE GARS, *Defrénois 2012. 242* (vente du fonds artisanal : éléments de comparaison avec la vente du fonds de commerce).

Code rural et de la pêche maritime *(Ord. nº 2010-462 du 6 mai 2010, art. 1er)* **Art. L. 311-3** *(L. nº 2006-11 du 5 janv. 2006, art. 1er-I)* Le fonds exploité dans l'exercice de l'activité agricole définie à l'article L. 311-1, dénommé "fonds agricole", peut être créé par l'exploitant. Cette décision fait l'objet d'une déclaration *(L. nº 2019-486 du 22 mai 2019, art. 1er-III, en vigueur le 1er janv. 2023)* « à *[ancienne rédaction : au centre de formalités des entreprises de]* » la chambre d'agriculture compétente. – *V. art. préc., ss. art. L. 110-1.*

Ce fonds, qui présente un caractère civil, peut faire l'objet d'un nantissement dans les conditions et selon les formalités prévues par les chapitres II et III du titre IV du livre Ier du code de commerce.

Sont seuls susceptibles d'être compris dans le nantissement du fonds agricole le cheptel mort et vif, les stocks et, s'ils sont cessibles, les contrats et les droits incorporels servant à l'exploitation du fonds, ainsi que l'enseigne *(L. nº 2010-874 du 27 juill. 2010, art. 54)* «, le nom d'exploitation », les dénominations, la clientèle, les brevets et autres droits de propriété industrielle qui y sont attachés.

V. note ss. art. L. 123-33.

BIBL. ► DELORME et GOSSEIN, *Defrénois 2006. 396* (le fonds agricole). – CAMPELS, *RD rur. 2006. Étude 3* (même thème). – PÉTEL-TEYSSIÉ, *ibid. Étude 4* (nantissement du fonds agricole). – HUDAULT, *ibid. Étude 25 ; Mél. Bouloc, Dalloz, 2006, p. 427* (obstacles d'ordre civil, pénal et fiscal à l'existence de l'entreprise agricole). – FOYER, *Le code de commerce 1807-2007, Livre du bicentenaire, Dalloz, 2007, p. 271* (exploitation agricole et entreprise agricole : du droit rural au droit commercial). – COTESSAT, *RD rur. 2007. Étude 10* (le fonds agricole). – BOSSE-

Platière, *ibid. Étude 17* (de l'exploitation à l'entreprise agricole). – Le Petit-Lebon, *RD rur. janv. 2009, p. 21* (fonds agricole et fonds de commerce : examen comparé des deux institutions). – Gasselin et Clerget, *RD rur. 2009. Étude 8* (l'originalité du fonds agricole : son caractère optionnel). – Lebel, *RD rur. 2011. Alerte 1* (l'exploitant individuel à responsabilité limitée, ou l'EIRL en agriculture !).

1. Créances garanties. Le nantissement peut être consenti en garantie d'une créance future et d'une créance conditionnelle ou éventuelle. • Civ. 21 juill. 1931 : *DP 1932. 1. 49, note Hamel.* ♦ En revanche, les causes de nullité, d'extinction ou de résolution de la créance entraînent la nullité du nantissement. • Rennes, 12 juill. 1933 : *Rec. Rennes 1933. 376* • T. com. Marseille, 10 avr. 1935, Req. 8 oct. 1940 : *Rev. fonds com. 1935. 356 ; Gaz. Pal. 1940. 2. 62.* ♦ Est nul le nantissement pris du chef d'une créance fictive. • T. com. Seine, 19 mars 1934 : *Gaz. trib. 1934. II. 2.*

2. Sûreté réelle. Le nantissement d'un fonds de commerce consenti en garantie de la dette d'un tiers est une sûreté réelle qui n'a pas pour effet de faire peser sur le propriétaire du fonds une obligation personnelle au paiement de cette dette. • Com. 24 sept. 2003, ⚖ n° 00-20.504 : *JCP E 2004, n° 36, p. 1340, obs. Simler ; RJDA 2004, n° 231* (nantissement consenti par le propriétaire du fonds au profit du créancier du locataire-gérant). ♦ Le nantissement des fonds de commerce ne constitue qu'une garantie et non pas une modalité d'exécution du prêt. • Civ. 1re, 10 mai 2006, ⚖ n° 04-11.899 P : *RTD com. 2007. 326, obs. Saintourens* ✐.

3. Objet du nantissement : fonds de commerce. Les concessions administratives ne constituent pas des fonds de commerce susceptibles d'être l'objet d'un nantissement. V. • Req. 22 juin 1943 : *D. 1946. 390, note Blaevoet* • Com. 29 janv. 1952 : *D. 1952. 737, note Derrida* • CE 6 sept. 1944 : *Lebon p. 260.* ♦ Jugé autrefois qu'un fonds de commerce en formation ne saurait être donné en nantissement. • Req. 30 janv. 1934 : *S. 1935. 1. 12.* ♦ Faute d'immatriculation, une société ne peut consentir de nantissement sur le fonds de commerce qui résultera de l'exploitation des éléments de son actif, • Civ. 1re, 5 juill. 1989, ⚖ n° 86-13.600 P : *RTD com. 1990. 400, obs. Champaud* ✐ *; Gaz. Pal. 1989. 2. 634, note Hatoux. – Contra* : • Paris, 3 juill. 1963 : *Banque 1964. 115, obs. Marin ; RTD com. 1964. 54, obs. Jauffret ; JCP 1963. II. 13398.* – Comp. : Mestre : *D. 1982. Chron. 141.*

Le nantissement de l'art. 8 [C. com., art. L. 142-1] ne saurait porter sur des éléments isolés du fonds. • Civ. 17 juin 1918 : *S. 1922. 1. 313, note H. Rousseau.* ♦ Le nantissement d'un fonds de commerce qui grève indivisiblement les éléments en constituant l'assiette ne confère pas au créancier inscrit un droit de préférence sur un élément isolé (en l'occurrence deux véhicules automobiles), de sorte que la caution ne saurait reprocher à la banque le non-excercice d'un droit que cette dernière ne pouvait acquérir et sur lequel elle ne pouvait compter. • Com. 19 déc. 2006, ⚖ n° 04-19.643 P : *D. 2007. AJ 369, obs. Avena-Robardet* ✐ *; JCP E 2007, n° 8, p. 19 ; RJDA 2007, n° 779.* ♦ Sur le nantissement de l'outillage et du matériel, V. art. L. 525-1 s.

Sur la validité d'un nantissement constitué sur un fonds indivis, V. • Lyon, 6 juill. 1983 : *Gaz. Pal. 1984. 1. Somm. 40.*

4. Fonds artisanal. V. art. 22 de la L. n° 96-603 du 5 juill. 1996, ss. art. L. 142-1.

5. Fonds agricole. V. C. rur., art. L. 311-3, ss. art. L. 142-1.

6. Fonds appartenant au constituant. Pour consentir un nantissement, le débiteur doit être propriétaire du fonds de commerce. • T. com. Marseille, 31 mai 1923 : *Rec. Marseille 1925. 195.* ♦ L'acheteur éventuel bénéficiaire d'une promesse unilatérale de vente ne saurait consentir un nantissement sur le fonds. • T. com. Seine, 16 août 1928 : *JCP 1928. II. 1313.* ♦ La nullité du nantissement d'un fonds de commerce appartenant à autrui est couverte lorsque, avant toute action en nullité, le constituant devient propriétaire du fonds. • Com. 5 nov. 2002, ⚖ n° 00-14.885 P : *D. 2003. AJ 70, obs. Chevrier* ✐ *; JCP E 2003, n° 14, p. 616, note Kéita ; RTD com. 2003. 58, obs. Saintourens* ✐ *; RJDA 2003, n° 322.* ♦ Le débiteur qui a cédé son fonds ne saurait consentir valablement un nantissement. • Com. 8 juill. 1974, ⚖ n° 73-10.839 P. ♦ En revanche, est valable un nantissement consenti avant que ne soit exécutée la vente forcée du fonds. • T. com. Seine, 17 févr. 1958 : *RTD com. 1958. 518, obs. Jauffret.*

7. Fonds en indivision. La limitation de l'inscription de nantissement à un seul des propriétaires indivis du fonds de commerce a pour effet d'en réduire l'efficacité, et par là même la valeur du droit pouvant être transmis par subrogation, même en cas de confusion des patrimoines à l'occasion d'une procédure collective. • Civ. 1re, 26 avr. 2000, ⚖ n° 97-10.616 P : *RTD com. 2000. 590, obs. Derruppé* ✐. ♦ Le propriétaire indivis d'un fonds de commerce peut donner en nantissement la part qui lui revient ou même le fonds tout entier, le droit du créancier nanti étant en revanche subordonné au résultat du partage. • Paris, 22 oct. 1999 : *D. 2000. AJ 52* ✐ *; RTD com. 2000. 331, obs. Derruppé* ✐. ♦ Sur la nullité d'un nantissement consenti sur un fonds appartenant en indivision à un mineur, V. • Aix-en-Provence, 22 janv. 1957 : *JCP 1957. II. 9877, note Cohen.* –

Contra : • T. com. Tours, 20 nov. 1959 : *RJ com. 1960. 294.*

8. Fonds en location-gérance. Est nul le nantissement consenti par le gérant libre d'un fonds de commerce. • Paris, 24 juin 1929 : *DP 1931. 2. 15, note Chéron* • Poitiers, 7 févr. 1933 : *S. 1933. 2. 100.* ♦ Jugé, cependant, que la mise en gérance libre du fonds et le fait qu'il a consenti une promesse de vente privent le propriétaire de la possibilité de donner le fonds en nantissement. • T. com. Le Havre, 18 déc. 1933 : *Gaz. Pal. 1934. 2. 296.* ♦ Comp. aussi, sur l'application de la théorie de l'apparence, s'agissant d'une location-gérance ne constituant qu'un artifice : • Com. 13 déc. 1994, n° 92-18.625 : *RJDA 1995, n° 435.*

9. Promesse de nantissement. Si la promesse de consentir un nantissement sur un fonds de commerce futur est valable, elle ne peut donner lieu à une inscription de nantissement, l'assiette de la sûreté devant exister au moment de sa constitution, et permet seulement d'obtenir ultérieurement, en tant que de besoin par voie judiciaire, l'inscription de la sûreté lorsque le fonds est créé. • Paris, 27 sept. 1996 : *D. 1997. Somm. 251, obs. S. Piedelièvre* ; *RTD com. 1997. 629, obs. Derruppé* .

10. Absence de droit d'attribution. En application de l'art. 8, al. 2 [C. com., art. L. 142-1, al. 2], le nantissement d'un fonds de commerce ne donne pas au créancier gagiste le droit de se faire attribuer le fonds en paiement, et viole ce texte l'arrêt, qui pour accueillir le moyen de défense de cautions se prévalant de la décharge prévue par l'art. 2037 [2314] C. civ., reproche à une banque dont la créance était garantie par un nantissement sur le fonds de ne pas avoir demandé l'attribution judiciaire de son gage. • Com. 13 oct. 1998, n° 94-20.560 P : *D. 1999. Somm. 299, obs. Piedelièvre* ; *RJDA 1998, n° 1420* ; *JCP 1999. I. 316, obs. Delebecque* ; *RTD com. 1999. 66, obs. Derruppé* • Orléans, 19 janv. 2006 : *RJDA 2006, n° 459.* ♦ V. aussi, jugeant que la banque, qui n'avait aucune obligation légale de consulter la caution, n'a pas commis de faute en ne s'opposant pas à la vente du fonds de commerce nanti : • Com. 8 oct. 2003, n° 00-22.382 : *RJDA 2004, n° 272.* ♦ Aux termes de l'art. L. 142-1, al. 2, le nantissement d'un fonds de commerce ne donne pas au créancier gagiste le droit de se faire attribuer le fonds en paiement, cette règle n'étant pas écartée en cas de liquidation judiciaire. • Com. 25 nov. 2020, n° 19-13.237 : *RJDA 2021, n° 191.* ♦ Lorsque ce n'est pas un nantissement du chef de la loi du 18 janv. 1951 qui a été inscrit et visé dans un acte notarié, mais un nantissement sur le fonds de commerce comprenant en annexe un état détaillé et chiffré du matériel, c'est en application de l'art. 8, al. 2 [C. com., art. L. 142-1, al. 2], ci-dessus, et non en application de la loi précitée que l'attribution judiciaire du matériel faisant partie du fonds de commerce est interdite. • Paris, 23 avr. 1992 : *D. 1992. IR 195* ; *RTD com. 1992. 786, obs. Derruppé* .

11. Absence de droit de rétention. Le nantissement sur un fonds de commerce ne confère pas à son titulaire un droit de rétention. • Com. 26 nov. 2013, n° 12-27.390 : *D. 2014. Pan. 1614, obs. Crocq* ; *RJDA 2014, n° 272* ; *Gaz. Pal. 2014. 1069, obs. Dumont-Lefrand.*

Art. L. 142-2 **Sont seuls susceptibles d'être compris dans le nantissement soumis aux dispositions du présent chapitre comme faisant partie d'un fonds de commerce : l'enseigne et le nom commercial, le droit au bail, la clientèle et l'achalandage, le mobilier commercial, le matériel ou l'outillage servant à l'exploitation du fonds, les brevets d'invention, les licences, les marques, les dessins et modèles industriels, et généralement les droits de propriété intellectuelle qui y sont attachés.** — *Pour le fonds artisanal, V. L. n° 96-603 du 5 juill. 1996, art. 22, al. 2, ss. art. L. 142-1.*

Le certificat d'addition postérieur au nantissement qui comprend le brevet auquel il s'applique suit le sort de ce brevet et fait partie, comme lui, du *(Ord. n° 2021-1192 du 15 sept. 2021, art. 27, en vigueur à une date qui sera fixée par décret et qui ne pourra être postérieure au 1er janv. 2023)* **« nantissement** *[ancienne rédaction : gage]* **» constitué.**

A défaut de désignation expresse et précise dans l'acte qui le constitue, le nantissement ne comprend que l'enseigne et le nom commercial, le droit au bail, la clientèle et l'achalandage.

Si le nantissement porte sur un fonds de commerce et ses succursales, celles-ci doivent être désignées par l'indication précise de leur siège. — *[L. 17 mars 1909, art. 9.]*

BIBL. ▶ REZEK, *JCP N 2006, n° 39, p. 1716* (vingt raisons de réformer la vente des fonds de commerce). – DAVY, *Defrénois 2014. 1086* (le créancier [pas si] nanti dans la cession de droit au bail). – DREYFUS, *CCE 2017. Prat. 5* (nantissement de noms de domaine).

A. ÉLÉMENTS NÉCESSAIRES

1. Absence de désignation. Les éléments corporels ou incorporels énumérés dans l'art. 9, al. 1er [C. com., art. L. 142-2, al. 1er], et autres que ceux mentionnés à l'al. 3, ne peuvent être compris dans le même nantissement que moyennant une désignation expresse et précise dans l'acte constitutif et, par conséquent, à titre d'accessoire des éléments principaux et essentiels du fonds. • Civ. 17 juin 1918 : *S. 1922. 1. 313, note Rousseau.*

2. Droit au bail. Le créancier titulaire d'un nantissement sur un fonds de commerce ne bénéficie d'aucun droit de préférence ou de suite sur l'indemnité de résiliation du bail grâce auquel est exploité le fonds de commerce. • Civ. 3e, 6 avr. 2005, n° 03-11.159 P : *D. 2005. 1367, note S. Piedelièvre ; RTD com. 2006. 292, obs. Saintourens ; JCP E 2005, n° 48, p. 2034, obs. Kenfack ; RJDA 2005, n° 942.* ♦ En l'absence de fraude du bailleur et d'une législation précise protégeant les créanciers inscrits en cas de versement d'une indemnité d'éviction, ces derniers ne peuvent faire valoir leurs droits sur le montant de l'indemnité d'éviction versée au locataire évincé et réclamer au bailleur le solde de leur gage. • Paris, 10 oct. 1997 : *Loyers et copr. 1998, n° 12, obs. Brault et Mutelet.* – V. déjà • Toulouse, 13 avr. 1938 : *JCP 1938. II. 717.* ♦ *Contra*, en ce sens doit être comprise dans le droit au bail l'indemnité qui serait accordée au propriétaire du fonds au cas de défaut de renouvellement du bail, V. • Rouen, 25 juill. 1935 : *Gaz. Pal. 1935. 2. 650* • Aix-en-Provence, 23 mai 1961 : *D. 1961. 572 ; RTD com. 1961. 815, obs. Jauffret.* ♦ Le droit au bail est exclu de l'assiette du nantissement lorsque le fonds est exploité dans un local appartenant au commerçant ou se trouve dépourvu de local. • T. com. Marseille, 13 juin 1929 : *Gaz. Pal. 1929. 2. 645.* ♦ Comp., pour une convention d'occupation précaire : • Aix-en-Provence, 25 juin 1936 : *DH 1936. 499.*

3. Clientèle. Un nantissement portant sur des éléments accessoires et notamment corporels décrits à l'al. 1er, mais considérés individuellement, n'est pas un nantissement de fonds de commerce régi par la loi de 1909 [C. com., art. L. 142-1 s.], mais un contrat de gage ordinaire. • Civ. 17 juin 1918 : *préc. note 1.* – V. aussi • Civ. 28 juin 1938 : *S. 1939. 1. 15.* ♦ V. cep., pour un fonds réduit à son seul matériel, • Com. 2 août 1949 : *S. 1950. 1. 81, note Cohen ; JCP 1949. II. 5188, note Saint-Alary.*

4. Licences. Outre les éléments énumérés à l'art. 9, al. 3 [C. com., art. L. 142-2, al. 3], la licence d'un débit de boissons est comprise dans le nantissement malgré le silence de l'acte. • Paris, 9 avr. 1996 : *JCP 1997. I. 4033, n° 22, obs. Delebecque.*

B. ÉLÉMENTS FACULTATIFS

5. Énumération légale. Les dispositions de la loi du 18 janv. 1851 relatives au nantissement spécial sur le matériel ne sont pas applicables au nantissement sur le fonds de commerce. • Com. 23 nov. 1999, n° 96-15.228 P : *D. 2000. AJ 23, obs. A.-L. M.-D. ; JCP 2000. II. 10293, note Kéita.* ♦ La liste donnée par l'art. 9, al. 1er [C. com., art. L. 142-2, al. 1er] est limitative. • Paris, 25 mai 1936 : *Rev. fonds com. 1939. 325.*

6. Désignation. Les éléments autres que ceux précités à l'art. 9, al. 3 [C. com., art. L. 142-2, al. 3], doivent être spécifiés de façon expresse et précise dans l'acte de nantissement et dans les bordereaux. • T. com. Nantes, 2 juin 1921 : *Rec. Nantes 1921. 1. 165* • T. com. Marseille, 13 juin 1929 : *JCP 1929. 1279.* ♦ Toutefois, un inventaire complet et analytique du matériel ne semble pas exigé. • Orléans, 5 déc. 1919 : *DP 1921. 2. 67* • Montpellier, 5 juin 1920 : *ibid.* – V. cep. • Bourges, 5 nov. 1913 : *DP 1914. 2. 142.* ♦ Sur la nécessité de mentionner le matériel dans l'acte, malgré une mention au seul bordereau d'inscription, V. • Aix-en-Provence, 21 avr. 1978 : *JCP N 1980. II. 16 ; RTD com. 1980. 76, obs. Derruppé.*

7. Droits sur des locaux. BIBL. Boccara, *JCP 1969. I. 2245.* ♦ Sur l'inclusion, dans l'assiette du nantissement, du droit à la concession immobilière, V. L. n° 67-1253 du 30 déc. 1967, art. 51. – **C. civ.** ou **C. baux**. ♦ ... Et sur le droit d'occupation sur un marché d'intérêt national, V. art. L. 761-9.

8. Matériel apparent. Lorsqu'un créancier a reçu pour sûreté de sa créance le matériel d'un fonds de commerce qui comprenait, sans qu'il le sût, des objets loués à un commerçant par un tiers, le créancier nanti peut exercer son privilège à l'encontre du locataire de ces objets. • Req. 26 mars 1912 : *Gaz. Pal. 1912. 2. 208.* – V. aussi • Douai, 20 nov. 1930 : *DH 1931. Somm. 41.*

C. ÉLÉMENTS EXCLUS

9. Immeubles. Sont exclus les immeubles par nature et les droits réels immobiliers ; en conséquence le propriétaire de l'immeuble dans lequel il exploite le fonds ne peut comprendre dans le contrat de nantissement le mobilier et le matériel qui sont attachés à l'immeuble à perpétuelle demeure et qui sont ainsi devenus immeubles par destination. • Req. 28 juill. 1937 : *Gaz. Pal. 1937. 2. 639* • Civ. 25 juin 1944 : *JCP 1945. II. 2782, note Toujas* • Paris, 5 juill. 1935 : *DP 1936. 2. 30, note Lalou* • Com. 14 oct. 1965, n° 62-11.792 P. ♦ Sur la concession immobilière, V. note 7.

10. Objets personnels. Les meubles, tableaux et objets d'art appartenant au mobilier personnel du commerçant, même lorsqu'ils sont disposés dans les lieux où le fonds est exploité, ne font pas l'objet du nantissement. • Nancy, 4 déc. 1936 : *S. 1937. 2. 90.* ♦ V. cep., sur le matériel d'autrui, note 8.

11. Marchandises. Les marchandises ne peuvent faire l'objet d'un nantissement, bien qu'elles se distinguent parfois difficilement du matériel. • Bourges, 24 févr. 1914 : *DP 1915. 2. 83.* – Comp. : • Req. 21 juin 1933 : *DH 1933. 426.* ♦ La qualification relève du pouvoir souverain des juges du fond. • Req. 21 juin 1933 : *préc.*

D. MODIFICATION DES ÉLÉMENTS NANTIS

12. Renouvellement du bail. Le nantissement, portant sur le droit au bail, s'étend à l'expiration du bail initial, au bail renouvelé. • Paris, 19 juin 1924 : *DP 1924. 2. 129, note Lalou.*

13. Propriété commerciale. L'indemnité d'éviction remplaçant le droit au renouvellement du bail, le privilège du créancier nanti doit s'exercer sur l'indemnité qui le représente. • Rouen, 25 juill. 1935 : *S. 1937. 2. 81, note Marin* • Aix-en-Provence, 23 mai 1961 : *D. 1961. 572 ; RTD com. 1961. 814, obs. Jauffret. – Contra* : • Toulouse, 13 avr. 1938 : *JCP 1938. II. 717.*

14. Dommages et intérêts. Le solde de l'indemnité dû par l'assureur garantissant la perte d'exploitation en cas de disparition du fonds de commerce par incendie, ne peut être attribué au créancier nanti dès lors que cette perte d'exploitation, qui ne constitue pas un élément du fonds n'est pas comprise dans le nantissement. • Civ. 1re, 9 nov. 1999, n° 97-12.470 P : *D. 2000. Somm. 390, obs. Piedelièvre ; JCP 2000. I. 209, n° 16, obs. Delebecque ; RTD com. 2000. 72, obs. Derruppé.* ♦ Le privilège des créanciers nantis s'étend à l'indemnité substituée à un élément nanti, au cas d'expropriation. • T. com. Marseille, 8 nov. 1935 : *Rev. fonds com. 1935. 720.* ♦ ... Ou à l'indemnité réparant le dommage causé par la perte du fonds. • T. com. Seine, 14 mars 1940 : *Gaz. Pal. 1940. 2. 73.*

Art. L. 142-3 **Le contrat de nantissement est constaté par un acte authentique ou par un acte sous seing privé** *(Abrogé par Ord. n° 2021-1192 du 15 sept. 2021, art. 27, à compter d'une date qui sera fixée par décret et qui ne pourra être postérieure au 1er janv. 2023)* **« , dûment enregistré ».**

(Ord. n° 2021-1192 du 15 sept. 2021, art. 27, en vigueur à une date qui sera fixée par décret et qui ne pourra être postérieure au 1er janv. 2023) **« Le droit de préférence résultant du contrat de nantissement est opposable aux tiers par le seul fait de l'inscription sur un registre tenu au greffe du tribunal de commerce compétent, selon des modalités déterminées par décret en Conseil d'État** *[ancienne rédaction : Le privilège résultant du contrat de nantissement s'établit par le seul fait de l'inscription sur un registre public tenu au greffe du tribunal de commerce dans le ressort duquel le fonds est exploité]*. **»**

(Abrogé par Ord. n° 2021-1192 du 15 sept. 2021, art. 27, à compter d'une date qui sera fixée par décret et qui ne pourra être postérieure au 1er janv. 2023) ***« La même formalité doit être remplie au greffe du tribunal de commerce dans le ressort duquel est située chacune des succursales du fonds comprise dans le nantissement. »*** – *[L. 17 mars 1909, art. 10.]* – V. art. R. 143-12.

FORM. PR. COM. v° *Envoi au greffe des bordereaux d'inscription du nantissement d'un fonds de commerce*, par PUECH.

1. Lieu d'inscription. Le lieu d'exploitation du fonds ne saurait s'entendre du lieu, parfois indéterminé ou instable, où le propriétaire du fonds concentre la direction intellectuelle de l'entreprise, mais du lieu où se réalise objectivement, à la connaissance du public, la mise en valeur des divers éléments soit corporels, soit incorporels, dont l'ensemble constitue le fonds de commerce et qui ont été remis en nantissement aux créanciers. • Civ. 20 juill. 1938 : *D. 1939. 1. 31, note Montier ; S. 1938. 1. 329, note H. Rousseau* • Com. 13 nov. 2003, n° 01-01.726 : *RJDA 2004, n° 629.* ♦ Ce n'est pas le lieu d'exploitation du matériel qui commande le lieu d'inscription du nantissement mais le lieu d'exploitation du fonds de commerce. • Com. 17 mai 2017, n° 15-23.413 P : *D. 2017. Actu. 1118 ; AJ contrat 2017. 346, obs. de Ravel d'Esclapon ; JCP E 2017, n° 1302 ; RJDA 2017, n° 588.* ♦ V. *aussi* note 2 ss. art. L. 525-3. ♦ Sur la notion de succursale, V. note ss. art. L. 141-18.

2. Acte enregistré. **BIBL.** Rouget, *Mél. Derruppé, p. 355* (portée de la virgule de l'art. 10, al. 1er, de la loi de 1909). ♦ La rédaction d'un acte écrit est exigée. • Nîmes, 1er avr. 1914 : *Journ. Trib. com. 1916. 833* • T. civ. Seine, 9 nov. 1922 : *DP 1922. 5. 18.* ♦ La formalité de l'enregistrement est requise et l'inscription prise avant enregistrement est nulle. • T. com. Versailles, 28 juin 1950 : *D. 1950. 518.*

3. Inscription. Une erreur de qualification dans l'énoncé du bordereau entraîne la nullité de l'inscription en ce qu'elle interdit des recherches utiles aux tiers. • Douai, 19 déc. 1929 : *DH 1930. Somm. 42.* ♦ La nullité suppose qu'un préjudice résulte effectivement de l'irrégularité. • Amiens, 24 juin 1952 : *JCP 1953. II. 7770, note Cohen.* ♦ Pour un nantissement consenti par le propriétaire du fonds de commerce au profit d'un créancier du locataire-gérant, alors que l'inscription du nantissement a été faite par erreur au nom de ce dernier et non à celui du propriétaire du fonds, V. • Com. 24 sept. 2003, n° 00-20.504 : *cité note 2 ss. art. L. 142-1.* ♦ Ayant relevé, dans le cadre de son pouvoir souverain d'appréciation, que l'erreur d'adresse du fonds de commerce nanti figurant sur les bordereaux d'inscription du privilège de nantissement et du privilège de vendeur n'empêchait pas les tiers de faire toutes les recherches utiles, la cour d'appel en a déduit à bon droit que cette erreur n'avait pas pour effet de priver l'inscription d'effet à l'égard de la société débitrice. • Com. 6 mai 2008, n° 07-13.387 : *RJDA 2008, n° 1051.*

4. Date de constitution du nantissement. Sur cette question, V. • Com. 5 nov. 2002, n° 00-14.885 P : *D. 2003. AJ 70, obs. Chevrier ; JCP E 2003, n° 14, p. 616, note Kéita ; RTD com. 2003. 58, obs. Saintourens ; RJDA 2003, n° 322.*

Art. L. 142-4 *(Abrogé par Ord. n° 2021-1192 du 15 sept. 2021, art. 27, à compter d'une date qui sera fixée par décret et qui ne pourra être postérieure au 1er janv. 2023)* **« L'inscription doit être prise, à peine de nullité du nantissement, dans** *(L. n° 2015-990 du 6 août 2015, art. 107-I-13°)* **« les trente jours suivant » la date de l'acte constitutif. »**

En cas de redressement ou de liquidation judiciaires, les articles L. 632-1 à L. 632-4 sont applicables aux nantissements de fonds de commerce. – *[L. 17 mars 1909, art. 11.]*

1. Délai de quinzaine. Retenant, à défaut de date figurant sur l'acte constitutif de garantie, la validité de l'inscription d'un nantissement opérée dans les quinze jours de l'enregistrement de l'acte constitutif, V. • Com. 17 sept. 2002, n° 99-17.938 P : *D. 2002. Somm. 3338, obs. Aynès ; JCP 2004, n° 5, p. 178, note Kéita ; RTD com. 2003. 57, obs. Saintourens ; RJDA 2003, n° 76.* ♦ Pour un acte de prêt garanti par un nantissement sur fonds de commerce, stipulant que l'inscription du nantissement devait intervenir dans les quinze jours du début de l'exploitation du fonds, V. • Com. 9 juin 2004, n° 01-13.969 : *RJDA 2004, n° 1391.* ♦ Comp., jugeant que, pour être valable, l'inscription au greffe du nantissement consenti à la caisse devait être prise dans la quinzaine de l'acte de prêt qui l'a constitué. • Com. 6 sept. 2011, n° 10-19.623 : *RTD com. 2011. 726, obs. Saintourens ; JCP E 2011, n° 1052, obs. Delebecque.*

2. Caution. Une caution n'a pas l'obligation d'informer la banque sur les risques encourus par elle en cas d'inscription tardive du nantissement. • Com. 23 nov. 2004, n° 03-16.196 P : *D. 2005. AJ 276 ; LPA 28-29 mars 2005, obs. D. H. ; RJDA 2005, n° 329 ; BJS 2005. 477, obs. Constantin.*

Art. L. 142-5 **Le rang des créanciers** *(Ord. n° 2021-1192 du 15 sept. 2021, art. 27, en vigueur à une date qui sera fixée par décret et qui ne pourra être postérieure au 1er janv. 2023)* **« nantis** *[ancienne rédaction : gagistes]* **» entre eux est déterminé par la date de leurs inscriptions. Les créanciers inscrits le même jour viennent en concurrence.** – *[L. 17 mars 1909, art. 12.]*

Sur l'inscription provisoire de nantissement sur un fonds de commerce, à titre de sûreté judiciaire, V. C. pr. exéc., art. L. 531-1 à L. 533-1, R. 531-1, R. 532-2, R. 532-5 à R. 533-2 et R. 533-4 à R. 533-6. — ***C. pr. exéc.***

En ce qui concerne le nantissement de l'outillage et du matériel d'équipement, V. art. L. 525-1 s.

1. Conflit de privilèges. Sur le conflit du privilège général de la Sécurité sociale et du privilège spécial du créancier nanti, V. • Com. 25 oct. 1976, n° 75-10.654 P : *D. 1977. 380, note Taisne.*

2. Renonciation. Si le privilège du créancier gagiste suit le fonds de commerce en quelques mains qu'il passe, ce droit de suite cesse d'exister par la renonciation, même tacite, du créancier. • Paris, 4 févr. 1987 : *D. 1987. IR 40.*

CHAPITRE III DISPOSITIONS COMMUNES À LA VENTE ET AU NANTISSEMENT DU FONDS DE COMMERCE

RÉP. COM. v° *Fonds de commerce,* par DERRUPPÉ et DE RAVEL D'ESCLAPON.

BIBL. ▸ MAZIN, *Defrénois 1935. 281.*

SECTION PREMIÈRE DE LA RÉALISATION DU PRIVILÈGE DU VENDEUR ET DU NANTISSEMENT DU FONDS DE COMMERCE *[ANCIENNE RÉDACTION : GAGE]* ET DE LA PURGE DES CRÉANCES INSCRITES *(Ord. n° 2021-1192 du 15 sept. 2021, art. 27, en vigueur à une date qui sera fixée par décret et qui ne pourra être postérieure au 1er janv. 2023).*

BIBL. ▸ PALLU DE LESSORT, *Journ. not. 1962. 938.*

Art. L. 143-1 **En cas de déplacement du fonds de commerce, les créances inscrites deviennent de plein droit exigibles si le propriétaire du fonds n'a pas fait connaître aux créanciers inscrits, quinze jours au moins d'avance, son intention de déplacer le fonds et le nouveau siège qu'il entend lui donner.**

(Ord. n° 2021-1192 du 15 sept. 2021, art. 27, en vigueur à une date qui sera fixée par décret et qui ne pourra être postérieure au 1er janv. 2023) **« Dans la quinzaine de l'avis à lui notifié ou dans la quinzaine du jour où il a eu connaissance du déplacement, le créancier inscrit le plus diligent fait mentionner le nouveau siège du fonds en marge de l'inscription initiale** *[ancienne rédaction : Dans la quinzaine de l'avis à eux notifié ou dans la quinzaine du jour où ils ont eu connaissance du déplacement, le vendeur ou le créancier gagiste doivent faire mentionner, en marge de l'inscription existante, le nouveau siège du fonds, et si le fonds a été transféré dans un autre ressort, faire reporter à sa date l'inscription primitive avec l'indication du nouveau siège, sur le registre du tribunal de ce ressort]*. **»**

Le déplacement du fonds de commerce, sans le consentement du vendeur ou des créanciers *(Ord. n° 2021-1192 du 15 sept. 2021, art. 27, en vigueur à une date qui sera fixée par décret et qui ne pourra être postérieure au 1er janv. 2023)* **« inscrits** *[ancienne rédaction : gagistes]* **», peut, s'il en résulte une dépréciation du fonds, rendre leurs créances exigibles.**

L'inscription d'un nantissement peut également rendre exigibles les créances antérieures ayant pour cause l'exploitation du fonds.

Les demandes en déchéance du terme formées en vertu des deux alinéas précédents devant le tribunal de commerce sont soumises aux règles de procédure édictées par le quatrième alinéa de l'article L. 143-4. — *[L. 17 mars 1909, art. 13.]*

FORM. PR. COM. v^is *Notification aux créanciers inscrits du déplacement d'un fonds de commerce par acte d'huissier ; ... par lettre recommandée ; Bordereau d'inscription d'un nantissement après déplacement du fonds dans un autre ressort ; ... d'inscription du privilège du vendeur... ; Modification du bordereau d'inscription d'un nantissement après déplacement du fonds dans le ressort du même tribunal ; ... d'inscription du privilège du vendeur... ; Assignation en déchéance du terme après déplacement du fonds ; ... sans avis préalable ; Assignation en déchéance du terme après inscription d'un nantissement,* par PUECH.

BIBL. ▶ BÉQUIGNON, *Rev. crit. 1927. 325* (détournement d'objet compris dans un nantissement).

1. Droit du débiteur. Le débiteur conserve le droit de déplacer le fonds. • Req. 29 avr. 1938 : *Gaz. Pal. 1938. 2. 278.*

2. Notion de déplacement. Le déplacement d'un fonds de commerce ne saurait par principe, entraîner sa disparition, à moins que, compte tenu de sa nature et de son activité, sa localisation ne constitue une condition de sa survie. • Com. 6 oct. 1998, n° 96-15.903 P : *D. 1999. Somm. 297, obs. Piedelièvre ; JCP 1999. I. 316, obs. Delebecque ; RTD com. 1999. 64, obs. Derruppé.* ♦ Il n'y a pas déplacement si le lieu d'exploitation reste le même, sans qu'il importe que le fonds soit apporté à une société dont le siège social est dans un lieu différent. • T. com. Marseille, 16 nov. 1931 : *Gaz. Pal. 1932. 1. 329.* ♦ De même, l'art. 13 [C. com., art. L. 143-1] est inapplicable lorsque le fonds restant exploité dans les mêmes lieux, seule une partie du matériel est déplacée. • Lyon, 28 avr. 1903. – Comp. : • T. civ. Seine, 17 déc. 1956 : *JCP 1957. II. 10282, note Cohen.* ♦ Sur la prise de nantissement sur l'outillage ou le matériel et équipement, V. art. L. 525-9. ♦ Sur le transfert d'un fonds dans un magasin collectif de commerçants indépendants, V. art. L. 125-7.

3. Notification. Le propriétaire du fonds doit faire connaître son intention de déplacer le fonds quinze jours au moins d'avance et une notification tardive resterait sans effet. • Paris, 7 janv. 1932 : *Gaz. Pal. 1932. 2. 577.* ♦ Jugé qu'une mention au registre du commerce ne peut tenir lieu de la notification de l'art. 13 [C. com., art. L. 143-1] : • Paris, 15 nov. 1930 : *JCP 1931. 111.* – Dans le même sens, V. • Com. 29 janv. 2002, n° 99-18.092 P : *D. 2002. AJ 959, obs. Chevrier ; RTD com. 2002. 267, obs. Saintourens ; JCP E 2002, n° 21, p. 861, note Kéita ; RJDA 2002, n° 694.* ♦ ... Pas plus que la publicité que prévoit le droit des sociétés. • T. com. Seine, 10 déc. 1937 : *Rev. fonds com. 1938. 85.*

4. Connaissance du créancier. Jugé que la connaissance personnelle par le créancier du déplacement du fonds équivaudrait à un avis et entraînerait les mêmes conséquences. • Montpellier, 30 nov. 1932 : *Gaz. Pal. 1933. 1. 268.* ♦ En revanche, la connaissance du déplacement du fonds par le créancier ne peut se déduire du fait que celui-ci a été informé du changement d'adresse de la société, dès lors que le déplacement du siège social d'une société propriétaire d'un fonds de commerce n'emporte pas nécessairement transfert de ce fonds. • Com. 29 janv. 2002, n° 99-18.092 P : *préc. note 3* • 7 déc. 2004, n° 02-16.002 : *RJDA 2005, n° 467.* ♦ Mais le fait de diligenter des mesures d'exécution au nouveau siège, et en aucun autre lieu, notamment en faisant procéder, en ces lieux, à la saisie de matériels d'exploitation, démontre bien que le créancier avait une connaissance effective du déplacement du fonds. • Com. 7 juill. 2009, n° 08-17.792 P : *D. 2009. AJ 1967 ; RTD com. 2010. 182, obs. Bouloc ; JCP E 2009, n° 38, p. 32 ; Gaz. Pal. 2010. 338, obs. Dumont-Lefrand ; RJDA 2010, n° 431.*

5. Absence d'avis. L'exigibilité des créances

prévue par l'art. 13, al. 1er [C. com., art. L. 143-1, al. 1er], doit être prononcée par le tribunal de commerce ; mais elle est de droit et les juges n'ont aucun pouvoir d'appréciation. • T. com. Seine, 27 oct. 1922 : *Gaz. Trib. 1923. 2. 132.* – Comp. : • Civ. 3e, 16 févr. 1982 : *Rev. loyers 1982. 191, note Viatte ; JCP 1983. II. 19934, note Boccara ; RTD com. 1983. 221, obs. Derruppé.*

6. Absence de régularisation. Lorsque le créancier n'a pas fait régulariser l'inscription, la nullité de l'inscription primitive n'est pas de droit et les tribunaux doivent apprécier si le défaut de régularisation a causé un préjudice aux tiers induits en erreur sur la situation juridique du fonds. • Req. 19 oct. 1943 : *D. 1944. 112, note Chéron ; JCP 1943. II. 2464, rapp. Lescot* • Montpellier, 30 nov. 1932 : *Gaz. Pal. 1933. 1. 268.* – *Contra* : • Paris, 29 mai 1934 : *DH 1934. 401.* ♦ Le propriétaire du fonds qui n'a pas procédé à la notification ne saurait se prévaloir de l'absence de régularisation. • T. com. Paris, 1er avr. 1969 : *RJ com. 1969. 217, note Diebolt.* ♦ Le bénéficiaire d'un nantissement sur fonds de commerce qui n'a pas eu connaissance du transfert du fonds nanti, et n'a pas, pour ce motif, procédé à la modification de son inscription au nouveau lieu d'exploitation, ne saurait être sanctionné par la déchéance de son privilège. • Com. 6 oct. 1998, n° 96-15.903 P : *préc. note 2.* ♦ Sur la preuve de la connaissance du déplacement, V. • Paris, 29 mai 1934 : *préc.*

7. Déchéance du terme. L'expiration du délai de quinzaine pour faire modifier l'inscription après une notification n'implique pas acceptation du déplacement par les créanciers, qui peuvent agir après expiration de ce délai. • Paris, 7 janv. 1932 : *Gaz. Pal. 1932. 1. 577.*

8. Déspécialisation. BIBL. Solal, *AJPI 1966. 782.* – Pédamon, *RTD com. 1971. 987.* – Boccara, *JCP 1972. I. 2445.* ♦ L'obligation imposée à un locataire d'exploiter son fonds de commerce exclusivement sous l'enseigne franchisée est contraire au droit de déspécialisation partielle. • Civ. 3e, 12 juill. 2000, n° 98-21.671 P : *D. 2000. AJ 399, obs. Monéger-Dupuis ; JCP E 2001, n° 4, p. 177, note Kéita ; CCC 2001, n° 1, obs. Leveneur ; RTD com. 2000. 872, obs. Derruppé ; RJDA 2000, n° 963.* – Comp. • Civ. 3e, 30 juin 2010 : *RJDA 2010, n° 1066.* ♦ V. art. L. 145-49 et L. 145-50.

Art. L. 143-2 **Le propriétaire qui poursuit la résiliation du bail de l'immeuble dans lequel s'exploite un fonds de commerce grevé d'inscriptions doit notifier sa demande aux créanciers antérieurement inscrits, au domicile** *(Ord. n° 2021-1192 du 15 sept. 2021, art. 27, en vigueur le 1er janv. 2023)* **« déclaré** *[ancienne rédaction : élu]* **» par eux dans leurs inscriptions. Le jugement ne peut intervenir qu'après un mois écoulé depuis la notification.** — *V. nouvel art. R. 143-22.*

La résiliation amiable du bail ne devient définitive qu'un mois après la notification qui en a été faite aux créanciers inscrits, aux domiciles *(Ord. n° 2021-1192 du 15 sept. 2021, art. 27, en vigueur le 1er janv. 2023)* **« déclarés par eux dans leurs inscriptions** *[ancienne rédaction : élus]* **».** — *[L. 17 mars 1909, art. 14.]*

FORM. PR. COM. v° *Notification aux créanciers inscrits d'une action en résiliation de bail*, par PUECH.

BIBL. ▶ GUÉRIN, *Loyers et copr. mai 1989. 1.* – BLATTER, *AJPI 1997. 466.* – HUMBLOT-GIGNOUX, *Loyers et copr. 2006. Étude. 21* (le bail et les créanciers). – DUMONT-LEFRAND, *AJDI 2007. 450* (résiliation du bail : la nécessaire information des créanciers inscrits).

I. RÉSILIATION DU BAIL

1. Bail protégé. L'art. 14 [C. com., art. L. 143-2] visant le bail de l'immeuble dans lequel est exploité un fonds de commerce, peu importe que le bail soit écrit ou qu'il y ait location verbale, que le bail soit donc d'une durée limitée ou illimitée. • Paris, 4 janv. 1927 : *Gaz. Pal. 1927. 2. 167.* ♦ Peu importe qu'il s'agisse d'un bail d'origine, d'un bail prorogé ou renouvelé judiciairement. • Même arrêt. ♦ La notification doit être faite même si le preneur n'est pas celui d'origine mais le cessionnaire de la location, et si les différentes cessions intervenues n'ont pas été signifiées au bailleur. • Civ. 3e, 8 déc. 1993, n° 91-19.869 P : *JCP 1994. IV. 393.* ♦ Toutefois, l'art. 14 [C. com., art. L. 143-2] est inapplicable à la location en gérance. • Paris, 24 juin 1929 : *D. 1931. 2. 15, note Chéron.*

2. Notion de résiliation. La résiliation du bail de plein droit par le jeu d'une *clause résolutoire* est assimilée à la résiliation judiciaire ou amiable. • Civ. 23 janv. 1932 : *DP 1933. 1. 39, note Lalou* • Civ. 3e, 21 juill. 1975, n° 74-11.033 P : *JCP 1977. II. 18545, note Boccara ; RTD com. 1977. 81, obs. Jauffret* • 16 févr. 1982 : *Rev. loyers 1982. 191, note Viatte ; JCP 1983. II. 19934, note Boccara ; RTD com. 1983. 221, obs. Derruppé* • 27 juin 1990, n° 88-20.294 P : *D. 1990. IR 200.* ♦ L'art. 14 [C. com., art. L. 143-2] s'applique donc, par exemple, à la demande en constatation de l'acquisition d'une clause résolutoire avant l'ouverture d'une procédure collective à l'encontre du locataire. • Civ. 3e, 22 janv. 1997, n° 95-10.049 : *Rev. loyers 1997. 254, note Gallet.* ♦ Lorsque le locataire, après avoir reçu un commandement de payer visant la clause résolutoire, prend l'initiative de saisir le juge des référés d'une demande de délais de paiement, il n'a aucune obligation de dénoncer la procédure au créancier inscrit, l'objet de cette procédure n'étant aucunement de voir constater l'acquisition de la clause résolutoire. Il appartient en revanche au bailleur, à réception de l'assignation, s'il entend demander reconventionnellement la résiliation du bail, de dénoncer au créancier inscrit ses conclusions, ou à défaut de lui notifier la décision rendue. • Paris, 22 juin 2007 : *AJDI 2008. 125*. ♦ En vertu de l'art. 14 [C. com., art. L. 143-2], la dénonciation de l'assignation initiale (constatation de l'acquisition de la clause résolutoire) faite par le bailleur aux créanciers inscrits n'a pour but que de leur faire savoir qu'ils disposent d'un délai d'un mois pour se substituer au débiteur afin de sauvegarder leur gage sans entraîner pour le bailleur l'obligation de leur signifier l'ordonnance de référé rendue. • Civ. 3e, 4 mars 1998, n° 95-18.900 P : *D. Affaires 1998. 564, obs. A.-L. M.-D. ; Loyers et copr. 1998, n° 190, obs. Brault et Mutelet ; RTD com. 1998. 572, obs. Derruppé ; LPA 18 juin 1999, note Teilliais.* ♦ L'absence de dénonciation régulière aux créanciers antérieurement inscrits a pour effet de rendre inopposable à ceux-ci la résiliation ainsi que l'ensemble de la procédure suivie. • Toulouse, 28 sept. 1998 : *Loyers et copr. 1999, n° 66, obs. Brault.* ♦ Sur la fraude aux droits du créancier inscrit, V. • Civ. 3e, 21 janv. 2009, n° 07-19.916 P : *D. 2009. AJ 370 ; AJDI 2009. 787, note Forest ; Gaz. Pal. 2009. 1927, note Barbier ; RJDA 2009, n° 316.*

La résiliation de plein droit d'un bail devant être, pour l'application de la loi de 1909, assimilée à une résiliation amiable, la procédure de résiliation est opposable aux créanciers inscrits dès lors que le bailleur leur a signifié l'ordonnance suspendant les effets de la clause résolutoire. • Civ. 3e, 4 mars 1998, n° 95-18.900 P : *D. Affaires 1998. 564, obs. A.-L. M.-D. ; RTD com. 1998. 572, obs. Derruppé ; Defrénois 1998. 1192, obs. Duplan-Miellet.* ♦ Le bailleur qui entend poursuivre en justice la résiliation du bail par acquisition de la clause résolutoire doit notifier sa demande à tous les créanciers inscrits à la date de celle-ci. • Civ. 3e, 22 mars 2006, n° 04-16.747 P : *R. 2006, p. 337 ; D. 2006. AJ 1044, obs. Rouquet ; JCP E 2006, n° 20-21, p. 907, obs. Monéger ; RJDA 2006, n° 628 ; Loyers et copr. 2006, n° 106, obs. Pereira.* ♦ Et la délivrance par le bailleur d'un commandement visant la clause résolutoire ne constitue pas une demande en justice. • Civ. 3e, 3 oct. 2007, n° 05-22.031 P : *D. 2007. AJ 2676, obs. Mbotaingar ; JCP E 2008, n° 31-34, p. 13, note Brault ; RJDA 2007, n° 1196.* ♦ Aucune disposition légale n'impose au bailleur de dénoncer le commandement de payer visant la clause résolutoire aux créanciers inscrits. • Civ. 3e, 16 mars 2017, n° 15-29.206 P : *D. 2017. Actu. 702 ; JCP E 2017, n° 1206 ; RJDA 2017, n° 394 ; Loyers et copr. 2017, n° 108, obs. Brault.*

3. Distinction entre expulsion et résiliation. L'expulsion ne pouvant être assimilée à la résiliation, le bailleur conserve le droit de faire ordonner l'expulsion en référé sans être tenu à la notification. • Req. 29 oct. 1934 : *DH 1934. 553* • Bordeaux, 11 avr. 1951 : *JCP 1951. II. 6586.* ♦ Mais si l'expulsion ne met pas fin au bail, elle doit être distinguée de l'assignation en référé aux fins de faire constater la résiliation et le prononcé d'expulsion, cette assignation devant être notifiée. • Com. 13 nov. 1969, n° 67-13.425 P • Rouen, 8 oct. 1971 : *D. 1971. Somm. 218.*

4. Redressement et liquidation judiciaires. L'art. 14 [C. com., art. L. 143-2] n'est pas applicable à la mise en demeure du bailleur à l'administrateur d'une procédure de redressement judiciaire, d'exercer l'option prévue par l'art. 37 de la loi du 25 janv. 1985 [C. com., art. L. 621-28 ancien], relative à la continuation des contrats en cours. • Com. 11 déc. 1990, n° 89-16.225 P : *JCP E 1991. I. 46, n° 20, obs. Cabrillac* • Paris, 28 juin 1991 : *D. 1992. Somm. 261, obs. Derrida* • 26 nov. 2003 : *Loyers et copr. 2004, n° 112, obs. Brault.* ♦ Comp., considérant que les dispositions de l'art. 14 [C. com., art. L. 143-2], qui sont d'application générale, doivent être respectées lorsque le bailleur, après renonciation du mandataire de justice à la poursuite du contrat de bail, demande la résiliation de celui-ci pour permettre aux créanciers nantis de faire valoir leurs droits : • Com. 13 oct. 1998, n° 96-13.140 : *D. 1999. Somm. 297, obs. Piedelièvre ; RJDA 1998, n° 1332.* – Dans le même sens : • TGI Béthune, 11 août 2004 : *D. 2004. AJ 2376 ; RJDA 2005, n° 418.* ♦ Ni l'art. 37 de la loi du 25 janv. 1985 [C. com., art. L. 621-28 ancien], ni l'art. 1722 C. civ. n'autorisent le mandataire à la liquidation du preneur à résilier amiablement le bail et vendre la licence de boissons sans aviser le banquier créancier nanti, conformément à l'art. 14 [C. com., art. L. 143-2]. • Paris, 1er févr. 1996 : *JCP 1997. I. 4033, n° 22, obs. Delebecque.*

5. Résiliation définitive. La résiliation du bail n'étant pas devenue *définitive* avant inscription du nantissement, les juges peuvent décider que le délai d'un mois prévu par le bail pour mettre fin au manquement invoqué n'a pu courir contre le créancier inscrit à compter de la sommation faite au débiteur. • Civ. 3e, 13 mai 1980, n° 79-10.775 P : *JCP 1981. II. 19618, note Boccara.*

6. Absence de substitution. Il importe peu que le créancier ne puisse se substituer au preneur pour faire cesser l'infraction. • Civ. 3e, 14 déc. 1988, n° 87-10.620 P : *D. 1989. IR 5* • 8 févr. 1989, n° 87-11.919 P : *D. 1989. IR 77 ; RTD com. 1989. 459, obs. Derruppé.*

II. MODALITÉS DE LA NOTIFICATION

7. Initiative du bailleur. La notification doit émaner du bailleur pour que la résiliation soit opposable aux créanciers inscrits. • Com. 3 mars

1992, n° 89-19.172 P : *cité note 8* • Grenoble, 10 janv. 1966 : *ibid.*

8. Formes. La notification prévue à l'art. L. 143-2 n'est régulière que si elle comporte l'ensemble des informations permettant au créancier d'apprécier l'intérêt d'un règlement de la dette à la place du débiteur. • Paris, 21 janv. 2004 : *AJDI 2004. 288*. ♦ En cas de clause résolutoire, c'est l'assignation tendant à la constatation de la résiliation et le jugement constatant cette résiliation qui doivent être notifiés aux créanciers. • Civ. 3e, 27 juin 1990, n° 88-20.294 P : *préc. note 2.* ♦ Dans la mesure où seule importe l'information claire et non équivoque fournie au créancier inscrit, afin de lui permettre d'agir en temps utile, V., considérant que la lettre adressée par le bailleur au créancier lui rappelant les pourparlers engagés entre eux en vue de la relocation des lieux faisant l'objet du bail résilié et les différents contacts déjà intervenus constitue une preuve suffisante de l'information requise et vaut dès lors notification au sens de l'art. L. 143-2 : • Com. 16 janv. 2001, n° 98-21.440 P : *D. 2001. AJ 862, obs. Rouquet* ; *JCP E 2001, n° 27, p. 1144, note Kéita* ; *RTD com. 2001. 408, obs. Derruppé*. ♦ En revanche, le défaut de notification à un créancier inscrit de la demande de résiliation ne peut être suppléé par la connaissance implicite des défaillances que révélerait la tierce opposition formée par celui-ci. • Civ. 3e, 4 juin 1986, n° 85-10.136 P : *RTD com. 1987. 194, obs. Derruppé.* ♦ ... Ni par la lettre recommandée adressée par le syndic au créancier nanti, l'informant de ce que le propriétaire avait délivré au locataire un commandement de payer visant la clause résolutoire. • Com. 3 mars 1992, n° 89-19.172 P : *RTD com. 1992. 586, obs. Derruppé* ; *D. 1992. IR 101.* ♦ ... Ni par la preuve de sa connaissance de la résiliation. • Grenoble, 10 janv. 1966 : *RTD com. 1967. 131, obs. Jauffret* • Limoges, 10 juin 1991 : *Rev. loyers 1992. 450, note Gallet.* ♦ La publicité dans un JAL faite par le bailleur de la résiliation ne peut remplacer la notification de l'art. 14 [C. com., art. L. 143-2]. • Req. 25 avr. 1939 : *Gaz. Pal. 1939. 2. 220.* ♦ ... Et ce, alors même que la résiliation comporte le versement d'une indemnité aux locataires. • Douai, 3 mai 1928 : *Rec. Douai 1928. 269.*

A été jugée insuffisante, la notification de la sommation d'avoir à payer le loyer. • Com. 6 nov. 1961, n° 60-11.908 P : *Gaz. Pal. 1962. 1. 132* ; *RTD com. 1962. 236, obs. Jauffret* • Civ. 3e, 21 juill. 1975, n° 74-11.033 P : *JCP 1977. II. 18545, note Boccara* ; *RTD com. 1977. 81, obs. Jauffret.* – Comp. : • Com. 22 oct. 1963, n° 61-13.730 P. ♦ ... La simple mention de la résiliation au cahier des charges après incident de saisie immobilière. • Com. 6 mars 1968 : *Bull. civ. IV, n° 98.* ♦ ... La notification de la mise en demeure de faire cesser les infractions au bail. • Com. 6 nov. 1961 : *Gaz. Pal. 1962. 1. 132* ; *RTD com. 1962. 236, obs. Jauffret* • Civ. 3e, 21 juill. 1975, n° 74-11.033 P : *JCP 1977. II. 18545, note Boccara* ; *RTD com. 1977. 81, obs. Jauffret.*

9. Délais. L'inopposabilité de la résiliation intervenue est acquise de plein droit dès lors que le bailleur a manqué à ses obligations à l'égard du créancier inscrit. • Civ. 3e, 12 juill. 2006, n° 05-14.396 P : *D. 2006. AJ 2242, obs. Rouquet* ; *JCP E 2006, n° 37, p. 1521* ; *RJDA 2006, n° 1119* ; *Loyers et copr. 2006, n° 200, obs. Brault.* ♦ L'intervention d'un créancier à l'instance en résiliation judiciaire dispense le propriétaire de la notification et fait courir le délai d'un mois. • Com. 20 juin 1967, n° 64-12.900 P. ♦ Le bailleur qui notifie au créancier nanti les assignation et résolution du bail après le jugement, et non un mois avant comme le prescrit l'art. 14 [C. com., art. L. 143-2], satisfait néanmoins à ce texte dès lors que le jugement frappé d'appel ne peut être exécuté et que le créancier nanti a été ainsi mis en mesure de défendre ses intérêts en intervenant devant la cour d'appel. • Com. 6 juill. 1967, n° 65-13.889 P.

III. DROITS ET OBLIGATIONS DES CRÉANCIERS

A. NOTIFICATION RÉGULIÈRE

10. Notification régulière. Le créancier inscrit qui a reçu une notification peut empêcher la résiliation en exécutant à la place du débiteur les obligations nées du bail, notamment quand la résiliation est fondée sur le défaut de paiement des loyers. • Civ. 23 janv. 1933 : *DH 1933. 161* • Com. 27 mai 1972, n° 71-11.011 P. ♦ L'offre de paiement, émanant d'un créancier nanti du preneur et parvenue au bailleur plus d'un mois après la notification faite au créancier inscrit de l'assignation délivrée au preneur en résiliation du bail, est faite hors délai et est inopérante ; la résiliation du bail doit donc être prononcée. • Douai, 17 nov. 1994 : *Loyers et copr. 1996, n° 74, obs. Brault et Mutelet.* ♦ S'il fait des offres réelles, elles doivent être valables en la forme et suffisantes. • Req. 17 avr. 1934 : *S. 1934. 1. 190.* ♦ Le créancier nanti ne commet aucune faute en ne payant pas le loyer du bail commercial à la place du débiteur et par là même en n'empêchant pas la résiliation du bail, même s'il en résulte une diminution de la valeur du fonds de commerce. • Paris, 20 janv. 1998 : *D. Affaires 1998. 280, obs. A.-L. M.-D.* ♦ Sur l'intérêt, pour le créancier inscrit, à régler la dette de loyer de son débiteur, V. • Com. 11 juill. 2006, n° 05-18.267 P : *D. 2006. AJ 2242, obs. Rouquet* ; *JCP E 2006, n° 51-52, p. 2196, obs. Delebecque* ; *RJDA 2007, n° 21.*

11. Prérogatives des créanciers. Les créanciers inscrits peuvent demander le renouvellement du bail. • Rouen, 25 juill. 1935 : *Gaz. Pal. 1935. 2. 642.* ♦ ... Ou une indemnité d'éviction. • Montpellier, 20 oct. 1948 : *JCP 1949. II.*

4828 ; RTD com. 1949. 462, obs. Jauffret. ♦ Mais il a été jugé que les créanciers inscrits ne sauraient empêcher la résiliation en agissant dans le mois en vente forcée du fonds. • Paris, 2 déc. 1930 : *Gaz. Pal. 1930. 2. 1051* • 13 nov. 1935 : *ibid. 1935. 2. 920* • Lyon, 31 janv. 1935 : *Rev. fonds com. 1936. 99.* ♦ De même, les créanciers inscrits ne bénéficient d'aucun droit de préférence ou de suite sur l'indemnité de résiliation du bail. • Civ. 3e, 6 avr. 2005, n° 03-11.159 P : *cité note 2 ss. art. L. 142-2.*

12. Intervention à l'instance du créancier. Le créancier inscrit peut intervenir dans l'instance en résiliation judiciaire pour contester la demande du bailleur, et cela, même en appel. • Aix-en-Provence, 22 nov. 1922 : *D. 1923. 2. 70* • Paris, 17 mars 1937 : *DH 1937. 368.* ♦ Sur l'intervention en l'absence de notification, V. note 14.

13. Information des cautions. Le créancier nanti ne commet pas de faute en s'abstenant d'informer la caution de l'intention du bailleur de résilier le bail de l'immeuble dans lequel s'exploite un fonds de commerce grevé d'inscription. • Com. 7 déc. 2004, n° 03-18.899 : *RDBF 2005, n° 39, obs. Legeais ; RJDA 2005, n° 464.* ♦ Sur la recevabilité de l'action en responsabilité intentée par des cautions à l'encontre d'une banque pour avoir prétendument laissé dépérir son gage, V. • Com. 25 juin 2002, n° 00-22.210 : *RJDA 2002, n° 1322.*

B. DÉFAUT DE NOTIFICATION

14. Inopposabilité de la résiliation aux créanciers inscrits. Lorsque la notification n'a pas été faite, la résiliation est inopposable aux créanciers inscrits et il ne peut être suppléé ultérieurement à ce défaut de notification. • Com. 25 mai 1970, n° 69-10.590 P : *D. 1970. Somm. 166* • Civ. 3e, 22 mars 1989, n° 87-19.019 P : *D. 1990. Somm. 258, obs. Rozès* • 6 déc. 1995, n° 94-11.913 P : *D. 1996. Somm. 386, obs. Piedelièvre*. ♦ ... Peu important que le défaut de notification soit imputable à la faute du greffier qui a omis un créancier. • Civ. 1er oct. 1941 : *DA 1942. Somm. 2* • 12 oct. 1944 : *S. 1944. 1. 120.* – Comp. : • Com. 3 juill. 1978, n° 77-10.526 P : *RTD com. 1979. 233, obs. Derruppé.* ♦ Lorsque aucune notification n'a été faite à un créancier inscrit qui a exercé une tierce opposition, c'est à bon droit qu'est prononcée la rétractation à l'égard de toutes les parties de l'arrêt ayant prononcé la résiliation de plein droit du bail. • Civ. 3e, 15 déc. 1976, n° 75-14.898 P : *D. 1977. IR 145 ; RTD com. 1977. 82, obs. Jauffret.* – Comp. : • Civ. 2 déc. 1946 : *D. 1947. 93* • Civ. 3e, 8 févr. 1989, n° 87-11.919 P : *RTD com. 1989. 459, obs. Derruppé.* – V. cependant : • Orléans, 22 févr. 1973 : *JCP 1973. IV. 239.* ♦ Encore faut-il que son inscription soit antérieure à la résiliation. • Com. 20 juin 1967 : *RTD com. 1968. 46* • Paris, 24 déc. 1965 : *ibid. 1966. 909.* ♦ Le créancier inscrit a le droit de poursuivre la vente forcée du fonds de commerce, y compris le droit au bail, la résiliation ne lui étant pas opposable. • Req. 3 déc. 1930 : *Gaz. Pal. 1931. 1. 113* • Paris, 23 mars 1937 : *DH 1937. 274* • Civ. 3e, 14 déc. 1988, n° 87-14.619 : *D. 1989. IR 5 ; JCP 1989. II. 21261 ; RTD com. 1989. 459, obs. Derruppé.* ♦ Le créancier titulaire d'un nantissement sur fonds de commerce régulièrement publié dispose d'un droit propre pour s'opposer à la résiliation du bail en invoquant l'inobservation des formalités prévues à l'art. L. 143-2 et la possibilité de se substituer au débiteur défaillant pour éviter le dépérissement de sa sûreté. • Com. 19 mai 2004, n° 01-12.814 : *RJDA 2004, n° 1196 ; Loyers et copr. 2004, n° 188, obs. Brault.*

L'art. L. 143-2 n'a pour but que de faire savoir aux créanciers inscrits qu'ils disposent d'un délai d'un mois pour se substituer au débiteur afin de sauver leur gage sans leur conférer la qualité de partie à l'instance en résiliation du bail. • Civ. 3e, 15 sept. 2009, n° 08-18.090 : *AJDI 2009. 792 ; Administrer 11/2009. 58, obs. Lipman-W. Boccara.* ♦ Il s'ensuit que l'absence de notification régulière n'a d'autre effet que de rendre la résiliation ainsi que la procédure suivie inopposables à ceux-ci et ne leur ouvre pas le droit d'appel. • Paris, 23 nov. 2007 : *AJDI 2008. 206*. ♦ En effet, la faculté d'appel n'est ouverte au créancier inscrit que si celui-ci offre d'exécuter les causes du commandement dans le délai d'un mois de la notification de la demande en résiliation du bail. • Civ. 3e, 27 mai 2009, n° 08-12.726 P : *D. 2009. AJ 1535, obs. Rouquet ; JCP E 2009, n° 47, p. 24, note Chavance ; Gaz. Pal. 2009. 3068, note Brault ; RJDA 2009, n° 708.*

15. Absence de droit de rétention. Le nantissement, toutefois, ne confère à un créancier aucun droit de rétention ; dès lors en cas de vente forcée du fonds à la requête d'autrui, le droit de préférence de ce créancier ne se reporte qu'à son rang sur le produit de la vente et sa créance ne peut être préférée à celle du Trésor, qui bénéficie d'un privilège général. • Com. 13 avr. 1972, n° 70-13.954 P.

16. Indemnisation du préjudice. Les juges du fond peuvent condamner le bailleur à rembourser aux créanciers inscrits le montant non payé de leurs créances sur le fonds si leurs constatations justifient la relation de causalité entre la faute du bailleur et le préjudice des créanciers. • Com. 13 nov. 1969, n° 67-13.425 P : *D. 1970. Somm. 111* • 3 mars 1992, n° 89-19.172 P : *JCP 1992. IV. 1347.* ♦ ... Le créancier pouvant obtenir la condamnation du bailleur à des dommages et intérêts s'il justifie d'un préjudice. • Req. 3 juill. 1935 : *DH 1935. 458* • 21 mars 1938 : *DH 1938. 308* • Paris, 12 janv. 1993 : *D. 1993. IR 109* • 5 janv. 1996 : *Gaz. Pal. 1996. 2. Somm. 487, obs. Brault.* ♦ Mais le créancier inscrit ne saurait obtenir des dommages-intérêts dès lors que le préjudice né de la perte de sa sûreté résulte de son inertie et non de la notification tardive de l'assignation en résiliation du bail. • Civ. 3e, 9 nov. 2011, n° 10-20.021 P : *D. 2011. Actu. 2864, obs. Rouquet ; AJDI 2012. 343, note Dumont-Lefrand ; JCP 2012, n° 626, spéc. n° 25, obs. Delebecque ; Gaz. Pal. 2012. 445, obs. Brault ; RJDA 2012, n° 256.* ♦ Le bailleur condamné à des dommages et intérêts bénéficie d'un recours contre l'officier ministériel qui a omis de faire les notifications légales. • Req. 3 juill. 1935 : *DH 1935. 458* • Com. 1er févr. 1971, n° 69-14.379 P. ♦ L'absence de dénonciation de l'assignation en résiliation du bail portant sur les locaux dans lesquels le fonds nanti est exploité cause un préjudice irréversible au créancier inscrit privé de la faculté de préservé son gage. • Com. 3 févr. 2015, n° 13-26.210 : *AJDI 2015. 603, obs. Castela ; JCP E 2015, n° 1285, obs. Delebecque ; Loyers et copr. 2015, n° 72, obs. Chavance.* ♦ Pour rejeter la demande d'indemnisation du créancier inscrit, l'arrêt retient que le préjudice de celui-ci, qui consiste en une perte de chance de se faire payer sa créance sur le prix de vente du fonds de commerce, n'existe que si le fonds avait une valeur patrimoniale et que celui-ci ne justifie pas d'une valeur du fonds à la date de l'assignation en résiliation du bail. En statuant ainsi, après avoir constaté que, si l'assignation en résiliation du bail lui avait été dénoncée, le créancier inscrit aurait pu payer l'arriéré de loyers à la date du commandement de payer et aurait ainsi pu préserver le droit au bail et, par voie de conséquence, le fonds de commerce, lequel constituait son gage, la cour d'appel n'a pas tiré les conséquences légales de ses propres constatations. • Civ. 3e, 25 oct. 2018, n° 17-16.828 P : *D. 2018. Actu. 2134 ; JCP E 2018, n° 1593 ; RJDA 2019, n° 4.*

17. Autres créanciers. Seuls les créanciers inscrits pouvant se prévaloir du défaut de notification, un créancier chirographaire ne saurait s'en prévaloir. • Req. 14 nov. 1933 : *S. 1934. 1. 66* • 30 déc. 1940 : *DA 1941. 87.* ♦ Comp., pour l'exclusion du Trésor, invoquant son hypothèque légale : • Bordeaux, 11 avr. 1951 : *JCP 1951. II. 6586, note Cohen ; RTD com. 1952. 70, obs. Jauffret.* ♦ *Contra*, jugeant que le Trésor public et les organismes chargés du recouvrement des cotisations prévues par l'art. L. 243-4 CSS sont des créanciers inscrits visés par le texte : • TGI Paris, 7 juill. 1994 : *Gaz. Pal. 1994. 2. 713.* ♦ Les dispositions de l'art. 14 [C. com., art. L. 143-2] ne peuvent pas non plus être invoquées par un créancier titulaire d'une inscription provisoire de nantissement sur le fonds de commerce de son débiteur, dès lors que cette inscription est devenue rétroactivement sans effet, faute d'inscription complémentaire prise dans les deux mois à dater du jour où la décision constatant la créance a acquis l'autorité de la chose jugée (sous l'empire de l'art. 53 ancien C. pr. civ. ; V. désormais C. pr. exéc., art. L. 511-4, prévoyant la caducité de l'inscription provisoire. – **C. pr. civ.**). • Civ. 3e, 6 déc. 1995, n° 94-10.001 P : *D. 1996. Somm. 386, obs. S. Piedelièvre ; BRDA 1995, n° 24, p. 5.* ♦ Ayant relevé qu'aux termes des art. L. 142-4 et L. 141-6 C. com. les inscriptions doivent être prises à peine de nullité dans la quinzaine de l'acte de vente ou de l'acte constitutif, et constaté que le nantissement et le privilège de l'établissement financier avaient été inscrits dix-neuf jours après l'acte de vente, il en résulte que ce dernier n'avait manifestement pas la qualité de créancier inscrit lui permettant de se prévaloir des dispositions de l'art. L. 143-2. • Civ. 3e, 15 févr. 2012, n° 10-25.443 P : *D. 2012. Actu. 608 ; JCP E 2012, n° 1425, note Brault ; Gaz. Pal. 2012. 2865, obs. Dumont-Lefrand ; RJDA 2012, n° 649.*

18. Locataires. Seul le créancier inscrit pouvant se prévaloir des dispositions de l'art. L. 143-2, il en résulte que les irrégularités alléguées ne sont pas de nature à constituer une faute à l'égard des locataires. • Com. 16 oct. 2007, n° 05-19.756 P : *D. 2008. Pan. 1649, obs. Rozès ; JCP E 2008, n° 9, p. 33, obs. Caussain, Deboissy et Wicker ; LPA 30 nov. 2007, note Guedj ; RJDA 2008, n° 10.* ♦ Le locataire ne saurait invoquer le défaut de notification. • Civ. 3e, 22 mai 1973, n° 72-13.423 P • 4 nov. 1987, n° 86-15.115 P : *RTD com. 1988. 426, obs. Derruppé* • 20 mai 1992, n° 90-18.396 P : *D. 1992. IR 206* • 6 déc. 1995, n° 93-12.503 P • Aix-en-Provence, 29 mars 1988 : *D. 1989. 100, note Roy-Loustaunau.* ♦ Sur la recevabilité de la demande d'un nouveau locataire des lieux en résolution du bail, motivée par l'absence de notification aux créanciers nantis de la résiliation de baux antérieurs au sien, V. • Civ. 3e, 10 mai 1990, n° 89-15.772 P : *D. 1990. Somm. 258, obs. Rozès.*

Art. L. 143-3 Tout créancier qui exerce des poursuites de saisie-exécution et le débiteur contre lequel elles sont exercées peuvent demander, devant le tribunal de commerce dans le ressort duquel s'exploite le fonds, la vente du fonds de commerce du saisi avec le matériel et les marchandises qui en dépendent. *— V. LPF, art. L. 268, en note ci-dessous.*

Sur la demande du créancier poursuivant, le tribunal de commerce ordonne qu'à défaut de paiement dans le délai imparti au débiteur, la vente du fonds a lieu à la requête dudit créancier, après l'accomplissement des formalités prescrites par l'article L. 143-6.

Il en est de même si, sur l'instance introduite par le débiteur, le créancier demande à poursuivre la vente du fonds.

S'il ne le demande pas, le tribunal de commerce fixe le délai dans lequel la vente du fonds doit avoir lieu à la requête du débiteur, suivant les formalités édictées par l'article L. 143-6, et il ordonne que, faute par le débiteur d'avoir fait procéder à la vente dans ledit délai, les poursuites de saisie-exécution sont reprises et continuées sur les derniers errements. — *[L. 17 mars 1909, art. 15, al. 1er à 4.]*

Lorsqu'il envisage de faire procéder à la vente d'un fonds de commerce, le comptable public compétent peut, par dérogation aux art. L. 143-3 et L. 143-4 C. com., faire ordonner par le président du tribunal judiciaire que cette vente soit effectuée dans les formes prévues pour les ventes de biens appartenant à des mineurs. Le président exerce, à cet égard, toutes les attributions confiées au tribunal par les art. 1272 s. C. pr. civ. (LPF, art. L. 268).

FORM. PR. COM. v° *Assignation en conversion de saisie-vente en vente judiciaire,* par PUECH.

BIBL. ▶ PALLU DE LESSERT, *Journ. not. 1962. 398.*

1. Matériel d'équipement. L'art. 15 [C. com., art. L. 143-3] est applicable en cas de saisie par le créancier nanti sur le matériel d'équipement et le débiteur peut demander la mise en vente globale du fonds. • Com. 3 nov. 1970, n° 68-11.793 P : *D. 1971. Somm. 105 ; RTD com. 1971. 654, obs. crit. Jauffret.*

2. Initiative de la conversion. Peu important le créancier qui a poursuivi la saisie-exécution, la vente globale peut être demandée par le fisc. • Paris, 28 nov. 1938 : *Gaz. Trib. 5 janv. 1939.* ♦ ... Ou par le bailleur pour des loyers arriérés. • Req. 19 janv. 1938 : *DH 1938. 161.* ♦ Jugé qu'il résulte *a contrario* de l'art. 15, al. 4 [C. com., art. L. 143-3, al. 4], que la demande de vente globale formée par le débiteur suspend la procédure de saisie-exécution. • T. com. Seine, 19 août 1924 : *Gaz. Trib. 1925. II. 170.* ♦ Mais le débiteur qui demande la vente globale du fonds doit établir l'avantage qu'elle pourrait présenter soit pour ses créanciers, soit pour lui-même. • Paris, 21 nov. 1961 : *D. 1962. Somm. 30.*

3. Délai d'exécution. La fixation du délai en cas de vente globale demandée par le créancier saisissant est obligatoire pour le juge et doit intervenir même si aucun délai de grâce n'est possible pour le paiement de la créance en vertu de laquelle la saisie-exécution a eu lieu. • Civ. 2 nov. 1955 : *D. 1956. 55 ; JCP 1956. II. 9088, note Cohen* • Rouen, 18 avr. 1955 : *D. 1955. 497 ; RTD com. 1955. 813, obs. Jauffret.* ♦ Et si l'art. 15, al. 2 et 3 [C. com., art. L. 143-3, al. 2 et 3], ne prévoit pas de délai à fixer par le tribunal de commerce pour la réalisation de la vente du fonds à la requête des créanciers poursuivants, après saisie-exécution, le silence de la loi sur ce point n'a pas pour effet de priver le juge de la faculté d'impartir, dans l'intérêt d'une bonne administration de la justice, un délai pour la réalisation d'une telle vente. • Com. 18 mars 1975, n° 73-14.577 P : *D. 1975. Somm. 79.* ♦ Il en va de même, en cas de vente forcée à la requête du Trésor : • Com. 4 nov. 1976, n° 75-14.822 P : *RTD com. 1977. 80, obs. Jauffret.* ♦ V. art. L. 268 LPF, en note ss. art. L. 143-3.

4. Dessaisissement. Sur le dessaisissement du tribunal de commerce au profit de la juridiction civile, V. • Civ. 2e, 9 déc. 1966, n° 65-12.111 P : *Gaz. Pal. 1967. 1. 111.*

5. Trésor public. **BIBL.** Du Cheyron, *JCP E 1991. I. 33.* ♦ V. art. L. 268 LPF, en note ss. art. L. 143-3.

Nouvel art. L. 143-3 *(Ord. n° 2021-1192 du 15 sept. 2021, art. 27, en vigueur à une date qui sera fixée par décret et qui ne pourra être postérieure au 1er janv. 2023)* ***I. — Le créancier qui engage une procédure de saisie-vente ou le débiteur contre lequel elle est engagée peut demander, devant le tribunal de commerce dans le ressort duquel s'exploite le fonds, la vente du fonds de commerce du saisi avec le matériel et les marchandises qui en dépendent.***

II. — Lorsque l'instance est introduite par le créancier, celui-ci renonce définitivement au bénéfice de la procédure de saisie-vente. Le tribunal de commerce ordonne alors qu'à défaut de paiement dans le délai imparti au débiteur, la vente du fonds a lieu à la requête de ce créancier, après l'accomplissement des formalités prévues à l'article L. 143-6.

III. — Lorsque l'instance est introduite par le débiteur, le jugement qui ordonne la vente du fonds de commerce suspend la procédure de saisie-vente. Si le créancier demande à poursuivre la vente du fonds, le tribunal de commerce ordonne qu'à défaut de paiement dans le délai imparti au débiteur, la vente du fonds a lieu à la requête de ce créancier, après l'accomplissement des formalités prévues à l'article L. 143-6. En revanche, si le créancier ne le demande pas, le tribunal de commerce fixe le délai dans lequel la vente du fonds doit avoir lieu à la requête du débiteur, suivant les formalités prévues à l'article L. 143-6. Si le débiteur ne fait pas procéder à la vente dans ce délai, la procédure de saisie-vente reprend de plein droit ses effets.

Art. L. 143-4 **Le tribunal nomme, s'il y a lieu, un administrateur provisoire du fonds, fixe les mises à prix, détermine les conditions principales de la vente, commet pour y procéder l'officier public qui dresse le cahier des charges.** — *V. art. R. 143-5.*

La publicité extraordinaire, lorsqu'elle est utile, est réglée par le jugement ou, à défaut, par ordonnance du président du tribunal de commerce rendue sur requête.

Ce dernier peut, par la décision rendue, autoriser le poursuivant, s'il n'y a pas d'autre créancier inscrit ou opposant, et sauf prélèvement des frais privilégiés au profit de qui de droit, à toucher le prix directement et sur sa simple quittance, soit de l'adjudicataire, soit de l'officier public vendeur, selon les cas, en déduction ou jusqu'à concurrence de sa créance en principal, intérêts et frais.

Le tribunal de commerce statue, dans la quinzaine de la première audience, par jugement non susceptible d'opposition, exécutoire sur minute. L'appel du jugement est suspensif. Il est formé dans la quinzaine de sa signification à partie et jugé par la cour dans le mois. L'arrêt est exécutoire sur minute. – *[L. 17 mars 1909, art. 15, al. 5 à 8.]*

1. Pouvoir du tribunal. Le tribunal saisi de la demande dispose d'un pouvoir d'appréciation pour ordonner la vente globale, V. • Lyon, 28 oct. 1913 : *S. 1914. 2. 203 ; Gaz. Pal. 1914. 1. 155* • Rennes, 23 déc. 1943 : *ibid. 1944. 1. 66.*

2. Délai d'appel. Aucune disposition de la loi du 17 mars 1909 [C. com., art. L. 141-5 s.] ne prescrit de donner avertissement à la partie signifiée du délai spécial d'appel fixé par l'art. 15, dernier al. [C. com., art. L. 143-4, dern. al.]. • Com. 26 mai 1965, ♔ n° 63-12.450 P.

Art. L. 143-5 *(Ord. n° 2021-1192 du 15 sept. 2021, art. 27, en vigueur à une date qui sera fixée par décret et qui ne pourra être postérieure au 1er janv. 2023)* **« Les créanciers** *[ancienne rédaction : Le vendeur et le créancier gagiste]* **» inscrits sur un fonds de commerce peuvent également, même en vertu de titres sous seing privé, faire ordonner la vente** *(Ord. n° 2021-1192 du 15 sept. 2021, art. 27, en vigueur à une date qui sera fixée par décret et qui ne pourra être postérieure au 1er janv. 2023)* **« de ce fonds** *[ancienne rédaction : du fonds qui constitue leur gage]* **», huit jours après sommation de payer faite au débiteur et au tiers détenteur, s'il y a lieu, demeurée infructueuse.**

La demande est portée devant le tribunal de commerce dans le ressort duquel s'exploite ledit fonds, lequel statue comme il est dit à l'article L. 143-4. – *[L. 17 mars 1909, art. 16.]*

V. note rédactionnelle à la fin de l'Avant-propos en début d'ouvrage.

FORM. PR. COM. v^is *Sommation de payer préparant une assignation à fin de vente du fonds ; Action à fin de vente d'un fonds de commerce après sommation de payer demeurée vaine huit jours,* par PUECH.

1. Sommation préalable. Une demande en paiement doit avoir été faite au débiteur, par sommation, une simple lettre adressée au débiteur étant insuffisante. • Versailles, 25 mai 1989 : *D. 1989. IR 209 ; RTD com. 1989. 648, obs. Derruppé.* – Comp. : • Paris, 14 juin 1988 : *D. 1988. IR 222.* ♦ Sur le sort de la sommation de payer en cas de liquidation judiciaire du propriétaire du fonds, V. note 42 ss. art. L. 622-21. ♦ En revanche, l'art. 16 [C. com., art. L. 143-5] n'exige pas, préalablement à la vente du fonds, une condamnation du débiteur. • Civ. 2e, 5 avr. 1993, ♔ n° 91-19.979 P : *D. 1994. Somm. 13, obs. A. Penneau* ✎.

2. Assignation. L'assignation peut être signifiée dans le même exploit que la sommation. • T. com. Lyon, 20 août 1935 : *Gaz. jud. Lyon 1935. 402.* ♦ Comp., jugeant que l'assignation « contenant mise en demeure » qui ne fixe aucun délai de paiement ni n'informe le débiteur de la caducité de l'assignation en cas de paiement ne répond pas aux exigences de l'art. 16 [C. com., art. L. 143-5], et qu'à défaut de sommation valable préalable à l'action en vente du fonds, celle-ci est irrecevable : • Versailles, 10 mai 1990 : *D. 1990. IR 169 ; RTD com. 1990. 560, obs. Derruppé* ✎. ♦ Comme la sommation, l'assignation doit être délivrée à la fois au débiteur et au tiers détenteur s'il y en a un. • T. com. Marseille, 19 mars 1936 : *Journ. Marseille 1936. 1. 333.*

3. Droit de suite. La renonciation à un droit ne résultant que d'actes manifestant sans équivoque la volonté de renoncer, l'acceptation, même sans réserve, par le créancier titulaire d'un nantissement sur un fonds de commerce, de sommes à lui versées par le séquestre du prix de cession de ce fonds, ne constitue pas une manifestation univoque de sa volonté de renoncer à son gage et n'implique donc, ni sa renonciation à exercer le droit de suite, ni son acceptation du caractère libératoire à son égard de la consignation de l'acquéreur. • Com. 18 févr. 1997, ♔ n° 94-16.992 : *D. 1997. Somm. 251, obs. Piedelièvre* ✎ *; RTD com. 1998. 325, obs. Derruppé* ✎. ♦ *Contra*, jugeant que la renonciation par le créancier à son droit de suite peut s'induire du fait qu'il a concouru à la vente en acceptant le choix du séquestre du prix : ce qui a été assimilé à une acceptation du versement du prix : • Req. 23 déc. 1931 : *DH 1932. 68.* – Comp. : • T. com. Seine, 22 mars 1928 : *Gaz. Pal. 1928. 2. 50* • Paris, 19 oct. 1962 : *D. 1963. 285* • 4 févr. 1987 : *D. 1987. IR 40.*

4. Paiement par le tiers détenteur. Le tiers détenteur peut arrêter les poursuites en payant jusqu'à l'adjudication. • Paris, 1er févr. 1934 : *Gaz. Pal. 1934. 2. 344, sous-note.* ♦ Jugé cependant que les offres de paiement notifiées après l'expiration du délai de huit jours sont inefficaces. • Paris, 2 mai 1935 : *Gaz. Pal. 1935. 2. 272.* ♦ Une société nouvellement constituée reprenant les mêmes associés, la même dénomination et exploitant dans les mêmes locaux la même activité qu'une précédente société dissoute de plein droit, est considérée comme tiers détenteur du fonds de commerce, au sens de l'art. 16 [C. com., art. L. 143-5]. • Paris, 17 janv. 1997 : *RJ com. 1998. 35, obs. Gallet.*

5. Redressement et liquidation judiciaires. V. art. L. 141-10 et L. 141-19, al. 3. – V. aussi, art. L. 642-18 s.

6. Compétence territoriale. L'art. 16, al. 2 [C. com., art. L. 143-5, al. 2], étant d'ordre public, ne peut recevoir application la clause attribuant compétence à un autre tribunal de commerce. • Paris, 23 nov. 1994 : *RJDA 1995, n° 493.*

7. Objet de la vente. Jugé que si la vente doit porter sur tous les éléments du fonds, même ceux qui ne sont pas grevés du privilège, elle ne peut englober un élément nouveau ajouté par le tiers détenteur, par exemple un droit au bail : • Civ. 21 juill. 1937 : *DP 1940. 1. 17, note Voirin ; S. 1938. 1. 337, note Lagarde.*

8. Nantissement provisoire. Il résulte de l'art. L. 143-5 C. com. et L. 111-10 C. pr. exéc. que le créancier qui dispose d'un nantissement provisoire inscrit sur le fonds de commerce de son débiteur peut solliciter la vente forcée du fonds même s'il ne possède pas de décision passée en force de chose jugée lui permettant de procéder à l'inscription définitive de son nantissement. • Orléans, 3 juill. 2014 : *RJDA 2014, n° 866.*

9. Faculté de poursuivre. Le seul fait pour le créancier bénéficiaire du nantissement d'un fonds de commerce de ne pas faire ordonner la vente de ce dernier, sur le fondement de l'art. L. 143-5 C. com., dès la défaillance du débiteur principal, ou, sur le fondement de l'art. L. 643-2 du même code, après l'ouverture de la liquidation judiciaire du débiteur, ne constitue pas en soi une faute au sens de l'art. 2314 C. civ. • Com. 8 mars 2017, n° 15-14.632 : *RJDA 2017, n° 501.*

Art. L. 143-6 **Le poursuivant fait sommation au propriétaire du fonds et aux créanciers inscrits antérieurement à la décision qui a ordonné la vente, au domicile** *(Ord. n° 2021-1192 du 15 sept. 2021, art. 27, en vigueur le 1er janv. 2023)* **« déclaré** *[ancienne rédaction : élu]* **» par eux dans leurs inscriptions, quinze jours au moins avant la vente, de prendre communication du cahier des charges, de fournir leurs dires et observations et d'assister à l'adjudication, si bon leur semble.** — *V. nouvel art. R. 143-22.*

La vente a lieu dix jours au moins après l'apposition d'affiches indiquant : les noms, professions, domiciles du poursuivant et du propriétaire du fonds, la décision en vertu de laquelle on agit, une élection de domicile dans le lieu où siège le tribunal de commerce dans le ressort duquel s'exploite le fonds, les divers éléments constitutifs dudit fonds, la nature de ses opérations, sa situation, les mises à prix, les lieu, jour et heure de l'adjudication, les nom et domicile de l'officier public commis et dépositaire du cahier des charges.

Ces affiches sont obligatoirement apposées, à la diligence de l'officier public, à la porte principale de l'immeuble et de la mairie de la commune où le fonds est situé, du tribunal de commerce dans le ressort duquel se trouve le fonds, et à la porte de l'étude de l'officier public commis.

L'affiche est insérée dix jours avant la vente *(L. n° 2019-486 du 22 mai 2019, art. 3-II)* **« sur un support habilité à recevoir des annonces légales dans » le département dans lequel le fonds est situé.**

La publicité est constatée par une mention faite dans le procès-verbal de vente. — *[L. 17 mars 1909, art. 17, al. 1er à 5.]*

FORM. PR. COM. v^is *Sommation à un créancier inscrit, au propriétaire, à l'adjudicataire surenchéri avant la vente publique d'un fonds de commerce ; Affiche annonçant la vente publique d'un fonds de commerce ; Envoi à un journal d'annonces légales pour insertion d'une affiche avisant de la vente publique d'un fonds sur surenchère ou non,* par PUECH.

1. Absence de sommation. L'art. 17, al. 1er [C. com., art. L. 143-6, al. 1er], ayant pour seul but *de lier* à la procédure les créanciers inscrits dont le droit sera purgé par l'adjudication, le défaut de sommation n'a pas pour conséquence d'entraîner la nullité de l'adjudication, mais de placer l'acheteur, à l'égard des créanciers, dans la situation d'un acheteur lors d'une vente amiable. • Reims, 23 févr. 1976 : *D. 1977. IR 43.*

2. Causes de nullité. Les nullités de procédure comprises entre le jugement ordonnant la vente et le jugement d'adjudication doivent être soulevées huit jours au moins avant l'adjudication, mais la déchéance n'est pas encourue si le caractère incomplet de la publicité a empêché le créancier inscrit d'agir dans le délai. • Com. 2 juin 1964 : *D. 1965. Somm. 6.* ♦ Les nullités sont celles qui visent les formalités préalables à l'adjudication. • T. civ. Seine, 2 nov. 1928 : *Gaz. Trib. 1929. 1. 312.*

3. Compétence. Les nullités du jugement qui ordonne la vente, y compris celles qui sont relatives à sa signification, échappent à la compétence du président du tribunal de grande instance et sont de la compétence de la juridiction d'appel. • Orléans, 24 nov. 1911 : *Gaz. Trib. 1912. 2. 262.*

4. Effet de l'adjudication. Lorsque l'adjudication est prononcée, aucune nullité ne peut plus être proposée. • T. civ. Seine, 19 janv. 1926 : *Gaz. Trib. 1926. 2. 599.*

5. Procédures collectives. V. note 20 ss. art. L. 642-1.

Art. L. 143-7 **Il est statué, s'il y a lieu, sur les moyens de nullité de la procédure de vente antérieure à l'adjudication, et sur les dépens, par le président du tribunal** *(Abrogé par L. nº 2015-990 du 6 août 2015, art. 107-I-14º)* ***« de grande instance de l'arrondissement où s'exploite le fonds ».*** **Ces moyens doivent être opposés, à peine de déchéance, huit jours au moins avant l'adjudication. Le quatrième alinéa de l'article L. 143-4 est applicable à l'ordonnance rendue par le président.** – *[L. 17 mars 1909, art. 17, al. 6.]*

Art. L. 143-8 **Le tribunal de commerce, saisi de la demande en paiement d'une créance se rattachant à l'exploitation d'un fonds de commerce, peut, s'il prononce une condamnation et si le créancier le requiert, ordonner par le même jugement la vente du fonds. Il statue dans les termes des premier et deuxième alinéas de l'article L. 143-4 et fixe le délai après lequel, à défaut de paiement, la vente pourra être poursuivie.**

Les dispositions du quatrième alinéa de l'article L. 143-4 et des articles L. 143-6 et L. 143-7 sont applicables à la vente ainsi ordonnée par le tribunal de commerce. – *[L. 17 mars 1909, art. 18.]*

FORM. PR. COM. vº *Assignation en paiement d'une créance chirographaire et à fin de vente d'un fonds de commerce*, par PUECH.

1. Intérêt pour agir. Sur l'irrecevabilité de la demande au cas de *faillite* ou de *règlement judiciaire* du débiteur, V. • Paris, 30 avr. 1924 : *Gaz. Pal. 1924. 2. 215.* ♦ Comp. art. L. 622-21.

2. Dettes du locataire-gérant. L'art. 18 [C. com., art. L. 143-8] ne saurait être utilisé par les fournisseurs contre le locataire-gérant ou gérant libre du fonds de commerce afin de leur permettre d'obtenir la vente du fonds. • Req. 22 févr. 1939 : *DP 1940. 1. 5, note Ripert.*

Art. L. 143-9 **Faute par l'adjudicataire d'exécuter les clauses de l'adjudication, le fonds est vendu** *(L. nº 2015-177 du 16 févr. 2015, art. 12-I)* **« sur réitération des enchères », selon les formes prescrites par les articles L. 143-6 et L. 143-7.**

(L. nº 2015-177 du 16 févr. 2015, art. 12-I) **« L'adjudicataire défaillant » est tenu, envers les créanciers du vendeur et le vendeur lui-même, de la différence entre son prix et celui de la revente sur** *(L. nº 2015-177 du 16 févr. 2015, art. 12-I)* **« réitération des enchères », sans pouvoir réclamer l'excédent s'il y en a.** – *[L. 17 mars 1909, art. 19.]*

Les modifications issues de la L. nº 2015-177 du 16 févr. 2015 sont applicables dans les îles Wallis-et-Futuna (L. préc., art. 12-IV).

Art. L. 143-10 **Il n'est procédé à la vente séparée d'un ou plusieurs éléments d'un fonds de commerce grevé d'inscriptions, poursuivie soit sur** *(Ord. nº 2021-1192 du 15 sept. 2021, art. 27, en vigueur à une date qui sera fixée par décret et qui ne pourra être postérieure au 1er janv. 2023)* **« saisie-vente** *[ancienne rédaction : saisie-exécution]* **», soit en vertu des dispositions du présent chapitre,** *(Ord. nº 2021-1192 du 15 sept. 2021, art. 27, en vigueur à une date qui sera fixée par décret et qui ne pourra être postérieure au 1er janv. 2023)* **« soit en application du deuxième alinéa de l'article 2346 du code civil, » que dix jours au plus tôt après la notification de la poursuite aux créanciers qui se sont inscrits quinze jours au moins avant ladite notification, au domicile** *(Ord. nº 2021-1192 du 15 sept. 2021, art. 27, en vigueur à une date qui sera fixée par décret et qui ne pourra être postérieure au 1er janv. 2023)* **« déclaré** *[ancienne rédaction : élu]* **» par eux dans leurs inscriptions. Pendant ce délai de dix jours, tout créancier inscrit, que sa créance soit ou non échue, peut assigner les intéressés devant le tribunal de commerce dans le ressort duquel s'exploite le fonds, pour demander qu'il soit procédé à la vente de tous les éléments du fonds, à la requête du poursuivant ou à sa propre requête, dans les termes et conformément aux dispositions des articles L. 143-3 à L. 143-7.**

(Ord. nº 2021-1192 du 15 sept. 2021, art. 27, en vigueur à une date qui sera fixée par décret et qui ne pourra être postérieure au 1er janv. 2023) **« Le tribunal ordonne la vente**

du fonds de commerce si la vente séparée d'un ou plusieurs de ses éléments met en péril la valeur du fonds. »

Le matériel et les marchandises sont vendus en même temps que le fonds sur des mises à prix distinctes, ou moyennant des prix distincts si le cahier des charges oblige l'adjudicataire à les prendre à dire d'experts.

Il y a lieu à ventilation du prix pour les éléments du fonds non grevés des privilèges inscrits. – *[L. 17 mars 1909, art. 20.]*

Défaut de notification. Le défaut de notification ne peut être invoqué par le locataire. • Civ. 3e, 6 déc. 1995, n° 93-12.503 P.

Art. L. 143-11 Aucune surenchère n'est admise lorsque la vente a eu lieu dans les formes prescrites par les articles *(Abrogé par L. nº 2015-990 du 6 août 2015, art. 107-I-15º)* « *L. 141-19,* » L. 143-3 à L. 143-8, L. 143-10 et L. 143-13 à L. 143-15. – *[L. 17 mars 1909, art. 21.]*

1. Ordre public. Sur l'absence de caractère d'ordre public de l'art. 21 [C. com., art. L. 143-11], V. • Req. 14 déc. 1926 : *S. 1927. 1. 50.*

2. Personnes pouvant agir. Sur l'énumération limitative des personnes recevables à agir, V. • T. civ. Perpignan, 30 mars 1950 : *RTD com. 1950. 207, obs. Jauffret.* • Paris, 9 mars 1965 : *ibid. 1966. 488, obs. Jauffret ; Gaz. Pal. 1966. 2. 505.*

3. Résiliation du bail. Le recours d'un créancier nanti sur un fonds de commerce à la procédure prévue par l'art. 20 [C. com., art. L. 143-10] pour obtenir la vente de tous les éléments du fonds ne peut, à lui seul, soustraire le droit au bail qui y est compris à toutes les éventualités pouvant l'affecter en vertu du droit commun et en application, notamment, du bail lui-même et ne suffit donc pas à priver le bailleur du droit de résilier le contrat. • Paris, 1er oct. 1991 : *D. 1991. IR 242.*

Art. L. 143-12 Les *(Ord. nº 2021-1192 du 15 sept. 2021, art. 27, en vigueur à une date qui sera fixée par décret et qui ne pourra être postérieure au 1er janv. 2023)* « droits de préférence des créanciers inscrits *[ancienne rédaction : privilèges du vendeur et du créancier gagiste]* » suivent le fonds en quelques mains qu'il passe.

Lorsque la vente du fonds n'a pas eu lieu aux enchères publiques conformément aux articles mentionnés à l'article L. 143-11 l'acquéreur qui veut se garantir des poursuites des créanciers inscrits est tenu, à peine de déchéance, avant la poursuite ou dans la quinzaine de la sommation de payer à lui faite, d'effectuer des notifications à tous les créanciers inscrits, dans des conditions définies par décret. – *[L. 17 mars 1909, art. 22, al. 1er et 2.] – V. art. R. 143-1 s.*

FORM. PR. COM. vº *Notification aux créanciers inscrits de la vente d'un fonds de commerce,* par PUECH.

1. Vente d'éléments isolés. Au cas de vente d'éléments isolés, tels le matériel ou le droit au bail, n'emportant pas transmission du fonds, la procédure de purge est inapplicable. • Req. 22 avr. 1913 : *DP 1913. 1. 225, note Feuilloley* • Com. 5 nov. 1963 : *D. 1964. Somm. 71* • Versailles, 4 juin 1992 : *JCP E 1993. I. 268, nº 23, obs. Delebecque.* ♦ Mais la cession d'un élément, par exemple le bail, pourrait dissimuler une cession de fonds. • Paris, 12 juin 1928 : *D. 1929. 2. 33, note L. Mazeaud* • Dijon, 14 oct. 1953 : *JCP 1954. II. 8044, note Cohen.* ♦ La disparition de l'immeuble n'ayant pas entraîné celle du fonds de commerce, la clientèle liée à l'emplacement et à l'enseigne demeurant, la cession de la licence de débit de boissons, présentée comme seul élément d'actif subsistant, était de nature à porter atteinte aux droits des créanciers inscrits, et que, par conséquent, le créancier nanti à qui l'acquéreur avait notifié la cession conformément à l'art. 22 [C. com., art. L. 143-12] était fondé à former une surenchère sur la vente du fonds de commerce, pris en ses éléments incorporels subsistants, en application de l'art. 23 [C. com., art. L. 143-13] : • Com. 20 oct. 1998, nº 96-15.107 P : *D. 1999. Somm. 299, obs. Piedelièvre ; RJDA 1999, nº 27 ; RTD com. 1999. 67, obs. Derruppé.* ♦ Sur les conditions de saisie d'une licence de boissons, V. note 20 ss. art. L. 141-5. ♦ Sur le jeu de l'action paulienne de l'art. 1167 [1341-2] C. civ. • Com. 12 janv. 1988, nº 86-12.485 P : *RTD com. 1989. 458, obs. Derruppé* • T. com. Béthune, 18 juill. 1928 : *Gaz. Pal. 1928. 2. 860.*

2. Détournement de gage. Le créancier peut, en cas de nantissement, invoquer le délit de détournement de gage que constitue la vente d'un élément isolé, par exemple le matériel. • Crim. 13 mars 1909 : *DP 1911. 1. 159* • 25 juill. 1912 : *DP 1913. 1. 123.* ♦ ... Ou une licence de débits de boissons. • Aix-en-Provence, 23 janv. 1936 : *Rev. fonds com. 1936. 182.*

3. Purge. La purge ne produit effet que si le tiers détenteur paie ou consigne la somme offerte. • T. com. Seine, 12 déc. 1924 : *DH 1925. 235 ; Gaz. Pal. 1925. 1. 606* • Civ. 10 avr. 1933 :

DH 1933. 317 ; Gaz. Pal. 1933. 2. 134. ♦ La procédure de purge des inscriptions sur le fonds de commerce ayant pour but de permettre à l'acquéreur de se garantir des poursuites des créanciers inscrits, sa mise en œuvre constitue une faculté dont l'acquéreur est, sauf faute lourde ou abus, libre de ne pas user, peu important qu'il ait connaissance des inscriptions grevant le fonds. • Com. 28 avr. 2004, n° 01-12.079 P : *D. 2004. AJ 1527 ; JCP E 2004, n° 44, p. 1740, note Kéita ; RTD com. 2004. 696, obs. Saintourens ; RJDA 2004, n° 967 ; Gaz. Pal. 2005, Somm. 2833, obs. Guével.* ♦ Sur l'inapplicabilité à une vente ordonnée par le Trésor public, sur le fondement de l'art. 1909 CGI [LPF, art. L. 268. – V. note ss. art. L. 143-3], V. • Civ. 12 juill. 1933 : *S. 1935. 1. 289, note G. Lagarde.*

4. Distribution par contribution. Il ne résulte pas des art. 22, al. 1er [C. com., art. L. 143-12, al. 1er], ci-dessus, et 13, 15 et 16 de l'Ord. du 3 juill. 1816, qu'en cas de distribution par contribution, la Caisse des dépôts et consignations puisse être tenue pour responsable, dans le cas où elle viendrait à libérer les fonds consignés au vu d'un procès-verbal de distribution, sans que celui-ci comporte mainlevée des nantissements. • Civ. 2e, 20 nov. 1991, n° 90-14.189 P : *D. 1992. IR 10.*

5. Liquidation judiciaire. La cession du fonds de commerce grevé d'un nantissement garantissant le remboursement d'un crédit consenti à l'entreprise pour en permettre le financement, ordonnée par le jugement ayant arrêté le plan de cession, opère transmission de plein droit au cessionnaire de la charge de la sûreté qui n'est pas perdue et le privilège du créancier gagiste suit le fonds de commerce en quelques mains qu'il passe. • Com. 7 juill. 2009, n° 08-17.275 P : *cité note 14 ss. art. L. 642-12.* ♦ La banque qui n'est pas créancière de la société mise en redressement judiciaire n'est pas tenue de déclarer sa créance pour exercer le droit de suite que lui confère l'art. L. 143-12. • Com. 17 déc. 2002, n° 99-20.928 P : *JCP E 2003, n° 37, p. 1440, note Kéita ; RTD com. 2003. 365, obs. Martin-Serf ; RJDA 2003, n° 515.*

Art. L. 143-13 **Tout créancier inscrit sur un fonds de commerce peut, lorsque l'article L. 143-11 n'est pas applicable, requérir sa mise aux enchères publiques, en offrant de porter le prix principal, non compris le matériel et les marchandises, à un dixième en sus et de donner caution pour le paiement des prix et charges ou de justifier de solvabilité suffisante.**

Cette réquisition, signée du créancier, doit être, à peine de déchéance, signifiée à l'acquéreur et au débiteur précédent propriétaire dans la quinzaine des notifications, avec assignation devant le tribunal de commerce de la situation du fonds, pour voir statuer, en cas de contestation, sur la validité de la surenchère, sur l'admissibilité de la caution ou la solvabilité du surenchérisseur, et voir ordonner qu'il sera procédé à la mise aux enchères publiques du fonds avec le matériel et les marchandises qui en dépendent, et que l'acquéreur surenchéri sera tenu de communiquer son titre et l'acte de bail ou de cession de bail à l'officier public commis. Le délai de quinzaine ci-dessus n'est pas susceptible d'augmentation à raison de la distance entre le domicile *(Ord. n° 2021-1192 du 15 sept. 2021, art. 27, en vigueur le 1er janv. 2023)* **« déclaré dans leurs inscriptions** *[ancienne rédaction : élu]* **» et le domicile réel des créanciers inscrits.** – *[L. 17 mars 1909, art. 23, al. 1er et 2.] – V. nouvel art. R. 143-22.*

FORM. PR. COM. v° *Surenchère du dixième formée par un créancier inscrit après notification de la vente*, par PUECH.

Art. L. 143-14 **A partir de la signification de la surenchère, l'acquéreur, s'il est rentré en possession du fonds, en est de droit administrateur séquestre et ne peut plus accomplir que des actes d'administration. Toutefois, il peut demander au tribunal de commerce ou au juge des référés, suivant les cas, à tout moment de la procédure, la nomination d'un autre administrateur. Cette demande peut également être formée par tout créancier.**

Le surenchérisseur ne peut, même en payant le montant de la soumission, empêcher par un désistement l'adjudication publique, si ce n'est du consentement de tous les créanciers inscrits.

Les formalités de la procédure et de la vente sont accomplies à la diligence du surenchérisseur et, à son défaut, de tout créancier inscrit ou de l'acquéreur, aux frais, risques et périls du surenchérisseur et sa caution restant engagée, selon les règles prescrites par les articles L. 143-4, L. 143-5 à L. 143-7 et par le *(Ord. n° 2021-1192 du 15 sept. 2021, art. 27, en vigueur à une date qui sera fixée par décret et qui ne pourra être postérieure au 1er janv. 2023)* **« quatrième** *[ancienne rédaction : troisième]* **» alinéa de l'article L. 143-10.**

A défaut d'enchère, le créancier surenchérisseur est déclaré adjudicataire. – *[L. 17 mars 1909, art. 23, al. 3 à 6.]*

FORM. PR. COM. v° *Affiche annonçant une vente après surenchère,* par PUECH.

Art. L. 143-15 **L'adjudicataire est tenu de prendre le matériel et les marchandises existant au moment de la prise de possession, aux prix fixés par une expertise amiable ou judiciaire, contradictoirement entre l'acquéreur surenchéri, son vendeur et l'adjudicataire.**

Il est tenu, au-delà de son prix d'adjudication, de rembourser à l'acquéreur dépossédé les frais et loyaux coûts de son contrat, ceux des notifications, ceux d'inscription et de publicité prévus par les articles L. 141-6 à L. 141-18, et, à qui de droit, ceux faits pour parvenir à la revente.

L'article L. 143-9 est applicable à la vente et à l'adjudication sur surenchère.

L'acquéreur surenchéri, qui se rend adjudicataire par suite de la revente sur surenchère, a son recours tel que de droit contre le vendeur pour le remboursement de ce qui excède le prix stipulé par son titre et pour l'intérêt de cet excédent à compter du jour de chaque paiement. – *[L. 17 mars 1909, art. 23, al. 7 à 10.]*

1. Initiative de la surenchère. Le créancier qui est intervenu comme rédacteur de l'acte et a été désigné comme séquestre répartiteur du prix est réputé avoir accepté le prix de vente et ne peut faire surenchère. • Paris, 19 oct. 1962 : *D. 1963. 285 ; RTD com. 1963. 286.* ♦ En vertu de l'art. 23, al. 5 [C. com., art. L. 143-14, al. 2], et de l'art. 5, al. 2 [C. com., art. L. 141-19, al. 2], la procédure et la vente, en cas de surenchère ne peuvent être poursuivies, à défaut du surenchérisseur, qu'à la diligence de l'acquéreur ou des créanciers inscrits ou opposants, et non à celle du vendeur. • Com. 6 déc. 1961, n° 58-12.333 P.

Sur la nullité d'une surenchère faite antérieurement à la notification à fin de purge, V. • Paris, 10 mars 1914 : *Gaz. Trib. 1914. 2. 41 ; Journ. Trib. com. 1915. 302.*

2. Cautionnement. La caution doit être donnée à peine de nullité de la surenchère. • Toulouse, 13 oct. 1930 : *S. 1931. 2. 224 ; Gaz. Pal. 1930. 2. 577.* ♦ Le tribunal apprécie souverainement la solvabilité du créancier surenchérisseur et de la caution. • T. com. Marseille, 7 mars 1934 : *Rev. fonds com. 1936. 652.* ♦ La caution personnelle doit être désignée dans la notification même de la surenchère. • T. com. Seine, 22 mai 1928 : *Gaz. Pal. 1928. 2. 726.* ♦ Mais un délai a pu être accordé au créancier inscrit pour désigner la caution. • T. civ. Perpignan, 30 mars 1950 : *RTD com. 1950. 207, obs. Jauffret.*

3. Gestion intermédiaire. Il appartient à l'acquéreur surenchéri d'assurer une exploitation normale du fonds. • T. com. Seine, 24 août 1912 : *Journ. not. 1913. 124* • Paris, 28 nov. 1997 : *D. Affaires 1998. 138, obs. A.-L. M.-D. et P. P. ; RTD com. 1998. 325, obs. Derruppé.* ♦ Toutefois, dès lors qu'un administrateur a été désigné par le tribunal, le créancier surenchérisseur est tenu de fournir les sommes nécessaires à cette exploitation. • T. com. Nantes, 17 févr. 1912 : *Defrénois 1912. 457.*

4. Remboursement des frais. Il convient d'inclure dans la liste limitative des frais que le surenchérisseur adjudicataire d'un fonds de commerce doit rembourser à l'acquéreur dépossédé et donnée par l'art. 23 [C. com., art. L. 143-15], les frais d'acte de la vente initiale, V. • Com. 7 mars 2000, n° 97-21.128 P : *D. 2000. AJ 163, obs. Monéger-Dupuis ; RTD com. 2000. 332, obs. Derruppé ; JCP 2000. IV. 1741.* ♦ V. aussi : • Com. 25 févr. 2003, n° 00-17.601 P : *D. 2003. AJ 909, obs. Chevrier ; JCP E 2003, n° 20, p. 857, note Keita ; RTD com. 2004. 68, obs. Saintourens ; RJDA 2003, n° 712.*

5. Répétition des impenses. La règle de l'art. 2175 [2470] C. civ., suivant laquelle le tiers détenteur d'un immeuble hypothéqué peut répéter ses impenses à concurrence de la plus-value résultant de l'amélioration, s'applique à l'acquéreur d'un fonds de commerce surenchéri. Devenu tiers détenteur du fonds après validation de la surenchère, celui-ci est dès lors en droit d'exiger de l'adjudicataire la répétition de ses impenses. • Paris, 16 juin 1995 : *RJ com. 1996. 71, note Guével* • 28 nov. 1997 : *préc. note 3.* – V. déjà • Req., 23 mars 1925 : *Gaz. Pal. 1925, 1, 624 ; DH 1925. 285.* ♦ Ne donne pas de base légale à sa décision la cour d'appel qui, pour rejeter la demande de remboursement de l'arriéré de loyers et du dépôt de garantie que l'acquéreur surenchéri avait versé au bailleur, se borne à énoncer que ce paiement ne constitue pas une dépense nécessaire et utile à la conservation de la chose dans les termes de l'art. 1381 [ancien] C. civ. et n'entre pas dans les frais prévus par l'art. L. 143-15 C. com., sans rechercher si les dépenses litigieuses n'avaient pas eu pour but de conserver le bail indispensable à l'exploitation du fonds de commerce. • Com. 25 févr. 2003, n° 00-17.601 P : *préc. note 4.* ♦ Pour une référence à la fois à l'art. 1381 [ancien] C. civ. et à l'art. 2175 du même code, V. • Paris, 28 nov. 1997 : *préc. note 3.* ♦ Sur le régime des restitutions postérieur à l'Ord. n° 2016-131 du 10 févr. 2016, V. C. civ., art. 1352 s. – **C. civ.**

6. Purge. Si des offres réelles, suivies de consignation, de désintéresser tous les créanciers inscrits paralysent la surenchère, il en va différemment d'une simple offre de déposer des sommes suffisantes entre les mains d'un notaire. • Civ.

23 déc. 1924 : *DP 1926. 1. 188 ; Gaz. Pal. 1925. 1. 313.*

7. Liquidation judiciaire. V. note 15 ss. art. L. 642-19.

Art. L. 143-15-1 *(Ord. n° 2021-1192 du 15 sept. 2021, art. 27, en vigueur à une date qui sera fixée par décret et qui ne pourra être postérieure au 1er janv. 2023)* **L'ordre de préférence entre les créanciers inscrits sur le fonds de commerce et les créanciers inscrits sur un élément du fonds de commerce est déterminé par les dates auxquelles les titres respectifs ont été publiés.**

Les créanciers inscrits le même jour viennent en concurrence.

SECTION II DES FORMALITÉS D'INSCRIPTION ET DE RADIATION

Art. L. 143-16 L'inscription et la radiation *(Ord. n° 2021-1192 du 15 sept. 2021, art. 27, en vigueur à une date qui sera fixée par décret et qui ne pourra être postérieure au 1er janv. 2023)* **« des droits de préférence des créanciers inscrits** *[ancienne rédaction : du privilège du vendeur ou du créancier gagiste]* **» sont soumises à des formalités dont les modalités sont fixées par décret en Conseil d'État.** — *V., pour les formalités requises, art. R. 143-6 s.*

Art. L. 143-17 Outre les formalités d'inscription mentionnées à l'article L. 143-16, les ventes ou cessions de fonds de commerce comprenant des marques *(Ord. n° 2019-1169 du 13 nov. 2019, art. 13, en vigueur le 11 déc. 2019)* **« de produits ou de services », des dessins ou modèles industriels, ainsi que les nantissements de fonds qui comprennent des brevets d'invention ou licences, des marques ou des dessins et modèles, doivent être inscrits à l'Institut national de la propriété industrielle,** *(Abrogé par Ord. n° 2021-1192 du 15 sept. 2021, art. 27, à compter d'une date qui sera fixée par décret et qui ne pourra être postérieure au 1er janv. 2023)* ***« sur la production du certificat d'inscription délivré par le greffier du tribunal de commerce, dans la quinzaine qui suivra cette inscription, »*** **à peine** *(Ord. n° 2021-1192 du 15 sept. 2021, art. 27, en vigueur à une date qui sera fixée par décret et qui ne pourra être postérieure au 1er janv. 2023)* **« d'inopposabilité** *[ancienne rédaction : de nullité]* **» à l'égard des tiers, des ventes, cessions ou nantissements en ce qu'ils s'appliquent aux brevets d'invention et aux licences, aux marques** *(Ord. n° 2019-1169 du 13 nov. 2019, art. 13, en vigueur le 11 déc. 2019)* **« de produits ou de services », aux dessins et modèles industriels.**

Les brevets d'invention compris dans la cession d'un fonds de commerce restent soumis pour leur transmission aux règles édictées aux articles L. 613-8 et suivants du code de la propriété intellectuelle. — *[L. 17 mars 1909, art. 24, al. 3 et 4.]* — *V. art. R. 143-9 s.*

FORM. PR. COM. v^is *Réquisition d'inscription d'un nantissement à l'INPI ; Réquisition d'inscription du privilège du vendeur à l'INPI ; Avis à l'INPI d'un transfert de droit,* par PUECH.

Art. L. 143-18 Si le titre d'où résulte le privilège *(Ord. n° 2021-1192 du 15 sept. 2021, art. 27, en vigueur à une date qui sera fixée par décret et qui ne pourra être postérieure au 1er janv. 2023)* **« ou le nantissement » inscrit est à ordre, la négociation par voie d'endossement emporte la translation du privilège** *(Ord. n° 2021-1192 du 15 sept. 2021, art. 27, en vigueur à une date qui sera fixée par décret et qui ne pourra être postérieure au 1er janv. 2023)* **« ou du nantissement ».** — *[L. 17 mars 1909, art. 27.]*

Bénéfice de la sûreté réelle. L'endossement des billets de fonds emporte par lui-même, et en dehors de toute subrogation expresse, la transmission au porteur de la sûreté réelle qui en est l'accessoire. • Civ. 11 déc. 1940 : *DC 1943. 49, note Trasbot ; JCP 1941. II. 1667, note Demontès.* ♦ ... Dès lors que la souscription de ces billets a été prévue par l'acte de vente lui-même et n'en constitue ainsi qu'une modalité. • Civ. 19 févr. 1946 : *D. 1946. 184 ; JCP 1946. II. 3113, note Toujas.*

Art. L. 143-19 *(Abrogé par Ord. n° 2021-1192 du 15 sept. 2021, art. 27, à compter d'une date qui sera fixée par décret et qui ne pourra être postérieure au 1er janv. 2023)* ***« L'inscription conserve le privilège pendant dix années à compter du jour de sa date. Son effet cesse si elle n'a pas été renouvelée avant l'expiration de ce délai. »***

(Ord. n° 2021-1192 du 15 sept. 2021, art. 27, en vigueur à une date qui sera fixée par décret et qui ne pourra être postérieure au 1er janv. 2023) **« L'inscription** *[ancienne rédaction :*

Elle] » **garantit au même rang que le principal deux années d'intérêt.** – *[L. 17 mars 1909, art. 28.]*

FORM. PR. COM. v[is] *Bordereau de renouvellement d'inscription de nantissement de fonds de commerce ; Bordereau de renouvellement d'inscription du privilège du vendeur*, par PUECH.

BIBL. ▶ REZEK, *JCP N 2005, n° 6, p. 262* (privilège de vendeur ou de nantissement de fonds de commerce) ; *ibid. 2006, n° 39, p. 1716* (vingt raisons de réformer la vente des fonds de commerce).

1. *Renouvellement de l'inscription.* Si la production de l'effet légal du nantissement sur fonds de commerce, qui a lieu, en cas de cession amiable de celui-ci, à la date de la notification de l'offre de purge faite par l'acquéreur, ne dispense pas le créancier nanti de renouveler son inscription avant l'expiration du délai de 10 ans fixé à l'art. 28, al. 1er [C. com., art. L. 143-19], cette formalité n'est obligatoire, comme en matière d'hypothèque, que jusqu'à paiement du prix ou à sa consignation. • Com. 14 janv. 1997, n° 95-12.108 P : *D. 1997. 315, rapp. Rémery* ; *ibid. Somm. 213, obs. A. Honorat* ♦ Après avoir constaté que la banque avait fait connaître le montant de sa créance au notaire chargé d'établir l'acte de vente du fonds, l'arrêt relève que celle-ci a accepté un paiement partiel, sans que la procédure de purge des nantissements ait été engagée, et sans procéder à un renouvellement à due concurrence de sa créance impayée, renonçant ainsi à se prévaloir d'un droit de suite, bien que le nantissement n'ait pas produit son effet légal ; il en résulte que la banque ayant renoncé au bénéfice de son gage, et la subrogation aux privilèges du créancier ne pouvant plus, par ce fait, s'opérer en faveur des cautions, celles-ci doivent être déchargées de leurs obligations. • Com. 11 déc. 2007, n° 06-12.408 : *RJDA 2008, n° 453.*

2. *Intérêts garantis.* En application de l'art. L. 143-19, al. 2, la banque ne peut être payée par privilège que sur les intérêts de deux annuités, les autres intérêts n'étant pas garantis par l'inscription de nantissement, peu important que le bordereau de celle-ci mentionne une somme supérieure. • Orléans, 31 mai 2007 : *RTD com. 2008. 49, obs. Saintourens* ; *RJDA 2007, n° 1013.*

Art. L. 143-20 *(Abrogé par Ord. n° 2021-1192 du 15 sept. 2021, art. 27, à compter d'une date qui sera fixée par décret et qui ne pourra être postérieure au 1er janv. 2023)* ***Les inscriptions sont rayées, soit du consentement des parties intéressées et ayant capacité à cet effet, soit en vertu d'un jugement passé en force de chose jugée.***

A défaut de jugement, la radiation totale ou partielle ne peut être opérée par le greffier que sur le dépôt d'un acte authentique *(L. n° 2003-721 du 1er août 2003, art. 3)* ***« ou sous seing privé dûment enregistré » de consentement à la radiation donné par le créancier ou son cessionnaire régulièrement subrogé et justifiant de ses droits.***

La radiation totale ou partielle de l'inscription prise à l'Institut national de la propriété industrielle est opérée sur la production du certificat de radiation délivré par le greffier du tribunal de commerce. – *[L. 17 mars 1909, art. 29.]* – *V. art. R. 143-20.*

Les dispositions de l'art. L. 143-20, issues de la L. n° 2003-721 du 1er août 2003, sont applicables en Polynésie française, à Wallis-et-Futuna et en Nouvelle-Calédonie (L. préc., art. 58-I).

BIBL. ▶ Œuvre collective, *RJ com. 2003. 339, spéc. 349* (L. n° 2003-721 pour l'initiative économique). – SAINTOURENS, *RTD com. 2003. 694* (même thème).

1. *Radiation.* Pour une appréciation de l'absence de parallélisme des formes en ce qui concerne les formalités requises pour l'inscription d'un nantissement de fonds de commerce et celles requises en cas de radiation de ce nantissement, V. * Rép. min. n° 30831 : *JOAN Q, 27 sept. 1999, p. 5635.* ♦ Sur l'application de l'art. 29 [C. com., art. L. 143-20], V. aussi : * Rép. min. n° 63860 : *JOAN Q, 28 déc. 1992, p. 5864.*

2. *Subrogation.* L'art. 29 [C. com., art. L. 143-20] visant le créancier ou son cessionnaire régulièrement subrogé et justifiant de ses droits, il en résulte que seul le cessionnaire dont la subrogation a été régulièrement mentionnée en marge de l'inscription peut consentir la mainlevée. • Riom, 20 déc. 1935 : *DH 1936. 61.*

SECTION III DES INTERMÉDIAIRES ET DE LA RÉPARTITION DU PRIX

Art. L. 143-21 **Tout tiers détenteur du prix d'acquisition d'un fonds de commerce chez lequel domicile a été élu doit en faire la répartition dans** *(L. n° 2015-1786 du 29 déc. 2015, art. 97-II)* **« un délai de cent cinq jours à compter** *[ancienne rédaction : les cinq mois]* **» de la date de l'acte de vente.**

(L. n° 2015-1786 du 29 déc. 2015, art. 97-II) **« Toutefois, lorsque la déclaration mentionnée au premier alinéa du 3 et au 3 *bis* de l'article 201 du code général des impôts**

n'a pas été déposée dans le délai prévu aux mêmes 3 et 3 *bis*, le délai dans lequel la répartition des fonds doit être réalisée est prolongé de soixante jours. »

A l'expiration de *(L. n° 2015-1786 du 29 déc. 2015, art. 97-II)* **« ces délais », la partie la plus diligente peut se pourvoir en référé devant la juridiction compétente du lieu de l'élection du domicile, qui ordonne soit le dépôt à la Caisse des dépôts et consignations, soit la nomination d'un séquestre répartiteur.** – *[L. 29 juin 1935, art. 19.] – V. art. R. 143-23.*

Les dispositions issues de la L. n° 2012-387 du 22 mars 2012 s'appliquent aux cessions de fonds de commerce ayant fait l'objet d'un acte signé à compter de la publication de cette loi (L. préc., art. 3-V, JO 23 mars).

V. L. n° 70-9 du 2 janv. 1970 réglementant les conditions d'exercice des activités relatives à certaines opérations portant sur les immeubles et les fonds de commerce, et Décr. n° 72-678 du 20 juill. 1972 fixant les conditions d'application. – ***C. baux.***

BIBL. ▶ VAUVILLÉ, *JCP E 1996. I. 548* (distribution amiable de prix de cession ; régime antérieur au Décr. n° 96-740 du 14 août 1996). – RÉMERY, *D. 1997. Chron. 75* (procédure de distribution des deniers instaurée par le Décr. du 14 août 1996). – PUYGAUTHIER, *JCP E 1999, n° 4, p. 162* (même thème). – CRÔNE, *Defrénois 2004. 1198* (cas pratique). – SOUWEINE, *RTD com. 2004. 647* (séquestre du prix de vente à l'amiable d'un fonds de commerce et procédures de redressement ou de liquidation judiciaires). – REZEK, *JCP N 2006, n° 39, p. 1716* (vingt raisons de réformer la vente des fonds de commerce). – CHALVIGNAC, *JCP E 2008, n° 24, p. 24* (libérez le prix de vente du fonds de commerce !). – Inforeg, *Cah. dr. entr. 11-12/2009. 61* (l'ABC du séquestre dans la vente de fonds de commerce). – ALLAIN, *JCP E 2012, n° 1277* (durée de séquestre du prix de cession d'un fonds de commerce après la L. du 22 mars 2012). – REZEK, *JCP N 2012. Actu. 408* (L. n° 2012-387 du 22 mars 2012). – PROOST, *ibid. 519* (nouveautés dans la rédaction des ventes de fonds de commerce (*bis*) : commentaires complémentaires et avis divergents). – VAUVILLÉ, *Defrénois 2012. 399* (clarification du droit, amélioration des procédures et « trompe-l'œil »). – SAINTOURENS, *RTD com. 2012. 295* (augmentation du délai pour procéder à la répartition du prix de vente) ; *ibid. 2016. 43* (modifications apportées par la L. n° 2015-1786 du 29 déc. 2015).

1. *Juridiction compétente.* La répartition demandée provenant de la vente amiable consentie, en dehors de toute procédure d'exécution, d'un fonds de commerce, le juge de l'exécution, institué par la L. n° 91-650 du 9 juill. 1991 [codifiée au C. pr. exéc.], n'est pas compétent. • TGI Lyon, 9 nov. 1993 : *D. 1994. IR 16.* ♦ Sur la procédure à suivre, V. désormais art. 1281-1 s. C. pr. civ., rendus applicables par l'art. 19, al. 2, mod. ♦ Pour une décision rendue en application de ce nouveau texte, V. • T. com. Chambéry, réf., 20 sept. 1996 : *Procédures 1996, n° 331, note Croze* (compétence du président du tribunal de commerce en référé pour désigner une personne chargée de la distribution du prix de vente).

2. *Séquestre du prix.* Le prix de vente, qui a été remis au séquestre conventionnel, n'entre pas dans le patrimoine de la société débitrice, le séquestre étant investi d'un *mandat irrévocable d'effectuer les paiements*. • Com. 7 janv. 2003, n° 00-11.820 : *JCP N 2003, n° 47, p. 1696, obs. Vauvillé.* ♦ Le prix de vente d'un fonds de commerce remis par l'acquéreur à un séquestre n'entre pas dans le patrimoine du cédant, ce dont il résulte qu'en cas de mise en liquidation judiciaire de ce dernier, la distribution de ce prix n'est pas soumise aux règles de la procédure collective. • Com. 3 mai 2006, n° 04-18.662 : *JCP N 2007, n° 42, p. 28, obs. Vauvillé ; RJDA 2006, n° 1217.* ♦ La procédure de distribution du prix de cession d'un fonds de commerce, objet, avant le jugement d'ouverture de la procédure collective du vendeur, d'un séquestre conventionnel en cours à la date de ce jugement, constitue une procédure de distribution du prix de vente d'un meuble ne faisant pas suite à une procédure d'exécution ayant produit un effet attributif avant le jugement d'ouverture. • Com. 22 mars 2011, n° 09-17.258 : *RTD com. 2011. 725, obs. Saintourens ; BRDA 2011, n° 9, p. 6.* ♦ A commis une faute le notaire qui a remis au cédant le prix de vente séquestré d'un fonds de commerce sans s'être assuré du sort des inscriptions grevant le fonds. • Montpellier, 18 avr. 2006 : *JCP N 2007, n° 45, p. 28, obs. Rezek.* ♦ Jugeant que, faute d'avoir répondu aux conclusions par lesquelles une banque, dont le prêt était garanti par un nantissement inscrit sur le fonds de commerce, soutenait que le séquestre avait, en s'abstenant de l'informer de la cession du fonds et de l'appeler à la répartition du prix, commis des fautes engageant sa responsabilité délictuelle à son égard, une cour d'appel a méconnu les exigences de l'art. 455 NCPC [renommé C. pr. civ.]. • Com. 28 avr. 2004, n° 01-12.079 P : *préc. note 3 ss. art. L. 143-12.*

3. *Distribution mobilière.* La procédure de distribution du prix de cession d'un fonds de commerce ayant fait l'objet, avant le jugement d'ouverture, d'un séquestre conventionnel en cours à la date de ce jugement, constitue une procédure de distribution du prix de vente d'un meuble ne faisant pas suite à une procédure d'exécution ayant produit un effet attributif avant le jugement d'ouverture au sens des dispositions de l'art. R. 622-19 C. com. • Com. 8 juin 2010, n° 09-68.591 P : *cité note 1 ss. art. R. 622-19.* – V. aussi : • Com. 17 sept. 2013, n° 12-15.281 : *RTD com. 2013. 688, obs. Saintourens* ; *BJE 2014. 25, note Camensuli-Feuillard.* ♦ Comp., note 2. ♦ La distribution du prix de vente d'un fonds de commerce séquestré avant le jugement d'ouverture constitue bien une procédure de distribution mobilière au sens des nouvelles dispositions de l'art. R. 622-19 C. com. sans qu'il y ait lieu de faire une distinction entre séquestre conventionnel ou judiciaire, et notamment entre la procédure amiable de distribution et celle confiée au séquestre répartiteur désigné judiciairement dans les conditions prévues à l'art. L. 143-21 du même code à défaut de répartition effective dans les trois mois [désormais cinq mois] de l'acte de vente. • TGI Paris, 18 juin 2008 : *D. 2008. 1823, et les obs.* ; *RJDA 2008, n° 1152* (conf. par • Paris, 2 juin 2009 : *D. 2009. AJ 1691, et les obs.*). ♦ En effet, vouloir limiter la portée des nouvelles dispositions de l'art. R. 622-19 aux seules procédures de distribution mobilière organisées par un séquestre désigné judiciairement dans les conditions de l'art. L. 143-21, qui renvoie aux dispositions des art. 1281-2 s. C. pr. civ. reviendrait à faire coexister deux régimes distincts applicables au prix de vente du fonds de commerce séquestré avant le jugement d'ouverture, dont l'un seulement échapperait à la procédure collective. • Même décision.

Art. L. 143-22 Lorsque la confiscation d'un fonds de commerce est prononcée par une juridiction répressive en application des articles 225-16, 225-19 et 225-22 du code pénal et 706-39 du code de procédure pénale, l'État doit procéder à la mise en vente du fonds confisqué selon les formes prévues par le présent titre dans un délai d'un an, sauf prorogation exceptionnelle de ce délai par ordonnance du président du *(Ord. n° 2019-964 du 18 sept. 2019, art. 35, en vigueur le 1er janv. 2020)* « tribunal judiciaire *[ancienne rédaction : tribunal de grande instance]* ». Il n'est tenu à l'égard des créanciers qu'à concurrence du prix de vente de ce fonds.

Cette mise en vente doit être réalisée sous forme d'une annonce légale faite quarante-cinq jours au moins avant la vente, que celle-ci ait lieu par adjudication ou sous forme amiable.

Les sûretés inscrites après la date de la mention de l'engagement des poursuites pour l'une des infractions visées au premier alinéa sont nulles de plein droit sauf décision contraire du tribunal.

L'autorité administrative peut, à tout moment, demander la fixation du loyer à un taux correspondant à la valeur locative des locaux.

Lorsque le propriétaire du fonds confisqué est en même temps propriétaire des locaux dans lesquels le fonds est exploité, il doit être établi un bail dont les conditions sont fixées, à défaut d'accord amiable, par le président du *(Ord. n° 2019-964 du 18 sept. 2019, art. 35, en vigueur le 1er janv. 2020)* « tribunal judiciaire *[ancienne rédaction : tribunal de grande instance]* », qui statue dans les formes prévues pour les baux d'immeubles ou de locaux à usage commercial, industriel ou artisanal. – *[L. 17 mars 1909, art. 34.]*

Art. L. 143-23 Un décret en Conseil d'État détermine les mesures d'exécution des chapitres Ier et II ci-dessus et du présent chapitre, notamment les émoluments à allouer aux greffiers des tribunaux de commerce, les conditions dans lesquelles sont effectuées, à l'Institut national de la propriété industrielle, les inscriptions, radiations et délivrances d'états ou certificats négatifs concernant les ventes, cessions ou nantissements des fonds de commerce qui comprennent des brevets d'invention ou licences, des marques *(Ord. n° 2019-1169 du 13 nov. 2019, art. 13, en vigueur le 11 déc. 2019)* « de produits ou de services », des dessins et modèles industriels. – *V. art. R. 143-1 s.*

Il détermine, en outre, les droits à percevoir par le Conservatoire des arts et métiers, pour le service de l'Institut national de la propriété industrielle, sur les inscriptions et mentions d'antériorité, de subrogation et de radiation, les états d'inscriptions ou certificats qu'il n'en existe aucune. – *[L. 17 mars 1909, art. 37.]*

Ordonnance n° 45-2339 du 13 octobre 1945, *relative aux spectacles.* **Art. 3** Les baux d'immeubles à usage de spectacles, les locations, sous-locations et cessions de fonds de commerce d'entreprises de spectacles conclus postérieurement à la publication de la présente ordonnance doivent, à peine de nullité, être autorisés par le ministre *(L. n° 99-198 du 18 mars 1999)* « chargé de la culture ».

La nullité est constatée à la requête du ministère public, des parties, de l'une d'elles ou de tout tiers intéressé.

Code civil

RÉP. COM. v° *Fonds de commerce*, par DERRUPPÉ et DE RAVEL D'ESCLAPON.

Art. 1202 *(Ord. n° 2016-131 du 10 févr. 2016, art. 2, en vigueur le 1er oct. 2016)* Est nulle toute contre-lettre ayant pour objet une augmentation du prix stipulé dans le traité de cession d'un office ministériel.

Est également nul tout contrat ayant pour but de dissimuler une partie du prix, lorsqu'elle porte sur une vente d'immeubles, une cession de fonds de commerce ou de clientèle, une cession d'un droit à un bail, ou le bénéfice d'une promesse de bail portant sur tout ou partie d'un immeuble et tout ou partie de la soulte d'un échange ou d'un partage comprenant des biens immeubles, un fonds de commerce ou une clientèle.

Les contrats conclus avant le 1er oct. 2016 demeurent soumis à la loi ancienne, y compris pour leurs effets légaux et pour les dispositions d'ordre public. Lorsqu'une instance a été introduite avant l'entrée en vigueur de l'Ord. n° 2016-131 du 10 févr. 2016, l'action est poursuivie et jugée conformément à la loi ancienne. Cette loi s'applique également en appel et en cassation (Ord. préc., art. 9).

....

Art. 1589-2 *(Ord. n° 2005-1512 du 7 déc. 2005, art. 24-I)* Est nulle et de nul effet toute promesse unilatérale de vente afférente à un immeuble, à un droit immobilier, à un fonds de commerce, à un droit à un bail portant sur tout ou partie d'un immeuble ou aux titres des sociétés visées aux articles 728 et 1655 *ter* du code général des impôts, si elle n'est pas constatée par un acte authentique ou par un acte sous seing privé enregistré dans le délai de dix jours à compter de la date de son acceptation par le bénéficiaire. Il en est de même de toute cession portant sur lesdites promesses qui n'a pas fait l'objet d'un acte authentique ou d'un acte sous seing privé enregistré dans les dix jours de sa date. — *Anc. art. 1840 A CGI (Ord. n° 2005-1512 du 7 déc. 2005, art. 20-II).*

Sur la vente des fonds de commerce appartenant à des mineurs ou à des majeurs sous tutelle, V. C. pr. civ., art. 1271 s. — ***C. pr. civ.***

Sur le consentement nécessaire du conjoint pour aliéner ou grever de droits réels un fonds de commerce, V. C. civ., art. 1424, al. 1er. — ***C. civ.*** *; ... des éléments de celui-ci, V. art. L. 121-5.*

BIBL. ▶ SUQUET, *JCP N 2006, n° 15-16, p. 743* (faut-il encore enregistrer les promesses unilatérales de vente d'immeubles et de fonds de commerce ?).

Promesse unilatérale de vente. Viole les art. 1103 [1106] C. civ. et 1840 A CGI une cour d'appel qui déclare une promesse unilatérale de vente nulle faute d'enregistrement tout en relevant qu'elle est contenue dans un accord constituant une transaction entre les parties. • Civ. 3e, 26 mars 2003, n° 01-02.410 P : *D. 2003. 2197, note Lipinski ; JCP E 2004, n° 18, p. 724, note Schmidt-Szalewski ; LPA 3 déc. 2003, note Dagorne-Labbe ; Gaz. Pal. 2004. 408, note Bletterie ; RJDA 2003, n° 820* • Cass., ass. plén., 24 févr. 2006, n° 04-20.525 P : *ibid. 2076, note Jamin ; RTD civ. 2006. 301, obs. Mestre et Fages ; JCP 2006. II. 10065, avis Cédras ; RJDA 2006, n° 1003 ; Gaz. Pal. 2006. 1886, note Deharo.* — V. aussi Chassagnard-Pinet, *D. 2006. 2057* (perte d'autonomie de la promesse de vente insérée dans une transaction). ♦ L'offre de vente faite à un acquéreur sans lui réserver un droit d'option ne saurait être qualifiée de promesse unilatérale de vente. • Civ. 3e, 5 déc. 2007, n° 06-20.009 : *AJDI 2008. 324 ; RJDA 2008, n° 502.* ♦ Jugeant que le fait que le jour même un notaire ait dressé un acte contenant dépôt de la promesse, auquel celle-ci était annexée, et constatant sa remise au bénéficiaire, ne confère pas audit dépôt le caractère authentique dispensant la promesse d'un enregistrement dans le délai de dix jours : • Paris, 10 mai 2007 : *Gaz. Pal. 2007. 4278, et les obs.* ♦ Sur l'enregistrement tardif d'une promesse unilatérale de vente et la responsabilité du notaire, V. • Civ. 1re, 30 oct. 2008, n° 07-14.842 : *AJDI 2009. 378, obs. Thioye .* ♦ Ce texte [CGI, art. 1840 A], d'interprétation stricte, ne s'applique pas aux avant-contrats qui n'obligent pas le propriétaire du bien ou des droits concernés. • Versailles, 6 févr. 2004 : *JCP 2004. IV. 2403.* ♦ L'art. 1840 A CGI, devenu l'art. 1589-2 C. civ., n'est pas applicable en Polynésie française. • Civ. 3e, 6 déc. 2006, n° 05-17.418 P : *D. 2007. AJ 153 ; JCP 2007. IV. 1065 ; RJDA 2007, n° 468.*

CHAPITRE IV DE LA LOCATION-GÉRANCE

RÉP. COM. v° *Location-gérance de fonds de commerce,* par KENFACK.

BIBL. GÉN. ▶ HOUIN, *RTD com. 1956. 197.* – MAUS, *D. 1956. Chron. 69.* – MAUS et LIDSKY, *D. 1957. 269 ; ALD 1957. 1.* – BÉRAUD, *Ann. loyers 1979, n° 3-4.* – COHEN, *JCP 1953. I. 1127.* – DERRIDA, *JCP E 1959. 65816.* – ESMEIN, *Gaz. Pal. 1953. 2. Doctr. 60.* – GUYÉNOT, *Rev. huiss. 1977. 21.* – TEILLIAIS, *ibid. 1997. 1407.* – BONIFACE, *JCP N 1995. Prat. 3322* (location-gérance d'un fonds appartenant à un mineur). – RAFFRAY, *JCP N 1997. Prat. 3979* (bon usage de la location-gérance). – TROUSSET, *JCP E 1999, n° 44-45, p. 1760* (la location gérance : une solution pour anticiper les effets d'une fusion en cours de réalisation). – SALVADOR, *JCP N 2000, n° 45, p. 1617* (cession d'entreprise et absence de surface financière du repreneur). – GOUYET, *JCP E 2000, n° 51-52, p. 2034* (la location-gérance : un mode de gestion fiscale à part entière ?). – VALDÈS, *Administrer 11/2003. 20* (la mise en location-gérance du fonds de commerce de l'administrateur de biens). – BILLON-GRAND et HERRNBERGER, *JCP N 2005, n° 40, p. 1635* (mise en location-gérance : questionnaire préalable – fiche pratique). – CASTAGNÉ, *ibid. 2006, n° 14, p. 725* (les clauses essentielles du contrat de location-gérance). – Inforeg, *Cah dr. entr. 2007, n° 5, p. 59* (location-gérance ou gérance-mandat, que choisir ?). – CEVAËR et PERROT, *JCP N 2011, n° 1181* (la location-gérance : un outil de financement à sécuriser). – RAKOTOVAHINY, *RLDA avr. 2012. 65* (la location-gérance d'un fonds à l'épreuve des procédures collectives). – FÉLIZOT et KABLA, *Gaz. Pal. 23 févr. 2016, p. 61* (risques encourus par le loueur d'un fonds mis en location-gérance). – DE MONTIS, *Journ. sociétés 9/2017. 51* (la location-gérance : une solution pour bien transmettre).

Art. L. 144-1 Nonobstant toute clause contraire, tout contrat ou convention par lequel le propriétaire ou l'exploitant d'un fonds de commerce ou d'un établissement artisanal en concède totalement ou partiellement la location à un gérant qui l'exploite à ses risques et périls est régi par les dispositions du présent chapitre. – *[L. n° 56-277 du 20 mars 1956, art. 1er.] – V. art. D. 144-2 s.*

Sur le prêt inter-entreprises dans le cadre de la location-gérance, V. C. mon. fin., art. L. 511-6 et R. 511-2-1-1 à R. 511-2-1-3. – ***C. mon. fin.***

I. QUALIFICATION

1. Définition légale. Nonobstant toute clause contraire, tout contrat ou convention par lequel le propriétaire ou l'exploitant d'un fonds de commerce ou d'un établissement artisanal en concède totalement ou partiellement la location à un gérant qui l'exploite à ses risques et périls est régi par les dispositions du code de commerce relatives à la location-gérance. • Civ. 3e, 7 déc. 2010, n° 09-71.489 : *Gaz. Pal. 2011. 964, obs. Barbier ; RJDA 2011, n° 288 ; RJ com. 2011. 165, obs. Gourdon ; Loyers et copr. 2011, n° 49, obs. Brault.* ♦ Un contrat doit être qualifié de location-gérance s'il correspond à la définition légale, même s'il est qualifié différemment par les parties. • Paris, 31 mars 1994 : *D. 1994. IR 122 ; RTD com. 1994. 475, obs. Derruppé ; JCP E 1995 I. 439, n° 3, obs. Raynard.*

2. Nature juridique. La location-gérance a la nature d'une location d'un meuble incorporel. • Com. 9 mars 1953 : *D. 1953. 324.* ♦ V. aussi • Com. 16 févr. 1993, n° 91-13.277 P : *cité note 1 ss. art. L. 144-11.* ♦ Sur les droits d'un usufruitier, V. note 1 ss. art. L. 144-3.

3. Caractère civil ou commercial. Le locataire-gérant étant nécessairement commerçant, le contrat présente pour lui un caractère commercial. • Colmar, 16 janv. 1937 : *Gaz. Pal. 1937. 1. 693* • T. com. Tours, 28 nov. 1952 : *RTD com. 1953. 388, obs. Jauffret.* – Comp. : art. L. 144-2. ♦ Lorsque le loueur exploitait le fonds antérieurement, le contrat est commercial à son égard. • Paris, 13 mars 1953 : *Gaz. Pal. 1953. 1. 265.* ♦ Sur la compétence du tribunal de commerce, V. • Civ. 14 nov. 1923 : *S. 1925. 1. 49* • T. com. Aix-en-Provence, 13 déc. 1954 : *D. 1956. Somm. 6 ; RTD com. 1955. 538, obs. Jauffret.* ♦ Si le loueur n'a jamais exercé d'activité commerciale, l'opération présente à son égard un caractère civil. • Bordeaux, 10 mai 1966 : *D. 1966. 422.* ♦ V. aussi, en ce sens que l'acte de donner son fonds de commerce en location-gérance n'entraîne pas la qualité de commerçant pour le loueur, • Com. 20 févr. 1996, n° 93-20.866 P : *RTD com. 1996. 443, obs. Derruppé ; Defrénois 1996. 653, obs. J. Honorat.* ♦ Sur le crédit-bail, V. note 12.

A. CRITÈRES DE LA LOCATION-GÉRANCE

4. Mise à disposition d'un fonds de commerce. **BIBL.** Raffray, *JCP N 1986. I. 9831* (crédit-bail). – Viatte, *Rev. loyers 1969. 204.* – Béraud, *Ann. loyers 1952. 522.* – Cohen, *JCP 1955. I. 1222.* – V. aussi notes 1 s. ss. art. L. 141-5 et notes ss. art. L. 144-3. ♦ La location-gérance suppose que le loueur procure au locataire la jouissance d'un fonds de commerce, lequel peut comprendre le droit au bail du local d'exploitation. • Com. 30 juin 1970, n° 69-12.074 P. ♦ Le statut spécial des baux commerciaux est en conséquence inapplicable. • Com. 16 juill. 1980, n° 78-16.022 P. – V. aussi • Com. 29 avr. 1997, n° 94-19.825 : *RTD com. 1997. 630, obs. Derruppé*. ♦ Il en irait autrement au cas de fictivité de la location d'un prétendu fonds de commerce en l'absence de clientèle. • Com. 9 mars 1953 : *préc. note 2* • Douai, 28 mai 1954 : *D. 1955. Somm. 11.* ♦ Sur l'inexploitation des lieux caractérisant une sous-location prohibée qualifiée de location-gérance, V. • Paris, 24 mars 2004 : *AJDI 2004. 723*. – Comp. • Paris, 30 sept. 2004 : *BRDA 2004, n° 23, p. 11 ; Administrer 12/2004. 48, obs. Boccara et Lipman-Boccara.* ♦ La demande de requalification d'un contrat de location-gérance en contrat de bail doit être rejetée dès lors qu'il est constaté qu'entre la cessation de l'exploitation du fonds de commerce par son propriétaire et sa mise en location-gérance il ne s'était pas écoulé un temps suffisamment long pour entraîner la perte du fonds. • Civ. 3e, 10 nov. 2009, n° 08-70.110 : *RTD com. 2010. 273, obs. Saintourens ; RJDA 2010, n° 145.* ♦ La cessation temporaire d'activité n'implique pas en elle-même la disparition de la clientèle ; l'interruption temporaire d'exploitation à la suite du décès de l'exploitant n'a pas affecté l'achalandage attaché au fonds en raison de l'activité exercée, concernant en quasi-totalité la clientèle de passage, et, tout comme l'achalandage, la clientèle du fonds n'a pas davantage pâti de l'interruption de l'exploitation, s'étant naturellement reconstituée dès la réouverture du fonds au public. Dès lors, la cour d'appel, qui a ainsi caractérisé l'existence d'une clientèle actuelle et certaine et non future ou potentielle, en a déduit, à bon droit, que le fonds de commerce litigieux n'avait pas disparu à la date de la conclusion du contrat de location-gérance. • Civ. 3e, 15 sept. 2010, n° 09-68.521 P : *RTD com. 2011. 311, obs. Saintourens ; AJDI 2011. 287, note Rouquet ; JCP E 2010, n° 2065, note Brault ; RJDA 2011, n° 15* • Com. 29 janv. 2013, n° 11-28.690 : *RTD com. 2013. 225, obs. Saintourens ; RJDA 2013, n° 475 ; LPA 8 nov. 2013, note Paulet.* ♦ V. aussi, note 7 ss. art. L. 144-9. ♦ Mais dès lors qu'il est constaté que le locataire-gérant vendait une toute autre sorte de produit sous une autre enseigne et n'exploitait donc pas la clientèle qui était personnellement attachée au propriétaire du fonds et que seul le droit au bail avait été mis à sa disposition, le contrat devait être requalifié en sous-location. • Civ. 3e, 20 mai 2014, n° 13-12.116 : *Loyers et copr. 2014, n° 244, obs. Brault.* ♦ Le gardien d'un refuge fournissant aux usagers des prestations de nourriture et de repas dans le cadre de l'obligation de faire subordonnée à un mandat de gestion confié par une association de ski alpin, celle-ci peut légitimement s'opposer à la mise en location-gérance de cette activité d'alimentation dans la mesure où il n'existe pas une clientèle indépendante attachée à un fonds de commerce que le gardien aurait créé. • Civ. 3e, 9 juill. 2008, n° 07-15.534 P : *D. 2008. AJ 2074 ; RTD com. 2009. 279, obs. Saintourens ; JCP E 2008, n° 38, p. 26 ; LPA 18 déc. 2008, note Denizot ; RJDA 2008, n° 1012 ; Loyers et copr. 2008, n° 220, obs. Chavance.* – V. aussi, requalifiant le contrat, pour une activité de restauration à l'intérieur d'un camping : • Com. 10 févr. 2021, n° 19-12.690 : *RJDA 2021, n° 562.*

5. *Preuve de l'existence du fonds.* La charge de la preuve de l'existence du fonds de commerce au moment de la signature d'un contrat de location-gérance incombe au loueur. • Com. 27 oct. 2009, n° 08-17.318 : *D. actu. 17 nov. 2009, obs. Chevrier.* ♦ La validité d'un contrat de location-gérance s'apprécie à la date de sa signature et c'est à cette date qu'il importe de se placer pour déterminer si le fonds de commerce avait, ou non, une clientèle. • Même arrêt.

6. *Redevance.* La Cour de cassation avait considéré que l'existence d'une redevance à la charge du gérant était une condition essentielle de la location-gérance. • Com. 11 mai 1971, n° 70-10.012 P • Civ. 3e, 28 mars 1973, n° 72-11.493 P. ♦ Comp., désormais : • Com. 23 mars 1999, n° 97-15.000 P : *D. 2000. Somm. 19, obs. Reygrobellet ; LPA 27 avr. 1999, note P. M. ; CCC 1999, n° 88, obs. Leveneur ; JCP E 1999, n° 39, p. 1541, obs. Leveneur ; RTD com. 1999. 633, obs. Derruppé.* ♦ Sur l'obligation de payer la redevance, V. aussi note 22. ♦ Sur l'interprétation par le juge d'une clause prévoyant l'indexation de la redevance jugée ambiguë, V. • Civ. 3e, 1er juin 2011, n° 10-19.036 : *cité note 21.*

7. *Location-gérance partielle.* La location-gérance d'un fonds de commerce peut n'être que partielle. • Paris, 31 mars 1994 : *préc. note 1.* ♦ Le contrat de stand par lequel une société exploitant un supermarché autorise une autre société à ouvrir et tenir un rayon boucherie à l'intérieur de son commerce général d'alimentation n'est ni une location d'espace, ni un mandat, mais une location-gérance d'une fraction du fonds de commerce. • Même arrêt.

B. OPÉRATIONS DISTINCTES

8. *Location-gérance et sous-location.* BIBL. Barbier, *Administrer 4/2013. 41* (clauses interdisant la location-gérance). ♦ La mise en location-gérance ne constitue pas une sous-location. • Com. 23 mai 1995, n° 93-13.120 P : *RTD com. 1995. 752*. ♦ ... La jouissance des lieux n'étant que la conséquence accessoire et nécessaire de la location-gérance. • Civ. 3e, 9 juill. 2003, n° 02-11.141 P : *D. 2003. AJ 2013, obs. Rouquet ; JCP E 2003, n° 39, p. 1510 ; RJDA 2003, n° 925 ; LPA 24 mai 2004, obs. Teilliais* • 19 mars 2008, n° 07-11.805 P : *D. 2008. AJ 1056, obs. Rouquet ; AJDI 2008. 581, obs. Dumont-Lefrand ; JCP E 2009, n° 3, p. 21, obs. Kenfack ; Gaz. Pal. 2008. 2530, obs. Brault ; RJDA 2008, n° 614.* ♦ Dès lors, le propriétaire bailleur du local où est exploité le fonds ne pouvait opposer au locataire la clause du bail lui imposant une « occupation » personnelle des lieux pour s'opposer à la location-gérance. • Civ. 3e, 14 nov. 2002, n° 01-12.455 : *RJDA 2003, n° 115. – Contra :* • Paris, 14 déc. 2005 : *Loyers et copr. 2006, n° 131, obs. Pereira-Osouf.* ♦ V. une solution différente lorsque l'obligation pesant sur le locataire est celle d'« exploiter » personnellement les lieux loués : • Civ. 3e, 14 nov. 1996, n° 94-20.529 : *D. Affaires 1997. 74 ; RTD com. 1997. 227* • Paris, 5 avr. 2007 : *AJDI 2007. 840*. ♦ ... Ou « de ne pas se substituer quelque personne que ce soit ni prêter les lieux, même temporairement, à des tiers ». • Civ. 3e, 22 janv. 2003, n° 01-14.655 : *RJDA 2003, n° 367.* – Rappr. • Civ. 3e, 6 nov. 2001, n° 00-12.850 : *Defrénois 2003. 706, obs. J. Honorat.* ♦ ... Ou lui interdit de « concéder la jouissance des lieux loués à qui que ce soit et sous quelque forme que ce soit, même temporairement à titre gratuit ou précaire ». • Paris, 12 oct. 2005 : *AJDI 2006. 195, obs. Denizot ; RJDA 2006, n° 510* (cassé par : • Civ. 3e, 23 janv. 2007, n° 06-10.191 : *Gaz. Pal. 2007. 1893, obs. Barbier ; Loyers et copr. 2007, n° 79, obs. Pereira-Osouf*). ♦ Les art. 1732 et 1733 C. civ., relatifs à la responsabilité du preneur en cas d'incendie, ne sont pas applicables à la location-gérance. • Com. 16 juill. 1980, n° 78-16.022 P • 21 avr. 1992, n° 90-17.202 P : *D. 1992. IR 189 ; JCP 1993. II. 22101, note Dubaele.* – Dans le même sens, V. • Civ. 3e, 13 oct. 1999, n° 97-16.614 : *JCP E 2000, n° 18-19, p. 758, note Leveneur ; RTD com. 2000. 592, obs. Derruppé.* ♦ V. aussi note 9 ss. art. L. 144-9. ♦ Comp., déclarant l'art. 684 C. pr. civ. [ancien], relatif au sort des baux en cas de saisie immobilière (V. depuis l'Ord. n° 2006-461 du 21 avr. 2006, C. civ., art. 2199), applicable à la location-gérance : • Civ. 2e, 5 juin 1996, n° 94-13.549 P : *D. Affaires 1996. 865 ; RTD com. 1996. 655, obs. Derruppé.*

9. Qualification de sous-location. Constituent une sous-location : la convention par laquelle le fonds est mis en gérance libre avec droit au bail, qui impose au sous-locataire le paiement direct du loyer au propriétaire indépendamment du prix de gérance et lui impose de satisfaire à toutes les charges, clauses et obligations du bail. • Com. 2 juin 1958 : *Bull. civ. III, n° 219 ; JCP 1958. II. 11501, note Cohen* • Paris, 14 mars 1991 : *D. 1992. Somm. 367, obs. Rozès ; RTD com. 1991. 380, obs. crit. Derruppé.* ♦ ... Le prétendu contrat de location-gérance, lorsque le gérant exerce dans les lieux une activité plus étendue que celle que prévoyait le bail, sous son enseigne propre, et sans faire usage du nom commercial du fonds prétendument cédé. • Civ. 3e, 1er juill. 1975, n° 74-11.702 P • 26 juin 2007, n° 04-10.295 : *AJDI 2007. 925 ; JCP E 2007, n° 40, p. 18, note Brault ; LPA 20 févr. 2008, note Terryn ; RJDA 2007, n° 1066.* ♦ ... Y compris lorsque le bail est à destination de « tous commerces ». • Paris, 21 mars 2007 : *AJDI 2007. 839* • Bastia, 1er juin 2011 : *AJDI 2012. 114*. ♦ ... La convention par laquelle le propriétaire d'un fonds de commerce se réserve toute l'exploitation prévue à son propre bail. • Civ. 3e, 26 nov. 1997, n° 95-20.558 P : *JCP E 1998, n° 4, p. 98.* ♦ Sur la distinction entre la location-gérance et la sous-location, V. aussi • Civ. 3e, 4 nov. 1998, n° 96-21.969 : *JCP E 1999, n° 47, p. 1862, obs. Monéger* • Pau, 28 févr. 2008 : *RTD com. 2008. 499, obs. Saintourens*.

10. Bail commercial. Sur la distinction entre location-gérance et bail commercial, V. • Civ. 3e, 30 janv. 2002, n° 00-17.342 P : *RTD com. 2002. 266, obs. Saintourens* • Com. 26 janv. 1993, n° 91-16.417 : *RJDA 1993, n° 498 ; RTD com. 1994. 40, obs. Derruppé* • 13 févr. 2007, n° 05-10.221 : *RJDA 2007, n° 607* • 17 mars 2015, n° 09-15.433 : *AJDI 2015. 605, obs. Hallard ; Loyers et copr. 2015, n° 119, obs. Chavance.* ♦ En ne se prononçant pas sur l'existence d'éléments comptables et en retenant que la spécificité des lieux ne permet pas de faire ressortir une clientèle personnelle, sans autre précision, alors que le propriétaire générait en 1996/1997 un chiffre d'affaires, la décision du premier juge ayant fait droit à la demande d'application du statut des baux commerciaux, au visa de l'art. L. 144-1, ne peut qu'être infirmée. • Montpellier, 26 janv. 2011 : *AJDI 2011. 292*.

11. Location-vente. Sur la distinction entre location-gérance et location-vente, V. • Rouen, 22 nov. 1968 : *D. 1969. 67 ; RD 1980. 22, obs. Lancereau.*

12. Opérations de crédit-bail. BIBL. Guingand, *Banque 1986. 566.* – Derruppé, *RTD com. 1986. 230.* – Daublon, *Defrénois 1986. 625.* – Raffray, *JCP N 1986. I. 9831.* – Zénati, *RTD com. 1986. 540.* ♦ V. C. mon. fin., art. L. 313-7, App., v° *Banque et financement de l'entreprise.*

13. Apport en jouissance. Viole les art. 1832 et 1843-3 C. civ. l'arrêt qui retient que l'apport en jouissance d'un fonds de commerce s'analyse en un bail de ce fonds. • Com. 3 déc. 1991, n° 88-16.695 P : *Rev. sociétés 1992. 52 ; Dr. sociétés 1992, n° 22, obs. Bonneau ; RTD com. 1992. 382, obs. Champaud et Danet*.

14. Convention d'occupation précaire. Sur la question de savoir si la location d'un local commercial à usage de pizzeria doit s'analyser en une convention d'occupation précaire ou en une location-gérance déguisée d'un fonds de commerce, V. • Civ. 3e, 3 juin 2004, n° 02-11.894 : *Rev. loyers 2004. 604.*

15. Cessation d'activité. La loi de 1956 ne saurait être invoquée au cas de cessation d'activité. • Com. 23 févr. 1988, n° 86-10.489 P. ♦ ... Ou d'immoralité de l'exploitation. • Crim. 13 oct. 1965 : *JCP 1966. II. 14470, concl. Combaldieu.* ♦ ... Ou encore, s'agissant de la concession d'emplacement sur un marché. • Com. 3 févr. 1970 : *D. 1970. 626.* ♦ Après avoir constaté que la cession consentie en 1958 avait fait l'objet d'une facture qui ne mentionnait que les éléments corporels du fonds de commerce et sans s'expliquer, comme elle y était invitée, sur le fait que le bail renouvelé en 1964, qui portait sur la clientèle et le nom commercial, avait nécessairement pour objet le fonds de commerce lui-même, lequel n'avait donc pas été cédé en 1958, la cour d'appel n'a pas donné de base légale à sa décision au regard des art. L. 141-5 et L. 144-1. • Com. 4 déc. 2007, n° 06-21.683. ♦ La mise en location-gérance d'un fonds de commerce ne peut caractériser une cessation d'activité rendant exigible le pas-de-porte que si la locataire des locaux commerciaux ne continue pas d'exploiter ces locaux en qualité de gérante de la société locataire du fonds. • Civ. 3e, 1er juin 2011, n° 10-14.338 : *AJDI 2011. 624* ; *RJDA 2012, n° 12.*

II. RÉGIME

16. Délivrance du fonds de commerce. Sur l'obligation de délivrance du loueur dans un cas de location-gérance d'un fonds de commerce comprenant une licence de débit de boissons périmée pour laquelle le locataire ne pouvait espérer une régularisation rapide, V. • Com. 30 juin 1998, n° 96-15.199 : *RJDA 1998, n° 1214.* ♦ Sur la délivrance d'un fonds de commerce déclaré postérieurement inexploitable en raison de sa non-conformité aux normes de sécurité, V. • Com. 17 déc. 2002, n° 00-17.134 : *RJDA 2003, n° 587.* ♦ Sur la délivrance d'un fonds de commerce inexploitable puisque ne disposant pas des autorisations indispensables à l'exercice de l'activité de casse automobile, V. • Com. 27 oct. 2009, n° 08-17.305. ♦ Jugeant que le bailleur ne peut pas, par le biais d'une clause relative à l'exécution de travaux rendus nécessaires dans les lieux loués ou dans l'immeuble dont ils dépendent, s'affranchir de son obligation de délivrance : • Civ. 3e, 1er juin 2005, n° 04-12.200 P : *AJDI 2005. 650, obs. Rouquet* ; *RTD civ. 2005. 779, obs. Mestre et Fages* ; *JCP E 2005, n° 30, p. 1284* ; *RJDA 2005, n° 1071.* ♦ Un locataire-gérant est fondé à suspendre le paiement des redevances dès lors qu'il a été dans l'obligation de cesser toute exploitation du fait de l'inertie que lui opposait la loueuse en s'abstenant de répondre aux demandes qu'il lui avait adressées en vue d'obtenir le remboursement du coût élevé des travaux qu'il avait dû effectuer dans les locaux en ses lieu et place. • Civ. 3e, 11 janv. 2006, n° 04-30.240 P : *D. 2006. AJ 443, obs. Chevrier* ; *RTD com. 2006. 566, obs. Saintourens* ; *JCP E 2006, n° 6-7, p. 292* ; *RJDA 2006, n° 404.* – V. aussi • Paris, 14 nov. 2005 : *AJDI 2006. 282* .

17. Statut des baux commerciaux. La location-gérance est autorisée sauf disposition contraire dans le contrat de location. Tel n'est pas le cas de la clause stipulant que le preneur ne peut se substituer quelque personne que ce soit ni prêter les lieux même temporairement à des tiers figurant dans un art. consacré à « l'occupation et à la jouissance » et au sein d'un alinéa relatif à la cession et à la sous-location qui vise uniquement les locaux et non l'exploitation du fonds de commerce. • Versailles, 24 juin 2004 : *Gaz. Pal. 2005. Somm. 1310, obs. Brault.* ♦ Sur l'exercice d'une activité non comprise dans la destination contractuelle du bail commercial et l'éventuelle faute du locataire-gérant en résultant, V. • Civ. 3e, 10 déc. 2008, n° 07-19.174 : *Loyers et copr. 2009, n° 41, obs. E. C.* ♦ Sur la non-immatriculation du loueur au RCS et le bénéfice du statut des baux commerciaux, V. art. L. 145-1-II. – V. Derruppé, *RTD com. 1985. 295.*

18. Gérants de station-service. BIBL. Mousseron et Fabre, *Cah. dr. entr. 1978, n° 2.* – Schaeffer, *JCP 1972. I. 2503.* ♦ La loi du 21 mars 1941 [C. trav., art. L. 7321-1 s.] n'ayant pas été modifiée par la loi du 20 mars 1956 le locataire-gérant de station-service n'est pas exclu du bénéfice de la législation du travail. • Soc. 18 déc. 1975, n° 74-12.549 P : *D. 1976. 399, note Jeammaud* • 14 oct. 1976, n° 75-11.848 P : *D. 1977. 356, note Jeammaud* • 24 févr. 1977, n° 75-14.476 P : *D. 1978. 75, note Guyénot* • 13 janv. 1972, n° 70-13.211 P : *D. 1972. Somm. 124* ; *JCP 1972. II. 17240 bis, note Schaeffer* • 27 févr. 1973, n° 71-10.653 P : *D. 1974. 283, note Derruppé.* ♦ Comp., pour l'application à un contrat de bière : • Soc. 19 déc. 1978, n° 77-40.243 P. ♦ Dès lors qu'il est établi que les cogérants d'une station-service en location-gérance ont dissimulé la marque initiale et se sont approvisionnés en carburant à d'autres sources, ils se sont résolument placés hors du champ contractuel et se sont purement et simplement appropriés le fonds de commerce de la société. • Com. 8 févr. 2005, n° 02-18.017 : *BJS 2005. 855, note Lafortune.* ♦ Sur la compétence du tribunal de commerce lorsque le litige concerne exclusivement les modalités d'exploitation, V. • Paris, 11 juill. 1975 : *JCP 1976. IV. 120* ; *RTD com. 1975. 803, obs. Jauffret.* ♦ ... Et pour la validité d'une clause attributive de compétence, V. • Paris, 14 juin 1982 : *JCP 1983. II. 19924 et 19925, concl. Connen.* ♦ Est, en revanche, un salarié le locataire-gérant incapable de pratiquer une réelle politique personnelle des prix. • Soc. 17 janv. 1979, n° 77-40.365 P.

19. TVA. BIBL. Puyraveau, *RJ com. 1979. 201.* ♦ En l'absence de tout texte impératif imposant la charge de la TVA à l'une des parties, la taxe peut être mise d'un commun accord à la charge du locataire-gérant. • Com. 25 oct. 1976 : *D. 1977. IR 22.*

20. Taxe professionnelle. Pour l'application de l'art. 1447 CGI, le propriétaire d'un fonds de commerce qui, après l'avoir exploité personnellement, le donne en location-gérance, doit être regardé, compte tenu de la nature de ce contrat, comme poursuivant, selon des modalités différentes, son activité professionnelle antérieure. • CE 9 mars 2016, n° 374893 : *JCP E 2016, n° 1648, note Fouquet.* ♦ Sur les clauses de répartition entre les parties, V. • Com. 8 déc. 1992, n° 90-20.656 P : *Defrénois 1993. 504, obs. Sénéchal.*

21. Taxes foncières. La clause qui met à la charge du locataire « les impôts, contributions, taxes et autres charges auxquels est assujetti le fonds de commerce » ne permet pas au loueur, locataire des locaux dans lesquels le fonds est exploité, de réclamer au locataire le remboursement des taxes foncières dans la mesure où l'impôt foncier est payé par le propriétaire de l'immeuble indépendamment de l'existence ou non d'un fonds. • Civ. 3e, 1er juin 2011, n° 10-19.036 : *RJDA 2012, n° 283.*

22. Résiliation. Le seul fait que le loueur n'ait pas mis en œuvre la clause résolutoire stipulée au contrat n'est de nature ni à faire peser sur lui l'imputabilité de la résiliation ni à libérer le locataire-gérant de son obligation de s'acquitter des redevances échues antérieurement. • Com. 25 janv. 2005, n° 02-19.401 : *JCP E 2005, n° 8, p. 304.*

23. Saisie conservatoire. Les mesures et saisies conservatoires opérées au seul fondement d'un contrat de location-gérance de fonds de commerce et sans autorisation judiciaire sont nulles et de nul effet pour être exécutées sans droit ni titre. • Paris, 23 févr. 2006 : *Dr. et pr. 2006. 225, note Bourdillat.*

24. Liquidation judiciaire. V. art. L. 642-13 s.

Décret n° 2010-720 du 28 juin 2010, *relatif à l'exercice du monopole de la vente au détail des tabacs manufacturés.* **Art. 4** Ne peut exercer en qualité de débitant de tabac, dans le cadre du contrat mentionné à l'article 2 *[contrat de gérance conclu avec l'administration des douanes et des droits indirects]*, que l'exploitant individuel ou la société en nom collectif qui réunit les conditions suivantes :

1° Disposer d'un local commercial adéquat situé au lieu d'implantation retenu par le *(Décr. n° 2016-935 du 7 juill. 2016, art. 17)* « directeur interrégional » des douanes et droits indirects après avis des organisations représentant dans le département concerné la profession des débitants de tabac ;

2° Avoir la pleine et entière propriété du fonds de commerce associé au débit de tabac.

Toutefois, dans les communes rurales au sens des dispositions du code général des collectivités territoriales relatives à la dotation globale d'équipement des départements et ne comptant aucun autre débit de tabac, il peut être dérogé à la condition de pleine et entière propriété du fonds de commerce en cas :

a) De contrat de location-gérance conclu dans les conditions prévues aux articles L. 144-1 et suivants du code de commerce avec une commune ou un groupement de communes ou, en zone de revitalisation rurale au sens de l'article 1465 A du code général des impôts, avec une personne privée ;

b) D'exploitation du fonds dans le cadre d'un contrat de franchise au sens de l'article L. 330-3 du code de commerce.

Art. L. 144-2 **Le locataire-gérant a la qualité de commerçant. Il est soumis à toutes les obligations qui en découlent.**

Lorsque le fonds est un établissement artisanal, le locataire-gérant est immatriculé *(Ord. n° 2021-1189 du 15 sept. 2021, art. 7, en vigueur le 1er janv. 2023)* **« en tant qu'entreprise du secteur des métiers et de l'artisanat au registre national des entreprises** *[ancienne rédaction : au répertoire des métiers]* **» et est soumis à toutes les obligations qui en découlent.** — *[L. n° 56-277 du 20 mars 1956, art. 2.]*

1. Fonctionnaire. Si la qualité de fonctionnaire est incompatible avec celle de commerçant, cette incompatibilité ne peut être invoquée par un fonctionnaire qui a pris un fonds de commerce en location-gérance pour se soustraire à ses obligations contractuelles. • Com. 30 janv. 1996, n° 94-10.233 P : *D. 1996. IR 58 ; Dr. sociétés 1996, n° 70, note Bonneau.* ♦ V. note 3 ss. art. L. 144-1.

2. Taxi. Sur l'exploitation d'un véhicule de taxi en location-gérance, V. * Rép. min. n° 120793 : *JOAN Q, 15 mai 2007, p. 4623 ; JCP E 2007, n° 47, p. 23,* obs. Azarian et Saintourens.

Art. L. 144-3 *(Abrogé par L. n° 2019-744 du 19 juill. 2019, art. 2)* ***Les personnes physiques ou morales qui concèdent une location-gérance doivent*** *(Abrogé par Ord. n° 2004-274 du 25 mars 2004, art. 10-I)* ***« avoir été commerçants ou avoir été immatriculés au répertoire des métiers pendant sept années ou avoir exercé pendant une durée équivalente les fonctions***

de gérant ou de directeur commercial ou technique et » avoir exploité pendant deux années au moins le fonds ou l'établissement artisanal mis en gérance.

(Abrogé par Ord. n° 2004-274 du 25 mars 2004, art. 10-I) ***« Toutefois, ne peuvent consentir une location-gérance les personnes visées par l'article 1er de la loi n° 47-1635 du 30 août 1947*** *[C. com., art. L. 128-1].* ***»*** *— [L. n° 56-277 du 20 mars 1956, art. 4.]*

BIBL. ▶ Allix et Lefebvre, *BJS 1999. 235* (location-gérance et opérations de fusion-acquisition). – Leloup, *RJ com. 2001. 298* (faut-il supprimer les conditions de mise en location-gérance d'un fonds de commerce ?). ▶ Ord. n° 2004-274 du 25 mars 2004 : Saintourens, *RTD com. 2004. 245*. – Reygrobellet, *D. 2005. 220*. ▶ L. n° 2019-744 du 19 juill. 2019 : Brignon, *JCP E 2019, n° 1435* (le nouveau visage de la location-gérance). – Saintourens, *RTD com. 2019. 606* (la vente et la location-gérance de fonds de commerce après la loi de simplification du 19 juill. 2019). – Quiquerez, *RLDA mai 2020. 33* (impact de la loi Soilihi sur les contrats portant sur les fonds de commerce).

1. Capacité. Il résulte de l'art. 595 C. civ. que l'usufruitier peut, sans le concours du nu-propriétaire, donner à bail un fonds de commerce dès lors que l'art. 815-3 C. civ., qui exige le consentement de tous les indivisaires, n'est pas applicable à leurs relations. • Civ. 1re, 25 nov. 1986, n° 85-10.548 P : *D. 1987. 141, note Morin ; RTD com. 1987. 194, obs. Derruppé ; JCP 1987. II. 20866, note Cohen.*

2. Conjoint travaillant dans l'entreprise. V. art. L. 121-5. ♦ Sur le conjoint survivant, V. note 4 ss. art. L. 144-5.

3. Qualité de commerçant ou assimilé – Condition des sept ans (jurispr. antérieure à l'Ord. du 25 mars 2004). Le contrat de location-gérance tacitement reconduit le 2 nov. 2004 constituant un nouveau contrat, l'art. 10-1 de l'Ord. du 25 mars 2004 qui a supprimé la condition des sept ans lui était applicable. • Com. 19 janv. 2010, n° 09-11.153 : *D. actu. 1er févr. 2010, obs. Chevrier ; RJDA 2010, n° 620.* ♦ Une association de la loi de 1901 qui n'a pas la qualité de commerçant ne peut donner un bar-restaurant en location-gérance. • Com. 19 janv. 1988, n° 85-18.443 P : *D. 1988. IR 36 ; RTD com. 1988. 420, obs. Derruppé ; Rev. sociétés 1988. 565, note Castro ; JCP 1989. I. 3385, note Brichet.* ♦ La veuve de l'exploitant, alors même qu'elle a participé à l'exploitation du fonds, mais qui n'en a pas assumé la direction ne remplit pas les conditions légales. • Com. 13 nov. 1963, n° 61-11.290 P : *JCP 1964. II. 13801, note Castro ; RTD com. 1964. 753, obs. Jauffret.* – Comp. : • Nancy, 6 nov. 1959 : *D. 1959. 607.*

4. Exploitation personnelle. – Condition des deux ans (jurispr. antérieure à la L. du 19 juill. 2019). Il n'est pas nécessaire que le délai soit acquis pour l'ensemble des activités, l'élément essentiel étant l'ouverture du fonds pendant deux ans. • TGI Laval, 21 févr. 1989 : *RTD com. 1989. 647, obs. Derruppé.* ♦ Si le propriétaire d'un fonds de commerce ne peut donner celui-ci en location-gérance sans l'avoir préalablement exploité au moins pendant deux ans, il n'est pas nécessaire que cette période précède immédiatement le contrat par lequel est concédé le fonds. • Com. 7 févr. 1995, n° 92-15.258 P : *D. 1995. 489, note Coutant* • Paris, 6 oct. 2009 : *AJDI 2010. 218*. ♦ La circonstance que l'épouse, qui avait signé seule le contrat de mise en location-gérance, ait aidé occasionnellement son mari à tenir le fonds de commerce ne peut suffire à établir qu'elle a exploité personnellement ce fonds pendant au moins deux années. • Versailles, 29 nov. 2001 : *RTD com. 2002. 653, obs. Saintourens*. ♦ Sur la validité d'un contrat de location-gérance conclu sous la condition suspensive de l'obtention par la société d'une autorisation judiciaire la dispensant de la condition d'exploitation personnelle du fonds de commerce pendant au moins deux ans préalablement à sa mise en gérance, V. • Com. 23 janv. 2019, n° 17-24.051 : *JCP E 2019, n° 1435, note Brignon ; RJDA 2019, n° 333.*

5. Acquéreur d'un fonds antérieurement donné en location-gérance. L'acquéreur du fonds antérieurement donné en location-gérance doit remplir les conditions légales en sa personne dès lors qu'il a fait l'acquisition en vue d'une location-gérance ou à des fins spéculatives. • Com. 25 juin 1974, n° 72-12.518 P. ♦ L'acquéreur d'un fonds de commerce donné en location-gérance, contre lequel la preuve d'aucune fraude ni intention spéculative n'est établie, et alors que l'acquisition est liée à son activité professionnelle, doit être dispensé des conditions d'exploitation personnelle prévues à l'art. 4 [C. com., art. L. 144-3]. • Limoges, 13 mai 1985 : *JCP 1986. II. 20578, note Raffray ; RTD com. 1985. 508, obs. Derruppé.* – V. aussi • TGI Guéret, 22 févr. 1989 : *RTD com. 1989. 647, obs. Derruppé.*

6. Sous-location du fonds par un locataire-gérant. Dans cette hypothèse, la condition d'exploitation du fonds pendant deux années au moins doit s'apprécier en la personne du premier locataire-gérant, et non en celle du propriétaire du fonds. • Com. 18 oct. 1994, n° 92-20.721 P : *D. 1995. 231, note Coutant ; CCC 1995, n° 26, obs. Leveneur.*

7. Fonds de commerce commun. Lorsque la location-gérance est consentie par deux époux sur un fonds commun, les conditions légales peuvent être réunies en la personne d'un seul. • Nancy, 6 nov. 1959 : *préc. note 3.* ♦ *Contra,* pour des coïndivisaires : • Montpellier, 2 mai

1973 : *JCP E 1974. I. 3476.* ♦ V. aussi, jugeant que la réunion des conditions légales doit s'apprécier en la personne des copropriétaires loueurs du fonds, et prononçant la nullité du contrat de location-gérance consenti par deux copropriétaires dont l'un n'avait pas exploité le fonds, • Paris, 9 nov. 2001 : *RJDA 2002, n° 251.*

8. Activité exercée à l'étranger. V., estimant une dispense judiciaire nécessaire : * Rép. min. 9 juin 1980 : *JOAN Q, 9 juin 1980, p. 2358 ; RTD com. 1980. 762, obs. crit. Derruppé.*

9. Fonds de commerce transféré. Le preneur qui a personnellement exploité un fonds de commerce pendant les délais visés par la loi avant de le transférer dans un nouveau local pris à bail, sans que ce transfert ait pour effet de créer une nouvelle clientèle, compte tenu de la proximité des deux établissements, dispose de la possibilité de le mettre en location-gérance dans les nouveaux locaux dès lors qu'il n'y a pas création d'un fonds nouveau mais simple transfert. • Civ. 3e, 15 juin 1994, n° 92-12.942 P : *Defrénois 1994. 1225, obs. Le Cannu ; RJDA 1994, n° 1018.*

10. Charge de la preuve. Il appartient au loueur de justifier qu'il répond aux conditions requises par l'art. 4 [C. com., art. L. 144-3] lors de la conclusion du contrat de location-gérance. • Com. 18 avr. 2000, n° 98-12.286 P : *D. 2000. AJ 255, obs. Monéger-Dupuis ; JCP E 2000, n° 47, p. 1864, note Leveneur.*

11. Nullité. Le contrat de location-gérance conclu en violation des conditions exigées du loueur, qui n'ont pas pour finalité la protection des intérêts particuliers des parties, est atteint d'une nullité absolue, faisant échec à l'art. 1304 [ancien] C. civ. • Com. 4 oct. 2005, n° 03-13.407 : *CCC 2006, n° 22, obs. Leveneur.* ♦ La nullité du contrat, faute de remplir les conditions de l'art. 4 [C. com., art. L. 144-3], est d'ordre public et peut être invoquée par tout intéressé, même par celui qui l'a provoquée par son mensonge ou sa réticence. • Com. 4 févr. 1975, n° 73-13.617 P : *D. 1975. IR 83* • 22 juin 1976, n° 75-11.706 P : *D. 1976. Somm. 76.* – Comp. : • Paris, 31 mars 1994 : *D. 1994. IR 122.* ♦ *Contra*, s'agissant du loueur : • T. com. Grenoble, 14 mars 1960 : *D. 1960. 363 ; RTD com. 1960. 553, obs. Jauffret.* ♦ Le loueur doit alors rembourser au locataire-gérant toutes les sommes qu'il a reçues en exécution du contrat sans que puisse lui être allouée une indemnité d'occupation. • Orléans, 14 juin 2007 : *RJDA 2008, n° 645.* ♦ Sur la question de la rétroactivité de l'autorisation, V. note 2 ss. art. L. 144-10. ♦ Sur les droits des tiers, V. art. L. 144-10. ♦ Sur le régime de la nullité issu de l'Ord. n° 2016-131 du 10 févr. 2016, V. C. civ., art. 1178 s. – C. civ.

12. Liquidation judiciaire. V. art. L. 642-13 s.

Art. L. 144-4 *(Abrogé par L. n° 2019-744 du 19 juill. 2019, art. 2)* ***Le délai prévu par l'article L. 144-3 peut être supprimé ou réduit par ordonnance du président du tribunal de grande instance rendue sur simple requête de l'intéressé, le ministère public entendu, notamment lorsque celui-ci justifie qu'il est dans l'impossibilité d'exploiter son fonds personnellement ou par l'intermédiaire de préposés.*** — *[L. n° 56-277 du 20 mars 1956, art. 5.]*

FORM. PR. COM. v° *Requête en réduction de délai d'exploitation en vue d'obtenir la réduction du délai pour concéder une location-gérance de fonds de commerce,* par PUECH.

1. Délais visés. Bien que la loi ne le précise pas, le juge est compétent pour réduire ou supprimer l'un ou l'autre des délais visés à l'art. 4 [C. com., art. L. 144-3]. • Civ. 3e, 9 avr. 1970, n° 68-10.884 P : *JCP 1970. II. 16477.* – *Contra* : • Paris, 18 mars 1961 : *D. 1961. 399.*

2. Justifications. Les exemples de justification n'étant pas limitatifs, ont pu être pris en considération, sous le régime du décret de 1953 [abrogé] ou de la loi : la maladie du commerçant. • T. civ. Fontainebleau, 31 mars 1954 : *D. 1954. 414* • T. civ. Douai, 30 nov. 1954 : *JCP 1955. II. 8630* • Grenoble, 17 mars 1965 : *D. 1965. 419 ; JCP 1965. II. 14199, note Givord.* ♦ ... L'impossibilité de vendre ou de trouver un gérant salarié. • T. civ. Cahors, 18 sept. 1954 : *D. 1955. Somm. 18* • T. civ. Rouen, 30 mars 1954 : *D. 1954. 285.*

3. Pouvoirs du juge. Les juges du fond sont souverains pour apprécier si les faits justifient une dérogation aux conditions de délai prévues par l'art. 4 [C. com., art. L. 144-3]. • Com. 11 avr. 1970 : *D. 1970. 627.* ♦ La dérogation accordée par le juge peut n'être que temporaire, compte tenu de la situation. • T. civ. Toulouse, 22 févr. 1954 : *JCP 1954. II. 8019, note Madray.* ♦ Après avoir constaté que la dispense de la condition d'exploitation exigée par l'art. L. 144-3 avait été accordée à la société, qui s'était prévalue de l'état de santé de sa gérante, pour « cette location-gérance », et relevé que cette dispense qui avait été ainsi donnée en considération d'éléments factuels rendant alors impossible l'exploitation personnelle du fonds, n'était pas définitive de sorte qu'il appartenait à la société d'en réitérer la demande avant la conclusion de chaque contrat de location-gérance, la cour d'appel a pu en déduire qu'en l'absence de dispense obtenue pour le contrat en cours, celui-ci était nul. • Com. 13 sept. 2017, n° 16-15.049 P : *D. 2017. Chron. C. cass. 2328, obs. Le Bras ; RTD com. 2017. 825, obs. Saintourens ; JCP N 2018, n° 1103, note Puygauthier ; RJDA 2018, n° 21.*

4. Nullité. Sur la question de la rétroactivité de l'autorisation, V. note 2 ss. art. L. 144-10. ♦ Le contrat de location-gérance conclu au mépris des termes de l'autorisation judiciaire est nul.

• Com. 11 avr. 1970, n° 69-10.418 P : *D. 1970. 627.* ♦ En cas de fraude commise par le loueur, celui-ci ne peut, toutefois, invoquer la nullité pour se soustraire à son obligation de payer le passif du gérant. • Com. 26 juin 1973, n° 71-12.655 P. ♦ V. art. L. 144-10 et note 2 ss. cet art.

Art. L. 144-5 *(Abrogé par L. n° 2019-744 du 19 juill. 2019, art. 2) (Abrogé par Ord. n° 2004-274 du 25 mars 2004, art. 10-II)* ***« I. — » L'article L. 144-3 n'est pas applicable :***

1° A l'État ;

2° Aux collectivités territoriales ;

3° Aux établissements de crédit *(Ord. n° 2013-544 du 27 juin 2013, art. 7, en vigueur le 1er janv. 2014)* ***« et aux sociétés de financement » ;***

4° Aux majeurs faisant l'objet d'une mesure de protection légale ou aux personnes *(L. n° 2011-803 du 5 juill. 2011, art. 1er-III, en vigueur le 1er août 2011)* ***« faisant l'objet de soins psychiatriques » en raison de troubles mentaux dans les conditions fixées par les articles L. 3211-2 et L. 3212-1 à L. 3212-12 du code de la santé publique, en ce qui concerne le fonds dont ils étaient propriétaires avant la mesure de protection légale ou avant la survenance de l'hospitalisation ;***

5° Aux héritiers ou légataires d'un commerçant ou d'un artisan décédé, ainsi qu'aux bénéficiaires d'un partage d'ascendant, en ce qui concerne le fonds recueilli ;

6° A *(L. n° 2019-753 du 22 juill. 2019, art. 14, en vigueur au plus tard le 1er janv. 2020)* ***« l'Agence nationale de la cohésion des territoires*** *[ancienne rédaction : l'établissement public créé par l'article L. 325-1 du code de l'urbanisme]* ***» ;***

(Ord. n° 2004-274 du 25 mars 2004, art. 10-II) ***« 7° Au conjoint attributaire du fonds de commerce ou du fonds artisanal à la suite de la dissolution du régime matrimonial, lorsque ce conjoint a participé à son exploitation pendant au moins deux ans avant la dissolution du régime matrimonial ou son partage [;] »***

(Abrogé par Ord. n° 2004-274 du 25 mars 2004, art. 10-II) ***« II. — Le premier alinéa de l'article L. 144-3 n'est pas applicable : »***

(Ord. n° 2004-274 du 25 mars 2004, art. 10-II) ***« 8° » Au loueur de fonds de commerce, lorsque la location-gérance a pour objet principal d'assurer, sous contrat d'exclusivité, l'écoulement au détail des produits fabriqués ou distribués par lui-même ;***

(Ord. n° 2004-274 du 25 mars 2004, art. 10-II) ***« 9° » Aux loueurs de fonds de commerce de cinéma, théâtres et music-halls ;***

(L. n° 2014-1104 du 1er oct. 2014, art. 5-II) ***« 10° Aux titulaires d'une autorisation de stationnement mentionnée à l'article L. 3121-1 du code des transports*** *[taxis]* ***en vue d'assurer l'exploitation de cette autorisation conformément à l'article L. 3121-1-2 du même code. »*** *— [L. n° 56-277 du 20 mars 1956, art. 6.]*

La conclusion d'un contrat de location-gérance sur un fonds de commerce doit être regardée comme un acte de disposition du patrimoine des personnes placées en curatelle ou en tutelle (Décr. n° 2008-1484 du 22 déc. 2008, annexe I, JO 31 déc.). — **C. civ.**

BIBL. ▶ REYGROBELLET, *D. 2005. 220* (Ord. n° 2004-274 du 25 mars 2004).

1. Stations-service. Sur l'existence d'une clientèle nécessaire et préalable à l'exploitation d'un fonds lors de l'installation du premier gérant à l'ouverture d'une station-service, V. • Com. 27 févr. 1973, n° 71-10.653 P : *D. 1974. 283, note Derruppé ; JCP 1973. II. 17403, note A. S. – Comp. :* • Com. 1er févr. 1984, n° 82-13.151 P : *D. 1984. IR 299.* ♦ Le contrat de location-gérance conclu pour la vente de lubrifiants et autres ne peut être annulé pour non-respect de la condition d'exploitation personnelle par le loueur pendant deux ans dans la mesure où le contrat a pour objet principal d'assurer sous contrat d'exclusivité l'écoulement au détail des produits du loueur. • T. com. Paris, 26 oct. 1992 : *JCP 1993. IV. 360.*

2. Production de programmes audiovisuels. Un fonds de commerce portant sur la production et la diffusion sur tous supports, et par le biais d'abonnements à des chaînes thématiques, de programmes audiovisuels, n'entre pas dans le champ de l'exception de l'art. 6 [C. com., art. L. 144-5]. • Versailles, 3 mai 2001 : *Gaz. Pal. 30-31 janv. 2002, p. 10.*

3. Obligation précontractuelle d'information. V. notes ss. art. L. 330-3.

4. Héritier. Le conjoint survivant ayant la qualité d'héritier, il peut donner le fonds de commerce légué sans remplir les conditions prévues à l'art. L. 144-3, al. 1er, dans sa rédaction applicable à la cause. • Com. 11 déc. 2007, n° 05-19.145 P : *D. 2008. AJ 159, obs. Chevrier ; RTD com. 2008. 500, obs. Saintourens ; JCP E 2008, n° 16, p. 22, note Mairot ; RJDA 2008, n° 265.*

Art. L. 144-6 **Au moment de la location-gérance, les dettes du loueur du fonds afférentes à l'exploitation du fonds peuvent être déclarées immédiatement exigibles par le tribunal de commerce de la situation du fonds, s'il estime que la location-gérance met en péril leur recouvrement.**

L'action doit être introduite, à peine de forclusion, dans le délai de trois mois à dater de la publication du contrat de gérance *(L. n° 2019-486 du 22 mai 2019, art. 3-II)* **« sur un support » habilité à recevoir les annonces légales.** — *[L. n° 56-277 du 20 mars 1956, art. 7.]*

1. Exigibilité immédiate. BIBL. Houin, *RTD com. 1954. 21* (location-gérance et communauté d'exploitation). ♦ Il appartient aux créanciers du loueur dont les créances sont afférentes à l'exploitation de demander au tribunal de commerce de prononcer leur exigibilité immédiate s'il estime que la location-gérance met en péril leur recouvrement. • Com. 26 nov. 1979, n° 78-12.207 P : *RTD com. 1980. 76, obs. Derruppé.* ♦ Sur les clauses de déchéance conventionnelle du terme, V. • Paris, 24 avr. 1928 : *Gaz. Pal. 1928. 2. 398.*

2. Absence de novation. L'art. 7 [C. com., art. L. 144-6] n'impliquant pas une novation par changement de débiteur, le fournisseur créancier du loueur est en droit de poursuivre le recouvrement de sa créance contre le propriétaire, en l'absence de preuve d'une volonté contraire. • Com. 26 nov. 1979, n° 78-12.207 P : *D. 1980. IR 175.*

3. Universalité. Sauf clause expresse de l'acte de location-gérance, le locataire-gérant, qui n'est pas l'ayant cause à titre universel du propriétaire du fonds, n'est pas tenu des obligations personnelles de ce dernier. • Com. 9 déc. 2008, n° 06-14.414 P : *D. 2009. AJ 95, obs. Chevrier ; RTD com. 2009. 280, obs. Saintourens ; JCP E 2009, n° 5, p. 30 ; CCC 2009, n° 70, obs. Leveneur ; RJDA 2009, n° 211.*

Art. L. 144-7 **Jusqu'à la publication du contrat de location-gérance** *(Abrogé par L. n° 2016-1691 du 9 déc. 2016, art. 144-I)* ***« et pendant un délai de six mois à compter de cette publication »*****, le loueur du fonds est solidairement responsable avec le locataire-gérant des dettes contractées par celui-ci à l'occasion de l'exploitation du fonds.** — *[L. n° 56-277 du 20 mars 1956, art. 8.]*

1. Codification. L'abrogation d'une loi à la suite de sa codification à droit constant ne modifie ni la teneur des dispositions transférées ni leur portée. Dès lors, l'action en paiement d'une dette contractée par le locataire-gérant à l'occasion de l'exploitation de son fonds, à l'encontre du loueur, se trouve désormais soumise à l'art. L. 144-7, peu important que le créancier ait dans ses conclusions invoqué l'art. 8 de la loi du 20 mars 1956. • Com. 4 avr. 2006, n° 05-10.403 P : *D. 2006. AJ 1455, obs. Chevrier ; RTD com. 2007. 324, obs. Saintourens ; JCP E 2006, n° 19, p. 865 ; RJDA 2006, n° 1017.*

2. Affectation des dettes : dettes nécessaires à l'exploitation du fonds. L'art. 8 [C. com., art. L. 144-7] est d'interprétation stricte. • Com. 8 janv. 1980, n° 78-13.674 P : *JCP 1980. II. 19358, note A. S. ; RTD com. 1980. 318, obs. Derruppé* • Paris, 15 oct. 2009 : *RJDA 2010, n° 500.* ♦ Les juges doivent relever le lien entre la conclusion du prêt et l'exploitation du fonds et le fait que la dette résulte de cette dernière exploitation. • Com. 19 févr. 1979, n° 77-15.475 P : *D. 1979. IR 187* • 24 juin 1986, n° 84-17.281 P : *RTD com. 1987. 41, obs. Derruppé.* ♦ Pour l'application de l'art. 8 [C. com., art. L. 144-7], il suffit que les dettes impayées aient été nécessaires à l'exploitation du fonds donné en location-gérance. • Com. 4 mai 1999, n° 97-14.031 P : *D. 2000. 135, note Langlès ; D. Affaires 1999. 893, obs. A.-L. M.-D. ; RTD com. 1999. 635, obs. Derruppé.* ♦ Dès lors, ne tire pas les conséquences légales de ses constatations et viole ce texte l'arrêt qui, pour rejeter une demande en paiement de cotisations de retraite complémentaire des salariés, retient que l'art. 8 [C. com., art. L. 144-7] ne vise que les dettes contractuelles et que tel n'est pas le cas d'une cotisation sociale qui résulte de la loi. • Même arrêt (cassant, • Basse-Terre, 13 janv. 1997 : *Gaz. Pal. 1997. 2. Somm. 406, obs. Vray).* ♦ Un prêt destiné à payer les marchandises garnissant le fonds constitue une dette visée à l'art. 8 [C. com., art. L. 144-7]. • Com. 8 févr. 1972, n° 70-13.611 P. – Comp. : • Com. 19 janv. 1981, n° 79-14.485 P : *JCP 1981. IV. 117.* ♦ Sur une simulation, V. • Civ. 3e, 14 mars 1968, n° 65-11.693 P.

3. Dettes exclues : dettes étrangères à l'exploitation du fonds. Le loueur n'est pas responsable des obligations relatives à une activité étrangère à l'exploitation du fonds. • Com. 6 juin 1972, n° 71-11.674 P : *D. 1972. 580 ; JCP 1973. II. 17332, note A. S. ; RTD com. 1973. 73, obs. Jauffret.* – Comp. : • Civ. 3e, 3 juill. 1968, n° 66-10.640 P. ♦ ... De dettes telles que des cotisations de retraite vieillesse qui sont strictement personnelles au commerçant. • Com. 6 juin 1972, n° 71-11.674 P : *préc.* ♦ Comp., pour des cotisations de retraite complémentaire des salariés, • Com. 4 mai 1999, n° 97-14.031 P : *préc. note 2.* ♦ ... D'un prêt contracté par le locataire-gérant afin de verser le cautionnement réclamé par le loueur. • Com. 6 juin 1972, ♔ n° 71-11.674 P : *préc.* ♦ ... Des fournitures destinées à l'aménagement d'un hôtel-restaurant-bar, alors que la location portait sur un café-restaurant. • Com. 16 janv. 1985, ♔ n° 83-13.852 P. ♦ Comp., pour une dette relative à l'extension du fonds non nécessaire à l'exploitation : • Com. 24 juin 1986, ♔ n° 84-17.281 P : *préc. note 2.* ♦ Ayant relevé que le créancier du locataire-gérant d'un fonds de commerce avait traité avec celui-ci avant qu'il n'acquière cette qualité, un tribunal a, par ce seul motif, légalement justifié sa décision rejetant la demande en paiement solidaire de la somme due formée par le créancier à l'encontre du loueur du fonds. • Com. 26 mai 1992, ♔ n° 89-18.926 P. ♦ *Contra*, jugeant que les dettes relatives à l'exploitation du fonds engagent la responsabilité solidaire du loueur même si elles sont antérieures à la conclusion du contrat de location-gérance : • Com. 6 juin 1972, ♔ n° 71-11.757 P : *D. 1972. 580 ; JCP 1973. II. 17332, note A. S.*

4. *Bonne foi.* Par l'application de l'art. L. 144-7 seuls les tiers de bonne foi peuvent invoquer le bénéfice de la responsabilité solidaire du loueur (contrat d'installation et de maintenance d'un publiphone conclu par le locataire gérant et inopposable au loueur), V. • Paris, 28 juin 2002 : *RJDA 2002, n° 1266.* ♦ L'organisme financier, qui a réglé directement le fournisseur d'un commerçant, locataire-gérant de son fonds, sur présentation de la facture du matériel commandé devant servir à l'exploitation du fonds, n'a pas à surveiller l'utilisation effective ultérieure de ce crédit par le commerçant pour se prévaloir, à l'égard du loueur du fonds, des dispositions de l'art. 8 [C. com., art. L. 144-7]. • Com. 15 juin 1993, ♔ n° 91-17.123 P : *D. 1993. IR 199* ✎. ♦ Le loueur ne peut écarter la responsabilité solidaire qui pèse sur lui, en vertu de l'art. 8 [C. com., art. L. 144-7], qu'à condition d'établir que le fournisseur a commis une imprudence en laissant le locataire-gérant s'endetter à son égard de façon excessive. • Com. 17 oct. 1995, ♔ n° 93-13.498 P : *D. 1995. IR 236 ; Defrénois 1996. 242, obs. Le Cannu* • T. com. Chambéry, 11 déc. 1998 : *RJDA 1999, n° 781.* ♦ Mais c'est alors au loueur qu'il incombe d'apporter la preuve d'une telle faute du créancier. • Com. 2 juill. 2002, ♔ n° 00-18.243 : *RJDA 2002, n° 1267.* ♦ La responsabilité du loueur n'est pas engagée à l'égard du créancier qui a recruté le gérant. • Com. 11 oct. 1977, ♔ n° 76-10.609 P : *RTD com. 1978. 97, obs. Derruppé.*

5. *Créances fiscales.* V. CGI, art. 1684. – **CGI.** ♦ L'obligation solidaire porte, s'agissant de la TVA, sur les droits dont le fait générateur est intervenu au cours des six mois mentionnés à l'art. L. 144-7, alors même que la déclaration que le locataire-gérant aurait dû souscrire devait intervenir à une date à laquelle le loueur n'était plus tenu par son obligation solidaire. • CAA Nantes, 26 mai 2004 : *RJDA 2005, n° 29.*

6. *Nullité du contrat.* Sur l'absence d'influence de la nullité du contrat de location-gérance résultant de la fraude, V. • Com. 26 juin 1973, ♔ n° 71-12.655 : *D. 1973. IR 182.* ♦ V. aussi note 4 ss. art. L. 144-4.

7. *Confusion entre le créancier du locataire-gérant et le loueur.* La confusion qui s'opère entre le créancier d'un locataire-gérant et le loueur de ce fonds solidairement responsable avec son locataire-gérant en application de l'art. 8 [C. com., art. L. 144-7], décharge la caution du locataire-gérant. • Com. 24 mars 1992, ♔ n° 90-12.779 P.

8. *Publicité de la location.* Dès lors qu'un contrat de location-gérance n'a pas été publié, le bailleur est solidairement responsable des dettes contractées par le locataire-gérant pour l'exploitation du fonds de commerce sans qu'il y ait lieu de rechercher si le créancier a eu connaissance de la mise en location-gérance de ce fonds. • Com. 7 janv. 1992, ♔ n° 90-10.444 P : *D. 1992. IR 52.* ♦ *Contra*, en cas d'information des créanciers par lettre recommandée avec accusé de réception : • T. com. Paris, 25 janv. 1993 : *RJDA 1993, n° 500.* ♦ Le contrat de location-gérance ayant fait l'objet d'une publication au RCS et ayant été enregistré à la recette principale des impôts, il ne pouvait être ignoré du trésorier qui devait alors vérifier, par l'examen de l'inventaire annexé au contrat, si les meubles saisis puis vendus appartenaient bien à son débiteur. • Civ. 2e, 23 sept. 2004, ♔ n° 02-21.141 P : *JCP E 2004, n° 43, p. 1662.* ♦ Mais la publication de la location-gérance n'a pas à être renouvelée en cas de tacite reconduction, si aucune modification n'est intervenue dans la nature de l'exploitation, ni dans la personne de l'exploitant depuis la publication initiale. • Com. 7 juill. 1966, ♔ n° 64-11.614 P : *D. 1966. 555 ; JCP 1966. II. 14842, note Nectoux ; RTD com. 1966. 908, obs. Jauffret* • 3 mars 1992, ♔ n° 89-15.668 P : *Defrénois 1992. 1365, obs. Le Cannu ; D. 1992. IR 101* ✎ • 4 mai 1999, ♔ n° 97-14.031 P : *préc. note 2.* – *Contra* : • Aix-en-Provence, 6 juin 1961 : *JCP 1961. II. 12316, note Cohen.* ♦ Toutefois, il y a lieu à renouvellement de la publicité lorsque les contrats successifs sont, dans l'intérêt des parties, distincts les uns des autres, alors que pour chacun d'eux le délai de six mois court de façon indépendante. • Com. 13 déc. 1971, ♔ n° 70-12.038 P : *D. 1972. 421 ; JCP 1972. II. 17120, note A. S.* • Versailles, 16 avr. 1986 : *RTD com. 1986. 515, obs. Derruppé.* ♦ Viole l'art. 8 [C. com., art. L. 144-7] et la loi du contrat la cour d'appel qui, en présence d'une seconde convention reprenant le contenu d'un avenant, dûment publié, emportant substitution de gérant, déclare qu'il s'agit d'un acte distinct nécessairement soumis à la publication, alors que l'avenant désignait clairement le nouvel exploitant. • Com. 16 janv. 1996, ♔ n° 93-19.589 P : *D. Affaires 1996. 346 ;*

JCP 1996. IV. 544. ♦ Par ailleurs, le seul fait que la seconde convention comporte des dispositions plus contraignantes pour le gérant, notamment en ce qui concerne la charge des réparations et la consistance du matériel, ne saurait caractériser une modification dans la nature de l'exploitation du fonds depuis la publication initiale. • Même arrêt.

Sur la responsabilité du propriétaire en l'absence de publicité, V. aussi art. L. 123-8, al. 2.

9. Délai de six mois. Pour le calcul du point de départ du délai de six mois, il convient de retenir la date de naissance de la dette ; lorsqu'un contrat à exécution successive est conclu à l'intérieur de la période de six mois, le loueur est responsable des dettes du gérant qui en résultent, auraient-elles une échéance postérieure. • Com. 19 nov. 1975, n° 74-10.116 P : *D. 1976. 286 ; JCP 1976. II. 18300* • 25 nov. 1986, n° 85-11.466 P : *RTD com. 1987. 497, obs. Derruppé.* ♦ Sur les dettes d'impôts, non soumises au délai de six mois, V. CGI, art. 1684. – **CGI**.

10. Compétence juridictionnelle. En raison de la solidarité légale existant entre loueur et locataire-gérant, le propriétaire du fonds, même s'il n'est pas commerçant, doit être attrait en paiement devant le tribunal de commerce. • Com. 22 janv. 1991, n° 88-16.009 P : *D. 1991. IR 53 ; Defrénois 1991. 876, obs. Le Cannu.*

11. Qualité pour agir. La responsabilité solidaire du loueur avec le locataire-gérant des dettes contractées par celui-ci à l'occasion de l'exploitation du fonds n'étant instituée que dans l'intérêt des créanciers, le locataire-gérant ne peut agir, sur le fondement de l'art. 8 [C. com., art. L. 144-7], afin de voir déclarer le loueur du fonds solidaire de son passif. • Com. 16 janv. 1996, n° 93-19.589 P : *D. 1996. IR 48.* ♦ V., en matière de procédure collective, note 8 ss. art. L. 622-20.

12. Responsabilité de droit commun. La cour d'appel, qui constate que les créances des fournisseurs du locataire-gérant étaient postérieures au délai de six mois couvert par la publication du contrat et écarte la responsabilité de plein droit du loueur résultant de l'art. 8 [C. com., art. L. 144-7], fonde à juste titre la condamnation de celui-ci au paiement des dettes sur le droit commun de la responsabilité en relevant qu'il avait laissé créer et entretenir une confusion entre sa propre affaire et celle exploitée par le locataire-gérant. • Com. 22 déc. 1980, n° 78-15.566 P : *RTD civ. 1981. 297, obs. Derruppé.* ♦ V. aussi • Com. 21 avr. 1977, n° 75-14.863 P : *RTD com. 1977. 720, obs. Derruppé.*

13. Recours du loueur. Le loueur a un recours contre le gérant lorsque la dette a été contractée dans l'intérêt exclusif de ce dernier. • Com. 17 juill. 1978, n° 77-11.180 P. ♦ La nullité du contrat de gérance pour inobservation de l'art. 4 [C. com., art. L. 144-3] n'a pas d'influence sur la validité de ce recours. • Même arrêt. ♦ La responsabilité du loueur si elle profite aux tiers, ne le prive pas de son recours contre le gérant pour le recouvrement du prix des marchandises qu'il a pu livrer en qualité de fournisseur. • Paris, 26 janv. 1984 : *D. 1984. IR 175.* ♦ Sur l'appel en garantie formé par le titulaire d'un bail commercial à l'encontre de son locataire-gérant au titre de sa condamnation au paiement d'un arriéré de loyer du bail commercial et sa compatibilité avec une condamnation *in solidum*, V. • Civ. 3e, 28 mai 2008, n° 06-20.403 P : *D. 2008. AJ 1622, obs. Rouquet ; JCP E 2008, n° 26, p. 16.*

14. Redressement judiciaire du locataire-gérant. BIBL. Guérin, *JCP E 1985. II. 14547.* ♦ Le bailleur, qui a régulièrement publié le contrat de location-gérance, est dispensé de revendiquer le fonds de commerce sans avoir à recourir à une seconde publicité dans les formes requises par l'ancien art. 85-5, al. 1er, du Décr. du 27 déc. 1985. • Com. 15 mars 2005, n° 00-18.550 P : *D. 2005. AJ 890, obs. Lienhard ; RTD com. 2006. 291, obs. Saintourens ; JCP E 2005, n° 36, p. 1426, obs. Cabrillac ; Loyers et copr. 2005, n° 116, obs. Brault ; RJDA 2006, n° 170.* ♦ Sur le rejet d'une production à la faillite sous l'empire des textes antérieurs à la réforme du 25 janv. 1985, V. • Com. 29 oct. 1963 : *D. 1964. Somm. 58.* ♦ Sur la qualité du syndic du locataire-gérant à invoquer l'art. 8 [C. com., art. L. 144-7], V. • Aix-en-Provence, 6 juin 1961 : *RTD com. 1961. 460, obs. Houin. – Contra :* • Paris, 22 oct. 1962 : *D. 1963. 49 ; RTD com. 1963. 654, obs. Houin.* ♦ Sur la mise en cause de la responsabilité solidaire du loueur du fonds de commerce concernant les dettes contractées par le locataire-gérant à l'occasion de l'exploitation du fonds, V. note 8 ss. art. L. 622-20.

V. aussi art. L. 642-13 s. ♦ Sur l'effet à l'égard du loueur de l'extinction de la créance, faute de déclaration, V. note 35 ss. art. L. 621-46 ancien, cité ss. art. L. 622-26.

15. Mandataire de justice. L'intervention de l'autorité compétente fait disparaître la responsabilité du loueur dans les six mois de la publicité. • Com. 13 déc. 1971, n° 70-12.038 P : *préc. note 8.* ♦ L'exonération de solidarité ne s'étend pas au renouvellement d'une location-gérance pour deux périodes successives par un mandataire de justice à l'expiration d'une période expressément limitée et en l'absence de mandat spécial. • Même arrêt.

Art. L. 144-8 *(L. n° 2019-744 du 19 juill. 2019, art. 2)* **« L'article L. 144-7 ne s'applique pas aux contrats** *[ancienne rédaction : Les dispositions des articles L. 144-3, L. 144-4 et L. 144-7 ne s'appliquent pas aux contrats]* **» de location-gérance passés par des manda-**

taires de justice, chargés, à quelque titre que ce soit, de l'administration d'un fonds de commerce, à condition qu'ils aient été autorisés aux fins desdits contrats par l'autorité de laquelle ils tiennent leur mandat et qu'ils aient satisfait aux mesures de publicité prévues. — *[L. n° 56-277 du 20 mars 1956, art. 9.]*

1. Mandataire ad hoc. La désignation d'un mandataire *ad hoc*, dans le cadre de la L. n° 84-148 du 1er mars 1984 [C. com., art. L. 611-3 ancien], avec pour seule mission de faire rapport sur la situation de l'entreprise, échappe aux prévisions de l'art. 9 [C. com., art. L. 144-8]. • Versailles, 3 mai 2001 : *Gaz. Pal. 30-31 janv. 2002, p. 10.*

V. note 15 ss. art. L. 144-7.

2. Publicité au RCS. La location-gérance d'un fonds de commerce, consentie par le liquidateur d'une société commerciale dissoute, peut ne pas être étrangère aux besoins de la liquidation. Sa publicité au RCS ne peut faire l'objet d'une décision de refus (Avis CCRCS n° 2013-016 du 27 mars 2013 : *RTD com. 2013. 687, obs. Saintourens ; BRDA 2013, n° 19, p. 3*).

Art. L. 144-9 La fin de la location-gérance rend immédiatement exigibles les dettes afférentes à l'exploitation du fonds ou de l'établissement artisanal, contractées par le locataire-gérant pendant la durée de la gérance. — *[L. n° 56-277 du 20 mars 1956, art. 10.]*

I. RÉSILIATION DU CONTRAT

1. Mode de résiliation. Lorsque le contrat est à durée indéterminée chacune des parties peut le dénoncer par un congé qui ne doit pas être équivoque. • Com. 9 mars 1970, n° 67-14.193 P. ♦ Sur les formes de droit commun de la notification, V. • Civ. 3e, 11 déc. 1984 : *Gaz. Pal. 1985. 1. Pan. 122.* ♦ Mais un contrat de location-gérance à durée déterminée ne peut être résilié que d'un commun accord des deux parties. • Com. 10 oct. 1966, n° 64-10.572 P. ♦ Sur le jeu d'une clause résolutoire au cas de non-paiement de la redevance, V. • Civ. 3e, 18 déc. 1968, n° 67-11.271 P. ♦ Au cas de résiliation du contrat avant terme par le locataire-gérant, le préjudice subi par le propriétaire sera réparé par le prélèvement sur le dépôt de garantie, des loyers restant dus jusqu'à la date normale d'expiration du contrat. • Com. 14 oct. 1975 : *D. 1976. IR 8.* – Comp. : • Civ. 1re, 3 mai 1972, n° 70-13.591 P.

2. Motifs de résiliation. Il y a lieu à résiliation au cas d'insuffisance d'exploitation de la part du gérant. • Com. 8 févr. 1966, n° 62-13.139 P. ♦ ... Lorsque le fonds disparaît à la suite d'une expropriation ou d'une fermeture par décision administrative ou judiciaire. • Crim. 20 janv. 1960 : *JCP 1960. II. 11774, note Legeais* • Civ. 14 janv. 1941 : *D. 1941. 66.* ♦ L'indemnité d'expropriation est en principe due au propriétaire du fonds. • Com. 27 févr. 1973, n° 71-10.653 P : *JCP 1973. II. 17403, note A. S.* ♦ ... Au cas de non-paiement des redevances, sans que s'appliquent les dispositions du Décr. du 30 sept. 1953. • Paris, 18 janv. 1984 : *D. 1984. IR 175 ; RTD com. 1984. 657, obs. Derruppé.* ♦ Sur le pouvoir d'appréciation des juges du fond, V. • Com. 8 févr. 1966, n° 62-13.139 P : *préc.*

3. Résiliation du bail des locaux. La clause d'un contrat de location-gérance prévoyant la résiliation de plein droit du contrat en cas de résiliation du bail des locaux dans lesquels est exploité le fonds, ne recèle pas une condition potestative et n'est donc pas nulle, dès lors que la résiliation du bail des locaux par le propriétaire de ceux-ci est un événement qui dépend de sa seule volonté, même en cas de manquement du locataire à ses obligations, puisque la décision de poursuivre ou non la résiliation appartient au propriétaire qui est un tiers au regard du contrat de location-gérance. • Civ. 3e, 22 nov. 1995, n° 93-13.183 : *RJDA 1996, n° 341.* ♦ La société pétrolière, qui avait résilié la location-gérance à l'expiration de la convention d'occupation précaire, a été condamnée à indemniser le locataire-gérant au titre des gains qu'il pouvait escompter de l'exécution de bonne foi du contrat d'une durée prévisible de dix ans, n'ayant pas été informé, lors de la conclusion du contrat, de la détention précaire du site d'exploitation. • Com. 16 déc. 2008, n° 07-19.922 : *JCP E 2009, n° 19, p. 24, obs. Mainguy ; RJDA 2009, n° 334.*

4. Redressement et liquidation judiciaires. Ni la liquidation judiciaire du locataire-gérant, ni la décision du liquidateur de mettre fin à l'exécution du contrat en cours n'ont, à elles seules, pour effet d'entraîner la résiliation du contrat de location-gérance et le retour au bailleur de l'entreprise donnée à bail. • Com. 7 févr. 1989, n° 86-18.269 P : *D. 1989. IR 67 ; RTD com. 1989. 215, obs. Derruppé.* ♦ Pas plus la liquidation judiciaire du propriétaire du fonds n'entraîne-t-elle automatiquement la cessation du contrat de location-gérance, le fonds de commerce et ledit contrat pouvant être cédés dans le cadre des opérations de liquidation. • Paris, 2 déc. 1994 : *RJDA 1995, n° 436.* ♦ V. aussi, art. L. 622-13 et L. 641-11. ♦ Comp., sous l'empire de la loi du 13 juill. 1967 : • Soc. 14 mai 1987 : *JCP N 1987. II. 641.*

5. Tacite reconduction. Lorsque le locataire-gérant continue son exploitation après l'échéance du terme sans qu'un nouveau contrat ait été conclu, il y a tacite reconduction, que celle-ci ait été prévue par le bail. • Com. 11 juill. 1967, n° 65-13.887 P • Paris, 28 juin 1966 : *Gaz. Pal. 1966. 2. 311.* ♦ ... Ou qu'elle ne l'ait pas été. • Com. 7 juill. 1966, n° 64-11.614 P : *D. 1966.*

555 ; JCP 1966. II. 14842, note Nectoux. ♦ Sur le sort, en cas de tacite reconduction, d'une promesse de vente du fonds, V. • Com. 22 oct. 1996, n° 94-13.373 P : *Defrénois 1997. 657, obs. J. Honorat ; RTD com. 1997. 228, obs. Derruppé.*

Dans le cas d'un contrat de location-gérance renouvelable par tacite reconduction, il ne résulte pas des termes de la clause précisant que la durée renouvelable « est fixée sous réserve du renouvellement du bail consenti par le propriétaire », que les parties aient eu la volonté de faire du non-renouvellement du bail de l'immeuble un obstacle au renouvellement du contrat de location-gérance, qui pouvait se perpétuer aussi longtemps que les loueurs disposaient du droit au maintien dans les lieux. • Com. 24 sept. 2003, n° 00-22.728 : *RJDA 2004, n° 303.* ♦ Pour une obligation de réévaluation des loyers jugée conforme à l'exigence contractuelle d'un motif sérieux et légitime du non-renouvellement d'un contrat de location-gérance, V. • Com. 12 avr. 2005, n° 02-13.605 : *LPA 14 déc. 2005, note Boismain ; Rev. loyers 2005. 426, note Gallet.*

II. EFFETS DE LA RÉSILIATION

6. Exigibilité des redevances à échoir. La clause, stipulant, en cas de résiliation, l'exigibilité des redevances à échoir jusqu'à l'issue de la période contractuelle, tend seulement à assurer le paiement de la totalité du prix convenu pour la durée du contrat et ne peut s'analyser comme tendant à sanctionner l'inexécution de ses obligations par le locataire-gérant. • Paris, 22 juin 1993 : *D. 1993. IR 219.* ♦ Condamnant le locataire-gérant à payer des dommages-intérêts dans la mesure où, en ne réglant pas les redevances, celui-ci a mis le liquidateur judiciaire du propriétaire du fonds de commerce dans l'impossibilité de régler le loyer, conduisant ainsi à la résiliation du bail : • Colmar, 25 oct. 2007 : *JCP E 2008, n° 15, p. 12.*

7. Exclusion du statut des baux commerciaux. BIBL. Kéita, *JCP E 2003, n° 12, p. 504.* ♦ Le bénéfice du statut des baux commerciaux n'étant accordé qu'aux propriétaires de fonds de commerce, ne saurait être invoqué par le locataire-gérant. • Req. 22 juill. 1931 : *DH 1931. 507* • Com. 11 janv. 1960 : *D. 1960. 383.* ♦ Il en va différemment et le locataire-gérant peut invoquer le statut des baux commerciaux et le droit à renouvellement du bail, lorsqu'il s'est constitué une clientèle propre dans une activité indépendante. • Civ. 3e, 22 mai 1968, n° 66-12.746 P : *JCP 1969. II. 15784, note Boccara. – Comp. :* • Civ. 3e, 10 mai 1968, n° 65-14.386 P. ♦ L'art. L. 145-17 C. com., réglant les rapports entre bailleurs et locataires en ce qui concerne le renouvellement des locaux à usage commercial, n'est pas applicable à la location-gérance. • Com. 12 avr. 2005, n° 02-13.605 : *préc. note 5.* ♦ La demande de requalification d'un contrat de location-gérance en contrat de bail commercial est soumise à la prescription biennale de l'art. L. 145-60 C. com. dès lors qu'elle tend à voir reconnaître le bénéfice du statut des baux commerciaux. • Civ. 3e, 29 oct. 2008, n° 07-16.185 : *AJDI 2009. 123, note Mbotaingar ; Loyers et copr. 2009, n° 94, obs. Brault* • 22 janv. 2013, n° 11-22.984 : *AJDI 2013. 609, obs. Hallard ; Gaz. Pal. 2013. 2471, obs. Barbier ; RJDA 2013, n° 990.* ♦ ... Peu important que le contrat ait été tacitement reconduit. • Com. 11 juin 2013, n° 12-16.103 P : *D. 2013. Actu. 1543, obs. Rouquet ; RTD com. 2013. 467, obs. Kendérian ; JCP E 2013, n° 1411 ; RJDA 2013, n° 990.* ♦ Le point de départ du délai est alors la conclusion du contrat. • Même arrêt. ♦ V. art. L. 145-1 et L. 145-8. ♦ V. aussi, note 10 ss. art. L. 144-1.

8. Restitution du fonds et indemnités. La résiliation du contrat de location-gérance n'entraîne le retour de l'entité économique au propriétaire du fonds que si l'entreprise subsiste et que son exploitation est susceptible d'être poursuivie. • Paris, 16 déc. 2009 : *RJDA 2010, n° 842.* ♦ A l'expiration du contrat, le locataire-gérant doit restituer le fonds, à défaut il peut être expulsé sur ordonnance de référé s'il s'y refuse. • Com. 3 oct. 1972, n° 71-14.123 P • 18 déc. 1968, n° 67-11.271 P. ♦ Sauf clause contraire, le gérant est tenu de restituer sans indemnité les éléments nouveaux inséparables de l'exploitation du fonds. • Com. 11 janv. 1960 : *D. 1960. 383* • Fort-de-France, 12 mars 1981 : *RTD com. 1982. 90, obs. Derruppé.* ♦ *Contra*, au cas de création d'un fonds distinct, V. note 7. ♦ Au cas de maintien abusif dans les lieux, le propriétaire est fondé à réclamer au gérant une indemnité d'occupation. • Com. 17 mai 1966 : *Bull. civ. III, n° 255.* ♦ L'obligation qui pèse sur le locataire-gérant de restituer le fonds en tous ses éléments en l'état où il se trouvait lors de la conclusion du contrat, n'implique pas celle de rendre un fonds ayant nécessairement la même valeur marchande qu'en début de contrat. • Com. 19 mai 1998, n° 95-21.950 : *RJDA 1998, n° 1103.* ♦ Il appartient au propriétaire du fonds qui fait état d'une diminution de valeur de son fonds résultant des agissements du locataire de justifier cette prétention. • Même arrêt. ♦ Il appartient en effet au locataire-gérant de veiller à la conservation de la clientèle du fonds sans pouvoir se l'approprier. • Com. 4 déc. 2012, n° 11-26.756 : *RTD com. 2013. 228, obs. Saintourens ; CCC 2013, n° 51.* ♦ Le locataire-gérant tenu, à l'expiration du contrat, de restituer le fonds en tous ses éléments, doit répondre de la perte de valeur de celui-ci, lorsqu'elle est survenue par sa faute. • Com. 6 mai 2002, n° 00-11.569 P : *RTD com. 2003. 55, obs. Saintourens ; JCP 2002. IV. 2048 ; RJDA 2002, n° 1016.* ♦ Est fautif l'arrêt d'exploitation du fonds pendant plus de six mois alors que la résolution judiciaire du contrat n'était pas assortie de l'exécution provisoire. • Même arrêt. ♦ Le propriétaire doit restituer en fin de gérance le dépôt de garantie alors même que les fonds auraient été dissipés par son mandataire. • Com. 11 mai 1976, n° 75-10.720 P. ♦ Dans l'hypothèse où le fonds loué et le local où il est exploité appartiennent au même propriétaire, V. art. L. 145-46.

9. Clauses relatives aux restitutions. L'art. 1732 C. civ., relatif aux baux des maisons et des biens ruraux, n'étant pas applicable aux rapports entre loueur et locataire-gérant d'un fonds de commerce, l'engagement solidaire de locataires-gérants d'exécuter les obligations mises à leur charge par le contrat de location-gérance, notamment celle de restituer le matériel à la fin du contrat, oblige l'un quelconque d'entre eux à payer au loueur la valeur du matériel perdu, même si cette perte résulte de la faute de l'autre. • Com. 2 juill. 1996, n° 93-14.130 P : *D. 1996. IR 192* ; *RTD civ. 1996. 923, obs. Gautier* ; *CCC 1996, n° 197, obs. Leveneur.* ♦ Sur l'exclusion des art. 1732 et 1733 C. civ., en cas d'incendie, V. note 5 ss. art. L. 144-1. ♦ Sur la validité des clauses stipulant la restitution des locaux sans indemnité à raison des améliorations apportées, V. • Com. 14 avr. 1992, n° 88-13.973 P : *JCP E 1992. Pan. 825.*

10. Reprise du stock. Aucune disposition légale n'impose au propriétaire d'un fonds de commerce donné en location-gérance de racheter le stock à l'expiration du contrat. Par conséquent, en l'absence de clause de reprise de stocks à l'expiration du contrat de location-gérance, le loueur n'est pas tenu de racheter les marchandises laissées par le locataire-gérant après son départ. • Com. 23 mars 1999, n° 97-15.700 P : *D. 1999. IR 110* ; *CCC 1999, n° 109, obs. Leveneur* ; *RTD com. 1999. 636, obs. Derruppé* . ♦ Comp., ayant jugé que, sauf disposition contractuelle contraire, le loueur est tenu de reprendre le stock à l'expiration du contrat de location-gérance : • Paris, 10 juin 1992 : *RJDA 1992, n° 1123.* ♦ S'agissant de matériel manquant, il appartient au loueur qui en demande la restitution d'apporter la preuve qu'il était compris dans la location-gérance. • Com. 11 juin 1979, n° 78-11.847 P : *RTD com. 1979. 708, obs. Derruppé.* ♦ V. aussi • Com. 15 déc. 1998, n° 96-19.351 : *RJDA 1999, n° 165.* ♦ La présomption édictée par l'art. 1731 C. civ. n'est pas applicable. • Même arrêt.

11. Contrats de travail. Si à l'expiration du contrat de location d'un fonds de commerce, les contrats de travail subsistent en principe avec le bailleur, c'est à la condition que la même entreprise continue à fonctionner et fasse retour dans le patrimoine de celui-ci. • Soc. 9 juin 1983, n° 81-40.257 P : *RTD com. 1984. 476, obs. Derruppé.* ♦ Dès lors qu'il est constaté que le loueur avait mis fin au contrat de location-gérance, avait repris possession de son fonds de commerce, puis avait conclu un nouveau contrat de location-gérance avec un autre gérant, d'où il résultait des modifications dans la situation juridique de l'employeur intervenues en vertu de conventions successives entre ceux-ci, une cour d'appel a pu décider que le dernier employeur était tenu de verser au salarié la provision réclamée sur des sommes qui lui étaient dues. • Soc. 24 sept. 2002, n° 00-44.939 P : *JCP E 2003, n° 2, p. 86, note Fin-Langer.* ♦ Comp., en cas de liquidation judiciaire : • Com. 7 févr. 1989, n° 86-18.269 P : *préc. note 4.* ♦ La résiliation d'un contrat de location-gérance entraînant le retour du fonds loué au bailleur, le contrat de travail qui lui est attaché se poursuit avec ce dernier lorsque le fonds n'est pas inexploitable au jour de sa restitution. • Soc. 14 mars 2012, n° 11-12.883 : *RJDA 2012, n° 849* • Paris, 16 déc. 2009 : *préc. note 8.* ♦ Si par l'effet de l'expiration du contrat de location-gérance le fonds qui en est l'objet fait automatiquement retour à son propriétaire, lequel doit assumer toutes les obligations du contrat de travail, c'est à la condition que le fonds ne soit pas devenu inexploitable, étant entendu que la seule existence d'offres de reprise ne suffit pas à prouver la possibilité de poursuivre l'exploitation. • Com. 17 déc. 2013, n° 12-22.167 : *RTD com. 2014. 307, obs. Saintourens* ; *RJDA 2014, n° 330.* ♦ Le loueur n'est pas tenu de poursuivre l'exploitation du fonds de commerce et des contrats de travail après extinction du contrat de location-gérance lorsqu'il n'existe plus de clientèle effective lors de la restitution et, à défaut de tout matériel, s'il n'est pas établi que cette exploitation reste possible. • Com. 9 juill. 2019, n° 18-12.373 : *RTD com. 2019. 865, obs. Saintourens* ; *RJDA 2019, n° 625.*

Sur le sort du comité d'entreprise, V. • Soc. 15 nov. 2011, n° 10-23.609 P : *D. actu. 15 déc. 2011, obs. Siro* ; *D. 2011. Actu. 2875* .

12. Clauses de non-rétablissement. Si un contrat de location-gérance n'interdit pas de plein droit au locataire-gérant d'exercer, à l'issue de la location-gérance, la même activité que celle faisant l'objet du fonds loué, aucune règle n'interdit aux parties de convenir, par une clause particulière du contrat, d'une telle prohibition pourvu qu'elle soit proportionnée à l'objet du contrat de location-gérance. • Paris, 2 févr. 2005 : *AJDI 2005. 479* . ♦ V. aussi • Com. 28 avr. 1987, n° 85-13.709 : *D. 1988. Somm. 175, obs. Serra.* ♦ Sur la violation d'une clause de non-concurrence par un locataire-gérant, V. • Paris, 26 sept. 2013 : *RJDA 2014, n° 80.*

Art. L. 144-10 **Tout contrat de location-gérance ou toute autre convention comportant des clauses analogues, consenti par le propriétaire ou l'exploitant d'un fonds de**

commerce ne remplissant pas les conditions prévues aux articles ci-dessus, est nul. Toutefois, les contractants ne peuvent invoquer cette nullité à l'encontre des tiers.

La nullité prévue à l'alinéa précédent entraîne à l'égard des contractants la déchéance des droits qu'ils pourraient éventuellement tenir des dispositions du chapitre V du présent titre réglant les rapports entre bailleurs et locataires en ce qui concerne le renouvellement des baux à loyer d'immeubles ou de locaux à usage commercial, industriel ou artisanal. – *[L. n° 56-277 du 20 mars 1956, art. 11.]*

1. Champ d'application. L'art. 11 [C. com., art. L. 144-10] n'attache la sanction de la nullité à l'égard des parties au contrat de location qu'aux infractions commises contre les prescriptions impératives de la loi concernant la conclusion même de ces contrats, et non pas à celles relatives à la publicité devant lui être donnée qui n'ont pour objet que d'informer les tiers. • Com. 5 mars 1969, n° 67-11.851 P.

2. Caractère impératif de la nullité. Le contrat de location-gérance conclu en violation des conditions exigées du loueur, qui n'ont pas pour finalité la protection des intérêts particuliers des parties, est atteint d'une nullité absolue et comme tel insusceptible de confirmation. • Com. 9 juin 2004, n° 01-15.713 : *Loyers et copr. 2004, n° 186, obs. Brault.* ♦ Doit être cassé, pour violation des art. 4 et 11 [C. com., art. L. 144-3 et L. 144-10], l'arrêt qui, sur la demande en nullité d'une location-gérance faute par le bailleur, commerçant depuis moins de sept ans, d'avoir obtenu l'autorisation du président du tribunal de grande instance compétent, énonce qu'il a présenté une requête aux fins de dispense et que si l'ordonnance conforme n'a été rendue qu'après la signature du contrat de location-gérance, le retard incombe au service du procureur de la République, que le locataire a exécuté la convention et n'a invoqué qu'en cause d'appel la nullité, qu'aucun tiers n'a été lésé par la gérance et qu'en définitive « dans un tel concours de circonstances indépendantes de la volonté des parties et surtout du bailleur, le locataire n'est pas fondé à invoquer à son seul profit la nullité de la convention ». • Com. 4 févr. 1997, n° 94-21.510 P : *D. 1998. 153, note Pasqualini et Pasqualini-Salerno* ; *JCP E 1997. II. 977, note Leveneur.* ♦ Sur l'inefficacité d'une autorisation judiciaire ultérieure pour couvrir la nullité, V. • Agen, 18 juin 1984 : *JCP N 1987. II. 37, note Raffray* • Paris, 19 nov. 1963 : *D. 1964. Somm. 42.* ♦ Comp. : ayant relevé, d'abord, que les parties avaient conclu les contrats de location-gérance litigieux sous la condition suspensive de l'obtention par la société d'une autorisation judiciaire la dispensant de la condition d'exploitation personnelle des fonds de commerce pendant au moins *deux ans* préalablement à leur mise en gérance, et, ensuite, que celles-ci avaient prévu, comme elles en avaient la faculté, que les contrats ne prendraient effet qu'à la date de la réalisation de la condition suspensive, laquelle était effectivement intervenue, la cour d'appel a pu en déduire que les contrats étaient valables. • Com. 23 janv. 2019, n° 17-24.051 : *cité note 4 ss. art. L. 144-3.*

3. Opposabilité aux tiers. La nullité ne pouvant être invoquée par les cocontractants à l'encontre des tiers, le loueur ne saurait s'en prévaloir pour se libérer de la responsabilité des dettes contractées pour l'exploitation du fonds. • Com. 24 avr. 1985 : *Gaz. Pal. 1985. 2. Pan. 359* • 4 févr. 1986, n° 84-13.496 P. ♦ Comp. : • Com. 12 janv. 1981, n° 78-14.723 P : *D. 1981. IR 223, obs. Derrida* (à propos d'indemnités de licenciement du personnel du locataire-gérant mis en liquidation des biens).

4. Propriété commerciale. La déchéance des droits à renouvellement des baux à loyer, prévue par l'art. 11, al. 2 [C. com., art. L. 144-10, al. 2], étant encourue dès lors que le preneur consent un contrat de location-gérance atteint par la nullité prévue à l'al. 1er du même art., l'auteur d'un tel contrat ne peut invoquer une réitération de la convention, quand bien même la cause de nullité aurait cessé, pour échapper à la déchéance de ses droits. • Com. 30 juin 1992, n° 90-15.912 P : *D. 1992. IR 287* • Paris, 9 nov. 2001 : *cité note 7 ss. art. L. 144-3.* ♦ Sur la déchéance du droit à la propriété commerciale, V. aussi • Com. 28 mars 1973, n° 72-11.493 P : *Gaz. Pal. 1973. 2. 562* • 13 nov. 1963, n° 61-11.290 P : *JCP 1964. II. 13801, note Castro.* ♦ Toutefois, la nullité de la location-gérance n'entraîne pas nécessairement la résiliation du bail. • Civ. 3e, 18 oct. 1968, n° 66-13.963 P : *JCP 1969. II. 15965, note B. B.* ♦ Du fait de l'effet rétroactif de l'annulation du contrat de location-gérance, les propriétaires du fonds de commerce ne peuvent prétendre à une indemnité d'éviction sans avoir à justifier de leur immatriculation au registre du commerce et des sociétés ou au répertoire des métiers. • Civ. 3e, 10 nov. 2010, n° 09-16.927 : *Gaz. Pal. 2011. 964, obs. Barbier ; RJDA 2011, n° 216 ; RJ com. 2011. 161, obs. Gourdon ; Loyers et copr. 2011, n° 50, obs. Chavance.* ♦ Ayant retenu que le contrat de location-gérance conclu entre les parties doit être déclaré nul par application de l'art. L. 144-10 et que ce contrat n'a pu dès lors produire aucun effet, une cour d'appel en a exactement déduit que le demandeur doit être débouté de sa demande de requalification du contrat en sous-bail commercial et déclaré occupant sans droit ni titre du local où est exploité le fonds de commerce. • Civ. 3e, 18 mai 2005, n° 04-11.835 P : *D. 2005. AJ 1556, obs. Rouquet* ; *RTD com. 2006. 293, obs. Saintourens* ; *JCP E 2005, n° 48, p. 2034, obs.*

Kenfack ; Loyers et copr. 2005, n° 136, obs. Brault ; RJDA 2005, n° 1100. ♦ Le contrat de location-gérance conclu en violation des conditions exigées du loueur, qui n'ont pas pour finalité la protection des intérêts particuliers des parties, est atteint d'une nullité absolue et la déchéance du droit à renouvellement du bail, prévue par l'art. L. 144-10, est encourue dès lors que le preneur consent un contrat de location-gérance atteint par la nullité prévue au 1er al. du même texte. • Civ. 3e, 22 mars 2018, n° 17-15.830 P : *D. 2018. Actu. 669 ; RTD com. 2018. 317, obs. Saintourens ; JCP E 2018, n° 1192 ; RJDA 2018, n° 400 ; LPA 2 juill. 2018, note Gamaleu Kameni ; RLDA nov. 2018. 53, note Couard.*

5. Effets de la nullité. La nullité emporte l'effacement rétroactif du contrat et a pour effet de remettre les parties dans la situation initiale. La remise des parties dans l'état antérieur à un contrat de location-gérance annulé exclut que le bailleur obtienne une indemnité correspondant au profit tiré par le locataire de l'exploitation du fonds de commerce dont il n'a pas la propriété. • Civ. 3e, 3 déc. 2015, n° 14-22.692 P : *D. 2016. 1179, note Safi ; JCP E 2016, n° 1183, note Bories ; CCC 2016, n° 60, obs. Leveneur ; RJDA 2016, n° 277.*

Art. L. 144-11 **Si le contrat de location-gérance est assorti d'une clause d'échelle mobile, la révision du loyer peut, nonobstant toute convention contraire, être demandée chaque fois que, par le jeu de cette clause, ce loyer se trouve augmenté ou diminué de plus du quart par rapport au prix précédemment fixé contractuellement ou par décision judiciaire.**

Si l'un des éléments retenus pour le calcul de la clause d'échelle mobile vient à disparaître, la révision ne peut être demandée et poursuivie que si les conditions économiques se sont modifiées au point d'entraîner une variation de plus du quart de la valeur locative du fonds. — *[L. n° 56-277 du 20 mars 1956, art. 12.]*

BIBL. ► BÉRAUD, *Ann. loyers 1954. 674.* – JAUFFRET, *RTD com. 1955. 55.*

1. Licéité de l'indice. Le contrat de location-gérance d'un fonds de commerce étant relatif à un bien meuble incorporel et non à un immeuble bâti, la clause prévoyant l'indexation sur l'indice national du coût de la construction n'est pas valable. • Com. 16 févr. 1993, n° 91-13.277 P : *Defrénois 1993. 1193, obs. Le Cannu ; D. 1993. IR 68* • Dijon, 17 juill. 1975 : *Gaz. Pal. 1976. 1. 338 ; RTD com. 1976. 344, obs. Jauffret.* – Comp. : • Civ. 3e, 13 janv. 1988, n° 86-15.273 : *Loyers et copr. 1988, n° 81.* ♦ Il convient toutefois de rechercher si l'indice du coût de la construction choisi par les parties n'était pas en relation directe avec la mise à disposition d'un immeuble bâti, stipulée au contrat à titre accessoire, s'accompagnant de travaux mis à la charge du bailleur. • Com. 4 nov. 2014, n° 13-18.840 P : *D. actu. 1er déc. 2014, obs. Delpech ; D. 2014. Actu. 2340 ; JCP E 2014, n° 1633 ; RJDA 2015, n° 135* • 8 déc. 2015, n° 14-24.818 : *JCP E 2016, n° 1210, note Brignon ; CCC 2016, n° 62 ; RJDA 2016, n° 222.*

Dès lors qu'une clause prévoyant l'indexation du prix est en relation directe avec l'activité du locataire-gérant du fonds, elle ne tombe pas sous le coup de la prohibition édictée par l'art. 79, al. 3, de l'Ord. du 30 déc. 1958 [codifié à l'art. L. 112-2 C. mon. fin. ; V. cet art., App., v° *Banque et financement de l'entreprise*]. • Paris, 27 mars 1987 : *D. 1987. IR 110.* ♦ Sur la validité d'une clause prévoyant que l'indexation est la condition déterminante du contrat, V. • Com. 27 mars 1990, n° 88-15.092 P : *D. 1991. 289, note Testu ; Defrénois 1991. 610, note J. Honorat.*

2. Disparition de l'indice. Au cas de disparition de l'indice, la variation ne pourra être demandée qu'au cas d'une modification des conditions économiques entraînant une variation de plus du quart de la valeur locative du fonds. • TGI Bourg, 29 avr. 1963 : *D. 1964. Somm. 41* • TGI Grasse, 4 oct. 1966 : *Gaz. Pal. 1966. 2. 292* • Aix-en-Provence, 1er févr. 1968 : *ibid. 1968. 1. 347.*

3. Résultat de la révision. La Cour de cassation a admis, à propos du texte analogue de l'art. 28 du Décr. du 30 sept. 1953 [C. com., art. L. 145-39], en matière de bail commercial, que le texte doit jouer même lorsque la valeur locative est plus élevée que le loyer résultant de l'indexation. • Civ. 3e, 6 janv. 1993, n° 91-13.182 P : *RTD com. 1993. 632, obs. Derruppé*

Art. L. 144-12 **La partie qui veut demander la révision doit en faire la notification à l'autre partie par lettre recommandée avec demande d'avis de réception ou par acte extrajudiciaire.**

A défaut d'accord amiable, l'instance est introduite et jugée conformément aux dispositions prévues en matière de révision du prix des baux à loyer d'immeubles ou de locaux à usage commercial ou industriel. — *V. art. L. 145-57 à L. 145-60, R. 145-23 s.*

Le juge doit, en tenant compte de tous les éléments d'appréciation, adapter le jeu de l'échelle mobile à la valeur locative équitable au jour de la notification. Le nouveau prix est applicable à partir de cette même date, à moins que les parties ne se soient

mises d'accord avant ou pendant l'instance sur une date plus ancienne ou plus récente. – *[L. n° 56-277 du 20 mars 1956, art. 13.]*

FORM. PR. COM. v^is *Notification par lettre recommandée d'une demande de révision du loyer d'un contrat de location-gérance d'un fonds de commerce ; Notification par acte d'huissier...,* par Puech.

1. Prescription. L'art. 13 [C. com., art. L. 144-12] dispose que l'instance en révision du loyer d'une location-gérance est introduite et jugée conformément aux dispositions du Décr. n° 53-960 du 30 sept. 1953 et ne comporte aucune restriction ; l'action en révision est donc soumise à la prescription biennale édictée par l'art. 33 dudit décret [C. com., art. L. 145-60]. • Com. 16 juin 1992, n° 90-12.871 P : *D. 1992. IR 227.*

2. Référé. Le droit pour le bailleur de se prévaloir de bonne foi d'une faculté de résiliation après avoir entrepris un processus de négociation sur la révision du montant de la redevance, sans mettre en œuvre la procédure de fixation du loyer prévue par l'art. L. 144-12, mérite un débat de fond, justifiant le refus du juge des référés d'ordonner au locataire-gérant de quitter les lieux. • Civ. 2e, 13 mars 2008, n° 07-16.390.

Art. L. 144-13 Les dispositions des articles L. 144-11 et L. 144-12 ne sont pas applicables aux opérations de crédit-bail en matière de fonds de commerce ou d'établissement artisanal mentionnées au 3° de l'article 1er de la loi n° 66-455 du 2 juillet 1966 relative aux entreprises pratiquant le crédit-bail.

Les dispositions de l'article L. 144-9 ne sont pas applicables lorsque le locataire-gérant qui a pris en location par un contrat de crédit-bail un fonds de commerce ou un établissement artisanal lève l'option d'achat. – *[L. n° 56-277 du 20 mars 1956, art. 13-1.]*

BIBL. GÉN. ▶ Raffray, *JCP N 1986. I. 9831.* – Bey, *JCP E 1987. II. 14860* (formule commentée).

CHAPITRE V DU BAIL COMMERCIAL

Le code des baux commenté Dalloz comporte l'ensemble des textes, codifiés ou non, régissant la matière, assortis d'annotations de jurisprudence et de bibliographie exhaustives. – ***C. baux.***

RÉP. COM. v° *Bail commercial,* par Dumont-Lefrand.

BIBL. ▶ Auque, *JCP 2000, n° 45, Actualité* (codification des baux commerciaux à droit presque constant). – Blatter, *AJDI 2001. 113* (pour une lecture à droit constant d'une codification à droit constant). – Monéger, *Loyers et copr. oct. 2000, Repères, p. 3* – Ph. -H. Brault, *ibid. Chron. 11.* – Boccara, *D. 2001, Point de vue, p. 2018* (de l'interprétation obligée d'une codification à droit constant). – Monéger, *Rev. loyers 2004. 262* (baux commerciaux et sources du droit). – Seube, *Cah. dr. entr. 2005, n° 3, p. 22* (baux commerciaux : occuper les espaces de liberté). – Planckeel, *RLDA févr. 2011. 72* (EIRL : quelles conséquences pour le bail commercial ?). – Guillaume, *Rev. loyers 2013. 68* (quelques incidences du e-commerce sur les baux commerciaux). – Andjechairi-Tribillac, *Journ. sociétés 12/ 2015. 13* (l'obligation de non-concurrence et le bail commercial). – Dossier, *AJDI 2016. 169* (baux commerciaux : l'éviction ou le retour du juge ?). – Confino, *ibid. 345* (le nouvel art. 1195 C. civ. et le bail commercial : imprévision ou imprécision ?). – Dossier, *Loyers et copr. 2016. Dossier 5 s.* (l'équilibre du bail commercial : de la loi Pinel à la réforme du droit des contrats). – Monéger, *RTD com. 2016. 427* (au croisement des droits : droit des contrats et de la preuve et droit des baux commerciaux). – Andjechairi-Tribillac, *Loyers et copr. 2016. Étude 15* (la légitimité de la clause de non-concurrence dans les baux commerciaux). – Turc, *RJ com. 2016. 694* (les clauses usuelles en droit des baux commerciaux). – Kendérian, *AJDI 2017. 187* (cession du bail commercial en état de procédures collectives). – Auque, *AJDI 2017. 410* (réforme du droit des contrats et baux commerciaux : premier bilan). – Lafond, *JCP N 2018, n° 1093* (la résolution unilatérale des contrats : application aux baux commerciaux). – Legrix de la Salle, *BRDA 2018, n° 13, p. 17* (la pratique des baux commerciaux après la réforme du droit des contrats). – Auque, *AJDI 2018. 497* (ratification de la réforme du droit des contrats : impact sur les baux commerciaux). – Lemay, *RLDA sept. 2018. 16* (l'après-contrat de bail commercial). – Dossier, *AJDI 2019. 331* (bail commercial et réformes). – Houtcieff, *ibid. 522* (analyse et prospective des différentes réformes impactant le bail commercial). – Denizot, *RTD com. 2020. 565* (articulation d'un bail commercial et d'un crédit-bail immobilier : plaidoyer pour de nouvelles règles). – Monéger, *AJDI 2022. 11* (statut des baux commerciaux : *de lege ferenda*). – Coutant-Lapalus, *ibid. 252* (bail commercial et contraintes de copropriété). – Planckeel, *ibid. 257* (bail commercial et contraintes patrimoniales).

▶ Loi n° 2008-776 du 4 août 2008 : Monéger, *Loyers et copr. 2008. Repère 7* (des bonheurs collatéraux). – Monéger et Brault, *JCP E 2008, n° 40, p. 15 ; Loyers et copr. 2008. Étude 8* (modernisation du statut des baux dans la LME). – Auque, *JCP E 2008, n° 39, p. 6* (toilette des baux commerciaux et professionnels). – Blatter, *AJDI 2008. 649* (LME et baux commerciaux). – Lafond, *JCP E 2008, n° 47, p. 24* (application volontaire du statut des baux commerciaux aux « professionnels » après la LME). – Barbier, *Gaz. Pal. 2008. 2879* (réforme du statut des baux commerciaux par LME). – Guével, *RLDA oct. 2008. 31* (LME et jouissance entrepreneuriale des biens immobiliers). – Monéger, *RTD com. 2008. 501* (bail commercial et LME). – Lacger, *Rev. loyers 2008. 414* (LME et statut des baux commerciaux). – Ruet, *LPA 11 mars 2009* (de quelques réformes récentes en droit des baux commerciaux). – Prigent, *Rev. loyers 2009. 318* (l'impact de la réforme du droit des entreprises en difficulté sur le bail commercial). – Dumortier, *Defrénois 2009. 1769* (modifications du statut des baux commerciaux par la LME).

► Loi n° 2014-626 du 18 juin 2014 : Legrand, *LPA 30 juin 2014* (la réforme du régime des baux commerciaux). – Legrix de la Salle, *JCP E 2014, n° 1371* (incidences de la loi Pinel en matière de baux commerciaux). – Reygrobellet, *JCP N 2014, n° 1246* (loi nouvelle sur l'artisanat, le commerce et les TPE) ; *ibid., n° 1262* (nouvelles dispositions pour le bail commercial : quelles entrées en vigueur ?). – Dossier, *Gaz. Pal. 2014. 2509* (réforme du statut des baux commerciaux par la loi du 18 juin 2014). – Monéger et Kendérian, *RTD com. 2014. 535* (premiers regards sur les dispositions relatives au bail commercial). – Bolland-Blanchard, *LPA 15 sept. 2014* (loi Pinel : la fin du bail de neuf ans ou les oubliés du texte). – Garbit, *RLDA sept. 2014. 18 ; ibid. oct. 2014. 18* (réforme du statut des baux commerciaux). – Gouraud, *Defrénois 2014. 902* (la pratique notariale des baux commerciaux après la loi Pinel). – Dossier, *Loyers et copr. sept. 2014* (loi du 18 juin et bail commercial). – Dossier, *AJDI 2014. 575* (loi Pinel et baux commerciaux). – Teffo, *LPA 7 oct. 2014* (réforme des baux commerciaux par la loi relative à l'artisanat, au commerce et aux TPE). – Puygauthier, *JCP N 2015, n° 1002* (conséquences sur la cession du bail commercial ou du fonds de commerce). – Barbier, *Gaz. Pal. 2015. 851* (loi Pinel : désaccords sur son application dans le temps). – Dossier, *Cah. dr. entr. 2015, n° 3* (les baux commerciaux depuis la loi Pinel). – Blatter, *Dr. et patr. 10/2015. 27* (la grande cuisine des baux commerciaux). – Perret, *AJDI 2017. 191* (de l'application de la loi Pinel dans le temps).

► Loi n° 2015-990 du 6 août 2015 : Brignon, *JCP E 2015, n° 1484* (les baux commerciaux et les ventes de fonds de commerce après la loi Macron). – Kendérian, *RTD com. 2015. 475* (incidence de la loi Macron sur le bail commercial). – Battistini, *LPA 24 déc. 2015* (présentation des modifications apportées au statut des baux commerciaux par la loi Macron).

► Covid-19 : Regnault, *AJ contrat 2020. 193* (Covid-19 et bail commercial). – Danos, *JCP E 2020, n° 1179* (le paiement des loyers relatifs aux baux commerciaux et la crise du Covid-19). – A. et J-P. Confino, *AJDI 2020. 326* (les baux commerciaux malades de la peste). – Barbier, *ibid. 341* (coronavirus : la résiliation du bail par le locataire). – Venner, *ibid. 343* (covid-19 – la géolocalisation, un espoir pour les locataire). – Kendérian, *RTD com. 2020. 265* (le droit civil des contrats et le bail commercial en temps de crise : l'exemple de la covid-19). – Regnault, *JCP E 2020, n° 1258* (l'après-confinement et le bail commercial : le temps des incertitudes). – Auque et Dumur, *AJDI 2020. 653* (statut des baux commerciaux : obsolescence ou renouveau face à la crise sanitaire ?). – Lagallarde, *AJDI 2021. 30* (le bail commercial et la fin du confinement, épée de Damoclès sur la tête des restaurateurs ?). – Jacquot, *ibid. 99* (la Covid, le loyer et le juge). – Lemay, *RLDA 2/2021. 38* (loyers commerciaux et covid-19 : premières décisions, premières leçons). – Barbier, *D. actu. 9 mars 2021* (loyers commerciaux en temps de pandémie : double peine et triple erreur). – Lemay, *RLDA nov. 2021. 50* (loyers commerciaux et covid-19 : les juridictions du fond affinent la jurisprudence). – Brignon, *AJDI 2022. 16* (crise sanitaire et évolution des usages en matière de baux commerciaux).

SECTION PREMIÈRE DU CHAMP D'APPLICATION

Art. L. 145-1 I. – Les dispositions du présent chapitre s'appliquent aux baux des immeubles ou locaux dans lesquels un fonds est exploité, que ce fonds appartienne, soit à un commerçant ou à un industriel immatriculé au registre du commerce et des sociétés, soit à un chef d'une entreprise *(Ord. n° 2021-1189 du 15 sept. 2021, art. 8, en vigueur le 1er janv. 2023)* **« du secteur des métiers et de l'artisanat immatriculée au registre national des entreprises** *[ancienne rédaction : immatriculée au répertoire des métiers]* **», accomplissant ou non des actes de commerce, et en outre :**

1° Aux baux de locaux ou d'immeubles accessoires à l'exploitation d'un fonds de commerce quand leur privation est de nature à compromettre l'exploitation du fonds et qu'ils appartiennent au propriétaire du local ou de l'immeuble où est situé l'établissement principal. En cas de pluralité de propriétaires, les locaux accessoires doivent avoir été loués au vu et au su du bailleur en vue de l'utilisation jointe ;

2° Aux baux des terrains nus sur lesquels ont été édifiées — soit avant, soit après le bail — des constructions à usage commercial, industriel ou artisanal, à condition que ces constructions aient été élevées ou exploitées avec le consentement exprès du propriétaire.

II. — Si le fonds est exploité sous forme de location-gérance en application du chapitre IV du présent titre, le propriétaire du fonds bénéficie néanmoins des présentes dispositions sans avoir à justifier de l'immatriculation au registre du commerce et des sociétés ou au *(Ord. n° 2021-1189 du 15 sept. 2021, art. 8, en vigueur le 1er janv. 2023)* **« registre national des entreprises en tant qu'entreprise du secteur des métiers et de l'artisanat** *[ancienne rédaction : répertoire des métiers]* **». —** *[Décr. n° 53-960 du 30 sept. 1953, art. 1er.]*

(L. n° 2008-776 du 4 août 2008, art. 42) **« III. — Si le bail est consenti à plusieurs preneurs ou indivisaires, l'exploitant du fonds de commerce ou du fonds artisanal bénéficie des dispositions du présent chapitre, même en l'absence d'immatriculation au registre du commerce et des sociétés ou au** *(Ord. n° 2021-1189 du 15 sept. 2021, art. 8, en vigueur le 1er janv. 2023)* **« registre national des entreprises en tant qu'entreprise du secteur des métiers et de l'artisanat** *[ancienne rédaction : répertoire des métiers]* **» de ses copreneurs ou coïndivisaires non exploitants du fonds.**

« En cas de décès du titulaire du bail, ces mêmes dispositions s'appliquent à ses héritiers ou ayants droit qui, bien que n'exploitant pas de fonds de commerce ou de fonds artisanal, demandent le maintien de l'immatriculation de leur ayant cause pour les besoins de sa succession. »

V. note ss. art. L. 145-2.

Sur la possibilité, pour un GIE dont l'objet est commercial, d'être titulaire d'un bail commercial, V. art. L. 251-4.

BIBL. ▶ MONÉGER, *Dr. et patr. 6/1997. 60* (brèves observations sur le champ d'application du statut des baux commerciaux). – CANU, *Gaz. Pal. 2004. Doctr. 75* (pour le bail économique). – BLATTER, *AJDI 2008. 649* (la L. du 4 août 2008 et les baux commerciaux). – MONÉGER, *RTD com. 2008. 501* (même thème). – BOISMAIN, *LPA 9 janv. 2009* (la dispense d'immatriculation au RCS et le renouvellement du bail commercial). – CLERGET et DESSERTENNE-BROSSARD, *JCP N 2014, n° 1212* (transmission intraconjugale des baux d'entreprise). – MAUPAS, *RTD com. 2016. 365* (soumission des locaux accessoires au bail commercial).

I. EXISTENCE D'UN BAIL COMMERCIAL

1. Nécessité d'un bail valable. Le preneur, pour être bénéficiaire du statut, doit être titulaire d'un bail. • Com. 19 juin 1963 : *Bull. civ. III, n° 311.* ♦ L'existence d'un bail implique la stipulation d'un loyer sérieux. • Com. 12 mai 1959 : *Bull. civ. III, n° 201.* ♦ Mais la modicité du loyer ne fait pas perdre au bail son caractère propre, alors surtout que le locataire prend la charge de toutes les réparations. • Civ. 3e, 15 mai 1973, n° 72-11.841 P. ♦ Il n'est pas nécessaire que le bail soit écrit. • Civ. 3e, 12 févr. 1985, n° 83-11.728 P : *Rev. loyers 1985. 290.* ♦ Toutefois, la seule occupation des lieux non accompagnée du paiement d'un loyer ne suffit pas à caractériser l'existence d'un bail commercial verbal, qui suppose l'accord des parties sur la chose et le prix du loyer. • Civ. 3e, 4 mars 2008, n° 07-15.522 : *Rev. loyers 2008. 270.* ♦ Le bénéfice du statut est exclu en cas de nullité absolue du bail, contraire à l'ordre public. • Com. 2 déc. 1959 : *Bull. civ. III, n° 412.*

2. Preuve du bail. Le bail d'immeuble prend pour le commerçant le caractère d'un acte de commerce dont la preuve peut être rapportée par le bailleur par tout moyen. • Com. 14 févr. 1956 : *Bull. civ. III, n° 67 ; JCP 1956. II. 9375.*

3. Conventions distinctes d'un bail. La convention d'exploitation d'une carrière est une vente de matériaux et non un bail. • Civ. 3e, 30 mai 1969, n° 67-14.058 P : *D. 1970. 49.* ♦ La location de locaux à usage commercial résultant d'un contrat de crédit-bail immobilier, qui n'est pas un bail, ne bénéficie pas de la propriété commerciale. • Civ. 3e, 10 juin 1980, n° 79-13.330 P : *D. 1980. 566, note Guyon.* ♦ Il en va de même de la location-gérance de fonds de commerce. • Civ. 3e, 10 mai 1989, n° 87-17.401 P : *D. 1989. IR 16 ; Defrénois 1990. 626, obs. J. Honorat.* ♦ Les parties peuvent conclure une convention d'occupation précaire, qui ne constitue nullement un bail commercial. • Civ. 3e, 30 avr. 1969, n° 67-11.457 P. ♦ Il y a bail et non contrat administratif dès lors qu'aucune des clauses de la convention n'est dérogatoire au droit commun, que l'activité commerciale du preneur est indépendante de tout contrôle et qu'il peut transférer son bail à un tiers. • Civ. 1re, 5 juin 1962 : *Bull. civ. I, n° 289.* ♦ Lorsque la jouissance des locaux ne constitue qu'un simple accessoire d'un contrat de fournitures, il n'y a pas lieu à application du statut des baux commerciaux. • Civ. 3e, 31 mars 1978 : *Gaz. Pal. 1978. 2. Pan. 266.*

4. Nature commerciale du bail. Le bénéfice de la protection du statut étant lié à l'exploitation d'un fonds de commerce, les membres des professions libérales, tel un conseil juridique, ne peuvent en bénéficier : V. • Civ. 3ᵉ, 4 oct. 1983, n° 81-16.007 P.

5. Artisans. BIBL. Puygauthier, *JCP N 1997. I. 1213 ; ibid. 1997. I. 1249.* ♦ Depuis la loi du 5 janv. 1957, les artisans bénéficient du statut quelle que soit la proportion des locaux affectés à l'habitation et à l'usage de leur profession. • Soc. 9 nov. 1960, n° 59-20.298 P : *Ann. loyers 1961. 653.* ♦ Mais l'artisan, pour bénéficier du statut, doit justifier de son immatriculation au répertoire des métiers. • Civ. 3ᵉ, 23 avr. 1975, n° 73-14.088 P.

6. Bail mixte. Est commercial et bénéficie donc du statut le bail portant à la fois sur des locaux d'habitation et des locaux commerciaux. • Com. 5 mai 1966 : *Bull. civ. III, n° 230.*

II. IMMEUBLE OU LOCAL

A. NOTION

7. Lieu clos et couvert. Un local est un lieu clos et couvert dans lequel doit s'exercer la vente. • Civ. 3ᵉ, 1ᵉʳ juin 2010, n° 09-65.482 : *AJDI 2010. 638 ; RJDA 2010, n° 917.* ♦ Une convention d'exploitation d'un matériel, bien meuble et démontable, n'est pas soumise au statut des baux commerciaux. • Civ. 3ᵉ, 15 juin 2004, n° 03-12.699 : *AJDI 2005. 128, note Denizot* . ♦ Ne constitue pas un local un mur ou une toiture. • Civ. 21 janv. 1930 : *Gaz. Pal. 1930. 1. 375.*

8. Emplacement dans un supermarché. Le bénéfice de la propriété commerciale est refusé au commerçant autorisé à occuper un emplacement dans un supermarché, moyennant une redevance mensuelle, pour y vendre des plantes et des fleurs, en raison de l'indétermination de l'emplacement concédé, dont la situation et l'étendue pouvaient être fixées unilatéralement par la société exploitant le supermarché. • Civ. 3ᵉ, 24 févr. 1976, n° 74-13.314 P : *D. 1976. Somm. 45 ; JCP 1976. II. 18427, note Boccara.* ♦ En revanche, peut bénéficier du statut une construction permanente, située à l'extérieur du supermarché, adossée au mur de celui-ci et couverte. • Civ. 3ᵉ, 1ᵉʳ déc. 1976, n° 75-14.592 P : *D. 1977. IR 110.* ♦ En suscitant la conclusion de quarante baux successifs pendant une durée de plus de trois ans et en louant des locaux commerciaux qualifiés faussement d'emplacements, le bailleur a commis une fraude en vue d'éluder les dispositions du Décr. du 30 sept. 1953 [C. com., art. L. 145-1 s.], dès lors que les lieux loués ne constituaient pas un simple emplacement mais des locaux commerciaux disposant d'une vitrine et d'une entrée indépendante, que les contrats de location précisaient que le preneur agirait à ses risques et périls, qu'aucune contrainte horaire ne lui était imposée, et qu'il avait une pleine autonomie de gestion et une clientèle propre, distincte de celle du supermarché. • Civ. 3ᵉ, 24 janv. 1996, n° 94-10.322 P : *D. 1997. Somm. 306, obs. Rozès ; RJDA 1996, n° 464.*

B. LOCAUX ACCESSOIRES

9. Distinction entre locaux accessoires et local principal. BIBL. Sainturat, *Administrer 2/2008. 7.* ♦ Est un local principal celui qui a une clientèle propre. • Com. 1ᵉʳ mars 1961 : *Rev. loyers 1961. 440 ; Ann. loyers 1961. 686* • Civ. 3ᵉ, 13 févr. 1970, n° 68-11.411 P : *D. 1970. 370.* ♦ ... Ou dans lequel le fonds est exploité. • Com. 25 avr. 1963 : *Bull. civ. III, n° 198.* ♦ Le local principal dans lequel est exploité le fonds peut englober plusieurs locations portant sur plusieurs immeubles. • Civ. 3ᵉ, 29 oct. 1970, n° 69-10.361 P : *Rev. loyers 1971. 24.* ♦ Ne bénéficie pas de la protection un atelier, local accessoire, n'appartenant pas au propriétaire du local principal, dès lors que cet atelier n'avait pas été loué au vu et au su du bailleur en vue d'une utilisation jointe. • Civ. 3ᵉ, 19 juill. 1995, n° 93-15.947 P : *D. 1995. IR 209 ; AJPI 1996. 399, note Blatter.*

10. Existence d'un local principal. Refusant, en l'absence d'un local principal, le bénéfice du statut à un garage utilisé pour garer des marchandises et le matériel d'un commerce de glaces et macarons vendus les jours d'ouverture d'un cinéma à un étal sommaire sur le trottoir, V. • Com. 10 nov. 1965, n° 62-11.796 P.

11. Critère de protection du local accessoire. Ayant relevé que, compte tenu de la situation des lieux en sous-sol, imbriqués en partie, dès la conclusion du bail, « par emprise du local commercial », de l'absence de fenêtre et de la présence d'un compteur électrique commun au local commercial, le local litigieux ne pouvait qu'être réservé au logement du personnel et au rangement des skis de la clientèle, la cour d'appel a souverainement retenu que ce local était indispensable à l'exploitation du fonds de commerce et en a exactement déduit que le bail était soumis au statut des baux commerciaux. • Civ. 3ᵉ, 15 févr. 2018, n° 16-19.522 : *AJDI 2018. 278 ; RJDA 2018, n° 489.* ♦ Un local accessoire ne bénéficie pas du statut dès lors que le commerce du preneur n'est pas compromis par la privation de ce local. • Com. 7 oct. 1964 : *Gaz. Pal. 1964. 2. 416.* ♦ C'est au preneur qu'il incombe d'établir que le local est nécessaire à son activité. • Civ. 3ᵉ, 21 mars 1990, n° 89-11.297 P : *D. 1990. IR 90.*

12. Succursales. Les succursales, comme le siège social, sont protégées comme locaux principaux. • Com. 18 nov. 1958 : *Bull. civ. III, n° 392 ; D. 1959. 139 ; Gaz. Pal. 1959. 1. 867.*

III. TERRAINS NUS

13. Exploitation d'un fonds de commerce. Le statut des baux commerciaux ne s'applique aux baux des terrains nus sur lesquels des constructions ont été édifiées avec l'accord du propriétaire qu'à la condition qu'un fonds y soit exploité. • Civ. 3e, 11 mai 1988, n° 86-19.631 P : *D. 1988. IR 146.* ♦ Sur la condition tenant à l'exploitation par le locataire d'un fonds de commerce lui appartenant, V. notes 19 s.

14. *Existence de constructions.* Est exclu du bénéfice du statut le terrain nu sur lequel aucune construction n'a été élevée. • Com. 9 févr. 1960 : *Bull. civ. III, n° 54 ; Gaz. Pal. 1960. 1. 296.* ♦ V., retenant les critères de fixité et de solidité pour déterminer s'il y a ou non construction : • Com. 10 mai 1965, n° 60-13.533 P. ♦ Jugeant que le caractère de solidité des constructions résulte de leur pérennité et leur caractère de fixité de leur connexion aux réseaux, V. • Civ. 3e, 1er oct. 2014, n° 13-16.806 P : *D. 2014. 2565, note Aubin-Brouté ; RTD com. 2014. 773, obs. Kendérian ; Loyers et copr. 2014, n° 272, obs. Brault.*

15. *Distinction entre bail commercial et bail à construction.* Ayant souverainement retenu, recherchant la commune intention des parties, que l'obligation principale du locataire était d'exploiter une station-service, la désignation de l'immeuble à construire apparaissant comme la détermination d'une modalité d'exécution du bail et non comme son objet principal, qu'il était prévu au contrat la possibilité d'un renouvellement par tacite reconduction et que le loyer serait révisé par périodes triennales par application de la législation sur les baux commerciaux, une cour d'appel a pu en déduire que le contrat devait être qualifié de bail commercial. • Civ. 3e, 2 juill. 2008, n° 07-16.071 : *AJDI 2008. 674.*

16. *Condition de nécessité.* Si l'art. 1er-2° du Décr. du 30 sept. 1953 [C. com., art. L. 145-1], relatif aux baux de terrains nus, exige l'accord du propriétaire quant aux constructions élevées par le locataire, il n'apporte aucune dérogation à la règle générale suivant laquelle ne bénéficient du droit au renouvellement que les seuls locaux nécessaires à l'exploitation du fonds. • Com. 4 nov. 1959 : *AJPI 1960. 56 ; Gaz. Pal. 1960. 1. 134 ; Rev. loyers 1960. 242.*

17. *Autorisation du propriétaire.* Le droit de renouvellement s'étend au bout de terrain nu sur lequel ont été édifiées des constructions, soit avant soit après le bail, à condition qu'elles aient été édifiées ou exploitées avec le consentement exprès du propriétaire. • Civ. 3e, 16 nov. 1994, n° 92-19.658 : *RDI 1995. 602, obs. Derruppé ; Rev. loyers 1995. 98, obs. J.-C. B.* ♦ Sauf accord exprès du bailleur pour l'édification de locaux servant à une activité commerciale industrielle ou artisanale, la location d'un terrain nu n'est pas soumise au statut des baux commerciaux. • Civ. 3e, 9 avr. 2014, n° 13-10.725 : *D. 2014. Pan. 1663, obs. Dumont-Lefrand ; Loyers et copr. 2014, n° 182, obs. Brault.*

18. *Renouvellement.* Le renouvellement d'un bail commercial s'opérant, sauf convention contraire, aux clauses et conditions de la convention à renouveler, lorsque l'objet du bail portait sur un terrain nu, celui du bail renouvelé ne peut porter que sur ce terrain nu, quand bien même le locataire y aurait réalisé des constructions. • Civ. 3e, 3 févr. 1988, n° 86-16.158 P : *Rev. loyers 1988. 329.* ♦ Ayant retenu à bon droit que le preneur à bail d'un terrain nu sur lequel sont édifiées des constructions ne peut bénéficier du droit au renouvellement du bail que confère le statut des baux commerciaux que s'il remplit les conditions exigées au 1er al. de l'art. L. 145-1-I tenant à son immatriculation et à l'exploitation d'un fonds et ayant constaté que la société n'était pas, au moment de la délivrance du congé, immatriculée pour l'établissement secondaire exploité dans les lieux, la cour d'appel en a exactement déduit que celle-ci n'avait pas droit à une indemnité d'éviction. • Civ. 3e, 23 janv. 2020, n° 19-11.215 P : *D. 2020. Pan. 1543, obs. Dumont ; JCP E 2020, n° 1070 ; RJDA 2020, n° 201 ; BJS 4/2020. 9, obs. Brignon.*

IV. EXPLOITATION ET PROPRIÉTÉ D'UN FONDS

19. *Condition nécessaire.* Le statut des baux commerciaux est subordonné à l'exploitation par le locataire d'un fonds de commerce lui appartenant. • Civ. 3e, 29 oct. 1985, n° 84-14.391 P. ♦ Dénature les clauses d'un bail et viole l'art. 1134 [ancien] C. civ., ensemble l'art. L. 145-1 C. com., une cour d'appel qui qualifie la convention litigieuse de bail d'habitation, alors que le contrat stipule que le preneur « pourra exercer dans les lieux toutes activités professionnelles, commerciales ou industrielles » et qu'elle constate qu'un fonds de commerce est exploité dans les lieux. • Civ. 3e, 9 juill. 2014, n° 12-29.329 P : *D. 2014. Actu. 1589, obs. Rouquet.*

20. *Notion de fonds.* Bénéficie du statut la société locataire d'un terrain à usage de station-service dès lors que celle-ci constitue un fonds de commerce indépendant disposant d'un droit au bail, de bâtiments et d'installations appropriées, d'une clientèle locale et d'un achalandage important. • Civ. 3e, 13 févr. 1980, n° 78-14.553 P : *Rev. loyers 1980. 309, note J. V.* ♦ Une caisse de crédit mutuel, banque à statut spécial, louant des locaux en vue de l'exercice de ses activités, bénéficie du statut des baux commerciaux. • Civ. 3e, 21 févr. 1996, n° 94-10.958 : *RDI 1996. 426, obs. Derruppé ; Loyers et copr. 1996, n° 393, obs. Brault et Mutelet.*

21. *Clientèle propre.* Le statut des baux commerciaux s'applique aux baux de locaux stables et permanents dans lesquels est exploité un fonds de commerce ou un fonds artisanal, ces fonds se caractérisant par l'existence d'une clientèle propre au commerçant ou à l'artisan (à propos d'un commerce intégré dans un hôtel). • Civ. 3e, 19 janv. 2005, ⛫ n° 03-15.283 P : *D. 2006. Pan. 926, obs. Rozès* ; *AJDI 2005. 476, note Blatter* ; *JCP 2005. II. 10040, obs. Reifegerste ; JCP E 2005. 826, n° 13, obs. Kenfack ; RJDA 2005, n° 362 ; LPA 22 nov. 2005, note Humann.* ♦ Exigeant que le preneur rapporte la preuve d'une clientèle propre, mais non que celle-ci soit prépondérante, V. • Civ. 3e, 19 mars 2003, ⛫ n° 01-17.679 P : *D. 2003. 2749, note Kenfack* ; *JCP 2003. II. 10143, obs. Clamour et Tosi ; JCP E 2003. 1115, obs. Kéita ; RTD com. 2003. 275, obs. Monéger* ; *RJDA 2003, n° 572.*

22. Autonomie de gestion. Ne remplit pas les conditions exigées par l'art. 1er [C. com., art. L. 145-1] la société titulaire d'un emplacement de vente dans un supermarché qui ne bénéficie d'aucune autonomie de gestion et qui n'a d'autre clientèle que celle de ce supermarché. • Civ. 3e, 9 juill. 1979, ⛫ n° 77-13.452 P. ♦ Il n'en irait différemment qu'en cas de volonté clairement exprimée par les parties dans le contrat de bail. • Civ. 3e, 5 avr. 1995, ⛫ n° 93-14.864 P : *D. 1997. Somm. 306, obs. Rozès* ; *RDI 1995. 602, obs. Derruppé* .

23. Propriété du fonds. Les dispositions du statut des baux commerciaux ne peuvent être invoquées que par le propriétaire du fonds de commerce qui est exploité dans les lieux. • Civ. 3e, 25 janv. 1983, ⛫ n° 81-13.588 P. ♦ Aussi le gérant libre ou locataire-gérant du fonds ne bénéficie-t-il pas du statut. • Com. 18 nov. 1958 : *Bull. civ. III, n° 393.* ♦ Le locataire-gérant peut toutefois bénéficier du statut à condition que le bailleur lui ait permis l'exercice dans les lieux d'un commerce distinct, ayant une clientèle propre. • Civ. 3e, 22 mai 1968, ⛫ n° 66-12.746 P : *JCP 1969. II. 15784, note Boccara ; Ann. loyers 1969. 590.* ♦ ... Ou que le bail ait été frauduleusement qualifié de « gérance ». • Civ. 3e, 7 oct. 1998, ⛫ n° 96-22.564 : *Administrer 1/1999. 50, obs. Boccara, Lipman-Boccara et Sainturat.*

24. Franchise. Pour un arrêt ayant jugé un franchisé suffisamment indépendant pour être considéré comme propriétaire du fonds qu'il exploite : • Civ. 3e, 27 mars 2002, ⛫ n° 00-20.732 P : *cité note 29 ss. art. L. 330-3.*

25. Groupement d'intérêt économique. Un GIE ne peut avoir droit à la propriété commerciale qu'autant qu'il exploite un fonds de commerce caractérisé par l'existence d'une clientèle autre que celle constituée de ses membres. • Paris, 11 oct. 2002 : *AJDI 2003. 262, obs. Blatter* .

V. IMMATRICULATION AU RCS OU AU RÉPERTOIRE DES MÉTIERS

BIBL. Lamarche, *JCP E 1992. I. 142* (immatriculation des associations). – Cornille, *Gaz. Pal. 2005. 1. Doctr. 903* (immatriculation et droit au renouvellement). – Barbier, *AJDI 2005. 887* . – Denizot, *AJDI 2006. 24* (rôle de la bonne foi dans la condition d'immatriculation au RCS). – Boccara, *Administrer 4/2006. 13* (simplifier la problématique de l'immatriculation). – Betoulle, *AJDI 2006. 356* (immatriculation, commerces dépendants et statut).

26. Portée de l'exigence d'immatriculation. L'immatriculation du preneur n'est une condition du bénéfice du statut des baux commerciaux que pour le renouvellement du bail. • Civ. 3e, 1er oct. 1997, ⛫ n° 95-15.842 P : *JCP N 1998, n° 11, p. 408.*

27. Date d'immatriculation. BIBL. Brault, *Loyers et copr. 2005. Étude 5* (immatriculation du preneur au RCS postérieurement à la demande de renouvellement). ♦ La condition d'immatriculation au registre du commerce s'apprécie : à la date de la délivrance du congé. • Civ. 3e, 12 avr. 1983 : *JCP 1985. II. 20371, note B. B.* • 4 nov. 1998, ⛫ n° 97-12.247 : *RJDA 1998, n° 1331.* ♦ ... Ou à la date de la demande de renouvellement du locataire. • Civ. 3e, 25 oct. 1983, ⛫ n° 81-14.926 P : *JCP 1984. IV. 2.* ♦ ... Mais ne doit pas être remplie pendant le cours de la procédure en fixation du loyer du bail renouvelé. • Civ. 3e, 18 mai 2005, ⛫ n° 04-11.985 P : *D. 2005. AJ 1554, obs. Rouquet* ; *AJDI 2005. 733, note Blatter* ; *RJDA 2005, n° 940 ; JCP E 2005. 1733, n° 11, obs. H. K.*

28. Preuve de l'immatriculation. Il appartient au locataire qui invoque le bénéfice du statut de justifier qu'il en remplit les conditions d'application. • Civ. 3e, 29 nov. 1995, ⛫ n° 93-20.587 : *RJDA 1996, n° 189.* ♦ L'immatriculation du locataire est une condition nécessaire au bénéfice du statut [sauf si le fonds est exploité sous forme de location-gérance] mais n'établit pas la preuve que les autres conditions sont réunies, notamment qu'un fonds est exploité dans les lieux. • Civ. 3e, 8 janv. 1969, n° 67-10.760 P : *D. 1969. 273.* ♦ Ayant relevé que l'immatriculation de la société preneuse, bien que comportant un numéro de bâtiment erroné, correspond à l'adresse du parc d'activités au sein duquel elle exploitait son fonds de commerce et exactement retenu que le code de commerce ne comporte aucune exigence concernant l'identification d'un bâtiment au sein d'un ensemble immobilier, une cour d'appel a pu en déduire que la mention de l'adresse de l'établissement suffit à son identification. • Civ. 3e, 4 juill. 2012, ⛫ n° 11-13.868 P : *cité note 1 ss. art. R. 123-53.*

29. Usufruit. Le bénéfice du statut des baux commerciaux ne pouvant être invoqué que par celui qui est à la fois titulaire du bail et propriétaire du fonds de commerce, lorsque la propriété d'un fonds est démembrée entre un usufruitier qui a la qualité de commerçant et un nu-propriétaire qui n'a pas cette qualité, le nu-propriétaire doit être immatriculé au RCS pour permettre l'application du statut. • Civ. 3e, 5 mars 2008, ⛫ n° 05-20.200 P : *D. 2008. AJ 916, obs. Rouquet* ; *AJDI 2008. 579, note*

Dumont-Lefrand ; *RJDA 2008, n° 493.*

30. Communauté entre époux. BIBL. Yamba, *JCP N 1997. I. 87* (les copreneurs). ♦ La qualité de commerçant immatriculé au RCS n'est requise qu'en la personne de celui des époux communs en biens qui exploite le fonds pour le compte et dans l'intérêt commun des époux. • Civ. 3e, 3 juill. 1979, n° 77-11.445 P : *Rev. loyers 1979. 475, note J. V.*

31. Époux séparés de biens. Des époux mariés sous le régime de la séparation de biens sont l'un et l'autre soumis à immatriculation. • Civ. 3e, 24 mai 2000, n° 98-22.732 P : *D. 2000. AJ 335, obs. Rouquet* ; *JCP E 2000, n° 43-44, p. 1711, note Kéita.* ♦ Le fait, pour un bailleur, de dénier le bénéfice du droit au renouvellement à deux époux séparés de biens sur le fondement du défaut d'immatriculation d'un seul d'entre eux à la date de leur demande de renouvellement ne constitue pas une atteinte disproportionnée au droit à la propriété commerciale reconnu aux locataires au regard des dispositions de l'art. 1er du protocole additionnel n° 1 à la Conv. EDH, dès lors que les dispositions du code de commerce relatives au renouvellement du bail commercial réalisent un juste équilibre entre les exigences de l'intérêt général et les impératifs de sauvegarde des droits fondamentaux de la personne. • Civ. 3e, 18 mai 2005, n° 04-11.349 P : *D. 2006. Pan. 926, obs. Rozès* ; *AJDI 2005. 733, note Blatter* ; *JCP E 2005. 1733, n° 11, obs. H. K.* ; *RJDA 2005, n° 939.*

32. Indivision post-communautaire. Ayant relevé que les copreneurs, qui avaient été mariés sous le régime de la communauté, se trouvaient en indivision post-communautaire, et que l'ex-épouse, exploitant le fonds dans l'intérêt de l'indivision, était immatriculée au RCS, le bailleur ne pouvait se prévaloir du défaut d'immatriculation de l'autre copreneur pour refuser le paiement d'une indemnité d'éviction. • Civ. 3e, 1er juin 2011, n° 10-18.855 P : *D. 2011. Actu. 1615, obs. Rouquet* ; *JCP E 2012. 1094, n° 5, obs. Kenfack.*

33. Indivision successorale. La dispense d'immatriculation, prévue au III de l'art. L. 145-1, est limitée aux seuls cotitulaires et/ou héritiers non exploitants du fonds, et ne concerne pas le preneur ou l'héritier exploitant lui-même qui, pour prétendre au bénéfice du statut, doit être personnellement immatriculé. • Versailles, 20 oct. 2011 : *AJDI 2012. 672* .

34. Indivision conventionnelle. Jugeant que la loi du 4 août 2008, insérant un III à l'art. L. 145-1, est d'application immédiate, V. • Paris, 31 mars 2010 : *Administrer 6/2010. 40, obs. Lipman-W. Boccara.*

35. Cession partielle d'actifs. Le titulaire d'un bail commercial à la suite d'une cession partielle d'actifs ne peut se prévaloir de l'immatriculation du cédant au RCS. Ainsi, faute d'être immatriculé pour les locaux cédés à la date de la délivrance du congé, il n'a pas droit au renouvellement du bail, l'art. 35-1 du Décr. de 1953 [devenu l'art. L. 145-16] ne comportant aucune dérogation au principe de l'obligation d'immatriculation du locataire. • Civ. 3e, 7 nov. 2001, n° 00-12.453 P : *D. 2002. AJ 94* ; *AJDI 2002. 125, obs. Blatter* ; *RTD com. 2002. 275, obs. Monéger* ; *JCP E 2002, n° 24, p. 976, obs. Kéita.*

36. Société en formation et reprise des engagements des associés. Il résulte de l'art. L. 210-6 C. com. que, du fait de la reprise des engagements pris en son nom, la société preneuse est réputée avoir, à la date de la cession du fonds de commerce, et donc à la date de la délivrance du congé, la personnalité morale conférée par l'immatriculation. • Civ. 3e, 7 déc. 2011, n° 10-26.726 P : *D. 2012. Actu. 11, obs. Lienhard* ; *AJDI 2012. 345, note Dumont-Lefrand* ; *RJDA 2012, n° 253* ; *Rev. sociétés 2012. 218, note Reygrobellet* .

37. Établissements secondaires et locaux accessoires. Lorsqu'un local accessoire est exploité dans une autre ville, cet établissement doit être également inscrit au RCS pour bénéficier du renouvellement. • Civ. 3e, 23 févr. 1982, n° 80-14.171 P. ♦ En cas de pluralité d'établissements exploités dans le ressort d'un même tribunal par une même personne physique ou morale, il y a lieu, outre l'immatriculation à titre principal, à une inscription complémentaire par autre établissement exploité. • Civ. 3e, 5 mars 1986, n° 84-15.938 P : *AJPI 1986. 549, note Blatter.*

VI. EXTENSION VOLONTAIRE DU STATUT

38. Validité des accords. BIBL. Raffi, *LPA 19 févr. 2008* (extension conventionnelle aux locations professionnelles). ♦ Le propriétaire d'un local commercial peut faire bénéficier son locataire d'un droit au renouvellement que la loi ne permettrait pas à ce dernier d'exiger. • Civ. 3e, 20 mars 1984, n° 82-12.753 P.

39. Volonté univoque. Le juge doit rechercher si le bailleur a manifesté de façon non équivoque sa volonté de conférer au preneur des avantages équivalents à ceux résultant du décret de 1953 [C. com., art. L. 145-1 s.] sans se prévaloir des conditions auxquelles est subordonné le bénéfice du statut. • Civ. 3e, 6 juill. 1982, n° 80-12.958 P. ♦ Doit, par exemple, être soumis au statut le bail, conclu pour une durée de neuf ans avec révision triennale et faculté pour le preneur de le faire cesser à l'expiration d'une période de trois ans dans les formes et délais prévus par l'art. 5 du Décr. du 30 sept. 1953 [C. com., art. L. 145-9], qui fait expressément référence avec ses avenants à ce décret, alors que, de plus, la mention « bail commercial-révision triennale » figure en tête de la lettre par laquelle le bailleur a transmis au preneur le dernier avenant. • Civ. 3e, 23 mars 1994, n° 92-15.035 P : *AJPI 1994.*

456, note J.-P. B. ; RDI 1994. 508, obs. Derruppé .

40. Portée des accords. En cas de soumission conventionnelle au Décr. du 30 sept. 1953 [C. com., art. L. 145-1 s.], sont nulles les clauses contraires aux dispositions impératives du texte susvisé relatives à la forme du congé. • Cass., ass. plén., 17 mai 2002, n° 00-11.664 P : *AJDI 2002. 525, obs. Blatter ; JCP 2002. II. 10131, note Monéger ; Gaz. Pal. 2002. 2. 975, note Barbier.* ♦ Jugeant que lorsque les parties ont déclaré se soumettre volontairement au statut des baux commerciaux, sauf à dénaturer les termes de leur convention, le bailleur ne peut se réclamer de l'absence d'immatriculation au RCS du preneur pour se soustraire à son obligation de payer une indemnité d'éviction : • Civ. 3e, 28 mai 2020, n° 19-15.001 : *D. 2020. Actu. 1172 ; AJ contrat 2020. 384, obs. Houtcieff ; RTD com. 2020. 593, obs. Monéger ; Rev. sociétés 2020. 537, note Reygrobellet ; JCP E 2020, n° 1245 ; RJDA 2020, n° 414.*

Art. L. 145-2 **I. — Les dispositions du présent chapitre s'appliquent également :**

1° Aux baux des locaux ou immeubles abritant des établissements d'enseignement ;

2° Aux baux consentis aux communes pour des immeubles ou des locaux affectés, soit au moment de la location, soit ultérieurement et avec le consentement exprès ou tacite du propriétaire, à des services exploités en régie ;

3° Aux baux d'immeubles ou de locaux principaux ou accessoires, nécessaires à la poursuite de l'activité des entreprises publiques et établissements publics à caractère industriel ou commercial, dans les limites définies par les lois et règlements qui les régissent et à condition que ces baux ne comportent aucune emprise sur le domaine public ;

4° Sous réserve des dispositions de l'article L. 145-26 *[,]* **aux baux des locaux ou immeubles appartenant à l'État,** *(L. n° 2008-776 du 4 août 2008, art. 43-I)* **« aux collectivités territoriales » et aux établissements publics, dans le cas où ces locaux ou immeubles satisfont aux dispositions de l'article L. 145-1 ou aux 1° et 2° ci-dessus ;**

5° Aux baux d'immeubles abritant soit des sociétés coopératives ayant la forme commerciale ou un objet commercial, soit des sociétés coopératives de crédit, soit des caisses d'épargne et de prévoyance ;

6° Aux baux des locaux consentis à des artistes admis à cotiser à la caisse de sécurité sociale de la maison des artistes et reconnus auteurs d'œuvres graphiques et plastiques, tels que définis par l'article 98 A de l'annexe III du code général des impôts ;

(L. n° 2008-776 du 4 août 2008, art. 43-I) **« 7° Par dérogation à l'article 57 A de la loi n° 86-1290 du 23 décembre 1986 tendant à favoriser l'investissement locatif, l'accession à la propriété de logements sociaux et le développement de l'offre foncière, aux baux d'un local affecté à un usage exclusivement professionnel si les parties ont conventionnellement adopté ce régime. »**

II. — Toutefois, les dispositions du présent chapitre ne sont pas applicables aux autorisations d'occupation précaire accordées par l'administration sur un immeuble acquis par elle à la suite d'une déclaration d'utilité publique. *(Abrogé par L. n° 2014-626 du 18 juin 2014, art. 1er) (L. n° 2005-882 du 2 août 2005, art. 58-II)* ***« Elles ne sont également pas applicables, pendant la période*** *(L. n° 2012-387 du 22 mars 2012, art. 4-I)* ***« de deux ans*** *[ancienne rédaction : d'un an]* ***» mentionnée au premier alinéa de l'article L. 214-2 du code de l'urbanisme, aux fonds artisanaux, aux fonds de commerce ou aux baux commerciaux préemptés en application de l'article L. 214-1 du même code. »***

(L. n° 2014-626 du 18 juin 2014, art. 1er) **« III. — En cas d'exercice du droit de préemption sur un bail commercial, un fonds artisanal ou un fonds de commerce en application du premier alinéa de l'article L. 214-2 du code de l'urbanisme, le bail du local ou de l'immeuble demeure soumis au présent chapitre.** — *V. l'art. préc., App., v° Commerce (organisation).*

« Le défaut d'exploitation ne peut être invoqué par le bailleur pour mettre fin au bail commercial dans le délai prévu au même article L. 214-2 pour sa rétrocession à un nouvel exploitant. » — *[Décr. n° 53-960 du 30 sept. 1953, art. 2.]*

Sont applicables en Nouvelle-Calédonie et dans les îles Wallis-et-Futuna les modifications apportées aux art. L. 145-1, L. 145-2, L. 145-5, L. 145-8, L. 145-9, L. 145-10, L. 145-12, L. 145-26 et L. 145-29 par la L. n° 2008-776 du 4 août 2008 (Ord. n° 2009-896 du 24 juill. 2009, art. 1er-I).

Sont applicables dans les îles Wallis-et-Futuna les modifications apportées aux art. L. 145-2, L. 145-4, L. 145-5, L. 145-5-1, L. 145-9, L. 145-13, L. 145-15 à L. 145-16-2, L. 145-23,

L. 145-34, L. 145-35, L. 145-38, L. 145-39, L. 145-40-1, L. 145-40-2 et L. 145-46-1 par la L. n° 2014-626 du 18 juin 2014 (L. préc., art. 70-I).

I. ÉTABLISSEMENTS D'ENSEIGNEMENT

1. *Notion d'enseignement.* Caractérisant l'activité d'enseignement par l'existence de cours quotidiens et payants, dispensés par des professeurs, V. • Com. 17 déc. 1963 : *Bull. civ. III, n° 552 ; Ann. loyers 1964. 834.* ♦ Comp. • Civ. 3e, 5 sept. 2012, n° 11-23.209 : *D. 2013. Pan. 1796, obs. Dumont-Lefrand ; AJDI 2012. 675 ; Loyers et copr. 2012, n° 300, obs. Ph.-H. B.*

2. *Établissements d'enseignement public.* Les baux concernant des locaux destinés à l'enseignement public relèvent des dispositions générales de l'art. 2 du Décr. du 30 sept. 1953 [C. com., art. L. 145-2]. • Com. 31 mai 1967, n° 64-14.314 P : *Ann. loyers 1967. 1645.*

3. *Établissements d'enseignement privé.* Les établissements privés bénéficient du statut sans que soit exigé un caractère commercial. • Com. 18 mars 1964, n° 62-10.902 P : *Gaz. Pal. 1964. 1. 392* • 23 mars 2010, n° 09-11.359 : *RJDA 2010, n° 712.* ♦ Le fait pour le bailleur d'un local abritant un établissement d'enseignement d'invoquer, pour dénier au locataire le bénéfice du droit au renouvellement de son bail, le défaut de déclaration en préfecture selon la législation en vigueur ne constitue pas une atteinte disproportionnée au droit à la propriété commerciale au sens de l'art. 1er du premier protocole additionnel à la Conv. EDH, dès lors que ces dispositions combinées avec celles du code de commerce relatives au renouvellement du bail commercial réalisent un équilibre entre les exigences de l'intérêt général et les impératifs des droits fondamentaux de la personne. • Civ. 3e, 4 févr. 2009, n° 08-11.433 P : *D. 2009. AJ 496, obs. Rouquet ; RTD com. 2009. 290, obs. Monéger ; RJDA 2009, n° 412.*

4. *Concession.* Sur les difficultés en ce qui concerne la concession d'un établissement d'enseignement, V. • Montpellier, 19 janv. 1962 : *D. 1963. 172, note Givord.*

5. *Immatriculation.* Les baux des locaux abritant des établissements d'enseignement sont, de plein droit, soumis au statut des baux commerciaux, quelle que soit la forme juridique sous laquelle le preneur exerce son activité. • Civ. 3e, 21 févr. 2007, n° 06-11.832 P : *D. 2007. AJ 874, obs. Rouquet ; ibid. 2008. Pan. 1646, obs. Rozès .*

II. RÉGLES COMMUNALES

6. *Conditions.* Le texte n'exige pas que le bail soit à usage commercial ou industriel. • Civ. 3e, 18 déc. 1968, n° 67-12.739 P. ♦ Par suite, il n'est pas nécessaire d'établir l'existence d'un fonds de commerce dans les lieux loués pour soumettre le bail au statut. • Même arrêt. ♦ Mais le statut n'est pas applicable à un bail portant sur des installations de remontées mécaniques, consenti à une commune, lorsque le bailleur n'a pas accepté la demande de la régie municipale, créée pour l'exploitation des biens loués, d'être subrogée dans les droits de la commune. • Civ. 3e, 10 janv. 1990, n° 88-15.861 P : *D. 1990. Somm. 260, obs. Rozès .*

7. *Preuve.* La preuve de l'affectation des lieux loués à un « service d'intérêt commun géré en régie » peut être trouvée, tant dans l'interprétation nécessaire du bail, exclusive de toute dénaturation, que dans l'appréciation de l'intention des parties et des conditions de fait de l'activité exercée dans les lieux (à propos d'une salle de réunion avec buvette). • Com. 18 déc. 1968, n° 67-12.739 P : *préc. note 6.*

III. ENTREPRISES PUBLIQUES À CARACTÈRE COMMERCIAL

8. *Définition.* Par établissement public industriel ou commercial, il faut entendre un service institué par une loi, doté de certaines prérogatives de la puissance publique, soumis à un contrat administratif et dont la gestion est désintéressée. • Com. 12 oct. 1960, n° 59-10.476 P : *Rev. loyers 1960. 592.* ♦ La Poste est un établissement public à caractère industriel et commercial. • T. confl. 4 mars 2002 : *D. 2002. Somm. 2090, obs. Debord .* – V. aussi • Civ. 3e, 23 janv. 2008, n° 06-19.129 P : *D. 2008. AJ 349, obs. Rouquet ; Loyers et copr. 2008, n° 56, obs. Brault.*

9. *Locaux accessoires.* Le texte n'exige pas que, pour être qualifiés de « nécessaires à la poursuite de l'activité », les locaux loués soient tels qu'à leur défaut l'activité du fonds ne puisse être poursuivie. • Civ. 3e, 20 mars 1969, n° 67-12.546 P : *JCP 1969. II. 16106.*

IV. DOMAINE PUBLIC

BIBL. de David Beauregard-Berthier, *AJDI 2005. 633* (statut du commerçant installé sur le domaine public). – Broussolle, *Administrer août-sept. 2008. 20* (conventions d'occupation du domaine public). – Péro Augereau-Hue et Delorme, *AJDI 2013. 257* (sécurisation des droits du commerçant sur le domaine public). – Salaun, *Loyers et copr. 2014. Étude 4* (bail commercial et domaine public : des liaisons dangereuses porteuses de responsabilités).

10. *Exclusion du statut.* NDLR. Issus de la L. n° 2014-626 du 18 juin 2014, les art. L. 2124-32-1 à L. 2124-35 CGPPP organisent l'exploitation d'un fonds de commerce sur le domaine public (V. App., v° *Commerce*). ♦ Le Décr. du 30 sept. 1953 [C. com., art. L. 145-1 s.] ne s'applique pas aux conventions ayant pour objet des biens situés sur le domaine public de l'État. • Civ. 3e, 24 janv. 1996, n° 94-12.952 P : *D. 1996. IR 46.* ♦ La solution est la même lorsque la convention, portant sur des biens dépendant du domaine public, a été conclue entre des personnes de droit privé. • Civ. 3e, 20 déc. 2000, n° 99-10.896 P : *D. 2001. AJ 480, obs. Rouquet ; ibid. Somm. 3520, obs. Rozès .* ♦ Les biens du domaine public ne peuvent faire l'objet que de conventions d'occupation précaire. • Civ. 3e, 24 janv. 1996, n° 94-12.952 P : *préc.* ♦ Nonobstant la qualité d'emphytéote du bailleur, le statut des baux commerciaux ne s'applique pas aux conventions ayant pour objet des biens dépendant du domaine public. • Civ. 3e, 19 déc. 2012, n° 11-10.372 P : *AJDI 2014. 132, obs. Planckeel ; JCP E 2013, n° 1410, spéc. n° 4, obs. Monéger.*

11. Déclassement de l'immeuble. La convention d'occupation précaire du domaine public n'est pas, sauf accord des parties, modifiée lorsque l'immeuble est déclassé et devient partie du domaine privé. • Civ. 3e, 5 mars 1997, n° 95-12.384 P : *D. Affaires 1997. 433 ; Defrénois 1997. 1272, obs. Honorat.* ♦ La décision de déclasser le bien comprenant les locaux occupés et d'en transférer la propriété pleine et entière à une société devenue société de droit privé n'affecte pas le caractère précaire de la convention d'occupation à défaut d'intention de nover. • Civ. 3e, 19 nov. 2014, n° 13-20.089 P : *D. 2015. Pan. 1617, obs. Dumont-Lefrand .* ♦ Faute de déclassement préalable, jugeant le statut des baux commerciaux inapplicable à une autorisation précaire et révocable d'occuper un terrain dépendant du domaine public du chemin de fer, quand bien même ce terrain serait sorti de fait du domaine public. • Civ. 3e, 4 mars 1998 : *D. Affaires 1998. 753.*

12. Salles de spectacles municipales. La convention par laquelle une commune donne « en location » la salle des fêtes à l'exploitant d'un cinéma ne constitue pas un bail commercial. • Com. 9 janv. 1961 : *Bull. civ. III, n° 16.*

13. Application du statut au domaine privé. Pour un exemple d'application du statut à un terrain dépendant du domaine privé d'une commune loué en vue de l'exploitation d'un camp de vacances et comportant une clause de résiliation de plein droit en cas d'immatriculation au registre du commerce, V. • Civ. 1re, 4 juill. 1995, n° 93-14.634 : *Loyers et copr. 1995, n° 523, note Brault.*

V. SOCIÉTÉS COOPÉRATIVES, BANQUES À STATUT SPÉCIAL

14. Sociétés d'intérêt collectif agricole. En vertu de l'art. 6 de la L. n° 85-703 du 12 juill. 1985, conférant aux sociétés d'intérêt collectif agricole, à compter du 1er juill. 1985, le statut de sociétés coopératives, les SICA ayant un objet commercial et exerçant une activité commerciale bénéficient des dispositions du Décr. du 30 sept. 1953 [C. com., art. L. 145-1 s.]. * Rép. min. : *JO Sénat Q 1987, p. 817.*

15. Caisses de crédit mutuel. V. note 20 ss. art. L. 145-1.

16. Caisses d'épargne. La L. du 10 juill. 1991 ayant étendu le bénéfice des baux commerciaux aux caisses d'épargne et de prévoyance n'est pas applicable aux baux en cours. • Civ. 3e, 5 juill. 1995, n° 94-13.131 P : *RDI 1995. 805, obs. Derruppé ; JCP 1995. IV. 2162.*

VI. ARTISTES

17. Baux culturels. BIBL. Monéger, *Loyers et copr. 2007. Étude 8* (baux culturels). ♦ Le statut des baux commerciaux est applicable au locataire, artiste peintre, qui réalise dans les lieux loués des travaux de création (en réponse à un moyen exigeant que le locataire exerce son art à titre principal dans les lieux loués). • Civ. 3e, 21 févr. 2007, n° 06-12.491 P : *D. 2007. AJ 733, obs. Rouquet ; ibid. 2008. Pan. 1646, obs. Rozès ; Gaz. Pal. 2007. 2. 2525, obs. Barbier ; Loyers et copr. 2007, n° 101, obs. Pereira-Osouf.* ♦ Le texte ne subordonne pas l'extension aux artistes du bénéfice du statut des baux commerciaux à l'enregistrement du local, objet du bail, dans les fichiers tenus par la caisse de sécurité sociale de la maison des artistes. • Civ. 3e, 23 mars 2011, n° 10-30.495 P : *D. 2011, Actu. 1009, obs. Rouquet .*

VII. EXTENSION CONVENTIONNELLE AUX BAUX PROFESSIONNELS

18. Soumission volontaire. BIBL. Lafond, *JCP E 2008, n° 2391* (application volontaire du statut des baux commerciaux aux baux professionnels). – Kenfack, *JCP E 2009, n° 1041, spéc. n° 6* (extension conventionnelle). ♦ Pour un exemple de soumission volontaire (bail à destination exclusive de cabinet médical), V. • Civ. 3e, 6 mai 2014, n° 12-27.153 : *AJDI 2014. 622 .*

VIII. DROIT DE PRÉEMPTION DES COMMUNES

19. Constitutionnalité du droit de préemption commerciale. Rejetant une QPC relative aux art. L. 214-1 s. C. urb., V. • Paris, 15 juin 2011 : *Loyers et copr. 2011. Repère 8, par Monéger.* ♦ V. les art. L. 214-1 s., App., v° *Commerce (organisation).*

Sur le droit de préemption urbain et les zones d'aménagement différé, V. C. urb., art. L. 213-9, L. 213-10. — **C. urb.**

Sur les obligations pesant sur les locataires de locaux à usage commercial, industriel ou artisanal en matière de restauration immobilière ou de secteurs sauvegardés, V. C. urb., art. L. 313-5, L. 313-6, L. 313-7, L. 313-10. — **C. urb.**

En ce qui concerne l'offre d'un local équivalent par l'expropriant au commerçant, à l'artisan ou à l'industriel évincé, V. C. expr., art. L. 13-20. — **C. baux** *; ... la protection et l'indemnisation des commerçants et artisans afférentes à l'activité qu'ils exercent dans un immeuble devant être acquis ou exproprié en vue de sa démolition dans le cadre d'une opération d'aménagement, V. C. urb., art. L. 314-1, L. 314-2, L. 314-3, L. 314-4, L. 314-5, L. 314-6, L. 314-7, L. 314-8. —* **C. baux**.

En ce qui concerne la réquisition des locaux commerciaux vacants ou inoccupés dans les communes où sévit une crise du logement, V. CCH, art. L. 641-12, R. 641-23 à R. 641-25. — **CCH**.

Art. L. 145-3 Les dispositions du présent chapitre ne sont pas applicables aux baux emphytéotiques, sauf en ce qui concerne la révision du loyer. Toutefois, elles s'appliquent, dans les cas prévus aux articles L. 145-1 et L. 145-2, aux baux passés par les emphytéotes, sous réserve que la durée du renouvellement consenti à leurs sous-locataires n'ait pas pour effet de prolonger l'occupation des lieux au-delà de la date d'expiration du bail emphytéotique. — *[Décr. nº 53-960 du 30 sept. 1953, art. 3.]*

1. Notion de bail emphytéotique. Ont été considérées comme exclusives du caractère emphytéotique du bail : la clause interdisant toute sous-location non autorisée contractuellement. • Civ. 3e, 3 déc. 1980 : *Ann. loyers 1982. 118.* ♦ ... La clause interdisant toute cession. • Civ. 3e, 15 mars 1983, nº 82-10.399 P. ♦ Ne saurait être qualifié de bail emphytéotique le contrat comportant une clause limitant l'usage auquel le bénéficiaire pourra affecter les lieux loués. • Civ. 3e, 13 mai 1998, nº 96-13.586 P : *D. 1998. Somm. 346, obs. Robert ; RDI 1998. 697, obs. Derruppé ; JCP E 1999, p. 1865, nº 4, obs. Monéger.*

2. Révision du loyer. Les dispositions relatives à la révision du loyer d'un bail commercial ne s'appliquent pas au loyer d'un bail emphytéotique prévu à l'art. L. 451-3 C. rur. au terme duquel le preneur, titulaire d'un droit réel pendant sa durée, ne bénéficie d'aucun droit au renouvellement ni à indemnité d'éviction. • Civ. 3e, 19 févr. 2014, nº 12-19.270 P : *D. actu. 18 mars 2014, obs. Prigent ; Administrer 5/2014. 36, obs. Lipman-W. Boccara.* ♦ Ayant retenu que la valeur locative était étrangère à l'économie du contrat de bail emphytéotique, la contrepartie de la jouissance du preneur étant pour le bailleur, non le payement du loyer, mais l'absence de renouvellement et l'accession sans indemnité en fin de bail de tous travaux et améliorations faits par le preneur, la cour d'appel en a exactement déduit que les bailleurs ne pouvaient saisir le juge des loyers commerciaux d'une demande de révision du loyer pour le faire correspondre à la valeur locative, fût-ce en invoquant une évolution favorable des facteurs locaux de commercialité. • Civ. 3e, 8 sept. 2016, nº 15-21.381 P : *D. actu. 29 sept. 2016, obs. Cayol ; JCP E 2016, nº 1514 ; RJDA 2016, nº 772.*

3. Sous-location. Le sous-locataire d'un bail emphytéotique n'a aucun droit au renouvellement vis-à-vis du propriétaire. • Civ. 3e, 3 déc. 1980 : *préc. note 1.* ♦ La durée du bail consenti par un emphytéote ne pouvant excéder celle du bail emphytéotique, le sous-locataire ne peut prétendre à l'expiration de celui-ci à aucun droit au renouvellement et, partant, au paiement d'une indemnité d'éviction. • Civ. 3e, 9 févr. 2005, nº 03-17.065 P : *D. 2005. AJ 713, obs. Rouquet ; AJDI 2005. 655, note Dumont ; JCP E 2005, nº 826, spéc. nº 15, obs. Monéger.*

4. Bail à construction. Le bail commercial portant sur un immeuble compris dans un bail à construction se trouve révoqué par l'effet de la loi à la date d'expiration de ce bail à construction. Le preneur, en acceptant les stipulations de l'acte selon lesquelles l'expiration du bail commercial coïnciderait avec la fin du bail à construction, a reconnu que son titre d'occupation ne lui donne pas droit au renouvellement ni au paiement d'une indemnité d'éviction. • Civ. 3e, 14 nov. 2007, nº 06-18.133 P : *D. 2007. AJ 3077, obs. Mbotaingar ; RJDA 2008, nº 383.* ♦ Sur l'inapplicabilité du Décr. du 30 sept. 1953 [C. com., art. L. 145-1 s.] en matière de bail à construction, V. • Civ. 3e, 11 mai 1988, nº 86-19.563 P (à propos de l'art. 25, devenu art. L. 145-41). ♦ Constitue un bail emphytéotique et non un bail à construction le bail d'un terrain nu consenti pour vingt ans au profit d'une société commerciale qui pouvait y édifier toute construction à usage commercial ou industriel mais qui n'avait aucune obligation de construire. • Civ. 3e, 11 juin 1986, nº 84-17.222 P. ♦ Sur la distinction entre bail commercial et bail à construction, V. aussi note 15 ss. art. L. 145-1.

5. Crédit-bail immobilier. V. note 3 ss. art. L. 145-1.

SECTION II DE LA DURÉE

Art. L. 145-4 La durée du contrat de location ne peut être inférieure à neuf ans.

Toutefois, *(Abrogé par L. nº 2014-626 du 18 juin 2014, art. 2)* **« *à défaut de convention contraire,* » le preneur a la faculté de donner congé à l'expiration d'une période triennale,** *(L. nº 2015-990 du 6 août 2015, art. 207-I-1º)* **« au moins six mois à l'avance, par lettre recommandée avec demande d'avis de réception ou par acte extrajudiciaire ».** *(L.*

nº 2014-626 du 18 juin 2014, art. 2) **« Les baux conclus pour une durée supérieure à neuf ans, les baux des locaux construits en vue d'une seule utilisation, les baux des locaux à usage exclusif de bureaux et ceux des locaux de stockage mentionnés au 3° du III de l'article 231 *ter* du code général des impôts peuvent comporter des stipulations contraires. »**

(L. nº 2006-872 du 13 juill. 2006, art. 45) **« Le bailleur a la même faculté** *(L. nº 2015-990 du 6 août 2015, art. 207-I-1º)* **« , dans les formes et délai** *[délais]* **de l'article L. 145-9, » s'il entend invoquer les dispositions des articles L. 145-18, L. 145-21, L. 145-23-1 et L. 145-24 afin de construire, de reconstruire ou de surélever l'immeuble existant, de réaffecter le local d'habitation accessoire à cet usage** *(L. nº 2018-1021 du 23 nov. 2018, art. 28)* **« , de transformer à usage principal d'habitation un immeuble existant par reconstruction, rénovation ou réhabilitation » ou d'exécuter des travaux prescrits ou autorisés dans le cadre d'une opération de restauration immobilière et en cas de démolition de l'immeuble dans le cadre d'un projet de renouvellement urbain. »**

Le preneur ayant demandé à bénéficier de ses droits à la retraite du régime social auquel il est affilié ou ayant été admis au bénéfice d'une pension d'invalidité attribuée dans le cadre de ce régime social a la faculté de donner congé dans les formes et délais *(L. nº 2015-990 du 6 août 2015, art. 207-I-1º)* **« prévus au deuxième alinéa du présent article ».** *(L. nº 2014-626 du 18 juin 2014, art. 2)* **« Il en est de même pour ses ayants droit en cas de décès du preneur. »** *— Disposition applicable à toute succession ouverte à compter de l'entrée en vigueur de la L. nº 2014-626 du 18 juin 2014 (L. préc., art. 21-I).*

Les dispositions de l'alinéa précédent sont applicables à l'associé unique d'une entreprise unipersonnelle à responsabilité limitée, ou au gérant majoritaire depuis au moins deux ans d'une société à responsabilité limitée, lorsque celle-ci est titulaire du bail. — *[Décr. nº 53-960 du 30 sept. 1953, art. 3-1 et 38-2.]*

Les modifications apportées aux art. L. 145-4, L. 145-9, L. 145-10, L. 145-12, L. 145-18, L. 145-19, L. 145-47, L. 145-49 et L. 145-55 issues de l'art. 207-I de la L. nº 2015-990 du 6 août 2015 sont applicables dans les îles Wallis-et-Futuna (L. préc., art. 207-II).

V. 2e note ss. art. L. 145-2.

BIBL. ▶ PLANCKEEL, *Rev. loyers 2013. 218* (durée de la sous-location). – SAINTURAT et MONÉGER, *Loyers et copr. 2014. Dossier 3* (durée du bail commercial). – JACQUIN, *Gaz. Pal. 2014. 853* (durée du bail et ordre public jurisprudentiel). – DUMUR, *AJDI 2014. 405* (« plafonnement du déplafonnement »). – BLATTER, *AJDI 2015. 575* (L. du 6 août 2015 et baux commerciaux : constance ou Pénélope ?). – PUYGAUTHIER, *JCP N 2016, nº 1085* (durée et fin du bail commercial après les lois Pinel et Macron). – BRAULT, *Gaz. Pal. 5 juill. 2016, p. 60* (les congés à échéance triennale et l'application de la loi du 18 juin 2014 dans le temps). – SERROR FIENBERG, BRIQUET et GAGNAIRE, *AJDI 2016. 679* (bail commercial et renonciation à la faculté de résiliation triennale du preneur : attention aux baux conclus avant loi loi Pinel !). – KENDÉRIAN, *RTD com. 2016. 683* (le rétablissement de la faculté pour le preneur de délivrer congé aux échéances triennales serait applicable aux baux commerciaux en cours). – BLATTER, *AJDI 2019. 38* (la loi Elan et le bail commercial) ; *ibid. 2021. 13* (le congé triennal).

1. Portée. Les dispositions de l'art. 3-1 du Décr. de 1953 [C. com., art. L. 145-4] ont une portée générale et s'appliquent aux sous-locations. • Civ. 3e, 11 déc. 1996, nº 95-11.018 : *RJDA 1997, p. 176.* ♦ Mais un sous-bail commercial peut être conclu pour une durée inférieure à celle, restant à courir, du bail principal. • Civ. 3e, 17 mars 2016, nº 14-24.748 P : *D. 2016. Actu. 702* ; *AJDI 2016. 510, obs. Blatter* ; *JCP E 2016, nº 1212 ; RJDA 2016, nº 355 ; LPA 27 juin 2016, note Battistini ; Loyers et copr. 2016, nº 232, obs. Chavance.*

2. Bail perpétuel. Est entaché du vice de perpétuité et de nullité absolue (et non d'inexistence) le bail conclu pour une durée de quatre-vingt-dix-neuf ans, renouvelable au gré du preneur, pour les besoins de fonctionnement d'une station de sports d'hiver. • Civ. 3e, 15 déc. 1999, nº 98-10.430 P.

3. Baux à périodes. V. note 16 ss. art. L. 145-9.

4. Faculté de résiliation du preneur. **BIBL.** Auque, *RDI 1997. 39* (départ anticipé). ♦ Le preneur n'a pas l'obligation de motiver son congé. • Civ. 3e, 16 nov. 1994, nº 92-18.280 P : *AJPI 1995. 952, obs. crit. Blatter ; RDI 1995. 391, obs. Derruppé* . ♦ N'affectant pas le droit au renouvellement du bail, la stipulation d'un délai de préavis d'un an en cas d'usage par le preneur de la faculté de résilier le bail en fin de période triennale est valable. • Civ. 3e, 10 mai 2001, nº 99-14.539 P : *D. 2001. AJ 3046, obs. Rouquet* ; *AJDI 2001. 699, obs. Blatter* ; *JCP E 2001, nº 26, p. 1093, note Monéger.*

5. Forme. L'art. L. 145-4, dans sa rédaction issue de la L. du 6 août 2015, confère au preneur la faculté de donner congé à l'expiration d'une période triennale, au moins six mois à l'avance, par lettre recommandée avec demande d'avis de réception ou par acte extrajudiciaire. • Civ. 3e, 24 oct. 2019, n° 18-24.077 P : *D. 2019. Actu. 2088 ; AJDI 2019. 902, obs. Blatter ; JCP 2020, n° 1029, note Brignon ; RJDA 2020, n° 7 ; RLDA janv. 2020. 36, note Nallet.* ♦ Comp., jugeant que le congé donné par lettre recommandée avec AR est nul, nonobstant une clause du bail dérogeant expressément à l'art. 5 du Décr. de 1953 [C. com., art. L. 145-9] sur ce point : • Civ. 3e, 24 janv. 1996, n° 94-13.095 P : *D. 1996. IR 46 ; RDI 1996. 291, obs. Derruppé ; JCP 1997. II. 22778, note Boccara.* ♦ Comp. aussi, jugeant qu'au regard des prescriptions de l'art. 5 [C. com., art. L. 145-9], la bonne ou la mauvaise foi du bailleur est indifférente à la validité du congé, mais approuvant la cour d'appel pour avoir condamné *in solidum* le bailleur (professionnel de l'immobilier) et le rédacteur de l'acte à réparer les conséquences de la nullité du congé, V. • Civ. 3e, 13 janv. 1999, n° 96-22.241 P : *D. 2000. Somm. 11, obs. Bénabent ; RDI 1999. 319, obs. Derruppé .*

6. Rétractation. Un congé délivré par le preneur sur le fondement de l'art. 3-1 du Décr. de 1953 [C. com., art. L. 145-4] ne peut être rétracté par son auteur sans le consentement du bailleur. • Civ. 3e, 27 juin 1984, n° 83-12.552 P : *JCP 1985. II. 20343.*

7. Résiliation amiable. La renonciation à poursuivre l'exécution du contrat, antérieure à la prise d'effet du bail (différée jusqu'à la date de livraison de l'immeuble), se trouve régie par le droit commun des contrats et n'est pas soumise aux règles impératives du statut des baux commerciaux. • Civ. 3e, 8 janv. 1997, n° 95-11.014 : *RJDA 1997, n° 173.* ♦ La faculté de résiliation triennale étant accordée au locataire « à défaut de convention contraire », les parties peuvent convenir qu'en cas de résiliation triennale le locataire serait redevable d'une indemnité destinée à compenser le préjudice subi par le bailleur du fait de la résiliation anticipée du bail. • Civ. 3e, 21 juin 1995, n° 93-14.925 P : *D. 1997. Somm. 303, obs. Rozès ; RDI 1995. 806, obs. Derruppé ; JCP 1995. II. 22521, note Auque.*

8. Loyers dus. En ce sens que l'art. 1760 C. civ. (disposant qu'en cas de résiliation par la faute du locataire, celui-ci n'est tenu au paiement du loyer que durant le temps nécessaire à la relocation) ne s'applique pas en cas de congé donné par le locataire, V. • Civ. 3e, 8 nov. 1995, n° 93-14.202 P : *D. 1995. IR 264 ; AJPI 1996. 307, note Derruppé.* ♦ A défaut de congé régulier, les loyers sont dus jusqu'au terme du bail. • Civ. 3e, 10 nov. 1999, n° 98-12.538 : *AJDI 2000. 142 ; Gaz. Pal. 2000. 3. Somm. 1192, obs. Barbier.*

9. Faculté de résiliation du bailleur. C'est un droit de résiliation conditionnelle qui est accordé au bailleur par l'art. 3-1, al. 3, du Décr. de 1953 [C. com., art. L. 145-4] accordant au bailleur la faculté de donner congé à l'expiration d'une période triennale en cas de reprise pour construire ou reconstruire, surélever ou restaurer. • Civ. 3e, 30 janv. 1970, n° 68-13.334 P : *D. 1970. Somm. 86.* ♦ Sur le caractère d'ordre public de l'art. L. 145-4, al. 3, V. • Paris, 6 mars 2013 : *JCP E 2013. 1430, n° 13, obs. Monéger ; Loyers et copr. 2013, n° 144, obs. Chavance.* ♦ Le bailleur doit avoir l'intention de démolir l'immeuble pour le reconstruire lorsque le congé est délivré. • Civ. 3e, 27 oct. 1993, n° 91-16.964 P : *RDI 1994. 113, obs. Derruppé ; Gaz. Pal. 1994. 1. Somm. 139, obs. Barbier.* ♦ Le congé délivré pour la date d'expiration du bail ne fait pas obstacle à la délivrance d'un congé sur le fondement de l'art. 3-1 du Décr. de 1953 [C. com., art. L. 145-4]. • Civ. 3e, 20 déc. 1995, n° 93-15.305 P : *D. 1996. IR 29.* ♦ Sur l'exercice du droit de repentir par le bailleur, V. note ss. art. L. 145-58.

10. Crédit-bail immobilier. Les dispositions de l'art. 3-1, al. 2 et 3 du Décr. de 1953 [C. com., art. L. 145-4], ne sont pas applicables aux contrats de crédit-bail immobilier (C. mon. fin., art. L. 313-9).

11. Convention d'occupation précaire. V. note 3 ss. art. L. 145-1.

Art. L. 145-5 **Les parties peuvent, lors de l'entrée dans les lieux du preneur, déroger aux dispositions du présent chapitre à la condition** *(L. n° 2008-776 du 4 août 2008, art. 44)* **« que la durée totale du bail ou des baux successifs ne soit pas supérieure à** *(L. n° 2014-626 du 18 juin 2014, art. 3-I)* **« trois** *[ancienne rédaction : deux]* **» ans. »** *(L. n° 2014-626 du 18 juin 2014, art. 3-I)* **« A l'expiration de cette durée, les parties ne peuvent plus conclure un nouveau bail dérogeant aux dispositions du présent chapitre pour exploiter le même fonds dans les mêmes locaux. »**

Si, à l'expiration de cette durée *(L. n° 2014-626 du 18 juin 2014, art. 3-I)* **« , et au plus tard à l'issue d'un délai d'un mois à compter de l'échéance », le preneur reste et est laissé en possession, il s'opère un nouveau bail dont l'effet est réglé par les dispositions du présent chapitre.**

Il en est de même *(L. n° 2008-776 du 4 août 2008, art. 44)* **« , à l'expiration de cette durée, » en cas de renouvellement exprès du bail ou de conclusion, entre les mêmes parties, d'un nouveau bail pour le même local.**

Les dispositions des deux alinéas précédents ne sont pas applicables s'il s'agit d'une location à caractère saisonnier.

(L. n° 2014-626 du 18 juin 2014, art. 3-I) **« Lorsque le bail est conclu conformément au premier alinéa, un état des lieux est établi lors de la prise de possession des locaux par un locataire et lors de leur restitution, contradictoirement et amiablement par les parties ou par un tiers mandaté par elles, et joint au contrat de location.**

« Si l'état des lieux ne peut être établi dans les conditions prévues à l'avant-dernier alinéa, il est établi par un huissier de justice, sur l'initiative de la partie la plus diligente, à frais partagés par moitié entre le bailleur et le locataire. » — *[Décr. n° 53-960 du 30 sept. 1953, art. 3-2.]*

Pour les baux conclus en application du 1er al. avant l'entrée en vigueur de la L. n° 2014-626 du 18 juin 2014, les deux derniers al., dans leur rédaction résultant de la loi préc., s'appliquent à toute restitution d'un local dès lors qu'un état des lieux a été établi lors de la prise de possession (L. préc., art. 3-II).

Les dispositions issues de l'art. 3 de la L. n° 2014-626 du 18 juin 2014 sont applicables aux contrats conclus ou renouvelés à compter du premier jour du troisième mois suivant la promulgation de ladite loi (L. préc., art. 21-II).

V. aussi notes ss. art. L. 145-2.

BIBL. ▸ Boccara, *JCP 1996. I. 3898* (tacite reconduction). – Denizot, *AJDI 2004. 543* (baux dérogatoires et renonciation au statut des baux commerciaux). – Calveyra et Tournois, *Gaz. Pal. 2008. 2278* (requalification du bail dérogatoire en bail soumis au statut). – Dejoie et Phan Thanh, *Rev. loyers 2009. 154* (conventions satellites du bail commercial). – Puygauthier, *JCP N 2013, n° 1295* (bail de courte durée en quinze questions-réponses). – Lafond, *JCP N 2016, n° 1174* (baux commerciaux : locations saisonnières, prudence !). – Lemay, *RLDA janv. 2020. 44* (le régime locatif des boutiques éphémères).

I. BAUX DE COURTE DURÉE

1. *Distinction avec les conventions d'occupation précaire.* Sur la distinction des baux de courte durée et des conventions d'occupation précaire, V. • Civ. 3e, 31 mai 1994, n° 92-15.202 : *Gaz. Pal. 1994. 3. 706, note Barbier.* ♦ V. aussi art. L. 145-5-1 et la jurisprudence y afférente, et note 8 ss. art. L. 145-1. ♦ En l'absence d'un motif de précarité, une convention faisant suite à un bail commercial résilié d'un commun accord avant son terme ne peut déroger au statut des baux commerciaux que par application des dispositions de l'art. L. 145-5. • Civ. 3e, 15 oct. 2014, n° 13-20.085 P : *D. 2014. Actu. 2110, obs. Rouquet.*

2. *Stipulation expresse.* La circonstance que la durée du bail a été fixée pour une période inférieure à deux [trois] ans ne suffit pas à caractériser un bail dérogatoire au statut des baux commerciaux (à propos d'un locataire ayant consenti à son sous-locataire un bail dont les clauses, charges et conditions résultaient d'un bail commercial). • Civ. 3e, 2 févr. 2005, n° 03-19.541 P : *D. 2006. Pan. 927, obs. Rozès ; AJDI 2005. 831, note Blatter ; JCP E 2005. 826, n° 11, obs. Kenfack.*

3. *Conclusion lors de l'entrée dans les lieux.* L'art. 3-2 du Décr. de 1953 [C. com., art. L. 145-5] n'impose pas que la convention locative soit établie au moment même de l'entrée en jouissance du preneur. • Civ. 3e, 25 juin 1975, n° 74-12.877 P • 9 déc. 2008, n° 07-13.106 : *AJDI 2009. 199 ; Rev. loyers 2009. 66.* ♦ L'entrée dans les lieux vise la prise de possession des locaux en exécution du bail que le locataire a conclu avec le propriétaire, peu important qu'il les ait déjà occupés antérieurement en vertu d'une sous-location autorisée. • Civ. 3e, 15 avr. 1992, n° 90-18.093 P : *RTD com. 1993. 633, obs. Pédamon ; RDI 1992. 381, obs. Derruppé.*

4. *Expiration du bail.* Si à l'expiration du bail dérogatoire le preneur reste et est laissé en possession, il s'opère un nouveau bail dont l'effet est réglé par les art. L. 145-1 s. • Civ. 3e, 22 janv. 2003, n° 01-16.490 P : *D. 2003. AJ 624, obs. Rouquet ; Gaz. Pal. 2003. 1. 1781, note Barbier.* ♦ Il appartient au bailleur souhaitant échapper au mécanisme de l'art. L. 145-5 de manifester, avant la date contractuelle d'expiration du bail, sa volonté de ne pas poursuivre sa relation contractuelle avec le locataire, la charge de la preuve de cette manifestation de volonté lui incombant, aucune clause du bail ne pouvant avoir pour effet de dispenser le bailleur de faire connaître au preneur son opposition à son maintien dans les lieux en cours d'exécution du bail. • Civ. 3e, 4 mai 2010, n° 09-11.840 : *D. 2011. Pan. 1787, obs. Dumont-Lefrand ; AJDI 2010. 464.* ♦ A l'expiration du bail dérogatoire, le preneur ne peut être lié par un nouveau bail soumis au statut des baux commerciaux dès lors qu'en l'état des pièces produites il n'est pas établi qu'il est resté dans les lieux après le terme du contrat. • Civ. 3e, 6 avr. 2011, n° 10-11.846 P : *D. 2012. Pan. 1845, obs. Dumont-Lefrand ; RTD com. 2011. 511, obs. Kendérian.* ♦ Ayant relevé que le preneur avait été laissé en possession à l'expiration du premier bail dérogatoire, la cour d'appel a retenu à bon droit que l'inscription au RCS n'étant pas nécessaire pour que s'opère un nouveau bail régi par le statut des baux commerciaux en a exactement déduit que le preneur était devenu titulaire d'un bail statutaire de neuf ans. • Civ. 3e, 25 oct. 2018, n° 17-26.126 P : *D. 2018. Actu. 2134 ; RTD com. 2018. 913, obs. Kendérian ; JCP E 2019, n° 1009, note Chavance ; RJDA 2019, n° 2.*

5. Congé. En vertu de l'art. 1737 C. civ., le bail écrit cesse de plein droit à l'expiration du terme fixé et il n'est pas nécessaire de donner congé. • Civ. 3e, 15 mars 1972, n° 71-10.482 P : *JCP 1973. II. 17417, note Boccara.* ♦ Dès lors que le bailleur a, avant le terme du bail dérogatoire, délivré congé à son cocontractant, le fait qu'il s'est écoulé plus de vingt mois entre la fin des pourparlers en vue de la signature d'un bail commercial et la date à laquelle il a été assigné par le locataire ne constitue pas un accord tacite sur le maintien dans les lieux. • Civ. 3e, 5 juin 2013, n° 12-19.634 P : *D. 2014. Pan. 1661, obs. Dumont-Lefrand ; AJDI 2014. 197, obs. Blatter ; RTD com. 2013. 463, obs. Kendérian .*

6. Exploitation d'un fonds de commerce. Exigeant que le locataire remplisse la condition d'exploitation d'un fonds de commerce dans les lieux loués, V. • Civ. 3e, 16 juin 2004, n° 03-11.314 P : *D. 2005. Pan. 1092, obs. Rozès ; AJDI 2004. 885, note Dumont ; RJDA 2004, n° 1091 ; JCP E 2005. 826, n° 14, obs. Kenfack.* ♦ Mais les dispositions de l'art. L. 145-5 n'imposent pas l'exercice de la même activité dans les locaux concernés (nouveau bail conclu entre les mêmes parties et pour les mêmes locaux avant l'expiration du bail dérogatoire précédent à l'issue duquel le locataire a été laissé en possession). • Civ. 3e, 31 mai 2012, n° 11-15.580 P : *D. 2013. Pan. 1794, obs. Dumont-Lefrand ; AJDI 2012. 750, obs. Blatter ; RTD com. 2012. 512, obs. Kendérian .* ♦ Ajoute à la loi une condition qu'elle ne prévoit pas et doit être cassé l'arrêt qui retient que le preneur laissé en possession à l'expiration du bail dérogatoire ne peut bénéficier d'un nouveau bail régi par le statut des baux commerciaux faute d'être inscrit au RCS. • Civ. 3e, 30 avr. 1997, n° 94-16.158 P : *D. 1997. IR 130 ; JCP N 1997. II. 1538, note Monéger.* ♦ Tous les cotitulaires du bail dérogatoire qui se maintiennent dans les locaux dans lesquels un fonds de commerce est exploité sont liés par le bail soumis au statut qui naît de la loi, qu'ils soient ou non personnellement exploitants du fonds. • Civ. 3e, 23 mai 2013, n° 11-17.071 P : *D. 2013. Pan. 1795, obs. Dumont-Lefrand ; AJDI 2013. 758, obs. Lipman-W. Boccara ; RTD com. 2013. 463, obs. Kendérian ; JCP E 2013. 1410, n° 5, obs. Monéger.*

7. Renouvellement. Même si le bail dérogatoire est d'une durée inférieure à deux [trois] ans (en l'espèce, un an), si, à l'expiration de cette durée, le preneur reste dans les lieux et est laissé en possession, il s'opère un nouveau bail dont l'effet est réglé par le Décr. de 1953 [C. com., art. L. 145-1 s.]. • Civ. 3e, 25 nov. 1975, n° 74-13.075 P : *JCP 1976. II. 18337, note Boccara.* ♦ Quelle que soit la durée du bail dérogatoire ou du maintien dans les lieux, si le preneur reste et est laissé en possession au-delà du terme contractuel, il s'opère un nouveau bail dont l'effet est régi par les art. L. 145-1 s. ; ayant relevé que les preneurs s'étaient maintenus dans les lieux à l'issue du bail dérogatoire, fixée au 13 oct. 2010, la cour d'appel en a exactement déduit qu'en application de l'art. L. 145-5, dans sa rédaction antérieure à celle issue de la L. du 18 juin 2014, un bail soumis au statut des baux commerciaux avait pris naissance le 14 oct. 2010. • Civ. 3e, 8 juin 2017, n° 16-24.045 P : *D. 2017. Chron. C. cass. 1573, obs. Dumont-Lefrand ; AJDI 2017. 771, obs. Planckeel ; RTD com. 2017. 573, obs. Kendérian ; JCP E 2017, n° 1483, note Brignon ; RJDA 2017, n° 534 ; LPA 3 nov. 2017, note Hisquin.* ♦ Sur la possibilité de renoncer au droit acquis au bail de neuf ans, V. note 12.

8. Conclusion d'un nouveau bail. Il résulte de l'art. 3-2 du Décr. de 1953 [C. com., art. L. 145-5] que si, à l'expiration d'un bail d'une durée au plus égale à deux [trois] ans, il est conclu entre les mêmes parties, pour le même local, un nouveau bail, celui-ci est soumis aux dispositions du statut des baux commerciaux. • Civ. 3e, 20 déc. 1977, n° 75-13.899 P. ♦ Il en est ainsi lorsque, dès le lendemain de l'expiration du premier bail, les parties en ont conclu un nouveau, semblable au premier. • Même arrêt. ♦ Selon l'art. L. 145-5 C. com., dans sa rédaction issue de la L. du 18 juin 2014, les parties ne peuvent pas conclure un nouveau bail dérogatoire pour exploiter le même fonds dans les mêmes locaux à l'expiration d'une durée totale de trois ans que ne peuvent excéder les baux dérogatoires successifs et qui court dès la prise d'effet du premier bail dérogatoire, même si le preneur a renoncé, à l'issue de chaque bail dérogatoire, à l'application du statut des baux commerciaux. En application de l'art. 21-II de la L. du 18 juin 2014, les baux dérogatoires conclus à compter du 1er sept. 2014 sont soumis au nouvel art. L. 145-5. • Civ. 3e, 22 oct. 2020, n° 19-20.443 P : *D. 2020. Chron. C. cass. 2473, obs. Collomp ; AJDI 2021. 510, obs. Blatter ; RTD com. 2020. 790, obs. Monéger ; JCP E 2021, n° 1150, note Brignon ; RJDA 2020, n° 630.* ♦ Pour pouvoir déroger aux dispositions du statut des baux commerciaux, le bail conclu le 1er juin 2015, postérieurement à l'entrée en vigueur du nouvel art. L. 145-5, devait répondre aux exigences de ce texte et, par suite, ne pas avoir une durée cumulée avec celle des baux dérogatoires conclus précédemment pour exploiter le même fonds dans les mêmes locaux de plus de trois ans courant à compter de la date d'effet du premier bail dérogatoire. • Même arrêt. ♦ Lorsque, après une première convention portant concession de jouissance d'un emplacement à usage commercial pour une durée maximale de deux [trois] ans, les parties conviennent, par un nouveau contrat, d'une autre concession portant sur un emplacement différent à un prix supérieur pour une durée n'excédant pas deux [trois] ans, les juges peuvent estimer qu'il s'agit d'un contrat nouveau se substituant au précédent, auquel le statut des baux commerciaux n'est pas applicable. • Civ. 3e, 11 oct. 1977, n° 76-11.782 P : *Rev. loyers 1977. 568.*

9. Prix du bail soumis au statut. Le loyer du nouveau bail prenant effet au terme du bail dérogatoire doit correspondre, à défaut d'accord entre les parties, à la valeur locative (censurant l'arrêt d'appel ayant refusé de faire droit à la demande d'augmentation de loyer de 60 % formulée par le bailleur, au motif que celui-ci n'apportait pas la preuve d'une modification notable des composantes de la valeur locative). • Civ. 3e, 14 déc. 2005, n° 05-12.587 P : *D. 2006. Pan. 929, obs. Rozès ; AJDI 2006. 465, note Dumont ; JCP N 2006. 1073, note Lafond.*

10. Survie des clauses du bail initial. La fraude corrompant tout, le bailleur n'est pas recevable à invoquer la clause relative au droit de cession contenue dans une convention frauduleuse (baux dérogatoires conclus alternativement avec le preneur et avec un prête-nom). • Civ. 3e, 1er avr. 2009, n° 07-21.833 P : *D. 2009. AJ 1140, obs. Rouquet ; RTD com. 2009. 529, obs. Kendérian ; RJDA 2009, n° 516.* ♦ Le congé délivré par le locataire qui, à l'issue du bail dérogatoire, est resté dans les lieux doit être donné par acte extrajudiciaire (nonobstant la clause du bail dérogatoire stipulant que le congé peut être donné par lettre recommandée avec AR). • Civ. 3e, 23 mars 2011, n° 10-12.254 P : *D. 2011. Pan. 1786, obs. Dumont-Lefrand ; RTD com. 2011. 511, obs. Kendérian ; JCP E 2012. 1094, n° 7, obs. Kenfack.*

11. Caution. A propos d'une caution non professionnelle du droit, en ce sens que, sauf mention expresse, le cautionnement d'un bail dérogatoire ne s'étend pas au bail commercial qui lui fait suite, V. • Civ. 3e, 23 mai 2013, n° 11-17.071 P : *préc. note 6.*

12. Renonciation. Le bénéfice du statut des baux commerciaux étant acquis au jour de la signature d'un nouveau bail d'une durée inférieure à deux ans, le preneur peut dès cette date y renoncer en pleine connaissance de cause. • Civ. 3e, 20 févr. 1985, n° 83-15.730 P : *JCP 1986. II. 20639, note crit. Boccara.* ♦ La seule conclusion d'un deuxième bail dérogatoire ne vaut pas renonciation. • Civ. 3e, 19 nov. 2003, n° n° 02-15.887 P : *D. 2005. Pan. 1091, obs. Rozès ; AJDI 2004. 549, note Blatter .* ♦ Le preneur, signataire d'un second bail dérogatoire après l'expiration du premier, bénéficie de la propriété commerciale dès lors que le bail ne comportait pas de référence au Décr. de 1953 [C. com., art. L. 145-1 s.] ni ne faisait mention de la volonté du preneur de renoncer en toute connaissance de cause et de manière non équivoque au bénéfice du statut. • Civ. 3e, 2 avr. 2003, n° 01-14.898 : *AJDI 2003. 414 .*

13. Fraude. La fraude commise lors de la conclusion de baux dérogatoires successifs interdit au bailleur de se prévaloir de la renonciation du preneur au droit à la propriété commerciale (renonciation expresse). • Civ. 3e, 8 avr. 2010, n° 08-70.338 P : *D. 2011. Pan. 1787, obs. Dumont-Lefrand ; AJDI 2010. 719, note Blatter ; RTD com. 2010. 521, obs. Kendérian ; RJDA 2010, n° 713.* ♦ La succession de baux dérogatoires de courte durée consentis, en alternance, au locataire et à des tiers, agissant comme prête-noms, a pour but de faire échec à l'application du statut des baux commerciaux, et cette fraude interdisait au bailleur de prétendre que le locataire a valablement renoncé à son droit acquis au bénéfice de ce statut. • Civ. 3e, 9 févr. 1994, n° 91-21.907 : *Administrer 7/1994. 16, note Barbier.* ♦ En revanche, il n'y a pas fraude lorsque, à l'expiration du bail, le locataire remet les clés au bailleur et délaisse les locaux, avant de conclure, deux jours plus tard, un contrat optant pour le régime dérogatoire. • Civ. 3e, 8 mars 2005, n° 04-10.883 : *Administrer 5/2005. 29, obs. Boccara et Lipman-W. Boccara.*

14. Prescription. Sur la prescription de l'action en requalification du bail dérogatoire en bail statutaire, V. note ss. art. L. 145-60.

15. Sous-location. Aucune disposition n'interdit aux parties à un contrat de sous-location de déroger aux règles concernant la durée de la location édictées par le Décr. de 1953 [C. com., art. L. 145-1 s.], bien que le bail principal y soit soumis. • Civ. 3e, 17 déc. 1986 : *D. 1987. IR 9.* ♦ Pour consentir des sous-locations n'excédant pas vingt-trois mois, dérogeant aux dispositions du Décr. de 1953, lorsque le bail autorise des sous-locations précaires, le preneur est tenu, en vertu de l'art. 21 [C. com., art. L. 145-31], d'appeler le propriétaire à concourir aux actes de sous-location. • Civ. 3e, 1er mars 1995, n° 93-11.445 P : *D. 1995. IR 79 ; Defrénois 1995. 815, obs. Vermelle.*

II. LOCATIONS SAISONNIÈRES

16. Appréciation souveraine. Les juges du fond sont souverains pour apprécier le caractère saisonnier de la location. • Com. 17 oct. 1962 : *JCP 1963. II. 13075 ; Rev. loyers 1962. 611.* ♦ Le propriétaire qui entend démontrer le caractère saisonnier de la location n'est pas tenu de rapporter, en l'état d'un bail verbal, la preuve écrite de ce caractère. • Civ. 3e, 12 nov. 1974 : *AJPI 1976. 209.* ♦ La location est saisonnière lorsque le prix du bail ne correspond pas à un loyer annuel et que les clés sont remises par le locataire à la fin de chaque saison estivale. • Civ. 3e, 3 janv. 1978, n° 75-13.982 P. ♦ Est également saisonnière la location d'un emplacement du 15 juin au 15 sept. de chaque année, lorsque le dépôt de matériel en dehors de la saison était seulement toléré par le bailleur. • Civ. 3e, 22 mai 1986, n° 84-16.400 P.

17. Renonciation. Refusant de voir dans la signature d'un bail saisonnier la renonciation du titulaire d'un bail commercial à invoquer le statut des baux commerciaux, compte tenu des manœuvres dolosives du bailleur qui a abusivement exploité la situation de dépendance économique de son cocontractant, V. • Civ. 3e, 17 oct. 2007, n° 06-17.018 : *RJDA 2008, n° 105.*

Art. L. 145-5-1 *(L. n° 2014-626 du 18 juin 2014, art. 4)* **N'est pas soumise au présent chapitre la convention d'occupation précaire qui se caractérise, quelle que soit sa durée, par le fait que l'occupation des lieux n'est autorisée qu'à raison de circonstances particulières indépendantes de la seule volonté des parties.**

V. 2e note ss. art. L. 145-2.

BIBL. ▶ LEGRIX DE LA SALLE, *BRDA 2017, n° 12, p. 21* (magasins éphémères, pop-up stores, locaux vacants... : des outils pour un nouveau modèle économique).

1. Circonstances exceptionnelles. La convention d'occupation précaire se caractérise, quelle que soit sa durée, par le fait que l'occupation des lieux n'est autorisée qu'à raison de circonstances exceptionnelles et pour une durée dont le terme est marqué par une cause autre que la seule volonté des parties. • Civ. 3e, 19 nov. 2003, n° 02-15.887 P : *D. 2005. Pan. 1091, obs. Rozès* ; *AJDI 2004. 549, obs. Blatter*. ♦ La convention d'occupation précaire doit être caractérisée par des circonstances particulières autres que la seule volonté des parties constituant un motif de précarité. • Civ. 3e, 9 nov. 2004, n° 03-15.084 P : *D. 2004. AJ 3139, obs. Rouquet* ; *AJDI 2005. 386, note Blatter*. ♦ Sur les autorisations d'occupation précaire accordées par l'Administration, V. art. L. 145-2.

2. Requalification. Pour un exemple de requalification d'une convention d'occupation précaire en bail commercial (mauvaise foi du bailleur), V. • Civ. 3e, 30 juin 2010, n° 09-15.466 : *D. 2011. Pan. 1787, obs. Dumont-Lefrand* ; *AJDI 2010. 722*. ♦ V. aussi note 1 ss. art. L. 145-5.

3. Publication. Une convention d'occupation précaire n'étant pas un bail, elle n'a pas à être publiée pour être opposable aux tiers, quelle que soit sa durée. • Civ. 3e, 19 nov. 2014, n° 13-20.089 P : *D. actu. 1er déc. 2014, obs. Rouquet ; D. 2014. Actu. 2408*.

Art. L. 145-6 **Le bailleur d'un local à usage commercial, industriel ou artisanal peut, au cours du bail originaire ou d'un bail renouvelé, reprendre les lieux en tout ou partie pour exécuter des travaux nécessitant l'évacuation des lieux compris dans un secteur ou périmètre prévu aux articles** *(Ord. n° 2005-1527 du 8 déc. 2005, art. 29, en vigueur le 1er oct. 2007)* **« L. 313-4 à L. 313-4-2 » du code de l'urbanisme et autorisés ou prescrits dans les conditions prévues auxdits articles, s'il offre de reporter le bail sur un local équivalent dans le même immeuble ou dans un autre immeuble. Cette offre précise les caractéristiques du local offert, lequel doit permettre la continuation de l'exercice de l'activité antérieure du locataire. L'offre doit être notifiée un an à l'avance.**

Le locataire doit, dans un délai de deux mois, soit faire connaître son acceptation, soit saisir des motifs de son refus la juridiction compétente, faute de quoi il est réputé avoir accepté l'offre. – *[Décr. n° 53-960 du 30 sept. 1953, art. 38-1, al. 1er et 2.]*

Report du bail. S'agissant de travaux de courte durée nécessitant la fermeture d'une brasserie pendant un mois (à une date arrêtée d'un commun accord), l'offre de reporter le bail sur un autre immeuble n'aurait pas eu de sens. • Lyon, 28 févr. 2001 : *Loyers et copr. 2002, n° 37, obs. Brault et Péreira.*

Art. L. 145-7 **Le locataire dont le bail est reporté a droit à une indemnité de dépossession qui comprend l'indemnisation des conséquences dommageables de la privation temporaire de jouissance, compte tenu, s'il y a lieu, de l'installation provisoire réalisée aux frais du bailleur et du remboursement de ses frais normaux de déménagement et de réinstallation.**

Lorsque l'offre a été acceptée ou reconnue valable par la juridiction compétente, et après l'expiration du délai d'un an à compter de la ratification de l'offre, le locataire doit quitter les lieux dès la mise à la disposition effective du local offert et le versement d'une indemnité provisionnelle dont le montant est fixé dans les formes prévues à l'article L. 145-19.

Les prix et les conditions accessoires du bail peuvent être modifiés à la demande de la partie la plus diligente. – *[Décr. n° 53-960 du 30 sept. 1953, art. 38-1, al. 3 à 5.]*

Art. L. 145-7-1 *(L. n° 2009-888 du 22 juill. 2009, art. 16)* **Les baux commerciaux signés entre les propriétaires et les exploitants de résidences de tourisme mentionnées à l'article L. 321-1 du code du tourisme sont d'une durée de neuf ans minimum, sans possibilité de résiliation à l'expiration d'une période triennale.**

1. Conformité à la Constitution. La différence de traitement existant entre les preneurs de logements situés dans une résidence de tourisme classée, qui seuls ne peuvent user de la faculté de résiliation triennale, et les autres locataires commerciaux, est justifiée par un motif d'intérêt général d'ordre économique tenant à la nécessité de garantir la pérennité de l'exploitation des résidences de tourisme classées, lequel est en rapport avec l'objet de la loi qui est de protéger les propriétaires du risque de désengagement, en cours de bail, des exploitants. • Civ. 3e, 16 mars 2017, n° 16-40.253 P : *AJDI 2017. 513, obs. Rouquet ; RTD com. 2017. 582, obs. Monéger ; JCP E 2017, n° 1207.*

2. Entrée en vigueur. L'art. L. 145-7-1, d'ordre public, s'applique aux baux en cours au jour de son entrée en vigueur. • Civ. 3e, 9 févr. 2017, n° 16-10.350 P : *D. 2017. 1107, note Casu ; AJDI 2017. 432, obs. Antoniutti ; RTD com. 2017. 46, obs. Kendérian et Monéger ; JCP 2017, n° 437, note Dagorne-Labbe ; RJDA 2017, n° 228 ; LPA 1er juin 2017, note Moya.*

SECTION III DU RENOUVELLEMENT

Art. L. 145-8 **Le droit au renouvellement du bail ne peut être invoqué que par le propriétaire du fonds qui est exploité dans les lieux.**

Le fonds transformé, le cas échéant, dans les conditions prévues à la section VIII du présent chapitre, doit, sauf motifs légitimes, avoir fait l'objet d'une exploitation effective au cours des trois années qui ont précédé la date d'expiration du bail ou de sa *(L. n° 2012-387 du 22 mars 2012, art. 2-I)* **« prolongation » telle qu'elle est prévue à l'article L. 145-9, cette dernière date étant soit la date pour laquelle le congé a été donné, soit, si une demande de renouvellement a été faite, le** *(L. n° 2008-776 du 4 août 2008, art. 45)* **« premier jour du trimestre civil » qui suit cette demande.** – *[Décr. n° 53-960 du 30 sept. 1953, art. 4.]*

V. 1re note ss. art. L. 145-2.

Les baux consentis par le tuteur ne confèrent au preneur, à l'encontre de la personne protégée devenue capable, aucun droit de renouvellement et aucun droit à se maintenir dans les lieux à l'expiration du bail, quand bien même il existerait des dispositions légales contraires. Ces dispositions ne sont toutefois pas applicables aux baux consentis avant l'ouverture de la tutelle et renouvelés par le tuteur (C. civ., art. 504, al. 3).

L'usufruitier ne peut sans le concours du nu-propriétaire, donner à bail un immeuble à usage commercial, industriel ou artisanal (C. civ., art. 595). Pour les baux en cours, V. L. n° 65-570 du 13 juill. 1965, art. 22, al. 1er. – **C. civ.**

Sont réputés pouvoir être accomplis sans emporter acceptation tacite de la succession le renouvellement, en tant que bailleur ou preneur à bail, des baux qui, à défaut, donneraient lieu au paiement d'une indemnité, ainsi que la mise en œuvre de décisions d'administration ou de disposition engagées par le défunt et nécessaires au bon fonctionnement de l'entreprise (C. civ., art. 784). – **C. civ.**

Le ou les indivisaires titulaires d'au moins deux tiers des droits indivis peuvent, à cette majorité, conclure et renouveler les baux autres que ceux portant sur un immeuble à usage agricole, commercial, industriel ou artisanal. Toutefois, le consentement de tous les indivisaires est requis pour effectuer tout acte qui ne ressortit pas à l'exploitation normale des biens indivis et pour effectuer tout acte de disposition autre que la vente de meubles indivis pour payer les dettes et charges de l'indivision. Si un indivisaire prend en main la gestion des biens indivis, au su des autres et néanmoins sans opposition de leur part, il est censé avoir reçu un mandat tacite couvrant les actes d'administration mais non la conclusion ou le renouvellement des baux (C. civ., art. 815-3). – **C. civ.**

Sur la nécessité du consentement des deux conjoints pour donner à bail un immeuble à usage commercial, industriel ou artisanal dépendant de la communauté, V. art. L. 121-5.

Sur le droit au renouvellement en cas d'opération de crédit-bail immobilier, V. C. mon. fin., art. L. 313-9, al. 2, App., v° Banque et financement de l'entreprise.

Sur la dispense de l'obligation d'exploiter pour les commerçants et artisans en stage de formation, V. art. L. 145-43.

Sur les effets sur le droit au renouvellement, en cas de location-gérance du fonds de commerce, de la nullité de ce contrat, V. art. L. 144-10.

BIBL. ▸ BOCCARA, *JCP 1979. I. 2932* (distinction entre champ d'application du statut et conditions du droit au renouvellement). – BARBIER, *Gaz. Pal. 2008. 2879* (date d'effet des congés et des demandes de renouvellement). – LIPMAN-W. BOCCARA, *Administrer 10/2008. 32 ; ibid. 11/2018.29.* (même thème). – BLATTER, *AJDI 2012. 326* (bail commercial et L. nº 2012-387 du 22 mars 2012).

I. GÉNÉRALITÉS RELATIVES AU DROIT AU RENOUVELLEMENT

1. Convention EDH. Sur la conformité des dispositions légales à cette convention, V. • Civ. 3e, 27 févr. 1991, nº 89-18.729 P. ♦ La « propriété commerciale » du preneur d'un bail commercial protégée par l'art. 1er du premier protocole additionnel à la Conv. EDH s'entend du droit au renouvellement du bail commercial consacré par les art. L. 145-8 à L. 145-30 C. com. L'atteinte alléguée par le preneur n'entre pas dans le champ d'application de l'art. 1er préc., qui ne s'applique pas lorsqu'est en cause, non pas le droit au renouvellement du bail commercial, mais, comme en l'espèce, l'acquisition de plein droit de la clause résolutoire convenue entre les parties. • Civ. 3e, 11 mars 2021, nº 20-13.639 P : *D. 2021. Actu. 573 ; RTD com. 2021. 297, obs. Kendérian ; JCP E 2021, nº 1454, note Lemay ; RJDA 2021, nº 446.*

2. Portée du droit. Le bailleur n'est jamais tenu de consentir au renouvellement du bail, et, au cas où il a allégué, pour être exonéré de l'indemnité d'éviction, un motif injustifié, il reste en droit d'offrir cette indemnité. • Com. 9 mars 1965, nº 61-13.692 P.

3. Renouvellement total. L'offre de renouvellement partiel équivaut au refus de renouvellement et emporte droit à indemnité d'éviction. • Com. 9 mai 1961, nº 58-10.648 P.

4. Promesse de renouvellement. La promesse de renouvellement insérée dans le bail initial n'est pas contraire au statut des baux commerciaux. • Civ. 3e, 27 oct. 2004, nº 03-15.769 P : *D. 2005. Pan. 1095, obs. Rozès ; RTD com. 2005. 258, obs. Monéger ; JCP E 2005. 863, nº 35, obs. Monéger.* ♦ La promesse de renouvellement vaut renouvellement et le propriétaire ne peut revenir sur son engagement. • Civ. 3e, 23 mai 1995, nº 93-11.103 : *Loyers et copr. 1995, nº 526, obs. Ph.-H. B.* ♦ L'intervention des bailleurs à l'acte de cession et l'autorisation d'exercer un commerce déterminé ne peuvent être interprétées comme un engagement tacite à consentir un renouvellement de bail. • Civ. 3e, 6 oct. 1981, nº 80-10.964 P : *D. 1982. IR 11 ; JCP 1983. II. 19951, note Boccara.* ♦ En cas de vente de l'immeuble, la promesse de renouvellement de bail faite par le vendeur et ne figurant pas dans l'acte de vente est inopposable à l'acquéreur. • Civ. 3e, 12 avr. 1983 : *Rev. loyers 1983. 307.* ♦ En cas de promesse de renouvellement, le bailleur n'a aucune obligation de donner congé avec offre de renouvellement puisque les parties sont convenues, dès l'origine, de l'automaticité de ce renouvellement à des conditions de loyer acceptées par elles (en réponse à un preneur estimant que, faute de congé régulier, le bail n'avait pas été renouvelé mais s'était poursuivi par tacite reconduction). • Civ. 3e, 27 oct. 2004, nº 03-15.769 P : *préc.* ♦ Une promesse de renouvellement de bail n'emporte pas renonciation du bailleur à faire fixer le prix du bail renouvelé et s'il veut obtenir une modification du prix dès le renouvellement, il doit, sauf clause fixant une autre modalité de demande d'un nouveau prix, faire connaître le loyer qu'il propose dans un congé délivré conformément à l'art. L. 145-9. • Civ. 3e, 12 déc. 2012, nº 11-20.727 P : *D. 2013. Actu. 9, obs. Rouquet ; JCP E 2013. 1430, nº 12, obs. Kenfack.*

5. Acceptation de principe. Une acceptation de principe du renouvellement par le bailleur n'est que le préliminaire de la décision à intervenir sur les conditions du bail ; tant qu'elles ne sont pas définitivement fixées, chacune des parties demeure libre de ne pas se lier, et ne peut se voir imposer le renouvellement du bail. • Civ. 3e, 27 mai 1971, nº 69-10.996 P. ♦ Le bailleur peut rétracter son offre de renouvellement sans payer une indemnité d'éviction s'il établit que les conditions d'application du statut ne sont pas remplies (à propos de la nullité du contrat de location-gérance). • Civ. 3e, 10 janv. 1996, nº 94-12.348 P : *D. 1996. IR 38.* ♦ La rétractation ne peut intervenir qu'en raison de la survenance d'un manquement nouveau depuis l'expiration du bail ou inconnu du bailleur lorsque celui-ci a donné son accord sur le renouvellement. • Civ. 3e, 7 juill. 2004, nº 03-11.152 P : *D. 2004. AJ 2503, obs. Rouquet.* ♦ Le délai de prescription de l'action en rétractation de l'offre de renouvellement du bail pour motif grave et légitime court à compter du jour où le bailleur a eu connaissance de l'infraction qui fonde son refus. • Civ. 3e, 9 nov. 2017, nº 16-23.120 P : *D. 2017. Actu. 2301 ; AJDI 2018. 276, obs. Blatter ; JCP E 2017, nº 1653 ; RJDA 2018, nº 105.* ♦ Faute d'accord sur le prix du bail renouvelé et en l'absence de saisine du juge, le bailleur ne peut invoquer un droit de créance portant sur le montant du nouveau loyer mentionné dans le congé notifié à son cocontractant. • Civ. 3e, 23 mars 2010, nº 09-12.592 : *D. 2011. Pan. 1794, obs. Dumont-Lefrand ; RJDA 2010, nº 718.*

6. Renonciation au renouvellement. Un congé avec offre de renouvellement n'emporte pas renouvellement du bail aussi longtemps que les parties ne se sont pas mises d'accord sur le contenu de ce nouveau bail et notamment sur son prix. Le locataire peut, tant que le prix du nouveau loyer n'a été fixé, ni amiablement ni judiciairement, renoncer à son bail, à charge pour lui de quitter les lieux sans indemnité d'éviction et de payer une indemnité d'occupation à compter rétroactivement de la date d'effet du congé. Aucune disposition du Décr. de 1953 [C. com., art. L. 145-1 s.] n'impose au preneur souhaitant renoncer à son droit à renouvellement de notifier un congé dans les formes de l'art. 5 [C. com., art. L. 145-9], al. 1er. • Versailles, 22 oct. 1998 : *D. Affaires 1999. 17.*

7. Objet du bail renouvelé. Le bail renouvelé porte sur le même objet que le bail précédent. • Civ. 8 oct. 1941 : *D. 1942. 34.*

8. Clauses du bail renouvelé. Aucune juridiction n'a le pouvoir de modifier les clauses, même accessoires, du bail commercial à renouveler. • Civ. 3e, 14 oct. 1987, n° 85-18.132 P : *D. 1987. IR 207.*

9. Indivisibilité. En cas de pluralité de baux, le renouvellement concerne chaque bail séparément, mais il peut y avoir lieu à renouvellement pour le tout si l'intention des parties a été de lier les baux de façon indivisible. • Com. 4 juin 1962, n° 59-10.494 P. ♦ En cas de sous-location partielle, à défaut d'indivisibilité matérielle ou conventionnelle entre les locaux, la conclusion d'un bail unique ne suffit pas pour permettre au locataire principal d'obtenir le renouvellement total de son bail, et il ne peut prétendre à un droit de renouvellement sur la partie des locaux sous-loués dans lesquels son fonds de commerce n'est pas exploité. • Civ. 3e, 7 juill. 1993, n° 91-14.658 P : *D. 1993. IR 202.*

10. Copropriétaires. L'un des copropriétaires a qualité pour refuser le renouvellement du bail, mais ce refus équivaut à un refus de renouvellement total. • Com. 18 févr. 1959 : *Bull. civ. III, n° 91.* ♦ Ainsi, ce bailleur doit supporter seul la charge de payer au locataire l'indemnité d'éviction correspondant au préjudice total subi du fait de la privation de l'ensemble des locaux, objet d'un bail indivisible. • Même arrêt.

11. Bail consenti par un tuteur. Aux termes de l'art. 504 C. civ., les baux consentis par le tuteur ne confèrent au preneur, à l'encontre du mineur devenu majeur ou émancipé, aucun droit à renouvellement, nonobstant toute disposition légale contraire. Le bail cesse de plein droit à l'expiration du terme, sans qu'il soit nécessaire de donner congé. • Civ. 3e, 15 mars 2000, n° 98-14.608 P : *D. 2000. AJ 273, obs. Rouquet ; JCP E 2000, n° 20, p. 775.* ♦ Il ne peut en être autrement qu'en vertu d'une autorisation spéciale du juge des tutelles. • Civ. 1re, 10 mai 1988, n° 86-16.497 P : *D. 1988. 516, note Massip ; JCP N 1989. II. 9, note Fossier.*

12. Usufruit. Les dispositions de l'art. 595, al. 4, C. civ., qui interdisent à l'usufruitier de conclure un bail commercial sans le concours du nu-propriétaire, doivent recevoir application en cas de renouvellement. • Civ. 3e, 24 mars 1999, n° 97-16.856 P : *D. 1999. IR 112*.

II. TITULAIRE DU DROIT AU RENOUVELLEMENT

13. Date d'appréciation. Si, à la date d'expiration du bail, le locataire ne peut plus se prévaloir du bénéfice du statut, il a perdu définitivement tout droit à renouvellement. • Com. 10 nov. 1965, n° 61-12.141 P.

14. Propriétaire du fonds. Si l'art. 4 du Décr. de 1953 [C. com., art. L. 145-8], modifié par la L. du 16 juill. 1971, réserve toujours le droit au renouvellement au propriétaire du fonds de commerce, est désormais supprimée la nécessité d'une exploitation personnelle de celui-ci. • Civ. 3e, 26 oct. 1982 : *Gaz. Pal. 1983. 1. Pan. 74.* ♦ Peut dès lors invoquer le droit au renouvellement le locataire qui a donné son fonds en location-gérance. • Civ. 3e, 17 juill. 1981, n° 79-15.598 P : *Gaz. Pal. 1982. 1. Pan. 88, obs. J. D.*

15. Copreneurs. Si les copreneurs sont solidaires, la demande en renouvellement d'un seul d'entre eux n'est pas valable si les autres ont accepté le congé. • Com. 9 avr. 1962 : *D. 1962. 399 ; Ann. loyers 1962. 620.*

16. Héritiers. Le droit au renouvellement profite aux héritiers en cas de décès du preneur. • Com. 13 oct. 1966 : *Bull. civ. III, n° 395.*

17. Cessionnaires. En cas de cession régulière suivie de notification, le cessionnaire a un droit personnel au renouvellement ou à l'indemnité d'éviction. • Com. 16 févr. 1959 : *Bull. civ. III, n° 82.*

18. Sous-location. Sur le droit au renouvellement du locataire principal, V. note 9. ♦ Sur le droit au renouvellement du sous-locataire, V. art. L. 145-32.

19. Usufruit. Le nu-propriétaire du fonds de commerce peut prétendre à une indemnité d'éviction à défaut de renouvellement du bail, l'usufruit étant reporté sur cette indemnité. • Civ. 3e, 6 janv. 1982, n° 80-10.035 P : *D. 1982. IR 129 ; Rev. loyers 1982. 157, note J. V.*

20. Crédit-bail. Le contrat de sous-occupation consenti par le crédit-preneur à un sous-occupant commerçant est soumis au statut des baux commerciaux et ce dernier a droit, en cas de refus de renouvellement, au paiement d'une indemnité d'éviction, si les conditions de ce droit sont réunies. • Paris, 28 juin 2000 : *AJDI 2000. 1029*.

III. EXPLOITATION EFFECTIVE DU FONDS

21. Pouvoirs du juge. Les juges apprécient souverainement si le locataire remplit ou non les conditions d'exploitation effective. • Com. 21 avr. 1958 : *Bull. civ. III, n° 156* • 26 oct. 2011, n° 10-25.247 : *D. 2012. Pan. 1845, obs. Dumont-Lefrand*.

22. Exploitation d'un même fonds. Le droit de renouvellement ne peut être accordé au locataire que s'il justifie à la date de sa demande qu'il exploite le même fonds de commerce dans les lieux loués. • Com. 8 févr. 1965 : *D. 1965. 292 ; Gaz. Pal. 1965. 1. 300.* ♦ Mais le changement d'activité en cours de bail n'est pas un obstacle lorsqu'il est effectué avec l'accord du bailleur. • Civ. 3e, 17 mai 1977, n° 75-14.680 P.

23. Exploitation continue. L'exploitation saisonnière d'un fonds dans un local faisant l'objet d'un bail continu de neuf ans peut constituer l'exploitation effective, si telle a été l'intention des parties. • Civ. 3e, 16 avr. 1973, n° 72-11.351 P : *D. 1973. Somm. 85.*

24. Exploitation par le conjoint. Dans le cas d'un bien commun, l'exploitation par le conjoint ne peut s'analyser en une cession ou une sous-location. • Civ. 3e, 24 mars 1993, n° 91-15.406 : *Loyers et copr. 1993, n° 352, obs. Brault.*

25. Location-gérance. Le locataire qui a donné son fonds en location-gérance peut bénéficier du droit au renouvellement. • Civ. 3e, 17 juill. 1981, n° 79-15.598 P. ♦ En revanche, ne peut bénéficier du statut le locataire des locaux qui n'est pas propriétaire mais locataire-gérant du fonds qui y est exploité. • Com. 21 mars 1995, n° 93-11.868 P : *D. 1995. IR 101.* ♦ Le défaut d'immatriculation du locataire-gérant d'un fonds de commerce au RCS à la date de délivrance du congé au preneur à bail des locaux où est exploité ce fonds n'est pas de nature à priver ce preneur du bénéfice du statut (décision précisant par ailleurs que la cessation temporaire d'activité n'implique pas en elle-même la disparition de la clientèle). • Civ. 3e, 15 sept. 2010, n° 09-68.521 P : *D. 2011. Pan. 1788, obs. Dumont-Lefrand ; RTD com. 2011. 311, obs. Saintourens*.

26. Motifs légitimes de non-exploitation. Ont été considérés comme tels : le transfert de l'activité principale du locataire, effectué en raison d'une menace d'éviction. • Com. 27 oct. 1966 : *Rev. loyers 1967. 37.* ♦ ... Ou d'expropriation. • Civ. 3e, 25 juin 1970, n° 68-12.262 P : *D. 1970. 728.* ♦ La non-exploitation continue du fonds a un motif légitime dès lors qu'elle trouve sa cause dans le déroulement de la procédure collective. • Civ. 3e, 10 déc. 2008, n° 07-15.241 P : *D. 2009. AJ 96, obs. Rouquet ; RJDA 2009, n° 75.*

IV. DURÉE D'EXPLOITATION

27. Calcul de la durée triennale. La durée d'exploitation du fonds pour permettre le bénéfice du droit au renouvellement s'entend d'une période continue qui a pour terme la date d'expiration du bail ou de sa reconduction. • Civ. 3e, 12 mars 1974, n° 72-14.727 P. ♦ L'exploitation des lieux antérieure à l'inscription au RCS peut entrer en ligne de compte pour le calcul de la durée d'exploitation. • Civ. 3e, 25 oct. 1983, n° 81-14.926 P : *D. 1984. IR 49.* ♦ Est nulle, en vertu de l'art. 35-1 du Décr. de 1953 [C. com., art. L. 145-16], la clause d'un bail imposant une exploitation personnelle du fonds par le locataire pendant les trois dernières années et emportant ainsi impossibilité de céder le bail pendant cette période. • Civ. 3e, 23 juill. 1986, n° 85-13.192 P.

28. Exploitation d'un même fonds. L'exploitation d'une certaine durée exigée par l'art. 4 du Décr. de 1953 [C. com., art. L. 145-8] doit s'entendre de l'exploitation d'un même fonds. • Com. 10 févr. 1960 : *Ann. loyers 1960. 742.* ♦ Sur le changement d'activité autorisé en cours de bail, V. note 22.

29. Jonction des durées en cas de cession. Pour compléter la durée d'exploitation, le cessionnaire peut se prévaloir de la durée d'exploitation du cédant s'il y a eu cession du fonds de commerce de ce dernier en même temps que celle du bail. • Civ. 3e, 6 oct. 1981, n° 80-10.964 P : *préc. note 4.*

Art. L. 145-9 *(L. n° 2012-387 du 22 mars 2012, art. 2-II)* **« Par dérogation aux articles 1736 et 1737 du code civil, les baux de locaux soumis au présent chapitre ne cessent que par l'effet d'un congé donné six mois à l'avance ou d'une demande de renouvellement.**

« A défaut de congé ou de demande de renouvellement, le bail fait par écrit se prolonge tacitement au-delà du terme fixé par le contrat. Au cours de la tacite prolongation, le congé doit être donné au moins six mois à l'avance et pour le dernier jour *du trimestre* **civil. »**

Le bail dont la durée est subordonnée à un événement dont la réalisation autorise le bailleur à demander la résiliation ne cesse, au-delà de la durée de neuf ans, que par l'effet d'une notification faite six mois à l'avance et *(L. n° 2008-776 du 4 août 2008, art. 45)* **« pour le dernier jour du trimestre civil ». Cette notification doit mentionner la réalisation de l'événement prévu au contrat.**

S'agissant d'un bail comportant plusieurs périodes, si le bailleur dénonce le bail à la fin des neuf premières années ou à l'expiration de l'une des périodes suivantes, le congé doit être donné dans les délais prévus à l'alinéa premier ci-dessus.

Le congé doit être donné par *(L. n° 2015-990 du 6 août 2015, art. 207-I-2°)* **« acte extrajudiciaire. » Il doit, à peine de nullité, préciser les motifs pour lesquels il est donné et indiquer que le locataire qui entend, soit contester le congé, soit demander le paiement d'une indemnité d'éviction doit** *(Abrogé par L. n° 2008-776 du 4 août 2008, art. 45)* **«** ***, à peine de forclusion,*** **» saisir le tribunal avant l'expiration d'un délai de deux ans à compter de la date pour laquelle le congé a été donné.** – *[Décr. n° 53-960 du 30 sept. 1953, art. 5.] — V. art. R. 145-1-1.*

V. 1re note ss. art. L. 145-4.

V. notes ss. art. L. 145-2.

BIBL. ► BARBIER, *Administrer août-sept. 1998. 18* (le prétendu principe de l'immutabilité des motifs du congé). – DENIZOT, *AJDI 2004. 263* (prorogation du bail commercial). – MONÉGER, *Loyers et copr. 2006. Étude 23* (l'après bail commercial). – BARBIER, *Gaz. Pal. 2008. 2879* (date d'effet des congés et des demandes de renouvellement). – BLATTER, *AJDI 2008. 649* ; *ibid. 905* (suppression des usages locaux par la L. du 4 août 2008). – BRAULT, *Loyers et copr. 2009. Étude 11* (du bon usage du congé et de la demande de renouvellement). – LAUVERGNAT, *Gaz. Pal. 2010. 774* (date pour laquelle le congé commercial doit être donné). ► L. n° 2012-387 du 22 mars 2012 : BLATTER, *AJDI 2012. 326* . – VAUVILLÉ, *Defrénois 2012. 399*. – MONÉGER, *RTD com. 2012. 505* .

1. Domaine. L'art. 5 du Décr. de 1953 [C. com., art. L. 145-9] ne s'applique pas lorsque le bail n'est pas soumis au statut des baux commerciaux. • Com. 3 avr. 1962 : *Bull. civ. III, n° 204.*

2. Tacite reconduction. A défaut de congé, le bail est reconduit par tacite reconduction [prolongation], c'est-à-dire qu'il se poursuit au-delà du terme fixé par le contrat. • Civ. 3e, 16 juill. 1980 : *Bull. civ. III, n° 138.* ♦ Un bail renouvelé par tacite reconduction [prolongation] peut prendre fin à tout moment par un congé donné suivant les usages locaux [pour le dernier jour du trimestre civil] et délivré au moins six mois à l'avance. • Civ. 3e, 30 juin 1999, n° 97-20.521 P : *D. 1999. IR 211* .

3. Auteur et destinataire du congé. La faculté de donner congé appartient à chacune des parties. ♦ La signification d'un congé à une personne autre que celle du bailleur équivaut à une absence de congé. • Civ. 3e, 11 juill. 2006, n° 05-16.394 : *Loyers et copr. 2006, n° 199, obs. Brault.*

4. Congé délivré par le bailleur. L'erreur sur l'identité du bailleur est, à elle seule, de nature à priver le congé de tout effet. Peu importe que le nouveau propriétaire des murs, étranger à l'acte en cause, eût conservé le même gestionnaire que son prédécesseur (à propos d'un arrêt rejetant la demande du preneur en condamnation de l'huissier ayant notifié le congé à des dommages et intérêts). • Civ. 3e, 4 juill. 2001, n° 99-21.314 P. ♦ Viole les art. 117 et 119 NCPC [C. pr. civ.] la cour d'appel qui déclare valable un congé en retenant que le locataire connaissait parfaitement l'identité du propriétaire et que l'irrégularité commise, découlant d'une erreur matérielle, ne lui avait causé aucun grief, alors qu'elle avait constaté que le congé avait été délivré à la requête d'une personne qui n'est pas le bailleur. • Civ. 3e, 29 sept. 1999, n° 98-11.746 P. ♦ Le congé avec offre de renouvellement donné par certains membres de l'indivision est valable, la nullité du congé ayant été couverte par l'intervention du coïndivisaire non signataire dans l'assignation en fixation du loyer du bail renouvelé devant le TGI et dans les actes subséquents. • Civ. 3e, 5 déc. 2001, n° 00-10.731 P : *D. 2002. AJ 1072, obs. Rouquet* . ♦ V. aussi C. civ., art. 815-3. – C. civ.

5. Congé délivré par le locataire. Lorsqu'un bail commercial a été consenti par des propriétaires indivis et hormis le cas où l'un de ceux-ci a reçu mandat du ou des autres indivisaires, le congé donné par le preneur doit, pour être valable, avoir été délivré à chacun des propriétaires indivis. • Civ. 3e, 11 juill. 2007, n° 06-12.210 P : *JCP E 2007. 2338, note Djigo.* ♦ En vertu des art. 1421 s. C. civ. (selon lesquels lorsque l'époux exerce une profession séparée, il a seul le pouvoir d'accomplir les actes d'administration et de disposition nécessaires à celle-ci, dès lors que l'acte envisagé ne conduit pas à l'aliénation pure et simple du fonds de commerce), le locataire exerçant une profession indépendamment de son épouse peut valablement donner seul congé au bailleur, alors que le fonds de commerce exploité est un bien commun, résilier le bail commercial n'étant pas aliéner le fonds. • Civ. 3e, 18 déc. 2002, n° 01-03.539 P : *D. 2003. AJ 423, obs. Rouquet* .

6. Signification à personne. Doit être cassé, pour violation des art. 654 et 655 NCPC [C. pr. civ.], l'arrêt qui déclare régulier un congé délivré à domicile élu en application d'une clause du bail, sans constater l'impossibilité de délivrer le congé à personne. • Civ. 3e, 19 janv. 2000, n° 98-11.810 : *AJDI 2000. 342* .

7. Délai du congé. Les effets légaux d'un contrat étant régis par la loi en vigueur à la date où ils se produisent, la L. du 4 août 2008, modifiant l'art. L. 145-9 et imposant de délivrer congé pour le dernier jour du trimestre civil et au moins six mois à l'avance, est applicable aux contrats en cours. • Civ. 3e, 3 juill. 2013, n° 12-21.541 P : *D. 2014. Pan. 1666, obs. Dumont-Lefrand*. ♦ Le congé donné pour une date antérieure à celle fixée par l'art. 5 du Décr. de 1953 [C. com., art. L. 145-9] n'est pas, de ce fait, nul, et son effet peut être reporté à la date pour laquelle il aurait dû être régulièrement donné. • Civ. 3e, 9 oct. 1996, n° 94-17.198 : *RJDA 1996, n° 1446* (congé avec refus de renouvellement et sans offre d'indemnité d'éviction). ♦ A l'inverse, il n'est pas interdit au bailleur de donner congé à l'avance et, bien que contraire à l'usage, n'est pas abusif le congé donné trois ans à l'avance. • Civ. 3e, 9 nov. 1981, n° 80-12.972 P.

8. Computation du délai de préavis. Pour une application de l'art. 642 NCPC [C. pr. civ.] selon lequel tout délai expire le dernier jour à vingt-quatre heures, V. • Civ. 3e, 13 janv. 2004, n° 02-18.337 P : *D. 2004. AJ 350, obs. Rouquet* ; *AJDI 2004. 635, note Dumont*.

9. Forme du congé. Le congé ne peut valablement être donné au bailleur au moyen d'une lettre recommandée. • Civ. 3e, 30 oct. 1978, n° 77-11.449 P. ♦ Constitue un congé valable dont l'effet doit être repoussé au terme du préavis contractuel l'acte extrajudiciaire intitulé « signification de lettre missive » précisant au bailleur que lui était signifié un courrier l'informant de la résiliation du bail et lui recommandait de lire avec attention la lettre jointe portant la référence « résiliation du bail ». • Civ 3e, 18 juin 2014, n° 13-18.369 P : *D. actu. 30 juin 2014, obs. Rouquet* ; *D. 2014. Actu. 1373*. ♦ Le bailleur ne pouvant se prévaloir de l'irrégularité du congé qu'il a lui-même délivré, dès lors qu'un accord définitif sur les conditions d'un nouveau bail est intervenu avant la délivrance de ce congé, il est tenu de signer l'accord qu'il a proposé au locataire par lettre recommandée avec AR. • Civ. 3e, 15 sept. 2010, n° 09-15.192 P : *D. 2010. Actu. 2225, obs. Rouquet*.

10. Énonciations du congé. Le propriétaire doit indiquer dans le congé les motifs réels de son refus de renouvellement du bail. • Com. 20 mai 1958 : *Bull. civ. III, n° 200.* ♦ Si aucune forme particulière ne s'impose pour la rédaction d'un congé, sauf reproduction des mentions prévues par la loi, encore faut-il qu'il se présente comme un acte ayant pour but de prévenir d'une façon non équivoque le cocontractant de la volonté de mettre fin au bail pour la date et les conditions précisées. • Civ. 3e, 19 mars 1997, n° 95-13.364 : *D. Affaires 1997. 529.* ♦ Ayant exactement retenu que le bailleur est toujours en droit de refuser le renouvellement d'un bail venu à expiration en payant une indemnité d'éviction et qu'en pareille hypothèse le congé n'a pas à être motivé, une cour d'appel en a déduit, à bon droit, que le congé, bien que délivré pour un motif erroné, n'en demeurait pas moins valable dès lors qu'il a été délivré pour le terme du bail et avec offre d'une indemnité d'éviction (à propos d'une reprise pour reconstruire de l'art. L. 145-18). • Civ. 3e, 8 févr. 2006, n° 04-17.898 P : *D. 2006. AJ 653, obs. Rouquet*.

11. Changement de motifs. Le bailleur ne peut, en cours d'instance, modifier les motifs invoqués dans le congé et leur substituer des motifs différents. • Com. 23 déc. 1959 : *Bull. civ. III, n° 442.* ♦ Toutefois, le bailleur peut faire valoir en cours d'instance des motifs postérieurs au congé ou même ceux dont il n'a eu connaissance qu'après délivrance de celui-ci. • Com. 21 oct. 1959 : *Bull. civ. III, n° 355.* ♦ Le bailleur peut invoquer en tout état de cause l'inapplicabilité du statut. • Civ. 3e, 17 mars 1981 : *Rev. loyers 1981. 312, note J. V.* ♦ Les défenses au fond pouvant être invoquées en tout état de cause, un bailleur qui a délivré un congé avec refus de renouvellement peut, au cours de l'instance en fixation de l'indemnité d'éviction, dénier l'application du statut des baux commerciaux. • Civ. 3e, 3 nov. 2016, n° 15-25.427 P : *D. 2016. Actu. 2280* ; *AJDI 2017. 201, obs. Blatter* ; *JCP E 2016, n° 1656* ; *RJDA 2017, n° 66* ; *Loyers et copr. 2017, n° 48, obs. Brault.*

12. Nullité du congé. La nullité ne doit être prononcée que si l'omission de la mention des motifs a porté préjudice au locataire. • Civ. 3e, 18 nov. 1980 : *Gaz. Pal. 1981. 1. Somm. 91.* ♦ Cette nullité de forme peut être couverte lorsque celui qui l'invoque a fait valoir postérieurement des moyens de fond. • Civ. 3e, 27 janv. 1981 : *Gaz. Pal. 1981. 2. Somm. 187.* ♦ Un congé délivré sans motif ou pour motifs équivoques par le bailleur produit néanmoins ses effets et met fin au bail commercial, dès lors que le bailleur est toujours en droit de refuser le renouvellement du bail à la condition de payer une indemnité d'éviction (Civ. 3e, 1er févr. 1995, n° 93-14.808 P : *cité note 6 ss. art. L. 145-17*). La nullité de ce congé prévue par l'art. L. 145-9 est une nullité relative qui ne peut être soulevée que par le preneur ; celui-ci peut soit renoncer à la nullité du congé en sollicitant une indemnité d'éviction et en se maintenant dans les lieux en l'attente de son paiement en application de l'art. L. 145-28, soit s'en prévaloir en optant pour la poursuite du bail. Par suite, la circonstance que le preneur reste ou non dans les lieux est sans incidence sur les effets du congé irrégulier. Ayant retenu que le congé était équivoque et insuffisamment motivé et que la nullité du congé ne pouvait priver le preneur de son droit à indemnité d'éviction, la cour d'appel en a exactement déduit que la demande de paiement de l'indemnité d'éviction était justifiée. • Civ. 3e, 28 juin 2018, n° 17-

18.756 P : *D. 2018. Actu. 1381* ; *AJDI 2019. 121, obs. Blatter* ; *JCP E 2018, n° 1491, note Aubry de Maromont* ; *RJDA 2018, n° 709.*

13. Renonciation. La renonciation du bailleur au bénéfice du congé ne peut résulter que d'une volonté expresse et non équivoque, laquelle ne peut se déduire de la délivrance pendant un certain temps de quittances de loyer et de l'application de la clause de révision. • Civ. 3e, 9 févr. 1994, n° 91-21.834 : *Rev. loyers 1994. 316.* ♦ La durée prévue du sous-bail ne constitue pas une renonciation de l'une ou l'autre des parties aux dispositions du statut des baux commerciaux qui imposent la délivrance d'un congé par acte extrajudiciaire. • Civ. 3e, 17 mars 2016, n° 14-27.748 P : *cité note 1 ss. art. L. 145-4.*

14. Rétractation. Quelle que soit la gravité des irrégularités alléguées, seuls affectent la validité d'un acte de procédure soit les vices de forme faisant grief, soit les irrégularités de fond limitativement énumérées à l'art. 117 C. pr. civ. (inefficacité de la rétractation du congé délivré par erreur par un huissier en lieu et place d'une demande de renouvellement). • Civ. 3e, 30 sept. 2009, n° 08-13.756 P : *D. 2009. AJ 2424, obs. Rouquet* . ♦ Dans la même affaire, jugeant qu'ayant à bon droit retenu que la nullité des actes d'huissier de justice est régie par les dispositions qui gouvernent les actes de procédure et que la nullité d'un congé ne peut être prononcée au motif que l'huissier a agi en dehors de son mandat, ou que cet acte a été délivré par erreur et en l'absence de consentement, une cour d'appel, qui a relevé que l'huissier de justice a mal exécuté le mandat qui lui a été donné, en a exactement déduit que l'absence d'intention du preneur ne constitue pas une irrégularité de fond de l'art. 117 C. pr. civ. et a légalement justifié sa décision de retenir que la signification du congé a produit ses effets. • Civ. 3e, 5 juin 2013, n° 12-12.065 P : *D. 2013. Actu. 1473, obs. Rouquet* . ♦ Le congé délivré par le preneur ne peut être rétracté par son auteur sans le consentement du bailleur. • Civ. 3e, 27 juin 1984, n° 83-12.552 P : *JCP 1985. II. 20343.* ♦ Réciproquement, le bailleur ne peut rétracter unilatéralement un congé avec offre de renouvellement. • Civ. 3e, 18 janv. 1989 : *JCP 1989. II. 21335.*

15. Responsabilité du bailleur ou du mandataire. Commet une faute dont il doit réparation l'avocat chargé de défendre les intérêts du bénéficiaire d'un bail commercial auquel le propriétaire avait donné congé, qui n'engage pas dans le délai de la prescription biennale l'action en paiement de l'indemnité d'éviction, ce qui a eu pour conséquence de mettre fin au bail en privant le locataire de cette indemnité. • Civ. 1re, 15 oct. 1985, n° 84-12.309 P.

16. Baux à périodes. Un « bail à périodes », prévu par le 4e al. du texte se définit comme un bail de longue durée comprenant nécessairement une première période de neuf années suivie d'un nombre défini d'autres périodes triennales. En conséquence, ne peut être qualifié de bail à périodes le bail de neuf ans organisant de façon automatique un renouvellement par périodes de trois ans sans limitation du nombre de périodes. Il s'agit d'un bail commercial classique et la clause de renouvellement triennal est nulle en application de l'art. 35 du Décr. de 1953 [C. com., art. L. 145-15]. • Civ. 3e, 1er juill. 1998, n° 96-21.831 P : *D. Affaires 1998. 1477, obs. Y. R.*

Art. L. 145-10 A défaut de congé, le locataire qui veut obtenir le renouvellement de son bail doit en faire la demande soit dans les six mois qui précèdent l'expiration du bail, soit, le cas échéant, à tout moment au cours de sa *(L. n° 2012-387 du 22 mars 2012, art. 2-I)* **« prolongation ».**

La demande en renouvellement doit être *(L. n° 2015-990 du 6 août 2015, art. 207-I-3°)* **« notifiée » au bailleur par acte extrajudiciaire** *(L. n° 2015-990 du 6 août 2015, art. 207-I-3°)* **« ou par lettre recommandée avec demande d'avis de réception ». Sauf stipulations ou notifications contraires de la part de celui-ci, elle peut, aussi bien qu'à lui-même, lui être valablement adressée en la personne du gérant, lequel est réputé avoir qualité pour la recevoir. S'il y a plusieurs propriétaires, la demande adressée à l'un d'eux vaut, sauf stipulations ou notifications contraires, à l'égard de tous.**

Elle doit, à peine de nullité, reproduire les termes de l'alinéa ci-dessous.

Dans les trois mois de la *(L. n° 2015-990 du 6 août 2015, art. 207-I-3°)* **« notification » de la demande en renouvellement, le bailleur doit,** *(L. n° 2015-990 du 6 août 2015, art. 207-I-3°)* **« par acte extrajudiciaire », faire connaître au demandeur s'il refuse le renouvellement en précisant les motifs de ce refus. A défaut d'avoir fait connaître ses intentions dans ce délai, le bailleur est réputé avoir accepté le principe du renouvellement du bail précédent.**

L'acte extrajudiciaire notifiant le refus de renouvellement doit, à peine de nullité, indiquer que le locataire qui entend, soit contester le refus de renouvellement, soit demander le paiement d'une indemnité d'éviction, doit *(Abrogé par L. n° 2008-776 du 4 août 2008, art. 45)* **«** ***, à peine de forclusion,*** **» saisir le tribunal avant l'expiration d'un**

délai de deux ans à compter de la date à laquelle est signifié le refus de renouvellement. – *[Décr. n° 53-960 du 30 sept. 1953, art. 6.]*

V. 1re note ss. art. L. 145-4.

V. 1re note ss. art. L. 145-2.

BIBL. ▶ BLATTER, *AJDI 2015. 575* (L. du 6 août 2015 et baux commerciaux : constance ou Pénélope ?).

I. DEMANDE DE RENOUVELLEMENT

1. Domaine. Par l'expression « à défaut de congé », il faut entendre à défaut de congé délivré pour la date d'expiration contractuelle du bail. • Civ. 3e, 13 févr. 1980, n° 78-12.522 P. ♦ Le congé avec refus de renouvellement délivré par un bailleur commercial pour une date postérieure à l'échéance contractuelle du bail prive d'effet la demande de renouvellement formée par le preneur après ce congé. • Civ. 3e, 21 févr. 2007, n° 05-21.623 P : *D. 2007. AJ 805, obs. Rouquet* . ♦ En l'absence de congé délivré, un bail verbal à durée indéterminée n'entre pas dans les prévisions de l'art. 6 du Décr. de 1953 [C. com., art. L. 145-10] et, faute de congé, le preneur ne peut en demander le renouvellement. • Civ. 3e, 7 janv. 1971, n° 69-11.343 P.

2. Délai de six mois. Ne produit aucun effet la demande de renouvellement formulée plus de six mois avant la date d'expiration du bail. • Civ. 3e, 11 févr. 1987, n° 85-16.162 P. ♦ Seul le destinataire d'une demande de renouvellement du bail délivré avant le délai de six mois précédant l'expiration du bail pouvant se prévaloir de son irrégularité, le refus de renouvellement avec offre d'indemnité d'éviction délivré par le bailleur en réponse à la demande prématurée est recevable. • Civ. 3e, 16 oct. 2012, n° 11-30.526 : *RJDA 2013, n° 17.* ♦ Le délai de six mois se calcule de quantième à quantième ; lorsqu'il part le dernier jour du mois, il arrive à échéance le dernier jour du mois qui sert de terme au délai, et ce jour d'échéance compte dans le délai. • Civ. 3e, 5 févr. 1971, n° 69-12.712 P : *D. 1971. Somm. 130.* ♦ Il résulte du texte [C. com., art. L. 145-10] que le locataire peut, à défaut de congé et à tout moment, demander le renouvellement d'un bail tacitement reconduit. • Com. 22 juin 1964 : *Bull. civ. III, n° 324.*

3. Forme. Ne produit aucun effet la demande de renouvellement adressée par lettre recommandée. • Civ. 3e, 11 févr. 1987, n° 85-16.162 P : *préc. note 2.* ♦ ... Ou par la signification de conclusions. • Civ. 3e, 10 juill. 1996, n° 94-18.249 P. ♦ La demande de renouvellement du bail commercial n'entrant pas dans les prévisions de l'art. 684 de l'ancien code de procédure civile, et la cour d'appel ayant relevé que le locataire avait sollicité le renouvellement de son bail dans les formes et délais requis, les juges en ont exactement déduit que l'action du bailleur en nullité de la demande de renouvellement devait être rejetée. • Civ. 3e, 7 sept. 2017, n° 16-17.174 P : *D. actu. 29 sept. 2017, obs. Cayol ; D. 2017. Actu. 1760* ; *JCP E 2017, n° 1605, note Brignon ; RJDA 2017, n° 702.*

4. Objet. Le preneur peut demander par un seul exploit le renouvellement de locations distinctes dès lors que le bailleur s'est trouvé suffisamment informé de l'objet de la demande. • Com. 30 oct. 1961, n° 58-10.738 P : *D. 1962. Somm. 29.*

5. Énonciations. Doit être tenue comme nulle la demande de renouvellement qui ne reproduit pas les termes de l'al. 4 du texte, dès lors que l'omission a pu porter préjudice au propriétaire. • Com. 6 avr. 1965, n° 59-11.542 P. ♦ Mais la demande n'est pas nulle, même en l'absence d'indication des dispositions légales, lorsque la nullité a été couverte par un accord sur le principe du renouvellement. • Com. 8 nov. 1961, n° 58-10.216 P.

6. Auteur. Un mandat spécial étant nécessaire pour tout acte qui ne ressortit pas de l'exploitation normale des biens indivis ainsi que pour la conclusion et le renouvellement des baux, viole l'art. 815-3 C. civ. l'arrêt qui, pour déclarer valable et opposable à la fille d'anciens preneurs un congé, notifié à la mère, refusant le renouvellement, retient que la mère avait agi pour le compte de l'indivision successorale et en vertu d'un mandat tacite. • Civ. 3e, 17 juill. 1991, n° 90-10.102 P.

7. Destinataire. Le preneur de locaux commerciaux qui veut obtenir le renouvellement de son bail doit signifier sa demande au bailleur (à propos d'une signification à une SCI, prise en la personne de son administrateur, et non au bailleur pris en son nom personnel). • Civ. 3e, 29 juin 2005, n° 04-11.591 P : *D. 2005. AJ 2148, obs. Rouquet* . ♦ Mais validant une demande de renouvellement signifiée au bailleur décédé, remise à son fils, bailleur actuel, au motif qu'aucun texte n'impose la mention du prénom du destinataire dans l'acte d'huissier et considérant que la mention d'un prénom inexact résulte d'une erreur matérielle, V. • Civ. 2e, 7 juin 2012, n° 11-17.502 : *Gaz. Pal. 2012. 1707, obs. Barbier ; RJDA 2012, n° 941.* ♦ L'art. 6 du Décr. de 1953 [C. com., art. L. 145-10] disposant que si l'immeuble appartient à plusieurs copropriétaires, la demande de renouvellement adressée à l'un d'eux vaut, sauf stipulation ou notification contraire, à l'égard de tous, il s'ensuit que l'un des propriétaires a qualité pour répondre à cette demande. • Com. 16 déc. 1958 : *Bull. civ. III, n° 437.* ♦ L'usufruitier d'un immeuble à usage commercial donné à bail a le pouvoir de délivrer seul un refus de renouvellement du bail, acte qui a les mêmes effets qu'un congé. • Civ. 3e, 9 déc. 2009, n° 08-20.512 P : *D. 2010. AJ 14, obs. Rouquet*.

II. RÉPONSE DU BAILLEUR

8. Auteur. Le vendeur du local loué qui s'est vu notifier une demande de renouvellement n'a pas qualité pour répondre à cette demande après la vente. • Civ. 3e, 23 mars 2011, n° 06-20.488 P : *D. 2011. Actu. 1008, obs. Rouquet*.

9. Forme et énonciations. Sur la validité de l'acte contenant, au lieu de la formule prescrite par l'art. 6 du Décr. de 1953 [C. com., art. L. 145-10], celle, semblable, de l'art. 5 [C. com., art. L. 145-9], al. 5, V. • Civ. 3e, 21 nov. 1977, n° 76-11.104 P. ♦ A défaut de figurer dans un acte notifié par le bailleur au preneur, une déclaration de refus de renouveler le bail, faite verbalement par le bailleur, en réponse à l'interpellation de l'huissier de justice lui signifiant une demande du preneur de renouvellement du bail, ne constitue pas un acte de refus de renouvellement prévu à l'art. L. 145-10. Ayant relevé que le bailleur s'était borné à déclarer verbalement à l'huissier de justice, lui signifiant une demande du preneur de renouvellement du bail, qu'il refusait de renouveler le bail, la cour d'appel en a déduit à bon droit que la simple mention de cette déclaration portée sur l'acte de signification était sans effet sur le renouvellement du bail. • Civ. 3e, 24 sept. 2020, n° 19-13.333 P : *D. 2020. Actu. 1886* ; *AJDI 2021. 435, obs. Blatter* ; *JCP E 2021, n° 1168, obs. Panepinto* ; *RJDA 2020, n° 632*.

10. Date. La nullité de la réponse du bailleur pour défaut de date peut être couverte par l'aveu du destinataire reconnaissant la date de la notification. • Com. 20 déc. 1960, n° 57-10.904 P : *Ann. loyers 1961. 678*. ♦ Sur la validité du refus de renouvellement du bailleur formulé dans les trois mois d'une demande de renouvellement prématurée, V. • Civ. 3e, 16 oct. 2012, n° 11-30.526 : *AJDI 2012. 864*.

11. Motivation. Le défaut de motivation a pour seul effet d'obliger le bailleur à payer au preneur une indemnité d'éviction. • Com. 9 avr. 1959 : *Bull. civ. III, n° 154*.

12. Défaut de réponse. Le défaut de réponse du bailleur dans les trois mois implique acceptation du principe du renouvellement. • Com. 23 déc. 1958 : *Bull. civ. III, n° 451*. ♦ Faute de réponse à la demande de renouvellement du locataire dans les trois mois, le bail commercial s'est renouvelé aux clauses et conditions du bail expiré, y compris la clause relative à l'indivisibilité des locaux. • Civ. 3e, 19 déc. 2012, n° 11-21.340 P : *D. 2013. Chron. C. cass. 1164, obs. Pic* ; *AJDI 2013. 346, obs. Rouquet*. ♦ Un bailleur indivis ne peut engager seul l'action en fixation judiciaire du loyer du bail. • Même arrêt. ♦ Si le bailleur, qui a répondu tardivement à une demande de renouvellement émanant du preneur, est réputé avoir accepté le principe du renouvellement, il n'est pas privé du droit de demander la fixation d'un nouveau loyer. • Civ. 3e, 4 mai 2011, n° 10-15.473 P : *D. 2011. Actu. 1345, obs. Rouquet*. ♦ L'acceptation de principe du renouvellement du bail résultant de l'absence de réponse du bailleur à une demande de renouvellement formée par son locataire ne présente qu'un caractère provisoire et ne fait pas obstacle à l'exercice ultérieur du droit d'option du bailleur qui refuse le renouvellement du bail en offrant le paiement d'une indemnité d'éviction. • Civ. 3e, 16 sept. 2015, n° 14-20.461 P : *D. 2015. Actu. 1894, obs. Rouquet* ; *JCP E 2015, n° 1496, note Brignon* ; *RJDA 2015, n° 813* ; *Loyers et copr. 2016, n° 40, obs. Brault*.

13. Point de départ du délai de prescription. Il est de principe constant que lorsque le preneur demande le renouvellement du bail en application de l'art. L. 145-10, que ce soit antérieurement ou postérieurement à l'échéance, la prescription biennale de l'action en fixation du prix du bail renouvelé, prévue à l'art. L. 145-60, a pour point de départ la date de l'acceptation par le bailleur du principe du renouvellement, comportant une demande de loyer majoré. Il n'en est autrement que dans l'hypothèse où les parties décident d'un commun accord de reporter la prise d'effet du nouveau bail au-delà de l'expiration du bail précédent et de l'acceptation du principe du renouvellement, auquel cas la prescription court à compter de la date de prise d'effet voulue par les parties. • Grenoble, 2 déc. 2010 : *AJDI 2010. 140*.

Art. L. 145-11 **Le bailleur qui, sans être opposé au principe du renouvellement, désire obtenir une modification du prix du bail doit, dans le congé prévu à l'article L. 145-9 ou dans la réponse à la demande de renouvellement prévue à l'article L. 145-10, faire connaître le loyer qu'il propose, faute de quoi le nouveau prix n'est dû qu'à compter de la demande qui en est faite ultérieurement suivant des modalités définies par décret en Conseil d'État.** — *[Décr. n° 53-960 du 30 sept. 1953, art. 6-1.] — V. art. R. 145-1 et R. 145-23.*

1. Prise d'effet du nouveau loyer. Les dispositions de l'art. L. 145-11 ne visant que la modification du prix du bail sollicitée par le bailleur, une cour d'appel, qui fixe la date de prise d'effet du nouveau loyer tout en constatant que l'action en fixation du prix du bail renouvelé a été engagée par le preneur, n'a pas tiré les conséquences légales de ses propres constatations.

• Civ. 3e, 7 janv. 2009, n° 07-19.464 P : *D. 2009. AJ 227, obs. Rouquet*.

2. Offre ultérieure. Si le bailleur ne peut ultérieurement à la délivrance d'un congé le rétracter unilatéralement, il peut proposer un nouveau loyer. Partant, une cour d'appel a pu retenir que l'acte, qui précisait au locataire le montant du loyer désormais revendiqué, n'était pas nul et devait s'analyser comme une demande d'un nouveau prix. • Civ. 3e, 9 juill. 2014, n° 13-15.643 P : *D. 2015. Pan. 1622, obs. Dumont-Lefrand* ; *AJDI 2015. 201, obs. Blatter*.

3. Fixation du loyer. Le renouvellement du bail n'est pas subordonné à une fixation préalable d'un nouveau prix. • Civ. 3e, 15 mai 1996, n° 94-16.407 P : *D. 1996. IR 151.* ♦ Le nouveau bail commence à courir à compter de la date d'effet du congé avec offre de renouvellement, bien que le loyer n'en ait pas encore été fixé. • Civ. 3e, 21 mars 1990, n° 88-20.402 P : *D. 1990. IR 90.* ♦ En cas d'accord des parties sur le principe du renouvellement, l'action tendant à la fixation du loyer est soumise au délai de prescription de l'art. 33 du Décr. de 1953 [C. com., art. L. 145-60]. • Civ. 3e, 1er juill. 1998, n° 96-20.204 P : *D. Affaires 1998. 1431, obs. Y. R.* ♦ La demande du bailleur, qui n'a pas fait connaître le prix qu'il sollicite dans son congé ou dans la réponse à la demande de renouvellement du preneur, en modification du prix du bail par un acte ultérieur, n'a pas d'effet interruptif de la prescription biennale de l'action en fixation du prix du bail renouvelé qui court à compter de la date d'effet du nouveau bail. • Civ. 3e, 9 juill. 2014, n° 13-15.643 P : *préc. note 2.* ♦ En cas de demande de renouvellement et de réponse du bailleur acceptant le principe de ce renouvellement, le point de départ de la prescription est fixé à la date de cette acceptation. • Civ. 3e, 12 juin 1996, n° 94-15.680 P. ♦ Lorsque l'acceptation du principe du renouvellement telle que réputée par l'art. L. 145-10 est intervenue avant la date de prise d'effet du nouveau bail, le point de départ de la prescription de l'action en fixation du prix du bail renouvelé engagée par le bailleur doit se situer à la date d'effet du nouveau bail (dans une espèce où les parties s'étaient entendues sur une date de prise d'effet du nouveau contrat à compter du terme d'usage, différente de celle de l'expiration du bail précédent). • Civ. 3e, 30 juin 2004, n° 03-10.661 P : *D. 2004. AJ 2302, obs. Rouquet* ; *JCP E 2004. 1548, obs. Dumont-Ferrand.* ♦ Lorsque le nouveau bail a pris rétroactivement effet avant la date d'acceptation par le bailleur du principe du renouvellement, le point de départ de la prescription de l'action en fixation du prix du bail renouvelé à la demande du preneur se situe à la date de cette acceptation. • Civ. 3e, 29 nov. 2006, n° 05-19.736 P : *D. 2007. AJ 25, obs. Rouquet*. ♦ Le paiement sans réserve et contre facture du nouveau loyer du bail renouvelé proposé par le bailleur établit l'acceptation par le locataire des conditions de renouvellement du bail (abandon de la structure binaire du loyer) et lui interdit toute contestation ultérieure portant sur le montant de ce nouveau loyer. • Civ. 3e, 2 févr. 2010, n° 09-65.084 : *AJDI 2010. 315*.

Art. L. 145-12 **La durée du bail renouvelé est de neuf ans sauf accord des parties pour une durée plus longue.**

Les dispositions des deuxième et troisième alinéas de l'article L. 145-4 sont applicables au cours du bail renouvelé.

Le nouveau bail prend effet à compter de l'expiration du bail précédent, ou, le cas échéant, de sa *(L. n° 2012-387 du 22 mars 2012, art. 2-I)* **« prolongation », cette dernière date étant soit celle pour laquelle le congé a été donné, soit, si une demande de renouvellement a été faite, le** *(L. n° 2008-776 du 4 août 2008, art. 45)* **« premier jour du trimestre civil » qui suit cette demande.**

Toutefois, lorsque le bailleur a notifié, soit par un congé, soit par un refus de renouvellement, son intention de ne pas renouveler le bail, et si, par la suite, il décide de le renouveler, le nouveau bail prend effet à partir du jour où cette acceptation a été notifiée au locataire par acte extrajudiciaire *(L. n° 2015-990 du 6 août 2015, art. 207-I-4°)* **« ou par lettre recommandée avec demande d'avis de réception ».** – *[Décr. n° 53-960 du 30 sept. 1953, art. 7.]*

V. 1re note ss. art. L. 145-4.

V. 1re note ss. art. L. 145-2.

BIBL. ► PLANCKEEL, *AJDI 2006. 433* (le bail commercial renouvelé est-il bien un nouveau bail ?).

I. DURÉE DU BAIL RENOUVELÉ

1. Durée de neuf ans. Sur le caractère d'ordre public du 1er al. de l'art. L. 145-12, V. • Civ. 3e, 2 oct. 2002, n° 01-02.781 P : *D. 2002. AJ 3014, obs. Rouquet* ; *AJDI 2003. 28, obs. Blatter* ; *RTD com. 2003. 277, obs. Monéger*.

2. Accord pour une durée plus longue. Un bail renouvelé est un nouveau bail et non le prolongement du bail antérieur. La formule traditionnelle « bail renouvelé aux clauses et conditions du bail venu à expiration » ne fait pas référence à la durée du bail, laquelle est fixée légalement. Lors de chaque renouvellement, il appartient aux parties d'exprimer expressément leur volonté de contracter pour une durée différente, faute de quoi le bail est renouvelé pour la durée légale de neuf années (alors que le bail initial avait été conclu pour douze ans). • Civ. 3e, 2 oct. 2002, n° 01-02.781 P : *préc. note 1.* ♦ Ayant constaté que la locataire, qui n'avait pas répondu au congé avec offre de renouvellement pour douze ans du bail initialement conclu pour cette durée, demandait la constatation du renouvellement du bail pour une période de neuf ans et relevé qu'aucun accord des parties n'était intervenu sur une durée de douze ans postérieurement à la date d'effet du congé, une cour d'appel a pu en déduire qu'en application des dispositions d'ordre public de l'art. L. 145-12 le bail s'est renouvelé pour une durée de neuf ans. • Civ. 3e, 18 juin 2013, n° 12-19.568 : *AJDI 2014. 279, obs. Blatter*. ♦ La clause d'un bail commercial, qui prévoit qu'en cas de renouvellement les baux successifs auront également une durée supérieure à neuf années, ne saurait s'analyser comme l'expression de la volonté des parties de déroger à l'art. L. 145-12 dans la mesure où, à la date de rédaction de cette clause, le droit à renouvellement n'est pas encore né, ce qui confère à la clause évoquant les baux successifs un caractère parfaitement imprécis et aléatoire, de sorte que le bail se renouvelle pour neuf années. • Paris, 18 juin 2014, n° 12/15135 : *AJDI 2015. 770, obs. Denizot et Trautmann*.

3. Point de départ. Le terme d'usage [notion désormais remplacée par celle de « premier jour du trimestre civil »] est celui résultant des usages locaux. • Civ. 3e, 29 juin 2005, n° 04-14.190 P : *D. 2005. AJ 2000, obs. Rouquet ; AJDI 2005. 905, note Dumont ; JCP E 2005. 1733, n° 10, obs. J. M.* ♦ Si, après exercice du droit de repentir, il y a lieu de fixer le prix du nouveau bail à la valeur locative, celle-ci doit être appréciée à la date où le nouveau bail a commencé à courir. • Civ. 3e, 19 juill. 1984, n° 82-15.305 P : *JCP 1985. II. 20427, note Guérin.* ♦ Sur l'influence du report du point de départ du nouveau bail sur la durée du bail à prendre en considération pour apprécier la soumission du nouveau bail au plafonnement, V. ss. art. L. 145-58, note 10.

4. Période antérieure au repentir. L'indemnité d'occupation due pendant la période qui s'écoule entre l'expiration du bail et l'exercice du droit de repentir doit être déterminée en application de l'art. 20 du Décr. de 1953 [C. com., art. L. 145-28]. • Civ. 3e, 11 juin 1997, n° 95-18.873 P : *D. 1997. IR 155*.

II. CLAUSES ET CONDITIONS DU BAIL RENOUVELÉ

5. Nature juridique du bail renouvelé. Le bail commercial renouvelé après délivrance d'un congé est un nouveau bail, le précédent cessant par l'effet du congé (jugeant que le nouveau bail ne constitue pas un contrat en cours dont l'administrateur du redressement judiciaire du preneur peut exiger l'exécution). • Cass., ass. plén., 7 mai 2004, n° 02-13.225 P : *cité note 3 ss. art. L. 622-13.*

6. Objet du bail. Sur l'obligation, pour le bailleur, d'offrir le renouvellement total du bail, V. note 3 ss. art. L. 145-8. ♦ Lorsque l'objet du bail portait sur un terrain nu, celui du bail renouvelé ne peut porter que sur ce terrain nu, quand bien même le locataire y aurait réalisé des constructions. • Civ. 3e, 3 févr. 1988, n° 86-16.158 P.

7. Maintien des clauses et conditions du bail expiré. Le renouvellement d'un bail commercial s'opère aux clauses et conditions du bail venu à expiration et aucune juridiction n'a le pouvoir de modifier les clauses d'un bail dont la licéité n'est pas discutée. • Civ. 3e, 17 mai 2006, n° 04-18.330 P : *D. 2006. AJ 1818, obs. Rouquet ; JCP E 2007. 1563, n° 86, obs. Monéger.* ♦ ... Même pas les clauses accessoires. • Civ. 3e, 6 mars 1991, n° 89-20.452 P : *D. 1992. Somm. 364, obs. Rozès*. ♦ ... Sauf le pouvoir reconnu au juge en matière de fixation du prix. • Même arrêt. ♦ La cour d'appel ayant constaté que le preneur avait formulé une demande de renouvellement du bail aux clauses et conditions du précédent bail et que le bailleur avait exprimé son accord pour un renouvellement aux mêmes clauses et conditions antérieures, elle a souverainement retenu, sans dénaturation, que, les parties ayant toutes deux exprimé leur volonté de voir renouveler le contrat « aux mêmes clauses et conditions antérieures » sans mention d'aucune réserve, elles avaient conclu un accord exprès sur les conditions et clauses du bail précédent. Dès lors, la demande en fixation du loyer du bail renouvelé doit être rejetée. • Civ. 3e, 15 avr. 2021, n° 19-24.231 P : *AJDI 2021. 672, obs. Blatter ; JCP E 2021, n° 1326, note Brault ; RJDA 2021, n° 457.*

8. Pacte de préférence. Un pacte de préférence inséré dans un bail commercial pour la durée du bail et portant sur l'immeuble à usage commercial constitue une convention distincte du bail et devient caduc à l'expiration de la location. • Civ. 3e, 21 déc. 1988, n° 87-14.943 : *JCP 1989. II. 21324, note Dagot.*

Art. L. 145-13 *(Abrogé par L. n° 2014-626 du 18 juin 2014, art. 5)* ***Sous réserve des dispositions de la loi du 28 mai 1943 relative à l'application aux étrangers des lois en matière de baux à loyer et de baux à ferme, les dispositions de la présente section ne peuvent être invoquées par des commerçants, industriels ou personnes immatriculées au répertoire des***

métiers de nationalité étrangère, agissant directement ou par personne interposée, à moins que, pendant les guerres de 1914 et de 1939, ils n'aient combattu dans les armées françaises ou alliées, ou qu'ils n'aient des enfants ayant la qualité de Français. — *V. L. 28 mai 1943.* — **C. civ.** *ou* **C. baux.**

L'alinéa précédent n'est pas applicable aux ressortissants d'un État membre de la Communauté européenne ou d'un État partie à l'accord sur l'Espace économique européen. — *[Décr. nº 53-960 du 30 sept. 1953, art. 38, al. 1er, 2 et 4.]*

V. 2e note ss. art. L. 145-2.

Condition de nationalité. L'art. L. 145-13, en ce qu'il subordonne, sans justification d'un motif d'intérêt général, le droit au renouvellement du bail commercial, protégé par l'art. 1er du premier protocole additionnel de la Conv. EDH, à une condition de nationalité, constitue une discrimination prohibée par l'art. 14 de cette même Convention. • Civ. 3e, 9 nov. 2011, nº 10-30.291 P : *D. 2012. 532, note Monéger ; JCP 2012. 53, note Kenfack ; RJDA 2012, nº 257.*

SECTION IV DU REFUS DE RENOUVELLEMENT

Art. L. 145-14 **Le bailleur peut refuser le renouvellement du bail. Toutefois, le bailleur doit, sauf exceptions prévues aux articles L. 145-17 et suivants, payer au locataire évincé une indemnité dite d'éviction égale au préjudice causé par le défaut de renouvellement.**

Cette indemnité comprend notamment la valeur marchande du fonds de commerce, déterminée suivant les usages de la profession, augmentée éventuellement des frais normaux de déménagement et de réinstallation, ainsi que des frais et droits de mutation à payer pour un fonds de même valeur, sauf dans le cas où le propriétaire fait la preuve que le préjudice est moindre. — *[Décr. nº 53-960 du 30 sept. 1953, art. 8.]*

BIBL. ▶ BRAULT, *Loyers et copr. 2003. Chron. 8* (mode de calcul de l'indemnité en présence d'activités transférables). – JACQUIN, *Gaz. Pal. 2002. 221* (fonds de commerce déficitaire). – COLOMER, *ibid. 2007. 3981* (droit au bail des boutiques). – ROUX, *Ann. loyers 2008. 1701* (évaluation des fonds de commerce, d'industrie et assimilés et des indemnités d'éviction). BOHL, *AJDI 2009. 777* (bases et méthodes d'évaluation immobilière). – DUMUR, *AJDI 2011. 201* (indemnités accessoires). – ROBINE, *ibid. 89* (calcul de l'indemnité d'éviction : faut-il raisonner en stock ou en flux ?). – BOISMAIN, *AJDI 2012. 725* (évaluation de l'indemnité d'éviction par les juges du fond). – ROBINE et WAREMBOURG, *Rev. loyers 2013. 2* (l'indemnité d'éviction, une évaluation nécessaire mais en question). – SAINSARD, *AJDI 2013. 196* (barèmes judiciairement retenus en matière de valorisation de fonds de commerce). – ROBINE, *BRDA 2019, nº 19, p. 23* (indemnité d'éviction due au locataire commercial évincé : aspects opérationnels).

I. GÉNÉRALITÉS

1. Constitutionnalité de l'art. L. 145-14. Les dispositions de l'art. L. 145-14 restreignent le droit du bailleur de disposer librement de son bien à l'expiration du bail. Elles portent ainsi atteinte au droit de propriété. Toutefois, en premier lieu, en prévoyant que le locataire est indemnisé en cas de non-renouvellement du bail de l'immeuble ou du local dans lequel il exploite son fonds de commerce, le législateur a souhaité permettre la poursuite de son activité et éviter que la viabilité des entreprises commerciales et artisanales soit compromise. Il a ainsi poursuivi un objectif d'intérêt général. En deuxième lieu, d'une part, il résulte du 1er al. de l'art. L. 145-14 que l'indemnité due au locataire évincé est égale au préjudice que lui cause le non-*renouvellement de son bail.* L'indemnité ne comprend donc que la part de la valeur marchande du fonds de commerce perdue par le locataire. D'autre part, il résulte de l'art. L. 145-17 que l'indemnité d'éviction n'est due que lorsque le locataire a effectivement exploité son fonds de commerce dans des conditions conformes au bail au cours des trois années ayant précédé sa date d'expiration. En dernier lieu, le bailleur conserve la possibilité de vendre son bien ou d'en percevoir un loyer. Dès lors, les dispositions contestées ne portent pas au droit de propriété une atteinte disproportionnée au regard de l'objectif poursuivi. • Cons. const. 5 mars 2021, nº 2020-887 QPC : *D. 2021. Actu. 470 ; AJDI 2021. 279, obs. Blatter ; JCP E 2021, nº 1318, note Lemay ; RJDA 2021, nº 374* (sur renvoi de : • Civ. 3e, QPC, 10 déc. 2020, nº 20-40.059 P : *D. actu. 12 janv. 2021, obs. Rouquet ; AJDI 2021. 121, obs. Blatter ; JCP E 2021, nº 1039 ; RJDA 2021, nº 153*).

2. Cession de fonds de commerce. Sauf clause contraire incluse dans l'acte, toute cession de fonds de commerce emporte cession de la créance d'indemnité d'éviction due au cédant et du droit au maintien dans les lieux. • Civ. 3e, 6 avr. 2005, nº 01-12.719 P : *D. 2005. AJ 1229, obs. Rouquet ; AJDI 2005. 617, note Blatter ; JCP E 2006. 1026, nº 15, obs. H. K.* ♦ L'indemnité d'éviction n'est pas due en cas de cession du fonds en cours de procédure et de départ volontaire, qui ne peut être assimilé à une éviction, les bailleurs étant en outre privés de la possibilité d'exercer leur droit de repentir. • Com. 2 nov. 1964 : *Bull. civ. III, n° 463.* ♦ En revanche, le preneur ne quittant pas volontairement les lieux lorsqu'il se soumet à un congé portant offre d'une indemnité d'éviction, la cessation de l'activité du locataire maintenu dans les lieux dans l'année qui a suivi le congé ne lui fait pas perdre son droit à indemnité. • Civ. 3e, 28 févr. 1990, n° 88-13.978 P : *D. 1990. IR 75.*

3. Expropriation. L'ordonnance d'expropriation, qui éteint le droit au bail, ne fait pas disparaître le fonds de commerce et la cession de ce fonds emporte, sauf clause contraire incluse dans l'acte, cession de la créance d'indemnité d'éviction due au cédant. • Civ. 3e, 20 mars 2013, n° 11-28.788 P : *D. 2013. Actu. 839 ; RTD com. 2013. 227, obs. Saintourens.* ♦ L'ordonnance ne peut avoir pour effet de remettre en cause le droit reconnu judiciairement à un locataire d'opposer le statut à son propriétaire. • Civ. 3e, 22 mai 1979 : *JCP 1979. IV. 243.*

4. Liquidation. La mise en liquidation judiciaire du locataire entre la date d'effet du congé et la libération effective des lieux ne prive pas le mandataire-liquidateur du droit au paiement de l'indemnité. • Civ. 3e, 15 juin 2010, n° 09-10.814 : *RJDA 2010, n° 1045.*

5. Renonciation au bénéfice de l'indemnité. Ne peut prétendre à percevoir une indemnité d'éviction le preneur à qui a été notifié un congé avec refus de renouvellement sans indemnité dès lors qu'il n'a pas été évincé et qu'il a, par la suite, acquis les locaux. • Civ. 3e, 3 mars 2009, n° 08-10.970 : *Rev. loyers 2009. 223.*

6. Nature de l'indemnité. L'indemnité représente la réparation du préjudice causé au preneur par le refus de renouvellement du bail et non le prix de vente des éléments du fonds exploité. • Civ. 3e, 7 nov. 1978 : *D. 1979. IR 85.* ♦ Le paiement de l'indemnité d'éviction n'emporte pas, par lui-même, acquisition du fonds de commerce ou de partie de ses éléments. • Civ. 3e, 11 mai 1982 : *Ann. loyers 1983. 401* • Paris, 13 sept. 2002 : *D. 2003. AJ 495, et les obs.*

7. Date d'appréciation du droit à indemnité. C'est à la date du refus de renouvellement qu'il convient de se placer pour savoir si le locataire remplit ou non les conditions légales pour avoir droit à l'indemnité d'éviction. • Civ. 3e, 14 nov. 1968, n° 66-13.249 P. ♦ Reconnaissant le droit à indemnité d'une société ayant, en cours de formation, repris les engagements de la société locataire cédée (placée en liquidation judiciaire), reprise ratifiée ultérieurement par l'assemblée générale (à propos d'une société immatriculée à une date antérieure au refus de renouvellement), V. • Civ. 3e, 2 févr. 2005, n° 03-18.575 P : *D. 2005. AJ 718, obs. Lienhard ; RTD com. 2005. 259, obs. Monéger.*

8. Rétractation. L'offre d'indemnité d'éviction n'a qu'un caractère provisoire et n'interdit pas la rétractation et le refus de renouvellement sans indemnité si le preneur ne remplit pas les conditions légales du renouvellement. • Civ. 3e, 9 oct. 1991, n° 90-12.824 P : *D. 1991. IR 239.* ♦ Constitue un motif grave et légitime justifiant la rétractation de l'offre de paiement de l'indemnité d'éviction le fait, pour le locataire, d'avoir sciemment produit, au cours des opérations d'expertise destinées à évaluer l'indemnité, des documents inexacts. • Civ. 3e, 19 déc. 2001, n° 00-14.425 P : *AJDI 2002. 206, obs. Dumont.* ♦ L'art. L. 145-9 ne concernant que le congé, l'acte de rétractation de l'offre de l'indemnité d'éviction n'a pas à satisfaire au formalisme de l'al. 5 de ce texte. • Civ. 3e, 13 juin 2001, n° 99-17.012 P : *D. 2001. Somm. 3522, obs. Rozès.*

9. Contrat judiciaire. Le bailleur peut être lié par une offre d'indemnité lorsqu'il s'est formé un véritable contrat sur le principe de l'indemnité sans qu'il y ait lieu de rechercher ultérieurement si le fonds de commerce appartenait ou non au locataire. • Com. 22 mars 1961 : *Bull. civ. III, n° 149 ; Rev. loyers 1961. 443.*

10. Situation des créanciers inscrits. Le créancier titulaire d'un nantissement sur un fonds de commerce ne bénéficie d'aucun droit de préférence ou de suite sur l'indemnité de résiliation du bail grâce auquel est exploité le fonds. • Civ. 3e, 6 avr. 2005, n° 03-11.159 P : *D. 2005. AJ 1152, obs. Rouquet ; RTD com. 2006. 292, obs. Saintourens.*

11. Débiteur de l'indemnité. En cas de démembrement de propriété, l'usufruitier, qui a la jouissance du bien, ne peut, en application de l'art. 595, dern. al., C. civ., consentir un bail commercial ou le renouveler sans le concours du nu-propriétaire ou, à défaut d'accord de ce dernier, qu'avec une autorisation judiciaire, en raison du droit au renouvellement du bail dont bénéficie le preneur même après l'extinction de l'usufruit. En revanche, l'usufruitier a le pouvoir de mettre fin au bail commercial et, par suite, de notifier au preneur, sans le concours du nu-propriétaire, un congé avec refus de renouvellement. Ayant, seul, la qualité de bailleur dont il assume toutes les obligations à l'égard du preneur, l'indemnité d'éviction due en application de l'art. L. 145-14 est à sa charge. En condamnant la nue-propriétaire, *in solidum* avec l'usufruitière, alors que l'indemnité d'éviction n'était due que par celle-ci, la cour d'appel a violé les textes susvisés. • Civ. 3e, 19 déc. 2019, n° 18-26.162 P : *D. 2020. Chron. C. cass. 1249, obs. Corbel ; AJDI 2020. 507, obs. Blatter ; JCP E 2020, n° 1143, note Lemay ; RJDA 2020, n° 186.* ♦ C'est à celui qui a donné à bail des locaux commerciaux qu'il appartient de payer l'indemnité d'éviction, quels que soient ses droits sur les lieux loués. • Civ. 3e, 15 janv. 1974, n° 72-13.749 P. ♦ La vente d'un immeuble et la notification de celle-ci au preneur ne déchargent pas l'ancien propriétaire de son obligation de payer l'indemnité due en raison du refus du renouvellement intervenu avant la vente. • Civ. 3e, 10 déc. 1997, n° 96-13.616 P : *D. 1998. IR 26* ; *JCP E 1998, n° 13, p. 512, note Djigo.* ♦ En cas d'annulation de la vente (suite à l'annulation du droit de préemption de la commune), l'indemnité d'éviction est due par le bailleur, censé ne pas avoir perdu sa qualité de propriétaire. • Civ. 1re, 5 mai 2004, n° 00-22.902 P : *D. 2004. AJ 1597, obs. Rouquet* .

12. Annulation du congé. En cas d'annulation du congé après la vente de l'immeuble loué, les demandes du locataire visant à obtenir le paiement de dommages et intérêts au titre de la « restitution par équivalent de son droit au maintien dans les lieux » sont irrecevables en ce qu'elles sont dirigées à l'encontre de l'ancien propriétaire, dès lors que c'est l'acquéreur qui a poursuivi le locataire en expulsion. • Civ. 3e, 11 janv. 2006, n° 04-20.791 P : *D. 2006. AJ 369, obs. Rouquet* .

13. Créancier de l'indemnité. V., en cas de cession, notes 17 et 29 ss. art. L. 145-8.

14. Offre d'un local de remplacement. Dès lors que le local de remplacement offert au locataire ne correspond pas aux besoins de celui-ci dont le refus est justifié, le bailleur doit verser une indemnité d'éviction égale à la valeur totale du fonds de commerce. • Civ. 3e, 25 janv. 1978, n° 76-13.795 P.

15. Cumul avec l'aide au départ. Le bailleur est redevable de l'indemnité d'éviction qui résulte de son refus de renouveler le bail, quand bien même le locataire aurait obtenu une aide au départ versée par sa caisse de retraite, lorsque c'est postérieurement à ce refus et à la demande d'indemnité que le preneur a cessé son activité et s'est fait radier du RSC. • Civ. 3e, 18 mars 1992, n° 90-15.963 P : *JCP 1992. IV. 1473.*

16. Clause d'accession. En présence d'une clause d'accession en fin de bail, l'indemnité d'éviction ne saurait inclure une indemnité accessoire à raison de travaux non amortis. • Civ. 3e, 1er juill. 2003, n° 02-13.083 : *AJDI 2004. 120, note Dumont* ; *Administrer 4/2004. 30, obs. Boccara et Lipman-W. Boccara.* ♦ Viole l'art. L. 145-14 une cour d'appel qui alloue au preneur une certaine somme au titre des frais de réinstallation pour la construction d'un nouveau bâtiment, alors que le refus de renouvellement a mis fin au bail et permis au bailleur d'accéder aux constructions sans indemnité, ce dont il résulte que le preneur a été évincé d'un terrain sans bâtiment. • Civ. 3e, 21 mai 2014, n° 13-10.257 P : *D. 2014. Actu. 1198, obs. Rouquet* ; *Loyers et copr. 2014, n° 211, obs. Chavance.*

17. Intérêts moratoires. V. note 24 ci-dessous, et note 12 ss. art. L. 145-30.

18. Maintien dans les lieux. Le préjudice né de la perte du droit au maintien dans les lieux jusqu'au paiement de l'indemnité d'éviction est distinct de celui réparé par cette indemnité. • Civ. 3e, 30 nov. 2017, n° 16-17.686 P : *D. 2017. Actu. 2476* ; *JCP E 2018, n° 1093, note Brignon ; RJDA 2018, n° 109.* ♦ V. aussi art. L. 145-28.

II. ÉVALUATION DE L'INDEMNITÉ D'ÉVICTION

A. DATE DE L'ÉVALUATION

19. Principes généraux. L'indemnité d'éviction doit être calculée au moment où le préjudice est réalisé, c'est-à-dire soit à la date de l'éviction, soit à la date où le locataire cesse d'occuper régulièrement les lieux. • Com. 30 juin 1959 : *Bull. civ. III, n° 292 ; JCP 1959. II. 11311.* ♦ En revanche, la consistance du fonds doit être appréciée à la date du refus de renouvellement. • Civ. 3e, 20 oct. 1971, n° 70-12.102 P.

20. Locataire encore dans les lieux. L'indemnité doit être calculée à la date la plus proche de la réalisation du préjudice, c'est-à-dire à la date de l'arrêt lorsque le locataire est encore dans les lieux. • Com. 4 janv. 1961 : *Bull. civ. III, n° 2.* ♦ Dans le même sens, précisant que la valeur des éléments du fonds de commerce doit être appréciée à la date à laquelle les juges statuent lorsque l'éviction n'est pas encore réalisée : • Civ. 3e, 24 nov. 2004, n° 03-14.620 P : *D. 2005. AJ 217, obs. Rouquet* . ♦ Le juge doit tenir compte des variations économiques intervenues depuis l'expertise. • Com. 8 déc. 1964, n° 63-10.911 P. ♦ L'indemnité d'éviction, qui doit être évaluée à la date de restitution des lieux loués (soit à une époque où le preneur a cessé toute activité), doit correspondre à la perte du droit au bail des lieux dont le locataire a été évincé, sans comprendre une indemnité de remploi ou de déménagement. • Civ. 3e, 26 sept. 2001, n° 00-12.620 : *Loyers et copr. 2001, n° 292, obs. Ph.-H. B.*

21. Locataire ayant quitté les lieux. Lorsque le locataire a quitté les lieux, l'indemnité doit être calculée à la valeur au jour de l'éviction et ne peut être réévaluée à la date de la décision qui l'octroie. • Com. 15 déc. 1965, n° 63-11.925 P.

22. Manœuvre dilatoire. Une manœuvre dilatoire du locataire peut faire écarter la règle normale de l'évaluation du préjudice au jour de l'éviction. • Com. 20 déc. 1965, n° 63-12.582 P : *Rev. loyers 1966. 177* • Civ. 3e, 30 mars 1981 : *Gaz. Pal. 1981. 2. Pan. 299.*

23. Extension frauduleuse. Il n'y a pas lieu de tenir compte pour fixer l'indemnité d'éviction d'une extension frauduleuse du fonds, intervenue en cours d'expertise. • Civ. 3e, 21 nov. 1990, n° 89-15.286 : *Rev. loyers 1991. 318, note Gallet.*

24. Intérêts moratoires. Le locataire ne saurait réclamer les intérêts à compter du jour de l'assignation. • Civ. 3e, 26 juin 1969, no 67-14.093 P.

25. Cession. C'est à tort qu'un arrêt a décidé que l'indemnité d'éviction doit s'apprécier au regard du préjudice subi par le cédant seul et qu'il y a lieu de ne tenir compte que de la seule évolution qu'aurait pu apporter le cédant à l'exploitation des lieux et non de l'extension qu'a pu lui imprimer le cessionnaire. • Civ. 3e, 2 juin 1982, no 80-16.401 P. – Comp. • Civ. 3e, 4 juin 2013, no 12-17.719 : *AJDI 2014. 198, obs. Lipman-W. Boccara*.

26. Congé notifié pour le terme d'une période triennale. En cas de congé notifié à échéance triennale, l'indemnité d'éviction doit être fixée en se référant à la situation qu'aurait connue la société locataire jusqu'à l'expiration du bail tel que les parties en avaient prévu la durée (à propos d'un congé donné sur le fondement de l'art. L. 145-18). • Civ. 3e, 25 juin 1997, no 95-16.433 : *Loyers et copr. 1997, no 265, obs. Ph.-H. B.*

B. ÉLÉMENTS DE L'ÉVALUATION

27. Pouvoir du juge. La cour d'appel a usé de son pouvoir souverain pour évaluer, selon la méthode qui lui apparaissait la mieux appropriée, la valeur du droit au bail. • Civ. 3e, 15 oct. 2008, no 07-17.727 P : *D. 2008. AJ 2667, obs. Rouquet*. ♦ Viole l'art. L. 145-14 le tribunal de commerce qui fixe l'indemnité d'éviction à une somme forfaitaire. • Civ. 3e, 7 déc. 2004, no 03-16.963 : *Rev. loyers 2005. 152.*

28. Perte de chance. L'art. L. 145-14, al. 2, ne s'oppose pas à l'indemnisation de la perte d'une chance dès lors qu'est constatée la disparition de la probabilité d'un élément favorable au preneur. • Civ. 3e, 3 juill. 2002, no 00-22.504 : *AJDI 2002. 849, obs. Dumont*.

29. Éléments d'appréciation. Dès lors qu'à la suite du congé avec refus de renouvellement et offre de paiement d'une indemnité d'éviction le locataire a effectivement déménagé et aménagé de nouveaux locaux, il appartient au juge qui constate l'existence de ce préjudice d'en évaluer le montant même en l'absence de factures justificatives. • Civ. 3e, 17 sept. 2013, no 12-20.584 : *AJDI 2014. 518, obs. Blatter* ; *Loyers et copr. 2013, no 315, obs. Ph.-H. B.* ♦ L'indemnité doit être calculée en tenant compte des seules activités autorisées par le bail. • Civ. 3e, 10 oct. 1972, no 71-11.557 P • 9 avr. 2013, no 12-13.622 : *Loyers et copr. 2013, no 179, obs. Chavance.*

30. Valeur marchande du fonds. La valeur du fonds de commerce doit être déterminée en fonction des trois dernières années du chiffre d'affaires des preneurs avant l'éviction, et non en considération du chiffre d'affaires réalisé par ces derniers au cours des meilleures années d'exploitation, affecté d'un pourcentage de progression purement hypothétique. • Civ. 3e, 20 mars 2007, no 06-11.040 : *Rev. loyers 2007. 229.* ♦ Le fait qu'une indemnité réparatrice ne soit pas soumise à une TVA ne fait pas, en soi, obstacle à la prise en compte pour sa fixation d'éléments comptables arrêtés TTC. La détermination de la valeur marchande du fonds de commerce s'effectue selon les usages et modalités retenus dans la profession ou le secteur d'activité commerciale concernés. • Civ. 3e, 5 févr. 2014, no 13-10.174 P : *D. 2014. Actu. 420, obs. Rouquet*. ♦ L'indemnité due au locataire commerçant évincé ne doit comprendre la valeur marchande du fonds que si l'éviction entraîne la perte de ce fonds. • Civ. 3e, 19 mai 1981, no 79-15.529 P. ♦ Sur l'indemnisation d'une perte partielle de clientèle, V. • Civ. 3e, 2 oct. 2012, no 11-13.483 : *AJDI 2013. 344, obs. Lipman-W. Boccara*. ♦ Le preneur ayant continué à exploiter sa clientèle ne peut prétendre avoir perdu son fonds du fait de la résiliation du bail, quand bien même il subit incontestablement un préjudice. • Civ. 3e, 28 avr. 2009, no 08-12.046 : *Rev. loyers 2009. 330.*

L'indemnité d'éviction doit être fixée en tenant compte de la valeur du droit au bail. • Civ. 3e, 15 juill. 1971, no 70-11.234 P : *D. 1972. Somm. 49.* ♦ L'indemnité d'éviction doit être fixée en tenant compte de la valeur du droit au bail des locaux dont le locataire est évincé, lequel est un élément du fonds de commerce. Pour dire que la valeur du droit au bail est nulle, l'arrêt énonce que, dans l'hypothèse où le preneur s'est effectivement réinstallé dans un nouveau local équivalent avant la fixation de l'indemnité, il convient de prendre en compte le coût locatif de ce local. Il retient qu'il n'y a pas de différentiel de loyer positif puisque le loyer des locaux de transfert est inférieur au loyer des locaux dont a été évincé le preneur et que le nouveau bail n'a pas été conclu dans des conditions désavantageuses pour celui-ci qui peut y exercer la même activité dans des locaux de superficie équivalente moyennant un loyer moins élevé et sans avoir eu à régler un droit d'entrée. En statuant ainsi, sans tenir compte de la valeur du droit au bail portant sur le local dont le preneur a été évincé, la cour d'appel a violé l'art. L. 145-14. • Civ. 3e, 13 oct. 2021, no 20-19.340 B : *D. 2021. Actu. 1918* ; *RJDA 2022, no 3.* ♦ L'indemnité due à un locataire commerçant évincé ne saurait être limitée, malgré la qualité exceptionnelle de l'emplacement, à la valeur marchande du fonds de commerce d'après les résultats d'exploitation sans que soit recherché si, comme le soutient le preneur, la valeur du droit au bail n'est pas supérieure à celle retenue. • Civ. 3e, 11 juin 1992, no 90-17.109 P. ♦ La valeur du matériel d'exploitation ne doit pas être prise en considération lorsque le preneur conserve la propriété de ce matériel. • Civ. 3e, 10 oct. 1972, no 71-11.557 P. ♦ S'agissant de locaux mixtes, à usage commercial et d'habitation, dont la partie prédominante est l'habitation, V., faisant porter l'indemnité sur la totalité des locaux en raison de leur indivisibilité matérielle, • Civ. 3e, 1er oct. 1997, n° 95-14.322 P : *D. 1997. IR 213*.

31. Indemnités de licenciement. Le paiement des indemnités de licenciement du personnel doit être compris dans l'évaluation de l'indemnité d'éviction. • Civ. 3e, 16 mars 1976, n° 74-13.959 P • 2 oct. 2012, n° 11-23.568 : *AJDI 2013. 345, obs. Lipman-W. Boccara*.

32. Plus-values. L'impôt dû au titre des plus-values en application des art. 9 à 12 de la L. du 12 juill. 1965 [CGI, art. 39 *duodecies* s.] n'a pas à être compris dans le calcul de l'indemnité d'éviction. • Civ. 3e, 11 janv. 1968 : *Bull. civ. III, n° 10.*

33. Frais de déménagement et de réinstallation. Par « frais de réinstallation », on doit entendre ceux que supporte le locataire pour mettre en place, dans son nouveau fonds, des aménagements semblables à ceux qu'il perd. • Civ. 3e, 6 nov. 1969, n° 68-10.325 P : *D. 1970. Somm. 105.* ♦ Mais le juge ne peut faire entrer dans le calcul de l'indemnité le prix d'acquisition par le locataire évincé en vue de sa réinstallation d'éléments étrangers à son activité antérieure dans le fonds qu'il a perdu. • Com. 30 mai 1961, n° 57-12.544 P. ♦ Une cour d'appel, qui relève que les nouveaux locaux acquis par le locataire pour transférer son fonds de commerce lui ont été livrés sans aucun aménagement et qu'il est indispensable pour lui de les adapter à son activité, en déduit que la société bailleresse doit supporter une partie de ces travaux d'aménagement qu'elle a souverainement fixée. • Civ. 3e, 21 mars 2007, n° 06-10.780 P : *D. 2007. AJ 1146, obs. Rouquet*. ♦ Une clause d'accession sans indemnité stipulée au profit du bailleur ne fait pas obstacle au droit du preneur évincé d'être indemnisé des frais de réinstallation dans un nouveau local bénéficiant d'aménagements et équipements similaires à celui qu'il a été contraint de quitter. Dès lors qu'il est relevé que le bail initial contenait une clause d'accession en fin de bail au profit du bailleur et que la locataire avait réalisé des aménagements et des installations dans les lieux avant de se réinstaller dans un autre local à l'issue de son éviction, il en résulte que la locataire était en droit de prétendre à une indemnité au titre des frais de réinstallation. • Civ. 3e, 13 sept. 2018, n° 16-26.049 P : *D. 2018. Actu. 1805* ; *AJDI 2019. 284, obs. Blatter* ; *JCP E 2018, n° 1523 ; RJDA 2018, n° 891.* ♦ L'indemnité d'éviction du preneur sortant ne doit réparer que le préjudice qu'il a subi. Dès lors, la cour d'appel, qui a indemnisé le preneur sortant des frais de déménagement des locaux loués par la sous-locataire, des frais de réinstallation qui comprenaient des frais de communication de la sous-locataire et du double loyer qui était en partie supporté par la sous-locataire, a violé l'art. L. 145-14. • Civ. 3e, 10 oct. 2019, n° 18-19.662 : *RJDA 2019, n° 743.*

34. Frais et droits de mutation. L'indemnité ne saurait être fixée seulement en tenant compte des frais de réinstallation et de déménagement du matériel et du mobilier, dès lors que le locataire évincé demande le paiement des frais et d'un droit de mutation pour l'achat du nouveau fonds. • Com. 27 déc. 1961 : *D. 1962. 146.* – V. aussi • Civ. 3e, 18 déc. 2012, n° 11-23.273 : *Loyers et copr. 2013, n° 115, obs. Brault ; Gaz. Pal. 2013. 1188, obs. Ch.-É. Brault.*

35. Pas-de-porte. L'obligation pour un locataire de verser un « pas-de-porte » pour se réinstaller doit être retenue pour fixer le montant de l'indemnité d'éviction. • Civ. 3e, 20 juin 1979, n° 77-13.863 P : *Rev. loyers 1979. 478.*

III. PREUVE D'UN PRÉJUDICE MOINDRE

36. Offre d'un local de remplacement. L'art. 8 du Décr. de 1953 [C. com., art. L. 145-14] réserve expressément au propriétaire la faculté de faire la preuve que le préjudice subi par le locataire du fait de son éviction est moindre que la valeur marchande du fonds de commerce. • Com. 16 mai 1960 : *Bull. civ. III, n° 178 ; AJPI 1960. 111.* ♦ Il y a donc lieu de tenir compte, pour évaluer l'indemnité, d'une offre faite par le propriétaire d'un fonds de commerce identique dans le même quartier. • Même arrêt.

37. Comportement du preneur. En cas de manœuvres abusives et dilatoires du locataire ayant rendu nécessaire une nouvelle expertise et lui permettant de réaliser des profits illégitimes compensant partiellement son préjudice, les juges peuvent réduire le montant de l'indemnité d'éviction en compensation de ce préjudice. • Com. 4 mai 1960 : *Bull. civ. III, n° 161.* ♦ Déduisant de l'indemnité d'éviction les sommes dues par le locataire au titre d'obligation de dépollution et de remise en état du site industriel, V. • Civ. 3e, 11 sept. 2013, n° 12-15.425 : *AJDI 2014. 450, obs. Guegherouni*.

Art. L. 145-15 **Sont** (*L. n° 2014-626 du 18 juin 2014, art. 6-I*) **« réputés non écrits », *quelle qu'en soit la forme*, les clauses, stipulations et arrangements qui ont pour effet de faire échec au droit de renouvellement institué par le présent chapitre ou aux dispositions des articles L. 145-4, L. 145-37 à L. 145-41, du premier alinéa de l'article L. 145-42 et des articles L. 145-47 à L. 145-54.** — [*Décr. n° 53-960 du 30 sept. 1953, art. 35.*]

V. 2e note ss. art. L. 145-2.

BIBL. ► Blatter, *AJDI 2003. 396* (ordre public). – Martinet, *Rev. loyers 2004. 534* (idem). – De La Vaissière, *AJDI 2005. 366* (ordre public dans les conventions locatives). – Planckeel, *AJDI 2009. 769* (atteinte au droit au renouvellement). – Ch.-É. Brault, *Gaz. Pal. 2012. 2616* (garanties du bailleur au regard des dispositions d'ordre public). – Rouquet, *AJDI 2014. 91* (renonciation contractuelle à l'ordre public applicable aux baux commerciaux). – Barbier, *Loyers et copr. 2014. Dossier 8* (sanction de l'ordre public statutaire : clauses réputées non écrites). – Planckeel, *AJDI 2015. 11* (loi Pinel et ordre public des baux commerciaux). – Brignon, *JCP E 2015, n° 1142* (point de départ de la prescription de l'action en nullité contre une clause contraire). – Confino, *AJDI 2015. 407* (réflexions sur le réputé non écrit dans le bail commercial après la loi Pinel). – Brault, *Loyers et copr. 2017. Dossier 2* (sur la pérennité des clauses et conditions générales du bail échu en cas de renouvellement sous l'empire des dispositions de la loi Pinel). – Planckeel, *ibid. 3* (le temps du prescrit et le temps du non-écrit).

I. CLAUSES CONTRAIRES AU DROIT DE RENOUVELLEMENT

1. *Clauses nulles (jurispr. antérieure à la L. n° 2014-626 du 18 juin 2014).* Sont nulles : la clause prévoyant que le propriétaire aura la faculté de résilier le bail en versant une indemnité forfaitaire. • Com. 16 juin 1958 : *Bull. civ. III, n° 248.* ♦ ... La clause privant du droit de renouvellement le gérant libre d'un fonds de débit de boissons resté la propriété du bailleur, qui a été autorisé à exploiter dans les lieux un commerce distinct. • Civ. 3e, 22 mai 1968 : *Bull. civ. III, n° 230.* ♦ ... La clause selon laquelle, à l'issue du bail, le bailleur s'engage à le renouveler pour douze ans si le preneur en fait la demande par lettre recommandée avec avis de réception au moins six mois avant l'échéance. • Civ. 3e, 23 janv. 2008, n° 06-19.129 P : *D. 2008. AJ 349, obs. Rouquet ; JCP 2008. II. 10083, note Auque ; RJDA 2008, n° 496.*

2. *Sort de la clause illicite (jurispr. antérieure à la L. n° 2014-626 du 18 juin 2014).* En présence d'une clause contraire au droit au renouvellement, une cour d'appel ne peut prononcer une autre sanction que la nullité édictée par l'art. L. 145-15. • Civ. 3e, 23 janv. 2008, n° 06-19.129 P : *préc. note 1* (censure de l'arrêt ayant réputé la clause non écrite et ayant jugé que la clause n'a pas à être attaquée par voie d'action en nullité, son illicéité s'imposant aux parties en cours de bail et y étant substituées les dispositions légales).

3. *Application dans le temps de la L. n° 2014-626 du 18 juin 2014.* Retenant la non-application de la loi nouvelle à un litige en cours, ce texte ne constituant pas une loi de procédure, V. • Paris, 28 janv. 2015, n° 14/06230 : *RTD com. 2015. 478, obs. Kendérian ; JCP E 2015, n° 1142, note Brignon.* ♦ Saisie d'une demande de requalification en bail commercial de la convention locative établie le 21 mai 1999 avec effet au 30 juin 1999, la cour d'appel, qui a retenu, à bon droit, que la L. du 18 juin 2014, prévoyant que toute clause ayant pour effet de faire échec au droit de renouvellement est réputée non écrite, ne s'appliquait pas aux procédures en cours et relevé que l'action avait été engagée par l'association le 26 mars 2010, plus de deux ans après la conclusion du bail, en a exactement déduit que cette action était prescrite en application de l'art. L. 145-60. • Civ. 3e, 22 juin 2017, n° 16-15.010 P : *D. 2017. Actu. 1358, obs. Rouquet ; JCP E 2017, n° 1511, note Kendérian ; RJDA 2018, n° 110.*

4. *Renonciation.* Le locataire en possession de tous ses droits peut valablement renoncer à se prévaloir des dispositions sur le renouvellement des baux commerciaux. • Com. 10 juin 1960, n° 57-10.578 P. ♦ Ayant exactement retenu que le droit au renouvellement est acquis dès la conclusion du bail par le seul effet de la loi et que l'ordre public de protection, qui s'attache au statut des baux commerciaux, ne fait pas obstacle à une renonciation librement consentie, si celle-ci est postérieure à la naissance du droit au renouvellement et ayant relevé, répondant aux conclusions, que la renonciation expresse et non équivoque de la société sous-locataire par acte du 31 mars est postérieure à la conclusion du contrat notarié de sous-location en date du 29 janv., peu important que sa prise d'effet ait été reportée au 1er avr., une cour d'appel en a déduit, à bon droit, que la société cessionnaire du fonds de commerce ne bénéficiait pas d'un droit au renouvellement de son contrat de sous-location. • Civ. 3e, 4 mai 2006, n° 05-10.051 P : *D. 2006. AJ 1531, obs. Rouquet ; AJDI 2006. 736, note Blatter ; JCP E 2006. 2780, note Dumont-Lefrand.*

5. *Clauses licites.* Lorsque le bail, stipulant interdiction d'adjoindre aucun commerce à celui de débit de boissons, n'accorde une autorisation d'exploiter des commerces qu'à titre personnel de simple tolérance, a pu être déclarée valable la clause stipulant que le preneur ne pourra se prévaloir en fin de bail du renouvellement en ce qui concerne les commerces accessoires. • Com. 18 mars 1959 : *Bull. civ. III, n° 146.* ♦ N'est pas nulle la clause qui fait obligation aux locataires de poursuivre l'exécution d'un contrat de concession conclu par le vendeur du fonds, propriétaire de l'immeuble loué, et qui prévoit « qu'en cas de rupture de ce contrat, pour quelque cause que ce soit, imputable ou non aux preneurs, le bail serait résilié purement et simplement sans aucune indemnité ». • Civ. 3e, 22 juill. 1987, n° 86-11.357 : *D. 1987. IR 184.*

II. CLAUSES CONTRAIRES AU RÉGIME DE LA RÉVISION

6. *Clauses nulles (jurispr. antérieure à la L. nº 2014-626 du 18 juin 2014).* Est nulle la clause qui prévoit que la révision triennale du loyer devra seulement tenir compte de la valeur locative réelle à l'époque de la révision. • Civ. 3e, 14 juin 1983, nº 81-16.258 P. ♦ La clause par laquelle les parties décident de fixer par avance et forfaitairement le prix du bail ne saurait faire obstacle au jeu de l'art. 27 du Décr. de 1953 [C. com., art. L. 145-38]. • Civ. 3e, 30 janv. 2002, nº 00-15.202 P : *AJDI 2002. 288, obs. Dumont ; JCP E 2002, nº 11, p. 446.*

7. *Application dans le temps de la L. nº 2014-626 du 18 juin 2014.* La cour d'appel a relevé que la L. du 18 juin 2014, en ce qu'elle a modifié l'art. L. 145-15, a substitué, à la nullité des clauses ayant pour effet de faire échec aux dispositions des art. L. 145-37 à L. 145-41, leur caractère réputé non écrit. Elle a retenu à bon droit que ce texte est applicable aux baux en cours et que l'action tendant à voir réputer non écrite une clause du bail n'est pas soumise à prescription. Elle en a exactement déduit que l'action tendant à voir réputer non écrite la clause du bail relative à la révision du loyer, formée le 13 janv. 2016, soit après l'entrée en vigueur de la loi précitée, était recevable. • Civ. 3e, 19 nov. 2020, nº 19-20.405 P : *D. 2021. Chron. C. cass. 983, obs. Collomp ; AJDI 2021. 513, obs. Blatter ; RTD civ. 2021. 124, obs. Barbier ; RJDA 2021, nº 82* • 30 juin 2021, nº 19-23.038 B : *D. 2021. Chron. C. cass. 2257, obs. Schmitt ; RTD com. 2021. 771, obs. Kendérian ; JCP E 2021, nº 1428, note Brignon ; CCC 2021, nº 146, obs. Leveneur ; RJDA 2021, nº 640 ; RLDA nov. 2021. 19, note Nallet* • 12 janv. 2022, nº 21-11.169 B : *cité note 6 ss. art. L. 145-39.*

8. *Clauses-recettes.* N'entre pas dans les prévisions de l'art. 35 du Décr. de 1953 [C. com., art. L. 145-15] la stipulation d'un loyer calculé à partir d'un certain pourcentage du chiffre d'affaires. • Civ. 3e, 2 oct. 1984, nº 82-14.855 P : *JCP 1985. II. 20439, note Guérin.*

9. *Renonciation.* Le droit de révision triennale ne prend pas naissance avec la conclusion même du bail et la renonciation à ce droit insérée dans le contrat, n'affectant pas un droit acquis, se trouve frappée de nullité par l'art. 35 du Décr. de 1953 [C. com., art. L. 145-15]. • Com. 20 mai 1963 : *Bull. civ. III, nº 234 ; Gaz. Pal. 1963. 2. 365 ; AJPI 1964. 32.* ♦ Mais ce même article n'interdit pas qu'en cours de bail les parties décident de procéder à la révision du prix du bail sans tenir compte des conditions prévues à l'art. 27 du Décr. de 1953 [C. com., art. L. 145-38]. • Civ. 3e, 7 mars 2001, nº 99-18.368 P : *D. 2001. AJ 2303, obs. Rouquet ; AJDI 2001. 423, obs. Blatter .*

III. CLAUSES CONTRAIRES AU RÉGIME DE LA DÉSPÉCIALISATION

10. *Clause d'enseigne.* Ayant relevé que les trois contrats (cession du fonds de commerce, franchise et bail commercial) signés quasi simultanément formaient un tout et que chacun ne pouvait s'analyser qu'à la lumière des deux autres, une cour d'appel, qui en a justement déduit que l'enseigne étant unique, l'obligation imposée au preneur d'exercer son activité sous telle enseigne précise ne lui permettait pas de faire valoir son droit à déspécialisation partielle, par adjonction d'activités connexes ou complémentaires, a retenu à bon droit la nullité de la clause du bail qui précisait que, pendant toute la durée du bail, le preneur devait tenir les lieux loués à usage d'habitation et d'approvisionnement général avec un rayon boucherie sous une enseigne précise. • Civ. 3e, 12 juill. 2000, nº 98-21.671 P : *D. 2000. AJ 399, obs. Monéger-Dupuis ; RTD com. 2000. 871, obs. Monéger ; CCC 2001, nº 1, obs. Leveneur.*

11. *Hausse de loyer.* Censurant la cour d'appel ayant débouté le preneur de sa demande d'annulation de l'avenant au bail l'autorisant à procéder à la déspécialisation partielle de son commerce moyennant une augmentation de loyer au motif que l'art. L. 145-47, al. 3 (qui renvoie une éventuelle augmentation à la prochaine révision triennale), n'interdit pas une modification contractuelle des loyers mais ne fait que préciser les conditions de cette modification en l'absence de dispositions conventionnelles, alors que les dispositions de l'art. L. 145-47 sont d'ordre public et ne peuvent être écartées que par une renonciation intervenant une fois acquis le droit à déspécialisation, V. • Civ. 3e, 19 mai 2004, nº 03-11.303 P : *D. 2004. AJ 1669, obs. Rouquet ; AJDI 2005. 30, note Dumont ; RTD com. 2005. 53, obs. Monéger ; JCP E 2004. 1193, note Kéita.*

IV. CLAUSES CONTRAIRES AUX DROITS DU LOCATAIRE EN CAS DE MISE EN ŒUVRE DE LA CLAUSE RÉSOLUTOIRE

12. *Clause résolutoire.* Ayant retenu à bon droit que la mention dans la clause résolutoire insérée au bail d'un délai de quinze jours tient en échec les dispositions d'ordre public de l'art. L. 145-41, une cour d'appel en a justement déduit que l'art. L. 145-15 édictant la nullité de toute clause ayant pour effet de faire échec aux dispositions de l'art. L. 145-41, la clause résolutoire insérée au bail litigieux est nulle. • Civ. 3e, 8 déc. 2010, nº 09-16.939 P : *D. 2011. Actu. 9, obs. Rouquet ; JCP 2011. 239, note Kenfack.*

Art. L. 145-16 **Sont également** *(L. n° 2014-626 du 18 juin 2014, art. 6-II)* **« réputées non écrites », quelle qu'en soit la forme, les conventions tendant à interdire au locataire de céder son bail ou les droits qu'il tient du présent chapitre à l'acquéreur de son fonds de commerce ou de son entreprise** *(L. n° 2022-172 du 14 févr. 2022, art. 2, en vigueur le 14 mai 2022)* **« ou au bénéficiaire du transfert universel de son patrimoine professionnel ».**

(L. n° 2014-626 du 18 juin 2014, art. 6-II) **« En cas de fusion ou de scission de sociétés, en cas de transmission universelle de patrimoine d'une société réalisée dans les conditions prévues à l'article 1844-5 du code civil ou en cas d'apport d'une partie de l'actif d'une société réalisé dans les conditions prévues aux articles L. 236-6-1, L. 236-22 et L. 236-24 du présent code, la société issue de la fusion, la société désignée par le contrat de scission ou, à défaut, les sociétés issues de la scission, la société bénéficiaire de la transmission universelle de patrimoine ou la société bénéficiaire de l'apport sont, nonobstant toute stipulation contraire, substituées à celle au profit de laquelle le bail était consenti dans tous les droits et obligations découlant de ce bail. »**

En cas de cession *(L. n° 2014-626 du 18 juin 2014, art. 6-II)* **« ou dans les cas prévus au deuxième alinéa », si l'obligation de garantie ne peut plus être assurée dans les termes de la convention, le tribunal peut y substituer toutes garanties qu'il juge suffisantes.** — *[Décr. n° 53-960 du 30 sept. 1953, art. 35-1.]*

V. 2e note ss. art. L. 145-2.

BIBL. ▶ LAFOND, *JCP E 2004. 1098* (cession de bail commercial et clause de solidarité). – PROOST, *Defrénois 2008. 2141* (vente de fonds de commerce par acte sous signatures privées et cessions de bail par acte authentique séparé : danger !). – MANRY, *Administrer 3/2009. 31* (pièges de la cession : cession de droits sociaux). – LEOBON, *JCP E 2012. 1447* (cession sous seing privé d'un bail notarié : le sort du titre exécutoire). – CAVALIER, *RTD com. 2013. 33* (libres propos à partir de l'art. L. 145-16). – BEDDELEEM, *Administrer 4/2014. 7* (cession du bail commercial : entre ordre public et liberté contractuelle). – CH.-É. BRAULT et SAINTURAT, *Loyers et copr. 2014. Dossier 5* (transfert de la propriété du bail et de l'immeuble). – JACQUIN, *Gaz. Pal. 2014. 2537* (cessions et garanties en cas de cession). – GAIARDO, *D. actu. 2 mars 2022* (cession de bail commercial et loi « activité professionnelle indépendante » du 14 févr. 2022).

I. DOMAINE

1. Cession de bail. Constituent des cessions de bail : l'apport du bail en société. • Civ. 3e, 10 avr. 1973 : *D. 1973. Somm. 89* • 9 juill. 2013, n° 12-18.028 : *AJDI 2014. 282, obs. Hallard* (apport du fonds de commerce comportant le droit au bail). ♦ ... L'attribution du droit au bail d'une société commerciale à un de ses associés lors de la liquidation. • Civ. 3e, 24 mars 1981, n° 79-14.083 P : *Rev. loyers 1981. 296, note J. V.* ♦ Pour une convention d'échange au terme de laquelle deux sociétés locataires conviennent d'échanger purement et simplement d'une manière gratuite et sans soulte leurs baux consentis par le même bailleur, V. • Paris, 31 mars 2000 : *AJDI 2000. 639*.

2. Opérations ne constituant pas une cession. Même si elle porte sur la totalité des parts, la cession ne peut être assimilée à la cession du fonds de commerce constituant l'actif de la société. • Civ. 3e, 12 juill. 1993, n° 91-18.712 : *Gaz. Pal. 1993. 2. Somm. 537, obs. Barbier ; BJS 1993. 1146, note Boizard.* ♦ Ayant relevé que l'assemblée générale d'une société, devenue l'unique associé de la société locataire, a décidé la dissolution de celle-ci et que cette dissolution a entraîné la transmission universelle du patrimoine de la société dissoute, incluant le droit au bail dont elle est titulaire, à l'associé unique qui s'est substitué à elle dans tous les biens, droits et obligations, une cour d'appel en a exactement déduit qu'il ne s'agit pas d'une cession de bail et que l'autorisation du bailleur prévue à cette fin n'était pas requise. • Civ. 3e, 9 avr. 2014, n° 13-11.640 P : *D. 2014. 1432, note Dondero ; Loyers et copr. 2014, n° 178, obs. Brault.* ♦ La cession d'un fonds de commerce n'inclut pas nécessairement celle du bail des locaux dans lesquels ce fonds est exploité. Il en est de même lorsque cette cession intervient dans le cadre d'un plan arrêté par le tribunal, à moins que celui-ci, par une disposition expresse, ne décide, en vertu de l'art. L. 621-88 [art. L. 642-7] C. com., que le contrat de bail est nécessaire au maintien de l'activité de l'entreprise, ce qui emporte alors sa cession. • Com. 17 déc. 1996, n° 94-18.981 P : *D. 1997. 387, note Monserié ; RDI 1997. 301, obs. Derruppé ; RJDA 1997, n° 574.* ♦ Une cession de droits indivis intervenue entre les locataires coïndivisaires a le caractère prééminent d'un partage, de sorte que les formalités prévues au bail en cas de cession n'ont pas à être respectées puisque, par l'effet déclaratif du partage prévu à l'art. 883 C. civ., celui qui reçoit le bien est censé en avoir été propriétaire depuis le jour de l'indivision. • Civ. 3e, 13 oct. 2004, n° 03-12.968 P : *D. 2004. AJ 2935, obs. Rouquet ; AJDI 2005. 383, note Blatter ; JCP E 2005. 826, n° 4, obs. Kenfack.*

3. Notion d'« acquéreur du fonds ». La validité de la cession du bail ne doit pas s'apprécier en considération de l'activité exercée par le cessionnaire mais est subordonnée à la seule acquisition, par celui-ci, du fonds de commerce. • Civ. 3e, 3 janv. 1985, n° 83-15.665 P : *Rev. loyers 1985. 224.* ♦ La cession d'un fonds de commerce, exploité dans un local essentiel à cette exploitation et pris à bail, emporte nécessairement cession de ce bail, et les stipulations de celui-ci relatives aux formalités de cession doivent être respectées. • Com. 26 oct. 1993, n° 91-15.877 P : *D. 1994. Somm. 54, obs. Rozès ; JCP N 1994. II. 65, note Destame.* ♦ La cession globale d'unité de production, au sens de l'art. L. 622-17 C. com. [ancien], relative au redressement et à la liquidation judiciaires, lorsqu'elle comprend le fonds de commerce, y inclus les baux, ne peut être considérée, à défaut de preuve contraire, comme une cession camouflée de droit au bail. • Com. 19 oct. 1993, n° 91-15.310 P : *Dr. sociétés 1994, n° 7, obs. Chaput.*

4. Cession partielle. L'art. 35-1 du Décr. de 1953 [C. com., art. L. 145-16] ne distingue pas entre la cession totale et la cession partielle, et les clauses prohibitives sont dans les deux cas frappées de nullité [réputées non écrites]. • Com. 14 oct. 1959 : *Bull. civ. III, n° 344 ; D. 1960. 78 ; JCP 1960. II. 11417, note Boccara ; Rev. loyers 1960. 63.* ♦ V. toutefois, admettant que soit exclue la cession partielle en cas d'indivisibilité : • Com. 28 janv. 1963, n° 60-11.662 P : *Ann. loyers 1963. 718.*

5. Clause « successeur dans son commerce ». La clause interdisant au preneur de céder le droit au bail sauf « à un successeur dans son commerce » signifie que la cession du droit au bail n'est autorisée qu'au profit du successeur dans le fonds de commerce. • Civ. 3e, 8 févr. 1984, n° 82-15.176 P : *JCP 1985. II. 20377, note Boccara.*

6. Clause « tous commerces ». Cette clause n'autorise pas la cession au profit d'une personne n'exerçant pas une activité commerciale. • Civ. 3e, 26 janv. 1982, n° 80-12.327 P.

7. Cession du droit au bail au propriétaire bailleur. L'acquisition par le bailleur du droit au bail mis en vente par son locataire, laquelle permet au premier de recouvrer la jouissance matérielle des lieux loués, a une cause. • Civ. 3e, 13 oct. 2004, n° 03-12.035 P : *D. 2005. Pan. 1092, obs. Rozès .*

II. CLAUSES RELATIVES À LA CESSION

8. Nullité des clauses prohibitives. Sont nulles [réputées non écrites] : les clauses portant interdiction absolue et générale de toute cession. • Com. 28 févr. 1956 : *Bull. civ. III, n° 88 ; Rev. loyers 1956. 241.* ♦ ... Celle imposant une exploitation personnelle du fonds par le locataire pendant les trois dernières années, cette stipulation emportant impossibilité de céder le bail pendant cette période. • Civ. 3e, 23 juill. 1986, n° 85-13.192 P. ♦ ... Celle interdisant la cession du bail à une société, cette clause n'ayant pas pour effet de rendre la cession plus difficile, mais de la rendre impossible à toute une catégorie d'acquéreurs. • Civ. 3e, 29 févr. 1972, n° 71-10.083 P : *D. 1972. Somm. 114.*

9. Validité des clauses restrictives. La prohibition des clauses d'interdiction de céder le bail à l'acquéreur du fonds de commerce ne s'applique qu'à une interdiction absolue et générale de toute cession et non à de simples clauses limitatives ou restrictives. • Civ. 3e, 2 oct. 2002, n° 01-02.035 P : *D. 2002. AJ 2943, obs. Rouquet ; AJDI 2003. 30, note Dumont .* ♦ Ainsi, sont valables les clauses qui subordonnent la cession à un accord exprès et par écrit du bailleur. • Com. 20 mars 1962, n° 57-10.976 P : *Ann. loyers 1963. 138.* ♦ Mais en cas de refus injustifié du bailleur, le locataire peut se voir allouer des dommages-intérêts du fait du préjudice résultant de l'abandon du projet de cession. • Com. 15 mars 1965, n° 62-13.446 P. ♦ Est valable la clause prévoyant l'intervention du bailleur à l'acte. • Com. 6 mars 1957 : *Bull. civ. III, n° 88.* ♦ V. également, à propos d'une clause prévoyant un pacte de préférence à l'égard d'un cessionnaire au choix des bailleurs : • Civ. 3e, 12 juill. 1995, n° 93-11.666 P : *D. 1995. IR 201.* ♦ Comp., jugeant en application de l'adage selon lequel la fraude corrompt tout, que le bailleur n'est pas recevable à invoquer la clause relative au droit de cession contenue dans une convention frauduleuse (baux dérogatoires conclus alternativement avec le preneur et avec un prête-nom) : • Civ. 3e, 1er avr. 2009, n° 07-21.833 P : *D. 2009. AJ 1140, obs. Rouquet ; RJDA 2009, n° 516.*

10. Autorisation judiciaire. Sur la possibilité, pour le locataire, d'obtenir une autorisation en justice, V. • Com. 19 févr. 1963 : *D. 1963. Somm. 93.*

11. Garantie du cédant. La garantie du cédant, limitée au paiement du loyer par le cessionnaire, ne peut être étendue aux réparations locatives et aux indemnités d'occupation. • Civ. 3e, 12 avr. 1995, n° 92-21.541 P : *D. 1997. Somm. 307, obs. Rozès .* ♦ L'engagement pris par le preneur de « rester garant et répondant solidaire de son cessionnaire pour le paiement des loyers et l'exécution des conditions du bail » ne saurait s'analyser en un cautionnement. • Civ. 3e, 26 nov. 1997, n° 96-13.943 : *RJDA 1998, n° 23.*

12. Rupture fautive des pourparlers. La faute commise par le bailleur dans l'exercice du droit de rupture unilatérale des pourparlers précontractuels (dans le cadre d'une cession) ne peut être la cause d'un préjudice consistant dans la perte de chance de réaliser des gains que permettait d'espérer la conclusion du contrat. • Civ. 3e,

7 janv. 2009, n° 07-20.783 P : *D. 2009. AJ 297* ; *AJDI 2009. 298, note Dumont-Lefrand* ; *RJDA 2009, n° 162* ; *Loyers et copr. 2009, n° 91, obs. Chavance.*

13. Redressement ou liquidation judiciaire. Il résulte de l'art. 86 de la L. du 25 janv. 1985 [C. com., art. L. 642-7] qu'en cas de cession de l'entreprise en redressement [liquidation], lorsque le bail commercial est cédé en vertu de ce texte, la clause contractuelle stipulant que la cession du bail est subordonnée à l'accord écrit du bailleur se trouve privée d'effet. • Com. 6 déc. 1994, n° 91-17.927 P : *cité note 33 ss. art. L. 642-7.* ♦ Il résulte de la combinaison des art. L. 641-12 et L. 642-19 C. com., dans leur rédaction antérieure à l'Ord. du 18 déc. 2008, et 1134 [ancien] C. civ., qu'en cas de liquidation judiciaire, la cession du droit au bail se fait aux conditions prévues par le contrat à la date du jugement d'ouverture, à l'exception de la clause imposant au cédant des obligations solidaires avec le cessionnaire. • Com. 27 sept. 2011, n° 10-23.539 P : *cité note 6 ss. art. L. 641-12.*

III. SIGNIFICATION ET PUBLICITÉ DE LA CESSION

14. Signification obligatoire. Le cédant doit satisfaire aux obligations de l'art. 1690 C. civ. • Civ. 3e, 13 févr. 1974, n° 72-14.008 P. ♦ Pour que la signification soit valable, il suffit qu'elle soit faite en cours de bail. • Civ. 3e, 1er mars 1972, n° 70-12.313 P. ♦ La signification doit contenir les éléments de nature à renseigner le bailleur, notamment les dispositions essentielles de l'acte de cession. • Civ. 3e, 6 mai 1981 : *Rev. loyers 1981. 375.*

15. Forme. La signification d'une cession de droit au bail, faite en cours de bail par voie de conclusions à l'occasion d'une instance, ne nécessite pas l'acceptation du bailleur pour rendre cette cession opposable à ce dernier. • Civ. 3e, 3 févr. 2010, n° 08-19.420 P : *D. 2010. AJ 502, obs. Forest* ; *RJDA 2010, n° 336.*

16. Publicité. L'art. L. 141-12, organisant la publicité de la cession du fonds de commerce, n'est pas applicable à la cession isolée du bail. • Com. 6 déc. 1982, n° 81-14.422 P.

IV. EFFETS DE LA CESSION IRRÉGULIÈRE

17. Inopposabilité au bailleur. L'accomplissement de l'une ou de l'autre des formalités énoncées à l'art. 1690 C. civ. ne peut devenir inutile, pour rendre la cession opposable au propriétaire, que si celui-ci a non seulement eu connaissance de cette cession mais l'a également acceptée sans équivoque. • Cass., ass. plén., 14 févr. 1975 : *D. 1975. 349.* ♦ Une cour d'appel qui, sans décider que la régularisation de la cession devait réparer les vices du premier acte, déclare la cession irrégulière inopposable au bailleur et dit que le locataire n'avait pas perdu son droit au bail dans ses rapports avec celui-ci peut accorder un délai permettant au preneur de céder, selon les formes prévues au bail, le droit dont il demeurait titulaire. • Civ. 3e, 22 mars 1995, n° 92-14.045 : *RJDA 1995, n° 692.* ♦ Ont été considérés comme valant acceptation tacite : la perception des loyers, l'établissement des quittances au nom du cessionnaire, sans la moindre réserve ni protestation, et la réclamation directe d'une augmentation de loyer. • Civ. 3e, 14 déc. 1994, n° 92-19.351 P. ♦ ... La délivrance d'un congé avec offre de renouvellement accompagnée de pourparlers sur la fixation du prix du bail renouvelé. • Civ. 3e, 31 mai 1983, n° 81-13.824 P : *JCP 1984. II. 20156, note Petit.* ♦ Mais statue par des motifs impropres à caractériser la volonté du bailleur à renoncer à la clause selon laquelle la cession du bail ne peut être autorisée qu'en faveur du cessionnaire du fonds de commerce une cour d'appel qui relève que le notaire chargé de recevoir l'acte a sollicité l'agrément de la société bailleresse à la cession en indiquant qu'elle porte sur le droit au bail, que le gérant de cette société a autorisé cette cession et qu'il apparaît ainsi que le bailleur a renoncé en toute connaissance de cause à la clause d'agrément dans sa totalité, car, même si elle a précisé qu'elle autorise la cession sous condition qu'elle soit effectuée dans le strict respect des clauses et obligations issues du contrat, elle l'a acceptée sans aucune réserve, alors que les lettres du notaire ne faisaient état que du droit au bail et non de la cession du fonds de commerce. • Civ. 3e, 12 oct. 2010, n° 09-16.989 : *AJDI 2011. 290, note Blatter* ; *RJDA 2011, n° 116.*

18. Résiliation du bail. La cession irrégulière peut donner lieu à résiliation du bail. • Com. 14 janv. 1958 : *Bull. civ. III, n° 19.* – V. aussi • Civ. 3e, 15 juin 2011, n° 10-16.421 : *AJDI 2012. 190, obs. Darmon* ; *RJDA 2012, n° 255.* ♦ Mais en l'absence de clause résolutoire, les juges ont le pouvoir d'apprécier si l'infraction est assez grave pour motiver la résiliation. • Civ. 3e, 6 févr. 1979 : *D. 1979. IR 297.*

19. Mauvaise foi du bailleur. Si la règle selon laquelle les conventions doivent être exécutées de bonne foi permet au juge de sanctionner l'usage déloyal d'une prérogative contractuelle, elle ne l'autorise pas à porter atteinte à la substance même des droits et obligations légalement convenus entre les parties ni à s'affranchir des dispositions impératives du statut des baux commerciaux (cassation de l'arrêt ayant refusé de déclarer une cession de fonds de commerce inopposable pour cause de non-exploitation du fonds en raison de la mauvaise foi du bailleur). • Civ. 3e, 9 déc. 2009, n° 04-19.923 P : *D. 2010. AJ 87, obs. Rouquet* ; *JCP N 2010. 1311, obs. Garçon.*

20. Responsabilité du rédacteur d'acte. Le rédacteur de l'acte de cession irrégulier engage sa responsabilité civile professionnelle. • Civ. 1re, 17 janv. 1995, n° 92-21.193 P : *D. 1995. IR 48.* ♦ Comp., ne retenant pas la responsabilité du rédacteur de l'acte, induit volontairement en erreur par le cédant : • Civ. 1re, 27 juin 1995, n° 92-21.473 : *JCP N 1996. II. 1213, obs. Sanséau.*

V. EFFETS DE LA CESSION RÉGULIÈRE

21. Entre le cédant et le cessionnaire du bail. La cession emporte dessaisissement du premier au profit du second et, en tant qu'elle constitue une cession de créance, transfère au cessionnaire le droit d'agir pour faire valoir à l'égard du cédé les droits nés du titre. • Civ. 3e, 18 juill. 1979, n° 78-10.657 P.

22. Entre la caution et le bailleur. La caution solidaire qui, aux termes de l'acte de cautionnement, répond des impayés du locataire reste débiteur solidaire en cas de cession du bail. • Civ. 3e, 11 mai 1995, n° 93-11.410 P.

23. Entre le cessionnaire et le bailleur. La cession du bail implique que le cessionnaire soit tenu d'exécuter les obligations du contrat cédé. • Civ. 3e, 6 mai 1996, n° 93-11.530 : *Rev. loyers 1996. 311 ; Ann. loyers 1996. 1408.* ♦ Le bailleur qui s'abstient délibérément d'informer le cessionnaire de la non-conformité des lieux lors du renouvellement du bail des locaux est responsable des préjudices subis par ce dernier. • Civ. 3e, 24 juin 2009, n° 08-12.251 P : *D. 2009. AJ 1823, obs. Rouquet ; RTD com. 2009. 685, obs. Saintourens ; RJDA 2009, n° 818.* ♦ Les cessions successives d'un bail commercial opèrent transmission des obligations en découlant au dernier titulaire du contrat qui devient débiteur envers le bailleur des dégradations causées par ses prédécesseurs. • Civ. 3e, 9 juill. 2003, n° 02-11.794 P : *D. 2003. AJ 2312, obs. Rouquet ; AJDI 2003. 756, note Dumont ; JCP E 2003. 1665, n° 5, obs. Monéger.* ♦ Si le dernier cessionnaire est contractuellement tenu des obligations du cédant, les manquements des précédents preneurs dans l'entretien des locaux ne peuvent lui être reprochés par le bailleur pour obtenir la résiliation du bail. • Civ. 3e, 30 juin 2010, n° 09-13.754 P : *D. 2011. Pan. 1791, obs. Dumont-Lefrand.* ♦ Sur le droit du cessionnaire au renouvellement du bail, V. notes 17 et 29 ss. art. L. 145-8.

24. Fusion de sociétés et apport partiel d'actif. La fusion entre deux sociétés opérant transmission universelle du patrimoine de la société absorbée à la société absorbante, les formalités prescrites par l'art. 1690 C. civ. en matière de transport de créances ou de droits ne sont pas requises en ce cas, seul un droit d'opposition étant ouvert aux créanciers des sociétés participant à l'opération de fusion. • Com. 1er juin 1993, n° 91-14.740 P : *D. 1995. Somm. 153, obs. Rozès ; Defrénois 1993. 1210, obs. Le Cannu.* ♦ Il appartient au bailleur de délivrer à la société substituée à la suite de l'apport partiel d'actif dans tous les droits et obligations du bail consenti au preneur d'origine des locaux conformes à la destination prévue par ce bail. • Civ. 3e, 3 mai 2007, n° 06-11.092 P : *D. 2007. AJ 1430, obs. Rouquet.*

25. Substitution de garanties. L'al. 3 de l'art. 35-1 du Décr. de 1953 [C. com., art. L. 145-16] laisse au tribunal la faculté d'accorder ou de refuser la substitution de garantie prévue par cet article, sans qu'aucun délai n'ait été prévu pour sa saisine, laquelle peut intervenir à l'initiative de l'une ou de l'autre des parties. • Civ. 3e, 13 nov. 1997, n° 95-21.311 P : *D. 1998. Somm. 97, obs. Honorat.* ♦ La cession du bail d'un preneur en liquidation judiciaire, sans mention de la clause de garantie solidaire mise à la charge du cédant, est régulière dès lors que le bailleur n'a pas sollicité de substitution de garantie. • Civ. 3e, 15 sept. 2010, n° 09-14.519 P : *D. 2011. Pan. 1791, obs. Dumont-Lefrand ; AJDI 2011. 289, obs. Rouquet.*

Art. L. 145-16-1 *(L. n° 2014-626 du 18 juin 2014, art. 7)* **Si la cession du bail commercial est accompagnée d'une clause de garantie du cédant au bénéfice du bailleur, ce dernier informe le cédant de tout défaut de paiement du locataire dans le délai d'un mois à compter de la date à laquelle la somme aurait dû être acquittée par celui-ci.**

V. 2e note ss. art. L. 145-2.

BIBL. ▶ Kendérian, *JCP E 2015, n° 1590* (bail commercial : de la garantie solidaire du cédant à celle du cessionnaire ?). – Noblot, *CCC 2015. Formule 10* (clause de garantie solidaire du cédant dans un bail commercial). – Inforeg, *Cah. dr. entr. 2019, n° 3, p. 60.* – Kendérian, *RTD com. 2019. 611* (loi PACTE et bail commercial : neutralisation de la clause de solidarité du cessionnaire dans les plans de cession d'entreprises en difficulté). – NDLR, *BRDA 2020, n° 7, p. 24* (cession du bail pendant la procédure collective du locataire : sort des clauses de solidarité).

Constitutionnalité. Sur la conformité à la Constitution de l'art. L. 145-16-1, V. • Civ. 3e, QPC, 6 févr. 2020, n° 19-19.503 P : *cité note 9 ss. art. L. 145-34.*

Art. L. 145-16-2 *(L. n° 2014-626 du 18 juin 2014, art. 8)* **Si la cession du bail commercial s'accompagne d'une clause de garantie du cédant au bénéfice du bailleur, celui-ci ne peut l'invoquer que durant trois ans à compter de la cession dudit bail.**

V. 2e note ss. art. L. 145-2.

1. Constitutionnalité. Sur la conformité à la Constitution de l'art. L. 145-16-2, V. • Civ. 3e, QPC, 6 févr. 2020, n° 19-19.503 P : *cité note 9 ss. art. L. 145-34.*

2. Entrée en vigueur. Ayant retenu, à bon droit, d'une part, que l'art. L. 145-16-2, qui revêt un caractère d'ordre public, ne répond pas à un motif impérieux d'intérêt général justifiant son application immédiate et, d'autre part, que la garantie solidaire, dont ce texte limite la durée à trois ans, ne constitue pas un effet légal du contrat mais demeure régie par la volonté des parties, la cour d'appel en a exactement déduit que ce texte n'était pas immédiatement applicable. • Civ. 3e, 11 avr. 2019, n° 18-16.121 P : *D. 2019. Actu. 814 ; AJ contrat 2019. 306, obs. Houtcieff ; AJDI 2020. 35, obs. Blatter ; JCP E 2019, n° 1353, note Lemay ; RJDA 6/2019. 499, avis Sturlese.*

Art. L. 145-17 **I. — Le bailleur peut refuser le renouvellement du bail sans être tenu au paiement d'aucune indemnité :**

1° S'il justifie d'un motif grave et légitime à l'encontre du locataire sortant. Toutefois, s'il s'agit soit de l'inexécution d'une obligation, soit de la cessation sans raison sérieuse et légitime de l'exploitation du fonds, compte tenu des dispositions de l'article L. 145-8, l'infraction commise par le preneur ne peut être invoquée que si elle s'est poursuivie ou renouvelée plus d'un mois après mise en demeure du bailleur d'avoir à la faire cesser. Cette mise en demeure doit, à peine de nullité, être effectuée par acte extrajudiciaire, préciser le motif invoqué et reproduire les termes du présent alinéa ;

2° S'il est établi que l'immeuble doit être totalement ou partiellement démoli comme étant en état d'insalubrité reconnue par l'autorité administrative ou s'il est établi qu'il ne peut plus être occupé sans danger en raison de son état.

II. — En cas de reconstruction par le propriétaire ou son ayant droit d'un nouvel immeuble comprenant des locaux commerciaux, le locataire a droit de priorité pour louer dans l'immeuble reconstruit, sous les conditions prévues par les articles L. 145-19 et L. 145-20. — *[Décr. n° 53-960 du 30 sept. 1953, art. 9.]*

BIBL. ▶ TEILLIAIS, *AJDI 1998. 105* (perte de la chose louée et baux commerciaux).

I. MOTIFS GRAVES ET LÉGITIMES

1. Notion. Le motif grave ou légitime ne suppose pas nécessairement l'existence d'un préjudice pour le bailleur. • Civ. 3e, 22 mai 1979, n° 77-15.653 P. ♦ L'art. 9 du Décr. de 1953 [C. com., art. L. 145-17] n'exige pas que le motif de refus, qui n'est pas légalement défini, et dont l'appréciation est laissée aux juges du fond, se rattache à l'exécution du bail. • Com. 3 févr. 1958 : *D. 1958. 434.* ♦ Sur l'obligation, pour le bailleur, de motiver le congé, V. note 10 ss. art. L. 145-9.

2. Distinction des motifs de résiliation. La résiliation et le refus de renouvellement peuvent être fondés sur des faits de même nature. • Civ. 3e, 18 nov. 1980, n° 79-13.750 P. ♦ V. écartant, dans une instance en résiliation, la prétendue autorité d'une chose jugée lors d'un litige sur le renouvellement : • Civ. 3e, 14 mars 1969, n° 67-11.743 P.

3. Pouvoirs du juge. Les juges du fond apprécient souverainement les motifs graves et légitimes de refus de renouvellement. • Civ. 3e, 1er avr. 1998, n° 96-14.638 P : *D. 1998. IR 115*.

4. Preuve. La charge de la preuve incombe au bailleur. • Civ. 3e, 12 juin 1985, n° 84-12.299 P : *Rev. loyers 1985. 422.*

5. Date d'appréciation. Les juges ne sont pas tenus de prendre en considération uniquement la situation au jour de la demande de renouvellement et peuvent tenir compte de l'exécution en cours d'instance des obligations du bail. • Com. 20 mai 1963 : *Bull. civ. III, n° 235.*

6. Défaut de motif grave et légitime. Saisie par le preneur, à qui a été notifié un congé avec refus de renouvellement, d'une demande subsidiaire en paiement d'une indemnité d'éviction, la cour d'appel, qui a relevé que les bailleurs ne justifiaient pas d'un motif grave et légitime de refus de renouvellement, a, sans se contredire, fait une exacte application des art. 8 et 9, 1°, du Décr. de 1953 [C. com., art. L. 145-14 et L. 145-17] en retenant que le congé ouvrait droit à cette indemnité pour le preneur. • Civ. 3e, 1er févr. 1995, n° 93-14.808 P : *Loyers et copr. 1996, n° 29, obs. Brault.*

7. Changement de motifs. Si le bailleur ne peut, en cours d'instance, modifier les motifs de refus de renouvellement indiqués dans son congé, il peut, en revanche, en tout état de cause, dénier au locataire le bénéfice du statut des baux commerciaux. • Civ. 3e, 10 janv. 1996, n° 94-12.348 P : *D. 1996. IR 38*.

8. Auteur des faits. Le motif grave et légitime du refus de renouvellement peut être constitué par une faute imputable au locataire ou aux personnes dont il répond. • Civ. 3e, 11 juin 2008, n° 07-14.256 P : *D. 2008. AJ 1823, obs. Rouquet* ; *AJDI 2008. 848, note Dumont*. ♦ En cas de cession, la faute constituant le motif doit être imputable personnellement au cessionnaire. • Com. 26 avr. 1963 : *D. 1963. 531, note Maus.* ♦ Les agissements délictueux de l'un des copreneurs indivis constituent à l'encontre de l'autre un motif grave et légitime de refus d'indemnité d'éviction. • Civ. 3e, 4 janv. 1985, n° 83-13.442 P. ♦ L'acquéreur d'un immeuble peut se prévaloir d'infractions commises par le preneur avant son acquisition, sans avoir à justifier de la cession par son auteur du droit relatif à ces infractions si celles-ci se sont poursuivies après l'acquisition. • Com. 9 janv. 1967, n° 65-10.732 P : *Rev. loyers 1967. 219.*

9. Motifs graves et légitimes : exemples. Constitue un motif grave et légitime de non-renouvellement du bail : le défaut de paiement de plusieurs termes de loyers dans le délai d'un mois. • Civ. 3e, 10 déc. 1985 : *Gaz. Pal. 1986. 1. Pan. 100.* ♦ ... Le défaut ou la cessation d'exploitation. • Com. 21 avr. 1958 : *Bull. civ. III, n° 154.* ♦ ... Des démolitions et transformations des lieux effectuées par le locataire. • Com. 28 oct. 1965, n° 61-10.778 P. ♦ ... Toute extension de la destination des lieux d'un local à usage commercial, même limitée à une activité connexe ou complémentaire réalisée sans l'autorisation préalable du bailleur ou à défaut du tribunal. • Civ. 3e, 24 oct. 1990, n° 88-18.644 P. ♦ ... L'infraction à une clause soumettant la cession à la double condition de l'accord du propriétaire et de la rédaction d'un acte authentique. • Civ. 3e, 21 nov. 2001, n° 99-19.890 : *AJDI 2002. 126, obs. Dumont*.

10. Défaut de motif grave et légitime : exemples. Ne constituent pas des motifs graves et légitimes : l'adjonction d'une activité de « snack » à un commerce de débit de boissons de quatrième catégorie (alors que le bail interdisait la restauration). • Civ. 3e, 21 nov. 1995, n° 93-19.398 : *Ann. loyers 1996. 1397.* ♦ ... L'extension minime par vente de produits d'entretien dans un commerce de crémerie. • Com. 3 févr. 1964, n° 60-12.359 P : *AJPI 1964. 836.* ♦ ... La musique techno et la recherche de clientèle plus dynamique que celle des traditionnels « thés dansants » ne constituent pas un changement d'activité mais une forme particulière de l'exploitation d'un dancing au même titre que le thé dansant. • Paris, 13 déc. 2007 : *AJDI 2008. 583*. ♦ ... L'exécution de travaux non autorisés, rendue nécessaire par l'obligation d'adapter l'installation du fonds à la nouvelle activité commerciale, dès lors que le bailleur connaissait le changement de destination des lieux entre le fonds de commerce de poissonnerie en celui de pâtisserie, pour avoir personnellement accepté cette cession. • Civ. 3e, 28 sept. 2004, n° 03-12.189 : *AJDI 2005. 213*.

II. MISE EN DEMEURE

11. Domaine : refus de renouvellement. L'art. 9 du Décr. de 1953 [C. com., art. L. 145-17] exigeant une mise en demeure vise exclusivement le refus de renouvellement et est sans application dans le cas d'une demande en résiliation judiciaire. • Civ. 3e, 1er mars 1995, n° 93-10.172 P : *D. 1997. Somm. 302, obs. Rozès* ; *JCP 1995. II. 22480, note crit. Boccara* (à propos d'une infraction commise en période de maintien dans les lieux et cassant un arrêt jugeant que la coexistence des deux actions en fin de bail implique que les griefs du locataire soient examinés dans le seul cadre de l'art. 9, 1°, préc.). ♦ La dénégation du droit au statut des baux commerciaux en raison du défaut d'immatriculation n'a pas à être précédée d'une mise en demeure. • Civ. 3e, 22 sept. 2016, n° 15-18.456 P : *AJDI 2017. 114, obs. Blatter* ; *JCP E 2016, n° 1549* ; *RJDA 2016, n° 847* ; *Loyers et copr. 2016, n° 231, obs. Chavance.*

12. Infractions irréversibles. La mise en demeure est inutile lorsque l'infraction commise a un caractère irréversible. • Civ. 3e, 25 juin 1975 : *Gaz. Pal. 1975. 2. Somm. 223.* ♦ L'omission d'appeler le bailleur à concourir à un acte de sous-location ne pouvant être régularisée, une mise en demeure préalable au congé n'est pas nécessaire. • Civ. 3e, 9 juill. 2003, n° 02-11.621 P : *D. 2003. AJ 2239, obs. Rouquet*. ♦ En revanche, le retard dans le paiement du loyer n'est pas une infraction irréversible. • Civ. 3e, 2 déc. 1980 : *D. 1981. IR 227.* ♦ Le fait que des détériorations imputables au locataire ne peuvent être réparées grâce à une intervention directe de celui-ci ne dispense pas le bailleur de procéder à une mise en demeure (preneur condamné en justice à effectuer les réparations). • Civ. 3e, 11 juin 1997, n° 95-15.579 P : *JCP E 1997. 895, obs. Lévy.*

13. Condition d'exploitation d'un fonds. Seule l'exploitation effective dans les lieux loués de l'activité autorisée par le bail ou régulièrement modifiée au cours des trois années ayant précédé sa date d'expiration ouvre droit au renouvellement (cassation de l'arrêt ayant refusé de valider le congé faute de mise en demeure préalable, au motif que la preuve n'était pas rapportée d'une cessation totale de l'activité commerciale). • Civ. 3e, 14 juin 2006, n° 05-12.708 P : *D. 2006. AJ 1817, obs. Rouquet* ; *JCP E 2007. 1563, n° 91, obs. Monéger.* ♦ Un congé portant dénégation du droit au statut des baux commerciaux en raison du défaut d'exploitation effective du fonds par le locataire au cours des trois dernières années précédant la date d'expiration du bail n'a pas à être précédé d'une mise en demeure. • Civ. 3e, 8 janv. 2008, n° 06-14.190 : *RJDA 2008, n° 1231.* ♦ En revanche, le bailleur refusant le renouvellement du bail à raison de l'exploitation illégale du fonds est tenu de délivrer une mise en demeure au preneur, dès lors que celui-ci peut régulariser sa situation selon différentes voies de droit. • Civ. 3e, 23 nov. 2011, n° 10-24.180 P : *D. 2011. Actu. 2992, obs. Rouquet ; Loyers et copr. 2012, n° 144, obs. Brault.* ♦ Sur la condition d'exploitation, V. aussi notes 21 s. ss. art. L. 145-8.

14. Notion et formes. Pour constituer une mise en demeure, l'acte doit nécessairement contenir l'injonction faite au preneur d'avoir à faire cesser l'infraction et ni des constats d'huissier, ni un congé ne constituent des mises en demeure valables. • Com. 30 oct. 1963, n° 62-10.232 P : *D. 1964. 88.* ♦ La mise en demeure doit indiquer de façon précise les manquements auxquels il doit être remédié. • Civ. 3e, 1er oct. 1975, n° 74-12.076 P. ♦ Cependant, le refus de renouvellement de bail et la mise en demeure peuvent figurer dans le même acte. • Civ. 3e, 16 déc. 1987, n° 86-16.189 P : *D. 1988. IR 10.*

15. Nullité de la mise en demeure. La nullité des actes d'huissier de justice étant régie par les dispositions qui gouvernent la nullité des actes de procédure, le preneur qui demande au tribunal de constater que le congé ne repose sur aucun motif légitime, sans invoquer préalablement à cette défense au fond le moyen tiré de la nullité de la sommation, est irrecevable (application de l'art. 112 C. pr. civ.). • Civ. 3e, 2 juin 2010, n° 09-14.194 P : *Loyers et copr. 2010, n° 290, obs. Brault.*

16. Date. Les manquements graves et légitimes ne sauraient être appréciés par les juges du fond à la date de leur décision sans que soit recherché si une mise en demeure d'avoir à les faire cesser a été délivrée. • Civ. 3e, 3 juin 1992, n° 90-15.271 P : *Defrénois 1993. 792, obs. Vermelle.* ♦ Le bailleur qui entend invoquer un manquement antérieur au premier renouvellement du bail doit, au cours du bail écoulé, avoir mis son locataire en demeure, par un acte extrajudiciaire, de remédier au manquement allégué. • Civ. 3e, 8 mars 2005, n° 04-10.290 : *AJDI 2005. 657, note Denizot ; JCP E 2005. 863, n° 33, obs. Monéger et Kenfack.*

17. Absence de mise en demeure. En l'état d'un congé avec refus de renouvellement pour motifs graves et légitimes sans offre d'indemnité d'éviction, l'absence de mise en demeure laisse subsister le congé et le droit pour le preneur au paiement d'une indemnité d'éviction. • Civ. 3e, 15 mai 2008, n° 07-12.669 P : *D. 2008. AJ 1479, obs. Rouquet ; AJDI 2008. 846, note Blatter ; RJDA 2008, n° 767 ; Loyers et copr. 2008, n° 163, obs. Brault.*

18. Délai d'un mois. Suivant l'art. 9 du Décr. de 1953 [C. com., art. L. 145-17], en cas de refus de renouvellement pour motifs graves et légitimes, s'il s'agit soit de l'inexécution d'une obligation, soit de la cessation sans raison sérieuse et légitime de l'exploitation du fonds, l'infraction commise par le preneur ne peut être invoquée que si elle s'est poursuivie ou si elle a été renouvelée plus d'un mois après mise en demeure. • Com. 19 oct. 1964 : *Bull. civ. III, n° 425 ; D. 1965. 137.* ♦ Lorsque le locataire a payé son loyer dans le mois suivant la sommation, en cas de non-paiement ultérieur, le bailleur doit adresser une nouvelle mise en demeure. • Civ. 3e, 9 nov. 1981, n° 80-12.037 P : *D. 1982. IR 85.* ♦ S'agissant d'une sous-location prohibée, pour échapper au refus de renouvellement sans indemnité, le locataire doit prendre toutes dispositions pour que le sous-locataire quitte effectivement les lieux dans le délai d'un mois. • Civ. 3e, 9 déc. 1980 : *Rev. loyers 1981. 155, note Viatte.*

19. Opposabilité au cessionnaire. La mise en demeure faite au précédent titulaire du bail est opposable au cessionnaire. • Com. 9 juill. 1962, n° 61-10.248 P : *Rev. loyers 1962. 495.*

20. Redressement et liquidation judiciaires. Aucune disposition de la loi n'interdit au bailleur de se prévaloir à l'encontre du preneur en redressement ou en liquidation judiciaire d'un motif grave et légitime, même pour défaut ou retards de paiement des loyers, aux fins de justifier le refus de renouvellement du bail sans indemnité d'éviction. • Paris, 23 mars 2006 : *Loyers et copr. 2007, n° 30, obs. Brault.* ♦ L'action du bailleur en validation du congé avec refus de renouvellement pour motifs graves et légitimes n'est pas soumise à la suspension des poursuites prévue par l'art. L. 621-40 anc. C. com. lequel ne vise que la résolution d'un contrat pour défaut de paiement d'une somme d'argent. • Paris, 23 mai 2007 : *AJDI 2008. 291* .

III. IMMEUBLES INSALUBRES ET DANGEREUX

21. Bénéficiaires. Les collectivités publiques propriétaires des locaux loués commercialement peuvent se prévaloir des dispositions des art. 8 et 9, 2°, [C. com., art. L. 145-14 et L. 145-17-I, 2°] en cas de reprise nécessitée par l'état d'insalubrité régulièrement constaté de ces locaux. • Com. 8 nov. 1961 : *D. 1962. 87 ; JCP 1962. II. 12549, note Boccara.*

22. Domaine. Le bailleur qui a refusé le renouvellement du bail avec indemnité d'éviction peut se prévaloir ensuite de l'art. 9 du Décr. de 1953 [C. com., art. L. 145-17] dès lors que deux arrêtés, l'un de péril, l'autre d'interdiction d'habiter, sont survenus après son premier refus. • Com. 12 juin 1967, n° 65-13.009 P : *AJPI 1967. 973.* ♦ Ne peut invoquer les dispositions de l'art. 9 (2°) [C. com., art. L. 145-17-I, 2°], le bailleur qui en démolissant l'immeuble voisin a créé le danger dont il se prévalait. • Civ. 3e, 17 avr. 1985, n° 83-12.399 P : *Ann. loyers 1986. 604.* ♦ … Ni le bailleur ayant négligé de procéder à des travaux de confortation indispensables. • Civ. 3e, 24 oct. 1990, n° 89-12.404 P : *D. 1991. Somm. 367, obs. Rozès*.

23. Insalubrité. Le bien-fondé d'un arrêté préfectoral déclarant l'état d'insalubrité échappe au contrôle des juridictions de l'ordre judiciaire. • Com. 17 nov. 1966 : *Bull. civ. III, n° 434.*

24. État dangereux. Le refus de renouvellement est justifié dès lors que, au moment du congé, l'immeuble ne pouvait plus être occupé sans danger. • Civ. 3e, 10 janv. 1978, n° 76-12.471 P. ♦ Peu importe que le locataire ait effectué postérieurement des travaux de consolidation. • Même arrêt. ♦ L'art. 9 du Décr. de 1953 [C. com., art. L. 145-17] n'exige pas comme condition de son application la nécessité de démolir l'immeuble par suite d'une ruine imminente. • Com. 13 mars 1962, n° 57-10.415 P : *D. 1962. 256.* ♦ Il suffit que l'état dangereux soit établi par des décisions administratives ayant constaté le péril. • Même arrêt. ♦ Le bailleur peut rapporter la preuve de l'état vétuste et dangereux de l'immeuble par tout moyen, et produire notamment une expertise et les décisions judiciaires dans une autre instance concernant un locataire occupant partie de l'immeuble contigu aux lieux litigieux et non indépendant de ceux-ci. • Com. 28 nov. 1962, n° 57-10.694 P. ♦ Mais la preuve ne peut plus être rapportée lorsque le propriétaire a fait démolir l'immeuble sans avoir fait préalablement constater son état. • Civ. 3e, 9 janv. 1991, n° 89-14.466 : *Rev. loyers 1991. 241.*

25. Impossibilité de poursuivre l'exploitation. Pour priver le locataire de l'indemnité d'éviction, l'état de péril doit interdire la poursuite de l'exploitation du fonds de commerce. • Civ. 3e, 30 janv. 2002, n° 97-15.410 P : *Loyers et copr. 2002, n° 178, obs. Brault et Pereira-Osouf.* ♦ En présence d'un bail portant sur des locaux divisibles, l'indemnité d'éviction est donc due dès lors que les dégradations ne concernent que la partie à usage d'habitation. • Même arrêt.

26. Droit de priorité en cas de reconstruction. L'art. 9 du Décr. de 1953 [C. com., art. L. 145-17], qui dispense le bailleur du paiement de l'indemnité d'éviction, n'écarte nullement cette dispense lorsque l'immeuble est reconstruit, prévoyant seulement un droit de priorité au profit du locataire. • Com. 25 oct. 1960, n° 57-11.698 P : *Rev. loyers 1961. 228.* ♦ Dérogeant à l'art. 1722 C. civ., le droit de priorité de location dans l'immeuble reconstruit doit être apprécié restrictivement. • Civ. 3e, 7 févr. 1978, n° 76-13.440 P. ♦ Il ne peut être invoqué en l'absence de refus de renouvellement du bail, en cas de demande de résiliation. • Même arrêt. ♦ Commet une faute génératrice de dommages-intérêts le propriétaire du local démoli qui occupe lui-même les locaux reconstruits au mépris du droit du locataire. • Civ. 3e, 13 mai 1969, n° 64-11.536 P. ♦ Les juges qui fixent le préjudice résultant, pour le locataire évincé, du non-respect de son droit de priorité, n'ont pas à se référer aux règles que fixe l'art. 8 du Décr. de 1953 [C. com., art. L. 145-14] pour le calcul de l'indemnité d'éviction. • Civ. 3e, 5 avr. 1978, n° 76-14.939 P.

Art. L. 145-18 **Le bailleur a le droit de refuser le renouvellement du bail pour construire ou reconstruire l'immeuble existant, à charge de payer au locataire évincé l'indemnité d'éviction prévue à l'article L. 145-14.**

Il en est de même pour effectuer des travaux nécessitant l'évacuation des lieux compris dans un secteur ou périmètre prévu aux articles *(Ord. n° 2005-1527 du 8 déc. 2005, art. 29)* **« L. 313-4 à L. 313-4-2 » du code de l'urbanisme et autorisés ou prescrits dans les conditions prévues auxdits articles.**

Toutefois, le bailleur peut se soustraire au paiement de cette indemnité en offrant au locataire évincé un local correspondant à ses besoins et possibilités, situé à un emplacement équivalent.

Le cas échéant, le locataire perçoit une indemnité compensatrice de sa privation temporaire de jouissance et de la moins-value de son fonds. Il est en outre remboursé de ses frais normaux de déménagement et d'emménagement.

Lorsque le bailleur invoque le bénéfice du présent article, il doit, dans l'acte de refus de renouvellement ou dans le congé, viser les dispositions de l'alinéa 3 et préciser les nouvelles conditions de location. Le locataire doit, dans un délai de trois mois, soit faire connaître par acte extrajudiciaire *(L. n° 2015-990 du 6 août 2015, art. 207-I-4°)* **« ou par lettre recommandée avec demande d'avis de réception » son acceptation, soit saisir la juridiction compétente dans les conditions prévues à l'article L. 145-58.**

Si les parties sont seulement en désaccord sur les conditions du nouveau bail, celles-ci sont fixées selon la procédure prévue à l'article L. 145-56. — *[Décr. n° 53-960 du 30 sept. 1953, art. 10.]*

V. 1re note ss. art. L. 145-4.

1. Caractères du droit. Le droit de reprise a un caractère personnel. • Com. 11 déc. 1950 : *D. 1951. 240.* ♦ V. toutefois note 9 ss. art. L. 145-4.

2. Bénéficiaires. Lorsque les locaux donnés à bail sont la propriété d'une indivision, le droit de reprise peut être exercé au profit d'un des indivisaires. • Com. 21 avr. 1953 : *Bull. civ. III, n° 141.* ♦ Le bailleur peut bénéficier de l'art. L. 145-38 même s'il ne réalise pas directement les opérations de construction ou reconstruction, mais qu'il y procède par l'intermédiaire d'une société dont il est l'associé gérant. • Civ. 3e, 14 sept. 2010, n° 09-15.338 : *AJDI 2010. 803 ; RJDA 2011, n° 118.*

3. Conditions. L'art. 10 du Décr. de 1953 [C. com., art. L. 145-18] suppose nécessairement que le propriétaire du terrain soit aussi le propriétaire des constructions élevées sur ce terrain. • Com. 19 juin 1961 : *Bull. civ. III, n° 274 ; Ann. loyers 1962. 130.* ♦ Le texte s'applique seulement en cas de reprise en vue de la reconstruction totale de l'immeuble ou des immeubles objet du bail et non en cas de reconstruction partielle. • Com. 19 janv. 1960 : *Bull. civ. III, n° 27 ; Gaz. Pal. 1960. 1. 201.* ♦ Il est nécessaire qu'il s'agisse d'une démolition pour reconstruire et non pas d'une simple transformation d'un aménagement. • Com. 7 juill. 1959 : *Bull. civ. III, n° 309.*

4. Indifférence des autorisations administratives. L'art. 10 du Décr. de 1953 [C. com., art. L. 145-18] n'oblige pas le propriétaire à obtenir, préalablement à sa demande de reprise pour reconstruire, un permis de construire et les autres autorisations administratives qui peuvent être prévues pour les établissements industriels. • Com. 1er juill. 1958 : *Bull. civ. III, n° 289.*

5. Fraude. La déclaration de reprise du bailleur est présumée sincère et la preuve de la fraude ne peut résulter que d'un fait certain contraire à cette déclaration. • Com. 23 févr. 1953 : *Bull. civ. III, n° 80.*

6. Local de remplacement. Le propriétaire ne peut se soustraire au paiement de l'indemnité d'éviction qu'en faisant offre d'un local de remplacement correspondant aux besoins et possibilités du locataire à la date du refus de renouvellement ou du congé, et non à la date de la sortie du locataire. • Civ. 3e, 7 déc. 1977, n° 76-12.080 P : *Ann. loyers 1978. 640.* ♦ Le bailleur doit, dans l'acte de refus de renouvellement ou dans le congé, préciser les nouvelles conditions de location. • Même arrêt. ♦ Le refus du preneur du local de remplacement ne le prive pas des indemnités de réinstallation et de déménagement visées à l'art. 10, al. 4, du Décr. de 1953 [C. com., art. L. 145-18] (dans une hypothèse où l'offre de réinstallation avait été jugée satisfactoire par la cour d'appel). • Civ. 3e, 13 mars 2002, n° 00-19.256 P : *Loyers et copr. 2002, n° 207, obs. Ph.-H. B. ; Rev. loyers 2002. 353, obs. de Maillard.* ♦ Pour un local proposé en remplacement qui n'existait pas au moment où le congé a été délivré, la bailleresse n'ayant communiqué aux preneurs qu'un plan des lieux et du local offert dans la nouvelle galerie marchande dont la construction avait débuté, V. • Civ. 3e, 14 janv. 2016, n° 14-19.092 P : *JCP E 2016, n° 1080 ; RJDA 2016, n° 266 ; Loyers et copr. 2016, n° 71, obs. Chavance.*

7. Sanction. Ayant exactement retenu que le bailleur est toujours en droit de refuser le renouvellement d'un bail venu à expiration en payant une indemnité d'éviction et qu'en pareille hypothèse le congé n'a pas à être motivé, une cour d'appel en a déduit, à bon droit, que le congé, bien que délivré pour un motif erroné, n'en demeurait pas moins valable dès lors qu'il a été délivré pour le terme du bail et avec offre d'une indemnité d'éviction (à propos d'un reprise pour reconstruire de l'art. L. 145-18). • Civ. 3e, 8 févr. 2006, n° 04-17.898 P : *D. 2006. AJ 653, obs. Rouquet ; AJDI 2006. 566, note Dumont.*

Art. L. 145-19 Pour bénéficier du droit de priorité prévu à l'article L. 145-17, le locataire doit, en quittant les lieux ou, au plus tard dans les trois mois qui suivent, notifier sa volonté d'en user au propriétaire, par acte extrajudiciaire *(L. n° 2015-990 du 6 août 2015, art. 207-I-4°)* « ou par lettre recommandée avec demande d'avis de réception », en lui faisant connaître son nouveau domicile ; il doit notifier de même, sous peine de déchéance, tout nouveau changement de domicile.

Le propriétaire qui a reçu une telle notification doit, avant de louer ou d'occuper lui-même un nouveau local, aviser de la même manière le locataire qu'il est prêt à lui consentir un nouveau bail. A défaut d'accord entre les parties sur les conditions de ce bail, celles-ci sont déterminées selon la procédure prévue à l'article L. 145-56.

Le locataire a un délai de trois mois pour se prononcer ou saisir la juridiction compétente. Ce délai doit, à peine de nullité, être indiqué dans la notification visée à l'alinéa précédent. Passé ce délai, le propriétaire peut disposer du local.

Le propriétaire qui ne se conformerait pas aux dispositions des alinéas précédents est passible, sur demande de son locataire, du paiement à ce dernier de dommages-intérêts. – *[Décr. n° 53-960 du 30 sept. 1953, art. 11.]*

V. 1re note ss. art. L. 145-4.

Autorité de la chose jugée. L'autorité de la chose jugée sur une demande en indemnité d'éviction ne peut être invoquée à l'occasion d'une demande en dommages-intérêts fondée sur le non-respect du droit de priorité, la cause des deux actions étant différente. • Civ. 3e, 13 mai 1969, no 64-11.536 P.

Art. L. 145-20 **Lorsque l'immeuble reconstruit, dans les conditions prévues à l'article L. 145-17, possède une superficie supérieure à celle de l'immeuble primitif, le droit de priorité est limité à des locaux possédant une superficie équivalente à celle des locaux précédemment occupés ou susceptibles de satisfaire aux mêmes besoins commerciaux que ces derniers.**

Lorsque l'immeuble reconstruit ne permet pas la réinstallation de tous les occupants, la préférence est accordée aux locataires titulaires des baux les plus anciens qui ont fait connaître leur intention d'occuper les lieux. — *[Décr. no 53-960 du 30 sept. 1953, art. 12.]*

1. Bénéficiaire du droit de priorité. Le droit de préférence des art. 9 et 12 du Décr. de 1953 [C. com., art. L. 145-17 et L. 145-20] est réservé au seul locataire et l'acquisition de l'immeuble par lui provoque la perte des droits attachés à son ancienne qualité. • Civ. 3e, 13 oct. 1976, no 75-11.336 P.

2. Locaux. Le droit de priorité de location ne peut être invoqué par le locataire évincé que dans le cas où l'immeuble reconstruit comporte des locaux destinés à être loués commercialement. • Com. 11 déc. 1961, no 59-10.822 P : *Ann. loyers 1962. 624.* ♦ Sur le caractère satisfaisant du local offert au locataire dans l'immeuble reconstruit, V. • Com. 7 mai 1963 : *Bull. civ. III, no 228* (qui n'exige pas que soient offerts des locaux identiques).

Art. L. 145-21 **Le propriétaire peut également différer pendant une durée maximum de trois ans le renouvellement du bail, s'il se propose de surélever l'immeuble et si cette surélévation rend nécessaire l'éviction temporaire du locataire. Celui-ci a droit, dans ce cas, à une indemnité égale au préjudice subi sans pouvoir excéder trois ans de loyer.** — *[Décr. no 53-960 du 30 sept. 1953, art. 13.]*

1. Notion de surélévation. L'art. 13 du Décr. de 1953 [C. com., art. L. 145-21] ne concerne que la surélévation et n'est pas applicable à la démolition suivie d'une reconstruction. • Civ. 3e, 6 janv. 1976, no 73-13.628 P • 5 juill. 1995, no 94-12.992 P. ♦ La surélévation peut résulter de la construction d'un édifice sur poteaux au-dessus d'un hangar. • Com. 8 févr. 1961, no 59-11.014 P : *Rev. loyers 1961. 593.*

2. État de restitution des locaux. Le texte permet au bailleur de ne pas restituer les lieux loués à l'identique, dès lors que les modifications apportées à l'objet du bail ont été rendues nécessaires par son adaptation à la nouvelle configuration des locaux, après vérification par le juge que ces modifications n'affectent pas réellement les conditions d'exploitation du preneur. • Paris, 28 janv. 1994 : *Loyers et copr. 1994, no 243, obs. Brault.*

Art. L. 145-22 **Le bailleur peut refuser le renouvellement du bail exclusivement sur la partie concernant les locaux d'habitation accessoires des locaux commerciaux pour habiter lui-même ceux-ci ou les faire habiter par son conjoint, ses ascendants, ses descendants ou ceux de son conjoint, à condition que le bénéficiaire de la reprise ne dispose pas d'une habitation correspondant à ses besoins normaux et à ceux des membres de sa famille vivant habituellement ou domiciliés avec lui.**

Toutefois, la reprise dans les conditions ci-dessus indiquées ne peut être exercée sur des locaux affectés à usage d'hôtel ou de location en meublé, ni sur des locaux à usage hospitalier ou d'enseignement.

De même, la reprise ne peut être exercée lorsque le locataire établit que la privation de jouissance des locaux d'habitation apporte un trouble grave à l'exploitation du fonds ou lorsque les locaux commerciaux et les locaux d'habitation forment un tout indivisible.

Lorsque l'immeuble a été acquis à titre onéreux, le bailleur ne peut bénéficier des dispositions du présent article que si son acte d'acquisition a date certaine plus de six ans avant le refus de renouvellement.

Le bénéficiaire du droit de reprise est tenu de mettre à la disposition du locataire dont il reprend le local, le logement qui, le cas échéant, pourrait être rendu vacant par l'exercice de ce droit.

Dans le cas de reprise partielle prévu au présent article, le loyer du bail renouvelé tient compte du préjudice causé au locataire ou à son ayant droit dans l'exercice de son activité.

Sauf motif légitime, le bénéficiaire de la reprise doit occuper personnellement les lieux dans un délai de six mois à dater du départ du locataire évincé et pendant une durée minimum de six ans, faute de quoi le locataire évincé a droit à une indemnité d'éviction en rapport avec l'importance des locaux repris. — *[Décr. n° 53-960 du 30 sept. 1953, art. 14.]*

1. Bénéficiaire de la reprise. Le fils, au profit de qui la reprise était exercée par le propriétaire, recueille le bénéfice de celle-ci en cas de décès de son père. • Com. 7 janv. 1959 : *Bull. civ. III, n° 9 ; JCP 1959. II. 10963, note Boccara.*

2. Locaux d'habitation. La reprise n'est pas possible lorsque, bien qu'ayant été avant le bail destinés à l'habitation, les locaux litigieux ont été loués en vue de l'exploitation d'un fonds de commerce et sont utilisés pour cette exploitation. • Com. 25 mai 1966 : *Bull. civ. III, n° 275.* ♦ L'indivisibilité des locaux est appréciée souverainement par les juges du fond. • Civ. 3e, 15 mars 1972, n° 71-10.045 P.

3. Hôtels et meublés. Si la reprise n'est pas permise pour ces locaux, subsiste le droit de refus du renouvellement à charge de payer une indemnité d'éviction. • Com. 8 juill. 1957 : *Bull. civ. III, n° 217 ; Ann. loyers 1958. 595.*

4. Trouble grave. L'art. 14, al. 3, du Décr. de 1953 [C. com., art. L. 145-22] exclut la reprise lorsque le preneur établit que la privation de jouissance des locaux d'habitation apporte un trouble grave à l'exploitation du fonds. • Civ. 3e, 1er févr. 1968, n° 66-12.004 P : *D. 1968. 349 ; Rev. loyers 1968. 265.* ♦ Les juges du fond estiment souverainement que le trouble est ou n'est pas d'une gravité suffisante pour faire obstacle à la reprise. La constatation que la reprise du local d'habitation accessoire du local commercial rend plus difficile la cession du fonds n'entraîne pas nécessairement l'impossibilité de cette reprise. • Même arrêt.

5. Acquisition à titre onéreux. Dès lors que la moitié indivise d'un immeuble a été acquise à titre onéreux par acte ayant date certaine de plus de six ans, avant l'exercice du droit de reprise, l'acquéreur peut valablement exercer ce droit pour l'habitation de son fils. • Com. 16 déc. 1958 : *Bull. civ. III, n° 437.* ♦ L'attribution d'un bien par voie de partage, même avec soulte importante, n'est pas une acquisition à titre onéreux et ne soumet pas l'attributaire à la condition prévue par l'al. 4 du texte. • Com. 15 déc. 1959 : *Bull. civ. III, n° 430 ; D. 1960. 167.* ♦ L'ancienneté d'acquisition de l'immeuble doit être appréciée à la date pour laquelle le congé a été donné. • Com. 12 juin 1961, n° 58-10.139 P : *Rev. loyers 1962. 241.* ♦ Il y a lieu d'exiger que le bailleur de l'immeuble acquis à titre onéreux établisse que son acte d'acquisition a date certaine depuis plus de six ans avant l'exercice de ce droit. • Com. 21 déc. 1959 : *Bull. civ. III, n° 435.*

6. Besoins normaux. Les besoins normaux du propriétaire devant correspondre à une utilisation normale du local, le bailleur qui exerce le droit de reprise pour habiter a l'obligation d'occuper à cet usage la totalité des lieux. • Com. 9 nov. 1959 : *Bull. civ. III, n° 378.* ♦ Il est nécessaire que les besoins en vue desquels la reprise est notifiée existent à la date à laquelle celle-ci doit se réaliser. • Com. 27 juin 1961, n° 58-11.187 P : *Rev. loyers 1962. 243.* ♦ Les juges doivent examiner si ces besoins existent encore à la date à laquelle ils statuent. • Com. 17 déc. 1964, n° 60-10.843 P : *Rev. loyers 1965. 163.* ♦ Ils peuvent tenir compte pour apprécier ces besoins d'une décision d'expulsion rendue contre le propriétaire demandeur en cours d'instance. • Com. 25 févr. 1963, n° 59-12.611 P : *Ann. loyers 1963. 711.*

Art. L. 145-23 *(Abrogé par L. n° 2014-626 du 18 juin 2014, art. 5)* ***Les dispositions de l'article*** *(L. n° 2003-7 du 3 janv. 2003)* ***« L. 145-22 » ne sont pas applicables aux bailleurs de nationalité étrangère, agissant directement ou par personne interposée, à moins que, pendant les guerres de 1914 et de 1939, ils n'aient combattu dans les armées françaises ou alliées, ou qu'ils n'aient des enfants ayant la qualité de Français.***

L'alinéa précédent n'est pas applicable aux ressortissants d'un État membre de la Communauté européenne ou d'un État partie à l'accord sur l'Espace économique européen. — *[Décr. n° 53-960 du 30 sept. 1953, art. 38, al. 3.]*

V. 2e note ss. art. L. 145-2.

Art. L. 145-23-1 *(L. n° 2006-872 du 13 juill. 2006, art. 45)* **Le bailleur peut, à l'expiration d'une période triennale, dans les formes prévues par l'article L. 145-9 et au moins six mois à l'avance, reprendre les locaux d'habitation loués accessoirement aux locaux commerciaux s'ils ne sont pas affectés à cet usage d'habitation. La reprise ne**

peut être exercée que si, après un délai de six mois suivant le congé délivré à cet effet, les locaux ne sont pas utilisés à usage d'habitation.

Toutefois, la reprise dans les conditions indiquées au premier alinéa ne peut être exercée sur des locaux affectés à usage d'hôtel ou de location en meublé, ni sur des locaux à usage hospitalier ou d'enseignement.

De même, la reprise ne peut être exercée lorsque le locataire établit que la privation de jouissance des locaux d'habitation apporte un trouble grave à l'exploitation du fonds ou lorsque les locaux commerciaux et les locaux d'habitation forment un tout indivisible.

Dans le cas de reprise partielle prévu au présent article, le loyer du bail est diminué pour tenir compte des surfaces retranchées sans que cette reprise puisse en elle-même constituer une modification notable des éléments de la valeur locative mentionnée à l'article L. 145-33.

Art. L. 145-24 **Le droit au renouvellement n'est pas opposable au propriétaire qui a obtenu un permis de construire un local d'habitation sur tout ou partie d'un des terrains visés au 2° de l'article L. 145-1.**

Ce droit de reprise ne peut, en tout état de cause, être exercé que sur la partie du terrain indispensable à la construction. S'il a pour effet d'entraîner obligatoirement la cessation de l'exploitation commerciale, industrielle ou artisanale, les dispositions de l'article L. 145-18 sont applicables. — *[Décr. n° 53-960 du 30 sept. 1953, art. 15.]*

Art. L. 145-25 **Le propriétaire ou le principal locataire qui, en même temps qu'il est bailleur des lieux, est le vendeur du fonds de commerce qui y est exploité et qui a reçu le prix intégral ne peut refuser le renouvellement qu'à la charge de payer l'indemnité d'éviction prévue à l'article L. 145-14, sauf s'il justifie d'un motif reconnu grave et légitime à l'encontre du preneur.** — *[Décr. n° 53-960 du 30 sept. 1953, art. 16.]*

1. Domaine. L'art. 16 du Décr. de 1953 [C. com., art. L. 145-25] ne s'applique pas lorsque le preneur ne remplit pas les conditions légales pour avoir droit au renouvellement. • Com. 29 déc. 1959 : *Bull. civ. III, n° 447 ; Ann. loyers 1960. 747.*

2. Portée. Le texte ne fait exception à l'obligation pour le bailleur vendeur du fonds de payer l'indemnité d'éviction sur son refus de renouvellement que lorsqu'il peut se prévaloir d'un motif grave et légitime à l'encontre du preneur et cette obligation, qui pèse sur les ayants cause du vendeur, profite à ceux du locataire cessionnaire du fonds. • Com. 15 nov. 1960 : *Bull. civ. III, n° 361 ; Ann. loyers 1961. 679.*

3. Convention d'occupation précaire. Est illicite la convention d'occupation précaire conclue entre le cédant et le cessionnaire pendant la durée de la promesse d'achat des murs. • Civ. 3e, 12 juin 1996, n° 94-13.966 P : *RDI 1997. 144, obs. Derruppé ; Loyers et copr. 1996, n° 354, obs. Ph.-H. Brault.*

Art. L. 145-26 **Le renouvellement des baux concernant des immeubles appartenant à l'État,** *(L. n° 2008-776 du 4 août 2008, art. 43-II)* **« aux collectivités territoriales » et aux établissements publics ne peut être refusé sans que la collectivité propriétaire soit tenue au paiement de l'indemnité d'éviction prévue à l'article L. 145-14, même si son refus est justifié par une raison d'utilité publique.** — *[Décr. n° 53-960 du 30 sept. 1953, art. 17.]*

V. note ss. art. L. 145-2.

Art. L. 145-27 **Au cas où il viendrait à être établi à la charge du bailleur qu'il n'a exercé les droits qui lui sont conférés aux articles L. 145-17 et suivants qu'en vue de faire échec frauduleusement aux droits du locataire, notamment par des opérations de location et de revente, que ces opérations aient un caractère civil ou commercial, le locataire a droit à une indemnité égale au montant du préjudice subi.** — *[Décr. n° 53-960 du 30 sept. 1953, art. 19.]*

1. Domaine. L'art. L. 145-27 n'a vocation à s'appliquer que si le bailleur a refusé le renouvellement sans offrir d'indemnité d'éviction. Plus spécifiquement, dans le cas du congé en vue de la démolition-reconstruction de l'immeuble, visé à l'art. L. 145-18, la fraude envisagée par l'art. L. 145-27 ne peut concerner que l'hypothèse où le bailleur offre non une indemnité d'éviction, mais un local de remplacement. • Paris, 17 déc. 2003 : *Loyers et copr. 2004, n° 90, obs. Ph.-H. B.*

2. Fraude. V. note 5 ss. art. L. 145-18.

Art. L. 145-28 **Aucun locataire pouvant prétendre à une indemnité d'éviction ne peut être obligé de quitter les lieux avant de l'avoir reçue. Jusqu'au paiement de cette indemnité, il a droit au maintien dans les lieux aux conditions et clauses du contrat de bail expiré. Toutefois, l'indemnité d'occupation est déterminée conformément aux dispositions des sections VI et VII, compte tenu de tous éléments d'appréciation.**

Par dérogation au précédent alinéa, dans le seul cas prévu au deuxième alinéa de l'article L. 145-18, le locataire doit quitter les lieux dès le versement d'une indemnité provisionnelle fixée par le président du *(Ord. n° 2019-964 du 18 sept. 2019, art. 35, en vigueur le 1er janv. 2020)* **« tribunal judiciaire** *[ancienne rédaction : tribunal de grande instance]* **» statuant au vu d'une expertise préalablement ordonnée dans les formes fixées par décret en Conseil d'État, en application de l'article L. 145-56.** – *[Décr. n° 53-960 du 30 sept. 1953, art. 20, al. 1er et 2.]*

BIBL. ▶ FAU et DEBEAURAIN, *Ann. loyers 1997. 21* (date de départ du locataire évincé). – BARBIER, *AJDI 1999. 1211* (effets néfastes). – BRAULT, *Loyers et copr. 2001. Chron. 3* (droit au maintien dans les lieux). – BARBIER, *AJDI 2005. 887* (immatriculation et droit au renouvellement). – DENIZOT, *AJDI 2006. 24* (rôle de la bonne foi dans la condition d'immatriculation au RCS). – RACLET, *Administrer 4/2016. 21* (bail commercial et indemnité d'occupation). – BRAULT, *Loyers et copr. 2006. Étude 17* (révision ou actualisation de l'indemnité d'occupation). – LEMAY, *RLDA sept. 2018. 16* (l'après-contrat de bail commercial).

I. MAINTIEN DANS LES LIEUX

1. Domaine. L'art. 20 du Décr. de 1953 [C. com., art. L. 145-28] ne s'applique pas lorsque le locataire est débouté de sa demande d'indemnité d'éviction. • Com. 20 déc. 1962, n° 60-12.442 P : *D. 1963. 186 ; Ann. loyers 1963. 402.* ♦ ... Ou s'il se désiste de cette demande. • Com. 20 déc. 1966 : *Bull. civ. III, n° 493.* ♦ Ce texte et le droit de rétention qu'il prévoit ne concernent pas les indemnités des art. 11 et 17 du Décr. de 1953 [C. com., art. L. 145-19 et L. 145-26]. • Com. 14 mars 1961 : *Bull. civ. III, n° 134.*

2. Redressement et liquidation judiciaires. Lorsque le plan de cession d'une entreprise locataire excepte les baux, le repreneur ne peut se maintenir dans les lieux, ce droit bénéficiant au seul locataire créancier de l'indemnité d'éviction demeuré dans les locaux. • Civ. 3e, 28 mai 1997, n° 95-17.938 P : *D. 1997. IR 141* . ♦ En cas d'insuffisance d'actif du bailleur, le locataire bénéficie tout de même d'un droit au maintien dans les lieux. • Com. 4 janv. 2005, n° 03-10.284 P : *D. 2005. AJ 431, obs. Rouquet ; JCP E 2005. 863, n° 39, obs. Monéger.*

3. Cession de fonds de commerce. Sauf clause contraire incluse dans l'acte, toute cession de fonds de commerce emporte cession de la *créance d'indemnité d'éviction due au cédant* et du droit au maintien dans les lieux que celui-ci tire de l'art. L. 145-28. • Civ. 3e, 6 avr. 2005, n° 01-12.719 P : *D. 2005. AJ 1229, obs. Rouquet* . ♦ ... Et cette cession peut valablement intervenir jusqu'au paiement de l'indemnité d'éviction. • Civ. 3e, 17 févr. 2010, n° 08-19.357 P : *D. 2010. AJ 580, obs. Rouquet* . ♦ V. aussi, en matière d'expropriation, note 3 ss. art. L. 145-14.

4. Portée. Le preneur, sauf condition expresse figurant dans le bail, n'est pas tenu de rester dans les lieux jusqu'au paiement de l'indemnité d'éviction. • Civ. 3e, 28 févr. 1990, n° 88-13.978 P : *D. 1990. IR 75.* ♦ Ayant relevé que le locataire avait régulièrement quitté les lieux en exécution du congé avec refus de renouvellement et constaté que le bailleur soutenait que le locataire s'était fait radier du RCS après la restitution des lieux, la cour d'appel en a exactement déduit que le bailleur était redevable d'une indemnité d'éviction. • Civ. 3e, 17 juill. 1997, n° 96-11.508 : *RJDA 1997, n° 1321.* ♦ Le droit au maintien du locataire dans l'attente du paiement de l'indemnité d'éviction est opposable à l'acquéreur de l'immeuble. • Civ. 3e, 17 déc. 2003, n° 02-12.244 : *AJDI 2004. 286, note Dumont* .

5. Intérêts légaux. Le droit au maintien dans les lieux ne fait pas obstacle à l'application des dispositions concernant l'octroi des intérêts légaux. • Civ. 3e, 16 mars 1988, n° 86-17.213 P.

6. Conditions. Le maintien dans les lieux s'opère aux conditions et clauses du bail. • Civ. 3e, 4 janv. 1985, n° 83-13.442 P : *Rev. loyers 1985. 221, obs. J.-C. B.* ♦ Aussi le bailleur peut-il se prévaloir à l'encontre du preneur des infractions commises après l'expiration du bail, qui peuvent être sanctionnées par la perte du droit à indemnité d'éviction. • Même arrêt. ♦ Prononçant la résiliation judiciaire du bail et la déchéance du droit à indemnité d'éviction suite au non-paiement de l'indemnité d'occupation due par le locataire maintenu dans les lieux, V. • Civ. 3e, 29 juin 2005, n° 04-11.397 P : *D. 2005. AJ 2073, obs. Rouquet ; AJDI 2006. 30, note Dumont* . ♦ Reconnaissant aux juges du fond le pouvoir souverain d'apprécier la gravité du manquement allégué, V. • Civ. 3e, 17 oct. 2012, n° 11-22.920 P : *D. 2012. Actu. 2516, obs. Rouquet* . ♦ Lorsque la radiation du locataire au RCS intervient après la date d'expiration du bail, le bailleur ne peut lui dénier le bénéfice du statut des baux commerciaux. • Civ. 3e, 29 sept. 2004, n° 03-13.997 P : *D. 2004. AJ 2718, obs. Rouquet* . ♦ N'exigeant que l'immatriculation du preneur en place à la date de délivrance du congé et l'immatriculation personnelle du cessionnaire à la date d'effet du congé, V. • Civ. 3e, 28 janv. 2004, n° 02-18.983 P : *D. 2004. AJ 422, obs. Rouquet*.

7. Réparations. Durant la période de maintien dans les lieux, le bailleur est tenu de faire effectuer, non seulement les réparations d'entretien, mais également les grosses réparations. • Civ. 3e, 24 mars 1993, n° 91-16.507 P : *D. 1994. Somm. 50, obs. Rozès*.

8. Pacte de préférence. Ayant relevé que le bail comportait une clause instituant un pacte de préférence au profit du preneur pour le cas où, au cours du bail, le bailleur se déciderait à vendre l'immeuble loué et que le bailleur avait délivré, pour la date d'expiration du bail, un congé avec refus de renouvellement et offre d'une indemnité d'éviction, une cour d'appel a pu retenir que le preneur pouvait exercer le droit de préférence tant qu'il était maintenu dans les lieux. • Civ. 3e, 16 juin 1999, n° 97-16.764 P : *D. Affaires 1999. 1147, obs. Y. R.*

II. INDEMNITÉ D'OCCUPATION

9. Domaine. Sur l'indemnité d'occupation due par le preneur en cas de repentir du bailleur, V. note 3 ss. art. L. 145-12.

10. Nature juridique. Les juges du fond n'ont pas à constater une faute distincte du maintien du locataire dans les lieux après la fin du bail non renouvelé pour accorder une indemnité d'occupation au bailleur. • Com. 28 mai 1962, n° 60-11.473 P : *Ann. loyers 1963. 131.* ♦ En revanche, la constatation d'un préjudice distinct est nécessaire à l'allocation de dommages-intérêts. • Civ. 3e, 5 mars 1997, n° 95-14.876 : *Rev. loyers 1997. 301.* ♦ L'indemnité d'occupation n'est pas due lorsque, pendant la période de maintien dans les lieux, le locataire n'a pu exploiter son fonds de commerce qui faisait l'objet d'un arrêté de fermeture en raison de l'état de péril de l'immeuble. • Civ. 3e, 26 juin 1991, n° 89-21.034 P : *D. 1991. IR 203.* ♦ Jusqu'à la date de la prescription de l'action en paiement de l'indemnité d'éviction, le preneur qui se maintient dans les lieux est redevable d'une indemnité d'occupation qui doit être fixée à la valeur locative. • Civ. 3e, 5 sept. 2012, n° 11-19.200 P : *D. 2012. Actu. 2093, obs. Rouquet ; AJDI 2013. 200, obs. Blatter*.

11. Recevabilité de la demande. La demande d'indemnité d'occupation ne peut pas être *formulée pour* la première fois en appel (suite à une procédure devant le premier juge au cours de laquelle le bailleur s'était exclusivement opposé à la demande d'indemnité d'éviction). • Civ. 3e, 2 oct. 1996, n° 94-20.544 : *Administrer 12/1996. 28, obs. Boccara, Lipman-Boccara et Sainturat.* ♦ N'étant pas assimilable à une demande de révision de loyer, la demande de fixation de l'indemnité n'est pas subordonnée, dans sa recevabilité, à une notification préalable. • Com. 6 mai 1965, n° 62-11.613 P : *Gaz. Pal. 1965. 2. 310.*

12. Point de départ. L'indemnité d'occupation est due à compter de la date à laquelle, le titre locatif prenant fin, l'occupation prend effet. • Civ. 3e, 20 mai 1980, n° 78-16.116 P. ♦ Viole les art. 20 et 31 du Décr. de 1953 [C. com., art. L. 145-28 et L. 145-57] l'arrêt qui décide que l'indemnité d'occupation est due par le locataire non à compter de la date pour laquelle il avait reçu congé, mais seulement à compter de la date à laquelle le bailleur lui avait signifié qu'il refusait le renouvellement du bail au prix judiciairement fixé. • Civ. 3e, 7 nov. 1984, n° 83-13.550 P : *Gaz. Pal. 1985. 1. 295, note Rémy et Pialoux.*

13. Fixation. L'indemnité d'occupation doit correspondre à la valeur locative. • Civ. 3e, 29 nov. 2000, n° 99-12.730 P : *JCP E 2001, n° 17, p. 711, obs. Kéita.* ♦ Les juges du fond apprécient souverainement le montant de l'indemnité d'occupation. • Civ. 3e, 15 juin 1994, n° 92-14.172 P. ♦ Les dispositions de l'art. 23-3 du Décr. de 1953 [C. com., art. L. 145-28], spécifiques à l'hypothèse d'un renouvellement du bail, ne sont pas applicables à la fixation de l'indemnité d'occupation. • Civ. 3e, 5 févr. 2003, n° 01-16.354 : *AJDI 2003. 347, obs. Blatter ; Gaz. Pal. 2004. 1. 591, obs. Barbier.* ♦ Concernant la fixation de l'indemnité d'occupation en cas d'exercice de son droit d'option par l'une des parties au contrat, V. notes 10 s. ss. art. L. 145-57 ; et en cas de repentir, V. note 4 ss. art. L. 145-12.

14. Plafonnement. Le plafonnement prévu par l'art. 23-6 du Décr. de 1953 [C. com., art. L. 145-34] est inapplicable à la détermination de l'indemnité d'occupation due jusqu'au paiement de l'indemnité d'éviction. • Civ. 3e, 14 nov. 1978, n° 77-12.032 P : *D. 1979. IR 115 ; JCP 1980. II. 19262, note Boccara.* ♦ La règle du plafonnement du loyer s'applique à la fixation du prix du bail renouvelé ou révisé, mais non à l'indemnité d'occupation due par le preneur maintenu dans les lieux à l'expiration du bail en application de l'art. L. 145-28. Par suite, la cour d'appel a retenu, à bon droit, que cette indemnité devait être fixée en fonction de la valeur locative. • Civ. 3e, 17 juin 2021, n° 20-15.296 P : *D. 2021. Actu. 1183 ; AJDI 2022. 117, obs. Blatter ; RJDA 2021, n° 556.*

15. Révision. La référence faite par l'art. 20 du Décr. de 1953 [C. com., art. L. 145-28] au titre V exclut la révision annuelle de l'indemnité d'occupation. • Civ. 3e, 25 avr. 1984 : *Gaz. Pal. 1984. 2. Pan. 226.* ♦ Comp., considérant que le juge peut indexer annuellement le montant du dédommagement sur le coût de la construction : • Civ. 3e, 18 févr. 1987, n° 85-16.591 : *Gaz. Pal. 1987. 1. 367, note Barbier.*

16. Compensation avec l'indemnité d'éviction. La compensation légale entre indemnité d'éviction et indemnité d'occupation doit jouer dès lors que la réciprocité des dettes a été judiciairement reconnue. • Civ. 3e, 1er juill. 1998, n° 96-13.692 P : *D. 1998. IR 205 ; D. Affaires 1998. 1729, obs. Y. R.* ♦ V. aussi note 18 ss. art. L. 145-14.

17. Prescription. V. notes 4 s. ss. art. L. 145-60.

Art. L. 145-29 En cas d'éviction, les lieux doivent être remis au bailleur *(L. n° 2008-776 du 4 août 2008, art. 46)* « à l'expiration d'un délai de trois mois suivant la date du versement de l'indemnité d'éviction au locataire lui-même ou de la notification à celui-ci du versement de l'indemnité à un séquestre. » A défaut d'accord entre les parties, le séquestre est nommé par le jugement prononçant condamnation au paiement de l'indemnité ou à défaut par simple ordonnance sur requête.

L'indemnité est versée par le séquestre au locataire sur sa seule quittance, s'il n'y a pas d'opposition des créanciers et contre remise des clés du local vide, sur justification du paiement des impôts, des loyers et sous réserve des réparations locatives. — *[Décr. n° 53-960 du 30 sept. 1953, art. 20, al. 3 et 4.]*

V. note ss. art. L. 145-2.

Art. L. 145-30 En cas de non-remise des clés à la date fixée et après mise en demeure, le séquestre retient 1 % par jour de retard sur le montant de l'indemnité et restitue cette retenue au bailleur sur sa seule quittance.

Lorsque le délai de quinzaine prévu à l'article L. 145-58 a pris fin sans que le bailleur ait usé de son droit de repentir, l'indemnité d'éviction doit être versée au locataire ou, éventuellement, à un séquestre, dans un délai de trois mois à compter de la date d'un commandement fait par acte extrajudiciaire qui doit, à peine de nullité, reproduire le présent alinéa. — *[Décr. n° 53-960 du 30 sept. 1953, art. 20, al. 5 et 6.]*

I. PÉNALITÉ DE RETARD

1. Nature juridique. La retenue de 1 % a le caractère d'une pénalité ; cette pénalité est définitive et n'est pas une astreinte. • Civ. 3e, 4 janv. 1977, n° 75-13.392 P. ♦ Le juge refuse donc à bon droit d'en réviser le montant. • Com. 21 janv. 1963 : *D. 1963. 423 ; Gaz. Pal. 1963. 1. 377.*

2. Intérêts moratoires. L'art. 20 du Décr. de 1953 [C. com., art. L. 145-30] ne justifie pas la demande du bailleur en paiement d'intérêts moratoires sur le montant des sommes séquestrées. • Civ. 3e, 7 janv. 1987, n° 84-10.689 P : *D. 1987. IR 17.*

3. Remise des clés. Le locataire qui a remis au séquestre de l'indemnité les clés du local vide ne peut se voir réclamer la pénalité de 1 %. • Civ. 3e, 11 mai 1982, n° 81-10.070 P : *Rev. loyers 1982. 446.* ♦ Si plus de cent jours se sont écoulés entre la remise des clés et le moment de la libre disposition, l'administrateur des biens responsable de ce retard pour avoir introduit dans les lieux un gérant libre est justement condamné au paiement de l'indemnité de 1 %. • Civ. 3e, 19 juin 1969, n° 67-13.768 P : *D. 1970. Somm. 22.*

4. Maintien dans les lieux. Le texte, qui n'est pas d'ordre public, doit être concilié avec les dispositions d'ordre public concernant le maintien dans les lieux. Les juges ont pu décider que les hôteliers n'ont pas à subir la retenue de 1 % lorsque, malgré leurs diligences, les hôteliers évincés n'ont pas été en mesure d'obtenir, pour le temps voulu pour leur propre départ, la libération des lieux par certains de leurs locataires en meublé. • Com. 12 oct. 1964 : *AJPI 1965. 289 ; Gaz. Pal. 1964. 2. 458.*

5. Point de départ. La pénalité de 1 % ne peut commencer à courir tant que n'a pas été fixé, par une décision passée en force de chose jugée, le montant de l'indemnité d'éviction (à propos d'une consignation de l'indemnité par un jugement assorti de l'exécution provisoire). • Civ. 3e, 5 avr. 2006, n° 04-12.598 P : *D. 2007. Pan. 1827, obs. Rozès ; JCP E 2007. 1563, nos 92 s., obs. Kenfack.* ♦ En cas de non-remise des clés, la pénalité de 1 % ne court qu'à compter de la décision de justice, devenue définitive, confirmant le montant de cette indemnité. • Civ. 3e, 2 oct. 2012, n° 11-17.098 P : *D. 2012. Actu. 2389, obs. Rouquet ; Rev. loyers 2013. 20, obs. Chaoui.*

6. Mise en demeure. La pénalité n'est due qu'après mise en demeure. • Com. 12 oct. 1964 : *Bull. civ. III, n° 417.* ♦ L'art. 20 du Décr. de 1953 [C. com., art. L. 145-30] ne fait pas obligation au propriétaire de signifier une nouvelle mise en demeure pour faire courir la pénalité de retard lorsque cette formalité a déjà été accomplie. • Com. 9 juin 1966 : *Bull. civ. III, n° 294.* ♦ Le juge n'a pas, pour fixer le montant de la pénalité, à tenir compte du délai prévu par l'art. 32 du Décr. de 1953 [C. com., art. L. 145-58] pour l'exercice du droit de repentir du bailleur. • Civ. 3e, 7 avr. 1994, n° 92-16.777 P : *D. 1994. IR 119.* ♦ Si la mise en demeure n'est soumise à aucune forme ni à aucun délai, elle doit cependant être suffisamment explicite pour éclairer le locataire sur la consistance de ses droits et obligations. • Civ. 3e, 19 mars 1997, n° 95-17.070 P : *D. 1997. IR 95.*

♦ Compte tenu de la gravité de la sanction encourue, la mise en demeure qui, se référant au « premier jour du terme d'usage » [notion auj. disparue], ne porte aucune date est inopérante. • Même arrêt.

II. SÉQUESTRE

7. Nature. Le séquestre n'étant pas un mandataire du bailleur et l'obligation de notifier le versement de l'indemnité d'éviction entre les mains de ce séquestre pesant sur le bailleur, aucune faute ne peut lui être imputable pour ne pas avoir avisé le locataire de la réception des fonds. • Civ. 3e, 18 janv. 1989, n° 87-12.468 P : *D. 1989. IR 29.*

8. Nomination. Les dispositions de l'art. 20 du Décr. de 1953 [C. com., art. L. 145-29] relatives à la nomination du séquestre n'excluent pas pour autant la compétence générale du juge des référés pour statuer provisoirement, en cas d'urgence, sur les difficultés relatives à l'exécution d'un jugement. • Com. 1er juill. 1959 : *Bull. civ. III, n° 294.* ♦ La créance de réparations locatives ne peut retarder le versement de l'indemnité d'éviction. • Civ. 3e, 30 avr. 1997, n° 95-17.913 P : *D. 1997. IR 130 ; RJDA 1997, n° 887.*

9. Faute du bailleur. En cas de mauvaise foi du bailleur ayant entraîné un déblocage des fonds tardif, la mise sous séquestre n'arrête pas le cours des intérêts. • Civ. 3e, 4 juill. 2001, n° 97-20.663 P : *D. 2001. Somm. 3525, obs. Rozès ; AJDI 2001. 984, obs. Blatter .* ♦ Appliquant la pénalité de retard par séquestre et relevant qu'un comportement fautif du bailleur ne peut être sanctionné que par l'allocation de dommages et intérêts, V. • Civ. 3e, 27 juin 2007, n° 06-12.345 P : *D. 2007. AJ 2037, obs. Forest ; AJDI 2008. 122, note Dumont-Lefrand .*

10. Produits financiers. Les produits financiers générés par l'indemnité d'éviction bénéficient de plein droit au preneur, créancier de cette indemnité, dès le jour du séquestre qui vaut paiement libératoire. • Civ. 3e, 3 déc. 2003, n° 02-10.890 : *AJDI 2004. 284, obs. Dumont .*

11. Opposition des créanciers. L'art. L. 145-29 n'impose ni même ne précise aucune forme particulière pour l'opposition des créanciers dont il prévoit la possibilité (validation de l'opposition du bailleur réalisée par acte extrajudiciaire). • Versailles, 6 oct. 2010 : *AJDI 2011. 137 .* ♦ Le fait que des réparations locatives puissent être mises à la charge du locataire ne permet pas au bailleur de retarder le versement à celui-ci de l'indemnité d'éviction, ni d'opérer une retenue sur son montant. • Même arrêt.

III. INTÉRÊTS MORATOIRES DUS PAR LE BAILLEUR

12. Point de départ. C'est à bon droit que, faisant application de l'art. 1153-1 [1231-7] C. civ., qui laisse au juge la faculté de fixer le point de départ des intérêts à une date différente de celle du prononcé du jugement, une cour d'appel décide que l'indemnité d'éviction portera intérêt à compter du jour de l'assignation. • Civ. 3e, 15 juin 1994, n° 92-12.091 P : *AJPI 1995. 32, note Boussageon.* ♦ ... Ou de la date du prononcé de l'arrêt fixant le montant de l'indemnité d'éviction. • Civ. 3e, 4 juill. 2001, n° 97-20.663 P : *préc. note 9.* ♦ V. aussi, précisant que l'art. 1153-1 [1231-7] C. civ. s'applique à l'indemnité d'éviction due par le bailleur de locaux à usage commercial (et fixant le point de départ des intérêts à la date du jugement de première instance) : • Civ. 3e, 25 nov. 2008, n° 07-21.729 : *AJDI 2009. 197, note Rouquet ; Ann. loyers 2009. 44, obs. Cerati-Gauthier.*

SECTION V DE LA SOUS-LOCATION

Art. L. 145-31 Sauf stipulation contraire au bail ou accord du bailleur, toute sous-location totale ou partielle est interdite.

En cas de sous-location autorisée, le propriétaire est appelé à concourir à l'acte.

Lorsque le loyer de la sous-location est supérieur au prix de la location principale, le propriétaire a la faculté d'exiger une augmentation correspondante du loyer de la location principale, augmentation qui, à défaut d'accord entre les parties, est déterminée selon une procédure fixée par décret en Conseil d'État, en application des dispositions de l'article L. 145-56.

Le locataire doit faire connaître au propriétaire son intention de sous-louer par acte extrajudiciaire ou par lettre recommandée avec demande d'avis de réception. Dans les quinze jours de la réception de cet avis, le propriétaire doit faire connaître s'il entend concourir à l'acte. Si, malgré l'autorisation prévue au premier alinéa, le bailleur refuse ou s'il omet de répondre, il est passé outre. – *[Décr. n° 53-960 du 30 sept. 1953, art. 21.]*

BIBL. ► GERNEZ, *JCP E 1998, n° 50, p. 1964* (le sous-contrat de location commerciale). – KENFACK, *AJDI 2007. 812* (actualité de la sous-location). – PLANCKEEL, *Rev. loyers 2013. 218* (durée de la sous-location). – SERROR FIENBERG, BRIQUET, GAGNAIRE et ROUSSEAU, *AJDI 2017. 500* (sous-location commerciale : pratique et enjeux).

I. NOTION DE SOUS-LOCATION

1. *Sous-location (oui).* L'installation d'un tiers dans les lieux, opérée dans son intérêt et celui du locataire et conditionnée par des prestations réciproques, est une sous-location. • Com. 15 janv. 1963, n° 60-12.830 P. ♦ Il en va de même d'un contrat d'entreposage résultant de la mise de chais à la disposition d'un tiers payant une redevance. • Civ. 3e, 8 juill. 1969, n° 67-14.166 P. ♦ ... Ou d'un preneur qui, sur les parcelles de terre louées, a édifié un chalet qu'il loue occasionnellement. • Civ. 3e, 23 mars 2004, n° 02-21.210 : *AJDI 2004. 379*.

2. *Sous-location (non).* Ne sont pas des sous-locations : la transformation d'une société en nom collectif locataire en société à responsabilité limitée et l'installation à titre précaire dans les lieux du siège social d'une société distincte. • Com. 29 mai 1961, n° 59-10.230 P. ♦ ... La mise à disposition d'un local commercial dans le cadre et à titre accessoire d'un contrat d'exclusivité devant prendre fin en même temps que celui-ci. • Civ. 3e, 14 nov. 2002, n° 01-11.152 : *AJDI 2003. 506, obs. Dumont ; Rev. loyers 2003. 14, obs. Vaissié.* ♦ ... Un contrat de mise à disposition d'espaces. • Civ. 3e, 13 févr. 2002, n° 00-17.994 P : *D. 2002. AJ 1204, obs. Rouquet ; AJDI 2002. 289, obs. Dumont*. ♦ Dans le cas d'un bien commun, l'exploitation par le conjoint ne peut s'analyser en une cession ou une sous-location. • Civ. 3e, 24 mars 1993, n° 91-15.406 : *Loyers et copr. 1993, n° 352, obs. Brault.*

3. *Domiciliation.* La domiciliation d'une société n'est pas une sous-location. • Civ. 3e, 7 févr. 1996, n° 93-19.013 : *RJDA 1996, n° 613.* ♦ Mais l'autorisation de domiciliation n'implique pas l'autorisation de sous-louer. • Civ. 3e, 10 avr. 2002, n° 00-16.522 : *Administrer 7/2002. 17, obs. Boccara et Lipman-Boccara.* ♦ V. également art. L. 123-10 s.

4. *Location-gérance.* V. note 8 ss. art. L. 144-1.

5. *Crédit-bail.* La cession d'un fonds de commerce en crédit-bail doit s'analyser en une sous-location. • Civ. 3e, 21 janv. 1998, n° 96-13.649 : *RJDA 1998, n° 393.*

II. CONDITIONS DE VALIDITÉ DE LA SOUS-LOCATION

6. *Autorisation du bailleur.* Le droit pour le propriétaire d'interdire toute sous-location ou prêt de locaux loués à usage commercial sans son autorisation expresse et préalable, sous peine de résiliation du bail, n'est soumis à aucune limitation. • Com. 16 juill. 1962, n° 60-10.426 P : *D. 1963. 112 ; JCP 1962. II. 12904, note Givord.* ♦ L'interdiction est de principe et l'autorisation est dérogatoire. • Com. 20 déc. 1965, n° 63-10.749 P. ♦ Le consentement exprès ou par écrit à la sous-location comme la renonciation à se prévaloir d'une clause d'interdiction doivent être clairement établis. • Com. 25 janv. 1966 : *Bull. civ. III, n° 50.* ♦ Le propriétaire n'est tenu au renouvellement de la sous-location que s'il l'a expressément ou tacitement autorisée ou agréée. • Com. 1er avr. 1965, n° 62-12.185 P : *AJPI 1966. 225.* ♦ A tacitement autorisé la sous-location et a accepté de renouveler le bail principal en connaissance de la réalité de l'exploitation des lieux par un sous-locataire le bailleur qui savait, dès la conclusion du bail initial, que les locaux avaient vocation à être sous-loués en totalité, les clauses du bail prenant par ailleurs en compte cette situation et des relations directes entre le bailleur et le sous-locataire s'étant poursuivies, au cours des baux successifs, pour l'exécution de travaux ou de contrôles de la commission de sécurité. • Civ. 3e, 4 mai 2011, n° 09-72.550 P : *D. 2012. Pan. 1845, obs. Dumont-Lefrand ; AJDI 2012. 115*. ♦ Lorsque les lieux loués sont destinés à une activité de résidence hôtelière consistant à mettre à disposition de la clientèle, outre un hébergement, des prestations de services telles qu'énumérées au bail comme définies par l'art. 261 D, 4°, CGI, la sous-location étant l'objet même de l'activité du locataire, le bailleur n'a pas à être appelé à concourir aux actes de sous-location. • Civ. 3e, 15 avr. 2015, n° 14-15.976 P : *D. 2015. Actu. 918, obs. Rouquet ; AJDI 2015. 682, obs. Blatter ; JCP E 2015, n° 1233 ; RJDA 2015, n° 484 ; LPA 23 sept. 2015, note Battistini ; Loyers et copr. 2015, n° 144, obs. Brault.*

7. *Concours du bailleur à l'acte.* L'autorisation de sous-louer ne dispense pas le locataire d'appeler le propriétaire à concourir à l'acte, que la sous-location ait été expressément ou tacitement autorisée. • Civ. 3e, 12 mars 1969, n° 67-11.421 P. ♦ Le bailleur doit être appelé à concourir également aux actes de renouvellement. • Civ. 3e, 16 juin 1999, n° 97-15.461 P : *AJDI 1999. 1144, obs. Blatter ; RJDA 1999, n° 1052.*

8. *Cession du fonds de commerce.* V. note 11 ss. art. L. 141-5.

9. *Sanctions de la sous-location irrégulière.* La résiliation judiciaire est à bon droit prononcée faute de concours du bailleur à l'acte. • Com. 19 juin 1956 : *Bull. civ. III, n° 187.* ♦ De même, la résiliation de plein droit du bail peut être prononcée sur le fondement de l'art. 25 du Décr. de 1953 [C. com., art. L. 145-41]. • Civ. 3e, 27 oct. 1993, n° 91-19.563 P. ♦ Il appartient aux juges du fond d'apprécier si l'inexécution de l'obligation de faire concourir le propriétaire à l'acte a assez d'importance pour que la résiliation du bail soit immédiatement prononcée ou s'il y a lieu à allouer simplement des dommages-intérêts. • Com. 15 févr. 1961, n° 58-10.103 P. ♦ Mais en l'état d'un bail interdisant toute sous-location à peine de résiliation de plein droit et sans sommation, les juges n'ont pas à apprécier la gravité de l'infraction dès lors qu'ils en constatent l'existence et qu'elle est sanctionnée par une clause résolutoire. • Com. 16 déc. 1964, n° 61-12.716 P. ♦ L'irrégularité de la sous-location peut également être invoquée comme motif à l'appui d'un refus de renouvellement : V. notes 9 et 12 ss. art. L. 145-17. ♦ Le bailleur qui n'a pas été appelé à concourir à l'acte de sous-location ne peut agir en expulsion du sous-locataire, le bail principal se poursuivant et la sous-location produisant ses effets dans les rapports entre locataire principal et sous-locataire. • Civ. 3e, 1er févr. 2012, n° 10-22.863 P : *D. 2012. Actu. 434, obs. Rouquet*. ♦ Sur l'absence de droit au renouvellement pour le sous-locataire, à défaut d'autorisation, V. note 3 ss. art. L. 145-32.

10. Recours du sous-locataire. Le sous-locataire est fondé à demander la résiliation du bail lorsque son bailleur n'est pas en mesure de lui assurer le respect par le propriétaire de son droit à exploiter le fonds et il suffit, pour qu'il puisse agir, qu'il soit troublé dans sa jouissance, ce qui est le cas lorsque le propriétaire l'informe qu'il refuse de reconnaître la sous-location et qu'il est décidé de poursuivre la résiliation du bail en raison de l'irrégularité de la cession. • Com. 14 déc. 1959 : *Ann. loyers 1960. 749.* ♦ En cas de sous-location irrégulière, le locataire principal doit indemniser le sous-locataire du préjudice subi du fait de son absence de droit de renouvellement. • Civ. 3e, 18 sept. 2012, n° 11-21.693 : *AJDI 2012. 753*. ♦ La responsabilité peut cependant être partagée, le preneur commettant aussi une négligence en n'approfondissant pas les clauses du bail et en n'exigeant pas du sous-bailleur qu'il appelle le propriétaire à concourir à l'acte de sous-location. • Com. 1er avr. 1965, n° 62-12.185 P. ♦ Sur la responsabilité du rédacteur de l'acte, V. • Civ. 3e, 17 oct. 1990, n° 89-12.528 : *Gaz. Pal. 1991. 1. 85, note Barbier.*

III. RÉGIME DE LA SOUS-LOCATION

11. Application du statut des baux commerciaux. La sous-location peut être soumise au Décr. de 1953 [C. com., art. L. 145-1 s.] bien que le bail principal n'y soit pas soumis. • Civ. 3e, 9 mai 1979 : *Rev. loyers 1979. 424, note J. V.* ♦ Dans le même sens, à propos d'un bail d'habitation et d'une sous-location commerciale, V. • Civ. 3e, 10 févr. 2004, n° 02-20.439 : *AJDI 2004. 453, note Denizot*. ♦ Le contrat de location consenti par le crédit-preneur à une société commerciale inscrite au RCS et exploitant un fonds de commerce dans les lieux loués, distinct du contrat de crédit-bail et obéissant à des règles qui lui sont propres, est soumis au statut des baux commerciaux. • Civ. 3e, 10 déc. 2002, n° 01-15.062 P : *D. 2003. AJ 136, obs. Rouquet*.

12. Expiration de la sous-location. La loi n'impose pas une coïncidence entre l'expiration de la sous-location et celle du bail principal. • Civ. 3e, 24 févr. 1988, n° 86-15.458 P : *D. 1988. IR 66.*

13. Sous-location de locaux à usage d'habitation. Un bail portant à la fois sur des locaux commerciaux et des locaux d'habitation est un bail commercial alors même que les locaux seraient divisibles. • Soc. 20 févr. 1958 : *Bull. civ. IV, n° 271 ; AJPI 1958. 90.* ♦ Si la sous-location d'une partie des locaux par le locataire principal à usage exclusif d'habitation est régie, dans les rapports entre sous-locataire et locataire principal, par la législation sur les locaux d'habitation, le bail n'en demeure pas moins, dans les rapports entre propriétaire et locataire principal, un bail commercial. • Même arrêt. ♦ Le sous-locataire n'a pas de droit direct à faire valoir à l'encontre du propriétaire et n'en a qu'à l'encontre du locataire principal. • Même arrêt. ♦ La location principale étant commerciale, les sous-locations à usage d'habitation ou professionnel ne sont pas opposables au propriétaire. • Civ. 3e, 22 janv. 1992, n° 90-13.736 P : *D. 1992. IR 58.*

14. Rapports entre le sous-locataire et le propriétaire. L'autorisation générale de sous-louer, prévue par le bail, n'est pas suffisante pour conférer aux sous-locataires commerçants, non expressément ou tacitement agréés par le propriétaire, un droit direct au renouvellement. • Civ. 3e, 22 janv. 1992, n° 90-13.736 P : *D. 1992. IR 58 ; Loyers et copr. 1992, n° 172, obs. Brault.* ♦ Sur le droit direct au renouvellement du sous-locataire, V. art. L. 145-32.

15. Rapports entre le locataire principal et le propriétaire. La cour d'appel, qui retient exactement qu'en cas de sous-location partielle la faculté d'exiger la majoration prévue à l'art. 21 du Décr. de 1953 [C. com., art. L. 145-31] est ouverte au bailleur lorsque le prix est proportionnellement supérieur à celui du bail principal et qui constate qu'à surfaces égales le loyer du sous-bail est plus élevé que le loyer principal, fixe souverainement l'augmentation correspondante. • Civ. 3e, 28 mai 1997, n° 95-18.894 P : *D. 1997. IR 141 ; JCP E 1997. Pan. 785, note Lévy ; Gaz. Pal. 1997. 2. 691, note Brault.* ♦ L'action en réajustement peut aussi jouer lorsque la sous-location d'une partie seulement de l'immeuble, pour un loyer sensiblement égal à celui que le locataire principal paye au bailleur pour la totalité de l'immeuble, procure au locataire un bénéfice correspondant à la location quasi gratuite de la partie qu'il conserve. • Civ. 3e, 2 mars 1988, n° 86-15.380 P. ♦ L'art. 21, al. 3, du Décr. de 1953 [C. com., art. L. 145-31, al. 3], relatif à la majoration du loyer de la location principale, ne peut recevoir application lorsque la chose sous-louée est autre que la chose louée, notamment lorsque le locataire d'un terrain nu a sous-loué des locaux construits par lui sur ce terrain. • Civ. 3e, 6 déc. 1972, n° 71-13.197 P. ♦ Sur l'étendue du droit au renouvellement du locataire principal, V., en cas de sous-location partielle, note 9 ss. art. L. 145-8.

Art. L. 145-32 Le sous-locataire peut demander le renouvellement de son bail au locataire principal dans la mesure des droits que ce dernier tient lui-même du propriétaire. Le bailleur est appelé à concourir à l'acte, comme il est prévu à l'article L. 145-31.

A l'expiration du bail principal, le propriétaire n'est tenu au renouvellement que s'il a, expressément ou tacitement, autorisé ou agréé la sous-location et si, en cas de sous-location partielle, les lieux faisant l'objet du bail principal ne forment pas un tout indivisible matériellement ou dans la commune intention des parties. – *[Décr. n° 53-960 du 30 sept. 1953, art. 22.]*

BIBL. ▶ BARBIER, *Gaz. Pal. 1996. 1398* (indemnisation du sous-locataire évincé). – RACLET, *Administrer 11/2004. 9* (droit au renouvellement du locataire commerçant). – PLANCKEEL, *AJDI 2009. 769* (atteinte au droit au renouvellement).

I. RENOUVELLEMENT DE LA SOUS-LOCATION PAR LE LOCATAIRE PRINCIPAL

1. *Locataire titulaire du droit au renouvellement.* Lorsque le locataire est déchu de tout droit au renouvellement, il ne saurait consentir au renouvellement d'une sous-location portant à la fois sur les constructions objet d'accession et sur le terrain objet du bail principal. • Com. 22 mai 1964, n° 61-11.519 P. ♦ Dès lors que le locataire principal, après avoir reçu congé avec refus de renouvellement, n'a plus aucun droit sur les locaux occupés par le sous-locataire, il n'a plus qualité pour renouveler le bail de ce dernier, qui n'est pas fondé à lui réclamer une indemnité d'éviction. • Civ. 3e, 3 oct. 1973, n° 72-12.418 P : *D. 1973. Somm. 153.* ♦ Sur les conditions générales du droit au renouvellement, V. art. L. 145-8.

2. *Recours du sous-locataire.* Aucune disposition légale ne faisant obligation au locataire principal de demander le renouvellement de son propre bail, le sous-locataire ne possède aucun recours contre le locataire principal, à moins que l'abstention de ce dernier ne soit intervenue en fraude de ses droits. • Com. 20 janv. 1964 : *Rev. loyers 1964. 366.* ♦ Sur les recours du sous-locataire en cas de faute du locataire principal, V. note 10 ss. art. L. 145-31.

3. *Sous-location irrégulière.* Le sous-locataire n'est pas fondé à demander au locataire principal le renouvellement d'une sous-location irrégulière, que le locataire principal ne pouvait lui consentir sans encourir lui-même la résiliation de son bail principal. • Com. 23 juill. 1964 : *Bull. civ. III, n° 399 ; Ann. loyers 1965. 609.*

II. DROIT DIRECT DU SOUS-LOCATAIRE ENVERS LE PROPRIÉTAIRE

4. *Caractère subsidiaire.* Viole l'art. 22 du Décr. de 1953 [C. com., art. L. 145-32] l'arrêt qui décide qu'un sous-locataire a droit au renouvellement de son bail par le propriétaire directement, alors que le bail principal avait été renouvelé dès avant l'expiration de la sous-location. • Civ. 3e, 6 déc. 1972, n° 71-13.240 P : *D. 1973. 438, note Ghestin ; JCP 1974. II. 17639, note Boccara.* ♦ C'est seulement en cas d'insuffisance des droits que le locataire principal tient lui-même du propriétaire que le sous-locataire peut agir directement contre le bailleur. • Civ. 3e, 7 déc. 1977, n° 76-12.386 P. ♦ Le sous-preneur n'a pas, à l'encontre du propriétaire, un droit direct au renouvellement de la sous-location dès lors qu'à défaut de congé délivré au locataire, le bail s'est trouvé prorogé. • Civ. 3e, 8 avr. 1992, n° 90-21.168 P : *D. 1992. Somm. 366, obs. Rozès*. ♦ Le propriétaire qui a autorisé une sous-location est tenu à son renouvellement lorsque le locataire principal a perdu le droit à renouvellement de son bail. • Civ. 3e, 30 mars 1978, n° 78-00.000 P. ♦ Le sous-locataire, qui ne dispose d'un droit direct au renouvellement de son bail qu'à compter de l'expiration du bail principal, ne peut valablement renoncer à un droit dont il n'est pas encore titulaire. • Civ. 3e, 28 nov. 2007, n° 06-16.758 P : *D. 2008. AJ 14, obs. Rouquet ; AJDI 2008. 934, note Denizot*.

5. *Conditions d'exercice du droit direct au renouvellement.* Une cour d'appel a exactement retenu que le sous-locataire ne peut réclamer une indemnité d'éviction dont l'obtention n'est que la conséquence d'un refus de renouvellement du bail dès lors qu'il n'a formulé aucune demande de renouvellement de son propre bail. • Civ. 3e, 14 juin 2006, n° 05-15.975 P : *D. 2006. AJ 1893, obs. Rouquet ; AJDI 2006. 904, note Denizot ; JCP E 2007. 1563, n° 65, obs. Monéger.*

6. *Loyer du bail renouvelé.* Ni le changement de bailleur, ni la naissance d'un droit direct à l'égard du propriétaire ne sont de nature à entraîner le déplafonnement du loyer. • Civ. 3e, 14 juin 2006, n° 05-15.975 P : *préc. note 5.*

7. *Autorisation du propriétaire.* Le locataire n'a pas de droit direct à l'encontre du propriétaire pour demander le renouvellement dès lors que celui-ci n'a pas été appelé à concourir à l'acte et que le locataire principal ne l'a jamais informé de cette sous-location. • Civ. 3e, 19 janv. 1968, n° 66-11.986 P. ♦ Le silence du bailleur n'implique pas une renonciation tacite au droit d'être prévenu des sous-locations. • Même arrêt. ♦ V. aussi notes 6 s. ss. art. L. 145-31.

8. *Vices du bail.* Le droit direct du sous-locataire au renouvellement, ayant sa source dans l'agrément du bailleur principal, n'est pas affecté par les vices éventuels du bail qui a donné lieu à la sous-location. • Civ. 3e, 7 mars 1973, nº 72-11.058 P.

9. *Indivisibilité.* L'art. 22, al. 2, du Décr. de 1953 [C. com., art. L. 145-32] prévoit que l'indivisibilité conventionnelle des lieux loués ne permet pas au sous-locataire d'une partie de ces lieux d'obtenir du propriétaire le renouvellement du bail. • Com. 6 avr. 1965, nº 60-10.941 P.

10. *Prescription.* En cas de résiliation du bail principal, le point de départ du délai de prescription de deux ans, dans lequel le sous-locataire doit demander le renouvellement, est fixé à la date où la résiliation a été portée à la connaissance du sous-locataire. • Civ. 3e, 23 avr. 1985, nº 83-17.317 P : *Rev. loyers 1985. 385.* ♦ Jugeant la prescription acquise, au motif que le sous-locataire avait eu connaissance du refus de renouvellement, V. • Civ. 3e, 15 sept. 2010, nº 09-16.679 : *D. 2011. Pan. 1795, obs. Dumont-Lefrand*.

SECTION VI DU LOYER

Art. L. 145-33 Le montant des loyers des baux renouvelés ou révisés doit correspondre à la valeur locative.

A défaut d'accord, *(L. nº 2001-1168 du 11 déc. 2001)* **« cette valeur est déterminée d'après :**

« 1º Les caractéristiques du local considéré ;

« 2º La destination des lieux ;

« 3º Les obligations respectives des parties ;

« 4º Les facteurs locaux de commercialité ;

« 5º Les prix couramment pratiqués dans le voisinage.

« Un décret en Conseil d'État précise la consistance de ces éléments. » – *[Décr. nº 53-960 du 30 sept. 1953, art. 23, al. 1er.] – V. art. R. 145-2 s.*

Les modifications apportées à l'art. L. 145-33 par la L. nº 2001-1168 du 11 déc. 2001 sont applicables à Wallis-et-Futuna.

BIBL. ▸ Sainturat, *Administrer août-sept. 2004. 11* (loyer déplafonné : quelle valeur locative ?). – Dumur, *AJDI 2011. 185* (valeur locative et décapitalisation). – Auque, *Rev. loyers 2012. 390* (fixation du loyer et pouvoirs du juge). – Sainsard, *AJDI 2013. 196* (barèmes judiciairement retenus en matière de valorisation de fonds de commerce). – Barbier, *AJDI 2014. 97* (fixation du loyer et liberté contractuelle). – Heugas-Darraspen et Pain, *AJDI 2015. 333* ; *ibid. 422* (pas-de-porte [ou droit d'entrée], droit au bail et références de loyers décapitalisés). – Jacquin, *Gaz. Pal. 2015. 855* (le juge des loyers commerciaux a-t-il le pouvoir de fixer le loyer de renouvellement en présence d'une clause de loyer binaire ?). – Brault, *Loyers et copr. 2016. Étude 1* (incidence de la nouvelle législation sur la valeur locative et la conclusion du bail renouvelé). – Guillaume, *Administrer 2/2016. 15* (loyers binaires, liberté contractuelle et fixation judiciaire). – Planckeel, *AJDI 2016. 403* (le maintien conventionnel du loyer binaire dans le giron du statut des baux commerciaux). – Dumortier, *AJDI 2017. 817* (le loyer binaire entre liberté contractuelle et soumission au statut). – Favre-Réguillon, *AJDI 2018. 763* (valorisation du droit au bail : du coefficient de capitalisation à une grille de lecture contemporaine du coefficient de commercialité). – Lemay, *RLDA juin 2019. 62* (la clause recette et le renouvellement du bail commercial). – Marx, *AJDI 2020. 107* (les coefficients de commercialité des valeurs de droit au bail).

1. *Conformité à la Constitution.* La question, qui porte sur la fixation du loyer du bail renouvelé à la valeur locative, en ce qu'elle invoque une atteinte au droit de propriété, ne présente pas un caractère sérieux. D'abord, les dispositions contestées ne sont pas d'ordre public et les parties peuvent les écarter afin de fixer d'un commun accord le prix du loyer du nouveau bail. Ensuite, à l'issue d'une période de trois ans, le *bailleur peut demander la révision du loyer* et compenser ainsi partiellement ou totalement la perte de revenu subie lors du renouvellement du bail. Enfin, la fixation du loyer à la valeur locative, y compris à la baisse, correspond au juste prix du bail, déterminé si nécessaire après expertise contradictoire et sous le contrôle du juge, compte tenu des caractéristiques matérielles du bien et de l'état du marché locatif. • Civ. 3e, QPC, 12 nov. 2020, nº 20-15.179 P : *D. 2020. Actu. 2286* ; *RTD civ. 2021. 163, obs. Gautier* ; *RJDA 2021, nº 80.* ♦ La question posée ne présente pas davantage un caractère sérieux en ce qu'elle invoque une atteinte au principe d'égalité. En effet, le bailleur et le preneur ne sont pas dans une situation identique, de sorte que le législateur était fondé à les soumettre à un traitement différent afin d'assurer la protection du preneur contre la surélévation du loyer en cas de dégradation de l'environnement économique du bail. Cette différence de traitement est limitée, proportionnée et en rapport avec l'objet de la loi qui l'établit. Par suite, la fixation du loyer à la valeur locative, sans plancher à la baisse, n'est pas contraire au principe d'égalité. • Même décision.

2. Exclusion des clauses-recettes. **BIBL.** Brault, *Loyers et copr. 2002. Chron. 6* (renouvellement des baux à loyer variable : fixation du loyer, valeur locative et pouvoirs du juge) ; *Gaz. Pal. 2011. 675* (le bail à paliers et sa problématique). – Blatter, *AJDI 2011. 615* (bail commercial et clauses-recettes : une adaptation financière à l'évolution de l'économie ?). ♦ La révision d'un loyer comprenant une partie fixe et une partie constituée par un pourcentage du chiffre d'affaires du preneur échappe aux dispositions du Décr. de 1953 [C. com., art. L. 145-1 s.] et n'est régie que par la convention des parties. • Civ. 3e, 15 mai 1991, n° 89-20.847 P : *D. 1991. Somm. 364, obs. Rozès*. ♦ Il en va de même de la fixation du loyer renouvelé d'un tel bail. • Civ. 3e, 10 mars 1993, n° 91-13.418 P : *D. 1994. Somm. 47, obs. Rozès* ; *JCP 1993. II. 22089, note Auque*. ♦ La clause-recettes fait échec à la détermination du loyer renouvelé selon les dispositions statutaires et est applicable au loyer du bail en renouvellement. • Civ. 3e, 18 juin 2002, n° 01-02.943 : *AJDI 2002. 685, obs. Blatter*. ♦ La prétention du bailleur tendant à voir le loyer minimal garanti à la valeur locative, tandis que la clause de loyer variable resterait inchangée, se heurte à l'incompatibilité existant entre la clause-recettes et les règles statutaires relatives à la fixation du loyer et aboutit à remettre en cause l'équilibre du contrat recherché par les parties. • Civ. 3e, 29 avr. 2002, n° 01-01.809 : *AJDI 2002. 523, obs. Blatter* ; *Administrer 7/2002. 14, obs. Boccara et Lipman-W. Boccara*. ♦ Sur les clauses-recettes et le droit d'option, V. note 11 ss. art. L. 145-57.

3. Portée du texte. Les éléments mentionnés aux art. 23 s. du Décr. de 1953 [C. com., art. L. 145-33 et R. 145-3 s.] n'ont pas à être portés à la connaissance du locataire lors de la fixation initiale du prix ou de celle du prix du bail renouvelé à l'amiable. • Civ. 3e, 17 juin 1987, n° 86-11.734 : *Rev. loyers 1987. 485*. ♦ Sur le versement d'un pas-de-porte, V. note 5 ss. art. R. 145-8.

4. Accord des parties. Les art. 23 à 23-6 du Décr. de 1953 [C. com., art. L. 145-33, L. 145-34 et R. 145-3 s.] n'étant pas visés par l'art. 35 [C. com., art. L. 145-15], les parties peuvent convenir, en vertu d'une transaction, de la fixation du loyer par expert. • Civ. 3e, 24 oct. 1979, n° 78-11.107 P : *D. 1980. IR 106*. ♦ Rien ne s'oppose à ce que les parties choisissent d'un commun accord de déterminer à l'avance par une stipulation du bail les conditions de fixation du prix du bail renouvelé (pour un arrêt censurant une cour d'appel pour avoir déclaré la clause litigieuse nulle au regard de l'art. L. 145-15). • Civ. 3e, 10 mars 2004, n° 02-14.998 P : *D. 2004. AJ 878, obs. Rouquet* ; *RTD com. 2005. 256, obs. Monéger* ; *JCP E 2004. 603, note Demoustier*. ♦ La stipulation selon laquelle le loyer d'un bail commercial est composé d'un loyer minimum et d'un loyer calculé sur la base du chiffre d'affaires du preneur n'interdit pas, lorsque le contrat le prévoit, de recourir au juge des loyers commerciaux pour fixer, lors du renouvellement, le minimum garanti à la valeur locative ; le juge statue alors selon les critères de l'art. L. 145-33, notamment au regard de l'obligation contractuelle du preneur de verser, en sus du minimum garanti, une part variable, en appréciant l'abattement qui en découle. • Civ. 3e, 3 nov. 2016, n° 15-16.826 P : *D. 2017. Chron. C. cass. 1579, obs. Dumont-Lefrand* ; *AJDI 2017. 36, note Planckeel* ; *RTD civ. 2017. 204, obs. Théry* ; *JCP E 2016, n° 1655, note Brignon* ; *RJDA 2017. 3, note Parneix* ; *Loyers et copr. 2016, n° 253, obs. Brault*. ♦ La stipulation selon laquelle le loyer d'un bail commercial est calculé sur la base du chiffre d'affaires du preneur, sans pouvoir être inférieur à un minimum équivalent à la valeur locative des lieux loués, n'interdit pas, lorsque le contrat le prévoit, de recourir au juge des loyers commerciaux pour évaluer, lors du renouvellement, la valeur locative déterminant le minimum garanti. • Civ. 3e, 29 nov. 2018, n° 17-27.798 P : *D. 2018. Actu. 2359* ; *AJDI 2019. 1, note Dumur* ; *JCP E 2019, n° 1012* ; *RJDA 2019, n° 77*.

5. Pouvoirs du juge quant à la valeur locative. Les juges doivent prendre en considération les divers éléments prévus à l'art. 23 du Décr. de 1953 [C. com., art. L. 145-33] pour fixer la valeur locative. • Civ. 3e, 23 juin 1971, n° 70-10.850 P. ♦ Dès lors qu'ils tiennent compte de ces éléments, ils apprécient souverainement le loyer révisé. • Civ. 3e, 5 juin 1970, n° 68-13.552 P. ♦ … Ou le loyer du bail renouvelé. • Civ. 3e, 13 avr. 1972, n° 71-11.592 P • 3 juin 2004, n° 03-12.202 P : *D. 2004. AJ 1904* (renouvellement d'un « bail à l'américaine », c'est-à-dire d'un bail dont le loyer initial a été surévalué pour prendre en compte l'absence de versement d'un pas-de-porte) • 6 juill. 2005, n° 04-12.613 P : *D. 2005. AJ 2001, obs. Rouquet* ; *AJDI 2006. 375, note Dumont* • 3 nov. 2005, n° 04-16.376 P : *D. 2005. AJ 3013, obs. Rouquet* ; *JCP E 2006. 1802, n° 17, obs. H. K.* (local monovalent et clause « tous commerces »). ♦ Pour rejeter la demande des bailleurs, l'arrêt retient que, parmi les quatre critères d'évaluation utiles, les bailleurs invoquent seulement la modification des caractéristiques du local loué. En se déterminant ainsi, alors que l'autorisation municipale accordée, en permettant d'étendre l'exploitation d'une terrasse sur le domaine public, contribue au développement de l'activité commerciale, la cour d'appel, qui n'a pas recherché, comme elle y était pourtant invitée, si cette situation modifiait les facteurs locaux de commercialité et constituait par là-même un motif de déplafonnement, n'a pas donné de base légale à sa décision. • Civ. 3e, 13 oct. 2021, n° 20-12.901 B : *D. actu. 22 oct. 2021, obs. Rouquet* ; *D. 2021. Actu. 1918* ; *RTD com. 2021. 780, obs. Monéger* ; *JCP E 2021, n° 1520, note Brault* ; *RJDA 2022, n° 2*. ♦ V. aussi, précisant que la valeur locative doit tenir compte des inconvénients majeurs objectifs retenus par l'expert : • Civ. 3e, 17 sept. 2008, n° 07-17.362 P : *D. 2008. AJ 2346, obs. Rouquet ; RJDA 2009, n° 12.*

6. Prise en compte de rapports amiables. Une cour d'appel qui se fonde exclusivement sur une expertise non contradictoire établie à la demande d'une des parties méconnaît le principe de l'égalité des armes (violation de l'art. 6, § 1, Conv. EDH). • Civ. 3e, 3 févr. 2010, n° 09-10.631 P : *D. 2010. AJ 439, obs. Rouquet .* ♦ Si le juge ne peut se déterminer au seul vu d'une expertise établie non contradictoirement, il ne peut refuser d'examiner une pièce, dont la communication régulière et la discussion contradictoire ne sont pas contestées. • Civ. 2e, 14 sept. 2006, n° 05-14.333 P : *AJDI 2007. 562, note Denizot .* ♦ Dès lors que deux expertises, même réalisées non contradictoirement, avaient été soumises à la libre discussion des parties, la cour d'appel, devant qui n'était pas invoquée une violation de l'art. 6, § 1, Conv. EDH, a pu, sans violer le principe de contradiction, se fonder sur le rapport d'expertise judiciaire établi lors d'une instance opposant la bailleresse à son associé et sur le rapport d'expertise établi unilatéralement à la demande de celle-ci, dont elle a apprécié souverainement la valeur et la portée. • Civ. 3e, 15 nov. 2018, n° 16-26.172 P : *D. 2018. Actu. 2229 ; AJDI 2019. 445, note Blatter ; JCP E 2019, n° 1037, note Aubry de Maromont ; RJDA 2019, n° 75.*

7. Date d'appréciation. Le prix du bail à renouveler s'apprécie à la date du renouvellement. • Civ. 3e, 17 déc. 2003, n° 02-18.057 P : *D. 2004. AJ 214, et les obs.* ♦ Sauf fixation amiable, ne peuvent être pris en considération pour le calcul du prix du bail renouvelé que les éléments existant à la date du renouvellement, ce qui exclut, spécialement, la prise en compte des bénéfices réalisés par le preneur l'année suivante, quand bien même le loyer serait payable à terme échu à ce moment. • Civ. 3e, 13 mai 1992, n° 90-18.526 P : *Administrer 11/1992. 69, note Barbier.*

8. Éléments visés par l'art. L. 145-33. Sur : les caractéristiques du local considéré, V. art. R. 145-3. ♦ ... La destination des lieux, V. art. R. 145-5. ♦ ... Les obligations respectives des parties, V. art. R. 145-8. ♦ ... Les facteurs locaux de commercialité, V. art. R. 145-6. ♦ ... Les prix couramment pratiqués dans le voisinage, V. art. R. 145-7.

9. Durée du bail. Il peut être tenu compte pour la fixation de la valeur locative des avantages procurés au locataire par une durée de jouissance supérieure à neuf ans. • Civ. 3e, 17 janv. 1984, n° 82-11.145 P.

10. Valeur locative et plafonnement. Il n'est pas nécessaire qu'il existe une modification notable des éléments mentionnés aux art. 23-1 à 23-4 du Décr. de 1953 [C. com., art. R. 145-3 s.] pour que soit applicable le principe exprimé à l'art. L. 145-33, le loyer en renouvellement devant correspondre à la valeur locative des locaux objet du bail. • Civ. 3e, 13 janv. 2004, n° 02-19.110 : *Administrer 4/2004. 27, note Barbier.*

11. Valeur locative inférieure au loyer. Dès lors que le bail renouvelé est un nouveau bail et non le simple prolongement du bail antérieur, un arrêt peut retenir que le prix du bail renouvelé devait être fixé à la valeur locative, inférieure en l'espèce au loyer expiré. • Civ. 3e, 29 oct. 1986, n° 84-14.757 P : *Gaz. Pal. 1987. 1. 218, note Brault.* ♦ Ne donne pas de base légale à sa décision la cour d'appel qui : pour fixer le loyer du bail renouvelé, fait application de la règle du plafonnement sans rechercher si ce loyer correspond effectivement à la valeur locative. • Civ. 3e, 5 févr. 1992, n° 90-10.554 P. ♦ ... Fixe le loyer selon la règle du plafonnement sans rechercher si le loyer du bail renouvelé correspondait à la valeur locative, alors que le locataire demandait que le loyer du bail renouvelé soit fixé à un montant inférieur à celui du loyer indexé. • Civ. 3e, 5 nov. 2014, n° 13-21.990 P : *D. 2014. Actu. 2340 ; RJDA 2015, n° 241 ; Loyers et copr. 2014, n° 299, obs. Chavance ; Rev. loyers 2015. 119, note Quiquerez.* ♦ Lorsque la valeur locative est inférieure au montant du loyer plafonné, le loyer du bail renouvelé doit être fixé à la valeur locative sans qu'il soit nécessaire pour le locataire d'établir une quelconque modification notable des éléments mentionnés aux 1° à 4° de l'art. L. 145-33. • Civ. 3e, 3 juin 2004, n° 02-18.778 : *D. 2004. AJ 1975, obs. Rouquet .* ♦ La stipulation d'une clause d'indexation conventionnelle régissant la variation annuelle du loyer du bail ne peut faire obstacle à la fixation du loyer du bail renouvelé correspondant à la valeur locative lorsqu'elle est inférieure au montant du loyer plafonné. • Civ. 3e, 23 juin 2015, n° 14-12.411 : *AJDI 2015. 839, obs. Blatter ; JCP E 2015, n° 1569, note Brault ; RJDA 2016, n° 92.* ♦ Il incombe aux juges du fond de rechercher, même d'office, si le loyer du bail renouvelé correspond effectivement à la valeur locative (censurant une cour d'appel ayant jugé que l'indice constitue *a priori* la référence déterminant l'évolution de la valeur locative, sauf preuve contraire et qu'il revient au locataire de rapporter la preuve d'une valeur locative inférieure). • Civ. 3e, 3 déc. 2003, n° 02-11.374 P : *D. 2004. AJ 639, obs. Rouquet ; AJDI 2004. 284, note Dumont .*

12. Gross leasing area (GLA). Se fondant notamment sur l'art. 23-1 du Décr. de 1953 [C. com., art. R. 145-3 et R. 145-4], la Cour de cassation a jugé qu'aucune disposition législative et réglementaire n'interdit aux parties de fixer le montant du loyer initial en fonction de la superficie hors œuvre des locaux loués. • Civ. 3e, 23 févr. 1983 : *JCP 1985. II. 20390, note B. B.*

Art. L. 145-34 A moins d'une modification notable des éléments *(L. n° 2001-1168 du 11 déc. 2001)* « mentionnés aux 1° à 4° de l'article L. 145-33 », le taux de variation du loyer applicable lors de la prise d'effet du bail à renouveler, si sa durée n'est pas supérieure à neuf ans, ne peut excéder la variation *(L. n° 2008-776 du 4 août 2008, art. 47-I)* « , intervenue depuis la fixation initiale du loyer du bail expiré, *(Abrogé par L. n° 2014-626 du 18 juin 2014, art. 9-I)* « *de l'indice national trimestriel mesurant le coût de la construction ou, s'ils sont applicables,* » *(L. n° 2011-525 du 17 mai 2011, art. 63-III)* « de l'indice trimestriel des loyers commerciaux ou de l'indice trimestriel des loyers des activités tertiaires mentionnés aux premier et deuxième alinéas » de l'article L. 112-2 du code monétaire et financier, publiés par l'Institut national de la statistique et des études économiques. » A défaut de clause contractuelle fixant le trimestre de référence de cet indice, il y a lieu de prendre en compte la variation *(Abrogé par L. n° 2014-626 du 18 juin 2014, art. 9-I)* « *de l'indice national trimestriel mesurant le coût de la construction ou, s'ils sont applicables,* » *(L. n° 2011-525 du 17 mai 2011, art. 63-III)* « de l'indice trimestriel des loyers commerciaux ou de l'indice trimestriel des loyers des activités tertiaires », calculée sur la période de neuf ans antérieure au dernier indice publié.

En cas de renouvellement postérieur à la date initialement prévue d'expiration du bail, cette variation est calculée à partir du dernier indice publié, pour une période d'une durée égale à celle qui s'est écoulée entre la date initiale du bail et la date de son renouvellement effectif.

Les dispositions de l'alinéa ci-dessus ne sont plus applicables lorsque, par l'effet d'une tacite *(L. n° 2012-387 du 22 mars 2012, art. 2-I)* « prolongation », la durée du bail excède douze ans.

(L. n° 2014-626 du 18 juin 2014, art. 11) « En cas de modification notable des éléments mentionnés aux 1° à 4° de l'article L. 145-33 ou s'il est fait exception aux règles de plafonnement par suite d'une clause du contrat relative à la durée du bail, la variation de loyer qui en découle ne peut conduire à des augmentations supérieures, pour une année, à 10 % du loyer acquitté au cours de l'année précédente. » – *[Décr. n° 53-960 du 30 sept. 1953, art. 23-6.]*

Les dispositions issues des art. 9 et 11 de la L. n° 2014-626 du 18 juin 2014 sont applicables aux contrats conclus ou renouvelés à compter du premier jour du troisième mois suivant la promulgation de ladite loi (L. préc., art. 21-II).

Sont applicables dans les îles Wallis-et-Futuna les modifications apportées à l'art. L. 145-34 par le I de l'art. 47 de la L. n° 2008-776 du 4 août 2008 (Ord. n° 2009-896 du 24 juill. 2009, art. 1er-II).

V. aussi 2e note ss. art. L. 145-2.

BIBL. ▶ PUYGAUTHIER, *JCP N 2004. 1378* (hypothèses dans lesquelles le locataire peut obtenir une diminution de loyer). – SAINTURAT, *Administrer août-sept. 2004. 11* (le loyer déplafonné : quelle valeur locative ?). – BALADINE et CARTERON, *AJDI 2005. 183* (procédure en fixation du loyer révisé ou renouvelé). – BARBIER, *Gaz. Pal. 2009. 234* (fixation du loyer à la baisse). – B. et F. ROBINE, *ibid. 2857* (inutilité avérée du plafonnement des loyers commerciaux). – CONFINO, *AJDI 2013. 403* (les loyers progressifs et les règles statutaires et monétaires). – DUMUR, *AJDI 2014. 405* (plafonnement du déplafonnement). – MONÉGER, *Loyers et copr. 2014. Dossier 6* (modification des indices de référence). – BARBIER, *Administrer 5/2015. 19* (le plafonnement à la baisse). – FAVRE-REGUILLON, *AJDI 2016. 352* (de l'impact de la loi sur la valeur vénale des murs commerciaux).

I. PLAFONNEMENT DU LOYER

1. Domaine. La jurisprudence a admis que la règle du plafonnement n'était pas applicable aux hypothèses prévues par les art. R. 145-9 à R. 145-11. ♦ Pour les baux soumis à l'art. R. 145-9 (terrains), V. • Civ. 3e, 13 avr. 1976, n° 74-15.280 P. ♦ Pour les baux soumis à l'art. R. 145-10 (locaux monovalents), V. • Civ. 3e, 3 mai 1978, n° 77-12.007 P. ♦ Pour les baux soumis à l'art. R. 145-11 (bureaux), V. • Civ. 3e, 25 févr. 1976, n° 75-10.613 P : *D. 1976. Somm. 41.*

2. Renonciation au plafonnement et droits fondamentaux. Les art. 23 à 23-6 du Décr. de 1953 [C. com., art. L. 145-33 et L. 145-34] ne sont pas visés par l'art. 35 [C. com., art. L. 145-15]. • Civ. 3e, 24 oct. 1979, n° 78-11.107 P : *D. 1980. IR 106.* ♦ La règle de plafonnement de l'art. L. 145-34 n'est pas un texte impératif puisque, d'une part, les parties peuvent décider d'y déroger lors de la signature du bail initial en concluant un bail d'une durée supérieure à neuf ans et que, d'autre part, elles peuvent, en cours de bail, renoncer aux règles légales de fixation du prix, et notamment au plafonnement. Dès lors, ce texte, qui n'est pas d'application obligatoire, ne porte pas atteinte aux impératifs de sauvegarde des droits fondamentaux de l'individu et il n'y a pas lieu de l'écarter sur le fondement de l'art. 1er du protocole additionnel n° 1 et de la Conv. EDH. • Amiens, 8 févr. 2005 : *JCP 2005. II. 10060, obs. Auque ; Administrer 7/2005. 49, obs. Boccara et Lipman-W. Boccara.* ♦ La règle du plafonnement ne s'appliquant pas lorsque les parties l'ont exclue de leurs prévisions contractuelles ou ont pu s'accorder sur le montant du loyer du bail renouvelé, elle ne porte atteinte ni à la liberté d'entreprendre ni à la liberté contractuelle. Le loyer plafonné étant le loyer initialement négocié augmenté de la variation indiciaire si l'environnement du bail est demeuré stable, il ne résulte de l'application de la règle ni atteinte ni dénaturation du droit de propriété. • Cass., QPC, 13 juill. 2011, n° 11-11.072 P : *D. 2011. Actu. 1966 ; JCP E 2012. 1094, n° 3, obs. Kenfack ; Administrer 10/2011. 54, obs. Lipman-W. Boccara.*

3. Base du plafonnement. L'indice de référence des loyers commerciaux, instauré par la loi du 4 août 2008, ne pourra remplacer l'indice actuel que si les deux parties, bailleur et locataire commerçant, en sont d'accord. * Rép. min. n° 38387 : *JOAN Q 10 mars 2009, p. 2326 ; AJDI 2009. 322.* ♦ Pour déterminer le montant du loyer plafonné, le loyer à prendre en considération pour l'application de la variation indiciaire est celui fixé par les parties lors de la prise d'effet du bail à renouveler. • Civ. 3e, 17 mai 2006, n° 05-11.685 P : *D. 2006. AJ 1818, obs. Rouquet.* ♦ Pour calculer le montant du loyer plafonné, le loyer à prendre en considération pour l'application de la variation indiciaire est celui fixé par les parties lors de la prise d'effet du bail à renouveler, nonobstant la fixation judiciaire du loyer révisé au cours du bail expiré. • Civ. 3e, 11 avr. 2019, n° 18-14.252 P : *cité note 17.* ♦ Sur la fixation du loyer de renouvellement plafonné à la valeur locative, V. note 9 ss. art. L. 145-33. ♦ Sur des hypothèses dans lesquelles la valeur locative est inférieure au loyer, V. note 10 ss. art. L. 145-33.

4. Coefficients. Si l'un des coefficients n'a pas été publié au *Journal officiel*, le loyer ne peut être calculé qu'en fonction de la valeur locative. • Civ. 3e, 12 janv. 1977, n° 75-13.885 P.

5. Baux à paliers. BIBL. Planckeel, *Loyers et copr. 2015. Étude 3* (bail à paliers et lissage du *déplafonnement vs révision* et plafonnement). ♦ Pour la fixation du prix du bail renouvelé, la variation indiciaire prévue par l'art. L. 145-34 doit être appliquée au loyer initial acquitté par le preneur lors de la prise d'effet du bail à renouveler, nonobstant la fixation dans le bail expiré d'un loyer progressif par paliers. • Civ. 3e, 6 mars 2013, n° 12-13.962 P : *D. 2013. Chron. C. cass. 1166, obs. Pic ; JCP E 2013. 1430, n° 16, obs. Monéger.*

6. Baux de plus de neuf ans. NDLR. La difficulté suscitée par ces baux a été réglée par la modification apportée à l'art. 23-6 du Décr. de 1953 [C. com., art. L. 145-34] par la L. du 6 janv. 1986 et reprise, en l'adaptant aux nouvelles modalités du plafonnement qu'elle prévoit, par la L. du 5 janv. 1988.

7. Baux ayant duré plus de douze ans. Est soumis au plafonnement le nouveau loyer du bail de locaux commerciaux qui s'est déjà poursuivi par tacite reconduction après sa date d'expiration, dès lors que le preneur a sollicité le renouvellement avant les douze années écoulées à compter du début du contrat de neuf ans d'origine et pour prendre effet à la date d'expiration de ces douze années, et ce, en dépit du congé délivré dans les mêmes temps par le propriétaire avec offre de renouveler moyennant un prix déplafonné. • Civ. 3e, 21 déc. 1993, n° 91-20.119 P : *JCP 1994. IV. 517 ; Administrer 5/1994. 24, note Barbier.* ♦ A la suite de la renonciation du bailleur au premier congé et de l'acceptation de cette renonciation par le preneur, jugeant qu'il y a lieu de déplafonner le loyer du bail renouvelé dès lors que la durée effective du bail expiré a été supérieure à douze ans, V. • Civ. 3e, 18 mars 1998, n° 96-14.458 P : *D. Affaires 1998. 834, obs. Y. R. ; RDI 1998. 430, obs. Derruppé.* ♦ Le déplafonnement du prix du bail renouvelé, lorsque le bail à renouveler a duré plus de douze ans par l'effet de sa tacite reconduction, n'opère à l'évidence aucune discrimination entre les preneurs à bail commercial qui, tous, peuvent demander, à l'expiration de leur bail d'une durée contractuelle de neuf ans, son renouvellement et ainsi ne pas laisser le bail ce proroger tacitement plus de douze ans. • Cass., QPC, 5 oct. 2010, n° 10-14.091 P : *AJDI 2011. 359, note Blatter.*

8. Renouvellement après repentir. En ce sens que le point de départ du bail renouvelé est la date du repentir, V. • Bordeaux, 6 déc. 1989 : *Loyers et copr. 1990, n° 313, note Brault.* ♦ V. aussi note 12 et art. L. 145-58.

II. DÉPLAFONNEMENT DU LOYER (MODIFICATION NOTABLE D'UN ÉLÉMENT DE LA VALEUR LOCATIVE)

9. Lissage du déplafonnement. En adoptant les dispositions du dern. al. de l'art. L. 145-34, le législateur a entendu éviter que le loyer de renouvellement d'un bail commercial connaisse une hausse importante et brutale de nature à compromettre la viabilité des entreprises commerciales et artisanales. Il a ainsi poursuivi un objectif d'intérêt général. Par ailleurs, les dispositions contestées permettent au bailleur de bénéficier, chaque année, d'une augmentation de 10 % du loyer de l'année précédente jusqu'à ce qu'il atteigne, le cas échéant, la nouvelle valeur locative. Enfin, les dispositions contestées n'étant pas d'ordre public, les parties peuvent convenir de ne pas les appliquer, soit au moment de la conclusion du bail initial, soit au moment de son renouvellement. Dès lors, le dern. al. de l'art. L. 145-34, dans sa rédaction résultant de la L. n° 2014-626 du 18 juin 2014, est conforme à la Constitution. • Cons. const. 7 mai 2020, n° 2020-837 QPC : *D. 2020. Pan. 1546, obs. Dumont* ; *JCP E 2020, n° 1307, note Lemay* ; *RJDA 2020, n° 473* ; *LPA 29 oct. 2020, note Battistini* (réponse à • Civ. 3e, 6 févr. 2020, n° 19-19.503 P : *D. 2020. Actu. 335* ; *AJ contrat 2020. 294, obs. Houtcieff* ; *RJDA 2020, n° 203*).

10. Pouvoir du juge. Les juges du fond disposent d'un pouvoir souverain pour apprécier l'existence d'une modification notable. • Civ. 3e, 18 janv. 2012, n° 11-10.072 P : *D. 2012. Pan. 1853, obs. Dumont-Lefrand* ; *AJDI 2012. 506, note Planckeel* ; *RTD com. 2012. 298, obs. Kendérian* ; *JCP E 2013. 1430, n° 15, obs. Monéger.* ♦ Il incombe au juge de rechercher si les modifications sont notables. • Civ. 3e, 30 juin 2004, n° 03-10.754 P : *D. 2004. AJ 2232* , *et les obs.* ; *AJDI 2005. 131, obs. Denizot* . ♦ L'étalement de l'augmentation du loyer déplafonné prévu par le dern. al. de l'art. L. 145-34 s'opère chaque année par une majoration non modulable de 10 % du loyer de l'année précédente. Il n'entre pas dans l'office du juge des loyers commerciaux, mais dans celui des parties, d'arrêter l'échéancier des loyers qui seront exigibles durant la période au cours de laquelle s'applique l'étalement de la hausse du loyer instauré par ce texte. • Cass., avis, 9 mars 2018, n° 17-70.040 P : *D. 2018. Chron. C. cass. 1332, obs. Collomp* ; *AJDI 2018. 747, note Planckeel et Antoniutti* ; *JCP E 2018, n° 1521, note Malassigné* ; *RJDA 2018, n° 708.*

11. Charge de la preuve. Il appartient au bailleur, invoquant des dérogations aux règles légales du plafonnement, de justifier des motifs de ces dérogations. • Civ. 3e, 1er mars 2000, n° 98-18.787 P : *D. 2000. AJ 314* ; *Loyers et copr. 2000, n° 227, obs. Brault et Pereira.*

12. Modifications visées. Pour échapper au plafonnement, il n'est pas nécessaire qu'il y ait *une modification simultanée de tous les* éléments mentionnés aux art. 23-1 à 23-4 du Décr. de 1953 [C. com., art. R. 145-3 à R. 145-6 et R. 145-8]. • Civ. 3e, 19 avr. 1977 : *D. 1977. IR 343* ; *Rev. loyers 1978. 430.* ♦ Jugeant que la codification des baux commerciaux ayant été réalisée à droit constant, il n'y a pas lieu de déduire de la nouvelle rédaction de l'art. L. 145-33 qu'elle autorise le déplafonnement au seul constat d'une évolution notable au cours du bail des prix couramment pratiqués dans le voisinage : • Civ. 3e, 19 mars 2003, n° 02-10.537 P : *D. 2004. 561, note Grare* . ♦ La modification notable ne peut concerner que le cours du bail à renouveler jusqu'à la date d'effet du nouveau bail. • Civ. 3e, 14 oct. 1992, n° 91-10.217 P : *D. 1992. IR 251* ; *JCP 1993. II. 22146, note Dumortier.* ♦ Une modification notable peut être retenue alors même qu'elle avait déjà été prise en compte pour la fixation du loyer révisé. • Civ. 3e, 11 déc. 1979 : *Rev. loyers 1980. 259, note J. V.* ♦ Viole les art. 7, al. 4, et 23-6 du Décr. de 1953 [C. com., art. L. 134-12 et L. 145-34] la cour d'appel qui, pour fixer le prix du bail renouvelé en appliquant la règle du plafonnement légal, retient que la modification des facteurs locaux de commercialité ne peut pas être prise en compte dès lors qu'elle est intervenue après expiration de l'ancien bail, avant la date de notification du repentir et non en cours de tacite reconduction, et que l'exercice du droit de repentir est sans influence sur la durée du bail auquel il a été mis fin par le congé, alors que les bailleurs faisaient état de modifications antérieures à la prise d'effet du nouveau bail. • Civ. 3e, 11 déc. 1996, n° 95-11.753 P : *D. 1997. 153, concl. Weber* ; *RDI 1997. 304, obs. Derruppé* . ♦ L'augmentation de loyer stipulée par un avenant antérieur au renouvellement ou le versement d'une indemnité par le preneur, en contrepartie de la modification notable intervenue en cours de bail, ne font pas obstacle au déplafonnement. • Civ. 3e, 14 mai 1997, n° 95-15.444 P : *D. 1997. IR 137* .

13. Sens de la modification notable. Une modification notable des facteurs locaux de commercialité ne peut constituer un motif de déplafonnement du nouveau loyer qu'autant qu'elle est de nature à avoir une incidence favorable sur l'activité commerciale exercée par le preneur. • Civ. 3e, 14 sept. 2011, n° 10-30.825 P : *D. 2011. Actu. 2273, obs. Rouquet* ; *RTD com. 2012. 84, obs. Monéger* ; *JCP E 2011. 1751, obs. Rouquette-Terouanne.* ♦ Jugeant qu'une évolution notable à la baisse des facteurs locaux de commercialité ne peut justifier le déplafonnement, celui-ci ne pouvant intervenir qu'en cas d'évolution ayant un impact favorable sur le commerce concerné : • Civ. 3e, 17 janv. 2012, n° 11-12.090 : *AJDI 2012. 506, obs. Rouquet* . ♦ En ce sens qu'en cas d'extension de la destination du bail permettant d'adjoindre d'autres activités, le loyer doit être fixé hors plafonnement sans qu'il soit nécessaire de rechercher si cette modification notable a une incidence favorable sur l'activité exercée par le preneur, V. • Civ. 3e, 18 janv. 2012, n° 11-10.072 P : *préc. note 10.*

14. Locaux d'habitation joints. Le déplafonnement du loyer de renouvellement peut intervenir à raison de la modification des caractéristiques propres du local d'habitation annexe, et non pas des surfaces commerciales louées. • Civ. 3e, 15 nov. 2005, n° 04-15.509 : *D. 2006. AJ 66, obs. Rouquet* ; *AJDI 2006. 376, note Dumont* . ♦ Le fait que la valeur locative des locaux destinés à l'habitation ait progressé plus vite que celle des locaux commerciaux proprement dits ne peut toutefois, à lui seul, justifier une dérogation au plafonnement. • Civ. 3e, 1er juin 1976, n° 75-10.780 P.

15. Modification des caractéristiques propres du local (art. R. 145-3 et R. 145-4). Refusant le déplafonnement au motif que, si les travaux réalisés par le bailleur ont incontestablement modifié les caractéristiques de l'immeuble (ravalement avec piochage des façades, réfection du pavage de la cour et installation d'un digicode), il n'apparaît pas que ces travaux aient pu avoir une incidence notable sur l'activité exercée par l'association essentiellement tournée vers l'enseignement, les élèves étant attirés par la réputation de l'école et non par l'état des locaux resté assez médiocre : • Civ. 3e, 9 juill. 2008, n° 07-16.604 : *Rev. loyers 2008. 498.* ♦ Ayant relevé que le local adjacent auquel le percement du mur donnait accès n'était pas un local loué par le même bailleur et que l'assiette du bail ne s'en trouvait pas modifiée, une cour d'appel a pu en déduire qu'en l'absence de modification des caractéristiques du local, il n'y avait pas lieu à déplafonnement du loyer. • Civ. 3e, 3 juill. 2013, n° 12-21.328 : *AJDI 2014. 377, obs. Lipman-W. Boccara ; Administrer 10/2013. 33, note Barbier.* ♦ Il n'y a pas lieu à déplafonnement dès lors que les travaux effectués par la locataire, consistant en l'installation d'une terrasse close et couverte sur la voie publique, concernent le domaine public et non les lieux loués et qu'ils lui permettent seulement d'utiliser le domaine public à titre précaire. • Civ. 3e, 25 nov. 2009, n° 08-21.049 P : *D. 2009. AJ 2932 ; AJDI 2010. 378, note Rouquet .*

16. Modification de la destination des lieux (art. R. 145-5). La modification notable de la destination des lieux suffit à fonder le déplafonnement du prix du bail, sans qu'il soit nécessaire que le bailleur rapporte la preuve que cette modification ait entraîné une amélioration effective de la commercialité. • Civ. 3e, 4 nov. 1998, n° 96-22.251 : *RJDA 1998, n° 1335.* ♦ Le loyer du bail renouvelé ne peut prendre en considération une seconde fois des travaux de modification réalisés par le preneur, dès lors que l'extension de la destination des lieux qui a eu pour conséquence l'exécution de ces travaux a déjà abouti au triplement du loyer. • Civ. 3e, 6 févr. 2008, n° 07-10.804 : *Rev. loyers 2008. 269.* ♦ Le bailleur ne peut se prévaloir d'un changement de destination pour obtenir le déplafonnement du loyer lorsque la possibilité de modifier la destination contractuelle de manière très large et le montant du loyer a été prévue dès la signature du bail d'origine. • Civ. 3e, 7 juill. 2004, n° 03-12.027 P : *D. 2004. AJ 2573, obs. Rouquet ; AJDI 2005. 299, note Dumont .* ♦ Justifie le déplafonnement l'adjonction de l'activité de vente de produits de téléphonie à l'activité de bar, brasserie avec débit de tabac, moyennant une augmentation de loyer. • Civ. 3e, 14 nov. 2012, n° 11-25.017 : *JCP E 2013. 1430, n° 15, obs. Monéger ; Administrer 1/2013. 28, note Barbier.* ♦ Jugeant que c'est souverainement qu'une cour d'appel retient que l'activité de PMU, loto, jeux n'est pas incluse dans la destination contractuelle initiale (de « commerce de vins, liqueurs, brasserie, restaurant à l'exclusion de tout autre ») et que l'autorisation de l'exercer accordée par le bailleur au cours du bail expiré caractérise une modification notable de la destination des lieux. • Civ. 3e, 22 janv. 2013, n° 11-25.030 : *D. 2013. Pan. 1802, obs. Dumont-Lefrand .* ♦ Comp., jugeant que le changement de destination des lieux invoqué par le bailleur ne peut justifier le déplafonnement dès lors que si l'exploitation d'un restaurant est mentionnée dans la description initiale des locaux, l'objet social de la société preneuse, qui détermine la destination du bail initial, incluait depuis une certaine date l'activité de jeux et loterie nationale : • Civ. 3e, 11 mars 2013, n° 13-10.641 : *Loyers et copr. 2014, n° 152, obs. E. C.*

17. Modification des obligations des parties (art. R. 145-8). Lors de la cession de bail, les parties ayant convenu de fixer le loyer à la valeur locative estimée pour l'ajuster au prix du marché, cette modification conventionnelle du loyer dans des conditions étrangères à la loi comme au bail initial s'analyse en une modification notable des obligations des parties. • Civ. 3e, 4 avr. 2001, n° 99-18.899 P : *AJDI 2001. 513, obs. Blatter .* ♦ La fixation conventionnelle du loyer librement intervenue entre les parties emporte renonciation à la procédure de révision judiciaire du loyer et constitue une modification notable des obligations respectives des parties intervenue en cours de bail dans des conditions étrangères à la loi et justifiant, à elle seule, le déplafonnement. • Civ. 3e, 15 févr. 2018, n° 17-11.866 P : *D. 2018. Pan. 1516, obs. Dumont-Lefrand ; AJDI 2018. 708, obs. Blatter ; JCP E 2018, n° 1139 ; RJDA 2018, n° 402.* ♦ L'augmentation de loyer prévue par avenant suite à une autorisation d'extension d'activité constitue une modification, qualifiée souverainement par les juges du fond de notable, des obligations respectives des parties. • Civ. 3e, 14 nov. 2012, n° 11-25.017 : *préc. note 16.* ♦ Pour d'autres éléments à prendre en compte (autorisation de changement d'activité, engagement de non-concurrence donné par le bailleur, etc.), V. • Civ. 3e, 12 déc. 1990, n° 88-18.938 P : *Gaz. Pal. 1991. 1. Pan. 83.* ♦ Une sous-location, même non autorisée, ne constitue pas une modification des éléments mentionnés aux art. 23-1 à 23-4 du Décr. de 1953 [C. com., art. R. 145-3 à R. 145-6 et R. 145-8]. • Civ. 3e, 24 nov. 1999, n° 98-12.574 P : *D. 2000. AJ 67, obs. Rouquet ; RDI 2000. 102, obs. Derruppé .* ♦ Ayant constaté que le loyer révisé avait été fixé judiciairement à la valeur locative jusqu'au terme du bail, la cour d'appel en a exactement déduit que cette fixation judiciaire intervenue en application des dispositions légales, dans des conditions étrangères au bail, ne constituait pas une modification notable des obligations respectives des parties justifiant le déplafonnement du loyer. • Civ. 3e, 11 avr. 2019, n° 18-14.252 P : *D. 2019. Actu. 814 ; AJDI 2020. 37, obs. Blatter ; JCP E 2019, n° 1461, note Lemay ; RJDA 2019, n° 412.*

18. *Améliorations (art. R. 145-8).* V. note 2 ss. art. R. 145-8.

19. *Modification des modalités originaires de fixation du prix (art. R. 145-8).* Justifie le déplafonnement le fait que le prix du bail avait été originairement fixé à un montant anormalement bas eu égard : à des raisons de famille existant alors. • Civ. 3e, 13 sept. 2011, n° 10-19.804 : *AJDI 2012. 109, note Lipman-W. Boccara ; JCP E 2012. 1094, n° 10, obs. Kenfack.* ♦ ... Ou à la situation économique de la société locataire. • Civ. 3e, 12 févr. 1992, n° 90-14.159 : *Gaz. Pal. 1992. 1. 370, note Barbier.* ♦ Mais la preuve de la modicité du loyer du bail d'origine n'étant pas rapportée, une cour d'appel en a exactement déduit que la vente de l'immeuble à un tiers, étranger aux liens familiaux existant entre les parties à l'origine, ne constituait pas une modification des obligations respectives des parties au contrat de bail, justifiant un déplafonnement du loyer. • Civ. 3e, 21 janv. 2014, n° 12-26.147 : *Loyers et copr. 2014, n° 118, obs. Ph.-H. B.*

20. *Modification des facteurs locaux de commercialité (art. R. 145-6).* Cassation, pour violation de l'art. 23-6 du Décr. de 1953 [C. com., art. L. 145-34], de l'arrêt qui, pour fixer selon la valeur locative le prix du bail renouvelé d'une pharmacie, retient que les pharmacies constituent un commerce à monopole qui, par sa dynamique propre, entraîne une hausse de la commercialité, tout en constatant que les facteurs locaux de commercialité n'ont pas augmenté. • Civ. 3e, 13 mars 1991, n° 89-16.454 P : *D. 1991. IR 105.* ♦ V. aussi jurisprudence ss. art. R. 145-6. ♦ Sur la modification à la baisse des facteurs locaux de commercialité, V. note 13.

Art. L. 145-35 *(L. n° 2014-626 du 18 juin 2014, art. 10)* **« Les litiges nés de l'application des articles L. 145-34 et L. 145-38 ainsi que ceux relatifs aux charges et aux travaux peuvent être soumis » à une commission départementale de conciliation composée de bailleurs et de locataires en nombre égal et de personnes qualifiées. La commission s'efforce de concilier les parties et rend un avis.**

Si *(L. n° 2014-626 du 18 juin 2014, art. 10)* **« la juridiction est saisie » parallèlement à la commission compétente par l'une ou l'autre des parties,** *(L. n° 2014-626 du 18 juin 2014, art. 10)* **« elle » ne peut statuer tant que l'avis de la commission n'est pas rendu.**

La commission est dessaisie si elle n'a pas statué dans un délai de trois mois.

La composition de la commission, le mode de désignation de ses membres et ses règles de fonctionnement sont fixés par décret. – *[Décr. n° 53-960 du 30 sept. 1953, art. 23-6-1.] – V. art. D. 145-12 s.*

V. aussi 2e note ss. art. L. 145-2.

BIBL. ▶ Barbier, *Administrer 5/1992. 4* (compétence de la commission pour apprécier la valeur locative). – R. Martin, *Ann. loyers 1993. 812* (caractère facultatif de la saisine).

1. *Domaine.* La commission n'a pas à être saisie quand il s'agit de locaux servant à des bureaux. • Paris, 24 sept. 1992 : *Loyers et copr. 1992, n° 394, obs. Brault.*

2. *Saisine facultative.* La saisine préalable de la commission de conciliation avant celle du juge des loyers n'est pas prescrite à peine d'irrecevabilité. • Civ. 3e, 10 mars 2010, n° 09-10.344 P : *D. 2010. AJ 763, obs. Rouquet ; AJDI 2010. 633, note Blatter .*

3. *Absence d'effet interruptif de prescription.* V. • Civ. 3e, 18 févr. 1998, n° 96-14.525 P : *D. 1998. IR 79 ; AJDI 1998. 270, note Blatter .*

4. *Force obligatoire des accords.* Ayant constaté qu'à la suite d'un accord intervenu devant la commission de conciliation le preneur avait refusé de signer le bail commercial, une cour d'appel a exactement retenu que cet accord signé des deux parties devait recevoir application. • Civ. 3e, 14 juin 1995, n° 93-14.769 P : *RJDA 1995, n° 947.*

Art. L. 145-36 Les éléments permettant de déterminer le prix des baux des terrains, des locaux construits en vue d'une seule utilisation et des locaux à usage exclusif de bureaux sont fixés par décret en Conseil d'État. – *V. art. R. 145-9 à R. 145-11.*

(L. n° 2010-1149 du 30 sept. 2010, art. 5) **« Le prix du bail des locaux construits ou aménagés en vue d'une utilisation comme établissement de spectacles cinématographiques au sens de l'article L. 212-2 du code du cinéma et de l'image animée est,**

par dérogation aux articles L. 145-33 et suivants du présent code, déterminé selon les seuls usages observés dans la branche d'activité considérée. »

BIBL. ▶ GAUCLÈRE, *RJDA 7/2018. 647* (enjeux de la monovalence des locaux commerciaux).

Art. L. 145-37 Les loyers des baux d'immeubles ou de locaux régis par les dispositions du présent chapitre, renouvelés ou non, peuvent être révisés à la demande de l'une ou de l'autre des parties sous les réserves prévues aux articles L. 145-38 et L. 145-39 et dans des conditions fixées par décret en Conseil d'État. — *[Décr. n° 53-960 du 30 sept. 1953, art. 26, al. 1er.]*

1. Ordre public. La non-réalisation d'une révision conventionnelle, envisagée en fonction d'une modification de l'état des lieux, ne peut faire obstacle à une révision légale motivée par l'évolution des circonstances économiques, la prévision d'une révision conventionnelle n'étant pas un obstacle à toute révision. • Civ. 3e, 13 nov. 1975 : *Rev. loyers 1976. 95.* ♦ Les règles édictées par l'art. 26 du Décr. de 1953 [C. com., art. L. 145-37] sont d'ordre public. • Paris, 17 oct. 1989 : *D. 1989. IR 282.*

2. Domaine. Les dispositions relatives à la révision ne sont pas applicables au litige portant sur la fixation du loyer d'un bail renouvelé. • Com. 22 févr. 1960 : *Bull. civ. III, n° 72.* ♦ La révision est impossible lorsque le loyer total a été payé d'avance, la dette étant éteinte en un tel cas. • Com. 5 juill. 1965, n° 63-12.981 P : *D. 1965. 601.* ♦ Lorsque c'est seulement une part du loyer qui a été payée d'avance, la révision ne peut être admise que sur l'autre part, faisant l'objet de versements périodiques. • Civ. 3e, 12 déc. 1968 : *AJPI 1968. 809 ; Ann. loyers 1969. 1577.* ♦ La fixation du loyer révisé d'un bail stipulant un loyer comprenant une partie fixe et une partie constituée par un pourcentage sur le chiffre d'affaires échappe aux dispositions du Décr. de 1953 [C. com., art. L. 145-1 s.] et n'est régie que par la convention des parties. • Civ. 3e, 13 janv. 1988, n° 86-16.978 P : *D. 1988. IR 26.*

Art. L. 145-38 La demande en révision ne peut être formée que trois ans au moins après la date d'entrée en jouissance du locataire ou après le point de départ du bail renouvelé. *(L. n° 2014-626 du 18 juin 2014, art. 12)* **« La révision du loyer prend effet à compter de la date de la demande en révision. »**

De nouvelles demandes peuvent être formées tous les trois ans à compter du jour où le nouveau prix sera applicable.

(L. n° 2001-1168 du 11 déc. 2001) **« Par dérogation aux dispositions de l'article L. 145-33, et » à moins que ne soit rapportée la preuve d'une modification matérielle des facteurs locaux de commercialité ayant entraîné par elle-même une variation de plus de 10 % de la valeur locative, la majoration ou la diminution de loyer consécutive à une révision triennale ne peut excéder la variation** *(Abrogé par L. n° 2014-626 du 18 juin 2014, art. 9-II)* ***« de l'indice trimestriel du coût de la construction ou, s'ils sont applicables, »*** *(L. n° 2011-525 du 17 mai 2011, art. 63-IV)* **« de l'indice trimestriel des loyers commerciaux ou de l'indice trimestriel des loyers des activités tertiaires mentionnés aux premier et deuxième alinéas »** *(L. n° 2008-776 du 4 août 2008, art. 47-1)* **« de l'article L. 112-2 du code monétaire et financier, » intervenue depuis la dernière fixation amiable ou judiciaire du loyer.** *(L. n° 2014-626 du 18 juin 2014, art. 11)* **« Dans le cas où cette preuve est rapportée, la variation de loyer qui en découle ne peut conduire à des augmentations supérieures, pour une année, à 10 % du loyer acquitté au cours de l'année précédente. »** — *V. art. R. 145-6. — V. C. mon. fin., art. L. 112-2, App., v° Banque et financement de l'entreprise.*

En aucun cas il n'est tenu compte, pour le calcul de la valeur locative, des investissements du preneur ni des plus ou moins-values résultant de sa gestion pendant la durée du bail en cours. — *[Décr. n° 53-960 du 30 sept. 1953, art. 27.]*

Les dispositions issues des art. 9 et 11 de la L. n° 2014-626 du 18 juin 2014 sont applicables aux contrats conclus ou renouvelés à compter du premier jour du troisième mois suivant la promulgation de ladite loi (L. préc., art. 21-II).

Les modifications apportées à l'art. L. 145-38 par la L. n° 2001-1168 du 11 déc. 2001 et par le I de l'art. 47 de la L. n° 2008-776 du 4 août 2008 sont applicables à Wallis-et-Futuna (Ord. n° 2009-896 du 24 juill. 2009, art. 1er-II).

V. aussi 2e note ss. art. L. 145-2.

BIBL. ▶ BLATTER, *AJDI 2001. 953* (loi MURCEFF du 11 déc. 2001). – TAVERNIER et BAVEREZ, *Gaz. Pal. 2002. 225* (même thème). – PLANCKEEL, *AJDI 2011. 337* (sanction des clauses d'indexation illicites). – LATIEULE, *ibid. 436* (ICC, ILC, ILAT : quel indice, pour quels locaux et quelle activité ?). – Auriac, *AJDI 2013. 667* et *747* (clauses de révision, d'indexation et d'échelle mobile). – Monéger, *Loyers et copr. 2014. Dossier 6* (modification des indices de référence).

1. Ordre public. La clause stipulant le loyer uniquement révisable à la hausse suivant celle de l'ICC est contraire aux dispositions d'ordre public des art. L. 145-37 et L. 145-38. • Paris, 28 mars 2003 : *Gaz. Pal. 2004. 1. Somm. 593, obs. Brault ; Loyers et copr. 2003, n° 158, obs. Brault et Pereira-Osouf.* ♦ Comp., en matière de clause d'échelle mobile, note 2 ss. art. L. 145-39. ♦ N'est pas contraire aux dispositions de l'art. 27 du Décr. de 1953 [C. com., art. L. 145-38], qui ont pour objet de prohiber les modifications excédant la variation de l'ICC [de l'indice], une clause stipulant une variation du loyer inférieure (de 50 %) à celle dudit indice. • Civ. 3e, 18 déc. 1985, n° 84-15.827 P : *D. 1986. 44.* ♦ Sur la renonciation aux règles de l'art. L. 145-38, V. note 9 ss. art. L. 145-15.

2. Domaine. Appliquant les dispositions de l'art. L. 145-38 à des locaux à usage de bureaux, V. • Civ. 3e, 30 mai 2001, n° 99-18.178 P. ♦ Pour un local monovalent, la valeur locative doit être calculée conformément à l'art. 23-8 du Décr. de 1953 [C. com., art. R. 145-10]. • Civ. 3e, 10 nov. 1987, n° 86-14.766 P. ♦ Sur l'exclusion des clauses-recettes, V. • Limoges, 11 janv. 2011 : *AJDI 2011. 366*.

3. Renouvellement du bail. Le renouvellement du bail n'a pas d'incidence sur l'action en révision triennale survenue an cours du bail précédant celui à renouveler, le défaut de saisine du juge des loyers commerciaux dans les deux ans du point de départ du bail renouvelé ayant pour seul effet de faire courir le prix de l'ancien bail, prix en cours de fixation judiciaire. • Civ. 3e, 1er févr. 2012, n° 11-10.271 : *RJDA 2012, n° 566 ; Loyers et copr. 2012, n° 109, obs. Brault.*

4. Indice de référence. L'indice de référence des loyers commerciaux (ILC), instauré par la L. du 4 août 2008, ne pourra remplacer l'indice actuel que si les deux parties, bailleur et locataire commerçant, en sont d'accord. * Rép. min. n° 38387 : *JOAN Q 10 mars 2009, p. 2326 ; AJDI 2009. 322 ; Administrer 5/2009. 82.*

5. Délai de trois ans. La date d'entrée en jouissance, qui est le point de départ du délai de trois ans, est celle que précise le bail. • Com. *27 déc. 1960, n° 58-12.235 P.* ♦ *Il n'importe que* le locataire soit entré dans les lieux à une date antérieure. • Com. 28 juin 1960 : *Bull. civ. III, n° 259 ; Ann. loyers 1961. 681.* ♦ En cas de révision conventionnelle intervenue moins de trois ans après la jouissance du preneur, une nouvelle demande en révision fondée sur l'art. 26 du Décr. de 1953 [C. com., art. L. 145-37] ne peut être formée que trois ans après le jour où le prix convenu est devenu applicable. • Civ. 3e, 21 janv. 1981, n° 79-14.060 P. ♦ Pour calculer le délai rétrospectivement, lorsque la demande est faite par lettre recommandée, la date à considérer est celle de l'expédition. • Civ. 3e, 22 avr. 1980, n° 78-13.422 P : *Rev. loyers 1980. 314.* ♦ En l'état d'un bail fixant le prix par paliers, doit être cassé l'arrêt qui prend pour point de départ de la période au cours de laquelle devait être appréciée la variation des facteurs de commercialité une date autre que celle de la prise d'effet du bail. • Civ. 3e, 14 mai 1980, n° 79-10.511 P. ♦ Le point de départ du délai de trois ans prévu par l'art. L. 145-38 se situe à la date de renouvellement du bail même lorsque, en raison du retard apporté par le bailleur à proposer un nouveau loyer, la date d'exigibilité du loyer renouvelé a été reportée. • Civ. 3e, 8 sept. 2016, n° 15-17.485 P : *D. 2016. Actu. 1815, obs. Rouquet ; AJDI 2017. 113, obs. Blatter ; JCP E 2016, n° 1548, note Brignon ; RJDA 2016, n° 846 ; Loyers et copr. 2016, n° 217, obs. Chavance.*

6. Notion de « modification matérielle » des facteurs locaux de commercialité. Le caractère matériel de la modification des facteurs locaux de commercialité implique une transformation concrète et non une simple évolution naturelle de l'un des éléments de la commercialité. • Paris, 11 avr. 2005 : *Administrer 10/2005. 39.* ♦ Ne constitue pas une modification matérielle des facteurs locaux de commercialité, au sens de l'art. L. 145-38, la modification en faveur d'entreprises concurrentes, intervenue entre la date de la fixation du loyer et celle de la demande de révision, de conventions auxquelles le bailleur et le locataire sont tiers. Ayant retenu que le fait que quatre autres résidences de tourisme de la station aient renégocié les loyers versés aux propriétaires investisseurs était une décision de gestion, propre aux résidences concernées qui n'était pas opposable aux preneurs pour apprécier la commercialité de la résidence, la cour d'appel, qui en a souverainement déduit que n'était pas rapportée une modification matérielle des facteurs locaux de commercialité, a légalement justifié sa décision. • Civ. 3e, 25 oct. 2018, n° 17-22.129 P : *D. 2018. Actu. 2134 ; RTD com. 2019. 335, obs. Monéger ; JCP E 2018, n° 1600 ; RJDA 2019, n° 3.*

7. Révision plafonnée. Même en l'absence de modification des facteurs locaux de commercialité, le prix révisé d'un bail commercial ne peut excéder ni le loyer résultant de l'application de l'indice, ni la valeur locative. • Civ. 3e, 13 janv. 1988, n° 86-16.431 P.

8. Révision du loyer à la baisse (jurispr. antérieure à la loi MURCEF). NDLR. Il ressort de la modification apportée à l'art. L. 145-38 par la L. n° 2001-1168 du 11 déc. 2001 que, désormais, il ne peut y avoir de fixation du loyer de révision à la valeur locative en dehors de l'hypothèse d'une modification matérielle des facteurs locaux de commercialité ayant entraîné par elle-même une variation de plus de 10 % de la valeur locative. Ainsi, le législateur a porté un coup d'arrêt à la jurisprudence antérieure.

9. Application dans le temps de la loi MURCEF. La L. du 11 déc. 2001 doit s'appliquer à un bail conclu avant son entrée en vigueur, dès lors que l'instance a été introduite après celle-ci. • Civ. 3e, 18 févr. 2009, n° 08-13.143 P : *D. 2009. AJ 628, obs. Rouquet*. ♦ Les effets légaux d'un contrat sont régis par la loi en vigueur au moment où ils se produisent. • Même arrêt.

10. Portée de la réforme. Lorsque aucune modification matérielle des facteurs locaux de commercialité ayant entraîné une variation de plus de 10 % de la valeur locative n'est démontrée ni alléguée, le loyer révisé doit être fixé à la valeur locative dès lors que celle-ci se situe entre le loyer en cours et le plafond résultant de la variation de l'ICC [de l'indice]. • Civ. 3e, 6 févr. 2008, n° 06-21.983 P : *D. 2008. AJ 479, obs. Rouquet*. ♦ Ayant relevé qu'en présence dans le bail d'une clause d'indexation sur la base de la variation de l'ICC régulièrement appliquée, le loyer en vigueur est le résultat de l'application de cette clause qui fait référence à un indice légal, une cour d'appel a exactement décidé qu'à défaut de modification des facteurs locaux de commercialité ayant entraîné par elle-même une variation de plus de 10 % de la valeur locative, il n'y avait pas lieu à révision du loyer sur le fondement de l'art. L. 145-38 qui écarte, par dérogation à la règle posée à l'art. L. 145-33, la référence de principe à la valeur locative. • Civ. 3e, 20 mai 2015, n° 13-27.367 P : *D. 2015. 1635, note Planckeel ; AJDI 2015. 767, obs. Blatter ; JCP 2015, n° 826, note Monéger ; RJDA 2015, n° 635 ; RLDA sept. 2015. 17, note Barbier ; LPA 19 juin 2015, obs. Legrand.*

11. Modification des facteurs locaux de commercialité (révision déplafonnée). En l'absence de preuve de la modification des facteurs locaux de commercialité alléguée par le bailleur, la cour d'appel n'est pas tenue d'ordonner une expertise et le loyer révisé doit être fixé selon les indices du coût de la construction INSEE [de l'indice]. • Civ. 3e, 22 janv. 1997, n° 94-21.352 P : *JCP 1997. IV. 537.*

12. Révision du loyer à la baisse (après une modification des facteurs locaux de commercialité). Le preneur peut demander la révision en baisse du loyer, en application de l'art. 27 du Décr. de 1953 [C. com., art. L. 145-38], à la suite d'une modification des facteurs locaux de commercialité. • Civ. 3e, 11 mai 1982, n° 80-15.285 P : *Rev. loyers 1983. 156, note Berthault.* ♦ Constatant que la valeur locative avait varié (à la baisse) de plus de 10 % par suite de la modification matérielle des facteurs locaux de commercialité, la cour d'appel a justement retenu que le loyer révisé devait être égal à la valeur locative, celle-ci eût-elle varié en sens inverse de l'indice. • Civ. 3e, 16 déc. 1998, n° 96-22.490 P : *D. 1999. IR 31 ; RDI 1999. 323, obs. Derruppé*.

13. Base de la révision. Lorsque les parties sont convenues d'un loyer devant servir de base au calcul du loyer révisé, en stipulant que ce prix subirait une diminution initiale pour tenir compte des travaux mis à la charge du locataire, c'est en fonction du premier chiffre que doit être calculée la révision, sans que l'inexécution des travaux par le locataire puisse avoir d'incidence sur la fixation du prix révisé. • Civ. 3e, 18 mai 1978, n° 77-10.316 P.

14. Investissements et plus-values. L'art. 27, al. 4, du Décr. de 1953 [C. com., art. L. 145-38] vise uniquement les investissements du preneur réalisés sur le bail en cours et non antérieurement. • Com. 22 févr. 1960 : *Bull. civ. III, n° 71.* ♦ Il n'est pas tenu compte, lors de la révision, des transformations effectuées par le preneur et autorisées, lesquelles sont des investissements et des plus-values. • Civ. 3e, 9 mai 1968, n° 65-13.302 P. ♦ Il pouvait être tenu compte, pour fixer la valeur locative, du caractère luxueux conféré aux locaux par les soins du locataire, malgré l'art. 27, al. 4, du Décr. de 1953 [C. com., art. L. 145-38], dès lors que ce caractère n'a pu être réalisé que parce que le preneur bénéficiait d'un bail de longue durée à un prix dérisoire. • Com. 19 déc. 1961, n° 60-10.737 P.

15. Déspécialisation. Sur la dérogation à l'art. 27 du Décr. de 1953 [C. com., art. L. 145-38] en cas de déspécialisation, V. art. L. 145-47, al. 3.

Art. L. 145-39 **En outre, et par dérogation à l'article L. 145-38, si le bail est assorti d'une clause d'échelle mobile, la révision peut être demandée chaque fois que, par le jeu de cette clause, le loyer se trouve augmenté ou diminué de plus d'un quart par rapport au prix précédemment fixé contractuellement ou par décision judiciaire.** *(L. n° 2014-626 du 18 juin 2014, art. 11)* **« La variation de loyer qui découle de cette révision ne peut conduire à des augmentations supérieures, pour une année, à 10 % du loyer acquitté au cours de l'année précédente. »** — [Décr. n° 53-960 du 30 sept. 1953, *art. 28, al. 1er*.]

Les dispositions issues de l'art. 11 de la L. n° 2014-626 du 18 juin 2014 sont applicables aux contrats conclus ou renouvelés à compter du premier jour du troisième mois suivant la promulgation de ladite loi (L. préc., art. 21-II).

V. aussi 2e note ss. art. L. 145-2.

V. C. mon. fin., art. L. 112-1, App., vº Banque et financement de l'entreprise.

BIBL. ▶ DENIZOT, *AJDI 2009. 841* (analyse d'une clause d'échelle mobile ne jouant qu'à la hausse). – HINFRAY et GRABETTE, *Gaz. Pal. 2009. 2841* (mémorandum sur la révision du loyer en application de l'art. L. 145-39). – BRAULT, *Loyers et copr. 2010. Étude 2* (aménagement conventionnel de la clause d'échelle mobile). – LIPMAN-W. BOCCARA, *AJDI 2010. 18* (l'art. L. 145-39... ou le temps retrouvé). – BRAULT, *Gaz. Pal. 2010. 677* (réflexions sur la pratique de la révision de l'art. L. 145-39). – GIZARDIN, *AJDI 2010. 952* (obstacles à la mise en œuvre de l'art. L. 145-39). – PLANCKEEL, *AJDI 2013. 1* (l'art. L. 145-39 et le déplafonnement). – DUMUR, *AJDI 2017. 473* (révision du loyer à la baisse au visa de l'art. L. 145-39 : ni minimum ni plancher !).

I. EFFICACITÉ DES CLAUSES D'ÉCHELLE MOBILE

1. Constitutionnalité. La révision du loyer indexé ne remet pas en cause la libre négociation du loyer initial et ne s'applique que lorsque les parties ont entendu assortir le bail d'une clause d'échelle mobile et, par suite, ne porte atteinte ni au droit de propriété, ni à la liberté contractuelle. • Civ. 3e, QPC, 6 déc. 2012, nº 12-40.071 : *AJDI 2013. 434, obs. Planckeel*. ♦ La mise en œuvre de cette révision, qui peut être demandée indifféremment par le bailleur ou le preneur, nécessite que soit atteint un seuil de variation de 25 % ; elle est entourée de garanties procédurales et de fond suffisantes et ne porte atteinte ni au principe d'égalité, ni à la garantie des droits. • Même arrêt.

2. Validité de principe. De l'art. 28 du Décr. de 1953 [C. com., art. L. 145-39] résulte la validité de principe des clauses d'échelle mobile, lesquelles doivent être appliquées si les locataires n'en demandent pas l'adaptation judiciaire prévue par cet article. • Civ. 3e, 2 juin 1977, nº 76-13.199 P. – V. aussi • Civ. 3e, 16 oct. 2013, nº 12-16.335 P : *D. 2013. Actu. 2464, obs. Rouquet ; JCP E 2014. 1108, note Kenfack*. ♦ Sur les critères distinctifs de la clause d'échelle mobile, V. • Civ. 3e, 5 févr. 1992, nº 89-20.378 : *Gaz. Pal. 1992. 1. 369, note Barbier.*

3. Exclusion des clauses-recettes. Sur la validité de ces clauses, V. note 8 ss. art. L. 145-15. ♦ La clause qui institue des loyers alternatifs, déterminables année par année, en fonction du chiffre d'affaires réalisé par le locataire, ne constitue pas une clause d'échelle mobile permettant la révision du loyer dans les conditions prévues par l'art. 28 du Décr. de 1953 [C. com., art. L. 145-39]. • Civ. 3e, 5 janv. 1983, nº 80-12.108 P : *JCP 1985. II. 20389, note Boccara.* ♦ La fixation du loyer révisé d'un tel bail échappe aux dispositions légales et n'est régie que par la convention des parties. • Civ. 3e, 13 janv. 1988, nº 88-16.978 P : *D. 1988. IR 26.*

4. Absence de clause d'indexation. Même en l'absence de clause d'indexation, le bailleur peut retenir l'application de l'ICC. • Amiens, 21 mars 2013 : *Loyers et copr. 2013, nº 208, obs. crit. Brault ; Rev. loyers 2013. 233.*

5. Indices valables. La question de savoir si un indice a une relation directe avec l'objet du contrat ou l'activité de l'une ou l'autre des parties échappe au contrôle de la Cour de cassation. • Com. 12 juin 1965, nº 63-12.958 P : *D. 1965. 582* • Civ. 3e, 3 févr. 1988 : *Gaz. Pal. 1988. 1. 441, note J. P.* ♦ Est valable une clause de révision automatique du loyer en fonction de l'ICC [de l'indice], laquelle manifeste la volonté des parties d'instituer une indexation distincte de la révision légale prévue par l'art. 27 du Décr. de 1953 [C. com., art. L. 145-38]. • Civ. 3e, 28 oct. 1987, nº 84-10.371 : *Ann. loyers 1988. 712.*

6. Révision prévue uniquement à la hausse. **BIBL.** Brignon, *JCP E 2015, nº 1231* (retour sur la validité ou l'illégalité des clauses d'indexation ne variant qu'à la hausse). ♦ Est nulle une clause d'indexation qui exclut la réciprocité de la variation et stipule que le loyer ne peut être révisé qu'à la hausse. • Civ. 3e, 14 janv. 2016, nº 14-24.681 P : *D. 2016. Actu. 199, obs. Rouquet ; AJDI 2016. 365, note Planckeel ; RTD com. 2016. 56, obs. Kendérian et Monéger ; JCP E 2016, nº 1132, note Brignon ; RJDA 2016, nº 261 ; Loyers et copr. 2016, nº 66, obs. Brault.* – V. aussi • Paris, 12 juin 2013 : *AJDI 2013. 517, obs. Planckeel*. ♦ La renonciation par le preneur à son droit d'obtenir la révision à la baisse du loyer en vigueur à la valeur locative ne peut valablement intervenir qu'une fois ce droit acquis, soit après le constat d'une augmentation du loyer de plus d'un quart par le jeu de la clause d'échelle mobile. • Civ. 3e, 30 mars 2017, nº 16-13.914 P : *D. 2017. Chron. C. cass. 1575, obs. Dumont-Lefrand ; AJDI 2017. 588, obs. Planckeel et Antoniutti ; JCP E 2017, nº 1259 ; RJDA 2017, nº 393 ; LPA 21 août 2017, note Battistini ; Loyers et copr. 2017, nº 109, obs. Chavance.*

Le propre d'une clause d'échelle mobile est de faire varier à la hausse et à la baisse, de sorte que la clause figurant au bail et écartant toute réciprocité de variation, si elle ne crée pas la distorsion prohibée par l'art. L. 112-1 C. mon. fin., fausse le jeu normal de l'indexation. D'autre part, la neutralisation des années de baisse de l'indice de référence a mathématiquement pour effet de modifier le délai d'atteinte du seuil de variation du quart, conditionnant la révision du loyer, tel qu'il résulterait de l'évolution réelle de l'indice. Dès lors, la cour d'appel a exactement retenu que la clause d'indexation excluant toute réciprocité de la variation en prévoyant que l'indexation ne s'effectuerait que dans l'hypothèse d'une variation à la hausse contrevenait aux dispositions de l'art. L. 145-39 C. com. et devait être réputée non écrite par application de l'art. L. 145-15 du même code. • Civ. 3e, 12 janv. 2022, n° 21-11.169 B : *D. 2022. Actu. 70 ; AJDI 2022. 200, obs. Blatter ; JCP E 2022, n° 1160, obs. Brignon ; BRDA 2022, n° 4, p. 15.* ♦ En application de l'art. L. 145-39, est réputée non écrite toute clause d'indexation du loyer ne jouant qu'en cas de variation à la hausse de l'indice de référence. Pour réputer la clause d'indexation non écrite en son entier, l'arrêt retient que l'intention du bailleur était d'en faire, sans distinction de ses différentes parties, une condition essentielle et déterminante de son consentement, toutes les stipulations de cette clause revêtant un caractère essentiel, conduisant à l'indivisibilité de celles-ci et empêchant d'opérer un choix entre elles pour n'en conserver que certaines. En se déterminant ainsi, par des motifs impropres à caractériser l'indivisibilité, alors que seule la stipulation prohibée doit être réputée non écrite, la cour d'appel n'a pas donné de base légale à sa décision. • Même arrêt.

7. Nullité d'une clause. Sur les conséquences de la nullité d'une clause, V., condamnant le propriétaire à rembourser au locataire les loyers indûment perçus, • Civ. 3e, 13 déc. 1978 : *Gaz. Pal. 1979. 1. Somm. 112.* ♦ Comp., lorsque le preneur savait que la clause d'échelle mobile était nulle, • Civ. 3e, 12 juin 1979, n° 78-10.580 P. ♦ Les juges du fond apprécient souverainement si une clause nulle présente un caractère essentiel au contrat et si elle doit, ou non, entraîner la nullité de la convention tout entière. • Civ. 3e, 13 févr. 1969, n° 67-10.888 P : *D. 1969. Somm. 109.* ♦ Sur la nature frauduleuse des clauses stipulant le caractère déterminant du contrat de l'indice illicite, V. • Civ. 3e, 6 juin 1972, n° 71-11.279 P : *JCP 1972. II. 17255.*

II. MISE EN ŒUVRE DES CLAUSES D'ÉCHELLE MOBILE

8. Option entre révisions contractuelle et légale. Le législateur n'a pas entendu exclure, pour les baux indexés, la possibilité d'une révision dans les conditions de l'art. 27 du Décr. de 1953 [C. com., art. L. 145-38]. • Civ. 3e, 16 déc. 1998, n° 96-22.490 P : *D. 1999. IR 31 ; AJDI 1999. 324, note Blatter.* ♦ Sur le non-cumul des actions découlant des art. L. 145-38 et L. 145-39, V. • Angers, 10 janv. 2012 : *AJDI 2013. 204.*

9. Bénéficiaires de l'art. L. 145-39. En l'absence de distinction entre bailleur et preneur, l'action prévue par l'art. 28 du Décr. de 1953 [C. com., art. L. 145-39] est pareillement ouverte aux deux parties. • Com. 7 juin 1963 : *Bull. civ. III, n° 268.*

10. Périodicité. La périodicité triennale du jeu de la clause d'échelle mobile ne s'oppose pas à ce que, en cours de période, le loyer puisse faire l'objet d'une adaptation conformément aux dispositions de l'art. 28, al. 2 s., du Décr. de 1953 [C. com., art. R. 145-22]. • Civ. 3e, 22 nov. 1989, n° 88-14.336 : *Loyers et copr. 1990, n° 133.*

11. Automaticité de la révision. La clause d'échelle mobile s'applique de plein droit et sans formalité. • Paris, 1er févr. 1983 : *D. 1984. IR 18.* ♦ ... A moins que le locataire ne demande l'adaptation judiciaire prévue par l'art. 28, al. 2 s., du Décr. de 1953 [C. com., art. R. 145-22]. • Paris, 14 juin 1983 : *D. 1983. IR 488.* ♦ V. note 3 ss. art. R. 145-22.

12. Indice à retenir. S'il n'en est autrement décidé par le juge, l'indice de base à retenir pour l'application de la clause est celui publié à la date de la demande en révision. • Civ. 3e, 12 févr. 1985, n° 83-10.443 P : *Rev. loyers 1985. 292.*

13. Date d'effet de la révision. En l'absence de contestation du locataire sur la fixation d'un loyer supérieur à celui résultant de l'application de la clause d'échelle mobile, la majoration du prix du bail au-delà du loyer conventionnel ne peut prendre effet qu'à la date de la demande faite par le bailleur. • Civ. 3e, 27 janv. 1988, n° 86-18.177 : *Gaz. Pal. 1988. 1. 195, note Barbier.* ♦ V. aussi art. R. 145-22, al. 2 et 3, et la jurisprudence y afférente.

14. Impact du retour à la valeur locative sur le loyer de renouvellement. V. note 11 ss. art. L. 145-33.

15. Variation de plus du quart. Ne saurait être ajouté, pour le calcul de la variation prévue à l'art. L. 145-39, au loyer annuel fixé au bail le montant de la taxe foncière que doit rembourser le locataire au propriétaire au titre d'un transfert conventionnel des charges, la clause d'échelle mobile n'étant pas applicable à cette taxe. • Civ. 3e, 3 mai 2012, n° 11-13.448 P : *D. 2012. Actu. 1328, obs. Rouquet.* – V. aussi • Civ. 3e, 15 déc. 2016, n° 15-27.148 P : *D. actu. 22 déc. 2016, obs. Rouquet ; D. 2017. Actu. 5 ; JCP E 2017, n° 1059, note Brignon ; RJDA 2017, n° 226 ; LPA 9 juin 2017, note Battistini.*

16. Notion de « prix précédemment fixé ». V. notes 1 s. ss. art. R. 145-22.

Art. L. 145-40 **Les loyers payés d'avance, sous quelque forme que ce soit, et même à titre de garantie, portent intérêt au profit du locataire, au taux pratiqué par la Banque de France pour les avances sur titres, pour les sommes excédant celle qui correspond au prix du loyer de plus de deux termes.** – *[Décr. n° 53-960 du 30 sept. 1953, art. 24.]*

BIBL. ▶ Le Corre, *AJDI 2003. 657* (dépôt de garantie et compensation dans les procédures collectives). – d'Argenlieu, *Gaz. Pal. 2004. 2900* (bailleur commercial, dépôts de garantie et intérêt annuel).

1. Champ d'application. Les dispositions de l'art. L. 145-40 ne peuvent s'appliquer à une somme restant due par le bailleur au titre de la restitution du dépôt de garantie versé pour un bail ayant pris fin. • Civ. 3e, 7 mai 2014, n° 12-22.637 : *Loyers et copr. 2014, n° 212, obs. Brault ; Administrer 6/2014. 36, obs. Lipman-W. Boccara.*

2. Montant du dépôt de garantie. En l'absence de règle spécifique dans le statut des baux commerciaux, le principe qui s'applique est celui de la libre volonté des parties au contrat de bail commercial. L'art. 10 de la L. n° 2008-111 du 8 févr. 2008, qui modifie la L. n° 89-462 du 6 juill. 1989 et qui ramène, pour les baux d'habitation, le montant maximal du dépôt de garantie à un mois, n'a pas vocation légale à s'appliquer aux baux commerciaux. Toutefois, par analogie avec les dispositions de la L. du 8 févr. 2008, il paraîtrait équitable qu'une des parties au contrat de bail commercial revendique que le montant du dépôt de garantie soit limité à un mois de loyer, mais cela relève de la négociation contractuelle. * Rép. min. n° 25087 : *JOAN Q 28 oct. 2008, p. 9282 ; AJDI 2008. 969 ; JCP E 2008. 2393.*

3. Paiement mensuel. Viole l'art. 24 du Décr. de 1953 [C. com., art. L. 145-40] l'arrêt qui rejette une demande formée pour les intérêts des sommes payées d'avance excédant deux mois de loyers tout en constatant que le loyer était payable par terme mensuel. • Civ. 3e, 6 mai 1985, n° 83-11.840 P : *Ann. loyers 1986. 607.*

4. Cession de bail. Jugé, au visa de l'anc. art. L. 621-88 C. com., que le cessionnaire d'un bail est tenu d'exécuter le contrat dans les conditions en vigueur au jour de l'ouverture de la procédure collective et que, dès lors que le bail comportait une clause prévoyant le versement d'un dépôt de garantie à la charge du preneur, il devait le reconstituer. • Com. 16 sept. 2008, n° 06-17.809 P : *cité note 37 ss. art. L. 642-7.* ♦ Sur le sort du dépôt de garantie en cas de cession de la société locataire, V. • Civ. 3e, 9 juin 2009, n° 08-14.853 : *AJDI 2009. 621.*

5. Prescription. L'action en paiement des intérêts dus en application de l'art. 24 du Décr. de 1953 [C. com., art. L. 145-40] est soumise à la prescription de deux ans prévue à l'art. 33 [C. com., art. L. 145-60]. • Paris, 8 mars 1984 : *D. 1984. IR 314.* ♦ V. aussi, en matière de restitution du dépôt de garantie, note 11 ss. art. L. 145-60.

6. Pas-de-porte. V. note 35 ss. art. L. 145-14, et note 5 ss. art. R. 145-8.

Loi n° 77-1457 du 29 décembre 1977, *relative à diverses dispositions en matière de prix.* **Art. 11** Tout locataire ou occupant de bonne foi peut exiger la remise d'une quittance ou d'un reçu à l'occasion d'un règlement effectué par lui.

SECTION VI *BIS* DE L'ÉTAT DES LIEUX, DES CHARGES LOCATIVES ET DES IMPÔTS

(L. n° 2014-626 du 18 juin 2014, art. 13-I)

Art. L. 145-40-1 **Lors de la prise de possession des locaux par le locataire en cas de conclusion d'un bail, de cession du droit au bail, de cession ou de mutation à titre gratuit du fonds et lors de la restitution des locaux, un état des lieux est établi contradictoirement et amiablement par le bailleur et le locataire ou par un tiers mandaté par eux. L'état des lieux est joint au contrat de location ou, à défaut, conservé par chacune des parties.**

Si l'état des lieux ne peut être établi dans les conditions prévues au premier alinéa, il est établi par un huissier de justice, sur l'initiative de la partie la plus diligente, à frais partagés par moitié entre le bailleur et le locataire.

Le bailleur qui n'a pas fait toutes diligences pour la réalisation de l'état des lieux ne peut invoquer la présomption de l'article 1731 du code civil.

Pour les baux conclus avant l'entrée en vigueur de la L. n° 2014-626 du 18 juin 2014, l'art. L. 145-40-1, dans sa rédaction résultant de la loi préc., s'applique à toute restitution d'un local dès lors qu'un état des lieux a été établi lors de la prise de possession (L. préc., art. 13-II).

V. aussi 2e note ss. art. L. 145-2.

BIBL. ► MARCET, *Loyers et copr. 2014. Dossier 4* (encadrement des relations entre les parties en matière d'état des lieux, de charges récupérables et de travaux).

Constitutionnalité. Sur la conformité à la Constitution de l'art. L. 145-40-1, V. • Civ. 3e, QPC, 6 févr. 2020, n° 19-19.503 P : *cité note 9 ss. art. L. 145-34.*

Art. L. 145-40-2 **Tout contrat de location comporte un inventaire précis et limitatif des catégories de charges, impôts, taxes et redevances liés à ce bail, comportant l'indication de leur répartition entre le bailleur et le locataire. Cet inventaire donne lieu à**

un état récapitulatif annuel adressé par le bailleur au locataire dans un délai fixé par voie réglementaire. En cours de bail, le bailleur informe le locataire des charges, impôts, taxes et redevances nouveaux.

Lors de la conclusion du contrat de location, puis tous les trois ans, le bailleur communique à chaque locataire :

1° Un état prévisionnel des travaux qu'il envisage de réaliser dans les trois années suivantes, assorti d'un budget prévisionnel ;

2° Un état récapitulatif des travaux qu'il a réalisés dans les trois années précédentes, précisant leur coût.

Dans un ensemble immobilier comportant plusieurs locataires, le contrat de location précise la répartition des charges ou du coût des travaux entre les différents locataires occupant cet ensemble. Cette répartition est fonction de la surface exploitée. Le montant des impôts, taxes et redevances pouvant être imputés au locataire correspond strictement au local occupé par chaque locataire et à la quote-part des parties communes nécessaires à l'exploitation de la chose louée. En cours de bail, le bailleur est tenu d'informer les locataires de tout élément susceptible de modifier la répartition des charges entre locataires.

Un décret en Conseil d'État fixe les modalités d'application du présent article. Il précise les charges, les impôts, taxes et redevances qui, en raison de leur nature, ne peuvent être imputés au locataire et les modalités d'information des preneurs. — *V. art. R. 145-36 et R. 145-37.*

L'art. L. 145-40-2, tel qu'il résulte de l'art. 13 de la L. n° 2014-626 du 18 juin 2014, est applicable aux contrats conclus ou renouvelés à compter du premier jour du troisième mois suivant la promulgation de ladite loi (L. préc., art. 21-II).

V. aussi 2e note ss. art. L. 145-2.

BIBL. ► GUILLUY-FRIANT, *Rev. loyers 2003. 336* (négocier les clauses « travaux » des baux commerciaux). – CHALVIGNAC, *D. 2004. 2637* (répartition des travaux dans le bail commercial). – SAINTURAT, *Loyers et copr. 2006. Étude 20* (entretien, réparation et mise en conformité de l'immeuble et du local loué). – KENFACK, *AJDI 2014. 101* (liberté contractuelle et clauses de transfert de charges). – GAUCLÈRE, *BRDA 2015, n° 11, p. 21* (les charges locatives après la loi Pinel). – PLANCKEEL, *AJDI 2018. 502* (retour sur l'inventaire des charges dans les baux commerciaux).

1. Constitutionnalité. Sur la conformité à la Constitution de l'art. L. 145-40-2, V. • Civ. 3e, QPC, 6 févr. 2020, n° 19-19.503 P : *cité note 9 ss. art. L. 145-34.*

2. Liberté contractuelle. Les parties à un bail commercial organisent librement la répartition de la charge des réparations dans l'immeuble au terme de clauses qui peuvent déroger au droit commun du louage. • Civ. 3e, 27 nov. 2002, n° 01-12.816 P : *Rev. loyers 2003. 76, obs. Roux.* ♦ Les signataires d'un bail commercial sont libres du choix du mode de répartition des charges. • Paris, 3 avr. 1992 : *D. 1992. Somm. 365, obs. Rozès.* ♦ Seules des stipulations expresses du bail commercial peuvent mettre à la charge du locataire les travaux de ravalement, de toiture et de chauffage collectif. • Civ. 3e, 6 mars 2013, n° 11-27.331 P : *D. 2013. Pan. 1798, obs. Dumont-Lefrand ; RTD com. 2013. 231, obs. Kendérian.* ♦ Lorsque, aux termes du bail, le preneur n'est tenu que de la participation aux *charges relatives à l'entretien et aux réparations*, il incombe au bailleur d'établir que les travaux de restructuration ou de rénovation qui fondent sa demande de paiement relèvent de l'une ou l'autre de ces catégories (bailleur de centre commercial). • Civ. 3e, 13 nov. 2013, n° 12-23.982 : *AJDI 2014. 143.*

3. Opposabilité d'un règlement intérieur postérieur au bail. Rejetant le pourvoi dirigé contre une cour d'appel ayant appliqué les dispositions d'un règlement intérieur qui, établi par le bailleur postérieurement à la conclusion du bail commercial, ne rendait déterminable la quote-part de charges communes d'un immeuble incombant au locataire qu'au moment de l'exécution du contrat, en retenant que ce règlement avait été spécialement visé dans le bail comme devant définir la base de répartition des charges locatives, V. • Civ. 3e, 24 nov. 2004, n° 03-14.430 P : *D. 2005. Pan. 1100, obs. Rozès ; JCP E 2005. 863, n° 20, obs. Monéger.*

4. Adhésion à une association. Nul n'est tenu d'adhérer à une association ou, y ayant adhéré, d'en demeurer membre. • Cass., ass. plén., 9 févr. 2001, n° 99-17.642 P : *D. 2001. 1493, note Alfandari ; AJDI 2001. 611, obs. Giverdon ; Rev. sociétés 2001. 357, obs. Guyon.* ♦ La clause d'un bail commercial faisant obligation au preneur d'adhérer à une association des commerçants et à maintenir son adhésion pendant la durée du bail est entachée d'une nullité absolue. • Civ. 3e, 12 juin 2003, n° 02-10.778 P. ♦ La nullité de la clause d'adhésion ayant pour effet de remettre les parties dans leur situation initiale, la société preneuse à bail commercial doit restituer en valeur les services dont elle a bénéficié à ce titre. • Civ. 1re, 12 juill. 2012, n° 11-17.587 P : *D. 2012. Actu. 1954, obs. Rouquet ; JCP E 2013. 1410, n° 2, obs. Kenfack.* ♦ Mais l'obligation d'adhérer à une société d'exploitation de services communs inter-entreprises prévue par le cahier des charges d'une zone d'aménagement concerté déroge au principe de l'effet relatif des conventions. • Civ. 3e, 26 juin 2013, n° 12-19.698 P : *D. 2013. Actu. 1685 ; AJDI 2014. 282, obs. Rouquet.*

5. Taxe sur la valeur ajoutée. L'assujettissement des loyers à la TVA doit être prévu par le bail, que le loyer y soit assujetti dès l'origine ou que le bailleur se réserve la faculté d'opter pour ce régime en cours de contrat. • Paris, 28 mai 2003 : *Loyers et copr. 2003, n° 176, obs. Brault et Pereira-Osouf.* ♦ Comp., estimant que le preneur est redevable de la TVA, le bail stipulant qu'il est tenu de rembourser au bailleur tous les impôts, contributions, patentes, taxes et autres relatifs au commerce exploité, • Civ. 3e, 17 janv. 1979 : *Gaz. Pal. 1979. 1. Pan. 205.*

6. Charge de la preuve. Il incombe au bailleur qui réclame au preneur de lui rembourser, conformément au contrat de bail commercial le prévoyant, un ensemble de dépenses et de taxes, d'établir sa créance en démontrant l'existence et le montant de ces charges. La cour d'appel a, sans inverser la charge de la preuve ni méconnaître son office, exactement retenu que la bailleresse devait pour conserver, en les affectant à sa créance de remboursement, les sommes versées au titre des provisions, justifier le montant des dépenses et que, faute d'y satisfaire, elle devait restituer au preneur les sommes versées au titre des provisions. • Civ. 3e, 17 sept. 2020, n° 19-14.168 P : *D. 2020. Actu. 1836 ; JCP E 2020, n° 1401 ; RJDA 2020, n° 558.* ♦ En présence d'un bail verbal, il convient de rechercher l'existence d'un accord des parties sur le transfert au preneur de la charge de la taxe foncière. • Civ. 3e, 28 mai 2020, n° 19-10.056 P : *D. 2020. Actu. 1172 ; AJDI 2021. 115, obs. Blatter ; JCP E 2020, n° 1367, note Brignon ; RJDA 2020, n° 472.*

7. Pouvoirs du juge. Reconnaissant aux juges du fond le pouvoir souverain d'apprécier une clause ambiguë afférente aux charges, V. • Civ. 3e, 19 mars 2003, n° 01-13.912 : *Administrer 6/2003. 29, obs. Boccara et Lipman-W. Boccara* • 9 nov. 2004, n° 03-16.233 : *Loyers et copr. 2005, n° 93, obs. Ph.-H. B.* (travaux incombant au bailleur). ♦ L'absence de régularisation des charges dans les conditions prévues au bail commercial rend sans cause les appels trimestriels de provision à valoir sur le paiement de charges. • Civ. 3e, 5 nov. 2014, n° 13-24.451 P : *D. 2014. Actu. 2294 ; RTD com. 2014. 779, obs. Monéger ; RJDA 2015, n° 239 ; Loyers et copr. 2014, n° 298, obs. Chavance.*

SECTION VII DE LA RÉSILIATION

Art. L. 145-41 Toute clause insérée dans le bail prévoyant la résiliation de plein droit ne produit effet qu'un mois après un commandement demeuré infructueux. Le commandement doit, à peine de nullité, mentionner ce délai.

Les juges saisis d'une demande présentée dans les formes et conditions prévues *(Ord. n° 2016-131 du 10 févr. 2016, art. 6-III, en vigueur le 1er oct. 2016)* **« à l'article 1343-5** *[ancienne rédaction : aux articles 1244-1 à 1244-3]* **» du code civil peuvent, en accordant des délais, suspendre la réalisation et les effets des clauses de résiliation, lorsque la résiliation n'est pas constatée ou prononcée par une décision de justice ayant acquis l'autorité de la chose jugée. La clause résolutoire ne joue pas, si le locataire se libère dans les conditions fixées par le juge.** — *[Décr. n° 53-960 du 30 sept. 1953, art. 25.] — En cas de procédures de sauvegarde et de liquidation judiciaire, V. art. L. 622-14 et L. 641-12.*

Les contrats conclus avant le 1er oct. 2016 demeurent soumis à la loi ancienne, y compris pour leurs effets légaux et pour les dispositions d'ordre public. Lorsqu'une instance a été introduite avant l'entrée en vigueur de l'Ord. n° 2016-131 du 10 févr. 2016, l'action est poursuivie et jugée conformément à la loi ancienne. Cette loi s'applique également en appel et en cassation (Ord. préc., art. 9).

Le juge peut, compte tenu de la situation du débiteur et en considération des besoins du créancier, reporter ou échelonner, dans la limite de deux années, le paiement des sommes dues. — Par décision spéciale et motivée, il peut ordonner que les sommes correspondant aux échéances reportées porteront intérêt à un taux réduit au moins égal au taux légal, ou que les paiements s'imputeront d'abord sur le capital. — Il peut subordonner ces mesures à l'accomplissement par le débiteur d'actes propres à faciliter ou à garantir le paiement de la dette. — La décision du juge suspend les procédures d'exécution qui auraient été engagées par le créancier. Les majorations d'intérêts ou les pénalités prévues en cas de retard ne sont pas encourues pendant le délai fixé par le juge. — Toute stipulation contraire est réputée non écrite. — Les dispositions du présent art. ne sont pas applicables aux dettes d'aliment (C. civ., art. 1343-5). — **C. civ.**

BIBL. ▶ DERRUPPÉ, *RDI 1990. 57* (modifications résultant de la L. du 31 déc. 1989). – DUMONT-LEFRAND, *AJDI 2007. 450* (nécessaire information des créanciers inscrits). – SAINTURAT, *Administrer 11/2008. 15* (mise en œuvre de la clause résolutoire contractuelle). – DE LA VAISSIÈRE,

AJDI 2010. 536 (clause résolutoire ou résiliation judiciaire : quelle voie privilégier ?). – Kendérian, *JCP E 2017, n° 1258* (la clause résolutoire du bail commercial). – David, *AJDI 2018. 251* (la mise en œuvre de la clause résolutoire avant l'ouverture d'une procédure collective). – Leloup-Thomas et Rohan-Messager, *ibid. 256* (... dans le cadre d'une procédure collective). – Cerati, *JCP E 2020, n° 1302* (locataire et liquidation judiciaire : dernières évolutions jurisprudentielles). – Kendérian, *ibid., n° 1341* (la clause résolutoire du bail commercial).

I. MISE EN ŒUVRE DE LA CLAUSE RÉSOLUTOIRE

1. Motifs d'application de la clause résolutoire. La L. n° 89-1008 du 31 déc. 1989 a supprimé la condition exclusive du défaut de paiement du loyer en ce qui concerne la faculté d'accorder des délais donnée au juge saisi d'une demande d'acquisition d'une clause résolutoire pour non-paiement de loyers, charges et accessoires. • Paris, 5 avr. 1990 : *D. 1990. Somm. 259, obs. Rozès.* ♦ Ce texte s'applique à toutes les clauses prévoyant une résiliation de plein droit, y compris celles qui sanctionnent des obligations de faire. • Paris, 4 mai 1990 : *eod. loc.* ♦ V. par ex. : • Civ. 3e, 15 janv. 1992, n° 90-16.625 P. (suppression d'une enseigne) • 30 mai 1996, n° 93-17.201 P : *RDI 1996. 624, obs. Derruppé* (cession irrégulière) • 19 févr. 1997, n° 95-12.083 : *D. Affaires 1997. 469 ; RJDA 1997, n° 1304* (adjonction d'une activité complémentaire sans autorisation). ♦ Ce texte s'applique également lorsque l'infraction commise par le locataire a un caractère irréversible. • Civ. 3e, 30 mai 1996, n° 93-17.201 P : *préc.* • 19 févr. 1997, n° 95-12.083 : *préc.* ♦ Toutefois, la clause résolutoire ne pouvant être mise en œuvre que pour un manquement à une stipulation expresse du bail, ce manquement doit être contractuellement sanctionné par la clause résolutoire et les conditions d'application d'une telle clause doivent être interprétées strictement. • Civ. 3e, 19 mai 2004, n° 02-20.243 : *AJDI 2005. 208, note Dumont*.

2. Faculté de demander la résiliation judiciaire. L'insertion d'une clause de résiliation de plein droit ne prive pas le bailleur du droit de demander la résiliation judiciaire pour le même manquement. • Civ. 3e, 29 avr. 1985, n° 83-14.916 P : *Rev. loyers 1985. 376.* ♦ La délivrance d'un commandement visant la clause résolutoire ne le prive pas de demander ultérieurement le prononcé de la résiliation du bail, même en invoquant les manquements, objet de cette mise en demeure. • Civ. 3e, 4 mai 1994, n° 92-11.196 P : *Administrer 10/1994. 30, note Canu.* ♦ La mise en demeure prévue à l'art. 25 du Décr. de 1953 [C. com., art. L. 145-41] est sans application dans le cas d'une demande en résiliation judiciaire. • Civ. 3e, 9 oct. 1970, n° 68-13.182 P.

3. Renonciation du bailleur au jeu de la clause résolutoire. Cette renonciation exige la preuve de faits précis et non équivoques. • Com. 31 mai 1960 : *Bull. civ. III, n° 210.* ♦ Elle ne se présume pas et doit résulter d'actes qui l'impliquent nécessairement, et qui, accomplis volontairement et en connaissance de cause, manifestent de façon non équivoque l'intention de renoncer de leur auteur. • Com. 18 nov. 1965, n° 63-11.712 P. ♦ Le seul écoulement du temps ne constitue pas, par lui-même, un acte manifestant, sans équivoque, la volonté de renoncer à se prévaloir des effets de la clause résolutoire insérée au bail (bailleur n'ayant entrepris d'expulser le preneur qu'au bout de cinq ans). • Civ. 3e, 19 mars 2008, n° 07-11.194 P : *D. 2008. AJ 1056, obs. Rouquet ; AJDI 2008. 760, note Denizot ; RTD com. 2009. 81, obs. Kendérian*. ♦ La clause résolutoire ayant été stipulée au seul profit du bailleur, et celui-ci demandant la poursuite du bail, la cour d'appel a exactement déduit, de ces seuls motifs, sans dénaturation, que la locataire ne pouvait se prévaloir de l'acquisition de la clause. • Civ. 3e, 27 avr. 2017, n° 16-13.625 P : *D. 2017. 1595, note Tirel ; RTD com. 2017. 291, obs. Monéger ; JCP E 2017, n° 1352, note Brignon ; RJDA 2017, n° 532 ; Loyers et copr. 2017, n° 139, obs. Chavance.*

4. Clause résolutoire et force majeure. Les locataires ayant cessé d'exercer leur activité dans les lieux loués ne sauraient invoquer la maladie de l'un d'eux pour faire obstacle à la mise en œuvre de la clause résolutoire, ne s'agissant pas d'un cas de force majeure, le caractère irrésistible faisant défaut, dans la mesure où l'activité aurait pu être maintenue jusqu'à la vente du fond soit par le locataire non malade qui pouvait prendre un salarié, soit par une mesure de location-gérance. • Civ. 3e, 18 oct. 2005, n° 04-17.882 : *AJDI 2006. 121, note Denizot ; JCP E 2006. 1802, n° 3, obs. H. K.* ♦ Ne constitue pas un événement relevant de la force majeure la prescription par l'autorité administrative de travaux de sécurité dès lors que ces travaux – effectués en violation des dispositions contractuelles – n'ont été rendus nécessaires qu'en raison de l'adjonction par le locataire d'activités complémentaires à celles contractuellement prévues. • Civ. 3e, 13 juin 2007, n° 06-13.661 P : *D. 2007. AJ 1968, obs. Mbotaingar*.

5. Commandement et mise en demeure. Le commandement de payer visant la clause résolutoire constitue un acte conservatoire n'impliquant pas le consentement d'indivisaires titulaires d'au moins deux tiers des droits indivis. • Civ. 1re, 9 juill. 2014, n° 13-21.463 P : *D. 2014. Actu. 1590*. ♦ Sur la nécessité de délivrer un commandement lorsque l'infraction commise a un caractère irréversible, V. • Civ. 3e, 30 mai 1996, n° 93-17.201 P : *préc. note 1.* ♦

La mise en œuvre de la clause résolutoire pour une raison autre que le manquement à une obligation contractuelle n'a pas à être précédée de la délivrance d'un commandement (destruction de l'immeuble). • Civ. 3e, 14 oct. 2009, n° 08-14.926 P : *D. 2009. AJ 2611* ; *AJDI 2010. 307, note Rouquet* ; *JCP E 2010. 1001, note Roussille.* ♦ En l'absence de commandement de payer régulier, dont une assignation en référé ne tient pas lieu, la clause résolutoire ne peut avoir effet. • Civ. 3e, 25 mars 1992, n° 90-15.691 P. ♦ Le commandement tendant à mettre en œuvre une clause résolutoire et la mise en demeure prévue par l'art. 9 du Décr. de 1953 [C. com., art. L. 145-17] peuvent figurer dans un même acte. • Civ. 3e, 12 oct. 1982, n° 80-16.280 P. ♦ Le commandement doit rappeler la clause résolutoire. • Civ. 3e, 23 févr. 1982 : *Gaz. Pal. 1982. 2. Pan. 219.* ♦ La mise en œuvre d'une clause de résiliation de plein droit d'un bail commercial ne peut résulter que d'un acte extrajudiciaire. • Civ. 3e, 21 déc. 2017, n° 16-10.583 P : *D. 2018. 1057, note Tirel* ; *AJDI 2018. 350, obs. Blatter* ; *RTD com. 2018. 59, obs. Kendérian* ; *JCP E 2018, n° 1231, note Lebel* ; *RJDA 2018, n° 302.* ♦ Sur la possibilité de prévoir une mise en demeure par lettre recommandée, V. • Civ. 3e, 13 mars 2002, n° 00-17.391 : *Administrer 5/2002. 34, obs. crit. Boccara et Lipman-W. Boccara.* ♦ S'agissant d'une société, le commandement doit être délivré au lieu de son établissement ou, à défaut d'un tel lieu, en la personne de l'un de ses membres habilité à recevoir des notifications. • Civ. 3e, 4 mai 1994, n° 92-13.039 P. ♦ Le commandement de fournir des justificatifs de travaux est nul dès lors que cette demande est reléguée en fin d'acte, sans qu'il soit précisé, contrairement à la mise en demeure de payer le loyer, qu'il doit y être satisfait dans le délai d'un mois. • Civ. 3e, 24 mai 2000, n° 98-18.049 P : *D. 2000. AJ 323, obs. Rouquet* . ♦ Censurant la décision d'appel ayant validé une clause résolutoire indiquant qu'elle produira effet trente jours après commandement demeuré infructueux, V. • Civ. 3e, 11 déc. 2013, n° 12-22.616 P : *D. 2014. 344, note Brignon* .

6. Mauvaise foi du bailleur. La mauvaise foi du bailleur pour des motifs étrangers à la délivrance du commandement ne peut être prise en compte. • *Civ. 3e, 13 nov. 1997,* n° 95-16.419 P : *D. Affaires 1998. 58, obs. Y. R.* ; *AJDI 1998. 108, note Blatter* .

7. Persistance de l'infraction. Il appartient au bailleur d'établir la persistance de l'infraction aux clauses du bail après l'expiration du délai de mise en demeure. • Civ. 3e, 13 nov. 1997 : *préc. note 6.* ♦ Les juges, lorsqu'ils sont saisis d'une demande de constatation du défaut d'exécution dans le mois du commandement du paiement des sommes dues, doivent déclarer acquise la clause résolutoire, ce, même si le locataire est à jour de ses loyers au jour où ils statuent. • Civ. 3e, 7 déc. 2004, n° 03-18.144 P : *JCP E 2005. 863, n° 36, obs. Monéger.* ♦ Pour un exemple d'acquisition de la clause résolutoire, les travaux de réparation et de remise en état ayant été effectués postérieurement au délai fixé par le commandement, V. • Civ. 3e, 2 déc. 1998, n° 97-11.109 P : *D. Affaires 1999. 506, obs. Y. R.* ; *Rev. loyers 1999. 142, obs. Teilliais.*

8. Manquement réitéré. Lorsque le locataire s'est conformé à la mise en demeure dans le délai imparti, la résiliation ne peut être prononcée en raison d'une réitération du même manquement sans que celle-ci ait fait l'objet d'un nouveau commandement visant la clause résolutoire. • Civ. 3e, 22 juill. 1987, n° 86-13.998 P. – Comp. • Civ. 3e, 9 oct. 1996, n° 94-18.917 : *préc. note 1.*

9. Tierce opposition du locataire-gérant. Le locataire-gérant, étant l'ayant cause du propriétaire du fonds de commerce, n'est pas recevable à former tierce opposition à la décision ayant constaté l'acquisition de la clause résolutoire. • Civ. 3e, 5 avr. 1995, n° 94-10.678 P.

10. Redressement et liquidation judiciaires. V. art. L. 622-13, L. 622-14 et L. 641-12. – V. aussi note 16.

II. SUSPENSION JUDICIAIRE DES EFFETS DE LA CLAUSE

11. Constitutionnalité. La disposition autorisant le preneur d'un bail commercial, en obtenant des délais de grâce, à faire suspendre les effets de la clause résolutoire répond à un motif d'intérêt général, dont la mise en œuvre est entourée de garanties procédurales et de fond suffisantes. • Cass., ass. plén., QPC, 18 juin 2010, n° 09-71.209 P : *D. 2011. Pan. 1793, obs. Dumont-Lefrand* ; *AJDI 2011. 45, note Rouquet* ; *RTD com. 2011. 57, obs. Kendérian* .

12. Domaine. L'art. 25 du Décr. de 1953 [C. com., art. L. 145-41], dans sa rédaction issue de la L. du 31 déc. 1989, donne au juge le pouvoir d'accorder des délais pour suspendre les effets de la clause résolutoire quel que soit le motif invoqué comme manquement du preneur à ses obligations. • Civ. 3e, 27 oct. 1993, n° 91-19.563 P : *D. 1993. IR 247.*

13. Demande d'octroi de délais. Les juges ne sont autorisés à suspendre la réalisation des effets de la clause que s'ils sont saisis d'une demande présentée dans les formes et conditions prévues à l'art. 1244 [1343-5] C. civ. • Com. 11 juin 1958 : *Bull. civ. III, n° 246.*

14. Délai de la demande. Le preneur peut demander des délais de paiement et la suspension des effets de la clause résolutoire même après l'expiration du délai d'un mois à compter du commandement, tant que la résiliation n'est pas constatée par une décision passée en force de chose jugée. • Civ. 3e, 7 janv. 1998, n° 95-20.167 P : *D. 1998. IR 55*.

15. Pouvoirs du juge. Saisi aux fins de suspension des effets de la clause résolutoire, il appartient au juge d'instance, statuant en référé, d'examiner la demande au seul regard des dispositions de l'art. 25 du Décr. de 1953 [C. com., art. L. 145-41] et, par voie de conséquence, de l'art. 1244 [1343-5] C. civ., et non sur le fondement des art. 848 et 849 NCPC [C. pr. civ.]. • Civ. 3e, 30 mai 1996, n° 94-16.310 P : *D. 1996. IR 151*. ♦ Une cour d'appel ne saurait rejeter la demande de constatation d'acquisition de la clause résolutoire au motif que le preneur a régulièrement formé opposition au commandement, alors qu'elle n'a ni octroyé de délais, ni constaté qu'il en a été accordé. • Civ. 3e, 8 avr. 2010, n° 09-11.292 P : *D. 2010. Actu. 1072, obs. Rouquet*. ♦ Le juge qui accorde des délais pour suspendre les effets de la clause résolutoire apprécie souverainement l'opportunité d'accueillir la demande du locataire. • Civ. 3e, 27 oct. 1993, n° 91-19.563 P : *préc. note 12.* ♦ En dehors de la bonne foi, la condition première et indispensable à l'application de l'art. 25 du Décr. de 1953 [C. com., art. L. 145-41] prévoyant des délais de grâce est que le débiteur se trouve dans une situation qui ne lui permette pas de se libérer immédiatement. • Com. 30 avr. 1963 : *Bull. civ. III, n° 213.*

16. Procédures collectives. Le juge saisi d'une demande de délai avec suspension des effets de la clause résolutoire disposant d'un pouvoir discrétionnaire pour refuser de suspendre une telle clause, le mandataire-liquidateur ne saurait reprocher à une cour d'appel, statuant en référé, d'avoir rejeté sa demande de suspension des effets de la clause résolutoire durant six mois, dans l'attente de la régularisation de la cession du fonds de commerce et de la perception du prix de la cession. • Civ. 3e, 13 déc. 2005, n° 04-16.255 P : *Rev. loyers 2006. 140, obs. Gallet.* ♦ Viole l'art. L. 145-41 une cour d'appel qui, pour accorder à la société locataire, en liquidation judiciaire, un délai de trois mois pour réaliser la vente de son fonds de commerce et suspendre pendant ce délai les effets de la clause résolutoire, retient que la vente du fonds, que seule une absence de résiliation du bail autorise, est de nature à permettre le désintéressement, au moins partiel, des créanciers et plus spécialement du bailleur qui pourra être réglé de sa créance, même si celle-ci a entre-temps augmenté, alors qu'elle aurait dû subordonner les délais accordés et la suspension de la clause résolutoire au règlement des causes du commandement. • Civ. 3e, 9 mars 2005, n° 02-13.390 P : *D. 2005. AJ 955, obs. Rouquet*. ♦ Viole l'art. L. 145-41, ensemble l'art. L. 621-40, une cour d'appel qui retient que la suspension des poursuites individuelles intervenue pendant la procédure d'appel en raison de l'admission de la société locataire au bénéfice du redressement judiciaire ne fait pas obstacle à la constatation de l'acquisition de la clause résolutoire qui a produit tous ses effets antérieurement au jugement d'ouverture, alors qu'à la date du jugement d'ouverture, l'acquisition de la clause résolutoire pour défaut de paiement de loyers antérieurs à ce jugement n'avait encore été constatée par aucune décision de justice passée en force de chose jugée, de sorte que les effets du commandement de payer se trouvaient suspendus par l'ouverture de la procédure collective. • Civ. 3e, 27 juin 2006, n° 05-14.329 : *Administrer 11/2006. 34, obs. Lipman-W. Boccara* • 9 janv. 2008, n° 06-21.499 P : *cité note 3 ss. art. L. 622-14.* ♦ Les dispositions de l'art. L. 622-14 ne dérogent pas aux dispositions de l'art. L. 145-41 prévoyant, en cas de clause résolutoire, la délivrance préalable d'un commandement. • Com. 28 juin 2011, n° 10-19.331 : *cité note 6 ss. art. L. 622-14.* ♦ Aucune disposition légale n'impose au bailleur de notifier au mandataire judiciaire un commandement de payer visant des loyers échus après le jugement d'ouverture du redressement judiciaire du preneur. • Com. 15 nov. 2017, n° 16-13.219 P : *cité note 6 ss. art. L. 622-14.* ♦ Le bailleur, qui agit devant le juge-commissaire pour lui demander la constatation de la résiliation de plein droit du bail, sans revendiquer le bénéfice d'une clause résolutoire, n'est pas dans l'obligation de délivrer le commandement exigé par l'art. L. 145-41. • Com. 9 oct. 2019, n° 18-17.563 P : *D. 2019. Chron. C. cass. 2208, obs. Barbot ; AJ contrat 2020. 45, obs. Tirel ; Rev. sociétés 2019. 784, obs. Reille ; JCP E 2019, n° 1532, note Cerati-Gauthier ; RJDA 2020, n° 27 ; RLDA déc. 2019. 33, note Vallens.* ♦ Il résulte de la combinaison des art. L. 145-41 et L. 622-21 que l'action introduite par le bailleur, avant le placement sous sauvegarde de justice du preneur, en vue de faire constater l'acquisition de la clause résolutoire figurant au bail commercial pour défaut de paiement des loyers ou des charges échus antérieurement au jugement d'ouverture de la procédure, ne peut être poursuivie après ce jugement. • Civ. 3e, 13 avr. 2022, n° 21-15.336 B.

17. Délais octroyés. La durée du délai de grâce est limitée au délai prévu par l'art. 1244 [1343-5] C. civ. • Com. 14 févr. 1961, n° 60-10.229 P. ♦ Les juges n'ont pas le pouvoir d'accorder un nouveau délai si le premier n'a pas été respecté. • Civ. 3e, 14 oct. 1992, n° 90-21.657 P. ♦ Le paiement intervenu postérieurement à la date fixée par le juge est hors délai, le preneur ne pouvant, sans ajouter à l'ordonnance, exiger que cette décision lui fut signifiée pour s'acquitter du montant de l'arriéré locatif (à propos d'une ordonnance signifiée le lendemain de la date butoir). • Civ. 3e, 3 déc. 2003, n° 02-14.645 P : *AJDI 2004. 374, note Dumont*. ♦ Saisie par l'effet dévolutif de l'appel, la cour d'appel a le pouvoir de suspendre les effets de la clause résolutoire pendant un délai supérieur à celui que le premier juge avait accordé au locataire et décide à bon droit que ce locataire, s'étant libéré intégralement de sa dette dans ce délai, l'application de cette clause devait être écartée. • Civ. 3e, 8 avr. 1992, n° 91-10.465 P : *RJDA 1992, n° 564.* ♦ Saisie par l'effet dévolutif de l'appel, une cour d'appel a le pouvoir de suspendre les effets de la clause résolutoire en accordant elle-même des délais. • Civ. 3e, 19 juin 2013, n° 12-14.437 : *AJDI 2014. 281, obs. Lipman-W. Boccara.*

18. Octroi de délais rétroactifs. Pour une cour d'appel ayant à bon droit octroyé rétroactivement des délais d'exécution des travaux au locataire, V. • Civ. 3e, 20 févr. 1996, n° 94-15.763 : *Ann. loyers 1996. 1403.* – V. aussi • Civ. 3e, 18 mai 2010, n° 09-13.785 : *RJDA 2010, n° 830.* ♦ La cour d'appel a relevé que, si les causes du commandement de payer étaient partiellement fondées et si les conditions d'acquisition de la clause résolutoire étaient réunies, la société locataire avait réglé, le 9 juin 2015, toutes les sommes dues entre les mains de l'huissier de justice poursuivant. Elle a souverainement retenu que, compte tenu des efforts de la société locataire pour apurer la dette locative, il y avait lieu de lui accorder des délais rétroactifs au 9 juin 2015 en application de l'art. L. 145-41 et en a exactement déduit que la clause résolutoire n'avait pas produit ses effets. • Civ. 3e, 19 nov. 2020, n° 19-20.405 P : *cité note 7 ss. art. L. 145-15.*

19. Effets. L'octroi de délais par le juge implique nécessairement la suspension des effets de la clause résolutoire. • Civ. 3e, 7 janv. 1998, n° 95-20.167 P : *préc. note 14.* ♦ Une ordonnance de référé, non frappée d'appel, qui, même à tort, suspend les effets d'une clause résolutoire, dispense le débiteur de satisfaire au commandement dans le délai que celui-ci lui impartit et fait ainsi obstacle au jeu de cette clause. • Civ. 3e, 4 juill. 1978, n° 76-15.003 P. ♦ La clause résolutoire n'ayant pas effet si le locataire se libère dans les conditions fixées par le juge, encourt la cassation l'arrêt qui constate la résiliation du bail sans rechercher si le locataire ne s'était pas conformé aux décisions judiciaires qui lui avaient accordé des délais pour s'acquitter de *sa dette. • Civ. 3e, 9 janv. 1991,* n° 90-10.127 P : *D. 1992. 133, note Santa-Croce.* ♦ Comp., jugeant, au visa de l'art. 488 NCPC [C. pr. civ.], que l'ordonnance de référé qui constate l'acquisition d'une clause résolutoire n'ayant pas, au principal, l'autorité de la chose jugée, elle ne s'impose pas au juge du fond saisi aux mêmes fins, • Civ. 3e, 9 janv. 1991, n° 89-13.790 P : *JCP 1991. II. 21729, note Lévy.* ♦ Dès lors que l'ordonnance de référé est passée en force de chose jugée et en l'absence de décision contraire statuant au principal, le bailleur ne peut plus, en cas de non-respect par le preneur des délais de paiement conditionnant la suspension des effets de la clause résolutoire, demander unilatéralement l'exécution du bail résilié. • Civ. 3e, 22 oct. 2020, n° 19-19.542 P : *D. 2020. Actu. 2118 ; AJDI 2021. 509, obs. Blatter ; JCP E 2020, n° 1487 ; RJDA 2021, n° 7.*

20. Sanction du non-respect des conditions posées par le juge. A l'expiration du délai imparti par la mise en demeure, le locataire devient occupant sans droit ni titre. • Civ. 3e, 19 mars 1986, n° 84-11.396 P. ♦ Le juge du fond ne peut se contenter de s'assurer que la dette a été apurée à la date du commandement, il doit vérifier que l'échéancier fixé par le juge des référés a été respecté. • Civ. 3e, 16 juin 2010, n° 09-67.300 : *RJDA 2010, n° 1044.* ♦ La clause se trouve acquise au bailleur dès qu'un des versements prévus n'a pas été effectué à l'échéance fixée. • Com. 12 mai 1992, n° 90-17.755 P : *RJDA 1992, n° 810.* ♦ Dans le même sens, précisant que saisie au fond, une cour d'appel ne peut accorder de nouveaux délais, alors qu'elle constate que les délais accordés par l'ordonnance de référé ayant suspendu la réalisation de la clause résolutoire n'ont pas été respectés : • Civ. 3e, 15 oct. 2008, n° 07-16.725 P : *D. 2008. AJ 2719, obs. Rouquet ; RTD com. 2009. 81, obs. Kendérian.* ♦ Comp., en cas de mauvaise foi du bailleur, • Civ. 3e, 5 juill. 1995, n° 93-15.637 : *RJDA 1995, n° 945 ; Ann. loyers 1995. 1404.* ♦ L'acquéreur du local peut faire constater qu'avant même qu'il ne soit devenu propriétaire, la clause résolutoire avait été acquise et le locataire devenu occupant sans droit ni titre. • Civ. 3e, 30 mai 1990, n° 89-12.586 P.

III. NOTIFICATION AUX CRÉANCIERS INSCRITS

21. Applicabilité de l'art. L. 143-2 C. com. V. note ss. art. L. 143-2.

Art. L. 145-42 **Les clauses de résiliation de plein droit pour cessation d'activité cessent de produire effet pendant le temps nécessaire à la réalisation des transformations faites en application des dispositions de la section VIII.**

Ce délai ne saurait excéder six mois à dater de l'accord sur la déspécialisation ou de la décision judiciaire l'autorisant. – *[Décr. n° 53-960 du 30 sept. 1953, art. 34-7.]*

Art. L. 145-43 **Sont dispensés de l'obligation d'exploiter pendant la durée de leur stage les commerçants et personnes immatriculées au** *(Ord. n° 2021-1189 du 15 sept. 2021, art. 8, en vigueur le 1er janv. 2023)* **« registre national des entreprises en tant qu'entreprise du secteur des métiers et de l'artisanat** *[ancienne rédaction : répertoire des* *métiers]* », locataires du local dans lequel est situé leur fonds, qui sont admis à suivre un stage de conversion ou un stage de promotion au sens de l'article L. 900-2 (3° et 5°) *[L. 6313-1 nouv.]* du code du travail, dont la durée minimum est fixée par arrêté et dont la durée maximum ne peut excéder un an sauf s'il s'agit d'un stage dit de promotion bénéficiant de l'agrément prévu à l'article L. 961-3 *[L. 6341-4 nouv.]* dudit code. — *[L. nº 73-1193 du 27 déc. 1973, art. 53.]*

Art. L. 145-44 Dans le cas où, à l'issue d'un des stages prévus à l'article L. 145-43, le commerçant ou l'artisan quitte le local dont il est locataire pour convertir son activité en la transférant dans un autre local ou pour prendre une activité salariée, la résiliation du bail intervient de plein droit et sans indemnité à l'expiration d'un délai de trois mois à partir du jour où elle est signifiée au bailleur. — *[L. nº 73-1193 du 27 déc. 1973, art. 55.]*

Art. L. 145-45 *(L. nº 2005-845 du 26 juill. 2005, art. 165-II)* « La sauvegarde, » le redressement et la liquidation judiciaires n'entraînent pas, de plein droit, la résiliation du bail des immeubles affectés à l'industrie, au commerce ou à l'artisanat du débiteur, y compris les locaux dépendant de ces immeubles et servant à son habitation ou à celle de sa famille. Toute stipulation contraire est réputée non écrite. — *[Décr. nº 53-960 du 30 sept. 1953, art. 36.] — V. art. L. 622-13 s. et L. 641-12.*

BIBL. ▶ AUQUE, *RJ com. 2005. 478* (résiliation du bail commercial en cas de procédure de sauvegarde ou de redressement judiciaire du preneur). – SAINTOURENS, *Loyers et copr. 2005. Chron. 11* (régime du bail commercial après la réforme des procédures collectives). – GALLET, *Rev. loyers 2006. 71* (bail commercial après la loi du 26 juill. et le décret du 28 déc. 2005). – LE CORRE, *AJDI 2006. 175* (les baux commerciaux et la réforme des procédures collectives). – Dossier, *AJDI 2018. 249* (bail commercial et difficulté économique des locataires).

Art. L. 145-46 Lorsqu'il est à la fois propriétaire de l'immeuble loué et du fonds de commerce qui y est exploité et que le bail porte en même temps sur les deux, le bailleur doit verser au locataire, à son départ, une indemnité correspondant au profit qu'il peut retirer de la plus-value apportée soit au fonds, soit à la valeur locative de l'immeuble par les améliorations matérielles effectuées par le locataire avec l'accord exprès du propriétaire. — *[Décr. nº 53-960 du 30 sept. 1953, art. 37.]*

1. Validité des dérogations conventionnelles. L'art. 37 du Décr. de 1953 [C. com., art. L. 145-46] n'étant pas d'ordre public, les parties peuvent y déroger en concluant des conventions faisant échec au droit à l'indemnité de départ. • Toulouse, 21 août 1997 : *Loyers et copr. 1998, nº 69, obs. Brault et Mutelet.*

2. Bénéficiaires. L'art. 37 du Décr. de 1953 [C. com., art. L. 145-46] est inapplicable à celui qui exploite un fonds sur un terrain pour lequel il ne justifie d'aucun contrat de location, d'aucune quittance de loyer, et sur lequel les juges estiment qu'il n'y a pas de bail. • Civ. 3e, 23 avr. 1969, nº 67-12.322 P. ♦ L'indemnité n'est due que lorsque le locataire remplit personnellement les conditions exigées par ledit art. 37 [C. com., art. L. 145-46]. • Com. 25 janv. 1965, nº 63-11.187 P : *AJPI 1965. 1096.* ♦ Mais le bénéfice de l'indemnité ne saurait être refusé au prétendu motif que le statut ne serait pas applicable faute par le locataire d'être propriétaire du fonds, alors que l'art. 37 préc. [C. com., art. L. 145-46] prévoit précisément cette hypothèse. • Com. 16 nov. 1960, nº 58-10.967 P.

3. Améliorations. Le développement ou la reconstitution de la clientèle, ne rentrant pas dans les prévisions de l'art. 37 du Décr. de 1953 [C. com., art. L. 145-46], n'est pas susceptible de donner droit à une indemnité. • Com. 6 oct. 1958 : *Bull. civ. III, nº 325.*

4. Droit de rétention. Le simple locataire d'un fonds de commerce ne possède aucun droit de rétention jusqu'au paiement de l'indemnité de plus-value de l'art. 37 du Décr. de 1953 [C. com., art. L. 145-46]. • Colmar, 10 avr. 1957 : *Gaz. Pal. 1957. 2. 24* • Aix-en-Provence, 14 janv. 1958 : *Ann. loyers 1959. 149.*

Art. L. 145-46-1 *(L. nº 2014-626 du 18 juin 2014, art. 14)* Lorsque le propriétaire d'un local à usage commercial ou artisanal envisage de vendre celui-ci, il en informe le locataire par lettre recommandée avec demande d'avis de réception, ou remise en main propre contre récépissé ou émargement. Cette notification doit, à peine de nullité, indiquer le prix et les conditions de la vente envisagée. Elle vaut offre de vente au profit du locataire. Ce dernier dispose d'un délai d'un mois à compter de la réception de cette offre pour se prononcer. En cas d'acceptation, le locataire dispose, à compter de la date d'envoi de sa réponse au bailleur, d'un délai de deux mois pour la réalisa-

tion de la vente. Si, dans sa réponse, il notifie son intention de recourir à un prêt, l'acceptation par le locataire de l'offre de vente est subordonnée à l'obtention du prêt et le délai de réalisation de la vente est porté à quatre mois.

Si, à l'expiration de ce délai, la vente n'a pas été réalisée, l'acceptation de l'offre de vente est sans effet.

Dans le cas où le propriétaire décide de vendre à des conditions ou à un prix plus avantageux pour l'acquéreur, le notaire doit, lorsque le bailleur n'y a pas préalablement procédé, notifier au locataire dans les formes prévues au premier alinéa, à peine de nullité de la vente, ces conditions et ce prix. Cette notification vaut offre de vente au profit du locataire. Cette offre de vente est valable pendant une durée d'un mois à compter de sa réception. L'offre qui n'a pas été acceptée dans ce délai est caduque.

Le locataire qui accepte l'offre ainsi notifiée dispose, à compter de la date d'envoi de sa réponse au bailleur ou au notaire, d'un délai de deux mois pour la réalisation de l'acte de vente. Si, dans sa réponse, il notifie son intention de recourir à un prêt, l'acceptation par le locataire de l'offre de vente est subordonnée à l'obtention du prêt et le délai de réalisation de la vente est porté à quatre mois. Si, à l'expiration de ce délai, la vente n'a pas été réalisée, l'acceptation de l'offre de vente est sans effet.

Les dispositions des quatre premiers alinéas du présent article sont reproduites, à peine de nullité, dans chaque notification.

Le présent article n'est pas applicable en cas de cession unique de plusieurs locaux d'un ensemble commercial, de cession unique de locaux commerciaux distincts ou de cession d'un local commercial au copropriétaire d'un ensemble commercial. Il n'est pas non plus applicable à la cession globale d'un immeuble comprenant des locaux commerciaux ou à la cession d'un local au conjoint du bailleur, ou à un ascendant ou un descendant du bailleur ou de son conjoint. *(L. nº 2022-217 du 21 févr. 2022, art. 118)* **« Il n'est pas non plus applicable lorsqu'il est fait application du droit de préemption institué aux chapitres Ier et II du titre Ier du livre II du code de l'urbanisme ou à l'occasion de l'aliénation d'un bien sur le fondement de l'article L. 213-11 du même code. »**

L'art. L. 145-46-1, tel qu'il résulte de l'art. 14 de la L. nº 2014-626 du 18 juin 2014, s'applique à toute cession d'un local intervenant à compter du sixième mois qui suit la promulgation de la même loi (L. préc., art. 21-III).

V. aussi 2e note ss. art. L. 145-2.

L'exploitant d'une résidence de tourisme, située en zone de montagne au sens de l'art. 3 de la L. nº 85-30 du 9 janv. 1985 relative au développement et à la protection de la montagne, peut céder à titre gratuit le droit conféré par l'art. L. 145-46-1 C. com. à un établissement public y ayant vocation, à une société d'économie mixte, à une société publique locale ou à un opérateur agréé par l'État (C. tourisme, art. L. 321-5, al. 1er).

BIBL. ▸ LEFOND, *JCP N 2014, nº 1350* (droit de préemption des locataires commerçants ou artisans : quelle entrée en vigueur ?) ; *ibid. 2015, nº 1003* (formules). – ROUSSEL, SAINTOURENS et VIUDÈS, *Dr. et patr. 1/2015. 28 ; ibid. 2/2015. 24* (droit de préférence du preneur à bail commercial). – LAFOND, *Loyers et copr. 2015. Formules 6 à 8* (droit de préemption par le locataire commerçant ou artisan : notification réitérée [purge du droit de préemption subsidiaire]). – DUMORTIER, *AJDI 2015. 759* (domaine du droit de préemption du locataire commercial). – KENDÉRIAN, *RLDA oct. 2016. 44* (droit de préemption légal du preneur à bail commercial et procédures collectives : quelle articulation ?). – LAFOND, *JCP N 2018, nº 1187* (que faire quand l'existence du droit de préemption du locataire pose problème ?). – ALLARD-KOHN, *BRDA 2018, nº 11, p. 20* (le droit de préemption du locataire commercial à l'épreuve de la pratique). – AUQUE, *AJDI 2019. 519* (le droit de préemption du locataire commercial). – ALLARD-KOHN, *RJDA 2/2020. 75* (le droit de préférence du locataire commercial).

1. Domaine du droit de préemption. Sous réserve de l'interprétation contraire des tribunaux, la cession globale d'un immeuble ne comportant qu'un local commercial n'est pas soumise au droit de préemption. * Rép. min nº 5054 du 14 août 2018 : *BRDA 2018, nº 18, p. 12.* ♦ Ayant retenu que la vente aux enchères publiques de l'immeuble, constituant l'actif de la SCI en liquidation, était une vente judiciaire et relevé que la société n'était locataire que pour partie de l'ensemble immobilier mis en vente, le terrain ayant été donné à bail à d'autres sociétés, la cour d'appel en a à bon droit déduit que les dispositions de l'art. L. 145-46-1 n'étaient pas applicables et que la cession globale de l'immeuble ne pouvait donner lieu à l'exercice d'un droit de préemption. • Civ. 3e, 17 mai 2018, nº 17-16.113 P : *D. 2018. Actu. 1070 ; AJDI 2018. 578,* *note Viudès et Roussel* ; *RTD com. 2018. 605, obs. Kendérian* ; *JCP E 2018, n° 1320* ; *RJDA 2018, n° 562.* ♦ La vente de gré à gré d'un actif immobilier dépendant d'une liquidation judiciaire est une vente faite d'autorité de justice. Il en résulte que les dispositions de l'art. L. 145-46-1, qui concernent le cas où le propriétaire d'un local commercial ou artisanal envisage de le vendre, ne sont pas applicables et qu'une telle vente ne peut donner lieu à l'exercice d'un droit de préemption par le locataire commercial. • Com. 23 mars 2022, n° 20-19.174 B : *D. actu. 5 avr. 2022, obs. Ferrari.*

2. Honoraires de négociation. Ayant retenu à bon droit qu'en application du 1er al. de l'art. L. 145-46-1, disposition d'ordre public, le bailleur qui envisage de vendre son local commercial doit préalablement notifier au preneur une offre de vente qui ne peut inclure des honoraires de négociation et ayant relevé que le preneur avait fait connaître au bailleur son acceptation d'acquérir au seul prix de vente, la cour d'appel en a exactement déduit que la vente était parfaite. • Civ. 3e, 28 juin 2018, n° 17-14.605 P : *D. 2018. 1736, avis Burgaud* ; *ibid. 1740, note Viudès et Roussel* ; *AJDI 2019. 122, obs. Blatter* ; *RTD com. 2018. 605, obs. Kendérian* ; *JCP E 2018, n° 1454, note Alidor* ; *RJDA 2018, n° 710* ; *LPA 13-14 sept. 2018, note Moya.* ♦ Le litige portant sur l'exercice par la locataire du droit que lui confère l'art. L. 145-46-1 lorsque le bailleur envisage de vendre son bien, c'est sans méconnaître les art. 14 C. pr. civ. et 6 § 1 Conv. EDH que la cour d'appel s'est prononcée en l'absence de l'agent immobilier. • Même arrêt. ♦ Si l'offre de vente notifiée au preneur à bail commercial ne peut inclure dans le prix offert des honoraires de négociation d'un agent immobilier, dès lors qu'aucun intermédiaire n'est nécessaire ou utile pour réaliser la vente qui résulte de l'effet de la loi, la seule mention dans la notification de vente, en sus du prix principal, du montant des honoraires de l'agent immobilier, laquelle n'avait introduit aucune confusion dans l'esprit du preneur, qui savait ne pas avoir à en supporter la charge, n'est pas une cause de nullité de l'offre de vente. Dès lors que sur l'offre de vente notifiée au preneur, qui mentionnait le montant des honoraires de l'agence, le prix de vente en principal était clairement identifié, il en résulte que le preneur pouvant accepter le prix proposé, hors frais d'agences, l'offre de vente n'était pas nulle. • Civ. 3e, 23 sept. 2021, n° 20-17.799 B : *AJDI 2022. 199, obs. Blatter* ; *RTD com. 2021. 778, obs. Monéger* ; *JCP E 2022, n° 1013, note Boismery* ; *RJDA 2021, n° 767* ; *RLDA févr. 2022, p. 39, note Nallet.*

SECTION VIII DE LA DÉSPÉCIALISATION

Art. L. 145-47 **Le locataire peut adjoindre à l'activité prévue au bail des activités connexes ou complémentaires.**

A cette fin, il doit faire connaître son intention au propriétaire par acte extrajudiciaire *(L. n° 2015-990 du 6 août 2015, art. 207-I-4°)* **« ou par lettre recommandée avec demande d'avis de réception », en indiquant les activités dont l'exercice est envisagé. Cette formalité vaut mise en demeure du propriétaire de faire connaître dans un délai de deux mois, à peine de déchéance, s'il conteste le caractère connexe ou complémentaire de ces activités. En cas de contestation, le** *(Ord. n° 2019-964 du 18 sept. 2019, art. 35, en vigueur le 1er janv. 2020)* **« tribunal judiciaire** *[ancienne rédaction : tribunal de grande instance]* **», saisi par la partie la plus diligente, se prononce en fonction notamment de l'évolution des usages commerciaux.**

Lors de la première révision triennale suivant la notification visée à l'alinéa précédent, il peut, par dérogation aux dispositions de l'article L. 145-38, être tenu compte, pour la fixation du loyer, des activités commerciales adjointes, si celles-ci ont entraîné par elles-mêmes une modification de la valeur locative des lieux loués. – *[Décr. n° 53-960 du 30 sept. 1953, art. 34.]*

V. 1re note ss. art. L. 145-4.

BIBL. ▸ Maupas, *JCP N 2009, n° 1113* (étude des notions d'inclusion et de déspécialisation). – Colomer, *Administrer 5/2010. 7* (valorisation du droit au bail « boutique » en cas de cession du bail avec déspécialisation). – Boismain, *JCP E 2013, n° 1138* (les activités connexes et complémentaires et les juges du fonds). – Monéger, *AJDI 2018. 268* (la déspécialisation et les difficultés économiques du locataire). – Lemay, *RLDA juill. 2020. 50* (le bail commercial à l'épreuve des difficultés économiques du locataire).

1. Clause d'enseigne et déspécialisation partielle. Ayant relevé que les trois contrats (cession du fonds de commerce, franchise et bail commercial) signés quasi simultanément formaient un tout et que chacun ne pouvait s'analyser qu'à la lumière des deux autres, une cour d'appel, qui en a justement déduit que l'enseigne étant unique, l'obligation imposée au preneur d'exercer son activité sous telle enseigne précise ne lui permettait pas de faire valoir son droit à déspécialisation partielle, par adjonction d'activités connexes ou complémentaires, a retenu à bon droit la nullité de la clause du bail qui précisait que, pendant toute la durée du bail, le preneur devait tenir les lieux loués à usage d'habitation et d'approvisionnement général avec un rayon boucherie sous une enseigne précise. • Civ. 3e, 12 juill. 2000, n° 98-21.671 P : *D. 2000. AJ 399, obs. Monéger-Dupuis ; AJDI 2000. 926, obs. Blatter ; RTD com. 2000. 871, obs. Monéger ; JCP E 2001, n° 4, p. 177, obs. Kéita.* ♦ V. également note 10 ss. art. L. 145-15.

I. RÉGIME DE LA DÉSPÉCIALISATION PARTIELLE

2. *Bénéficiaires.* Les anciens locataires auxquels le renouvellement a été refusé sans indemnité pour motif grave et légitime sont, après l'expiration du bail, de simples occupants sans qualité pour solliciter une autorisation d'extension du commerce. • Civ. 3e, 14 févr. 1969, n° 66-12.813 P.

3. *Demande.* Si le texte permet au locataire de demander au tribunal de lui accorder l'autorisation refusée par le bailleur, c'est à la condition que cette demande soit formée préalablement à l'extension projetée. • Civ. 3e, 8 janv. 1969, n° 67-11.106 P : *Rev. loyers 1969. 116.* ♦ Une assignation à jour fixe délivrée par le preneur n'équivaut pas à la mise en demeure prévue par le texte et ne fait pas courir le délai de deux mois. • Civ. 3e, 24 févr. 1976, n° 74-12.786 P.

4. *Défaut de demande.* Lorsque le preneur n'a pas sollicité l'autorisation, le bailleur est fondé à lui faire sommation de cesser l'activité qui n'entre pas dans les prévisions du bail. • Civ. 3e, 27 nov. 1970, n° 69-12.468 P : *D. 1971. Somm. 33.* ♦ ... Et le juge peut l'interdire. • Civ. 3e, 16 nov. 1971, n° 70-12.623 P : *D. 1972. Somm. 27.* ♦ Le bail peut être résilié par l'application d'une clause résolutoire. • Civ. 3e, 25 févr. 1975, n° 74-10.856 P. ♦ Constatant la résiliation du bail de plein droit, le locataire ayant étendu son activité sans attendre l'issue de son action en déspécialisation, V. • Civ. 3e, 28 mai 2003, n° 02-11.155 P : *D. 2003. AJ 1764, obs. Rouquet ; AJDI 2003. 664, obs. Blatter .* ♦ Mais si la demande de résiliation est fondée sur l'art. 1184 [ancien] C. civ., les juges du fond apprécient souverainement si l'inexécution par le *preneur de ses obligations doit entraîner la résiliation.* • Civ. 3e, 16 mars 1977 : *Rev. loyers 1977. 323.* ♦ Comp., en cas de demande régulière, note 6. ♦ Sur le changement de destination, motif grave et légitime de non-renouvellement, V. note 9 ss. art. L. 145-17.

5. *Réponse du bailleur.* Le bailleur, tenu de faire connaître dans le délai légal s'il conteste le caractère connexe ou complémentaire des nouvelles activités que désire exercer le preneur, n'est pas astreint à exprimer son opposition sous une forme particulière. • Civ. 3e, 6 mars 1973, n° 72-10.454 P. ♦ Une simple tolérance ne peut valoir autorisation implicite. • Civ. 3e, 26 nov. 1991, n° 90-16.149 : *Loyers et copr. 1992, n° 69, obs. Brault.* ♦ Lorsque le bailleur n'a pas contesté dans le délai le caractère connexe ou complémentaire de l'activité projetée, mais a seulement manifesté son opposition à l'extension envisagée, cette dernière est acquise au locataire. • Civ. 3e, 1er mars 1995, n° 93-16.062 P : *D. 1995. IR 79 ; RDI 1995. 604, obs. Derruppé .* ♦ Mais ayant exactement retenu que le bailleur n'était pas tenu de motiver sa contestation, la cour d'appel, qui a constaté que les bailleresses avaient manifesté de façon non équivoque leur opposition à l'adjonction aux activités autorisées au bail de l'activité envisagée par la locataire dans le délai imparti, en a justement déduit que la déchéance prévue à l'art. L. 145-47 n'était pas encourue. • Civ. 3e, 9 févr. 2017, n° 15-28.759 P : *D. 2017. Chron. C. cass. 1574, obs. Dumont-Lefrand ; RTD com. 2017. 293, obs. Monéger ; JCP E 2017, n° 1141 ; RJDA 2017, n° 317 ; Loyers et copr. 2017, n° 141, obs. Chavance.*

6. *Droits des tiers.* L'art. 34 du Décr. de 1953 [C. com., art. L. 145-47] exige seulement que la nouvelle branche commerciale soit accessoire ou complémentaire du commerce déjà exploité, sans avoir à faire état des droits éventuels des tiers. • Civ. 3e, 13 févr. 1969, n° 67-11.783 P. ♦ Ainsi, une exclusivité accordée par le bail à un locataire dans le même immeuble ne peut faire échec audit art. 34 [C. com., art. L. 145-47]. • Civ. 3e, 24 oct. 1984, n° 83-11.433 P : *JCP 1985. II. 20474, note Boccara.* – V. aussi • Cass., ass. plén., 26 janv. 1973, n° 71-10.583 P : *AJPI 1973. 704, note Viatte ; JCP 1973. II. 17462, note Boccara.* ♦ Jugeant qu'il convient de se fonder sur le caractère objectivement connexe ou complémentaire des activités dont l'adjonction est demandée et précisant qu'une clause de non-concurrence ne peut avoir pour effet d'interdire au preneur de solliciter la déspécialisation partielle, V. • Civ. 3e, 15 févr. 2012, n° 11-17.213 P : *D. 2012. Actu. 551, obs. Rouquet ; RTD com. 2012. 507, obs. Monéger .*

7. *Règlement de copropriété.* La déspécialisation ne peut être refusée en se fondant sur une clause d'exclusivité contenue dans le règlement de copropriété. • Civ. 3e, 18 mai 1971, n° 69-13.329 P : *JCP 1972. II. 16974, note P. L.*

8. *Révision du loyer.* Concernant l'incidence de la déspécialisation sur le loyer, V. note 11 ss. art. L. 145-15.

II. ACTIVITÉS CONNEXES OU COMPLÉMENTAIRES

9. *Définition.* Sont connexes à une activité celles qui ont un rapport étroit avec elle, et complémentaires celles qui sont nécessaires à un meilleur exercice de l'activité principale. • Paris, 27 mars 1990 : *D. 1990. IR 97.* ♦ Sur le pouvoir d'appréciation souverain des juges du fond, V. • Civ. 3e, 18 mars 1998, ♁ nº 96-16.384 P : *D. Affaires 1998. 942, obs. Y. R. ; RJDA 1998, nº 569.* ♦ L'exercice d'activités connexes ou complémentaires organisées mais non exercées dans les lieux loués nécessite une autorisation préalable. • Même arrêt. ♦ Un changement complet de commerce ne constitue pas une extension. • Com. 1er mars 1967, nº 65-14.046 P. ♦ Mais l'art. 34 du Décr. de 1953 [C. com., art. L. 145-47], exigeant seulement que l'activité envisagée par le locataire soit connexe ou complémentaire, n'exclut pas qu'elle puisse être prépondérante par rapport à l'activité ancienne. • Civ. 3e, 24 oct. 1984, ♁ nº 83-11.433 P : *préc. note 6.*

10. Exemples d'activités connexes ou complémentaires. Il en va ainsi de l'activité d'hôtel meublé et de bar à celle de piano-bar et de karaoké. • Civ. 3e, 17 juill. 1996, ♁ nº 94-19.784 : *RJDA 1996, nº 1304.* ♦ L'activité d'hôtel meublé est implicitement incluse dans la destination contractuelle d'hôtel. • Versailles, 22 janv. 2013 : ♁ *AJDI 2013. 613* ∅. ♦ L'activité de coiffure pour hommes est annexe à celle de coiffure pour dames. • Paris, 27 févr. 2013 : ♁ *Loyers et copr. 2013, nº 214, obs. Ph.-H. B.*

11. Notion d'activités incluses. L'activité de chauffage est, selon les usages de la profession, incluse dans l'activité de plomberie. • Civ. 3e, 13 janv. 1999, ♁ nº 96-20.408 : *Administrer 5/1999. 38, obs. Boccara, Lipman-W. Boccara et Sainturat.* ♦ La vente de cartes de téléphonie mobile est une activité incluse dans celle de débit de tabac. • Civ. 3e, 6 janv. 2009, ♁ nº 07-21.057 : *Administrer 3/2009. 45, obs. Lipman-W. Boccara ; Gaz. Pal. 2009. 1. Somm. 2078, obs. Ch.-É. Brault.* ♦ Mais l'activité de coiffure pour hommes n'est pas une activité incluse dans celle de coiffure pour dames, les techniques mises en jeu, les produits utilisés, les méthodes de travail étant différents, s'adressant à une clientèle par nature différente aux besoins différents. • Paris, 27 févr. 2013 : ♁ *préc. note 10.* ♦ De la même façon, le preneur autorisé à exploiter un centre sportif de squash et accessoirement un club-house avec restauration rapide, snack, salon de thé ne saurait exercer des activités de restauration et organiser des soirées musicales au profit de consommateurs n'ayant aucun lien avec les membres de ce centre sportif. • Civ. 3e, 25 janv. 2006, ♁ nº 04-20.173 : *AJDI 2006. 279, note Denizot* ∅. ♦ Ayant relevé que la vente de billets d'accès au château de Versailles était un service offert à leur clientèle par l'ensemble des bars restaurants situés à proximité et que cette activité offrait un service de proximité correspondant à l'évolution des usages des locaux commerciaux aux abords du château, la cour d'appel a pu en déduire que cette activité devait être considérée comme incluse dans le bail. • Civ. 3e, 16 sept. 2015, ♁ nº 14-18.708 P : *D. 2015. Actu. 1895* ∅ *; AJDI 2016. 115, obs. Dumont-Lefrand* ∅ *; JCP 2015, nº 1213, note Reygrobellet ; RJDA 2016, nº 89 ; LPA 31 déc. 2015, note Battistini.*

12. Exemples d'activités ni connexes ni complémentaires. L'exploitation d'un restaurant n'est pas une activité connexe à celle de commerce de vins et liqueurs avec autorisation de faire un plat du jour. • Civ. 3e, 23 nov. 1993, ♁ nº 92-13.370 : *Ann. loyers 1994. 751.* ♦ Le commerce de restaurateur ou celui de préparateur et vendeur de plats du jour n'est ni connexe ni complémentaire de celui de débitant de boissons. • Civ. 3e, 6 nov. 1991, ♁ nº 90-15.613 : *Rev. loyers 1992. 140.* ♦ De même, en fonction des usages locaux, la réparation de voitures avec atelier de carrosserie et peinture n'est pas connexe ou complémentaire de l'activité de garagiste sans réparations, avec poste d'essence. • Civ. 3e, 17 mars 1971, ♁ nº 69-14.324 P : *D. 1971. Somm. 137.*

Art. L. 145-48 **Le locataire peut, sur sa demande, être autorisé à exercer dans les lieux loués une ou plusieurs activités différentes de celles prévues au bail, eu égard à la conjoncture économique et aux nécessités de l'organisation rationnelle de la distribution, lorsque ces activités sont compatibles avec la destination, les caractères et la situation de l'immeuble ou de l'ensemble immobilier.**

Toutefois, le premier locataire d'un local compris dans un ensemble constituant une unité commerciale définie par un programme de construction ne peut se prévaloir de cette faculté pendant un délai de neuf ans à compter de la date de son entrée en jouissance. — *[Décr. nº 53-960 du 30 sept. 1953, art. 34-1.]*

1. Conjoncture économique et organisation de la distribution. Les conditions relatives à la conjoncture économique et à l'organisation rationnelle de la distribution sont cumulatives. • Civ. 3e, 18 mars 1980 : *Gaz. Pal. 1980. 2. Pan. 318* • 24 janv. 2001 : *Administrer 4/2001. 58, obs. Boccara et Lipman-W. Boccara.* ♦ Est justifié l'arrêt qui, pour autoriser un locataire à adjoindre à son activité de vente et toilettage d'animaux de compagnie, prévue par le bail, celle de vente d'accessoires, cadeaux et petits objets, après avoir pris en considération la conjoncture économique en constatant que la profession de toiletteur était peu rentable dans un marché presque saturé, retient que la vente d'accessoires, cadeaux et petits objets ne met pas en cause l'organisation rationnelle de la distribution et que cette activité est compatible avec la destination, les caractères et la situation de l'immeuble. • Civ. 3e, 4 mars 1992, ♁ nº 90-20.323 P : *D. 1992. IR 105* ∅.

2. Destination de l'immeuble. Pour l'incompatibilité de l'activité de pizzeria avec la destination de restaurant et de bar de luxe, V. • Paris, 10 nov. 1992 : *JCP E 1993. Pan. 78.* ♦ Les locataires ne peuvent imposer au bailleur un changement de distribution des lieux et un empiétement sur les parties communes. • Dijon, 25 janv. 1996 : *Rev. huiss. 1997. 594.*

Art. L. 145-49 **La demande faite au bailleur doit, à peine de nullité, comporter l'indication des activités dont l'exercice est envisagé. Elle est formée par acte extrajudiciaire** *(L. n° 2015-990 du 6 août 2015, art. 207-I-4°)* **« ou par lettre recommandée avec demande d'avis de réception » et dénoncée, en la même forme, aux créanciers inscrits sur le fonds de commerce. Ces derniers peuvent demander que le changement d'activité soit subordonné aux conditions de nature à sauvegarder leurs intérêts.**

Le bailleur doit, dans le mois de cette demande, en aviser, dans la même forme, ceux de ses locataires envers lesquels il se serait obligé à ne pas louer en vue de l'exercice d'activités similaires à celles visées dans la demande. Ceux-ci doivent, à peine de forclusion, faire connaître leur attitude dans le mois de cette notification.

A défaut par le bailleur d'avoir, dans les trois mois de la demande, *(L. n° 2015-990 du 6 août 2015, art. 207-I-5°)* **« notifié » son refus, son acceptation ou encore les conditions auxquelles il subordonne son accord, il est réputé avoir acquiescé à la demande. Cet acquiescement ne fait pas obstacle à l'exercice des droits prévus à l'article L. 145-50.** — *[Décr. n° 53-960 du 30 sept. 1953, art. 34-2.]*

V. 1re note ss. art. L. 145-4.

Forme du refus du bailleur. Le refus du bailleur doit être signifié par acte extrajudiciaire (en réponse au moyen faisant notamment valoir que l'irrégularité, suivant le régime des irrégularités de forme de l'art. 114 C. pr. civ., était sous-tendue par l'existence d'un grief pour le preneur). • Civ. 3e, 11 juin 2008, n° 07-14.551 P : *D. 2008. AJ 1764, obs. Rouquet ; AJDI 2009. 27, note Dumont-Lefrand ; RJDA 2008, n° 1094.*

Art. L. 145-50 **Le changement d'activité peut motiver le paiement, à la charge du locataire, d'une indemnité égale au montant du préjudice dont le bailleur établirait l'existence.**

Ce dernier peut en outre, en contrepartie de l'avantage procuré, demander au moment de la transformation, la modification du prix du bail sans qu'il y ait lieu d'appliquer les dispositions des articles L. 145-37 à L. 145-39.

Les droits des créanciers inscrits s'exercent avec leur rang antérieur, sur le fonds transformé. — *[Décr. n° 53-960 du 30 sept. 1953, art. 34-3.]*

1. Montant de l'indemnité. V. • TGI Paris, 17 oct. 1966 : *Rev. loyers 1967. 126.* – Comp. • Paris, 8 janv. 1968 : *JCP 1968. IV. 149.*

2. Modification du prix du bail. Viole l'art. 34-3 du Décr. de 1953 [C. com., art. L. 145-50] l'arrêt qui, pour débouter le bailleur de sa demande d'augmentation du prix du loyer, retient qu'aux termes de l'art. 34, al. 3 [C. com., art. L. 145-47], la fixation du nouveau loyer ne peut être demandée que lors de la première révision triennale suivant la notification visée à l'al. 2 du même article, alors qu'il s'agissait d'une déspécialisation plénière. • Civ. 3e, 24 juin 1992, n° 91-10.607 P : *D. 1992. IR 214 ; Administrer 2/1993. 20, note Barbier.* ♦ Mais la modification du loyer, en application de l'art. 34-3, al. 2 [C. com., art. L. 145-50], suppose que la procédure de déspécialisation plénière ait été suivie. • Paris, 8 nov. 1994 : *Loyers et copr. 1995, n° 226, obs. Brault et Mutelet.*

Art. L. 145-51 **Lorsque le locataire ayant demandé à bénéficier de ses droits à la retraite ou ayant été admis au bénéfice d'une pension d'invalidité attribuée par le régime d'assurance invalidité-décès des professions artisanales ou des professions industrielles et commerciales, a signifié à son propriétaire et aux créanciers inscrits sur le fonds de commerce son intention de céder son bail en précisant la nature des activités dont l'exercice est envisagé ainsi que le prix proposé, le bailleur a, dans un délai de deux mois, une priorité de rachat aux conditions fixées dans la signification. A défaut d'usage de ce droit par le bailleur, son accord est réputé acquis si, dans le même délai de deux mois, il n'a pas saisi le** *(Ord. n° 2019-964 du 18 sept. 2019, art. 35, en vigueur le 1er janv. 2020)* **« tribunal judiciaire** *[ancienne rédaction : tribunal de grande instance]* **».**

La nature des activités dont l'exercice est envisagé doit être compatible avec la destination, les caractères et la situation de l'immeuble.

Les dispositions du présent article sont applicables à l'associé unique d'une entreprise unipersonnelle à responsabilité limitée, ou au gérant majoritaire depuis au moins deux ans d'une société à responsabilité limitée, lorsque celle-ci est titulaire du bail. – *[Décr. n° 53-960 du 30 sept. 1953, art. 34-3-1 et 38-2.]*

BIBL. ▶ Inforeg, *Cah. dr. entr. 2016/2. Prat. 8* (le sort du bail commercial lors du départ à la retraite du commerçant).

1. Conditions requises. La circonstance que l'épouse du locataire exploite, seule et en son nom, un autre fonds similaire n'est pas de nature à justifier le refus du bailleur d'autoriser la cession projetée. • Civ. 3e, 30 janv. 1991, n° 89-11.313 : *Rev. loyers 1991. 404, note Gallet.* ♦ Concernant l'immatriculation au RCS des époux communs en biens, V. note 30 ss. art. L. 145-1. ♦ L'art. L. 145-51 bénéficie à l'usufruitier du droit au bail, immatriculé au RCS pour le fonds qu'il exploite dans les lieux loués, s'il justifie de l'accord des nus-propriétaires pour la cession du bail. • Civ. 3e, 6 févr. 2013, n° 11-24.708 P : *D. 2013. Pan. 1799, obs. Dumont-Lefrand ; AJDI 2013. 673, obs. Tadros ; RJDA 2013, n° 389.*

2. Notion de « droits à la retraite ». La procédure de cession-déspécialisation concernant le commerçant qui, ayant demandé à faire valoir ses droits à la retraite, entend se retirer de la vie active, elle s'applique au preneur en situation de cumul de la retraite de base et d'une activité professionnelle (dans les conditions prévues par la L. n° 2003-775 du 21 août 2003 portant réforme des retraites), qui est en mesure de demander à bénéficier de sa retraite complémentaire. • Civ. 3e, 23 nov. 2011, n° 10-25.108 P : *D. 2011. Actu. 2928, obs. Rouquet ; Administrer 1/2012. 54, note Barbier.*

3. Notification. Aucun texte ne prévoit que la déspécialisation signifiée au bailleur soit préalablement prévue dans un compromis dont la teneur n'a pas davantage à lui être communiquée. • Civ. 3e, 16 janv. 2002, n° 00-15.252 P : *Loyers et copr. 2002, n° 62, obs. Brault et Pereira ; Administrer 4/2002. 26, note Barbier.*

4. Refus injustifié du bailleur. BIBL. Boccara, *Administrer 6/2002. 8* (évaluation des dommages et intérêts en cas de refus injustifié). ♦ Le droit de céder le bail ne peut être limité que dans la mesure où le nouveau commerce serait incompatible avec la destination, les caractères et la situation de l'immeuble. • Civ. 3e, 30 janv. 1991, n° 89-11.313 : *préc. note 1.* ♦ Ne donne pas de base légale à sa décision la cour d'appel qui alloue au preneur des dommages-intérêts après avoir retenu que le bailleur, qui s'était opposé à la cession en saisissant le tribunal de grande instance, avait eu un comportement fautif et dommageable, sans relever un fait de nature à faire dégénérer en abus le droit d'agir en justice dudit bailleur. • Même arrêt. ♦ Pour un exemple d'allocation de dommages-intérêts, le bailleur étant revenu sur l'accord qu'il avait préalablement donné au locataire, conduisant ce dernier à cesser son exploitation, V. • Civ. 3e, 23 nov. 2011, n° 10-25.108 P : *préc. note 2.*

5. Modification du prix du bail. L'art. 34-3-1 du Décr. de 1953 [C. com., art. L. 145-51] étant un texte autonome instituant, au côté de la déspécialisation au profit du locataire en place, une déspécialisation au profit du cessionnaire du droit au bail, il en résulte qu'une telle déspécialisation ne permet pas une modification du prix du bail. • Paris, 3 déc. 1991 : *D. 1992. Somm. 361, obs. Rozès ; Loyers et copr. 1992, n° 123, obs. Brault.* – V. aussi • Bordeaux, 16 nov. 2011 : *AJDI 2013. 39* . ♦ En revanche, le changement d'activité peut être invoqué lors du renouvellement du bail. • Paris, 18 mars 2009 : *AJDI 2009. 614, note Blatter ; Administrer 6/2009. 35, obs. Guillemain ; Loyers et copr. 2010, n° 261, obs. Ph.-H. B.*

6. Respect des clauses du bail. L'art. 34-3-1 du Décr. de 1953 [C. com., art. L. 145-51] ne dispense pas le locataire de respecter les autres clauses du bail, notamment quant à l'obligation d'exploiter et de garnir le local loué. • Civ. 3e, 7 nov. 1990, n° 89-14.561 P • 2 oct. 1996, n° 94-20.467 : *D. Affaires 1996. 1249 ; RJDA 1996, n° 1442.*

7. Priorité de rachat du bailleur. Si l'acte de cession du bail prévoit que le cessionnaire prendra les lieux en l'état, moyennant une somme déterminée, le propriétaire qui use de sa faculté de racheter ne peut valablement opposer la compensation entre le prix de vente proposé et sa créance résultant du coût des travaux de réfection des lieux loués, fondée sur les obligations d'entretien de l'immeuble incombant au locataire. • Civ. 3e, 30 nov. 1994, n° 92-13.358 P : *D. 1997. Somm. 301, obs. Rozès* .

8. Compatibilité avec la destination de l'immeuble. Approuvant une cour d'appel d'avoir jugé que l'exploitation d'une activité de café restaurant, en lieu et place d'un commerce de quincaillerie, droguerie et articles de ménage, n'est « manifestement pas incompatible » avec la destination, les caractères et la situation de l'immeuble, V. • Civ. 3e, 23 nov. 2011, n° 10-25.108 P : *préc. note 2.*

9. Déplafonnement. Une modification de la destination des lieux, par l'effet d'un accord entre les parties ou par la mise en œuvre de la procédure de déspécialisation partielle ou totale, justifie un déplafonnement, pourvu que la modification soit postérieure à la prise d'effet du bail à renouveler. • Paris, 12 mars 1999 : *AJDI 1999. 541* .

Art. L. 145-52 Le *(Ord. n° 2019-964 du 18 sept. 2019, art. 35, en vigueur le 1er janv. 2020)* « tribunal judiciaire *[ancienne rédaction : tribunal de grande instance]* » peut autoriser la transformation totale ou partielle malgré le refus du bailleur, si ce refus n'est point justifié par un motif grave et légitime.

Si le différend porte seulement sur le prix du bail, celui-ci est fixé conformément aux dispositions réglementaires prévues pour la fixation du prix des baux révisés. Dans les autres cas, l'affaire est portée devant le tribunal. – *[Décr. n° 53-960 du 30 sept. 1953, art. 34-4.]*

Art. L. 145-53 Le refus de transformation est suffisamment motivé si le bailleur justifie qu'il entend reprendre les lieux à l'expiration de la période triennale en cours, soit en application des articles L. 145-18 à L. 145-24, soit en vue d'exécuter des travaux prescrits ou autorisés dans le cadre d'une opération de rénovation urbaine ou de restauration immobilière.

Le bailleur qui a faussement invoqué l'un des motifs prévus à l'alinéa qui précède ou qui n'a pas satisfait aux conditions ayant motivé le rejet de la demande du locataire ne peut s'opposer à une nouvelle demande de transformation d'activité, sauf pour motifs graves et légitimes, à moins que le défaut d'exécution ne lui soit pas imputable. Il peut, en outre, être condamné à verser au locataire une indemnité à raison du préjudice subi par ce dernier. – *[Décr. n° 53-960 du 30 sept. 1953, art. 34-5.]*

Art. L. 145-54 Il n'est pas tenu compte de la plus-value conférée au fonds par la transformation prévue à l'article L. 145-48, lorsque l'immeuble dans lequel est exploité le fonds doit être démoli ou restauré, ou lorsque le fonds doit être exproprié dans le cadre d'une opération de rénovation ou de restauration immobilière décidée moins de trois ans après la demande prévue à l'alinéa 1er dudit article. – *[Décr. n° 53-960 du 30 sept. 1953, art. 34-6.]*

Art. L. 145-55 A tout moment et jusqu'à l'expiration d'un délai de quinze jours à compter de la date à laquelle la décision est passée en force de chose jugée, le locataire qui a formé une demande conformément aux articles L. 145-47, L. 145-48 ou L. 145-49 peut y renoncer en le notifiant au bailleur par acte extrajudiciaire *(L. n° 2015-990 du 6 août 2015, art. 207-I-4°)* « ou par lettre recommandée avec demande d'avis de réception » et, dans ce cas, il supporte tous les frais de l'instance. – *[Décr. n° 53-960 du 30 sept. 1953, art. 34-8.]*

V. 1re note ss. art. L. 145-4.

SECTION IX DE LA PROCÉDURE

Art. L. 145-56 Les règles de compétence et de procédure des contestations relatives au bail sont fixées par décret en Conseil d'État. – *V. art. R. 145-23 s.*

Art. L. 145-57 Pendant la durée de l'instance relative à la fixation du prix du bail révisé ou renouvelé, le locataire est tenu de continuer à payer les loyers échus au prix ancien ou, le cas échéant, au prix qui peut, en tout état de cause, être fixé à titre provisionnel par la juridiction saisie, sauf compte à faire entre le bailleur et le preneur, après fixation définitive du prix du loyer.

Dans le délai d'un mois qui suit la signification de la décision définitive, les parties dressent un nouveau bail dans les conditions fixées judiciairement, à moins que le locataire renonce au renouvellement ou que le bailleur refuse celui-ci, à charge de celle des parties qui a manifesté son désaccord de supporter tous les frais. Faute par le bailleur d'avoir envoyé dans ce délai à la signature du preneur le projet de bail conforme à la décision susvisée ou, faute d'accord dans le mois de cet envoi, l'ordonnance ou l'arrêt fixant le prix ou les conditions du nouveau bail vaut bail. – *[Décr. n° 53-960 du 30 sept. 1953, art. 31.]*

BIBL. ▶ BARBIER, *Administrer août-sept. 1998. 18* (le prétendu principe de l'immutabilité des motifs du congé). – DE LA VAISSIÈRE, *AJDI 2005. 892* (sort des arriérés après fixation du loyer commercial).

1. Notion de « prix ancien ». La clause d'échelle mobile étant un élément du prix, le bailleur peut, sans abuser de son droit, ajuster le loyer en fonction des variations indicielles, et ce, jusqu'à la fixation par le premier juge d'un loyer provisionnel. • Paris, 7 oct. 1980 : *Gaz. Pal. 1981. 1. Somm. 20, obs. Brault.*

2. Incidence du paiement du prix ancien. Le seul fait pour le locataire d'avoir continué à payer le loyer au montant résultant de l'application du bail n'implique pas de sa part une renonciation à demander une modification du montant du loyer dans les deux ans de l'art. L. 145-60 et ne permet pas de déduire qu'un accord implicite est intervenu sur ce point. • Paris, 18 mars 2009 : *AJDI 2010. 34 ; RJDA 2009, n° 821.*

3. Intérêts moratoires. BIBL. Barbier, *Gaz. Pal. 2010. 671* (intérêts sur les loyers commerciaux fixés judiciairement). ♦ Les intérêts moratoires attachés aux loyers courent, en l'absence de convention contraire relative aux intérêts, du jour de la demande en fixation du nouveau loyer par le seul effet de la loi. • Civ. 3e, 3 oct. 2012, n° 11-17.177 P : *D. 2012. Actu. 2388, obs. Rouquet*. ♦ Les intérêts dus sur la différence entre le nouveau loyer du bail renouvelé et le loyer provisionnel courent à compter de la délivrance de l'assignation introductive d'instance en fixation du prix, lorsque le bailleur est à l'origine de la procédure, et à compter de la notification du premier mémoire en défense lorsque c'est le preneur qui a saisi le juge. • Civ. 3e, 18 juin 2014, n° 13-14.715 P : *D. 2014. Actu. 1374, obs. Rouquet ; Loyers et copr. 2014, n° 248, obs. Brault.* ♦ La fixation, par la juridiction des baux commerciaux, du loyer du bail renouvelé est exclusive du prononcé de toute condamnation et le bailleur n'est donc pas fondé à calculer les intérêts légaux, en vertu de l'art. L. 313-3 C. mon. fin., sur les compléments de loyers échus, au taux majoré à l'expiration du délai de deux mois à compter du jour où la décision de fixation est devenue exécutoire. • Civ. 3e, 18 mars 1992, n° 90-14.000 P : *D. 1992. IR 121.*

4. Option du preneur. Le preneur peut bénéficier du droit d'option de l'art. 31, al. 2, du Décr. de 1953 [C. com., art. L. 145-57], aussi bien après congé avec offre de renouvellement du bail qu'après repentir du bailleur. • Civ. 3e, 17 juill. 1997, n° 95-21.979 P : *D. 1997. IR 191 ; RDI 1997. 632, obs. Derruppé ; Administrer 12/1997. 21, note Barbier.* ♦ Si la mention « aux mêmes clauses et conditions du bail antérieur » portée sur la demande de renouvellement du bail formée par le locataire peut traduire la volonté de celui-ci de renouveler le bail, cette formule d'usage, qui ne fait aucune référence expresse au loyer élément essentiel du contrat de bail, ne peut suffire à caractériser un engagement précis, complet et ferme du locataire sur le montant du loyer du bail à renouveler, d'autant que le loyer initial avait été modifié par deux avenants et qu'il avait été augmenté chaque année par le jeu d'une clause d'indexation, et que tant que n'était pas intervenue une fixation conventionnelle ou judiciaire du loyer, le preneur pouvait ne pas accepter le renouvellement du bail, peu important que la société bailleresse se soit ravisée entre temps sur son offre originaire de montant de loyer dans la mesure où cette nouvelle position ne correspondait pas à la volonté des deux parties. • Civ. 3e, 24 juin 2009, n° 08-13.970 : *AJDI 2009. 711 ; JCP E 2009. 2083, n° 11, obs. Monéger ; Loyers et copr. 2009, n° 211, obs. Ph.-H. B.*

5. Expertise et droit d'option. V. note 6 ss. art. R. 145-23.

6. Forme de l'option. Le droit d'option du bailleur est régulièrement exercé par la délivrance d'un acte refusant le renouvellement. • Civ. 3e, 14 mai 1997, n° 95-15.157 : *Administrer 11/1997. 63, obs. Boccara, Lipman-W. Boccara et Sainturat.*

7. Caractère irrévocable. V. art. L. 145-59, et la jurisprudence y afférente.

8. Délai d'un mois. Le droit d'option peut s'exercer à tout moment au cours de l'instance en fixation de loyer et en dernier lieu dans le délai d'un mois à compter de la signification de la décision devenue définitive. • Civ. 3e, 11 déc. 2013, n° 12-29.020 P : *D. 2014. Actu. 5, obs. Rouquet ; AJDI 2014. 616, obs. Blatter*. ♦ La signification de la décision de première instance fixant le loyer fait courir tant le délai d'option que le délai d'appel. • Civ. 3e, 14 janv. 2015, n° 13-23.490 P : *D. 2015. Pan. 1621, obs. Dumont-Lefrand ; AJDI 2015. 435, obs. Blatter ; JCP E 2015, n° 1062, obs. Brignon ; RJDA 2015, n° 243 ; Loyers et copr. 2015, n° 70, obs. Brault.* ♦ L'une des parties peut exercer son droit d'option avant la saisine du juge en fixation du montant du loyer. • Civ. 3e, 23 mars 2011, n° 06-20.488 P : *D. 2011. Pan. 1796, obs. Dumont-Lefrand ; AJDI 2011. 363, obs. Blatter*. ♦ Le bailleur ayant offert le renouvellement du bail moyennant un nouveau loyer et le nouveau locataire n'ayant lui-même accepté que le principe du renouvellement du bail, les pourparlers concernant le nouveau loyer n'ayant pas abouti, aucune disposition légale n'interdit au bailleur d'exercer l'option que lui reconnaît l'art. 31 du Décr. de 1953 [C. com., art. L. 145-57], avant même la fixation judiciaire du montant du loyer. • Civ. 3e, 2 déc. 1992, n° 90-18.844 P : *D. 1993. IR 19 ; Loyers et copr. 1993, n° 356, note Brault.* ♦ Sur la portée d'une promesse de renouvellement, V. note 4 ss. art. L. 145-8.

Si, jusque dans le délai d'un mois suivant la signification de la décision définitive qui fixe le montant du loyer du bail renouvelé, le bailleur ou le preneur peuvent opter pour le non-renouvellement du bail, ce délai ne fait pas obstacle à l'exécution de la décision définitive fixant le montant du loyer, qui peut être poursuivie tant que le droit d'option n'est pas exercé. • Civ. 3e,

6 oct. 2016, n° 15-12.606 P : *D. 2016. Actu. 2060* ; *AJDI 2017. 115, obs. Blatter* ; *JCP E 2016, n° 1617* ; *RJDA 2017, n° 4.*

9. Frais de l'instance. Les frais qui sont mis à la charge du bailleur qui, exerçant son droit d'option, refuse le renouvellement du bail, sont exclusivement les frais exposés avant l'exercice de ce droit, et non ceux d'une nouvelle procédure engagée postérieurement pour fixer les montants des indemnités d'éviction et d'occupation. • Civ. 3e, 16 sept. 2009, n° 08-15.741 P : *D. 2009. AJ 2278, obs. Rouquet* ; *AJDI 2010. 215, note Blatter* .

10. Indemnité d'occupation. En cas d'option du bailleur, l'indemnité d'occupation due par le preneur doit correspondre à la valeur locative déterminée en application de l'art. 20 du Décr. de 1953 [C. com., art. L. 145-28]. • Civ. 3e, 30 juin 1999, n° 96-21.449 P : *D. 1999. AJ 1, obs. Y. R.* ; *RDI 2000. 257, obs. Derruppé* ; *Loyers et copr. 1999, n° 292, obs. Brault et Mutelet.* ♦ Lorsqu'à la suite d'un congé avec offre de renouvellement, le bailleur, n'acceptant pas le prix judiciairement fixé, exerce son droit d'option, l'indemnité d'occupation, prévue à l'art. 20 du Décr. de 1953 [C. com., art. L. 145-28], est due par le preneur à compter de la date d'expiration du bail, et non à compter du jour où le bailleur a exercé son droit d'option. • Civ. 3e, 7 nov. 1984, n° 83-13.550 P : *Gaz. Pal. 1985. 1. 295, note Rémy et Pialoux.* ♦ Le locataire qui renonce au renouvellement se trouve, pour la période postérieure à la date d'expiration du bail, dans la situation d'un occupant sans titre justifiant le paiement d'une indemnité d'occupation dont le montant peut excéder la valeur locative. • Civ. 3e, 8 déc. 1982, n° 81-10.515 P : *AJPI 1983. 308, note Talon.*

11. Droit d'option et clauses-recettes. BIBL. Jacquin, *Gaz. Pal. 2000. 957* (droit d'option et loyer binaire). – Brault, *Loyers et copr. 2000. Chron. 3* (renouvellement des baux à loyer variable, exercice du droit d'option et fixation de l'indemnité d'occupation). – Lassner et Vallée, *AJDI 2003. 242* (loyers binaires et application du statut des baux commerciaux). – Barbier, *Gaz. Pal. 2003. 1575* (droit d'option et loyer variable).

♦ Même en présence d'un loyer variable, le bailleur a toujours la faculté, en cas de désaccord sur le prix du bail, de refuser le renouvellement du bail dans les conditions de l'art. L. 145-57 (relatif au droit d'option). • Civ. 3e, 12 juin 2003, n° 02-11.493 P : *D. 2003. AJ 1838, obs. Rouquet* ; *AJDI 2003. 666, obs. Blatter* .

12. Indemnité d'occupation et clauses-recettes. Rendu à propos d'un bail comportant un loyer binaire, jugeant que l'indemnité d'occupation étant distincte du loyer auquel elle se substitue de plein droit dès l'exercice par le bailleur de son droit d'option, cette indemnité doit correspondre, à défaut de convention contraire, à la valeur locative, V. • Civ. 3e, 3 oct. 2007, n° 06-17.766 P : *D. 2007. 2008. Pan. 1653, obs. Rozès* .

13. Application de la prescription biennale en cas d'option du bailleur. En cas d'option du bailleur, l'indemnité d'occupation due par le preneur doit correspondre à la valeur locative déterminée en application de l'article 20 du Décr. de 1953 [C. com., art. L. 145-28]. • Civ. 3e, 30 juin 1999, n° 96-21.449 P : *préc. note 10.* ♦ Or, la prescription biennale s'applique à l'action en fixation de l'indemnité d'occupation prévue par ledit art. • Civ. 3e, 25 juin 1997, n° 95-10.349 : *D. Affaires 1997. 886* ; *JCP E 1997. Pan. 826, obs. Lévy.* ♦ V. aussi note 4 ss. art. L. 145-60.

14. Application de la prescription biennale en cas d'option du preneur. L'indemnité d'occupation due par un locataire pour la période ayant précédé l'exercice de son droit d'option trouve son origine dans l'application de l'art. L. 145-57 et est, comme telle, soumise à la prescription biennale édictée par l'art. L. 145-60. • Civ. 3e, 5 févr. 2003, n° 01-16.882 P : *D. 2003. AJ 1095, obs. Rouquet* ; *AJDI 2003. 411, obs. Blatter* ; *JCP E 2003. 1665, n° 9, obs. Sainturat.*

15. Renouvellement amiable. En cas de renouvellement amiable du bail et à défaut d'instance relative à la fixation du prix du bail renouvelé, l'accord entre les parties sur les conditions et notamment sur le prix du bail renouvelé entraîne la conclusion d'un nouveau bail et, dès lors, interdit l'exercice du droit d'option. • Paris, 21 juin 2007 : *AJDI 2008. 290* .

Art. L. 145-58 **Le propriétaire peut, jusqu'à l'expiration d'un délai de quinze jours à *compter de la date à laquelle la décision est* passée en force de chose jugée, se soustraire au paiement de l'indemnité, à charge par lui de supporter les frais de l'instance et de consentir au renouvellement du bail dont les conditions, en cas de désaccord, sont fixées conformément aux dispositions réglementaires prises à cet effet. Ce droit ne peut être exercé qu'autant que le locataire est encore dans les lieux et n'a pas déjà loué ou acheté un autre immeuble destiné à sa réinstallation.** – *[Décr. n° 53-960 du 30 sept. 1953, art. 32.]*

BIBL. ► Berthet, *LPA 6-7 sept. 2016* (indemnité d'éviction, droit de repentir et départ du locataire commerçant).

1. Constitutionnalité du droit de repentir. Le droit de repentir, qui permet au bailleur, condamné au paiement d'une indemnité d'éviction, d'offrir le renouvellement du bail après l'avoir refusé, ne le prive pas de son droit de propriété dès lors qu'il conserve le droit de percevoir un loyer ou de vendre son bien. Le fait d'enfermer l'exercice de ce droit dans un certain délai et de lui conférer un caractère irrévocable répond à un objectif d'intérêt général de sécurité juridique et de pérennité du fonds de commerce, le bailleur ayant bénéficié d'un recours juridictionnel effectif devant un juge compétent. • Civ. 3e, QPC, 13 déc. 2011, n° 11-19.043 P : *D. 2012. Pan. 1853, obs. Dumont-Lefrand ; JCP E 2012. 1094, n° 3, obs. Kenfack.*

I. EXERCICE DU DROIT DE REPENTIR

2. Délai d'exercice. BIBL. Barbier et Chavance, *Gaz. Pal. 1998. 456* (point de départ). ♦ L'art. 32, al. 4, du Décr. de 1953 [C. com., art. L. 145-58 n'interdit pas au propriétaire de renoncer à son refus de renouvellement avant la date de la forclusion. • Com. 4 avr. 1962 : *Bull. civ. III, n° 210 ; D. 1962. 365 ; JCP 1962. II. 12842, note Boccara.* ♦ Un arrêt de cour d'appel ayant autorité de la chose jugée dès son prononcé, le délai de repentir court à compter de la date du prononcé de l'arrêt (et non à compter de sa signification). • Civ. 3e, 29 sept. 1999, n° 96-17.280 P : *D. 1999. AJ 73, obs. Y. R.* ♦ Le délai de l'art. 32 préc. [C. com., art. L. 145-58] n'a pas commencé à courir dès lors que le président du tribunal n'a pas expressément indiqué aux parties la date à laquelle l'arrêt de fixation de l'indemnité d'éviction serait rendu. • Civ. 3e, 13 juin 2001, n° 99-18.073 P : *D. 2001. Somm. 3526, obs. Rozès.* ♦ Ce délai est un délai préfix, dont la sanction est la déchéance du droit d'agir. • Paris, 7 mars 1964 : *AJPI 1964. 1044.* ♦ L'art. 1033 [art. 642] C. pr. civ. lui est inapplicable. • Même arrêt. ♦ Engage sa responsabilité l'avocat qui conseille au preneur de notifier au bailleur la date à laquelle il compte quitter les lieux, cette notification ayant conduit le bailleur à lui signifier son droit de repentir avant cette date. • Civ. 3e, 21 févr. 2001, n° 99-16.821 : *AJDI 2001. 790, obs. Blatter.*

3. Auteur. L'usufruitier ne peut, sans le concours du nu-propriétaire, faire valoir son droit de repentir. • Civ. 3e, 31 mai 2012, n° 11-17.534 P : *D. 2013. Pan. 1803, obs. Dumont-Lefrand.* ♦ Sur la question, V. également note 19 ss. art. L. 145-8.

4. Forme. Constituent l'exercice du droit de repentir : la signification par le bailleur de son désistement d'instance et d'action, avec offre de payer les frais de la procédure en fixation d'une indemnité d'éviction. • Civ. 3e, 25 oct. 1972, n° 71-12.225 P. ♦ ... La demande en fixation du loyer formée par l'acquéreur d'un immeuble donné à bail à l'encontre du locataire auquel le précédent propriétaire avait notifié un congé avec offre d'indemnité d'éviction. • Civ. 3e, 23 févr. 1982, n° 80-14.546 P. ♦ En revanche, la délivrance d'un commandement de payer, visant la clause résolutoire et une demande de résiliation du bail, ne peut être assimilée à une manifestation claire du bailleur de renoncer au congé et d'exercer un droit de repentir, dès lors que le locataire bénéficiait, à la suite du congé avec offre d'indemnité d'éviction, d'un droit au maintien dans les lieux aux clauses et conditions du bail expiré et que le bailleur pouvait invoquer la violation de ces clauses et conditions. • Civ. 3e, 31 janv. 2012, n° 10-31.081 : *AJDI 2012. 663, obs. Denizot ; Loyers et copr. 2012, n° 146, obs. Ph.-H. B.*

II. CONDITIONS DU DROIT DE REPENTIR

5. Renouvellement du bail. Le bailleur qui donne congé au preneur sans lui proposer de renouveler son contrat de location dispose du droit de repentir prévu à l'art. L. 145-58, ce, même s'il ne lui a pas offert de lui verser d'indemnité d'éviction. • Civ. 3e, 30 nov. 2005, n° 04-19.703 P : *D. 2006. AJ 143, obs. Rouquet ; RTD com. 2006. 43, obs. Monéger.* ♦ Mais n'a pas entendu exercer le droit de repentir, par un acte emportant renouvellement du bail, le bailleur qui propose au locataire la conclusion d'un nouveau bail aux clauses et conditions différentes de celles du contrat pour lequel il a donné congé. • Civ. 3e, 22 nov. 2011, n° 10-26.021 : *AJDI 2012. 663, obs. Denizot.* ♦ Sur la nécessité d'une manifestation tacite et non équivoque du bailleur de conclure un nouveau bail, V. • Civ. 3e, 20 juin 1995, n° 93-11.558 : *Loyers et copr. 1995, n° 374, note Brault et Mutelet.*

6. Caractère irrévocable. V. art. L. 145-59 et la jurisprudence y afférente.

7. Caractère alternatif. Le bailleur ne peut exercer le droit de repentir qu'autant que le locataire est encore dans les lieux et n'a pas déjà loué ou acheté un autre immeuble. • Civ. 3e, 16 janv. 1969, n° 66-11.597 P. ♦ Ces deux conditions ne sont pas cumulatives, mais alternatives. • Civ. 3e, 24 mars 1981 : *Rev. loyers 1981. 435* • 1er juin 1999, n° 97-22.008 : *AJDI 1999. 817.*

8. Départ du locataire. Le droit de repentir ne peut plus être exercé lorsque le locataire a quitté régulièrement les lieux, en exécution du congé, après refus de renouvellement. • Civ. 3e, 7 janv. 1971, n° 69-20.314 P • 9 nov. 1981, n° 80-12.972 P. ♦ Au jour de l'exercice du droit de repentir, les opérations de déménagement entreprises par le locataire doivent être terminées et les clés des locaux loués doivent être restituées. • Civ. 3e, 27 nov. 2002, n° 01-12.308 P : *D. 2003. AJ 557, obs. Rouquet.* ♦ Il incombe au bailleur d'établir la preuve que le départ a été sciemment organisé dans le but de faire échec à son droit de repentir. • Civ. 3e, 18 mai 2004, n° 03-10.977 : *AJDI 2004. 884, note Denizot.* ♦ Ayant constaté que le licenciement économique des salariés n'était pas intervenu à la date de l'exercice du droit de repentir, que le locataire n'établissait ni avoir liquidé son stock ni signé un nouveau bail en vue de sa réinstallation ni acheté un immeuble à cette fin, une cour d'appel a pu en déduire que la société preneuse n'avait pas engagé un processus irréversible de départ des lieux de nature à faire obstacle à l'exercice du droit de repentir. • Civ. 3e, 1er oct. 2014, n° 13-17.114 P : *D. 2014. Actu. 1996 ; AJDI 2015. 283, obs. Rouquet*.

9. Location ou achat pour réinstallation. Le propriétaire ne peut plus se soustraire au paiement de l'indemnité d'éviction lorsque le locataire a déjà loué ou acheté un autre immeuble destiné à sa réinstallation. • Civ. 3e, 28 mars 1979, n° 77-14.744 P : *Rev. loyers 1979. 370, note J. V.* ♦ Aucune disposition n'interdit au locataire de louer un nouveau local avant la date pour laquelle congé lui a été donné, dès lors qu'il n'y a pas abus de droit en vue de faire échec au droit de repentir du bailleur. • Civ. 3e, 11 févr. 1971, n° 69-14.452 P : *D. 1971. Somm. 121.* ♦ Le droit de repentir ne peut être exercé lorsque le locataire a pris l'initiative de faire construire un immeuble pour y transférer son activité en conservant sa clientèle. • Civ. 3e, 26 janv. 1994, n° 91-20.011 P. ♦ Est nul le repentir exercé alors qu'un processus irréversible de départ, rendant impossible la continuation de l'exploitation du fonds dans les lieux, s'est engagé de longue date (dans une espèce où le bailleur avait parfaitement été informé des démarches entreprises). • Civ. 3e, 10 mars 2010, n° 09-10.793 P : *D. 2010. AJ 826, obs. Rouquet*. ♦ Ayant relevé que les éléments essentiels de la cession du droit au bail étaient déterminés dans la promesse et que la réalisation de la condition suspensive avait rendu la vente parfaite, une cour d'appel en a exactement déduit que l'exercice du droit de repentir était tardif. • Civ. 3e, 3 juill. 2013, n° 12-18.819 : *AJDI 2014. 135, obs. Lipman-W. Boccara*.

III. EFFETS DU DROIT DE REPENTIR

10. Nouveau bail. L'exercice, par le propriétaire, de son droit de repentir entraîne le renouvellement du bail dont il demandait la résiliation. • Civ. 3e, 4 juill. 2012, n° 11-19.043 P : *D. 2012. Actu. 1882*. ♦ La notification du repentir constitue, à compter de sa date, un renouvellement de bail et non une simple offre de renouvellement. • Civ. 3e, 5 janv. 1977, n° 75-13.003 P. ♦ Le locataire n'a donc ni à répondre, ni à intenter une action quelconque et ne peut se voir opposer la prescription de ce droit acquis. • Même arrêt. ♦ Si le report du point de départ du nouveau bail résultant de l'exercice du droit de repentir est sans influence sur la durée du bail à prendre en considération pour apprécier la soumission du nouveau bail aux règles du plafonnement, c'est à la date de ce report qu'il convient d'évaluer la valeur locative lorsque le loyer doit être fixé à cette valeur. • Civ. 3e, 19 juill. 1984, n° 82-15.305 P : *JCP 1985. II. 20427, note Guérin.* ♦ La signification de l'acte de repentir par le bailleur interrompt le délai de péremption de l'instance en fixation de l'indemnité d'éviction. • Civ. 2e, 7 avr. 2016, n° 15-13.108 P : *AJDI 2016. 686, obs. Blatter ; JCP E 2016, n° 1275 ; RJDA 2016, n° 770 ; LPA 7 sept. 2016, note Berthet.*

11. Frais de l'instance. Le paiement des frais de l'instance en fixation de l'indemnité d'éviction est une conséquence de l'exercice du droit de repentir et non une condition de sa validité. • Civ. 3e, 1er oct. 2014, n° 13-17.114 P : *préc. note 8.* ♦ L'obligation de supporter les frais de l'instance mis à la charge du bailleur qui consent au renouvellement du bail après l'avoir refusé est une conséquence attachée par la loi au repentir, sans qu'il soit imposé au propriétaire de prendre à ce sujet un engagement particulier. • Civ. 3e, 19 juin 1969, n° 67-14.198 P. ♦ Viole l'art. L. 145-58, en ajoutant une condition que la loi ne prévoit pas, la cour d'appel qui considère que les frais de l'instance sont uniquement des frais de procédure, c'est-à-dire les frais taxables. • Civ. 3e, 27 mars 2002, n° 00-22.534 P : *D. 2002. AJ 1982, obs. Rouquet ; AJDI 2002. 454, obs. Dumont*.

12. Dommages et intérêts. L'exercice du droit de repentir ne saurait donner lieu à l'allocation de dommages-intérêts. • Civ. 3e, 29 nov. 2005, n° 04-16.147 : *Administrer 2/2006. 31, obs. Boccara et Lipman-W. Boccara.*

13. Période antérieure au repentir. V. note 4 ss. art. L. 145-12.

Art. L. 145-59 La décision du propriétaire de refuser le renouvellement du bail, en application du dernier alinéa de l'article L. 145-57, ou de se soustraire au paiement de l'indemnité, dans les conditions prévues au dernier alinéa de l'article L. 145-58, est irrévocable. — *[Décr. n° 53-960 du 30 sept. 1953, art. 32-1.]*

L'art. 32-1 du Décr. n° 53-960 du 30 sept. 1953, bien que codifié ss. l'art. L. 145-59 et initialement abrogé par Ord. n° 2000-912 du 18 sept. 2000, ne figure plus parmi les articles abrogés, dans le texte rectificatif de ladite ordonnance (JO 18 nov.).

Engagement irrévocable. En constatant que le bailleur a exprimé sa volonté expresse d'exercer son droit de repentir par un courrier recommandé adressé aux deux époux locataires, une cour d'appel a retenu à bon droit que, quelle que soit la formulation adoptée, cette manifestation de volonté vaut engagement irrévocable de renouveler le bail et qu'il importe peu que ce courrier ait été réceptionné par l'époux, n'étant pas soutenu que l'épouse n'en avait pas été informée. • Civ. 3e, 15 juin 2010, n° 09-15.621 : *AJDI 2010. 639 ; Loyers et copr. 2010, n° 227, obs. E. C. ; Ann. loyers 2010. 3279, obs. Cerati-Gauthier.* ♦ Notifié par le bailleur sous la réserve des pourvois en cassation formés contre plusieurs arrêts et des décisions à intervenir, le droit d'option, dépourvu de caractère irrévocable, n'a pas été exercé valablement. • Civ. 3e, 14 nov. 2007, n° 06-16.063 P : *D. 2007. AJ 3014, obs. Rouquet.* ♦ Comp., précisant que l'offre d'un nouveau bail, faite par le bailleur après l'exercice de son droit d'option de l'art. 31 du Décr. de 1953 [C. com., art. L. 145-57], ne lui permet pas d'échapper au paiement de l'indemnité d'éviction : • Civ. 3e, 21 févr. 2001, n° 99-11.035 : *AJDI 2001. 428.*

Art. L. 145-60 **Toutes les actions exercées en vertu du présent chapitre se prescrivent par deux ans.** – *[Décr. n° 53-960 du 30 sept. 1953, art. 33, al. 1er.]* – *V. Décr. n° 53-960 du 30 sept. 1953, art. 33, al. 2, ss. art. R. 145-23.*

BIBL. ▶ DENIZOT, *AJDI 2008. 22* (prescription de l'action en fixation de l'indemnité d'éviction). – BRAULT, *Loyers et copr. 2012. Étude 11* (demandes de requalification ou d'application du statut). – CARIOU, *AJDI 2018. 429* (application de la prescription biennale à la lumière des décisions récentes de la Cour de cassation).

1. Constitutionnalité. Le régime de prescription biennale des actions dérivant du statut des baux commerciaux, justifié par un intérêt général de sécurité juridique, n'introduit aucune distinction injustifiée de nature à priver les justiciables de garanties égales. Compte tenu des garanties procédurales établies, ce texte ne porte pas d'atteintes substantielles aux droits de la défense et au droit au recours effectif devant une juridiction. • Civ. 3e, 6 janv. 2012, n° 11-40.083 : *D. actu. 6 févr. 2012, obs. Rouquet ; Ann. loyers 2012. 487, obs. Cerati-Gauthier.*

2. Action en révision. La prescription de deux ans s'applique à l'action en révision triennale du loyer. • Civ. 3e, 1er juin 1988, n° 86-14.659 P.

3. Action en fixation de loyer. L'action du preneur en fixation du prix du bail renouvelé est soumise à la prescription biennale de l'art. L. 145-60. • Civ. 3e, 20 oct. 2016, n° 15-19.940 P : *D. 2016. Actu. 2166 ; AJDI 2017. 116, obs. Dumont-Lefrand ; JCP E 2016, n° 1613, note Brignon ; RJDA 2017, n° 6 ; Loyers et copr. 2016, n° 254, obs. Chavance.* ♦ Le point de départ du délai de prescription de la demande du bailleur – après congé avec offre de renouvellement pour un prix non accepté par le preneur – est fixé au jour de la prise d'effet du nouveau bail. • Civ. 3e, 28 févr. 1979, n° 77-13.394 P : *D. 1979. IR 248* • 2 oct. 1996, n° 94-18.470 P : *RJDA 1997, n° 24.* ♦ Lorsqu'un droit se trouve subordonné à la solution d'une action en cours, la suspension de la prescription suppose que soit caractérisée une impossibilité d'agir (à propos de la prescription d'une action en fixation du loyer de renouvellement, le bailleur ayant demandé acte de ce qu'il offrait le renouvellement du bail si sa demande principale en dénégation du statut n'était pas accueillie). • Civ. 3e, 4 juill. 2012, n° 11-13.868 P : *D. 2012. Actu. 1816, obs. Rouquet.* ♦ La prescription n'est pas suspendue pendant l'instance en cours relative à la fixation du prix du bail renouvelé. • Civ. 3e, 25 nov. 1987, n° 86-14.638 P : *D. 1987. IR 247.* – V. aussi • Civ. 3e, 1er févr. 2012, n° 11-10.271 : *JCP E 2013. 1430, n° 21, obs. Monéger ; RJDA 2012, n° 566 ; Loyers et copr. 2012, n° 109, obs. Brault.* ♦ La fraude du locataire, qui empêche le bailleur d'agir, suspend la prescription de l'action en fixation du bail renouvelé. • Civ. 3e, 24 nov. 2010, n° 09-16.104 : *RJDA 2011, n° 224.* ♦ Il incombe alors au bailleur de prouver qu'il était dans l'incapacité d'agir en raison des manœuvres frauduleuses dont il a été victime. • Même arrêt.

L'action en fixation du loyer du bail commercial qui s'opère par application de l'art. L. 145-5 est soumise au délai de prescription biennale de l'art. L. 145-60. • Civ. 3e, 7 juill. 2016, n° 15-19.485 P : *D. 2016. Chron. C. cass. 2240, obs. Collomp ; AJDI 2017. 111, obs. Blatter ; JCP E 2016, n° 1512, note Brignon ; RJDA 2016, n° 767 ; Loyers et copr. 2016, n° 202, obs. Chavance.* ♦ Le délai de prescription de l'action en fixation du loyer d'un tel bail court, non pas de la date à laquelle naît le bail commercial, mais de la date à laquelle la demande d'application du statut est formée par l'une ou l'autre des parties, le montant du loyer étant fixé à la valeur locative à compter du jour de cette demande (application des art. L. 145-60 C. com. et 2224 C. civ.). • Même arrêt.

4. Action en fixation de l'indemnité d'occupation. La prescription biennale s'applique à l'action en fixation de l'indemnité d'occupation prévue par l'art. 20 du Décr. de 1953 [C. com., art. L. 145-28]. • Civ. 3e, 25 juin 1997, n° 95-19.989 P : *D. Affaires 1997. 886 ; JCP E 1997. Pan. 826, obs. Lévy.* ♦ Le point de départ est fixé au lendemain de la date d'expiration du bail. • Civ. 3e, 23 mars 1977, n° 75-15.533 P. ♦ V. aussi, retenant comme point de départ la date pour laquelle le congé a été donné : • Civ. 3e, 10 déc. 1997, n° 96-13.373 P : *D. Affaires 1998. 281, obs. Y. R. ; Loyers et copr. 1998, n° 101, obs. Brault et Mutelet.* ♦ Le délai ne peut être suspendu que si le bailleur se trouve dans l'impossibilité d'agir, ce qui n'est pas le cas lorsque le principe du droit à indemnité n'est pas contesté. • Civ. 3e, 23 mars 1977, n° 75-15.533 P : *préc.* ♦ Ainsi le délai n'est-il pas suspendu jusqu'à l'exercice éventuel du droit de repentir du bailleur. • Civ. 3e, 17 févr. 1981, n° 79-14.134 P. ♦ En revanche, la prescription ne commence à courir que du jour où est définitivement consacré en son principe le droit du locataire à une indemnité d'éviction. • Civ. 3e, 23 mars 2011, n° 10-13.898 P : *D. 2011. Actu. 1073, obs. Rouquet ; JCP E 2012. 1094, n° 13, obs. Kenfack* (bailleur ayant délivré un congé pour motifs graves et légitimes puis, plus de deux ans après, ayant accepté le paiement d'une indemnité d'éviction et sollicité la condamnation du locataire au paiement d'une indemnité d'occupation) • 18 janv. 2018, n° 16-27.678 P : *D. 2018. Actu. 167 ; AJDI 2018. 517, obs. Blatter ; JCP E 2018, n° 1137, note Boismain ; RJDA 2018, n° 306.* ♦ La prescription entraîne extinction totale du droit à réclamer l'indemnité, et ne permet pas une demande limitée aux deux dernières années. • Civ. 3e, 23 mars 1977, n° 75-15.533 P : *préc.* ♦ La signification de l'assignation interrompt valablement la prescription. • Civ. 3e, 27 nov. 2002, n° 01-10.058 P : *D. 2003. AJ 205, obs. Rouquet ; AJDI 2003. 345, obs. Dumont ; JCP E 2003. 1665, n° 8, obs. Sainturat.*

5. Action en indemnité d'éviction. La prescription biennale n'est pas soumise à la condition que le droit du preneur à une indemnité d'éviction soit contesté (dans une espèce où le bailleur avait délivré un congé avec refus de renouvellement et offre d'indemnité d'éviction). • Civ. 3e, 31 mai 2007, n° 06-12.907 P : *D. 2008. Pan. 1652, obs. Rozès ; AJDI 2008. 32, note Blatter .* ♦ *Contra*, jugeant que la reconnaissance par le bailleur du droit à indemnité d'éviction interrompt la prescription : • Civ. 3e, 18 déc. 2012, n° 11-28.513 : *AJDI 2013. 208 ; Administrer 2/2013. 37, obs. Lipman-W. Boccara.* ♦ L'interruption du délai de prescription de l'action en fixation d'une indemnité d'éviction ne dure que le temps de l'instance en référé qui s'achève avec le prononcé de l'ordonnance désignant un expert. • Civ. 3e, 18 janv. 2012, n° 10-26.304 : *AJDI 2012. 423, obs. Lipman-W. Boccara ; Loyers et copr. 2012, n° 205, obs. Brault.* ♦ Le bailleur qui a offert le paiement d'une indemnité d'éviction après avoir exercé son droit d'option peut dénier au locataire le droit au statut des baux commerciaux tant qu'une décision définitive n'a pas été rendue sur la fixation de l'indemnité d'éviction. • Civ. 3e, 7 sept. 2017, n° 16-15.012 P : *D. 2017. Actu. 1760 ; RTD com. 2017. 827, obs. Monéger ; JCP E 2017, n° 1697, note Legrix de la Salle et Schoenke ; RJDA 2018, n° 9.* ♦ La règle selon laquelle l'exception de nullité est perpétuelle ne s'applique pas à l'égard d'une demande, même reconventionnelle, en indemnité d'éviction, laquelle constitue une action et non une exception. • Civ. 3e, 9 oct. 1970, n° 69-11.787 P. ♦ Dans le même sens, jugeant que l'exception de nullité ne peut pas être soulevée par le preneur, demandeur à l'action en nullité de la clause du bail prévoyant la faculté pour le bailleur de résilier le contrat sans indemnisation (à propos d'une action en nullité intentée par le preneur suite au congé délivré par le bailleur sans indemnité d'éviction), V. • Civ. 3e, 24 nov. 1999, n° 98-12.694 P : *D. 2000. AJ 51, obs. Rouquet ; AJDI 2000. 311, obs. Blatter .* ♦ Comp. jugeant qu'une cour d'appel retient exactement que, par sa contestation du congé formée en défense à l'action principale engagée par le bailleur devant le tribunal, le locataire a conservé la possibilité de former à toute hauteur de la procédure une demande en paiement de l'indemnité d'éviction et que cette demande, bien que formée plus de trois ans après la date d'effet du congé, ne se heurte pas à la forclusion prévue à l'art. L. 145-9, al. 5 : • Civ. 3e, 10 déc. 2008, n° 07-15.241 P : *D. 2009. AJ 96, obs. Rouquet ; RJDA 2009, n° 75.* ♦ Faute de lien de dépendance direct et nécessaire entre les deux instances, un acte interruptif accompli dans l'instance en résiliation du bail ne peut faire obstacle à l'acquisition de la péremption de l'instance relative au refus de renouvellement du bail et au paiement éventuel d'une indemnité d'éviction. • Civ. 3e, 23 mars 2010, n° 08-21.879 : *AJDI 2010. 717, obs. Lipman-W. Boccara .* ♦ Mais si, en principe, l'interruption de la prescription ne peut s'étendre d'une action à une autre, il en est autrement lorsque les deux actions, bien qu'ayant une cause distincte, tendent à un seul et même but (refus de renouvellement motivé par l'absence de bail commercial liant les parties, et litige opposant les mêmes parties à propos du même bail et ayant le même objet que l'instance en cours, à savoir l'existence d'un droit pour le locataire de se maintenir dans les lieux). • Civ. 3e, 26 mars 2014, n° 12-24.203 P : *D. actu. 7 mai 2014, obs. Kebir ; D. 2014. Actu. 822 ; Loyers et copr. 2014, n° 180, obs. Chavance.*

6. Action en paiement des intérêts dus sur loyers d'avance. V. note 5 ss. art. L. 145-40.

7. Action en nullité de clause. L'action en annulation d'une clause faisant obstacle à la révision du loyer conformément aux art. 26 à 28 du Décr. de 1953 [C. com., art. L. 145-37 à L. 145-39] est soumise à la prescription de deux ans, et la nullité ne pourrait être opposée par voie d'exception à l'occasion d'une demande en révision faite par le locataire. • Civ. 3e, 1er févr. 1983, n° 81-10.317 P. ♦ Il en va de même de l'action en annulation d'une clause du bail, fondée sur les art. 27 et 35 du décret [C. com., art. L. 145-38 et L. 145-15], et en répétition de l'indu. • Civ. 3e, 1er févr. 1978, n° 75-15.295 P.

8. Action en nullité du congé. Faisant application de la règle selon laquelle l'exception de nullité est perpétuelle, V. • Civ. 3e, 28 mai 2008, n° 07-12.277 P : *D. 2008. AJ 1690, obs. Rouquet .* ♦ V. aussi note 12 ss. art. L. 145-9.

9. Action en validation de la rétractation de l'acceptation du principe du renouvellement. V. note 5 ss. art. L. 145-8.

10. Revendication de son droit direct par le sous-locataire. V. note 10 ss. art. L. 145-32.

11. Action en requalification d'un contrat en bail commercial. A propos d'une action en requalification d'un contrat de location-gérance, V., jugeant que la demande qui tend à la reconnaissance du statut des baux commerciaux est soumise à la prescription biennale et que le délai de prescription court à compter de la conclusion du contrat, peu important qu'il ait été tacitement reconduit : • Com. 11 juin 2013, n° 12-16.103 P : *D. 2013. Actu. 1543, obs. Rouquet ; AJDI 2014. 32, obs. Blatter ; RTD com. 2013. 467, obs. Kendérian ; JCP E 2013. 1430, n° 21, obs. Monéger.* ♦ ... Ou renouvelé par avenants successifs : • Civ. 3e, 3 déc. 2015, n° 14-19.146 P : *D. 2015. Actu. 2559, obs. Rouquet ; RTD com. 2016. 47, obs. Kendérian et Monéger ; JCP E 2016, n° 1183, note Bories ; RJDA 2016, n° 176* • 14 sept. 2017, n° 16-23.590 P : *D. 2017. Actu. 1832 ; AJDI 2017. 775, obs. Dumont-Lefrand ; RTD civ. 2017. 869, obs. Barbier ; JCP E 2017, n° 1555 ; RJDA 2017, n° 797.* ♦ Une cour d'appel qui, saisie d'une demande de requalification en vertu de l'art. L. 145-2, 1°, d'un bail établi entre les parties par acte du 30 avr. 2003 avec effet au 1er avr. 2003, constate que l'action avait été engagée le 28 janv. 2006, en déduit exactement que cette action se trouvait prescrite en application de l'art. L. 145-60. • Civ. 3e, 23 nov. 2011, n° 10-24.163 P : *D. 2011. Actu. 2991, obs. Rouquet .*

12. Action en requalification d'un bail dérogatoire en bail statutaire. La demande tendant à faire constater l'existence d'un bail soumis au statut né du fait du maintien en possession du preneur à l'issue d'un bail dérogatoire, qui résulte du seul effet de l'art. L. 145-5, n'est pas soumise à la prescription biennale. • Civ. 3e, 1er oct. 2014, n° 13-16.806 P : *D. 2014. Actu. 1997, obs. Rouquet .* ♦ L'action en nullité du renouvellement d'un bail dérogatoire est soumise à la prescription biennale mais le preneur peut encore, après expiration de ce délai, invoquer le bénéfice du statut des baux commerciaux par voie d'exception. • Civ. 3e, 1er juin 1994, n° 92-12.186 : *JCP E 1995. II. 740, note Raynard ; Gaz. Pal. 1994. 2. 704, note Barbier.* ♦ La fraude commise par le bailleur dans le but d'éluder le statut des baux commerciaux (signature d'un deuxième bail dérogatoire signé avec un prête-nom) a suspendu la prescription pendant la durée de ce deuxième bail. • Civ. 3e, 8 avr. 2010, n° 08-70.338 P : *D. 2010. Actu. 1017, obs. Rouquet .* ♦ L'action en requalification d'un bail saisonnier en bail commercial est soumise à la prescription biennale. • Civ. 3e, 17 sept. 2020, n° 19-18.435 P : *D. 2020. Chron. C. cass. 2472, obs. Collomp ; AJDI 2021. 361, obs. Blatter ; RTD com. 2020. 779, obs. Saintourens ; JCP E 2021, n° 1003, note Tisseyre ; RJDA 2020, n° 556 ; LPA 19 oct. 2020, note Legrand.*

13. Actions ne découlant pas du statut. N'est pas soumise à la prescription biennale : l'action en résiliation d'un bail commercial pour inobservation de ses clauses. • Civ. 3e, 12 juill. 1989, n° 88-10.159 P : *D. 1989. IR 230.* ♦ ... L'action en paiement des loyers. • Civ. 3e, 5 oct. 1994, n° 92-14.354 P : *D. 1994. IR 231 .* ♦ ... L''action en nullité d'une clause d'indexation conventionnelle fondée sur l'art. L. 112-2 C. mon. fin. [V. App., v° *Banque et financement de l'entreprise*]. • Com. 2 févr. 2010, n° 09-11.293 : *AJDI 2011. 134, note Denizot .* ♦ ... La demande du bailleur en exécution d'un congé ayant pour objet l'expulsion de l'occupant. • Civ. 3e, 4 juin 2013, n° 12-16.463 : *Administrer août-sept. 2013. 45, obs. Lipman-W. Boccara.* ♦ ... L'action en paiement d'une indemnité d'occupation intentée contre un occupant sans droit ni titre. • Civ. 3e, 14 mars 1973, n° 71-13.963 P : *D. 1973. 512.*

14. Ouverture d'une procédure collective. Le jugement de redressement judiciaire n'a d'effet interruptif que sur une instance déjà engagée et le délai, dans lequel l'action en contestation de la validité d'un congé sans offre de renouvellement ni d'indemnité d'éviction peut être exercée par le locataire, n'est pas suspendu par son placement en redressement ou liquidation judiciaire. • Civ. 3e, 8 oct. 2015, n° 14-18.881 P : *D. 2015. Actu. 2071 ; AJDI 2016. 115, obs. Dumont-Lefrand ; JCP E 2015, n° 1572 ; RJDA 2016, n° 94 ; Loyers et copr. 2015, n° 251, obs. Brault.*

CHAPITRE VI DES GÉRANTS-MANDATAIRES

(L. n° 2005-882 du 2 août 2005, art. 19)

RÉP. COM. v° *Gérance de fonds de commerce*, par KENFACK.

BIBL. ▶ DELFOSSE et PÉNIGUEL, *Dr. et patr. 10/2005, suppl., p. 9.* – SAINTOURENS, *RTD com. 2005. 704 .* – JUCHS, *RLDA avr. 2006. 20.* – N. FERRIER, *LPA 26 mai 2006.* – OLIVIER, *Le code de commerce 1807-2007, Livre du bicentenaire, Dalloz, 2007, p. 288* (les « commerçants salariés » à propos des « gérants »). – Inforeg, *Cah. dr. entr. 2007, n° 5, p. 59* (location-gérance ou gérance-mandat, que choisir ?). – PESKINE, *RDT 2008. 371* (entre subordination et indépendance : en quête d'une troisième voie). – AUQUE, *Gaz. Pal. 2009. 1792* (l'apparition de nouveaux modes d'exploitation du fonds de commerce). – DISSAUX, *D. 2010. 667* (la gérance-mandat : une troisième voie ?). ▸ L. n° 2010-853 du 23 juill. 2010 : Delpech, *D. 2010. Actu. 1937* (sécurisation législative du contrat de gérance-mandat). – NDLR, *BRDA 2010, n° 15-16, p. 6* (gérance-mandat conclue dans le cadre d'un réseau). – Auzero, *RDT 2010. 642* (le législateur à nouveau au chevet de la gérance-mandat). – Saintourens, *RTD com. 2010. 690* (effet des normes de gestion et d'exploitation du fonds). – Mainguy, *D. 2013. 1222* (faut-il brûler le droit de la distribution ?). – Nadal, *Journ. sociétés 10/2013. 23* (les gérants de succursales ou la possible soumission du contrat de distribution au code du travail). – Soltner et Boddaert, *D. 2017. 368* (les réseaux de distribution menacés par l'application extensive de l'art. L. 7321-2 C. trav.). – Ferrier, *D. 2017. 2495* (pour une juste application du droit social aux distributeurs). – du Boislouveau, *RF compt. sept. 2019. 11* (la gérance-mandat du fonds de commerce). – Lambert, *D. 2020. 1630* (franchisé ou gérant de succursale : une courte synthèse de dix années d'analyse des critères de qualification par les cours d'appel françaises). – Delpech, *RDT 2021. 702* (un trouble-fête dans les réseaux de distribution : le statut de gérant succursaliste).

Art. L. 146-1 *(L. n° 2005-882 du 2 août 2005, art. 19)* **Les personnes physiques ou morales qui gèrent un fonds de commerce ou un fonds artisanal, moyennant le versement d'une commission proportionnelle au chiffre d'affaires, sont qualifiées de "gérants-mandataires" lorsque le contrat conclu avec le mandant, pour le compte duquel, le cas échéant dans le cadre d'un réseau, elles gèrent ce fonds, qui en reste propriétaire et supporte les risques liés à son exploitation, leur fixe une mission, en leur laissant toute latitude, dans le cadre ainsi tracé, de déterminer leurs conditions de travail, d'embaucher du personnel et de se substituer des remplaçants dans leur activité à leurs frais et sous leur entière responsabilité.**

(L. n° 2010-853 du 23 juill. 2010, art. 30) **« La mission précise, le cas échéant, les normes de gestion et d'exploitation du fonds à respecter et les modalités du contrôle susceptible d'être effectué par le mandant. Ces clauses commerciales ne sont pas de nature à modifier la nature du contrat. »**

Le gérant-mandataire est immatriculé au registre du commerce et des sociétés et, le cas échéant, au *(Ord. n° 2021-1189 du 15 sept. 2021, art. 9, en vigueur le 1er janv. 2023)* **« registre national des entreprises en tant qu'entreprise du secteur des métiers et de l'artisanat** *[ancienne rédaction : répertoire des métiers]* **». Le contrat est mentionné à** *(Ord. n° 2021-1189 du 15 sept. 2021, art. 9, en vigueur le 1er janv. 2023)* **« ces registres** *[ancienne rédaction : ce registre ou à ce répertoire]* **» et fait l'objet d'une publication** *(L. n° 2019-486 du 22 mai 2019, art. 3-II)* **« sur un support » habilité à recevoir des annonces légales.**

Les dispositions du présent chapitre ne sont pas applicables aux professions régies par le chapitre II du titre VIII du livre VII *[chapitre II du titre II du livre III de la partie VII nouv.]* **du code du travail.** — *V. C. trav., art. L. 7322-1 s., ss. art. L. 146-4.*

1. *Application dans le temps.* La réglementation du contrat de gérance-mandat issue de la loi du 2 août 2005 ne s'applique pas aux situations contractuelles en cours. Sans doute, le contrat de gérance-mandat existait-il avant sa consécration législative, mais les règles nouvelles adoptées en 2005 ne pouvaient s'appliquer aux contrats conclus avant son entrée en vigueur car il ne s'agissait ni de dispositions d'un ordre public particulièrement impérieux, ni d'une loi interprétative. • Pau, 29 sept. 2008 : *CCC 2009, n° 48, obs. N. M. ; RLDA mai 2009. 91, obs. Grignon* • Poitiers, 7 sept. 2010 : *CCC 2011, n° 118, obs. N. M.*

2. *Distinction avec le contrat de travail.* Ayant constaté que les cogérants d'une société ne disposaient d'aucune autonomie réelle dans la gestion d'un hôtel, qu'ils étaient personnellement tenus d'assurer en permanence son exploitation, qu'ils devaient recueillir l'accord de la société exploitant en franchise cet hôtel pour tout engagement ou paiement, que cette société contrôlait la gestion de l'hôtel en adressant des directives dont elle contrôlait l'exécution, en effectuant des visites mensuelles, et en leur imposant de rendre compte de leur bonne exécution, et qu'en cas d'inobservation de ces directives, elle disposait d'un pouvoir de sanction, une cour d'appel, dans l'exercice de son pouvoir souverain d'appréciation, a pu en déduire que les soit disant cogérants se trouvaient placés dans un état de subordination à l'égard de la société franchisée et qu'ils étaient ainsi liés à celle-ci par un contrat de travail. • Soc. 16 janv. 2008, n° 07-40.055 : *D. 2008. AJ 477, obs. Chevrier ; JCP E 2008, n° 30, p. 30, note Béal et Terrenoire.*

Il convient de rechercher non seulement si le contrat entre dans le cadre général défini par l'art. L. 146-1, mais encore de quelle autonomie les intéressés (hôteliers) disposaient pour accomplir leur tâche. En l'espèce, l'autonomie du « mandataire-gérant » mentionnée au contrat est de pure forme et la réalité des relations contractuelles est celle d'un lien de subordination. • Paris, 30 mai 2007 : *AJDI 2008. 388*. ♦ Pour une même conclusion, dès lors qu'il est relevé que les gérants-mandataires d'une chaine d'hôtels travaillaient sous l'autorité et le contrôle direct du groupe hôtelier, qu'ils devaient impérativement respecter les normes et standards de la chaîne, selon le livret d'exploitation annexé au contrat sans pouvoir y déroger, qu'ils ne disposaient d'aucune liberté en matière de fixation des prix et de choix des clients, de procédure d'accueil, de promotion, de publicité et de tenue de la comptabilité, qu'ils devaient suivre les directives du groupe hôtelier qui en contrôlait la bonne exécution en pratiquant des inspections suivies de remontrances et en menaçant de représailles ceux qui ne respecteraient pas ces instructions, et de résiliation du contrat ceux qui voudraient être indépendants dans leurs décisions commerciales : • Soc. 8 juin 2010, n° 08-44.965 : *D. 2011. Pan. 550, obs. Ferrier ; RDLC 2010, n° 4, p. 135, obs. Ferrier.* ♦ V. désormais le 2e al. de l'art. L. 146-1.

3. Requalification en location-gérance. Pour une requalification du contrat de gérance-mandat en location-gérance dès lors qu'il est relevé que la convention disposait qu'en cas de déficit de gestion, le gérant engageait sa responsabilité illimitée quelle que soit la gravité de sa faute, V. • Civ. 3e, 7 déc. 2017, n° 16-25.083 : *D. 2018. Pan. 871, obs. Ferrier ; AJ contrat 2018. 136, obs. Dissaux ; AJDI 2018. 125*.

4. Immatriculation au RCS. Sur l'immatriculation d'une association, V. Avis CCRCS n° 2018-010 du 18 juill. 2018.

Art. L. 146-2 *(L. n° 2005-882 du 2 août 2005, art. 19)* **Le mandant fournit au gérant-mandataire, avant la signature du contrat, toutes informations nécessaires à sa mission, telles que définies par décret, afin de lui permettre de s'engager en connaissance de cause.** *— V. art. D. 146-1.*

Art. L. 146-3 *(L. n° 2005-882 du 2 août 2005, art. 19)* **Un accord-cadre conclu entre le mandant et les gérants-mandataires auxquels il est lié par un contrat, ou leurs représentants, fixe notamment le montant de la commission minimale garantie dans tous les contrats de gérance-mandat conclus par ledit mandant. Cette commission minimale tient compte de l'importance de l'établissement et des modalités de son exploitation.**

A défaut d'accord, le ministre chargé des petites et moyennes entreprises fixe cette commission minimale.

Art. L. 146-4 *(L. n° 2005-882 du 2 août 2005, art. 19)* **Le contrat liant le mandant et le gérant-mandataire peut prendre fin à tout moment dans les conditions fixées par les parties. Toutefois, en cas de résiliation du contrat par le mandant, sauf faute grave de la part du gérant-mandataire, le mandant lui verse une indemnité égale, sauf conditions plus favorables fixées par les parties, au montant des commissions acquises, ou à la commission minimale garantie mentionnée à l'article L. 146-3, pendant les six mois précédant la résiliation du contrat, ou pendant la durée d'exécution du contrat si celle-ci a été inférieure à six mois.**

Rupture du contrat. BIBL. Mouly-Guillemaud, *JCP E 2021, n° 1158* (l'évolution du statut de la gérance-mandat par le contrôle de la brutalité de la rupture). ♦ Si le régime institué par les art. L. 146-1 s. prévoit, en son art. L. 146-4, le paiement d'une indemnité minimale au profit des gérants-mandataires en cas de résiliation du contrat sans faute grave de leur part, il ne règle en aucune manière la durée du préavis à respecter. Le même texte la laisse à la convenance des parties, ce dont il se déduit qu'ont vocation à s'appliquer les règles de responsabilité instituées par l'art. L. 442-6-I-5° lorsque le préavis consenti est insuffisant au regard de la durée de la relation commerciale établie entre les parties et des autres circonstances. • Com. 2 oct. 2019, n° 18-15.676 P : *D. 2019. 2257, note Buy ; AJ contrat 2019. 483, note Dissaux ; RJDA 2019, n° 789.* ♦ Les dispositions d'ordre général de l'art. L. 442-6-I-5° [ancien], qui instaurent une responsabilité de nature délictuelle, et partant, celles des art. L. 442-6 [L. 442-4] et D. 442-6 qui donnent compétence à des juridictions spécialisées en matière de rupture brutale et abusive de relations commerciales ne s'appliquent pas lors de la cessation des relations entre un mandant et son gérant-mandataire dès lors que la rupture immédiate du contrat, si elle peut intervenir à tout moment et sans préavis, est subordonnée, en l'absence de faute grave, au paiement d'une indemnité spécifique en application des règles spéciales instaurées par la L. du 2 août 2005, étant relevé que le pouvoir exclusif de la cour d'appel de Paris pour connaître du contredit formé contre une décision rendue dans un litige relatif à l'application de l'art. L. 442-6 [ancien] ne préjuge pas de l'applicabilité desdites dispositions aux prétentions de la demanderesse à l'instance. • Paris, 23 sept. 2016, n° 16/08899 : *CCC 2016, n° 237, obs. N. M.*

Code du travail

Gérants de succursales

Art. L. 7321-1 Les dispositions du présent code sont applicables aux gérants de succursales, dans la mesure de ce qui est prévu au présent titre. – *[Anc. art. L. 781-1, al. 1.]*

Art. L. 7321-2 Est gérant de succursale toute personne :

1° Chargée, par le chef d'entreprise ou avec son accord, de se mettre à la disposition des clients durant le séjour de ceux-ci dans les locaux ou dépendances de l'entreprise, en vue de recevoir d'eux des dépôts de vêtements ou d'autres objets ou de leur rendre des services de toute nature ;

2° Dont la profession consiste essentiellement :

a) Soit à vendre des marchandises de toute nature qui leur sont fournies exclusivement ou presque exclusivement par une seule entreprise *(L. n° 2008-776 du 4 août 2008, art. 39)* « , lorsque ces personnes exercent leur profession dans un local fourni ou agréé par cette entreprise et aux conditions *(L. n° 2009-526 du 12 mai 2009, art. 55)* « et » prix imposés par cette entreprise » ;

b) Soit à recueillir les commandes ou à recevoir des marchandises à traiter, manutentionner ou transporter, pour le compte d'une seule entreprise, lorsque ces personnes exercent leur profession dans un local fourni ou agréé par cette entreprise et aux conditions et prix imposés par cette entreprise. – *[Anc. art. L. 781-1, al. 2 et 3.]*

Art. L. 7321-3 Le chef d'entreprise qui fournit les marchandises ou pour le compte duquel sont recueillies les commandes ou sont reçues les marchandises à traiter, manutentionner ou transporter n'est responsable de l'application aux gérants salariés de succursales des dispositions du livre Ier de la troisième partie relatives à la durée du travail, aux repos et aux congés et de celles de la quatrième partie relatives à la santé et à la sécurité au travail que s'il a fixé les conditions de travail, de santé et de sécurité au travail dans l'établissement ou si celles-ci ont été soumises à son accord.

Dans le cas contraire, ces gérants sont assimilés à des chefs d'établissement. Leur sont applicables, dans la mesure où elles s'appliquent aux chefs d'établissement, directeurs ou gérants salariés, les dispositions relatives :

1° Aux relations individuelles de travail prévues à la première partie ;

2° A la négociation collective et aux conventions et accords collectifs de travail prévus au livre II de la deuxième partie ;

3° A la durée du travail, aux repos et aux congés prévus au livre Ier de la troisième partie ;

4° Aux salaires prévus au livre II de la troisième partie ;

5° A la santé et à la sécurité au travail prévues à la quatrième partie. – *[Anc. art. L. 781-1, al. 4 et 5.]*

Art. L. 7321-4 Les gérants de succursales sont responsables à l'égard des salariés placés sous leur autorité, au lieu et place du chef d'entreprise avec lequel ils ont contracté, de l'application des dispositions mentionnées aux 1° à 5° de l'article L. 7321-3 à condition d'avoir toute liberté en matière d'embauche, de licenciement et de fixation des conditions de travail de ces salariés. – *[Anc. art. L. 781-1, al. 6.]*

Art. L. 7321-5 Est nulle toute convention contraire aux dispositions du présent chapitre. – *[Anc. art. L. 781-2.]*

Gérants non salariés des succursales de commerce de détail alimentaire

Art. L. 7322-1 Les dispositions du chapitre Ier sont applicables aux gérants non salariés définis à l'article L. 7322-2, sous réserve des dispositions du présent chapitre.

L'entreprise propriétaire de la succursale est responsable de l'application au profit des gérants non salariés des dispositions du livre Ier de la troisième partie relatives à la durée du travail, aux repos et aux congés, ainsi que de celles de la quatrième partie relatives à la santé et à la sécurité au travail lorsque les conditions de travail, de santé et de sécurité au travail dans l'établissement ont été fixées par elle ou soumises à son accord.

Dans tous les cas, les gérants non salariés bénéficient des avantages légaux accordés aux salariés en matière de congés payés.

Par dérogation aux dispositions des articles L. 3141-1 et suivants relatives aux congés payés, l'attribution d'un congé payé peut, en cas d'accord entre les parties, être remplacée par le versement d'une indemnité d'un montant égal au douzième des rémunérations perçues pendant la période de référence.

Les obligations légales à la charge de l'employeur incombent à l'entreprise propriétaire de la succursale. – *[Anc. art. L. 782-1, al. 2, et L. 782-7, al. 1.]*

Art. L. 7322-2 Est gérant non salarié toute personne qui exploite, moyennant des remises proportionnelles au montant des ventes, les succursales des commerces de détail alimentaire ou des coopératives de consommation lorsque le contrat intervenu ne fixe pas les conditions de son travail et lui laisse toute latitude d'embaucher des salariés ou de se faire remplacer à ses frais et sous son entière responsabilité.

La clause de fourniture exclusive avec vente à prix imposé est une modalité commerciale qui ne modifie pas la nature du contrat. – *[Anc. art. L. 782-1, al. 1.]*

Art. L. 7322-3 Les accords collectifs fixant les conditions auxquelles doivent satisfaire les contrats individuels conclus entre les entreprises et leurs gérants de succursales non salariés sont régis, en ce qui concerne leur validité, leur durée, leur résolution, leur champ d'application, leurs effets et leurs sanctions, par les dispositions du livre II de la deuxième partie.

Ces accords déterminent, notamment, le minimum de la rémunération garantie aux gérants non salariés, compte tenu de l'importance de la succursale et des modalités d'exploitation de celle-ci. – *[Anc. art. L. 782-3.]*

Art. L. 7322-4 Les dispositions des accords collectifs mentionnés à l'article L. 7322-3 peuvent, après consultation des organisations professionnelles intéressées, être rendues obligatoires par l'autorité administrative à l'ensemble des commerces de détail alimentaire et des coopératives de consommation comprises dans leur champ d'application.

A défaut de tels accords, l'autorité administrative peut, après consultation des organisations professionnelles intéressées, fixer, soit pour la région déterminée, soit pour l'ensemble du territoire, les conditions auxquelles doivent satisfaire les contrats individuels conclus entre les entreprises et leurs gérants non salariés, notamment le minimum de rémunération. – *[Anc. art. L. 782-4.]*

Art. L. 7322-5 Les litiges entre les entreprises et leurs gérants non salariés relèvent de la compétence des tribunaux de commerce lorsqu'ils concernent les modalités commerciales d'exploitation des succursales.

Ils relèvent de celle des conseils de prud'hommes lorsqu'ils concernent les conditions de travail des gérants non salariés. – *[Anc. art. L. 782-5.]*

Art. L. 7322-6 Toute clause attributive de juridiction incluse dans un contrat conclu entre une entreprise mentionnée à l'article L. 7322-2 et un gérant non salarié de succursale est nulle. – *[Anc. art. L. 782-6.]*

TITRE CINQUIÈME DE LA PROTECTION DU SECRET DES AFFAIRES

(L. n° 2018-670 du 30 juill. 2018, art. 1er)

BIBL. GÉN. ▶ Secret des affaires : GARINOT, *Dr. et patr. 2/2012. 24* (secret des affaires : une avancée en perspective ?). – MOULIÈRE, *D. 2012. 571* (secret des affaires et vie privée). – DUMAS, *RLDA févr. 2012. 84* (transparence du patrimoine et protection du secret des affaires). – MALAURIE-VIGNAL, *D. 2012. 1415* (réflexions sur la protection du patrimoine informationnel de l'entreprise contre le piratage économique). – BERLIOZ, *RTD com. 2012. 263* (quelle protection pour les informations économiques secrètes de l'entreprise ?). – LAPOUSTERLE, *D. 2014. 682* (secrets d'affaires à l'épreuve de l'harmonisation européenne). – GARINOT, *Dr. et patr. 10/2014. 22* (secret des affaires : le législateur devance l'Union européenne). – Dossier, *JCP E 2016, nos 1454 s.* (le secret des affaires). – K. et A. WEISSBERG, *LPA 8 juin 2017* (protection du secret des affaires des sociétés françaises face aux procédures de *discovery* américaines).

▶ L. n° 2018-670 du 30 juill. 2018 : DU MANOIR DE JUAYE, *RLDI oct. 2014. 62* (à propos de la *proposition de loi sur le secret des affaires*) ; *ibid. mai 2018. 45* (secret des affaires : transposition imminente de la directive du 8 juin 2016). – HERPE, *RLDA juin 2018. 24* (transposition de la directive sur la protection des secrets d'affaires : focus sur les enjeux). – RODA, *D. 2018. 1318* (secret des affaires : et si l'on avait manqué l'essentiel ?). – NDLR, *BRDA 2018, n° 17, p. 21* (un régime général de protection du secret des affaires est instauré). – D'ALÈS et SICSIC, *JCP E 2018, n° 1444* (secret des affaires : un nouvel arsenal législatif pour une protection renforcée). – SCHILLER, *JCP 2018, n° 888* (la protection du secret des affaires fait son entrée dans le code de commerce). – Dossier, *Propr. ind. 2018. Dossier 6* (secrets des affaires : de la directive à sa transposition). – Dhenne, *D. 2018. 1817* (la loi du 30 juill. 2018 relative à la protection du secret des affaires). – Dossier, *AJ contrat 2018. 407* (secret des affaires et contrat). – De Roux et Zilberman, *RLDA oct. 2018. 16* (un premier élan vers la protection des données sensibles des entreprises françaises ?). – Galloux, *RTD com. 2018. 643* (transposition de la directive sur les secrets d'affaires). – Battistini, *LPA 15 nov. 2018* (présentation générale). – Dossier, *Dalloz IP/IT 2018. 658* (secret des affaires : la nouvelle protection juridique des actifs immatériels). – NDLR, *BRDA 2019, n° 1, p. 29* (décret d'application). – Bursztein, *RDT 2019. 13* (une justification nouvelle à la limitation de l'information des représentants du personnel). – Guillouet, *ibid. 16* (secret des affaires et droit du travail : une illusoire protection pour les entreprises). – Warusfel, *Propr. ind. 2019. Dossier 3* (brevet et secret des affaires). – Chaudouet, *RLDA mars 2019. 41 ; ibid. avr. 2019. 48* (le secret des affaires dans les contrats d'intermédiation). – Dhenne, *Propr. ind. 2019. Étude 11* (Décr. n° 2018-1126 du 11 déc. 2018 : l'heure du premier bilan pour la transposition du secret des affaires). – Ghrenassia et Quinio, *RLDA avr. 2019. 28* (secret des affaires et intérêt général). – Daoud, Mercinier et Neiman, *ibid. 34* (un apport utile mais insuffisant). – Tatoux, *ibid. 43* (la non-sollicitation de personnel : pour une préservation des savoir-faire de l'entreprise). – Lei, *LPA 27 juin 2019* (la protection du secret des affaires entre ombre et lumière). – Amar, *CCE 2019. Prat. 16* (le contrat : outil de protection du secret des affaires en matière de télécommunications). – Buy, *RJ com. 2019. 536* (la « nouvelle » protection du secret des affaires). – Lardeux, *ibid. 544* (les aspects procéduraux de la protection du secret des affaires). – Sappa, *RTD com. 2019. 847* (le secret des affaires dans la société algorithmique : une présence profitable). – Dossier, *Propr. ind. 2020. Dossier 1* (les enseignements pratiques de la loi et du décret sur le secret des affaires).

CHAPITRE PREMIER DE L'OBJET ET DES CONDITIONS DE LA PROTECTION

SECTION PREMIÈRE DE L'INFORMATION PROTÉGÉE

Art. L. 151-1 Est protégée au titre du secret des affaires toute information répondant aux critères suivants :

1° Elle n'est pas, en elle-même ou dans la configuration et l'assemblage exacts de ses éléments, généralement connue ou aisément accessible pour les personnes familières de ce type d'informations en raison de leur secteur d'activité ;

2° Elle revêt une valeur commerciale, effective ou potentielle, du fait de son caractère secret ;

3° Elle fait l'objet de la part de son détenteur légitime de mesures de protection raisonnables, compte tenu des circonstances, pour en conserver le caractère secret.

BIBL. ▶ Galloux, *Propr. ind. 2018. Dossier 8* (l'identification des secrets des affaires). – Rakotoarison, *AJ contrat 2018. 408* (secret des affaires : la fin de la liberté d'informer n'aura pas lieu). – de, Robert-Hautequere, *Dalloz IP/IT 2018. 677* (le secret des affaires, créateur de valeur).

Obligation de confidentialité. Dès lors qu'il n'a pas été contesté devant le juge du fond que la société intervient pour le compte de la personne publique et que son dirigeant et ses personnels sont tenus, dans le cadre de l'exécution de ce marché, à une obligation professionnelle de confidentialité, il en résulte qu'en jugeant qu'il n'y avait pas lieu de prendre en compte cette obligation de confidentialité dans l'appréciation du risque d'une atteinte imminente au secret des affaires, le juge des référés a commis une erreur de droit. • CE 10 févr. 2022, n° 456503 : *AJDA 2022. 311, obs. Maupin*.

SECTION II DE LA DÉTENTION LÉGITIME ET DE L'OBTENTION LICITE D'UN SECRET DES AFFAIRES

Art. L. 151-2 Est détenteur légitime d'un secret des affaires celui qui en a le contrôle de façon licite.

BIBL. ▶ Bouvet, *Propr. ind. 2018. Dossier 9* (détermination du détenteur légitime des droits sur un secret d'affaires).

Art. L. 151-3 Constituent des modes d'obtention licite d'un secret des affaires :

1° Une découverte ou une création indépendante ;

2° L'observation, l'étude, le démontage ou le test d'un produit ou d'un objet qui a été mis à la disposition du public ou qui est de façon licite en possession de la personne qui obtient l'information, sauf stipulation contractuelle interdisant ou limitant l'obtention du secret.

SECTION III DE L'OBTENTION, DE L'UTILISATION ET DE LA DIVULGATION ILLICITES

Art. L. 151-4 L'obtention d'un secret des affaires est illicite lorsqu'elle est réalisée sans le consentement de son détenteur légitime et qu'elle résulte :

1° D'un accès non autorisé à tout document, objet, matériau, substance ou fichier numérique qui contient le secret ou dont il peut être déduit, ou bien d'une appropriation ou d'une copie non autorisée de ces éléments ;

2° De tout autre comportement considéré, compte tenu des circonstances, comme déloyal et contraire aux usages en matière commerciale.

Obtention illicite. La pratique consistant, pour un distributeur, à demander au fournisseur de produits MDD de compléter un fichier décomposant les coûts de revient par postes et sous-postes, c'est-à-dire des informations susceptibles d'être protégées au titre du secret des affaires, ne constitue pas une obtention illicite d'un secret des affaires au sens de l'art. L. 151-4-2° dès lors que le fournisseur acquiesce à cette demande, à moins que son consentement soit vicié ou ait été donné sous la menace d'une rupture brutale contraire à l'art. L. 442-6-I-4° [ancien]. • CEPC, avis n° 18-9 du 25 oct. 2018 : *CCC 2019, n° 26, obs. Mathey ; RLC janv. 2019. 13, note Vertut.*

Art. L. 151-5 L'utilisation ou la divulgation d'un secret des affaires est illicite lorsqu'elle est réalisée sans le consentement de son détenteur légitime par une personne qui a obtenu le secret dans les conditions mentionnées à l'article L. 151-4 ou qui agit en violation d'une obligation de ne pas divulguer le secret ou de limiter son utilisation.

La production, l'offre ou la mise sur le marché, de même que l'importation, l'exportation ou le stockage à ces fins de tout produit résultant de manière significative d'une atteinte au secret des affaires sont également considérés comme une utilisation illicite lorsque la personne qui exerce ces activités savait, ou aurait dû savoir au regard des circonstances, que ce secret était utilisé de façon illicite au sens du premier alinéa du présent article.

Art. L. 151-6 L'obtention, l'utilisation ou la divulgation d'un secret des affaires est aussi considérée comme illicite lorsque, au moment de l'obtention, de l'utilisation ou de la divulgation du secret, une personne savait, ou aurait dû savoir au regard des circonstances, que ce secret avait été obtenu, directement ou indirectement, d'une autre personne qui l'utilisait ou le divulguait de façon illicite au sens du premier alinéa de l'article L. 151-5.

SECTION IV DES EXCEPTIONS À LA PROTECTION DU SECRET DES AFFAIRES

Art. L. 151-7 Le secret des affaires n'est pas opposable lorsque l'obtention, l'utilisation ou la divulgation du secret est requise ou autorisée par le droit de l'Union européenne, les traités ou accords internationaux en vigueur ou le droit national, notamment dans l'exercice des pouvoirs d'enquête, de contrôle, d'autorisation ou de sanction des autorités juridictionnelles ou administratives.

Art. L. 151-8 A l'occasion d'une instance relative à une atteinte au secret des affaires, le secret n'est pas opposable lorsque son obtention, son utilisation ou sa divulgation est intervenue :

1° Pour exercer le droit à la liberté d'expression et de communication, y compris le respect de la liberté de la presse, et à la liberté d'information telle que proclamée dans la Charte des droits fondamentaux de l'Union européenne ;

2° Pour révéler, dans le but de protéger l'intérêt général et de bonne foi, une activité illégale, une faute ou un comportement répréhensible, y compris lors de l'exercice du droit d'alerte défini à l'article 6 de la loi n° 2016-1691 du 9 décembre 2016 relative à la transparence, à la lutte contre la corruption et à la modernisation de la vie économique *(L. n° 2022-401 du 21 mars 2022, art. 14, en vigueur le 1er sept. 2022)* « dans les conditions définies aux articles 6 et 8 de la même loi » ; — *V. la L. préc. au* **C. *compliance*.**

3° Pour la protection d'un intérêt légitime reconnu par le droit de l'Union européenne ou le droit national.

BIBL. ▸ DERIEUX, *Legipresse 2018. 455* (secret des affaires et liberté de communication). – RAKOTOARISON, *AJ contrat 2018. 408* (secret des affaires : la fin de la liberté d'informer n'aura pas lieu). – LE GUNEHEC, *Légipresse 2019. 68* (secret des affaires : drôle d'ambiance). – CHAUDOUET, *RLDA avr. 2019. 48* (quand le droit à l'information plie, mais ne rompt pas devant le secret des affaires dans les contrats d'intermédiation). – LE GUNEHEC, *Légipresse 2021. 39* (droit d'accès à des informations d'intérêt général dans le domaine de la santé : le verrou du secret des affaires).

Accès aux documents administratifs. Il résulte clairement de la Dir. du 8 juin 2016 qu'elle ne comporte pas de règle en matière d'accès aux documents administratifs. Si les dispositions de son art. 5 interdisent aux États membres d'engager la responsabilité des journalistes lorsqu'ils portent atteinte au secret des affaires, elles n'ont ni pour objet ni pour effet de faire de ceux-ci des détenteurs légitimes, au sens et pour l'application de cette directive, d'informations portant atteinte à un tel secret. Par suite, le tribunal administratif n'a pas commis d'erreur de droit en jugeant que les requérantes ne pouvaient utilement se prévaloir de la Dir. du 8 juin 2016, au demeurant transposée par la L. du 30 juill. 2018 relative à la protection du secret des affaires, pour obtenir la communication des documents litigieux. • CE 8 avr. 2022, nº 447701 : *AJDA 2022. 776, obs. Necib*.

Art. L. 151-9 A l'occasion d'une instance relative à une atteinte au secret des affaires, le secret n'est pas opposable lorsque :

1° L'obtention du secret des affaires est intervenue dans le cadre de l'exercice du droit à l'information et à la consultation des salariés ou de leurs représentants ;

2° La divulgation du secret des affaires par des salariés à leurs représentants est intervenue dans le cadre de l'exercice légitime par ces derniers de leurs fonctions, pour autant que cette divulgation ait été nécessaire à cet exercice.

L'information ainsi obtenue ou divulguée demeure protégée au titre du secret des affaires à l'égard des personnes autres que les salariés ou leurs représentants qui en ont eu connaissance.

CHAPITRE II DES ACTIONS EN PRÉVENTION, EN CESSATION OU EN RÉPARATION D'UNE ATTEINTE AU SECRET DES AFFAIRES

Art. L. 152-1 Toute atteinte au secret des affaires telle que prévue aux articles L. 151-4 à L. 151-6 engage la responsabilité civile de son auteur.

Art. L. 152-2 Les actions relatives à une atteinte au secret des affaires sont prescrites par cinq ans à compter *(L. nº 2019-486 du 22 mai 2019, art. 124-II)* « du jour où le détenteur légitime du secret des affaires a connu ou aurait dû connaître le dernier fait qui en est la cause ».

SECTION PREMIÈRE DES MESURES POUR PRÉVENIR ET FAIRE CESSER UNE ATTEINTE AU SECRET DES AFFAIRES

Art. L. 152-3 I. – Dans le cadre d'une action relative à la prévention ou la cessation d'une atteinte à un secret des affaires, la juridiction peut, sans préjudice de l'octroi de dommages et intérêts, prescrire, y compris sous astreinte, toute mesure proportionnée de nature à empêcher ou à faire cesser une telle atteinte. Elle peut notamment :

1° Interdire la réalisation ou la poursuite des actes d'utilisation ou de divulgation d'un secret des affaires ;

2° Interdire les actes de production, d'offre, de mise sur le marché ou d'utilisation des produits résultant de manière significative de l'atteinte au secret des affaires ou l'importation, l'exportation ou le stockage de tels produits à ces fins ;

3° Ordonner la destruction totale ou partielle de tout document, objet, matériau, substance ou fichier numérique contenant le secret des affaires concerné ou dont il peut être déduit ou, selon le cas, ordonner leur remise totale ou partielle au demandeur.

II. – La juridiction peut également ordonner que les produits résultant de manière significative de l'atteinte au secret des affaires soient rappelés des circuits commerciaux, écartés définitivement de ces circuits, modifiés afin de supprimer l'atteinte au secret des affaires, détruits ou, selon le cas, confisqués au profit de la partie lésée.

III. — Lorsque la juridiction limite la durée des mesures mentionnées aux 1° et 2° du I, la durée fixée doit être suffisante pour éliminer tout avantage commercial ou économique que l'auteur de l'atteinte au secret des affaires aurait pu tirer de l'obtention, de l'utilisation ou de la divulgation illicite du secret des affaires.

IV. — Sauf circonstances particulières et sans préjudice des dommages et intérêts qui pourraient être réclamés, les mesures mentionnées aux I à III sont ordonnées aux frais de l'auteur de l'atteinte.

Il peut y être mis fin à la demande de l'auteur de l'atteinte lorsque les informations concernées ne peuvent plus être qualifiées de secret des affaires au sens de l'article L. 151-1 pour des raisons qui ne dépendent pas, directement ou indirectement, de lui.

Art. L. 152-4 Pour prévenir une atteinte imminente ou faire cesser une atteinte illicite à un secret des affaires, la juridiction peut, sur requête ou en référé, ordonner des mesures provisoires et conservatoires dont les modalités sont déterminées par décret en Conseil d'État. — *V. art. R. 152-1.*

BIBL. ▸ PIERRE-MAURICE, *D. 2019. 390* (mesures provisoires et secret des affaires).

Art. L. 152-5 Sans préjudice de l'article L. 152-6, la juridiction peut ordonner, à la demande de l'auteur de l'atteinte, le versement d'une indemnité à la partie lésée au lieu des mesures mentionnées aux I à III de l'article L. 152-3 lorsque sont réunies les conditions suivantes :

1° Au moment de l'utilisation ou de la divulgation du secret des affaires, l'auteur de l'atteinte ne savait pas, ni ne pouvait savoir au regard des circonstances, que le secret des affaires avait été obtenu d'une autre personne qui l'utilisait ou le divulguait de façon illicite ;

2° L'exécution des mesures mentionnées aux I à III de l'article L. 152-3 causerait à cet auteur un dommage disproportionné ;

3° Le versement d'une indemnité à la partie lésée paraît raisonnablement satisfaisant.

Lorsque le versement de cette indemnité est ordonné en lieu et place des mesures prévues aux 1° et 2° du I du même article L. 152-3, cette indemnité ne peut être fixée à une somme supérieure au montant des droits qui auraient été dus si l'auteur de l'atteinte avait demandé l'autorisation d'utiliser ledit secret des affaires pour la période pendant laquelle l'utilisation du secret des affaires aurait pu être interdite.

SECTION II DE LA RÉPARATION D'UNE ATTEINTE AU SECRET DES AFFAIRES

Art. L. 152-6 Pour fixer les dommages et intérêts dus en réparation du préjudice effectivement subi, la juridiction prend en considération distinctement :

1° Les conséquences économiques négatives de l'atteinte au secret des affaires, dont le manque à gagner et la perte subie par la partie lésée, y compris la perte de chance ;

2° Le préjudice moral causé à la partie lésée ;

3° Les bénéfices réalisés par l'auteur de l'atteinte au secret des affaires, y compris les économies d'investissements intellectuels, matériels et promotionnels que celui-ci a retirées de l'atteinte.

La juridiction peut, à titre d'alternative et sur demande de la partie lésée, allouer à titre de dommages et intérêts une somme forfaitaire qui tient notamment compte des droits qui auraient été dus si l'auteur de l'atteinte avait demandé l'autorisation d'utiliser le secret des affaires en question. Cette somme n'est pas exclusive de l'indemnisation du préjudice moral causé à la partie lésée.

BIBL. ▸ JACQUOT, *Propr. ind. 2020. Dossier 4* (la réparation de l'atteinte au secret des affaires). – LARRIEU, *ibid., n° 48* (nature de la réparation de l'atteinte au secret des affaires : essai *d'explication*).

SECTION III DES MESURES DE PUBLICITÉ

Art. L. 152-7 La juridiction peut ordonner toute mesure de publicité de la décision relative à l'obtention, l'utilisation ou la divulgation illicite d'un secret des affaires, notamment son affichage ou sa publication intégrale ou par extraits dans les journaux ou sur les services de communication au public en ligne qu'elle désigne, selon les modalités qu'elle précise.

Lorsqu'elle ordonne une telle mesure, la juridiction veille à protéger le secret des affaires dans les conditions prévues à l'article L. 153-1.

Les mesures sont ordonnées aux frais de l'auteur de l'atteinte.

SECTION IV DES SANCTIONS EN CAS DE PROCÉDURE DILATOIRE OU ABUSIVE

Art. L. 152-8 Toute personne physique ou morale qui agit de manière dilatoire ou abusive sur le fondement du présent chapitre peut être condamnée au paiement d'une amende civile dont le montant ne peut être supérieur à 20 % du montant de la demande de dommages et intérêts. En l'absence de demande de dommages et intérêts, le montant de l'amende civile ne peut excéder 60 000 €.

L'amende civile peut être prononcée sans préjudice de l'octroi de dommages et intérêts à la partie victime de la procédure dilatoire ou abusive.

CHAPITRE III DES MESURES GÉNÉRALES DE PROTECTION DU SECRET DES AFFAIRES DEVANT LES JURIDICTIONS CIVILES OU COMMERCIALES

Art. L. 153-1 Lorsque, à l'occasion d'une instance civile ou commerciale ayant pour objet une mesure d'instruction sollicitée avant tout procès au fond ou à l'occasion d'une instance au fond, il est fait état ou est demandée la communication ou la production d'une pièce dont il est allégué par une partie ou un tiers ou dont il a été jugé qu'elle est de nature à porter atteinte à un secret des affaires, le juge peut, d'office ou à la demande d'une partie ou d'un tiers, si la protection de ce secret ne peut être assurée autrement et sans préjudice de l'exercice des droits de la défense :

1° Prendre connaissance seul de cette pièce et, s'il l'estime nécessaire, ordonner une expertise et solliciter l'avis, pour chacune des parties, d'une personne habilitée à l'assister ou la représenter, afin de décider s'il y a lieu d'appliquer des mesures de protection prévues au présent article ;

2° Décider de limiter la communication ou la production de cette pièce à certains de ses éléments, en ordonner la communication ou la production sous une forme de résumé ou en restreindre l'accès, pour chacune des parties, au plus à une personne physique et une personne habilitée à l'assister ou la représenter ;

3° Décider que les débats auront lieu et que la décision sera prononcée en chambre du conseil ;

4° Adapter la motivation de sa décision et les modalités de *(L. n° 2019-222 du 23 mars 2019, art. 33)* « publicité » de celle-ci aux nécessités de la protection du secret des affaires.

V. art. R. 153-1 s.

Application. Pour la mise en œuvre du secret des affaires pour préserver les informations sensibles au cours d'une procédure judiciaire en matière de brevets essentiels et de licences FRAND : • Paris, 16 avr. 2019 : *RLC juill.-août 2019. 47, note Mendoza-Caminade.*

Art. L. 153-2 Toute personne ayant accès à une pièce ou au contenu d'une pièce considérée par le juge comme étant couverte ou susceptible d'être couverte par le secret des affaires est tenue à une obligation de confidentialité lui interdisant toute utilisation ou divulgation des informations qu'elle contient.

Dans le cas d'une personne morale, l'obligation prévue au premier alinéa du présent article s'applique à ses représentants légaux ou statutaires et aux personnes qui la représentent devant la juridiction.

Les personnes ayant accès à la pièce ou à son contenu ne sont liées par cette obligation ni dans leurs rapports entre elles ni à l'égard des représentants légaux ou statutaires de la personne morale partie à la procédure.

Les personnes habilitées à assister ou représenter les parties ne sont pas liées par cette obligation de confidentialité à l'égard de celles-ci, sauf dans le cas prévu au 1° de l'article L. 153-1.

L'obligation de confidentialité perdure à l'issue de la procédure. Toutefois, elle prend fin si une juridiction décide, par une décision non susceptible de recours, qu'il n'existe pas de secret des affaires ou si les informations en cause ont entre-temps cessé de constituer un secret des affaires ou sont devenues aisément accessibles.

CHAPITRE IV CONDITIONS D'APPLICATION

Art. L. 154-1 **Les conditions d'application du présent titre sont fixées par décret en Conseil d'État.** – *V. art. R. 152-1 s.*

Directive (UE) 2016/943 du Parlement européen et du Conseil du 8 juin 2016,

Sur la protection des savoir-faire et des informations commerciales non divulgués (secrets d'affaires) contre l'obtention, l'utilisation et la divulgation illicites.

BIBL. ► SCHILLER, *JCP 2016, n° 746* (secret des affaires : la directive est publiée). – VICHNIEVSKY, *BRDA 2016, n° 15-16, p. 17* (bientôt, le secret des affaires sera protégé). – MILCHIOR et FOURGOUX, *AJCA 2016. 390* (création d'un nouveau droit de propriété intellectuelle). – GARINOT, *Dr. et patr. 9/2016. 32* (secret des affaires : des limbes juridiques au droit positif). – LAPOUSTERLE, *Dalloz IP/IT 2016. 493* (apports et perspectives de transposition). – LENOIR, *RLDA nov. 2016. 16* (la protection des secrets d'affaires, un droit fondamental du marché intérieur consacré par la Dir. 2016/943 du 8 juin 2016). – DE MAISON ROUGE, *Rev. UE 2017. 23* (la reconnaissance de droits incorporels d'un genre nouveau). – GALLOUX, *RTD com. 2017. 59* (adoption de la directive sur les secrets d'affaires). – GARINOT, *AJ pénal 2017. 378* (protection pénale du secret des affaires : quelles perspectives ?). – TREPPOZ, *RTD eur. 2017. 868* (le secret d'affaires dans l'antichambre de la protection intellectuelle).

LIVRE DEUXIÈME DES SOCIÉTÉS COMMERCIALES ET DES GROUPEMENTS D'INTÉRÊT ÉCONOMIQUE

*Le code des sociétés commenté Dalloz comporte l'ensemble des textes, codifiés ou non, régissant la matière, assortis d'annotations de jurisprudence et de bibliographie exhaustives. – **C. sociétés.***

BIBL. ▶ Présentation des modifications issues de la loi relative à la croissance et la transformation des entreprises (PACTE) du 22 mai 2019 : Dossier spécial, *Rev. sociétés 2019. 565* . – A. Lecourt, *RTD com. 2019. 385* . – Arakélian, *AJ contrat 2019. 272* . – Dossier spécial, *BJS 6/2019. 33*. – Numéro spécial, *BRDA 2019, nº 10*. – Mortier, Zabala et de Vendeuil, *Dr. sociétés 2019. Étude 8*. – Dossier spécial, *JCP E 2019. 1318 à 1326*. ▶ Présentation des modifications issues de la loi de simplification, de clarification et d'actualisation du droit des sociétés du 19 juill. 2019 : Emy et Saintourens, *Rev. sociétés 2019. 655* (dispositions applicables à toutes les sociétés, aux sociétés civiles et aux SARL). – A. Lecourt, *RTD com. 2019. 903* . – *BRDA 2019, nº 17, p. 22*. – Coupet, *BJS 10/2019. 35*. – Dondero, *JCP E 2019. 1479*. – Dossier spécial, *Dr. sociétés 2019. Études 13 et 14*. ▶ Impact de la réforme du droit des sûretés (Ord. du 15 sept. 2021) : Houtcieff, *Rev. sociétés 2021. 677* . – Dondero, *JCP E 2021. 1459*.

TITRE PREMIER DISPOSITIONS PRÉLIMINAIRES

Art. L. 210-1 **Le caractère commercial d'une société est déterminé par sa forme ou par son objet.**

Sont commerciales à raison de leur forme et quel que soit leur objet, les sociétés en nom collectif, les sociétés en commandite simple, les sociétés à responsabilité limitée et les sociétés par actions. – *[L. nº 66-537 du 24 juill. 1966, art. 1er.]*

BIBL. ▶ Critère de distinction des sociétés civiles et commerciales : Jeandidier, *D. 1979. Chron. 7*. – Mercadal, *RTD com. 1982. 511*. – Bellargent, *ibid. 1983. 189*. – Guigou, *ibid. 525*.

Fondation. Une fondation n'est pas soumise à la loi du 24 juill. 1966. • Paris, 9 mars 1999 : *D. Affaires 1999. 835, obs. M. B.*; *RTD com. 2000. 382, obs. Champaud et Danet* ; *Rev. sociétés 1999. 411, obs. Guyon* ; *BJS 1999. 644, note Couret*.

Art. L. 210-2 **La forme, la durée qui ne peut excéder quatre-vingt-dix-neuf ans, la dénomination sociale, le siège social, l'objet social et le montant du capital social sont déterminés par les statuts de la société.** – *[L. nº 66-537 du 24 juill. 1966, art. 2.]* – *V. art. R. 210-2.*

RÉP. SOCIÉTÉS vis *Dénomination sociale*, par B. François ; *Objet social*, par Chaput ; *Siège social*, par Saintourens ; *Statuts et actes annexes*, par A. Lecourt.

BIBL. ▶ Tap, *Rev. sociétés 2020. 531* (actes dérogatoires aux statuts). – Rakotovahiny, JCP E 2021. 1344 (liberté conventionnelle de déroger aux statuts).

I. STATUTS DE LA SOCIÉTÉ

A. DURÉE DE LA SOCIÉTÉ

1. Prorogation. Dès lors que la durée d'une société a été fixée en conformité avec l'art. 2 de la L. du 24 juill. 1966 [C. com., art. L. 210-2], même en cas de prorogation ultérieure de cette durée dans les limites de l'art. 2, al. 2, du Décr. du 23 mars 1967 [C. com., art. R. 210-2, al. 2], ni le contrat de société ni les engagements pris par les tiers envers la société pour la durée de celle-ci n'encourent la nullité frappant les engagements perpétuels. • Com. 1er juin 1999, nº 97-14.918 : *RJDA 2000, nº 160*. – Comp. : • Civ. 1re, 19 mars 2002, nº 99-21.209 : *RTD civ. 2002. 510, obs. Mestre et Fages* ; *JCP 2003. I. 122, nº 15, obs. Constantin* ; *RJDA 2002, nº 589*. ♦ Sur la prorogation de la société, V. C. civ., art. 1844-6, App., vº *Sociétés commerciales*.

B. DÉNOMINATION DE LA SOCIÉTÉ

1º UTILISATION D'UN NOM PATRONYMIQUE

2. Nom d'un associé ou d'un dirigeant. Le principe de l'inaliénabilité et de l'imprescriptibilité du nom patronymique ne s'oppose pas à la conclusion d'un accord portant sur l'utilisation de ce nom comme dénomination sociale ou nom commercial. • Com. 12 mars 1985, nº 84-17.163 : *D. 1985. 471, note Ghestin* ; *Rev. sociétés 1985. 607, note Parléani* ; *JCP 1985. II. 20400, concl. Montanier et note Bonet*. ♦ Inséré dans les statuts, le patronyme est devenu un signe distinctif qui s'est détaché de la personne physique qui le porte, pour s'appliquer à la personne morale qu'il distingue, et devenir ainsi objet de propriété incorporelle. • Même arrêt. ♦ Le consentement donné par un associé fondateur, dont le nom est notoirement connu, à l'insertion de son patronyme dans la dénomination d'une société exerçant son activité dans le même domaine, ne saurait, sans accord de sa part et en l'absence de renonciation expresse ou tacite à ses droits patrimoniaux, autoriser la société à déposer ce patronyme à titre de marque pour désigner les mêmes produits ou services. • Com. 6 mai 2003, n° 00-18.192 P : *D. 2004. Somm. 265, obs. Hallouin ; RTD com. 2005. 346, obs. Champaud et Danet ; Rev. sociétés 2003. 548, note Parléani ; JCP 2003. II. 10169, note Tricoire ; BJS 2003. 921, note Le Cannu.* ♦ Dans le même sens, précisant que la notoriété doit être nationale, V. • Com. 24 juin 2008, n° 07-10.756 P : *D. 2008. 2569, note Mendoza-Caminade ; JCP E 2008. 2466, note Maetz ; BJS 2008. 953, note Loiseau.*

3. Limite : risque de confusion. Le droit à l'usage du nom ne concerne que les personnes physiques et ne peut être invoqué pour justifier une utilisation au titre de la dénomination sociale par une personne morale lorsqu'une autre société possède une dénomination très voisine ayant acquis une renommée indiscutable pour un commerce similaire. • Com. 15 juin 1993, n° 91-16.925 P : *BJS 1993. 869, note Cuisance.*

4. Homonymie. L'usage par un homonyme de son nom dans le cadre d'une société est licite, sous réserve que cet usage soit exclusif de toute fraude, ce qui est le cas lorsque la personne de la société s'identifie personnellement et réellement avec la personne physique comme étant une entreprise qu'elle dirige et contrôle. • Com. 12 nov. 1992, n° 90-22.079 : *RJDA 1993, n° 320.* ♦ V. CPI, art. L. 711-4 et L. 713-6. – *CPI.*

5. Nom patronymique utilisé à titre de marque. En l'absence de mauvaise foi du gérant utilisant son nom patronymique comme dénomination sociale, les juges n'ont pas à rechercher l'antériorité de cette utilisation à l'enregistrement de la marque. • Com. 21 juin 2011, n° 10-23.262 : *RJDA 2011, n° 804 ; LPA 22 sept. 2011, obs. Gibirila ; BJS 2011. 954, note Loiseau.* ♦ Une société déchue de ses droits sur des marques incluant un nom de famille, pour défaut d'exploitation de celles-ci, ne peut solliciter les mesures de réglementation ou d'interdiction de l'usage du patronyme comme dénomination sociale ou nom commercial par un tiers qui en fait un usage antérieurement à l'enregistrement déchu ou utilise son propre nom de bonne foi. • Com. 24 sept. 2013, n° 12-22.966 : *Rev. sociétés 2014. 126, note Pollaud-Dulian .*

2° CONDITIONS DE LA PROTECTION

6. Activités effectives. La dénomination sociale ne bénéficie d'une protection que pour les activités effectivement exercées par la société et non pour celles énumérées dans ses statuts. • Com. 10 juill. 2012, n° 08-12.010 P : *D. 2012. Actu. 1955 ; Rev. sociétés 2013. 49, note Pollaud-Dulian ; BJS 2012. 772, note Larrieu.*

7. Absence de risque de confusion. Une société peut s'opposer à l'utilisation par une autre d'une dénomination sociale qui est de nature à créer une confusion préjudiciable à la société demanderesse, et contraire à la sécurité commerciale, le vocable notoire inclus dans chacune des dénominations pouvant faire croire à une parenté entre les sociétés. • Com. 6 janv. 1969, n° 67-12.657 P : *D. 1969. 454.* ♦ Le risque de confusion entre deux sociétés ayant une dénomination sociale très proche peut résulter du fait qu'elles exercent des activités similaires. • Com. 12 mai 2004, n° 02-15.210 : *Rev. sociétés 2004. 904, note Passa .*

8. Antériorité. L'antériorité d'usage bénéficiant à un nom commercial sur une dénomination sociale rend indisponible la dénomination sociale au profit d'un tiers. Il en est ainsi alors même que le nom commercial, utilisé comme dénomination sociale, n'a fait l'objet d'une inscription au RCS, par le bénéficiaire de l'antériorité, que postérieurement à celle de la dénomination sociale du tiers. • Com. 18 juin 1996, n° 94-19.606 : *RJDA 1996, n° 1477.* ♦ Les droits d'auteur du fondateur d'une société sur la dénomination sociale étant nés avant la constitution de la société, celle-ci ne peut pas opposer un droit sur sa dénomination à la marque déposée par le fondateur après cette constitution. • Com. 4 juill. 2006, n° 03-13.728 : *RJDA 2007, n° 297.* ♦ Mais un commerçant, bien que justifiant de l'usage antérieur d'une dénomination commerciale, n'est pas fondé à se prévaloir de cette situation alors qu'exerçant seul un commerce, il avait utilisé d'une façon abusive le mot « compagnie », entendant par là induire les tiers en erreur en les persuadant de l'existence d'une société qui n'existait pas pour créer ainsi une confusion profitable à ses intérêts. • Com. 20 oct. 1954 : *JCP 1954. II. 8437.* ♦ V. aussi CPI, art. L. 711-4. – *CPI.*

C. OBJET SOCIAL

9. Portée de l'objet statutaire. Dès lors qu'elle n'est ni soumise à autorisation préalable, ni interdite, ni contraire à l'ordre public et aux bonnes mœurs, une activité commerciale peut être exercée en société, même si elle n'est pas comprise dans l'objet social, le non-respect des formalités prescrites pour les mentions au RCS n'ayant aucune incidence sur son caractère licite ou illicite. • Com. 18 juill. 1989, n° 88-13.261 P : *D. 1989. IR 248 ; Rev. sociétés 1990. 598, note Chaput .*

II. PRÉAMBULE DES STATUTS

10. Portée. BIBL. Magnier-Merran, *AJ contrat 2018. 452 .* ♦ La suppression par l'assemblée générale extraordinaire d'une société de l'interdiction figurant dans le préambule des statuts faite à tout associé de détenir plus de 10 % du capital ayant pour effet d'ôter toute valeur contraignante aux principes généraux d'indépendance de la société maintenus dans le même préambule, c'est à tort qu'un tribunal a ordonné par application de ces principes généraux à un associé devenu légalement majoritaire de céder une partie des actions qu'il a acquises sous contrôle d'un mandataire de justice constitué séquestre de ces actions. • Com. 13 févr. 1996, n° 93-19.654 : *Rev. sociétés 1996. 781, note Daigre ; RJDA 1996, n° 795 ; BJS 1996. 392, note Le Cannu.*

III. RÈGLEMENT INTÉRIEUR

11. Conformité aux statuts. Le respect des statuts s'impose à tous aussi longtemps qu'ils n'ont pas été modifiés selon la procédure prévue par les art. 6 et 153 de la L. du 24 juill. 1966 [C. com., art. L. 210-7 et L. 225-96]. Toute stipulation contraire d'un « règlement intérieur » constitue simplement une violation des statuts dont la nullité peut être soulevée par tout intéressé sans entraîner pour autant la nullité de la société elle-même. • Com. 2 juin 1987, n° 86-10.108 P : *Rev. sociétés 1988. 223, note Mestre ; BJS 1987. 495.* ♦ Sont nulles les clauses qui contreviennent aux règles d'administration des sociétés édictées par la loi et par les statuts ainsi qu'un article du « règlement intérieur » qui ne peut valablement fixer des conditions de quorum et de majorité des assemblées générales différentes de celles figurant dans la loi et les statuts. • Civ. 2e, 5 juin 1996, n° 92-19.958 : *Dr. sociétés 1996, n° 161, obs. Bonneau.* ♦ S'agissant d'une société civile de moyens ayant, selon ses statuts, pour objet exclusif « la mise en commun de tous moyens matériels et utiles à l'exercice de la profession de ses membres », la clause de non-réinstallation contenue dans le règlement intérieur ne peut être considérée comme conforme aux objectifs ainsi développés ; son application aboutirait à restreindre considérablement les droits des associés manifestant la volonté de se retirer, voire à vider de leur substance les dispositions statutaires qui régissent cette faculté de retrait. • Com. 1er mars 2011, n° 10-13.795 P : *D. 2011. Actu. 745, obs. Lienhard ; RTD com. 2011. 376, obs. Monsèrié-Bon ; JCP E 2011. 1477, note Vabres ; RJDA 2011, n° 422 ; Dr. sociétés 2011, n° 88, obs. Hovasse.* ♦ Sur la sanction du non-respect des stipulations du règlement intérieur, V. note 21 ss. art. L. 235-1.

IV. OPPOSABILITÉ DES STATUTS

12. Renvoi. V. note 6 ss. art. L. 227-6.

Art. L. 210-3 Les sociétés dont le siège social est situé en territoire français sont soumises à la loi française.

Les tiers peuvent se prévaloir du siège statutaire, mais celui-ci ne leur est pas opposable par la société si son siège réel est situé en un autre lieu. — *[L. n° 66-537 du 24 juill. 1966, art. 3.]*

RÉP. SOCIÉTÉS v° *Siège social,* par SAINTOURENS.

Art. L. 210-4 Les formalités de publicité exigées lors de la constitution de la société ou en cas d'actes et délibérations postérieurs sont déterminées par décret en Conseil d'État. — *[L. n° 66-537 du 24 juill. 1966, art. 4.] — V. art. R. 210-16 s.*

RÉP. SOCIÉTÉS v° *Publicité légale,* par BEDER.

Art. L. 210-5 En ce qui concerne les opérations des sociétés à responsabilité limitée et des sociétés par actions intervenues avant le seizième jour de la publication au *Bulletin officiel des annonces civiles et commerciales* des actes et indications soumis à cette publicité, ceux-ci ne sont pas opposables aux tiers qui prouvent qu'ils ont été dans l'impossibilité d'en avoir connaissance.

(L. n° 2008-776 du 4 août 2008, art. 56-II, 2°) « Le délai prévu au premier alinéa court à compter de la date de l'inscription des actes et indications au registre du commerce et des sociétés pour les sociétés à responsabilité limitée et les sociétés par actions simplifiées dont l'associé unique, personne physique, assume personnellement la gérance ou la présidence de la société. »

Si, dans la publicité des actes et indications concernant les sociétés à responsabilité limitée et les sociétés par actions, il y a discordance entre le texte déposé au registre du commerce et des sociétés et le texte publié au *Bulletin officiel des annonces civiles et commerciales*, ce dernier ne peut être opposé aux tiers ; ceux-ci peuvent toutefois s'en prévaloir, à moins que la société ne prouve qu'ils ont eu connaissance du texte déposé au registre du commerce et des sociétés. — *[L. n° 66-537 du 24 juill. 1966, art. 4-1.]*

Les dispositions issues de la L. n° 2008-776 du 4 août 2008 entrent en vigueur à la date de publication du décret prévu à l'avant-dernière phrase du 2e alinéa de l'art. L. 223-1, et au plus tard le 31 mars 2009 (L. préc., art. 56-II). — Ledit décret (n° 2008-1419 du 19 déc. 2008) a été publié au JO du 27 déc. 2008.

Opposabilité aux tiers. Si l'inscription au RCS d'une société, dont la forme est transformée, entraîne naissance de la personnalité morale de celle-ci, seule la publication des indications les concernant dans le BODACC les rend immédiatement opposables aux tiers, sauf si ceux-ci prouvent avoir été dans l'impossibilité d'en avoir eu connaissance, auquel cas cette publication ne leur est opposable qu'à compter du seizième jour qui l'a suivie. • Paris, 28 mars 1990 : *D. 1990. 428* .

Art. L. 210-6 Les sociétés commerciales jouissent de la personnalité morale à dater de leur immatriculation au registre du commerce et des sociétés. La transformation régulière d'une société n'entraîne pas la création d'une personne morale nouvelle. Il en est de même de la prorogation.

Les personnes qui ont agi au nom d'une société en formation avant qu'elle ait acquis la jouissance de la personnalité morale sont tenues solidairement et indéfiniment responsables des actes ainsi accomplis, à moins que la société, après avoir été régulièrement constituée et immatriculée, ne reprenne les engagements souscrits. Ces engagements sont alors réputés avoir été souscrits dès l'origine par la société. — *[L. n° 66-537 du 24 juill. 1966, art. 5.] — V. art. R. 210-7.*

Sur l'immatriculation au RCS, V. art. L. 123-1 s. et R. 210-1.

RÉP. SOCIÉTÉS v° *Constitution des sociétés*, par SORTAIS.

BIBL. ► BOULOC, *Rev. sociétés 1978. 419* (« disparition » des sociétés commerciales et RCS). – PAILLET, *ibid. 1980. 419* (activité de la société en formation). – MÉJEAN, *Gaz. Pal. 1999. Doctr. 1432* (point de départ de la formation des sociétés commerciales). – BOURGEOIS, *D. 2008. Chron. 1160* (société en formation et exercice d'une action en justice). – ANDRÉANI, *Dr. sociétés 2009. Étude 10* (droit des sociétés en formation : un formalisme toujours de mise). – Dossier, *Journ. sociétés 3/2014* (la période de formation de la société). – GUÉGAN, *Dr. sociétés 2019. Étude 1* (les actes de procédure réalisés avant l'immatriculation de la société).

I. RÉGIME DE LA PERSONNALITÉ JURIDIQUE

1. *Autonomie de la personnalité juridique.* L'associé ne possède, du fait de son droit social, aucun droit de propriété sur les biens de la société et ne détient qu'un droit de créance limité, pendant la durée de la société, à sa part dans les bénéfices. • Com. 4 déc. 1963 : *Bull. civ. III, n° 521.* ♦ L'associé qui apporte une clientèle à une société dont il possède l'intégralité du capital social réalise une transmission à un tiers, la société ayant une personnalité juridique autonome. • Com. 8 oct. 2013, n° 12-25.787 : *Rev. sociétés 2014. 223, note Massart* . ♦ En raison du principe d'autonomie de la personne morale, cette dernière reste inchangée en cas de cession de la totalité des parts ou actions d'une société ou de changement de ses dirigeants. • Com. 29 janv. 2013, n° 11-23.676 P : *D. 2013. Actu. 361* ; *Rev. sociétés 2013. 552, note Caffin-Moi* .

2. *Fictivité de la société.* Viole l'art. 5 de la L. du 24 juill. 1966 [C. com., art. L. 210-6] et l'art. 720 CGI le tribunal qui requalifie en cession à titre onéreux un apport partiel d'actif suivi de la cession des actions de la société bénéficiaire, sans constater le caractère fictif des sociétés et des opérations en cause. • Com. 21 avr. 1992, n° 88-16.905 : *BJS 1992. 683, note Derouin.*

3. *Préjudice moral.* Pour la reconnaissance du préjudice moral subi par une société, V. • Com. 15 mai 2012, n° 11-10.278 P : *D. 2012. 2285, note Dondero* ; *Rev. sociétés 2012. 620, note Stoffel-Munck* ; *JCP E 2012. 1510, note Mortier* ; *BJS 2012. 536, note Barbièri.*

II. ABSENCE DE PERSONNALITÉ JURIDIQUE DES SOCIÉTÉS NON IMMATRICULÉES

A. RAPPORTS AVEC LES TIERS

4. *Inexistence de la société non immatriculée.* Une société acquiert la personnalité juridique par l'effet de son immatriculation et ne peut, faute d'existence, se voir reconnaître la qualité de maître de l'affaire au titre d'actes antérieurs à l'accomplissement de cette formalité. • Com. 31 janv. 2006, n° 03-16.280 : *BJS 2006. 801, note Mortier.* ♦ La nullité affectant les actes conclus par une société dépourvue d'existence juridique a le caractère de nullité absolue ; il en résulte que le cocontractant peut se prévaloir de la nullité des conventions litigieuses et que celles-ci n'étant pas susceptibles de confirmation ou de ratification, leur irrégularité ne peut être couverte par des actes d'exécution intervenus postérieurement à l'immatriculation de la société. • Com. 21 févr. 2012, n° 10-27.630 P : *D. 2012. Actu. 608, obs. Lienhard* ; *RJDA 2012, n° 499* ; *Dr. sociétés 2012, n° 58, obs. Mortier* ; *BJS 2012. 472, note Dondero.* ♦ Une société en formation ne saurait faire appel d'une décision (rendue au terme d'une procédure à laquelle elle a été régulièrement partie). • Com. 7 juin 1994, n° 91-20.761 : *Rev. sociétés 1995. 38, note Chartier* ; *BJS 1994. 1225, note Prieto.*

V., toutefois : sur la validité d'une autorisation administrative de créer un centre commercial intervenue alors que la société bénéficiaire n'était pas encore immatriculée : • CE 13 mai

1992, n° 89858 : *RTD com. 1994. 56, obs. Champaud et Danet*. ♦ ... Sur la possibilité pour une société en formation de répondre à un appel d'offres public : • CE 28 juill. 2004, n° 230115 : *RJDA 2005, n° 697 ; Dr. sociétés 2005, n° 3, obs. Trébulle*.

5. Absence de nullité de la société. Ne peut être déclarée nulle sur le fondement de l'art. 5 de la L. du 24 juill. 1966 [C. com., art. L. 210-6] une société qui n'a pas été immatriculée au RCS. • Com. 4 mai 1981 : *D. 1982. 482, note Daigre ; Rev. sociétés 1982. 277, note Philippe*.

6. Exclusion des procédures collectives. Faute d'avoir la personnalité morale, une société en formation ne peut être assignée en règlement judiciaire ou en liquidation des biens [redressement ou liquidation judiciaire] et l'acquisition ultérieure de la personnalité morale ne peut justifier le prononcé de l'une de ces mesures. • Com. 10 mars 1987, n° 85-16.744 P : *D. 1987. Somm. 355, obs. Honorat ; Rev. sociétés 1987. 587, note Sortais ; JCP 1987. II. 20830, note Guyon*. ♦ Cependant, la personne qui a effectué des actes de commerce à titre habituel au nom d'une société en formation qui n'a pas acquis la personnalité morale peut être mise en règlement judiciaire ou en liquidation des biens [redressement ou liquidation judiciaire]. • Com. 15 janv. 1991, n° 89-18.400 : *BJS 1991. 395, note Calendini*.

7. Poursuites pénales ou administratives. Une SARL ne peut être poursuivie pour pratiques anticoncurrentielles dès lors que son immatriculation au RCS est postérieure aux faits pour lesquels les griefs lui ont été notifiés. • Cons. conc. n° 95-D-76 du 29 nov. 1995 : *BOCC 16 mai 1996*.

8. Cautionnement d'une société en formation. Est valable le cautionnement donné à une société en formation pour une dette contractée ultérieurement par cette société. • Civ. 1re, 3 déc. 1980 : *D. 1983. IR 69, obs. Bousquet*. ♦ Celui qui s'est porté caution d'un engagement souscrit en période de formation se trouve, du seul fait de l'immatriculation de la société au RCS, tenu envers les créanciers de la société, sans pouvoir appeler en garantie l'associé qui a pris l'engagement cautionné, dès lors qu'il était dûment mandaté pour le faire. • Com. 18 juin 1991, n° 90-10.755 : *Dr. sociétés 1991, n° 319 ; BJS 1991. 1109*. ♦ Mais à défaut d'immatriculation ultérieure de la société, le cautionnement est caduc. • Com. 16 juin 2004, n° 01-15.146 : *RJDA 2005, n° 33 ; BJS 2004. 1095, note Routier*. ♦ Pour l'impossibilité de condamner à paiement la caution du remboursement d'un prêt contracté au nom d'une société en formation, en cas de méconnaissance des exigences posées par les art. 1843 C. civ. et 6 du Décr. du 3 juill. 1978, pour la reprise des engagements, V. • Civ. 1re, 2 oct. 2002, n° 00-10.499 P : *D. 2004. Somm. 267, obs. Hallouin ; Rev. sociétés 2003. 119, note Barbièri ; JCP E 2003, n° 16, p. 705, obs. Caussain, Deboissy et Wicker ; Dr. sociétés 2003, n° 63, obs. Trébulle ; BJS 2002. 1335, note Saintourens*. ♦ V. aussi note 27, en cas d'absence de reprise du prêt par la société.

B. RAPPORTS ENTRE ASSOCIÉS

9. Cession de parts. Viole l'art. 5 de la L. du 24 juill. 1966 [C. com., art. L. 210-6] la cour d'appel qui décide que la cession des parts sociales d'une société en formation a eu pour effet de subroger le cessionnaire dans les droits et obligations du cédant, alors que seules sont tenues des actes passés au nom d'une société en formation les personnes qui les ont accomplis ou qui ont donné mandat pour les accomplir. • Com. 14 janv. 1992, n° 90-12.825 P : *Rev. sociétés 1992. 303 ; BJS 1992. 291, note Cuisance ; Dr. sociétés 1992, n° 44, obs. Bonneau*.

10. Fonds déposés en vue de l'immatriculation. Dès lors qu'une société n'a pas acquis la personnalité morale, le président-directeur général, qui a reçu personnellement du notaire, chez lequel ils étaient déposés, un chèque représentant les fonds versés par les souscripteurs, en est devenu propriétaire et est recevable à ce titre à demander à la banque la restitution desdits fonds détenus par un tiers. • Com. 29 janv. 1974, n° 72-14.147 P : *RTD com. 1974. 529, obs. Houin ; Rev. sociétés 1975. 59, note F. T. ; JCP 1974. II. 17815, note Bernard*. ♦ Sur la responsabilité pénale (abus de confiance) encourue par les dirigeants qui ne déposent pas tous les fonds sur un compte bloqué, V. • Crim. 10 mai 1993 : *cité note 2 ss. art. L. 225-11*.

III. ENGAGEMENTS PRIS AU NOM D'UNE SOCIÉTÉ EN FORMATION

A. CONDITIONS DE LA REPRISE DES ENGAGEMENTS

1° PERSONNES TENUES AUX ENGAGEMENTS

11. Responsabilité des fondateurs. Sont tenues solidairement et indéfiniment des actes accomplis au nom d'une société en formation les seules personnes qui les ont accomplis et non point toutes celles qui ont participé à cette formation. • Com. 24 févr. 1987, n° 84-11.474 P : *BJS 1987. 211, note P. L. C.* ♦ Viole l'art. 5 de la L. du 24 juill. 1966 [C. com., art. L. 210-6] l'arrêt qui décide qu'une personne, qui n'avait pas été fondatrice de la société, n'avait déployé personnellement aucune activité au sein de celle-ci ni donné mandat à qui que ce soit, était responsable des dettes de ladite société en formation au motif que, cessionnaire de parts sociales, elle avait été subrogée dans les obligations du cédant et tenue des conséquences des actes accomplis par celui-ci. • Com. 14 janv. 1992, n° 90-12.825 P : *préc. note 9*. ♦ Sur l'impossibilité de poursuivre un fondateur n'ayant pas signé ou ratifié un contrat au nom de la société en formation, bien qu'il ait résilié ledit contrat, V. • Civ. 1re, 19 nov. 1996, n° 94-19.937 P : *Rev. sociétés 1996. 769, note Chartier ; Dr. sociétés 1997, n° 23, obs. Bonneau.* ♦ En ce sens que celui qui a personnellement participé à la gestion d'une SARL en gestation, notamment en intervenant dans l'embauche du personnel et en supervisant la production, est tenu solidairement et indéfiniment responsable des actes ainsi accomplis, V. • Soc. 1er févr. 2001, n° 98-15.288 : *JCP E 2001, n° 22, p. 895, obs. Viandier et Caussain.*

12. *Qualité de fondateur.* La qualité de fondateur suppose un intérêt personnel et une volonté autonome de participer à la constitution de la personne morale et à la vie sociale ultérieure. • Paris, 24 sept. 1991 : *JCP 1992. I. 3561, n° 3, obs. Viandier et Caussain ; BJS 1992. 512, note Barbièri.* ♦ Dès lors que le projet commun de constitution n'a pu aboutir à l'immatriculation de la société, les frais exposés incombent par moitié aux deux fondateurs en l'absence de modalités particulières prévues dans le protocole et sans qu'il y ait lieu de tenir compte de la répartition du capital social, envisagée à d'autres fins et de toute façon caduque. • Même arrêt.

2° DISTINCTION ENTRE SOCIÉTÉ EN FORMATION ET SOCIÉTÉ CRÉÉE DE FAIT

13. *Apparence de société.* Seules les personnes qui ont accompli des actes au nom d'une société en formation sont tenues solidairement et indéfiniment de tels actes, à défaut d'éléments établissant l'existence d'une société créée de fait. • Com. 17 mai 1989, n° 87-15.644 P : *D. 1989. IR 185 ; Rev. sociétés 1990. 32, note Sortais.* ♦ Viole les art. 1832, 1872-1 et 1873 C. civ. et l'art. 5 de la L. du 24 juill. 1966 [C. com., art. L. 210-6] l'arrêt qui condamne deux personnes solidairement au paiement d'une somme en considérant qu'il y avait eu entre elles une société de fait et qu'elles avaient agi au nom d'une société en formation, alors qu'il n'était pas établi que ces personnes aient participé à l'activité d'une société en formation qui aurait pris l'apparence d'une société de fait en développant de manière durable et importante une activité dépassant l'accomplissement des simples actes nécessaires à sa constitution. • Même arrêt. ♦ Justifie sa décision la cour d'appel qui relève que les contrats signés au nom de la société non immatriculée étaient destinés à permettre à celle-ci d'acquérir les véhicules indispensables à la réalisation de l'objet social, qu'il s'agissait ainsi d'actes préparatoires d'une société en formation, et que le créancier ne pouvait se prévaloir de l'apparence d'une société créée de fait qui ne pouvait se fonder que sur des critères de durée de l'état de fait de sa notoriété. • Com. 7 avr. 1992, n° 90-18.212 : *BJS 1992. 622, note Le Cannu.*

3° ACTES ACCOMPLIS AU NOM D'UNE SOCIÉTÉ EN FORMATION

14. *Exclusion des actes de concurrence déloyale.* La reprise par la société des engagements souscrits pour son compte par ses fondateurs ne peut concerner les faits de concurrence déloyale qui constituent des délits civils. • Paris, 24 févr. 1977 : *D. 1978. 32, note Bousquet ; Rev. sociétés 1978. 471, note Randoux ; JCP 1978. II. 18957, note Chartier.*

15. *Engagements souscrits au nom et pour le compte de la société.* Une commande à un fournisseur et la confirmation de cette commande n'ayant pas été faites au nom d'une société en formation mais au nom d'une personne et d'une parfumerie, simple dénomination commerciale pour la commande, et au nom de l'épouse de cette personne pour la confirmation, la reprise, par la société mise depuis en liquidation des biens [redressement judiciaire] des engagements contractés en son nom, n'est pas opposable à ce fournisseur. • Com. 18 déc. 1990, n° 89-14.210 P : *Rev. sociétés 1991. 517, note Chartier.* ♦ C'est à bon droit qu'une cour d'appel a décidé qu'en cas de constitution d'une SA, qui ne fut jamais immatriculée au RCS, l'action dirigée contre les souscripteurs, en remboursement des versements faits par l'un d'entre eux, et non contre la banque dépositaire des fonds, était irrecevable, de même que l'action exercée contre eux en application de l'art. 5 de la L. du 24 juill. 1966 [C. com., art. L. 210-6], al. 2, ceux-ci ayant agi en qualité de souscripteurs et non au nom de la société en formation. • Com. 23 mars 1982 : *D. 1982. IR 355 ; Rev. sociétés 1983. 558, note Hémard.* ♦ Un bail commercial ayant été conclu, non pas au nom et pour le compte de la société en formation, mais au nom des associés fondateurs avec une simple faculté de substitution, la reprise de cet engagement ne saurait être opposable au bailleur. • Com. 15 mai 2012, n° 11-06.069 : *Rev. sociétés 2012. 434, obs. Prévost ; RJDA 2012, n° 854.*

4° ACTES EMPORTANT REPRISE DES ENGAGEMENTS

16. *Signature des statuts ou mandat.* La reprise par une société des engagements souscrits par les personnes qui ont agi en son nom lorsqu'elle était en formation résulte, en application de l'art. 6 du Décr. du 3 juill. 1978 et quel que soit le nombre de ces personnes, soit de la signature des statuts lorsque l'état prévu au même article a été annexé à ces statuts, soit d'un mandat donné avant l'immatriculation de la société et déterminant dans leur nature ainsi que dans leurs modalités les engagements à prendre, soit enfin après l'immatriculation d'une décision prise à la majorité des associés. • Com. 20 janv. 1987, n° 85-15.568 P : *JCP 1987. II. 20890, note*

Randoux ; BJS 1987. 90, note P. L. C. – V. aussi : • Com. 13 déc. 2011, n° 11-10.699 P : *D. 2012. Actu. 91, obs. Lienhard ; Rev. sociétés 2012. 92, obs. Prévost ; RJDA 2012, n° 402 ; Dr. sociétés 2012, n° 39, obs. Mortier ; BJS 2012. 393, note Le Cannu.*

17. Mandat spécial. La personne qui prétend à la reprise par la société du fait de son immatriculation des engagements souscrits entre la signature des statuts et cette immatriculation doit établir que les associés lui ont donné, soit dans les statuts, soit dans un acte séparé, un mandat spécial. • Com. 21 juill. 1987, n° 86-11.334 P : *Rev. sociétés 1987. 590, note Le Cannu.* ♦ Il importe peu que seul l'un des associés ait été investi du mandat spécial nécessaire à la reprise. • Com. 13 déc. 2005, n° 04-12.528 P : *D. 2006. AJ 233, obs. Lienhard ; RTD com. 2006. 118, obs. Champaud et Danet ; BJS 2006. 518, note Le Cannu ; Dr. sociétés 2006, n° 53, obs. Lécuyer.* ♦ Peu importe que les associés aient ratifié l'engagement par un mandat donné postérieurement à l'un ou plusieurs d'entre eux. • Com. 1er juill. 2008, n° 07-10.676 P : *D. 2008. AJ 1993, obs. Lienhard ; JCP E 2008. 2299, note Boismain ; BJS 2008. 959, note Barbièri.*

18. Associé unique. Dans le cas où la société ne comporte qu'un seul associé, ce dernier est habile à prendre, après l'immatriculation de celle-ci, la décision de reprise des engagements en lieu et place de l'assemblée des associés, cette décision ne peut alors résulter que d'un acte exprès répertorié dans le registre prévu à cet effet. • Com. 31 mai 2005, n° 01-00.720 P : *D. 2005. AJ 1700, obs. Lienhard ; RTD com. 2005. 529, obs. Champaud et Danet ; BJS 2005. 1417, note Lécuyer.*

19. Reprise implicite. BIBL. T. de Ravel d'Esclapon, *RTD com. 2018. 1* . ♦ Cassation d'un arrêt jugeant, pour déduire implicitement la reprise des engagements, alors que l'art. 6, al. 3, du Décr. de 1978 n'avait pas été respecté, que la société avait, postérieurement à son accession à la personnalité morale, pris à son propre compte et exécuté elle-même les engagements souscrits par l'un de ses associés, en percevant les fonds empruntés, en remboursant les premières échéances et en approuvant les comptes sociaux du premier exercice, manifestant ainsi de manière nécessaire que l'obligation qui en découlait avait été contractée en son nom et dans son seul intérêt et qu'elle l'avait fait sienne. • Civ. 1re, 26 avr. 2000, n° 98-10.917 P : *D. 2000. AJ 331, obs. Boizard ; RTD com. 2000. 931, obs. Champaud et Danet ; Rev. sociétés 2000. 722, note Godon ; JCP E 2000, n° 45, p. 1766, note Bonnard ; Dr. sociétés 2000, n° 118, obs. Bonneau ; BJS 2000. 849, note Saintourens.* – Dans le même sens, V. • Com. 1er avr. 2003, n° 99-12.443 : *RJDA 2003, n° 721 ; BJS 2003. 827, note Scholer ; Dr. sociétés 2003, n° 205, obs. Trébulle.*

B. EFFETS DE LA REPRISE DES ENGAGEMENTS

20. Engagement rétroactif de la société. Une société qui, après sa constitution et son immatriculation au RCS, reprend l'engagement souscrit envers un tiers en son nom, alors qu'elle était en formation, se trouve engagée dès la date de signature du contrat. • Civ. 1re, 3 déc. 1980 : *préc. note 8.* ♦ Du fait de la reprise des engagements pris en son nom, la société preneuse est réputée avoir, à la date de la délivrance du congé avec refus de renouvellement du bail, la personnalité morale conférée par l'immatriculation. • Civ. 3e, 7 déc. 2011, n° 10-26.726 P : *D. 2012. Pan. 2689, obs. Lamazerolles ; Rev. sociétés 2012. 218, note Reygrobellet ; RJDA 2012, n° 290 ; Dr. sociétés 2012, n° 40, obs. Mortier ; BJS 2012. 288, note Le Cannu.* ♦ Pour l'absence d'incidence du changement de forme sociale en cours de constitution, V. • Com. 13 juill. 2010 : *RTD com. 2010. 724, obs. Champaud et Danet ; Rev. sociétés 2010. 377, obs. Lienhard ; RJDA 2010, n° 1075 ; Dr. sociétés 2010, n° 196, obs. Coquelet ; BJS 2010. 882, note Barbièri.*

21. Condition de la rétroactivité. L'effet rétroactif attaché à la reprise des engagements souscrits au nom d'une société en formation suppose que ces engagements aient été contractés avant l'immatriculation de la société. • Com. 21 sept. 2004, n° 03-13.196 : *JCP E 2004, n° 42, p. 1618 ; RJDA 2005, n° 133 ; BJS 2005. 287, note Saintourens.*

22. Effet déclaratif. L'acte portant reprise par une société régulièrement immatriculée des engagements souscrits par ses fondateurs, qui sont alors réputés avoir été dès l'origine contractés par celle-ci, est déclaratif et n'a pas à être publié pour être opposable aux tiers. • Civ. 3e, 9 juill. 2003, n° 01-10.863 P : *D. 2003. AJ 2240 ; BJS 2003. 1191, note Saintourens.*

23. Absence de solidarité entre la société et les associés. Viole, par refus d'application, l'art. 5 de la L. du 24 juill. 1966 [C. com., art. L. 210-6] l'arrêt qui, bien qu'il constate qu'après avoir été régulièrement constituée et immatriculée au RCS, une SARL a, par décision de son assemblée générale, repris les engagements souscrits en son nom par plusieurs personnes, les condamne cependant solidairement à payer au tiers contractant le montant des commandes passées, au motif que ne se trouvent pas remplies en la cause les conditions imposées par l'art. 26 du Décr. du 23 mars 1967 [C. com., art. R. 210-5]. • Com. 12 févr. 1974, n° 72-14.045 P : *Rev. sociétés 1974. 493, note Hémard ; JCP 1975. II. 17965, note Bernard.* ♦ L'obligation de rembourser ayant été mise à la charge de la société, seule cette dernière reste tenue envers le tiers contractant. • Com. 22 mai 1991, n° 90-12.217 P : *RTD com. 1992. 618, obs. Champaud et Danet ;*

BJS 1991. 702, note Le Cannu.

24. Obligation personnelle du tireur. Lorsqu'une personne physique fait ouvrir à son nom un compte de dépôt ou un compte courant pour une personne morale en formation, elle s'oblige personnellement à l'égard des tiers au bénéfice de qui elle émet des chèques et reste personnellement tenue de la dette au-delà de la constitution effective de la personne morale, et la ratification ultérieure par l'assemblée des associés des engagements pris au nom de la société reste sans influence sur l'obligation personnelle du tireur. • Paris, 24 mars 1988 : *D. 1988. 556, note D. Martin.*

25. Reprise frauduleuse. Sur la prise en compte du comportement des associés (intervenus à l'acte de cession du fonds de commerce prévoyant la reprise des engagements) et de la société (ayant exécuté, dès son immatriculation, les obligations découlant du bail acquis avec le fonds) pour écarter la fraude liée au caractère tardif de la décision de reprise, V. • Civ. 3e, 2 févr. 2005, n° 03-18.575 P : *D. 2005. AJ 718, obs. Lienhard ; RTD com. 2005. 340, obs. Champaud et Danet ; BJS 2005. 643, note Saintourens ; Dr. sociétés 2005, n° 127, obs. Trébulle.*

26. Garantie conventionnelle des engagements. Pour une garantie à première demande souscrite par les fondateurs d'une société en formation destinée à recueillir une entreprise cédée dans le cadre d'un plan de redressement, V. • Com. 12 mai 1992, n° 90-15.052 : *BJS 1992. 929, note Delebecque.*

C. EFFETS DE L'ABSENCE DE REPRISE DES ENGAGEMENTS

27. Dette personnelle du fondateur. Dès lors que les statuts d'une société ne comportent, ni dans leur texte, ni en annexe, la liste des engagements pris avant la signature des statuts, ni de ceux qui auraient été autorisés après cette date, pour le compte de la société en formation, et qu'il n'est pas rapporté la preuve que ces engagements aient été repris par la société au cours d'une assemblée générale des actionnaires réunie depuis son immatriculation, la société n'est pas tenue de ces engagements, qui restent à la charge de ceux qui se sont engagés pour elle. • Com. 3 avr. 1973, n° 71-13.527 P : *Rev. sociétés 1974. 90.* ♦ En l'absence de reprise par la société, après son immatriculation, du prêt souscrit par son fondateur, celui-ci est personnellement tenu, en qualité d'emprunteur, des obligations *qui en découlent.* • *Civ. 1re, 9 juill. 2014,* n° 13-20.356 : *D. 2014. Actu. 1544 ; JCP E 2014. 1449, note Douville ; RJDA 2014, n° 763 ; BJS 2014. 367, note Barbièri ; Dr. sociétés 2014, n° 160, obs. Mortier.* ♦ En cas d'absence de reprise par la société des engagements souscrits par les associés pour le compte de la société en formation, ces derniers ne pouvaient être condamnés solidairement, à la demande du syndic à la liquidation des biens de la société, au paiement des sommes résultant de ces engagements, le syndic ne pouvant se prévaloir d'engagements ayant donné naissance, non à des créances sociales, mais à des créances que seuls pouvaient réclamer leurs titulaires respectifs. • Com. 18 mai 1982, n° 80-14.977 : *D. 1982. IR 374 ; Rev. sociétés 1982. 867, note Sortais.* ♦ Pour la condamnation des fondateurs d'une société, n'ayant pas été immatriculée, au paiement du prix d'adjudication d'un fonds de commerce acquis par le gérant, qui avait reçu, par une clause des statuts, le pouvoir d'acquérir ce fonds « dans l'intérêt de la société et vu l'urgence », ce qui établissait que le gérant avait agi au nom de la société en formation, V. • Com. 17 juill. 2001, n° 98-19.367 : *BRDA 2001, n° 18, p. 3.*

28. Sûreté. La sûreté réelle consentie en garantie d'un prêt contracté au nom d'une société en formation ne peut, en l'absence de reprise de cet engagement, garantir la dette personnelle du fondateur. • Com. 1er avr. 2014, n° 12-23.501 : *RJDA 2014, n° 524 ; BJS 2014. 438, note Barbièri ; Dr. sociétés 2014, n° 161, obs. Mortier.*

IV. RESPONSABILITÉ DU BANQUIER TRAITANT AVEC UNE SOCIÉTÉ EN FORMATION

29. Vérifications incombant au banquier. Pour engager la responsabilité du banquier qui ouvre un compte et remet un chéquier à une société en formation, il convient de rechercher si le banquier a manqué aux obligations qui lui incombent lors de l'ouverture du compte, dont seules peuvent être titulaires les personnes agissant au nom de la société en formation. • Com. 6 févr. 1990, n° 88-18.873 P : *D. 1990. IR 49 ; Rev. sociétés 1990. 237, note Stoufflet ; BJS 1990. 352, note P. L. C.*

30. Illustrations. Pour des exemples d'imprudence du banquier, V. • Com. 24 mars 1992, n° 90-13.157 P : *Dr. sociétés 1992, n° 128, obs. Bonneau* (vérification limitée à l'identité de l'un des deux titulaires du compte) • 25 mars 2003, n° 01-00.536 : *RJDA 2003, n° 1108 ; RDBF 2003, n° 130, obs. Crédot et Gérard* (responsabilité d'une banque pour avoir encaissé des chèques émis au nom d'une société en formation sur un compte ouvert au nom de son fondateur).

Art. L. 210-7 **Il est procédé à l'immatriculation de la société après vérification par le greffier du tribunal compétent de la régularité de sa constitution dans les conditions prévues par les dispositions législatives et réglementaires relatives au registre du commerce et des sociétés.**

Si les statuts ne contiennent pas toutes les énonciations exigées par la loi et les règlements ou si une formalité prescrite par ceux-ci pour la constitution de la société a été omise ou irrégulièrement accomplie, tout intéressé est recevable à demander en justice que soit ordonnée, sous astreinte, la régularisation de la constitution. Le ministère public est habile à agir aux mêmes fins.

Les dispositions des alinéas qui précèdent sont applicables en cas de modification des statuts.

L'action prévue au deuxième alinéa se prescrit par trois ans à compter, soit de l'immatriculation de la société au registre du commerce et des sociétés, soit de l'inscription modificative audit registre et du dépôt, en annexe dudit registre, des actes modifiant les statuts. — *[L. n° 66-537 du 24 juill. 1966, art. 6.] — V. art. R. 210-12.*

Règlement intérieur. V. note 11 ss. art. L. 210-2.

Art. L. 210-8 Les fondateurs de la société, ainsi que les premiers membres des organes de gestion, d'administration, de direction et de surveillance sont solidairement responsables du préjudice causé par le défaut d'une mention obligatoire dans les statuts ainsi que par l'omission ou l'accomplissement irrégulier d'une formalité prescrite par la loi et les règlements pour la constitution de la société.

Les dispositions de l'alinéa précédent sont applicables en cas de modification des statuts, aux membres des organes de gestion, d'administration, de direction, de surveillance et de contrôle, en fonction lors de ladite modification.

L'action se prescrit par dix ans à compter de l'accomplissement de l'une ou l'autre, selon le cas, des formalités visées au quatrième alinéa de l'article L. 210-7. — *[L. n° 66-537 du 24 juill. 1966, art. 7.] — V. art. R. 210-13.*

Fondateurs. V. note 12 ss. art. L. 210-6.

Art. L. 210-9 Ni la société ni les tiers ne peuvent, pour se soustraire à leurs engagements, se prévaloir d'une irrégularité dans la nomination des personnes chargées de gérer, d'administrer ou de diriger la société, lorsque cette nomination a été régulièrement publiée.

La société ne peut se prévaloir, à l'égard des tiers, des nominations et cessations de fonction des personnes visées ci-dessus, tant qu'elles n'ont pas été régulièrement publiées. — *[L. n° 66-537 du 24 juill. 1966, art. 8.]*

1. Défaut de publication. Dès la date de sa nomination, le nouveau gérant est habilité à représenter la personne morale à tous les actes de la procédure pénale suivie à son encontre, peu important que cette nomination n'ait pas encore été publiée au RCS. • Com. 10 juill. 2012, n° 11-21.395 P : *D. 2012. Actu. 1956 ; RJDA 2013, n° 35 ; Dr. sociétés 2012, n° 184, obs. Roussille.*

2. Exclusion du mandat apparent. Viole l'art. 8 de la L. du 24 juill. 1966 [C. com., art. L. 210-9] la cour d'appel qui retient qu'après avoir démissionné de la présidence du conseil d'administration d'une SA, une personne avait continué à y exercer des fonctions de responsabilité, ce qui renforçait son apparence de mandataire de cette société et autorisait les bailleurs, qui étaient des non-professionnels, à croire légitimement en sa qualité de mandataire, alors que la cessation des fonctions de dirigeant social avait été régulièrement publiée, et que l'ancien président ne disposait plus d'aucun pouvoir à lui donné par les dirigeants sociaux pour conclure la convention litigieuse. • Com. 4 mai 1993, n° 91-14.616 P : *D. 1993. IR 148 ; Rev. sociétés 1993. 567, note Saintourens ; BJS 1993. 727, note Le Cannu.*

3. Opposabilité d'une démission. L'administrateur n'étant pas un tiers par rapport à la société, sa démission est opposable à celle-ci dès qu'elle a été donnée. • Soc. 27 oct. 1999, n° 97-42.994 : *RJDA 2000, n° 880 ; Dr. sociétés 2000, n° 19, obs. Bonneau.* ♦ ... Et, par voie de conséquence, au cessionnaire qui a repris le fonds de commerce. • Soc. 12 oct. 2005, n° 03-44.534 : *RTD com. 2006. 136, obs. Le Cannu ; RJDA 2007, n° 504.*

4. Pouvoirs des dirigeants. Sont valables les actes passés par le gérant d'une SARL durant le délai prévu pour la publication de sa désignation. • Com. 14 mai 1968, n° 66-11.946 P : *Gaz. Pal. 1968. 2. 168.* ♦ Une société ne peut être condamnée au paiement de diverses sommes au vu de deux reconnaissances de dettes signées par l'ancien dirigeant, sans que soit démontré que l'intéressé, dont la cessation des fonctions avait été publiée antérieurement à ces deux lettres, exerçait des fonctions de dirigeant de fait. • Com. 28 nov. 1995, n° 93-16.832 : *RJDA 1996, n° 509.*

5. Responsabilité des dirigeants. Le défaut de publicité de la désignation d'une société comme administrateur d'une autre société, si elle interdit à la première, en vertu de l'art. 8 de la L. du 24 juill. 1966 [C. com., art. L. 210-9], de se prévaloir à l'égard des tiers de cette nomination, ne peut avoir pour effet de la soustraire aux responsabilités attachées aux fonctions qu'elle n'a pas dénié avoir acceptées et exercées. • Com. 26 janv. 1988, n° 85-17.684 P : *D. 1988. Somm. 337, obs. Honorat ; Rev. sociétés 1988. 284, note Chaput.*

Art. L. 210-10 *(L. n° 2019-486 du 22 mai 2019, art. 176)* Une société peut faire publiquement état de la qualité de société à mission lorsque les conditions suivantes sont respectées :

1° Ses statuts précisent une raison d'être, au sens de l'article 1835 du code civil ;

2° Ses statuts précisent un ou plusieurs objectifs sociaux et environnementaux que la société se donne pour mission de poursuivre dans le cadre de son activité ;

3° Ses statuts précisent les modalités du suivi de l'exécution de la mission mentionnée au 2°. Ces modalités prévoient qu'un comité de mission, distinct des organes sociaux prévus par le présent livre et devant comporter au moins un salarié, est chargé exclusivement de ce suivi et présente annuellement un rapport joint au rapport de gestion, mentionné à l'article L. 232-1 du présent code, à l'assemblée chargée de l'approbation des comptes de la société. Ce comité procède à toute vérification qu'il juge opportune et se fait communiquer tout document nécessaire au suivi de l'exécution de la mission ;

4° L'exécution des objectifs sociaux et environnementaux mentionnés au 2° fait l'objet d'une vérification par un organisme tiers indépendant, selon des modalités et une publicité définies par décret en Conseil d'État. Cette vérification donne lieu à un avis joint au rapport mentionné au 3° ; — *V. art. R. 210-21.*

5° La société déclare sa qualité de société à mission au greffier du tribunal de commerce, qui la publie, sous réserve de la conformité de ses statuts aux conditions mentionnées aux 1° à 3°, au registre du commerce et des sociétés, dans des conditions précisées par décret en Conseil d'État.

BIBL. ▶ MASSET, *Rev. sociétés 2019. 581* ; *ibid. 2020. 207* (décret d'application). – COURET, *BJS 2/2020. 6* (même thème). – DALMAU, *JCP E 2020. 1136.* – TEYSSIÉ, *JCP 2021. 477.*

Art. L. 210-11 *(L. n° 2019-486 du 22 mai 2019, art. 176)* Lorsque l'une des conditions mentionnées à l'article L. 210-10 n'est pas respectée, ou lorsque l'avis de l'organisme tiers indépendant conclut qu'un ou plusieurs des objectifs sociaux et environnementaux que la société s'est assignée *[assignés]* en application du 2° du même article L. 210-10 ne sont pas respectés, le ministère public ou toute personne intéressée peut saisir le président du tribunal statuant en référé aux fins d'enjoindre, le cas échéant sous astreinte, au représentant légal de la société de supprimer la mention "société à mission" de tous les actes, documents ou supports électroniques émanant de la société.

Art. L. 210-12 *(L. n° 2019-486 du 22 mai 2019, art. 176)* Une société qui emploie au cours de l'exercice moins de cinquante salariés permanents et dont les statuts remplissent les conditions définies au*[x]* 1° et 2° de l'article L. 210-10 peut prévoir dans ses statuts qu'un référent de mission se substitue au comité de mission mentionné au 3° du même article L. 210-10. Le référent de mission peut être un salarié de la société, à condition que son contrat de travail corresponde à un emploi effectif.

TITRE DEUXIÈME DISPOSITIONS PARTICULIÈRES AUX DIVERSES SOCIÉTÉS COMMERCIALES

CHAPITRE PREMIER DES SOCIÉTÉS EN NOM COLLECTIF

RÉP. SOCIÉTÉS, v° *Société en nom collectif,* par GIBIRILA.

Art. L. 221-1 Les associés en nom collectif ont tous la qualité de commerçant et *répondent indéfiniment* et solidairement des dettes sociales.

Les créanciers de la société ne peuvent poursuivre le paiement des dettes sociales contre un associé, qu'après avoir vainement mis en demeure la société par acte extrajudiciaire. — *[L. n° 66-537 du 24 juill. 1966, art. 10.]* — *V. art. R. 221-10.*

BIBL. ▶ DIENER, *JCP E 1993. I. 153* (SNC dont tous les associés sont des EURL). – REYGROBELLET, *D. 2003. Chron. 679* (pour une « société en nom collectif ... unipersonnelle »). – JOBERT, *JCP*

E 2005, n° 11, p. 464 (obligation des associés aux dettes à l'égard du créancier associé). – PAGNUCCO, *RTD com. 2012. 55* (obligation à la dette de l'associé indéfiniment responsable).

I. NATURE JURIDIQUE DE LA SOCIÉTÉ EN NOM COLLECTIF

1. Société de droit commun. La SNC est la société commerciale de droit commun et quand les faits de la cause ne permettent pas d'assigner à une société commerciale le caractère spécifique et exceptionnel d'une autre société reconnue par la loi, ce sont les règles de la société en nom collectif, c'est-à-dire la responsabilité indéfinie des associés, qui doivent lui être appliquées. • Req. 10 août 1859 : *DP 1859. 1.*

2. Apparences. Lorsqu'une société de fait a existé entre deux personnes et qu'elle s'est révélée au public sous les apparences d'une SNC, les associés répondent solidairement du passif social. • Com. 9 juin 1958 : *Bull. civ. III, n° 233.*

II. ASSOCIÉS DE LA SOCIÉTÉ EN NOM COLLECTIF

3. Exclusion des incapables. L'individu pourvu d'un conseil judiciaire [majeur en curatelle] ne peut être associé dans une SNC. • Civ. 3 déc. 1850 : *DP 1851. 1. 42.* ♦ V. aussi note 5 ss. art. L. 221-4.

4. Incompatibilité avec l'EIRL. La personne qui a choisi d'agir dans le cadre d'une société ne peut pas recourir au statut de l'EIRL ni cumuler les avantages conférés par la société et ceux offerts à l'entrepreneur individuel par le chapitre VI du livre V du code de commerce comprenant la déclaration d'insaisissabilité, d'une part, et le statut de l'EIRL, d'autre part * Rép. min. n° 81046 : *JOAN Q 14 sept. 2010, p. 9981 ; Rev. sociétés 2010. 479.*

5. Absence de droit sur l'actif social. Les associés en nom collectif n'ont pas qualité pour disposer de l'actif social. Est donc sans effet la renonciation à agir en indemnisation d'un sinistre, consentie par les deux associés restants dans le contrat par lequel ils rachetaient les parts des autres. • Com. 25 mars 1991, n° 89-16.806 : *BJS 1991. 538.*

6. Exclusion d'un contrat de travail. La qualité d'associé en nom collectif, répondant indéfiniment et solidairement des dettes sociales, exclut la possibilité d'être lié à la société par un contrat de travail. • Soc. 14 oct. 2015, n° 14-10.960 : *D. 2015. Actu. 2127 ; Rev. sociétés 2016. 166, note Saintourens ; RDT 2016. 94, obs. Ranc ; RJDA 2016, n° 40 ; Dr. sociétés 2016, n° 9, obs. Gallois-Cochet ; BJS 2015. 646, note Couret.* – V. et comp. : * Rép. min. n° 14659 : *JOAN Q, 2019, p. 1686 ; RTD com. 2019. 410, obs. A. Lecourt.*

A. RESPONSABILITÉ SOLIDAIRE ET INDÉFINIE

7. Preuve de la qualité d'associé. Dès lors qu'il résulte des statuts de la société, comme des mentions de l'acte par lequel le créancier poursuivant a consenti un prêt à la société, que l'intéressé, signataire de ces actes authentiques, a la qualité d'associé de cette société, à laquelle il a fait un apport, celui-ci est, en sa qualité d'associé, tenu du passif social en application des dispositions impératives de l'art. L. 221-1 (dans l'hypothèse où l'intéressé invoquait l'impossibilité du cumul entre la qualité d'associé et de salarié). • Com. 29 sept. 2009, n° 08-19.777 : *Rev. sociétés 2010. 314, note Lecourt ; RJDA 2010, n° 52 ; Dr. sociétés 2009, n° 225, obs. Gallois-Cochet.*

8. Solidarité de plein droit. La solidarité inhérente à la qualité d'associé en nom collectif existe indépendamment de tout engagement ou de toute garantie personnelle. • Civ. 8 avr. 1903 : *DP 1903. 1. 208.*

9. Décharge consentie à un ou à l'ensemble des associés. Les associés ne sont pas codébiteurs de la société, notamment parce qu'ils ne se sont pas engagés personnellement avec elle. Leur obligation, qui tient de la loi et ne peut être modifiée par les statuts, n'a qu'un caractère subsidiaire, la société devant être poursuivie avant eux. D'ailleurs, la dette étant une dette de la société, l'associé qui l'aurait payée peut en demander le remboursement intégral à celle-ci. • Com. 29 oct. 2003, n° 99-21.358 : *RJDA 2004, n° 327.* ♦ Il en résulte qu'une SNC n'est pas fondée à se prévaloir des dispositions de l'art. 1285 C. civ. pour soutenir être déchargée de ses obligations de remboursement de l'ouverture de crédit, qu'une banque lui avait consentie, en invoquant l'accord de règlement amiable intervenu entre ses créanciers et l'un des associés. • Même arrêt. ♦ Dès lors que la société demeure tenue de la dette, l'un des associés ne saurait s'en prétendre libéré, fût-ce partiellement, en invoquant la décharge consentie par le créancier de la société à un autre associé. • Même arrêt.

10. Remise de dette consentie à la société. Par l'effet de la remise de dette consentie à la société, l'associé se trouve libéré tant de ses obligations d'associé que de son engagement de caution. • Com. 14 janv. 2004, n° 01-15.770 : *RJDA 2004, n° 579 ; Dr. sociétés 2004, n° 65, obs. Monnet ; BJS 2004. 717, note F.-X. Lucas.*

11. Engagement social. Pour justifier l'action qu'il exerce contre l'un des membres d'une SNC, le créancier demandeur doit prouver que l'engagement dont il poursuit l'exécution constitue un engagement social. • Civ. 27 mai 1914 : *DP 1921. 1. 121, note Lacour* • Civ. 24 oct. 1938 : *DH 1939. 65.*

12. Passif antérieur à l'entrée de l'associé. L'associé qui a adhéré au pacte social après sa conclusion, en signant ce pacte sans aucune réserve portée par une publication à la connaissance des tiers, devient personnellement responsable de l'intégralité du passif de la société, quelle que soit son origine, celle-ci fût-elle antérieure à son entrée dans la société. • Req. 12 mars 1928 : *S. 1928. 1. 226 ; Journ. sociétés 1929. 98, note Cordonnier.*

13. Appel de fonds en cours de vie sociale. Lorsqu'une SNC a été mise en demeure par sa banque d'exiger de ses associés un « autofinancement complémentaire » et que l'assemblée des associés réunie à cette fin a décidé des appels de fonds, les juges ont pu considérer, sans dénaturer une clause des statuts ni violer l'art. 1134 C. civ., qu'un associé, qui n'avait pas donné son consentement, n'était pas tenu de verser à la société les sommes qui lui étaient réclamées. • Com. 7 mars 1989, n° 87-12.882 : *D. 1989. IR 107 ; Rev. sociétés 1989. 473, note Chartier.*

14. Obligation aux dettes antérieures à la sortie de l'associé. Un associé ne saurait, par une cession de ses droits, même régulièrement publiée, se décharger, sans l'accord des créanciers sociaux, de l'obligation solidaire lui incombant à raison des dettes sociales antérieures à sa cession. • Com. 4 janv. 1994, n° 91-19.680 : *BJS 1994. 314, note Le Cannu ; Dr. sociétés 1994, n° 55, obs. Le Nabasque.* ♦ L'associé démissionnaire, en sa qualité d'associé commandité, est tenu au paiement de la dette de la société pour le montant de la position débitrice du compte courant existant à la date de la publication de la cession de ses droits sociaux, sous réserve des remises postérieures ayant pour effet d'effacer ou de réduire ce montant. • Com. 4 févr. 1997, n° 94-18.114 P : *D. 1997. IR 68 ; RTD com. 1997. 281, obs. Champaud et Danet ; JCP E 1997. II. 1000, note Lhernould ; Dr. sociétés 1997, n° 58, obs. Bonneau ; BJS 1997. 476, note Le Cannu.*

B. RÉGIME DES POURSUITES CONTRE LES ASSOCIÉS

15. Preuve d'une dette sociale. Les associés d'une SNC ne sont pas les coobligés de cette dernière, de sorte qu'il incombe au porteur du chèque de rapporter la preuve de la dette sociale dont il leur réclame le paiement, une telle preuve ne pouvant résulter du seul titre exécutoire obtenu contre la société. • Com. 20 mars 2012, n° 10-27.340 P : *D. 2012. Actu. 874, obs. Lienhard ; Rev. sociétés 2012. 577, note Dexant-de Bailliencourt ; RJDA 2012, n° 684 ; BJS 2012. 388, note Barbièri ; Dr. sociétés 2012, n° 102, obs. Roussille.*

16. Exclusion du bénéfice de subrogation. L'associé actionné en paiement ne peut se prévaloir du bénéfice de subrogation. • Com. 14 mai 2013, n° 10-25.680 : *Dr. sociétés 2013, n° 158, obs. Gallois-Cochet.*

17. Mise en demeure. L'acte extrajudiciaire de mise en demeure prévu par l'art. 10, al. 2, de la L. du 24 juill. 1966 [C. com., art. L. 221-1] ne peut émaner que d'un huissier de justice (et non d'une lettre recommandée AR). • Com. 1er juin 1993, n° 91-16.687 : *RJDA 1993, n° 625 ; Dr. sociétés 1993, n° 187, obs. Bonneau.* ♦ Le comptable chargé du recouvrement, tenu de mettre en demeure une SNC avant d'engager des poursuites à son encontre, conformément à l'art. L. 257 LPF, n'est pas pour autant dispensé, lorsqu'il entend poursuivre les associés en nom, de mettre en demeure cette société conformément à l'art. L. 221-1 C. com. • Com. 19 déc. 2006, n° 02-21.333 : *RPC 2007. 156, obs. Neau-Leduc et Hubert.*

18. Saisie conservatoire. Toute exécution forcée implique que le créancier soit muni d'un titre exécutoire à l'égard de la personne même qui doit exécuter, et le titre délivré à l'encontre d'une société n'emporte pas le droit de saisir les biens des associés, fussent-ils tenus indéfiniment et solidairement des dettes sociales, à défaut de titre exécutoire pris contre eux. • Com. 3 mai 2006, n° 03-15.462 P : *D. 2006. AJ 1532, obs. Lienhard ; Rev. sociétés 2007. 88, note Moury ; BJS 2006. 1177, note Serlooten.*

19. Portée de la solidarité et recours. L'associé créancier de la société pour avances faites dans l'intérêt commun n'a pas d'action solidaire contre ses coassociés pour le remboursement de sa créance. • Civ. 17 juin 1889 : *DP 1890. 5. 360.* ♦ Mais les associés sont tenus de contribuer, proportionnellement à leur part dans la société, à la perte résultant de l'insolvabilité d'un ou de plusieurs d'entre eux. • Req. 16 févr. 1874 : *DP 1874. 1. 194.*

C. CAS PARTICULIERS

20. Transformation de la société. Les associés en nom collectif répondent solidairement des dettes d'une SARL transférées à la SNC en laquelle la première s'est transformée. • Civ. 3e, 10 janv. 1973, n° 71-14.606 P : *D. 1973. IR 55 ; Rev. sociétés 1973. 647, note Sortais.* ♦ Lorsque la transformation d'une SNC en société en commandite simple a laissé subsister la même personnalité morale et qu'il s'est agi d'une simple modification des statuts, le règlement judiciaire [redressement judiciaire] de la société sous sa nouvelle forme atteignant la société primitive par le jeu du report de la cessation des paiements atteint personnellement les associés de la société originaire et ceux-ci sont déclarés débiteurs solidaires de la société faillie même s'ils sont commanditaires. • Com. 28 avr. 1964, n° 62-11.002 P : *D. 1965. Somm. 62.* ♦ Une SNC, bénéficiaire d'un contrat de crédit-bail mobilier et immobilier, n'ayant pas averti le crédit-bailleur de sa transformation en SARL, ne peut pas opposer à celui-ci le changement de sa forme sociale, quand bien même ce changement a été régulièrement publié. • Com. 1er oct. 1996, n° 94-16.808 : *BJS 1997. 37, note Le Cannu.*

21. Absorption de la société. La transmission universelle de patrimoine de la SNC à la SA [qui l'a absorbée] n'a pas pour effet de décharger l'associé en nom de son obligation au passif social. • Com. 17 déc. 2003, n° 01-10.361 : *RDBF 2004, n° 137, obs. F.-X. Lucas.*

22. Dissolution de la société. Une SNC, quoique dissoute, subsiste pour les opérations de la liquidation ; ses membres continuent à rester solidairement responsables des dettes sociales. • Civ. 5 févr. 1924 : *DP 1925. 1. 199.* ♦ En faisant ressortir que, sauf application de dispositions légales ou réglementaires ou de stipulations particulières, c'est seulement en cas de dissolution de la SNC que celle-ci peut agir contre ses membres en paiement de ses pertes, la cour d'appel n'a nullement méconnu que l'existence de toute société est subordonnée à l'engagement des associés de contribuer aux pertes. • Com. 3 mars 1975, n° 73-13.721 P : *Rev. sociétés 1975. 454, note Randoux.*

23. Procédure collective de la société. Les associés gérants d'une SNC, qui ont de droit la qualité de commerçants, sont réputés exercer une activité commerciale au sens des art. L. 631-2 et L. 640-2 C. com., dans leur rédaction issue de l'Ord. n° 2008-1345 du 18 déc. 2008, et sont donc exclus du bénéfice des dispositions relatives au surendettement des particuliers. • Civ. 2e, 5 déc. 2013, n° 11-28.092 P : *cité note 3 ss. art. L. 631-2.* ♦ Lorsque la SNC a été mise en redressement ou liquidation judiciaire avant l'engagement des poursuites contre les associés en nom, la déclaration de créance, qui vaut mise en demeure, rend inutile la délivrance d'une mise en demeure par acte extrajudiciaire à cette même société. • Com. 19 déc. 2006, n° 02-21.333 P : *D. 2007. AJ 92, obs. Lienhard ; RTD com. 2007. 595, obs. Martin-Serf ; Rev. sociétés 2007. 410, note Barbièri ; JCP E 2007. 1450, n° 8, obs. Cabrillac ; BJS 2007. 472, note Regnaut-Moutier.*

24. Associé commun en biens. Dès lors que l'associé d'une SNC n'a pas été condamné en qualité de caution de la société mais seulement comme associé responsable des dettes sociales d'une société de personnes, il n'y a pas lieu d'appliquer l'art. 1415 C. civ., aux termes duquel chacun des époux ne peut engager que ses biens propres et ses revenus, par un cautionnement ou un emprunt, à moins que ceux-ci n'aient été contractés avec le consentement exprès de l'autre conjoint qui, dans ce cas, n'engage pas ses biens propres. • Civ. 1re, 17 janv. 2006, n° 03-11.461 P : *D. 2006. 2660, note Bicheron ; RTD com. 2006. 419, obs. Champaud et Danet ; Rev. sociétés 2006. 540, note Legeais ; JCP E 2006, n° 26, p. 1176, obs. Caussain, Deboissy et Wicker ; BJS 2006. 818, note Dereu.*

Art. L. 221-2 **La société en nom collectif est désignée par une dénomination sociale, à laquelle peut être incorporé le nom d'un ou** *[de]* **plusieurs associés et qui doit être précédée ou suivie immédiatement des mots "société en nom collectif".** — *[L. n° 66-537 du 24 juill. 1966, art. 11.] — V. art. R. 123-238.*

RÉP. SOCIÉTÉS v° *Dénomination sociale*, par B. François.

1. Changements d'associés. La dénomination sociale d'une société fait corps avec celle-ci, indépendamment des changements de personnes ; il en est autrement de la raison et de la signature sociales, qui doivent changer à chaque modification du personnel dirigeant et responsable. • Paris, 21 mars 1921 : *DP 1923. 2. 125.*

2. Détermination des associés responsables. La condamnation prononcée contre la raison sociale l'est nécessairement contre tous les associés en nom collectif qui y sont compris soit par l'indication expresse de leurs noms, soit seulement sous la formule abrégée « et compagnie ». • Req. 12 juill. 1888 : *DP 1889. 1. 148.*

3. Noms déceptifs. Lorsqu'un tiers, étranger à la société, consent à laisser son nom figurer dans la raison sociale de cette société, il commet une faute en trompant les intéressés sur sa véritable qualité et doit être déclaré responsable du quasi-délit ainsi commis. • Montpellier, 25 juill. 1934 : *Rev. sociétés 1934. 294.*

Art. L. 221-3 **Tous les associés sont gérants, sauf stipulation contraire des statuts qui peuvent désigner un ou plusieurs gérants, associés ou non, ou en prévoir la désignation par un acte ultérieur.**

Si une personne morale est gérant, ses dirigeants sont soumis aux mêmes conditions et obligations et encourent les mêmes responsabilités civile et pénale que s'ils étaient gérants en leur nom propre, sans préjudice de la responsabilité solidaire de la personne morale qu'ils dirigent. — *[L. n° 66-537 du 24 juill. 1966, art. 12.]*

1. Stipulation statutaire. Tous les associés ne peuvent être considérés comme gérants dès lors que les statuts prévoient que la société est administrée par un ou plusieurs gérants pris parmi les associés. • Com. 22 mai 2001, n° 96-17.049 : *RJDA 2001, n° 983.*

2. Associé de plusieurs SNC. Aucune loi n'interdit à la même personne de faire partie de plusieurs sociétés et d'être gérant de sociétés différentes. • Req. 4 déc. 1854 : *DP 1855. 1. 22.*

3. Personne morale gérant. Dans l'hypothèse où la personne morale visée à l'art. 12, al. 2, de la L. du 24 juill. 1966 [C. com., art. L. 221-3] est une SA, la notion de dirigeant doit alors s'entendre des membres du conseil d'administration ou du directoire, mais non des membres du conseil de surveillance. * Rép. min. n° 8732 : *JO Sénat Q 19 avr. 1990, p. 876.*

Art. L. 221-4 **Dans les rapports entre associés, et en l'absence de la détermination de ses pouvoirs par les statuts, le gérant peut faire tous actes de gestion dans l'intérêt de la société.**

En cas de pluralité de gérants, ceux-ci détiennent séparément les pouvoirs prévus à l'alinéa précédent, sauf le droit pour chacun de s'opposer à toute opération avant qu'elle soit conclue. — *[L. n° 66-537 du 24 juill. 1966, art. 13.]*

1. Pouvoirs du gérant. Le placement des capitaux disponibles, qui relève de la gestion financière de la société, entre dans les pouvoirs du gérant. • Com. 12 déc. 2006, n° 05-15.376 : *D. 2008. Pan. 380, obs. Hallouin et Lamazerolles ; Rev. sociétés 2007. 346, note Pasqualini et Pasqualini-Salerno ; RJDA 2007, n° 358.*

2. Délégation de pouvoirs. Seuls les gérants ont le pouvoir de confier à un tiers le soin de représenter ou faire représenter la société en justice. • Com. 22 oct. 2013, n° 12-24.658 : *RJDA 2014, n° 114 ; Dr. sociétés 2014, n° 7, obs. Gallois-Cochet ; BJS 2014. 32, note F.-X. Lucas.*

3. Responsabilité civile. Le gérant peut être condamné à réparer le dommage causé à la société par sa négligence. • Com. 29 avr. 1954 : *Bull. civ. III, n° 149.*

4. Exclusion du délit d'abus de biens. Le gérant d'une SNC ne peut être déclaré coupable du délit d'abus de biens sociaux, alors même qu'il a opéré des prélèvements importants. • Crim. 3 oct. 1963 : *D. 1963. 734 ; Rev. sociétés 1964. 35.* ♦ Sur le délit d'abus de confiance, V. note 6 ss. art. L. 221-5.

5. Incapacité du gérant. BIBL. Mouy et Robbe, *Gaz. Pal. 2013. 2920* (mesures de protection et dirigeant de société). ♦ Si la mise en tutelle d'un majeur associé en nom collectif le prive juridiquement de la capacité d'être commerçant, la poursuite de son activité commerciale, nonobstant la mesure d'incapacité prononcée à son égard, le laisse justiciable des dispositions de l'art. 178 de la L. n° 85-98 du 25 janv. 1985 [C. com., art. L. 624-1, abrogé par L. n° 2005-845 du 26 juill. 2005]. • Com. 8 déc. 1998, n° 96-15.315 P : *D. 1999. IR 29 ; JCP E 1999, n° 21, p. 916, note Youego ; BJS 1999. 386, note Le Cannu ; RJ com. 1999. 266, note Saintourens.*

Art. L. 221-5 **Dans les rapports avec les tiers, le gérant engage la société par les actes entrant dans l'objet social.**

En cas de pluralité de gérants, ceux-ci détiennent séparément les pouvoirs prévus à l'alinéa précédent. L'opposition formée par un gérant aux actes d'un autre gérant est sans effet à l'égard des tiers, à moins qu'il ne soit établi qu'ils en ont eu connaissance.

Les clauses statutaires limitant les pouvoirs des gérants qui résultent du présent article sont inopposables aux tiers. — *[L. n° 66-537 du 24 juill. 1966, art. 14.]*

BIBL ▶ D. Martin, *RTD com. 1973. 185* (pouvoirs des gérants de sociétés de personnes). – Chaput, *JCP N 1987. I. 304* (objet social et pouvoirs des gérants). – Asencio, *Rev. sociétés 2000. 683* (le dirigeant de société, un mandataire « spécial » d'intérêt commun).

1. Représentant légal de la société. Le gérant d'une société est le représentant légal de la société et la personnifie dans ses rapports avec les tiers. • Civ. 15 janv. 1872 : *DP 1872. 1. 165.* ♦ Le gérant n'est pas tenu des engagements pris au nom et pour le compte de la société dont il est le représentant légal. • Com. 3 avr. 2007, n° 05-20.271 : *RTD com. 2007. 762, obs. Champaud et Danet ; RJDA 2007, n° 730 ; Dr. sociétés 2007, n° 117, obs. Monnet.*

2. Pluralité de gérants. Il résulte de l'art. 14, al. 2, de la L. du 24 juill. 1966 [C. com., art. L. 221-5], qu'en cas de pluralité de gérants, les pouvoirs d'engager la société sont détenus par chacun d'entre eux. • Civ. 1re, 8 déc. 1998, n° 96-18.348 : *JCP E 1999, n° 15, p. 669, obs. Viandier et Caussain.*

3. Agissements délictuels. Les agissements délictuels et quasi délictuels du gérant engagent la responsabilité de la société au profit de laquelle ils ont été réalisés. • Civ. 15 janv. 1872 : *préc. note 1.*

4. Responsabilité à l'égard des tiers. Le gérant d'une société qui, en cette qualité, passe des contrats avec des tiers, n'est tenu personnellement envers eux que dans les limites de la responsabilité qu'il encourt comme gérant. • Req. 8 févr. 1911 : *DP 1912. 1. 173.* ♦ Sa révocation le dégage de toute obligation relative à l'inexécution des contrats par lui antérieurement consentis dans l'exercice de son mandat et au nom de la société. • Même arrêt.

5. Garanties consenties par le gérant. Pour la validité du cautionnement par une SNC : d'une dette personnelle d'un associé lorsque la décision de cautionner a été prise à l'unanimité des associés, V. note 1 ss. art. L. 221-6. ♦ ... De la dette d'une société tierce, en présence d'une communauté d'intérêts entre la société caution et la société cautionnée, V. • Com. 6 juin 2001, nº 98-19.040 : *RJDA 2001, nº 1219 ; Dr. sociétés 2001, nº 150, obs. F.-X. Lucas.*

6. Abus de confiance. Sur l'application du délit d'abus de confiance au gérant d'une SNC, V. • Crim. 10 avr. 2002, nº 01-81.282 P : *D. 2002. AJ 2536 ; Rev. sociétés 2002. 566, note Bouloc ; JCP E 2002, nº 46, p. 1813, obs. Caussain, Deboissy et Wicker ; BJS 2002. 974, note Dezeuze.*

Art. L. 221-6 **Les décisions qui excèdent les pouvoirs reconnus aux gérants sont prises à l'unanimité des associés. Toutefois les statuts peuvent prévoir que certaines décisions sont prises à une majorité qu'ils fixent.**

Les statuts peuvent également prévoir que les décisions sont prises par voie de consultation écrite, si la réunion d'une assemblée n'est pas demandée par l'un des associés. — *[L. nº 66-537 du 24 juill. 1966, art. 15.] — V. art. R. 221-2 à R. 221-4.*

1. Conformité à l'objet social. Pour la validité du cautionnement consenti par une SNC en garantie d'une dette personnelle d'un associé, dès lors que ce cautionnement a été donné avec l'accord unanime de tous les associés lors d'une assemblée générale extraordinaire et qu'il n'est pas allégué que cette garantie est contraire à l'intérêt social, V. • Com. 18 mars 2003, nº 00-20.041 P : *D. 2004. Somm. 271, obs. Hallouin ; RTD com. 2003. 739, obs. Champaud et Danet ; Rev. sociétés 2003. 500, note Guyon ; JCP E 2004, nº 1-2, p. 30, obs. Caussain, Deboissy et Wicker ; Dr. sociétés 2003, nº 110, obs. Monnet ; BJS 2003. 643, note Barbièri.*

2. Augmentation de capital. Dès lors qu'une banque avait ouvert un compte spécial pour le dépôt des fonds destinés à l'augmentation du capital d'une SNC, qui ne devait être réalisée qu'une fois intégralement souscrite, et qu'elle avait, en leur délivrant les certificats de dépôt, informé les souscripteurs du blocage des fonds jusqu'à la réalisation totale de l'augmentation de capital, cette banque commet une faute en débloquant les fonds au fur et à mesure de procès-verbaux d'assemblée constatant une augmentation partielle de capital. • Com. 26 nov. 1996, nº 94-21.208 P : *RJDA 1997, nº 370.* ♦ V. aussi note 7 ss. art. L. 223-32.

Art. L. 221-7 **Le rapport de gestion, l'inventaire et les comptes annuels établis par les gérants sont soumis à l'approbation de l'assemblée des associés, dans le délai de six mois à compter de la clôture dudit exercice.**

A cette fin, les documents visés à l'alinéa précédent, le texte des résolutions proposées ainsi que, le cas échéant, le rapport des commissaires aux comptes, les comptes consolidés et le rapport sur la gestion du groupe sont communiqués aux associés dans les conditions et délais déterminés par décret en Conseil d'État. Toute délibération, prise en violation des dispositions du présent alinéa et du décret pris pour son application, peut être annulée.

Toute clause contraire aux dispositions du présent article et du décret pris pour son application est réputée non écrite. — *[L. nº 66-537 du 24 juill. 1966, art. 16.] — V. art. R. 221-6 et R. 221-7.*

(Ord. nº 2017-1180 du 19 juill. 2017, art. 2) **« Le I de l'article L. 225-100-1** *(Ord. nº 2020-1142 du 16 sept. 2020, art. 2, en vigueur le 1er janv. 2021)* **« , l'article L. 225-102-1 et, pour les sociétés relevant du chapitre X du présent titre, les articles L. 22-10-35 et L. 22-10-36 » s'appliquent au rapport de gestion lorsque l'ensemble des parts sont détenues par des personnes ayant l'une des formes suivantes ou par des sociétés de droit étranger d'une forme juridique comparable : société anonyme, société en commandite par actions, société à responsabilité limitée ou société par actions simplifiée. »**

Sur les dispositions transitoires de l'Ord. nº 2017-1180 du 19 juill. 2017, V. note ss. art. L. 225-102-1.

1. Approbation des comptes. Les comptes annuels d'une SNC ne peuvent être établis et approuvés que conformément aux dispositions de l'art. 16 de la L. du 24 juill. 1966 [C. com., art. L. 221-7]. • Com. 21 mars 1995, nº 93-14.580 P : *D. 1995. IR 132 ; BJS 1995. 536, note Ledouble ; Dr. sociétés 1995, nº 148, obs. Vidal.* ♦ L'approbation des comptes par l'assemblée générale ne fait pas obstacle à ce que les associés s'adressent aux tribunaux en cas de fraude ou de dol de la part du gérant. • Civ. 27 juill. 1881 : *S. 1883. 1. 337.*

2. Notion de pertes sociales. Du point de vue juridique, il ne peut y avoir de véritables pertes sociales auxquelles un associé soit tenu de contribuer, que si le capital est réellement entamé, ce qui ne peut s'apprécier à l'occasion de chaque exercice annuel, mais seulement en cas de liquidation de la société ; il n'est pas possible de dégager une notion de perte sociale sur un seul exercice annuel s'il n'a pas été établi que le capital de la société a été entamé. Les pertes annuelles demeurent normalement à la charge de la société tant qu'elle peut les supporter ; il en résulte une diminution du patrimoine social, donc de la valeur des parts sociales. • T. com. Vannes, 27 avr. 1973 : *Gaz. Pal. 1973. 2. 610.*

Art. L. 221-7-1 *(L. nº 2014-1662 du 30 déc. 2014, art. 12-I)* **L'article L. 225-102-3, à l'exception du III, est applicable aux sociétés en nom collectif dont tous les associés indéfiniment responsables sont des sociétés à responsabilité limitée ou des sociétés par actions.**

Le rapport mentionné au même article L. 225-102-3 est établi par le gérant.

Ce rapport est déposé au greffe du tribunal de commerce, pour être annexé au registre du commerce et des sociétés, dans le mois suivant l'approbation des comptes annuels par l'assemblée des associés ou dans les deux mois suivant cette approbation lorsque ce dépôt est effectué par voie électronique. Il fait également l'objet, dans les mêmes délais, d'une publication gratuite, accessible au public et lisible sur le site internet de la société, dans des conditions prévues par décret en Conseil d'État.

V. note ss. art. L. 225-102-3.

Pour les dispositions transitoires de la L. nº 2014-1662 du 30 déc. 2014, V. note ss. art. L. 225-102-3.

Art. L. 221-8 **Les associés non gérants ont le droit, deux fois par an, d'obtenir communication des livres et documents sociaux et de poser par écrit des questions sur la gestion sociale, auxquelles il doit être répondu également par écrit.** — *[L. nº 66-537 du 24 juill. 1966, art. 17.]* — *V. art. R. 221-8.*

Art. L. 221-9 **Les associés peuvent nommer un ou plusieurs commissaires aux comptes dans les formes prévues à l'article L. 221-6.**

Sont tenues de désigner un commissaire aux comptes au moins les sociétés qui dépassent, à la clôture de l'exercice social, des chiffres fixés par décret *(Abrogé par L. nº 2019-486 du 22 mai 2019, art. 20-I-27º)* **«** ***en Conseil d'État*** **» pour deux des critères suivants : le total de leur bilan, le montant hors taxes de leur chiffre d'affaires ou le nombre moyen de leurs salariés au cours d'un exercice.** — *V. art. D. 221-5.*

Même si ces seuils ne sont pas atteints, la nomination d'un commissaire aux comptes peut être demandée en justice par un associé. — *[L. nº 66-537 du 24 juill. 1966, art. 17-1.]*

(L. nº 2019-486 du 22 mai 2019, art. 20-I-1º) **« Sont également tenues de désigner un commissaire aux comptes** *(L. nº 2019-744 du 19 juill. 2019, art. 36)* **« , pour un mandat de trois exercices, » les sociétés dont un ou plusieurs associés représentant au moins le** *(L. nº 2019-744 du 19 juill. 2019, art. 36)* **« tiers** *[ancienne rédaction : quart]* **» du capital en font la demande »** *(L. nº 2019-744 du 19 juill. 2019, art. 36)* **« motivée auprès de la société. »**

L'art. 20 de la L. nº 2019-486 du 22 mai 2019, à l'exception du 21º, du 2e al. du 22º du I et du 25º du I, s'applique à compter du premier exercice clos postérieurement à la publication du décret mentionné aux art. L. 225-218, L. 226-6 et L. 823-2-2 C. com. dans leur rédaction résultant des 14º, 17º et 22º du I de cet art. 20, et au plus tard le 1er sept. 2019. Ledit Décr. nº 2019-514 du 24 mai 2019 a été publié au Journal officiel du 26 mai.

Toutefois, les mandats de commissaires aux comptes en cours à l'entrée en vigueur de l'art. 20 préc. se poursuivent jusqu'à leur date d'expiration dans les conditions prévues à l'art. L. 823-3 C. com.

Les sociétés, quelles que soient leurs formes, qui ne dépassent pas, pour le dernier exercice clos antérieurement à l'entrée en vigueur de l'art. 20 préc., les seuils fixés par décret pour deux des trois critères suivants : le total de leur bilan, le montant de leur chiffre d'affaires hors taxes ou le nombre moyen de leurs salariés au cours de l'exercice, pourront, en accord avec leur commissaire aux comptes, choisir que ce dernier exécute son mandat jusqu'à son terme selon les modalités définies à l'art. L. 823-12-1 C. com.

*Toutefois, pour les exercices clos à compter du 31 déc. 2018, lorsque les fonctions d'un commissaire aux comptes expirent après la délibération de l'assemblée générale ou de l'organe compétent statuant sur les comptes du sixième exercice, que cet exercice a été clos six mois au plus avant la publication du décret mentionné aux art. L. 225-218 et L. 226-6 C. com. dans leur rédaction résultant de la L. préc. du 22 mai 2019, ainsi qu'aux art. L. 221-9, L. 223-35 et L. 227-9-1 du même code, que cette délibération ne s'est pas tenue antérieurement à l'entrée en vigueur de l'art. 20 de la L. préc., et qu'à *la clôture de ces comptes, la société ne dépasse pas deux des trois seuils définis par ce décret, la société est dispensée de l'obligation de désigner un commissaire aux comptes, si elle n'a pas déjà procédé à cette désignation (L. préc., art. 20-II, JO 23 mai).*

Les seuils mentionnés au 3e al. du II de l'art. 20 de la L. no 2019-486 du 22 mai 2019 sont ceux définis à l'art. D. 221-5 C. com. dans sa rédaction résultant du 1o de l'art. 1er du Décr. no 2019-514 du 24 mai 2019 (Décr. préc., art. 2).

Les seuils fixés par les décrets prévus aux art. L. 221-9, L. 223-35, L. 227-9-1, L. 225-218, L. 226-6 et L. 823-2-2 C. com., dans leur rédaction résultant de l'art. 20 de la L. no 2019-486 du 22 mai 2019, sont applicables aux entreprises fiscalement domiciliées dans une collectivité d'outre-mer régie par l'art. 73 Const. à compter du 1er janv. 2021 (L. préc., art. 20-III).

Art. L. 221-10 *I. — Abrogé par Ord. no 2005-1126 du 8 sept. 2005, art. 20-III.*
II et III. — Abrogés par L. no 2003-706 du 1er août 2003, art. 112.
IV. — Abrogé par Ord. no 2005-1126 du 8 sept. 2005, art. 20-III.

V., désormais, art. L. 820-3-1, L. 822-1 s. et L. 822-11.

Art. L. 221-11 *Al. 1er et 2 abrogés par Ord. no 2005-1126 du 8 sept. 2005, art. 20-III. — V. les art. L. 822-1 s.*

Les documents visés au premier alinéa de l'article L. 221-7 sont mis à la disposition du commissaire aux comptes dans les conditions et délais fixés par décret en Conseil d'État. — *[L. no 66-537 du 24 juill. 1966, art. 17-3.] — V. art. R. 221-6.*

Art. L. 221-12 **Si tous les associés sont gérants ou si un ou plusieurs gérants choisis parmi les associés sont désignés dans les statuts, la révocation de l'un d'eux de ses fonctions ne peut être décidée qu'à l'unanimité des autres associés. Elle entraîne la dissolution de la société, à moins que sa continuation ne soit prévue par les statuts ou que les autres associés ne la décident à l'unanimité. Le gérant révoqué peut alors décider de se retirer de la société en demandant le remboursement de ses droits sociaux, dont la valeur est déterminée conformément à l'article 1843-4 du code civil. Toute clause contraire à l'article 1843-4 dudit code est réputée non écrite.**

Si un ou plusieurs associés sont gérants et ne sont pas désignés par les statuts, chacun d'eux peut être révoqué de ses fonctions, dans les conditions prévues par les statuts ou, à défaut, par une décision des autres associés, gérants ou non, prise à l'unanimité.

Le gérant non associé peut être révoqué dans les conditions prévues par les statuts ou, à défaut, par une décision des associés prise à la majorité.

Si la révocation est décidée sans juste motif, elle peut donner lieu à dommages-intérêts. — *[L. no 66-537 du 24 juill. 1966, art. 18.]*

BIBL. ▶ RÉMOND, *Rev. sociétés 1972. 421* (révocation du gérant de SNC). – BAILLOD, *RTD com. 1983. 395* (juste motif de révocation). – ADOM, *Rev. sociétés 1998. 488* (révocation des dirigeants de sociétés commerciales). – ATTARD, *JCP 2000. I. 217* (licéité des clauses écartant l'exigence légale du juste motif). – DE LAENDER, *Dr. sociétés 2000. Chron. 9* (révocation des dirigeants sociaux).

1. Notion de gérant statutaire. La qualité de gérant statutaire doit être reconnue à ceux des gérants qui, étant associés, sont désignés par les statuts, même si leur nom n'y a été inscrit qu'au cours de la vie sociale. • Com. 12 juill. 1955 : *Bull. civ. III, no 254 ; D. 1956. 593, note Copper-Royer ; JCP 1955. II. 8908, note Bastian.*

2. SNC comprenant deux associés. Il résulte de l'art. 18, al. 2, de la L. du 24 juill. 1966 [C. com., art. L. 221-12], que la révocation d'un gérant ne peut être décidée par les associés que dans l'hypothèse où la société comprend au moins, en dehors du gérant lui-même, deux autres associés. • Paris, 12 sept. 1995 : *D. 1995. IR 215 ; RTD com. 1996. 479, obs. Champaud et Danet ; Rev. sociétés 1995. 771, obs. Guyon ; BJS 1995. 1076, note Le Cannu.*

3. Révocation judiciaire. Il y a lieu à révocation judiciaire pour cause légitime du gérant dont les actes ou la gestion sont de nature à compromettre l'intérêt social ou le fonctionnement de la société, même en l'absence de péril imminent menaçant la société ou de paralysie du fonctionnement de celle-ci. • Paris, 6 août 2019, no 18/22544 : *BRDA 2019, no 18, p. 4.*

4. Démission. Si le gérant, nommé par le contrat de société, ne peut donner sa démission sans raisons sérieuses, il en est autrement lorsqu'il a des motifs légitimes de résigner ses fonctions. Il appartient aux juges du fait d'apprécier la valeur des motifs invoqués par le gérant. • Req. 8 déc. 1890 : *DP 1891. 1. 458.*

5. Dissolution de la société. La société ayant été dissoute à l'issue de l'assemblée au cours de laquelle a été révoqué un gérant associé, sa continuation ne saurait être décidée par les associés après la tenue de cette assemblée. • Com. 26 nov. 2003, n° 00-20.478 P : *D. 2003. AJ 3055, obs. Lienhard ; RTD com. 2004. 330, obs. Champaud et Danet ; Rev. sociétés 2004. 675, note de Laender ; JCP E 2004, n° 12, p. 471, note Reifegerste ; Dr. sociétés 2004, n° 28, obs. Monnet ; BJS 2004. 428, note Le Cannu ; RJ com. 2004. 175, note Ginestet ; LPA 26 juill. 2004, note Gibirila.*

6. *Contrats antérieurement conclus.* La révocation du gérant le dégage de toute obligation relative à l'inexécution des contrats par lui antérieurement consentis aux tiers dans l'exercice de son mandat et au nom de la société. • Req. 8 févr. 1911 : *DP 1912. 1. 173.*

7. *Absence de droit de rétention.* Le gérant d'une société commerciale qui a été remplacé dans ses fonctions n'a pas le droit de retenir les livres et les papiers de la société jusqu'au parfait paiement des sommes dont il se prétend créancier à raison de sa gestion. • Civ. 29 nov. 1871 : *S. 1871. 1. 225.*

8. *Publicité de la démission.* Lorsque la démission d'un gérant de SNC intervenue avant le redressement et la liquidation judiciaires de cette société n'a pas fait l'objet des mesures de publicité, le gérant justifie d'un intérêt, ne serait-ce que moral, à demander en justice la désignation d'un mandataire chargé d'accomplir ces formalités. • Rouen, 5 janv. 1995 : *RJDA 1995, n° 438.*

Art. L. 221-13 *(Ord. n° 2019-1067 du 21 oct. 2019, art. 2)* **Les parts sociales ne peuvent être représentées par des titres négociables. Toute émission réalisée en méconnaissance de cette règle est sanctionnée dans les conditions prévues au premier alinéa de l'article L. 411-1 du code monétaire et financier.**

Les parts sociales ne peuvent être cédées qu'avec le consentement de tous les associés.

Toute clause contraire aux dispositions du présent article est réputée non écrite.

RÉP. SOCIÉTÉS v° *Part sociale*, par GOFFAUX-CALLEBAUT.

1. *Objet de la cession.* La cession de la totalité des parts d'une SNC n'entraîne pas la création d'une personne morale nouvelle dès lors que la société conserve ses siège, objet et capital sociaux. • Civ. 3e, 7 avr. 1994, n° 91-20.651. ♦ La cession par un associé de la totalité de ses parts sociales ne saurait être assimilée à la vente d'un fonds de commerce. • Angers, 3 juin 1953 : *JCP 1953. II. 7870.* ♦ La cession des droits sociaux d'un associé en nom collectif ne comprend pas le solde créditeur d'un compte courant de l'associé dans la société, à moins de stipulation contraire. • Req. 11 janv. 1932 : *Rev. sociétés 1932. 204.*

2. *Agrément du cessionnaire.* L'art. 19 de la L. du 24 juill. 1966 [C. com., art. L. 221-13] n'impose pas que la SNC donne son consentement à la cession des parts des associés. • Com. 13 févr. 1996, n° 93-21.140 P : *BJS 1996. 404, note Le Cannu.* ♦ Le défaut d'agrément unanime des associés à la cession des parts sociales n'entraîne pas la nullité de la cession, laquelle est seulement inopposable à la société et aux associés. • Com. 16 mai 2018, n° 16-16.498 P : *D. 2018. 1421, note Schmidt ; ibid. Pan. 2062, obs. Rabreau ; RTD com. 2018. 707, obs. A. Lecourt ; JCP E 2018. 1374, note Dondero ; BJS 2018. 422, note J.-F. Barbièri ; Dr. sociétés 2018, n° 142, note Coupet ; Gaz. Pal. 25 sept. 2018, p. 79, obs. Dalion ; RJDA 2018, n° 735 ; RJ com. 2018. 469, obs. Le Ruyet.* ♦ La circonstance que la cession de parts n'a pas reçu l'agrément unanime des associés ne peut être invoquée que par la société ou par les associés et non par le cessionnaire. • Com. 24 nov. 2009, n° 08-17.708 : *D. 2009. AJ 2932 ; Dr. sociétés 2010, n° 49, obs. Roussille ; BJS 2010. 274, note Harel.*

3. Pour la responsabilité d'un associé s'étant fautivement abstenu d'exercer son droit d'agrément, V. • Com. 6 févr. 2019, n° 17-20.112 : *D. 2019. 568, note Tadros ; Rev. sociétés 2019. 326, note Beyneix ; RTD com. 2019. 683, obs. A. Lecourt ; RTD civ. 2019. 326, obs. Barbier ; Dr. sociétés 2019, n° 84, note Hamelin ; BJS 5/2019. 31, note T. de Ravel d'Esclapon ; Gaz. Pal. 25 juin 2019, p. 63, obs. Buchberger.*

4. *Clause de rachat.* **BIBL.** de Ravel d'Esclapon, *LPA 7 nov. 2008* (validité des clauses de rachat). ♦ Est valable la clause des statuts d'une SNC qui prévoit la possibilité pour chacun des associés, porteur d'un nombre de parts inférieur à la quotité d'une répartition égale, de racheter les parts en surnombre de ses coassociés. • Com. 12 nov. 1951 : *Bull. civ. II, n° 327 ; S. 1952. 1. 110.*

5. *Prix de rachat non léonin.* N'a aucun caractère léonin une clause des statuts librement acceptée, relative au rachat des parts d'une SNC, dès lors que le prix de rachat ne dépend pas de l'estimation arbitraire qui en serait faite par les coassociés acquéreurs, qu'il doit être fixé en fonction d'éléments déterminés, que, lors des conventions, il était impossible de savoir à qui elles profiteraient et qu'il n'a pas été porté atteinte au principe de l'égalité entre les associés. • Paris, 1er juin 1950 : *JCP 1950. II. 5687.*

6. *Effets de la cession.* Les parts sociales ne sont pas matérialisées et leur délivrance ne peut résulter que de la publicité rendant opposable aux tiers leur cession. • Paris, 7 nov. 1996 : *RDBB*

1997. 70, obs. Germain et Frison-Roche.

7. *Contribution aux pertes.* Le cédant n'étant pas tenu de contribuer dès la clôture de l'exercice à la perte figurant au bilan de la société, la cession de parts sociales ne saurait avoir pour effet de transmettre cette obligation au cessionnaire. • Com. 13 nov. 2003, n° 01-14.062 : *RTD com. 2004. 109, obs. Champaud et Danet ; Rev. sociétés 2004. 365, note Randoux ; JCP E 2004, n° 1-2, p. 12 ; BJS 2004. 110, note Parot.*

8. *Convention de croupier.* La cession que fait à un tiers de sa part dans une SNC l'un des membres de cette société ne peut avoir d'autre effet que de faire du cessionnaire un associé de la société, s'il est agréé en cette qualité par les coassociés du cédant, ou seulement l'associé croupier de celui-ci, si cet agrément lui est refusé. • Lyon, 21 juill. 1892 : *Gaz. Pal. 1892. 2. 733.* ♦ La cession est parfaitement valable dans les rapports du cédant et du tiers cessionnaire, bien que, faute du consentement des autres associés, la société doive se poursuivre entre ceux-ci et le cédant. • Req. 9 janv. 1928 : *Journ. sociétés 1930. 72.* ♦ Lorsque les droits du croupier sont plus importants que ceux du titulaire des parts, la convention de croupier peut constituer une cession déguisée de ces parts qui, faite sans le consentement des autres associés, est interdite par l'art. 19 de la L. du 24 juill. 1966 [C. com., art. L. 221-13]. • Paris, 19 févr. 1979 : *Rev. sociétés 1980. 283, note Randoux.*

9. *Revendication de la qualité d'associé par le conjoint.* Il résulte de la combinaison des art. 1832-2, al. 3, C. civ. et L. 221-13 C. com. que la revendication de la qualité d'associé par le conjoint d'un associé en nom, bien que ne constituant pas une cession, est subordonnée au consentement unanime des autres associés, qui répondent indéfiniment et solidairement des dettes sociales ; lorsque le consentement d'un seul associé est requis, ce consentement est, à défaut de délibération, adressé à la société et annexé au procès-verbal prévu par l'art. R. 221-2 C. com. • Com. 18 nov. 2020, n° 18-21.797 P : *D. 2021. Pan. 1948, obs. Rabreau ; Rev. sociétés 2021. 185, note Naudin ; RTD com. 2021. 155, obs. A. Lecourt ; JCP E 2021. 1070, n° 6, obs. Valiergue ; BJS 1/2021. 34, note Tisseyre ; Dr. sociétés 2021, n° 3, note Mortier ; RJDA 2021, n° 102 ; Gaz. Pal. 30 mars 2021, p. 78, obs. Gallois-Cochet ; RJ com. 2021. 254, obs. Cordelier.*

Art. L. 221-14 **La cession des parts sociales doit être constatée par écrit. Elle est rendue opposable à la société, dans les formes prévues à l'article 1690 du code civil. Toutefois, la signification peut être remplacée par le dépôt d'un original de l'acte de cession au siège social contre remise par le gérant d'une attestation de ce dépôt.**

Elle n'est opposable aux tiers qu'après accomplissement de ces formalités et, en outre, après *(Ord. n° 2014-863 du 31 juill. 2014, art. 2)* **« publication des statuts modifiés au registre du commerce et des sociétés ; ce dépôt peut être effectué par voie électronique ».** — *[L. n° 66-537 du 24 juill. 1966, art. 20.] — V. art. R. 221-9.*

BIBL. ▶ GALLOIS-COCHET, *Dr. sociétés 2014, n° 145* (Ord. du 31 juill. 2014 : dispositions relatives aux SNC et aux SARL).

1. *Existence de la cession.* Dans les rapports entre parties, la cession des parts d'une SARL est parfaite dès l'accord des volontés. • Com. 10 mars 1992, n° 90-14.456 : *Rev. sociétés 1992. 732, note Libchaber ; JCP 1992. II. 21962, note Guyon.* ♦ Dès lors qu'une cession de parts sociales a été valablement consentie par toutes les parties, que l'acte stipule que le prix a bien été payé et qu'il en a été donné quittance, il n'y a pas lieu de remettre en cause sa régularité, quand bien même il aurait été enregistré d'après *de faux originaux.* • *Com. 26 mars 1996,* n° 93-17.895 : *RTD com. 1996. 475, obs. Champaud et Danet ; BJS 1996. 681, note Saintourens.*

2. *Opposabilité de la cession.* **BIBL.** Piniot, *RJDA 1998, p. 587.* – Youego, *Dr. sociétés 2002. Chron. 7.* ♦ La connaissance personnelle que le gérant a eue de la cession ne dispense pas le cessionnaire d'une signification régulière à la société, personne morale juridiquement distincte des associés. • Cass., ass. plén., 1er mars 1950 : *D. 1950. 363 ; JCP 1950. II. 5583, note D. B.* ♦ Faute de la notification prévue par la loi [ou de la formalité du dépôt de l'acte], les cessions de parts sociales ne sont pas opposables à la société, dès lors que le gérant qui a figuré dans les actes de cession n'est pas intervenu à ces actes en qualité de gérant de la société. • Com. 21 juill. 1981 : *Rev. sociétés 1981. 771, note Daigre* (décision concernant une SARL). ♦ La signification de la cession de parts à la société peut résulter de la signification, faite par une banque à la société, d'un acte de nantissement à son profit de parts de cette société détenues par le cessionnaire desdites parts. • Com. 18 oct. 2011, n° 10-21.800 P : *D. 2011. Actu. 2655, obs. Lienhard ; JCP E 2012. 1019, note Barbièri ; RJDA 2012, n° 59 ; Dr. sociétés 2012, n° 9, obs. Roussille ; BJS 2012. 96, note Reygrobellet.*

3. *Opposabilité aux tiers (jurispr. antérieure à l'Ord. du 31 juill. 2014).* L'opposabilité aux tiers des cessions de parts de SNC n'implique pas la modification des statuts de la société et leur publication. • Com. 9 juin 1998, n° 96-12.061 P : *D. 1999. 345, note Voinot ; Rev. sociétés 1998. 771, note F.-X. Lucas ; JCP E 1999, n° 1, p. 34, obs. Viandier et Caussain ; BJS 1998. 1088, note Le Cannu ; RJ com. 1999. 129, note*

Chartier. ♦ Comp., désormais, l'art. L. 221-14 dans sa rédaction issue de l'Ord. n° 2014-863 du 31 juill. 2014, qui subordonne l'opposabilité aux tiers à la publication des statuts modifiés.

4. Publicité. Une cession de parts sociales qui n'a pas été publiée au RCS n'étant, en application de l'art. 20 de la L. du 26 juill. 1966 [C. com., art. L. 221-14], pas opposable aux tiers, peu importe qu'une société tiers en ait eu autrement connaissance. • Com. 27 janv. 1998, n° 95-18.751 P : *Rev. sociétés 1998. 556, note Didier ; BJS 1998. 546, note Le Cannu ; Dr. sociétés 1998, n° 96, obs. Vidal.* ♦ Est nulle à l'égard des créanciers d'une SNC la cession de ses droits sociaux faite par un associé si celle-ci n'a pas été régulièrement publiée et la faillite personnelle de cet associé est prononcée comme conséquence de la faillite [ancien régime] de la société dont, à l'égard des tiers, il n'a pas cessé de faire partie. • Req. 23 mai 1938 : *S. 1940. 1. 37 ; Gaz. Pal. 1938. 2. 422.* ♦ Les formalités de publicité ayant pour objet d'informer les tiers de la cession de parts intervenue, le défaut d'accomplissement de ces formalités ne peut être invoqué par les parties à cet acte. • Com. 24 nov. 2009, n° 08-17.708 : *cité note 2 ss. art. L. 221-13.* ♦ L'expert-comptable chargé d'établir l'acte de cession, qui ne procède pas à la publication au RCS parce qu'il n'a pas été réglé de ses frais et honoraires, commet une faute en s'abstenant d'aviser l'associé cédant de son refus d'achever sa mission (condamnation à garantir le cédant de l'intégralité des sommes qui pourraient lui être réclamées au titre du passif social postérieur à la date de l'acte de cession). • Civ. 1re, 25 juin 1996, n° 94-14.506 : *RJDA 1996, n° 1208 ; BJS 1996. 1030, note P. L. C.*

5. Prescription. Les formalités à accomplir en application de l'art. L. 221-14, qui ne constituent pas une obligation née à l'occasion du commerce entre commerçants ou entre commerçants et non-commerçants, ne relèvent pas de la prescription prévue à l'art. L. 110-4. • Com. 25 sept. 2012, n° 11-30.018 P : *cité note 5 ss. art. L. 110-4.*

6. Obligation de délivrance du cédant. En l'absence de tout écrit signé par les parties et constatant la cession des parts sociales, le cessionnaire ne pouvant procéder à aucune des formalités nécessaires pour rendre la cession effective, il y a lieu de prononcer la résolution de la cession sur le fondement du manquement du cédant à son obligation de délivrance. • Com. 7 avr. 2009, n° 08-15.593 P : *D. 2010. Pan. 291, obs. Lamazerolles ; Rev. sociétés 2009. 786, note Randoux ; RJDA 2009, n° 754 ; BJS 2009. 762, note Bureau.*

Art. L. 221-15 La société prend fin par le décès de l'un des associés, sous réserve des dispositions du présent article.

S'il a été stipulé qu'en cas de mort de l'un des associés, la société continuerait avec son héritier ou seulement avec les associés survivants, ces dispositions sont suivies, sauf à prévoir que pour devenir associé, l'héritier devra être agréé par la société.

Il en est de même s'il a été stipulé que la société continuerait, soit avec le conjoint survivant, soit avec un ou plusieurs des héritiers, soit avec toute autre personne désignée par les statuts ou, si ceux-ci l'autorisent, par dispositions testamentaires.

Lorsque la société continue avec les associés survivants, l'héritier est seulement créancier de la société et n'a droit qu'à la valeur des droits sociaux de son auteur. L'héritier a pareillement droit à cette valeur s'il a été stipulé que, pour devenir associé il devrait être agréé par la société et si cet agrément lui a été refusé.

Lorsque la société continue dans les conditions prévues au troisième alinéa ci-dessus, les bénéficiaires de la stipulation sont redevables à la succession de la valeur des droits sociaux qui leur sont attribués.

Dans tous les cas prévus au présent article, la valeur des droits sociaux est déterminée au jour du décès conformément à l'article 1843-4 du code civil.

En cas de continuation et si l'un ou plusieurs des héritiers de l'associé sont mineurs non émancipés, ceux-ci ne répondent des dettes sociales qu'à concurrence des forces de la succession de leur auteur. En outre, la société doit être transformée, dans le délai d'un an, à compter du décès, en société en commandite dont le mineur devient commanditaire. A défaut, elle est dissoute. — *[L. n° 66-537 du 24 juill. 1966, art. 21.]*

BIBL. ► SAINTOURENS, *Mél. Bouloc, Dalloz, 2006, p. 1025* (l'héritier de l'associé).

1. Continuation de la société. L'option laissée par l'acte de société aux associés survivants de continuer la société avec l'héritier du prédécédé, de la liquider dans les formes légales, ou bien de remplir de ses droits ledit héritier, est valable. • Req. 20 juin 1887 : *S. 1890. 1. 515.* ♦ Les statuts d'une SNC peuvent prévoir, lors du décès d'un associé, la continuation de la société entre les associés survivants, si les héritiers de l'associé décédé n'optent pas pour la conservation à leur profit des droits de leur auteur. • Com. 28 mars 1962, n° 59-13.525 P. ♦ La société ayant continué d'exister dès la manifestation de l'intention des héritiers d'y entrer en qualité d'associés, une cour d'appel ne peut déduire des pourparlers ultérieurs qui se sont engagés pour le rachat des parts sociales des héritiers un renoncement implicite de ceux-ci à entrer dans la société. • Com. 14 déc. 2004, n° 03-12.878 : *RJDA 2005, n° 396 ; BJS 2005. 528, note Saintourens.*

2. *Partage.* Saisis d'une action en rescision pour lésion du partage des biens d'une SNC, les juges du fond ne sauraient rejeter celle-ci au seul motif qu'une clause du pacte social permet au survivant des associés de se faire attribuer les parts du défunt en exécution d'une convention de rachat donnant à chaque associé la chance d'obtenir le bénéfice de cette clause en cas de prédécès de l'autre et revêtant ainsi un caractère aléatoire, sans répondre aux conclusions du demandeur faisant valoir que les ayants droit de l'associé pouvaient aussi opter pour la continuation de l'activité sociale et que les associés n'avaient pas entendu donner à leurs conventions un caractère aléatoire mais assurer au contraire la plus stricte égalité. • Com. 10 juill. 1972, n° 71-11.780 P. ♦ L'acte de partage des parts sociales n'ayant pas été publié au RCS, l'un des associés poursuivi sur ses biens en paiement des dettes sociales de la société mise en liquidation des biens [liquidation judiciaire] ne peut rechercher la responsabilité du notaire, rédacteur de l'acte de partage, dès lors que celui-ci avait alerté l'associé de la nécessité de régulariser l'acte de partage par une délibération pour qu'il soit opposable aux tiers. • Com. 4 avr. 1995, n° 93-18.394 : *RJDA 1995, n° 1108.*

3. *Transformation en commandite.* Bien que prévue dans les statuts, en cas de décès d'un associé, la transformation d'une SNC formée de deux associés, en commandite simple dont le survivant est le commandité, et les héritiers de l'associé décédé, les commanditaires, est inopposable aux tiers avant sa publicité. • Com. 12 févr. 1969, n° 66-10.137 P.

4. *Évaluation des droits sociaux.* Le point de départ des intérêts dus par la société en application de l'art. 1153 C. civ. doit être fixé au jour où les héritiers ont sommé la société de leur verser la valeur des parts de l'associé décédé. • Com. 21 oct. 1997, n° 95-16.231 : *BJS 1998. 50, note Garçon ; Dr. sociétés 1998, n° 33, obs. Vidal.*

5. *Dissolution.* L'art. 21 de la L. du 24 juill. 1966 [C. com., art. L. 221-15] ne prévoit pas de moyen de réparer le manquement à la prescription qu'il édicte ; il s'ensuit nécessairement que la société est, dès l'expiration de ce délai d'un an, en état de liquidation. • Paris, 12 juin 1997 : *BJS 1997. 892, note Le Cannu.* ♦ La dissolution ne produit ses effets à l'égard des tiers qu'à compter de la date à laquelle elle est publiée au RCS. Jusqu'à cette date, les organes de la société sont réputés conserver toutes leurs attributions, la société dissoute conservant la personnalité morale pour les besoins de la liquidation. • Même arrêt.

Art. L. 221-16 **Lorsqu'un jugement de liquidation judiciaire ou arrêtant un plan de cession totale, une mesure d'interdiction d'exercer une profession commerciale ou une mesure d'incapacité est** *(L. n° 2005-845 du 26 juill. 2005, art. 162-I)* **« devenu définitif » à l'égard de l'un des associés, la société est dissoute, à moins que sa continuation ne soit prévue par les statuts ou que les autres associés ne la décident à l'unanimité.**

Dans le cas de continuation, la valeur des droits sociaux à rembourser à l'associé qui perd cette qualité est déterminée conformément aux dispositions de l'article 1843-4 du code civil. Toute clause contraire à l'article 1843-4 dudit code est réputée non écrite. – *[L. n° 66-537 du 24 juill. 1966, art. 22.]*

BIBL. ▶ Storck, *Rev. sociétés 1982. 233* (continuation d'une société par l'élimination d'un associé). – de Bermond de Vaulx, *JCP E 1990. II. 15921* (mésentente entre associés, juste motif d'exclusion ?).

1. *Mésentente.* La mésentente entre les associés d'une SNC, l'actif social en péril et la paralysie du fonctionnement des organes sociaux constituent de justes motifs de dissolution souverainement appréciés par les juges du fond. • Com. 26 nov. 1968, n° 66-12.720 P.

2. *Redressement judiciaire.* Il est possible et licite de prévoir dans les statuts que le redressement judiciaire d'un des associés lui fera perdre cette qualité dès lors que lui est due la valeur des droits dont il est ainsi privé pour un motif qui est en l'occurrence conforme à l'intérêt de la société et à l'ordre public. • Com. 8 mars 2005, n° 02-17.692 P : *D. 2005. AJ 839, obs. Lienhard ; RTD com. 2005. 599, obs. Martin-Serf ; Rev. sociétés 2005. 618, note Randoux ; JCP E 2005, n° 27-28, p. 1171, obs. Caussain, Deboissy et Wicker ; Dr. sociétés 2005, n° 117, obs. Monnet ; BJS 2005. 995, note Le Cannu.* ♦ En vertu de cette clause, la perte des droits d'associé s'opère de plein droit par l'effet du redressement judiciaire de l'associé. Elle n'est pas subordonnée au remboursement des droits sociaux, qui n'en est que la conséquence. • Même arrêt.

3. *Clause d'inaliénabilité.* La présence, dans les statuts, d'une clause d'inaliénabilité des parts sociales ne saurait faire échec au remboursement de la valeur des droits sociaux prévu par l'art. L. 221-16, al. 2. • Amiens, 26 sept. 2013, n° 12/05834 : *Dr. sociétés 2014, n° 42, obs. Mortier.*

Art. L. 221-17 Les sociétés en nom collectif qui, à la date du 1er avril 1967, utilisaient dans leur raison sociale le nom d'un ou plusieurs associés fondateurs décédés peuvent, par dérogation aux dispositions des articles L. 221-2 et L. 222-3, être autorisées à conserver ce nom dans leur dénomination sociale.

Un décret en Conseil d'État détermine les conditions auxquelles est subordonnée cette autorisation.

Ce décret fixe en outre les conditions dans lesquelles une opposition peut être formée par les tiers devant les juridictions de l'ordre judiciaire. – *[L. n° 66-537 du 24 juill. 1966, art. 490 bis.]*

CHAPITRE II DES SOCIÉTÉS EN COMMANDITE SIMPLE

Art. L. 222-1 Les associés commandités ont le statut des associés en nom collectif.

Les associés commanditaires répondent des dettes sociales seulement à concurrence du montant de leur apport. Celui-ci ne peut être un apport en industrie. – *[L. n° 66-537 du 24 juill. 1966, art. 23.]*

1. Distinction entre commandite et indivision. Les juges du fond apprécient souverainement si l'intention des parties a été de créer une société en commandite. L'acte par lequel un industriel, après la mort de sa femme, convient avec ses enfants de laisser en commun les biens maternels et les valeurs de la communauté pour les affecter à l'exploitation industrielle qu'il dirige sous une raison sociale et dont il se réserve la gérance, en stipulant que les bénéfices de l'exploitation seront partagés entre les intéressés et que les pertes seront limitées pour chaque enfant à sa part dans les biens héréditaires, constitue non une simple convention d'indivision, mais une société en commandite, dans laquelle les enfants jouent le rôle de commanditaires. • Req. 28 mars 1892 : *DP 1892. 1. 265.*

2. Distinction entre commandite et prêt. Constitue un prêt et non une société en commandite la convention par laquelle une personne fournit des capitaux pour l'exploitation d'une industrie et stipule, outre l'intérêt légal, une part dans les bénéfices, alors qu'il n'y a pas eu mise en commun des capitaux ni participation aux pertes. • Req. 8 janv. 1872 : *DP 1872. 1. 194.*

3. Distinction entre commandite et société de fait. Le commanditaire est rémunéré de son apport par une quote-part des bénéfices ; dès lors, c'est à tort que les juges du fond déclarent qu'une société de fait ayant existé entre deux sociétés était une véritable société en commandite, alors que les circonstances de fait qu'ils relèvent caractérisent les rapports d'une société mère avec sa filiale. • Com. 13 juill. 1948 : *JCP 1949. II. 4938, note Bastian.*

4. Responsabilité solidaire des associés commandités. Les associés commandités sont, au même titre que les associés en nom collectif, solidaires pour tous les engagements de la société, et cette solidarité inhérente à leur qualité d'associé existe indépendamment de tout engagement ou de toute garantie personnelle. • Civ. 8 avr. 1903 : *DP 1903. 1. 208.* ♦ L'obligation aux dettes sociales des associés commandités d'une société en commandite simple n'a pas pour corollaire un droit de créance de ses associés sur les débiteurs de la société. • Com. 20 juin 2000, n° 96-15.575 : *JCP E 2000, n° 48, p. 1912 ; Dr. sociétés 2000, n° 126, obs. Vidal.*

5. Capacité du commanditaire. Bien que le commanditaire n'acquière pas, comme tel, la qualité de commerçant, l'engagement pris en vertu du contrat de société s'analyse en un acte commercial. • Civ. 7 nov. 1899 : *DP 1900. 1. 369, note Thaller.* ♦ L'individu pourvu d'un conseil judiciaire [majeur en curatelle] peut faire partie d'une société commerciale en qualité d'associé commanditaire. • Req. 28 mars 1892 : *préc. note 1.*

6. Obligations des commanditaires. Le commanditaire n'est pas tenu des dettes de la société et il ne saurait donc être condamné vis-à-vis d'un employé de la société à raison de la violation du contrat de louage de services intervenu entre cet employé et la société. • Paris, 17 nov. 1902 : *DP 1903. 2. 496.* ♦ Mais les créanciers sociaux peuvent agir directement contre le commanditaire en versement de la commandite qu'il a promise. • Civ. 4 janv. 1887 : *DP 1887. 1. 124.* ♦ ... Et ce droit d'action directe passe au syndic [administrateur] de la société en cas de faillite [redressement ou liquidation judiciaire]. • Même arrêt. ♦ La clause d'un acte de société en commandite prévoyant un remboursement partiel de l'apport du commanditaire est inopposable aux tiers qui n'ont pas à subir, même sur les biens personnels de l'associé commandité, le concours de l'associé commanditaire. • Civ. 9 mai 1865 : *DP 1865. 1. 277.* ♦ Le liquidateur d'une société en commandite simple peut agir contre les commanditaires en paiement de leur commandite, nonobstant tous engagements contraires pris par les commandités. Le commanditaire ne peut valablement retirer ses fonds de la société avant la liquidation et l'entière libération de celle-ci ; pour cette raison, est nulle la cession de parts faite par les commanditaires aux commandités ; ces derniers étant responsables indéfiniment, la cession qui leur a été faite a eu pour effet de faire disparaître la garantie donnée par le commanditaire aux créanciers pour la somme indûment retirée à l'aide de la cession. • Civ. 16 mars 1877 : *DP 1878. 1. 81.*

7. Procédure collective. Lorsque la transformation d'une SNC en société en commandite simple a laissé subsister la même personnalité morale et qu'il s'est agi d'une simple modification des statuts, le règlement judiciaire [redressement judiciaire] de la société sous sa nouvelle forme atteignant la société primitive par l'effet du report de la cessation des paiements atteint personnellement les associés de la société originaire et ceux-ci sont déclarés débiteurs solidaires de la société faillie même s'ils sont commanditaires. • Com. 28 avr. 1964, n° 62-11.002 P: *D. 1965. Somm. 62.*

Art. L. 222-2 **Les dispositions relatives aux sociétés en nom collectif sont applicables aux sociétés en commandite simple, sous réserve des règles prévues au présent chapitre.** — *[L. n° 66-537 du 24 juill. 1966, art. 24.] — V. art. R. 221-1 s. et R. 222-1.*

1. Action en justice. Seul le gérant d'une société en commandite simple peut, en vertu des dispositions combinées des art. L. 222-2 et L. 221-5, engager une action en justice. • CE 12 avr. 2012, n° 335442 : *RJDA 2013, n° 245.*

2. Société de fait. Lorsqu'une société en commandite se trouve transformée en une société de fait, celle-ci doit être régie par les principes du droit commun, c'est-à-dire par les règles de la SNC. Par suite, les associés de la société primitive se trouvent solidairement responsables de tous les engagements sociaux, alors surtout que leur immixtion dans les affaires sociales a été la cause directe de la ruine de la société. • Amiens, 2 juill. 1892 : *DP 1893. 2. 505.*

Art. L. 222-3 **La société en commandite simple est désignée par une dénomination sociale à laquelle peut être incorporé le nom d'un ou plusieurs associés et qui doit être précédée ou suivie immédiatement des mots : "société en commandite simple".** — *[L. n° 66-537 du 24 juill. 1966, art. 25.]*

RÉP. SOCIÉTÉS v° *Dénomination sociale*, par B. FRANÇOIS.

Art. L. 222-4 **Les statuts de la société doivent contenir les indications suivantes :**

1° Le montant ou la valeur des apports de tous les associés ;

2° La part dans ce montant ou cette valeur de chaque associé commandité ou commanditaire ;

3° La part globale des associés commandités et la part de chaque associé commanditaire dans la répartition des bénéfices et dans le boni de liquidation. — *[L. n° 66-537 du 24 juill. 1966, art. 26.]*

Qualité des associés. Il résulte de l'art. L. 222-4 que la qualité de chaque associé doit figurer dans les statuts. • Paris, 5 déc. 2001 : *Rev. sociétés 2002. 91, obs. Guyon ; JCP E 2002, n° 8-9, p. 352 ; Dr. sociétés 2002, n° 69, obs. Monnet ; BJS 2002. 536, note Godon.* ♦ Dès lors que les statuts se contentent de désigner les associés et d'indiquer leur nombre de parts sans préciser leur qualité, et que les associés qui se prévalent d'une responsabilité limitée dans le paiement des dettes sociales n'établissent pas à l'égard de la société créancière la connaissance qu'elle aurait dû avoir de leur situation particulière, lesdits associés doivent être réputés à son égard associés commandités tenus indéfiniment et solidairement des dettes sociales. • Même arrêt.

Art. L. 222-5 **Les décisions sont prises dans les conditions fixées par les statuts. Toutefois, la réunion d'une assemblée de tous les associés est de droit, si elle est demandée soit par un commandité, soit par le quart en nombre et en capital des commanditaires.** — *[L. n° 66-537 du 24 juill. 1966, art. 27.]*

Art. L. 222-6 **L'associé commanditaire ne peut faire aucun acte de gestion externe, même en vertu d'une procuration.**

En cas de contravention à la prohibition prévue par l'alinéa précédent, l'associé commanditaire est tenu solidairement avec les associés commandités, des dettes et engagements de la société qui résultent des actes prohibés. Suivant le nombre ou l'importance de ceux-ci, il peut être déclaré solidairement obligé pour tous les engagements de la société ou pour quelques-uns seulement. — *[L. n° 66-537 du 24 juill. 1966, art. 28.] — V. art. R. 222-2.*

1. Actes d'immixtion dans la gestion externe. Les juges du fond apprécient souverainement, d'après les circonstances, les actes des commanditaires afin de décider s'il s'agit ou non d'actes d'immixtion prohibés par la loi. • Req. 10 juill. 1900 : *DP 1901. 1. 436 ; S. 1901. 173.* ♦ Une lettre missive émanée du commanditaire dans laquelle sont relatés les actes de gestion externes visés par la loi ne s'impose pas aux juges et ne fournit pas nécessairement la preuve de l'immixtion de ce commanditaire. • Même arrêt. ♦ Ne constituent pas des actes de gestion externe les délibérations ayant pour objet le fonctionnement de la société. • Civ. 28 mai 1921 : *DP 1924. 1. 214.* ♦ Les commanditaires peuvent accepter un emploi dans la société, mais doivent s'abstenir de fonctions qui, les mettant en rapport avec les tiers, seraient susceptibles de les faire considérer comme des fondés de pouvoir du gérant. • Req. 15 mars 1847 : *DP 1847. 1. 155.* ♦ Lorsque toutes les affaires passaient entre les mains du commanditaire étaient étudiées et vérifiées par lui, qu'il traitait directement la plupart d'entre elles, se comportait comme un véritable associé en nom collectif, et que ses agissements étaient de nature à faire croire aux tiers qu'il avait en réalité cette qualité, l'immixtion du commanditaire se trouve établie à l'égard des tiers. • Req. 30 déc. 1907 : *S. 1908. 1. 124.*

2. Responsabilité solidaire du commanditaire. Les tiers ont seuls qualité pour faire déclarer l'associé commanditaire, qui s'est immiscé dans la gestion, solidairement responsable des engagements sociaux. A l'égard des autres associés, le commanditaire n'est tenu qu'à concurrence de sa mise. • Grenoble, 6 janv. 2011 : *RJDA 2011, n° 316.* ♦ Si un commanditaire, pour le fait de s'être immiscé dans la gestion, n'est obligé qu'envers les tiers solidairement avec les associés commandités, il doit, de même que ces derniers, répondre envers la société, en vertu du droit commun, des fautes par lui commises dans l'administration où il a joué un rôle actif. • Req. 25 oct. 1898 : *DP 1898. 1. 565.*

Art. L. 222-7 **Les associés commanditaires ont le droit, deux fois par an, d'obtenir communication des livres et documents sociaux et de poser par écrit des questions sur la gestion sociale, auxquelles il doit être répondu également par écrit.** — *[L. n° 66-537 du 24 juill. 1966, art. 29.]* — *V. art. R. 222-3.*

Art. L. 222-8 **I. — Les parts sociales ne peuvent être cédées qu'avec le consentement de tous les associés.**

II. — Toutefois, les statuts peuvent stipuler :

1° Que les parts des associés commanditaires sont librement cessibles entre associés ;

2° Que les parts des associés commanditaires peuvent être cédées à des tiers étrangers à la société avec le consentement de tous les commandités et de la majorité en nombre et en capital des commanditaires ;

3° Qu'un associé commandité peut céder une partie de ses parts à un commanditaire ou à un tiers étranger à la société dans les conditions prévues au 2° ci-dessus. — *[L. n° 66-537 du 24 juill. 1966, art. 30.]*

RÉP. SOCIÉTÉS v° *Part sociale,* par GOFFAUX-CALLEBAUT.

1. Licéité de la cession des parts de commanditaire. Le commanditaire peut valablement céder à un tiers sa part dans le capital et les bénéfices d'une société en commandite simple, pourvu qu'il conserve sa qualité de commanditaire vis-à-vis de l'associé en nom. • Bordeaux, 10 mars 1892 : *DP 1892. 2. 351.*

2. Distinction avec la vente de fonds de commerce. La cession de parts sociales dans une société en commandite simple ne saurait être assimilée à la vente d'un fonds de commerce. Il en est ainsi bien que le cédant soit seul associé en nom collectif et qu'il ait cédé tous ses droits dans la société. • Angers, 3 juin 1953 : *JCP 1953. II. 7870.*

Art. L. 222-9 **Les associés ne peuvent, si ce n'est à l'unanimité, changer la nationalité de la société.**

Toutes autres modifications des statuts peuvent être décidées avec le consentement de tous les commandités et de la majorité en nombre et en capital des commanditaires.

Les clauses édictant des conditions plus strictes de majorité sont réputées non écrites. — *[L. n° 66-537 du 24 juill. 1966, art. 31.]*

Art. L. 222-10 **La société continue malgré le décès d'un commanditaire.**

S'il est stipulé que malgré le décès de l'un des commandités, la société continue avec ses héritiers, ceux-ci deviennent commanditaires lorsqu'ils sont mineurs non émancipés. Si l'associé décédé était le seul commandité et si ses héritiers sont tous mineurs non émancipés, il doit être procédé à son remplacement par un nouvel associé commandité ou à la transformation de la société, dans le délai d'un an à compter du

décès. A défaut, la société est dissoute de plein droit à l'expiration de ce délai. – *[L. n° 66-537 du 24 juill. 1966, art. 32.]*

1. Attribution de la qualité d'associé aux héritiers d'un associé. Les cohéritiers des parts d'une société en commandite simple n'ayant pas la qualité d'associés ne peuvent se comporter comme tels et ne peuvent pas davantage agir pour le compte de l'indivision qui ne les a pas mandatés. Les juges du fond ont donc pu déclarer certains des cohéritiers irrecevables en leur action personnelle en dissolution de la société. • Com. 9 oct. 1972 : *D. 1973. 273, note Burst ; Rev. sociétés 1973. 475, note Guyénot.*

2. Qualité de commandité de l'héritier d'un commandité. Lorsque la clause de continuation de la société en commandite simple entre les associés survivants et l'héritier d'un associé en nom ne prévoit pas que celui-ci n'y restera que comme commanditaire, il a la qualité d'associé en nom et, dès lors, si cet héritier reste seul associé en nom, sa prétention de faire supprimer son nom de la raison sociale n'est pas fondée. • Douai, 2 mars 1933 : *Gaz. Pal. 1933. 1. 961.* ♦ Les avantages et pouvoirs conférés au gérant par les statuts étant accordés au gérant et non à l'associé en nom collectif, l'associé en nom, héritier du gérant, ne peut en bénéficier. • Même arrêt.

Art. L. 222-11 En cas de redressement ou de liquidation judiciaires d'un des associés commandités, d'interdiction d'exercer une profession commerciale ou d'incapacité frappant l'un des associés commandités, la société est dissoute, à moins que, s'il existe un ou plusieurs autres associés commandités, la continuation de la société ne soit prévue par les statuts ou que les associés ne la décident à l'unanimité. Dans ce cas, les dispositions du deuxième alinéa de l'article L. 221-16 sont applicables. – *[L. n° 66-537 du 24 juill. 1966, art. 33.]*

Redressement judiciaire d'un commandité. Lorsqu'une société en commandite simple est mise en redressement judiciaire et qu'elle ne comporte qu'un seul associé commandité, lui-même en redressement judiciaire, il n'y a pas lieu de considérer la société comme dissoute, contrairement à une interprétation stricte de l'art. 33 de la L. du 24 juill. 1966 [C. com., art. L. 222-11], dès lors qu'un plan de redressement peut être envisagé, dans l'intérêt bien compris des salariés et des créanciers. • T. com. Mirecourt, 3 mars 1989 : *Rev. sociétés 1989. 279, note Mestre.*

Art. L. 222-12 Les dispositions de l'article L. 221-17 sont applicables aux sociétés en commandite *(L. n° 2003-7 du 3 janv. 2003)* **« simple ».**

CHAPITRE III DES SOCIÉTÉS À RESPONSABILITÉ LIMITÉE

RÉP. SOCIÉTÉS v° *Société à responsabilité limitée,* par GIBIRILA.

BIBL. GÉN. ▶ REIFEGERSTE, *LPA 29 déc. 2003* (la SARL après la loi du 1er août 2003 : quelles innovations pour quel avenir ?). – BROCARD, *Rev. sociétés 2004. 825* (de l'utilité de constituer une SARL). – JOBERT, *BJS 2007. 225* (principe de responsabilité limitée). – POHÉ, *LPA 1er juin 2007* (distinction des sociétés à risques limités et des sociétés à risques illimités à l'épreuve des récentes réformes de la SARL).

Art. L. 223-1 La société à responsabilité limitée est instituée par une ou plusieurs personnes qui ne supportent les pertes qu'à concurrence de leurs apports.

Lorsque la société ne comporte qu'une seule personne, celle-ci est dénommée "associé unique". L'associé unique exerce les pouvoirs dévolus à l'assemblée des associés par les dispositions du présent chapitre. *(L. n° 2008-776 du 4 août 2008, art. 56-I)* **« Un décret fixe un modèle de statuts types de société à responsabilité limitée dont l'associé unique, personne physique, assume personnellement la gérance et les conditions dans lesquelles ces statuts sont portés à la connaissance de l'intéressé. Ces statuts types s'appliquent à moins que l'intéressé ne produise des statuts différents lors de sa demande d'immatriculation de la société. »** – *V. art. D. 223-2.*

(L. n° 2008-776 du 4 août 2008, art. 56-II, 1°) **« La société à responsabilité limitée dont l'associé unique, personne physique, assume personnellement la gérance est soumise à des formalités de publicité allégées déterminées par décret en Conseil d'État. Ce décret prévoit les conditions de dispense d'insertion au *Bulletin officiel des annonces civiles et commerciales.* »**

La société est désignée par une dénomination sociale, à laquelle peut être incorporé le nom d'un ou plusieurs associés, et qui doit être précédée ou suivie immédiatement des mots "société à responsabilité limitée" ou des initiales "SARL" et de l'énonciation du capital social. – *V. art. R. 123-238. – V. aussi art. L. 241-7 (dispositions pénales).*

Les sociétés d'assurance, de capitalisation et d'épargne ne peuvent adopter la forme de société à responsabilité limitée. – *[L. n° 66-537 du 24 juill. 1966, art. 34 et 490.]*

Les dispositions du 3e al. entrent en vigueur à la date de publication du décret prévu à l'avant-dernière phrase du 2e alinéa, et au plus tard le 31 mars 2009 (L. n° 2008-776 du 4 août 2008, art. 56-II). – Ledit décret (n° 2008-1419 du 19 déc. 2008) a été publié au JO du 27 déc. 2008.

RÉP. SOCIÉTÉS v° *Entreprise unipersonnelle à responsabilité limitée (EURL)*, par SERLOOTEN et MONSÈRIÉ-BON.

BIBL. ▶ TUBIANA, *Gaz. Pal. 1986. 1. Doctr. 180* (SARL de famille). – TOURNEL, *JCP N 1989. I. 15* (statut social des associés de SARL).

▶ EURL : SERLOOTEN, *D. 1985. Chron. 187 ; BJS 1994. 1173* (intérêt pratique de l'EURL). – FLORÈS et MESTRE, *Rev. sociétés 1986. 15*. – SAYAG, *JCP 1985. I. 3217*. – DAIGRE, *JCP 1986. I. 3242*. – PAILLUSSEAU, *JCP 1986. I. 3242*. – CALAIS-AULOY, *D. 1986. Chron. 249*. – DUCOULOUX-FAVARD, *Gaz. Pal. 1990. 2. Doctr. 577*. – BAILLY-MASSON, *LPA 19 juin 2000* (aménagements pour rendre l'EURL plus attractive). – LUCAS, *Dr. et patr. 4/2010. 67* (défense de l'EURL par rapport à l'EIRL). – VIDAL, *BJE 2011. 56* (comparaisons d'intérêt pratique avec l'EIRL).

1. Dénomination sociale. L'art. 34 de la L. du 24 juill. 1966 [C. com., art. L. 223-1] n'impose pas que les mots « société à responsabilité limitée » ou les initiales « SARL » soient incorporés à la dénomination sociale mais exige seulement qu'ils précèdent ou suivent immédiatement la dénomination sociale. • Paris, 28 mai 1999 : *D. 1999. IR 218 ; Rev. sociétés 1999. 872, obs. Guyon ; JCP E 2000, n° 20, p. 798, obs. Viandier et Caussain ; Dr. sociétés 1999, n° 176, obs. Bonneau ; BJS 1999. 1233, note Loiseau.* ♦ V. aussi notes 2 et 3 ss. art. L. 210-2.

2. Associé salarié. V. notes 30 s. ss. art. L. 223-18.

I. ASSOCIÉ DÉBITEUR OU CAUTION

3. Associé non commerçant. Le cautionnement souscrit par un associé de SARL n'est pas soumis à la liberté de preuve. • Com. 12 mai 1992, n° 90-11.991 : *BJS 1992. 788.* ♦ V. aussi note 7.

4. Engagement d'apport en compte courant d'associé. Sur la nature juridique d'un tel engagement, V. • Com. 25 oct. 2011, n° 10-25.607 : *BJS 2012. 200, note Parachkévova.*

5. Obligation de non-concurrence. V. note 18 ss. art. L. 223-14.

6. Limitation de responsabilité des associés. Encourt la cassation l'arrêt qui condamne l'associé d'une SARL à payer une dette sociale sans rechercher si, à la suite de la liquidation de la société, outre la part d'actif qu'il avait pu recevoir, il avait été remboursé de ses apports et si les perceptions qu'il avait ainsi effectuées lui permettaient de s'acquitter de la dette sociale dont le paiement lui était demandé. • Com. 17 déc. 1979 : *Rev. sociétés 1981. 81, note Sortais ; JCP 1981. II. 19528, note Germain.* ♦ Après la clôture de la liquidation de la société, l'ancien associé est tenu à l'égard des créanciers sociaux dans la mesure de ce qu'il a pu percevoir indûment à l'occasion des opérations de partage. • Com. 8 oct. 2013, n° 12-24.825 P : *D. 2013. Actu. 2397 ; RJDA 2013, n° 1025 ; BJS 2013. 830, note F.-X. Lucas ; Dr. sociétés 2014, n° 6, obs. Gallois-Cochet.*

7. Associé caution des dettes sociales. Sur la question de la preuve du cautionnement, V. • Com. 11 juin 2003, n° 00-18.390 : *JCP 2003. I. 176, n° 3, obs. Delebecque ; BJS 2003. 1017, note Constantin.* ♦ Sur le caractère commercial du cautionnement donné par deux associés, justifié par leur intérêt patrimonial personnel, V. • Com. 21 févr. 2006, n° 05-10.363 : *cité note 33 ss. art. L. 110-1.* ♦ Sur la responsabilité de la banque ayant fait souscrire à un associé un cautionnement disproportionné au regard de ses ressources, V. • Com. 6 févr. 2007, n° 04-15.362 : *BJS 2007. 713, note Barbièri.* ♦ La cession par la caution de ses parts dans le capital de la société est sans incidence sur son engagement, sauf si celle-ci a fait de sa qualité d'associé la condition déterminante du cautionnement. • Com. 15 oct. 2002, n° 93-20.262 : *RJDA 2003, n° 190.*

II. ASSOCIÉ CRÉANCIER (COMPTE COURANT D'ASSOCIÉ)

RÉP. SOCIÉTÉS v° *Compte courant d'associé*, par DELPECH.

BIBL. Danet, *RTD com. 1993. 55*. – Baffoy et Le Nénan, *JCP E 2003, n° 4, p. 162*. – Vinckel, *Dr. sociétés 2011. Étude 3* (remboursement du compte courant d'associé et droit des entreprises en difficulté). – Gibirila, *Journ. sociétés 7/2011. 48* (remboursement à tout moment du compte courant). – Laroche, *ibid. déc. 2012. 22* (comptes courants d'associés : le leurre de la liberté contractuelle). – M. de Ravel d'Esclapon, *AJ contrat 2018. 459* (clauses de blocage).

8. Remboursement. Les dispositions de l'art. 1900 C. civ., qui offrent au juge la possibilité de fixer un terme pour la restitution d'un prêt, ne sont pas applicables au compte courant d'associé, dont la caractéristique essentielle, en l'absence de convention particulière ou statutaire le régissant, est d'être remboursable à tout moment. • Com. 10 mai 2011, n° 10-18.749 P : *D. 2011. 2383, note Bloud-Rey ; RTD com. 2011.*

575, obs. Constantin ; *RJDA 2011, n° 628* ; *Dr. sociétés 2011, n° 147, obs. Mortier* ; *BJS 2011. 754, note Lasserre Capdeville* ; *RJ com. janv.-févr. 2012. 52, note Cordelier.* ♦ En revanche, la clause statutaire qui soumet le remboursement du compte courant des associés à la condition que la trésorerie le permette est valable, cette condition n'étant pas purement potestative dès lors qu'elle ne dépend pas exclusivement de la décision du conseil d'administration. • Com. 9 oct. 2007, n° 06-19.060 : *JCP E 2007. 2434* ; *RJDA 2008, n° 41* ; *BJS 2008. 17, note Barbièri* ; *Dr. sociétés 2008, n° 2, obs. Legros.*

9. Époux communs en biens. Il résulte de l'art. 1421 C. civ. qu'un époux, marié sous le régime de la communauté, n'a pas qualité à agir en remboursement du compte courant d'associé dont son conjoint est le seul titulaire, peu important que la somme provenant d'un tel remboursement doive figurer à l'actif de la communauté. • Civ. 1re, 9 févr. 2011, n° 09-68.659 : *D. 2011. Actu. 594* ; *Rev. sociétés 2011. 343, note Naudin* ; *RTD com. 2011. 358, obs. Constantin* ; *RJDA 2011, n° 423* ; *Dr. sociétés 2011, n° 64, obs. Coquelet.*

III. ASSOCIÉ UNIQUE (EURL)

10. Appellation d'EURL. Aucune disposition légale ou réglementaire n'impose à une EURL d'être désignée par l'appellation « EURL » ; en revanche, elle doit être dénommée par les mots « société à responsabilité limitée » ou par les initiales « SARL », comme le précise expressément l'art. 34, al. 3, de la L. du 24 juill. 1966 [C. com., art. L. 223-1], ainsi que l'art. 28 de son décret d'application. Il n'est pas juridiquement obligatoire que les annonces légales et les en-têtes commerciaux laissent apparaître la mention « EURL ». * Rép. min. n° 28864 : *JOAN Q 17 déc. 1990, p. 5759.* ♦ Pour une illustration des risques liés à l'utilisation de la dénomination « EURL », V. • Com. 18 mai 2005, n° 02-14.019 : *RJDA 2005, n° 996* ; *BJS 2005. 1373, note Saintourens.*

11. Personnalité juridique de l'EURL. A défaut de démontrer que le gérant unique d'une EURL a utilisé ladite société à des fins personnelles étrangères à son objet, la confusion des patrimoines ne peut pas être retenue. En effet, l'EURL a pour but de permettre à une personne physique ou morale de constituer un patrimoine d'affectation doté de la personnalité juridique et de la limitation de responsabilité, la transparence fiscale n'impliquant nullement la transparence juridique. • Paris, 9 févr. 1999 : *RTD com. 1999. 440, obs. Champaud et Danet* ; *Rev. sociétés 1999. 412, obs. Guyon* ; *BJS 1999. 548, note Dom.*

12. Gérant non associé : révocation. Dans le cas où la société ne comporte qu'un seul associé, celui-ci est habile à prendre la décision de révoquer le gérant non associé en lieu et place de l'assemblée des associés. • Com. 9 mars 2010, n° 09-11.631 P : *D. 2010. AJ 764* ; *Rev. sociétés 2010. 452, note Saintourens* ; *RJDA 2010, n° 531* ; *RLDA mai 2010. 10, obs. Gibirila* ; *BJS 2010. 530, note Monsèrié-Bon.*

Art. L. 223-2 *(L. n° 2003-721 du 1er août 2003, art. 1er-I)* **Le montant du capital de la société est fixé par les statuts. Il est divisé en parts sociales égales.**

RÉP. SOCIÉTÉS v° *Capital social*, par A. Lecourt.

BIBL. ▶ Nurit-Pontier, *D. 2003. Chron. 1612* (détermination statutaire du capital social : enjeux et conséquences). – Monnet, *Dr. sociétés 2003, nos 170 et 171* (loi du 1er août 2003). – Martin-Serf, *RJ com. 2004. 76* (même thème). – Serra, *BJS 2004. 915* (même thème). – Schiller, *Gaz. Pal. 2007. Doctr. 3961* (bilan très positif des SARL à moins de 7 500 € de capital social). – Étain, *LPA 19 sept. 2011* (du zéro comme capital social).

Art. L. 223-3 *(Ord. n° 2004-274 du 25 mars 2004, art. 11)* **Le nombre des associés d'une société à responsabilité limitée ne peut être supérieur à cent. Si la société vient à comprendre plus de cent associés, elle est dissoute au terme d'un délai d'un an à moins que, pendant ce délai, le nombre des associés soit devenu égal ou inférieur à cent ou que la société ait fait l'objet d'une transformation.** — *V. art. R. 210-15.*

1. Indivision. Une indivision ne doit être comptée que pour un seul associé. • T. com. Rennes, 20 nov. 1970 : *BJS 1971. 165.*

2. Succession. L'art. 36 de la L. du 24 juill. 1966 [C. com., art. L. 223-3] s'applique quelle que soit l'origine de l'augmentation du nombre des associés et même lorsque celle-ci provient du jeu des dévolutions successorales. * Rép. min., *JOAN Q 7 juin 1969, p. 1566* ; *Rev. sociétés 1969. 417.*

Art. L. 223-4 **En cas de réunion en une seule main de toutes les parts d'une société à responsabilité limitée, les dispositions de l'article 1844-5 du code civil relatives à la dissolution judiciaire ne sont pas applicables.** — *[L. n° 66-537 du 24 juill. 1966, art. 36-1.]*

BIBL. ▶ Diener, *JCP E 1993. I. 153* (SNC dont tous les associés sont des EURL).

1. *Cautionnement.* Le cautionnement de la société par l'associé unique n'a pas pour effet de faire perdre à celle-ci sa qualification. • Com. 8 juin 1993, n° 91-13.295 : *BJS 1993. 911, note Jeantin.*

2. *Dispositions pénales.* Une EURL étant une société à responsabilité limitée, l'ensemble des dispositions de la L. du 24 juill. 1966 [du livre II du code de commerce] relatives aux gérants des SARL, y compris les dispositions pénales, sont applicables aux gérants d'EURL. • Crim. 14 juin 1993, n° 92-80.763 P : *Rev. sociétés 1994. 90, note Bouloc ; RJDA 1993, n° 915 ; BJS 1993. 1139, note Saintourens.*

Art. L. 223-5 *Abrogé par Ord. n° 2014-863 du 31 juill. 2014, art. 3-I.*

Art. L. 223-6 **Tous les associés doivent intervenir à l'acte constitutif de la société, en personne ou par mandataire justifiant d'un pouvoir spécial.** — *[L. n° 66-537 du 24 juill. 1966, art. 37.] — V. art. R. 223-1.*

Art. L. 223-7 *(L. n° 2001-420 du 15 mai 2001)* **« Les parts sociales doivent être souscrites en totalité par les associés. Elles doivent être intégralement libérées lorsqu'elles représentent des apports en nature. Les parts représentant des apports en numéraire doivent être libérées d'au moins un cinquième de leur montant. La libération du surplus intervient en une ou plusieurs fois sur décision du gérant, dans un délai qui ne peut excéder cinq ans à compter de l'immatriculation de la société au registre du commerce et des sociétés. Toutefois, le capital social doit être intégralement libéré avant toute souscription de nouvelles parts sociales à libérer en numéraire, à peine de nullité de l'opération.**

« Le cas échéant, les statuts déterminent les modalités selon lesquelles peuvent être souscrites des parts sociales en industrie. »

La répartition des parts sociales est mentionnée dans les statuts.

Les fonds provenant de la libération des parts sociales sont déposés dans les conditions et délais déterminés par décret en Conseil d'État. — *[L. n° 66-537 du 24 juill. 1966, art. 38.] — V. art. R. 223-3. — Sur les sanctions pénales, V. art. L. 241-1.*

RÉP. SOCIÉTÉS v° *Part sociale*, par GOFFAUX-CALLEBAUT.

BIBL. ▶ LE CANNU, *Rev. sociétés 2001. 633* (les apports à une SARL). - MONNET, *Dr. sociétés 2002, n° 66* (conciliation entre contribution aux pertes et apports en industrie). - CHAMPAUD et DANET, *RTD com. 2002. 108* . - NURIT-PONTIER, *D. 2011. Chron. 828* (libération partielle du capital : un choix pertinent pour les sociétés dispensées de capital minimum ?).

1. *Vérifications des fondateurs.* Il est fait obligation aux fondateurs de déclarer expressément dans l'acte de société que la libération intégrale des parts est accomplie, ce qui implique qu'ils ont fait personnellement toutes vérifications à ce sujet. Dans une société à deux associés, il appartient au représentant ayant reçu pouvoir régulier du premier associé, qui avait dès lors la qualité de fondateur au sens des art. 7 et 37 de la L. du 7 mars 1925 [abrogée], de vérifier la réalité de la libération du second associé. • Crim. 12 mars 1957 : *Bull. crim. n° 246 ; D. 1957. 470.*

2. *Responsabilité des associés.* Les associés qui ont intégralement libéré leurs parts, lors de la constitution de la société, mais qui ont commis une faute en dissimulant, lors de la constitution, la non-libération de celle des autres associés, sont tenus solidairement à réparer le préjudice subi par les créanciers. • Req. 29 oct. 1946 : *JCP 1946. IV. 166.*

3. *Répartition des parts sociales.* La loi ne paraît pas imposer du seul chef de l'art. 38 de la L. du 24 juill. 1966 [C. com., art. L. 223-7] qu'il soit procédé à une modification des statuts lors de chaque cession de parts. Toutefois, l'art. 288 du Décr. du 23 mars 1967 [C. com., art. R. 210-10] ne faisant pas figurer la répartition des parts parmi les mentions qui peuvent être omises dans les statuts mis à jour, la nouvelle répartition des parts devra apparaître dans les statuts dès qu'interviendra une mise à jour. * Rép. min., *JOAN Q 29 sept. 1973, p. 3909 ; Rev. sociétés 1973. 724.*

Art. L. 223-8 **Le retrait des fonds provenant de la libération des parts sociales ne peut être effectué par le mandataire de la société, avant l'immatriculation de celle-ci au registre du commerce et des sociétés.** — *V. art. R. 223-4.*

(Ord. n° 2004-274 du 25 mars 2004, art. 15) **« Si la société n'est pas constituée dans le délai de six mois à compter du premier dépôt de fonds, ou si elle n'est pas immatriculée au registre du commerce et des sociétés dans le même délai, les apporteurs peuvent individuellement demander en justice l'autorisation de retirer le montant de leurs apports. Dans les mêmes cas, un mandataire, dès lors qu'il représente tous les apporteurs, peut demander directement au dépositaire le retrait des fonds. »** — *V. art. R. 223-5.*

Si les apporteurs décident ultérieurement de constituer la société, il doit être procédé à nouveau au dépôt des fonds. – *[L. n° 66-537 du 24 juill. 1966, art. 39.]*

Art. L. 223-9 **Les statuts doivent contenir l'évaluation de chaque apport en nature. Il y est procédé au vu d'un rapport annexé aux statuts et établi sous sa responsabilité par un commissaire aux apports désigné à l'unanimité des futurs associés ou à défaut par une décision de justice à la demande du futur associé le plus diligent.** – *V. art. R. 223-6.*

Toutefois, les futurs associés peuvent décider à l'unanimité que le recours à un commissaire aux apports ne sera pas obligatoire, lorsque la valeur d'aucun apport en nature n'excède *(L. n° 2010-658 du 15 juin 2010, art. 11-I)* **« un montant fixé par décret » et si la valeur totale de l'ensemble des apports en nature non soumis à l'évaluation d'un commissaire aux apports n'excède pas la moitié du capital.** – *V. art. D. 223-6-1.*

Lorsque la société est constituée par une seule personne, le commissaire aux apports est désigné par l'associé unique. Toutefois le recours à un commissaire aux apports n'est pas obligatoire si les conditions prévues à l'alinéa précédent sont réunies *(L. n° 2016-1691 du 9 déc. 2016, art. 130-1°)* **« ou si l'associé unique, personne physique, exerçant son activité professionnelle en nom propre avant la constitution de la société, y compris sous le régime prévu aux articles L. 526-6 à L. 526-21, apporte des éléments qui figuraient dans le bilan de son dernier exercice ».**

Lorsqu'il n'y a pas eu de commissaire aux apports ou lorsque la valeur retenue est différente de celle proposée par le commissaire aux apports, les associés sont solidairement responsables pendant cinq ans, à l'égard des tiers, de la valeur attribuée aux apports en nature lors de la constitution de la société. – *[L. n° 66-537 du 24 juill. 1966, art. 40.]* – *Sur les sanctions pénales, V. art. L. 241-3, 1°.*

RÉP. SOCIÉTÉS v° *Apport*, par GOFFAUX-CALLEBAUT.

1. Vérification des apports en nature. Dans le cas d'une transformation d'une SNC en SARL, la vérification des apports en nature s'impose, ceux-ci n'ayant originairement été soumis à aucun contrôle. • Civ. 17 juin 1936 : *DP 1938. 1. 9, note Pic.* ♦ En revanche, en cas de transformation d'une SCI en SARL, le changement de forme sociale ne donne lieu à aucun apport de l'immeuble dépendant du patrimoine de la SCI à la SARL, de sorte que la procédure de vérification des apports n'est pas applicable. • Com. 27 mai 2015, n° 13-27.458 P : *D. 2015. Actu. 1273 ; RJDA 2015, n° 567 ; Dr. sociétés 2015, n° 146, obs. Hovasse ; BJS 2015. 587, note Gicquiaud ; Journ. sociétés 7/2015. 43, obs. Brignon.*

2. Responsabilité du commissaire aux apports. Sur les conditions de cette responsabilité, V. • Com. 14 déc. 2004 : *RJDA 2005, n° 382.*

Art. L. 223-10 **Les premiers gérants et les associés auxquels la nullité de la société est imputable, sont solidairement responsables, envers les autres associés et les tiers, du dommage résultant de l'annulation. L'action se prescrit par le délai prévu au premier alinéa de l'article L. 235-13.** – *[L. n° 66-537 du 24 juill. 1966, art. 41.]* – *V. art. R. 210-5.*

Action en nullité. Bien qu'ouverte à tout intéressé, l'action en nullité d'une SARL ne peut cependant être exercée que par les personnes justifiant *d'un intérêt né et actuel et juridiquement* protégé ; ne justifie pas d'un tel intérêt celui qui, n'étant ni créancier, ni débiteur de la société, peut seulement se prévaloir d'une promesse de cession de parts dont la réalisation est soumise à une autorisation préalable refusée par l'assemblée générale. • Lyon, 9 juill. 1951 : D. 1952. *Somm. 24.*

Art. L. 223-11 *(Ord. n° 2004-274 du 25 mars 2004, art. 12)* **Une société à responsabilité limitée,** *(L. n° 2019-486 du 22 mai 2019, art. 20-I-2°)* **« ayant désigné** *[ancienne rédaction : tenue en vertu de l'article L. 223-35 de désigner]* **» un commissaire aux comptes et dont les comptes des trois derniers exercices de douze mois ont été régulièrement approuvés par les associés, peut** *(Ord. n° 2009-80 du 22 janv. 2009, art. 7-I, en vigueur le 1er avr. 2009)* **« émettre des obligations nominatives à condition qu'elle ne procède pas à une offre au public de ces obligations »** *(Ord. n° 2019-1067 du 21 oct. 2019, art. 2)* **« ou qu'elle procède à une offre mentionnée au 1° de l'article L. 411-2 du code monétaire et financier ».**

L'émission d'obligations est décidée par l'assemblée *(Abrogé par L. nº 2004-1343 du 9 déc. 2004, art. 78-XV) « générale »* des associés conformément aux dispositions applicables aux assemblées générales d'actionnaires. Ces titres sont soumis aux dispositions applicables aux obligations émises par les sociétés par actions, à l'exclusion de celles prévues par les articles L. 228-39 à L. 228-43 et L. 228-51.

(Ord. nº 2019-1067 du 21 oct. 2019, art. 2) « Le non-respect de l'une des conditions édictées aux alinéas précédents est sanctionné par la nullité des contrats conclus ou des obligations émises. »

A peine de nullité de la garantie, il est interdit à une société à responsabilité limitée de garantir une émission de valeurs mobilières, sauf si l'émission est faite par une société de développement régional ou s'il s'agit d'une émission d'obligations bénéficiant de la garantie subsidiaire de l'État. — *Sur les sanctions pénales, V. art. L. 241-2.*

Pour les dispositions transitoires de la L. nº 2019-486 du 22 mai 2019, V. notes ss. art. L. 221-9.

Définition des valeurs mobilières. Constituent des valeurs mobilières les valeurs négociables par les voies commerciales. Tel n'est pas le cas des reconnaissances de dette qui ne peuvent être cédées que suivant les modes du droit civil (C. civ., art. 1690). • Crim. 11 févr. 1941 : *DA 1941. 133 ; S. 1941. 1. 196 ; Gaz. Pal. 1941. 1. 224.*

Art. L. 223-12 Les parts sociales ne peuvent être représentées par des titres négociables. *(Ord. nº 2019-1067 du 21 oct. 2019, art. 2)* « Toute émission réalisée en méconnaissance de cette règle est sanctionnée dans les conditions prévues au premier alinéa de l'article L. 411-1 du code monétaire et financier. » — *[L. nº 66-537 du 24 juill. 1966, art. 43.]*

1. Mandat de trouver un acquéreur. La remise au seul coassocié d'un acte de cession de parts sociales ne portant pas le nom du cessionnaire s'analyse en un mandat de trouver un acquéreur ; ce mandat, essentiellement révocable, n'a pas eu pour effet de transformer les parts sociales en titres nominatifs, à ordre ou au porteur. • Com. 25 janv. 1956 : *Bull. civ. III, nº 40.*

2. Gage. Sur la possibilité de constituer un gage sur les parts sociales et la nécessité de respecter les formes prévues par l'art. 2075 [abrogé] C. civ., V. • Paris, 10 oct. 1964 : *D. 1965. 125 ; Rev. sociétés 1965. 416.*

Art. L. 223-13 Les parts sociales sont librement transmissibles par voie de succession ou en cas de liquidation de communauté de biens entre époux et librement cessibles entre conjoints et entre ascendant et descendant.

(Ord. nº 2004-274 du 25 mars 2004, art. 13-I) « Toutefois, les statuts peuvent stipuler que le conjoint, un héritier, un ascendant ou un descendant ne peut devenir associé qu'après avoir été agréé dans les conditions prévues à l'article L. 223-14. » A peine de nullité de la clause, les délais accordés à la société pour statuer sur l'agrément ne peuvent être plus longs que ceux prévus à l'article L. 223-14, et la majorité exigée ne peut être plus forte que celle prévue audit article. En cas de refus d'agrément, il est fait application des dispositions des troisième et quatrième alinéas de l'article L. 223-14. Si aucune des solutions prévues à ces alinéas n'intervient dans les délais impartis, l'agrément est réputé acquis. — *[L. nº 66-537 du 24 juill. 1966, art. 44.]*

(Ord. nº 2004-274 du 25 mars 2004, art. 13-II) « Les statuts peuvent stipuler qu'en cas de décès de l'un des associés la société continuera avec son héritier ou seulement avec les associés survivants. Lorsque la société continue avec les seuls associés survivants, ou lorsque l'agrément a été refusé à l'héritier, celui-ci a droit à la valeur des droits sociaux de son auteur.

« Il peut aussi être stipulé que la société continuera, soit avec le conjoint survivant, soit avec un ou plusieurs des héritiers, soit avec toute autre personne désignée par les statuts ou, si ceux-ci l'autorisent, par dispositions testamentaires. *(Abrogé par L. nº 2004-1343 du 9 déc. 2004, art. 78-XV)* ***« Lorsque la société continue dans ces conditions, la valeur des droits sociaux attribués aux bénéficiaires de cette stipulation est rapportée à la succession. »***

« Dans les cas prévus au présent article, la valeur des droits sociaux est déterminée au jour du décès conformément à l'article 1843-4 du code civil. »

V. note ss. art. L. 223-11.

BIBL. ▶ LECOURT, *Dr. sociétés 2005. Étude 4* (le nouveau régime de la transmission des parts sociales de la SARL suite au décès d'un associé).

1. Attribution de la qualité d'associé entre époux. Les parts d'une SARL appartenant à un époux marié sous le régime (ancien) de la communauté légale n'entrent dans la communauté que pour leur valeur. • Civ. 1re, 22 déc. 1969 : *D. 1970. 668, note Morin ; Rev. sociétés 1970. 462, note Guyénot ; JCP 1970. II. 16473, note Patarin* • Com. 20 janv. 1970 : *D. 1971. Somm. 176 ; Rev. sociétés 1971. 540 ; JCP 1971. II. 16795, note J. D.*

2. Succession. L'héritier d'un associé dont la demande d'agrément a été refusée par l'assemblée générale ne devient associé qu'à l'expiration de la prorogation du délai accordée sur requête par le président du tribunal mixte de commerce pour le rachat par la société des parts sociales. • Com. 3 mai 2018, n° 15-20.851 P : *D. 2018. Actu. 1007 ; Rev. sociétés 2018. 658, note Heinich ; RTD com. 2018. 711, obs. A. Lecourt ; JCP E 2018. 1631, n° 9, obs. Caffin-Moi ; Dr. sociétés 2018, n° 122, note Coupet ; BJS 2018. 425, note Michel ; RJDA 2018, n° 647 ; Gaz. Pal. 25 sept. 2018, p. 63, obs. Rodriguez ; RLDA nov. 2018. 44, obs. Le Ruyet.* ♦ Aucune disposition n'interdit au gérant de convoquer une assemblée générale au cas où une procédure d'agrément est pendante, et il n'appartient pas à la société ou à son gérant de solliciter, dans l'attente de l'achèvement de la procédure d'agrément, la désignation d'un mandataire pour le compte de la dévolution successorale. • Même arrêt.

Art. L. 223-14 *(Ord. n° 2004-274 du 25 mars 2004, art. 14-I)* **« Les parts sociales ne peuvent être cédées à des tiers étrangers à la société qu'avec le consentement de la majorité des associés représentant au moins la moitié des parts sociales, à moins que les statuts prévoient une majorité plus forte. »**

Lorsque la société comporte plus d'un associé, le projet de cession est notifié à la société et à chacun des associés. Si la société n'a pas fait connaître sa décision dans le délai de trois mois à compter de la dernière des notifications prévues au présent alinéa, le consentement à la cession est réputé acquis.

(Ord. n° 2004-274 du 25 mars 2004, art. 14-II) **« Si la société a refusé de consentir à la cession, les associés sont tenus, dans le délai de trois mois à compter de ce refus, d'acquérir ou de faire acquérir les parts à un prix fixé dans les conditions prévues à l'article 1843-4 du code civil, sauf si le cédant renonce à la cession de ses parts. Les frais d'expertise sont à la charge de la société. A la demande du gérant, ce délai peut être prolongé par décision de justice, sans que cette prolongation puisse excéder six mois. »**

La société peut également, avec le consentement de l'associé cédant, décider, dans le même délai, de réduire son capital du montant de la valeur nominale des parts de cet associé et de racheter ces parts au prix déterminé dans les conditions prévues ci-dessus. Un délai de paiement qui ne saurait excéder deux ans peut, sur justification, être accordé à la société par décision de justice. Les sommes dues portent intérêt au taux légal en matière commerciale. *(Abrogé par L. n° 2003-721 du 1er août 2003, art. 1er-III)* ***« Le cas échéant, les dispositions de l'article L. 223-2 sont suivies. »***

Si, à l'expiration du délai imparti, aucune des solutions prévues aux troisième et quatrième alinéas ci-dessus n'est intervenue, l'associé peut réaliser la cession initialement prévue.

Sauf en cas de succession, de liquidation de communauté de biens entre époux, ou de donation au profit d'un conjoint, ascendant ou descendant, l'associé cédant ne peut se prévaloir des dispositions des troisième et cinquième alinéas ci-dessus s'il ne détient *ses parts depuis au moins deux ans.*

Toute clause contraire aux dispositions du présent article est réputée non écrite. – *[L. n° 66-537 du 24 juill. 1966, art. 45.] – V. art. R. 223-11 et R. 223-12.*

RÉP. SOCIÉTÉS vis *Cession de droits sociaux*, par B. LECOURT ; *Clauses de garantie dans les cessions de droits sociaux*, par ALLAIN.

BIBL. ▶ CHAMPAUD et DANET, *RTD com. 2004. 325* (Ord. du 25 mars 2004). – LECOURT, *Dr. sociétés 2005. Étude 4* (même thème). – DUBOUT, *BJS 2000. 894* (achat d'actions ou achat d'actifs : critères juridiques du choix). – COURET, *Mél. Merle, Dalloz, 2012, p. 121* (conciliation des mécanismes de garantie dans les cessions de droits sociaux). – Dossier, *Journ. sociétés 5/2013. 9* (transmission à titre onéreux des sociétés).

▶ Cession de contrôle : PAILLUSSEAU, *JCP 1992. I. 3578* (cession de contrôle et situation financière de la société contrôlée). – HANNOUN, *D. 1994. Chron. 67* (conventions portant transfert du contrôle et transparence des sociétés). – Mousseron, *JCP E 1994. I. 362* (obligation de renseignement dans les cessions de contrôle). – Caussain, *Dr. sociétés 1995. Chron. 4* (échéancier d'une cession de contrôle). – Mainguy, *Rev. sociétés 1996. 17* (sort des contrats de la société cédée). – Plantamp, *RTD com. 1999. 819* (critère de la cession de contrôle). – Vermeille, *BJS 2008. 927* (efficacité juridique des déclarations du vendeur dans les cessions de contrôle).

1. Caractère commercial. V. note 10 ss. art. L. 721-3.

2. Distinction entre cession de parts et cession de fonds de commerce. V. note 7 ss. art. L. 141-1.

I. RÉGIME DES CESSIONS DE PARTS

3. Pourparlers. Sur l'obligation de loyauté dans la conduite des pourparlers, V. • Com. 23 mars 2010, n° 09-12.455 : *BJS 2010. 639, note Caffin-Moi.* ♦ Sur l'obligation précontractuelle d'information pouvant peser sur le cédant, V. • Civ. 1re, 15 mars 2005, n° 01-13.018 : *D. 2005. 1462, note Cathiard ; Rev. sociétés 2005. 587, note Mathey ; BJS 2005. 1126, note Lécuyer.*

4. Loi applicable. Dès lors que les parties à l'acte de cession n'ont pas fait de choix exprès quant à la loi applicable à ce contrat, il y a lieu de déterminer celle-ci conformément aux dispositions de l'art. 4 de la Conv. de Rome du 19 juin 1980. • Com. 10 sept. 2013, n° 12-15.930 : *Rev. sociétés 2014. 193, note Menjucq .*

5. Promesses de vente. Sur la qualification et les effets de plusieurs promesses unilatérales de vente et d'achat réciproques échelonnées dans le temps, V. • Com. 18 juill. 1989, n° 88-12.543 : *D. 1992. Somm. 177, obs. Bousquet et Bugeja ; BJS 1989. 822, note Bacrot et Berger.* ♦ Sur la liberté des parties ayant signé une promesse synallagmatique de cession de droits sociaux de subordonner la conclusion du contrat définitif à un accord sur certains éléments accessoires, V. • Com. 8 oct. 2013, n° 12-22.304 : *Rev. sociétés 2014. 221, note Ansault .*

6. Preuve de la cession. Dans les rapports entre les parties, la cession est parfaite dès l'accord des volontés. La preuve de cet accord peut être rapportée par des correspondances échangées entre les parties. • Com. 10 mars 1992, n° 90-14.456 : *Rev. sociétés 1992. 732, note Libchaber ; JCP 1992. II. 21962, note Guyon.*

A. APPLICATION DU DROIT DE LA VENTE

1° Vices du consentement

7. Erreur. Doit être annulée pour erreur sur les qualités substantielles des parts sociales cédées la cession des parts d'une société déjà privée, à l'insu *des cessionnaires*, de l'essentiel de son actif et devenue dans l'impossibilité manifeste de réaliser son objet social et de poursuivre, de façon rentable, une activité économique. • Com. 7 févr. 1995, n° 93-14.257 : *D. 1996. 50, note Blasselle ; RJDA 1995, n° 584 ; BJS 1995. 407, note Couret.*

8. Dol. BIBL. Granotier, *D. 2020. Chron. 1123 .*

♦ Est nulle la cession de parts de SARL lorsque le cédant dissimule sciemment les difficultés financières de la société, dont l'actif est purement fictif. • Com. 21 mars 1983 : *BJS 1983. 510.*

♦ En omettant d'informer le cessionnaire, au plus tard le jour de la signature de l'acte de cession, de ce qu'il avait l'intention de ne rester dans la société que quelques mois, alors que son maintien dans le cadre d'un contrat de travail, dont la conclusion était stipulée par la promesse de cession de parts comme une condition déterminante de l'opération, pour être efficace et répondre à l'attente de l'acquéreur, ne pouvait se limiter à une aussi courte période, le cédant a commis un dol déterminant du consentement du cessionnaire. • Com. 12 févr. 2013, n° 11-22.641 : *Rev. sociétés 2013. 547, note Massart ; RTD civ. 2013. 368, obs. Fages ; JCP E 2013. 1356, note Dondero ; BJS 2013. 462, note Poracchia.* ♦ Les cédants ayant, par une hausse massive des prix de vente, donné une image trompeuse des résultats atteints par la société cédée au cours des mois ayant précédé la cession, et dissimulé au cessionnaire les informations qu'ils détenaient sur l'effondrement prévisible du chiffre d'affaires réalisé avec au moins deux des principaux clients de l'entreprise, il en résulte que le cessionnaire, pour lequel ces éléments étaient déterminants, n'a pas été mis en mesure d'apprécier la valeur de la société cédée et ses perspectives de développement et n'aurait pas accepté les mêmes modalités d'acquisition s'il avait eu connaissance de la situation exacte de cette société ; en conséquence, les réticences dolosives imputables aux cédants entraînent la nullité de la cession. • Com. 30 mars 2016, n° 14-11.684 P : *D. 2016. Actu. 781 ; Rev. sociétés 2016. 590, note B. Lecourt ; RTD com. 2016. 817, obs. A. Lecourt ; AJCA 2016. 288, obs. Mouy et Tall ; JCP E 2016. 1554, n° 1, obs. Caffin-Moi ; JCP 2016. 494, obs. Brignon ; Gaz. Pal. 24 mai 2016, p. 78, obs. Moulin ; Dr. sociétés 2016, n° 97, note Mortier ; Journ. sociétés 6/2016. 54, obs. Lebel ; RJ com. 2016. 254, obs. Monsèrié-Bon ; BJS 2016. 572, note Massart.*

9. La victime du dol peut, à son choix, faire réparer le préjudice que lui ont causé les manœuvres de son cocontractant par l'annulation de la convention et, s'il y a lieu, par l'attribution de dommages-intérêts, ou simplement par une indemnisation pécuniaire qui peut prendre la forme de la restitution de l'excès de prix qu'elle a été conduite à payer. • Com. 27 mai 1997, n° 95-14.608 : *JCP E 1997. I. 710, n° 5, obs. Viandier et Caussain.* ♦ Sur la nécessité d'établir un préjudice en lien direct avec le dol commis, V.

• Com. 24 sept. 2013, n° 12-19.640 : *Rev. sociétés 2014. 162, note Fages*. ♦ Le cessionnaire ayant fait le choix de ne pas demander l'annulation du contrat, son préjudice réparable correspond uniquement à la perte d'une chance d'avoir pu contracter à des conditions plus avantageuses. • Com. 10 juill. 2012, n° 11-21.954 P : *D. 2012. 2772, note Caffin-Moi ; Rev. sociétés 2012. 686, note Fages ; RJDA 2012, n° 932 ; BJS 2012. 767, note Stoffel-Munck ; Dr. sociétés 2013, n° 21, obs. Mortier.*

10. Cumul avec les garanties contractuelles. Les garanties contractuelles relatives à la consistance de l'actif ou du passif social, s'ajoutant aux dispositions légales, ne privent pas l'acquéreur de droits sociaux, qui soutient que son consentement a été vicié, du droit de demander l'annulation de l'acte sur le fondement de ces dispositions. • Com. 3 févr. 2015, n° 13-12.483 P : *D. 2015. Actu. 374 ; Rev. sociétés 2015. 571, note Ansault ; AJCA 2015. 173, obs. Godon ; RTD com. 2015. 103, obs. Constantin ; RTD civ. 2015. 373, obs. Barbier ; JCP E 2015. 1134, note Dondero ; RJDA 2015, n° 349 ; Dr. sociétés 2015, n° 84, obs. Mortier ; BJS 2015. 498, note Dupichot.*

2° Détermination de la chose vendue et du prix

BIBL. Delfosse, *BJS 1990. 431* (détermination du prix dans les cessions de contrôle). – Lambert, *Rev. sociétés 1993. 11* (exigence d'un prix sérieux). – Couret, Cesbron, Provost, Rosenpick et Sauzey, *BJS 2001. 1045* (contestations portant sur la valeur des droits sociaux). – Paillusseau, *Dr. et patr. 1/2008. 60* (l'arbitre et le prix de la cession de contrôle). – Buchberger, *D. 2012. Chron. 1632* (exigence d'un prix déterminable). – Safi, *Dr. et patr. 3/2013. 30* (déterminabilité du prix dans une clause d'*earn out*). – Dondero, *RJ com. 2013. 135* (le prix dans les cessions de droits sociaux).

11. Droits incorporels. Sur l'inclusion des droits incorporels dans les droits transférés par la cession des parts sociales, V. • Civ. 1re, 15 juin 1994, n° 92-15.174 P : *RTD com. 1994. 718, obs. Champaud et Danet*.

12. Vil prix. L'action en nullité des cessions de parts conclues pour un prix indéterminé ou vil relève des actions en nullité relative et se prescrit donc par cinq ans par application de l'art. 1304 [ancien] C. civ. • Com. 22 mars 2016, n° 14-14.218 P : *D. 2016. Pan. 1037, obs. Tréard ; RTD civ. 2016. 343, obs. Barbier ; JCP E 2016, n° 1251, note Dissaux ; Gaz. Pal. 24 mai 2016, p. 76, obs. Moulin ; RJ com. 2016. 254, obs. Monsèrié-Bon ; BJS 2016. 377, note Barbier ; Dr. sociétés 2016, n° 120, note Mortier. – V. déjà* • Civ. 3e, 24 oct. 2012, n° 11-21.980 : *JCP E 2012, n° 1715 ; RJDA 2013, n° 100 ; Dr. sociétés 2013, n° 22, obs. Mortier.* ♦ *Contra*, pour la position antérieure de la chambre commerciale, qui optait pour une nullité absolue soumise à la prescription de droit commun : • Com. 23 oct. 2007, n° 06-13.979 : *D. 2008. 954, note Chantepie ; Dr. sociétés 2007, n° 209, obs. Lécuyer ; BJS 2008. 90, note Couret. – Contra,* considérant qu'il s'agit d'une nullité relative soumise au délai de prescription de cinq ans : • Civ. 3e, 24 oct. 2012, n° 11-21.980 : *JCP E 2012. 1715 ; RJDA 2013, n° 100 ; Dr. sociétés 2013, n° 22, obs. Mortier.*

13. Indétermination du prix. Constatant que le prix des parts cédées fixé provisoirement à un franc par part devait être fixé définitivement après le prochain bilan de la société, mais que l'établissement de ce bilan n'était pas de nature, à lui seul, à entraîner la détermination de ce prix sans l'intervention d'un nouvel acte de volonté du promettant, les juges du fond ont pu valablement en déduire que le prix des parts cédées n'était pas déterminable, et prononcer en conséquence la nullité de la cession. • Com. 13 janv. 1971 : *D. 1971. Somm. 100 ; JCP 1972. II. 17060, note Bernard.* ♦ Le prix de cession n'est pas déterminable suivant les seules énonciations de l'acte de promesse de cession, dès lors que la détermination du prix définitif nécessitait l'établissement contradictoire du bilan à la veille de la régularisation de la cession, et que, en l'espèce, les parties, seules habiles à le faire, n'avaient pas prévu la désignation, en cas de désaccord, d'un expert chargé de faire l'estimation, ce dont il résultait la nécessité d'un nouvel accord de volonté des parties. • Com. 14 déc. 1999, n° 97-15.654 P : *D. 2000. Somm. 335, obs. Reygrobellet ; JCP E 2000, n° 20, p. 797, obs. Viandier et Caussain ; Dr. sociétés 2000, n° 35, obs. Bonneau ; BJS 2000. 448, note Couret.*

14. Sous-évaluation des parts. L'erreur grossière est une condition de la remise en cause de la détermination du prix et non de la responsabilité du mandataire chargé de celle-ci en application de l'art. 1592 C. civ. • Com. 4 févr. 2004, n° 01-13.516 P : *D. 2004. IR 736 ; Rev. sociétés 2004. 863, note Moury ; JCP E 2004, n° 17, p. 660, obs. Caussain, Deboissy et Wicker ; Dr. sociétés 2004, n° 63, obs. Hovasse ; BJS 2004. 814, note Le Nabasque ; RJ com. 2004. 174, note Monsèrié-Bon.* ♦ Le vendeur est en droit d'obtenir réparation que lui cause la sous-évalution fautive de la chose vendue. • Même arrêt.

15. Clause de révision du prix. Sur la mise en œuvre d'une clause d'*earn out*, V. • Com. 27 oct. 2009, n° 08-70.102 : *RTD com. 2010. 378, obs. Le Cannu et Dondero ; Rev. sociétés 2010. 162, note Dom*.

3° Garanties légales (éviction et vices cachés) et clause de non-concurrence

16. Garantie d'éviction. La garantie légale d'éviction du fait personnel du vendeur n'entraîne pour celui-ci, s'agissant de la cession des actions d'une société, l'interdiction de se rétablir, que si ce rétablissement est de nature à empêcher les acquéreurs de ces actions de poursuivre l'activité économique de la société et de réaliser l'objet social. • Com. 21 janv. 1997, n° 94-15.207 P : *D. 1998. Somm. 393, obs. Hallouin ; RTD com. 1997. 469, obs. Reinhard et Petit ; JCP E 1997. II. 936, note Guyon ; Dr. sociétés 1997. Chron. 5, par Bonneau ; BJS 1997. 421, note Pigassou.* ♦ La prospection effectuée par le vendeur de parts de SARL auprès de son ancienne clientèle constitue, au sens de l'art. 1628 C. civ., un fait personnel contraire à la garantie due à l'acheteur. • Com. 18 juin 1963, n° 58-11.721 P. ♦ Après l'expiration de la clause de non-concurrence, le cessionnaire des actions de la société demeure fondé à se prévaloir de la garantie légale d'éviction, qui interdit au cédant tout agissement ayant pour effet de l'empêcher de poursuivre l'activité économique de la société et de réaliser l'objet social. • Com. 15 déc. 2009, n° 08-20.522 P : *D. 2010. AJ 206 ; RTD com. 2010. 155, obs. Dondero ; RJDA 2010, n° 378 ; Dr. sociétés 2010, n° 69, obs. Roussille ; BJS 2010. 459, note Couret.* ♦ Il se déduit de l'application combinée des principes de la liberté du commerce et de l'industrie et de la liberté d'entreprendre, et de l'art. 1626 C. civ. que si la liberté du commerce et la liberté d'entreprendre peuvent être restreintes par l'effet de la garantie d'éviction à laquelle le vendeur de droits sociaux est tenu envers l'acquéreur, c'est à la condition que l'interdiction pour le vendeur de se rétablir soit proportionnée aux intérêts légitimes à protéger. • Com. 10 nov. 2021, n° 21-11.975 B : *D. 2021. Chron. C. cass. 2268, obs. Bellino ; JCP 2021. 1264, obs. Mathey ; JCP E 2022. 1019, note Couret ; BJS 2/2022. 5, note Caffin-Moi ; RJDA 2022, n° 148 ; Gaz. Pal. 15 mars 2022, p. 57, obs. Massart.*

17. Vices cachés. La garantie des vices cachés (C. civ., art. 1641) ne s'applique qu'à raison des défauts de la chose vendue elle-même ; en l'absence de clause de garantie de passif ou de révision du prix, la révélation d'un passif fiscal ne constitue pas un vice caché des droits sociaux cédés. • Com. 23 janv. 1990, n° 87-17.521 : *Rev. sociétés 1990. 248, note Guyon ; BJS 1990. 370, note Jeantin.* ♦ Comp., jugeant que la non-conformité des locaux aux normes de sécurité ne constitue pas un vice affectant les actions cédées, dès lors que la société a pu, en engageant des dépenses supplémentaires, continuer à exercer l'activité économique constituant son objet social (à propos d'une société anonyme) : • Com. 12 déc. 1995, n° 93-21.304 P : *D. 1996. 277, note Paillusseau ; RTD com. 1996. 245, obs. Petit et Reinhard ; Rev. sociétés 1996. 55, note Bureau ; JCP E 1996. II. 798, note Guyon ; BJS 1996. 200, note Couret ; Dr. sociétés 1996, n° 54, obs. Bonneau.*

18. Clause de non-concurrence. V. note 90 ss. L. n° 63-628 du 2 juill. 1963, art. 2, App., v° *Concurrence.*

4° Cession sous condition

19. Condition suspensive. La clause d'un acte de cession de la totalité des parts d'une SARL subordonnant l'exécution du contrat à la transformation de la société en SA s'analyse en une condition suspensive, dès lors que la transformation, qui n'est pas encore réalisée, présente le caractère d'un événement futur et incertain. • Com. 9 févr. 1999, n° 97-10.907 : *JCP E 1999, n° 42, p. 1679, note Fauchon ; BJS 1999. 560, note David.* ♦ La circonstance que le transfert des parts sociales soit subordonné au paiement effectif de la totalité du prix d'acquisition ne peut constituer une condition suspensive potestative de la vente, s'agissant d'une conséquence inhérente à la vente. • Com. 24 sept. 2002, n° 98-22.280 : *JCP E 2003, n° 16, p. 707, obs. Caussain, Deboissy et Wicker ; BJS 2002. 1320, note Jacomet.*

5° Promesse de porte-fort et autres engagements

20. Porte-fort. Il ne saurait être déduit de l'existence d'une convention de porte-fort entre les différents vendeurs des parts représentant le capital d'une société, relative à la réalisation de la totalité de la cession, que chacun des cédants a le pouvoir d'engager ses coassociés, dès lors que la personne pour qui l'on s'est porté fort est un tiers à l'acte conclu sans son consentement et qu'elle n'est obligée par un tel acte qu'autant qu'elle accepte de tenir l'engagement. • Com. 25 janv. 1994, n° 91-21.582 P : *D. 1994. Somm. 211, obs. Delebecque ; JCP E 1994. Pan. 475 ; BJS 1994. 373, note Le Cannu ; Dr. sociétés 1994, n° 129, obs. Bonneau.* ♦ La ratification de la promesse de porte-fort peut être tacite ; tel est le cas lorsque les actions ont été transférées au cessionnaire par les actionnaires dont le cédant s'était porté fort, avec toutes les prérogatives qui y étaient attachées. • Cass., ass. plén., 22 avr. 2011, n° 09-16.008 P : *BJS 2011. 567, note Couret.*

21. Transmission des obligations du cédant. Le cessionnaire de parts sociales ne succède pas de plein droit aux obligations du cédant. • Com. 1er avr. 1997, n° 94-17.178 : *BJS 1997. 640, note Delebecque.* ♦ L'obligation conjointement souscrite par les cessionnaires de parts sociales, portant sur l'ensemble des cautionnements personnels donnés par les cédants en garantie des emprunts souscrits par la société, ayant un objet déterminé, ne peut être déclarée nulle. • Même arrêt.

6° Conséquences de la résolution ou de l'annulation d'une cession

22. Restitutions. La résolution d'une cession de parts sociales emporte l'anéantissement de cette cession et entraîne la remise des situations des parties dans le même état, fût-ce en valeur, que si les obligations nées de ce contrat n'avaient jamais existé. • Com. 5 mai 2009, n° 08-15.296 : *RJDA 2009, n° 860 ; Dr. sociétés 2009, n° 151, obs. Coquelet.* ♦ L'annulation d'une cession de parts sociales confère au vendeur, dans la mesure où leur restitution en nature n'est pas possible, le droit d'en obtenir la remise en valeur, laquelle doit être appréciée au jour de l'acte annulé. • Com. 14 mai 2013, n° 12-17.637 : *JCP E 2013. 1519, n° 5, obs. Caffin-Moi ; BJS 2013. 717, note Danos.* ♦ La circonstance que la restitution a lieu en valeur ne fait pas obstacle à la restitution au cédant des fruits produits par les parts sociales litigieuses et perçus en connaissance du vice affectant l'acte annulé par celui qui est tenu à restitution. • Même arrêt.

B. FORMALITÉS DE PUBLICITÉ

23. *Effets de la publicité.* Le cessionnaire de parts de SARL qui a régulièrement signifié et publié la cession conformément aux art. 1690 C. civ. et 20 de la L. du 24 juill. 1966 [C. com., art. L. 221-14] doit être préféré, en l'absence de collusion frauduleuse entre ce cessionnaire et le cédant, à un bénéficiaire antérieur d'une promesse de cession de ces mêmes parts. • Com. 19 mars 1980 : *JCP N 1981. Chron. 160.*

24. *Omission des formalités.* Sont inopposables à la société deux cessions de parts de SARL, faute par les cessionnaires d'avoir procédé à l'une des formalités prévues à l'art. 1690 C. civ., même si le gérant a figuré dans les deux actes, dès lors qu'il n'y est pas intervenu en qualité de gérant. • Com. 21 juill. 1981 : *Rev. sociétés 1981. 771, note Daigre.* ♦ Les cessions non publiées ne sont pas nulles, mais seulement inopposables aux tiers. • Com. 23 juin 1987 : *BJS 1987. 632.*

C. GARANTIE D'ACTIF ET DE PASSIF

BIBL. Paillusseau, *JCP E 2002, n° 8-9, p. 360* (bénéficiaire de la garantie de passif dans la cession de contrôle). – de Girard et Pascaud, *D. 2009. Chron. 2233* (garantie de passif et bonne foi). – Dossier, *BJS 2009. 892* (conventions de garantie dans les opérations sur droits sociaux). – Patrizio, *Journ. sociétés 2/2010. 56* (exécution de bonne foi des garanties de passif). – Mudet et d'Everlange, *RLDA mai 2010. 90* (sécurisation des garanties de passif). – Delsol et Guevenoux, *Dr. sociétés 2015. Étude 3* (non-respect par le bénéficiaire de la clause d'information du garant). – Gergaud-Lebas, *Actes pratiques mars-avr. 2016* (protection du garant dans les garanties d'actif et de passif).

25. *Validité et preuve de la convention.* La convention de garantie de passif forme un tout avec l'acte synallagmatique portant cession des actions auquel elle s'intègre. Par conséquent, l'art. 1326 [1376] C. civ. n'est pas applicable. • Com. 26 juin 1990, n° 88-14.659 P : *D. 1990. IR 218 ; Rev. sociétés 1993. 96, note Urbain-Parleani.* ♦ Les constatations de l'expert, chargé par la convention de cession de procéder à un ajustement du prix dans les termes de l'art. 1592 C. civ., font la loi entre les parties. • Même arrêt.

26. *Cumul des dispositions légales et des garanties contractuelles.* Les garanties contractuelles d'actif et de passif s'ajoutent aux dispositions légales garantissant les acquéreurs de parts sociales et n'interdisent nullement aux acheteurs dont le consentement a été vicié d'invoquer au principal la nullité de l'acte de vente qui constitue une protection légale à laquelle ils n'ont pas renoncé. • Com. 3 nov. 2004, n° 00-15.725 : *RJDA 2005, n° 269 ; BJS 2005. 519.*

27. *Détermination du bénéficiaire de la garantie.* Le bénéficiaire d'une garantie d'actif et de passif est, en principe, le cessionnaire des droits sociaux ; si la convention de cession peut faire de la société dont les titres sont cédés le bénéficiaire de la garantie, de façon exclusive ou encore en parallèle avec le cessionnaire, il faut que le pacte de cession renferme une stipulation claire en sa faveur. • Com. 8 mars 2017, n° 15-19.174 : *RTD com. 2017. 645, obs. Moury ; Rev. sociétés 2018. 94, note Menjucq ; JCP E 2017. 1610, n° 3, obs. Becker ; Dr. sociétés 2017, n° 116, note Mortier.* ♦ L'absence de stipulation, dans l'acte de cession initial, d'une faculté de transmission de la garantie contractuelle ne fait pas par elle-même obstacle à ce que le bénéficiaire de celle-ci cède la créance en résultant au sous-acquéreur de ses droits sociaux. • Com. 9 oct. 2012, n° 11-21.528 P : *D. 2012. 3020, note Borga ; Rev. sociétés 2013. 344, note Fages ; JCP E 2012. 1654, note Mousseron ; RJDA 2013, n° 241 ; Dr. sociétés 2013, n° 2, obs. Mortier ; BJS 2013. 10, note Couret et Dondero.* ♦ Dès lors qu'aux termes de la convention, la garantie de passif bénéficie aux « cessionnaires ou à leurs ayants droit », le sous-acquéreur des parts sociales, qui n'est ni partie à la convention, ni ayant droit d'une des parties, ne dispose pas d'une action contractuelle contre les cédants. • Com. 4 déc. 2007, n° 06-19.996 : *BJS 2008. 378, note Mousseron.* ♦ Pour un exemple de clause considérée comme une stipulation pour autrui permettant à la société d'agir contre le cédant, en vertu d'un droit propre et direct, V. • Com. 7 oct. 1997, n° 95-18.119 P : *D. 1998. Somm. 112, obs. Delebecque ; JCP E 1998, n° 13, p. 509, obs. Viandier et Caussain ; BJS 1997. 1058, note Mousseron.*

28. *Fusion.* En l'absence de stipulation contractuelle contraire, la société absorbante peut se prévaloir de la clause de garantie stipulée en faveur de la société absorbée. • Com. 10 juill. 2007, n° 05-14.358 P : *D. 2007. AJ 2113, obs. Lienhard ; RTD com. 2007. 786, obs. Le Cannu et Dondero ; Rev. sociétés 2007. 798,* *note Dubertret* ; *JCP E 2008. 1280, n° 4, obs. Caussain, Deboissy et Wicker* ; *Dr. sociétés 2007, n° 181, obs. Monnet* ; *BJS 2007. 1225, note Couret.* ♦ Pour l'irrecevabilité de l'action en garantie engagée par la société absorbée, V. • Com. 9 juin 2009, n° 08-15.213 : *JCP E 2010. 1199, note Paclot* ; *BJS 2009. 1062, note Vamparys.*

29. Distinction avec la clause de révision de prix. En l'absence de stipulation pour autrui consentie au profit de la société cédée, une garantie de reprise du passif conclue entre le cédant et le cessionnaire, désigné comme bénéficiaire de cette garantie, est une convention de garantie de prix profitant à ce dernier, indépendamment de la cession de ses titres. • Com. 11 mars 2008, n° 06-20.738 : *D. 2008. 1801, note Deshayes* ; *RTD com. 2008. 794, obs. Le Cannu et Dondero* ; *JCP E 2008. 2400, note Dubertret* ; *RJDA 2008, n° 1030.* ♦ Dès lors que le bénéficiaire de la garantie est expressément désigné dans l'acte, et qu'il est également précisé dans l'acte que les sommes dues au titre de cette garantie ont juridiquement le caractère d'une diminution du prix de cession des actions de la société achetées par le garanti, la clause en question est une clause de révision du prix ne profitant qu'au cessionnaire et non à la société dont les actions ont été cédées. • Com. 21 oct. 1997, n° 95-18.077 : *JCP E 1998, n° 32-35, p. 1305, obs. Viandier et Caussain* ; *RJDA 1998, n° 602* ; *BJS 1998. 223, note Mousseron.* ♦ Pour une convention de garantie prévoyant, d'une part, une garantie d'actif dont pouvait se prévaloir le cessionnaire pour obtenir une réduction du prix de cession et, d'autre part, une garantie de passif que seule la société dont les actions avaient été cédées pouvait revendiquer à son profit, V. • Com. 14 mai 2013, n° 12-15.119 P : *D. 2013. Actu. 1271* ; *Rev. sociétés 2013. 611, note Hoang* ; *RTD civ. 2013. 630, obs. Gautier* ; *JCP E 2013. 1519, n° 4, obs. Buchberger* ; *RJDA 2013, n° 719* ; *Dr. sociétés 2013, n° 176, obs. Mortier.*

30. Déclarations. Sur la portée des déclarations faites par le cédant dans la convention de garantie, V. • Com. 2 févr. 2010, n° 09-11.064 P : *JCP E 2010. 1391, note Léobon* ; *RJDA 2010, n° 751* ; *Dr. sociétés 2010, n° 141, obs. Gallois-Cochet.* ♦ Pour une convention de garantie de passif et d'actif comportant une garantie du cédant sur l'exactitude de ses déclarations, V. • Com. 7 avr. 2009, n° 08-13.881 : *BJS 2009. 832, note Magnier.*

31. Obligation d'information. A défaut de tout engagement particulier de sa part, visant son obligation d'informer le cédant en cas de *contrôle fiscal*, le cessionnaire n'est pas tenu d'aviser le cédant, débiteur d'une garantie de passif, de la vérification fiscale en cours, pour lui permettre de fournir tous éléments de réponse utiles. • Com. 23 nov. 1993, n° 91-21.536 : *BJS 1994. 168, note Couret* ; *Dr. sociétés 1994, n° 56, obs. Le Nabasque.* ♦ Dans l'exercice de son pouvoir souverain d'appréciation de la volonté des parties, rendue nécessaire par l'imprécision du contrat, une cour d'appel a pu décider que l'inexécution par les cessionnaires de leur obligation d'informer les cédants, dans le délai convenu, par lettre recommandée avec accusé de réception, de toute réclamation, de toute action contentieuse et de tout fait et événement générateur de la garantie de passif, faisait à elle seule obstacle à ce qu'ils invoquent le bénéfice de celle-ci. • Com. 9 juin 2009, n° 08-17.843 P : *D. 2010. Pan. 291, obs. Lamazerolles* ; *RTD com. 2010. 157, obs. Dondero* ; *Rev. sociétés 2010. 87, note Dom* ; *JCP E 2009. 1767, n° 3, obs. Deboissy et Wicker* ; *RJDA 2009, n° 752* ; *Dr. sociétés 2009, n° 175, obs. Coquelet.* ♦ Comp., approuvant les juges du fond d'avoir décidé que, faute de prévoir une sanction pour le non-respect du délai d'information des cédants, l'inexécution par le cessionnaire de son obligation d'informer les cédants, dans le délai convenu, de toute réclamation, fait ou événement susceptible d'entraîner la mise en jeu de la garantie n'était pas de nature à elle seule à le priver du bénéfice de celle-ci, et pouvait seulement donner lieu au paiement de dommages-intérêts en réparation du préjudice que le retard apporté à la notification convenue avait pu causer aux cédants : • Com. 25 janv. 2017, n° 15-17.137 : *Rev. sociétés 2017. 209, obs. Pisoni* ; *Gaz. Pal. 21 mars 2017, p. 84, obs. Moulin* ; *RJDA 2017, n° 255* ; *BJS 2017. 284, note Reygrobellet* ; *Dr. sociétés 2017, n° 74, note Mortier.*

32. Exécution de bonne foi. Si la règle selon laquelle les conventions doivent être exécutées de bonne foi permet au juge de sanctionner l'usage déloyal d'une prérogative contractuelle, elle ne l'autorise pas à porter atteinte à la substance même des droits et obligations légalement convenus entre les parties (cassation d'un arrêt qui, en présence d'une garantie de passif portant sur l'augmentation du passif fiscal, avait jugé que le cessionnaire ne pouvait, sans manquer de bonne foi, mettre en jeu cette garantie, dès lors que, étant dirigeant et principal actionnaire de la société, il aurait dû se montrer particulièrement attentif à la mise en place d'un contrôle des comptes fiable). • Com. 10 juill. 2007, n° 06-14.768 : *D. 2007. 2844, note Gautier* ; *JCP E 2007. 2394, note Mainguy et Respaud* ; *Dr. sociétés 2007, n° 180, obs. Hovasse* ; *BJS 2007. 1187, note Couret.*

D. RESPONSABILITÉ DU RÉDACTEUR D'ACTE

33. Cession de parts. Le rédacteur d'un acte de cession de parts sociales étant tenu d'informer le cessionnaire sur la situation financière de la société dont les parts sont cédées, V., pour la responsabilité d'un expert-comptable : • Civ. 1re, 12 juill. 1994, n° 92-10.802 : *BJS 1994. 1084, note Couret.* ♦ ... Pour la responsabilité d'un notaire : • Civ. 1re, 14 mars 2000, n° 97-

19.813 P : *BJS 2000. 780.* ♦ … Pour la responsabilité d'un avocat : • Civ. 1re, 27 nov. 2008, nº 07-18.142 : *BJS 2009. 340, note Saintourens.*

34. Convention de garantie. Sur la responsabilité en raison du défaut de stipulation d'une clause de garantie de passif, V. • Civ. 1re, 27 févr. 1996, nº 93-21.176 : *Dr. sociétés 1996, nº 104, obs. Vidal.* ♦ … D'un mécanisme de révision du prix, V. • Paris, 18 juin 2004 : *RTD com. 2004. 757, obs. Champaud et Danet.* – Comp. • Civ. 1re, 31 oct. 2012, nº 11-15.529 : *D. 2012. Actu. 2658 ; RJDA 2013, nº 238 ; BJS 2013. 13, note Barbièri* (absence de responsabilité de l'avocat du cédant qui n'avait pas participé à la rédaction de la clause de garantie).

II. AGRÉMENT DES CESSIONS DE PARTS

35. Constitutionnalité. Sur la constitutionnalité de l'art. L. 223-14, V. • Com. 27 sept. 2013, nº 13-40.045 : *D. 2013. Actu. 2272.*

A. DOMAINE DE L'AGRÉMENT LÉGAL

36. Distinction transmission-cession. L'apport de parts sociales d'une SARL appartenant à une société dissoute, dont l'actif est partagé et apporté à deux sociétés nouvellement constituées, ne saurait être considéré comme une cession isolée faite à un tiers, alors que le partage-scission a rendu la société nouvelle successeur aux biens de la société propriétaire des parts et que, dès lors, la transmission de ces parts a été faite directement de la société ancienne, dont la personnalité a survécu pour les besoins de sa liquidation, à la société nouvelle par la dévolution de son patrimoine. • Com. 19 avr. 1972 : *D. 1972. 538, note Schmidt ; Rev. sociétés 1973. 105, note J. H.*

37. Fraude. Pour une hypothèse de fraude à l'exigence d'agrément de tiers à la société, caractérisée par des cessions concomitantes échappant à l'agrément et l'absence d'*affectio societatis* d'une partie, V. • Com. 21 janv. 1997, nº 94-19.016 : *Rev. sociétés 1997. 349, note Bureau ; Dr. sociétés 1997, nº 55, obs. Bonneau ; BJS 1997. 465, note Le Cannu ; LPA 11 févr. 1999, note Étain.*

B. PROCÉDURE D'AGRÉMENT

1º NOTIFICATION DU PROJET DE CESSION

38. Personne tenue à notification. En cas de promesse d'achat, la notification du projet de cession incombe au cédant. A défaut, il ne peut contraindre le promettant à acquérir. • Com. 24 avr. 1990, nº 88-17.966 P : *D. 1990. IR 130 ; Rev. sociétés 1991. 72, note Chartier ; BJS 1990. 651, note Le Cannu.* ♦ Comp., en ce sens que l'acte de cession peut être notifié à la société par le cessionnaire, V. • Com. 26 mars 1996, nº 93-17.895 P : *Rev. sociétés 1996. 799, note Chartier ; JCP 1996. II. 884, note Jeuland* (acquisition de parts sociales par un prête-nom).

39. Destinataire de la notification. La seule intervention de l'associé du cédant à l'acte de cession ne suffit pas à répondre aux exigences de l'art. 45 de la L. du 24 juill. 1966 [C. com., art. L. 223-14], dès lors que cet associé n'a pas reçu notification préalable du projet de cession et que l'assemblée générale n'a pas été réunie. • Com. 9 mai 1990, nº 87-14.375 P : *D. 1990. IR 150 ; BJS 1990. 653, note Le Cannu.* ♦ Le vice affectant la régularité de la procédure d'agrément [en l'absence de notification du projet de cession aux coassociés] ne saurait être purgé par la lettre du gérant informant le cédant du refus de la société de consentir à la cession projetée. • Com. 7 juill. 2004, nº 00-22.411 : *Dr. sociétés 2004, nº 173, obs. Monnet.*

40. Modalités de la notification. V. art. R. 223-11 et R. 223-12.

41. Sanctions de l'obligation de notification. Les parts d'une SARL ne peuvent être cédées à des tiers étrangers à la société que dans les conditions et selon les modalités prescrites par l'art. L. 223-14. • Com. 21 janv. 2014, nº 12-29.221 P : *D. 2014. Actu. 273, obs. Lienhard ; Rev. sociétés 2014. 437, note Lecourt ; JCP E 2014. 1515, nº 4, obs. Caffin-Moi ; RJDA 2014, nº 533 ; Dr. sociétés 2014, nº 64, obs. Gallois-Cochet ; BJS 2014. 250, note Saintourens.* ♦ La connaissance du projet de cession qu'avait l'associé et la mention, dans un document dont il est l'auteur, du cessionnaire comme détenteur des parts sociales, s'analysent comme une renonciation de sa part à se prévaloir de la nullité de la cession pour défaut de notification. • Com. 9 nov. 1993, nº 91-19.724 P : *D. 1994. 435, note Velardocchio ; Rev. sociétés 1994. 472, note Legros ; BJS 1994. 82 ; Dr. sociétés 1994, nº 32, obs. Le Nabasque.* ♦ Seuls les associés et la société peuvent invoquer les dispositions de l'art. 45 de la L. du 24 juill. 1966 [C. com., art. L. 223-14]. Le cessionnaire, quand il est tiers étranger à la société, ne peut se prévaloir de l'absence de notification du projet de cession. • Com. 11 févr. 1992, nº 89-14.596 P : *Rev. sociétés 1992. 494, note Chartier ; BJS 1992. 443, note Le Cannu ; Dr. sociétés 1992, nº 114, obs. Le Nabasque.* ♦ Quand aucun délai n'est prévu pour la notification aux associés, le projet de cession, annulé faute de notification, peut être régularisé deux ans après. • Com. 3 juill. 1990, nº 88-19.381 : *Rev. sociétés 1991. 72, note Chartier ; BJS 1990. 883, note Le Cannu.*

42. Prescription. La prescription applicable à l'action en nullité de cession de parts sociales à un tiers étranger à la société est celle de trois ans prévue à l'art. 367 de la L. du 24 juill. 1966 [C. com., art. L. 235-9]. • Com. 9 nov. 1993, nº 91-19.724 P : *préc. note 41.* ♦ L'action se prescrit à compter du jour où la nullité est encourue. • Même arrêt.

2° DÉCISION D'AGRÉMENT

43. Décision de l'assemblée. Il incombe au gérant de convoquer l'assemblée des associés ; une cour d'appel considère à bon droit qu'il n'a pas été régulièrement statué sur des projets de cession lorsque la gérante, concernée elle-même en tant que cessionnaire, a refusé, bien qu'elle fût encore dans le délai de trois mois pour le faire, de convoquer une nouvelle assemblée malgré la demande réitérée d'une associée qui avait répondu à la première convocation sans pouvoir valablement délibérer puisque cette réunion n'avait pu se tenir, en l'absence de la gérante et de l'autre associée. • Com. 26 janv. 1993, n° 91-13.862 P : *Rev. sociétés 1993. 422, note Saintourens ; JCP E 1993. II. 419, note Le Nabasque ; BJS 1993. 462, note Couret.* ♦ Lorsque, à l'occasion d'une cession de parts entre associés de SARL, la promesse de rachat des parts sociales accompagnant cette cession a fait l'objet d'un vote favorable, à l'unanimité de l'assemblée générale des associés, cette décision vaut autorisation de céder et non constatation du rachat par la société, quand bien même la société aurait voté en faveur de cette autorisation. • Com. 1er oct. 1996, n° 94-20.219 : *BJS 1997. 91, note Saintourens.*

44. Conséquences du refus d'agrément. Le refus d'agrément et le rachat qui s'ensuit doivent porter sur la totalité des parts dont la cession est projetée. • Com. 11 févr. 1980 : *Rev. sociétés 1980. 477, note Schmidt.* ♦ Pour une demande d'expertise formée à quelques jours de l'expiration du délai de rachat des parts sociales, caractérisant une manœuvre dilatoire destinée à obtenir artificiellement une prorogation illicite du délai de rachat, V. • Com. 4 juill. 2006, n° 03-16.698 P : *D. 2007. Pan. 272, obs. Hallouin et Lamazerolles ; RTD com. 2007. 158, obs. Champaud et Danet ; Rev. sociétés 2007. 80, note Barbièri ; Dr. sociétés 2006, n° 164, obs. Monnet ; BJS 2007. 89, note Le Nabasque.*

45. Repentir du cédant. Les cédants qui, après refus d'agrément, mettent chaque coassocié en demeure d'acquérir leurs parts à une valeur déterminée et sans autre condition que le paiement du prix au comptant émettent une offre manifestant une volonté ferme de contracter ; cette offre engage ses auteurs si elle n'est pas retirée avant d'avoir été acceptée par l'un de ses destinataires. • Com. 9 avr. 1991 : *BJS 1991. 622, note Le Cannu.*

46. Expiration du délai de rachat. L'expert désigné sur la demande des coassociés du cédant pour fixer la valeur des parts ayant déposé son rapport et lesdits coassociés ne s'étant pas manifestés avant l'expiration du délai pour réaliser l'acquisition, ce qui a conduit le cédant à agir en justice aux fins d'être autorisé à céder ses parts, il en résulte qu'aucune des solutions prévues aux 3e et 4e al. de l'art. L. 223-14 n'est intervenue avant l'expiration du délai légal. • Com. 2 nov. 2011, n° 10-15.887 P : *D. 2012. Pan. 2693, obs. Hallouin ; Rev. sociétés 2012. 161, note Lecourt ; RJDA 2012, n° 170 ; Dr. sociétés 2012, n° 8, obs. Gallois-Cochet ; BJS 2012. 119, note Barbièri.* ♦ Passé le délai de rachat après refus d'agrément, l'associé cédant, qui recouvre sa liberté de cession, n'est pas fondé à exiger de la société le rachat des parts au prix fixé par l'expert après l'expiration du délai, au prétexte que la société avait refusé son agrément en faisant connaître au cédant qu'elle était disposée à lui racheter ses parts « au prix fixé dans les conditions légales ». • Com. 25 nov. 1982 : *Rev. sociétés 1983. 68, note Daigre.*

Art. L. 223-15 **Si la société a donné son consentement à un projet de nantissement de parts sociales dans les conditions prévues aux premier et deuxième alinéas de l'article L. 223-14, ce consentement emportera agrément du cessionnaire en cas de réalisation forcée des parts sociales nanties** *(Abrogé par Ord. n° 2021-1192 du 15 sept. 2021, art. 28, à compter du 1er janv. 2022)* ***« selon les dispositions du premier alinéa de l'article 2078 du code civil, »*** **à moins que la société ne préfère, après la cession, racheter sans délai les parts, en vue de réduire son capital.** — *[L. n° 66-537 du 24 juill. 1966, art. 46.]* — *V. art. R. 223-11.*

BIBL. ▶ CHASSERY, *RTD com. 1977. 435* (nantissement des parts sociales). – RICHARD, *Dr. sociétés 1993. Chron. 10* (vente forcée de droits sociaux nantis, substitution des associés ou de la société au cessionnaire réputé agréé). – BARANGER, *RJDA 2007, p. 562* (nantissement de parts sociales après l'Ord. du 23 mars 2006 réformant les sûretés). – JACOB, *Dr. et patr. 7-8/2007. 68* (même thème).

Art. L. 223-16 **Les parts sont librement cessibles entre les associés.**

Si les statuts contiennent une clause limitant la cessibilité, les dispositions de l'article **L. 223-14 sont applicables. Toutefois, les statuts peuvent, dans ce cas, réduire la majorité ou abréger les délais prévus audit article.** — *[L. n° 66-537 du 24 juill. 1966, art. 47.]*

Clause statutaire de préemption. La violation d'une clause de préemption figurant dans les statuts d'une SARL n'emporte pas par elle-même nullité de la cession de parts conclue entre deux associés. • Com. 11 mars 2014, n° 13-10.366 P : *D. 2014. 2156, note Moury ; Rev. sociétés 2014.*

384, note Saintourens ; JCP E 2014. 1224, note Dondero ; RJDA 2014, n° 636 ; Dr. sociétés 2014, n° 82, obs. Gallois-Cochet ; LPA 23 oct. 2014, note Le Gueut.

Art. L. 223-17 **La cession des parts sociales est soumise aux dispositions de l'article L. 221-14.** – *[L. n° 66-537 du 24 juill. 1966, art. 48.]* – *V. art. R. 223-13.*

BIBL. ▸ YOUEGO, *Dr. sociétés 2002. Chron. 7* (opposabilité de la cession des parts sociales à la SARL).

Modalités. V. notes ss. art. L. 221-14 et notes 23 et 24 ss. art. L. 223-14.

Art. L. 223-18 **La société à responsabilité limitée est gérée par une ou plusieurs personnes physiques.**

Les gérants peuvent être choisis en dehors des associés. Ils sont nommés par les associés, dans les statuts ou par un acte postérieur, dans les conditions prévues *(Ord. n° 2004-274 du 25 mars 2004, art. 16-I et II)* **« à l'article L. 223-29. Dans les mêmes conditions, la mention du nom d'un gérant dans les statuts peut, en cas de cessation des fonctions de ce gérant pour quelque cause que ce soit, être supprimée par décision des associés. »**

En l'absence de dispositions statutaires, ils sont nommés pour la durée de la société.

Dans les rapports entre associés, les pouvoirs des gérants sont déterminés par les statuts, et dans le silence de ceux-ci, par l'article L. 221-4.

Dans les rapports avec les tiers, le gérant est investi des pouvoirs les plus étendus pour agir en toute circonstance au nom de la société, sous réserve des pouvoirs que la loi attribue expressément aux associés. La société est engagée même par les actes du gérant qui ne relèvent pas de l'objet social, à moins qu'elle ne prouve que le tiers savait que l'acte dépassait cet objet ou qu'il ne pouvait l'ignorer compte tenu des circonstances, étant exclu que la seule publication des statuts suffise à constituer cette preuve.

Les clauses statutaires limitant les pouvoirs des gérants qui résultent du présent article sont inopposables aux tiers.

En cas de pluralité de gérants, ceux-ci détiennent séparément les pouvoirs prévus au présent article. L'opposition formée par un gérant aux actes d'un autre gérant est sans effet à l'égard des tiers, à moins qu'il ne soit établi qu'ils en ont eu connaissance. – *[L. n° 66-537 du 24 juill. 1966, art. 49.]*

(Ord. n° 2004-274 du 25 mars 2004, art. 16-III) **« Le déplacement du siège social** *(L. n° 2015-990 du 6 août 2015, art. 212-1°)* **« sur le territoire français » peut être décidé par le ou les gérants, sous réserve de ratification de cette décision par les associés dans les conditions prévues** *(L. n° 2014-1545 du 20 déc. 2014, art. 23-II)* **« à l'article L. 223-29 ».**

« Dans les mêmes conditions, le gérant peut mettre les statuts en harmonie avec les dispositions impératives de la loi et des règlements. »

(L. n° 2005-882 du 2 août 2005, art. 26-II) **« Lorsque des parts sociales ont fait l'objet d'un contrat de bail en application de l'article L. 239-1, le gérant peut inscrire dans les statuts la mention du bail et du nom du locataire à côté du nom de l'associé concerné, sous réserve de la ratification de cette décision par les associés dans les conditions prévues à l'article L. 223-29. Il peut, dans les mêmes conditions, supprimer cette mention en cas de non-renouvellement ou de résiliation du bail. »**

Sur la résiliation, par le gérant majoritaire, d'un bail commercial dont le titulaire est une SARL, V. art. L. 145-4.

BIBL. ▸ ALIBERT, *Rev. sociétés 1975. 605* (pluralité des gérants). – BOSQUET-DENIS, *ibid. 1993. 750* (protection de l'associé contre le gérant statutaire et égalitaire). – ASENCIO, *ibid. 2000. 683* (le dirigeant de société, un mandataire « spécial » d'intérêt commun). – NURIT-PONTIER, *JCP E 2002, n° 5, 222* (statut social des dirigeants) ; *ibid. 2007. 1754* (statut social du gérant).

I. STATUT DU GÉRANT

1. Mandataire non commerçant. Le fait d'être associé et gérant d'une SARL ne confère pas à cet associé gérant le caractère de commerçant. • Paris, 18 mai 1928 : *S. 1928. 2. 159.* ♦ Mais le fait qu'un gérant de SARL ne soit pas personnellement commerçant ou que la société qu'il administre n'ait pas été attraite en justice ne peut le soustraire à la compétence de la juridiction consulaire dès lors que les faits allégués contre lui se rattachent par un lien direct à la gestion de la société. • Com. 12 juin 1978 : *Rev. sociétés 1979. 307, note Sortais.*

2. Distinction avec les fonctions salariées. Les règles relatives au contrat de travail ne sont pas applicables à la rémunération allouée au gérant d'une SARL à raison de son mandat social. • Com. 21 avr. 1992, n° 90-19.860 P : *D. 1992. IR 196 ; RTD com. 1993. 109, obs. Champaud et Danet ; Rev. sociétés 1992. 485, note Guyon ; JCP E 1992. I. 348, note Petit ; BJS 1992. 661, note Le Cannu ; Dr. sociétés 1992, n° 167, obs. Le Nabasque.*

3. Absence de qualité de travailleur indépendant. Le gérant d'une SARL, qui agit au nom de la société qu'il représente et non en son nom personnel, n'exerce pas une activité professionnelle indépendante au sens de l'art. L. 631-2 C. com. ; il s'ensuit que ce gérant ne peut être mis en redressement judiciaire. • Com. 12 nov. 2008, n° 07-16.998 P : *cité note 11 ss. art. L. 620-2.*

4. Obligation de non-concurrence. V. note 9 ss. art. L. 223-22. ♦ Après cessation des fonctions, V. note 42 ss. L. n° 63-628 du 2 juill. 1963, art. 2, App., v° *Concurrence.*

A. NOMINATION DU GÉRANT

5. Nomination par les associés. Si les tribunaux n'ont pas qualité pour se substituer aux associés pour nommer un gérant d'une SARL, ils peuvent désigner un administrateur provisoire de celle-ci lorsque la gestion est compromise par les dissentiments qui existent entre certains associés et le gérant dont les actes d'administration apparaissent comme suspects. • Com. 10 juill. 1950 : *D. 1950. Somm. 68 ; Gaz. Pal. 1950. 2. 245.*

B. DURÉE DES FONCTIONS

6. Aux termes de l'art. L. 223-18, al. 3, en l'absence de dispositions statutaires, les gérants sont nommés pour la durée de la société ; la radiation d'office d'une société à responsabilité limitée du registre du commerce et des sociétés n'a pas pour effet de mettre fin aux fonctions de son gérant. • Com. 4 mars 2020, n° 19-10.501 P : *D. 2020. Actu. 598 ; Rev. sociétés 2020. 484, note Reygrobellet ; RTD com. 2020. 377, obs. A. Lecourt ; JCP E 2020. 1337, note Receveur ; BJS 6/2020. 19, note Coquelet ; RJDA 2020, n° 308 ; Dr. sociétés 2020, n° 80, note Hamelin.*

C. RÉMUNÉRATION DU GÉRANT

Rép. sociétés v^is *Rémunération des dirigeants (Régime social)*, par Kessler ; *Rémunération des dirigeants sociaux*, par Amiel-Cosme.

BIBL. Cornette de Saint-Cyr, *LPA 10 sept. 1986* (fixation de la rémunération du gérant). – Garron, *Rev. sociétés 2004. 795* (rémunération excessive des dirigeants).

7. Fixation. Lorsque les statuts prévoient la fixation de la rémunération de la gérance par une décision des associés, les juges ne peuvent substituer leur décision à celle des associés dès lors qu'il n'est pas établi que celle-ci soit irrégulière ou abusive. • Com. 11 janv. 1972 : *D. 1972. 559, note Orengo.* ♦ Même lorsque deux époux sont les seuls associés d'une SARL, il résulte de l'art. L. 223-18 que la rémunération du gérant est déterminée soit par les statuts, soit par une décision de la collectivité des associés. • Com. 25 sept. 2012, n° 11-22.754 P : *D. 2012. Actu. 2302, obs. Lienhard ; Rev. sociétés 2013. 224, note Lecourt ; JCP E 2012. 1758, note Gallois-Cochet ; RJDA 2012, n° 1087 ; BJS 2013. 22, note Dondero ; RJ com. janv.-févr. 2013. 57, obs. Monsèrié-Bon.* ♦ La fixation de la rémunération du gérant d'une SARL, dès lors qu'elle est décidée par l'assemblée des associés, ne constitue pas un acte de gestion susceptible d'expertise de l'art. 64-2 de la L. du 24 juill. 1966 [C. com., art. L. 223-37] ; en revanche, l'octroi au gérant de gratifications décidées sans vote de l'assemblée est un acte de gestion au sens de cette disposition. • Com. 30 mai 1989, n° 87-18.083 P : *Rev. sociétés 1989. 641 ; JCP 1990. II. 21405, note Marteau-Petit ; BJS 1989. 715, note Le Cannu.* ♦ Sur l'abus de biens sociaux, V. note 5 ss. art. L. 241-3.

8. Maintien. La rémunération est due tant qu'aucune décision la révoquant n'est intervenue (s'agissant d'un cogérant absent pour maladie). • Com. 21 juin 2017, n° 15-19.593 P : *D. 2017. Pan. 2335, obs. Rabreau ; RTD com. 2017. 637, obs. A. Lecourt ; JCP E 2017. 1435, note Dondero ; JCP 2017. 895, note Heinich ; RJDA 2017, n° 628.*

9. Modification. Lorsque les statuts d'une SARL stipulent que le traitement du ou des cogérants sera fixé par décision ordinaire des associés, il appartient au gérant qui demande une modification de son traitement de provoquer, avant de s'adresser à la justice, une délibération pour modifier la situation établie d'un commun accord, conformément à la clause des statuts, en dépit du fait que la société n'est composée que de deux associés cogérants possédant chacun la moitié du capital. • Com. 23 nov. 1954 : *Bull. civ. III, n° 360.*

D. CUMUL D'UN CONTRAT DE TRAVAIL AVEC LES FONCTIONS DE GÉRANT

Rép. sociétés v° *Cumul d'un contrat de travail et d'un mandat social*, par Auzero et Ferrier.

BIBL. Mansuy, *Rev. sociétés 1987. 1* (notion d'emploi effectif). – Vatinet, *ibid. 1999. 273* (hypothèses de non-cumul d'un contrat de travail et d'un mandat social). – Collin, *Dr. sociétés 2005. Études 6 et 7* (droit social du dirigeant d'entreprise).

10. *Licéité du cumul.* La qualité de créancier de la société pour des salaires judiciairement reconnue n'est pas incompatible avec celle de dirigeant social. • Com. 3 févr. 1982 : *Rev. sociétés 1982. 568, note Honorat.*

11. *Conditions générales.* Le cumul entre les fonctions de gérant d'une SARL et celles de salarié de la société n'existe réellement qu'à la condition que ces dernières correspondent à un emploi effectif en contrepartie duquel l'intéressé reçoit une rémunération distincte, et que dans leur exercice, il soit dans un état de subordination à l'égard de la société. • Com. 10 mars 1981 : *D. 1981. IR 449, obs. Honorat ; Rev. sociétés 1981. 761, note Le Cannu.* ♦ La seule affirmation, par l'assemblée des associés, du maintien du contrat de travail d'un salarié nommé gérant et l'existence d'une double rémunération ne suffisent pas à établir la poursuite effective de l'activité salariée au sein de la société. • Soc. 11 juill. 1995, n° 92-40.808 : *RJDA 1995, n° 1096.*

12. *Lien de subordination.* Cesse de se trouver, même en ce qui concerne ses fonctions techniques qu'il n'a jamais cessé d'exercer, dans un état de subordination caractérisant le contrat de travail l'associé devenu gérant de la société dont il détient la majorité des parts et qu'au surplus il administre seul. • Soc. 8 oct. 1980 : *D. 1981. 257, note Reinhard ; Rev. sociétés 1981. 578.* ♦ La qualité d'associé égalitaire d'une SARL n'est pas exclusive de celle de salarié. • Soc. 18 avr. 2008, n° 07-40.842 : *RTD com. 2008. 581, obs. Champaud et Danet ; RJDA 2009, n° 659 ; BJS 2008. 873, note Auzero.*

13. *Suspension du contrat de travail.* Les juges du fond, constatant, d'une part, qu'une personne a été engagée par une SARL au poste de directeur technique en vertu d'un contrat de travail conclu antérieurement à sa nomination en qualité de gérant de la société, et auquel elle n'a pas renoncé, d'autre part, qu'elle n'a pas exercé de fonctions techniques distinctes de son mandat social dans un lien de subordination, peuvent décider que l'exécution du contrat de travail de l'intéressée a été suspendu pendant la durée du mandat social. • Soc. 9 juin 1999, n° 97-42.033 : *RJDA 1999, n° 1080.*

II. POUVOIRS DU GÉRANT

BIBL. Picard, *Dr. sociétés 1998. Chron. 6* (dépassement de pouvoirs). – Le Normand, *ibid. 2012. Étude 11* (modification des statuts par le dirigeant). – Rouaud, *Rev. sociétés 2014. 415* (limitations statutaires au pouvoir d'agir en justice).

A. REPRÉSENTATION DE LA SOCIÉTÉ

1° ÉTENDUE DE LA REPRÉSENTATION

14. *Actes relevant de l'objet social.* La contrariété à l'intérêt social de la sûreté souscrite par une SARL en garantie de la dette d'un tiers n'est pas, par elle-même, une cause de nullité de cet engagement. • Com. 12 mai 2015, n° 13-28.504 P : *D. 2015. 2427, note Robine ; Rev. sociétés 2015. 515, note Viandier ; RTD civ. 2015. 663, obs. Crocq ; JCP E 2016. 1036, n° 5, obs. Deboissy et Wicker ; Dr. sociétés 2015, n° 147, obs. Roussille ; RJDA 2015, n° 674 ; BJS 2015. 650, note Mortier.* ♦ Il résulte des dispositions de l'art. L. 223-18 que, serait-elle établie, la contrariété à l'intérêt social ne constitue pas, par elle-même, une cause de nullité des engagements souscrits par le gérant d'une SARL à l'égard des tiers. • Même arrêt. ♦ Les dettes contractées pour le compte d'une société par son représentant n'engagent pas ce dernier personnellement, mais restent à la charge de la société, même en cas de modifications ultérieures de sa composition ou de sa représentation. • Com. 31 mai 1983 : *Rev. sociétés 1983. 800, note Chartier.*

15. *Pluralité de gérants.* Le cogérant qui agit seul, en sa qualité de gérant, engage la société, peu important l'absence d'accord de l'autre cogérant et le défaut d'approbation de l'assemblée générale des associés, inopposables au cocontractant. • Com. 3 déc. 2002, n° 99-18.987 : *RJDA 2003, n° 397 ; Dr. sociétés 2003, n° 131, obs. Monnet.* ♦ Le cogérant qui a signé seul un contrat de crédit-bail, alors qu'aux termes des statuts de la société, pareil engagement devait obtenir l'accord conjoint des cogérants, doit garantir la société des condamnations prononcées à son encontre. • Même arrêt.

16. *Durée de la représentation.* Sont valables les actes passés par le gérant d'une SARL durant le délai prévu pour la publication de sa désignation. • Com. 14 mai 1968, n° 66-11.946 P. ♦ N'a plus qualité pour représenter la SARL à l'audience à laquelle doit être prononcée l'extension de la procédure collective le gérant qui a régulièrement démissionné, même si la cessation des fonctions n'a pas été publiée, le tribunal en ayant été informé à l'audience. • Com. 23 mai 1995, n° 93-12.910 P : *D. 1995. IR 195 ; BJS 1995. 879, note Le Cannu.*

17. *Preuve.* Le dirigeant social n'engage en principe la société que par les actes qu'il accomplit en qualité de mandataire social ; à défaut de mention de cette qualité, il appartient au tiers contractant d'apporter la preuve que le dirigeant a eu et manifesté la volonté d'agir au nom de la société. • Com. 22 févr. 2005, n° 03-16.398 : *BRDA 2005, n° 7, p. 4 ; BJS 2005. 877.*

18. *Mandat apparent.* Pour des exemples de rejet de cette théorie, faute de légitimité de la croyance prétendue du cocontractant, V. • Com. 27 juin 2000, n° 98-10.814 : *RJDA 2000, n° 983 ; BJS 2000. 1135, note Didier* • Civ. 3e, 15 juin 2011, n° 10-21.085 : *Rev. sociétés 2012. 226, note Latil. – Contra :* • Com. 10 mai 2005, n° 03-15.388 : *RTD com. 2005. 548, obs. Le*

Cannu • 23 avr. 2013, n° 12-11.993 : *BJS 2013. 629, note Barbier.* ♦ Sur l'obligation faite aux tiers de vérifier les pouvoirs de celui qui contracte au nom d'une société, V. • Com. 6 nov. 2012, n° 11-23.424 : *Rev. sociétés 2013. 350, note Ansault*.

19. Représentation en justice. Les coassociés ne peuvent former tierce opposition à un jugement intéressant la gestion et le fonctionnement de la société, leur représentation dans l'instance initiale ayant été assurée par le gérant. • Com. 5 avr. 1965, n° 62-11.881 P : *D. 1965. 666 ; JCP 1966. II. 14895, note J. R.* ♦ Le défaut de désignation de l'organe représentant légalement une personne morale dans un acte de procédure (en l'espèce, une assignation), lorsque cette mention est prévue à peine de nullité, ne constitue qu'un vice de forme. • Cass., ch. mixte, 22 févr. 2002, n° 00-19.639 P : *D. 2002. 2083, note Racine ; Rev. sociétés 2002. 293, note Chartier ; Dr. sociétés 2002, n° 168, obs. Bonneau ; Dr. et pr. 2002. 230, note Fricero.*

2° DÉLÉGATION

20. Licéité. Il n'est pas interdit au gérant d'une SARL de donner à un tiers une délégation spéciale en vue d'exercer au nom de la société une action en justice déterminée. • Civ. 2e, 22 oct. 1997, n° 94-13.225 P : *D. 1998. Somm. 391, obs. Hallouin ; Rev. sociétés 1998. 76, note Chartier ; BJS 1998. 360, note P. L. C.* ♦ Un acte revêtu d'une signature différente de celle de son gérant est inopposable à la société, sauf délégation de pouvoir au profit du signataire. • Com. 26 nov. 1996, n° 94-19.171 P : *D. 1997. Somm. 227, obs. Hallouin ; Rev. sociétés 1997. 113, note Barbièri ; BJS 1997. 215, note Le Cannu.* ♦ Peu importe que la convention constitue une opération commerciale courante et que l'engagement souscrit soit d'une modicité relative, le cocontractant doit vérifier la qualité du signataire de l'acte et la validité de ses pouvoirs. • Même arrêt.

21. Limites. Une personne qui fait l'objet d'une mesure d'interdiction de gérer ne peut, ni statutairement ni par délégation de pouvoirs, accomplir des actes de gestion d'une société. • Crim. 13 juin 2012, n° 11-85.280 : *D. 2013. Pan. 1647, obs. Mascala ; Rev. sociétés 2013. 239, note Bouloc ; RJDA 2013, n° 415.* ♦ Peut être retenue la responsabilité du gérant qui a omis de surveiller un directeur qu'il a choisi et à qui il a consenti une procuration des plus larges constituant en réalité une véritable délégation de pouvoirs et en ne prenant pas les mesures qui s'imposaient le jour où il a été informé des agissements répréhensibles de ce directeur. • Com. 6 févr. 1962, n° 60-11.320 P. ♦ Une personne qui fait l'objet d'une mesure d'interdiction de gérer ne peut, ni statutairement ni par délégation de pouvoirs, accomplir des actes de gestion d'une société. • Crim. 13 juin 2012, n° 11-85.280 : *D. 2013. Pan. 1647, obs. Mascala ; Rev. sociétés 2013. 239, note Bouloc ; RJDA 2013, n° 415.* ♦ Un gérant de SARL, à qui il incombe personnellement de veiller au respect par celle-ci de ses obligations fiscales et comptables, ne peut pas s'exonérer de sa responsabilité pour fraude fiscale et omission d'écritures en comptabilité en faisant valoir qu'il avait délégué ses pouvoirs à un cabinet d'experts-comptables. • Crim. 24 sept. 1998, n° 97-81.803 : *RJDA 1999, n° 48 ; BJS 1999. 492 ; LPA 11 mai 1999, note Barbièri.*

B. LIMITES LÉGALES

22. Dépassement de pouvoir. La remise de dette qu'un gérant s'accorde à lui-même excède le mandat, même général, dont il bénéficie. • Com. 6 janv. 1953 : *Bull. civ. III, n° 7.* ♦ Le cautionnement donné par le gérant d'une SARL en garantie du remboursement d'un prêt pour des dettes personnelles de lui-même et de son associé, conclues antérieurement à la constitution de la société, ne constitue pas une opération sociale, et, dès lors, c'est à bon droit qu'il a été déclaré inopposable à la masse des créanciers sociaux. • Com. 16 oct. 1972, n° 70-13.328 P. ♦ En revanche, sur la possibilité, pour le gérant, d'engager la société comme caution d'une opération entrant dans l'objet social, V. note 14. ♦ Le gérant qui a excédé ses pouvoirs en consentant des prêts personnels à un particulier en utilisant la signature sociale en dehors des limites de l'objet social défini par les statuts peut être condamné à payer des dommages-intérêts à la société. • Com. 10 mars 1976 : *JCP 1977. II. 18566, note Chartier.*

23. Modification des statuts. Les modifications des statuts d'une SARL, pour lesquels la loi attribue expressément compétence aux associés, échappent à la compétence du gérant. • Com. 12 janv. 1988, n° 85-12.666 P : *Rev. sociétés 1988. 263, note Chaput ; BJS 1988. 212, note Faugérolas.*

C. LIMITES STATUTAIRES

24. Inopposabilité aux tiers. L'inopposabilité aux tiers des clauses statutaires limitant les pouvoirs du gérant n'autorise pas celui-ci à s'en prévaloir pour accomplir un acte dépassant les pouvoirs que lui attribuent les statuts. Refuse à bon droit d'accorder la mainlevée d'un nantissement demandée par le gérant le greffier qui oppose à ce dernier l'absence d'autorisation de l'assemblée des associés, exigée par les statuts de la société. • Com. 17 oct. 1962, n° 61-12.645 P : *D. 1963. Somm. 33 ; JCP 1963. II. 13086, note J. R.* ♦ L'acte de prêt signé par le gérant sans autorisation des associés, contrairement aux stipulations des statuts, est opposable à la société ; le créancier, même ayant pris connaissance des statuts, n'avait pas à vérifier si le gérant avait bien le pouvoir d'engager la société. • Com. 2 juin 1992, n° 90-18.313 P : *BJS 1992. 946, note Le Cannu ; Dr. sociétés 1992, n° 208, obs. Le Nabasque.* ♦ Pour l'application d'une clause statutaire écartant la possibilité, pour les tiers, de se prévaloir de la limitation des pouvoirs du gérant prévue par les statuts, V. • Com. 13 nov. 2013, n° 12-25.675 : *D. 2014. 183, note Dondero ; RTD com. 2013. 765, obs. Le Cannu ; RJDA 2014, n° 437.* ♦ Sur la responsabilité envers la société du gérant excédant ses pouvoirs statutaires, V. note 22.

III. GÉRANT CAUTION DES DETTES SOCIALES

BIBL. Buy, *Dr. et patr. 7-8/2003. 58* (sort du cautionnement en cas de cession de contrôle). – Mignot, *LPA 7 avr. 2006* (clause de substitution de caution). – Macorig-Venier, *Cah. dr. entr. 5-6/2012* (protection du dirigeant caution). – Houtcieff, *RLDA nov. 2021, suppl., p. 6* (incidences de la réforme des sûretés). – Michel, *Gaz. Pal. 14 déc. 2021, p. 52* (même thème).

25. Caractère civil ou commercial. Est civil, et ne relève pas de la compétence du tribunal de commerce, le cautionnement donné par le gérant d'une société associée majoritaire de la société débitrice. • Paris, 28 oct. 1992 : *cité note 30 ss. art. L. 110-1.* ♦ En revanche, constitue un acte de commerce le cautionnement donné par un gérant pour une dette de la SARL qu'il dirige. • Com. 7 juill. 1969 : *cité note 31 ss. art. L. 110-1.* ♦ Il en va de même du cautionnement donné par deux associés détenant chacun avec son épouse la moitié des parts sociales, l'un étant gérant au moment de la souscription de l'engagement et l'autre tirant tous ses revenus de l'activité de l'entreprise familiale. • Com. 7 avr. 2004, n° 02-12.954 : *cité note 12 ss. art. L. 721-3.*

26. Preuve. Le gérant associé, qui se porte caution des dettes de la société qu'il gère, a un intérêt patrimonial personnel à la garantie des dettes de la société ; représentant le débiteur de l'obligation cautionnée, il a, en raison de cette qualité, une parfaite connaissance de la nature et de l'étendue des dettes cautionnées, ce dont il résulte que l'omission de la formalité prévue par l'art. 1326 [1376] C. civ. n'a pas porté atteinte à la protection de ses droits en tant que caution. • Com. 15 oct. 1991, n° 89-19.122 : *RTD com. 1993. 324, obs. Champaud et Danet ; BJS 1991. 1129.*

27. Obligation d'information. V. C. mon. fin., art. L. 313-22, App., v° *Banque et financement de l'entreprise.*

28. Principe de proportionnalité. V., par analogie, note 11 ss. art. L. 225-47.

29. Cessation des fonctions de dirigeant. L'engagement de caution pris par le dirigeant social demeure valable, après que ses fonctions ont pris fin, quels qu'en aient été les motifs déterminants, dès lors que, n'ayant pas été introduits dans le champ contractuel, ils ne constituent pas la cause du cautionnement. • Com. 6 déc. 1988 : *D. 1989. 185, note Aynès ; Rev. sociétés 1989. 221, note Delebecque.* ♦ La banque créancière n'est tenue ni d'une obligation d'information ni d'une obligation de conseil sur la persistance, faute de novation, des engagements de caution du dirigeant qui a cédé ses actions. • Com. 29 janv. 2002, n° 99-12.976 P : *D. 2002. Somm. 3335, obs. Aynès ; Dr. sociétés 2002, n° 104, obs. Bonneau ; BJS 2002. 677, note Godon ; RJ com. 2002. 403, note Moulin.* ♦ Il appartient à l'expert-comptable, rédacteur des actes de cession, d'informer les cédants [porteurs de parts et gérant de la société cautionnée] de la persistance de leur engagement de cautions, peu important leur qualité de dirigeant ou d'associé au sein d'autres sociétés. • Com. 4 déc. 2012, n° 11-27.454 P : *D. 2012. Actu. 2963 ; Rev. sociétés 2013. 279, note Ansault ; Dr. sociétés 2013, n° 59, obs. Mortier.*

IV. CUMUL D'UN CONTRAT DE TRAVAIL AVEC LA QUALITÉ D'ASSOCIÉ

30. Associé majoritaire. La qualité d'associé majoritaire n'est pas exclusive de celle de salarié à la condition que l'intéressé exerce ses fonctions dans un état de subordination en ne prenant aucune part, en droit ou en fait, à la gestion de la société. • Soc. 15 juin 1994, n° 91-42.560 : *RJDA 1995, n° 446 ; BJS 1994. 1236, note Le Cannu.* ♦ Cette condition n'est pas remplie pour l'associé détenteur des deux tiers des parts sociales, dont le temps de travail et la rémunération sont déterminés en fonction de sa participation dans le capital, dès lors qu'il exerce ses fonctions en toute indépendance et s'immisce dans la direction de la société à égalité avec les deux cogérants. • Même arrêt. ♦ La qualité d'associé majoritaire n'étant pas exclusive de celle de salarié, un associé, qui a exercé des fonctions de directeur commercial dans un état de subordination, peut produire au passif de la société pour obtenir le paiement de créances salariales. • Soc. 4 déc. 1990, n° 87-43.913 : *Rev. sociétés 1991. 79 ; RJ com. 1992. 170, note Gibirila.*

31. Associé égalitaire. Un associé même égalitaire d'une SARL peut être salarié de cette société, dès lors qu'il n'est allégué aucune limitation statutaire des pouvoirs du gérant dans ses rapports avec son coassocié, et que, non seulement il a apporté à la société un concours technique effectif, mais encore a été, dans l'exercice de ses fonctions, placé sous la subordination du gérant. • Soc. 19 oct. 1978, n° 77-13.338 : *Rev. sociétés 1979. 311, note Le Cannu.*

32. Associé minoritaire. N'a pas la qualité de salarié l'associé détenant 90 des 200 parts sociales, disposant d'une procuration pour signer les chèques, ayant accepté des traites au nom de la société et assisté le gérant lors de la procédure de redressement judiciaire, et dont il n'est pas établi qu'il se soit trouvé, pour l'accomplissement de son activité technique d'ensemblier, sous le contrôle du gérant en titre. • Soc. 3 févr. 1994, n° 90-42.481 : *RJDA 1994, n° 525.*

33. *Associé unique.* La qualité d'associé unique non-gérant n'est pas exclusive de celle de salarié. • Soc. 11 juill. 2012, n° 11-12.161 : *RJDA 2012, n° 959 ; BJS 2012. 774, note Dedessus-Le Moustier ; Dr. sociétés 2012, n° 209, obs. Roussille.*

Art. L. 223-19 **Le gérant ou, s'il en existe un, le commissaire aux comptes, présente à l'assemblée ou joint aux documents communiqués aux associés en cas de consultation écrite, un rapport sur les conventions intervenues directement ou par personnes interposées entre la société et l'un de ses gérants ou associés. L'assemblée statue sur ce rapport. Le gérant ou l'associé intéressé ne peut prendre part au vote et ses parts ne sont pas prises en compte pour le calcul du quorum et de la majorité.**

Toutefois, s'il n'existe pas de commissaire aux comptes, les conventions conclues par un gérant non associé sont soumises à l'approbation préalable de l'assemblée.

Par dérogation aux dispositions du premier alinéa, lorsque la société ne comprend qu'un seul associé et que la convention est conclue avec celui-ci, il en est seulement fait mention au registre des décisions *[délibérations]*.

Les conventions non approuvées produisent néanmoins leurs effets, à charge pour le gérant, et, s'il y a lieu, pour l'associé contractant, de supporter individuellement ou solidairement, selon les cas, les conséquences du contrat préjudiciables à la société.

Les dispositions du présent article s'étendent aux conventions passées avec une société dont un associé indéfiniment responsable, gérant, administrateur, directeur général, membre du directoire ou membre du conseil de surveillance, est simultanément gérant ou associé de la société à responsabilité limitée. — *[L. n° 66-537 du 24 juill. 1966, art. 50.] — V. art. R. 223-16, R. 223-17* et *R. 223-26.*

I. DOMAINE DU CONTRÔLE DES CONVENTIONS

1. *Personnes visées.* L'art. 50 de la L. du 24 juill. 1966 [C. com., art. L. 223-19] ne s'applique pas aux conventions conclues au nom de la société par un « directeur général » qui n'a ni la qualité de gérant, ni celle d'associé, mais seulement celle de salarié. • Paris, 22 janv. 1993 : *D. 1993. IR 124.*

2. *Conventions visées.* L'art. L. 223-19, al. 1er, qui ne prévoit qu'un contrôle *a posteriori* des conventions passées par une SARL avec l'un de ses gérants ou associés, n'est pas applicable lorsque la conclusion de la convention est intervenue postérieurement au vote de la résolution portant sur l'autorisation de conclure ladite convention. • Com. 7 juill. 2009, n° 08-16.790 : *D. 2009. AJ 1968 ; Rev. sociétés 2009. 801, note Saintourens ; RJDA 2009, n° 976 ; Dr. sociétés 2009, n° 182, obs. Gallois-Cochet ; BJS 2010. 126, note Dondero.* ♦ V. aussi art. L. 223-20.

3. *Rémunération du gérant.* La détermination de la rémunération du gérant d'une SARL par l'assemblée des associés ne procédant pas d'une convention, le gérant peut, s'il est associé, prendre part au vote. • Com. 4 mai 2010, n° 09-13.205 P : *D. 2010. Pan. 2804, obs. Lamazerolles ; RTD com. 2010. 563, obs. Champaud et Danet ; Rev. sociétés 2010. 222, note Couret ; JCP 2010. 729, note Gallois-Cochet ; RJDA 2010, n° 859 ; Dr. sociétés 2010, n° 139, obs. Roussille ; BJS 2010. 647, note Dondero.* ♦ ... Le gérant fût-il majoritaire. • Com. 4 oct. 2011, n° 10-23.398 P : *D. 2011. Actu. 2470, obs. Lienhard ; Rev. sociétés 2012. 38, note Schmidt ; RJDA 2011, n° 1036 ; Dr. sociétés 2011, n° 216, obs. Roussille ; BJS 2011. 968, note Dondero.* ♦ L'allocation d'une prime exceptionnelle au gérant ne s'analyse pas en une convention passée entre ce dernier et la société mais en la fixation d'un élément de sa rémunération, de sorte que le gérant peut prendre part au vote. • Com. 31 mars 2021, n° 19-12.057 P : *cité note 4 ss. art. L. 223-27.*

4. *Transformation de la société.* Lorsque, à la suite de la transformation d'une SARL en SA, la société transformée est la continuation de la précédente avec la même personnalité juridique, les engagements pris par la SARL sont opposables à la SA sans que soit nécessaire une réitération prise dans les formes prévues à l'art. 40 de la L. du 24 juill. 1867 [C. com., art. L. 225-38]. • Com. 4 mars 1969, n° 67-12.581 : *D. 1969. 687 ; Rev. sociétés 1970. 284 ; JCP 1969. II. 15949, note Guyon.*

II. PROCÉDURE DE CONTRÔLE ET SANCTIONS

5. *Vote.* Les associés intéressés aux conventions auxquelles s'appliquent les dispositions de l'art. 50 de la L. du 24 juill. 1966 [C. com., art. L. 223-19] ne doivent pas prendre part au vote des autorisations ou approbations visées aux deux premiers al. de cet art. • Com. 13 févr. 1996, n° 93-17.565 : *RJDA 1996, n° 646 ; BJS 1996. 523, note Saintourens.* ♦ Comp., note 3.

6. Responsabilité de l'associé contractant. Les conventions passées avec des tiers ou ne concernant que les associés et le gérant qui n'ont pas été approuvées par les associés, soit qu'elles ne leur aient pas été soumises, soit qu'elles aient été rejetées par eux, soit encore qu'elles aient été approuvées dans des conditions irrégulières, produisent leurs effets, à charge pour le gérant ou l'associé contractant de supporter individuellement ou solidairement, selon les cas, les conséquences du contrat préjudiciables à la société. • Com. 28 juin 1988, n° 87-11.628 P : *D. 1988. IR 220 ; Rev. sociétés 1988. 544.*

7. Nullité pour abus de majorité. Le gérant de la société a vocation à agir au nom de celle-ci, sur le fondement des pouvoirs légaux qui lui sont conférés, pour faire constater par la juridiction compétente la nullité des conventions litigieuses et l'atteinte portée à l'intérêt social par les agissements de son ancien gérant, constitutifs d'abus de majorité. • Com. 21 janv. 1997, n° 94-18.883 P : *D. 1998. 64, note Krimmer ; Rev. sociétés 1997. 527, note Saintourens ; JCP E 1997. II. 965, note Daigre ; BJS 1997. 312, note Le Cannu.*

8. Nullité pour cause illicite. L'art. 50, al. 4, de la L. du 24 juill. 1966 [C. com., art. L. 223-19, al. 4] ne concerne que le défaut d'approbation par l'assemblée des conventions conclues entre la société et un de ses gérants ou associés et ne fait pas obstacle à la poursuite de la nullité pour illicéité de la cause d'un contrat conclu par la société. • Com. 22 mai 2001, n° 98-15.472 : *RJDA 2001, n° 1119 ; Dr. sociétés 2001, n° 130, obs. F.-X. Lucas.*

Art. L. 223-20 Les dispositions de l'article L. 223-19 ne sont pas applicables aux conventions portant sur des opérations courantes et conclues à des conditions normales. — *[L. n° 66-537 du 24 juill. 1966, art. 50-1.]*

Art. L. 223-21 A peine de nullité du contrat, il est interdit aux gérants ou associés autres que les personnes morales de contracter, sous quelque forme que ce soit, des emprunts auprès de la société, de se faire consentir par elle un découvert, en compte courant ou autrement, ainsi que de faire cautionner ou avaliser par elle leurs engagements envers les tiers. Cette interdiction s'applique aux représentants légaux des personnes morales associées.

L'interdiction s'applique également aux conjoint, ascendants et descendants des personnes visées à l'alinéa précédent ainsi qu'à toute personne interposée.

Toutefois, si la société exploite un établissement financier, cette interdiction ne s'applique pas aux opérations courantes de ce commerce conclues à des conditions normales. — *[L. n° 66-537 du 24 juill. 1966, art. 51.]*

BIBL. ► DAGOT et MOULY, *Rev. sociétés 1988. 1* (usage personnel du crédit social et abus).

1. Opérations visées. L'art. 51 de la L. du 24 juill. 1966 [C. com., art. L. 223-21] n'est applicable qu'aux cautions et avals des engagements personnels des dirigeants. • Com. 8 mars 1994, n° 91-20.379 : *JCP 1994. IV. 1251 ; RJDA 1994, n° 813.* ♦ Ne relève pas de ces dispositions l'engagement pris par une SARL de nantir son fonds de commerce, pour garantir non une dette du gérant, mais l'engagement souscrit par des tiers en qualité de cautions d'une autre société en faveur d'une banque créancière de cette société. • Com. 15 déc. 1992, n° 91-10.006 : *BJS 1993. 354, note Delebecque.* ♦ Est nul le cautionnement consenti pour garantir les dettes d'une SARL dont le gérant est également le conjoint de la gérante d'une autre SARL, qui s'est portée caution, dès lors que l'intéressé, qui se présentait comme mandataire de cette gérante, agissait en réalité pour son propre compte sous le couvert de la société caution dont il apparaissait comme étant le véritable dirigeant. • Com. 23 janv. 1989 : *Dr. sociétés 1990, n° 91.*

2. Nullité absolue. La nullité fondée sur les dispositions de l'art. 51 de la L. du 24 juill. 1966 [C. com., art. L. 223-21] est une nullité absolue qui, soulevée par voie d'exception pendant le délai de la prescription trentenaire, est recevable nonobstant l'exécution du contrat de prêt (consenti au gérant et garanti par un cautionnement souscrit par la société). • Com. 25 avr. 2006, n° 05-12.734 : *Rev. sociétés 2006. 818, note Routier ; RJDA 2007, n° 858 ; BJS 2006. 1024, note Hallouin.*

Art. L. 223-22 Les gérants sont responsables, individuellement ou solidairement, selon le cas, envers la société ou envers les tiers, soit des infractions aux dispositions législatives ou réglementaires applicables aux sociétés à responsabilité limitée, soit des violations des statuts, soit des fautes commises dans leur gestion.

Si plusieurs gérants ont coopéré aux mêmes faits, le tribunal détermine la part contributive de chacun dans la réparation du dommage.

Outre l'action en réparation du préjudice subi personnellement, les associés peuvent, soit individuellement, soit en se groupant dans les conditions fixées par décret en Conseil d'État, intenter l'action sociale en responsabilité contre les gérants. Les deman-

deurs sont habilités à poursuivre la réparation de l'entier préjudice subi par la société à laquelle, le cas échéant, les dommages-intérêts sont alloués.

Est réputée non écrite toute clause des statuts ayant pour effet de subordonner l'exercice de l'action sociale à l'avis préalable ou à l'autorisation de l'assemblée, ou qui comporterait par avance renonciation à l'exercice de cette action.

Aucune décision de l'assemblée ne peut avoir pour effet d'éteindre une action en responsabilité contre les gérants pour faute commise dans l'accomplissement de leur mandat. — *[L. n° 66-537 du 24 juill. 1966, art. 52.]*

BIBL. ▶ V. ss. art. L. 225-251.

I. RESPONSABILITÉ DU GÉRANT À L'ÉGARD DE LA SOCIÉTÉ

A. QUALITÉ DE L'AUTEUR DES FAUTES

1. Distinction entre gérant de droit et gérant de fait. Viole l'art. 52 de la L. du 24 juill. 1966 [C. com., art. L. 223-22] la cour d'appel qui fait application de ce texte pour condamner un gérant de fait pour des fautes de gestion, alors que cet article ne concerne que les agissements commis dans leur gestion par les gérants de droit. • Com. 21 mars 1995, n° 93-13.721 P : *D. 1995. IR 112 ; Rev. sociétés 1995. 501, note Saintourens ; JCP 1996. II. 22603, note crit. Reinhard et Bon-Garcin ; Dr. sociétés 1995, n° 170, obs. crit. Vidal.*

2. Distinction entre fautes du gérant et fautes de l'associé. Les fautes commises par un gérant dans l'exercice de son mandat ne constituent pas, lorsque celui-ci est en même temps un associé, un manquement aux obligations résultant du contrat de société et ne peuvent entraîner la dissolution de la société. • Com. 20 juin 1966, n° 63-11.706 P.

3. Pluralité de gérants. Les dispositions de l'art. 52 de la L. du 24 juill. 1966 [C. com., art. L. 223-22], selon lesquelles, si plusieurs gérants ont coopéré aux mêmes faits, le tribunal détermine la part contributive de chacun d'eux, ne concernent pas la responsabilité pénale des gérants, mais seulement leur responsabilité civile. • Crim. 22 janv. 1975, n° 79-91.347 P : *Rev. sociétés 1975. 296, note J. H.* ♦ Sur la solidarité des cogérants, V. • Com. 6 mars 1957 : *Bull. civ. III, n° 91.*

4. Liquidateur amiable. Les dispositions de l'art. L. 223-22 n'autorisent les associés à exercer l'action sociale en responsabilité qu'à l'encontre des gérants (irrecevabilité de l'action en responsabilité *ut singuli* exercée contre le liquidateur amiable). • Com. 21 juin 2016, n° 14-26.370 P : *D. 2016. Chron. C. cass. 2248, obs. Gauthier ; Rev. sociétés 2017. 154, note A. Lecourt ; BJS 2016. 665, note Rubellin ; RJDA 2016, n° 788 ; Dr. sociétés 2016, n° 185, note Coupet ; Dr. et patr. 4/2017. 66, obs. Poracchia.*

B. NATURE DES FAUTES

5. Actes commis pendant la gérance. Cassation de l'arrêt qui déboute une banque de son action en responsabilité contre le gérant démissionnaire pour l'émission de chèques postérieure à la démission, sans rechercher si la situation ayant abouti à l'émission de ces chèques n'avait pas été créée pendant la gérance et n'engageait pas la responsabilité de la société elle-même, et si celui-ci n'avait pas continué à gérer la société malgré une démission qui, selon la banque, n'avait pas été portée à la connaissance des tiers. • Com. 21 juill. 1980 : *JCP 1980. IV. 384.* ♦ La cour d'appel qui relève l'existence de fautes de gestion de l'ancien gérant ne peut conclure à l'absence d'un droit à réparation au profit de la société au motif d'un partage de responsabilité entre l'ancien gérant et un ancien associé, actuel dirigeant de la société. • Com. 3 mars 2004, n° 00-16.566 : *RJDA 2004, n° 845.*

6. Fautes de gestion. Est tenu à réparation le gérant : qui a consenti des prêts personnels à un particulier en utilisant la signature sociale en dehors des limites de l'objet social. • Com. 10 mars 1976 : *JCP 1977. II. 18566 et 18595, note Chartier.* ♦ ... Qui n'a pas passé les contrats nécessaires en exécution d'une décision de l'assemblée générale et s'est cantonné dans une gestion passive sans qu'aucun effort sérieux ait été tenté pour redresser la situation. • Com. 5 juin 1961, n° 59-10.695 P. ♦ ... Qui est responsable d'irrégularités constatées par l'administration fiscale dans la comptabilité tenue pendant sa gestion, irrégularités ayant conduit l'administration à opérer un redressement dont la société avait dû assumer la charge. • Com. 12 oct. 1993, n° 91-17.629 : *BJS 1993. 1257.* ♦ ... Qui n'a pas exécuté les engagements d'approvisionnement résultant d'un contrat de bière et s'est abstenu d'informer le brasseur de la mise en location-gérance du fonds de commerce, en violation du contrat. • Com. 20 janv. 2015, n° 13-27.189 : *Rev. sociétés 2015. 242, note Barbièri ; RJDA 2015, n° 284.*

7. Fautes de surveillance. Peut être retenue la responsabilité du gérant qui a omis de surveiller un directeur qu'il a choisi et à qui il a consenti une procuration des plus larges constituant en réalité une véritable délégation de pouvoirs et en ne prenant pas les mesures qui s'imposaient le jour où il a été informé des agissements répréhensibles de ce directeur. • Com. 6 févr. 1962, n° 60-11.320 P. ♦ Le dirigeant de la société ne peut s'exonérer de sa responsabilité personnelle en invoquant les agissements d'un associé, prétendu dirigeant de fait, lorsqu'il n'a pas abandonné tout pouvoir de contrôle et de direction attaché à ses fonctions de gérant. Il n'est donc pas fondé à demander à être garanti par l'associé de la condamnation prononcée contre lui (à propos de la responsabilité fiscale prévue par l'art. L. 227 LPF). • Com. 12 juill. 1993, n° 91-16.977 : *RJDA 1993, n° 1034.*

8. Dépassement de pouvoir. V. note 22 ss. art. L. 223-18.

9. Actes de concurrence. L'obligation de loyauté et de fidélité pesant sur le gérant en raison de sa qualité lui interdit de négocier, en qualité de gérant d'une autre société, un marché dans le même domaine d'activité. • Com. 15 nov. 2011, n° 10-15.049 P : *cité note 39 ss. L. n° 63-628 du 2 juill. 1963, art. 2, App., v° Concurrence.* ♦ Toutefois, le dirigeant qui, durant son mandat, exerce, à titre personnel ou par l'intermédiaire d'une autre société, une activité concurrente de celle de la société qu'il dirige ne manque pas à son devoir de loyauté et n'engage pas sa responsabilité envers celle-ci en application de l'art. L. 223-22 C. com. s'il a reçu, pour ce faire, l'autorisation unanime des associés. • Com. 18 mars 2020, n° 18-17.010 : *RJDA 2020, n° 314.*

10. Non-paiement des cotisations sociales. La seule constatation de l'inobservation des obligations incombant à une SARL pour le recouvrement des cotisations de sécurité sociale et d'allocations familiales n'implique pas nécessairement une faute personnelle, commise par le gérant dans sa gestion. • Soc. 21 janv. 1972, n° 70-12.333 P. ♦ Par suite, doit être cassé l'arrêt qui, pour déclarer le gérant personnellement tenu des cotisations dues par la société et des majorations de retard, énonce qu'à raison de ses fonctions de gérant, il incombait à celui-ci d'effectuer le versement à leurs échéances des cotisations de sécurité sociale. • Civ. 2e, 2 déc. 1964, n° 62-10.113 P : *D. 1965. 489, note Ribettes-Tillhet.*

11. Fraude fiscale. La condamnation du dirigeant d'une société pour fraude fiscale commise par celle-ci est fondée sur l'art. 1741 CGI (sanctions applicables à quiconque s'est frauduleusement soustrait au paiement de l'impôt), sur l'art. L. 227 LPF (charge pour l'administration d'apporter la preuve du caractère intentionnel de l'infraction) et sur l'art. 49, al. 5, de la loi du 24 juill. 1966 [C. com., art. L. 223-18]. • Crim. 14 nov. 1994, n° 93-81.294 : *RJDA 1995, n° 288.*

II. RESPONSABILITÉ DU GÉRANT À L'ÉGARD DES TIERS

12. Faute séparable des fonctions. BIBL. Ducouloux-Favard, *Dr. sociétés 2007. Étude 11* (la règle de la faute séparable des fonctions de gestion est dans la loi). – Barbièri, *Journ. sociétés 5/2014. 54* (violation des engagements contractuels d'une société par la faute « détachable » d'un associé ?). – Poracchia, *Mél. Le Cannu, Dalloz-LGDJ, 2014, p. 377* (responsabilité de la société en cas de faute séparable des fonctions). ♦ La responsabilité personnelle d'un dirigeant à l'égard des tiers ne peut être retenue que s'il a commis une faute séparable de ses fonctions et qui lui soit imputable personnellement. • Com. 27 janv. 1998, n° 93-11.437 P : *D. 1998. 605, note Gibirila ; Dr. sociétés 1998, n° 46, obs. Vidal ; BJS 1998. 535, note Le Cannu.* ♦ Il en est ainsi lorsque le dirigeant commet intentionnellement une faute d'une particulière gravité incompatible avec l'exercice normal des fonctions sociales. • Com. 20 mai 2003, n° 99-17.092 P : *D. 2003. 2623, note Dondero ; RTD com. 2003. 523, obs. Chazal et Reinhard ; Rev. sociétés 2003. 479, obs. Barbièri ; JCP E 2003, n° 32-35, p. 1331, obs. Caussain, Deboissy et Wicker ; BJS 2003. 786, note Le Nabasque ; Dr. sociétés 2003, n° 148, obs. Monnet.* ♦ Le gérant d'une SARL qui commet une faute constitutive d'une infraction pénale intentionnelle, séparable comme telle de ses fonctions sociales, engage sa responsabilité civile à l'égard des tiers à qui cette faute a porté préjudice (responsabilité du gérant d'une SARL de rénovation immobilière qui avait, sciemment, accepté d'ouvrir un chantier sans que la société fût couverte par une assurance garantissant la responsabilité décennale des constructeurs). • Com. 28 sept. 2010, n° 09-66.255 P : *D. 2010. Chron. C. cass. 2618, obs. Salomon ; Rev. sociétés 2011. 97, note Dondero ; RTD civ. 2010. 785, obs. Jourdain ; JCP E 2010. 2084, note Roussille ; RJDA 2011, n° 51 ; BJS 2010. 976, note Couret.* – La 3e chambre civile de la Cour de cassation s'est alignée sur la position de la chambre commerciale (V. arrêt préc. du 28 sept. 2010) : • Civ. 3e, 10 mars 2016, n° 14-15.326 P : *D. 2016. Actu. 656, obs. Lienhard ; Rev. sociétés 2016. 370, obs. Pisoni ; JCP E 2016. 1315, note Brignon ; JCP N 2016. 1227, note P. Storck ; RJDA 2016, n° 451 ; Journ. sociétés 6/2016. 55, obs. Lebel ; Dr. et patr. 4/2017. 66, obs. Poracchia.* – V. aussi • Civ. 3e, 7 juin 2018, n° 16-27.680 P : *D. 2018. Actu. 1255 ; Rev. sociétés 2018. 723, note J.-F. Barbièri ; RJDA 2018, n° 739 ; RJ com. 2018. 397, obs. Mangematin ; Dr. sociétés 2018, n° 189, note Heinich.* ♦ Sur la faute séparable pouvant résulter de la décision du gérant de mettre en sommeil la société, V. • Com. 12 mai 2015, n° 14-13.104 : *D. 2015. Chron. C. cass. 2208, obs. Gauthier ; JCP E 2016. 1036, n° 6, obs. Deboissy et Wicker ; Dr. sociétés 2016, n° 27, obs. Gallois-Cochet.*

13. Procédure collective. La recevabilité d'une action en responsabilité personnelle engagée par un créancier à l'encontre du dirigeant d'une société mise en procédure collective, pour des faits antérieurs au jugement d'ouverture, est subordonnée à l'allégation d'un préjudice personnel distinct de celui des autres créanciers résultant d'une faute du dirigeant séparable de ses fonctions. • Com. 7 mars 2006, n° 04-16.536 P : *cité note 27 ss. art. L. 622-20.* ♦ Tel n'est pas le cas lorsque le créancier sollicite le paiement du montant non recouvré de sa créance en réparation de la privation de la possibilité d'exercer son action en revendication des marchandises vendues sous réserve de propriété. • Même arrêt.

14. Responsabilité à l'égard d'un associé. V. note 7 ss. art. L. 225-252.

15. Responsabilité civile devant la juridiction répressive. Le prévenu, devant répondre des infractions dont il s'est personnellement rendu coupable, quand bien même elles ont été commises dans le cadre de ses fonctions de dirigeant social et ne constituent que des contraventions, engage sa responsabilité civile à l'égard des tiers auxquels ces infractions ont porté préjudice. • Crim. 5 avr. 2018, n°s 16-83.961 et 16-83.984 P : *D. 2018. 1128, avis R. Salomon et note Saenko ; ibid. Pan. 2057, obs. Lamazerolles ; Rev. sociétés 2018. 598, note Prorok ; AJ pénal 2018. 248, obs. Mangematin ; JCP 2018. 644, note J.-H. Robert ; BJS 2018. 258, avis R. Salomon et note Couret ; Gaz. Pal. 26 juin 2018, p. 50, avis R. Salomon et note Stoclet ; RJ com. 2018. 395, obs. Mangematin.* ♦ V. aussi, pour le refus d'introduire en droit pénal la notion de faute séparable des fonctions : • Crim. 5 avr. 2018, n° 16-87.669 P : *D. 2018. 1128, avis R. Salomon et note Saenko ; ibid. Pan. 2057, obs. Lamazerolles ; AJ pénal 2018. 248, obs. Mangematin ; JCP 2018. 644, note J.-H. Robert ; RJDA 2018, n° 426 ; Dr. sociétés 2018, n° 83, note Heinich ; Gaz. Pal. 26 juin 2018, p. 50, avis R. Salomon et note Stoclet ; RJ com. 2018. 395, obs. Mangematin. – V. RJDA 2018. 451, avis R. Salomon. – V.* aussi Gallois, *RLDA sept. 2018. 52.*

III. EXERCICE DES ACTIONS EN RESPONSABILITÉ

A. RESPONSABILITÉ CIVILE DE DROIT COMMUN

16. Compétence. Le fait qu'un gérant de SARL ne soit pas personnellement commerçant ou que la société qu'il administre n'ait pas été attraite en justice ne peut le soustraire à la compétence de la juridiction consulaire dès lors que les faits allégués contre lui se rattachent par un lien direct à la gestion de la société. • Com. 12 juin 1978, n° 76-90.886 : *Rev. sociétés 1979. 307, note Sortais.*

17. Demandeur à l'action. Le fait que le gérant qui agit, ès qualités, en responsabilité contre le précédent gérant ait concouru aux agissements fautifs ne rend pas irrecevable l'action de la société, ce facteur n'étant pas de nature à priver la société de la réparation qui pouvait lui être due. En revanche, l'action individuelle du gérant demandeur est irrecevable. • Com. 7 déc. 1982, n° 81-11.504 : *Rev. sociétés 1984. 54, note Randoux.* ♦ Sur le droit propre de la société, ayant subi un préjudice résultant d'agissements fautifs de son ancien gérant, à agir en responsabilité, V. • Com. 14 déc. 2004, n° 01-11.059 : *BJS 2005. 493, note Schmidt.*

18. Réparation du préjudice personnel de l'associé. L'action individuelle en responsabilité dont disposent les associés à l'encontre des dirigeants de la société ne peut tendre qu'à la réparation d'un préjudice personnel distinct de celui causé à la personne morale. • Com. 19 avr. 2005, n° 02-10.256 : *BJS 2005. 1252, note Messaï-Bahri.* ♦ Les fautes du gérant ayant conduit à une réduction de l'activité de la société au profit d'une autre société en créant une confusion dans l'esprit de la clientèle entre les deux sociétés, permettant à la seconde d'absorber l'activité, voire les actifs de la première, il en résulte que le préjudice subi par l'associé minoritaire n'est que le corollaire du dommage causé à la société. • Com. 4 juill. 2006, n° 05-13.171 : *JCP E 2006, n° 35, p. 1437.*

B. ACTION CIVILE

19. Compétence des juridictions répressives. L'action en responsabilité, exercée *ut singuli* par les associés d'une SARL, contre le gérant, en réparation du préjudice causé par ses fautes à la société, peut être portée aussi bien devant les juridictions répressives que devant les juridictions civiles. • Crim. 19 oct. 1978, n° 77-92.742 : *D. 1979. 153, note J. C.* ♦ V. aussi, pour la recevabilité de la constitution de partie civile d'un associé contre le gérant du chef d'abus de biens sociaux, au stade de l'instruction : • Crim. 2 avr. 2003, n° 02-85.685 : *Dr. pénal 2003, n° 98, obs. J.-H. Robert ; BJS 2003. 912, note Barbièri.*

C. ACTIONS EN RESPONSABILITÉ SPÉCIALES

20. Responsabilité pour insuffisance d'actif en cas de procédure collective. Lorsque le redressement ou la liquidation judiciaire [la résolution d'un plan de sauvegarde ou de redressement judiciaire ou la liquidation judiciaire] d'une SARL fait apparaître une insuffisance d'actif, les dispositions des art. 180 et 183 de la L. du 25 janv. 1985 [C. com., art. L. 651-2 et L. 651-3], qui ouvrent, aux conditions qu'ils prévoient, une action en paiement des dettes sociales ayant contribué à l'insuffisance d'actif, ne se cumulent pas avec celles de l'art. 52 de la L. du 24 juill. 1966 [C. com., art. L. 223-22]. • Com. 28 févr. 1995, n° 97-17.329 P : *cité note 6 ss. anc. art. L. 651-2.* ♦ *A contrario*, lorsque le redressement ou la liquidation judiciaire d'une société ne fait pas apparaître d'insuffisance d'actif, les actions exercées à l'encontre de son dirigeant sur le fondement des art. L. 223-22, L. 225-251 et L. 225-252 sont recevables. • Com. 27 juin 2006, n° 05-14.271 P : *eod. loc.* ♦ La recevabilité d'une action s'appréciant au jour où elle est formée, l'action en responsabilité personnelle engagée par un créancier à l'encontre du dirigeant d'une société mise en procédure collective, pour des faits antérieurs au jugement d'ouverture, est recevable dès lors qu'elle a été engagée antérieurement au jugement prononçant le redressement judiciaire. • Com. 10 févr. 2009, n° 07-20.445 P : *D. 2009. Chron. C. cass. 1243, obs. Salomon ; Rev. sociétés 2009. 328, note Barbièri ; JCP E 2009. 1602, note Dondero ; BJS 2009. 499, note Messaï-Bahri ; Dr. sociétés 2009, n° 143, obs. Legros.* ♦ V. aussi note 13.

IV. ACTION D'UN ASSOCIÉ CONTRE UN TIERS

21. La recevabilité de l'action en responsabilité engagée par un associé contre un tiers est subordonnée à l'allégation d'un préjudice personnel et distinct de celui qui pourrait être subi par la société elle-même, c'est-à-dire d'un préjudice qui ne puisse être effacé par la réparation du préjudice social ; le seul fait que cet associé agisse sur le fondement de la responsabilité contractuelle ne suffit pas à établir le caractère personnel du préjudice allégué. • Com. 4 nov. 2021, n° 19-12.342 B : *D. 2022. 103, note Tadros ; LEDEN 12/2021. 3, obs. Dumont ; BJS 1/2022. 17, note F.-X. Lucas ; APC 2022, n° 21, obs. Lafaurie ; Gaz. Pal. 15 mars 2022, p. 52, obs. Mezache.* ♦ V. aussi note 10 ss. art. L. 225-252.

Art. L. 223-23 **Les actions en responsabilité prévues aux articles L. 223-19 et L. 223-22 se prescrivent par trois ans à compter du fait dommageable ou, s'il a été dissimulé, de sa révélation. Toutefois, lorsque le fait est qualifié crime, l'action se prescrit par dix ans.** — *[L. n° 66-537 du 24 juill. 1966, art. 53.]*

1. Domaine de la prescription triennale. Les délais de prescription prévus s'appliquent aussi bien aux actions engagées par les associés qu'aux actions engagées par des tiers. • Com. 20 oct. 1998, n° 96-19.177 : *RJDA 1999, n° 55 ; Dr. sociétés 1999, n° 15, obs. Vidal.* ♦ Mais la prescription de l'action en responsabilité prévue à l'art. L. 223-19 ne s'applique pas aux actions tendant à l'annulation, pour violation des lois ou principes régissant la nullité des contrats, d'une convention visée par cette disposition. • Com. 3 avr. 2013, n° 12-15.492 P : *D. 2013. 1384, note Dondero ; Rev. sociétés 2013. 560, note Reygrobellet ; JCP E 2013. 1328, note Hovasse ; RJDA 2013, n° 645 ; BJS 2013. 459, note Messaï-Bahri ; Dr. sociétés 2013, n° 138, obs. Roussille.*

2. Point de départ de la prescription. L'action en responsabilité intentée contre le gérant se trouve prescrite par trois ans, à compter du moment où les victimes ont eu connaissance des faits, dès lors qu'il est constaté que ceux-ci constitueraient, s'ils étaient établis, le délit d'abus des biens et du crédit de la société. • Com. 15 juin 1973 : *Rev. sociétés 1974. 304, note Bouloc.* ♦ S'agissant d'une action en réparation des conséquences de conventions irrégulières au regard de l'art. 50 de la L. du 24 juill. 1966 [C. com., art. L. 223-20], en l'absence de toute dissimulation, le fait dommageable, constituant le point de départ de la prescription triennale, est la conclusion desdites conventions (et non le moment où l'assemblée en refuse l'approbation). • Com. 21 janv. 1997, n° 94-18.883 P : *D. 1998. 64, note Krimmer ; Rev. sociétés 1997. 527, note Saintourens ; JCP 1997. II. 22960, note Lucas ; BJS 1997. 312, note Le Cannu.*

Art. L. 223-24 **En cas d'ouverture d'une procédure de redressement ou de liquidation judiciaire en application des dispositions du livre VI,** *(Abrogé par L. n° 2019-744 du 19 juill. 2019, art. 9) « titre II, »* **les personnes visées par ces dispositions peuvent être rendues responsables du passif social et sont soumises aux interdictions et déchéances, dans les conditions prévues par lesdites dispositions.** — *[L. n° 66-537 du 24 juill. 1966, art. 54.]*

V. note 20 ss. art. L. 223-22.

Art. L. 223-25 *(Ord. n° 2004-274 du 25 mars 2004, art. 17)* **« Le gérant peut être révoqué par décision des associés dans les conditions de l'article L. 223-29, à moins que les statuts prévoient une majorité plus forte. Si la révocation est décidée sans juste motif, elle peut donner lieu à des dommages et intérêts. »**

En outre, le gérant est révocable par les tribunaux pour cause légitime, à la demande de tout associé.

Par dérogation au premier alinéa, le gérant d'une société à responsabilité limitée exploitant une entreprise de presse au sens de l'article 2 de la loi n° 86-897 du 1er août 1986 portant réforme du régime juridique de la presse, n'est révocable que par une décision des associés représentant au moins les trois quarts du capital social. — *[L. n° 66-537 du 24 juill. 1966, art. 55 et 491, al. 1er.]*

BIBL. ▶ ADOM, *Rev. sociétés 1998. 488* (révocation des dirigeants de sociétés commerciales). – DE LAENDER, *Dr. sociétés 2000. Chron. 9* (révocation des dirigeants sociaux). – ATTARD, *JCP 2000. I. 217* (licéité des clauses écartant l'exigence légale du juste motif). – ALBARIAN, *RTD com. 2012. 1* (perte de confiance). – RAKOTOVAHINY, *Rev. sociétés 2014. 152* (juste motif de révocation et cause réelle et sérieuse de licenciement). – GIBIRILA, *Journ. sociétés 11/2015. 48* (juste motif de révocation et principe de la contradiction).

I. RÉVOCATION DU GÉRANT

A. PROCÉDURE DE RÉVOCATION

1. Incidents de séance. Lorsque l'ordre du jour comporte l'examen de « l'activité de la société » durant l'année écoulée et celui des « perspectives d'avenir », une cour d'appel peut en déduire que ces questions constituaient des sujets de discussion naturellement susceptibles de déboucher sur le problème de la révocation de la gérante, dès lors qu'une telle mesure constituait la sanction éventuelle de l'administration de la société et conditionnait les perspectives d'avenir. • Com. 29 juin 1993, n° 91-14.778 P: *Rev. sociétés 1994. 63, note Pasqualini ; BJS 1993. 1142, note Le Cannu ; Dr. sociétés 1993, n° 205, obs. Le Nabasque.*

2. Majorité requise. La clause statutaire prévoyant que les gérants sont révoqués par décision unanime des associés est nulle ; par suite, l'assemblée générale a valablement pu révoquer l'un des gérants à la majorité représentant plus de la moitié des parts sociales. • Paris, 10 oct. 2006 : *RTD com. 2007. 162, obs. Champaud et Danet ; Rev. sociétés 2007. 185, obs. Urbain-Parleani ; RJDA 2007, n° 168.* ♦ Après avoir énoncé qu'aux termes de l'art. L. 223-25, le gérant peut être révoqué, par décision des associés, dans les conditions de l'art. L. 223-29, à moins que les statuts ne prévoient une majorité plus forte et que, selon ce dernier art., dans les assemblées ou lors des consultations écrites, les décisions sont, sur première convocation, adoptées par un ou plusieurs associés représentant plus de la moitié des parts sociales, l'arrêt, relevant qu'en l'espèce l'art. 23-3 des statuts dispose, s'agissant de la révocation des gérants, que « les décisions relatives à la nomination ou à la révocation de la gérance doivent être prises par des associés représentant plus de la moitié des parts sociales, sans que la question puisse faire l'objet d'une seconde consultation à la simple majorité des votes émis », a retenu, par une interprétation souveraine, exclusive de dénaturation, de ces stipulations statutaires, que l'ambiguïté de leurs termes rendait nécessaire, qu'il est communément admis que la décision de révocation d'un gérant minoritaire associé d'une SARL, lorsqu'elle ne comporte que deux associés, peut résulter du seul vote de l'associé possédant plus de la moitié des parts sociales et que le terme « des associés », figurant à l'art. 23-3 préc., devait être compris comme faisant référence de manière générique à « un ou plusieurs associés » ayant pris part au vote et non comme imposant, pour ce vote, la présence des deux associés. • Com. 31 mars 2021, n° 19-12.057 P : *cité note 4 ss. art. L. 223-27 ; BJS 7-8/2021. 31, note Grundeler.*

3. Révocation judiciaire pour cause légitime. La « cause légitime » au sens de l'art. L. 223-25 doit être appréciée essentiellement en considération de l'intérêt de l'entreprise, qui ne coïncide pas nécessairement avec celui des seuls associés. • Com. 10 juill. 2007, n° 06-13.520 : *RJDA 2007, n° 979 ; BJS 2007. 1337, note Saintourens ; Dr. sociétés 2008, n° 56, obs. Monnet.*

4. Présence d'un avocat. Le refus de la présence d'un avocat aux côtés du gérant, lors de l'assemblée générale extraordinaire ayant décidé sa révocation et son exclusion, ne constitue pas un trouble manifestement illicite au sens de l'art. 809 NCPC [C. pr. civ.], justifiant que soit ordonnée la suspension des résolutions adoptées par cette assemblée, dès lors que l'assemblée générale n'est pas un organisme juridictionnel ou disciplinaire mais un organe de gestion interne à la société, dont la décision relève du contrôle juridictionnel du TGI, puis de la cour d'appel, devant lesquels le gérant a été assisté par un avocat. • Com. 10 mai 2006, n° 05-16.909 P : *D. 2007. Pan. 270, obs. Hallouin et Lamazerolles ; RTD com. 2007. 145, obs. Champaud et Danet ; Rev. sociétés 2007. 70, note Godon ; Dr. sociétés 2006, n° 110, obs. Hovasse ; BJS 2006. 1154, note Daigre ; RJ com. 2006. 376, obs. Monsèrié-Bon.*

B. JUSTES MOTIFS DE RÉVOCATION

5. Information du gérant. Le gérant doit avoir eu connaissance des motifs de sa révocation et avoir pu présenter ses observations avant qu'il ne fût procédé au vote. • Com. 29 sept. 2015, n° 14-11.491 : *Rev. sociétés 2016. 225, note Rakotovahiny.* ♦ Le gérant révoqué doit être informé de sa révocation ; la loyauté commerciale élémentaire voudrait que, si des fautes lui sont reprochées, il soit informé du projet de révocation et invité à se justifier avant que la révocation soit votée. • Paris, 2 oct. 1997 : *Rev. sociétés 1998. 160, obs. Guyon ; BJS 1998. 131, note Le Cannu.*

6. Fautes du gérant. Constituent des motifs légitimes de révocation : la décision du gérant de faire procéder, malgré l'opposition des associés, à un audit inutile et d'un coût disproportionné, préjudiciable à l'intérêt social. • Com. 15 févr. 1994, n° 92-12.201 : *RJDA 1994, n° 540.* ♦ ...

Le fait que le gérant n'ait pas justifié, ainsi qu'il y était tenu, qu'il remplissait les conditions requises pour l'exercice de ses fonctions, ce qui a eu pour conséquence que la société exerçait son activité en méconnaissance des dispositions légales d'ordre public. • Paris, 30 oct. 2007 : *RJDA 2008, n° 296.* ♦ ... Le fait de contrevenir à l'interdiction édictée par l'art. L. 223-21, en faisant fonctionner son compte courant d'associé en position débitrice et en maintenant cette situation malgré les avertissements reçus. • Com. 27 mai 2015, n° 14-14.540 : *Rev. sociétés 2016. 233, note Barbièri ; Dr. sociétés 2015, n° 150, note Gallois-Cochet.* ♦ En revanche, est dépourvue de juste motif la révocation fondée sur une baisse du chiffre d'affaires au cours des six premiers mois de l'exercice où le gérant était en fonctions, alors que le chiffre d'affaires était resté stable sur l'ensemble de l'exercice. • Com. 22 oct. 2002, n° 98-10.810 : *RJDA 2003, n° 37 ; BJS 2003. 182, note Baranger.*

7. Mésentente. La révocation du gérant d'une SARL peut être justifiée, même en l'absence de faute démontrée, par l'existence, entre les associés et ce gérant, d'une mésentente de nature à compromettre l'intérêt social. • Com. 4 févr. 2014, n° 13-10.778 : *RJDA 2014, n° 538.*

8. Perte de confiance. Manque de base légale l'arrêt qui refuse une indemnisation au gérant révoqué, en raison d'une perte de confiance des associés, alors que ce motif est impropre à établir en quoi l'attitude du gérant pouvait constituer une faute de gestion ou était de nature à compromettre l'intérêt social ou le fonctionnement de la société. • Com. 4 mai 1993, n° 91-14.693 P : *Rev. sociétés 1993. 800, note Didier ; JCP E 1993. I. 288, n° 12, obs. Viandier et Caussain ; BJS 1993. 769, note Baillod.*

9. Changement de majorité. Ne sauraient être considérés comme une cause légitime de révocation un changement de la majorité dans la société et sa volonté de désigner un nouveau gérant, non plus que les faits postérieurs à la décision de l'assemblée générale. • Com. 29 mai 1972, n° 70-14.186 P : *Rev. sociétés 1973. 487, note J. H.*

10. Révocation abusive. Une décision de révocation inspirée par une intention vexatoire et contraire à l'intérêt social caractérise de la part de ses auteurs une volonté de nuire constitutive d'une faute. • Com. 13 mars 2001, n° 98-16.197 P : *D. 2001. AJ 1175, obs. Lienhard ; RTD com. 2001. 443, obs. Champaud et Danet ; Rev. sociétés 2001. 818, note Dondero ; JCP E 2001, n° 23, p. 953, note Viandier ; Dr. sociétés 2001, n° 78, obs. Bonneau ; RJ com. 2001. 235, obs. Gibirila ; BJS 2001. 891, note Prieto.*

C. INDEMNISATION DU GÉRANT RÉVOQUÉ

11. Indemnisation judiciaire. Sur le préjudice que doit établir le gérant révoqué sans juste motif, V. • Com. 29 mai 1972, n° 70-14.186 P : *préc. note 9.* ♦ Sur la réparation liée aux circonstances brutales de la révocation, distincte de l'indemnisation fondée sur l'absence de juste motif, V. • Com. 22 oct. 2013, n° 12-24.162 : *Rev. sociétés 2014. 105, note Saintourens ; RJDA 2014, n° 128.*

12. Indemnisation conventionnelle. Est nulle toute stipulation allouant au gérant d'une SARL, en cas de révocation, une indemnité qui, par son montant, est de nature à dissuader les associés de prononcer celle-ci. • Com. 6 nov. 2012, n° 11-20.582 P : *D. 2012. Actu. 2655, obs. Lienhard ; RJDA 2013, n° 135 ; Dr. sociétés 2013, n° 26, obs. Gallois-Cochet ; BJS 2013. 125, note Dondero ; RJ com. janv.-févr. 2013. 57, obs. Monsèrié-Bon.*

13. Débiteur de l'indemnité. Un associé ne peut être condamné *in solidum* avec la société au paiement des dommages-intérêts que si sa faute personnelle est établie. • Com. 1er févr. 1994, n° 92-11.171 P : *Rev. sociétés 1995. 281, note Chartier .*

D. EFFETS DE LA RÉVOCATION

14. Prise d'effet de la révocation. En raison des dispositions impératives de l'art. 55 de la L. du 24 juill. 1966 [C. com., art. L. 223-25], la révocation d'un gérant ne peut produire effet que du jour où elle intervient ; on ne saurait lui attribuer un effet rétroactif, et, en particulier, en faire remonter l'effet à une première délibération annulée en justice, ce qui serait contraire à l'autorité de la chose jugée. • Colmar, 21 nov. 1980 : *D. 1981. 235, note Sinay-Cytermann ; Rev. sociétés 1981. 575, note J. H.* (V., sur pourvoi : • Com. 8 mars 1983 : *D. 1984. IR 395, obs. Bousquet et Selinsky ; Rev. sociétés 1983. 772*).

15. Conséquences sur le contrat de travail. Le gérant salarié devenu minoritaire à la suite d'une augmentation de capital, et révoqué de ses fonctions de gérant, ne peut être licencié pour faute lourde, les faits qui lui sont imputés concernant son comportement d'associé, et aucun reproche ne pouvant lui être fait en qualité de salarié. • Soc. 2 juill. 1992, n° 91-43.113 : *BJS 1992. 1099, note Le Cannu.*

II. DÉMISSION DU GÉRANT ET NON-RENOUVELLEMENT DU MANDAT

16. Acceptation ou rétractation de la démission. Sauf stipulation contraire des statuts, la démission d'un dirigeant, qui constitue un acte juridique unilatéral, produit tous ses effets dès lors qu'elle a été portée à la connaissance de la société ; elle ne nécessite aucune acceptation de la part de celle-ci et ne peut faire l'objet d'aucune rétractation, son auteur pouvant seulement en contester la validité en démontrant que sa volonté n'a pas été libre et éclairée. • Com.

22 févr. 2005, n° 03-12.902 P : *D. 2005. Pan. 2953, obs. Hallouin et Lamazerolles ; Rev. sociétés 2005. 625, note Daigre ; JCP E 2005, n° 27-28, p. 1170, obs. Caussain, Deboissy et Wicker ; Dr. sociétés 2005, n° 93, obs. Monnet ; BJS 2005. 862, note Saintourens.*

17. Démission forcée. Doit être considéré comme ayant fait l'objet d'une révocation le gérant qui, lors de sa nomination, a signé une lettre non datée de démission en la remettant à l'associé majoritaire, ce dernier en faisant usage sept ans plus tard pour mettre fin aux fonctions du gérant. • Com. 5 janv. 1973 : *D. 1973. 581, note Guyénot ; JCP 1973. II. 17407, note Rousseau ; Rev. sociétés 1973. 495, note J. H.*

18. Publicité de la démission. Les fonctions de dirigeant social de l'intéressé ayant pris fin par l'effet de sa démission, peu important que celle-ci n'ait pas fait l'objet des mesures de publicité légale, il en résulte qu'il n'a pu figurer en qualité de représentant légal de la société à l'instance ultérieurement introduite à l'égard de celle-ci devant le tribunal de commerce. • Com. 12 mai 2015, n° 14-12.483 P : *D. 2015. Actu. 1107 ; Rev. sociétés 2015. 594, note Reygrobellet ; RJDA 2015, n° 662 ; BJS 2015. 431, note Périn et Dupont-Sentilles.*

19. Non-renouvellement du mandat. Si le gérant nommé pour une durée déterminée n'a pas, au terme de ses fonctions, un droit au renouvellement de celles-ci, leur non-renouvellement peut donner lieu à l'allocation de dommages-intérêts, si les circonstances qui l'entourent révèlent des conditions humiliantes ou vexatoires. • Com. 17 déc. 2002, n° 98-21.918 P : *D. 2003. AJ 206, obs. Lienhard ; RTD com. 2003. 323, obs. Champaud et Danet ; Rev. sociétés 2003. 493, note Barbièri ; BJS 2003. 307, note Le Cannu.* ♦ Constitue une révocation la décision d'une assemblée générale qui, voulant priver le gérant de la société de toute participation dans la gestion de celle-ci, modifie, sans son consentement, les clauses et la durée de son contrat de mandat. • Com. 29 mai 1972, n° 70-14.186 P : *Rev. sociétés 1973. 487, note J. H.*

III. OBLIGATIONS DU GÉRANT AYANT CESSÉ SES FONCTIONS

20. Concurrence déloyale. V. note 42 ss. L. n° 63-628 du 2 juill. 1963, art. 2, App., v° *Concurrence.*

21. Clause de non-concurrence. V. note 95 ss. L. n° 63-628 du 2 juill. 1963, art. 2, App., v° *Concurrence.*

Art. L. 223-26 Le rapport de gestion, l'inventaire et les comptes annuels établis par les gérants, sont soumis à l'approbation des associés réunis en assemblée, dans le délai de six mois à compter de la clôture de l'exercice *(Ord. n° 2014-863 du 31 juill. 2014, art. 4)* « sous réserve de prolongation de ce délai par décision de justice ». *(L. n° 2012-387 du 22 mars 2012, art. 17-I)* « Si l'assemblée des associés n'a pas été réunie dans ce délai, le ministère public ou toute personne intéressée peut saisir le président du tribunal compétent statuant en référé afin d'enjoindre, le cas échéant sous astreinte, aux gérants de convoquer cette assemblée ou de désigner un mandataire pour y procéder. »

(Abrogé par L. n° 2012-387 du 22 mars 2012, art. 17-I) « A cette fin, » Les documents visés à l'alinéa précédent, le texte des résolutions proposées ainsi que le cas échéant, le rapport des commissaires aux comptes, les comptes consolidés et le rapport sur la gestion du groupe sont communiqués aux associés dans les conditions et délais déterminés par décret en Conseil d'État. Toute délibération, prise en violation des dispositions du présent alinéa et du décret pris pour son application, peut être annulée.

A compter de la communication prévue à l'alinéa précédent, tout associé a la faculté de poser par écrit des questions auxquelles le gérant est tenu de répondre au cours de l'assemblée.

L'associé peut, en outre, et à toute époque, obtenir communication, dans les conditions fixées par décret en Conseil d'État, des documents sociaux déterminés par ledit décret et concernant les trois derniers exercices.

Toute clause contraire aux dispositions du présent article et du décret pris pour son application, est réputée non écrite. — *[L. n° 66-537 du 24 juill. 1966, art. 56.] — V. art. R. 223-14, R. 223-15, R. 223-18, R. 223-18-1 et R. 223-28. — Sur les sanctions pénales, V. art. L. 241-3, 2° et 3°, L. 241-4 et L. 241-5.*

(Ord. n° 2017-1162 du 12 juill. 2017, art. 10-II) « Le I de l'article L. 225-100-1 s'applique au rapport de gestion. Le cas échéant, le II de l'article L. 225-100-1 s'applique au rapport consolidé de gestion. » — *Sur les dispositions transitoires de l'Ord. n° 2017-1162 du 12 juill. 2017, V. note ss. art. L. 225-37.*

1. Communications obligatoires. Le juge peut refuser d'annuler une assemblée générale malgré un refus de communication d'inventaire à un associé, lorsqu'il a constaté que cette irrégularité n'avait pu avoir pour conséquence de modifier le vote des résolutions de l'assemblée générale litigieuse. • Com. 15 nov. 1955 : *JCP 1956. II. 9089.* ♦ La communication préalable du rapport spécial de gérance sur les conventions intervenues directement ou par personne interposée entre la société et l'un de ses gérants ou associés n'est pas imposée expressément par les textes. Aussi le défaut de communication préalable ne peut-il justifier l'annulation de l'assemblée durant laquelle l'associé aurait pu exiger sa lecture. • Versailles, 12 mars 1991 : *BJS 1991. 525, note Le Cannu.*

2. Contrôleur de gestion. En présence de contestations sérieuses touchant la propriété de la majorité des parts sociales, les juges peuvent désigner, même en référé, un mandataire de justice chargé de contrôler la gestion d'un associé qui conserve ses pouvoirs de gérant. • Com. 18 oct. 1950 : *Rev. sociétés 1951. 308 ; JCP 1951. II. 6238, note D. B.*

Art. L. 223-26-1 *(L. nº 2014-1662 du 30 déc. 2014, art. 12-I)* **L'article L. 225-102-3, à l'exception du IV, est applicable aux sociétés à responsabilité limitée.**

Les rapports mentionnés au même article L. 225-102-3 sont établis par les gérants.

Ces rapports sont déposés au greffe du tribunal de commerce, pour être annexés au registre du commerce et des sociétés, dans le mois suivant l'approbation des comptes annuels par l'assemblée générale des actionnaires ou dans les deux mois suivant cette approbation lorsque ce dépôt est effectué par voie électronique. Ils font également l'objet, dans les mêmes délais, d'une publication gratuite, accessible au public et lisible sur le site internet de la société, dans des conditions prévues par décret en Conseil d'État. — *V. art. R. 223-18-2.*

V. note ss. art. L. 225-102-3.

Art. L. 223-27 **Les décisions sont prises en assemblée. Toutefois, les statuts peuvent stipuler qu'à l'exception de celles prévues au premier alinéa de l'article L. 223-26 toutes les décisions ou certaines d'entre elles peuvent être prises par consultation écrite des associés ou pourront résulter du consentement de tous les associés exprimé dans un acte.**

Les associés sont convoqués aux assemblées dans les formes et délais prévus par décret en Conseil d'État. La convocation est faite par le gérant ou, à défaut, par le commissaire aux comptes, s'il en existe un. *(Ord. nº 2004-274 du 25 mars 2004, art. 18-I)* **« L'assemblée ne peut se tenir avant l'expiration du délai de communication des documents mentionnés à l'article L. 223-26. »**

(L. nº 2008-776 du 4 août 2008, art. 56-III) **« Hors les cas où l'assemblée délibère sur les opérations mentionnées aux articles L. 232 1 et L. 233 16 et lorsque les statuts le prévoient, sont réputés présents pour le calcul du quorum et de la majorité les associés qui participent à l'assemblée par visioconférence ou par des moyens de télécommunication permettant leur identification et dont la nature et les conditions d'application sont déterminées par décret en Conseil d'État. Les statuts peuvent prévoir un droit d'opposition à l'utilisation de ces moyens au profit d'un nombre déterminé d'associés et pour une délibération déterminée. »** — *V. art. R. 223-20-1.*

Un ou plusieurs associés détenant la moitié des parts sociales ou détenant, s'ils représentent au moins le *(L. nº 2012-387 du 22 mars 2012, art. 17-I)* **« dixième » des associés, le** *(L. nº 2012-387 du 22 mars 2012, art. 17-I)* **« dixième » des parts sociales peuvent demander la réunion d'une assemblée.** *(Abrogé par Ord. nº 2017-747 du 4 mai 2017, art. 2-1º) « Toute clause contraire est réputée non écrite. »*

(Ord. nº 2017-747 du 4 mai 2017, art. 2-2º) **« Un ou plusieurs associés détenant le vingtième des parts sociales ont la faculté de faire inscrire à l'ordre du jour de l'assemblée des points ou projets de résolution qui sont portés à la connaissance des autres associés, dans les conditions déterminées par décret en Conseil d'État.** — *V. art. R. 223-20-2 et R. 223-20-3.*

« Toute clause contraire aux dispositions des deux alinéas précédents est réputée non écrite. »

Tout associé peut demander en justice la désignation d'un mandataire chargé de convoquer l'assemblée et de fixer son ordre du jour.

(L. nº 2019-744 du 19 juill. 2019, art. 11) **« Si, pour quelque cause que ce soit, la société se trouve dépourvue de gérant ou si le gérant unique est placé en tutelle, le commissaire aux comptes ou tout associé convoque l'assemblée des associés à seule fin de procéder, le cas échéant, à la révocation du gérant unique et, dans tous les cas, à la désignation d'un ou de plusieurs gérants. »** *(Ord. nº 2004-274 du 25 mars 2004, art. 18)*

« Cette convocation a lieu dans les formes et délais prévus par décret en Conseil d'État. » — *V. art. R. 223-20.*

Toute assemblée irrégulièrement convoquée peut être annulée. Toutefois, l'action en nullité n'est pas recevable lorsque tous les associés étaient présents ou représentés. — *[L. n° 66-537 du 24 juill. 1966, art. 57.] — V. art. R. 223-19, R. 223-20 et R. 223-22.*

1. Auteur de la convocation. La nullité d'assemblées générales pour irrégularité dans leur convocation est à bon droit prononcée lorsqu'un seul gérant a procédé à cette convocation alors que la signature des deux gérants était requise par les statuts. • Com. 28 févr. 1972 : *Rev. sociétés 1973. 100, note Bouloc.* ♦ Est justifiée la demande de désignation d'un mandataire judiciaire aux fins de convocation d'une assemblée générale par trois associés, qui peuvent légitimement s'inquiéter plusieurs mois après une assemblée générale du résultat des réflexions qui devaient se poursuivre au-delà de cette assemblée sur des questions restées sans réponse, telles que la résiliation du cautionnement donné par l'un d'entre eux, le rachat des parts demandé par un autre et l'évolution prévue des ventes à l'étranger. • Com. 19 juin 1990, n° 89-14.092 P : *D. 1992. Somm. 179, obs. Bousquet et Bugeja ; Rev. sociétés 1990. 621, note Sortais ; BJS 1990. 881, note P. L. C.* ♦ Si c'est à tort qu'une cour d'appel a énoncé que le juge, saisi par un associé détenant au moins la moitié des parts sociales d'une SARL, d'une demande de désignation d'un mandataire chargé de convoquer une assemblée générale ayant pour ordre du jour la révocation du gérant, n'a pas à apprécier cette demande au regard de l'intérêt social, sa décision n'encourt pas pour autant la censure dès lors que les allégations des appelants, selon lesquelles la demande de l'associé majoritaire n'était pas conforme à l'intérêt social, n'avaient, en réalité, pour objet que de contester les motifs de la révocation envisagée. • Com. 15 déc. 2021, n° 20-12.307 B : *D. 2022. Actu. 8 ; Rev. sociétés 2022. 159, note Viandier ; Dr. sociétés 2022, n° 16, note Hamelin ; RJDA 2022, n° 94 ; BJS 3/2022. 22, note Heinich ; Gaz. Pal. 15 mars 2022, p. 64, obs. Buchberger.*

2. Preuve de la convocation. Ayant retenu qu'un associé, qui soutenait que l'assemblée générale avait eu lieu, ne justifiait cependant ni de la convocation des associés par lettre recommandée, ni de la communication des documents sociaux, une cour d'appel n'inverse pas la charge de la preuve en estimant que la preuve de la tenue de cette assemblée n'était pas rapportée. • Com. 11 févr. 1992, n° 90-10.129 : *RJDA 1992, n° 469 ; Dr. sociétés mai 1992. 11, obs. Le Nabasque.*

3. Irrégularité de la convocation. L'art. 57 de la L. du 24 juill. 1966 [C. com., art. L. 223-27] exclut la convocation directe de l'assemblée générale par les associés ; doit, en conséquence, être considérée comme irrégulièrement convoquée et annulée une assemblée ainsi convoquée et à laquelle tous les associés n'étaient pas présents ou représentés. • Com. 4 mars 1974 : *D. 1974. 420 ; Rev. sociétés 1975. 69.* ♦ En application de ce texte, les juges saisis d'une demande d'annulation d'une assemblée irrégulièrement convoquée ne sont pas liés par la constatation de l'existence d'une telle irrégularité. • Com. 5 déc. 2000, n° 98-13.904 P : *D. 2001. AJ 239, obs. Lienhard ; RTD com. 2001. 446, obs. Champaud et Danet ; JCP E 2001, n° 22, p. 897, obs. Viandier et Caussain ; BJS 2001. 262, note Le Cannu.* ♦ Il n'y a pas lieu de prononcer la nullité de l'assemblée irrégulièrement convoquée lorsque les actes accomplis en exécution de la résolution adoptée au cours de l'assemblée litigieuse ont été expressément approuvés par l'associé demandeur, qui a donné quitus sans réserve au gérant alors que lesdits actes apparaissaient au bilan et, ce faisant, a ratifié la résolution elle-même. • Même arrêt.

4. Lieu de réunion. Dans le silence des statuts, le lieu de réunion des assemblées générales d'une société à responsabilité limitée est fixé par l'auteur de la convocation, cette décision ne pouvant être remise en cause que si elle constitue un abus de droit. • Com. 31 mars 2021, n° 19-12.057 P : *D. 2021. 1579, note Zolomian ; Rev. sociétés 2021. 512, note Saintourens ; RTD com. 2021. 602, obs. A. Lecourt ; Dr. sociétés 2021, n° 77, note Hamelin ; Gaz. Pal. 15 juin 2021, p. 71, obs. Barrillon ; RJDA 2021, n° 490.*

5. Ordre du jour. Est nouvelle une résolution proposant la nomination d'un commissaire aux comptes et d'un suppléant, autres que ceux figurant dans la résolution adressée avec l'ordre du jour tendant aux mêmes fins de désignation, et est par suite irrégulière la délibération de l'assemblée générale sur cette seconde résolution. • Com. 14 févr. 2018, n° 15-16.525 P : *D. 2018. Actu. 416 ; Rev. sociétés 2018. 376, note Saintourens ; RTD com. 2018. 383, obs. A. Lecourt ; JCP E 2018. 1257, note Mortier et Guégan ; BJS 2018. 214, note J.-F. Barbièri ; Dr. sociétés 2018, n° 82, note Coupet ; Gaz. Pal. 26 juin 2018, p. 68, obs. Dalion.*

6. Forme de l'assemblée. Sur la possibilité d'assimiler la signature par les associés des procès-verbaux d'assemblées à la tenue de ces assemblées, ou à une consultation écrite, V. • Com. 22 juill. 1986 : *Rev. sociétés 1987. 253, note Burst.* ♦ Aucune disposition ne prévoit, comme le fait l'art. 158 de la L. du 24 juill. 1966 [C. com., art. L. 225-103] pour les SA, que les assemblées d'associés de SARL doivent se réunir, sauf clause contraire des statuts, au siège social ou en tout autre lieu du même département.

• Paris, 15 juin 1989 : *RTD com. 1990. 44, obs. Champaud* ; *Dr. sociétés 1989, n° 309.*

7. Arrêt valant vote. Viole les art. 57 et 60 de la L. du 24 juill. 1966 [C. com., art. L. 223-27 et L. 223-30] la cour d'appel qui décide que son arrêt vaut adoption de la résolution tendant à l'augmentation de capital refusée par abus de minorité, alors que le juge ne peut se substituer aux organes sociaux légalement compétents. • Com. 9 mars 1993, n° 91-14.685 P : *D. 1993. 363, note Guyon* ; *Rev. sociétés 1993. 403, note Merle* ; *JCP E 1993. II. 448, note Viandier.*

Art. L. 223-28 Chaque associé a droit de participer aux décisions et dispose d'un nombre de voix égal à celui des parts sociales qu'il possède.

Un associé peut se faire représenter par son conjoint à moins que la société ne comprenne que les deux époux. Sauf si les associés sont au nombre de deux, un associé peut se faire représenter par un autre associé.

Il ne peut se faire représenter par une autre personne que si les statuts le permettent.

Un associé ne peut constituer un mandataire pour voter du chef d'une partie de ses parts et voter en personne du chef de l'autre partie.

Toute clause contraire aux dispositions des premier, deuxième et quatrième alinéas ci-dessus est réputée non écrite. — *[L. n° 66-537 du 24 juill. 1966, art. 58.] — V. art. R. 223-21.*

1. Représentation d'un associé. Si une société ne comprend que deux associés, l'un d'entre eux ne peut se faire représenter par l'autre dans les assemblées générales de cette société, toute clause contraire étant réputée non écrite. • Com. 19 févr. 1991, n° 89-17.357 P : *D. 1991. IR 75* ; *RTD com. 1992. 390, obs. Champaud et Danet* ; *BJS 1991. 413, note Le Cannu.* ♦ Sur l'étendue du pouvoir de vote, V. note 1 ss. art. L. 223-25.

2. Assistance d'un huissier. Le seul juge compétent pour désigner un huissier afin d'assister à l'assemblée générale d'une société pour rapporter en toute objectivité les échanges de vues entre les dirigeants et les associés est le tribunal du siège de la société où l'assemblée a été convoquée. • Civ. 2e, 18 nov. 1992, n° 91-16.447 : *RJDA 1993, n° 41.*

3. Feuille de présence. Il importe peu qu'un associé n'ait pas signé la feuille de présence, cette omission n'étant sanctionnée par aucune nullité. • Paris, 24 sept. 1981 : *Rev. sociétés 1982. 283, note Le Cannu.*

4. Usufruit de parts sociales. L'usufruitier ne saurait utiliser, en vue de voter, les parts sociales dont il a l'usufruit, que si la résolution à prendre entre dans les limites d'un acte d'administration ; débordent le cadre de cette catégorie d'actes les décisions qui ont pour objet de substituer au pacte social primitif un autre contrat de société de nature totalement différente. • Alger, 13 mai 1954 : *Gaz. Pal. 1954. 2. 100.* ♦ Étant donné le conflit d'intérêts et la mésentente grave existant entre eux, l'usufruitier d'un nombre très important de parts d'une SARL ne saurait représenter le nu-propriétaire, nonobstant la clause des statuts décidant que le nu-propriétaire est valablement représenté par l'usufruitier ; le nu-propriétaire a qualité pour solliciter une mesure de nature à assurer la conservation et la protection de ses intérêts. • Paris, 22 janv. 1971 : *D. 1971. 517, note Guyon* ; *Rev. sociétés 1971. 413, note D. B.-T.* ; *JCP 1971. II. 16937, note Rousseau.*

Art. L. 223-29 Dans les assemblées ou lors des consultations écrites, les décisions sont adoptées par un ou plusieurs associés représentant plus de la moitié des parts sociales.

Si cette majorité n'est pas obtenue et sauf stipulation contraire des statuts, les associés sont, selon les cas, convoqués ou consultés une seconde fois, et les décisions sont prises à la majorité des votes émis, quel que soit le nombre des votants. — *[L. n° 66-537 du 24 juill. 1966, art. 59.] — V. art. R. 223-23 et R. 223-24.*

(L. n° 2019-744 du 19 juill. 2019, art. 12) « Les décisions prises en violation des dispositions du présent article peuvent être annulées à la demande de tout intéressé. »

BIBL. ▶ LE CANNU, *RJ com. nov. 1991, p. 96* (absence de majorité). – RIVES-LANGE, *ibid., p. 65* (abus de majorité). – DE BERMOND DE VAULX, *Dr. sociétés 1993. Chron. 3* (abus de majorité par abandon de majorité). – JADAUD, *Mél. Daublon, Defrénois, 2001, p. 157* (impuissance de la minorité dans les sociétés d'*intuitu personae*). – HAMELIN, *Dr. sociétés 2019, n° 187* (loi du 19 juill. 2019).

1. Majorité plus élevée. La clause aggravant la condition de majorité prévue par l'art. 59 de la L. du 24 juill. 1966 [C. com., art. L. 223-29] ne vaut, en l'absence de stipulation expresse contraire, que sur première convocation. • Com. 2 déc. 1997, n° 95-20.194 P : *D. 1998. Somm. 396, obs. Hallouin* ; *JCP E 1998, p. 660, note Daigre* ; *BJS 1998. 117, note Barbièri.*

2. Contrôle de la société. Manque de base légale au regard des art. 59 et 355-1 de la L. du 24 juill. 1966 [C. com., art. L. 223-29 et L. 233-3] l'arrêt qui qualifie de commerciale une cession de 26 % des parts, parce qu'elle permettrait au cessionnaire d'exercer une influence certaine sur l'exécution de l'objet social et lui apporterait un contrôle effectif sur la gestion normale de la société, sans relever que le cessionnaire avait acquis ou était susceptible d'acquérir, directement ou indirectement, le contrôle de la société. • Com. 24 nov. 1992, n° 91-10.699 P : *D. 1993. IR 14 ; BJS 1993. 224, note Le Cannu ; Dr. sociétés 1993, n° 11, obs. Le Nabasque.*

Art. L. 223-30 **Les associés ne peuvent, si ce n'est à l'unanimité, changer la nationalité de la société.** *(L. n° 2014-1545 du 20 déc. 2014, art. 23-II)* **« Sous réserve du huitième alinéa de l'article L. 223-18, le déplacement du siège social est décidé par un ou plusieurs associés représentant plus de la moitié des parts sociales. »**

Toutes autres modifications des statuts sont décidées par les associés représentant au moins les trois quarts des parts sociales. Toute clause exigeant une majorité plus élevée est réputée non écrite. *(Abrogé par L. n° 2005-882 du 2 août 2005, art. 35)* ***« Toutefois, en aucun cas, la majorité ne peut obliger un associé à augmenter son engagement social. »*** — *Sur le déplacement du siège social, V. art. L. 223-18, al. 8.*

(L. n° 2005-882 du 2 août 2005, art. 35) **« Toutefois, pour les modifications statutaires des sociétés à responsabilité limitée constituées après la publication de la loi n° 2005-882 du 2 août 2005 en faveur des petites et moyennes entreprises, l'assemblée ne délibère valablement que si les associés présents ou représentés possèdent au moins, sur première convocation, le quart des parts et, sur deuxième convocation, le cinquième de celles-ci. A défaut de ce quorum, la deuxième assemblée peut être prorogée à une date postérieure de deux mois au plus à celle à laquelle elle avait été convoquée. Dans l'un ou l'autre de ces deux cas, les modifications sont décidées à la majorité des deux tiers des parts détenues par les associés présents ou représentés** *(L. n° 2014-1545 du 20 déc. 2014, art. 23-II)* **« , à l'exception du déplacement du siège social, décidé par un ou plusieurs associés représentant plus de la moitié des parts ». Les statuts peuvent prévoir des quorums ou une majorité plus élevés, sans pouvoir, pour cette dernière, exiger l'unanimité des associés.**

« Les sociétés constituées antérieurement à la publication de la loi n° 2005-882 du 2 août 2005 précitée peuvent, sur décision prise à l'unanimité des associés, être régies par les dispositions du troisième alinéa.

« La majorité ne peut en aucun cas obliger un associé à augmenter son engagement social. »

Par dérogation aux dispositions *(L. n° 2005-882 du 2 août 2005, art. 35)* **« des deuxième et troisième alinéas », la décision d'augmenter le capital par incorporation de bénéfices ou de réserves est prise par les associés représentant au moins la moitié des parts sociales.** — *[L. n° 66-537 du 24 juill. 1966, art. 60.]* — *V. art. R. 223-23 et R. 223-24.*

(L. n° 2019-744 du 19 juill. 2019, art. 12) **« Les décisions prises en violation des dispositions du présent article peuvent être annulées à la demande de tout intéressé. »**

BIBL. ▶ HAMELIN, *Dr. sociétés 2019, n° 187* (loi du 19 juill. 2019).

1. Modification des statuts. L'art. 60 de la L. du 24 juill. 1966 [C. com., art. L. 223-30], d'ordre public, est applicable à la dissolution anticipée d'une SARL qui équivaut à une modification de la durée statutaire ; dès lors la dissolution anticipée a été valablement décidée par les associés à la majorité requise par la loi, nonobstant les dispositions des statuts exigeant, outre la majorité des trois quarts du capital social, celle des associés existants. • Com. 18 juin 1973, n° 72-12.272 P : *D. 1973. IR 196 ; Rev. sociétés 1974. 312, note Hémard.* ♦ Sur la limitation des pouvoirs du gérant du fait de l'art. L. 223-30, V. notes 22 et 23 ss. art. L. 223-18.

2. Dérogation aux statuts. Les associés d'une SARL peuvent déroger à une clause des statuts et s'en affranchir par l'établissement d'actes postérieurs, valables dès lors que tous les associés y consentent. • Com. 12 mai 2015, n° 14-13.744 : *Rev. sociétés 2016. 99, note Lecourt ; JCP E 2015. 1338, note Dondero ; RJDA 2015, n° 578 ; Dr. sociétés 2015, n° 148, obs. Gallois-Cochet ; BJS 2015. 443, note Danos.* ♦ V. aussi, confirmant cette solution, sur deuxième pourvoi : • Com. 29 janv. 2020, n° 18-15.179 : *D. 2020. Pan. 2038, obs. Lamazerolles ; Rev. sociétés 2020. 289, note Schiller ; RTD com. 2020. 379, obs. A. Lecourt ; RTD civ. 2020. 602, obs. Barbier ;* JCP E 2020. 1504, n° 14, obs. Caffin-Moi ; *BJS 5/2020. 31, note Coquelet ; Dr. sociétés 2020, n° 81, note Hamelin.*

3. Sanction. L'art. L. 223-30 ne sanctionne pas par la nullité l'inobservation des dispositions statutaires relatives à la majorité applicable aux décisions modifiant les statuts. • Com. 30 mai 2012, n° 11-16.272 P : *D. 2012. 1581, note Dondero* ; *JCP E 2012. 1525, note Roussille* ; *RJDA 2012, n° 779* ; *BJS 2012. 615, note Gaudemet* ; *RJ com. sept.-oct. 2012. 37, note Monsèrié-Bon.*

4. Augmentation des engagements. Aux termes de l'art. 60 de la L. du 24 juill. 1966 [C. com., art. L. 223-30], la majorité ne peut obliger un associé à augmenter son engagement social ; en conséquence, les associés minoritaires ne peuvent être contraints à consentir une augmentation de capital, même si, à la suite de pertes faisant apparaître que les capitaux propres sont devenus inférieurs à la moitié du capital social, l'assemblée générale extraordinaire a décidé de ne pas dissoudre. • Paris, 26 janv. 1990 : *Rev. sociétés 1990. 292, obs. Guyon* ; *JCP E 1990. I. 19613* (arrêt cassé pour un autre motif par • Com. 14 janv. 1992, n° 90-13.055 P : *Rev. sociétés 1992. 44, note Merle* ; *JCP E 1992. II. 301, note Viandier* ; *BJS 1992. 273, note Le Cannu*).

5. Droit préférentiel de souscription. La loi ne prévoyant pas, dans les SARL, que les parts sociales comportent un droit préférentiel de souscription aux augmentations du capital social, un tel droit est de la compétence des statuts ou de l'assemblée générale extraordinaire. • Com. 18 avr. 2000, n° 97-21.569 : *Dr. sociétés 2000, n° 108, obs. Vidal* ; *BJS 2000. 920, note Daigre.*

Art. L. 223-31 **Les trois premiers alinéas de l'article L. 223-26 et les articles L. 223-27 à L. 223-30 ne sont pas applicables aux sociétés ne comprenant qu'un seul associé.**

Dans ce cas, le rapport de gestion, l'inventaire et les comptes annuels sont établis par le gérant. L'associé unique approuve les comptes, le cas échéant après rapport des commissaires aux comptes, dans le délai de six mois à compter de la clôture de l'exercice. *(L. n° 2005-882 du 2 août 2005, art. 34)* **« Lorsque l'associé unique est seul gérant de la société, le dépôt au registre du commerce et des sociétés, dans le même délai,** *(Abrogé par L. n° 2008-776 du 4 août 2008, art. 56-V) « du rapport de gestion, »* **de l'inventaire et des comptes annuels, dûment signés, vaut approbation des comptes »** *(L. n° 2008-776 du 4 août 2008, art. 56-V)* **« sans que l'associé unique ait à porter au registre prévu à l'alinéa suivant le récépissé délivré par le greffe du tribunal de commerce ».** — *V. art. R. 223-26.*

L'associé unique ne peut déléguer ses pouvoirs. Ses décisions, prises au lieu et place de l'assemblée, sont répertoriées dans un registre.

Les décisions prises en violation des dispositions du présent article peuvent être annulées à la demande de tout intéressé. — *[L. n° 66-537 du 24 juill. 1966, art. 60-1.] — V. art. R. 223-25 et R. 223-26.*

BIBL. ▸ THEIMER, *JCP E 2006, n° 2, p. 88* (pour l'obligation d'approuver les comptes de toutes les SARL).

1. Rémunération du gérant. La décision fixant la rémunération du gérant associé unique d'une EURL doit être répertoriée dans le registre prévu à l'art. L. 223-31, al. 3 ; une telle décision, prise en violation de cette disposition, peut être annulée à la demande de tout intéressé. • Com. 25 sept. 2012, n° 11-22.337 P : *D. 2012. Actu. 2301, obs. Lienhard* ; *Rev. sociétés 2013. 104, note Couret* ; *Dr. sociétés 2012, n° 207, obs. Gallois-Cochet* ; *BJS 2013. 26, note Dondero* ; *RJ com. janv.-févr. 2013. 57, obs. Monsèrié-Bon.*

2. Cautionnement. Lors de la souscription d'un engagement de caution au profit d'une SARL dont il est également gérant, le gérant associé unique d'une EURL est dispensé de tenir l'assemblée chargée d'autoriser une telle convention. • Paris, 2 oct. 1998 : *RJDA 1999, n° 302* ; *BJS 1999. 301.*

Art. L. 223-32 **En cas d'augmentation de capital par souscription de parts sociales en numéraire, les dispositions du dernier alinéa de l'article L. 223-7 sont applicables.** *(L. n° 2012-387 du 22 mars 2012, art. 10)* **« Ces parts sont obligatoirement libérées, lors de la souscription, d'un quart au moins de leur valeur nominale. La libération du surplus doit intervenir, en une ou plusieurs fois, dans le délai de cinq ans à compter du jour où l'augmentation du capital est devenue définitive. »**

Le retrait des fonds provenant de souscriptions peut être effectué par un mandataire de la société après l'établissement du certificat du dépositaire.

Si l'augmentation du capital n'est pas réalisée dans le délai de six mois à compter du premier dépôt de fonds, il peut être fait application des dispositions du deuxième alinéa de l'article L. 223-8. — *[L. n° 66-537 du 24 juill. 1966, art. 61.] — V. art. R. 223-3 à R. 223-5.*

1. Libération par compensation. La libération des parts nouvelles par compensation avec une créance contre la société est régulière, aucune disposition légale ne l'interdisant. • Versailles, 25 oct. 1990 : *D. 1992. Somm. 180, obs. Bousquet et Bugeja* ; *BJS 1991. 76, note Jeantin.*

2. Protection des associés. Le droit préférentiel de souscription des associés de SARL n'est pas prévu par la loi. Il ne peut résulter que d'une stipulation statutaire ou d'une décision de l'assemblée. Les modalités de renonciation à ce droit ne sont pas non plus réglementées ; cette renonciation peut s'induire de circonstances de fait. • Aix-en-Provence, 9 avr. 1992 : *Rev. sociétés 1992. 382, note Guyon* ; *RJDA 1992, n° 1139.*

3. Parts sociales démembrées. A défaut de précision dans le pacte de préférence, signé entre deux associés d'une SARL quant au maintien de la proportion d'usufruit de l'un d'entre eux en cas de souscription par le nu-propriétaire à une augmentation de capital, l'associé usufruitier ne peut agir, à l'occasion de l'augmentation de capital, en prétendant à l'attribution de l'usufruit d'un certain nombre de parts sociales, à concurrence de la valeur des droits de souscription : les parts sociales nouvelles, souscrites lors de l'augmentation de capital par l'associé nu-propriétaire, le sont en pleine propriété. • Com. 8 juill. 1997, n° 95-16.878 : *BJS 1997. 973, note Garçon.*

4. Abus de confiance du gérant. Commet un abus de confiance le gérant d'une SARL qui a affecté aux besoins généraux de la société les fonds versés par le souscripteur à une augmentation de capital qui n'a pas été réalisée. • Crim. 16 oct. 2002, n° 02-81.805 : *RJDA 2003, n° 496.*

5. Engagement d'augmenter le capital. En ce sens que l'engagement d'augmenter le capital d'une SARL, souscrit par des associés, dont le gérant, qui ont reçu de tiers les fonds destinés à cette augmentation, a un caractère commercial qui entraîne la solidarité des signataires, V. • Com. 15 mai 1990, n° 88-18.494 : *BJS 1990. 787, note crit. Brunet.*

6. Tenue de deux assemblées. Au regard des dispositions des art. L. 223-32 C. com. et 22 du Décr. du 23 mars 1967 [C. com., art. R. 223-3], il apparaît que, concernant les augmentations de capital des SARL, deux assemblées sont nécessaires à cet effet, la première pour décider de l'augmentation du capital, la seconde, après dépôt des fonds pour constater l'accomplissement des formalités légales. • Aix-en-Provence, 23 nov. 2001 : *Dr. sociétés 2002, n° 118, obs. Monnet.* ♦ Comme la première, la seconde assemblée doit statuer à la majorité des trois quarts des parts sociales. • Orléans, 17 juin 2004 : *RJDA 2004, n° 1131.*

7. Retrait des fonds. La banque qui, bien qu'informée de la destination des fonds, les a débloqués peu après leur dépôt en compte d'affectation sans s'assurer de l'augmentation de capital pour laquelle elle les avait reçus commet une faute qui justifie légalement sa condamnation à les restituer au souscripteur. • Com. 29 juin 1999, n° 96-16.860 : *RJDA 1999, n° 1086* ; *Dr. sociétés 2000, n° 43, obs. Chaput.*

Art. L. 223-33 Si l'augmentation du capital est réalisée, soit en totalité, soit en partie par des apports en nature, les dispositions *(Abrogé par L. n° 2016-1691 du 9 déc. 2016, art. 144-I-2°)* « *du premier alinéa* » de l'article L. 223-9 sont applicables. *(L. n° 2012-387 du 22 mars 2012, art. 7-I)* « Le commissaire aux apports est désigné à l'unanimité des associés ou, à défaut, par une décision de justice à la demande d'un associé ou du gérant. »

Lorsqu'il n'y a pas eu de commissaire aux apports ou lorsque la valeur retenue est différente de celle proposée par le commissaire aux apports, les gérants de la société et les personnes ayant souscrit à l'augmentation du capital sont solidairement responsables pendant cinq ans, à l'égard des tiers, de la valeur attribuée *(L. n° 2003-7 du 3 janv. 2003)* « auxdits » apports. — *[L. n° 66-537 du 24 juill. 1966, art. 62.]* — *V. art. R. 223-6.*

Art. L. 223-34 La réduction du capital est autorisée par l'assemblée des associés statuant dans les conditions exigées pour la modification des statuts. En aucun cas, elle ne peut porter atteinte à l'égalité des associés.

S'il existe des commissaires aux comptes, le projet de réduction du capital leur est communiqué dans le délai fixé par décret en Conseil d'État. Ils font connaître à l'assemblée leur appréciation sur les causes et conditions de la réduction.

Lorsque l'assemblée approuve un projet de réduction du capital non motivée par des pertes, les créanciers dont la créance est antérieure à la date de dépôt au greffe du procès-verbal de délibération peuvent former opposition à la réduction dans le délai fixé par décret en Conseil d'État. Une décision de justice rejette l'opposition ou ordonne, soit le remboursement des créances, soit la constitution de garanties, si la société en offre et si elles sont jugées suffisantes. Les opérations de réduction du capital ne peuvent commencer pendant le délai d'opposition.

L'achat de ses propres parts par une société est interdit. Toutefois, l'assemblée qui a décidé une réduction du capital non motivée par des pertes peut autoriser le gérant à acheter un nombre déterminé de parts sociales pour les annuler. – *[L. n° 66-537 du 24 juill. 1966, art. 63.] – V. art. R. 223-33 à R. 223-35.*

Art. L. 223-35 Les associés peuvent nommer un ou plusieurs commissaires aux comptes dans les conditions prévues à l'article L. 223-29.

Sont tenues de désigner un commissaire aux comptes au moins les sociétés à responsabilité limitée qui dépassent à la clôture d'un exercice social des chiffres fixés par décret *(Abrogé par L. n° 2019-486 du 22 mai 2019, art. 20-I-27°)* « en Conseil d'État » pour deux des critères suivants : le total de leur bilan, le montant hors taxes de leur chiffre d'affaires ou le nombre moyen de leurs salariés au cours d'un exercice. – *V. art. D. 223-27.*

Même si ces seuils ne sont pas atteints, la nomination d'un commissaire aux comptes peut être demandée en justice par un ou plusieurs associés représentant au moins le dixième du capital. – *[L. n° 66-537 du 24 juill. 1966, art. 64.]*

(L. n° 2019-486 du 22 mai 2019, art. 20-I-1°) « Sont également tenues de désigner un commissaire aux comptes *(L. n° 2019-744 du 19 juill. 2019, art. 36)* « , pour un mandat de trois exercices, » les sociétés dont un ou plusieurs associés représentant au moins le *(L. n° 2019-744 du 19 juill. 2019, art. 36)* « tiers *[ancienne rédaction : quart]* » du capital en font la demande » *(L. n° 2019-744 du 19 juill. 2019, art. 36)* « motivée auprès de la société. » – *Sur les sanctions pénales, V. art. L. 241-8. – Sur l'émission d'obligations nominatives, V. art. L. 223-11.*

Pour les dispositions transitoires de la L. n° 2019-486 du 22 mai 2019, V. notes ss. art. L. 221-9.

Art. L. 223-36 Tout associé non gérant peut, deux fois par exercice, poser par écrit des questions au gérant sur tout fait de nature à compromettre la continuité de l'exploitation. La réponse du gérant est communiquée au commissaire aux comptes. – *[L. n° 66-537 du 24 juill. 1966, art. 64-1.] – V. art. R. 223-29.*

Art. L. 223-37 Un ou plusieurs associés représentant au moins le dixième du capital social peuvent, soit individuellement, soit en se groupant sous quelque forme que ce soit, demander en justice la désignation d'un ou plusieurs experts chargés de présenter un rapport sur une ou plusieurs opérations de gestion.

Le ministère public et le comité d'entreprise sont habilités à agir aux mêmes fins.

S'il est fait droit à la demande, la décision de justice détermine l'étendue de la mission et des pouvoirs des experts. Elle peut mettre les honoraires à la charge de la société.

Le rapport est adressé au demandeur, au ministère public, au comité d'entreprise, au commissaire aux comptes ainsi qu'au gérant. Ce rapport doit, en outre, être annexé à celui établi par le commissaire aux comptes en vue de la prochaine assemblée générale et recevoir la même publicité. – *[L. n° 66-537 du 24 juill. 1966, art. 64-2.] – V. art. R. 223-30. – Sur les sanctions pénales, V. art. L. 241-8.*

RÉP. SOCIÉTÉS v° *Expertise de gestion*, par GODON.

I. EXPERTISE DE GESTION (ART. L. 223-37 C. COM.)

1. Caractère non subsidiaire. L'expertise de gestion n'a aucun caractère subsidiaire, son prononcé n'étant pas subordonné expressément à l'épuisement de tous les autres moyens d'information légaux ou statutaires. • Versailles, 20 avr. 1995 : *RJDA 1995, n° 993 ; BJS 1995. 850, note Le Cannu.* ♦ La mise en œuvre de l'art. L. 223-37 n'est pas subordonnée à l'exercice préalable du droit, pour tout associé non gérant, de poser par écrit des questions au gérant, prévu par l'art. L. 223-36, qui n'a pas le même objet. • Paris, 8 oct. 2008 : *BJS 2009. 653, note Godon.*

2. Bien-fondé de la demande. Ni la circonstance qu'un associé se soit abstenu de participer aux assemblées ayant approuvé les opérations de gestion litigieuses, ni le fait qu'il n'ait exercé aucun recours contre les décisions d'approbation ne sont de nature à faire obstacle à sa demande d'expertise de gestion. • Com. 5 mai 2009, n° 08-15.313 P : *D. 2009. AJ 1355 ; Rev. sociétés 2009. 807, note Godon ; JCP E 2009. 1659, note Cerati-Gauthier ; RJDA 2010, n° 158.* ♦ La juridiction saisie d'une demande d'expertise de gestion est tenue de l'ordonner dès lors qu'elle relève des présomptions d'irrégularités affectant une ou plusieurs opérations de gestion déterminées. • Com. 27 janv. 2009, n° 07-16.771 : *BJS 2009. 664, note Le Cannu.*

3. Opération de gestion. La décision d'augmenter le capital social, qui relève des attributions de l'assemblée des associés, ne constitue pas une opération de gestion. • Com. 25 sept. 2012, n° 11-18.312 P : *D. 2012. Actu. 2302, obs. Lienhard ; Rev. sociétés 2013. 286, note Barbièri ; Dr. sociétés 2012, n° 206, obs. Roussille ; BJS 2013. 48, note Parachkévova.* ♦ En revanche, est un acte de gestion une augmentation importante du salaire du gérant. • Com. 8 janv. 1991, n° 89-11.365 : *BJS 1991. 286.* ♦ La circonstance qu'une convention réglementée ait reçu l'approbation de la collectivité des associés n'est pas de nature à exclure que cet acte de gestion puisse faire l'objet d'une mesure d'expertise. • Com. 5 mai 2009, n° 08-15.313 P : *préc. note 2.*

4. *Mission de l'expert.* La mission attribuée à l'expert ne doit pas être générale et doit préciser les actes de gestion. • Versailles, 25 oct. 1990 : *D. 1992. Somm. 180, obs. Bousquet et Bugeja ; BJS 1991. 76, note Jeantin.*

II. EXPERTISE IN FUTURUM (ART. 145 C. PR. CIV.)

5. *Recevabilité.* Aucun texte ni aucun principe n'interdit à un associé d'une SARL de requérir, indépendamment de l'expertise régie par l'art. L. 223-37 C. com., toute mesure d'instruction en application des dispositions générales de l'art. 145 NCPC [C. pr. civ.]. • Nancy, 30 août 2005 : *Dr. sociétés 2006, n° 6, obs. Monnet.* ♦ Un associé minoritaire d'une SARL peut, sur le fondement de l'art. 145 NCPC [C. pr. civ.], recourir à une mesure d'expertise de nature à lui apporter les éléments de preuve nécessaires, dès lors que l'intérêt invoqué est parfaitement légitime, s'agissant d'obtenir la réparation éventuelle d'un préjudice, si celui-ci résulte de la mesure d'instruction ordonnée. • Metz, 6 janv. 1982 : *D. 1983. 564, note Reinhard ; Rev. sociétés 1984. 59, note Burst.*

6. *Procédure.* Sur la distinction entre l'expertise de l'art. 145 C. pr. civ. et la procédure de l'art. L. 223-37 C. com. quant aux pouvoirs du président du tribunal, qui statue en référé dans le premier cas et en la forme des référés dans le second, V. • Paris, 21 janv. 2009 : *JCP E 2009. 1454 ; Dr. sociétés 2009, n° 88, obs. Coquelet.*

Art. L. 223-38 *I. — Abrogé par Ord. n° 2005-1126 du 8 sept. 2005, art. 20-III.*
II et III. — Abrogés par L. n° 2003-706 du 1er août 2003, art. 112.
IV. — Abrogé par Ord. n° 2005-1126 du 8 sept. 2005, art. 20-III.

V., désormais, art. L. 820-3-1, L. 822-1 s. et L. 822-11.

Art. L. 223-39 *Al. 1er abrogé par Ord. n° 2005-1126 du 8 sept. 2005, art. 20-III. — V. art. L. 822-1 s.*

Les commissaires aux comptes sont avisés, au plus tard en même temps que les associés, des assemblées ou consultations. Ils ont accès aux assemblées.

Les documents visés au premier alinéa de l'article L. 223-26 sont mis à la disposition des commissaires aux comptes dans les conditions déterminées par décret en Conseil d'État. — *[L. n° 66-537 du 24 juill. 1966, art. 66.] — V. art. R. 223-28.*

Le 2e al. de l'art. L. 223-39 n'a pas été abrogé par l'art. 20-III de l'Ord. n° 2005-1126 du 8 sept. 2005, contrairement au 2e al. de l'art. L. 221-11.

Art. L. 223-40 La répétition des dividendes ne correspondant pas à des bénéfices réellement acquis peut être exigée des associés qui les ont reçus.

L'action en répétition se prescrit par le délai de trois ans à compter de la mise en distribution des dividendes. — *[L. n° 66-537 du 24 juill. 1966, art. 67.]*

Art. L. 223-41 La société à responsabilité limitée n'est pas dissoute lorsqu'un jugement de liquidation judiciaire, la faillite personnelle, l'interdiction de gérer prévue par l'article L. 625-8 ou une mesure d'incapacité est prononcé à l'égard de l'un des associés.

Elle n'est pas non plus dissoute par le décès d'un associé, sauf stipulation contraire des statuts. — *[L. n° 66-537 du 24 juill. 1966, art. 67 bis.]*

Art. L. 223-42 Si, du fait de pertes constatées dans les documents comptables, les capitaux propres de la société deviennent inférieurs à la moitié du capital social, les associés décident, dans les quatre mois qui suivent l'approbation des comptes ayant fait apparaître cette perte s'il y a lieu à dissolution anticipée de la société.

Si la dissolution n'est pas prononcée à la majorité exigée pour la modification des statuts, la société est tenue, au plus tard à la clôture du deuxième exercice suivant celui au cours duquel la constatation des pertes est intervenue *(Abrogé par L. n° 2003-721 du 1er août 2003, art. 1er-I) « et sous réserve des dispositions de l'article L. 223-2 »*, **de réduire son capital d'un montant au moins égal à celui des pertes qui n'ont pu être**

imputées sur les réserves, si, dans ce délai, les capitaux propres n'ont pas été reconstitués à concurrence d'une valeur au moins égale à la moitié du capital social.

Dans les deux cas, la résolution adoptée par les associés est publiée selon les modalités fixées par décret en Conseil d'État.

A défaut par le gérant ou le commissaire aux comptes de provoquer une décision ou si les associés n'ont pu délibérer valablement, tout intéressé peut demander en justice la dissolution de la société. Il en est de même si les dispositions du deuxième alinéa ci-dessus n'ont pas été appliquées. Dans tous les cas, le tribunal peut accorder à la société un délai maximal de six mois pour régulariser sa situation. Il ne peut prononcer la dissolution, si, au jour où il statue sur le fond, cette régularisation a eu lieu.

Les dispositions du présent article ne sont pas applicables aux sociétés *(L. n° 2005-845 du 26 juill. 2005, art. 165-II)* **« en procédure de sauvegarde ou de redressement judiciaire » ou qui bénéficient** *(L. n° 2005-845 du 26 juill. 2005, art. 165-II)* **« d'un plan de sauvegarde ou de redressement judiciaire ».** — *[L. n° 66-537 du 24 juill. 1966, art. 68.] — V. art. R. 210-15 et R. 223-36. — Sur les sanctions pénales, V. art. L. 241-6.*

1. Consultation des associés. La consultation des associés exigée par l'art. 68 de la L. du 24 juill. 1966 [C. com., art. L. 223-42] au cas de pertes ayant rendu l'actif net [les capitaux propres] de la société inférieur[s] au quart [à la moitié] du capital doit être au besoin une consultation spéciale et non l'assemblée ordinaire. • Crim. 7 nov. 1983 : *Rev. sociétés 1984. 327, note Bouloc.*

2. Demande en dissolution. S'il n'est pas contestable qu'un associé a la qualité pour agir en justice pour demander la dissolution de la société dont il est associé, encore faut-il qu'il justifie d'un intérêt légitime, né et actuel à agir, conformément aux dispositions de l'art. 31 NCPC [C. pr. civ.]. • Nîmes, 8 avr. 2004 : *RJDA 2005, n° 275 ; Dr. sociétés 2004, n° 174, obs. Monnet.* ♦ La qualité de créancier ne peut suffire à caractériser l'intérêt exigé par l'art. 68 de la L. du 24 juill. 1966 [C. com., art. L. 223-48] pour justifier la demande en dissolution de la société débitrice. • Paris, 18 févr. 1994 : *RTD com. 1994. 284, obs. Champaud et Danet ; Rev. sociétés 1994. 335, obs. Guyon ; BJS 1994. 531.*

3. Faute de gestion. Le fait, pour le gérant, de n'avoir pas consulté les associés afin qu'ils se prononcent sur la poursuite éventuelle de l'activité conformément à l'art. L. 223-42 constitue une faute de gestion justifiant sa condamnation, sur le fondement de l'art. L. 651-2 C. com., à supporter une partie du passif social. • Paris, 17 févr. 2009 : *RJDA 2009, n° 564.* ♦ En revanche, l'absence de régularisation effective, dans le délai légal de deux ans, de la situation des capitaux propres devenus inférieurs à la moitié du capital social, qui est imputable aux associés, ne constitue pas une faute de gestion dont les dirigeants auraient à répondre. • Com. 13 oct. 2015, n° 14-15.755 : *RJDA 2016, n° 137 ; BJS 2016. 157, note Heinich.*

4. Abus de minorité. V. notes ss. art. L. 225-248.

Art. L. 223-43 La transformation d'une société à responsabilité limitée en société en nom collectif, en commandite simple ou en commandite par actions, exige l'accord unanime des associés.

La transformation en société anonyme est décidée à la majorité requise pour la modification des statuts. Toutefois, elle peut être décidée par des associés représentant la majorité des parts sociales si les capitaux propres figurant au dernier bilan excèdent *(Ord. n° 2000-916 du 19 sept. 2000)* **« 750 000 € ».**

La décision est précédée du rapport d'un commissaire aux comptes inscrit, sur la situation de la société.

Toute transformation, effectuée en violation des règles du présent article, est nulle. — *[L. n° 66-537 du 24 juill. 1966, art. 69.]*

Sur les infractions concernant les sociétés à responsabilité limitée, V. art. L. 241-1 s.

I. CONDITIONS DE VALIDITÉ DE LA TRANSFORMATION

1. Détournement de pouvoirs. Est nulle la transformation d'une SARL en SA qui a été décidée sans être précédée d'un rapport d'un commissaire aux comptes inscrit. De plus, une transformation qui a été décidée, à l'évidence, pour faire échec aux droits d'un associé, ne lui est pas opposable comme entachée d'un détournement de pouvoirs. • Paris, 18 nov. 1969 : *D. 1970. 170, note Guyon ; JCP 1970. II. 16303, note Bernard.*

2. Abus de majorité. Les juges du fond peuvent refuser de prononcer, à la demande de l'un des gérants, la nullité d'une délibération de l'assemblée générale extraordinaire d'une SARL ayant décidé sa transformation en SA en constatant que l'ensemble des associés subit les conséquences de cette transformation, que le caractère familial de la société a été préservé dans toute la mesure du possible par l'exigence de la forme nominative des actions et l'agrément du conseil d'administration pour leur cession et qu'aucun abus de la part de la majorité ne peut être relevé. • Com. 6 juin 1972 : *D. 1973. 213, note Bousquet ; Rev. sociétés 1973. 310, note Bouloc.*

3. Abus de droit (fiscalité). Viole l'art. L. 64 LPF (relatif à la répression des abus de droit), les art. 69 et 72-1 de la L. du 24 juill. 1966 [C. com., art. L. 223-43 et L. 224-3] le tribunal qui considère comme un montage entrant dans le champ d'application dudit art. L. 64 la transformation d'une SARL en SA et la vente ultérieure de leurs actions par les anciens associés au motif que la première avait pour but d'éviter le paiement des droits de mutation dus pour une cession de parts, sans constater que la société était revenue à sa forme antérieure. • Com. 10 déc. 1996, n° 94-20.070 P : *D. 1997. Somm. 229, obs. Hallouin ; Rev. sociétés 1997. 589, note Kornprobst ; JCP 1997. II. 22832, note Hovasse ; LPA 19 mai 1997, note Espesson-Vergeat.*

4. Rapport du commissaire aux comptes. Il résulte de la combinaison des art. L. 223-43 et L. 224-3 qu'en cas de transformation d'une SARL en SAS, un rapport sur la situation de la société doit être établi par un commissaire aux comptes (Rép. min. n° 30655 : *JOAN Q 25 mars 2014, p. 2581 ; D. 2014. Actu. 824 ; Rev. sociétés 2014. 276*).

II. CONSÉQUENCES DE LA TRANSFORMATION

5. Cautionnement. Le cautionnement des nouveaux dirigeants de la SA ne se substitue pas à l'engagement du gérant de l'ancienne SARL, à moins que le créancier n'ait renoncé de façon non équivoque au cautionnement du gérant. • Com. 3 janv. 1995, n° 90-19.713 : *Rev. sociétés 1995. 493, note Delebecque ; RJDA 1995, n° 404 ; BJS 1995. 237, note Le Cannu.*

6. Conventions autorisées. Lorsque, à la suite de la transformation d'une SARL en SA, la société transformée est la continuation de la précédente avec la même personnalité juridique, les engagements pris par la SARL sont opposables à la SA sans que soit nécessaire une réitération prise dans les formes prévues à l'art. 40 de la L. du 24 juill. 1867 [C. com., art. L. 225-38]. • Com. 4 mars 1969, n° 67-12.581 P : *D. 1969. 687 ; Rev. sociétés 1970. 284 ; JCP 1969. II. 15949, note Guyon.* ♦ Comp., en cas de modification de la convention ayant eu pour effet d'en rendre les conditions d'exécution plus onéreuses, V. • Com. 29 mars 1994, n° 92-13.584 : *Dr. sociétés 1994, n° 119, obs. Le Nabasque.*

CHAPITRE IV DISPOSITIONS GÉNÉRALES APPLICABLES AUX SOCIÉTÉS PAR ACTIONS

Art. L. 224-1 **La société par actions est désignée par une dénomination sociale, qui doit être précédée ou suivie de la mention de la forme de la société et du montant du capital social.**

Le nom d'un ou *[de]* **plusieurs associés peut être inclus dans la dénomination sociale. Toutefois, dans la société en commandite par actions, le nom des associés commanditaires ne peut y figurer.** — *[L. n° 66-537 du 24 juill. 1966, art. 70.] — V. art. R. 123-238. — Sur les sanctions pénales, V. art. L. 242-1 s.*

Art. L. 224-2 *(Ord. n° 2009-80 du 22 janv. 2009, art. 7-II, en vigueur le 1er avr. 2009)* **« Le capital social doit être de 37 000 € au moins. »**

La réduction du capital social à un montant inférieur ne peut être décidée que sous la condition suspensive d'une augmentation de capital destinée à amener celui-ci à un montant au moins égal au montant prévu à l'alinéa précédent, à moins que la société ne se transforme en société d'une autre forme. En cas d'inobservation des dispositions du présent alinéa, tout intéressé peut demander en justice la dissolution de la société. Cette dissolution ne peut être prononcée si, au jour où le tribunal statue sur le fond, la régularisation a eu lieu. — *V. art. R. 210-15.*

Par dérogation au premier alinéa, le capital des sociétés de rédacteurs de presse est de *(Ord. n° 2000-916 du 19 sept. 2000)* **« 300 € » au moins lorsqu'elles sont constituées sous la forme de société anonyme.** — *[L. n° 66-537 du 24 juill. 1966, art. 71 et 491, al. 3.]*

RÉP. SOCIÉTÉS v° *Capital social*, par A. Lecourt.

BIBL. ▶ Boizard, *Rev. sociétés 1999. 735* (réduction du capital social à zéro). – Cohen, *D. 2003. Chron. 410* (validité du « coup d'accordéon »). – Chiffaut-Moliard, *JCP E 2003, n° 47, p. 1860* (plaidoyer pour un capital social négatif). – Cochet, *RJ com. 2004. 135* (« coup d'accordéon »). – Caramalli et Cafritz, *Banque et Dr. 3-4/2004. 3* (le mythe du capital social). – Le Cannu et Parléani, *Rev. sociétés 2005. 13* (financement du capital). – Mortier, *JCP E 2011.*

1365 (réalisation du « coup d'accordéon »). – FAUCHON, *Mél. Merle, Dalloz, 2012, p. 253* (opération accordéon).

Capital minimal et « coup d'accordéon ». La technique dite du « coup d'accordéon » qui consiste, à la suite d'une diminution d'actif, à réduire le capital social à zéro pour l'augmenter par la suite par émission d'actions nouvelles n'est pas contraire à la lettre de l'art. 71 de la L. du 24 juill. 1966 [C. com., art. L. 224-2], même si le procédé se matérialise par la disparition définitive des droits de propriété attachés aux actions anciennes, et n'a pour toute contrepartie que la vocation prioritaire des actionnaires déchus à souscrire aux actions nouvelles à proportion de leurs droits antérieurs. • Com. 17 mai 1994, n° 91-21.364 P : *D. 1994. IR 166 ; Rev. sociétés 1994. 485, note Dana-Demaret ; Dr. sociétés 1994, n° 142, obs. Le Nabasque ; BJS 1994. 816, note Daigre.* ♦ L'opération de réduction à zéro du capital et l'augmentation subséquente réservée à un tiers par suppression du droit préférentiel de souscription des anciens actionnaires ayant été décidées par l'assemblée générale des actionnaires pour reconstituer les fonds propres de la société, afin d'assurer la pérennité de l'entreprise, sans cela condamnée au dépôt de bilan, sans nuire aux actionnaires, fussent-ils minoritaires qui, d'une façon ou d'une autre – réalisation de l'opération ou dépôt de bilan – auraient eu une situation identique, les actionnaires majoritaires subissant par ailleurs le même sort, cette opération ne constitue pas une atteinte au droit de propriété des actionnaires mais sanctionne leur obligation de contribuer aux pertes sociales dans la limite de leurs apports. • Com. 18 juin 2002, n° 99-11.999 P : *D. 2002. Somm. 3264, obs. Hallouin ; RTD com. 2002. 496, obs. Chazal et Reinhard ; JCP E 2002, n° 43-44, p. 1728, note Viandier ; JCP 2002. II. 10180, note Hovasse ; BJS 2002. 1221, note Sylvestre.* ♦ Pour un arrêt ayant retenu l'abus de majorité, dans le cas où les réductions et augmentations successives du capital n'avaient pas eu pour seul objectif de recapitaliser la société, mais avaient aussi permis à l'actionnaire majoritaire de ne pas honorer ses engagements (promesse d'achat d'actions) envers l'actionnaire minoritaire, V. • Com. 28 févr. 2006, n° 04-17.566 : *Dr. sociétés 2006, n° 75, obs. Hovasse.*

Art. L. 224-3 *(L. n° 2003-706 du 1er août 2003)* **« Lorsqu'une société de quelque forme que ce soit qui n'a pas de commissaire aux comptes se transforme en société par actions, » un ou plusieurs commissaires à la transformation, chargés d'apprécier sous leur responsabilité la valeur des biens composant l'actif social et les avantages particuliers, sont désignés, sauf accord unanime des associés par décision de justice à la demande des dirigeants sociaux ou de l'un d'eux. Les commissaires à la transformation peuvent être chargés de l'établissement du rapport sur la situation de la société mentionné au troisième alinéa de l'article L. 223-43. Dans ce cas, il n'est rédigé qu'un seul rapport. Ces commissaires sont soumis aux incompatibilités prévues** *(L. n° 2016-1691 du 9 déc. 2016, art. 144-I-3°)* **« à l'article L. 822-11-3 ».** *(Abrogé par L. n° 2016-1691 du 9 déc. 2016, art. 144-I-3°)* ***« Le commissaire aux comptes de la société peut être nommé commissaire à la transformation. »*** **Le rapport est tenu à la disposition des associés.**

Les associés statuent sur l'évaluation des biens et l'octroi des avantages particuliers. Ils ne peuvent les réduire qu'à l'unanimité.

A défaut d'approbation expresse des associés, mentionnée au procès-verbal, la transformation est nulle. — *[L. n° 66-537 du 24 juill. 1966, art. 72-1.] — V. art. R. 224-3.*

BIBL. ▶ GUENGANT, *JCP E 2003, n° 45-46, p. 1798* (transformations de sociétés en sociétés par actions : l'impossible clarification de l'art. L. 224-3). – AZARIAN, *Dr. sociétés 2003. Chron. 12* (transformation des SA en SAS depuis la L. du 1er août 2003). – PAPONNAUD, *ibid. 2004. Étude 6* (même thème). – DARMON et DESPREZ, *Rev. sociétés 2005. 119* (la transformation en société par actions sous turbulences législatives).

1. Transformation d'une SA en SAS. Désormais, seul le rapport du commissaire aux comptes prévu à l'art. L. 225-244 doit être établi en cas de transformation d'une SA en SAS, et en l'absence de toute référence à ce rapport dans l'art. 49 du Décr. du 30 mai 1984, devenu l'art. R. 123-105 C. com., son dépôt au greffe du tribunal de commerce n'est pas prescrit. • Com. 8 avr. 2008, n° 06-15.193 P : *cité note 1 ss. art. R. 123-105.*

2. Responsabilité du commissaire à la transformation. Pour un ex., à propos d'un défaut de constat de l'absence de comptabilisation d'une provision pour charges, V. • Com. 10 déc. 2013, n° 11-22.188 : *RJDA 2014, n° 249.*

CHAPITRE V DES SOCIÉTÉS ANONYMES

Dans les sociétés mentionnées aux chapitres V et VI dont les actions sont admises aux négociations sur un marché réglementé, la proportion des administrateurs ou des membres du conseil de sur-

veillance de chaque sexe ne peut être inférieure à 20 % à l'issue de la première assemblée générale ordinaire qui suit le 1er janv. 2014. Lorsque l'un des deux sexes n'est pas représenté au sein du conseil d'administration ou de surveillance à la date de publication de la L. n° 2011-103 du 27 janv. 2011 (JO 28 janv.), au moins un représentant de ce sexe doit être nommé lors de la plus prochaine assemblée générale ordinaire ayant à statuer sur la nomination d'administrateurs ou de membres du conseil de surveillance. Le représentant permanent d'une personne morale nommée administrateur ou membre du conseil de surveillance est pris en compte pour apprécier la conformité de la composition du conseil d'administration ou de surveillance aux dispositions ci-dessus. Toute nomination ou toute désignation intervenue en violation de ces dispositions et n'ayant pas pour effet de remédier à l'irrégularité de la composition du conseil d'administration ou de surveillance est nulle. Cette nullité n'entraîne pas celle des délibérations auxquelles a pris part l'administrateur ou le membre du conseil irrégulièrement nommé (L. n° 2011-103 du 27 janv. 2011, art. 5-II).

Art. L. 225-1 **La société anonyme est la société dont le capital est divisé en actions et qui est constituée entre des associés qui ne supportent les pertes qu'à concurrence de leurs apports.** *(Abrogé par Ord. n° 2015-1127 du 10 sept. 2015, art. 1er)* ***« Le nombre des associés ne peut être inférieur à sept. »***

(Ord. n° 2015-1127 du 10 sept. 2015, art. 1er) **« Elle est constituée entre deux associés ou plus.** *(Abrogé par Ord. n° 2020-1142 du 16 sept. 2020, art. 3, à compter du 1er janv. 2021)* ***« Toutefois, pour les sociétés dont les*** *(L. n° 2016-563 du 10 mai 2016, art. 2)* ***« actions sont admises » aux négociations sur un marché réglementé*** *(L. n° 2016-563 du 10 mai 2016, art. 2)* ***« ou sur un système multilatéral de négociation », le nombre des associés ne peut être inférieur à sept. » »*** *— [L. n° 66-537 du 24 juill. 1966, art. 73.]*

Le 2d al. de l'art. L. 225-1 n'est pas applicable aux sociétés dont l'État détient la majorité ou la totalité du capital (Ord. n° 2014-948 du 20 août 2014, art. 32, en vigueur le 12 sept. 2015).

BIBL. ▶ Rodriguez, *BJS 2006. 10* (réflexions sur la SA unipersonnelle). – Dondero, *JCP E 2015. Actu. 712* (Ord. du 10 sept. 2015). – Roussille, *Dr. sociétés 2015, n° 195* (même thème).

1. Division du capital en actions. Lorsque le capital social est divisé en un certain nombre de parts qui ont les caractères juridiques essentiels de l'action, ces parts constituent de véritables actions, quelle que soit la nature de la dénomination donnée. • Crim. 14 janv. 1905 : *DP 1906. 1. 129, note Le Poittevin ; S. 1907. 1. 529, note Wahl.*

2. Responsabilité limitée des actionnaires. Lorsqu'une société coopérative de construction exerce son activité sous la forme d'une SA, viole l'art. 73 de la L. du 24 juill. 1966 [C. com., art. L. 225-1] l'arrêt qui condamne un de ses membres au paiement de l'insuffisance d'actif de la société proportionnellement au nombre d'actions qu'il a souscrites, alors que les associés ne supportent les pertes qu'à concurrence de leurs apports. • Com. 26 juin 1984, n° 83-10.049 P : *D. 1986. IR 42 ; Rev. sociétés 1985. 124, note J. H.*

SECTION PREMIÈRE DE LA CONSTITUTION DES SOCIÉTÉS ANONYMES

SOUS-SECTION 1 DE LA CONSTITUTION AVEC OFFRE AU PUBLIC AUTRE QUE L'UNE DE CELLES MENTIONNÉES AU 1° OU AU 2° DE L'ARTICLE L. 411-2 DU CODE MONÉTAIRE ET FINANCIER OU À L'ARTICLE L. 411-2-1 DU MÊME CODE *(Ord. n° 2019-1067 du 21 oct. 2019, art. 2).*

Art. L. 225-2 **Le projet de statuts est établi et signé par un ou plusieurs fondateurs, qui déposent un exemplaire au greffe du tribunal de commerce du lieu du siège social.**

Les fondateurs publient une notice dans les conditions déterminées par décret en Conseil d'État.

Aucune souscription ne peut être reçue si les formalités prévues aux premier et deuxième alinéas ci-dessus n'ont pas été observées.

Les personnes déchues du droit d'administrer ou de gérer une société ou auxquelles l'exercice de ces fonctions est interdit ne peuvent être fondateurs. *— [L. n° 66-537 du 24 juill. 1966, art. 74.] — V. art. R. 224-1, R. 224-2, R. 225-2, R. 225-3* et *R. 225-4. — V. art. L. 228-27 s.*

L'art. L. 225-2 s'applique à l'ensemble des entreprises publiques et des établissements publics (L. n° 2010-788 du 12 juill. 2010, art. 226).

BIBL. ▶ Peltier, *BJS 1992. 135* (fondements juridiques de la pratique des dates de jouissance en matière d'émission d'actions nouvelles).

Fondateurs. Si la qualité de fondateurs d'une SA peut être reconnue à tous ceux qui ont concouru à l'organisation et à la mise en mouvement de la société, ce n'est qu'à la condition que la nature de ce concours permette de leur attribuer une part d'initiative dans les actes qui ont abouti à la création de l'entreprise sous sa forme sociale, ou qu'ils aient prêté en connaissance de cause aux véritables promoteurs de la société une coopération assez directe, étroite et constante pour qu'elle implique d'elle-même une acceptation consciente des responsabilités inhérentes à la constitution du corps social. • Civ. 1er juill. 1930 : *DP 1931. 1. 97, note Hamel ; S. 1931. 1. 305, note Lagarde.* ♦ Sur la qualité de fondateur, V. aussi note 16 ss. art. L. 210-6.

Art. L. 225-3 Le capital doit être intégralement souscrit.

Les actions de numéraire sont libérées, lors de la souscription, de la moitié au moins de leur valeur nominale. La libération du surplus intervient en une ou plusieurs fois sur décision du conseil d'administration ou du directoire selon le cas, dans un délai qui ne peut excéder cinq ans à compter de l'immatriculation de la société au registre du commerce et des sociétés.

Les actions d'apport sont intégralement libérées dès leur émission.

Les actions ne peuvent représenter des apports en industrie. — *[L. no 66-537 du 24 juill. 1966, art. 75.]*

RÉP. SOCIÉTÉS vis Action, par ARTZ ; *Capital social,* par LECOURT.

I. SOUSCRIPTION DU CAPITAL SOCIAL

1. Souscription pure et simple. La souscription d'actions n'est susceptible d'aucune modalité et doit être pure et simple. • Rouen, 21 juin 1957 : *D. 1957. 628 ; S. 1958. 53 ; Rev. sociétés 1957. 405.* ♦ Si elle est assortie d'une condition, celle-ci doit être réputée non écrite et l'acte valable. • Même arrêt. ♦ Le souscripteur peut seulement, le cas échéant, obtenir des dommages-intérêts de la société (ou du fondateur) dont il a souscrit les actiuons, si cette dernière n'a pas respecté ses engagements, mais il demeure débiteur de la partie non libérée des actions souscrites. • Même arrêt.

2. Commercialité de la souscription. La souscription d'actions constitue un acte de commerce. • Civ. 7 nov. 1899 : *DP 1900. 1. 369, note Thaller ; S. 1901. 1. 513, note Wahl.*

3. Nullité de la souscription. Ne constituent pas en elles-mêmes une cause de nullité les souscriptions du capital social par prête-noms, dès lors que la simulation ne recouvre aucune fraude et que la libération des actions n'est pas fictive, les fonds étant réellement et définitivement entrés dans les caisses de la société. • Com. 30 janv. 1961, no 58-11.974 P : *D. 1961. 292 ; S. 1961. 208 ; JCP 1962. II. 12527, note Le Galcher-Baron.* ♦ Une souscription d'actions, bien qu'obtenue au moyen de manœuvres frauduleuses, n'en est pas moins obligatoire vis-à-vis des créanciers sociaux, qui n'ont pas à subir les conséquences d'un dol auquel ils sont demeurés étrangers. • Req. 25 mai 1886 : *DP 1887. 1. 380.*

4. Origine des fonds. S'il n'est pas interdit de libérer les actions à l'aide de fonds provenant d'un emprunt, encore faut-il que cet emprunt soit sérieux et que les fonds aient été réellement mis à la disposition de la société. • Req. 9 juin 1891 : *DP 1892. 1. 361.* ♦ Le versement peut se faire par tous moyens bancaires ; mais la libération des actions n'est effective qu'au moment où la société a réellement à sa disposition le montant du chèque ou du virement. • Req. 31 déc. 1906 : *S. 1909. 1. 137, note Wahl.*

5. Lien entre montant du capital et montant des souscriptions. V., sur la validité d'une clause portant que les actions pourront, suivant le résultat des souscriptions, être incorporées pour partie au capital social : • Civ. 13 nov. 1907 : *DP 1909. 1. 65 ; S. 1908. 1. 65, note Lyon-Caen.*

II. LIBÉRATION DU CAPITAL SOCIAL

6. Libération par compensation. La libération du solde du capital initial peut être réalisée par compensation avec les soldes créditeurs de comptes courants d'associés, dès lors que la dette de l'associé et celle de l'actionnaire sont toutes deux liquides et exigibles. • Com. 8 janv. 2002, no 98-22.976 : *D. 2002. AJ 485, obs. Lienhard ; JCP E 2002, no 46, p. 1811, obs. Caussain, Deboissy et Wicker ; BJS 2002. 477, note F.-X. Lucas ; Dr. sociétés 2002, no 112, obs. Legros.* ♦ La créance de l'actionnaire contre la société constituée par le solde créditeur du compte ouvert à son nom dans les livres de la société (compte courant) est née du prêt consenti à celle-ci, tandis que la dette de l'actionnaire envers ladite société, au titre de l'obligation de libérer l'intégralité du capital social, dérive du contrat de société. A défaut de connexité, la compensation, après ouverture d'une procédure collective à l'encontre de la société, en vertu de l'art. 33 de la L. du 25 janv. 1985 [C. com., art. L. 621-24], n'est pas possible. • Com. 20 mai 1997, no 95-15.298 P : *D. Affaires 1997. 762 ; BJS 1997. 804, note Calendini.*

7. Libération échelonnée. Il importe peu que la société ait effectivement encaissé le quart [la moitié] de l'ensemble du capital social, la libération du quart [de la moitié] devant avoir lieu sur chaque titre. • Crim. 4 mai 1933 : *DH 1933. 366.*

8. Formes de l'appel. Sur la sanction du non-respect du formalisme prévu par la loi, et la preuve que la banque agit comme dépositaire des fonds constituant le capital social, V. • Com. 15 juill. 1992, n° 90-17.754 : *Rev. sociétés 1993. 103, note Barbièri ; Dr. sociétés 1992, n° 234, obs. Le Nabasque.*

9. Action en paiement. L'action intentée pour obtenir paiement du solde d'actions d'une société commerciale étant de nature commerciale, il doit y être statué conformément aux lois relatives au commerce, lesquelles permettent la preuve par témoins contre et outre le contenu des actes. • Civ. 7 nov. 1899 : *DP 1900. 1.*

10. Cessions d'actions non entièrement libérées. Le cessionnaire d'actions non entièrement libérées n'allègue pas utilement qu'il a payé lesdits titres pour être libéré des appels de fonds ; il reste tenu à l'égard de la société (en l'espèce en liquidation judiciaire), et dispose d'un recours contre son cédant. • Paris, 19 janv. 1993 : *BJS 1993. 569, obs. Lepeltier.*

11. Transformation de la société. Aucun texte n'impose la libération intégrale du capital d'une SA avant sa transformation en SARL. • Paris, 13 oct. 2009 : *RJDA 2010, n° 396 ; Dr. sociétés 2010, n° 71, obs. Gallois-Cochet.* ♦ La transformation en SARL d'une SA dont le capital n'a pas été intégralement libéré n'est pas critiquable dès lors qu'à l'occasion de cette transformation le capital de la société nouvelle a été réduit au montant des versements déjà effectués et que ces versements ont été opérés dans le respect des exigences légales posées par l'art. L. 225-3. • Même arrêt.

Art. L. 225-4 **La souscription des actions de numéraire est constatée par un bulletin établi dans les conditions déterminées par décret en Conseil d'État.** — *[L. n° 66-537 du 24 juill. 1966, art. 76.] — V. art. R. 22-10-5.*

Responsabilité en l'absence d'ouverture de la souscription. La banque qui, après s'être chargée d'assurer le placement dans le public d'une partie de la souscription d'une émission d'actions en vue d'une augmentation de capital, néglige d'ouvrir la souscription à ses guichets le premier jour de l'émission et met ainsi un souscripteur dans l'impossibilité de participer à la répartition des titres entre les candidats à cette souscription commet une faute l'obligeant à réparer le préjudice causé au souscripteur évincé. • Paris, 13 mars 1961 : *D. 1962. 310, note Dalsace.*

Art. L. 225-5 **Les fonds provenant des souscriptions en numéraire et la liste des souscripteurs avec l'indication des sommes versées par chacun d'eux font l'objet d'un dépôt dans les conditions déterminées par décret en Conseil d'État, celui-ci fixe également les conditions dans lesquelles est ouvert le droit à communication de cette liste.**

A l'exception des dépositaires visés par le décret prévu à l'alinéa précédent, nul ne peut détenir plus de huit jours les sommes recueillies pour le compte d'une société en formation. — *[L. n° 66-537 du 24 juill. 1966, art. 77.] — V. art. R. 225-6.*

V. note 2 ss. art. L. 225-11.

Art. L. 225-6 **Les souscriptions et les versements sont constatés par un certificat du dépositaire établi, au moment du dépôt des fonds, sur présentation des bulletins de souscription.** — *[L. n° 66-537 du 24 juill. 1966, art. 78.]*

Déclaration inexacte. Il y a déclaration inexacte de souscription lorsque le souscripteur s'est fait restituer, dès le versement, les sommes afférentes à sa souscription et que de ce fait, la société a été privée de ces sommes. • Crim. 10 oct. 1963 : *D. 1964. Somm. 62.*

Art. L. 225-7 **Après la délivrance du certificat du dépositaire, les fondateurs convoquent les souscripteurs en assemblée générale constitutive dans les formes et délais prévus par décret en Conseil d'État.**

Cette assemblée constate que le capital est entièrement souscrit et que les actions sont libérées du montant exigible. Elle se prononce sur l'adoption des statuts qui ne peuvent être modifiés qu'à l'unanimité de tous les souscripteurs, nomme les premiers administrateurs ou membres du conseil de surveillance *(Abrogé par L. n° 2019-486 du 22 mai 2019, art. 20-I-3°)* **«*, désigne un ou plusieurs commissaires aux comptes*». Le procès-verbal de la séance de l'assemblée constate, s'il y a lieu, l'acceptation de leurs fonctions par les administrateurs ou membres du conseil de surveillance** *(Abrogé par L. n° 2019-486 du 22 mai 2019, art. 20-I-3°)* **«*et par les commissaires aux comptes*».** — *[L. n° 66-537 du 24 juill. 1966, art. 79.] — V. art. R. 210-7, R. 225-36, R. 225-38, R. 22-10-11 et R. 22-10-13.*

Pour les dispositions transitoires de la L. n° 2019-486 du 22 mai 2019, V. notes ss. art. L. 221-9.

Art. L. 225-8 En cas d'apports en nature comme au cas de stipulation d'avantages particuliers au profit de personnes associées ou non, un ou plusieurs commissaires aux apports sont désignés *(L. n° 2012-387 du 22 mars 2012, art. 7-II)* « à l'unanimité des fondateurs ou, à défaut, » par décision de justice, à la demande des fondateurs ou de l'un d'entre eux. Ils sont soumis aux incompatibilités prévues à l'article *(L. n° 2016-1691 du 9 déc. 2016, art. 142-1°)* « L. 822-11-3, sans préjudice de la possibilité d'être désignés pour accomplir les missions prévues aux articles L. 225-101, L. 225-131, L. 225-147, L. 228-15 et L. 228-39 ».

Les commissaires apprécient, sous leur responsabilité, la valeur des apports en nature et les avantages particuliers. Le rapport déposé au greffe, avec le projet de statuts, est tenu à la disposition des souscripteurs, dans les conditions déterminées par décret en Conseil d'État.

L'assemblée générale constitutive statue sur l'évaluation des apports en nature et l'octroi d'avantages particuliers. Elle ne peut les réduire qu'à l'unanimité de tous les souscripteurs.

A défaut d'approbation expresse des apporteurs et des bénéficiaires d'avantages particuliers, mentionnée au procès-verbal, la société n'est pas constituée. – *[L. n° 66-537 du 24 juill. 1966, art. 80.] – V. art. R. 22-10-7 s.*

RÉP. SOCIÉTÉS v^is Apport, par Goffaux-Callebaut ; *Avantages particuliers*, par Allain.

BIBL. ▸ Engel et Troussière, *JCP E 1996. I. 585* (création de catégories d'actions et stipulations d'avantages particuliers). – Reigné et Delorme, *BJS 2002. 1117* (nature nécessairement pécuniaire des avantages particuliers). – Allain, *Dr. sociétés 2003. Repère 12* (définition des avantages particuliers).

1. Transformation. Au cas de transformation en SA d'une société en commandite simple, sans création d'une personne morale nouvelle, les règles relatives à l'évaluation des apports en nature pour le cas de création d'une SA nouvelle, ne sont pas applicables. • Paris, 27 avr. 1971 : *JCP 1971. IV. 294.*

2. Avantage particulier. Ne constitue pas un avantage particulier au sens de l'art. 4 de la L. du 24 juill. 1867 [C. com., art. L. 225-8] celui qui ne peut avoir aucune influence relativement au droit des autres actionnaires sur le fonds social et sur ses produits. • Civ. 6 mars 1935 : *DH 1935. 265.* ♦ Ainsi, ne constitue pas un avantage particulier le droit réservé à deux des fondateurs, par les statuts, de disposer librement du tiers de leurs actions, alors que les statuts soumettent, en principe, toute transmission d'actions au profit d'une personne non déjà actionnaire à l'agrément du conseil d'administration. • Même arrêt. ♦ V. aussi, et comp., notes 1 s. ss. art. L. 225-147.

3. Évaluation définitive. Lorsqu'un apport en nature a été vérifié et approuvé par l'assemblée générale des actionnaires, l'évaluation dont il a été l'objet se trouve, en l'absence de tout dol ou fraude, définitive à l'égard des parties. • Civ. 10 janv. 1881 : *DP 1881. 1. 161.* ♦ Est constitutif de dol le fait pour les fondateurs, apporteurs et vérificateurs d'affirmer des faits inexacts et de cacher des faits qui, connus des actionnaires, auraient empêché ceux-ci de donner leur approbation aux apports. • Civ. 10 nov. 1897 : *D. 1899. 1. 529.*

4. Livraison de l'apport. L'obligation de livrer l'apport n'est parfaite qu'après le vote d'approbation de l'assemblée. Par suite, la société n'a le droit de percevoir les revenus de l'immeuble apporté que du jour de cette approbation. • Req. 13 nov. 1935 : *DH 1935. 553.*

Art. L. 225-8-1 *(L. n° 2012-387 du 22 mars 2012, art. 8-I)* I. — L'article L. 225-8 n'est pas applicable, sur décision des fondateurs, lorsque l'apport en nature est constitué :

1° *De valeurs mobilières* donnant accès au capital mentionnées à l'article L. 228-1 ou d'instruments du marché monétaire, au sens de l'article 4 de la directive 2004/39/CE du Parlement européen et du Conseil du 21 avril 2004 concernant les marchés d'instruments financiers, modifiant les directives 85/611/CEE et 93/6/CEE du Conseil et la directive 2000/12/CE du Parlement européen et du Conseil et abrogeant la directive 93/22/CE du Conseil, s'ils ont été évalués au prix moyen pondéré auquel ils ont été négociés sur un ou plusieurs marchés réglementés au cours des trois mois précédant la date de la réalisation effective de l'apport ;

2° D'éléments d'actif autres que les valeurs mobilières ou les instruments du marché monétaire mentionnés au 1° si, dans les six mois précédant la date de la réalisation effective de l'apport, ces éléments ont déjà fait l'objet d'une évaluation à la juste valeur par un commissaire aux apports dans les conditions définies à l'article L. 225-8.

II. – L'apport en nature fait l'objet d'une réévaluation dans les conditions mentionnées à l'article L. 225-8, à l'initiative et sous la responsabilité des fondateurs, lorsque :

1° Dans le cas prévu au 1° du I du présent article, le prix a été affecté par des circonstances exceptionnelles pouvant modifier sensiblement la valeur de l'élément d'actif à la date de la réalisation effective de l'apport ;

2° Dans le cas prévu au 2° du même I, des circonstances nouvelles ont modifié sensiblement la juste valeur de l'élément d'actif à la date de la réalisation effective de l'apport.

III. – Les informations relatives aux apports en nature mentionnés aux 1° et 2° du I sont portées à la connaissance des souscripteurs dans des conditions définies par décret en Conseil d'État. – *V. art. R. 225-14-1 et R. 22-10-10.*

Art. L. 225-9 Les souscripteurs d'actions prennent part au vote ou se font représenter dans les conditions prévues aux articles L. 225-106, L. 225-110 et L. 225-113.

L'assemblée constitutive délibère aux conditions de quorum et de majorité prévues pour les assemblées extraordinaires. – *[L. nº 66-537 du 24 juill. 1966, art. 81.]*

Art. L. 225-10 Lorsque l'assemblée délibère sur l'approbation d'un apport en nature ou l'octroi d'un avantage particulier, les actions de l'apporteur ou du bénéficiaire ne sont pas prises en compte pour le calcul de la majorité.

L'apporteur ou le bénéficiaire n'a voix délibérative ni pour lui-même ni comme mandataire. – *[L. nº 66-537 du 24 juill. 1966, art. 82, al. 2 et 3.]*

1. Actionnaires exclus du vote. L'associé qui a fait l'apport soumis à l'approbation de l'assemblée générale n'a pas voix délibérative, même quand il joint à sa qualité d'apporteur en nature, celle de souscripteur d'actions de numéraire. • Req. 31 déc. 1906 : *DP 1908. 1. 513, note Percerou.* ♦ Des sociétés affiliées à un même groupe n'ont pas l'obligation de s'abstenir de prendre part au vote lorsqu'une société de ce groupe fait un apport à une autre société dont elles sont elles-mêmes actionnaires. • Paris, 19 mai 1972 : *BJS 1972. 399.*

2. Sanction. Lorsque des apporteurs en nature (ou des bénéficiaires d'avantages particuliers) ont contribué irrégulièrement à former le quorum ou la majorité requis dans les assemblées constitutives, les délibérations n'en restent pas moins valables si, sans tenir compte de cette participation irrégulière, le quorum et la majorité prescrits sont atteints. • Civ. 31 déc. 1906 : *DP 1908. 1. 513, note Percerou.*

Art. L. 225-11 Le retrait des fonds provenant des souscriptions en numéraire ne peut être effectué par le mandataire de la société avant l'immatriculation de celle-ci au registre du commerce et des sociétés.

Si la société n'est pas constituée dans le délai de six mois à compter du *(L. nº 2016-1691 du 9 déc. 2016, art. 144-I-4º)* « premier dépôt de fonds ou si elle n'est pas immatriculée au registre du commerce et des sociétés dans le même délai », tout souscripteur peut demander en justice la nomination d'un mandataire chargé de retirer les fonds pour les restituer aux souscripteurs, sous déduction des frais de répartition. *(L. nº 2016-1691 du 9 déc. 2016, art. 144-I-4º)* « Le retrait des fonds peut également être demandé directement au dépositaire, aux mêmes fins et sous les mêmes conditions, par un mandataire représentant l'ensemble des souscripteurs. »

Si le ou les fondateurs décident ultérieurement de constituer la société, il doit être procédé à nouveau au dépôt des fonds et à la déclaration prévus aux articles L. 225-5 et L. 225-6. – *[L. nº 66-537 du 24 juill. 1966, art. 83.] – V. art. R. 22-10-12 et R. 22-10-12.*

1. Mandataire chargé du retrait des fonds. Lorsque des actionnaires ont en vain mis en demeure le président d'une société de régulariser l'immatriculation de celle-ci au RCS, c'est à bon *droit que le président* du tribunal de commerce statuant en référé désigne un mandataire de justice dans les conditions prévues par l'art. 83 de la L. du 24 juill. 1966 [C. com., art. L. 225-11] pour leur faire remettre les sommes versées à titre de souscription et restituer le montant de leurs apports. • Lyon, 10 nov. 1983 : *D. 1984. 123, note Reinhard.*

2. Sanction de l'absence de dépôt. Commet le délit d'abus de confiance le président du conseil d'administration qui, mandataire de la société, ne dépose qu'une partie des fonds versés à titre d'apport et en utilise une autre partie pour les dépenses sociales, alors que, l'immatriculation n'étant pas obtenue, ces fonds doivent être restitués sous la seule déduction des frais de répartition. • Crim. 10 mai 1993, nº 92-82.058 : *BJS 1993. 849, note Le Cannu.*

Art. L. 225-11-1 *(L. nº 2012-387 du 22 mars 2012, art. 17-II)* **Les droits de vote et les droits à dividende des actions ou coupures d'actions émises en violation des dispositions relatives à la constitution avec offre au public des sociétés anonymes prévues à la présente sous-section sont suspendus jusqu'à régularisation de la situation. Tout vote émis ou tout versement de dividende effectué pendant la suspension est nul.**

Art. L. 225-11-2 *(Ord. nº 2019-1067 du 21 oct. 2019, art. 2)* **Les dispositions de la présente sous-section ne sont pas applicables aux offres au public mentionnées au 1° ou au 2° de l'article L. 411-2 du code monétaire et financier ou à l'article L. 411-2-1 du même code.**

SOUS-SECTION 2 DE LA CONSTITUTION SANS OFFRE AU PUBLIC OU AVEC OFFRE AU PUBLIC MENTIONNÉE AU 1° OU AU 2° DE L'ARTICLE L. 411-2 DU CODE MONÉTAIRE ET FINANCIER OU À L'ARTICLE L. 411-2-1 DU MÊME CODE *(Ord. nº 2019-1067 du 21 oct. 2019, art. 2).*

Art. L. 225-12 **Lorsqu'il n'est pas** *(Ord. nº 2009-80 du 22 janv. 2009, art. 7-V, en vigueur le 1er avr. 2009)* **« procédé à une offre au public »** *(Ord. nº 2019-1067 du 21 oct. 2019, art. 2)* **« , ou lorsqu'il est procédé à une offre au public mentionnée au 1° ou au 2° de l'article L. 411-2 du code monétaire et financier ou à l'article L. 411-2-1 du même code », les dispositions de la sous-section 1 sont applicables, à l'exception des articles L. 225-2, L. 225-4, L. 225-7, des deuxième, troisième et quatrième alinéas de l'article L. 225-8 et des articles L. 225-9 et L. 225-10.** — *[L. nº 66-537 du 24 juill. 1966, art. 84.] — V. art. R. 225-13.*

Art. L. 225-13 **Les versements sont constatés par un certificat du dépositaire établi, au moment du dépôt des fonds, sur présentation de la liste des actionnaires mentionnant les sommes versées par chacun d'eux.** — *[L. nº 66-537 du 24 juill. 1966, art. 85.]*

Art. L. 225-14 **Les statuts contiennent l'évaluation des apports en nature. Il y est procédé au vu d'un rapport annexé aux statuts et établi, sous sa responsabilité, par un commissaire aux apports.**

Si des avantages particuliers sont stipulés, la même procédure est suivie. — *[L. nº 66-537 du 24 juill. 1966, art. 86.] — V. art. R. 225-14.*

Art. L. 225-15 **Les statuts sont signés par les actionnaires, soit en personne, soit par mandataire justifiant d'un pouvoir spécial, après l'établissement du certificat du dépositaire et après mise à disposition des actionnaires, dans les conditions et délais déterminés par décret en Conseil d'État, du rapport prévu à l'article L. 225-14.** — *[L. nº 66-537 du 24 juill. 1966, art. 87.] — V. art. R. 210-6.*

1. Consentement. Le consentement donné par une personne en vue de la création d'une SA et d'être actionnaire de celle-ci se manifeste, en vertu de l'art. L. 225-15, par l'apposition de sa signature sur les statuts soit en personne, soit par mandataire justifiant d'un pouvoir spécial. • Versailles, 13 nov. 2007 : *BJS 2008. 200, note Le Cannu.* ♦ Le fait d'avoir signé des projets de cession d'actions et la feuille de présence d'une assemblée ne confère pas la qualité d'associé dès lors que les statuts n'ont pas été régularisés. • Même arrêt.

2. Acte constitutif. La tenue d'une assemblée constitutive n'étant pas requise à peine de nullité, la signature des statuts par chaque associé suffit à caractériser leur participation à l'acte constitutif. De même, n'est pas une cause de nullité le défaut d'établissement des statuts en autant d'originaux que d'associés en vue de leur remise à chacun d'eux. • Grenoble, 17 mai 1995 : *JCP 1996. IV. 717.* ♦ La sincérité de la répartition du capital social n'est pas non plus prescrite à peine de nullité, le fait que soit dénoncée la déclaration relative à l'identité d'un apporteur prête-nom aux termes d'une cession en blanc ne remettant pas en cause la réalité des apports. • Même arrêt.

Art. L. 225-16 **Les premiers administrateurs ou les premiers membres du conseil de surveillance** *(Abrogé par L. nº 2019-486 du 22 mai 2019, art. 20-I-4°)* ***« et les premiers commissaires aux comptes »*** **sont désignés dans les statuts.** — *[L. nº 66-537 du 24 juill. 1966, art. 88.]*

Pour les dispositions transitoires de la L. n° 2019-486 du 22 mai 2019, V. notes ss. art. L. 221-9.

Sur les infractions relatives à la constitution des sociétés anonymes, V. art. L. 242-1 s.

Art. L. 225-16-1 *(L. n° 2012-387 du 22 mars 2012, art. 17-II)* **Les droits de vote et les droits à dividende des actions ou coupures d'actions émises en violation de la présente sous-section sont suspendus jusqu'à régularisation de la situation. Tout vote émis ou tout versement de dividende effectué pendant la suspension est nul.**

SECTION II DE LA DIRECTION ET DE L'ADMINISTRATION DES SOCIÉTÉS ANONYMES

SOUS-SECTION 1 DU CONSEIL D'ADMINISTRATION DE LA DIRECTION GÉNÉRALE *(L. n° 2001-420 du 15 mai 2001).*

RÉP. SOCIÉTÉS v^is *Administrateur*, par DELEBECQUE et PANSIER ; *Conseil d'administration*, par DELEBECQUE et PANSIER.

BIBL. GÉN. ▸ ASENCIO, *Rev. sociétés 2000. 683* (le dirigeant de société, un mandataire « spécial » d'intérêt commun). – LE CANNU, *ibid. 2010. 17* (attributions générales du conseil d'administration) ; *RTD com. 2014. 235* (vice-président). – Dossier « Le rôle respectif du conseil d'administration et de l'assemblée générale dans les sociétés anonymes », *Actes pratiques mars-avr. 2017*. – TADROS, *D. 2019. Chron. 2311* (loi de simplification du droit des sociétés et direction de la société anonyme).

Art. L. 225-17 **La société anonyme est administrée par un conseil d'administration composé de trois membres au moins. Les statuts fixent le nombre maximum des membres du conseil, qui ne peut dépasser** *(L. n° 2001-420 du 15 mai 2001)* **« dix-huit ».**

(L. n° 2011-103 du 27 janv. 2011, art. 1er-I) **« Le conseil d'administration est composé en recherchant une représentation équilibrée des femmes et des hommes. »**

Toutefois, en cas de décès *(L. n° 2003-706 du 1er août 2003)* **« , de démission ou de révocation » du président du conseil d'administration et si le conseil n'a pu le remplacer par un de ses membres, il peut nommer, sous réserve des dispositions de l'article L. 225-24, un administrateur supplémentaire qui est appelé aux fonctions de président.** – *[L. n° 66-537 du 24 juill. 1966, art. 89.] – Concernant le nombre d'administrateurs en cas de fusion, V. art. L. 225-95.*

Les conseils d'administration disposent d'un délai de trois ans à compter de la date de publication de la L. n° 2001-420 du 15 mai 2001 (JO 16 mai) pour se mettre en conformité avec les art. L. 225-17 et L. 225-95 dans leur rédaction issue de ladite loi (L. préc., art. 129).

BIBL. ▸ SCHAPIRA, *RTD com. 1971. 957* (intérêt social et gestion de la SA). – CALENDINI, *BJS 1992. 851* (comités de direction). – LE CANNU, *RTD com. 2013. 625* (administrateur référent).

Censeurs. La présence de « censeurs » dans les SA n'est ni prévue, ni interdite par la loi. Les clauses des statuts prévoyant la nomination de censeurs n'apparaissent pas illicites dans la mesure où il n'est pas confié à ceux-ci des attributions de gestion, de surveillance ou de contrôle relevant de la compétence exclusive des organes légaux des SA auxquels ils ne doivent pas se substituer (Rép. min. n° 19264 : *JOAN Q 25 juin 1975, p. 4704*).

Art. L. 225-18 **Les administrateurs sont nommés par l'assemblée générale constitutive ou par l'assemblée générale ordinaire. Dans le cas prévu à l'article L. 225-16, ils sont désignés dans les statuts. La durée de leurs fonctions est déterminée par les statuts sans pouvoir excéder six ans** *(Abrogé par L. n° 2012-387 du 22 mars 2012, art. 6-I)* ***« en cas de nomination par les assemblées générales et trois ans en cas de nomination dans les statuts »*****. Toutefois, en cas de fusion ou de scission, la nomination peut être faite par l'assemblée générale extraordinaire.**

Les administrateurs sont rééligibles, sauf stipulation contraire des statuts. Ils peuvent être révoqués à tout moment par l'assemblée générale ordinaire.

Toute nomination intervenue en violation des dispositions précédentes est nulle, à l'exception de celles auxquelles il peut être procédé dans les conditions prévues à l'article L. 225-24. – *[L. n° 66-537 du 24 juill. 1966, art. 90.] – V. art. R. 225-15 et R. 225-26.*

BIBL. ▶ Reigné, *Rev. sociétés 1991. 499* (abus de droit de révocation). – Caussain, *BJS 1993. 523* (révocation et modes de protection). – Le Cannu, *ibid. 1996. 11* (principe de contradiction et protection des dirigeants). – Bertrel, *Dr. et patr. 10/1998. 74* (révocabilité *ad nutum* et contradictoire). – Adom, *Rev. sociétés 1998. 488* (révocation des dirigeants de sociétés commerciales). – Trousset et Paul, *JCP E 2000, n° 30, p. 1219* (présentation de candidatures au conseil d'administration). – De Laender, *Dr. sociétés 2000. Chron. 9* (révocation des dirigeants sociaux). – Frémeaux, *LPA 20 déc. 2000* (l'avenir du régime de révocation des dirigeants sociaux). – Barbièri, *Cah. dr. entr. 2001, n° 3, p. 5* (révocation des dirigeants sociaux). – F.-X. Lucas, *Dr. sociétés nov. 2001* (l'avenir de la révocabilité *ad nutum* des dirigeants sociaux). – Albarian, *RTD com. 2012. 1* (révocation des mandataires sociaux pour perte de confiance).

I. NOMINATION ET RÉÉLECTION DES ADMINISTRATEURS

1. *Conventions de vote.* Les clauses des statuts limitant le libre choix des actionnaires pour la nomination des administrateurs sont nulles. • Douai, 24 mai 1962 : *D. 1962. 688, note Dalsace ; JCP 1962. II. 12871, note Bastian.* ♦ Une convention qui prévoit la répartition égale du capital social entre deux groupes d'actionnaires ainsi qu'une composition paritaire du conseil d'administration ne fait pas obstacle à la révocation à tout moment d'un administrateur par l'assemblée des actionnaires. • Com. 19 déc. 1983 : *D. 1985. IR 136, obs. Bousquet ; Rev. sociétés 1985. 105, note Schmidt.*

2. *Processus de décision.* Pour l'annulation, pour abus de majorité, d'une résolution, présentée sous forme d'une alternative, relative à la nomination d'administrateurs, V. • Com. 24 avr. 1990, n° 88-17.218 P : *D. 1990. IR 130 ; Rev. sociétés 1991. 347, note Didier ; JCP E 1991. II. 122, note Jeantin.*

3. *Augmentation du nombre des administrateurs.* Lorsqu'elle n'atteint pas les droits des administrateurs originaires, la délibération d'une assemblée générale ordinaire qui augmente de deux le nombre des administrateurs, sans dépasser la limite prévue dans les statuts, est valable, alors même que les statuts prévoyaient que le premier conseil d'administration resterait en fonction six années. • Com. 5 janv. 1954 : *Bull. civ. III, n° 4.*

4. *Administrateur provisoire.* Lorsqu'une SA est dans l'impossibilité de se pourvoir d'un conseil d'administration conforme aux exigences de la loi et des statuts, la conservation de ses intérêts ne peut être assurée que par la nomination d'un administrateur provisoire, mesure qui peut être ordonnée, en raison de l'urgence, par le juge des référés. • Paris, 25 mars 1969 : *BJS 1969. 779.*

5. *Incompatibilités.* La création par un avocat d'une société purement financière, ayant essentiellement pour objet la prise de participation dans une société commerciale, fût-elle encadrée par les pouvoirs publics, répond à une finalité entrepreneuriale et, partant, excède la gestion d'intérêts familiaux au sens de l'art. 111 du Décr. n° 91-1197 du 27 nov. 1991. • Civ. 1re, 14 mai 2009, n° 08-13.422 P : *D. 2009. AJ 1488 ; JCP E 2009, n° 1768, note Mortier ; RJDA 2009, n° 746 ; RJ com. 2009. 289, obs. Jambort ; BJS 2009. 1000, note Daigre.* ♦ Les fonctions d'administrateur d'une SA ne sont pas au nombre de celles qui peuvent, par dérogation aux dispositions de l'art. 25 de la L. n° 83-634 du 13 juill. 1983 portant droits et obligations des fonctionnaires [CGFP, art. L. 123-1, à compter du 1er mars 2022] et en application du Décr. du 29 oct. 1936, être exercées par un fonctionnaire en même temps que les tâches afférentes à son emploi. • CE 15 déc. 2000, n° 148080 : *RJDA 2001, n° 1120 ; BJS 2001. 503, note Scholer.*

6. *Début et durée des fonctions.* Il semble que l'on puisse considérer que la date à partir de laquelle commence à courir la durée des fonctions des administrateurs est fixée au jour où les administrateurs acceptent leurs fonctions. Cette acceptation peut d'ailleurs être tacite et résulter de la signature des statuts d'origine par les actionnaires nommés premiers administrateurs (Rép. min. n° 14510 : *JO Sénat Q 11 juill. 1974, p. 876*). ♦ Lorsque de nouveaux administrateurs sont désignés avant la date d'expiration des fonctions des administrateurs en place, si la société souhaite que tous les mandats expirent en même temps, seule l'assemblée générale extraordinaire paraît pouvoir fixer pour le premier mandat des nouveaux administrateurs une durée plus courte permettant le renouvellement de leur mandat en même temps que celui des anciens membres (Rép. min., *JOAN Q 11 févr. 1978, p. 527*).

7. *Réélection.* Si l'assemblée générale n'est tenue d'aucune obligation de réélire l'administrateur dont le mandat vient à expiration, sa décision de non-renouvellement revêt toutefois un caractère abusif lorsqu'elle présente un caractère précipité ou qu'elle est entourée de circonstances injurieuses ou vexatoires, portant une atteinte injustifiée à la réputation de l'administrateur concerné. • Paris, 27 oct. 1995 : *D. 1995. IR 270 ; RTD com. 1996. 297, obs. Petit et Reinhard ; Rev. sociétés 1996. 84, note Cohen ; BJS 1996. 11, obs. Le Cannu ; Dr. sociétés 1996, n° 16, obs. Vidal.*

II. RÉVOCATION DES ADMINISTRATEURS

A. RÉVOCABILITÉ AD NUTUM

8. *Ordre public.* La révocabilité des administrateurs des SA est une règle d'ordre public et les statuts ne peuvent y déroger. • Civ. 30 avr. 1878 : *DP 1878. 1. 314.*

9. Illicéité des conventions contraires. Tout administrateur est révocable « *ad nutum* » par l'assemblée générale des actionnaires, et tout engagement de l'indemniser à l'occasion de sa révocation ainsi que toute transaction intervenue à cet effet sont nuls. • Req. 2 juill. 1888 : *DP 1889. 1. 184.* ♦ Est illicite toute stipulation ayant pour objet ou pour effet de porter atteinte à la libre révocabilité de l'administrateur d'une SA. • Com. 14 mai 2013, n° 11-22.845 P : *D. 2013. 2319, note Dondero ; Rev. sociétés 2013. 566, note Saintourens ; JCP E 2013, n° 1491, note Roussille ; RJDA 2013, n° 899 ; BJS 2013. 634, note Gaudemet.* ♦ L'administrateur révoqué de ses fonctions n'est pas fondé en sa demande tendant à la mise en œuvre de la responsabilité des actionnaires en raison de l'inobservation d'un pacte d'actionnaires dont il résultait, selon son interprétation, que sa révocation devait être préalablement autorisée par le conseil d'administration, dès lors que ce pacte aurait eu pour effet de limiter le droit de l'assemblée générale des actionnaires de révoquer à tout moment un administrateur. • Même arrêt.

10. Tempérament. Pour l'incompatibilité avec le droit européen d'une législation nationale permettant la révocation sans restriction d'un membre d'un comité de direction d'une société de capitaux lorsque la personne intéressée a la qualité de « travailleuse enceinte » au sens de la Dir. n° 92/85/CEE du 19 oct. 1992 et que la décision de révocation est essentiellement fondée sur l'état de grossesse, V. • CJUE 11 nov. 2010 : *RJDA 2011, n° 550.*

11. Abus du droit de révocation. Est abusive et ouvre droit à des dommages et intérêts la révocation intempestive et vexatoire d'un administrateur. • Com. 6 mai 1974 : *JCP 1974. II. 17859, note Burst.* ♦ La révocation d'un administrateur n'est abusive que si elle a été accompagnée de circonstances ou a été prise dans des conditions qui portent atteinte à sa réputation ou à son honneur ou si elle a été décidée brutalement, sans respecter l'obligation de loyauté dans l'exercice du droit de révocation. • Com. 14 mai 2013, n° 11-22.845 P : *préc. note 9.* ♦ L'administrateur révoqué ne rapportant la preuve d'aucun agissement caractérisant de la part des actionnaires majoritaires une volonté malveillante ou l'intention de lui nuire, il y a lieu d'écarter sa demande tendant à ce que ces derniers soient déclarés responsables des fautes qu'ils auraient personnellement commises en votant en faveur de sa révocation. • Même arrêt.

B. PROCÉDURE DE RÉVOCATION

12. Compétence de l'AGE. Si l'art. 90 de la L. du 24 juill. 1966 [C. com., art. L. 225-18] confère à l'assemblée générale ordinaire des pouvoirs de nomination et de révocation des administrateurs, il ne lui attribue pas ces pouvoirs à titre exclusif ; l'art. 160 de ladite loi [C. com., art. L. 225-105] ne réserve pas le droit de révocation à l'une ou l'autre des assemblées et apparaît d'un caractère absolument général ; par suite, l'assemblée extraordinaire qui a retiré sa confiance aux administrateurs par un vote sur l'une des matières de sa compétence qui lui était soumise procède dans les mêmes conditions de vote à la révocation et au remplacement des administrateurs. • Rennes, 25 févr. 1972 : *Rev. sociétés 1974. 101, et note ; JCP 1972. II. 17220, note Synvet.*

13. Assemblée irrégulièrement convoquée. La révocation de l'administrateur d'une SA décidée par l'assemblée générale peut être déclarée nulle dès lors que cette assemblée a été irrégulièrement convoquée sans réunion préalable du conseil d'administration, que cette irrégularité a été sciemment commise par le président-directeur général qui a compté sur la très grande majorité dont il disposait pour faire approuver son initiative, que ladite assemblée s'est tenue en l'absence de l'intéressé et que l'irrégularité de la convocation n'a pu être couverte. • Com. 21 juill. 1969, n° 66-14.294 P : *D. 1970. 88 ; Rev. sociétés 1970. 465, note M. G.*

14. Principe du contradictoire. L'administrateur doit avoir eu connaissance des motifs de sa révocation avant qu'il ne fût procédé au vote. • Com. 14 mai 2013, n° 11-22.845 P : *préc. note 9.* ♦ L'administrateur qui, régulièrement convoqué, s'est abstenu de se rendre tant au conseil d'administration ayant précédé l'assemblée générale au cours de laquelle son éviction a été décidée qu'à cette dernière s'est ainsi de lui-même exclu des débats et ne peut dès lors se plaindre d'une violation de ses droits. • Com. 10 juill. 2012, n° 11-23.280 P : *Rev. sociétés 2013. 294, note Tabourot-Hyest .*

15. Indemnisation du préjudice subi. Les juges du fond peuvent condamner une SA à indemniser l'administrateur révoqué du préjudice qu'il a subi en l'état tant de l'irrégularité de cette mesure que du caractère brutal de son exécution. • Com. 21 juill. 1969, n° 66-14.294 P : *préc. note 13.*

III. DÉMISSION DES ADMINISTRATEURS

16. Liberté de démissionner. Aucun texte ne limite la faculté reconnue à un administrateur de mettre, à tout moment, fin à ses fonctions par démission. • Soc. 6 mai 1982 : *Rev. sociétés 1982. 523, note Le Cannu.* ♦ Sur l'opposabilité de la démission, V. note 3 ss. art. L. 210-9.

17. Contrat de travail. Sur le maintien du contrat de travail en l'absence de volonté claire et non équivoque de l'administrateur démissionnaire d'y mettre fin, V. • Soc. 11 janv. 2012, n° 10-17.558 : *Rev. sociétés 2012. 229, obs. Prévost ; RJDA 2012, n° 403.* ♦ V. aussi, concernant plus particulièrement la nomination et la cessation des fonctions du président du conseil d'administration, notes ss. art. L. 225-47.

Art. L. 225-18-1 *(L. n° 2011-103 du 27 janv. 2011, art. 1er-II, en vigueur le 1er janv. 2017)* **La proportion des administrateurs de chaque sexe ne peut être inférieure à 40 %** *(Abrogé par Ord. n° 2020-1142 du 16 sept. 2020, art. 3, à compter du 1er janv. 2021)* ***« dans les sociétés dont les actions sont admises aux négociations sur un marché réglementé et, »*** **à l'issue de la plus prochaine assemblée générale ayant à statuer sur des nominations, dans les sociétés qui, pour le troisième exercice consécutif, emploient un nombre moyen d'au moins** *(L. n° 2014-873 du 4 août 2014, art. 67-II, en vigueur le 1er janv. 2020)* **« deux cent cinquante** *[ancienne rédaction : cinq cents]* **» salariés permanents et présentent un montant net de chiffre d'affaires ou un total de bilan d'au moins 50 millions d'euros. Dans ces mêmes sociétés, lorsque le conseil d'administration est composé au plus de huit membres, l'écart entre le nombre des administrateurs de chaque sexe ne peut être supérieur à deux.**

Toute nomination intervenue en violation du premier alinéa et n'ayant pas pour effet de remédier à l'irrégularité de la composition du conseil est nulle. *(Abrogé par L. n° 2019-486 du 22 mai 2019, art. 189)* ***« Cette nullité n'entraîne pas celle des délibérations auxquelles a pris part l'administrateur irrégulièrement nommé. »***

La conformité de la composition des conseils d'administration des sociétés concernées est appréciée à l'issue de la première assemblée générale ordinaire qui suit le 1er janv. 2017. Le premier des trois exercices consécutifs prévus au premier al. des art. L. 225-18-1, L. 225-69-1 et L. 226-4-1 s'entend à compter du 1er janv. de la troisième année suivant l'année de publication de la L. n° 2011-103 du 27 janv. 2011 [JO 28 janv.] (L. préc., art. 5-1, mod. par L. n° 2014-873 du 4 août 2014, art. 67-I).

Pour l'application du 1er al. des art. L. 225-18-1, L. 225-69-1 et L. 226-4-1 aux sociétés de deux cent cinquante à quatre cent quatre-vingt-dix-neuf salariés permanents, le premier des trois exercices consécutifs prévus au même 1er al. s'entend à compter du 1er janv. 2017 (L. n° 2014-873 du 4 août 2014, art. 67-III).

BIBL. ▶ REDENIUS-HOEVERMANN et WEBER-REY, *Rev. sociétés 2011. 203* (représentation des femmes dans les conseils d'administration et de surveillance en France et en Allemagne). – JORDAN, *RLDA mai 2011. 103* (vers une représentation équilibrée dans les conseils d'administration et de surveillance). – LE NABASQUE, *Rev. sociétés 2011. 454* (une loi dont l'application différée doit être anticipée). – MAYMONT, *JCP E 2013, n° 1667* (représentation équilibrée hommes-femmes : la législation française, modèle de l'Europe ?).

Art. L. 225-19 **Les statuts doivent prévoir, pour l'exercice des fonctions d'administrateur, une limite d'âge s'appliquant soit à l'ensemble des administrateurs, soit à un pourcentage déterminé d'entre eux.**

A défaut de disposition expresse dans les statuts, le nombre des administrateurs ayant dépassé l'âge de soixante-dix ans ne peut être supérieur au tiers des administrateurs en fonctions.

Toute nomination intervenue en violation des dispositions de l'alinéa précédent est nulle.

A défaut de disposition expresse dans les statuts prévoyant une autre procédure, lorsque la limitation statutaire ou légale fixée pour l'âge des administrateurs est dépassée, l'administrateur le plus âgé est réputé démissionnaire d'office. — *[L. n° 66-537 du 24 juill. 1966, art. 90-1.]*

(L. n° 2019-744 du 19 juill. 2019, art. 13) **« Est également réputé démissionnaire d'office l'administrateur placé en tutelle.**

« La nullité prévue au troisième alinéa et la démission d'office prévue aux quatrième et avant-dernier alinéas n'entraînent pas la nullité des délibérations auxquelles a pris part l'administrateur irrégulièrement nommé ou réputé démissionnaire d'office. »

Limite d'âge. L'assemblée générale extraordinaire de la société intimée ayant décidé à l'unanimité de ramener à 70 ans la limite d'âge pour l'exercice des fonctions d'administrateur, l'appelant n'avait aucune chance d'être réélu ; il n'apporte donc pas la preuve du caractère abusif de l'omission de la question de sa réélection dans l'ordre du jour de l'assemblée établi par le conseil d'administration. • Paris, 1er avr. 1992 : *BJS 1992. 629, note Le Cannu.*

Art. L. 225-20 **Une personne morale peut être nommée administrateur. Lors de sa nomination, elle est tenue de désigner un représentant permanent qui est soumis aux mêmes conditions et obligations et qui encourt les mêmes responsabilités civile et**

pénale que s'il était administrateur en son nom propre, sans préjudice de la responsabilité solidaire de la personne morale qu'il représente.

(L. n° 2011-103 du 27 janv. 2011, art. 1er-III, en vigueur le 1er janv. 2017) « Le représentant permanent est pris en compte pour apprécier la conformité de la composition du conseil d'administration au premier alinéa de l'article L. 225-18-1. Toute désignation intervenue en violation de cet alinéa et n'ayant pas pour effet de remédier à l'irrégularité de la composition du conseil est nulle. Cette nullité n'entraîne pas celle des délibérations auxquelles a pris part le représentant permanent irrégulièrement désigné. »

Lorsque la personne morale révoque son représentant, elle est tenue de pourvoir en même temps à son remplacement. — *[L. n° 66-537 du 24 juill. 1966, art. 91.] — V. art. R. 225-16 et R. 225-17.*

La conformité de la composition des conseils d'administration des sociétés concernées est appréciée à l'issue de la première assemblée générale ordinaire qui suit le 1er janv. 2017 (L. n° 2011-103 du 27 janv. 2011, art. 5-I).

BIBL. ▶ Oppetit, *JCP 1969. I. 2227* (le représentant permanent d'une personne morale administrateur d'une SA).

1. Qualité du représentant permanent. Le représentant permanent ne peut pas aussi être administrateur à titre personnel de la même société, au motif que la présence au sein du même conseil d'administration d'une seule personne agissant en double qualité est de nature à fausser le fonctionnement de cet organe, notamment quant au respect des règles de quorum et de majorité de celui-ci. • Nancy, 17 sept. 1998 : *JCP E 1999, n° 46, p. 1828, note Couret ; RJDA 1999, n° 946 ; BJS 1999. 1113, note Le Cannu.*

2. Responsabilité. Il résulte de la combinaison de l'art. 91 de la L. de 1966 [C. com., art. L. 225-20] avec les art. 98 et 99 de la L. du 13 juill. 1967 [V. C. com., art. L. 651-2] l'existence d'une solidarité légale entre la personne morale administrateur et son représentant permanent pour la responsabilité pécuniaire prévue audit art. 99 (action en comblement du passif social). • Paris, 24 janv. 1985 : *Rev. sociétés 1985. 665, note Le Cannu* (V. sur pourvoi • Com. 2 déc. 1986, n° 85-11.307 P : *Rev. sociétés 1987. 409 ; BJS 1986. 1131, note Le Cannu*).

Art. L. 225-21 *(L. n° 2001-420 du 15 mai 2001)* Une personne physique ne peut exercer simultanément plus de cinq mandats d'administrateur de sociétés anonymes ayant leur siège sur le territoire français.

(L. n° 2002-1303 du 29 oct. 2002) « Par dérogation aux dispositions du premier alinéa, ne sont pas pris en compte les mandats d'administrateur ou de membre du conseil de surveillance exercés par cette personne dans les sociétés contrôlées au sens de l'article L. 233-16 par la société dont elle est administrateur.

« Pour l'application des dispositions du présent article, les mandats d'administrateur des sociétés dont les titres ne sont pas admis aux négociations sur un marché réglementé et contrôlées au sens de l'article L. 233-16 par une même société ne comptent que pour un seul mandat, sous réserve que le nombre de mandats détenus à ce titre n'excède pas cinq. »

Toute personne physique qui se trouve en infraction avec les dispositions du présent article doit se démettre de l'un de ses mandats dans les trois mois de sa nomination, ou du mandat en cause dans les trois mois de l'événement ayant entraîné la disparition de l'une des conditions fixées à l'alinéa précédent. A l'expiration de ce délai, elle est réputée s'être démise, selon le cas, soit de son nouveau mandat, soit du mandat ne répondant plus aux conditions fixées à l'alinéa précédent, et doit restituer les rémunérations perçues, sans que soit, de ce fait, remise en cause la validité des délibérations auxquelles elle a pris part.

Les administrateurs, présidents du conseil d'administration, directeurs généraux, membres du directoire, directeurs généraux uniques et membres du conseil de surveillance disposent d'un délai de deux mois à compter de la date de publication de la L. n° 2002-1303 du 29 oct. 2002 (JO 30 oct.) modifiant certaines dispositions du code de commerce relatives aux mandats sociaux pour se mettre en conformité avec les art. L. 225-21, L. 225-54-1, L. 225-67, L. 225-77, L. 225-94 et L. 225-94-1 C. com. dans la rédaction issue de la loi précitée. A défaut, ils sont réputés démissionnaires de tous leurs mandats (L. n° 2001-420 du 15 mai 2001, art. 131 (II), mod. par L. n° 2002-1303 du 29 oct. 2002, art. 5). — Pour les sociétés immatriculées selon la réglementation applicable à Mayotte, en Nouvelle-Calédonie et dans les îles Wallis-et-Futuna, V. Ord. n° 2004-604 du 24 juin 2004, art. 65-IV (JO 26 juin). Les dérogations aux dispositions limitant le cumul des mandats prévues aux art. L. 225-21, L. 225-54-1, L. 225-67, L. 225-77, L. 225-94-1 et L. 225-95-1 C. com. sont applicables aux présidents, directeurs généraux ou directeurs généraux adjoints des établissements publics de l'État exerçant une activité industrielle et commerciale ainsi qu'au directeur général et aux directeurs de la Caisse des dépôts et consignations pour les mandats qu'ils détiennent dans des sociétés contrôlées au sens de l'art. L. 233-16 du même code par l'établissement public dans lequel ils exercent l'une des fonctions ci-dessus énumérées. Pour l'application des art. L. 225-54-1 et L. 225-67 C. com., l'exercice de chacune des fonctions ci-dessus énumérées compte pour un mandat (L. n° 2003-706 du 1er août 2003, art. 130).

RÉP. SOCIÉTÉS v° *Cumul de mandats sociaux*, par MALECKI.

BIBL. ▶ Sur la L. n° 2001-420 du 15 mai 2001 : DAMAS, *JCP E 2001, n° 46, p. 1803.* ▶ Sur la L. n° 2002-1303 du 29 oct. 2002 : MALECKI, *D. 2002. Chron. 3066* ⌀. – DOM, *BJS 2002. 1095.* – DUFOUR, *LPA 30 oct. 2002.* – DEL ALAMO et RAYNAUD, *ibid. 27 déc. 2002.* – PANSIER et CHARBONNEAU, *BRDA 2002, n° 21, p. 12.* – DE VENDEUIL, *JCP E 2002, n° 48, p. 1900.* – CHAZAL et REINHARD, *RTD com. 2003. 118* ⌀. – SAINTOURENS, *Rev. sociétés 2003. 1* ⌀. – LE NABASQUE, *Mél. Paillusseau, Dalloz, 2003, p. 363.*

Art. L. 225-21-1 *(L. n° 2012-387 du 22 mars 2012, art. 6-II)* **Un administrateur peut devenir salarié d'une société anonyme au conseil de laquelle il siège si cette société ne dépasse pas, à la clôture d'un exercice social, les seuils définissant les petites et moyennes entreprises prévus à l'article 2 de l'annexe à la recommandation 2003/361/CE de la Commission, du 6 mai 2003, concernant la définition des micro, petites et moyennes entreprises et si son contrat de travail correspond à un emploi effectif.**

Tout administrateur mentionné au premier alinéa du présent article est compté pour la détermination du nombre des administrateurs liés à la société par un contrat de travail mentionné à l'article L. 225-22.

BIBL. ▶ LE CANNU et DONDERO, *RTD com. 2013. 81* ⌀.

Art. L. 225-22 **Un salarié de la société ne peut être nommé administrateur que si son contrat de travail** *(Abrogé par L. n° 2001-1168 du 11 déc. 2001)* ***« est antérieur de deux années au moins à sa nomination et »*** **correspond à un emploi effectif. Il ne perd pas le bénéfice de ce contrat de travail. Toute nomination intervenue en violation des dispositions du présent alinéa est nulle. Cette nullité n'entraîne pas celle des délibérations auxquelles a pris part l'administrateur irrégulièrement nommé.**

Le nombre des administrateurs liés à la société par un contrat de travail ne peut dépasser le tiers des administrateurs en fonction.

Toutefois, les administrateurs élus par les salariés *(L. n° 2013-504 du 14 juin 2013, art. 9-I)* **« ou désignés en application de l'article L. 225-27-1 », les administrateurs représentant les salariés actionnaires ou le fonds commun de placement d'entreprise en application de l'article L. 225-23 et, dans les sociétés anonymes à participation ouvrière, les représentants de la société coopérative de main-d'œuvre ne sont pas comptés pour la détermination du nombre des administrateurs liés à la société par un contrat de travail mentionné à l'alinéa précédent.**

En cas de fusion ou de scission, le contrat de travail peut avoir été conclu avec l'une des sociétés fusionnées ou avec la société scindée. – *[L. n° 66-537 du 24 juill. 1966, art. 93.]*

Il convient de souligner que l'art. L. 225-22, codification à « droit constant » de l'art. 93 de la L. n° 66-537 du 24 juill. 1966, ne reprend pas l'al. 1er de cet article tel que modifié par la L. n° 94-126 du 11 févr. 1994, et dans lequel la condition d'ancienneté du contrat de travail avait été supprimée. En effet, l'al. 1er dans sa rédaction modifiée disposait que : « Un salarié de la société ne peut être nommé administrateur que si son contrat de travail correspond à un emploi effectif ; il ne perd pas le bénéfice de ce contrat de travail. Toute nomination intervenue en violation des dispositions du présent alinéa est nulle. Cette nullité n'entraîne pas celles des délibérations auxquelles a pris part l'administrateur irrégulièrement nommé. » — Par la Rép. min. n° 30569 (JO Sénat Q, 1er mars 2001, p. 757), le garde des Sceaux confirme qu'il s'agit là d'une erreur matérielle et que la condition d'antériorité devrait pouvoir être écartée, la L. n° 2001-1168 du 11 déc. 2001 a par ailleurs réparé cette erreur en supprimant la condition d'antériorité.

RÉP. SOCIÉTÉS v° *Cumul d'un contrat de travail et d'un mandat social*, par AUZERO et FERRIER.

BIBL. ▶ MANSUY, *Rev. sociétés 1987. 1* (notion d'emploi effectif et maintien du contrat de travail). – GIBIRILA, *RJ com. 1989. 337* (l'administrateur salarié d'une société anonyme). – PUIGE-

LIER, *JCP E 1992. I. 188* (incidences du cumul d'un contrat de travail et d'un mandat social : de trop nombreuses incertitudes) ; *ibid. 1994. I. 358* (président du conseil d'administration devenant salarié et vice versa). – FIESCHI-VIVET, *RJS 1994. 487* (L. du 11 févr. 1994). – SAVATIER, *Dr. sociétés 1995. 33* (L. du 25 juill. 1994). – VATINET, *Rev. sociétés 1999. 273* (hypothèses de non-cumul d'un contrat de travail et d'un mandat social). – COLLIN, *Dr. sociétés 2005. Études 6 et 7* (droit social du dirigeant d'entreprise).

I. LICÉITÉ DU CUMUL

A. ADMINISTRATEUR DEVENANT SALARIÉ

1. Principe d'interdiction. L'art. 93 de la L. du 24 juill. 1966 [C. com., art. L. 225-22] constituant une dérogation à l'art. 107 [C. com., art. L. 225-44], un contrat de travail ne peut être consenti à un administrateur en fonction ; un tel contrat intervenu en violation d'une disposition impérative de la loi est nul, peu important le caractère sérieux ou non des fonctions confiées à l'intéressé, ce qui ne peut affecter son mandat d'administrateur, et il ne s'agit pas d'une nullité relative susceptible de confirmation. • Com. 26 janv. 1999, n° 97-10.018 : *JCP E 1999, n° 29, p. 1239, obs. Viandier et Caussain ; RJDA 1999, n° 565 ; Dr. sociétés 1999, n° 59, obs. Vidal ; BJS 1999. 657, note Granier.* ♦ Il résulte de la combinaison des art. 93, al. 1er, et 107 de la L. de 1966 [C. com., art. L. 225-22 et L. 225-44] qu'un administrateur en fonction ne peut obtenir un contrat de travail dans la société et que la délibération lui attribuant une rémunération salariale est nulle comme violant une disposition impérative de la loi. • Soc. 21 nov. 1974, n° 74-40.055 P : *RTD com. 1975. 543, obs. Houin ; RJ com. 1975. 335, note Chartier.* ♦ Un administrateur ne peut fonder une demande d'indemnité pour le travail accompli au service de la société sur l'enrichissement sans cause de celle-ci, l'action *de in rem verso* ne pouvant être introduite pour suppléer à une autre action qui se heurte à un obstacle de droit. • Com. 16 mai 1995, n° 93-14.709 P : *D. 1995. IR 155 ; Rev. sociétés 1996. 95, note Gerschel ; JCP E 1995. I. 475, n° 8, obs. Viandier et Caussain ; BJS 1995. 757, note Le Cannu.*

2. Accord conclu durant les fonctions de direction. Ayant relevé qu'une personne avait été désignée, dès la création de la société, comme président du conseil d'administration de celle-ci, une cour d'appel a fait ressortir que cette personne ne pouvait en être devenue directeur général salarié en application de l'art. 107 de la L. de 1966 [C. com., art. L. 225-44] et a légalement justifié sa décision. • Soc. 22 juin 1993, n° 92-40.281 : *BJS 1993. 1133, note Le Cannu.* ♦ Est nul le contrat de travail conclu par un président du conseil d'administration après sa démission, mais conformément à un accord antérieur à celle-ci. • Soc. 26 juin 1980 : *JCP CI 1980. I. 9065, n° 4, obs. Teyssié.* ♦ Il résulte des art. 93, al. 1er, et 107 de la L. de 1966 [C. com., art. L. 225-22 et L. 225-44] qu'un administrateur en fonction ne peut obtenir un contrat de travail dans la société et que ce contrat est nul comme résultant d'une décision prise en violation d'une disposition impérative de la loi ; même si son contrat de travail a été transféré d'une société à une autre société du même groupe en accord avec les dirigeants du groupe, le salarié d'une société mère, nommé administrateur d'une filiale, ne peut donc conclure avec cette filiale un contrat de travail. • Soc. 6 oct. 1993, n° 92-40.077 P : *D. 1993. IR 235 ; Rev. sociétés 1994. 76, note Petit ; JCP E 1994. II. 529, note Guyon ; BJS 1993. 1242, note Le Cannu ; Dr. sociétés 1994, n° 14, obs. Le Nabasque.*

3. Accord conclu après la démission du dirigeant. Les clauses conclues entre l'ancien P-DG d'une filiale et la société mère dans le cadre du détachement de cet ex-dirigeant, devenu salarié, auprès de filiales de la société mère pour y assurer des fonctions de direction ne peuvent contrevenir au principe de la libre révocation du mandat social dès lors qu'elles ont été souscrites avant la désignation de l'intéressé en qualité de directeur général des filiales. De même, le fait que l'intéressé était encore P-DG d'une société devenue filiale de la société mère lorsque cet engagement a été souscrit est sans portée sur l'application du principe de la révocation ad nutum dès lors que le mandat social précité était exercé dans une société différente de celle ayant conclu le contrat de travail. • Soc. 20 mars 1996, n° 92-41.581 : *RTD com. 1997. 111, obs. Petit et Reinhard ; RJDA 1996, n° 927 ; BJS 1996. 514.* ♦ Dès lors qu'il n'exerce plus de mandats sociaux, un ancien administrateur pouvant signer un contrat de travail avec la société et en fixer les modalités d'ancienneté, un administrateur devenu président-directeur général peut valablement, après avoir démissionné de ses mandats, être engagé en qualité de directeur technique avec une ancienneté remontant à son entrée dans l'entreprise. • Soc. 10 févr. 1993, n° 90-44.893 : *RJDA 1993, n° 506 ; Dr. sociétés 1993, n° 167, obs. Le Nabasque.* ♦ N'est pas nul le contrat de travail consenti par une société à un ancien administrateur avant l'accomplissement des formalités de publicité relatives à la cessation de ses fonctions d'administrateur. • Soc. 26 juin 2008, n° 06-18.056 : *Rev. sociétés 2009. 108, note Barbièri ; RJDA 2008, n° 1124 ; Dr. sociétés 2008, n° 230, obs. Monnet.* ♦ Sur l'opposabilité de la démission à la société, V. note 3 ss. art. L. 210-9.

4. Modification d'un contrat préexistant. Si l'art. 107 de la L. de 1966 [C. com., art. L. 225-44] interdit à un administrateur de se voir consentir un contrat de travail postérieurement à sa désignation, à peine de nullité, cette interdiction ne s'applique pas à une convention modificative d'un contrat préexistant lorsque les dispositions de cette convention ne permettent pas d'établir que les parties ont entendu nover et substituer un nouveau contrat au précédent, mais démontrent au contraire la pérennité des relations contractuelles, l'administrateur-salarié conservant en effet ses fonctions, sa qualification et son salaire, et seules les conditions de durée et de rupture éventuelle du contrat étant modifiées. • Aix-en-Provence, 9 mars 1994 : *RJDA 1994, n° 935.*

B. SALARIÉ DEVENANT ADMINISTRATEUR

1° EXISTENCE DU CONTRAT DE TRAVAIL

5. Distinction des fonctions de direction et de l'activité salariée. Il peut y avoir cumul des fonctions de salarié et de celles de directeur général adjoint dès lors que les fonctions d'administration générale étaient distinctes de celles de directeur commercial, que la rémunération unique versée constituait un salaire de directeur commercial, alors au surplus que l'intéressé a continué après sa nomination à exercer son activité précédente. • Soc. 16 oct. 1980, n° 79-12.751 P : *Rev. sociétés 1981. 88, note Chartier.* ♦ Il n'y a pas d'incompatibilité légale entre les fonctions de salarié et celles de président du conseil d'administration et celui-ci peut, dans l'exercice effectif des tâches distinctes de la direction générale de la société rester sous la subordination de la société, même si, en fait, il ne reçoit pas d'ordres, et cumule alors un contrat de travail avec son mandat. • Soc. 19 févr. 1986, n° 83-42.005 P : *Rev. sociétés 1986. 600, note J. G.* ♦ Le contrat de travail, consenti par le président du conseil d'administration à son frère, et qui ne correspond à aucune tâche effective, est entaché de nullité, et constitue une libéralité, un abus de biens sociaux et une fraude fiscale. • Soc. 15 oct. 1981 : *JCP 1982. IV. 4.*

6. Lien de subordination. Il résulte de ce qu'après avoir été nommé directeur général adjoint d'une société, un administrateur de société a travaillé « en toute indépendance pour l'ensemble de ses activités, y compris techniques », sans recevoir aucune instruction du président de la société, qu'exerçant en qualité de mandataire les fonctions dont il avait été jusque-là chargé en qualité de salarié, il n'était plus à l'égard de la société dans un état de subordination caractéristique du contrat de travail. • Soc. 19 févr. 1986 : *Rev. sociétés 1986. 600, note J. G.* ♦ De même, le directeur commercial devenu président du conseil d'administration et qui a reçu tous les pouvoirs nécessaires pour assurer la direction de la société, avec notamment les pouvoirs de nommer et révoquer tous directeurs, n'est plus uni à la société par un lien de subordination. • Soc. 12 déc. 1990, n° 87-40.596 P : *BJS 1991. 842, note Le Cannu.* ♦ Sur la nécessité d'apprécier la réalité du cumul au regard de l'exercice effectif des fonctions salariées, et non au regard de leur définition contractuelle initiale, V. • Soc. 17 nov. 1988, n° 85-45.946 P : *Rev. sociétés 1989. 232, note Petit* (à propos d'un président de directoire).

2° TRANSFORMATION DU CONTRAT DE TRAVAIL

7. Absorption du contrat de travail. Le salarié nommé au conseil d'administration perd son contrat de travail lorsque ses fonctions anciennes sont absorbées par ses fonctions nouvelles, dont elles ne peuvent être distinguées. • Soc. 5 juin 1980 : *Rev. sociétés 1981. 88, note Chartier ; JCP 1980. II. 19630, note Teyssié ; JCP CI 1981. II. 13620, note Guyon.* ♦ La désignation d'un salarié comme administrateur provisoire de la société qui l'emploie entraîne la rupture de son contrat de travail. • Soc. 13 nov. 1986, n° 83-45.506 P : *Rev. sociétés 1987. 436, obs. Guyon.*

8. Novation du contrat de travail. La novation ne se présumant point, la cessation du contrat de travail d'un salarié devenu président du conseil d'administration ne saurait résulter d'un acte équivoque laissant planer un doute sur l'intention véritable des parties. • Soc. 16 mai 1990, n° 86-43.753 : *Rev. sociétés 1990. 407.*

9. Suspension du contrat de travail. En l'absence de convention contraire, le contrat de travail d'un salarié devenu mandataire social et qui a cessé d'être lié à la société par un lien de subordination est suspendu pendant le temps où il est mandataire. • Soc. 26 avr. 2000, n° 97-44.241 P : *D. 2000. Somm. 474, obs. Hallouin ; JCP E 2000, n° 46, p. 1807, obs. Viandier et Caussain.* ♦ La désignation du salarié comme mandataire social, avec suspension du contrat de travail pendant la durée de ce mandat, en l'absence de fonctions techniques distinctes, ne mettant pas fin à la période d'essai en cours, celle-ci reprend son cours après la révocation du mandat social. • Soc. 24 avr. 2013, n° 12-11.825 P : *D. 2013. Actu. 1145 ; RJDA 2013, n° 625 ; BJS 2013. 483, note Auzero.* ♦ Lorsqu'un salarié a renoncé à son contrat de travail pour être nommé administrateur, l'accord conclu au moment de sa nomination, prévoyant en cas de cessation de fonctions, qu'il lui serait consenti un nouveau contrat de directeur commercial, contrevient au principe de la libre révocation des administrateurs. • Soc. 15 mars 1983 : *D. 1984. 99, note Guyénot ; Rev. sociétés 1983. 353, note Chartier ; JCP 1983. II. 20002, note Viandier.*

3° ANTÉRIORITÉ DU CONTRAT DE TRAVAIL

10. Application de l'art. L. 1224-1 C. trav. En cas de modification dans la situation juridique de l'employeur, les contrats de travail en cours subsistent, en vertu de l'art. L. 122-12 [L. 1224-1] C.

trav., et le président du conseil d'administration d'une SA peut devenir salarié de cette société lorsqu'elle reçoit l'apport d'une entreprise dont ce président était déjà salarié, pour des fonctions techniques distinctes de celles du mandat social ; son contrat n'a pas à être soumis à l'autorisation du conseil d'administration. • Soc. 28 mars 1979 : *Rev. sociétés 1979. 819, note Le Cannu* • 3 oct. 1980 : *BJS 1980. 665.*

11. Apport d'un fonds de commerce. L'apport en société d'un fonds de commerce entraîne, en vertu de l'art. L. 122-12, al. 2 [L. 1224-1], C. trav., reprise des contrats de travail des salariés du fonds, lesquels conservent en conséquence leur ancienneté ; il en résultait qu'un salarié dont le contrat de travail avait plus de deux ans lors de l'apport pouvait devenir administrateur. • Soc. 16 oct. 1991, n° 88-40.188 P : *D. 1991. IR 281 ; JCP 1992. II. 21828, note Chaput ; Dr. sociétés 1992, n° 33, obs. Le Nabasque.* ♦ Comp., désormais, l'art. L. 225-22, qui n'exige plus d'antériorité de deux années du contrat de travail. – V. aussi note 14. ♦ Le salarié d'une société devenu administrateur puis directeur général adjoint d'une nouvelle société à laquelle la précédente a fait apport de son fonds de commerce peut être considéré comme n'étant plus lié à la nouvelle société par un contrat de travail, bien que celle-ci l'ait fait bénéficier du statut de salarié au regard de la sécurité sociale et de la caisse des cadres, dès lors qu'il n'a été pour elle qu'un mandataire social. • Soc. 30 mars 1977 : *Rev. sociétés 1977. 685, note Guilberteau.*

12. Mutation du salarié au sein d'un groupe. La continuation de l'entreprise doit être distinguée de la mutation d'un salarié au sein d'un groupe (Dir. UNEDIC n° 3292 du 4 août 1992 : *Dr. sociétés 1992, n° 259, obs. Le Nabasque*).

13. Renonciation au contrat de travail. L'art. 93 de la L. de 1966 [C. com., art. L. 225-22], qui ne vise que le cas de cumul, ne fait pas obstacle à ce qu'un salarié, quelle qu'ait été la durée de son contrat, y renonce pour être nommé administrateur. • Soc. 15 mars 1983 : *préc. note 9.* ♦ Le salarié qui renonce à son contrat de travail lors de sa nomination comme administrateur ne peut redevenir salarié sans renoncer à son mandat social. • Soc. 17 nov. 1976 : *RTD com. 1977. 538, obs. Houin ; JCP 1977. II. 18672, note Chartier.*

14. Suppression de la condition d'antériorité de deux ans. Sur la nécessité de modifier les statuts des sociétés stipulant encore cette condition d'ancienneté, faute de quoi les nominations intervenues en contravention auxdits statuts seraient irrégulières, *V. Bull. CNCC mars 1996. 114.*

4° LIMITE D'UN TIERS DU NOMBRE DES ADMINISTRATEURS

15. Cas du P-DG et du directeur général. Le président du conseil d'administration et le directeur général membres du conseil d'administration, bien que rémunérés par un salaire au sens des législations fiscale et sociale, sont des organes de la société révocables à tout moment et ne peuvent être assimilés à des salariés ordinaires. Ils ne paraissent pas devoir être comptés dans le tiers prévu par l'art. 93, al. 2, de la L. de 1966 [C. com., art. L. 225-22]. Il en serait, cependant, autrement en cas de cumul des fonctions de président ou de directeur général avec celles de salarié lié à la société par un contrat de travail, par exemple, au titre de directeur technique. Dans une société dont le conseil d'administration de quatre membres comprend un président et un directeur général, le nombre des administrateurs liés à la société par un contrat de travail ne paraît pas pouvoir être supérieur à un (Rép. min. n° 7884 : *JO Sénat Q 29 nov. 1968, p. 1507*).

16. Fusion. L'art. 93, al. 2, de la L. de 1966 [C. com., art. L. 225-22] fait obstacle à ce que le nombre des administrateurs de la société issue de la fusion et liés à elle par un contrat de travail dépasse le tiers des administrateurs en fonction (Rép. min. n° 24250 : *JOAN Q 24 avr. 1995, p. 2211 ; Rev. sociétés 1995. 603*).

17. Sanction. La règle du tiers, posée par l'art. 93, al. 2, de la L. de 1966 [C. com., art. L. 225-22], est sanctionnée par la nullité de la nomination de l'administrateur en surnombre, et non par la nullité ou la caducité du contrat de travail. • Com. 11 juin 1986 : *BRDA 1986, n° 13, p. 9.*

18. Fraude. Pour un exemple de fraude aux dispositions de l'art. L. 225-22 (administrateur ayant démissionné de son mandat pour être aussitôt engagé en qualité de salarié, puis être à nouveau désigné en qualité d'administrateur), V. • Soc. 18 mai 2005, n° 03-41.799 : *RTD com. 2006. 138, obs. Le Cannu ; RJDA 2005, n° 1243.*

II. EFFETS DU CUMUL

19. Application du contrôle des conventions. La procédure des art. 101 s. de la L. de 1966 [C. com., art. L. 225-38 s.] est applicable aux augmentations des salaires versés à un administrateur. • Soc. 8 déc. 1976 : *Rev. sociétés 1977. 251, note Balensi ; RJ com. 1977. 453, note Chartier.*

20. Indépendance des fonctions de direction et de l'activité salariée. Le salarié, en même temps administrateur de la société qui l'emploie, qui, à une assemblée générale extraordinaire, a émis, avec l'unanimité des actionnaires, un vote favorable au transfert du siège social, approuvant ainsi, en tant qu'administrateur et associé, la modification, fût-elle substantielle, qui résultait pour son contrat de travail du fait du changement de son lieu d'exécution, ne peut la contester en même temps comme salarié. • Soc. 4 oct. 1972, n° 72-40.027 P. ♦ Le changement de majorité ne constitue pas une cause réelle et sérieuse de licenciement du salarié administrateur. • Soc. 21 janv. 1982 : *D. 1982. IR 251.* ♦ La révocation des mandats sociaux d'un salarié, ainsi que sa condamnation à des dommages-intérêts ne constituent pas, au sens de l'art. L. 122-40 [L. 1331-1] C. trav., des sanctions disciplinaires interdisant que soit prononcé pour les mêmes faits le licenciement. • Soc. 7 avr. 1993, n° 91-42.914 : *Rev. sociétés 1994. 76, note Petit ; Dr. sociétés 1993. 840.* ♦ La démission par le salarié d'une société-mère du mandat social exercé dans une filiale n'est pas un motif de licenciement. • Soc. 4 déc. 2002, n° 00-45.819 : *RJDA 2003, n° 390.*

III. SANCTIONS D'UN CUMUL ILLICITE

A. NULLITÉ DU CONTRAT DE TRAVAIL

21. *Exercice de l'action.* La société peut se prévaloir de la nullité du contrat de travail contraire à l'art. 93 de la L. de 1966 [C. com., art. L. 225-22] quelle que soit sa responsabilité dans la conclusion de celui-ci. • Soc. 22 nov. 1979, n° 78-40.808 P : *JCP 1980. IV. 49.*

22. *Compétence.* Le litige relatif à la cession à une société mère des actions de la filiale détenues par le directeur général de celle-ci est de la compétence non du juge commercial mais du juge civil, dès lors que cette opération fait partie des modalités de l'abandon par le cédant de ses fonctions de salarié. • T. com. Paris, 5 nov. 1991 : *RJDA 1992, n° 161.*

23. *Indemnisation de l'administrateur.* En cas de nullité du contrat de travail, l'administrateur peut prétendre à une indemnité en raison de l'activité exercée au profit de l'entreprise. • Soc. 6 mai 1982 : *D. 1982. IR 405 ; Rev. sociétés 1982. 523, note Le Cannu.*

24. *Rémunération déguisée de l'administrateur.* Lorsque la rémunération d'un administrateur, devenu président du conseil d'administration, est en partie déguisée sous l'apparence d'un salaire, la nullité du contrat de travail, si elle supprime les avantages propres au statut de salarié, n'est pas pour autant susceptible d'affecter le prétendu salaire dès lors que la rémunération se rapporte en réalité aux fonctions de direction générale. • Paris, 15 janv. 1987 : *D. 1987. IR 31 ; BJS 1987. 106, note Le Cannu.*

25. *Disparition de la cause de nullité.* Si l'acte nul de nullité absolue ne peut être rétroactivement confirmé, il est loisible aux parties de renouveler leur accord ou de maintenir leur commune volonté lorsque la cause de nullité a disparu. Aussi une cour d'appel a-t-elle pu décider qu'après la cessation du mandat social, les volontés, même tacites, des parties s'étaient rencontrées pour conclure un nouveau contrat de travail. • Soc. 25 juin 1996, n° 94-19.992 P : *D. 1997. 341, note Puigelier ; JCP E 1996. I. 589, n° 12, obs. Viandier et Caussain ; RJDA 1996, n° 1349.*

B. NULLITÉ DE LA NOMINATION COMME ADMINISTRATEUR

26. *Maintien du contrat de travail.* En cas de nullité de la nomination au conseil d'administration, le contrat de travail reste valable. • Soc. 28 mars 1979 : *Rev. sociétés 1979. 819, note Le Cannu.*

Art. L. 225-22-1 *(Abrogé par Ord. n° 2020-1142 du 16 sept. 2020, art. 3, à compter du 1er janv. 2021) (L. n° 2005-842 du 26 juill. 2005, art. 8-I)* ***Dans les sociétés dont les*** *(Ord. n° 2019-1234 du 27 nov. 2019, art. 1er)* ***« actions sont admises » aux négociations sur un marché réglementé, en cas de nomination aux fonctions de président, de directeur général ou de directeur général délégué d'une personne liée par un contrat de travail à la société ou à toute société contrôlée ou qui la contrôle au sens des II et III de l'article L. 233-16, les dispositions dudit contrat correspondant, le cas échéant, à des éléments de rémunération, des indemnités ou des avantages dus ou susceptibles d'être dus à raison de la cessation ou du changement de ces fonctions, ou postérieurement à celles-ci,*** *(L. n° 2015-990 du 6 août 2015, art. 229-I-1°)* ***« ou des engagements de retraite à prestations définies répondant aux caractéristiques des régimes mentionnés à l'article L. 137-11*** *(Ord. n° 2019-697 du 3 juill. 2019, art. 3)* ***« et à l'article L. 137-11-2 » du code de la sécurité sociale pour la période d'exercice du mandat social, » sont soumises*** *(L. n° 2007-1223 du 21 août 2007, art. 17-II)* ***« au régime prévu »*** *(Ord. n° 2019-1234 du 27 nov. 2019, art. 1er)* ***« au IV de l'article L. 225-37-2 »*** *(L. n° 2015-990 du 6 août 2015, art. 229-I-1°)* ***« du présent code ».*** — V., désormais, art. L. 22-10-4.

Ces dispositions sont applicables aux conventions conclues à compter du 1er mai 2005 (L. n° 2005-842 du 26 juill. 2005, art. 8-II).

Les 1° à 4° du I de l'art. 229 de la L. n° 2015-990 du 6 août 2015 sont applicables aux engagements de retraite à prestations définies répondant aux caractéristiques des régimes mentionnés à l'art. L. 137-11 CSS pris par l'entreprise à compter de la publication (JO 7 août) de ladite loi au bénéfice d'un président, d'un directeur général, d'un directeur général délégué ou d'un membre du directoire. Les mêmes 1° à 4° sont également applicables aux engagements de retraite répondant aux caractéristiques des régimes mentionnés au même art. L. 137-11 bénéficiant au président, au directeur général, au directeur général délégué ou au membre du directoire nommé ou renouvelé après la publication (JO 7 août) de la même loi, à compter de la nomination ou du renouvellement (L. préc., art. 229-II).

Les dispositions de l'Ord. n° 2019-1234 du 27 nov. 2019 sont applicables à compter des assemblées générales statuant sur le premier exercice clos après sa date de publication (Ord. préc., art. 4, JO 28 nov.).

BIBL. ▶ VIANDIER, *JCP E 2005, n° 44-45, p. 1874.* – MALECKI, *BJS 2005. 1194.* – LE CANNU, *RTD com. 2005. 764*.

Art. L. 225-23 *(Ord. n° 2020-1142 du 16 sept. 2020, art. 3, en vigueur le 1er janv. 2021)* « Dans les sociétés qui emploient à la clôture de deux exercices consécutifs au moins mille salariés permanents dans la société et ses filiales, directes ou indirectes, dont le siège social est fixé sur le territoire français, ou au moins cinq mille salariés permanents dans la société et ses filiales, directes ou indirectes, dont le siège social est fixé sur le territoire français et à l'étranger », *(L. n° 2002-73 du 17 janv. 2002)* « lorsque le rapport présenté par le conseil d'administration lors de l'assemblée générale en application de l'article L. 225-102 établit que les actions détenues par le personnel de la société ainsi que par le personnel de sociétés qui lui sont liées au sens de l'article L. 225-180 représentent plus de 3 % du capital social de la société, un ou plusieurs administrateurs *(L. n° 2006-1770 du 30 déc. 2006, art. 32-I)* « sont élus » par l'assemblée générale des actionnaires sur proposition des actionnaires visés à l'article L. 225-102. *(L. n° 2006-1770 du 30 déc. 2006, art. 32-I)* « Ceux-ci se prononcent par un vote dans des conditions fixées par les statuts. » Ces administrateurs *(L. n° 2006-1770 du 30 déc. 2006, art. 32-I)* « sont élus » parmi les salariés actionnaires ou, le cas échéant, parmi les salariés membres du conseil de surveillance d'un fonds commun de placement d'entreprise détenant des actions de la société. Ces administrateurs ne sont pas pris en compte pour la détermination du nombre minimal et du nombre maximal d'administrateurs prévus à l'article L. 225-17 *(L. n° 2019-486 du 22 mai 2019, art. 184-I-A-1°)* « , ni pour l'application du premier alinéa de l'article L. 225-18-1 ». » *(L. n° 2006-1770 du 30 déc. 2006, art. 32-I)* « La durée de leur mandat est déterminée par application de l'article L. 225-18. Toutefois, leur mandat prend fin par l'arrivée du terme ou la rupture, pour quelque cause que ce soit, de leur contrat de travail. »

(Abrogé par Ord. n° 2020-1142 du 16 sept. 2020, art. 3, à compter du 1er janv. 2021) (L. n° 2019-486 du 22 mai 2019, art. 184-I-A-3°) ***« Les dispositions du premier alinéa du présent article s'appliquent également aux sociétés dont les titres ne sont pas admis aux négociations sur un marché réglementé et qui emploient à la clôture de deux exercices consécutifs au moins mille salariés permanents dans la société et ses filiales, directes ou indirectes, dont le siège social est fixé sur le territoire français, ou au moins cinq mille salariés permanents dans la société et ses filiales, directes ou indirectes, dont le siège social est fixé sur le territoire français et à l'étranger. »***

(L. n° 2001-152 du 19 févr. 2001) « Si l'assemblée générale extraordinaire ne s'est pas réunie dans un délai de dix-huit mois à compter de la présentation du rapport, tout salarié actionnaire peut demander au président du tribunal statuant en référé d'enjoindre sous astreinte au conseil d'administration de convoquer une assemblée générale extraordinaire et de soumettre à celle-ci les projets de résolutions tendant à modifier les statuts dans le sens prévu *(L. n° 2019-486 du 22 mai 2019, art. 184-I-A-3°)* « aux premier et dernier alinéas » du présent article.

« Lorsqu'il est fait droit à la demande, l'astreinte et les frais de procédure sont à la charge des administrateurs. »

(Abrogé par L. n° 2019-486 du 22 mai 2019, art. 186) ***« Les sociétés dont le conseil d'administration comprend un ou plusieurs administrateurs nommés parmi les membres du conseil de surveillance des fonds communs de placement d'entreprise représentant les salariés, ou un ou plusieurs salariés élus en application des dispositions de l'article L. 225-27, ne sont pas tenues aux obligations prévues*** *(L. n° 2001-152 du 19 févr. 2001)* ***« au premier alinéa. »***

« Lorsque l'assemblée générale extraordinaire est convoquée en application du premier alinéa, elle se prononce également sur un projet de résolution prévoyant l'élection d'un ou plusieurs administrateurs par le personnel de la société et des filiales directes ou indirectes dont le siège social est fixé en France. Le cas échéant, ces représentants sont désignés dans les conditions prévues à l'article L. 225-27. »

(L. n° 2019-486 du 22 mai 2019, art. 186) **« Les administrateurs mentionnés au premier alinéa du présent article bénéficient à leur demande d'une formation adaptée à l'exercice de leur mandat, mise à la charge de la société, dans des conditions définies par décret en Conseil d'État. La durée de ce temps de formation ne peut être inférieure à quarante heures par an. »** — *V. art. R. 225-34-2 s.*

La modification des statuts des sociétés mentionnées aux art. L. 225-23 et L. 225-71, rendue nécessaire par la rédaction de ces articles issue du 2° du I de l'art. 32 de la L. n° 2006-1770 du 30 déc. 2006, intervient par décision de l'assemblée générale extraordinaire qui se réunit au plus tard à la date de la prochaine assemblée générale ordinaire suivant la publication de ladite loi (JO 31 déc. ; L. préc., art. 32-II).

Pour l'application de l'art. 184-I-A de la L. n° 2019-486 du 22 mai 2019, les modifications statutaires nécessaires à l'élection ou à la désignation des administrateurs et des membres du conseil de surveillance représentant les salariés ou les salariés actionnaires sont proposées lors de l'assemblée générale ordinaire organisée en 2020.

L'entrée en fonction de ces administrateurs et membres du conseil de surveillance intervient au plus tard :

1° Pour les administrateurs et membres du conseil de surveillance représentant les salariés qui sont élus par ces derniers, ainsi que pour les administrateurs et membres du conseil de surveillance représentant les salariés actionnaires, à la plus tardive des dates entre l'expiration d'un délai de six mois après l'assemblée générale portant les modifications statutaires nécessaires à leur désignation et le 30 sept. 2020, sauf report de cette dernière date jusqu'à une date fixée par décret et au plus tard le 31 déc. 2020 ;

2° Pour les administrateurs et membres du conseil de surveillance représentant les salariés autres que ceux mentionnés au 1° du présent B, six mois après l'assemblée générale portant les modifications statutaires nécessaires à leur désignation.

Les 1° et 2° de l'art. 184-I-A entrent en vigueur à l'issue du mandat du représentant des salariés actionnaires en cours à la date de la publication de la L. préc. (L. préc., art. 184-I-B, JO 23 mai, mod. par L. n° 2020-734 du 17 juin 2020, art. 3-II, JO 18 juin).

Au plus tard trois ans après la publication de la L. n° 2019-486 du 22 mai 2019, le Gouvernement remet au Parlement un rapport évaluant les effets économiques et managériaux de la présence d'administrateurs représentant les salariés au sein des conseils d'administration ou de surveillance des sociétés concernées, l'opportunité d'une extension de cette disposition à trois administrateurs lorsque ces conseils comportent plus de douze membres et la pertinence d'intégrer dans ce panel un administrateur représentant les salariés des filiales situées en dehors du territoire national, lorsque la société réalise une part significative de son activité à l'international (L. préc., art. 184-I-C, JO 23 mai).

Pour les sociétés auxquelles s'appliquent les dispositions du 4e al. des art. L. 225-23 et L. 225-71 dans leur rédaction antérieure à la L. n° 2019-486 du 22 mai 2019, l'entrée en fonction des administrateurs et des membres du conseil de surveillance représentant les salariés actionnaires intervient au plus tard à l'issue de l'assemblée générale annuelle suivant celle procédant aux modifications statutaires nécessaires à leur élection, cette dernière ayant lieu au plus tard en 2020 (L. préc., art. 186-II).

Sur la prorogation des mandats des représentants des salariés actionnaires au sein des organes collégiaux d'administration, de surveillance ou de direction liée à la crise sanitaire (covid-19), V. L. n° 2020-734 du 17 juin 2020, art. 3-I (JO 18 juin).

RÉP. SOCIÉTÉS v° *Salariés (Participation dans les organes sociaux)*, par VALUET.

BIBL. ► TEYSSIÉ, *JCP E 2022. 1041.*

1. Administrateurs nommés parmi les salariés. En l'absence de disposition expresse de la loi, il appartient à l'assemblée générale, à l'occasion de la présentation du rapport annuel visé à l'art. L. 225-102, de décider du maintien ou de la suppression de la représentation du personnel au conseil d'administration ou au conseil de surveillance dans le cas où la part du capital social détenu par les salariés tomberait en dessous du seuil de 3 %. • Cons. const. 12 janv. 2002 : *RJDA 2002, n° 366.*

2. L'art. R. 221-27, 3°, COJ ne donne pas compétence au tribunal d'instance pour connaître des contestations portant sur la désignation, par les salariés actionnaires, d'un candidat à l'élection d'un administrateur par l'assemblée générale des actionnaires, régie par l'art. L. 225-23 C. com. ; en l'absence de toute autre disposition prévoyant la compétence du tribunal d'instance en cette matière, le litige, portant sur une contestation relative aux sociétés commerciales, relève de la compétence du tribunal de commerce, en application de l'art. L. 721-3, 2°, C. com. • Com. 18 mars 2020, n° 17-24.039 P : *D. 2020. Actu. 820* ; *Rev. sociétés 2020. 549, note Vatinet* ; *RTD com. 2020. 655, obs. A. Lecourt* ; *JCP E 2020. 1344, n° 7, obs. Raffray ; BJS 5/2020. 24, note M. Storck ; Dr. sociétés 2020, n° 93, note Hamelin ; RJDA 2020, n° 435 ; Gaz. Pal. 29 sept. 2020, p. 77, obs. Lemaréchal.*

Art. L. 225-24 En cas de vacance par décès ou par démission d'un ou plusieurs sièges d'administrateur, le conseil d'administration peut, entre deux assemblées générales, procéder à des nominations à titre provisoire.

Lorsque le nombre des administrateurs est devenu inférieur au minimum légal, les administrateurs restants doivent convoquer immédiatement l'assemblée générale ordinaire en vue de compléter l'effectif du conseil.

Lorsque le nombre des administrateurs est devenu inférieur au minimum statutaire, sans toutefois être inférieur au minimum légal, le conseil d'administration doit procéder à des nominations à titre provisoire en vue de compléter son effectif dans le délai de trois mois à compter du jour où se produit la vacance.

(L. n° 2011-103 du 27 janv. 2011, art. 1er-IV, en vigueur le 1er janv. 2017) « Lorsque sa composition n'est plus conforme au premier alinéa de l'article L. 225-18-1, le conseil d'administration doit procéder à des nominations à titre provisoire afin d'y remédier dans le délai de six mois à compter du jour où se produit la vacance. »

Les nominations effectuées par le conseil en vertu des premier *(L. n° 2011-103 du 27 janv. 2011, art. 1er-IV, en vigueur le 1er janv. 2017)* « , troisième et quatrième » alinéas ci-dessus sont soumises à ratification de la plus prochaine assemblée générale ordinaire. A défaut de ratification, les délibérations prises et les actes accomplis antérieurement par le conseil n'en demeurent pas moins valables.

Lorsque le conseil néglige de procéder aux nominations requises ou de convoquer l'assemblée, tout intéressé peut demander en justice, la désignation d'un mandataire chargé de convoquer l'assemblée générale, à l'effet de procéder aux nominations ou de ratifier les nominations prévues au troisième alinéa. — *[L. n° 66-537 du 24 juill. 1966, art. 94.] — V. art. R. 225-18.*

V. note ss. art. L. 225-20.

1. Nombre d'administrateurs. Un conseil d'administration réduit à deux membres ne peut valablement donner son agrément à un cessionnaire d'actions ni le coopter comme administrateur. • Com. 18 nov. 1974 : *Rev. sociétés 1975. 273, note Chartier.*

2. Régularisation. L'irrégularité issue de la cooptation d'un administrateur pour défaut de quorum a pris fin dès lors que la décision a été ratifiée par l'assemblée générale des actionnaires, étant relevé qu'elle n'était nullement préjudiciable aux intérêts de ces derniers. • Grenoble, 27 juin 1996 : *Dr. sociétés 1998, n° 140, obs. Vidal.*

3. Sanction. Lorsqu'un administrateur a irrégulièrement coopté deux autres actionnaires pour constituer le conseil d'administration, celui-ci ne peut valablement délibérer et la convocation de l'assemblée générale faite dans ces conditions est irrégulière. • Com. 30 avr. 1968, n° 63-12.001 P : *D. 1969. 89, note Lacombe ; JCP 1968. II. 15695, note N. Bernard.*

4. Représentants des salariés. A l'occasion d'une élection partielle au conseil d'administration d'une société, en raison d'une vacance de poste, au cours du même mandat, le nombre de sièges à pourvoir pour les représentants des salariés ne peut être réduit. • Soc. 28 nov. 1995, n° 95-60.049 : *Gaz. Pal. 1996. 2. Pan. 219.*

Art. L. 225-25 *(L. n° 2008-776 du 4 août 2008, art. 57-I, en vigueur le 1er janv. 2009)* « Les statuts peuvent imposer que chaque administrateur soit propriétaire d'un nombre d'actions de la société, qu'ils déterminent. » *(Abrogé par L. n° 2001-420 du 15 mai 2001) « Ce nombre ne peut être inférieur à celui exigé par les statuts pour ouvrir aux actionnaires le droit d'assister à l'assemblée générale ordinaire. »*

Si, au jour de sa nomination, un administrateur n'est pas propriétaire du nombre d'actions requis ou si, en cours de mandat, il cesse d'en être propriétaire, il est réputé démissionnaire d'office, s'il n'a pas régularisé sa situation dans le délai de *(L. n° 2008-776 du 4 août 2008, art. 57-I, en vigueur le 1er janv. 2009)* « six » mois.

(L. n° 2001-420 du 15 mai 2001) « Les dispositions du premier alinéa ne s'appliquent pas aux actionnaires salariés nommés administrateurs en application de l'article L. 225-23 » *(L. n° 2013-504 du 14 juin 2013, art. 9-I)* « , ni aux salariés nommés adminis-

trateurs en application des articles L. 225-27 et L. 225-27-1 ». – *[L. nº 66-537 du 24 juill. 1966, art. 95.]*

Sont applicables en Nouvelle-Calédonie et dans les îles Wallis-et-Futuna les adjonctions et modifications apportées à l'art. L. 225-25 par la L. nº 2008-776 du 4 août 2008 (Ord. nº 2009-896 du 24 juill. 2009, art. 2).

BIBL. ▶ NDLR, *BRDA 2010, nº 10, p. 11* (obligation pour un administrateur d'être actionnaire).

1. Nombre d'actions obligatoires. Une société est toujours libre, dans les conditions fixées par la loi, de modifier ses statuts et de fixer au chiffre qu'elle entend le nombre d'actions que doivent posséder les administrateurs en garantie de leur gestion. • T. com. Seine, 19 avr. 1956 : *D. 1956. 622, note Dalsace.*

2. Regroupement des actions. Manque de base légale l'arrêt qui, dans le cas de regroupement d'actions non cotées, se borne à déclarer que les administrateurs, qui justifiaient du nombre d'actions de garantie exigé avant le regroupement, étaient régulièrement restés en fonction et avaient pu régulièrement convoquer une assemblée générale, au motif que la loi permet, pendant un délai de deux ans, de laisser coexister les actions anciennes et les actions nouvelles et que les prérogatives attachées aux actions anciennes étaient ainsi demeurées intactes, alors qu'en statuant de cette façon l'arrêt n'a pas tenu compte des modifications statutaires apportées préalablement à l'assemblée générale litigieuse par une assemblée générale extraordinaire. • Com. 6 mai 1974 : *D. 1975. 102, note Guyon ; Rev. sociétés 1975. 81, note Hémard ; JCP 1975. II. 18000, note N. Bernard.*

3. Régularisation. La désignation d'un nouvel administrateur et sa nomination en qualité de président sont valables, même s'il ne possédait pas d'actions, à la date où a été prise la décision contestée du conseil d'administration, soit le jour même de sa nomination. • Com. 13 janv. 1998, nº 95-17.697 : *JCP E 1998, nº 32/35, p. 1306, obs. Viandier et Caussain ; BJS 1998. 516, note Petit.* ♦ V. aussi note ss. art. L. 225-72.

4. Démission d'office. Ayant été nommé dès la création de la société et n'ayant pas régularisé sa situation dans le délai de trois mois, ni d'ailleurs plus tard, l'administrateur doit être considéré comme ayant démissionné d'office de ce mandat par application de l'art. 95 de la L. du 24 juill. 1966 [C. com., art. L. 225-25] ; il s'ensuit qu'il ne peut être considéré comme ayant été un dirigeant de droit que pour les trois mois qui ont suivi la création de la société. • Paris, 25 févr. 2000 : *RDBF 2000, nº 231, obs. F.-X. Lucas.*

Art. L. 225-26 Les commissaires aux comptes *(L. nº 2019-486 du 22 mai 2019, art. 20-I-5º)* **« , s'il en existe, » veillent, sous leur responsabilité, à l'observation des dispositions prévues à l'article L. 225-25 et en dénoncent toute violation dans leur rapport à l'assemblée générale annuelle.** – *[L. nº 66-537 du 24 juill. 1966, art. 97.]*

Pour les dispositions transitoires de la L. nº 2019-486 du 22 mai 2019, V. notes ss. art. L. 221-9.

Art. L. 225-27 Il peut être stipulé dans les statuts que le conseil d'administration comprend, outre les administrateurs dont le nombre et le mode de désignation sont prévus aux articles L. 225-17 et L. 225-18, des administrateurs élus soit par le personnel de la société, soit par le personnel de la société et celui de ses filiales directes ou indirectes dont le siège social est fixé sur le territoire français. Le nombre de ces administrateurs ne peut être supérieur à quatre *(Abrogé par Ord. nº 2020-1142 du 16 sept. 2020, art. 3, à compter du 1er janv. 2021)* ***« ou, dans les sociétés dont les actions sont admises aux négociations sur un marché réglementé, cinq, »*** **ni excéder le tiers du nombre des autres administrateurs. Lorsque le nombre des administrateurs élus par les salariés est égal ou supérieur à deux, les ingénieurs, cadres et assimilés ont un siège au moins.**

Les administrateurs élus par les salariés ne sont pas pris en compte pour la détermination du nombre minimal et du nombre maximal d'administrateurs prévus à l'article L. 225-17 *(L. nº 2011-103 du 27 janv. 2011, art. 1er-V, en vigueur le 1er janv. 2017)* **« , ni pour l'application du premier alinéa de l'article L. 225-18-1 ».** – *[L. nº 66-537 du 24 juill. 1966, art. 97-1.]*

Sur la prorogation des mandats des représentants des salariés au sein des organes collégiaux d'administration, de surveillance ou de direction liée à la crise sanitaire (covid-19), V. L. nº 2020-734 du 17 juin 2020, art. 3-I (JO 18 juin).

BIBL. ▶ VATINET, *Rev. sociétés 2000. 161* (la SA et ses salariés). – GOMEZ et HOLLANDTS, *RDT 2015. 451* (représentation des salariés aux conseils d'administration).

Conformité à la Constitution. V. note 1 ss. art. L. 225-28.

Art. L. 225-27-1 *(L. n° 2013-504 du 14 juin 2013, art. 9-I)* I. — Dans les sociétés qui emploient, à la clôture de deux exercices consécutifs, au moins *(L. n° 2015-994 du 17 août 2015, art. 11-I)* « mille » salariés permanents dans la société et ses filiales, directes ou indirectes, dont le siège social est fixé sur le territoire français, ou au moins *(L. n° 2015-994 du 17 août 2015, art. 11-I)* « cinq mille » salariés permanents dans la société et ses filiales, directes ou indirectes, dont le siège social est fixé sur le territoire français et à l'étranger, *(Abrogé par L. n° 2015-994 du 17 août 2015, art. 11-I)* *« et qui ont pour obligation de mettre en place un comité d'entreprise en application de l'article L. 2322-1 du code du travail, »* il est stipulé dans les statuts que le conseil d'administration comprend, outre les administrateurs dont le nombre et le mode de désignation sont prévus aux articles L. 225-17 et L. 225-18 du présent code, des administrateurs représentant les salariés.

(L. n° 2019-486 du 22 mai 2019, art. 184-I-A-4°) « Une société dont l'activité principale est d'acquérir et de gérer des filiales et des participations peut ne pas mettre en œuvre l'obligation prévue au premier alinéa du présent I si elle remplit chacune des conditions suivantes :

« 1° Elle n'est pas soumise à l'obligation de mettre en place un comité social et économique en application de l'article L. 2311-2 du code du travail ;

« 2° Elle détient une ou plusieurs filiales, directes ou indirectes, soumises à l'obligation prévue au premier alinéa du présent I ;

(Abrogé par Ord. n° 2020-1142 du 16 sept. 2020, art. 3, à compter du 1er janv. 2021) *« 3° Ses actions ne sont pas admises aux négociations sur un marché réglementé ou au moins quatre cinquièmes de ses actions sont détenues [détenus], directement ou indirectement, par une personne physique ou morale agissant seule ou de concert. » »*

Une société n'est pas soumise à l'obligation prévue *(L. n° 2015-994 du 17 août 2015, art. 11-I)* « aux deux premiers alinéas » du présent I dès lors qu'elle est la filiale, directe ou indirecte, d'une société elle-même soumise à cette obligation.

II. — Le nombre des administrateurs représentant les salariés est au moins égal à deux dans les sociétés dont le nombre d'administrateurs mentionnés aux articles L. 225-17 et L. 225-18 est supérieur à *(L. n° 2019-486 du 22 mai 2019, art. 184-I-A-4°)* « huit » et au moins à un s'il est égal ou inférieur à *(L. n° 2019-486 du 22 mai 2019, art. 184-I-A-4°)* « huit ».

Les administrateurs représentant les salariés ne sont pas pris en compte pour la détermination du nombre minimal et du nombre maximal d'administrateurs prévus à l'article L. 225-17, ni pour l'application du premier alinéa de l'article L. 225-18-1. *(L. n° 2015-994 du 17 août 2015, art. 10)* « L'élection des administrateurs représentant les salariés sur le fondement du 1° du III du présent article respecte la parité conformément à l'article L. 225-28. Lorsque deux administrateurs sont désignés sur le fondement du 2° du même III, le comité de groupe, le comité central d'entreprise ou le comité d'entreprise *[comité social et économique]* désigne une femme et un homme. »

III. — Dans les six mois suivant la clôture du second des deux exercices mentionnés au I, après avis, selon le cas, du comité de groupe, du comité central d'entreprise ou du comité d'entreprise *[comité social et économique]*, l'assemblée générale extraordinaire procède à la modification des statuts pour déterminer les conditions dans lesquelles sont désignés les administrateurs représentant les salariés, selon l'une des modalités suivantes :

1° L'organisation d'une élection auprès des salariés de la société et de ses filiales, directes ou indirectes, dont le siège social est fixé sur le territoire français dans les conditions fixées à l'article L. 225-28 ;

2° La désignation, selon le cas, par le comité de groupe prévu à l'article L. 2331-1 du code du travail, le comité central d'entreprise ou le comité d'entreprise *[comité social et économique]* de la société mentionnée au I du présent article ;

3° La désignation par l'organisation syndicale ayant obtenu le plus de suffrages au premier tour des élections mentionnées aux articles L. 2122-1 et L. 2122-4 du même code dans la société et ses filiales, directes ou indirectes, dont le siège social est fixé sur le territoire français lorsqu'un seul administrateur est à désigner, ou par chacune des deux organisations syndicales ayant obtenu le plus de suffrages au premier tour de ces élections lorsque deux administrateurs sont à désigner ;

4° Lorsqu'au moins deux administrateurs sont à désigner, la désignation de l'un des administrateurs selon l'une des modalités fixées aux 1° à 3° et de l'autre par le comité d'entreprise européen, s'il existe, ou, pour les sociétés européennes au sens de l'article L. 2351-1 du code du travail, par l'organe de représentation des salariés mentionné à l'article L. 2352-16 du même code ou, à défaut, par le comité de la société européenne mentionné à l'article L. 2353-1 dudit code.

L'élection ou la désignation des administrateurs représentant les salariés intervient dans les six mois suivant la modification des statuts prévue au premier alinéa du présent III.

IV. — Si l'assemblée générale extraordinaire ne s'est pas réunie dans le délai prévu au premier alinéa du III, tout salarié peut demander au président du tribunal statuant en référé d'enjoindre sous astreinte au conseil d'administration de convoquer une assemblée générale extraordinaire et de soumettre à celle-ci les projets de résolution tendant à modifier les statuts dans le sens prévu au même III.

A défaut de modification des statuts à l'issue du délai prévu au premier alinéa dudit III, les administrateurs représentant les salariés sont désignés par la voie de l'élection mentionnée au 1° du III dans les six mois suivant l'expiration du même délai. Tout salarié peut demander au président du tribunal statuant en référé d'enjoindre sous astreinte à la société d'organiser l'élection.

V. — Les sociétés répondant aux critères fixés au I du présent article *(Ord. n° 2020-1142 du 16 sept. 2020, art. 3, en vigueur le 1er janv. 2021)* « ou à l'article L. 22-10-7 » et dont le conseil d'administration comprend un ou plusieurs membres désignés en application de l'article L. 225-27 du présent code *(L. n° 2015-990 du 6 août 2015, art. 178-I)* « ou du I » *(Ord. n° 2014-948 du 20 août 2014, art. 37-I)* « de l'article 7 de l'ordonnance n° 2014-948 du 20 août 2014 relative à la gouvernance et aux opérations sur le capital des sociétés à participation publique, » ainsi que leurs filiales directes ou indirectes, ne sont pas soumises à l'obligation prévue aux I à III du présent article dès lors que le nombre de ces administrateurs est au moins égal au nombre prévu au II.

Lorsque le nombre de ces administrateurs est inférieur au nombre prévu au II, les I à IV sont applicables à l'expiration du mandat en cours des administrateurs représentant les salariés. — *V. art. R. 225-34-2 s.*

Pour les sociétés répondant aux critères posés aux art. L. 225-27-1, L. 225-79-2 ou L. 226-5-1 à la date de promulgation de la L. n° 2013-504 du 14 juin 2013, l'entrée en fonction des administrateurs mentionnés à l'art. L. 225-27-1 et des membres du conseil de surveillance mentionnés aux mêmes art. L. 225-79-2 et L. 226-5-1 doit intervenir au plus tard six mois après l'assemblée générale portant les modifications statutaires nécessaires à leur élection ou désignation, qui doit elle-même intervenir au plus tard en 2014 (L. préc., art. 9-VIII).

Le conseil d'administration, le conseil de surveillance ou l'organe délibérant en tenant lieu des sociétés mentionnées à l'art. 1er de l'Ord. n° 2014-948 du 20 août 2014 fixe la date d'application des dispositions du titre II de l'Ord. préc., à l'exception de celles des art. 17 et 21. Cette date ne peut être postérieure au lendemain de la première assemblée générale ordinaire qui suit le 1er janv. 2017. Jusqu'à cette date, les dispositions mentionnées à l'art. 37 restent applicables dans leur rédaction antérieure à l'entrée en vigueur de ladite ordonnance (Ord. préc., art. 36).

Dans les sociétés soumises à l'obligation prévue aux art. L. 225-27-1, L. 225-79-2 ou L. 226-5-1 sur le fondement de la L. n° 2015-994 du 17 août 2015, l'entrée en fonction des administrateurs et des membres du conseil de surveillance représentant les salariés doit intervenir au plus tard six mois après l'assemblée générale portant les modifications statutaires nécessaires à leur élection ou à leur désignation. L'assemblée générale a lieu au plus tard dans les six mois suivant la clôture : 1° De l'exercice 2016 pour les sociétés qui emploient, à la clôture des deux exercices consécutifs précédents, plus de cinq mille salariés permanents dans la société et ses filiales, directes ou indirectes, dont le siège social est fixé sur le territoire français, ou plus de dix mille salariés permanents dans la société et ses filiales, directes ou indirectes, dont le siège social est fixé sur le territoire français et à l'étranger ; 2° De l'exercice 2017 pour les sociétés qui emploient, à la clôture des deux exercices consécutifs précédents, plus de mille salariés permanents dans la société et ses filiales, directes ou indirectes, dont le siège social est fixé sur le territoire français, ou plus de cinq mille salariés permanents dans la société et ses filiales, directes ou indirectes, dont le siège social est fixé sur le territoire français et à l'étranger.

Dans les sociétés mentionnées au 1er al. du I des art. L. 225-27-1 et L. 225-79-2 qui ne sont pas soumises à l'obligation prévue au même alinéa dans sa rédaction antérieure à la L. n° 2015-994 du 17 août 2015 et dont l'une des filiales, directe ou indirecte, est soumise à l'obligation prévue aux art. L. 225-27-1, L. 225-79-2 ou L. 226-5-1 sur le fondement de leur rédaction antérieure à ladite loi, l'entrée en fonction des administrateurs et des membres du conseil de surveillance représentant les salariés doit intervenir au plus tard à la date du terme des mandats exercés, dans la ou les filiales ci-dessus mentionnées, par les administrateurs et les membres du conseil de surveillance représentant les salariés (L. préc., art. 11-II).

Pour les dispositions transitoires de la L. n° 2019-486 du 22 mai 2019, V. notes ss. art. L. 225-23.

BIBL. ▶ DE VENDEUIL et RAULT-DUBOIS, *JCP E 2013, n° 1379* (représentation des salariés au conseil d'administration et de surveillance de grandes entreprises). – JEANSEN et MARÉCHAL, *Dr. sociétés 2013. Étude 16* (participation des salariés à la gestion de l'entreprise). – AUZERO, *Dr. soc. 2013. 740* (représentation obligatoire des salariés dans les conseils d'administration et de surveillance). – URBAN, *RDT 2013. 689* (représentation des salariés dans les conseils des sociétés par actions : « quel progrès » ?). – VATINET, *Rev. sociétés 2014. 75* (représentation des salariés dans les conseils d'administration ou de surveillance).

Art. L. 225-28 **Les administrateurs élus par les salariés** *(L. n° 2013-504 du 14 juin 2013, art. 9-I)* **« ou désignés en application de l'article L. 225-27-1 » doivent être titulaires d'un contrat de travail avec la société ou l'une de ses filiales directes ou indirectes dont le siège social est fixé sur le territoire français antérieur de deux années au moins à leur nomination et correspondant à un emploi effectif.** *(L. n° 2013-504 du 14 juin 2013, art. 9-I)* **« Par dérogation, le second administrateur désigné en application du 4° du III de l'article L. 225-27-1 doit être titulaire d'un contrat de travail avec la société ou l'une de ses filiales directes ou indirectes antérieur de deux années au moins à sa nomination et correspondant à un emploi effectif. » Toutefois, la condition d'ancienneté n'est pas requise lorsque au jour de la nomination la société est constituée depuis moins de deux ans.**

Tous les salariés de la société et le cas échéant de ses filiales directes ou indirectes, dont le siège social est fixé sur le territoire français dont le contrat de travail est antérieur de trois mois à la date de l'élection sont électeurs. Le vote est secret.

Lorsqu'un siège au moins est réservé aux ingénieurs, cadres et assimilés *(L. n° 2013-504 du 14 juin 2013, art. 9-I)* **« en application de l'article L. 225-27 », les salariés sont divisés en deux collèges votant séparément. Le premier collège comprend les ingénieurs, cadres et assimilés, le second les autres salariés. Les statuts fixent la répartition des sièges par collège en fonction de la structure du personnel.**

(L. n° 2013-504 du 14 juin 2013, art. 9-I) **« Lorsqu'il est fait application du même article L. 225-27, » les candidats ou listes de candidats peuvent être présentés soit par une ou plusieurs organisations syndicales représentatives au sens de l'article** *(Ord. n° 2007-329 du 12 mars 2007, art. 3)* **« L. 2122-1 » du code du travail, soit par le vingtième des électeurs ou, si le nombre de ceux-ci est supérieur à deux mille, par cent d'entre eux.** *(L. n° 2013-504 du 14 juin 2013, art. 9-I)* **« Lorsqu'il est fait application de l'article L. 225-27-1 du présent code, les candidats ou listes de candidats sont présentés par une ou plusieurs organisations syndicales représentatives au sens de l'article L. 2122-1 du code du travail. »**

Lorsqu'il y a un seul siège à pourvoir pour l'ensemble du corps électoral, l'élection a lieu au scrutin majoritaire à deux tours. Lorsqu'il y a un seul siège à pourvoir dans un collège électoral, l'élection a lieu au scrutin majoritaire à deux tours dans ce collège. Chaque candidature doit comporter, outre le nom du candidat, celui de son remplaçant éventuel. *(L. n° 2013-504 du 14 juin 2013, art. 9-I)* **« Le candidat et son remplaçant sont de sexe différent. » Est déclaré élu le candidat ayant obtenu au premier tour la majorité absolue des suffrages exprimés, au second tour la majorité relative.**

Dans les autres cas, l'élection a lieu au scrutin de liste à la représentation proportionnelle au plus fort reste et sans panachage. Chaque liste doit comporter un nombre de candidats double de celui des sièges à pourvoir *(L. n° 2011-103 du 27 janv. 2011, art. 1er-VI)* **« et être composée alternativement d'un candidat de chaque sexe. Sur chacune des listes, l'écart entre le nombre des** *[de]* **candidats de chaque sexe ne peut être supérieur à un. »** *— La L. n° 2013-504 du 14 juin 2013, art. 9-VII, a supprimé l'entrée en vigueur différée des dispositions introduites par la L. n° 2011-103 du 27 janv. 2011.*

En cas d'égalité des voix, les candidats dont le contrat de travail est le plus ancien sont déclarés élus.

Les autres modalités du scrutin sont fixées par les statuts.

Les contestations relatives à l'électorat, à l'éligibilité et à la régularité des opérations électorales sont portées devant le *(Ord. n° 2019-964 du 18 sept. 2019, art. 35, en vigueur le 1er janv. 2020)* **« juge du tribunal judiciaire » qui statue en dernier ressort dans les conditions prévues par le premier alinéa de l'article L. 433-11** *[L. 2324-23 nouv.]* **du code du travail.** — *[L. n° 66-537 du 24 juill. 1966, art. 97-2.]*

1. Salariés électeurs. Pour la conformité à la Constitution des art. L. 225-27 et L. 225-28, qui limitent le corps électoral aux seuls salariés de la société et, éventuellement, de ses filiales françaises, V. • Cons. const. 26 juill. 2013, n° 2013-333 QPC : *D. 2013. Actu. 1894 ; Rev. sociétés 2014. 112, note Petit ; RJDA 2013, n° 912 ; Dr. sociétés 2013, n° 179, obs. Gallois-Cochet ; BJS 2013. 721, note Roussille.* ♦ Il résulte de l'art. L. 513-1 [L. 1441-3] C. trav. que seuls les cadres détenant sur un service, un département ou un établissement de l'entreprise une délégation particulière d'autorité établie par écrit permettant de les assimiler au chef d'entreprise sont exclus de l'électorat et de l'éligibilité aux fonctions de représentant du personnel (validation de la candidature d'un directeur de succursale). • Soc. 6 févr. 2002, n° 00-60.488 P : *RJDA 2002, n° 649.*

2. Détention obligatoire d'actions. Faute d'être expressément écartée par la loi, l'obligation de détenir un certain nombre d'actions de la société, prévue par les art. 95 et 130 de la L. du 24 juill. 1966 [C. com., art. L. 225-25 et L. 225-72], pèse aussi sur les membres du conseil d'administration ou de surveillance élus par les salariés. Toutefois, les conditions auxquelles les salariés peuvent être élus aux conseils d'administration ou de surveillance sont fixées par les seuls art. 97-2 à 97-8 de la loi [C. com., art. L. 225-28 à L. 225-34]. Aussi, la possession d'actions n'est pas une condition d'éligibilité et l'obligation d'acquérir des actions ne s'impose aux administrateurs qu'une fois élus. La société ne pourrait, sans violer la loi et les statuts, s'opposer à une telle acquisition. En particulier, la possibilité pour la société d'agréer les cessions d'actions, par application de l'art. 274 [C. com., art. L. 228-23], ne saurait être utilisée pour s'opposer à la présence dans les conseils de salariés régulièrement élus (Rép. min. n° 25263 *: JOAN Q 18 juin 1990, p. 2934 ; BJS 1990. 630, note crit. D. L.*).

Art. L. 225-29 **La durée du mandat d'administrateur élu par les salariés** *(L. n° 2013-504 du 14 juin 2013, art. 9-I)* **« ou désigné en application de l'article L. 225-27-1 » est déterminée par les statuts, sans pouvoir excéder six ans. Le mandat est renouvelable, sauf stipulation contraire des statuts.**

Toute nomination intervenue en violation des articles L. 225-27, *(L. n° 2013-504 du 14 juin 2013, art. 9-I)* **« L. 225-27-1, » L. 225-28 et du présent article est nulle. Cette nullité n'entraîne pas celle des délibérations auxquelles a pris part l'administrateur irrégulièrement nommé.** — *[L. n° 66-537 du 24 juill. 1966, art. 97-3.]*

Art. L. 225-30 **Le mandat d'administrateur élu par les salariés** *(L. n° 2013-504 du 14 juin 2013, art. 9-I)* **« ou désigné en application de l'article L. 225-27-1 » est incompatible avec tout mandat de délégué syndical, de membre du comité d'entreprise** *[comité social et économique]*, *(L. n° 2013-504 du 14 juin 2013, art. 9-I)* **« de membre du comité de groupe, » de délégué du personnel ou de membre du comité d'hygiène, de sécurité et des conditions de travail de la société.** *(L. n° 2013-504 du 14 juin 2013, art. 9-I)* **« Il est également incompatible avec tout mandat de membre d'un comité d'entreprise européen, s'il existe, ou, pour les sociétés européennes au sens de l'article L. 2351-1 du code du travail, de membre de l'organe de représentation des salariés** *mentionné à l'article L. 2352-16* **du même code ou de membre d'un comité de la société européenne mentionné à l'article L. 2353-1 dudit code. » L'administrateur qui, lors de son élection** *(L. n° 2013-504 du 14 juin 2013, art. 9-I)* **« ou de sa désignation en application de l'article L. 225-27-1 du présent code », est titulaire d'un ou de plusieurs de ces mandats doit s'en démettre dans les huit jours. A défaut, il est réputé démissionnaire de son mandat d'administrateur.** — *[L. n° 66-537 du 24 juill. 1966, art. 97-4.]*

Conflit d'intérêts. Entre dans les prévisions de l'art. L. 225-30 tout mandat syndical exercé dans l'entreprise susceptible de créer des conflits d'intérêts avec les fonctions de membre du conseil d'administration (incompatibilité des fonctions d'administrateur élu par les salariés et de permanent syndical). • Soc. 30 sept. 2005, n° 04-10.490 P : *Rev. sociétés 2006. 73, note Saintourens ; RJDA 2006, n° 918 ; BJS 2006. 96, note Schmidt.*

Art. L. 225-30-1 *(L. nº 2013-504 du 14 juin 2013, art. 9-I)* Les administrateurs élus par les salariés ou désignés en application de l'article L. 225-27-1 disposent du temps nécessaire pour exercer utilement leur mandat, dans les conditions définies par décret en Conseil d'État.

Art. L. 225-30-2 *(L. nº 2013-504 du 14 juin 2013, art. 9-I)* Les administrateurs élus par les salariés ou désignés en application de l'article L. 225-27-1 bénéficient à leur demande d'une formation adaptée à l'exercice de leur mandat, à la charge de la société, dans des conditions définies par décret en Conseil d'État. Ce temps de formation *(L. nº 2015-994 du 17 août 2015, art. 10)* « , dont la durée ne peut être inférieure à *(L. nº 2019-486 du 22 mai 2019, art. 186)* « quarante » heures par an, » n'est pas imputable sur le crédit d'heures prévu à l'article L. 225-30-1. *(L. nº 2019-486 du 22 mai 2019, art. 186)* « Une fraction de ce temps de formation est effectuée au sein de la société ou d'une société qu'elle contrôle ou qui est contrôlée par elle au sens de l'article L. 233-3. Pour les administrateurs élus par les salariés ou désignés en application de l'article L. 225-27-1 et n'ayant jamais exercé un mandat, cette formation doit avoir débuté dans les quatre mois qui suivent leur élection ou leur désignation. » – *V. art. R. 225-34-3.*

Art. L. 225-31 Les administrateurs élus par les salariés *(L. nº 2013-504 du 14 juin 2013, art. 9-I)* « ou désignés en application de l'article L. 225-27-1 » ne perdent pas le bénéfice de leur contrat de travail. Leur rémunération en tant que salariés ne peut être réduite du fait de l'exercice de leur mandat. – *[L. nº 66-537 du 24 juill. 1966, art. 97-5.]*

Art. L. 225-32 La rupture du contrat de travail met fin au mandat de l'administrateur élu par les salariés *(L. nº 2013-504 du 14 juin 2013, art. 9-I)* « ou désigné en application de l'article L. 225-27-1 ».

Les administrateurs élus par les salariés *(L. nº 2013-504 du 14 juin 2013, art. 9-I)* « ou désignés en application de l'article L. 225-27-1 » ne peuvent être révoqués que pour faute dans l'exercice de leur mandat, par décision du président du *(Ord. nº 2019-738 du 17 juill. 2019, art. 3)* « tribunal judiciaire, rendue selon la procédure accélérée au fond », à la demande de la majorité des membres du conseil d'administration. *(Abrogé par Ord. nº 2019-738 du 17 juill. 2019, art. 3)* ***« La décision est exécutoire par provision. »*** – *[L. nº 66-537 du 24 juill. 1966, art. 97-6.]*

Les dispositions de l'Ord. nº 2019-738 du 17 juill. 2019 s'appliquent aux demandes introduites à compter du 1er janv. 2020 (Ord. préc., art. 30).

Art. L. 225-33 *Abrogé par L. nº 2013-504 du 14 juin 2013, art. 9-I.*

Art. L. 225-34 I. — En cas de vacance, par décès, démission, révocation, rupture du contrat de travail ou pour toute autre cause que ce soit, d'un siège d'administrateur élu par les salariés *(L. nº 2013-504 du 14 juin 2013, art. 9-I)* « ou désigné en application de l'article L. 225-27-1 », le siège vacant est pourvu de la manière suivante :

1º Lorsque l'élection a eu lieu au scrutin majoritaire à deux tours, par le remplaçant ;

2º Lorsque l'élection a eu lieu au scrutin de liste, par le candidat figurant sur la même liste immédiatement après le dernier candidat élu ;

(L. nº 2013-504 du 14 juin 2013, art. 9-I) « 3º Lorsque la désignation a eu lieu selon l'une des modalités prévues aux 2º à 4º du III de l'article L. 225-27-1, par un salarié désigné dans les mêmes conditions. »

II. — Le mandat de l'administrateur ainsi désigné prend fin à l'arrivée du terme normal du mandat des autres administrateurs élus par les salariés *(L. nº 2013-504 du 14 juin 2013, art. 9-I)* « ou désignés en application de l'article L. 225-27-1 ». – *[L. nº 66-537 du 24 juill. 1966, art. 97-8.]*

Art. L. 225-35 *(L. nº 2001-420 du 15 mai 2001)* « Le conseil d'administration détermine les orientations de l'activité de la société et veille à leur mise en œuvre *(L. nº 2019-486 du 22 mai 2019, art. 169)* « , conformément à son intérêt social, en *(L. nº 2022-296 du 2 mars 2022, art. 6)* « considérant les enjeux sociaux, environnementaux, culturels et sportifs » de son activité. Il prend également en considération, s'il y a lieu, la raison d'être de la société définie en application de l'article 1835 du code civil. » Sous réserve des pouvoirs expressément attribués aux assemblées d'action-

naires et dans la limite de l'objet social, il se saisit de toute question intéressant la bonne marche de la société et règle par ses délibérations les affaires qui la concernent.

« Dans les rapports avec les tiers, la société est engagée même par les actes du conseil d'administration qui ne relèvent pas de l'objet social, à moins qu'elle ne prouve que le tiers savait que l'acte dépassait cet objet ou qu'il ne pouvait l'ignorer compte tenu des circonstances, étant exclu que la seule publication des statuts suffise à constituer cette preuve.

« Le conseil d'administration procède aux contrôles et vérifications qu'il juge opportuns. » *(L. n° 2003-706 du 1er août 2003)* **« Le président ou le directeur général de la société est tenu de communiquer à chaque administrateur tous les documents et informations nécessaires à l'accomplissement de sa mission. »**

Les cautions, avals et garanties donnés par des sociétés autres que celles exploitant des établissements bancaires ou financiers font l'objet d'une autorisation du conseil *(L. n° 2019-744 du 19 juill. 2019, art. 14)* **« , qui en limite le montant, » dans les conditions déterminées par décret en Conseil d'État. Ce décret détermine également les conditions dans lesquelles le dépassement de cette autorisation peut être opposé aux tiers.** *(L. n° 2019-744 du 19 juill. 2019, art. 14)* **« Le conseil peut toutefois donner cette autorisation globalement et annuellement sans limite de montant pour garantir les engagements pris par les sociétés contrôlées au sens du II de l'article L. 233-16. Il peut également autoriser le directeur général à donner, globalement et sans limite de montant, des cautions, avals et garanties pour garantir les engagements pris par les sociétés contrôlées au sens du même II, sous réserve que ce dernier en rende compte au conseil au moins une fois par an. Le directeur général peut également être autorisé à donner, à l'égard des administrations fiscales et douanières, des cautions, avals ou garanties au nom de la société, sans limite de montant. »** – *[L. n° 66-537 du 24 juill. 1966, art. 98.] – V. art. R. 225-28 et R. 225-29.*

BIBL. ▶ GUYON, *Mél. Gavalda, Dalloz, 2001, p. 133.* - COLSON, *LPA 21 août 2001* (gouvernement d'entreprise et nouvelles régulations économiques). - RONTCHEVSKY, *D. 2001. 2578* (même thème). - BISSARA, *Rev. sociétés 2003. 51* (le gouvernement d'entreprise en France : faut-il légiférer encore et de quelle manière ?). - VIANDIER, *RJDA 2008. 599* (l'administrateur indépendant des sociétés cotées).

I. ORGANE COLLÉGIAL SPÉCIALISÉ

1. ***Absence de personnalité juridique.*** Le conseil d'administration n'a pas de personnalité civile, mais il peut être valablement mis en cause, en la personne du président-directeur général, lorsqu'il s'agit de résoudre un litige interne entre les actionnaires et le conseil d'administration. • Nancy, 19 juill. 1946 : *D. 1947. 525, note A. C.*

2. ***Prérogatives du conseil en matière d'administration.*** La SA étant une société dont les organes sont hiérarchisés, et dans laquelle l'administration est exercée par un conseil élu par l'assemblée générale, il n'appartient pas à l'assemblée générale d'empiéter sur les prérogatives du conseil en matière d'administration. • Civ. 4 juin 1946 : *S. 1947. 1. 153, note Barbry ; JCP 1947. II. 3518, note Bastian.* ♦ C'est donc à bon droit qu'un arrêt annule la résolution votée par l'assemblée générale qui investit le président-directeur général de l'ensemble des pouvoirs attribués jusqu'alors au conseil d'administration. • Même arrêt. ♦ La loi fixe de manière impérative les pouvoirs et prérogatives des différents organes de la société. De même qu'une assemblée générale, fût-elle extraordinaire, ne peut empiéter sur le rôle dévolu au conseil d'administration, celui-ci ne peut se dépouiller de ses attributions propres. • Aix-en-Provence, 28 sept. 1982 : *Rev. sociétés 1983. 773, note Mestre.* ♦ Par suite, est nulle la décision d'une assemblée générale extraordinaire décidant, par modification des statuts, la création d'un comité de direction en faisant de celui-ci un organe permanent et concurrent du conseil d'administration. • Même arrêt.

3. ***Respect des prérogatives de l'assemblée.*** Si étendues que soient les compétences du conseil d'administration, elles ne sauraient empiéter sur celles de l'assemblée des actionnaires. Selon un arrêt, cassé, de la cour de Versailles, le conseil a donc l'obligation d'inscrire à l'ordre du jour de l'assemblée la question de la reconduction du mandat des administrateurs sortants. • Versailles, 2 déc. 1987 : *D. 1988. IR 15 ; JCP 1988. II. 21067, note Estoup* (arrêt cassé par • Com. 7 nov. 1989 : *Rev. sociétés 1990. 36, note Guyon* ; *BJS 1990. 77, note Le Cannu* : la Cour de cassation impose seulement au conseil d'administration d'inscrire à l'ordre du jour la question du remplacement de cet administrateur). ♦ Les décisions du conseil d'administration et la délibération de l'assemblée générale d'une SA autorisant la cession à une autre société des deux tiers de son capital social ne peuvent être annulées comme portant une atteinte grave à l'objet social et mettant en cause sa survivance même, dès lors que cette société conserve son existence propre, sa personnalité juridique, son objet et sa durée. • Com. 21 janv. 1970 : *Rev. sociétés 1970. 292, note J. G. ; JCP 1970. II. 16541, note Oppetit.* ♦ Les décisions ainsi prises ne peuvent être tenues pour des abus de pouvoir dès lors que les offres d'acquisition faites non à la société mais à ses actionnaires ont été transmises à tous ceux-ci sans exception, et qu'il n'apparaît pas que le conseil d'administration ait donné des renseignements inexacts ou dissimulé des informations utiles, ni qu'il n'ait pas tenu compte de l'intérêt de la société ou qu'il ait cherché à favoriser certains actionnaires au détriment des autres. • Même arrêt.

II. POUVOIRS ET DROITS INDIVIDUELS DES ADMINISTRATEURS

4. Dirigeants de droit. Sur la qualité de dirigeants de droit des administrateurs au regard de l'action en comblement du passif (C. com., anc. art. L. 624-3), V. • Com. 31 mai 2011, n° 09-13.975 P : *D. 2011. Actu. 1551, obs. Lienhard ; Rev. sociétés 2011. 521, obs. Roussel Galle ; JCP E 2011, n° 1655, note Couret et Dondero ; RJDA 2011, n° 725 ; BJS 2011. 817, note Saintourens ; Dr. sociétés 2011, n° 200, obs. Legros.*

5. Absence de pouvoir individuel de représentation. La qualité d'administrateur de SA ne confère pas le pouvoir de représenter la société en justice. • Com. 3 oct. 2006, n° 05-13.244 : *RTD com. 2007. 165, obs. Le Cannu ; RJDA 2007, n° 63.* ♦ On ne saurait attribuer le caractère d'un commencement de preuve par écrit à des déclarations faites, au cours d'une comparution personnelle, par des administrateurs démissionnaires, qui n'avaient alors aucune qualité pour représenter la société. • Civ. 3e, 20 juin 1969, n° 67-14.114 P : *D. 1970. Somm. 13.*

6. Droit à l'information des administrateurs. Il résulte des art. 98 et 113 de la L. du 24 juill. 1966 [C. com., art. L. 225-35 et L. 225-51], selon lesquels le conseil d'administration est appelé à agir au nom de la société, que le président de ce conseil doit mettre les administrateurs en mesure de remplir leur mission en toute connaissance de cause. • Com. 2 juill. 1985, n° 83-16.887 P : *D. 1986. 351, note Loussouarn ; Rev. sociétés 1986. 231, note Le Cannu ; JCP 1985. II. 20518, note Viandier.* ♦ La méconnaissance des droits à l'information préalable d'un membre du conseil d'administration affecte, par elle-même, la régularité de la réunion de cet organe social et entraîne son annulation quelle que soit l'influence qu'elle a eue sur le sens de la délibération. • Com. 24 avr. 1990, n° 88-17.218 P : *D. 1990. IR 130 ; Rev. sociétés 1991. 347, note Didier ; JCP E 1991. II. 122, note Jeantin.* ♦ La jurisprudence reconnaissant aux administrateurs un droit à l'information se trouve confirmée par l'art. L. 225-35, al. 3.

III. AUTORISATION DES CAUTIONS, AVALS ET GARANTIES

7. Nécessité d'une délibération expresse préalable. Les cautions, avals et garanties donnés par les sociétés autres que celles exploitant des établissements bancaires ou financiers doivent faire l'objet d'une autorisation préalable du conseil d'administration permettant de déterminer le montant de l'engagement et la durée de cette autorisation ; à défaut, l'acte souscrit par le président au nom de la société n'est pas opposable à celle-ci. • Com. 11 juill. 1988, n° 87-11.209 P : *D. 1988. IR 236 ; Rev. sociétés 1989. 53, note Didier ; BJS 1988. 666, note Le Cannu.* ♦ Sur la preuve, V. note 16.

A. GARANTIES VISÉES

8. Notion de « garantie ». Constitue une garantie devant faire l'objet d'une autorisation préalable du conseil d'administration le protocole liant l'associé ayant cédé ses actions à la société cessionnaire par lequel celle-ci s'est engagée à se substituer à celui-là dans tous les engagements de caution souscrits au profit de la société dont les titres ont été cédés ou, à défaut, à le contre-garantir. • Com. 24 juin 2003, n° 01-01.464 P : *D. 2004. Somm. 270, obs. Hallouin ; RTD com. 2003. 739, obs. Champaud et Danet ; BJS 2003. 1030, note Le Cannu ; Dr. sociétés 2004, n° 73, obs. Trébulle.* ♦ Pour une conception large et générique du terme « garantie », V. • Paris, 4 oct. 2002 : *RJDA 2003, n° 271 ; BJS 2003. 294, note Rontchevsky* • Com. 25 févr. 2003, n° 99-10.107 : *RJDA 2003, n° 734.*

9. Garantie en faveur des tiers. S'agissant des garanties relatives non à des engagements pris par des tiers, mais de celles afférentes aux engagements propres d'une société, l'autorisation du conseil d'administration n'est pas requise. • Com. 11 févr. 1986, n° 84-13.959 P : *D. 1987. Somm. 32, obs. Bousquet ; Rev. sociétés 1986. 243, note Daigre* • 12 juill. 2011, n° 10-16.118 P : *D. 2011. Actu. 1967 ; RTD com. 2011. 584, obs. Le Cannu et Dondero ; Rev. sociétés 2012. 102, note Daigre ; JCP E 2011, n° 1870, note Pailler ; RJDA 2011, n° 821 ; Dr. sociétés 2011, n° 173, obs. Gallois-Cochet ; BJS 2011. 865, note Barbièri ; LPA 26 oct. 2011, note Grundeler.*

10. Garanties intra-groupe. Le cautionnement des dettes de filiales d'une société, ayant des personnalités morales distinctes, donné par le président de la société mère sans qu'ils ait recueilli l'autorisation du conseil d'administration, est inopposable à la société. • Com. 9 déc. 1997, n° 96-17.916 P : *D. 1998. IR 49 ; Rev. sociétés 1998. 561, note Delebecque ; JCP E 1998, n° 32135, p. 1306, obs. Viandier et Caussain ; BJS 1998. 231, note Barbièri ; Dr. sociétés 1998, n° 47, obs. Vidal.*

11. Garantie autonome (ou à première demande). Est soumis à l'art. 98 de la L. du 24 juill. 1966 [C. com., art. L. 225-35] l'engagement souscrit par une société exportatrice de rembourser sans contestation et à première demande à une banque toutes les sommes que cette dernière est appelée à verser à une banque étrangère du chef d'une société importatrice. • Com. 26 janv. 1993, n° 91-11.704 : *BJS 1993. 569, note Delebecque ; Dr. sociétés 1993, n° 99, obs. Le Nabasque.*

12. Lettre d'intention ou de confort. Ayant retenu qu'une lettre d'intention contenait une obligation de résultat, dès lors qu'elle était de nature à rendre son auteur responsable des conséquences de la défaillance du débiteur, c'est à juste titre qu'une cour d'appel en a déduit que cette lettre était constitutive d'une garantie, et, après avoir relevé que le signataire de l'engagement (directeur général) n'y avait pas été autorisé par le conseil d'administration, a décidé qu'elle était inopposable à la société intéressée. • Com. 23 oct. 1990, n° 89-12.924 P : *D. 1992. Somm. 34, obs. Vasseur ; Rev. sociétés 1991. 86, note Delebecque ; JCP 1991. II. 21684, note Larroumet ; BJS 1991. 403, note Jeantin.* ♦ V. encore, jugeant que la lettre d'intention par laquelle une société mère s'engage à faire le nécessaire pour que sa filiale dispose d'une trésorerie suffisante lui permettant de faire face à ses engagements fait naître une obligation de résultat : • Com. 26 févr. 2002, n° 99-10.729 P : *D. 2002. Somm. 3331, obs. Aynès ; JCP E 2002, n° 24, p. 1003, note Legeais ; BJS 2002. 607, note Barbièri ; Dr. sociétés 2002, n° 105, obs. Bonneau.*

13. Promesse de porte-fort. La promesse de porte-fort, qui crée à la charge du promettant une obligation de résultat, constitue une garantie au sens de l'art. 98 de la L. de 1966 [C. com., art. L. 225-35]. • Paris, 4 nov. 2008 : *JCP E 2008, n° 2502 ; RJDA 2009, n° 661 ; Dr. sociétés 2009, n° 51, obs. Gallois-Cochet ; BJS 2009. 376, note Barbièri.*

14. Établissements bancaires ou financiers. Pour l'inopposabilité du cautionnement consenti par une SA d'assurances sans autorisation de son conseil d'administration, les entreprises régies par le code des assurances ne pouvant être considérées comme des établissements *bancaires ou financiers*, V. • Com. 24 mars 2004, n° 00-13.447 : *RJDA 2004, n° 846.*

B. SITUATION DU COCONTRACTANT

15. Obligation de vérifier les pouvoirs du représentant social. V., pour le bénéficiaire étranger : • Com. 8 nov. 1988 : *JCP 1989. II. 21230, note Barbièri.* ♦ Le bénéficiaire d'un cautionnement non régulièrement autorisé ne peut être considéré comme un tiers de bonne foi. • Com. 8 oct. 1991, n° 90-10.202 : *RTD com. 1992. 638, obs. Reinhard ; JCP 1992. II. 21877, note Barbièri ; BJS 1991. 1110.*

16. Preuve de l'autorisation ou de l'absence d'autorisation. Le juge a les pouvoirs de tirer toute conséquence du refus de produire le registre des délibérations du conseil d'administration (alors que le bénéficiaire du cautionnement soutenait que ce refus constituait l'aveu de l'existence d'une habilitation régulière). • Com. 5 mars 1996, n° 94-13.151 P. – V. aussi : • Com. 16 nov. 2004, n° 00-19.829 : *RTD com. 2005. 120, obs. Le Cannu ; RJDA 2005, n° 280 ; Dr. sociétés 2005, n° 49, obs. Hovasse* • Civ. 1re, 19 sept. 2007, n° 05-15.139 : *Dr. sociétés 2008, n° 12, obs. Hovasse.*

17. Exclusion du mandat apparent. Il ne suffit pas qu'une personne ayant donné au nom d'une société un acte de garantie de paiements, alors qu'elle ne disposait d'aucun pouvoir régulier de le consentir, soit apparue comme le mandataire de la société et le délégataire du président du conseil d'administration pour engager cette société, même si le cocontractant pouvait légitimement croire qu'elle avait le pouvoir de le faire. • Com. 24 févr. 1987, n° 84-11.474 P : *Rev. sociétés 1987. 407, note Y.G. ; BJS 1987. 211, note P.L.C.*

C. SANCTIONS

18. Inopposabilité des garanties non autorisées. A défaut d'autorisation par le conseil d'administration, la caution donnée par son président excède ses pouvoirs légaux et ne peut engager la société. • Com. 29 janv. 1980 : *Rev. sociétés 1981. 83, note Guyon.* – V. aussi : • Com. 6 mai 1986, n° 85-12.862 P : *Rev. sociétés 1987. 257, note Didier.* ♦ Pour l'inopposabilité de l'engagement de caution souscrit par le président d'une société dans le cadre d'une opération de crédit-bail relatif à un véhicule, l'autorisation du conseil d'administration ayant porté sur un cautionnement donné pour l'achat d'un véhicule, et non pour un contrat de crédit-bail, V. • Com. 22 mai 2001, n° 98-17.386 P : *D. 2001. AJ 1946 ; RTD com. 2001. 932, obs. Chazal et Reinhard ; JCP E 2001, n° 46, p. 1812, obs. Simler ; BJS 2001. 1007, note Barbièri.*

19. Impossibilité de confirmation. Viole les art. 98, al. 4, de la L. de 1966 [C. com., art. L. 225-35] et 89 du Décr. de 1967 [C. com., art. R. 225-28] l'arrêt qui admet qu'un cautionnement a fait l'objet d'une approbation implicite du conseil d'administration et de l'assemblée générale des actionnaires, alors qu'il constate que le président du conseil n'avait pas obtenu l'autorisation préalable du conseil d'administration, ce dont il résulte que le cautionnement donné, insusceptible de « ratification », est inopposable à la société. • Com. 15 oct. 1991, n° 89-19.969 P : *D. 1991.IR 252.* ♦ L'autorisation donnée *a posteriori* par le conseil d'administration est sans effet. • Com. 17 nov. 1992 : *BJS 1993.*

98, note Chaput.

20. Responsabilité du dirigeant. Si le directeur général a commis une faute en ne vérifiant pas qu'il détenait toujours le pouvoir de consentir des cautionnements au nom de la société, cette faute n'est pas séparable des fonctions de directeur général (absence de responsabilité personnelle). • Com. 20 oct. 1998, n° 96-15.418 P : *D. 1999. 639, note De Laender ; RTD com. 1999. 142, obs. Petit ; Rev. sociétés 1999. 111, note Saintourens ; JCP E 1998, n° 51, p. 2025, note Couret ; RJDA 1998, n° 58 ; Dr. sociétés 1999, n° 3, obs. Bonneau ; BJS 1999. 88, note Barbièri ; LPA 17 sept. 1999, note Depret.*

21. Absence de responsabilité de la société. En l'absence d'autorisation, l'engagement [de substitution de cautionnement] est inopposable à la société et ne peut faire peser sur elle aucune obligation (cassation de l'arrêt ayant retenu que la société engageait sa responsabilité contractuelle à l'égard du bénéficiaire de l'engagement et, s'il y a lieu, sa responsabilité délictuelle à l'égard de tiers). • Com. 15 janv. 2013, n° 11-27.648 P : *D. 2013. 624, note Dondero ; Rev. sociétés 2013. 297, note Mattout ; RJDA 2013, n° 338 ; BJS 2013. 186, note Barbièri ; Dr. sociétés 2013, n° 64, obs. Roussille.*

Art. L. 225-36 Le déplacement du siège social *(L. n° 2016-1691 du 9 déc. 2016, art. 142-2°)* « sur le territoire français » peut être décidé par le conseil d'administration, sous réserve de ratification de cette décision par la prochaine assemblée générale ordinaire. — *[L. n° 66-537 du 24 juill. 1966, art. 99.]*

(L. n° 2016-1691 du 9 déc. 2016, art. 142-2°) « Sur délégation de l'assemblée générale extraordinaire, le conseil d'administration apporte les modifications nécessaires aux statuts pour les mettre en conformité avec les dispositions législatives et réglementaires, sous réserve de ratification de ces modifications par la prochaine assemblée générale extraordinaire. »

Art. L. 225-36-1 *(L. n° 2001-420 du 15 mai 2001)* Les statuts de la société déterminent les règles relatives à la convocation et aux délibérations du conseil d'administration.

Lorsqu'il ne s'est pas réuni depuis plus de deux mois, le tiers au moins des membres du conseil d'administration peut demander au président de convoquer celui-ci sur un ordre du jour déterminé.

Le directeur général peut également demander au président de convoquer le conseil d'administration sur un ordre du jour déterminé.

Le président est lié par les demandes qui lui sont adressées en vertu des deux alinéas précédents.

BIBL. ▶ DUBOUT, *BJS 1994. 1286* (nécessité d'un ordre du jour préalable).

1. Règles relatives à la convocation (jurispr. relative à l'anc. art. 83 du Décr. n° 67-236 du 23 mars 1967). Bien que la loi et les statuts d'une SA ne fixent pas les règles relatives à la convocation et à la tenue des réunions du conseil d'administration, les décisions de celui-ci peuvent être annulées si des fraudes, des excès de pouvoir ou des abus de droit ont été commis au préjudice de la société ou de certains actionnaires par les membres du conseil d'administration qui ont voté ces décisions. • Com. 19 janv. 1959, n° 57-10.279 P : *D. 1959. 260.* ♦ Est irrégulière la convocation d'un administrateur à qui la lettre de convocation avait été à dessein envoyée de manière telle qu'elle ne pouvait lui parvenir avant la réunion du conseil d'administration. • Com. 7 mai 1973, n° 72-10.587 P.

2. Ordre du jour. En l'absence de dispositions particulières dans les statuts d'une SA, le conseil d'administration peut valablement examiner d'autres questions que celles figurant à l'ordre du jour de la convocation du conseil. • Paris, 12 janv. 2006 : *RJDA 2006, n° 549.*

Art. L. 225-37 Le conseil d'administration ne délibère valablement que si la moitié au moins de ses membres sont présents. Toute clause contraire est réputée non écrite.

A moins que les statuts ne prévoient une majorité plus forte, les décisions sont prises à la majorité des membres présents ou représentés.

(L. n° 2005-842 du 26 juill. 2005, art. 5-I) « Sauf lorsque le conseil est réuni pour procéder aux opérations visées aux articles L. 232-1 et L. 233-16 et sauf disposition contraire des statuts, le règlement intérieur peut prévoir que sont réputés présents, pour le calcul du quorum et de la majorité, les administrateurs qui participent à la réunion par des moyens de visioconférence ou de télécommunication permettant leur identification et garantissant leur participation effective, dont la nature et les conditions d'application sont déterminées par décret en Conseil d'État. Les statuts peuvent

limiter la nature des décisions pouvant être prises lors d'une réunion tenue dans ces conditions et prévoir un droit d'opposition au profit d'un nombre déterminé d'administrateurs. » *(L. n° 2019-744 du 19 juill. 2019, art. 15)* **« Les statuts peuvent également prévoir que les décisions relevant des attributions propres du conseil d'administration prévues à l'article L. 225-24, au dernier alinéa de l'article L. 225-35, au second alinéa de l'article L. 225-36 et au I de l'article L. 225-103 ainsi que les décisions de transfert du siège social dans le même département peuvent être prises par consultation écrite des administrateurs. »** — *V. art. R. 225-21 et R. 225-48.*

Sauf disposition contraire des statuts, la voix du président de séance est prépondérante en cas de partage.

Les administrateurs, ainsi que toute personne appelée à assister aux réunions du conseil d'administration, sont tenus à la discrétion à l'égard des informations présentant un caractère confidentiel et données comme telles par le président du conseil d'administration. — *[L. n° 66-537 du 24 juill. 1966, art. 100.] — V. art. R. 225-19 s.*

(Ord. n° 2017-1162 du 12 juill. 2017, art. 1er) **« Le conseil d'administration présente à l'assemblée générale mentionnée à l'article L. 225-100 un rapport sur le gouvernement d'entreprise joint au rapport de gestion mentionné au même article. Toutefois, les informations correspondantes peuvent être présentées au sein d'une section spécifique du rapport de gestion. »** — *Sur la publicité de ce rapport, pour les sociétés dont les titres financiers sont admis aux négociations sur un marché réglementé, V. C. mon. fin., art. L. 621-18-3,* ***C. mon. fin.*** *ou* ***C. sociétés.***

L'Ord. n° 2017-1162 du 12 juill. 2017 est applicable aux rapports afférents aux exercices ouverts à compter du 1er janv. 2017 (Ord. préc., art. 16).

BIBL. ▶ Sur le rapport sur le gouvernement d'entreprise : COURET, *Rev. sociétés 2017. 535*. – *BRDA 2017, n° 19, p. 24. - ibid., n° 24, p. 21* (communication et publicité du rapport).

▶ Autres thèmes : BONNEAU, *Dr. sociétés 2001, n° 173* (règlement intérieur et visioconférence). – GLOTIN, *JCP E 2002, n° 18-19, p. 747* (délibérations sociales par télétransmission). – VIANDIER, *RJDA déc. 2003* (règlement intérieur du conseil d'administration des sociétés cotées). – PÈRE, *D. 2004. 1786* (obligation au secret et à la discrétion des administrateurs). – LE CANNU, *RTD com. 2005. 761* (loi du 26 juill. 2005). – DONZEL-TABOUCOU, *Rev. sociétés 2015. 347* (le principe « appliquer ou expliquer » en France).

I. CONVOCATION DU CONSEIL D'ADMINISTRATION

1. Convocation des administrateurs. Tout administrateur d'une SA doit obligatoirement être convoqué aux réunions du conseil d'administration, à peine de grave irrégularité en cas d'omission. • T. com. Seine, 8 janv. 1954 : *D. 1954. Somm. 52 ; Gaz. Pal. 1954. 1. 251.* ♦ Doivent, en conséquence, être annulées les réunions du conseil d'administration et les décisions qui y ont été prises sans qu'il ait été procédé régulièrement à la convocation de tous ses membres. • Même jugement. ♦ Sur les modalités de la convocation, V. art. L. 225-36-1 et notes ss. cet art.

2. Portée du règlement intérieur. Le président du conseil d'administration n'ayant pas procédé à la convocation du conseil demandée par six administrateurs conformément aux termes du règlement intérieur, chacun de ceux-ci est recevable à saisir le juge des référés en invoquant une violation du règlement intérieur constitutive d'un trouble manifestement illicite. • Com. 29 janv. 2008, n° 06-30.311 : *RTD com. 2008. 363, obs. Le Cannu et Dondero ; Rev. sociétés 2008. 363, note Mattout ; RJ com. 2008. 193, obs. Ginestet.*

3. Sanction du défaut de convocation. Lorsque deux administrateurs, respectivement président-directeur général et directeur adjoint, n'ont pas été convoqués à une réunion du conseil d'administration, la décision les révoquant est nulle, bien qu'il s'agisse d'une réunion spontanée et que plus de la moitié des membres du conseil aient été présents. • Com. 31 janv. 1968, n° 65-11.905 P : *D. 1968. 352 ; JCP 1968. II. 15609, note N. Bernard.*

II. DÉLIBÉRATIONS DU CONSEIL D'ADMINISTRATION

4. Vote par surprise. Bien que la loi et les statuts d'une SA ne fixent pas les règles relatives à la convocation et à la tenue des réunions du conseil d'administration, les décisions de celui-ci peuvent être annulées si des fraudes, des excès de pouvoir ou des abus de droit ont été commis au préjudice de la société ou de certains actionnaires par les membres du conseil d'administration qui ont voté ces décisions. Tel est le cas d'un vote obtenu par surprise par la minorité du conseil, profitant de l'absence de certains administrateurs. • Com. 19 janv. 1959 : *Bull. civ. III, n° 27 ; D. 1959. 260.* ♦ Sur la nullité des décisions d'un conseil d'administration prises hors la présence des membres du comité d'entreprise après que la séance eut été déclarée levée (régime de la loi de 1867),

V. • Com. 17 févr. 1975 : *D. 1975. 466, note Bousquet ; Rev. sociétés 1975. 269, note F. T. ; JCP 1975. II. 18105, note Savatier.*

5. Sanction des délibérations irrégulières. Lorsqu'un administrateur a irrégulièrement coopté deux autres actionnaires pour constituer le conseil d'administration, celui-ci ne peut valablement délibérer et la convocation de l'assemblée générale faite dans ces conditions est irrégulière. • Com. 30 avr. 1968, n° 63-12.001 P : *D. 1969. 89, note Lacombe ; JCP 1968. II. 15695, note N. Bernard.* ♦ La nullité d'une réunion du conseil d'administration ayant convoqué une assemblée générale ordinaire avec un ordre du jour circonstancié entraîne celle de ladite assemblée et de toutes les résolutions adoptées par elle. • Com. 22 déc. 1969, n° 67-13.386 P.

6. Calcul de la majorité. Il résulte de l'art. 100, al. 2, de la L. de 1966 [C. com., art. L. 225-37] que le calcul de la majorité requise pour l'adoption des décisions du conseil d'administration doit tenir compte des abstentions et des votes blancs, lesquels équivalent à un vote défavorable. • Douai, 17 nov. 1994 : *Rev. sociétés 1995. 770, obs. Guyon ; RJDA 1995, n° 448 ; BJS 1995. 671, note Saintourens.* ♦ Justifie sa décision la cour d'appel qui déduit de l'annulation de la révocation du président titulaire qu'il n'y avait pas lieu de nommer un président temporaire pour le remplacer, et que ce président temporaire ne pouvait donc avoir voix prépondérante, ce qui entraînait la nullité des délibérations prises grâce à cette voix prépondérante. • Com. 21 juill. 1974 : *D. 1976. 207, note Gourlay.*

7. Abus de majorité. Toute résolution d'un organe contraire à l'intérêt général de la société et prise dans le dessein de favoriser les membres de la majorité au détriment de la minorité constitue un abus de majorité. • Paris, 31 mars 2000 : *RJDA 2001, n° 43.*

Art. L. 225-37-1 *(L. n° 2011-103 du 27 janv. 2011, art. 8-I)* **Le conseil d'administration délibère annuellement sur la politique de la société en matière d'égalité professionnelle et salariale** *(L. n° 2018-771 du 5 sept. 2018, art. 104)* **« sur la base des indicateurs relatifs à l'égalité professionnelle entre les femmes et les hommes mentionnés au premier alinéa de l'article L. 2312-18 du code du travail et à l'article L. 1142-8 du même code, lorsque ceux-ci s'appliquent, ainsi que sur la base du plan pour l'égalité professionnelle entre les femmes et les hommes mentionné à l'article L. 1143-1 dudit code lorsqu'il est mis en œuvre ».** *(Abrogé par L. n° 2018-771 du 5 sept. 2018, art. 104)* ***« Dans les sociétés devant*** *(L. n° 2015-994 du 17 août 2015, art. 18-XV, en vigueur le 1er janv. 2016)* ***« mettre » en œuvre un plan pour l'égalité professionnelle entre les femmes et les hommes visé par l'article L. 1143-1 du même code*** *[du code du travail]*, ***il délibère sur cette base*** *(L. n° 2015-994 du 17 août 2015, art. 18-XV, en vigueur le 1er janv. 2016)* ***« ainsi que sur celle des données mentionnées au 1° bis de l'article L. 2323-8*** *[du même code]* ***». »***

Art. L. 225-37-2 et L. 225-37-3 *Abrogés par Ord. n° 2020-1142 du 16 sept. 2020, art. 3, à compter du 1er janv. 2021.*

Art. L. 225-37-4 *(Ord. n° 2017-1162 du 12 juill. 2017, art. 3)* **Le rapport prévu au dernier alinéa de l'article L. 225-37 contient les informations suivantes :**

1° La liste de l'ensemble des mandats et fonctions exercés dans toute société par chaque mandataire social durant l'exercice ;

2° Les conventions intervenues, directement ou par personne interposée, entre, d'une part, l'un des mandataires sociaux ou l'un des actionnaires disposant d'une fraction des droits de vote supérieure à 10 % d'une société et, d'autre part, une autre société *(L. n° 2019-486 du 22 mai 2019, art. 198)* **« contrôlée par la première au sens de l'article L. 233-3 », à l'exception des conventions portant sur des opérations courantes et conclues à des conditions normales ;**

3° Un tableau récapitulatif des délégations en cours de validité accordées par l'assemblée générale des actionnaires dans le domaine des augmentations de capital, par application des articles L. 225-129-1 et L. 225-129-2, et faisant apparaître l'utilisation faite de ces délégations au cours de l'exercice ;

4° A l'occasion du premier rapport ou en cas de modification, le choix fait de l'une des deux modalités d'exercice de la direction générale prévues à l'article L. 225-51-1 ;

(Abrogé par Ord. n° 2020-1142 du 16 sept. 2020, art. 3, à compter du 1er janv. 2021) ***« 5° La composition, ainsi que les conditions de préparation et d'organisation des travaux du conseil ;***

« *(Ord. n° 2017-1180 du 19 juill. 2017, art. 3)* ***« 6° Lorsque le total de bilan, le chiffre d'affaires ou le nombre de salariés excèdent des seuils fixés par décret en Conseil d'État, une description de la politique de diversité appliquée aux membres du conseil d'administration au***

regard de critères tels que l'âge, le sexe ou les qualifications et l'expérience professionnelle, ainsi qu'une description des objectifs de cette politique, de ses modalités de mise en œuvre et des résultats obtenus au cours de l'exercice écoulé. *(L. nº 2018-771 du 5 sept. 2018, art. 104)* ***« Cette description est complétée par des informations sur la manière dont la société recherche une représentation équilibrée des femmes et des hommes au sein du comité mis en place, le cas échéant, par la direction générale en vue de l'assister régulièrement dans l'exercice de ses missions générales et sur les résultats en matière de mixité dans les 10 % de postes à plus forte responsabilité. » Si la société n'applique pas une telle politique, le rapport comprend une explication des raisons le justifiant ; »***

« 7º Les éventuelles limitations que le conseil d'administration apporte aux pouvoirs du directeur général ;

« 8º Lorsqu'une société se réfère volontairement à un code de gouvernement d'entreprise élaboré par les organisations représentatives des entreprises, les dispositions qui ont été écartées et les raisons pour lesquelles elles l'ont été, ainsi que le lieu où ce code peut être consulté, ou, à défaut d'une telle référence à un code, les raisons pour lesquelles la société a décidé de ne pas s'y référer ainsi que, le cas échéant, les règles retenues en complément des exigences requises par la loi ;

« 9º Les modalités particulières de la participation des actionnaires à l'assemblée générale ou les dispositions des statuts qui prévoient ces modalités ;

« *(L. nº 2019-486 du 22 mai 2019, art. 198)* ***« 10º La description de la procédure mise en place par la société en application du second alinéa de l'article L. 225-39 et de sa mise en œuvre. »***

« Les dispositions des alinéas 5º à *(L. nº 2019-486 du 22 mai 2019, art. 198)* ***« 10º » ne sont applicables que dans les sociétés dont les titres sont admis aux négociations sur un marché réglementé. »***

Les dispositions des deux derniers alinéas de l'article L. 225-102 sont applicables aux informations prévues au présent article.

Sur les dispositions transitoires de l'Ord. nº 2017-1162 du 12 juill. 2017, V. note ss. art. L. 225-37 ; ... de l'Ord. nº 2017-1180 du 19 juill. 2017, V. note ss. art. L. 225-102-1.

Les dispositions issues de l'art. 198 de la L. nº 2019-486 du 22 mai 2019 entrent en vigueur à une date fixée par décret, et au plus tard le 10 juin 2019 (L. préc., art. 198-V).

Art. L. 225-37-5 *Abrogé par Ord. nº 2020-1142 du 16 sept. 2020, art. 3, à compter du 1er janv. 2021.*

Art. L. 225-38 *(L. nº 2001-420 du 15 mai 2001)* **Toute convention intervenant directement ou par personne interposée entre la société et son directeur général, l'un de ses directeurs généraux délégués, l'un de ses administrateurs, l'un de ses actionnaires disposant d'une fraction des droits de vote supérieure à** *(L. nº 2003-706 du 1er août 2003)* **« 10 % » ou, s'il s'agit d'une société actionnaire, la société la contrôlant au sens de l'article L. 233-3, doit être soumise à l'autorisation préalable du conseil d'administration.**

Il en est de même des conventions auxquelles une des personnes visées à l'alinéa précédent est indirectement intéressée.

Sont également soumises à autorisation préalable les conventions intervenant entre la société et une entreprise, si le directeur général, l'un des directeurs généraux délégués ou l'un des administrateurs de la société est propriétaire, associé indéfiniment responsable, gérant, administrateur, membre du conseil de surveillance ou, de façon générale, dirigeant de cette entreprise.

(Ord. nº 2014-863 du 31 juill. 2014, art. 5) **« L'autorisation préalable du conseil d'administration est motivée en justifiant de l'intérêt de la convention pour la société, notamment en précisant les conditions financières qui y sont attachées. »**

BIBL. ▶ Régime issu de la L. du 15 mai 2001 : LE CANNU, *BJS 2001. 720*. – DAIGRE, *Dr. sociétés août-sept. 2001, hors série, p. 20*. – VATINET, *Rev. sociétés 2001. 561*. – CAILLAUD, *JCP E 2002, nº 6, 272* (conventions conclues entre une SA et une société contrôlant une société actionnaire détenant plus de 5 % des droits de vote de la SA). – COURET, *RJDA 2002. 290*. – BARBIÈRI, *BJS 2003. 251* (nouvelles contraintes pour le commissaire aux comptes). ▶ Régime issu de la L. du 1er août 2003 : COURET, *RJDA 2007. 1034* (conventions réglementées et norme IAS 24). – DELSOUILLER et BERTRAND, *JCP E 2010. 1269* (synthèse au service des praticiens). – SCHMIDT, *Mél. Merle, Dalloz, 2012, p. 647* (des conventions réglementées à la publication des transactions entre parties liées). – Dondero, *Gaz. Pal. 2012. 2488* (le commissaire aux comptes et les conventions réglementées). ▸ Régime issu de l'Ord. du 31 juill. 2014 : Dondero, *RTD com. 2014. 641* . – Schmidt, *Rev. sociétés 2014. 616* . – Roussille, *Dr. sociétés 2014, n° 144*. – Parachkévova, *BJS 2014. 481*. – Dondero, *BJS 2015. 322* (conventions avec une filiale et groupe international). ▸ Après la réforme du droit des contrats : Dossier « Les conventions passées entre la société, ses administrateurs et actionnaires », *Actes pratiques nov.-déc. 2018*. ▸ Régime issu de la loi PACTE du 22 mai 2019 : Heinich, *Rev. sociétés 2019. 619* ; *Dr. sociétés 2019, n° 105*. ▸ Autre thème : Parachkévova-Racine, *Rev. sociétés 2021. 487* (conventions réglementées dans les groupes de sociétés : appel à une réforme).

I. PERSONNES CONCERNÉES

1. Dirigeants de fait. Les administrateurs visés par l'art. 40 de la L. du 24 juill. 1867 [C. com., art. L. 225-38] sont ceux institués par l'art. 22 [C. com., art. L. 225-17] de la même loi ; les dispositions de l'art. 40 [C. com., art. L. 225-38 s.] ne sont donc pas applicables au dirigeant de fait d'une SA, qui ne détenait pas un tel mandat au sein de la société. • Com. 29 mai 1967, n° 65-12.392 P.

2. Nouveaux administrateurs. Les dispositions des art. 101 s. de la L. de 1966 [C. com., art. L. 225-38 s.] ne s'appliquent pas à un engagement d'indemnisation pris par une société à une date à laquelle le bénéficiaire n'était pas encore administrateur ou directeur général. • Com. 6 mai 1996, n° 93-16.558 P : *D. 1996. Somm. 346, obs. Hallouin* ; *BJS 1996. 821, note Le Cannu*.

3. Anciens administrateurs. La seule circonstance que le contrat litigieux a été conclu deux jours après la cessation des fonctions du président ne suffit pas à caractériser une fraude aux art. 101 s. de la L. de 1966 [C. com., art. L. 225-38 s.]. • Paris, 21 déc. 1989 : *Rev. sociétés 1990. 292* .

4. Dirigeants d'une société transformée. Lorsque, à la suite de la transformation d'une SARL en SA, la société transformée est la continuation de la précédente avec la même personnalité juridique, les engagements pris par la SARL sont opposables à la SA sans que soit nécessaire une réitération prise dans les formes prévues à l'art. 40 de la L. du 24 juill. 1867 [C. com., art. L. 225-38 s.]. • Com. 4 mars 1969, n° 67-12.581 P : *D. 1969. 687 ; Rev. sociétés 1970. 284 ; JCP 1969. II. 15949, note Guyon*. ♦ Échappe aux prévisions de l'art. 40 de la L. du 24 juill. 1867 [C. com., art. L. 225-38 s.] le contrat de travail conclu par une SARL antérieurement à sa transformation en SA avec une personne nommée administrateur lors de cette transformation dès lors que ce contrat qui n'a pas été affecté dans sa validité par ladite nomination n'a été ni renouvelé ni modifié après celle-ci. • Soc. 29 mars 1973, n° 72-40.270 P : *Rev. sociétés 1974. 117*.

5. Associé. La cour d'appel ne justifie pas l'application de l'art. 40 de la L. du 24 juill. 1867 [C. com., art. L. 225-38] à une convention passée par une SA avec une SARL, en se bornant, après avoir énoncé que certains administrateurs avaient des intérêts directs dans chacune des deux sociétés, à constater qu'un administrateur de la SA est l'un des associés de la SARL, sans rechercher s'il est gérant ou directeur. • Com. 21 juill. 1964, n° 62-12.816 P : *D. 1965. Somm. 7*.

6. Société contrôlant une société actionnaire. La société qui contrôle une société actionnaire détenant plus de 5 % [10 %] des droits de vote de la société contractante doit s'entendre d'une société entrant dans la définition donnée au I et II de l'art. L. 233-3. [...] La société contrôlante est ainsi une société qui fait partie de la chaîne des détentions directes et indirectes de l'actionnaire ou qui exerce sur ce dernier un contrôle de fait ou par le moyen d'une convention de vote. En revanche, l'usage du singulier retenu par l'art. L. 225-38 conduit à considérer que le législateur n'a pas entendu viser le contrôle conjoint par une ou plusieurs sociétés (Lettre du ministère de la Justice à la Compagnie nationale des commissaires aux comptes du 6 juill. 2002 : *Bull. CNCC 2002, n° 126, p. 145 ; BRDA 2002, n° 21, p. 3*).

7. Personne interposée. Est soumise aux dispositions de l'art. 40 de la L. du 24 juill. 1867 [C. com., art. L. 225-38 s.] la promesse de vente d'un immeuble d'une SA consentie par le président-directeur général à son épouse, alors que, quel que soit leur régime matrimonial, les époux habitent ensemble l'immeuble dont s'agit, que le mari est donc indirectement bénéficiaire de la convention et qu'en contractant avec l'épouse de son président-directeur général, la société a, en fait, contracté par personne interposée avec ce dernier. • Com. 23 janv. 1968, n° 65-11.571 P. ♦ V. aussi, à propos d'une convention conclue par une SA pour l'exécution de prestations de conseil avec une société dont le salarié qui devait exécuter ces prestations était l'un des administrateurs, ce dernier ayant utilisé les services d'une société de portage salarial qui s'interposait entre lui et la SA. • Lyon, 22 nov. 2007 : *RJDA 2008, n° 1284*. ♦ Il n'existe en la matière aucune présomption d'interposition de personne entre parents et enfants. • Lyon, 21 mai 1951 : *Gaz. Pal. 1951. 2. 179*.

8. Intérêt indirect. N'est pas indirectement intéressé, au sens de l'art. 101, al. 2, de la L. de 1966 [C. com., art. L. 225-38], un administrateur d'une société, qui était le représentant d'une banque, à l'acte portant nantissement de parts acquises par la société, dès lors que cette personne n'exerçait pas, au sein de la banque, l'une des fonctions limitativement énumérées par l'art. 101, al. 3 [L. 225-38], ni ne détenait dans la banque des intérêts suffisamment importants pour infléchir la conduite de cette dernière avec la société dont il était administrateur. • Com. 4 oct. 1988, n° 86-19.251 P : *Rev. sociétés 1989. 216, note Chaput ; BJS 1988. 861, note P.L.C.* ♦ En revanche, est indirectement intéressé le directeur général d'une société se portant caution alors qu'il exerce également les fonctions de président-directeur général de la société cautionnée, dans la mesure où l'accroissement du soutien financier accordé par la première société à la seconde était le moyen de conforter sa position à la tête de l'entreprise et de lui permettre de poursuivre son mandat social en bénéficiant des rémunérations et avantages auxquels donnait droit l'exercice de ses fonctions. • Paris, 26 juin 1990 : *Dr. sociétés 1990, n° 269.*

9. Inapplicabilité au cautionnement. En présence d'un contrat de cautionnement sous-tendu par une opération triangulaire qui se décompose en une obligation principale entre le créancier et la société débitrice, en un accord entre celle-ci et la société caution, et en un engagement de la caution envers le créancier, si l'accord entre le débiteur et la caution préexiste généralement à la souscription du cautionnement, le débiteur n'en est pas moins un tiers à ce contrat, en sorte que sa situation et son comportement sont sans influence sur le cautionnement. L'art. 101 de la L. de 1966 [C. com., art. L. 225-38] est donc inapplicable au contrat de cautionnement, même si le président de la société caution est par ailleurs directeur d'une des sociétés du groupe de la société cautionnée. • Com. 9 avr. 1996, n° 93-17.370 P : *BJS 1996. 674, note Le Cannu ; Dr. sociétés 1996, n° 196, obs. Vidal.*

II. SOCIÉTÉS VISÉES

10. Société en formation. Pour un jugement appliquant l'art. 101 de la L. du 24 juill. 1966 [C. com., art. L. 225-38] à une société en formation, V. • T. com. Paris, 22 févr. 1995 : *Juris-Data n° 041239.*

11. Convention entre société mère et filiale. V. art. L. 225-39.

12. Convention entre une société et une association. Sur l'application de l'art. 101, al. 3, de la L. de 1966 [C. com., art. L. 225-38], à une association ayant une activité économique dont le directeur général est aussi administrateur de la SA cocontractante, V. • Paris, 26 sept. 1991 : *D. 1991. IR 252 ; BJS 1991. 1014, note Le Cannu.*

13. Sociétés du secteur public. Sur la question de savoir si le fait que l'État nomme la majorité des membres du conseil d'administration d'une société permet de le considérer comme un administrateur pour l'application de l'art. 101 de la L. de 1966 [C. com., art. L. 225-38], V. • Com. 17 mai 1994, n° 91-21.364 P : *cité ss. art. L. 224-2.*

14. Sociétés étrangères. Pour l'application de l'art. L. 225-38 aux conventions passées entre une société française et une société étrangère ayant des dirigeants communs, V. Avis CNCC : *Bull. CNCC déc. 2004, p. 706 ; BRDA 2005, n° 22, p. 5.*

III. CONTRATS VISÉS

15. Forme du contrat. L'art. 101 de la L. de 1966 [C. com., art. L. 225-38] n'impose aucune forme particulière aux conventions réglementées (à propos d'une convention verbale). • Com. 27 févr. 2001, n° 98-14.206 P : *D. 2001. AJ 1103, obs. Lienhard ; RTD com. 2001. 467, obs. Chazal et Reinhard ; Rev. sociétés 2001. 827, note Barbièri ; BJS 2001. 614, note Daigre.*

16. Objet du contrat. Est visée par la loi toute convention passée entre la société et un de ses administrateurs sans prévoir aucune exception pour celle qui ne concerne que le fonctionnement interne de la société et qui est susceptible de faire apparaître une opposition d'intérêts. • Com. 17 oct. 1967, n° 63-13.801 P. ♦ L'allocation par le conseil d'administration d'une indemnité exceptionnelle au profit de son président en raison de la cession de ses actions et de la cessation de ses fonctions, indemnité qui n'est pas assimilable à une rémunération, constitue une convention soumise à la procédure des art. 101 s. de la L. de 1966 [C. com., art. L. 225-38 s.]. • Com. 18 oct. 1994, n° 92-22.052 P : *D. 1994. IR 250 ; RTD com. 1995. 434, obs. Petit et Reinhard ; BJS 1994. 1311, note Le Cannu.* ♦ La cession par un administrateur à un autre administrateur (qui se trouve être sa fille) de la totalité des actions qu'il possède dans la société (prise en charge des dettes de l'autre société), accompagnée d'un engagement de cette société de prendre en charge les dettes d'une autre société dans laquelle les parties sont également administrateurs, constitue une convention réglementée au sens des art. 101 s. de la L. de 1966 [C. com., art. L. 225-38 s.]. • Com. 24 janv. 1995, n° 93-11.954 P : *D. 1995. IR 56 ; Rev. sociétés 1996. 93, note Chartier ; BJS 1995. 329.* ♦ Dans le cas de cumul d'un contrat de travail et d'un mandat social, une augmentation de la rémunération en qualité de salarié est soumise à la procédure des art. 101 s. de la L. de 1966 [C. com., art. L. 225-38 s.], tandis que l'augmentation de la rémunération s'appliquant au mandat social doit être déterminée par le conseil d'administration. • Soc. 8 déc. 1976 : *D. 1977. IR 39 ; Rev. sociétés 1977. 251, note Balensi.*

Sur une garantie de retraite. V. note 10 ss. art. L. 225-47 et note ss. art. L. 225-86. ♦ Sur une transaction avec un dirigeant révoqué. V. note 6 ss. art. L. 225-47. ♦ Sur des conventions de compte courant, V. note 3 ss. art. L. 225-39.

17. Contrats antérieurs. Un contrat ayant été conclu pour une durée d'un an renouvelable par tacite reconduction pour une ou plusieurs périodes semblables, on doit considérer qu'à la fin de chaque année, il s'est formé un nouveau contrat soumis aux dispositions de l'art. 40 de la L. du 24 juill. 1867 [C. com., art. L. 225-38 s.]. • TGI Blida, 24 avr. 1963 : *Gaz. Pal. 1963. 2. 438.* ♦ La modification de conventions qui entrent dans le champ d'application de l'art. 101 de la L. de 1966 [C. com., art. L. 225-38] doit être soumise à autorisation. • Com. 27 févr. 1996, n° 94-12.454 P : *RTD com. 1996. 482, obs. Petit et Reinhard ; Rev. sociétés 1996. 567, note Y. G. ; BJS 1996. 492, note Le Cannu.*

18. Résiliation de contrats. La résiliation d'un commun accord de conventions qui entrent dans le champ d'application de l'art. L. 225-38 doit être soumise à autorisation. • Com. 27 févr. 1996, n° 94-12.454 P : *préc. note 18.*

Art. L. 225-39 *(Ord. n° 2014-863 du 31 juill. 2014, art. 6)* **Les dispositions de l'article L. 225-38 ne sont applicables ni aux conventions portant sur des opérations courantes et conclues à des conditions normales ni aux conventions conclues entre deux sociétés dont l'une détient, directement ou indirectement, la totalité du capital de l'autre, le cas échéant déduction faite du nombre minimum d'actions requis pour satisfaire aux exigences de l'article 1832 du code civil ou des** *(Ord. n° 2020-1142 du 16 sept. 2020, art. 3, en vigueur le 1er janv. 2021)* **« articles L. 225-1, L. 22-10-1, L. 22-10-2 et L. 226-1 » du présent code.**

Al. abrogé par Ord. n° 2020-1142 du 16 sept. 2020, art. 3, à compter du 1er janv. 2021.

BIBL. ▶ DONDERO, *RTD com. 2014. 641*. – SCHMIDT, *Rev. sociétés 2014. 616*. – ROUSSILLE, *Dr. sociétés 2014, n° 144.* – PARACHKÉVOVA, *BJS 2014. 481.*

1. Opérations habituelles. Il convient que l'opération ait été conclue dans le cadre de l'activité ordinaire de la société et, s'il s'agit d'un acte de disposition, qu'elle soit limitée dans sa portée et conclue à des conditions suffisamment usuelles pour s'apparenter à une opération habituelle. D'autre part, les « conditions normales » d'une vente ou d'une cession de droits impliquent un juste prix, encore que la vente peut être réelle et valable, si à défaut de prix, le transfert de la propriété du vendeur a des contreparties suffisantes de la part de l'acheteur. • Com. 1er oct. 1996, n° 94-16.315 : *RJDA 1997, n° 65 ; BJS 1997. 138, note Le Cannu.* ♦ Une opération courante est celle rentrant dans l'activité habituelle d'une société fixée par son objet social. • Paris, 20 nov. 1998 : *JCP E 1999, n° 15, p. 669, obs. Viandier et Caussain ; BJS 1999. 476, note Le Cannu.*

2. Avenants. Les avenants complétant une convention antérieure, qui ne visaient que des opérations de même nature que d'autres déjà effectuées par la société et relevant de son activité statutaire, sont des opérations courantes. • Com. 21 avr. 1977 : *D. 1977. IR 446, obs. Bousquet ; Rev. sociétés 1978. 252, note Guilberteau.*

3. Avances en compte courant. En ce sens que les conventions de blocage avec versement d'un intérêt des sommes laissées en compte courant sont des conventions réglementées : • Paris, 6 juill. 1993 : *Dr. sociétés 1993, n° 190, obs. Le Nabasque.* – *Dans le même sens, implicitement,* V. • Com. 29 mars 1994, n° 92-13.584 : *Dr. sociétés 1994, n° 119, obs. Le Nabasque ; BJS 1994. 803, note Frechet.*

4. Prêts à court terme. Pour des prêts à court terme considérés comme relevant de l'art. 102 de la L. de 1966 [C. com., art. L. 225-39], V. • Paris, 26 sept. 1991 : *D. 1991. IR 252.*

5. Augmentation de salaire. Une augmentation de salaire importante et exceptionnelle, dont un président-directeur général a bénéficié au titre d'un contrat de travail antérieurement conclu avec la société, ne constitue pas une opération courante. • Soc. 5 nov. 1982 : *Rev. sociétés 1983. 567, note Burgard.*

6. Conclusion d'un bail commercial. La conclusion d'un bail commercial, qui engage une société pour neuf ans même avec faculté de résiliation triennale, génère des coûts importants et la soumission aux dispositions du Décr. du 30 sept. 1953 [C. com., art. L. 145-1 s.] dont le non-respect a de lourdes conséquences pécuniaires pour un preneur. • Paris, 20 nov. 1998 : *préc. note 1.*

7. Convention de trésorerie. Une convention de trésorerie entre les sociétés d'un groupe qui tend à la constitution d'un pool de trésorerie géré par une société holding en fonction des autorisations de découvert de chacune des sociétés du groupe et donnant lieu à paiement d'intérêts ne saurait présenter, par nature, un caractère inhabituel dans un groupe de sociétés, et échappe, par conséquent, à la procédure de contrôle des conventions réglementées si elle n'est pas passée à des conditions anormales. • Versailles, 2 avr. 2002 : *D. 2002. Somm. 3266, obs. Hallouin ; RTD com. 2003. 111, obs. Champaud et Danet ; JCP E 2002, n° 41, p. 1627, note Couret ; BJS 2002. 923, note Le Nabasque ; Dr. sociétés 2002, n° 221, obs. F.-X. Lucas.*

8. Conventions de portage. V. note ss. art. L. 225-87.

Art. L. 225-40 *(L. n° 2019-486 du 22 mai 2019, art. 198)* « La personne directement ou indirectement intéressée à la convention est tenue d'informer le conseil dès qu'elle a connaissance d'une convention à laquelle l'article L. 225-38 est applicable. Elle ne peut prendre part ni aux délibérations ni au vote sur l'autorisation sollicitée. »

Le président du conseil d'administration donne avis aux commissaires aux comptes *(L. n° 2019-486 du 22 mai 2019, art. 20-I-5°)* « , s'il en existe, » de toutes les conventions autorisées *(L. n° 2016-1691 du 9 déc. 2016, art. 142-3°)* « et conclues » et soumet celles-ci à l'approbation de l'assemblée générale.

Les commissaires aux comptes *(L. n° 2019-486 du 22 mai 2019, art. 20-I-7°)* « ou, s'il n'en a pas été désigné, le président du conseil d'administration, » présentent, sur ces conventions, un rapport spécial à l'assemblée, qui statue sur ce rapport.

(L. n° 2019-486 du 22 mai 2019, art. 198) « La personne directement ou indirectement intéressée à la convention ne peut pas prendre part au vote. Ses actions ne sont pas prises en compte pour le calcul de la majorité. » — *[L. n° 66-537 du 24 juill. 1966, art. 103.] — V. art. R. 225-30, R. 225-31 et R. 225-161.*

Pour les dispositions transitoires de la L. n° 2019-486 du 22 mai 2019, V. notes ss. art. L. 221-9 et L. 225-37-4.

1. *Procédure d'approbation.* En l'état de conventions passées entre deux sociétés ayant des administrateurs communs, les juges du fond décident justement que toutes les conditions légales sont remplies, après avoir constaté que lesdites conventions ont été examinées par le conseil d'administration qui a autorisé son président à les signer, qu'avis en fut donné au commissaire aux comptes, lequel a établi un rapport spécial, soumis aux actionnaires, et que si elles n'ont pas fait l'objet d'un vote à l'assemblée générale ordinaire, elles ont été approuvées à l'unanimité par l'assemblée générale extraordinaire, tenue le même jour. • Com. 13 juin 1967, n° 64-14.125 P : *Gaz. Pal. 1968. 1. 86.*

2. *Délibération préalable et spéciale.* L'autorisation préalable du conseil d'administration est soumise à un certain formalisme destiné à assurer que l'autorisation requise a bien donné lieu à une discussion contradictoire suivie d'un vote exprès, et le procès-verbal de la réunion doit nécessairement constater formellement qu'il a été satisfait aux exigences de la loi. • Paris, 29 oct. 1965 : *D. 1966. 199, note Didier.* ♦ L'autorisation préalable du conseil d'administration pour ses administrateurs suppose une délibération spéciale pour chaque convention à autoriser ; une autorisation générale accordée pour une durée indéfinie ne constitue pas une autorisation préalable et équivaut à l'absence d'autorisation. • Paris, 23 nov. 1955 : *D. 1956. 290, note Goré.* ♦ L'autorisation préalable du conseil d'administration ne peut s'appliquer à un engagement pris au profit d'un administrateur par le conseil lui-même, par une décision à laquelle participait son président. • Com. 17 avr. 1980 : *D. 1982. IR 14, obs. Bousquet ; Rev. sociétés 1981. 316, note Balensi.*

3. *Rapport spécial du commissaire aux comptes.* Le rapport spécial prévu par le texte doit contenir tous les renseignements nécessaires pour que les actionnaires puissent y trouver des éléments suffisants pour pouvoir donner leur suffrage en pleine connaissance de cause. • Amiens, 1er déc. 1966 : *D. 1967. 234, note Dalsace.*

4. *Non-participation des administrateurs intéressés.* Les dirigeants n'ayant pas informé le conseil d'administration de leur intérêt personnel à la convention mais ayant pris part au vote, la résolution litigieuse ne peut constituer l'autorisation spéciale imposée par la loi. • Com. 21 nov. 2000, ♖ n° 97-21.748 : *BJS 2001. 172, note Le Cannu ; Dr. sociétés 2001, n° 54, obs. Vidal.* ♦ Dans le cas d'une convention soumise à l'autorisation préalable de l'art. 101 de la L. de 1966 [C. com., art. L. 225-38], lorsque tous les administrateurs sont intéressés par cette convention, la délibération du conseil d'administration est impossible, mais la nullité peut être couverte par un vote de l'assemblée générale dans les conditions de l'art. 105 [C. com., art. L. 225-42]. • Paris, 21 janv. 1981 : *D. 1983. IR 69, obs. Bousquet.* ♦ Sur la nullité des décisions prises avec le vote d'un administrateur intéressé, V., prononçant la nullité quel que soit le caractère déterminant du vote de l'administrateur intéressé : • Aix-en-Provence, 15 mai 1991 : *Dr. sociétés 1991, n° 279.*

5. *Sanction de l'omission des formalités.* Sur la sanction de l'omission des formalités de l'art. L. 225-40, V. note 3 ss. art. L. 225-41.

6. *Possibilité d'une expertise de gestion.* V. note 16 ss. art. L. 225-231.

7. *Ordre du jour et autorisation expresse.* Une convention n'a pas été valablement autorisée dès lors que l'ordre du jour du conseil d'administration n'avait pas mentionné l'existence d'une délibération portant sur une convention de l'art. 101 de la L. de 1966 [C. com., art. L. 225-38] et que celle-ci n'avait fait l'objet ni d'une discussion ni d'une autorisation expresse. • Com. 3 mai 2000, ♖ n° 97-22.510 : *RJDA 2000, n° 1116 ; Dr. sociétés 2000, n° 110, obs. Vidal.*

8. *Connaissance de la convention.* La simple connaissance, par les administrateurs, de l'existence de la convention ne peut être considérée comme valant autorisation, dès lors que le contenu de cette convention n'est pas connu des membres du conseil. • Soc. 12 févr. 1987, n° 85-10.169 P : *BJS 1987. 384, note Le Cannu.*

9. Accord individuel des administrateurs. Des dispositions de l'art. 40 de la L. du 24 juill. 1867 [C. com., art. L. 225-38 s.], il résulte que l'accord, même certain, donné individuellement par les autres membres du conseil à diverses conventions intervenues entre le président dudit conseil et la société, ne saurait tenir lieu de l'autorisation préalable du conseil d'administration exigée par la loi, cette autorisation ne pouvant, en effet, résulter que d'une délibération spéciale à chacune des conventions visées, antérieure à elle, et constatée par un procès-verbal régulier. • Paris, 13 juin 1964 : *D. 1965. 398.* ♦ Comp., pour un arrêt admettant que l'autorisation puisse être donnée dans un pacte d'actionnaires conclu par l'ensemble des administrateurs de la société : • Paris, 16 nov. 2005 : *RJDA 2006, n° 661.*

Art. L. 225-40-1 *(Ord. n° 2014-863 du 31 juill. 2014, art. 7)* **Les conventions conclues et autorisées au cours d'exercices antérieurs dont l'exécution a été poursuivie au cours du dernier exercice sont examinées chaque année par le conseil d'administration et communiquées au commissaire aux comptes** *(L. n° 2019-486 du 22 mai 2019, art. 20-I-6°)* **« , s'il en existe, » pour les besoins de l'établissement du rapport prévu au troisième alinéa de l'article L. 225-40.**

Le conseil d'administration ou, selon le cas, le conseil de surveillance d'une société anonyme peut décider de ne pas appliquer les art. L. 225-40-1 et L. 225-88-1 aux conventions autorisées avant la date de publication de l'Ord. n° 2014-863 du 31 juill. 2014 (JO 2 août) et qui entrent dans le champ d'application des art. L. 225-39 et L. 225-87 dans leur rédaction issue de l'ordonnance (Ord. préc., art. 38-I).

Pour les dispositions transitoires de la L. n° 2019-486 du 22 mai 2019, V. notes ss. art. L. 221-9.

Art. L. 225-40-2 *Abrogé par Ord. n° 2020-1142 du 16 sept. 2020, art. 3, à compter du 1er janv. 2021.*

Art. L. 225-41 **Les conventions approuvées par l'assemblée, comme celles qu'elle désapprouve, produisent leurs effets à l'égard des tiers, sauf lorsqu'elles sont annulées dans le cas de fraude.**

Même en l'absence de fraude, les conséquences, préjudiciables à la société, des conventions désapprouvées peuvent être mises à la charge *(L. n° 2001-420 du 15 mai 2001)* **« de l'intéressé » et, éventuellement, des autres membres du conseil d'administration.** — *[L. n° 66-537 du 24 juill. 1966, art. 104.]*

1. Validité des conventions désapprouvées. Il est indifférent pour la validité d'une convention passée entre la société et un administrateur, que l'assemblée générale des actionnaires ait approuvé cette convention ou qu'elle l'ait désapprouvée ou encore qu'elle ait sursis à statuer ; hors le cas de fraude, la décision adoptée par le conseil d'administration engage la société dès qu'elle est acceptée par le bénéficiaire. • Com. 22 mai 1970, n° 67-13.197 P : *Rev. sociétés 1971. 51, note M. G.*

2. Omission de statuer. L'omission de faire statuer l'assemblée générale des actionnaires sur les conventions passées, après autorisation du conseil d'administration, entre une société et un de ses administrateurs n'a pas pour effet de rendre nulles, en l'absence de fraude, lesdites conventions. • Com. 17 oct. 1967, n° 65-13.606 P : *JCP 1968. II. 15412, note N. Bernard.*

3. Responsabilité des administrateurs intéressés. Le seul défaut d'approbation par l'assemblée générale d'une convention souscrite entre la société et un de ses mandataires sociaux n'est pas, en soi, de nature à la priver d'effet mais ouvre seulement à la société la possibilité d'exercer contre son cocontractant une action en responsabilité. • Soc. 8 juill. 2009, n° 08-41.589 : *RTD com. 2009. 762, obs. Le Cannu et Dondero ; Rev. sociétés 2009. 823, note Poracchia ; JCP E 2009. 2034, note Paclot ; RJDA 2009, n° 977 ; BJS 2009. 1069, note Magnier et Paclot.*

4. Notion de « conséquences préjudiciables ». Pour l'absence de conséquences préjudiciables, au sens de l'art. L. 225-41, al. 2, du versement par une importante société cotée d'une indemnité transactionnelle de 3 millions d'euros à un dirigeant révoqué, en contrepartie d'un engagement de non-concurrence et de la renonciation à toute action contre la société de la part de ce dirigeant, V. • Paris, 11 déc. 2012, n° 11/16107 : *Rev. sociétés 2013. 214, note Le Cannu ; RJDA 2013, n° 244 ; BJS 2013. 206, note Dondero.*

5. Intérêt à agir. L'irrégularité résultant de l'inobservation des formalités de l'art. 101 de la L. de 1966 [C. com., art. L. 225-38] peut être invoquée par une société tenue d'exécuter un contrat comme ayant cause de la société contractante. • Soc. 5 nov. 1982 : *Rev. sociétés 1983. 567, note Burgard.*

Art. L. 225-42 **Sans préjudice de** *(L. n° 2001-420 du 15 mai 2001)* **« la responsabilité de l'intéressé », les conventions visées à l'article L. 225-38 et conclues sans autorisation préalable du conseil d'administration peuvent être annulées si elles ont eu des conséquences dommageables pour la société.**

L'action en nullité se prescrit par trois ans, à compter de la date de la convention. Toutefois, si la convention a été dissimulée, le point de départ du délai de la prescription est reporté au jour où elle a été révélée.

La nullité peut être couverte par un vote de l'assemblée générale intervenant sur rapport spécial des commissaires aux comptes *(L. n° 2019-486 du 22 mai 2019, art. 20-I-8°)* **« ou, s'il n'en a pas été désigné, du président du conseil d'administration » exposant les circonstances en raison desquelles la procédure d'autorisation n'a pas été suivie. Les dispositions du quatrième alinéa de l'article L. 225-40 sont applicables. –** *[L. n° 66-537 du 24 juill. 1966, art. 105.]*

Pour les dispositions transitoires de la L. n° 2019-486 du 22 mai 2019, V. notes ss. art. L. 221-9.

I. NULLITÉ DES CONVENTIONS NON AUTORISÉES

1. Caractère judiciaire de la nullité. Il résulte des dispositions de l'art. 105 de la L. de 1966 [C. com., art. L. 225-42] que les conventions relevant de l'art. 101 [C. com., art. L. 225-38], conclues sans autorisation préalable du conseil d'administration, ne sont pas nulles de plein droit et demeurent valables tant que la nullité n'en est pas poursuivie et prononcée. • Com. 3 mai 2000, n° 97-10.960 : *RJDA 2000, n° 881 ; Dr. sociétés 2000, n° 109, obs. Vidal ; BJS 2000. 821, note Le Cannu.* ♦ Une convention intervenue entre une société et son dirigeant peut être annulée si elle est entachée de fraude pour avoir été conclue dans le dessein de l'exclure du champ d'application des conventions réglementées par les art. L. 225-38 s. • Com. 5 janv. 2016, n° 14-18.688 P : *D. 2016. Actu. 127 ; RTD com. 2016. 141, obs. Dondero ; Rev. sociétés 2016. 293, note Schmidt ; AJCA 2016. 149, obs. Coupet ; RTD civ. 2016. 346, obs. Barbier ; JCP E 2016, n° 1188, note Lebel ; RJDA 2016, n° 205 ; BJS 2016. 205, note Dondero ; Dr. sociétés 2016, n° 57, obs. Roussille.*

2. Étendue de la nullité. Le contrat souscrit étant divisible au sens où les prestations afférentes à chacun des mandataires sociaux peuvent être distinguées de celles relatives aux autres bénéficiaires, il est possible de faire produire ses effets à la convention pour ces derniers et de limiter le champ de l'annulation aux seuls mandataires. • Com. 7 juill. 2004, n° 01-15.677 : *RTD com. 2004. 765, obs. Le Cannu ; RJDA 2004, n° 1229 ; BJS 2004. 1510, note Dom.*

3. Intérêt à agir. La nullité résultant de l'inobservation de la disposition légale qui soumet à l'autorisation préalable du conseil d'administration les conventions passées entre deux sociétés qui ont un administrateur commun, est destinée à protéger les actionnaires de ces deux sociétés et ne peut pas être invoquée par d'autres personnes. • Com. 23 mai 1967, n° 65-10.644 P : *D. 1968. 173, note Dalsace.* ♦ L'action en nullité prévue par l'art. 105 de la L. de 1966 [C. com., art. L. 225-42] pour les conventions conclues par une SA avec un tiers auxquelles l'un des administrateurs de celle-ci est indirectement intéressé est ouverte à la société et non à son cocontractant. • Com. 15 mars 1994, n° 92-13.047 : *RJDA 1994, n° 541 ; Dr. sociétés 1994, n° 98, obs. Le Nabasque.*

4. Conséquences dommageables. C'est à la date où le tribunal statue sur la demande d'annulation d'une convention réglementée pour défaut d'autorisation que celui-ci doit apprécier le caractère dommageable des conséquences de cette convention. • Com. 1er oct. 1996, n° 94-16.315 : *RJDA 1997, n° 65 ; BJS 1997. 138, note Le Cannu.* ♦ Justifie sa décision de condamner à réparation le dirigeant commun de deux sociétés la cour d'appel qui retient qu'une SA avait dû, en exécution d'une convention d'achat d'actions, supporter les pertes d'une société dont elle détenait déjà la moitié du capital, d'où il ressortait que l'actif avait été absorbé par les dettes, et que les sommes versées constituaient une charge importante pour la société. • Com. 15 juin 1993, n° 91-15.378 P : *Rev. sociétés 1993. 806, note Saintourens ; BJS 1993. 868 ; Dr. sociétés 1993, n° 189, obs. Le Nabasque.*

5. Absence de conséquences dommageables. Les juges du fond écartent à bon droit l'allégation de fraude à l'égard de conventions passées entre une mère et une filiale dirigées par les mêmes personnes, dès lors qu'il résulte de leurs constatations que ces conventions, approuvées par l'assemblée générale de la seconde société, ont eu les conséquences les plus heureuses pour elle et ses actionnaires. • Com.13 juin 1967 n° 64-14.125 P. ♦ Le paiement à un administrateur d'une indemnité contractuelle de licenciement prévue par un avenant à son contrat de travail qui a été conclu sans autorisation du conseil d'administration n'entraîne aucune conséquence dommageable pour la société dès lors qu'il est garanti par un tiers. • Soc. 16 sept. 2008, n° 07-43.601 : *RJDA 2009, n° 42 ; BJS 2009. 132, note Saintourens.*

6. Régularisations. La nullité des conventions conclues sans autorisation préalable du conseil d'administration ne peut être couverte par une ratification ultérieure de celui-ci. • Com. 16 juin 1959, n° 1.152 P : *D. 1959. 414, note Dalsace.* ♦ Que le conseil d'administration n'ait pas été consulté ou qu'il ait refusé son autorisation, l'assemblée générale peut couvrir la nullité d'une convention réglementée. • Paris, 18 déc. 1990 : *D. 1991. IR 27 ; BJS 1991. 604, note Le Cannu.* ♦ La nullité d'une convention, intervenant entre une société et l'un de ses administrateurs ne peut être couverte que par le vote de l'assemblée générale des actionnaires, intervenant sur rapport spécial des commissaires aux comptes exposant les circonstances, en raison desquelles la procédure d'autorisation n'a pas été suivie. • Civ. 1re, 6 oct. 1998, n° 96-19.575 P : *D. 2000. Somm. 234, obs. Hallouin ; RTD com. 1999. 118, obs. Champaud et Danet ; Rev. sociétés 1999. 115, note Barbièri ; JCP E 1999, n° 1, p. 32, obs. Viandier et Caussain ; Dr. sociétés 1998. 161, obs. Vidal ; BJS 1999. 278, note Menjucq.* ♦ Il convient que le rapport spécial du commissaire aux comptes contienne non seulement une explication sur les motifs pour lesquels la procédure régulière de l'art. 101 de la L. de 1966 [C. com., art. L. 225-38] n'a pas été suivie mais encore des précisions suffisantes sur la convention litigieuse. • Com. 21 nov. 2000, n° 97-21.748 : *RJDA 2001, n° 334 ; BJS 2001. 172, note Le Cannu.*

7. Exclusion d'une confirmation tacite. Une cour d'appel ne peut rejeter l'exception de nullité d'une convention entre un administrateur et la société au motif que l'exécution de ladite convention poursuivie depuis sa révélation a créé au profit de l'administrateur une situation acquise que l'exception de nullité ne peut modifier, sans rechercher si cette exécution de la convention avait été faite avec l'intervention de l'organe social seul capable de confirmer cet acte. • Com. 13 déc. 1976 : *D. 1977. 375, note Jeantin.* ♦ Dès lors que l'assemblée générale n'a jamais été avisée qu'un avenant au bail augmentant les loyers dus par la société avait été consenti au bailleur quand celui-ci était administrateur, l'action en nullité de l'avenant ne peut pas être déclarée prescrite au motif qu'il aurait été exécuté avec l'approbation par l'assemblée des comptes faisant état du montant du nouveau loyer. • Com. 28 nov. 1995, n° 93-21.242 : *RJDA 1996, n° 240 ; BJS 1996. 204, note Le Cannu.* ♦ L'exception de nullité tirée du défaut d'autorisation préalable du conseil d'administration, *s'agissant* de la signature d'avenants à un bail, ne saurait être rejetée aux motifs que les dispositions de l'art. 101 de la L. de 1966 [C. com., art. L. 225-38] ayant été respectées lors de la conclusion du bail et les prescriptions de l'art. 103 [C. com., art. L. 225-40] ayant été annuellement satisfaites, les associés ont ainsi eu connaissance légale du bail et de chacun de ses avenants. • Com. 25 mars 2003, n° 99-15.470 : *BJS 2003. 803, note Storck.*

II. PRESCRIPTION DE L'ACTION EN NULLITÉ

8. Domaine. Dès lors que l'action en nullité est fondée sur l'inobservation des dispositions applicables aux conventions réglementées dans une SA, cette action est soumise aux règles de prescription de l'action en nullité de ces conventions. • Com. 21 janv. 2014, n° 12-29.452 P : *D. 2014. Actu. 274, obs. Lienhard ; RJDA 2014, n° 353 ; BJS 2014. 166, note Dondero ; Dr. sociétés 2014, n° 65, obs. Roussille.* ♦ En revanche, la prescription triennale de l'action en nullité fondée sur l'inobservation des dispositions applicables aux conventions réglementées ne s'applique pas lorsque leur annulation est demandée pour violation des lois ou principes régissant la nullité des contrats. • Com. 3 avr. 2013, n° 12-15.492 P : *cité note 1 ss. art. L. 223-23.* ♦ L'action en responsabilité tant sociale qu'individuelle engagée contre des administrateurs auxquels est imputé le bénéfice de conventions non autorisées n'est pas soumise à la prescription applicable à l'action en nullité desdites conventions et se prescrit, conformément à l'art. L. 225-254, par trois ans à compter du fait dommageable ou, s'il a été dissimulé, à compter de sa révélation. • Paris, 19 mars 2013, n° 12/00020 : *BJS 2013. 651, note Barbièri.*

9. Nature du délai. Il résulte des termes mêmes de l'art. 105, al. 2, de la L. de 1966 [C. com., art. L. 225-42] que le délai imparti à la société pour intenter l'action en nullité prévue par ce texte est un délai de prescription, non un délai préfix. • Com. 24 févr. 1976 : *D. 1977. IR 8 ; Rev. sociétés 1977. 88, note Chartier ; JCP 1976. II. 18506, note Lucas de Leyssac.*

10. Point de départ. L'action en nullité d'une convention visée à l'art. L. 225-38 et conclue sans autorisation du conseil d'administration se prescrit par trois ans à compter de la date de la convention ; toutefois, si elle a été dissimulée, le point de départ du délai de la prescription est reporté au jour où elle a été révélée ; s'il y a eu volonté de dissimulation, la révélation de la convention s'apprécie à l'égard de la personne qui exerce l'action. • Com. 8 févr. 2011, n° 10-11.896 P : *D. 2011. 1314, note Molfessis et Klein ; Rev. sociétés 2011. 288, note Le Cannu ; JCP E 2011, n° 1151, note Dondero ; RJDA 2011, n° 324 ; Dr. sociétés 2011, n° 70, obs. Roussille ; BJS 2011. 297, note Ohl et Schmidt.* ♦ La dissimulation, au sens de l'art. L. 225-42, doit être entendue comme procédant d'une intention délibérée de cacher, en l'occurrence l'existence ou le contenu de la convention. • Paris, 9 oct. 2012, n° 11/11123 : *JCP E 2013, n° 1325, note Brunswick, Brissot et Aymami.* ♦ La convention litigieuse a été volontairement dissimulée tant à la société qu'à ses organes, ce dont il résulte que le point de départ de la prescription est reporté au jour où cette convention a été révélée au conseil d'administration. • Com. 5 janv. 2016, n° 14-18.688 P : *préc. note 1.* ♦ La révélation de la convention dissimulée s'apprécie au regard de la personne qui exerce l'action en annulation : cette personne est le président-directeur général qui exerce l'action au nom de la société. • Même arrêt.

11. Exception de nullité. L'exception de nullité est perpétuelle. • Soc. 29 nov. 2006, n° 04-48.219 P : *D. 2007. AJ 381 ; Rev. sociétés 2007. 547, note Barbièri ; BJS 2007. 496, note Saintourens.* ♦ L'exception de nullité peut être invoquée aussi longtemps que l'assemblée générale n'a pas émis un vote dans les conditions prescrites. • Civ. 1re, 6 oct. 1998, n° 96-19.575 P : *préc. note 6.* ♦ Toutefois, l'exception de nullité ne peut jouer que pour faire échec à la demande d'exécution d'un acte juridique qui n'a pas encore été exécuté. • Com. 10 nov. 2009, n° 08-19.583 : *Rev. sociétés 2010. 99, note Libchaber* • Civ. 1re, 17 juin 2010, n° 09-14.470 : *D. 2010. Actu. 1623 ; RTD com. 2010. 744, obs. Le Cannu et Dondero ; Rev. sociétés 2010. 509, note Barbièri ; RJDA 2010, n° 971 ; Dr. sociétés 2010, n° 181, obs. Roussille ; BJS 2010. 817, note Saintourens.* ♦ ... Fût-ce partiellement. • Com. 15 janv. 2013, n° 11-28.244 P : *D. 2013. 539, note Dondero ; RTD com. 2013. 85, obs. Le Cannu et Dondero ; Rev. sociétés 2013. 494, note Ansault ; BJS 2013. 197, note Le Nabasque.*

Art. L. 225-42-1 *(Abrogé par Ord. n° 2019-1234 du 27 nov. 2019, art. 1er) (L. n° 2005-842 du 26 juill. 2005, art. 8-I)* ***Dans les sociétés dont les titres sont admis aux négociations sur un marché réglementé, les engagements pris au bénéfice de leurs présidents, directeurs généraux ou directeurs généraux délégués, par la société elle-même ou par toute société contrôlée ou qui la contrôle au sens des II et III de l'article L. 233-16, et correspondant à des éléments de rémunération, des indemnités ou des avantages dus ou susceptibles d'être dus à raison de la cessation ou du changement de ces fonctions, ou postérieurement à celles-ci,*** *(L. n° 2015-990 du 6 août 2015, art. 229-I-2°)* ***« ou des engagements de retraite à prestations définies répondant aux caractéristiques des régimes mentionnés à l'article L. 137-11*** *(Ord. n° 2019-697 du 3 juill. 2019, art. 3)* ***« et à l'article L. 137-11-2 » du code de la sécurité sociale, » sont soumis aux dispositions des articles L. 225-38 et L. 225-40 à L. 225-42*** *(L. n° 2015-990 du 6 août 2015, art. 229-I-2°)* ***« du présent code ».***

(L. n° 2007-1223 du 21 août 2007, art. 17-I) ***« Sont interdits les éléments de rémunération, indemnités*** *(L. n° 2015-990 du 6 août 2015, art. 229-I-3°)* ***« , avantages et droits*** *(Abrogé par Ord. n° 2019-697 du 3 juill. 2019, art. 3)* ***« conditionnels » octroyés au président, au directeur général ou aux directeurs généraux délégués au titre d'engagements de retraite mentionnés au premier alinéa du présent article » dont le bénéfice n'est pas subordonné au respect de conditions liées aux performances du bénéficiaire, appréciées au regard de celles de la société dont il préside le conseil d'administration ou exerce la direction générale ou la direction générale déléguée.***

« L'autorisation donnée par le conseil d'administration en application de l'article L. 225-38 est rendue publique selon des modalités et dans des délais fixés par décret en Conseil d'État. *— V. art. R. 225-34-1.*

« La soumission à l'approbation de l'assemblée générale en application de l'article L. 225-40 fait l'objet d'une résolution spécifique pour chaque bénéficiaire. Cette approbation est requise à chaque renouvellement du mandat exercé par les personnes mentionnées au premier alinéa.

« Aucun versement, de quelque nature que ce soit, ne peut intervenir avant que le conseil d'administration ne constate, lors ou après la cessation ou le changement effectif des fonctions, le respect des conditions prévues. Cette décision est rendue publique selon des modalités et dans des délais fixés par décret en Conseil d'État. Tout versement effectué en méconnaissance des dispositions du présent alinéa est nul de plein droit. *— V. art. R. 225-34-1.*

« Les engagements correspondant à des indemnités en contrepartie d'une clause interdisant au bénéficiaire, après la cessation de ses fonctions dans la société, l'exercice d'une activité professionnelle concurrente portant atteinte aux intérêts de la société ne sont soumis qu'aux dispositions du premier alinéa. Il en va de même *(Abrogé par L. n° 2015-990 du 6 août 2015, art. 229-I-2°)* ***« des engagements de retraite à prestations définies répondant aux caractéristiques des régimes mentionnés à l'article L. 137-11 du code de la sécurité sociale, ainsi que » des engagements répondant aux caractéristiques des régimes collectifs et obligatoires de retraite et de prévoyance visés à l'article L. 242-1 du*** *(L. n° 2015-990 du 6 août 2015, art. 229-I-2°)* ***« code de la sécurité sociale ». »***

(*L. n° 2015-990 du 6 août 2015, art. 229-I-3°*) ***« Le conseil d'administration vérifie annuellement, avant la tenue de l'assemblée générale ordinaire appelée à statuer sur les comptes du dernier exercice clos, le respect des conditions prévues et détermine l'accroissement, au titre dudit exercice, des droits*** (*Abrogé par Ord. n° 2019-697 du 3 juill. 2019, art. 3*) ***« conditionnels » bénéficiant au président, au directeur général ou aux directeurs généraux délégués au titre des régimes à prestations définies mentionnés à l'article L. 137-11*** (*Ord. n° 2019-697 du 3 juill. 2019, art. 3*) ***« et à l'article L. 137-11-2 » du code de la sécurité sociale.***

« Les droits conditionnels (*Ord. n° 2019-697 du 3 juill. 2019, art. 3*) ***« au titre des régimes à prestations définies mentionnés à l'article L. 137-11 du code de la sécurité sociale » ne peuvent augmenter annuellement d'un montant supérieur à 3 % de la rémunération annuelle servant de référence au calcul de la rente versée dans le cadre de ces régimes.***

« Aucun droit conditionnel au titre de l'activité de président, de directeur général ou de directeur général délégué ne peut être octroyé s'il ne remplit pas les conditions fixées aux septième et avant-dernier alinéas. »

Les dispositions issues de la L. n° 2005-842 du 26 juill. 2005 sont applicables aux conventions conclues à compter du 1er mai 2005 (L. préc., art. 8-II).

Les dispositions issues de la L. n° 2007-1223 du 21 août 2007 sont applicables aux engagements mentionnés aux art. L. 225-42-1 et L. 225-90-1 pris à compter de la publication de la loi précitée (JO 22 août). Les engagements en cours à cette date sont mis en conformité avec les dispositions des art. L. 225-42-1 ou L. 225-90-1 au plus tard dix-huit mois après la publication de la loi précitée (JO 22 août). A défaut de mise en conformité au terme de ce délai, l'engagement peut être annulé dans les conditions prévues aux art. L. 225-42 ou L. 225-90. Le délai de prescription de trois ans mentionné au 2e alinéa de ces articles court, en ce cas, à compter de l'expiration du délai de dix-huit mois. Le rapport des commissaires aux comptes mentionné au dernier alinéa des mêmes articles expose les circonstances en raison desquelles la mise en conformité n'a pas été faite (L. préc., art. 17-VI).

V. 3e note rédactionnelle ss. art. L. 225-22-1.

Pour les dispositions transitoires de l'Ord. n° 2019-1234 du 27 nov. 2019, V. 4e note ss. art. L. 225-22-1.

Art. L. 225-43 A peine de nullité du contrat, il est interdit aux administrateurs autres que les personnes morales de contracter, sous quelque forme que ce soit, des emprunts auprès de la société, de se faire consentir par elle un découvert, en compte courant ou autrement, ainsi que de faire cautionner ou avaliser par elle leurs engagements envers les tiers.

Toutefois, si la société exploite un établissement bancaire ou financier, cette interdiction ne s'applique pas aux opérations courantes de ce commerce conclues à des conditions normales.

La même interdiction s'applique (*L. n° 2001-420 du 15 mai 2001*) « au directeur général, aux directeurs généraux délégués » et aux représentants permanents des personnes morales administrateurs. Elle s'applique également aux conjoint, ascendants et descendants des personnes visées au présent article ainsi qu'à toute personne interposée.

(*Abrogé par L. n° 2009-323 du 25 mars 2009, art. 8-IV*) ***« L'interdiction ne s'applique pas aux prêts qui sont consentis par la société en application des dispositions de l'article L. 313-1 du code de la construction et de l'habitation aux administrateurs élus par les salariés. »*** — [*L. n° 66-537 du 24 juill. 1966, art. 106.*]

BIBL. ▶ Dagot et Mouly, *Rev. sociétés 1988. 1* (l'usage personnel du crédit social et son abus). – Rebut, *Gaz. Pal. 2001. Doctr. 1298* (attribution d'un prêt au dirigeant d'un établissement de crédit et délit d'abus des pouvoirs, des biens ou du crédit de la société).

1. Domaine de la nullité. L'engagement par lequel le cessionnaire des parts sociales ou des actions d'une société s'engage à se substituer au cédant dans les cautions qu'il avait consenties aux créanciers de celle-ci ou à l'en contre-garantir, ne constitue pas un cautionnement ni un aval prohibé par l'art. 106 de la L. de 1966 [C. com., art. L. 225-43]. • Com. 26 avr. 2000, n° 97-10.404 P : *D. 2000. AJ 270, obs. Boizard ; RTD com. 2000. 669, obs. Chazal et Reinhard ; Rev. sociétés 2000. 531, note Delebecque ; JCP E 2000, n° 30, p. 1234, note Guyon ; BJS 2000. 703, note Couret.* ♦ N'est pas interdite la convention par laquelle une SA a cautionné les engagements d'une société civile dans laquelle certains administrateurs sont également associés et lui a consenti un découvert en compte courant, aucun acte n'ayant été passé par la SA avec un des administrateurs en cause. • Com. 12 nov. 1969, n° 67-10.945 P : *D. 1970. Somm. 108 ; JCP 1970. II. 16264, note Guyon.*

2. *Nullité absolue.* La nullité résultant de la violation des interdictions contenues dans l'art. 106 de la L. de 1966 [C. com., art. L. 225-43] est d'ordre public et constitue une nullité absolue. • Cass., ch. mixte, 10 juill. 1981 : *D. 1981. 637, concl. Cabannes ; Rev. sociétés 1982. 84, note Mouly.*

3. *Effet de la nullité.* L'application de l'art. 2012 [2293], al. 1er, C. civ. emporte disparition de l'engagement des associés qui ont cautionné leur société lorsque la dette de cette société disparaît en raison de l'annulation, en vertu de l'art. 106 de la L. de 1966 [C. com., art. L. 225-43], du cautionnement fourni par cette société en garantie d'un de ses administrateurs. • Com. 25 nov. 1980 : *Rev. sociétés 1981. 579, note Mouly.*

Art. L. 225-44 **Sous réserve des** *(L. n° 2012-387 du 22 mars 2012, art. 6-III)* **« articles L. 225-21-1, L. 225-22 »** *(L. n° 2013-504 du 14 juin 2013, art. 9-I)* **« , L. 225-23, L. 225-27 et L. 225-27-1 », les administrateurs ne peuvent recevoir de la société aucune rémunération, permanente ou non, autre que celles prévues aux articles L. 225-45, L. 225-46, L. 225-47 et L. 225-53** *(L. n° 2019-486 du 22 mai 2019, art. 103)* **« du présent code. Ils peuvent également se voir attribuer des bons mentionnés au II de l'article 163 *bis* G du code général des impôts. »** — *L'art. 103 de la L. n° 2019-486 du 22 mai 2019 s'applique aux bons de souscription de parts de créateur d'entreprise mentionnés à l'art. 163 bis G CGI attribués à compter de la publication de cette loi (L. préc., art. 103-III, JO 23 mai).*

Toute clause statutaire contraire est réputée non écrite et toute décision contraire est nulle. — *[L. n° 66-537 du 24 juill. 1966, art. 107.]*

Interdiction d'un contrat de travail. Sur l'interdiction, pour un administrateur en fonction, de se faire consentir un contrat de travail, V. notes 1 s. ss. art. L. 225-22.

Art. L. 225-45 **L'assemblée générale peut allouer aux administrateurs en rémunération de leur activité** *(Abrogé par L. n° 2019-486 du 22 mai 2019, art. 185)* ***« , à titre de jetons de présence, »*** **une somme fixe annuelle que cette assemblée détermine sans être liée par des dispositions statutaires ou des décisions antérieures. Le montant de celle-ci est porté aux charges d'exploitation.** *(L. n° 2001-420 du 15 mai 2001)* **« Sa répartition entre les administrateurs est déterminée par le conseil d'administration. »** *(Abrogé par Ord. n° 2020-1142 du 16 sept. 2020, art. 3, à compter du 1er janv. 2021) (Ord. n° 2019-1234 du 27 nov. 2019, art. 1er)* ***« Dans les sociétés dont les actions sont admises aux négociations sur un marché réglementé, cette répartition est déterminée dans les conditions prévues à l'article L. 225-37-2. »*** — *Pour les dispositions transitoires de l'Ord. n° 2019-1234 du 27 nov. 2019, V. 4e note ss. art. L. 225-22-1. — V. art. R. 225-33.*

(L. n° 2011-103 du 27 janv. 2011, art. 1er-VIII, en vigueur le 1er janv. 2017) **« Lorsque le conseil d'administration n'est pas composé conformément au premier alinéa de l'article L. 225-18-1, le versement de la rémunération prévue au premier alinéa du présent article est suspendu. Le versement est rétabli lorsque la composition du conseil d'administration devient régulière, incluant l'arriéré depuis la suspension. »** — *[L. n° 66-537 du 24 juill. 1966, art. 108.]*

V. note ss. art. L. 225-20.

Assiette des cotisations sociales. Les jetons de présence versés aux administrateurs ne doivent pas être inclus dans l'assiette des cotisations de sécurité sociale, sous réserve de l'existence d'un contrat de travail et de la nature des activités exercées. • Soc. 3 déc. 1981 : *Rev. sociétés 1982. 295, note Le Cannu.*

Art. L. 225-46 **Il peut être alloué, par le conseil d'administration, des rémunérations exceptionnelles pour les missions ou mandats confiés à des administrateurs. Dans ce cas, ces rémunérations, portées aux charges d'exploitation sont soumises aux dispositions des articles L. 225-38 à L. 225-42.** *(Abrogé par Ord. n° 2020-1142 du 16 sept. 2020, art. 3, à compter du 1er janv. 2021) (Ord. n° 2019-1234 du 27 nov. 2019, art. 1er)* ***« Dans les sociétés dont les actions sont admises aux négociations sur un marché réglementé, ces rémunérations sont allouées dans les conditions prévues à l'article L. 225-37-2. »*** — *[L. n° 66-537 du 24 juill. 1966, art. 109.]*

Pour les dispositions transitoires de l'Ord. n° 2019-1234 du 27 nov. 2019, V. 4e note ss. art. L. 225-22-1.

1. Rémunérations abusives. Ne justifient pas légalement leur décision, les juges qui rejettent la demande en annulation des délibérations allouant à des administrateurs des rémunérations considérées comme abusives pour l'accomplissement de fonctions de direction, sans rechercher si les bénéficiaires des rémunérations critiquées ont rempli réellement les fonctions qui leur ont été données. • Com. 9 nov. 1966, n° 62-12.005 P : *D. 1967. Somm. 63 ; JCP 1967. II. 15250, note R.D.M.*

2. Missions spéciales. La mission d'audit confiée par le conseil d'administration à un administrateur en raison de ses compétences particulières consistant en quelques missions spéciales ne revêtant pas un caractère permanent, il s'agit d'une activité ponctuelle exclusive de tout lien de subordination dont la rémunération n'entre pas dans l'assiette des cotisations de sécurité sociale. • Soc. 31 oct. 2000, n° 99-11.808 : *RJDA 2001, n° 333.*

Art. L. 225-47 **Le conseil d'administration élit parmi ses membres un président qui est, à peine de nullité de la nomination, une personne physique.** *(Ord. n° 2019-1234 du 27 nov. 2019, art. 1er)* **« Il détermine sa rémunération.** *(Abrogé par Ord. n° 2020-1142 du 16 sept. 2020, art. 3, à compter du 1er janv. 2021)* ***« Dans les sociétés dont les actions sont admises aux négociations sur un marché réglementé, il détermine sa rémunération dans les conditions prévues à l'article L. 225-37-2. »*** *— Pour les dispositions transitoires de l'Ord. n° 2019-1234 du 27 nov. 2019, V. 4e note ss. art. L. 225-22-1.*

Le président est nommé pour une durée qui ne peut excéder celle de son mandat d'administrateur. Il est rééligible.

Le conseil d'administration peut le révoquer à tout moment. Toute disposition contraire est réputée non écrite. — *[L. n° 66-537 du 24 juill. 1966, art. 110.]*

RÉP. SOCIÉTÉS v^is^ *Président du conseil d'administration*, par SAINTOURENS ; *Rémunération des dirigeants (Régime social)*, par KESSLER ; *Rémunération des dirigeants sociaux*, par AMIEL-COSME ; *Rémunération des dirigeants sociaux (Régime fiscal)*, par SERLOOTEN.

BIBL. ▶ DAIGRE, *Rev. sociétés 1981. 1* (statut individuel des dirigeants de SA). – FLINDERS, *Dr. sociétés déc. 1991. 1* (protections en cas de chômage ou de perte de revenu du dirigeant). – DE VENDEUIL, *JCP E 1995, n° 47, p. 410* (possibilité de nommer un coprésident).

I. NOMINATION DU PRÉSIDENT

1. Compétence du conseil d'administration. S'agissant de réparer le vice entachant la désignation du président-directeur général par un conseil d'administration irrégulièrement composé, l'assemblée générale est incompétente pour le faire, une telle désignation entrant dans les attributions exclusives du conseil d'administration. • Com. 31 janv. 1968 : *D. 1968. 321.*

2. Convention préservant la liberté de l'assemblée générale. C'est à bon droit que les juges du fond décident que doit être exécutée la convention aux termes de laquelle le fondateur d'une société s'engageait envers une personne à la faire nommer président du conseil d'administration et sanctionnent son inexécution par des dommages-intérêts. • Com. 21 févr. 1949 : *Bull. civ. II, n° 93.* ♦ Une telle convention laisse en effet subsister entièrement le droit, qui ne saurait leur être retiré, des actionnaires de voter librement dans les assemblées générales et éventuellement de révoquer les administrateurs en fonction. • Même arrêt.

3. Incompatibilités. V. note 5 ss. art. L. 225-18.

4. Incapacité. Le président du conseil d'administration placé sous curatelle n'est pas frappé d'une interdiction d'exercer sa fonction. • Com. 29 sept. 2009, n° 08-15.125 : *JCP E 2009, n° 2066, note Hovasse.*

II. SITUATION FINANCIÈRE DU PRÉSIDENT

A. RÉMUNÉRATIONS DU PRÉSIDENT

BIBL. Picand-L'Amézec, *BJS 1988. 319* (autorémunération du président). – Roman, *JCP E 2004, n° 25, p. 996* (« golden hellos »). – Garron, *Rev. sociétés 2004. 795* (rémunération excessive des dirigeants). – Dossier, *BJS 2008. 513* (rémunérations et avantages des dirigeants sociaux). – Ducouloux-Favard, *Gaz. Pal. 2010. Doctr. 137* (quand y a-t-il rémunération excessive ?). – Dondero, *ibid. 2012. 3106*. – Magnier, *D. 2016. Chron. 212* (retour sur la rémunération des dirigeants de sociétés cotées : comment introduire cohérence et mesure ?). – Granier, *Rev. sociétés 2016. 207* (attrait du droit souple dans l'encadrement de la rémunération des dirigeants).

5. Fixation. En vertu de l'art. 110 de la L. du 24 juill. 1966 [C. com., art. L. 225-47], le conseil d'administration a une compétence exclusive pour déterminer la rémunération du président, mais n'a pas le pouvoir de ratifier la décision du président qui, sans obtenir préalablement une décision du conseil, s'est alloué une rémunération supplémentaire. • Com. 15 déc. 1987, n° 86-13.479 P : *D. 1988. IR 23.* ♦ Sur les indemnités de départ, V. note 17 ss. art. L. 225-38.

6. Pensions et compléments de retraite. **BIBL.** Charvériat, *RJDA 1992. 439* (attribution d'une retraite à un dirigeant). – Vendeuil et Beaufre,

JCP E 2000, n° 49, p. 1942 (même thème). ♦ Pour être déterminée conformément aux dispositions de l'art. 110 de la L. de 1966 [C. com., art. L. 225-47], ou autorisée conformément aux dispositions de l'art. 101 [C. com., art. L. 225-38] lorsqu'elle procède d'une convention, la rémunération allouée au président, notamment sous forme d'un complément de retraite, doit faire l'objet d'une délibération du conseil d'administration sur son montant et ses modalités (à propos d'un complément de retraite fixé par une commission *ad hoc* désignée par le conseil d'administration, dont le rapport n'avait pas fait l'objet d'une délibération formelle). • Com. 4 juill. 1995, n° 93-17.969 P : *D. 1996. 186, note Hallouin ; RTD com. 1996. 69, obs. Petit et Reinhard ; Rev. sociétés 1995. 504, note Le Cannu ; JCP 1995. II. 22560, note Guyon ; BJS 1995. 968, note Barbièri ; LPA 26 janv. 1996, note Gibirila.* ♦ Entre dans les prévisions de l'art. 110 de la L. de 1966 [C. com., art. L. 225-47] et non dans celles de l'art. 101 [C. com., art. L. 225-38], l'octroi d'un complément de retraite ayant pour contrepartie des services particuliers rendus à la société pendant l'exercice de ses fonctions par le président, dès lors que l'avantage accordé est proportionné à ses services et ne constitue pas une charge excessive pour la société. • Com. 24 oct. 2000, n° 98-18.367 P : *D. 2001. Somm. 1613, obs. Thullier ; RTD com. 2001. 161, obs. Chazal et Reinhard ; Rev. sociétés 2001. 95, note Le Cannu ; JCP E 2001, n° 1, p. 37, note Guyon ; BJS 2001. 54, note Storck ; Dr. sociétés 2001, n° 14, obs. Vidal.* ♦ Sur la soumission d'une indemnité de départ aux art. L. 225-38 s., V. note 17 ss. art. L. 225-38.

7. Clause dite de « parachute doré ». BIBL. El Ahdab, *Rev. sociétés 2004. 18* (parachutes dorés et autres indemnités conventionnelles de départ des dirigeants : approche pluridisciplinaire et comparée). – Delga, *JCP E 2007. 1803* (propos sur les golden parachutes). ♦ V. art. L. 225-37-2.

8. Renonciation et modification. Le président ne peut renoncer que de façon explicite à sa rémunération et le conseil d'administration ne peut supprimer celle-ci que par une délibération expresse. • Paris, 31 mai 1996 : *RJDA 1996, n° 1210 ; BJS 1996. 932, note Le Cannu.* ♦ Pour la validité de la suppression des avantages consentis par le conseil d'administration à son ancien président, justifiée par la perte de confiance de la société envers l'intéressé, V. • Com. 14 déc. 2004, n° 00-20.293 : *Rev. sociétés 2006. 79, note Mattout ; JCP E 2005, n° 50, p. 2161, obs. Caussain, Deboissy et Wicker ; RJDA 2005, n° 406 ; BJS 2005. 506, note Le Cannu.* ♦ Le conseil d'administration, compétent pour décider des rémunérations octroyées à son président, l'est nécessairement pour les modifier, *a fortiori* avec le consentement de l'intéressé, une telle modification pouvant dans ce cas avoir un effet rétroactif (à propos d'une retraite complémentaire). • Paris, 1er févr. 2002 : *Dr. sociétés 2002, n° 67, obs. Vidal.*

9. Régime social. BIBL. Nurit-Pontier, *JCP E 2002, n° 5*, p. 210 (le statut social des dirigeants de sociétés). – Dossier, *BJS 2010. 918* (la protection sociale applicable aux dirigeants de sociétés). ♦ Les sommes mises à la disposition d'un président du conseil d'administration par inscription à son compte courant dans les livres de la société, pour rémunérer ses fonctions, entrent dans l'assiette des cotisations sociales dues du chef de l'intéressé, même si, sans y avoir renoncé, il n'a pas disposé effectivement de ces sommes. • Soc. 16 avr. 1992, n° 90-11.296 P : *RTD com. 1993. 518, obs. Champaud et Danet ; Rev. sociétés 1992. 502, note Vachet.* ♦ La somme allouée à titre d'indemnité transactionnelle à un dirigeant ayant démissionné de ses fonctions doit être soumise aux cotisations de sécurité sociale dès lors qu'elle apparaît comme un élément de rémunération versé à l'occasion de la rupture des relations entre les parties, et non comme le dédommagement d'une révocation intervenue dans des conditions abusives ou la réparation d'un préjudice résultant de la cessation forcée des fonctions de l'intéressé. • Soc. 24 mars 1994, n° 92-11.961 : *RJDA 1994, n° 938.*

B. PRÉSIDENT CAUTION DE LA SOCIÉTÉ

10. Caractère commercial du cautionnement. Si le cautionnement consenti par le président du conseil d'administration en garantie des engagements de la société prend un caractère commercial, le président lui-même n'acquiert pas la qualité de commerçant, et la clause attributive de compétence stipulée dans l'acte de cautionnement lui est inopposable. • Paris, 28 oct. 1992 : *Dr. sociétés 1992, n° 255, obs. Le Nabasque.* ♦ V. aussi notes 30 s. ss. art. L. 110-1.

11. Principe de proportionnalité. Le président et le directeur général, qui se sont portés caution des engagements de la société, ne sont pas fondés à mettre en cause la responsabilité de la banque pour leur avoir fait souscrire des cautionnements sans rapport avec leurs ressources, dès lors qu'ils ne démontrent pas que celle-ci aurait eu sur leurs revenus, leurs patrimoines et leurs facultés de remboursement raisonnablement prévisibles en l'état du succès escompté de l'opération immobilière entreprise par la société, des informations qu'eux-mêmes auraient ignorées. • Com. 8 oct. 2002, n° 99-18.619 : *D. 2003. 414, note Koering ; RTD com. 2003. 151, obs. Legeais ; JCP E 2003, n° 16, p. 706, obs. Caussain, Deboissy et Wicker ; BJS 2003. 133, note Devèze.*

12. Extinction du cautionnement. La cessation de ses fonctions par un dirigeant social ne met pas fin aux obligations du cautionnement qu'il a contracté pour une durée indéterminée afin de garantir les dettes de la société, dès lors qu'il n'a pas fait de l'exercice de ces fonctions une condition de son engagement. • Com. 3 nov. 1988 : *D. 1989. 185, note Aynès ; Rev. sociétés 1989. 221, note Delebecque.* ♦ De même, n'entraînent pas l'extinction du cautionnement des modifications statutaires, lorsque la personnalité morale de la société ne change pas, que la société continue d'avoir le même objet et la même forme. • Com. 10 mai 1988, n° 86-10.572 P.

13. Information de la caution. V. note 30. ss. art. L. 223-18.

III. CESSATION DES FONCTIONS

BIBL. Reigné, *Rev. sociétés 1991. 499* (révocabilité *ad nutum* des mandataires sociaux et faute de la société). – Caussain, *BJS 1993. 523* (précarité des fonctions de mandataire social). – Delga, *D. Affaires 1996. 763* (révocation sans indemnités des P-DG). – Adom, *Rev. sociétés 1998. 488* (révocation des dirigeants de sociétés commerciales). – De Laender, *Dr. sociétés 2000. Chron. 9* (révocation des dirigeants sociaux). – Frémeaux, *LPA 20 déc. 2000* (l'avenir du régime de révocation des dirigeants sociaux). – Miellet, *JCP E 2001, n° 5, p. 212* (clauses d'indemnisation). – F.-X. Lucas, *Dr. sociétés nov. 2001* (avenir de la révocabilité *ad nutum* des dirigeants sociaux). – Binctin, *LPA 12 sept. 2006* (légalité procédurale). – Merle, *RJ com. 2017. 2* (révocation des mandataires sociaux).

14. Démission du président. Ayant constaté que la personne était entrée au service de la société comme salariée, les juges ont pu déduire de l'ensemble de leurs constatations que celle-ci avait pu, sans fraude, se démettre de ses fonctions de président-directeur général pour reprendre celles de directeur technique, auxquelles elle avait précédemment accédé, et vainement l'employeur prétendrait-il que la démission n'a eu pour effet que d'échapper aux conséquences de la révocation qui devait être décidée par l'assemblée générale. • Soc. 5 oct. 1966, n° 65-40.358 P : *D. 1967. 89.*

15. Révocabilité ad nutum du président. La révocation du président peut intervenir *ad nutum*, donc sans préavis, ni précision de motifs, ni indemnité. • Com. 20 déc. 1966, n° 64-13.401 P : *D. 1967. 160.* ♦ Les tribunaux ne peuvent qu'examiner si les circonstances dans lesquelles la révocation est intervenue ont porté atteinte à l'honneur du président ou si la révocation a été décidée brusquement, sans respecter le principe de la contradiction. • Com. 26 nov. 1996, *n° 94-15.661 P : D. 1997. 493, note Gibirila ; JCP 1997. II. 22771, note Reigné ; BJS 1997. 141, note Prieto.* ♦ Les conventions faisant échec à la libre révocabilité du président-directeur général d'une SA sont illicites. C'est à bon droit que les juges du fond décident que pour prononcer la révocation du président-directeur général, les membres du conseil d'administration n'ont pas à tenir compte de l'engagement par lequel le groupe majoritaire de cette société avait assuré à ce président-directeur général, alors directeur technique, sa nomination moyennant la négociation de la cession des actions appartenant à un actionnaire majoritaire, engagement faisant échec à la libre révocabilité. • Com. 17 mai 1971 : *Rev. sociétés 1972. 698, note Oppetit.* ♦ En revanche, n'a pas pour objet ou pour effet de porter atteinte à la libre révocabilité du président du conseil d'administration la convention qui oblige ce dernier à acquérir des actions de la société et à les lui rétrocéder lors de la cessation de ses fonctions, alors que la société agit dans son propre intérêt en obligeant son dirigeant à s'intéresser à son développement et en se donnant le moyen de l'éloigner le jour où il cesserait ses fonctions, d'autant que le rachat de ces actions ne représente pour la société qu'une charge financière relativement peu élevée. • Com. 7 févr. 1989, n° 87-16.464 P : *D. 1989. IR 60 ; Rev. sociétés 1989. 643, note Chartier ; BJS 1989. 334, note Le Cannu.*

16. Abus de droit dans la révocation. Si le mandat du président du conseil d'administration d'une SA est révocable *ad nutum*, cette révocation peut toutefois donner lieu à indemnité si elle est imposée dans des circonstances portant une atteinte injustifiée à l'honorabilité du président-directeur général. • Com. 20 nov. 1962, n° 59-11.786 P : *D. 1963. 230.* ♦ La révocation d'un président-directeur général n'est abusive que si elle a été accompagnée de circonstances ou a été prise dans des conditions qui portent atteinte à la réputation ou à l'honneur du dirigeant révoqué ou si elle a été décidée brutalement sans respecter le principe de la contradiction. • Com. 12 mai 2004, n° 00-19.415 : *JCP E 2004, n° 25, p. 990 ; BJS 2004. 1275, note Vidal et Pujol.* ♦ Les juges du fond qui relèvent que la proposition, que les membres du conseil d'administration ont faite au président-directeur général d'une société, de rester en place sans exercer ses fonctions, avant de prononcer sa révocation, ne lui a été adressée que dans le dessein de ménager ses intérêts pécuniaires et ne lui a causé aucun préjudice, estiment à juste titre qu'une telle proposition ne peut faire regarder la révocation comme abusive. • Com. 17 mai 1971 : *préc. note 15.*

17. Principe de la contradiction. Lorsque deux administrateurs, respectivement président-directeur général et directeur adjoint, n'ont pas été convoqués à une réunion du conseil d'administration, la décision les révoquant est nulle, bien qu'il s'agisse d'une réunion spontanée et que plus de la moitié des membres du conseil aient été présents. • Com. 31 janv. 1968, n° 65-11.905 P : *D. 1968. 352 ; JCP 1968. II. 15609, note N. Bernard.*

18. Transaction. Sur la possibilité de conclure un accord transactionnel après la révocation, V.

• Com. 1er mars 2011, n° 10-13.993 : *Rev. sociétés 2012. 41, note Le Cannu* ; *JCP E 2011.1341, note Roussille* ; *RJDA 2011, n° 435* ; *BJS 2011. 391, note Dondero.*

Art. L. 225-48 **Les statuts doivent prévoir pour l'exercice des fonctions de président du conseil d'administration une limite d'âge qui, à défaut d'une disposition expresse, est fixée à soixante-cinq ans.**

Toute nomination intervenue en violation des dispositions prévues à l'alinéa précédent est nulle.

Lorsqu'un président de conseil d'administration atteint la limite d'âge, il est réputé démissionnaire d'office. — *[L. n° 66-537 du 24 juill. 1966, art. 110-1.]*

(L. n° 2019-744 du 19 juill. 2019, art. 13) **« Est également réputé démissionnaire d'office le président placé en tutelle.**

« La nullité prévue au deuxième alinéa et la démission d'office prévue aux troisième et avant-dernier alinéas n'entraînent pas la nullité des délibérations auxquelles a pris part le président du conseil d'administration irrégulièrement nommé ou réputé démissionnaire d'office ni la nullité de ses décisions. »

Limite d'âge. La fin des fonctions du président du conseil d'administration en raison de la limite d'âge ne constitue pas un licenciement ouvrant droit à indemnité, dès lors que le « statut de grands cadres » dont il bénéficie, ne définissant aucune fonction et ne prévoyant aucune rémunération, ne peut tenir lieu de contrat de travail. • Soc. 11 oct. 1978 : *Rev. sociétés 1979. 68, note Randoux.*

Art. L. 225-49 *Abrogé par L. n° 2001-420 du 15 mai 2001, art. 110, 2°.*

Art. L. 225-50 **En cas d'empêchement temporaire ou de décès du président, le conseil d'administration peut déléguer un administrateur dans les fonctions de président.**

En cas d'empêchement temporaire, cette délégation est donnée pour une durée limitée. Elle est renouvelable. En cas de décès, elle vaut jusqu'à l'élection du nouveau président. — *[L. n° 66-537 du 24 juill. 1966, art. 112.]* — *V. art. R. 225-34.*

Nullité d'une délégation permanente. La délégation, investissant un administrateur de façon générale et permanente, des pouvoirs du président-directeur général, qui tout en conservant ce titre, renonçait d'emblée à l'exercice de ses fonctions, est irrégulière en ce qu'elle est donnée pour des motifs de convenance personnelle et non pour raison d'empêchement véritable et qu'elle est consentie de façon permanente et non pour un délai limité. • T. corr. Seine, 7 nov. 1961 : *D. 1962. Somm. 51.*

Art. L. 225-51 *(L. n° 2001-420 du 15 mai 2001)* **Le président du conseil d'administration** *(Abrogé par L. n° 2003-706 du 1er août 2003)* « *représente le conseil d'administration. Il* » **organise et dirige les travaux de celui-ci, dont il rend compte à l'assemblée générale. Il veille au bon fonctionnement des organes de la société et s'assure, en particulier, que les administrateurs sont en mesure de remplir leur mission.**

BIBL. ▶ MIELLET, *JCP E 2002, n° 4, p. 173* (l'information : nouvelle et dernière responsabilité du président du conseil d'administration ?). – DREYER, *D. 2004. Chron. 937* (les pouvoirs délégués afin d'exonérer pénalement le chef d'entreprise). – CŒURET, PALMER et STULZ, *Cah. dr. entr. 5-6/2009* (gestion de la délégation). – THOMAS, *RLDA juin 2012. 77* (qui peut déléguer ses pouvoirs ?). – MOULIN et COLLIOT, *BJS 2012. 745* (vie des délégations de pouvoirs). – BÉDARIDE et PLA BUSIRIS, *ibid. 2013. 283* (conséquences de l'absence de délégation et nécessité d'un acte notarié). – FERRIER, *Dr. sociétés 2014. Étude 5* (la jurisprudence sociale en droit des sociétés : la délégation de pouvoirs). – CHARVÉRIAT, *BRDA 2014, n° 24, p. 17* (conditions d'efficacité de la délégation de pouvoirs exonératoire de responsabilité pénale). – TADROS, *D. 2017. Chron. 1662* (aspects de droit civil après la réforme du droit des contrats).

1. Représentation de la société. La L. n° 2001-420 du 15 mai 2001 a retiré au président du conseil d'administration son pouvoir de représentation de la société, lequel appartient désormais au seul directeur général : V. art. L. 225-56. ♦ Il résulte des dispositions combinées des art. L. 225-51 et L. 225-56 que le président du conseil d'administration d'une SA ne dispose pas du pouvoir de représenter celle-ci légalement, ce pouvoir étant dévolu au seul directeur général, sauf à justifier d'un cumul de ces fonctions. • Paris, 23 sept. 2009 : *RJDA 2010, n° 53.* ♦ Par suite, le recours devant la cour d'appel d'une SA faisant état de la dissociation de ces fonctions doit être déclaré irrecevable dès lors que la déclaration de recours mentionne que la société agit « poursuites et diligences de son président du conseil d'administration ». • Même arrêt. ♦ Sur la possibilité de cumuler les fonctions de président du conseil d'administration et de directeur général, V. art. L. 225-51-1.

2. Responsabilité du président du conseil d'administration. Sur cette responsabilité, à l'égard de la société et à l'égard des tiers, V. art. L. 225-251 s.

Art. L. 225-51-1 *(L. nº 2001-420 du 15 mai 2001)* **La direction générale de la société est assumée, sous sa responsabilité, soit par le président du conseil d'administration, soit par une autre personne physique nommée par le conseil d'administration et portant le titre de directeur général.**

Dans les conditions définies par les statuts, le conseil d'administration choisit entre les deux modalités d'exercice de la direction générale visées au premier alinéa. Les actionnaires et les tiers sont informés de ce choix dans des conditions définies par décret en Conseil d'État.

Lorsque la direction générale de la société est assumée par le président du conseil d'administration, les dispositions de la présente sous-section relatives au directeur général lui sont applicables. – *V. art. R. 225-26, R. 225-27, R. 225-93.*

Pour les sociétés anonymes immatriculées au RCS à la date de publication de la L. nº 2001-420 du 15 mai 2001 (JO 16 mai), et celles dont l'immatriculation est faite conformément à la réglementation applicable à Mayotte, en Nouvelle-Calédonie et dans les îles Wallis-et-Futuna à la date de publication de l'Ord. nº 2004-604 du 24 juin 2004 (JO 26 juin), une assemblée générale extraordinaire est convoquée dans un délai de dix-huit mois à compter de cette même date pour procéder à la modification des statuts prévue par le deuxième al. de l'art. L. 225-51-1 C. com. À défaut, tout intéressé peut demander au président du tribunal statuant en référé d'enjoindre au conseil d'administration de procéder à cette convocation. Lorsqu'il est fait droit à la demande, l'astreinte et les frais de procédure sont mis à la charge des administrateurs. — Les sociétés anonymes dont les titres ne sont pas admis sur un marché réglementé et qui étaient immatriculées au RCS avant la date de publication de la présente loi, et celles immatriculées selon la réglementation applicable à Mayotte, en Nouvelle-Calédonie et dans les îles Wallis-et-Futuna avant la publication de l'Ord. nº 2004-604 du 24 juin 2004 peuvent conserver leurs statuts sans délibération particulière de leur assemblée générale, jusqu'à la convocation d'une assemblée générale extraordinaire pour d'autres raisons (L. nº 2001-420 du 15 mai 2001, art. 131-I ; Ord. nº 2004-604 du 24 juin 2004, art. 65-III).

RÉP. SOCIÉTÉS vº *Directeur général - Président-directeur général*, par ROUTIER.

BIBL. ▶ CASTAGNÉ, *Dr. sociétés 2003. Chron. 1* (nouveaux modes de direction des sociétés anonymes après la loi NRE).

1. Cumul des fonctions de président du conseil d'administration et de directeur général délégué. Le conseil d'administration qui a opté pour la dissociation des fonctions de représentation du conseil d'avec celles de direction générale ne peut nommer un directeur général délégué qui serait le président du conseil d'administration sans porter atteinte à l'esprit de la loi qui veut, pour assurer une dissociation effective des fonctions, que le président du conseil d'administration et le directeur général ne soient pas la même personne physique. • Lyon, 25 sept. 2003 : *D. 2004. AJ 808* ; *Rev. sociétés 2004. 881, note Conac* ; *RJDA 2004, nº 848.*

2. Nomination du directeur général. Le directeur général ne peut être désigné que par le conseil d'administration (écartant la nomination résultant d'une délégation de pouvoirs reçue du président et son acceptation tacite par le conseil d'administration). • Paris, 1er févr. 2012, nº 10/19173 : *Rev. sociétés 2012. 503, note Mattout* ; *RJDA 2012, nº 687.*

Art. L. 225-52 **En cas d'ouverture d'une procédure de redressement ou de liquidation judiciaire en application** *(L. nº 2019-744 du 19 juill. 2019, art. 10)* **« des titres III et IV » du livre VI, les personnes visées par ces dispositions peuvent être rendues responsables du passif social et sont soumises aux interdictions et déchéances, dans les conditions prévues par lesdites dispositions.** – *[L. nº 66-537 du 24 juill. 1966, art. 114.]*

Responsabilité et interdictions. V. note 15 ss. art. L. 225-251.

Art. L. 225-53 *(L. nº 2001-420 du 15 mai 2001)* **Sur proposition du directeur général, le conseil d'administration peut nommer une ou plusieurs personnes physiques chargées d'assister le directeur général, avec le titre de directeur général délégué.** *(L. nº 2019-486 du 22 mai 2019, art. 188)* **« Il détermine à cette fin un processus de sélection qui garantit jusqu'à son terme la présence d'au moins une personne de chaque**

sexe parmi les candidats. Ces propositions de nomination s'efforcent de rechercher une représentation équilibrée des femmes et des hommes. »

Les statuts fixent le nombre maximum des directeurs généraux délégués, qui ne peut dépasser cinq.

(Ord. n° 2019-1234 du 27 nov. 2019, art. 1er) **« Le conseil d'administration détermine la rémunération du directeur général et des directeurs généraux délégués.** *(Abrogé par Ord. n° 2020-1142 du 16 sept. 2020, art. 3, à compter du 1er janv. 2021)* ***« Dans les sociétés dont les actions sont admises aux négociations sur un marché réglementé, le conseil d'administration détermine la rémunération du directeur général et des directeurs généraux délégués dans les conditions prévues à l'article L. 225-37-2. » »*** *– Pour les dispositions transitoires de l'Ord. n° 2019-1234 du 27 nov. 2019, V. 4e note ss. art. L. 225-22-1.*

Les personnes qui, à la date de publication de la L. n° 2001-420 du 15 mai 2001 (JO 16 mai), avaient reçu du conseil d'administration mandat d'assister le président avec le titre de directeur général prennent le titre de directeur général délégué (L. préc., art. 131-III).

Sur la qualité de dirigeant de droit du directeur général délégué, V. note 12 ss. art. L. 651-2.

Art. L. 225-54 **Les statuts doivent prévoir pour l'exercice des fonctions de directeur général** *(L. n° 2001-420 du 15 mai 2001)* **« ou de directeur général délégué » une limite d'âge qui, à défaut d'une disposition expresse, est fixée à soixante-cinq ans.**

Toute nomination intervenue en violation des dispositions prévues à l'alinéa précédent est nulle.

Lorsqu'un directeur général *(L. n° 2001-420 du 15 mai 2001)* **« ou un directeur général délégué » atteint la limite d'âge, il est réputé démissionnaire d'office.** *– [L. n° 66-537 du 24 juill. 1966, art. 115-1.]*

(L. n° 2019-744 du 19 juill. 2019, art. 13) **« Est également réputé démissionnaire d'office le directeur général ou le directeur général délégué placé en tutelle.**

« La nullité prévue au deuxième alinéa et la démission d'office prévue aux troisième et avant-dernier alinéas n'entraînent pas la nullité des décisions prises par le directeur général ou le directeur général délégué irrégulièrement nommé ou réputé démissionnaire d'office. »

Art. L. 225-54-1 *(L. n° 2001-420 du 15 mai 2001)* **Une personne physique ne peut exercer simultanément plus d'un mandat de directeur général de sociétés anonymes ayant leur siège sur le territoire français.**

(L. n° 2002-1303 du 29 oct. 2002) **« Par dérogation aux dispositions du premier alinéa :**

« – un deuxième mandat de directeur général ou un mandat de membre du directoire ou de directeur général unique peut être exercé dans une société contrôlée au sens de l'article L. 233-16 par la société dont il est directeur général ;

« – une personne physique exerçant un mandat de directeur général dans une société peut également exercer un mandat de directeur général, de membre du directoire ou de directeur général unique dans une société, dès lors que les titres de celles-ci ne sont pas admis aux négociations sur un marché réglementé. »

Toute personne physique qui se trouve en infraction avec les dispositions du présent article doit se démettre de l'un de ses mandats dans les trois mois de sa nomination, ou du mandat en cause dans les trois mois de l'événement ayant entraîné la disparition de l'une des conditions fixées à l'alinéa précédent. A l'expiration de ce délai, elle est réputée s'être démise, selon le cas, soit de son nouveau mandat, soit du mandat ne répondant plus aux conditions fixées à l'alinéa précédent, et doit restituer les rémunérations perçues, sans que soit, de ce fait, remise en cause la validité des délibérations auxquelles elle a pris part. *– V. notes ss. art. L. 225-21.*

Art. L. 225-55 *(L. n° 2001-420 du 15 mai 2001)* **Le directeur général est révocable à tout moment par le conseil d'administration. Il en est de même, sur proposition du directeur général, des directeurs généraux délégués. Si la révocation est décidée sans juste motif, elle peut donner lieu à dommages-intérêts, sauf lorsque le directeur général assume les fonctions de président du conseil d'administration.**

Lorsque le directeur général cesse ou est empêché d'exercer ses fonctions, les directeurs généraux délégués conservent, sauf décision contraire du conseil, leurs fonctions et leurs attributions jusqu'à la nomination du nouveau directeur général.

BIBL. ▸ Albarian, *RTD com. 2012. 1* (révocation des mandataires sociaux pour perte de confiance). – Rakotovahiny, *Rev. sociétés 2014. 152* (juste motif de révocation et cause réelle et sérieuse de licenciement). – NDLR, *BRDA 2014, n° 22, p. 3* (la faute grave du dirigeant : apports récents de la jurisprudence).

1. Juste motif de révocation (L. du 15 mai 2001). Il ne peut se déduire de la lettre d'engagement du directeur général prévoyant qu'il pourra être mis fin aux fonctions de celui-ci à tout moment que sa révocation n'a pas à être motivée et qu'elle peut intervenir sans que la preuve de l'existence d'une faute ou d'un grief ait été rapportée. • Com. 26 nov. 2013, n° 12-25.004 : *RTD com. 2014. 142, obs. Dondero ; Rev. sociétés 2014. 387, note Thomas ; RJDA 2014, n° 244 ; BJS 2014. 169, note Roussille.* ♦ Pour l'indemnisation d'un directeur général – devenu directeur général délégué par l'effet de la L. du 15 mai 2001 – révoqué sans juste motif, V. • Paris, 26 nov. 2004 : *JCP E 2005, n° 13, p. 555.*

2. Démission. En application de l'art. 2007 C. civ., la démission d'un dirigeant de société, qui constitue un acte juridique unilatéral, produit tous ses effets dès lors qu'elle a été portée à la connaissance de la société et que la méconnaissance de l'obligation statutaire de respecter un préavis peut seulement ouvrir droit à des dommages-intérêts sauf pour le dirigeant démissionnaire à établir qu'il était dans l'impossibilité de continuer le mandat. • Soc. 1er févr. 2011, n° 10-20.953 : *D. 2011. Actu. 440, obs. Lienhard ; Rev. sociétés 2011. 687, note Pomade ; RJDA 2011, n° 310 ; Dr. sociétés 2011, n° 65, obs. Coquelet ; BJS 2011. 375, note Dondero.* ♦ V. aussi note 17 ss. art. L. 223-25.

3. Non-renouvellement du mandat. La décision de non-renouvellement du mandat d'un directeur général délégué n'a pas à être fondée sur de justes motifs ni motivée par des circonstances particulières ; elle peut néanmoins ouvrir droit à réparation, sur le fondement de l'art. 1382 [1240] C. civ., en cas d'abus de droit, si les circonstances du non-renouvellement sont humiliantes ou vexatoires ou s'il a été manqué au principe de la contradiction. • Paris, 29 janv. 2013, n° 11/22612 : *RJDA 2013, n° 531 ; Dr. sociétés 2013, n° 103, obs. Gallois-Cochet ; BJS 2013. 655, note Dondero.* ♦ V. aussi note 19 ss. art. L. 223-25.

Art. L. 225-56 *(L. n° 2001-420 du 15 mai 2001)* **I. — Le directeur général est investi des pouvoirs les plus étendus pour agir en toute circonstance au nom de la société. Il exerce ces pouvoirs dans la limite de l'objet social et sous réserve de ceux que la loi attribue expressément aux assemblées d'actionnaires et au conseil d'administration.**

Il représente la société dans ses rapports avec les tiers. La société est engagée même par les actes du directeur général qui ne relèvent pas de l'objet social, à moins qu'elle ne prouve que le tiers savait que l'acte dépassait cet objet ou qu'il ne pouvait l'ignorer compte tenu des circonstances, étant exclu que la seule publication des statuts suffise à constituer cette preuve.

Les dispositions des statuts ou les décisions du conseil d'administration limitant les pouvoirs du directeur général sont inopposables aux tiers.

II. — En accord avec le directeur général, le conseil d'administration détermine l'étendue et la durée des pouvoirs conférés aux directeurs généraux délégués.

Les directeurs généraux délégués disposent, à l'égard des tiers, des mêmes pouvoirs que le directeur général.

Sur les infractions relatives à la direction et à l'administration des sociétés anonymes, V. art. L. 242-6.

BIBL. ▸ Couret, *JCP 2001. I. 339* (régime issu de la L. du 15 mai 2001). – Miellet, *JCP E 2001, n° 38, p. 1462* (le nouvel équilibre des pouvoirs dans la SA, issu de la loi NRE, modifie-t-il l'échelle des premières délégations ?). – Dondero, *LPA 14 avr. 2003* (les acquisitions importantes doivent-elles être autorisées par l'assemblée des actionnaires ?). – Rouaud, *Rev. sociétés 2014. 415* (limitations statutaires au pouvoir d'agir en justice du représentant légal de la société).

1. Pouvoir de déclarer les créances. Le directeur général tient de la combinaison des art. L. 225-51-1 et L. 225-56, I, le pouvoir d'ester en justice au nom de la société, et notamment d'effectuer des déclarations de créances au nom de celle-ci ; il ne peut être apporté de restrictions à ce pouvoir que par une délibération expresse du conseil d'administration ou par une clause des statuts de la société. • Com. 15 oct. 2013, n° 12-24.881 : *JCP E 2014. 1058, note Roussille ; RJDA 2014, n° 144.*

2. Délégation des fonctions sociales. Sur la nullité, pour absence de cause, de la convention conclue à titre onéreux entre deux sociétés ayant un dirigeant commun et déléguant une partie des attributions de celui-ci en sa qualité de directeur général de la première société à la seconde, V. • Com. 23 oct. 2012, n° 11-23.376 P : *D. 2013. 686, note Mazeaud ; Rev. sociétés 2013. 160, note Reygrobellet ; Dr. sociétés 2013, n° 27, obs. Roussille ; BJS 2013. 108, note Ferrier.*

SOUS-SECTION 2 DU DIRECTOIRE ET DU CONSEIL DE SURVEILLANCE

RÉP. SOCIÉTÉS v° *Directoire et conseil de surveillance*, par Le Cannu et Kouhaiz.

BIBL. GÉN. ▶ Le Cannu, *BJS 2000. 483* (pour une évolution du droit). – B. François, *D. 2004. 682* (pour la SA à directoire). – Colloque du CREDA, *RLDA 2007, suppl. au n° 18* (la société à directoire, forme d'élection de la gouvernance ?).

Art. L. 225-57 Il peut être stipulé par les statuts de toute société anonyme que celle-ci est régie par les dispositions de la présente sous-section. Dans ce cas, la société reste soumise à l'ensemble des règles applicables aux sociétés anonymes, à l'exclusion de celles prévues aux articles L. 225-17 à L. 225-56.

L'introduction dans les statuts de cette stipulation, ou sa suppression, peut être décidée au cours de l'existence de la société. – *[L. n° 66-537 du 24 juill. 1966, art. 118.]*

Art. L. 225-58 La société anonyme est dirigée par un directoire composé de cinq membres au plus. *(Abrogé par Ord. n° 2020-1142 du 16 sept. 2020, art. 3, à compter du 1er janv. 2021) « Lorsque les actions de la société sont admises aux négociations sur un marché réglementé, ce nombre peut être porté par les statuts à sept. »* (L. n° 2019-486 du 22 mai 2019, art. 188) « La composition du directoire s'efforce de rechercher une représentation équilibrée des femmes et des hommes. »

Dans les sociétés anonymes dont le capital est inférieur à *(Ord. n° 2000-916 du 19 sept. 2000)* « 150 000 € », les fonctions dévolues au directoire peuvent être exercées par une seule personne.

Le directoire exerce ses fonctions sous le contrôle d'un conseil de surveillance. *(L. n° 2019-486 du 22 mai 2019, art. 188)* « Il détermine à cette fin un processus de sélection qui garantit jusqu'à son terme la présence d'au moins une personne de chaque sexe parmi les candidats. » – *[L. n° 66-537 du 24 juill. 1966, art. 119.] – V. art. R. 225-35.*

Art. L. 225-59 Les membres du directoire sont nommés par le conseil de surveillance qui confère à l'un d'eux la qualité de président.

Lorsqu'une seule personne exerce les fonctions dévolues au directoire, elle prend le titre de directeur général unique.

A peine de nullité de la nomination, les membres du directoire ou le directeur général unique sont des personnes physiques. Ils peuvent être choisis en dehors des actionnaires. – *[L. n° 66-537 du 24 juill. 1966, art. 120.] – V. art. R. 225-37.*

BIBL. ▶ Contin et Deslandes, *D. 1977. Chron. 295* (statut du président du directoire). – Daigre, *Rev. sociétés 1981. 497* (statut des dirigeants de SA).

1. Nomination. Le droit de présentation attribué par les statuts au président du directoire pour la nomination d'un membre du directoire apparaît incompatible avec le rôle prépondérant du conseil de surveillance, consacré par les dispositions de la L. du 24 juill. 1966, même si le conseil de surveillance peut ne pas se conformer à cette proposition. La clause le stipulant doit être réputée non écrite. • Versailles, 8 juill. 1993 : *RJDA 1993, n° 917 ; BJS 1993. 1024, note Le Cannu.*

2. Direction collégiale. Les membres du directoire dirigent collégialement l'entreprise ; dès lors, l'appartenance au directoire d'un directeur technique salarié le fait participer aux pouvoirs d'un employeur, ce qui lui interdit de prendre part aux élections des délégués du personnel. • Soc. 25 mars 1980 : *Rev. sociétés 1980. 757, note Le Cannu.*

3. Durée du mandat du président. V. note 2 ss. art. L. 225-62.

4. Révocation du président. La fonction de président du directoire peut être retirée à l'intéressé par simple décision du conseil de surveillance, la fonction et les pouvoirs attachés à la qualité de membre du directoire n'étant pas atteints par une telle décision. • Douai, 17 juin 1976 : *D. 1977. 518, note Bousquet ; RTD com. 1977. 548, obs. Houin ; Rev. sociétés 1977. 266, note Burst.*

Art. L. 225-60 Les statuts doivent prévoir pour l'exercice des fonctions de membre du directoire ou de directeur général unique une limite d'âge qui, à défaut d'une disposition expresse, est fixée à soixante-cinq ans.

Toute nomination intervenue en violation des dispositions prévues à l'alinéa précédent est nulle.

Lorsqu'un membre du directoire ou le directeur général unique atteint la limite d'âge, il est réputé démissionnaire d'office. – *[L. n° 66-537 du 24 juill. 1966, art. 120-1.]*

(L. n° 2019-744 du 19 juill. 2019, art. 13) « Est également réputé démissionnaire d'office le membre du directoire ou le directeur général unique placé en tutelle.

« La nullité prévue au deuxième alinéa et la démission d'office prévue aux troisième et avant-dernier alinéas n'entraînent pas la nullité des délibérations et des décisions auxquelles a pris part le membre du directoire irrégulièrement nommé ou réputé démissionnaire d'office ni la nullité des décisions du directeur général unique irrégulièrement nommé ou réputé démissionnaire d'office. »

Art. L. 225-61 *(L. n° 2001-420 du 15 mai 2001)* « Les membres du directoire ou le directeur général unique peuvent être révoqués par l'assemblée générale, ainsi que, si les statuts le prévoient, par le conseil de surveillance. » Si la révocation est décidée sans juste motif, elle peut donner lieu à dommages-intérêts.

Au cas où l'intéressé aurait conclu avec la société un contrat de travail, la révocation de ses fonctions de membre du directoire n'a pas pour effet de résilier ce contrat. — *[L. n° 66-537 du 24 juill. 1966, art. 121.]*

BIBL. ► CHAMPAUD et DANET, *RTD com. 2002. 85* (L. du 15 mai 2001).

1. *Démission.* La démission doit procéder d'une volonté libre et réfléchie ; à défaut d'être prévue par les statuts, elle doit être acceptée par le conseil de surveillance. • Pau, 7 mai 2007 : *RTD com. 2007. 776, obs. Le Cannu et Dondero ; BJS 2008. 185, note Lecourt.* ♦ La démission d'un membre du directoire ayant été donnée à la suite d'une convocation pour entretien en vue d'un licenciement, et rétractée deux jours plus tard, le fait que le président du conseil de surveillance ait ensuite pris acte de cette démission est sans effet, le président n'ayant pas le pouvoir de l'accepter, et l'aurait-il eu, n'aurait pas pu le faire après la rétractation qui lui était adressée. • Même arrêt.

I. RÉVOCATION

2. *Révocation du président du directoire.* La fonction de président du directoire peut être retirée à son titulaire par simple décision du conseil de surveillance, la fonction et les pouvoirs attachés à la qualité de membre du directoire n'étant pas atteints par cette décision. En effet, le pouvoir de conférer à l'un des membres du directoire la qualité de président implique le pouvoir de retirer cette qualité à celui qui en est investi. • Douai, 17 juin 1976 : *cité note 4 ss. art. L. 225-59.*

3. *Inscription à l'ordre du jour de l'assemblée.* Sur la possibilité de révoquer les membres du directoire alors que cette question n'a pas été inscrite à l'ordre du jour de l'assemblée, V. note 3 ss. art. L. 225-105.

4. *Respect de la contradiction.* En ce sens qu'il suffit que l'intéressé ait été averti en temps utile des griefs formulés au soutien de la proposition de révocation qui devait être présentée à l'assemblée générale, de façon à ce qu'il ait pu présenter ses *observations* avant la décision de révocation, V. • Com. 15 mai 2007, n° 05-19.464 P : *D. 2007. AJ 1511, obs. Lienhard ; RTD com. 2007. 773, obs. Le Cannu et Dondero ; Rev. sociétés 2007. 780, note Coquelet ; JCP E 2007. 2158, note Viandier ; LPA 30 oct. 2007, note Gibirila.*

5. *Appréciation objective du juste motif.* La révocation d'un membre du directoire trouve un juste motif dans l'existence, entre les deux membres du directoire, d'une mésentente de nature à compromettre l'intérêt social. • Com. 19 déc. 2006, n° 05-15.803 P : *D. 2007. AJ 162, obs. Lienhard ; Rev. sociétés 2007. 331, note Saintourens ; JCP E 2007. 1877, n° 5, obs. Caussain, Deboissy et Wicker ; BJS 2007. 502, note Le Cannu.* ♦ Le juste motif peut s'apprécier au regard de l'intérêt social sans que soit invoquée une quelconque faute du membre du directoire révoqué. • Com. 24 avr. 1990, n° 88-20.183 : *Dr. sociétés 1990, n° 273.* ♦ A droit à des dommages et intérêts le directeur général unique révoqué alors que les motifs allégués par le conseil de surveillance à l'assemblée se révèlent sans réalité et traduisent la volonté du président de ce conseil de mettre fin coûte que coûte au mandat social. • Com. 23 juin 1975, n° 73-10.570 : *RTD com. 1976. 145, obs. Houin ; BJS 1976. 21.* ♦ En ce sens que le fait que le dirigeant ait été informé par la société de sa volonté de mettre en place une nouvelle gouvernance ne dispense pas les juges du fond de rechercher si la décision de révocation était justifiée par la nécessaire préservation de l'intérêt social, V. • Com. 30 mars 2022, n° 20-16.168 B : *D. 2022. Actu. 653* .

6. *Illustrations du juste motif.* Il existe un juste motif de révocation lorsqu'échouent les négociations entamées pour la reprise de la société et qu'il est nécessaire de prendre de nouvelles orientations pour redresser la situation économique de l'entreprise. • Com. 24 avr. 1990 : *préc. note 5.* ♦ Peut constituer un motif légitime de révocation d'un membre du directoire une divergence de vue sur la gestion et la politique sociale survenant entre un nouveau groupe d'actionnaires majoritaires et un membre du directoire lorsque cette divergence est de nature à nuire à l'efficacité de la direction de la société. • Com. 17 juill. 1984 : *Rev. sociétés 1984. 791, note J. G.* ♦ La notion de juste motif se définit non pas seulement en fonction de l'activité ou du comportement du membre du directoire intéressé, mais aussi en fonction de l'intérêt social, réel et certain. Le fait par un membre du directoire, soit de voter pour ou contre une résolution proposée par l'assemblée générale, soit de s'abstenir sur ce vote, en dehors de toute faute de gestion, ne peut constituer un juste motif de révocation. • Com. 7 juin 1983 : *Rev. sociétés 1983. 796, note Le Cannu.* ♦ En cas de substitution d'un conseil d'administration au directoire et au conseil de surveillance, le président du directoire ne peut prétendre que la suppression de son poste résultant de ce changement constitue une révocation sans juste motif. • Com. 4 févr. 1997, n° 94-21.707 P : *D. 1998. 362, note Roure ; RTD com. 1997. 472, obs. Reinhard et Petit ; Rev. sociétés 1997. 537, note Chartier ; BJS 1997. 306, note Le Cannu.* ♦ Il existe un juste motif de révocation lorsque le président du directoire omet de régler les dettes sociales et fiscales de la société, et que l'actif subit une réduction importante durant ses fonctions. • Paris, 11 mars 1983 : *JCP E 1984. II. 14169, concl. Connen ; RJ com. 1984. 146, note Le Cannu.*

7. Indemnisation. En l'absence de juste motif, la décision de révocation d'un membre du directoire peut seulement donner lieu à des dommages-intérêts, mais non au paiement de la rémunération à laquelle celui-ci était en droit de prétendre depuis la date de sa révocation jusqu'au terme de ses fonctions. • Com. 22 nov. 1977 : *D. 1978. 645, note Guyénot ; RTD com. 1979. 273, obs. Houin ; Rev. sociétés 1978. 483, note Guyon.* ♦ Une cour d'appel peut décider que la révocation non justifiée cause au membre du directoire révoqué un « préjudice relativement léger » si la rémunération prévue lors de sa désignation ne lui a jamais été versée. • Com. 12 avr. 1983 : *BJS 1983. 521.* ♦ En ce sens que, dès lors que la révocation repose sur un juste motif, le droit à réparation suppose rapportée la preuve d'un préjudice distinct de celui résultant de la révocation, V. • Com. 15 mai 2007, n° 05-19.464 P : *préc. note 4.*

L'art. 121 de la L. de 1966 [C. com., art. L. 225-61] n'est pas applicable à la révocation du président du directoire (tout en le laissant membre du directoire). • Paris, 10 déc. 1999 : *JCP E 2000, n° 20, p. 798, obs. Viandier et Caussain ; RJDA 2000, n° 296 ; BJS 2000. 313, note Le Cannu ; LPA 1er août 2000, note Gibirila.*

II. CONTRAT DE TRAVAIL

8. Licéité du cumul. Le mandat de président ou de membre du directoire n'est pas, en lui-même, incompatible avec des fonctions de salarié. Doit être cassé l'arrêt qui estime que les fonctions de direction commerciale et technique du président du directoire n'étaient pas suffisamment définies et précises dans son contrat écrit, sans rechercher les termes de l'exercice effectif de ces fonctions par l'intéressé. • Soc. 17 nov. 1988, n° 85-45.946 P : *D. 1988. IR 287 ; Rev. sociétés 1989. 232, note Petit.*

9. Conditions du cumul. Doit être cassé l'arrêt qui ne recherche pas si le président du directoire (actionnaire minoritaire) a effectivement assumé, dans un lien de subordination, des fonctions techniques distinctes et qui suffisaient à le placer sous le contrôle du conseil de surveillance. • Soc. 4 févr. 1988, n° 85-42.190 P : *BJS 1988. 782.* ♦ Ne se trouve pas à l'égard de la société dans un lien de subordination caractéristique d'un contrat de travail, le président du directoire, actionnaire majoritaire, qui dispose dans la société de tous les pouvoirs sans aucun contrôle et qui exerce sa mission technique de directeur en toute indépendance sans avoir à en référer à quiconque. • Soc. 5 juill. 1989 : *BJS 1990. 278, note Le Cannu.*

10. Effets du cumul. Le président du directoire, également salarié, qui, au moment de son licenciement, a signé une transaction en acceptant une mise en cause de sa responsabilité pour des faits se rattachant à ses fonctions ou détachables de ses fonctions peut être poursuivi pour des fautes commises tant en sa qualité de président du directoire qu'en sa qualité de salarié. • Com. 26 févr. 2002, n° 98-22.753 : *BJS 2002. 698, note Auzero.*

Art. L. 225-62 **Les statuts déterminent la durée du mandat du directoire dans des limites comprises entre deux et six ans. A défaut de disposition statutaire, la durée du mandat est de quatre ans. En cas de vacance, le remplaçant est nommé pour le temps qui reste à courir jusqu'au renouvellement du directoire.** — *[L. n° 66-537 du 24 juill. 1966, art. 122.] — V. art. R. 225-36.*

1. Mandat des membres du directoire. Le directoire est nommé pour une période déterminée et intangible ; seuls des remplacements peuvent et doivent être effectués ; le conseil de surveillance ne peut ni réduire le nombre des membres du directoire en cours de période quadriennale, ni l'augmenter. La clause contraire des statuts doit être réputée non écrite. • Versailles, 8 juill. 1993 : *RJDA 1993, n° 917 ; BJS 1993. 1024, note Le Cannu.*

2. Durée du mandat du président. Les dispositions de l'art. 122 de la L. de 1966 [C. com., art. L. 225-62], qui concerne exclusivement la durée du mandat des membres du directoire, ne sont pas applicables au président du directoire. Il entre donc dans les prérogatives du conseil de surveillance de limiter la fonction de président du directoire dans le temps, la fonction et les pouvoirs attachés à la qualité de membre du directoire n'étant pas atteints par une telle décision.

• Paris, 10 déc. 1999 : *D. 2000 Somm. 476, obs. Hallouin ; Rev. sociétés 2000. 384, obs. Guyon* ; *JCP E 2000, nº 20, p. 798, obs. Viandier et Caussain ; RJDA 2000, nº 296 ; BJS 2000. 313, note Le Cannu.*

Art. L. 225-63 *(Ord. nº 2019-1234 du 27 nov. 2019, art. 1er)* **L'acte de nomination fixe le mode et le montant de la rémunération de chacun des membres du directoire.** *(Abrogé par Ord. nº 2020-1142 du 16 sept. 2020, art. 3, à compter du 1er janv. 2021)* ***« Dans les sociétés dont les actions sont admises aux négociations sur un marché réglementé, cette fixation est effectuée dans les conditions prévues à l'article L. 225-82-2. »***

Pour les dispositions transitoires de l'Ord. nº 2019-1234 du 27 nov. 2019, V. 4e note ss. art. L. 225-22-1.

1. Modification de la rémunération. Le conseil de surveillance a une compétence exclusive pour fixer le mode et le montant de la rémunération de chacun des membres du directoire par un pouvoir propre de décision ; viole l'art. 123 de la L. de 1966 [C. com., art. L. 225-63] l'arrêt qui décide que le conseil de surveillance ne peut revenir sur une délibération par laquelle il aurait « définitivement », pour une durée déterminée, fixé les conditions de rémunération de membres du directoire. • Com. 16 juill. 1985, nº 83-17.416 P : *D. 1986. IR 84 ; Rev. sociétés 1985. 842, note Guyénot ; BJS 1985. 865.* ♦ Cette compétence exclusive empêche que la rémunération soit fixée judiciairement. • Même arrêt. ♦ Pour la validité d'une décision du conseil de surveillance entérinant les propositions formulées par un « comité de rémunération » constitué en son sein, V. • Com. 26 mars 2008, nº 07-10.572 : *RJDA 2009, nº 117 ; BJS 2008. 674, note Le Cannu.* ♦ Le conseil de surveillance ne peut réduire rétroactivement la rémunération des membres du directoire sans l'accord de ceux-ci et il importe peu à cet égard que les sommes dues au titre de cette rémunération n'aient pas encore été payées. • Com. 10 févr. 2009, nº 08-12.564 P : *D. 2009. AJ 498, obs. Lienhard ; Rev. sociétés 2009. 359, note Mattout ; JCP E 2009. 1767, nº 5, obs. Deboissy et Wicker ; RJDA 2009, nº 848 ; Dr. sociétés 2009, nº 74, obs. Gallois-Cochet ; BJS 2009. 556, note Le Cannu.*

2. Délibération postérieure à la nomination. Sur la possibilité de fixer rétroactivement la rémunération des membres du directoire, V. • Com. 26 mars 2008 : *cité note 1.*

Art. L. 225-64 **Le directoire est investi des pouvoirs les plus étendus pour agir en toute circonstance au nom de la société. Il les exerce dans la limite de l'objet social et sous réserve de ceux expressément attribués par la loi au conseil de surveillance et aux assemblées d'actionnaires.** *(L. nº 2019-486 du 22 mai 2019, art. 169)* **« Il détermine les orientations de l'activité de la société et veille à leur mise en œuvre, conformément à son intérêt social, en** *(L. nº 2022-296 du 2 mars 2022, art. 6)* **« considérant les enjeux sociaux, environnementaux, culturels et sportifs » de son activité. Il prend également en considération, s'il y a lieu, la raison d'être de la société définie en application de l'article 1835 du code civil. »**

Dans les rapports avec les tiers, la société est engagée même par les actes du directoire qui ne relèvent pas de l'objet social, à moins qu'elle ne prouve que le tiers savait que l'acte dépassait cet objet ou qu'il ne pouvait l'ignorer compte tenu des circonstances, étant exclu que la seule publication des statuts suffise à constituer cette preuve.

Les dispositions des statuts limitant les pouvoirs du directoire sont inopposables aux tiers.

Le directoire délibère et prend ses décisions dans les conditions fixées par les statuts. – *[L. nº 66-537 du 24 juill. 1966, art. 124.]* – *V. art. R. 225-39 et R. 225-40.*

BIBL. ▶ LANGLADE, *RTD com. 1979. 355* (pouvoir de fournir des sûretés). – NGUYEN XUAN CHANH, *D. 1978. Chron. 69* (sort des actes irrégulièrement accomplis). – MORVAN, *JCP E 2008, nº 2337* (délégations de pouvoirs en matière pénale dans la SA à directoire).

Pouvoir de vendre une partie du fonds social. Le directoire est habilité à décider la vente d'un élément du fonds de commerce de la société, *modifiant ainsi* les conditions d'exploitation du fonds, sans modifier toutefois l'objet social. • Paris, 25 mai 1993 : *D. 1993. 541, note Couret ; BJS 1993. 852, note Le Cannu.*

Art. L. 225-65 **Le déplacement du siège social** *(L. nº 2016-1691 du 9 déc. 2016, art. 142-4º)* **« sur le territoire français » peut être décidé par le conseil de surveillance, sous réserve de ratification de cette décision par la prochaine assemblée générale ordinaire.** – *[L. nº 66-537 du 24 juill. 1966, art. 125.]*

(L. n° 2016-1691 du 9 déc. 2016, art. 142-4°) « Sur délégation de l'assemblée générale extraordinaire, le conseil de surveillance apporte les modifications nécessaires aux statuts pour les mettre en conformité avec les dispositions législatives et réglementaires, sous réserve de ratification de ces modifications par la prochaine assemblée générale extraordinaire. »

Art. L. 225-66 Le président du directoire ou, le cas échéant, le directeur général unique représente la société dans ses rapports avec les tiers.

Toutefois, les statuts peuvent habiliter le conseil de surveillance à attribuer le même pouvoir de représentation à un ou plusieurs autres membres du directoire, qui portent alors le titre de directeur général.

Les dispositions des statuts limitant le pouvoir de représentation de la société sont inopposables aux tiers. – *[L. n° 66-537 du 24 juill. 1966, art. 126.]*

1. *Président du directoire.* La fonction de président ne donne pas à son titulaire un pouvoir de direction plus étendu que celui des autres membres du directoire ; elle lui confère seulement la mission de représenter la société dans ses rapports avec les tiers. • Douai, 17 juin 1976 : *cité note 4 ss. art. L. 225-59.* ♦ Une société est recevable à faire état de faits qui, sans être susceptibles d'être qualifiés pénalement, peuvent constituer des manquements dans l'exécution du mandat social qu'elle a confié à une partie. • Com. 9 nov. 1993, n° 89-20.660 : *JCP 1994. IV. 92.* ♦ A défaut de délégation de pouvoirs établie, le président du directoire est responsable pénalement en tant que chef d'entreprise, auquel il appartient de veiller au respect de la législation. • Crim. 21 juin 2000, n° 99-86.433 : *JCP E 2001, n° 22, p. 897, obs. Viandier et Caussain ; RJDA 2000, n° 1117 ; Dr. pénal 2000, n° 116, obs. J.-H. Robert.*

2. *Directeurs généraux.* Le directeur général unique d'une SA à directoire et conseil de surveillance, mise en redressement judiciaire, a la capacité d'assurer la publicité de sa nomination. • Com. 7 févr. 1995, n° 93-10.126 P : *BJS 1995. 419, note Le Cannu.* ♦ La responsabilité personnelle du directeur général à l'égard des tiers ne peut être retenue que s'il a commis une faute séparable de ses fonctions et qui lui soit imputable personnellement. • Com. 22 janv. 1991, n° 89-11.650 : *RJDA 1992, n° 152.*

3. *Erreur sur la qualité du représentant légal.* La mention d'une déclaration d'appel selon laquelle cette voie de recours est exercée par la société « agissant poursuites et diligences de son président du conseil d'administration, en tant que représentant légal », alors que la société est une SA à directoire et conseil de surveillance, ne peut faire grief à l'autre partie dès lors que la contestation ne porte que sur la dénomination du représentant légal et non sur ses pouvoirs. • Civ. 1re, 5 oct. 1999, n° 95-17.030 P : *Dr. sociétés 2000, n° 36, obs. Bonneau.*

Art. L. 225-67 *(L. n° 2001-420 du 15 mai 2001)* Une personne physique ne peut exercer plus d'un mandat de membre du directoire ou de directeur général unique de sociétés anonymes ayant leur siège social sur le territoire français.

(L. n° 2002-1303 du 29 oct. 2002) « Par dérogation aux dispositions du premier alinéa :

« – un deuxième mandat de membre du directoire ou de directeur général unique ou un mandat de directeur général peut être exercé dans une société contrôlée au sens de l'article L. 233-16 par la société dont cette personne est membre du directoire ou directeur général unique ;

« – une personne physique exerçant un mandat de membre du directoire ou de directeur général unique dans une société peut également exercer un mandat de directeur général, de membre du directoire ou de directeur général unique dans une société, dès lors que les titres de celles-ci ne sont pas admis aux négociations sur un marché réglementé. »

Toute personne physique qui se trouve en infraction avec les dispositions du présent article doit se démettre de l'un de ses mandats dans les trois mois de sa nomination, ou du mandat en cause dans les trois mois de l'événement ayant entraîné la disparition de l'une des conditions fixées à l'alinéa précédent. A l'expiration de ce délai, elle est réputée s'être démise, selon le cas, soit de son nouveau mandat, soit du mandat ne répondant plus aux conditions fixées à l'alinéa précédent, et doit restituer les rémunérations perçues, sans que soit, de ce fait, remise en cause la validité des délibérations auxquelles elle a pris part. – *V. notes ss. art. L. 225-21.*

Art. L. 225-68 Le conseil de surveillance exerce le contrôle permanent de la gestion de la société par le directoire.

Les statuts peuvent subordonner à l'autorisation préalable du conseil de surveillance la conclusion des opérations qu'ils énumèrent. Toutefois, *(Abrogé par L. n° 2016-1691 du 9 déc. 2016, art. 142-5°)* « *la cession d'immeubles par nature, la cession totale ou partielle de participations, la constitution de sûretés, ainsi que* » les cautions, avals et garanties, sauf dans les sociétés exploitant un établissement bancaire ou financier, font l'objet d'une autorisation du conseil de surveillance *(L. n° 2019-744 du 19 juill. 2019, art. 14)* « , qui en limite le montant, » dans des conditions déterminées par décret en Conseil d'État. Ce décret détermine également les conditions dans lesquelles le dépassement de cette autorisation peut être opposé aux tiers. *(L. n° 2019-744 du 19 juill. 2019, art. 14)* « Le conseil peut toutefois donner cette autorisation globalement et annuellement sans limite de montant pour garantir les engagements pris par les sociétés contrôlées au sens du II de l'article L. 233-16. Il peut également autoriser le directoire à donner, globalement et sans limite de montant, des cautions, avals et garanties pour garantir les engagements pris par les sociétés contrôlées au sens du même II, sous réserve que ce dernier en rende compte au conseil au moins une fois par an. Le directoire peut également être autorisé à donner, à l'égard des administrations fiscales et douanières, des cautions, avals ou garanties au nom de la société, sans limite de montant. » — *V. art. R. 225-40 et R. 225-53.*

A toute époque de l'année, le conseil de surveillance opère les vérifications et les contrôles qu'il juge opportuns et peut se faire communiquer les documents qu'il estime *(L. n° 2005-842 du 26 juill. 2005, art. 11-II)* « nécessaires » à l'accomplissement de sa mission.

Une fois par trimestre au moins le directoire présente un rapport au conseil de surveillance.

Après la clôture de chaque exercice et dans le délai fixé par décret en Conseil d'État, le directoire lui présente, aux fins de vérification et de contrôle, les documents visés au deuxième alinéa de l'article L. 225-100. — *V. art. R. 225-55.*

(Ord. n° 2017-1162 du 12 juill. 2017, art. 4) « Le conseil de surveillance présente à l'assemblée générale prévue à l'article L. 225-100 un rapport sur le gouvernement d'entreprise joint au rapport de gestion mentionné au même article. Ce rapport inclut les informations, le cas échéant adaptées aux sociétés à conseil de surveillance, mentionnées *(Ord. n° 2020-1142 du 16 sept. 2020, art. 3, à compter du 1er janv. 2021)* « à l'article L. 225-37-4 », ainsi que les observations du conseil de surveillance sur le rapport du directoire et sur les comptes de l'exercice. » — *Sur la publicité de ce rapport, pour les sociétés dont les titres financiers sont admis aux négociations sur un marché réglementé, V. C. mon. fin., art. L. 621-18-3. —* ***C. mon. fin.*** *ou* ***C. sociétés.***

Sur les dispositions transitoires de l'Ord. n° 2017-1162 du 12 juill. 2017, V. note ss. art. L. 225-37.

Sur les mesures d'adaptation liées à l'urgence sanitaire (Covid-19), V. Ord. n° 2020-318 du 25 mars 2020, art. 1er, App., v° Sociétés commerciales.

BIBL. ▶ CRUÈGE, *Rev. sociétés 1975. 422* (dualité des organes de contrôle dans les SA à directoire). - CHASSERY, *RTD com. 1976. 449* (attributions du conseil de surveillance). - LANGLADE, *ibid. 1979. 355* (pouvoir de fournir des sûretés dans les SA). - LE CANNU, *BJS 1989. 479* (nature juridique des fonctions des membres du conseil de surveillance) ; *ibid. 1996. 273* (application de l'art. 128, al. 2). - DONDERO, *D. 2004. Chron. 405* *et 485* (autorisation des sûretés et garanties).

1. Non-dirigeants. Les membres du conseil de surveillance ne peuvent être considérés comme des dirigeants de droit ; faute de rapporter la preuve de leur immixtion dans la gestion, ils ne peuvent être traités comme des dirigeants de fait. • Paris, 8 juill. 1975 : *Rev. sociétés 1976. 114, note Guyénot.* ♦ V. aussi en ce sens, à propos de l'application des dispositions de l'art. L. 621-59, al. 2, C. com. [incessibilité des actions des dirigeants d'une société soumise à une procédure collective], devenu L. 631-19-1, al. 2 : • Com. 12 juill. 2005, n° 03-14.045 P : *cité note 3 ss. art. L. 631-19-1.* ♦ ... Du prononcé d'une interdiction de gérer : V. note 1 ss. art. L. 653-8. ♦ Il ressort des dispositions de la L. du 24 juill. 1966 que, quelle que soit l'étendue des prérogatives légalement dévolues par les statuts sociaux au conseil de surveillance, celui-ci demeure un organe exclusivement chargé d'une mission de contrôle ; par suite, ses membres, auxquels la loi fait, d'ailleurs, interdiction de s'immiscer dans la gestion de la société, ne peuvent en cette qualité être présumés exercer effectivement des fonctions de direction, de gestion ou d'administration permettant de considérer leurs actions comme des biens professionnels au sens de l'anc.

art. 885 O (4°) CGI. • CE 31 mars 1993, n° 122800 : *BJS 1993. 694.* ♦ Les pouvoirs conférés au conseil de surveillance et à son président par les statuts de la société ne modifient pas le caractère d'organe exclusivement chargé du contrôle. • Com. 9 oct. 1990, n° 89-15.579 : *JCP E 1991. I. 61, n° 10, obs. Viandier et Caussain ; BJS 1990. 1041, note Le Cannu.*

2. Non-commerçants. Le fait que la caution soit l'épouse du dirigeant de la société cautionnée, que son engagement soit contenu dans le même acte que celui de son mari, et que postérieurement à cet engagement elle soit devenue membre du conseil de surveillance de la société, ne confère pas au cautionnement auquel elle a souscrit un caractère commercial, d'autant qu'il n'est pas établi qu'elle ait eu un intérêt personnel dans l'affaire lorsque le cautionnement est intervenu : le cautionnement reste civil et relève de la compétence du TGI, sans connexité avec celui du mari. • Paris, 1er déc. 1999 : *BJS 2000. 391, note Le Cannu.*

3. Étendue des pouvoirs de contrôle. La mission du contrôle de la gestion des membres du conseil de surveillance est limitée à la société holding dont ils sont membres et ne saurait s'étendre de plein droit aux sociétés dans lesquelles celle-ci possède des participations, sauf à démontrer que les pièces demandées et précisément énumérées sont nécessaires à l'efficacité de leur contrôle de la société holding. • Paris, 30 août 2005 : *JCP E 2005, n° 44-45, p. 1886 ; RJDA 2006, n° 660 ; BJS 2006. 205, note Baillod.*

Art. L. 225-69 Le conseil de surveillance est composé de trois membres au moins. Les statuts fixent le nombre maximum des membres du conseil, qui est limité à *(L. n° 2001-420 du 15 mai 2001)* « dix-huit ». *— V. art. L. 225-95.*

(L. n° 2011-103 du 27 janv. 2011, art. 2-II) « Le conseil de surveillance est composé en recherchant une représentation équilibrée des femmes et des hommes. » *— [L. n° 66-537 du 24 juill. 1966, art. 129.]*

Les conseils de surveillance disposent d'un délai de trois ans à compter de la publication de la L. n° 2001-420 du 15 mai 2001 (JO 16 mai) pour se mettre en conformité avec les art. L. 225-69 (...) dans leur rédaction issue de ladite loi (L. préc., art. 129)

Art. L. 225-69-1 *(L. n° 2011-103 du 27 janv. 2011, art. 2-III, en vigueur le 1er janv. 2017)* La proportion des membres du conseil de surveillance de chaque sexe ne peut être inférieure à 40 % *(Abrogé par Ord. n° 2020-1142 du 16 sept. 2020, art. 3, à compter du 1er janv. 2021)* « *dans les sociétés dont les actions sont admises aux négociations sur un marché réglementé et* », à l'issue de la plus prochaine assemblée générale ayant à statuer sur des nominations, dans les sociétés qui, pour le troisième exercice consécutif, emploient un nombre moyen d'au moins *(L. n° 2014-873 du 4 août 2014, art. 67-II, en vigueur le 1er janv. 2020)* « deux cent cinquante » salariés permanents et présentent un montant net de chiffre d'affaires ou un total de bilan d'au moins 50 millions d'euros. Dans ces mêmes sociétés, lorsque le conseil de surveillance est composé au plus de huit membres, l'écart entre le nombre des membres de chaque sexe ne peut être supérieur à deux.

Toute nomination intervenue en violation du premier alinéa et n'ayant pas pour effet de remédier à l'irrégularité de la composition du conseil est nulle. *(Abrogé par L. n° 2019-486 du 22 mai 2019, art. 189)* « *Cette nullité n'entraîne pas celle des délibérations auxquelles a pris part le membre du conseil irrégulièrement nommé.* »

V. notes ss. art. L. 225-18-1.

Art. L. 225-70 Les statuts doivent prévoir pour l'exercice des fonctions de membre du conseil de surveillance une limite d'âge s'appliquant soit à l'ensemble des membres du conseil de surveillance, soit à un pourcentage déterminé d'entre eux.

A défaut de disposition expresse dans les statuts, le nombre des membres du conseil de surveillance ayant atteint l'âge de soixante-dix ans ne peut être supérieur au tiers des membres du conseil de surveillance en fonctions.

Toute nomination intervenue en violation des dispositions prévues à l'alinéa précédent est nulle.

A défaut de disposition expresse dans les statuts prévoyant une autre procédure, lorsque la limitation statutaire ou légale fixée pour l'âge des membres du conseil de surveillance est dépassée, le membre du conseil de surveillance le plus âgé est réputé démissionnaire d'office. *— [L. n° 66-537 du 24 juill. 1966, art. 129-1.]*

(L. n° 2019-744 du 19 juill. 2019, art. 13) « Est également réputé démissionnaire d'office le membre du conseil de surveillance placé en tutelle. »

« La nullité prévue au troisième alinéa et la démission d'office prévue aux quatrième et avant-dernier alinéas n'entraînent pas la nullité des délibérations auxquelles a pris part le membre du conseil de surveillance irrégulièrement nommé ou réputé démissionnaire d'office. »

Incidence de l'irrégularité sur les délibérations. L'irrégularité de la composition d'un conseil de surveillance au regard des règles de limite d'âge n'affecte pas la validité des délibérations prises par cet organe ; la nullité serait en revanche encourue si lesdites délibérations avaient été prises sans que soit respectée la règle du quorum. • Paris, 1er oct. 2013, n° 12/17788 : *RJDA 2014, n° 351 ; BJS 2014. 243, note Dom.*

Art. L. 225-71 *(Ord. n° 2020-1142 du 16 sept. 2020, art. 3, en vigueur le 1er janv. 2021)* **« Dans les sociétés qui emploient à la clôture de deux exercices consécutifs au moins mille salariés permanents dans la société et ses filiales, directes ou indirectes, dont le siège social est fixé sur le territoire français, ou au moins cinq mille salariés permanents dans la société et ses filiales, directes ou indirectes, dont le siège social est fixé sur le territoire français et à l'étranger »,** *(L. n° 2002-73 du 17 janv. 2002)* **« lorsque le rapport présenté par le directoire lors de l'assemblée générale en application de l'article L. 225-102 établit que les actions détenues par le personnel de la société ainsi que par le personnel de sociétés qui lui sont liées au sens de l'article L. 225-180 représentent plus de 3 % du capital social de la société, un ou plusieurs membres du conseil de surveillance** *(L. n° 2006-1770 du 30 déc. 2006, art. 32-I)* **« sont élus » par l'assemblée générale des actionnaires sur proposition des actionnaires visés à l'article L. 225-102.** *(L. n° 2006-1770 du 30 déc. 2006, art. 32-I)* **« Ceux-ci se prononcent par un vote dans des conditions fixées par les statuts. » Ces membres** *(L. n° 2006-1770 du 30 déc. 2006, art. 32-I)* **« sont élus » parmi les salariés actionnaires ou, le cas échéant, parmi les salariés membres du conseil de surveillance d'un fonds commun de placement d'entreprise détenant des actions de la société. Ces membres ne sont pas pris en compte pour la détermination du nombre minimal et du nombre maximal de membres du conseil de surveillance prévus à l'article L. 225-69 »** *(L. n° 2019-486 du 22 mai 2019, art. 184-I-A-2°)* **« , ni pour l'application du premier alinéa de l'article L. 225-69-1 ».** *(L. n° 2006-1770 du 30 déc. 2006, art. 32-I)* **« La durée de leur mandat est déterminée par application de l'article L. 225-18. Toutefois, leur mandat prend fin par l'arrivée du terme ou la rupture, pour quelque cause que ce soit, de leur contrat de travail. »**

(Abrogé par Ord. n° 2020-1142 du 16 sept. 2020, art. 3, à compter du 1er janv. 2021) (L. n° 2019-486 du 22 mai 2019, art. 184-I-A-3°) ***« Les dispositions du premier alinéa du présent article s'appliquent également aux sociétés dont les titres ne sont pas admis aux négociations sur un marché réglementé et qui emploient à la clôture de deux exercices consécutifs au moins mille salariés permanents dans la société et ses filiales, directes ou indirectes, dont le siège social est fixé sur le territoire français, ou au moins cinq mille salariés permanents dans la société et ses filiales, directes ou indirectes, dont le siège social est fixé sur le territoire français et à l'étranger. »***

(L. n° 2001-152 du 19 févr. 2001) **« Si l'assemblée générale extraordinaire ne s'est pas réunie dans un délai de dix-huit mois à compter de la présentation du rapport, tout salarié actionnaire peut demander au président du tribunal statuant en référé d'enjoindre sous astreinte au directoire de convoquer une assemblée générale extraordinaire et de soumettre à celle-ci les projets de résolutions tendant à modifier les statuts dans le sens prévu** *(L. n° 2019-486 du 22 mai 2019, art. 184-I-A-3°)* **« aux premier et dernier alinéas » du présent article.**

« Lorsqu'il est fait droit à la demande, l'astreinte et les frais de procédure sont à la charge des membres du directoire. »

(Abrogé par L. n° 2019-486 du 22 mai 2019, art. 186) ***« Les sociétés dont le conseil de surveillance comprend un ou plusieurs membres nommés parmi les membres des conseils de surveillance des fonds communs de placement d'entreprise représentant les salariés, ou un ou plusieurs salariés élus en application des dispositions de l'article L. 225-79, ne sont pas tenues aux obligations prévues*** *(L. n° 2001-152 du 19 févr. 2001)* ***« au premier alinéa ». »***

« Lorsque l'assemblée générale extraordinaire est convoquée en application du premier alinéa, elle se prononce également sur un projet de résolution prévoyant l'élection d'un ou plusieurs membres du conseil de surveillance par le personnel de la

société et des filiales directes ou indirectes dont le siège social est fixé en France. Le cas échéant, ces représentants sont désignés dans les conditions prévues à l'article L. 225-79. »

(L. n° 2019-486 du 22 mai 2019, art. 186) **« Les membres du conseil de surveillance mentionnés au premier alinéa du présent article bénéficient à leur demande d'une formation adaptée à l'exercice de leur mandat, mise à la charge de la société, dans des conditions définies par décret en Conseil d'État. La durée de ce temps de formation ne peut être inférieure à quarante heures par an. »** – *V. art. R. 225-60-2.*

Pour les dispositions transitoires de la L. n° 2019-486 du 22 mai 2019, V. notes ss. art. L. 225-23.

Sur la prorogation des mandats des représentants des salariés actionnaires au sein des organes collégiaux d'administration, de surveillance ou de direction liée à la crise sanitaire (covid-19), V. L. n° 2020-734 du 17 juin 2020, art. 3-I (JO 18 juin).

RÉP. SOCIÉTÉS v° *Salariés (Participation dans les organes sociaux)*, par VALUET.

Membres salariés. V. note ss. art. L. 225-23.

Art. L. 225-72 *(L. n° 2008-776 du 4 août 2008, art. 57-II, en vigueur le 1er janv. 2009)* **« Les statuts peuvent imposer que chaque membre du conseil de surveillance soit propriétaire d'un nombre d'actions de la société, qu'ils déterminent. »** *(Abrogé par L. n° 2001-420 du 15 mai 2001)* ***« Ce nombre ne peut être inférieur à celui exigé par les statuts pour ouvrir aux actionnaires le droit d'assister à l'assemblée générale ordinaire. »***

Si, au jour de sa nomination, un membre du conseil de surveillance n'est pas propriétaire du nombre d'actions requis ou si, en cours de mandat, il cesse d'en être propriétaire, il est réputé démissionnaire d'office, s'il n'a pas régularisé sa situation dans le délai de *(L. n° 2008-776 du 4 août 2008, art. 57-II, en vigueur le 1er janv. 2009)* **« six » mois.**

(L. n° 2001-420 du 15 mai 2001) **« Les dispositions du premier alinéa ne s'appliquent pas aux actionnaires salariés nommés membres du conseil de surveillance en application de l'article L. 225-71 »** *(L. n° 2013-504 du 14 juin 2013, art. 9-II)* **« , ni aux salariés nommés membres du conseil de surveillance en application des articles L. 225-79 et L. 225-79-2 ».**

Régularisation. Ne vaut pas régularisation au sens de l'art. L. 225-72, al. 2, la transmission d'une action par un actionnaire à un membre du conseil de surveillance coopté, au titre d'un prêt de consommation, qui n'a pas donné lieu à une inscription en compte au nom de ce dernier. • Com. 15 nov. 2011, n° 10-19.620 P : *D. 2012. 663, note Danos ; RTD com. 2011. 767, obs. Le Cannu et Dondero ; Rev. sociétés 2012. 299, note Dubertret ; RJDA 2012, n° 171 ; Dr. sociétés 2012, n° 26, obs. Gallois-Cochet ; BJS 2012. 313, note F.-X. Lucas.* ♦ V. aussi note 3 ss. art. L. 225-25.

Art. L. 225-73 **Les commissaires aux comptes** *(L. n° 2019-486 du 22 mai 2019, art. 20-I-5°)* **« , s'il en existe, » veillent, sous leur responsabilité, à l'observation des dispositions prévues à l'article L. 225-72 et en dénoncent toute violation dans leur rapport à l'assemblée générale annuelle.** – *[L. n° 66-537 du 24 juill. 1966, art. 132.]*

Pour les dispositions transitoires de la L. n° 2019-486 du 22 mai 2019, V. notes ss. art. L. 221-9.

Art. L. 225-74 **Aucun membre du conseil de surveillance ne peut faire partie du directoire.** – *[L. n° 66-537 du 24 juill. 1966, art. 133.] – V. art. R. 225-37.*

Art. L. 225-75 **Les membres du conseil de surveillance sont nommés par l'assemblée générale constitutive ou par l'assemblée générale ordinaire. Dans le cas prévu à l'article L. 225-16, ils sont désignés dans les statuts. La durée de leurs fonctions est déterminée par les statuts, sans pouvoir excéder six ans** *(Abrogé par L. n° 2012-387 du 22 mars 2012, art. 6-I)* ***« en cas de nomination par les assemblées générales et trois ans en cas de nomination dans les statuts »*. Toutefois, en cas de fusion ou de scission, la nomination peut être faite par l'assemblée générale extraordinaire.**

Ils sont rééligibles, sauf stipulation contraire des statuts. Ils peuvent être révoqués à tout moment par l'assemblée générale ordinaire.

Toute nomination intervenue en violation des dispositions précédentes est nulle à l'exception de celles auxquelles il peut être procédé dans les conditions prévues à l'article L. 225-78. – *[L. nº 66-537 du 24 juill. 1966, art. 134.]*

1. Incompatibilités. Il semble que les fonctions de membre du conseil de surveillance d'une SA ne soient incompatibles ni avec le statut de salarié d'une société filiale de cette société ni avec l'exercice d'un mandat de président du conseil d'administration ou de directeur général d'une de ses filiales (Rép. min. nº 20078 : *JOAN Q 8 janv. 1972, p. 17*).

2. Révocation des membres du conseil de surveillance. Les juges du fond n'ont pas à apprécier le motif de la révocation d'un membre du conseil de surveillance. • T. com. Marseille, 8 sept. 1983 : *Rev. sociétés 1984. 80, note Mestre.* ♦ Le directoire n'a pas qualité pour se substituer à l'assemblée générale ordinaire pour proposer la révocation d'un membre du conseil de surveillance ; la distinction entre l'organe de gestion et l'organe de contrôle de la gestion ne permet pas de soumettre le contrôleur au contrôle du contrôlé ; il en résulte que l'assemblée qui a décidé la révocation est nulle, le tribunal désignant un mandataire de justice afin de convoquer l'assemblée pour remplacer les deux membres démissionnaires du conseil de surveillance. • T. com. Paris, 26 mars 1985 : *D. 1986. 92, note Guyénot ; Rev. sociétés 1986. 411, note J. G.*

Art. L. 225-76 Une personne morale peut être nommée au conseil de surveillance. Lors de sa nomination, elle est tenue de désigner un représentant permanent qui est soumis aux mêmes conditions et obligations et qui encourt les mêmes responsabilités civile et pénale que s'il était membre du conseil en son nom propre, sans préjudice de la responsabilité solidaire de la personne morale qu'il représente.

(L. nº 2011-103 du 27 janv. 2011, art. 2-IV, en vigueur le 1er janv. 2017) « Le représentant permanent est pris en compte pour apprécier la conformité de la composition du conseil de surveillance au premier alinéa de l'article L. 225-69-1. Toute désignation intervenue en violation de cet alinéa et n'ayant pas pour effet de remédier à l'irrégularité de la composition du conseil est nulle. Cette nullité n'entraîne pas celle des délibérations auxquelles a pris part le représentant permanent irrégulièrement désigné. »

Lorsque la personne morale révoque son représentant, elle est tenue de pourvoir en même temps à son remplacement. – *[L. nº 66-537 du 24 juill. 1966, art. 135.] – V. art. R. 225-42 et R. 225-43.*

La conformité de la composition des conseils de surveillance des sociétés concernées est appréciée à l'issue de la première assemblée générale ordinaire qui suit le 1er janv. 2017 (L. nº 2011-103 du 27 janv. 2011, art. 5-I).

Art. L. 225-77 *(L. nº 2001-420 du 15 mai 2001)* Une personne physique ne peut exercer simultanément plus de cinq mandats de membre de conseil de surveillance de sociétés anonymes ayant leur siège social sur le territoire français.

(L. nº 2002-1303 du 29 oct. 2002) « Par dérogation aux dispositions du premier alinéa, ne sont pas pris en compte les mandats de membre du conseil de surveillance ou d'administrateur exercés par cette personne dans les sociétés contrôlées au sens de l'article L. 233-16 par la société dont elle est déjà membre du conseil de surveillance.

« Pour l'application des dispositions du présent article, les mandats de membre du conseil de surveillance des sociétés dont les titres ne sont pas admis aux négociations sur un marché réglementé et contrôlées au sens de l'article L. 233-16 par une même société ne comptent que pour un seul mandat, sous réserve que le nombre de mandats détenus à ce titre n'excède pas cinq. »

Toute personne physique qui se trouve en infraction avec les dispositions du présent article doit se démettre de l'un de ses mandats dans les trois mois de sa nomination, ou du mandat en cause dans les trois mois de l'événement ayant entraîné la disparition de l'une des conditions fixées à l'alinéa précédent. A l'expiration de ce délai, elle est réputée s'être démise, selon le cas, soit de son nouveau mandat, soit du mandat ne répondant plus aux conditions fixées à l'alinéa précédent, et doit restituer les rémunérations perçues, sans que soit, de ce fait, remise en cause la validité des délibérations auxquelles elle a pris part. – *V. notes ss. art. L. 225-21.*

Art. L. 225-78 En cas de vacance par décès ou par démission d'un ou plusieurs sièges de membre du conseil de surveillance, ce conseil peut, entre deux assemblées générales, procéder à des nominations à titre provisoire.

Lorsque le nombre des membres du conseil de surveillance est devenu inférieur au minimum légal, le directoire doit convoquer immédiatement l'assemblée générale ordinaire en vue de compléter l'effectif du conseil de surveillance.

Lorsque le nombre des membres du conseil de surveillance est devenu inférieur au minimum statutaire sans toutefois être inférieur au minimum légal, le conseil de surveillance doit procéder à des nominations à titre provisoire en vue de compléter son effectif dans le délai de trois mois à compter du jour où se produit la vacance.

(L. n° 2011-103 du 27 janv. 2011, art. 2-V, en vigueur le 1er janv. 2017) **« Lorsque sa composition n'est plus conforme au premier alinéa de l'article L. 225-69-1, le conseil de surveillance doit procéder à des nominations à titre provisoire afin d'y remédier dans le délai de six mois à compter du jour où se produit la vacance. »**

Les nominations effectuées par le conseil, en vertu des premier *(L. n° 2011-103 du 27 janv. 2011, art. 2-V, en vigueur le 1er janv. 2017)* **« , troisième et quatrième » alinéas ci-dessus, sont soumises à ratification de la prochaine assemblée générale ordinaire. A défaut de ratification, les délibérations prises et les actes accomplis antérieurement par le conseil n'en demeurent pas moins valables.**

Lorsque le conseil néglige de procéder aux nominations requises ou si l'assemblée n'est pas convoquée, tout intéressé peut demander en justice la désignation d'un mandataire chargé de convoquer l'assemblée générale, à l'effet de procéder aux nominations ou de ratifier les nominations prévues au troisième alinéa. — *[L. n° 66-537 du 24 juill. 1966, art. 137.] — V. art. R. 225-44.*

V. note ss. art. L. 225-76.

Art. L. 225-79 **Il peut être stipulé dans les statuts que le conseil de surveillance comprend, outre les membres dont le nombre et le mode de désignation sont prévus aux articles L. 225-69 et L. 225-75, des membres élus soit par le personnel de la société, soit par le personnel de la société et celui de ses filiales directes ou indirectes dont le siège social est fixé sur le territoire français.**

Le nombre des membres du conseil de surveillance élus par les salariés ne peut être supérieur à quatre ni excéder le tiers du nombre des autres membres. Lorsque le nombre des membres élus par les salariés est égal ou supérieur à deux, les ingénieurs, cadres et assimilés ont un siège au moins.

Les membres du conseil de surveillance élus par les salariés ne sont pas pris en compte pour la détermination du nombre minimal et du nombre maximal de membres prévus à l'article L. 225-69 *(L. n° 2011-103 du 27 janv. 2011, art. 2-VI, en vigueur le 1er janv. 2017)* **« , ni pour l'application du premier alinéa de l'article L. 225-69-1 ».** — *[L. n° 66-537 du 24 juill. 1966, art. 137-1.]*

Sur la prorogation des mandats des représentants des salariés au sein des organes collégiaux d'administration, de surveillance ou de direction liée à la crise sanitaire (covid-19), V. L. n° 2020-734 du 17 juin 2020, art. 3-I (JO 18 juin).

Art. L. 225-79-1 *(Abrogé par Ord. n° 2020-1142 du 16 sept. 2020, art. 3, à compter du 1er janv. 2021) (L. n° 2005-842 du 26 juill. 2005, art. 8-I)* ***Dans les sociétés dont les*** *(Ord. n° 2019-1234 du 27 nov. 2019, art. 1er)* ***« actions sont admises » aux négociations sur un marché réglementé, en cas de nomination aux fonctions de membre du directoire d'une personne liée par un contrat de travail à la société ou à toute société contrôlée ou qui la contrôle au sens des II et III de l'article L. 233-16, les dispositions dudit contrat correspondant, le cas échéant, à des éléments de rémunération, des indemnités ou des avantages dus ou susceptibles d'être dus à raison de la cessation ou du changement de ces fonctions, ou postérieurement à celles-ci,*** *(L. n° 2015-990 du 6 août 2015, art. 229-I-1°)* ***« ou des engagements de retraite à prestations définies répondant aux caractéristiques des régimes mentionnés à l'article L. 137-11*** *(Ord. n° 2019-697 du 3 juill. 2019, art. 3)* ***« et à l'article L. 137-11-2 » du code de la sécurité sociale pour la période d'exercice du mandat social, » sont soumises*** *(L. n° 2007-1223 du 21 août 2007, art. 17-IV)* ***« au régime prévu »*** *(Ord. n° 2019-1234 du 27 nov. 2019, art. 1er)* ***« au IV de l'article L. 225-82-2 »*** *(L. n° 2015-990 du 6 août 2015, art. 229-I-1°)* ***« du présent code ».***

V. notes ss. art. L. 225-22-1.

Art. L. 225-79-2 *(L. n° 2013-504 du 14 juin 2013, art. 9-II)* **I. — Dans les sociétés qui emploient, à la clôture de deux exercices consécutifs, au moins** *(L. n° 2015-994 du*

17 août 2015, art. 11-I) « mille » salariés permanents dans la société et ses filiales, directes ou indirectes, dont le siège social est fixé sur le territoire français, ou au moins *(L. n° 2015-994 du 17 août 2015, art. 11-I)* « cinq mille » salariés permanents dans la société et ses filiales, directes ou indirectes, dont le siège social est fixé sur le territoire français et à l'étranger, *(Abrogé par L. n° 2015-994 du 17 août 2015, art. 11-I)* *« et qui ont pour obligation de mettre en place un comité d'entreprise en application de l'article L. 2322-1 du code du travail, »* il est stipulé dans les statuts que le conseil de surveillance comprend, outre les membres dont le nombre et le mode de désignation sont prévus aux articles L. 225-69 et L. 225-75 du présent code, des membres représentant les salariés.

(L. n° 2019-486 du 22 mai 2019, art. 184-I-A-5°) « Une société dont l'activité principale est d'acquérir et de gérer des filiales et des participations peut ne pas mettre en œuvre l'obligation prévue au premier alinéa du présent I si elle remplit chacune des conditions suivantes :

« 1° Elle n'est pas soumise à l'obligation de mettre en place un comité social et économique en application de l'article L. 2311-2 du code du travail ;

« 2° Elle détient une ou plusieurs filiales, directes ou indirectes, soumises à l'obligation prévue au premier alinéa du présent I ;

(Abrogé par Ord. n° 2020-1142 du 16 sept. 2020, art. 3, à compter du 1er janv. 2021) *« 3° Ses actions ne sont pas admises aux négociations sur un marché réglementé ou au moins quatre cinquièmes de ses actions sont détenues [détenus], directement ou indirectement, par une personne physique ou morale agissant seule ou de concert. »*

Une société n'est pas soumise à l'obligation prévue *(L. n° 2015-994 du 17 août 2015, art. 11-I)* « aux deux premiers alinéas » du présent I dès lors qu'elle est la filiale, directe ou indirecte, d'une société elle-même soumise à cette obligation.

II. — Le nombre des membres du conseil de surveillance représentant les salariés est au moins égal à deux dans les sociétés dont le nombre de membres désignés selon les modalités mentionnées à l'article L. 225-75 est supérieur à *(L. n° 2019-486 du 22 mai 2019, art. 184-I-A-5°)* « huit » et au moins à un s'il est égal ou inférieur à *(L. n° 2019-486 du 22 mai 2019, art. 184-I-A-5°)* « huit ».

Les membres du conseil de surveillance représentant les salariés ne sont pris en compte ni pour la détermination du nombre minimal et du nombre maximal des membres du conseil de surveillance prévus à l'article L. 225-69, ni pour l'application du premier alinéa de l'article L. 225-69-1.

(L. n° 2015-994 du 17 août 2015, art. 10) « L'élection des administrateurs représentant les salariés sur le fondement du 1° du III du présent article respecte la parité conformément à l'article L. 225-28. Lorsque deux administrateurs sont désignés sur le fondement du 2° du même III, le comité de groupe, le comité central d'entreprise ou le comité d'entreprise [*comité social et économique*] désigne une femme et un homme. »

III. — Dans les six mois suivant la clôture du second des deux exercices mentionnés au I, après avis, selon le cas, du comité de groupe, du comité central d'entreprise ou du comité d'entreprise [*comité social et économique*], l'assemblée générale extraordinaire procède à la modification des statuts pour déterminer les conditions dans lesquelles sont désignés les membres du conseil de surveillance représentant les salariés, selon l'une des modalités suivantes :

1° L'organisation d'une élection auprès des salariés de la société et de ses filiales, directes ou indirectes, dont le siège social est fixé sur le territoire français dans les conditions fixées à l'article L. 225-28 ;

2° La désignation, selon le cas, par le comité de groupe prévu à l'article L. 2331-1 du code du travail, le comité central d'entreprise ou le comité d'entreprise [*comité social et économique*] de la société mentionnée au I du présent article ;

3° La désignation par l'organisation syndicale ayant obtenu le plus de suffrages au premier tour des élections mentionnées aux articles L. 2122-1 et L. 2122-4 du code du travail dans la société et ses filiales, directes ou indirectes, dont le siège social est fixé sur le territoire français lorsqu'un seul membre est à désigner, ou par chacune des deux organisations syndicales ayant obtenu le plus de suffrages au premier tour de ces élections lorsque deux membres sont à désigner ;

4° Lorsqu'au moins deux membres sont à désigner, la désignation de l'un des membres selon l'une des modalités fixées aux 1° à 3° et de l'autre par le comité d'entreprise européen, s'il existe, ou, pour les sociétés européennes au sens de l'article L. 2351-1 du code du travail, par l'organe de représentation des salariés mentionné à l'article L. 2352-16 du même code ou, à défaut, par le comité de la société européenne mentionné à l'article L. 2353-1 dudit code.

L'élection ou la désignation des membres du conseil de surveillance représentant les salariés intervient dans les six mois suivant la modification des statuts prévue au premier alinéa du présent III.

IV. — Si l'assemblée générale extraordinaire ne s'est pas réunie dans le délai prévu au premier alinéa du III, tout salarié peut demander au président du tribunal statuant en référé d'enjoindre sous astreinte au directoire de convoquer une assemblée générale extraordinaire et de soumettre à celle-ci les projets de résolutions *[résolution]* tendant à modifier les statuts dans le sens prévu au même III.

A défaut de modification des statuts à l'issue du délai prévu au premier alinéa dudit III, les membres du conseil de surveillance représentant les salariés sont désignés par la voie de l'élection mentionnée au 1° du III dans les six mois suivant l'expiration du même délai. Tout salarié peut demander au président du tribunal statuant en référé d'enjoindre sous astreinte à la société d'organiser l'élection.

V. — Les sociétés répondant aux critères fixés au I du présent article *(Ord. n° 2020-1142 du 16 sept. 2020, art. 3, en vigueur le 1er janv. 2021)* « ou à l'article L. 22-10-24 » et dont le conseil de surveillance comprend un ou plusieurs membres désignés en application de l'article L. 225-79 du présent code *(L. n° 2015-990 du 6 août 2015, art. 178-I)* « ou du I » *(Ord. n° 2014-948 du 20 août 2014, art. 37-I)* « de l'article 7 de l'ordonnance n° 2014-948 du 20 août 2014 relative à la gouvernance et aux opérations sur le capital des sociétés à participation publique, » ainsi que leurs filiales directes ou indirectes, ne sont pas soumises à l'obligation prévue aux I à III du présent article dès lors que le nombre de ces administrateurs est au moins égal au nombre prévu au II.

Lorsque le nombre de ces membres est inférieur au nombre prévu au II, les I à IV sont applicables à l'expiration du mandat en cours des membres du conseil de surveillance représentant les salariés.

V. notes ss. art. L. 225-23.

Art. L. 225-80 Les conditions relatives à l'éligibilité, à l'électorat, à la composition des collèges, aux modalités du scrutin, aux contestations *(L. n° 2019-486 du 22 mai 2019, art. 186)* « , à la formation », à la durée et aux conditions d'exercice du mandat, à la révocation, à la protection du contrat de travail et au remplacement des membres du conseil de surveillance élus par les salariés *(L. n° 2013-504 du 14 juin 2013, art. 9-II)* « ou désignés en application de l'article L. 225-79-2 » sont fixées selon les règles définies aux articles L. 225-28 à L. 225-34. — *[L. n° 66-537 du 24 juill. 1966, art. 137-2.]*

Art. L. 225-81 Le conseil de surveillance élit en son sein un président et un vice-président qui sont chargés de convoquer le conseil et d'en diriger les débats. Il détermine, s'il l'entend, leur rémunération *(Abrogé par Ord. n° 2020-1142 du 16 sept. 2020, art. 3, à compter du 1er janv. 2021) (L. n° 2016-1691 du 9 déc. 2016, art. 161-I-5°) « dans les conditions prévues à l'article L. 225-82-2 »*.

A peine de nullité de leur nomination, le président et le vice-président du conseil de surveillance sont des personnes physiques. Ils exercent leurs fonctions pendant la durée du mandat du conseil de surveillance. — *[L. n° 66-537 du 24 juill. 1966, art. 138.]*

1. Direction de fait. Peut être qualifié de dirigeant de fait le président du conseil de surveillance qui se livre à des activités positives de direction, se montre incompétent dans le choix de ses collaborateurs et l'orientation de la stratégie de la société. • Com. 20 déc. 1988 : *RPC 1989. 243, obs. Chaput.*

2. Révocation du président du conseil de surveillance. Le conseil de surveillance peut révoquer son président, pourvu que celui-ci conserve sa qualité de membre du conseil. • Paris, 25 mai 1993 : *D. 1993. 541, note Couret* ; *BJS 1993. 852, note Le Cannu.*

3. Régime social. Le président du conseil de surveillance ne peut être assujetti au titre de sa rémunération au paiement de la cotisation personnelle d'allocations familiales à défaut pour l'URSSAF de rapporter la preuve qu'il exerçait une activité professionnelle. • Soc. 25 janv. 2001, n° 99-12.376 : *BJS 2001. 1010, note Le Cannu.*

Art. L. 225-82 Le conseil de surveillance ne délibère valablement que si la moitié au moins de ses membres sont présents.

A moins que les statuts ne prévoient une majorité plus forte, les décisions sont prises à la majorité des membres présents ou représentés.

(L. n° 2005-842 du 26 juill. 2005, art. 5-II) « Sauf lorsque le conseil est réuni pour procéder aux opérations visées au cinquième alinéa de l'article L. 225-68 et sauf disposition contraire des statuts, le règlement intérieur peut prévoir que sont réputés présents, pour le calcul du quorum et de la majorité, des membres du conseil de surveillance qui participent à la réunion par des moyens de visioconférence ou de télécommunication permettant leur identification et garantissant leur participation effective, dont la nature et les conditions d'application sont déterminées par décret en Conseil d'État. Les statuts peuvent limiter la nature des décisions pouvant être prises lors d'une réunion tenue dans ces conditions et prévoir un droit d'opposition au profit d'un nombre déterminé de membres du conseil de surveillance. » *(L. n° 2019-744 du 19 juill. 2019, art. 15)* « Les statuts peuvent également prévoir que les décisions relevant des attributions propres du conseil de surveillance prévues au second alinéa de l'article L. 225-65, au deuxième alinéa de l'article L. 225-68, à l'article L. 225-78 et au III de l'article L. 225-103 ainsi que les décisions de transfert du siège social dans le même département peuvent être prises par consultation écrite des membres du conseil de surveillance. » — *V. art. R. 225-48.*

Sauf disposition contraire des statuts, la voix du président de séance est prépondérante en cas de partage. — *[L. n° 66-537 du 24 juill. 1966, art. 139.] — V. art. R. 225-45 à R. 225-52.*

1. Convocation des membres du conseil. Seul le membre du conseil de surveillance concerné peut contester une réunion de ce conseil en invoquant l'irrégularité de sa convocation (à l'exclusion, par conséquent, des membres du directoire). • Com. 12 déc. 1995, n° 94-12.489 : *BJS 1996. 207, note Le Cannu.*

2. Convocation des représentants du comité d'entreprise. Il semble qu'une délibération du conseil de surveillance ne puisse être déclarée nulle au motif que les représentants du comité d'entreprise n'ont pas été convoqués à la séance tenue par cet organisme (Rép. min. n° 23160 : *JOAN Q 16 mai 1972, p. 1561*).

Art. L. 225-82-1 *(L. n° 2011-103 du 27 janv. 2011, art. 8-II)* Le conseil de surveillance délibère annuellement sur la politique de la société en matière d'égalité professionnelle et salariale *(L. n° 2018-771 du 5 sept. 2018, art. 104-VII)* « sur la base des indicateurs relatifs à l'égalité professionnelle entre les femmes et les hommes mentionnés au premier alinéa de l'article L. 2312-18 du code du travail et à l'article L. 1142-8 du même code, lorsque ceux-ci s'appliquent, ainsi que sur la base du plan pour l'égalité professionnelle entre les femmes et les hommes mentionné à l'article L. 1143-1 dudit code lorsqu'il est mis en œuvre ». *(Abrogé par L. n° 2018-771 du 5 sept. 2018, art. 104-VII)* ***« Dans les sociétés devant*** *(L. n° 2015-994 du 17 août 2015, art. 18-XV, en vigueur le 1er janv. 2016)* ***« mettre » en œuvre un plan pour l'égalité professionnelle entre les femmes et les hommes visé par l'article L. 1143-1 du même code*** *[du code du travail]* ***, il délibère sur cette base*** *(L. n° 2015-994 du 17 août 2015, art. 18-XV, en vigueur le 1er janv. 2016)* ***« ainsi que sur celle des données mentionnées au 1° bis de l'article L. 2323-8*** *[du même code]* ***». »***

Art. L. 225-82-2 *Abrogé par Ord. n° 2020-1142 du 16 sept. 2020, art. 3, à compter du 1er janv. 2021.*

Art. L. 225-83 L'assemblée générale peut allouer aux membres du conseil de surveillance, en rémunération de leur activité, *(Abrogé par L. n° 2019-486 du 22 mai 2019, art. 185)* ***« à titre de jetons de présence, »*** une somme fixe annuelle que cette assemblée détermine sans être liée par des dispositions statutaires ou des décisions antérieures. Le montant de celle-ci est porté aux charges d'exploitation. *(L. n° 2001-420 du 15 mai 2001)* « Sa répartition entre les membres du conseil de surveillance est déterminée par ce dernier. » *(Abrogé par Ord. n° 2020-1142 du 16 sept. 2020, art. 3, à compter du 1er janv. 2021) (Ord. n° 2019-1234 du 27 nov. 2019, art. 1er)* ***« Dans les sociétés dont les actions sont admises aux négociations sur un marché réglementé, cette répartition est déterminée dans les conditions prévues à l'article L. 225-82-2. »*** — *Pour les dispositions transitoires de l'Ord. n° 2019-1234 du 27 nov. 2019, V. 4e note ss. art. L. 225-22-1. — V. art. R. 225-60.*

(L. nº 2011-103 du 27 janv. 2011, art. 2-VII, en vigueur le 1er janv. 2017) **« Lorsque le conseil de surveillance n'est pas composé conformément au premier alinéa de l'article L. 225-69-1, le versement de la rémunération prévue au premier alinéa du présent article est suspendu. Le versement est rétabli lorsque la composition du conseil de surveillance devient régulière, incluant l'arriéré depuis la suspension. »** – *[L. nº 66-537 du 24 juill. 1966, art. 140.]*

V. note ss. art. L. 225-76.

Art. L. 225-84 **Il peut être alloué, par le conseil de surveillance, des rémunérations exceptionnelles pour les missions ou mandats confiés à des membres de ce conseil. Dans ce cas, ces rémunérations, portées aux charges d'exploitation, sont soumises aux dispositions des articles L. 225-86 à L. 225-90** *(Ord. nº 2020-1142 du 16 sept. 2020, art. 3, en vigueur le 1er janv. 2021)* **« et L. 22-10-30 ».** *(Abrogé par Ord. nº 2020-1142 du 16 sept. 2020, art. 3, à compter du 1er janv. 2021) (Ord. nº 2019-1234 du 27 nov. 2019, art. 1er)* ***« Dans les sociétés dont les actions sont admises aux négociations sur un marché réglementé, ces rémunérations sont allouées dans les conditions prévues à l'article L. 225-82-2. »*** – *[L. nº 66-537 du 24 juill. 1966, art. 141.]*

Pour les dispositions transitoires de l'Ord. nº 2019-1234 du 27 nov. 2019, V. 4e note ss. art. L. 225-22-1.

Art. L. 225-85 **Les membres du conseil de surveillance ne peuvent recevoir de la société aucune rémunération, permanente ou non, autre que celles qui sont prévues aux articles** *(Ord. nº 2020-1142 du 16 sept. 2020, art. 3, en vigueur le 1er janv. 2021)* **« L. 225-81, L. 225-83, L. 225-84 et L. 22-10-25 » et, le cas échéant, celles dues au titre d'un contrat de travail correspondant à un emploi effectif.** *(L. nº 2019-486 du 22 mai 2019, art. 103)* **« Ils peuvent également se voir attribuer des bons mentionnés au II de l'article 163 *bis* G du code général des impôts. »** – *Pour les dispositions transitoires de la L. nº 2019-486 du 22 mai 2019, V. note ss. art. L. 225-44.*

Le nombre des membres du conseil de surveillance liés à la société par un contrat de travail ne peut dépasser le tiers des membres en fonctions. Toutefois, les membres du conseil de surveillance élus conformément aux articles L. 225-79 et L. 225-80 et ceux nommés conformément aux dispositions de l'article L. 225-71 ne sont pas comptés pour la détermination de ce nombre.

Toute clause statutaire contraire est réputée non écrite et toute décision contraire est nulle. – *[L. nº 66-537 du 24 juill. 1966, art. 142.]*

Art. L. 225-86 *(L. nº 2001-420 du 15 mai 2001)* **Toute convention intervenant directement ou par personne interposée entre la société et l'un des membres du directoire ou du conseil de surveillance, un actionnaire disposant d'une fraction des droits de vote supérieure à** *(L. nº 2003-706 du 1er août 2003)* **« 10 % » ou, s'il s'agit d'une société actionnaire, la société la contrôlant au sens de l'article L. 233-3 doit être soumise à l'autorisation préalable du conseil de surveillance.**

Il en est de même des conventions auxquelles une des personnes visées à l'alinéa précédent est indirectement intéressée.

Sont également soumises à autorisation préalable les conventions intervenant entre la société et une entreprise, si l'un des membres du directoire ou du conseil de surveillance de la société est propriétaire, associé indéfiniment responsable, gérant, administrateur, membre du conseil de surveillance ou, de façon générale, dirigeant de cette entreprise.

(Ord. nº 2014-863 du 31 juill. 2014, art. 8) **« L'autorisation préalable du conseil de surveillance est motivée en justifiant de l'intérêt de la convention pour la société, notamment en précisant les conditions financières qui y sont attachées. »**

Retraite complémentaire. Un règlement instituant un régime de retraite complémentaire constituant à l'égard du président du conseil de surveillance et du président du directoire un avantage corrélatif aux contrats de travail les liant à la société, cette convention aurait dû être, en ce qui les concernait, autorisée par le conseil de surveillance et approuvée par l'assemblée générale. • Soc. 14 janv. 1999, nº 93-41.796 P : *RTD com. 1999. 447, obs. Petit et Reinhard* ; *Rev. sociétés 1999. 620, note Saintourens* ; *JCP E 1999, nº 29, p. 1240, obs. Viandier et Caussain* ; *BJS 1999. 655.* ♦ L'octroi au dirigeant du bénéfice d'un plan de sauvegarde pour l'emploi ou d'un dispositif de départ anticipé à la retraite mis en place par la société correspond à une convention réglementée, soumise aux dispositions des art. L. 225-86 et L. 225-88. • Crim. 25 sept. 2019, n° 18-83.113 P : *cité ss. art. L. 244-1.*

Art. L. 225-87 *(Ord. n° 2014-863 du 31 juill. 2014, art. 9)* **Les dispositions de l'article L. 225-86 ne sont applicables ni aux conventions portant sur des opérations courantes et conclues à des conditions normales ni aux conventions conclues entre deux sociétés dont l'une détient, directement ou indirectement, la totalité du capital de l'autre, le cas échéant déduction faite du nombre minimum d'actions requis pour satisfaire aux exigences de l'article 1832 du code civil ou des articles L. 225-1** *(Ord. n° 2020-1142 du 16 sept. 2020, art. 3, en vigueur le 1er janv. 2021)* **« , L. 226-1 et L. 22-10-2 » du présent code.**

Al. abrogé par Ord. n° 2020-1142 du 16 sept. 2020, art. 3, à compter du 1er janv. 2021.

Art. L. 225-88 *(L. n° 2019-486 du 22 mai 2019, art. 198)* **« La personne directement ou indirectement intéressée à la convention est tenue d'informer le conseil de surveillance dès qu'elle a connaissance d'une convention à laquelle l'article L. 225-86 est applicable. Si elle siège au conseil de surveillance, elle ne peut prendre part ni aux délibérations ni au vote sur l'autorisation sollicitée. »**

Le président du conseil de surveillance donne avis aux commissaires aux comptes *(L. n° 2019-486 du 22 mai 2019, art. 20-I-5°)* **« , s'il en existe, » de toutes les conventions autorisées** *(L. n° 2016-1691 du 9 déc. 2016, art. 142-3°)* **« et conclues » et soumet celles-ci à l'approbation de l'assemblée générale.**

Les commissaires aux comptes *(L. n° 2019-486 du 22 mai 2019, art. 20-I-7°)* **« ou, s'il n'en a pas été désigné, le président du conseil d'administration, » présentent, sur ces conventions, un rapport spécial à l'assemblée, qui statue sur ce rapport.**

(L. n° 2019-486 du 22 mai 2019, art. 198) **« La personne directement ou indirectement intéressée à la convention ne peut pas prendre part au vote. Ses actions ne sont pas prises en compte pour le calcul de la majorité. »** – *[L. n° 66-537 du 24 juill. 1966, art. 145.] – V. art. R. 225-58 et R. 225-161.*

Pour les dispositions transitoires de la L. n° 2019-486 du 22 mai 2019, V. notes ss. art. L. 221-9 et L. 225-37-4.

Ancien art. L. 225-88 (al. 1er et 4) *(L. n° 2001-420 du 15 mai 2001)* ***« L'intéressé » est tenu d'informer le conseil de surveillance dès qu'il a connaissance d'une convention à laquelle l'article L. 225-86 est applicable. S'il siège au conseil de surveillance, il ne peut prendre part au vote sur l'autorisation sollicitée.***

[…]

L'intéressé ne peut pas prendre part au vote et ses actions ne sont pas prises en compte pour le calcul du quorum et de la majorité.

[…]

Art. L. 225-88-1 *(Ord. n° 2014-863 du 31 juill. 2014, art. 10)* **Les conventions conclues et autorisées au cours d'exercices antérieurs dont l'exécution a été poursuivie au cours du dernier exercice sont examinées chaque année par le conseil de surveillance et communiquées au commissaire aux comptes** *(L. n° 2019-486 du 22 mai 2019, art. 20-I-6°)* **« , s'il en existe, » pour les besoins de l'établissement du rapport prévu au troisième alinéa de l'article L. 225-88.**

Pour les dispositions transitoires de la L. n° 2019-486 du 22 mai 2019, V. notes ss. art. L. 221-9.

V. note ss. art. L. 225-40-1.

Art. L. 225-88-2 *Abrogé par Ord. n° 2020-1142 du 16 sept. 2020, art. 3, à compter du 1er janv. 2021.*

Art. L. 225-89 Les conventions ***approuvées*** **par l'assemblée, comme celles qu'elle** ***désapprouve,*** **produisent leurs effets à l'égard des tiers, sauf lorsqu'elles sont annulées dans le cas de fraude.**

Même en l'absence de fraude, les conséquences, préjudiciables à la société, des conventions désapprouvées peuvent être mises à la charge *(L. n° 2001-420 du 15 mai 2001)* **« de l'intéressé » et, éventuellement, des autres membres du directoire.** – *[L. n° 66-537 du 24 juill. 1966, art. 146.]*

Art. L. 225-90 **Sans préjudice de la responsabilité de l'intéressé, les conventions visées à l'article L. 225-86 et conclues sans autorisation préalable du conseil de surveillance peuvent être annulées si elles ont eu des conséquences dommageables pour la société.**

L'action en nullité se prescrit par trois ans à compter de la date de la convention. Toutefois, si la convention a été dissimulée, le point de départ du délai de prescription est reporté au jour où elle a été révélée.

La nullité peut être couverte par un vote de l'assemblée générale intervenant sur rapport spécial des commissaires aux comptes *(L. nº 2019-486 du 22 mai 2019, art. 20-I-8º)* **« ou, s'il n'en a pas été désigné, du président du conseil d'administration » exposant les circonstances en raison desquelles la procédure d'autorisation n'a pas été suivie. Le quatrième alinéa de l'article L. 225-88 est applicable.** — *[L. nº 66-537 du 24 juill. 1966, art. 147.]*

Pour les dispositions transitoires de la L. nº 2019-486 du 22 mai 2019, V. notes ss. art. L. 221-9.

1. Dissimulation. Il ne peut y avoir de dissimulation, au sens de l'art. L. 225-90, al. 2, sans volonté de dissimuler. • Com. 24 sept. 2013, nº 12-24.917 : *Rev. sociétés 2014. 33, note Schlumberger ; RJDA 2013, nº 1026 ; BJS 2013. 798, note Messaï-Bahri.*

2. Sanction. Sur la sanction frappant un contrat de travail conclu par un membre du directoire en fonction, sans autorisation préalable du conseil de surveillance, V. • Soc. 11 juin 1997, nº 94-44.548 : *BJS 1997. 880, note Le Cannu.*

3. Prescription. L'action en responsabilité n'est pas soumise au régime de la prescription triennale de l'action en nullité prévue par l'art. L. 225-90, al. 2. • Com. 28 févr. 2006, nº 02-11.768 : *RTD com. 2006. 867, obs. Le Cannu ; Dr. sociétés 2006, nº 107, obs. Hovasse.*

Art. L. 225-90-1 *(Abrogé par Ord. nº 2019-1234 du 27 nov. 2019, art. 1er) (L. nº 2005-842 du 26 juill. 2005, art. 8-I)* ***Dans les sociétés dont les titres sont admis aux négociations sur un marché réglementé, les engagements pris au bénéfice d'un membre du directoire, par la société elle-même ou par toute société contrôlée ou qui la contrôle au sens des II et III de l'article L. 233-16, et correspondant à des éléments de rémunération, des indemnités ou des avantages dus ou susceptibles d'être dus à raison de la cessation ou du changement de ces fonctions, ou postérieurement à celles-ci,*** *(L. nº 2015-990 du 6 août 2015, art. 229-I-2º)* ***« ou des engagements de retraite à prestations définies répondant aux caractéristiques des régimes mentionnés à l'article L. 137-11*** *(Ord. nº 2019-697 du 3 juill. 2019, art. 3)* ***« et à l'article L. 137-11-2 » du code de la sécurité sociale, » sont soumis aux dispositions des articles L. 225-86 et L. 225-88 à L. 225-90*** *(L. nº 2015-990 du 6 août 2015, art. 229-I-2º)* ***« du présent code ».***

(L. nº 2007-1223 du 21 août 2007, art. 17-III) ***« Sont interdits les éléments de rémunération, indemnités*** *(L. nº 2015-990 du 6 août 2015, art. 229-I-4º)* ***« , avantages et droits*** *(Abrogé par Ord. nº 2019-697 du 3 juill. 2019, art. 3)* ***« conditionnels » octroyés aux membres du directoire au titre d'engagements de retraite mentionnés au premier alinéa du présent article » dont le bénéfice n'est pas subordonné au respect de conditions liées aux performances du bénéficiaire, appréciées au regard de celles de la société dont il est membre du directoire.***

« L'autorisation donnée par le conseil de surveillance en application de l'article L. 225-86 est rendue publique selon des modalités et dans des délais fixés par décret en Conseil d'État.

« La soumission à l'approbation de l'assemblée générale en application de l'article L. 225-88 fait l'objet d'une résolution spécifique pour chaque bénéficiaire. Cette approbation est requise à chaque renouvellement du mandat exercé par les personnes mentionnées au premier alinéa.

« Aucun versement, de quelque nature que ce soit, ne peut intervenir avant que le conseil de surveillance ne constate, lors ou après la cessation ou le changement effectif des fonctions, le respect des conditions prévues. Cette décision est rendue publique selon des modalités et dans des délais fixés par décret en Conseil d'État. Tout versement effectué en méconnaissance des dispositions du présent alinéa est nul de plein droit. — *V. art. R. 225-60-1.*

« Les engagements correspondant à des indemnités en contrepartie d'une clause interdisant au bénéficiaire, après la cessation de ses fonctions dans la société, l'exercice d'une activité professionnelle concurrente portant atteinte aux intérêts de la société ne sont soumis qu'aux dispositions du premier alinéa. Il en va de même *(Abrogé par L. nº 2015-990 du 6 août*

2015, art. 229-I-2°) *« des engagements de retraite à prestations définies répondant aux caractéristiques des régimes mentionnés à l'article L. 137-11 du code de la sécurité sociale, ainsi que »* des engagements répondant aux caractéristiques des régimes collectifs et obligatoires de retraite et de prévoyance visés à l'article L. 242-1 du *(L. n° 2015-990 du 6 août 2015, art. 229-I-2°) « code de la sécurité sociale ».* »

(L. n° 2015-990 du 6 août 2015, art. 229-I-4°) « Le conseil de surveillance vérifie annuellement, avant la tenue de l'assemblée générale ordinaire appelée à statuer sur les comptes du dernier exercice clos, le respect des conditions prévues et détermine l'accroissement, au titre dudit exercice, des droits (Abrogé par Ord. n° 2019-697 du 3 juill. 2019, art. 3) « conditionnels » bénéficiant aux membres du directoire au titre des régimes à prestations définies mentionnés à l'article L. 137-11 (Ord. n° 2019-697 du 3 juill. 2019, art. 3) « et à l'article L. 137-11-2 » du code de la sécurité sociale.

« Les droits conditionnels (Ord. n° 2019-697 du 3 juill. 2019, art. 3) « au titre des régimes à prestations définies mentionnés à l'article L. 137-11 du code de la sécurité sociale » ne peuvent augmenter annuellement d'un montant supérieur à 3 % de la rémunération annuelle servant de référence au calcul de la rente versée dans le cadre de ces régimes.

« Aucun droit conditionnel au titre de l'activité de membre du directoire ne peut être octroyé s'il ne remplit pas les conditions fixées aux septième et avant-dernier alinéas. »

Pour les dispositions transitoires de l'Ord. n° 2019-1234 du 27 nov. 2019, V. 4e note ss. art. L. 225-22-1.

Art. L. 225-91 A peine de nullité du contrat, il est interdit aux membres du directoire et aux membres du conseil de surveillance autres que les personnes morales, de contracter, sous quelque forme que ce soit, des emprunts auprès de la société, de se faire consentir par elle un découvert, en compte courant ou autrement, ainsi que de faire cautionner ou avaliser par elle leurs engagements envers les tiers.

L'interdiction s'applique aux représentants permanents des personnes morales membres du conseil de surveillance. Elle s'applique également aux conjoint, ascendants et descendants des personnes visées au présent article, ainsi qu'à toute personne interposée.

Toutefois, si la société exploite un établissement bancaire ou financier, l'interdiction ne s'applique pas aux opérations courantes de ce commerce conclues à des conditions normales.

(Abrogé par L. n° 2009-323 du 25 mars 2009, art. 8-IV) « L'interdiction ne s'applique pas aux prêts qui sont consentis par la société en application des dispositions de l'article L. 313-1 du code de la construction et de l'habitation aux membres du conseil de surveillance élus par les salariés. » — [L. n° 66-537 du 24 juill. 1966, art. 148.]

Art. L. 225-92 Les membres du directoire et du conseil de surveillance, ainsi que toute personne appelée à assister aux réunions de ces organes, sont tenus à la discrétion à l'égard des informations présentant un caractère confidentiel et données comme telles par le président. — *[L. n° 66-537 du 24 juill. 1966, art. 149.]*

Art. L. 225-93 En cas d'ouverture d'une procédure de redressement ou de liquidation judiciaire, en application *(L. n° 2019-744 du 19 juill. 2019, art. 10)* « des titres III et IV » du livre VI, les personnes visées par ces dispositions peuvent être rendues responsables du passif social et sont soumises aux interdictions et déchéances, dans les conditions prévues par lesdites dispositions. — *[L. n° 66-537 du 24 juill. 1966, art. 150.]*

Sur les infractions concernant les sociétés anonymes comportant un directoire et un conseil de surveillance, V. art. L. 247-9.

SOUS-SECTION 3 DISPOSITIONS COMMUNES AUX MANDATAIRES SOCIAUX DES SOCIÉTÉS ANONYMES

Art. L. 225-94 La limitation du nombre de sièges d'administrateur ou de membre du conseil de surveillance qui peuvent être occupés simultanément par une même personne physique, en vertu des articles L. 225-21 et L. 225-77, est applicable au cumul de sièges d'administrateur et de membre du conseil de surveillance.

(L. n° 2002-1303 du 29 oct. 2002 « Pour l'application des articles L. 225-54-1 et L. 225-67, est autorisé l'exercice simultané de la direction générale par une personne

physique dans une société et dans une autre société qu'elle contrôle au sens de l'article L. 233-16. » – *V. note ss. art. L. 225-21.*

Art. L. 225-94-1 *(L. n° 2002-1303 du 29 oct. 2002)* **« Sans préjudice des dispositions des articles L. 225-21, L. 225-54-1, L. 225-67, L. 225-77 et L. 225-94, une personne physique ne peut exercer simultanément plus de cinq mandats de directeur général, de membre du directoire, de directeur général unique, d'administrateur ou de membre du conseil de surveillance de sociétés anonymes ayant leur siège sur le territoire français. Pour l'application de ces dispositions, l'exercice de la direction générale par un administrateur est décompté pour un seul mandat. »** *(L. n° 2015-990 du 6 août 2015, art. 211-I-1°)* **« Ce nombre est réduit à trois pour les mandats sociaux exercés au sein de sociétés dont les titres sont admis à la négociation sur un marché réglementé par les personnes exerçant un mandat de directeur général, de membre du directoire ou de directeur général unique dans une société dont les titres sont admis aux négociations sur un marché réglementé et qui emploie au moins cinq mille salariés permanents dans la société et ses filiales, directes ou indirectes, dont le siège social est fixé sur le territoire français, ou au moins dix mille salariés permanents dans la société et ses filiales, directes ou indirectes, dont le siège social est fixé sur le territoire français et à l'étranger. »**

(L. n° 2003-706 du 1er août 2003, en vigueur le 16 nov. 2002) **« Par dérogation aux dispositions ci-dessus, ne sont pas pris en compte les mandats d'administrateur ou de membre de conseil de surveillance dans les sociétés qui sont contrôlées, au sens de l'article L. 233-16, par la société dans laquelle est exercé un mandat au titre du premier alinéa. »**

(L. n° 2015-990 du 6 août 2015, art. 211-I-2°) **« Par dérogation au deuxième alinéa, ne sont pas pris en compte les mandats d'administrateur ou de membre de conseil de surveillance exercés par le directeur général, les membres du directoire ou le directeur général unique des sociétés dont l'activité principale est d'acquérir et de gérer des participations, au sens de l'article L. 233-2, dans les sociétés qui constituent des participations. »**

(L. n° 2001-420 du 15 mai 2001) **« Toute personne physique qui se trouve en infraction avec les dispositions du présent article doit se démettre de l'un de ses mandats dans les trois mois de sa nomination, ou du mandat en cause dans les trois mois de l'événement ayant entraîné la disparition de l'une des conditions fixées** *(L. n° 2015-990 du 6 août 2015, art. 211-I-3°)* **« aux deuxième et troisième alinéas ». A l'expiration de ce délai, elle est réputée s'être démise, selon le cas, soit de son nouveau mandat, soit du mandat ne répondant plus aux conditions fixées** *(L. n° 2015-990 du 6 août 2015, art. 211-I-3°)* **« aux deuxième et troisième alinéas », et doit restituer les rémunérations perçues, sans que soit, de ce fait, remise en cause la validité des délibérations auxquelles elle a pris part. »** – *V. notes ss. art. L. 225-21.*

Les directeurs généraux, membres du directoire et directeurs généraux uniques disposent d'un délai d'un an à compter de la date de publication de la L. n° 2015-990 du 6 août 2015 (JO 7 août) pour se mettre en conformité avec le 1er al. de l'art. L. 225-94-1, dans sa rédaction résultant du I de l'art. 211 de ladite loi. A défaut, ils sont réputés démissionnaires de tous leurs mandats (L. préc., art. 211-II).

BIBL. ▶ MALECKI, *D. 2002. 3194* (cumul des mandats sociaux et cumul des dérogations : quel décompte ?) ; *D. 2003. 1418* (précisions du projet de loi de sécurité financière). – CASTAGNÉ, *JCP N 2003, n° 49, p. 1782* (loi de sécurité financière).

V. notes ss. art. L. 225-51-1.

Art. L. 225-95 **En cas de fusion de sociétés anonymes, le nombre de membres du conseil d'administration ou du conseil de surveillance, selon le cas, peut dépasser le nombre de** *(L. n° 2001-420 du 15 mai 2001)* **« dix-huit », prévu aux articles L. 225-17 et L. 225-69, pendant un délai de trois ans à compter de la date de la fusion fixée à l'article L. 236-4, sans pouvoir être supérieur à** *(L. n° 2001-420 du 15 mai 2001)* **« vingt-quatre ».** – *[L. n° 66-537 du 24 juill. 1966, art. 152, al. 1er.]*

Les conseils d'administration et conseils de surveillance disposent d'un délai de trois ans à compter de la date de publication de la L. n° 2001-420 du 15 mai 2001 (JO 16 mai) pour se mettre en conformité avec l'art. L. 225-95 dans sa rédaction issue de ladite loi (L. préc., art. 129).

Art. L. 225-95-1 *(L. n° 2001-420 du 15 mai 2001)* Par dérogation aux dispositions des articles L. 225-21, L. 225-77 et L. 225-94-1, ne sont pas pris en compte les mandats de représentant permanent d'une société de capital-risque mentionnée à l'article 1er de la loi n° 85-695 du 11 juillet 1985 portant diverses dispositions d'ordre économique et financier, d'une société financière d'innovation mentionnée au III (B) de l'article 4 de la loi n° 72-650 du 11 juillet 1972 portant diverses dispositions d'ordre économique et financier *(L. n° 2016-1691 du 9 déc. 2016, art. 119-I)* « , d'une société de libre partenariat mentionnée à l'article L. 214-162-1 du code monétaire et financier ou d'une société de gestion habilitée à gérer les fonds communs de placement régis par les articles L. 214-28, L. 214-30 ou L. 214-31 du même code, les fonds professionnels spécialisés ou les fonds professionnels de capital investissement mentionnés, respectivement, aux articles L. 214-154 ou L. 214-159 du même code ».

Dès lors que les conditions prévues au présent article ne sont plus remplies, toute personne physique doit se démettre des mandats ne répondant pas aux dispositions des articles L. 225-21, L. 225-77 et L. 225-94-1 dans un délai de trois mois. A l'expiration de ce délai, elle est réputée ne plus représenter la personne morale, et doit restituer les rémunérations perçues, sans que soit, de ce fait, remise en cause la validité des délibérations auxquelles elle a pris part.

(L. n° 2002-1303 du 29 oct. 2002) « Par dérogation aux articles L. 225-21, L. 225-54-1, L. 225-67 et L. 225-94-1, les mandats de président, de directeur général, de directeur général unique, de membre du directoire ou d'administrateur d'une société d'économie mixte locale, exercés par un représentant d'une collectivité territoriale ou d'un groupement de collectivités territoriales ne sont pas pris en compte pour l'application des règles relatives au cumul des mandats sociaux. »

V. note ss. art. L. 225-21.

SECTION III DES ASSEMBLÉES D'ACTIONNAIRES

RÉP. SOCIÉTÉS v° *Assemblées d'actionnaires*, par GUYON.

BIBL. GÉN. ▸ DUCOULOUX-FAVARD, *Mél. Guyon, Dalloz, 2003, p. 359* (grandeur et décadence des assemblées générales d'actionnaires). – MAGNIER, *Rev. sociétés 2011. 267* (nouvelles mesures en faveur de la démocratie actionnariale dans les sociétés cotées).

Art. L. 225-96 L'assemblée générale extraordinaire est seule habilitée à modifier les statuts dans toutes leurs dispositions. Toute clause contraire est réputée non écrite. Elle ne peut, toutefois, augmenter les engagements des actionnaires, sous réserve des opérations résultant d'un regroupement d'actions régulièrement effectué.

(L. n° 2005-842 du 26 juill. 2005, art. 6-I) « Elle ne délibère valablement que si les actionnaires présents ou représentés possèdent au moins, sur première convocation, le quart et, sur deuxième convocation, le cinquième des actions ayant le droit de vote. A défaut, la deuxième assemblée peut être prorogée à une date postérieure de deux mois au plus à celle à laquelle elle avait été convoquée. *(Abrogé par Ord. n° 2020-1142 du 16 sept. 2020, art. 3, à compter du 1er janv. 2021) (Ord. n° 2009-80 du 22 janv. 2009, art. 7-VIII, en vigueur le 1er avr. 2009) « Dans les sociétés dont les actions ne sont pas admises aux négociations sur un marché réglementé,* » les statuts peuvent prévoir des quorums plus élevés. »

Elle statue à la majorité des deux tiers des voix *(L. n° 2019-744 du 19 juill. 2019, art. 16)* « exprimées par » les actionnaires présents ou représentés. *(L. n° 2019-744 du 19 juill. 2019, art. 16)* « Les voix exprimées ne comprennent pas celles attachées aux actions pour lesquelles l'actionnaire n'a pas pris part au vote, s'est abstenu ou a voté blanc ou nul. » — *[L. n° 66-537 du 24 juill. 1966, art. 153.] — V. art. R. 210-9 s., R. 225-70, R. 225-85, R. 225-87, R. 225-100 à R. 225-108. — En ce qui concerne les actions détenues par la société elle-même, V. art. L. 225-111.*

L'art. 16 de la L. n° 2019-744 du 19 juill. 2019 est applicable à compter des assemblées générales réunies pour statuer sur le premier exercice clos après la promulgation de cette loi (L. préc., art. 16-II).

En ce qui concerne l'approbation par les associés de la clause de participation au bénéfice net de l'emprunteur dans le cas d'un prêt participatif, V. C. mon. fin., art. L. 313-17, App., v° Banque et financement de l'entreprise.

BIBL. ▶ Le Cannu, *RJ com., n° spéc., nov. 1991, p. 96* (absence de majorité). – Goyet, *ibid., p. 58* (limites du pouvoir majoritaire). – Germain, *Mél. Terré, Dalloz, PUF, Juris-Classeur, 1999, p. 401* (renonciation aux droits propres des associés) – Rizzo, *RTD com. 2000. 27* (principe d'intangibilité des engagements des associés). – Le Cannu, *RTD com. 2005. 769* (loi du 26 juill. 2005).

I. POUVOIRS DES ASSEMBLÉES

1. Spécialisation des organes. La loi fixe de manière impérative les pouvoirs et prérogatives des différents organes de la société. De même qu'une assemblée générale, fût-elle extraordinaire, ne peut empiéter sur le rôle dévolu au conseil d'administration, celui-ci ne peut se dépouiller de ses attributions propres. • Aix-en-Provence, 28 sept. 1982 : *Rev. sociétés 1983. 773, note Mestre.* ♦ Par suite, est nulle la décision d'une assemblée générale extraordinaire décidant, par modification des statuts, la création d'un comité de direction en faisant de celui-ci un organe permanent et concurrent du conseil d'administration. • Même arrêt.

2. Modification des statuts. L'art. L. 225-96, qui habilite l'assemblée générale extraordinaire à modifier les statuts en toutes leurs dispositions, n'impose pas que cette assemblée statue sur rapport du conseil d'administration. • Com. 26 oct. 2010, n° 09-71.404 P : *D. 2010. 2947, note Couret ; RTD com. 2011. 126, obs. Le Cannu et Dondero ; Rev. sociétés 2011. 494, note Urbain-Parleani ; JCP 2011. 1001, note Mousseron ; RJDA 2011, n° 54 ; Dr. sociétés 2011, n° 7, obs. Roussille ; BJS 2011. 14, note Merle.*

3. Augmentation des engagements : principes. La chancellerie estime que les actionnaires des SA peuvent, à l'unanimité, procéder aux modifications statutaires interdites à l'assemblée générale extraordinaire, à savoir, essentiellement, le transfert du siège social à l'étranger et l'augmentation des engagements des actionnaires (Communication ANSA n° 1600, juill. 1973). ♦ Une décision sociale de nature à priver les associés de leur intérêt à participer à la société ne constitue pas, en elle-même, une augmentation de leurs engagements nécessitant un consentement unanime. • Com. 26 oct. 2010, n° 09-71.404 P : *préc. note 2.* ♦ Sur l'augmentation des engagements des actionnaires en cas de fusion, V. art. L. 236-5.

4. Clause de préemption. Les engagements des actionnaires primitifs ne sont augmentés que si les décisions prises par l'assemblée générale entraînent une aggravation de la dette contractée par eux envers la société ou envers les tiers. Tel n'est l'effet ni de la réglementation du droit de préemption, ni des restrictions apportées à la cessibilité des actions, qui peuvent diminuer les droits des actionnaires, mais ne constituent pas une augmentation de leurs engagements. • Civ. 9 févr. 1937 : *DP 1937. 1. 73, note Besson.* ♦ Sous réserve de ne pas changer la nationalité de la société, ni augmenter les engagements des actionnaires, l'assemblée générale extraordinaire a le pouvoir de modifier les statuts dans toutes ses dispositions, aux conditions de l'art. 31 de la L. du 24 juill. 1867 [C. com., art. L. 225-96]. Ne nécessite donc pas l'unanimité des actionnaires la modification des statuts par laquelle sont introduites une clause d'agrément, une clause de préemption et une clause décidant que les actions seront dorénavant toutes de forme nominative. • Rouen, 18 nov. 1958 : *D. 1959. 286, note Dalsace.*

5. Regroupement des actions. L'opération dite de regroupement n'étant pas autre chose qu'un échange de titres, si, dès l'origine, les statuts d'une SA ont prévu la possibilité pour l'assemblée générale extraordinaire des actionnaires de modifier la valeur nominale des actions par échange de titres, cette opération peut être valablement décidée sans qu'il y ait ni violation, ni rupture du contrat de société, ni modification des engagements des associés, mais exécution d'un engagement auquel les actionnaires ont souscrit par avance et dont ils devaient prévoir les conséquences. • Paris, 14 juin 1954 : *Gaz. Pal. 1954. 2. 270.*

6. Modification de l'objet social. Dès lors que, en supprimant le droit de jouissance des actionnaires sur un immeuble, la décision n'a fait que réduire leurs droits et que la modification de l'objet social, en faisant courir à la société des risques d'exploitation commerciale, est susceptible d'augmenter les charges de cette dernière mais non celles des actionnaires, qui restent limitées à leur apport, cette décision n'aggrave pas les charges de ceux-ci. • Civ. 3e, 8 oct. 1997, n° 95-14.089 P : *BJS 1997. 1079, note Stemmer ; Dr. sociétés 1998, n° 20, obs. Bonneau.*

7. Réduction du capital. Dès lors que la décision de réduction du capital social à zéro, sous la condition suspensive d'une augmentation destinée à amener le capital au montant légal, n'a pas imputé des dettes aux actionnaires au-delà du montant de leur souscription et qu'ils ont la faculté, pour rester dans la société, de souscrire à la nouvelle augmentation de capital, aucune obligation nouvelle n'est mise à leur charge et l'opération ne constitue pas une violation de l'art. 153 de la L. de 1966 [C. com, art. L. 225-96]. • Com. 17 mai 1994, n° 91-21.364 P : *cité ss. art. L. 224-2.*

8. Blocage des sommes déposées en compte courant. Les comptes d'associés ont pour caractéristique essentielle, en l'absence de convention particulière ou statutaire les régissant, d'être remboursables à tout moment. Aussi, un compte courant ayant été constitué sur simple convention verbale et ayant toujours, sans opposition de la société, fonctionné comme une suite régulière d'apports et de retraits, le blocage de ce compte à hauteur d'une certaine somme et pour une durée de deux ans constitue une augmentation des engagements de l'actionnaire, au sens de l'art. 153 de la L. de 1966 [C. com., art. L. 225-96]. • Com. 24 juin 1997, n° 95-20.056 P : *D. 1998. Somm. 178, obs. Hallouin ; RTD com. 1998. 153, obs. Champaud et Danet ; JCP 1997. II. 22966, note Mousseron ; BJS 1997. 871, note Saintourens ; Dr. sociétés 1997, n° 138, obs. Bonneau.*

9. Clause de non-concurrence. Si une clause interdisant à l'ancien actionnaire d'une SA toute forme de concurrence envers celle-ci peut être comprise dans les statuts adoptés lors de sa création, l'introduction ultérieure d'une telle clause qui, par l'atteinte qu'elle porte à la liberté du travail et du commerce, augmente les engagements de l'actionnaire, ne peut être décidée qu'à l'unanimité. • Com. 26 mars 1996, n° 93-21.250 P : *D. 1996. Somm. 343, obs. Hallouin ; RTD com. 1996. 487, obs. Petit et Reinhard ; Rev. sociétés 1996. 793, note Godon ; Dr. sociétés 1996, n° 122, obs. Bonneau ; BJS 1996. 604, note Le Cannu.*

10. Respect de l'intérêt social. Les décisions des assemblées générales extraordinaires, quand elles sont prises régulièrement, à la majorité, dans les formes et conditions prescrites par la loi et dans les limites de leurs pouvoirs, s'imposent aux actionnaires et ne peuvent être modifiées par les tribunaux. • Req. 22 juin 1926 : *DP 1927. 1. 117.* ♦ Les décisions du conseil d'administration et la délibération de l'assemblée générale d'une SA autorisant la cession à une autre société des deux tiers de son capital social ne peuvent être annulées comme portant une atteinte grave à l'objet social et mettant en cause sa survivance même, dès lors que cette société conserve son existence propre, sa personnalité juridique, son objet et sa durée. • Com. 21 janv. 1970, n° 68-11.085 P : *Rev. sociétés 1970. 292, note J. G. ; JCP 1970. II. 16541, note Oppetit.*

II. TENUE DES ASSEMBLÉES

11. Ajournement de l'AGE. Il appartient au juge des référés de peser les inconvénients résultant d'une décision aussi grave que celle d'ajourner des assemblées générales extraordinaires devant statuer sur l'absorption de sociétés. La protection des minoritaires ne doit pas systématiquement justifier une entrave au fonctionnement habituel des règles majoritaires qui gouvernent le fonctionnement des sociétés commerciales. • T. com. Paris, réf., 1er déc. 1992 : *JCP E 1993. II. 384, note Viandier.* ♦ Il n'y a pas lieu d'ajourner une assemblée de fusion dès lors que l'information des actionnaires a été donnée dans le respect des critères formels, que la parité d'échange a été établie à partir de plusieurs critères et qu'aucune erreur manifeste n'est relevée dans la mise en œuvre de ces critères. • Même ordonnance.

12. Secret du vote. Lorsque la possibilité de recourir à un scrutin secret est prévue par les statuts et dès l'instant que les dispositions nécessaires ont été prévues pour faire respecter, dans la mesure du possible, le secret du vote, celui-ci doit être déclaré valable, même si le nom des votants a figuré sur les bulletins. • Douai, 15 juill. 1948 : *S. 1949. 2. 109, note Dalsace ; JCP 1949. II. 5057, note Bastian.* ♦ Il doit en être ainsi, spécialement, lorsque les membres du conseil d'administration et les actionnaires n'ont pu avoir connaissance des bulletins, recueillis et dépouillés par un huissier, et placés par lui sous pli cacheté, pour être conservés dans son étude. • Même arrêt.

13. Calcul de la majorité. V., par analogie, note 6 ss. art. L. 225-37. ♦ Sur la nullité des délibérations prises par l'assemblée générale extraordinaire en violation de l'art. L. 225-96, V. art. L. 225-121.

Art. L. 225-97 L'assemblée générale extraordinaire peut changer la nationalité de la société, à condition que le pays d'accueil ait conclu avec la France une convention spéciale permettant d'acquérir sa nationalité et de transférer le siège social sur son territoire, et conservant à la société sa personnalité juridique. — *[L. n° 66-537 du 24 juill. 1966, art. 154.]*

Art. L. 225-98 L'assemblée générale ordinaire prend toutes les décisions autres que celles visées aux articles L. 225-96 et L. 225-97.

(L. n° 2005-842 du 26 juill. 2005, art. 6-II) « Elle ne délibère valablement sur première convocation que si les actionnaires présents ou représentés possèdent au moins le cinquième des actions ayant le droit de vote. *(Abrogé par Ord. n° 2020-1142 du 16 sept. 2020, art. 3, à compter du 1er janv. 2021) (Ord. n° 2009-80 du 22 janv. 2009, art. 7-VIII, en vigueur le 1er avr. 2009)* « *Dans les sociétés dont les actions ne sont pas admises aux négociations sur un marché réglementé,* » les statuts peuvent prévoir un quorum plus élevé. » Sur deuxième convocation, aucun quorum n'est requis.

Elle statue à la majorité des voix *(L. n° 2019-744 du 19 juill. 2019, art. 16)* « exprimées par » les actionnaires présents ou représentés. *(L. n° 2019-744 du 19 juill. 2019, art. 16)* « Les voix exprimées ne comprennent pas celles attachées aux actions pour

lesquelles l'actionnaire n'a pas pris part au vote, s'est abstenu ou a voté blanc ou nul. » – *[L. nº 66-537 du 24 juill. 1966, art. 155.] – V. art. R. 225-70, R. 225-85, R. 225-87, R. 225-100 à R. 225-108.*

L'art. 16 de la L. nº 2019-744 du 19 juill. 2019 est applicable à compter des assemblées générales réunies pour statuer sur le premier exercice clos après la promulgation de cette loi (L. préc., art. 16-II).

1. Pouvoirs de l'AGO. La SA étant une société dont les organes sont hiérarchisés, il n'appartient pas à l'assemblée générale d'empiéter sur les prérogatives du conseil d'administration, notamment en investissant le président-directeur général de l'ensemble des pouvoirs attribués jusqu'alors au conseil d'administration. • Civ. 4 juin 1946 : *S. 1947. 153, note Barbry ; JCP 1947. II. 3518, note Bastian.* ♦ L'assemblée générale peut revenir sur une décision qui n'a reçu ni publicité, ni début d'exécution. • Paris, 28 mars 1989 : *JCP E 1990. II. 15677, nº 12, obs. Viandier et Caussain.*

2. Délibérations de l'AGO. L'art. 155 de la L. du 24 juill. 1966 [C. com., art. L. 225-98] n'exigeant pas la présence d'un nombre minimal d'actionnaires, la demande en annulation d'une assemblée tenue en présence d'un seul actionnaire, en l'absence de fraude ou de faute, n'est pas recevable. • Paris, 11 juin 1981 : *Rev. sociétés 1982. 297, note Sibon.*

3. Calcul de la majorité. V., par analogie, note 6 ss. art. L. 225-37.

Art. L. 225-99 Les assemblées spéciales réunissent les titulaires d'actions d'une catégorie déterminée.

La décision d'une assemblée générale de modifier les droits relatifs à une catégorie d'actions n'est définitive qu'après approbation par l'assemblée spéciale des actionnaires de cette catégorie.

(L. nº 2005-842 du 26 juill. 2005, art. 6-III) **« Les assemblées spéciales ne délibèrent valablement que si les actionnaires présents ou représentés possèdent au moins, sur première convocation, le tiers et, sur deuxième convocation, le cinquième des actions ayant le droit de vote et dont il est envisagé de modifier les droits. A défaut, la deuxième assemblée peut être prorogée à une date postérieure de deux mois au plus à celle à laquelle elle avait été convoquée.** *(Abrogé par Ord. nº 2020-1142 du 16 sept. 2020, art. 3, à compter du 1er janv. 2021) (Ord. nº 2009-80 du 22 janv. 2009, art. 7-IX, en vigueur le 1er avr. 2009)* ***« Dans les sociétés dont les actions ne sont pas admises aux négociations sur un marché réglementé, »*** **les statuts peuvent prévoir des quorums plus élevés. »**

Elles statuent dans les conditions prévues au troisième alinéa de l'article L. 225-96. – *[L. nº 66-537 du 24 juill. 1966, art. 156.] – V. art. R. 225-70, R. 225-85, R. 225-87, R. 225-100 à R. 225-108.*

BIBL. ▶ Bouère, *BJS 1992. 376* (clause de préemption statutaire réservée à une catégorie déterminée d'actionnaires). – Jeantin, *D. 1995. Chron. 88* (notion de catégorie d'actions). – Engel et Troussière, *JCP E 1996. I. 585* (création de catégories d'actions et stipulations d'avantages particuliers).

Réduction des dividendes. Dès lors qu'elle est décidée par l'assemblée générale extraordinaire et par l'assemblée spéciale des porteurs d'actions de préférence, la décision de réduire le dividende préciputaire réservé à ces actions, et la suppression de leur droit à la répartition de super-dividendes et du boni éventuel de liquidation ne contreviennent à aucune disposition légale. • Com. 13 juin 1967, nº 64-14.125 P.

Art. L. 225-100 *(Ord. nº 2017-1162 du 12 juill. 2017, art. 7-1º)* **« I. — » L'assemblée générale ordinaire est réunie au moins une fois par an, dans les six mois de la clôture de l'exercice, sous réserve de prolongation de ce délai par décision de justice.** *(L. nº 2012-387 du 22 mars 2012, art. 17-II-3º)* **« Si l'assemblée générale ordinaire n'a pas été réunie dans ce délai, le ministère public ou tout actionnaire peut saisir le président du tribunal compétent statuant en référé afin d'enjoindre, le cas échéant sous astreinte, aux dirigeants de convoquer cette assemblée ou de désigner un mandataire pour y procéder. »**

(Ord. nº 2017-1162 du 12 juill. 2017, art. 7-2º) **« Le conseil d'administration ou le directoire présente à l'assemblée les comptes annuels et le cas échéant les comptes consolidés, accompagnés du rapport de gestion y afférent, auquel est joint, le cas échéant, le rapport mentionné, selon le cas, à l'article L. 225-37 ou L. 225-68. »**

Al. abrogés par Ord. n° 2017-1162 du 12 juill. 2017, art. 7-3°.

(Ord. n° 2004-604 du 24 juin 2004, art. 51-I) « **Les commissaires aux comptes** *(L. n° 2019-486 du 22 mai 2019, art. 20-I-5°)* « **, s'il en existe,** » **relatent, dans leur rapport, l'accomplissement de la mission qui leur est dévolue par l'article L. 225-235** *[art. L. 823-9 à L. 823-11]*. »

L'assemblée délibère et statue sur toutes les questions relatives aux comptes annuels *(L. n° 2001-420 du 15 mai 2001)* « **et, le cas échéant, aux comptes consolidés** » **de l'exercice écoulé.**

II. et III. abrogés par Ord. n° 2020-1142 du 16 sept. 2020, art. 3, à compter du 1er janv. 2021.

(Ord. n° 2019-1234 du 27 nov. 2019, art. 1er) « **IV. –** » *(Ord. n° 2017-1162 du 12 juill. 2017, art. 7-5°)* « **L'assemblée générale ordinaire** » **exerce les pouvoirs qui lui sont attribués notamment par l'article L. 225-18, le quatrième alinéa de l'article L. 225-24, le troisième alinéa de l'article L. 225-40, le troisième alinéa de l'article L. 225-42 et par l'article L. 225-45 ou, le cas échéant, par l'article L. 225-75, le quatrième alinéa de l'article L. 225-78, l'article L. 225-83, le troisième alinéa de l'article L. 225-88 et le troisième alinéa de l'article L. 225-90.**

Dernier al. abrogé par Ord. n° 2004-604 du 24 juin 2004, art. 51-I. – [L. n° 66-537 du 24 juill. 1966, art. 157.] – V. art. R. 225-64, R. 225-83, R. 225-100 à R. 225-108, R. 232-9, R. 232-15, R. 823-7.

Les dispositions des art. L. 225-100 et L. 225-129-5 entrent en vigueur pour les exercices ouverts à partir du 1er janv. 2004. Les délégations accordées par les assemblées générales extraordinaires des sociétés antérieurement à la publication de l'Ord. n° 2004-604 du 24 juin 2004 (JO 26 juin) restent valables jusqu'à leur terme sauf décision contraire d'une nouvelle assemblée générale extraordinaire. Toutefois, les modalités d'exercice de ces délégations sont régies par les dispositions de l'ordonnance précitée dès son entrée en vigueur (Ord. n° 2004-604 du 24 juin 2004, art. 64-I).

Sur les dispositions transitoires de l'Ord. n° 2017-1162 du 12 juill. 2017, V. note ss. art. L. 225-37.

Sur les dispositions transitoires de la L. n° 2019-486 du 22 mai 2019, V. notes ss. art. L. 221-9.

Sur les dispositions transitoires de l'Ord. n° 2019-1234 du 27 nov. 2019, V. 4e note ss. art. L. 225-22-1.

BIBL. ► GRANIER, *Rev. sociétés 2005. 315* (le rapport de gestion après l'Ord. du 20 déc. 2004).

1. Ajournement de l'AGO. L'ajournement de l'assemblée générale ordinaire peut être prononcé dès lors qu'un litige en cours peut avoir une incidence sur le contrôle de la société. • Paris, 14 nov. 1989 : *Rev. sociétés 1990. 55, note Le Cannu* ; *BJS 1990. 82.* ♦ Le président du directoire d'une société a qualité pour représenter celle-ci dans une instance en ajournement. • Même arrêt. ♦ Le juge des référés peut décider de l'ajournement d'une assemblée dans des circonstances exceptionnelles qui risquent d'entraîner la nullité de l'assemblée, notamment en cas de violation flagrante des règles de convocation (à propos d'une assemblée convoquée par le président du conseil d'administration, en dépit d'une décision non conforme dudit conseil, qui, si elle se tenait, pourrait exposer la société à une action judiciaire, visant à en voir juger la nullité, action dont les conséquences seraient néfastes à la vie de la société, compte tenu de sa situation économique). • T. com. Toulouse, réf., 12 août 1993 : *BJS 1994. 169, note Ruff et Barbièri.*

2. Participation des administrateurs. Aucune disposition légale n'enlève aux administrateurs d'une SA le droit, qu'ils tiennent de leur qualité d'actionnaire, de participer aux délibérations de l'assemblée générale à laquelle ils soumettent leurs comptes annuels. • Civ. 29 juill. 1925 : *DP 1926. 1. 17, note Chéron.*

3. Rapports. Lorsque la société est tenue d'avoir au moins deux commissaires aux comptes, le rapport établi et présenté par un seul des deux commissaires en fonctions ne saurait être considéré comme régulier (même dans le cas de maladie de l'autre commissaire), et la nullité résultant de cette irrégularité est soumise aux règles générales des nullités fixées par les art. 360 s. de la L. de 1966 [C. com., art. L. 235-1 s.] (Rép. min. n° 18778 : *JOAN Q 7 juin 1975, p. 3881*).

4. Contrôle des comptes sociaux. Saisis de l'action en annulation de l'assemblée générale ayant approuvé les comptes d'un exercice social, introduite par l'ancien président-directeur général, actionnaire de cette société, prétendant que cette décision résultait d'une erreur susceptible de vicier le consentement des actionnaires, les juges du fond peuvent écarter cette demande et accueillir une demande subsidiaire en rectification lorsque le demandeur a exercé ses fonctions pendant une durée importante de l'exercice litigieux et que des irrégularités apparaissent dans ses procédés de gestion. • Com. 26 oct. 1968, n° 66-11.232 P. ♦ Les dispositions statutaires concernant la répartition des bénéfices ou la constitution d'un fonds de prévoyance s'imposent à l'assemblée générale des actionnaires ; et, si celle-ci peut rectifier ses décisions antérieures en cas d'erreurs graves commises dans l'établissement des bilans, il ne saurait être admis qu'une société modifie sans contrôle les chiffres précédemment approuvés. • Douai, 23 avr. 1932 : *Journ. sociétés 1933. 487.*

5. Affectation des bénéfices. La résolution de l'assemblée générale décidant le report à nouveau des bénéfices d'un exercice n'est pas constitutive d'abus de droit lorsqu'elle est prise dans l'intérêt général de la société. • Com. 9 nov. 1966, nº 62-12.005 P : *JCP 1967. II. 15250, note R.D.M.*

6. Changement dans l'organisation de la société. Viole les art. 98 et 157 de la L. de 1966 [C. com., art. L. 225-35 et L. 225-100] la cour d'appel qui décide de convoquer l'assemblée générale des actionnaires avec mission de se prononcer sur une délibération du conseil d'administration relative aux pouvoirs du président de cet organisme, alors que les pouvoirs d'une telle assemblée ne comportaient pas cette prérogative. • Com. 18 mai 1982, nº 80-14.977 : *D. 1982. IR 374 ; Rev. sociétés 1983. 71, note Sibon.*

Art. L. 225-100-1 *(Ord. nº 2017-1162 du 12 juill. 2017, art. 8)* **I. — Le rapport de gestion mentionné au deuxième alinéa de l'article L. 225-100 comprend les informations suivantes :**

1º Une analyse objective et exhaustive de l'évolution des affaires, des résultats et de la situation financière de la société, notamment de sa situation d'endettement, au regard du volume et de la complexité des affaires ;

2º Dans la mesure nécessaire à la compréhension de l'évolution des affaires, des résultats ou de la situation de la société, des indicateurs clefs de performance de nature financière et, le cas échéant, de nature non financière ayant trait à l'activité spécifique de la société, notamment des informations relatives aux questions d'environnement et de personnel ;

3º Une description des principaux risques et incertitudes auxquels la société est confrontée ;

Al. abrogés par Ord. nº 2020-1142 du 16 sept. 2020, art. 3, à compter du 1er janv. 2021.

(Ord. nº 2020-1142 du 16 sept. 2020, art. 3, en vigueur le 1er janv. 2021) **« 4º » Lorsque cela est pertinent pour l'évaluation de son actif, de son passif, de sa situation financière et de ses pertes ou profits, des indications sur ses objectifs et sa politique concernant la couverture de chaque catégorie principale de transactions prévues pour lesquelles il est fait usage de la comptabilité de couverture, ainsi que sur son exposition aux risques de prix, de crédit, de liquidité et de trésorerie. Ces indications comprennent l'utilisation par l'entreprise des instruments financiers.**

L'analyse mentionnée aux 1º et 2º contient, le cas échéant, des renvois aux montants indiqués dans les comptes annuels et des explications supplémentaires y afférentes.

Al. abrogé par L. nº 2018-727 du 10 août 2018, art. 55-IV.

Al. abrogé par Ord. nº 2020-1142 du 16 sept. 2020, art. 3, à compter du 1er janv. 2021.

II. — Lorsque la société établit des comptes consolidés en application de l'article L. 233-16, le rapport consolidé de gestion rend compte des informations mentionnées au présent article pour l'ensemble des sociétés comprises dans la consolidation.

Al. abrogé par Ord. nº 2020-1142 du 16 sept. 2020, art. 3, à compter du 1er janv. 2021.

En ce qui concerne les informations prévues au 5º du I du présent article, le rapport consolidé de gestion mentionne les principales caractéristiques des systèmes de contrôle interne et de gestion des risques pour l'ensemble des entreprises comprises dans la consolidation.

Sur les dispositions transitoires de l'Ord. nº 2017-1162 du 12 juill. 2017, V. note ss. art. L. 225-37.

Art. L. 225-100-2 *et* L. 225-100-3 *Abrogés par Ord. nº 2017-1162 du 12 juill. 2017, art. 9.*

Art. L. 225-101 Lorsque la société, dans les deux ans suivant son immatriculation, acquiert un bien appartenant à un actionnaire et dont la valeur est au moins égale à un dixième du capital social, un commissaire, chargé d'apprécier, sous sa responsabilité, la valeur de ce bien, est désigné par décision de justice, à la demande du président du conseil d'administration ou du directoire, selon le cas. Ce commissaire est soumis aux incompatibilités prévues à l'article *(L. nº 2016-1691 du 9 déc. 2016, art. 142-6º)* **« L. 822-11-3, sans préjudice de la possibilité d'être désigné pour accomplir les missions prévues aux articles L. 225-8, L. 225-131, L. 225-147, L. 228-15 et L. 228-39 ».**

Le rapport du commissaire est mis à la disposition des actionnaires. L'assemblée générale ordinaire statue sur l'évaluation du bien, à peine de nullité de l'acquisition. Le vendeur n'a voix délibérative ni pour lui-même ni comme mandataire.

Les dispositions du présent article ne sont pas applicables lorsque l'acquisition est faite en bourse, sous le contrôle d'une autorité judiciaire ou dans le cadre des opérations courantes de la société et conclues à des conditions normales. — *[L. nº 66-537 du 24 juill. 1966, art. 157-1.] — V. art. R. 225-83 et R. 225-103.*

BIBL. ▶ BARDOUL, *Rev. sociétés 1983. 285* (achat d'un bien important à un actionnaire, par une SA, moins de deux ans après sa constitution).

Art. L. 225-102 Le rapport *(Ord. nº 2017-1162 du 12 juill. 2017, art. 11-I)* « de gestion mentionné au deuxième alinéa de l'article L. 225-100 » présenté par le conseil d'administration ou le directoire, selon le cas, à l'assemblée générale rend compte annuellement de l'état de la participation des salariés au capital social au dernier jour de l'exercice et établit la proportion du capital que représentent les actions détenues par le personnel de la société et par le personnel des sociétés qui lui sont liées au sens de l'article L. 225-180 dans le cadre du plan d'épargne d'entreprise prévu par les articles L. 443-1 à L. 443-9 *[L. 3332-1 à L. 3332-28 nouv.]* du code du travail et par les salariés et anciens salariés dans le cadre des fonds communs de placement d'entreprise régis par le chapitre III de la loi nº 88-1201 du 23 décembre 1988 relative aux organismes de placement collectif en valeurs mobilières et portant création des fonds communs de créances *[C. mon. fin., art. L. 214-164 s. — **C. mon. fin.**]* *(L. nº 2015-990 du 6 août 2015, art. 135-III)* « Sont également prises en compte les actions nominatives détenues directement par les salariés en application des articles L. 225-187 et L. 225-196 du présent code dans leur rédaction antérieure à l'entrée en vigueur de la loi nº 2001-152 du 19 février 2001 sur l'épargne salariale, de l'article L. 225-197-1 du présent code, de l'article L. 3324-10 du code du travail, de l'article 31-2 de l'ordonnance nº 2014-948 du 20 août 2014 relative à la gouvernance et aux opérations sur le capital des sociétés à participation publique et de l'article 11 de la loi nº 86-912 du 6 août 1986 relative aux modalités des privatisations dans sa rédaction antérieure à l'entrée en vigueur de l'ordonnance nº 2014-948 du 20 août 2014 précitée. » — *V. les art. préc. du C. mon. fin., l'art. préc. du C. trav. et la loi du 6 août 1986, art. 11, au **C. sociétés.***

Les titres acquis par les salariés dans le cadre d'une opération de rachat d'une entreprise par ses salariés prévue par la loi nº 84-578 du 9 juillet 1984 sur le développement de l'initiative économique ainsi que par les salariés d'une *(L. nº 2014-856 du 31 juill. 2014, art. 30-I)* « société coopérative de production au sens de la loi nº 78-763 du 19 juillet 1978 portant statut de sociétés coopératives de production » ne sont pas pris en compte pour l'évaluation de la proportion du capital prévue à l'alinéa précédent. — *[L. nº 66-537 du 24 juill. 1966, art. 157-2.] — V. ladite loi du 19 juill. 1978 au **C. sociétés.***

(L. nº 2001-152 du 19 févr. 2001) « Lorsque le rapport annuel ne comprend pas les mentions prévues au premier alinéa, toute personne intéressée peut demander au président du tribunal statuant en référé d'enjoindre sous astreinte au conseil d'administration ou au directoire, selon le cas, de communiquer ces informations.

« Lorsqu'il est fait droit à la demande, l'astreinte et les frais de procédure sont à la charge des administrateurs ou des membres du directoire, selon le cas. »

Les modifications issues de la L. nº 2015-990 du 6 août 2015 s'appliquent aux actions gratuites dont l'attribution a été autorisée par une décision de l'assemblée générale extraordinaire postérieure à la publication de ladite loi. Toutefois les sociétés peuvent prévoir dans leurs statuts que les actions nominatives détenues directement par les salariés et régies par l'art. L. 225-197-1 C. com. dont l'attribution a été autorisée par des assemblées générales extraordinaires antérieurement à la publication de la L. préc. sont également prises en compte pour la détermination de la proportion du capital détenue par le personnel en application de l'art. L. 225-102 C. com. (L. préc., art. 135-VII, JO 7 août, mod. par L. nº 2019-486 du 22 mai 2019, art. 164).

Sur les dispositions transitoires de l'Ord. nº 2017-1162 du 12 juill. 2017, V. note ss. art. L. 225-37.

Art. L. 225-102-1 *(Ord. nº 2017-1180 du 19 juill. 2017, art. 1er)* I. — Une déclaration de performance extra-financière est insérée dans le rapport de gestion prévu au deuxième alinéa de l'article L. 225-100, lorsque le total du bilan ou le chiffre d'affaires et le nombre de salariés excèdent des seuils fixés par décret en Conseil d'État.

Al. abrogés par Ord. n° 2020-1142 du 16 sept. 2020, art. 3, à compter du 1er janv. 2021.

II. — Les sociétés mentionnées au I qui établissent des comptes consolidés conformément à l'article L. 233-16 sont tenues de publier une déclaration consolidée de performance extra-financière lorsque le total du bilan ou du chiffre d'affaires et le nombre de salariés de l'ensemble des entreprises comprises dans le périmètre de consolidation excèdent les seuils mentionnés au I.

III. — Dans la mesure nécessaire à la compréhension de la situation de la société, de l'évolution de ses affaires, de ses résultats économiques et financiers et des incidences de son activité, la déclaration mentionnée aux I et II présente des informations sur la manière dont la société prend en compte les conséquences sociales et environnementales de son activité *(Abrogé par Ord. n° 2020-1142 du 16 sept. 2020, art. 3, à compter du 1er janv. 2021)* ***« , ainsi que, pour les sociétés mentionnées au 1° du I, les effets de cette activité quant au respect des droits de l'homme et à la lutte contre la corruption*** *(L. n° 2018-898 du 23 oct. 2018, art. 20)* ***« et l'évasion fiscale » »***. La déclaration peut renvoyer, le cas échéant, aux informations mentionnées dans le plan de vigilance prévu au I de l'article L. 225-102-4.

La déclaration comprend notamment des informations relatives aux conséquences sur le changement climatique de l'activité de la société et de l'usage des biens et services qu'elle produit, à ses engagements sociétaux en faveur du développement durable, de l'économie circulaire *(L. n° 2018-938 du 30 oct. 2018, art. 55)* « , » de la lutte contre le gaspillage alimentaire *(L. n° 2018-938 du 30 oct. 2018, art. 55)* « , de la lutte contre la précarité alimentaire, du respect du bien-être animal et d'une alimentation responsable, équitable et durable », aux accords collectifs conclus dans l'entreprise et à leurs impacts sur la performance économique de l'entreprise ainsi que sur les conditions de travail des salariés *(L. n° 2018-771 du 5 sept. 2018, art. 84)* « , aux actions visant à lutter contre les discriminations et promouvoir les diversités *(L. n° 2022-296 du 2 mars 2022, art. 27)* « , aux actions visant à promouvoir la pratique d'activités physiques et sportives » et aux mesures prises en faveur des personnes handicapées ». *(L. n° 2021-1104 du 22 août 2021, art. 138)* « Les informations relatives aux conséquences sur le changement climatique mentionnées à la première phrase du présent alinéa comprennent les postes d'émissions directes et indirectes de gaz à effet de serre liées aux activités de transport amont et aval de l'activité et sont accompagnées d'un plan d'action visant à réduire ces émissions, notamment par le recours aux modes ferroviaire et fluvial ainsi qu'aux biocarburants dont le bilan énergétique et carbone est vertueux et à l'électromobilité. » — *L'art. 138 de la L. n° 2021-1104 du 22 août 2021 s'applique aux déclarations de performance extra-financière prévues à l'art. L. 225-102-1 afférentes aux exercices comptables ouverts à compter du 1er juill. 2022 (L. préc., art. 138-III).*

Lorsque la société établit une déclaration consolidée de performance extra-financière conformément au II, ces informations portent sur l'ensemble des entreprises incluses dans le périmètre de consolidation conformément à l'article L. 233-16.

Ces informations font l'objet d'une publication librement accessible sur le site internet de la société.

Un décret en Conseil d'État précise les modalités de présentation et de publication de ces informations, selon que la société relève du *(Ord. n° 2020-1142 du 16 sept. 2020, art. 3, en vigueur le 1er janv. 2021)* « I du présent article ou du I de l'article L. 22-10-36 ».

IV. — Les sociétés définies au I ou au II *(Ord. n° 2020-1142 du 16 sept. 2020, art. 3, en vigueur le 1er janv. 2021)* « et à l'article L. 22-10-36, » qui sont sous le contrôle d'une société qui les inclut dans ses comptes consolidés conformément à l'article L. 233-16 ne sont pas tenues de publier de déclaration sur la performance extra-financière si la société qui les contrôle est établie en France et publie une déclaration consolidée sur la performance extra-financière conformément au II du présent article ou si la société qui les contrôle est établie dans un autre État membre de l'Union européenne et publie une telle déclaration en application de la législation dont elle relève.

V. — Pour les sociétés dont le total du bilan ou le chiffre d'affaires et le nombre de salariés excèdent des seuils fixés par décret en Conseil d'État, le cas échéant sur une

base consolidée, les informations figurant dans les déclarations mentionnées au I et au II font l'objet d'une vérification par un organisme tiers indépendant, selon des modalités fixées par décret en Conseil d'État. Cette vérification donne lieu à un avis qui est transmis aux actionnaires en même temps que le rapport mentionné au deuxième alinéa de l'article L. 225-100.

VI. — Les sociétés qui s'acquittent de l'obligation énoncée au présent article sont réputées avoir satisfait à l'obligation prévue au 2° du I de l'article L. 225-100-1, pour ce qui concerne les indicateurs de performance de nature non financière.

Lorsque le rapport prévu au deuxième alinéa de l'article L. 225-100 ne comporte pas la déclaration prévue au I ou au II du présent article, toute personne intéressée peut demander au président du tribunal statuant en référé d'enjoindre, le cas échéant sous astreinte, au conseil d'administration ou au directoire, selon le cas, de communiquer les informations mentionnées au III *(Ord. n° 2020-1142 du 16 sept. 2020, art. 3, en vigueur le 1er janv. 2021)* **« ou à l'article L. 22-10-36 ». Lorsqu'il est fait droit à la demande, l'astreinte et les frais de procédure sont à la charge, individuellement ou solidairement selon le cas, des administrateurs ou des membres du directoire.**

Les dispositions de l'Ord. n° 2017-1180 du 19 juill. 2017 s'appliquent aux rapports afférents aux exercices ouverts à compter du 1er août 2017 (Ord. préc., art. 15).

V. art. R. 225-104 s.

BIBL. ▶ CUZACQ, *Rev. sociétés 2018. 347*. – MALECKI, *BJS 2017. 632*. – PARANCE et GROULX, *JCP E 2018. 1128*. – TEYSSIÉ, *ibid. 2021. 1356*. ▶ Sur la loi du 22 août 2021 : LERAY, *Rev. sociétés 2021. 682*. – A. LECOURT, *RTD com. 2021. 841*. – BUISINE, *BJS 9/2021. 58*. – PARACHKÉVOVA-RACINE, *BJS 12/2021. 53*. – MORTIER, *Dr. sociétés 2021, n° 143*.

Ancien art. L. 225-102-1 *(Abrogé par Ord. n° 2017-1162 du 12 juill. 2017, art. 11-II-1°) (L. n° 2001-420 du 15 mai 2001)* ***« Le rapport visé à l'article L. 225-102 rend compte de la rémunération totale et des avantages de toute nature versés, durant l'exercice, à chaque mandataire social*** *(Ord. n° 2004-604 du 24 juin 2004, art. 51-II)* ***« , y compris sous forme d'attribution de titres de capital, de titres de créances ou de titres donnant accès au capital ou donnant droit à l'attribution de titres de créances de la société ou des sociétés mentionnées aux articles L. 228-13 et L. 228-93 ».***

« Il indique également le montant des rémunérations et des avantages de toute nature que chacun de ces mandataires a reçu durant l'exercice de la part des sociétés contrôlées au sens de l'article L. 233-16 *(L. n° 2003-706 du 1er août 2003, art. 138)* ***« ou de la société qui contrôle, au sens du même article, la société dans laquelle le mandat est exercé ».***

(L. n° 2005-842 du 26 juill. 2005, art. 9-I) ***« Ce rapport décrit en les distinguant les éléments fixes, variables et exceptionnels composant ces rémunérations et avantages ainsi que les critères en application desquels ils ont été calculés ou les circonstances en vertu desquelles ils ont été établis.*** *(L. n° 2011-103 du 27 janv. 2011, art. 3)* ***« Il fait mention, s'il y a lieu, de l'application du second alinéa, selon le cas, de l'article L. 225-45 ou de l'article L. 225-83. » Il indique également les engagements de toutes natures, pris par la société au bénéfice de ses mandataires sociaux, correspondant à des éléments de rémunération, des indemnités ou des avantages dus ou susceptibles d'être dus à raison de la prise, de la cessation ou du changement de ces fonctions ou postérieurement à celles-ci*** *(L. n° 2015-990 du 6 août 2015, art. 229-I-5°)* ***« , notamment les engagements de retraite et autres avantages viagers ». L'information donnée à ce titre doit*** *(L. n° 2015-990 du 6 août 2015, art. 229-I-5°)* ***« , dans des conditions et selon des modalités fixées par décret, indiquer les modalités précises de détermination de ces engagements et contenir, pour chaque mandataire social, une estimation du montant des rentes qui seraient potentiellement versées au titre de ces engagements et des charges afférentes. » Hormis les cas de bonne foi, les versements effectués et les engagements pris en méconnaissance des dispositions du présent alinéa peuvent être annulés. »*** — *Les dispositions issues du 5° du I de l'art. 229 de la L. n° 2015-990 du 6 août 2015 sont applicables aux exercices ouverts à compter du 1er janv. 2015 (L. préc., art. 229-II).*

« Il comprend également la liste de l'ensemble des mandats et fonctions exercés dans toute société par chacun de ces mandataires durant l'exercice. »

(L. n° 2010-788 du 12 juill. 2010, art. 225-I ; Ord. n° 2017-1162 du 12 juill. 2017, art. 11-II-2°) ***« Le rapport mentionné au deuxième alinéa de l'article L. 225-100 comprend également des informations sur la manière dont la société prend en compte les conséquences sociales et environnementales de son activité*** *(L. n° 2015-992 du 17 août 2015, art. 173-IV-A)* ***« , incluant les conséquences sur le changement climatique de son activité et de l'usage des biens et services qu'elle produit, » ainsi que sur ses engagements sociétaux en faveur du développement durable*** *(L.*

*n° 2015-992 du 17 août 2015, art. 70-IV) « , **de l'économie circulaire** » (L. n° 2016-138 du 11 févr. 2016, art. 4) « , **de la lutte contre le gaspillage alimentaire** » (L. n° 2011-672 du 16 juin 2011, art. 9) « **et en faveur de la lutte contre les discriminations et de la promotion des diversités** ». (L. n° 2016-1088 du 8 août 2016, art. 37) « **Il fait état des accords collectifs conclus dans l'entreprise et de leurs impacts sur la performance économique de l'entreprise ainsi que sur les conditions de travail des salariés.** » **Un décret en Conseil d'État établit** (L. n° 2012-387 du 22 mars 2012, art. 12-I-1°) « **deux listes précisant les informations visées au présent alinéa ainsi que les modalités de leur présentation, de façon à permettre une comparaison des données, selon que la société est ou non admise aux négociations sur un marché réglementé.** » — L'art. 173-IV-A de la L. n° 2015-992 du 17 août 2015 est applicable dès l'exercice clos au 31 déc. 2016 (L. préc., art. 173-IV-B).*

***Al. 6 et 7** abrogés par L. n° 2010-1249 du 22 oct. 2010, art. 32-I-1°.*

*(L. n° 2010-1249 du 22 oct. 2010, art. 32-I-2°) « **L'alinéa précédent s'applique** » (L. n° 2010-788 du 12 juill. 2010, art. 225-I) « **aux sociétés dont les titres sont admis aux négociations sur un marché réglementé ainsi qu'aux sociétés dont le total de bilan ou le chiffre d'affaires et le nombre de salariés excèdent des seuils fixés par décret en Conseil d'État. Lorsque la société établit des comptes consolidés, les informations fournies sont consolidées et portent sur la société elle-même ainsi que sur l'ensemble de ses filiales au sens de l'article L. 233-1 ou les sociétés qu'elle contrôle au sens de l'article L. 233-3.** (L. n° 2012-387 du 22 mars 2012, art. 12-I-2°) « **Les filiales ou sociétés contrôlées qui dépassent les seuils mentionnés à la première phrase du présent alinéa ne sont pas tenues de publier les informations mentionnées au cinquième alinéa du présent article dès lors que ces informations sont publiées par la société qui les contrôle, au sens de l'article L. 233-3, de manière détaillée par filiale ou par société contrôlée et que ces filiales ou sociétés contrôlées indiquent comment y accéder dans leur propre rapport de gestion.** » **Lorsque les filiales ou les sociétés contrôlées sont installées sur le territoire national et qu'elles comportent des installations classées soumises à autorisation ou à enregistrement, les informations fournies portent sur chacune d'entre elles lorsque ces informations ne présentent pas un caractère consolidable.***

*« **Les informations sociales et environnementales figurant ou devant figurer au regard des obligations légales et réglementaires font l'objet d'une vérification par un organisme tiers indépendant, selon des modalités fixées par décret en Conseil d'État. Cette vérification donne lieu à un avis qui est transmis à l'assemblée des actionnaires ou des associés en même temps que le rapport du conseil d'administration ou du directoire.***

*« **L'alinéa précédent s'applique à partir de l'exercice** (L. n° 2012-387 du 22 mars 2012, art. 12-I-3°) « **qui a été ouvert après le** » **31 décembre 2011 pour les entreprises dont les titres sont admis aux négociations sur un marché réglementé. Il s'applique à partir de l'exercice clos au 31 décembre 2016 pour l'ensemble des entreprises concernées par le présent article.***

*« **L'avis de l'organisme tiers indépendant comporte notamment une attestation sur la présence de toutes les informations devant figurer au regard des obligations légales ou réglementaires. Cette attestation est due à partir de l'exercice** (L. n° 2012-387 du 22 mars 2012, art. 12-I-3°) « **qui a été ouvert après le** » **31 décembre 2011 pour l'ensemble des entreprises concernées par le présent article.** » — Les dispositions de la L. n° 2010-788 du 12 juill. 2010 s'appliquent aux exercices qui ont été ouverts après le 31 déc. 2011 (L. préc., art. 225-VII, mod. par L. n° 2012-387 du 22 mars 2012, art. 12-II).*

*(L. n° 2005-842 du 26 juill. 2005, art. 9-I) « **Les dispositions des deux derniers alinéas de l'article L. 225-102 sont applicables aux informations visées au présent article.** »*

*(Abrogé par Ord. n° 2017-1162 du 12 juill. 2017, art. 11-II-3°) (L. n° 2003-706 du 1er août 2003, art. 138) « **Les dispositions des premier** (L. n° 2005-842 du 26 juill. 2005, art. 9-I) « **à troisième** » **alinéas ne sont pas applicables aux sociétés dont les titres ne sont pas admis aux négociations sur un marché réglementé et qui ne sont pas contrôlées au sens de l'article L. 233-16 par une société dont les titres sont admis aux négociations sur un marché réglementé.** » (Ord. n° 2004-604 du 24 juin 2004, art. 51-II) « **Ces dispositions ne sont, en outre, pas applicables aux mandataires sociaux ne détenant aucun mandat dans une société dont les titres sont admis aux négociations sur un marché réglementé.** »*

*(L. n° 2010-1249 du 22 oct. 2010, art. 32-I-3°) « **A partir du 1er janvier** (L. n° 2012-387 du 22 mars 2012, art. 12-I-4°) « **2013** », **le Gouvernement présente tous les trois ans au Parlement un rapport relatif à l'application par les entreprises des dispositions visées au cinquième alinéa et aux actions qu'il promeut en France, en Europe et au niveau international pour encourager la responsabilité sociétale des entreprises.** »*

*(Abrogé par Ord. n° 2017-1162 du 12 juill. 2017, art. 11-II-3°) (Ord. n° 2014-863 du 31 juill. 2014, art. 11) « **Le rapport prévu à l'article L. 225-102 mentionne, sauf lorsqu'elles***

sont des conventions portant sur des opérations courantes et conclues à des conditions normales, les conventions intervenues, directement ou par personne interposée, entre, d'une part et selon le cas, l'un des membres du directoire ou du conseil de surveillance, le directeur général, l'un des directeurs généraux délégués, l'un des administrateurs ou l'un des actionnaires disposant d'une fraction des droits de vote supérieure à 10 %, d'une société et, d'autre part, une autre société dont cette dernière possède, directement ou indirectement, plus de la moitié du capital. »

V. note ss. art. L. 225-100.

Les modifications issues de la L. n° 2010-788 du 12 juill. 2010 sont applicables aux exercices qui ont été ouverts après le 31 déc. 2011 (L. préc., art. 225-VII, mod. par L. n° 2012-387 du 22 mars 2012, art. 12-II).

Les dispositions des trois premiers al. [devenus les al. 1er, 2 et 4] al. de l'art. L. 225-102-1 prennent effet à compter de la publication du rapport annuel portant sur l'exercice ouvert à compter du 1er janv. 2001, celles du dernier [cinquième] al. de l'art. L. 225-102-1 prennent effet à compter de la publication du rapport annuel portant sur l'exercice ouvert à compter du 1er janv. 2002 (L. n° 2001-420 du 15 mai 2001, art. 116-II, JO 16 mai). Ces dates sont respectivement le 1er janv. 2004 et le 1er janv. 2005 pour Mayotte, la Nouvelle-Calédonie et les îles Wallis-et-Futuna (Ord. n° 2004-604 du 24 juin 2004, art. 65-I).

Les dispositions issues de l'art. 173 de la L. n° 2015-992 du 17 août 2015 sont applicables dès l'exercice clos au 31 déc. 2016 (L. préc., art. 173-IV-B).

Sur les dispositions transitoires de l'Ord. n° 2017-1162 du 12 juill. 2017, V. note ss. art. L. 225-37.

BIBL. ▸ Sur l'information sociale et environnementale : MALECKI, *D. 2003. Chron. 818* (de nouvelles responsabilités pour les sociétés cotées ?). – SOBCZAK, *JCP E 2003, n° 14, p. 598* (lecture critique de la loi NRE et de son décret d'application). – J. MARTIN, *Rev. sociétés 2011. 75* (L. du 12 juill. 2010). – MERCIER, *BJS 2011. 69* (même thème). – DUPOUY, *Dr. sociétés 2012. Étude 16* (enjeux et perspectives). – MALECKI, *BJS 2012. 411* (L. du 22 mars 2012). – ROLLAND, *ibid. 2014. 287* (reporting social, sociétal et environnemental : regards critiques). – CUZACQ, *Rev. sociétés 2015. 707* (Dir. 2014/95/UE du 22 oct. 2014).

▸ Sur l'information sur la rémunération des dirigeants : DONDERO, *LPA 27 avr. 2004* (pour une transparence ponctuelle de la rémunération des mandataires sociaux des SA non cotées). – MALECKI, *BJS 2005. 1194* (L. du 26 juill. 2005). – CHAMPAUD et DANET, *RTD com. 2005. 749* (même thème). – VIANDIER, *JCP E 2013, n° 1416* (avis consultatif de l'assemblée des actionnaires sur la rémunération des dirigeants).

Mention des rémunérations. La loi ne précisant pas ce qu'il faut entendre par « rémunération totale et avantages de toute nature versés », la doctrine élaborée dans le cadre de l'art. L. 225-115 (4°), relatif au montant global des rémunérations versées aux personnes les mieux rémunérées, constitue une référence possible (Avis CNCC : *Bull. CNCC n° 124, p. 672 ; JCP E 2002, n° 23, p. 926*). ♦ Toutefois, s'agissant de rémunérations ou d'avantages « versés », seules doivent être retenues les sommes effectivement mises à la disposition de l'intéressé, soit par paiement effectif ou par inscription sur le bulletin de paie, soit par inscription en compte courant (même avis).

Art. L. 225-102-2 *(L. n° 2003-699 du 30 juill. 2003, art. 23)* **Pour les sociétés exploitant au moins une installation figurant sur la liste prévue** *(L. n° 2013-619 du 16 juill. 2013, art. 11-II, en vigueur le 1er juin 2015)* **« à l'article L. 515-36 » du code de l'environnement, le rapport** *(Ord. n° 2017-1162 du 12 juill. 2017, art. 11-III)* **« mentionné au deuxième alinéa de l'article L. 225-100 » du présent code :**

— informe de la politique de prévention du risque d'accident technologique menée par la société ;

— rend compte de la capacité de la société à couvrir sa responsabilité civile vis-à-vis des biens et des personnes du fait de l'exploitation de telles installations ;

— précise les moyens prévus par la société pour assurer la gestion de l'indemnisation des victimes en cas d'accident technologique engageant sa responsabilité.

Sur les dispositions transitoires de l'Ord. n° 2017-1162 du 12 juill. 2017, V. note ss. art. L. 225-37.

Art. L. 225-102-3 *(L. n° 2014-1662 du 30 déc. 2014, art. 12-I)* **I. — Les sociétés mentionnées aux 1° à 3° de l'article L. 123-16-2 ou celles qui dépassent, au titre du dernier exercice comptable clos et sur une base annuelle, deux des trois seuils fixés, respectivement, pour le total de bilan, le montant net du chiffre d'affaires ou le nombre moyen de salariés et dont tout ou partie des activités consiste en l'exploration, la prospection, la découverte, l'exploitation ou l'extraction d'hydrocarbures, de houille et**

de lignite, de minerais métalliques, de pierres, de sables et d'argiles, de minéraux chimiques et d'engrais minéraux, de tourbe, de sel ou d'autres ressources minérales ou en l'exploitation de forêts primaires rendent public annuellement et dans les conditions fixées au III du présent article un rapport sur les paiements effectués au profit des autorités de chacun des États ou territoires dans lesquels elles exercent ces activités.

Par dérogation au premier alinéa du présent I, les sociétés mentionnées au même premier alinéa et les sociétés qui contrôlent, au sens de l'article L. 233-16, une société remplissant les conditions prévues au même I et qui sont tenues d'établir des comptes consolidés en application du même article L. 233-16 rendent public un rapport consolidé sur les paiements effectués au profit des autorités d'un ou de plusieurs États ou territoires.

II. – Une société contrôlée remplissant les conditions du I du présent article et celles de l'article L. 233-19 n'est pas incluse dans le champ du rapport consolidé mentionné au second alinéa du I du présent article.

Les sociétés contrôlées répondant aux conditions prévues au même I ne sont pas tenues de publier un rapport lorsque leur société consolidante relève du droit d'un État membre de l'Union européenne et que les paiements effectués par ces sociétés sont inclus dans le rapport consolidé établi par la société consolidante en application de la législation dont elle relève.

III. – Le rapport sur les paiements prévu au I du présent article mentionne le montant de tout versement individuel, ou ensemble de versements lorsque ceux-ci sont liés entre eux, égal ou supérieur à 100 000 € au cours de l'exercice précédent et qui est effectué au profit de toute autorité nationale, régionale ou locale d'un État ou territoire, ou de toute administration, agence ou entreprise contrôlée, au sens de l'article L. 233-16, par une telle autorité, ainsi que le montant des paiements effectués pour chacune des catégories de paiements définies comme suit :

1° Droits à la production ;

2° Impôts ou taxes perçus sur le revenu, la production ou les bénéfices des sociétés, à l'exclusion des impôts ou taxes perçus sur la consommation, tels que les taxes sur la valeur ajoutée, les impôts sur le revenu des personnes physiques ou les impôts sur les ventes ;

3° Redevances ;

4° Dividendes ;

5° Primes de signature, de découverte et de production ;

6° Droits de licence, frais de location, droits d'entrée et autres contreparties de licence et/ou de concession ;

7° Paiements pour des améliorations des infrastructures.

Lorsque ces paiements ont été imputés à un ou à plusieurs projets spécifiques, le rapport précise également le montant total et par catégorie des paiements effectués pour chacun des projets.

Un projet désigne les activités opérationnelles régies par un contrat, une licence, un bail, une concession ou tout autre accord juridique similaire ou par un ensemble de ces accords lorsque ceux-ci ont un lien substantiel entre eux, et constituant la base d'obligations de paiement.

IV. – Le rapport sur les paiements prévu au I fait l'objet d'une approbation par le conseil d'administration ou le directoire. Il est déposé au greffe du tribunal de commerce, pour être annexé au registre du commerce et des sociétés, dans le mois suivant l'approbation des comptes annuels par l'assemblée générale des actionnaires ou dans les deux mois suivant cette approbation lorsque ce dépôt est effectué par voie électronique. Il fait également l'objet, dans les mêmes délais, d'une publication gratuite, accessible au public et lisible sur le site internet de la société, dans des conditions prévues par décret en Conseil d'État.

V. – Les conditions d'application du présent article sont fixées par décret en Conseil d'État, en ce qui concerne notamment les seuils prévus au premier alinéa du I, les catégories de paiements prévues au premier alinéa du III et la publication sur le site internet de la société prévue au IV.

VI. – Le fait de ne pas satisfaire aux obligations de publicité prévues au IV ou de publier des informations partielles ou erronées est puni d'une amende de 3 750 €.

Les personnes morales encourent, outre cette amende, la peine complémentaire prévue au 9° de l'article 131-39 du code pénal.

VII. abrogé par Ord. n° 2020-1142 du 16 sept. 2020, art. 3, à compter du 1er janv. 2021.

L'art. 12 de la L. n° 2014-1662 du 30 déc. 2014 est applicable aux exercices ouverts à compter du 1er janv. 2015 dans les sociétés dont le nombre moyen de salariés permanents, y compris ceux des filiales directes ou indirectes, est supérieur à 5 000 au cours de l'exercice, et à compter du 1er janv. 2016 dans les autres sociétés (L. préc., art. 26).

Art. L. 225-102-4 *(L. n° 2017-399 du 27 mars 2017, art. 1er)* I. — Toute société qui emploie, à la clôture de deux exercices consécutifs, au moins cinq mille salariés en son sein et dans ses filiales directes ou indirectes dont le siège social est fixé sur le territoire français, ou au moins dix mille salariés en son sein et dans ses filiales directes ou indirectes dont le siège social est fixé sur le territoire français ou à l'étranger, établit et met en œuvre de manière effective un plan de vigilance.

Les filiales ou sociétés contrôlées qui dépassent les seuils mentionnés au premier alinéa sont réputées satisfaire aux obligations prévues au présent article dès lors que la société qui les contrôle, au sens de l'article L. 233-3, établit et met en œuvre un plan de vigilance relatif à l'activité de la société et de l'ensemble des filiales ou sociétés qu'elle contrôle.

Le plan comporte les mesures de vigilance raisonnable propres à identifier les risques et à prévenir les atteintes graves envers les droits humains et les libertés fondamentales, la santé et la sécurité des personnes ainsi que l'environnement, résultant des activités de la société et de celles des sociétés qu'elle contrôle au sens du II de l'article L. 233-16, directement ou indirectement, ainsi que des activités des sous-traitants ou fournisseurs avec lesquels est entretenue une relation commerciale établie, lorsque ces activités sont rattachées à cette relation.

(L. n° 2021-1104 du 22 août 2021, art. 273, en vigueur le 1er janv. 2024) « Pour les sociétés produisant ou commercialisant des produits issus de l'exploitation agricole ou forestière, ce plan comporte en particulier des mesures de vigilance raisonnable propres à identifier les risques et à prévenir la déforestation associée à la production et au transport vers la France de biens et de services importés.

« Un arrêté définit les catégories d'entreprises mentionnées au quatrième alinéa du présent I. »

Le plan a vocation à être élaboré en association avec les parties prenantes de la société, le cas échéant dans le cadre d'initiatives pluripartites au sein de filières ou à l'échelle territoriale. Il comprend les mesures suivantes :

1° Une cartographie des risques destinée à leur identification, leur analyse et leur hiérarchisation ;

2° Des procédures d'évaluation régulière de la situation des filiales, des sous-traitants ou fournisseurs avec lesquels est entretenue une relation commerciale établie, au regard de la cartographie des risques ;

3° Des actions adaptées d'atténuation des risques ou de prévention des atteintes graves ;

4° Un mécanisme d'alerte et de recueil des signalements relatifs à l'existence ou à la réalisation des risques, établi en concertation avec les organisations syndicales représentatives dans ladite société ;

5° Un dispositif de suivi des mesures mises en œuvre et d'évaluation de leur efficacité.

Le plan de vigilance et le compte rendu de sa mise en œuvre effective sont rendus publics et inclus dans le rapport *(Ord. n° 2017-1162 du 12 juill. 2017, art. 11-IV)* « de gestion mentionné au deuxième alinéa de l'article L. 225-100. »

Un décret en Conseil d'État peut compléter les mesures de vigilance prévues aux 1° à 5° du présent article. Il peut préciser les modalités d'élaboration et de mise en œuvre du plan de vigilance, le cas échéant dans le cadre d'initiatives pluripartites au sein de filières ou à l'échelle territoriale.

II. — Lorsqu'une société mise en demeure de respecter les obligations prévues au I n'y satisfait pas dans un délai de trois mois à compter de la mise en demeure, la juridiction compétente peut, à la demande de toute personne justifiant d'un intérêt à agir, lui enjoindre, le cas échéant sous astreinte, de les respecter.

Le président du tribunal, statuant en référé, peut être saisi aux mêmes fins.

Les art. L. 225-102-4 et L. 225-102-5 s'appliquent à compter du rapport mentionné à l'art. L. 225-102 portant sur le premier exercice ouvert après la publication de la L. n° 2017-399 du 27 mars 2017. Par dérogation, pour l'exercice au cours duquel la L. n° 2017-399 du 27 mars 2017 a été publiée, le I de l'art. L. 225-102-4 s'applique, à l'exception du compte rendu prévu à son avant-dernier al. (L. préc., art. 4, JO 28 mars).

Sur les dispositions transitoires de l'Ord. n° 2017-1162 du 12 juill. 2017, V. note ss. art. L. 225-37.

Le TJ de Paris connaît des actions relatives au devoir de vigilance fondées sur les art. L. 225-102-4 et L. 225-102-5 C. com. (COJ, art. L. 211-21, issu de la L. n° 2021-1729 du 22 déc. 2021, art. 56).

BIBL. ▶ DANIS-FATÔME et VINEY, *D. 2017. Chron. 1610* (responsabilité civile dans la loi du 27 mars 2017). – BOUCOBZA et SERINET, *ibid. 1619* (loi « Sapin 2 » et devoir de vigilance : l'entreprise face aux nouveaux défis de la *compliance*). – SCHILLER, *JCP E 2017. 1193*. – *BRDA 2017, n° 8, p. 19*. – MALECKI, *BJS 2017. 298*. – HEINICH, *Dr. sociétés 2017, n° 78*. – TAP, *RJ com. 2018. 5*. – CAMY, *JCP E 2021. 1135* (loi sur le devoir de vigilance et loi Sapin II : quelles obligations des entreprises ?). – D. MARTIN et SIRET, *D. 2021. Chron. 1044* (quelle compétence d'attribution et territoriale en cas de mise en cause du devoir de vigilance ?). – TEYSSIÉ, *ibid. 1823* (le plan de vigilance – trois années d'application). ▶ Sur la loi du 22 août 2021, V. Bibl. ss. art. L. 225-102-1.

Il résulte de l'art. L. 211-3 COJ et des art. L. 721-3 et L. 225-102-4 C. com. que le plan de vigilance, incombant à une société anonyme en application du troisième texte, ne constitue pas un acte de commerce au sens du 3° du deuxième texte et que, si l'établissement et la mise en œuvre d'un tel plan présentent un lien direct avec la gestion de cette société, justifiant la compétence des juridictions consulaires par application du 2° du deuxième texte, le demandeur non commerçant qui entend agir à cette fin dispose toutefois, en ce cas, du choix de saisir le tribunal civil ou le tribunal de commerce. • Com. 15 déc. 2021, n° 21-11.882 B : *D. 2022. Actu. 7* ; *Rev. sociétés 2022. 173, note Reygrobellet* ; *JCP E 2022. 1067, note Dondero* ; *Dr. sociétés 2022, n° 30, note Hamelin* ; *Gaz. Pal. 15 mars 2022, p. 71, obs. Rodriguez.* ♦ Comp., désormais : COJ, art. L. 211-21, en note ci-dessus.

Art. L. 225-102-5 *(L. n° 2017-399 du 27 mars 2017, art. 2)* **Dans les conditions prévues aux articles 1240 et 1241 du code civil, le manquement aux obligations définies à l'article L. 225-102-4 du présent code engage la responsabilité de son auteur et l'oblige à réparer le préjudice que l'exécution de ces obligations aurait permis d'éviter.**

L'action en responsabilité est introduite devant la juridiction compétente par toute personne justifiant d'un intérêt à agir à cette fin.

La juridiction peut ordonner la publication, la diffusion ou l'affichage de sa décision ou d'un extrait de celle-ci, selon les modalités qu'elle précise. Les frais sont supportés par la personne condamnée.

La juridiction peut ordonner l'exécution de sa décision sous astreinte.

V. 1re et 3e notes ss. art. L. 225-102-4.

Art. L. 225-103 **I. — L'assemblée générale est convoquée par le conseil d'administration ou le directoire, selon le cas.**

II. — A défaut, l'assemblée générale peut être également convoquée :

1° Par les commissaires aux comptes ;

2° Par un mandataire, désigné en justice, à la demande, soit de tout intéressé en cas d'urgence, soit d'un ou plusieurs actionnaires réunissant au moins *(L. n° 2001-420 du 15 mai 2001)* **« 5 % » du capital social, soit d'une association d'actionnaires répondant aux conditions fixées à l'article L. 225-120 ;**

3° Par les liquidateurs ;

4° Par les actionnaires majoritaires en capital ou en droits de vote après une offre publique d'achat ou d'échange ou après une cession d'un bloc de contrôle.

III. — Dans les sociétés soumises aux articles L. 225-57 à L. 225-93, l'assemblée générale peut être convoquée par le conseil de surveillance.

IV. — Les dispositions qui précédent *[précèdent]* **sont applicables aux assemblées spéciales. Les actionnaires agissant en désignation d'un mandataire de justice doivent**

réunir au moins *(L. n° 2012-387 du 22 mars 2012, art. 17-II)* **« un vingtième » des actions de la catégorie intéressée.**

V. — Sauf clause contraire des statuts, les assemblées d'actionnaires sont réunies au siège social ou en tout autre lieu du même département. — *[L. n° 66-537 du 24 juill. 1966, art. 158.] — V. art. R. 225-65 et R. 225-162.*

1. Exclusion de l'auto-convocation. Le droit de convoquer l'assemblée générale entrant dans les fonctions propres au conseil chargé d'administrer la SA, l'assemblée générale ne peut, à peine de nullité de sa délibération, empiéter sur les attributions dudit conseil. • Com. 30 avr. 1968, n° 63-12.001 P : *D. 1969. 89, note Lacombe.* ♦ L'assemblée générale ne peut en particulier, sans porter atteinte aux pouvoirs que la loi reconnaît au conseil d'administration, ni se réunir spontanément, ni usurper à son profit pour le confier à un tiers sans qualité le droit de convoquer les actionnaires en assemblée générale. • Même arrêt.

2. Convocation par un commissaire aux comptes. Ne constitue pas une immixtion abusive dans la gestion de la société le fait pour le commissaire aux comptes de convoquer une assemblée générale afin de lui soumettre des solutions propres à mettre fin aux graves dissentiments existant entre les dirigeants sociaux. • Paris, 22 févr. 1980 : *D. 1982. IR 15, obs. Bousquet ; Rev. sociétés 1980. 489, note Guyon.*

3. Convocation par un mandataire ad hoc. Un actionnaire représentant plus d'un dixième [5 %] du capital social n'a pas à justifier d'une quelconque urgence pour demander, sur le fondement de l'art. 158 (2°) de la L. de 1966 [C. com., art. L. 225-103], la désignation d'un mandataire chargé de convoquer une assemblée générale. • Paris, 10 avr. 1989 : *Rev. sociétés 1989. 485, note Forschbach.* ♦ La condition d'urgence visée par l'art. L. 225-103 ne s'impose que lorsque l'action est engagée par toute personne intéressée, indépendamment de sa qualité d'actionnaire ou du nombre de parts qu'elle détient. Cette circonstance particulière permet notamment à des créanciers, à des obligataires ou même au commissaire aux comptes d'agir en vue de voir désigner un mandataire aux fins de convocation (Rép. min. n° 10958 : *JO Sénat Q 10 févr. 2005, p. 402 ; D. 2005. 635*). ♦ L'exigence relative aux seuils de détention du capital doit être appréciée au jour de l'acte introductif d'instance (même réponse).

4. Conformité à l'intérêt social. La désignation d'un mandataire *ad hoc* en application de l'art. L. 225-103, II, 2°, n'est subordonnée ni au fonctionnement anormal de la société, ni à la menace d'un péril imminent ou d'un trouble manifestement illicite, mais seulement à la démonstration de sa conformité à l'intérêt social. • Com. 13 janv. 2021, n° 18-24.853 P : *D. 2021. Pan. 1944, obs. Lamazerolles ; Rev. sociétés 2021. 248, note Viandier ; BJS 3/2021. 17, note M. Storck ; RJDA 2021, n° 314 ; JCP 2021. 375, note B. Lecourt ; JCP E 2021. 1384, n° 9, obs. Valiergue ; Dr. sociétés 2021, n° 61, note Hamelin ; Gaz. Pal. 15 juin 2021, p. 74, obs. Buchberger.* ♦ L'organisation de la SA étant soumise à la loi de la majorité, il n'appartient pas au juge saisi en référé par un actionnaire ou un groupe d'actionnaires réunissant au moins le dixième [5 %] du capital social d'une demande tendant à la désignation d'un mandataire de justice, chargé de convoquer l'assemblée générale, d'apprécier l'opportunité de la mesure sollicitée ; le fait que la demande émane d'un groupe important d'actionnaires, voire d'un groupe représentant plus de la moitié du capital social, n'est pas à lui seul suffisant pour qu'il y soit fait droit ; le contrôle du juge doit porter sur la finalité de l'action, son rôle consistant à vérifier que la demande tend bien à des fins légitimes, conformes à l'intérêt social, et non à la satisfaction de fins propres aux demandeurs. • Colmar, 24 sept. 1975 : *D. 1976. 348, note Guyon.* ♦ S'agissant d'une société par actions dont la gestion normale est entravée par une lutte de majorité et l'antagonisme des intérêts en présence, la juridiction des référés, à qui il appartient d'apprécier souverainement le péril social et l'urgence, a légalement justifié sa décision de nommer un mandataire aux fins de statuer sur les questions en litige, après avoir constaté que la situation ainsi décrite ne saurait se prolonger sans nuire aux intérêts de la société. • Com. 22 avr. 1966, n° 64-14.088 P. ♦ L'art. 158 de la L. de 1966 [C. com., art. L. 225-103] laisse au juge des référés un pouvoir d'appréciation pour déterminer si la convocation est conforme à l'intérêt de la société et n'est pas sollicitée pour la seule satisfaction d'un intérêt personnel. • Paris, 15 mars 1990 : *D. 1992. Somm. 179, obs. Bousquet.* ♦ L'art. 158 (2°) de la L. de 1966 [C. com., art. L. 225-103] laisse à la juridiction saisie le soin d'apprécier l'opportunité de la mesure sollicitée ; la convocation de l'assemblée générale des actionnaires d'une SA ne peut être ordonnée par justice que pour des raisons légitimes et suffisamment graves, telles que la carence du conseil d'administration ou l'orientation donnée par lui aux affaires sociales dans une direction ou avec des mobiles contraires aux intérêts de la société, ou en opposition avec la volonté exprimée par l'assemblée générale. • Douai, 11 févr. 1972 : *D. 1972. 279, note Schmidt ; Rev. sociétés 1972. 496, note Hémard.*

5. Ajournement de l'assemblée. Les administrateurs ont le pouvoir d'ajourner la date de réunion de l'assemblée générale. ♦ V. sur l'annulation d'une assemblée qui, malgré son ajournement, avait été tenue par un groupe d'actionnaires dissidents : • Paris, 12 avr. 1902 : *DP 1906. 2. 345, note Levillain.* ♦ Des actions ayant été, en raison d'un litige en cours relatif à leur propriété, placées sous séquestre avec défense d'exercice du droit de vote, le juge des référés peut décider d'ajourner la tenue de l'assemblée générale ordinaire des actionnaires, dès lors que, constatant que toutes les parties sont d'accord pour admettre que les actions constituent un groupe charnière pouvant décider de la majorité, il estime de ce fait que leur absence à l'assemblée générale est de nature à rendre irrégulières les décisions qui seraient prises. • Com. 9 mai 1961, n° 60-11.995 P : *D. 1962. Somm. 31.* ♦ V. aussi note 1 ss. art. L. 225-100.

6. Nature non publique des assemblées. La réunion des actionnaires d'une société, convoqués individuellement pour délibérer sur les affaires sociales et admis dans l'assemblée après que leur personnalité a été contrôlée, ne constitue pas une réunion publique au sens de la L. du 29 juill. 1881 sur la presse. • Crim. 27 nov. 1920 : *Gaz. Pal. 1921. 1. 208.*

Art. L. 225-103-1 *(Ord. n° 2017-747 du 4 mai 2017, art. 3) (Abrogé par Ord. n° 2020-1142 du 16 sept. 2020, art. 3, à compter du 1er janv. 2021)* ***« Dans les sociétés dont les actions ne sont pas admises aux négociations sur un marché réglementé, »*** **les statuts peuvent prévoir que, sans préjudice des dispositions du I de l'article L. 225-107, les assemblées générales extraordinaires mentionnées à l'article L. 225-96 et les assemblées générales ordinaires mentionnées à l'article L. 225-98 sont** *[soient]* **tenues exclusivement par visioconférence ou par des moyens de télécommunication permettant l'identification des actionnaires.**

Toutefois, pour *(L. n° 2019-744 du 19 juill. 2019, art. 17)* **« les assemblées générales extraordinaires mentionnées à l'article L. 225-96 », un ou plusieurs actionnaires représentant au moins 5 % du capital social peuvent s'opposer à ce qu'il soit recouru exclusivement aux modalités de participation à l'assemblée définies au premier alinéa.**

Les conditions d'application du présent article sont précisées par décret en Conseil d'État. – *V. art. R. 225-61-1 s.*

BIBL. ► LHUILLIER, *Rev. sociétés 2018. 287.* – VAMPARYS, *Dr. sociétés 2018. Étude 11.*

Art. L. 225-104 **La convocation des assemblées d'actionnaires est faite dans les formes et délais fixés par décret en Conseil d'État.** – *V. art. R. 225-62, R. 225-66 à R. 225-70.*

Toute assemblée irrégulièrement convoquée peut être annulée. Toutefois, l'action en nullité n'est pas recevable lorsque tous les actionnaires étaient présents ou représentés. – *[L. n° 66-537 du 24 juill. 1966, art. 159.]*

1. Cas d'annulation. Faute de convocation d'un actionnaire, l'annulation de l'assemblée générale peut être prononcée du seul fait de son exclusion, quel que soit le nombre de titres dont l'actionnaire évincé était porteur. • Com. 31 oct. 1956 : *Bull. civ. III, n° 270 ; JCP 1957. II. 9889.* ♦ Est justifiée l'annulation d'une assemblée générale extraordinaire lorsque des actionnaires minoritaires, par une convocation qui ne respectait pas le délai légal et par le refus d'admission qui leur fut opposé, avaient été éliminés par ruse et artifice. • Com. 6 juill. 1983, n° 82-12.910 : *D. 1983. IR 476 ; Rev. sociétés 1984. 76, note Guyon.* ♦ Un associé est irrecevable à solliciter la nullité d'une assemblée du chef d'une prétendue irrégularité de convocation lorsque cet associé était présent à l'assemblée et qu'il a pu utilement participer aux débats. • Versailles, 24 juin 1993 : *BJS 1993. 1013, note Le Cannu.* ♦ Une cour d'appel a pu admettre souverainement la validité de la fixation de la réunion d'une assemblée générale convoquée par le commissaire aux comptes dans un lieu autre que le siège social en jugeant que, dans les circonstances de l'espèce, la clause des statuts conférant au conseil d'administration le droit de faire une telle désignation était applicable au commissaire aux comptes en sa qualité d'autre organe de la société qualifié pour convoquer l'assemblée. • Com. 9 juin 1969, n° 67-13.411 P : *D. 1970. 106, note Pirovano ; Rev. sociétés 1970. 285.*

2. Charge de la preuve. En ce sens que c'est sur la société que pèse la charge de la preuve de la réalité de la convocation, V. • Com. 10 nov. 2009, n° 05-15.809 : *RTD com. 2010. 134, obs. Champaud et Danet ; RJDA 2010, n° 150 ; Dr. sociétés 2010, n° 40, obs. Coquelet ; BJS 2010. 124, note Schmidt.*

3. Pouvoir d'appréciation du juge. La cour d'appel qui refuse de prononcer la nullité d'une assemblée de fusion convoquée par un conseil d'administration irrégulièrement constitué ne fait qu'user de la faculté d'appréciation que lui laisse l'art. 159, al. 2, de la L. du 24 juill. 1966 [C. com., art. L. 225-104]. • Com. 9 juill. 2002, n° 99-10.453 P : *D. 2002. AJ 2408 ; RTD com. 2002. 692, obs. Chazal et Reinhard ; Rev. sociétés 2002. 716, note Guyon ; JCP E 2003, n° 16, p. 710, obs. Caussain, Deboissy et Wicker ; BJS 2002. 939, note Couret ; Dr. sociétés 2002, n° 222, obs. F.-X. Lucas.*

4. Portée de l'annulation. La nullité d'une réunion du conseil d'administration ayant convoqué une assemblée générale ordinaire avec un ordre du jour circonstancié entraîne celle de ladite assemblée et de toutes les résolutions adoptées par elle. • Com. 22 déc. 1969, n° 67-13.386 P.

Art. L. 225-105 **L'ordre du jour des assemblées est arrêté par l'auteur de la convocation.**

Toutefois, un ou plusieurs actionnaires représentant au moins 5 % du capital ou une association d'actionnaires répondant aux conditions fixées à l'article L. 225-120 ont la faculté de requérir l'inscription à l'ordre du jour *(Ord. n° 2010-1511 du 9 déc. 2010, art. 2)* **« de points ou » de projets de résolution. Ces** *(Ord. n° 2010-1511 du 9 déc. 2010, art. 2)* **« points ou ces » projets de résolution sont inscrits à l'ordre du jour de l'assemblée** *(L. n° 2003-706 du 1er août 2003)* **« et portés à la connaissance des actionnaires » dans les conditions déterminées par décret en Conseil d'État. Celui-ci peut réduire le pourcentage exigé par le présent alinéa, lorsque le capital social excède un montant fixé par ledit décret.** – *V. art. R. 225-71 à R. 225-74.*

L'assemblée ne peut délibérer sur une question qui n'est pas inscrite à l'ordre du jour. Néanmoins, elle peut, en toutes circonstances, révoquer un ou plusieurs administrateurs ou membres du conseil de surveillance et procéder à leur remplacement.

L'ordre du jour de l'assemblée ne peut être modifié sur deuxième convocation. – *[L. n° 66-537 du 24 juill. 1966, art. 160.]*

(L. n° 2003-706 du 1er août 2003) **« Lorsque l'assemblée est appelée à délibérer sur des modifications de l'organisation économique ou juridique de l'entreprise sur lesquelles le comité d'entreprise** *[comité social et économique]* **a été consulté en application de l'article L. 432-1** *[L. 2312-8]* **du code du travail, l'avis de celui-ci lui est communiqué. »**

Les dispositions issues de l'Ord. n° 2010-1511 du 9 sept. 2010 s'appliquent aux assemblées tenues à compter du 1er janv. 2011 (Ord. préc., art. 7).

1. Contenu de l'ordre du jour. Sur la nullité d'une assemblée générale pour insuffisance de l'ordre du jour, relative à la résiliation d'un contrat de concession, V. • Com. 7 mars 1984 : *Rev. sociétés 1984. 793, note Guyon.* ♦ Si le conseil d'administration a l'obligation d'inscrire à l'ordre du jour de l'assemblée générale ordinaire la question du remplacement d'un administrateur dont le mandat est expiré, il n'est pas tenu de proposer la réélection de l'intéressé. • Com. 7 nov. 1989, n° 88-11.381 P : *D. 1989. IR 310 ; Rev. sociétés 1990. 36, note Guyon ; BJS 1990. 77, note Le Cannu.* ♦ Sur le caractère abusif d'une décision de non-renouvellement précipité ou vexatoire, V. note 7 ss. art. L. 225-18. ♦ L'assemblée générale des actionnaires ayant voté la suppression du droit préférentiel de souscription pour la totalité de l'augmentation de capital à laquelle elle décidait de procéder sans que cette question ait été inscrite à l'ordre du jour, les résolutions litigieuses doivent être annulées. • Com. 25 sept. 2012, n° 11-17.256 P : *D. 2012. Actu. 2301, obs. Lienhard ; Rev. sociétés 2013. 158, note Le Nabasque ; RJDA 2012, n° 1088 ; BJS 2012. 847, note Mortier ; Dr. sociétés 2013, n° 5, obs. Roussille.* ♦ Sur la faculté, pour les actionnaires, de requérir l'inscription à l'ordre du jour de projets de résolution, V. * Rép. min. n° 27249 : *JOAN Q 27 janv. 1973, p. 234.*

2. Incidents de séance. BIBL. NDLR, *BRDA 2010, n° 8, p. 12* (traitement des incidents en cours d'assemblée générale). ♦ Lorsqu'un administrateur démissionne au cours d'une assemblée générale, il peut être pourvu immédiatement à son remplacement, même si l'ordre du jour ne l'a pas prévu. • Rouen, 16 juin 1983 : *BRDA 1983, n° 21, p. 10.* ♦ Si l'art. 90 de la L. du 24 juill. 1966 [C. com., art. L. 225-18] confère à l'assemblée générale ordinaire des pouvoirs de nomination et de révocation des administrateurs, il ne lui attribue pas ces pouvoirs à titre exclusif ; l'art. 160 de la loi [C. com., art. L. 225-105] ne réserve pas le droit de révocation à l'une ou l'autre des assemblées et apparaît d'un caractère absolument général ; par suite, l'assemblée extraordinaire qui a retiré sa confiance aux administrateurs par un vote sur l'une des matières de sa compétence qui lui étaient soumise procède dans les mêmes conditions de vote à la révocation et au remplacement des administrateurs. • Rennes, 25 févr. 1972 : *Rev. sociétés 1974. 101 et la note ; JCP 1972. II. 17220, note Synvet.* ♦ L'absence d'inscription de la révocation d'un administrateur à l'ordre du jour de l'assemblée ne suffit pas à rendre cette mesure brutale et clandestine. • Aix-en-Provence, 25 mars 1993 : *JCP E 1994. I. 331, n° 6, obs. Viandier et Caussain.* ♦ Sur l'obligation de respecter le principe du contradictoire, V. • Lyon, 9 janv. 2003 : *JCP E 2003, n° 31, p. 1294, note Viandier.* ♦ Le mandat donné par un actionnaire pour être représenté à une assemblée générale porte nécessairement, sauf instruction contraire du mandant, sur l'exercice du pouvoir de révocation prévu par l'art. L. 225-105. • Com. 1er juill. 2008, n° 06-19.020 P : *D. 2008. AJ 1994 ; Rev. sociétés 2008. 819, note Mattout*

; *BJS 2009. 244, note Dondero.*

3. Application aux membres du directoire. La possibilité de statuer sur la révocation d'un membre des organes sociaux délibérants, même en l'absence de toute inscription préalable à l'ordre du jour, est applicable aux membres du directoire. • Paris, 17 janv. 2003 : *JCP E 2003, n° 32-35, p. 1334, obs. Caussain, Deboissy et Wicker ; RJDA 2003, n° 606.* – Comp. • Lyon, 15 déc. 2005 : *JCP E 2006, n° 17, p. 784.*

Art. L. 225-106 *(Ord. n° 2010-1511 du 9 déc. 2010, art. 3)* **« I. — Un actionnaire peut se faire représenter par un autre actionnaire, par son conjoint ou par le partenaire avec lequel il a conclu un pacte civil de solidarité.**

Al. abrogés par Ord. n° 2020-1142 du 16 sept. 2020, art. 3, à compter du 1er janv. 2021.

« II. — Le mandat ainsi que, le cas échéant, sa révocation sont écrits et communiqués à la société. Les conditions d'application du présent alinéa sont précisées par décret en Conseil d'État.

« III. — » Avant chaque réunion de l'assemblée générale des actionnaires, le président du conseil d'administration ou le directoire, selon le cas, peut organiser la consultation des actionnaires mentionnés à l'article L. 225-102 afin de leur permettre de désigner un ou plusieurs mandataires pour les représenter à l'assemblée générale conformément aux dispositions du présent article.

Cette consultation est obligatoire lorsque, les statuts ayant été modifiés en application de l'article L. 225-23 ou de l'article L. 225-71, l'assemblée générale ordinaire doit nommer au conseil d'administration ou au conseil de surveillance, selon le cas, un ou des salariés actionnaires ou membres des conseils de surveillance des fonds communs de placement d'entreprise détenant des actions de la société.

(L. n° 2001-152 du 19 févr. 2001) **« Cette consultation est également obligatoire lorsque l'assemblée générale extraordinaire doit se prononcer sur une modification des statuts en application de l'article L. 225-23 ou de l'article L. 225-71. »**

Les clauses contraires aux dispositions des alinéas précédents sont réputées non écrites.

Pour toute procuration d'un actionnaire sans indication de mandataire, le président de l'assemblée générale émet un vote favorable à l'adoption des projets de résolution présentés ou agréés par le conseil d'administration ou le directoire, selon le cas, et un vote défavorable à l'adoption de tous les autres projets de résolution. Pour émettre tout autre vote, l'actionnaire doit faire choix d'un mandataire qui accepte de voter dans le sens indiqué par le mandant. – *[L. n° 66-537 du 24 juill. 1966, art. 161.] — V. art. R. 225-79 et R. 225-81.*

V. note ss. art. L. 225-105.

BIBL. ▶ OMAGGIO, *JCP E 2011, n° 1049* (Ord. n° 2010-1511 du 9 déc. 2010). – MORTIER, *Dr. sociétés 2011, n° 56* (même thème). – GALLOIS-COCHET, *Gaz. Pal. 3 avr. 2018, p. 44* (représentation des associés personnes morales aux assemblées).

1. Vote par procuration. Ne semble pas expressément interdite par la loi la pratique consistant pour un actionnaire à fractionner sa participation pour donner mandat à plusieurs actionnaires de le représenter à la même assemblée : * Rép. min. n° 6818 : *JOAN Q 9 août 1969, p. 2029.* ♦ Il résulte des dispositions rapprochées des art. 161 et 440 (1°) de la L. de 1966 [C. com., art. L. 225-106 et L. 242-9] que toute personne morale, actionnaire d'une SA, est représentée aux assemblées générales de celle-ci, soit par son représentant légal, soit par un fondé de pouvoir désigné à cet effet, conformément à la loi ou aux statuts, que ce dernier soit ou non lui-même actionnaire. • Crim. 26 mai 1994, n° 93-84.615 P : *JCP E 1995. II. 644, note Le Nabasque ; BJS 1994. 1076, note Couret ; RJ com. 1995. 333, note Gallet.*

Le mandat donné par un actionnaire à un autre actionnaire pour le représenter dans les assemblées générales est personnel, ce qui exclut pour le mandataire désigné de se substituer un tiers. • Com. 29 nov. 1994, n° 93-11.375 P : *D. 1995. 252, note Chartier ; Rev. sociétés 1995. 714, note Reinhard ; BJS 1995. 175, note Barbièri.* ♦ Ce mandat est spécial, ce qui impose qu'il ne soit donné que pour une assemblée, et au vu de l'ordre du jour de cette assemblée, sauf exception expresse. • Même arrêt. ♦ Le caractère spécial du pouvoir d'assister à une assemblée implique qu'il soit donné pour une date déterminée. • Civ. 1re, 28 févr. 1995, n° 93-11.731 P : *D. 1995. 252, note Chartier ; BJS 1995. 424, note Barbièri ; Dr. sociétés 1995, n° 112, obs. Bonneau* (à propos d'une société civile). ♦ Le mandat de vote conféré par un actionnaire dirigeant social d'une société actionnaire concerne non seulement les actions qu'il détient à titre personnel mais aussi celles détenues par la société qu'il représente, dès lors qu'un mandat unique a été rédigé sur le papier à en-tête de cette dernière, et qu'il n'y a pas de conflit d'intérêts entre les deux mandants. Le décompte des voix doit donc prendre en compte les voix attachées à l'ensemble des actions de ces derniers. • Paris, 26 févr. 1993 : *JCP E 1993. Pan. 1384 ; RJDA 1994, n° 291.*

2. Pouvoirs en blanc. Décide à bon droit que des pouvoirs en blanc ne permettent pas l'émission d'un vote favorable aux projets de résolution présentés aux actionnaires la cour d'appel qui relève que ces pouvoirs n'avaient pas été adressés à la société ou à l'une des personnes habilitées par elle à les recueillir. • Com. 26 oct. 1981, n° 80-13.121 P. ♦ Ne viole pas l'art. 160, al. 3, de la L. de 1966 [C. com., art. L. 225-105] l'assemblée générale qui décide d'exclure les pouvoirs en blanc lors d'un scrutin nominatif pour l'élection d'un administrateur, qui nécessite l'usage de pouvoirs nominatifs. • Limoges, 19 oct. 1992 : *BJS 1993. 217, note Le Cannu.*

3. Conventions sur le droit de vote. Est nulle la convention par laquelle un actionnaire donne à un autre actionnaire pouvoir irrévocable de le représenter aux assemblées générales jusqu'au moment où sera réalisée la vente de ses actions. • T. com. Seine, 11 janv. 1938 : *S. 1938. 2. 124, note H. R.* ♦ La convention par laquelle les parties prévoient qu'elles se partageront les pouvoirs en blanc ou nominatifs qui parviendront à la société n'est pas licite. • T. com. Paris, 1er août 1974 : *Rev. sociétés 1974. 685, note Oppetit ; RTD com. 1975. 130, obs. Houin.* ♦ V. aussi notes 3 ss. art. L. 225-122.

Art. L. 225-106-1 à L. 225-106-3 *Abrogés par Ord. n° 2020-1142 du 16 sept. 2020, art. 3, à compter du 1er janv. 2021.*

Art. L. 225-107 *(L. n° 2001-420 du 15 mai 2001)* « I. » — **Tout actionnaire peut voter par correspondance, au moyen d'un formulaire dont les mentions sont fixées par décret en Conseil d'État. Les dispositions contraires des statuts sont réputées non écrites.**

Pour le calcul du quorum, il n'est tenu compte que des formulaires qui ont été reçus par la société avant la réunion de l'assemblée, dans les conditions de délais fixées par décret en Conseil d'État. Les formulaires ne donnant aucun sens de vote ou exprimant une abstention *(L. n° 2019-744 du 19 juill. 2019, art. 16)* **« ne sont pas considérés comme des votes exprimés ».** — *[L. n° 66-537 du 24 juill. 1966, art. 161-1.] — V. art. R. 225-66, R. 225-73, R. 225-75 à R. 225-78, R. 225-81 et R. 225-85.*

(L. n° 2001-420 du 15 mai 2001) « **II. — Si les statuts le prévoient, sont réputés présents pour le calcul du quorum et de la majorité les actionnaires qui participent à l'assemblée par visioconférence ou par des moyens de télécommunication permettant leur identification et dont la nature et les conditions d'application sont déterminées par décret en Conseil d'État.** » — *V. art. R. 225-97 s.*

L'art. 16 de la L. n° 2019-744 du 19 juill. 2019 est applicable à compter des assemblées générales réunies pour statuer sur le premier exercice clos après la promulgation de cette loi (L. préc., art. 16-II).

BIBL. ▶ Glotin, *JCP E 2002, n° 18-19, p. 747* (délibérations sociales par télétransmission). – Champaud et Danet, *RTD com. 2002. 94* (même thème). – de Brosses et Haelling, *BJS 2002. 1089* (utilisation de moyens de télécommunication).

Art. L. 225-107-1 *Abrogé par Ord. n° 2020-1142 du 16 sept. 2020, art. 3, à compter du 1er janv. 2021.*

Art. L. 225-108 Le conseil d'administration ou le directoire, selon le cas, doit adresser ou mettre à la disposition des actionnaires les documents nécessaires pour permettre à ceux-ci de se prononcer en connaissance de cause et de porter un jugement informé sur la gestion et la marche des affaires de la société.

La nature de ces documents et les conditions de leur envoi ou de leur mise à la disposition des actionnaires sont déterminées par décret en Conseil d'État. — *V. art. R. 225-81, R. 225-83, R. 225-88, R. 225-89, R. 225-91, R. 225-94.*

A compter de la communication prévue au premier alinéa, tout actionnaire a la faculté de poser par écrit des questions auxquelles le conseil d'administration ou le *directoire, selon le cas,* **est tenu de répondre au cours de l'assemblée.** *(Ord. n° 2010-1511 du 9 déc. 2010, art. 5)* **« Une réponse commune peut être apportée à ces questions dès lors qu'elles présentent le même contenu.**

« La réponse à une question écrite est réputée avoir été donnée dès lors qu'elle figure sur le site internet de la société dans une rubrique consacrée aux questions-réponses. » *(L. n° 2019-744 du 19 juill. 2019, art. 18)* **« Le conseil d'administration ou**

le directoire peut déléguer, selon le cas, un de ses membres, le directeur général ou un directeur général délégué pour y répondre. » – *[L. nº 66-537 du 24 juill. 1966, art. 162.] – V. art. R. 225-84.*

V. note ss. art. L. 225-105.

BIBL. ▸ NDLR, *BRDA 2014, nº 4, p. 18* (questions écrites).

1. Nature du droit de communication. Si le législateur, tenant pour essentiel le droit de communication de certains documents sociaux qu'il a consacré au profit des actionnaires des SA, a fait de sa violation une infraction pénale, il en a par contre strictement limité l'étendue et déterminé les conditions d'exercice. • Paris, 25 mai 1963 : *Gaz. Pal. 1963. 2. 301.* ♦ Toute exigence formulée par un actionnaire d'obtenir communication de tout document autre que ceux prévus par les dispositions légales, soit au siège social, soit par courrier à son adresse, peut légitimement être rejetée par la société. • Même arrêt. ♦ Il ne saurait être mis obstacle au droit de communication de l'actionnaire, qui présente un certain caractère formel, par la notion d'abus de droit, car l'abus n'est pas préexistant, n'est susceptible de se révéler que par l'exercice du droit et permet seulement alors à la société, victime de l'usage éventuel abusif du droit, d'obtenir des dommages-intérêts. • Nancy, 8 déc. 1965 : *D. 1966. 687.* ♦ Pour un exemple d'usage abusif, V. • T. com. Paris, 11 mai 2004 : *JCP E 2004, nº 31, p. 1256, note Viandier ; RJDA 2004, nº 1221 ; BJS 2004. 1238, note Le Cannu.*

2. Mise en œuvre du droit de communication. Le droit de communication est accordé aux actionnaires sans aucune distinction entre l'assemblée générale ordinaire annuelle et l'assemblée générale ordinaire tenue extraordinairement. • Crim. 4 juill. 1962 : *D. 1963. 96, note J.-M. R.*

3. Retard dans la communication. Le simple retard apporté à la communication des documents devant être tenus à la disposition des actionnaires dans les quinze jours qui précèdent l'assemblée n'équivaut pas à un refus de communication ; il n'entraîne donc pas la nullité de l'assemblée. • Req. 18 juin 1907 : *DP 1909. 1. 358* • Cass., ass. plén., 5 janv. 1926 : *S. 1926. 1. 61 ; Gaz. Pal. 1926. 1. 389.* ♦ ... Sauf si ce retard empêche l'actionnaire d'exercer son contrôle sur la gestion des administrateurs, le mettant dans l'impossibilité de participer au vote avec toute l'information nécessaire. • Pau, 7 oct. 1959 : *D. 1960. 248, note Dalsace.*

4. Refus de communication. Sur cette notion, V. • Paris, 13 oct. 2006 : *RJDA 2007, nº 507.*

5. Questions écrites. Sur la possibilité de poser des questions écrites sans rapport avec l'ordre du jour de l'assemblée, V. • Paris, 19 déc. 2013, nº 12/22644 : *Rev. sociétés 2014. 306, note Viandier ; RJDA 2014, nº 352 ; Dr. sociétés 2014, nº 117, obs. Roussille.* ♦ Si l'obligation de répondre aux questions écrites incombe aux dirigeants, ceux-ci n'en sont pas pour autant personnellement débiteurs ; dès lors, est recevable l'action formée par l'actionnaire contre la société à raison du défaut de réponse à sa question écrite. • Même arrêt.

Art. L. 225-109 **Le président, les directeurs généraux, les membres du directoire d'une société, les personnes physiques ou morales exerçant dans cette société les fonctions d'administrateur ou de membre du conseil de surveillance ainsi que les représentants permanents des personnes morales qui exercent ces fonctions sont tenus, dans les conditions déterminées par décret en Conseil d'État, de faire mettre sous la forme nominative ou de déposer les actions qui appartiennent à eux-mêmes ou à leurs enfants mineurs non émancipés et qui sont émises par la société elle-même, par ses filiales, par la société dont elle est la filiale ou par les autres filiales de cette dernière société, lorsque ces actions sont admises aux négociations sur un marché réglementé.**

La même obligation incombe aux conjoints non séparés de corps des personnes mentionnées à l'alinéa précédent.

(L. nº 2012-387 du 22 mars 2012, art. 17-II) **« Les droits de vote et les droits à dividende des actions détenues par toute personne n'ayant pas rempli les obligations du présent article sont suspendus jusqu'à régularisation de la situation. Tout vote émis ou tout versement de dividende effectué pendant la suspension est nul. »** – *[L. nº 66-537 du 24 juill. 1966, art. 162-1.] – V. art. R. 225-110 à R. 225-112. – Sur les pénalités, V. art. L. 247-4. – V. aussi C. mon. fin., art. L. 465-1. –* ***C. mon. fin.*** *ou* ***C. sociétés.***

BIBL. ▸ LE TOURNEAU, *RTD com. 1971. 593* (actions des dirigeants initiés). – GAVALDA, *Rev. sociétés 1976. 589* (droits et devoirs des initiés).

Art. L. 225-110 **Le droit de vote attaché à l'action appartient à l'usufruitier dans les assemblées générales ordinaires et au nu-propriétaire dans les assemblées générales extraordinaires.**

Les copropriétaires d'actions indivises sont représentés aux assemblées générales par l'un d'eux ou par un mandataire unique. En cas de désaccord, le mandataire est désigné en justice à la demande du copropriétaire le plus diligent.

Le droit de vote est exercé par le propriétaire des titres remis en gage. A cet effet, le créancier gagiste dépose, à la demande de son débiteur, les actions qu'il détient en gage, dans les conditions et délais fixés par décret en Conseil d'État.

Les statuts peuvent déroger aux dispositions du premier alinéa. – *[L. n° 66-537 du 24 juill. 1966, art. 163.]* – *V. art. R. 225-85, R. 225-87 et R. 228-7.*

BIBL. ► GUILBERTEAU, *Rev. sociétés 1971. 497* (droit de vote du séquestre judiciaire). – LE BRAS, *BJS 1982. 207* (même thème). – STORCK, *Rev. sociétés 1983. 293* (groupements de copropriétaires d'actions). – FERRY, *JCP E 1993. II. 274* (location d'actions avec promesse unilatérale de vente). – LE CANNU, *BJS 1993. 1091* (nantissement conventionnel d'actions). – FLOUR, *Rev. sociétés 1999. 569* (qualité d'actionnaire et indivision). – BORDONNEAU, *Dr. et patr. 1/2001. 40* (séquestre de valeurs mobilières). – MICHINEAU, *Rev. sociétés 2016. 7* (qualification de la mesure de séquestre et sort du droit de vote attaché aux actions séquestrées).

1. Usufruit d'actions. La cession de l'usufruit d'une action conférant normalement à l'usufruitier, entre autres prérogatives, le droit de voter aux assemblées, celui-ci, en exerçant ce droit conformément à la loi, agit licitement en vertu d'une situation juridique régulière et la demande en nullité de la cession doit être rejetée. • Paris, 1er juill. 1953 : *S. 1954. 2. 52.*

2. L'art. L. 225-110 forme un dispositif spécial faisant échec à l'application, aux sociétés qui y sont soumises, des dispositions introduites [à l'art. 1844 C. civ.] par la L. n° 2019-744 du 19 juill. 2019 concernant la possibilité de transférer contractuellement à l'usufruitier l'exercice du droit de vote concernant « les autres décisions » que celles concernant l'affectation des bénéfices. * Rép. min. n° 40724 : *JOAN Q, 11 janv. 2022, p. 195 ; Dr. sociétés 2022, n° 31, note Hamelin.*

3. Actions indivises. La société n'a pas qualité pour demander elle-même en justice la désignation d'un mandataire unique pour représenter à une assemblée générale d'actionnaires les copropriétaires d'actions indivises en désaccord, seul un copropriétaire étant en droit de faire procéder à une telle désignation. • Com. 15 nov. 1976 : *D. 1977. IR 87 ; Rev. sociétés 1977. 272, note Guyon.* ♦ Le juge des référés saisi en application des dispositions de l'art. L. 225-110, al. 2, pouvant désigner le mandataire parmi les indivisaires ou en dehors d'eux, l'existence d'un différend entre les coïndivisaires ne constitue pas un obstacle à la désignation de l'un d'entre eux comme mandataire de l'indivision. • Com. 10 juill. 2012, n° 11-21.789 P : *D. 2012. 2429, note Marmoz ; RTD civ. 2012. 748, obs. Revet ; RJDA 2012, n° 974 ; JCP E 2012, n° 1601, note Mortier ; Dr. sociétés 2012, n° 162, obs. Gallois-Cochet ; BJS 2012. 786, note Dondero.* ♦ Le mandat judiciaire donné à l'indivisaire s'inscrit dans un cadre légal même s'il confère à cet indivisaire un pouvoir de représentation supérieur à ce que représente sa quote-part dans l'indivision. • Même arrêt.

Quel que soit le représentant désigné par les actionnaires indivis, le droit de vote attaché à des actions indivises paraît ne pas pouvoir être exercé si l'un des indivisaires se trouve dans l'un des cas où l'actionnaire est expressément privé de son droit de vote par la L. de 1966 en raison de l'intérêt personnel qu'il a à l'adoption de la résolution (Rép. min. n° 16196 : *JOAN Q 1er mars 1975, p. 765*). ♦ L'obligation de représentation prévue par l'art. 163, al. 2, de la L. de 1966 [C. com., art. L. 225-110] est applicable en cas de divorce d'époux mariés sous le régime de la communauté car, après la dissolution de la communauté et jusqu'à la liquidation de celle-ci, les intérêts patrimoniaux des époux sont soumis aux règles de l'indivision. • Paris, 20 oct. 1999 : *RTD com. 2000. 651, obs. Champaud et Danet ; RJDA 2000, n° 543 ; BJS 2000. 415, note Derruppé ; Dr. Sociétés 2000, n° 61, obs. Vidal.* ♦ Le fait pour un copropriétaire d'actions indivises d'avoir été représenté à l'assemblée générale de la société par le mandataire unique de l'indivision ne le prive pas de son droit à contester les décisions prises collectivement en assemblée ou par les administrateurs de la société. • Pau, 3 avr. 2012, n° 11/00429 : *RJDA 2012, n° 1089 ; BJS 2012. 619, note Poracchia et Lécuyer.*

4. Séquestre d'actions. Dès lors que la validité d'une cession d'actions est contestée, la juridiction des référés ne peut autoriser le détenteur de ces actions à exercer le droit de vote dans les assemblées d'actionnaires, cette mesure étant susceptible de se révéler inconciliable avec la décision au fond à intervenir. • Nancy, 3 déc. 1982 : *Rev. sociétés 1984. 100, note Guilberteau.* ♦ Lorsque le droit de vote afférent à des actions dont la propriété est contestée n'est pas attribué au séquestre de ces actions, l'actionnaire qui détient ces titres ne peut pas non plus exercer ce droit. • Com. 17 mai 1983 : *Rev. sociétés 1984. 97, note Guilberteau.* ♦ Les actions placées sous séquestre ne peuvent pas prendre part aux votes dans les assemblées générales, lorsque leur propriété est litigieuse, et ne peuvent donc pas être comptées dans le quorum exigé pour la validité des délibérations des assemblées. • T. com. Paris, 8 févr. 1968 : *Rev. sociétés 1969. 221.* – V. aussi • Pau, 23 févr. 1994 : *JCP E 1995. I. 447, n° 1, obs. Viandier et Caussain.*

S'agissant d'actions de sociétés, les pouvoirs du séquestre ne comportent pas, normalement, le droit de vote. • Paris, 18 avr. 1961 : *S. 1962. 165 ; JCP 1962. II. 12748, concl. Lambert.* ♦ Toutefois, la conservation des actions dont la propriété est litigieuse peut, en certaines circonstances, nécessiter l'exercice du droit de vote pour la sauvegarde des intérêts sociaux et des intérêts de toute personne, quelle qu'elle soit, à qui la propriété des actions sera reconnue. • Même arrêt. ♦ En cas d'urgence et en présence d'un litige grave entre associés, un séquestre peut être désigné par le juge des référés avec mission de prendre part aux assemblées générales de la société et, par son vote, d'éviter la création d'une situation irréversible en attendant la décision des juges du fond. • Com. 15 févr. 1983 : *Rev. sociétés 1983. 593, note Guilberteau.* ♦ Le droit de vote ne doit être attribué à un séquestre judiciaire d'actions dont la propriété est contestée que si cette mesure est commandée par la nécessité de préserver d'un péril imminent le bon fonctionnement ou les intérêts de la société. • Com. 15 févr. 1983, n° 80-11.968 : *Rev. sociétés 1984. 97, note Guilberteau.* ♦ Le mandataire désigné par justice, qui gère librement et sous sa responsabilité les biens qui lui sont confiés, doit voter en toute liberté puisque l'autorité judiciaire ne saurait intervenir dans sa gestion, et en se substituant à lui. • TGI Lille, 26 févr. 1962 : *D. 1962. 540, note Noirel.* ♦ Toutefois, cette mesure exceptionnelle doit, en règle générale, se limiter à la simple administration à l'exclusion de tous actes de disposition, lesquels ne sauraient être accomplis qu'en cas de nécessité en vue d'assurer la conservation de la valeur représentée par le bien géré. • Même jugement.

5. Nantissement d'actions. Des banques qui bénéficient d'un nantissement portant sur la quasi-totalité des actions d'une société sont fondées, lorsque la valeur de leur gage est en péril imminent, à demander en référé la désignation d'un mandataire de justice bien qu'elles ne soient ni actionnaires, ni créancières de ladite société ; ce mandataire, qui a pour mission de faire connaître en temps utile aux banques tous actes qui seraient susceptibles directement ou indirectement de compromettre la valeur des actions nanties, est habilité à se faire communiquer tous documents et à assister à toutes les réunions des organes sociaux. • Lyon, 30 mars 1978 : *D. 1978. IR 417, obs. Vasseur ; Rev. sociétés 1979. 320, note Merle.*

Art. L. 225-111 **La société ne peut valablement voter avec des actions par elle souscrites, acquises ou prises en gage. Il n'est pas tenu compte de ces actions pour le calcul du quorum.** — *[L. n° 66-537 du 24 juill. 1966, art. 164.]*

Art. L. 225-112 *Abrogé par L. n° 2001-420 du 15 mai 2001, art. 115, 2°.*

Art. L. 225-113 **Tout actionnaire peut participer aux assemblées générales extraordinaires et tout actionnaire possédant des actions visées à l'article L. 225-99 peut participer aux assemblées spéciales. Toute clause contraire est réputée non écrite.** — *[L. n° 66-537 du 24 juill. 1966, art. 166.]*

Art. L. 225-114 *(L. n° 2012-387 du 22 mars 2012, art. 17-II)* **A chaque assemblée, est tenue une feuille de présence dont les mentions sont déterminées par décret en Conseil d'État et à laquelle sont annexés les pouvoirs donnés à chaque mandataire.** — *V. art. R. 225-95.*

Les décisions de l'assemblée doivent être constatées par un procès-verbal dont les mentions sont déterminées par décret en Conseil d'État.

En cas de non-respect du présent article, les délibérations de l'assemblée peuvent être annulées. — *[L. n° 66-537 du 24 juill. 1966, art. 167.]*

1. Établissement de la feuille de présence. La production de la feuille de présence n'est pas nécessaire pour justifier de l'accomplissement des formalités légales ; il suffit qu'il résulte du procès-verbal de l'assemblée générale que la feuille de présence ait été établie et déposée sur le bureau de l'assemblée où chaque actionnaire a pu en prendre connaissance. • Civ. 1re, 12 oct. 1967, n° 66-10.649 P : *D. 1968. 107.*

2. Sanction d'une tenue irrégulière. Seul le défaut de tenue d'une feuille de présence est sanctionné par la nullité des délibérations prises, et non l'existence d'inexactitudes dont elle peut être affectée. • Com. 4 déc. 2001, n° 98-20.788 : *RJDA 2002, n° 163 ; Dr. sociétés 2002, n° 42, obs. Vidal ; BJS 2002. 379, note Le Cannu.* ♦ Lorsqu'une SA a convoqué deux assemblées générales, la première extraordinaire, la seconde ordinaire, pour le même jour, à une heure d'intervalle, l'arrêt qui constate que chacune d'elle était composée des mêmes actionnaires et avait élu le même bureau, et avec feuille de présence unique, a pu déduire à juste titre que l'irrégularité résultant de l'établissement d'une unique feuille de présence pour deux assemblées n'entraînait pas, en la circonstance, la nullité des décisions de l'assemblée ordinaire dès lors que, nonobstant ce vice de forme, les conditions de régularité de ladite assemblée pouvaient être aisément vérifiées. • Com. 14 mars 1950 : *S. 1950. 1. 174.*

3. Droit de prendre copie. La feuille de présence doit être considérée comme nécessairement « soumise » à l'assemblée générale puisque c'est seulement par le relevé des émargements qui y sont portés que l'assemblée peut apprécier si elle est en état de délibérer ; par suite, tout actionnaire a le droit d'en prendre copie. • Civ. 2e, 15 nov. 1957 : *D. 1958. 109, note Dalsace.*

Art. L. 225-115 Tout actionnaire a droit, dans les conditions et délais déterminés par décret en Conseil d'État, d'obtenir communication :

1° *(Abrogé par L. n° 2011-525 du 17 mai 2011, art. 59-I)* « De l'inventaire, » Des comptes annuels et de la liste des administrateurs ou des membres du directoire et du conseil de surveillance, et, le cas échéant, des comptes consolidés ;

2° Des rapports du conseil d'administration ou du directoire et du conseil de surveillance, selon le cas, et des commissaires aux comptes *(L. n° 2019-486 du 22 mai 2019, art. 20-I-5°)* « , s'il en existe, » qui seront soumis à l'assemblée ;

3° Le cas échéant, du texte et de l'exposé des motifs des résolutions proposées, ainsi que des renseignements concernant les candidats au conseil d'administration ou au conseil de surveillance, selon le cas ;

4° Du montant global, certifié exact par les commissaires aux comptes *(L. n° 2019-486 du 22 mai 2019, art. 20-I-5°)* « , s'il en existe », des rémunérations versées aux personnes les mieux rémunérées, le nombre de ces personnes étant de dix ou de cinq selon que l'effectif du personnel *(L. n° 2019-486 du 22 mai 2019, art. 11, en vigueur le 1er janv. 2020)* « est ou non d'au moins deux cent cinquante » salariés ; — *V. art. D. 225-104-2.*

5° Du montant global, certifié par les commissaires aux comptes *(L. n° 2019-486 du 22 mai 2019, art. 20-I-5°)* « , s'il en existe, » des *(Ord. n° 2004-604 du 24 juin 2004, art. 51-VI)* « versements effectués en application des *(L. n° 2019-1479 du 28 déc. 2019, art. 134)* « 1 à 5 » de l'article 238 *bis* du code général des impôts » ainsi que de la liste des actions nominatives de parrainage, de mécénat.

6° *Abrogé par L. n° 2011-525 du 17 mai 2011, art. 58. — [L. n° 66-537 du 24 juill. 1966, art. 168.]*

Pour les dispositions transitoires de l'art. 20 de la L. n° 2019-486 du 22 mai 2019, V. notes ss. art. L. 221-9.

Information sur les rémunérations. Le texte de l'art. 168 (4°) de la L. de 1966 [C. com., art. L. 225-115] n'oblige pas les sociétés à fournir aux actionnaires le montant des sommes perçues par chaque personne individuellement (Rép. min. n° 21584 : *JOAN Q 29 janv. 1972, p. 249*). ♦ Lorsque l'effectif des personnes rémunérées en contrepartie d'un travail permanent, salariés et mandataires sociaux, n'est pas supérieur à cinq, l'art. 168 (4°) de la L. de 1966 [C. com., art. L. 225-115] est sans objet (Rép. min. n° 5760 : *JOAN Q 27 oct. 1986, p. 3942*).

Art. L. 225-116 Avant la réunion de toute assemblée générale, tout actionnaire a le droit d'obtenir, dans les conditions et les délais déterminés par décret en Conseil d'État, communication de la liste des actionnaires. — *[L. n° 66-537 du 24 juill. 1966, art. 169.] — V. art. R. 225-90, R. 225-91, R. 225-94 et R. 228-7.*

1. Assemblées visées. Les dispositions donnant à tout actionnaire le droit, pendant le délai de quinze jours qui précède la réunion de l'assemblée générale, de prendre communication de la liste des actionnaires, s'appliquent à toutes les assemblées générales d'actionnaires et non pas seulement à l'assemblée annuelle, la rédaction des dispositions légales ne comportant aucune restriction et la communication pouvant présenter pour les associés la même importance quelle que soit la nature de l'assemblée. • Com. 21 nov. 1967, n° 64-14.090 P : *D. 1969. 89, note Lacombe.*

2. Sanction. La convocation d'une assemblée générale ordinaire réunie extraordinairement qui ne respecte pas les exigences légales, peut être annulée ainsi que l'assemblée elle-même. • Com. 21 nov. 1967, n° 64-14.090 P : *préc. note 1.* ♦ V. art. L. 225-121, al. 2.

Art. L. 225-117 Tout actionnaire a le droit, à toute époque, d'obtenir communication des documents visés à l'article L. 225-115 et concernant les trois derniers exercices, ainsi que des procès-verbaux et feuilles de présence des assemblées tenues au cours de ces trois derniers exercices. — *[L. n° 66-537 du 24 juill. 1966, art. 170.] — V. art. R. 225-92, R. 225-94, R. 225-109 et R. 232-12.*

1. Caractère limitatif du droit de communication. Le droit de communication permanent accordé aux actionnaires revient à leur permettre de s'informer sur la gestion passée de l'entreprise, leur offrant, à cette fin, la possibilité de prendre connaissance des éléments d'appréciation dont les assemblées ont disposé et des décisions qu'elles ont prises ; il ne saurait aller au-delà et leur donner le droit d'obtenir la communication de documents ou de fragments de documents autres que ceux qui ont été présentés auxdites assemblées. • Paris, 18 oct. 1963 : *Gaz. Pal. 1964. 1. 386.* ♦ Les documents visés aux art. 133 et 135 du Décr. de 1967 [C. com., art. R. 225-81 et R. 225-83] et destinés à éclairer le vote des actionnaires aux assemblées générales n'ont pas à être fournis aux actionnaires après tenue de ces assemblées. • Grenoble, 2 nov. 1989 : *Dr. sociétés 1990, n° 167.*

2. Refus de communication. Il ne saurait être mis obstacle au droit de communication de l'actionnaire, qui présente un certain caractère formel, par la notion d'abus de droit, car l'abus n'est pas préexistant, n'est susceptible de se révéler que par l'exercice du droit et permet seulement alors à la société, victime de l'usage éventuel abusif du droit, d'obtenir des dommages-intérêts. • Nancy, 8 déc. 1965 : *D. 1966. 687.* ♦ N'agit pas de manière abusive l'actionnaire qui, en cas de refus de communication, assigne en référé le président du conseil d'administration, pour obtenir communication de documents sociaux visés à l'art. 168 de la L. de 1966 [C. com., art. L. 225-115] (procès-verbaux et feuilles de présence). • Rouen, 17 mai 1990 : *Dr. sociétés 1990, n° 329 ; BJS 1991. 407.* ♦ V., désormais, pour la possibilité de demander en référé la communication de documents sociaux, art. L. 238-1.

Art. L. 225-118 **Le droit à communication des documents, prévu aux articles L. 225-115, L. 225-116 et L. 225-117, appartient également à chacun des copropriétaires d'actions indivises, au nu-propriétaire et à l'usufruitier d'actions.** — *[L. n° 66-537 du 24 juill. 1966, art. 171.] — V. art. R. 225-83, R. 225-88 à R. 225-92, R. 225-94.*

Copropriétaires d'actions indivises. L'art. 171 de la L. de 1966 [C. com., art. L. 225-118] accorde aux copropriétaires d'actions indivises d'une société des droits individuels à l'égard de celle-ci, en ce qui concerne la communication des documents sociaux. • Com. 5 mai 1981 : *D. 1983. IR 69, obs. Bousquet ; Rev. sociétés 1982. 95, note Viandier.*

Art. L. 225-119 *Abrogé par L. n° 2001-420 du 15 mai 2001, art. 122, 2°.*

Art. L. 225-120 *Abrogé par Ord. n° 2020-1142 du 16 sept. 2020, art. 3, à compter du 1er janv. 2021.*

Art. L. 225-121 **Les délibérations prises par les assemblées en violation des articles L. 225-96, L. 225-97, L. 225-98, des troisième et quatrième alinéas de l'article L. 225-99** *(L. n° 2019-744 du 19 juill. 2019, art. 19)* **« et des deuxième et troisième alinéas du I de l'article L. 225-100 » sont nulles.**

En cas de violation des dispositions des articles L. 225-115 et L. 225-116 ou du décret pris pour leur application, l'assemblée peut être annulée. — *[L. n° 66-537 du 24 juill. 1966, art. 173.]*

(L. n° 2019-744 du 19 juill. 2019, art. 19) **« Les délibérations prises par les assemblées en violation de l'article L. 225-105 peuvent être annulées. »**

1. Nullité des assemblées pour fraude. Est justifiée l'annulation d'une assemblée générale extraordinaire lorsque des actionnaires minoritaires, par une convocation qui ne respectait pas le délai légal et par le refus d'admission qui leur fut opposé, avaient été éliminés par ruse et artifice. • Com. 6 juill. 1983, n° 82-12.910 : *D. 1983. IR 476 ; Rev. sociétés 1984. 76, note Guyon.* ♦ Les assemblées d'actionnaires auxquelles ont participé des personnes qui n'avaient pas le droit d'y assister ou d'y voter ne sont pas nulles – pourvu que des procédés frauduleux n'aient pas été employés pour obtenir le vote – si, abstraction faite des actions et des voix desdites personnes, le quorum nécessaire était atteint et une majorité subsistait en faveur des résolutions adoptées. • Req. 14 juill. 1873 : *DP 1876. 1. 160* • Civ. 31 déc. 1913 : *S. 1914. 1. 267.*

2. Nullité pour violation de l'ordre du jour. L'art. 173, al. 1er, de la L. de 1966 [C. com., art. L. 225-121] sanctionne nécessairement par la nullité la violation des dispositions impératives édictées par l'art. 160 de la loi [C. com., art. L. 225-105] (inscription de projets de résolution à l'ordre du jour), tant par lui-même que par référence expresse à l'art. 129 du Décr. du 23 mars 1967 [C. com., art. R. 225-72]. • Com. 15 avr. 1982 : *D. 1982. IR 355 ; Rev. sociétés 1983. 343, note Hémard.*

3. Nullité consécutive à un abus de droit. Si la majorité d'une assemblée générale peut, sous certaines conditions, imposer des décisions valables à la minorité, c'est uniquement parce qu'elle est présumée agir dans un intérêt social ; mais s'il est établi que les décisions prises l'ont été en vue de nuire à autrui, elles sont alors entachées d'un véritable abus de droit. • Paris, 2 nov. 1954 : *D. 1954. 758.* ♦ Tel est le cas lorsqu'un actionnaire majoritaire a fait voter une modification des statuts afin de faire échec aux droits de cession de son beau-frère et lui a ainsi causé un préjudice certain. • Même arrêt. ♦ C'est à bon droit qu'une cour d'appel retient les abus de droit commis par des membres de la majorité et annule les délibérations prises par une assemblée générale ordinaire des actionnaires, dès lors qu'elle relève que certains membres du groupe majoritaire, grâce à leurs voix personnelles ou comme représentants d'actionnaires absents, ont, dans leur intérêt personnel, fait élire un conseil d'administration constitué à leur gré et fait prendre diverses mesures dictées moins par l'intérêt social que par l'intérêt personnel des administrateurs, et même par le dessein concerté de nuire au groupe minoritaire. • Com. 6 févr. 1957 : *Bull. civ. III, n° 48 ; JCP 1957. II. 10325.*

4. Exercice de l'action en nullité. L'instance en nullité d'une assemblée générale est recevable, encore que l'actionnaire demandeur en nullité ait approuvé par son vote ou ratifié la délibération incriminée, dès lors qu'il s'agit d'une méconnaissance des prescriptions légales sur la composition des assemblées générales des SA, notamment des règles fixant le quorum. • Req. 4 juill. 1934 : *DH 1934. 426.* ♦ Comp., admettant la renonciation implicite (par vote d'approbation à une assemblée postérieure) d'un actionnaire à invoquer la nullité pour non-respect des règles de quorum et de majorité : • Com. 19 nov. 1991, n° 90-16.660 : *Dr. sociétés 1992, n° 15, obs. Le Nabasque.* ♦ Un actionnaire, même dissident, est lié par les décisions de l'assemblée générale prises régulièrement dans les limites de sa compétence, et il ne peut attaquer ces décisions qu'en cas de dol ou de fraude. • Lyon, 3 déc. 1925 : *DH 1926. 93.*

Art. L. 225-122 **I. — Sous réserve des dispositions des articles L. 225-10, L. 225-123, L. 225-124, L. 225-125** *(Ord. n° 2020-1142 du 16 sept. 2020, art. 3, en vigueur le 1er janv. 2021)* **« , L. 22-10-46, L. 22-10-47 et L. 22-10-48 », le droit de vote attaché aux actions de capital ou de jouissance est proportionnel à la quotité de capital qu'elles représentent et chaque action donne droit à une voix au moins. Toute clause contraire est réputée non écrite.**

II. — Dans les sociétés par actions dont le capital est, pour un motif d'intérêt général, en partie propriété de l'État, de départements, de communes ou d'établissements publics, et dans celles ayant pour objet des exploitations concédées par les autorités administratives compétentes, hors de la France métropolitaine, le droit de vote est réglé par les statuts en vigueur le 1er avril 1967. — *[L. n° 66-537 du 24 juill. 1966, art. 174 et 492.]*

BIBL. ▶ GERMAIN, *RJ com., n° spéc., nov. 1990, p. 135* (transfert du droit de vote). – JACOMET, *BJS 1993. 640* (location d'actions). – BAJ, *Cah. dr. entr. 1996, n° 4, p. 16* (cessibilité du droit de vote). – VALUET, *Dr. et patr. 11/1997. 28* (droit de vote en assemblée générale d'actionnaires : régime actuel et perspectives d'évolution). – CONSTANTIN, *Études Ghestin, LGDJ, 2001, p. 253* (validité des conventions de vote). – Dossier, *Dr. sociétés 2014. Dossiers 1 à 10* (le droit de vote).

1. Qualité d'actionnaire. L'exercice du droit de vote implique la qualité d'actionnaire, c'est-à-dire la propriété d'actions dont la valeur nominale est représentée à l'actif ; tel n'est pas le cas des porteurs d'actions de jouissance créées en remplacement des actions de capital annulées lors de la réduction du capital social à la suite de pertes ; dès lors, la participation de ces porteurs au vote entraîne la nullité des assemblées. • T. com. Seine, 23 oct. 1950 : *D. 1951. 320, note G. G.*

2. Principe de proportionnalité. Dans les assemblées des actionnaires, le droit de vote attaché aux actions est obligatoirement proportionnel à la quotité du capital social souscrit qu'elles représentent respectivement. • Douai, 24 mai 1962 : *D. 1962. 688, note Dalsace ; S. 1962. 297, note Autesserre.* ♦ Sont illicites les clauses du pacte social dont le but et le résultat sont de fausser le rapport inviolable voulu par le législateur entre l'importance du taux nominal de l'action et le poids du suffrage auquel cette action donne droit. • Même arrêt. ♦ Le nombre de voix dont peut disposer un membre de l'assemblée se trouve limité au chiffre représentant la somme du nombre maximal de voix lui appartenant ajouté au nombre de voix appartenant à chacun des actionnaires qu'il représente. • Paris, 23 févr. 1957 : *D. 1958. 135, note Goré.* ♦ V. toutefois art. L. 225-106.

3. Illicéité des conventions de vote. Le droit de vote aux assemblées générales, étant un des attributs essentiels de l'action, ne saurait en aucun cas être supprimé. • Civ. 7 avr. 1932 : *DP 1933. 1. 153, note Cordonnier.* ♦ Sont nulles et de nul effet, les clauses ayant pour objet ou pour effet de porter atteinte au libre exercice du droit de vote dans les assemblées générales des sociétés commerciales. • Douai, 24 mai 1962 : *préc. note 2.* ♦ Un actionnaire ne peut valablement, renonçant à exercer son droit de vote dans les assemblées générales, s'engager par avance et pour toujours à voter ou à ne pas voter dans tel ou tel sens, quelles que soient les conséquences possibles de son vote sur les affaires sociales. • Paris, 22 févr. 1933 : *DH 1933. 258.*

4. Conventions de blocage de titres. Une

convention de blocage de titres entre les mains d'un notaire ou d'une banque, destinée à assurer le maintien de la majorité d'un groupe, ne comporte pas nécessairement unité de vote obligatoire. • Com. 2 mars 1955 : *JCP 1955. II. 8823.* ♦ Lorsque l'examen de la convention fait apparaître simplement un pacte d'option réciproque, les parties s'engageant mutuellement à ne pas vendre d'actions sans se les être offertes, et que ces parties se sont réservé leur liberté de vote, la convention de blocage ne saurait être annulée. • Même arrêt. ♦ Sur la licéité des conventions de vote, V. aussi art. L. 233-3 et L. 233-10.

Art. L. 225-123 **Un droit de vote double de celui conféré aux autres actions, eu égard à la quotité de capital social qu'elles représentent, peut être attribué, par les statuts** *(Abrogé par L. nº 2014-384 du 29 mars 2014, art. 7-I)* **« *ou une assemblée générale extraordinaire ultérieure* », à toutes les actions entièrement libérées pour lesquelles il sera justifié d'une inscription nominative, depuis deux ans au moins, au nom du même actionnaire.**

En outre, en cas d'augmentation du capital par incorporation de réserves, bénéfices ou primes d'émission, le droit de vote double peut être conféré, dès leur émission, aux actions nominatives attribuées gratuitement à un actionnaire à raison d'actions anciennes pour lesquelles il bénéficie de ce droit.

Dernier al. abrogé par Ord. nº 2020-1142 du 16 sept. 2020, art. 3, à compter du 1er janv. 2021. — [L. nº 66-537 du 24 juill. 1966, art. 175.]

Après la date d'entrée en vigueur de l'art. 7 de la L. nº 2014-384 du 29 mars 2014, les clauses statutaires qui attribuent un droit de vote double dans les conditions prévues au 1er al. de l'art. L. 225-123 continuent de s'appliquer (L. préc., art. 7-IV, JO 1er avr.).

Art. L. 225-124 *(L. nº 2008-776 du 4 août 2008, art. 57-III, en vigueur le 1er janv. 2009)* **« Toute action convertie au porteur ou transférée en propriété perd le droit de vote double attribué en application** *(Ord. nº 2020-1142 du 16 sept. 2020, art. 3, en vigueur le 1er janv. 2021)* **« des articles L. 225-123 et L. 22-10-46 ». Néanmoins, le transfert par suite de succession, de liquidation de communauté de biens entre époux, ou de donation entre vifs au profit d'un conjoint ou d'un parent au degré successible, ne fait pas perdre le droit acquis et n'interrompt pas le délai mentionné** *(Ord. nº 2020-1142 du 16 sept. 2020, art. 3, en vigueur le 1er janv. 2021)* **« au premier alinéa de l'article L. 225-123 et à l'article L. 22-10-46 ». Il en est de même, sauf stipulation contraire des statuts** *(Abrogé par L. nº 2014-384 du 29 mars 2014, art. 7-II)* **« *de la société ayant attribué le droit de vote double* », en cas de transfert par suite d'une fusion ou d'une scission d'une société actionnaire. »**

La fusion ou la scission de la société est sans effet sur le droit de vote double qui peut être exercé au sein de la ou des sociétés bénéficiaires, si *(L. nº 2014-384 du 29 mars 2014, art. 7-II)* **« celles-ci en bénéficient ».** *— [L. nº 66-537 du 24 juill. 1966, art. 176.]*

(L. nº 2016-1691 du 9 déc. 2016, art. 144-I-5º, en vigueur le 10 juin 2017) **« Les droits de vote double dans des sociétés tierces dont bénéficie la société absorbée ou la société scindée sont maintenus, en cas de fusion ou de scission, au profit de la société absorbante ou de la société bénéficiaire de la scission ou, selon le cas, au profit de la société nouvelle résultant de l'opération de fusion ou de scission. »**

Art. L. 225-125 **Les statuts peuvent limiter le nombre de voix dont chaque actionnaire dispose dans les assemblées, sous la condition que cette limitation soit imposée à toutes les actions sans distinction de catégorie, autres que les actions à dividende prioritaire sans droit de vote.** *— [L. nº 66-537 du 24 juill. 1966, art. 177.]*

Al. 2 abrogé par Ord. nº 2020-1142 du 16 sept. 2020, art. 3, à compter du 1er janv. 2021.

BIBL. ► KADDOUCH, *JCP E 2005, nº 15-16, p. 656* (clause statutaire de plafonnement des voix).

Art. L. 225-126 *Abrogé par Ord. nº 2020-1142 du 16 sept. 2020, art. 3, à compter du 1er janv. 2021.*

Sur les infractions relatives aux assemblées d'actionnaires, V. art. L. 242-6, L. 242-8 à L. 242-16 [abrogé], L. 242-25 et L. 247-1.

SECTION IV DES MODIFICATIONS DU CAPITAL SOCIAL ET DE L'ACTIONNARIAT DES SALARIÉS

SOUS-SECTION 1 DE L'AUGMENTATION DU CAPITAL

RÉP. SOCIÉTÉS v° *Capital social*, par A. Lecourt.

BIBL. GÉN. ▶ Lienhard, *D. 2004. Chron. 1956* (Ord. n° 2004-604 du 24 juin 2004). – Le Cannu, *RTD com. 2004. 531* et *537* (problèmes de droit transitoire) ; *Rev. sociétés 2004. 567* (protection des porteurs). – Bonneau, *Dr. sociétés 2004. Étude 11* (application dans le temps de l'Ord. du 24 juin 2004). – Le Bars, *Rev. sociétés 2004. 531* (volume des augmentations de capital) ; *LPA 22 sept. 2005* (règles communes aux augmentations de capital). – Abras, *JCP E 2009, n° 1317* (augmentation de capital par apport en numéraire dans les sociétés par actions non cotées : faiblesses de la protection contre les abus dans la fixation du prix des titres nouveaux).

Art. L. 225-127 *(Ord. n° 2004-604 du 24 juin 2004, art. 2)* **Le capital social est augmenté soit par émission d'actions ordinaires ou d'actions de préférence, soit par majoration du montant nominal des titres de capital existants.**

Il peut également être augmenté par l'exercice de droits attachés à des valeurs mobilières donnant accès au capital, dans les conditions prévues aux articles L. 225-149 et L. 225-177.

BIBL. ▶ Peltier, *BJS 1992. 135* (dates de jouissance des actions nouvelles).

Sur la responsabilité civile des actionnaires majoritaires pour fraude à l'égard d'un actionnaire minoritaire, dans l'hypothèse où l'opération d'apport orchestrée par les actionnaires majoritaires, par la sous-évaluation de la société et l'octroi corrélatif d'actions nouvelles nombreuses à l'un d'entre eux, conduirait à priver illégitimement l'actionnaire minoritaire d'une partie de ses droits en diluant sa participation au capital de la société, V. • Com. 30 sept. 2020, n° 18-22.076 P : *D. 2020. 2273, note Schmidt ; JCP E 2021. 1155, note Le Normand-Caillère ; BJS 12/2020. 22, note Guégan ; Dr. sociétés 2020, n° 141, note Mortier ; Gaz. Pal. 15 déc. 2020, p. 75, obs. Lemaréchal et Pérez ; RJDA 2021, n° 23.*

Art. L. 225-128 *(Ord. n° 2004-604 du 24 juin 2004, art. 3)* **Les titres de capital nouveaux sont émis soit à leur montant nominal, soit à ce montant majoré d'une prime d'émission.**

Ils sont libérés soit par apport en numéraire y compris par compensation avec des créances liquides et exigibles sur la société, soit par apport en nature, soit par incorporation de réserves, bénéfices ou primes d'émission, soit en conséquence d'une fusion ou d'une scission.

Ils peuvent aussi être libérés consécutivement à l'exercice d'un droit attaché à des valeurs mobilières donnant accès au capital comprenant, le cas échéant, le versement des sommes correspondantes.

RÉP. SOCIÉTÉS v° *Prime d'émission*, par Didier et Marteau-Petit.

BIBL. ▶ Poitrinal, *JCP E 1999, n° 38, p. 1474* (garantie de passif accordée par la société émettrice). – Jobert, *ibid. 2003, n° 39, p. 1520* (garanties de passif dans les augmentations de capital). – Solente et Novello, *Gaz. Pal. 2004. Doctr. 1632* (techniques de relution au bénéfice des investisseurs). – Uettwiller et Prieur, *BJS 2004. 1449* (conventions de garantie dans les souscriptions de droits sociaux).

Nature de la prime d'émission. Les primes d'émission, spécialement d'actions nouvelles lors d'une augmentation de capital, étant des sommes d'argent mises en commun dans un intérêt social, pour avoir droit, au même titre et dans la même mesure que toutes autres apportées déjà *par les associés,* à la répartition de l'actif social, participent de la nature des apports dont elles sont le complément obligatoire. • Req. 3 mars 1930 : *DP 1930. 1. 29, rapp. Pilon* • Req. 27 mars 1935 : *DP 1935. 1. 43, note E. P.* • Com. 9 juill. 1952, n° 38.491 P. ♦ Les primes d'émission, apports supplémentaires exigés en vue d'assurer l'égalité entre les actions anciennes et les nouvelles, ne présentent pas, bien que faisant partie de l'actif social, les caractères d'un bénéfice réalisé par la société. • Req. 8 janv. 1935 : *DP 1935. 2. 8, rapp. Pilon.* ♦ Par suite, les porteurs de parts de fondateur n'ont pas le droit de participer à la répartition de ces primes. • Même arrêt.

Art. L. 225-129 *(Ord. n° 2004-604 du 24 juin 2004, art. 4)* **L'assemblée générale extraordinaire est seule compétente pour décider, sur le rapport du conseil d'adminis-**

tration ou du directoire, une augmentation de capital immédiate ou à terme. Elle peut déléguer cette compétence au conseil d'administration ou au directoire dans les conditions fixées à l'article L. 225-129-2. – *V. art. R. 225-113.*

L'augmentation de capital doit, sous réserve des dispositions prévues aux articles L. 225-129-2 et L. 225-138, être réalisée dans le délai de cinq ans à compter de cette décision ou de cette délégation. Ce délai ne s'applique pas aux augmentations de capital à réaliser à la suite de l'exercice d'un droit attaché à une valeur mobilière donnant accès au capital ou à la suite des levées d'options prévues à l'article L. 225-177 *(L. nº 2006-1770 du 30 déc. 2006, art. 41)* **« ou du fait de l'attribution définitive d'actions gratuites prévue à l'article L. 225-197-1 ».**

BIBL. ► LOY, *JCP E 2004, nº 37, p. 1380* (nouvelles règles de délégation en matière d'augmentation de capital). – TOURRES, *Dr. et patr. 10/2004. 87* (élargissement des délégations). – MATTOUT, *Rev. sociétés 2004. 543* (nouveaux pouvoirs financiers des organes de direction).

1. Compétence exclusive de l'AGE. Sur l'impossibilité d'imposer à une société une augmentation de capital non décidée par l'assemblée générale extraordinaire, V. • CJCE 30 mai 1991 : *Rev. sociétés 1992. 526, note Lasserre* ; *JCP E 1992. I. 160, nº 14, obs. Dana-Démaret* ; *BJS 1991. 1143, note Saintourens* • 24 mars 1992 : *Rev. sociétés 1993. 111, note Dana-Démaret* ; *BJS 1992. 672, note Le Cannu* • 12 mars 1996 : *Dr. sociétés 1996, nº 179, obs. Vidal* ; *BJS 1996. 814, note Saintourens.* ♦ V., toutefois, pour la validité, au regard de la deuxième Dir. 77/91/CEE du 13 déc. 1976, de la recapitalisation d'une banque par la voie d'une ordonnance d'injonction judiciaire : • CJUE 8 nov. 2016 : *BJS 2017. 303, note Gaudemet.*

2. ♦ L'art. L. 225-129 C. com. n'exige pas que le montant de la prime d'émission soit fixé par l'assemblée générale extraordinaire dès lors que celle-ci a délégué au conseil d'administration les pouvoirs nécessaires à l'effet de procéder aux émissions de valeurs mobilières conduisant à l'augmentation de capital qu'elle a décidée. • Com. 19 sept. 2006, nº 04-14.372 : *RTD com. 2007. 174, obs. Le Cannu* .

3. Pour le cas d'augmentation de capital par voie d'apports en nature, V. note 3 ss. art. L. 225-147.

4. Rapport aux associés. En l'absence du rapport prévu par les textes [en l'espèce, rapport devant émaner du président de la SAS], la décision d'augmentation du capital est frappée de nullité. • T. com. Paris, 25 nov. 2003 : *BJS 2004. 376, note Saintourens.*

5. Libération par compensation. La souscription d'actions par voie de compensation en cas d'augmentation de capital n'est possible que lorsqu'elle n'est pas exclue par la décision de l'assemblée générale qui autorise cette opération. • Com. 11 avr. 1970 : *JCP 1970. II. 16393.* ♦ Comp. note 1 ss. art. L. 223-32. ♦ La ratification par une assemblée générale extraordinaire d'une augmentation de capital réalisée pour la grande partie par transformation de créances en actions ne s'impose pas aux actionnaires lorsque cette augmentation n'a pas été réalisée conformément à une précédente assemblée générale qui avait décidé qu'elle serait obtenue intégralement en numéraire. • Com. 10 févr. 1969, nº 66-12.124 P : *D. 1969. Somm. 79* ; *Rev. sociétés 1970. 113.* ♦ La libération par compensation ne peut être contestée que si elle a été exclue par la décision de l'assemblée générale relative à l'augmentation de capital, ou si les créances compensées n'étaient pas liquides et exigibles. • Paris, 23 oct. 1992 : *D. 1993. IR 34* ; *Rev. sociétés 1993. 130, obs. Guyon* ; *BJS 1993. 95, note Merle* ; *Dr. sociétés 1993, nº 57, obs. Le Nabasque.*

Art. L. 225-129-1 *(Ord. nº 2004-604 du 24 juin 2004, art. 5)* **Lorsque l'assemblée générale extraordinaire décide l'augmentation de capital, elle peut déléguer au conseil d'administration ou au directoire le pouvoir de fixer les modalités de l'émission des titres.**

Art. L. 225-129-2 *(Ord. nº 2004-604 du 24 juin 2004, art. 5)* **Lorsque l'assemblée générale extraordinaire délègue au conseil d'administration ou au directoire sa compétence pour décider de l'augmentation de capital, elle fixe la durée, qui ne peut excéder vingt-six mois, durant laquelle cette délégation peut être utilisée et le plafond global de cette augmentation.**

Cette délégation prive d'effet toute délégation antérieure ayant le même objet.

Les émissions mentionnées aux articles L. 225-135 à L. 225-138-1 et L. 225-177 à L. 225-186, *(L. nº 2004-1484 du 30 déc. 2004, art. 83-I)* **« L. 225-197-1 à L. 225-197-3 » ainsi que les émissions d'actions de préférence mentionnées aux articles L. 228-11 à L. 228-20 doivent faire l'objet de résolutions particulières.**

Dans la limite de la délégation donnée par l'assemblée générale, le conseil d'administration ou le directoire dispose des pouvoirs nécessaires pour fixer les conditions

d'émission, constater la réalisation des augmentations de capital qui en résultent et procéder à la modification corrélative des statuts.

Art. L. 225-129-3 *Abrogé par L. n° 2006-387 du 31 mars 2006, art. 22-I. – V. art. L. 233-32.*

Art. L. 225-129-4 *Abrogé par Ord. n° 2020-1142 du 16 sept. 2020, art. 3, à compter du 1er janv. 2021.*

Art. L. 225-129-5 *(Ord. n° 2004-604 du 24 juin 2004, art. 5)* **Lorsqu'il est fait usage des délégations prévues aux articles L. 225-129-1 et L. 225-129-2, le conseil d'administration ou le directoire établit un rapport complémentaire à l'assemblée générale ordinaire suivante dans les conditions fixées par décret en Conseil d'État.**

V. note ss. art. L. 225-100.

Art. L. 225-129-6 *(Ord. n° 2004-604 du 24 juin 2004, art. 5)* **Lors de toute décision d'augmentation du capital par apport en numéraire, sauf si elle résulte d'une émission au préalable de valeurs mobilières donnant accès au capital, l'assemblée générale extraordinaire doit se prononcer sur un projet de résolution tendant à la réalisation d'une augmentation de capital dans les conditions prévues aux articles L. 3332-18 à L. 3332-24 du code du travail** *(L. n° 2011-525 du 17 mai 2011, art. 60)* **« , lorsque la société a des salariés ».** *(L. n° 2004-1343 du 9 déc. 2004, art. 78-XXVII)* **« Toutefois, l'assemblée générale extraordinaire se prononce sur un tel projet de résolution lorsqu'elle délègue sa compétence pour réaliser l'augmentation de capital conformément à l'article L. 225-129-2. »**

Al. abrogé par L. n° 2019-744 du 19 juill. 2019, art. 20.

(L. n° 2019-744 du 19 juill. 2019, art. 20) **« Le présent article n'est pas applicable »** *(L. n° 2011-525 du 17 mai 2011, art. 60)* **« aux sociétés contrôlées au sens de l'article L. 233-16 du présent code lorsque** *(L. n° 2019-744 du 19 juill. 2019, art. 20)* **« l'assemblée générale de la société qui les contrôle a décidé ou a autorisé, par délégation, une augmentation de capital, dans les conditions prévues au deuxième alinéa de l'article L. 3344-1 du code du travail, » dont peuvent bénéficier les salariés des sociétés contrôlées. »**

BIBL. ▶ CHAZAL et REINHARD, *RTD com. 2002. 112* (augmentation de capital et actionnariat salarié). – MÉDAIL, *JCP E 2003, n° 26, p. 1081* (obligation triennale de saisir l'assemblée générale). – MALECKI, *D. 2004. 482* (les ambiguïtés du seuil de 3 % du capital social). – CHAUDRÉ, *JCP E 2013. 1536* (formule d'augmentation de capital réservée aux salariés d'une SASU).

1. Sociétés visées. L'art. L. 225-129 (VII) [L. 225-129-6] s'applique à toutes les SA, et non uniquement à celles qui ont mis en place pour leurs salariés un plan d'épargne d'entreprise ou un plan partenarial d'épargne salariale volontaire, le renvoi opéré à l'art. L. 443-5 [L. 3332-18 s.] C. trav. devant s'interpréter comme déterminant seulement les modalités d'exécution de l'augmentation de capital qui doit être proposée aux salariés. • T. com. Bordeaux, 15 nov. 2002 : *BJS 2003. 197, note Saintourens.* – V. aussi * Rép. min. n° 34056 : *JO Sénat Q 22 nov. 2001, p. 3718 ; D. 2001. 3515.* ♦ Pour l'applicabilité de l'art. L. 225-129-6 aux SAS, V. * Rép. min. n° 59 : *JO Sénat Q 3 janv. 2008, p. 38 ; RTD com. 2008. 369, obs. Le Cannu et Dondero.* – Comp. en ce sens que seules sont applicables à ces sociétés les dispositions de l'al. 1er du texte : * Avis CNCC : *Bull. CNCC juin 2002, p. 281 ; BRDA 2002, n° 22, p. 3.* ♦ Sur cette question, V. Godon, *BJS 2009. 716.*

2. Régularisation de la procédure de vote. Le vote sur la seule résolution proposant de réserver aux salariés une augmentation de capital, qui n'a pas été soumise à la précédente assemblée statuant sur la résolution tendant à l'augmentation de capital, suffit à régulariser cette augmentation de capital, sans qu'il y ait lieu à nouvelle délibération sur cette première résolution. • Com. 28 nov. 2018, n° 16-28.358 P : *D. 2018. Actu. 2359 ; JCP E 2019. 1068, note Barrière ; BJS 3/2019. 11, note Coupet ; Dr. sociétés 2019, n° 48, note Heinich ; Gaz. Pal. 26 mars 2019, p. 78, obs. Caffin-Moi ; RTDF 2019, n° 1, p. 62, obs. Mortier ; RJ com. 2019. 245, obs. Jullian ; RJDA 2019, n° 760.*

3. Sanction. La nullité des décisions prises en violation des dispositions de l'art. L. 225-129 (VII) [L. 225-129-6] est une nullité absolue ; en conséquence, est recevable l'action en nullité intentée par des sociétés actionnaires minoritaires. • T. com. Bordeaux, 15 nov. 2002 : *préc. note 1.* – V. aussi • T. com. Paris, 25 nov. 2003 : *cité note 4 ss. art. L. 225-129.* ♦ Pour une décision validant la régularisation d'une augmentation de capital décidée sans qu'aient été respectées les dispositions de l'art. L. 225-129 (VII), V. • T. com. Versailles, 30 avr. 2004 : *Rev. sociétés 2005. 183, note Dom ; RJDA 2004, n° 995.*

Art. L. 225-130 *(Ord. n° 2004-604 du 24 juin 2004, art. 6)* **Lorsque l'augmentation du capital, que ce soit par émission de titres de capital nouveaux ou par majoration du montant nominal des titres de capital existants, est réalisée par incorporation de réserves, bénéfices ou primes d'émission, l'assemblée générale, par dérogation aux dispositions de l'article L. 225-96, statue dans les conditions de quorum et de majorité prévues à l'article L. 225-98. Dans ce cas, elle peut décider que les droits formant rompus ne sont ni négociables, ni cessibles et que les titres de capital correspondants sont vendus.** *(Ord. n° 2014-863 du 31 juill. 2014, art. 14, en vigueur le 1er avr. 2015)* **« La vente des titres de capital qui n'ont pu être attribués individuellement et correspondant aux droits formant rompus ainsi que la répartition des sommes provenant de cette vente aux titulaires des droits interviennent dans un délai fixé par décret en Conseil d'État.** *(Abrogé par Ord. n° 2020-1142 du 16 sept. 2020, art. 3, à compter du 1er janv. 2021)* ***« Lorsque ces titres de capital sont admis aux négociations sur un marché réglementé ou aux opérations d'un dépositaire central, la vente de ces titres correspondant aux droits formant rompus est réalisée, sauf si l'assemblée générale en décide autrement, suivant des modalités fixées par décret en Conseil d'État. »*** *— V. art. R. 225-130.*

L'augmentation de capital par majoration du montant nominal des titres de capital, en dehors des cas prévus à l'alinéa précédent, n'est décidée qu'avec le consentement unanime des actionnaires.

Art. L. 225-131 **Le capital doit être intégralement libéré avant toute émission d'actions nouvelles à libérer en numéraire** *(Abrogé par Ord. n° 2004-604 du 24 juin 2004, art. 51-IV)* ***«, à peine de nullité de l'opération »***.

En outre, l'augmentation du capital par *(Ord. n° 2009-80 du 22 janv. 2009, art. 11-II, en vigueur le 1er avr. 2009)* **« offre au public », réalisée moins de deux ans après la constitution d'une société selon les articles L. 225-12 à L. 225-16, doit être précédée, dans les conditions visées aux articles L. 225-8 à L. 225-10, d'une vérification de l'actif et du passif ainsi que, le cas échéant, des avantages particuliers consentis.** *— [L. n° 66-537 du 24 juill. 1966, art. 182.]*

(Ord. n° 2019-1067 du 21 oct. 2019, art. 2) **« Les dispositions de l'alinéa précédent ne sont pas applicables aux offres au public mentionnées au 1° ou au 2° de l'article L. 411-2 du code monétaire et financier ou à l'article L. 411-2-1 du même code. »**

1. Versement des fonds. La libération intégrale du capital suppose un versement effectif de fonds, le capital destiné à être augmenté devant être totalement versé et non simplement appelé. • T. com. Montpellier, 7 déc. 1988 : *LPA 15 mars 1989.*

2. Changement d'affectation des fonds. Commet une faute la banque qui donne aux fonds destinés à une augmentation de capital une autre affectation sans l'accord de sa mandante, et porte la somme au compte courant de la société, pour résorber son déficit, une fois le projet d'augmentation de capital abandonné. • Com. 22 mars 1988 : *BJS 1988. 359.*

Art. L. 225-132 **Les actions comportent un droit préférentiel de souscription aux augmentations de capital.**

Les actionnaires ont, proportionnellement au montant de leurs actions, un droit de préférence à la souscription des actions de numéraire émises pour réaliser une augmentation de capital. *(Abrogé par Ord. n° 2004-604 du 24 juin 2004, art. 51-V)* ***« Toute clause contraire est réputée non écrite. »***

(Ord. n° 2014-863 du 31 juill. 2014, art. 13) **« Lorsque le droit préférentiel de souscription n'est pas détaché d'actions négociables, il est cessible dans les mêmes conditions que l'action elle-même. Dans le cas contraire, ce droit est négociable pendant une durée égale à celle de l'exercice du droit de souscription par les actionnaires mais qui débute avant l'ouverture de celle-ci et s'achève avant sa clôture. L'information des actionnaires quant aux modalités d'exercice et de négociation de leur droit préférentiel sont précisées par décret en Conseil d'État. »** *— Les dispositions de l'art. 13 de l'Ord. n° 2014-863 du 31 juill. 2014 entrent en vigueur à une date fixée par décret en Conseil d'État et au plus tard le 1er oct. 2016 (Ord. préc., art. 38-III). — V. art. R. 225-117-1.*

Les actionnaires peuvent renoncer à titre individuel à leur droit préférentiel. *— [L. n° 66-537 du 24 juill. 1966, art. 183.] — V. art. R. 225-122.*

(Ord. nº 2004-604 du 24 juin 2004, art. 7) « La décision relative à la conversion des actions de préférence emporte renonciation des actionnaires au droit préférentiel de souscription aux actions issues de la conversion.

« La décision d'émission de valeurs mobilières donnant accès au capital emporte également renonciation des actionnaires à leur droit préférentiel de souscription aux titres de capital auxquels les valeurs mobilières émises donnent droit. »

BIBL. ▶ Jauffret, *RTD com. 1974. 183* (droit préférentiel de souscription). – Gerry, *Rev. sociétés 1983. 261* (L. nº 83-1 du 3 janv. 1983). – Anville N'Goran, *D. Affaires 1998. 1074* (le rôle de la COB dans la défense du droit préférentiel). – Le Nabasque, *Rev. sociétés 2004. 491* (Ord. du 24 juin 2004).

1. Caractère égalitaire du droit préférentiel de souscription. Doit être annulée la clause des statuts qui substitue un droit de préférence partiel et fractionné par genre d'actions au droit de préférence général attaché à chaque action selon sa quote-part dans le capital initial. • Douai, 24 mai 1962 : *D. 1962. 688, note Dalsace ; S. 1962. 297, note Autesserre.*

2. Cession des droits de souscription. Si le droit préférentiel négociable institué en faveur des anciens actionnaires se trouve lié à l'augmentation de capital et à sa mise en souscription sans lesquelles il serait vide de sens, et si la négociation doit être résolue lorsque ces deux opérations n'aboutissent pas, cette règle ne saurait être applicable que lorsque sont données exactement les circonstances normales en vue desquelles elle a été formulée et de nature à permettre une exacte appréciation de la valeur des droits de souscription envisagés. • Civ. 10 juin 1960, nº 57-11.524 P : *S. 1961. 42, note Autesserre.* ♦ La cession de droits de souscription entre actionnaires ne peut être soumise à l'agrément de la société. • Aix-en-Provence, 13 janv. 1977 : *D. 1978. IR 250, obs. Bousquet.* ♦ Le refus de la société d'accepter la souscription d'un actionnaire porteur de droits régulièrement cédés constitue la violation d'une règle de fond essentielle des augmentations de capital. Dès lors, faute pour la société de régulariser dans le délai d'un mois, la nullité de l'augmentation de capital est encourue. • Même arrêt.

3. Conversion de titres de capital par incorporation de réserves. Lorsque, à la suite de la décision de conversion des parts de fondateur en actions, la création des actions nouvelles attribuées aux porteurs de parts a été opérée par virement du compte « réserves » au compte « capital », il n'y a pas eu souscription d'actions en numéraire ni apports en nature. • Com. 16 déc. 1969, nº 68-13.236 P : *D. 1970. Somm. 64 ; JCP 1970. II. 16367, note N. Bernard.* ♦ Par suite, les résolutions de l'assemblée générale extraordinaire des actionnaires décidant cette conversion ne peuvent être annulées au motif que les actionnaires n'avaient pas régulièrement renoncé à leur droit préférentiel de souscription. • Même arrêt.

4. Augmentation de capital réservée aux salariés. Dès lors que les dispositions particulières aux augmentations de capital consenties en faveur du personnel des sociétés cotées en Bourse ne leur étaient pas applicables, la majorité des actionnaires d'une société, réunis en assemblée générale extraordinaire, a pu, sans commettre d'abus de droit au préjudice de la minorité, renoncer à son droit préférentiel de souscription et réserver les titres nouvellement émis dans le cadre d'une augmentation de capital à certains salariés de l'entreprise, même si, à la suite de cette opération, les actions de la société ont subi une moins-value importante. • Paris, 15 oct. 1986 : *D. 1987. 136, note Honorat.*

5. Rapport du commissaire aux comptes. Lorsqu'une augmentation de capital est souscrite avec renonciation individuelle au droit préférentiel de souscription, le commissaire aux comptes n'a nullement à établir le rapport prévu par l'art. L. 225-135 en cas de suppression de ce droit. • Paris, 22 oct. 2002 : *Rev. sociétés 2003. 163, obs. Guyon.*

Art. L. 225-133 *(Ord. nº 2004-604 du 24 juin 2004, art. 8)* Si l'assemblée générale ou, en cas de délégation prévue à l'article L. 225-129, le conseil d'administration ou le directoire le décide expressément, les titres de capital non souscrits à titre irréductible sont attribués aux actionnaires qui auront souscrit un nombre de titres supérieur à celui auquel ils pouvaient souscrire à titre préférentiel, proportionnellement aux droits de souscription dont ils disposent et, en tout état de cause, dans la limite de leurs demandes.

Art. L. 225-134 I. – Si les souscriptions à titre irréductible et, le cas échéant, à titre réductible n'ont pas absorbé la totalité de l'augmentation de capital :

(Ord. nº 2004-604 du 24 juin 2004, art. 9) « 1º Le montant de l'augmentation de capital peut être limité au montant des souscriptions sauf décision contraire de l'assemblée générale. En aucun cas, le montant de l'augmentation de capital ne peut être inférieur aux trois quarts de l'augmentation décidée ; »

2° Les actions non souscrites peuvent être librement réparties totalement ou partiellement, à moins que l'assemblée en ait décidé autrement ;

3° Les actions non souscrites peuvent être offertes au public totalement ou partiellement lorsque l'assemblée a expressément admis cette possibilité. *(Ord. n° 2019-1067 du 21 oct. 2019, art. 2)* **« Cette autorisation n'est pas requise pour les offres au public mentionnées au 1° ou au 2° de l'article L. 411-2 du code monétaire et financier ou à l'article L. 411-2-1 du même code. »**

II. — Le conseil d'administration ou le directoire peut utiliser dans l'ordre qu'il détermine les facultés prévues ci-dessus ou certaines d'entre elles seulement. L'augmentation de capital n'est pas réalisée lorsque après l'exercice de ces facultés, le montant des souscriptions reçues n'atteint pas la totalité de l'augmentation de capital ou les trois quarts de cette augmentation dans le cas prévu au 1° du I.

III. — Toutefois, le conseil d'administration ou le directoire peut, d'office et dans tous les cas, limiter l'augmentation de capital au montant atteint lorsque les actions non souscrites représentent moins de 3 % de l'augmentation de capital. Toute délibération contraire est réputée non écrite. — *[L. n° 66-537 du 24 juill. 1966, art. 185.]*

Art. L. 225-135 *(L. n° 2011-525 du 17 mai 2011, art. 61)* **L'assemblée qui décide ou autorise une augmentation de capital, soit en en fixant elle-même toutes les modalités, soit en déléguant son pouvoir ou sa compétence dans les conditions prévues aux articles L. 225-129-1 ou L. 225-129-2, peut supprimer le droit préférentiel de souscription pour la totalité de l'augmentation de capital ou pour une ou plusieurs tranches de cette augmentation, selon les modalités prévues par les articles L. 225-136 à L. 225-138-1** *(Ord. n° 2020-1142 du 16 sept. 2020, art. 3, en vigueur le 1er janv. 2021)* **« et L. 22-10-52 ».**

Elle statue sur rapport du conseil d'administration ou du directoire.

Lorsqu'elle décide de l'augmentation de capital, soit en fixant elle-même toutes les modalités, soit en déléguant son pouvoir dans les conditions fixées à l'article L. 225-129-1, elle statue également sur rapport des commissaires aux comptes *(L. n° 2019-486 du 22 mai 2019, art. 20-I-9°)* **« , s'il en existe »** *(Abrogé par Ord. n° 2020-1142 du 16 sept. 2020, art. 3, à compter du 1er janv. 2021)* **« , *sauf dans le cas mentionné au premier alinéa du 1° de l'article L. 225-136* ».**

Lorsqu'il est fait usage d'une délégation de pouvoir ou de compétence, le conseil d'administration ou le directoire ainsi que le commissaire aux comptes *(L. n° 2019-486 du 22 mai 2019, art. 20-I-6°)* **« , s'il en existe, » établissent chacun un rapport sur les conditions définitives de l'opération présenté à l'assemblée générale ordinaire suivante. Le rapport du conseil d'administration ou du directoire satisfait à l'obligation prévue à l'article L. 225-129-5.**

Al. abrogé par Ord. n° 2020-1142 du 16 sept. 2020, art. 3, à compter du 1er janv. 2021.

Un décret en Conseil d'État fixe les conditions dans lesquelles sont établis les rapports prévus au présent article. — *V. art. R. 225-114.*

Pour les dispositions transitoires de la L. n° 2019-486 du 22 mai 2019, V. notes ss. art. L. 221-9.

BIBL. ▶ MARTIN LAPRADE et VAMPARYS, *RTDF 2008, n° 1, p. 36* (rapport du commissaire aux comptes au conseil d'administration).

1. Rapport du conseil d'administration. La seule indication des motifs de l'augmentation de capital ne suffit pas à répondre aux exigences des dispositions légales, la mise à la disposition des actionnaires de la comptabilité sociale ne couvre pas la nullité résultant du défaut ou de l'insuffisance éventuelle des rapports prescrits dans lesquels les actionnaires doivent trouver tous les renseignements prévus par la loi sans avoir besoin de procéder eux-mêmes à des recherches. • Com. 18 févr. 1964, n° 61-13.507 P : *D. 1964. 452.*

2. Rapport du commissaire aux comptes. Si l'absence de tout rapport des commissaires aux comptes entraîne la nullité de la délibération supprimant le droit préférentiel de souscription, par contre, l'insuffisance des indications mentionnées aux rapports prescrits ne peut équivaloir à l'absence de rapport qu'au cas où les actionnaires n'ont pu, effectivement, en raison de cette insuffisance, se prononcer en toute connaissance de cause. • Paris, 19 mars 1981 : *D. 1981. 405, concl. Jéol ; JCP 1982. II. 19720, note Guyon.* ♦ Jugeant que l'absence de rapport ne contrevient pas aux dispositions de l'art. L. 225-135 dans l'hypothèse où l'assemblée a rejeté l'augmentation de capital réservée, V. • T. com. Versailles, 30 avr. 2004 : *Rev. sociétés 2005. 183, note Dom ; RJDA 2004, n° 995.*

Art. L. 225-135-1 *(Ord. n° 2004-604 du 24 juin 2004, art. 11)* **En cas d'augmentation de capital avec ou sans droit préférentiel de souscription, l'assemblée peut prévoir que le nombre de titres pourra être augmenté pendant un délai fixé par décret en Conseil d'État, dans la limite d'une fraction de l'émission initiale déterminée par ce même décret et au même prix que celui retenu pour l'émission initiale. La limite prévue au 1° du I de l'article L. 225-134 est alors augmentée dans les mêmes proportions.** – *V. art. R. 225-118.*

BIBL. ▶ DURAND et GROLLEMUND, *BJB 2015. 516* (clauses d'extension et options de surallocation dans les augmentations de capital de sociétés cotées).

Art. L. 225-136 *(Ord. n° 2009-80 du 22 janv. 2009, art. 11-III, en vigueur le 1er avr. 2009)* **« L'émission de titres de capital sans droit préférentiel de souscription par une offre au public** *(Abrogé par Ord. n° 2019-1067 du 21 oct. 2019, art. 2)* ***« ou par une offre visée au II de l'article L. 411-2 du code monétaire et financier »*** **est soumise aux conditions suivantes : »**

Al. abrogés par Ord. n° 2020-1142 du 16 sept. 2020, art. 3, à compter du 1er janv. 2021.

(Ord. n° 2020-1142 du 16 sept. 2020, art. 3, en vigueur le 1er janv. 2021) **« 1° Le prix d'émission ou les conditions de fixation de ce prix sont déterminés par l'assemblée générale extraordinaire sur rapport du conseil d'administration ou du directoire et sur rapport spécial du commissaire aux comptes de la société, ou, s'il n'en a pas été désigné, d'un commissaire aux comptes désigné à cet effet selon les modalités prévues aux articles L. 225-228 et L. 22-10-66 ;** – *V. art. R. 225-114.*

« 2° » *(Ord. n° 2009-80 du 22 janv. 2009, art. 11-III, en vigueur le 1er avr. 2009)* **« L'émission de titres de capital réalisée par une offre visée au** *(Ord. n° 2019-1067 du 21 oct. 2019, art. 2)* **« 1 » de l'article L. 411-2 du code monétaire et financier est limitée à 20 % du capital social par an. »**

(Ord. n° 2019-1067 du 21 oct. 2019, art. 2) **« Les dispositions du présent article ne sont pas applicables aux offres au public mentionnées au 2° de l'article L. 411-2 du code monétaire et financier ou à l'article L. 411-2-1 du même code. »**

Art. L. 225-137 *Abrogé par Ord. n° 2004-604 du 24 juin 2004, art. 51-VII.*

Art. L. 225-138 *(Ord. n° 2004-604 du 24 juin 2004, art. 13, 1°)* **I. – L'assemblée générale qui décide l'augmentation du capital peut la réserver à une ou plusieurs personnes nommément désignées ou catégories de personnes répondant à des caractéristiques déterminées. A cette fin, elle peut supprimer le droit préférentiel de souscription. Les personnes nommément désignées bénéficiaires de cette disposition ne peuvent prendre part au vote. Le quorum et la majorité requis sont calculés après déduction des actions qu'elles possèdent. La procédure prévue** *(Ord. n° 2020-1142 du 16 sept. 2020, art. 3, en vigueur le 1er janv. 2021)* **« aux articles L. 225-147 et L. 22-10-53 » n'est pas applicable.**

Lorsque l'assemblée générale extraordinaire supprime le droit préférentiel de souscription en faveur d'une ou plusieurs catégories de personnes répondant à des caractéristiques qu'elle fixe, elle peut déléguer au conseil d'administration ou au directoire le soin d'arrêter la liste des bénéficiaires au sein de cette ou de ces catégories et le nombre de titres à attribuer à chacun d'eux, dans les limites des plafonds prévus au premier alinéa de l'article L. 225-129-2. Lorsqu'il fait usage de cette délégation, le conseil d'administration ou le directoire établit un rapport complémentaire à la prochaine assemblée générale ordinaire, certifié par le commissaire aux comptes *(L. n° 2019-486 du 22 mai 2019, art. 20-I-11°)* **« , s'il en existe », décrivant les conditions définitives de l'opération.**

II. – Le prix d'émission ou les conditions de fixation de ce prix sont déterminés par l'assemblée générale extraordinaire sur rapport du conseil d'administration ou du directoire et sur rapport spécial du commissaire aux comptes *(L. n° 2019-486 du 22 mai 2019, art. 20-I-10°)* **« de la société, ou, s'il n'en a pas été désigné, d'un commissaire aux comptes désigné à cet effet selon les modalités prévues** *(Ord. n° 2020-1142 du 16 sept. 2020, art. 3, en vigueur le 1er janv. 2021)* **« aux articles L. 225-228 et L. 22-10-66 ».** – *V. art. R. 225-114.*

III. – L'émission doit être réalisée dans un délai de dix-huit mois à compter de l'assemblée générale qui l'a décidée ou qui a voté la délégation prévue à l'article L. 225-129.

Pour les dispositions transitoires de la L. n° 2019-486 du 22 mai 2019, V. notes ss. art. L. 221-9.

BIBL. ▶ Le Bars, *JCP E 2002, n° 36, p. 1373* (augmentation de capital à la carte, ligne de crédit actions ou *equity credit line*). – Do Carmo Silva, *D. 2002. Chron. 3325* (les lignes d'actions, ou *equity lines*, confrontées au droit des sociétés). – Faugérolas et Sabatier, *Rev. sociétés 2004. 515* (émissions réservées). – Conchon, *BJB 2013. 310* (augmentations de capital « fermées » dans les sociétés cotées).

1. Suppression du « DPS ». Pour la nécessité d'inscrire la question de la suppression du droit préférentiel de souscription à l'ordre du jour de l'assemblée, V. note 1 ss. art. L. 225-105.

2. Exclusion du vote des bénéficiaires de l'opération. L'art. 186-3, al. 1er, de la L. du 24 juill. 1966 [C. com., art. L. 225-138] n'est pas violé lorsque la société bénéficiaire de l'augmentation, n'étant pas actionnaire au moment du vote sur l'augmentation de capital, n'a donc pu voter personnellement. • Besançon, 2 déc. 1998 : *Rev. sociétés 1999. 362, note Le Bars ; BJS 1999. 956.*

Art. L. 225-138-1 *(Ord. n° 2004-604 du 24 juin 2004, art. 13)* **Pour l'application du premier alinéa de l'article L. 443-5** *[L. 3332-18 nouv.]* **du code du travail** *(Ord. n° 2004-604 du 24 juin 2004, art. 14-1)* **« relatif aux augmentations de capital réservées aux adhérents d'un plan d'épargne d'entreprise », lorsque l'assemblée générale a supprimé le droit préférentiel de souscription en faveur des salariés de la société ou des sociétés qui lui sont liées au sens de l'article L. 225-180** *(Ord. n° 2004-604 du 24 juin 2004, art. 14-1)* **« , les dispositions des I et II de l'article L. 225-138 s'appliquent et » :**

1° Le prix de souscription demeure déterminé dans les conditions définies à l'article L. 443-5 *[L. 3332-18 à L. 3332-24 nouv.]* **du code du travail ;**

2° L'augmentation de capital n'est réalisée qu'à concurrence du montant des *(Ord. n° 2004-604 du 24 juin 2004, art. 14-1)* **« titres de capital souscrits » par les salariés individuellement ou par l'intermédiaire d'un fonds commun de placement ou des titres émis par des sociétés d'investissement à capital variable régies par l'article** *(Ord. n° 2013-676 du 25 juill. 2013, art. 38)* **« L. 214-166 » du code monétaire et financier. Elle ne donne pas lieu aux formalités prévues aux articles L. 225-142, L. 225-144 et L. 225-146 ;**

3° Abrogé par Ord. n° 2004-604 du 24 juin 2004, art. 14-III.

4° Le délai susceptible d'être accordé aux souscripteurs pour la libération de leurs titres ne peut être supérieur à trois ans ;

5° Les *(Ord. n° 2004-604 du 24 juin 2004, art. 14-IV)* **« titres de capital ou valeurs mobilières donnant accès au capital peuvent être libérés », à la demande de la société ou du souscripteur, soit par versements périodiques, soit par prélèvements égaux et réguliers sur le salaire du souscripteur ;**

6° Les *(Ord. n° 2004-604 du 24 juin 2004, art. 14-V)* **« titres de capital ou valeurs mobilières donnant accès au capital ainsi souscrits délivrés » avant l'expiration du délai de cinq ans prévu à l'article L. 443-6** *[L. 3332-25, L. 3332-26 nouv.]* **du code du travail ne sont négociables qu'après avoir été intégralement** *(Ord. n° 2004-604 du 24 juin 2004, art. 14-V)* **« libérés » ;**

(Ord. n° 2004-604 du 24 juin 2004, art. 14-VI) **« 7° Les titres de capital ou valeurs mobilières donnant accès au capital réservés aux adhérents aux plans d'épargne mentionnés à l'article L. 443-1** *[L. 3332-1 à L. 3332-8 nouv.]* **du code du travail peuvent, par dérogation aux dispositions du premier alinéa de l'article L. 225-131 du présent code, être émis alors même que le capital social n'aurait pas été intégralement libéré.**

« Le fait que les titres mentionnés à l'alinéa précédent n'aient pas été entièrement libérés ne fait pas obstacle à l'émission de titres de capital à libérer en numéraire.

« Les participants au plan d'épargne d'entreprise prévu à l'article L. 443-1 *[L. 3332-1 à L. 3332-8 nouv.]* **du code du travail peuvent obtenir la résiliation ou la réduction de leur engagement de souscription ou de détention de titres de capital ou de valeurs mobilières donnant accès au capital émis par l'entreprise dans les cas et conditions fixés par les décrets en Conseil d'État prévus à l'article L. 442-7** *[L. 3324-10 nouv.]* **du même code. »** *— Anc. art. L. 225-138-IV.*

Art. L. 225-139 *(Ord. n° 2004-604 du 24 juin 2004, art. 15)* **Un décret en Conseil d'État détermine les mentions qui doivent figurer dans les rapports prévus aux articles L. 225-129, L. 225-135, L. 225-136 et L. 225-138, de même que dans les rapports**

prévus en cas d'émission d'actions de préférence ou de valeurs mobilières donnant accès au capital. – *V. art. R. 225-114.*

Art. L. 225-140 Lorsque *(Ord. nº 2004-604 du 24 juin 2004, art. 16)* « les titres de capital sont grevés » d'un usufruit, le droit préférentiel de souscription qui leur est attaché appartient au nu-propriétaire. Si celui-ci vend les droits de souscription, les sommes provenant de la cession ou les biens acquis par lui au moyen de ces sommes sont soumis à l'usufruit. Si le nu-propriétaire néglige d'exercer son droit, l'usufruitier peut se substituer à lui pour souscrire aux *(Ord. nº 2004-604 du 24 juin 2004, art. 16)* « titres nouveaux » ou pour vendre les droits. Dans ce dernier cas, le nu-propriétaire peut exiger le remploi des sommes provenant de la cession. Les biens ainsi acquis sont soumis à l'usufruit.

Les *(Ord. nº 2004-604 du 24 juin 2004, art. 16)* « titres nouveaux » appartiennent au nu-propriétaire pour la nue-propriété et à l'usufruitier pour l'usufruit. Toutefois, en cas de versement de fonds effectué par le nu-propriétaire ou l'usufruitier pour réaliser ou parfaire une souscription, les *(Ord. nº 2004-604 du 24 juin 2004, art. 16)* « titres nouveaux » n'appartiennent au nu-propriétaire et à l'usufruitier qu'à concurrence de la valeur des droits de souscription. Le surplus des *(Ord. nº 2004-604 du 24 juin 2004, art. 16)* « titres nouveaux » appartient en pleine propriété à celui qui a versé les fonds.

Un décret en Conseil d'État fixe les conditions d'application du présent article dont les dispositions sont également suivies en cas d'attribution *(Ord. nº 2004-604 du 24 juin 2004, art. 16)* « de titres gratuits ». – *V. art. R. 225-123.*

Les dispositions du présent article s'appliquent dans le silence de la convention des parties. – *[L. nº 66-537 du 24 juill. 1966, art. 187.]*

Art. L. 225-141 Le délai accordé aux actionnaires pour l'exercice du droit de souscription ne peut être inférieur à *(Ord. nº 2004-604 du 24 juin 2004, art. 17)* « cinq jours de bourse » à dater de l'ouverture de la souscription.

Ce délai se trouve clos par anticipation dès que tous les droits de souscription à titre irréductible ont été exercés ou que l'augmentation de capital a été intégralement souscrite après renonciation individuelle à leurs droits de souscription des actionnaires qui n'ont pas souscrit. – *[L. nº 66-537 du 24 juill. 1966, art. 188.]*

Art. L. 225-142 La société accomplit, avant l'ouverture de la souscription, des formalités de publicité dont les modalités sont fixées par décret en Conseil d'État. – *[L. nº 66-537 du 24 juill. 1966, art. 189.] – V. art. R. 210-9, R. 225-120, R. 225-121, R. 225-124 à R. 225-127.*

Art. L. 225-143 Le contrat de souscription *(Ord. nº 2004-604 du 24 juin 2004, art. 18)* « à des titres de capital ou à des valeurs mobilières donnant accès au capital » est constaté par un bulletin de souscription, établi dans les conditions déterminées par décret en Conseil d'État. – *V. art. R. 225-128.*

Toutefois, le bulletin de souscription n'est pas exigé des établissements de crédit et des prestataires de services d'investissement qui reçoivent mandat d'effectuer une souscription à charge pour ces mandataires de justifier de leur mandat. – *[L. nº 66-537 du 24 juill. 1966, art. 190.]*

1. Consentement du souscripteur. Le consentement du souscripteur aux modalités fixées pour la réalisation d'une augmentation du capital social doit être pur et simple. • Com. 25 juin 2013, nº 12-17.583 P : *D. 2013. Actu. 1682 ; Rev. sociétés 2013. 545, note Bonneau ; RJDA 2013, nº 809 ; Dr. sociétés 2013, nº 152, obs. Mortier ; BJS 2013. 643, note Moulin.*

2. Nullité de la souscription pour erreur sur la substance. La souscription à une augmentation de capital d'une société n'ayant été obtenue que par la communication de bilans et comptes d'exploitation qui présentaient une situation inexacte de la société – compromise au point que l'apport des nouveaux capitaux n'était pas de nature à la rétablir – encourt la nullité, dès lors que les signataires du contrat ont été trompés sur les qualités substantielles des actions souscrites. • Com. 26 févr. 1991, nº 89-16.637 : *Dr. sociétés 1991, nº 147.*

3. Nullité de la souscription pour dol. Peut être déclarée nulle pour dol la souscription à une augmentation de capital d'un actionnaire dont le consentement a été surpris par des informations fausses sur les résultats de la société et par des énonciations mensongères dans la notice publiée au BALO. • Com. 3 déc. 1968, nº 64-13.558

P : *D. 1969. Somm. 55.* ♦ Relevant que le président-directeur général et un administrateur d'une SA ont amené une personne à souscrire à une augmentation de capital de la société alors en difficulté, en convenant avec cette personne qu'ils supporteraient une partie des charges et obligations résultant de la souscription, que cet engagement a été la condition déterminante qui a amené la personne à souscrire pour une somme importante ; déclarant d'autre part qu'ils ont agi dans l'exercice de leurs fonctions et dans l'intérêt immédiat de la société qui a tiré profit des agissements de ses représentants, les juges du fond ont pu décider que ces agissements ont été des manœuvres frauduleuses constitutives de dol, que la responsabilité de ladite société a été engagée par ces agissements, et dès lors déclarer nulle la souscription. • Com. 27 nov. 1972 : *Rev. sociétés 1973. 502, note Guyénot ; Gaz. Pal. 1973. 1. 259, note Delaisi.*

En ce sens qu'une faute de gestion n'est pas en tant que telle constitutive d'une manœuvre dolosive, V. • Com. 19 juin 2001, n° 98-18.929 : *JCP E 2001, n° 48, p. 1909, obs. Viandier et Caussain ; BJS 2001. 1093, note Saintourens.* ♦ Pour un arrêt écartant le dol, dans le cas où le souscripteur, investisseur professionnel, avait pu, préalablement à son entrée dans le capital de la société, procéder à des investigations approfondies sur la situation comptable et matérielle de celle-ci, V. • Com. 3 nov. 2004 : *BJS 2005. 737, note Mousseron.*

Art. L. 225-144 Les actions souscrites en numéraire sont obligatoirement libérées, lors de la souscription, d'un quart au moins de leur valeur nominale et, le cas échéant, de la totalité de la prime d'émission. La libération du surplus doit intervenir, en une ou plusieurs fois, dans le délai de cinq ans à compter du jour où l'augmentation du capital est devenue définitive.

Les dispositions du premier alinéa de l'article L. 225-5, à l'exception de celles relatives à la liste des souscripteurs, sont applicables. Le retrait des fonds provenant des souscriptions en numéraire peut être effectué par un mandataire de la société après l'établissement du certificat du dépositaire.

Si l'augmentation de capital n'est pas réalisée dans le délai de six mois à compter de l'ouverture de la souscription, il peut être fait application des dispositions du deuxième alinéa de l'article L. 225-11. – *[L. n° 66-537 du 24 juill. 1966, art. 191.] – V. art. R. 225-129, R. 225-134 et R. 225-135.*

1. Dol à l'égard des souscripteurs. Le dol n'étant une cause de rescision d'une obligation qu'autant qu'il a été pratiqué par celui au profit duquel l'obligation a été contractée, la souscription à une augmentation de capital demeure valable envers les tiers créanciers qui ont traité avec la société et n'ont pas à subir les conséquences des manœuvres dolosives dirigées par les dirigeants sociaux contre le souscripteur mais auxquelles ces créanciers sont restés étrangers. • Com. 26 avr. 1971 : *Rev. sociétés 1972. 248 ; JCP 1972. II. 16986, note N. Bernard.* ♦ Par suite, l'administrateur, chargé par justice de gérer provisoirement une société en règlement judiciaire [redressement judiciaire], assisté de l'administrateur audit règlement [redressement], peut réclamer aux actionnaires leurs versements complémentaires afférents à une augmentation de capital à laquelle la société a procédé antérieurement à son règlement judiciaire [redressement judiciaire]. • Même arrêt.

2. Non-réalisation de l'augmentation de capital. Dès lors que l'augmentation de capital envisagée ne s'est pas réalisée, les sommes versées par le souscripteur ne peuvent être affectées à une augmentation de capital ultérieure pour laquelle aucun bulletin de souscription n'a été signé et à laquelle le souscripteur a expressément refusé de participer, mais doivent lui être restituées. • Paris, 17 janv. 2003 : *BJS 2003. 447, note Daigre.* ♦ V. aussi cet arrêt en ce qu'il déclare recevable l'action en restitution formée en référé.

3. Non-restitution des fonds versés. Commet un abus de confiance le président-directeur général d'une SA qui a affecté les fonds réunis en vue d'une augmentation de capital qui a échoué, et frappés d'indisponibilité, aux besoins de la trésorerie de la société, même si le conseil d'administration lui en avait donné l'autorisation. • Crim. 7 mai 1969 : *Bull. crim. n° 155 ; D. 1969. Somm. 91.* – V. aussi • Crim. 16 mars 1987 : *Rev. sociétés 1987. 422, note Bouloc.*

4. Prescription de l'action en paiement du capital non libéré. La créance de la société envers le souscripteur au titre de la part du capital dont la libération est différée ne devient exigible qu'à compter de l'appel de fonds décidé par les représentants légaux ou, à défaut d'appel de fonds, qu'à l'arrivée du terme prévu par la loi ; le délai de prescription de l'action en paiement du capital non libéré ne peut courir tant que la créance n'est pas exigible. • Paris, 17 janv. 2008 : *Rev. sociétés 2008. 359, note Pasqualini ; ibid. 679, obs. Urbain-Parleani ; RTD com. 2008. 348, obs. Champaud et Danet ; JCP E 2008, n° 1951, note Thomas ; RJDA 2008, n° 678.*

Art. L. 225-145 *(Ord. nº 2019-1067 du 21 oct. 2019, art. 2)* « Pour les sociétés procédant, pour le placement de leurs actions, à une offre au public autre que l'une de celles mentionnées au 2° de l'article L. 411-2 du code monétaire et financier ou à l'article L. 411-2-1 du même code, l'augmentation de capital est réputée réalisée » lorsqu'un ou plusieurs prestataires de services d'investissement *(Ord. nº 2017-1107 du 22 juin 2017, art. 15-2º, en vigueur le 3 janv. 2018)* « autres que des sociétés de gestion de portefeuille » agréés *(L. nº 2001-1168 du 11 déc. 2001)* « pour fournir le service d'investissement mentionné au 6° de l'article L. 321-1 du code monétaire et financier, ou personnes mentionnées à l'article L. 532-18 de ce code et autorisées à fournir le même service sur le territoire de leur État d'origine, » ont garanti de manière irrévocable sa bonne fin. Le versement de la fraction libérée de la valeur nominale et de la totalité de la prime d'émission doit intervenir au plus tard le trente-cinquième jour qui suit la clôture du délai de souscription. – *[L. nº 66-537 du 24 juill. 1966, art. 191-1.]*

BIBL. ▶ BARRIÈRE, *Rev. sociétés 2008. 731* (l'augmentation de capital réputée réalisée).

Demande de suspension. La demande tendant à la suspension des opérations d'augmentation de capital de la part d'un actionnaire, au motif qu'on serait en attente qu'il soit statué sur le fond sur sa demande en nullité de la fusion, se heurte aux prescriptions très claires de l'art. 191-1 de la L. de 1966 [C. com., art. L. 225-145], qui précise que, dans le cas indiqué, l'augmentation est réputée réalisée, c'est-à-dire est considérée comme réalisée, même si matériellement elle est encore en cours. • T. com. Paris, 29 juill. 1986 : *Gaz. Pal. 1986. 2. 767, note Marchi.*

Art. L. 225-146 Les souscriptions et les versements sont constatés par un certificat du dépositaire établi, au moment du dépôt des fonds, sur présentation des bulletins de souscription.

Les libérations d'actions par compensation de créances liquides et exigibles sur la société sont constatées par un certificat du notaire ou du commissaire aux comptes *(L. nº 2019-486 du 22 mai 2019, art. 20-I-10º)* « de la société, ou, s'il n'en a pas été désigné, d'un commissaire aux comptes désigné à cet effet selon les modalités prévues » *(Ord. nº 2020-1142 du 16 sept. 2020, art. 3, en vigueur le 1er janv. 2021)* « aux articles L. 225-228 et L. 22-10-66 ». Ce certificat tient lieu de certificat du dépositaire. – *[L. nº 66-537 du 24 juill. 1966, art. 192.] – V. art. R. 225-134.*

Pour les dispositions transitoires de la L. nº 2019-486 du 22 mai 2019, V. notes ss. art. L. 221-9.

Certificat de dépôt. Ne peut constituer le certificat prévu par l'art. 192 de la L. de 1966 [C. com., art. L. 225-146], le simple bordereau de remise de chèques, établi par une banque, reproduisant la mention « solde souscription capital » et ne portant aucune autre indication selon laquelle cette banque aurait agi en qualité de dépositaire chargé par la société de constater le dépôt des fonds destinés à la libération du capital social. • Paris, 24 avr. 1990 : *D. 1990. IR 146.*

Art. L. 225-147 En cas d'apports en nature ou de stipulation d'avantages particuliers, un ou plusieurs commissaires aux apports sont désignés *(L. nº 2012-387 du 22 mars 2012, art. 7-III)* « à l'unanimité des actionnaires ou, à défaut, » par décision de justice. Ils sont soumis aux incompatibilités prévues à l'article *(L. nº 2016-1691 du 9 déc. 2016, art. 142-7º)* « L. 822-11-3, sans préjudice de la possibilité d'être désignés pour accomplir les missions prévues aux articles L. 225-8, L. 225-101, L. 225-131, L. 228-15 et L. 228-39 ».

Ces commissaires apprécient, sous leur responsabilité, la valeur des apports en nature et les avantages particuliers. *(Ord. nº 2004-604 du 24 juin 2004, art. 19)* « Un décret en Conseil d'État fixe les mentions principales de leur rapport, le délai dans lequel il doit être remis et les conditions dans lesquelles il est mis à la disposition des actionnaires. » Les dispositions de l'article L. 225-10 sont applicables à l'assemblée générale extraordinaire. – *V. art. R. 225-136.*

Si l'assemblée approuve l'évaluation des apports et l'octroi d'avantages particuliers, elle constate la réalisation de l'augmentation du capital.

Si l'assemblée réduit l'évaluation des apports ainsi que la rémunération d'avantages particuliers, l'approbation expresse des modifications par les apporteurs, les bénéficiaires ou leurs mandataires dûment autorisés à cet effet, est requise. A défaut, l'augmentation du capital n'est pas réalisée. – *[L. nº 66-537 du 24 juill. 1966, art. 193.]*

(Ord. n° 2004-604 du 24 juin 2004, art. 19) **« Les titres de capital émis en rémunération d'un apport en nature sont intégralement libérés dès leur émission. »**

Dernier al. *abrogé par Ord. n° 2020-1142 du 16 sept. 2020, art. 3, à compter du 1er janv. 2021.*

RÉP. SOCIÉTÉS v° *Avantages particuliers*, par ALLAIN.

BIBL. ▶ LE BARS, *LPA 4 août 2003* (rémunération d'apports en nature par émission de bons de souscription d'actions autonomes). – GRANIER, *LPA 22 sept. 2005* (Ord. du 24 juin 2004). – GIULIANI, *JCP E 2006, n° 31-34, p. 1381* (augmentation de capital par apport en nature sous condition suspensive dans les sociétés par actions). – COURET, OLIVIER et PEILLON, *BJS 2009. 708* (augmentations de capital par apports en nature : interrogations récurrentes).

1. Avantage particulier. L'avantage particulier de l'art. 193 de la L. de 1966 [C. com., art. L. 225-147] doit s'entendre de toute faveur, pécuniaire ou autre, attribuée à titre personnel à un associé ou à un tiers. • T. com. Roubaix, 6 mai 1994 : *BJS 1994. 651, note Le Cannu.* ♦ Les juges du fond peuvent considérer que la conversion en actions de parts de fondateur ne constitue pas à l'égard des actionnaires qui étaient porteurs de parts, un avantage particulier soumis à la procédure de vérification, dès lors qu'ils relèvent que les actions nouvelles ont été attribuées aux porteurs de parts en contrepartie des droits qui leur avaient été reconnus dans la société. • Com. 16 déc. 1969, n° 68-13.236 P : *D. 1970. Somm. 64 ; JCP 1970. II. 16367, note N. Bernard.* ♦ Le fait que l'actionnaire majoritaire reçoive le patrimoine de la société qu'il absorbe, alors que les actionnaires minoritaires ne reçoivent que des actions de la société absorbante ne constitue pas un avantage particulier. • Douai, 7 juill. 1994 : *Rev. sociétés 1994. 713, note Randoux ; RJDA 1994, n° 1297 ; BJS 1994. 994, note Le Cannu.*

2. Indépendance du commissaire aux apports. Il résulte de la combinaison des art. L. 225-147 et L. 225-149-1, ensemble des art. L. 822-10 et L. 822-11, que les fonctions de commissaire aux apports sont, à peine de nullité des délibérations prises au vu de son rapport, incompatibles avec toute activité ou tout acte de nature à porter atteinte à son indépendance à l'égard de l'une des parties à l'opération d'apport ou d'une personne qui la contrôle ou qu'elle contrôle. Il en est ainsi lorsque le commissaire aux apports a, avant sa désignation, accompli, pour le compte de la société qui contrôle la société apporteuse, une mission relative à la situation et aux résultats de la société bénéficiaire de l'apport. • Com. 26 mai 2009, n° 08-13.611 : *D. 2009. AJ 1536 ; RTD com. 2009. 574, obs. Le Cannu et Dondero ; BJS 2009. 965, note Barbièri.* ♦ Le défaut d'indépendance du commissaire aux apports étant sanctionné par une nullité d'ordre public qui n'a pas pour seul objet la protection de la société bénéficiaire de l'apport ou de ses associés, il importe peu que la société actionnaire de la société bénéficiaire ait elle-même demandé en connaissance de cause la désignation du commissaire aux apports. • Même arrêt. – V. aussi • Crim. 6 avr. 2016, n° 15-81.273 P : *D. 2016. Actu. 839*.

3. Vote d'approbation. Des sociétés affiliées à un même groupe n'ont pas l'obligation de s'abstenir de prendre part au vote lorsqu'une société de ce groupe fait un apport à une autre société dont elles sont elles-mêmes actionnaires. • Paris, 19 mai 1972 : *BJS 1972. 399.* ♦ Dès lors est valable, sauf preuve de l'existence de fraude, le vote de l'assemblée générale extraordinaire chargée d'approuver le rapport des commissaires aux apports et la convention d'apport partiel d'actif, vote auquel ont participé des sociétés affiliées au groupe dont fait partie la société apporteuse. • Même arrêt. ♦ En cas d'augmentation de capital par voie d'apports en nature, il convient de réunir successivement deux assemblées générales, par application des art. 180 et 193 de la L. de 1966 [C. com., art. L. 225-129 et L. 225-147]. Cependant, à défaut de disposition formelle de la loi, la pratique consistant à ne pas réunir la première assemblée ne semble pas illégale. Respectant à la fois les dispositions des art. 180 et 193 préc. [C. com., art. L. 225-129 et L. 225-147], l'assemblée générale à forme constitutive aurait le double rôle de décider de l'augmentation de capital et d'apprécier l'évaluation des apports (Rép. min. n° 3558 : *JOAN Q 8 mars 1969, p. 595*).

Art. L. 225-147-1 *(L. n° 2012-387 du 22 mars 2012, art. 8-II)* **I. —** *(Ord. n° 2020-1142 du 16 sept. 2020, art. 3, en vigueur le 1er janv. 2021)* **« Les articles L. 225-147 et L. 22-10-53 ne sont pas applicables », sur décision du conseil d'administration ou du directoire, lorsque l'apport en nature est constitué :**

1° De valeurs mobilières donnant accès au capital mentionnées à l'article L. 228-1 ou d'instruments du marché monétaire, au sens de l'article 4 de la directive 2004/39/CE du Parlement européen et du Conseil du 21 avril 2004 concernant les marchés d'instruments financiers, modifiant les directives 85/611/CEE et 93/6/CEE du Conseil et la directive 2000/12/CE du Parlement européen et du Conseil et abrogeant la directive 93/22/CE du Conseil, s'ils ont été évalués au prix moyen pondéré auquel ils ont été négociés sur un ou plusieurs marchés réglementés durant les trois mois précédant la date de la réalisation effective de l'apport ;

2° D'éléments d'actif autres que les valeurs mobilières ou les instruments du marché monétaire mentionnés au 1° si, dans les six mois précédant la date de la réalisation effective de l'apport, ces éléments ont déjà fait l'objet d'une évaluation à la juste valeur par un commissaire aux apports dans les conditions définies à l'article L. 225-147.

II. — L'apport en nature fait l'objet d'une réévaluation dans les conditions mentionnées aux deux premiers alinéas de l'article L. 225-147, à l'initiative et sous la responsabilité du conseil d'administration ou du directoire, lorsque :

1° Dans le cas prévu au 1° du I du présent article, le prix a été affecté par des circonstances exceptionnelles pouvant modifier sensiblement la valeur de l'élément d'actif à la date de la réalisation effective de l'apport ;

2° Dans le cas prévu au 2° du même I, des circonstances nouvelles ont modifié sensiblement la juste valeur de l'élément d'actif à la date de la réalisation effective de l'apport. Faute d'une telle réévaluation, un ou plusieurs actionnaires représentant au moins 5 % du capital à la date de la décision d'augmenter le capital ou une association d'actionnaires répondant aux conditions fixées à l'article *(Ord. n° 2020-1142 du 16 sept. 2020, art. 3, en vigueur le 1er janv. 2021)* « L. 22-10-44 » ont la faculté de demander une évaluation par un commissaire aux apports dans les conditions mentionnées aux deux premiers alinéas de l'article L. 225-147.

III. — Les informations relatives aux apports en nature mentionnés aux 1° et 2° du I sont portées à la connaissance des actionnaires dans des conditions définies par décret en Conseil d'État. — *V. art. R. 225-136.*

Art. L. 225-148 *Abrogé par Ord. n° 2020-1142 du 16 sept. 2020, art. 3, à compter du 1er janv. 2021.*

Art. L. 225-149 *(Ord. n° 2004-604 du 24 juin 2004, art. 20)* L'augmentation de capital résultant de l'exercice de droits attachés aux valeurs mobilières donnant accès au capital n'est pas soumise aux formalités prévues à l'article L. 225-142, au deuxième alinéa de l'article L. 225-144 et à l'article L. 225-146. Lorsque le titulaire d'une valeur mobilière émise en application de l'article L. 225-149-2 n'a pas droit à un nombre entier, la fraction formant rompu fait l'objet d'un versement en espèces selon les modalités de calcul fixées par décret en Conseil d'État. — *V. art. R. 228-94.*

L'augmentation de capital est définitivement réalisée du seul fait de l'exercice des droits et, le cas échéant, des versements correspondants.

A tout moment de l'exercice en cours et au plus tard lors de la première réunion suivant la clôture de celui-ci, le conseil d'administration ou le directoire constate, s'il y a lieu, le nombre et le montant nominal des actions créées au profit des titulaires des droits au cours de l'exercice écoulé et apporte les modifications nécessaires aux clauses des statuts relatives au montant du capital social et au nombre des titres qui le composent.

Le président *(L. n° 2019-744 du 19 juill. 2019, art. 21)* « ou un membre » du directoire *(L. n° 2019-744 du 19 juill. 2019, art. 21)* « , le directeur général ou un directeur général délégué » peut, sur délégation du directoire ou du conseil d'administration, procéder à ces opérations à tout moment de l'exercice et au plus tard dans une limite fixée par décret en Conseil d'État. — *V. art. R. 225-132.*

Art. L. 225-149-1 *(Ord. n° 2004-604 du 24 juin 2004, art. 21)* En cas d'émission de nouveaux titres de capital ou de nouvelles valeurs mobilières donnant accès au capital ainsi qu'en cas de fusion ou de scission de la société appelée à émettre de tels titres, le conseil d'administration ou le directoire peut suspendre, pendant un délai maximum fixé par décret en Conseil d'État, la possibilité d'obtenir l'attribution de titres de capital par l'exercice du droit mentionné à l'article L. 225-149 *(L. n° 2004-1343 du 9 déc. 2004, art. 78-XXVII)* « ou à l'article L. 225-178 ». — *V. art. R. 225-133.*

Sauf disposition contraire du contrat d'émission, les titres de capital obtenus, à l'issue de la période de suspension, par l'exercice des droits attachés aux valeurs mobilières donnent droit aux dividendes versés au titre de l'exercice au cours duquel ils ont été émis.

Art. L. 225-149-2 *(Ord. n° 2004-604 du 24 juin 2004, art. 22)* Les droits attachés aux titres donnant accès au capital qui ont été utilisés ou qui ont été acquis par la

société émettrice ou par la société appelée à émettre de nouveaux titres de capital, sont annulés par la société émettrice.

Art. L. 225-149-3 *(L. nº 2012-387 du 22 mars 2012, art. 20)* **Les rapports et les formalités mentionnés à l'article L. 225-129-2, au second alinéa de l'article L. 225-131,** *(Ord. nº 2020-1142 du 16 sept. 2020, art. 3, en vigueur le 1er janv. 2021)* **« au 1° » de l'article L. 225-136, aux articles L. 225-138, L. 225-142 et L. 225-143, au dernier alinéa de l'article L. 225-144, aux articles L. 225-145 à L. 225-147,** *(Abrogé par Ord. nº 2020-1142 du 16 sept. 2020, art. 3, à compter du 1er janv. 2021)* ***« au second alinéa de l'article L. 225-148, »*** **à l'avant-dernier alinéa de l'article L. 225-149 et à l'article L. 225-149-2 peuvent donner lieu à une injonction de faire suivant les modalités définies aux articles L. 238-1 et L. 238-6.**

Sont nulles les décisions prises en violation du premier alinéa des articles L. 225-129 et L. 225-129-1, des deux premiers alinéas de l'article L. 225-129-2, du premier alinéa de l'article L. 225-129-6, de la première phrase du premier alinéa et du second alinéa de l'article L. 225-130, du premier alinéa de l'article L. 225-131 *(Ord. nº 2020-1142 du 16 sept. 2020, art. 3, en vigueur le 1er janv. 2021)* **« et du deuxième alinéa de l'article L. 225-132 ».**

Peuvent être annulées les décisions prises en violation de l'article L. 233-32 ainsi que les décisions prises en violation des dispositions de la présente sous-section 1 autres que celles mentionnées au deuxième alinéa du présent article.

Les articles L. 225-127 et L. 225-128, le premier alinéa des articles L. 225-132 et L. 225-135 *(Ord. nº 2020-1142 du 16 sept. 2020, art. 3, en vigueur le 1er janv. 2021)* **« et l'article L. 225-140 » ne sont pas soumis au présent article.**

BIBL. ► LEGROS, *Dr. sociétés 2013. Étude 1* (référés-injonctions de faire relatifs aux augmentations de capital).

Art. L. 225-150 *(L. nº 2012-387 du 22 mars 2012, art. 17-II)* **Les droits de vote et les droits à dividende des actions ou coupures d'actions émises en violation de la présente sous-section sont suspendus jusqu'à régularisation de la situation. Tout vote émis ou tout versement de dividende effectué pendant la suspension est nul.**

Art. L. 225-151 à L. 225-160 *Abrogés par Ord. nº 2004-604 du 24 juin 2004, art. 51-IX.*

*Ces art., avec l'art. L. 225-150 dans sa rédaction antérieure, constituaient l'ancienne sous-section 2 « Des obligations avec bon de souscription d'actions ». — V. éd. 2004 du **C. com.** ou au **C. sociétés**.*

Art. L. 225-161 à L. 225-167 *Abrogés par Ord. nº 2004-604 du 24 juin 2004, art. 51-IX.*

*Ces art. constituaient l'ancienne sous-section 3 « Des obligations convertibles en actions ». — V. éd. 2004 du **C. com.** ou au **C. sociétés**.*

Art. L. 225-168 à L. 225-176 *Abrogés par Ord. nº 2004-604 du 24 juin 2004, art. 51-IX.*

*Ces art. constituaient l'ancienne sous-section 4 « Des obligations échangeables contre des actions ». — V. éd. 2004 du **C. com.** ou au **C. sociétés**.*

Les valeurs mobilières donnant accès au capital ou donnant droit à l'attribution de titres de créances, émises sur le fondement des régimes prévus par les sous-sections 2, 3, 4 de la section IV du chapitre V et par la section VI du chapitre VIII du titre II du livre II du code de commerce, sont régies, à compter de l'entrée en vigueur de l'Ord. nº 2004-604 du 24 juin 2004 (JO 26 juin), par la sous-section 4 de la section III et par la section VI du chapitre VIII du titre II du livre II du même code, sous réserve du maintien des droits des titulaires définis par le contrat d'émission, lorsque celui-ci est antérieur à l'entrée en vigueur de l'ordonnance précitée (Ord. préc., art. 64-II).

SOUS-SECTION 2 **DE LA SOUSCRIPTION ET DE L'ACHAT D'ACTIONS PAR LES SALARIÉS** *(Ord. nº 2004-604 du 24 juin 2004, art. 51-IX).*

(Anciennement sous-section 5.)

RÉP. SOCIÉTÉS vº *Options de souscription et d'achat d'actions (Stock-options)*, par FOY.

BIBL. GÉN. ► VATINET, *Rev. sociétés 1997. 31* (clair-obscur des stock-options à la française). – SAUVAGE, *Dr. et patr. 11/1998. 38* (communauté, succession et stock-options). – TANDEAU DE

Marsac et Levesque, *BJS 1999. 729* (écueils juridiques à éviter). – Fosseart, *Gaz. Pal. 2000. Doctr. 1967* (stock-options et régime matrimonial légal). – Castagne, *Dr. sociétés 2001. Chron. 5* (abécédaire des stock-options). – Vatinet, *Rev. sociétés 2001. 581* (L. du 15 mai 2001). – Sauvage, *Dr. et patr. 12/2001. 48* (divorce et stock-options). – Tandeau de Marsac, *BJS 2001. 244* (application des règles de l'appel public à l'épargne aux stock-options). – Grandvuillemin, *JCP E 2002, n° 15, p. 652* (stock-options et licenciement). – Testu et Hill, *ibid. 2003, n° 49, p. 1949* (stocks-options : vue d'ensemble et principale difficulté à éviter). – Tandeau de Marsac et Combes, *Gaz. Pal. 2004. Doctr. 1640* (salariés actionnaires : un délicat mélange des genres). – Auzero, *BJS 2005. 177* (attribution individuelle de stock-options et licenciement injustifié du bénéficiaire). – Voisin, *Dr. et patr. 3/2005. 53* (controverse sur les contingences du régime légal des stock-options). – Le Gall et Message, *JCP E 2006, nos 31-34, p. 1391* (traitement des options d'achat et de souscription d'actions dans les OPA ou OPE d'actions de sociétés cotées : les contrats de liquidité). – Hazan et Gaston, *JCP E 2010, n° 1615* (comment remédier à la sous-performance des stock-options). – Bruder, *ibid., n° 2031* (validité des clauses de présence dans les plans de stock-options). – Schiller et Fabre, *BRDA 2016, n° 3, p. 26* (sort des rémunérations des dirigeants face au régime matrimonial de la communauté).

§ 1er DES OPTIONS DE SOUSCRIPTION OU D'ACHAT D'ACTIONS

Art. L. 225-177 L'assemblée générale extraordinaire, sur le rapport du conseil d'administration ou du directoire, selon le cas, et sur le rapport spécial des commissaires aux comptes *(L. n° 2019-486 du 22 mai 2019, art. 20-I-5°)* **« , s'il en existe », peut autoriser le conseil d'administration ou le directoire à consentir, au bénéfice des membres du personnel salarié de la société ou de certains d'entre eux, des options donnant droit à la souscription d'actions. L'assemblée générale extraordinaire fixe le délai pendant lequel cette autorisation peut être utilisée par le conseil d'administration ou par le directoire, ce délai ne pouvant être supérieur à** *(L. n° 2001-420 du 15 mai 2001)* **« trente-huit mois. Toutefois, les autorisations antérieures à la date de publication de la loi n° 2001-420 du 15 mai 2001 relative aux nouvelles régulations économiques** *[JO 16 mai]* **sont valables jusqu'à leur terme. »**

Le conseil d'administration ou le directoire fixe les conditions dans lesquelles seront consenties les options. Ces conditions pourront comporter des clauses d'interdiction de revente immédiate de tout ou partie des actions sans que le délai imposé pour la conservation des titres puisse excéder trois ans à compter de la levée de l'option.

Les options peuvent être consenties ou levées alors même que le capital social n'aurait pas été intégralement libéré.

Le prix de souscription est fixé au jour où l'option est consentie, par le conseil d'administration ou le directoire selon les modalités déterminées par l'assemblée générale extraordinaire sur le rapport des commissaires aux comptes *(L. n° 2019-486 du 22 mai 2019, art. 20-I-12°)* **« de la société, ou, s'il n'en a pas été désigné, d'un commissaire aux comptes désigné à cet effet selon les modalités prévues »** *(Ord. n° 2020-1142 du 16 sept. 2020, art. 3, en vigueur le 1er janv. 2021)* **« aux articles L. 225-228 ou L. 22-10-6 ».** *(L. n° 2001-420 du 15 mai 2001)* **« Si les actions de la société ne sont pas admises aux négociations sur un marché réglementé, le prix de souscription est déterminé conformément aux méthodes objectives retenues en matière d'évaluation d'actions en tenant compte, selon une pondération appropriée à chaque cas, de la situation nette comptable, de la rentabilité et des perspectives d'activité de l'entreprise. Ces critères sont appréciés le cas échéant sur une base consolidée ou, à défaut, en tenant compte des éléments financiers issus des filiales significatives. A défaut, le prix de souscription est déterminé en divisant par le nombre de titres existants le montant de l'actif net réévalué, calculé d'après le bilan le plus récent. »** *(Abrogé par L. n° 2006-1770 du 30 déc. 2006, art. 62-VI)* ***« Un décret fixe les conditions de calcul du prix de souscription. »*** **Si les actions de la société sont admises aux négociations sur un marché réglementé le prix de souscription ne peut pas être inférieur à 80 % de la moyenne des cours cotés aux vingt séances de bourse précédant ce jour, aucune option ne pouvant être consentie moins de vingt séances de bourse après le détachement des actions d'un coupon donnant droit à un dividende ou à une augmentation de capital.**

(Abrogé par Ord. n° 2020-1142 du 16 sept. 2020, art. 3, à compter du 1er janv. 2021) *(L. n° 2001-420 du 15 mai 2001)* ***« Dans une société dont les*** *(L. n° 2019-744 du 19 juill. 2019, art. 22)* ***« actions sont admises » aux négociations sur un marché réglementé, les options ne peuvent être consenties :***

(L. nº 2019-744 du 19 juill. 2019, art. 22) ***« 1º Dans le délai de dix séances de bourse précédant la date à laquelle les comptes consolidés annuels et intermédiaires ou, à défaut, les comptes annuels et semestriels sont rendus publics, ainsi que le jour de la publication ; »***

« 2º Dans le délai compris entre la date à laquelle les organes sociaux de la société ont connaissance d'une information *(L. nº 2019-744 du 19 juill. 2019, art. 22)* ***« privilégiée au sens de l'article 7 du règlement (UE) nº 596/2014 du Parlement européen et du Conseil du 16 avril 2014 sur les abus de marché (règlement relatif aux abus de marché) et abrogeant la directive 2003/6/CE du Parlement européen et du Conseil et les directives 2003/124/CE, 2003/125/CE et 2004/72/CE de la Commission, » et la date*** *(L. nº 2019-744 du 19 juill. 2019, art. 22)* ***« à laquelle » cette information est rendue publique. »***

« Des options donnant droit à la souscription de titres qui ne sont pas admis aux négociations sur un marché réglementé ne peuvent être consenties qu'aux salariés de la société qui attribue ces options ou à ceux des sociétés mentionnées au 1º de l'article L. 225-180. »

Pour les dispositions transitoires de la L. nº 2019-486 du 22 mai 2019, V. notes ss. art. L. 221-9.

BIBL. ▸ VIANDIER, *RJDA 1991, p. 171* (sort des options en cas de fusion).

1. Nature juridique de l'option. Les options de souscription d'actions, accordées à un président du directoire par un protocole d'accord qui a précédé sa nomination, constituent un mode de rémunération différée, accordée au personnel d'une entreprise afin de l'intéresser à la gestion de celle-ci. La faculté d'en lever une moindre quantité en cas de révocation justifiée n'a pas la nature d'une clause pénale réductible. Ces options ne constituent pas une forme d'indemnisation, puisque l'intéressé doit engager des fonds pour se porter acquéreur des titres ; leur exercice peut donc se cumuler avec la réparation du préjudice causé par la révocation. • Paris, 17 nov. 1992 : *Rev. sociétés 1993. 813, note Le Cannu* ; *BJS 1993. 443, note Caussain.* ♦ Si les droits résultant de l'attribution, pendant le mariage à un époux commun en biens, d'une option de souscription ou d'achat d'actions forment des propres par nature, les actions acquises par l'exercice de ces droits entrent dans la communauté lorsque l'option est levée durant le mariage. • Civ. 1re, 9 juill. 2014, nº 13-15.948 P : *D. 2014. Pan. 2436, obs. Rabreau* ; *Rev. sociétés 2015. 43, note Dauriac* ; *RTD civ. 2014. 933, obs. Vareille* ; *JCP E 2014. 1541, note Sauvage* ; *RJDA 2014, nº 774* ; *BJS 2014. 378, note Rabreau* ; *Dr. sociétés 2015, nº 24, obs. Mortier.*

2. Départ du bénéficiaire. Aucune disposition légale n'interdit l'exercice des droits d'option lorsque leurs bénéficiaires ont quitté la société, les organes sociaux ayant cependant la possibilité d'assortir l'attribution des plans de conditions plus restrictives et une modification de ces conditions ne pouvant intervenir qu'après une nouvelle délibération du conseil d'administration de la société. • Paris, 23 sept. 1999 : *D. 1999. AJ 38, obs. A. L.* ; *Rev. sociétés 1999. 872, obs. Guyon* ; *JCP E 2000, nº 20, p. 797, obs. Viandier et Caussain* ; *BJS 2000. 227, note Velardocchio* ; *Dr. sociétés 2000, nº 79, obs. Vidal.*

3. Licenciement du bénéficiaire. Le salarié qui n'a pu, du fait de son licenciement sans cause réelle et sérieuse, lever les options qui lui avaient été attribuées [le plan de stock-options prévoyant que le départ de l'entreprise pour une cause autre que le décès, la maladie ou la retraite ferait perdre le droit de lever les options], a subi un préjudice qui doit être réparé. • Soc. 29 sept. 2004, nº 02-40.027 : *D. 2004. AJ 2656* ; *Rev. sociétés 2005. 396, note Saintourens* ; *JCP E 2004, nº 52-53, p. 2081, note Grandvuillemin* ; *BJS 2005. 95, note Daigre* ; *RJ com. 2005. 32, obs. Desbarats.* ♦ Le salarié qui ne peut, du fait de son licenciement sans cause réelle et sérieuse, exercer les options sur titres qui lui avaient été attribuées, a droit à la réparation du préjudice qui en résulte pour lui et non au maintien des options. • Soc. 2 févr. 2006, nº 03-47.180 : *D. 2006. IR 530* ; *JCP E 2006, nos 31-34, p. 1387, note Vatinet* ; *BJS 2006. 811, note Scholer.* ♦ La chance perdue par un salarié qui a été dans l'impossibilité de lever ses options du fait de son licenciement ne peut être égale à l'avantage qu'aurait procuré cette chance si elle s'était réalisée. • Soc. 18 mai 2011, nº 10-12.043 : *RJDA 2011, nº 924.* ♦ Sur l'obligation faite aux juges du fond de rechercher si la clause du plan d'options prévoyant, en cas de licenciement, la perte définitive des options non exercées était opposable au salarié et si elle pouvait recevoir application en cas de licenciement sans cause réelle et sérieuse, V. • Soc. 15 janv. 2002, nº 99-45.979 P : *JCP E 2002, nº 22, p. 899, obs. Viandier et Caussain* ; *RJDA 2002, nº 644* ; *BJS 2002. 633, note Le Nabasque.* ♦ Dès lors que son licenciement est intervenu pour cause réelle et sérieuse, le salarié licencié ne peut revendiquer aucune indemnisation de la perte de chance du fait de l'impossibilité de réaliser ses stock-options. • Soc. 30 sept. 2013, nº 12-12.836 : *Rev. sociétés 2014. 25, note Saintourens.*

4. Faute grave du bénéficiaire. La privation de la faculté de lever les options en cas de licenciement pour faute grave constitue une sanction pécuniaire prohibée qui ne peut être prévue par le plan de stock-options. • Soc. 21 oct. 2009, n° 08-42.026 P : *D. 2010. 1197, note Guyader ; Rev. sociétés 2010. 505, note Marjault ; RTD civ. 2010. 100, obs. Fages ; JCP E 2010, n° 1145, spec. n° 5, obs. Deboissy et Wicker ; RJDA 2010, n° 254 ; Dr. sociétés 2010, n° 26, obs. Gallois-Cochet.*

5. Compétence exclusive du conseil d'administration. Le conseil d'administration est le seul organe investi du pouvoir de décision en matière de stock-options. • Com. 23 mars 2010, n° 09-12.207 : *RTD com. 2010. 372, obs. Le Cannu et Dondero ; BJS 2010. 549, note Mousseron ; Dr. sociétés 2010, n° 140, obs. Gallois-Cochet.* ♦ Il en résulte que n'engage pas la société le courrier émanant du président du conseil d'administration par lequel celui-ci assure au futur directeur général qu'il conservera ses droits en cas de révocation. • Même arrêt.

Art. L. 225-178 L'autorisation donnée par l'assemblée générale extraordinaire comporte, au profit des bénéficiaires des options, renonciation expresse des actionnaires à leur droit préférentiel de souscription aux actions qui seront émises au fur et à mesure des levées d'options.

L'augmentation de capital résultant de ces levées d'options ne donne pas lieu aux formalités prévues à l'article L. 225-142, au deuxième alinéa de l'article L. 225-144 et à l'article L. 225-146. Elle est définitivement réalisée du seul fait de la déclaration de levée d'option, accompagnée du bulletin de souscription et du paiement en numéraire ou par compensation avec des créances, de la somme correspondante.

(L. n° 2008-776 du 4 août 2008, art. 57-IV, en vigueur le 1er janv. 2009) « Lors de sa première réunion suivant la clôture de chaque exercice, le conseil d'administration ou le directoire, selon le cas, constate, s'il y a lieu, le nombre et le montant des actions émises pendant la durée de l'exercice à la suite des levées d'options et apporte les modifications nécessaires aux clauses des statuts relatives au montant du capital social et au nombre des actions qui le représentent. Le conseil d'administration peut déléguer au directeur général ou, en accord avec ce dernier, à un ou plusieurs directeurs généraux délégués les pouvoirs pour procéder, dans le mois qui suit la clôture de l'exercice, aux opérations mentionnées à la phrase précédente. Le directoire peut, aux mêmes fins, déléguer les mêmes pouvoirs à son président ou, en accord avec ce dernier, à un ou plusieurs de ses membres. Le conseil d'administration ou le directoire, ou les personnes qui ont reçu délégation, peuvent également, à toute époque, procéder à ces opérations pour l'exercice en cours. » — *[L. n° 66-537 du 24 juill. 1966, art. 208-2.] — V. art. R. 225-145.*

Option de souscription. Sur la distinction opérée entre l'acceptation de l'offre d'options et la déclaration de levée d'option, V. • Com. 19 mars 2013, n° 12-17.022 : *Rev. sociétés 2013. 359, note Barbièri*.

Art. L. 225-179 L'assemblée générale extraordinaire peut aussi autoriser le conseil d'administration ou le directoire, selon le cas, à consentir au bénéfice des membres du personnel salarié de la société ou de certains d'entre eux, des options donnant droit à l'achat d'actions provenant d'un rachat effectué, préalablement à l'ouverture de l'option, par la société elle-même dans les conditions définies aux articles L. 225-208 ou *(Ord. n° 2020-1142 du 16 sept. 2020, art. 3, en vigueur le 1er janv. 2021)* « L. 22-10-62 ». *(L. n° 2001-420 du 15 mai 2001)* « L'assemblée générale extraordinaire fixe le délai pendant lequel cette autorisation peut être utilisée par le conseil d'administration ou par le directoire, ce délai ne pouvant être supérieur à trente-huit mois. Toutefois, les autorisations antérieures à la date de publication de la loi n° 2001-420 du 15 mai 2001 *[JO 16 mai]* relative aux nouvelles régulations économiques sont valables jusqu'à leur terme. »

En ce cas, les dispositions *(L. n° 2001-420 du 15 mai 2001)* « des deuxième et quatrième *(Abrogé par Ord. n° 2020-1142 du 16 sept. 2020, art. 3, à compter du 1er janv. 2021)* « *à septième* » alinéas » de l'article L. 225-177 *(Ord. n° 2020-1142 du 16 sept. 2020, art. 3, en vigueur le 1er janv. 2021)* « et de l'article L. 22-10-56 » sont applicables. En outre, le prix de l'action, au jour où l'option est consentie, ne peut pas être inférieur à 80 % du cours moyen d'achat des actions détenues par la société au titre des articles L. 225-208 et *(Ord. n° 2020-1142 du 16 sept. 2020, art. 3, en vigueur le 1er janv. 2021)* « L. 22-10-62 ». — *[L. n° 66-537 du 24 juill. 1966, art. 208-3.]*

(L. n° 2001-420 du 15 mai 2001) « Des options donnant droit à l'achat de titres qui ne sont pas admis aux négociations sur un marché réglementé ne peuvent être consen-

ties qu'aux salariés de la société qui attribue ces options ou à ceux des sociétés mentionnées au 1° de l'article L. 225-180. »

BIBL. ▶ TANDEAU DE MARSAC, *Gaz. Pal. 2002. Doctr. 881 et 888* (prix d'exercice des stock-options).

Art. L. 225-180 **I. — Des options peuvent être consenties, dans les mêmes conditions qu'aux articles L. 225-177 à L. 225-179 ci-dessus :**

1° Soit au bénéfice des membres du personnel salarié des sociétés ou des groupements d'intérêt économique dont 10 % au moins du capital ou des droits de vote sont détenus, directement ou indirectement, par la société consentant les options ;

2° Soit au bénéfice des membres du personnel salarié des sociétés ou des groupements d'intérêt économique détenant, directement ou indirectement, au moins 10 % du capital ou des droits de vote de la société consentant les options ;

3° Soit au bénéfice des membres du personnel salarié des sociétés ou des groupements d'intérêt économique dont 50 % au moins du capital ou des droits de vote sont détenus, directement ou indirectement, par une société détenant elle-même, directement ou indirectement, au moins 50 % du capital de la société consentant les options.

II. — L'assemblée générale ordinaire de la société contrôlant majoritairement, directement ou indirectement, celle qui consent les options est informée dans les conditions prévues à l'article L. 225-184. — *[L. n° 66-537 du 24 juill. 1966, art. 208-4.]*

(L. n° 2006-1770 du 30 déc. 2006, art. 40-I) **« III. — Des options peuvent également être consenties dans les mêmes conditions qu'aux articles L. 225-177 à L. 225-179 par une entreprise contrôlée, directement ou indirectement, exclusivement ou conjointement, par un organe central, des organes centraux ou les établissements de crédit** *(Ord. n° 2013-544 du 27 juin 2013, art. 7, en vigueur le 1er janv. 2014)* **« ou les sociétés de financement » qui lui ou leur sont affiliés au sens des articles L. 511-30 à L. 511-32 du code monétaire et financier, aux salariés desdites sociétés ainsi qu'à ceux des entités dont le capital est détenu pour plus de 50 %, directement ou indirectement, exclusivement ou conjointement, par cet organe central, ces organes centraux ou des établissements** *(Ord. n° 2013-544 du 27 juin 2013, art. 7, en vigueur le 1er janv. 2014)* **« ou sociétés » affiliés. »** — *V. art. préc. au* ***C. mon. fin.***

Art. L. 225-181 **Le prix fixé pour la souscription ou l'achat des actions ne peut pas être modifié pendant la durée de l'option.** *(Abrogé par Ord. n° 2004-604 du 24 juin 2004, art. 51-X)* ***« Toutefois, lorsque la société réalise une des opérations prévues aux cinquième et sixième alinéas de l'article L. 225-161, aux premier et troisième alinéas de l'article L. 225-162, le conseil d'administration ou le directoire doit procéder, dans des conditions qui sont fixées par décret en Conseil d'État, pour tenir compte de l'incidence de cette opération, à un ajustement du nombre et du prix des actions comprises dans les options consenties aux bénéficiaires des options. »*** — *[L. n° 66-537 du 24 juill. 1966, art. 208-5.]*

(Ord. n° 2004-604 du 24 juin 2004, art. 51-X) **« Toutefois, lorsque la société réalise un amortissement ou une réduction du capital, une modification de la répartition des bénéfices, une attribution gratuite d'actions, une incorporation au capital de réserves, bénéfices ou primes d'émission, une distribution de réserves ou toute émission de titres de capital ou de titres donnant droit à l'attribution de titres de capital comportant un droit de souscription réservé aux actionnaires, elle doit prendre les mesures nécessaires à la protection des intérêts des bénéficiaires des options dans les conditions prévues à l'article L. 228-99. »**

Modification du prix. Lorsque, après avoir consenti des options donnant droit à la souscription d'actions dans les conditions prévues par les art. L. 225-177 à L. 225-186, la société émettrice est absorbée par une autre société avant l'expiration du délai prévu pour la levée des options, laquelle porte alors sur les actions de la société absorbante, l'application, au prix de souscription fixé lors de l'attribution des options, du rapport d'échange déterminé lors de la fusion par absorption ne constitue pas une modification de prix prohibée par l'art. L. 225-181 et il doit être tenu compte de cette parité pour apprécier l'existence et, s'il y a lieu, l'importance de l'avantage conféré au souscripteur au sens de l'art. 80 *bis*-II CGI. • Civ. 2e, 27 nov. 2014, n° 13-25.715 : *D. 2014. Actu. 2467* ; *Rev. sociétés 2015. 245, note Foy* ; *RJDA 2015, n° 281* ; *BJS 2015. 140, note Dondero* ; *Dr. sociétés 2015, n° 51, obs. Gallois-Cochet.*

Art. L. 225-182 Le nombre total des options ouvertes et non encore levées ne peut donner droit à souscrire un nombre d'actions excédant une fraction du capital social déterminée par décret en Conseil d'État. – *V. art. R. 225-143.*

Il ne peut être consenti d'options aux salariés et aux mandataires sociaux possédant plus de 10 % du capital social. – *[L. n° 66-537 du 24 juill. 1966, art. 208-6.]*

Art. L. 225-183 L'assemblée générale extraordinaire fixe le délai pendant lequel les options doivent être exercées.

Les droits résultant des options consenties sont incessibles jusqu'à ce que l'option ait été exercée.

En cas de décès du bénéficiaire, ses héritiers peuvent exercer l'option dans un délai de six mois à compter du décès. – *[L. n° 66-537 du 24 juill. 1966, art. 208-7.]*

1. Délai d'option. Le délai de six mois prévu par l'art. L. 225-183 est un délai de forclusion ayant impérativement pour point de départ le décès du bénéficiaire des options. • Com. 10 déc. 2013, n° 12-17.724 P : *D. 2014. Actu. 8 ; Rev. sociétés 2014. 230, note Foy ; RJDA 2014, n° 340 ; Dr. sociétés 2014, n° 46, obs. Roussille ; BJS 2014. 164, note Auzero.*

2. Prorogation du délai. Sur cette question, V. * Rép. min. n° 25717 : *JOAN Q 23 nov. 2004, p. 9208 ; BRDA 2005, n° 3, p. 2.*

Art. L. 225-184 *(L. n° 2001-420 du 15 mai 2001)* Un rapport spécial informe chaque année l'assemblée générale ordinaire des opérations réalisées en vertu des dispositions prévues aux articles L. 225-177 à L. 225-186.

Ce rapport rend également compte :

– du nombre, des dates d'échéance et du prix des options de souscription ou d'achat d'actions qui, durant l'année et à raison des mandats et fonctions exercés dans la société, ont été consenties à chacun de ces mandataires par la société et par celles qui lui sont liées dans les conditions prévues à l'article L. 225-180 ;

– du nombre, des dates d'échéance et du prix des options de souscription ou d'achat d'actions qui ont été consenties durant l'année à chacun de ces mandataires, à raison des mandats et fonctions qu'ils y exercent par les sociétés contrôlées au sens de l'article L. 233-16 ;

– du nombre et du prix des actions souscrites ou achetées durant l'exercice par les mandataires sociaux de la société en levant une ou plusieurs des options détenues sur les sociétés visées aux deux alinéas précédents.

Ce rapport indique également :

– le nombre, le prix et les dates d'échéance des options de souscription ou d'achat d'actions consenties, durant l'année, par la société et par les sociétés ou groupements qui lui sont liés dans les conditions prévues à l'article L. 225-180, à chacun des dix salariés de la société non mandataires sociaux dont le nombre d'options ainsi consenties est le plus élevé ;

– le nombre et le prix des actions qui, durant l'année, ont été souscrites ou achetées, en levant une ou plusieurs options détenues sur les sociétés visées à l'alinéa précédent, par chacun des dix salariés de la société non mandataires sociaux dont le nombre d'actions ainsi achetées ou souscrites est le plus élevé.

(L. n° 2008-1258 du 3 déc. 2008, art. 22-III) « Ce rapport indique également le nombre, le prix et les dates d'échéance des options de souscription ou d'achat d'actions consenties, durant l'année, par les sociétés visées à l'alinéa précédent, à l'ensemble des salariés bénéficiaires ainsi que le nombre de ceux-ci et la répartition des options consenties entre les catégories de ces bénéficiaires. »

Les dispositions issues de la L. n° 2008-1258 du 3 déc. 2008 s'appliquent aux attributions d'options ou aux attributions gratuites d'actions autorisées par les assemblées générales extraordinaires réunies à compter de la date de publication de la loi précitée (L. préc., art. 22-VII ; JO 4 déc.).

BIBL. ▶ MARTINEAU-BOURGNINAUD, *D. 2004. Chron. 862* (le mythe de la transparence en droit des sociétés).

Art. L. 225-185 Des options donnant droit à la souscription d'actions peuvent être consenties pendant une durée de deux ans à compter de l'immatriculation de la société, aux mandataires sociaux personnes physiques qui participent avec des salariés à la constitution d'une société.

De telles options peuvent également être consenties, pendant une durée de deux ans à compter du rachat, aux mandataires sociaux personnes physiques d'une société qui acquièrent avec des salariés la majorité des droits de vote en vue d'assurer la continuation de la société.

Al. 3 abrogé par L. n° 2001-420 du 15 mai 2001, art. 132-IV (1°).

En cas d'attribution d'options, dans un délai de deux ans après la création d'une société ou le rachat de la majorité du capital d'une société par ses salariés ou ses mandataires sociaux, le maximum prévu au dernier alinéa de l'article L. 225-182 est porté au tiers du capital.

(L. n° 2001-420 du 15 mai 2001) « Le président du conseil d'administration, le directeur général, les directeurs généraux délégués, les membres du directoire ou le gérant d'une société par actions peuvent se voir attribuer par cette société des options donnant droit à la souscription ou à l'achat d'actions dans les conditions prévues aux articles L. 225-177 à L. 225-184 » *(Ord. n° 2020-1142 du 16 sept. 2020, art. 3, en vigueur le 1er janv. 2021)* « et L. 22-10-58 ». *(L. n° 2006-1770 du 30 déc. 2006, art. 62-I)* « Toutefois, par dérogation à ces dispositions, le conseil d'administration ou, selon le cas, le conseil de surveillance soit décide que les options ne peuvent être levées par les intéressés avant la cessation de leurs fonctions, soit fixe la quantité des actions issues de levées d'options qu'ils sont tenus de conserver au nominatif jusqu'à la cessation de leurs fonctions. L'information correspondante est publiée dans le rapport mentionné » *(Ord. n° 2019-1234 du 27 nov. 2019, art. 1er)* « , selon le cas, au dernier alinéa de l'article L. 225-37, au dernier alinéa de l'article L. 225-68 ou à l'article L. 226-10-1. »

(L. n° 2001-420 du 15 mai 2001) « Ils peuvent également se voir attribuer *(L. n° 2006-1770 du 30 déc. 2006, art. 62-I)* « , dans les mêmes conditions, » des options donnant droit à la souscription ou à l'achat d'actions d'une société qui est liée dans les conditions prévues à l'article L. 225-180, sous réserve que les actions de cette dernière soient admises aux négociations sur un marché réglementé. »

Dernier al. abrogé par Ord. n° 2020-1142 du 16 sept. 2020, art. 3, à compter du 1er janv. 2021.

Les dispositions issues de la L. n° 2006-1770 du 30 déc. 2006 s'appliquent aux options consenties et aux actions attribuées à compter de la date de publication de la loi précitée (JO 31 déc. ; L. préc., art. 62-V).

V. aussi note ss. art. L. 225-184.

Pour les dispositions transitoires de l'Ord. n° 2019-1234 du 27 nov. 2019, V. 4e note ss. art. L. 225-22-1.

Art. L. 225-186 *(L. n° 2001-420 du 15 mai 2001)* Les articles L. 225-177 à L. 225-185 *(Ord. n° 2020-1142 du 16 sept. 2020, art. 3, en vigueur le 1er janv. 2021)* « , L. 22-10-56 et L. 22-10-57 » sont applicables aux certificats d'investissement, aux certificats coopératifs d'investissement et aux certificats coopératifs d'associés. — *V. art. R. 225-137 s.*

Art. L. 225-186-1 *Abrogé par Ord. n° 2020-1142 du 16 sept. 2020, art. 3, à compter du 1er janv. 2021.*

§ 2 DE L'ÉMISSION ET DE L'ACHAT EN BOURSE D'ACTIONS RÉSERVÉES AUX SALARIÉS

Art. L. 225-187 *Abrogé par L. n° 2001-152 du 19 févr. 2001.*

Art. L. 225-187-1 *(L. n° 2001-152 du 19 févr. 2001)* Les articles L. 225-192 à L. 225-194 et l'article L. 225-197 demeurent applicables dans leur rédaction antérieure à la publication de la loi n° 2001-152 du 19 février 2001 sur l'épargne salariale jusqu'à l'expiration d'un délai de cinq ans à compter de cette publication.

Art. L. 225-188 à L. 225-197 *Abrogés par L. n° 2001-152 du 19 févr. 2001.*

§ 3 DES ATTRIBUTIONS D'ACTIONS GRATUITES

(L. n° 2004-1484 du 30 déc. 2004, art. 83-I)

RÉP. SOCIÉTÉS vis *Attribution gratuite d'actions (régime juridique)*, par FOY ; *Attribution gratuite d'actions (régimes fiscal et social)*, par CRUVELIER.

BIBL. GÉN. ▶ Foy, *Rev. sociétés 2015. 631* (modifications issues de la L. du 6 août 2015). – Dossier spécial, *Actes pratiques juill.-août 2018.*

Art. L. 225-197-1 *(L. n° 2006-1770 du 30 déc. 2006, art. 39-I)* « I. – L'assemblée générale extraordinaire, sur le rapport du conseil d'administration ou du directoire, selon le cas, et sur le rapport spécial des commissaires aux comptes *(L. n° 2019-486 du 22 mai 2019, art. 20-I-13°)* « de la société, ou, s'il n'en a pas été désigné, d'un commissaire aux comptes désigné à cet effet selon les modalités prévues » *(Ord. n° 2020-1142 du 16 sept. 2020, art. 3, en vigueur le 1er janv. 2021)* « aux articles L. 225-228 ou L. 22-10-66 », peut autoriser le conseil d'administration ou le directoire à procéder, au profit des membres du personnel salarié de la société ou de certaines catégories d'entre eux, à une attribution gratuite d'actions existantes ou à émettre.

« L'assemblée générale extraordinaire fixe le pourcentage maximal du capital social pouvant être attribué dans les conditions définies au premier alinéa. Le nombre total des actions attribuées gratuitement ne peut excéder 10 % du capital social à la date de la décision de leur attribution par le conseil d'administration ou le directoire. » *(Abrogé par L. n° 2015-990 du 6 août 2015, art. 135-IV-1°) (L. n° 2014-384 du 29 mars 2014, art. 9)* ***« Ce pourcentage est porté à 30 % lorsque l'attribution d'actions gratuites bénéficie à l'ensemble des membres du personnel salarié de la société. L'écart entre le nombre d'actions distribuées à chaque salarié ne peut être supérieur à un rapport de un à cinq. »*** *(L. n° 2012-387 du 22 mars 2012, art. 14)* « Dans les sociétés *(Abrogé par Ord. n° 2020-1142 du 16 sept. 2020, art. 3, à compter du 1er janv. 2021)* ***« dont les*** *(L. n° 2019-744 du 19 juill. 2019, art. 23)* ***« actions ne sont pas admises » aux négociations sur un marché réglementé ou sur un système multilatéral de négociation et »*** ne dépassant pas, à la clôture d'un exercice social, les seuils définissant les petites et moyennes entreprises prévus à l'article 2 de l'annexe à la recommandation 2003/361/CE de la Commission, du 6 mai 2003, concernant la définition des micro, petites et moyennes entreprises, les statuts peuvent prévoir *(L. n° 2014-384 du 29 mars 2014, art. 9)* « , dans le cas d'attributions gratuites d'actions à certaines catégories des membres du personnel salarié de la société uniquement, » un pourcentage plus élevé, qui ne peut toutefois excéder 15 % du capital social à la date de la décision d'attribution des actions par le conseil d'administration ou le directoire. » *(Abrogé par L. n° 2015-990 du 6 août 2015, art. 135-IV-1°) (L. n° 2014-384 du 29 mars 2014, art. 9)* ***« Ce pourcentage est porté à 30 % lorsque l'attribution d'actions gratuites bénéficie à l'ensemble des membres du personnel salarié de la société. L'écart entre le nombre d'actions distribuées à chaque salarié ne peut être supérieur à un rapport de un à cinq. »*** *(L. n° 2019-486 du 22 mai 2019, art. 163)* « Ne sont pas prises en compte dans ces pourcentages les actions qui n'ont pas été définitivement attribuées au terme de la période d'acquisition prévue au sixième alinéa du présent I ainsi que les actions qui ne sont plus soumises à l'obligation de conservation prévue au septième alinéa. »

(L. n° 2015-990 du 6 août 2015, art. 135-IV-2° et 3°) « Les pourcentages mentionnés au deuxième alinéa sont portés à 30 % lorsque l'attribution d'actions gratuites bénéficie à l'ensemble des membres du personnel salarié de la société. Au-delà du pourcentage de 10 % ou de 15 %, l'écart entre le nombre d'actions distribuées à chaque salarié ne peut être supérieur à un rapport de un à cinq.

« L'assemblée générale extraordinaire » *(L. n° 2006-1770 du 30 déc. 2006, art. 39-I)* « fixe également le délai pendant lequel cette autorisation peut être utilisée par le conseil d'administration ou le directoire. Ce délai ne peut excéder trente-huit mois.

« Lorsque l'attribution porte sur des actions à émettre, l'autorisation donnée par l'assemblée générale extraordinaire emporte de plein droit, au profit des bénéficiaires des actions attribuées gratuitement, renonciation des actionnaires à leur droit préférentiel de souscription. L'augmentation de capital correspondante est définitivement réalisée du seul fait de l'attribution définitive des actions aux bénéficiaires.

« L'attribution des actions à leurs bénéficiaires est définitive au terme d'une période d'acquisition dont la durée minimale, qui ne peut être inférieure à *(L. n° 2015-990 du 6 août 2015, art. 135-IV-4°)* « un an », est déterminée par l'assemblée générale extraordinaire. Toutefois, l'assemblée peut prévoir l'attribution définitive des actions avant le terme de la période d'acquisition en cas d'invalidité du bénéficiaire correspondant au classement dans la deuxième ou la troisième des catégories prévues à l'article L. 341-4 du code de la sécurité sociale.

« L'assemblée générale extraordinaire *(L. n° 2015-990 du 6 août 2015, art. 135-IV-5°)* « peut également fixer » la durée minimale de l'obligation de conservation des actions par les bénéficiaires. Cette durée court à compter de l'attribution définitive des actions *(Abrogé par L. n° 2015-990 du 6 août 2015, art. 135-IV-5°) « , mais ne peut être inférieure à deux ans »*. Toutefois, les actions sont librement cessibles en cas d'invalidité des bénéficiaires correspondant à leur classement dans les catégories précitées du code de la sécurité sociale. »

(L. n° 2015-990 du 6 août 2015, art. 135-IV-6°) « La durée cumulée des périodes d'acquisition et de conservation ne peut être inférieure à deux ans. »

(Abrogé par Ord. n° 2020-1142 du 16 sept. 2020, art. 3, à compter du 1er janv. 2021) (L. n° 2006-1770 du 30 déc. 2006, art. 39-I) « Dans une société dont les (L. n° 2019-744 du 19 juill. 2019, art. 23) « actions sont admises » aux négociations sur un marché réglementé, à l'issue de la période d'obligation de conservation, les actions ne peuvent pas être cédées :

(L. n° 2019-744 du 19 juill. 2019, art. 23) « 1° Dans le délai de trente jours calendaires avant l'annonce d'un rapport financier intermédiaire ou d'un rapport de fin d'année que l'émetteur est tenu de rendre public ;

« 2° Par les membres du conseil d'administration ou de surveillance, par les membres du directoire ou exerçant les fonctions de directeur général ou de directeur général délégué et par les salariés ayant connaissance d'une information privilégiée, au sens de l'article 7 du règlement (UE) n° 596/2014 du Parlement européen et du Conseil du 16 avril 2014 sur les abus de marché (règlement relatif aux abus de marché) et abrogeant la directive 2003/6/CE du Parlement européen et du Conseil et les directives 2003/124/CE, 2003/125/CE et 2004/72/CE de la Commission, qui n'a pas été rendue publique. » »

(L. n° 2006-1770 du 30 déc. 2006, art. 39-I) « Le conseil d'administration ou, le cas échéant, le directoire détermine l'identité des bénéficiaires des attributions d'actions mentionnées au premier alinéa. Il fixe les conditions et, le cas échéant, les critères d'attribution des actions. »

II. — Le président du conseil d'administration, le directeur général, les directeurs généraux délégués, les membres du directoire ou le gérant d'une société par actions peuvent se voir attribuer des actions de la société dans les mêmes conditions que les membres du personnel salarié *(L. n° 2008-1258 du 3 déc. 2008, art. 22-IV)* « et dans le respect des conditions mentionnées à l'article » *(Ord. n° 2020-1142 du 16 sept. 2020, art. 3, à compter du 1er janv. 2021)* « L. 22-10-60 ».

Ils peuvent également se voir attribuer des actions d'une société liée dans les conditions prévues à l'article *L. 225-197-2*, sous réserve que les actions de cette dernière soient admises aux négociations sur un marché réglementé *(L. n° 2008-1258 du 3 déc. 2008, art. 22-IV)* « et dans le respect des conditions mentionnées à l'article » *(Ord. n° 2020-1142 du 16 sept. 2020, art. 3, en vigueur le 1er janv. 2021)* « L. 22-10-60 ».

Il ne peut pas être attribué d'actions aux salariés et aux mandataires sociaux détenant chacun plus de 10 % du capital social. Une attribution gratuite d'actions ne peut pas non plus avoir pour effet que les salariés et les mandataires sociaux détiennent chacun plus de 10 % du capital social.

(L. n° 2006-1770 du 30 déc. 2006, art. 62-II) « Par dérogation aux dispositions précédentes, pour les actions ainsi attribuées au président du conseil d'administration, au directeur général, aux directeurs généraux délégués, aux membres du directoire ou au gérant d'une société par actions, le conseil d'administration ou, selon le cas, le conseil de surveillance soit décide que ces actions ne peuvent être cédées par les intéressés avant la cessation de leurs fonctions, soit fixe la quantité de ces actions qu'il sont tenus de conserver au nominatif jusqu'à la cessation de leurs fonctions. L'information correspondante est publiée dans le rapport mentionné » *(Ord. n° 2019-1234 du 27 nov. 2019, art. 1er)* « , selon le cas, au dernier alinéa de l'article L. 225-37, au dernier alinéa de l'article L. 225-68 ou à l'article L. 226-10-1 ».

Al. abrogé par Ord. n° 2020-1142 du 16 sept. 2020, art. 3, à compter du 1er janv. 2021.

(L. n° 2006-1770 du 30 déc. 2006, art. 39-I, en vigueur le 1er janv. 2005) « III. — En cas d'échange sans soulte d'actions résultant d'une opération de fusion ou de scission réalisée conformément à la réglementation en vigueur pendant les périodes d'acquisition ou de conservation prévues au I, les dispositions du présent article et, notamment, les périodes précitées, pour leur durée restant à courir à la date de l'échange,

restent applicables aux droits à attribution et aux actions reçus en échange. Il en est de même de l'échange résultant d'une opération d'offre publique, de division ou de regroupement réalisée conformément à la réglementation en vigueur qui intervient pendant la période de conservation.

« En cas d'apport à une société ou à un fonds commun de placement dont l'actif est exclusivement composé de titres de capital ou donnant accès au capital émis par la société ou par une société qui lui est liée au sens de l'article L. 225-197-2, l'obligation de conservation prévue au I reste applicable, pour la durée restant à courir à la date de l'apport, aux actions ou parts reçues en contrepartie de l'apport. »

Les dispositions issues de la L. n° 2008-1258 du 3 déc. 2008 s'appliquent aux attributions d'options ou aux attributions gratuites d'actions autorisées par les assemblées générales extraordinaires réunies à compter de la date de publication de la loi précitée (JO 4 déc. ; L. préc., art. 22-VII).

Les modifications issues de la L. n° 2015-990 du 6 août 2015 s'appliquent aux actions gratuites dont l'attribution a été autorisée par une décision de l'assemblée générale extraordinaire postérieure à la publication de ladite loi. Toutefois les sociétés peuvent prévoir dans leurs statuts que les actions nominatives détenues directement par les salariés et régies par l'art. L. 225-197-1 dont l'attribution a été autorisée par des assemblées générales extraordinaires antérieurement à la publication de la L. préc. sont également prises en compte pour la détermination de la proportion du capital détenue par le personnel en application de l'art. L. 225-102 (L. préc., art. 135-VII, JO 7 août, mod. par L. n° 2019-486 du 22 mai 2019, art. 164, JO 23 mai).

Pour les dispositions transitoires de l'art. 20 de la L. n° 2019-486 du 22 mai 2019, V. notes ss. art. L. 221-9.

Pour les dispositions transitoires de l'Ord. n° 2019-1234 du 27 nov. 2019, V. 4e note ss. art. L. 225-22-1.

Art. L. 225-197-2 I. — Des actions peuvent être attribuées, dans les mêmes conditions que celles mentionnées à l'article L. 225-197-1 :

1° Soit au bénéfice des membres du personnel salarié des sociétés ou des groupements d'intérêt économique dont 10 % au moins du capital ou des droits de vote sont détenus, directement ou indirectement, par la société qui attribue les actions ;

2° Soit au bénéfice des membres du personnel salarié des sociétés ou des groupes d'intérêt économique détenant, directement ou indirectement, au moins 10 % du capital ou des droits de vote de la société qui attribue les actions ;

3° Soit au bénéfice des membres du personnel salarié des sociétés ou des groupements d'intérêt économique dont 50 % au moins du capital ou des droits de vote sont détenus, directement ou indirectement, par une société détenant elle-même, directement ou indirectement, au moins 50 % du capital de la société qui attribue les actions.

Les actions qui ne sont pas admises aux négociations sur un marché réglementé ne peuvent être attribuées dans les conditions ci-dessus qu'aux salariés de la société qui procède à cette attribution ou à ceux mentionnés au 1°.

(L. n° 2006-1770 du 30 déc. 2006, art. 40-II) « II. — Des actions peuvent également être attribuées dans les mêmes conditions que celles prévues à l'article L. 225-197-1 par une entreprise contrôlée, directement ou indirectement, exclusivement ou conjointement, par un organe central, des organes centraux ou les établissements de crédit *(Ord. n° 2013-544 du 27 juin 2013, art. 7, en vigueur le 1er janv. 2014)* « ou les sociétés de financement » qui lui ou leur sont affiliés au sens et pour l'application des articles L. 511-30 à L. 511-32 du code monétaire et financier, aux salariés de ces sociétés ainsi qu'à ceux des entités dont le capital est détenu pour plus de 50 %, directement ou indirectement, exclusivement ou conjointement, par cet organe central, ces organes centraux *(Ord. n° 2013-544 du 27 juin 2013, art. 7, en vigueur le 1er janv. 2014)* « , ces établissements de crédit ou ces sociétés de financement ». » — *V. art. préc. au* ***C. mon. fin.***

Art. L. 225-197-3 *Les* droits résultant de l'attribution gratuite d'actions sont incessibles jusqu'au terme de la période d'acquisition.

En cas de décès du bénéficiaire, ses héritiers peuvent demander l'attribution des actions dans un délai de six mois à compter du décès. *(L. n° 2006-1770 du 30 déc. 2006, art. 39-I, en vigueur le 1er janv. 2005)* « Ces actions sont librement cessibles. »

V. CGI, art. 80 terdecies et 200 A. — ***CGI.*** *— V. aussi CSS, art. L. 241-1. —* ***CSS.***

Art. L. 225-197-4 Un rapport spécial informe chaque année l'assemblée générale ordinaire des opérations réalisées en vertu des dispositions prévues aux articles L. 225-197-1 à L. 225-197-3.

Ce rapport rend également compte :

— du nombre et de la valeur des actions qui, durant l'année et à raison des mandats et fonctions exercés dans la société, ont été attribuées gratuitement à chacun de ces mandataires par la société et par celles qui lui sont liées dans les conditions prévues à l'article L. 225-197-2.

— du nombre et de la valeur des actions qui ont été attribuées gratuitement, durant l'année à chacun de ces mandataires, à raison des mandats et fonctions qu'ils y exercent, par les sociétés contrôlées au sens de l'article L. 233-16.

Ce rapport indique également le nombre et la valeur des actions qui, durant l'année, ont été attribuées gratuitement par la société et par les sociétés ou groupements qui lui sont liés dans les conditions prévues à l'article L. 225-197-2, à chacun des dix salariés de la société non mandataires sociaux dont le nombre d'actions attribuées gratuitement est le plus élevé.

(L. n° 2008-1258 du 3 déc. 2008, art. 22-VI) « Ce rapport indique également le nombre et la valeur des actions qui, durant l'année, ont été attribuées gratuitement par les sociétés visées à l'alinéa précédent à l'ensemble des salariés bénéficiaires ainsi que le nombre de ceux-ci et la répartition des actions attribuées entre les catégories de ces bénéficiaires. »

V. note ss. art. L. 225-197-1.

Art. L. 225-197-5 L'assemblée générale ordinaire de la société contrôlant majoritairement, directement ou indirectement, celle qui attribue gratuitement les actions est informée dans les conditions prévues à l'article L. 225-197-4.

Art. L. 225-197-6 *Abrogé par Ord. n° 2020-1142 du 16 sept. 2020, art. 3, à compter du 1er janv. 2021.*

SOUS-SECTION 3 DE L'AMORTISSEMENT DU CAPITAL *(Ord. n° 2004-604 du 24 juin 2004, art. 51-IX).*

(Anciennement sous-section 6.)

RÉP. SOCIÉTÉS v° *Capital social,* par A. LECOURT.

Art. L. 225-198 L'amortissement du capital est effectué en vertu d'une stipulation statutaire ou d'une décision de l'assemblée générale extraordinaire et au moyen des sommes distribuables au sens de l'article L. 232-11. Cet amortissement ne peut être réalisé que par voie de remboursement égal sur chaque action d'une même catégorie et n'entraîne pas de réduction du capital.

Les actions intégralement amorties sont dites actions de jouissance. — *[L. n° 66-537 du 24 juill. 1966, art. 209.]*

Art. L. 225-199 Les actions intégralement ou partiellement amorties perdent, à due concurrence, le droit au premier dividende prévu à l'article L. 232-19 et au remboursement de la valeur nominale. Elles conservent tous leurs autres droits. — *[L. n° 66-537 du 24 juill. 1966, art. 210.]*

Art. L. 225-200 Lorsque le capital est divisé, soit en actions de capital et en actions totalement ou partiellement amorties, soit en actions inégalement amorties, l'assemblée générale des actionnaires peut décider, dans les conditions requises pour la modification des statuts, la conversion des actions totalement ou partiellement amorties en actions de capital.

A cet effet, elle prévoit qu'un prélèvement obligatoire sera effectué, à concurrence du montant amorti des actions à convertir, sur la part des profits sociaux d'un ou plusieurs exercices revenant à ces actions, après paiement, pour les actions partiellement amorties, du premier dividende ou de l'intérêt statutaire auquel elles peuvent donner droit. — *[L. n° 66-537 du 24 juill. 1966, art. 211.] — V. art. R. 225-146 et R. 225-147.*

Art. L. 225-201 Les actionnaires peuvent être autorisés, dans les mêmes conditions, à verser à la société le montant amorti de leurs actions, augmenté, le cas échéant, du premier dividende ou de l'intérêt statutaire pour la période écoulée de l'exercice en cours et, éventuellement, pour l'exercice précédent. – *[L. n° 66-537 du 24 juill. 1966, art. 212.] – V. art. R. 225-146, R. 225-148 et R. 225-149.*

Art. L. 225-202 Les décisions prévues aux articles L. 225-200 et L. 225-201 sont soumises à la ratification des assemblées spéciales de chacune des catégories d'actionnaires ayant les mêmes droits. – *[L. n° 66-537 du 24 juill. 1966, art. 213.]*

Art. L. 225-203 Le conseil d'administration ou le directoire, selon le cas, apporte les modifications nécessaires aux clauses des statuts, dans la mesure où ces modifications correspondent matériellement aux résultats effectifs des opérations prévues aux articles L. 225-200 et L. 225-201. – *[L. n° 66-537 du 24 juill. 1966, art. 214.] – V. art. R. 225-147.*

Sur les infractions en matière d'amortissement du capital, V. art. L. 242-22.

SOUS-SECTION 4 DE LA RÉDUCTION DU CAPITAL *(Ord. n° 2004-604 du 24 juin 2004, art. 51-IX).*

(Anciennement sous-section 7.)

RÉP. SOCIÉTÉS v° *Capital social,* par LECOURT.

Art. L. 225-204 La réduction du capital est autorisée ou décidée par l'assemblée générale extraordinaire, qui peut déléguer au conseil d'administration ou au directoire, selon le cas, tous pouvoirs pour la réaliser. En aucun cas, elle ne peut porter atteinte à l'égalité des actionnaires.

Un rapport établi par les commissaires aux comptes *(L. n° 2019-486 du 22 mai 2019, art. 20-I-5°)* « , s'il en existe, » sur l'opération envisagée est communiqué aux actionnaires de la société dans un délai fixé par décret en Conseil d'État. L'assemblée statue sur le rapport des commissaires qui font connaître leur appréciation sur les causes et conditions de la réduction. – *V. art. R. 225-150.*

(L. n° 2012-387 du 22 mars 2012, art. 17-II) « Lorsque le conseil d'administration ou le directoire, selon le cas, réalise l'opération sur délégation de l'assemblée générale, il en dresse procès-verbal soumis à publicité au registre du commerce et des sociétés et procède à la modification corrélative des statuts. En cas de non-respect de cette obligation de publicité, les décisions de réalisation de cette opération peuvent être annulées. » – *[L. n° 66-537 du 24 juill. 1966, art. 215.]*

Pour les dispositions transitoires de la L. n° 2019-486 du 22 mai 2019, V. notes ss. art. L. 221-9.

1. Pouvoirs de l'AGE. La réduction du capital en vertu d'une nouvelle estimation déterminée par des pertes et qui le ramène à son chiffre actuel n'est point une atteinte aux bases essentielles de la société et, par suite, n'excède point les pouvoirs de l'assemblée générale extraordinaire. • Civ. 30 mai 1892 : *DP 1893. 1. 105, note Thaller ; S. 1892. 1. 561, note Lyon-Caen.* ♦ L'assemblée générale extraordinaire peut réduire le capital social à un chiffre même inférieur à celui qui représente la valeur actuelle de l'actif social, sauf le cas de dol ou de fraude. • Paris, 22 mars 1911 : *DP 1912. 2. 353, note Chéron.* ♦ Sur le coup d'accordéon, V. art. L. 224-2.

2. Rapport des commissaires aux comptes. Les dispositions de l'art. L. 225-204, al. 2, qui prévoient l'établissement d'un rapport par le commissaire aux comptes sur les causes et conditions de la réduction du capital et sa communication aux actionnaires préalablement à la tenue de l'assemblée générale, ne sont pas prescrites à peine de nullité. • Com. 15 mars 2017, n° 15-50.021 P : *D. 2017. Chron. C. cass. 1078, obs. Gauthier ; ibid. Pan. 2346, obs. Rabreau ; Rev. sociétés 2017. 355, obs. Pisoni ; RTD com. 2017. 649, obs. Moury ; BJS 2017. 311, note J.-F. Barbièri ; Dr. sociétés 2017, n° 100, note Coupet ; RJDA 2017, n° 459 ; Journ. sociétés 6/2017. 45, obs. Lebel ; Gaz. Pal. 26 sept. 2017, p. 73, obs. Moulin.*

Art. L. 225-205 Lorsque l'assemblée approuve un projet de réduction du capital non motivée par des pertes, le représentant de la masse des obligataires et les créanciers dont la créance est antérieure à la date de dépôt au greffe du procès-verbal de délibération peuvent former opposition à la réduction, dans le délai fixé par décret en Conseil d'État. – *V. art. R. 225-152.*

Une décision de justice rejette l'opposition ou ordonne, soit le remboursement des créances, soit la constitution de garanties si la société en offre et si elles sont jugées suffisantes.

Les opérations de réduction du capital ne peuvent commencer pendant le délai d'opposition ni, le cas échéant, avant qu'il ait été statué en première instance sur cette opposition.

Si le juge de première instance accueille l'opposition, la procédure de réduction du capital est immédiatement interrompue jusqu'à la constitution de garanties suffisantes ou jusqu'au remboursement des créances. S'il la rejette, les opérations de réduction peuvent commencer. — *[L. n° 66-537 du 24 juill. 1966, art. 216.]*

Sur les infractions en matière de réduction de capital, V. art. L. 242-23.

Mise sous séquestre. L'art. L. 225-205, qui précise que les opérations de réduction du capital ne peuvent commencer avant qu'il ait été statué en première instance sur l'opposition, n'empêche pas l'exécution d'une ordonnance de référé ordonnant la mise sous séquestre d'une somme au profit du cédant des actions de la société. • Paris, 8 oct. 2008 : *JCP E 2008. 2479.*

SOUS-SECTION 5 DE LA SOUSCRIPTION, DE L'ACHAT OU DE LA PRISE EN GAGE PAR LES SOCIÉTÉS DE LEURS PROPRES ACTIONS *(Ord. n° 2004-604 du 24 juin 2004, art. 51-IX).*

(Anciennement sous-section 8.)

RÉP. SOCIÉTÉS v^is *Action*, par ARTZ ; *Rachat d'actions (Programme de rachat)*, par GALLAND.

BIBL. GÉN. ▸ KOERING, *LPA 21 oct. 1994* (annulation des actions autodétenues). – ROBINEAU, *BJS 1998. 1229* (interventions des sociétés sur leurs propres titres de capital). – ANKRI, *LPA 17 avr. 2000* (rachat d'actions comme nouvelle modalité dans les emprunts remboursés en capital). – DE PARIENTE et BARIANI, *BJS 2001. 130* (actions autodétenues). – LE NABASQUE, *LPA 4 mai 2001* (rachat réservé à certains actionnaires). – MORTIER, *Rev. sociétés 2004. 639* (rachat d'actions et actions rachetables) ; *Dr. sociétés 2006. Étude 5* (le rachat d'actions en mouvement).

Art. L. 225-206 I. — Est interdite la souscription par la société de ses propres actions, soit directement, soit par une personne agissant en son propre nom, mais pour le compte de la société.

Les fondateurs, ou, dans le cas d'une augmentation de capital, les membres du conseil d'administration ou du directoire, selon le cas, sont tenus, dans les conditions prévues à l'article L. 225-251 et au premier alinéa de l'article L. 225-256, de libérer les actions souscrites par la société en violation du premier alinéa.

Lorsque les actions ont été souscrites par une personne agissant en son propre nom mais pour le compte de la société, cette personne est tenue de libérer les actions solidairement avec les fondateurs ou, selon le cas, les membres du conseil d'administration ou du directoire. Cette personne est en outre réputée avoir souscrit ces actions pour son propre compte. — *V. art. R. 225-153 s.*

II. — L'achat par une société de ses propres actions est autorisé dans les conditions et selon les modalités prévues aux articles L. 225-207 à L. 225-217 *(Ord. n° 2020-1142 du 16 sept. 2020, art. 3, en vigueur le 1er janv. 2021)* « , L. 22-10-62, L. 22-10-64 et L. 22-10-65 ».

Les achats d'actions par une personne agissant pour le compte de la société sont interdits sauf s'il s'agit d'un prestataire de services d'investissement ou d'un membre d'un marché réglementé intervenant dans les conditions du I de l'article 43 de la loi n° 96-597 du 2 juillet 1996 de modernisation des activités financières *[C. mon. fin., art. L. 421-6, désormais abrogé]*. — *[L. n° 66-537 du 24 juill. 1966, art. 217.]*

1. Régime du rachat d'actions. En vertu de l'art. L. 225-206, le rachat par une SA de ses propres actions n'est autorisé que dans les conditions et selon les modalités prévues aux art. L. 225-207 à L. 225-217, dispositions impératives parmi lesquelles ne figure pas la situation dans laquelle la SA se serait engagée envers un actionnaire à lui racheter des actions [par suite de la résiliation du contrat d'exercice professionnel la liant à cet actionnaire]. • Civ. 1re, 15 nov. 2010, n° 09-69.308 : *Rev. sociétés 2011. 168, note Mortier ; RJDA 2011, n° 161 ; Dr. sociétés 2011, n° 29, obs. Roussille ; BJS 2011. 179, note Le Nabasque.* ♦ Sur l'extension de l'interdiction à l'acquisition d'actions d'une société par sa filiale, V. Dir. CEE n° 92/101 du 23 nov. 1992 : *JOCE L 347 du 28 nov. ; RTD com. 1993. 533, obs. Reinhard ; JCP E 1993. I. 264, n° 10, obs. Dana-Démaret.*

2. Sanction du rachat d'actions. La méconnaissance des dispositions de l'art. L. 225-206, II, n'est pas sanctionnée par la nullité de l'acquisition. • Civ. 1re, 17 déc. 2009, n° 08-12.344 P : *D. 2010. AJ 89, obs. Lienhard ; RTD com. 2010. 381, obs. Le Cannu et Dondero ; Rev. sociétés 2010. 311, note Mortier ; RJDA 2010, n° 853 ; Dr. sociétés 2010, n° 47, obs. Gallois-Cochet ; BJS 2010. 332, note Couret.*

3. Promesse de rachat d'actions. Les dispositions des art. L. 225-206 s. n'affectent pas la validité de la promesse consentie par un dirigeant, sous certaines conditions, de vendre une partie de ses actions à la société ou à une personne substituée à celle-ci. • Com. 11 mars 2014, n° 12-12.074 : *JCP E 2014, n° 1515, spéc. n° 3, obs. Buchberger.*

Art. L. 225-207 L'assemblée générale qui a décidé une réduction de capital non motivée par des pertes peut autoriser le conseil d'administration ou le directoire, selon le cas, à acheter un nombre déterminé d'actions pour les annuler. – *[L. n° 66-537 du 24 juill. 1966, art. 217-1-A.] — V. art. R. 225-158.*

BIBL. ▶ JOBERT, *BJS 2011. 1028* (émission de bons de rachat d'actions en vue d'une réduction de capital non motivée par des pertes).

Art. L. 225-208 *(Abrogé par Ord. n° 2020-1142 du 16 sept. 2020, art. 3, à compter du 1er janv. 2021) (L. n° 2019-744 du 19 juill. 2019, art. 24)* ***« Lorsque leurs actions ne sont pas admises aux négociations sur un marché réglementé ou sur un système multilatéral de négociation soumis aux dispositions du II de l'article L. 433-3 du code monétaire et financier, »*** les sociétés qui font participer leurs salariés à leurs résultats par attribution de leurs actions *(L. n° 2004-1484 du 30 déc. 2004, art. 83-I ; L. n° 2019-744 du 19 juill. 2019, art. 24)* « , celles qui attribuent leurs actions dans les conditions prévues aux articles L. 225-197-1 à L. 225-197-3 du présent code » et celles qui consentent des options d'achat de leurs actions dans les conditions prévues aux articles L. 225-177 et suivants peuvent, à cette fin, racheter leurs propres actions. Les actions doivent être attribuées ou les options doivent être consenties dans le délai d'un an à compter de l'acquisition. – *[L. n° 66-537 du 24 juill. 1966, art. 217-1.]*

Art. L. 225-209 *Abrogé par Ord. n° 2020-1142 du 16 sept. 2020, art. 3, à compter du 1er janv. 2021.*

Art. L. 225-209-1 *Abrogé par L. n° 2012-387 du 22 mars 2012, art. 15.*

Art. L. 225-209-2 *(L. n° 2012-354 du 14 mars 2012, art. 6-I) (Abrogé par Ord. n° 2020-1142 du 16 sept. 2020, art. 3, à compter du 1er janv. 2021)* ***« Dans les sociétés dont les actions ne sont pas admises aux négociations sur un marché réglementé ou sur un système multilatéral de négociation*** *(L. n° 2016-1691 du 9 déc. 2016, art. 42-II-3°)* ***« soumis aux dispositions du II de l'article L. 433-3 du code monétaire et financier, » »*** l'assemblée générale ordinaire peut autoriser le conseil d'administration ou le directoire, selon le cas, à acheter les actions de la société, pour les offrir ou les attribuer :

– dans l'année de leur rachat, aux bénéficiaires d'une opération mentionnée à l'article L. 225-208 *(L. n° 2016-1691 du 9 déc. 2016, art. 42-II-3°)* « du présent code » ou intervenant dans le cadre des articles L. 3332-1 et suivants du code du travail ;

– dans les deux ans de leur rachat, en paiement ou en échange d'actifs acquis par la société dans le cadre d'une opération de croissance externe, de fusion, de scission ou d'apport ;

– dans les cinq ans de leur rachat, aux actionnaires qui manifesteraient à la société l'intention de les acquérir à l'occasion d'une procédure de mise en vente organisée par la société elle-même dans les trois mois qui suivent chaque assemblée générale ordinaire annuelle.

Le nombre d'actions acquises par la société ne peut excéder :

– 10 % du capital de la société lorsque le rachat est autorisé en vue d'une opération prévue au deuxième ou *[au]* quatrième alinéa du présent article ;

– 5 % du capital de la société lorsque le rachat est autorisé en vue d'une opération prévue au troisième alinéa.

L'assemblée générale ordinaire précise les finalités de l'opération. Elle définit le nombre maximal d'actions dont elle autorise l'acquisition, le prix ou les modalités de fixation du prix ainsi que la durée de l'autorisation, qui ne peut excéder douze mois. *(L. n° 2019-744 du 19 juill. 2019, art. 25)* « Elle peut autoriser le conseil d'administration ou le directoire, selon le cas, dans le respect des délais mentionnés aux deuxième à

quatrième alinéas du présent article, à utiliser les actions rachetées pour une autre des finalités prévues au présent article. » *– V. art. R. 225-160-2.*

Le prix des actions rachetées est acquitté au moyen d'un prélèvement sur les réserves dont l'assemblée générale a la disposition en vertu du deuxième alinéa de l'article L. 232-11 du présent code.

A défaut d'avoir été utilisées pour l'une des finalités et dans les délais mentionnés aux deuxième à quatrième alinéas du présent article, les actions rachetées sont annulées de plein droit.

L'assemblée générale ordinaire statue au vu d'un rapport établi par un expert indépendant, dans des conditions définies par décret en Conseil d'État, et sur un rapport spécial des commissaires aux comptes *(L. nº 2019-486 du 22 mai 2019, art. 20-I-13º)* **« de la société, ou, s'il n'en a pas été désigné, d'un commissaire aux comptes désigné à cet effet selon les modalités prévues »** *(Ord. nº 2020-1142 du 16 sept. 2020, art. 3, en vigueur le 1er janv. 2021)* **« aux articles L. 225-228 ou L. 22-10-66 » faisant connaître leur appréciation sur les conditions de fixation du prix d'acquisition.** *– V. art. R. 225-160-1.*

Le prix des actions ne peut, à peine de nullité, être supérieur à la valeur la plus élevée ni inférieur à la valeur la moins élevée figurant dans le rapport d'évaluation de l'expert indépendant communiqué à l'assemblée générale.

Le conseil d'administration peut déléguer au directeur général ou, en accord avec ce dernier, à un ou plusieurs directeurs délégués les pouvoirs nécessaires pour réaliser ces opérations. Le directoire peut déléguer à son président ou, avec son accord, à un ou plusieurs de ses membres les pouvoirs nécessaires à l'effet de les réaliser. Les personnes désignées rendent comptent au conseil d'administration ou au directoire de l'utilisation faite de ce pouvoir dans les conditions prévues par ces derniers.

Les commissaires aux comptes *(L. nº 2019-486 du 22 mai 2019, art. 20-I-5º)* **« , s'il en existe, » présentent à l'assemblée générale ordinaire annuelle un rapport spécial sur les conditions dans lesquelles les actions ont été rachetées et utilisées au cours du dernier exercice clos.**

Les actions rachetées peuvent être annulées dans la limite de 10 % du capital de la société par périodes de vingt-quatre mois. En cas d'annulation des actions achetées, la réduction de capital est autorisée ou décidée par l'assemblée générale extraordinaire qui peut déléguer au conseil d'administration ou au directoire, selon le cas, tous pouvoirs pour la réaliser.

Par dérogation aux dispositions du dixième alinéa, les actions rachetées mais non utilisées peuvent, sur décision de l'assemblée générale ordinaire, être utilisées pour une autre des finalités prévues au présent article.

(Abrogé par L. nº 2019-744 du 19 juill. 2019, art. 25) ***« En aucun cas, ces opérations ne peuvent porter atteinte à l'égalité des actionnaires. »***

Pour les dispositions transitoires de la L. nº 2019-486 du 22 mai 2019, V. notes ss. art. L. 221-9.

BIBL. ▶ LE NABASQUE, *Rev. sociétés 2012. 271* (programmes de rachat d'actions des sociétés non cotées). – COURET, BLONDEAU et CROS, *JCP E 2012, nº 1324* (rachat de ses actions par une société non cotée). – GALLOIS-COCHET, *Dr. sociétés 2012, nº 103* (rachat d'actions par les sociétés non cotées). – TORCK, *BJS 2012. 510* (rachat d'actions aux fonds de gestion financière du capital des sociétés non cotées). – MORTIER, *Dr. sociétés 2014. Étude 15* (entrée en vigueur des nouveaux programmes de rachat d'actions) ; *RTDF 2019, nº 3, p. 45* (loi du 19 juill. 2019).

Art. L. 225-210 **La société ne peut posséder, directement ou par l'intermédiaire d'une personne agissant en son propre nom, mais pour le compte de la société, plus de 10 % du total de ses propres actions, ni plus de 10 % d'une catégorie déterminée. Ces actions doivent être mises sous la forme nominative** *(Ord. nº 2009-105 du 30 janv. 2009, art. 1er-III)* **« , à l'exception des actions rachetées pour favoriser la liquidité des titres de la société, » et entièrement libérées lors de l'acquisition. A défaut, les membres du conseil d'administration ou du directoire, selon le cas, sont tenus, dans les conditions prévues à l'article L. 225-251 et au premier alinéa de l'article L. 225-256 de libérer les actions.**

L'acquisition d'actions de la société ne peut avoir pour effet d'abaisser les capitaux propres à un montant inférieur à celui du capital augmenté des réserves non distribuables.

La société doit disposer de réserves, autres que la réserve légale, d'un montant au moins égal à la valeur de l'ensemble des actions qu'elle possède.

Les actions possédées par la société ne donnent pas droit aux dividendes et sont privées de droits de vote.

En cas d'augmentation du capital par souscription d'actions en numéraire, la société ne peut exercer par elle-même le droit préférentiel de souscription. L'assemblée générale peut décider de ne pas tenir compte de ces actions pour la détermination des droits préférentiels de souscription attachés aux autres actions. A défaut les droits attachés aux actions possédées par la société doivent être, avant la clôture du délai de souscription, soit vendus en bourse, soit répartis entre les actionnaires au prorata des droits de chacun. — *[L. n° 66-537 du 24 juill. 1966, art. 217-3.]*

Art. L. 225-211 Des registres des achats et des ventes effectués en application des articles *(Ord. n° 2014-863 du 31 juill. 2014, art. 24)* « L. 225-208, *(Ord. n° 2020-1142 du 16 sept. 2020, art. 3, en vigueur le 1er janv. 2021)* « L. 22-10-62 », L. 225-209-2, L. 228-12 et L. 228-12-1 » doivent être tenus, dans les conditions fixées par décret en Conseil d'État, par la société ou par la personne chargée du service de ses titres. — *V. art. R. 225-159, R. 225-160 et R. 225-160-4.*

Le conseil d'administration ou le directoire, selon le cas, doit indiquer, dans le rapport prévu à l'article L. 225-100, le nombre des actions achetées et vendues au cours de l'exercice par application des articles *(Ord. n° 2014-863 du 31 juill. 2014, art. 24)* « L. 225-208, *(Ord. n° 2020-1142 du 16 sept. 2020, art. 3, en vigueur le 1er janv. 2021)* « L. 22-10-62 », L. 225-209-2, L. 228-12 et L. 228-12-1 », les cours moyens des achats et des ventes, le montant des frais de négociation, le nombre des actions inscrites au nom de la société à la clôture de l'exercice et leur valeur évaluée au cours d'achat, ainsi que leur valeur nominale *(Ord. n° 2009-105 du 30 janv. 2009, art. 1er-IV)* « pour chacune des finalités, le nombre des actions utilisées, les éventuelles réallocations dont elles ont fait l'objet » et la fraction du capital qu'elles représentent. — *[L. n° 66-537 du 24 juill. 1966, art. 217-4.]*

Art. L. 225-212 *Abrogé par Ord. n° 2020-1142 du 16 sept. 2020, art. 3, à compter du 1er janv. 2021.*

Art. L. 225-213 Les dispositions des articles *(L. n° 2012-354 du 14 mars 2012, art. 6-I)* « L. 225-209-2, » L. 225-206 *(L. n° 2012-387 du 22 mars 2012, art. 15 ; Ord. n° 2020-1142 du 16 sept. 2020, art. 3, en vigueur le 1er janv. 2021)* « et L. 22-10-62 » ne sont pas applicables aux actions entièrement libérées, acquises à la suite d'une transmission de patrimoine à titre universel ou encore à la suite d'une décision de justice.

Toutefois, les actions doivent être cédées dans un délai de deux ans à compter de la date d'acquisition lorsque la société possède plus de 10 % de son capital. A l'expiration de ce délai, elles doivent être annulées. — *[L. n° 66-537 du 24 juill. 1966, art. 217-6.]*

Scission. L'apport partiel d'actif sous le régime des scissions emporte transmission universelle du patrimoine. Les actions d'autocontrôle acquises à la suite d'une telle opération bénéficient de l'art. 217-6 de la L. de 1966 [C. com., art. L. 225-213] et peuvent être régulièrement conservées pendant deux ans. • T. com. Paris, réf., 21 juin 1988 : *Rev. sociétés 1989. 647, note Jeantin ; BJS 1989. 890, note Jeantin.*

Art. L. 225-214 Les actions possédées en violation des articles L. 225-206 à *(L. n° 2012-354 du 14 mars 2012, art. 6-I ; L. n° 2019-744 du 19 juill. 2019, art. 26 ; Ord. n° 2020-1142 du 16 sept. 2020, art. 3, en vigueur le 1er janv. 2021)* « L. 225-208 et » L. 225-210 doivent être cédées dans un délai d'un an à compter de leur souscription ou de leur acquisition. A l'expiration de ce délai, elles doivent être annulées. — *[L. n° 66-537 du 24 juill. 1966, art. 217-7.]*

Aucune sanction de nullité automatique n'étant prévue par l'art. L. 225-214, un vote de l'assemblée générale est nécessaire pour prononcer l'annulation des actions. • Com. 12 mai 2021, n° 19-17.566 P : *D. 2021. Actu. 958 ; Rev. sociétés 2021. 579, note Reygrobellet ; JCP E 2021. 1410, note Couret ; RJDA 2021, n° 578 ; BJS 9/2021. 18, note Mortier ; Dr. sociétés 2021, n° 105, note Hamelin ; Gaz. Pal. 28 sept. 2021, p. 71, obs. Buchberger.*

Art. L. 225-215 **Est interdite la prise en gage par la société de ses propres actions, directement ou par l'intermédiaire d'une personne agissant en son propre nom, mais pour le compte de la société.**

Les actions prises en gage par la société doivent être restituées à leur propriétaire dans le délai d'un an. La restitution peut avoir lieu dans un délai de deux ans si le transfert du gage à la société résulte d'une transmission de patrimoine à titre universel ou d'une décision de justice. A défaut, le contrat de gage est nul de plein droit.

L'interdiction prévue au présent article n'est pas applicable aux opérations courantes des établissements de crédit *(Ord. n° 2013-544 du 27 juin 2013, art. 7, en vigueur le 1er janv. 2014)* **« et des sociétés de financement ».** – *[L. n° 66-537 du 24 juill. 1966, art. 217-8.]*

Mise sous séquestre. La mise sous séquestre des actions d'une société, dans l'intérêt de cette société, est l'équivalent d'un nantissement de titres d'une société, nantissement prohibé par l'art. 217-8 de la L. de 1966 [C. com., art. L. 225-215]. • Grenoble, 23 août 1989 : *RTD com. 1989. 681, obs. Reinhard.*

Art. L. 225-216 **Une société ne peut avancer des fonds, accorder des prêts ou consentir une sûreté en vue de la souscription ou de l'achat de ses propres actions par un tiers.**

(L. n° 2001-152 du 19 févr. 2001) **« Les dispositions du présent article ne s'appliquent ni aux opérations courantes des** *(Ord. n° 2013-544 du 27 juin 2013, art. 7, en vigueur le 1er janv. 2014)* **« établissements de crédit et des sociétés de financement » ni aux opérations effectuées en vue de l'acquisition par les salariés d'actions de la société, d'une de ses filiales ou d'une société comprise dans le champ d'un plan d'épargne de groupe prévu à l'article L. 444-3** *[L. 3344-1 et L. 3344-2 nouv.]* **du code du travail ».**

V. note ss. art. L. 225-215.

BIBL. ▶ VIANDIER, *JCP 1990. I. 3476* (l'art. 217-9 de la L. du 24 juill. 1966 [C. com., art. L. 225-216] et les rachats d'entreprise). – LE NABASQUE, *JCP E 1992. I. 107* (à propos de l'art. 217-9 de la L. du 24 juill. 1966 [C. com., art. L. 225-216]). – UETTWILLER, *Rev. sociétés 1996. 747* (risques liés aux LBO). – TRÉBULLE, *JCP E 1999, n° 3, p. 114* (certificats de valeur garantie). – SORENSEN, *BJS 2002. 325* (risques liés à une fusion rapide). – FERRAND, *D. 2002. 2994* (utilisation des certificats de valeur garantie lors de l'acquisition par une société cotée d'une cible non cotée). – BRINGER, *JCP E 2009. 1554* (la prohibition de l'« assistance financière » est-elle encore souhaitable ?).

1. Opérations autorisées. Une banque n'accorde pas un prêt irrégulier, au regard de l'art. 217-9 de la L. de 1966 [C. com., art. L. 225-216], lorsqu'elle prête, à une société lui ayant nanti son fonds de commerce en garantie, une somme destinée à l'achat de 10 % de ses actions pour les distribuer à ses salariés, et lorsqu'elle accorde deux prêts à une autre société, garantis par un gage sur les actions de la première dont cette seconde société est devenue titulaire, et prévoit que l'un des prêts est remboursable par distribution de réserves et de dividendes de la première société (en effet, l'engagement de remboursement au moyen de tels fonds avait été pris non par la société cédante mais par la société cessionnaire qui n'avait aucun pouvoir pour engager les biens de la société cédante). • Com. 15 nov. 1994, n° 92-19.302 P : *D. 1994. IR 269 ; Rev. sociétés 1995. 66, note Jeantin ; JCP E 1995. II. 673, note Guyon ; BJS 1995. 67, note Couret ; Dr. sociétés 1995, n° 19, obs. Vidal.*

2. Sanction. La méconnaissance de la disposition de l'art. 217-9 de la L. de 1966 [C. com., art. L. 225-216] interdisant à une société de consentir une sûreté en vue de la souscription ou de l'achat de ses propres actions par un tiers n'entraîne la nullité que de la sûreté irrégulièrement consentie, l'annulation du prêt ayant financé l'acquisition des titres n'entrant pas dans les prévisions de ce texte. • Com. 19 déc. 2000, n° 96-22.172 : *JCP E 2001, n° 47, p. 1859, obs. Delebecque ; RJDA 2001, n° 455 ; Dr. sociétés 2001, n° 65, obs. F.-X. Lucas ; BJS 2001. 379, note Constantin.*

Art. L. 225-217 **Les articles L. 225-206 à L. 225-216** *(Ord. n° 2020-1142 du 16 sept. 2020, art. 3, en vigueur le 1er janv. 2021)* **« et L. 22-10-62, L. 22-10-64 et L. 22-10-65 » sont applicables aux certificats d'investissement.** – *[L. n° 66-537 du 24 juill. 1966, art. 217-10.]*

Sur les infractions en matière de souscription, d'achat ou de prise en gage par les sociétés de leurs propres actions, V. art. L. 242-24.

SECTION V DU CONTRÔLE DES SOCIÉTÉS ANONYMES

RÉP. SOCIÉTÉS v° *Commissaire aux comptes*, par PORACCHIA, MERLAND et LAMOUREUX.

BIBL. GÉN. ▶ V. la Bibl. avant l'art. L. 820-1.

Art. L. 225-218 *(L. n° 2019-486 du 22 mai 2019, art. 20-I-14°)* **L'assemblée générale ordinaire peut désigner un ou plusieurs commissaires aux comptes dans les conditions prévues** *(Ord. n° 2020-1142 du 16 sept. 2020, art. 3, en vigueur le 1er janv. 2021)* **« aux articles L. 225-228 et L. 22-10-66 ».**

Sont tenues de désigner au moins un commissaire aux comptes les sociétés qui dépassent, à la clôture d'un exercice social, les seuils fixés par décret pour deux des trois critères suivants : le total de leur bilan, le montant de leur chiffre d'affaires hors taxes ou le nombre moyen de leurs salariés au cours de l'exercice.

Même si ces seuils ne sont pas atteints, la nomination d'un commissaire aux comptes peut être demandée en justice par un ou plusieurs actionnaires représentant au moins le dixième du capital.

(L. n° 2019-744 du 19 juill. 2019, art. 36) **« Sont également tenues de désigner un commissaire aux comptes, pour un mandat de trois exercices, les sociétés dont un ou plusieurs associés représentant au moins le tiers du capital en font la demande motivée auprès de la société. »**

Pour les dispositions transitoires de la L. n° 2019-486 du 22 mai 2019, V. notes ss. art. L. 221-9.

V. art. D. 225-164-1.

Ancien art. L. 225-218 *Le contrôle est exercé, dans chaque société, par un ou plusieurs commissaires aux comptes. — [L. n° 66-537 du 24 juill. 1966, art. 218, al. 1er.]*

Art. L. 225-219 à L. 225-221 *Abrogés par L. n° 2003-706 du 1er août 2005. — V. art. L. 822-1, L. 822-2, L. 822-6 et L. 822-7.*

Art. L. 225-222 *Dispositions transférées par L. n° 2003-706 du 1er août 2003, ss. art. L. 822-10.*

Art. L. 225-223 à L. 225-226 *Abrogés par L. n° 2003-706 du 1er août 2003. — V. art. L. 822-3, L. 822-11, L. 822-12 et L. 822-13.*

Art. L. 225-227 *Abrogé par Ord. n° 2005-1126 du 8 sept. 2005, art. 20-III. — V. art. L. 820-3-1.*

Art. L. 225-228 *(L. n° 2003-706 du 1er août 2003)* **« Les commissaires aux comptes sont proposés à la désignation de l'assemblée générale par un projet de résolution émanant du conseil d'administration ou du conseil de surveillance ou, dans les conditions définies par la section 3 du présent chapitre, des actionnaires.** *(Abrogé par Ord. n° 2020-1142 du 16 sept. 2020, art. 3, à compter du 1er janv. 2021) (Ord. n° 2009-80 du 22 janv. 2009, art. 7-X, en vigueur le 1er avr. 2009)* ***« Lorsque les actions de la société sont admises aux négociations sur un marché réglementé », le conseil d'administration choisit, sans que prennent part au vote le directeur général et le directeur général délégué, s'ils sont administrateurs, les commissaires aux comptes qu'il envisage de proposer. »***

Al. 2 à 6 abrogés par Ord. n° 2005-1126 du 8 sept. 2005, art. 20-III.

La nomination des commissaires aux comptes légalement faite avant l'entrée en vigueur de la loi du 1er août 2003 ne peut être remise en cause du seul fait de l'entrée en vigueur de celle-ci (L. n° 2003-706 du 1er août 2003, art. 114-II, JO 2 août).

Art. L. 225-229 *Abrogé par Ord. n° 2005-1126 du 8 sept. 2005, art. 20-III. — V. art. L. 823-3 s.*

Art. L. 225-230 *Abrogé par Ord. n° 2020-1142 du 16 sept. 2020, art. 3, à compter du 1er janv. 2021.*

Art. L. 225-231 *(L. n° 2001-420 du 15 mai 2001)* **« Une association répondant aux conditions fixées à l'article** *(Ord. n° 2020-1142 du 16 sept. 2020, art. 3, en vigueur le 1er janv. 2021)* **« L. 22-10-44 », ainsi que un ou plusieurs actionnaires représentant au moins 5 % du capital social, soit individuellement, soit en se groupant sous quelque**

forme que ce soit, peuvent poser par écrit au président du conseil d'administration ou au directoire des questions sur une ou plusieurs opérations de gestion de la société, ainsi que, le cas échéant, des sociétés qu'elle contrôle au sens de l'article L. 233-3. Dans ce dernier cas, la demande doit être appréciée au regard de l'intérêt du groupe. La réponse doit être communiquée aux commissaires aux comptes *(L. n° 2019-486 du 22 mai 2019, art. 20-I-15°)* **« , s'il en existe ».**

« A défaut de réponse dans un délai d'un mois ou à défaut de communication d'éléments de réponse satisfaisants, ces actionnaires peuvent demander en référé la désignation d'un ou plusieurs experts chargés de présenter un rapport sur une ou plusieurs opérations de gestion.

(Ord. n° 2020-1142 du 16 sept. 2020, art. 3, en vigueur le 1er janv. 2021) **« Le ministère public et le comité d'entreprise** *[comité social et économique]* **» peuvent également demander en référé la désignation d'un ou plusieurs experts chargés de présenter un rapport sur une ou plusieurs opérations de gestion. »**

S'il est fait droit à la demande, la décision de justice détermine l'étendue de la mission et des pouvoirs des experts. Elle peut mettre les honoraires à la charge de la société.

Le rapport est adressé au demandeur, au ministère public, au comité d'entreprise *[comité social et économique]*, **au commissaire aux comptes** *[, s'il en existe,]* **et, selon le cas, au conseil d'administration ou au directoire et au conseil de surveillance** *(Abrogé par Ord. n° 2020-1142 du 16 sept. 2020, art. 3, à compter du 1er janv. 2021)* ***« ainsi que, dans les sociétés*** *(Ord. n° 2009-80 du 22 janv. 2009, art. 7-XI, en vigueur le 1er avr. 2009)* ***« dont les actions sont admises aux négociations sur un marché réglementé »***, **à** *(L. n° 2003-706 du 1er août 2003, art. 46-V)* ***« l'Autorité des marchés financiers »***. **Ce rapport doit, en outre, être annexé à celui établi par les commissaires aux comptes** *(L. n° 2019-486 du 22 mai 2019, art. 20-I-5°)* **« , s'il en existe, » en vue de la prochaine assemblée générale et recevoir la même publicité.** – *[L. n° 66-537 du 24 juill. 1966, art. 226.] – V. art. R. 225-163.*

Pour les dispositions transitoires de la L. n° 2019-486 du 22 mai 2019, V. notes ss. art. L. 221-9.

RÉP. SOCIÉTÉS vis *Expertise*, par JEULAND ; *Expertise de gestion*, par GODON.

BIBL. ▶ LE CANNU, *BJS 1994. 147* (l'expertise de gestion et les filiales). – DEDESSUS-LE MOUSTIER, *Rev. sociétés 1998. 46* (expertise de gestion et principe du contradictoire). – PELOUX, *LPA 5 août 1999* (des difficultés quant à la qualité de certains demandeurs à l'expertise de gestion). – PASQUALINI, *JCP E 1999, n° 30-34, p. 1283* (brèves remarques sur l'expertise de gestion) ; *ibid. 2000, n° 12, p. 499* (encore et toujours l'expertise de gestion). – JEULAND, *D. 2000. Chron. 209* (expertise commerciale). – CERATI-GAUTHIER, *LPA 5 avr. 2002* (la nouvelle expertise de gestion assure-t-elle une meilleure information aux actionnaires minoritaires ?). – DANA-DEMARET, *Dr. sociétés 2003. Repères 1* (à qui faut-il adresser la question préalable à une expertise de gestion en cas de dissociation des fonctions de président du conseil d'administration et de directeur général). – URBAIN-PARLEANI, *Rev. sociétés 2003. 223* (l'expertise de gestion et l'expertise *in futurum*). – PROD'HOMME, *RTD com. 2003. 639* (promotion de *lege lata* d'un organe de régulation : l'expert de gestion).

I. EXPERTISE DE L'ART. L. 225-231 C. COM.

1. Domaine d'application. Si la possibilité prévue par l'art. 226 de la L. du 24 juill. 1966, devenu l'art. L. 225-231 C. com., pour les comités d'entreprise de SA, de demander une expertise de gestion a été étendue par la loi aux SARL et désormais aux SAS, ces extensions n'ont pas concerné d'autres types de sociétés ou de personnes morales [en l'espèce, une caisse de crédit agricole mutuel], quel que soit le caractère commercial ou non des activités de celles-ci. • Com. 30 nov. 2004, n° 01-16.274 P : *D. 2005. AJ 219, obs. Lienhard ; RTD com. 2005. 117, obs. Le Cannu ; Rev. sociétés 2005. 235, obs. Urbain-Parleani ; BJS 2005. 410, note Saintourens.*

2. Défendeur à l'instance. C'est la société, représentée par le président de son conseil d'administration, qui doit défendre à l'action engagée en application de l'art. 226 de la L. de 1966 [C. com., art. L. 225-231], le rapport de l'expert lui étant destiné ainsi qu'aux demandeurs, et non le président à titre individuel ; dès lors, doit être cassé l'arrêt qui annule la procédure suivie en référé, au motif que les demandeurs n'avaient pas à assigner la société, celle-ci n'ayant pas qualité pour être mise en cause. • Com. 13 nov. 1972, n° 71-12.393 : *D. 1973. 397, note Burst ; Rev. sociétés 1973. 500.*

A. CARACTÉRISTIQUE DE LA DEMANDE D'EXPERTISE

3. Caractère non subsidiaire. L'interrogation préalable des dirigeants de la société constitue une condition de recevabilité de la saisine du juge des référés, dont l'absence ne peut être suppléée par l'envoi d'une demande en cours de procédure. • Paris, 26 mars 2003 : *RJDA 2003, n° 841.* ♦ Il appartient au juge saisi, sur le fondement de l'art. L. 225-231, d'une demande d'expertise formée par un actionnaire invoquant le défaut de communication d'éléments de réponse satisfaisants aux questions posées par lui, de rechercher si les éléments de réponse communiqués présentent ou non un caractère satisfaisant. • Com. 17 janv. 2006, n° 05-10.167 P : *D. 2006. AJ 445, obs. Lienhard ; RTD com. 2006. 605, obs. Champaud et Danet ; Rev. sociétés 2006. 570, note Cerati-Gauthier ; JCP E 2006, n° 25, p. 1122, note Gibirila ; BJS 2006. 624, note Godon.* ♦ La demande d'expertise de gestion ne peut être accueillie dès lors que, dans les courriers adressés préalablement à sa demande, l'actionnaire n'a fait que s'interroger de façon générale sur la politique de gestion de la société sans demander de façon précise des explications sur des actes de gestion clairement identifiés. • Com. 14 févr. 2006, n° 05-11.822 P : *D. 2006. AJ 721, obs. Lienhard ; RTD com. 2006. 418, obs. Champaud et Danet ; Rev. sociétés 2006. 570, note Cerati-Gauthier ; JCP E 2006, n° 25, p. 1122, note Gibirila ; BJS 2006. 619, note Godon.* ♦ Le respect de la procédure préalable n'a pas pour conséquence de priver le juge de son pouvoir d'apprécier le sérieux de la demande d'expertise qui lui est présentée. • Com. 11 oct. 2005, n° 03-15.448 : *Rev. sociétés 2006. 570, note Cerati-Gauthier ; RJDA 2006, n° 548 ; BJS 2006. 621, note Godon.* – Dans le même sens, V. • Versailles, 14 févr. 2007 : *Rev. sociétés 2007. 635, obs. Urbain-Parleani ; RJDA 2007, n° 855 ; BJS 2007. 858, note Barbièri.*

4. *Demande abusive.* Ne caractérise pas la faute du demandeur la cour d'appel qui condamne l'actionnaire d'une société à des dommages-intérêts envers celle-ci aux motifs qu'il a introduit une demande d'expertise de gestion qui échappait à son contrôle étant donné les conditions d'application de l'art. 226 de la L. de 1966 [C. com., art. L. 225-231] qu'il ne pouvait ignorer, qu'il l'a maintenue pour la voir étendue à d'autres opérations de façon tout aussi contestable et pour créer rétrospectivement un climat de suspicion sur une négociation entre partenaires professionnels et avertis. • Com. 14 déc. 1993, n° 92-21.225 P : *D. 1994. IR 51 ; Rev. sociétés 1994. 494, note Gavalda ; JCP E 1994. II. 567, note Guyon ; BJS 1994. 189 ; Dr. sociétés 1994, n° 59, obs. Le Nabasque.* ♦ L'actionnaire qui a intenté son action bien qu'il ne remplît pas les conditions prévues par la loi peut être condamné à réparer le préjudice découlant de sa légèreté blâmable. • Com. 12 janv. 1976 : *D. 1977. 141, note Chartier ; Rev. sociétés 1976. 330, note Merle.* ♦ En ce sens que ne saurait prétendre à des dommages-intérêts pour procédure abusive, la société qui s'est abstenue de répondre à la demande d'explication – non fondée – d'un actionnaire minoritaire, alors qu'elle disposait des éléments de réponse satisfaisants, V. • Paris, 12 nov. 2003 : *RTD com. 2004. 321, obs. Champaud et Danet .*

B. AUTEURS DE LA DEMANDE D'EXPERTISE

5. *Actionnaires.* Le juge des référés a la faculté de provoquer ou non l'expertise visée à l'art. 226 de la L. de 1966 [C. com., art. L. 225-231] ; la justification par les demandeurs de la réunion entre leurs mains d'actions représentant au moins le dixième du capital n'est pas la condition nécessaire et suffisante de l'octroi de l'expertise mais simplement la condition de recevabilité de leur demande. • T. com. Paris, réf., 11 déc. 1970 : *Rev. sociétés 1971. 199, note Hémard.* ♦ Les parties étant en désaccord sur la fixation du prix des actions faisant l'objet d'une promesse de vente et la cession ne devenant effective qu'après fixation de ce prix, le cédant n'avait pas perdu la qualité d'actionnaire et était recevable à demander la nomination d'un mandataire *ad hoc.* • Com. 21 oct. 1997, n° 95-17.904 P : *RTD com. 1998. 171, obs. Petit et Reinhard ; Rev. sociétés 1998. 82, note Ph. Didier ; JCP 1998. II. 10036, note Guyon ; BJS 1998. 30, note Le Cannu ; Dr. sociétés 1998, n° 13, obs. Vidal.* ♦ L'existence du droit d'agir en justice s'apprécie à la date de la demande introductive d'instance et ne peut être remise en cause par l'effet de circonstances postérieures. • Com. 6 déc. 2005, n° 04-10.287 P : *D. 2005. AJ 67, obs. Lienhard ; RTD com. 2006. 141, obs. Le Cannu ; Rev. sociétés 2006. 570, note Cerati-Gauthier ; JCP E 2006, n° 26, p. 1175, obs. Caussain, Deboissy et Wicker ; LPA 15 mars 2006, note Gibirila ; BJS 2006. 792, note Godon.*

6. *Usufruit.* Pour l'appréciation du capital représenté par les actionnaires, il n'y a pas lieu de cumuler les actions en pleine propriété et les actions en nue-propriété, dès lors que le droit de vote attaché à ces dernières est limité par l'art. 163 de la L. de 1966 [C. com., art. L. 225-110] aux assemblées générales extraordinaires. • Paris, 27 mai 1988 : *D. 1988. IR 219.*

7. *Indivision.* La demande de désignation d'un expert sur le fondement de l'art. L. 225-231 peut être présentée par un ou plusieurs actionnaires détenant de manière indivise au moins 5 % du capital. • Com. 4 déc. 2007, n° 05-19.643 P : *D. 2008. 1251, note Godon ; RTD com. 2008. 133, obs. Le Cannu et Dondero ; JCP E 2008, n° 1280, spéc. n° 6, obs. Caussain, Deboissy et Wicker ; Dr. sociétés 2008, n° 46, obs. Coquelet ; BJS 2008. 205, note Lecourt.*

8. *Groupe de sociétés.* Les dispositions de l'art. L. 225-231, dans sa rédaction issue de la L. du 15 mai 2001, n'excluent pas les actionnaires minoritaires, personnes physiques ou morales, d'une société de droit étranger contrôlant une société de droit français. • Versailles, 23 oct. 2002 : *RJDA 2003, n° 395 ; BJS 2003. 204, note Le Cannu.* ♦ Sur la notion d'« intérêt du groupe », V. note 13. ♦ Pour l'irrecevabilité de la demande dirigée contre la société holding, V. note 9.

9. Comité d'entreprise. Si la demande formée par un comité d'entreprise sur le fondement des dispositions de l'art. L. 225-231 n'a pas à être précédée d'une question écrite, elle obéit, pour le surplus, aux conditions posées par ce texte (irrecevabilité de la demande dirigée contre la société holding). • Com. 10 sept. 2013, n° 12-16.509 P : *D. 2013. Actu. 2168, obs. Lienhard ; RDT 2013. 713, note Milet ; JCP E 2013. 1652, note Duquesne ; RJDA 2013, n° 907 ; BJS 2013. 728, note Barbièri ; Dr. sociétés 2013, n° 204, obs. Roussille.*

C. BIEN-FONDÉ DE LA DEMANDE D'EXPERTISE

10. Présomptions d'irrégularité. La juridiction saisie d'une demande d'expertise de gestion n'est tenue de l'ordonner que si elle relève des présomptions d'irrégularités affectant une ou plusieurs opérations de gestion déterminées. • Com. 22 mars 1988, n° 86-17.040 P : *Rev. sociétés 1988. 227.* – V. aussi • Com. 8 janv. 1991, n° 89-17.596 : *BJS 1991. 285.* ♦ Les actionnaires minoritaires demandeurs doivent fournir des présomptions suffisantes de nature à établir l'utilité de l'expertise. • Paris, 4 mars 1994 : *D. 1994. IR 97.* ♦ Sur la complémentarité de l'expertise de gestion et du rapport du commissaire aux comptes, des termes duquel peuvent ressortir les présomptions d'irrégularité, V. • Com. 10 déc. 2013, n° 12-24.232 : *Rev. sociétés 2014. 565, note Schlumberger.* ♦ Pour un arrêt rappelant que la bonne gestion apparente de la société ne saurait constituer un empêchement à la désignation d'un expert, V. • Com. 9 févr. 1999, n° 96-17.581 : *JCP E 1999, n° 15, p. 667, obs. Viandier et Caussain.*

11. Illustrations. Ne sont pas des présomptions suffisantes de nature à établir l'utilité de l'expertise : des opérations courantes conclues à des conditions normales, même si le cocontractant est une autre société à la fois actionnaire, administrateur et client de la société en cause, qui se trouve au moment de la demande être l'enjeu d'une bataille boursière. • Com. 18 juin 1991, n° 89-20.610 : *BJS 1991. 816.* ♦ ... Une demande tendant à contrôler la régularité et la bonne tenue des assemblées générales ordinaires et les conditions d'approbation de certaines conventions. • Paris, 19 mai 1999 : *D. 1999. IR 173 ; RTD com. 1999. 674, obs. Champaud et Danet ; BJS 1999. 888, note Scholer ; Dr. sociétés 1999, n° 177, obs. Bonneau.* ♦ ... La demande d'expertise qui a pour premier objet une opération de restructuration déjà réalisée lorsque la demande du comité d'établissement tend à remettre en cause les informations qu'il a reçues du chef d'entreprise et de l'expert désigné par le comité, et à faire rechercher, en réalité, si des licenciements pouvaient être évités. • Versailles, 27 sept. 1985 : *Rev. sociétés 1986. 91, note J. G. ; BJS 1986. 93, note P.L.C.* ♦ ... Ou celle portant sur les prétendues phases ultérieures du plan de restructuration, qui sont formellement déniées par la direction et paraissent difficilement conciliables avec l'achèvement du plan en cours. • Même arrêt. ♦ Doit être écartée la demande d'expertise de gestion, dès lors que les questions nombreuses et diverses posées par le demandeur tendent en fait à une critique systématique de la gestion du nouveau dirigeant social et que les griefs invoqués, d'une portée trop générale, apparaissent dénués de sérieux. • Com. 18 oct. 1994, n° 92-19.159 P : *RJDA 1995, n° 168.*

En revanche, justifie une mesure d'expertise de gestion l'octroi unilatéral par les dirigeants d'une SAS d'une augmentation rémunératrice et d'une prime exceptionnelle de 57 640 € en violation de la disposition statutaire prévoyant que les décisions relatives à la rémunération du président et du directeur général relèvent de la collectivité des associés, dès lors que cette décision constitue un acte de gestion irrégulier dans la mesure où le compte de l'exercice présente une perte de 103 830 €. • Paris, 2 juill. 2008 : *JCP E 2008, n° 2213 ; BJS 2009. 249, note Lecourt.*

12. Menace pour l'intérêt social. Cassation, pour violation de l'art. 226 de la L. du 24 juill. 1966 [C. com., art. L. 225-231], de l'arrêt qui, pour refuser aux actionnaires minoritaires la désignation d'un expert, se fait juge des opérations de gestion critiquées et de l'évolution financière de la société, au lieu de se borner à apprécier s'il y avait lieu ou non de faire droit à cette demande. • Com. 7 déc. 1983 : *Rev. sociétés 1985. 427, note d'Hérail de Brisis.* ♦ La mesure d'expertise prévue par l'art. 226 de la L. de 1966 [C. com., art. L. 225-231] constitue une arme en quelque sorte défensive mise par la loi à la disposition des actionnaires minoritaires lorsque les intérêts sociaux sont menacés à l'occasion d'une ou plusieurs opérations de gestion décidées ou projetées par la majorité et a essentiellement pour but de prévenir ou de mettre fin à des abus de pouvoir de la part d'un groupe majoritaire et de nature à compromettre gravement l'intérêt social. • Rennes, 22 mai 1973 : *Rev. sociétés 1974. 349, note Chartier ; Gaz. Pal. 1973. 2. 700, note Peisse.* ♦ Doit être débouté de sa demande l'actionnaire qui ne démontre pas l'intérêt social de la désignation d'un expert de gestion. • Paris, 20 nov. 1997 : *Dr. sociétés 1998, n° 66, obs. Vidal.* ♦ La recherche de l'intérêt social qui demeure l'objet de cette mesure n'exclut pas que celui-ci soit en corrélation avec les intérêts que les minoritaires possèdent dans la poursuite de l'objet social. • Paris, 22 juin 1978 : *Rev. sociétés 1979. 333, note Chartier ; Gaz. Pal. 1979. 2. 312, note A.P.S.*

La nomination d'un expert peut être demandée en vertu de l'art. 226 de la L. de 1966 [C. com., art. L. 225-231] lorsque le dirigeant de la société fait bénéficier une autre société à laquelle il est intéressé de certains marchés passés avec la première. • Com. 6 juill. 1982 : *Rev. sociétés 1983. 356, note Le Cannu.* ♦ Est bien fondée la demande d'un actionnaire minoritaire dès lors que la société détenait des créances impayées qui suscitaient de graves inquiétudes quant à leur recouvrement, sans que des mesures positives de recouvrement aient été prises. • Com. 10 mai 1988, n° 86-16.786 P : *D. 1988. IR 167 ; Rev. sociétés 1988. 601, obs. Guyon.* ♦ La demande en nomination d'un expert sur le fondement de l'art. 226 [L. 225-231] ne peut être accueillie, dès lors que le demandeur se borne à exciper en termes de portée générale et imprécise de l'intérêt social, ce qui lui permettrait de remettre en cause à son seul gré, par un véritable abus de minorité, tout acte de gestion. • Paris, 16 févr. 1982 : *Rev. sociétés 1982. 848, note Guyénot.*

13. Intérêt du groupe. En ce sens que l'interdépendance entre la société mère, fût-elle étrangère, et sa filiale, la première détenant une participation de 99 % dans le capital de la seconde et les deux sociétés ayant le même dirigeant, permet d'établir l'intérêt du groupe, V. • Versailles, 23 oct. 2002 : *préc. note 8.*

14. Défaut d'information. L'art. 226 de la L. du 24 juill. 1966 [C. com., art. L. 225-231] se limite à organiser l'information des actionnaires minoritaires et ne donne pas pouvoir à la juridiction des référés d'intervenir dans le fonctionnement normal des organes sociaux ; il y a donc lieu de rejeter une demande tendant à ajourner une assemblée générale d'actionnaires, dès lors qu'il n'est reproché ni la violation des règles applicables à la réunion de l'assemblée, ni de celle des droits à l'information des actionnaires, ni de leur représentation ou de l'exercice du droit de vote. • Paris, 21 mars 1974 : *Rev. sociétés 1975. 471, note Chartier ; Gaz. Pal. 1975. 1. 379, note Delaisi.* ♦ Ayant souverainement estimé qu'une nouvelle expertise ne permettrait pas d'obtenir d'autres informations que celles qui figuraient déjà dans les deux rapports établis par l'expert-comptable désigné par le comité central d'entreprise, ce dont elle a exactement déduit que cette mesure était inutile, une cour d'appel, qui n'était dès lors pas tenue de rechercher si les opérations en cause n'étaient pas susceptibles d'avoir porté atteinte à l'intérêt social, a légalement justifié sa décision rejetant la demande de désignation d'un expert chargé de présenter un rapport sur deux opérations de gestion. • Com. 12 févr. 2008, n° 06-20.121 P : *D. 2008. AJ 612 ; RTD com. 2008. 361, obs. Le Cannu et Dondero ; Rev. sociétés 2008. 600, note Cerati-Gauthier ; BJS 2008. 384, note Auzero.*

15. Irrégularité portant sur une opération de gestion. L'expertise de minorité prévue par l'art. 226 de la L. de 1966 [C. com., art. L. 225-231] ne peut concerner que les actes accomplis par les dirigeants et non les décisions prises par l'assemblée générale des actionnaires, laquelle n'est pas un organe de gestion. • Paris, 8 nov. 1991 : *D. 1991. IR 295 ; Dr. sociétés 1992, n° 35, obs. Le Nabasque ; BJS 1992. 177.* ♦ Deux actionnaires sont à bon droit déboutés de leur demande en désignation d'un expert lorsque cette demande tend à remettre en cause l'ensemble des comptes des cinq derniers exercices qui ont été approuvés par les assemblées compétentes, dont les délibérations ne peuvent être attaquées que par une action en nullité, et qu'elle ne remplit pas les conditions de l'art. 226 de la L. de 1966 [C. com., art. L. 225-231], lesquelles n'autorisent une telle désignation que pour obtenir des éclaircissements sur une ou plusieurs opérations de gestion. • Com. 25 mars 1974 : *D. 1974. Somm. 100 ; Rev. sociétés 1975. 98, note Hémard ; JCP 1974. II. 17853, note Chartier.* ♦ L'art. 226 de la L. de 1966 [C. com., art. L. 225-231] prévoit la désignation d'un expert chargé de présenter un rapport sur une ou plusieurs opérations de gestion sans distinguer selon qu'il s'agit d'opérations passées ou à venir, d'opérations achevées ou en cours. • Paris, 12 janv. 1977 : *JCP 1978. II. 18823, note Chartier.*

16. Notion d'opérations de gestion. Les conventions régies par l'art. 101 de la L. de 1966 [C. com., art. L. 225-38], qui sont soumises à une autorisation préalable du conseil d'administration et nécessitent une délibération spéciale relevant des seuls pouvoirs desdits dirigeants, constituent des opérations de gestion. • Versailles, 27 févr. 1997 : *Rev. sociétés 1997. 898, obs. Guyon ; BJS 1997. 543, note Le Cannu et Menjucq.* ♦ La procédure prescrite par les art. 101 à 105 de la L. de 1966 [C. com., art. L. 225-38 s.] en matière de conventions passées entre la société et ses dirigeants, n'exclut pas une information en faveur des actionnaires minoritaires (fondés donc à solliciter une expertise de gestion) au sujet des mêmes opérations, l'art. 226 de la loi [C. com., art. L. 225-231] instituant une procédure distincte de celle établie pour le contrôle des conventions réglementées. • Même arrêt. – V. aussi • Paris, 20 mai 1998 : *Dr. sociétés 1998, n° 127, obs. Vidal ; BJS 1998. 1159, note Le Cannu.*

En revanche, la demande qui tend à voir contrôler les conditions d'approbation des conventions « art. 101 » de la loi [C. com., art. L. 225-38] ne porte pas sur une opération de gestion. • Paris, 19 mai 1999 : *Dr. sociétés 1999, n° 117, obs. Bonneau.* – V. aussi • Paris, 4 févr. 2000 : *RTD com. 2000. 373, obs. Champaud et Danet ; Rev. sociétés 2000. 385, obs. Guyon.* ♦ V. également note 3 ss. art. L. 223-37. ♦ Une reprise d'entreprise par ses salariés n'étant pas un acte de gestion, doit être rejetée la demande d'expertise de gestion fondée sur l'art. 226 de la L. de 1966 [C. com., art. L. 225-231]. • Com. 19 nov. 1991, n° 90-11.950 P : *D. 1991. IR 295 ; RTD com. 1992. 639, obs. Reinhard ; Rev. sociétés 1992. 510, note Marteau-Petit ; JCP 1992. II. 21833, note Jeantin ; BJS 1992. 66, note Le Cannu.*

Cassation, pour manque de base légale, de l'arrêt qui écarte l'application de l'art. 226 de la L. de 1966 [C. com., art. L. 225-231] à propos d'un apport partiel d'actif, sans préciser si l'opération a été placée sous le régime de la fusion-scission et relève ainsi de la compétence de l'assemblée générale, ou si la décision a été prise par le conseil d'administration, l'assemblée générale étant appelée ensuite à se prononcer sur ses conséquences. • Com. 12 janv. 1993, n° 91-12.548 P : *D. 1993. 139, note Bonneau ; Rev. sociétés 1993. 426, note Saintourens ; JCP E 1993. II. 415, note Viandier ; BJS 1993. 343, note Le Cannu ; Dr. sociétés 1993, n° 58, obs. Le Nabasque.* ♦ Sur renvoi, la cour de Versailles a jugé que, s'agissant d'un apport partiel d'actif placé, d'un commun accord de la société apporteuse et de la société bénéficiaire, sous le régime des fusions-scissions, en vertu de l'art. 387 de la L. de 1966 [C. com., art. L. 236-22], et alors que la fusion avait été décidée par l'assemblée générale extraordinaire des deux sociétés, l'opération ne peut donner lieu à l'expertise de l'art. 226 préc. • Versailles, 14 mars 1995 : *JCP E 1995. Pan. 606 ; BJS 1995. 657, note Le Cannu.* – Dans le même sens, V. • Paris, 4 sept. 1998 : *RTD com. 1998. 863, obs. Champaud et Danet ; BJS 1999. 250, note F.-X. Lucas ; Dr. sociétés 1999, n° 60, obs. Vidal.*

D. MISSION DE L'EXPERT

17. Encadrement de la mission. Jugeant que la mission donnée à l'expert désigné ne saurait avoir un caractère général et imprécis, porter sur l'ensemble du fonctionnement et de la gestion de la société, et sur l'inexécution d'engagements pris par la société, V. • Com. 16 juin 1998, n° 96-13.997 : *BJS 1998. 1063, note Scholer* • 25 mars 1974 : *D. 1974. Somm. 100 ; Rev. sociétés 1975. 98, note Hémard ; JCP 1974. II. 17853, note Chartier.* ♦ Une cour d'appel ne peut, sur le fondement de l'art. 226 de la L. de 1966 [C. com., art. L. 225-231], ordonner une expertise qui tend, en remettant directement en cause la régularité et la sincérité des comptes sociaux, non à déterminer la valeur et la portée d'une ou plusieurs opérations de gestion, mais seulement à déceler l'existence d'irrégularités comptables. • Com. 29 nov. 1983 : *D. 1984. IR 76 ; Rev. sociétés 1984. 317, note Chartier.* ♦ Comp., pour la mission d'examiner les opérations de gestion réalisées au cours d'un exercice : • Paris, 6 sept. 1996 : *Dr. sociétés 1997, n° 3, obs. crit. Bonneau.* ♦ En ce sens que les juges du fond n'ont pas à rechercher si la mesure d'expertise est de nature à porter atteinte à l'intérêt de la société, V. • Com. 10 sept. 2013, n° 12-16.509 P : *préc. note 9.*

18. Extension de la mission. L'art. 226 de la L. de 1966 [C. com., art. L. 225-231] ne prévoit pas l'extension de la mission de l'expert aux autres sociétés du groupe. • Lyon, 31 mars 1995 : *RTD com. 1997. 101, obs. Champaud et Danet ; JCP E 1996. Pan. 337.*

19. Réalisation de la mission. L'expert doit prêter serment, ne peut se faire assister ni représenter par tels collaborateurs de son choix et un délai doit lui être imparti pour procéder à l'accomplissement de sa mission. • Orléans, 22 nov. 1971 : *Rev. sociétés 1973. 130, note Hémard ; JCP 1972. II. 17154, note Guyon.*

20. Respect du contradictoire. Si l'expertise doit avoir un caractère contradictoire, l'expert peut procéder seul à certaines constatations dans la comptabilité et les documents remis en consultation par la société, sans qu'au cours de l'expertise ceux-ci soient communiqués aux demandeurs, dès lors que le rapport qu'il est chargé de présenter est destiné à fournir tous les éléments utiles à l'information sur la ou les opérations de gestion en cause. • Com. 26 nov. 1996, n° 94-16.432 P : *D. 1997. IR 14 ; Rev. sociétés 1997. 97, note Le Cannu.*

II. EXPERTISE DE L'ART. 145 C. PR. CIV.

21. Coexistence des deux expertises. BIBL. Urbain-Parleani, *Rev. sociétés 2003. 223.* ♦ Est recevable la demande d'expertise, fondée sur les dispositions de l'art. 145 NCPC [C. pr. civ.], introduite par deux actionnaires, ne représentant pas le dixième du capital social, qui entendent établir avant tout procès la preuve de faits susceptibles d'être invoqués à l'appui d'une éventuelle action en responsabilité contre un administrateur de la société (en l'espèce, une convention conclue entre la société et son président du conseil d'administration, désapprouvée, à deux reprises, par l'assemblée générale ordinaire). • Com. 7 déc. 1981 : *D. 1982. IR 212 ; Rev. sociétés 1982. 519, note Michelin-Finielz* (V. l'arrêt d'appel : • Reims, 7 janv. 1980 : *D. 1981. 666, note Bousquet*).

22. Une mesure d'instruction ordonnée sur le fondement de l'art. 145 C. pr. civ. ne revêt aucun caractère subsidiaire par rapport à l'expertise de gestion prévue par l'art. L. 225-231 C. com. • Com. 18 oct. 2011, n° 10-18.989 P : *D. 2011. Actu. 2596, obs. Lienhard ; RTD com. 2011. 766, obs. Le Cannu et Dondero ; JCP E 2012. 1002, note Randoux ; Banque et Dr. 11-12/2011. 55, obs. M. Storck ; Dr. sociétés 2012, n° 10, note Gallois-Cochet ; RJDA 2012, n° 64 ; BJS 2012. 116, note Dondero ; Gaz. Pal. 10-11 févr. 2012, p. 38, obs. Zattara-Gros ; RTDF 2012, n° 1, p. 86, obs. Poracchia.*

23. Bien-fondé de la demande. V. notes 71 s. ss. art. L. 225-231 C. com. – **C. sociétés.**

Art. L. 225-232 **Un ou plusieurs actionnaires représentant au moins** *(L. n° 2001-420 du 15 mai 2001)* **« 5 % » du capital social** *(Abrogé par Ord. n° 2020-1142 du 16 sept. 2020, art. 3, à compter du 1er janv. 2021)* ***« ou une association répondant aux conditions fixées à l'article L. 225-120 »*** **peuvent, deux fois par exercice, poser par écrit des questions au président du conseil d'administration ou au directoire sur tout fait de nature à compromettre la continuité de l'exploitation. La réponse est communiquée au commissaire aux comptes** *(L. n° 2019-486 du 22 mai 2019, art. 20-I-15°)* **« , s'il en existe ».** – *[L. n° 66-537 du 24 juill. 1966, art. 226-1.]* – *V. art. R. 225-164.*

Pour les dispositions transitoires de la L. n° 2019-486 du 22 mai 2019, V. notes ss. art. L. 221-9.

Art. L. 225-233 *Abrogé par Ord. n° 2020-1142 du 16 sept. 2020, art. 3, à compter du 1er janv. 2021.*

Art. L. 225-234 *Abrogé par Ord. n° 2005-1126 du 8 sept. 2005, art. 20-III. – V. art. L. 823-8.*

Art. L. 225-235 *Al. 1er à 4 abrogés par Ord. n° 2005-1126 du 8 sept. 2005, art. 20-III. – V. art. L. 822-15, al. 2, L. 823-9 à L. 823-11, R. 823-7 et R. 823-8.*

Dernier al. abrogé par Ord. n° 2020-1142 du 16 sept. 2020, art. 3, à compter du 1er janv. 2021.

Art. L. 225-236 à L. 225-242 *Abrogés par Ord. n° 2005-1126 du 8 sept. 2005, art. 20-III. – V. art. L. 823-12 s. – V. aussi art. L. 234-1 s., L. 242-25, R. 225-161, R. 823-4, R. 823-7, R. 823-8 et R. 823-9.*

SECTION VI DE LA TRANSFORMATION DES SOCIÉTÉS ANONYMES

RÉP. SOCIÉTÉS v° *Transformation*, par JULLIAN et TISSEYRE.

Art. L. 225-243 **Toute société anonyme peut se transformer en société d'une autre forme si, au moment de la transformation, elle a au moins deux ans d'existence et si elle a établi et fait approuver par les actionnaires le bilan de ses deux premiers exercices.** – *[L. n° 66-537 du 24 juill. 1966, art. 236.]*

BIBL. ▶ PLANTIN, *JCP E 1999, n° 48, p. 1906* (transformer une société anonyme en société par actions simplifiée : motifs et procédure).

1. *Transformation en SCP.* La transformation d'une SA en société civile professionnelle est soumise à la condition d'antériorité de deux ans prescrite par l'art. 236 de la L. de 1966 [C. com., art. L. 225-243]. * Rép. min. n° 23699 : *JO Sénat Q 4 févr. 1993, p. 191 ; BJS 1993. 353.*

2. *Transformation en SAS.* Les art. 236 à 238 de la L. de 1966 [C. com., art. L. 225-243 à L. 225-245] sont applicables en cas de transformation d'une SA en société par actions simplifiée ; il n'y a pas lieu d'appliquer cumulativement l'art. 72-1 de la loi [C. com., art. L. 224-3] (qui traite de la transformation en SA d'une société d'une autre forme) avec lesdits art. 236 à 238 [C. com., art. L. 225-243 à L. 225-245]. * Rép. min. n° 15712 : *JOAN Q 10 oct. 1994, p. 5060.* ♦ Pour l'hypothèse inverse, V. note 1 ss. art. L. 224-3. ♦ Sur le délai de deux ans, V. note 4. ♦ V. aussi art. L. 227-3.

3. *Transformation en SNC.* La décision de l'assemblée générale de transformer la SA en société en nom collectif, de changer sa dénomination sociale et de modifier l'objet social, pour y inclure la possibilité de se porter caution pour le paiement du prix de cession des parts et de donner en garantie le fonds de commerce, clause qui serait illicite aux termes de l'art. 106 de la L. de 1966 [C. com., art. L. 225-43] pour une SA, mais non pour une SNC, ayant eu, entre les parties, un effet immédiat, il en résulte que les garanties accordées le jour de la transformation, mais postérieurement à celle-ci, ne sont pas prohibées, sont conformes à l'objet social et donc parfaitement valables. • Paris, 21 mars 2000 : *BJS 2001. 197, note Barbièri ; Dr. sociétés 2001, n° 15, obs. Vidal.*

4. *Point de départ du délai de deux ans.* Une société ayant plus de deux ans d'existence, mais transformée en SA depuis moins de deux ans, peut se transformer en SAS, les conditions de l'art. 236 de la L. de 1966 [C. com., art. L. 225-243] étant réunies si, par ailleurs, les deux premiers bilans ont été approuvés. * Rép. min. n° 42703 : *JOAN Q 31 juill. 2000, p. 4582 ; BJS 2000. 856.* ♦ La date à retenir pour le point de départ du délai de deux ans est celle à laquelle la société a été immatriculée au RCS, puisque cette formalité lui confère la jouissance de la personnalité morale. • Même réponse.

Art. L. 225-244 La décision de transformation est prise sur le rapport des commissaires aux comptes de la société *(L. n° 2019-486 du 22 mai 2019, art. 20-I-16°)* « , s'il en existe ». Le rapport atteste que les capitaux propres sont au moins égaux au capital social.

La transformation est soumise, le cas échéant, à l'approbation des assemblées d'obligataires et de l'assemblée des porteurs de parts bénéficiaires ou de parts de fondateur.

La décision de transformation est soumise à publicité, dont les modalités sont fixées par décret en Conseil d'État. — *[L. n° 66-537 du 24 juill. 1966, art. 237.]* — *V. art. R. 225-165.*

Pour les dispositions transitoires de la L. n° 2019-486 du 22 mai 2019, V. notes ss. art. L. 221-9.

1. Rapport des commissaires aux comptes. Lorsqu'une SA, ayant subi la perte des trois quarts de son capital social [dont les capitaux propres sont devenus inférieurs à la moitié du capital social], doit se transformer en société d'une autre forme, après réduction du capital au-dessous du minimum légal, la transformation doit obéir aux conditions posées par les art. 236 et 237 de la L. de 1966 [C. com., art. L. 225-243 et L. 225-244]. En particulier, la décision doit être prise sur le rapport des commissaires aux comptes de la société, attestant que l'actif net est au moins égal [que les capitaux propres sont au moins égaux] au capital social. * Rép. min. n° 2760 : *JOAN Q 25 janv. 1969, p. 209.* ♦ Sur la publicité du rapport, V. note 1 ss. art. L. 224-3.

2. Libération du capital. Sur la possibilité d'une transformation en SARL d'une SA dont le capital n'a pas été intégralement libéré, V. note 11 ss. art. L. 225-3.

Art. L. 225-245 La transformation en société en nom collectif nécessite l'accord de tous les associés. En ce cas, les conditions prévues aux articles L. 225-243 et au premier alinéa de l'article L. 225-244 ne sont pas exigées.

La transformation en société en commandite simple ou par actions est décidée dans les conditions prévues pour la modification des statuts et avec l'accord de tous les associés qui acceptent d'être associés commandités.

La transformation en société à responsabilité limitée est décidée dans les conditions prévues pour la modification des statuts des sociétés de cette forme. — *[L. n° 66-537 du 24 juill. 1966, art. 238.]*

Transformation en SARL. Sur la transformation d'une SA en société à responsabilité limitée et l'augmentation des engagements qui en résulterait pour les actionnaires s'il n'est pas fait d'évaluation des apports en nature, V. • Com. 28 nov. 1950 : *D. 1951. 109, note Ripert.*

Art. L. 225-245-1 *(L. n° 2005-842 du 26 juill. 2005, art. 11-II)* En cas de transformation d'une société anonyme en société européenne, le premier alinéa de l'article L. 225-244 n'est pas applicable.

La société établit un projet de transformation de la société en société européenne. Ce projet est déposé au greffe du tribunal dans le ressort duquel la société est immatriculée et fait l'objet d'une publicité dont les modalités sont fixées par décret en Conseil d'État. — *V. art. R. 229-20.*

Un ou plusieurs commissaires à la transformation désignés par décision de justice établissent sous leur responsabilité un rapport destiné aux actionnaires de la société se transformant attestant que *(L. n° 2008-649 du 3 juill. 2008, art. 11)* « la société dispose d'actifs nets au moins équivalents au capital augmenté des réserves que la loi ou les statuts ne permettent pas de distribuer ». Ils sont soumis aux incompatibilités prévues à l'article *(L. n° 2016-1691 du 9 déc. 2016, art. 142-8°)* « L. 822-11-3 ».

La transformation en société européenne est décidée selon les dispositions prévues aux articles L. 225-96 et L. 225-99.

SECTION VII DE LA DISSOLUTION DES SOCIÉTÉS ANONYMES

RÉP. SOCIÉTÉS v° *Dissolution*, par DE RAVEL D'ESCLAPON.

Art. L. 225-246 La dissolution anticipée de la société est prononcée par l'assemblée générale extraordinaire. — *[L. n° 66-537 du 24 juill. 1966, art. 239.]*

1. Action en dissolution. La disposition de l'art. 1871 [1844-7 (5°)] C. civ. s'applique aussi bien aux sociétés de capitaux qu'aux sociétés de personnes. • Req. 9 mars 1903 : *DP 1904. 1. 89,* *note Percerou* • Com. 16 févr. 1970, ♖ n° 68-13.764 P : *D. 1970. Somm. 136 ; Rev. sociétés 1970. 654, note Bouloc.* ♦ Pour les sociétés de capitaux, l'action en dissolution, fondée sur l'art. 1871 [1844-7 (5°)] C. civ., revêt un caractère exceptionnel et ne peut être accueillie que si les dissentiments sont assez graves pour paralyser la marche de la société, empêcher la tenue régulière des assemblées ou le fonctionnement des organes sociaux. • Besançon, 3 nov. 1954 : *D. 1956. Somm. 123 ; JCP 1955. II. 8750.*

2. Justes motifs. N'a fait qu'apprécier, comme l'y invitait l'art. 1871 [1844-7 (5°)] C. civ., la légitimité et la gravité des motifs invoqués à l'appui d'une demande en dissolution d'une SA, présentée par l'un des deux groupes d'actionnaires de celle-ci, la cour d'appel qui a fait droit à cette demande en retenant l'impossibilité pour ladite société d'avoir un conseil d'administration et un président-directeur général, aucune majorité ne pouvant se dégager en raison de l'état de mésintelligence grave existant entre les deux groupes. • Com. 16 févr. 1970, ♖ n° 68-13.764 P : *préc. note 1.* ♦ La cour d'appel, qui établit les abus de droit commis par le groupe majoritaire et l'hostilité profonde existant depuis plusieurs années entre les deux groupes et rendant impossible la continuation de la société, justifie sa décision prononçant dans ces circonstances la dissolution de celle-ci. • Com. 6 févr. 1957 : *Bull. civ. III, n° 48 ; JCP 1957. II. 10325.* ♦ Si les dissentiments entre des associés sont certains, mais si la société est prospère, que son chiffre d'affaires est en progression constante, que l'affaire, loin d'aller à la ruine, est commercialement bien gérée et que la mésintelligence ne trouble pas la bonne exploitation du fonds de commerce, ne nuisant qu'aux associés personnellement, il n'y a pas lieu de prononcer la dissolution de la société. • Lyon, 11 mars 1957 : *D. 1957. Somm. 147* • Com. 11 mai 1960, n° 57-12.400 P : *D. 1960. Somm. 131.*

3. Dispositions statutaires contraires. Il résulte de l'art. 1871 [1844-7 (5°)] C. civ. qu'un associé, nonobstant toute disposition des statuts, est recevable à demander en justice la dissolution d'une société pour justes motifs. • Civ. 4 janv. 1944 : *Gaz. Pal. 1944. 1. 114.* ♦ Encourt donc la cassation l'arrêt qui, sans rechercher si les motifs invoqués constituaient de justes motifs de dissolution, a déclaré la demande irrecevable pour le motif qu'elle était introduite en dehors des formes impérativement précisées par les statuts. • Même arrêt.

Art. L. 225-247 *Abrogé par Ord. n° 2020-1142 du 16 sept. 2020, art. 3, à compter du 1er janv. 2021.*

Art. L. 225-248 Si, du fait de pertes constatées dans les documents comptables, les capitaux propres de la société deviennent inférieurs à la moitié du capital social, le conseil d'administration ou le directoire, selon le cas, est tenu dans les quatre mois qui suivent l'approbation des comptes ayant fait apparaître cette perte, de convoquer l'assemblée générale extraordinaire à l'effet de décider s'il y a lieu à dissolution anticipée de la société.

Si la dissolution n'est pas prononcée, la société est tenue, au plus tard à la clôture du deuxième exercice suivant celui au cours duquel la constatation des pertes est intervenue et sous réserve des dispositions de l'article L. 224-2 de réduire son capital d'un montant au moins égal à celui des pertes qui n'ont pas pu être imputées sur les réserves, si, dans ce délai, les capitaux propres n'ont pas été reconstitués à concurrence d'une valeur au moins égale à la moitié du capital social.

Dans les deux cas, la résolution adoptée par l'assemblée générale est publiée selon les modalités fixées par décret en Conseil d'État.

A défaut de réunion de l'assemblée générale, comme dans le cas ou *[où]* cette assemblée n'a pas pu délibérer valablement sur dernière convocation, tout intéressé peut demander en justice la dissolution de la société. Il en est de même si les dispositions du deuxième alinéa ci-dessus n'ont pas été appliquées. Dans tous les cas, le tribunal peut accorder à la société un délai maximal de six mois pour régulariser la situation. Il ne peut prononcer la dissolution, si, au jour où il statue sur le fond, cette régularisation a eu lieu.

Les dispositions du présent article ne sont pas applicables aux sociétés *(L. n° 2005-845 du 26 juill. 2005, art. 165-II)* « en procédure de sauvegarde ou de redressement judiciaire » ou qui bénéficient d'un *(L. n° 2005-845 du 26 juill. 2005, art. 165-II)* « plan de sauvegarde ou de redressement judiciaire ». — *[L. n° 66-537 du 24 juill. 1966, art. 241.] — V. art. R. 210-15 et R. 225-166.*

1. Tenue de l'AGE. Le délai de quatre mois prévu à l'art. 241 de la L. du 24 juill. 1966 [C. com., art. L. 225-248] pour la convocation de l'assemblée générale extraordinaire ne paraît courir qu'à compter de la tenue de l'assemblée qui a effectivement approuvé les comptes ayant fait apparaître la perte, sans préjudice du droit pour les tribunaux d'intervenir en cas de fraude. La tenue d'une AGE décidant, avant l'expiration du délai de quatre mois précité, une augmentation de capital avec pour but de rendre l'actif net [les capitaux propres] supérieur au quart [à la moitié] du capital social, ne paraît pas dispenser de l'application dudit art. 241 [C. com., art. L. 225-248]. Les dispositions de la loi ne seraient respectées que si l'ordre du jour de l'AGE comportait également l'examen de l'éventualité d'une dissolution anticipée de la société (Rép. min. n° 9331 : *JOAN Q 7 févr. 1970, p. 319*).

2. Reconstitution du capital. Si les art. 68 et 241 de la L. de 1966 [C. com., art. L. 223-42 et L. 225-248] et 197 du Décr. n° 67-236 du 23 mars 1967 [C. com., art. R. 225-166] fixent les modalités de publicité des seules décisions de l'assemblée générale relatives à la dissolution ou au maintien de l'activité de la société, rien ne paraît s'opposer à ce qu'en application de l'art. 26 du Décr. n° 67-237 du 23 mars 1967 [C. com., art. R. 123-66 et R. 123-71] relatif au RCS, les modifications survenues ultérieurement dans la situation de la société, notamment la reconstitution régulièrement constatée de l'actif net [des capitaux propres], fassent l'objet d'une mention rectificative (Rép. min. n° 17633 : *JO Sénat Q 24 oct. 1975, p. 3061*). ♦ L'obligation légale de reconstituer les fonds propres dans un délai de deux ans ne peut justifier le caractère précipité de la décision d'augmenter le capital et la fixation des opérations de souscription en pleine période estivale (nullité de l'augmentation de capital jugée frauduleuse). • Com. 16 avr. 2013, n° 09-10.583 : *RJDA 2013, n° 641 ; Dr. sociétés 2013, n° 114, obs. Mortier.*

3. Réduction du capital. C'est au plus tard à la clôture du deuxième exercice suivant celui au cours duquel la constatation des pertes est survenue que la société est tenue de réduire le capital social, à défaut de reconstituer dans ce délai l'actif net [les capitaux propres] à concurrence d'une valeur au moins égale au quart [à la moitié] du capital social. Si cette réduction aboutit à un capital inférieur au minimum légal, par application des art. 35 ou 71 de la L. de 1966 [C. com., art. L. 223-2 ou L. 224-2], une augmentation devra suivre dans le délai d'un an pour le ramener au moins à ce minimum (Rép. min. n° 4708 : *JOAN Q 13 mai 1969, p. 1390*). ♦ Le délai imparti par l'art. 241, al. 2, de la L. de 1966 [C. com., art. L. 225-248], lorsque la dissolution n'a pas été prononcée, doit être calculé à partir de l'approbation des comptes ayant fait apparaître la perte (Rép. min. n° 10735 : *JO Sénat Q 29 oct. 1971, p. 1840*).

4. Dissolution judiciaire. Aux termes de l'art. 241 de la L. de 1966 [C. com., art. L. 225-248], c'est seulement à défaut de réunion de l'assemblée générale ou dans le cas où cette assemblée n'a pu délibérer valablement que tout intéressé peut demander en justice la dissolution de la société ; si l'assemblée générale a décidé la dissolution et nommé un liquidateur, une cour d'appel ne peut valablement prononcer la dissolution de la société et désigner un liquidateur judiciaire. • Com. 12 nov. 1973 : *D. 1974. Somm. 12 ; Rev. sociétés 1974. 531, note Hémard ; JCP 1974. II. 17886, note Burst.*

La circonstance qu'un actionnaire s'est opposé à l'adoption d'une résolution destinée à permettre la régularisation de la situation d'une SA dont les capitaux propres sont devenus inférieurs à la moitié de son capital, n'est pas de nature à le priver de la faculté, ouverte à tout intéressé, de demander la dissolution de la société dans les conditions de l'art. L. 225-248. • Com. 31 oct. 2006, n° 05-13.890 P : *D. 2006. AJ 2791, obs. Lienhard ; Rev. sociétés 2007. 559, note Amiel-Cosme ; JCP E 2007, n° 1572, note Mairot ; BJS 2007. 260, note Le Cannu.* ♦ L'acquéreur d'un bien immobilier, qui est dans l'impossibilité de l'exploiter en raison de l'existence d'un contentieux perdurant du fait du maintien artificiel de l'activité de la société cédante, a la qualité d'intéressé au sens de l'art. L. 225-248 et ne commet ni délit ni faute civile en menaçant d'agir en dissolution en cas de refus d'une proposition de transaction. • Crim. 8 juill. 2015, n° 14-81.828 : *Rev. sociétés 2015. 683, note Bouloc.*

5. Consentement aux pertes. Sur la nécessité d'un consentement exprès ou implicite des actionnaires minoritaires à contribuer aux pertes au-delà de leurs apports (la seule décision de dissolution ne valant pas consentement), V. • Com. 19 oct. 1999, n° 97-16.903 P : *D. 2000. AJ 66 ; RTD com. 2000. 105, obs. Champaud et Danet ; Rev. sociétés 2000. 294, note Godon ; Dr. sociétés 2000, n° 1, obs. Bonneau ; BJS 2000. 70, note Couret.*

SECTION VIII DE LA RESPONSABILITÉ CIVILE

RÉP. SOCIÉTÉS v° *Responsabilité civile des dirigeants sociaux*, par LE BARS.

Art. L. 225-249 Les fondateurs de la société auxquels la nullité est imputable et les administrateurs en fonction au moment où elle a été encourue peuvent être déclarés solidairement responsables du dommage résultant pour les actionnaires ou pour les tiers de l'annulation de la société.

La même responsabilité solidaire peut être prononcée contre ceux des actionnaires dont les apports ou les avantages n'ont pas été vérifiés et approuvés. — *[L. n° 66-537 du 24 juill. 1966, art. 242.]*

1. Fondateurs. Si la qualité de fondateurs d'une SA peut être reconnue à tous ceux qui ont concouru à l'organisation et à la mise en mouvement de la société, ce n'est qu'à la condition que la nature de ce concours permette de leur attribuer une part d'initiative dans les actes qui ont abouti à la création de l'entreprise sous sa forme sociale, ou qu'ils aient prêté en connaissance de cause aux véritables promoteurs de la société une coopération assez directe, assez étroite et assez constante pour qu'elle implique d'elle-même une acceptation consciente des responsabilités inhérentes à la constitution du corps social. • Civ. 1er juill. 1930 : *DP 1931. 1. 97, note Hamel ; S. 1931. 1. 305, note Lagarde.* ♦ V. aussi note 12 ss. art. L. 210-6.

2. Premiers administrateurs. Les premiers administrateurs, nommés par l'assemblée générale constitutive, sont nécessairement responsables des nullités encourues lors de la constitution de la société par cela seul qu'ils ont accepté le titre et les fonctions d'administrateurs sans s'être assurés que toutes les prescriptions légales pour la constitution de la société avaient été remplies, alors même qu'ils n'ont commis aucune faute personnelle. • Civ. 8 nov. 1886 : *DP 1887. 1. 9* • Req. 7 janv. 1930 : *DP 1932. 1. 191, note Cordonnier.*

3. Administrateurs en fonction. Les administrateurs d'une société, en fonctions au moment de l'infraction aux dispositions édictées à peine de nullité de la société, sont solidairement responsables envers les actionnaires des conséquences dommageables de l'annulation prononcée à raison de cette infraction. • Civ. 26 nov. 1930 : *DH 1931. 18.*

Art. L. 225-250 **L'action en responsabilité fondée sur l'annulation de la société se prescrit dans les conditions prévues au premier alinéa de l'article L. 235-13.** — *[L. nº 66-537 du 24 juill. 1966, art. 243.]*

Art. L. 225-251 *(L. nº 2001-420 du 15 mai 2001)* **« Les administrateurs et le directeur général sont responsables, individuellement ou solidairement selon le cas, » envers la société ou envers les tiers, soit des infractions aux dispositions législatives ou réglementaires applicables aux sociétés anonymes, soit des violations des statuts, soit des fautes commises dans leur gestion.**

Si plusieurs administrateurs *(L. nº 2001-420 du 15 mai 2001)* **« ou plusieurs administrateurs et le directeur général » ont coopéré aux mêmes faits, le tribunal détermine la part contributive de chacun dans la réparation du dommage.** — *[L. nº 66-537 du 24 juill. 1966, art. 244.]* — *V. art. R. 225-167 et R. 225-168.*

BIBL. ▶ Hai et Mettas, *Gaz. Pal. 1994. 1. Doctr. 10* (responsabilité dans la gestion des groupes de sociétés). – Roesner, *ibid. 13* (responsabilité personnelle du dirigeant envers les créanciers de la société). – Dedessus-Le Moustier, *Rev. sociétés 1997. 499* (responsabilité du dirigeant de fait). – Vidal, *Cah. dr. entr. 2001, nº 3, p. 16* (responsabilité civile des dirigeants sociaux). – Descorps-Declère, *RTD com. 2003. 25* (pour une réhabilitation de la responsabilité civile des dirigeants sociaux). – Didier, *Rev. sociétés 2003. 238* (fonctions de la responsabilité civile). – Vatinet, *ibid. 247* (réparation du préjudice devant les juridictions civiles). – Dezeuze, *ibid. 261* (réparation du préjudice devant la juridiction pénale). – Laugier, *BJS 2003. 1231* (responsabilité du dirigeant envers les tiers pour fautes de gestion). – Bélot, *LPA 26 avr. 2006* (préjudice économique de l'associé victime de la dépréciation de ses titres). – Germain et Hoevermann, *Dr. sociétés 2006. Étude 13* (questions actuelles sur la responsabilité des dirigeants de société en Allemagne et en France). – Camensuli-Feuillard, *BJS 2008. 66* (irresponsabilité du dirigeant à l'égard de l'associé, du créancier et de la société débitrice en difficulté). – Danos, *RJDA 2008. 471* (réparation du préjudice individuel de l'actionnaire). – El Ahdab, *Rev. sociétés 2008. 239* (prise en charge financière par la société de la responsabilité de ses dirigeants). – Colloque, *JCP E 2009, nos 1222 s.* (la responsabilité des dirigeants : quelle protection ?). – Martin et Tieu, *JCP 2010, nº 740* (responsabilité civile des administrateurs de sociétés : évolutions jurisprudentielles). – Dossier, *BJS 2010. 760* (assurance de responsabilité pour les dirigeants). – Bicheron, *RLDA juill.-août 2010. 125* (singularité de l'indemnisation du préjudice personnel des associés). – Magnier, *BJS 2012. 75* (qu'est-ce qu'un administrateur « prudent et diligent » ?). – Eid, *Mél. Merle, Dalloz, 2012, p. 225* (actionnaire agissant individuellement en responsabilité civile contre un administrateur). – Ruellan, *ibid., p. 617* (conditions d'assurabilité des fautes commises par les dirigeants). – Schiller, Mél. Germain, *LexisNexis-LGDJ, 2015, p. 755* (les fautes des dirigeants sociaux). – Cohen-Jonathan et Haeri, *Rev. sociétés 2015. 487* (assurance responsabilité civile).

1. Personnes responsables. Un ancien administrateur, même s'il a cédé toutes ses actions de la société, est néanmoins responsable de toutes les fautes qu'il a pu commettre pendant sa gestion. • Com. 11 oct. 1988, nº 85-17.100 : *BJS 1988. 925, note Le Cannu.* ♦ Commet une faute individuelle chacun des membres du conseil d'administration ou du directoire d'une SA qui, par son action ou son abstention, participe à la prise d'une décision fautive de cet organe, sauf à démontrer qu'il s'est comporté en administrateur prudent et diligent, notamment en s'opposant à cette décision. • Com. 30 mars 2010, n° 08-17.841 P : *cité note 1 ss. art. L. 225-254.* ♦ Le dirigeant d'une société accusé d'avoir partiellement soustrait son entreprise au paiement de la TVA ne saurait, pour éluder sa responsabilité, invoquer une délégation de pouvoirs au profit du directeur financier, dans la mesure où il a, en se réservant la signature des chèques et en exigeant un compte rendu hebdomadaire sur cette question, conservé le contrôle effectif du respect, par l'entreprise, de ses obligations vis-à-vis de l'Administration fiscale. • Crim. 19 août 1997, n° 96-83.944 P : *D. 1997. IR 232 ; Rev. sociétés 1997. 863, note Bouloc ; BJS 1998. 36, note Mascala.* ♦ La présomption de responsabilité du dirigeant social qu'instituent les art. 52 et 244 de la L. de 1966 [C. com., art. L. 223-22 et L. 225-251], en ce qu'elle n'a pas d'autre effet que de renverser la charge de la preuve, n'est pas contraire à la présomption d'innocence ; la réalité et la portée de la délégation de pouvoirs, que le dirigeant peut invoquer pour combattre une telle présomption, sont laissées à l'appréciation des juges du fond. • Même arrêt.

I. RESPONSABILITÉ À L'ÉGARD DE LA SOCIÉTÉ

2. *Fautes de surveillance.* La responsabilité des administrateurs peut être recherchée lorsqu'ils n'ont exercé aucune surveillance sur la tenue des comptes sociaux ou qu'ils s'en sont purement et simplement remis aux décisions du président-directeur général qu'ils se sont pendant un certain nombre d'années contentés d'entériner. • Paris, 4 févr. 1994 : *BJS 1994. 403, note Pariente.* ♦ Sont personnellement responsables les administrateurs qui se sont désintéressés de la façon la plus absolue de leur mandat d'administrateurs et qui n'ont pris aucune part à la gestion et à l'administration de la société pendant les dix-huit mois qui se sont écoulés entre le jour de leur nomination et celui de leur démission. • Paris, 8 mars 1958 : *D. 1958. 342.* ♦ Et leurs démissions doivent, à raison des circonstances dans lesquelles elles ont été données, être considérées comme des fautes ayant pour conséquence de priver la société de tout organe d'administration régulier. • Même arrêt.

3. *Fautes de gestion.* La responsabilité du président du conseil d'administration implique la commission d'une faute de gestion, étant entendu qu'il n'est tenu qu'à une obligation générale de moyens, sans que le mauvais état des affaires sociales puisse faire présumer sa faute. • Versailles, 11 juin 1998 : *BJS 1998. 1168, note Baillod.* ♦ Les tribunaux n'étant pas juges de l'opportunité des décisions de gestion, les fautes potentielles commises par le président du conseil d'administration doivent s'apprécier en fonction de la régularité du processus qui a conduit à leur adoption, de leur caractère non anormal au moment où elles ont été prises en tenant compte de l'acceptation des risques générés par la gestion de toute société et du contrôle incombant au conseil d'administration. • Versailles, 17 mars 1998 : *Rev. sociétés 1998. 828, obs. Guyon ; RJ com. 1999. 331, obs. Maury.* ♦ Le choix de conserver des activités diversifiées ne peut être considéré comme une faute de gestion, dès lors qu'il s'agit d'un choix stratégique dont la mise en œuvre n'a pas démontré qu'il ait été manifestement malheureux ni contraire aux intérêts de la société. • Com. 21 sept. 2004, n° 02-17.559 : *Rev. sociétés 2005. 363, note Saintourens ; RJDA 2005, n° 47 ; BJS 2004. 1480, note Dondero.*

4. *Dépassement de pouvoirs.* Jugé que les dirigeants qui dépassent leurs pouvoirs statutaires n'engagent pas leur responsabilité à l'égard de la société dès lors qu'il n'est pas prouvé, compte tenu de l'immixtion de l'actionnaire, que l'observation des procédures statutaires aurait empêché la réalisation du préjudice. • Paris, 18 déc. 1998 : *Dr. sociétés 1999, n° 61, obs. Vidal.*

5. *Fautes intentionnelles.* Pour la condamnation du président du conseil d'administration d'une SA qui avait organisé l'acquisition par celle-ci des actions d'une autre société dont le cédant était un membre de sa famille, l'intéressé ayant caché au cédant des éléments d'appréciation, rendant ainsi, par cette opération dolosive dont il était le véritable bénéficiaire, la société débitrice d'une indemnité envers le cédant, V. • Com. 18 juin 1996, n° 94-16.448 : *BJS 1996. 922, note A. C. ; BRDA 1996, n° 13, p. 3.*

II. RESPONSABILITÉ À L'ÉGARD DES TIERS

6. *Faute de gestion.* Viole l'art. 1147 [ancien] C. civ. l'arrêt qui écarte la responsabilité personnelle du président du conseil d'administration d'une SA gérante d'une société civile de construction envers un tiers, alors que l'existence d'une faute de gestion n'était pas nécessaire pour retenir la responsabilité de ce dirigeant. • Com. 4 mai 1982 : *Rev. sociétés 1983. 573, note Guyon ; BJS 1982. 1077 ; Dr. sociétés 1982, n° 201.* ♦ Les juges du fond peuvent estimer que les administrateurs d'une société mise en faillite [redressement ou liquidation judiciaire] n'ont commis aucune faute de gestion préjudiciable à un agent commercial embauché antérieurement moyennant un apport en espèces, lorsque l'intéressé, informé de la situation financière de la société, a agi en toute connaissance de cause et était guidé par une pensée spéculative. • Com. 24 juin 1968 : *D. 1969. 8 ; Rev. sociétés 1969. 228.*

7. *Faute séparable des fonctions.* **BIBL.** Barbièri, *Mél. Guyon, Dalloz, 2003, p. 41.* – Ducouloux-Favard, *Dr. sociétés 2007. Étude 11* (la règle de la faute séparable des fonctions de gestion est dans la loi). – Abras, *JCP E 2008. 1912* (l'exigence d'une faute séparable des fonctions entendue restrictivement : présent offert aux dirigeants ou nécessité ?). – Nicolas, *Rev. sociétés 2013. 535* (la notion de faute séparable des fonctions des dirigeants sociaux à la lumière de la jurisprudence récente). – Poracchia, *Mél. Le Cannu, Dalloz-LGDJ, 2014, p. 377* (responsabilité de la société en cas de faute séparable des fonctions). – Prorok, *Rev. sociétés 2018. 357* (dépassement de pouvoirs et faute séparable). ♦ La responsabilité personnelle d'un dirigeant à l'égard des tiers ne peut être retenue que s'il a commis une faute séparable de ses fonctions et qui lui soit imputable personnellement. • Com. 28 avr. 1998, n° 96-10.253 P : *D. 1998. IR 136* ; *Rev. sociétés 1998. 767, note Saintourens* ; *JCP E 1998, n° 31, p. 1258, note Guyon ; BJS 1998. 808, note Le Cannu ; Dr. sociétés 1998, n° 115, obs. Vidal* • 9 mai 2001, n° 98-10.260 : *RTD com. 2001. 934, obs. Chazal et Reinhard* ; *JCP E 2001, n° 26, p. 1071 ; Dr. sociétés 2001, n° 146, obs. Vidal ; BJS 2001. 1020, note Barbièri.* ♦ Il en est ainsi lorsque le dirigeant commet intentionnellement une faute d'une particulière gravité incompatible avec l'exercice normal des fonctions sociales. • Com. 20 mai 2003, n° 99-17.092 P : *D. 2003. 2623, note Dondero* ; *RTD com. 2003. 523, obs. Chazal et Reinhard* ; *Rev. sociétés 2003. 479, obs. Barbièri* ; *JCP E 2003, n° 40, p. 1580, note Hadji-Artinian ; BJS 2003. 786, note Le Nabasque ; Dr. sociétés 2003, n° 148, obs. Monnet.* ♦ La faute pénale intentionnelle du dirigeant est par essence détachable des fonctions, peu important qu'elle ait été commise dans le cadre de celles-ci. • Com. 18 sept. 2019, n° 16-26.962 P : *D. 2019. 2169, note François* ; *ibid. 2020. Pan. 2035, obs. Lamazerolles ; RTD com. 2019. 926, obs. A. Lecourt* ; *JCP E 2019. 1552, note Gallois ; RJDA 2019, n° 754 ; Dr. sociétés 2019, n° 199, note Mortier.* ♦ V. aussi la position de la chambre criminelle : • Crim. 19 févr. 2003, n° 02-81.422 : *Dr. pénal 2003, n° 87, obs. J.-H. Robert* • 7 sept. 2004 : *RJDA 2005, n° 141.*

Sur l'action individuelle en responsabilité exercée par les actionnaires, non soumise à l'exigence de la preuve d'une faute séparable, V. note 7 ss. art. L. 225-252.

8. Illustrations de la faute séparable. La décision de distribution de dividendes ne constitue pas en elle-même une faute détachable des fonctions de dirigeant, même si elle est intervenue en faveur de l'associé unique [également président de la société par actions simplifiée]. • Com. 12 mars 2013, n° 12-11.514 : *Rev. sociétés 2013. 346, note Dondero* ; *BJS 2013. 480, note Germain et Périn.* ♦ Si le directeur général a commis une faute en *ne vérifiant pas qu'il détenait toujours* le pouvoir de consentir des cautionnements au nom de la société, cette faute n'est pas séparable de ses fonctions de directeur général (absence de responsabilité personnelle). • Com. 20 oct. 1998, n° 96-15.418 P : *D. 1999. 639, note De Laender* ; *RTD com. 2001. 454, obs. Champaud et Danet* ; *Rev. sociétés 1999. 111, note Saintourens* ; *JCP E 1998, n° 51, p. 2025, note Couret ; RJDA 1999, n° 58 ; Dr. sociétés 1999, n° 3, obs. Bonneau ; BJS 1999. 88, note Barbièri.* ♦ Comp. note 20 ss. art. L. 225-35.

9. Négligences fautives. Les membres du conseil d'administration sont en principe responsables des fautes commises par les administrateurs délégués, lorsque, par leur vigilance ou leur perspicacité, ils auraient pu les empêcher. • Paris, 29 déc. 1934 : *DH 1936. Somm. 4 ; S. 1935. 2. 61* • Com. 10 mai 1948 : *D. 1948. 407 ; S. 1950. 1. 77, note Plaisant.* ♦ Sur la responsabilité des administrateurs en cas de déclaration tardive de cessation des paiements, V. • Com. 9 juin 1992, n° 90-14.952 : *Dr. sociétés 1992, n° 203, obs. Chaput.*

10. Manquement au devoir de loyauté. Le dirigeant de société qui a laissé les autres associés dans l'ignorance de l'opération d'acquisition pour son compte personnel d'un immeuble que les associés entendaient acheter ensemble pour y exercer leur activité a manqué à son devoir de loyauté envers eux. • Com. 18 déc. 2012, n° 11-24.305 P : *D. 2013. 288, note Favario* ; *RTD com. 2013. 90, obs. Le Cannu et Dondero* ; *Rev. sociétés 2013. 362, note Massart* ; *JCP E 2013, n° 1084, note Roussille ; RJDA 2013, n° 243 ; BJS 2013. 200, note Dondero.* ♦ V. aussi note 3 ss. art. L. 233-1.

11. Préjudice. La faute pénale intentionnelle commise par le dirigeant est un acte personnel dont il doit seul assumer les conséquences, ce dont il se déduit que la dette de réparation du préjudice causé par cette faute est une dette propre. • Com. 18 sept. 2019, n° 16-26.962 P : *préc. note 7 ; RTD civ. 2020. 117, obs. Jourdain* ; *JCP E 2019. 1531, n° 4, obs. Deboissy et Wicker ; BJS 1/2020. 11, note Poracchia.*

12. Condamnations solidaires. Les administrateurs d'une SA pouvant être condamnés individuellement ou solidairement, conformément au droit commun, la condamnation de chacun d'eux à la réparation pour le tout du préjudice causé à un tiers est justifiée par la constatation qu'ils ont tous contribué par leur faute à produire le fait dommageable. • Req. 11 déc. 1929 : *Gaz. Pal. 1930. 1. 300.* ♦ Encourt la cassation l'arrêt qui, pour prononcer la condamnation solidaire des administrateurs d'une société, se borne à relever que le préjudice dont la réparation est demandée par le syndic résulte de fautes communes, commises de façon collective et imputables à l'ensemble des administrateurs, la cour n'ayant pu déduire de la seule constatation de ces éléments un lien de solidarité entre les auteurs desdites fautes. • Com. 22 mai 1957 : *Bull. civ. III, n° 165 ; D. 1957. Somm. 101.* ♦ La disposition selon laquelle les administrateurs sont responsables individuellement ou solidairement, qui ne limite nullement la reconnaissance d'une responsabilité solidaire des administrateurs de SA au cas d'impossibilité de faire le partage des responsabilités, ne s'oppose pas à ce que la dette, dont les coauteurs d'une faute collective sont solidairement tenus, soit répartie entre eux dans des proportions inégales, s'il apparaît que les responsabilités respectivement encourues ne présentent pas, pour tous, la même importance dans la réalisation du dommage. • Com. 5 juill. 1967, n° 62-12.918 P : *JCP 1967. II. 15245, note J. A.*

13. Responsabilité personnelle dans le cadre pénal. V. note 15 ss. art. L. 223-22.

III. EXERCICE DE L'ACTION EN RESPONSABILITÉ

14. Action d'un actionnaire. Sur l'action en responsabilité exercée par les actionnaires demandant réparation de leur préjudice personnel, V. note 7 ss. art. L. 225-252. ♦ Excluant l'application de l'art. 1382 [1240] C. civ. à l'action en responsabilité engagée par un ancien actionnaire, V. • Com. 13 juin 1995, n° 93-12.856 : *Dr. sociétés 1995, n° 223, obs. Vidal.* – Comp. • Com. 1er avr. 1997, n° 94-18.912 : *D. 1998. Somm. 180, obs. Hallouin ; RTD com. 1997. 647, obs. Petit et Reinhard ; RJDA 1997, n° 657 ; BJS 1997. 650, note Barbièri.*

15. Procédures collectives. Sur le non-cumul de l'action en comblement de passif et de l'action en responsabilité civile prévue par l'art. L. 225-251, V. note 20 ss. art. L. 223-22 et note 9 ss. art. L. 225-252. ♦ Sur les conditions de la responsabilité des dirigeants en cas de procédure collective de la société, V. aussi note 13 ss. art. L. 223-22.

Art. L. 225-252 Outre l'action en réparation du préjudice subi personnellement, les actionnaires peuvent, soit individuellement, *(Abrogé par Ord. n° 2020-1142 du 16 sept. 2020, art. 3, à compter du 1er janv. 2021)* ***« soit par une association répondant aux conditions fixées à l'article L. 225-120 »*** **soit en se groupant dans les conditions fixées par décret en Conseil d'État, intenter l'action sociale en responsabilité contre les administrateurs** *(L. n° 2001-420 du 15 mai 2001)* **« ou le directeur général ». Les demandeurs sont habilités à poursuivre la réparation de l'entier préjudice subi par la société, à laquelle, le cas échéant, les dommages-intérêts sont alloués.** – *[L. n° 66-537 du 24 juill. 1966, art. 245.] – V. art. R. 225-169 et R. 225-170.*

BIBL. ▸ CHESNÉ, *RTD com. 1962. 347* (action sociale *ut singuli*). – ARMAND et VIANDIER, *Rev. sociétés 1986. 557* (action sociale dans le groupe de sociétés).

1. Qualification de l'action sociale. Revêt le caractère d'une action individuelle, et non d'une action *ut singuli*, l'action exercée par un actionnaire contre les administrateurs d'une SA et basée, non sur une faute contractuelle commise par lesdits administrateurs dans l'exercice de leur mandat, mais sur des faits dolosifs, constitutifs d'infractions à la loi pénale. • Crim. 10 oct. 1963 : *D. 1964. Somm. 62.* ♦ Les art. 17 et 39 de la L. du 24 juill. 1867 [C. com., art. L. 225-252] autorisent seulement les actionnaires à exercer l'action sociale en responsabilité contre les administrateurs pour faute commise dans l'accomplissement de leur mandat aux fins d'obtenir réparation de leur propre préjudice, mais ne leur permettent pas d'agir à ce titre pour faire prononcer la nullité d'un acte social passé par les organes d'administration de la société. • Com. 16 oct. 1972 : *JCP 1973. II. 17532, note N. Bernard* • Paris, 28 mai 2009 : *RJDA 2009, n° 1084.* ♦ L'action sociale implique que la faute ait été commise dans l'accomplissement du mandat social. • Paris, 31 mars 2000 : *RJDA 2001, n° 43.*

2. Caractère subsidiaire de l'action sociale. Un actionnaire est recevable à exercer l'action sociale *ut singuli* prévue par l'art. 245 de la L. du 24 juill. 1966 [C. com., art. L. 225-252] jusqu'à ce que la société exerce elle-même l'action en responsabilité contre les administrateurs. • Douai, 29 avr. 1997 : *JCP 1997. II. 22919, note Daigre.*

3. Demandeur à l'action sociale. L'actionnaire qui exerce l'action sociale peut agir contre les administrateurs à condition de conserver sa qualité d'actionnaire et la demande formée postérieurement à la cession de la totalité de ses titres est irrecevable. • Com. 26 janv. 1970, n° 69-60.033 P : *D. 1970. 643, note Guyénot ; Rev. sociétés 1970. 476, note J. G. ; JCP 1970. II. 16385, note Guyon.* ♦ La qualité d'actionnaire doit avoir été conservée pendant toute la durée de l'instance. • Paris, 4 févr. 1994 : *BJS 1994. 402, note Pariente.* – V. aussi • T. com. Paris, 3 déc. 1975 : *Rev. sociétés 1976. 106, note Hémard.* ♦ La seule intervention des représentants légaux de la société ne peut priver les actionnaires de leur droit propre de présenter des demandes au profit de celle-ci. • Crim. 16 déc. 2009, n° 08-88.304 P : *D. 2010. Pan. 1667, obs. Mascala ; RTD com. 2010. 443, obs. Bouloc ; JCP E 2010. 1993, n° 1, obs. Deboissy et Wicker ; RJDA 2010, n° 512 ; Dr. sociétés 2010, n° 78, obs. Salomon ; BJS 2010. 502, note Renucci.* ♦ Les actionnaires, disposant du droit propre de présenter des demandes en réparation au profit de la société, ne sont pas recevables à solliciter la désignation d'un mandataire *ad hoc* chargé de présenter de telles demandes. • Com. 14 déc. 2004, n° 04-13.059 P : *D. 2005. AJ 432, obs. Lienhard ; Rev. sociétés 2005. 448, note Bouloc ; Dr. sociétés 2005, n° 73, obs. Hovasse ; BJS 2005. 512, note Schmidt.* ♦ Les dispositions de l'art. L. 225-252 n'autorisent les actionnaires à exercer l'action sociale *ut singuli* qu'à l'encontre des dirigeants de droit de la société dont ils sont actionnaires (irrecevabilité des actionnaires de la société mère à exercer l'action sociale contre les dirigeants de la filiale dont ils ne sont pas actionnaires). • Com. 13 mars 2019, n° 17-22.128 : *Rev. sociétés 2019. 523, note Le Cannu ; JCP E 2019. 1450, note Gallois ; BJS 6/2019. 10, note Gaudemet ; Dr. sociétés 2019, n° 107, note Heinich ; RJDA 2019, n° 425.*

4. Droits du demandeur. L'actionnaire trouve dans les pouvoirs qui lui sont attribués par l'art. L. 225-252 en vue de poursuivre la réparation de l'entier préjudice subi par la société qualité pour demander au juge de l'exécution, pour le compte de la personne morale, d'assortir d'une astreinte une décision exécutoire ayant accueilli l'action sociale en responsabilité exercée *ut singuli*. • Com. 7 juill. 2009, n° 08-15.835 : *D. 2009. AJ 1894 ; RTD com. 2009. 578, obs. Le Cannu et Dondero ; Rev. sociétés 2009. 832, note Thomas ; RJDA 2009, n° 974 ; JCP E 2010, n° 1088, note Rodriguez ; BJS 2010. 122, note Dondero.* ♦ L'actionnaire qui exerce l'action sociale prévue par l'art. 245 de la L. de 1966 [C. com., art. L. 225-252] a qualité pour saisir les juges de demandes au profit de la société et pour exercer au nom de celle-ci les voies de recours. • Crim. 12 déc. 2000, n° 97-83.470 : *D. 2002. Somm. 472, obs. Hallouin ; Rev. sociétés 2001. 323, note Constantin ; BJS 2001. 508, note Barbièri ; Dr. pénal 2001, n° 48, obs. J.-H. Robert.* ♦ Pour l'irrecevabilité de l'action du commissaire à l'exécution du plan de sauvegarde, V. note 19 ss. art. L. 626-25.

5. Défendeurs à l'action sociale. Est recevable l'action sociale en responsabilité exercée par un actionnaire contre les anciens administrateurs d'une SA mise en liquidation des biens [liquidation judiciaire]. • Com. 15 nov. 1983 : *D. 1984. 280, note Derrida et Sortais ; Rev. sociétés 1984. 351, note Derrida et Sortais.* ♦ Les dispositions de l'art. L. 225-252 n'autorisent les actionnaires à exercer l'action sociale en responsabilité qu'à l'encontre des administrateurs ou du directeur général (irrecevabilité de l'action à l'encontre des tiers). • Com. 19 mars 2013, n° 12-14.213 P : *D. 2013. Actu. 833 ; RJDA 2013, n° 513 ; BJS 2013. 316, note Barbièri ; Dr. sociétés 2013, n° 119, obs. Roussille ; RJ com. 2013. 242, obs. Cordelier.* ♦ Pour la recevabilité de l'action sociale exercée contre des personnes n'ayant pas la qualité d'administrateur de la société mais ayant été condamnées pour complicité de délits commis par des administrateurs, justifiée par le principe de responsabilité solidaire énoncé à l'art. 480-1 C. pr. pén., V. • Crim. 28 janv. 2004, n° 02-87.585 P : *D. 2004. 1447, note Matsopoulou ; Rev. sociétés 2004. 405, note Bouloc ; BJS 2004. 678, note Barbièri.*

6. Compétence juridictionnelle. L'action *ut singuli* exercée par des personnes morales de droit privé, actionnaires minoritaires d'une SA liée à un établissement public à caractère administratif par une convention de concession, à l'encontre de cet établissement et de son président, en leur qualité d'administrateurs de la société, au motif d'un abus de majorité ou de fautes d'inobservation des dispositions de la L. du 24 juill. 1966 sur les sociétés commerciales et notamment de son art. 103, al. 4 [C. com., art. L. 225-40], afin d'obtenir une indemnisation au bénéfice de la SA, concerne la régularité du vote de l'assemblée générale des actionnaires et la responsabilité des administrateurs. • T. confl. 3 juill. 2000, n° 3206 : *RJDA 2001, n° 178.* ♦ L'action d'une personne morale de droit privé, actionnaire minoritaire de la SA dont elle fait partie, à l'encontre de celle-ci, en paiement de dommages-intérêts en réparation du préjudice commercial que lui cause la rupture d'un contrat de prestations de service, est relative à un litige entre deux personnes morales de droit privé. • Même arrêt. ♦ Ces deux actions relèvent par nature de la compétence des tribunaux judiciaires. • Même arrêt. ♦ Sur la possibilité d'exercer l'action sociale *ut singuli* aussi bien devant les juridictions répressives que civiles, V., par analogie avec les SARL, note 19 ss. art. L. 223-22.

7. Action individuelle. La mise en œuvre de la responsabilité des administrateurs et du directeur général à l'égard des actionnaires agissant en réparation du préjudice qu'ils ont personnellement subi n'est pas soumise à la condition que les fautes imputées à ces dirigeants soient intentionnelles, d'une particulière gravité et incompatibles avec l'exercice normal des fonctions sociales. • Com. 9 mars 2010, n° 08-21.547 P : *D. 2010. Pan. 2803, obs. Hallouin ; RTD com. 2010. 407, obs. Rontchevsky ; Rev. sociétés 2010. 230, note Le Nabasque ; RTD civ. 2010. 575, obs. Jourdain ; JCP E 2010, n° 1483, note Schiller ; RJDA 2010, n° 637 ; Dr. sociétés 2010, n° 109, obs. Coquelet ; BJS 2010. 537, note Schmidt.* ♦ Revêt un caractère personnel le préjudice subi par les actionnaires d'une société qui ont été incités à investir dans les titres émis par celle-ci et à les conserver en raison de fausses informations diffusées par les dirigeants, d'une rétention d'information et d'une présentation aux actionnaires de comptes inexacts. • Même arrêt. ♦ L'actionnaire qui se plaint d'avoir cédé ses titres à perte en raison d'une baisse de valeur consécutive à une mauvaise gestion de la société ne fait pas valoir un préjudice qui lui soit spécial mais un préjudice subi par la société elle-même dont le sien n'est que le corollaire. • Com. 4 mars 1986, n° 84-15.282 P : *RJ com. 1987. 174, note Cherchouly-Sicard* • 15 janv. 2002, n° 97-10.886 : *RJDA 2002, n° 650 ; BJS 2002. 689, note Sylvestre.*

8. Partie civile. Les actionnaires peuvent se constituer partie civile au cours d'une information dirigée contre les administrateurs si les circonstances permettent d'admettre comme possible un préjudice et une relation directe entre ce préjudice et l'infraction provoquée. • Crim. 4 nov. 1969, ⚖ n° 68-93.573 P : *D. 1970. Somm. 83.*

9. Procédures collectives. Lorsque le redressement ou la liquidation judiciaires [la liquidation judiciaire] d'une société fait apparaître une insuffisance d'actif, les dispositions des art. 180 et 183 de la L. du 25 janv. 1985 [C. com., art. L. 651-2 et L. 651-3] qui ouvrent, aux conditions qu'ils prévoient, une action en paiement des dettes sociales ayant contribué à l'insuffisance d'actif ne se cumulent pas avec celles des art. 52 et 244 de la L. du 24 juill. 1966 [C. com., art. L. 223-22 et L. 225-251]. • Com. 26 mai 1999, ⚖ n° 96-16.126 : *BJS 1999. 962, note Menjucq.* ♦ Dès lors, un associé est irrecevable à exercer contre l'ancien dirigeant, à qui il imputait des fautes de gestion, l'action en responsabilité qui appartient exclusivement aux personnes mentionnées à l'art. 183 de la L. du 25 janv. 1985 [C. com., art. L. 651-3]. • Même arrêt. ♦ V. aussi note 20 ss. art. L. 223-22. ♦ La recevabilité de l'action exercée par un associé à l'encontre des dirigeants d'une société faisant l'objet d'une procédure collective, pour des faits antérieurs au jugement d'ouverture, est subordonnée à l'allégation d'un préjudice personnel, distinct de celui subi par la personne morale, peu important que la procédure collective fasse apparaître une insuffisance d'actif. • Com. 9 mars 2010, ⚖ n° 08-21.547 P : *préc. note 7.*

10. Action contre un cocontractant de la société. La recevabilité de l'action en responsabilité engagée par un associé à l'encontre d'un cocontractant de la société est subordonnée à l'allégation d'un préjudice personnel et distinct de celui qui pourrait être subi par la société elle-même. • Com. 8 févr. 2011, ⚖ n° 09-17.034 P : *D. 2011. 1535, note Boucobza et Serinet* ✎ ; *RJDA 2011, n° 421* ; *BJS 2011. 378, note F.-X. Lucas.* ♦ V. aussi note 21 ss. art. L. 223-22.

Art. L. 225-253 **Est réputée non écrite, toute clause des statuts ayant pour effet de subordonner l'exercice de l'action sociale à l'avis préalable ou à l'autorisation de l'assemblée générale, ou qui comporterait par avance renonciation à l'exercice de cette action.**

Aucune décision de l'assemblée générale ne peut avoir pour effet d'éteindre une action en responsabilité contre les administrateurs *(L. n° 2001-420 du 15 mai 2001)* **« ou contre le directeur général » pour faute commise dans l'accomplissement de leur mandat.** — *[L. n° 66-537 du 24 juill. 1966, art. 246.]*

Effet du quitus. L'approbation des comptes et le quitus donné aux administrateurs ne font obstacle ni à ce que soient ultérieurement rectifiées par l'assemblée générale des inexactitudes qu'elle n'a pas été mise en mesure de connaître, ni à ce que soit recherchée la responsabilité des administrateurs pour leur gestion. • Com. 15 déc. 1987, ⚖ n° 86-13.479 P : *D. 1988. IR 23.*

Art. L. 225-254 **L'action en responsabilité contre les administrateurs** *(L. n° 2001-420 du 15 mai 2001)* **« ou le directeur général », tant sociale qu'individuelle, se prescrit par trois ans, à compter du fait dommageable ou s'il a été dissimulé, de sa révélation. Toutefois, lorsque le fait est qualifié crime, l'action se prescrit par dix ans.** — *[L. n° 66-537 du 24 juill. 1966, art. 247.]*

BIBL. ▶ RAULT, *JCP E 2000, n° 38, p. 1462* (point de départ de la prescription de l'action en responsabilité de l'art. 247 de la L. du 24 juill. 1966 [C. com., art. L. 225-254]). – RUMEAU-MAILLOT, *Rev. sociétés 2012. 203* ✎ (délais de prescription en droit des sociétés).

1. Domaine de la prescription. L'action, fondée sur l'art. 1382 [1240] C. civ., motivée par des griefs concernant le fonctionnement d'une société et les conditions dans lesquelles ses administrateurs ont exercé leur mandat social, s'analyse en une action en responsabilité pour faute de gestion, action soumise à la prescription triennale de l'art. 247 de la L. de 1966 [C. com., art. L. 225-254] (à propos de l'action d'un créancier d'une société en liquidation des biens). • Com. 23 oct. 1990, ⚖ n° 89-14.721 P : *Rev. sociétés 1991. 538, note Chaput* ✎ ; *BJS 1990. 1036, note Jeantin.* ♦ Pour l'inapplicabilité de l'art. L. 225-254 à l'action en responsabilité pour insuffisance d'actif engagée par le liquidateur sur le fondement de l'art. L. 651-2, V. • Com. 8 avr. 2015, ⚖ n° 13-28.512 : *D. 2015. Actu. 862, obs. Lienhard* ✎ ; *Rev. sociétés 2015. 406, obs. Henry* ✎ ; *RJDA 2015, n° 515* ; *BJS 2015. 304, note Laroche.*

2. Dirigeant de fait. La prescription prévue par l'art. L. 225-254 ne concerne que les agissements commis par les dirigeants de droit. • Com. 30 mars 2010, ⚖ n° 08-17.841 P : *D. 2010. Chron. C. cass. 1118, obs. Salomon* ✎ ; *ibid. 1678, note Dondero* ✎ ; *RTD com. 2010. 377, obs. Le Cannu et Dondero* ✎ ; *Rev. sociétés 2010. 304, note Le Cannu* ✎ ; *JCP E 2010, n° 1416, note Couret* ; *RJDA 2010, n° 640* ; *Dr. sociétés 2010, n° 117, obs. Roussille* ; *BJS 2010. 533, note Raffray.*

3. Point de départ de la prescription. Hors toute dissimulation retenue, la prescription triennale court à compter du fait dommageable que constitue, pour une société, la privation des sommes indûment réglées à ses administrateurs à titre de rémunération, à l'époque où celles-ci ont été décidées et perçues. • Com. 2 mai 1983 : *Rev. sociétés 1984. 775, note Didier.* ♦ V. aussi, pour un arrêt fixant le point de départ de la prescription au défaut de déclaration de la cessation des paiements par le conseil d'administration : • Com. 23 oct. 1990, n° 89-14.721 P : *préc. note 1.* ♦ Le délai de prescription de l'action engagée contre les administrateurs d'une SA auxquels il est reproché d'avoir autorisé la cession de titres détenus dans une autre société à une valeur inférieure à celle fixée ultérieurement dans le cadre d'une expertise de gestion, a comme point de départ le jour où cette autorisation a été donnée dans des conditions exemptes de dissimulation et non le jour où le dommage a été connu. • Paris, 29 nov. 1994 : *JCP E 1995. I. 447, n° 5, obs. Viandier et Caussain ; RJDA 1995, n° 163 ; BJS 1995. 177.* – Rappr. • Com. 20 févr. 2007, n° 03-12.088 : *RJDA 2007, n° 1116 ; BJS 2007. 755, note Godon.*

Sur le point de départ en cas d'opérations complexes (analyse des opérations non isolément mais dans leur ensemble et dans leur succession, le point de départ de l'action en responsabilité ne pouvant être fixé avec certitude que connaissance prise de la totalité des opérations qui ont été conçues et menées dans un but unique), V. • Com. 21 oct. 1974, n° 73-12.937 P : *Rev. sociétés 1975. 113, note Bouloc.*

4. Révélation. Lorsque l'abstention d'un président d'une SA, décédé en 1975, de se faire affilier à la caisse de retraite n'a été connue de la société qu'à la date à laquelle elle lui a été révélée par la réclamation de la caisse en mai 1979, c'est à bon droit que la cour d'appel a écarté la prescription triennale prévue par l'art. 247 de la L. de 1966 [C. com., art. L. 225-254]. • Com. 3 juill. 1984 : *Rev. sociétés 1985. 422, note Bouloc.* ♦ Mais est irrecevable, comme prescrite, l'action sociale *ut singuli* exercée par un associé majoritaire plus de trois ans après la révélation de l'inexactitude du bilan provisoire, dès lors que, dès la prise de contrôle de la société, il a eu accès à l'ensemble des documents sociaux, notamment aux procès-verbaux du conseil d'administration, et a pu ainsi avoir exactement connaissance des difficultés rencontrées par cette société dont, en sa qualité de repreneur avisé, il n'avait pas manqué de mesurer l'importance avant la cession d'actions. • Paris, 15 févr. 1990 : *D. 1990. IR 80.*

5. Impossibilité d'agir. Conformément à l'art. 2257 [2233] C. civ., la prescription triennale prévue par les art. 247 et 400 de la L. de 1966 [C. com., art. L. 225-254 et L. 237-12] ne peut courir à l'encontre d'un créancier tant que celui-ci a été dans l'impossibilité d'agir en dommages et intérêts contre le liquidateur de la société, faute d'avoir préalablement obtenu une décision de justice reconnaissant de façon définitive sa qualité de créancier et fixant le montant des sommes qui lui sont dues. • Paris, 2 juin 1988 : *D. 1988. IR 220.* – V. aussi • Com. 23 mars 1993, n° 91-13.430 : *RJDA 1993, n° 1046 ; Dr. sociétés 1993, n° 134, obs. Bonneau* • 7 déc. 1993 : *Dr. sociétés 1994, n° 21, obs. Bonneau ; BJS 1994. 280, note Hannoun.*

6. Fraude. Quand bien même la faute alléguée des administrateurs serait constitutive d'une fraude, la prescription triennale instituée par l'art. 247 de la L. de 1966 [C. com., art. L. 225-254] s'applique à compter de la révélation d'une telle fraude, sauf à ce qu'elle soit qualifiée de crime, le texte n'opérant aucune autre distinction. • Paris, 14 déc. 2001 : *D. 2002. AJ 726, obs. Lienhard ; BJS 2002. 495, note Barbièri* (conf. par • Com. 31 janv. 2006, n° 02-13.085 : *RJDA 2006, n° 795*).

7. Action récursoire. La prescription de l'action récursoire en garantie formée par la société à l'encontre de ses anciens dirigeants ne peut commencer à courir avant la délivrance de l'assignation principale. • Com. 6 mai 2014, n° 13-17.632 P : *D. 2014. Actu. 1150 ; Rev. sociétés 2014. 579, note Dezeuze et Trèves ; JCP E 2014. 1360, note Ballot-Léna ; RJDA 2014, n° 704 ; BJS 2014. 449, note Torck ; Dr. sociétés 2014, n° 126, obs. Roussille.*

Art. L. 225-255 En cas d'ouverture d'une procédure de redressement ou de liquidation judiciaire en application des dispositions des titres III et IV du livre VI relatives au redressement et à la liquidation judiciaires des entreprises, les personnes visées par ces dispositions peuvent être rendues responsables du passif social et sont soumises aux interdictions et déchéances, dans les conditions prévues par celles-ci. – *[L. n° 66-537 du 24 juill. 1966, art. 248.]*

Art. L. 225-256 Lorsque la société est soumise aux dispositions des articles L. 225-57 à L. 225-93 *(Ord. n° 2020-1142 du 16 sept. 2020, art. 3, en vigueur le 1er janv. 2021)* « et L. 22-10-18 à L. 22-10-30 », les membres du directoire sont soumis à la même *responsabilité* que les administrateurs dans les conditions prévues aux articles L. 225-249 à L. 225-255 *(Ord. n° 2020-1142 du 16 sept. 2020, art. 3, en vigueur le 1er janv. 2021)* « et L. 22-10-73 ».

En cas d'ouverture d'une procédure de redressement ou de liquidation judiciaire en application des dispositions *(L. n° 2019-744 du 19 juill. 2019, art. 10)* « des titres III et IV » du livre VI relatives au redressement et à la liquidation judiciaires des entreprises, les personnes visées par ces dispositions peuvent être rendues responsables du passif social et sont soumises aux interdictions et déchéances, dans les conditions prévues par celles-ci. – *[L. nº 66-537 du 24 juill. 1966, art. 249.]*

Art. L. 225-257 Les membres du conseil de surveillance sont responsables des fautes personnelles commises dans l'exécution de leur mandat. Ils n'encourent aucune responsabilité, en raison des actes de la gestion et de leur résultat. Ils peuvent être déclarés civilement responsables des délits commis par les membres du directoire si, en ayant eu connaissance, ils ne les ont pas révélés à l'assemblée générale.

Les dispositions des articles L. 225-253 et L. 225-254 sont applicables. – *[L. nº 66-537 du 24 juill. 1966, art. 250.]*

Informations mensongères. Sur la condamnation à dommages-intérêts envers les actionnaires minoritaires d'un membre du conseil de surveillance ayant donné des informations tronquées et mensongères quant à une opération de reclassement de titres, V. • Com. 13 févr. 1996, nº 93-19.654 P : *BJS 1996. 392, note Le Cannu ; Dr. sociétés 1996, nº 136, obs. Vidal.*

SECTION IX DES SOCIÉTÉS ANONYMES À PARTICIPATION OUVRIÈRE

Art. L. 225-258 Il peut être stipulé dans les statuts de toute société anonyme que la société est "à participation ouvrière".

Les sociétés dont les statuts ne contiennent pas cette stipulation peuvent se transformer en sociétés à participation ouvrière, en procédant conformément à l'article L. 225-96.

Les sociétés à participation ouvrière sont soumises, indépendamment des règles générales applicables aux sociétés anonymes, aux dispositions de la présente section. – *[L. 24 juill. 1867, art. 72.]*

Art. L. 225-259 Si la société use de la faculté d'émettre des actions de travail, cette circonstance doit être mentionnée sur tous ses actes et documents destinés aux tiers par l'addition des mots "à participation ouvrière". – *[L. 24 juill. 1867, art. 64, al. 2.]*

Art. L. 225-260 Les actions de la société se composent :

1° D'actions ou coupures d'actions de capital ;

2° D'actions dites "actions de travail". – *[L. 24 juill. 1867, art. 73.]*

Art. L. 225-261 Les actions de travail sont la propriété collective du personnel salarié *(Abrogé par L. nº 2019-486 du 22 mai 2019, art. 179) « (ouvriers et employés) »*, constitué en société commerciale coopérative de main-d'œuvre. Cette société de main-d'œuvre comprend obligatoirement et exclusivement tous les salariés liés à l'entreprise depuis au moins un an et âgés de plus de dix-huit ans. La perte de l'emploi salarié prive le participant, sans indemnité, de tous ses droits dans la coopérative de main-d'œuvre. La liquidation des droits qui ont été acquis dans l'entreprise par l'intéressé antérieurement à son départ, au cours du dernier exercice, est faite compte tenu du temps passé par lui au cours de cet exercice, et des dispositions de l'article L. 225-269.

Lorsqu'une société se constitue, dès son début, sous la forme de société anonyme à participation ouvrière, les statuts de la société anonyme doivent prévoir la mise en réserve, jusqu'à la fin de l'année, des actions de travail attribuées à la collectivité des salariés. A la fin de ce délai, les actions sont remises à la coopérative de main-d'œuvre légalement constituée.

Les dividendes attribués aux *(L. nº 2019-486 du 22 mai 2019, art. 179)* « salariés » faisant partie de la coopérative ouvrière sont répartis entre eux conformément aux règles fixées par les statuts de la société ouvrière et aux décisions de ses assemblées générales. Toutefois, les statuts de la société anonyme doivent disposer que, préalablement à toute distribution de dividende, il est prélevé sur les bénéfices, au profit des porteurs d'actions de capital, une somme correspondant à celle que produirait, à l'intérêt qu'ils fixent, le capital versé.

(L. nº 2019-486 du 22 mai 2019, art. 179) « Le commissaire aux comptes de la société anonyme atteste, dans un rapport établi dans un délai de six mois à compter de la date de l'assemblée générale ordinaire prévue à l'article L. 225-100, que les dividendes attribués aux salariés faisant partie de la société coopérative de main-d'œuvre l'ont été en conformité avec les règles fixées par les statuts de cette dernière et les décisions de son assemblée générale. »

En aucun cas les actions de travail ne peuvent être attribuées individuellement aux salariés de la société, membres de la coopérative de main-d'œuvre. – *[L. 24 juill. 1867, art. 74.]*

Présence du salarié. La prise en compte de l'ancienneté acquise au service de la filiale au moment de la reprise des contrats de travail ne dispense pas les salariés de devoir justifier d'une présence d'au moins un an en qualité de membres de la société mère pour pouvoir prétendre participer au bénéfice de cette dernière. • Soc. 23 févr. 1994, n° 92-11.442 P : *D. 1994. IR 108 ; Dr. sociétés 1994. 542, obs. Savatier ; BJS 1994. 834, note Le Cannu.*

Art. L. 225-262 Les actions de travail sont nominatives, inscrites au nom de la société coopérative de main-d'œuvre, inaliénables pendant toute la durée de la société à participation ouvrière. – *[L. 24 juill. 1867, art. 75.]*

Art. L. 225-263 Les participants à la société coopérative de main-d'œuvre sont représentés aux assemblées générales de la société anonyme par des mandataires élus par ces participants, réunis en assemblée générale de la coopérative.

Les mandataires élus doivent être choisis parmi les participants. Leur nombre est fixé par les statuts de la société anonyme.

Le nombre des voix dont disposent ces mandataires, à chaque assemblée générale de la société anonyme, est établi d'après le nombre de voix dont disposent les autres actionnaires présents ou représentés, en respectant la proportion entre les actions de travail et les actions de capital résultant de l'application des statuts de la société. Il est déterminé au début de chaque assemblée d'après les indications de la feuille de présence.

Les mandataires présents partagent également entre eux les voix qui leur sont ainsi attribuées, les plus âgés bénéficiant des voix restantes.

L'assemblée générale de la coopérative de main-d'œuvre est réunie chaque année dans un délai fixé par les statuts et, à défaut de dispositions statutaires, dans un délai de quatre mois après la réunion de l'assemblée générale de la société anonyme. – *[L. 24 juill. 1867, art. 76.]*

Art. L. 225-264 Chaque participant dispose, à l'assemblée générale de la coopérative de main-d'œuvre, d'une voix.

Les statuts peuvent toutefois attribuer plusieurs voix aux participants, en fonction du montant de leur salaire, dans la limite d'un chiffre maximum égal à autant de voix que le salaire annuel de l'intéressé, établi sur les comptes arrêtés à la clôture de l'exercice précédent, comprend de fois le chiffre du salaire le plus faible attribué par la société aux salariés âgés de plus de dix-huit ans.

Les statuts peuvent prévoir que les participants sont répartis par collèges regroupant chacun une catégorie de personnel, chaque collège élisant son ou ses mandataires et que l'accord de chaque collège, à des majorités que les statuts précisent, est nécessaire pour la modification des statuts de la coopérative et d'autres décisions énumérées par les statuts. – *[L. 24 juill. 1867, art. 76-1.]*

Art. L. 225-265 L'assemblée générale de la coopérative de main-d'œuvre ne délibère valablement que si, sur première convocation, les deux tiers au moins des participants de la coopérative sont présents ou représentés. Les statuts fixent le quorum requis pour l'assemblée réunie sur seconde convocation. A défaut de dispositions statutaires, ce quorum est de la moitié des participants de la coopérative, présents ou représentés.

L'assemblée générale statue à la majorité des voix exprimées. Dans le cas où il est procédé à un scrutin, il n'est pas tenu compte des bulletins blancs.

Toutefois, pour la modification des statuts de la coopérative et pour d'autres décisions énumérées par les statuts, le quorum ne peut être inférieur à la moitié des participants de la coopérative. De plus, ces mêmes décisions sont prises à la majorité des deux tiers des voix exprimées. Dans le cas où il est procédé à un scrutin, il n'est pas tenu compte des bulletins blancs. – *[L. 24 juill. 1867, art. 76-2.]*

Art. L. 225-266 En cas d'action en justice, les mandataires élus à la dernière assemblée générale désignent un ou plusieurs d'entre eux pour représenter les participants. Si aucune élection n'a encore été faite, ou si aucun des mandataires élus ne fait partie de la coopérative de main-d'œuvre, il est procédé à l'élection de mandataires spéciaux

dans les formes et conditions prévues au premier alinéa de l'article L. 225-263 et aux articles L. 225-264 et L. 225-265. – *[L. 24 juill. 1867, art. 76-3.]*

Art. L. 225-267 **Toutefois, les assemblées générales des sociétés anonymes à participation ouvrière délibérant sur des modifications à apporter aux statuts ou sur des propositions de continuation de la société au-delà du terme fixé pour sa durée ou de dissolution avant ce terme ne sont régulièrement constituées et ne peuvent valablement délibérer qu'autant qu'elles comprennent un nombre d'actionnaires représentant les trois quarts des actions de capital. Il peut en être décidé autrement par les statuts.**

Dans le cas où une décision de l'assemblée générale comporte une modification dans les droits attachés aux actions de travail, cette décision n'est définitive qu'après avoir été ratifiée par une assemblée générale de la coopérative de main-d'œuvre. – *[L. 24 juill. 1867, art. 77.]*

Art. L. 225-268 **Le conseil d'administration** *(L. n° 2019-486 du 22 mai 2019, art. 179)* **« ou de surveillance » de la société anonyme à participation ouvrière comprend un ou plusieurs représentants de la société coopérative de main-d'œuvre. Ces représentants sont élus par l'assemblée générale des actionnaires et choisis parmi les mandataires qui représentent la coopérative à cette assemblée générale. Le nombre en est fixé par le rapport qui existe entre les actions de travail et les actions de capital. Ils sont nommés pour le même temps que les autres administrateurs et sont comme eux rééligibles. Toutefois, leur mandat prend fin s'ils cessent d'être salariés de la société et, par suite, membres de la société. Si le conseil d'administration** *(L. n° 2019-486 du 22 mai 2019, art. 179)* **« ou de surveillance » ne se compose que de trois membres, il doit comprendre tout au moins un représentant de ladite société coopérative.** – *[L. 24 juill. 1867, art. 78.]*

Art. L. 225-269 **En cas de dissolution, l'actif social n'est réparti entre les actionnaires qu'après l'amortissement intégral des actions de capital.**

La part représentative des actions de travail, conformément aux décisions prises par l'assemblée générale de la coopérative ouvrière convoquée à cet effet, est alors répartie entre les participants et anciens participants comptant au moins dix ans de services consécutifs dans les établissements de la société, ou tout au moins une durée de services sans interruption égale à la moitié de la durée de la société, et ayant quitté la société pour l'une des raisons suivantes : départ à la retraite volontaire ou d'office avec droit à pension, maladie ou invalidité entraînant l'inaptitude à l'emploi précédemment occupé, licenciement motivé par une suppression d'emploi ou une compression de personnel.

Toutefois, les anciens participants remplissant les conditions prévues à l'alinéa précédent ne figurent à la répartition que pour une part correspondant à la durée de leurs services réduite d'un dixième de son montant total par année écoulée depuis la cessation de leurs services.

La dissolution de la société anonyme amène la dissolution de la coopérative de main-d'œuvre. – *[L. 24 juill. 1867, art. 79.]*

Art. L. 225-270 **I. – Lorsqu'une société anonyme à participation ouvrière vient à se trouver dans la situation visée à l'article L. 225-248, et que sa dissolution n'est pas prononcée, l'assemblée générale extraordinaire peut décider, dans le délai fixé au deuxième alinéa du même article, une modification des statuts de la société entraînant la perte de la forme de société anonyme à participation ouvrière et, par la** *[là]* **même, la dissolution de la société coopérative de main-d'œuvre, nonobstant les dispositions du second alinéa de l'article L. 225-267 et toute disposition statutaire contraire.**

Toutefois, la mise en œuvre de cette décision est subordonnée à l'existence d'un accord collectif d'entreprise conclu avec une ou plusieurs organisations syndicales de salariés représentatives au sens de l'article L. 132-2 *[L. 2231-1 et L. 2231-3 nouv.]* **du code du travail et prévoyant la dissolution de la société coopérative de main-d'œuvre. L'existence d'un accord collectif d'entreprise, incluant le même objet et conclu dans les mêmes conditions, antérieurement à l'entrée en vigueur de la loi n° 94-679 du 8 août 1994 portant diverses dispositions d'ordre économique et financier, répond aux dispositions du présent alinéa.**

II. — Si la société coopérative de main-d'œuvre est dissoute en application des dispositions du I ci-dessus, il est attribué aux participants et anciens participants mentionnés au deuxième alinéa de l'article L. 225-269 une indemnisation.

Le montant de cette indemnisation, déterminé en prenant en compte notamment la nature et la portée particulière des droits attachés aux actions de travail, est fixé par l'assemblée générale extraordinaire des actionnaires de la société anonyme, après consultation des mandataires de la société coopérative de main-d'œuvre et au vu du rapport d'un expert indépendant désigné selon des modalités prévues par décret en Conseil d'État. – *V. art. R. 225-171 et R. 225-172.*

III. — Sur décision de l'assemblée générale extraordinaire des actionnaires de la société anonyme, l'indemnisation peut prendre la forme d'une attribution d'actions au bénéfice exclusif des participants et anciens participants mentionnés au deuxième alinéa de l'article L. 225-269.

Ces actions peuvent être créées par prélèvement sur les primes et réserves disponibles. Par dérogation aux dispositions de l'article L. 225-206, la société anonyme peut également acquérir ses propres actions afin de les attribuer, dans le délai d'un an à compter de leur acquisition, aux participants et anciens participants mentionnés au deuxième alinéa de l'article L. 225-269.

Les actions ainsi attribuées ne peuvent être cédées qu'à l'expiration d'un délai de trois ans à compter de la date de la dissolution de la société coopérative de main-d'œuvre.

Nonobstant les dispositions de l'alinéa précédent, l'assemblée générale extraordinaire des actionnaires de la société anonyme peut décider de confier la gestion de ces actions à un fonds commun de placement d'entreprise, régi par les dispositions de l'article 21 de la loi n° 88-1201 du 23 décembre 1988 relative aux organismes de placement collectif en valeurs mobilières *[C. mon. fin., art. L. 214-164]* et portant création des fonds communs de créances, spécialement et exclusivement constitué à cet effet au plus tard le jour de l'attribution des actions. Dans ce cas, les parts du fonds et les actions qui en constituent l'actif ne peuvent être cédées qu'à l'expiration du délai mentionné à l'alinéa précédent. Le règlement de ce fonds est approuvé par la voie d'un accord collectif de travail. – *V. C. mon. fin., art. L. 214-164.* – ***C. mon. fin.*** *ou* ***C. sociétés.***

IV. — Pour l'application des dispositions prévues par le présent article, les décisions prises par l'assemblée générale des actionnaires de la société anonyme s'imposent de plein droit à tout actionnaire et à tout porteur ou titulaire de titres obligataires ou donnant immédiatement ou à terme accès au capital.

V. — L'indemnisation visée au II est répartie entre les ayants droit, en tenant compte de la durée de leurs services dans la société, de l'ancienneté acquise dans la coopérative de main-d'œuvre et de leur niveau de rémunération.

Après dissolution de la société coopérative de main-d'œuvre, et dans un délai de six mois après délibération de l'assemblée générale extraordinaire des actionnaires de la société anonyme fixant le montant et la forme de l'indemnisation, cette répartition est effectuée conformément aux décisions prises par l'assemblée générale de la société coopérative sur proposition de ses mandataires. A défaut de répartition dans ce délai de six mois, celle-ci est effectuée par un mandataire liquidateur désigné par le président du tribunal de commerce du ressort du siège social de la société.

Les dispositions du troisième alinéa de l'article L. 225-269 sont applicables dans le cas visé au présent V.

VI. — L'indemnisation visée au II ou, le cas échéant, la valeur des actions attribuées à ce titre n'ont pas le caractère d'éléments de salaires pour l'application de la législation du travail et de la sécurité sociale. Elles ne sont pas retenues pour le calcul de l'assiette de tous impôts, taxes et prélèvements assis sur les salaires ou les revenus, sous réserve des dispositions de l'article 94 A du code général des impôts. – *[L. 24 juill. 1867, art. 79-1.]*

CHAPITRE VI DES SOCIÉTÉS EN COMMANDITE PAR ACTIONS

RÉP. SOCIÉTÉS v° *Commandite par actions (Société en)*, par SAINTOURENS.

BIBL. GÉN. ► BERTREL, *BRDA 1990, n° 22, p. 2* (renouveau et intérêts de la commandite par actions) ; *Dr. et patr. 12/1993. 26* (difficultés de la commandite). – CANNARD, *ibid. nov. 1993.*

24 (commandite holding). - TURCK, *JCP E 1994. I. 377* (société en commandite par actions et effet de levier juridique). - BUCHER, *Rev. sociétés 1994. 415* (du bon usage de la commandite par actions). - LUCET et GIRAUD, *Dr. et patr. 5/2001. 20* (mariage d'une société « pilote » avec une société en commandite par actions).

V. note au-dessus de l'art. L. 225-1.

Art. L. 226-1 **La société en commandite par actions, dont le capital est divisé en actions, est constituée entre un ou plusieurs commandités, qui ont la qualité de commerçant et répondent indéfiniment et solidairement des dettes sociales, et des commanditaires, qui ont la qualité d'actionnaires et ne supportent les pertes qu'à concurrence de leurs apports. Le nombre des associés commanditaires ne peut être inférieur à trois.**

Dans la mesure où elles sont compatibles avec les dispositions particulières prévues par le présent chapitre, les règles concernant les sociétés en commandite simple et les sociétés anonymes, à l'exception des articles L. 225-17 à L. 225-93 *(Ord. n° 2020-1142 du 16 sept. 2020, art. 4, en vigueur le 1er janv. 2021)* **« et L. 22-10-3 à L. 22-10-30 »** *(L. n° 2019-486 du 22 mai 2019, art. 101)* **« et du troisième alinéa de l'article L. 236-6 », sont applicables aux sociétés en commandite par actions.** – *[L. n° 66-537 du 24 juill. 1966, art. 251.] — V. art. R. 226-1.*

1. *Commanditaire.* Le commanditaire n'est obligé solidairement avec les associés en nom collectif pour les dettes sociales que si ses actes personnels présentent le caractère d'actes de gestion tels que les tiers, trompés sur la véritable situation, lui aient accordé confiance en raison de sa solvabilité personnelle, dans la pensée qu'ils traitaient avec un associé indéfiniment responsable et non avec la société en commandite. • Douai, 27 janv. 1906 : *Journ. sociétés 1908. 63.*

2. *Transformation.* Lorsqu'une société en commandite par actions se trouve transformée en une société de fait, celle-ci doit être régie par les principes du droit commun, c'est-à-dire par les règles de la SNC. • Amiens, 2 juill. 1892 : *DP 1893. 2. 505.* ♦ Sur la transformation d'une SA en SCA, V. art. L. 225-245.

3. *OPA.* A propos d'une OPA sur des actions de commandite, V. • Paris, 27 avr. 1993 : *JCP E 1993. 457, note Viandier ; RJ com. 1993.244, note Goyet.* ♦ V. aussi • Com. 28 mai 2013, n° 11-26.423 P : *RTD com. 2013. 547, obs. Rontchevsky ; Rev. sociétés 2013. 503, note Le Nabasque ; RJDA 2013, n° 724 ; BJS 2013. 559, note Gaudemet.*

Art. L. 226-2 **Le ou les premiers gérants sont désignés par les statuts. Ils accomplissent les formalités de constitution dont sont chargés les fondateurs de sociétés anonymes par les articles L. 225-2 à L. 225-16.**

Au cours de l'existence de la société, sauf clause contraire des statuts, le ou les gérants sont désignés par l'assemblée générale ordinaire avec l'accord de tous les associés commandités.

Le gérant, associé ou non, est révoqué dans les conditions prévues par les statuts.

En outre, le gérant est révocable par le tribunal de commerce pour cause légitime, à la demande de tout associé ou de la société. Toute clause contraire est réputée non écrite. – *[L. n° 66-537 du 24 juill. 1966, art. 252.]*

BIBL. ▶ ADOM, *Rev. sociétés 1998. 488* (révocation des dirigeants de sociétés commerciales). – DE LAENDER, *Dr. sociétés 2000. Chron. 9* (révocation des dirigeants sociaux).

Art. L. 226-3 **Les statuts doivent prévoir pour l'exercice des fonctions de gérant une limite d'âge qui, à défaut d'une disposition expresse, est fixée à soixante-cinq ans.**

Toute nomination intervenue en violation des dispositions prévues à l'alinéa précédent est nulle.

Lorsqu'un gérant atteint la limite d'âge, il est réputé démissionnaire d'office. – *[L. n° 66-537 du 24 juill. 1966, art. 252-1.]*

Art. L. 226-4 **L'assemblée générale ordinaire nomme, dans les conditions fixées par les statuts, un conseil de surveillance, composé de trois actionnaires au moins.**

(L. n° 2011-103 du 27 janv. 2011, art. 4-I) **« Le conseil de surveillance est composé en recherchant une représentation équilibrée des femmes et des hommes. »**

A peine de nullité de sa nomination, un associé commandité ne peut être membre du conseil de surveillance. Les actionnaires ayant la qualité de commandité ne peuvent participer à la désignation des membres de ce conseil.

A défaut de disposition statutaire, les règles concernant la désignation *(Ord. n° 2019-1234 du 27 nov. 2019, art. 1er)* **« , la rémunération » et la durée du mandat des admi-**

nistrateurs de sociétés anonymes sont applicables. – *[L. nº 66-537 du 24 juill. 1966, art. 253.]*

Pour les dispositions transitoires de l'Ord. nº 2019-1234 du 27 nov. 2019, V. 4e note ss. art. L. 225-22-1.

Art. L. 226-4-1 *(L. nº 2011-103 du 27 janv. 2011, art. 4-II, en vigueur le 1er janv. 2017)* **La proportion des membres du conseil de surveillance de chaque sexe ne peut être inférieure à 40 %** *(Abrogé par Ord. nº 2020-1142 du 16 sept. 2020, art. 4, à compter du 1er janv. 2021)* ***« dans les sociétés dont les actions sont admises aux négociations sur un marché réglementé et »***, **à l'issue de la plus prochaine assemblée générale ayant à statuer sur des nominations, dans les sociétés qui, pour le troisième exercice consécutif, emploient un nombre moyen d'au moins** *(L. nº 2014-873 du 4 août 2014, art. 67-II, en vigueur le 1er janv. 2020)* **« deux cent cinquante » salariés permanents et présentent un montant net de chiffre d'affaires ou un total de bilan d'au moins 50 millions d'euros. Dans ces mêmes sociétés, lorsque le conseil de surveillance est composé au plus de huit membres, l'écart entre le nombre des membres de chaque sexe ne peut être supérieur à deux.**

Toute nomination intervenue en violation du premier alinéa et n'ayant pas pour effet de remédier à l'irrégularité de la composition du conseil est nulle. *(Abrogé par L. nº 2019-486 du 22 mai 2019, art. 189)* ***« Cette nullité n'entraîne pas celle des délibérations auxquelles a pris part le membre du conseil irrégulièrement nommé. »***

V. notes ss. art. L. 225-18-1.

BIBL. ▸ MAYMONT, *JCP E 2013, nº 1667* (la représentation équilibrée hommes-femmes dans les conseils de sociétés).

Art. L. 226-5 **Les statuts doivent prévoir pour l'exercice des fonctions de membre du conseil de surveillance une limite d'âge s'appliquant soit à l'ensemble** *(L. nº 2003-7 du 3 janv. 2003)* **« des membres du conseil de surveillance », soit à un pourcentage déterminé d'entre eux.**

A défaut de disposition expresse dans les statuts, le nombre des membres du conseil de surveillance ayant atteint l'âge de soixante-dix ans ne peut être supérieur au tiers des membres du conseil de surveillance en fonctions.

Toute nomination intervenue en violation des dispositions prévues à l'alinéa précédent est nulle.

A défaut de disposition expresse dans les statuts prévoyant une autre procédure, lorsque la limitation statutaire ou légale fixée pour l'âge des membres du conseil de surveillance est dépassée, le membre du conseil de surveillance le plus âgé est réputé démissionnaire d'office. – *[L. nº 66-537 du 24 juill. 1966, art. 253-1.]*

Art. L. 226-5-1 *(L. nº 2013-504 du 14 juin 2013, art. 9-III)* **Dans les sociétés répondant aux critères fixés au I de l'article L. 225-79-2, les salariés sont représentés au sein du conseil de surveillance dans les conditions prévues aux articles L. 225-79-2 et L. 225-80.**

La modification des statuts nécessaire pour déterminer les conditions dans lesquelles sont désignés les membres du conseil de surveillance représentant les salariés est adoptée selon les règles définies au présent chapitre. Si l'assemblée des commanditaires ou des commandités ne s'est pas réunie dans le délai prévu au premier alinéa du III de l'article L. 225-79-2, tout salarié peut demander au président du tribunal statuant en référé d'enjoindre sous astreinte au gérant ou à l'un des gérants de convoquer une assemblée des commanditaires ou des commandités et de soumettre à celle-ci les projets de résolution tendant à modifier les statuts dans le sens prévu au même III.

V. note ss. art. L. 225-27-1.

Art. L. 226-6 *(L. nº 2019-486 du 22 mai 2019, art. 20-I-17º)* **L'assemblée générale ordinaire peut désigner un ou plusieurs commissaires aux comptes.**

Sont tenues de désigner au moins un commissaire aux comptes les sociétés qui dépassent, à la clôture d'un exercice social, les seuils fixés par décret pour deux des trois critères suivants : le total de leur bilan, le montant de leur chiffre d'affaires hors taxes ou le nombre moyen de leurs salariés au cours de l'exercice.

Même si ces seuils ne sont pas atteints, la nomination d'un commissaire aux comptes peut être demandée en justice par un ou plusieurs associés représentant au moins le dixième du capital.

(L. nº 2019-744 du 19 juill. 2019, art. 36) « Sont également tenues de désigner un commissaire aux comptes, pour un mandat de trois exercices, les sociétés dont un ou plusieurs associés représentant au moins le tiers du capital en font la demande motivée auprès de la société. »

Pour les dispositions transitoires de la L. nº 2019-486 du 22 mai 2019, V. notes ss. art. L. 221-9.

Art. L. 226-7 Le gérant est investi des pouvoirs les plus étendus pour agir en toute circonstance au nom de la société.

Dans les rapports avec les tiers, la société est engagée même par les actes du gérant qui ne relèvent pas de l'objet social, à moins qu'elle ne prouve que le tiers savait que l'acte dépassait cet objet ou qu'il ne pouvait l'ignorer compte tenu des circonstances, étant exclu que la seule publication des statuts suffise à constituer cette preuve.

Les clauses statutaires limitant les pouvoirs du gérant qui résultent du présent article sont inopposables aux tiers.

En cas de pluralité de gérants, ceux-ci détiennent séparément les pouvoirs prévus au présent article. L'opposition formée par un gérant aux actes d'un autre gérant est sans effet à l'égard des tiers, à moins qu'il ne soit établi qu'ils en ont eu connaissance.

Sous réserve des dispositions du présent chapitre, le gérant a les mêmes obligations que le conseil d'administration d'une société anonyme. – *[L. nº 66-537 du 24 juill. 1966, art. 255.]*

Délégation de pouvoirs. Les délégations de pouvoirs consenties par les gérants de sociétés en commandite par actions sont valables lorsqu'elles sont temporaires et limitées aux seuls actes d'administration. • Com. 20 mars 1972 : *Rev. sociétés 1972. 499, note Coudert.*

Art. L. 226-8 *(Ord. nº 2019-1234 du 27 nov. 2019, art. 1er) (Abrogé par Ord. nº 2020-1142 du 16 sept. 2020, art. 4, à compter du 1er janv. 2021)* « *Dans les sociétés dont les actions ne sont pas admises aux négociations sur un marché réglementé,* » toute autre rémunération que celle prévue aux statuts ne peut être allouée au gérant que par l'assemblée générale ordinaire. Elle ne peut l'être qu'avec l'accord des commandités donné, sauf clause contraire, à l'unanimité.

Al. 2 abrogé par Ord. nº 2020-1142 du 16 sept. 2020, art. 4, à compter du 1er janv. 2021.

Pour les dispositions transitoires de l'Ord. nº 2019-1234 du 27 nov. 2019, V. 4e note ss. art. L. 225-22-1.

Art. L. 226-8-1 et L. 226-8-2 *Abrogés par Ord. nº 2020-1142 du 16 sept. 2020, art. 4, à compter du 1er janv. 2021.*

Art. L. 226-9 Le conseil de surveillance assume le contrôle permanent de la gestion de la société. Il dispose, à cet effet, des mêmes pouvoirs que les commissaires aux comptes.

Il fait à l'assemblée générale ordinaire annuelle un rapport dans lequel il signale, notamment, les irrégularités et inexactitudes relevées dans les comptes annuels et, le cas échéant, les comptes consolidés de l'exercice.

Il est saisi en même temps que les commissaires aux comptes *(L. nº 2019-486 du 22 mai 2019, art. 20-I-5º)* « , s'il en existe, » des documents mis à la disposition de ceux-ci.

Il peut convoquer l'assemblée générale des actionnaires. – *[L. nº 66-537 du 24 juill. 1966, art. 257.]*

Pour les dispositions transitoires de la L. nº 2019-486 du 22 mai 2019, V. notes ss. art. L. 221-9.

Art. L. 226-9-1 *(L. nº 2011-103 du 27 janv. 2011, art. 8-III)* Le conseil de surveillance délibère annuellement sur la politique de la société en matière d'égalité professionnelle et salariale *(L. nº 2018-771 du 5 sept. 2018, art. 104)* « sur la base des indicateurs relatifs à l'égalité professionnelle entre les femmes et les hommes mentionnés au premier alinéa de l'article L. 2312-18 du code du travail et à l'article L. 1142-8 du même code, lorsque ceux-ci s'appliquent, ainsi que sur la base du plan pour l'égalité professionnelle entre les femmes et les hommes mentionné à l'article L. 1143-1 dudit code lorsqu'il est mis en œuvre ». *(Abrogé par L. n° 2018-771 du 5 sept. 2018, art. 104)* « ***Dans les sociétés devant*** *(L. n° 2015-994 du 17 août 2015, art. 18-XV, en vigueur le 1er janv. 2016)* « ***mettre*** » ***en œuvre un plan pour l'égalité professionnelle entre les femmes et les hommes visé par l'article L. 1143-1 du même code*** [du code du travail], ***il délibère sur cette base*** *(L. n° 2015-994 du 17 août 2015, art. 18-XV, en vigueur le 1er janv. 2016)* « ***ainsi que sur celle des données mentionnées au 1° bis de l'article L. 2323-8*** [du même code] ». »

Art. L. 226-10 *(L. n° 2001-420 du 15 mai 2001)* « **Les dispositions des articles L. 225-38 à L. 225-43** *(Ord. n° 2020-1142 du 16 sept. 2020, art. 4, en vigueur le 1er janv. 2021)* « **, L. 22-10-12 et L. 22-10-13** » **sont applicables aux conventions intervenant directement ou par personne interposée entre la société et l'un de ses gérants, l'un des membres de son conseil de surveillance, l'un de ses actionnaires disposant d'une fraction des droits de vote supérieure à** *(L. n° 2003-706 du 1er août 2003)* « **10 %** » **ou, s'il s'agit d'une société actionnaire, la société la contrôlant au sens de l'article L. 233-3. De même, ces dispositions sont applicables aux conventions auxquelles une de ces personnes est indirectement intéressée.** »

Elles sont également applicables aux conventions intervenant entre une société et une entreprise si l'un des gérants ou l'un des membres du conseil de surveillance de la société est propriétaire, associé indéfiniment responsable, gérant, administrateur, directeur général, membre du directoire ou membre du conseil de surveillance de l'entreprise.

L'autorisation prévue au premier alinéa de l'article L. 225-38 est donnée par le conseil de surveillance. — *[L. n° 66-537 du 24 juill. 1966, art. 258.] — V. art. R. 226-2.*

Art. L. 226-10-1 *(Ord. n° 2017-1162 du 12 juill. 2017, art. 6)* **Le conseil de surveillance établit un rapport sur le gouvernement d'entreprise joint au rapport de gestion prévu à l'article L. 225-100, qui comporte les informations, le cas échéant adaptées aux sociétés en commandite par actions, mentionnées** *(Ord. n° 2020-1142 du 16 sept. 2020, art. 4, en vigueur le 1er janv. 2021)* « **à l'article L. 225-37-4** ».

Ce rapport est approuvé par le conseil de surveillance et rendu public.

(Ord. n° 2020-1142 du 16 sept. 2020, art. 4, en vigueur le 1er janv. 2021) « **Les commissaires aux comptes, s'il en existe, attestent de l'existence dans ce rapport de gestion des informations requises par l'article L. 225-37-4.** »

Sur les dispositions transitoires de l'Ord. n° 2017-1162 du 12 juill. 2017, V. note ss. art. L. 225-37.

Art. L. 226-11 La modification des statuts exige, sauf clause contraire, l'accord de tous les commandités.

La modification des statuts résultant d'une augmentation de capital est constatée par les gérants. — *[L. n° 66-537 du 24 juill. 1966, art. 259.]*

Dissolution anticipée. La liberté laissée par l'art. 259 de la L. du 24 juill. 1966 [C. com., art. L. 226-11] pour la modification des statuts d'une société en commandite par actions ne peut signifier la possibilité, pour les actionnaires, de passer outre la volonté de tous les commandités pour décider la dissolution anticipée et autorise seulement, dans les statuts, une telle modification avec l'accord de certains d'entre eux seulement. • Paris, 8 juill. 1994 : *D. 1994. IR 218 ; BJS 1994. 1093, note Le Cannu ; RJ com. 1995. 66, note X. Vincent ; Dr. sociétés 1994, n° 195, obs. Le Nabasque.*

Art. L. 226-12 Les dispositions des articles L. 225-109 et L. 225-249 sont applicables aux gérants et membres du conseil de surveillance.

Les dispositions des articles L. 225-52, L. 225-251 et L. 225-255 sont applicables aux gérants, même non associés. — *[L. n° 66-537 du 24 juill. 1966, art. 260.] — V. art. R. 226-3.*

Art. L. 226-13 Les membres du conseil de surveillance n'encourent aucune responsabilité, en raison des actes de la gestion et de leur résultat.

Ils peuvent être déclarés civilement responsables des délits commis par les gérants si, en ayant eu connaissance, ils ne les ont pas révélés à l'assemblée générale. Ils sont responsables des fautes personnelles commises dans l'exécution de leur mandat. — *[L. nº 66-537 du 24 juill. 1966, art. 261.]*

Art. L. 226-14 La transformation de la société en commandite par actions en société anonyme ou en société à responsabilité limitée est décidée par l'assemblée générale extraordinaire des actionnaires, avec l'accord de la majorité des associés commandités. — *[L. nº 66-537 du 24 juill. 1966, art. 262.]*

Sur les infractions relatives aux sociétés en commandite par actions, V. art. L. 243-1 s.

CHAPITRE VII DES SOCIÉTÉS PAR ACTIONS SIMPLIFIÉES

RÉP. SOCIÉTÉS vº *Société par actions simplifiée*, par LE CANNU, HEINICH et DELVALLÉE.

BIBL. GÉN. ▸ GUYON, *Rev. sociétés 1994. 207* (présentation générale). - PÉRIN, *Dr. sociétés 1994. Chron. 6* (limites de la liberté d'organisation). - DURAND, *Rev. sociétés 1994. 689* (opinion d'un publiciste). - CASTAGNÉ, *Dr. sociétés 1996. Chron. 6* (usufruit et nue-propriété des actions). - HONORAT, *LPA 16 et 19 août 1996* (résurgence de l'élément contractuel). - TANDEAU DE MARSAC, *BJS 1999. 28* (outil de transmission d'entreprise). - STOUFFLET, *Rev. sociétés 2000. 241* (aménagements statutaires et actionnariat). - PORACCHIA, *ibid. 223* (rôle de l'intérêt social). - PICHARD, *JCP E 2001, nº 1, p. 21* (fusion de SAS). - BARREAU, *Mél. Paillusseau, Dalloz, 2003, p. 1* (SAS entre conjoints). - CONTIN et DESLANDES, *ibid., p. 165* (transmission du pouvoir sur l'entreprise familiale et holding en forme de SAS). - SOUWEINE et MANSILLON, *D. 2004. 2282* (l'envers de la SAS). - DE TERNAY, *JCP E 2005, nº 14, p. 615* (SAS et actions de préférence). - Documents CCIP (groupe de travail Paillusseau, Theimer, Outin-Adam, Bienvenu et Reita-Tran), *JCP E 2010. 1635* (SAS : une structure pour les PME et les personnes physiques). - NABARRO, *BJS 2011. 160* (SAS et droit préférentiel de souscription). - LE CANNU, *Rev. sociétés 2014. 543* (la SAS : un cadre légal minimal). - KEREBEL, *BJS 2014. 463* (SAS : de quelques pièges à déjouer). - PRODHOMME, *BRDA 2015, nº 23, p. 25* (SASU : apport en nature ou émission d'actions nouvelles susceptibles d'entraîner une augmentation de capital). - GODON, *Rev. sociétés 2019. 723* (incidences de la loi du 19 juill. 2019).

Art. L. 227-1 Une société par actions simplifiée peut être instituée par une ou plusieurs personnes qui ne supportent les pertes qu'à concurrence de leur apport.

Lorsque cette société ne comporte qu'une seule personne, celle-ci est dénommée "associé unique". L'associé unique exerce les pouvoirs dévolus aux associés lorsque le présent chapitre prévoit une prise de décision collective.

Dans la mesure où elles sont compatibles avec les dispositions particulières prévues par le présent chapitre, les règles concernant les sociétés anonymes, à l'exception *(L. nº 2019-744 du 19 juill. 2019, art. 27)* **« de l'article L. 224-2, du second alinéa de l'article L. 225-14, des articles »** *(L. nº 2008-776 du 4 août 2008, art. 59-I, en vigueur le 1er janv. 2009)* **« L. 225-17 à** *(L. nº 2014-1662 du 30 déc. 2014, art. 12-I)* **« L. 225-102-2, L. 225-103 à » L. 225-126, L. 225-243 »** *(L. nº 2019-486 du 22 mai 2019, art. 101)* **« , du I de l'article L. 233-8 et du troisième alinéa de l'article L. 236-6 », sont applicables à la société par actions simplifiée. Pour l'application de ces règles, les attributions du conseil d'administration ou de son président sont exercées par le président de la société par actions simplifiée ou celui ou ceux de ses dirigeants que les statuts désignent à cet effet.** — *[L. nº 66-537 du 24 juill. 1966, art. 262-1.]*

(L. nº 2008-776 du 4 août 2008, art. 59-I, en vigueur le 1er janv. 2009) **« La société par actions simplifiée peut émettre des actions inaliénables résultant d'apports en industrie tels que définis à l'article 1843-2 du code civil. Les statuts déterminent les modalités de souscription et de répartition de ces actions.** *(Abrogé par L. nº 2019-744 du 19 juill. 2019, art. 27)* ***« Ils fixent également le délai au terme duquel, après leur émission, ces actions font l'objet d'une évaluation dans les conditions prévues à l'article L. 225-8 ». »***

(L. nº 2016-1691 du 9 déc. 2016, art. 130-2º) **« Par dérogation** *(L. nº 2019-744 du 19 juill. 2019, art. 27)* **« au premier alinéa de » l'article L. 225-14, les futurs associés peuvent décider à l'unanimité que le recours à un commissaire aux apports ne sera pas obligatoire, lorsque la valeur d'aucun apport en nature n'excède un montant fixé par décret et si la valeur totale de l'ensemble des apports en nature non soumis à l'évaluation d'un commissaire aux apports n'excède pas la moitié du capital.** — *V. art. D. 227-3.*

« Lorsque la société est constituée par une seule personne, le commissaire aux apports est désigné par l'associé unique. Toutefois le recours à un commissaire aux apports n'est pas obligatoire si les conditions prévues au cinquième alinéa du présent article sont réunies ou si l'associé unique, personne physique, exerçant son activité professionnelle en nom propre avant la constitution de la société, y compris sous le régime prévu aux articles L. 526-6 à L. 526-21, apporte des éléments qui figuraient dans le bilan de son dernier exercice.

« Lorsqu'il n'y a pas eu de commissaire aux apports ou lorsque la valeur retenue est différente de celle proposée par le commissaire aux apports, les associés sont solidairement responsables pendant cinq ans, à l'égard des tiers, de la valeur attribuée aux apports en nature lors de la constitution de la société. »

(L. n° 2008-776 du 4 août 2008, art. 59-I, en vigueur le 1er janv. 2009) « La société par actions simplifiée dont l'associé unique, personne physique, assume personnellement la présidence est soumise à des formalités de publicité allégées déterminées par décret en Conseil d'État. Ce décret prévoit les conditions de dispense d'insertion au *Bulletin officiel des annonces civiles et commerciales.* »

V. note ss. art. L. 225-102-3.

BIBL. ▸ PAILLUSSEAU, *Cah. dr. entr. 1994, n° 2, p. 5* (constitution de la SAS). – JEANTIN, *Rev. sociétés 1994. 223* (les associés de la SAS). – LE CANNU, *ibid. 239* (les dirigeants de la SAS). – CAUSSAIN, *JCP E 1999, n° 42, p. 1664* (organisation des pouvoirs). – BRILL, *LPA 15 sept. 2000* (constitution, mutation et disparition). – CUTAJAR, *ibid.* (SASU). – SCHILLER et PÉRIN, *Rev. sociétés 2009. 59* (autorisation des apports en industrie). – THEIMER, *JCP E 2009, n° 2149* (même thème). – SCHULTZ, *LPA 13 mars 2009* (capital de la SAS). – NURIT-PONTIER, *D. 2011. Chron. 828* (libération partielle du capital : un choix pertinent pour les sociétés dispensées de capital minimum ?). – PEYREGA et PILLONNET, *Dr. sociétés 2021. Étude 11* (apports en industrie). – BOUFFARD, *JCP E 2022. 1034* (la compatibilité en droit des SAS).

1. Responsabilité solidaire des associés. L'art. L. 227-1, al. 7, qui prévoit que, lorsqu'il n'y a pas eu de commissaire aux apports ou lorsque la valeur retenue est différente de celle proposée par le commissaire aux apports, les associés sont solidairement responsables pendant cinq ans, à l'égard des tiers, de la valeur attribuée aux apports en nature lors de la constitution de la société, n'est applicable que lorsque les statuts de la société ont été signés à compter du 11 déc. 2016, date d'entrée en vigueur de la L. n° 2016-1691 du 9 déc. 2016. • Com. 12 mai 2021, n° 20-12.670 P : *D. 2021. Actu. 958 ; Rev. sociétés 2021. 522, note Bonneau ; RTD com. 2021. 853, obs. Moury ; JCP E 2021. 1418, note Dondero ; RJDA 2021, n° 582 ; BJS 9/2021. 15, note Périn ; Gaz. Pal. 28 sept. 2021, p. 70, obs. Grundeler ; Dr. sociétés 2021, n° 121, note Hamelin ; RJ com. 2021. 457, obs. Tisseyre.*

2. Augmentation de capital réservée aux salariés. V. note 1 ss. art. L. 225-129-6.

3. Actions à dividende prioritaire sans droit de vote. Sur la possibilité, pour les SAS, d'émettre de telles actions et le régime applicable à ces émissions, V. * Rép. min. n° 1105 : *JO Sénat Q 17 juill. 2003, p. 2296 ; JCP E 2003, n° 36, p. 1364.*

Art. L. 227-2 *(Ord. n° 2009-80 du 22 janv. 2009, art. 7-XIII)* **La société par actions simplifiée ne peut procéder à une offre au public de titres financiers ou à l'admission aux négociations sur un marché réglementé de ses actions.** *(Ord. n° 2019-1067 du 21 oct. 2019, art. 2)* **« Elle peut néanmoins procéder aux offres mentionnées :**

« 1° Au point *i* du paragraphe 4 de l'article 1er du règlement (UE) n° 2017/1129 du 14 juin 2017 ;

« 2° A l'article L. 411-2 du code monétaire et financier ;

« 3° Aux 2° et 3° de l'article L. 411-2-1 du même code. »

BIBL. ▸ GILBERT, *Dr. sociétés 2020. Étude 3* (nouveau régime de l'offre au public de titres financiers de SAS).

Art. L. 227-2-1 *(Ord. n° 2014-559 du 30 mai 2014, art. 14, en vigueur le 1er oct. 2014)* **I. —** *(Ord. n° 2019-1067 du 21 oct. 2019, art. 2)* **« Par dérogation aux articles L. 227-1 et *L. 227-9*, lorsqu'une société par actions simplifiée procède à une offre mentionnée au 2° de l'article L. 411-2 du code monétaire et financier portant sur ses titres de capital : »**

(Abrogé par L. n° 2019-486 du 22 mai 2019, art. 100) « ***1° Les articles L. 225-122 à L. 225-125 sont applicables ;*** » — *Pour les dispositions transitoires de la L. n° 2019-486 du 22 mai 2019, V. note ss. art. L. 228-11.*

2° Les articles L. 225-96 à L. 225-98 sont applicables ;

3° Le troisième alinéa de l'article L. 225-105 est applicable ;

4° La convocation des associés est faite dans les formes et délais fixés par décret en Conseil d'État. Toute assemblée irrégulièrement convoquée peut être annulée. Toutefois, l'action en nullité n'est pas recevable lorsque tous les actionnaires étaient présents ou représentés.

II. — Lorsque la société qui procède à l'offre a pour objet de détenir et de gérer des participations dans une autre société, les dispositions du I sont également applicables à la société dans laquelle elle détient des participations.

Art. L. 227-3 La décision de transformation en société par actions simplifiée est prise à l'unanimité des associés. — *[L. n° 66-537 du 24 juill. 1966, art. 262-4.]*

BIBL. ▶ Plantin, *JCP E 1999, n° 48, p. 1906* (transformer une SA en SAS : motifs et procédure). – Gavoty et Ullmann, *BJS 2001. 831* (application de la règle de l'unanimité aux opérations de fusion-absorption). – Bert et Lakhdari, *D. 2005. Chron. 1636* (même thème). – Krafft et Maubert, *D. 2011. Chron. 605* (de la nécessaire prise en compte des rompus dans le cadre de la transformation d'une SA en SAS).

1. Transformation en SAS. V. note 1 ss. art. L. 224-3.

2. Fusion et scission. V. note 5 ss. art. L. 236-2.

3. Fusion-absorption par une SAS. Aux termes de l'art. L. 227-3, la décision de transformation d'une société en SAS est prise à l'unanimité des associés ; il en est de même en cas de fusion-absorption d'une société par une SAS. • Com. 19 déc. 2006, n° 05-17.802 P : *D. 2007. Chron. C. cass. 1307, obs. Salomon ; ibid. 630, note Godon ; Rev. sociétés 2007. 93, note Le Cannu ; JCP E 2007, n° 1192, note Viandier ; RJDA 2007, n° 264 ; Dr. sociétés 2007, n° 51, obs. Hovasse ; BJS 2007. 506, note Couret ; LPA 20 juill. 2007, note Cauvin.*

4. Unanimité des associés. L'unanimité visée à l'art. L. 227-3 s'entend nécessairement de la totalité des associés liés par le pacte social et pas seulement de ceux des actionnaires présents ou représentés à l'assemblée. • Versailles, 24 févr. 2005 : *D. 2005. AJ 1084, obs. Lienhard ; Rev. sociétés 2005. 697, obs. Urbain-Parleani ; JCP E 2005, n° 20, p. 809, note Legros ; BJS 2005. 557, note Le Cannu.*

Art. L. 227-4 En cas de réunion en une seule main de toutes les actions d'une société par actions simplifiée, les dispositions de l'article 1844-5 du code civil relatives à la dissolution judiciaire ne sont pas applicables. — *[L. n° 66-537 du 24 juill. 1966, art. 262-5.]*

Art. L. 227-5 Les statuts fixent les conditions dans lesquelles la société est dirigée. — *[L. n° 66-537 du 24 juill. 1966, art. 262-6.]*

BIBL. ▶ Storck, *LPA 15 sept. 2000* (direction de la SAS). – Paillusseau, *JCP E 2000, n° 49, p. 1925* (les dirigeants de SAS et l'ISF). – Theimer, *ibid. 2002, n° 14, p. 604* (nomination de dirigeants étrangers) ; *ibid. 2004, n° 10, p. 360* (direction et représentation de la SAS après la loi de sécurité financière). – Périn, *Gaz. Pal. 2012. 3112* (rémunération des dirigeants de SAS). – Le Cannu, *RTD com. 2014. 473* (conseil d'administration d'une SAS : quelques données de base).

1. Portée exclusive des statuts. Il résulte de la combinaison des art. L. 227-1 et L. 227-5 C. com. que seuls les statuts de la société par actions simplifiée fixent les conditions dans lesquelles la société est dirigée. • Com. 25 janv. 2017, n° 14-28.792 P : *D. 2017. 892, note Klein ; ibid. Pan. 2336, obs. Rabreau ; JCP E 2017. 1147, note Barrillon ; BJS 2017. 170, note Germain et Périn ; RJDA 2017, n° 261 ; Dr. sociétés 2017, n° 60, note Heinich.*

2. Organe collégial statutaire. Sur la possibilité d'instituer, aux côtés du président et des directeurs généraux, un organe collégial de surveillance, et la question de la qualité de dirigeant des membres de celui-ci, V. • Paris, 20 juin 2013 : *JCP E 2013, n° 1541 ; RJDA 2014, n° 647 ; Dr. sociétés 2013, n° 203, obs. Gallois-Cochet ; BJS 2013. 800, note Dondero.*

Art. L. 227-6 La société est représentée à l'égard des tiers par un président désigné dans les conditions prévues par les statuts. Le président est investi des pouvoirs les plus étendus pour agir en toute circonstance au nom de la société dans la limite de l'objet social.

Dans les rapports avec les tiers, la société est engagée même par les actes du président qui ne relèvent pas de l'objet social, à moins qu'elle ne prouve que le tiers

savait que l'acte dépassait cet objet ou qu'il ne pouvait l'ignorer compte tenu des circonstances, étant exclu que la seule publication des statuts suffise à constituer cette preuve.

(L. n° 2003-706 du 1er août 2003) **« Les statuts peuvent prévoir les conditions dans lesquelles une ou plusieurs personnes autres que le président, portant le titre de directeur général ou de directeur général délégué, peuvent exercer les pouvoirs confiés à ce dernier par le présent article. »**

Les dispositions statutaires limitant les pouvoirs du président sont inopposables aux tiers. – *[L. n° 66-537 du 24 juill. 1966, art. 262-7.]*

BIBL. ▶ DE VENDEUIL, *JCP E 1995, n° 47, p. 410* (possibilité de nommer un coprésident). – MÉDAIL et VERGNOLE, *Dr. sociétés 2001. Chron. 9* (pouvoir de représentation). – NURIT-PONTIER, *JCP E 2002, n° 5, p. 222* (représentation de la SAS). – DIDIER, *LPA 12 juill. 2002* (pouvoirs du président après la loi NRE). – BROUD et USUNIER, *JCP E 2010. 1205* (validité des lettres de licenciement au sein des SAS). – JOLIVET, *JCP 2010. 367* (délégations de pouvoirs).

1. Représentation de la SAS. Une SAS ne peut ni désigner deux présidents ni les déclarer en tant que tels au RCS (Avis CCRCS n° 2013-027 : *Rev. sociétés 2014. 6*). ♦ Il résulte des dispositions de l'art. L. 227-6, lesquelles doivent être mises en œuvre à la lumière de celles de l'art. 10 de la Dir. 2009/101 du 16 sept. 2009, que les tiers peuvent se prévaloir à l'égard d'une SAS des engagements pris pour le compte de cette dernière par une personne portant le titre de directeur général ou de directeur général délégué de la société. • Com. 9 juill. 2013, n° 12-22.627 P : *D. 2013. 2503, note Ait-Ahmed ; RJDA 2013, n° 913 ; BJS 2013. 641, note Ferrier ; Dr. sociétés 2013. Étude 19, par Gallois-Cochet.* ♦ Pour l'inopposabilité aux tiers : d'une délégation du pouvoir de représentation adoptée en assemblée mais non reprise dans la mise à jour des statuts, V. • Com. 3 juin 2008, n° 07-14.457 : *Rev. sociétés 2008. 612, note Le Cannu ; RJDA 2008, n° 1042 ; BJS 2008. 876, note Le Cannu* • 14 déc. 2010, n° 09-71.712 P : *D. 2011. Pan. 2765, obs. Hallouin ; RJDA 2011, n° 162 ; Dr. sociétés 2011, n° 52, obs. Gallois-Cochet ; BJS 2011. 171, note Poracchia.* ♦ ... D'une délégation statutaire du pouvoir de représentation non mentionnée sur l'extrait d'immatriculation de la société au RCS, V. • Civ. 2e, 4 juin 2009 : *BJS 2010. 39, note Couret.*

2. Délégation de pouvoir. Si, selon l'art. L. 227-6, la SAS est représentée à l'égard des tiers par son président et, si ses statuts le prévoient, par un directeur général ou un directeur général délégué dont la nomination est soumise à publicité, cette règle n'exclut pas la possibilité, pour ces représentants légaux, de déléguer le pouvoir d'effectuer des actes déterminés tels celui d'engager ou de licencier les salariés de l'entreprise. • Cass., ch. mixte, 19 nov. 2010, n° 10-10.095 P : *BICC 15 janv. 2011, rapp. André et avis Allix ; D. 2011. Chron. C. cass. 123, obs. Vigneau ; ibid. 344, note Marmoz ; Rev. sociétés 2011. 34, note Le Cannu ; JCP E 2010. 2049, note Couret et Dondero ; RJDA 2011, n° 56 ; BJS 2010. 981, note Germain et Périn ; Dr. sociétés 2011, n° 30, note Gallois-Cochet.* ♦ Pour la validité de la déclaration de créance émanant du directeur général délégué d'une SAS, ce dernier ayant, conformément aux statuts, été nommé à ces fonctions par le conseil d'administration et chargé par cet organe social « du recouvrement et du contentieux, [...] avec le pouvoir de procéder aux déclarations de créances », V. • Com. 21 juin 2011, n° 10-20.878 P : *D. 2011. Actu. 1753, obs. Lienhard ; RTD com. 2011. 586, obs. Le Cannu et Dondero ; Rev. sociétés 2012. 169, note Godon ; JCP E 2011. 1826, spéc. n° 6, obs. Deboissy et Wicker ; RJDA 2011, n° 823 ; Dr. sociétés 2011, n° 174, note Gallois-Cochet ; BJS 2011. 867, note Legros et Roussel Galle.*

3. Président salarié. A propos d'un contrat de travail ayant pour objet l'exercice des fonctions de président de SAS, V. • Soc. 24 janv. 2007, n° 05-42.366 : *BJS 2007. 606, note Le Cannu.*

4. Rémunération du président. Le juge ne saurait se substituer aux organes sociaux pour fixer le montant de la rémunération du président. • Com. 17 déc. 2013, n° 12-27.213 : *Rev. sociétés 2014. 507, note Godon ; RJDA 2014, n° 354 ; BJS 2014. 147, note Dondero.*

5. Pouvoirs du président. En subordonnant la cession de certains actifs à l'autorisation préalable du conseil de surveillance, les statuts apportent au président de la société une limitation à ses pouvoirs qui lui est opposable ainsi qu'aux membres du directoire bénéficiaires de la cession, lesquels ne sont pas des tiers au sens de l'art. L. 227-6. • Com. 4 nov. 2008, n° 07-18.622 : *JCP E 2009, n° 1090 ; RJDA 2009, n° 43 ; BJS 2009. 382, note Le Cannu.*

6. Pouvoirs du directeur général. Il résulte des dispositions de l'art. L. 227-6, d'une part, que le directeur général ne peut exercer les pouvoirs accordés par cet art. au président que si les statuts de la société le prévoient et, d'autre part, que les éventuelles limitations prévues par les statuts aux pouvoirs du président et, par suite, du directeur général, si elles ne sont pas opposables aux tiers, le sont à la société. • CE 20 oct. 2021, n° 448563 : *RJDA 2022, n° 155.* ♦ La clause des statuts soumettant les licenciements à l'autorisation préalable des associés, lorsqu'ils sont prononcés par le directeur général, institue une procédure de fond dont les salariés peuvent se prévaloir et dont l'inobservation rend le licenciement sans cause réelle et sérieuse. • Soc. 15 févr. 2012, n° 10-27.685 : *RTD com. 2012. 345, obs. Constantin* ; *BJS 2012. 507, note Auzero* ; *Dr. sociétés 2012, n° 96, obs. Mortier.* ♦ Sur l'application d'une clause statutaire attribuant au président de la société un droit de veto sur les actes du directeur général, V. • Com. 19 nov. 2013, n° 12-26.702 : *BJS 2014. 85, note Périn* ; *Dr. sociétés 2014, n° 27, obs. Gallois-Cochet.*

7. Responsabilité du président. Si les statuts de la société confèrent au comité d'audit une compétence de principe en matière d'organisation du contrôle interne, ils n'exonèrent pas pour autant de toute responsabilité le président, auquel il revenait au moins d'alerter ce comité de tous les dysfonctionnements ou anomalies constatés ; par suite, l'organisation de la société n'exclut pas qu'une sanction puisse être prononcée à l'encontre du président sur le fondement de l'art. L. 622-16 [ancien] C. mon. fin. • CE 15 mars 2006, n° 276375 : *RTD com. 2006. 629, obs. Rontchevsky* ; *Dr. sociétés 2006, n° 148, obs. Bonneau.* ♦ Il appartient au dirigeant social (en l'espèce, le président du directoire d'une SAS) de rendre compte à la société en justifiant des dépenses faites par lui au moyen de fonds sociaux. • Com. 9 déc. 2014, n° 13-21.787 : *Rev. sociétés 2015. 104, obs. Prévost* ; *RJDA 2015, n° 188.*

8. Expiration du mandat du président. Lorsque le président d'une société par actions simplifiée a été nommé pour une durée déterminée, la survenance du terme entraîne, à défaut de renouvellement exprès, la cessation de plein droit de ce mandat ; le président qui, malgré l'arrivée du terme, continue de diriger la société ne peut donc pas se prévaloir d'une reconduction tacite de ses fonctions et devient alors un dirigeant de fait qui, à l'égard de la société, ne peut revendiquer les garanties dont bénéficie le seul dirigeant de droit. • Com. 17 mars 2021, n° 19-14.525 P : *D. 2021. Pan. 1941, obs. Lamazerolles* ; *Rev. sociétés 2021. 517, note Urbain-Parleani* ; *JCP E 2021. 1289, note Gibirila* ; *BJS 5/2021. 26, note Périn* ; *RJDA 2021, n° 391* ; *RJ com. 2021. 248, obs. Barry* ; *Gaz. Pal. 15 juin 2021, p. 78, obs. Mezache* ; *Dr. sociétés 2021, n° 91, note Hamelin.*

9. Révocation du président. Pour l'exclusion de la possibilité d'une révocation judiciaire dès lors que celle-ci n'est pas prévue par les statuts, V. • Versailles, 17 sept. 2013 : *RJDA 2014, n° 645.* ♦ La révocation du président par l'assemblée générale est régulière, quand bien même elle n'a pas été prévue à l'ordre du jour, dès lors que les statuts stipulent que l'assemblée « peut, en toutes circonstances, révoquer un ou plusieurs membres du conseil de direction et procéder à leur remplacement ». • Toulouse, 22 janv. 2008 : *RTD com. 2009. 751, obs. Champaud et Danet* ; *RJDA 2008, n° 1141* ; *BJS 2008. 479, note Périn* ; *Dr. sociétés 2008, n° 231, obs. Monnet.* ♦ Doit être débouté de sa demande de dommages et intérêts pour révocation abusive le président qui n'apporte pas la preuve que sa révocation a été accompagnée de circonstances vexatoires, ou d'une publicité désobligeante et injustifiée, de nature à porter atteinte à son crédit et à son honorabilité, ni qu'elle a été décidée brutalement sans que le principe du contradictoire n'ait été observé. • Paris, 28 sept. 2001 : *RJDA 2002, n° 639* ; *BJS 2001. 1253, note Saintourens.* ♦ La perte d'accès du dirigeant à son serveur et à son adresse électronique et la demande de restitution de son véhicule ainsi que l'interruption de sa ligne téléphonique et l'obligation de quitter son logement de fonction dans le délai d'un mois sont inhérentes à la cessation de ses fonctions et ne portent pas une atteinte injustifiée à sa réputation et à son honneur. • Com. 24 mai 2017, n° 15-21.633 : *Rev. sociétés 2017. 707, note Périn* ; *Dr. sociétés 2017, n° 186, note Coupet.*

10. Révocation du directeur général. Le directeur général d'une société par actions simplifiée peut être révoqué sans qu'il soit nécessaire de justifier d'un juste motif, dès lors que les statuts ne subordonnent pas la révocation du dirigeant à une telle condition. • Com. 9 mars 2022, n° 19-25.795 B : *D. 2022. Actu. 509* .

Art. L. 227-7 **Lorsqu'une personne morale est nommée président ou dirigeant d'une société par actions simplifiée, les dirigeants de ladite personne morale sont soumis aux mêmes conditions et obligations et encourent les mêmes responsabilités civile et pénale que s'ils étaient président ou dirigeant en leur nom propre, sans préjudice de la responsabilité solidaire de la personne morale qu'ils dirigent.** — *[L. n° 66-537 du 24 juill. 1966, art. 262-8.]*

Art. L. 227-8 **Les règles fixant la responsabilité des membres du conseil d'administration et du directoire des sociétés anonymes sont applicables au président et aux dirigeants de la société par actions simplifiée.** — *[L. n° 66-537 du 24 juill. 1966, art. 262-9.]*

BIBL. ▶ AUBRY, *Rev. sociétés 2005. 793* (responsabilité des dirigeants dans la SAS).

Sur la responsabilité d'un dirigeant de SAS pour manquement à son devoir de loyauté, V. note 10 ss. art. L. 225-251 et note 3 ss. art. L. 233-1. ♦ Sur la responsabilité du président, et unique associé d'une SAS, liée à une distribution de dividendes, V. note 8 ss. art. L. 225-251.

Art. L. 227-9 Les statuts déterminent les décisions qui doivent être prises collectivement par les associés dans les formes et conditions qu'ils prévoient.

Toutefois, les attributions dévolues aux assemblées générales extraordinaires et ordinaires des sociétés anonymes, en matière d'augmentation, d'amortissement ou de réduction de capital, de fusion, de scission, de dissolution, *(L. n° 2001-420 du 15 mai 2001)* « de transformation en une société d'une autre forme, » de nomination de commissaires aux comptes, de comptes annuels et de bénéfices sont, dans les conditions prévues par les statuts, exercées collectivement par les associés.

Dans les sociétés ne comprenant qu'un seul associé, le rapport de gestion, les comptes annuels et le cas échéant les comptes consolidés sont arrêtés par le président. L'associé unique approuve les comptes, après rapport du commissaire aux comptes *(L. n° 2008-776 du 4 août 2008, art. 59-I, 4°, en vigueur le 1er janv. 2009)* « s'il en existe un », dans le délai de six mois à compter de la clôture de l'exercice. L'associé unique ne peut déléguer ses pouvoirs. Ses décisions sont répertoriées dans un registre. *(L. n° 2008-776 du 4 août 2008, art. 59-I, 5°, en vigueur le 1er janv. 2009)* « Lorsque l'associé unique, personne physique, assume personnellement la présidence de la société, le dépôt, dans le même délai, au registre du commerce et des sociétés de l'inventaire et des comptes annuels dûment signés vaut approbation des comptes sans que l'associé unique ait à porter au registre prévu à la phrase précédente le récépissé délivré par le greffe du tribunal de commerce. » — *V. art. R. 227-1-1.*

Les décisions prises en violation des dispositions du présent article peuvent être annulées à la demande de tout intéressé. — *[L. n° 66-537 du 24 juill. 1966, art. 262-10.]*

BIBL. ► CAUSSAIN, *JCP E 1999, n° 42, p. 1664* (du bon usage de la SAS dans l'organisation des pouvoirs). – STORCK, *LPA 15 sept. 2000* (associés de la SAS). – GERMAIN, *LPA 4 mai 2001* (droit de vote). – PAILLUSSEAU, *D. 2008. Chron. 1563* (liberté contractuelle et droit de vote). – GILLES et CROS, *BRDA 2015, n° 12, p. 20* (augmentation de capital réservée aux salariés d'une SASU : l'associé peut-il déléguer sa compétence ?).

1. Convocation de l'assemblée générale. Sur la possibilité de désigner, sur le fondement de l'art. 875 C. pr. civ, un mandataire ad hoc aux fins de convoquer l'assemblée en cas de carence du président de la société, statutairement compétent pour procéder à cette formalité, V. • Com. 25 mars 2014, n° 13-16.089 : *Dr. sociétés 2014, n° 127, obs. Gallois-Cochet.*

2. Calcul du quorum statutaire. Dès lors que les associés présents disposent des trois quarts des actions ayant droit de vote exigés par les statuts, la condition de quorum est satisfaite, peu important à cet égard les limitations par ailleurs apportées, pour le calcul de la majorité, au nombre des droits de vote attachés à ces actions. • Com. 5 mai 2009, n° 08-17.831 P : *D. 2010. Pan. 288, obs. Rabreau ; RTD com. 2010. 153, obs. Dondero ; Rev. sociétés 2009. 613, note Le Cannu ; JCP E 2009, n° 1881, note Pasqualini ; RJDA 2009, n° 758 ; Dr. sociétés 2009, n° 138, obs. Gallois-Cochet.*

3. Minimum de la majorité simple. Les résolutions d'une SAS dans les matières que l'art. L. 227-9, al. 2, énumère ne peuvent être adoptées par un nombre de voix inférieur à la majorité simple des votes exprimés. • Com. 19 janv. 2022, n° 19-12.696 : *D. 2022. 342, note Couret ; JCP E 2022. 1091, note Dondero.*

Art. L. 227-9-1 *(L. n° 2008-776 du 4 août 2008, art. 59-I-6°, en vigueur le 1er janv. 2009)* Les associés peuvent nommer un ou plusieurs commissaires aux comptes dans les conditions prévues à l'article L. 227-9.

Sont tenues de désigner au moins un commissaire aux comptes les sociétés par actions simplifiées qui dépassent, à la clôture d'un exercice social, deux des seuils suivants, fixés par décret *(Abrogé par L. n° 2019-486 du 22 mai 2019, art. 20-I-27°)* *« en Conseil d'État »* : le total de leur bilan, le montant de leur chiffre d'affaires hors taxe, ou le nombre moyen de leurs salariés au cours de l'exercice. — *V. art. D. 227-1.*

(Abrogé par L. n° 2019-486 du 22 mai 2019, art. 20-I-18°) ***« Sont également tenues de désigner au moins un commissaire aux comptes les sociétés par actions simplifiées qui contrôlent, au sens des II et III de l'article L. 233-16, une ou plusieurs sociétés, ou qui sont contrôlées, au sens des mêmes II et III, par une ou plusieurs sociétés. »***

Même si les conditions prévues *(L. n° 2019-486 du 22 mai 2019, art. 20-I-18°)* « au deuxième alinéa *[ancienne rédaction : aux deux alinéas précédents]* » ne sont pas atteintes, la nomination d'un commissaire aux comptes peut être demandée en justice par un ou plusieurs associés représentant au moins le dixième du capital.

(L. nº 2019-744 du 19 juill. 2019, art. 28 et 36) **« Lorsque les conditions prévues au deuxième alinéa du présent article ne sont pas atteintes, un commissaire aux comptes peut être nommé pour faire application du second alinéa de l'article L. 225-146.**

« Sont également tenues de désigner un commissaire aux comptes, pour un mandat de trois exercices, les sociétés dont un ou plusieurs associés représentant au moins le tiers du capital en font la demande motivée auprès de la société. »

V. notes ss. art. L. 221-9.

BIBL. ▶ PAILLUSSEAU, *JCP 2000. I. 262* (alerte du commissaire aux comptes). – JASSON et AMRANI, *BJS 2004. 898* (le commissaire aux comptes face à l'arrêté et l'approbation des comptes annuels dans une SAS).

Commissaire aux comptes. Une SAS créée avant le 1er janv. 2009 ne peut pas mettre fin de manière anticipée au mandat des commissaires aux comptes qu'elle a précédemment désignés en se fondant sur le caractère désormais facultatif de leur nomination (Avis CCRCS nº 09-05 : *BRDA 2009, nº 8, p. 3*). ♦ Dès lors qu'une SAS a désigné, à compter du 1er janv. 2009, un commissaire aux comptes et un commissaire aux comptes suppléant pour la durée légale de six exercices, il ne peut être procédé à la radiation de leur inscription du RCS à défaut de leur remplacement pour la durée du mandat restant à courir. • Com. 6 nov. 2012, nº 11-30.648 P : *D. 2012. Actu. 2656, obs. Lienhard ; RTD com. 2013. 88, obs. Le Cannu et Dondero ; Rev. sociétés 2013. 170, note Granier ; RJDA 2013, nº 47 ; Dr. sociétés 2013, nº 7, obs. Gallois-Cochet ; BJS 2013. 37, note Merle.*

Art. L. 227-10

(L. nº 2001-420 du 15 mai 2001) **« Le commissaire aux comptes** *(L. nº 2008-776 du 4 août 2008, art. 59-I, 7º, en vigueur le 1er janv. 2009)* **« ou, s'il n'en a pas été désigné, le président de la société » présente aux associés un rapport sur les conventions intervenues directement ou par personne interposée entre la société et son président, l'un de ses dirigeants, l'un de ses actionnaires disposant d'une fraction des droits de vote supérieure à** *(L. nº 2003-706 du 1er août 2003)* **« 10 % » ou, s'il s'agit d'une société actionnaire, la société la contrôlant au sens de l'article L. 233-3. »**

Les associés statuent sur ce rapport.

Les conventions non approuvées, produisent néanmoins leurs effets, à charge pour la personne intéressée et éventuellement pour le président et les autres dirigeants d'en supporter les conséquences dommageables pour la société.

Par dérogation aux dispositions du premier alinéa, lorsque la société ne comprend qu'un seul associé, il est seulement fait mention au registre des décisions des conventions intervenues directement ou par personnes interposées entre la société et son dirigeant *(Ord. nº 2017-747 du 4 mai 2017, art. 4)* **« , son associé unique ou, s'il s'agit d'une société actionnaire, la société la contrôlant au sens de l'article L. 233-3 ».** – *[L. nº 66-537 du 24 juill. 1966, art. 262-11.]*

BIBL. ▶ MEDAIL et VERGNOLE, *Dr. sociétés 2000. Repère 4* (la SASU : difficulté de mise en œuvre du contrôle des conventions réglementées).

1. *Domaine d'application.* Dès lors qu'il résulte des statuts de la société que la rémunération de son président doit être fixée par une décision collective des associés prise à la majorité simple, un actionnaire n'est pas fondé à se prévaloir de l'inobservation des dispositions de l'art. L. 227-10. • Com. 4 nov. 2014, nº 13-24.889 P : *D. 2015. Pan. 2407, obs. Hallouin ; RTD com. 2015. 117, obs. Le Cannu ; Rev. sociétés 2015. 108, note Godon ; JCP E 2014, nº 1652, note Dondero ; RJDA 2015, nº 200 ; Dr. sociétés 2015, nº 7, obs. Gallois-Cochet.* ♦ Sur l'application de la procédure de contrôle des conventions réglementées, s'agissant d'une mission particulière et rémunérée confiée à un dirigeant de SAS, V. • Com. 4 oct. 2011, nº 10-20.745 : *RTD com. 2012. 148, obs. Le Cannu et Dondero .*

2. Dès lors que les statuts de la société prévoient qu'elle est régie par les règles applicables aux sociétés anonymes, l'intégration du dirigeant dans le plan de sauvegarde de l'emploi et l'avance qu'il a perçue sur son indemnité de départ correspondent à des conventions réglementées qui doivent, aux termes des art. L. 225-86 et L. 225-88, être soumises à l'approbation préalable du conseil de surveillance. • Crim. 25 sept. 2019, nº 18-83.113 P : *cité ss. art. L. 244-1.*

3. *Rapport du CAC.* Il résulte des dispositions de l'art. L. 227-10 qu'à les supposer démontrés les manquements dans la présentation de son rapport spécial reprochés au commissaire aux comptes, dont il n'est pas soutenu qu'ils sont à l'origine de la perte d'une chance de ne pas approuver les conventions litigieuses, ne peuvent être la cause du préjudice né de la conclusion de ces conventions. • Com. 26 févr. 2013, nº 11-22.531 P : *D. 2013. Actu. 639 ; Rev. sociétés 2013. 288, note Schmidt ; JCP E 2013,* *n° 1182, note Dondero ; RJDA 2013, n° 426 ; Dr. sociétés 2013, n° 82, obs. Gallois-Cochet ; BJS 2013. 330, note Barbièri.*

Art. L. 227-11 *(L. n° 2011-525 du 17 mai 2011, art. 58)* **L'article L. 227-10 n'est pas applicable aux conventions portant sur des opérations courantes et conclues à des conditions normales.**

BIBL. ▶ LE CANNU et DONDERO, *JCP E 2011. 1453* (nouveau régime des conventions courantes).

Art. L. 227-12 **Les interdictions prévues à l'article L. 225-43 s'appliquent, dans les conditions déterminées par cet article, au président et aux dirigeants de la société.** – *[L. n° 66-537 du 24 juill. 1966, art. 262-13.]*

Art. L. 227-13 **Les statuts de la société peuvent prévoir l'inaliénabilité des actions pour une durée n'excédant pas dix ans.** – *[L. n° 66-537 du 24 juill. 1966, art. 262-14.]*

BIBL. ▶ DAIGRE, *Cah. dr. entr. 1994, n° 2, p. 13* (clauses relatives à la cession des actions). – FAVARIO, *BJS 2010. 100* (clause statutaire d'inaliénabilité).

Art. L. 227-14 **Les statuts peuvent soumettre toute cession d'actions à l'agrément préalable de la société.** – *[L. n° 66-537 du 24 juill. 1966, art. 262-15.]*

BIBL. ▶ RABREAU, *BJS 2011. 740* (éviction des héritiers d'actions de SAS : quels aménagements statutaires ?). – JULIEN, *Dr. sociétés 2014. Formule 8* (clause d'agrément).

Il ne résulte d'aucune jurisprudence de la Cour de cassation que les dispositions de l'art. L. 228-24 C. com. s'appliquent en cas de non-respect d'une clause d'agrément prévue par les statuts d'une société par actions simplifiée (non-lieu à renvoi de la QPC). • Com. 8 mars 2018, n° 17-40.079 : *Rev. sociétés 2018. 511, note Godon ; RTD com. 2018. 719, obs. Moury ; BJS 2018. 295, note Dondero ; Dr. sociétés 2018, n° 103, note Heinich ; Gaz. Pal. 26 juin 2018, p. 83, obs. Barrillon.*

Art. L. 227-15 **Toute cession effectuée en violation des clauses statutaires est nulle.** – *[L. n° 66-537 du 24 juill. 1966, art. 262-16.]*

Art. L. 227-16 **Dans les conditions qu'ils déterminent, les statuts peuvent prévoir qu'un associé peut être tenu de céder ses actions.**

Ils peuvent également prévoir la suspension des droits non pécuniaires de cet associé tant que celui-ci n'a pas procédé à cette cession. – *[L. n° 66-537 du 24 juill. 1966, art. 262-17.]*

BIBL. ▶ GERMAIN et PÉRIN, *BJS 2010. 1016* (exclusion statutaire des associés de SAS). – GALLOIS-COCHET, *Dr. sociétés 2014. Étude 23* (l'obscure clarté du régime de l'exclusion statutaire).

Droit de vote de l'associé visé par l'exclusion. Si, aux termes de l'art. L. 227-16, les statuts d'une SAS peuvent, dans les conditions qu'ils déterminent, prévoir qu'un associé peut être tenu de céder ses actions, ce texte n'autorise pas les statuts, lorsqu'ils subordonnent cette mesure à une décision collective des associés, à priver l'associé dont l'exclusion est proposée de son droit de participer à cette décision et de voter sur la proposition. • Com. 23 oct. 2007, n° 06-16.537 P : *D. 2008. 47, note Paclot ; RTD com. 2008. 566, obs. Champaud et Danet ; Rev. sociétés 2007. 814, note Le Cannu ; JCP E 2007. 2433, note Viandier ; RJDA 2008, n° 50 ; Dr. sociétés 2007, n° 219, obs. Hovasse ; BJS 2008. 101, note Schmidt.* ♦ Ayant été prise sur le fondement d'une clause [emportant privation du droit de vote pour l'associé visé par la mesure d'exclusion] réputée non écrite, la décision d'exclusion de l'associé est nulle, peu important que ce dernier ait été admis à prendre part au vote. • Com. 6 mai 2014, n° 13-14.960 : *D. 2014. 1485, note Dondero ; Rev. sociétés 2014. 550, note Le Cannu ; RJDA 2014, n° 646 ; BJS 2014. 506, note Mortier.* ♦ V. aussi note 2 ss. art. L. 227-19.

Art. L. 227-17 **Les statuts peuvent prévoir que la société associée dont le contrôle est modifié au sens de l'article L. 233-3 doit, dès cette modification, en informer la société par actions simplifiée. Celle-ci peut décider, dans les conditions fixées par les statuts, de suspendre l'exercice des droits non pécuniaires de cet associé et de l'exclure.**

Les dispositions **de l'alinéa précédent peuvent s'appliquer, dans les mêmes conditions, à l'associé qui a acquis cette qualité à la suite d'une opération de fusion, de scission ou de dissolution.** – *[L. n° 66-537 du 24 juill. 1966, art. 262-18.]*

Art. L. 227-18 **Si les statuts ne précisent pas les modalités du prix de cession des actions lorsque la société met en œuvre une clause introduite en application des arti-**

cles L. 227-14, L. 227-16 et L. 227-17, ce prix est fixé par accord entre les parties ou, à défaut, déterminé dans les conditions prévues à l'article 1843-4 du code civil. – *V. C. civ., art. 1843-4, App., v° Sociétés commerciales.*

Lorsque les actions sont rachetées par la société, celle-ci est tenue de les céder dans un délai de six mois ou de les annuler. – *[L. n° 66-537 du 24 juill. 1966, art. 262-19.]*

Art. L. 227-19 **Les clauses statutaires visées aux articles L. 227-13** *(Abrogé par Ord. n° 2017-747 du 4 mai 2017, art. 5-1°)* **«, L. 227-14, »** *(Abrogé par L. n° 2019-744 du 19 juill. 2019, art. 29)* **« L. 227-16 » et L. 227-17 ne peuvent être adoptées ou modifiées qu'à l'unanimité des associés.** – *[L. n° 66-537 du 24 juill. 1966, art. 262-20.]*

(Ord. n° 2017-747 du 4 mai 2017, art. 5-2°) **« Les clauses statutaires mentionnées** *(L. n° 2019-744 du 19 juill. 2019, art. 29)* **« aux articles L. 227-14 et L. 227-16 » ne peuvent être adoptées ou modifiées que par une décision prise collectivement par les associés dans les conditions et formes prévues par les statuts. »**

BIBL. ► Sur les clauses d'exclusion après la L. du 19 juill. 2019 : PORACCHIA, *RTDF 2019, n° 3, p. 51*. – LE NABASQUE, *BJS 1/2020. 60*. – D. MARTIN et CAROSSO, *JCP E 2020. 1091*.

1. Champ d'application. V. • Com. 8 avr. 2014, n° 13-18.120 : *JCP E 2014. 1262, note Gallois-Cochet ; RJDA 2014, n° 648 ; BJS 2014. 503, note Lécuyer.*

2. Prohibition d'une modification judiciaire. Il n'entre pas dans les pouvoirs du juge de se substituer aux organes de la société en ordonnant la modification d'une clause statutaire [prévoyant la possibilité d'exclure un associé et écartant la participation de celui-ci au vote concernant son exclusion] au motif que celle-ci serait contraire aux dispositions légales impératives applicables. • Com. 9 juill. 2013, n° 12-21.238 P : *D. 2013. 2627, note Ait-Ahmed ; Rev. sociétés 2014. 40, note Ansault ; JCP E 2013, n° 1516, note Dondero ; RJDA 2013, n° 813 ; Dr. sociétés 2013, n° 154, obs. Mortier ; BJS 2013. 636, note Poracchia.* ♦ V. aussi, pour l'absence de pouvoir du président de la société pour modifier une telle clause d'exclusion : • Com. 9 juill. 2013, n° 11-27.235 P : *eod. loc.*

Art. L. 227-20 **Les articles L. 227-13 à L. 227-19 ne sont pas applicables aux sociétés ne comprenant qu'un seul associé.** – *[L. n° 66-537 du 24 juill. 1966, art. 262-21.]*

Sur les infractions relatives aux sociétés par actions simplifiées, V. art. L. 244-1 à L. 244-4.

CHAPITRE VIII DES VALEURS MOBILIÈRES ÉMISES PAR LES SOCIÉTÉS PAR ACTIONS

RÉP. SOCIÉTÉS v^is *Action*, par ARTZ ; *Valeurs mobilières*, par OHL.

BIBL. GÉN. ► DIDIER R. MARTIN, *D. 2001. Chron. 1228* (valeurs mobilières : défense d'une théorie). – LE NABASQUE, *Mél. Guyon, Dalloz, 2003, p. 671* (les actions sont des droits de créance négociables). – MOUSSERON, *Dr. sociétés 2007. Étude 8* (actions remboursables). – DONZEL-TABOUCOU, *Mél. Le Cannu, Dalloz-LGDJ, 2014, p. 269* (les actions : une espèce, au sein du genre des droits personnels). ► Ord. n° 2004-604 du 24 juin 2004 : BONNEAU, *Dr. sociétés 2004. Étude 11* (application dans le temps). – GRANIER, *Rev. sociétés 2004. 557* (rôle des commissaires aux comptes). – LE CANNU, *ibid. 567* (protection des porteurs). – SAINTOURENS, *ibid. 659* (droit transitoire). ► Ord. n° 2014-863 du 31 juill. 2014 : CHABERT et ÉLINEAU, *Rev. sociétés 2014. 618* (dispositions relatives aux opérations sur titres et aux droits de souscription) ; *ibid. 638* (dispositions relatives à certaines valeurs mobilières). – ÉMY, *ibid. 624* (dispositions relatives aux titres obligataires au porteur). – DESACHÉ et DONDERO, *JCP E 2015. 1216* (réforme des valeurs mobilières).

SECTION PREMIÈRE DISPOSITIONS COMMUNES AUX VALEURS MOBILIÈRES

Art. L. 228-1 *(Ord. n° 2004-604 du 24 juin 2004, art. 24)* **« Les sociétés par actions émettent toutes valeurs mobilières dans les conditions du présent livre. »**

(Ord. n° 2009-15 du 8 janv. 2009, art. 7) **« Les valeurs mobilières sont des titres financiers au sens de l'article L. 211-1 du code monétaire et financier, qui confèrent des droits identiques par catégorie. »** – *V. cet art., App., v° Banque et financement de l'entreprise.*

(Ord. n° 2004-604 du 24 juin 2004, art. 24) **« Les valeurs mobilières émises par les sociétés par actions revêtent la forme de titres au porteur ou de titres nominatifs, sauf pour les sociétés pour lesquelles la loi ou les statuts imposent la seule forme nominative, pour tout ou partie du capital.**

« Nonobstant toute convention contraire, tout propriétaire dont les titres font partie d'une émission comprenant à la fois des titres au porteur et des titres nominatifs a la faculté de convertir ses titres dans l'autre forme.

« Toutefois, la conversion des titres nominatifs n'est pas possible s'agissant des sociétés pour lesquelles la loi ou les statuts imposent la forme nominative pour tout ou partie du capital. »

Ces valeurs mobilières, quelle que soit leur forme, doivent être inscrites en compte *(Ord. n° 2017-1674 du 8 déc. 2017, art. 1er)* « ou dans un dispositif d'enregistrement électronique partagé » au nom de leur propriétaire, dans les conditions prévues *(Ord. n° 2009-15 du 8 janv. 2009, art. 7)* « aux articles L. 211-3 et L. 211-4 du code monétaire et financier ». — *V. ces art., App., v° Banque et financement de l'entreprise.*

(L. n° 2019-486 du 22 mai 2019, art. 198) « Toutefois, lorsque des titres de capital ou des obligations de la société ont été admis aux négociations sur un ou plusieurs marchés réglementés ou systèmes multilatéraux de négociation agréés en France ou dans un autre État membre de l'Union européenne ou partie à l'accord sur l'Espace économique européen, ou sur un marché considéré comme équivalent*[s]* à un marché réglementé par la Commission européenne en application du a du 4 de l'article 25 de la directive 2014/65/UE du Parlement européen et du Conseil du 15 mai 2014 concernant les marchés d'instruments financiers et modifiant la directive 2002/92/CE et la directive 2011/61/UE, et que leur propriétaire n'a pas son domicile sur le territoire français au sens de l'article 102 du code civil, tout intermédiaire peut être inscrit pour le compte de ce propriétaire. Lorsque des titres de capital ou des obligations de la société ont été admis aux négociations uniquement sur un ou plusieurs marchés considérés comme équivalent à un marché réglementé par la Commission européenne en application du a du 4 de l'article 25 de la directive 2014/65/UE du Parlement européen et du Conseil du 15 mai 2014 précitée, cette inscription peut être faite pour le compte de tout propriétaire. L'inscription de l'intermédiaire peut être faite sous la forme d'un compte collectif ou en plusieurs comptes individuels correspondant chacun à un propriétaire. » — *Pour les dispositions transitoires de la L. n° 2019-486 du 22 mai 2019, V. note ss. art. L. 225-37-4.*

L'intermédiaire inscrit est tenu, au moment de l'ouverture de son compte auprès soit de la société émettrice, soit de *(Ord. n° 2009-15 du 8 janv. 2009, art. 7)* « l'intermédiaire mentionné à l'article L. 211-3 du code monétaire et financier qui tient le compte-titres », de déclarer, dans les conditions fixées par décret, sa qualité d'intermédiaire détenant des titres pour le compte d'autrui. — *V. art. R. 225-85 et R. 228-1 s.*

(Ord. n° 2009-15 du 8 janv. 2009, art. 7) « En cas de cession de valeurs mobilières admises aux opérations d'un dépositaire central ou livrées dans un système de règlement et de livraison mentionné à l'article L. 330-1 du code monétaire et financier, le transfert de propriété s'effectue dans les conditions prévues à l'article L. 211-17 de ce code. » *(Ord. n° 2004-604 du 24 juin 2004, art. 24)* « Dans les autres cas, le transfert de propriété résulte de l'inscription des valeurs mobilières au compte de l'acheteur *(Ord. n° 2017-1674 du 8 déc. 2017, art. 1er)* « ou dans un dispositif d'enregistrement électronique partagé », dans des conditions fixées par décret en Conseil d'État. » — *V. art. R. 228-10.*

L'intermédiaire déjà inscrit pour le compte de propriétaires d'actions, à la date d'entrée en vigueur du Décr. n° 2002-803 du 3 mai 2002 (JO 5 mai), doit, dans les trois mois de la publication de celui-ci, déclarer sa qualité dans les conditions de l'art. L. 228-1 (Décr. préc., art. 59).

Les dispositions de l'Ord. n° 2017-1674 du 8 déc. 2017 entrent en vigueur à la publication du décret prévu au 2° de l'art. 2 [V. C. mon. fin., art. L. 211-3, App., v° Banque et financement de l'entreprise] et, au plus tard, le 1er juill. 2018 (Ord. préc., art. 8).

BIBL. ▶ NIZARD, *Rev. sociétés 2004. 619* (le transfert de propriété des valeurs mobilières : une réforme inachevée). – DRUMMOND, *Mél. Merle, Dalloz, 2012, p. 199* (la société, l'actionnaire et le dépositaire central). – ROUSSEL et VERNIÈRES, *JCP E 2007. 1840* (transfert de propriété des valeurs mobilières non cotées). – ARNAUD, GINON et PETIT, *Dr. sociétés 2012. Étude 14* (transfert de propriété des valeurs mobilières). – MATHEY, *Gaz. Pal. 2013. 3579* (transfert d'actions : ne faut-il obéir qu'aux ordres de mouvement ?). – LE NABASQUE, *Mél. Le Cannu, Dalloz-LGDJ, 2014, p. 325* (liberté d'émettre des valeurs mobilières). – BERLIOZ, *Rev. sociétés 2015. 14* (transfert de propriété dans la cession des droits sociaux). – MORTIER et JULIEN SAINT-AMAND, *Dr. sociétés 2015. Étude 21* (numérotation des actions).

1. Jumelage d'actions. Sur des dispositions statutaires organisant le jumelage en unités des actions émises par des sociétés, V. • Paris, 21 sept. 1998 : *Rev. sociétés 1998. 826, obs. Guyon ; Dr. sociétés 1999, n° 22, obs. Bonneau ; BJS 1999. 82, note Couret.*

2. Cession d'actions : ordre de mouvement. V. notes 17 et 22 ss. art. L. 228-10.

Art. L. 228-2 *(L. n° 2019-486 du 22 mai 2019, art. 198) (L. n° 2021-1308 du 8 oct. 2021, art. 38)* « I. — En vue de l'identification des propriétaires de titres au porteur, les statuts peuvent prévoir que la société émettrice ou un tiers désigné par celle-ci est en droit de demander, à tout moment et contre rémunération à sa charge, que les informations concernant les propriétaires de ses actions et des titres conférant immédiatement ou à terme le droit de vote dans ses propres assemblées d'actionnaires soient transmises à la société.

« La demande d'informations mentionnée au premier alinéa du présent I peut être faite par un tiers désigné, par la société émettrice, à l'effet de recueillir les informations et de les lui transmettre.

« Cette demande peut être adressée aux intermédiaires suivants :

« 1° Un dépositaire central ;

« 2° Les intermédiaires mentionnés aux 2° à 7° de l'article L. 542-1 du code monétaire et financier ;

« 3° Les intermédiaires inscrits dans les conditions prévues à l'article L. 228-1 du présent code ;

« 4° Toute autre personne établie hors de France qui fournit des services d'administration ou de conservation d'actions ou de tenue de comptes-titres au nom de propriétaires de titres ou d'autres intermédiaires.

« Dans les sociétés dont des actions sont admises à la négociation sur un marché réglementé établi ou opérant dans un État membre de l'Union européenne, les facultés prévues aux deux premiers alinéas du présent I sont de droit, toute clause statutaire contraire étant réputée non écrite.

« II. — Tout intermédiaire mentionné aux 1° à 4° du I qui reçoit la demande d'informations prévue au premier alinéa du même I transmet les informations demandées, en ce qui concerne les propriétaires de titres et les intermédiaires inscrits dans ses livres, à la personne désignée à cet effet dans la demande. En outre, il transmet la demande d'informations aux intermédiaires inscrits dans ses livres, sauf opposition expresse de la société émettrice ou du tiers désigné par celle-ci lors de la demande.

« Tout intermédiaire mentionné aux 1° à 4° dudit I transmet à la société émettrice ou au tiers désigné par celle-ci, sur sa demande, les coordonnées des intermédiaires inscrits dans ses livres qui détiennent des actions ou des titres conférant immédiatement ou à terme le droit de vote dans les assemblées d'actionnaires de la société émettrice. »

III. — Les délais de transmission des demandes d'informations et de communication des réponses à ces demandes ainsi que la liste des informations mentionnés aux I et II sont fixés par décret en Conseil d'État.

Lorsque ces délais ne sont pas respectés ou lorsque les informations fournies sont incomplètes ou erronées, *(Abrogé par L. n° 2021-1308 du 8 oct. 2021, art. 38) « le dépositaire central mentionné au I, »* la société émettrice ou *(L. n° 2021-1308 du 8 oct. 2021, art. 38)* « le tiers désigné par celle-ci » peut demander l'exécution de l'obligation de communication, sous astreinte, au président du tribunal statuant en référé.

IV. — Sauf clause contraire du contrat d'émission et nonobstant le silence des statuts, toute personne morale émettrice d'obligations ou de titres de créances négociables autre que les personnes morales de droit public a la faculté de demander l'identification des porteurs de ces titres dans les conditions et suivant les modalités prévues aux I à III.

V. — Les frais éventuels appliqués au titre des services mentionnés au présent article sont non discriminatoires et proportionnés aux coûts engagés pour fournir ces services. Toute différence de frais résultant du caractère transfrontalier du service n'est autorisée que si elle fait l'objet d'une explication et correspond à la différence des coûts engagés pour fournir ce service. Les frais sont rendus publics, dans des conditions fixées par décret en Conseil d'État, de manière séparée pour chaque service mentionné au présent article.

VI. — Les informations obtenues *(Abrogé par L. n° 2021-1308 du 8 oct. 2021, art. 38)* « *par la société* » en application du présent article ne peuvent être cédées *(Abrogé par L. n° 2021-1308 du 8 oct. 2021, art. 38)* « *par celle-ci* », même à titre gratuit. Toute violation de cette disposition est punie des peines prévues à l'article 226-13 du code pénal.

Pour les dispositions transitoires de la L. n° 2019-486 du 22 mai 2019, V. note ss. art. L. 225-37-4.

V. art. R. 228-3 s.

Art. L. 228-3 *(L. n° 2019-486 du 22 mai 2019, art. 198)* S'il s'agit de titres de forme nominative, constitués par des obligations ou des titres donnant immédiatement ou à terme accès au capital, l'intermédiaire inscrit dans les conditions prévues à l'article L. 228-1 est tenu de communiquer les informations concernant les propriétaires de ces titres sur demande de la société émettrice ou de son mandataire, laquelle peut être présentée à tout moment.

Les délais de communication et la liste des informations sont fixés par décret en Conseil d'État. — *V. art. R. 228-3 s.*

Lorsque les délais ne sont pas respectés ou lorsque les informations fournies sont incomplètes ou erronées, la société émettrice ou son mandataire peut demander l'exécution de l'obligation de communication, sous astreinte, au président du tribunal statuant en référé.

Les droits spéciaux attachés aux actions nominatives, notamment ceux prévus aux articles L. 225-123 et L. 232-14, ne peuvent être exercés par un intermédiaire inscrit dans les conditions prévues à l'article L. 228-1 que si les informations qu'il fournit permettent le contrôle des conditions requises pour l'exercice de ces droits.

Pour les dispositions transitoires de la L. n° 2019-486 du 22 mai 2019, V. note ss. art. L. 225-37-4.

Art. L. 228-3-1 *(L. n° 2019-486 du 22 mai 2019, art. 198)* « I. — *(L. n° 2021-1308 du 8 oct. 2021, art. 38)* « Lorsque » la société émettrice *(L. n° 2021-1308 du 8 oct. 2021, art. 38)* « ou le tiers désigné par celle-ci estiment » que certains détenteurs dont l'identité *(L. n° 2021-1308 du 8 oct. 2021, art. 38)* « leur » a été communiquée le sont pour le compte de tiers propriétaires des titres, *(L. n° 2021-1308 du 8 oct. 2021, art. 38)* « ils sont » en droit de demander à ces détenteurs de communiquer les informations concernant les propriétaires de ces titres soit *(L. n° 2021-1308 du 8 oct. 2021, art. 38)* « dans les conditions prévues à » l'article L. 228-2 pour les titres au porteur, soit dans les conditions prévues au premier alinéa de l'article L. 228-3 pour les titres nominatifs. » — *Pour les dispositions transitoires de la L. n° 2019-486 du 22 mai 2019, V. note ss. art. L. 225-37-4.*

II. — A l'issue de ces opérations, et sans préjudice des obligations de déclaration de participations significatives imposées par les articles L. 233-7, L. 233-12 et L. 233-13, la société émettrice peut demander à toute personne morale propriétaire de ses actions et possédant des participations dépassant le quarantième du capital ou des droits de vote de lui faire connaître l'identité des personnes détenant directement ou indirectement plus du tiers du capital social de cette personne morale ou des droits de vote qui sont exercés aux assemblées générales de celle-ci.

V. art. R. 228-4 et R. 228-5.

Art. L. 228-3-2 *(L. n° 2001-420 du 15 mai 2001)* L'intermédiaire qui a satisfait aux obligations prévues aux *(Ord. n° 2004-604 du 24 juin 2004, art. 51-XII)* « septième et huitième » alinéas de l'article L. 228-1 peut, en vertu d'un mandat général de gestion des titres, transmettre pour une assemblée le vote ou le pouvoir d'un propriétaire d'actions *(Ord. n° 2014-863 du 31 juill. 2014, art. 20)* « ou d'obligations ».

Avant de transmettre des pouvoirs ou des votes en assemblée générale, l'intermédiaire inscrit conformément à l'article L. 228-1 est tenu, à la demande de la société émettrice ou de son mandataire, de fournir la liste des propriétaires non résidents des actions *(Ord. n° 2014-863 du 31 juill. 2014, art. 20)* « ou des obligations » auxquelles ces droits de vote sont attachés *(Ord. n° 2004-604 du 24 juin 2004, art. 51-XII)* « ainsi que la quantité d'actions *(Ord. n° 2014-863 du 31 juill. 2014, art. 20)* « ou d'obligations » détenues par chacun d'eux ». Cette liste est fournie dans les conditions prévues, selon le cas, aux articles L. 228-2 ou L. 228-3.

Le vote ou le pouvoir émis par un intermédiaire qui soit ne s'est pas déclaré comme tel en vertu du *(Ord. n° 2004-604 du 24 juin 2004, art. 51-XII)* « huitième » alinéa de l'article L. 228-1 ou du deuxième alinéa du présent article, soit n'a pas révélé l'identité des propriétaires des titres en vertu des articles L. 228-2 ou L. 228-3, ne peut être pris en compte *(Ord. n° 2014-863 du 31 juill. 2014, art. 20)* « respectivement aux assemblées d'actionnaires s'il s'agit de titres de capital ou donnant accès au capital ou aux assemblées générales d'obligataires s'il s'agit d'obligations ». — *V. art. R. 228-6.*

Les dispositions de l'art. 20 de l'Ord. n° 2014-863 du 31 juill. 2014 sont applicables aux obligations émises à compter de la date d'entrée en vigueur de celui-ci (Ord. préc., art. 38-V).

BIBL. ▶ ARSOUZE et LEDOUX, *BJS 2004. 1066* (vote des actionnaires non résidents).

Art. L. 228-3-3 *(L. n° 2019-486 du 22 mai 2019, art. 198)* « Lorsque le destinataire de la demande de communication des informations faite conformément aux articles L. 228-2 à L. 228-3-1 n'a pas transmis ces informations dans les délais fixés en application des mêmes articles L. 228-2 à L. 228-3-1 ou a transmis des informations incomplètes ou erronées, les actions, les obligations ou les titres donnant accès immédiatement ou à terme au capital pour lesquels cette personne a été inscrite en compte sont privés des droits de vote pour toute assemblée d'actionnaires ou d'obligataires qui se tiendrait jusqu'à la date de régularisation de l'identification et le paiement du dividende correspondant est différé jusqu'à cette date. » — *Pour les dispositions transitoires de la L. n° 2019-486 du 22 mai 2019, V. note ss. art. L. 225-37-4.*

(Ord. n° 2014-863 du 31 juill. 2014, art. 21) « Au cas où la personne inscrite méconnaîtrait sciemment les dispositions des articles L. 228-1 à L. 228-3-1, le tribunal dans le ressort duquel la société a son siège social peut sur demande, selon le cas, soit de la société émettrice d'actions ou d'un ou plusieurs de ses actionnaires détenant au moins 5 % du capital *[,]* soit de la société émettrice d'obligations ou d'un ou plusieurs obligataires détenant au moins 5 % des droits de vote attachés aux obligations d'une masse, prononcer la privation totale ou partielle, pour une durée totale ne pouvant excéder cinq ans, selon le cas, des droits de vote attachés aux actions ou des droits de vote au sein des assemblées d'obligataires ayant fait l'objet de l'interrogation et, le cas échéant et pour la même période, du dividende correspondant. »

Les dispositions de l'art. 21 de l'Ord. n° 2014-863 du 31 juill. 2014 sont applicables aux obligations émises à compter de la date d'entrée en vigueur de celui-ci (Ord. préc., art. 38-V).

Art. L. 228-3-4 *(L. n° 2019-486 du 22 mai 2019, art. 198)* Toute personne employée par l'une des personnes mentionnées aux articles L. 228-2 à L. 228-3-1 ou participant à un titre quelconque à sa direction ou à sa gestion et ayant dans le cadre de son activité professionnelle connaissance des informations mentionnées aux articles L. 228-1 à L. 228-3-2 est tenue au secret professionnel dans les conditions et sous les peines prévues aux articles 226-13 et 226-14 du code pénal. Le secret professionnel ne peut être opposé ni à l'autorité judiciaire, ni à l'Autorité des marchés financiers. — *Pour les dispositions transitoires de la L. n° 2019-486 du 22 mai 2019, V. note ss. art. L. 225-37-4.*

Art. L. 228-3-5 *(L. n° 2019-486 du 22 mai 2019, art. 198)* Toute stipulation contractuelle ayant pour objet ou pour effet de limiter la communication des informations en application des articles L. 228-2 à L. 228-3-1 est réputée non écrite. — *Pour les dispositions transitoires de la L. n° 2019-486 du 22 mai 2019, V. note ss. art. L. 225-37-4.*

Art. L. 228-3-6 *(L. n° 2019-486 du 22 mai 2019, art. 198)* I. — Les données à caractère personnel collectées par les personnes mentionnées aux articles L. 228-2 à L. 228-3-1 selon les modalités définies aux mêmes articles L. 228-2 à L. 228-3-1 font l'objet d'un traitement automatisé mis en œuvre par la société émettrice aux fins d'identification des propriétaires de ses titres et de communication avec ces propriétaires pour faciliter leur participation aux assemblées générales, leur accès à toute information intéressant l'activité de la société et, de façon générale, l'exercice de leurs droits.

II. — Les données à caractère personnel collectées par les personnes mentionnées aux articles L. 228-2 à L. 228-3-1 selon les modalités prévues aux mêmes articles L. 228-2 à L. 228-3-1 et par la société émettrice en application du I du présent article ne peuvent être conservées que douze mois après que les responsables de traitement ont eu connaissance du fait que la personne dont les données à caractère personnel ont été enregistrées n'était plus propriétaire des titres.

Durant la même période, lorsque le propriétaire des titres est une personne morale, celle-ci a le droit d'obtenir, dans les meilleurs délais, de toute personne traitant les informations recueillies selon les modalités prévues aux articles L. 228-2 à L. 228-3-1 que les informations inexactes la concernant soient rectifiées et que les informations incomplètes soient complétées, y compris en fournissant une déclaration complémentaire. — *Pour les dispositions transitoires de la L. n° 2019-486 du 22 mai 2019, V. note ss. art. L. 225-37-4.*

Art. L. 228-3-7 *(L. n° 2021-1308 du 8 oct. 2021, art. 38)* Les articles L. 228-2 à L. 228-3-1 et L. 228-3-4 à L. 228-3-6 sont applicables aux intermédiaires mentionnés aux 1° à 3° du I de l'article L. 228-2 qui reçoivent une demande d'informations concernant les propriétaires d'actions d'une société qui a son siège social dans un État membre de l'Union européenne autre que la France et dont les actions sont admises à la négociation sur un marché réglementé établi ou opérant dans un État membre de l'Union européenne, sous réserve que cette demande soit faite conformément à l'article 3 *bis* de la directive 2007/36/CE du Parlement européen et du Conseil du 11 juillet 2007 concernant l'exercice de certains droits des actionnaires de sociétés cotées.

Art. L. 228-4 *(Ord. n° 2004-604 du 24 juin 2004, art. 26)* « A peine de nullité, » l'émission de parts bénéficiaires ou parts de fondateur est interdite.

Toutefois, les parts bénéficiaires ou parts de fondateurs émises avant le 1er avril 1967 demeurent régies par les textes les concernant. — *[L. n° 66-537 du 24 juill. 1966, art. 264 et 504.]*

Art. L. 228-5 A l'égard de la société, les titres sont indivisibles, sous réserve de l'application des articles L. 225-110 et L. 225-118. — *[L. n° 66-537 du 24 juill. 1966, art. 266.]*

BIBL. ▶ Flour, *Rev. sociétés 1999. 569* (qualité d'actionnaire et indivision). – Nurit-Pontier, *BJS 2007. 657* (décompte des droits sociaux indivis).

Actions indivises. Sur la prise en compte des actions indivises pour le décompte des 5 % du capital social requis des actionnaires sollicitant la désignation d'un expert de gestion, V. note 7 ss. art. L. 225-231.

Art. L. 228-6 *(Ord. n° 2014-863 du 31 juill. 2014, art. 15, en vigueur le 1er avr. 2015)* « Nonobstant toutes stipulations statutaires contraires, les sociétés dont les titres ne sont pas admis aux négociations sur un marché réglementé ou aux opérations d'un dépositaire central et qui ont effectué des opérations se traduisant soit par des échanges de titres, soit par l'attribution aux actionnaires de nouveaux titres de capital, peuvent vendre, sur simple décision du conseil d'administration, du directoire ou des gérants et selon des modalités fixées par décret en Conseil d'État, les titres de capital qui n'ont pu être attribués individuellement et correspondant à des droits formant rompus, à la condition d'avoir procédé un an au moins à l'avance à une publicité selon des modalités fixées par ce décret. » — *V. art. R. 228-11 et R. 228-12.*

A dater de cette vente, les *(Ord. n° 2014-863 du 31 juill. 2014, art. 15, en vigueur le 1er avr. 2015)* « titulaires de droits formant rompus » ne peuvent plus prétendre qu'à la répartition en numéraire du produit net de la vente des *(Ord. n° 2014-863 du 31 juill. 2014, art. 15, en vigueur le 1er avr. 2015)* « titres de capital non attribués ».

Art. L. 228-6-1 *(Ord. n° 2014-863 du 31 juill. 2014, art. 16, en vigueur le 1er avr. 2015)* Dans les sociétés dont les titres sont admis aux négociations sur un marché réglementé, lorsque l'assemblée générale extraordinaire des actionnaires a autorisé une opération se traduisant soit par des échanges de titres, soit par l'attribution aux actionnaires de nouveaux titres de capital, les titres de capital qui n'ont pu être attribués individuellement et correspondant à des droits formant rompus sont vendus. La vente de ces titres de capital et la répartition des sommes provenant de cette vente aux titulaires de ces droits interviennent dans les conditions et suivant des modalités fixées par décret en Conseil d'État.

Dans les sociétés dont les actions sont admises aux opérations d'un dépositaire central sans être cotées sur un marché réglementé, l'assemblée générale extraordinaire des actionnaires qui a autorisé une opération se traduisant soit par des échanges de titres, soit par l'attribution aux actionnaires de nouveaux titres de capital, peut décider la vente des titres de capital qui n'ont pu être attribués individuellement et correspondant à des droits formant rompus, en vue de la répartition des fonds ainsi recueillis entre les titulaires de ces droits, dans les limites et selon les modalités prévues à l'alinéa précédent ou à l'article L. 228-6.

Art. L. 228-6-2 *(Ord. n° 2004-604 du 24 juin 2004, art. 27)* Les droits non pécuniaires attachés aux valeurs mobilières inscrites en compte joint sont exercés par l'un ou l'autre des co-titulaires dans les conditions déterminées par la convention d'ouverture de compte.

Art. L. 228-6-3 *(Ord. n° 2004-604 du 24 juin 2004, art. 27)* Les titres dont les titulaires, malgré le respect des formalités de convocation aux assemblées générales, sont inconnus du teneur de compte ou n'ont pas été atteints par les convocations, depuis dix années révolues, peuvent être vendus selon la procédure prévue à l'article L. 228-6. Cette vente a lieu à l'expiration d'un délai fixé, par décret en Conseil d'État, à compter de la publicité prévue à cet article, à condition que le teneur de compte ait, pendant ce délai, accompli toutes les diligences nécessaires, dans les conditions fixées par ce même décret, pour entrer en contact avec les titulaires ou leurs ayants droit. – *V. art. R. 228-14.*

SECTION II DES ACTIONS

Art. L. 228-7 Les actions de numéraire sont celles dont le montant est libéré en espèces ou par compensation, celles qui sont émises par suite d'une incorporation au capital de réserves, bénéfices ou primes d'émission, et celles dont le montant résulte pour partie d'une incorporation de réserves, bénéfices ou primes d'émission et pour partie d'une libération en espèces. Ces dernières doivent être intégralement libérées lors de la souscription.

(Ord. n° 2004-604 du 24 juin 2004, art. 28) « Sous réserve des règles spécifiques applicables aux actions résultant d'une fusion ou d'une scission, toutes les autres actions sont des actions d'apport. » – *[L. n° 66-537 du 24 juill. 1966, art. 267.]*

Qualification des actions. Lorsque le capital social est divisé en un certain nombre de parts qui ont les caractères juridiques essentiels de l'action, ces parts constituent de véritables actions, quelle que soit la nature de la dénomination donnée. • Crim. 14 janv. 1905 : *DP 1906. 1. 129, note Le Poittevin ; S. 1907. 1. 529, note Wahl.*

Art. L. 228-8 Le montant nominal des actions ou coupures d'action peut être fixé par les statuts. Cette option s'applique alors à toutes les émissions d'actions. – *[L. n° 66-537 du 24 juill. 1966, art. 268.]*

BIBL. ▶ Bouère, *JCP E 1998, n° 4, p. 112* (de l'euro aux actions sans valeur nominale). – Ehlers-Flour, *BJS 1999. 743* (actions sans valeur nominale exprimée en Allemagne et en France).

Art. L. 228-9 L'action de numéraire est nominative jusqu'à son entière libération.

(L. n° 2012-387 du 22 mars 2012, art. 17-III) « Le non-respect du premier alinéa peut entraîner l'annulation de ladite action. » – *[L. n° 66-537 du 24 juill. 1966, art. 270.]*

Art. L. 228-10 Les actions ne sont négociables qu'après l'immatriculation de la société au registre du commerce et des sociétés. En cas d'augmentation de capital, les actions sont négociables à compter de la réalisation de celle-ci.

La négociation de promesse d'actions est interdite, à moins qu'il ne s'agisse d'actions à créer *(Ord. n° 2004-604 du 24 juin 2004, art. 29)* « dont l'admission sur un marché réglementé a été demandée, ou » à l'occasion d'une augmentation du capital d'une société dont les actions anciennes sont déjà admises aux négociations sur un marché réglementé. En ce cas, la négociation n'est valable que si elle est effectuée sous la condition suspensive de la réalisation de l'augmentation de capital. A défaut d'indication expresse, cette condition est présumée. – *[L. n° 66-537 du 24 juill. 1966, art. 271.]*

RÉP. SOCIÉTÉS v[is] *Cession de droits sociaux*, par B. Lecourt ; *Cession de contrôle*, par Mousseron ; *Clauses de garantie dans les cessions de droits sociaux*, par Allain.

BIBL. ▶ Libchaber, *Mél. Guyon, Dalloz, 2003, p. 717* (pour un renouvellement de l'analyse des droits sociaux). – Farge et Plazy, *JCP N 2015. 1104* (vente d'actions non cotées par un mineur sous administration légale pure et simple).

I. PROMESSES D'ACHAT OU DE CESSION D'ACTIONS

1. Promesse unilatérale (jurispr. antérieure à l'Ord. n° 2016-131 du 10 févr. 2016). Sous le régime antérieur à l'Ord. du 10 févr. 2016 et à l'arrêt de revirement du 23 juin 2021, la levée de l'option par le bénéficiaire d'une promesse unilatérale de vente après la rétractation du promettant excluant toute rencontre des volontés réciproques de vendre et d'acquérir, la réalisation forcée de la vente ne pouvait être ordonnée par le juge. • Com. 13 sept. 2011, n° 10-19.526 : *D. 2012. 130, note Gaudemet ; Rev. sociétés 2012. 22, note Fages ; JCP E 2011. 1826, n° 3, obs. Deboissy et Wicker ; RJDA 2012, n° 25 ; Dr. sociétés 2011, n° 211, obs. Mortier ; BJS 2012. 10, note Danos.* ♦ Par un revirement de jurisprudence en date du 23 juin 2021, la 3e chambre civile de la Cour de cassation a considéré que le signataire d'une promesse unilatérale de vente s'oblige définitivement à vendre dès la conclusion de l'avant-contrat, sans possibilité de rétractation, sauf stipulation contraire (solution rendue à propos d'une vente immobilière mais transposable à la cession d'actions). • Civ. 3e, 23 juin 2021, n° 20-17.554 B : *D. 2021. 1574, note Molina ; RTD civ. 2021. 630, obs. Barbier ; Dr. sociétés 2021, n° 116, note Mortier.* – V. Castagné, *Dr. sociétés 2021. Étude 12* ; Pillet, *Rev. sociétés 2022. 141.* ♦ V. aussi, désormais, pour l'inefficacité de la révocation de la promesse unilatérale de contrat et la nullité du contrat conclu en violation d'une promesse unilatérale avec un tiers qui en connaissait l'existence : C. civ., art. 1124 (issu de l'Ord. n° 2016-131 du 10 févr. 2016, en vigueur le 1er oct. 2016).

2. Promesse synallagmatique. La promesse de vente vaut vente lorsqu'il y a consentement réciproque des deux parties sur la chose et sur le prix ; ayant constaté que les promesses d'achat et de vente réciproques litigieuses portaient sur un nombre d'actions exactement déterminé et pour un prix également déterminé, et ayant retenu que la commune intention des parties était de différer l'exécution de ces engagements jusqu'à la période de levée des options, la cour d'appel a pu déduire que les ventes ainsi conclues étaient parfaites. • Com. 27 oct. 1992, *n° 90-19.954 : JCP E 1993. I. 218, n° 11, obs. Viandier et Caussain.* ♦ L'échange d'une promesse unilatérale d'achat et d'une promesse unilatérale de vente réalise une promesse synallagmatique de vente valant vente définitive dès lors que les deux promesses réciproques ont le même objet et qu'elles sont stipulées dans les mêmes termes. • Com. 22 nov. 2005, n° 04-12.183 P : *D. 2007. Pan. 271, obs. Hallouin et Lamazerolles ; Rev. sociétés 2006. 521, note Barbièri ; JCP E 2006, n° 11, p. 529, note Constantin ; BJS 2006. 377, rapp. Betch et note Couret.*

3. Prix. En présence d'une promesse de vente d'actions prévoyant la façon dont devait être déterminée la valeur de ces titres, viole la loi du contrat l'arrêt qui retient un mode de détermination différent, œuvre des experts-comptables respectifs des contractants et défavorable au vendeur, sans constater que ces professionnels assistant les parties ont été chargés de fixer un prix s'imposant à elles. • Com. 23 nov. 1993, n° 92-10.846 P : *Rev. sociétés 1994. 275, note Randoux ; JCP 1994. IV. 291.* ♦ L'acquéreur doit payer au vendeur le montant du prix des actions qu'il a promis d'acheter tel que prévu au contrat dès lors que, même si ces titres ont perdu toute valeur par suite de la disparition de l'actif net social de la société émettrice en raison d'une augmentation de capital par annulation des actions anciennes et création d'actions nouvelles, il n'en existait pas moins au moment de la mise en demeure de respecter ses engagements à lui délivrée par son cocontractant et que la perte ne pouvait être imputée à la faute du vendeur. • Com. 7 déc. 1993, n° 91-22.217 P : *Rev. sociétés 1994. 72, note Chartier ; BJS 1994. 180, note Lambert ; Dr. sociétés 1994, n° 117, note Le Nabasque.*

II. CESSION D'ACTIONS

4. Loi applicable. Sur la cession d'actions d'une société française à une société belge, emportant cession de contrôle, V. • Versailles, 5 mars 1992 : *BJS 1992. 636, note Schmidt.*

5. Cession à titre gratuit : don manuel d'actions. Le don manuel d'actions dématérialisées, réalisé par un ordre de mouvement de compte à compte, n'a d'existence que par la tradition réelle que fait le donateur de la chose donnée, effectuée dans des conditions telles qu'elle entraîne la dépossession de celui-ci et assure l'irrévocabilité de la donation ; l'existence d'une procuration accordée à l'un des donateurs entache de précarité la possession du donataire et entraîne le non-respect de la règle de fond selon laquelle la donation doit être irrévocable ; elle justifie à elle seule l'annulation du don, peu important l'existence de la volonté libérale des donateurs. • Paris, 19 mars 1991 : *D. 1991. IR 126 ; BJS 1991. 507, note Lucet.*

6. Cession à titre onéreux. Sur la preuve du caractère onéreux du transfert des titres, V.

• Com. 9 oct. 2007, n° 04-20.789 : *RJDA 2008, n° 1267 ; BJS 2008. 115, note Donzel-Taboucou.*

7. Cession par un époux commun en biens. Les actions d'une SA constituent, en principe, des titres négociables que chaque époux a le pouvoir d'aliéner seul, sauf à répondre, le cas échéant, d'une fraude dans l'exercice de ce pouvoir. • Civ. 1re, 27 mai 2010, n° 09-11.894 : *RJDA 2010, n° 955.* ♦ En revanche, durant l'indivision post-communautaire, l'aliénation d'actions indivises par un époux seul est inopposable à l'autre, de sorte que doit être portée à l'actif de la masse à partager la valeur des actions au jour du partage. • Civ. 1re, 7 oct. 2015, n° 14-22.224 P : *AJ fam. 2015. 616, obs. Casey ; Dr. sociétés 2015, n° 208, obs. Mortier ; RJDA 2015, n° 836 ; BJS 2016. 77, note Naudin.*

8. Cession avant immatriculation de la société. L'art. L. 228-10 ne prohibant que la négociation des actions avant l'immatriculation de la société, ces actions peuvent, au cours de cette même période, faire l'objet d'une cession selon les modes du droit civil. • Com. 26 févr. 2008, n° 06-17.981 P : *D. 2008. AJ 850 ; Rev. sociétés 2008. 374, note Bonneau .*

9. Compétence. Pour la compétence de la juridiction commerciale pour connaître des litiges relatifs à toute cession de titres d'une société commerciale, V. note 10 ss. art. L. 721-3.

A. RÉGIME GÉNÉRAL DES CESSIONS : APPLICATION DU DROIT DE LA VENTE

1° CONCLUSION DU CONTRAT

10. Rupture de pourparlers. Pour des exemples de rupture brutale de pourparlers obligeant les cédants à indemniser le candidat cessionnaire, non des gains que celui-ci pouvait, en cas de conclusion du contrat, espérer tirer de l'exploitation du fonds ou de la perte de chance d'obtenir ces gains, mais uniquement des frais occasionnés par la négociation et les études préalables auxquelles il avait dû procéder, V. • Com. 26 nov. 2003, n° 00-10.243 P : *D. 2004. 869, note Dupré-Dallemagne ; Rev. sociétés 2004. 325, note Mathey ; JCP E 2004, n° 17, p. 662, obs. Caussain, Deboissy et Wicker ; Dr. sociétés 2004, n° 37, note Trébulle ; BJS 2004. 849, note Daigre.*

11. Vente parfaite. Un accord sur la chose et le prix rend une cession d'actions parfaite. • Civ. 1re, 28 nov. 1995, n° 93-17.473 : *D. Affaires 1996. 74.* ♦ Sur la nécessité d'un accord de volonté, V. • Com. 15 févr. 1994, n° 92-10.069 : *RJDA 1994, n° 810.*

12. Promesses de porte-fort. V. note 20 ss. art. L. 223-14.

2° VICES DU CONSENTEMENT

13. Erreur. Une cession d'actions peut être annulée pour erreur des cessionnaires portant sur les qualités substantielles des actions cédées, lorsqu'il est avéré que les cessionnaires ignoraient la convention par laquelle la société avait cédé la quasi-totalité de ses actifs à une autre, ce qui avait pour effet de priver la société, non seulement de l'essentiel de son actif, mais surtout de la possibilité de réaliser l'objet social, d'avoir une activité économique et donc de toute rentabilité. • Com. 1er oct. 1991, n° 89-13.967 : *D. 1992. 190, note Virassamy ; Rev. sociétés 1992. 497, note Didier ; JCP 1992. II. 21860, note Viandier ; BJS 1991. 1004, note Roca ; Dr. sociétés 1992, n° 13, obs. Le Nabasque.* ♦ En revanche, l'erreur alléguée ne peut justifier la réparation du préjudice résultant de la diminution du chiffre d'affaires, dès lors qu'elle n'affecte que la valeur des actions cédées et qu'elle n'a pas empêché la société de poursuivre l'activité économique constituant son objet social. • Com. 18 févr. 1997, n° 95-12.617 P : *D. Affaires 1997. 486 ; RTD com. 1997. 274, obs. Champaud et Danet .*

14. Dol au préjudice du cessionnaire. La présentation de comptes infidèles peut constituer un dol indépendamment des manœuvres frauduleuses constitutives de l'escroquerie. • Com. 26 mai 2009, n° 08-15.980 : *RTD com. 2009. 746, obs. Champaud et Danet ; RJDA 2009, n° 749 ; BJS 2009. 962, note Massart.* ♦ Justifie l'annulation pour dol le fait, par le cédant, de déclarer dans l'acte de cession qu'il n'existait aucun litige en cours susceptible de réduire notablement l'actif social, alors que le cédant venait d'être informé d'une assignation en garantie délivrée au siège de la société. • Com. 15 juill. 1992, n° 90-20.990 : *Dr. sociétés 1992, n° 210, obs. Le Nabasque.* ♦ Le dol ne saurait être retenu dès lors que les inexactitudes affectant les éléments comptables sont dues à des fautes commises par l'expert-comptable et le commissaire aux comptes et que ces manquements, dont l'ancienneté et la constance révèlent qu'ils sont sans lien avec la cession des actions, ne traduisent pas la volonté de leurs auteurs de cacher la véritable situation de la société. • Com. 2 mai 2007, n° 05-21.295 : *RJDA 2008, n° 420 ; Dr. sociétés 2007, n° 148, obs. Lécuyer.*

15. Dol au préjudice du cédant. Le dirigeant social (d'une société non cotée) manque au devoir de loyauté qui s'impose à lui à l'égard de tout associé, en particulier lorsqu'il en est l'intermédiaire pour le reclassement de sa participation, en s'abstenant d'informer le cédant (minoritaire) des négociations qu'il avait engagées pour la vente des mêmes actions (cession du bloc de contrôle) à un prix minimal supérieur. • Com. 27 févr. 1996, n° 94-11.241 P : *D. 1996. 518, note Malaurie ; JCP 1996. II. 22665, note Ghestin ; JCP E 1996. II. 838, note Schmidt et Dion ; BJS 1996. 485, note Couret.*

3° DÉTERMINATION DE LA CHOSE VENDUE ET DU PRIX

16. *Chose vendue.* V. notes 11 s. ss. art. L. 223-14.

17. *Exigence d'un prix déterminé.* Les dispositions relatives à la dématérialisation des valeurs mobilières, supprimant dans l'ordre de mouvement la mention du prix de vente, ne dérogent pas aux règles générales de la vente, notamment à celles qui résultent de l'art. 1591 C. civ. A défaut de preuve d'un prix déterminé ou déterminable, la cession d'actions, même entre un père et une fille, doit être annulée. • Civ. 1re, 16 juill. 1992, n° 90-19.107 P : *JCP E 1993. I. 218, obs. Viandier et Caussain ; Dr. sociétés 1992, n° 211, obs. Le Nabasque.* ♦ Pour une cession d'actions jugée imparfaite faute d'accord sur le prix de cession, dans le cas où la somme allouée au cédant incluait, outre le prix de cession des actions, le montant de diverses indemnités qui lui étaient dues par la société, sans que l'acte de cession ne permette de déterminer le montant de l'un ou l'autre de ces éléments, V. • Com. 5 avr. 2005, n° 99-13.224 : *RJDA 2006, n° 143.* ♦ Le prix de cession de titres composant le capital de plusieurs sociétés est suffisamment déterminé par un prix global, dès lors que la ventilation de ce prix entre chacune de ces sociétés ne constitue pas une condition de la vente, mais en conditionne seulement les conséquences fiscales pour l'acquéreur. • Com. 8 avr. 2008, n° 06-18.042 P : *D. 2009. Pan. 328, obs. Lamazerolles ; RTD com. 2008. 780, obs. Champaud et Danet ; Rev. sociétés 2008. 577, note Moury ; JCP E 2008. 2066, note Coquelet ; BJS 2008. 608, note Couret.* ♦ Est déterminable le prix de cession d'actions, dont l'acte se référait, pour des actions restant à acquérir, à la valeur réelle de l'entreprise et à l'évolution des résultats, éléments indépendants de la seule volonté des parties. • Com. 10 mars 1998, n° 96-10.169 P : *Rev. sociétés 1998. 541, note Saintourens ; JCP E 1998, n° 32135, obs. Viandier et Caussain ; BJS 1998. 464, note Couret.*

18. *Fixation du prix par un tiers estimateur.* Si, aux termes de l'art. 1592 C. civ., le prix de la vente peut être laissé à l'arbitrage d'un tiers, il importe que ce mandataire commun des cocontractants ait véritablement la qualité de tiers, c'est-à-dire qu'il ne soit pas sous la dépendance de l'une des parties. Tel n'est pas le cas de celui qui a exercé les fonctions de consultant financier de l'acquéreur pendant les deux années ayant précédé la vente et qui a reçu à ce titre des honoraires. • Civ. 1re, 2 déc. 1997, n° 95-19.791 P : *Rev. sociétés 1998. 332, note Randoux ; Dr. sociétés 1998, n° 55, obs. Bonneau ; BJS 1998. 460, note Daigre.* ♦ Sur la distinction entre l'estimation à dire d'expert et la clause compromissoire, V. • Com. 16 févr. 2010, n° 09-11.586 P : *D. 2010. AJ 651 ; Rev. sociétés 2010. 165, note Couret ; JCP E 2010. 1591, note Cohen ; RJDA 2010, n° 750 ; Dr. sociétés 2010, n° 108, obs. Coquelet ; BJS 2010. 626, note Le Cannu.*

19. *Usufruit.* En cas d'usufruit, la répartition du prix entre les cédantes, usufruitières et nues-propriétaires des actions, doit être proportionnelle à la valeur comparative de l'usufruit et de la nue-propriété en tenant compte de l'âge de l'usufruitière et du revenu net qu'elle pouvait espérer obtenir des actions vendues, sans qu'il soit obligatoire de se référer à l'art. 762 CGI dont l'application ne s'impose qu'en matière fiscale. • Civ. 1re, 25 févr. 1997, n° 94-20.785 : *BJS 1997. 535, note Derruppé.*

20. *Droit aux dividendes.* Sur la question de savoir qui, du cessionnaire ou du cédant, doit percevoir les dividendes antérieurs à la cession d'actions mais postérieurement mis en distribution, V. • Lyon, 23 févr. 1984 : *D. 1985. 127, note Croze et Reinhard* (et, sur pourvoi, • Com. 11 mars 1986 : *BJS 1986. 506, note W. L. B.*).

4° CONSÉQUENCES DE LA NULLITÉ D'UNE CESSION D'ACTIONS

21. *Restitutions.* L'annulation d'une cession d'actions confère au vendeur le droit d'obtenir la remise des actions en nature ou en valeur, sans qu'aucune réduction ne puisse affecter le montant de cette restitution, à l'exception des dépenses nécessaires ou utiles faites par l'acquéreur pour la conservation des titres. • Com. 29 mars 1994, n° 92-14.245 P : *D. 1995. 520, note Moury ; JCP E 1994. II. 610, note Guyon ; BJS 1994. 650, note Couret ; Dr. sociétés 1994, n° 116, obs. Le Nabasque.* ♦ La répétition ne peut porter que sur le prix nominal payé lors de la vente. • Civ. 1re, 19 mars 1996, n° 94-12.760 P : *D. 1996. IR 112 ; Rev. sociétés 1997. 117, note Randoux ; Dr. sociétés 1996, n° 97, obs. Bonneau ; BJS 1996. 583, note Couret* • Com. 14 juin 2005, n° 03-12.339 P : *D. 2005. AJ 1775, obs. Lienhard ; Rev. sociétés 2006. 66, note Mathey ; JCP E 2006, n° 9, p. 427, note Wintgen ; Dr. sociétés 2005, n° 158, obs. Hovasse ; BJS 2005. 1399, note Le Cannu.*

5° OBLIGATIONS ET GARANTIES DU CÉDANT

22. *Obligation de délivrance.* L'obligation de délivrer les actions cédées s'exécute par la signature des ordres de mouvement et cette formalité incombe au seul cédant. • Com. 24 mai 2011, n° 10-12.163 P : *Rev. sociétés 2012. 157, note Dubertret ; RJDA 2011, n° 813 ; Dr. sociétés 2011, n° 166, obs. Mortier ; BJS 2011. 770, note Poracchia et Maetz.*

23. *Garanties légales.* V. notes 16 et 17 ss. art. L. 223-14.

24. *Obligation de non-concurrence.* V. note 90 ss. L. n° 63-628 du 2 juill. 1963, art. 2, App., v° *Concurrence.*

B. SPÉCIFICITÉ DE LA CESSION DE CONTRÔLE

1° NATURE DE L'OPÉRATION

25. Solidarité commerciale. La cession des actions ayant porté sur la totalité des actions de la société, les cessionnaires ont souscrit une obligation de nature commerciale qui entraîne leur solidarité. • Com. 16 janv. 1990, n° 88-16.265 : *D. 1992. Somm. 177, obs. Bousquet ; JCP 1991. II. 21748, note Hannoun ; BJS 1990. 272, note Streiff ; Dr. sociétés 1990, n° 97, obs. M. G. ; RJ com. 1990. 166, note Cherchouly-Sicard.*

26. Clause compromissoire. La cession qui porte sur la totalité des actions et transfère le contrôle de la société a un caractère commercial et peut donc faire l'objet d'un arbitrage, alors même que la clause compromissoire est insérée dans une convention de garantie de passif seulement annexée à une cession de « parts sociales ». • Com. 5 mars 1991, n° 89-19.940 : *D. 1992. Somm. 179, obs. Bousquet ; BJS 1991. 507.*

27. Distinction avec la cession de fonds de commerce. V. note 5 ss. art. L. 141-13.

2° OBLIGATIONS DES PARTIES

28. Obligation et clause de non-concurrence. V. note 24.

29. Conventions de garantie d'actif et de passif. V. notes 25 s. ss. art. L. 223-14.

3° DEVOIRS DES ORGANES SOCIAUX

30. Devoirs à l'égard des actionnaires. Les décisions du conseil d'administration et la délibération de l'assemblée générale d'une SA autorisant la cession à une autre société des deux tiers de son capital social ne peuvent être annulées comme portant une atteinte grave à l'objet social et mettant en cause sa survivance même, dès lors que cette société conserve son existence propre, sa personnalité juridique, son objet et sa durée. • Com. 21 janv. 1970, n° 68-11.085 P : *Rev. sociétés 1970. 292, note J. G. ; JCP 1970. II. 16541, note Oppetit.* ♦ Il n'y a pas lieu de tenir compte des intentions présumées des sociétés intéressées, non plus que d'hypothèses sur l'avenir à plus ou moins longue échéance. • Même arrêt. ♦ Les décisions ainsi prises ne peuvent être tenues pour des abus de pouvoir dès lors que les offres d'acquisition, faites non à la société mais à ses actionnaires, ont été transmises à tous ceux-ci sans exception et qu'il n'apparaît pas que le conseil d'administration ait donné des renseignements inexacts ou dissimulé des informations utiles ni qu'il n'ait pas tenu compte de l'intérêt de la société ou qu'il ait cherché à favoriser certains actionnaires au détriment des autres. • Même arrêt. ♦ Sur le devoir de loyauté du dirigeant social (d'une société non cotée) à l'égard de tout associé, en particulier lorsqu'il en est l'intermédiaire pour le reclassement de sa participation, en s'abstenant d'informer le cédant (minoritaire) des négociations qu'il avait engagées pour la vente des mêmes actions (cession du bloc de contrôle) à un prix minimal supérieur. • Com. 27 févr. 1996, n° 94-11.241 P : *préc. note 15.* ♦ Sur les limites du devoir de loyauté, V. • Com. 11 oct. 2005, n° 04-14.188 : *BJS 2006. 632, note Massart.* ♦ V., désormais, sur l'obligation d'information à la charge des parties pendant les négociations : C. civ., art. 1112-1 (issu de l'Ord. n° 2016-131 du 10 févr. 2016, en vigueur le 1er oct. 2016).

31. Devoirs à l'égard des tiers. Sur l'obligation d'information pesant sur l'actionnaire majoritaire à l'égard de la banque à qui il avait adressé une lettre d'intention en faveur de la filiale dont la majorité des titres sont cédés, V. • Com. 19 mars 1991, n° 89-16.464 : *BJS 1991. 523, note Le Cannu.*

4° RESPONSABILITÉ DU CESSIONNAIRE

32. Absence d'obligation d'information. Le cessionnaire n'est tenu d'informer le cédant ni des négociations tendant à l'acquisition par un tiers d'autres titres de la même société, ni de celles qu'il conduit lui-même avec ce tiers en vue de lui céder ou de lui apporter les titres faisant l'objet de la cession. • Com. 12 mai 2004, n° 00-15.618 P : *D. 2004. Somm. 2923, obs. Lamazerolles ; Rev. sociétés 2005. 140, note Godon ; JCP E 2004, n° 42, p. 1631, obs. Caussain, Deboissy et Wicker ; Dr. sociétés 2004, n° 147, obs. Hovasse ; BJS 2004. 1114, note Schmidt.*

33. Violence économique. Les actionnaires d'une société ayant subi des difficultés financières provoquées par une autre société pour prendre le contrôle de la première société, par une augmentation de capital leur ayant été imposée par une violence caractérisée par la menace de ruine de leur société, et ayant conduit à leur éviction, justifient d'un intérêt à agir en réparation d'un préjudice personnel à l'encontre de la société devenue majoritaire. • Com. 18 févr. 1997, n° 94-19.272 P : *D. 1998. Somm. 181, obs. Hallouin ; RJDA 1997, p. 391, note Couret ; BJS 1997. 408, note Daigre ; Dr. sociétés 1997, n° 75, obs. Bonneau* (V. sur renvoi • Douai, 15 nov. 1999 : *RJDA 2000, n° 41 ; BJS 2000. 409, note Daigre*).

C. PROCÉDURES RELATIVES AUX CESSIONS D'ACTIONS

34. Qualité à agir. Tout actionnaire d'une SA a, à ce seul titre, qualité pour agir en contestation de la validité ou de la réalité d'une cession d'actions. • Com. 30 juin 1970, n° 69-11.537 P : *Rev. sociétés 1971. 190, note Guyénot.*

35. Juge des référés. Une instance principale en nullité d'une cession d'actions étant en cours, le juge des référés, saisi par le cédant, peut faire défense aux cessionnaires de se livrer à des manœuvres tendant à liquider la société pendant le cours du procès et désigner un contrôleur de gestion chargé de surveiller leurs agissements, l'urgence et l'absence de préjudice au principal étant souverainement et justement appréciées. • Com. 10 janv. 1972 : *D. 1972. Somm. 180 ; Rev. sociétés 1973. 118, note Coudert ; JCP 1972. II. 17134, note Guyon.*

36. Séquestre. Le bénéficiaire d'un pacte de préférence peut obtenir que le droit de vote attaché aux titres visés par le pacte soit confié au séquestre dès lors que le débiteur du pacte de préférence pourrait en faire un usage susceptible de créer une situation irréversible au détriment du bénéficiaire. • Com. 25 sept. 2012, n° 11-20.061 : *Rev. sociétés 2013.152, note Couret ; BJS 2013.111, note Gaudemet.* ♦ Le directeur de la filiale d'une société en redressement judiciaire, auteur d'une offre visant la reprise des actions constituant la participation dans la filiale, ne peut obtenir la mise sous séquestre de ces actions jusqu'à la décision portant sur la dévolution de ces actions. • Com. 18 oct. 1994, n° 92-16.720 : *Dr. sociétés 1995, n° 13, obs. Vidal ; BJS 1994. 1326, note Le Cannu.*

III. AUTRES OPÉRATIONS SUR ACTIONS

37. Location d'actions. V. art. L. 239-1 s.

38. Portage d'actions. Ne peuvent être qualifiées de portage les opérations par lesquelles les cessionnaires revendent, le jour même de leur acquisition, les actions de sociétés, à celles-ci ou à leur représentants, sans qu'aucune stipulation ne vienne retarder le transfert de propriété, de telle sorte que les donneurs d'ordre ne perdent pas la propriété des actions cédées et que les cessionnaires n'en deviennent pas propriétaires. • Com. 23 janv. 2007, n° 05-16.652 P : *Rev. sociétés 2007. 315, note Viandier ; RJDA 2007, n° 492 ; BJS 2007. 610, note F.-X. Lucas ; Dr. sociétés 2007, n° 99, obs. Bonneau ; RJ com. 2007. 213, obs. Ginestet.*

Art. L. 228-11 *(Ord. n° 2004-604 du 24 juin 2004, art. 31)* **Lors de la constitution de la société ou au cours de son existence, il peut être créé des actions de préférence, avec ou sans droit de vote, assorties de droits particuliers de toute nature, à titre temporaire ou permanent. Ces droits sont définis par les statuts** *(L. n° 2019-486 du 22 mai 2019, art. 100)* **« et, pour les sociétés dont les actions sont admises aux négociations sur un marché réglementé ou sur un système multilatéral de négociation, dans le respect des articles » L. 225-122 à L. 225-125.**

Le droit de vote peut être aménagé pour un délai déterminé ou déterminable. Il peut être suspendu pour une durée déterminée ou déterminable ou supprimé.

Les actions de préférence sans droit de vote ne peuvent représenter plus de la moitié du capital social, et dans les sociétés dont les actions sont admises aux négociations sur un marché réglementé, plus du quart du capital social.

Toute émission ayant pour effet de porter la proportion au-delà de cette limite peut être annulée.

(L. n° 2008-776 du 4 août 2008, art. 57-V, en vigueur le 1er janv. 2009) **« Par dérogation aux articles L. 225-132 et L. 228-91, les actions de préférence** *(Abrogé par L. n° 2019-486 du 22 mai 2019, art. 100) « sans droit de vote (Ord. n° 2008-1145 du 6 nov. 2008, art. 1er, en vigueur le 1er janv. 2009) « à l'émission »* **auxquelles est attaché un droit limité de participation aux dividendes, aux réserves ou au partage du patrimoine en cas de liquidation sont privées de droit préférentiel de souscription pour toute augmentation de capital en numéraire, sous réserve de stipulations contraires des statuts. »**

L'Ord. n° 2004-604 du 24 juin 2004 (art. 30-I et II) a transféré aux art. L. 228-35-1 et L. 228-35-2, en les modifiant, les dispositions de l'anc. art. L. 228-11.

L'art. 100 de la L. n° 2019-486 du 22 mai 2019 est applicable aux actions de préférence émises à compter de la publication de cette loi (L. préc., art. 100-II, JO 23 mai).

RÉP. SOCIÉTÉS v° *Action de préférence*, par ARAKELIAN.

BIBL. ► MAGNIER, *D. 2004. Chron. 2559* (à qui profite la préférence ?). – GERMAIN, *Rev. sociétés 2004. 597* (les actions de préférence). – MORTIER, *Rev. sociétés 2004. 639* (rachat des actions). – PICHARD, *LPA 21 janv. 2005* (droits attachés aux actions). – SCHILLER, *Rev. sociétés 2006. 703* (évaluation des actions de préférence). – LE NABASQUE, *JCP E 2008, n° 2445* (réforme issue de la L. du 4 août 2008 et de l'Ord. du 6 nov. 2008). – DONDERO, *Rev. sociétés 2008. 715* (Ord. du 6 nov. 2008). – LE CANNU et DONDERO, *RTD com. 2009. 378* (même thème). ► Sur la réforme issue de la loi PACTE du 22 mai 2019 : RONTCHEVSKY, *Rev. sociétés 2019. 605*. – HAMELIN, *Dr. sociétés 2019, n° 106.*

Art. L. 228-12 *(Ord. nº 2004-604 du 24 juin 2004, art. 31) (Ord. nº 2014-863 du 31 juill. 2014, art. 22)* **« I. — » L'assemblée générale extraordinaire des actionnaires est seule compétente pour décider l'émission** *(Abrogé par Ord. nº 2014-863 du 31 juill. 2014, art. 22)* **«** *, le rachat* **» et la conversion des actions de préférence au vu d'un rapport spécial des commissaires aux comptes. Elle peut déléguer ce pouvoir dans les conditions fixées par les articles L. 225-129 à L. 225-129-6.** — *V. art. R. 228-19.*

Les modalités *(Abrogé par Ord. nº 2014-863 du 31 juill. 2014, art. 22)* **«** *de rachat ou* **» de conversion des actions de préférence peuvent également être fixées dans les statuts.**

A tout moment de l'exercice en cours et au plus tard lors de la première réunion suivant la clôture de celui-ci, le conseil d'administration ou le directoire constate, s'il y a lieu, le nombre et le montant nominal des actions issues de la conversion des actions de préférence, au cours de l'exercice écoulé, et apporte les modifications nécessaires aux clauses des statuts relatives au montant du capital social et au nombre des titres qui le composent.

Le président du directoire ou le directeur général peut, sur délégation du directoire ou du conseil d'administration, procéder à ces opérations à tout moment de l'exercice et au plus tard dans le délai fixé par décret en Conseil d'État. — *V. art. R. 225-132.*

(Ord. nº 2014-863 du 31 juill. 2014, art. 22) **« II. — Les actions de préférence peuvent être rachetées dans les conditions et selon les modalités prévues aux articles L. 225-204 à L. 225-214.**

« III. — Lorsque les statuts qui créent une catégorie d'actions de préférence ont prévu, préalablement à leur souscription, le principe du rachat et en ont organisé les modalités, doivent uniquement être satisfaites, outre les conditions mentionnées aux articles L. 225-210 à L. 225-212, les conditions prévues ci-après :

« 1º L'acquisition ne peut être réalisée qu'au moyen de sommes distribuables au sens de l'article L. 232-11 ou du produit d'une nouvelle émission de titres de capital effectuée en vue de ce rachat ;

« 2º La valeur de la réserve visée au troisième alinéa de l'article L. 225-210 est calculée par référence à la valeur nominale des seules actions de préférence rachetées. Cette réserve ne peut, sauf en cas de réduction du capital souscrit, être distribuée aux actionnaires. Elle ne peut être utilisée que pour augmenter le capital par incorporation de réserves ;

« 3º Lorsque les statuts prévoient le versement d'une prime en faveur des actionnaires à la suite du rachat, cette prime ne peut être prélevée que sur des sommes distribuables au sens de l'article L. 232-11 ou sur une réserve prévue à cette fin autre que celle prévue à l'alinéa précédent. Cette réserve ne peut, sauf en cas de réduction du capital souscrit, être distribuée aux actionnaires. Elle ne peut être utilisée que pour augmenter le capital souscrit par incorporation de réserves, pour couvrir les frais d'émissions d'actions de préférence ou pour effectuer le versement d'une prime en faveur des détenteurs des actions de préférence rachetables ;

(L. nº 2019-486 du 22 mai 2019, art. 100) **« 4º Dans les sociétés dont les actions sont admises aux négociations sur un marché réglementé, le rachat est à l'initiative exclusive de la société ou à l'initiative conjointe de la société et du détenteur de l'action de préférence. Dans les sociétés dont les actions ne sont pas admises aux négociations sur un marché réglementé, les statuts déterminent, préalablement à la souscription, si le rachat peut avoir lieu à l'initiative exclusive de la société, à l'initiative conjointe de la société et du détenteur ou à l'initiative exclusive du détenteur, suivant les conditions et délais qu'ils précisent ; »** — *Pour les dispositions transitoires de la L. nº 2019-486 du 22 mai 2019, V. note ss. art. L. 228-11.*

« 5º En aucun cas, ces opérations ne peuvent porter atteinte à l'égalité d'actionnaires se trouvant dans la même situation. » — *V. art. R. 228-22-1.*

Les dispositions de l'anc. art. L. 228-12 ont été transférées ss. l'art. L. 228-35-3 (Ord. nº 2004-604 du 24 juin 2004, art. 30-III).

BIBL. ▶ Ord. du 31 juill. 2014 : MORTIER, *Rev. sociétés 2014. 627*. – GALLOIS-COCHET, *Dr. sociétés 2014, nº 146*. – DONDERO, *RTD com. 2015. 111*. – DESACHÉ, *JCP E 2015. 1228, nº 16.*

Art. L. 228-12-1 *(Ord. nº 2014-863 du 31 juill. 2014, art. 23)* **I. — Les actions de préférence rachetées sont utilisées aux fins prévues aux articles L. 225-204 à L. 225-214.**

II. – Les actions de préférence rachetées conformément aux dispositions du III de l'article L. 228-12 peuvent être conservées suivant les modalités prévues aux articles L. 225-210 à L. 225-214.

Elles peuvent être cédées ou transférées par tous moyens.

Si les statuts et le contrat d'émission le prévoient, elles peuvent également être annulées dans le cadre d'une réduction de capital. Dans ce cas, il est fait application des dispositions de l'article L. 225-205, sauf si la réserve visée au 2° du III de l'article L. 228-12 est affectée au remboursement des créanciers, le solde pouvant ensuite être distribué aux actionnaires.

Art. L. 228-13 *(L. n° 2004-1343 du 9 déc. 2004, art. 78-XXVII)* « Les droits particuliers mentionnés à l'article L. 228-11 peuvent être exercés dans la société qui possède directement ou indirectement plus de la moitié du capital de l'émettrice ou dans la société dont l'émettrice possède directement ou indirectement plus de la moitié du capital. »

(Ord. n° 2004-604 du 24 juin 2004, art. 31) « L'émission doit alors être autorisée par l'assemblée générale extraordinaire de la société appelée à émettre des actions de préférence et par celle de la société au sein de laquelle les droits sont exercés.

« Les commissaires aux comptes des sociétés intéressées doivent établir un rapport spécial. »

Les dispositions de l'anc. art. L. 228-13 ont été transférées ss. le nouvel art. L. 228-35-4 (Ord. n° 2004-604 du 24 juin 2004, art. 30-III).

Art. L. 228-14 *(Ord. n° 2004-604 du 24 juin 2004, art. 31)* Les actions de préférence peuvent être converties en actions ordinaires ou en actions de préférence d'une autre catégorie.

En cas de conversion d'actions de préférence en actions aboutissant à une réduction de capital non motivée par des pertes, les créanciers dont la créance est antérieure à la date du dépôt au greffe du procès-verbal de délibération de l'assemblée générale, ou du conseil d'administration ou du directoire en cas de délégation, peuvent former opposition à la conversion dans le délai et suivant les modalités fixés par décret en Conseil d'État.

Les opérations de conversion ne peuvent commencer pendant le délai d'opposition ni, le cas échéant avant qu'il ait été statué en première instance sur cette opposition.

Les dispositions de l'anc. art. L. 228-14 ont été transférées ss. l'art. L. 228-35-5 (Ord. n° 2004-604 du 24 juin 2004, art. 30-III).

Art. L. 228-15 *(Ord. n° 2004-604 du 24 juin 2004, art. 31)* La création de ces actions donne lieu à l'application des articles L. 225-8, *(L. n° 2019-486 du 22 mai 2019, art. 100)* « L. 225-10, » L. 225-14, L. 225-147 *(Ord. n° 2020-1142 du 16 sept. 2020, art. 5, en vigueur le 1er janv. 2021)* « , L. 22-10-53 et L. 22-10-54 » relatifs aux avantages particuliers lorsque les actions sont émises au profit *(L. n° 2019-486 du 22 mai 2019, art. 100)* « d'une ou *[de]* plusieurs personnes nommément désignées ». Dans ce cas, le commissaire aux apports prévu par ces articles est un commissaire aux comptes n'ayant pas réalisé depuis *(L. n° 2019-744 du 19 juill. 2019, art. 30)* « trois » ans et ne réalisant pas de mission au sein de la société.

Les titulaires d'actions devant être converties en actions de préférence de la catégorie à créer ne peuvent, à peine de nullité de la délibération, prendre part au vote sur la création de cette catégorie et les actions qu'ils détiennent ne sont pas prises en compte pour le calcul du quorum et de la majorité, à moins que l'ensemble des actions ne fassent l'objet d'une conversion en actions de préférence.

(L. n° 2008-776 du 4 août 2008, art. 57-VI, en vigueur le 1er janv. 2009) « Par dérogation au premier alinéa, lorsque l'émission porte sur des actions de préférence relevant d'une catégorie déjà créée, l'évaluation des avantages particuliers qui en résultent est faite dans le rapport spécial mentionné à l'article L. 228-12. »

Les dispositions de l'anc. art. L. 228-15 ont été transférées ss. l'art. L. 228-35-6 (Ord. n° 2004-604 du 24 juin 2004, art. 30-III).

Pour les dispositions transitoires de la L. n° 2019-486 du 22 mai 2019, V. note ss. art. L. 228-11.

BIBL. ▶ MONOD et ARAKELIAN, *LPA 1er-2 nov. 2004* (comment utiliser la procédure des avantages particuliers ?).

1. Actionnaires nommément désignés. L'art. L. 228-15, al. 1er, vise les actionnaires déjà existants et les ceux qui le deviennent au moment de la souscription à condition toutefois que ces actionnaires soient nommément désignés (Rép. min. no 43987 : *JOAN Q 24 août 2004, p. 6685 ; Dr. sociétés 2004, no 220, obs. Bonneau*).

2. Avantages particuliers. Lorsqu'une société envisage de convertir en actions de préférence des actions ordinaires détenues par les actionnaires titulaires d'un contrat de travail ou exerçant un mandat social au sein de la société, la procédure relative aux avantages particuliers, prévue à l'art. L. 228-15, al. 1er, doit être appliquée (Avis CNCC : *Bull. CNCC sept. 2006, p. 513 ; BRDA 2007, no 7, p. 5*).

3. Commissaire aux apports. Dans le cadre d'une opération unique d'apport de titres donnant lieu à l'attribution d'actions ordinaires et d'actions de préférence, le même commissaire aux apports peut se prononcer sur la valeur des apports et sur les avantages particuliers aussi que sur les droits particuliers attachés aux actions de préférence (Avis CNCC : *Bull. CNCC sept. 2006, p. 512 ; BRDA 2007, no 7, p. 5*). ♦ En cas d'insertion dans les statuts des caractéristiques d'actions de préférence dont l'émission ultérieure est réservée à des personnes dénommées, le commissaire aux apports doit intervenir au moment de l'émission des actions et non à celui de l'introduction des caractéristiques dans les statuts (Lettre du ministère de la justice du 3 oct. 2012 : *Bull. CNCC déc. 2012, p. 667 ; BRDA 2013, no 3, p. 4*). ♦ En cas d'émission d'une catégorie d'actions de préférence au profit de tous les actionnaires puis d'une nouvelle émission d'actions de la même catégorie au profit d'actionnaires nommément désignés, c'est le commissaire aux apports, et non le commissaire aux comptes mentionné à l'art. L. 228-15, al. 3, qui doit apprécier la valeur des avantages (Même lettre).

Art. L. 228-16 *(Ord. no 2004-604 du 24 juin 2004, art. 31)* **En cas de modification ou d'amortissement du capital, l'assemblée générale extraordinaire détermine les incidences de ces opérations sur les droits des porteurs d'actions de préférence.**

Ces incidences peuvent également être constatées dans les statuts.

Les dispositions de l'anc. art. L. 228-16 ont été transférées ss. l'art. L. 228-35-7 (Ord. no 2004-604 du 24 juin 2004, art. 30-III).

Art. L. 228-17 *(Ord. no 2004-604 du 24 juin 2004, art. 31)* **En cas de fusion ou de scission, les actions de préférence peuvent être échangées contre des actions des sociétés bénéficiaires du transfert de patrimoine comportant des droits particuliers équivalents, ou selon une parité d'échange spécifique tenant compte des droits particuliers abandonnés.**

En l'absence d'échange contre des actions conférant des droits particuliers équivalents, la fusion ou la scission est soumise à l'approbation de l'assemblée spéciale prévue à l'article L. 225-99.

Les dispositions de l'anc. art. L. 228-17 ont été transférées ss. l'art. L. 228-35-8 (Ord. no 2004-604 du 24 juin 2004, art. 30-III).

Parité d'échange. L'art. L. 228-17 fait référence, en cas de fusion ou de scission, à des actions de préférence ayant des droits particuliers équivalents. Il s'agit de permettre l'échange d'actions de préférence donnant droit, par exemple, à une attribution de dividende préférentielle ou à la désignation d'un membre du conseil de surveillance contre d'autres actions de préférence donnant droit à une attribution de dividende préférentielle ou à la désignation d'un membre du conseil de surveillance, en tenant compte éventuellement d'une parité d'échange en fonction de la réduction du droit consentie. En revanche, s'il n'existe pas dans la nouvelle société d'actions de préférence disposant de droits particuliers équivalents, la parité d'échange devra tenir compte de l'abandon de ce droit (Rép. min. no 13316 : *JO Sénat Q 30 sept. 2004, p. 2236 ; D. 2004. 2558*).

Art. L. 228-18 *(Ord. no 2004-604 du 24 juin 2004, art. 31)* **Le dividende distribué, le cas échéant, aux titulaires d'actions de préférence peut être accordé en titres de capital, selon les modalités fixées par l'assemblée générale extraordinaire ou les statuts.**

Les dispositions de l'anc. art. L. 228-18 ont été transférées ss. l'art. L. 228-35-9 (Ord. no 2004-604 du 24 juin 2004, art. 30-III).

Art. L. 228-19 *(Ord. no 2004-604 du 24 juin 2004, art. 31)* **Les porteurs d'actions de préférence, constitués en assemblée spéciale, ont la faculté de donner mission à l'un des commissaires aux comptes de la société** *(L. no 2019-486 du 22 mai 2019, art. 20-I-*

19°) « , s'il en existe, » d'établir un rapport spécial sur le respect par la société des droits particuliers attachés aux actions de préférence. Ce rapport est diffusé à ces porteurs à l'occasion d'une assemblée spéciale. — *V. art. R. 228-22.*

Les dispositions de l'anc. art. L. 228-19 ont été transférées ss. l'art. L. 228-35-10 (Ord. n° 2004-604 du 24 juin 2004, art. 30-III).

Pour les dispositions transitoires de la L. n° 2019-486 du 22 mai 2019, V. notes ss. art. L. 221-9.

Art. L. 228-20 *Abrogé par Ord. n° 2008-1145 du 6 nov. 2008, art. 2.*

Art. L. 228-21 Les actions demeurent négociables après la dissolution de la société et jusqu'à la clôture de la liquidation. — *[L. n° 66-537 du 24 juill. 1966, art. 272.]*

Art. L. 228-22 L'annulation de la société ou d'une émission d'actions n'entraîne pas la nullité des négociations intervenues antérieurement à la décision d'annulation, si les titres sont réguliers en la forme. Toutefois, l'acquéreur peut exercer un recours en garantie contre son vendeur. — *[L. n° 66-537 du 24 juill. 1966, art. 273.]*

Art. L. 228-23 *(Ord. n° 2009-80 du 22 janv. 2009, art. 7-XIV, en vigueur le 1er avr. 2009)* Dans une société dont les actions ne sont pas admises aux négociations sur un marché réglementé, la cession d'actions ou de valeurs mobilières donnant accès au capital, à quelque titre que ce soit, peut être soumise à l'agrément de la société par une clause des statuts.

Une clause d'agrément ne peut être stipulée que si les titres sont nominatifs en vertu de la loi ou des statuts.

Cette clause est écartée en cas de succession, de liquidation du régime matrimonial ou de cession, soit à un conjoint, soit à un ascendant ou à un descendant.

Les dispositions de l'alinéa précédent ne sont pas applicables lorsqu'une société dont les actions ne sont pas admises aux négociations sur un marché réglementé réserve des actions à ses salariés, dès lors que la clause d'agrément a pour objet d'éviter que lesdites actions ne soient dévolues ou cédées à des personnes n'ayant pas la qualité de salarié de la société.

Toute cession effectuée en violation d'une clause d'agrément figurant dans les statuts est nulle. — *[L. n° 66-537 du 24 juill. 1966, art. 274.]*

BIBL. ► FERRY, *JCP E 2010. 1327* (validité des clauses d'inaliénabilité portant sur des actions) ; *Dr. sociétés 2010. Étude 12* (portée des clauses d'inaliénabilité ayant pour objet des actions). — MOUBSIT, *RLDA oct. 2013. 91* (clauses d'inaliénabilité en droit des sociétés).

I. PRINCIPE DE LIBRE NÉGOCIABILITÉ

1. *Portée du principe.* Le principe de la négociabilité de l'action est de l'essence des SA. Est nulle la clause statutaire supprimant la possibilité pour l'actionnaire de sortir de la SA par la cession de son titre. • Com. 22 oct. 1969, n° 67-10.189 P : *Rev. sociétés 1970. 288.*

2. *Limites.* Les dispositions de l'art. 1er, al. 2 et 3, de l'Ord. du 28 nov. 1958 (prévoyant la constitution de SA dans le secteur de l'énergie nucléaire, dont les statuts sont approuvés par décret en Conseil d'État, et doivent fixer la répartition du capital), qui doivent manifestement s'interpréter comme autorisant l'approbation dans les statuts des sociétés en cause de dérogations importantes au droit commun des SA, touchent *aux « principes fondamentaux des obligations commerciales »* réservés par l'art. 34 de la Constitution au domaine de la loi. • Cons. const. 14 oct. 1960 : *D. 1961. 109, note Hamon.*

3. *Nature des restrictions à la libre négociabilité.* La réglementation du droit de préemption et les restrictions apportées à la cessibilité des actions peuvent diminuer les droits des actionnaires, mais ne constituent pas une augmentation de leurs engagements. • Civ. 9 févr. 1937 : *DP 1937. 1. 73, note Besson.*

II. CLAUSES D'AGRÉMENT

[Jurisprudence antérieure à l'ordonnance du 24 juin 2004 étendant l'application des clauses d'agrément aux cessions entre actionnaires]

A. CHAMP D'APPLICATION

4. *Cessions.* La clause des statuts soumettant, sans distinction, à l'agrément du conseil d'administration toute cession d'actions à titre gratuit ou onéreux à d'autres que des actionnaires doit s'appliquer aux apports que des actionnaires font de leurs titres à une autre société. • Com. 21 janv. 1970, n° 68-11.085 P : *Rev. sociétés 1970. 292, note J. G. ; JCP 1970. II. 16541, note Oppetit.*

5. *Changement de contrôle d'une personne morale actionnaire.* La loi du 24 juill. 1966 (tout comme les statuts de la société entreprise de presse, en l'espèce) ne prévoit la procédure d'agrément que pour la cession des propres actions d'une société, et non pas pour la cession des parts ou actions composant le capital de ses actionnaires. • Com. 13 déc. 1994, n° 93-11.569 P : *D. 1995. IR 19 ; RTD civ. 1995. 644, obs. crit. Gautier ; Rev. sociétés 1995. 298, note Randoux ; JCP E 1995. II. 705, note Paclot ; RJDA 1995. 200, note Le Nabasque ; BJS 1995. 152, note Le Cannu.* ♦ La prise de participation, même majoritaire, dans le capital d'une ou plusieurs sociétés actionnaires d'une autre société ne constitue pas, par elle seule, une fraude ayant pour objet ou pour effet d'éluder les clauses statutaires de cette société, à défaut d'éléments permettant de caractériser cette fraude. • Même arrêt. ♦ V. toutefois, pour un arrêt prononçant une nullité sur le fondement de la fraude, consistant en la prise de contrôle par les tiers indésirables d'un associé personne morale de la société : • Com. 27 juin 1989, n° 88-17.654 P : *D. 1990. 314, note Bonnard ; BJS 1989. 815, note Le Cannu.*

6. Fusion. Une clause d'agrément peut valablement s'appliquer à un transfert d'actions résultant d'une fusion-absorption, dès lors que cette opération ne figure pas expressément au nombre des actes pour lesquels cette clause est interdite. • Com. 6 mai 2003, n° 01-12.567 P : *D. 2004. Somm. 273, obs. Hallouin ; RTD com. 2003. 525, obs. Chazal et Reinhard ; JCP E 2003, n° 38, p. 1485, note Cohen ; JCP 2003. II. 10181, note Thullier ; LPA 8 janv. 2004, note Espesson-Vergeat.* ♦ V. aussi, reconnaissant la validité d'une clause statutaire imposant l'agrément de la société bénéficiaire de la fusion : • Com. 15 mai 2007, n° 06-13.484 : *RJDA 2007, n° 1110 ; BJS 2007. 1075, note Menjucq.* ♦ Comp., pour un arrêt écartant l'application, dans le cadre d'une fusion-absorption, d'une clause d'agrément qui visait « le transfert d'actions à un tiers non actionnaire de la société, à quelque titre que ce soit » : • Rouen, 9 juin 2011, n° 10/05530 : *Dr. sociétés 2011, n° 171, obs. Roussille ; BJS 2011. 774, note Merle.*

7. Partage. Sur la licéité d'une clause d'agrément en cas d'attribution d'actions à la suite d'un partage, V., à propos d'une SCI, • Com. 12 nov. 1996, n° 94-11.370 : *RJDA 1997, n° 787 ; BJS 1997. 219, note Garçon.*

8. Catégories d'actions. L'art. 274, al. 2, [L. 228-23] ne paraît pas impliquer nécessairement que toutes les actions d'une société remplissent la condition ainsi prévue. Il semble donc possible que les statuts d'une SA prévoient la création de plusieurs catégories d'actions, la clause d'agrément étant stipulée pour les actions d'une seule catégorie, lesquelles sont alors soumises aux conditions de l'art. 274. * Rép. min. n° 8802 : *JO Sénat Q 3 déc. 1969, p. 1169.*

B. SANCTION

[Jurisprudence partiellement antérieure à la L. du 2 juill. 1998]

9. Nullité de la cession. Désormais, il est acquis que toute cession effectuée en violation d'une clause d'agrément figurant dans les statuts est nulle (art. L. 228-23, dern. al., ajouté par L. n° 98-546 du 2 juill. 1998). ♦ Seuls la société ou les actionnaires dont l'agrément est requis pour autoriser une cession d'actions peuvent invoquer la nullité de la cession qui pourrait résulter du non-respect ou de l'irrégularité de l'agrément. • Com. 14 déc. 2004, n° 00-20.287 : *RJDA 2005, n° 387.* ♦ Sur la nullité pour fraude des cessions d'actions intervenues entre l'actionnaire d'une SA et un tiers, après avoir constaté que les parties avaient recouru à l'interposition d'une société, et qu'elles avaient de connivence tenté d'échapper à l'obligation d'agrément figurant dans les statuts de la société holding, obligation dont elles avaient connaissance : • Com. 27 juin 1989, n° 88-17.654 P : *préc. note 5.*

III. CLAUSES DE PRÉEMPTION

A. CLAUSES DE PRÉEMPTION STATUTAIRES

10. Licéité. Sont licites les clauses statutaires qui instituent un droit de préemption au profit de personnes déjà associées. • Req. 13 mars 1882 : *DP 1883. 1. 83.* ♦ V. également, en faveur de la validité des clauses statutaires de préemption, • Com. 15 févr. 1994, n° 92-12.330 : *RJDA 1994, n° 671 ; BJS 1994. 508, note Velardocchio.* ♦ La clause de préemption dont la mise en œuvre est limitée dans le temps, qui réserve un juste prix au cédant et lui laisse la possibilité de vendre ses parts, même à un tiers, en cas de renonciation à la préférence n'est pas incompatible avec le principe de libre négociabilité des actions. • Paris, 14 mars 1990 : *D. 1992. Somm. 178, obs. Bousquet ; Dr. sociétés juill. 1990, p. 1, note Jeantin.*

1° INTRODUCTION ET INTERPRÉTATION DE LA CLAUSE

11. Portée. Une clause de préemption prévue dans les statuts d'une SA en faveur de certains actionnaires s'impose à l'ensemble des actionnaires, qu'ils aient ou non pris part au vote de l'assemblée générale. • Com. 15 févr. 1994, n° 92-12.330 : *préc. note 10.*

12. Abus de droit. Dès lors qu'elle constate que, en faisant modifier les statuts et en restreignant la libre cession des actions par la stipulation d'un droit de préemption au profit du conseil d'administration, l'associé majoritaire n'a agi que dans le but de faire échec aux droits d'un associé minoritaire et de lui causer ainsi un préjudice certain, la cour d'appel établit l'abus de droit dont elle tire les conséquences en déclarant nulle la modification statutaire. • Com. 20 févr. 1957 : *Bull. civ. III, n° 67.*

13. Interprétation stricte. Pour l'inapplicabilité à un apport en société de titres d'une clause de préemption visant le cas de cession des titres, V. • Com. 15 déc. 2009, n° 08-21.037 P : *D. 2010. AJ 148, obs. Lienhard ; RTD com. 2010. 140, obs. Champaud et Danet ; Rev. sociétés 2010. 291, note Le Nabasque ; RJDA 2010, n° 377 ; Dr. sociétés 2010, n° 64, obs. Coquelet ; BJS 2010. 486, note Poracchia.*

2° SANCTION

14. Substitution. En cas de violation d'une clause statutaire de préemption, il ne peut y avoir substitution dans la propriété des titres, mais le bénéficiaire de la clause est fondé à poursuivre l'indemnisation de son préjudice, résultant du manquement de la société tenue par la clause à une obligation de faire. • Paris, 21 janv. 2005 : *RTD com. 2005. 545, obs. Le Cannu* • 6 mai 2014 : *Dr. sociétés 2014, n° 139, obs. Mortier.* ♦ V. et comp., à propos d'une clause de préemption figurant dans les statuts d'une SARL : note ss. art. L. 223-16.

15. Qualité pour agir. L'acquéreur évincé, tiers à la convention de préemption, n'ayant aucun lien de droit avec le bénéficiaire de celle-ci, n'a pas qualité pour agir en nullité de la décision de préemption ainsi qu'en cession des actions à son profit. • Com. 2 févr. 2016, n° 14-20.747 P : *D. 2016. Pan. 1042, obs. Gauthier ; AJCA 2016. 243, obs. Arakelian ; JCP E 2016, n° 1231, note Brignon ; Gaz. Pal. 24 mai 2016, p. 73, obs. Dondero ; BJS 2016. 329, note Malassigné ; Dr. sociétés 2016, n° 75, note Mortier ; RJDA 2016, n° 446.*

B. PACTES EXTRASTATUTAIRES

1° VALIDITÉ ET CHAMP D'APPLICATION

16. Généralités sur les pactes d'actionnaires. Dès lors qu'un pacte d'actionnaires prévoit que le licenciement de certains de ses salariés doit être autorisé par le conseil de surveillance à une majorité déterminée de ses membres, les salariés concernés sont en droit de se prévaloir de cette clause, dont le non-respect rend leur licenciement sans cause réelle et sérieuse. • Soc. 18 mars 2009, n° 07-45.212 : *RTD com. 2009. 576, obs. Le Cannu et Dondero ; RJDA 2009, n° 552 ; BJS 2009. 786, note Constantin.* ♦ La clause d'un pacte d'actionnaires contenant l'engagement des actionnaires majoritaires de la société de faire en sorte que les besoins de trésorerie de celle-ci soient couverts au mieux pendant une durée d'une année oblige ceux-ci à l'obtention de ce résultat. • Com. 20 févr. 2007, n° 05-18.882 P : *RTD com. 2007. 369, obs. Champaud et Danet ; JCP E 2007. 1661, note Descorps-Declère ; Dr. sociétés 2007, n° 74, obs. Hovasse ; LPA 15 mai 2007, note Barbièri ; BJS 2007. 719, note Briand.* ♦ Sur la faculté de résiliation unilatérale d'un pacte d'actionnaires conclu pour une durée indéterminée, V. • Com. 6 nov. 2007, n° 07-10.620 : *D. 2008. 1024, note Dondero ; Rev. sociétés 2008. 89, note Moury ; Dr. sociétés 2008, n° 10, obs. Hovasse ; JCP E 2008, n° 1829, note Constantin ; RJDA 2008, n° 155 ; BJS 2008. 125, note Vamparys.* ♦ A propos de la sanction de la violation d'un pacte par lequel chaque partie s'interdisait d'acquérir seule, directement ou indirectement, les actions d'une société dont elle était actionnaire, cassant l'arrêt qui avait décidé, outre une réparation en nature, le rétablissement d'une stricte parité dans le nombre d'actions détenues respectivement par chacun des actionnaires, ce qui avait conduit la société ayant violé le pacte à céder un nombre d'actions plus élevé que celui qu'elle avait acquis au mépris du pacte, V. • Com. 24 mai 2011, n° 10-24.869 P : *D. 2011. 2315, note Helleringer ; RTD com. 2011. 587, obs. Le Cannu et Dondero ; Rev. sociétés 2011. 482, note Gaudemet ; RJDA 2011, n° 816 ; Dr. sociétés 2011, n° 168, obs. Mortier ; BJS 2011. 808, note Mousseron.* ♦ Sur l'irrévocabilité des promesses unilatérales de cession de titres, V. note 1, *in fine*, ss. art. L. 228-10.

17. Licéité d'un droit de préférence stipulé dans un pacte d'actionnaires. Doit être déclaré valable un pacte d'actionnaires non contraire à l'ordre public, aux statuts et à l'intérêt social, qui institue, en cas de projet de cession des actions de la société à un tiers, un droit de préférence aux autres actionnaires sans porter préjudice à la libre négociabilité des actions, le prix de cession étant convenu conventionnellement entre les parties et, à défaut, déterminé à dire d'expert choisi sur une liste agréée par elles. • Com. 7 janv. 2004, n° 00-11.692 : *RJDA 2004, n° 840 ; BJS 2004. 544, note Le Cannu.*

18. Champ d'application. Ayant relevé qu'une convention de préemption conclue entre actionnaires majoritaires d'une SA s'appliquait « en cas de cession d'actions » et que les signataires étaient tenus de ne pas céder leurs actions à des tiers sans avoir préalablement offert à leurs cocontractants de s'en porter acquéreur, une cour d'appel en déduit à bon droit, hors toute dénaturation, que les termes de l'accord couvraient tout transfert de propriété des actions et s'appliquaient en particulier à l'engagement pris par les actionnaires en faveur d'une autre SA de céder leurs actions pour une valeur fixée et payable en actions de la société acheteuse, l'échange comportant cession des titres à un prix déterminé. • Com. 7 mars 1989, n° 87-17.212 P : *D. 1989. 231, concl. Jeol ; Rev. sociétés 1989. 478, note Faugérolas ; JCP 1989. II. 21316, note Reinhard.* ♦ La clause d'agrément comme le droit de préemption résultant d'un pacte d'actionnaires extrastatutaire peuvent valablement s'appliquer à une fusion-absorption dès lors que cette opération ne figure pas au nombre des actes pour lesquels cette clause est interdite par la loi et notamment par l'art. 274 [L. 228-23]. • Com. 28 avr. 2004, n° 00-15.003 : *RJDA 2004, n° 983.* ♦ Le pacte d'actionnaires qui contient un droit de préemption doit être interprété restrictivement dès lors qu'il est une limite à la libre négociation des actions qui est de principe. • Même arrêt. ♦ L'opération de fusion-absorption, qui entraîne la dissolution sans liquidation de la société absorbée et la transmission universelle de son patrimoine à la société absorbante et n'a pas pour contrepartie l'attribution à la société absorbée de droits sociaux au sein de la société absorbante, ne constitue pas un apport fait par la première à la seconde ; c'est dès lors à bon droit que la cour d'appel a retenu, pour dire que la fusion n'était pas intervenue en violation du pacte de préférence [qui visait le cas de vente, d'échange ou d'apport en société], que cette opération n'était pas un apport en société. • Com. 9 nov. 2010, n° 09-70.726 P : *D. 2010. Actu. 2702, obs. Lienhard ; Rev. sociétés 2011. 219, note Massart ; RTD civ. 2011. 139, obs. P.-Y. Gautier ; RJDA 2011, n° 244 ; Dr. sociétés 2011, n° 1, obs. Coquelet ; BJS 2011. 122, note Le Cannu.*

19. *Prix de la préemption.* Pour l'annulation d'un pacte de préférence pour indétermination du prix, V. • Com. 6 nov. 2012, n° 11-24.730 : *RTD civ. 2013. 110, obs. Fages .* ♦ Sur l'interprétation d'une clause prévoyant la détermination du prix par arbitrage, V. • Com. 15 oct. 1996, n° 94-16.940 : *BJS 1997. 126, note Massart.*

2° EXERCICE ET SANCTION DU DROIT DE PRÉEMPTION

20. *Offre d'achat d'un tiers.* L'existence d'un pacte de préférence ne rend pas incessibles les actions sur lesquelles il porte et n'empêche pas leur détenteur de présenter à l'agrément de la société en cause une offre d'achat émanant d'un tiers. • Com. 26 avr. 1994, n° 92-18.173 P : *Rev. sociétés 1994. 480, note Jeantin ; Dr. sociétés 1994, n° 139, obs. Le Nabasque ; BJS 1994. 813, note Le Cannu.*

21. *Notification.* Dès lors que le contrat stipule que le droit de préemption en cas de cession des actions est exercé par lettre recommandée avec demande d'AR, ce dont il résulte que l'art. 651 NCPC [C. pr. civ.] est sans application à cette notification qui n'est pas de nature contentieuse, la société bénéficiaire du droit de préemption ne peut prétendre avoir valablement exercé son droit par l'assignation du cédant. • Com. 3 oct. 2006, n° 05-13.052 P : *D. 2008. Pan. 384, obs. Hallouin et Lamazerolles ; Dr. sociétés 2006, n° 183, obs. Hovasse ; BJS 2007. 250, note Le Cannu.*

22. *Nullité de la cession et substitution à l'acquéreur.* Si le bénéficiaire d'un pacte de préférence est en droit d'exiger l'annulation du contrat passé avec un tiers en méconnaissance de ses droits et d'obtenir sa substitution à l'acquéreur, c'est à la condition que ce tiers ait eu connaissance, lorsqu'il a contracté, de l'existence du pacte de préférence et de l'intention du bénéficiaire de s'en prévaloir. • Cass., ch. mixte, 26 mai 2006, n° 03-19.376 P : *D. 2006. 1861, note P.-Y. Gautier et Mainguy ; Rev. sociétés 2006. 808, note Barbièri ; JCP E 2006, n° 38, p. 1585, note Delebecque ; BJS 2006. 1072, note Le Nabasque.* ♦ Pour la consécration de cette jurisprudence et l'institution d'une action interrogatoire, V. C. civ., art. 1123 (issu de l'Ord. n° 2016-131 du 10 févr. 2016, en vigueur le 1er oct. 2016).

23. *Saisine du juge des référés.* V., jugeant que la violation d'un pacte d'actionnaires constitue un trouble manifestement illicite qui justifie la saisine du juge des référés : • Paris, 14 févr. 2012, n° 11/14683 : *BJS 2012. 553, note Kessler et Tazi.*

24. *Responsabilité de l'actionnaire lié.* Sur l'exigence de la preuve d'un préjudice né de l'inexécution du pacte, V. • Com. 9 avr. 2002, n° 98-22.851 : *JCP E 2003, n° 36, p. 1390, note Tengang.* ♦ Sur le calcul des dommages-intérêts dus par l'actionnaire qui a cédé ses actions en violation d'un pacte de préférence, V. • Com. 12 mai 1992, n° 90-11.764 : *RJDA 1992, n° 1135 ; BJS 1992. 782, note Le Cannu.*

25. *Responsabilité à l'égard des tiers.* Sur la possibilité, pour un tiers, d'invoquer, sur le fondement de la responsabilité délictuelle, la violation d'une clause d'exclusivité figurant dans un pacte d'actionnaires, V. • Com. 18 déc. 2007, n° 05-19.397 : *BJS 2008. 493, note Messaï-Bahri.*

IV. CLAUSE DE RACHAT OU D'EXCLUSION

26. *Rachat forcé.* Sur la validité d'une clause des statuts instituant un « droit d'acquisition » permettant l'exclusion d'un actionnaire dont la présence constitue un risque sérieux pour la société, V. • Rouen, 8 févr. 1974 : *D. 1974. Somm. 71 ; Rev. sociétés 1974. 507, note Rodière ; RTD com. 1974. 291, obs. Houin.* ♦ Sur la validité des clauses de rachat forcé, V. • Paris, 27 mars 2001 : *BJS 2002. 89, note Le Nabasque.* ♦ Pour l'exécution forcée de la clause d'un pacte d'actionnaires prévoyant un droit de sortie au profit des minoritaires, V. • Versailles, 14 oct. 2004 : *Rev. sociétés 2005. 472, obs. Urbain-Parleani ; RJDA 2005, n° 574.*

V. INTERVENTION JUDICIAIRE

27. *Compétence.* Doit être considéré comme un acte de commerce par nature, et non comme un acte mixte, un pacte d'actionnaires portant sur le contrôle d'une société commerciale pouvant avoir pour objet ou pour effet de transférer ce contrôle à une autre société ou au contraire de faire obstacle à ce transfert et de renforcer le contrôle exercé par les actionnaires. • TGI Lyon, 10 avr. 1992 : *RTD com. 1992. 642, obs. Reinhard*.

28. Séquestre des actions. Sur la mise sous séquestre d'actions litigieuses, V. • Com. 11 mars 2003, n° 00-19.261 : *BJS, 2003. 810.* ♦ Pour un autre exemple de séquestre d'actions en raison d'une contestation sérieuse relative au droit de préemption, V. • Versailles, 28 mai 1998 : *D. 1998. IR 204 ; JCP E 1998, n° 38, p. 1434.* ♦ V. aussi note 36 ss. art. L. 228-10.

Art. L. 228-24 Si une clause d'agrément est stipulée, la demande d'agrément indiquant les nom, prénoms et adresse du cessionnaire, le nombre des *(Ord. n° 2004-604 du 24 juin 2004, art. 33)* « titres de capital ou valeurs mobilières donnant accès au capital » dont la cession est envisagée et le prix offert, est notifiée à la société. L'agrément résulte, soit d'une notification, soit du défaut de réponse dans un délai de trois mois à compter de la demande.

Si la société n'agrée pas le cessionnaire proposé, le conseil d'administration, le directoire ou les gérants, selon le cas, sont tenus, dans le délai de trois mois à compter de la notification du refus, de faire acquérir les *(Ord. n° 2004-604 du 24 juin 2004, art. 33)* « titres de capital ou valeurs mobilières donnant accès au capital », soit par un actionnaire ou par un tiers, soit, avec le consentement du cédant, par la société en vue d'une réduction du capital. A défaut d'accord entre les parties, le prix des *(Ord. n° 2004-604 du 24 juin 2004, art. 33)* « titres de capital ou valeurs mobilières donnant accès au capital » est déterminé dans les conditions prévues à l'article 1843-4 du code civil. *(Ord. n° 2004-604 du 24 juin 2004, art. 33)* « Le cédant peut à tout moment renoncer à la cession de ses titres de capital ou valeurs mobilières donnant accès au capital. » Toute clause contraire à l'article 1843-4 dudit code est réputée non écrite.

Si, à l'expiration du délai prévu à l'alinéa précédent, l'achat n'est pas réalisé, l'agrément est considéré comme donné. Toutefois, ce délai peut être prolongé par décision de justice à la demande de la société. – *[L. n° 66-537 du 24 juill. 1966, art. 275.]* – *V. art. R. 228-23.*

BIBL. ▶ MORTIER, *Rev. sociétés 2004. 639* (réforme du rachat d'actions par l'Ord. du 24 juin 2004) ; *ibid. 2009. 547* (droit de repentir). – Dossier « L'agrément », *Actes pratiques nov.-déc. 2017.*

I. DEMANDE D'AGRÉMENT

1. Mentions requises. Si le cessionnaire est une personne morale, les exigences légales sont satisfaites par la mention de sa forme, de sa dénomination et du lieu de son siège social. • Com. 26 avr. 1994, n° 92-18.173 P : *Rev. sociétés 1994. 480, note Jeantin*.

2. Forme de la notification. La tenue d'une assemblée d'actionnaires présidée par le cédant n'équivaut pas à la notification du projet de cession. • Com. 18 mai 1993, n° 90-20.614 P : *Rev. sociétés 1993. 809, note Barbièri ; BJS 1993. 736 ; Dr. sociétés 1993, n° 170, obs. Le Nabasque.*

3. Demande préalable à la cession. La demande d'agrément doit être formulée préalablement à la réalisation de l'opération envisagée. • Com. 6 mai 2003, n° 01-12.567 P : *cité note 6 ss. art. L. 228-23.*

4. Auteur de la notification. Le cédant d'actions qui, par la commune intention des parties, devait *notifier la cession à la société* ne peut se prévaloir de sa défaillance pour s'opposer à la décision de la cour d'appel qui, à la suite du litige entre cédant et cessionnaire, a déclaré ce dernier propriétaire des actions. • Com. 27 mars 1990, n° 88-19.566 : *D. 1991. 503, note Bonnard ; BJS 1990. 442, note Le Cannu.* ♦ Comp. : • Com. 24 avr. 1990, n° 88-17.966 : *cité note 38 ss. art. L. 223-14* (à propos d'une SARL). ♦ V. aussi note 21 ss. art. L. 228-23.

5. Cession d'une entreprise en redressement judiciaire. L'administrateur de la procédure collective, chargé de passer tous les actes nécessaires à la réalisation de la cession de l'entreprise du débiteur, s'il doit, en vertu du plan de cession, vendre les actions d'une société détenues par ce dernier, est tenu de respecter la clause des statuts de la société imposant l'agrément préalable du conseil d'administration. • Com. 31 janv. 1995, n° 91-20.735 : *D. 1995. 426, note Parléani ; Rev. sociétés 1995. 320, note Le Nabasque ; JCP 1995. II. 22460, note Guyon ; BJS 1995. 342, note Couret.*

II. DÉCISION D'AGRÉMENT

6. Délai de réponse. La société dont l'agrément était sollicité a commis une faute ouvrant droit à réparation du préjudice subi par le détenteur des actions dès lors que, possédant par le canal de son conseil juridique les détails sur l'identité de l'acquéreur, ses agissements n'ont eu pour but que de paralyser le déroulement normal de la procédure d'accord et de faire échec à la cession des actions sans avoir à en assumer les conséquences financières. • Com. 26 avr. 1994, n° 92-18.173 P : *préc. note 1.* ♦ V. aussi, pour la faute d'une société ayant tardé à accorder son agrément après rétractation d'une ordonnance qui avait autorisé une suspension de la procédure d'agrément : • Com. 26 mai 2004, n° 02-11.944 : *BJS 2004. 1377, note Daigre.*

7. Participation au vote. Aucun texte n'interdit à un administrateur de participer au vote sur l'agrément de la cession de ses propres actions. • Com. 24 févr. 1975, n° 73-14.141 P : *Rev. sociétés 1976. 92, note Oppetit.*

8. Exclusion de l'agrément conditionnel. Si une clause d'agrément est stipulée, l'agrément d'un actionnaire doit être pur et simple, de sorte que les conditions posées par l'organe social habilité à autoriser la cession sont réputées non écrites. • Com. 17 janv. 2012, n° 09-17.212 P : *D. 2012. 719, note Moury ; RTD com. 2012. 141, obs. Le Cannu et Dondero ; Rev. sociétés 2012. 370, note Le Cannu ; RTD civ. 2012. 312, obs. Fages ; JCP E 2012, n° 1777, spéc. n° 3, obs. Deboissy et Wicker ; RJDA 2012, n° 409 ; Dr. sociétés 2012, n° 64, obs. Gallois-Cochet ; BJS 2012. 310, note Dondero.*

9. Abus de majorité. Le grief d'abus de majorité ne peut être fait aux administrateurs ayant donné leur agrément à la cession, à un concurrent, des actions majoritaires d'une SA, lorsqu'il est constaté que la preuve d'aucune faute n'est rapportée, que le conseil d'administration, agissant dans les limites de ses pouvoirs, n'a pas compromis l'intérêt social et que l'offre d'achat de l'acquéreur a été faite aux mêmes conditions à tous les actionnaires de la société. • Com. 24 févr. 1975, n° 73-14.141 P : *préc. note 7.*

III. REFUS D'AGRÉMENT

10. Réalisation de la cession. L'art. 275, al. 2, de la L. du 24 juill. 1966 [C. com., art. L. 228-24], se borne à exiger que la cession ou l'achat des actions soit réalisé dans le délai de trois mois à compter de la notification du refus d'agrément du cessionnaire proposé initialement. • Com. 17 oct. 1989, n° 88-11.220 P : *Rev. sociétés 1990. 270, note Chartier ; BJS 1989. 961, note Y. S.* ♦ Dès lors qu'il est intervenu dans ce délai un accord sur la chose et le prix entre le conseil d'administration et le cédant, l'achat par la société est réalisé, même si la ratification de cet accord par l'assemblée générale extraordinaire n'intervient qu'ultérieurement. • Même arrêt.

11. Prorogation du délai d'acquisition. Le caractère impératif des dispositions de l'art. L. 228-24 ne permet pas d'y déroger par convention, en prévoyant un mode de prorogation du délai imparti pour la réalisation de la cession, après refus d'agrément, autre que la prorogation judiciaire prévue à l'al. 3 de cet art. • Com. 8 avr. 2008, n° 06-18.362 P : *D. 2009. Pan. 329, obs. Hallouin ; Dr. sociétés 2008, n° 129, obs. Hovasse ; BJS 2008. 585, note Poracchia.* ♦ En fixant d'emblée le délai d'acquisition des actions à huit mois, une cour d'appel fait souverainement usage de la faculté offerte par l'art. L. 228-24, selon lequel le délai de trois mois dans lequel le conseil d'administration est tenu de faire acquérir les actions peut être prorogé par décision de justice. • Com. 6 mai 2003, n° 01-12.567 P : *cité note 6 ss. art. L. 228-23.* ♦ La prorogation de l'art. 275, al. 3, de la L. du 24 juill. 1966 [C. com., art. L. 228-24], par ordonnance de référé, de la mission de l'expert désigné en application de l'al. 2 du même texte s'interprète comme prononçant également la prorogation du délai prévu à l'art. 275 [L. 228-24]. • Com. 7 mars 1995, n° 93-12.636 : *JCP E 1995. II. 729, note Vidal.*

12. Agrément donné au cessionnaire. Lorsque, le cédant n'ayant jamais manifesté la volonté d'accepter le prix offert par l'acquéreur désigné par la société ou celui qui serait fixé par l'expert, celui-ci n'a déposé son rapport qu'après l'expiration du délai, les juges du fond considèrent à juste titre comme donné l'agrément de la société au cessionnaire proposé par le cédant. • Com. 3 avr. 1973 : *D. 1973. 580, note Lacombe ; Rev. sociétés 1974. 98, note Guilberteau.* ♦ L'achat doit être réalisé avant l'expiration du délai de trois mois ou de sa prorogation. • Même arrêt. ♦ Faute pour la société d'avoir exécuté son obligation de rachat dans le délai légal, le cessionnaire a intérêt et qualité à faire juger que la cession intervenue est parfaite et à demander que la société soit condamnée à la transcription de l'opération dans ses registres. • Com. 8 avr. 2008, n° 07-11.327 : *JCP E 2008. 1950, note Schiller ; BJS 2008. 679, note Barbièri.*

13. Repentir du cédant. Il résulte des art. 274, al. 1er, et 275 de la L. de 1966 [C. com., art. L. 228-23 et L. 228-24] et des art. 1582 et 1583 C. civ. que, au cas où la société n'agrée pas le cessionnaire proposé par un actionnaire, l'obligation pour les dirigeants sociaux de faire acquérir les actions, objet de la cession, ne leur confère pas le droit d'évincer l'actionnaire si celui-ci renonce à vendre ses actions. • Com. 10 mars 1976 : *Rev. sociétés 1976. 332, note Hémard.* ♦ V. désormais art. L. 228-24, al. 2, dans sa rédaction issue de l'Ord. n° 2004-604 du 24 juin 2004.

14. Responsabilité civile. Sur l'action en responsabilité en cas de manœuvres de la part de la société et de ses dirigeants ayant conduit à empêcher toute cession, V. • Com. 25 févr. 1992, n° 90-14.975 P : *Rev. sociétés 1992. 316 ; BJS 1992. 519, note Le Cannu.*

Art. L. 228-25 *Abrogé par Ord. n° 2004-604 du 24 juin 2004, art. 51-VII.*

Art. L. 228-26 Si la société a donné son consentement à un projet de nantissement d'actions dans les conditions prévues au premier alinéa de l'article L. 228-24, ce consentement emporte agrément du cessionnaire en cas de réalisation forcée des actions nanties *(Abrogé par Ord. nº 2021-1192 du 15 sept. 2021, art. 28, à compter du 1er janv. 2022)* ***« selon les dispositions du premier alinéa de l'article 2078 du code civil, »*** à moins que la société ne préfère, après la cession, racheter sans délai les actions, en vue de réduire son capital. – *[L. nº 66-537 du 24 juill. 1966, art. 277.]*

BIBL. ► CHASSERY, *RTD com. 1977. 435* (nantissement de parts sociales). – LE CANNU, *BJS 1993. 1091* (nantissement conventionnel d'actions) ; *ibid. 1218* (adjudication des valeurs mobilières). – MAGNIER, *RTD com. 2002. 433* (nantissement d'actions indisponibles).

1. Indisponibilité. L'indisponibilité d'une valeur mobilière, quand elle est simplement temporaire, ne fait pas obstacle à son affectation en nantissement. • Com. 30 sept. 2008, nº 07-12.768 P : *D. 2008. AJ 2596, obs. Delpech ; Rev. sociétés 2009. 131, note Reygrobellet ; JCP E 2008. 2353, note Piedelièvre.*

2. Renonciation à la nullité. Jugé, à propos d'un nantissement portant sur des actions, que les formalités prévues par l'art. 2078 [ancien] C. civ., ayant pour finalité la protection du débiteur, sont sanctionnées par une nullité d'intérêt privé à laquelle celui-ci peut renoncer. • Com. 5 oct. 2004, nº 01-00.863 P : *JCP 2004. II. 10191, note Piedelièvre ; Dr. sociétés 2005, nº 54, obs. Bonneau.*

3. Conflit chronologique. Sur le conflit chronologique entre nantissement et saisie-arrêt, V. • Com. 30 juin 1992, nº 88-19.361 : *Dr. sociétés 1992, nº 216, obs. Hovasse.*

Art. L. 228-27 A défaut par l'actionnaire de libérer aux époques fixées par le conseil d'administration, le directoire ou les gérants, selon le cas, les sommes restant à verser sur le montant des actions par lui souscrites, la société lui adresse une mise en demeure.

Un mois au moins après cette mise en demeure restée sans effet, la société poursuit, sans aucune autorisation de justice, la vente desdites actions.

La vente des actions cotées est effectuée en bourse. Celle des actions non cotées est effectuée aux enchères publiques. L'actionnaire défaillant reste débiteur ou profite de la différence. Les modalités d'application du présent alinéa sont déterminées par décret en Conseil d'État. – *[L. nº 66-537 du 24 juill. 1966, art. 281.] – V. art. R. 228-24 et R. 228-25.*

Domaine. Les dispositions de l'art. L. 228-27 ne visent que le défaut de paiement des sommes restant dues dans le cas où la libération échelonnée des actions souscrites est admise. • Com. 25 juin 2013, nº 12-17.583 P : *D. 2013. Actu. 1682 ; Rev. sociétés 2013. 545, note Bonneau ; RJDA 2013, nº 809 ; Dr. sociétés 2013, nº 152, obs. Mortier ; BJS 2013. 643, note Moulin.*

Art. L. 228-28 L'actionnaire défaillant, les cessionnaires successifs et les souscripteurs sont tenus solidairement du montant non libéré de l'action. La société peut agir contre eux, soit avant ou après la vente, soit en même temps, pour obtenir tant la somme due que le remboursement des frais exposés.

Celui qui a désintéressé la société dispose d'un recours pour le tout contre les titulaires successifs de l'action. La charge définitive de la dette incombe au dernier d'entre eux.

Deux ans après le virement d'un compte de valeurs mobilières à un autre compte, tout souscripteur ou actionnaire qui a cédé son titre cesse d'être tenu des versements non encore appelés. – *[L. nº 66-537 du 24 juill. 1966, art. 282.]*

Procédure collective. La confusion du patrimoine de trois sociétés et le prononcé de leur redressement puis liquidation judiciaire commune est sans incidence sur l'action en paiement *de la fraction non libérée* du capital social dirigée par le liquidateur contre les anciens actionnaires de la première société (qui avaient cédé leurs titres aux deux autres) tenus solidairement au paiement de la fraction non libérée du capital social. • Com. 26 mai 1999, nº 97-14.865 P : *cité note 28 ss. art. L. 621-2.*

Art. L. 228-29 A l'expiration du délai fixé par décret en Conseil d'État, les actions sur le montant desquelles les versements exigibles n'ont pas été effectués, cessent de donner droit à l'admission et aux votes dans les assemblées d'actionnaires et sont déduites pour le calcul du quorum. – *V. art. R. 228-26.*

Le droit aux dividendes et le droit préférentiel de souscription aux augmentations de capital attachés à ces actions sont suspendus.

Après paiement des sommes dues, en principal et intérêt, l'actionnaire peut demander le versement des dividendes non prescrits. Il ne peut exercer une action du chef du droit préférentiel de souscription à une augmentation de capital, après expiration du délai fixé pour l'exercice de ce droit. – *[L. nº 66-537 du 24 juill. 1966, art. 283.]*

Sur les infractions relatives aux actions, V. art. L. 245-1 s., L. 245-16 et L. 245-17.

Art. L. 228-29-1 *(Ord. nº 2004-604 du 24 juin 2004, art. 34)* Les actions ayant une valeur nominale inférieure ou égale à un montant fixé par décret en Conseil d'État et non admises aux négociations sur un marché réglementé peuvent être regroupées nonobstant toute disposition législative ou statutaire contraire. Ces regroupements sont décidés par les assemblées générales d'actionnaires statuant dans les conditions prévues pour la modification des statuts et conformément aux dispositions de l'article L. 228-29-2. – *V. art. R. 228-27.*

Art. L. 228-29-2 *(Ord. nº 2004-604 du 24 juin 2004, art. 34)* Les regroupements d'actions prévus à l'article L. 228-29-1 comportent l'obligation, pour les actionnaires, de procéder aux achats ou aux cessions d'actions nécessaires pour réaliser le regroupement.

La valeur nominale des actions regroupées ne peut être supérieure à un montant fixé par décret en Conseil d'État. – *V. art. R. 228-27.*

Pour faciliter ces opérations, la société doit, avant la décision de l'assemblée générale, obtenir d'un ou de plusieurs actionnaires l'engagement de servir, pendant un délai de deux ans, au prix fixé par l'assemblée, la contrepartie tant à l'achat qu'à la vente des offres portant sur les rompus ou des demandes tendant à compléter le nombre de titres appartenant à chacun des actionnaires intéressés. – *V. art. R. 228-29.*

Art. L. 228-29-3 *(Ord. nº 2004-604 du 24 juin 2004, art. 34)* A l'expiration du délai fixé par le décret prévu à l'article L. 228-29-7, les actions non présentées en vue de leur regroupement perdent leur droit de vote et leur droit au dividende est suspendu. – *V. art. R. 228-30.*

Le décret mentionné au premier alinéa peut accorder un délai supplémentaire aux actionnaires ayant pris l'engagement prévu au troisième alinéa de l'article L. 228-29-2.

Les dividendes dont le paiement a été suspendu en exécution du premier alinéa sont, en cas de regroupement ultérieur, versés aux propriétaires des actions anciennes dans la mesure où ils n'ont pas été atteints par la prescription.

Art. L. 228-29-4 *(Ord. nº 2004-604 du 24 juin 2004, art. 34)* Lorsque les propriétaires de titres n'ont pas la libre administration de leurs biens, la demande d'échange des anciens titres et les achats ou cessions de rompus nécessaires pour réaliser le regroupement sont assimilés à des actes de simple administration, sauf si les nouveaux titres sont demandés sous la forme au porteur en échange de titres nominatifs.

Art. L. 228-29-5 *(Ord. nº 2004-604 du 24 juin 2004, art. 34)* Les titres nouveaux présentent les mêmes caractéristiques et confèrent de plein droit et sans l'accomplissement d'aucune formalité les mêmes droits réels ou de créances que les titres anciens qu'ils remplacent.

Les droits réels et les nantissements sont reportés de plein droit sur les titres nouveaux attribués en remplacement des titres anciens qui en sont grevés.

Art. L. 228-29-6 *(Ord. nº 2004-604 du 24 juin 2004, art. 34)* En cas d'inobservation par la société soit des articles L. 228-29-1 ou L. 228-29-2, soit des conditions dans lesquelles doivent être prises les décisions des assemblées générales et des formalités de publicité fixées par le décret prévu à l'article L. 228-29-7, le regroupement reste facultatif pour les actionnaires. Les dispositions de l'article L. 228-29-3 ne peuvent être appliquées aux actionnaires.

Si le ou les actionnaires ayant pris l'engagement prévu à l'article L. 228-29-2 ne remplissent pas celui-ci, les opérations de regroupement peuvent être annulées. Dans ce cas, les achats et les ventes de rompus peuvent être annulés à la demande des actionnaires qui y ont procédé ou de leurs ayants cause, à l'exception des actionnaires défaillants, sans préjudice de tous dommages et intérêts s'il y a lieu. – *V. art. R. 228-32.*

Art. L. 228-29-7 *(Ord. nº 2004-604 du 24 juin 2004, art. 34)* Un décret en Conseil d'État fixe les modalités d'application des articles L. 228-29-1 à L. 228-29-6, notamment les conditions non prévues à l'article L. 228-29-1 dans lesquelles doivent être prises les décisions des assemblées générales d'actionnaires et accomplies les formalités de publicité de ces décisions.

Art. L. 228-29-7-1 *(L. nº 2021-1308 du 8 oct. 2021, art. 38)* Les sociétés dont les actions sont admises à la négociation sur un marché réglementé établi ou opérant dans un État membre de l'Union européenne transmettent aux intermédiaires mentionnés aux 1º à 4º du I de l'article L. 228-2 les informations nécessaires pour permettre aux actionnaires ou à leur mandataire d'exercer les droits découlant des actions, à moins que ces informations n'aient été envoyées directement aux actionnaires ou à un tiers désigné par l'actionnaire. Le contenu de ces informations et les délais et modalités de leur transmission sont fixés par décret en Conseil d'État.

BIBL. ▶ GILBERT, *Rev. sociétés 2022. 7*.

Art. L. 228-29-7-2 *(L. nº 2021-1308 du 8 oct. 2021, art. 38)* I. — Le présent article est applicable aux intermédiaires mentionnés aux 1º à 4º du I de l'article L. 228-2 lorsqu'ils fournissent des services à des actionnaires ou à d'autres intermédiaires en ce qui concerne les actions de sociétés qui ont leur siège social dans un État membre de l'Union européenne et dont les actions sont admises à la négociation sur un marché réglementé établi ou opérant dans un État membre de l'Union européenne.

II. — Les intermédiaires mentionnés au I du présent article transmettent aux actionnaires ou à leur mandataire les informations qui leur ont été transmises par la société émettrice en vue de permettre aux actionnaires ou à leur mandataire d'exercer les droits découlant des actions. Ils leur transmettent également les confirmations de réception et de prise en compte des votes prévues, pour les sociétés mentionnées au même I qui ont leur siège social en France, à l'article L. 22-10-43-1.

III. — Les mêmes intermédiaires transmettent à la société, conformément aux instructions qu'ils reçoivent des actionnaires ou de leur mandataire, les informations que ces derniers donnent en ce qui concerne l'exercice des droits découlant des actions. Ils lui transmettent également la demande de confirmation de prise en compte des votes prévue, pour les sociétés mentionnées au I du présent article qui ont leur siège social en France, à l'article L. 22-10-43-1.

IV. — Un décret en Conseil d'État précise le contenu des informations mentionnées aux II et III du présent article ainsi que les délais et modalités de transmission des éléments mentionnés aux mêmes II et III.

Art. L. 228-29-7-3 *(L. nº 2021-1308 du 8 oct. 2021, art. 38)* Les intermédiaires mentionnés à l'article L. 228-29-7-2 facilitent l'exercice par les actionnaires de leurs droits, notamment celui de participer aux assemblées générales et d'y voter, dans les conditions fixées par décret en Conseil d'État.

Art. L. 228-29-7-4 *(L. nº 2021-1308 du 8 oct. 2021, art. 38)* Les frais éventuels appliqués par un intermédiaire au titre des services mentionnés aux articles L. 228-29-7-1 à L. 228-29-7-3 sont non discriminatoires et proportionnés aux coûts engagés pour fournir ces services. Toute différence de frais résultant du caractère transfrontalier du service n'est autorisée que si elle fait l'objet d'une explication et correspond à la différence des coûts engagés pour fournir ce service. Les frais sont rendus publics, dans des conditions fixées par décret en Conseil d'État, de manière séparée pour chaque service mentionné au présent article.

SECTION III **DISPOSITIONS APPLICABLES AUX CATÉGORIES DE TITRES EN VOIE D'EXTINCTION** *(Ord. nº 2004-604 du 24 juin 2004, art. 35-I).*

SOUS-SECTION 1 **DISPOSITIONS GÉNÉRALES** *(Ord. nº 2004-604 du 24 juin 2004, art. 35-II).*

Art. L. 228-29-8 *(Ord. nº 2004-604 du 24 juin 2004, art. 35-II)* Aucun titre nouveau ne peut être émis en application des articles de la présente section à l'exception de ceux qui seraient émis en application de décisions d'assemblées générales antérieures à l'entrée en vigueur de l'ordonnance n° 2004-604 du 24 juin 2004 portant réforme du régime des valeurs mobilières émises par les sociétés commerciales et extension à l'outre-mer de dispositions ayant modifié la législation commerciale.

Art. L. 228-29-9 *(Ord. nº 2004-604 du 24 juin 2004, art. 35-II)* **Les porteurs de titres régis par la présente section disposent, sauf application de l'article L. 225-138, d'un droit préférentiel de souscription des actions de préférence mentionnées à l'article L. 228-11 lorsque celles-ci confèrent des droits équivalents à ceux des titres qu'ils possèdent.**

Les porteurs de titres régis par la présente section disposent, sauf application de l'article L. 225-138, d'un droit de préférence à la souscription des valeurs mobilières mentionnées à l'article L. 228-91 lorsque celles-ci donnent lieu à l'attribution de titres conférant des droits équivalents à ceux des titres qu'ils possèdent.

BIBL. ▶ SAINTOURENS, *Rev. sociétés 2004. 659* (les titres en voie d'extinction et le droit transitoire). – BAERT, *BJS 2004. 1571* (actions de priorité).

Art. L. 228-29-10 *(Ord. nº 2004-604 du 24 juin 2004, art. 35-II)* **Pour le calcul des quotités prévues à l'article L. 228-11, il est tenu compte des actions à dividende prioritaire sans droit de vote et des certificats d'investissement existants.**

Toutefois, l'application des dispositions de l'alinéa précédent ne fait pas obstacle au maintien des droits des titulaires de titres existants.

SOUS-SECTION 2 DES CERTIFICATS D'INVESTISSEMENT *(Ord. nº 2004-604 du 24 juin 2004, art. 36-I).*

RÉP. SOCIÉTÉS vº *Certificats d'investissement et certificats de droit de vote,* par ARTZ.

BIBL. GÉN. ▶ VELLAS, *Rev. sociétés 1985. 807* (certificats d'investissement privilégiés). – VIANDIER, *RJDA 1991, p. 171* (droits de porteurs de certificats d'investissement en cas de fusion). – QUÉRÉ et GAUVIN, *D. Affaires 1999. 194* (émissions transfrontalières d'obligations indexées et risque juridique).

Art. L. 228-30 **L'assemblée générale extraordinaire d'une société par actions, ou dans les sociétés qui n'en sont pas dotées, l'organe qui en tient lieu, peut décider, sur le rapport du conseil d'administration ou du directoire, selon le cas, et sur celui des commissaires aux comptes, la création, dans une proportion qui ne peut être supérieure au quart du capital social, de certificats d'investissement représentatifs des droits pécuniaires et de certificats de droit de vote représentatifs des autres droits attachés aux actions émises à l'occasion d'une augmentation de capital ou d'un fractionnement des actions existantes.**

En cas d'augmentation de capital, les porteurs d'actions et, s'il en existe, les porteurs de certificats d'investissement, bénéficient d'un droit de souscription préférentiel aux certificats d'investissement émis et la procédure suivie est celle des augmentations de capital. Les porteurs de certificats d'investissement renoncent au droit préférentiel en assemblée spéciale convoquée et statuant selon les règles de l'assemblée générale extraordinaire des actionnaires. Les certificats de droit de vote sont répartis entre les porteurs d'actions et les porteurs des certificats de droit de vote, s'il en existe, au prorata de leurs droits.

En cas de fractionnement, l'offre de création des certificats d'investissement est faite en même temps et dans une proportion égale à leur part du capital à tous les porteurs d'actions. A l'issue d'un délai fixé par l'assemblée générale extraordinaire, le solde des possibilités de création non attribuées est réparti entre les porteurs d'actions qui ont demandé à bénéficier de cette répartition supplémentaire dans une proportion égale à leur part du capital et, en tout état de cause, dans la limite de leurs demandes. Après cette répartition, le solde éventuel est réparti par le conseil d'administration ou le directoire, selon le cas.

Le certificat de droit de vote doit revêtir la forme nominative.

Le certificat d'investissement est négociable. Sa valeur nominale est égale à celle des actions. Lorsque les actions sont divisées, les certificats d'investissement le sont également.

Le certificat de droit de vote ne peut être cédé qu'accompagné d'un certificat d'investissement. Toutefois, il peut être également cédé au porteur du certificat d'investisse-

ment. La cession entraîne de plein droit reconstitution de l'action dans l'un et l'autre cas. L'action est également reconstituée de plein droit entre les mains du porteur d'un certificat d'investissement et d'un certificat de droit de vote. Celui-ci en fait la déclaration à la société dans les quinze jours. Faute de cette déclaration, l'action est privée du droit de vote jusqu'à régularisation et pendant un délai d'un mois suivant celle-ci. *– V. art. R. 228-39.*

Il ne peut être attribué de certificat représentant moins d'un droit de vote. L'assemblée générale fixe les modalités d'attribution des certificats pour les droits formant rompus.

En cas de fusion ou de scission, les certificats d'investissement et les certificats de droit de vote d'une société qui disparaît peuvent être échangés contre des actions de sociétés bénéficiaires du transfert de patrimoine. *– [L. nº 66-537 du 24 juill. 1966, art. 283-1.]*

Sur les certificats coopératifs d'investissement, V. L. nº 47-1775 du 10 sept. 1947, art. 19 sexdecies s. – ***C. sociétés.***

Sur les procédures d'offre publique et de demande de retrait portant sur des certificats d'investissement ou des certificats de droit de vote admis à la négociation sur un marché réglementé ou qui ont cessé d'être négociés sur ce marché, V. C. mon. fin., art. L. 212-6-3 et L. 212-6-4, App., vº Banque et financement de l'entreprise.

Art. L. 228-31 L'assemblée générale extraordinaire d'une société dont les actions sont admises aux négociations sur un marché réglementé et dont les certificats d'investissement existants représentent au plus 1 % du capital social peut décider, sur le rapport du conseil d'administration, de procéder à la reconstitution des certificats existants en actions, et à celle des certificats existants assortis d'avantages particuliers en actions conférant à leurs titulaires les mêmes avantages.

L'assemblée générale extraordinaire prévue à l'alinéa précédent statue dans les conditions prévues pour l'approbation des avantages particuliers par l'article L. 225-147, après qu'une assemblée des titulaires de certificats de droits de vote, convoquée et statuant selon les règles des assemblées spéciales d'actionnaires, a approuvé le projet à une majorité de 95 % des titulaires présents ou représentés. La cession s'opère alors à la société, par dérogation au sixième alinéa de l'article L. 228-30, au prix fixé par l'assemblée générale extraordinaire mentionnée au premier alinéa du présent article.

Le prix mentionné à l'alinéa précédent est déterminé selon les modalités énoncées au 2º de l'article 283-1-1 de la loi nº 66-537 du 24 juillet 1966 sur les sociétés commerciales *[C. mon. fin., art. L. 212-6-3 et L. 212-6-4]. – V. ces art., App., vº Banque et financement de l'entreprise.*

Le montant de l'indemnisation revenant aux détenteurs non identifiés est consigné.

La reconstitution s'opère par la cession aux porteurs de certificats d'investissement, à titre gratuit, des certificats de droits de vote correspondants.

A cet effet, la société peut demander l'identification des porteurs de certificats, même en l'absence de disposition statutaire expresse, selon les modalités prévues par l'article L. 228-2. *– [L. nº 66-537 du 24 juill. 1966, art. 283-1-2.]*

Art. L. 228-32 Les porteurs de certificats d'investissement peuvent obtenir communication des documents sociaux dans les mêmes conditions que les actionnaires. *– [L. nº 66-537 du 24 juill. 1966, art. 283-2.]*

Art. L. 228-33 En cas de distribution gratuite d'actions, de *(Ord. nº 2004-604 du 24 juin 2004, art. 36-II)* « nouvelles actions de préférence sans droit de vote et assorties des mêmes droits que les certificats d'investissement doivent être créées et remises » gratuitement aux propriétaires des certificats anciens, dans la proportion du nombre des actions nouvelles attribuées aux actions anciennes, sauf renonciation de leur part au profit de l'ensemble des porteurs ou de certains d'entre eux. *– [L. nº 66-537 du 24 juill. 1966, art. 283-3.]*

Art. L. 228-34 *(Ord. nº 2004-604 du 24 juin 2004, art. 37-I)* En cas d'augmentation de capital en numéraire, à l'exception de celle réservée aux salariés sur le fondement de l'article L. 225-138-1, il est émis de nouvelles actions de préférence sans droit de vote et assorties des mêmes droits que les certificats d'investissement en nombre tel que la proportion qui existait avant l'augmentation entre actions ordinaires et certificats d'investissement soit maintenue, en tenant compte de ces actions de préférence, après l'augmentation en considérant que celle-ci sera entièrement réalisée.

Les propriétaires des certificats d'investissement ont, proportionnellement au nombre de titres qu'ils possèdent, un droit de préférence à la souscription à titre irréductible de ces nouvelles actions de préférence. Lors d'une assemblée spéciale, convoquée et statuant selon les règles de l'assemblée générale extraordinaire des actionnaires, les propriétaires des certificats d'investissement peuvent renoncer à ce droit. Les actions de préférence non souscrites sont réparties par le conseil d'administration ou le directoire. La réalisation de l'augmentation de capital s'apprécie sur sa fraction correspondant à l'émission d'actions. Toutefois, par dérogation aux dispositions du premier alinéa ci-dessus, lorsque les propriétaires de certificats ont renoncé à leur droit préférentiel de souscription, il n'est pas procédé à l'émission de nouvelles actions de préférence.

Art. L. 228-35 En cas d'émission d'obligations convertibles en actions, les porteurs des certificats d'investissement ont, proportionnellement au nombre de titres qu'ils possèdent, un droit de préférence à leur souscription à titre irréductible. Leur assemblée spéciale, convoquée et statuant selon les règles de l'assemblée générale extraordinaire des actionnaires, peut y renoncer.

(Ord. n° 2004-604 du 24 juin 2004, art. 36-IV) « Ces obligations ne peuvent être converties qu'en actions de préférence sans droit de vote et assorties des mêmes droits que les certificats d'investissement. » — *[L. n° 66-537 du 24 juill. 1966, art. 283-5.] — V. art. R. 228-33 s.*

SOUS-SECTION 3 LES ACTIONS DE PRIORITÉ *(Ord. n° 2004-604 du 24 juin 2004, art. 37I).*

Art. L. 228-35-1 *(Ord. n° 2004-604 du 24 juin 2004, art. 30-I)* Lors de la constitution de la société ou au cours de son existence, il peut être créé des actions de priorité jouissant d'avantages par rapport à toutes autres actions, sous réserve des dispositions des articles L. 225-122 à L. 225-125. — *[L. n° 66-537 du 24 juill. 1966, art. 269, al. 1er.]*

(Ord. n° 2004-604 du 24 juin 2004, art. 37-II) « Par exception à l'article L. 225-99, les statuts ou le contrat d'émission peuvent prévoir que la décision de conversion des actions de priorité en actions ordinaires par l'assemblée générale extraordinaire ne s'impose pas aux porteurs de ces actions. » — *Anc. art. L. 228-11, al. 1er.*

BIBL. ▶ PELTIER, *BJS 1993. 551* (attribution d'un dividende majoré à l'actionnaire stable). – MONOD, *Dr. sociétés 1995. Chron. 3* (droits financiers attachés aux actions privilégiées). – ENGEL et TROUSSIÈRE, *JCP E 1996. I. 585* (création de catégories d'actions et stipulations d'avantages particuliers).

SOUS-SECTION 4 LES ACTIONS À DIVIDENDE PRIORITAIRE SANS DROIT DE VOTE *(Ord. n° 2004-604 du 24 juin 2004, art. 38-1).*

Art. L. 228-35-2 *(Ord. n° 2004-604 du 24 juin 2004, art. 30-II et 38-II)* Il peut de même être créé des actions à dividende prioritaire sans droit de vote dans les conditions prévues aux articles L. 228-35-3 à L. 228-35-11 sous réserve des dispositions des articles L. 225-122 à L. 225-126 *[abrogé ; V., désormais, art. L. 22-10-48]*. — *[L. n° 66-537 du 24 juill. 1966, art. 269, al. 2.] — Anc. art. L. 228-11, al. 2.*

Art. L. 228-35-3 *(Ord. n° 2004-604 du 24 juin 2004, art. 30-III)* Les actions à dividende prioritaire sans droit de vote peuvent être créées par augmentation de capital ou par conversion d'actions ordinaires déjà émises. Elles peuvent être converties en actions ordinaires.

Les actions à dividende prioritaire sans droit de vote ne peuvent représenter plus du quart du montant du capital social. Leur valeur nominale est égale à celle des actions ordinaires ou, le cas échéant, des actions ordinaires de l'une des catégories précédemment émises par la société.

Les titulaires d'actions à dividende prioritaire sans droit de vote bénéficient des droits reconnus aux autres actionnaires, à l'exception du droit de participer et de voter, du chef de ces actions, aux assemblées générales des actionnaires de la société.

En cas de création d'actions à dividende prioritaire sans droit de vote par conversion d'actions ordinaires déjà émises ou en cas de conversion d'actions à dividende prioritaire sans droit de vote en actions ordinaires, l'assemblée générale extraordinaire détermine le montant maximal d'actions à convertir et fixe les conditions de conversion sur rapport spécial du commissaire aux comptes. Sa décision n'est définitive qu'après approbation *(Ord. n° 2004-604 du 24 juin 2004, art. 38-III)* « des assemblées spéciales prévues aux articles L. 228-35-6 et L. 228-103 ».

L'offre de conversion est faite en même temps et à proportion de leur part dans le capital social à tous les actionnaires, à l'exception des personnes mentionnées à l'article *(Ord. n° 2004-604 du 24 juin 2004, art. 38-II)* « L. 228-35-8 ». L'assemblée générale extraordinaire fixe le délai pendant lequel les actionnaires peuvent accepter l'offre de conversion. – *[L. n° 66-537 du 24 juill. 1966, art. 269-I.] – V. art. R. 228-43.*

(Ord. n° 2004-604 du 24 juin 2004, art. 38-III) « Par exception à l'article L. 225-99, les statuts ou le contrat d'émission peuvent prévoir que la décision de conversion des actions à dividende prioritaire sans droit de vote en actions ordinaires par l'assemblée générale extraordinaire ne s'impose pas aux porteurs de ces actions. » – *Anc. art. L. 228-12.*

Art. L. 228-35-4 *(Ord. n° 2004-604 du 24 juin 2004, art. 30-III)* Les actions à dividende prioritaire sans droit de vote donnent droit à un dividende prioritaire prélevé sur le bénéfice distribuable de l'exercice avant toute autre affectation. S'il apparaît que le dividende prioritaire ne peut être intégralement versé en raison de l'insuffisance du bénéfice distribuable, celui-ci doit être réparti à due concurrence entre les titulaires d'actions à dividende prioritaire sans droit de vote. Le droit au paiement du dividende prioritaire qui n'a pas été intégralement versé en raison de l'insuffisance du bénéfice distribuable est reporté sur l'exercice suivant et, s'il y a lieu, sur les deux exercices ultérieurs ou, si les statuts le prévoient, sur les exercices ultérieurs. Ce droit s'exerce prioritairement par rapport au paiement du dividende prioritaire dû au titre de l'exercice.

Le dividende prioritaire ne peut être inférieur ni au premier dividende visé à l'article L. 232-16 ni à un montant égal à 7,5 % du montant libéré du capital représenté par les actions à dividende prioritaire sans droit de vote. Ces actions ne peuvent donner droit au premier dividende.

Après prélèvement du dividende prioritaire ainsi que du premier dividende, si les statuts en prévoient, ou d'un dividende de 5 % au profit de toutes les actions ordinaires calculé dans les conditions prévues à l'article L. 232-16, les actions à dividende prioritaire sans droit de vote ont, proportionnellement à leur montant nominal, les mêmes droits que les actions ordinaires.

Dans le cas où les actions ordinaires sont divisées en catégories ouvrant des droits inégaux au premier dividende, le montant du premier dividende prévu au second alinéa du présent article s'entend du premier dividende le plus élevé. – *[L. n° 66-537 du 24 juill. 1966, art. 269-2.] – Anc. art. L. 228-13.*

Art. L. 228-35-5 *(Ord. n° 2004-604 du 24 juin 2004, art. 30-III)* Lorsque les dividendes prioritaires dus au titre de trois exercices n'ont pas été intégralement versés, les titulaires des actions correspondantes acquièrent, proportionnellement à la quotité du capital représentée par ces actions, un droit de vote égal à celui des autres actionnaires.

Le droit de vote prévu à l'alinéa précédent subsiste jusqu'à l'expiration de l'exercice au cours duquel le dividende prioritaire aura été intégralement versé, y compris le dividende dû au titre des exercices antérieurs. – *Anc. art. L. 228-14.*

Art. L. 228-35-6 *(Ord. n° 2004-604 du 24 juin 2004, art. 30-III)* Les titulaires d'actions à dividende prioritaire sans droit de vote sont réunis en assemblée spéciale dans des conditions fixées par décret en Conseil d'État. – *V. art. R. 225-96 et R. 228-40 à R. 228-48.*

Tout actionnaire possédant des actions à dividende prioritaire sans droit de vote peut participer à l'assemblée spéciale. Toute clause contraire est réputée non écrite.

L'assemblée spéciale des actionnaires à dividende prioritaire sans droit de vote peut émettre un avis avant toute décision de l'assemblée générale. Elle statue alors à la majorité des voix exprimées par les actionnaires présents ou représentés. Dans le cas

où il est procédé à un scrutin, il n'est pas tenu compte des bulletins blancs. L'avis est transmis à la société. Il est porté à la connaissance de l'assemblée générale et consigné à son procès-verbal.

L'assemblée spéciale peut désigner un ou, si les statuts le prévoient, plusieurs mandataires chargés de représenter les actionnaires à dividende prioritaire sans droit de vote à l'assemblée générale des actionnaires et, le cas échéant, d'y exposer leur avis avant tout vote de cette dernière. Cet avis est consigné au procès-verbal de l'assemblée générale. – *V. art. R. 228-45.*

Sous réserve de l'article *(Ord. n° 2004-604 du 24 juin 2004, art. 38-II)* **« L. 228-35-7 », toute décision modifiant les droits des titulaires d'actions à dividende prioritaire sans droit de vote n'est définitive qu'après approbation par l'assemblée spéciale visée au premier alinéa du présent article, statuant selon les conditions de quorum et de majorité prévues à l'article L. 225-99.** – *[L. n° 66-537 du 24 juill. 1966, art. 269-4.]*

(Ord. n° 2004-604 du 24 juin 2004, art. 38-IV) **« S'il est fait obstacle à la désignation des mandataires chargés de représenter les actionnaires à dividende prioritaire sans droit de vote à l'assemblée générale des actionnaires, le président du tribunal, statuant en référé, peut à la demande de tout actionnaire désigner un mandataire chargé de cette fonction. »** – *Anc. art. L. 228-15 modifié.*

Art. L. 228-35-7 *(Ord. n° 2004-604 du 24 juin 2004, art. 30-III)* **En cas d'augmentation de capital par apports en numéraire, les titulaires d'actions à dividende prioritaire sans droit de vote bénéficient, dans les mêmes conditions que les actionnaires ordinaires, d'un droit préférentiel de souscription. Toutefois, l'assemblée générale extraordinaire peut décider, après avis de l'assemblée spéciale prévue à l'article** *(Ord. n° 2004-604 du 24 juin 2004, art. 38-II)* **« L. 228-35-6 », qu'ils auront un droit préférentiel à souscrire, dans les mêmes conditions, de nouvelles** *(Ord. n° 2004-604 du 24 juin 2004, art. 38-V)* **« actions de préférence sans droit de vote et assorties des mêmes droits que les actions à dividende prioritaire sans droit de vote » qui seront émises dans la même proportion.**

L'attribution gratuite d'actions nouvelles, à la suite d'une augmentation de capital par incorporation de réserves, bénéfices ou primes d'émission, s'applique aux titulaires d'actions à dividende prioritaire sans droit de vote. Toutefois l'assemblée générale extraordinaire peut décider, après avis de l'assemblée spéciale prévue à l'article *(Ord. n° 2004-604 du 24 juin 2004, art. 38-II)* **« L. 228-35-6 », que les titulaires d'actions à dividende prioritaire sans droit de vote recevront, au lieu et place d'actions ordinaires,** *(Ord. n° 2004-604 du 24 juin 2004, art. 38-V)* **« des actions de préférence sans droit de vote et assorties des mêmes droits que les actions à dividende prioritaire sans droit de vote » qui seront émises dans la même proportion.**

Toute majoration du montant nominal des actions existantes à la suite d'une augmentation de capital par incorporation de réserves, bénéfices ou primes d'émission, s'applique aux actions à dividende prioritaire sans droit de vote. Le dividende prioritaire prévu à l'article *(Ord. n° 2004-604 du 24 juin 2004, art. 38-II)* **« L. 228-35-4 » est alors calculé, à compter de la réalisation de l'augmentation du capital, sur le nouveau montant nominal majoré, s'il y a lieu, de la prime d'émission versée lors de la souscription des actions anciennes.** – *[L. n° 66-537 du 24 juill. 1966, art. 269-5.]* – *Anc. art. L. 228-16 modifié.*

Art. L. 228-35-8 *(Ord. n° 2004-604 du 24 juin 2004, art. 30-III)* **Le président et les membres du conseil d'administration, les directeurs généraux, les membres du directoire et du conseil de surveillance d'une société anonyme, les gérants d'une société en commandite par actions et leur conjoint non séparé de corps ainsi que leurs enfants mineurs non émancipés ne peuvent détenir, sous quelque forme que ce soit, des actions à dividende prioritaire sans droit de vote émises par cette société.** – *Anc. art. L. 228-17.*

Art. L. 228-35-9 *(Ord. n° 2004-604 du 24 juin 2004, art. 30-III)* **Il est interdit à la société qui a émis des actions à dividende prioritaire sans droit de vote d'amortir son capital.**

(L. n° 2012-387 du 22 mars 2012, art. 17-III) **« Peuvent être annulés les remboursements effectués avant le rachat intégral ou l'annulation des actions à dividende prioritaire sans droit de vote. »**

En cas de réduction du capital non motivée par des pertes, les actions à dividende prioritaire sans droit de vote sont, avant les actions ordinaires, achetées dans les conditions prévues aux deux derniers alinéas de l'article *(Ord. n° 2004-604 du 24 juin 2004, art. 38-II)* « L. 228-35-10 » et annulées. *(L. n° 2012-387 du 22 mars 2012, art. 17-III)* « Peut être annulé l'achat d'actions ordinaires qui ne respecterait pas le présent alinéa. »

Toutefois, ces dispositions ne sont pas applicables aux réductions de capital réalisées dans le cadre de l'article *(Ord. n° 2020-1142 du 16 sept. 2020, art. 5, en vigueur le 1er janv. 2021)* « L. 22-10-62 ». Dans ce cas, les dispositions de l'article L. 225-99 ne sont pas applicables si les actions ont été acquises sur un marché réglementé.

Les actions à dividende prioritaire sans droit de vote ont, proportionnellement à leur montant nominal, les mêmes droits que les autres actions sur les réserves distribuées au cours de l'existence de la société. — *[L. n° 66-537 du 24 juill. 1966, art. 269-7.] — Anc. art. L. 228-18.*

Art. L. 228-35-10 *(Ord. n° 2004-604 du 24 juin 2004, art. 30-III)* Les statuts peuvent donner à la société la faculté d'exiger le rachat, soit de la totalité de ses propres actions à dividende prioritaire sans droit de vote, soit de certaines catégories d'entre elles, chaque catégorie étant déterminée par la date de son émission. Le rachat d'une catégorie d'actions à dividende prioritaire sans droit de vote doit porter sur l'intégralité des actions de cette catégorie. Le rachat est décidé par l'assemblée générale statuant dans les conditions fixées à l'article L. 225-204. Les dispositions de l'article L. 225-205 sont applicables. Les actions rachetées sont annulées conformément à l'article L. 225-207 et le capital réduit de plein droit.

Le rachat d'actions à dividende prioritaire sans droit de vote ne peut être exigé par la société que si une stipulation particulière a été insérée à cet effet dans les statuts avant l'émission de ces actions.

La valeur des actions à dividende prioritaire sans droit de vote est déterminée au jour du rachat d'un commun accord entre la société et une assemblée spéciale des actionnaires vendeurs, statuant selon les conditions de quorum et de majorité prévues à l'article L. 225-99. En cas de désaccord, il est fait application de l'article 1843-4 du code civil. — *V. art. R. 228-44.*

Le rachat des actions à dividende prioritaire sans droit de vote ne peut intervenir que si le dividende prioritaire dû au titre des exercices antérieurs et de l'exercice en cours a été intégralement versé. — *Anc. art. L. 228-19.*

Art. L. 228-35-11 *(Ord. n° 2004-604 du 24 juin 2004, art. 30-III)* Il n'est pas tenu compte des actions à dividende prioritaire sans droit de vote pour la détermination du pourcentage prévu à l'article L. 233-1 ou à l'article L. 233-2. — *Anc. art. L. 228-20.*

SECTION IV **DES VALEURS MOBILIÈRES REPRÉSENTATIVES D'UN DROIT DE CRÉANCE** *(Ord. n° 2014-863 du 31 juill. 2014, art. 25).*

Art. L. 228-36-A *(Ord. n° 2014-863 du 31 juill. 2014, art. 25)* Les sociétés par actions peuvent émettre toutes valeurs mobilières représentatives d'un droit de créance dans les conditions du présent livre ainsi que toutes autres valeurs mobilières représentatives d'un droit de créance dans les conditions prévues par les statuts ou, le cas échéant, par le contrat d'émission.

SOUS-SECTION 1 **DES TITRES PARTICIPATIFS** *(Ord. n° 2014-863 du 31 juill. 2014, art. 25).*

La sous-section 1 est l'ancienne section IV (Ord. n° 2014-863 du 31 juill. 2014, art. 25).

RÉP. SOCIÉTÉS v° *Titres participatifs*, par HOVASSE.

Art. L. 228-36 Les sociétés par actions appartenant au secteur public *(L. n° 2018-1021 du 23 nov. 2018, art. 86)* « , les sociétés » *(L. n° 2001-624 du 17 juill. 2001)* « coopératives constituées sous la forme de société anonyme ou de société à responsabilité limitée » *(L. n° 2018-1021 du 23 nov. 2018, art. 86)* « , les sociétés anonymes d'habitations à loyer modéré mentionnées à l'article L. 422-2 du code de la construction et de l'habitation et les sociétés de coordination au sens de l'article L. 423-1-1 du

même code » peuvent émettre des titres participatifs. Ces titres ne sont remboursables qu'en cas de liquidation de la société ou, à son initiative, à l'expiration d'un délai qui ne peut être inférieur à sept ans et dans les conditions prévues au contrat d'émission.

Leur rémunération comporte une partie fixe et une partie variable calculée par référence à des éléments relatifs à l'activité ou aux résultats de la société et assise sur le nominal du titre. Un décret en Conseil d'État fixe les conditions dans lesquelles l'assiette de la partie variable de la rémunération est plafonnée. – *V. art. R. 228-49.*

Les titres participatifs sont négociables.

Pour l'application de l'article 26 de la loi n° 78-741 du 13 juillet 1978 relative à l'orientation de l'épargne vers le financement des entreprises, les prêts participatifs ne sont remboursés qu'après désintéressement complet de tous les autres créanciers privilégiés ou chirographaires à l'exclusion des propriétaires de titres participatifs. – *[L. n° 66-537 du 24 juill. 1966, art. 283-6.] – V. C. mon. fin., art. L. 313-15, App., v° Banque et financement de l'entreprise.*

Art. L. 228-37 **L'émission et le remboursement de titres participatifs doivent être autorisés dans les conditions prévues par le cinquième alinéa de l'article L. 225-100 et les articles L. 228-40 à L. 228-44.**

Les porteurs de titres participatifs d'une même émission sont groupés de plein droit pour la défense de leurs intérêts communs en une masse qui jouit de la personnalité civile. Ils sont soumis aux dispositions des articles L. 228-47 à L. 228-71, L. 228-73 et L. 228-76 à L. 228-90.

En outre, la masse est réunie au moins une fois par an pour entendre le rapport des dirigeants sociaux sur la situation et l'activité de la société au cours de l'exercice écoulé et le rapport des commissaires aux comptes sur les comptes de l'exercice et sur les éléments servant à la détermination de la rémunération des titres participatifs.

Les représentants de la masse assistent aux assemblées d'actionnaires ou de porteurs de parts. Ils sont consultés sur toutes les questions inscrites à l'ordre du jour, à l'exception de celles relatives à la désignation ou à la révocation des membres des organes sociaux. Ils peuvent intervenir à tout moment au cours de l'assemblée.

Les porteurs de titres participatifs peuvent obtenir communication des documents sociaux dans les mêmes conditions que les actionnaires.

Dans les entreprises publiques non pourvues d'une assemblée générale, le conseil d'administration exerce les pouvoirs dévolus à l'assemblée générale ordinaire pour l'émission des titres participatifs. Le quatrième alinéa du présent article n'est pas applicable. – *[L. n° 66-537 du 24 juill. 1966, art. 283-7.]*

V. art. R. 228-49 à R. 228-56.

Le régime fiscal des titres participatifs est celui des obligations à taux fixe (L. n° 83-1 du 3 janv. 1983, art. 22).

Sur l'émission de titres participatifs par les banques mutualistes ou coopératives, les établissements publics de l'État à caractère industriel et commercial, V. C. mon. fin., art. L. 213-32, L. 213-35 et D. 213-27 au ***C. mon. fin.*** *ou au* ***C. sociétés*** *; ... les sociétés coopératives agricoles et leurs unions, V. C. rur., art. L. 523-8 au* ***C. rur.*** *ou au* ***C. sociétés*** *; ... les sociétés d'assurances à forme mutuelle, les sociétés mutuelles d'assurances et leurs unions, ainsi que les caisses d'assurances et de réassurances mutuelles agricoles soumises à l'agrément administratif, V. C. assur., art. L. 322-2-1 au* ***C. assur.*** *; ... les institutions de prévoyance complémentaire des salariés et les mutuelles, V. CSS, art. L. 931-12, et C. mut., art. L. 144-44 au* ***CSS***.

SOUS-SECTION 2 DES OBLIGATIONS *(Ord. n° 2014-863 du 31 juill. 2014, art. 25).*

La sous-section 2 est l'ancienne section V (Ord. n° 2014-863 du 31 juill. 2014, art. 25).

RÉP. SOCIÉTÉS v° *Obligation*, par A. LECOURT.

BIBL. GÉN. ▶ Réforme issue de l'Ord. du 10 mai 2017 : ENDRÉO, *BJS 2017. 416.* – BONNEAU, *JCP E 2017. Actu. 427.* – REYGROBELLET, *RTDF 2017, n° 2, p. 103.* – SÉBIRE et ISSAD, *BJB 2017. 282.* – MOULIN, *Gaz. Pal. 26 sept. 2017, p. 55.* – BARRIÈRE, *Rev. sociétés 2018. 14.*

Art. L. 228-38 **Comme il est dit à l'article** *(Ord. n° 2000-1223 du 14 déc. 2000, art. 3)* **« L. 213-5 du code monétaire et financier » :**

Art. L. 213-5 Les obligations sont des titres négociables qui, dans une même émission, confèrent les mêmes droits de créance pour une même valeur nominale.

1. Qualification d'obligation. Doivent être qualifiés d'obligations des titres au porteur offerts au public dans le dessein de compléter le capital social et non d'assurer les besoins de la trésorerie sociale, titres groupés en plusieurs séries présentant chacune des modalités identiques et productifs d'un intérêt fixe payable à terme échu sur présentation des coupons dont ils étaient munis. • Crim. 15 juin 1954 : *JCP 1955. II. 8724, note D. B.* ♦ De pareils titres, quoique offerts au public sous la dénomination de « bons de trésorerie », sont soumis aux prescriptions légales relatives aux obligations. • Même arrêt.

2. Obligations remboursables en actions. Outre les dispositions particulières des art. 339-1 s. de la L. du 24 juill. 1966 [C. com., art. L. 228-31 s.], par application desquelles elles sont créées, les obligations remboursables en actions (ORA) sont, avant leur remboursement, soumises aux dispositions des art. 284 s. [C. com., art. L. 228-38 s.]. • Com. 13 juin 1995, n° 94-21.003 P : *Rev. sociétés 1995. 736, note Didier ; JCP 1995. II. 22522, note Guyon ; RJDA 1995, n° 856 ; BJS 1995. 855, note Couret.* ♦ Par suite, les porteurs d'ORA jouissent des droits liés à la propriété d'obligations et notamment celui d'être groupés de plein droit dans une masse. • Même arrêt.

Art. L. 228-39 *(Ord. n° 2019-1067 du 21 oct. 2019, art. 2)* **« A peine de nullité des contrats conclus ou des obligations émises, l'émission d'obligation »** *(L. n° 2001-420 du 15 mai 2001)* **« par une société par actions n'ayant pas établi deux bilans régulièrement approuvés par les actionnaires doit être précédée d'une vérification de l'actif et du passif** *(Abrogé par Ord. n° 2017-970 du 10 mai 2017, art. 2-1°) « dans les conditions prévues aux articles L. 225-8 et L. 225-10 ».* **»**

(Ord. n° 2017-970 du 10 mai 2017, art. 2-2°) **« Cette vérification est assurée par un ou plusieurs commissaires désignés par l'organe de la société ayant qualité pour décider ou autoriser l'émission d'obligations. Ces commissaires sont soumis aux incompatibilités prévues à l'article L. 822-11-3. Le ou les commissaires établissent, sous leur responsabilité, un rapport sur la valeur des actifs et des passifs de la société, qui est soumis à l'organe de la société ayant qualité pour décider ou autoriser l'émission d'obligations préalablement à sa décision ou à son autorisation.**

« Les dispositions du premier alinéa ne sont pas applicables à l'émission d'obligations qui bénéficient de la garantie de sociétés ayant établi deux bilans régulièrement approuvés par les actionnaires. Elles ne sont pas non plus applicables à l'émission d'obligations qui sont gagées par des titres de créance sur l'État, sur les autres collectivités publiques ou sur des entreprises concessionnaires de l'État ou de toute autre collectivité publique ou subventionnées par ces mêmes collectivités et ayant établi le bilan de leur premier exercice. »

L'émission d'obligations est interdite aux sociétés dont le capital n'est pas intégralement libéré sauf si les actions non libérées ont été réservées aux salariés en application *(Ord. n° 2017-970 du 10 mai 2017, art. 2-3°)* **« des articles L. 3332-18 à L. 3332-24 » du code du travail, et sauf si elle est faite en vue de l'attribution aux salariés des obligations émises au titre de la participation de ceux-ci aux fruits de l'expansion de l'entreprise.** – *[L. n° 66-537 du 24 juill. 1966, art. 285.]*

L'art. L. 228-39 n'est pas applicable aux sociétés de crédit foncier (C. mon. fin., art. L. 513-25). – V. ***C. mon. fin.***

BIBL. ▶ CHAMPAUD et DANET, *RTD com. 2002. 84* (loi du 15 mai 2001). – MOULIN, *BJS 2013. 764* (procédure de désignation du commissaire aux apports).

Irrévocabilité de la souscription. L'émission d'obligations étant constitutive d'une offre, la souscription des obligations réalise l'acceptation de cette offre, ce qui rend parfait le contrat entre l'émetteur et le souscripteur ; dès lors, la demande d'annulation de la souscription, initiée postérieurement à la formation parfaite du contrat, ne peut prospérer du fait de l'irrévocabilité de la souscription, sans que la date de clôture de la période de souscription ait une quelconque incidence sur ce point. • Com. 10 juill. 2007, n° 06-14.660 : *Rev. sociétés 2008. 120, note Pasqualini et Pasqualini-Salerno ; RJDA 2007, n° 1111 ; BJB 2007. 735, note B. François.*

Art. L. 228-40 *(Ord. n° 2004-604 du 24 juin 2004, art. 39)* **Le conseil d'administration, le directoire, le ou les gérants ont qualité pour décider ou autoriser l'émission d'obligations, sauf si les statuts réservent ce pouvoir à l'assemblée générale ou si celle-ci décide de l'exercer.**

Le conseil d'administration *(Ord. n° 2017-970 du 10 mai 2017, art. 3-1°)* **« ou le directoire peut déléguer », à toute personne de son choix, les pouvoirs nécessaires pour réaliser, dans un délai d'un an l'émission d'obligations et en arrêter les modalités.**

Al. 3 abrogé par Ord. n° 2017-970 du 10 mai 2017, art. 3-2°.

Les personnes désignées rendent compte au conseil d'administration ou au directoire dans les conditions déterminées par ces organes.

BIBL. ▶ LE CANNU, *RTD com. 2004. 536* (émissions d'obligations sans droit d'accès au capital après l'Ord. n° 2004-604 du 24 juin 2004).

Art. L. 228-41 et L. 228-42 *Abrogés par Ord. n° 2004-604 du 24 juin 2004, art. 40.*

Art. L. 228-43 *Abrogé par Ord. n° 2009-80 du 22 janv. 2009, art. 29, à compter du 1er avr. 2009.*

Art. L. 228-44 La société ne peut constituer un gage quelconque sur ses propres obligations. – *[L. n° 66-537 du 24 juill. 1966, art. 290.]*

Art. L. 228-45 Dans le cas où la société émettrice a continué à payer les produits d'obligations remboursables par suite d'un tirage au sort, elle ne peut répéter ces sommes lorsque ces obligations sont présentées au remboursement.

Toute clause contraire est réputée non écrite. – *[L. n° 66-537 du 24 juill. 1966, art. 291.]*

Sur les conditions d'émission d'obligations à lots, V. C. mon. fin., art. L. 213-6, App., v° Banque et financement de l'entreprise.

Art. L. 228-46 Les porteurs d'obligations d'une même émission sont groupés de plein droit pour la défense de leurs intérêts communs, en une masse qui jouit de la personnalité civile.

Toutefois, en cas d'émissions successives d'obligations, la société peut, lorsqu'une clause de chaque contrat d'émission le prévoit, grouper en une masse unique les porteurs d'obligations ayant des droits identiques. – *[L. n° 66-537 du 24 juill. 1966, art. 293.]*

BIBL. ▶ NICOD, *Rev. sociétés 2000. 491* (action en justice pour la défense des intérêts communs des obligataires).

1. Application aux obligations remboursables en actions. V. note 2 ss. art. L. 228-38.

2. Disparition de la masse. La masse des obligataires n'est pas dissoute de plein droit à la date à laquelle l'emprunt devait être complètement remboursé ; elle continue d'exister tant qu'il est nécessaire d'assurer la défense des intérêts communs des obligataires. • Com. 7 mars 1967, n° 63-12.476 P : *RTD com. 1967. 803, obs. Houin.* ♦ La masse des obligataires subsiste tant qu'il n'a pas été définitivement statué sur leurs droits ; il en résulte qu'est recevable le recours formé par le représentant de la masse contre le jugement ayant arrêté le plan de sauvegarde de la société dont les dispositions prévoyaient une réduction du capital à zéro. • Com. 10 juill. 2012, n° 11-22.898 P : *Rev. sociétés 2013. 99, note Le Nabasque ; JCP E 2012, n° 1571, note Moulin ; RJDA 2012, n° 975 ; Dr. sociétés 2012, n° 182, obs. Gallois-Cochet ; BJS 2012. 810, note F.-X. Lucas.* ♦ V. aussi note 1 ss. art. L. 228-54.

Art. L. 228-46-1 *(Ord. n° 2017-970 du 10 mai 2017, art. 4)* **Les décisions de la masse des obligataires sont prises en assemblée générale. Toutefois, ces décisions peuvent également être prises à l'issue d'une consultation écrite, y compris par voie électronique, si le contrat d'émission le prévoit et selon les modalités de délai et de forme définies par celui-ci.**

Art. L. 228-47 *(Ord. n° 2017-970 du 10 mai 2017, art. 5)* **La masse est représentée par un ou plusieurs mandataires désignés conformément aux articles L. 228-50 et L. 228-51.**

Art. L. 228-48 *(Ord. n° 2017-970 du 10 mai 2017, art. 5)* **Le mandat de représentant de la masse ne peut être confié qu'aux personnes ressortissantes d'un État membre de l'Union européenne ou domiciliées dans un État membre de l'Union européenne, ainsi qu'aux associations et sociétés y ayant leur siège.**

Art. L. 228-49 Ne peuvent être choisis comme représentants de la masse :

1° La société débitrice ;

2° Les sociétés possédant au moins le dixième du capital de la société débitrice ou dont celle-ci possède au moins le dixième du capital ;

3° Les sociétés garantes de tout ou partie des engagements de la société débitrice ;

4° Les gérants, administrateurs, membres du directoire, du conseil de surveillance, directeurs généraux, commissaires aux comptes ou employés des sociétés visées aux 1° et 3°, ainsi que leurs ascendants, descendants et conjoint ;

5° Les personnes auxquelles l'exercice de la profession de banquier est interdit ou qui sont déchues du droit de diriger, administrer ou gérer une société à un titre quelconque. – *[L. n° 66-537 du 24 juill. 1966, art. 296.]*

Art. L. 228-50 En cas d'urgence, les représentants de la masse peuvent être désignés par décision de justice à la demande de tout intéressé. – *[L. n° 66-537 du 24 juill. 1966, art. 297.] – V. art. R. 228-60.*

Art. L. 228-51 *(Ord. n° 2017-970 du 10 mai 2017, art. 6)* Les représentants de la masse sont désignés dans le contrat d'émission ou par l'assemblée générale des obligataires ou, à défaut, par décision de justice, à la demande de tout intéressé.

Lorsque les obligations sont offertes au public *(Abrogé par Ord. n° 2019-1067 du 21 oct. 2019, art. 2)* *« au sens de l'article L. 411-1 du code monétaire et financier »*, les premiers représentants de la masse sont désignés dans le contrat d'émission. *(Ord. n° 2019-1067 du 21 oct. 2019, art. 2)* « Cette désignation n'est pas obligatoire pour les offres au public mentionnées aux 1° et 2° de l'article L. 411-2 du code monétaire et financier et à l'article L. 411-2-1 du même code. » – *V. art. R. 228-60 s.*

Art. L. 228-52 Les représentants de la masse peuvent être relevés de leurs fonctions par l'assemblée générale des obligataires. – *[L. n° 66-537 du 24 juill. 1966, art. 299.] – V. art. R. 228-61 et R. 228-62.*

Art. L. 228-53 Les représentants de la masse ont, sauf restriction décidée par l'assemblée générale des obligataires, le pouvoir d'accomplir au nom de la masse tous les actes de gestion pour la défense des intérêts communs des obligataires. *(Ord. n° 2017-970 du 10 mai 2017, art. 7)* « Ce pouvoir peut être délégué par les représentants de la masse à un tiers dans le respect des dispositions des articles L. 228-49, L. 228-62 et L. 228-63. » – *[L. n° 66-537 du 24 juill. 1966, art. 300.]*

Art. L. 228-54 Les représentants de la masse, dûment autorisés par l'assemblée générale des obligataires, ont seuls qualité pour engager, au nom de ceux-ci, les actions en nullité de la société ou des actes et délibérations postérieurs à sa constitution, ainsi que *(Ord. n° 2017-970 du 10 mai 2017, art. 8-1°)* « toutes autres actions en justice » ayant pour objet la défense des intérêts communs des obligataires, et notamment requérir la mesure prévue à l'article L. 237-14.

Les actions en justice dirigées contre l'ensemble des obligataires d'une même masse ne peuvent être intentées que contre le représentant de cette masse.

Toute action *(Ord. n° 2017-970 du 10 mai 2017, art. 8-2°)* « en justice » intentée contrairement aux dispositions du présent article doit être déclarée d'office irrecevable. – *[L. n° 66-537 du 24 juill. 1966, art. 301.]*

1. Actions dirigées contre des tiers. Les représentants de la masse autorisés par l'assemblée générale des obligataires ont seuls qualité pour engager, au nom de ceux-ci, toutes actions ayant pour objet la défense des intérêts communs des obligataires. • Com. 15 juin 1999, ☎ n° 96-20.843 P : *RTD com. 1999. 904, obs. Reinhard* ✎ *; Rev. sociétés 1999. 644, note Guyon* ✎ *; JCP E 1999, n° 38, p. 1488, note Viandier ; BJS 1999. 915, note Merle ; Dr. sociétés 1999, n° 169, obs. Vidal ; LPA 14 févr. 2000, note Archambault.* ♦ V. aussi note 2 ss. art. L. 228-46.

2. Action d'un obligataire contre la société émettrice. Un porteur d'obligations convertibles en actions ne saurait, en invoquant les règles relatives à la gestion d'affaires, s'affranchir des dispositions impératives de l'art. L. 228-54. • Com. 7 avr. 2010, n° 09-11.196 P : *Rev. sociétés 2010. 455, note Gaudemet* ✎ *; JCP E 2010, n° 1419 ; RJDA 2010, n° 755 ; Dr. sociétés 2010, n° 121, obs. Mortier.* ♦ L'action exercée par un obligataire tendant à obtenir la réparation du préjudice lié au défaut d'ajustement des obligations convertibles en actions est de nature à intéresser l'ensemble des obligataires placés dans la même situation ; dès lors, seuls les représentants de la masse sont recevables à agir. • Com. 10 déc. 2013, ☎ n° 12-24.198 : *Rev. sociétés 2014. 503, note Lecourt* ✎ *; RJDA 2014, n° 341 ; Dr. sociétés 2014, n° 63, obs. Gallois-Cochet.*

3. Action en annulation d'une assemblée. Les dispositions de l'art. 301 de la L. du 24 juill. 1966 [C. com., art. L. 228-54] n'interdisent pas aux obligataires d'agir individuellement en annulation des délibérations de leurs assemblées. • Com. 13 juin 1995, ☎ n° 93-17.982 P : *cité note 2 ss. art. L. 228-38.*

4. Actions dirigées contre les obligataires. Le législateur a institué la masse des obligataires en vue d'assurer la protection des intérêts communs des porteurs d'obligations et a donné, en la personne de ses représentants, un contradicteur légitime aux actions dirigées contre cette collectivité. Ces dispositions n'ont pas lieu de s'appliquer à l'action en nullité d'une délibération du conseil d'administration autorisant l'émission d'obligations avec bons de souscription d'actions, dès lors que cette action est dirigée contre la société elle-même et non contre les obligataires dont les droits, même s'ils peuvent s'en trouver indirectement affectés, ne constituent pas l'objet de cette action. • Paris, 26 avr. 1990 : *D. 1990. IR 138 ; Rev. sociétés 1990. 425, note Le Cannu ; JCP E 1991. II. 175, note Causse ; BJS 1990. 536, note Jeantin ; RJ com. 1990. 253, note Schmidt.*

5. Obligataire unique. Rien n'empêche de constituer un représentant de la masse en cas d'obligataire unique ; sa compétence est alors exclusive en application de l'art. L. 228-54. • Paris, 12 mai 2011, n° 10/04181 : *RJDA 2011, n° 1044 ; BJS 2011. 660, note Reygrobellet.*

Art. L. 228-55 Les représentants de la masse ne peuvent s'immiscer dans la gestion des affaires sociales. Ils ont accès aux assemblées générales des actionnaires, mais sans voix délibérative.

Ils ont le droit d'obtenir communication des documents mis à la disposition des actionnaires dans les mêmes conditions que ceux-ci. — *[L. n° 66-537 du 24 juill. 1966, art. 302.]*

Art. L. 228-56 La rémunération des représentants de la masse telle que fixée par l'assemblée générale ou par le contrat d'émission est à la charge de la société débitrice.

A défaut de fixation de cette rémunération, ou si son montant est contesté par la société, il est statué par décision de justice. — *[L. n° 66-537 du 24 juill. 1966, art. 303.] — V. art. R. 228-63.*

(L. n° 2003-706 du 1er août 2003) « Sans préjudice de l'action en responsabilité contre les mandataires sociaux ou le représentant de la masse, toute décision accordant à ce dernier une rémunération en violation des dispositions du présent article est nulle. »

Art. L. 228-57 L'assemblée générale des obligataires d'une même masse peut être réunie à toute époque. — *[L. n° 66-537 du 24 juill. 1966, art. 304.]*

Art. L. 228-58 L'assemblée générale des obligataires est convoquée par le conseil d'administration, le directoire ou *(Ord. n° 2017-970 du 10 mai 2017, art. 9)* « le représentant légal de la société », par les représentants de la masse ou par les liquidateurs pendant la période de liquidation.

Un ou plusieurs obligataires, réunissant au moins le trentième des titres d'une masse, peuvent adresser à la société et au représentant de la masse une demande tendant à la convocation de l'assemblée.

Si l'assemblée générale n'a pas été convoquée dans le délai fixé par décret en Conseil d'État, les auteurs de la demande peuvent charger l'un d'entre eux de poursuivre en justice la désignation d'un mandataire qui convoquera l'assemblée. — *[L. n° 66-537 du 24 juill. 1966, art. 305.] — V. art. R. 228-65.*

Art. L. 228-59 *(Ord. n° 2017-970 du 10 mai 2017, art. 10)* « La convocation des assemblées générales d'obligataires est faite dans les mêmes conditions de forme et de délai que celle des assemblées d'actionnaires, sauf stipulation contraire du contrat d'émission. Un décret en Conseil d'État fixe les garanties nécessaires, dans cette hypothèse, à la bonne information des obligataires. »

En outre, les avis de convocation contiennent des mentions spéciales qui sont déterminées par décret en Conseil d'État.

Toute assemblée irrégulièrement convoquée peut être annulée. Toutefois, l'action en nullité n'est pas recevable lorsque tous les obligataires de la masse intéressée sont présents ou représentés. — *[L. n° 66-537 du 24 juill. 1966, art. 306.] — V. art. R. 228-66, R. 228-67, R. 228-69, R. 228-71 et R. 228-72.*

Art. L. 228-60 L'ordre du jour des assemblées est arrêté par l'auteur de la convocation.

Toutefois, un ou plusieurs obligataires ont la faculté, dans les conditions prévues au deuxième alinéa de l'article L. 228-58, de requérir l'inscription à l'ordre du jour de projets de résolution. Ceux-ci sont inscrits à l'ordre du jour et soumis par le président de séance au vote de l'assemblée.

L'assemblée ne peut délibérer sur une question qui n'est pas inscrite à l'ordre du jour.

Sur deuxième convocation, l'ordre du jour de l'assemblée ne peut être modifié.

(Abrogé par Ord. n° 2004-604 du 24 juin 2004, art. 41-I) « Les dispositions de l'article L. 225-114 sont applicables. » — [L. n° 66-537 du 24 juill. 1966, art. 307.] — V. art. R. 228-70 et R. 228-74.

Art. L. 228-60-1 *(Ord. n° 2004-604 du 24 juin 2004, art. 41-II)* A chaque assemblée est tenue une feuille de présence.

Les décisions prises à chaque assemblée sont constatées par procès-verbal, signé par les membres du bureau et conservé au siège social dans un registre spécial.

Les mentions que doivent comporter la feuille de présence et le procès-verbal sont déterminées par décret en Conseil d'État.

Art. L. 228-61 S'il existe plusieurs masses d'obligataires, elles ne peuvent en aucun cas délibérer au sein d'une assemblée commune.

Tout obligataire a le droit de participer à l'assemblée ou de s'y faire représenter par un mandataire de son choix.

(Ord. n° 2004-604 du 24 juin 2004, art. 42) « Tout obligataire peut voter par correspondance, au moyen d'un formulaire dont les mentions sont fixées par décret en Conseil d'État. Les dispositions contraires des statuts sont réputées non écrites.

« Pour le calcul du quorum, il n'est tenu compte que des formulaires qui ont été reçus par la société avant la réunion de l'assemblée, dans les conditions de délais fixées par décret en Conseil d'État. Les formulaires ne donnant aucun sens de vote ou exprimant une abstention sont considérés comme des votes négatifs.

« Si les statuts le prévoient *(Ord. n° 2017-970 du 10 mai 2017, art. 11)* « ou si le contrat d'émission le prévoit », sont réputés présents pour le calcul du quorum et de la majorité les obligataires qui participent à l'assemblée par visioconférence ou par des moyens de télécommunication permettant leur identification. La nature des moyens techniques admis et les conditions d'application de cette disposition sont déterminées par décret en Conseil d'État. »

Les porteurs d'obligations amorties et non remboursées par suite de la défaillance de la société débitrice ou à raison d'un litige portant sur les conditions de remboursement, peuvent participer à l'assemblée.

La société qui détient au moins 10 % du capital de la société débitrice ne peut voter à l'assemblée avec les obligations qu'elle détient. — *[L. n° 66-537 du 24 juill. 1966, art. 308.] — V. art. R. 228-71 et R. 228-75.*

Détention de plus de 10 % du capital. L'interdiction faite à une société qui détient au moins 10 % du capital de la société débitrice de voter à l'assemblée des obligataires ne peut résulter que de sa participation directe dans le capital de cette société. • Com. 13 juin 1995, n° 93-17.982 P : *cité note 2 ss. art. L. 228-38.*

Art. L. 228-62 Ne peuvent représenter les obligataires aux assemblées générales, les gérants, administrateurs, membres du directoire et du conseil de surveillance, directeurs généraux, commissaires aux comptes ou employés de la société débitrice ou des sociétés garantes de tout ou partie des engagements de ladite société, ainsi que leurs ascendants, descendants et conjoint. — *[L. n° 66-537 du 24 juill. 1966, art. 309.]*

Art. L. 228-63 La représentation d'un obligataire ne peut être confiée aux personnes auxquelles l'exercice de la profession de banquier est interdit ou qui sont déchues du droit de diriger, d'administrer ou de gérer une société à un titre quelconque. — *[L. n° 66-537 du 24 juill. 1966, art. 310.]*

Art. L. 228-64 L'assemblée est présidée par un représentant de la masse. En cas d'absence des représentants ou en cas de désaccord entre eux, l'assemblée désigne une personne pour exercer les fonctions de président. En cas de convocation par un mandataire de justice, l'assemblée est présidée par ce dernier.

A défaut de représentants de la masse désignés dans les conditions prévues aux articles L. 228-50 et L. 228-51, la première assemblée est ouverte sous la présidence provisoire du porteur détenant ou du mandataire représentant le plus grand nombre d'obligations. – *[L. n° 66-537 du 24 juill. 1966, art. 311.] – V. art. R. 228-73 et R. 228-74.*

Art. L. 228-65 I. – L'assemblée générale délibère sur toutes mesures ayant pour objet d'assurer la défense des *(Ord. n° 2017-970 du 10 mai 2017, art. 12-1°)* « intérêts communs des obligataires » ainsi que sur toute proposition tendant à la modification du contrat et notamment :

1° Sur toute proposition relative à la modification de l'objet ou de la forme de la société ;

2° Sur toute proposition, soit de compromis, soit de transaction sur des droits litigieux ou ayant fait l'objet de décisions judiciaires ;

3° Sur les propositions de fusion ou de scission de la société dans les cas prévus aux articles L. 236-13 et L. 236-18 ;

4° Sur toute proposition relative à l'émission d'obligations *(Ord. n° 2017-970 du 10 mai 2017, art. 12-2°)* « assorties d'une sûreté réelle ne bénéficiant pas aux » obligataires composant la masse ;

5° Sur toute proposition relative à l'abandon total ou partiel des garanties conférées aux obligataires, au report de l'échéance du paiement des intérêts et à la modification des modalités d'amortissement ou du taux des intérêts ; – *[L. n° 66-537 du 24 juill. 1966, art. 313.]*

(L. n° 2005-842 du 26 juill. 2005, art. 11-II) « 6° Sur tout projet de transfert du siège social d'une société européenne dans un autre État membre. »

(Ord. n° 2004-604 du 24 juin 2004, art. 43) « II. – L'assemblée générale délibère dans les conditions de quorum prévues au deuxième alinéa de l'article L. 225-98. Elle statue à la majorité des deux tiers des voix dont disposent les porteurs présents ou représentés. »

Transaction. L'intervention d'un jugement de condamnation, rendu au profit d'un obligataire agissant individuellement, ne met pas obstacle à ce que l'assemblée des obligataires reste qualifiée pour transiger, alors que cette décision judiciaire n'a pas acquis force exécutoire au profit des obligataires n'ayant pas figuré dans l'instance. • Com. 16 déc. 1952 : *JCP 1953. II. 7787, note Bastian.* ♦ La transaction intervenue ne peut faire obstacle à l'exécution des décisions antérieures ayant acquis l'autorité de la chose jugée et rendues au profit d'obligataires individuels. • Même arrêt.

Art. L. 228-66 Le droit de vote dans les assemblées générales d'obligataires appartient au nu-propriétaire. – *[L. n° 66-537 du 24 juill. 1966, art. 314.]*

Art. L. 228-67 Le droit de vote attaché aux obligations doit être proportionnel à la quotité du montant de l'emprunt qu'elles représentent. Chaque obligation donne droit à une voix au moins. – *[L. n° 66-537 du 24 juill. 1966, art. 315.]*

Art. L. 228-68 Les assemblées ne peuvent ni accroître les charges des obligataires ni établir un traitement inégal entre les obligataires d'une même masse.

Elles ne peuvent décider la conversion des obligations en actions, sous réserve des dispositions de l'article *(Ord. n° 2004-604 du 24 juin 2004, art. 51-XIV)* « L. 228-106 ».

Toute disposition contraire est réputée non écrite. – *[L. n° 66-537 du 24 juill. 1966, art. 317.]*

Art. L. 228-69 Tout obligataire a le droit d'obtenir, dans les conditions et délais déterminés par décret en Conseil d'État, communication du texte des résolutions qui seront proposées et des rapports qui seront présentés à l'assemblée générale.

Il a, à toute époque, le même droit en ce qui concerne les procès-verbaux et les feuilles de présence des assemblées générales de la masse à laquelle il appartient. – *[L. n° 66-537 du 24 juill. 1966, art. 318.] – V. art. R. 228-74, R. 228-76 et R. 228-77.*

Art. L. 228-70 Les obligataires ne sont pas admis individuellement à exercer un contrôle sur les opérations de la société ou à demander communication des documents sociaux. – *[L. n° 66-537 du 24 juill. 1966, art. 319.]*

Art. L. 228-71 La société débitrice supporte les frais de convocation, de tenue des assemblées générales, de publicité de leurs décisions ainsi que les frais résultant de la procédure prévue à l'article L. 228-50. Les autres dépenses de gestion décidées par l'assemblée générale de la masse peuvent être retenues sur les intérêts servis aux obligataires et leur montant peut être fixé par décision de justice.

Les retenues visées à l'alinéa précédent ne peuvent excéder le dixième de l'intérêt annuel. — *[L. nº 66-537 du 24 juill. 1966, art. 320.] — V. art. R. 228-78.*

Art. L. 228-72 A défaut d'approbation par l'assemblée générale des propositions visées aux 1° et 4° du I. de l'article L. 228-65, le conseil d'administration, le directoire ou les gérants de la société débitrice peuvent passer outre, en offrant de rembourser les obligations dans le délai fixé par décret en Conseil d'État.

La décision du conseil d'administration, du directoire ou des gérants de passer outre est publiée dans les conditions fixées par décret en Conseil d'État, qui détermine également le délai pendant lequel le remboursement doit être demandé. — *[L. nº 66-537 du 24 juill. 1966, art. 321.] — V. art. R. 228-79.*

Art. L. 228-73 *(Ord. nº 2017-970 du 10 mai 2017, art. 13)* « Si l'assemblée générale des obligataires de la société absorbée ou scindée n'a pas approuvé, selon le cas, une des propositions mentionnées aux 3° et 6° du I de l'article L. 228-65, le conseil d'administration, le directoire ou les gérants de la société débitrice peuvent passer outre. »

Les obligataires conservent alors leur qualité dans la société absorbante ou dans les sociétés bénéficiaires des apports résultant de la scission, selon le cas.

Toutefois, l'assemblée générale des obligataires peut donner mandat aux représentants de la masse de former opposition à l'opération dans les conditions et avec les effets prévus à l'article L. 236-14. — *[L. nº 66-537 du 24 juill. 1966, art. 321-1.] — V. art. R. 228-80 et R. 236-9.*

Art. L. 228-74 Les obligations rachetées par la société émettrice, ainsi que les obligations sorties au tirage et remboursées, sont annulées et ne peuvent être remises en circulation. — *[L. nº 66-537 du 24 juill. 1966, art. 322.]*

Art. L. 228-75 En l'absence de dispositions spéciales du contrat d'émission, la société ne peut imposer aux obligataires le remboursement anticipé des obligations. — *[L. nº 66-537 du 24 juill. 1966, art. 323.]*

BIBL. ▸ ROUGER, *RJ com. 1996. 253* (défaisance et défaillance).

Art. L. 228-76 En cas de dissolution anticipée de la société, non provoquée par une fusion ou par une scission, l'assemblée générale des obligataires peut exiger le remboursement des obligations et la société peut l'imposer. — *[L. nº 66-537 du 24 juill. 1966, art. 324.]*

Art. L. 228-77 *(Ord. nº 2017-970 du 10 mai 2017, art. 14)* « En cas d'émission d'obligations assorties de sûretés réelles, celles-ci sont constituées par la société antérieurement ou concomitamment à l'émission, pour le compte de la masse des obligataires. » L'acceptation résulte du seul fait des souscriptions. Elle rétroagit à la date de l'inscription pour les sûretés soumises à inscription et à la date de leur constitution pour les autres sûretés. — *[L. nº 66-537 du 24 juill. 1966, art. 325.]*

Art. L. 228-78 *Abrogé par Ord. nº 2017-970 du 10 mai 2017, art. 15.*

Art. L. 228-79 *(Ord. nº 2017-970 du 10 mai 2017, art. 16)* Les sûretés sont constituées dans un acte spécial. Lorsque l'acte spécial est conclu avant l'émission des obligations, les représentants de la masse peuvent être parties à celui-ci pour le compte de la masse des obligataires en formation. Cet acte ne prend effet qu'au moment de l'émission.

Art. L. 228-80 La mainlevée des inscriptions intervient *(Ord. nº 2017-970 du 10 mai 2017, art. 17)* « selon les modalités prévues au contrat d'émission ou, à défaut, » dans les conditions déterminées par décret en Conseil d'État. — *[L. nº 66-537 du 24 juill. 1966, art. 328.] — V. art. R. 228-83.*

Art. L. 228-81 *(Ord. nº 2017-970 du 10 mai 2017, art. 18)* « Les sûretés réelles et cessions à titre de garantie constituées postérieurement à l'émission des obligations le sont par la société pour le compte de la masse des obligataires. » Elles sont acceptées par le représentant de la masse. — *[L. nº 66-537 du 24 juill. 1966, art. 329.]*

Art. L. 228-82 **L'émission d'obligations, dont le remboursement est garanti par une société de capitalisation, est interdite.** – *[L. n° 66-537 du 24 juill. 1966, art. 330.]*

Art. L. 228-83 **En cas** *(L. n° 2005-845 du 26 juill. 2005, art. 165-II)* **« de sauvegarde, » de redressement ou de liquidation judiciaires de la société, les représentants de la masse des obligataires sont habilités à agir au nom de celle-ci.** – *[L. n° 66-537 du 24 juill. 1966, art. 331.]*

BIBL. ► BARBIÈRI, *RPC 1991. 153* (associés et obligataires d'une société faillie). - GRELON, *Rev. sociétés 2008. 25* (consultation des créanciers obligataires dans le cadre d'une procédure collective d'insolvabilité).

Art. L. 228-84 **Les représentants de la masse déclarent au passif** *(L. n° 2005-845 du 26 juill. 2005, art. 165-II)* **« de la sauvegarde, » du redressement ou de la liquidation judiciaires de la société, pour tous les obligataires de cette masse, le montant en principal des obligations restant en circulation augmenté pour mémoire des coupons d'intérêts échus et non payés, dont le décompte est établi par le** *(L. n° 2005-845 du 26 juill. 2005, art. 165-III)* **« mandataire judiciaire ». Ils ne sont pas tenus de fournir les titres de leurs mandants, à l'appui de cette déclaration.** – *[L. n° 66-537 du 24 juill. 1966, art. 332.]*

Art. L. 228-85 **A défaut de déclaration par les représentants de la masse, une décision de justice désigne à la demande du** *(L. n° 2005-845 du 26 juill. 2005, art. 165-III)* **« mandataire judiciaire », un mandataire chargé d'assurer la représentation de la masse dans les opérations** *(L. n° 2005-845 du 26 juill. 2005, art. 165-II)* **« de sauvegarde, » de redressement ou de liquidation judiciaires et d'en déclarer la créance.** – *[L. n° 66-537 du 24 juill. 1966, art. 333.] – V. art. R. 228-85.*

Inaction du représentant de la masse. Eu égard tant à la finalité de l'institution d'un représentant de la masse, conçue afin d'assurer la protection des porteurs d'obligations, qu'à la généralité de ses termes, l'art. L. 228-85, en visant le défaut de déclaration par le représentant de la masse, ne distingue pas l'hypothèse de l'inaction du représentant de la masse désigné de celle de l'absence de toute désignation d'un représentant. • Com. 2 juin 2004, n° 01-16.825 P : *D. 2004. AJ 1736 ; RTD com. 2005. 169, obs. Martin-Serf ; JCP E 2004, n° 50, p. 1982, note Bonneau ; LPA 8 juill. 2004, note Caramalli ; Dr. sociétés 2004, n° 171, obs. Legros ; BJS 2004. 1356, note Pétel.*

Art. L. 228-86 **Les représentants de la masse sont consultés par le** *(L. n° 2005-845 du 26 juill. 2005, art. 165-III)* **« mandataire judiciaire » sur les modalités de règlement des obligations proposées en application de l'article L. 626-4. Ils donnent leur accord dans le sens défini par l'assemblée générale ordinaire des obligataires, convoquée à cet effet.** – *[L. n° 66-537 du 24 juill. 1966, art. 335.]*

Art. L. 228-87 **Les frais entraînés par la représentation des obligataires au cours de la procédure** *(L. n° 2005-845 du 26 juill. 2005, art. 165-II)* **« de sauvegarde ou » de redressement judiciaire de la société incombent à celle-ci et sont considérés comme des frais d'administration judiciaire.** – *[L. n° 66-537 du 24 juill. 1966, art. 336.]*

Art. L. 228-88 *(L. n° 2005-845 du 26 juill. 2005, art. 165-II)* **« La sauvegarde, » le redressement ou la liquidation judiciaires de la société ne met pas fin au fonctionnement et au rôle de l'assemblée générale des obligataires.** – *[L. n° 66-537 du 24 juill. 1966, art. 337.] – V. art. R. 228-84 s.*

Art. L. 228-89 **En cas de clôture pour insuffisance d'actif, le représentant de la masse ou le mandataire de justice désigné, recouvre l'exercice des droits des obligataires.** – *[L. n° 66-537 du 24 juill. 1966, art. 338.]*

Art. L. 228-90 **Sauf clause contraire du contrat d'émission, les dispositions des articles L. 228-46 à L. 228-69, L. 228-71, L. 228-72, L. 228-76 à L. 228-81 et L. 228-83 à L. 228-89 ne sont pas applicables aux sociétés dont les emprunts sont soumis à un régime légal spécial, ni aux emprunts garantis par l'État, les départements, les communes ou les établissements publics ni aux emprunts émis à l'étranger par des sociétés françaises.** – *[L. n° 66-537 du 24 juill. 1966, art. 339.]*

Sur les infractions relatives aux obligations, V. art. L. 245-7 s.

SECTION V DES VALEURS MOBILIÈRES DONNANT ACCÈS AU CAPITAL OU DONNANT DROIT À L'ATTRIBUTION DE TITRES DE CRÉANCE *(Ord. n° 2014-863 du 31 juill. 2014, art. 26).*

La section V est l'ancienne section VI (Ord. n° 2014-863 du 31 juill. 2014, art. 26).

BIBL. GÉN. ▶ PÉRIN, *JCP E 2001, n° 6, p. 261* (bons de souscription de parts de créateur d'entreprise). – ENGEL, *JCP E 2000, n° 46, p. 1804* (droit préférentiel de souscription et bons de souscription de parts de créateur d'entreprise). – LE DOLLEY, *BJS 2001. 953* (bons de souscription de parts de créateur d'entreprise : écueils juridiques et fiscaux) ; *JCP E 2002, n° 36, p. 1370* (procédures de contrôle lors de l'émission de bons de souscription de parts de créateur d'entreprise). – REIGNÉ, *Gaz. Pal. 2002. 884* (incessibilité des bons de souscription de parts de créateur d'entreprise). – COURET, *LPA 4 mai 2001* (droits des porteurs de titres de capital différé). – BONNEAU, *Dr. sociétés 2003, n° 196* (attribution gratuite de BSA à prix « glissant »). – SYLVESTRE, *Mél. Le Cannu, Dalloz-LGDJ, 2014, p. 429* (valeurs mobilières donnant accès au capital et coup d'accordéon). – KEREBEL, *Dr. sociétés 2016. Étude 1* (la société émettrice peut-elle racheter ses propres VMDAC ?).

▶ Ord. n° 2004-604 du 24 juin 2004 : BONNEAU, *Dr. sociétés 2004, n° 153.* – FAUVET, *ibid. 2005. Étude 1* (protection des titulaires de valeurs mobilières donnant accès au capital). – GRELON, *Rev. sociétés 2004. 579* ∅. – LE CANNU, *RTD com. 2004. 761* ∅. – LEPLAT, *LPA 22 sept. 2005.*

▶ Ord. n° 2014-863 du 31 juill. 2014 : CHABERT et ÉLINEAU, *Rev. sociétés 2014. 638* ∅. – TORCK, *Dr. sociétés 2014, n° 150.* – LE NABASQUE et PIETRANCOSTA, *BJS 2014. 486.*

SOUS-SECTION 1 DISPOSITIONS GÉNÉRALES *(Ord. n° 2004-604 du 24 juin 2004, art. 44).*

Art. L. 228-91 *(Ord. n° 2004-604 du 24 juin 2004, art. 45)* Les sociétés par actions peuvent émettre des valeurs mobilières donnant accès au capital ou donnant droit à l'attribution de titres de créance.

Al. 2 et 3 abrogés par Ord. n° 2014-863 du 31 juill. 2014, art. 27.

Le contrat d'émission peut prévoir que ces valeurs mobilières et les titres de capital ou de créances auxquels ces valeurs mobilières donnent droit ne peuvent être cédés et négociés qu'ensemble. Dans ce cas, si le titre émis à l'origine est un titre de capital, celui-ci ne relève pas d'une catégorie déterminée au sens de l'article L. 225-99.

Les titres de capital ne peuvent être convertis ou transformés en valeurs mobilières représentatives *(Ord. n° 2014-863 du 31 juill. 2014, art. 27)* « d'un droit de créance ». Toute clause contraire est réputée non écrite.

Les valeurs mobilières émises en application du présent article ne peuvent être regardées comme constitutives d'une promesse d'action pour l'application du second alinéa de l'article L. 228-10.

Pour la sanction, V. art. L. 228-95.

Art. L. 228-92 *(Ord. n° 2014-863 du 31 juill. 2014, art. 28)* Les émissions de valeurs mobilières régies par l'article L. 228-91, qui sont des titres de capital donnant accès à d'autres titres de capital ou donnant droit à l'attribution de titres de créance et les émissions de valeurs mobilières donnant accès à des titres de capital à émettre, sont autorisées par l'assemblée générale extraordinaire des actionnaires conformément aux articles L. 225-129 à L. 225-129-6. Celle-ci se prononce sur le rapport du conseil d'administration ou du directoire et sur le rapport spécial du commissaire aux comptes. – *V. art. R. 225-117.*

Dans ce cas, les actionnaires ont, proportionnellement au montant de leurs actions, un droit de préférence à la souscription de ces valeurs mobilières. Ce droit est régi par les dispositions applicables au droit de préférence à la souscription attaché aux titres de capital conformément aux articles L. 225-132 à L. 225-141.

Les émissions de valeurs mobilières régies par l'article L. 228-91, qui sont des titres de créance donnant droit à l'attribution d'autres titres de créance ou donnant accès à des titres de capital existants, sont autorisées dans les conditions prévues par l'article L. 228-40 s'il s'agit d'émettre des obligations ou des titres participatifs, ou dans les autres cas, dans les conditions que détermine la société émettrice conformément aux dispositions de l'article L. 228-36-A.

Art. L. 228-93 *(Ord. nº 2004-604 du 24 juin 2004, art. 47)* Une société par actions peut émettre des valeurs mobilières donnant accès *(Ord. nº 2014-863 du 31 juill. 2014, art. 29)* « à des titres de capital à émettre par » la société qui possède directement ou indirectement plus de la moitié de son capital ou *(Ord. nº 2014-863 du 31 juill. 2014, art. 29)* « par la société dont elle possède » directement ou indirectement plus de la moitié du capital.

A peine de nullité, l'émission doit être autorisée par l'assemblée générale extraordinaire de la société appelée à émettre ces valeurs mobilières et par celle de la société au sein de laquelle les droits sont exercés, dans les conditions prévues *(Ord. nº 2014-863 du 31 juill. 2014, art. 29)* « au premier alinéa de l'article L. 228-92.

« Les émissions de valeurs mobilières qui sont des titres de capital donnant accès à d'autres titres de capital existants ou donnant droit à l'attribution de titres de créance, sont autorisées par l'assemblée générale extraordinaire des actionnaires conformément aux articles L. 225-129 à L. 225-129-6.

« Les actionnaires de la société appelée à émettre les titres de capital visés au premier alinéa ont, proportionnellement au montant de leurs actions, un droit de préférence à la souscription de ces valeurs mobilières. Ce droit est régi par les dispositions applicables au droit de préférence à la souscription attaché aux titres de capital conformément aux articles L. 225-132 à L. 225-141.

« Dans les cas où l'application du quatrième alinéa du présent article confère un droit préférentiel de souscription concurrent aux actionnaires de plusieurs sociétés, les assemblées qui autorisent ces émissions doivent, à peine de nullité de la décision d'émission, autoriser la suppression du droit préférentiel de souscription des actionnaires dans l'une ou plusieurs de ces sociétés.

« Les émissions de valeurs mobilières qui sont des titres de créance donnant accès à des titres de capital existants ou donnant droit à l'attribution d'autres titres de créance, sont autorisées dans les conditions prévues par l'article L. 228-40 s'il s'agit d'émettre des obligations ou des titres participatifs, ou dans les autres cas, dans les conditions que détermine la société émettrice conformément aux dispositions de l'article L. 228-36-A. »

Art. L. 228-94 *(Ord. nº 2014-863 du 31 juill. 2014, art. 30)* Une société par actions peut émettre des valeurs mobilières donnant accès à des titres de capital existants ou donnant droit à l'attribution de titres de créance d'une autre société dont elle ne possède pas directement ou indirectement plus de la moitié du capital ou dont plus de la moitié du capital n'est pas directement ou indirectement possédé par cette autre société. Les conditions et modalités d'accès ou d'attribution de ces titres sont définies par le contrat d'émission.

Les émissions de valeurs mobilières visées à l'alinéa précédent, qui sont des titres de capital donnant accès à d'autres titres de capital existants ou donnant droit à l'attribution de titres de créance, sont autorisées par l'assemblée générale extraordinaire des actionnaires conformément aux articles L. 225-129 à L. 225-129-6.

Les émissions de valeurs mobilières visées au premier alinéa, qui sont des titres de créance donnant accès à des titres de capital existants ou donnant droit à l'attribution d'autres titres de créance, sont autorisées dans les conditions prévues par l'article L. 228-40 s'il s'agit d'émettre des obligations ou des titres participatifs, ou dans les autres cas, dans les conditions que détermine la société émettrice conformément aux dispositions de l'article L. 228-36-A.

Art. L. 228-95 *(Ord. nº 2004-604 du 24 juin 2004, art. 48)* Sont nulles les décisions prises en violation du deuxième *(Ord. nº 2014-863 du 31 juill. 2014, art. 31)* « alinéa de l'article L. 228-92 et des troisième et quatrième alinéas de l'article L. 228-93 ».

Art. L. 228-96 *Abrogé par Ord. nº 2004-604 du 24 juin 2004, art. 51-VII.*

Art. L. 228-97 *(L. nº 2003-706 du 1er août 2003)* Lors de l'émission de valeurs mobilières représentatives *(Ord. nº 2014-863 du 31 juill. 2014, art. 32)* « d'un droit de créance » sur la société émettrice, y compris celles donnant le droit de souscrire ou d'acquérir une valeur mobilière, il peut être stipulé que ces valeurs mobilières ne seront remboursées qu'après désintéressement des autres créanciers, à l'exclusion ou y compris des titulaires de prêts participatifs et de titres participatifs, nonobstant les dispositions de l'article L. 228-36 du présent code et celles des articles L. 313-13 et suivants du code monétaire et financier.

Dans ces catégories de valeurs mobilières, il peut être également stipulé un ordre de priorité des paiements. – *[L. nº 66-537 du 24 juill. 1966, art. 339-7.]*

BIBL. ▶ Faugérolas, *JCP E 1991. I. 84* (subordination des créances). – Galland, *LPA 14 nov. 2003* (titres super-subordonnés). – Hamou, *Dr. et patr. 7-8/2004. 26* (titres super-subordonnés dans les LBO). – Galland, *BJS 2006. 1111* (régime et finalités des titres super-subordonnés).

SOUS-SECTION 2 DISPOSITIONS RELATIVES AUX VALEURS MOBILIÈRES DONNANT ACCÈS AU CAPITAL *(Ord. nº 2004-604 du 24 juin 2004, art. 49-I)*.

Art. L. 228-98 *(Ord. nº 2004-604 du 24 juin 2004, art. 49-II)* A dater de l'émission de valeurs mobilières donnant accès au capital, la société appelée à attribuer ces titres ne peut modifier sa forme ou son objet, à moins d'y être autorisée par le contrat d'émission ou dans les conditions prévues à l'article L. 228-103.

En outre, elle ne peut ni modifier les règles de répartition de ses bénéfices, ni amortir son capital, *(L. nº 2008-776 du 4 août 2008)* « ni créer d'actions de préférence entraînant une telle modification ou un tel amortissement, » à moins d'y être autorisée *(Ord. nº 2014-863 du 31 juill. 2014, art. 33)* « par le contrat d'émission ou » dans les conditions prévues à l'article L. 228-103 et sous réserve de prendre les dispositions nécessaires au maintien des droits des titulaires des valeurs mobilières donnant accès au capital dans les conditions définies à l'article L. 228-99 *(Abrogé par Ord. nº 2014-863 du 31 juill. 2014, art. 33) (L. nº 2008-776 du 4 août 2008, art. 57-VII, en vigueur le 1er janv. 2009) « ou par le contrat d'émission ».*

Al. abrogé par L. nº 2019-486 du 22 mai 2019, art. 100.

En cas de réduction de son capital motivée par des pertes et réalisée par la diminution du montant nominal ou du nombre des titres composant le capital, les droits des titulaires des valeurs mobilières donnant accès au capital sont réduits en conséquence, comme s'ils les avaient exercés avant la date à laquelle la réduction de capital est devenue définitive.

Pour les dispositions transitoires de la L. nº 2019-486 du 22 mai 2019, V. note ss. art. L. 228-11.

Art. L. 228-99 *(Ord. nº 2004-604 du 24 juin 2004, art. 49-II)* La société appelée à attribuer les titres de capital ou les valeurs mobilières y donnant accès doit prendre les mesures nécessaires à la protection des intérêts des titulaires des droits ainsi créés si elle décide de procéder à l'émission, sous quelque forme que ce soit, de nouveaux titres de capital avec droit préférentiel de souscription réservé à ses actionnaires, de distribuer des réserves, en espèces ou en nature, et des primes d'émission ou de modifier la répartition de ses bénéfices par la création d'actions de préférence.

A cet effet, elle doit :

1º Soit mettre les titulaires de ces droits en mesure de les exercer, si la période prévue au contrat d'émission n'est pas encore ouverte, de telle sorte qu'ils puissent immédiatement participer aux opérations mentionnées au premier alinéa ou en bénéficier ;

2º Soit prendre les dispositions qui leur permettront, s'ils viennent à exercer leurs droits ultérieurement, de souscrire à titre irréductible les nouvelles valeurs mobilières émises, ou en obtenir l'attribution à titre gratuit, ou encore recevoir des espèces ou des biens semblables à ceux qui ont été distribués, dans les mêmes quantités ou proportions ainsi qu'aux mêmes conditions, sauf en ce qui concerne la jouissance, que s'ils avaient été, lors de ces opérations, actionnaires ;

3º Soit procéder à un ajustement des conditions de souscription, des bases de conversion, des modalités d'échange ou d'attribution initialement prévues de façon à tenir compte de l'incidence des opérations mentionnées au premier alinéa. — *V. art. R. 225-137.*

Sauf stipulations différentes du contrat d'émission, la société peut prendre simultanément les mesures prévues aux 1º et 2º. Elle peut, dans tous les cas, les remplacer par l'ajustement autorisé au 3º. Cet ajustement est organisé par le contrat d'émission lorsque les titres de capital ne sont pas admis aux négociations sur un marché réglementé.

(Ord. nº 2014-863 du 31 juill. 2014, art. 34) « Le contrat d'émission peut prévoir des mesures de protection supplémentaires destinées à tous porteurs de valeurs mobilières donnant accès à des titres de capital.

« Lorsqu'il existe des valeurs mobilières donnant accès au capital, la société appelée à émettre ces titres de capital doit procéder, lorsqu'elle acquiert ses propres actions dans les conditions prévues aux articles L. 225-207, L. 225-208 ou L. 225-209, et si le prix d'acquisition est supérieur au cours de bourse, à un ajustement des conditions de souscription, des bases de conversion, des modalités d'échange ou d'attribution initialement prévues, de façon à garantir que la valeur des titres de capital qui seront obtenus en cas d'exercice des droits attachés aux valeurs mobilières donnant accès au capital après la réalisation de l'opération sera identique à la valeur des titres de capital qui auraient été obtenus en cas d'exercice des mêmes droits avant cette opération. »

Les conditions d'application du présent article sont fixées par décret en Conseil d'État. – *V. art. R. 228-87 à R. 228-92.*

Art. L. 228-100 *(Ord. nº 2004-604 du 24 juin 2004, art. 49-II)* Les dispositions des articles L. 228-98 et L. 228-99 sont applicables aussi longtemps qu'il existe des droits attachés à chacun des éléments des valeurs mobilières mentionnées à ces articles.

Art. L. 228-101 *(Ord. nº 2004-604 du 24 juin 2004, art. 49-II)* Si la société appelée à émettre les titres de capital est absorbée par une autre société ou fusionne avec une ou plusieurs autres sociétés pour former une société nouvelle, ou procède à une scission, les titulaires de valeurs mobilières donnant accès au capital exercent leurs droits dans la ou les sociétés bénéficiaires des apports. L'article L. 228-65 n'est pas applicable, sauf stipulations contraires du contrat d'émission.

Le nombre de titres de capital de la ou des sociétés absorbantes ou nouvelles auquel ils peuvent prétendre est déterminé en corrigeant le nombre de titres qu'il est prévu d'émettre ou d'attribuer au contrat d'émission en fonction du nombre d'actions à créer par la ou les sociétés bénéficiaires des apports. Le commissaire aux apports émet un avis sur le nombre de titres ainsi déterminé.

L'approbation du projet de fusion ou de scission par les actionnaires de la ou des sociétés bénéficiaires des apports ou de la ou des sociétés nouvelles emporte renonciation par les actionnaires, et le cas échéant, par les titulaires de certificats d'investissement de ces sociétés, au droit préférentiel de souscription mentionné à l'article L. 228-35 ou au deuxième alinéa de l'article *(Ord. nº 2014-863 du 31 juill. 2014, art. 35)* « L. 228-92 », au profit des titulaires de valeurs mobilières donnant accès de manière différée au capital.

La ou les sociétés bénéficiaires des apports ou la ou les nouvelles sociétés sont substituées de plein droit à la société émettrice dans ses obligations envers les titulaires des dites valeurs mobilières.

Art. L. 228-102 *(Ord. nº 2004-604 du 24 juin 2004, art. 49-II)* Sauf stipulations spéciales du contrat d'émission et hors le cas de dissolution anticipée ne résultant pas d'une fusion ou d'une scission, la société ne peut imposer aux titulaires de valeurs mobilières donnant accès à son capital le rachat ou le remboursement de leurs droits.

Art. L. 228-103 *(Ord. nº 2004-604 du 24 juin 2004, art. 49-II)* Les titulaires de valeurs mobilières donnant accès à terme au capital après détachement, s'il y a lieu, des droits du titre d'origine en application de la présente section sont groupés de plein droit, pour la défense de leurs intérêts communs, en une masse qui jouit de la personnalité civile et est soumise à des dispositions identiques à celles qui sont prévues, en ce qui concerne les obligations, par les articles L. 228-47 à L. 228-64, L. 228-66 et L. 228-90. Il est formé, s'il y a lieu, une masse distincte pour chaque nature de titres donnant les mêmes droits.

Les assemblées générales des titulaires de ces valeurs mobilières sont appelées à autoriser toutes modifications au contrat d'émission et à statuer sur toute décision touchant aux conditions de souscription ou d'attribution de titres de capital déterminées au moment de l'émission.

Chaque valeur mobilière donnant accès au capital donne droit à une voix. Les conditions de quorum et de majorité sont celles qui sont déterminées aux deuxième et troisième alinéas de l'article *(L. nº 2004-1343 du 9 déc. 2004, art. 78-XXVII)* « L. 225-96 ».

Les frais d'assemblée ainsi que, d'une façon générale tous les frais afférents au fonctionnement des différentes masses, sont à la charge de la société appelée à émettre ou attribuer de nouvelles valeurs mobilières représentatives de son capital social.

Lorsque les valeurs mobilières émises en application de la présente section sont des obligations destinées à être converties ou remboursées en titres de capital ou échangées contre des titres de capital, les dispositions des deuxième, troisième et quatrième alinéas du présent article sont applicables à la masse créée en application de l'article L. 228-46.

La rémunération du représentant de la masse des porteurs de bons de souscription d'actions (BSA) ne peut être fixée que dans les conditions prévues par les art. L. 228-56 et R. 228-63, rendus applicables à la masse des porteurs de BSA par l'art. L. 228-103. • Com. 7 mai 2019, n° 17-15.905 P : *D. 2019. Actu. 1046* ; *Rev. sociétés 2019. 759, note A. Lecourt* ; *BJS 9/2019. 21, note Reygrobellet* ; *RJDA 2019, n° 564.*

Art. L. 228-104 *(Ord. n° 2004-604 du 24 juin 2004, art. 49-II)* Les délibérations ou stipulations prises en violation des articles L. 228-98 à L. 228-101 et L. 228-103 sont nulles.

Art. L. 228-105 *(Ord. n° 2004-604 du 24 juin 2004, art. 49-II)* Les titulaires des valeurs mobilières donnant accès au capital disposent, dans les conditions fixées par décret en Conseil d'État, auprès de la société émettrice des titres qu'ils ont vocation à recevoir, d'un droit de communication des documents sociaux transmis par la société aux actionnaires ou aux titulaires de certificats d'investissement ou mis à leur disposition. *— V. art. R. 228-95.*

Lorsque les droits à l'attribution d'une quote-part du capital social sont incorporés ou attachés à des obligations, le droit de communication est exercé par les représentants de la masse des obligataires, conformément à l'article L. 228-55.

Après détachement de ces droits du titre d'origine, le droit de communication est exercé par les représentants de la masse constituée conformément à l'article L. 228-103.

Dans tous les cas les représentants des différentes masses ont accès à l'assemblée générale des actionnaires, mais sans voix délibérative. Ils ne peuvent, en aucune façon, s'immiscer dans la gestion des affaires sociales.

Art. L. 228-106 *(Ord. n° 2004-604 du 24 juin 2004, art. 49-II)* Lorsqu'une procédure *(L. n° 2005-845 du 26 juill. 2005, art. 165-II)* « de sauvegarde ou » de redressement judiciaire est ouverte à l'égard d'une société émettrice de valeurs mobilières donnant accès au capital dans les conditions de l'article L. 228-91, le délai prévu pour l'exercice du droit à attribution d'une quote-part de capital social est ouvert dès le jugement arrêtant le *(L. n° 2005-845 du 26 juill. 2005, art. 165-II)* « plan de sauvegarde ou de redressement judiciaire », au gré de chaque titulaire, et dans les conditions prévues par ce plan.

CHAPITRE IX DE LA SOCIÉTÉ EUROPÉENNE

(L. n° 2005-842 du 26 juill. 2005, art. 11-I)

RÉP. SOCIÉTÉS v° *Société européenne,* par MENJUCQ.

BIBL. GÉN. ▸ LE CANNU, *RTD com. 2005. 776*. – CATHIARD, *Dr. sociétés 2005. Étude 15* (modalités de constitution d'une société européenne en vue de son immatriculation en France) ; *ibid. 2006. Étude 1* (modalités de fonctionnement d'une société européenne immatriculée en France) ; *BJS 2007. 539* (nouveaux atouts de la société européenne). – LUBY, *RTD com. 2006. 243*. – MENJUCQ, FAGES et VUIDARD, *D. 2007. Chron. 30* (la société européenne : un nouvel instrument au service des groupes de sociétés). – CHABTINI, *LPA 14 nov. 2007* (propositions d'amélioration).

Art. L. 229-1 *(L. n° 2005-842 du 26 juill. 2005, art. 11-I)* Les sociétés européennes *immatriculées* en France au registre du commerce et des sociétés ont la personnalité juridique à compter de leur immatriculation.

La société européenne est régie par les dispositions du règlement (CE) n° 2157/2001 du Conseil, du 8 octobre 2001, relatif au statut de la société européenne, celles du présent chapitre et celles applicables aux sociétés anonymes non contraires à celles-ci. *— V. le Règl. préc. au **C. sociétés**.*

La société européenne est soumise aux dispositions de l'article L. 210-3. Le siège statutaire et l'administration centrale de la société européenne ne peuvent être dissociés.

Art. L. 229-2 *(L. nº 2005-842 du 26 juill. 2005, art. 11-I)* Toute société européenne régulièrement immatriculée au registre du commerce et des sociétés peut transférer son siège dans un autre État membre *(L. nº 2008-649 du 3 juill. 2008, art. 12-II)* « de la Communauté européenne ». Elle établit un projet de transfert. Ce projet est déposé au greffe du tribunal dans le ressort duquel la société est immatriculée et fait l'objet d'une publicité dont les modalités sont fixées par décret en Conseil d'État. – *V. art. R. 229-3.*

Le transfert de siège est décidé par l'assemblée générale extraordinaire dans les conditions prévues à l'article L. 225-96 et est soumis à la ratification des assemblées spéciales d'actionnaires mentionnées aux articles L. 225-99 et L. 228-35-6. – *V. art. R. 229-5.*

En cas d'opposition à l'opération, les actionnaires peuvent obtenir le rachat de leurs actions dans les conditions fixées par décret en Conseil d'État. – *V. art. R. 229-6.*

Le projet de transfert de siège est soumis aux assemblées spéciales des porteurs de certificats d'investissement statuant selon les règles de l'assemblée générale des actionnaires, à moins que la société n'acquière ces titres sur simple demande de leur part et que cette acquisition ait été acceptée par leur assemblée spéciale. L'offre d'acquisition est soumise à publicité dont les modalités sont fixées par décret en Conseil d'État. Tout porteur de certificats d'investissement qui n'a pas cédé ses titres dans le délai fixé par décret en Conseil d'État le demeure sous réserve d'un échange de ces certificats d'investissement et de droit de vote contre des actions. – *V. art. R. 229-9.*

Le projet de transfert est soumis à l'assemblée d'obligataires de la société, à moins que le remboursement des titres sur simple demande de leur part ne soit offert auxdits obligataires. L'offre de remboursement est soumise à publicité dont les modalités sont fixées par décret en Conseil d'État. Tout obligataire qui n'a pas demandé le remboursement dans le délai fixé par décret en Conseil d'État conserve sa qualité dans la société aux conditions fixées dans le projet de transfert. – *V. art. R. 229-10.*

Les créanciers non obligataires de la société transférant son siège et dont la créance est antérieure au transfert du siège peuvent former opposition à celui-ci dans le délai fixé par décret en Conseil d'État. Une décision de justice rejette l'opposition ou ordonne soit le remboursement des créances, soit la constitution de garanties si la société transférant son siège en offre et si elles sont jugées suffisantes. A défaut de remboursement des créances ou de constitution des garanties ordonnées, le transfert de siège est inopposable à ces créanciers. L'opposition formée par un créancier n'a pas pour effet d'interdire la poursuite des opérations de transfert. Les dispositions du présent alinéa ne mettent pas obstacle à l'application des conventions autorisant le créancier à exiger le remboursement immédiat de sa créance en cas de transfert de siège. – *V. art. R. 229-11.*

Un notaire délivre un certificat attestant de manière concluante l'accomplissement des actes et formalités préalables au transfert. – *V. art. R. 229-2 et R. 229-12.*

Art. L. 229-3 *(L. nº 2009-526 du 12 mai 2009, art. 46-I)* « I. – Dans un délai fixé par voie réglementaire, le greffier du tribunal dans le ressort duquel la société participant à l'opération est immatriculée délivre, après avoir procédé à la vérification prévue à l'article L. 236-6, une attestation de conformité des actes et des formalités préalables à la fusion. – *V. art. D. 229-13.*

« Un notaire ou le greffier du tribunal dans le ressort duquel la société issue de la fusion sera immatriculée contrôle, dans un délai fixé par voie réglementaire, la légalité de la réalisation de la fusion et de la constitution de la société nouvelle issue de la fusion. – *V. art. R. 229-2 et D. 229-13-2.*

« A cette fin, chaque société qui fusionne remet au notaire ou au greffier le certificat visé à l'article 25 du règlement (CE) nº 2157/2001 du Conseil du 8 octobre 2001 précité dans un délai de six mois à compter de sa délivrance ainsi qu'une copie du projet de fusion approuvé par la société. – *V. le Règl. préc. au **C. sociétés**.*

« Le notaire ou le greffier contrôle en particulier que les sociétés qui fusionnent ont approuvé un projet de fusion dans les mêmes termes et que les modalités relatives à l'implication des salariés ont été fixées conformément aux chapitres Ier à III du titre V du livre II de la deuxième partie du code du travail.

« Il contrôle en outre que la constitution de la société européenne formée par fusion correspond aux conditions fixées par les dispositions législatives françaises. »

(L. n° 2005-842 du 26 juill. 2005, art. 11-I) « II. — Les causes de nullité de la délibération de l'une des assemblées qui ont décidé de l'opération de fusion conformément au droit applicable à la société anonyme ou les manquements au contrôle de légalité constituent une cause de dissolution de la société européenne. — *V. art. R. 229-14.*

« Lorsqu'il est possible de porter remède à l'irrégularité susceptible d'entraîner la dissolution, le tribunal saisi de l'action en dissolution d'une société européenne créée par fusion accorde un délai pour régulariser la situation.

« Les actions en dissolution de la société européenne se prescrivent par six mois à compter de la date de la dernière inscription au registre du commerce et des sociétés rendue nécessaire par l'opération.

« Lorsque la dissolution de la société européenne est prononcée, il est procédé à sa liquidation conformément aux dispositions des statuts et du chapitre VII du titre III du présent livre.

« Lorsqu'une décision judiciaire prononçant la dissolution d'une société européenne pour l'une des causes prévues au sixième alinéa du présent article est devenue définitive, cette décision fait l'objet d'une publicité dont les modalités sont fixées par décret en Conseil d'État. » — *V. art. R. 229-14.*

Art. L. 229-4 *(L. n° 2005-842 du 26 juill. 2005, art. 11-I)* L'autorité compétente pour s'opposer, conformément aux dispositions du 14 de l'article 8 et de l'article 19 du règlement (CE) n° 2157/2001 du Conseil, du 8 octobre 2001, précité, au transfert de siège social d'une société européenne immatriculée en France et dont résulterait un changement du droit applicable ainsi qu'à la constitution d'une société européenne par voie de fusion impliquant une société relevant du droit français, est le procureur de la République. — *V. le Règl. préc. au* ***C. sociétés.***

(L. n° 2008-649 du 3 juill. 2008, art. 12-I) « Il se saisit d'office ou est saisi par toute personne ou autorité qui estime qu'une telle opération est contraire à un intérêt public.

« La décision du procureur de la République est susceptible de recours devant la cour d'appel de Paris. »

Sur la compétence de l'Autorité de contrôle prudentiel et de résolution s'agissant des établissements de crédit, V. C. mon. fin., art. L. 511-13-1 au ***C. mon. fin.*** *— ... Et s'agissant des entreprises d'investissement, V. C. mon. fin., art. L. 532-3-2 au* ***C. mon. fin.*** *. — Sur la compétence de l'Autorité des marchés financiers s'agissant des sociétés de gestion de portefeuille, V. C. mon. fin., art. L. 532-9-2 au* ***C. mon. fin.***

Art. L. 229-5 *(L. n° 2005-842 du 26 juill. 2005, art. 11-I)* Les sociétés promouvant l'opération de constitution d'une société européenne holding établissent un projet commun de constitution de la société européenne.

Ce projet est déposé au greffe du tribunal dans le ressort duquel lesdites sociétés sont immatriculées et fait l'objet d'une publicité dont les modalités sont fixées par décret en Conseil d'État. — *V. art. R. 229-15.*

Un ou plusieurs commissaires à la constitution d'une société européenne holding, désignés par décision de justice, établissent sous leur responsabilité un rapport destiné aux actionnaires de chaque société dont les mentions sont précisées par décret en Conseil d'État. — *V. art. R. 229-17.*

Par accord entre les sociétés qui promeuvent l'opération, le ou les commissaires peuvent établir un rapport écrit pour les actionnaires de l'ensemble des sociétés.

Les dispositions des troisième et quatrième alinéas de l'article L. 236-9 et des articles L. 236-13 et L. 236-14 sont applicables en cas de constitution d'une société européenne holding.

Art. L. 229-6 *(L. n° 2005-842 du 26 juill. 2005, art. 11-I) (Ord. n° 2015-1127 du 10 sept. 2015, art. 1er)* « Par exception au second alinéa de l'article L. 225-1 » une société européenne peut constituer une société européenne dont elle est le seul actionnaire. Elle est soumise aux dispositions applicables à la société européenne et à celles relatives à la société à responsabilité limitée à associé unique édictées par *(Ord. nº 2014-863 du 31 juill. 2014, art. 3-II)* « l'article » L. 223-31.

Dans cette hypothèse, l'actionnaire unique exerce les pouvoirs dévolus à l'assemblée générale.

En cas de société européenne unipersonnelle, les articles L. 225-25, L. 225-26, L. 225-72 et L. 225-73 ne s'appliquent pas aux administrateurs ou membres du conseil de surveillance de cette société.

Art. L. 229-7 *(L. nº 2005-842 du 26 juill. 2005, art. 11-I)* La direction et l'administration de la société européenne sont régies par les dispositions de la section II du chapitre V du présent titre, à l'exception du premier alinéa des articles L. 225-37 et L. 225-82 et du quatrième alinéa de l'article L. 225-64.

Toutefois, par exception à l'article L. 225-62, en cas de vacance au sein du directoire, un membre du conseil de surveillance peut être nommé par ce conseil pour exercer les fonctions de membre du directoire pour une durée maximale fixée par décret en Conseil d'État. Pendant cette durée, les fonctions de l'intéressé au sein du conseil de surveillance sont suspendues. – *V. art. R. 229-23.*

Les dispositions du premier alinéa de l'article L. 225-17, du deuxième alinéa de l'article L. 225-22, de l'article L. 225-69 et du deuxième alinéa de l'article L. 225-79 ne peuvent faire obstacle à la participation des travailleurs définie à l'article L. 439-25 *[L. 2351-1 à L. 2351-6 nouv.]* du code du travail.

Chaque membre du conseil de surveillance peut se faire communiquer par le président du directoire les documents qu'il estime nécessaires à l'accomplissement de sa mission.

La société européenne est dirigée par un directoire composé de sept membres au plus.

Les statuts doivent prévoir des règles similaires à celles énoncées aux articles L. 225-38 à L. 225-42 et L. 225-86 à L. 225-90. Toutefois, lorsqu'il s'agit d'une société visée à l'article L. 229-6, la mention au registre des délibérations vaut approbation de la convention.

Art. L. 229-8 *(L. nº 2005-842 du 26 juill. 2005, art. 11-I)* Les assemblées générales de la société européenne sont soumises aux règles prescrites par la section III du chapitre V du présent titre dans la mesure où elles sont compatibles avec le règlement (CE) nº 2157/2001 du Conseil, du 8 octobre 2001, précité. – *V. ce texte au* **C. *sociétés*.**

Art. L. 229-9 *(L. nº 2005-842 du 26 juill. 2005, art. 11-I)* Si la société européenne n'a plus son administration centrale en France, tout intéressé peut demander au tribunal la régularisation de la situation par le transfert du siège social ou le rétablissement de l'administration centrale au lieu du siège social en France, le cas échéant sous astreinte.

Le tribunal fixe une durée maximale pour cette régularisation.

A défaut de régularisation à l'issue de ce délai, le tribunal prononce la liquidation de la société dans les conditions prévues aux articles L. 237-1 à L. 237-31.

Ces décisions sont adressées par le greffe du tribunal au procureur de la République. Le juge indique dans sa décision que le jugement est transmis par le greffe.

En cas de constat de déplacement de l'administration centrale en France d'une société européenne immatriculée dans un autre État membre *(L. nº 2008-649 du 3 juill. 2008, art. 12-II)* « de la Communauté européenne », contrevenant à l'article 7 du règlement (CE) nº 2157/2001 du Conseil, du 8 octobre 2001, précité, le procureur de la République du *(Ord. nº 2019-964 du 18 sept. 2019, art. 35, en vigueur le 1er janv. 2020)* « tribunal judiciaire » dans le ressort duquel l'administration centrale est installée doit informer sans délai l'État membre *(L. nº 2008-649 du 3 juill. 2008, art. 12-II)* « de la Communauté européenne » du siège statutaire.

En cas de constat de déplacement de l'administration centrale dans un autre État membre *(L. nº 2008-649 du 3 juill. 2008, art. 12-II)* « de la Communauté européenne » d'une société européenne immatriculée en France, contrevenant à l'article 7 du règlement (CE) nº 2157/2001 du Conseil du 8 octobre 2001, précité, les autorités de cet État membre *(L. nº 2008-649 du 3 juill. 2008, art. 12-II)* « de la Communauté européenne » doivent informer sans délai le procureur de la République du *(Ord.*

n° 2019-964 du 18 sept. 2019, art. 35, en vigueur le 1er janv. 2020) « tribunal judiciaire » dans le ressort duquel la société est immatriculée. *— V. le Règl. préc. au* **C. *sociétés*.**

Art. L. 229-10 *(L. n° 2005-842 du 26 juill. 2005, art. 11-I)* Toute société européenne peut se transformer en société anonyme si, au moment de la transformation, elle est immatriculée depuis plus de deux ans et a fait approuver le bilan de ses deux premiers exercices.

La société établit un projet de transformation de la société en société anonyme. Ce projet est déposé au greffe du tribunal du siège de la société et fait l'objet d'une publicité dont les modalités sont fixées par décret en Conseil d'État. *— V. art. R. 229-24.*

Un ou plusieurs commissaires à la transformation désignés par décision de justice établissent sous leur responsabilité un rapport destiné aux actionnaires de la société se transformant attestant que les capitaux propres sont au moins équivalents au capital social. Ils sont soumis aux incompatibilités prévues à l'article *(L. n° 2016-1691 du 9 déc. 2016, art. 143-1°)* « L. 822-11-3 ».

La transformation en société anonyme est décidée selon les dispositions prévues aux articles L. 225-96 et L. 225-99.

Art. L. 229-11 *(L. n° 2005-842 du 26 juill. 2005, art. 11-I)* Les statuts d'une société européenne *(Ord. n° 2009-80 du 22 janv. 2009, art. 7-XVII, en vigueur le 1er avr. 2009)* « qui n'entend pas offrir au public ses actions » *(Ord. n° 2019-1067 du 21 oct. 2019, art. 2)* « , ou qui entend procéder à l'une des offres mentionnées aux 1° et 2° de l'article L. 411-2 du code monétaire et financier ou à l'article L. 411-2-1 du même code, » peuvent soumettre tout transfert d'actions à des restrictions à la libre négociabilité sans que ces restrictions ne puissent avoir pour effet de rendre ces actions inaliénables pour une durée excédant dix ans.

Toute cession réalisée en violation de ces clauses statutaires est nulle. Cette nullité est opposable au cessionnaire ou à ses ayants droit. Elle peut être régularisée par une décision prise à l'unanimité des actionnaires non parties au contrat ou à l'opération visant à transférer les actions.

Art. L. 229-12 *(L. n° 2005-842 du 26 juill. 2005, art. 11-I)* Dans les conditions qu'ils déterminent, les statuts d'une société européenne *(Ord. n° 2009-80 du 22 janv. 2009, art. 7-XVII, en vigueur le 1er avr. 2009)* « qui n'entend pas offrir au public ses actions » *(Ord. n° 2019-1067 du 21 oct. 2019, art. 2)* « , ou qui entend procéder à l'une des offres mentionnées aux 1° et 2° de l'article L. 411-2 du code monétaire et financier ou à l'article L. 411-2-1 du même code, » peuvent prévoir qu'un actionnaire peut être tenu de céder ses actions. Ils peuvent également prévoir la suspension des droits non pécuniaires de cet actionnaire tant que celui-ci n'a pas procédé à cette cession.

Art. L. 229-13 *(L. n° 2005-842 du 26 juill. 2005, art. 11-I)* Les statuts d'une société européenne *(Ord. n° 2009-80 du 22 janv. 2009, art. 7-XVII, en vigueur le 1er avr. 2009)* « qui n'entend pas offrir au public ses actions » *(Ord. n° 2019-1067 du 21 oct. 2019, art. 2)* « , ou qui entend procéder à l'une des offres mentionnées aux 1° et 2° de l'article L. 411-2 du code monétaire et financier ou à l'article L. 411-2-1 du même code, » peuvent prévoir que la société actionnaire dont le contrôle est modifié au sens de l'article L. 233-16 doit, dès cette modification, en informer la société européenne. Celle-ci peut décider, dans les conditions fixées par les statuts, de suspendre l'exercice des droits non pécuniaires de cet actionnaire et de l'exclure.

Les dispositions du premier alinéa peuvent s'appliquer, dans les mêmes conditions, à l'actionnaire qui a acquis cette qualité à la suite d'une opération de fusion, de scission ou de dissolution.

Art. L. 229-14 *(L. n° 2005-842 du 26 juill. 2005, art. 11-I)* Si les statuts ne précisent pas les modalités d'évaluation du prix de cession des actions lorsque la société européenne met en œuvre une clause introduite en application des articles L. 229-11 à L. 229-13, ce prix est fixé par accord entre les parties ou, à défaut, déterminé dans les conditions prévues à l'article 1843-4 du code civil. *— V. cet art., App., v° Sociétés commerciales.*

Lorsque les actions sont rachetées par la société européenne, celle-ci est tenue de les céder dans un délai de six mois ou de les annuler.

Art. L. 229-15 *(L. n° 2005-842 du 26 juill. 2005, art. 11-I)* Les clauses stipulées en application des articles L. 229-11 à L. 229-14 ne sont adoptées ou modifiées qu'à l'unanimité des actionnaires.

CHAPITRE X DES SOCIÉTÉS DONT LES TITRES SONT ADMIS AUX NÉGOCIATIONS SUR UN MARCHÉ RÉGLEMENTÉ OU SUR UN SYSTÈME MULTILATÉRAL DE NÉGOCIATION

(Ord. n° 2020-1142 du 16 sept. 2020, art. 6, en vigueur le 1er janv. 2021)

BIBL. GÉN. ► BONNEAU, *Rev. sociétés 2020. 595* . – DRUMMOND et KLEIN, *D. 2021. Chron. 30* . – A. LECOURT, *RTD com. 2020. 863* . – GALVIN, *JCP E 2020. 1492.* – DE BAILLIENCOURT, *Dr. sociétés 2020, n° 130.* – LE NABASQUE et SCHLUMBERGER, *BJS 5/2021. 61.*

Art. L. 22-10-1 Les sociétés dont les titres sont admis aux négociations sur un marché réglementé ou sur un système multilatéral de négociation sont régies par les règles applicables à leur forme sociale, sous réserve des dispositions du présent chapitre.

SECTION PREMIÈRE DISPOSITIONS PROPRES AUX SOCIÉTÉS ANONYMES

SOUS-SECTION 1 DE LA CONSTITUTION

Art. L. 22-10-2 Par dérogation à l'article L. 225-1, pour les sociétés dont les actions sont admises aux négociations sur un marché réglementé ou sur un système multilatéral de négociation, le nombre des associés ne peut être inférieur à sept. – *[C. com., art. L. 225-1, al. 2, partiellement.]*

SOUS-SECTION 2 DE LA DIRECTION ET DE L'ADMINISTRATION

§ 1er DU CONSEIL D'ADMINISTRATION ET DE LA DIRECTION GÉNÉRALE

Art. L. 22-10-3 Les dispositions de l'article L. 225-18-1, relatives à la proportion minimale des administrateurs de chaque sexe, sont applicables sans condition de seuil aux sociétés dont les actions sont admises aux négociations sur un marché réglementé.

Toute nomination intervenue en violation du premier alinéa et n'ayant pas pour effet de remédier à l'irrégularité de la composition du conseil est nulle. – *[C. com., art. L. 225-18-1, al. 1er, partiellement.]*

Art. L. 22-10-4 Dans les sociétés dont les actions sont admises aux négociations sur un marché réglementé, en cas de nomination aux fonctions de président, de directeur général ou de directeur général délégué d'une personne liée par un contrat de travail à la société ou à toute société contrôlée ou qui la contrôle au sens des II et III de l'article L. 233-16, les dispositions dudit contrat correspondant, le cas échéant, à des éléments de rémunération, des indemnités ou des avantages dus ou susceptibles d'être dus à raison de la cessation ou du changement de ces fonctions, ou postérieurement à celles-ci, ou des engagements de retraite à prestations définies répondant aux caractéristiques des régimes mentionnés à l'article L. 137-11 et à l'article L. 137-11-2 du code de la sécurité sociale pour la période d'exercice du mandat social, sont soumises au régime prévu au IV de l'article L. 22-10-8 du présent code. – *[C. com., art. L. 225-22-1.]*

V. note ss. art. L. 22-10-23.

Art. L. 22-10-5 Les dispositions de l'article L. 225-23, relatives à l'élection de salariés actionnaires parmi les administrateurs, sont applicables sans condition d'effectif aux sociétés dont les titres sont admis aux négociations sur un marché réglementé. – *[C. com., art. L. 225-23, al. 1er, partiellement, et al. 2.]*

Art. L. 22-10-6 Dans les sociétés dont les actions sont admises aux négociations sur un marché réglementé, le nombre des administrateurs élus en application de l'article L. 225-27 ne peut être supérieur à cinq ni excéder le tiers du nombre des autres administrateurs.

Toute nomination intervenue en violation du présent article est nulle. Cette nullité n'entraîne pas celle des délibérations auxquelles a pris part l'administrateur irrégulièrement nommé. – *[C. com., art. L. 225-27, al. 1er, partiellement.]*

Art. L. 22-10-7 La dérogation à l'obligation de compter au sein du conseil d'administration des administrateurs représentant les salariés prévue au deuxième alinéa de l'article L. 225-27-1 n'est applicable aux sociétés dont les actions sont admises aux négociations sur un marché règlementé que si au moins quatre cinquièmes de leurs actions sont détenues, directement ou indirectement, par une personne physique ou morale agissant seule ou de concert.

Toute nomination intervenue en violation du présent article est nulle. Cette nullité n'entraîne pas celle des délibérations auxquelles a pris part l'administrateur irrégulièrement nommé. – *[C. com., art. L. 225-27-1, al. 5.]*

Art. L. 22-10-8 I. – Dans les sociétés dont les actions sont admises aux négociations sur un marché réglementé, le conseil d'administration établit une politique de rémunération des mandataires sociaux. Cette politique est conforme à l'intérêt social de la société, contribue à sa pérennité et s'inscrit dans sa stratégie commerciale. Elle décrit toutes les composantes de la rémunération fixe et variable et explique le processus de décision suivi pour sa détermination, sa révision et sa mise en œuvre.

Elle est présentée de manière claire et compréhensible au sein du rapport sur le gouvernement d'entreprise mentionné au dernier alinéa de l'article L. 225-37.

Le contenu et les modalités de la publicité de la politique de rémunération sont fixés par décret en Conseil d'État. – *V. art. R. 22-10-14.*

II. – La politique de rémunération fait l'objet d'un projet de résolution soumis à l'approbation de l'assemblée générale des actionnaires dans les conditions prévues aux articles L. 225-98 et L. 22-10-32 chaque année et lors de chaque modification importante dans la politique de rémunération.

Lorsque l'assemblée générale des actionnaires n'approuve pas le projet de résolution et qu'elle a précédemment approuvé une politique de rémunération dans les conditions prévues au présent article, celle-ci continue de s'appliquer et le conseil d'administration soumet à l'approbation de la prochaine assemblée générale des actionnaires, dans les conditions prévues aux articles L. 225-98 et L. 22-10-32, un projet de résolution présentant une politique de rémunération révisée et indiquant de quelle manière ont été pris en compte le vote des actionnaires et, le cas échéant, les avis exprimés lors de l'assemblée générale.

En l'absence de politique de rémunération précédemment approuvée dans les conditions prévues au présent article, si l'assemblée générale des actionnaires n'approuve pas le projet de résolution, la rémunération est déterminée conformément à la rémunération attribuée au titre de l'exercice précédent ou, en l'absence de rémunération attribuée au titre de l'exercice précédent, conformément aux pratiques existant au sein de la société. Dans ce cas, le conseil d'administration soumet à l'approbation de la prochaine assemblée générale des actionnaires, dans les conditions prévues aux articles L. 225-98 et L. 22-10-32, un projet de résolution présentant une politique de rémunération révisée et indiquant de quelle manière ont été pris en compte le vote des actionnaires et, le cas échéant, les avis exprimés lors de l'assemblée générale.

III. – Aucun élément de rémunération, de quelque nature que ce soit, ne peut être déterminé, attribué ou versé par la société, ni aucun engagement correspondant à des éléments de rémunération, des indemnités ou des avantages dus ou susceptibles d'être dus à raison de la prise, de la cessation ou du changement de leurs fonctions ou postérieurement à l'exercice de celles-ci, ne peut être pris par la société s'il n'est pas conforme à la politique de rémunération approuvée ou, en son absence, aux rémunérations ou aux pratiques mentionnées au dernier alinéa du II.

Toutefois, en cas de circonstances exceptionnelles, le conseil d'administration peut déroger à l'application de la politique de rémunération si cette dérogation est temporaire, conforme à l'intérêt social et nécessaire pour garantir la pérennité ou la viabilité de la société.

Tout versement, attribution ou engagement effectué ou pris en méconnaissance des dispositions du présent III est nul dans cette mesure.

IV. — Les éléments ou les engagements mentionnés au premier alinéa du III sont déterminés, attribués, ou pris par délibération du conseil d'administration. Lorsque le conseil d'administration se prononce sur un élément ou un engagement au bénéfice de son président, d'un directeur général ou d'un directeur général délégué, les personnes intéressées ne peuvent prendre part ni aux délibérations ni au vote sur l'élément ou l'engagement concerné. — *[C. com., art. L. 225-37-2.]*

L'art. L. 22-10-8 reprend les dispositions de l'ancien art. L. 225-37-2 issues de l'Ord. n° 2019-1234 du 27 nov. 2019. — Pour les dispositions transitoires de celle-ci, V. 4e note ss. art. L. 225-22-1.

BIBL. ► FRANÇOIS, *Rev. sociétés 2020. 58*. – B. LECOURT, *ibid. 127* (conformité du régime français aux exigences européennes). – COURET, *JCP E 2019. 1561*. – *BRDA 2019, n° 24, p. 21*. – HAMELIN, *Dr. sociétés 2020, n° 5*. – SCHLUMBERGER, *BJS 2/2020. 15*.

Art. L. 22-10-9 I. — Les sociétés dont les actions sont admises aux négociations sur un marché réglementé présentent, de manière claire et compréhensible, au sein du rapport sur le gouvernement d'entreprise mentionné au dernier alinéa de l'article L. 225-37, s'il y a lieu, pour chaque mandataire social, y compris les mandataires sociaux dont le mandat a pris fin et ceux nouvellement nommés au cours de l'exercice écoulé, les informations suivantes :

1° La rémunération totale et les avantages de toute nature, en distinguant les éléments fixes, variables et exceptionnels, y compris sous forme de titres de capital, de titres de créance ou de titres donnant accès au capital ou donnant droit à l'attribution de titres de créance de la société ou des sociétés mentionnées aux articles L. 228-13 et L. 228-93, versés à raison du mandat au cours de l'exercice écoulé, ou attribués à raison du mandat au titre du même exercice, en indiquant les principales conditions d'exercice des droits, notamment le prix et la date d'exercice et toute modification de ces conditions ;

2° La proportion relative de la rémunération fixe et variable ;

3° L'utilisation de la possibilité de demander la restitution d'une rémunération variable ;

4° Les engagements de toute nature pris par la société et correspondant à des éléments de rémunération, des indemnités ou des avantages dus ou susceptibles d'être dus à raison de la prise, de la cessation ou du changement des fonctions ou postérieurement à l'exercice de celles-ci, notamment les engagements de retraite et autres avantages viagers, en mentionnant, dans des conditions et selon des modalités fixées par décret, les modalités précises de détermination de ces engagements et l'estimation du montant des sommes susceptibles d'être versées à ce titre ;

5° Toute rémunération versée ou attribuée par une entreprise comprise dans le périmètre de consolidation au sens de l'article L. 233-16 ;

6° Pour le président du conseil d'administration, le directeur général et chaque directeur général délégué, les ratios entre le niveau de la rémunération de chacun de ces dirigeants et, d'une part, la rémunération moyenne sur une base équivalent temps plein des salariés de la société autres que les mandataires sociaux, d'autre part, la rémunération médiane sur une base équivalent temps plein des salariés de la société autres que les mandataires sociaux ;

7° L'évolution annuelle de la rémunération, des performances de la société, de la rémunération moyenne sur une base équivalent temps plein des salariés de la société, autres que les dirigeants, et des ratios mentionnés au 6°, au cours des cinq exercices les plus récents au moins, présentés ensemble et d'une manière qui permette la comparaison ;

8° Une explication de la manière dont la rémunération totale respecte la politique de rémunération adoptée, y compris la manière dont elle contribue aux performances à long terme de la société, et de la manière dont les critères de performance ont été appliqués ;

9° La manière dont le vote de la dernière assemblée générale ordinaire prévu au I de l'article L. 22-10-34 a été pris en compte ;

10° Tout écart par rapport à la procédure de mise en œuvre de la politique de rémunération et toute dérogation appliquée conformément au deuxième alinéa du III de l'article L. 22-10-8, y compris l'explication de la nature des circonstances exceptionnelles et l'indication des éléments spécifiques auxquels il est dérogé ;

11° L'application des dispositions du second alinéa de l'article L. 225-45.

II. – Les dispositions des deux derniers alinéas de l'article L. 225-102 sont applicables aux informations prévues au présent article.

III. – Les modalités de la publicité des informations prévues au I du présent article ainsi que le traitement des données à caractère personnel sont fixés par décret en Conseil d'État. – *[C. com., art. L. 225-37-3.]*

L'art. L. 22-10-9 reprend les dispositions de l'ancien art. L. 225-37-3 issues de l'Ord. n° 2019-1234 du 27 nov. 2019. – Pour les dispositions transitoires de celle-ci, V. 4e note ss. art. L. 225-22-1.

V. art. R. 22-10-15 et D. 22-10-16.

Art. L. 22-10-10 Dans les sociétés dont les titres sont admis aux négociations sur un marché réglementé, le rapport sur le gouvernement d'entreprise, prévu au dernier alinéa de l'article L. 225-37 contient, outre les informations mentionnées à l'article L. 225-37-4, les informations suivantes :

1° La composition, ainsi que les conditions de préparation et d'organisation des travaux du conseil ;

2° Lorsque le total de bilan, le chiffre d'affaires ou le nombre de salariés excèdent des seuils fixés par décret en Conseil d'État, une description de la politique de diversité appliquée aux membres du conseil d'administration au regard de critères tels que l'âge, le sexe ou les qualifications et l'expérience professionnelle, ainsi qu'une description des objectifs de cette politique, de ses modalités de mise en œuvre et des résultats obtenus au cours de l'exercice écoulé. Cette description est complétée par des informations sur la manière dont la société recherche une représentation équilibrée des femmes et des hommes au sein du comité mis en place, le cas échéant, par la direction générale en vue de l'assister régulièrement dans l'exercice de ses missions générales et sur les résultats en matière de mixité dans les 10 % de postes à plus forte responsabilité. Si la société n'applique pas une telle politique, le rapport comprend une explication des raisons le justifiant ; – *V. art. R. 22-10-29.*

3° Les éventuelles limitations que le conseil d'administration apporte aux pouvoirs du directeur général ;

4° Lorsqu'une société se réfère volontairement à un code de gouvernement d'entreprise élaboré par les organisations représentatives des entreprises, les dispositions qui ont été écartées et les raisons pour lesquelles elles l'ont été, ainsi que le lieu où ce code peut être consulté, ou, à défaut d'une telle référence à un code, les raisons pour lesquelles la société a décidé de ne pas s'y référer ainsi que, le cas échéant, les règles retenues en complément des exigences requises par la loi ;

5° Les modalités particulières de la participation des actionnaires à l'assemblée générale ou les dispositions des statuts qui prévoient ces modalités ;

6° La description de la procédure mise en place par la société en application de l'article L. 22-10-12 et de sa mise en œuvre.

Les dispositions des deux derniers alinéas de l'article L. 225-102 sont applicables aux informations prévues au présent article. – *[C. com., art. L. 225-37-4, al. 6 à 12.]*

Art. L. 22-10-11 Pour les sociétés dont des titres sont admis aux négociations sur un marché réglementé, le rapport mentionné au dernier alinéa de l'article L. 225-37 expose et, le cas échéant, explique les éléments suivants lorsqu'ils sont susceptibles d'avoir une incidence en cas d'offre publique d'achat ou d'échange :

1° La structure du capital de la société ;

2° Les restrictions statutaires à l'exercice des droits de vote et aux transferts d'actions ou les clauses des conventions portées à la connaissance de la société en application de l'article L. 233-11 ;

3° Les participations directes ou indirectes dans le capital de la société dont elle a connaissance en vertu des articles L. 233-7 et L. 233-12 ;

4° La liste des détenteurs de tout titre comportant des droits de contrôle spéciaux et la description de ceux-ci ;

5° Les mécanismes de contrôle prévus dans un éventuel système d'actionnariat du personnel, quand les droits de contrôle ne sont pas exercés par ce dernier ;

6° Les accords entre actionnaires dont la société a connaissance et qui peuvent entraîner des restrictions au transfert d'actions et à l'exercice des droits de vote ;
7° Les règles applicables à la nomination et au remplacement des membres du conseil d'administration ainsi qu'à la modification des statuts de la société ;
8° Les pouvoirs du conseil d'administration, en particulier en ce qui concerne l'émission ou le rachat d'actions ;
9° Les accords conclus par la société qui sont modifiés ou prennent fin en cas de changement de contrôle de la société, sauf si cette divulgation, hors les cas d'obligation légale de divulgation, porterait gravement atteinte à ses intérêts ;
10° Les accords prévoyant des indemnités pour les membres du conseil d'administration ou les salariés, s'ils démissionnent ou sont licenciés sans cause réelle et sérieuse ou si leur emploi prend fin en raison d'une offre publique d'achat ou d'échange. — *[C. com., art. L. 225-37-5.]*

L'art. L. 22-10-11 reprend les dispositions de l'ancien art. L. 225-37-5 issues de l'Ord. n° 2017-1162 du 12 juill. 2017. — Pour les dispositions transitoires de celle-ci, V. note ss. art. L. 225-37.

Art. L. 22-10-12 **Dans les sociétés dont les actions sont admises aux négociations sur un marché réglementé, le conseil d'administration met en place une procédure permettant d'évaluer régulièrement si les conventions portant sur des opérations courantes et conclues à des conditions normales mentionnées à l'article L. 225-39 remplissent bien ces conditions. Les personnes directement ou indirectement intéressées à l'une de ces conventions ne participent pas à son évaluation.** — *[C. com., art. L. 225-39, al. 2.]*

L'art. L. 22-10-12 reprend les dispositions de l'art. L. 225-39, al. 2, issues de la L. n° 2019-486 du 22 mai 2019. — Pour les dispositions transitoires de celle-ci, V. 2ᵉ note ss. art. L. 225-37-4.

BIBL. ▸ V. ss. art. L. 225-38 (Régime issu de la loi PACTE du 22 mai 2019).

Art. L. 22-10-13 **Les sociétés dont les actions sont admises aux négociations sur un marché réglementé publient sur leur site internet des informations sur les conventions mentionnées à l'article L. 225-38 au plus tard au moment de la conclusion de celles-ci.**
Toute personne intéressée peut demander au président du tribunal statuant en référé d'enjoindre, le cas échéant sous astreinte, au conseil d'administration de publier ces informations.
La liste de ces informations est fixée par décret en Conseil d'État. — *[C. com., art. L. 225-40-2.]*

L'art. L. 22-10-13 reprend les dispositions de l'art. L. 225-40-2 issues de la L. n° 2019-486 du 22 mai 2019. — Pour les dispositions transitoires de celle-ci, V. 2ᵉ note ss. art. L. 225-37-4.

V. art. R. 22-10-17.

Art. L. 22-10-14 **Dans les sociétés dont les actions sont admises aux négociations sur un marché réglementé, la répartition de la somme allouée aux administrateurs en rémunération de leur activité, en application du premier alinéa de l'article L. 225-45, est déterminée dans les conditions prévues à l'article L. 22-10-8.** — *[C. com., art. L. 225-45, al. 1ᵉʳ, partiellement.]*

Art. L. 22-10-15 **Dans les sociétés dont les actions sont admises aux négociations sur un marché réglementé, les rémunérations exceptionnelles des administrateurs mentionnées à l'article L. 225-46 sont allouées dans les conditions prévues à l'article L. 22-10-8.** — *[C. com., art. L. 225-46, partiellement.]*

Art. L. 22-10-16 **Dans les sociétés dont les actions sont admises aux négociations sur un marché réglementé, la rémunération du président du conseil d'administration élu en application de l'article L. 225-47 est déterminée dans les conditions prévues à l'article L. 22-10-8.** — *[C. com., art. L. 225-47, al. 1ᵉʳ, partiellement.]*

Art. L. 22-10-17 **Dans les sociétés dont les actions sont admises aux négociations sur un marché réglementé, la rémunération du directeur général et des directeurs généraux délégués mentionnée à l'article L. 225-53 est déterminée dans les conditions prévues à l'article L. 22-10-8.** — *[C. com., art. L. 225-53, al. 3, partiellement.]*

§ 2 DU DIRECTOIRE ET DU CONSEIL DE SURVEILLANCE

Art. L. 22-10-18 Lorsque les actions de la société sont admises aux négociations sur un marché réglementé, le nombre de membres du directoire mentionné à l'article L. 225-58 peut être porté à sept par les statuts. – *[C. com., art. L. 225-58, al. 3, partiellement.]*

Art. L. 22-10-19 Dans les sociétés dont les actions sont admises aux négociations sur un marché réglementé, la fixation du mode et du montant de la rémunération de chacun des membres du directoire, prévue par l'article L. 225-63, est effectuée dans les conditions prévues à l'article L. 22-10-26. – *[C. com., art. L. 225-63, partiellement.]*

Art. L. 22-10-20 Le rapport mentionné au dernier alinéa de l'article L. 225-68 inclut les informations définies aux articles L. 22-10-9 à L. 22-10-11 ainsi qu'à l'article L. 225-37-4. – *[C. com., art. L. 225-68, al. 6, partiellement.]*

Art. L. 22-10-21 Les dispositions de l'article L. 225-69-1, relatives à la proportion des membres du conseil de surveillance de chaque sexe, sont applicables sans condition de seuil aux sociétés dont les actions sont admises aux négociations sur un marché réglementé.

Toute nomination intervenue en violation de cet article et n'ayant pas pour effet de remédier à l'irrégularité de la composition du conseil est nulle. – *[C. com., art. L. 225-69-1, al. 1er, partiellement.]*

Art. L. 22-10-22 Les dispositions de l'article L. 225-71 concernant les salariés actionnaires membres du conseil de surveillance sont applicables sans condition d'effectif aux sociétés dont les titres sont admis aux négociations sur un marché réglementé. – *[C. com., art. L. 225-71, al. 1er, partiellement.]*

Art. L. 22-10-23 Dans les sociétés dont les actions sont admises aux négociations sur un marché réglementé, en cas de nomination aux fonctions de membre du directoire d'une personne liée par un contrat de travail à la société ou à toute société contrôlée ou qui la contrôle au sens des II et III de l'article L. 233-16, les dispositions dudit contrat correspondant, le cas échéant, à des éléments de rémunération, des indemnités ou des avantages dus ou susceptibles d'être dus à raison de la cessation ou du changement de ces fonctions, ou postérieurement à celles-ci, ou des engagements de retraite à prestations définies répondant aux caractéristiques des régimes mentionnés à l'article L. 137-11 et à l'article L. 137-11-2 du code de la sécurité sociale pour la période d'exercice du mandat social, sont soumises au régime prévu au IV de l'article L. 22-10-26 du présent code. – *[C. com., art. L. 225-79-1.]*

Domaine. N'est pas soumise à la procédure de l'art. L. 225-79-1 [L. 22-10-23] la clause prévoyant une indemnité de départ, contenue dans un contrat de travail conclu régulièrement et sans fraude à une date à laquelle le bénéficiaire n'était pas encore mandataire social. • Soc. 10 avr. 2013, n° 11-25.841 P : *D. 2013. Actu. 1009 ; Rev. sociétés 2013. 684, note Vatinet ; RJDA 2013, n° 626 ; BJS 2013. 407, note Dondero.*

Art. L. 22-10-24 La dérogation à l'obligation de compter au sein du conseil de surveillance des membres représentant les salariés prévue au deuxième alinéa de l'article L. 225-79-2 n'est applicable aux sociétés dont les actions sont admises aux négociations sur un marché règlementé que si au moins quatre cinquièmes de leurs actions sont détenues, directement ou indirectement, par une personne physique ou morale agissant seule ou de concert. – *[C. com., art. L. 225-79-2, al. 5, et al. 18, partiellement.]*

Art. L. 22-10-25 Dans les sociétés dont les actions sont admises aux négociations sur un marché réglementé, le conseil de surveillance détermine, s'il l'entend, la rémunération de son président et de son vice-président élus en application de l'article *L. 225-81*, dans les conditions prévues à l'article L. 22-10-26. – *[C. com., art. L. 225-81, al. 1er, partiellement.]*

Art. L. 22-10-26 I. – Dans les sociétés dont les actions sont admises aux négociations sur un marché réglementé, le conseil de surveillance établit une politique de rémunération des mandataires sociaux. Cette politique est conforme à l'intérêt social de la société, contribue à sa pérennité et s'inscrit dans sa stratégie commerciale. Elle décrit toutes les composantes de la rémunération fixe et variable et explique le processus de décision suivi pour sa détermination, sa révision et sa mise en œuvre.

Elle est présentée de manière claire et compréhensible au sein du rapport sur le gouvernement d'entreprise mentionné au dernier alinéa de l'article L. 225-68.

Le contenu et les modalités de la publicité de la politique de rémunération sont fixés par décret en Conseil d'État. — *V. art. R. 22-10-18.*

II. — La politique de rémunération fait l'objet d'un projet de résolution soumis à l'approbation de l'assemblée générale des actionnaires dans les conditions prévues aux articles L. 225-98 et L. 22-10-32 chaque année et lors de chaque modification importante dans la politique de rémunération.

Lorsque l'assemblée générale des actionnaires n'approuve pas le projet de résolution et qu'elle a précédemment approuvé une politique de rémunération dans les conditions prévues au présent article, celle-ci continue de s'appliquer et le conseil de surveillance soumet à l'approbation de la prochaine assemblée générale des actionnaires, dans les conditions prévues aux articles L. 225-98 et L. 22-10-32, un projet de résolution présentant une politique de rémunération révisée et indiquant de quelle manière ont été pris en compte le vote des actionnaires et, le cas échéant, les avis exprimés lors de l'assemblée générale.

En l'absence de politique de rémunération précédemment approuvée dans les conditions prévues au présent article, si l'assemblée générale des actionnaires n'approuve pas le projet de résolution, la rémunération est déterminée conformément à la rémunération attribuée au titre de l'exercice précédent ou, en l'absence de rémunération attribuée au titre de l'exercice précédent, conformément aux pratiques existant au sein de la société. Dans ce cas, le conseil de surveillance soumet à l'approbation de la prochaine assemblée générale des actionnaires, dans les conditions prévues aux articles L. 225-98 et L. 22-10-32, un projet de résolution présentant une politique de rémunération révisée et indiquant de quelle manière ont été pris en compte le vote des actionnaires et, le cas échéant, les avis exprimés lors de l'assemblée générale.

III. — Aucun élément de rémunération, de quelque nature que ce soit, ne peut être versé ou attribué par la société, ni aucun engagement correspondant à des éléments de rémunération, des indemnités ou des avantages dus ou susceptibles d'être dus à raison de la prise, de la cessation ou du changement de leurs fonctions ou postérieurement à l'exercice de celles-ci ne peut être pris par la société, s'il n'est pas conforme à la politique de rémunération approuvée ou, en son absence, aux rémunérations ou aux pratiques mentionnées au dernier alinéa du II.

Toutefois, le conseil de surveillance peut déroger à l'application de la politique de rémunération si cette dérogation est temporaire, subordonnée à la survenance de circonstances exceptionnelles, conforme à l'intérêt social et nécessaire pour garantir la pérennité ou la viabilité de la société.

Tout versement, attribution ou engagement effectué ou pris en méconnaissance des dispositions du présent III est nul dans cette mesure.

IV. — Les éléments ou les engagements mentionnés au premier alinéa du III sont déterminés, attribués, ou pris par délibération du conseil de surveillance. — *[C. com., art. L. 225-82-2.]*

L'art. L. 22-10-26 reprend les dispositions de l'ancien art. L. 225-82-2 issues de l'Ord. n° 2019-1234 du 27 nov. 2019. — Pour les dispositions transitoires de celle-ci, V. 4e note ss. art. L. 225-22-1.

Art. L. 22-10-27 Dans les sociétés dont les actions sont admises aux négociations sur un marché réglementé, la répartition de la somme allouée aux membres du conseil de surveillance en rémunération de leur activité, en application du premier alinéa de l'article L. 225-83, est déterminée dans les conditions prévues à l'article L. 22-10-26. — *[C. com., art. L. 225-83, al. 1er, partiellement.]*

Art. L. 22-10-28 Dans les sociétés dont les actions sont admises aux négociations sur un marché réglementé, les rémunérations exceptionnelles des membres du conseil de surveillance mentionnées à l'article L. 225-84 sont allouées dans les conditions prévues à l'article L. 22-10-26. — *[C. com., art. L. 225-84, partiellement.]*

Art. L. 22-10-29 Dans les sociétés dont les actions sont admises aux négociations sur un marché réglementé, le conseil de surveillance met en place une procédure permettant d'évaluer régulièrement si les conventions portant sur des opérations courantes et conclues à des conditions normales mentionnées à l'article L. 225-87 remplissent bien ces conditions. Les personnes directement ou indirectement intéressées à l'une de ces conventions ne participent pas à son évaluation. — *[C. com., art. L. 225-87, al. 2.]*

L'art. L. 22-10-29 reprend les dispositions de l'art. L. 225-87, al. 2, issues de la L. n° 2019-486 du 22 mai 2019. — Pour les dispositions transitoires de celle-ci, V. 2ᵉ note ss. art. L. 225-37-4.

BIBL. ► V. ss. art. L. 225-38 (Régime issu de la loi PACTE du 22 mai 2019).

Art. L. 22-10-30 Les sociétés dont les actions sont admises aux négociations sur un marché réglementé publient sur leur site internet des informations sur les conventions mentionnées à l'article L. 225-86 au plus tard au moment de la conclusion de celles-ci.

Toute personne intéressée peut demander au président du tribunal statuant en référé d'enjoindre, le cas échéant sous astreinte, au directoire de publier ces informations.

La liste de ces informations est fixée par décret en Conseil d'État. — *[C. com., art. L. 225-88-2.]*

L'art. L. 22-10-30 reprend les dispositions de l'art. L. 225-88-2 issues de la L. n° 2019-486 du 22 mai 2019. — Pour les dispositions transitoires de celle-ci, V. 2ᵉ note ss. art. L. 225-37-4.

V. art. R. 22-10-19.

SOUS-SECTION 3 DES ASSEMBLÉES D'ACTIONNAIRES

Art. L. 22-10-31 Les statuts des sociétés dont les actions sont admises aux négociations sur un marché réglementé ne peuvent prévoir de quorums plus élevés pour les réunions de leur assemblée générale extraordinaire que ceux indiqués au deuxième alinéa de l'article L. 225-96. — *[C. com., art. L. 225-96, al. 2, partiellement.]*

Art. L. 22-10-32 Les statuts des sociétés dont les actions sont admises aux négociations sur un marché réglementé ne peuvent prévoir sur première convocation un quorum plus élevé pour les réunions de leur assemblée générale ordinaire que celui prévu à la première phrase du deuxième alinéa de l'article L. 225-98. — *[C. com., art. L. 225-98, al. 2, partiellement.]*

Art. L. 22-10-33 Les statuts des sociétés dont les actions sont admises aux négociations sur un marché réglementé ne peuvent prévoir des quorums plus élevés pour les réunions de leurs assemblées spéciales que ceux mentionnés au troisième alinéa de l'article L. 225-99. — *[C. com., art. L. 225-99, al. 3, partiellement.]*

Art. L. 22-10-34 I. — Dans les sociétés dont les actions sont admises aux négociations sur un marché réglementé, l'assemblée générale ordinaire statue sur un projet de résolution portant sur les informations mentionnées au I de l'article L. 22-10-9.

Lorsque l'assemblée générale ordinaire n'approuve pas le projet de résolution mentionné à l'alinéa précédent, le conseil d'administration ou le conseil de surveillance soumet une politique de rémunération révisée, tenant compte du vote des actionnaires, à l'approbation de la prochaine assemblée générale. Le versement de la somme allouée pour l'exercice en cours en application du premier alinéa de l'article L. 225-45 ou du premier alinéa de l'article L. 225-83 est suspendu jusqu'à l'approbation de la politique de rémunération révisée. Lorsqu'il est rétabli, il inclut l'arriéré depuis la dernière assemblée générale.

Lorsque l'assemblée générale n'approuve pas le projet de résolution présentant la politique de rémunération révisée en application du précédent alinéa, la somme suspendue ne peut être versée, et les mêmes effets que ceux associés à la désapprobation du projet de résolution mentionné au premier alinéa s'appliquent.

II. — Dans les *sociétés dont* les actions sont admises aux négociations sur un marché réglementé, l'assemblée générale statue sur les éléments fixes, variables et exceptionnels composant la rémunération totale et les avantages de toute nature versés au cours de l'exercice écoulé ou attribués au titre du même exercice par des résolutions distinctes pour le président du conseil d'administration ou du conseil de surveillance, le directeur général, les directeurs généraux délégués, ou pour le président du directoire et les autres membres du directoire ou le directeur général unique.

Les éléments de rémunération variables ou exceptionnels attribués au titre de l'exercice écoulé au président du conseil d'administration ou du conseil de surveillance, au directeur général, aux directeurs généraux délégués, au président du directoire, aux autres membres du directoire ou au directeur général unique, ne peuvent être versés qu'après approbation par une assemblée générale des éléments de rémunération de la personne concernée dans les conditions prévues à l'alinéa précédent. — *[C. com., art. L. 225-100, II et III.]*

L'art. L. 22-10-34 reprend les dispositions de l'art. L. 225-100, II et III, issues de l'Ord. n° 2019-1234 du 27 nov. 2019. — Pour les dispositions transitoires de celle-ci, V. 4ᵉ note ss. art. L. 225-22-1.

Art. L. 22-10-35 Dans les sociétés dont les titres sont admis aux négociations sur un marché réglementé, le rapport de gestion présenté par le conseil d'administration ou le directoire à l'assemblée générale ordinaire mentionné au deuxième alinéa de l'article L. 225-100 comprend, outre les informations mentionnées à l'article L. 225-100-1, les informations suivantes :

1° Des indications sur les risques financiers liés aux effets du changement climatique et la présentation des mesures que prend l'entreprise pour les réduire en mettant en œuvre une stratégie bas-carbone dans toutes les composantes de son activité ;

2° Les principales caractéristiques des procédures de contrôle interne et de gestion des risques mises en place par la société relatives à l'élaboration et au traitement de l'information comptable et financière.

En ce qui concerne les informations prévues au 2° du présent article, le rapport consolidé de gestion mentionne les principales caractéristiques des systèmes de contrôle interne et de gestion des risques pour l'ensemble des entreprises comprises dans la consolidation. — *[C. com., art. L. 225-100-1, al. 5, 6, 10 et 12.]*

Art. L. 22-10-36 Les dispositions de l'article L. 225-102-1, relatives à la déclaration de performance extra-financière et à la déclaration consolidée de performance extra-financière, sont applicables aux sociétés dont les titres sont admis aux négociations sur un marché réglementé lorsque le total du bilan ou le chiffre d'affaires et le nombre de salariés excèdent des seuils fixés par décret en Conseil d'État. — *V. art. R. 22-10-29.*

Pour ces sociétés, en complément des informations mentionnées au III de l'article L. 225-102-1, la déclaration de performance extra-financière et la déclaration consolidée de performance extra-financière présentent les effets de leur activité quant au respect des droits de l'homme et à la lutte contre la corruption et l'évasion fiscale.

Lorsque le rapport prévu au deuxième alinéa de l'article L. 225-100 ne comporte pas la déclaration prévue au I ou au II de l'article L. 225-102-1, toute personne intéressée peut demander au président du tribunal statuant en référé d'enjoindre, le cas échéant sous astreinte, au conseil d'administration ou au directoire, selon le cas, de communiquer les informations mentionnées au III de l'article L. 225-102-1 et au deuxième alinéa du présent article. Lorsqu'il est fait droit à la demande, l'astreinte et les frais de procédure sont à la charge, individuellement ou solidairement selon le cas, des administrateurs ou des membres du directoire. — *[C. com., art. L. 225-102-1, al. 2, 3 et 5, partiellement.]*

Art. L. 22-10-37 Par dérogation aux deuxième et troisième phrases du IV de l'article L. 225-102-3, les émetteurs mentionnés aux I et II de l'article L. 451-1-2 du code monétaire et financier et soumis aux obligations définies au I de l'article L. 225-102-3 dont des titres de capital ou des titres de créance sont admis aux négociations sur un marché réglementé publient leur rapport sur les paiements effectués au profit des autorités de chacun des États ou territoires dans lesquels elles exercent les activités mentionnées au I de l'article L. 225-102-3 et le déposent au greffe du tribunal de commerce, ainsi qu'auprès de l'Autorité des marchés financiers, dans les six mois qui suivent la clôture de leur exercice.

Ce rapport est tenu à la disposition du public pendant dix ans. — *[C. com., art. L. 225-102-3, VII.]*

Art. L. 22-10-38 L'aménagement statutaire relatif à la tenue exclusivement par visioconférence ou par des moyens de télécommunication prévu à l'article L. 225-

103-1 ne s'applique pas aux sociétés dont les actions sont admises aux négociations sur un marché réglementé. – *[C. com., art. L. 225-103-1, al. 1er, partiellement.]*

Art. L. 22-10-39 Outre les personnes mentionnées au I de l'article L. 225-106, un actionnaire peut se faire représenter par toute autre personne physique ou morale de son choix lorsque les actions de la société sont admises aux négociations sur un marché réglementé ou sur un système multilatéral de négociation soumis aux dispositions du II de l'article L. 433-3 du code monétaire et financier dans les conditions prévues par le règlement général de l'Autorité des marchés financiers, figurant sur une liste arrêtée par l'autorité dans des conditions fixées par son règlement général, à condition dans cette seconde hypothèse, que les statuts le prévoient.

Les clauses contraires aux dispositions du précédent alinéa sont réputées non écrites. – *[C. com., art. L. 225-106, al. 2 à 4.]*

Art. L. 22-10-40 Lorsque, dans les cas prévus au premier alinéa de l'article L. 22-10-39, l'actionnaire se fait représenter par une personne autre que son conjoint ou le partenaire avec lequel il a conclu un pacte civil de solidarité, il est informé par son mandataire de tout fait lui permettant de mesurer le risque que ce dernier poursuive un intérêt autre que le sien.

Cette information porte notamment sur le fait que le mandataire ou, le cas échéant, la personne pour le compte de laquelle il agit :

1° Contrôle, au sens de l'article L. 233-3, la société dont l'assemblée est appelée à se réunir ;

2° Est membre de l'organe de gestion, d'administration ou de surveillance de cette société ou d'une personne qui la contrôle au sens de l'article L. 233-3 ;

3° Est employé par cette société ou par une personne qui la contrôle au sens de l'article L. 233-3 ;

4° Est contrôlé ou exerce l'une des fonctions mentionnées au 2° ou au 3° dans une personne ou une entité contrôlée par une personne qui contrôle la société, au sens de l'article L. 233-3.

Cette information est également délivrée lorsqu'il existe un lien familial entre le mandataire ou, le cas échéant, la personne pour le compte de laquelle il agit, et une personne physique placée dans l'une des situations énumérées aux 1° à 4°.

Lorsqu'en cours de mandat, survient l'un des faits mentionnés aux alinéas précédents, le mandataire en informe sans délai son mandant. A défaut par ce dernier de confirmation expresse du mandat, celui-ci est caduc.

La caducité du mandat est notifiée sans délai par le mandataire à la société.

Les conditions d'application du présent article sont précisées par décret en Conseil d'État. – *[C. com., art. L. 225-106-1.] – V. art. R. 22-10-25 et R. 22-10-26.*

Art. L. 22-10-41 Toute personne qui procède à une sollicitation active de mandats, en proposant directement ou indirectement à un ou plusieurs actionnaires, sous quelque forme et par quelque moyen que ce soit, de recevoir procuration pour les représenter à l'assemblée d'une société mentionnée au premier alinéa de l'article L. 22-10-39, rend publique sa politique de vote.

Elle peut également rendre publiques ses intentions de vote sur les projets de résolution présentés à l'assemblée. Elle exerce alors, pour toute procuration reçue sans instructions de vote, un vote conforme aux intentions de vote ainsi rendues publiques.

Les conditions d'application du présent article sont précisées par décret en Conseil d'État. – *[C. com., art. L. 225-106-2.] – V. art. R. 22-10-27.*

Art. L. 22-10-42 Le tribunal de commerce dans le ressort duquel la société a son siège social peut, à la demande du mandant et pour une durée qui ne saurait excéder trois ans, priver le mandataire du droit de participer en cette qualité à toute assemblée de la société concernée en cas de non-respect de l'obligation d'information prévue aux troisième à septième alinéas de l'article L. 22-10-40 ou des dispositions de l'article L. 22-10-41. Le tribunal peut décider la publication de cette décision aux frais du mandataire.

Le tribunal peut prononcer les mêmes sanctions à l'égard du mandataire sur demande de la société en cas de non-respect des dispositions de l'article L. 22-10-41. – *[C. com., art. L. 225-106-3.]*

Art. L. 22-10-43 Les propriétaires de titres mentionnés au septième alinéa de l'article L. 228-1 peuvent se faire représenter dans les conditions prévues audit article par un intermédiaire inscrit. – *[C. com., art. L. 225-107-1.]*

Art. L. 22-10-43-1 *(L. nº 2021-1308 du 8 oct. 2021, art. 38)* Le présent article est applicable aux sociétés dont les actions sont admises à la négociation sur un marché réglementé établi ou opérant dans un État membre de l'Union européenne.

Une confirmation électronique de réception du vote est transmise à tout actionnaire qui a voté par des moyens électroniques de télécommunication ou à son mandataire.

Tout actionnaire ou son mandataire peut demander confirmation que son vote a bien été enregistré et pris en compte, à moins que cette information ne soit déjà à sa disposition.

Un décret en Conseil d'État précise le contenu des confirmations mentionnées aux deuxième et troisième alinéas ainsi que les délais et les modalités de leur transmission. Ce décret fixe également le délai dans lequel la demande prévue au troisième alinéa peut être formulée.

Art. L. 22-10-44 I. — Dans les sociétés dont les actions sont admises aux négociations sur un marché réglementé, les actionnaires justifiant d'une inscription nominative depuis au moins deux ans et détenant ensemble au moins 5 % des droits de vote peuvent se regrouper en associations destinées à représenter leurs intérêts au sein de la société. Pour exercer les droits qui leur sont reconnus aux articles L. 22-10-68, L. 22-10-69, L. 22-10-73, L. 225-103, L. 225-105, L. 225-231, L. 225-232, L. 225-252, L. 823-6 et L. 823-7, ces associations doivent avoir communiqué leur statut à la société et à l'Autorité des marchés financiers.

II. — Toutefois, lorsque le capital de la société est supérieur à 750 000 euros, la part des droits de vote à représenter en application de l'alinéa précédent, est, selon l'importance des droits de vote afférent au capital, réduite ainsi qu'il suit :

1º 4 % entre 750 000 € et jusqu'à 4 500 000 € ;
2º 3 % entre 4 500 000 € et 7 500 000 € ;
3º 2 % entre 7 500 000 € et 15 000 000 € ;
4º 1 % au-delà de 15 000 000 €. – *[C. com., art. L. 225-120.]*

RÉP. SOCIÉTÉS vº *Associations d'actionnaires et de défense des investisseurs*, par LE BARS et RODRIGUEZ.

BIBL. ▶ DANGLEHANT, *Rev. sociétés 1996. 217* (nouveau statut des minoritaires dans les SA cotées : application du principe de l'équité).

Art. L. 22-10-45 Les délibérations prises par les assemblées en violation des dispositions des articles L. 22-10-31, L. 22-10-32 et L. 22-10-33 sont nulles.

Art. L. 22-10-46 Dans les sociétés dont les actions sont admises aux négociations sur un marché réglementé, les droits de vote double prévus au premier alinéa de l'article L. 225-123 sont de droit, sauf clause contraire des statuts adoptée postérieurement à la promulgation de la loi nº 2014-384 du 29 mars 2014 visant à reconquérir l'économie réelle, pour toutes les actions entièrement libérées pour lesquelles il est justifié d'une inscription nominative depuis deux ans au nom du même actionnaire. Il en est de même pour le droit de vote double conféré dès leur émission aux actions nominatives attribuées gratuitement en application du deuxième alinéa de l'article L. 225-123. – *[C. com., art. L. 225-123, al. 3.]*

Pour les dispositions transitoires de la L. nº 2014-384 du 29 mars 2014, dont était issu l'al. 3 de l'art. L. 225-123, repris à l'art. L. 22-10-46, V. ce texte, art. 7-III à VI (JO 1er avr.).

BIBL. ▶ VANNOOTE, *BRDA 2014, nº 8, p. 18* (que peuvent faire les sociétés cotées après l'instauration d'un droit de vote double légal ?). — TORCK, *Dr. sociétés 2014. Dossier 7* (attribution automatique du droit de vote double). — VALUET, *Dr. sociétés 2014. Étude 17* (L. du 29 mars 2014). — TÉZENAS DU MONTCEL, *JCP E 2015. 1228, nº 9* (même thème). — CARDON, *BJB 2015. 452* (franchissement de seuil par acquisition de droits de vote double et OPA obligatoire : état des lieux après les lois Florange et Macron).

Art. L. 22-10-47 Les effets de la limitation du nombre de voix dont chaque actionnaire dispose dans les assemblées, mentionnée à l'article L. 225-125, prévue dans les statuts d'une société qui fait l'objet d'une offre publique et dont des actions sont admises à la négociation sur un marché réglementé, sont suspendus lors de la première assemblée générale qui suit la clôture de l'offre lorsque l'auteur de l'offre, agissant seul ou de concert, vient à détenir une fraction du capital ou des droits de vote de la société visée par l'offre supérieure à une quotité fixée par le règlement général de l'Autorité des marchés financiers, au moins égale à celle requise pour modifier les statuts, et dans la limite des trois quarts. – *[C. com., art. L. 225-125, al. 2.] – Quotité fixée à plus des deux tiers du capital par l'art. 231-54 Règl. gén. AMF.*

Art. L. 22-10-48 Lorsque les actions d'une société dont le siège social est établi en France sont admises aux négociations sur un marché réglementé d'un État membre de l'Union européenne ou d'un autre État partie à l'accord sur l'Espace économique européen, toute personne, à l'exception des personnes mentionnées au 3° du IV de l'article L. 233-7, qui détient, seule ou de concert, au titre d'une ou plusieurs opérations de cession temporaire portant sur ces actions ou de toute opération lui donnant le droit ou lui faisant obligation de revendre ou de restituer ces actions au cédant, un nombre d'actions représentant plus du deux-centième des droits de vote, informe la société et l'Autorité des marchés financiers, au plus tard à la date d'inscription en compte des actionnaires précédant l'assemblée générale, fixée par décret en Conseil d'État, et lorsque le contrat organisant cette opération demeure en vigueur à cette date, du nombre total d'actions qu'elle possède à titre temporaire. Cette déclaration doit comporter, outre le nombre d'actions acquises au titre de l'une des opérations susmentionnées, l'identité du cédant, la date et l'échéance du contrat relatif à l'opération et, s'il y a lieu, la convention de vote.

La société publie ces informations dans les conditions et selon les modalités prévues par le règlement général de l'Autorité des marchés financiers.

A défaut d'information de la société et de l'Autorité des marchés financiers dans les conditions prévues au I, les actions acquises au titre de l'une des opérations mentionnées au même I sont privées de droit de vote pour l'assemblée d'actionnaires concernée et pour toute assemblée d'actionnaires qui se tiendrait jusqu'à la revente ou la restitution desdites actions. Les délibérations prises par l'assemblée d'actionnaires en violation du présent II peuvent être annulées.

Le tribunal de commerce dans le ressort duquel la société a son siège social peut, le ministère public entendu, sur demande du représentant de la société, d'un actionnaire ou de l'Autorité des marchés financiers, prononcer la suspension totale ou partielle, pour une durée ne pouvant excéder cinq ans, de ses droits de vote à l'encontre de tout actionnaire qui n'aurait pas procédé à l'information prévue au I. – *[C. com., art. L. 225-126.]*

SOUS-SECTION 4 DES MODIFICATIONS DU CAPITAL SOCIAL ET DE L'ACTIONNARIAT DES SALARIÉS

§ 1er DE L'AUGMENTATION DE CAPITAL

Art. L. 22-10-49 Dans les sociétés anonymes dont les titres de capital sont admis aux négociations sur un marché réglementé ou sur un système multilatéral de négociation soumis aux dispositions du II de l'article L. 433-3 du code monétaire et financier :

a) Le conseil d'administration peut, dans les limites qu'il aura préalablement fixées, déléguer au directeur général ou, en accord avec ce dernier, à un ou plusieurs directeurs généraux délégués le pouvoir de décider la réalisation de l'émission, ainsi que celui d'y surseoir ;

b) Le directoire peut déléguer à son président ou, en accord avec celui-ci, à l'un de ses membres le pouvoir de décider la réalisation de l'émission, ainsi que celui d'y surseoir.

Les personnes désignées rendent compte au conseil d'administration ou au directoire de l'utilisation faite de ce pouvoir dans les conditions prévues par ces derniers. – *[C. com., art. L. 225-129-4.]*

Art. L. 22-10-50 Lorsque, dans le cadre d'une augmentation de capital, les titres mentionnés au premier alinéa de l'article L. 225-130 sont admis aux négociations sur un marché réglementé ou aux opérations d'un dépositaire central, la vente de ces titres correspondant aux droits formant rompus est réalisée, sauf si l'assemblée générale en décide autrement, suivant des modalités fixées par décret en Conseil d'État. – *[C. com., art. L. 225-130, al. 1er, partiellement.] — V. art. R. 22-10-35.*

Art. L. 22-10-51 Dans les sociétés dont les titres de capital sont admis aux négociations sur un marché réglementé, l'assemblée peut prévoir que l'augmentation de capital qu'elle décide ou autorise en application de l'article L. 225-135 comporte un délai de priorité de souscription en faveur des actionnaires, dont la durée minimale est fixée par décret en Conseil d'État. Elle peut également déléguer au conseil d'administration ou au directoire la faculté d'apprécier s'il y a lieu de prévoir un tel délai et, éventuellement, de fixer ce délai dans les mêmes conditions.

Dans le cas de l'émission immédiate ou différée de titres de capital sans droit préférentiel de souscription par une offre au public, assimilables aux titres de capital de la société admis aux négociations sur un marché réglementé, par exception au troisième alinéa de l'article L. 225-135, l'assemblée des sociétés mentionnées au premier alinéa qui décide de cette augmentation de capital ne statue pas sur rapport des commissaires aux comptes. – *[C. com., art. L. 225-135, partiellement.]*

Art. L. 22-10-52 Par dérogation au deuxième alinéa de l'article L. 225-136, pour les sociétés dont les titres de capital sont admis aux négociations sur un marché réglementé et dans la mesure où les titres de capital à émettre de manière immédiate ou différée leur sont assimilables, le prix d'émission de titres de capital sans droit préférentiel de souscription par une offre au public ou par une offre mentionnée au II de l'article L. 411-2 du code monétaire et financier doit être fixé selon des modalités prévues par décret en Conseil d'État pris après consultation de l'Autorité des marchés financiers. – *V. art. R. 22-10-32.*

Toutefois, dans la limite de 10 % du capital social par an, l'assemblée générale extraordinaire peut autoriser le conseil d'administration ou le directoire à fixer le prix d'émission selon des modalités qu'elle détermine au vu d'un rapport du conseil d'administration ou du directoire et d'un rapport spécial du commissaire aux comptes. Lorsqu'il est fait usage de cette autorisation, le conseil d'administration ou le directoire établit un rapport complémentaire, certifié par le commissaire aux comptes, décrivant les conditions définitives de l'opération et donnant des éléments d'appréciation de l'incidence effective sur la situation de l'actionnaire.

Un décret en Conseil d'État détermine les mentions qui doivent figurer dans les rapports prévus aux alinéas précédents. – *[C. com., art. L. 225-136, al. 2 à 4.]*

Art. L. 22-10-53 L'assemblée générale extraordinaire d'une société dont les titres sont admis aux négociations sur un marché réglementé peut déléguer, pour une durée maximale de vingt-six mois, au conseil d'administration ou au directoire les pouvoirs nécessaires à l'effet de procéder à une augmentation de capital, dans la limite de 10 % de son capital social, en vue de rémunérer des apports en nature consentis à la société et constitués de titres de capital ou de valeurs mobilières donnant accès au capital, lorsque les dispositions de l'article L. 22-10-54 ne sont pas applicables. Le conseil d'administration ou le directoire statue conformément au troisième ou quatrième alinéas de l'article L. 225-147, sur le rapport du ou des commissaires aux apports mentionnés aux premier et deuxième alinéas du même article. – *[C. com., art. L. 225-147, dernier al.]*

Art. L. 22-10-54 Les dispositions des articles L. 225-147 et L. 22-10-53 ne sont pas applicables dans le cas où une société dont les actions sont admises aux négociations sur un marché réglementé procède à une augmentation de capital à l'effet de rémunérer des titres apportés à une offre publique d'échange sur des titres d'une société dont les actions sont admises aux négociations sur un marché réglementé d'un État partie à l'accord sur l'Espace économique européen ou membre de l'Organisation de coopération et de développement économiques.

L'augmentation de capital intervient dans les conditions prévues aux articles L. 225-129 à L. 225-129-6 et à l'article L. 22-10-49. Toutefois, les commissaires aux comptes doivent exprimer leur avis sur les conditions et les conséquences de l'émission, dans le prospectus diffusé à l'occasion de sa réalisation et dans leur rapport à la première assemblée générale ordinaire qui suit l'émission. – *[C. com., art. L. 225-148.]*

Art. L. 22-10-55 Les rapports et formalités mentionnés aux articles L. 22-10-52, L. 22-10-53 et au second alinéa de l'article L. 22-10-54 peuvent donner lieu à une injonction de faire suivant les modalités définies aux articles L. 238-1 et L. 238-6.

Sont nulles les décisions prises en violation de l'article L. 22-10-53.

Le premier alinéa de l'article L. 22-10-54 n'est pas soumis au présent article. – *[C. com., art. L. 225-149-3, partiellement.]*

§ 2 DE LA SOUSCRIPTION ET DE L'ACHAT D'ACTIONS PAR LES SALARIÉS

Art. L. 22-10-56 Dans une société dont les actions sont admises aux négociations sur un marché réglementé, les options mentionnées à l'article L. 225-177 ne peuvent être consenties :

1° Dans le délai de dix séances de bourse précédant la date à laquelle les comptes consolidés annuels et intermédiaires ou, à défaut, les comptes annuels et semestriels sont rendus publics, ainsi que le jour de la publication ;

2° Dans le délai compris entre la date à laquelle les organes sociaux de la société ont connaissance d'une information privilégiée au sens de l'article 7 du règlement (UE) nº 596/2014 du Parlement européen et du Conseil du 16 avril 2014 sur les abus de marché (règlement relatif aux abus de marché) et abrogeant la directive 2003/6/CE du Parlement européen et du Conseil et les directives 2003/124/CE, 2003/125/CE et 2004/72/CE de la Commission, et la date à laquelle cette information est rendue publique. – *[C. com., art. L. 225-177, al. 5 à 7.]*

Art. L. 22-10-57 Dans les sociétés dont les actions sont admises aux négociations sur un marché règlementé, l'attribution d'options donnant droit à la souscription ou à l'achat d'actions à un mandataire social en application de l'article L. 225-185 s'effectue dans les conditions prévues aux articles L. 22-10-8, L. 22-10-26 ou L. 22-10-76. – *[C. com., art. L. 225-185, dernier al.]*

L'art. L. 22-10-57 reprend les dispositions du dernier al. de l'art. L. 225-185 issues de l'Ord. nº 2019-1234 du 27 nov. 2019. — Pour les dispositions transitoires de celle-ci, V. 4e note ss. art. L. 225-22-1.

Art. L. 22-10-58 Dans une société dont les titres sont admis aux négociations sur un marché réglementé, des options ouvrant droit à la souscription ou à l'achat d'actions ne peuvent être attribuées aux personnes mentionnées au quatrième alinéa de l'article L. 225-185 que si la société remplit au moins une des conditions suivantes au titre de l'exercice au cours duquel sont attribuées ces options :

1° La société procède, dans les conditions prévues aux articles L. 225-177 à L. 225-186 et aux articles L. 22-10-56 et L. 22-10-57, à une attribution d'options au bénéfice de l'ensemble de ses salariés et d'au moins 90 % de l'ensemble des salariés de ses filiales au sens de l'article L. 233-1 et relevant de l'article L. 210-3 ;

2° La société procède, dans les conditions prévues aux articles L. 225-197-1 à L. 225-197-5 et L. 22-10-59, à une attribution gratuite d'actions au bénéfice de l'ensemble de ses salariés et d'au moins 90 % de l'ensemble des salariés de ses filiales au sens de l'article L. 233-1 et relevant de l'article L. 210-3 ;

3° Un accord d'intéressement au sens de l'article L. 3312-2 du code du travail, un accord de participation dérogatoire au sens de l'article L. 3324-2 du même code ou un accord de participation volontaire au sens de l'article L. 3323-6 du même code est en vigueur au sein de la société et au bénéfice d'au moins 90 % de l'ensemble des salariés de ses filiales au sens de l'article L. 233-1 et relevant de l'article L. 210-3 du présent code. Si, dans la société ou dans ses filiales précitées, des accords sont en vigueur ou étaient en vigueur au titre de l'exercice précédent, la première attribution autorisée par une assemblée générale postérieure à la date de publication de la loi nº 2008-1258 *du 3 décembre* 2008 en faveur des revenus du travail ne peut intervenir que si les sociétés concernées modifient les modalités de calcul de chacun de ces accords au moyen d'un accord ou d'un avenant ou versent un supplément d'intéressement collectif au sens de l'article L. 3314-10 du code du travail ou un supplément de réserve spéciale de participation au sens de l'article L. 3324-9 du même code. – *[C. com., art. L. 225-186-1.]*

§ 3 DES ATTRIBUTIONS D'ACTIONS GRATUITES

Art. L. 22-10-59 I. — L'aménagement statutaire concernant le cas d'attributions gratuites d'actions à certaines catégories des membres du personnel salarié d'une société prévu à la troisième phrase du deuxième alinéa de l'article L. 225-197-1 n'est pas applicable aux sociétés dont les actions sont admises aux négociations sur un marché réglementé.

II. — Dans une société dont les actions sont admises aux négociations sur un marché réglementé, à l'issue de la période d'obligation de conservation, les actions attribuées en application de l'article L. 225-197-1 ne peuvent pas être cédées :

1° Dans le délai de trente jours calendaires avant l'annonce d'un rapport financier intermédiaire ou d'un rapport de fin d'année que l'émetteur est tenu de rendre public ;

2° Par les membres du conseil d'administration ou de surveillance, par les membres du directoire ou exerçant les fonctions de directeur général ou de directeur général délégué et par les salariés ayant connaissance d'une information privilégiée, au sens de l'article 7 du règlement (UE) n° 596/2014 du Parlement européen et du Conseil du 16 avril 2014 sur les abus de marché (règlement relatif aux abus de marché) et abrogeant la directive 2003/6/CE du Parlement européen et du Conseil et les directives 2003/124/CE, 2003/125/CE et 2004/72/CE de la Commission, qui n'a pas été rendue publique.

III. — Dans les sociétés dont les actions sont admises aux négociations sur un marché réglementé, l'attribution d'actions aux mandataires sociaux en application des dispositions de l'article L. 225-197-1 s'effectue dans les conditions prévues, selon le cas, à l'article L. 22-10-8, à l'article L. 22-10-30 ou à l'article L. 22-10-76. — *[C. com., art. L. 225-197-1, al. 2, partiellement, et al. 9 à 11.]*

Art. L. 22-10-60 Dans une société dont les titres sont admis aux négociations sur un marché réglementé, des actions ne peuvent être attribuées dans le cadre des premier et deuxième alinéas du II de l'article L. 225-197-1 que si la société remplit au moins une des conditions suivantes au titre de l'exercice au cours duquel sont attribuées ces actions :

1° La société procède, dans les conditions prévues aux articles L. 225-197-1 à L. 225-197-5 et L. 22-10-59, à une attribution gratuite d'actions au bénéfice de l'ensemble de ses salariés et d'au moins 90 % de l'ensemble des salariés de ses filiales au sens de l'article L. 233-1 et relevant de l'article L. 210-3 ;

2° La société procède, dans les conditions prévues aux articles L. 225-177 à L. 225-186 et L. 22-10-57, à une attribution d'options au bénéfice de l'ensemble de ses salariés et d'au moins 90 % de l'ensemble des salariés de ses filiales au sens de l'article L. 233-1 et relevant de l'article L. 210-3 ;

3° Un accord d'intéressement au sens de l'article L. 3312-2 du code du travail, un accord de participation dérogatoire au sens de l'article L. 3324-2 du même code ou un accord de participation volontaire au sens de l'article L. 3323-6 du même code est en vigueur au sein de la société et au bénéfice d'au moins 90 % de l'ensemble des salariés de ses filiales au sens de l'article L. 233-1 et relevant de l'article L. 210-3 du présent code. Si, dans la société ou dans ses filiales précitées, des accords sont en vigueur ou étaient en vigueur au titre de l'exercice précédent, la première attribution autorisée par une assemblée générale postérieure à la date de publication de la loi n° 2008-1258 du 3 décembre 2008 en faveur des revenus du travail ne peut intervenir que si les sociétés concernées modifient les modalités de calcul de chacun de ces accords au moyen d'un accord ou d'un avenant ou versent un supplément d'intéressement collectif au sens de l'article L. 3314-10 du code du travail ou un supplément de réserve spéciale de participation au sens de l'article L. 3324-9 du même code ;

4° L'ensemble des salariés éligibles de la société et au moins 90 % de l'ensemble des salariés éligibles de ses filiales au sens de l'article L. 233-1 et relevant de l'article L. 210-3 bénéficient d'un versement effectué dans les conditions prévues au 1° de l'article L. 3332-11 du code du travail. — *[C. com., art. L. 225-197-6.]* — *Le 4° de l'art. L. 22-10-60 reprend les dispositions du 4° de l'ancien art. L. 225-197-6 issues de la L. n° 2019-486 du 22 mai 2019. — Pour les dispositions transitoires de celle-ci, V. 2e note ss. art. L. 225-37-4.*

§ 4 DE LA SOUSCRIPTION, DE L'ACHAT OU DE LA PRISE EN GAGE PAR LES SOCIÉTÉS DE LEURS PROPRES ACTIONS

Art. L. 22-10-61 L'article L. 225-208 n'est pas applicable aux sociétés dont les actions sont admises aux négociations sur un marché réglementé ou sur un système multilatéral de négociation soumis aux dispositions du II de l'article L. 433-3 du code monétaire et financier. – *[C. com., art. L. 225-208, partiellement.]*

Art. L. 22-10-62 L'assemblée générale d'une société dont les actions sont admises aux négociations sur un marché réglementé ou sur un système multilatéral de négociation soumis aux dispositions du II de l'article L. 433-3 du code monétaire et financier dans les conditions prévues par le règlement général de l'Autorité des marchés financiers, figurant sur une liste arrêtée par cette autorité dans les conditions fixées par son règlement général, peut autoriser le conseil d'administration ou le directoire, selon le cas, à acheter un nombre d'actions représentant jusqu'à 10 % du capital de la société. L'assemblée générale définit les finalités et les modalités de l'opération, ainsi que son plafond. Cette autorisation ne peut être donnée pour une durée supérieure à dix-huit mois. Le comité d'entreprise est informé de la résolution adoptée par l'assemblée générale.

Lorsque les actions sont rachetées pour favoriser la liquidité dans les conditions définies par le règlement général de l'Autorité des marchés financiers, le nombre d'actions pris en compte pour le calcul de la limite de 10 % prévue au premier alinéa correspond au nombre d'actions achetées, déduction faite du nombre d'actions revendues pendant la durée de l'autorisation.

Le conseil d'administration peut déléguer au directeur général ou, en accord avec ce dernier, à un ou plusieurs directeurs généraux délégués, les pouvoirs nécessaires pour réaliser l'opération mentionnée au premier alinéa. Le directoire peut déléguer à son président ou avec son accord à un ou plusieurs de ses membres les pouvoirs nécessaires pour la réaliser. Les personnes désignées rendent compte au conseil d'administration ou au directoire de l'utilisation faite de ce pouvoir dans les conditions prévues par ces derniers.

L'acquisition, la cession ou le transfert de ces actions peut être effectué par tous moyens. Ces actions peuvent être annulées dans la limite de 10 % du capital de la société par périodes de vingt-quatre mois.

Les sociétés qui font participer les salariés aux fruits de l'expansion de l'entreprise par l'attribution de leurs propres actions, celles qui attribuent leurs actions dans les conditions prévues aux articles L. 225-197-1 à L. 225-197-3 et L. 22-10-59 du présent code ainsi que celles qui entendent consentir des options d'achat d'actions à des salariés peuvent utiliser à cette fin tout ou partie des actions acquises dans les conditions prévues ci-dessus. Elles peuvent également leur proposer d'acquérir leurs propres actions dans les conditions prévues par les articles L. 3332-1 et suivants du code du travail.

Le nombre d'actions acquises par la société en vue de leur conservation et de leur remise ultérieure en paiement ou en échange dans le cadre d'une opération de fusion, de scission ou d'apport ne peut excéder 5 % de son capital. Ces dispositions sont applicables aux programmes de rachat soumis à l'approbation des assemblées générales se tenant à compter du 1er janvier 2006.

En cas d'annulation des actions achetées, la réduction de capital est autorisée ou décidée par l'assemblée générale extraordinaire qui peut déléguer au conseil d'administration ou au directoire, selon le cas, tous pouvoirs pour la réaliser. Un rapport spécial établi par les commissaires aux comptes sur l'opération envisagée est communiqué aux actionnaires de la société dans un délai fixé par décret en Conseil d'État. – *[C. com., art. L. 225-209.]*

RÉP. SOCIÉTÉS v° *Rachat d'actions (Programme de rachat)*, par GALLAND.

BIBL. ▶ TORCK, *BJB 2002. 509* (rachat par les sociétés cotées de leurs propres actions et principe d'égalité des actionnaires). – MORTIER, *Rev. sociétés 2004. 639* (Ord. du 24 juin 2004). – RONTCHEVSKY, *RTD com. 2005. 135* (mise en œuvre du Règl. CE n° 2273/2003 du 22 déc. 2003). – MORTIER, *Dr. sociétés 2006. Étude 5* (le rachat d'actions en mouvement) ; *ibid. 2007. Étude 6* (L. du 30 déc. 2006) ; *Rev. sociétés 2009. 273* (Ord. du 30 janv. 2009).

Cessions des actions d'autocontrôle. Le droit dont bénéficie tout actionnaire de céder ses actions, de récupérer le montant de son investissement et celui de la plus-value éventuelle est reconnu également pour les actions dites d'autocontrôle par l'art. 217-2 de la L. du 24 juill. 1966 [C. com., art. L. 22-10-62], selon lequel la cession ou le transfert de ces actions peut être effectué « par tous moyens ». • Paris, 15 mars 2000 : *D. 2000. Somm. 477, obs. Hallouin ; RTD com. 2000. 675, obs. Chazal et Reinhard ; JCP 2000. II. 10366, note Viandier ; BJS 2000. 625, note Couret.* ♦ A supposer que le Règl. COB n° 89-03 apporte des restrictions à l'exercice de cette faculté, conforme au droit commun de la liberté contractuelle, elles ne sauraient s'appliquer lorsque la cession envisagée n'intervient pas en période d'offre publique d'achat. • Même arrêt.

Art. L. 22-10-63 L'article L. 225-209-2 n'est pas applicable aux sociétés dont les actions sont admises aux négociations sur un marché réglementé soumis aux dispositions du II de l'article L. 433-3 du code monétaire et financier. – *[C. com., art. L. 225-209-2, al. 1er, partiellement.]*

Art. L. 22-10-64 Les sociétés doivent déclarer à l'Autorité des marchés financiers les opérations qu'elles envisagent d'effectuer en application des dispositions de l'article L. 22-10-62. Cette déclaration est réputée avoir été réalisée lorsque ces sociétés l'ont effectuée en application de l'article 5 ou des dispositions d'une pratique de marché admise par l'Autorité des marchés financiers en application de l'article 13 du règlement (UE) n° 596/2014 du Parlement européen et du Conseil du 16 avril 2014 sur les abus de marché (règlement relatif aux abus de marché) et abrogeant la directive 2003/6/CE du parlement européen et du Conseil et les directives 2003/124/CE, 2003/125/CE et 2004/72/CE de la Commission. Elles rendent compte chaque mois à l'Autorité des marchés financiers des acquisitions, cessions, annulations et transferts qu'elles ont effectués.

L'Autorité des marchés financiers peut leur demander à ce sujet toutes les explications ou les justifications qu'elle juge nécessaires.

S'il n'est pas satisfait à ces demandes ou lorsqu'elle constate que ces transactions enfreignent les dispositions de l'article L. 22-10-62, l'Autorité des marchés financiers peut prendre toutes mesures pour empêcher l'exécution des ordres que ces sociétés transmettent directement ou indirectement. – *[C. com., art. L. 225-212.]*

Art. L. 22-10-65 Les actions possédées en violation des articles L. 22-10-61 et L. 22-10-62 doivent être cédées dans un délai d'un an à compter de leur souscription ou de leur acquisition. A l'expiration de ce délai, elles doivent être annulées. – *[C. com., art. L. 225-214, partiellement.]*

SOUS-SECTION 5 DU CONTRÔLE

Art. L. 22-10-66 Pour application de l'article L. 225-228, lorsque les actions de la société sont admises aux négociations sur un marché réglementé, le conseil d'administration choisit, sans que prennent part au vote le directeur général et le directeur général délégué, s'ils sont administrateurs, les commissaires aux comptes qu'il envisage de proposer. – *[C. com., art. L. 225-228, partiellement.]*

Art. L. 22-10-67 L'action en justice mentionnée à l'article L. 823-6 peut être exercée par une association répondant aux conditions fixées par l'article L. 22-10-44. – *[C. com., art. L. 225-230.]*

Art. L. 22-10-68 Le droit de poser des questions par écrit et de demander en référé la désignation d'un ou plusieurs experts chargés de présenter un rapport dans les conditions prévues aux deux premiers alinéas de l'article L. 225-231 peut être exercé par une association répondant aux conditions fixées à l'article L. 22-10-44. Dans les sociétés dont les actions sont admises aux négociations sur un marché réglementé, l'Autorité des marchés financiers peut également exercer l'action en référé prévue au troisième alinéa de l'article L. 225-231. Le rapport lui est alors également adressé. – *[C. com., art. L. 225-231, partiellement.]*

Art. L. 22-10-69 Le droit de poser par écrit des questions au président du conseil d'administration ou au directoire dans les conditions prévues à l'article L. 225-232 peut être exercé par une association répondant aux conditions fixées à l'article L. 22-10-44. – *[C. com., art. L. 225-232, partiellement.]*

Art. L. 22-10-70 L'action en justice mentionnée à l'article L. 823-7 peut être exercée par une association répondant aux conditions fixées par l'article L. 22-10-44. – *[C. com., art. L. 225-233.]*

Art. L. 22-10-71 Les commissaires aux comptes, s'il en existe, présentent, dans un rapport joint au rapport mentionné au deuxième alinéa de l'article L. 225-100, leurs observations sur le rapport mentionné, selon le cas, à l'article L. 225-37 ou à l'article L. 225-68, en ce qui concerne les informations mentionnées à l'article L. 22-10-11. Ils attestent de l'existence des autres informations requises dans ce rapport par les articles L. 22-10-9, L. 22-10-10 et L. 225-37-4. – *[C. com., art. L. 225-235.]*

Sur la publicité de ce rapport, V. Règl. gén. AMF, art. 222-9. – ***C. mon. fin.*** *ou* ***C. sociétés.***

V. Norme d'exercice professionnel relative aux diligences du commissaire aux comptes relatives au rapport de gestion, aux autres documents sur la situation financière et les comptes et aux informations relevant du rapport sur le gouvernement d'entreprise adressés aux membres de l'organe appelé à statuer sur les comptes, en annexe à l'art. A. 823-29 C. com.

SOUS-SECTION 6 DE LA DISSOLUTION

Art. L. 22-10-72 Le tribunal de commerce peut, à la demande de tout intéressé, prononcer la dissolution de la société, si le nombre des actionnaires est réduit à moins de sept depuis plus d'un an pour les sociétés dont les actions sont admises aux négociations sur un marché réglementé ou sur un système multilatéral de négociation.

Il peut accorder à la société un délai maximal de six mois pour régulariser la situation. Il ne peut prononcer la dissolution si, le jour où il statue sur le fond, cette régularisation a eu lieu. – *[C. com., art. L. 225-247.]*

Art. L. 22-10-73 L'action en responsabilité contre les administrateurs ou le directeur général mentionnée à l'article L. 225-252 peut être exercée par une association répondant aux conditions fixées par l'article L. 22-10-44. – *[C. com., art. L. 225-252, partiellement.]*

SECTION II DISPOSITIONS PROPRES AUX SOCIÉTÉS EN COMMANDITE PAR ACTIONS

Art. L. 22-10-74 Les dispositions de l'article L. 226-4-1, relatives à la proportion des membres du conseil de surveillance de chaque sexe, sont applicables sans condition de seuil aux sociétés dont les actions sont admises aux négociations sur un marché réglementé.

Toute nomination intervenue en violation du premier alinéa et n'ayant pas pour effet de remédier à l'irrégularité de la composition du conseil est nulle. – *[C. com., art. L. 226-4-1, al. 1er, partiellement.]*

Art. L. 22-10-75 Par dérogation à l'article L. 226-8, dans les sociétés dont les actions sont admises aux négociations sur un marché règlementé, la rémunération du ou des gérants et la rémunération des membres du conseil de surveillance sont allouées dans les conditions prévues à l'article L. 22-10-76. – *[C. com., art. L. 226-8, al. 2.]*

L'art. L. 22-10-75 reprend les dispositions de l'art. L. 226-8, al. 2, issues de l'Ord. n° 2019-1234 du 27 nov. 2019. – Pour les dispositions transitoires de celle-ci, V. 4e note ss. art. L. 225-22-1.

Art. L. 22-10-76 I. – Dans les sociétés dont les actions sont admises aux négociations sur un marché réglementé, la rémunération du ou des gérants et la rémunération des membres du conseil de surveillance sont déterminées conformément à une politique de rémunération. Cette politique est conforme à l'intérêt social de la société, contribue à sa pérennité et s'inscrit dans sa stratégie commerciale. Elle décrit toutes les composantes de la rémunération fixe et variable et explique le processus de décision suivi pour sa détermination, sa révision et sa mise en œuvre.

Les éléments de cette politique s'appliquant aux gérants sont établis par les associés commandités délibérant, sauf clause contraire des statuts, à l'unanimité. Cette décision est prise après avis consultatif du conseil de surveillance et en tenant compte, le cas échéant, des principes et conditions prévus par les statuts. Toutefois, les statuts peuvent prévoir que ces éléments sont établis par le conseil de surveillance.

Les éléments de cette politique s'appliquant aux membres du conseil de surveillance sont établis par le conseil de surveillance.

Elle est présentée de manière claire et compréhensible au sein du rapport sur le gouvernement d'entreprise mentionné au dernier alinéa de l'article L. 226-10-1.

Le contenu et les modalités de la publicité de la politique de rémunération sont fixés par décret en Conseil d'État.

II. — La politique de rémunération du ou des gérants et des membres du conseil de surveillance fait l'objet d'un projet de résolution soumis à l'approbation de l'assemblée générale ordinaire et à l'accord des commandités donné, sauf clause contraire, à l'unanimité, chaque année et lors de chaque modification importante dans la politique de rémunération.

Lorsque la résolution n'est pas approuvée et qu'une politique de rémunération a été précédemment approuvée dans les conditions prévues au présent article, celle-ci continue de s'appliquer et un projet de résolution présentant une politique de rémunération révisée et indiquant de quelle manière ont été pris en compte le vote des actionnaires et des commandités et, le cas échéant, les avis exprimés lors de l'assemblée générale, est soumis à l'approbation de la prochaine assemblée générale ordinaire et à l'accord des commandités donné, sauf clause contraire, à l'unanimité.

En l'absence de politique de rémunération précédemment approuvée dans les conditions prévues au présent article, si l'assemblée générale des actionnaires et les commandités n'approuvent pas le projet de résolution, la rémunération est déterminée conformément à la rémunération attribuée au titre de l'exercice précédent ou, en l'absence de rémunération attribuée au titre de l'exercice précédent, conformément aux pratiques existant au sein de la société, et un projet de résolution présentant une politique de rémunération révisée et indiquant de quelle manière ont été pris en compte le vote des actionnaires et des commandités et, le cas échéant, les avis exprimés lors de l'assemblée générale est soumis à l'approbation de la prochaine assemblée générale ordinaire et à l'accord des commandités donné, sauf clause contraire, à l'unanimité.

III. — Aucun élément de rémunération, de quelque nature que ce soit, ne peut être déterminé, attribué ou versé par la société, ni aucun engagement correspondant à des éléments de rémunération, des indemnités ou des avantages dus ou susceptibles d'être dus à raison de la prise, de la cessation ou du changement de leurs fonctions ou postérieurement à l'exercice de celles-ci ne peut être pris par la société, s'il n'est pas conforme à la politique de rémunération approuvée ou, en son absence, aux rémunérations ou aux pratiques mentionnées au dernier alinéa du II.

Toutefois, les associés commandités, en ce qui concerne le ou les gérants, ou le conseil de surveillance, en ce qui concerne les membres du conseil de surveillance, peuvent déroger à l'application de la politique de rémunération si cette dérogation est temporaire, subordonnée à la survenance de circonstances exceptionnelles, conforme à l'intérêt social et nécessaire pour garantir la pérennité ou la viabilité de la société.

Tout versement, attribution ou engagement effectué ou pris en méconnaissance des dispositions du présent III est nul dans cette mesure.

IV. — Les éléments ou les engagements mentionnés au premier alinéa du III sont déterminés, attribués, ou pris par délibération du conseil de surveillance. — *[C. com., art. L. 226-8-1.]*

L'art. L. 22-10-76 reprend les dispositions de l'art. L. 226-8-1 issues de l'Ord. n° 2019-1234 du 27 nov. 2019. — Pour les dispositions transitoires de celle-ci, V. 4e note ss. art. L. 225-22-1.

V. art. R. 22-10-40.

Art. L. 22-10-77 I. — Dans les sociétés dont les actions sont admises aux négociations sur un marché réglementé, l'assemblée générale ordinaire chargée de l'approbation des comptes de l'exercice et les commandités, donnant leur accord, sauf clause contraire, à l'unanimité, statuent sur un projet de résolution portant sur les informations mentionnées au I de l'article L. 22-10-9.

Lorsque le projet de résolution mentionné à l'alinéa précédent n'est pas approuvé, le conseil de surveillance soumet une politique de rémunération révisée, en indiquant de quelle manière ont été pris en compte le vote des actionnaires et des commandités et, le cas échéant, les avis exprimés lors de l'assemblée générale, à l'approbation de la prochaine assemblée générale ordinaire et à l'accord des commandités donné, sauf clause contraire, à l'unanimité. Le versement de la somme allouée pour l'exercice en cours aux membres du conseil de surveillance est suspendu jusqu'à l'approbation de la politique de rémunération révisée. Lorsqu'il est rétabli, il inclut l'arriéré depuis la dernière assemblée générale.

Lorsque le projet de résolution présentant la politique de rémunération révisée en application du précédent alinéa n'est pas approuvé, la somme suspendue ne peut être versée, et les mêmes effets que ceux associés à la désapprobation du projet de résolution mentionné au premier alinéa s'appliquent.

II. — Dans les sociétés dont les actions sont admises aux négociations sur un marché réglementé, l'assemblée générale et les commandités, statuant, sauf clause contraire, à l'unanimité, statuent sur les éléments fixes, variables et exceptionnels composant la rémunération totale et les avantages de toute nature versés au titre de l'exercice antérieur par des résolutions distinctes pour le président du conseil de surveillance, le ou les gérants.

Les éléments de rémunération variables ou exceptionnels attribués au titre de l'exercice écoulé au gérant ou au président du conseil de surveillance ne peuvent être versés ou attribués qu'après approbation par une assemblée générale et accord des commandités donné, sauf clause contraire, à l'unanimité, des éléments de rémunération de la personne concernée, dans les conditions prévues à l'alinéa précédent. — *[C. com., art. L. 226-8-2.]*

L'art. L. 22-10-77 reprend les dispositions de l'art. L. 226-8-2 issues de l'Ord. n° 2019-1234 du 27 nov. 2019. — Pour les dispositions transitoires de celle-ci, V. 4e note ss. art. L. 225-22-1.

Art. L. 22-10-78 Dans les sociétés dont les titres sont admis aux négociations sur un marché réglementé, le rapport sur le gouvernement d'entreprise mentionné à l'article L. 226-10-1 comporte les informations, le cas échéant adaptées aux sociétés en commandite par actions, mentionnées à l'article L. 225-37-4 et aux articles L. 22-10-10 et L. 22-10-11.

Dans les sociétés dont les actions sont admises aux négociations sur un marché réglementé, le rapport sur le gouvernement d'entreprise comporte également les informations mentionnées à l'article L. 22-10-9.

Ce rapport est approuvé par le conseil de surveillance et rendu public.

Les commissaires aux comptes, s'il en existe, présentent, dans un rapport joint au rapport de gestion mentionné au deuxième alinéa de l'article L. 225-100, leurs observations sur ce rapport en ce qui concerne les informations mentionnées à l'article L. 22-10-11. Outre les informations requises par l'article L. 225-37-4, ils attestent de l'existence dans ce rapport de gestion des autres informations requises par les articles L. 22-10-9 et L. 22-10-10. — *[C. com., art. L. 226-10-1.]*

TITRE TROISIÈME DISPOSITIONS COMMUNES AUX DIVERSES SOCIÉTÉS COMMERCIALES

CHAPITRE PREMIER DU CAPITAL VARIABLE

RÉP. SOCIÉTÉS v° *Capital variable (Société à)*, par MONSÈRIÉ-BON.

BIBL. GÉN. ► TROUSSET, *JCP E 1999, n° 1, p. 16* (utilisation de la société à capital variable). – DOM, *BJS 2000. 1191* (domaine de la variabilité du capital après la mise en vigueur du nouveau code de commerce).

Art. L. 231-1 Il peut être stipulé dans les statuts des sociétés qui n'ont pas la forme de société anonyme ainsi que dans toute société coopérative que le capital social est susceptible d'augmentation *par des versements* successifs des associés ou l'admission *d'associés* nouveaux et de diminution par la reprise totale ou partielle des apports *(L. n° 2003-7 du 3 janv. 2003)* « effectués ». — *V. L. n° 81-1162 du 30 déc. 1981, art. 32, ss. art. L. 231-6.*

Les sociétés dont les statuts contiennent la stipulation ci-dessus sont soumises, indépendamment des règles générales qui leur sont propres suivant leur forme spéciale, aux dispositions du présent chapitre. — *[L. 24 juill. 1867, art. 48.]*

1. Sociétés civiles. L'insertion dans le livre II du code de commerce annexé à l'ordonnance du 18 sept. 2000 [ratifiée par L. n° 2003-7 du 3 janv. 2003] des dispositions de la loi de 1867 semble exclure désormais de leur domaine d'application les sociétés civiles. Cette situation ne résulte pas d'un choix délibéré, qui, au demeurant, aurait été contraire au principe de codification à droit constant consacré par la loi d'habitation du 16 déc. 1999, et appelle, en conséquence, une rectification par la loi : * Rép. min. n° 33033 : *JOAN Q 28 juin 2001, p. 2195.* ♦ V. désormais C. civ., art. 1845-1, dans sa rédaction issue de la L. n° 2001-1168 du 11 déc. 2001, qui rend applicables aux sociétés civiles les dispositions du code de commerce relatives au capital variable des sociétés. – C. civ. ou C. sociétés.

2. Mention du capital maximal. La clause de variabilité du capital insérée dans les statuts d'une société doit mentionner le montant du capital maximal autorisé ; à défaut d'une telle mention, toute augmentation du capital doit, à peine de nullité, être décidée par la collectivité des associés ou actionnaires statuant aux conditions requises pour ce type de décision. • Com. 6 févr. 2007, n° 05-19.237 P : *D. 2007. AJ 587* ; *JCP E 2008. 2373, n° 10, obs. Hiez ; Dr. sociétés 2007, n° 175, note Mortier.*

Art. L. 231-2 Si la société a usé de la faculté accordée par l'article L. 231-1 cette circonstance doit être mentionnée dans tous les actes et documents émanant de la société et destinés aux tiers, par l'addition des mots "à capital variable". – *[L. 24 juill. 1867, art. 64, al. 1er.]*

Art. L. 231-3 Ne sont pas assujettis aux formalités de dépôt et de publication les actes constatant les augmentations ou les diminutions du capital social opérées dans les termes de l'article L. 231-1, ou les retraits d'associés, autres que les gérants ou administrateurs, qui auraient lieu conformément à l'article L. 231-6. – *[L. 24 juill. 1867, art. 49.]*

Art. L. 231-4 Les actions ou coupons d'actions sont nominatifs, même après leur entière libération.

Ils ne sont négociables qu'après la constitution définitive de la société.

La négociation ne peut avoir lieu que par voie de transfert sur les registres de la société, et les statuts peuvent donner, soit au conseil d'administration, soit à l'assemblée générale, le droit de s'opposer au transfert. – *[L. 24 juill. 1867, art. 50.]*

Art. L. 231-5 Les statuts déterminent une somme au-dessous de laquelle le capital ne peut être réduit par les reprises des apports autorisés par l'article L. 231-1.

(L. n° 2001-420 du 15 mai 2001) « Cette somme ne pourra être inférieure ni au dixième du capital social stipulé dans les statuts ni, pour les sociétés autres que coopératives, au montant minimal du capital exigé pour la forme de la société considérée par les dispositions législatives la régissant. »

« Les sociétés coopératives sont définitivement constituées après le versement du dixième. »

Les sociétés régies par les dispositions du chapitre Ier du titre III du livre II du code de commerce, immatriculées au RCS à la date de publication (JO 16 mai) de la L. n° 2001-420 du 15 mai 2001, et celles dont l'immatriculation est faite conformément à la réglementation applicable à Mayotte, en Nouvelle-Calédonie et dans les îles Wallis-et-Futuna à la date de publication de l'Ord. n° 2004-604 du 24 juin 2004 (JO 26 juin), ont un délai de 5 ans pour se mettre en conformité avec les dispositions de l'art. L. 231-5 et notamment pour procéder à la libération de leur capital social (L. n° 2001-420 du 15 mai 2001, art. 124-II (2)).

Art. L. 231-6 Chaque associé peut se retirer de la société lorsqu'il le juge convenable à moins de conventions contraires et sauf application du premier alinéa de l'article L. 231-5.

Il peut être stipulé que l'assemblée générale a le droit de décider, à la majorité fixée pour la modification des statuts, que l'un ou plusieurs des associés cessent de faire partie de la société. – *V. L. n° 81-1162 du 30 déc. 1981, art. 32.*

L'associé qui cesse de faire partie de la société, soit par l'effet de sa volonté, soit par suite de décision de l'assemblée générale, reste tenu, pendant cinq ans, envers les associés et envers les tiers, de toutes les obligations existant au moment de sa retraite. – *[L. 24 juill. 1867, art. 52.]*

BIBL. ► BERTREL, *Mél. Jeantin, Dalloz, 1999, p. 127.* – HÉLOT, *D. 1991. Chron. 143* (*intuitus personae* dans la société de capitaux). – LE VEY, *Dr. sociétés 2008. Étude 7* (statut des associés).

1. *Droit de retrait.* Les statuts ne peuvent limiter l'exercice du droit de retrait des associés que dans une mesure compatible avec le respect de la liberté individuelle. • Civ. 1re, 3 juill. 1973 : *D. 1973. IR 204.* Tel n'est pas le cas lorsque l'engagement d'un associé est conclu pour une durée illimitée ou même pour un laps de temps supérieur à la durée moyenne de la vie humaine. • Même arrêt. ♦ ... Ou de la vie professionnelle. • Civ. 1re, 31 janv. 1989 : *D. 1989. IR 41.* ♦ Est valable la clause qui prévoit une durée d'engagement de trente ans, cette durée étant inférieure à la moyenne de la vie professionnelle. • Civ. 1re, 30 mai 1995, n° 93-11.837 P : *D. 1995. IR 163 ; Rev. sociétés 1995. 732, note Saintourens ; BJS 1995. 770, note Scholer ; Dr. sociétés 1995, n° 158, obs. crit. Bonneau.*

2. *Clauses d'exclusion.* Il appartient aux tribunaux, quand ils en sont saisis, de vérifier que l'exclusion n'est pas abusive. • Com. 21 oct. 1997, n° 95-13.891 P : *D. 1998. Somm. 400, obs. Hallouin ; RTD com. 1998. 169, obs. Petit et Reinhard ; Rev. sociétés 1998. 99, note Saintourens ; BJS 1998. 40, note Le Cannu ; Dr. sociétés 1998, n° 1, obs. Bonneau.* ♦ Par conséquent, viole les art. 1382 C. civ. et 52 de la L. du 24 juill. 1867 [C. com., art. L. 231-6] l'arrêt qui, pour rejeter la demande d'un associé en annulation de la mesure d'exclusion dont il a fait l'objet, retient que, les statuts ayant écarté de façon explicite tout contrôle judiciaire en dehors de celui qui doit consister à rechercher si les formalités et les droits de la défense ont été respectés, l'associé n'est pas fondé à soutenir que le tribunal devait s'assurer de la gravité des motifs invoqués pour justifier l'exclusion. • Com. 17 nov. 1998 : *BJS 1999. 284.*

3. *Obligations existant au moment du retrait.* L'art. 52 de la L. du 24 juill. 1867 [C. com., art. L. 231-6] s'applique aux seules dettes sociales incombant à l'associé et existant au moment de sa retraite et non pas aux pénalités ou indemnités faisant éventuellement suite à sa démission avant le terme de son engagement. • Civ. 1re, 18 déc. 2001, n° 99-18.044 P : *D. 2002. AJ 407 ; Rev. sociétés 2002. 308, note Saintourens ; BJS 2002. 411, note Neau-Leduc.*

Loi n° 81-1162 du 30 décembre 1981,

Relative à la mise en harmonie du droit des sociétés commerciales avec la deuxième directive adoptée par le Conseil des communautés européennes, le 13 décembre 1976.

Art. 32 Dans les sociétés anonymes à capital variable, qui sont tenues d'harmoniser leurs statuts avec les dispositions de l'article 30 *[V. art. L. 231-1 C. com.]* ci-dessus, la clause insérée dans les statuts en vertu de l'article 52, alinéas 1 et 2, de la loi du 24 juillet 1867 précitée demeure valable.

Les actions des associés qui cessent de faire partie de la société sont soit cédées à un autre associé ou à un salarié de la société, soit apportées à un fonds commun de placement comprenant exclusivement des actions de la société ; ce fonds commun de placement peut être géré par la société.

Le règlement du fonds commun de placement doit prévoir l'institution d'un conseil de surveillance composé des représentants des actionnaires désignés selon des conditions fixées par décret. Le conseil de surveillance exerce les droits de vote attachés aux actions comprises dans le fonds commun de placement et désigne à cet effet un ou plusieurs mandataires.

(L. n° 83-1 du 3 janv. 1983) « Les dispositions de l'article 3 et de l'article 7, alinéas 1, 2 et 4, de la loi n° 79-594 du 13 juillet 1979 relative aux fonds communs de placement *[abrogée par L. n° 88-1201 du 23 déc. 1988]* ne sont pas applicables aux fonds communs de placement constitués en vertu du présent article ; le gérant n'est pas non plus tenu de demander la désignation d'un commissaire aux comptes. »

Art. L. 231-7 La société, quelle que soit sa forme, est valablement représentée en justice par ses administrateurs. — *[L. 24 juill. 1867, art. 53.]*

Art. L. 231-8 La société n'est dissoute ni par la mort ou par le retrait d'un associé ni par un jugement de liquidation, ou par une mesure d'interdiction d'exercer une profession commerciale, ou par une mesure d'incapacité prononcée à l'égard de l'un des associés ou la déconfiture de l'un d'entre eux. Elle continue de plein droit entre les autres associés. — *[L. 24 juill. 1867, art. 54.]*

CHAPITRE II DES COMPTES SOCIAUX

BIBL. GÉN. ▶ REINHARD, *RJ com. 1987, n° spéc., nov., p. 34* (comptes des sociétés commerciales). – HOVASSE, *Dr. sociétés 2004. Chron. 3* (comptes sociaux et liberté contractuelle). – BOULOC, *Rev. sociétés 2005. 31* (incidence des normes européennes sur les normes comptables). – TELLER,

RTD com. 2007. 17 (information des sociétés cotées et non cotées). – A. Robert, *BJS 2009. 1028* (informations comptables et financières : quelles responsabilités ?).

SECTION PREMIÈRE DES DOCUMENTS COMPTABLES

RÉP. SOCIÉTÉS v^is *Comptes consolidés (IFRS) ; Comptes consolidés (Règlement CRC n° 99-02) ; Inventaire et comptes annuels*, par Andernack.

Art. L. 232-1 I. — A la clôture de chaque exercice le conseil d'administration, le directoire ou les gérants dressent l'inventaire, les comptes annuels conformément aux dispositions de la section II du chapitre III du titre II du livre Ier et établissent un rapport de gestion écrit. Ils *(Ord. n° 2015-900 du 23 juill. 2015, art. 2-1°)* **« incluent dans l'annexe » :**

1° Un état des cautionnements, avals et garanties donnés par la société. Cette disposition n'est pas applicable aux sociétés exploitant un établissement de crédit *(Ord. n° 2013-544 du 27 juin 2013, art. 7, en vigueur le 1er janv. 2014)* **« , une société de financement » ou une entreprise d'assurance ;**

2° Un état des sûretés consenties par elle.

II. — Le rapport de gestion expose la situation de la société durant l'exercice écoulé, son évolution prévisible, les événements importants survenus entre la date de la clôture de l'exercice et la date à laquelle il est établi, ses activités en matière de recherche et de développement. *(Ord. n° 2015-900 du 23 juill. 2015, art. 2-1°)* **« Il y est fait mention des succursales existantes. »**

III. — Les documents mentionnés au présent article sont, le cas échéant, mis à la disposition des commissaires aux comptes dans des conditions déterminées par décret en Conseil d'État. — *[L. n° 66-537 du 24 juill. 1966, art. 340.] — V. art. R. 232-1.*

(L. n° 2009-1255 du 19 oct. 2009, art. 8) **« IV. — Sont dispensées de l'obligation d'établir un rapport de gestion les sociétés** *(L. n° 2018-727 du 10 août 2018, art. 55-IV)* **« commerciales » qui »** *(Ord. n° 2015-900 du 23 juill. 2015, art. 2-1°)* **« sont des petites entreprises au sens de l'article L. 123-16. Cette dispense n'est pas applicable aux sociétés appartenant à l'une des catégories définies à l'article L. 123-16-2 ou dont l'activité consiste à gérer des titres de participations ou des valeurs mobilières. »** — *V. art. R. 232-1-1.*

V. — *Abrogé par L. n° 2018-727 du 10 août 2018, art. 55-IV.*

Sur les dispositions transitoires de l'Ord. n° 2015-900 du 23 juill. 2015, V. note ss. art. L. 233-17.

Le IV de l'art. 55 de la L. n° 2018-727 du 10 août 2018 s'applique aux rapports afférents aux exercices clos à compter de la publication de ladite loi (L. préc., art. 55-V, JO 11 août).

BIBL. ▶ Marty, *BJS 1997. 195* (responsabilité des commissaires aux comptes pour publication de faux bilans semestriels). – Poracchia, *LPA 17 oct. 2002* (responsabilités dans l'élaboration des informations financières et indépendance des commissaires aux comptes). – Theimer, *JCP E 2004, n° 41, p. 1573* (établissement du rapport de gestion en cas de changement de mandataires sociaux en cours d'exercice). – Huguet, *ibid. 2005, n° 12, p. 507* (mentions à faire figurer dans les rapports de gestion des sociétés par actions non cotées). – A. Lecourt, *RTD com. 2018. 925* (dispense d'établissement du rapport de gestion pour les petites sociétés commerciales).

Art. L. 232-2 Dans les sociétés commerciales qui répondent à l'un des critères définis par décret en Conseil d'État et tirés du nombre de salariés ou du chiffre d'affaires, compte tenu éventuellement de la nature de l'activité, le conseil d'administration, le directoire ou les gérants sont tenus d'établir une situation de l'actif réalisable et disponible, valeurs d'exploitation exclues, et du passif exigible, un compte de résultat prévisionnel, un tableau de financement en même temps que le bilan annuel et un plan de financement prévisionnel.

Le décret en Conseil d'État ci-dessus mentionné précise la périodicité, les délais et les modalités d'établissement de ces documents. — *V. art. R. 232-2 et R. 232-3.*

Pour la détermination du nombre des salariés, sont assimilés aux salariés de la société, ceux des sociétés, quelle que soit leur forme, dont elle détient directement ou indirectement plus de la moitié du capital. — *[L. n° 66-537 du 24 juill. 1966, art. 340-1.]*

Sur les mesures d'adaptation liées à l'urgence sanitaire (Covid-19), V. Ord. n° 2020-318 du 25 mars 2020, art. 4, App., v° Sociétés commerciales.

Art. L. 232-3 Dans les sociétés anonymes, les documents visés à l'article L. 232-2 sont analysés dans des rapports écrits sur l'évolution de la société, établis par le conseil d'administration ou le directoire. Les documents et rapports sont communiqués simultanément au conseil de surveillance, au commissaire aux comptes *(L. n° 2019-486 du 22 mai 2019, art. 20-I-6°)* « , s'il en existe, » et au comité d'entreprise *[comité social et économique]*.

En cas de non-observation des dispositions de l'article L. 232-2 et de l'alinéa précédent, ou si les informations données dans les rapports visés à l'alinéa précédent appellent des observations de sa part, le commissaire aux comptes le signale dans un rapport au conseil d'administration ou au directoire, selon le cas. Le rapport du commissaire aux comptes est communiqué simultanément au comité d'entreprise *[comité social et économique]*. Il est donné connaissance de ce rapport à la prochaine assemblée générale. – *[L. n° 66-537 du 24 juill. 1966, art. 340-2.] – V. art. R. 232-3 s.*

Pour les dispositions transitoires de la L. n° 2019-486 du 22 mai 2019, V. notes ss. art. L. 221-9.

Art. L. 232-4 Dans les sociétés autres que les sociétés anonymes, les rapports prévus à l'article L. 232-3 sont établis par les gérants qui les communiquent au commissaire aux comptes, au comité d'entreprise *[comité social et économique]* et, le cas échéant, au conseil de surveillance lorsqu'il est institué dans ces sociétés.

En cas de non-observation des dispositions de l'article L. 232-2 et de l'alinéa précédent, ou si les informations données dans les rapports visés à l'alinéa précédent appellent des observations de sa part, le commissaire aux comptes le signale dans un rapport au gérant ou dans le rapport annuel. Il peut demander que son rapport soit adressé aux associés ou qu'il en soit donné connaissance à l'assemblée des associés. Ce rapport est communiqué au comité d'entreprise *[comité social et économique]*. – *[L. n° 66-537 du 24 juill. 1966, art. 340-3.] – V. art. R. 232-3 s.*

Art. L. 232-5 Les sociétés qui établissent des comptes consolidés conformément aux articles L. 233-18 à L. 233-26 peuvent, dans les conditions prévues à l'article L. 123-17 et par dérogation à l'article L. 123-18, inscrire les titres des sociétés qu'elles contrôlent de manière exclusive, au sens de l'article L. 233-16, à l'actif du bilan en fonction de la quote-part des capitaux propres déterminée d'après les règles de consolidation que ces titres représentent. Cette méthode d'évaluation, si elle est choisie, s'applique à l'ensemble des titres qui répondent aux conditions précédentes. Il est fait mention de l'option dans l'annexe.

La contrepartie de la variation annuelle de la quote-part globale de capitaux propres représentative de ces titres ne constitue pas un élément de résultat ; elle est inscrite distinctement dans un poste de capitaux propres ; elle n'est pas distribuable et ne peut être utilisée à compenser les pertes. Néanmoins, si l'écart global devient négatif, il est inscrit au compte de résultat.

Si une société fait usage de la méthode prévue aux alinéas précédents, les sociétés qu'elle contrôle appliquent la même méthode lorsqu'elles contrôlent elles-mêmes d'autres sociétés dans les mêmes conditions.

Un décret en Conseil d'État fixe les modalités d'application du présent article. – *[L. n° 66-537 du 24 juill. 1966, art. 340-4.] – V. art. R. 232-8.*

Art. L. 232-6 *Abrogé par L. n° 2011-525 du 17 mai 2011, art. 55-I.*

SECTION II DES DOCUMENTS PROPRES AUX SOCIÉTÉS FAISANT PUBLIQUEMENT APPEL À L'ÉPARGNE

Art. L. 232-7 *(Ord. n° 2009-80 du 22 janv. 2009, art. 29, en vigueur le 1er avr. 2009)* Les sociétés dont les actions sont admises aux négociations sur un marché réglementé *annexent à leurs comptes* annuels un tableau relatif à la répartition et à l'affectation des sommes distribuables qui seront proposées à l'assemblée générale.

Les I, III *(Abrogé par L. n° 2014-1662 du 30 déc. 2014, art. 9-IV)* « [,]IV » et VII de l'article L. 451-1-2 du code monétaire et financier sont applicables aux sociétés mentionnées au premier alinéa, à l'exception des sociétés d'investissement à capital variable. – *V. cet art. au **C. mon. fin.** ou au **C. sociétés.***

Art. L. 232-8 *Abrogé par Ord. n° 2009-80 du 22 janv. 2009, art. 29, à compter du 1er avr. 2009. – V. édition 2012* ***C. com.***

SECTION III DES AMORTISSEMENTS ET DES PROVISIONS

RÉP. SOCIÉTÉS v° *Amortissement et dépréciation des actifs non financiers*, par ANDERNACK.

Art. L. 232-9 Sous réserve des dispositions du deuxième alinéa de l'article L. 232-15, les frais de constitution de la société sont amortis avant toute distribution de bénéfices et, au plus tard, dans un délai de cinq ans.

Les frais d'augmentation de capital sont amortis au plus tard à l'expiration du cinquième exercice suivant celui au cours duquel ils ont été engagés. Ces frais peuvent être imputés sur le montant des primes d'émission afférentes à cette augmentation.

Toutefois, les sociétés dont l'objet exclusif est la construction et la gestion d'immeubles locatifs à usage principal d'habitation ou le crédit-bail immobilier, ainsi que les sociétés immobilières pour le commerce et l'industrie, peuvent amortir les frais de constitution de la société et les frais d'augmentation de capital dans les mêmes conditions que leurs immeubles. Les sociétés agréées pour le financement des télécommunications peuvent amortir les frais de constitution et les frais d'augmentation de capital dans les mêmes conditions que leurs immeubles et leurs équipements. – *[L. n° 66-537 du 24 juill. 1966, art. 343.]*

SECTION IV DES BÉNÉFICES

RÉP. SOCIÉTÉS v° *Dividendes*, par VELARDOCCHIO.

Art. L. 232-10 A peine de nullité de toute délibération contraire, dans les sociétés à responsabilité limitée et les sociétés par actions, il est fait sur le bénéfice de l'exercice, diminué, le cas échéant, des pertes antérieures, un prélèvement d'un vingtième au moins affecté à la formation d'un fonds de réserve dit "réserve légale".

Ce prélèvement cesse d'être obligatoire, lorsque la réserve atteint le dixième du capital social. – *[L. n° 66-537 du 24 juill. 1966, art. 345.]*

Art. L. 232-11 Le bénéfice distribuable est constitué par le bénéfice de l'exercice, diminué des pertes antérieures, ainsi que des sommes à porter en réserve en application de la loi ou des statuts, et augmenté du report bénéficiaire.

En outre, l'assemblée générale peut décider la mise en distribution de sommes prélevées sur les réserves dont elle a la disposition. En ce cas, la décision indique expressément les postes de réserve sur lesquels les prélèvements sont effectués. Toutefois, les dividendes sont prélevés par priorité sur le bénéfice distribuable de l'exercice.

Hors le cas de réduction du capital, aucune distribution ne peut être faite aux actionnaires lorsque les capitaux propres sont ou deviendraient à la suite de celle-ci inférieurs au montant du capital augmenté des réserves que la loi ou les statuts ne permettent pas de distribuer.

L'écart de réévaluation n'est pas distribuable. Il peut être incorporé en tout ou partie au capital. – *[L. n° 66-537 du 24 juill. 1966, art. 346.]*

BIBL. ▶ SAYAG et PALMADE, *Rev. sociétés 1983. 699* (rémunération du capital). – FOY, *Dr. sociétés, 1995. Chron. 12* (droit au dividende des actions nouvelles). – JADAUD, *JCP E 1996. I. 608* (répartition entre cédant et cessionnaire de parts sociales ; fiscalité). – MÉDUS, *BJS 1996. 459* (sort des dividendes perçus par l'acquéreur à réméré de droits sociaux). – GALLOIS-COCHET, *Mél. Le Cannu, Dalloz-LGDJ, 2014, p. 277* (réserve affectée).

1. Existence juridique des dividendes. C'est la décision de l'assemblée générale des actionnaires de distribuer tout ou partie des bénéfices réalisés au cours de l'exercice, sous forme de dividendes, qui confère à ceux-ci l'existence juridique. • Com. 19 sept. 2006, n° 03-19.416 : *RJDA 2007, n° 153 ; Dr. sociétés 2006, n° 185, obs. Monnet ; BJS 2007. 147, note Le Cannu.* ♦ Le droit aux dividendes appartient à celui qui est associé au jour de cette décision. • Com. 9 juin 2004, n° 01-02.356 : *JCP E 2004, nos 28-29, p. 1132 ; RJDA 2004, n° 1121 ; BJS 2004. 1403, note Le Nabasque ; Dr. sociétés 2004, n° 204, obs. Trébulle.*

2. Nature juridique des dividendes. Si les sommes qui, faisant partie du bénéfice distribuable, sont, après décision de l'assemblée générale, réparties entre les associés participent de la nature des fruits, ces dividendes n'ont pas d'existence juridique avant l'approbation des comptes de l'exercice par l'assemblée générale, la constatation par celle-ci de l'existence de sommes distribuables, et la détermination de la part qui est attribuée à chaque associé. • Com. 28 nov. 2006, nº 04-17.486 P : *D. 2007. Chron. C. cass. 1305, obs. Salomon ; JCP E 2007. 1361, note Deboissy ; BJS 2007. 403, note Revet.* ♦ Pour un arrêt réaffirmant cette solution, à propos de la saisie-attribution des sommes dues à un associé d'une SCI, V. • Com. 13 sept. 2017, nº 16-13.674 P : *D. 2017. 2237, note Gallois-Cochet ; ibid. Chron. C. cass. 2330, obs. Gauthier ; ibid. Pan. 2337, obs. Rabreau ; RTD com. 2018. 131, obs. A. Lecourt ; JCP E 2017. 1676, note Deboissy et Wicker ; BJS 2017. 651, note Reygrobellet ; Dr. sociétés 2017, nº 185, note Hovasse ; RJDA 2017, nº 804 ; RDBF 2017, nº 256, obs. S. Piedelièvre ; Gaz. Pal. 3 avr. 2018, p. 69, obs. Stoclet.* ♦ Il s'ensuit qu'avant cette attribution l'usufruitier des parts sociales n'a pas de droit sur les bénéfices et que, en participant à l'assemblée générale qui décide de les affecter à un compte de réserve, il ne consent aucune donation au nu-propriétaire. • Com. 10 févr. 2009, nº 07-21.806 P : *D. 2009. 1512, note Barabé-Bouchard ; RTD com. 2009. 357, obs. Champaud et Danet ; JCP E 2009. 1287, note Hovasse ; Dr. sociétés 2009, nº 71, obs. Mortier ; BJS 2009. 699, note Torck.* ♦ Les bénéfices réalisés par une société ne deviennent des fruits ou des revenus de biens propres, susceptibles de constituer des acquêts de communauté, que lorsqu'ils sont attribués sous forme de dividendes. • Civ. 1re, 12 déc. 2006, nº 04-20.663 P : *D. 2008. Pan. 381, obs. Hallouin et Lamazerolles ; Rev. sociétés 2007. 326, note Randoux ; JCP E 2007. 1877, nº 2, obs. Caussain, Deboissy et Wicker ; Dr. sociétés 2007, nº 32, obs. Monnet ; BJS 2007. 363, note Revet.*

V. déjà, sur la nature frugifère des dividendes, cassant, au visa des art. 586 et 1652 C. civ., un arrêt ayant retenu que les actions ne peuvent recevoir la qualification de choses frugifères, dès lors que les dividendes des actions, qui ne présentent pas le double caractère de périodicité et de fixité, ne peuvent être assimilés à des fruits civils, leur perception supposant l'existence de bénéfices, aléatoires et au montant indéterminé, et une délibération de l'assemblée générale décidant de leur distribution : • Com. 5 oct. 1999, nº 97-13.377 P : *D. 2000. 556, note Morris-Becquet ; RTD com. 2000. 138, obs. Storck ; Rev. sociétés 2000. 286, note Le Nabasque ; JCP E 2000, nº 14, p. 612, note Besnard-Goudet ; BJS 1999. 1104, note Couret ; Dr. sociétés 1999, nº 183, obs. Bonneau.*

3. Dividendes prélevés sur les réserves. Selon la chambre commerciale de la Cour de cassation, dans le cas où la collectivité des associés décide de distribuer un dividende par prélèvement sur les réserves, le droit de jouissance de l'usufruitier de droits sociaux s'exerce, sauf convention contraire entre celui-ci et le nu-propriétaire, sous la forme d'un quasi-usufruit, sur le produit de cette distribution revenant aux parts sociales grevées d'usufruit, de sorte que l'usufruitier se trouve tenu, en application de l'art. 587 C. civ., d'une dette de restitution exigible au terme de l'usufruit et qui, prenant sa source dans la loi, est déductible de l'actif successoral lorsque l'usufruit s'éteint par la mort de l'usufruitier. • Com. 27 mai 2015, nº 14-16.246 P : *D. 2015. 1752, note Rabreau ; AJ fam. 2015. 416, obs. Vernières ; RTD civ. 2015. 658, obs. Dross ; JCP E 2015. 1354, note Hovasse ; ibid. 2016. 1036, nº 2, obs. Deboissy et Wicker ; JCP 2015. 767, note Tadros ; RJDA 2015, nº 564 ; Dr. sociétés 2015, nº 144, obs. Mortier ; Gaz. Pal. 26-28 juill. 2015, p. 7, obs. Dondero ; RLDA sept. 2015. 10, obs. Lebel.* – V. avis Pénichon, *RJDA 2015. 563.* ♦ Comp., pour la position de la première chambre civile, qui considère que si l'usufruitier a droit aux bénéfices distribués, il n'a aucun droit sur les bénéfices qui ont été mis en réserve, lesquels constituent l'accroissement de l'actif social et reviennent en tant que tel au nu-propriétaire : • Civ. 1re, 22 juin 2016, nº 15-19.471 P : *D. 2016. 1976, note Rabreau ; Rev. sociétés 2016. 531, note Donzel-Taboucou ; Dr. sociétés 2016, nº 141, note Hovasse ; BJS 2016. 568, note Mortier ; RJDA 2016, nº 690 ; Dr. et patr. 4/2017. 68, obs. Poracchia.*

Art. L. 232-12 **Après approbation des comptes annuels et constatation de l'existence de sommes distribuables, l'assemblée générale détermine la part attribuée aux associés sous forme de dividendes.**

Toutefois, lorsqu'un bilan établi au cours ou à la fin de l'exercice et certifié par un commissaire aux comptes fait apparaître que la société, depuis la clôture de l'exercice précédent, après constitution des amortissements et provisions nécessaires, déduction faite s'il y a lieu des pertes antérieures ainsi que des sommes à porter en réserve en application de la loi ou des statuts et compte tenu du report bénéficiaire, a réalisé un bénéfice, il peut être distribué des acomptes sur dividendes avant l'approbation des comptes de l'exercice. Le montant de ces acomptes ne peut excéder le montant du bénéfice défini au présent alinéa. Ils sont répartis aux conditions et suivant les modalités fixées par décret en Conseil d'État. – *V. art. R. 232-17.*

Tout dividende distribué en violation des règles ci-dessus énoncées est un dividende fictif. – *[L. nº 66-537 du 24 juill. 1966, art. 347.]*

BIBL. ▶ Couret, *Mél. Guyon, Dalloz, 2003, p. 239* (contrainte du dividende dans les sociétés par actions). – Mercier, *Dr. sociétés 2008. Étude 1* (régime de répartition des dividendes). – Pasqualini, *Rev. sociétés 2010. 79* (les conventions extra-statutaires, outils de modulation de la rémunération des associés).

1. Paiement des dividendes. Le paiement des dividendes, en application de l'art. 347 de la L. du 24 juill. 1966 [C. com., art. L. 232-12], aux titulaires des actions d'une société sous la forme de remise d'actions détenues en portefeuille ne constitue pas une cession d'actions soumise à la formalité de l'enregistrement assujettie aux droits de 4,80 % [1%]. • Com. 31 mai 1988, n° 87-10.134 P : *RTD com. 1988. 637, obs. Reinhard ; JCP E 1989. II. 15389, note Poujade ; BJS 1988. 610.*

2. Acompte sur dividende. Sauf à dénier toute valeur aux délibérations de l'assemblée des associés, la faculté reconnue au gérant de distribuer un acompte sur dividendes ne peut être exercée qu'à un moment où les associés eux-mêmes ne se sont pas encore prononcés sur l'affectation des résultats de l'exercice au cours duquel ont été réalisés les bénéfices dont il s'agit, peu important que les comptes correspondants aient été ou non clôturés au sens comptable ou fiscal. • Toulouse, 7 févr. 2002 : *RJDA 2003, n° 144.*

3. Droit au dividende. En cas de cession d'actions, les dividendes appartiennent aux actionnaires qui ont conservé la jouissance des actions, dans la mesure où le transfert de jouissance a été fixé à une date postérieure à celle de la mise en distribution. • Paris, 6 mai 1993 : *Rev. sociétés 1993. 661, obs. Guyon ; JCP E 1994. II. 553, note Viandier ; BJS 1993. 737, note Couret.* ♦ Le simple fait que la décision de distribuer un dividende soit antérieure à la cession des actions réalisée le même jour ne suffit pas à écarter la volonté des parties à la cession de conclure un transfert « coupon attaché ». Par suite, la distribution du dividende correspondant aux actions ainsi cédées doit être portée au crédit du compte de l'acquéreur. • Paris, 11 mai 1993 : *RJDA 1993, n° 913.*

4. Dividende fictif. Sur la réparation du préjudice subi par l'actionnaire consécutivement à une action en répétition de dividendes fictifs, V. • Civ. 1re, 20 mars 2014 : *BJS 2014. 370, note Poracchia.*

5. Prescription de l'action en paiement. Le délai de la prescription quinquennale [de l'art. 2277 anc. C. civ.] ne peut commencer à courir en l'absence de décision de l'assemblée générale de distribuer tout ou partie des bénéfices sous forme de dividendes. • Com. 19 sept. 2006, n° 03-19.416 : *cité note 1 ss. art. L. 232-11.* ♦ Dès lors que l'associé ne demande pas le paiement de dividendes, déjà payés par inscription sur son compte courant d'associé, mais le remboursement du solde de ce compte, la prescription applicable n'est pas celle de l'action en paiement de dividendes, mais celle de l'art. 189 *bis* [L. 110-4] C. com. • Com. 10 déc. 2013, n° 12-26.235 : *Dr. sociétés 2014, n° 47, note Gallois-Cochet.*

Art. L. 232-13 Les modalités de mise en paiement des dividendes votés par l'assemblée générale sont fixées par elle ou, à défaut, par le conseil d'administration, le directoire ou les gérants, selon le cas.

Toutefois, la mise en paiement des dividendes doit avoir lieu dans un délai maximal de neuf mois après la clôture de l'exercice. La prolongation de ce délai peut être accordée par décision de justice. – *[L. n° 66-537 du 24 juill. 1966, art. 347-1.] – V. art. R. 232-18.*

Art. L. 232-14 Une majoration de dividendes dans la limite de 10 % peut être attribuée par des statuts à tout actionnaire qui justifie, à la clôture de l'exercice, d'une inscription nominative depuis deux ans au moins et du maintien de celle-ci à la date de mise en paiement du dividende. Son taux est fixé par l'assemblée générale extraordinaire. *(Ord. n° 2009-80 du 22 janv. 2009, art. 7-XVIII, en vigueur le 1er avr. 2009)* « Dans les sociétés dont les titres de capital sont admis » aux négociations sur un marché réglementé, le nombre de titres éligibles à cette majoration de dividendes ne peut excéder, pour un même actionnaire, 0,5 % du capital de la société. La même majoration peut être attribuée, dans les mêmes conditions en cas de distribution d'actions gratuites.

Cette majoration ne peut être attribuée avant la clôture du deuxième exercice suivant la modification des statuts. – *[L. n° 66-537 du 24 juill. 1966, art. 347-2.]*

BIBL. ▶ Sur la L. n° 94-578 du 12 juill. 1994, dont est issu l'art. L. 232-14 : Le Nabasque, *JCP E 1994. I. 413.* – Guyon, *Rev. sociétés 1995. 1.* – Engel et Troussière, *JCP E 1995. I. 433.* – Pichard, *LPA 24 juill. 1995.* – Lepoutre, *Dr. et patr. 4/1996. 48.*

Art. L. 232-15 Il est interdit de stipuler un intérêt fixe ou intercalaire au profit des associés. Toute clause contraire est réputée non écrite.

Les dispositions de l'alinéa précédent ne sont pas applicables, lorsque l'État a accordé aux actions la garantie d'un dividende minimal. – *[L. n° 66-537 du 24 juill. 1966, art. 348.]*

BIBL. ▶ BERMOND DE VAULX, *JCP E 1993. I. 294* (parts sociales privilégiées). – POITRINAL, *Dr. et patr. 4/1998. 32* (clauses statutaires de répartition des bénéfices).

Promesse de cession d'actions. L'art. L. 232-15 est sans application à la stipulation d'intérêts insérée dans une promesse de cession d'actions, qui oblige le seul cessionnaire et non la société. • Com. 27 sept. 2005, n° 02-14.009 : *D. 2005. AJ 2681, obs. Lienhard ; Dr. sociétés 2005, n° 217, obs. Hovasse ; BJS 2006. 92, note Couret ; RDC 2006. 443, obs. F.-X. Lucas.*

Art. L. 232-16 Les statuts peuvent prévoir l'attribution, à titre de premier dividende, d'un intérêt calculé sur le montant libéré et non remboursé des actions. Sauf disposition contraire des statuts, les réserves ne sont pas prises en compte pour le calcul du premier dividende. – *[L. n° 66-537 du 24 juill. 1966, art. 349.]*

Art. L. 232-17 La société ne peut exiger des actionnaires ou porteurs de parts aucune répétition de dividendes, sauf lorsque les deux conditions suivantes sont réunies :

1° Si la distribution a été effectuée en violation des dispositions des articles L. 232-11, L. 232-12 et L. 232-15 ;

2° Si la société établit que les bénéficiaires avaient connaissance du caractère irrégulier de cette distribution au moment de celle-ci ou ne pouvaient l'ignorer compte tenu des circonstances. – *[L. n° 66-537 du 24 juill. 1966, art. 350.]*

Art. L. 232-18 Dans les sociétés par actions, les statuts peuvent prévoir que l'assemblée statuant sur les comptes de l'exercice a la faculté d'accorder à chaque actionnaire, pour tout ou partie du dividende mis en distribution ou des acomptes sur dividende, une option entre le paiement du dividende ou des acomptes sur dividende en numéraire ou en actions.

Lorsqu'il existe des catégories différentes d'actions, l'assemblée générale statuant sur les comptes de l'exercice a la faculté de décider que les actions souscrites seront de la même catégorie que les actions ayant donné droit au dividende ou aux acomptes sur dividende.

L'offre de paiement du dividende ou des acomptes sur dividende en actions doit être faite simultanément à tous les actionnaires. – *[L. n° 66-537 du 24 juill. 1966, art. 351.]*

Art. L. 232-19 Le prix d'émission des actions émises dans les conditions prévues à l'article L. 232-18 ne peut être inférieur au nominal.

Dans les sociétés dont les actions sont admises aux négociations sur un marché réglementé, le prix d'émission ne peut être inférieur à 90 % de la moyenne des cours cotés aux vingt séances de bourse précédant le jour de la décision de mise en distribution diminuée du montant net du dividende ou des acomptes sur dividende.

Dans les autres sociétés, le prix d'émission est fixé, au choix de la société, soit en divisant le montant de l'actif net calculé d'après le bilan le plus récent par le nombre de titres existants, soit à dire d'expert désigné en justice à la demande du conseil d'administration ou du directoire, selon le cas. L'application des règles de détermination du prix d'émission est vérifiée par le commissaire aux comptes *(L. n° 2019-486 du 22 mai 2019, art. 20-I-6°)* « , s'il en existe, » qui présente un rapport spécial à l'assemblée générale visée à l'article L. 232-18.

Lorsque le montant des dividendes ou des acomptes sur dividende auquel il a droit ne correspond pas à un nombre entier d'actions, l'actionnaire peut recevoir le nombre d'actions immédiatement inférieur complété d'une soulte en espèces ou, si l'assemblée générale l'a *demandé, le nombre* d'actions immédiatement supérieur, en versant la différence en numéraire. – *[L. n° 66-537 du 24 juill. 1966, art. 352.]*

Pour les dispositions transitoires de la L. n° 2019-486 du 22 mai 2019, V. notes ss. art. L. 221-9.

BIBL. ▶ GAUDEMET, *BJS 2014. 475* (prix d'émission des actions attribuées en paiement du dividende par les sociétés cotées).

Art. L. 232-20 La demande de paiement du dividende en actions, accompagnée, le cas échéant, du versement prévu au deuxième alinéa de l'article L. 232-19 doit intervenir dans un délai fixé par l'assemblée générale, sans qu'il puisse être supérieur à trois mois à compter de la date de ladite assemblée générale. L'augmentation de capital est réalisée du seul fait de cette demande, et, le cas échéant, de ce versement et ne donne pas lieu aux formalités prévues à l'article L. 225-142, au deuxième alinéa de l'article L. 225-144, et à l'article L. 225-146.

Toutefois, en cas d'augmentation du capital, le conseil d'administration ou le directoire, selon le cas, peut suspendre l'exercice du droit d'obtenir le paiement du dividende en actions pendant un délai qui ne peut excéder trois mois.

Lors de sa première réunion suivant l'expiration du délai fixé par l'assemblée générale en application du premier alinéa du présent article, le conseil d'administration ou, selon le cas, le directoire, constate le nombre des actions émises en application du présent article et apporte les modifications nécessaires aux clauses des statuts relatives au montant du capital social et au nombre des actions qui le représentent. *(L. n° 2019-744 du 19 juill. 2019, art. 31)* « Sur délégation du conseil d'administration ou du directoire, le directeur général ou un directeur général délégué, le président ou un membre du directoire peut procéder » à ces opérations dans le mois qui suit l'expiration du délai fixé par l'assemblée générale. — *[L. n° 66-537 du 24 juill. 1966, art. 353.]*

SECTION V DE LA PUBLICITÉ DES COMPTES

Art. L. 232-21 I. — *(L. n° 2012-387 du 22 mars 2012, art. 9-I)* « Les sociétés en nom collectif dont tous les associés indéfiniment responsables sont des sociétés à responsabilité limitée ou des sociétés par actions sont tenues de déposer au greffe du tribunal, pour être annexés au registre du commerce et des sociétés, dans le mois suivant l'approbation des comptes annuels par l'assemblée ordinaire des associés ou dans les deux mois suivant cette approbation lorsque ce dépôt est effectué par voie électronique : »

1° Les comptes annuels *(Abrogé par L. n° 2012-387 du 22 mars 2012, art. 9-I) « , le rapport de gestion »* et, le cas échéant, les comptes consolidés, le rapport sur la gestion du groupe, les rapports des commissaires aux comptes sur les comptes annuels et les comptes consolidés, éventuellement complétés de leurs observations sur les modifications apportées par l'assemblée qui leur ont été soumis ;

2° La proposition d'affectation du résultat soumis à l'assemblée et la résolution d'affectation votée ou la décision d'affectation prise.

(L. n° 2012-387 du 22 mars 2012, art. 9-I) « Le rapport de gestion doit être tenu à la disposition de toute personne qui en fait la demande, selon des conditions définies par décret en Conseil d'État. »

II. — En cas de refus d'approbation ou d'acceptation, une copie de la délibération de l'assemblée est déposée dans le même délai.

III. — Les obligations définies ci-dessus s'imposent également aux sociétés en nom collectif dont tous les associés indéfiniment responsables sont des sociétés en nom collectif ou en commandite simple dont tous les associés indéfiniment responsables sont des sociétés à responsabilité limitée ou par actions.

IV. — Pour l'application du présent article, sont assimilées aux sociétés à responsabilité limitée ou par actions les sociétés de droit étranger d'une forme juridique comparable. — *[Décr. n° 67-236 du 23 mars 1967, art. 13-1.] — Sur les sanctions pénales, V. art. R. 247-3. — Sur le dépôt par voie électronique, V. art. R. 123-111.*

Art. L. 232-22 I. — *(L. n° 2012-387 du 22 mars 2012, art. 9-II)* « Toute société à responsabilité limitée est tenue de déposer au greffe du tribunal, pour être annexés au registre du commerce et des sociétés, dans le mois suivant l'approbation des comptes annuels par l'assemblée ordinaire des associés ou par l'associé unique ou dans les deux mois suivant cette approbation lorsque ce dépôt est effectué par voie électronique : »

1° Les comptes annuels *(Abrogé par L. n° 2012-387 du 22 mars 2012, art. 9-II) « , le rapport de gestion »* et, le cas échéant, les comptes consolidés, le rapport sur la gestion du groupe, les rapports des commissaires aux comptes sur les comptes annuels et les comptes consolidés, éventuellement complétés de leurs observations sur les modifications apportées par l'assemblée ou l'associé unique aux comptes annuels qui leur ont été soumis ;

2° La proposition d'affectation du résultat soumise à l'assemblée ou à l'associé unique et la résolution d'affectation votée ou la décision d'affectation prise.

(L. n° 2012-387 du 22 mars 2012, art. 9-II) « Le rapport de gestion doit être tenu à la disposition de toute personne qui en fait la demande, selon des conditions définies par décret en Conseil d'État. »

II. – En cas de refus d'approbation ou d'acceptation, une copie de la délibération de l'assemblée ou de la décision de l'associé unique est déposée dans le même délai. – *[Décr. n° 67-236 du 23 mars 1967, art. 44-1.] – Sur les sanctions pénales, V. art. R. 247-3. – Sur le dépôt par voie électronique, V. art. R. 123-111.*

Causes d'irresponsabilité. Pour un arrêt écartant l'état de nécessité (C. pén., art. 122-7), dans le cas où le prévenu, dont le commerce avait été particulièrement exposé aux vols et agressions, soutenait que la publicité des comptes était susceptible de donner des indications utilisables par les malfaiteurs pour cibler leurs exactions, V. • Crim. 1er juin 2005, n° 05-80.351 P : *cité note 3 ss. art. L. 123-12.*

Art. L. 232-23 I. – *(L. n° 2012-387 du 22 mars 2012, art. 9-III)* « Toute société par actions est tenue de déposer au greffe du tribunal, pour être annexés au registre du commerce et des sociétés, dans le mois suivant l'approbation des comptes annuels par l'assemblée générale des actionnaires ou dans les deux mois suivant cette approbation lorsque ce dépôt est effectué par voie électronique : »

1° Les comptes annuels, le rapport de gestion, le rapport des commissaires aux comptes sur les comptes annuels *(L. n° 2019-486 du 22 mai 2019, art. 20-I-20°)* « , le cas échéant », éventuellement complété de leurs observations sur les modifications apportées par l'assemblée aux comptes annuels qui ont été soumis à cette dernière ainsi que, le cas échéant, les comptes consolidés, le rapport sur la gestion du groupe, le rapport des commissaires aux comptes sur les comptes consolidés et le rapport du conseil de surveillance ;

2° La proposition d'affectation du résultat soumise à l'assemblée et la résolution d'affectation votée.

(L. n° 2012-387 du 22 mars 2012, art. 9-III) « Il est fait exception à l'obligation de déposer le rapport de gestion pour les sociétés mentionnées au premier alinéa autres que celles dont les titres sont admis aux négociations sur un marché réglementé ou sur un système multilatéral de négociation *(L. n° 2016-1691 du 9 déc. 2016, art. 42-II-1°)* « soumis aux dispositions du II de l'article L. 433-3 du code monétaire et financier » dans les conditions prévues par le règlement général de l'Autorité des marchés financiers. Le rapport de gestion doit toutefois être tenu à la disposition de toute personne qui en fait la demande, selon des conditions définies par décret en Conseil d'État. »

II. – En cas de refus d'approbation des comptes annuels, une copie de la délibération de l'assemblée est déposée dans le même délai. – *[Décr. n° 67-236 du 23 mars 1967, art. 293, al. 1er et 2.]*

(Ord. n° 2019-1067 du 21 oct. 2019, art. 3) « III. – Les sociétés qui, auprès de l'Autorité des marchés financiers, déposent ou soumettent à l'enregistrement un document d'enregistrement ou un document d'enregistrement universel prévu par le règlement (UE) n° 2017/1129 du 14 juin 2017, peuvent, dans les délais prévus au premier alinéa du I, le déposer également au greffe du tribunal.

« Ce dépôt vaut dépôt des documents mentionnés aux 1° et au 2° du I, lorsque ces derniers sont inclus dans le document d'enregistrement ou le document d'enregistrement universel. Le document d'enregistrement ou le document d'enregistrement universel comprend une table permettant au greffier de les identifier.

« Les documents mentionnés aux 1° et 2° du I qui ne sont pas contenus dans le document d'enregistrement ou le document d'enregistrement universel ou dont la table *mentionnée au précédent alinéa* ne permet pas l'identification sont déposés concomitamment à celui-ci au greffe du tribunal. »

Pour les dispositions transitoires de la L. n° 2019-486 du 22 mai 2019, V. notes ss. art. L. 221-9.

Sur le dépôt par voie électronique, V. art. R. 123-111. – Sur les sanctions pénales, V. art. R. 247-3.

1. Action en référé. Les actions prévues par les art. L. 123-5-1 et R. 210-18 ne sont pas exclusives de celle fondée sur les dispositions de droit commun prévues par l'art. L. 232-23, qui font obligation à toute société par actions, et non à son dirigeant, de déposer ses comptes. • Com. 3 mars 2021, n° 19-10.086 P : *D. 2021. Actu. 524 ; Rev. sociétés 2021. 309, note J.-F. Barbièri ; JCP E 2021. 1453, n° 1, obs. Navarro ; BJS 5/2021. 16, note Reygrobellet ; RJDA 2021, n° 404 ; Gaz. Pal. 15 juin 2021, p. 73, obs. Roussille ; Dr. sociétés 2021, n° 96, note Legros ; RJ com. 2021. 465, obs. de Bissy.* ♦ Dès lors que la société n'a pas déposé ses comptes au greffe concernant plusieurs exercices, il y a lieu de lui enjoindre de le faire afin de mettre un terme au trouble manifestement illicite résultant de l'absence de transparence, sans que puisse être opposée la prescription fondée sur les dispositions de l'art. 1844-14 C. civ. • Même arrêt.

2. Intérêt à agir. V. • Com. 3 avr. 2012, n° 11-17.130 P : *cité note 6 ss. art. L. 123-5-1.*

Art. L. 232-24 *(L. n° 2012-387 du 22 mars 2012, art. 18-I)* **Le greffier, lorsqu'il constate l'inexécution du dépôt prévu au I des articles L. 232-21 à L. 232-23, informe le président du tribunal de commerce pour qu'il puisse faire application** *(L. n° 2018-938 du 30 oct. 2018, art. 8)* **« de l'article L. 123-5-2 ou » du II de l'article L. 611-2** *(L. n° 2017-256 du 28 févr. 2017, art. 62)* **« ainsi que le représentant de l'État dans le département ».**

Art. L. 232-25 *(Ord. n° 2014-86 du 30 janv. 2014, art. 5)* **Lors du dépôt prévu au I des articles L. 232-21 à L. 232-23, les sociétés répondant à la définition des micro-entreprises au sens de l'article L. 123-16-1, à l'exception des sociétés mentionnées à l'article L. 123-16-2 et de celles dont l'activité consiste à gérer des titres de participations et de valeurs mobilières, peuvent déclarer que les comptes annuels qu'elles déposent ne seront pas rendus publics.**

(L. n° 2015-990 du 6 août 2015, art. 213-I-1°) **« Lors de ce même dépôt, les sociétés répondant à la définition des petites entreprises, au sens de l'article L. 123-16, à l'exception des sociétés mentionnées à l'article L. 123-16-2, peuvent demander que le compte de résultat ne soit pas rendu public. Les sociétés appartenant à un groupe, au sens de l'article L. 233-16, ne peuvent faire usage de cette faculté. »** — *V. art. L. 123-68-1.*

(L. n° 2019-486 du 22 mai 2019, art. 47) **« Lors de ce même dépôt, les sociétés répondant à la définition des moyennes entreprises, au sens de l'article L. 123-16, à l'exception des sociétés mentionnées à l'article L. 123-16-2, peuvent demander que ne soit rendue publique qu'une présentation simplifiée de leur bilan et de leur annexe dans des conditions fixées par un règlement de l'Autorité des normes comptables. Dans ce cas, la présentation simplifiée n'a pas à être accompagnée du rapport des commissaires aux comptes. Les sociétés appartenant à un groupe, au sens de l'article L. 233-16, ne peuvent faire usage de cette faculté.**

« Lorsqu'il est fait usage de la faculté prévue au troisième alinéa du présent article, la publication de la présentation simplifiée est accompagnée d'une mention précisant le caractère abrégé de cette publication, le registre auprès duquel les comptes annuels ont été déposés, si un avis sans réserve, un avis avec réserves ou un avis défavorable a été émis par les commissaires aux comptes, ou si ces derniers se sont trouvés dans l'incapacité d'émettre un avis, et si le rapport des commissaires aux comptes fait référence à quelque question que ce soit sur laquelle ils ont attiré spécialement l'attention sans pour autant émettre une réserve dans l'avis. »

Les autorités judiciaires, les autorités administratives au sens de l'article 1er de la loi n° 2000-321 du 12 avril 2000 relative aux droits des citoyens dans leurs relations avec les administrations ainsi que la Banque de France *(L. n° 2015-990 du 6 août 2015, art. 213-I-2°)* **« et les personnes morales, relevant de catégories définies par arrêté des ministres chargés de l'économie et des finances, qui financent ou investissent, directement ou indirectement, dans les entreprises** *[qui, directement ou indirectement, financent les entreprises ou y investissent]* **ou fournissent des prestations au bénéfice de ces personnes morales » ont toutefois accès à** *(L. n° 2015-990 du 6 août 2015, art. 213-I-2°)* **« l'intégralité des » comptes.**

Un décret en Conseil d'État fixe les modalités d'application du présent article. — *V. art. R. 123-111-1 et R. 123-154-1.*

V. note ss. art. L. 123-16.

Les modifications issues de l'art. 213-I de la L. n° 2015-990 du 6 août 2015 s'appliquent aux comptes afférents aux exercices clos à compter du 31 déc. 2015 et déposés à compter d'un délai d'un an à compter de la promulgation de la loi (L. préc., art. 213-III).

L'art. 47 de la L. n° 2019-486 du 22 mai 2019 s'applique aux comptes afférents aux exercices clos à compter de la publication de cette loi (L. préc., art. 47-IV, JO 23 mai).

Il appartient à la société qui entend bénéficier de la confidentialité des comptes annuels ou du compte de résultat d'en informer son commissaire aux comptes afin que celui-ci lui remette une version de son rapport à laquelle ne sont pas joints les documents couverts par la confidentialité. * Rép. min. n° 14 : *JOAN Q, 6 mars 2018, p. 1951 ; Rev. sociétés 2018. 342.*

Art. L. 232-26 *(L. n° 2019-486 du 22 mai 2019, art. 47)* **Lorsque les micro-entreprises font usage de la faculté prévue à l'article L. 232-25, le rapport des commissaires aux comptes n'est pas rendu public.**

Lorsque les petites et les moyennes entreprises font usage de la faculté prévue au même article L. 232-25, les documents rendus publics ne sont pas accompagnés du rapport des commissaires aux comptes. Ils comportent une mention précisant si les commissaires aux comptes ont certifié les comptes sans réserve, avec réserves, s'ils ont refusé de les certifier, s'ils ont été dans l'incapacité de les certifier ou si leur rapport fait référence à quelque question que ce soit sur laquelle ils ont attiré spécialement l'attention sans pour autant assortir la certification de réserves.

Pour les dispositons transitoires, V. note ss. art. L. 232-25.

CHAPITRE III DES FILIALES, DES PARTICIPATIONS ET DES SOCIÉTÉS CONTRÔLÉES

RÉP. SOCIÉTÉS v^is^ *Groupe de sociétés*, par A. Lecourt ; *Groupe de sociétés (régime fiscal)*, par Serlooten.

BIBL. GÉN. ▶ Schmidt, *Rev. sociétés 1981. 725* (responsabilité civile dans les relations de groupe de sociétés). – Hannoun, *BJS 1991. 479* (même thème). – Pariente, *Rev. sociétés 1993. 247* (groupes de sociétés et responsabilité pénale des personnes morales). – D'Hoir-Lauprêtre, *D. 1993. Chron. 248* (droit des obligations adapté aux groupes de sociétés). – Uettwiller, *Rev. sociétés 1995. 459* (détermination des prix de cession intra-groupes). – Pariente, *Rev. sociétés 1996. 465* (groupes de sociétés et loi de 1966) ; *ibid. 1999. 805* (actionnaires des sociétés liées du groupe). – Urban, *RTD com. 2000. 1* (la communauté d'intérêts). – Dom, *Rev. sociétés 2002. 1* (dimensions du groupe de sociétés après les réformes de 2001). – Chenut, *ibid. 2003. 71* (garanties ascendantes dans les groupes de sociétés). – Druey, *Mél. Guyon, Dalloz, 2003, p. 349* (pour la protection des mères : à quoi bon un droit sur les groupes de sociétés ?). – Paillusseau, *D. 2003. Chron. 2346 et 2418* (notion de groupe de sociétés et d'entreprises en droit des activités économiques). – Grimonprez, *Rev. sociétés 2009. 715* (pour une responsabilité des sociétés mères du fait de leurs filiales). – Schmeidler, *D. 2013. Chron. 584* (responsabilité de la société mère pour les actes de sa filiale). – d'Alès et Terdjman, *JCP E 2014, n° 1584* (l'écran sociétaire, rempart face à la mise en cause d'une société mère du fait de sa filiale). – Bourgeois-Bertrel, *Dr. sociétés 2016. Étude 4* (la holding, approche d'une notion « fonctionnelle »). – Dossier « La personnalité morale à l'épreuve des groupes de sociétés : regards croisés », *Dr. et patr. 5/2017.* – Dossier « Les groupes de sociétés : quels pouvoirs, quelle responsabilité ? », *Dr. sociétés 2017. Dossiers 7 à 17.*

SECTION PREMIÈRE DÉFINITIONS

Art. L. 233-1 Lorsqu'une société possède plus de la moitié du capital d'une autre société, la seconde est considérée, pour l'application *(Ord. n° 2015-900 du 23 juill. 2015, art. 2-2°)* **« des sections II et IV » du présent chapitre, comme filiale de la première.** — *[L. n° 66-537 du 24 juill. 1966, art. 354.]*

V. note ss. art. L. 233-17.

1. Absence de personnalité morale du groupe de sociétés. Un groupe de sociétés est dépourvu de la personnalité morale et de la capacité de contracter (à propos de la validité de la convention d'ouverture d'un compte courant au nom d'un groupe de sociétés en redressement judiciaire). • Com. 2 avr. 1996, n° 94-16.380 P : *D. 1996. IR 123 ; Rev. sociétés 1996. 573, note Gavalda ; JCP 1997. II. 22803, note Chazal ; BJS 1996. 510, note Le Cannu ; Dr. sociétés 1996, n° 118, obs. Bonneau.* ♦ Un groupe de sociétés ne peut, faute de personnalité morale, être titulaire de droits et d'obligations et se voir infliger une condamnation. • Com. 15 nov. 2011, n° 10-21.701 : *Rev. sociétés 2012. 37, obs. Prévost* ; *BJS 2012. 395, note Prieto.*

2. Autonomie des sociétés du groupe. Les sociétés exerçant leur activité au sein d'un groupe demeurent des personnes morales juridiquement distinctes ; les clients qui ont traité avec l'une des sociétés n'ont aucun lien avec les autres sociétés du groupe même si ces dernières interviennent dans l'exécution du contrat à la demande de la première. • Com. 18 oct. 1994, n° 92-21.199 P : *D. 1994. IR 254 ; RJDA 1994, n° 1298.* ♦ Malgré les liens étroits pouvant exister entre une société mère et sa filiale, celle-ci est juridiquement distincte des personnes physiques et morales qui la composent et cela malgré l'importance de la participation que la société mère peut détenir dans le capital de sa filiale ou l'existence de dirigeants communs. • Paris, 31 mai 1989 : *D. 1989. IR 227.* ♦ Ce principe de l'autonomie de la personne morale a pour conséquence que mère et filiale ne répondent pas des dettes l'une de l'autre. • Même arrêt. ♦ Même si elle est intégrée dans un groupe, une filiale doit être regardée comme une société autonome, répondant seule des conséquences de ses agissements, sauf à démontrer qu'elle a été créée à des fins frauduleuses ou que la société mère s'ingère, volontairement ou non, d'une manière telle dans son fonctionnement que les tiers sont fondés à croire qu'en traitant avec elle, ils traitent en réalité avec la société mère. • Versailles, 22 févr. 1996 : *RTD com. 1996. 476, obs. Champaud et Danet* ; *BJS 1996. 505, note Pariente.*

3. Autonomie des organes sociaux des filiales. Si l'administrateur d'une société exerce en principe librement son droit de vote, dans l'intérêt de la société, le devoir de loyauté auquel l'administrateur d'une société-mère est tenu à l'égard de celle-ci l'oblige, lorsqu'une décision est votée par le conseil d'administration de cette société, à voter dans le même sens au sein du conseil d'administration de la filiale, sauf lorsque cette décision est contraire à l'intérêt social de cette filiale. • Com. 22 mai 2019, n° 17-13.565 P : *D. 2019. 1316, note Schmidt* ; *ibid. Chron. C. cass. 2211, obs. de Cabarrus ; D. 2020. Pan. 119, obs. Lamazerolles* ; *Rev. sociétés 2019. 681, note Delvallée* ; *RTD com. 2019. 689, obs. Moury* ; *JCP E 2019. 1296, note Mortier ; RJDA 2019, n° 562 ; Dr. sociétés 2019, n° 149, note Hamelin ; Gaz. Pal. 24 sept. 2019, p. 55, obs. Roussille ; BJS 10/2019. 8, note Gaudemet.*

4. Respect des intérêts de la filiale. Est à juste titre annulée pour abus de droit de la majorité la décision de l'assemblée générale de la société mère de prise en charge de la totalité du passif de sa filiale, dès lors que cette décision a été prise au mépris de l'intérêt social et à l'avantage exclusif d'un des actionnaires majoritaires, ancien gérant de la filiale. • Com. 29 mai 1972, n° 71-11.739 : *D. 1972. Somm. 176 ; JCP 1973. II. 17337, note Guyon.* ♦ Sur les conditions que doivent remplir les actes contraires aux intérêts d'une société pour qu'ils soient justifiés par l'intérêt du groupe dont cette société fait partie, V. note 10 ss. art. L. 242-6.

5. Immixtion de la société mère. Une société mère ne peut être déclarée solidairement responsable des condamnations prononcées à l'encontre de sa filiale sans qu'il soit constaté que l'immixtion de la société mère a été de nature à créer pour l'agent commercial de la filiale [qui sollicitait des dommages-intérêts pour rupture de son contrat] une apparence trompeuse propre à lui permettre de croire légitimement que cette société était aussi son cocontractant. • Com. 12 juin 2012, n° 11-16.109 P : *D. 2012. Actu. 1608* ; *Rev. sociétés 2013. 95, note Tabourot-Hyest* ; *RTD civ. 2012. 546, obs. P.-Y. Gautier* ; *RJDA 2012, n° 968 ; BJS 2012. 611, note Barbièri ; Dr. sociétés 2012, n° 157, obs. Mortier.* ♦ V. aussi, pour l'immixtion d'une société mère caractérisée par son intervention, à plusieurs reprises, au stade précontentieux concernant un contrat liant sa filiale, pour tenter de discuter du montant de l'obligation et d'obtenir un arrangement amiable : • Com. 3 févr. 2015, n° 13-24.895 P : *D. 2015. Pan. 2411, obs. Lamazerolles* ; *JCP E 2015. 1159, note Dondero ; RJDA 2015, n° 347 ; BJS 2015. 128, note Couret.*

6. Responsabilité envers les salariés. Pour la responsabilité d'une société mère à l'égard des salariés de sa filiale, licenciés à la suite de la liquidation judiciaire de celle-ci, la société mère ayant pris des décisions dommageables pour la filiale, qui avaient aggravé la situation économique difficile de celle-ci, ne répondaient à aucune utilité pour elle et n'étaient profitables qu'à son actionnaire unique, V. • Soc. 8 juill. 2014, n° 13-15.573 P : *D. 2014. Pan. 2153, obs. F.-X. Lucas* ; *Rev. sociétés 2014. 709, note Couret et Schramm* ; *RJDA 2014, n° 841 ; BJS 2014. 398, note Mouial-Bassilana.*

7. Coemploi. Hors l'existence d'un lien de subordination, une société faisant partie d'un groupe ne peut être qualifiée de coemployeur du personnel employé par une autre que s'il existe, au-delà de la nécessaire coordination des actions économiques entre les sociétés appartenant à un même groupe et de l'état de domination économique que cette appartenance peut engendrer, une immixtion permanente de cette société dans la gestion économique et sociale de la société employeur, conduisant à la perte totale d'autonomie d'action de cette dernière. • Soc. 25 nov. 2020, n° 18-13.769 P : *D. 2020. Actu. 2348* ; *RPC 2021, n° 14, obs. Jacotot ; RJDA 2021, n° 241.*

8. Droit européen de la concurrence. V. note 6 ss. art. L. 464-2.

Art. L. 233-2 Lorsqu'une société possède dans une autre société une fraction du capital comprise entre 10 et 50 %, la première est considérée, pour l'application *(Ord. n° 2015-900 du 23 juill. 2015, art. 2-2°)* « des sections II et IV » du présent chapitre, comme ayant une participation dans la seconde. – *[L. n° 66-537 du 24 juill. 1966, art. 355.]*

V. note ss. art. L. 233-17.

Art. L. 233-3 I. – *(Ord. n° 2015-1576 du 3 déc. 2015, art. 4)* « Toute personne, physique ou morale, » est considérée, pour l'application des sections II et IV du présent chapitre, comme en contrôlant une autre :

1° Lorsqu'elle détient directement ou indirectement une fraction du capital lui conférant la majorité des droits de vote dans les assemblées générales de cette société ;

2° Lorsqu'elle dispose seule de la majorité des droits de vote dans cette société en vertu d'un accord conclu avec d'autres associés ou actionnaires et qui n'est pas contraire à l'intérêt de la société ;

3° Lorsqu'elle détermine en fait, par les droits de vote dont elle dispose, les décisions dans les assemblées générales de cette société ;

(L. n° 2005-842 du 26 juill. 2005, art. 33-I) « 4° Lorsqu'elle est associée ou actionnaire de cette société et dispose du pouvoir de nommer ou de révoquer la majorité des membres des organes d'administration, de direction ou de surveillance de cette société. »

II. – Elle est présumée exercer ce contrôle lorsqu'elle dispose directement ou indirectement, d'une fraction des droits de vote supérieure à 40 % et qu'aucun autre associé ou actionnaire ne détient directement ou indirectement une fraction supérieure à la sienne. – *[L. n° 66-537 du 24 juill. 1966, art. 355-1.]*

(L. n° 2001-1168 du 11 déc. 2001) « III. – Pour l'application des mêmes sections du présent chapitre, deux ou plusieurs personnes agissant de concert sont considérées comme en contrôlant conjointement une autre lorsqu'elles déterminent en fait les décisions prises en assemblée générale. »

BIBL. ▶ STORCK, *Rev. sociétés 1986. 385* (définition légale du contrôle). – COURET, *D. 2001. Chron. 1778* (L. du 15 mai 2001). – CHAMPAUD et DANET, *RTD com. 2002. 316* (L. du 11 déc. 2001). – LE CANNU, *RTD com. 2005. 775* (L. du 26 juill. 2005). – TORCK, *Mél. Merle, Dalloz, 2012, p. 725* (offre publique obligatoire, action de concert et contrôle conjoint). – BERTREL, *RTD civ. 2013. 759* (la détention du contrôle d'une société commerciale relève-t-elle vraiment du droit civil ?).

1. Notion de contrôle. Manque de base légale à l'égard des art. 59 et 355-1 de la L. du 24 juill. 1966 [L. 223-2 et L. 233-3] l'arrêt qui qualifie de commerciale une cession de 26 % des parts, parce qu'elle permettrait au cessionnaire d'exercer une influence certaine sur l'exécution de l'objet social et lui apporterait un contrôle effectif sur la gestion normale de la société, sans relever que le cessionnaire avait acquis ou était susceptible d'acquérir, directement ou indirectement, le contrôle de la société. • Com. 24 nov. 1992, n° 91-10.699 P : *D. 1993. IR 14 ; BJS 1993. 224, note Le Cannu ; Dr. sociétés 1993, n° 11, obs. Le Nabasque.*

2. Prêt. Ce n'est que dans des circonstances exceptionnelles que l'octroi de prêt ou de garantie peut conduire à la prise de contrôle d'une société : • Com. 29 mars 1994, n° 91-20.394 P : *Rev. sociétés 1994. 467, note Pariente*.

3. Conventions de vote. Un associé ne peut conventionnellement renoncer à son droit de vote. • Com. 10 juin 1960 : *Rev. sociétés 1961. 34, note Autesserre.* ♦ Comp., pour la validité des conventions de vote limitant l'indépendance de l'actionnaire, mais poursuivant un but d'intérêt social : • T. com. Paris, 1er août 1974 : *RTD com. 1974. 130, obs. Houin ; Rev. sociétés 1974. 685, note Oppetit.* ♦ Sur la licéité de l'engagement de voter une augmentation de capital et sur la possibilité d'en obtenir l'exécution forcée, V. • Paris, 30 juin 1995 : *JCP E 1996. II. 795, note Daigre ; Dr. sociétés 1995, n° 198, obs. Vidal.*

4. Contrôle conjoint. Le contrôle conjoint défini par l'art. L. 233-3, III, n'est pas exclu par la seule circonstance que l'un des concertistes dispose d'une majorité qui serait, en l'absence de l'accord conclu entre eux, de nature à lui permettre de déterminer seul les décisions prises en assemblée. • Com. 29 juin 2010, n° 09-16.112 P : *D. 2010. 2038, note Ohl ; RTD com. 2010. 732, obs. Champaud et Danet ; Rev. sociétés 2010. 446, note Martin Laprade ; JCP E 2010, n° 1778, note Viandier ; RJDA 2010, n° 1159 ; BJS 2010. 834, note Le Nabasque ; Dr. sociétés 2010, n° 207, obs. Mortier.* ♦ Pour le contrôle conjoint d'une société par actions simplifiée par ses principaux associés liés par un pacte qui comprenait des clauses révélant qu'ils agissaient de concert, V. • CE 6 déc. 2021, n° 439650 : *BRDA 2022, n° 6, p. 5 ; Gaz. Pal. 15 mars 2022, p. 67, obs. Schlumberger ; BJS 3/2022. 18, note Kasparian.*

Art. L. 233-4 Toute participation au capital même inférieure à 10 % détenue par une société contrôlée est considérée comme détenue indirectement par la société qui contrôle cette société. – *[L. n° 66-537 du 24 juill. 1966, art. 355-2.]*

Art. L. 233-5 Le ministère public et *(L. n° 2003-706 du 1er août 2003, art. 46-V)* « l'Autorité des marchés financiers » pour les sociétés *(Ord. n° 2009-80 du 22 janv. 2009, art. 7-XIX, en vigueur le 1er janv. 2009)* « dont les actions sont admises aux négociations sur un marché d'instruments financiers mentionné au II de l'article L. 233-7 » sont habilités à agir en justice pour faire constater l'existence d'un contrôle sur une ou plusieurs sociétés. – *[L. n° 66-537 du 24 juill. 1966, art. 355-3.]*

Art. L. 233-5-1 *(L. n° 2010-788 du 12 juill. 2010, art. 227-I)* La décision par laquelle une société qui possède plus de la moitié du capital d'une autre société au sens de l'article L. 233-1, qui détient une participation au sens de l'article L. 233-2 ou qui exerce le contrôle sur une société au sens de l'article L. 233-3 s'engage à prendre à sa charge, en cas de défaillance de la société qui lui est liée, tout ou partie des obligations de prévention et de réparation qui incombent à cette dernière en application des articles L. 162-1 à L. 162-9 du code de l'environnement est soumise, selon la forme de la société, à la procédure mentionnée aux articles L. 223-19, L. 225-38, L. 225-86, L. 226-10 ou L. 227-10 du présent code.

BIBL. ▶ J. MARTIN, *Rev. sociétés 2011. 75* (commentaire des art. 225, 226 et 227 de la L. n° 2010-788 du 12 juill. 2010).

SECTION II DES NOTIFICATIONS ET DES INFORMATIONS

Art. L. 233-6 Lorsqu'une société a pris, au cours d'un exercice, une participation dans une société ayant son siège social sur le territoire de la République française représentant plus du vingtième, du dixième, du cinquième, du tiers ou de la moitié du capital de cette société ou s'est assuré le contrôle d'une telle société, il en est fait mention dans le rapport présenté aux associés sur les opérations de l'exercice et, le cas échéant, dans le rapport des commissaires aux comptes.

Le conseil d'administration, le directoire ou le gérant d'une société rend compte dans son rapport de l'activité et des résultats de l'ensemble de la société, des filiales de la société et des sociétés qu'elle contrôle par branche d'activité. Lorsque cette société établit et publie des comptes consolidés, le rapport ci-dessus mentionné peut être inclus dans le rapport sur la gestion du groupe mentionné à l'article L. 233-26. – *[L. n° 66-537 du 24 juill. 1966, art. 356.]*

Art. L. 233-7 *(L. n° 2005-842 du 26 juill. 2005, art. 33-II)* I. – Lorsque les actions d'une société ayant son siège sur le territoire de la République sont admises aux négociations sur un marché réglementé *(L. n° 2007-1774 du 17 déc. 2007, art. 10-I)* « d'un État partie à l'accord sur l'Espace économique européen » ou sur un marché d'instruments financiers admettant aux négociations des actions pouvant être inscrites en compte chez *(Ord. n° 2009-15 du 8 janv. 2009, art. 7)* « un intermédiaire mentionné à l'article L. 211-3 du code monétaire et financier », toute personne physique ou morale agissant seule ou de concert qui vient à posséder *(Ord. n° 2015-1576 du 3 déc. 2015, art. 4)* « , directement ou indirectement, » un nombre d'actions représentant plus du vingtième, du dixième, des trois vingtièmes, du cinquième, du quart, *(L. n° 2010-1249 du 22 oct. 2010, art. 50-II)* « des trois dixièmes, » du tiers, de la moitié, des deux tiers, des dix-huit vingtièmes ou des dix-neuf vingtièmes du capital ou des droits de vote informe la société dans un délai fixé par décret en Conseil d'État, à compter du franchissement du seuil de participation, du nombre total d'actions ou de droits de vote qu'elle possède. – *V. art. R. 233-1. – Pour la définition de l'action de concert, V. art. L. 233-10.*

L'information mentionnée à l'alinéa précédent est également donnée dans les mêmes délais lorsque la participation en capital ou en droits de vote devient inférieure aux seuils mentionnés par cet alinéa.

(Ord. n° 2009-105 du 30 janv. 2009, art. 2, en vigueur le 1er nov. 2009) « La personne tenue à l'information prévue au premier alinéa précise en outre dans sa déclaration :

« *a)* Le nombre de titres qu'elle possède donnant accès à terme aux actions à émettre et les droits de vote qui y seront attachés ;

« *b)* Les actions déjà émises que cette personne peut acquérir, en vertu d'un accord ou d'un instrument financier mentionné à l'article L. 211-1 du code monétaire et financier *[V. cet art., App., v° Banque et financement de l'entreprise]*, sans préjudice des dispositions *(L. n° 2012-387 du 22 mars 2012, art. 25-I, en vigueur le 1er oct. 2012)* « des 4° et 4° *bis* » du I de l'article L. 233-9 du présent code. Il en est de même pour les droits de vote que cette personne peut acquérir dans les mêmes conditions ;

c) Abrogé par L. n° 2012-387 du 22 mars 2012, art. 25-I, à compter du 1er oct. 2012.

II. — La personne tenue à l'information mentionnée au I informe également l'Autorité des marchés financiers, dans un délai et selon des modalités fixées par son règlement général, à compter du franchissement du seuil de participation, lorsque les actions de la société sont admises aux négociations sur un marché réglementé ou sur un marché d'instruments financiers autre qu'un marché réglementé, à la demande de la personne qui gère ce marché d'instruments financiers. *(Ord. n° 2009-105 du 30 janv. 2009, art. 2, en vigueur le 1er août 2009)* « Dans ce dernier cas, l'information *(Ord. n° 2015-1576 du 3 déc. 2015, art. 4)* « due à la société et à l'Autorité des marchés financiers » peut ne porter que sur une partie des seuils mentionnés au I, dans les conditions fixées par le règlement général de l'Autorité des marchés financiers. » Cette information est portée à la connaissance du public dans les conditions fixées par le règlement général de l'Autorité des marchés financiers. — *V. Règl. gén. AMF, livre II (Émetteurs et information financière).* — ***C. mon. fin.*** *ou* ***C. sociétés.***

(L. n° 2012-387 du 22 mars 2012, art. 25-I, en vigueur le 1er oct. 2012) « Le règlement général précise également les modalités de calcul des seuils de participation. »

III. — Les statuts de la société peuvent prévoir une obligation supplémentaire d'information portant sur la détention de fractions du capital ou des droits de vote inférieures à celle du vingtième mentionnée au I. L'obligation porte sur la détention de chacune de ces fractions, qui ne peuvent être inférieures à 0,5 % du capital ou des droits de vote.

(Ord. n° 2015-1576 du 3 déc. 2015, art. 4) « IV. — Les obligations d'information prévues aux I, II et III du présent article ainsi que l'obligation d'information prévue au I de l'article *(Ord. n° 2020-1142 du 16 sept. 2020, art. 7, en vigueur le 1er janv. 2021)* « L. 22-10-48 » ne s'appliquent pas aux actions, accords et instruments financiers mentionnés au présent article ainsi qu'au I de l'article L. 233-9, et qui ont pour caractéristique d'être :

« 1° Acquis aux seules fins de la compensation, du règlement ou de la livraison d'instruments financiers, dans le cadre habituel du cycle de règlement à court terme défini par le règlement général de l'Autorité des marchés financiers ;

« 2° Détenus par les teneurs de comptes conservateurs dans le cadre de leur activité de tenue de compte et de conservation ;

« 3° Détenus par un prestataire de services d'investissement dans son portefeuille de négociation au sens de l'article 11 de la directive 2006/49/CE du Parlement et du Conseil du 14 juin 2006 sur l'adéquation des fonds propres des entreprises d'investissement et des établissements de crédit à condition que ces actions ne représentent pas une quotité du capital ou des droits de vote de l'émetteur de ces titres supérieure à un seuil fixé par le règlement général de l'Autorité des marchés financiers et que les droits de vote attachés à ces titres ne soient pas exercés ni autrement utilisés pour intervenir dans la gestion de l'émetteur ;

« 4° Remis aux membres du Système européen de banques centrales ou par ceux-ci dans l'exercice de leurs fonctions d'autorités monétaires, dans les conditions fixées par le règlement général de l'Autorité des marchés financiers ;

« 5° Acquis à des fins de stabilisation conformément au règlement *(L. n° 2016-1691 du 9 déc. 2016, art. 42-II-5°)* « (UE) n° 596/2014 du Parlement européen et du Conseil du 16 avril 2014 sur les abus de marché (règlement relatif aux abus de marché) et abrogeant la directive 2003/6/CE du Parlement européen et du Conseil et les directives 2003/124/CE, 2003/125/CE et 2004/72/CE de la Commission », pour autant que les droits de vote attachés auxdites actions ne soient pas exercés ni utilisés autrement pour intervenir dans la gestion de l'émetteur. »

V. — Les obligations d'information prévues aux I, II et III ne s'appliquent pas :

1° Au teneur de marché lors du franchissement du seuil du vingtième du capital ou des droits de vote dans le cadre de la tenue de marché, à condition qu'il n'intervienne pas dans la gestion de l'émetteur dans les conditions fixées par le règlement général de l'Autorité des marchés financiers ;

2° Lorsque la personne mentionnée au I est contrôlée, au sens de l'article L. 233-3, par une entité soumise à l'obligation prévue aux I à III pour les actions détenues par cette personne ou que cette entité est elle-même contrôlée, au sens de l'article L. 233-3, par une entité soumise à l'obligation prévue aux I à III pour ces mêmes actions.

VI. – En cas de non-respect de l'obligation d'information mentionnée au III, les statuts de la société peuvent prévoir que les dispositions des deux premiers alinéas de l'article L. 233-14 ne s'appliquent qu'à la demande, consignée dans le procès-verbal de l'assemblée générale, d'un ou plusieurs actionnaires détenant une fraction du capital ou des droits de vote de la société émettrice au moins égale à la plus petite fraction du capital dont la détention doit être déclarée. Cette fraction ne peut toutefois être supérieure à 5 %.

(L. n° 2012-387 du 22 mars 2012, art. 25-I, en vigueur le 1er oct. 2012) « VI *bis*. – Le règlement général de l'Autorité des marchés financiers précise les cas et conditions dans lesquels une modification de la répartition de la participation entre les différents types d'instruments mentionnés au I du présent article et de l'article L. 233-9 oblige la personne tenue à l'information mentionnée aux I et II du présent article à déclarer un franchissement d'un seuil prévu au I. »

VII. – *(Ord. n° 2009-105 du 30 janv. 2009, art. 2, en vigueur le 1er août 2009)* « Lorsque les actions de la société sont admises aux négociations sur un marché réglementé, la personne tenue à l'information prévue au I est tenue de déclarer, à l'occasion des franchissements de seuil du dixième, des trois vingtièmes, du cinquième ou du quart du capital ou des droits de vote, les objectifs qu'elle a l'intention de poursuivre au cours des six mois à venir. »

(L. n° 2012-387 du 22 mars 2012, art. 25-I, en vigueur le 1er oct. 2012) « Cette personne précise dans sa déclaration :

« *a)* Les modes de financement de l'acquisition ;

« *b)* Si elle agit seule ou de concert ;

« *c)* Si elle envisage d'arrêter ses achats ou de les poursuivre et d'acquérir ou non le contrôle de la société ;

« *d)* La stratégie qu'elle envisage vis-à-vis de l'émetteur et les opérations pour la mettre en œuvre ;

« *e)* Ses intentions quant au dénouement des accords et instruments mentionnés aux 4° et 4° *bis* du I de l'article L. 233-9, si elle est partie à de tels accords ou instruments ;

« *f)* Tout accord de cession temporaire ayant pour objet les actions et les droits de vote ;

« *g)* Si elle envisage de demander sa nomination ou celle d'une ou plusieurs personnes comme administrateur, membre du directoire ou du conseil de surveillance.

« Le règlement général de l'Autorité des marchés financiers précise le contenu de ces éléments en tenant compte, le cas échéant, du niveau de la participation et des caractéristiques de la personne qui procède à la déclaration. »

(Ord. n° 2009-105 du 30 janv. 2009, art. 2, en vigueur le 1er août 2009) « Cette déclaration est adressée à la société dont les actions ont été acquises et doit parvenir à l'Autorité des marchés financiers dans des délais fixés par décret en Conseil d'État. Cette information est portée à la connaissance du public dans les conditions fixées par le règlement général de l'Autorité des marchés financiers.

« En cas de changement d'intention dans le délai de six mois à compter du dépôt de cette déclaration, une nouvelle déclaration motivée doit être adressée à la société et à l'Autorité des marchés financiers sans délai et portée à la connaissance du public dans les mêmes conditions. Cette nouvelle déclaration fait courir à nouveau le délai de six mois mentionné au premier alinéa. » – *V. Règl. gén. AMF, livre II (Émetteurs et information financière).* – ***C. mon. fin.*** *ou* ***C. sociétés.***

RÉP. SOCIÉTÉS v° *Franchissement de seuil*, par CONAC.

BIBL. ▶ L. du 26 juill. 2005 : BONNEAU, *Dr. sociétés 2005, n° 164*. - LOY, *JCP E 2005, n° 36, p. 1432*. - BUCHER, *BJS 2005. 1307*. - KELLNER et FOURNIER, *JCP E 2005, n° 50, p. 2146* (franchissements de seuils sur Alternext). ▸ Ord. du 30 janv. 2009 : Conac, *Rev. sociétés 2009. 477* . – Viandier, *JCP E 2009, n° 1248*. – Peltier et Maison-Blanche, *ibid., n° 1509*. ▸ Ord. du 3 déc. 2015 : NDLR, *BRDA 2015, n° 24, p. 5*. – Martin Laprade, *BJB 2016. 52* (question de l'existence d'une obligation déclarative pour un actionnaire indirect).

1. Domaine de l'obligation de déclaration. Dès lors que les titres de capital émis par la société sont admis aux opérations d'un dépositaire central et que les statuts prévoient leur inscription en compte chez un intermédiaire habilité, l'obligation de déclaration prévue par l'art. L. 233-7 est applicable. • Com. 10 févr. 2015, n° 13-14.778 P : *D. 2015. Actu. 430 ; RJDA 2015, n° 431 ; Dr. sociétés 2015, n° 73, obs. Torck ; BJS 2015. 182, note Le Nabasque.*

2. Les instruments dérivés, tels que les *contracts for difference* ou les *equity swaps*, sont assimilés aux actions pour l'application de l'art. L. 233-7 et doivent par conséquent être déclarés, dès lors que les seuils mentionnés par cet art. sont franchis ; les déclarations ainsi réalisées doivent préciser la nature de l'instrument dérivé acquis. • Décis. AMF 17 avr. 2020 : *D. 2020. 1344, note Schmidt ; Rev. sociétés 2020. 445, obs. Conac.*

3. Modalités de déclaration. Un courrier adressé par le conseil de la société au CMF l'avisant de la fin du pacte et du nombre d'actions et de droits de vote désormais détenu par chacun de ses huit anciens membres, qui ne mentionne pas sa destination déclarative, ne présente pas un caractère individuel et ne chiffre pas le seuil de diminution individuelle, ne satisfait pas à l'obligation déclarative de l'art. L. 233-7. • Paris, 17 nov. 2006 : *Dr. sociétés 2007, n° 139, obs. Bonneau.*

Art. L. 233-7-1 *(L. n° 2009-1255 du 19 oct. 2009, art. 11)* **Lorsque les actions de la société ont cessé d'être admises aux négociations sur un marché réglementé pour être admises aux négociations sur un système multilatéral de négociation** *(L. n° 2016-1691 du 9 déc. 2016, art. 42-II-6°)* **« soumis aux dispositions du II de l'article L. 433-3 du code monétaire et financier », la personne tenue à l'information mentionnée au I de l'article L. 233-7** *(L. n° 2016-1691 du 9 déc. 2016, art. 42-II-6°)* **« du présent code » informe également l'Autorité des marchés financiers dans un délai et selon des modalités fixées par son règlement général, à compter du franchissement du seuil de participation, pendant une durée de trois ans à compter de la date à laquelle ces actions ont cessé d'être admises aux négociations sur un marché réglementé. Cette information est portée à la connaissance du public dans les conditions fixées par le règlement général de l'Autorité des marchés financiers.**

L'alinéa précédent est applicable aux sociétés dont la capitalisation boursière est inférieure à un milliard d'euros.

Le VII de l'article L. 233-7 est également applicable à la personne mentionnée au premier alinéa du présent article.

Art. L. 233-8 *(L. n° 2005-842 du 26 juill. 2005, art. 33-III)* **I. — Au plus tard dans les quinze jours qui suivent l'assemblée générale ordinaire, toute société par actions informe ses actionnaires du nombre total de droits de vote existant à cette date.** *(L. n° 2012-387 du 22 mars 2012, art. 11)* **« Néanmoins, les sociétés dont les actions ne sont pas admises aux négociations sur un marché réglementé ne sont pas tenues à cette information lorsque le nombre de droits de vote n'a pas varié par rapport à celui de la précédente assemblée générale ordinaire. » Dans la mesure où, entre deux assemblées générales ordinaires, le nombre de droits de vote varie d'un pourcentage fixé par arrêté du ministre chargé de l'économie, par rapport au nombre déclaré antérieurement, la société, lorsqu'elle en a connaissance, informe ses actionnaires.** — *V. art. A. 233-1.*

II. — Les sociétés *(L. n° 2007-1774 du 17 déc. 2007, art. 10-II)* **« mentionnées au I de l'article L. 233-7 » dont des actions sont admises aux négociations sur un marché réglementé** *(L. n° 2007-1774 du 17 déc. 2007, art. 10-II)* **« d'un État partie à l'accord sur l'Espace économique européen »** *(L. n° 2010-1249 du 22 oct. 2010, art. 55)* **« ou dont les actions sont admises aux négociations sur un système multilatéral de négociation** *(L. n° 2016-1691 du 9 déc. 2016, art. 42-II-1°)* **« soumis aux dispositions du II de l'article L. 433-3 du code monétaire et financier » dans les conditions déterminées par le règlement général de l'Autorité des marchés financiers » publient chaque mois le nombre total de droits de vote et le nombre d'actions composant le capital de la société s'ils ont varié par rapport à ceux publiés antérieurement, dans des conditions et selon des modalités fixées par le règlement général de l'Autorité des marchés finan-**

ciers. Ces sociétés sont réputées remplir l'obligation prévue au I. – *V. art. R. 233-2. – V. Règl. gén. AMF, livre II (Émetteurs et information financière). –* ***C. mon. fin.*** *ou* ***C. sociétés.***

BIBL. ▸ LOY, *JCP E 2005, n° 36, p. 1432* (réforme du régime juridique des déclarations de franchissement de seuils).

Art. L. 233-9 *(L. n° 2005-842 du 26 juill. 2005, art. 33-IV)* **I. – Sont assimilés aux actions ou aux droits de vote** *(Ord. n° 2015-1576 du 3 déc. 2015, art. 4)* **« mentionnés » au I de l'article L. 233-7 :**

1° Les actions ou les droits de vote possédés par d'autres personnes pour le compte de cette personne ;

2° Les actions ou les droits de vote possédés par les sociétés que contrôle cette personne au sens de l'article L. 233-3 ;

3° Les actions ou les droits de vote possédés par un tiers avec qui cette personne agit de concert ; *– V. art. L. 233-10.*

4° *(Ord. n° 2009-105 du 30 janv. 2009, art. 3, en vigueur le 1er août 2009)* **« Les actions déjà émises que cette personne, ou l'une des personnes mentionnées aux 1° à 3° est en droit d'acquérir à sa seule initiative, immédiatement ou à terme, en vertu d'un accord ou d'un instrument financier mentionné à l'article L. 211-1 du code monétaire et financier** *[V. cet art., App., v° Banque et financement de l'entreprise]*. **Il en va de même pour les droits de vote que cette personne peut acquérir dans les mêmes conditions. »** *(Abrogé par L. n° 2012-387 du 22 mars 2012, art. 25-II, à compter du 1er oct. 2012)* ***« Le règlement général de l'Autorité des marchés financiers précise les conditions d'application du présent alinéa ; »***

(L. n° 2012-387 du 22 mars 2012, art. 25-II, en vigueur le 1er oct. 2012) **« 4°** ***bis*** **Les actions déjà émises sur lesquelles porte tout accord ou instrument financier mentionné à l'article L. 211-1 du code monétaire et financier** *(Abrogé par Ord. n° 2015-1576 du 3 déc. 2015, art. 4)* ***« réglé en espèces et »*** **ayant pour cette personne ou l'une des personnes mentionnées aux 1° et 3° un effet économique similaire à la possession desdites actions** *(Ord. n° 2015-1576 du 3 déc. 2015, art. 4)* **« , que cet accord ou instrument financier donne droit à un règlement physique ou à un règlement en espèces. » Il en va de même pour les droits de vote sur lesquels porte, dans les mêmes conditions, tout accord ou instrument financier ; »**

5° Les actions dont cette personne a l'usufruit ;

6° Les actions ou les droits de vote possédés par un tiers avec lequel cette personne a conclu un accord de cession temporaire portant sur ces actions ou droits de vote ;

7° Les actions déposées auprès de cette personne, à condition que celle-ci puisse exercer les droits de vote qui leur sont attachés comme elle l'entend en l'absence d'instructions spécifiques des actionnaires ;

8° Les droits de vote que cette personne peut exercer librement en vertu d'une procuration en l'absence d'instructions spécifiques des actionnaires concernés.

(L. n° 2012-387 du 22 mars 2012, art. 25-II, en vigueur le 1er oct. 2012) **« Le règlement général de l'Autorité des marchés financiers fixe les conditions** *(Ord. n° 2015-1576 du 3 déc. 2015, art. 4)* **« et modalités » d'application des 4° et 4°** ***bis*****, en particulier les conditions dans lesquelles un accord ou instrument financier est considéré comme ayant un effet économique similaire à la possession d'actions**

II. – Ne sont pas assimilées aux actions ou aux droits de vote *(Ord. n° 2015-1576 du 3 déc. 2015, art. 4)* **« mentionnés » au I de l'article L. 233-7 :**

1° Les actions détenues par les organismes de placement collectif en valeurs mobilières *(Ord. n° 2013-676 du 25 juill. 2013, art. 38)* **« ou les placements collectifs relevant des paragraphes 1, 2 et 6 de la sous-section 2, du paragraphe 2 ou du sous-paragraphe 1 du paragraphe 1 de la sous-section 3, ou de la sous-section 4 de la section II du chapitre IV du titre Ier du livre II du code monétaire et financier »** *(Ord. n° 2009-107 du 30 janv. 2009, art. 2)* **« ou les SICAF » gérés par une société de gestion de portefeuille contrôlée par cette personne au sens de l'article L. 233-3,** *(Ord. n° 2009-105 du 30 janv. 2009, art. 3, en vigueur le 1er août 2009)* **« dans les conditions fixées par le règlement général de l'Autorité des marchés financiers sauf exceptions prévues par ce même règlement » ;**

2° Les actions détenues dans un portefeuille géré par un prestataire de services d'investissement contrôlé par cette personne au sens de l'article L. 233-3, dans le

cadre du service de gestion de portefeuille pour compte de tiers dans les conditions fixées par le règlement général de l'Autorité des marchés financiers, sauf exceptions *(Ord. n° 2009-105 du 30 janv. 2009, art. 3, en vigueur le 1er août 2009)* « prévues par ce même règlement ; »

3° *abrogé par Ord. n° 2015-1576 du 3 déc. 2015, art. 4.*

Bénéficiaire effectif. Si l'art. L. 233-9, I, 2°, dispose que sont assimilés aux actions ou aux droits de vote possédés par la personne tenue à l'information prévue au I de l'art. L. 233-7 les actions ou les droits de vote possédés par les sociétés que contrôle cette personne au sens de l'art. L. 233-3, il n'en demeure pas moins que ces dispositions, en ce qu'elles font référence à l'art. L. 233-7, ne font que préciser que la personne physique ou morale à qui cet article impose une obligation de déclaration doit prendre en compte les actions ou droits de vote possédés par « les sociétés » que cette personne contrôle. • Paris, 24 juin 2014, n° 2013/06665 : *RJDA 2015, n° 194 ; Dr. sociétés 2014, n° 149, obs. Torck ; BJS 2015. 8, note Kasparian* (réformant • Décis. AMF, 28 janv. 2013 : *Rev. sociétés 2013. 248, obs. Didier ; Dr. sociétés 2013, n° 86, obs. Torck*).

Art. L. 233-10 *(L. n° 2010-1249 du 22 oct. 2010, art. 48)* « I. — Sont considérées comme agissant de concert les personnes qui ont conclu un accord en vue d'acquérir, de céder ou d'exercer des droits de vote, pour mettre en œuvre une politique commune vis-à-vis de la société ou pour obtenir le contrôle de cette société. »

II. — Un tel accord est présumé exister :

1° Entre une société, le président de son conseil d'administration et ses directeurs généraux ou les membres de son directoire ou ses gérants ;

2° Entre une société et les sociétés qu'elle contrôle au sens de l'article L. 233-3 ;

3° Entre des sociétés contrôlées par la même ou les mêmes personnes ;

4° Entre les associés d'une société par actions simplifiée à l'égard des sociétés que celle-ci contrôle ;

(L. n° 2007-211 du 19 févr. 2007, art. 18) « 5° Entre le fiduciaire et le bénéficiaire d'un contrat de fiducie, si ce bénéficiaire est le constituant. » — *Sur la fiducie, V. C. civ., art. 2011 s. —* ***C. civ.***

III. — Les personnes agissant de concert sont tenues solidairement aux obligations qui leur sont faites par les lois et règlements. — *[L. n° 66-537 du 24 juill. 1966, art. 356-1-3.]*

RÉP. SOCIÉTÉS v° *Action de concert*, par D. SCHMIDT et RONTCHEVSKY.

BIBL. ▶ LE CANNU, *Rev. sociétés 1991. 675* (l'action de concert). – D. MARTIN et VIANDIER, *RJDA 1992. 239* (lexique de l'action de concert). – LE CANNU et BRANDFORD GRIFFITH, *BJB 1994. 235* (SAS et action de concert). – COURET, *D. 2001. Chron. 1778* (L. n° 2001-420 du 15 mai 2001). – STORCK et RONTCHEVSKY, *RTD com. 2001. 718* (même thème). – D. SCHMIDT, *JCP E 2002, n° 2, 72* (L. n° 2001-1168 du 11 déc. 2001). – CHAMPAUD et DANET, *RTD com. 2002. 316* (même thème). – GOYET, *Mél. D. Schmidt, Joly éditions, 2005, p. 293* (critère de l'action de concert selon D. Schmidt). – LE NABASQUE, *Rev. sociétés 2010. 549* (L. n° 2010-1249 du 22 oct. 2010). – FAUGÉROLAS et CARDON, *BJB 2011. 134* (même thème). – GOYET, *D. 2011. Chron. 536* (vicissitudes historiques). – D. SCHMIDT, *BJB 2012. 624* (vingt années de fluctuation de la notion). – BONNEAU, *Mél. Merle, Dalloz, 2012, p. 59* (retour sur les définitions françaises et européennes de l'action de concert). – FÉLIX, *BJB 2015. 558* (de la nécessité de border le concert stratégique). – Dossier « Action de concert », *Actes pratiques sept.-oct. 2020.*

1. Accord en vue d'acquérir ou céder des droits de vote. En montrant la commune intention des parties d'acquérir des droits de vote afin de les transmettre à l'une d'elles ou à des porteurs choisis par elles, l'accord qui les oblige caractérise l'action de concert. • Paris, 24 juin 1991 : *RTD com. 1992. 832, obs. Reinhard ; Rev. sociétés 1992. 70, note Carreau et J.-Y. Martin ; JCP E 1991. II. 215, note Forschbach ; BJS 1991. 806 ; RJ com. 1991. 305, note Goyet.* ♦ Tel est le cas d'un accord entre une société et un établissement de crédit visant à l'acquisition d'un bloc de titres d'une autre société et contenant l'engagement de l'établissement de crédit de reclasser les titres acquis par lui dans un délai de six mois, accompagné d'un droit de préemption accordé à la société en contrepartie d'un prix de cession au moins égal au prix de revient des titres. • Même arrêt.

2. Accord en vue de mettre en œuvre une politique commune. Il importe peu que la politique commune ne soit mise en œuvre que de manière temporaire (politique commune d'actionnaires de référence mise en œuvre dans le cadre d'un « accord de séparation » en vue de restructurer à leur profit l'actionnariat de la société par une suite d'opérations incluant une offre publique d'achat). • Com. 27 oct. 2009, n° 08-18.819 P (aff. Gecina) : *D. 2009. 2836, note Schmidt ; RTD com. 2010. 173, obs.*

Rontchevsky ; Rev. sociétés 2010. 112, note Martin Laprade ; JCP E 2010, n° 1250, spéc. n° 7, obs. Leplat ; RJDA 2010, n° 42 ; Dr. sociétés 2010, n° 52, obs. Mortier ; BJS 2010. 154, note Le Nabasque.

3. Preuve de l'action de concert. En l'absence d'accord écrit, l'existence d'une action de concert peut être démontrée par un faisceau d'indices graves, précis et concordants. • Com. 15 mai 2012, n° 11-11.633 : (aff. « Sacyr c/ Eiffage : ») D. 2012. Actu. 1400 ; Rev. sociétés 2012. 509, note Le Nabasque ; RJDA 2012, n° 775 ; BJS 2012. 805, note Torck. – Dans la même affaire, V. • Paris, 2 avr. 2008, n° 2007-11675 : D. 2008. AJ 1057, obs. Lienhard ; RTD com. 2008. 377, obs. Rontchevsky ; Rev. sociétés 2008. 394, note Le Cannu ; JCP E 2008, n° 1828, note Paclot ; RJDA 2008, n° 676 ; BJS 2008. 411, note Le Nabasque ; Dr. sociétés 2008, n° 212, obs. Bonneau.

Art. L. 233-10-1 *(L. n° 2006-387 du 31 mars 2006, art. 4)* **En cas d'offre publique d'acquisition, sont considérées comme agissant de concert les personnes qui ont conclu un accord avec l'auteur d'une offre publique visant à obtenir le contrôle de la société qui fait l'objet de l'offre. Sont également considérées comme agissant de concert les personnes qui ont conclu un accord avec la société qui fait l'objet de l'offre afin de faire échouer cette offre.**

Art. L. 233-11 *(L. n° 2001-420 du 15 mai 2001)* **Toute clause d'une convention prévoyant des conditions préférentielles de cession ou d'acquisition d'actions admises aux négociations sur un marché réglementé et portant sur au moins 0,5 % du capital ou des droits de vote de la société qui a émis ces actions doit être transmise** *(L. n° 2003-706 du 1er août 2003, art. 46-I)* **« dans un délai de cinq jours de bourse à compter de la signature de la convention ou de l'avenant introduisant la clause concernée, à la société et à l'Autorité des marchés financiers ». A défaut de transmission, les effets de cette clause sont suspendus, et les parties déliées de leurs engagements, en période d'offre publique.**

(L. n° 2003-706 du 1er août 2003, art. 46-I) **« La société et l'Autorité des marchés financiers doivent également être informées de la date à laquelle la clause prend fin. »** *– V. art. R. 233-1.*

Les clauses des conventions conclues avant la date de publication *[JO 16 mai]* **de la loi n° 2001-420 du 15 mai 2001 relative aux nouvelles régulations économiques qui n'ont pas été transmises** *(L. n° 2003-706 du 1er août 2003, art. 46-V)* **« à l'Autorité des marchés financiers » à cette date doivent lui être transmises, dans les mêmes conditions et avec les mêmes effets que ceux mentionnés au premier alinéa, dans un délai de six mois.**

(L. n° 2003-706 du 1er août 2003, art. 46-I) **« Les informations mentionnées aux alinéas précédents sont portées à la connaissance du public dans les conditions fixées par le règlement général de l'Autorité des marchés financiers. »** *– V. Règl. gén. AMF, livre II (Émetteurs et information financière).* **– C. mon. fin.** *ou* **C. sociétés.**

BIBL. ▸ Médail et Vergnole, *BJS 2001. 766* (L. n° 2001-420 du 15 mai 2001). – Couret, *D. 2001. Chron. 1778* (régime des offres publiques issu de la loi sur les nouvelles régulations économiques). – Ohl, *D. 2011. Chron. 323* (les pactes d'actionnaires à l'épreuve du droit boursier).

Art. L. 233-12 **Lorsqu'une société est contrôlée directement ou indirectement par une société par actions, elle notifie à cette dernière et à chacune des sociétés participant à ce contrôle le montant des participations qu'elle détient directement ou indirectement dans leur capital respectif ainsi que les variations de ce montant.**

Les notifications sont faites dans le délai d'un mois à compter soit du jour où la prise de contrôle a été connue de la société pour les titres qu'elle détenait avant cette date, soit du jour de l'opération pour les acquisitions ou aliénations ultérieures. *– [L. n° 66-537 du 24 juill. 1966, art. 356-2.]*

Art. L. 233-13 **En fonction des informations reçues en application des articles L. 233-7 et L. 233-12, le rapport présenté aux actionnaires sur les opérations de l'exercice mentionne l'identité des personnes physiques ou morales détenant directement ou indirectement plus du vingtième, du dixième,** *(L. n° 2005-842 du 26 juill. 2005, art. 33-VI)* **« des trois vingtièmes, du cinquième, du quart, du tiers, de la moitié, des deux tiers** *(L. n° 2007-1774 du 17 déc. 2007, art. 10-III)* **« , des dix-huit vingtièmes » ou des dix-neuf vingtièmes » du capital social ou des droits de vote aux**

assemblées générales. Il fait également apparaître les modifications intervenues au cours de l'exercice. Il indique le nom des sociétés contrôlées et la part du capital de la société qu'elles détiennent. Il en est fait mention, le cas échéant, dans le rapport des commissaires aux comptes. – *[L. n° 66-537 du 24 juill. 1966, art. 356-3.]*

Art. L. 233-14 *(L. n° 2012-387 du 22 mars 2012, art. 25-III, en vigueur le 1er oct. 2012)* **« L'actionnaire qui n'aurait pas procédé régulièrement aux déclarations prévues aux I, II, VI *bis* et VII de l'article L. 233-7 auxquelles il était tenu est privé »** *(Ord. n° 2009-105 du 30 janv. 2009, art. 4, en vigueur le 1er août 2009)* **« des droits de vote attachés aux actions excédant la fraction qui n'a pas été régulièrement déclarée pour toute assemblée d'actionnaires qui se tiendrait jusqu'à l'expiration d'un délai de deux ans suivant la date de régularisation de la notification. »**

Dans les mêmes conditions, les droits de vote attachés à ces actions et qui n'ont pas été régulièrement déclarés ne peuvent être exercés ou délégués par l'actionnaire défaillant.

Al. 3 abrogé par Ord. n° 2009-105 du 30 janv. 2009, art. 4, à compter du 1er août 2009.

Le tribunal de commerce dans le ressort duquel la société a son siège social peut, le ministère public entendu, sur demande du président de la société, d'un actionnaire ou de *(L. n° 2003-706 du 1er août 2003, art. 46-V)* **« l'Autorité des marchés financiers », prononcer la suspension totale ou partielle, pour une durée ne pouvant excéder cinq ans, de ses droits de vote à l'encontre de tout actionnaire qui n'aurait pas procédé aux déclarations prévues à l'article L. 233-7 ou qui n'aurait pas respecté le contenu de la déclaration prévue au** *(L. n° 2005-842 du 26 juill. 2005, art. 33-VII)* **« VII » de cet article pendant la période de** *(Ord. n° 2009-105 du 30 janv. 2009, art. 4, en vigueur le 1er août 2009)* **« six » mois suivant sa publication** *(L. n° 2003-706 du 1er août 2003, art. 46-I)* **« dans les conditions fixées par le règlement général de l'Autorité des marchés financiers ».** – *[L. n° 66-537 du 24 juill. 1966, art. 356-4.]* – *V. Règl. gén. AMF, livre II (Émetteurs et information financière).* – ***C. mon. fin.*** *ou* ***C. sociétés.***

1. Conformité à la Constitution. V., jugeant conformes à la Constitution les deux premiers al. de l'art. L. 233-14 : ● Cons. const. 28 févr. 2014, n° 2013-369 QPC : *D. 2014. Actu. 542 ; JCP E 2014. 1118, note Couret ; RJDA 2014, n° 637 ; BJB 2014. 305, note Roussille.*

2. Qualité pour agir en suspension des droits de vote. Le droit de signaler les infractions aux dispositions de l'art. 356-1 de la L. de 1966 [C. com., art. L. 233-7] appartient à tout actionnaire participant à une assemblée, qu'il ait été porteur de titres au jour de l'infraction ou postérieurement. ● Versailles, 9 avr. 1992 : *BJS 1992. 631, note Le Cannu ; Dr. sociétés 1992, n° 187, obs. Le Nabasque.*

3. Pouvoir du bureau de l'assemblée. Aucun texte n'attribue au bureau de l'assemblée le pouvoir de priver des actionnaires de leurs droits de vote au motif qu'ils n'auraient pas satisfait à l'obligation de notifier le franchissement d'un seuil de participation dès lors que l'existence de l'action de concert d'où résulterait cette obligation est contestée. ● Com. 15 mai 2012, n° 10-23.389 P : *D. 2012. Pan. 2697, obs. Lamazerolles ; RTD com. 2012. 590, obs. Rontchevsky ; Rev. sociétés 2012. 514, note Paclot ; JCP E 2012, n° 1453, note Couret et Dondero ; RJDA 2012, n° 868 ; BJS 2012. 557, note Le Nabasque* ● Com. 10 févr. 2015, n° 13-14.778 P : *D. 2015. Actu. 430 ; RJDA 2015, n° 431 ; Dr. sociétés 2015, n° 73, note Torck ; BJS 2015. 182, note Le Nabasque.* ♦ En revanche, dès lors que l'existence d'un concert, invoquée devant le bureau de l'assemblée générale, n'a pas été contestée devant ce dernier, il est de la compétence de ce bureau de la constater et d'appliquer les limitations de droits de vote résultant du défaut de déclaration de franchissements de seuil opérés de concert. ● Com. 27 juin 2018, n° 15-29.366 P : *D. 2018. Actu. 1437 ; RTD com. 2018. 745, obs. Rontchevsky ; Rev. sociétés 2019. 191, note Barrière ; BJS 2018. 562, note Schmidt ; RJDA 2018, n° 737 ; Banque et Dr. 9-10/2018. 22, obs. Chacornac ; Dr. sociétés 2018, n° 170, note Vabres.*

4. Déclaration. Le nombre d'actions et de droits de vote dont la loi impose la déclaration est celui possédé par l'auteur de la déclaration au jour du fait générateur de celle-ci, c'est-à-dire au jour du franchissement d'un seuil, et non celui existant au jour de la déclaration. ● Paris, 18 nov. 2003 : *Rev. sociétés 2004. 120, note Le Cannu ; JCP E 2004, n° 27, p. 1107, obs. Deprez-Graff ; RJDA 2004. 227, note Couret ; BJS 2004. 231, note Le Nabasque ; Dr. sociétés 2004, n° 30, obs. Bonneau.* ♦ La déclaration de franchissement du seuil de 20 % ne faisant aucune mention du passage, à une date antérieure, du seuil de 10 %, que ce soit en capital ou en droits de vote, et n'indiquant pas davantage le nombre d'actions détenues lors du passage de ce seuil, en limitant les droits de vote de l'actionnaire en raison du défaut de déclaration, à la date de l'assemblée, du franchissement de seuil de 10 %, la société n'a pas privé cet actionnaire des droits de vote qu'il avait vocation à exercer, peu important par ailleurs qu'elle ait eu connaissance du nombre d'actions et de droits de vote que celui-ci possédait et de l'évolution de sa participation. • Même arrêt (conf. par • Com. 10 mai 2006, n° 04-10.696 P: *D. 2006. AJ 1457, obs. Lienhard ; RTD com. 2006. 623, obs. Storck ; JCP E 2007, n° 1218, spéc. n° 27, obs. Leplat ; Dr. sociétés 2006, n° 128, obs. Bonneau ; BJS 2006. 1142, note Daigre).*

5. Sanctions civiles. La sanction facultative énoncée par l'art. 356-4, al. 3, de la L. de 1966 [C. com., art. L. 233-14, al. 4] est applicable à tous les droits de vote détenus par l'actionnaire n'ayant pas procédé aux déclarations légales, même lorsque le nombre des actions est devenu à la suite de revente inférieur au seuil franchi sans déclaration. Le tribunal peut ne pas prononcer la sanction si les circonstances de fait démontrent, notamment, que l'actionnaire défaillant n'avait pas l'intention de prendre de manière occulte le contrôle de la société, mais simplement de réaliser une plus-value, et que les acquisitions et reventes incriminées n'ont eu aucune incidence sur le fonctionnement de la société et sur les décisions éventuelles d'autres acquéreurs de titres. • Versailles, 9 avr. 1992 : *préc. note 2.* ♦ De même, il n'y a pas lieu d'appliquer la sanction facultative prévue à l'art. L. 233-14, al. 4, dès lors que la volonté de dissimulation se trouve exclue par le courrier adressé au CMF par le conseil de la société l'avisant de la fin du pacte et du nombre d'actions et de droits de vote désormais détenu par chacun de ses huit anciens membres. • Paris, 17 nov. 2006 : *cité note 3 ss. art. L. 233-7.* ♦ Selon l'art. L. 233-14, la privation des droits de vote se poursuit jusqu'à l'expiration d'un délai de deux ans suivant la date de régularisation de la notification ; ayant constaté qu'aucune déclaration de franchissement de seuil n'avait jamais été régularisée, une cour d'appel en a déduit à bon droit que la privation était toujours en cours. • Com. 27 juin 2018, n° 15-29.366 P : *préc. note 3.* ♦ Pour une suspension, d'une durée de deux ans, du tiers des droits de vote des sociétés défaillantes, calculé sur la base du dernier avis de la SBF, appliquée à l'ensemble de ces sociétés, eu égard à la solidarité prévue par l'art. 356-1-3 de la L. de 1966 [C. com., art. L. 233-10], dernier al., compte tenu de leur mauvaise foi, atténuée cependant par les difficultés d'application de dispositions alors nouvelles, V. • T. com. Nîmes, 18 févr. 1992 : *JCP E 1992. I. 145. n° 14, obs. Viandier et Caussain ; BJS 1992. 536, note Le Cannu.*

6. Privation erronée des droits de vote. S'il résulte de l'art. L. 235-2-1. que l'annulation des délibérations prises en violation des dispositions régissant les droits de vote n'est pas encourue de plein droit, il y a lieu, compte tenu du caractère fondamental du droit de vote attaché aux actions, de la prononcer dès lors qu'il n'est pas certain que, sans ladite violation, les délibérations acquises eussent été les mêmes. • Versailles, 28 oct. 2010 : *RJDA 2011, n° 318 ; BJS 2011. 197, note Schmidt ; Dr. sociétés 2011, n° 95, obs. Mortier.* ♦ L'excès de pouvoir commis par le bureau, privant les actionnaires de leur droit de vote, est constitutif d'une faute, à l'origine d'un préjudice moral que la seule privation de l'exercice de ce droit fondamental d'actionnaire suffit à caractériser, le poids que peut représenter ce vote dans le processus décisionnel étant indifférent. • Versailles, 10 juin 2010 : *D. 2010. Actu. 2289 ; Rev. sociétés 2011. 106, note Paclot ; RJDA 2011, n° 55.*

Art. L. 233-15 **Le conseil d'administration, le directoire ou le gérant de toute société ayant des filiales ou des participations,** *(Ord. n° 2015-900 du 23 juill. 2015, art. 2-3°)* **« inclut dans l'annexe » de la société un tableau, en vue de faire apparaître la situation desdites filiales et participations** *(Ord. n° 2015-900 du 23 juill. 2015, art. 2-3°)* **« au sens de la présente section ».** — *[L. n° 66-537 du 24 juill. 1966, art. 357.] — V. art. R. 233-3.*

V. note ss. art. L. 233-17.

SECTION III DES COMPTES CONSOLIDÉS

RÉP. SOCIÉTÉS v[is] *Comptes consolidés (IFRS) ; Comptes consolidés (Règlement CRC n° 99-02)*, par ANDERNACK.

BIBL. GÉN. ▶ WING, *LPA 10 déc. 1999* (nouvelle méthodologie des comptes consolidés). – RICHARD, *ibid.* (approbation des comptes consolidés). – MULLENBACH, *ibid.* (les comptes consolidés et le législateur français). – MOULIN, *LPA 14 nov. 2003* (réforme du périmètre de consolidation comptable par la L. du 1er août 2003).

Art. L. 233-16 **I. — Les sociétés commerciales établissent et publient chaque année à la diligence du conseil d'administration, du directoire, du ou des gérants, selon le cas, des comptes consolidés ainsi qu'un rapport sur la gestion du groupe, dès lors qu'elles contrôlent de manière exclusive ou conjointe une ou plusieurs autres entreprises** *(Abrogé par Ord. n° 2015-900 du 23 juill. 2015, art. 2-4°)* ***« ou qu'elles exercent une influence notable sur celles-ci »*, dans les conditions ci-après définies.**

II. — Le contrôle exclusif par une société résulte :

1° Soit de la détention directe ou indirecte de la majorité des droits de vote dans une autre entreprise ;

2° Soit de la désignation, pendant deux exercices successifs, de la majorité des membres des organes d'administration, de direction ou de surveillance d'une autre entreprise. La société consolidante est présumée avoir effectué cette désignation lorsqu'elle a disposé au cours de cette période, directement ou indirectement, d'une fraction supérieure à 40 % des droits de vote, et qu'aucun autre associé ou actionnaire ne détenait, directement ou indirectement, une fraction supérieure à la sienne ;

3° Soit du droit d'exercer une influence dominante sur une entreprise en vertu d'un contrat ou de clauses statutaires, lorsque le droit applicable le permet *(Abrogé par L. n° 2003-706 du 1er août 2003)* ***« et que la société dominante est actionnaire ou associée de cette entreprise. »*** *— Les dispositions modifiées par la L. n° 2003-706 du 1er août 2003, s'appliquent à compter du premier exercice ouvert après publication de cette loi au Journal officiel (L. préc., art. 133-II, JO 2 août).*

III. — Le contrôle conjoint est le partage du contrôle d'une entreprise exploitée en commun par un nombre limité d'associés ou d'actionnaires, de sorte que les décisions résultent de leur accord.

IV. *— Abrogé par Ord. n° 2015-900 du 23 juill. 2015, art. 2-4°. — [L. n° 66-537 du 24 juill. 1966, art. 357-1.]*

V. note ss. art. L. 233-17.

Art. L. 233-17 **Par dérogation aux dispositions de l'article L. 233-16, les sociétés mentionnées audit article** *(Abrogé par Ord. n° 2015-900 du 23 juill. 2015, art. 2-5°)* ***« , à l'exception de celles qui émettent des valeurs mobilières admises aux négociations sur un marché réglementé ou des titres de créances négociables, »*** **sont exemptées, dans des conditions fixées par décret en Conseil d'État, de l'obligation d'établir et de publier des comptes consolidés et un rapport sur la gestion du groupe :**

1° Lorsqu'elles sont elles-mêmes sous le contrôle d'une entreprise qui les inclut dans ses comptes consolidés et publiés *(Ord. n° 2015-900 du 23 juill. 2015, art. 2-5°)* **« et qu'elles n'émettent pas des valeurs mobilières admises aux négociations sur un marché réglementé ou des titres de créances négociables ». En ce cas, toutefois, l'exemption est subordonnée à la condition qu'un ou plusieurs actionnaires ou associés de l'entreprise contrôlée représentant au moins le dixième de son capital social ne s'y opposent pas ;** *— V. art. R. 233-15.*

2° Ou lorsque l'ensemble constitué par une société et les entreprises qu'elle contrôle ne dépasse pas pendant deux exercices successifs sur la base des derniers comptes annuels arrêtés *(Ord. n° 2015-900 du 23 juill. 2015, art. 2-5°)* **« , pour deux des trois critères mentionnés à l'article L. 123-16, un niveau fixé par décret et qu'aucune de ces société ou entreprises n'appartient à l'une des catégories définies à l'article L. 123-16-2 ».** *— [L. n° 66-537 du 24 juill. 1966, art. 357-2.] — V. art. R. 233-16.*

Les dispositions issues de l'Ord. n° 2015-900 du 23 juill. 2015 s'appliquent aux comptes afférents aux exercices ouverts à compter du 1er janv. 2016 (Ord. préc., art. 4).

Art. L. 233-17-1 *(L. n° 2012-387 du 22 mars 2012, art. 58)* **Sous réserve d'en justifier dans l'annexe prévue à l'article L. 123-12, les sociétés mentionnées au I de l'article L. 233-16 sont exemptées de l'obligation d'établir et de publier des comptes consolidés et un rapport sur la gestion du groupe lorsque toutes les entreprises** *(Ord. n° 2015-900 du 23 juill. 2015, art. 2-6°)* **« qu'elles contrôlent » de manière exclusive ou conjointe** *(Abrogé par Ord. n° 2015-900 du 23 juill. 2015, art. 2-6°)* ***« ou dans lesquelles elles exercent une influence notable »*****, au sens du même article L. 233-16, présentent, tant individuellement que collectivement, un intérêt négligeable par rapport à l'objectif défini à l'article L. 233-21** *(Ord. n° 2015-900 du 23 juill. 2015, art. 2-6°)* **« ou qu'elles peuvent être exclues de la consolidation en vertu de l'article L. 233-19 ».**

V. note ss. art. L. 233-17.

Art. L. 233-17-2 *(Ord. n° 2015-900 du 23 juill. 2015, art. 2-7°)* **Sont comprises dans la consolidation les filiales ou participations contrôlées de manière exclusive ou conjointe ou sur lesquelles est exercée une influence notable.**

L'influence notable sur la gestion et la politique financière d'une entreprise est présumée lorsqu'une société dispose, directement ou indirectement, d'une fraction au moins égale au cinquième des droits de vote de cette entreprise.

V. note ss. art. L. 233-17.

Art. L. 233-18 Les comptes des entreprises placées sous le contrôle exclusif de la société consolidante sont consolidés par intégration globale.

Les comptes des entreprises contrôlées conjointement avec d'autres actionnaires ou associés par la société consolidante sont consolidés par intégration proportionnelle.

Les comptes des entreprises sur lesquelles la société consolidante exerce une influence notable sont consolidés par mise en équivalence.

Dernier al. abrogé par Ord. n° 2004-1382 du 20 déc. 2004, art. 2. – [L. n° 66-537 du 24 juill. 1966, art. 357-3.]

Art. L. 233-19 I. – Sous réserve d'en justifier dans l'annexe établie par la société consolidante, une filiale ou une participation est laissée en dehors de la consolidation lorsque des restrictions sévères et durables remettent en cause substantiellement le contrôle ou l'influence exercée par la société consolidante sur la filiale ou la participation ou les possibilités de transfert de fonds par la filiale ou la participation.

II. – Sous la même réserve, une filiale ou une participation peut être laissée en dehors de la consolidation lorsque :

1° Les actions ou parts de cette filiale ou participation ne sont détenues qu'en vue de leur cession ultérieure ;

2° La filiale ou la participation ne représente, seule ou avec d'autres, qu'un intérêt négligeable par rapport à l'objectif défini à l'article L. 233-21 ;

3° Les informations nécessaires à l'établissement des comptes consolidés ne peuvent être obtenues sans frais excessifs ou dans des délais compatibles avec ceux qui sont fixés en application des dispositions de l'article L. 233-27. – *[L. n° 66-537 du 24 juill. 1966, art. 357-4.]*

Art. L. 233-20 Les comptes consolidés comprennent le bilan et le compte de résultat consolidés ainsi qu'une annexe : ils forment un tout indissociable.

A cet effet, les entreprises comprises dans la consolidation sont tenues de faire parvenir à la société consolidante les informations nécessaires à l'établissement des comptes consolidés.

(Ord. n° 2009-79 du 22 janv. 2009, art. 5-IV) « Les comptes consolidés sont établis et publiés selon des modalités fixées par un règlement de l'Autorité des normes comptables. Ce règlement détermine notamment le classement des éléments du bilan et du compte de résultat ainsi que les mentions à inclure dans l'annexe. » – *[L. n° 66-537 du 24 juill. 1966, art. 357-5.] – V. art. R. 233-3 s.*

Art. L. 233-21 Les comptes consolidés doivent être réguliers et sincères et donner une image fidèle du patrimoine, de la situation financière ainsi que du résultat de l'ensemble constitué par les entreprises comprises dans la consolidation.

Il est fait application, le cas échéant, des dispositions prévues aux premier et deuxième alinéas de l'article L. 123-14. – *[L. n° 66-537 du 24 juill. 1966, art. 357-6.]*

Art. L. 233-22 Sous réserve des dispositions de l'article L. 233-23, les comptes consolidés sont établis selon les principes comptables et les règles d'évaluation du présent code compte tenu des aménagements indispensables résultant des caractéristiques propres aux comptes consolidés par rapport aux comptes annuels *(Ord. n° 2015-900 du 23 juill. 2015, art. 2-8°)* « et de la présentation de l'ensemble consolidé comme une entité économique unique ».

Les éléments d'actif et de passif, les éléments de charge et de produit compris dans les comptes consolidés sont évalués selon des méthodes homogènes, sauf si les retraitements nécessaires sont de coût disproportionné et d'incidence négligeable sur le patrimoine, la situation financière et le résultat consolidés. – *[L. n° 66-537 du 24 juill. 1966, art. 357-7.]*

V. note ss. art. L. 233-17.

Art. L. 233-23 Sous réserve d'en justifier dans l'annexe, la société consolidante peut faire usage, dans les conditions prévues à l'article L. 123-17, de règles d'évaluation fixées par règlement *(Ord. n° 2009-79 du 22 janv. 2009, art. 6)* « de l'Autorité des normes comptables », et destinées :

(Ord. n° 2015-900 du 23 juill. 2015, art. 2-9°) « 1° » A évaluer les biens fongibles en considérant que le premier bien sorti est le dernier bien rentré ;

(Ord. n° 2015-900 du 23 juill. 2015, art. 2-9°) « 2° » A permettre la prise en compte de règles non conformes à celles fixées par les articles L. 123-18 à L. 123-21. – *[L. n° 66-537 du 24 juill. 1966, art. 357-8.] – V. art. R. 233-10.*

V. note ss. art. L. 233-17.

Art. L. 233-24 *(Ord. n° 2004-1382 du 20 déc. 2004, art. 1er)* Lorsqu'elles utilisent les normes comptables internationales adoptées par règlement de la Commission européenne, les sociétés commerciales qui établissent et publient des comptes consolidés au sens de l'article L. 233-16 sont dispensées de se conformer aux règles comptables prévues par les articles *(Ord. n° 2015-900 du 23 juill. 2015, art. 2-10°)* « L. 233-17-2 » à L. 233-23 *(Ord. n° 2015-900 du 23 juill. 2015, art. 2-10°)* « et L. 233-25 » pour l'établissement et la publication de leurs comptes consolidés.

Les dispositions de l'Ord. n° 2004-1382 du 20 déc. 2004 s'appliquent à partir du premier exercice ouvert à compter du 1er janv. 2005 (Ord. préc., art. 12). Lorsque seuls leurs titres de créances sont admis aux négociations sur un marché réglementé, les sociétés relevant de l'Ord. précitée peuvent n'établir et ne publier leurs comptes consolidés selon les normes comptables internationales adoptées par règlement de la Commission européenne qu'à partir du premier exercice ouvert à compter du 1er janv. 2007 (Ord. préc., art. 7).

V. aussi note ss. art. L. 233-17.

Art. L. 233-25 Sous réserve d'en justifier dans l'annexe, les comptes consolidés peuvent être établis à une date différente de celle des comptes annuels de la société consolidante *(Ord. n° 2015-900 du 23 juill. 2015, art. 2-11°)* « si cette date est retenue par la majorité des entreprises comprises dans la consolidation pour leurs comptes sociaux.

« Dans ce cas, il est tenu compte, pour l'établissement des comptes consolidés, des événements importants qui ont concerné l'actif ou le passif des entreprises comprises dans la consolidation et qui sont survenus entre la date de clôture de leur bilan et la date de clôture du bilan consolidé. »

Si la date de clôture de l'exercice d'une entreprise comprise dans la consolidation est antérieure *(Ord. n° 2015-900 du 23 juill. 2015, art. 2-11°)* « ou postérieure » de plus de trois mois à la date de clôture de l'exercice de consolidation, ceux-ci sont établis sur la base de comptes intérimaires contrôlés par un commissaire aux comptes ou, s'il n'en est point, par un professionnel chargé du contrôle des comptes. – *[L. n° 66-537 du 24 juill. 1966, art. 357-9.]*

V. note ss. art. L. 233-17.

Art. L. 233-26 Le rapport sur la gestion du groupe expose la situation de l'ensemble constitué par les entreprises comprises dans la consolidation, son évolution prévisible, les événements importants survenus entre la date de clôture de l'exercice de consolidation et la date à laquelle les comptes consolidés sont établis ainsi que ses activités en matière de recherche et de développement. Ce rapport peut être inclus dans le rapport de gestion mentionné à l'article L. 232-1. – *[L. n° 66-537 du 24 juill. 1966, art. 357-10.]*

Art. L. 233-27 Un décret en Conseil d'État fixe les conditions dans lesquelles les comptes consolidés et le rapport sur la gestion du groupe sont mis à la disposition des commissaires aux comptes. – *[L. n° 66-537 du 24 juill. 1966, art. 357-11.] – V. art. R. 232-1.*

Art. L. 233-28 Les personnes morales ayant la qualité de commerçant qui, sans y être tenues en raison de leur forme juridique ou de la taille de l'ensemble du groupe, publient des comptes consolidés, se conforment aux dispositions des articles L. 233-16 et L. 233-18 à L. 233-27. En ce cas, lorsque leurs comptes annuels sont certifiés dans les conditions prévues *(Ord. n° 2005-1126 du 8 sept. 2005, art. 22)* « à l'article L. 823-9 », leurs comptes consolidés le sont dans les conditions du deuxième alinéa de cet article. – *[L. n° 85-11 du 3 janv. 1985, art. 14.]*

SECTION IV DES PARTICIPATIONS RÉCIPROQUES

Art. L. 233-29 **Une société par actions ne peut posséder d'actions d'une autre société, si celle-ci détient une fraction de son capital supérieure à 10 %.**

A défaut d'accord entre les sociétés intéressées pour régulariser la situation, celle qui détient la fraction la plus faible du capital de l'autre doit aliéner son investissement. Si les investissements réciproques sont de la même importance, chacune des sociétés doit réduire le sien, de telle sorte qu'il n'excède pas 10 % du capital de l'autre.

Lorsqu'une société est tenue d'aliéner les actions d'une autre société, l'aliénation est effectuée dans le délai fixé par décret en Conseil d'État. La société ne peut exercer les droits de vote attachés à ces actions. – *[L. nº 66-537 du 24 juill. 1966, art. 358.] – V. art. R. 233-17 et R. 233-19.*

Sanction. Les prescriptions de l'art. 358 de la L. du 24 juill. 1966 [C. com., art. L. 233-29] ne sont pas sanctionnées par la nullité de la cession. • Com. 3 janv. 1996, nº 93-20.406 : *JCP E 1996. II. 808, note Hovasse ; BJS 1996. 285, obs. A. C.* ♦ Pour la sanction pénale, V. art. L. 247-3.

Art. L. 233-30 **Si une société autre qu'une société par actions compte parmi ses associés une société par actions détenant une fraction de son capital supérieure à 10 %, elle ne peut détenir d'actions émises par cette dernière.**

Si elle vient à en posséder, elle doit les aliéner dans le délai fixé par décret en Conseil d'État et elle ne peut, de leur chef, exercer le droit de vote.

Si une société autre qu'une société par actions compte parmi ses associés une société par actions détenant une fraction de son capital égale ou inférieure à 10 %, elle ne peut détenir qu'une fraction égale ou inférieure à 10 % des actions émises par cette dernière.

Si elle vient à en posséder une fraction plus importante, elle doit aliéner l'excédent dans le délai fixé par décret en Conseil d'État et elle ne peut, du chef de cet excédent, exercer le droit de vote. – *[L. nº 66-537 du 24 juill. 1966, art. 359.] – V. art. R. 233-18 et R. 233-19.*

Art. L. 233-31 **Lorsque des actions ou des droits de vote d'une société sont possédés par une ou plusieurs sociétés dont elle détient directement ou indirectement le contrôle, les droits de vote attachés à ces actions ou ces droits de vote ne peuvent être exercés à l'assemblée générale de la société. Il n'en est pas tenu compte pour le calcul du quorum.** – *[L. nº 66-537 du 24 juill. 1966, art. 359-1.]*

Sur les infractions relatives aux filiales, participations et sociétés contrôlées, V. art. L. 247-1 s.

BIBL. ► Couret, *BJS 1991. 789* (mise en œuvre des nouvelles dispositions sur l'autocontrôle).

Contrôle conjoint. Il résulte de l'art. L. 233-3, III, que pour l'application de l'art. L. 233-31, deux ou plusieurs personnes agissant de concert sont considérées comme en contrôlant conjointement une autre lorsqu'elles déterminent en fait les décisions prises en assemblées générales. • Com. 29 juin 2010, nº 09-16.112 P : *cité note 4 ss. art. L. 233-3.*

SECTION V DES OFFRES PUBLIQUES D'ACQUISITION

(L. nº 2006-387 du 31 mars 2006, art. 11)

RÉP. SOCIÉTÉS vº *Offres publiques (OPA, OPE, OPR)*, par Carreau et Letréguilly.

BIBL. GÉN. ► Moulin, *JCP E 2006, nº 17, p. 757* (L. nº 2006-387 du 31 mars 2006 transposant la Dir. OPA du 21 avr. 2004). – Bonneau, *Dr. sociétés 2006. Étude 8* (la réforme 2006 des offres publiques d'acquisition). – Viandier, *RJDA mai 2006* (défenses en cours d'offre : règles de compétence des organes sociaux). – Charvériat, *BRDA 2006, nº 9, p. 12.* – Le Nabasque, *Rev. sociétés 2006. 237* (mesures de défense anti-OPA). – Rontchevsky, *RTD com. 2006. 437* (L. nº 2006-387 du 31 mars 2006 transposant la Dir. du 21 avr. 2004 relative aux offres publiques d'acquisition). – Dompé, *Dr. sociétés 2006. Étude 19* (transpositions de la directive OPA et principes directeurs des offres). – Couret, *D. 2006. Chron. 1372* (les bons d'offre). – Dossier, *RLDA avr. 2007. 68* (OPA, les enjeux du nouveau cadre juridique). – Schmidt, *D. 2007. Chron. 1887* (droits de minoritaires). – Noury, *JCP E 2014, nº 1271* (abandon du principe de neutralité des dirigeants en période d'offre publique).

Art. L. 233-32 *(L. nº 2006-387 du 31 mars 2006, art. 12)* **I. — Pendant la période d'offre publique visant une société dont des actions sont admises aux négociations sur**

un marché réglementé, le conseil d'administration *(L. n° 2014-384 du 29 mars 2014, art. 10-I)* « ou le directoire, après autorisation du conseil de surveillance de la société visée, peut prendre toute décision dont la mise en œuvre est susceptible de faire échouer l'offre, sous réserve des pouvoirs expressément attribués aux assemblées générales dans la limite de l'intérêt social de la société. »

II. — Sans préjudice des autres mesures permises par la loi, l'assemblée générale extraordinaire de la société visée, statuant dans les conditions de quorum et de majorité prévues à l'article L. 225-98, peut décider l'émission de bons permettant de souscrire, à des conditions préférentielles, à des actions de ladite société, et leur attribution gratuite à tous les actionnaires de cette société ayant cette qualité avant l'expiration de la période d'offre publique.

L'assemblée générale peut déléguer cette compétence au conseil d'administration ou au directoire. Elle fixe le montant maximum de l'augmentation de capital pouvant résulter de l'exercice de ces bons ainsi que le nombre maximum de bons pouvant être émis.

La délégation peut également prévoir la fixation de conditions relatives à l'obligation ou à l'interdiction, pour le conseil d'administration ou le directoire, de procéder à l'émission et à l'attribution gratuite de ces bons, d'y surseoir ou d'y renoncer. La société visée porte à la connaissance du public, avant la clôture de l'offre, son intention d'émettre ces bons.

Les conditions d'exercice de ces bons, qui doivent être relatives aux termes de l'offre ou de toute offre concurrente éventuelle, ainsi que les autres caractéristiques de ces bons, dont le prix d'exercice ou les modalités de détermination de ce prix, sont fixées par l'assemblée générale ou, sur délégation de celle-ci, par le conseil d'administration ou le directoire. Ces bons deviennent caducs de plein droit dès que l'offre et toute offre concurrente éventuelle échouent, deviennent caduques ou sont retirées.

(Abrogé par L. n° 2014-384 du 29 mars 2014, art. 10-I) ***« III. — Toute délégation d'une mesure dont la mise en œuvre est susceptible de faire échouer l'offre, hormis la recherche d'autres offres, accordée par l'assemblée générale avant la période d'offres, est suspendue en période d'offre publique.***

« Toute décision du conseil d'administration, du conseil de surveillance, du directoire, du directeur général ou de l'un des directeurs généraux délégués, prise avant la période d'offre, qui n'est pas totalement ou partiellement mise en œuvre, qui ne s'inscrit pas dans le cours normal des activités de la société et dont la mise en œuvre est susceptible de faire échouer l'offre doit faire l'objet d'une approbation ou d'une confirmation par l'assemblée générale. »

Les dispositions issues de la L. n° 2014-384 du 29 mars 2014 sont applicables aux offres publiques d'acquisition dont le dépôt intervient à compter du premier jour du quatrième mois suivant la promulgation de ladite loi (L. préc., art. 10-II).

Art. L. 233-33 *(L. n° 2014-384 du 29 mars 2014, art. 10-I)* I. — Par dérogation au I de l'article L. 233-32, les statuts d'une société dont des actions sont admises à la négociation sur un marché réglementé peuvent prévoir que, en période d'offre publique, les mesures prévues aux I et II du même article L. 233-32 doivent être autorisées préalablement par l'assemblée générale et que toute délégation d'une mesure dont la mise en œuvre est susceptible de faire échouer l'offre, hormis la recherche d'autres offres, accordée par l'assemblée générale avant la période d'offres, est suspendue en période d'offre publique.

II. — Par dérogation au I dudit article L. 233-32, les statuts d'une société dont des actions sont admises à la négociation sur un marché réglementé peuvent prévoir que, en période d'offre publique, toute décision du conseil d'administration, du directoire après autorisation du conseil de surveillance, du directeur général ou de l'un des directeurs généraux délégués, prise avant la période d'offres, qui n'est pas totalement ou partiellement mise en œuvre, qui ne s'inscrit pas dans le cours normal des activités de la société et dont la mise en œuvre est susceptible de faire échouer l'offre doit faire l'objet d'une approbation ou d'une confirmation par l'assemblée générale.

III. — Les statuts peuvent prévoir que les I et II du présent article s'appliquent à toute offre ou uniquement lorsque l'offre est engagée par des entités, agissant seules ou de concert au sens de l'article L. 233-10, ou qui sont respectivement contrôlées, au sens des II ou III de l'article L. 233-16, par des entités, dont le conseil d'administration, le conseil de surveillance, à l'exception de leur pouvoir de nomination, le directoire, le directeur général ou l'un des directeurs généraux délégués de la société visée doivent également obtenir l'approbation préalable de l'assemblée générale pour prendre toute mesure dont la mise en œuvre est susceptible de faire échouer l'offre, hormis la recherche d'autres offres.

L'art. L. 233-33, dans sa rédaction résultant de la L. nº 2014-384 du 29 mars 2014, est applicable aux offres publiques d'acquisition dont le dépôt intervient à compter du premier jour du quatrième mois suivant la promulgation de ladite loi (L. préc., art. 10-II).

Art. L. 233-34 *(L. nº 2006-387 du 31 mars 2006, art. 14)* **Sauf lorsqu'elles résultent d'une obligation législative, les clauses des statuts d'une société dont des actions sont admises à la négociation sur un marché réglementé prévoyant des restrictions statutaires au transfert d'actions de la société sont inopposables à l'auteur d'une offre publique pour les titres qui lui seraient apportés dans le cadre de son offre.**

Art. L. 233-35 *(L. nº 2006-387 du 31 mars 2006, art. 15)* **Les statuts d'une société dont des actions sont admises à la négociation sur un marché réglementé peuvent prévoir que les effets de toute clause d'une convention conclue après le 21 avril 2004 prévoyant des restrictions au transfert d'actions de la société sont inopposables à l'auteur de l'offre, en période d'offre publique.**

Art. L. 233-36 *(L. nº 2006-387 du 31 mars 2006, art. 16)* **Les statuts d'une société dont des actions sont admises à la négociation sur un marché réglementé peuvent prévoir que les effets de toute clause d'une convention conclue après le 21 avril 2004 prévoyant des restrictions à l'exercice des droits de vote attachés à des actions de la société sont suspendus en période d'offre publique visant la société lors des assemblées réunies aux fins d'adopter ou d'autoriser toute mesure susceptible de faire échouer l'offre.**

Art. L. 233-37 *(L. nº 2006-387 du 31 mars 2006, art. 17)* **Les statuts d'une société dont des actions sont admises à la négociation sur un marché réglementé peuvent prévoir que les effets des restrictions statutaires à l'exercice des droits de vote attachés à des actions de la société sont suspendus en période d'offre publique visant la société lors des assemblées réunies aux fins d'adopter ou d'autoriser toute mesure susceptible de faire échouer l'offre.**

Art. L. 233-38 *(L. nº 2006-387 du 31 mars 2006, art. 19)* **Les statuts d'une société dont des actions sont admises à la négociation sur un marché réglementé peuvent prévoir que les effets des restrictions statutaires à l'exercice des droits de vote attachés à des actions de la société ainsi que les effets de toute clause d'une convention conclue après le 21 avril 2004 prévoyant des restrictions à l'exercice des droits de vote attachés à des actions de la société sont suspendus lors de la première assemblée générale suivant la clôture de l'offre lorsque l'auteur de l'offre, agissant seul ou de concert, vient à détenir, à l'issue de celle-ci, une fraction du capital ou des droits de vote supérieure à une quotité fixée par le règlement général de l'Autorité des marchés financiers, sans pouvoir atteindre le seuil prévu par** *(Ord. nº 2020-1142 du 16 sept. 2020, art. 7, en vigueur le 1er janv. 2021)* **« l'article L. 22-10-47 ».** — *V. Règl. gén. AMF au* ***C. mon. fin.*** *ou au* ***C. sociétés.***

Art. L. 233-39 *(L. nº 2006-387 du 31 mars 2006, art. 20)* **Les statuts d'une société dont des actions sont admises à la négociation sur un marché réglementé peuvent prévoir que les droits extraordinaires de nomination ou révocation des administrateurs, membres du conseil de surveillance, membres du directoire, directeurs généraux, directeurs généraux délégués, détenus par certains actionnaires sont suspendus lors de la première assemblée générale suivant la clôture de l'offre lorsque l'auteur de l'offre, agissant seul ou de concert, détient à l'issue de celle-ci une fraction du capital ou des droits de vote supérieure à une quotité fixée par le règlement général de l'Autorité des marchés financiers.** — *V. Règl. gén. AMF au* ***C. mon. fin.*** *ou au* ***C. sociétés.***

Art. L. 233-40 *(L. nº 2006-387 du 31 mars 2006, art. 21)* **Lorsqu'une société décide d'appliquer ou de mettre fin à l'application des dispositions prévues aux articles L. 233-35 à L. 233-39, elle en informe l'Autorité des marchés financiers, qui rend**

cette décision publique. Les conditions et modalités d'application du présent article sont fixées par le règlement général de l'Autorité des marchés financiers. – *V. Règl. gén. AMF au **C. mon. fin.** ou au **C. sociétés**.*

CHAPITRE IV DE LA PROCÉDURE D'ALERTE

Art. L. 234-1 Lorsque le commissaire aux comptes d'une société anonyme relève, à l'occasion de l'exercice de sa mission, des faits de nature à compromettre la continuité de l'exploitation, il en informe le président du conseil d'administration ou du directoire dans des conditions fixées par décret en Conseil d'État. – *V. art. R. 234-1.*

A défaut de réponse sous quinze jours ou si celle-ci ne permet pas d'être assuré de la continuité de l'exploitation, le commissaire aux comptes invite *(L. n° 2005-845 du 26 juill. 2005, art. 162-II)* « , par un écrit dont copie est transmise au président du tribunal de commerce, » le président du conseil d'administration ou le directoire à faire délibérer le conseil d'administration ou le conseil de surveillance sur les faits relevés. Le commissaire aux comptes est convoqué à cette séance. *(L. nº 2005-845 du 26 juill. 2005, art. 162-II)* « La délibération du conseil d'administration ou du conseil de surveillance est communiquée au président du tribunal de commerce et au comité d'entreprise ou, à défaut, aux délégués du personnel *[au comité social et économique]*. » *(L. nº 2016-1547 du 18 nov. 2016, art. 99-II-1º)* « Le commissaire aux comptes peut demander à être entendu par le président du tribunal, auquel cas le second alinéa du I de l'article L. 611-2 est applicable. »

(L. nº 2011-525 du 17 mai 2011, art. 62-I) « Lorsque le conseil d'administration ou le conseil de surveillance n'a pas été réuni pour délibérer sur les faits relevés ou lorsque le commissaire aux comptes n'a pas été convoqué à cette séance » *(L. nº 2005-845 du 26 juill. 2005, art. 162-II)* « ou si le commissaire aux comptes constate qu'en dépit des décisions prises la continuité de l'exploitation demeure compromise, une assemblée générale est convoquée dans des conditions et délais fixés par décret en Conseil d'État. Le commissaire aux comptes établit un rapport spécial qui est présenté à cette assemblée. Ce rapport est communiqué au comité d'entreprise ou, à défaut, aux délégués du personnel *[au comité social et économique]*. »

Si, à l'issue de la réunion de l'assemblée générale, le commissaire aux comptes constate que les décisions prises ne permettent pas d'assurer la continuité de l'exploitation, il informe de ses démarches le président du tribunal de commerce et lui en communique les résultats. *(L. nº 2016-1547 du 18 nov. 2016, art. 99-II-2º)* « Il peut demander à être entendu par le président du tribunal, auquel cas le second alinéa du I de l'article L. 611-2 est applicable. »

(L. nº 2011-525 du 17 mai 2011, art. 62-I) « Dans un délai de six mois à compter du déclenchement de la procédure d'alerte, le commissaire aux comptes peut en reprendre le cours au point où il avait estimé pouvoir y mettre un terme lorsque, en dépit des éléments ayant motivé son appréciation, la continuité de l'exploitation demeure compromise et que l'urgence commande l'adoption de mesures immédiates. » – *[L. nº 66-537 du 24 juill. 1966, art. 230-1.] – V. art. R. 234-4.*

Les modifications issues de la L. nº 2011-525 du 17 mai 2011 sont applicables aux procédures en cours à sa date de publication (L. préc., art. 62-II ; JO 18 mai).

Sur l'information du président du tribunal par le commissaire aux comptes lorsque l'urgence commande l'adoption de mesures immédiates, V. art. L. 611-2-2.

Sur les mesures d'adaptation liées à l'urgence sanitaire (Covid-19), V. Ord. nº 2020-596 du 20 mai 2020, art. 1er, App., vº Sociétés commerciales.

BIBL. ▶ LIÉNARD, *RPC 1996. 1* (responsabilité du commissaire aux comptes dans le cadre de la procédure d'alerte). – LEGROS, *Dr. sociétés 2005. Étude 9, nos 23 s.* (L. du 26 juill. 2005).

1. Entrée en vigueur de la réforme de 2005. Le commissaire aux comptes qui a déclenché une procédure d'alerte avant le 1er janv. 2006 doit continuer d'appliquer après cette date la procédure prévue par les textes avant leur modification par la L. du 26 juill. 2005 ; en effet, cette loi n'est pas applicable aux procédures en cours et la procédure d'alerte constitue bien une « procédure » au sens de ce texte (Avis CNCC : *Bull. CNCC déc. 2005, p. 686 ; BRDA 2006, nº 11, p. 6*).

2. Absence de déclenchement de la procédure. Pour l'absence de responsabilité d'un commissaire aux comptes à qui il était reproché de ne pas avoir déclenché la procédure d'alerte, dès lors que tous les actionnaires connaissaient la situation irrémédiablement compromise de la société, V. • Com. 3 mars 2004, n° 99-21.712 : *BJS 2004. 945, note Le Cannu ; Dr. sociétés 2004, n° 218, obs. Hovasse.*

3. Réaction du dirigeant. Le redressement judiciaire de la société doit être étendu au dirigeant qui, malgré une procédure d'alerte déclenchée par le commissaire aux comptes, a maintenu une activité déficitaire. • Pau, 23 mai 1995 : *Dr. sociétés 1996, n° 6, obs. Chaput.*

Art. L. 234-2 **Dans les autres sociétés que les sociétés anonymes, le commissaire aux comptes demande au** *(L. n° 2005-845 du 26 juill. 2005, art. 162-III)* **« dirigeant », dans des conditions fixées par décret en Conseil d'État, des explications sur les faits visés au premier alinéa de l'article L. 234-1. Le** *(L. n° 2005-845 du 26 juill. 2005, art. 162-III)* **« dirigeant » est tenu de lui répondre sous quinze jours. La réponse est communiquée au comité d'entreprise** *[comité social et économique]* *(L. n° 2005-845 du 26 juill. 2005, art. 162-III)* **« ou, à défaut, aux délégués du personnel »** *[au comité social et économique]* **et, s'il en existe un, au conseil de surveillance.** *(L. n° 2011-525 du 17 mai 2011, art. 62-I)* **« Dès réception de la réponse ou à défaut de réponse sous quinze jours, » le commissaire aux comptes en informe le président du tribunal de commerce.** *(L. n° 2016-1547 du 18 nov. 2016, art. 99-II-2°)* **« Il peut demander à être entendu par le président du tribunal, auquel cas le second alinéa du I de l'article L. 611-2 est applicable. »** — *V. art. R. 234-5.*

(L. n° 2011-525 du 17 mai 2011, art. 62-I) **« A défaut de réponse du dirigeant »** *(L. n° 2005-845 du 26 juill. 2005, art. 162-III)* **« ou s'il constate qu'en dépit des décisions prises la continuité de l'exploitation demeure compromise, le commissaire aux comptes établit un rapport spécial et invite, par un écrit dont la copie est envoyée au président du tribunal de commerce, le dirigeant à faire délibérer sur les faits relevés une assemblée générale convoquée dans des conditions et délais fixés par décret en Conseil d'État. »** — *V. art. R. 234-6.*

Si, à l'issue de la réunion de l'assemblée générale, le commissaire aux comptes constate que les décisions prises ne permettent pas d'assurer la continuité de l'exploitation, il informe de ses démarches le président du tribunal de commerce et lui en communique les résultats. *(L. n° 2016-1547 du 18 nov. 2016, art. 99-II-2°)* **« Il peut demander à être entendu par le président du tribunal, auquel cas le second alinéa du I de l'article L. 611-2 est applicable. »**

(L. n° 2011-525 du 17 mai 2011, art. 62-I) **« Le dernier alinéa de l'article L. 234-1 est applicable. »** — *[L. n° 66-537 du 24 juill. 1966, art. 230-2.]* — *V. art. R. 234-7.*

V. note ss. art. L. 234-1.

BIBL. ▶ PAILLUSSEAU, *JCP 2000. I. 262* (alerte du commissaire aux comptes dans la SAS).

Art. L. 234-3 **Le comité d'entreprise ou, à défaut, les délégués du personnel exercent** *[Le comité social et économique exerce]* **dans les sociétés commerciales les attributions prévues aux articles L. 422-4 et L. 432-5** *[désormais, art. L. 2312-63 à L. 2312-69, relatifs au droit d'alerte du comité social et économique]* **du code du travail.**

Le président du conseil d'administration, le directoire ou les gérants, selon le cas, communiquent aux commissaires aux comptes les demandes d'explication formées par le comité d'entreprise *[comité social et économique]* **ou les délégués du personnel, les rapports adressés au conseil d'administration ou au conseil de surveillance, selon le cas, ainsi que les réponses faites par ces organes, en application des articles L. 422-4 et L. 432-5** *[V. ci-dessus]* **du code du travail.** — *[L. n° 66-537 du 24 juill. 1966, art. 230-3.]*

Art. L. 234-4 *(L. n° 2005-845 du 26 juill. 2005, art. 162-IV)* **Les dispositions du présent chapitre ne sont pas applicables lorsqu'une procédure de conciliation ou de sauvegarde a été engagée par les dirigeants conformément aux dispositions des titres Ier et II du livre VI.**

CHAPITRE V DES NULLITÉS

RÉP. SOCIÉTÉS v° *Nullité*, par JULLIAN et TISSEYRE.

BIBL. GÉN. ▶ NGUYEN XUAN CHANH, *D. 1968. Chron. 27* (nullité des sociétés commerciales). – HANNOUN, *RTD com. 1993. 227* (action en nullité et droit des sociétés). – ROUAST-BERTHIER, *Rev. sociétés 1993. 725* (société fictive et simulation). – COMANGES, *BJS 2003. 12* (paradoxe de la nullité des sociétés fictives). – CHARVÉRIAT, *Rev. sociétés 2010. 212* (de quelques difficultés relatives à la nullité d'une décision sociale irrégulière). – Ansault, *ibid. 2012. 7* (contrôle de l'intérêt à agir en nullité des délibérations sociales). – Bureau, *Mél. Merle, Dalloz, 2012, p. 79* (domaine des art. L. 235-1 s.). – Moury, *Rev. sociétés 2013. 599* (nullités « en cascade »).

Art. L. 235-1 **La nullité d'une société ou d'un acte modifiant les statuts ne peut résulter que d'une disposition expresse du présent livre ou des lois qui régissent la nullité des contrats. En ce qui concerne les sociétés à responsabilité limitée et les sociétés par actions, la nullité de la société ne peut résulter ni d'un vice de consentement ni de l'incapacité, à moins que celle-ci n'atteigne tous les associés fondateurs. La nullité de la société ne peut non plus résulter des clauses prohibées par l'article 1844-1 du code civil.** — *V. cet art., App., v° Sociétés commerciales.*

La nullité d'actes ou délibérations autres que ceux prévus à l'alinéa précédent ne peut résulter que de la violation d'une disposition impérative du présent livre *(L. n° 2019-486 du 22 mai 2019, art. 169)* **« , à l'exception de la première phrase du premier alinéa de l'article L. 225-35 et de la troisième phrase du premier alinéa de l'article L. 225-64, » ou des lois qui régissent les contrats** *(L. n° 2019-486 du 22 mai 2019, art. 169)* **« , à l'exception du dernier alinéa de l'article 1833 du code civil ».** — *[L. n° 66-537 du 24 juill. 1966, art. 360.] — Comp. C. civ., art. 1844-10, App., v° Sociétés commerciales.*

I. NULLITÉ DES SOCIÉTÉS ET DES MODIFICATIONS DE STATUTS

A. PRINCIPES

1. *Limitation des causes de nullité.* Le juge national qui est saisi d'un litige dans une matière entrant dans le domaine d'application de la Dir. n° 68/151 CEE du 9 mars 1968, tendant à coordonner pour les rendre équivalentes, les garanties qui sont exigées, dans les États membres, des sociétés pour protéger les intérêts tant des associés que des tiers, est tenu d'interpréter son droit national à la lumière du texte et de la finalité de cette directive, en vue d'empêcher la déclaration de nullité d'une SA pour une cause autre que celles énumérées à son art. 11. • CJCE 13 nov. 1990, n° C-106/89 : *Rev. sociétés 1991. 532, note Chaput ; JCP 1991. II. 21658, note Level ; BJS 1991. 190* • Paris, 21 sept. 2001 : *JCP E 2003, n° 1, p. 30, obs. Reinhard ; BJS 2002. 626, note Menjucq ; Dr. sociétés 2002, n° 78, obs. Bonneau ; RJ com. 2002. 219, note Luby.*

2. *Inexistence et nullité.* Une société fictive est une société nulle et non pas inexistante. Les juges du fond doivent donc rechercher si un tiers peut être considéré comme étant de bonne foi à l'égard de cette nullité. • Com. 16 juin 1992, n° 90-17.237 P : *D. 1993. 508, note Collet ; Dr. sociétés 1992, n° 178, obs. Bonneau.* ♦ Une société fictive est une société nulle et non inexistante et la nullité opère sans rétroactivité, de sorte que la sûreté réelle consentie par la société avant que sa fictivité ne fût déclarée demeure valable et opposable aux créanciers chirographaires, en l'absence de fraude. • Com. 22 juin 1999, n° 98-13.611 : *D. 1999. IR 195 ; LPA 22 juill. 1999, note P. M. ; Dr. sociétés 1999, n° 143, obs. Bonneau ; BJS 1999. 978, note Couret.* ♦ Une société fictive étant nulle et non pas inexistante, l'action en nullité se prescrit par trois ans à compter du jour où la nullité est encourue (à propos d'une société civile). • Paris, 1er déc. 1992 : *D. 1993. IR 55 ; Rev. sociétés 1993. 132, obs. Guyon ; BJS 1993. 323, note Saintourens ; Dr. sociétés 1993, n° 48, obs. Bonneau.*

B. CAUSES DE NULLITÉ

3. *Violation d'une disposition légale.* En ce sens que la violation d'une disposition de la L. de 1966, même sanctionnée pénalement, n'est pas génératrice de nullité si la loi ne l'a pas prévu, V. • Paris, 21 mars 2000 : *RTD com. 2000. 659, obs. Champaud et Danet ; Rev. sociétés 2000. 387, obs. Guyon ; BJS 2000. 964, note Le Cannu.*

4. *Violation des règles du contrat de société.* Le défaut de réalisation de l'apport en nature d'un actionnaire fonde la nullité de la SA. • Com. 28 juin 1976 : *Rev. sociétés 1977. 237, note Hémard.* ♦ Ne peut être déclarée nulle sur le fondement de l'art. 5 de la L. de 1966 [C. com., art. L. 210-6] une société qui n'a pas été immatriculée au RCS. • Com. 4 mai 1981 : *D. 1982. 482, note Daigre ; Rev. sociétés 1982. 277, note Philippe.* ♦ Est justifiée la décision par laquelle une cour d'appel déclare prescrite sur le fondement de l'art. 367 de la L. du 24 juill. 1966 [C. com., art. L. 235-9] l'action en nullité intentée à l'encontre d'une SA qui n'aurait pas compté à l'origine sept actionnaires ayant pu valablement la fonder, du fait que trois d'entre eux n'auraient pas rempli les conditions requises par les statuts pour être actionnaires. • Com. 17 juill. 1974, n° 73-12.259 P : *Rev. sociétés 1975. 649, note Hémard.*

5. *Objet illicite.* Pour la nullité d'une société constituée pour l'exercice d'une activité contraire aux prescriptions du code de la santé publique relatives à la fabrication et à la mise sur le marché de produits pharmaceutiques, V. • Com. 27 mai 2015, n° 14-17.035 : *RJDA 2015, n° 563 ; BJS 2015. 562, note Camensuli-Feuillard.*

6. *Cause illicite.* Sur la nécessité, pour déclarer la nullité d'une société pour cause illicite, de constater que tous les associés ont concouru à la fraude, V. • Com. 28 janv. 1992, n° 90-17.389 P : *D. 1993. 23, note Pagès ; JCP 1993. II. 21994, note Tisserand ; BJS 1992. 419, note Le Cannu ; Dr. sociétés 1992, n° 75, obs. Bonneau.* ♦ La constitution d'une SARL peut être entachée de nullité comme ayant une cause illicite. Il en est ainsi lorsque les fondateurs, ayant, aussitôt après sa constitution, transformé la société en SA avec effet rétroactif, ont voulu s'affranchir de l'accomplissement de toutes les formalités exigées par la loi pour la constitution d'une telle société. • Com. 19 janv. 1970, n° 68-13.415 P : *D. 1970. 479, note Poulain.*

7. Erreur. C'est par une exacte application de l'art. 360 de la L. du 24 juill. 1966 [C. com., art. L. 235-1] qu'une cour d'appel refuse de prononcer la nullité d'une SARL alors que le défaut de consentement au pacte social était limité à un associé, de sorte que cette cause de nullité n'atteignait pas les autres associés fondateurs. • Com. 20 juin 1989, n° 86-17.377 P : *D. 1989. IR 228.*

8. Dol. Le dol n'étant une cause de rescision d'une obligation qu'autant qu'il a été pratiqué par celui au profit duquel l'obligation a été contractée, la souscription à une augmentation de capital demeure valable envers les tiers créanciers qui ont traité avec la société et n'ont pas à subir les conséquences des manœuvres dolosives dirigées par les dirigeants sociaux contre le souscripteur mais auxquelles ces créanciers sont restés étrangers. • Com. 26 avr. 1971 : *Rev. sociétés 1972. 248 ; JCP 1972. II. 16986, note N. Bernard.* ♦ Sur le rejet d'une action en nullité pour dol contre les délibérations d'une assemblée générale extraordinaire pour dol, les manœuvres n'étant pas établies, malgré les déclarations mensongères d'un actionnaire, V. • Versailles, 8 juill. 1993 : *BJS 1993. 1024, note Le Cannu.*

9. Fraude. Ne donne pas de base légale à sa décision l'arrêt qui constate la nullité, pour fraude, d'une société constituée spécialement pour permettre la réalisation d'une location-gérance d'un fonds de commerce au détriment des droits de l'épouse d'un apporteur de biens communs, en violation des prescriptions de l'art. 1832-2 C. civ., sans constater que tous les associés avaient concouru à la fraude retenue en l'espèce à l'encontre du mari associé. • Com. 28 janv. 1992, n° 90-17.389 P : *préc. note 6.*

C. EXERCICE DE L'ACTION EN NULLITÉ

10. Date de la demande. Une société peut être déclarée nulle bien que celle-ci ait été volontairement dissoute avant l'introduction de la demande en nullité. • Com. 28 juin 1976 : *Rev. sociétés 1977. 237, note Hémard.*

11. Intérêt à agir. Bien qu'ouverte à tout intéressé, l'action en nullité d'une société ne peut cependant être exercée que par les personnes justifiant d'un intérêt né et actuel et juridiquement protégé ; ne justifie pas d'un tel intérêt celui qui, n'étant ni associé ni créancier, ni débiteur de la société, peut seulement se prévaloir d'une promesse de cession de parts dont la réalisation est soumise à une autorisation préalable refusée par l'assemblée générale. • Lyon, 9 juill. 1951 : *D. 1952. Somm. 24.* ♦ Pour apprécier l'intérêt à agir des actionnaires minoritaires en nullité d'une émission d'obligations avec bons de souscription d'actions, la cour d'appel a recherché si le succès de leur prétention pouvait procurer à eux-mêmes, ou à la société, des avantages matériels ou moraux, et s'est déterminée à partir des éléments invoqués par eux en ce sens ; l'intérêt matériel était exclu, faute de chance de plus-value sur le droit de souscription ; l'intérêt moral non établi, faute d'atteinte au crédit de la société. • Com. 15 juill. 1992, n° 90-15.588 P : *Rev. sociétés 1992. 752, note Le Cannu ; BJS 1992. 1202, note Barbièri.*

12. Clause compromissoire. Pour une décision soumettant l'action en nullité d'une société à la clause compromissoire figurant dans les statuts, V. • Com. 9 avr. 2002 : *cité note 21 ss. art. L. 721-3.*

II. NULLITÉS DES ACTES ET DÉLIBÉRATIONS NE MODIFIANT PAS LES STATUTS

BIBL. Grillet-Ponton, *Rev. sociétés 1984. 259* (règle impérative et nullité des actes et délibérations). – Legros, *ibid. 1991. 275* (nullité des décisions des sociétés). – Germain, *BJS 1992. 491* (exercice de l'action en nullité des décisions sociales). – Borhanser-Mitrain, *LPA 8 avr. 1998* (violation d'une clause statutaire).

A. CAUSES DE NULLITÉ

13. Principe. Les nullités visées à l'art. 360 de la L. du 24 juill. 1966 [C. com., art. L. 235-1] ne peuvent être fondées, réserves faites des dispositions qui régissent les contrats, que sur celles de la loi elle-même, à l'exclusion de toutes autres dispositions (notamment celles du Décr. du 23 mars 1967). • Com. 15 avr. 1982, n° 80-15.566 P : *Rev. sociétés 1983. 343, note J. H.* ♦ Mais, la nullité de l'assemblée doit être prononcée dès lors que l'art. 173, al. 1er, de la L. du 24 juill. 1966 [C. com., art. L. 225-121] sanctionne nécessairement par la nullité la violation des dispositions impératives édictées par l'art. 160 de la loi [C. com., art. L. 225-105] tant par lui-même que par référence expresse à l'art. 129 du décret. • Même arrêt.

14. Il résulte de l'art. L. 235-1, dans sa rédaction antérieure à celle issue de la L. n° 2019-486 du 22 mai 2019, qu'une délibération de l'assemblée générale des associés d'une société octroyant une rémunération exceptionnelle à son dirigeant ne peut être annulée qu'en cas de violation des dispositions impératives du livre II C. com. ou de violation des lois qui régissent les contrats, et non au seul motif de sa contrariété à l'intérêt social, sauf fraude ou abus de droit commis par un ou plusieurs associés pour favoriser ses ou leurs intérêts au détriment de ceux d'un ou plusieurs autres associés. • Com. 13 janv. 2021, n° 18-21.860 P : *D. 2021. 399, note Schmidt ; ibid. Pan. 1947, obs. Rabreau ; Rev. sociétés 2021. 358, note Heinich ; RTD com. 2021. 359, obs. A. Lecourt ; ibid. 610, obs. Moury ; JCP E 2021. 1257, note Tisseyre ; Dr. sociétés 2021, n° 36, note Hamelin ; RJDA 2021, n° 237 ; BJS 4/2021. 13, note Schlumberger ; Gaz. Pal. 15 juin 2021, p. 58, obs. Malassigné.*

15. Illustrations. L'impossibilité pour l'associé exclu [par application de la clause statutaire d'une société coopérative] de venir s'expliquer devant l'organe décidant son exclusion n'est pas une cause de nullité de la délibération ayant prononcé l'exclusion. • Com. 13 juill. 2010, n° 09-16.156 P : *D. 2010. 2880, note Dondero ; RTD com. 2010. 727, obs. Champaud et Danet ; JCP E 2011. 1000, n° 3, obs. Deboissy et Wicker ; RJDA 2011, n° 58 ; RJ com. 2010. 466, note Ginestet ; BJS 2010. 990, note Le Cannu.*

B. INTÉRÊT ET QUALITÉ À AGIR

16. Principes. Est ouverte à toute personne justifiant d'un intérêt légitime l'action tendant à faire déclarer la nullité d'un acte ou d'une délibération affecté d'un vice de portée générale, tandis que la nullité ayant pour objet la protection d'intérêts particuliers ne peut être invoquée que par la personne ou le groupe de personnes dont la loi assure la protection. • Com. 17 janv. 1989, n° 86-18.966 P : *D. 1989. IR 39 ; BJS 1989. 247, note Le Cannu.*

17. Illustrations. Dans un cas où l'assemblée générale extraordinaire d'une SA avait décidé la transformation de la société en SARL, mettant ainsi fin au mandat social des membres du directoire, l'action formée par l'un de ces derniers et tendant à l'annulation de cette délibération sur le fondement de l'art. 159 de la L. du 24 juill. 1966 [C. com., art. L. 225-104] est irrecevable dès lors que le demandeur, qui n'a ni la qualité d'associé ni celle, au jour de la délibération contestée, de président du directoire, ne figure pas au nombre des personnes bénéficiant de la protection de la loi. • Paris, 10 déc. 1999 : *RJDA 2000, n° 296 ; BJS 2000. 313, note Le Cannu.* ♦ Seuls les associés sont recevables à invoquer la violation des dispositions régissant leur convocation aux assemblées générales, ainsi qu'à contester la validité des pouvoirs de la personne ayant représenté un associé à ces assemblées (irrecevabilité de l'action du gérant non associé, en nullité des délibérations ayant conduit à son remplacement). • Com. 17 déc. 2002, n° 98-21.918 P : *D. 2003. AJ 206, obs. Lienhard ; RTD com. 2003. 322, obs. Champaud et Danet ; Rev. sociétés 2003. 493, note Barbièri ; Dr. sociétés 2003, n° 52, obs. Monnet ; BJS 2003. 307, note Le Cannu.* ♦ Tout associé est recevable à contester la validité des pouvoirs d'une personne ayant représenté un associé lors de l'adoption d'une décision collective (cassation de l'arrêt ayant jugé que les associés n'ont pas qualité pour contester la désignation d'un mandataire unique chargé de représenter les membres d'une indivision). • Com. 13 nov. 2003, n° 00-10.382 : *RJDA 2004, n° 561 ; BJS 2004. 511, note Dondero.*

18. Qualité d'actionnaire. Aucune disposition n'impose que le demandeur à l'action soit actionnaire de la société à la date de l'acte ou de la délibération dont il poursuit l'annulation. • Com. 4 juill. 1995, n° 93-17.969 P : *D. 1996. 186, note Hallouin ; RTD com. 1996. 71, obs. Petit et Reinhard ; Rev. sociétés 1995. 504, note Le Cannu ; JCP 1995. II. 22560, note Guyon ; BJS 1995. 968, note Barbièri ; LPA 26 janv. 1996, note Gibirila.* ♦ De même, l'action en annulation d'une assemblée générale extraordinaire ayant approuvé un projet de fusion et fondée sur le dol, est ouverte à tous les actionnaires ayant un intérêt légitime, peu important par ailleurs qu'ils ne soient pas restés actionnaires postérieurement à l'assemblée générale extraordinaire dont il s'agit. • Com. 3 juin 1998, n° 93-13.891 P : *JCP E 1998, n° 32135, obs. Viandier et Caussain ; BJS 1998. 921, note A. C. ; Dr. sociétés 1998, n° 142, obs. Vidal.*

19. Commissaire aux comptes. Aucune disposition légale ne donne au commissaire aux comptes d'une société qualité pour agir en nullité de délibération de l'assemblée générale. • Com. 7 oct. 1997, n° 95-20.017 : *Dr. sociétés 1997, n° 271, obs. Vidal ; BJS 1997. 1053, note Le Cannu.* ♦ Les fonctions de commissaire aux comptes prenant nécessairement fin avec la disparition de la société au sein de laquelle il les exerce, la perte de ses fonctions par suite de l'absorption de cette société par une autre ne constitue pas, en l'absence de fraude commise pour l'en priver, un intérêt légitime lui ouvrant l'action en nullité contre les opérations ayant réalisé cette absorption. • Même arrêt.

III. INCOMPÉTENCE DU JUGE DES RÉFÉRÉS

20. Il résulte des art. L. 235-1 C. com. et 873, al. 1er, C. pr. civ. que l'annulation des délibérations de l'assemblée générale d'une société, qui n'est ni une mesure conservatoire ni une mesure de remise en état, n'entre pas dans les pouvoirs du juge des référés ; il n'entre pas dans les pouvoirs du juge des référés, fût-ce pour faire cesser un trouble manifestement illicite, d'annuler les délibérations de l'assemblée générale d'une société. • Com. 13 janv. 2021, n° 18-25.713 P : *D. 2021. Pan. 1945, obs. Rabreau ; Rev. socié-*

tés 2021. 293, note Saintourens ; RTD com. 2021. 353, obs. A. Lecourt ; ibid. 607, obs. Moury ; BJS 3/2021. 7, note Heinich ; RJDA 2021, n° 239 ; Dr. sociétés 2021, n° 45, note Mortier ; JCP 2021. 357, note Gibirila ; Gaz. Pal. 15 juin 2021, p. 56, obs. Schlumberger.

IV. VIOLATION DES STATUTS OU DU RÈGLEMENT INTÉRIEUR

21. Absence de nullité. Il résulte de l'art. L. 235-1, al. 2, que la nullité des actes ou délibérations pris par les organes d'une société commerciale ne peut résulter que de la violation d'une disposition impérative du livre II du code de commerce ou des lois qui régissent les contrats ; sous réserve des cas dans lesquels il a été fait usage de la faculté, ouverte par une disposition impérative, d'aménager conventionnellement la règle posée par celle-ci, le non-respect des stipulations contenues dans les statuts ou dans le règlement intérieur n'est pas sanctionné par la nullité. • Com. 18 mai 2010, n° 09-14.855 P : *D. 2010. 2405, note Marmoz ; Rev. sociétés 2010. 374, note Le Cannu ; RTD civ. 2010. 553, obs. Fages ; JCP E 2010. 1562, note Couret et Dondero ; RJDA 2010, n° 850 ; BJS 2010. 651, note Le Nabasque ; Dr. sociétés 2010, n° 156, obs. Coquelet.*

V. CONSÉQUENCES DE L'ANNULATION

22. Portée des nullités. Seuls les actes ou les délibérations du conseil d'administration d'une société sont susceptibles d'être annulés. N'est donc pas fondé le moyen qui tend à l'annulation de la réunion d'un conseil d'administration et à la suppression du procès-verbal de cette réunion du registre des délibérations de ce conseil, dès lors que l'arrêt attaqué retient qu'aucune décision n'a été prise au cours de la réunion du conseil, à l'exception d'un vote non critiqué, et que le fait de la réunion comme tel n'était pas susceptible d'être effacé et que, celle-ci fût-elle irrégulière, sa constatation par procès-verbal intéressait la marche des affaires sociales. • Com. 24 avr. 1990, n° 88-17.218 P : *D. 1990. IR 130 ; Rev. sociétés 1991. 347, note Didier ; JCP E 1991. II. 122, note Jeantin.* ♦ Doit être rejetée la demande tendant à l'annulation de tous les actes, contrats et déclarations conclus et signés en cette qualité par un président de société irrégulièrement désigné, la validité des actes accomplis par ce dirigeant ne pouvant être appréciée qu'à propos de chacun d'eux. • Com. 27 janv. 2009, n° 07-20.402 : *RJDA 2009, n° 1085.*

23. Responsabilités. L'annulation d'une SARL et sa dégénérescence en une société de fait n'entraînent l'obligation indéfinie et solidaire des associés au passif social que dans le cas où la limitation de leur responsabilité n'a pas été portée à la connaissance des tiers. • Com. 4 oct. 1966, n° 64-10.893 P : *D. 1967. Somm. 54 ; JCP 1967. II. 15208, note Toujas.* ♦ A défaut de la publicité exigée par la loi, les associés, pour échapper à toute responsabilité à l'égard des créanciers sociaux, doivent faire la preuve que tous les créanciers qui seront admis au passif de la société savaient que leur gage se réduisait à l'actif social lorsqu'ils ont traité avec les représentants de la société. • Même arrêt.

Art. L. 235-2 Dans les sociétés en nom collectif et en commandite simple, l'accomplissement des formalités de publicité est requis à peine de nullité de la société, de l'acte ou de la délibération, selon les cas, sans que les associés et la société puissent se prévaloir, à l'égard des tiers, de cette cause de nullité. Toutefois, le tribunal a la faculté de ne pas prononcer la nullité encourue, si aucune fraude n'est constatée. — *[L. n° 66-537 du 24 juill. 1966, art. 361.]*

Faculté laissée au juge. Pour une application de la faculté prévue par la deuxième phrase de l'art. L. 235-2, V. • Com. 13 févr. 1996, n° 93-21.140 P : *BJS 1996. 404, note Le Cannu.*

Art. L. 235-2-1 *(L. n° 2006-387 du 31 mars 2006, art. 23)* Les délibérations prises en violation des dispositions régissant les droits de vote attachés aux actions peuvent être annulées.

Art. L. 235-3 L'action en nullité est éteinte lorsque la cause de la nullité a cessé d'exister le jour où le tribunal statue sur le fond en première instance, sauf si cette nullité est fondée sur l'illicéité de l'objet social. — *[L. n° 66-537 du 24 juill. 1966, art. 362.] — Comp. C. civ., art. 1844-11, App., v° Sociétés commerciales.*

Art. L. 235-4 Le tribunal de commerce, saisi d'une action en nullité, peut, même d'office, fixer un délai pour permettre de couvrir les nullités. Il ne peut prononcer la nullité moins de deux mois après la date de l'exploit introductif d'instance.

Si, pour couvrir une nullité, une assemblée doit être convoquée ou une consultation des associés effectuée, et s'il est justifié d'une convocation régulière de cette assemblée ou de l'envoi aux associés du texte des projets de décision accompagné des documents qui doivent leur être communiqués, le tribunal accorde par jugement le délai nécessaire pour que les associés puissent prendre une décision. – *[L. nº 66-537 du 24 juill. 1966, art. 363.] – Comp. C. civ., art. 1844-13, App., vº Sociétés commerciales.*

Couverture des nullités. Après avoir constaté que l'assemblée ordinaire d'une SARL avait excédé ses pouvoirs et que sa décision encourait la nullité, les juges ont pu, sans prononcer la nullité, laisser à la société le soin d'opérer les rectifications nécessaires et fixer un délai pour couvrir ces nullités. • Com. 14 déc. 1960 : *D. 1961. 402, note Dalsace.*

Art. L. 235-5 Si, à l'expiration du délai prévu à l'article L. 235-4, aucune décision n'a été prise, le tribunal statue à la demande de la partie la plus diligente. – *[L. nº 66-537 du 24 juill. 1966, art. 364.]*

Art. L. 235-6 En cas de nullité d'une société ou d'actes et délibérations postérieurs à sa constitution, fondée sur un vice du consentement ou l'incapacité d'un associé, et lorsque la régularisation peut intervenir, toute personne y ayant intérêt peut mettre en demeure celui qui est susceptible de l'opérer, soit de régulariser, soit d'agir en nullité dans un délai de six mois à peine de forclusion. Cette mise en demeure est dénoncée à la société.

La société ou un associé peut soumettre au tribunal saisi dans le délai prévu à l'alinéa précédent, toute mesure susceptible de supprimer l'intérêt du demandeur, notamment par le rachat de ses droits sociaux. En ce cas, le tribunal peut, soit prononcer la nullité, soit rendre obligatoires les mesures proposées, si celles-ci ont été préalablement adoptées par la société aux conditions prévues pour les modifications statutaires. Le vote de l'associé dont le rachat des droits est demandé est sans influence sur la décision de la société.

En cas de contestation, la valeur des droits sociaux à rembourser à l'associé est déterminée conformément aux dispositions de l'article 1843-4 du code civil. Toute clause contraire est réputée non écrite. – *[L. nº 66-537 du 24 juill. 1966, art. 365.] – Comp. C. civ., art. 1844-12, App., vº Sociétés commerciales. – V. art. R. 235-1.*

BIBL. ► STORCK, *Rev. sociétés 1982. 233* (continuation d'une société par l'élimination d'un associé). – DE BERMOND DE VAULX, *JCP E 1990. II. 15921* (mésentente entre associés, juste motif d'exclusion ?).

Exclusion d'un associé. Il n'est pas possible de se prévaloir de l'art. 365 de la L. du 24 juill. 1966 [C. com., art. L. 235-6] tout en soutenant la validité des assemblées. • Paris, 5 nov. 1999 : *BJS 2000. 170, note Le Cannu.*

Art. L. 235-7 Lorsque la nullité d'actes et délibérations postérieurs à la constitution de la société est fondée sur la violation des règles de publicité, toute personne ayant intérêt à la régularisation de l'acte peut mettre la société en demeure d'y procéder, dans le délai fixé par décret en Conseil d'État. A défaut de régularisation dans ce délai, tout intéressé peut demander la désignation, par décision de justice, d'un mandataire chargé d'accomplir la formalité. – *[L. nº 66-537 du 24 juill. 1966, art. 366.] – V. art. R. 235-1 et R. 235-2.*

Art. L. 235-8 La nullité d'une opération de fusion ou de scission ne peut résulter que de la nullité de la délibération de l'une des assemblées qui ont décidé l'opération ou du défaut de dépôt de la déclaration de conformité mentionnée au troisième alinéa de l'article L. 236-6.

Lorsqu'il est possible de porter remède à l'irrégularité susceptible d'entraîner la nullité, le tribunal saisi de l'action en nullité d'une fusion ou d'une scission accorde aux sociétés intéressées un délai pour régulariser la situation. – *[L. nº 66-537 du 24 juill. 1966, art. 366-1.]*

1. Irrégularités flagrantes. Les critiques sérieuses émises par les experts du comité d'entreprise de l'absorbante sur les modalités d'une fusion ne permettent pas pour autant au juge des référés d'ordonner une expertise et le report des assemblées de fusion, dès lors qu'au regard des dispositions de l'art. 366-1 de la L. du 24 juill. 1966 [C. com., art. L. 235-8] ne sont pas révélées d'irrégularités flagrantes et irrémédiables rendant éminemment probable un vice du consentement des actionnaires ou révélant de la part de l'actionnaire majoritaire un abus évident de majorité. • Paris, 28 déc. 1992 : *BJS 1993. 434, note Le Cannu.*

2. Illustrations. Pour le rejet d'une demande de nullité de fusion : pour abus de majorité, V. • Paris, 13 nov. 1990 : *Rev. sociétés 1991. 137,* *obs. Guyon* ; *RJDA 1991, n° 123.* ♦ ... Pour vice de consentement, V. • Com. 3 juin 1998, n° 96-13.891 P : *JCP E 1998, n° 32135, p. 1304, obs. Viandier et Caussain* ; *BJS 1998. 921, note A. C.* ; *Dr. sociétés 1998, n° 142, obs. Vidal.* ♦ Sur l'inopposabilité au créancier d'une fusion-absorption réalisée frauduleusement par la caution en vue de s'exonérer de son obligation, V. • Com. 10 oct. 1995, n° 93-15.619 P : *Rev. sociétés 1995. 708, note Routier* ; *LPA 13 déc. 1995, note Couret et Le Cannu* ; *BJS 1995. 1058, note Coquelet* ; *Dr. sociétés 1995, n° 233, obs. Bonneau.*

Art. L. 235-9 **Les actions en nullité de la société ou d'actes et délibérations postérieurs à sa constitution se prescrivent par trois ans à compter du jour où la nullité est encourue, sous réserve de la forclusion prévue à l'article L. 235-6.**

Toutefois, l'action en nullité d'une fusion ou d'une scission de sociétés se prescrit par six mois à compter de la date de la dernière inscription au registre du commerce et des sociétés rendue nécessaire par l'opération. — *[L. n° 66-537 du 24 juill. 1966, art. 367.]* — *Comp. C. civ., art. 1844-14, App., v° Sociétés commerciales.*

(Ord. n° 2004-604 du 24 juin 2004, art. 51-XVI) **« L'action en nullité fondée sur l'article L. 225-149-3 se prescrit par trois mois à compter de la date de l'assemblée générale suivant la décision d'augmentation de capital. »**

BIBL. ▶ HANNOUN, *Rev. sociétés 1991. 45* (prescription de l'action en nullité).

I. DOMAINE DE LA PRESCRIPTION

1. *Nullité de la société.* Est justifiée la décision par laquelle une cour d'appel déclare prescrite sur le fondement de l'art. 367 de la L. du 24 juill. 1966 [C. com., art. L. 235-9] l'action en nullité intentée à l'encontre d'une SA qui n'aurait pas compté à l'origine sept actionnaires ayant pu valablement la fonder, du fait que trois d'entre eux n'auraient pas rempli les conditions requises par les statuts pour être actionnaires. • Com. 17 juill. 1974, n° 73-12.259 P : *cité note 4 ss. art. L. 235-1.*

2. *Nullité d'une cession de parts ou d'actions.* La prescription applicable à l'action en nullité d'une cession de parts de SARL (fondée sur l'inobservation des formalités de l'art. L. 223-14) est celle de trois ans prévue à l'art. 367 de la L. du 24 juill. 1966 [C. com., art. L. 235-9], et se prescrit à compter du jour où la nullité est encourue ; est donc tardive l'action engagée près de huit ans après le dépôt au greffe de l'acte de cession. • Com. 9 nov. 1993, n° 91-19.724 P : *D. 1994. 435, note Velardocchio* ; *Rev. sociétés 1994. 472, note Legros* ; *BJS 1994. 82* ; *Dr. sociétés 1994, n° 32, obs. Le Nabasque.* ♦ Une cession d'actions n'étant pas un acte de la société, dès lors que ce n'est pas spécifiquement l'agrément du conseil d'administration ou un autre acte de la société qui est attaqué, mais la transaction intervenue entre le vendeur et l'acheteur, la prescription triennale n'est pas applicable. • Paris, 16 janv. 2001 : *Rev. sociétés 2001. 133, obs. Guyon* ; *BJS 2001. 423, note Le Cannu.* ♦ Ainsi, les dispositions de l'art. L. 235-9 n'ont pas vocation à régir la prescription de l'action en nullité de la cession des actions d'une société, encourue sur le seul fondement du vice du consentement dont le cessionnaire aurait été l'objet, en application des règles de droit commun sur la formation des contrats. • Paris, 19 sept. 2003 : *D. 2003. AJ 2640* ; *Rev. sociétés 2004. 425, obs. Urbain-Parleani* ; *BJS 2004. 74.*

3. *Nullité fondée sur un abus de majorité.* L'action en annulation d'une délibération sociale fondée sur un abus de majorité relève de la prescription triennale prévue par l'art. L. 235-9 C. com., tandis que l'action en réparation du préjudice causé par un abus de majorité se prescrit par cinq ans. • Com. 30 mai 2018, n° 16-21.022 P : *D. 2018. Actu. 1206* ; *RTD com. 2018. 951, obs. A. Lecourt* ; *JCP E 2018. 1459, note Klein* ; *Dr. sociétés 2018, n° 145, note Heinich* ; *Gaz. Pal. 25 sept. 2018, p. 61, obs. Laroche* ; *BJS 2018. 572, note Bugada* ; *RJDA 2018, n° 731* ; *LPA 14 nov. 2018, p. 9, obs. Gibirila* ; *RJ com. 2019. 76, obs. Cordelier.* – V. Mortier, *Actes pratiques nov.-déc. 2018.*

4. *Nullité d'un apport partiel d'actif.* Dès lors que l'opération d'apport partiel d'actif a été placée et réalisée sous le régime applicable aux scissions, le délai de prescription abrégée de six mois prévu par l'art. 367, al. 2, devenu l'art. L. 235-9, al. 2, C. com., est applicable à l'action tendant à l'annulation de cette opération. • Com. 3 juin 2003, n° 99-18.707 P : *D. 2004. Somm. 273, obs. Hallouin* ; *Rev. sociétés 2003. 489, note Le Cannu* ; *Dr. sociétés 2003, n° 145, obs. Hovasse* ; *BJS 2003. 933, note Saintourens.*

5. *Nullité pour fraude.* La prescription triennale de l'art. L. 235-9 s'applique quelle que soit la cause de nullité (à propos de l'action en nullité d'une délibération sociale attaquée pour fraude). • Paris, 19 mars 2013, n° 12/00020 : *RTD com. 2013. 767, obs. Dondero* ; *RJDA 2013, n° 33.*

6. *Nullité d'une garantie hypothécaire.* La demande d'annulation de la garantie hypothécaire souscrite par une SARL en garantie des dettes de sa société mère étant fondée non sur une irrégularité préexistante à cet acte mais sur l'allégation d'un vice intrinsèque à celui-ci, cette demande n'est pas soumise à la prescription triennale de l'art. L. 235-9, al. 1er. • Com. 12 mai 2015, n° 13-28.504 P : *cité note 14 ss. art. L. 223-18.*

II. RÉGIME DE LA PRESCRIPTION

7. Point de départ. Il résulte de l'art. L. 235-9 que l'action en nullité des délibérations sociales se prescrit par trois ans à compter du jour où la nullité est encourue, sauf dissimulation entraînant une impossibilité d'agir. • Com. 25 janv. 2017, n° 14-29.726 : *Rev. sociétés 2017. 349, note A. Lecourt ; JCP E 2017. 1262, note Mortier ; Dr. sociétés 2017, n° 81, note Coupet.* ♦ Jugé que l'absence de volonté commune s'étant manifestée au moment de la création de la société et s'étant prolongée pendant la vie sociale, c'est à bon droit qu'est poursuivie la nullité des sociétés sans que puisse être opposée la prescription triennale édictée par l'art. 367 de la L. du 24 juill. 1966 [C. com., art. L. 235-9]. • Paris, 7 juill. 1995 : *Dr. sociétés 1996, n° 26, obs. crit. Bonneau.* ♦ Il y a lieu de déclarer prescrite l'action en nullité d'une société pour illicéité de son objet social, formée plus de trois ans après la constitution et l'immatriculation de la société. • Paris, 14 févr. 2006 : *RTD com. 2006. 427, obs. Le Cannu ; RJDA 2006, n° 908 ; BJS 2006. 954, note Barbièri.*

8. Interruption. La prescription de l'art. 367 de la L. du 24 juill. 1966 [C. com., art. L. 235-9] est soumise aux causes d'interruption et de suspension de droit commun énumérées par les art. 2242 s. C. civ. * Rép. min. n° 36328 : *JOAN Q 26 janv. 1981, p. 373 ; Rev. sociétés 1981. 206.*

9. Conditions. Si l'action en nullité d'une délibération d'une assemblée générale est soumise à la prescription triennale instituée par l'art. L. 235-9, al. 1er, l'exception de nullité est perpétuelle, peu important que l'action en exécution de cette délibération ait été introduite avant l'expiration du délai de prescription de l'action en nullité. • Com. 18 mars 2020, n° 18-16.099 : *Rev. sociétés 2021. 45, note Merabet ; BJS 6/2020. 11, note Guégan ; RJDA 2020, n° 310.* ♦ Elle suppose pour être accueillie que l'une des parties poursuive en justice l'exécution d'une obligation non encore exécutée et affectée d'une irrégularité. • Com. 17 déc. 2002, n° 98-20.395 : *BJS 2003. 340, note Le Nabasque.* ♦ Dès lors une société, qui poursuit l'exécution de son règlement intérieur ne peut se voir opposer la nullité de l'acte par lequel une autre société est devenue son actionnaire, acte entièrement exécuté lors de la remise des actions en contrepartie du paiement de leur prix. • Même arrêt.

Art. L. 235-10 **Lorsque la nullité de la société est prononcée, il est procédé à sa liquidation conformément aux dispositions des statuts et du chapitre VII du présent titre.** — *[L. n° 66-537 du 24 juill. 1966, art. 368.] — V. art. R. 235-3.*

Nullité. L'annulation de la transformation d'une SA en SNC ayant été obtenue, jugé qu'il s'ensuit qu'aucune procédure de redressement et de liquidation judiciaires ne peut être engagée à l'égard des associés, qui ne sont pas responsables sur leur patrimoine des dettes de la société. • Paris, 11 juill. 1990 : *D. 1990. IR 222 ; Rev. sociétés 1991. 139, obs. crit. Guyon.*

Art. L. 235-11 **Lorsqu'une décision judiciaire prononçant la nullité d'une fusion ou d'une scission est devenue définitive, cette décision fait l'objet d'une publicité dont les modalités sont fixées par décret en Conseil d'État.**

Elle est sans effet sur les obligations nées à la charge ou au profit des sociétés auxquelles le ou les patrimoines sont transmis entre la date à laquelle prend effet la fusion ou la scission et celle de la publication de la décision prononçant la nullité.

Dans le cas de la fusion, les sociétés ayant participé à l'opération sont solidairement responsables de l'exécution des obligations mentionnées à l'alinéa précédent à la charge de la société absorbante. Il en est de même, dans le cas de scission, de la société scindée pour les obligations des sociétés auxquelles le patrimoine est transmis. Chacune des sociétés auxquelles le patrimoine est transmis répond des obligations à sa charge nées entre la date de prise d'effet de la scission et celle de la publication de la décision prononçant la nullité. — *[L. n° 66-537 du 24 juill. 1966, art. 368-1.]*

Art. L. 235-12 **Ni la société ni les associés ne peuvent se prévaloir d'une nullité à l'égard des tiers de bonne foi. Cependant, la nullité résultant de l'incapacité ou d'un vice du consentement est opposable même aux tiers, par l'incapable et ses représentants légaux, ou par l'associé dont le consentement a été surpris par erreur, dol ou violence.** — *[L. n° 66-537 du 24 juill. 1966, art. 369.] — Comp. C. civ., art. 1844-16, App., v° Sociétés commerciales.*

1. Rapports juridiques visés. L'art. 369 de la L. du 24 juill. 1966 [C. com., art. L. 235-12] est étranger aux rapports pouvant exister entre la société et ses associés. • Paris, 29 mars 1991 : *BJS 1991. 534, note Le Cannu.*

2. Opposabilité. Une cour d'appel estime souverainement que les dirigeants des sociétés à qui l'on prétend opposer la nullité d'une émission de valeurs mobilières n'ont pas eu connaissance des risques d'annulation encourus par eux en souscrivant les titres litigieux. • Com. 15 juill. 1992, n° 90-15.589 : *Rev. sociétés 1992. 757, note Le Cannu*.

Art. L. 235-13 **L'action en responsabilité fondée sur l'annulation de la société ou des actes et délibérations postérieurs à sa constitution se prescrit par trois ans à compter du jour où la décision d'annulation est passée en force de chose jugée.**

La disparition de la cause de nullité ne met pas obstacle à l'exercice de l'action en dommages intérêts tendant à la réparation du préjudice causé par le vice dont la société, l'acte ou la délibération était entaché. Cette action se prescrit par trois ans à compter du jour où la nullité a été couverte. – *[L. n° 66-537 du 24 juill. 1966, art. 370.] – Comp. C. civ., art. 1844-17, App., v° Sociétés commerciales.*

Prescription. Le point de départ du délai de prescription de l'action en responsabilité fondée sur l'art. L. 235-13 se situe au jour où la décision d'annulation est passée en force de chose jugée et non au jour où la décision irrégulière a été adoptée. • Com. 19 mars 2013, n° 12-16.910 : *Rev. sociétés 2014. 169, note Champetier de Ribes-Justeau*.

Art. L. 235-14 *(Ord. n° 2004-274 du 25 mars 2004, art. 20-II)* **Le fait pour le président des organes de direction et d'administration ou le président de séance de ces organes de ne pas constater les délibérations de ces organes par des procès-verbaux est sanctionné par la nullité des délibérations desdits organes.**

L'action est ouverte à tout administrateur, membre du directoire ou membre du conseil de surveillance.

Cette action en nullité peut être exercée jusqu'à l'approbation du procès-verbal de la deuxième réunion du conseil d'administration, du directoire ou du conseil de surveillance qui suit celle dont les délibérations sont susceptibles d'être annulées.

Elle est soumise aux articles L. 235-4 et L. 235-5.

CHAPITRE VI DE LA FUSION ET DE LA SCISSION

RÉP. SOCIÉTÉS v[is] *Fusion, scission et apport partiel d'actif*, par MOULIN ; *Fusion, scission et apport partiel d'actif (régime fiscal)*, par KORNPROBST.

BIBL. GÉN. ▸ LEFEBVRE ET ALLIX, *BJS 1999. 235* (sort des locations-gérances en cas de fusion-acquisition). – PIETRANCOSTA et GERSCHEL, *Dr. et patr. 6/2002. 32* (la « dissolution-confusion » en passe de supplanter la fusion). – LE NABASQUE, *Rev. sociétés 2005. 81* (incidence des normes européennes sur le droit français). – BÉRARD, *RTD com. 2007. 279* (les fusions à l'épreuve de l'*intuitus personae*). – GUENGANT, *Dr. sociétés 2008. Étude 9* (aménagement du régime juridique des opérations nationales de fusions et scissions par la L. du 3 juill. 2008). – PUBELLIER et SURU, *JCP E 2008, n° 501* (même thème). – DEROUIN, *BJS 2008. 1026* (fusions triangulaires). – MALKA, *LPA 17 juill. 2009* (fusions rapides). – LECOURT, *Rev. sociétés 2011. 654* (L. du 17 mai 2011). – BARRIÈRE, *Rev. sociétés 2013. 667* (fusion-filialisation). – LECÈNE-VILLEMONTEIX et POHÉ, *Mél. Le Cannu, Dalloz-LGDJ, 2014, p. 357* (absorption d'une personne morale administrateur ou membre du conseil de surveillance). – MOULIN, *ibid., p. 741* (la fusion à l'épreuve de la liberté contractuelle). ▸ Sur les modifications issues de la loi Pacte du 22 mai 2019 : TADROS, *D. 2019. Chron. 1894*. – REYGROBELLET, *Rev. sociétés 2019. 609* (délégations de l'assemblée générale). ▸ Sur les modifications issues de la loi du 19 juill. 2019 : HAMELIN, *Dr. sociétés 2019, n° 188.*

SECTION PREMIÈRE DISPOSITIONS GÉNÉRALES

Art. L. 236-1 **Une ou plusieurs sociétés peuvent, par voie de fusion, transmettre leur patrimoine à une société existante ou à une nouvelle société qu'elles constituent.**

Une société peut aussi, par voie de scission, transmettre son patrimoine à plusieurs sociétés existantes ou à plusieurs sociétés nouvelles.

Ces possibilités sont ouvertes aux sociétés en liquidation à condition que la répartition de leurs actifs entre les associés n'ait pas fait l'objet d'un début d'exécution.

Les associés des sociétés qui transmettent leur patrimoine dans le cadre des opérations mentionnées aux trois alinéas précédents reçoivent des parts ou des actions de la ou des sociétés bénéficiaires et, éventuellement, une soulte en espèces dont le montant ne peut dépasser 10 % de la valeur nominale des parts ou des actions attribuées. – *[L. n° 66-537 du 24 juill. 1966, art. 371.] – Comp. C. civ., art. 1844-4, al. 1er et 2, App., v° Sociétés commerciales.*

1. Notion de fusion. Le terme suppose la réunion d'au moins deux sociétés préexistantes, soit que l'une absorbe l'autre, soit que l'une et l'autre se confondent pour constituer une société unique. • Civ. 28 janv. 1946 : *D. 1946. 168.* ♦ Il y a fusion lorsque deux sociétés se réunissent pour n'en former qu'une seule, soit par création d'une société nouvelle, soit par absorption. Les éléments caractéristiques de la fusion sont la transmission de l'ensemble des éléments d'actif et de passif de la société absorbée à la société absorbante, la dissolution de la société absorbée et l'échange de droits sociaux, c'est-à-dire que les associés de la société absorbée deviennent associés de la société absorbante avec attribution de parts dans la mesure où existe un actif net de la société absorbée. • Versailles, 24 juin 1993 : *D. 1993. IR 216 ; BJS 1993. 1013, note Le Cannu.* ♦ Les conditions d'une fusion ne sont pas remplies lorsqu'il n'y a plus d'actif net de la société prétendument absorbée, mais au contraire une situation négative, et qu'il ne peut donc y avoir attribution de parts aux actionnaires de cette société. • Même arrêt.

2. Distinction avec la vente d'actif. L'opération consistant en une cession d'actif immobilier à une autre société, accompagnée du paiement du passif social et du remboursement des apports des actionnaires, ne réalise pas une fusion ou une scission. • Com. 3 nov. 1975, n° 74-11.927 P : *BJS 1976. 196.* ♦ Le régime juridique de la fusion-absorption – même si celle-ci opère transmission d'un fonds – exclut l'application des règles propres à la cession de fonds de commerce, et notamment l'information de l'acquéreur grâce aux mentions exigées par la L. du 29 juin 1935 [C. com., art. L. 141-1]. • Paris, 10 avr. 1986 : *cité note 8 ss. art. L. 141-1.*

3. Distinction avec la cession de contrôle. Sur ce point, V. • Com. 21 janv. 1970, n° 68-11.085 P : *cité note 30 ss. art. L. 228-10.*

4. Parité d'échange. Dans une opération de fusion, il importe avant tout que les patrimoines des deux sociétés aient été évalués selon les mêmes critères. • Paris, 17 janv. 1972 : *JCP 1972. II. 17283, note Burst ; Gaz. Pal. 1972. 2. 500, note Delaisi.* ♦ Mais la méthode d'évaluation « multicritères » n'est pas la seule méthode acceptable ; il est possible, dans des cas exceptionnels, de fixer la parité en fonction du seul critère de l'actif net. • Paris, 13 nov. 1990 : *Rev. sociétés 1991. 137, obs. Guyon ; RJDA 1991, n° 123.* ♦ En raison des difficultés d'évaluation des actifs incorporels, une parité d'échange un peu défavorable aux actionnaires de l'absorbée, qui ne crée qu'un écart si minime qu'il exclut toute intention dolosive, n'est pas susceptible d'entraîner l'annulation de l'opération. De plus, les pertes subies durant deux exercices, suivant un exercice bénéficiaire après la fusion, ne créent pas un préjudice spécifique des actionnaires de la société absorbée imputable à la fusion-absorption. • Versailles, 1er oct. 1986 : *BJS 1987. 27, note Le Cannu.* ♦ Une opération est régulière, et les minoritaires ne sont pas désavantagés, même s'ils n'ont pas reçu au minimum une contrepartie correspondant à la cotation boursière de leurs actions, dès lors que les commissaires à la fusion estiment qu'ils ont été équitablement traités, après avoir passé en revue différents critères d'évaluation de celles-ci. • Douai, 7 juill. 1994 : *Rev. sociétés 1994. 713, note Randoux ; RJDA 1994, n° 1297 ; BJS 1994. 994, note Le Cannu.*

5. Responsabilité des dirigeants de l'absorbée. Une surévaluation d'actif causée par la prise en compte, dans la détermination des bases de la fusion, de biens appartenant à des sociétés liées à la société absorbée, et qui n'ont pas été effectivement apportés à la fusion, peut être de nature à causer un préjudice à la société absorbante et non aux seules parties à la convention litigieuse, et justifier la responsabilité d'un dirigeant de la société absorbée. • Com. 8 mars 1982 : *BJS 1982. 499.*

6. Procédures collectives. Une société en redressement ou en liquidation judiciaires ne peut pas être absorbée par voie de fusion tant qu'une décision judiciaire de clôture de la procédure par désintéressement des créanciers n'est pas intervenue (Avis CCRCS n° 2015-03 : *BRDA 2015, n° 14, p. 4*).

7. Transmission universelle de patrimoine. V. notes 3 s. ss. art. L. 236-3.

Art. L. 236-2 **Les opérations visées à l'article L. 236-1 peuvent être réalisées entre des sociétés de forme différente.**

Elles sont décidées, par chacune des sociétés intéressées, dans les conditions requises pour la modification de ses statuts.

Si l'opération comporte la création de sociétés nouvelles, chacune de celles-ci est constituée selon les règles propres à la forme de société adoptée. – *Comp. C. civ., art. 1844-4, al. 3 à 5, App., v° Sociétés commerciales.*

Lorsque les opérations comportent la participation de sociétés anonymes et de sociétés à responsabilité limitée, les dispositions des articles L. 236-10, L. 236-11, *(L. n° 2008-649 du 3 juill. 2008, art. 10)* **« L. 236-13, » L. 236-14,** *(L. n° 2008-649 du 3 juill. 2008, art. 10)* **« L. 236-15, L. 236-18, L. 236-19, » L. 236-20 et L. 236-21 sont applicables.** – *[L. n° 66-537 du 24 juill. 1966, art. 372 et 389.]*

1. Sociétés d'investissement. L'assemblée générale extraordinaire des actionnaires d'une société d'investissement peut mettre fin, par voie de fusion-absorption avec une SA de droit commun, à son statut légal particulier en cessant d'exister comme société d'investissement. • Com. 13 oct. 1971 : *D. 1972. 93, note Vasseur ; RTD com. 1972. 124, obs. Houin ; Rev. sociétés 1972. 261, note Gavalda ; JCP 1972. II. 16949, note Oppetit.*

2. SCOP. Sur l'absorption d'une SA par une société coopérative ouvrière de production, V. • T. com. Paris, 24 nov. 1980 : *Gaz. Pal. 1981. 1. 117, note A.P.S. ; BJS 1980. 701.*

3. SAPO. Sur l'absorption d'une SA par une société anonyme à participation ouvrière, V. • Paris, 28 déc. 1992 : *BJS 1993. 435, note Le Cannu.*

4. Fusion d'une SA et d'une SARL. Lorsque la société absorbante détient la totalité du capital de la société absorbée, la fusion entre une SA et une SARL ne donne lieu ni à l'approbation par l'assemblée générale extraordinaire de la société absorbée, ni à l'établissement de rapports par le conseil d'administration ou le directoire des sociétés concernées, ni à l'intervention de commissaire à la fusion (Rép. min. : *JO Sénat Q 29 mars 1990, p. 669 ; Rev. sociétés 1990. 346*). ♦ L'art. 379 de la L. du 24 juill. 1966 [C. com., art. L. 236-12] n'étant pas déclaré applicable par l'art. 389 [L. 236-2, al. 3] aux opérations de fusion ou de scission comportant la participation de SA et de SARL, il apparaît que, en cas de fusion réalisée entre une SA et une SARL conduisant à la création d'une société nouvelle ayant la forme d'une SA, celle-ci, devant comporter au moins sept actionnaires, doit bien bénéficier d'autres apports que ceux de ces deux seules sociétés (Rép. min. n° 5301 : *JO Sénat Q 26 mai 1994, p. 1301 ; BJS 1994. 658*).

5. Fusion d'une SA et d'une SNC. La loi n'impose pas la désignation d'un commissaire à la fusion dans le cas où l'une des sociétés participant à une opération de cette nature n'est pas une SA ou une SARL. • Paris, 21 sept. 2001 : *D. 2001. AJ 3128 ; Dr. sociétés 2002, n° 70, obs. Monnet.*

Art. L. 236-3 I. — La fusion ou la scission entraîne la dissolution sans liquidation des sociétés qui disparaissent et la transmission universelle de leur patrimoine aux sociétés bénéficiaires, dans l'état où il se trouve à la date de réalisation définitive de l'opération. Elle entraîne simultanément l'acquisition, par les associés des sociétés qui disparaissent, de la qualité d'associés des sociétés bénéficiaires, dans les conditions déterminées par le contrat de fusion ou de scission.

II. — Toutefois, il n'est pas procédé à l'échange de parts ou d'actions de la société bénéficiaire contre des parts ou actions des sociétés qui disparaissent lorsque ces parts ou actions sont détenues :

1° Soit par la société bénéficiaire ou par une personne agissant en son propre nom mais pour le compte de cette société ;

2° Soit par la société qui disparaît ou par une personne agissant en son propre nom mais pour le compte de cette société ; — *[L. n° 66-537 du 24 juill. 1966, art. 372-1.]*

(L. n° 2019-744 du 19 juill. 2019, art. 32) « 3° Soit par une société qui détient la totalité des parts ou actions de la société bénéficiaire et de la société qui disparaît ou par une personne agissant en son propre nom mais pour le compte de cette société. »

BIBL. ▸ DAIGRE, *JCP E 1992. I. 165* (absorption d'une société ayant un actif net négatif). – SYLVESTRE, *BJS 2002. 1003* (une société absorbante peut-elle avoir un actif net négatif ?).

I. DISSOLUTION DE LA SOCIÉTÉ ABSORBÉE

1. Dissolution sans liquidation. L'absorption d'une société par une autre, qui prend en charge la totalité de son actif et de son passif, n'entraîne pas sa liquidation. • Com. 11 févr. 1986, n° 84-12.337 P : *D. 1986. IR 96 ; Rev. sociétés 1986. 626, obs. Guyon ; BJS 1986. 627, note P.L.C.* ♦ Une société absorbée étant dissoute sans liquidation, c'est à bon droit qu'une cour d'appel se borne à relever l'absence de personnalité morale de cette société pour déclarer irrecevable l'appel interjeté par celle-ci. • Même arrêt.

2. Actions en justice. Viole l'art. 32 NCPC [C. pr. civ.] la cour d'appel qui, retenant qu'une assignation avait été délivrée par une personne morale absorbée, et donc inexistante en fait et en droit, a considéré que l'irrégularité avait été couverte par l'intervention volontaire de la société absorbante, alors que l'irrégularité d'une procédure tenant à l'inexistence d'une personne morale qui agit en justice ne peut être couverte. • Com. 7 déc. 1993, n° 91-19.339 : *JCP 1994. II. 22285, note Putman ; BJS 1994. 282, note Mestre ; Dr. sociétés 1994, n° 23, obs. Bonneau.*

II. TRANSMISSION UNIVERSELLE DE PATRIMOINE

3. Société absorbante ayant cause universel de la société absorbée. La société absorbante devient l'ayant-cause à titre universel de la société absorbée, tenue de toutes les obligations de cette dernière, non réservées lors de la fusion. • Com. 13 févr. 1963, n° 61-11.768 P : *D. 1963. Somm. 95* • 7 déc. 1966 : *D. 1968. 118.*

♦ En sa qualité d'ayant cause universel de la société absorbée, la société absorbante acquiert de plein droit, à la date d'effet de la fusion, la qualité de partie aux instances antérieurement engagées par la société absorbée et peut se prévaloir des condamnations prononcées au profit de celle-ci. • Com. 21 oct. 2008, n° 07-19.102 P : *D. 2008. AJ 2792, obs. Lienhard ; Rev. sociétés 2009. 351, note Thomas ; JCP E 2008, n° 2545, spec. n° 3, obs. Deboissy et Wicker ; Dr. sociétés 2008, n° 253, obs. Hovasse ; BJS 2008. 114, note Vamparys.* ♦ Lorsque l'opération de fusion-absorption se réalise au cours de la procédure engagée contre la société absorbée et que la société absorbante intervient à l'instance, la fin de non-recevoir tirée de l'absence de droit d'agir de la société absorbée est écartée, en application de l'art. 126, al. 2, C. pr. civ. • Soc. 22 sept. 2015, n° 13-25.429 P : *D. 2015. Actu. 1952* .

4. Non-application des formalités de la cession de créance. L'art. 1690 C. civ. n'a pas d'application lorsqu'à la suite d'une fusion de sociétés, la société absorbante vient activement et passivement au lieu et place de la société absorbée. Par suite, encourt la cassation l'arrêt qui se fonde sur ledit art. 1690 pour déclarer irrecevable l'action en paiement d'une créance de la société absorbée, intentée par la société nouvelle. • Civ. 1re, 7 mars 1972 : *D. 1972. 545 ; JCP 1972. II. 17270, note Guyon.*

5. Transmission des dettes de la société absorbée. Dès lors qu'il y a fusion véritable entre deux sociétés préexistantes pour constituer une société nouvelle unique, celle-ci devient l'ayant cause à titre universel des sociétés absorbées, tenue de toutes les obligations de ces dernières, non réservées lors de la fusion. • Com. 13 févr. 1963, n° 61-11.768 P : *préc. note 3.*

6. Dette de responsabilité. S'il résulte de l'art. L. 236-3 C. com. que, en cas de fusion entre deux sociétés par absorption de l'une par l'autre, la dette de responsabilité de la société absorbée est transmise de plein droit à la société absorbante, l'assurance de responsabilité de la société absorbante, souscrite avant la fusion, n'a pas vocation à garantir le paiement d'une telle dette, dès lors que le contrat d'assurance couvre, sauf stipulation contraire, la responsabilité de la seule société assurée, unique bénéficiaire, à l'exclusion de toute autre, même absorbée ensuite par l'assurée, de la garantie accordée par l'assureur en fonction de son appréciation du risque. • Civ. 3e, 26 nov. 2020, n° 19-17.824 P : *D. 2020. Actu. 2397 ; RTD com. 2021. 147, obs. A. Lecourt ; JCP E 2021. 1108, note Touzain ; BJS 1/2021. 45, note Reygrobellet ; Dr. sociétés 2021, n° 7, note Hamelin ; RJDA 2021, n° 172 ; Gaz. Pal. 30 mars 2021, p. 57, obs. Schlumberger.*

7. Contrats conclus intuitu personae. Les stipulations d'un contrat, intitulé « contrat d'agent revendeur » et prévoyant qu'il est « conclu *intuitu personae* » et que les droits et obligations du revendeur ne sont « pas cessibles ou transférables que ce soit totalement ou partiellement, sans accord préalable et écrit du concessionnaire », font obstacle à sa transmission sans l'accord de la société contractante. • Com. 13 déc. 2005, n° 03-16.878 P : *cité note 21 ss. art. L. 330-2.* ♦ Le contrat de franchise, conclu en considération de la personne du franchiseur, ne peut être transmis par fusion-absorption à une société tierce, qu'avec l'accord du franchisé (cassation pour violation de l'art. 1844-4 C. civ.). • Com. 3 juin 2008, n° 06-18.007 P : *cité note 45 ss. art. L. 330-3.*

8. Sort des cautionnements. V. notes 2 s. ss. art. L. 236-14.

9. Sort de la garantie autonome. Sauf convention contraire, la garantie autonome, qui ne suit pas l'obligation garantie, n'est pas transmise en cas de scission de la société bénéficiaire de la garantie. • Com. 31 janv. 2017, n° 15-19.158 P : *D. 2017. Pan. 2345, obs. Lamazerolles ; AJ contrat 2017. 190, obs. Borga ; RTD com. 2017. 393, obs. Moury ; RTD civ. 2017. 399, obs. Barbier ; JCP E 2017. 1424, note Moulin ; JCP 2017. 310, note Simler ; BJS 2017. 234, note Dondero ; RJDA 2017, n° 250 ; Banque et Dr. 3-4/2017. 81, obs. Rontchevsky ; Dr. sociétés 2017, n° 63, note Coupet ; Dr. et patr. 5/2017. 92, obs. Aynès.* – V. Ansault, *RDBF 2017. Étude 6.*

10. Responsabilité pénale. Le juge qui constate qu'il a été procédé à une opération de fusion-absorption entrant dans le champ de la Dir. 2007/1132/UE du 14 juin 2017 ayant entraîné la dissolution de la société mise en cause, peut, après avoir constaté que les faits objet des poursuites sont caractérisés, déclarer la société absorbante coupable de ces faits et la condamner à une peine d'amende ou de confiscation. • Crim. 25 nov. 2020, n° 18-86.955 P : *D. 2021. 161, avis R. Salomon et note Beaussonie ; ibid. Chron. C. cass. 379, obs. Fouquet ; Rev. sociétés 2021. 115, note Matsopoulou ; RTD com. 2020. 961, obs. Saenko ; AJ pénal 2020. 576, obs. Apelbaum et Battaglia ; RTD civ. 2021. 133, obs. Barbier ; JCP E 2021. 1006, note Stasiak ; JCP 2021. 17, note Rebut ; ibid. 27, Étude Saint-Pau ; BJS 1/2021. 41, note Couret ; Dr. sociétés 2021, n° 13, note R. Salomon ; RJDA 2021, n° 96 ; Banque et Dr. 1-2/2021. 48, obs. Jouffin et Roussille ; Gaz. Pal. 30 mars 2021, p. 50, obs. Gallois.* – V. Bouloc, *Rev. sociétés 2021. 79* ; R. Salomon, Trochon et Schiller, *JCP E 2021. 1417.* ♦ Cette interprétation nouvelle, qui constitue un revirement de jurisprudence, ne s'applique qu'aux opérations de fusion conclues postérieurement au 25 nov. 2020, afin de ne pas porter atteinte au principe de prévisibilité juridique découlant de l'art. 7 Conv. EDH. • Même arrêt. ♦ En tout état de cause, quelle que soit la date de la fusion ou la nature de la société concernée, la responsabilité pénale de la société absorbante peut être engagée si l'opération de fusion-absorption a eu pour objectif de faire échapper la société absorbée à sa responsabilité pénale et qu'elle constitue ainsi une fraude à la loi. • Même arrêt. ♦ *Contra*, pour la position antérieure de la chambre criminelle de la Cour de cassation, écartant la possibilité d'engager des poursuites pénales à l'encontre de la société absorbante pour des faits commis par la société absorbée : • Crim. 25 oct. 2016, n° 16-80.366 P : *D. 2016. 2606, note Dalmau ; ibid. 2017. Chron. C. cass. 245, obs. Guého ; Rev. sociétés 2017. 234, note Matsopoulou ; AJ pénal 2017. 36, obs. Lasserre Capdeville ; RTD civ. 2017. 399, obs. Barbier ; JCP E 2017. 1087, n° 1, obs. Deboissy et Wicker ; Dr. sociétés 2017, n° 34, note R. Salomon.*

11. Condamnation pécuniaire. Eu égard tant à la mission de régulation des marchés financiers dont est investi le Conseil des marchés financiers, qu'au fait qu'à la suite de la fusion, la société ayant commis des manquements a, conformément aux dispositions de l'art. 372-1 de la L. de 1966 [C. com., art. L. 236-3], été absorbée intégralement sans être ni liquidée, ni scindée, le principe de personnalité des peines ne fait pas obstacle à ce que le Conseil prononce une sanction pécuniaire à l'encontre de la société absorbante. • CE 22 nov. 2000, n° 207697 : *D. 2001. Somm. 1609, obs. Reygrobellet ; JCP 2001. II. 10531, note Salomon ; RJDA 2001, n° 331 ; LPA 27 avr. 2001, note Barbièri.* ♦ En revanche, un blâme ne saurait être infligé à la société absorbante, en raison des manquements commis par la société absorbée avant son rachat. • Même arrêt. ♦ Pour la condamnation de la société absorbante au paiement d'une amende civile sanctionnant des pratiques commerciales abusives commises par la société absorbée, V. • Com. 21 janv. 2014, n° 12-29.166 P : *cité note 21 ss. anc. art. L. 442-6, reproduit ss. art. L. 442-4.* ♦ Le caractère personnel de l'astreinte ne s'oppose pas à ce que sa liquidation, qui tend à une condamnation pécuniaire, puisse être poursuivie à l'encontre de la société absorbante pour des faits commis par la société absorbée antérieurement à la date de la publication de la fusion-absorption. • Civ. 2e, 1er sept. 2016, n° 15-19.524 P : *D. 2016. Actu. 1759 ; RTD civ. 2016. 861, obs. Barbier ; Dr. sociétés 2016, n° 182, note Mortier ; RDBF 2016, n° 253, obs. S. Piedelièvre ; RJDA 2017, n° 19.*

Art. L. 236-4 La fusion ou la scission prend effet :

1° En cas de création d'une ou plusieurs sociétés nouvelles, à la date d'immatriculation, au registre du commerce et des sociétés, de la nouvelle société ou de la dernière d'entre elles ;

2° Dans les autres cas, à la date de la dernière assemblée générale ayant approuvé l'opération sauf si le contrat prévoit que l'opération prend effet à une autre date, laquelle ne doit être ni postérieure à la date de clôture de l'exercice en cours de la ou des sociétés bénéficiaires ni antérieure à la date de clôture du dernier exercice clos de la ou des sociétés qui transmettent leur patrimoine. — *[L. n° 66-537 du 24 juill. 1966, art. 372-2.]*

BIBL. ▶ Trousset, *JCP E 1999, n° 44-45, p. 1760* (recours à la location-gérance pour anticiper les effets d'une fusion en cours de réalisation). – Schiller, *JCP E 2013, n° 1513* (rétroactivité des fusions).

1. Perte de la personnalité morale. Dans le cas d'une fusion-absorption sans création de société nouvelle, la société absorbée perd la personnalité morale à la date à laquelle les associés ont approuvé l'opération, peu important la date à laquelle est intervenue sa radiation du RCS. • Civ. 3e, 17 mai 2006, n° 05-10.936 P : *D. 2007. Pan. 268, obs. Hallouin et Lamazerolles ; JCP E 2007, n° 2, p. 28, obs. Caussain, Deboissy et Wicker ; LPA 29 sept. 2006, note Gibirila ; BJS 2006. 1450, note Vamparys.* ♦ Dès cette date, la société absorbée ne peut plus effectuer aucun acte juridique, ce à peine de nullité non susceptible de régularisation de celui-ci. • Civ. 2e, 27 juin 2019, n° 18-18.449 : *Rev. sociétés 2019. 736, note Reygrobellet ; Dr. sociétés 2019, n° 203, note Hamelin.* ♦ Il résulte de l'art. L. 236-4 C. com. qu'en cas de fusion sans création d'une société nouvelle, l'opération prend effet à la date de la dernière assemblée générale ayant approuvé l'opération, sauf si le contrat prévoit que l'opération prend effet à une autre date. • Com. 7 juill. 2021, n° 19-11.906 : *Rev. sociétés 2022. 221, note Moulin ; Dr. sociétés 2021, n° 134, note Hamelin ; Gaz. Pal. 14 déc. 2021, p. 55, obs. Lemaréchal et Pérez.* ♦ La dissolution de la société absorbée n'est toutefois opposable aux tiers que par sa mention au RCS (solution fondée sur l'art. L. 237-2, al. 3). • Com. 23 janv. 2007, n° 05-16.460 : *Rev. sociétés 2007. 531, note Saintourens .*

2. Période intercalaire. **BIBL.** Pinoteau, *Rev. sociétés 1983. 532.* – Sollé, *RJDA 1992, p. 335.* – Bouère, *JCP E 1992. I. 163.* – Cozian, *BJS 1992. 1263.* – Ledouble, *JCP E 1993. I. 224.* – Paillusseau, *JCP E 2000, n° 40, p. 1557* (conception juridique et conception fiscale). ♦ La clause de rétroactivité, stipulée dans le contrat de fusion, ne peut en aucun cas conduire à rectifier les résultats acquis à la clôture de l'exercice précédent. Ces résultats affectent la détermination des bases imposables de chacune des sociétés concernées par l'opération, et non les seuls résultats de la société absorbante. • CE 26 mai 1993, n° 78156 : *JCP E 1993. Pan. 852 ; BJS 1993. 790.* ♦ En revanche, les opérations réalisées au cours d'un exercice peuvent être intégrées dans les résultats de la société absorbante. • CE 16 juin 1993 : *Rev. sociétés 1993. 632, concl. Arrighi de Casanova ; JCP E 1993. 853.* ♦ Sur l'impossibilité de renoncer à la rétroactivité stipulée dans le traité de fusion, V. • CE 18 mars 1992, n° 62402 : *BJS 1992. 563, note Derouin.*

3. Effet à l'égard des cautions. La date d'effet de la fusion, dont peut se prévaloir la caution, est celle de l'assemblée générale de la société absorbante qui a approuvé la fusion, date à laquelle s'est opérée la transmission universelle du patrimoine de la société absorbée à la société absorbante. • Com. 23 mars 1999, n° 96-20.555 P : *D. 1999. 699, note Grataloup ; Rev. sociétés 1999. 339, note Le Cannu ; JCP E 1999, n° 23, p. 1012, note Couret ; Dr. sociétés 1999, n° 110, obs. Bonneau ; BJS 1999. 679, note Routier.* ♦ Comp., retenant la date mentionnée dans la publicité légale, seule opposable aux tiers : • Com. 4 juin 2013, n° 12-16.611 : *RJDA 2013, n° 804 ; BJS 2013. 812, note Dondero.*

Art. L. 236-5 Par dérogation aux dispositions du deuxième alinéa de l'article, L. 236-2, si l'opération projetée a pour effet d'augmenter les engagements d'associés ou d'actionnaires de l'une ou de plusieurs sociétés en cause, elle ne peut être décidée qu'à l'unanimité desdits associés ou actionnaires. — *[L. n° 66-537 du 24 juill. 1966, art. 373.]*

Engagement des associés. Une diminution des droits des actionnaires ne constitue pas, en principe, une augmentation des engagements de ceux-ci (à propos de l'introduction dans les statuts de clauses restreignant la cessibilité des actions). • Versailles, 27 janv. 2005 : *D. 2005. Pan. 2958, obs. Hallouin et Lamazerolles ; RTD com. 2005. 361, obs. Le Cannu ; Rev. sociétés 2005. 699, obs. Urbain-Parleani ; JCP E 2005, n° 39, p. 1586, note Mathey ; Dr. sociétés 2005, n° 136, obs. Hovasse.*

Art. L. 236-6 Toutes les sociétés qui participent à l'une des opérations mentionnées à l'article L. 236-1 établissent un projet de fusion ou de scission.

Ce projet est déposé au greffe du tribunal de commerce du siège desdites sociétés et fait l'objet d'une publicité dont les modalités sont fixées par décret en Conseil d'État.

A peine de nullité, les sociétés *(L. n° 2014-1545 du 20 déc. 2014, art. 23-II)* « anonymes et les sociétés européennes » participant à l'une des opérations mentionnées au premier et au deuxième alinéa de l'article L. 236-1 *(Abrogé par L. n° 2019-486 du 22 mai 2019, art. 101) (L. n° 2014-1545 du 20 déc. 2014, art. 23-II) « ainsi que les sociétés participant à une opération de fusion transfrontalière au sein de l'Union européenne »* sont tenues de déposer au greffe une déclaration dans laquelle elles relatent tous les actes effectués en vue d'y procéder et par laquelle elles affirment que l'opération a été réalisée en conformité des lois et règlements. Le greffier, sous sa responsabilité, s'assure de la conformité de la déclaration aux dispositions du présent article. — *[L. n° 66-537 du 24 juill. 1966, art. 374.] — V. art. R. 236-1, R. 236-2 et R. 236-4.*

(L. n° 2019-486 du 22 mai 2019, art. 101) « La déclaration prévue au troisième alinéa du présent article est également établie par les sociétés participant à une opération de fusion transfrontalière au sein de l'Union européenne. »

Déclaration de conformité. La déclaration de conformité de l'art. L. 236-6, al. 3, peut être commune aux deux sociétés participant à l'opération de fusion. • Com. 27 mai 2008, n° 07-11.428 P : *RTD civ. 2008. 481, obs. Fages ; RJDA 2008, n° 899 ; Dr. sociétés 2008, n° 174.*

Art. L. 236-6-1 *(L. n° 2012-387 du 22 mars 2012, art. 16-I)* La société qui apporte une partie de son actif à une autre société et la société qui bénéficie de cet apport peuvent décider d'un commun accord de soumettre l'opération aux dispositions des articles L. 236-1 à L. 236-6.

Art. L. 236-7 Les dispositions du présent chapitre relatives aux obligataires sont applicables aux titulaires de titres participatifs. — *[L. n° 66-537 du 24 juill. 1966, art. 389-1.]*

SECTION II DISPOSITIONS PARTICULIÈRES AUX SOCIÉTÉS ANONYMES

Art. L. 236-8 Les opérations visées à l'article L. 236-1 et réalisées uniquement entre sociétés anonymes sont soumises aux dispositions de la présente section. — *[L. n° 66-537 du 24 juill. 1966, art. 375.]*

Art. L. 236-9 *(L. nº 2019-486 du 22 mai 2019, art. 102)* « I. – » La fusion est décidée par l'assemblée générale extraordinaire de chacune des sociétés qui participent à l'opération.

La fusion est soumise, le cas échéant, dans chacune des sociétés qui participent à l'opération, à la ratification des assemblées spéciales d'actionnaires mentionnées aux articles L. 225-99 et L. 228-15.

Le projet de fusion est soumis aux assemblées spéciales des porteurs de certificats d'investissement statuant selon les règles de l'assemblée générale des actionnaires, à moins que la société absorbante n'acquière ces titres sur simple demande de leur part, dans les conditions de publicité dont les modalités sont fixées par décret en Conseil d'État, et que cette acquisition ait été acceptée par leur assemblée spéciale. Tout porteur de certificats d'investissement qui n'a pas cédé ses titres dans le délai fixé par décret en Conseil d'État le demeure dans la société absorbante aux conditions fixées par le contrat de fusion, sous réserve des dispositions du dernier alinéa de l'article L. 228-30.

(L. nº 2011-525 du 17 mai 2011, art. 64-I, en vigueur le 31 août 2011) « Sauf si les actionnaires des sociétés participant à l'opération de fusion en décident autrement dans les conditions prévues au II de l'article L. 236-10, le conseil d'administration ou le directoire de chaque société participant à l'opération établit un rapport écrit qui est mis à la disposition des actionnaires.

« Les conseils d'administration ou les directoires des sociétés participant à l'opération informent leurs actionnaires respectifs, avant la date de l'assemblée générale prévue au premier alinéa, de toute modification importante de leur actif et de leur passif intervenue entre la date de l'établissement du projet de fusion et la date de la réunion des assemblées générales mentionnées au même alinéa.

« Ils en avisent également les conseils d'administration ou les directoires des autres sociétés participant à l'opération afin que ceux-ci informent leurs actionnaires de ces modifications.

« Les modalités de mise en œuvre de ces informations sont déterminées par décret en Conseil d'État. » – *[L. nº 66-537 du 24 juill. 1966, art. 376.] – V. art. R. 236-5.*

(L. nº 2019-486 du 22 mai 2019, art. 102) « II. – Par dérogation au premier alinéa du I, l'assemblée générale extraordinaire de la société absorbante peut déléguer sa compétence au conseil d'administration ou au directoire, selon le cas, pour décider d'une fusion par absorption pendant une durée qu'elle fixe et qui ne peut excéder vingt-six mois. L'assemblée générale extraordinaire de la société absorbante qui décide une fusion par absorption peut également déléguer le pouvoir au conseil d'administration ou au directoire, selon le cas, de déterminer les modalités définitives du projet de fusion, pour une durée qu'elle fixe et qui ne peut excéder cinq ans.

« Lorsqu'il sollicite l'une ou l'autre de ces délégations, le conseil d'administration ou le directoire établit un rapport écrit qui est mis à la disposition des actionnaires.

« Lorsque l'assemblée générale extraordinaire fait usage d'une des facultés prévues au premier alinéa du présent II et que la fusion nécessite une augmentation de capital, elle délègue également, par une résolution particulière et dans les conditions prévues aux articles L. 225-129 à L. 225-129-5, son pouvoir ou sa compétence de décider de l'augmentation de capital permettant d'attribuer des titres de capital aux associés de la ou des sociétés absorbées.

« Lorsque l'assemblée générale extraordinaire fait usage d'une des facultés prévues au premier alinéa du présent II, un ou plusieurs actionnaires de la société absorbante réunissant au moins 5 % du capital social peuvent demander en justice, dans un délai fixé par décret en Conseil d'État, la désignation d'un mandataire aux fins de convoquer l'assemblée générale extraordinaire de la société absorbante pour qu'elle se prononce sur l'approbation de la fusion ou du projet de fusion. » – *V. art. R. 236-5-2.*

Modification des conditions de la fusion. Les assemblées générales des sociétés qui participent à l'opération de fusion peuvent, sans méconnaître les pouvoirs des organes sociaux ayant arrêté le projet de fusion, approuver la fusion après avoir modifié les conditions de l'opération, notamment pour tenir compte des observations du commissaire à la fusion. • Com. 6 oct. 2015, nº 14-11.680 P : *Rev. sociétés 2016. 159, note Reygrobellet ; JCP E 2016, nº 1037, note Dondero ; RJDA 2015, nº 832 ; Dr. sociétés 2015, nº 212, obs. Gallois-Cochet.*

Art. L. 236-10 *(L. nº 2008-649 du 3 juill. 2008, art. 8)* I. — Sauf si les actionnaires des sociétés participant à l'opération de fusion en décident autrement dans les conditions prévues au II du présent article, un ou plusieurs commissaires à la fusion, désignés par décision de justice et soumis à l'égard des sociétés participantes aux incompatibilités prévues à l'article *(L. nº 2016-1691 du 9 déc. 2016, art. 143-2º)* « L. 822-11-3 », établissent sous leur responsabilité un rapport écrit sur les modalités de la fusion.

Les commissaires à la fusion vérifient que les valeurs relatives attribuées aux actions des sociétés participant à l'opération sont pertinentes et que le rapport d'échange est équitable. Ils peuvent obtenir à cette fin, auprès de chaque société, communication de tous documents utiles et procéder à toutes vérifications nécessaires.

Le ou les rapports des commissaires à la fusion sont mis à la disposition des actionnaires. Ils indiquent :

1º La ou les méthodes suivies pour la détermination du rapport d'échange proposé ;

2º Le caractère adéquat de cette ou ces méthodes en l'espèce ainsi que les valeurs auxquelles chacune de ces méthodes conduit, un avis étant donné sur l'importance relative donnée à ces méthodes dans la détermination de la valeur retenue ;

3º Les difficultés particulières d'évaluation s'il en existe.

II. — La décision de ne pas faire désigner un commissaire à la fusion est prise, à l'unanimité, par les actionnaires de toutes les sociétés participant à l'opération. A cette fin, les actionnaires sont consultés avant que ne commence à courir le délai exigé pour la remise de ce rapport préalablement à l'assemblée générale appelée à se prononcer sur le projet de fusion *(L. nº 2019-486 du 22 mai 2019, art. 102)* « ou, le cas échéant, à la décision du conseil d'administration ou du directoire, selon le cas, de la société absorbante ».

(L. nº 2008-776 du 4 août 2008, art. 57-VIII) « III. — Lorsque l'opération de fusion comporte des apports en nature ou des avantages particuliers, le commissaire à la fusion ou, s'il n'en a pas été désigné en application du II, un commissaire aux apports désigné dans les conditions prévues à l'article L. 225-8 établit le rapport prévu à l'article L. 225-147. »

1. *Choix des commissaires.* Le commissaire aux comptes qui assume cette fonction tant dans la société absorbée que dans la société absorbante ne peut être désigné comme commissaire aux apports (Rép. min. nº 24954 : *JOAN Q 31 janv. 1976, p. 467*). ♦ Les mêmes experts peuvent être désignés à la fois comme commissaire aux apports et comme commissaire à la fusion, mais ils doivent alors établir deux rapports distincts. Seul le rapport du commissaire aux apports est déposé au greffe (*Bull. COB févr. 1992, p. 6,* se référant à la position exprimée par le ministre de la Justice lors des débats parlementaires : *JOAN CR, 22 déc. 1987, p. 8019*).

2. *Insuffisance de l'évaluation des apports.* En cas d'insuffisance manifeste de l'information des actionnaires d'une société absorbée, l'évaluation des apports n'étant fondée que sur les cours de bourse et n'intégrant ni la valeur vénale des immeubles, ni le profit attendu par l'absorbante d'une opération de promotion immobilière, il convient d'ordonner en référé une expertise et le report de l'assemblée générale extraordinaire devant délibérer sur la fusion. • Paris, 14 juin 1988 : *D. 1988. 505, note Viandier.*

3. *Détermination de la parité d'échange.* Le rôle du commissaire à la fusion n'est pas de déterminer la parité de fusion mais de vérifier que les valeurs relatives attribuées aux actions des sociétés sont pertinentes et le rapport d'échange équitable. • Paris, 12 mai 1998 : *Dr. sociétés 1999, nº 24, obs. Vidal.* ♦ A défaut de cette vérification, il a été jugé que la loi sanctionne le traité d'apport de fusion par sa nullité. • Paris, 19 févr. 1999 : *BJS 1999. 674, note Grosclaude.* ♦ Une opération d'apport partiel d'actif, même placée sous le régime des scissions, ne donnant pas lieu à échange de droits sociaux, l'absence d'indication de la parité d'échange est indifférente. • Com. 8 juill. 2003, nº 99-16.220 : *BJS 2003. 1152, note Coquelet.* ♦ V. aussi note 4 ss. art. L. 236-1.

4. *Surévaluation des apports.* Le commissaire aux apports qui, à l'occasion d'une fusion, a fautivement approuvé une surévaluation des apports en nature ayant donné une apparence trompeuse de solvabilité à la société absorbante n'est tenu de réparer que l'aggravation de l'insuffisance d'actif qu'il a ainsi contribué à créer. • Com. 7 janv. 2014, nº 12-23.640 : *RJDA 2014, nº 430 ; BJS 2014. 258,* note Dondero ; *BJE 2014. 163, note Sortais.*

5. *Nullités de fusion.* V. art. L. 235-8 et L. 235-11.

Art. L. 236-11 Lorsque, depuis le dépôt au greffe du tribunal de commerce du projet de fusion et jusqu'à la réalisation de l'opération, la société absorbante détient en permanence la totalité des actions représentant la totalité du capital des sociétés absorbées *(L. n° 2019-744 du 19 juill. 2019, art. 32)* « ou qu'une même société détient en permanence la totalité des actions représentant la totalité du capital de la société absorbante et des sociétés absorbées », il n'y a lieu ni à approbation de la fusion par l'assemblée générale extraordinaire des sociétés *(L. n° 2011-525 du 17 mai 2011, art. 64-II, en vigueur le 31 août 2011)* « participant à l'opération » ni à l'établissement des rapports mentionnés au *(L. n° 2011-525 du 17 mai 2011, art. 64-II, en vigueur le 31 août 2011)* « quatrième » alinéa de l'article L. 236-9, et à l'article L. 236-10. *(Abrogé par L. n° 2008-649 du 3 juill. 2008, art. 9)* « ***L'assemblée générale extraordinaire de la société absorbante statue au vu du rapport d'un commissaire aux apports, conformément aux dispositions de l'article L. 225-147.*** »

(L. n° 2011-525 du 17 mai 2011, art. 64-II, en vigueur le 31 août 2011) « Toutefois, un ou plusieurs actionnaires de la société absorbante réunissant au moins 5 % du capital social peut demander en justice la désignation d'un mandataire aux fins de convoquer l'assemblée générale extraordinaire de la société absorbante pour qu'elle se prononce sur l'approbation de la fusion. » — *[L. n° 66-537 du 24 juill. 1966, art. 378-1.]*

Art. L. 236-11-1 *(L. n° 2011-525 du 17 mai 2011, art. 64-III, en vigueur le 31 août 2011)* Lorsque, depuis le dépôt au greffe du tribunal de commerce du projet de fusion et jusqu'à la réalisation de l'opération, la société absorbante détient en permanence au moins 90 % des droits de vote des sociétés absorbées *(L. n° 2019-744 du 19 juill. 2019, art. 32)* « ou qu'une même société détient en permanence au moins 90 % des droits de vote de la société absorbante et des sociétés absorbées », sans en détenir la totalité :

1° Il n'y a pas lieu à approbation de la fusion par l'assemblée générale extraordinaire de la société absorbante. Toutefois, un ou plusieurs actionnaires de la société absorbante réunissant au moins 5 % du capital social peut demander en justice la désignation d'un mandataire aux fins de convoquer l'assemblée générale extraordinaire de la société absorbante pour qu'elle se prononce sur l'approbation de la fusion ;

2° Il n'y a pas lieu à l'établissement des rapports mentionnés aux articles L. 236-9 et L. 236-10 lorsque les actionnaires minoritaires de la société absorbée se sont vu proposer, préalablement à la fusion, le rachat de leurs actions par la société absorbante à un prix correspondant à la valeur de celles-ci, déterminé, selon le cas :

a) Dans les conditions prévues à l'article 1843-4 du code civil, si les actions de la société absorbée ne sont pas admises aux négociations sur un marché réglementé ;

b) Dans le cadre d'une offre publique initiée dans les conditions et selon les modalités fixées par le règlement général de l'Autorité des marchés financiers, si les actions de la société absorbée sont admises aux négociations sur un marché réglementé ;

c) Dans le cadre d'une offre répondant aux conditions des *a* ou *b*, si les actions de la société absorbée sont admises aux négociations sur un système multilatéral de négociation *(L. n° 2016-1691 du 9 déc. 2016, art. 42-II-1°)* « soumis aux dispositions du II de l'article L. 433-3 du code monétaire et financier ».

Art. L. 236-12 Lorsque la fusion est réalisée par voie de création d'une société nouvelle, celle-ci peut être constituée sans autres apports que ceux des sociétés qui fusionnent.

Dans tous les cas, le projet de statuts de la société nouvelle est approuvé par l'assemblée générale extraordinaire de chacune des sociétés qui disparaissent. Il n'y a pas lieu à approbation de l'opération par l'assemblée générale de la société nouvelle. — *[L. n° 66-537 du 24 juill. 1966, art. 379.]*

Art. L. 236-13 Le projet de fusion est soumis aux assemblées d'obligataires des sociétés absorbées, à moins que le remboursement des titres sur simple demande de leur part ne soit offert auxdits obligataires. L'offre de remboursement est soumise à publicité, dont les modalités sont fixées par décret en Conseil d'État.

Lorsqu'il y a lieu à remboursement sur simple demande, la société absorbante devient débitrice des obligataires de la société absorbée.

Tout obligataire qui n'a pas demandé le remboursement dans le délai fixé par décret en Conseil d'État conserve sa qualité dans la société absorbante aux conditions fixées par le contrat de fusion. — *[L. n° 66-537 du 24 juill. 1966, art. 380.] — V. art. R. 236-11 et R. 236-12.*

Art. L. 236-14 **La société absorbante est débitrice des créanciers non obligataires de la société absorbée au lieu et place de celle-ci, sans que cette substitution emporte novation à leur égard.**

Les créanciers non obligataires des sociétés participant à l'opération de fusion et dont la créance est antérieure à la publicité donnée au projet de fusion peuvent former opposition à celui-ci dans le délai fixé par décret en Conseil d'État. Une décision de justice rejette l'opposition ou ordonne, soit le remboursement des créances, soit la constitution de garanties si la société absorbante en offre et si elles sont jugées suffisantes.

A défaut de remboursement des créances ou de constitution des garanties ordonnées, la fusion est inopposable à ce créancier.

L'opposition formée par un créancier n'a pas pour effet d'interdire la poursuite des opérations de fusion.

Les dispositions du présent article ne mettent pas obstacle à l'application des conventions autorisant le créancier à exiger le remboursement immédiat de sa créance en cas de fusion de la société débitrice avec une autre société. — *[L. n° 66-537 du 24 juill. 1966, art. 381.] — V. art. R. 236-8 à R. 236-10.*

En cas de dissolution de la personne morale débitrice ou créancière par l'effet d'une fusion, d'une scission ou de la cause prévue au 3e al. de l'art. 1844-5 C. civ., la caution demeure tenue pour les dettes nées avant que l'opération ne soit devenue opposable aux tiers ; elle ne garantit celles nées postérieurement que si elle y a consenti à l'occasion de cette opération ou, pour les opérations affectant la société créancière, par avance. En cas de dissolution de la personne morale caution pour l'une des causes indiquées au premier alinéa, toutes les obligations issues du cautionnement sont transmises (C. civ., art. 2318, en vigueur le 1er janv. 2022).

BIBL. ▶ Petit, *RJDA 2015. 827* (fusion et cautionnement). - Mortier, *Dr. sociétés 2021, n° 132* (art. 2318 C. civ.). - Hontebeyrie, *RLDA nov. 2021, suppl., p. 11* (même thème).

1. Transmission des dettes. Un créancier, induit en erreur par une apparente fusion entre deux sociétés, peut réclamer paiement à la société qui a repris l'activité de sa débitrice initiale. • Lyon, 8 juin 1990 : *JCP E 1991. II. 100, note Reinhard* (rejet du pourvoi par • Com. 2 juin 1992, n° 90-19.376 : *RTD com. 1992. 641, obs. Reinhard*). ♦ Sur la transmission des dettes des sociétés absorbées, V. note 5 ss. art. L. 236-3.

I. SORT DES CAUTIONNEMENTS

V., désormais, C. civ., art. 2318, en note ci-dessus.

2. Absorption de la société cautionnée. La caution solidaire envers une banque des dettes de deux sociétés, qui ont été absorbées par une troisième, doit être condamnée à payer le solde débiteur de leur compte courant, la substitution de débiteur résultant de l'absorption intervenue n'ayant pu, à l'égard de la banque, créer la novation alléguée. • Com. 17 oct. 1978 : *Rev. sociétés 1979. 846, note J. H. ; BJS 1979. 235.* ♦ En cas de fusion de sociétés donnant lieu à la formation d'une personne morale nouvelle, l'obligation de la caution qui s'était engagée envers l'une des sociétés fusionnées n'est maintenue pour la garantie des dettes postérieures à la fusion que *dans le cas d'une manifestation expresse* de la caution de s'engager envers la nouvelle personne morale. • Com. 20 janv. 1987, n° 85-14.035 P : *D. 1987. Somm. 453, obs. Aynès ; Rev. sociétés 1987. 397, note Barret ; JCP 1987. II. 20844, note Germain.* ♦ Comp., sur l'inopposabilité au créancier d'une fusion-absorption réalisée frauduleusement par la caution en vue de s'exonérer de son obligation : • Com. 10 oct. 1995, n° 93-15.619 P : *Rev. sociétés 1995. 708, note Routier ; BJS 1995. 1058, note Coquelet ; LPA 13 déc. 1995, note Couret et Le Cannu ; Dr. sociétés 1995, n° 233, obs. Bonneau.*

En cas de dissolution d'une société par voie de fusion-absorption par une autre société, l'engagement de la caution garantissant le paiement des loyers consenti à la première demeure pour les obligations nées avant la dissolution de celle-ci. • Com. 8 nov. 2005, n° 02-18.449 P : *D. 2007. Pan. 275, obs. Hallouin et Lamazerolles ; Rev. sociétés 2006. 58, note Coquelet ; JCP E 2006, n° 1, p. 14, note Legeais ; JCP 2005. II. 10170, note Houtcieff ; LPA 5 janv. 2006, note Prigent ; Dr. sociétés 2006, n° 16, obs. Lécuyer ; BJS 2006. 344, note Le Cannu.* ♦ Le contrat de bail en exécution duquel étaient dus les loyers ayant été souscrit par la société absorbée avant sa dissolution, la dette est née avant la fusion, peu important qu'elle n'ait pas été exigible à cette date. • Même arrêt. ♦ De même, la caution qui s'est engagée à rembourser un prêt, lequel constitue une obligation à terme, souscrit par une société avant qu'elle ne soit absorbée, peut valablement être poursuivie par le prêteur en paiement des échéances postérieures à la fusion, dès lors que la dette est née avant la fusion, peu important sa date d'exigibilité. • Com. 16 oct. 2001, n° 98-15.501 : *RJDA 2002, n° 154.*

3. Absorption de la société créancière. L'absorption de la société bénéficiaire du cautionnement entraînant la disparition de cette société, à défaut de manifestation expresse de volonté de la part des cautions de s'engager envers la société absorbante, les cautionnements consentis au profit de la société absorbée ne peuvent, pour les dettes nées postérieurement à la fusion, être étendus en faveur de la société absorbante. • Com. 17 juill. 1990, n° 89-11.059 : *Rev. sociétés 1991. 67, note Randoux ; JCP E 1991. II. 143, note Grellière* • 30 juin 2009, n° 08-10.719 : *D. 2010. Pan. 294, obs. Lamazerolles ; RJDA 2009, n° 967 ; BJS 2009. 1049, note Houtcieff* • 13 sept. 2011, n° 10-21.370 : *Rev. sociétés 2012. 500, note Barbièri ; RJDA 2011, n° 1037.* ♦ Dès lors que la caution s'est engagée pour le remboursement d'un prêt, lequel constitue une obligation à terme, souscrit avant la fusion du bénéficiaire du cautionnement, la dette n'est pas née postérieurement à ladite fusion, peu important qu'elle n'ait pas été exigible à cette date. • Com. 17 juill. 2001, n° 98-15.382 P : *D. 2001. AJ 2414, obs. Lienhard ; Rev. sociétés 2002. 45, note Coquelet ; JCP E 2001, n° 48, p. 1911, obs. Viandier et Caussain ; Dr. sociétés 2001, n° 157, obs. Bonneau ; BJS 2001. 1249, note Scholer.* ♦ Il en va différemment lorsque la caution s'est engagée en considération d'une ouverture de crédit consentie par la société absorbée, l'ouverture de crédit ne pouvant revêtir le caractère de prêt qu'à compter de la mise en jeu de la garantie. • Civ. 1re, 28 sept. 2004, n° 03-10.810 P : *D. 2004. Pan. 2957, obs. Hallouin et Lamazerolles ; Rev. sociétés 2005. 371, note Legeais ; JCP E 2005, n° 14, p. 619, note Barthez ; BJS 2005. 586, note Coquelet.* ♦ En cas de fusion-absorption d'une société propriétaire d'un immeuble donné à bail, le cautionnement garantissant le paiement des loyers est, sauf stipulation contraire, transmis de plein droit à la société absorbante. • Com. 8 nov. 2005, n° 01-12.896 P : *D. 2007. Pan. 275, obs. Hallouin et Lamazerolles ; RTD com. 2006. 145, obs. Le Cannu ; Rev. sociétés 2006. 57, note Coquelet ; JCP E 2006, n° 1, p. 14, note Legeais ; JCP 2005. II. 10170, note Houtcieff ; LPA 5 janv. 2006, note Prigent ; Dr. sociétés 2006, n° 16, obs. Lécuyer ; BJS 2006. 344, note Le Cannu.*

4. *Absorption de la société caution.* En cas d'absorption d'une société ayant souscrit un engagement de sous-caution, la société absorbante est tenue d'exécuter cet engagement dans les termes de celui-ci. • Com. 7 janv. 2014, n° 12-20.204 P : *D. 2014. 1024, note Martial-Braz ; Rev. sociétés 2014. 291, note Ansault ; AJCA 2014. 32, obs. N. Picod ; RTD civ. 2014. 156, obs. Crocq ; JCP 2014. 236, note Hovasse ; RJDA 2014, n° 338 ; BJS 2014. 98, note Couret et Dondero ; Dr. sociétés 2014, n° 45, obs. Gallois-Cochet ; RLDA mars 2014. 10, note Marpeau et Lundwall.*

5. *Absorption par la société caution.* La société absorbante qui s'était portée caution de la société absorbée avant la fusion reste tenue après l'absorption dans la limite de la dette principale en capital et intérêts, échue ou à échoir, constatée au jour de la fusion, sous réserve de l'imputation des paiements effectués postérieurement par le débiteur principal. • Paris, 4 juin 1993 : *D. 1993. IR 250 ; BJS 1993. 895, note Jeantin ; Dr. sociétés 1993, n° 210, obs. Le Nabasque.*

6. *Absorption d'une autre société.* Ne donne pas de base légale à sa décision la cour d'appel qui, pour décider qu'une société modifiée ne peut se prévaloir du cautionnement souscrit à son bénéfice avant sa modification, relève que cette société a, par voie de fusion, absorbé plusieurs sociétés, changé d'objet social et adopté une nouvelle dénomination, sans préciser en quoi ces éléments ont concouru à la création d'une société nouvelle. • Com. 27 oct. 1980 : *Rev. sociétés 1982. 81, note Hémard.* ♦ Pour la reconduction de cette jurisprudence après la L. du 5 janv. 1988 : • Com. 17 juill. 2001, n° 98-12.004 P : *D. 2001. AJ 2414, obs. Lienhard ; JCP E 2001, n° 48, p. 1911, obs. Viandier et Caussain ; Dr. sociétés 2001, n° 157, obs. Bonneau ; BJS 2001. 1247, note Scholer* • 16 sept. 2014, n° 13-17.779 P : *Rev. sociétés 2015. 231, note Teffo ; RTD civ. 2014. 892, obs. Barbier ; RJDA 2015, n° 19 ; BJS 2014. 706, note Dondero.*

7. *Apport partiel d'actif de la société caution à la société débitrice garantie.* Est à bon droit prononcée la nullité pour fraude aux droits du créancier d'un acte par lequel le débiteur a fait apport à titre de fusion à une autre société de son actif immobilier, à charge de payer ses dettes, alors que cet acte a eu pour effet de priver le banquier créancier d'une garantie qui lui avait été antérieurement promise pour le fonctionnement d'un compte que les deux sociétés ne pouvaient ignorer, et qu'elles ont agi en pleine conscience du préjudice qu'elles causaient à ce créancier. • Com. 10 juin 1963 : *D. 1968. 116, note Lombois.*

8. *Apport partiel d'actif de la société cautionnée à une autre société.* L'engagement souscrit par un associé au bénéfice d'un créancier de la société ne peut être étendu aux avances et crédits consentis par ce créancier à la société bénéficiaire de l'apport partiel d'actif réalisé par la société cautionnée ; mais les dettes de l'apporteuse existant lors de l'opération, s'il en existe, restent garanties par la caution. • Paris, 24 sept. 1992 : *BJS 1992. 1283, note Delebecque ; Dr. sociétés 1993, n° 40, obs. Le Nabasque.*

9. *Apport partiel d'actif de la société créancière à une autre société.* Jugé que l'engagement de caution des obligations d'une SARL envers une SA consenti par une banque en 1988 pour un an et renouvelé ensuite par tacite reconduction n'est pas devenu caduc lors de la scission de la SA le 1er janv. 1991, mais a été transmis à la société bénéficiaire de la branche d'activité apportée : • Paris, 19 mars 1996 : *Rev. sociétés 1996. 357, obs. Guyon* ; *RJDA 1996, n° 790.*

II. OPPOSITION DES CRÉANCIERS

10. Créances de nature à justifier l'opposition. Un créancier de la société apporteuse ne peut faire opposition que s'il justifie d'une créance certaine, liquide et exigible antérieure au projet de l'opération envisagée, permettant au juge saisi de l'opposition d'ordonner son remboursement. N'excipe pas d'une telle créance l'ancien salarié d'une société qui a engagé contre celle-ci une action en dommages et intérêts pour rupture abusive de son contrat de travail (arrêt rendu à propos d'un apport partiel d'actif soumis au régime des scissions). • Com. 16 juill. 1985, n° 82-10.382 P : *JCP 1985. IV. 334* ; *BJS 1986. 361.* ♦ Une astreinte qui n'est pas encore liquidée et devenue exécutoire ne donne pas naissance à une créance de somme d'argent effective et exigible, seule susceptible de justifier l'opposition d'un créancier à la fusion. • Com. 15 juill. 1992, n° 90-16.409 P : *RTD com. 1993. 335, obs. Alfandari et Jeantin* ; *BJS 1992. 1111, note Caillaud et Le Cannu* ; *Dr. sociétés 1992, n° 220, obs. Bonneau.*

11. Apport de fonds de commerce. V. art. L. 141-21.

12. Inopposabilité de la fusion. Sur le droit du créancier de la société absorbée bénéficiant d'une décision exécutoire lui déclarant la fusion inopposable de recouvrer sa créance nonobstant l'ouverture d'une procédure collective à l'égard de la société absorbante, V. note 85 ss. art. L. 622-21.

Art. L. 236-15 Le projet de fusion n'est pas soumis aux assemblées d'obligataires de la société absorbante. Toutefois, l'assemblée générale *(Abrogé par Ord. n° 2004-604 du 24 juin 2004, art. 51-XVII)* *« ordinaire »* des obligataires peut donner mandat aux représentants de la masse de former opposition à la fusion dans les conditions et sous les effets prévus aux alinéas deuxième et suivants de l'article L. 236-14. — *[L. n° 66-537 du 24 juill. 1966, art. 381 bis.] — V. art. R. 236-8.*

Art. L. 236-16 Les articles L. 236-9 *(L. n° 2019-744 du 19 juill. 2019, art. 33)* « et L. 236-10 » sont applicables à la scission. — *[L. n° 66-537 du 24 juill. 1966, art. 382.]*

Art. L. 236-17 Lorsque la scission doit être réalisée par apports à des sociétés anonymes nouvelles, chacune des sociétés nouvelles peut être constituée sans autre apport que celui de la société scindée.

En ce cas, et si les actions de chacune des sociétés nouvelles sont attribuées aux actionnaires de la société scindée proportionnellement à leurs droits dans le capital de cette société, il n'y a pas lieu à l'établissement *(L. n° 2011-525 du 17 mai 2011, art. 64-V, en vigueur le 31 août 2011)* « des rapports mentionnés aux articles L. 236-9 et L. 236-10 ».

Dans tous les cas, les projets de statuts des sociétés nouvelles sont approuvés par l'assemblée générale extraordinaire de la société scindée. Il n'y a pas lieu à approbation de l'opération par l'assemblée générale de chacune des sociétés nouvelles. — *[L. n° 66-537 du 24 juill. 1966, art. 383.]*

Art. L. 236-18 Le projet de scission est soumis aux assemblées d'obligataires de la société scindée, conformément aux dispositions du 3° du I de l'article L. 228-65, à moins que le remboursement des titres sur simple demande de leur part ne soit offert auxdits obligataires. L'offre de remboursement est soumise à publicité, dont les modalités sont fixées par décret en Conseil d'État. — *V. art. R. 236-11.*

Lorsqu'il y a lieu à remboursement sur simple demande, les sociétés bénéficiaires des apports résultant de la scission sont débitrices solidaires des obligataires qui demandent le remboursement. — *[L. n° 66-537 du 24 juill. 1966, art. 384.]*

Art. L. 236-19 Le projet de scission n'est pas soumis aux assemblées d'obligataires des sociétés auxquelles le patrimoine est transmis. Toutefois, l'assemblée ordinaire des obligataires peut donner mandat aux représentants de la masse de former opposition à la scission, dans les conditions et sous les effets prévus aux alinéas deuxième et suivants de l'article L. 236-14. — *[L. n° 66-537 du 24 juill. 1966, art. 384-1.]*

Art. L. 236-20 Les sociétés bénéficiaires des apports résultant de la scission sont débitrices solidaires des obligataires et des créanciers non obligataires de la société scindée, au lieu et place de celle-ci sans que cette substitution emporte novation à leur égard. — *[L. n° 66-537 du 24 juill. 1966, art. 385.]*

BIBL. ▶ Hovasse et Robineau, *BJS 1998. 203* (inadaptation des art. 385 et 386 de la L. du 24 juill. 1966 [C. com., art. L. 236-20 et L. 236-21] à la protection des créanciers dans une opération d'apport partiel d'actif).

1. Transmission des dettes. Les sociétés résultant d'une fusion-scission ne sauraient prétendre ignorer une dette de la société absorbée, sous le prétexte qu'elle n'a pas fait l'objet d'une mention expresse dans les listes établies pour la répartition du passif. • Com. 7 déc. 1966 : *D. 1968. 113, note Dalsace.* ♦ Et elles y sont tenues solidairement, la solidarité étant de règle en matière commerciale. • Même arrêt. ♦ Les sociétés issues de la fusion de plusieurs autres, simples sous-acquéreurs de droits sociaux cédés par un protocole, ne peuvent être tenues des obligations du même protocole. En effet, le cédant des droits sociaux de sociétés de droits cinématographiques qui, aux termes d'un protocole, les cède à une autre, en assortissant cette cession d'une clause sur recettes futures, ne peut prétendre actionner, en application de ladite clause, la société nouvelle, issue de la fusion de la société cédée et de l'absorption de plusieurs autres, alors qu'une partie d'entre ces dernières seulement ont ratifié le protocole précité et que la société nouvelle s'est bornée à acquérir les droits réels attachés aux droits cédés à l'exclusion de toute autre obligation. • Versailles, 4 juill. 1997 : *JCP E 1998, n° 6, p. 206.*

2. Cautionnements. Les cautions d'une société scindée ne sont pas tenues de garantir les dettes de la société nouvelle issue de la scission, dès lors qu'il s'agit d'entreprises distinctes. • Pau, 30 mars 1989 : *Dr. sociétés 1989, n° 340.*

3. Bail commercial. Pour l'application de l'art. L. 145-16 en cas de scission, V. • Versailles, 22 sept. 2011, n° 10/04401 : *RJDA 2012, n° 166 ; Dr. sociétés 2012, n° 20, obs. Mortier.*

4. Action paulienne. Pour la recevabilité de l'action paulienne des créanciers de la société scindée au regard des dispositions de la Dir. 82/891/CEE du 17 déc. 1982, V. • CJUE 30 janv. 2000, n° C-394/18 : *D. 2020. Actu. 281.*

Art. L. 236-21 **Par dérogation aux dispositions de l'article L. 236-20, il peut être stipulé que les sociétés bénéficiaires de la scission ne seront tenues que de la partie du passif de la société scindée mise à la charge respective et sans solidarité entre elles.**

En ce cas, les créanciers non obligataires des sociétés participantes peuvent former opposition à la scission dans les conditions et sous les effets prévus aux alinéas deuxième et suivants de l'article L. 236-14. – *[L. n° 66-537 du 24 juill. 1966, art. 386.]* – *V. art. R. 236-8 et R. 236-9.*

Art. L. 236-22 **La société qui apporte une partie de son actif à une autre société et la société qui bénéficie de cet apport peuvent décider d'un commun accord de soumettre l'opération aux dispositions des articles L. 236-16 à L. 236-21.** – *[L. n° 66-537 du 24 juill. 1966, art. 387.]*

(L. n° 2019-744 du 19 juill. 2019, art. 33) **« Lorsque, depuis le dépôt au greffe du tribunal de commerce du projet d'apport et jusqu'à la réalisation de l'opération, la société qui apporte une partie de son actif détient en permanence la totalité des actions représentant la totalité du capital de la société bénéficiaire de l'apport ou que la société bénéficiaire de l'apport détient en permanence la totalité des actions représentant la totalité du capital de la société qui apporte une partie de son actif, il n'y a lieu ni à approbation de l'opération par l'assemblée générale extraordinaire des sociétés participant à l'opération ni à l'établissement des rapports mentionnés au quatrième alinéa du I de l'article L. 236-9 et à l'article L. 236-10.**

« Toutefois, un ou plusieurs actionnaires de la société qui apporte une partie de son actif réunissant au moins 5 % du capital social peuvent demander en justice la désignation d'un mandataire aux fins de convoquer l'assemblée générale extraordinaire de cette société pour qu'elle se prononce sur l'approbation de l'apport. »

BIBL. ▶ Le Cannu, *BJS 1995. 303* (sous-filialisation abusive). – Guyon, *Mél. Jeantin, Dalloz, 1999, p. 237.* – Chabert, *Rev. sociétés 2005. 759* (scission partielle). – Le Nabasque, *ibid. 779* (régime juridique de la répartition des titres entre les actionnaires dans le cas d'une scission partielle). – Carré et Bol, *JCP E 2012, n° 1288* (« apports partiels d'actifs simplifiés » : apports partiels d'actifs sans augmentation de capital ?). – Dondero, *Mél. Le Cannu, Dalloz-LGDJ, 2014, p. 257* (l'apport-défaisance).

1. Notion d'apport partiel d'actif. Sur la qualification d'« apport partiel d'actif soumis au régime des scissions » d'un apport non expressément soumis à ce régime, par référence au contenu du traité d'apport, qui comportait des clauses similaires à celles stipulées dans deux autres traités optant en faveur de ce régime, V. • Paris, 13 mai 2005 : *BJS 2005. 1363, note Daigre.*

2. Notion de branche d'activité. BIBL. Deslandes, *Dr. sociétés août-sept. 1992, p. 1* (cession des actions représentatives d'une branche d'activité et abus de droit). ♦ La notion de branche d'activité [CGI annexe II, art. 301 E] désigne l'ensemble des éléments qui constituent une exploitation autonome susceptible de fonctionner par ses propres moyens ; le stock actif circulant et destiné à être renouvelé ne peut constituer un élément indispensable à l'activité autonome de l'entreprise. • Com. 6 févr. 1990, n° 88-16.827 : *BJS 1990. 377, note Derouin.* ♦ Une succursale constitue une branche d'activité au sens de l'art. 7, § 1, sous b), de la Dir. 69/335/CEE du 17 juill. 1969, concernant les impôts indirects frappant les rassemblements de capitaux, dès lors qu'elle constitue un ensemble de biens et de personnes capables de concourir à la réalisation d'une activité déterminée. • CJCE 13 oct. 1992 : *JCP E 1993. I. 264, n° 13, obs. Dana-Démaret ; BJS 1992. 1323, note Derouin.*

L'apport d'une branche d'activité doit être distingué : de l'apport de divers éléments d'un fonds de commerce, notamment la clientèle sans les marques de fabrique qui étaient un élément essentiel de l'existence du fonds de commerce et déterminant de la clientèle : • Com. 13 mai 1980, n° 78-15.666 P • 10 janv. 2006, n° 02-17.279 : *BJS 2006. 945, note Couret et Dondero.* ♦ ... De l'apport du seul droit de bail sur les immeubles indispensables à l'exploitation : • Com. 30 oct. 1989 : *BJS 1989. 1005, note Derouin.* ♦ ... De l'apport d'un ensemble d'actions qu'une société détient dans une autre société et qui représente 100% du capital de cette société. • CJCE 13 déc. 1991 : *BJS 1992. 197, note Derouin.* ♦ ... De la cession à titre onéreux de biens isolés : • Com. 21 avr. 1992, n° 88-16.905 : *RTD com. 1993. 115, obs. Reinhard ; JCP E 1992. II. 282, note Deslandes.*

3. Transmission universelle du patrimoine. Il résulte des art. 381, 382 et 385 de la L. du 24 juill. 1966 [C. com., art. L. 236-14, L. 236-16 et L. 236-20] qu'une fusion et une scission entraînent la transmission universelle de la société qui disparaît au profit de la ou des sociétés bénéficiaires, ces sociétés se substituant à elle dans tous ses droits, biens et obligations. Les mêmes conséquences sont attachées à l'apport partiel d'actif placé sous le régime des scissions pour la branche d'activité faisant l'objet de l'apport. • Com. 16 févr. 1988, n° 86-19.645 P : *RTD com. 1988. 639, obs. Reinhard ; JCP E 1988. I. 15177, obs. Viandier et Caussain ; BJS 1988. 271.* ♦ Dès lors, l'opération n'est pas soumise aux formalités de l'art. 1690 C. civ. • Com. 15 mars 1994, n° 91-20.334 P : *D. 1994. IR 97 ; JCP E 1994. I. 363, n° 12, obs. Viandier et Caussain ; Dr. sociétés 1994, n° 99, obs. Le Nabasque ; BJS 1994. 637, note Luby.* ♦ Mais la transmission universelle des biens, droits et obligations dépendant d'une branche d'activité transférée ne s'opère de plein droit qu'en cas d'apport partiel d'actif placé sous le régime des scissions. • Com. 19 janv. 2016, n° 14-19.760 : *Rev. sociétés 2016. 224, obs. Pisoni.*

Sauf dérogation expresse prévue par les parties dans le traité de scission ou d'apport, communauté ou confusion d'intérêts ou fraude, dans le cas d'un apport partiel d'actif placé sous le régime des scissions, il s'opère de la société apporteuse à la société bénéficiaire, laquelle est substituée à la première, une transmission universelle de tous ses droits, biens et obligations pour la branche d'activité faisant l'objet de l'apport. • Com. 5 mars 1991, n° 88-19.629 P : *D. 1991. 441, note Honorat ; RTD com. 1992. 189 et 385, obs. Champaud et Danet ; Rev. sociétés 1991. 545, note Bolze ; BJS 1991. 500, note Jeantin ; Dr. sociétés 1991, n° 341, obs. Marteau-Petit.* ♦ Cette transmission universelle s'opère de plein droit, même sur les biens, droits et obligations de la société absorbée qui, par la suite d'une erreur, d'un oubli ou de toute autre cause, ne figureraient pas dans le traité d'apport ou de fusion. • Com. 4 févr. 2004, n° 00-13.501 : *D. 2004. Somm. 2929, obs. Hallouin ; BJS 2004. 649, note Le Cannu.*

4. Solidarité. Dans le cas d'un apport partiel d'actif placé sous le régime des scissions, la société apporteuse reste, sauf dérogation prévue à l'art. L. 236-21, solidairement obligée avec la société bénéficiaire au paiement des dettes transmises à cette dernière. • Com. 12 déc. 2006, n° 05-15.619 P : *D. 2007. Chron. C. Cass. 1306, obs. Salomon ; Rev. sociétés 2007. 76, note Poracchia ; JCP E 2007. 1877, n° 8, obs. Caussain, Deboissy et Wicker ; Dr. sociétés 2007, n° 50, obs. Hovasse ; RJ com. 2007. 52, obs. Ginestet ; BJS 2007. 492, note Hallouin.*

5. Apport partiel d'actif non soumis au régime des scissions. Un apport partiel d'actif non soumis au régime des scissions ne peut valablement transférer un bail commercial sans que soit respectée la formalité prévue à l'art. 1690 C. civ. • Paris, 27 févr. 1992 : *RJDA 1992, n° 588 ; Dr. sociétés 1992, n° 142, obs. Le Nabasque.*

SECTION III DISPOSITIONS PARTICULIÈRES AUX SOCIÉTÉS À RESPONSABILITÉ LIMITÉE

Art. L. 236-23 Les dispositions des articles L. 236-10, L. 236-11, *(L. n° 2008-649 du 3 juill. 2008, art. 10)* « L. 236-13, » L. 236-14, *(L. n° 2008-649 du 3 juill. 2008, art. 10)* « L. 236-15, L. 236-18, L. 236-19, » L. 236-20 et L. 236-21 sont applicables

aux fusions ou aux scissions des sociétés à responsabilité limitée au profit de sociétés de même forme.

Lorsque la fusion est réalisée par apports à une société à responsabilité limitée nouvelle, celle-ci peut être constituée sans autres apports que ceux des sociétés qui fusionnent.

Lorsque la scission est réalisée par apports à des sociétés à responsabilité limitée nouvelles, celles-ci peuvent être constituées sans autre apport que celui de la société scindée. En ce cas, et si les parts de chacune des sociétés nouvelles sont attribuées aux associés de la société scindée proportionnellement à leurs droits dans le capital de cette société, il n'y a pas lieu à l'établissement du rapport mentionné à l'article L. 236-10.

Dans les cas prévus aux deux alinéas précédents, les associés des sociétés qui disparaissent peuvent agir de plein droit en qualité de fondateurs des sociétés nouvelles et il est procédé conformément aux dispositions régissant les sociétés à responsabilité limitée. — *[L. nº 66-537 du 24 juill. 1966, art. 388.]*

Art. L. 236-24 La société qui apporte une partie de son actif à une autre société et la société qui bénéficie de cet apport peuvent décider d'un commun accord de soumettre l'opération aux dispositions applicables en cas de scission par apports à des sociétés à responsabilité limitée existantes. — *[L. nº 66-537 du 24 juill. 1966, art. 388-1.]*

1. Préexistence de la société bénéficiaire. En ce sens que la condition de préexistence de la société bénéficiaire de l'apport partiel d'actifs posée par l'art. L. 236-24 est remplie dès lors que cette société a été régulièrement immatriculée au RCS avant la convention d'apport partiel d'actifs, peu important qu'elle ait été créée spécialement en vue de cet apport partiel d'actifs et que son activité n'ait débuté qu'à la date de la convention d'apport partiel. • Civ. 3e, 30 avr. 2003, nº 01-16.697 P : *D. 2004. Somm. 272, obs. Hallouin ; RTD com. 2003. 750, obs. Champaud et Danet ; JCP E 2003, nº 32-35, p. 1343, note Monnet ; BJS 2003. 913, note Coquelet ; Dr. sociétés 2003, nº 130, obs. Hovasse.*

2. Apport partiel d'actif entre SARL. Pour l'application de l'art. L. 145-16, al. 2, qui prévoit, pour les SA, la substitution de la société bénéficiaire de l'apport partiel d'actif à celle au profit de laquelle le bail était consenti dans tous les droits et obligations découlant de ce bail, au cas d'apport partiel d'actif intervenant entre deux SARL, V. • Civ. 3e, 30 avr. 2003, nº 01-16.697 P : *préc. note 1.*

SECTION IV DISPOSITIONS PARTICULIÈRES AUX FUSIONS TRANSFRONTALIÈRES

(L. nº 2008-649 du 3 juill. 2008, art. 1er)

La présente section est applicable aux opérations de fusion dont le traité est signé après la publication de la loi nº 2008-649 du 3 juill. 2008 (L. préc., art. 7, JO 4 juill.).

RÉP. SOCIÉTÉS vº *Fusion transfrontalière*, par CATHIARD.

BIBL. GÉN. ▶ Sur le régime issu de la L. du 3 juill. 2008 : GUENGANT, *JCP E 2008. 2000.* – LE NABASQUE, *Rev. sociétés 2008. 493*. – LESIEUR, *LPA 25 août 2008.* – CATHIARD, *Dr. sociétés 2008. Étude 8.* – LECOURT, *BJS 2008. 806.* – LENCOU et MENJUCQ, *D. 2009. Chron. 886*. – MASTRULLO, *Europe 2009. Étude 8.* ▶ Sur la Dir. du 26 oct. 2005 sur les fusions transfrontalières : B. LECOURT, *Rev. sociétés 2005. 923*. – LUBY, *Dr. sociétés 2006. Étude 11.* – A.-S. CORNETTE DE SAINT-CYR et RAULT, *JCP E 2008, nº 1477* (aspects juridiques et sociaux des opérations de fusions au sein de l'UE). – BLANQUET, *Rev. sociétés 2000. 115* (fusions transfrontalières et mobilité des sociétés). – LOY, *JCP E 2007, nº 1987* (les fusions transfrontalières : entre présent et avenir). – LARCENA et COLLY-CHENARD, *Dr. sociétés 2013. Étude 8* (fusion transfrontalière simplifiée et allègement des formalités légales de fusion). ▶ Sur la Dir. (UE) 2019/2121 du 27 nov. 2019 : B. LECOURT, *Rev. sociétés 2020. 338*. – CATHIARD, *Dr. sociétés 2019. Étude 9.* – FARNOUX, *D. 2020. Pan. 1973*.

Art. L. 236-25 Les sociétés anonymes, les sociétés en commandite par actions, les sociétés européennes immatriculées en France, les sociétés à responsabilité limitée et les sociétés par actions simplifiées peuvent participer, avec une ou plusieurs sociétés ressortissant du champ d'application du paragraphe 1 de l'article 2 de la directive 2005/56/CE du Parlement européen et du Conseil, du 26 octobre 2005, sur les fusions transfrontalières des sociétés de capitaux *[devenu l'art. 119, § 1, de la Dir. 2017/1132/UE du 14 juin 2017 relative à certains aspects du droit des sociétés]* **et immatriculées**

dans un ou plusieurs autres États membres de la Communauté européenne, à une opération de fusion dans les conditions prévues par les dispositions de la présente section ainsi que par celles non contraires des sections I à III du présent chapitre.

Droit européen. L'art. 15 de la Dir. 78/855/CEE du 9 oct. 1978, telle que modifiée par la Dir. 2009/109/CE du 16 sept. 2009, doit être interprété en ce sens que cette disposition confère des droits aux porteurs de titres, autres que des actions, auxquels sont attachés des droits spéciaux, mais non à l'émettrice de tels titres. • CJUE 7 avr. 2016, n° C-483/14 : *D. 2016. Actu. 841*.

Art. L. 236-26 Par dérogation à l'article L. 236-1 et lorsque la législation d'au moins un des États membres de la Communauté européenne concernés par la fusion le permet, le traité de fusion peut prévoir, pour les opérations mentionnées à l'article L. 236-25, le versement en espèces d'une soulte supérieure à 10 % de la valeur nominale ou, à défaut, du pair comptable, des titres, parts ou actions attribués.

Le pair comptable est défini comme la quote-part du capital social représentée par une action ou une part sociale.

Art. L. 236-27 L'organe de gestion, d'administration ou de direction de chacune des sociétés participant à l'opération établit un rapport écrit qui est mis à la disposition des associés. — *V. art. R. 236-16.*

En complément du respect des obligations prévues à l'article *(L. n° 2015-994 du 17 août 2015, art. 18-XV, en vigueur le 1er janv. 2016)* « L. 2323-33 *[L. 2312-8]* » du code du travail, le rapport mentionné au premier alinéa du présent article est mis à la disposition des délégués du personnel ou, à défaut, des salariés eux-mêmes, dans les conditions prévues par décret en Conseil d'État.

Sans préjudice du dernier alinéa de l'article L. 225-105, l'avis du comité d'entreprise *[comité social et économique]* consulté en application de l'article *(L. n° 2015-994 du 17 août 2015, art. 18-XV, en vigueur le 1er janv. 2016)* « L. 2323-33 *[L. 2312-8]* » du code du travail ou, à défaut, l'avis des délégués du personnel est, s'il est transmis dans des délais prévus par décret en Conseil d'État, annexé au rapport mentionné au premier alinéa du présent article.

Art. L. 236-28 Les associés qui décident la fusion peuvent subordonner la réalisation de celle-ci à leur approbation des modalités décidées pour la participation des salariés, au sens de l'article L. 2371-1 du code du travail, dans la société issue de la fusion transfrontalière.

Ils se prononcent, par une résolution spéciale, sur la possibilité de mise en œuvre de procédures d'analyse et de modification du rapport d'échange des titres ou d'indemnisation des associés minoritaires, lorsque cette possibilité est offerte aux associés de l'une des sociétés participant à la fusion par la législation qui lui est applicable. La décision prise en application de ces procédures lie la société issue de la fusion.

Art. L. 236-29 Dans un délai fixé par décret en Conseil d'État, le greffier du tribunal dans le ressort duquel la société participant à l'opération est immatriculée délivre, après avoir procédé à la vérification prévue à l'article L. 236-6, une attestation de conformité des actes et des formalités préalables à la fusion. — *V. art. R. 236-17.*

Ce certificat précise si une procédure d'analyse et de modification du rapport d'échange des titres ou d'indemnisation des associés minoritaires est en cours.

Art. L. 236-30 Un notaire ou le greffier du tribunal dans le ressort duquel la société issue de la fusion sera immatriculée contrôle, dans un délai fixé par décret en Conseil d'État, la légalité de la réalisation de la fusion et de la constitution de la société nouvelle issue de la fusion. — *V. art. R. 236-18 et R. 236-20.*

Il contrôle en particulier que les sociétés qui fusionnent ont approuvé un projet de fusion dans les mêmes termes et que les modalités relatives à la participation des salariés ont été fixées conformément au titre VII du livre III de la deuxième partie du code du travail.

Art. L. 236-31 La fusion transfrontalière prend effet :

1° En cas de création d'une société nouvelle, conformément à l'article L. 236-4 ;

2° En cas de transmission à une société existante, selon les prévisions du contrat, sans toutefois pouvoir être antérieure au contrôle de légalité, ni postérieure à la date de clôture de l'exercice en cours de la société bénéficiaire pendant lequel a été réalisé ce contrôle.

La nullité d'une fusion transfrontalière ne peut pas être prononcée après la prise d'effet de l'opération.

Art. L. 236-32 Lorsque l'une des sociétés participant à l'opération mentionnée à l'article L. 236-25 est soumise à un régime de participation des salariés, et que tel est également le cas de la société issue de la fusion, cette dernière adopte une forme juridique permettant l'exercice de cette participation.

CHAPITRE VII DE LA LIQUIDATION

RÉP. SOCIÉTÉS v° *Liquidation et partage*, par HANNOUN.

SECTION PREMIÈRE DISPOSITIONS GÉNÉRALES

Art. L. 237-1 Sous réserve des dispositions du présent chapitre, la liquidation des sociétés est régie par les dispositions contenues dans les statuts. — *[L. n° 66-537 du 24 juill. 1966, art. 390.] — V. aussi C. civ., art. 1844-8, App., v° Sociétés commerciales.*

Art. L. 237-2 La société est en liquidation dès l'instant de sa dissolution pour quelque cause que ce soit sauf dans le cas prévu au troisième alinéa de l'article 1844-5 du code civil. Sa dénomination sociale est suivie de la mention "société en liquidation".

La personnalité morale de la société subsiste pour les besoins de la liquidation, jusqu'à la clôture de celle-ci.

La dissolution d'une société ne produit ses effets à l'égard des tiers qu'à compter de la date à laquelle elle est publiée au registre du commerce et des sociétés. — *[L. n° 66-537 du 24 juill. 1966, art. 391.] — V. art. R. 237-1.*

BIBL. ▶ BOULOC, *Rev. sociétés 1978. 419* (« disparition » des sociétés commerciales et registre du commerce). – GERMAIN, *Mél. Roblot, 1984, p. 217* (naissance et mort des sociétés). – Dossier, *BJS 2009. 285* (la liquidation dite « amiable » des sociétés). – F.-X. LUCAS, *LPA 9 avr. 2009* (même thème). – DONDERO, *Gaz. Pal. 25-27 janv. 2015, p. 7* (statut de la société en liquidation). – B. LECOURT, *JCP E 2018. 1292* (réflexions sur le régime de la liquidation des sociétés *in bonis*).

I. PERSONNALITÉ JURIDIQUE D'UNE SOCIÉTÉ DISSOUTE

1. Perte de la personnalité juridique. Une société qui prononce sa dissolution ne survit que pour les besoins de sa liquidation, elle ne peut donc récupérer sa personnalité morale et être rétablie dans ses conditions antérieures d'existence, même avec le consentement de tous les associés. • Paris, 20 déc. 1948 : *JCP 1948. II. 5080, note Sarraute et Tager.* ♦ La dissolution d'une société, constatée par une assemblée générale et suivie du partage, met fin à sa personnalité morale ; le fait que les liquidateurs n'aient pu rendre compte aux actionnaires de leur mission et n'aient pas, de ce fait, obtenu leur quitus, n'implique pas la survie de cette personnalité. • Com. 8 nov. 1971 : *D. 1972. Somm. 112 ; Rev. sociétés 1972. 475, note Guyénot.* ♦ Mais viole les art. L. 123-9 et L. 237-2 la cour d'appel qui retient que, le RCS mentionnant la radiation de la société le 7 déc. 2007 à compter du 20 sept. 2007, la société n'avait plus d'existence à la date à laquelle elle avait été assignée en justice [le 26 nov. 2007], alors que la dissolution de la société n'avait pas encore été publiée au RCS au moment de ladite assignation. • Com. 24 mai 2011, n° 10-19.222 P : *D. 2011. Actu. 1556 ; RJDA 2011, n° 702 ; BJS 2011. 758, note Raffray ; Dr. sociétés 2011, n° 189, obs. Mortier.*

2. Survie de la personnalité juridique. La personnalité morale d'une société subsiste aussi longtemps que les droits et obligations à caractère social ne sont pas liquidés. • Com. 25 janv. 1983 : *Rev. sociétés 1984. 51, note Sortais ; BJS 1983. 256* • 7 avr. 2010, n° 09-14.671 : *Rev. sociétés 2010. 221, obs. Lienhard* (à propos d'une EURL). ♦ ... Alors même que les formalités de publicité relatives à la dissolution ont été effectuées. • Com. 23 nov. 1976 : *D. 1977. IR 166, obs. Honorat ; Rev. sociétés 1977. 461, note Mabilat* • Com. 13 févr. 1996, n° 93-13.173 P : *JCP 1996. IV. 814 ; BJS 1996. 496, note Daigre ; Dr. sociétés 1996, n° 120, obs.* ♦ Il n'existe aucun lien nécessaire entre les dispositions de l'art. 5 de la L. du 24 juill. 1966 [C. com., art. L. 210-6] liant la personnalité morale des sociétés à leur immatriculation au RCS et celles concernant les formalités de publicité relatives à la liquidation des sociétés commerciales. • Com. 30 mai 1978 : *D. 1979. IR 108, obs. Bousquet ; Rev. sociétés 1979. 361, note Bousquet ; JCP 1979. II. 19087, note Guyon.*

Après la clôture de la liquidation, une action en justice reste possible contre la société, celle-ci devant être mise en cause, après désignation, à l'initiative du demandeur à l'instance, d'un mandataire chargé de reprendre les opérations de liquidation. • Com. 26 janv. 1993, nº 91-11.285 P: *Rev. sociétés 1993. 394, note Chartier ; BJS 1993. 431 ; Dr. sociétés 1993, nº 66, obs. Bonneau.* ♦ Peu important, s'agissant, par exemple, d'une assignation en validation d'une saisie-arrêt, que la publication au BODACC de la dissolution fût postérieure à l'assignation. • Com. 10 déc. 1996, nº 95-10.363 : *RJDA 1997, nº 212 ; BJS 1997. 340, note Le Cannu.* ♦ Pour la recevabilité d'une action en responsabilité contre une société radiée au cours de l'instance d'appel, V. • Com. 3 juin 2008, nº 07-14.990 : *BJS 2008. 870, note Staes.*

3. Limitation de la personnalité juridique. Les actionnaires d'une société dissoute ne peuvent, alors que cette société est en liquidation, prendre une décision qui ne se rattache pas aux opérations que commande cette liquidation. • Com. 21 juill. 1983 : *Rev. sociétés 1984. 321, note Bouloc.* ♦ Ils ne peuvent, en particulier, voter une délibération accordant une indemnité à l'ancien président de la société pour le rémunérer de l'activité exercée par lui avant la dissolution et non rétribuée jusque-là. • Même arrêt. ♦ L'arrivée du terme prévu dans les statuts d'une société entraîne la dissolution de plein droit de cette société, et sa personnalité morale ne subsiste que pour les besoins de sa liquidation. Il en résulte qu'une société dissoute ne dispose plus ni du droit d'utiliser, ni de celui de transmettre à une autre société sa dénomination sociale. • Com. 12 nov. 1992, nº 91-10.303 : *Rev. sociétés 1993. 571, note Le Cannu ; JCP 1993. II. 22039, note Guyon ; BJS 1993. 561, note Jeantin ; Dr. sociétés 1993, nº 3, obs. Bonneau.* ♦ Il n'y a pas cession déguisée de fonds de commerce lorsque, après la dissolution d'une SARL, l'ancienne gérante a créé une nouvelle société, ayant la même activité et exerçant dans les mêmes locaux, étant cessionnaire d'une partie du matériel de la SARL, dès lors qu'il n'y a pas eu cession d'une clientèle. • Com. 2 déc. 1997, nº 95-16.586 : *BJS 1998. 126, note Saintourens.*

II. LIQUIDATION

4. Hypothèses de liquidation. La dispense de liquidation des sociétés unipersonnelles a une portée générale et s'applique à la dissolution volontaire aussi bien qu'à la dissolution judiciaire. Cela résulte tant de la modification de l'art. 391 de la L. du 24 juill. 1966 [C. com., art. L. 237-2] par la L. nº 88-15 du 5 janv. 1988 (ayant ajouté le membre de phrase : « sauf dans le cas prévu au troisième al. de l'art. 1844-5 C. civ. ») qui figure dans les dispositions générales en matière de liquidation et non dans les dispositions particulières applicables à la décision judiciaire que des travaux parlementaires. La procédure d'opposition des créanciers prévue par le texte trouvera son application essentiellement en cas de dissolution volontaire (Rép. min. : *JOAN Q 29 août 1988, p. 2406 ; Rev. sociétés 1988. 623*).

5. Insuffisance d'actif. La liquidation amiable d'une société impose l'apurement intégral du passif, les créances litigieuses devant, jusqu'au terme des procédures en cours, être garanties par une provision. • Com. 11 oct. 2005, nº 03-19.161 P : *D. 2005. AJ 2807, obs. Lienhard ; Rev. sociétés 2006. 618, note Amiel-Cosme ; BJS 2006. 491, note Regnaut-Moutier.* ♦ En l'absence d'actif social suffisant pour répondre du montant des condamnations éventuellement prononcées à l'encontre de la société, il appartient au liquidateur de différer la clôture de la liquidation et de solliciter l'ouverture d'une procédure collective à l'égard de la société. • Com. 26 juin 2007, nº 05-20.569 P : *D. 2007. AJ 1973 ; BJS 2007. 1232, note Le Cannu.*

6. Redressement ou liquidation judiciaires. Une société en cours de liquidation peut être déclarée en faillite [redressement ou liquidation judiciaires] bien qu'elle ait été radiée du RCS depuis plus d'un an. • Com. 4 juill. 1960, nº 58-11.567 P : *D. 1960. Somm. 106 ; Rev. sociétés 1961. 45* • 12 févr. 1969, nº 67-12.327 P : *D. 1969. 377, note Pirovano ; Rev. sociétés 1970. 93.* ♦ ... Et il importe peu que la cessation de ses payements ait précédé ou suivi sa dissolution. • Com. 27 janv. 1958 : *D. 1958. 349, note Houin.* ♦ Une cour d'appel ne peut rejeter la demande en liquidation des biens [liquidation judiciaire] d'une société, introduite après la décision constatant la clôture des opérations de liquidation mais avant la radiation du RCS, alors que la personnalité morale d'une société subsiste aussi longtemps que les droits et obligations à caractère social ne sont pas liquidés. • Com. 12 avr. 1983, nº 81-14.055 : *Rev. sociétés 1984. 303, note Gallet.* ♦ Comp. note 2.

7. Responsabilité du liquidateur. Engage sa responsabilité personnelle, sur le fondement de l'art. 1382 C. civ., le gérant de SARL, nommé liquidateur, qui a omis volontairement une dette lors des opérations de dissolution, alors que le créancier ne possède plus qu'un recours illusoire à l'encontre de la société dissoute, qui a vendu son fonds de commerce audit gérant. • Paris, 5 avr. 1991 : *Defrénois 1991. 1345, obs. Le Cannu.* ♦ Le gérant d'une société devenu liquidateur de celle-ci a pu, bien qu'il ait allégué avoir régulièrement fait publier au RCS la dissolution de la société, être déclaré personnellement responsable du préjudice causé à une société unie à la première par une convention pour avoir, postérieurement à la date de la dissolution, continué d'entretenir des relations d'affaires avec ladite société sans la prévenir de cette dissolution. • Com. 16 mars 1976 : *D. 1976. Somm. 60.*

8. Droits des associés dans la liquidation. Les associés n'ont aucun droit indivis et privatif sur les immeubles de la société en liquidation. Il en résulte que l'inscription hypothécaire prise par la femme d'un associé pour raison de ses apports est radicalement nulle et que les effets de cette nullité se prolongent tant que la liquidation de la société dissoute n'est pas terminée. • Req. 29 mai 1865 : *S. 1865. 1. 325.*

9. Clôture de la liquidation. Dès lors que la société, dont les opérations de liquidation ont été clôturées, est dissoute, son ancien gérant, qui n'a plus le pouvoir de la représenter et n'est plus qu'un tiers à son égard, n'a pas non plus celui de délier la banque auprès de laquelle la société détenait deux comptes de son obligation au secret professionnel. • Com. 23 oct. 2001, n° 99-12.111 : *RJDA 2002, n° 157 ; Dr. sociétés 2002, n° 22, obs. Bonneau.*

Art. L. 237-3 **L'acte de nomination du liquidateur est publié par celui-ci, dans les conditions et délais fixés par décret en Conseil d'État, qui détermine également les documents à déposer en annexe au registre du commerce et des sociétés.**
(L. n° 2012-387 du 22 mars 2012, art. 18-II) **« Le ministère public ou toute personne intéressée peut demander au président du tribunal compétent statuant en référé d'enjoindre au liquidateur, le cas échéant sous astreinte, de procéder à cette publication. »** – *[L. n° 66-537 du 24 juill. 1966, art. 392.] – V. art. R. 237-2.*

Art. L. 237-4 **Ne peuvent être nommées liquidateurs les personnes auxquelles l'exercice des fonctions de directeur général, d'administrateur, de gérant de société, de membre du directoire ou du conseil de surveillance est interdit ou qui sont déchues du droit d'exercer ces fonctions.** – *[L. n° 66-537 du 24 juill. 1966, art. 498, al. 1er.]*

Art. L. 237-5 **La dissolution de la société n'entraîne pas de plein droit la résiliation des baux des immeubles utilisés pour son activité sociale, y compris des locaux d'habitation dépendant de ces immeubles.**

Si, en cas de cession du bail, l'obligation de garantie ne peut plus être assurée dans les termes de celui-ci, il peut y être substitué, par décision de justice, toute garantie offerte par le cessionnaire ou un tiers, et jugée suffisante. – *[L. n° 66-537 du 24 juill. 1966, art. 393.] – V. art. R. 237-4.*

Art. L. 237-6 **Sauf consentement unanime des associés, la cession de tout ou partie de l'actif de la société en liquidation à une personne ayant eu dans cette société la qualité d'associé en nom, de commandité, de gérant, d'administrateur, de directeur général, de membre du conseil de surveillance, de membre du directoire, de commissaire aux comptes ou de contrôleur, ne peut avoir lieu qu'avec l'autorisation du tribunal de commerce, le liquidateur et, s'il en existe, le commissaire aux comptes ou le contrôleur dûment entendus.** – *[L. n° 66-537 du 24 juill. 1966, art. 394.]*

Art. L. 237-7 **La cession de tout ou partie de l'actif de la société en liquidation au liquidateur ou à ses employés ou à leurs conjoint, ascendants ou descendants est interdite.** – *[L. n° 66-537 du 24 juill. 1966, art. 395.]*

BIBL. ▶ Torre et de Brignac, *JCP E 2003, n° 25, p. 1040* (liquidation conventionnelle : cession d'actifs au profit d'une société contrôlée par le liquidateur).

1. Cession indirecte. V. note 2 ss. art. L. 247-8.

2. Démission du liquidateur. L'art. 395 de la L. du 24 juill. 1966 [C. com., art. L. 237-7] est applicable même si le liquidateur démissionne (Rép. min. n° 18888 : *JOAN Q 24 juill. 1971, p. 3791*).

Art. L. 237-8 **La cession globale de l'actif de la société ou l'apport de l'actif à une autre société, notamment par voie de fusion, est autorisé :**

1° Dans les sociétés en nom collectif, à l'unanimité des associés ;

2° Dans les sociétés en commandite simple, à l'unanimité des commandités et à la majorité en nombre et en capital des commanditaires ;

3° Dans les sociétés à responsabilité limitée, à la majorité exigée pour la modification des statuts ;

4° Dans les sociétés par actions, aux conditions de quorum et de majorité prévues pour les assemblées extraordinaires et, en outre, dans les sociétés en commandite par actions, avec l'accord unanime des commandités. – *[L. n° 66-537 du 24 juill. 1966, art. 396.]*

Cession globale de l'actif. La vente des participations d'une SNC représentant 91 % de l'actif de celle-ci ne constitue pas une cession globale de l'actif. Dès lors, il n'est pas nécessaire d'obtenir le consentement unanime des associés. • Com. 24 févr. 1987 : *BJS 1987. 224.* – Rappr. : • Com. 30 mai 2012, n° 11-17.508 : *Rev. sociétés 2012. 553, note Barbièri.*

Art. L. 237-9 Les associés, y compris les titulaires d'actions à dividende prioritaire sans droit de vote, sont convoqués en fin de liquidation pour statuer sur le compte définitif, sur le quitus de la gestion du liquidateur et la décharge de son mandat et pour constater la clôture de la liquidation.

A défaut, tout associé peut demander en justice la désignation d'un mandataire chargé de procéder à la convocation. — *[L. n° 66-537 du 24 juill. 1966, art. 397.] — V. art. R. 237-5.*

1. Application aux sociétés mises en sommeil. Qu'il s'agisse d'une société importante ou non, en sommeil ou non, les dispositions des art. 397 et 406 de la L. de 1966 [C. com., art. L. 237-9 et L. 237-18] et 290 et 292 du Décr. de 1967 [C. com., art. R. 237-2 et R. 237-8] imposent, d'une part, la tenue de deux assemblées distinctes pour prononcer la dissolution et approuver les comptes de la liquidation et, d'autre part, de procéder à deux publicités. • Lyon, 13 juin 1997 : *JCP E 1998, n° 11, p. 421, note Granier ; RJDA 1997, n° 1219 ; BJS 1997. 812, note Baranger.*

2. Décharge du mandat du liquidateur. Après la clôture de la liquidation de la société, les liquidateurs n'ont plus qualité pour représenter celle-ci. • Com. 25 janv. 1983 : *D. 1983. IR 268 ; Rev. sociétés 1984. 51, note Sortais* • 8 mars 1994, n° 92-18.810 : *BJS 1994. 636.* ♦ Viole les art. 1999, al. 1er, C. civ. et 397 de la L. du 24 juill. 1966 [C. com., art. L. 237-9], l'arrêt qui, pour accueillir la demande d'une société en liquidation, déclare que le liquidateur est fondé à agir en son nom, alors que ce liquidateur a été déchargé de son mandat lorsque l'assemblée générale des actionnaires a constaté la clôture de la liquidation de la société. • Com. 15 juin 1993, n° 91-14.575 P : *Rev. sociétés 1993. 797, note Chartier ; BJS 1993. 1153, note Barbièri ; Dr. sociétés 1993, n° 176, obs. Bonneau.*

Le liquidateur d'une société qui a été condamné, en cette qualité, *in solidum* avec la société à payer une certaine somme à titre de dommages-intérêts a, à ce titre, intérêt et qualité à interjeter appel de cette décision, dès lors que la clôture des opérations de liquidation, régulièrement publiée, a mis fin à son mandat de liquidateur antérieurement à son assignation. • Com. 19 juin 2001, n° 98-18.616 : *Dr. sociétés 2001, n° 139, obs. Bonneau.* ♦ A compter de la date de clôture de sa liquidation, la société ne peut plus être représentée que par un mandataire *ad hoc* désigné en justice ; il en résulte que la nomination d'une personne en qualité de liquidateur amiable par les associés réunis ultérieurement en assemblée est dépourvue de toute valeur juridique. • Com. 26 nov. 2013, n° 12-28.038 : *Rev. sociétés 2014. 169, obs. Prévost.* ♦ Si des obligations à caractère social ne sont pas liquidées au moment de la radiation de la société du RCS, des créanciers ont intérêt à obtenir la nomination d'un administrateur *ad hoc* pour représenter la société dans l'action en responsabilité engagée contre elle. • Com. 11 juill. 1988, n° 87-11.927 P : *Rev. sociétés 1988. 521, note Guyon.* ♦ V. aussi note 2 ss. art. L. 237-19.

3. Quitus de la gestion. V. note 2 ss. art. L. 237-12.

Art. L. 237-10 Si l'assemblée de clôture prévue à l'article L. 237-9 ne peut délibérer ou si elle refuse d'approuver les comptes du liquidateur, il est statué, par décision de justice, à la demande de celui-ci ou de tout intéressé. — *[L. n° 66-537 du 24 juill. 1966, art. 398.] — V. art. R. 237-6 à R. 237-9.*

Art. L. 237-11 L'avis de clôture de la liquidation est publié selon les modalités fixées par décret en Conseil d'État. — *[L. n° 66-537 du 24 juill. 1966, art. 399.] — V. art. R. 237-8.*

Art. L. 237-12 Le liquidateur est responsable, à l'égard tant de la société que des tiers, des conséquences dommageables des fautes par lui commises dans l'exercice de ses fonctions.

L'action en responsabilité contre les liquidateurs se prescrit dans les conditions prévues à l'article L. 225-254. — *[L. n° 66-537 du 24 juill. 1966, art. 400.] — V. art. R. 237-3.*

1. Faute séparable. La responsabilité prévue par l'art. L. 237-12 C. com. n'est pas subordonnée à la démonstration d'une faute du liquidateur séparable de ses fonctions. • Com. 11 juin 2013, n° 12-18.853 P : *D. 2013. Actu. 1544 ; JCP 2013. 989, note Wang-Foucher ; RJDA 2013, n° 1015 ; LPA 17-18 sept. 2013, note Stefania ; Dr. sociétés 2013, n° 180, obs. Roussille ; BJS 2013. 745, note F.-X. Lucas.*

2. Omission d'une dette sociale. Le liquidateur est responsable envers les tiers des fautes commises dans l'exercice de ses fonctions. Il doit réparation de sa faute qui a consisté à accepter un simple rôle de prête-nom, et à présenter un rapport de liquidation ne mentionnant pas la créance impayée. • Paris, 28 mai 1993 : *RJDA 1994, n° 292 ; BJS 1993. 1115, note Barbièri.* ♦ Le quitus de gestion reçu de l'assemblée des associés réunie pour constater la clôture des opérations de liquidation laisse intact le droit d'agir des tiers. • Même arrêt. ♦ Viole les art. 52, 400 et 412 de la L. du 24 juill. 1966 [C. com., art. L. 223-22, L. 237-12 et L. 237-24] l'arrêt qui déboute un créancier social de sa demande en dommages-intérêts, faute d'avoir exercé les recours prévus pour les créanciers en cas de vente de fonds de commerce, sans pouvoir y suppléer par la recherche de la responsabilité du gérant en dehors de toute faute prouvée, celle-ci ne pouvant être déduite de la seule connaissance qu'a eue ce gérant de l'existence et du montant des dettes de la société, alors que la liquidation amiable de la société impose l'apurement intégral du passif. • Com. 7 déc. 1993, n° 91-18.145 P : *BJS 1994. 166, note Le Cannu ; Dr. sociétés 1994, n° 22, obs. Bonneau* • 9 nov. 1993, n° 91-18.143 P : *BJS 1994. 64, note Barbièri.*

3. Absence de constitution de provisions. Commet une faute le liquidateur qui s'abstient de constituer des provisions : pour faire face aux indemnités de licenciement auxquelles la société se trouve exposée à être condamnée. • Com. 23 mars 1993, n° 91-13.430 : *Dr. sociétés 1993, n° 134, obs. Bonneau.* ♦ ... Pour garantir des créances litigieuses (résultant de l'inexécution d'une promesse d'achat d'actions) jusqu'au terme des procédures en cours. • Com. 9 mai 2001, n° 98-17.187 P : *D. 2001. AJ 2200, obs. Lienhard ; RTD com. 2001. 713, obs. Champaud et Danet ; Dr. sociétés 2001, n° 126, obs. Bonneau.*

4. Qualité de liquidateur. Les dispositions de l'art. L. 237-12 ne s'appliquent qu'aux personnes investies de la qualité de liquidateur d'une société dissoute. • Com. 23 mars 2010, n° 09-13.666 P : *D. 2010. Actu. 890 ; Rev. sociétés 2011. 30, note Barbièri ; JCP E 2010, n° 1616, note Ballot-Léna ; Dr. sociétés 2010, n° 116, obs. Gallois-Cochet.*

5. Exercice de l'action. L'action en responsabilité contre le liquidateur amiable se prescrit par trois ans à compter du fait dommageable ou, s'il a été dissimulé, de sa révélation. • Com. 20 févr. 2019, n° 16-24.580 P : *D. 2019. Actu. 429 ; RJDA 2019, n° 337 ; Gaz. Pal. 25 juin 2019, p. 62, obs. Laroche ; RJ com. 2019. 239, obs. Cordelier.* ♦ Lorsque la créance contre la société liquidée n'est établie que postérieurement à cette date, le délai de prescription de l'action engagée par le créancier contre le liquidateur amiable de cette société au titre des fautes qu'il aurait commises dans l'exercice de ses fonctions commence à courir le jour où les droits du créancier ont été reconnus par une décision de justice passée en force de chose jugée, au sens de l'art. 500 C. pr. civ. • Même arrêt. ♦ Lorsqu'il s'agit d'un jugement rendu à l'étranger, la prescription commence à courir du jour où celui-ci est rendu exécutoire en France. • Com. 7 déc. 1993 : *préc. note 2.* ♦ La prescription de l'action en responsabilité contre le liquidateur amiable tendant à la réparation du préjudice résultant de la radiation de la société court à compter de cette radiation. • Versailles, 19 déc. 2002 : *RJDA 2003, n° 388.* ♦ Sur le point de départ de l'action en responsabilité contre le liquidateur, V. aussi • Com. 25 juin 2013, n° 12-19.173 P : *D. 2013. Actu. 1682 ; RJDA 2013, n° 1016 ; BJS 2013. 542, avis Mollard et note Mouial-Bassilana ; Dr. sociétés 2013, n° 181, obs. Roussille.* ♦ Sur le refus de considérer que ne serait pas opposable aux créanciers la prescription acquise de manière frauduleuse à leur égard, V. • Com. 11 juill. 2000, n° 97-21.783 P : *D. 2000. AJ 364 ; Rev. sociétés 2000. 715, note Constantin ; Dr. sociétés 2000, n° 149, obs. Bonneau.*

Art. L. 237-13 Toutes actions contre les associés non liquidateurs ou leurs conjoint survivant, héritiers ou ayants cause, se prescrivent par cinq ans à compter de la publication de la dissolution de la société au registre du commerce et des sociétés. — *[L. n° 66-537 du 24 juill. 1966, art. 401.]*

SECTION II DISPOSITIONS APPLICABLES SUR DÉCISION JUDICIAIRE

Art. L. 237-14 I. — A défaut de clauses statutaires ou de convention expresse entre les parties, la liquidation de la société dissoute est effectuée conformément aux dispositions de la présente section, sans préjudice de l'application de la première section du présent chapitre.

II. — En outre, il peut être ordonné par décision de justice que cette liquidation sera effectuée dans les mêmes conditions à la demande :

1° De la majorité des associés, dans les sociétés en nom collectif ;

2° D'associés représentant au moins *(L. n° 2001-420 du 15 mai 2001)* « 5 % » du capital, dans les sociétés en commandite simple, les sociétés à responsabilité limitée et les sociétés par actions ;

3° Des créanciers sociaux.

III. — Dans ce cas, les dispositions des statuts contraires à celles du présent chapitre sont réputées non écrites. — *[L. n° 66-537 du 24 juill. 1966, art. 402.]* — *V. art. R. 237-10.*

Art. L. 237-15 Les pouvoirs du conseil d'administration, du directoire ou des gérants prennent fin à dater de la décision de justice prise en application de l'article L. 237-14 ou de la dissolution de la société si elle est postérieure. — *[L. nº 66-537 du 24 juill. 1966, art. 403.]*

Art. L. 237-16 La dissolution de la société ne met pas fin aux fonctions du conseil de surveillance et des commissaires aux comptes. — *[L. nº 66-537 du 24 juill. 1966, art. 404.]*

Art. L. 237-17 En l'absence de commissaires aux comptes, et même dans les sociétés qui ne sont pas tenues d'en désigner, un ou plusieurs contrôleurs peuvent être nommés par les associés dans les conditions prévues au I de l'article L. 237-27. A défaut, ils peuvent être désignés, par décision de justice, à la demande du liquidateur ou de tout intéressé.

L'acte de nomination des contrôleurs fixe leurs pouvoirs, obligations et rémunérations ainsi que la durée de leurs fonctions. Ils encourent la même responsabilité que les commissaires aux comptes. — *[L. nº 66-537 du 24 juill. 1966, art. 405.] — V. art. R. 237-11.*

Art. L. 237-18 I. — Un ou plusieurs liquidateurs sont désignés par les associés, si la dissolution résulte du terme statutaire ou si elle est décidée par les associés.

II. — Le liquidateur est nommé :

1° Dans les sociétés en nom collectif, à l'unanimité des associés ;

2° Dans les sociétés en commandite simple, à l'unanimité des commandités et à la majorité en capital des commanditaires ;

3° Dans les sociétés à responsabilité limitée, à la majorité en capital des associés ;

4° Dans les sociétés anonymes, aux conditions de quorum et de majorité prévues pour les assemblées générales ordinaires ;

5° Dans les sociétés en commandite par actions, aux conditions de quorum et de majorité prévues pour les assemblées générales ordinaires, cette majorité devant comprendre l'unanimité des commandités ;

6° Dans les sociétés par actions simplifiées, à l'unanimité des associés, sauf clause contraire. — *[L. nº 66-537 du 24 juill. 1966, art. 406.] — V. art. R. 237-14. — V. aussi, art. L. 237-4.*

Art. L. 237-19 Si les associés n'ont pu nommer un liquidateur, celui-ci est désigné par décision de justice à la demande de tout intéressé, dans les conditions déterminées par décret en Conseil d'État. — *[L. nº 66-537 du 24 juill. 1966, art. 407.] — V. art. R. 237-12 et R. 237-14.*

1. Recevabilité de la demande. Un mandataire de justice désigné en qualité de liquidateur d'une SARL et dont les fonctions sont arrivées à expiration doit être considéré comme « intéressé » au sens de l'art. 407 de la L. du 24 juill. 1966 [C. com., art. L. 237-19] et est donc recevable à demander au président du tribunal de commerce la désignation d'un nouveau liquidateur. • Paris, 6 juill. 1993 : *RJDA 1993, nº 1041.*

2. Mandataire ad hoc. Seul le liquidateur d'une société dissoute est habilité à la représenter, et ; à défaut de pouvoir mettre en cause le représentant qualifié d'une telle société, il y a lieu pour tout intéressé de faire désigner un mandataire *ad hoc* par autorité de justice. • Com. 6 juin 1990, nº 89-13.721 : *Gaz. Pal. 1990. 2. Pan. 206.* ♦ V. aussi note 2 ss. art. L. 237-9.

Art. L. 237-20 Si la dissolution de la société est prononcée par décision de justice, cette décision désigne un ou plusieurs liquidateurs. — *[L. nº 66-537 du 24 juill. 1966, art. 408.] — V. art. R. 237-13.*

Art. L. 237-21 La durée du mandat du liquidateur ne peut excéder trois ans. Toutefois, ce mandat peut être renouvelé par les associés ou le président du tribunal de commerce, selon que le liquidateur a été nommé par les associés ou par décision de justice.

Si l'assemblée des associés n'a pu être valablement réunie, le mandat est renouvelé par décision de justice, à la demande du liquidateur.

En demandant le renouvellement de son mandat, le liquidateur indique les raisons pour lesquelles la liquidation n'a pu être clôturée, les mesures qu'il envisage de prendre et les délais que nécessite l'achèvement de la liquidation. — *[L. nº 66-537 du 24 juill. 1966, art. 409.] — V. art. L. 238-2. — V. aussi, art. R. 237-15.*

1. Durée du mandat. A défaut de durée prévue lors de la désignation du liquidateur ou dans les statuts, ou, encore, de renouvellement à leur terme, par les associés, les fonctions du liquidateur prennent fin à l'expiration du délai de trois ans prévu par la loi. • Com. 18 janv. 2011, n° 10-11.624 : *Rev. sociétés 2011. 166, obs. Lienhard ; RJDA 2011, n° 433 ; BJS 2011. 380, note F.-X. Lucas.* ♦ Le liquidateur, même désigné pour la durée de la liquidation, conformément aux statuts auxquels se réfère la décision de justice qui le nomme, ne peut, sauf renouvellement régulier, poursuivre son mandat au-delà de la durée de trois ans prévue par le texte. • Com. 3 mai 2016, n° 14-25.213 P : *D. 2016. Actu. 998 ; JCP E 2016. 1386, note Dondero ; RJDA 2016, n° 549 ; Journ. sociétés 6/2016. 56, obs. Lebel ; BJS 2016. 491, note Reygrobellet ; Dr. sociétés 2016, n° 165, note Roussille ; Dr. et patr. 4/2017. 68, obs. Poracchia* • 21 juin 2011, n° 10-19.070 : *Rev. sociétés 2011. 493, obs. Prévost ; BJS 2011. 853, note Rubellin.*

2. Point de départ. La durée du mandat de liquidation a pour point de départ la désignation du liquidateur, soit par les associés, soit par décision de justice ; il en est ainsi même lorsque la désignation du liquidateur n'a été reconnue comme régulière qu'à l'issue d'une procédure en nullité. • Paris, 28 mai 1973 : *JCP 1973. IV. 434 ; BJS 1973. 319.*

3. Renouvellement du mandat. L'assemblée générale ne peut renouveler rétroactivement les fonctions du liquidateur. • Com. 8 nov. 2005, n° 03-14.531 P : *D. 2005. AJ 3015, obs. Lienhard ; JCP E 2006, n° 10, p. 480, note Lécuyer ; BJS 2006. 386, note Hallouin.* ♦ Le parallélisme des formes prévu par l'art. L. 237-21 relativement au renouvellement du mandat du liquidateur amiable conduit à soumettre à l'assemblée des associés le renouvellement du liquidateur désigné par celle-ci et au juge le renouvellement du liquidateur désigné par ce dernier. • Paris, 1er juin 2005 : *JCP E 2005, n° 44-45, p. 1885 ; RJDA 2006, n° 658.* ♦ Le liquidateur dont le mandat a été renouvelé par une assemblée générale convoquée irrégulièrement n'a plus le pouvoir de représenter la société. • Com. 3 mai 2006, n° 04-20.377 : *RJDA 2006, n° 1233.*

4. Fin du mandat. Il ne résulte d'aucune disposition légale que la mission de liquidateur amiable confiée à une personne morale prendrait fin en cas de liquidation amiable de cette dernière. • Com. 20 nov. 2001, n° 98-18.498 : *RJDA 2002, n° 156 ; Dr. sociétés 2002, n° 35, obs. Bonneau.*

Art. L. 237-22 **Le liquidateur est révoqué et remplacé selon les formes prévues pour sa nomination.** — *[L. n° 66-537 du 24 juill. 1966, art. 410.]*

Art. L. 237-23 **Dans les six mois de sa nomination, le liquidateur convoque l'assemblée des associés à laquelle il fait rapport sur la situation active et passive de la société, sur la poursuite des opérations de liquidation et le délai nécessaire pour les terminer. Le délai dans lequel le liquidateur fait son rapport peut être porté à douze mois sur sa demande par décision de justice.**

A défaut, il est procédé à la convocation de l'assemblée soit par l'organe de contrôle, s'il en existe un, soit par un mandataire désigné, par décision de justice, à la demande de tout intéressé. *(L. n° 2012-387 du 22 mars 2012, art. 18-II)* **« Le juge déchoit le liquidateur qui n'a pas accompli ces diligences de tout ou partie de son droit à rémunération pour l'ensemble de sa mission. Il peut en outre le révoquer. »**

Si la réunion de l'assemblée est impossible ou si aucune décision n'a pu être prise, le liquidateur demande en justice les autorisations nécessaires pour aboutir à la liquidation. — *[L. n° 66-537 du 24 juill. 1966, art. 411.]* — *V. art. R. 237-15.*

Art. L. 237-24 **Le liquidateur représente la société. Il est investi des pouvoirs les plus étendus pour réaliser l'actif, même à l'amiable. Les restrictions à ces pouvoirs, résultant des statuts ou de l'acte de nomination, ne sont pas opposables aux tiers.**

Il est habilité à payer les créanciers et répartir le solde disponible.

Il ne peut continuer les affaires en cours ou en engager de nouvelles pour les besoins de la liquidation que s'il y a été autorisé, soit par les associés, soit par décision de justice s'il a été nommé par la même voie. — *[L. n° 66-537 du 24 juill. 1966, art. 412.]* — *V. art. R. 237-13 et R. 237-15.*

BIBL. ▸ Beuve, *Defrénois 2008. 1191* (le liquidateur amiable à l'épreuve du paiement du passif social).

1. Monopole du liquidateur. Les associés sont sans droit ni qualité pour se substituer au liquidateur de la société. • Civ. 23 juill. 1931 : *DH 1931. 521 ; S. 1935. 1. 49, note Rousseau.* ♦ Cassation de l'arrêt qui déclare recevable l'action intentée par un associé contre un autre, et tendant à faire rapporter par ce dernier une certaine somme à la société en liquidation, en raison du fait que, en cas d'inaction du liquidateur, chaque associé peut, en tant que copropriétaire de l'actif social, agir contre ses coassociés en paiement de ce que ceux-ci doivent éventuellement à la société, alors que le liquidateur d'une société commerciale, éventuellement remplacé s'il est inactif, a seul qualité, pendant la durée de la liquidation, pour représenter cette société en justice dans une instance concernant les besoins de la liquidation. • Com. 15 déc. 1977 : *Rev. sociétés 1978. 725, note Chartier.* ♦ Si les actionnaires d'une société en liquidation ont un droit déjà ouvert au partage du reliquat de l'actif après paiement du passif, ils ne sont pas pour autant des créanciers habiles à agir au lieu et place de la société par application de l'art. 1166 [1341-1] C. civ. • Com. 2 mai 1968, n° 65-12.993 P.

2. *Absence de publication au RCS.* Le liquidateur est habilité, dès sa nomination, à représenter la société en justice, peu important que cette nomination n'ait pas été publiée au RCS. • Com. 6 nov. 2012, n° 11-20.354 : *JCP E 2012, n° 1717 ; RJDA 2013, n° 125.*

3. *Action en justice contre les associés.* Le liquidateur a qualité pour agir contre les associés qui n'ont pas rempli envers la société toutes les obligations dont ils sont tenus. • Req. 7 déc. 1936 : *Gaz. Pal. 1937. 1. 159.* ♦ Est recevable l'action en paiement d'une indemnité d'occupation engagée par le liquidateur contre un associé qui a occupé un immeuble social à usage d'habitation, dès lors que le liquidateur a été désigné avec mission de solder les comptes entre associés. • Com. 14 juin 2000 : *RJDA 2001, n° 35.*

4. *Action en justice contre les tiers.* Le liquidateur est fondé à exercer dans l'intérêt et pendant la durée de la société en liquidation tous les droits et actions qui appartenaient au conseil d'administration. • Paris, 12 mars 1935 : *S. 1936. 2. 19.* ♦ L'assignation en paiement d'un débiteur émanant d'une société en liquidation sans faire état de la liquidation en cours et délivrée à la seule requête de la société est nulle car celle-ci n'a plus la capacité d'agir en justice, le liquidateur étant seul investi de ce pouvoir. Par suite, est également nulle l'ordonnance en référé faisant droit à cette assignation. • Paris, 6 janv. 1995 : *RJDA 1995, n° 440.* ♦ Toutefois, l'irrégularité de fond qui affecte l'assignation introductive d'instance délivrée par une société en liquidation et ne faisant pas état de la liquidation en cours et du nom du liquidateur est couverte, par application de l'art. 121 NCPC [C. pr. civ.], par l'intervention de celui-ci, ès qualités, à l'audience du juge rapporteur. • Com. 20 nov. 2001, n° 98-18.498 : *cité note 3 ss. art. L. 237-21.*

5. *Pouvoir de réaliser l'actif.* L'introduction d'une action en justice en vue du recouvrement d'une créance sociale participe de la réalisation de l'actif social et entre, en conséquence, dans les prévisions du 1er al. de l'art. L. 237-24, tandis que le dern. al. ne vise que la continuation des affaires en cours ou l'engagement de nouvelles pour les besoins de l'exploitation. • Com. 8 juin 2010, n° 09-15.550 P : *D. 2010. Actu. 1621, obs. Lienhard ; Rev. sociétés 2010. 408, obs. Roussel Galle ; JCP E 2010, n° 1664, note Legros ; RJDA 2010, n° 961 ; BJS 2010. 903, note F.-X. Lucas.* ♦ Aussi le liquidateur amiable peut-il, sans autorisation, agir en recouvrement d'une créance de dommages-intérêts au nom de la société. • Même arrêt.

6. *Agrément des cessions d'actions.* Le conseil d'administration n'ayant plus, du fait de la dissolution de la société, le pouvoir d'agréer les cessions d'actions et aucune disposition légale ou statutaire ne conférant ce pouvoir au liquidateur, seule l'assemblée générale des actionnaires, qui avait délégué le droit d'autoriser les transferts d'actions, en recouvre l'exercice. • Com. 12 mai 2004, n° 00-10.335 P : *D. 2004. AJ 1598 ; RTD com. 2004. 540, obs. Le Cannu ; Rev. sociétés 2004. 940, note Bonneau ; JCP E 2004, n° 42, p. 1640, note Lécuyer ; BJS 2004. 1257, note Constantin.*

7. *Poursuite des affaires en cours.* L'art. L. 237-24, al. 2, est d'application générale et vaut pour toutes les liquidations. • Paris, 2 nov. 2010 : *BJS 2011. 8, note Le Cannu.*

8. *Dépassement de pouvoir du liquidateur.* Les juges du fond peuvent, à la demande de certains associés d'une société déclarée en faillite [redressement ou liquidation judiciaires] après liquidation, constater que les actes d'exploitation, non justifiés par les besoins de la liquidation, effectués par le liquidateur qui, au lieu de procéder à sa mission, a continué l'exploitation à des fins personnelles jusqu'à sa révocation, étaient inopposables à ces associés. • Com. 27 oct. 1969 : *Bull. civ. IV, n° 712.* ♦ Seule la société et son représentant légal peuvent se prévaloir du défaut de pouvoir du liquidateur ; le cocontractant ne peut le faire. • Civ. 1re, 25 mai 1992, n° 90-19.969 : *JCP E 1992. I. 172, n° 2, obs. Viandier et Caussain.*

Art. L. 237-25 Le liquidateur, dans les trois mois de la clôture de chaque exercice, établit les comptes annuels au vu de l'inventaire qu'il a dressé des divers éléments de l'actif et du passif existant à cette date et un rapport écrit par lequel il rend compte *des opérations de liquidation* au cours de l'exercice écoulé.

Sauf dispense accordée par décision de justice, le liquidateur convoque selon les modalités prévues par les statuts, au moins une fois par an et dans les six mois de la clôture de l'exercice l'assemblée des associés qui statue sur les comptes annuels, donne les autorisations nécessaires et éventuellement renouvelle le mandat des contrôleurs, commissaires aux comptes ou membres du conseil de surveillance.

Si l'assemblée n'est pas réunie, le rapport prévu au premier alinéa ci-dessus est déposé au greffe du tribunal de commerce et communiqué à tout intéressé.

(L. n° 2012-387 du 22 mars 2012, art. 18-II) « A défaut d'accomplir ces diligences, le liquidateur peut être déchu de tout ou partie de son droit à rémunération pour l'ensemble de sa mission par le président du tribunal saisi en application de l'article L. 238-2. Il peut en outre être révoqué selon les mêmes formes. » — *[L. n° 66-537 du 24 juill. 1966, art. 413.] — V. art. L. 238-2. — V. aussi, art. R. 237-15.*

Sur les mesures d'adaptation liées à l'urgence sanitaire (Covid-19), V. Ord. n° 2020-318 du 25 mars 2020, art. 2, App., v° Sociétés commerciales.

1. Comptes annuels. Méconnaît les art. 409, 411, 413 et 414 de la L. du 24 juill. 1966 [C. com., art. L. 237-21, L. 237-23, L. 237-25 et L. 237-26] le liquidateur qui n'a pas réuni d'assemblée des associés pour statuer sur les comptes annuels, en les tenant simplement au courant des opérations de liquidation. • Com. 10 oct. 1989 : *Dr. sociétés 1989, n° 369.*

2. Révocation. La recevabilité de la demande de révocation du liquidateur formée sur le fondement de l'art. L. 237-25 n'est pas subordonnée à la saisine préalable, aux fins d'injonction, du président du tribunal statuant en référé en application de l'art. L. 238-2. • Com. 7 juill. 2015, n° 14-13.195 P : *D. 2015. 1885, note Thomas ; RJDA 2015, n° 672 ; Dr. sociétés 2015, n° 198, obs. Gallois-Cochet.*

Art. L. 237-26 En période de liquidation, les associés peuvent prendre communication des documents sociaux, dans les mêmes conditions qu'antérieurement. — *[L. n° 66-537 du 24 juill. 1966, art. 414.]*

Art. L. 237-27 I. — Les décisions prévues au deuxième alinéa de l'article L. 237-25 sont prises :

1° A la majorité des associés en capital, dans les sociétés en nom collectif, en commandite simple et à responsabilité limitée ;

2° Dans les conditions de quorum et de majorité des assemblées ordinaires, dans les sociétés par actions ;

3° Sauf clause contraire, à l'unanimité des associés, dans les sociétés par actions simplifiées.

II. — Si la majorité requise ne peut être réunie, il est statué, par décision de justice, à la demande du liquidateur ou de tout intéressé.

III. — Lorsque la délibération entraîne modification des statuts, elle est prise dans les conditions prescrites à cet effet, pour chaque forme de société.

IV. — Les associés liquidateurs peuvent prendre part au vote. — *[L. n° 66-537 du 24 juill. 1966, art. 415.] — V. art. R. 237-15.*

Art. L. 237-28 En cas de continuation de l'exploitation sociale, le liquidateur est tenu de convoquer l'assemblée des associés, dans les conditions prévues à l'article L. 237-25. A défaut, tout intéressé peut demander la convocation, soit par les commissaires aux comptes, le conseil de surveillance ou l'organe de contrôle, soit par un mandataire désigné par décision de justice. — *[L. n° 66-537 du 24 juill. 1966, art. 416.]*

Art. L. 237-29 Sauf clause contraire des statuts, le partage des capitaux propres subsistant après remboursement du nominal des actions ou des parts sociales est effectué entre les associés dans les mêmes proportions que leur participation au capital social. — *[L. n° 66-537 du 24 juill. 1966, art. 417.] — V. art. R. 237-16 à R. 237-18.*

Art. L. 237-30 Le remboursement des actions à dividende prioritaire sans droit de vote doit s'effectuer avant celui des actions ordinaires.

Il en est de même pour le dividende prioritaire qui n'a pas été intégralement versé.

(L. n° 2012-387 du 22 mars 2012, art. 18-II) « Peut être annulé le remboursement intégral ou partiel des actions ordinaires avant le remboursement intégral des actions à dividende prioritaire sans droit de vote. »

Les actions à dividende prioritaire sans droit de vote ont, proportionnellement à leur montant nominal, les mêmes droits que les autres actions sur le boni de liquidation.

Toute clause contraire aux dispositions du présent article est réputée non écrite. — *[L. n° 66-537 du 24 juill. 1966, art. 417-1.]*

Art. L. 237-31 Sous réserve des droits des créanciers, le liquidateur décide s'il convient de distribuer les fonds devenus disponibles en cours de liquidation.

Après mise en demeure infructueuse du liquidateur, tout intéressé peut demander en justice qu'il soit statué sur l'opportunité d'une répartition en cours de liquidation.

La décision de répartition des fonds est publiée selon les modalités fixées par décret en Conseil d'État. – *[L. n° 66-537 du 24 juill. 1966, art. 418.] – V. art. R. 237-16.*

Sur les infractions relatives à la liquidation, V. art. L. 247-5 et L. 247-6.

En ce qui concerne la société en participation, V. C. civ., art. 1871 s., App., v° Sociétés commerciales.

CHAPITRE VIII DES INJONCTIONS DE FAIRE

(L. n° 2001-420 du 15 mai 2001)

RÉP. SOCIÉTÉS v° *Injonction de faire*, par LAHER.

BIBL. GÉN. ► ZEIDENBERG, *Dr. et patr. 11/2001. 74* (renouveau des injonctions de faire). – CHAMPAUD et DANET, *RTD com. 2002. 95* (L. du 15 mai 2001). – LEGROS, *Dr. sociétés 2013. Étude 1* (référés-injonctions de faire relatifs aux augmentations de capital). – JEULAND et MANIN, *Rev. sociétés 2004. 1* (incertitudes du référé-injonction de faire en droit des sociétés).

Art. L. 238-1 **Lorsque les personnes intéressées ne peuvent obtenir la production, la communication ou la transmission des documents visés aux articles L. 221-7, L. 223-26, L. 225-115, L. 225-116, L. 225-117, L. 225-118,** *(Ord. n° 2004-604 du 24 juin 2004, art. 51-XVIII)* **« L. 225-129, L. 225-129-5, L. 225-129-6, L. 225-135, L. 225-136, L. 225-138, L. 225-177, L. 225-184, » L. 228-69, L. 237-3 et L. 237-26, elles peuvent demander au président du tribunal statuant en référé soit d'enjoindre sous astreinte au liquidateur ou aux administrateurs, gérants, et dirigeants de les communiquer, soit de désigner un mandataire chargé de procéder à cette communication.**

(Ord. n° 2004-274 du 25 mars 2004, art. 21-II) **« La même action est ouverte à toute personne intéressée ne pouvant obtenir du liquidateur, des administrateurs, gérants ou dirigeants communication d'une formule de procuration conforme aux prescriptions fixées par décret en Conseil d'État ou des renseignements exigés par ce décret en vue de la tenue des assemblées. »**

Lorsqu'il est fait droit à la demande, l'astreinte et les frais de procédure sont à la charge des administrateurs, des gérants, des dirigeants ou du liquidateur mis en cause.

1. Domaine d'application. La procédure instituée par l'art. L. 238-1 s'applique seulement lorsque les personnes intéressées ne peuvent obtenir la production ou la transmission des documents mentionnés à cet art. et ne peut être mise en œuvre aux motifs que les intérêts de la société seraient en péril ou qu'il existerait un conflit entre les actionnaires. • Paris, 26 mars 2003 : *RJDA 2003, n° 841 ; BJS 2003. 816, note Zeidenberg ; Dr. sociétés 2003, n° 162, obs. Trébulle.* ♦ La copie des procès-verbaux des réunions du conseil d'administration, ainsi que du registre de présence audit conseil et des convocations adressées aux administrateurs ne figure pas parmi les documents que visent les textes limitativement énumérés par l'art. L. 238-1. • Com. 23 juin 2009, n° 08-14.117 : *cité note 2.* ♦ Ne méconnaît pas les pouvoirs conférés au juge des référés par l'art. L. 238-1 la cour d'appel qui rejette la demande de communication de la liste des actionnaires (C. com., *art. L. 225-116* et R. 225-90) formée après la réunion de l'assemblée générale. • Com. 26 févr. 2008, n° 07-15.269 P : *D. 2008. AJ 781, obs. Lienhard ; Rev. sociétés 2008. 378, note Saintourens ; Dr. sociétés 2008, n° 104, obs. Hovasse ; BJS 2008. 581, note Godon.*

2. Demandeur. Dès lors que les statuts de la société démontrent, en l'état, la qualité d'actionnaire du demandeur et qu'aucune décision judiciaire n'a décidé du contraire, celui-ci est, au sens de l'art. L. 238-1, une personne intéressée et a, à ce titre, qualité pour agir. • Com. 23 juin 2009, n° 08-14.117 : *D. 2009. AJ 1824, obs. Lienhard ; RTD com. 2009. 579, obs. Le Cannu et Dondero ; Rev. sociétés 2009. 817, note Mattout ; RJDA 2009, n° 863 ; Dr. sociétés 2009, n° 160, obs. Hovasse ; RJ com. 2010. 170, note Messaï-Bahri.*

3. Pouvoirs du juge saisi. Il n'entre pas dans les pouvoirs du juge des référés saisi sur le fondement de l'art. L. 238-1 d'apprécier si une convention entre ou non dans la catégorie des conventions courantes conclues à des conditions normales ou si, en raison de son objet ou de ses implications financières, elle n'est significative pour aucune des parties. • Com. 26 févr. 2008, n° 07-15.269 P : *préc. note 1.*

4. Procédure. La procédure d'injonction de faire organisée par l'art. L. 238-1 doit être dirigée contre les dirigeants sociaux pris en leur nom personnel et non contre la société qu'ils représentent. • Com. 1er juill. 2008, n° 07-20.643 P : *D. 2008. AJ 1994*.

Art. L. 238-2 *(L. nº 2003-706 du 1er août 2003)* Tout intéressé peut demander au président du tribunal statuant en référé d'enjoindre sous astreinte au liquidateur de remplir les obligations prévues aux articles L. 237-21 *(L. nº 2012-387 du 22 mars 2012, art. 18-III)* « , L. 237-23 » et L. 237-25.

Art. L. 238-3 *(L. nº 2012-387 du 22 mars 2012, art. 18-III)* Le ministère public ainsi que toute personne intéressée peuvent demander au président du tribunal compétent statuant en référé d'enjoindre, le cas échéant sous astreinte, au représentant légal d'une société à responsabilité limitée, d'une société anonyme, d'une société anonyme à participation ouvrière, d'une société par actions simplifiée, d'une société européenne ou d'une société en commandite par actions de porter sur tous les actes et documents émanant de la société :

1º La dénomination sociale, précédée ou suivie immédiatement et lisiblement des mentions ou initiales suivantes, selon les cas : "société à responsabilité limitée" ou "SARL", "société anonyme" ou "SA", "société anonyme à participation ouvrière" ou "SAPO", "société par actions simplifiée" ou "SAS", "société européenne" ou "SE" ou "société en commandite par actions" ;

2º L'indication du capital social, sauf s'il s'agit d'une société à capital variable au sens de l'article L. 231-1. Dans ce dernier cas, le ministère public ou toute personne intéressée peut demander au président du tribunal de commerce statuant en référé d'enjoindre, le cas échéant sous astreinte, au représentant légal d'une société à capital variable de porter sur tous les actes et documents émanant de la société la dénomination sociale, précédée ou suivie immédiatement et lisiblement des mots : "à capital variable".

Le ministère public ou toute personne intéressée peut demander au président du tribunal compétent statuant en référé d'enjoindre, le cas échéant sous astreinte, au représentant légal d'un groupement d'intérêt économique de porter sur tous les actes et documents émanant de ce groupement la dénomination de celui-ci, suivie immédiatement et lisiblement de la mention ou des initiales : "groupement d'intérêt économique" ou "GIE".

Art. L. 238-3-1 *(L. nº 2005-842 du 26 juill. 2005, art. 11-II)* Tout intéressé peut demander au président du tribunal statuant en référé d'enjoindre sous astreinte aux sociétés utilisant le sigle "SE" dans leur dénomination sociale en méconnaissance des dispositions de l'article 11 du règlement (CE) nº 2157/2001 du Conseil, du 8 octobre 2001, relatif au statut de la société européenne (SE), de modifier cette dénomination sociale. – *V. ce texte au* ***C. sociétés.***

Art. L. 238-4 *(Ord. nº 2004-274 du 25 mars 2004, art. 20-III)* Tout intéressé peut demander au président du tribunal statuant en référé d'enjoindre sous astreinte au président des organes de direction et d'administration de transcrire les procès-verbaux de ces réunions sur un registre spécial tenu au siège social.

Art. L. 238-5 *(Ord. nº 2004-274 du 25 mars 2004, art. 22-III)* Tout intéressé peut demander au président du tribunal statuant en référé d'enjoindre sous astreinte au président de l'assemblée générale des actionnaires ou des obligataires de transcrire les procès-verbaux de ces assemblées sur un registre spécial tenu au siège social.

Art. L. 238-6 *(Ord. nº 2004-604 du 24 juin 2004, art. 50-I)* Si l'assemblée spéciale des actionnaires à dividende prioritaire n'est pas consultée dans les conditions prévues aux articles L. 228-35-6, L. 228-35-7 et L. 228-35-10, le président du tribunal statuant en référé peut, à la demande de tout actionnaire, enjoindre sous astreinte aux gérants ou au président du conseil d'administration ou du directoire de convoquer cette assemblée ou désigner un mandataire chargé de procéder à cette convocation.

La même action est ouverte à tout actionnaire ou tout titulaire de valeurs mobilières donnant accès au capital lorsque l'assemblée générale ou spéciale à laquelle il appartient n'est pas consultée dans les conditions prévues à l'article L. 225-99 *(Abrogé par L. nº 2019-744 du 19 juill. 2019, art. 20)* « *, au deuxième alinéa de l'article L. 225-129-6* » et aux articles L. 228-16 ou L. 228-103.

CHAPITRE IX DE LA LOCATION D'ACTIONS ET DE PARTS SOCIALES

(L. nº 2005-882 du 2 août 2005, art. 26-I)

RÉP. SOCIÉTÉS vº *Location de parts ou d'actions,* par A. LECOURT.

BIBL. GÉN. ▸ MALECKI, *D. 2005. Chron. 2382* (les bons offices de la location d'actions et de parts sociales). – JACOMET, *BJS 2005. 1167.* – LE CANNU, *RTD com. 2005. 770* (location et crédit-bail d'actions et de parts de SARL). – PICHARD, *JCP E 2005, nº 47, p. 2005* (la location d'actions, outil de stabilisation de l'actionnariat). – GROSCLAUDE, *RLDA 2006, nº 1, p. 10.* – CEVAËR et PERROT, *BJS 2011. 344* (location de parts sociales et actions : un moyen astucieux d'acquérir une entreprise).

Art. L. 239-1 **Les statuts peuvent prévoir que les actions des sociétés par actions ou les parts sociales des sociétés à responsabilité limitée soumises à l'impôt sur les sociétés de plein droit ou sur option peuvent être données à bail, au sens des dispositions de l'article 1709 du code civil, au profit d'une personne physique.**

La location d'actions ne peut porter que sur des titres nominatifs non négociables sur un marché réglementé, non inscrits aux opérations d'un dépositaire central et non soumis à l'obligation de conservation prévue à l'article L. 225-197-1 du présent code ou aux délais d'indisponibilité prévus aux chapitres II et III du titre IV du livre IV *[chapitre II du titre II et chapitre II du titre III du livre III de la partie III nouv.]* **du code du travail.**

La location d'actions ou de parts sociales ne peut pas porter sur des titres :

1º Détenus par des personnes physiques dans le cadre de la gestion de leur patrimoine privé lorsque les produits et plus-values bénéficient d'un régime d'exonération en matière d'impôt sur le revenu ;

2º Inscrits à l'actif d'une société de capital-risque mentionnée à l'article 1er-1 de la loi nº 85-695 du 11 juillet 1985 portant diverses dispositions d'ordre économique et financier ou d'une société unipersonnelle d'investissement à risque mentionnée à l'article 208 D du code général des impôts ;

3º Détenus par un fonds commun de placement à risques, un fonds commun de placement dans l'innovation ou un fonds d'investissement de proximité respectivement mentionnés aux *(Ord. nº 2011-915 du 1er août 2011, art. 26)* **« articles L. 214-28, L. 214-30 et L. 214-31 » du code monétaire et financier.**

A peine de nullité, les actions ou parts louées ne peuvent faire l'objet d'une sous-location ou d'un prêt de titres au sens des articles *(L. nº 2009-526 du 12 mai 2009, art. 138-XIII)* **« L. 211-22 à L. 211-26 » du même code.**

Les actions des sociétés par actions ou les parts sociales des sociétés à responsabilité limitée, lorsque les unes ou les autres de ces sociétés sont constituées pour l'exercice des professions visées à l'article 1er de la loi nº 90-1258 du 31 décembre 1990 relative à l'exercice sous forme de sociétés des professions libérales soumises à un statut législatif ou réglementaire ou dont le titre est protégé et aux sociétés de participations financières de professions libérales, ne peuvent pas faire l'objet du contrat de bail prévu au présent article, sauf au profit de professionnels salariés ou collaborateurs libéraux exerçant en leur sein *(L. nº 2014-1545 du 20 déc. 2014, art. 23-II)* **« et, à l'exception des sociétés intervenant dans le domaine de la santé ou exerçant les fonctions d'officier public ou ministériel, de professionnels exerçant la profession constituant l'objet social de ces sociétés ».**

Lorsque la société fait l'objet d'une procédure de redressement judiciaire en application du titre III du livre VI du présent code, la location de ses actions ou parts sociales ne peut intervenir que dans les conditions fixées par le tribunal ayant ouvert cette procédure.

Art. L. 239-2 **Le contrat de bail est constaté par acte authentique ou sous seing privé soumis à la procédure de l'enregistrement. Il comporte, à peine de nullité, des mentions dont la liste est fixée par décret en Conseil d'État.** — *V. art. R. 239-1.*

Il est rendu opposable à la société dans les formes prévues à l'article 1690 du code civil.

La délivrance des actions ou parts est réalisée à la date à laquelle est inscrite, dans le registre des titres nominatifs de la société par actions ou dans les statuts de la société à responsabilité limitée, à côté du nom de l'actionnaire ou de l'associé, la mention du

bail et du nom du locataire. A compter de cette date, la société doit adresser au locataire les informations dues aux actionnaires ou associés et prévoir sa participation et son vote aux assemblées conformément aux dispositions du deuxième alinéa de l'article L. 239-3.

Les actions ou parts louées font l'objet d'une évaluation en début et en fin de contrat, ainsi qu'à la fin de chaque exercice comptable lorsque le bailleur est une personne morale. Cette évaluation est effectuée sur la base de critères tirés des comptes sociaux. Elle est certifiée par un commissaire aux comptes.

Art. L. 239-3 Les dispositions légales ou statutaires prévoyant l'agrément du cessionnaire de parts ou d'actions sont applicables dans les mêmes conditions au locataire.

Le droit de vote attaché à l'action ou à la part sociale louée appartient au bailleur dans les assemblées statuant sur les modifications statutaires ou le changement de nationalité de la société et au locataire dans les autres assemblées. Pour l'exercice des autres droits attachés aux actions et parts sociales louées, le bailleur est considéré comme le nu-propriétaire et le locataire comme l'usufruitier.

Pour l'application des dispositions du livre IV du présent code, le bailleur et le locataire sont considérés comme détenteurs d'actions ou de parts sociales.

Art. L. 239-4 Le bail est renouvelé dans les mêmes conditions que la conclusion du bail initial.

En cas de non-renouvellement du contrat de bail ou de résiliation, la partie la plus diligente fait procéder à la radiation de la mention portée dans le registre des titres nominatifs de la société par actions ou dans les statuts de la société à responsabilité limitée.

Art. L. 239-5 Tout intéressé peut demander au président du tribunal statuant en référé d'enjoindre sous astreinte au représentant légal de la société par actions ou de la société à responsabilité limitée, en cas de signification ou d'arrivée à terme d'un contrat de bail portant sur des actions ou des parts sociales de la société, de modifier le registre des titres nominatifs ou les statuts et de convoquer l'assemblée des associés à cette fin.

Les parts ou actions des sociétés d'exercice libéral ne peuvent faire l'objet du contrat de bail prévu aux art. L. 239-1 à L. 239-5, sauf au profit de professionnels salariés ou collaborateurs libéraux exerçant au sein de celles-ci (L. nº 90-1258 du 31 déc. 1990, art. 8).

CHAPITRE X DE L'INFORMATION DES SALARIÉS EN CAS DE VENTE DE LEUR SOCIÉTÉ *(L. nº 2015-990 du 6 août 2015, art. 204-II-1º).*

(L. nº 2014-856 du 31 juill. 2014, art. 20)

Les art. L. 23-10-1 à L. 23-10-12 s'appliquent aux cessions conclues trois mois au moins après la date de publication de la L. nº 2014-856 du 31 juill. 2014 (L. préc., art. 98).

Un dispositif d'information des salariés sur les possibilités de reprise d'une société par les salariés est instauré à destination de l'ensemble des salariés des sociétés de moins de deux cent cinquante salariés soumises au livre II C. com. Cette information est organisée au moins une fois tous les trois ans et porte, en particulier, sur les conditions juridiques de la reprise d'une entreprise par les salariés, sur ses avantages et ses difficultés, ainsi que sur les dispositifs d'aide dont ils peuvent bénéficier. Le contenu et les modalités de cette information sont définis par un décret qui prend en compte la taille des entreprises concernées (L. nº 2014-856 du 31 juill. 2014, art. 18).

Les modifications apportées par l'art. 204-II de la L. nº 2015-990 du 6 août 2015 aux art. L. 23-10-1, L. 23-10-3 à L. 23-10-7, L. 23-10-9 à L. 23-10-12 entrent en vigueur à une date fixée par décret, et au plus tard six mois après la promulgation de la loi (L. préc., art. 204-III). — Date fixée au 1er janv. 2016 (Décr. nº 2015-1811 du 28 déc. 2015, art. 3).

BIBL. GÉN. ▶ DONDERO, *D. 2014. 1946* ; *BJS 2014. 408.* – PORACCHIA, PORTIER et GOETZ, *BJS 2014. 454 et 728.* – NDLR, *BRDA 2014, nº 21, p. 3* (dispositions réglementaires et guide du ministère de l'Économie). – GARNIER et BOURGEOIS, *RLDA déc. 2014. 10.* – BORGA, *Cah. dr. entr. 3-4/2015.* – DONDERO, *D. 2015. 2574* (cession de plusieurs participations représentant ensemble plus de la moitié des parts ou actions). – CHAUDRÉ, *JCP E 2015, nº 1262* (formules de lettres d'information). – DE KERVERN, *Rev. sociétés 2015. 629* (modifications issues de la L. du 6 août 2015). – DE VENDEUIL, *JCP E 2017. 1325.*

SECTION PREMIÈRE DE L'INSTAURATION D'UN DÉLAI PERMETTANT AUX SALARIÉS DE PRÉSENTER UNE OFFRE EN CAS DE VENTE DES PARTS SOCIALES, ACTIONS OU VALEURS MOBILIÈRES DONNANT ACCÈS À LA MAJORITÉ DU CAPITAL DANS LES SOCIÉTÉS QUI NE SONT PAS SOUMISES À L'OBLIGATION DE METTRE EN PLACE UN COMITÉ D'ENTREPRISE *[COMITÉ SOCIAL ET ÉCONOMIQUE] (L. n° 2015-990 du 6 août 2015, art. 204-II-14°).*

Art. L. 23-10-1 Dans les sociétés qui n'ont pas l'obligation de mettre en place un comité d'entreprise en application de l'article L. 2322-1 *[un comité social et économique en application de l'article L. 2311-2]* du code du travail, lorsque le propriétaire d'une participation représentant plus de 50 % des parts sociales d'une société à responsabilité limitée ou d'actions ou valeurs mobilières donnant accès à la majorité du capital d'une société par actions veut les *(L. n° 2015-990 du 6 août 2015, art. 204-II-3°)* « vendre », les salariés en sont informés, et ce au plus tard deux mois avant la *(L. n° 2015-990 du 6 août 2015, art. 204-II-1°)* « vente », afin de permettre à un ou plusieurs salariés de présenter une offre d'achat de cette participation. — *V. art. D. 23-10-1.*

(L. n° 2015-990 du 6 août 2015, art. 204-II-15°) « Lorsque le propriétaire n'est pas le chef d'entreprise, la notification est faite à ce dernier et le délai court à compter de cette notification. Le chef d'entreprise » notifie sans délai aux salariés cette information, en leur indiquant qu'ils peuvent *(L. n° 2015-990 du 6 août 2015, art. 204-II-6°)* « lui » présenter *(Abrogé par L. n° 2015-990 du 6 août 2015, art. 204-II-5°) « au cédant »* une offre d'achat.

(L. n° 2015-990 du 6 août 2015, art. 204-II-15°) « Le chef d'entreprise notifie sans délai au propriétaire toute offre d'achat présentée par un salarié.

« Lorsque la participation est détenue par le chef d'entreprise, celui-ci notifie sa volonté de vendre directement aux salariés en les informant qu'ils peuvent lui présenter une offre d'achat, et le délai court à compter de la date de cette notification. »

La *(L. n° 2015-990 du 6 août 2015, art. 204-II-1°)* « vente » peut intervenir avant l'expiration du délai de deux mois dès lors que chaque salarié a fait connaître *(Abrogé par L. n° 2015-990 du 6 août 2015, art. 204-II-5°) « au cédant »* sa décision de ne pas présenter d'offre.

(L. n° 2015-990 du 6 août 2015, art. 204-II-8°) « Lorsqu'une action en responsabilité est engagée, la juridiction saisie peut, à la demande du ministère public, prononcer une amende civile dont le montant ne peut excéder 2 % du montant de la vente. »

Sur l'inconstitutionnalité des anciens al. 4 et 5 de l'art. L. 23-10-1, V. Cons. const. n° 2015-476 QPC du 17 juill. 2015 (JO 19 juill.).

Art. L. 23-10-2 A leur demande, les salariés peuvent se faire assister par un représentant de la chambre de commerce et de l'industrie régionale, de la chambre régionale d'agriculture, de la chambre régionale de métiers et de l'artisanat territorialement compétentes en lien avec les chambres régionales de l'économie sociale et solidaire et par toute personne désignée par les salariés, dans des conditions définies par décret. — *V. art. D. 23-10-3.*

Art. L. 23-10-3 L'information des salariés peut être effectuée par tout moyen, précisé par voie réglementaire, de nature à rendre certaine la date de sa réception par ces derniers.

(L. n° 2015-990 du 6 août 2015, art. 204-II-9°) « Lorsque l'information est faite par lettre recommandée avec demande d'avis de réception, la date de réception de l'information est la date de la première présentation de la lettre. »

Les salariés sont tenus à une obligation de discrétion s'agissant des informations reçues en application de la présente section, dans les mêmes conditions que celles prévues pour les membres des comités d'entreprise à l'article L. 2325-5 du code du travail, sauf à l'égard des personnes dont le concours est nécessaire pour leur permettre de présenter *(Abrogé par L. n° 2015-990 du 6 août 2015, art. 204-II-5°) « au cédant »* une offre d'achat.

Art. L. 23-10-4 Les articles L. 23-10-1 à L. 23-10-3 sont applicables à la *(L. n° 2015-990 du 6 août 2015, art. 204-II-1°)* « vente » d'une participation dans une société sou-

mise à une réglementation particulière prescrivant que tout ou partie de son capital soit détenu par un ou plusieurs associés ou actionnaires répondant à certaines conditions en termes notamment de qualification professionnelle, sous réserve :

1° Soit qu'un au moins des salariés pouvant présenter l'offre d'achat remplisse les conditions requises ;

2° Soit que la *(L. n° 2015-990 du 6 août 2015, art. 204-II-1°)* **« vente » ne porte pas sur la partie du capital soumise à la réglementation et détenue par l'associé ou l'actionnaire répondant aux conditions requises.**

Art. L. 23-10-5 **La** *(L. n° 2015-990 du 6 août 2015, art. 204-II-1°)* **« vente » intervient dans un délai maximal de deux ans après l'expiration du délai prévu à l'article L. 23-10-1. Au-delà de ce délai, toute** *(L. n° 2015-990 du 6 août 2015, art. 204-II-1°)* **« vente » est soumise aux articles L. 23-10-1 à L. 23-10-3.**

Art. L. 23-10-6 **La présente section n'est pas applicable :**

1° En cas de *(L. n° 2015-990 du 6 août 2015, art. 204-II-10°)* **« vente » de la participation à un conjoint, à un ascendant ou à un descendant ;**

2° Aux sociétés faisant l'objet d'une procédure de conciliation, de sauvegarde, de redressement ou de liquidation judiciaires régie par le livre VI ;

(L. n° 2015-990 du 6 août 2015, art. 204-II-10°) **« 3° Si, au cours des douze mois qui précèdent la vente, celle-ci a déjà fait l'objet d'une information en application de l'article 18 de la loi n° 2014-856 du 31 juillet 2014 relative à l'économie sociale et solidaire. »**

SECTION II DE L'INFORMATION DES SALARIÉS LEUR PERMETTANT DE PRÉSENTER UNE OFFRE EN CAS DE VENTE DES PARTS SOCIALES OU ACTIONS OU VALEURS MOBILIÈRES DONNANT ACCÈS À LA MAJORITÉ DU CAPITAL, DANS LES SOCIÉTÉS SOUMISES À L'OBLIGATION DE METTRE EN PLACE UN COMITÉ D'ENTREPRISE *[COMITÉ SOCIAL ET ÉCONOMIQUE] (L. n° 2015-990 du 6 août 2015, art. 204-II-16°).*

Art. L. 23-10-7 **Dans les sociétés soumises à l'obligation de mettre en place un comité d'entreprise en application de l'article L. 2322-1** *[un comité social et économique en application de l'article L. 2311-2]* **du code du travail et se trouvant, à la clôture du dernier exercice, dans la catégorie des petites et moyennes entreprises au sens de l'article 51 de la loi n° 2008-776 du 4 août 2008 de modernisation de l'économie, lorsqu'il veut** *(L. n° 2015-990 du 6 août 2015, art. 204-II-3°)* **« vendre » une participation représentant plus de 50 % des parts sociales d'une société à responsabilité limitée ou des actions ou valeurs mobilières donnant accès à la majorité du capital d'une société par actions, le** *(L. n° 2015-990 du 6 août 2015, art. 204-II-17°)* **« propriétaire de la participation » notifie sa volonté de** *(L. n° 2015-990 du 6 août 2015, art. 204-II-3°)* **« vendre » à la société.**

Au plus tard en même temps qu'il procède, en application de l'article *(L. n° 2015-994 du 17 août 2015, art. 18-XV, en vigueur le 1er janv. 2016)* **« L. 2323-33 » du code du travail, à l'information et à la consultation du comité d'entreprise** *[comité social et économique]*, **le chef d'entreprise porte à la connaissance des salariés la notification prévue au premier alinéa du présent article et leur indique qu'ils peuvent** *(L. n° 2015-990 du 6 août 2015, art. 204-II-6°)* **« lui » présenter** *(Abrogé par L. n° 2015-990 du 6 août 2015, art. 204-II-5°)* ***« au cédant »*** **une offre** *(L. n° 2015-990 du 6 août 2015, art. 204-II-4°)* **« d'achat ».**

(L. n° 2015-990 du 6 août 2015, art. 204-II-17°) **« Le chef d'entreprise notifie sans délai au propriétaire toute offre d'achat présentée par un salarié.**

« Lorsque la participation est détenue par le chef d'entreprise, celui-ci notifie sa volonté de vendre directement aux salariés, en les informant qu'ils peuvent lui présenter une offre d'achat.

« Lorsqu'une action en responsabilité est engagée, la juridiction saisie peut, à la demande du ministère public, prononcer une amende civile dont le montant ne peut excéder 2 % du montant de la vente. »

En cas d'absences concomitantes du *[de]* **comité d'entreprise et de délégué** *[délégués]* **du personnel, constatées conformément aux articles L. 2324-8 et L. 2314-5 du code**

du travail, la *(L. n° 2015-990 du 6 août 2015, art. 204-II-1°)* « vente » est soumise *(L. n° 2015-990 du 6 août 2015, art. 204-II-17°)* « aux articles L. 23-10-1 à L. 23-10-6 » du présent code.

Sur l'inconstitutionnalité des anciens al. 3 et 4 de l'art. L. 23-10-7, V. Cons. const. n° 2015-476 QPC du 17 juill. 2015 (JO 19 juill.).

Art. L. 23-10-8 A leur demande, les salariés peuvent se faire assister par un représentant de la chambre de commerce et de l'industrie régionale, de la chambre régionale d'agriculture, de la chambre régionale de métiers et de l'artisanat territorialement compétentes en lien avec les chambres régionales de l'économie sociale et solidaire et par toute personne désignée par les salariés, dans des conditions définies par décret. — *V. art. D. 23-10-3.*

Art. L. 23-10-9 L'information des salariés peut être effectuée par tout moyen, précisé par voie réglementaire, de nature à rendre certaine la date de sa réception par ces derniers.

(L. n° 2015-990 du 6 août 2015, art. 204-II-9°) « Lorsque l'information est faite par lettre recommandée avec demande d'avis de réception, la date de réception de l'information est la date de la première présentation de la lettre. »

Les salariés sont tenus à une obligation de discrétion s'agissant des informations reçues en application de la présente section, dans les mêmes conditions que celles prévues pour les membres des comités d'entreprise à l'article L. 2325-5 du code du travail, sauf à l'égard des personnes dont le concours est nécessaire pour leur permettre de présenter *(Abrogé par L. n° 2015-990 du 6 août 2015, art. 204-II-5°) « au cédant »* une offre d'achat.

Art. L. 23-10-10 Les articles L. 23-10-7 à L. 23-10-9 sont applicables à la *(L. n° 2015-990 du 6 août 2015, art. 204-II-1°)* « vente » d'une participation dans une société soumise à une réglementation particulière prescrivant que tout ou partie de son capital soit détenu par un ou plusieurs associés ou actionnaires répondant à certaines conditions en termes notamment de qualification professionnelle, sous réserve :

1° Soit qu'un au moins des salariés pouvant présenter l'offre d'achat remplisse les conditions requises ;

2° Soit que la *(L. n° 2015-990 du 6 août 2015, art. 204-II-1°)* « vente » ne porte pas sur la partie du capital soumise à la réglementation et détenue par l'associé ou l'actionnaire répondant aux conditions requises.

Art. L. 23-10-11 La *(L. n° 2015-990 du 6 août 2015, art. 204-II-1°)* « vente » est de nouveau soumise aux articles L. 23-10-7 à L. 23-10-9 lorsqu'elle intervient plus de deux ans après *(L. n° 2015-990 du 6 août 2015, art. 204-II-13°)* « la date à laquelle tous les salariés ont été informés de la vente. »

Si pendant cette période de deux ans le comité d'entreprise *[comité social et économique]* est consulté, en application de l'article *(L. n° 2015-994 du 17 août 2015, art. 18-XV, en vigueur le 1er janv. 2016)* « L. 2323-33 *[L. 2312-8]* » du code du travail, sur un projet de *(L. n° 2015-990 du 6 août 2015, art. 204-II-1°)* « vente » des éléments faisant l'objet de la notification prévue à l'article L. 23-10-7, le cours de ce délai de deux ans est suspendu entre la date de saisine du comité et la date où il rend son avis et, à défaut, jusqu'à la date où expire le délai imparti pour rendre cet avis.

Art. L. 23-10-12 La présente section n'est pas applicable :

1° En cas de *(L. n° 2015-990 du 6 août 2015, art. 204-II-10°)* « vente » de la participation à un conjoint, à un ascendant ou à un descendant ;

2° Aux sociétés faisant l'objet d'une procédure de conciliation, de sauvegarde, de redressement ou de liquidation judiciaires régie par le livre VI ;

(L. n° 2015-990 du 6 août 2015, art. 204-II-10°) « 3° Si, au cours des douze mois qui précèdent la vente, celle-ci a déjà fait l'objet d'une information en application de l'article 18 de la loi n° 2014-856 du 31 juillet 2014 relative à l'économie sociale et solidaire. »

CHAPITRE XI DU PARTAGE DES PLUS-VALUES DE CESSION DE TITRES AVEC LES SALARIÉS DE SOCIÉTÉ

(L. n° 2019-486 du 22 mai 2019, art. 162)

Art. L. 23-11-1 Tout détenteur de titres d'une société peut prendre, vis-à-vis de l'ensemble des salariés de celle-ci, l'engagement de partager avec eux une partie de la plus-value de cession ou de rachat de ses titres au jour où il en cédera ou rachètera tout ou partie.

L'engagement de partage des plus-values peut également être pris par une pluralité de détenteurs de titres, ceux-ci étant soit parties à un même contrat de partage des plus-values, soit parties à des contrats de partage des plus-values distincts.

L'engagement de partage des plus-values ne crée pas de solidarité entre un détenteur de titres signataire d'un contrat de partage et la société. Il ne crée pas non plus d'obligations pour les détenteurs de titres, directs ou indirects, qui ne sont pas parties à un tel engagement.

L'engagement de partage ne peut porter que sur des plus-values de cession de titres de sociétés mentionnées à la première phrase du *b* du 2° du I de l'article 150-0 B *ter* du code général des impôts.

Lorsque la société concernée contrôle, au sens de l'article L. 233-3 du présent code, directement ou indirectement une ou plusieurs sociétés mentionnées à l'avant-dernier alinéa du présent article, l'engagement mentionné au premier alinéa est pris vis-à-vis de l'ensemble de leurs salariés. Il en est de même lorsque la société concernée est contrôlée, au sens de l'article L. 233-3, directement ou indirectement, par une ou plusieurs sociétés mentionnées à l'avant-dernier alinéa du présent article.

Art. L. 23-11-2 L'engagement de partage défini à l'article L. 23-11-1 est constaté dans un contrat conclu entre tout détenteur de titres et la société concernée qui s'engage à transférer aux salariés concernés le montant résultant de l'engagement de partage, dont elle déduira les charges fiscales et sociales que ce transfert engendre.

La signature du contrat de partage des plus-values est soumise à la condition de l'existence préalable, dans chaque entreprise mentionnée à l'article L. 23-11-1, d'un plan d'épargne d'entreprise défini aux articles L. 3332-1 et suivants du code du travail.

Le contrat de partage des plus-values a pour objet de définir les conditions et modalités de la répartition entre les salariés des sommes résultant de l'engagement. Il définit notamment :

1° La période pour laquelle il est conclu, d'une durée minimale de cinq ans ;

2° Son champ d'application, sous réserve de l'article L. 23-11-3 du présent code ;

3° Les modalités de calcul des sommes versées aux salariés, qui tiennent compte de l'évolution de la valeur des titres cédés entre le jour de leur acquisition et celui de leur cession et qui ne peuvent excéder 10 % du montant de la plus-value mentionnée au premier alinéa de l'article L. 23-11-1 du présent code, déterminée dans les conditions prévues au premier alinéa du 1 de l'article 150-0 D du code général des impôts, ce montant incluant, le cas échéant, le montant des compléments de prix afférents à cette même cession ;

4° Les conditions d'information des salariés ;

5° Les procédures convenues pour régler les différends qui peuvent surgir dans l'application de l'accord ;

6° La durée minimale entre la date de la conclusion du contrat de partage et la date de la cession des titres, qui ne peut être inférieure à trois ans.

Art. L. 23-11-3 Le contrat de partage mentionné à l'article L. 23-11-2 rend bénéficiaires l'ensemble des salariés présents dans la ou les sociétés mentionnées à l'article L. 23-11-1 pendant tout ou partie de la période comprise entre la date de sa signature et la date de la cession des titres de la société concernée et qui sont adhérents au plan d'épargne d'entreprise au jour de cette cession.

Sont assimilées à des périodes de présence :

1° Les périodes de congé de maternité prévu à l'article L. 1225-17 du code du travail et de congé d'adoption prévu à l'article L. 1225-37 du même code ;

2° Les périodes de suspension du contrat de travail consécutives à un accident du travail ou à une maladie professionnelle en application de l'article L. 1226-7 dudit code.

Les sommes sont réparties entre les salariés bénéficiaires conformément au 2° de l'article L. 3332-11 du même code de manière uniforme, proportionnelle à la durée de présence dans l'entreprise au cours de la période écoulée entre la signature du contrat et la cession des titres ou proportionnelle aux salaires.

Les sommes réparties ne peuvent excéder 30 % du montant annuel du plafond mentionné à l'article L. 241-3 du code de la sécurité sociale.

Le bénéfice du contrat de partage des plus-values est subordonné à une condition d'ancienneté dans la société pendant la période couverte par l'accord de partage des plus-values qui ne peut être ni inférieure à celle prévue à l'article L. 3342-1 du code du travail ni supérieure à deux ans.

Art. L. 23-11-4 Après la cession, le montant en résultant est versé, dans un délai d'un mois à compter de la date de la cession ou, le cas échéant, à compter de la date de perception d'un complément de prix afférent à cette cession, par le ou les détenteurs de titres cédants à la société dont les titres ont été cédés. Ce montant est insaisissable et incessible.

La société ayant reçu les sommes conformément au premier alinéa du présent article les répartit entre les salariés concernés conformément au contrat et les verse sur le plan d'épargne d'entreprise des bénéficiaires dans les conditions prévues à l'article L. 3332-11 du code du travail. Elle prélève sur ce montant les sommes nécessaires à l'acquittement des charges fiscales et sociales induites.

Conformément au deuxième alinéa du présent article, la répartition et l'attribution aux bénéficiaires doivent avoir lieu dans les quatre-vingt-dix jours de la réception du versement. Le cas échéant, le dépassement de ce délai est sanctionné par la majoration des versements dus à chaque bénéficiaire au taux d'intérêt légal à compter de la date de ce dépassement ; cette majoration reste à la charge de la société.

CHAPITRE XII DE LA MIXITÉ DANS LES INSTANCES DIRIGEANTES DES SOCIÉTÉS COMMERCIALES

(L. n° 2021-1774 du 24 déc. 2021, art. 14)

Art. L. 23-12-1 Est considérée comme instance dirigeante toute instance mise en place au sein de la société, par tout acte ou toute pratique sociétaire, aux fins d'assister régulièrement les organes chargés de la direction générale dans l'exercice de leurs missions.

Sur l'obligation d'assurer une répartition équilibrée de chaque sexe parmi les cadres dirigeants et les membres des instances dirigeantes, V. C. trav., art. L. 1142-11 s. — ***C. trav.***

BIBL. ▶ B. François, *Rev. sociétés 2022. 253*. – Mortier, *BRDA 2022, n° 5, p. 37*. – Dondero, *JCP E 2022. 1052*.

TITRE QUATRIÈME DISPOSITIONS PÉNALES

BIBL. GÉN. ▶ Merle, *Mél. Merle, Cujas, 1993, p. 125* (sociétés commerciales et droit pénal). – Krief-Verbaere, *RTD com. 1999. 583* (obligations d'information dans le droit pénal des affaires). – Bouloc, *RSC 2000. 17* (place du droit pénal dans le droit des sociétés) ; *Rev. sociétés 2000. 129* (faut-il réformer le droit pénal des sociétés ?). – Garé, *BJS 2000. 885* (recodification du droit pénal des sociétés). – Matsopoulou, *D. 2001. Chron. 2021* (même thème). – Haschke-Dournaux, *BJS 2003. 377* (voies de la réforme du droit pénal des sociétés). – Barrière, *Rev. sociétés 2007. 713* (ordre public et impérativité : observations en droit pénal des SA). ▶ L. n° 2001-420 du 15 mai 2001 : Salomon, *Dr. sociétés août-sept. 2001, hors-série, p. 26*. – Bouloc, *Rev. sociétés 2001. 645*. – Muller, *JCP E 2002, n° 26, p. 1092*. ▶ L. n°s 2003-706 et 2003-721 du 1er août 2003 : Bouloc, *D. 2003. Chron. 2492*. – J.-H. Robert, *Dr. sociétés 2003. Chron. 11*. – Monnet, *ibid., n° 173*. ▶ Ord. n° 2004-274 du 25 mars 2004 : Massart, *BJS 2004. 743*. – J.-H. Robert, *Dr. sociétés 2005. Étude 3* (récapitulatif des dépénalisations opérées depuis 2003 dans le droit des sociétés par actions).

CHAPITRE PREMIER DES INFRACTIONS CONCERNANT LES SOCIÉTÉS À RESPONSABILITÉ LIMITÉE

Art. L. 241-1 *Abrogé par L. n° 2012-387 du 22 mars 2012, art. 21.*

Art. L. 241-2 Est puni d'un emprisonnement de six mois et d'une amende de 9 000 € le fait, pour des gérants, d'émettre, directement ou par personne interposée, pour le

compte de la société des valeurs mobilières quelconques (*Ord. n° 2004-274 du 25 mars 2004, art. 19*) **« , à l'exception des obligations émises dans les conditions déterminées par l'article L. 223-11 ».** – [*L. n° 66-537 du 24 juill. 1966, art. 424.*]

Art. L. 241-3 Est puni d'un emprisonnement de cinq ans et d'une amende de 375 000 € :

1° Le fait, pour toute personne, de faire attribuer frauduleusement à un apport en nature une évaluation supérieure à sa valeur réelle ;

2° Le fait, pour les gérants, d'opérer entre les associés la répartition de dividendes fictifs, en l'absence d'inventaire ou au moyen d'inventaires frauduleux ;

3° Le fait, pour les gérants, même en l'absence de toute distribution de dividendes, de présenter aux associés des comptes annuels ne donnant pas, pour chaque exercice, une image fidèle du résultat des opérations de l'exercice, de la situation financière et du patrimoine à l'expiration de cette période en vue de dissimuler la véritable situation de la société ;

4° Le fait, pour les gérants, de faire, de mauvaise foi, des biens ou du crédit de la société, un usage qu'ils savent contraire à l'intérêt de celle-ci, à des fins personnelles ou pour favoriser une autre société ou entreprise dans laquelle ils sont intéressés directement ou indirectement ;

5° Le fait, pour les gérants, de faire, de mauvaise foi, des pouvoirs qu'ils possèdent ou des voix dont ils disposent, en cette qualité, un usage qu'ils savent contraire aux intérêts de la société, à des fins personnelles ou pour favoriser une autre société ou une autre entreprise dans laquelle ils sont intéressés directement ou indirectement. – [*L. n° 66-537 du 24 juill. 1966, art. 425.*]

(*L. n° 2013-907 du 11 oct. 2013, art. 27-V*) **« Outre les peines complémentaires prévues à l'article L. 249-1, le tribunal peut également prononcer à titre de peine complémentaire, dans les cas prévus au présent article, l'interdiction des droits civiques, civils et de famille prévue à l'article 131-26 du code pénal. »**

(*L. n° 2013-1117 du 6 déc. 2013, art. 30*) **« L'infraction définie au 4° est punie de sept ans d'emprisonnement et de 500 000 € d'amende lorsqu'elle a été réalisée ou facilitée au moyen soit de comptes ouverts ou de contrats souscrits auprès d'organismes établis à l'étranger, soit de l'interposition de personnes physiques ou morales ou de tout organisme, fiducie ou institution comparable établis à l'étranger. »**

RÉP. SOCIÉTÉS v° *Abus de biens sociaux*, par BOULOC.

I. ABUS DES BIENS OU DU CRÉDIT DE LA SOCIÉTÉ

A. ÉLÉMENTS CONSTITUTIFS DU DÉLIT

1. *Personnes punissables.* Les dispositions des art. 425 et 431 de la L. du 24 juill. 1966 [C. com., art. L. 241-3 et L. 241-9] n'excluent de leur champ d'application aucun dirigeant social, qu'il soit ou non salarié. Elles s'appliquent au salarié devenu gérant de fait. • Crim. 28 juin 1993, n° 92-85.607 : *BJS 1993. 1111, note Cuisance.* ♦ Sur la notion de gérant de fait, V. art. L. 241-9. ♦ L'incrimination d'abus de biens sociaux ne peut être étendue à des sociétés que la loi n'a pas prévues, telle une société de droit étranger, et pour lesquelles seule la qualification d'abus de confiance est susceptible d'être retenue. • Crim. 3 juin 2004, n° 03-80.593 P : *D. 2004. 3213, note Caramalli ; Rev. sociétés 2004. 912, note Bouloc ; JCP E 2004, n° 44, p. 1736, note Raimon ; Dr. pénal 2004, n° 128, obs. J.-H. Robert ; Dr. sociétés 2004, n° 198, obs. Salomon ; BJS 2004. 1373, note Menjucq.* ♦ Si les dispositions relatives à l'abus de biens sociaux ne sont pas applicables aux sociétés dont le siège social n'est pas situé en France, elles s'appliquent lorsque le siège social réel de la société est situé en France ou lorsque la société réalise l'essentiel de son activité en France et dispose d'un local d'exploitation sur le territoire national. • Crim. 2 mars 2021, n° 19-80.991 P : *D. 2021. Actu. 474 ; Rev. sociétés 2022. 107, note Bouloc ; Dr. sociétés 2021, n° 68, note R. Salomon ; BJS 6/2021. 7, note Menjucq.* ♦ Le fonctionnement d'une société selon un contexte coutumier ne justifie pas que soit écartée l'application des dispositions sur le délit d'abus de biens sociaux. • Crim. 9 mars 2005, n° 04-83.838 : *RJDA 2005, n° 825.* ♦ Sur la complicité, V. note 11 ss. art. L. 242-6.

2. *Élément intentionnel.* L'intention frauduleuse des gérants exigée par l'art. 425 (4°) de la L. du 24 juill. 1966 [C. com., art. L. 241-3] est un élément constitutif de l'infraction, à défaut duquel celle-ci ne serait pas caractérisée ; si la négligence ou le défaut de surveillance peuvent être retenus à la charge des gérants, c'est à la condition que ceux-ci aient connu les agissements délictueux qu'ils pouvaient empêcher. • Crim. 19 déc. 1973 : *D. 1974. IR 24 ; Rev. sociétés 1974. 363, note Bouloc.* ♦ L'absence de dissimulation est sans effet sur la caractérisation des faits. • Com. 2 avr. 2014, n° 13-80.010 : *Rev. sociétés 2014. 592, note Bouloc ; AJ pénal 2014. 419, obs. Gallois ; Dr. sociétés 2014, n° 109, obs. Salomon.* ♦ Déduisant la mauvaise foi du prévenu du fait qu'il ne pouvait ignorer que la situation de la société holding, à laquelle il avait cédé des créances mobilisées appartenant à la SARL, était irrémédiablement compromise : • Crim. 8 août 1995, n° 94-85.364 : *JCP E 1996. I. 541, n° 15, obs. Viandier et Caussain.* ♦ Aucune disposition légale ne réprime la tentative d'abus de biens sociaux. • Crim. 7 avr. 1998 : *Rev. sociétés 1998. 624, note Bouloc .*

3. Usage contraire à l'intérêt social. L'usage fait par un dirigeant social du crédit de la société est contraire aux intérêts de la société dès lors que, sans contrepartie, il expose l'actif à un risque de perte, par le fait de la volonté frauduleuse de son auteur. • Crim. 8 déc. 1971 : *Bull. crim. n° 346 ; Rev. sociétés 1972. 514, note Bouloc.* ♦ Caractérisent un usage de biens sociaux contraire à l'intérêt social les agissements d'un dirigeant qui a exposé, dans son intérêt personnel, la société à un risque anormal de poursuites pénales ou fiscales. • Crim. 17 déc. 2015, n° 14-86.602 : *Rev. sociétés 2016. 187, note Bouloc ; Dr. sociétés 2016, n° 39, obs. Salomon.* ♦ L'usage des biens d'une société est nécessairement abusif lorsqu'il est fait dans un but illicite. • Crim. 22 avr. 1992, n° 90-85.125 P : *Rev. sociétés 1993. 124, note Bouloc .* ♦ L'usage abusif des biens ou du crédit de la société peut résulter non seulement d'une action, mais aussi d'une abstention volontaire du dirigeant. • Crim. 28 janv. 2004, n° 02-88.094 : *Rev. sociétés 2004. 722, note Bouloc ; JCP E 2005, n° 20, p. 817, obs. Muller RJDA 2004, n° 721 ; BJS 2004. 861, note Barbièri.* ♦ L'assentiment des associés ne saurait faire disparaître le caractère délictueux de prélèvements abusifs de biens sociaux, la loi protégeant le patrimoine de la société et les intérêts des tiers au même titre que les intérêts des associés. • Crim. 8 mars 1967 : *D. 1967. 586, note Dalsace.* ♦ Par ailleurs, il n'importe, au regard de l'art. 425 (4°) de la L. du 24 juill. 1966 [C. com., art. L. 241-3], que la société soit composée exclusivement de la famille du prévenu, dès lors que la personne morale est une entité distincte de ses membres. • Crim. 26 mai 1994, n° 93-84.615 P : *D. 1994. IR 194 ; Rev. sociétés 1994. 771, note Bouloc .*

4. Intérêt personnel du gérant. L'intérêt personnel poursuivi par l'auteur d'un abus de biens sociaux peut être aussi bien moral que matériel. • *Crim. 8 déc. 1971 : préc. note 3.* ♦ La simple utilisation abusive des biens de la société dans un intérêt personnel suffit à caractériser le délit d'abus de biens sociaux, en dehors de toute volonté d'appropriation définitive. • Crim. 8 mars 1967 : *préc. note 3.* ♦ Caractérise suffisamment l'intérêt personnel tiré par le prévenu l'arrêt qui constate les confusions de patrimoines et d'administration de deux sociétés dirigées par le même prévenu. • Crim. 16 janv. 1964 : *D. 1964. 194, note J. M. ; JCP 1964. II. 13612, note J. R.* ♦ Il n'est pas nécessaire de rechercher si et d'établir que la société gérée avait subi un préjudice ; le préjudice se trouve caractérisé dès que l'usage abusif des biens ou du crédit de la société se trouve établi et qu'ainsi l'actif social a couru, par la volonté frauduleuse du mandataire social, un risque auquel il ne devait pas être exposé. • Même arrêt. ♦ Selon l'art. 425 (4°) de la L. du 24 juill. 1966 [C. com., art. L. 241-3], s'il n'est pas justifié qu'ils ont été utilisés dans le seul intérêt de la société, les fonds sociaux prélevés de manière occulte par un dirigeant social l'ont nécessairement été dans son intérêt personnel. • Crim. 11 janv. 1996, n° 95-81.776 P : *D. 1996. IR 103 ; Rev. sociétés 1996. 586, note Bouloc .*

5. Illustrations. Commettent le délit d'abus de biens sociaux : les gérants d'une SARL qui mettent à profit leur situation très fortement majoritaire dans la répartition du capital social pour faire prendre par l'assemblée une délibération leur attribuant des appointements excessifs eu égard aux ressources et à la situation financière de la société et qui perçoivent ensuite ces appointements. • Crim. 15 oct. 1998, n° 97-80.757 : *Rev. sociétés 1999. 184, note Bouloc .* ♦ Comp., au cas où les rémunérations ne sont pas exagérées au regard de l'âge et de la qualité du gérant : • Crim. 23 mars 1992 : *BJS 1992. 933.* ♦ ... Le gérant ayant cédé, sans réelle contrepartie, un contrat de crédit-bail au profit d'une société dans laquelle il était associé. • Com. 13 déc. 2005, n° 03-18.002 : *Rev. sociétés 2006. 382, note Bouloc .* ♦ ... Le gérant de fait qui a établi une facturation mensongère au détriment de la société, ainsi spoliée du prix de ses prestations au bénéfice d'une autre société dans laquelle il était directement intéressé. • Crim. 10 nov. 2020, n° 19-80.557 P : *D. 2021. Pan. 1649, obs. Mascala ; RTD com. 2021. 213, obs. Bouloc ; RJDA 2021, n° 98.* ♦ ... Le gérant d'une SARL dont le compte courant personnel est resté débiteur. • Crim. 31 mai 2006, n° 05-86.035 : *RSC 2006. 844, obs. Rebut ; Rev. sociétés 2007. 121, note Bouloc .* ♦ Comp. : • Crim. 14 nov. 2013, n° 12-83.653 : *D. 2014. Pan. 1569, obs. Mascala ; Rev. sociétés 2014. 324, note Bouloc .* ♦ ... Le gérant qui inscrit au crédit d'un compte courant d'associé le produit de la vente d'un actif social. • Crim. 4 mai 2006, n° 05-83.849 : *Rev. sociétés 2006. 606, note Bouloc .* ♦ ... Celui qui, sans l'accord des autres associés, cède, à son profit et à un prix unilatéralement fixé, la participation détenue par la société dans une autre société. • Crim. 20 mai 2015, n° 13-87.388 : *Rev. sociétés 2015. 536, note Bouloc .* ♦ Sur l'abus de biens sociaux dans les groupes de sociétés, V. note 10 ss. art. L. 242-6.

B. CONDITIONS DE LA POURSUITE

6. Action civile. Le délit d'abus de biens sociaux n'occasionne un dommage personnel et direct qu'à la société elle-même et non à chaque associé (irrecevabilité de l'action civile exercée à titre personnel par un associé). • Crim. 5 déc. 2001, n° 01-80.065 : *RSC 2002. 830, obs. Rebut ; BJS 2002. 492, note Le Nabasque.* ♦ Est irrecevable la constitution de partie civile d'un comité d'entreprise du chef d'abus de pouvoir et de voix, pareille infraction ne pouvant causer un préjudice direct qu'à la société elle-même. • Crim. 4 nov. 1988 : *Rev. sociétés 1989. 265, note Bouloc ; BJS 1989. 196, note Jeantin.* ♦ De même, les créanciers ou les tiers ne peuvent invoquer devant le juge pénal un préjudice qui, à le supposer établi, ne serait qu'indirect. • Crim. 27 juin 1995, n° 94-84.648 : *Rev. sociétés 1995. 746, note Bouloc ; BJS 1995. 1047, note P.L.C.* ♦ Comp., jugeant que le représentant des créanciers d'une société, désigné en qualité de liquidateur judiciaire de celle-ci, à la suite d'une conversion de procédure, est recevable à se constituer partie civile dans les poursuites exercées contre le dirigeant de l'entreprise pour abus des biens sociaux : • Crim. 12 oct. 1995, n° 95-80.730 P : *Rev. sociétés 1996. 319, note Bouloc.* ♦ V. aussi note 14 ss. art. L. 242-6.

7. Flagrant délit. Le placement « en catimini », dans des sacs de plastique, de 572 notes de restaurant destinées à la comptabilité d'une société, qui ne caractérise en aucune manière un élément constitutif du délit d'abus de biens sociaux prévu par l'art. 425 de la L. du 24 juill. 1966 [C. com., art. L. 241-3], ne peut révéler l'existence d'une infraction répondant à la définition donnée des crimes et délits flagrants par l'art. 53 C. pr. pén. • Crim. 6 févr. 1997, n° 96-84.018 : *Rev. sociétés 1997. 380, note Bouloc.* ♦ V. aussi, excluant l'existence d'un flagrant délit, dans l'hypothèse d'une saisie, au cours d'une perquisition au siège de la société et au domicile de son gérant, de relevés bancaires comportant des versements de fonds de la société au gérant. • Crim. 7 févr. 2001 : *D. 2001. AJ 1800*.

8. Prescription. V. note 13 ss. art. L. 242-6.

9. Charge de la preuve. Se trouve caractérisé en tous ses éléments le délit d'abus de biens sociaux à l'encontre d'un dirigeant social dès lors que ce dernier n'apporte aucune justification du caractère social de frais de mission et de réception ainsi que de frais de transport et déplacement. • Crim. 28 nov. 1994, n° 94-81.818 : *D. 1995. 506, note crit. Renucci ; Rev. sociétés 1996. 105, note Bouloc.* ♦ Comp., en ce sens que la preuve de l'infraction incombe à l'accusation : • Crim. 22 oct. 1990, n° 89-85.012 : *Rev. sociétés 1991. 125, note Bouloc ; BJS 1991. 75 ; Dr. pén. 1991, n° 58, obs. J.-H. Robert.*

10. Recel d'abus de biens sociaux. Est coupable de recel d'abus de biens sociaux le prévenu, conseil juridique d'une société en difficulté, qui a vendu à une autre société des parts qu'il savait surévaluées. • Paris, 15 mai 1995 : *Dr. sociétés 1995, n° 246, obs. Vidal.* ♦ V. aussi notes 12 ss. art. L. 242-6.

II. AUTRES PRATIQUES ILLICITES

11. Surévaluation d'apport en nature. Si les commissaires aux apports peuvent être amenés à prendre en considération certains critères objectifs étrangers à la simple valeur vénale ou marchande des biens apportés, ils ne sauraient se prévaloir de cette latitude pour prétendre justifier la dissimulation volontaire d'éléments d'appréciation qui étaient de nature à entraîner une réduction importante de la valeur de ces biens. • Crim. 12 avr. 1976 : *BJS 1976. 317.* ♦ Ainsi, caractérise le délit de majoration frauduleuse d'apport en nature l'arrêt retenant que l'existence de sûretés, grevant les éléments incorporels d'un fonds de commerce apporté à une SARL, et qui enlevaient à ce fonds toute valeur réelle, était connue tant de l'apporteur que du commissaire aux apports. • Crim. 22 janv. 1990, n° 88-84.955 : *D. 1990. IR 88 ; Rev. sociétés 1990. 456, note Bouloc ; BJS 1990. 543, note Randoux.*

12. Distribution de dividendes fictifs. V. note 1 ss. art. L. 242-6.

13. Image infidèle. La présentation délibérée à un cessionnaire de comptes ne donnant pas une image fidèle du résultat constitue un élément matériel caractéristique de manœuvres frauduleuses ayant eu pour but de déterminer le cessionnaire de parts sociales à les payer à un prix supérieur à leur valeur réelle. • Crim. 9 août 1989 : *Rev. sociétés 1990. 63, note Bouloc.* ♦ Des manipulations comptables ayant consisté à dissimuler des prélèvements injustifiés d'associés en les enregistrant comme des créances de la société sur des tiers affectent la fidélité et la sincérité des bilans de celle-ci. • Crim. 1er juill. 2009, n° 08-88.308 : *Rev. sociétés 2009. 859, note Bouloc ; RJDA 2009, n° 975 ; Dr. sociétés 2009, n° 234, obs. Salomon.* ♦ V. aussi notes 6 s. ss. art. L. 242-6.

Le gérant d'une SARL ne peut être tenu pour pénalement responsable de la présentation de comptes inexacts lors d'une assemblée générale ayant eu lieu alors qu'il n'était plus le mandataire social depuis trois mois, date de sa démission des fonctions de gérant. • Crim. 11 mai 1995, n° 94-83.197 : *JCP E 1995. II. 760, note J.-H. Robert.* ♦ Sur la preuve de l'intention coupable, V., pour des éléments attestant la connaissance du prévenu de la situation réelle de la société : • Crim. 19 sept. 1994, n° 93-85.529 : *BJS 1994. 1309, note Barbièri.* ♦ Le délit de présentation de comptes annuels ne donnant pas une image fidèle se prescrit à compter de leur publication (et non du jour de la découverte de la pratique frauduleuse par le dépôt du bilan). • Crim. 9 juill. 1996, n° 94-83.418 : *D. 1996. IR 220 ; Dr. sociétés 1996, n° 214, obs. Vidal.*

Art. L. 241-4 Est puni d'une amende de 9 000 € :

1° Le fait, pour les gérants, de ne pas, pour chaque exercice, dresser l'inventaire, établir les comptes annuels et un rapport de gestion ;

2° et 3° Abrogés par L. n° 2001-420 du 15 mai 2001. – [L. n° 66-537 du 24 juill. 1966, art. 426.]

Art. L. 241-5 *(L. n° 2012-387 du 22 mars 2012, art. 19-I)* Est puni de 9 000 € d'amende le fait, pour les gérants, de ne pas soumettre à l'approbation de l'assemblée des associés ou de l'associé unique l'inventaire, les comptes annuels et le rapport de gestion établis pour chaque exercice. – *[L. n° 66-537 du 24 juill. 1966, art. 427.]*

Art. L. 241-6 *Abrogé par L. n° 2012-387 du 22 mars 2012, art. 21.*

Art. L. 241-7 *Abrogé par L. n° 2003-701 du 1er août 2003, art. 9.*

Art. L. 241-8 *Abrogé par L. n° 2001-420 du 15 mai 2001, art. 113-III.*

Art. L. 241-9 Les dispositions des articles L. 241-2 à *(L. n° 2003-721 du 1er août 2003, art. 9)* « L. 241-6 » sont applicables à toute personne qui, directement ou par personne interposée, aura, en fait, exercé la gestion d'une société à responsabilité limitée sous le couvert ou au lieu et place de son gérant légal. – *[L. n° 66-537 du 24 juill. 1966, art. 431.]*

BIBL. ▸ DEDESSUS-LE-MOUSTIER, *Rev. sociétés 1997. 499* (responsabilité du dirigeant de fait).

1. Définition du gérant de fait. Est mandataire social l'individu qui, n'étant pas gérant d'une SARL, dirige seul à son gré cette société, traite personnellement avec les fournisseurs et les clients, oriente son activité et décide de son sort. • Crim. 25 nov. 1969 : *Bull. crim. n° 314.* ♦ A la qualité de gérant de fait le fondateur de la société, principal porteur de parts, qui s'est fait nommer gérant, a été remplacé par sa concubine qui n'a été qu'un prête-nom lui permettant de continuer des fonctions qui lui étaient interdites par la loi en raison de son passé judiciaire, avait la procuration bancaire et était considéré par le personnel comme le seul dirigeant de l'entreprise. • Crim. 6 oct. 1980, *Rev. sociétés 1981. 351, note Bouloc.* ♦ V. aussi : • Crim. 12 oct. 1995, n° 95-80.730 : *Rev. sociétés 1996. 319, note Bouloc* • 12 oct. 1995 : *Dr. sociétés 1996, n° 40, obs. Vidal.* ♦ Pour la qualité de dirigeant de fait d'une « secrétaire de direction » qui avait un large pouvoir sur le fonctionnement des comptes bancaires, sur le règlement des factures des fournisseurs, sur la négociation des délais de paiement des cotisations sociales, sur l'utilisation de son propre chef des fonds sociaux, de sorte qu'elle disposait d'un pouvoir de contrôle et de direction sur la vie sociale, V. • Crim. 6 mai 2009, n° 08-86.378 : *D. 2010. Pan. 1667, obs. Mascala*.

2. Infractions fiscales. Il ne résulte aucunement des dispositions du CGI [art. 1741 et 1743] que les délits de soustraction frauduleuse au paiement de l'impôt et de passation d'écritures inexactes ou fictives ne puissent être commis que par les dirigeants de droit d'une société. • Crim. 21 déc. 1971 : *D. 1972. 465, note J.-M. R. ; Rev. sociétés 1972. 726, note Bouloc.* ♦ Il en est de même en ce qui concerne le délit d'escroquerie au préjudice du Trésor public lorsqu'il a été commis sous le couvert d'une personne morale. • Même arrêt. ♦ Sur la responsabilité pénale du gérant de fait et sur celle du gérant de droit, à propos des mêmes faits en matière de délits prévus et réprimés par les art. 1741 et 1743 CGI, V. • Crim. 5 juin 1979 : *Rev. sociétés 1980. 106, note Bouloc.*

3. Abus de confiance. Pour la condamnation d'un gérant de fait pour abus de confiance : • Crim. 31 janv. 2007, n° 06-85.070 : *Rev. sociétés 2007. 577, note Matsopoulou*. ♦ Le gérant d'une société, déclaré coupable d'abus de confiance pour avoir détourné, au préjudice des institutions de prévoyance lui ayant donné mandat à cet effet, les cotisations prélevées sur les salaires des employés de la société en vue de leur assurer le bénéfice de régimes complémentaires de prévoyance et de retraite auxquels il avait adhéré, est personnellement tenu envers elles du montant de ces détournements.

4. Escroquerie. Les cogérants d'une société qui, par un ensemble de manœuvres frauduleuses, déterminent un tiers à accorder les crédits demandés sont coupables d'escroquerie. • Crim. 16 oct. 1957 : *Bull. crim. n° 636.* ♦ Constitue une escroquerie de la part du gérant d'une SARL le fait de céder à un tiers des parts sociales de l'un des associés, en obtenant de ce tiers son adhésion à cet achat à l'aide de faux bilans sociaux certifiés exacts par un expert. • Crim. 18 janv. 1988 : *Rev. sociétés 1988. 576, note Bouloc* (V. cet arrêt aussi pour le recel d'escroquerie).

5. Autres infractions. Le prévenu cogérant d'une SARL ne peut valablement contester sa responsabilité pénale, encourue à raison des infractions à la réglementation des prix commises par la société sous le prétexte qu'en fait il aurait négligé de remplir les devoirs de sa charge. • Crim. 22 janv. 1975, n° 79-91.347 P : *Rev. sociétés 1975. 296.* ♦ Pour un délit d'abus de blanc-seing commis à l'occasion de la cession de parts, V. • Crim. 11 juill. 1988, n° 87-83.840 : *Rev. sociétés 1989. 70, note Bouloc.*

CHAPITRE II DES INFRACTIONS CONCERNANT LES SOCIÉTÉS ANONYMES

SECTION PREMIÈRE DES INFRACTIONS RELATIVES À LA CONSTITUTION

BIBL. GÉN. ► BOULOC, *Rev. sociétés 1999. 743* (qualité d'actionnaire et droit pénal).

Art. L. 242-1 *(L. n° 2012-387 du 22 mars 2012, art. 19-II)* **Est puni de 150 000 € d'amende le fait, pour les fondateurs, le président, les administrateurs ou les directeurs généraux d'une société anonyme, d'émettre ou négocier des actions ou des coupures d'actions sans que les actions de numéraire aient été libérées à la souscription de la moitié au moins ou sans que les actions d'apport aient été intégralement libérées avant l'immatriculation de la société au registre du commerce et des sociétés.**

La peine prévue au présent article peut être portée au double lorsque les actions ou coupures d'actions ont fait l'objet d'une offre au public *(Ord. n° 2019-1067 du 21 oct. 2019, art. 4)* **« , à l'exception des offres mentionnées au 1° ou au 2° de l'article L. 411-2 du code monétaire et financier ou à l'article L. 411-2-1 du même code ».** – *[L. n° 66-537 du 24 juill. 1966, art. 432.]*

Art. L. 242-2 Est puni d'un emprisonnement de cinq ans et d'une amende de 9 000 € le fait, pour toute personne :

1° à 3° Abrogés par L. n° 2001-420 du 15 mai 2001.

4° De faire attribuer frauduleusement à un apport en nature une évaluation supérieure à sa valeur réelle. – *[L. n° 66-537 du 24 juill. 1966, art. 433.]*

BIBL. ► J.-M. ROBERT, *D. 1974. Chron. 97* (majoration frauduleuse d'apports en nature). – TROCHU, JEANTIN et LANGÉ, *D. 1975. Chron. 7* (évaluation des apports en nature dans les groupes de sociétés).

Évaluation inexacte des apports. Est coupable du délit de majoration frauduleuse d'apports en nature le commissaire aux apports qui a fait une évaluation très supérieure à la valeur réelle des biens apportés, alors qu'il connaissait les graves inexactitudes des estimations. • Crim. 12 avr. 1976 : *Rev. sociétés 1977. 293, note Bouloc ; JCP 1977. II. 18523, note Guyon.* ♦ S'il est vrai que l'art. 433 (4°) de la L. du 24 juill. 1966 [C. com., art. L. 242-2] ne précise pas ce qu'il faut entendre par valeur réelle et que, en conséquence, les commissaires, tenus d'apprécier cette valeur sous leur responsabilité selon les termes des art. 80 et 193 de ladite loi [C. com., art. L. 225-8 et L. 225-147], peuvent être amenés à prendre en considération certains critères objectifs étrangers à la simple valeur vénale ou marchande des biens apportés, ils ne sauraient cependant être autorisés, quelle que soit la méthode qu'ils ont choisie, à dissimuler volontairement des éléments d'appréciation de nature à entraîner une réduction importante de la valeur de ces biens. • Même arrêt. ♦ Le commissaire aux apports qui, pour la constitution d'une SA, reprend intégralement les valeurs proposées par le président de la société apporteuse, dont il ne pouvait ignorer l'inexactitude, et qui ne peut prétendre ne pas s'être rendu compte des agissements frauduleux des dirigeants de la société apporteuse dont il était par ailleurs le commissaire aux comptes, commet le délit de majoration frauduleuse d'apports et de non-révélation de faits délictueux. • Crim. 18 juin 1990, n° 88-86.550 : *Rev. sociétés 1990. 637, note Bouloc*.

Art. L. 242-3 *(L. n° 2012-387 du 22 mars 2012, art. 19-II)* **Est puni de 150 000 € d'amende le fait, pour les titulaires ou porteurs d'actions, de négocier des actions de numéraire pour lesquelles le versement de la moitié n'a pas été effectué.** – *[L. n° 66-537 du 24 juill. 1966, art. 434.]*

Art. L. 242-4 *Abrogé par L. n° 2012-387 du 22 mars 2012, art. 21.*

Art. L. 242-5 Est puni d'un emprisonnement de six mois et d'une amende de 9 000 € le fait d'accepter ou de conserver les fonctions de commissaire aux apports, nonobstant les incompatibilités et interdictions légales. – *[L. n° 66-537 du 24 juill. 1966, art. 436.]*

SECTION II DES INFRACTIONS RELATIVES À LA DIRECTION ET À L'ADMINISTRATION

RÉP. SOCIÉTÉS v[is] *Administrateur*, par DELEBECQUE et PANSIER ; *Directeur général (Président-directeur général)*, par ROUTIER ; *Président du conseil d'administration*, par SAINTOURENS.

Art. L. 242-6 Est puni d'un emprisonnement de cinq ans et d'une amende de 375 000 € le fait pour :

1° Le président, les administrateurs ou les directeurs généraux d'une société anonyme d'opérer entre les actionnaires la répartition de dividendes fictifs, en l'absence d'inventaire, ou au moyen d'inventaires frauduleux ;

2° Le président, les administrateurs ou les directeurs généraux d'une société anonyme de publier ou présenter aux actionnaires, même en l'absence de toute distribution de dividendes, des comptes annuels ne donnant pas, pour chaque exercice, une image fidèle du résultat des opérations de l'exercice, de la situation financière et du patrimoine, à l'expiration de cette période, en vue de dissimuler la véritable situation de la société ;

3° Le président, les administrateurs ou les directeurs généraux d'une société anonyme de faire, de mauvaise foi, des biens ou du crédit de la société, un usage qu'ils savent contraire à l'intérêt de celle-ci, à des fins personnelles ou pour favoriser une autre société ou entreprise dans laquelle ils sont intéressés directement ou indirectement ;

4° Le président, les administrateurs ou les directeurs généraux d'une société anonyme de faire, de mauvaise foi, des pouvoirs qu'ils possèdent ou des voix dont ils disposent, en cette qualité, un usage qu'ils savent contraire aux intérêts de la société, à des fins personnelles ou pour favoriser une autre société ou entreprise dans laquelle ils sont intéressés directement ou indirectement. — *[L. n° 66-537 du 24 juill. 1966, art. 437.]*

(L. n° 2013-907 du 11 oct. 2013, art. 27-V) « Outre les peines complémentaires prévues à l'article L. 249-1, le tribunal peut également prononcer à titre de peine complémentaire, dans les cas prévus au présent article, l'interdiction des droits civiques, civils et de famille prévue à l'article 131-26 du code pénal. »

(L. n° 2013-1117 du 6 déc. 2013, art. 30) « L'infraction définie au 3° est punie de sept ans d'emprisonnement et de 500 000 € d'amende lorsqu'elle a été réalisée ou facilitée au moyen soit de comptes ouverts ou de contrats souscrits auprès d'organismes établis à l'étranger, soit de l'interposition de personnes physiques ou morales ou de tout organisme, fiducie ou institution comparable établis à l'étranger. »

RÉP. SOCIÉTÉS v[is] *Abus de biens sociaux*, par BOULOC ; *Infractions comptables*, par MATSOPOULOU.

I. DISTRIBUTION DE DIVIDENDES FICTIFS

1. *Éléments constitutifs.* Le délit de distribution de dividendes fictifs est consommé dès que le dividende a été mis à la disposition des actionnaires par une décision ouvrant à leur profit un droit privatif dont la valeur entre aussitôt dans leur patrimoine. • Crim. 28 mars 1936 : *DH 1936. 270.*

II. PRÉSENTATION OU PUBLICATION DE COMPTES INFIDÈLES

2. *Comptes consolidés.* La présentation des comptes annuels consolidés, seule à avoir été effectuée, est exclue du champ d'application du délit de présentation ou publication de comptes infidèles prévu par l'art. L. 242-6, 2°. • Crim. 17 févr. 2021, n° 20-82.068 P : *D. 2021. Actu. 349 ; Rev. sociétés 2021. 596, note Saenko ; AJ pénal 2021. 208, obs. Lasserre Capdeville ; RTD com. 2021. 447, obs. Bouloc ; ibid. 599, obs. A. Lecourt ; JCP E 2021. 1346, note Navarro ; BJS 4/2021. 48, note J.-F. Barbièri ; Dr. sociétés 2021, n° 55, note R. Salomon ; RJDA 2021, n° 485.*

3. *Comptes infidèles à la réalité.* Le délit de présentation ou de publication de comptes infidèles est constitué dès lors que le prévenu, administrateur de la société, savait que l'apparence donnée aux comptes était contraire à la réalité et qu'il a participé à la délibération ayant décidé la présentation et la publication des comptes. • Crim. 29 nov. 2000, n° 99-80.324 P : *Rev. sociétés 2001. 380, note Bouloc ; BJS 2001. 407, note Belot et Dezeuze ; RJDA 2001, n° 981.* ♦ Les éléments constitutifs du délit de présentation aux actionnaires de bilans inexacts sont réunis dès lors que les bilans présentés comportent des majorations frauduleuses d'actifs qui procèdent d'une action délibérée, déterminée par le souci du dirigeant de faire apparaître un résultat bénéficiaire, même médiocre, en vue d'éviter la révélation publique d'une situation financière obérée, puis compromise. • Crim. 12 janv. 1981 : *D. 1981. 348, note Cosson ; Rev. sociétés 1981.*

612, note Bouloc ; JCP 1981. II. 19660, note Guyon. ♦ La présentation de comptes consolidés au niveau du groupe ne peut avoir pour effet de dispenser les sociétés de ce groupe de présenter des comptes sincères. • Crim. 4 mars 2020, nº 18-86.189 : *Dr. sociétés 2020, nº 56, note R. Salomon.* ♦ Sur l'élément matériel de ce délit, V. aussi : • Crim. 8 avr. 1991, nº 88-81.542 : *Rev. sociétés 1991. 776, note Bouloc ; BJS 1991. 710, note Baraderie* • 17 oct. 2007, nº 07-81.033 : *RJDA 2008, nº 294 ; Dr. sociétés 2008, nº 63, obs. Salomon.*

4. Indifférence du mobile. Les dispositions pénales concernant la publication ou la présentation aux actionnaires d'un bilan inexact sont générales et absolues et, dès lors qu'est établi le dessein de dissimulation, s'appliquent à toute présentation sciemment commise d'un faux bilan, quel que soit le mobile qui ait guidé ses auteurs. • Crim. 18 déc. 1956 : *Bull. crim. nº 849 ; D. 1957. 705, note Dalsace.* ♦ Par suite, doit être cassé l'arrêt de relaxe qui se fonde sur ce que l'inexactitude reprochée aux prévenus n'avait pas pour but de tromper les actionnaires sur la valeur des actions ou de dissimuler de mauvaise foi la véritable situation de la société, mais de réaliser une fraude fiscale. • Même arrêt.

5. Complicité. Un commissaire aux comptes a pu être reconnu coupable du délit de complicité de présentation d'un bilan inexact et du délit de non-dénonciation de bilan, dès lors qu'il avait donné des conseils à un dirigeant en vue de présenter à l'assemblée générale un bilan comportant de graves inexactitudes et impliquant des abus de biens sociaux, et n'avait pas dénoncé au parquet ces irrégularités. • Crim. 26 mai 1986 : *Bull. CNCC mars 1987. 82, note du Pontavice.*

6. Prescription. Le délai de prescription de l'action publique concernant le délit de présentation de bilan inexact commence à courir du jour de la publication du bilan. • Crim. 18 mars 1986, nº 85-94.491 P : *Rev. sociétés 1987. 85, note Bouloc.*

7. Action civile. Est recevable la constitution de partie civile de l'associé qui a acheté ses titres avant la publication des comptes de l'exercice litigieux, dès lors que le délit de présentation ou de publication de comptes infidèles peut causer un préjudice personnel et direct aux associés ou porteurs de titres d'une société. • Crim. 30 janv. 2002, nº 01-84.256 P : *D. 2002. AJ 1144 ; Rev. sociétés 2002. 350, note Bouloc ; JCP E 2002, nº 28, p. 1201, note Cellier ; BJS 2002. 797, note Barbièri ; Dr. sociétés 2002, nº 197, note F.-X. Lucas ; Dr. pénal 2002, nº 73, obs. J.-H. Robert.*

III. ABUS DES BIENS OU DU CRÉDIT DE LA SOCIÉTÉ

8. Éléments constitutifs. V. notes 1 s. ss. art. L. 241-3.

9. Illustrations. Pour la condamnation d'un dirigeant qui avait opéré des prélèvements sur les fonds sociaux de manière occulte et dans un intérêt personnel, l'intéressé ayant reconnu la matérialité des faits (virement du compte de la société sur son compte personnel, émission de chèques sur le compte de la société et retraits d'espèces), sans fournir de justificatifs établissant que ces prélèvements correspondaient à des remboursements de frais qu'il aurait avancés dans l'intérêt social et sans avoir communiqué à aucun moment un décompte les explicitant, V. • Crim. 31 oct. 2000, nº 99-87.399 : *RJDA 2001, nº 172.* ♦ Pour un abus de biens sociaux commis à l'occasion de transferts de joueurs de football professionnel, ayant consisté dans le versement de rémunérations occultes qui avait exposé la société gérant le club de football à des risques non seulement de poursuites fiscales et pénales, mais encore de cessation des paiements, V. • Crim. 22 oct. 2008, nº 07-88.111 : *Rev. sociétés 2009. 405, note Bouloc ; RJDA 2009, nº 553 ; BJS 2009. 178, note Poracchia.* ♦ Commet un abus de biens sociaux le dirigeant qui a usé de ses pouvoirs de président du conseil d'administration pour organiser une fusion-absorption contraire à l'intérêt de la société et avantageuse pour lui-même et d'autres sociétés dans lesquelles il était intéressé directement ou indirectement. • Crim. 10 juill. 1995, nº 94-82.665 P : *D. 1995. IR 246 ; Rev. sociétés 1996. 313, note Bouloc ; JCP 1995. II. 22572, note Paillusseau ; BJS 1995. 1048, note Couret et Le Cannu.* ♦ Le montage consistant pour un président à faire verser par les sociétés dont il est le dirigeant, au profit d'une autre société qui n'est pas dans le périmètre de consolidation et dont il est avec son fils le seul propriétaire, des redevances lui permettant de dégager un bénéfice substantiel, sans réelle valeur ajoutée pour les sociétés débitrices de la redevance, est constitutif du délit d'abus de biens sociaux. • Com. 25 oct. 2006, nº 05-85.998 P : *D. 2006. AJ 2736, obs. Lienhard ; Dr. sociétés 2007, nº 16, obs. Salomon ; BJS 2007. 243, note Barbièri.* ♦ Le respect purement formel de la procédure d'approbation des conventions réglementées ne peut, à lui seul, permettre d'exclure l'atteinte à l'intérêt social, en particulier lorsqu'il est avéré que le dirigeant détient tous les pouvoirs et qu'il est assuré du soutien inconditionnel de la majorité des actionnaires principaux. • Même arrêt. ♦ Pour un abus de biens sociaux résultant de l'achat par le dirigeant social, à des fins personnelles, de quantités importantes de champagne, V. • Crim. 30 janv. 2019, nº 17-85.304 P : *D. 2019. Pan. 1860, obs. Mascala ; Rev. sociétés 2019. 540, note Bouloc ; AJ pénal 2019. 207, obs. Sordino ; RSC 2019. 355, obs. Matsopoulou ; Dr. sociétés 2019, nº 57, note R. Salomon ; RJDA 2019, nº 434 ; BJS 7-8/2019. 14, note Bargue.*

10. Prise en compte de l'intérêt de groupe.

Le concours financier apporté par le dirigeant d'une société à une autre entreprise dans laquelle il est intéressé n'échappe aux prévisions des textes incriminant le délit d'abus de biens sociaux que si, d'une part, l'existence d'un groupe de sociétés est établie, et si, d'autre part, ce concours est dicté par les intérêts de ce groupe appréciés au regard d'une politique commune, n'est pas dépourvu de contrepartie ou ne rompt pas l'équilibre entre les engagements respectifs des diverses sociétés, et n'excède pas les possibilités financières de celle qui en supporte la charge. • Crim. 4 sept. 1996, n° 95-83.718 P : *D. 1996. IR 260 ; Rev. sociétés 1997. 365, note Bouloc ; BJS 1997. 107, note Rontchevsky* • 20 mars 2007, n° 05-85.253 P : *Rev. sociétés 2007. 590, note Bouloc ; RJDA 2007, n° 978 ; Dr. sociétés 2007, n° 141, obs. Salomon ; BJS 2007. 953, note Barbièri.*

11. Complicité. Se rend coupable de complicité d'abus de biens sociaux le président du directoire d'une société qui, moyennant rémunération, prépare et facilite les agissements illicites d'un associé majoritaire et membre du directoire. • Crim. 5 sept. 1988 : *Rev. sociétés 1989. 76, note Jeandidier.*

12. Recel d'abus de biens sociaux. Doit être déclaré coupable de recel d'abus de biens sociaux le prévenu qui a profité de ses relations professionnelles avec des sociétés pour obtenir de leurs dirigeants qu'ils règlent avec des fonds sociaux des factures de travaux de construction de sa maison particulière, ledit prévenu étant intervenu directement dans la mise en place des procédés délictueux et ne pouvant ignorer l'origine frauduleuse des fonds. • Crim. 29 avr. 1996, n° 95-83.274 P : *Rev. sociétés 1996. 833, note Bouloc.* ♦ L'infraction de recel n'implique pas nécessairement la détention matérielle des fonds recelés. • Même arrêt.

13. Prescription. Il se déduit des art. 53 et 247 de la L. du 24 juill. 1966 [C. com., art. L. 223-23 et L. 225-254] que la prescription de l'action publique du chef d'abus de biens sociaux court, sauf dissimulation, à compter de la présentation des comptes annuels par lesquels les dépenses litigieuses sont mises indûment à la charge de la société. • Crim. 5 mai 1997, n° 96-81.482 P. – V. aussi • Crim. 13 oct. 1999, n° 98-80.044 P : *D. 2001. Somm. 2351, obs. Roujou de Boubée ; Rev. sociétés 2000, 360, note Bouloc ; RSC 2000. 410, obs. Renucci ; JCP 2000. II. 10386, note Ohl ; BJS 2000. 182, note Barbièri ; Dr. pénal 2000, n° 17, obs. J.-H. Robert* • 30 janv. 2013, n° 12-80.107 : *Rev. sociétés 2013. 371, note Matsopoulou ; AJ pénal 2013. 481, obs. Gallois ; Dr. sociétés 2013, n° 91, obs. Salomon.* ♦ S'agissant d'abus de biens sociaux résultant du paiement de dépenses personnelles au moyen de fonds sociaux, la dissimulation est caractérisée par la mention sur des notes de restaurant, du nom de personnes n'ayant pas pris part au repas. • Crim. 10 avr. 2002, n° 01-80.090 P : *D. 2002. AJ 2408 ; Rev. sociétés 2002. 549, note Bouloc ; RSC 2002. 827, obs. Rebut ; BJS 2002. 935, note Scholer.*

14. Action civile. BIBL. Gallois, *Rev. sociétés 2019. 231* (réflexions sur la jurisprudence de la chambre criminelle en matière de recevabilité de l'action civile individuelle de l'associé). ♦ Pour qu'une constitution de partie civile soit recevable, il suffit que les circonstances sur lesquelles elle s'appuie permettent d'admettre comme possibles l'existence du préjudice allégué et sa relation directe avec les infractions poursuivies ; tel est le cas d'un actionnaire d'une société mère qui s'est constitué partie civile à l'encontre de dirigeants d'une filiale poursuivis pour abus de biens sociaux. • Crim. 6 févr. 1996, n° 95-84.041 P : *JCP E 1996. II. 837, note crit. Renucci et Meyer ; BJS 1996. 409, note Barbièri.* ♦ V. aussi note 6 ss. art. L. 241-3.

IV. ABUS DE POUVOIRS ET DE VOIX

15. Éléments constitutifs. Se rend coupable d'abus de pouvoirs le président du conseil d'administration qui use de son statut et de l'influence qui en découle pour faire avaliser, par le conseil d'administration, le renouvellement complet du conseil des rémunérations pour priver ces deux organes de leur indépendance nécessaire au bon fonctionnement de la société et pour en faire les instruments de son propre intérêt. • Versailles, 19 mai 2011, n° 10/01523 : *D. 2011. Actu. 1479 ; RTD com. 2011. 368, obs. Le Cannu et Dondero ; Rev. sociétés 2012. 99, note Le Cannu ; RJDA 2011, n° 712 ; BJS 2011. 597, note Dondero ; LPA 11-12 août 2011, obs. Ducouloux-Favard* (conf. par • Crim. 16 mai 2012, n° 11-85.150 P : *D. 2012. Pan. 1705, obs. Mascala ; RTD com. 2012. 631, obs. Bouloc ; Rev. sociétés 2012. 697, note Le Cannu ; RSC 2012. 565, obs. Matsopoulou ; JCP E 2012. 1396, note Ducouloux-Favard ; RJDA 2013, n° 643 ; Dr. sociétés 2012, n° 130, obs. Salomon ; BJS 2012. 579, avis Salvat et note Dondero*).

16. Action civile. La dévalorisation du capital social découlant du délit d'abus de pouvoir, commis par un dirigeant de société, constitue non pas un dommage propre à chaque associé, mais un préjudice subi par la société elle-même, de sorte qu'est irrecevable l'action civile exercée à titre personnel par deux actionnaires. • Crim. 13 déc. 2000, n° 99-84.855 P : *D. 2001. AJ 926, obs. Boizard ; Rev. sociétés 2001. 399, note Bouloc ; BJS 2001. 499, note Barbièri ; Dr. pénal 2001, n° 47, obs. J.-H. Robert.*

Art. L. 242-7 *Abrogé par Ord. n° 2004-274 du 25 mars 2004, art. 20-I. — V. art. L. 235-14 et L. 238-4.*

Art. L. 242-8 **Est puni d'une amende de 9 000 € le fait, pour le président, les administrateurs ou les directeurs généraux d'une société anonyme, de ne pas, pour chaque exercice, dresser l'inventaire et établir des comptes annuels et un rapport de gestion.** – *[L. n° 66-537 du 24 juill. 1966, art. 439.]*

1. Étendue de la responsabilité pénale. Le PDG est personnellement et pénalement responsable des infractions commises par lui lorsqu'il agit au nom et comme organe de la société qu'il dirige. • Crim. 4 déc. 1969 : *Bull. crim. n° 328 ; D. 1970. 114.* ♦ Est coupable d'escroquerie par prise de fausse qualité le PDG qui a attribué faussement à la société qu'il dirige la qualité de concessionnaire exclusif d'une maison de commerce. • Même arrêt. ♦ Le PDG d'une société propriétaire d'un immeuble est responsable pénalement et civilement de l'exécution incomplète des travaux d'assainissement ordonnés à cette société en application de la loi par l'autorité administrative. • Crim. 11 juin 1970 : *Bull. crim. n° 487 ; BJS 1970. 591.*

2. Action civile des actionnaires. Les actionnaires peuvent se constituer partie civile au cours d'une information dirigée contre les administrateurs si les circonstances permettent d'admettre comme possibles un préjudice et une relation directe entre ce préjudice et l'infraction provoquée. • Crim. 4 nov. 1969, n° 68-93.573 P : *D. 1970. Somm. 83.* ♦ Aucun texte n'exige des actionnaires qui se constituent parties civiles devant le juge d'instruction à raison du préjudice qu'ils auraient subi du fait d'infractions pénales commises par les dirigeants de la société qu'ils prouvent avoir été détenteurs de leurs titres à la date des faits frauduleux allégués. • Crim. 27 nov. 1978 : *D. 1979. 123, note J. C.*

SECTION III DES INFRACTIONS RELATIVES AUX ASSEMBLÉES D'ACTIONNAIRES

RÉP. SOCIÉTÉS v° *Assemblées d'actionnaires*, par GUYON.

Art. L. 242-9 **Est puni d'un emprisonnement de deux ans et d'une amende de 9 000 € :**

1° Le fait d'empêcher un actionnaire de participer à une assemblée d'actionnaires ;

2° Abrogé par L. n° 2003-706 du 1er août 2003.

3° Le fait de se faire accorder, garantir ou promettre des avantages pour voter dans un certain sens ou pour ne pas participer au vote, ainsi que le fait d'accorder, garantir ou promettre ces avantages. – *[L. n° 66-537 du 24 juill. 1966, art. 440.]*

1. Entrave à la participation aux assemblées. L'art. 440 (1°) de la L. du 24 juill. 1966 [C. com., art. L. 242-9] requiert un acte d'entrave, élément matériel de l'infraction. Ne constitue pas un acte d'entrave le fait de convoquer les actionnaires par publication dans un JAL en plein mois d'août. • Crim. 13 mars 1989 : *Rev. sociétés 1989. 492, note Bouloc ; BJS 1989. 528.* ♦ Le délit consistant à empêcher sciemment un actionnaire de participer à une assemblée d'actionnaires, sanctionné par l'art. 440 (1°) de la L. de 1966 [C. com., art. L. 242-9] de peines d'emprisonnement et d'amende, se distingue par ses éléments constitutifs, tant matériel qu'intentionnel, du défaut de convocation à une assemblée et du défaut de communication de documents, infractions prévues par les art. 442 à 445 de la même loi [C. com., art. L. 242-11 à L. 242-14] et passibles uniquement d'une peine d'amende. • Crim. 26 mars 1998, n° 97-80.043 : *Rev. sociétés 1998. 609, note Bouloc ; JCP 1999. I. 112, n° 9, obs. J.-H. Robert.*

2. Qualité d'actionnaire. Le président d'une SA et un administrateur sont à bon droit condamnés pour refus de laisser accéder un actionnaire à une assemblée générale, sans que les prévenus puissent opposer que la partie civile avait perdu la qualité d'actionnaire par suite du rachat de ses actions par les administrateurs, alors que, d'une part, l'absence de désignation du cessionnaire empêchait la cession des actions d'avoir pu se réaliser et que, d'autre part, cette cession ne pouvait être valable au regard de la société que par l'inscription du transfert sur ses registres. • Crim. 10 janv. 1967 : *Bull. crim. n° 16 ; D. 1967. Somm. 27.*

3. Représentant d'actionnaires. L'art. 440 (1°) de la L. de 1966 [C. com., art. L. 242-9] est applicable dans le cas où l'empêchement est opposé à un mandataire de justice désigné pour représenter les copropriétaires d'actions indivises. • Crim. 3 oct. 1975 : *Rev. sociétés 1976. 518, note Bouloc.* ♦ Viole le texte l'arrêt qui décide que ne commettent pas le délit d'entrave les dirigeants qui refusent l'accès de l'assemblée générale aux représentants non actionnaires de personnes morales actionnaires, au motif que cette pratique de représentation serait contraire aux dispositions de l'art. 161, al. 1er et 2 de la L. du 24 juill. 1966 [C. com., art. L. 225-106]. • Crim. 26 mai 1994, n° 93-84.615 P : *JCP E 1995. II. 644, note Le Nabasque ; BJS 1994. 1076, note Couret ; RJ com. 1995. 333, note Gallet.*

4. Conventions de vote. V. note 3 ss. art. L. 225-122.

Art. L. 242-10 Est puni d'un emprisonnement de six mois et d'une amende de 9 000 € le fait, pour le président ou les administrateurs d'une société anonyme, *(Abrogé par L. n° 2012-387 du 22 mars 2012, art. 19-II) « de ne pas réunir l'assemblée générale ordinaire dans les six mois de la clôture de l'exercice ou, en cas de prolongation, dans le délai fixé par décision de justice ou »* de ne pas soumettre à l'approbation de *(L. n° 2012-387 du 22 mars 2012, art. 19-II)* « l'assemblée générale ordinaire » les comptes annuels et le rapport de gestion prévus à l'article L. 232-1. – *[L. n° 66-537 du 24 juill. 1966, art. 441.]*

1. Dirigeants punissables. Si les personnes punissables visées à l'art. 441 de la L. du 24 juill. 1924 [C. com., art. L. 242-10] sont « le président ou les administrateurs », l'emploi de la conjonction « ou » n'a pour effet que de réserver la liberté d'appréciation des tribunaux dans le choix des responsables eu égard à leur participation personnelle. • T. corr. Le Havre, 23 juin 1975 : *Rev. sociétés 1976. 150, note Bouloc.* ♦ Il n'importe, pour que soit engagée la responsabilité pénale du président du conseil d'administration qui a pris ses fonctions pendant le délai de quinze jours qui précède la convocation de l'assemblée générale ordinaire, que son prédécesseur ait commis des omissions délictueuses relatives à cette convocation dès lors qu'il a eu la qualité et disposé du temps nécessaires pour satisfaire aux exigences de la loi. • Crim. 11 mai 1981, n° 79-94.330 : *D. 1982. 653, note Bouloc ; Rev. sociétés 1982. 102, note Sibon.*

2. Administrateur judiciaire. En cas de redressement judiciaire, l'administrateur judiciaire, seul investi des obligations incombant au chef d'entreprise, doit convoquer l'assemblée générale ordinaire des actionnaires, et peut se voir appliquer l'art. 441 de la L. de 1966 [C. com., art. L. 242-10]. • Crim. 21 juin 2000, n° 99-85.778 P : *D. 2000. AJ 352, obs. Lienhard ; RTD com. 2001. 159, obs. Chazal et Reinhard ; Rev. sociétés 2000. 753, note Bouloc ; JCP E 2000, n° 46, p. 1815, note Couret ; BJS 2000. 1121, note Vallansan.*

3. Élément intentionnel. L'intention frauduleuse n'est pas un élément constitutif du délit prévu et réprimé par l'art. 441 de la L. du 24 juill. 1966 [C. com., art. L. 242-10]. • Crim. 11 mai 1981 : *préc. note 1* • 9 janv. 1995, n° 94-81.145 : *RJDA 1995, n° 1098 ; BJS 1995. 677, note Barbièri.*

Art. L. 242-11 *Abrogé par L. n° 2003-706 du 1er août 2003.*

Art. L. 242-12 et L. 242-13 *Abrogés par Ord. n° 2004-274 du 25 mars 2004, art. 21-I.*

Art. L. 242-14 *Abrogé par L. n° 2001-420 du 15 mai 2001.*

Art. L. 242-15 *Abrogé par L. n° 2012-387 du 22 mars 2012, art. 21.*

Art. L. 242-16 *Abrogé par L. n° 2003-706 du 1er août 2003. – V., désormais, art. L. 235-2-1.*

SECTION IV DES INFRACTIONS RELATIVES AUX MODIFICATIONS DU CAPITAL SOCIAL

SOUS-SECTION 1 DE L'AUGMENTATION DU CAPITAL

Art. L. 242-17 *(L. n° 2012-387 du 22 mars 2012, art. 19-II)* **Est puni de 150 000 € d'amende le fait, pour le président, les administrateurs ou les directeurs généraux d'une société anonyme, d'émettre des actions ou des coupures d'actions sans que le capital antérieurement souscrit de la société ait été intégralement libéré ou sans que les nouvelles actions d'apport aient été intégralement libérées avant l'inscription modificative au registre du commerce et des sociétés ou encore sans que les actions de numéraire nouvelles aient été libérées, lors de la souscription, du quart au moins de leur valeur nominale et, le cas échéant, de la totalité de la prime d'émission.**

La peine prévue au présent article peut être doublée lorsque les actions ou coupures d'actions émises ont fait l'objet d'une offre au public *(Ord. n° 2019-1067 du 21 oct. 2019, art. 4)* **« , à l'exception des offres mentionnées au 1° ou au 2° de l'article L. 411-2 du code monétaire et financier ou à l'article L. 411-2-1 du même code ».**

Le présent article n'est applicable ni aux actions qui ont été régulièrement émises par conversion d'obligations convertibles à tout moment ou par utilisation des bons de souscription, ni aux actions émises dans les conditions prévues aux articles L. 232-18 à L. 232-20.

Art. L. 242-18 et L. 242-19 *Abrogés par L. n° 2003-706 du 1er août 2003.*

Art. L. 242-20 Est puni d'un emprisonnement de deux ans et d'une amende de 18 000 € le fait, pour le président, les administrateurs ou les commissaires aux comptes d'une société anonyme, de donner ou confirmer des indications inexactes dans les rapports présentés à l'assemblée générale appelée à décider de la suppression du droit préférentiel de souscription des actionnaires. – *[L. n° 66-537 du 24 juill. 1966, art. 452.]*

L'omission d'un renseignement ne peut en principe équivaloir à la communication d'une information inexacte. • Crim. 27 févr. 1978 : *Rev. sociétés 1978. 496, note Bouloc.*

Art. L. 242-21 Les dispositions des articles L. 242-2 à L. 242-5 relatives à la constitution des sociétés anonymes sont applicables en cas d'augmentation de capital. – *[L. n° 66-537 du 24 juill. 1966, art. 452-1.]*

SOUS-SECTION 2 DE L'AMORTISSEMENT DU CAPITAL

Art. L. 242-22 *Abrogé par L. n° 2001-420 du 15 mai 2001.*

SOUS-SECTION 3 DE LA RÉDUCTION DU CAPITAL

Art. L. 242-23 *(L. n° 2012-387 du 22 mars 2012, art. 19-II)* Est puni de 30 000 € d'amende le fait, pour le président ou les administrateurs d'une société anonyme, de procéder à une réduction du capital social sans respecter l'égalité des actionnaires. – *[L. n° 66-537 du 24 juill. 1966, art. 454.]*

Art. L. 242-24 *(L. n° 2012-387 du 22 mars 2012, art. 19-II)* Est puni de 150 000 € d'amende le fait, pour le président, les administrateurs ou les directeurs généraux d'une société anonyme, d'utiliser des actions achetées par la société en application de l'article L. 225-208 afin de faire participer les salariés aux résultats, d'attribuer des actions gratuites ou de consentir des options donnant droit à l'achat d'actions à des fins autres que celles prévues au même article L. 225-208.

Est passible de la même peine le fait, pour le président, les administrateurs ou les directeurs généraux d'une société anonyme, d'effectuer, au nom de celle-ci, les opérations interdites par le premier alinéa de l'article L. 225-216. – *[L. n° 66-537 du 24 juill. 1966, art. 454-1.]*

SECTION V DES INFRACTIONS RELATIVES AU CONTRÔLE

Art. L. 242-25 à L. 242-28 *Abrogés par L. n° 2001-420 du 15 mai 2001, art. 113-III. – V. art. L. 820-1 s.*

SECTION VI DES INFRACTIONS RELATIVES À LA DISSOLUTION

Art. L. 242-29 *Abrogé par L. n° 2012-387 du 22 mars 2012, art. 21.*

SECTION VII DES INFRACTIONS RELATIVES AUX SOCIÉTÉS ANONYMES COMPORTANT UN DIRECTOIRE ET UN CONSEIL DE SURVEILLANCE

Art. L. 242-30 Les peines prévues par les articles *(L. n° 2011-525 du 17 mai 2011, art. 159)* « L. 242-1 » à *(L. n° 2012-387 du 22 mars 2012, art. 19-II)* « L. 242-24 » *(Abrogé par L. n° 2003-721 du 1er août 2003, art. 9)* « et L. 246-1 » pour les présidents, les directeurs généraux et les administrateurs des sociétés anonymes sont applicables, selon leurs attributions respectives, aux membres du directoire et aux membres du conseil de surveillance des sociétés anonymes régies par les dispositions des articles L. 225-57 à L. 225-93.

Les dispositions de l'article L. 246-2 sont en outre applicables aux sociétés anonymes régies par les articles L. 225-57 à L. 225-93. – *[L. n° 66-537 du 24 juill. 1966, art. 464.]*

SECTION VIII DES INFRACTIONS RELATIVES AUX SOCIÉTÉS ANONYMES À PARTICIPATION OUVRIÈRE

Art. L. 242-31 *Abrogé par L. n° 2012-387 du 22 mars 2012, art. 21.*

CHAPITRE III DES INFRACTIONS CONCERNANT LES SOCIÉTÉS EN COMMANDITE PAR ACTIONS

Art. L. 243-1 Les articles L. 242-1 à L. 242-29 s'appliquent aux sociétés en commandite par actions.

Les peines prévues pour les présidents, les administrateurs ou les directeurs généraux des sociétés anonymes sont applicables, en ce qui concerne leurs attributions, aux gérants des sociétés en commandite par actions. – *[L. n° 66-537 du 24 juill. 1966, art. 460.]*

Art. L. 243-2 *Abrogé par L. n° 2001-420 du 15 mai 2001.*

CHAPITRE IV DES INFRACTIONS CONCERNANT LES SOCIÉTÉS PAR ACTIONS SIMPLIFIÉES

Art. L. 244-1 Les articles L. 242-1 à L. 242-6, L. 242-8, L. 242-17 à *(L. n° 2012-387 du 22 mars 2012, art. 19-II)* « L. 242-24 » s'appliquent aux sociétés par actions simplifiées.

Les peines prévues pour le président, les administrateurs ou les directeurs généraux des sociétés anonymes sont applicables au président et aux dirigeants des sociétés par actions simplifiées.

Les articles L. 242-20 *(L. n° 2011-525 du 17 mai 2011, art. 159)* « , L. 820-6 et L. 820-7 » s'appliquent aux commissaires aux comptes des sociétés par actions simplifiées. – *[L. n° 66-537 du 24 juill. 1966, art. 464-1.]*

Pour une application de l'art. L. 244-1, s'agissant de la condamnation pour abus de biens sociaux d'un dirigeant de SAS qui s'était délibérément abstenu de soumettre des conventions réglementées à l'approbation préalable du conseil de surveillance, V. • Crim. 25 sept. 2019, n° 18-83.113 P : *D. 2019. Actu. 1886 ; Rev. sociétés 2020. 181, note Bouloc ; AJ pénal 2020. 29, obs. Sordino ; RSC 2020. 323, obs. Matsopoulou ; JCP E 2019. 1502, note Dondero ; RJDA 2019, n° 766 ; Gaz. Pal. 17 déc. 2019, p. 80, obs. Schlumberger ; BJS 1/2020. 25, note J.-F. Barbièri.*

Art. L. 244-2 *Al. 1er Abrogé par L. n° 2003-721 du 1er août 2003, art. 9. – V. art. L. 238-3.*

(L. n° 2001-420 du 15 mai 2001) « Le fait, pour un président ou un dirigeant de société par actions simplifiée de ne pas consulter les associés dans les conditions prévues par les statuts en cas d'augmentation, d'amortissement ou de réduction du capital, de fusion, de scission, de dissolution ou de transformation en une société d'une autre forme *(Abrogé par L. n° 2003-721 du 1er août 2003, art. 9)* « ***, de nomination de commissaires aux comptes, d'approbation des comptes annuels et de répartition des bénéfices*** » est puni de six mois d'emprisonnement et de 7 500 € d'amende. »

Art. L. 244-3 *Abrogé par Ord. n° 2019-1067 du 21 oct. 2019, art. 4.*

Art. L. 244-4 Les dispositions des articles L. 244-1, L. 244-2 et L. 244-3 sont applicables à toute personne qui, directement ou par personne interposée, aura en fait exercé la direction d'une société par actions simplifiée sous le couvert ou au lieu et place du président et des dirigeants de cette société. – *[L. n° 66-537 du 24 juill. 1966, art. 464-4.]*

CHAPITRE IV *BIS* DES INFRACTIONS CONCERNANT LES SOCIÉTÉS EUROPÉENNES

(L. n° 2005-842 du 26 juill. 2005, art. 11-II)

Art. L. 244-5 Les articles L. 242-1 à L. 242-30 s'appliquent aux sociétés européennes.

Les peines prévues pour le président, les administrateurs, les directeurs généraux, les membres du directoire ou les membres du conseil de surveillance des sociétés anonymes sont applicables au président, aux administrateurs, aux directeurs généraux, aux membres du directoire ou aux membres du conseil de surveillance des sociétés européennes.

L'article L. 242-20 s'applique aux commissaires aux comptes des sociétés européennes.

CHAPITRE V DES INFRACTIONS RELATIVES AUX VALEURS MOBILIÈRES ÉMISES PAR LES SOCIÉTÉS PAR ACTIONS

SECTION PREMIÈRE DES INFRACTIONS RELATIVES AUX ACTIONS

Art. L. 245-1 et L. 245-2 *Abrogés par L. n° 2001-420 du 15 mai 2001.*

Art. L. 245-3 *Abrogé par L. n° 2012-387 du 22 mars 2012, art. 21.*

Art. L. 245-4 Le fait, pour le président et les administrateurs, les directeurs généraux, les membres du directoire et du conseil de surveillance d'une société anonyme, les gérants des sociétés en commandite par actions, de détenir, directement ou indirectement dans les conditions prévues par l'article *(Ord. n° 2004-604 du 24 juin 2004, art. 38-II)* « L. 228-35-8 », des actions à dividende prioritaire sans droit de vote de la société qu'ils dirigent est puni *(L. n° 2012-387 du 22 mars 2012, art. 19-II)* « d'une amende de 150 000 € ». – *[L. n° 66-537 du 24 juill. 1966, art. 467-2.]*

Art. L. 245-5 *Abrogé par L. n° 2012-387 du 22 mars 2012, art. 21.*

SECTION II DES INFRACTIONS RELATIVES AUX PARTS DE FONDATEUR

Art. L. 245-6 *Abrogé par L. n° 2001-420 du 15 mai 2001.*

SECTION III DES INFRACTIONS RELATIVES AUX OBLIGATIONS

Art. L. 245-7 et L. 245-8 *Abrogés par L. n° 2001-420 du 15 mai 2001.*

Art. L. 245-9 Est puni d'une amende de 9 000 € le fait, pour le président, les administrateurs, les directeurs généraux ou les gérants d'une société par actions *(Ord. n° 2004-274 du 25 mars 2004, art. 23-II)* « d'émettre, pour le compte de cette société, des obligations négociables qui, dans une même émission, ne confèrent pas les mêmes droits de créance pour une même valeur nominale. »

1° et 2° Abrogés par Ord. n° 2004-274 du 25 mars 2004, art. 23-I. – [L. n° 66-537 du 24 juill. 1966, art. 471.]

Art. L. 245-10 *Abrogé par L. n° 2003-706 du 1er août 2003, art. 134-I.*

Art. L. 245-11 Est puni d'un emprisonnement de deux ans et d'une amende de 9 000 € le fait :

1° D'empêcher un obligataire de participer à une assemblée générale d'obligataires ;

Ancien 2° Abrogé par Ord. n° 2004-604 du 24 juin 2004, art. 50-IV.

(Ord. n° 2004-604 du 24 juin 2004, art. 50-IV) « 2° » De se faire accorder, garantir ou promettre des avantages particuliers pour voter dans un certain sens ou pour ne pas participer au vote, ainsi que le fait d'accorder, garantir ou promettre ces avantages particuliers. – *[L. n° 66-537 du 24 juill. 1966, art. 473.]*

Art. L. 245-12 Est puni d'une amende de 6 000 € le fait :

1° Pour le président, les administrateurs, les directeurs généraux, les gérants, les commissaires aux comptes, les membres du conseil de surveillance ou les employés de la société débitrice ou de la société garante de tout ou partie des engagements de la société débitrice ainsi que pour leurs ascendants, descendants ou conjoints de représenter des obligataires à leur assemblée générale, ou d'accepter d'être les représentants de la masse des obligataires ;

Anciens 2° à 5° Abrogés par Ord. n° 2004-604 du 24 juin 2004, art. 50-IV.

(Ord. n° 2004-604 du 24 juin 2004, art. 50-V) « 2° » Pour le président, les administrateurs, les directeurs généraux ou les gérants de sociétés détenant au moins 10 % du capital des sociétés débitrices, de prendre part à l'assemblée générale des obligataires à raison des obligations détenues par ces sociétés. – *[L. n° 66-537 du 24 juill. 1966, art. 474.]*

Art. L. 245-13 Est puni d'une amende de 4 500 € le fait, pour le président de l'assemblée générale des obligataires, de ne pas procéder à la constatation des décisions de toute assemblée générale d'obligataires par procès-verbal, *(Abrogé par Ord. nº 2004-274 du 25 mars 2004, art. 22-II)* *« transcrit sur un registre spécial tenu au siège social et »* mentionnant la date et le lieu de la réunion, le mode de convocation, l'ordre du jour, la composition du bureau, le nombre d'obligataires participant au vote et le quorum atteint, les documents et rapports soumis à l'assemblée, un résumé des débats, le texte des résolutions mises aux voix et le résultat des votes. – *[L. nº 66-537 du 24 juill. 1966, art. 475.]*

Art. L. 245-14 *Abrogé par L. nº 2003-706 du 1er août 2003. – V. édition* **C. com.** *2005.*

Art. L. 245-15 Les infractions prévues *(Ord. nº 2004-604 du 24 juin 2004, art. 50-VI)* « aux articles L. 245-9, » L. 245-12, *(L. nº 2003-706 du 1er août 2003)* « et L. 245-13 » sont punies de cinq ans d'emprisonnement et de 18 000 € d'amende lorsqu'elles ont été commises frauduleusement en vue de priver les obligataires ou certains d'entre eux d'une part des droits attachés à leur titre de créance. – *[L. nº 66-537 du 24 juill. 1966, art. 477.]*

SECTION IV DISPOSITIONS COMMUNES

Art. L. 245-16 Les dispositions du présent chapitre visant le président, les administrateurs, les directeurs généraux et les gérants de sociétés par actions sont applicables à toute personne qui, directement ou par personne interposée, aura, en fait, exercé la direction, l'administration ou la gestion desdites sociétés sous le couvert ou au lieu et place de leurs représentants légaux. – *[L. nº 66-537 du 24 juill. 1966, art. 478.]*

SECTION V DES INFRACTIONS RELATIVES AUX SOCIÉTÉS ANONYMES COMPORTANT UN DIRECTOIRE ET UN CONSEIL DE SURVEILLANCE

Art. L. 245-17 Les peines prévues par les articles L. 245-1 à L. 245-15 pour les présidents, les directeurs généraux et les administrateurs des sociétés anonymes sont applicables, selon leurs attributions respectives, aux membres du directoire et aux membres du conseil de surveillance des sociétés anonymes régies par les dispositions des articles L. 225-57 à L. 225-93.

Les dispositions de l'article L. 245-16 sont en outre applicables aux sociétés anonymes régies par les articles L. 225-57 à L. 225-93. – *[L. nº 66-537 du 24 juill. 1966, art. 479.]*

CHAPITRE VI DES INFRACTIONS COMMUNES AUX DIVERSES FORMES DE SOCIÉTÉS PAR ACTIONS

Art. L. 246-1 *Abrogé par L. nº 2003-721 du 1er août 2003, art. 9.*

Art. L. 246-2 Les dispositions des articles L. 242-1 à L. 242-29 *(L. nº 2005-842 du 26 juill. 2005, art. 11-II)* « , L. 243-1 et L. 244-5 » visant le président, les administrateurs ou les directeurs généraux de sociétés anonymes *(L. nº 2005-842 du 26 juill. 2005, art. 11-II)* « ou de sociétés européennes » et les gérants de sociétés en commandite par actions sont applicables à toute personne qui, directement ou par personne interposée, a, en fait, exercé la direction, l'administration ou la gestion desdites sociétés sous le couvert ou au lieu et place de leurs représentants légaux. – *[L. nº 66-537 du 24 juill. 1966, art. 463.]*

1. Dirigeants de fait punissables. A la qualité de dirigeant de fait le prévenu qui, en l'absence du président qui se désintéressait des affaires sociales, a pris seul toutes les décisions concernant la société, telles que l'embauche du personnel, y compris des directeurs, ou l'achat de matériel d'exploitation, s'occupait seul du courrier et de la tenue des livres comptables conservés en son domicile personnel, disposait en permanence de chèques signés en blanc par le président et a, au nom de la société, présenté au président du tribunal de commerce une requête en prorogation d'un délai. • Crim. 8 déc. 1980 : *Rev. sociétés 1981. 351, note Bouloc.* ♦ Dans une SA, la présence de prête-noms comme administrateurs, le contrôle de la comptabilité et la fixation du prix de vente par une personne autre que les dirigeants de droit caractérisent la direction indirecte de cette société. • Crim. 18 nov. 1991,nº 90-83.775 P. ♦ En revanche, est insuffisante pour caractériser une situation de dirigeant de fait la constatation que le prévenu, en raison des services qu'il rendait à la société, recevait de celle-ci la mise à sa disposition d'importants moyens matériels. • Crim. 21 avr. 1980 : *D. 1981. 33, note Cosson.*

2. Infractions réprimées. Il ne résulte aucunement des dispositions du CGI [art. 1741 et 1743] que les délits de soustraction frauduleuse au paiement de l'impôt et de passation d'écritures inexactes ou fictives ne puissent être commis que par les dirigeants de droit d'une société. • Crim. 3 févr. 1972 : *Bull. crim. n° 44 ; D. 1972. Somm. 160.* ♦ Sur la responsabilité pénale du dirigeant de fait et celle du dirigeant de droit, à propos des mêmes faits, en matière de délits prévus et réprimés par les art. 1741 et 1743 CGI, V. • Crim. 5 juin 1979 : *Rev. sociétés 1980. 106, note Bouloc.*

CHAPITRE VII DES INFRACTIONS COMMUNES AUX DIVERSES FORMES DE SOCIÉTÉS COMMERCIALES

SECTION PREMIÈRE DES INFRACTIONS RELATIVES AUX FILIALES, AUX PARTICIPATIONS ET AUX SOCIÉTÉS CONTRÔLÉES

Art. L. 247-1 I. — Est puni d'un emprisonnement de deux ans et d'une amende de 9 000 € le fait, pour les présidents, les administrateurs, les directeurs généraux ou les gérants de toute société :

1° De ne pas faire mention dans le rapport annuel présenté aux associés sur les opérations de l'exercice, d'une prise de participation dans une société ayant son siège sur le territoire de la République française représentant plus du vingtième, du dixième, du cinquième, du tiers, de la moitié ou des deux tiers du capital ou des droits de vote aux assemblées générales de cette société ou de la prise de contrôle d'une telle société ;

2° De ne pas, dans le même rapport, rendre compte de l'activité et des résultats de l'ensemble de la société, des filiales de la société et des sociétés qu'elle contrôle par branche d'activité ;

3° De ne pas *(Ord. n° 2015-900 du 23 juill. 2015, art. 2-12°)* « inclure dans l'annexe » de la société le tableau prévu à l'article L. 233-15 et comportant les renseignements en vue de faire apparaître la situation desdites filiales et participations.

II. — Est puni d'une amende de 9 000 € le fait, pour les membres du directoire, du conseil d'administration ou les gérants des sociétés visées à l'article L. 233-16, sous réserve des dérogations prévues à l'article L. 233-17, de ne pas établir et adresser aux actionnaires ou associés, dans les délais prévus par la loi, les comptes consolidés. Le tribunal peut en outre ordonner l'insertion du jugement, aux frais du condamné, dans un ou plusieurs journaux.

III. — Est puni des peines mentionnées au I le fait, pour le commissaire aux comptes, de ne pas faire figurer dans son rapport les mentions visées au 1° du I du présent article. — *[L. n° 66-537 du 24 juill. 1966, art. 481.]*

V. note ss. art. L. 233-17.

Art. L. 247-2 I. — Est puni d'une amende de 18 000 € le fait, pour les présidents, les administrateurs, les membres du directoire, les gérants ou les directeurs généraux des personnes morales, ainsi que pour les personnes physiques de s'abstenir de remplir les obligations d'informations auxquelles cette personne est tenue, en application de l'article L. 233-7, du fait des participations qu'elle détient.

II. — Est puni de la même peine le fait, pour les présidents, les administrateurs, les membres du directoire, les gérants ou les directeurs généraux d'une société, de s'abstenir de procéder aux notifications auxquelles cette société est tenue, en application de l'article L. 233-12, du fait des participations qu'elle détient dans la société par actions qui la contrôle.

III. — Est puni de la même peine le fait, pour les présidents, les administrateurs, les membres du directoire, les gérants ou les directeurs généraux d'une société, d'omettre de faire mention dans le rapport présenté aux actionnaires sur les opérations de l'exercice de l'identité des personnes détenant des participations significatives dans cette société, des modifications intervenues au cours de l'exercice, du nom des sociétés contrôlées et de la part du capital de la société que ces sociétés détiennent, dans les conditions prévues par l'article L. 233-13.

IV. — Est puni de la même peine le fait, pour le commissaire aux comptes, d'omettre dans son rapport les mentions visées au III.

V. – (*Ord. nº 2009-80 du 22 janv. 2009, art. 8-IV, en vigueur le 1er avr. 2009*) « Pour les sociétés dont les actions sont admises aux négociations sur un marché d'instruments financiers mentionné au II de l'article L. 233-7, les poursuites sont engagées après que l'avis de l'Autorité des marchés financiers a été demandé. » – *[L. nº 66-537 du 24 juill. 1966, art. 481-1.]*

BIBL. ▶ Lévy et Monin de Flaugergues, *Dr. pénal 2015. Étude 22* (le délit de non-déclaration de franchissement de seuil : une infraction désuète).

1. Faits punissables. Sont punissables les dirigeants d'une société qui omettent de déclarer le franchissement du seuil de 5 % à la baisse, alors même que les cessionnaires ont déclaré un franchissement à la hausse. • T. corr. Paris, 30 juin 1992 : *RTD com. 1993. 113, obs. Reinhard ; Rev. sociétés 1993. 130, obs. Guyon ; RJDA 1993, nº 408 ; BJB 1993. 35, note Le Cannu.*

2. Délégation de pouvoirs. La délégation de pouvoirs donnée par le président du conseil d'administration d'une SA au directeur financier de celle-ci n'exonère pas le président de sa responsabilité pénale pour non-déclaration de franchissement de seuil. • T. corr. Paris, 30 juin 1992 : *préc. note 1.*

Art. L. 247-3 Est puni d'une amende de 18 000 € le fait, pour les présidents, les administrateurs, les membres du directoire, les directeurs généraux ou les gérants de sociétés, de contrevenir aux dispositions des articles L. 233-29 à L. 233-31.

Pour les sociétés (*Ord. nº 2009-80 du 22 janv. 2009, art. 8-V, en vigueur le 1er avr. 2009*) « dont les actions sont admises aux négociations sur un marché réglementé », les poursuites pour infraction aux dispositions de l'article L. 233-31 sont engagées après que l'avis de (*L. nº 2003-706 du 1er août 2003, art. 46-V*) « l'Autorité des marchés financiers » a été demandé. – *[L. nº 66-537 du 24 juill. 1966, art. 482.]*

SECTION II DES INFRACTIONS RELATIVES À LA PUBLICITÉ

Art. L. 247-4 *Abrogé par L. nº 2012-387 du 22 mars 2012, art. 21.*

SECTION III DES INFRACTIONS RELATIVES À LA LIQUIDATION

Art. L. 247-5 Est puni d'un emprisonnement de deux ans et d'une amende 9 000 € le fait de contrevenir à l'interdiction d'exercer les fonctions de liquidateur.

Quiconque est condamné par application de l'alinéa précédent ne peut plus être employé, à quelque titre que ce soit, par la société dans laquelle il a exercé les fonctions prohibées. En cas d'infraction à cette interdiction, la personne condamnée et son employeur, si ce dernier en a eu connaissance, sont punis des peines prévues audit alinéa. – *[L. nº 66-537 du 24 juill. 1966, art. 498, al. 2 et 3.]*

Art. L. 247-6 *Abrogé par L. nº 2012-387 du 22 mars 2012, art. 21.*

Art. L. 247-7 (*L. nº 2012-387 du 22 mars 2012, art. 19-II*) Est puni de 150 000 € d'amende le fait, pour un liquidateur en cas de liquidation judiciaire d'une société, de :

1º Ne pas déposer sur un compte ouvert dans un établissement de crédit au nom de la société en liquidation, dans le délai de quinze jours à compter de la décision de répartition, les sommes réparties entre les associés et les créanciers ;

2º Ne pas déposer à la Caisse des dépôts et consignations, dans le délai d'un an à compter de la clôture de la liquidation, les sommes attribuées à des créanciers ou à des associés qui n'ont pas été réclamées. – *[L. nº 66-537 du 24 juill. 1966, art. 487.]*

Art. L. 247-8 Est puni d'un emprisonnement de cinq ans et d'une amende de 9 000 € le fait, pour un liquidateur, de mauvaise foi :

1º De faire des biens ou du crédit de la société en liquidation, un usage qu'il sait *contraire à l'intérêt de celle-ci*, à des fins personnelles ou pour favoriser une autre société ou entreprise dans laquelle il est intéressé directement ou indirectement ;

2º De céder tout ou partie de l'actif de la société en liquidation contrairement aux dispositions des articles L. 237-6 et L. 237-7. – *[L. nº 66-537 du 24 juill. 1966, art. 488.]*

1. Abus de biens sociaux. Est coupable du délit d'abus des biens d'une société le liquidateur qui s'est fait partiellement rétrocéder un dessous-de-table en contrepartie du retrait d'une option d'achat sur un terrain à lotir. • Crim. 11 juin 1998, n° 97-80.905 : *Rev. sociétés 1999. 156, note Bouloc*.

2. *Cession interdite.* L'art. 395 de la L. du 24 juill. 1966 [C. com., art. L. 237-7] prohibant toute cession au profit du liquidateur, qu'elle soit directe ou indirecte, l'art. 488 (2°) de la même loi [C. com., art. L. 247-8 (2°)] s'applique en cas d'interposition de personne (à propos d'un rachat moyennant une rente viagère, par le liquidateur, de l'immeuble qu'il avait cédé ès qualités à sa tante). • Crim. 8 déc. 1999, n° 98-86.216 P : *D. 2001. 1091, note Cohen ; Rev. sociétés 2000. 571, note Bouloc ; RSC 2000. 841, obs. Renucci ; BJS 2000. 498, note Barbièri.*

3. *Action civile.* Un mandataire social doit répondre personnellement de ses agissements délictueux qui sont de nature à causer un préjudice direct non seulement à la société elle-même, mais également à ses associés ou actionnaires. Dans de telles circonstances, l'action civile appartient à tous ceux qui ont personnellement souffert du dommage découlant directement des faits objet de la poursuite. • Crim. 8 nov. 1993, n° 91-16.671 : *Rev. sociétés 1994. 298, note Bouloc ; BJS 1994. 162, note Barbièri.*

SECTION IV DES INFRACTIONS RELATIVES AUX SOCIÉTÉS ANONYMES COMPORTANT UN DIRECTOIRE ET UN CONSEIL DE SURVEILLANCE

Art. L. 247-9 Les peines prévues par les articles L. 247-1 à L. 247-4 pour les présidents, les directeurs généraux et les administrateurs de sociétés anonymes, sont applicables, selon leurs attributions respectives, aux membres du directoire et aux membres du conseil de surveillance des sociétés anonymes régies par les dispositions des articles L. 225-57 à L. 225-93. – *[L. n° 66-537 du 24 juill. 1966, art. 489.]*

SECTION V DES INFRACTIONS RELATIVES AUX SOCIÉTÉS À CAPITAL VARIABLE

Art. L. 247-10 *Abrogé par L. n° 2012-387 du 22 mars 2012, art. 21.*

CHAPITRE VIII DISPOSITIONS CONCERNANT LES DIRECTEURS GÉNÉRAUX DÉLÉGUÉS DES SOCIÉTÉS ANONYMES OU DES SOCIÉTÉS EUROPÉENNES *(L. n° 2005-842 du 26 juill. 2005, art. 11-II).*

Art. L. 248-1 Les dispositions du présent titre visant les directeurs généraux des sociétés anonymes *(L. n° 2005-842 du 26 juill. 2005, art. 11-II)* « ou des sociétés européennes » sont applicables, selon leurs attributions respectives, aux directeurs généraux délégués.

CHAPITRE IX PEINES COMPLÉMENTAIRES APPLICABLES AUX PERSONNES PHYSIQUES

(L. n° 2008-776 du 4 août 2008,art. 71-I-1°)

Art. L. 249-1 *(L. n° 2008-776 du 4 août 2008, art. 71-I, 1°)* Les personnes physiques coupables des infractions prévues aux chapitres Ier à VIII du présent titre encourent également à titre de peines complémentaires l'interdiction, suivant les modalités prévues par l'article 131-27 du code pénal, soit d'exercer une fonction publique ou d'exercer l'activité professionnelle ou sociale dans l'exercice ou à l'occasion de l'exercice de laquelle l'infraction a été commise, soit d'exercer une profession commerciale ou industrielle, de diriger, d'administrer, de gérer ou de contrôler à un titre quelconque, directement ou indirectement, pour leur propre compte ou pour le compte d'autrui, une entreprise commerciale ou industrielle ou une société commerciale. Ces interdictions d'exercice peuvent être prononcées cumulativement.

1. *Application dans le temps.* L'interdiction d'exercer une profession commerciale, de gérer ou de diriger une entreprise commerciale ou industrielle ou une société commerciale, prévue par l'art. L. 249-1, n'est pas applicable aux faits commis avant l'entrée en vigueur de la L. du 4 août 2008. • Crim. 7 nov. 2012, n° 11-88.241 : *Dr. sociétés 2013, n° 73, obs. Salomon* • 5 nov. 2014, n° 13-85.751 : *Rev. sociétés 2015. 602, note Bouloc*.

2. *Étendue des peines complémentaires.* En prononçant une interdiction de diriger ou gérer toute personne morale alors que l'art. L. 249-1 C. com. limite une telle interdiction aux entreprises commerciales, industrielles et aux sociétés commerciales, une cour d'appel méconnaît l'art. 111-3 C. pén. (légalité des délits et des peines). • Crim. 21 sept. 2011, n° 11-84.568 : *D. 2012. Pan. 1705, obs. Mascala ; RTD com. 2012. 204, obs. Bouloc ; RJDA 2012, n° 173 ; Dr.*

sociétés 2012, n° 15, obs. Salomon. ♦ V. aussi, pour l'impossibilité de prononcer, à l'encontre du dirigeant condamné pour abus de biens sociaux, une peine complémentaire de faillite personnelle : • Crim. 23 sept. 2009, n° 08-88.228 : *D. 2010. Pan. 1668, obs. Mascala ; Dr. sociétés 2010, n° 16, obs. Salomon.* ♦ ... Une interdiction d'exercer les professions d'expert-comptable et de commissaire aux comptes : • Crim. 6 déc. 2006, n° 06-82.860 : *D. 2007. Pan. 1631, obs. Mascala ; RJDA 2007, n° 1117 ; Dr. sociétés 2007, n° 8, obs. Salomon.* ♦ ... Ou une peine de publication de la décision dans des journaux : • Crim. 25 janv. 2012, n° 11-80.291 : *Rev. sociétés 2012. 318, note Bouloc ; Dr. sociétés 2012, n° 89, obs. Salomon.*

TITRE CINQUIÈME DES GROUPEMENTS D'INTÉRÊT ÉCONOMIQUE

CHAPITRE PREMIER DU GROUPEMENT D'INTÉRÊT ÉCONOMIQUE DE DROIT FRANÇAIS

RÉP. SOCIÉTÉS v° *Groupement d'intérêt économique*, par MASTRULLO.

BIBL. GÉN. ▸ GUYÉNOT, *D. 1969. L. 187 ; D. 1972. Chron. 13* (créances des tiers). – GUYON, *Rev. sociétés 1978. 25.* – LAVABRE, *D. 1969. Chron. 35 ; D. 1973. Chron. 223* (participation des coopératives agricoles). – GEISENBERGER, *Rev. sociétés 1971. 339* (GIE et sociétés de fait). – BONNEAU, *ibid. 1974. 43* (GIE et sociétés agricoles). – CHARTIER, *ibid. 1974. 601* (GIE et sociétés coopératives). – TROCHON, *D. Affaires 1996. 699* (coopérations industrielles européennes). – BABANDO, *Mon. TP 29 janv. 1999, p. 44* (modes d'utilisation d'un GIE). – BAHANS et MENJUCQ, *JCP E 1999, n° 39, p. 1521* (formalités constitutives d'un GEIE). ▸ Réforme du 13 juin 1989 : GUYON, *ALD 1989. 169.* – LEPELTIER, *BJS 1989. 939.*

Art. L. 251-1 **Deux ou plusieurs personnes physiques ou morales peuvent constituer entre elles un groupement d'intérêt économique pour une durée déterminée.**

Le but du groupement est de faciliter ou de développer l'activité économique de ses membres, d'améliorer ou d'accroître les résultats de cette activité. Il n'est pas de réaliser des bénéfices pour lui-même.

Son activité doit se rattacher à l'activité économique de ses membres et ne peut avoir qu'un caractère auxiliaire par rapport à celle-ci. — *[Ord. n° 67-821 du 23 sept. 1967, art. 1er.]*

1. Conditions de validité du contrat de GIE. Si le but du GIE n'est pas de réaliser des bénéfices pour lui-même, cette règle ne fait pas obstacle à ce qu'une partie des résultats provenant de ses activités soit mise en réserve dans les comptes du groupement pour les besoins de la réalisation de son objet légal. • Com. 6 mai 2014, n° 13-11.427 P : *D. 2014. Actu. 1151 ; Rev. sociétés 2014. 574, note Muller ; RJDA 2014, n° 706 ; BJS 2014. 455, note F.-X. Lucas ; Dr. sociétés 2014, n° 123, obs. Hovasse.* ♦ A défaut de clause statutaire ou de décision d'assemblée en ce sens, le membre du GIE qui se retire de celui-ci ou en est exclu ne peut obtenir le remboursement de sa part dans les réserves régulièrement constituées. • Com. 19 janv. 2016, n° 14-19.796 P : *D. 2016. Actu. 255 ; RJDA 2016, n° 206 ; Dr. sociétés 2016, n° 55, obs. Hovasse.* ♦ V. aussi notes ss. art. L. 251-5.

2. GIE employeur. La création d'un GIE n'entraînant pas le transfert d'une entité économique, le salarié d'une entreprise mis à la disposition d'un GIE ne relève pas de l'art. L. 122-12 [L. 1224-1] C. trav. ; il continue de bénéficier de la convention collective dont dépendait son précédent employeur, et non de celle du GIE constitué. • Soc. 20 nov. 1991, n° 88-42.112 : *BJS 1992. 194.*

3. GIE créé de fait. V. note 3 ss. art. L. 251-4.

Art. L. 251-2 **Les personnes exerçant une profession libérale soumise à un statut législatif ou réglementaire ou dont le titre est protégé peuvent constituer un groupement d'intérêt économique ou y participer.** — *[Ord. n° 67-821 du 23 sept. 1967, art. 1er-1.]*

Peuvent être membres d'un groupement d'intérêt économique : les avocats (L. n° 70-1130 du 31 déc. 1970, art. 7 et 8). — ... les notaires (Ord. n° 45-2590 du 2 nov. 1945, art. 1er bis). — ... les administrateurs judiciaires et les mandataires judiciaires (C. com., art. L. 811-7 et L. 812-5). — ... les greffiers des tribunaux de commerce (C. com., art. L. 743-12).

Art. L. 251-3 **Le groupement d'intérêt économique peut être constitué sans capital.**

Les droits de ses membres ne peuvent être représentés par des titres négociables. Toute clause contraire est réputée non écrite. — *[Ord. n° 67-821 du 23 sept. 1967, art. 2.]*

BIBL. ▸ RICHARD, *JCP 1990. I. 3435* (sort des résultats depuis la loi du 13 juin 1989).

Art. L. 251-4 **Le groupement d'intérêt économique jouit de la personnalité morale et de la pleine capacité à dater de son immatriculation au registre du commerce et des sociétés, sans que cette immatriculation emporte présomption de commercialité du groupement. Le groupement d'intérêt économique dont l'objet est commercial peut faire de manière habituelle et à titre principal tous actes de commerce pour son propre compte. Il peut être titulaire d'un bail commercial.**

Les personnes qui ont agi au nom d'un groupement d'intérêt économique en formation avant qu'il ait acquis la jouissance de la personnalité morale sont tenues, solidairement et indéfiniment, des actes ainsi accomplis, à moins que le groupement, après avoir été régulièrement constitué et immatriculé, ne reprenne les engagements souscrits. Ces engagements sont alors réputés avoir été souscrits dès l'origine par le groupement. — *[Ord. n° 67-821 du 23 sept. 1967, art. 3.]*

1. Caractère civil ou commercial. La commercialité étant l'exception, un GIE est présumé avoir un caractère civil. • Paris, 9 déc. 1987 : *Rev. sociétés 1988. 104, obs. Guyon ; BJS 1988. 86.* ♦ La détermination du caractère civil ou commercial d'un GIE dépend exclusivement de son objet effectif, c'est-à-dire des opérations qui constituent son activité, peu important qu'il soit ou non immatriculé au RCS ou que ses membres soient ou non des commerçants. • Paris, 13 nov. 1996 : *BJS 1997. 145.* ♦ Un GIE de commerçants d'un centre commercial devant fournir, à titre principal et habituel, une activité de prestation de services consistant à assurer la promotion du centre commercial, doit être regardé comme exerçant une activité commerciale rendant le GIE justiciable des tribunaux consulaires. • Même arrêt. ♦ Relève de la compétence du tribunal de commerce le GIE dont les statuts l'autorisent à effectuer toutes opérations commerciales se rattachant directement ou indirectement à la réalisation de son objet, ce dont on peut déduire que ce groupement effectue des actes de commerce et que son objet présente un caractère commercial. • Com. 15 juin 2010, n° 99-15.130 : *RJDA 2010, n° 1089 ; Dr. sociétés 2010, n° 177, obs. Hovasse.*

2. Personnalité morale du GIE. Le défaut d'immatriculation entraîne, pour un GIE, le défaut de personnalité morale et l'impossibilité d'agir en justice. Il ne saurait, pour échapper aux conséquences de ce défaut, prétendre constituer une société créée de fait, puisque, même à supposer que l'existence de celle-ci soit établie (ce qui n'est pas le cas en l'espèce), elle n'a, pas plus que le GIE, la personnalité morale et le droit d'ester en justice. • Versailles, 20 déc. 1995 : *Rev. sociétés 1996. 355, obs. Guyon ; BJS 1996. 221, note Pricto.*

3. GIE créé de fait. La qualification de GIE créé de fait doit être rejetée dès lors qu'à aucun moment le groupe n'avait manifesté le besoin de mettre en place une structure juridique assurant pour l'avenir son fonctionnement, sa cohérence et sa pérennité, ce dont il résultait que la commune intention des membres de ce groupe n'avait pas été de constituer un GIE. • Com. 7 janv. 1997, n° 95-12.603 P : *D. 1997. Somm. 232, obs. Hallouin ; Rev. sociétés 1997. 121, note Y. G. ; Dr. sociétés 1997, n° 40, obs. Bonneau ; BJS 1997. 325, note Le Cannu.*

4. Bail commercial. Si, selon l'art. L. 251-4, un GIE peut faire des actes de commerce et être titulaire d'un bail commercial, encore faut-il qu'il exerce dans les lieux loués une telle activité pour son propre compte et qu'il ait acquis ou créé un fonds de commerce, condition nécessaire au renouvellement du bail. • Paris, 24 mai 1995 : *Rev. loyers 1995. 419, obs. J.-C. B.*

Art. L. 251-5 **La nullité du groupement d'intérêt économique ainsi que des actes ou délibérations de celui-ci ne peut résulter que de la violation des dispositions impératives du présent chapitre, ou de l'une des causes de nullité des contrats en général.**

L'action en nullité est éteinte lorsque la cause de la nullité a cessé d'exister le jour où le tribunal statue sur le fond en première instance, sauf si cette nullité est fondée sur l'illicéité de l'objet du groupement.

Les articles 1844-12 *(L. n° 2003-7 du 3 janv. 2003)* **« à » 1844-17 du code civil sont applicables aux groupements d'intérêt économique.** — *[Ord. n° 67-821 du 23 sept. 1967, art. 3-1.] — V. ces art., App., v° Sociétés commerciales.*

1. GIE et pratiques anticoncurrentielles. V. notes ss. art. L. 420-1.

2. GIE et activité illicite. Pour la nullité d'un GIE ayant pour objet de fournir aux compagnies d'assurances qui en étaient membres un service d'expertise en automobile, l'exercice de la profession d'assureur étant, aux termes de l'art. L. 326-6 C. route, incompatible avec celui d'expert en automobile, V. • Com. 13 nov. 2003, n° 01-11.072 P : *D. 2003. IR 3005 ; RTD com. 2004. 120, obs. Grosclaude ; Rev. sociétés 2004. 369, note Conac ; BJS 2004. 407, note Lecourt ; Dr. sociétés 2004, n° 55, obs. F.-X. Lucas.* ♦ Pour un arrêt relaxant les employés d'un GIE prévenus d'exercice illégal de la profession d'expert-comptable, ceux-ci s'étant bornés, sans faire usage du titre d'expert-comptable, à assurer la tenue, le classement et la centralisation des comptes des membres du GIE, au nom et sous la responsabilité de chacun d'eux, les bilans et comptes de résultats étant établis par une société d'expertise comptable, V. • Crim. 20 nov. 2001, n° 00-84.216 P : *Rev. sociétés 2002. 88, obs. Guyon ; JCP E 2002, n° 24, p. 995, obs. Pasqualini et Pasqualini-Salerno.* ♦ En ce sens que des commissaires-priseurs peuvent valablement constituer un GIE ayant pour objet l'exploitation d'un bureau commun de représentation hors de leur ressort d'instrumentation, les ventes continuant d'être effectuées dans d'autres locaux, V. • Civ. 1re, 12 janv. 1994, n° 91-18.104 P : *D. 1994. IR 34 ; Rev. sociétés 1994. 334, obs. Guyon.*

3. Sanctions de l'illicéité d'un GIE. Le GIE dont l'objet réel consiste en une activité illicite au regard des dispositions légales ou réglementaires ayant un caractère d'ordre public est atteint d'une nullité absolue qui peut être invoquée par quiconque y a intérêt. • Com. 7 févr. 1989 : *Rev. sociétés 1989. 254.* ♦ Le prononcé de la nullité d'un GIE ne fait pas obstacle à l'ouverture à son égard d'une procédure de redressement judiciaire. • Com. 5 avr. 1994, n° 92-15.031 : *RJDA 1994, n° 941 ; BJS 1994. 662, note Le Cannu.*

4. Nullité des délibérations. Il résulte de l'art. L. 251-5 que la nullité des actes ou délibérations d'un GIE ne peut résulter que de la violation des dispositions impératives des textes régissant ce type de groupement, ou de l'une des causes de nullité des contrats en général. Sous réserve des cas dans lesquels il a été fait usage de la faculté, ouverte par une disposition impérative, d'aménager conventionnellement la règle posée par celle-ci, le non-respect des stipulations contenues dans les statuts ou dans le règlement intérieur n'est pas sanctionné par la nullité. • Com. 6 mai 2014, n° 13-11.427 P : *D. 2014. Actu. 1151 ; Rev. sociétés 2014. 574, note Muller ; RJDA 2014, n° 706 ; BJS 2014. 455, note F.-X. Lucas.*

Art. L. 251-6 **Les membres du groupement sont tenus des dettes de celui-ci sur leur patrimoine propre. Toutefois, un nouveau membre peut, si le contrat le permet, être exonéré des dettes nées antérieurement à son entrée dans le groupement. La décision d'exonération doit être publiée. Ils sont solidaires, sauf convention contraire avec le tiers cocontractant.**

Les créanciers du groupement ne peuvent poursuivre le paiement des dettes contre un membre qu'après avoir vainement mis en demeure le groupement par acte extrajudiciaire. – *[Ord. n° 67-821 du 23 sept. 1967, art. 4.]*

V. art. L. 225-127.

1. Responsabilité solidaire. Sauf convention contraire avec le tiers contractant, les membres sont tenus solidairement des dettes du groupement. Il en résulte que, pour le paiement de ces dettes, la solidarité existe à la fois entre le groupement et ses membres, et entre ces derniers. Les membres de ce groupement sont cautions solidaires de ce dernier et ne peuvent en conséquence invoquer ni le bénéfice de division, ni le bénéfice de discussion à l'égard des créanciers. Toutefois, cette solution est tempérée, en ce qui concerne le bénéfice de discussion, par le deuxième al. de l'art. L. 251-6 (Rép. min. n° 7543 : *JO Sénat Q 24 sept. 1968, p. 680*). ♦ Viole l'art. L. 251-6 la cour d'appel qui, pour cantonner la responsabilité de deux membres d'un GIE à leur participation dans le groupement, retient que la preuve de l'insolvabilité des autres membres du groupement n'est pas rapportée par le créancier du GIE. • Com. 24 juin 2008, n° 07-10.886 : *Dr. sociétés 2008, n° 222, obs. Mortier ; BJS 2009. 396, note Urban.*

2. Procédures collectives. Le règlement judiciaire [redressement judiciaire] prononcé à titre personnel contre un membre de GIE, puis étendu à ce groupement pour confusion des patrimoines, ne peut justifier l'extension de la procédure collective aux autres membres du GIE. • Com. 1er déc. 1992, n° 91-10.008 P : *RJDA 1993, n° 231 ; BJS 1993. 237, note Daigre.*

3. Tierce opposition. Pour l'irrecevabilité de la tierce opposition des membres d'un GIE au jugement condamnant celui-ci au paiement d'une somme d'argent, V. • Civ. 2e, 9 juill. 2009, n° 08-16.513 : *BJS 2010. 150, note Staes.*

4. Responsabilité pénale. Si les GIE jouissent de la personnalité morale, celle-ci se superpose à celle de leurs membres sans l'absorber et ces derniers restent personnellement responsables des faits sociaux, leur responsabilité personnelle s'ajoutant à celle du groupement en tant que personne morale ; cela résulte, sur le terrain civil, de l'art. L. 251-6, et, si les membres du groupement sont tous tenus personnellement et solidairement des conséquences civiles de l'action collective du groupement, il ne peut qu'en être de même sur le terrain pénal ; par l'intermédiaire du groupement, ce sont tous les membres qui agissent et, si leurs engagements contreviennent aux lois, ceux-ci leur sont imputables et les placent en état d'infraction. • T. pol. Quimper, 17 juin 1970 : *Rev. sociétés 1970. 674, note Guyénot.*

5. Personnes responsables. Le membre d'un GIE invoquant une lettre de démission, sans rapporter la preuve de la publicité exigée par l'art. L. 251-8, III, reste tenu des dettes du groupement vis-à-vis des tiers. • Poitiers, 14 févr. 1980 : *Rev. sociétés 1981. 629, note Guyon.* ♦ V. aussi, pour l'inefficacité d'une démission postérieure à l'assignation du GIE par un créancier : • Com. 8 janv. 1992, n° 90-14.831 P. ♦ A l'inverse, doivent être mises hors de cause les personnes qui ne figurent pas sur la liste des membres d'un GIE publiée au RCS. • Com. 9 nov. 1987, n° 85-11.433 P : *D. 1987. IR 238.* ♦ Doit être cassé l'arrêt qui a prononcé la liquidation des biens [liquidation judiciaire] d'un membre d'un GIE en liquidation des biens [liquidation judiciaire] sans vérifier si ce membre démissionnaire avait encore la qualité de membre indéfiniment et solidairement responsable du passif du groupement au moment de la cessation des paiements de celui-ci et si ce membre n'avait pas fait publier avant cette date son retrait au RCS. • Com. 30 mai 1985 : *D. 1985. IR 493, obs. Honorat ; Rev. sociétés 1985. 869, note Honorat.* ♦ Lorsqu'un entrepreneur s'était comporté comme un membre d'un GIE ultérieurement déclaré en état de règlement judiciaire [redressement judiciaire], qu'il était apparu comme tel aux yeux des tiers et qu'il revendiquait les droits attachés à cette qualité, il ne pouvait se prévaloir, à l'encontre de la masse des créanciers, d'une irrégularité commise lors de son admission et devait être déclaré responsable, solidairement avec les autres membres du groupement, du passif de celui-ci. • Com. 15 déc. 1977 : *Rev. sociétés 1978. 341, note Guyénot* • 1er mars 1988, n° 86-14.703 P : *Rev. sociétés 1988. 419.*

6. Contribution au passif. La contribution au passif des membres d'un GIE doit se calculer en appliquant la méthode fixée par les statuts. • Com. 17 mai 1989 : *Rev. sociétés 1989. 665.* ♦ Sur l'obligation de contribuer aux pertes, V. aussi • Com. 24 févr. 1998, n° 96-11.945 : *RTD com. 1998. 610, obs. Champaud et Danet*

7. Créanciers bénéficiaires. Les dispositions de l'art. L. 251-6, al. 1er, ne sauraient recevoir application à propos de créances invoquées à l'encontre du groupement par l'un de ses membres, faute par celui-ci d'avoir la qualité de tiers. • Bourges, 17 mars 1981 : *Rev. sociétés 1981. 629, note Guyon.* ♦ Toute exécution forcée impliquant que le créancier soit muni d'un titre exécutoire à l'égard de la personne même qui doit exécuter, le titre délivré à l'encontre d'un GIE n'emporte pas le droit de saisir, entre les mains d'un tiers, par la voie de la saisie-attribution, les créances des membres du groupement, fussent-ils tenus solidairement des dettes de ce dernier, à défaut de titre exécutoire pris contre eux. • Civ. 2e, 15 janv. 2004, n° 02-14.547 P : *D. 2004. IR 398 ; BJS 2004. 711, note F.-X. Lucas.*

Art. L. 251-7 Le groupement d'intérêt économique peut émettre des obligations, aux conditions générales d'émission de ces titres par les sociétés, s'il est lui-même composé exclusivement de sociétés qui satisfont aux conditions prévues par le présent livre pour l'émission d'obligations.

Le groupement d'intérêt économique peut également émettre des obligations aux conditions générales d'émission de ces titres prévues par la loi n° 85-698 du 11 juillet 1985 autorisant l'émission de valeurs mobilières par certaines associations s'il est lui-même composé exclusivement d'associations qui satisfont aux conditions prévues par cette loi pour l'émission d'obligations. — *[Ord. n° 67-821 du 23 sept. 1967, art. 5.]*

Art. L. 251-8 I. — Le contrat de groupement d'intérêt économique détermine l'organisation du groupement, sous réserve des dispositions du présent chapitre. Il est établi par écrit et publié selon les modalités fixées par décret en Conseil d'État.

II. — Le contrat contient notamment les indications suivantes :

1° La dénomination du groupement ;

2° Les nom, raison sociale ou dénomination sociale, la forme juridique, l'adresse du domicile ou du siège social et, s'il y a lieu, le numéro d'identification de chacun des membres du groupement, ainsi que, selon le cas, la ville où se situe le greffe où il est immatriculé ou la ville où se situe la chambre des métiers où il est inscrit ;

3° La durée pour laquelle le groupement est constitué ;

4° L'objet du groupement ;

5° L'adresse du siège du groupement.

III. — Toutes les modifications du contrat sont établies et publiées dans les mêmes conditions que le contrat lui-même. Elles ne sont opposables aux tiers qu'à dater de cette publicité. — *[Ord. n° 67-821 du 23 sept. 1967, art. 6.]*

Art. L. 251-9 Le groupement, au cours de son existence, peut accepter de nouveaux membres dans les conditions fixées par le contrat constitutif.

Tout membre du groupement peut se retirer dans les conditions prévues par le contrat, sous réserve qu'il ait exécuté ses obligations. — *[Ord. n° 67-821 du 23 sept. 1967, art. 7.]*

1. Retrait d'un membre. La démission d'un membre d'un GIE, même si elle est régulière dans les rapports avec les membres du groupement, n'est opposable aux tiers qu'à compter de la date de la publication au RCS des modifications du contrat en résultant, et il appartient au membre démissionnaire de contraindre le GIE à effectuer cette publicité. • Com. 3 juill. 1990, n° 89-13.320 P : *D. 1990. IR 2012.* ♦ Le retrait d'une société d'un GIE n'ayant pas été publié, cette circonstance n'est pas opposable à une société contractante du GIE, sans qu'il y ait lieu de rechercher si cette société avait pu avoir connaissance des changements intervenus avant la signature du contrat de crédit-bail. • Com. 9 nov. 1987, n° 85-11.433 P : *D. 1987. IR 238.* ♦ Il importe peu que le défaut de publicité du retrait d'un membre du GIE soit dû à une erreur commise par le greffe. • Com. 6 mars 1990, n° 88-16.842 P : *Rev. sociétés 1990. 274 ; BJS 1990. 454, note P.L.C.* ♦ V. aussi note 6 ss. anc. art. L. 442-6, reproduit ss. art. L. 442-1.

2. Exclusion d'un membre. Justifie légalement sa décision la cour d'appel qui, pour refuser d'annuler la décision du conseil d'administration d'un GIE de radio-taxis faisant de l'affiliation à un syndicat départemental d'artisans taxis une condition de l'adhésion ou du maintien au GIE, relève que, à la suite du retrait du syndicat d'un artisan, le GIE ne porte pas atteinte à la liberté de celui-ci d'exercer sa profession en le privant des services qu'il lui fournissait, l'intéressé pouvant faire appel à d'autres organismes dispensant des services semblables. • Civ. 1re, 23 mars 1994, n° 92-11.611 P : *D. 1994. IR 91 ; Dr. sociétés 1994, n° 127, obs. Bonneau.* ♦ Bien que la prise de participation dans le capital de l'adhérent soit antérieure à l'adoption de la clause selon laquelle une participation dans le capital d'un adhérent par toute personne physique ou morale ayant des liens économiques, juridiques ou financiers avec une entreprise distribuant une marque concurrente constitue une cause éventuelle d'exclusion du GIE si cette participation entraîne un préjudice certain et indiscutable pour le groupement, celle-ci peut justifier l'exclusion du membre en raison de l'apparition du risque nouveau postérieurement à l'adoption de ladite clause. • Com. 10 mai 1994, n° 92-17.096 : *RJDA 1994, n° 1041 ; Dr. sociétés 1994, n° 127, obs. Bonneau.*

Justifie sa décision l'arrêt qui relève, pour suspendre la décision de l'assemblée des membres d'un GIE, que la résolution prononçant l'exclusion d'un membre de GIE a été prise sans que le vote, dont le membre visé a été écarté en application de la clause statutaire d'exclusion, ait été précédé d'un débat sur les faits qui lui étaient imputés, d'où il résulte que le membre exclu n'a pas été en mesure d'obtenir l'information auquel il avait droit et de s'exprimer. • Com. 7 juill. 1992, n° 90-12.855 P : *Rev. sociétés 1993. 109, note Guyon ; BJS 1992. 1100, note Couret ; Dr. sociétés 1992, n° 200, obs. Bonneau.* ♦ Sur la validité d'une clause des statuts prévoyant l'exclusion des adhérents, dès lors que la procédure statutaire d'exclusion a été respectée, V. • Com. 21 nov. 1989 : *RTD com. 1990. 226, obs. Alfandari et Jeantin ; BJS 1990. 92, note Le Cannu.*

Art. L. 251-10 L'assemblée des membres du groupement est habilitée à prendre toute décision, y compris de dissolution anticipée ou de prorogation, dans les conditions déterminées par le contrat. Celui-ci peut prévoir que toutes les décisions ou certaines d'entre elles seront prises aux conditions de quorum et de majorité qu'il fixe. Dans le silence du contrat, les décisions sont prises à l'unanimité.

Le contrat peut aussi attribuer à chaque membre un nombre de voix différent de celui attribué aux autres. A défaut, chaque membre dispose d'une voix.

L'assemblée est obligatoirement réunie à la demande d'un quart au moins des membres du groupement. — *[Ord. n° 67-821 du 23 sept. 1967, art. 8.]*

Modifications. Dès lors que les membres d'un GIE sont convenus que l'objet social et le règlement intérieur du groupement ne peuvent être modifiés qu'en assemblée générale extraordinaire statuant à l'unanimité, les clauses de l'acte constitutif du groupement qui prévoient une telle règle ne peuvent pas être modifiées par l'assemblée générale extraordinaire statuant à la majorité. • Com. 3 mai 1995, n° 93-17.163 : *RJDA 1995, n° 997.*

Art. L. 251-11 Le groupement est administré par une ou plusieurs personnes. Une personne morale peut être nommée administrateur du groupement sous réserve qu'elle désigne un représentant permanent, qui encourt les mêmes responsabilités civile et pénale que s'il était administrateur en son nom propre. Le ou les administrateurs du groupement, *et le représentant* permanent de la personne morale nommée administrateur sont responsables individuellement ou solidairement selon le cas, envers le groupement ou envers les tiers, des infractions aux dispositions législatives et réglementaires applicables aux groupements, de la violation des statuts du groupement, ainsi que de leurs fautes de gestion. Si plusieurs administrateurs ont coopéré aux mêmes faits, le tribunal détermine la part contributive de chacun dans la réparation du dommage.

Sous cette réserve, le contrat de groupement ou, à défaut, l'assemblée des membres organise librement l'administration du groupement et nomme les administrateurs dont il détermine les attributions, les pouvoirs et les conditions de révocation.

Dans les rapports avec les tiers, un administrateur engage le groupement par tout acte entrant dans l'objet de celui-ci. Toute limitation de pouvoirs est inopposable aux tiers. — *[Ord. n° 67-821 du 23 sept. 1967, art. 9.]*

1. Président mandataire. Si le président d'un GIE, assurant la gestion du groupement pratiquement sans contrôle, ne peut être considéré, sur la base de cette énonciation, comme un dirigeant de fait au sens des art. L. 241-9 et L. 246-2, en revanche, parce qu'il est mandataire des sociétés membres de ce GIE pour les questions relevant de son objet et dans les conditions prévues par les art. L. 251-1 s., l'usage qu'il fait des fonds de ces sociétés, en les détournant en connaissance de cause des fins auxquelles ils étaient destinés, s'analyse en abus de confiance. • Crim. 27 janv. 1986 : *Bull. crim. n° 34 ; Rev. sociétés 1986. 273, note Bouloc.*

2. Libre révocabilité statutaire. Lorsque le contrat de groupement prévoit la révocation *ad nutum* des administrateurs, il ne peut être renoncé à ce principe que par une modification dudit contrat ou par une décision de l'assemblée générale des membres du groupement ; un contrat de travail portant atteinte à la révocabilité *ad nutum*, signé postérieurement à la désignation de l'administrateur, par le président seul agissant sans l'intervention d'une délibération de l'assemblée générale des membres du groupement, est sans valeur. • Paris, 6 déc. 1979 : *Rev. sociétés 1981. 364, note Guyénot.* ♦ Pour un exemple de révocation abusive, V. • Paris, 29 janv. 2002 : *RTD com. 2002. 686, obs. Champaud et Danet ; JCP E 2002, n° 22, p. 901, obs. Viandier et Caussain.*

3. Conformité des actes à l'objet. Sont conformes à l'objet social d'un GIE d'entrepreneurs de transports automobiles les achats qui le dotent de nouveaux moyens de transport et d'un matériel téléphonique permettant une meilleure utilisation des véhicules et par là même l'amélioration du service. • Com. 8 janv. 1991, n° 89-18.623 P : *Rev. sociétés 1991. 772* .

4. Cumul avec un contrat de travail. Sur la possibilité de consentir un contrat de travail à l'administrateur d'un GIE postérieurement à son entrée en fonction, V. • Soc. 17 sept. 2008, n° 07-41.344 : *JCP E 2008. 2237, note Beyneix et Rovinski.*

Art. L. 251-12 **Le contrôle de la gestion, qui doit être confié à des personnes physiques, et le contrôle des comptes sont exercés dans les conditions prévues par le contrat constitutif du groupement.**

Toutefois, lorsqu'un groupement émet des obligations dans les conditions prévues à l'article L. 251-7, le contrôle de la gestion doit être exercé par une ou plusieurs personnes physiques nommées par l'assemblée. La durée de leurs fonctions et leurs pouvoirs sont déterminés dans le contrat.

Le contrôle des comptes dans les groupements visés à l'alinéa précédent et dans les groupements qui comptent cent salariés ou plus à la clôture d'un exercice doit être exercé par un ou plusieurs commissaires aux comptes choisis sur la liste visée à l'article *(L. n° 2003-706 du 1er août 2003)* **« L. 822-1 » et nommés par l'assemblée pour une durée de six exercices. Les dispositions du présent code concernant les incompatibilités, les pouvoirs, les fonctions, les obligations, la responsabilité, la récusation, la révocation, la rémunération du commissaire aux comptes des sociétés anonymes ainsi que les sanctions prévues par l'article L. 242-27 sont applicables aux commissaires des groupements d'intérêt économique, sous réserve des règles propres à ceux-ci.**

Dans les cas prévus aux deux alinéas précédents, les dispositions des articles L. 242-25, L. 242-26 et L. 242-28, L. 245-8 à L. 245-17 sont applicables aux dirigeants du groupement, aux personnes physiques dirigeants des sociétés membres ou représentants permanents des personnes morales dirigeants de ces sociétés. — *[Ord. n° 67-821 du 23 sept. 1967, art. 10.] — V. note ss. art. L. 251-16.*

Commissaire aux comptes. L'art. L. 251-12, al. 3, destiné à renforcer le contrôle dans les groupements les plus importants, n'interdit pas de prévoir dans les statuts la nomination d'un commissaire aux comptes dans un groupement employant moins de cent salariés. • Paris, 5 nov. 1999 : *Rev. sociétés 2000. 383, obs. Guyon ; RJDA 2000, n° 439 ; BJS 2000. 213, note Barbièri.*

Art. L. 251-13 **Dans les groupements qui répondent à l'un des critères définis à l'article L. 232-2, les administrateurs sont tenus d'établir une situation de l'actif réalisable et disponible, valeurs d'exploitation exclues, et du passif exigible, un compte de**

résultat prévisionnel, un tableau de financement en même temps que le bilan annuel et un plan de financement prévisionnel.

Un décret en Conseil d'État précise la périodicité, les délais et les modalités d'établissement de ces documents. – *[Ord. nº 67-821 du 23 sept. 1967, art. 10-1.] – V. note ss. art. L. 251-16.*

Art. L. 251-14 Les documents visés à l'article L. 251-13 sont analysés dans des rapports écrits sur l'évolution du groupement établis par les administrateurs. Les documents et rapports sont communiqués au commissaire aux comptes et au comité d'entreprise *[comité social et économique]*.

En cas de non-observation des dispositions de l'article L. 251-13 et de l'alinéa précédent, ou si les informations données dans les rapports visés à l'alinéa précédent appellent des observations de sa part, le commissaire aux comptes le signale dans un rapport aux administrateurs ou dans le rapport annuel. Il peut demander que son rapport soit adressé aux membres du groupement ou qu'il en soit donné connaissance à l'assemblée de ceux-ci. Ce rapport est communiqué au comité d'entreprise *[comité social et économique]*. – *[Ord. nº 67-821 du 23 sept. 1967, art. 10-2.] – V. note ss. art. L. 251-16.*

Art. L. 251-15 Lorsque le commissaire aux comptes relève, à l'occasion de l'exercice de sa mission, des faits de nature à compromettre la continuité de l'exploitation du groupement, il en informe les administrateurs, dans des conditions qui sont fixées par décret en Conseil d'État. Ceux-ci sont tenus de lui répondre sous quinze jours. La réponse est communiquée au comité d'entreprise *[comité social et économique]*. Le commissaire aux comptes en informe le président du tribunal. – *V. art. R. 251-3.*

En cas d'inobservation de ces dispositions, ou s'il constate qu'en dépit des décisions prises la continuité de l'exploitation demeure compromise, le commissaire aux comptes établit un rapport spécial et invite par écrit les administrateurs à faire délibérer la prochaine assemblée générale sur les faits relevés. Ce rapport est communiqué au comité d'entreprise *[comité social et économique]*.

Si, à l'issue de la réunion de l'assemblée générale, le commissaire aux comptes constate que les décisions prises ne permettent pas d'assurer la continuité de l'exploitation, il informe de ses démarches le président du tribunal et lui en communique les résultats. – *[Ord. nº 67-821 du 23 sept. 1967, art. 10-3.]*

Sur l'information du président du tribunal par le commissaire aux comptes lorsque l'urgence commande l'adoption de mesures immédiates, V. art. L. 611-2-2.

BIBL. ► BARBIÈRI, *LPA 14 sept. 1994.*

Art. L. 251-16 Le comité d'entreprise ou, à défaut, les délégués du personnel exercent dans les groupements d'intérêt économique, les attributions prévues aux articles L. 422-4 et L. 432-5 *[désormais, art. L. 2312-63 à L. 2312-69, relatifs au droit d'alerte du comité social et économique]* du code du travail.

Les administrateurs communiquent au commissaire aux comptes les demandes d'explication formées par le comité d'entreprise ou les délégués du personnel, les rapports qui leur sont adressés et les réponses qu'ils ont faites en application des articles L. 422-4 et L. 432-5 *[V. ci-dessus]* du code du travail. – *[Ord. nº 67-821 du 23 sept. 1967, art. 10-4.]*

Pour l'application des art. L. 251-12 à L. 251-16, V. art. R. 251-1 s.

Art. L. 251-17 Les actes et documents émanant du groupement et destinés aux tiers, notamment les lettres, factures, annonces et publications diverses, doivent indiquer lisiblement la dénomination du groupement suivie des mots : "groupement d'intérêt économique" ou du sigle : "GIE".

*(Abrogé par L. nº 2012-387 du 22 mars 2012, art. 22-I) **« Toute infraction aux dispositions de l'alinéa ci-dessus est punie d'une amende de 3 750 €. »** – [Ord. nº 67-821 du 23 sept. 1967, art. 11.]*

Art. L. 251-18 Toute société ou association dont l'objet correspond à la définition du groupement d'intérêt économique peut être transformée en un tel groupement sans donner lieu à dissolution ni à création d'une personne morale nouvelle.

Un groupement d'intérêt économique peut être transformé en société en nom collectif sans donner lieu à dissolution ni à création d'une personne morale nouvelle. – *[Ord. n° 67-821 du 23 sept. 1967, art. 12.]*

Pour la transformation d'un GIE en GEIE, V. art. L. 252-8. – Pour la transformation en société coopérative artisanale, V. L. n° 83-657 du 20 juill. 1983, art. 30, App., v° Artisans.

Transformation. Viole les art. L. 251-1 et L. 251-18 le tribunal qui, pour rejeter une demande en annulation de l'avis de mise en recouvrement de droits d'apport, retient qu'une SARL a changé son objet social en se transformant en GIE, puisque la constitution de celui-ci, en y faisant entrer les concessionnaires largement majoritaires, avait pour effet une exploitation directe de la marque, alors qu'il constatait que l'objet de la société était la promotion commerciale de la marque. • Com. 4 oct. 1994, n° 92-20.504 P : *D. 1994. IR 257 ; Rev. sociétés 1995. 762, obs. Y. G. ; BJS 1994. 1332, note David.*

Art. L. 251-19 Le groupement d'intérêt économique est dissous :

1° Par l'arrivée du terme ;

2° Par la réalisation ou l'extinction de son objet ;

3° Par la décision de ses membres dans les conditions prévues à l'article L. 251-10 ;

4° Par décision judiciaire, pour de justes motifs ;

5° Par le décès d'une personne physique ou par la dissolution d'une personne morale, membre du groupement, sauf stipulation contraire du contrat. – *[Ord. n° 67-821 du 23 sept. 1967, art. 13.]*

Confusion de patrimoines. En cas d'extension du règlement judiciaire [redressement judiciaire] de l'administrateur délégué du GIE à ce groupement, en raison de la confusion des patrimoines entretenue par cet administrateur avec le groupement, sans constater de cessation des paiements propre au groupement, la cour d'appel qui ne constate aucune confusion des patrimoines entre le GIE et ses membres ne peut prononcer le règlement judiciaire [redressement judiciaire] de ces derniers. • Com. 1er déc. 1992, n° 91-10.008 P : *RJDA 1993, n° 231 ; BJS 1993. 237, note Daigre.*

Art. L. 251-20 Si l'un des membres est frappé d'incapacité, de faillite personnelle ou de l'interdiction de diriger, gérer, administrer ou contrôler une entreprise commerciale, quelle qu'en soit la forme, ou une personne morale de droit privé non commerçante, le groupement est dissous, à moins que sa continuation ne soit prévue par le contrat ou que les autres membres ne la décident à l'unanimité. – *[Ord. n° 67-821 du 23 sept. 1967, art. 14.]*

Art. L. 251-21 La dissolution du groupement d'intérêt économique entraîne sa liquidation. La personnalité du groupement subsiste pour les besoins de la liquidation. – *[Ord. n° 67-821 du 23 sept. 1967, art. 15.]*

Art. L. 251-22 La liquidation s'opère conformément aux dispositions du contrat. A défaut, un liquidateur est nommé par l'assemblée des membres du groupement ou, si l'assemblée n'a pu procéder à cette nomination, par décision de justice.

Après paiement des dettes, l'excédent d'actif est réparti entre les membres dans les conditions prévues par le contrat. A défaut, la répartition est faite par parts égales. – *[Ord. n° 67-821 du 23 sept. 1967, art. 16.]*

Art. L. 251-23 *(L. n° 2012-387 du 22 mars 2012, art. 22-I)* **L'appellation : "groupement d'intérêt économique" et le sigle : "GIE" ne peuvent être utilisés que par les groupements soumis au présent chapitre. Le ministère public ou toute personne intéressée peut demander au président du tribunal compétent statuant en référé d'interdire, le cas échéant sous astreinte, l'emploi illicite de cette appellation.**

Le président du tribunal peut, en outre, ordonner la publication de la décision, son affichage dans les lieux qu'il désigne, son insertion intégrale ou par extraits dans les journaux et sa diffusion par un ou plusieurs services de communication au public en ligne qu'il indique, le tout aux frais des dirigeants du groupement ayant illégalement utilisé cette appellation ou ce sigle. – *[Ord. n° 67-821 du 23 sept. 1967, art. 17.]*

CHAPITRE II DU GROUPEMENT EUROPÉEN D'INTÉRÊT ÉCONOMIQUE

RÉP. SOCIÉTÉS v° *Groupement européen d'intérêt économique*, par MASTRULLO.

BIBL. GÉN. ▶ PÉTELAUD, *Rev. sociétés 1986. 191.* – WOODLAND, *JCP 1986. I. 3247.* – GAVALDA, *Mél. Derruppé, p. 37.* – VION, *Defrénois 1989. 945* (avec formules de statuts). – FERRET, *ibid. 407.* – IDOT et SAINT-ALARY HOUIN, *LPA 4 oct. 1989.* – VICHATZKY, *RTD eur. 1990. 275* (le groupement européen d'intérêt économique). – TROCHON, *D. Affaires 1996. 699* (coopérations industrielles européennes). – BAHANS et MENJUCQ, *JCP N 1999, n° 47, Conseils, p. 1707* (formalités constitutives).

V. Règl. CEE n° 2137-85 du 25 juill. 1985 relatif à l'institution d'un groupement européen d'intérêt économique (GEIE). — ***C. sociétés.***

Art. L. 252-1 Les groupements européens d'intérêt économique immatriculés en France au registre du commerce et des sociétés ont la personnalité juridique dès leur immatriculation. — *[L. n° 89-377 du 13 juin 1989, art. 1er.]*

Art. L. 252-2 Les groupements européens d'intérêt économique ont un caractère civil ou commercial selon leur objet. L'immatriculation n'emporte pas présomption de commercialité d'un groupement. — *[L. n° 89-377 du 13 juin 1989, art. 2.]*

Art. L. 252-3 Les droits des membres du groupement ne peuvent être représentés par des titres négociables. — *[L. n° 89-377 du 13 juin 1989, art. 3.]*

Art. L. 252-4 Les décisions collégiales du groupement européen d'intérêt économique sont prises par l'assemblée des membres du groupement. Toutefois, les statuts peuvent stipuler que ces décisions, ou certaines d'entre elles, peuvent être prises sous forme de consultation écrite. — *[L. n° 89-377 du 13 juin 1989, art. 4.]*

Art. L. 252-5 Le ou les gérants d'un groupement européen d'intérêt économique sont responsables, individuellement ou solidairement selon le cas, envers le groupement ou envers les tiers, soit des infractions aux dispositions législatives ou réglementaires applicables au groupement, soit des violations des statuts, soit de leurs fautes de gestion. Si plusieurs gérants ont coopéré aux mêmes faits, le tribunal détermine la part contributive de chacun dans la réparation du dommage. — *[L. n° 89-377 du 13 juin 1989, art. 5.]*

Art. L. 252-6 Une personne morale peut être nommée gérant d'un groupement européen d'intérêt économique. Lors de sa nomination, elle est tenue de désigner un représentant permanent qui encourt les mêmes responsabilités civile et pénale que s'il était gérant en son nom propre, sans préjudice de la responsabilité solidaire de la personne morale qu'il représente. — *[L. n° 89-377 du 13 juin 1989, art. 6.]*

Art. L. 252-7 Les dispositions du chapitre précédent applicables aux groupements d'intérêt économique de droit français relatives aux obligations comptables, au contrôle des comptes et à la liquidation sont applicables aux groupements européens d'intérêt économique. — *[L. n° 89-377 du 13 juin 1989, art. 7.] — V. art. L. 251-12 à L. 251-16, L. 251-21 et L. 251-22. — Pour les groupements de nature civile, V. art. L. 612-1.*

Art. L. 252-8 Toute société ou association, tout groupement d'intérêt économique peut être transformé en un groupement européen d'intérêt économique sans donner lieu à dissolution ni à création d'une personne morale nouvelle.

Un groupement européen d'intérêt économique peut être transformé en un groupement d'intérêt économique de droit français ou une société en nom collectif, sans donner lieu à dissolution ni à création d'une personne morale nouvelle. — *[L. n° 89-377 du 13 juin 1989, art. 8.]*

Art. L. 252-9 La nullité du groupement européen d'intérêt économique ainsi que des actes ou délibérations de celui-ci ne peut résulter que de la violation des dispositions *impératives* du règlement n° 2137-85 du 25 juillet 1985 du Conseil des Communautés européennes, ou des dispositions du présent chapitre ou de l'une des causes de nullité des contrats en général. — *V. Règl. n° 2137-85 du 25 juill. 1985.* — ***C. sociétés.***

L'action en nullité est éteinte lorsque la cause de la nullité a cessé d'exister le jour où le tribunal statue sur le fond en première instance, sauf si cette nullité est fondée sur l'illicéité de l'objet du groupement.

Il est fait application des articles 1844-12 à 1844-17 du code civil. — *[L. nº 89-377 du 13 juin 1989, art. 9]. — V. ces art., App., vº Sociétés commerciales.*

Art. L. 252-10 *Abrogé par Ord. nº 2019-1067 du 21 oct. 2019, art. 5.*

Art. L. 252-11 *(L. nº 2012-387 du 22 mars 2012, art. 22-II)* **L'utilisation dans les rapports avec les tiers de tous actes, lettres, notes et documents similaires ne comportant pas les mentions relatives au groupement européen d'intérêt économique prescrites à l'article 25 du règlement (CEE) nº 2137/85 du Conseil du 25 juillet 1985 relatif à l'institution d'un groupement européen d'intérêt économique (GEIE) peut faire l'objet d'une injonction, le cas échéant sous astreinte, dans les conditions prévues à l'article L. 238-3.** — *[L. nº 89-377 du 13 juin 1989, art. 11.] — V. Règl. nº 2137-85 du 25 juill. 1985, art. 25. —* ***C. sociétés.*** *— V. aussi art. L. 251-17.*

Art. L. 252-12 *(L. nº 2012-387 du 22 mars 2012, art. 22-II)* **L'appellation : "groupement européen d'intérêt économique" et le sigle : "GEIE" ne peuvent être utilisés que par les groupements soumis au règlement (CEE) nº 2137/85 du Conseil du 25 juillet 1985 précité. Le ministère public ou toute personne intéressée peut demander au président du tribunal compétent statuant en référé d'interdire, le cas échéant sous astreinte, l'emploi illicite de cette appellation.** — *V. Règl. nº 2137-85 du 25 juill. 1985. —* ***C. sociétés.***

Le président du tribunal peut, en outre, ordonner la publication de la décision, son affichage dans les lieux qu'il désigne, son insertion intégrale ou par extraits dans les journaux et sa diffusion par un ou plusieurs services de communication au public en ligne qu'il indique, le tout aux frais des dirigeants du groupement ayant illégalement utilisé cette appellation ou ce sigle. — *[L. nº 89-377 du 13 juin 1989, art. 12.]*

Art. L. 252-13 *Abrogé par Ord. nº 2005-1126 du 8 sept. 2005, art. 20-III.*

CHAPITRE III DISPOSITIONS COMMUNES AUX GROUPEMENTS D'INTÉRÊT ÉCONOMIQUE DE DROIT FRANÇAIS ET AUX GROUPEMENTS EUROPÉENS D'INTÉRÊT ÉCONOMIQUE

(Ord. nº 2019-1067 du 21 oct. 2019, art. 5)

Art. L. 253-1 **Il est interdit à toute personne ou entité de procéder à une offre au public, au sens du règlement (UE) nº 2017/1129 du 14 juin 2017, portant sur les droits de membre d'un groupement d'intérêt économique ou d'un groupement européen d'intérêt économique mentionnés aux articles L. 251-3 et L. 252-3, à peine de nullité des contrats conclus ou des droits créés.**

Nonobstant les dispositions de l'alinéa précédent, l'offre au public de ces droits est autorisée si elle répond aux caractéristiques des offres définies au 1º ou au 3º de l'article L. 411-2 du code monétaire et financier.

LIVRE TROISIÈME DE CERTAINES FORMES DE VENTES ET DES CLAUSES D'EXCLUSIVITÉ

TITRE PREMIER DES LIQUIDATIONS, DES VENTES AU DÉBALLAGE, DES SOLDES ET DES VENTES EN MAGASINS D'USINE

DALLOZ RÉFÉRENCE *Droit de la publicité et de la promotion des ventes*, par FABRE, BONNET-DESPLAN, SERMET et GENTY, *2009, 4e édition.*

BIBL. ▸ RAYMOND, *CCC 1996, nos 153 et 154.* – ROUBACH, *Gaz. Pal. 1997. 1. Doctr. 37.* – BRETZNER et PAGES, *D. Affaires 1998. 184* (marchandises susceptibles d'être vendues en soldes). – AUQUE, *JCP E 1998, no 17, p. 648* (ambiguïtés de la réglementation des soldes). – MOULIGNER, *D. 2004. 259* (interprétation jurisprudentielle de la définition légale des soldes). – GIL, *Bull. act. Lamy droit économique juill. 2004, p. 1* (ventes promotionnelles ou soldes). ▸ Loi no 2008-776 du 4 août 2008 : NDLR, *BRDA 2008, no 17, p. 25* (LME : régimes des soldes et des ventes au déballage). – SAYA-SALVADOR, *Gaz. Pal. 2008. 3765* (le nouveau régime juridique des soldes). – PETIT, *D. 2009. 358* (le nouveau droit des promotions de déstockage). – WILLEMS, *RLC avr.-juin 2009. 107* (de la réforme des soldes à une libéralisation des ventes de déstockage).

V. Arr. du 3 déc. 1987, relatif à l'information du consommateur sur les prix. — ***C. consom.***

Art. L. 310-1 **Sont considérées comme liquidations les ventes accompagnées ou précédées de publicité et annoncées comme tendant, par une réduction de prix, à l'écoulement accéléré de la totalité ou d'une partie des marchandises d'un établissement commercial à la suite d'une décision, quelle qu'en soit la cause, de cessation, de suspension saisonnière ou de changement d'activité, ou de modification substantielle des conditions d'exploitation.** — *[L. no 96-603 du 5 juill. 1996, art. 26.]*

(Ord. no 2004-274 du 25 mars 2004, art. 26) **« Les liquidations sont soumises à déclaration préalable auprès** *(Ord. no 2014-295 du 6 mars 2014, art. 1er, en vigueur le 1er juill. 2014)* **« du maire de la commune** *[ancienne rédaction : de l'autorité administrative]* **» dont relève le lieu de la liquidation. Cette déclaration comporte la cause et la durée de la liquidation qui ne peut excéder deux mois. Elle est accompagnée d'un inventaire des marchandises à liquider. Lorsque l'événement motivant la liquidation n'est pas intervenu au plus tard dans les six mois qui suivent la déclaration, le déclarant est tenu d'en informer l'autorité administrative compétente.** — *V. art. R. 310-2 à R. 310-7.*

« Pendant la durée de la liquidation, il est interdit de proposer à la vente d'autres marchandises que celles figurant à l'inventaire sur le fondement duquel la déclaration préalable a été déposée. » — *Pour les sanctions pénales, V. art. L. 310-5 (1o).*

Sur l'interdiction des publicités portant sur des opérations non autorisées, V. C. consom., art. L. 121-22, App., vo Publicité commerciale.

V. aussi Arr. du 11 mars 2015 relatif aux annonces de réduction de prix à l'égard des consommateurs. — ***C. consom.***

1. Notion de liquidation. Il y a vente en liquidation dès lors que le message publicitaire annonce une réduction de prix liée aux travaux projetés, le magasin souhaitant se libérer du stock avant lesdits travaux. • Paris, 28 oct. 1998 : *CCC 1999, no 83, obs. Malaurie-Vignal.* ♦ Alors même que la publicité n'annonçait pas une réduction du prix, il y a liquidation lorsque la société fait de la publicité pour la cessation définitive d'activité et pratique des réductions de prix d'au moins 50 %, visibles du client par un double marquage de prix, *révélant ainsi l'objectif d'écouler un stock.* • Paris, 16 oct. 2002 : *CCC 2003, no 149, obs. Raymond.*

2. Publicité. Est constitutive d'une publicité l'expédition par voie postale de trois mille exemplaires d'une invitation, l'utilisation de ce procédé n'ayant d'autre but que d'attirer le public et de faire connaître la liquidation à un grand nombre de personnes. • Com. 12 nov. 1991, no 90-13.676 : *CCC 1992, no 192, obs. Raymond.* ♦ Sur le caractère mensonger d'une publicité justifiant une liquidation par des travaux à venir, qui ne devaient pas être effectués, V. • TGI Rouen, 23 févr. 1979 : *D. 1979. 409, note Fortin.*

3. Modification des conditions d'exploitation. Constitue une modification des conditions d'exploitation le remplacement, sur l'enseigne du magasin, de la marque du groupement d'achat auquel une bijouterie était adhérente par la marque d'un autre groupement dès lors que l'adhésion au premier groupement revêtait une grande importance pour le fonctionnement du magasin et que ce groupement avait une certaine notoriété auprès des consommateurs. • Rennes, 1er avr. 1993 : *RJDA 1993, n° 611.*

4. Interdiction de réapprovisionnement. L'interdiction faite au distributeur de recevoir pendant la durée de la liquidation, des marchandises de la catégorie figurant à l'inventaire qu'il a produit à l'appui de sa demande d'autorisation [désormais sa déclaration préalable] s'applique même si les marchandises proviennent d'autres établissements relevant de la même société que le bénéficiaire de la demande et ayant eux-mêmes obtenu une autorisation de liquidation. • Montpellier, 22 févr. 1994 : *RJDA 1994, n° 1015.* ♦ La différenciation de l'étiquetage est sans effet sur l'élément matériel du délit. • Paris, 3 avr. 2007 : *CCC 2007, n° 226, obs. Raymond.*

5. Personne morale (jurisprudence antérieure à l'Ord. du 25 mars 2004). Sur la condamnation du gérant de SARL ayant procédé à une vente en liquidation sans autorisation et retenant également la responsabilité pénale de la personne morale, V. • Lyon, 3 juin 1998 : *CCC 1998, n° 170, obs. Raymond ; BJS 1999. 258, obs. Barbièri ; Dr. pénal 1998, n° 118, obs. J.-H. Robert.* ♦ V. aussi, • Lyon, 5 mai 1999 : *Dr. pénal 1999, n° 119, obs. J.-H. Robert.*

6. Application dans le temps. V. note 1 ss. art. L. 310-5.

7. Pratique commerciale déloyale. Des mesures publicitaires, qui concernent la vente de marchandises aux consommateurs à des conditions ou à des prix avantageux, s'inscrivent dans le cadre de la stratégie commerciale d'un opérateur et visent directement à la promotion et à la vente de ces marchandises ; il s'ensuit qu'elles constituent des pratiques commerciales au sens de l'art. 2, d), de la Dir. 2005/29/CE du 11 mai 2005 et relèvent, en conséquence, du champ d'application matériel de celle-ci. • CJUE 17 janv. 2013, ☎ n° C-206/11 : *D. 2013. Pan. 946, obs. Sauphanor-Brouillaud* ✎ *; RJDA 2013, n° 308 ; RJ com. 2013. 152, obs. Leloup.* ♦ Cette directive doit être interprétée en ce sens qu'elle s'oppose à ce qu'une juridiction nationale ordonne la cessation d'une pratique commerciale ne relevant pas de son annexe I, au seul motif que ladite pratique n'a pas fait l'objet d'une autorisation préalable de l'administration compétente, sans pour autant procéder elle-même à une appréciation du caractère déloyal de la pratique concernée au regard des critères énoncés aux art. 5 à 9 de ladite directive. • Même décision.

8. Préjudice (jurisprudence antérieure à l'Ord. du 25 mars 2004). Sur la recevabilité de l'action d'une association de consommateurs en réparation du préjudice causé par une opération de liquidation effectuée sans autorisation préfectorale, V. • Rennes, 24 nov. 2000 : *BRDA 2001, n° 8, p. 9.* ♦ ... D'une chambre professionnelle, pour atteinte à la concurrence, préjudiciable à l'intérêt collectif de la profession, V. • Crim. 25 janv. 2005, ☎ n° 04-80.305 : *D. 2005. Pan. 2461, obs. Valette* ✎.

9. Justification. Lorsque la demande de liquidation [désormais la déclaration préalable] a été motivée par une modification substantielle des conditions d'exploitation résultant de travaux, les factures de ces travaux doivent être produites dans le délai de six mois ; lorsque la demande [désormais la déclaration] a été motivée par une décision de cessation définitive d'activité, le commerçant doit apporter la preuve de sa radiation au RCS ou un extrait de ce registre justifiant que l'établissement n'est plus exploité : Rép. min. n° 10157 : *cité note 6 ss. art. L. 310-5.*

10. Revente à perte. V. note 15 ss. art. L. 442-5.

Art. L. 310-2 *(L. n° 2008-776 du 4 août 2008, art. 54-I)* **« I. —** *(L. n° 2014-344 du 17 mars 2014, art. 24-IV)* **« Sont considérés comme ventes au déballage les ventes et rachats de marchandises effectués dans des locaux ou sur des emplacements non destinés à la vente au public ou au rachat de ces marchandises ainsi qu'à partir de véhicules spécialement aménagés à cet effet. »**

« Les ventes au déballage ne peuvent excéder deux mois par année civile dans un même local *(L. n° 2016-1691 du 9 déc. 2016, art. 99)* **« , sur un même emplacement ou dans un même arrondissement ».** *(L. n° 2010-874 du 27 juill. 2010, art. 17)* **« Les ventes au déballage de fruits et légumes frais effectuées en période de crise conjoncturelle ne sont pas prises en compte pour le calcul de cette limite. Les ventes au déballage » font l'objet d'une déclaration préalable auprès du maire de la commune dont dépend le lieu de la vente** *(L. n° 2016-1691 du 9 déc. 2016, art. 99)* **« , dont une copie est adressée concomitamment à l'autorité administrative chargée de la concurrence et de la consommation dans le département du lieu de vente ».** *— V. art. R. 310-8. — Pour les sanctions pénales, V. art. L. 310-5 (2°) et R. 310-19 (3°).*

« Les particuliers non inscrits au registre du commerce et des sociétés sont autorisés à participer aux ventes au déballage en vue de vendre exclusivement des objets personnels et usagés deux fois par an au plus. » *— V. art. R. 310-9.*

II. — Les dispositions du I ne sont pas applicables aux professionnels :

1° Effectuant, dans une ou plusieurs communes, des tournées de ventes définies par le *(Ord. n° 2016-301 du 14 mars 2016, art. 2, en vigueur le 1er juill. 2016)* **« 8° de l'article L. 221-2** *[ancienne rédaction : 1° de l'article L. 121-22]* **» du code de la consommation ;**

2° Réalisant des ventes définies par l'article L. 320-2 ;

3° Qui justifient d'une permission de voirie ou d'un permis de stationnement pour les ventes réalisées sur la voie publique *(Abrogé par L. nº 2008-776 du 4 août 2008, art. 54-I, 2°)* ***« lorsque la surface de vente n'est pas supérieure à 300 mètres carrés ».*** *– [L. nº 96-603 du 5 juill. 1996, art. 27.]*

(Ord. nº 2004-274 du 25 mars 2004, art. 27) **« III. – Les dispositions du I ne sont pas applicables aux organisateurs de :**

« 1° Manifestations commerciales comportant des ventes de marchandises au public dans un parc d'exposition ;

« 2° Manifestations commerciales qualifiées de salon professionnel ne se tenant pas dans un parc d'exposition ;

« 3° Fêtes foraines et de manifestations agricoles lorsque seuls des producteurs ou des éleveurs y sont exposants. »

Sur la réglementation relative aux manifestations commerciales, V. art. L. 762-1 s.

Sur les activités commerciales et artisanales ambulantes, V. art. L. 123-29 s.

1. Notion de déballage. La présentation à la vente de marchandises sur des emplacements non destinés à la vente au public, sans autorisation préalable, constitue une vente au déballage au sens de l'art. L. 310-2. • Crim. 10 mars 2015, nº 14-83.350 P : *D. 2015. Actu. 677 ; RTD com. 2015. 386, obs. Bouloc ; JCP E 2015, nº 1196 ; CCC 2015, nº 217, obs. Raymond ; RJDA 2015, nº 414.* ♦ Il y a vente au déballage dès lors qu'un ou plusieurs spécimens sont présentés à la vente sans qu'il soit nécessaire que la totalité des lots soit déballée. • Crim. 25 janv. 1967, nº 66-91.709 P : *D. 1967. 432 ; JCP 1967. II. 15094, note Guérin.* – Comp. : • Paris, 3 févr. 1966 : *D. 1967. Somm. 36 ; JCP 1966. II. 14743, note Guérin.* ♦ Constitue une vente au déballage la présentation à la vente de produits sur des emplacements non destinés à la vente au public de ces marchandises, quel que soit le lieu du paiement, les juges appréciant souverainement que les marchandises sont bien mises en vente dans les lieux litigieux. • Crim. 29 nov. 2000, nº 00-83.886 P : *D. 2001. IR 410 ; Gaz. Pal. 21-22 nov. 2001, p. 76.* ♦ En revanche, ne constitue pas une vente au déballage mais des soldes, une « grande vente au déballage » annoncée avec des réductions de prix de 30 % à 50 %. • Bourges, 25 juill. 2001 : *BRDA 2001, nº 22, p. 11.* ♦ Jugeant caractérisé le délit de vente au déballage pour un « vendeur à la sauvette » ayant été trouvé porteur de flacons de parfum qu'il reconnaissait proposer à la vente aux passantes : • Paris, 30 nov. 2007 : *CCC 2008, nº 147, obs. crit. Raymond.*

2. Produit vendu. Il ne résulte d'aucune disposition législative ou réglementaire que la vente au déballage doit nécessairement concerner des produits qui ne sont pas habituellement vendus par le demandeur ; *en se fondant sur la circonstance que la demande de la société requérante* porte sur des produits vendus habituellement dans le magasin, le préfet a commis une erreur de droit en refusant d'autoriser la vente. • TA Amiens, 28 juin 2007 : *AJDA 2007. 2334 ; RLC avr.-juin 2008. 74, obs. Clamour.*

3. Lieu de vente. Le fait de servir des clients, d'accepter des commandes et des règlements dans un camion stationné sur une aire de station-service constitue une vente au déballage. • Crim. 24 nov. 1993, nº 92-85.411. ♦ Les ventes ambulantes effectuées à partir de véhicules spécialement aménagés à cet effet sont assimilées à des « ventes au déballage » et doivent faire l'objet d'une déclaration préalable auprès du maire de la commune dont dépend le lieu de la vente. Ne sont, toutefois, pas soumis à cette obligation les professionnels (boulangers-épiciers) qui, dans le cadre de leur activité, effectuent des tournées fréquentes ou périodiques, à bord d'un véhicule, dans leur commune d'implantation ou dans les communes limitrophes. * Rép. min. nº 58155 : *JOAN Q, 8 juin 2010, p. 6346 ; JCP E 2010, nº 163.* ♦ Entre dans le champ d'application de la loi, la vente : de tapis dans un bar. • Crim. 9 févr. 1961 : *D. 1961. 213, rapp. Costa.* ♦ ... De machines à laver dans un café. • Crim. 8 avr. 1967 : *D. 1967. 432.* ♦ ... De produits de luxe dans un restaurant. • Paris, 10 sept. 2008 : *RJDA 2009, nº 392.* ♦ ... De vin dans l'enceinte d'une gare. • Crim. 8 oct. 1985, nº 83-91.420 P. ♦ ... D'articles de literie sous un chapiteau implanté sur l'aire de stationnement du magasin. • Crim. 22 févr. 1993, nº 92-83.065 P : *CCC 1993, nº 184, obs. Raymond.* ♦ ... L'exposition d'articles, avec affichage de leurs caractéristiques et de leurs prix, sur le parking, dans le sas d'entrée et l'allée marchande d'un magasin, lieux habituellement non affectés à la vente, malgré l'obligation de passer l'art. en caisse. • Crim. 29 nov. 2000, nº 00-83.886 P : *préc. note 1.* ♦ Pour relaxer la société, l'arrêt attaqué retient qu'à la date du contrôle une partie de la surface de vente de l'hypermarché était affectée de travaux d'extension, lesquels rendaient inexploitable cette zone commerciale, que dans la mesure où l'hypermarché bénéficiait d'une autorisation d'exploitation d'une surface de vente suffisante pour englober le mail de circulation, la société a pu considérer pouvoir reporter cette surface de vente neutralisée par les travaux sur le mail de circulation sans devoir solliciter une autorisation de vente au déballage comme elle le faisait jusque-là ; en statuant ainsi, alors qu'il résultait de ses constatations que la vente a eu lieu sur un emplacement non destiné à la vente au public, la cour d'appel a méconnu l'art. L. 310-2. • Crim. 14 juin 2016, n° 15-84.162 : *Dr. pénal 2016, n° 160, obs. J.-H. Robert.*

Jugeant qu'à défaut de production du règlement de copropriété et du règlement du centre commercial permettant de connaître le statut et la destination de la galerie marchande au sein de laquelle la vente litigieuse a eu lieu, la preuve n'est pas rapportée que les locaux ou l'emplacement litigieux n'étaient pas destinés à la vente au public. • TGI Créteil, 26 sept. 2001 : *BID 12/2002. 30* • 20 juin 2001 : *ibid. 31.*

4. Locaux ou emplacements loués. Entre dans le champ d'application de la loi la vente dans un local vide et désaffecté, ayant servi de magasin pour des pièces d'automobiles, loué pour les besoins de la cause et pour un temps très court. • Crim. 6 mars 1973, n° 72-90.434 P : *D. 1973. 520.* ♦ Manque de base légale au regard de l'art. L. 310-2 le jugement par lequel un tribunal, pour rejeter la demande en réparation du préjudice causé par des ventes au déballage irrégulières, s'est borné à retenir que les statuts de la société bailleresse n'autorisent pas la société à exercer directement une activité commerciale dans les locaux dont elle dispose et qu'en conséquence les ventes litigieuses se sont déroulées conformément à la réglementation, sans rechercher si ces ventes ont été effectuées dans des locaux ou sur des emplacements non destinés à la vente au public et, dans l'affirmative, si ces ventes ont été effectuées sans autorisation administrative préalable. • Com. 24 sept. 2003, n° 02-10.069 P : *D. 2003. AJ 2636* ; *JCP E 2003, n° 44, p. 1744* ; *RTD com. 2004. 148, obs. Bouloc* ; *RJDA 2004, n° 154.* ♦ Jugeant que sont impropres à caractériser une vente au déballage les motifs tirés de ce qu'il n'existe aucune fixité relativement à la nature des produits vendus par une société dans son local « l'entrepôt » et que celui-ci n'a fait l'objet d'aucune autorisation de la commission départementale d'urbanisme commercial, V. • Com. 24 sept. 2003, n° 01-16.639 P : *eod. loc.* – V. aussi David, *Bull. act. Lamy droit économique nov. 2003, p. 1.*

5. Application dans le temps. V. note 2 ss. art. L. 310-5.

6. Liberté du commerce. La méconnaissance du principe de la liberté du commerce et de l'industrie ne saurait être utilement invoquée à l'encontre d'une décision du maire [jurisprudence rendue ss. l'empire de la loi de 1906, exigeant l'obtention de l'autorisation du maire pour les ventes au déballage, V. désormais art. L. 310-2, codification de l'art. 27 de la loi du 5 juill. 1996, prévoyant une simple déclaration en mairie] refusant d'autoriser une vente au déballage dès lors qu'une telle vente est soumise à autorisation en vertu des dispositions législatives. • CE 10 juill. 1996, n° 154545 : *RJDA 1997, n° 632.*

7. Droit de la concurrence. Les limites apportées à la liberté des ventes au déballage instituées par la loi du 30 déc. 1906 [abrogée et remplacée par la L. n° 96-603 du 5 juill. 1996, art. 27, désormais codifiée à l'art. L. 310-2] ne constituent pas des pratiques anti-concurrentielles au sens des art. 7 et 8 de l'Ord. du 1er déc. 1986 [C. com., art. L. 420-1 et L. 420-2] (inapplicabilité de l'art. 26, al. 2 de l'Ord. codifiée ss. C. com., art. L. 462-3). • CE 10 juill. 1996, n° 154545 : *préc. note 6.* ♦ L'autorité administrative tient de l'art. L. 310-2, le pouvoir d'apprécier l'opportunité des ventes projetées et d'accorder ou de refuser les autorisations demandées [jurisprudence rendue sous l'empire du droit antérieur exigeant l'obtention de l'autorisation du maire pour les ventes au déballage, V. désormais l'alinéa 2 de l'art. L. 310-2, prévoyant une simple déclaration en mairie] ; ce pouvoir lui est conféré, en même temps que dans un but de police, en vue de protéger les intérêts du commerce local et des consommateurs, sans pour autant méconnaître les règles de la concurrence. • CAA Douai, 16 nov. 2004 : *AJDA 2005. 77, note J. Michel* ; *RLC 2005, n° 3, p. 72, obs. Destours et Clamour.*

8. Décompte du délai de deux mois. S'agissant des ventes à déballage soumises à autorisation [jurisprudence rendue sous l'empire du droit antérieur exigeant l'obtention de l'autorisation du maire pour les ventes au déballage, V. désormais l'alinéa 2 de l'art. L. 310-2, prévoyant une simple déclaration en mairie], la période de deux mois par année civile visée à l'art. 27 de la L. du 5 déc. 1996 [C. com., art. L. 310-2] peut être fractionnée. Cependant, le vendeur voulant organiser plusieurs journées non consécutives de vente devra, compte tenu des délais imposés pour le dépôt de la demande d'autorisation, solliciter autant d'autorisations qu'il y a de périodes comprises entre cinq et trois mois avant le début des ventes projetées. Pour autoriser ces ventes, l'autorité compétente doit prendre en compte toutes celles réalisées au cours de l'année civile, dans le même local ou sur le même emplacement, quel que soit le vendeur bénéficiaire (Rép. min. : *JOAN Q, 13 avr. 1998, p. 2155*). ♦ Sur les modalités de la demande d'autorisation, V. art. R. 310-8 s.

9. Compatibilité avec le traité de Rome. L'ancienne loi de 1906 est compatible avec l'art. 30 du traité de Rome (art. 34 TFUE) et il n'y a pas lieu de poser une question préjudicielle, dès lors d'une part, que la réglementation française sur le déballage ne crée aucune restriction quantitative à l'importation dans la Communauté économique européenne et n'engendre aucun effet équivalent, d'autre part, que le régime d'autorisation préalable qu'elle institue n'est pas discriminatoire et qu'il a seulement pour objet d'assurer la protection du consommateur, la sécurité et la loyauté des transactions. • Crim. 25 oct. 1993, n° 92-84.002 P : *RTD com. 1994. 585, obs. Bouzat*.

Art. L. 310-3 *(L. n° 2019-486 du 22 mai 2019, art. 16, en vigueur le 1er nov. 2019)* « **I. — Sont considérées comme soldes les ventes qui sont accompagnées ou précédées de publicité et sont annoncées comme tendant, par une réduction de prix, à l'écoulement accéléré de marchandises en stock.**

« Les soldes ont lieu, pour l'année civile, durant deux périodes d'une durée minimale de trois semaines et d'une durée maximale de six semaines chacune, dont les dates et les heures de début et de fin sont fixées par un arrêté du ministre chargé de l'économie. Cet arrêté peut prévoir, pour ces deux périodes, et pour les ventes autres que celles mentionnées à l'article L. 221-1 du code de la consommation, des dates différentes dans certains départements pour tenir compte d'une forte saisonnalité des ventes ou d'opérations commerciales menées dans des régions frontalières. » — *V. Arr. du 27 mai 2019 ci-dessous.*

(L. n° 2008-776 du 4 août 2008, art. 98-I, en vigueur le 1er janv. 2009) « **Les produits annoncés comme soldés doivent avoir été proposés à la vente et payés depuis au moins un mois à la date de début de la période de soldes considérée. »**

II. — Dans toute publicité, enseigne, dénomination sociale ou nom commercial, l'emploi du mot : solde(s) ou de ses dérivés est interdit pour désigner toute activité, dénomination sociale ou nom commercial, enseigne ou qualité qui ne se rapporte pas à une opération de soldes telle que définie au I ci-dessus. — *[L. n° 96-603 du 5 juill. 1996, art. 28.]*

V. aussi Arr. du 11 mars 2015 relatif aux annonces de réduction de prix à l'égard des consommateurs. — **C. consom.**

1. Notion de soldes. BIBL. Mouligner, *D. 2004. 259* (interprétation jurisprudentielle de la définition légale). – Gil, *Bull. act. Lamy droit économique juill. 2004, p. 1* (deux lectures de l'art. L. 310-3 C. com.). ♦ Estimant que l'art. 28 [C. com., art. L. 310-3] a pour but d'empêcher la vente en solde de marchandises acquises pour cette occasion pendant la période même des soldes et le mois qui a précédé, mais ne restreint pas la vente en solde de marchandises acquises auparavant et ce, quelles que soient les conditions tarifaires consenties par les fournisseurs aux revendeurs, V. : * Rép. min. n° 430 : *JO Sénat Q, 16 oct. 1997, p. 2805 ; D. Affaires 1997. 1324.* ♦ Jugeant qu'il est indifférent que les publicités ne mentionnent pas le terme « soldes », dès lors que la société, informée de la législation en vigueur, s'est abstenue d'employer le mot, tout en suggérant aux consommateurs une opération d'écoulement accéléré du stock par l'effet d'importante réduction de prix : • Crim. 13 janv. 2004, n° 03-80.563 P : *D. 2004. AJ 634 ; CCC 2004, n° 119, obs. Raymond ; RJDA 2004, n° 545 ; Dr. pénal 2004, n° 52, obs. Robert ; RTD com. 2004. 586, obs. Bouloc*. – V. aussi sur l'indifférence de l'emploi du terme « soldes » : • Crim. 23 sept. 2003, n° 02-84.410 : *CCC 2004, n° 70, obs. Raymond.*

La L. du 5 juill. 1996 [C. com., art. L. 310-3] ne fait aucune distinction entre soldes « privés » et soldes « publics », le critère des soldes étant un déstockage portant sur un lot de marchandises préexistant et non renouvelable, dont l'écoulement rapide est favorisé par une réduction de prix annoncée à l'aide de publicité. • TGI Paris, 12 juin 1997 : *BID 4/1998. 37* • 21 janv. 1998 : *ibid. n° 12, p. 31* • Crim. 19 févr. 2003, n° 02-80.085 P : *JCP E 2003, n° 15, p. 638 ; RTD com. 2003. 582, obs. Bouloc ; RJDA 2003, n° 1053 ; LPA 15 juin 2004, obs. Bacchichetti* (publicité par l'envoi de cartons d'invitation). ♦ L'opération de vente d'articles d'une collection d'été ayant déjà été soldés, accompagnée de publicité mentionnant « dans la limite des stocks disponibles » ou comportant un double affichage de prix, doit être qualifiée de soldes en dehors des périodes autorisées. • Paris, 27 sept. 2002 : *BICC 2003, n° 748.* ♦ Dès lors que les ventes sont accompagnées de publicités sur lesquelles l'objectif d'écoulement accéléré de marchandises en stock n'apparaît nullement mentionné de manière explicite, les divers supports publicitaires se bornant à annoncer une réduction de prix sur une sélection d'articles, la qualification de soldes ne peut être retenue sans qu'il soit nécessaire d'examiner, par ailleurs, les conditions dans lesquelles les marchandises ont été achetées et stockées. • Paris, 1er mars 1999 : *D. Affaires 1999. 753, obs. E. P. ; LPA 26 nov. 1999, obs. Pelletier.* ♦ V. aussi • Paris, 26 mars 2002 : *BRDA 2002, n° 10, p. 13* • 27 févr. 2002 : *CCC 2002, n° 169, obs. Raymond.* ♦ Comp. • Crim. 19 févr. 2003, n° 02-80.085 P : *préc.* • 13 janv. 2004, n° 03-80.563 P : *préc.*

Ne constitue pas une vente en promotion mais des soldes la vente des affaires de fin d'année en l'absence de renouvellement des marchandises après cette opération : en effet, la publicité et l'aspect occasionnel de cette vente sont démontrés par la présence d'affiches et les remises importantes manifestent la volonté d'écoulement accéléré des stocks. • Riom, 14 avr. 1993 : *JCP E 1993.*

Pan. 1415. ♦ Dans le même sens, s'agissant d'opérations de promotions précédant des périodes de soldes, V. • DGCCRF avis du 11 sept. 1998, n° 99-051 : *BID 3/1999. 8.* ♦ V. aussi, pour une opération commerciale annoncée par son auteur comme une « grande vente au déballage » au cours de laquelle des réductions de prix de 30 % à 50 % seraient proposées, • Bourges, 24 juill. 2001 : *RJDA 2002, n° 30.* ♦ Dans le même sens, s'agissant d'une vente suivant la période des soldes d'été présentée dans les publicités comme une opération en vue « d'en finir » : • Paris, 22 mars 2002 : *BRDA 2002, n° 10, p. 13 ; CCC 2002, n° 169, obs. Raymond.* ♦ ... Ou présentée comme devant se dérouler « dans la limite des stocks disponibles » : • Paris, 27 sept. 2002 : *CCC 2003, n° 149, obs. Raymond.* ♦ V. aussi jugeant qu'un panneau figurant sur la vitrine et portant la mention « et pour finir... » atteste tout à la fois d'une publicité et d'une opération de liquidation de stock, • TGI Créteil, 12 oct. 2001 : *BID 12/2002. 30.* ♦ Pour l'écoulement de marchandises avant le lancement d'un nouveau catalogue, V. • Crim. 5 déc. 2006, n° 05-87.386 P : *D. 2007. AJ 79, obs. Chevrier ; RTD com. 2007. 465, obs. Bouloc ; JCP E 2007, n° 3, p. 38 ; RJDA 2007, n° 338.* ♦ Sur la distinction entre soldes et opération promotionnelle à propos d'une offre de réductions de prix portant sur des marchandises proposées par une société de vente à distance, V. • Douai, 25 juill. 2000 : *BID 2/2002. 29.*

V. aussi • Limoges, 22 févr. 1995 : *CCC 1995, n° 79, obs. Raymond.* ♦ ... A propos d'une vente à « prix barrés ». • Crim. 20 nov. 2001, n° 00-87.433 : *CCC 2002, n° 70, obs. Raymond.* ♦ ... D'une vente à prix réduits de produits d'exposition. • Pau, 26 juin 2001 : *ibid.*

2. *Nature des stocks.* Sont considérées comme des soldes les ventes accompagnées ou précédées de publicité et annoncées comme tendant, par une réduction de prix, à l'écoulement accéléré d'un stock prédéterminé et non renouvelable de marchandises. • Com. 28 janv. 2004, n° 01-16.381 P : *D. 2004. 1228, note Mouligner ; JCP E 2004, n° 13, p. 493 ; Gaz. Pal. 2004. Somm. 1443, obs. Joseph ; RTD com. 2004. 586, obs. Bouloc ; RJDA 2004, n° 694.* ♦ Même solution sous l'empire de la loi de 1906. • Com. 19 janv. 1993, n° 91-12.711 P : *D. 1993. IR 48.* ♦ *A défaut de prouver que le stock de marchandises mis en vente était prédéterminé et non renouvelable, il n'est pas établi que l'opération litigieuse constitue une vente en solde prohibée.* • Com. 13 oct. 1998, n° 96-13.070 : *D. Affaires 1998. 1893, obs. E. P.* ♦ Jugeant que la mention « sur produits signalés » tend à montrer que seuls étaient concernés les articles exposés et que l'opération était limitée au stock disponible dans le magasin : • Crim. 13 janv. 2004, n° 03-80.563 P : *préc. note 1.*

3. *Soldes de prestations de services.* Le législateur, en n'employant pas le terme de « biens » à l'art. L. 310-3 qui fait référence à des « marchandises » et à des « produits », n'a pas semblé vouloir exclure l'ensemble des prestations de services du bénéfice de la législation sur les soldes. Sous réserve de l'appréciation souveraine des tribunaux, l'esprit de la loi n'exclut pas systématiquement les prestations de services du bénéfice du régime juridique des soldes. Toutefois, seules les prestations de services revendues par un commerçant qui en a acquis de manière ferme et définitive une quantité déterminée non renouvelable auprès d'un autre opérateur peuvent être soldées ; tel est le cas notamment des voyages et des séjours à forfait, à l'inverse des prestations immédiates vendues directement par leurs producteurs (coiffure ou restauration par exemple). • DGCCRF 23 nov. 2010 : *D. 2010. Actu. 2768 ; JCP E 2010, n° 642.*

4. *Interdiction de réapprovisionnement.* Sur la condamnation d'un franchisé s'étant réapprovisionné auprès de son franchiseur pendant la période des soldes, V. • Chambéry, 2 déc. 1999 : *BRDA 2000, n° 23, p. 14.* ♦ Jugeant que la livraison par une société à sa succursale de certains articles stockés dans les entrepôts de la première ne saurait constituer un réapprovisionnement interdit, V. • T. corr. Bobigny, 8 oct. 1998 : *BID 11/1999. 53.* ♦ Refusant de considérer comme un réassortiment les commandes passées par la société poursuivie à une autre société à laquelle « elle est étroitement liée », V. • Com. 2 juin 2004, n° 02-21.394 P : *D. 2004. AJ 1897 ; JCP E 2004, n° 31, p. 1224 ; RJDA 2004, p. 864, rapp. de Monteynard ; RTD com. 2005. 161, obs. Bouloc .* ♦ En application des dispositions de l'art. L. 310-3, dans le cadre d'un groupe, une filiale exploitant plusieurs points de vente de détail d'articles d'habillement sous forme de succursales apparaît pouvoir se réapprovisionner durant les périodes de soldes auprès de sa maison mère qui conçoit, fait fabriquer et stocke les produits de la marque du groupe, dès lors que cette maison mère a proposé à la vente et payé les marchandises concernées au moins un mois avant le début de la période de soldes considérée. • CEPC, avis n° 21-11 du 23 sept. 2021 : *D. actu. 5 oct. 2021, obs. Delpech ; BRDA 2021, n° 21, p. 15.* ♦ Mais justifie sa décision de déclarer une société coupable d'infraction à la législation sur les soldes la cour d'appel qui, d'une part, par une interprétation souveraine du contrat de commission-affiliation qui lie cette société à un commettant, établit qu'elle ne s'est pas bornée à écouler le stock qu'elle détenait, mais a effectué, au cours de la période de soldes, un réassortiment auprès de ce fournisseur qui constituait une entité juridique distincte et écoulait ainsi son propre stock, d'autre part, constate que les produits soldés n'avaient pas été proposés à la vente depuis au moins un mois. • Crim. 22 févr. 2022, n° 21-83.226 B : *D. 2022. Actu. 396 ; BRDA 2022, n° 6, p. 15 ; JCP E 2022, n° 1124.*

5. Revente à perte. En ce sens que les produits vendus en période de soldes peuvent valablement être revendus à perte, V. • DGCCRF avis du 18 mars 1998, n° 99-050 : *BID 3/1999. 7.* ♦ Sur la dérogation à l'interdiction légale de revente à perte, V. art. L. 442-5-II-7°.

6. Carte de fidélité. L'art. 28 [C. com., art. L. 310-3] ne précisant pas la forme de la réduction de prix devant être appliquée pour les ventes présentées comme des soldes ou permettant de qualifier de soldes une opération promotionnelle, les tribunaux pourront au cas par cas, requalifier de soldes, des ventes précédées ou accompagnées de publicité et dont les prix peuvent être réduits par l'utilisation d'une carte de fidélité, chaque fois qu'elles tendent à l'écoulement accéléré de marchandises en stock. Toutefois une telle requalification ne semble fondée que si les remises de fidélité sont accessibles sans conditions contraignantes, telles qu'un montant important d'achats préalables, à une partie importante de la clientèle. • DGCCRF avis 27 oct. 1998, n° 99-049 : *BID 3/1999. 6.*

7. Bons d'achat. L'opération par laquelle un hypermarché organise une campagne publicitaire annonçant la vente d'articles ouvrant droit à une remise de 50 % sous forme de bons d'achat ne constitue pas le délit de vente en soldes en dehors de périodes autorisées, dès lors que ce procédé de vente ne confère pas une réduction de prix sur le produit vendu, mais est destiné à fidéliser la clientèle en accordant, pour des achats ultérieurs, un avoir dont le montant est fixé en proportion du prix des achats réalisés. • Crim. 23 janv. 2001, n° 00-84.749 P : *JCP E 2001, n° 19, p. 781 ; RTD com. 2001. 792, obs. Bouloc ; Dr. pénal 2001, n° 64, obs. Robert ; Gaz. Pal. 2002. Somm. 937, obs. Jalade* • Caen, 15 mai 2000 : *BRDA 2001, n° 3, p. 11.*

8. Personne morale. Sur la responsabilité pénale d'une SARL dont le gérant avait réalisé une vente en solde portant sur des marchandises acquises moins d'un mois avant la date de début de la période de soldes considérée, V. • TGI Paris, 8 oct. 1997 : *BID 10/1998. 25.*

9. Vente par correspondance. La loi du 30 déc. 1906 [abrogée par L. n° 96-603 du 5 juill. 1996] s'appliquant également à la vente par correspondance, les opérations de soldes saisonniers des sociétés de vente par correspondance ne peuvent se dérouler en dehors des périodes déterminées pour le département du siège de ces entreprises : * Rép. min. : *JO Sénat Q, 5 oct. 1995, p. 1904.*

10. Emploi du mot « soldes ». Considérant que le mot solde, même amputé de la dernière lettre et intégré dans un nom composé, ne peut être utilisé dans l'enseigne d'un magasin, V. • Grenoble, 12 mai 1999 : *CCC 2000, n° 16, obs. Raymond.* ♦ Doit être condamné pour utilisation illicite du terme « solde(s) » en dehors d'une opération de soldes telle que définie par l'art. L. 310-3, le fait d'utiliser ce terme ou ces dérivés dans une enseigne, en l'espèce, le nom d'un site internet intitulé « www. soldeurs. com ». • TGI Paris, 8 avr. 2005 : *Gaz. Pal. 2006. Somm. 604, obs. Avignon et Colas-Bernié* (l'appellation d'un site correspond, sur le plan électronique, à l'enseigne). ♦ L'art. L. 310-5 C. com. prohibe, sans distinguer selon que l'opération s'adresse ou non à une clientèle de professionnels, l'utilisation du mot « solde » ou de ses dérivés dans les cas où cette utilisation ne se rapporte pas à une opération de soldes telle que définie au I de l'art. L. 310-3 devant se dérouler lors de périodes autorisées fixées par décret (nom commercial « Palettes de solderie »). • Crim. 17 janv. 2018, n° 16-87.753 : *JCP 2018, n° 174, obs. Brigant ; CCC 2018, n° 78, obs. Bernheim-Desvaux.*

Pour l'annulation de l'art. 4 de l'Arr. du 22 sept. 1989 (codifié aux art. A. 310-7 à A. 310-9 C. com.), dont les dispositions figurent désormais au II de l'art. L. 310-3, V. • CE 22 mars 1991, n° 111656 : *RTD com. 1992. 847, obs. Bouloc*.

11. Concurrence déloyale. En pratiquant des soldes en dehors des périodes autorisées déterminées par un usage local, un grand magasin commet un acte de concurrence déloyale envers les autres commerçants. Cet usage dont la preuve peut être rapportée par tous moyens constitue une source de droit au même titre qu'un texte légal ou qu'un accord contractuel. • Riom, 14 avr. 1993 : *JCP E 1993. Pan. 1415.*

Constitue des actes de concurrence déloyale le fait de pratiquer des soldes sans autorisation, avec des rabais de 20 à 50 %, dans le 16e arrondissement de Paris, tandis qu'un autre magasin commercialise les vêtements de la même marque à proximité, un tel fait incitant la clientèle à se diriger de préférence vers le soldeur, la distance séparant les deux établissements étant faible. • Com. 18 oct. 1994, n° 92-21.087 P : *D. 1995. IR 12.* ♦ Ainsi, l'opération de liquidation réalisée par un commerçant sans autorisation constitue un acte de concurrence déloyale portant atteinte à l'intérêt collectif de la profession représentée par un syndicat professionnel de commerçants détaillants. • Com. 8 juill. 1997, n° 94-20.701 : *RJDA 1997, n° 1569.*

V. aussi L. n° 63-628 du 2 juill. 1963, art. 2, note 48, App., v° *Concurrence.*

12. Publicité trompeuse. En ce sens que, le mot solde étant dans l'esprit du consommateur indissociablement lié à la notion de rabais, est de nature à induire en erreur la publicité annonçant des soldes en l'absence de réduction des prix, V. • Pau, 21 oct. 1992 : *CCC 1993, n° 120, obs. Raymond.* – V. aussi • Pau, 22 juin 1994 : *ibid. 1994, n° 256, obs. Raymond ; JCP 1994. IV. 2215.* ♦ Sur l'application de l'Arr. n° 77-105/P du 2 sept. 1977, relatif à la publicité des prix [remplacé par Arr. du 31 déc. 2008, relatif aux annonces de réduction de prix à l'égard des consommateurs (*JO 13 janv. 2009*), V. **C. consom.**], V. • Limoges, 6 avr. 1994 : *CCC 1994, n° 239, obs. Raymond* • Angers, 6 avr. 2006 : *BRDA 2006, n° 10, p. 12* (prix de référence) • T. pol. Paris, 11 avr. 2008 : *Lettre distrib. 6/2008, p. 2* (« ventes privées »). ♦ V. aussi * Rép. min. n° 26955 : *JOAN Q, 31 juill. 1995, p. 3369.* ♦ V. également • Com. 19 oct. 1999, n° 97-18.490 P.

La publicité susceptible d'induire en erreur le consommateur sur la réduction de prix annoncée avec la vente est inopérante sur la qualification de soldes. • Crim. 23 janv. 2001, n° 00-84.749 P.

13. Internet. Même dans le cadre d'une interprétation stricte de la loi pénale, la notion de « soldes » visée par l'art. L. 310-3 ne peut se confondre avec celle de vente effective d'un produit, elle-même réalisée par l'accord sur la chose et sur le prix (ici le « clic » de l'acheteur en ligne à l'issue de la procédure de validation de son achat). • TGI Bordeaux, 9 janv. 2006 : *CCE 2006, n° 80, obs. Chabert.* ♦ La présentation d'une offre sur internet ayant une portée nationale et englobant nécessairement l'ensemble des départements, il en résulte que cette présentation dans un ressort départemental où l'ouverture officielle des soldes est décalée caractérise l'élément matériel de l'infraction, indépendamment du lieu du siège de la société. • Même jugement. ♦ Pour la condamnation d'un site internet pour manquement aux règles de publicité des prix à l'égard du consommateur lors d'une opération promotionnelle, V. : • T. pol. Boissy-Saint-Léger, 3 févr. 2004 : *RCC juill.-sept. 2004, p. 5.* – V. aussi • TGI Pontoise, 19 mai 2004 : *CCE 2004, n° 162, obs. Grynbaum.*

V. l'ajout apporté par la L. n° 2011-525 du 17 mai 2011 au 1° du I de l'art. L. 310-3. ♦ Sur l'utilisation du terme « solde » dans une adresse internet, V. note 10.

14. Soldes flottants. BIBL. NDLR, *BRDA 2014, n° 13, p. 10* (suppression des soldes flottants). ♦ Ces soldes peuvent commencer dès le lendemain des soldes fixes. Leur période est calculée de date en date, sans prendre en compte les éventuels jours de fermeture hebdomadaire du commerce durant cette période. Toute semaine commencée est considérée comme utilisée. Les commerçants peuvent valablement s'organiser pour pratiquer des soldes flottants à une date commune (Questions/réponses DGCCRF du 13 janv. 2009 : *BRDA 2009, n° 2, p. 10*). ♦ Les sociétés de vente à distance situées à l'étranger, tout en respectant les règles attachées aux soldes flottants, sont exemptées d'en faire la déclaration préalable faute d'avoir une représentation en France (Lettre DGCCRF du 5 avr. 2012 : *BRDA 2012, n° 8, p. 11*). ♦ Le 2° du I de l'art. L. 310-3 a été abrogé par la L. n° 2014-626 du 18 juin 2014, art. 62.

15. Opérations de déstockage. De telles opérations au cours du mois précédant la date de début des soldes nationaux sont licites ; toutefois, en application de l'Arr. du 31 déc. 2008, le commerçant devra tenir compte des prix pratiqués pendant cette opération de promotion pour établir son prix de référence pendant la période de soldes (Questions/réponses DGCCRF du 13 janv. 2009 : *BRDA 2009, n° 2, p. 10*).

Arrêté du 27 mai 2019,

Fixant les dates et heures de début des soldes ainsi que leur durée en application de l'article L. 310-3 du code de commerce.

Art. 1er En application du I de l'article L. 310-3 du code de commerce :

— les soldes d'hiver débutent le deuxième mercredi du mois de janvier à 8 heures du matin. Cette date est avancée au premier mercredi du mois de janvier lorsque le deuxième mercredi intervient après le 12 du mois ;

— les soldes d'été débutent le dernier mercredi du mois de juin à 8 heures du matin. Cette date est avancée à l'avant-dernier mercredi du mois de juin lorsque le dernier mercredi intervient après le 28 du mois.

Art. 2 Par dérogation aux dispositions de l'article 1er du présent arrêté et en application du I de l'article L. 310-3 du code de commerce, les soldes sont fixés à des dates différentes dans certaines zones. Ces zones, ainsi que les dates qui y sont applicables, sont fixées en annexe. — *Annexe mod. par Arr. du 10 oct. 2019 (JO 15 oct.), qui a supprimé du 1er tableau la ligne relative à la Guyane.*

Pour l'année 2022, par dérogation aux dispositions de l'art. 2 et de l'annexe, la date et l'heure de début des soldes d'été en Guadeloupe (971) sont fixées au mercredi 12 janv. 2022 à 8 heures du matin ; leur durée reste fixée à quatre semaines (Arr. du 29 déc. 2021, art. 1er).

Art. 3 La durée de chaque période de soldes est fixée à quatre semaines.

Art. 4 Le présent arrêté entre en vigueur le 1er janvier 2020.

ANNEXE

DÉPARTEMENT	APPLICATION TERRITORIALE	DATES DE DÉBUT DES PÉRIODES DE SOLDES
Alpes-Maritimes (06)	Tout le département	Soldes d'été : premier mercredi du mois de juillet
Corse-du-Sud (2A)	Tout le département	Soldes d'été : deuxième mercredi du mois de juillet
Haute-Corse (2B)	Tout le département	Soldes d'été : deuxième mercredi du mois de juillet
Meurthe-et-Moselle (54)	Tout le département	Soldes d'hiver : premier jour ouvré du mois de janvier
Meuse (55)	Tout le département	Soldes d'hiver : premier jour ouvré du mois de janvier
Moselle (57)	Tout le département	Soldes d'hiver : premier jour ouvré du mois de janvier
Pyrénées-Orientales (66)	Tout le département	Soldes d'été : premier mercredi du mois de juillet
Vosges (88)	Tout le département	Soldes d'hiver : premier jour ouvré du mois de janvier
Guadeloupe (971)	Tout le département	Soldes d'hiver : premier samedi de janvier Soldes d'été : dernier samedi de septembre
Martinique (972)	Tout le département	Soldes d'été : premier jeudi d'octobre
La Réunion (974)	Tout le département	Soldes d'hiver : premier samedi du mois de septembre Soldes d'été : premier samedi du mois de février

COLLECTIVITÉ D'OUTRE-MER (COM)	APPLICATION TERRITORIALE	DATES DE DÉBUT DES PÉRIODES DE SOLDES
Saint-Pierre-et-Miquelon (975)	Toute la collectivité	Soldes d'été : premier mercredi après le 14 juillet Soldes d'hiver : premier mercredi après le 15 janvier
Saint-Barthélemy (977)	*Toute la collectivité*	Soldes d'hiver : premier samedi de mai Soldes d'été : deuxième samedi d'octobre
Saint-Martin (978)	Toute la collectivité	Soldes d'hiver : premier samedi de mai Soldes d'été : deuxième samedi d'octobre

Art. L. 310-4 La dénomination de magasin ou de dépôt d'usine ne peut être utilisée que par les producteurs vendant directement au public la partie de leur production non écoulée dans le circuit de distribution ou faisant l'objet de retour. Ces ventes directes concernent exclusivement les productions de la saison antérieure de commercialisation, justifiant ainsi une vente à prix minoré. — *[L. n° 96-603 du 5 juill. 1996, art. 30.]*

BIBL. ▸ POUILLE, *CCC 2006. Chron. 9* (les centres de marques). - WILLEMS, *RLC oct.-déc. 2008. 41* (centres de marques : le juge met fin à une apparente situation de « non-droit »).

Art. L. 310-5 Est puni d'une amende de 15 000 € :

1° *(Ord. n° 2004-274 du 25 mars 2004, art. 28-I)* « Le fait de procéder à une liquidation sans la déclaration préalable mentionnée à l'article L. 310-1 ou en méconnaissance des conditions prévues à cet article ; »

2° *(L. n° 2008-776 du 4 août 2008, art. 54-II)* « Le fait de procéder à une vente au déballage sans la déclaration prévue par l'article L. 310-2 ou en méconnaissance de cette déclaration ; »

3° Le fait de réaliser des soldes *(Abrogé par L. n° 2008-776 du 4 août 2008, art. 98-II, à compter du 1er janv. 2009)* *« en dehors des périodes prévues au I de l'article L. 310-3 ou »* portant sur des marchandises détenues depuis moins d'un mois à la date de début de la période de soldes considérée ;

4° Le fait d'utiliser le mot : solde(s) ou ses dérivés dans les cas où cette utilisation ne se rapporte pas à une opération de soldes définie au I de l'article L. 310-3 ;

5° Le fait d'utiliser la dénomination magasin d'usine ou dépôt d'usine en méconnaissance des dispositions de l'article L. 310-4 ;

(L. n° 2009-526 du 12 mai 2009, art. 54) « 5° *bis* Le fait, pour un parc d'exposition, de ne pas se faire enregistrer ou de ne pas déclarer de programme de manifestations commerciales en application du second alinéa de l'article L. 762-1, ou de ne pas déclarer les modifications au programme faisant l'objet de la déclaration annuelle initiale ; »

(Ord. n° 2004-274 du 25 mars 2004, art. 28-II) « 6° Le fait d'organiser une manifestation commerciale sans la déclaration prévue *(L. n° 2009-526 du 12 mai 2009, art. 54)* « au second alinéa de l'article L. 762-2 » ou de ne pas respecter les conditions de réalisation de la manifestation déclarée. »

Les personnes physiques encourent également la peine complémentaire d'affichage ou de diffusion de la décision prononcée, dans les conditions prévues par l'article 131-35 du code pénal. — *[L. n° 96-603 du 5 juill. 1996, art. 31 (I).]*

Les modifications apportées par le I de l'art. 28 de l'Ord. n° 2004-274 du 25 mars 2004 (JO 27 mars) au 1° de l'art. L. 310-5 sont applicables dans les îles Wallis-et-Futuna (Ord. préc., art. 49-II).

1. Application dans le temps. Une loi nouvelle abrogeant une incrimination pénale s'appliquant aux faits commis avant son entrée en vigueur mais non définitivement jugés, les infractions à l'interdiction des ventes en soldes sans autorisation municipale, commises avant l'entrée en vigueur de la loi du 5 juill. 1996, ne peuvent plus être sanctionnées. • Crim. 18 juin 1997, n° 96-81.264 P : *D. Affaires 1997. 956* • 17 déc. 1997, n° 96-85.329 P : *JCP E 1998, n° 10, p. 351 ; CCC 1998, n° 67, obs. Raymond.* ♦ Même si la loi de 1996, immédiatement applicable aux poursuites en cours, ne soumet plus les ventes en soldes à l'autorisation du maire qui était prévue par la loi de 1906, les ventes en liquidation restent punissables, à défaut d'une telle autorisation, en application de l'art. 26 de la loi de 1996 [C. com., art. L. 310-1], et les ventes en soldes pratiquées en dehors des périodes fixées par Arr. préfectoral entrent tout à la fois dans les prévisions de l'art. 28 de la loi [C. com., art. L. 310-3] et dans celles de l'art. 1er, al. 1er à 3 de la loi de 1906 [abrogée]. • Crim. 12 oct. 1999, n° 98-85.546 P • 26 avr. 2000, n° 99-82.839 : *Dr. pénal 2001, n° 8, obs. Robert.* ♦ Pour l'Ord. n° 2004-274 du 25 mars 2004, V. • Crim. 3 nov. 2004, n° 04-81.018.

La L. n° 2008-776 du 4 août 2008, en ce qu'elle a abrogé l'incrimination prévue par l'art. L. 310-5-3°, qui sanctionnait les ventes en soldes en dehors des périodes autorisées, s'applique aux faits commis antérieurement à son entrée en vigueur et faisant l'objet de poursuites non encore terminées par une décision passée en force de chose jugée. • Crim. 22 mars 2011, n° 10-80.203 P : *RTD com. 2011. 808, obs. Bouloc ; AJ pénal 2011. 412, obs. Gallois.* – V. aussi • Crim. 24 janv. 2012, n° 11-84.045 P : *D. 2012. Actu. 492 ; RSC 2013. 93, obs. Ambroise-Castérot ; JCP E 2012, n° 1208 ; RJDA 2012, n° 391.*

2. Décret d'application. Les dispositions de vente au déballage se suffisent à elles-mêmes et n'ont pas besoin d'être complétées par un décret pour entrer en vigueur ; il y a donc continuité de la loi dans le temps et validité des poursuites, les faits antérieurs de vente au déballage continuant à revêtir un caractère délictueux. • TGI Aurillac, 17 oct. 1996 : *BID 4/1998. 24.* – Conf. par • Riom, 26 mars 1997 : *ibid., p. 26.* ♦ V. aussi • Grenoble, 29 oct. 1998 : *BID 1999, n° 7-8, p. 57.* ♦ Pour un arrêt considérant qu'il ne peut être reproché à un prévenu d'avoir réalisé des soldes en dehors des périodes prévues au 1° de l'art. 28 [C. com., art. L. 310-3], dès lors qu'à la date des faits, le décret d'application prévu à l'art. 32 de la loi [C. com., art. L. 310-7] n'avait pas encore été pris, V. • Poitiers, 29 janv. 1998 : *BID 10/1998. 24.* ♦ Dans le même sens, s'agissant d'une vente en liquidation non autorisée, dans la mesure où le défaut d'obtention de l'autorisation est un élément constitutif de l'infraction et que les modalités de cette obtention n'étaient pas encore définies par le décret d'application de la loi à la date des faits, V. • TGI Paris, 23 oct. 1997 : *ibid., p. 25.*

3. Élément intentionnel. L'élément intentionnel du délit se déduit du caractère volontaire de l'omission de se munir de l'autorisation nécessaire. • Crim. 24 nov. 1993, n° 92-85.411 • 17 janv. 1994, n° 92-86.246 : *RJDA 1994, n° 395.* ♦ En ce sens que, s'agissant de l'interdiction de recevoir d'autres marchandises que celles figurant à l'inventaire, l'intention frauduleuse réside dans la négligence commise par le responsable de la vente qui n'a pas procédé aux vérifications suffisantes et que l'exonération de responsabilité pénale supposerait soit la preuve d'un cas de force majeure, soit de l'action malveillante d'un tiers, V. • Paris, 18 mai 1995 : *CCC 1996, n° 17, obs. Raymond.*

4. Auteur principal. Le délit de vente au déballage sans autorisation [jurisprudence rendue sous l'empire du droit antérieur exigeant l'obtention de l'autorisation du maire pour les ventes au déballage, V. désormais l'alinéa 2 de l'art. L. 310-2, prévoyant une simple déclaration en mairie] n'est imputable, à titre d'auteur principal, qu'à la personne qui procède à la vente. • Crim. 29 avr. 2003, n° 02-85.353 P : *D. 2004. 167, note Saint-Pau ; JCP E 2003, n° 27, p. 1121 ; CCC 2003, n° 150, obs. Raymond ; Dr. pénal 2003, n° 86, obs. Robert ; RTD com. 2003. 831, obs. Bouloc ; RJDA 2003, n° 937.* ♦ Pour une condamnation, V. • Paris, 24 févr. 1995 : *CCC 1995, n° 98, obs. Raymond.*

5. Complicité. Pour la condamnation, pour complicité de vente au déballage non autorisée [jurisprudence rendue sous l'empire du droit antérieur exigeant l'obtention de l'autorisation du maire pour les ventes au déballage, V. désormais l'alinéa 2 de l'art. L. 310-2, prévoyant une simple déclaration en mairie] et de publicité en vue d'une telle vente, de la société ayant réalisé une opération de mailing, V. • Paris, 13 avr. 1995 : *CCC 1995, n° 212, obs. Raymond.* ♦ Sur la condamnation, pour complicité de vente en soldes et en liquidation sans autorisation antérieure à l'entrée en vigueur de la loi du 5 juill. 1996, d'une gérante de société ayant organisé en dehors des soldes saisonniers, pour le compte d'un autre commerçant, une vente accompagnée d'une publicité, présentant un caractère occasionnel et tendant à l'écoulement accéléré de tout ou partie d'un stock de marchandises, malgré le refus de l'autorisation administrative demandée, V. : • Crim. 12 oct. 1999, n° 98-85.546 P.

6. Pouvoir du préfet. A défaut de transmission des pièces justifiant la demande de liquidation dans le délai prévu [C. com., art. L. 310-1, al. 2], il appartient au préfet de saisir la direction départementale de la concurrence afin de faire constater, par procès-verbal, l'infraction : * Rép. min. n° 10157 : *JOAN Q, 10 mars 2003, p. 1866 ; CCC juill. 2003, p. 4.*

Art. L. 310-6 *(L. n° 2009-526 du 12 mai 2009, art. 125-IV)* **Les personnes morales déclarées responsables pénalement, dans les conditions prévues par l'article 121-2 du code pénal, des infractions définies à l'article L. 310-5 du présent code encourent, outre l'amende suivant les modalités prévues par l'article 131-38 du code pénal, la peine prévue par le 9° de l'article 131-39 du même code.** – *[L. n° 96-603 du 5 juill. 1996, art. 31 (II).]*

Personne morale. Sur la condamnation d'une personne morale pour une infraction commise par le subdélégataire de pouvoirs, V. • Crim. 26 juin 2001, n° 00-83.466 P : *Dr. pénal 2002, n° 8, obs. Robert.* ♦ Ne donne pas de base légale à sa décision la cour d'appel qui déclare une association coupable du délit de vente au déballage sans préciser quel organe ou représentant aurait engagé la responsabilité pénale de la personne morale. • Crim. 29 avr. 2003, n° 02-85.353 P : *cité note 4 ss. art. L. 310-5.*

Art. L. 310-6-1 *(Ord. n° 2016-301 du 14 mars 2016, art. 6, en vigueur le 1er juill. 2016)* **Les infractions prévues au présent titre ou par les textes pris pour son application sont recherchées et constatées par les agents mentionnés au II de l'article L. 450-1, dans les conditions prévues aux articles L. 450-1, L. 450-2, L. 450-3, L. 450-7 et L. 450-8. Les articles L. 521-1, L. 521-2 et L. 524-1 à L. 524-3 du code de la consommation peuvent être mis en œuvre à partir des constatations effectuées.**

Pour ces infractions, l'autorité administrative chargée de la concurrence et de la consommation a droit, tant que l'action publique n'a pas été mise en mouvement, de transiger, après accord du procureur de la République, dans les conditions prévues à l'article *(Ord. n° 2017-303 du 9 mars 2017, art. 2-II)* **« L. 490-5** *[ancienne rédaction : L. 470-4-1]* **».**

Art. L. 310-7 Les modalités d'application des dispositions du présent titre sont fixées par décret en Conseil d'État, et notamment les secteurs dans lesquels les annonces, quel qu'en soit le support, de réduction de prix aux consommateurs ne peuvent s'exprimer en pourcentage ou par la mention du prix antérieurement pratiqué, et la durée ou les conditions de cette interdiction. – *[L. n° 96-603 du 5 juill. 1996, art. 32 et 29.] – V. art. R. 310-1 s.*

Sur les modalités d'application de la réglementation des ventes en liquidation, au déballage ou en solde, V. Circ. 16 janv. 1997 (D. Affaires 1997. 1046).

Sur l'interdiction de toute publicité portant sur une opération n'ayant pas reçu l'autorisation prévue par les art. L. 310-1 s., V. C. consom., art. L. 121-22, App., v° Publicité commerciale,

Sur les soldes et liquidations de livres, V. L. n° 81-766 du 10 août 1981, art. 5 et 7, App., v° Concurrence.

Opposabilité de la date des soldes. La publication de l'Arr. préfectoral fixant les dates des soldes au recueil périodique des actes administratifs de la préfecture suffit à le rendre opposable à tous les commerçants, sans qu'une information individuelle soit nécessaire. • Crim. 20 nov. 2001, n° 00-87.433 : *CCC 2002, n° 70, obs. Raymond ; RJDA 2002, n° 241.*

TITRE DEUXIÈME DES VENTES AUX ENCHÈRES PUBLIQUES

RÉP. COM. v^is^ *Ventes volontaires de meubles aux enchères publiques ; Ventes aux enchères publiques de marchandises neuves*, par MAUGER-VIELPEAU.

BIBL. GÉN. ▸ Proposition de réforme : ARMAND, *Gaz. Pal. 2008. 1524* (la proposition de loi Marini et Gaillard : une réforme en trompe-l'œil). – FENOLL-TROUSSEAU et MAUGER-VIELPEAU, *D. 2008. 2232* (une nouvelle réforme des ventes volontaires de meubles aux enchères publiques ?). – MAUGER-VIELPEAU, *Dr. et patr. 12/2008. 81* (la réforme des enchères publiques). – FENOLL-TROUSSEAU et PREST, *JCP E 2009, n° 11, p. 16* (le consommateur protégé par une plus grande liberté, toujours encadrée). ▸ L. n° 2011-850 du 20 juill. 2011 : NOTTÉ, *JCP E 2011, n° 401* (présentation générale). – LAUVERGNAT, *Procédures 2011. Étude 10* (pour certains, plus de peur que de mal). – BROUSSOLLE, *LPA 8 nov. 2011* (principales dispositions de la loi du 20 juill. 2011). – LABARTHE, *D. 2011. 2738* (réflexion sur l'avenir de la profession de commissaire-priseur). – DE BAECQUE et MAUGER-VIELPEAU, *ibid. 2749* (encore une réforme des ventes volontaires de meubles aux enchères publiques). – MAUGER-VIELPEAU, *JCP E 2012, n° 1236* (le déclin des ventes aux enchères publiques). – CHADELAT, *Annonces de la Seine, 28 juin 2012* (loyauté des enchères et protection du consommateur).

Art. L. 320-1 *(L. n° 2011-850 du 20 juill. 2011, art. 1er, en vigueur le 1er sept. 2011) (L. n° 2022-267 du 28 févr. 2022, art. 5)* **« Les ventes aux enchères publiques de meubles sont régies par le présent titre, sous réserve des dispositions particulières à la vente de certains meubles incorporels. »**

Les ventes de comestibles et d'objets de peu de valeur, à cri public, sont libres.

Art. L. 320-2 *(L. n° 2011-850 du 20 juill. 2011, art. 2, en vigueur le 1er sept. 2011)* **Constituent des ventes aux enchères publiques les ventes faisant intervenir un tiers, agissant comme mandataire du propriétaire ou de son représentant, pour proposer et adjuger un bien au mieux-disant des enchérisseurs à l'issue d'un procédé de mise en concurrence ouvert au public et transparent. Le mieux-disant des enchérisseurs acquiert le bien adjugé à son profit ; il est tenu d'en payer le prix.**

Sauf dispositions particulières et le cas des ventes effectuées dans le cercle purement privé, ces ventes sont ouvertes à toute personne pouvant enchérir et aucune entrave ne peut être portée à la liberté des enchères.

Enchères publiques. Le caractère restreint des vendeurs et des acheteurs en fonction de différents critères reste sans effet sur le caractère public de la vente volontaire aux enchères ; une vente volontaire aux enchères ne devient privée que lorsque l'offre de vente est faite à une ou des personnes déterminées ayant un lien étroit entre elles, pouvant venir de la propriété en commun de l'objet mis en vente. Tel n'est pas le cas lorsque la vente volontaire de meubles aux enchères est faite à un ensemble de personnes, même réduit à une catégorie particulière définie par des critères (professionnel, d'abonnement...) puisqu'il suffit de remplir les conditions d'admission pour entrer dans le champ de participation à ces ventes. • Versailles, 16 juin 2011 : *cité note 4 ss. art. L. 321-3.*

CHAPITRE PREMIER DES VENTES VOLONTAIRES DE MEUBLES AUX ENCHÈRES PUBLIQUES

RÉP. COM. v° *Ventes volontaires de meubles aux enchères publiques*, par MAUGER-VIELPEAU.

BIBL. ► MATHIAS, *LPA 18 oct. 2000* (analyse de la réglementation des ventes aux enchères sur internet). – HONLET et DE BAECQUE, *D. 2001. 141* (réforme des ventes volontaires de meubles aux enchères publiques). – BARBRY et OLIVIER, *JCP 2000, n° 46, Actualités* (la prise en compte des enchères électroniques). – LOCHOUARN, *LPA 22 nov. 2002* (le point sur les ventes de meubles aux enchères publiques). – ARMAND, *Gaz. Pal. 2003. 1. Doctr. 20* (ventes judiciaires et ventes volontaires). – SERMIER, *ibid. 17 mars 2003, p. 13* (comment distinguer les ventes aux enchères volontaires des ventes judiciaires ?). – DURET-ROBERT, *CCC 2004. Chron. 4* (problèmes posés par la loi du 10 juill. 2000). – MAUGER-VIELPEAU, *JCP N 2004, n° 18, p. 716* (premier bilan jurisprudentiel) ; *D. 2004. 2482* (courtage en ligne de biens culturels) ; *D. 2005. 1404* (vente volontaire/vente judiciaire). – DE DANNE, *D. 2007. 2016* (les sociétés de ventes volontaires et le droit de suite). – MAUGER-VIELPEAU, *BJB 2009. 62* (le droit des marchés financiers à l'épreuve du droit des enchères publiques). LABARTHE, *D. 2011. 1779* (valeur contractuelle du catalogue dans les ventes volontaires de meubles aux enchères publiques).

SECTION PREMIÈRE DISPOSITIONS GÉNÉRALES

Art. L. 321-1 *(L. n° 2011-850 du 20 juill. 2011, art. 3, en vigueur le 1er sept. 2011)* **« Sous réserve des dispositions de l'article L. 322-8, les ventes volontaires de meubles aux enchères publiques peuvent porter sur des biens neufs ou sur des biens d'occasion. Ces biens sont vendus au détail, par lot ou en gros, c'est-à-dire par lots suffisamment importants pour ne pas être considérés comme tenus à la portée du consommateur. La vente en gros ne peut porter que sur des biens neufs issus du stock d'une entreprise. Lorsque des biens neufs sont mis en vente par le commerçant ou l'artisan qui les a produits, il en est fait mention dans les documents et publicités annonçant la vente. »**

*(Abrogé par L. n° 2022-267 du 28 févr. 2022, art. 5) **« Sont considérés comme meubles par le présent chapitre les meubles par nature. »***

Sont considérés comme d'occasion les biens qui, à un stade quelconque de la production ou de la distribution, sont entrés en la possession d'une personne pour son usage propre, par l'effet de tout acte à titre onéreux ou à titre gratuit *(L. n° 2011-850 du 20 juill. 2011, art. 3, en vigueur le 1er sept. 2011)* **« , ou ont subi des altérations qui ne permettent pas leur mise en vente comme neufs.**

« Lorsque la vente porte sur un bien neuf, il en est fait mention dans la publicité prévue à l'article L. 321-11. » — *[L. n° 2000-642 du 10 juill. 2000, art. 1er.]*

Art. L. 321-2 **Les ventes volontaires de meubles aux enchères publiques sont, sauf les cas prévus à l'article L. 321-36 organisées et réalisées** *(L. n° 2011-850 du 20 juill. 2011, art. 4-I-1°, en vigueur le 1er sept. 2011)* **« dans les conditions prévues au présent chapitre par des opérateurs exerçant à titre individuel ou sous la forme juridique de leur choix. »**

(L. n° 2011-850 du 20 juill. 2011, art. 4-I-2°, en vigueur le 1er janv. 2013) **« Lorsqu'ils satisfont à des conditions de formation fixées par la voie réglementaire, les notaires** *(Abrogé par Ord. n° 2016-728 du 2 juin 2016, art. 23-I, à compter du 1er juill. 2022)* ***« et les huissiers de justice »*** **peuvent également organiser et réaliser ces ventes, à l'exception des ventes volontaires aux enchères publiques de marchandises en gros, dans les communes où il n'est pas établi d'office de** *(Ord. n° 2016-728 du 2 juin 2016, art. 23-I, en vigueur le 1er juill. 2022)* **« commissaire de justice** *[ancienne rédaction : commissaire-priseur judiciaire]* **». Ils exercent cette activité à titre accessoire dans le cadre de leur office et selon les règles qui leur sont applicables. Ce caractère accessoire s'apprécie au regard des résultats de cette activité rapportés à l'ensemble des produits de l'office, de la fréquence de ces ventes, du temps qui y est consacré et, le cas échéant, du volume global des ventes volontaires de meubles aux enchères publiques réalisées dans le ressort du**

(Ord. n° 2019-964 du 18 sept. 2019, art. 35, en vigueur le 1er janv. 2020) **« tribunal judiciaire** *[ancienne rédaction : tribunal de grande instance]* **». Ils ne peuvent être mandatés que par le propriétaire des biens. »** – *V. art. R. 321-18-1.*

(L. n° 2014-344 du 17 mars 2014, art. 27) **« Hormis les cas prévus à l'article L. 321-36, la dénomination "ventes aux enchères publiques" est réservée aux ventes organisées et réalisées par les personnes mentionnées au présent article.**

« Tout autre usage de cette dénomination est passible des sanctions prévues *(Ord. n° 2016-301 du 14 mars 2016, art. 2, en vigueur le 1er juill. 2016)* **« aux articles L. 132-2 et L. 132-3** *[ancienne rédaction : à l'article L. 121-6]* **» du code de la consommation. »** – *[L. n° 2000-642 du 10 juill. 2000, art. 2.]*

Les notaires et les huissiers de justice qui, avant le 1er janv. 2013, organisent et réalisent des ventes volontaires de meubles aux enchères publiques depuis plus de deux ans sont réputés remplir les conditions de formation prévues au 2e al. de l'art. L. 321-2 (L. n° 2011-850 du 20 juill. 2011, art. 4-II).

Les notaires et les huissiers de justice, dispensés de condition de formation pour organiser et réaliser des ventes volontaires de biens meubles aux enchères publiques, en application du II de l'art. 4 de la L. n° 2011-850 du 20 juill. 2011, se déclarent à la chambre départementale dont ils relèvent. Leur déclaration est effectuée par lettre recommandée avec demande d'avis de réception ou par tout moyen équivalent dans le délai de quatre mois à compter de la publication (JO 3 oct.) du Décr. n° 2013-884 du 1er oct. 2013. Elle est accompagnée de la justification de l'organisation et de la réalisation, par leur soin, à la date du 1er janv. 2013 et depuis plus de deux ans, de ventes volontaires de meubles aux enchères publiques. Le Conseil supérieur du notariat et la Chambre nationale des huissiers de justice dressent la liste des professionnels concernés à partir des données recueillies par les chambres départementales et la transmettent, dans le délai de six mois à compter de la publication du décret précité, au Conseil des ventes volontaires de meubles aux enchères publiques (Décr. préc., art. 15).

BIBL. ▶ MAUGER-VIELPEAU, *JCP N 2011, n° 653* (aspects notariaux de la « libéralisation » des ventes volontaires de meubles aux enchères publiques). – PÉRON et DECOCQ, *RJ com. 2014. 171* (la dénomination et la qualification « ventes aux enchères publiques » : que penser des apports de la L. du 17 mars 2014). – DREYFUS, *AJCT 2020. 141* (les ventes aux enchères des biens mobiliers des collectivités locales).

1. Mandataire. Les ventes volontaires de meubles aux enchères publiques consistent à proposer, en agissant comme mandataires des propriétaires, des biens aux enchères publiques afin de les adjuger au mieux-disant des enchérisseurs. • Crim. 16 janv. 2007, n° 06-82.381 : *D. 2007. 1772, note Mauger-Vielpeau ; Gaz. Pal. 2007. 1378, obs. M. B. ; Dr. pénal 2007, n° 58, obs. J.-H. Robert.*

2. Huissier de justice. Il résulte de la combinaison des dispositions des art. 29 de la L. n° 2000-642 du 10 juill. 2000 et 1er, al. 2, de l'Ord. n° 45-2593 du 2 nov. 1945, que l'interdiction faite aux huissiers de justice de procéder à des ventes dans les lieux où sont établis des commissaires-priseurs ne concerne que les ventes judiciaires qui sont celles prescrites par la loi ou par décision de justice. • Civ. 1re, 29 nov. 2005, n° 03-17.623 P : *D. 2006. 1658, note Mauger-Vielpeau ; Dr. et pr. 2006. 210, note Putman* • Nancy, 11 mars 2008 : *Dr. et pr. 2008. 273, obs. Salati.* ♦ V. désormais la rédaction de l'al. 2 de l'art. L. 321-2.

Art. L. 321-3 **Le fait de proposer, en agissant comme mandataire du propriétaire, un bien aux enchères publiques à distance par voie électronique pour l'adjuger au mieux-disant des enchérisseurs constitue une vente aux enchères** *(L. n° 2011-850 du 20 juill. 2011, art. 5, en vigueur le 1er sept. 2011)* **« par voie électronique, soumise aux dispositions du présent chapitre.** *(L. n° 2014-344 du 17 mars 2014, art. 28)* **« La seule circonstance qu'une confirmation, conforme aux dispositions de** *(Ord. n° 2016-131 du 10 févr. 2016, art. 6-III, en vigueur le 1er oct. 2016)* **« l'article 1127-2** *[ancienne rédaction : l'article 1369-5]* **» du code civil, soit exigée est sans incidence sur la qualification de la vente. »**

« Les opérations de courtage aux enchères réalisées à distance par voie électronique se caractérisant par l'absence d'adjudication au mieux-disant des enchérisseurs et d'intervention d'un tiers dans la description du bien et la conclusion de la vente ne constituent pas des ventes aux enchères publiques au sens du présent chapitre.

« Le prestataire de services mettant à la disposition du vendeur une infrastructure permettant d'organiser et d'effectuer une opération de courtage aux enchères par voie électronique informe le public de manière claire et non équivoque sur la nature du

service proposé, dans les conditions fixées à l'article L. 111-2 du code de la consommation et au III de l'article L. 441-6 du présent code. Un arrêté conjoint du garde des sceaux, ministre de la justice, et du ministre chargé de la culture précise les conditions dans lesquelles le prestataire de services porte également à la connaissance du vendeur et de l'acquéreur la réglementation relative à la circulation des biens culturels, ainsi qu'à la répression des fraudes en matière de transactions d'œuvres d'art et d'objets de collection, lorsque l'opération de courtage aux enchères par voie électronique porte sur de tels biens.

« Les manquements aux dispositions du troisième alinéa sont punis d'une sanction pécuniaire dont le montant peut atteindre le double du prix des biens mis en vente en méconnaissance de cette obligation, dans la limite de 15 000 € pour une personne physique et de 75 000 € pour une personne morale.

« Les manquements aux dispositions du troisième alinéa sont recherchés et constatés par procès-verbal dans les conditions fixées aux II et III de l'article L. 450-1 et aux articles L. 450-2, L. 450-3, L. 450-7 et L. 450-8 du présent code.

« Le double du procès-verbal, accompagné de toutes les pièces utiles et mentionnant le montant de la sanction encourue, est notifié à la personne physique ou morale concernée. Le procès-verbal indique la possibilité pour la personne visée de présenter, dans un délai d'un mois, ses observations écrites ou orales.

« A l'issue de ce délai d'un mois, le procès-verbal, accompagné, le cas échéant, des observations de la personne visée, est transmis à l'autorité administrative compétente qui peut, par décision motivée et après une procédure contradictoire, ordonner le paiement de la sanction pécuniaire mentionnée au quatrième alinéa. La personne concernée est informée de la possibilité de former un recours gracieux ou contentieux contre cette décision dans un délai de deux mois à compter de la notification de la sanction. – *V. art. R. 321-35-1.*

« Les sanctions pécuniaires et les astreintes mentionnées au présent article sont versées au Trésor public et sont recouvrées comme les créances de l'État étrangères à l'impôt et au domaine.

« Les *(Ord. n° 2016-301 du 14 mars 2016, art. 6, en vigueur le 1er juill. 2016)* « articles L. 521-1, L. 521-2 et L. 524-1 à L. 524-3 » du code de la consommation peuvent être mis en œuvre à partir des constatations effectuées.

« Toute personne intéressée peut demander au président du tribunal statuant en référé d'enjoindre sous astreinte au prestataire de services qui délivre des informations de nature à susciter dans l'esprit du public une confusion entre son activité et la vente aux enchères par voie électronique de modifier ces informations afin de supprimer cette confusion ou de se conformer aux dispositions du présent chapitre. » – *[L. n° 2000-642 du 10 juill. 2000, art. 3.]*

Les contrats conclus avant le 1er oct. 2016 demeurent soumis à la loi ancienne, y compris pour leurs effets légaux et pour les dispositions d'ordre public. Lorsqu'une instance a été introduite avant l'entrée en vigueur de l'Ord. n° 2016-131 du 10 févr. 2016, l'action est poursuivie et jugée conformément à la loi ancienne. Cette loi s'applique également en appel et en cassation (Ord. préc., art. 9).

BIBL. ▶ Barbry et Pradère, *Gaz. Pal. 2003. Doctr. 906* (le courtage aux enchères menacé...). – Garnier, *ibid. 2696* (les clauses contestables des conventions d'utilisation des sites de « vente aux enchères »). – Mauger-Vielpeau, *D. 2004. 2482* (courtage en ligne de biens culturels). – V. aussi Bibl. en tête de chapitre.

1. Courtier aux enchères électroniques. Jugeant que l'entreprise exploitant un site de courtage aux enchères n'étant qu'un intermédiaire technique entre acheteurs et vendeur, elle n'engage sa responsabilité que dans cette limite (obligation de prudence à la charge de l'acquéreur) : • TI Saint-Jean-de-Maurienne, 6 août 2003 : *CCE 2004, n° 91, obs. Stoffel-Munck.* ♦ ... Et n'est contractuellement engagée qu'à l'égard des participants au processus d'enchères. • TI Pau, 26 févr. 2004 : *ibid., n° 92, obs. Stoffel-Munck.*

2. Mandataire. Pour une qualification de mandataire au sens de l'al. 1er de l'art. L. 321-3, V. • TGI Paris, 2 juill. 2008 : *CCE 2008, n° 136, obs. Debet ; Dr. pénal 2008. Chron. 10, n° 48, par Lepage* (conf. par • Paris, 8 avr. 2009 : *D. 2009. 2152, note Huet ; CCC 2009, n° 67, obs. Debet*). ♦ S'agissant de la qualification de l'activité d'eBay, le fait de vendre aux enchères publiques suppose de proposer, en agissant comme mandataire du propriétaire, un bien aux enchères publiques à distance par voie électronique, pour l'adjuger au mieux-disant des enchérisseurs ;

or, le site eBay. fr, s'il propose de nombreux services aux vendeurs, ne prévoit jamais que la société eBay représente le vendeur, c'est-à-dire reçoive mandat de sa part de vendre l'objet en son nom. • TGI Paris, 25 mai 2010 : *LPA 21 sept. 2010, note Émile-Zola-Place ; CCE 2010, nº 86, obs. Debet.* ♦ V. aussi, distinguant les opérations de courtage de celles de vente aux enchères publiques : • Paris, 25 mai 2012 : *CCE 2012, nº 92, obs. Debet.*

3. Courtage de biens culturels. Il ne peut être considéré que la société eBay, qui affiche sur son site une interdiction générale des ventes de biens culturels, dont le prix moyen des objets vendus sur son site est de l'ordre de 40 €, qui n'offre aucune garantie sur l'authenticité des biens mis en vente qu'elle n'expertise pas, se livrerait au courtage de biens culturels. • TGI Paris, 25 mai 2010 : *cité note 2.* ♦ La disposition de la loi du 10 juill. 2000 qui soumettait à l'agrément du Conseil les opérations de courtage portant sur des biens culturels a été supprimée par la loi du 20 juill. 2011 qui se borne à exiger des courtiers qu'ils informent les parties à une vente d'objets de cette nature de la réglementation relative à leur circulation, ainsi qu'à la répression des fraudes en matière de transaction. • Paris, 25 mai 2012 : *cité note 2.*

4. Adjudication. Le fait qu'à l'issue de la période d'enchères l'attribution du bien ne soit pas automatiquement accordée au dernier enchérisseur mieux disant et que l'acheteur doivent par une nouvelle manœuvre de validation manifester et ainsi confirmer son accord pour acheter alors que l'adjudication a pour effet automatique d'attribuer directement au dernier enchérisseur la propriété du bien pour lequel il a été mieux disant, sans possibilité pour celui-ci de renoncer, conduit à dénier la présence d'une adjudication dans l'opération litigieuse. • Versailles, 16 juin 2011 : *RJDA 2011, nº 1013.* ♦ ... Ce dont il résulte que cette activité n'était pas soumise à la réglementation des ventes volontaires de meubles aux enchères publiques. • Civ. 1re, 19 févr. 2013, nº 11-23.287 P : *D. 2013. 1188, note Durez ; RTD com. 2013. 326, obs. Bouloc ; JCP 2013, nº 464, note Mauger-Vielpeau ; CCC 2013, nº 108, obs. Leveneur ; RJDA 2013, nº 500.*

SOUS-SECTION 1 LES OPÉRATEURS DE VENTES VOLONTAIRES DE MEUBLES AUX ENCHÈRES PUBLIQUES *(L. nº 2011-850 du 20 juill. 2011, art. 6-I).*

Art. L. 321-4 *(L. nº 2011-850 du 20 juill. 2011, art. 6-II, en vigueur le 1er sept. 2011)* **Seuls peuvent organiser et réaliser des ventes volontaires de meubles aux enchères publiques** *(L. nº 2022-267 du 28 févr. 2022, art. 4, en vigueur le 1er juill. 2026)* **« , y compris** *[ancienne rédaction : et des ventes aux enchères]* **» par voie électronique** *(L. nº 2022-267 du 28 févr. 2022, art. 4, en vigueur le 1er juill. 2026)* **« , les personnes physiques ou morales** *[ancienne rédaction : les opérateurs]* **» remplissant les conditions définies au présent article.**

I. — S'il s'agit d'une personne physique, *(L. nº 2022-267 du 28 févr. 2022, art. 4, en vigueur le 1er juill. 2026)* **« le commissaire-priseur** *[ancienne rédaction : l'opérateur de ventes volontaires de meubles aux enchères publiques]* **» doit :**

1º Être français ou ressortissant d'un État membre de l'Union européenne ou d'un autre État partie à l'accord sur l'Espace économique européen ;

2º N'avoir pas été l'auteur de faits ayant donné lieu à une condamnation pénale définitive pour des agissements contraires à l'honneur, à la probité ou aux bonnes mœurs ou de faits de même nature ayant donné lieu à une sanction disciplinaire ou administrative de destitution, radiation, révocation, de retrait d'agrément ou d'autorisation dans la profession qu'il exerçait antérieurement ;

3º Avoir la qualification requise pour diriger une vente ou être titulaire d'un titre, d'un diplôme ou d'une habilitation reconnus équivalents en la matière ;

4º Avoir préalablement déclaré son activité auprès du Conseil des *(L. nº 2022-267 du 28 févr. 2022, art. 2)* **« maisons de vente » institué par l'article L. 321-18.**

II. — S'il s'agit d'une personne morale, *(L. nº 2022-267 du 28 févr. 2022, art. 4, en vigueur le 1er juill. 2026)* **« la maison de vente** *[ancienne rédaction : l'opérateur de ventes volontaires de meubles aux enchères publiques]* **» doit :**

1º Être *(L. nº 2022-267 du 28 févr. 2022, art. 4, en vigueur le 1er juill. 2026)* **« constituée** *[ancienne rédaction : constitué]* **» en conformité avec la législation d'un État membre de l'Union européenne ou d'un autre État partie à l'accord sur l'Espace économique européen et avoir son siège statutaire, son administration centrale ou son principal établissement sur le territoire de l'un de ces États membres ou parties ;**

2º Disposer d'au moins un établissement en France, y compris sous forme d'agence, de succursale ou de filiale ;

3° Comprendre parmi ses dirigeants, associés ou salariés au moins une personne remplissant les conditions mentionnées aux 1° à 3° du I ;

4° Justifier que ses dirigeants n'ont pas fait l'objet d'une condamnation pénale définitive pour des agissements contraires à l'honneur, à la probité ou aux bonnes mœurs ou n'ont pas été les auteurs de faits de même nature ayant donné lieu à une sanction disciplinaire ou administrative de destitution, radiation, révocation, de retrait d'agrément ou d'autorisation dans la profession qu'ils exerçaient antérieurement ;

5° Avoir préalablement déclaré son activité auprès du Conseil des *(L. n° 2022-267 du 28 févr. 2022, art. 2)* **« maisons de vente » institué par l'article L. 321-18.**

(L. n° 2022-267 du 28 févr. 2022, art. 4, en vigueur le 1er juill. 2026) **« III. — Seules les personnes physiques remplissant les conditions mentionnées aux 1° à 3° du I sont autorisées à porter le titre de commissaire-priseur** *[ancienne rédaction : III. — Les personnes physiques remplissant les conditions mentionnées aux 1° à 3° du I prennent le titre de commissaire-priseur de ventes volontaires, à l'exclusion de tout autre, lorsqu'elles procèdent à ces ventes]*. **»**

IV. — Les *(L. n° 2022-267 du 28 févr. 2022, art. 4, en vigueur le 1er juill. 2026)* **« personnes mentionnées aux I et II du présent article** *[ancienne rédaction : opérateurs de ventes volontaires de meubles aux enchères publiques]* **» portent à la connaissance du public, sur tous documents** *(L. n° 2022-267 du 28 févr. 2022, art. 4, en vigueur le 1er juill. 2026)* **« et** *[ancienne rédaction : ou]* **» publicités, la date à laquelle a été faite leur déclaration d'activité auprès du Conseil des** *(L. n° 2022-267 du 28 févr. 2022, art. 2)* **« maisons de vente ».** — *V. art. R. 321-1 s.*

Les courtiers de marchandises assermentés inscrits, à la date d'entrée en vigueur de la L. n° 2011-850 du 20 juill. 2011, sur les listes des cours d'appel dressées en application de la réglementation applicable avant cette date sont réputés remplir la condition de qualification requise par le 3° du I de l'art. L. 321-4 pour diriger les ventes volontaires aux enchères publiques de marchandises en gros (L. préc., art. 42-I).

Les sociétés de ventes volontaires aux enchères publiques qui auront fait l'objet d'un agrément par le Conseil des ventes volontaires de meubles aux enchères publiques antérieurement à l'entrée en vigueur de la L. n° 2011-850 du 20 juill. 2011 sont réputées avoir satisfait à l'obligation de déclaration prévue à l'art. L. 321-4 (Décr. n° 2012-120 du 30 janv. 2012, art. 21).

Les commissaires de justice peuvent organiser et réaliser des ventes, inventaires et prisées correspondants relevant de l'activité d'opérateur de ventes volontaires mentionnée à l'art. L. 321-4, dans les conditions de qualification requises par cet art. Ils y procèdent conformément aux dispositions du chapitre Ier du titre II du livre III du C. com., au sein de sociétés régies par le livre II du même code, distinctes de leur office. L'objet de ces sociétés peut inclure les activités de transport de meubles, de presse, d'édition et de diffusion de catalogues pour les besoins des ventes qu'ils organisent (Ord. n° 2016-728 du 3 juin 2016, art. 1er-IV, en vigueur le 1er juill. 2022). — Sur les conditions d'accès à la profession de commissaire de justice pour les opérateurs de ventes volontaires de meubles aux enchères publiques, V. Décr. n° 2019-1185 du 15 nov. 2019, art. 3 et 4 et Arr. du 19 oct. 2020 fixant le programme et les modalités de l'examen d'aptitude à la profession de commissaire de justice pour les opérateurs de ventes volontaires de meubles aux enchères publiques. — Sur la compétence territoriale des commissaires de justice et leurs attributions (activités réservées et activités sans monopole), V. Décr. n° 2021-1625 du 10 déc. 2021. — V. ces textes au **C. pr. civ.**

Au 1er juill. 2022, les commissaires de justice qui justifient avoir organisé et réalisé des ventes volontaires de meubles aux enchères publiques à titre habituel sont réputés avoir la qualification requise au sens du 3° du I de l'art. L. 321-4. Pour remplir ladite condition, les commissaires de justice justifient avoir organisé et réalisé, entre le 1er janv. 2016 et le 31 déc. 2021, pendant une période d'au moins trois années consécutives, soit au moins vingt-quatre ventes volontaires de meubles aux enchères publiques, soit des ventes volontaires de meubles aux enchères publiques dont le produit total est supérieur à 230 000 € (L. n° 2022-267 du 28 févr. 2022, art. 7).

Agrément (jurispr. antérieure à la L. n° 2011-850 du 20 juill. 2011). Sur le régime de l'agrément prévu par l'ancien art. L. 321-5, *désormais remplacé à l'art. L. 321-4 par une simple déclaration auprès du Conseil des ventes* volontaires de meubles aux enchères publiques, V. • Civ. 1re, 3 mars 2011, n° 09-68.059 P : *D. 2011. Actu. 817, obs. Delpech ; JCP 2011, n° 375 ; Dr. sociétés 2011, n° 86, obs. Hovasse.*

Art. L. 321-4-1 *(L. n° 2022-267 du 28 févr. 2022, art. 1er)* **La formation professionnelle continue est obligatoire pour les personnes physiques qui dirigent des ventes volontaires de meubles aux enchères publiques, au sens de l'article L. 321-9.**

Le décret en Conseil d'État prévu à l'article L. 321-38 fixe la nature et la durée des activités susceptibles d'être validées au titre de l'obligation mentionnée au premier alinéa du présent article.

Art. L. 321-5 *(L. n° 2011-850 du 20 juill. 2011, art. 7, en vigueur le 1er sept. 2011)* I. — Lorsqu'ils organisent ou réalisent des ventes volontaires de meubles aux enchères publiques, les opérateurs mentionnés à l'article L. 321-4 agissent comme mandataires du propriétaire du bien ou de son représentant. Le mandat est établi par écrit.

Les opérateurs de ventes volontaires de meubles aux enchères publiques mentionnés au même article L. 321-4 prennent toutes dispositions propres à assurer pour leurs clients la sécurité des ventes volontaires aux enchères publiques qui leur sont confiées, notamment lorsqu'ils recourent à d'autres prestataires de services pour organiser et réaliser ces ventes. Ces prestataires ne peuvent ni acheter pour leur propre compte les biens proposés lors de ces ventes, ni vendre des biens leur appartenant par l'intermédiaire des opérateurs auxquels ils prêtent leurs services.

II. — Les opérateurs de ventes volontaires de meubles aux enchères publiques mentionnés au même article L. 321-4 ne sont pas habilités à acheter ou à vendre directement ou indirectement pour leur propre compte des biens meubles proposés dans le cadre de leur activité, sinon dans le cas prévu à l'article L. 321-12 et dans le cas où ils ont acquis, après la vente aux enchères publiques, un bien qu'ils ont adjugé afin de mettre un terme à un litige survenu entre le vendeur et l'adjudicataire. Dans cette dernière hypothèse, ils sont autorisés à revendre le bien, y compris aux enchères publiques, à condition que la publicité mentionne de façon claire et non équivoque qu'ils en sont les propriétaires.

Cette interdiction s'applique également à leurs salariés ainsi qu'aux dirigeants et associés lorsqu'il s'agit d'une personne morale. A titre exceptionnel, ces salariés, dirigeants et associés ainsi que les opérateurs mentionnés au I de l'article L. 321-4 exerçant à titre individuel peuvent cependant vendre, dans le cadre d'enchères publiques organisées par l'opérateur, des biens leur appartenant, à condition qu'il en soit fait mention dans la publicité de manière claire et non équivoque.

(L. n° 2022-267 du 28 févr. 2022, art. 8) « III. — En dehors du cas prévu à l'article L. 321-9, une personne mentionnée aux I ou II de l'article L. 321-4 ne peut procéder à la vente de gré à gré d'un bien en tant que mandataire de son propriétaire qu'après avoir, préalablement à l'établissement du mandat de vente, dûment informé par écrit le vendeur de sa faculté de recourir à une vente volontaire aux enchères publiques. Le mandat doit être établi par écrit et comporter une estimation du bien. »

1. Mandat écrit. Il résulte de l'art. L. 321-5, I, al. 1er, que le mandat en vertu duquel les opérateurs agissent pour le propriétaire du bien ou son représentant, lorsqu'ils organisent ou réalisent des ventes volontaires de meubles aux enchères publiques, est établi par écrit. Cette disposition étant d'ordre public, la cour d'appel, qui a constaté qu'il n'était pas justifié la délivrance de mandat de vente écrit du propriétaire du tableau litigieux, n'avait pas à répondre au moyen, inopérant, tiré du caractère purement probatoire et non exclusif de toute autre preuve d'un tel mandat. • Civ. 1re, 15 juin 2016, n° 15-19.365 P : *D. actu. 5 juill. 2016, obs. Delpech ; D. 2016. Actu. 1368 ; JCP E 2016, n° 1406.*

2. Sécurisation des ventes. L'art. L. 321-5 impose aux opérateurs de ventes volontaires de meubles aux enchères publiques de prendre toutes dispositions propres à assurer pour leurs clients, vendeurs comme acheteurs, la sécurité des ventes qui leur sont confiées. • Civ. 1re, 15 juin 2016, n° 15-19.365 P : *préc. note 1.*

Art. L. 321-6 *(L. n° 2011-850 du 20 juill. 2011, art. 8, en vigueur le 1er sept. 2011)* « Les opérateurs mentionnés à l'article L. 321-4 doivent justifier : »

1° De l'existence dans un établissement de crédit d'un compte destiné exclusivement à recevoir les fonds détenus pour le compte d'autrui ;

2° D'une assurance couvrant leur responsabilité professionnelle ; — *V. C. assur., art. L. 124-1 s. et R. 124-2.* — ***C. assur.***

3° D'une assurance ou d'un cautionnement garantissant la représentation des fonds mentionnés au 1°.

(L. n° 2011-850 du 20 juill. 2011, art. 8, en vigueur le 1er sept. 2011) « Tous éléments relatifs à la nature des garanties financières prévues aux 1° à 3° sont portés à la

connaissance des destinataires de leurs services sous une forme appropriée. » – *[L. nº 2000-642 du 10 juill. 2000, art. 6.] – V. art. R. 321-10 s.*

BIBL. ▶ TAUGOURDEAU, *Dalloz IP/IT 2019. 144* (les obligations d'assurance de responsabilité des opérateurs de ventes volontaires).

Art. L. 321-7 *(L. nº 2011-850 du 20 juill. 2011, art. 9, en vigueur le 1er sept. 2011)* **Les opérateurs mentionnés à l'article L. 321-4 donnent au Conseil des** *(L. nº 2022-267 du 28 févr. 2022, art. 2)* **« maisons de vente » toutes précisions utiles sur les locaux où auront lieu de manière habituelle les expositions de meubles offerts à la vente ainsi que les opérations de ventes aux enchères publiques et sur les infrastructures utilisées en cas de vente aux enchères par voie électronique. Lorsque l'exposition ou la vente a lieu dans un autre local, ou à distance par voie électronique, ils en avisent préalablement le conseil.**

Ils communiquent également au Conseil des *(L. nº 2022-267 du 28 févr. 2022, art. 2)* **« maisons de vente », à sa demande, toutes précisions utiles relatives à leur organisation, ainsi qu'à leurs moyens techniques et financiers.** – *[L. nº 2000-642 du 10 juill. 2000, art. 7.] – V. art. R. 321-32.*

BIBL. ▶ OTTAWAY, *JCP E 2013, nº 1184* (tour d'horizon sur le registre de police).

Art. L. 321-8 *Abrogé par L. nº 2011-850 du 20 juill. 2011, art. 10-I. – V., désormais, le 3º des I et II de l'art. L. 321-4.*

Art. L. 321-9 *(L. nº 2011-850 du 20 juill. 2011, art. 11, en vigueur le 1er sept. 2011)* **« Seules les personnes remplissant les conditions mentionnées aux 1º à 3º du I de l'article L. 321-4 sont » habilitées à diriger la vente, à désigner le dernier enchérisseur comme adjudicataire ou à déclarer le bien non adjugé et à dresser le procès-verbal de cette vente.**

Le procès-verbal est arrêté au plus tard un jour franc après clôture de la vente. Il mentionne les nom et adresse du nouveau propriétaire déclarés par l'adjudicataire, l'identité du vendeur, la désignation de l'objet ainsi que son prix constaté publiquement.

(L. nº 2011-850 du 20 juill. 2011, art. 11, en vigueur le 1er sept. 2011) **« Les biens déclarés non adjugés à l'issue des enchères peuvent être vendus de gré à gré, à la demande du propriétaire des biens ou de son représentant, par l'opérateur de ventes volontaires ayant organisé la vente aux enchères publiques. Sauf stipulation contraire convenue par avenant au mandat postérieurement à cette vente, cette transaction ne peut être faite à un prix inférieur à la dernière enchère portée avant le retrait du bien de la vente ou, en l'absence d'enchères, au montant de la mise à prix. » Le dernier enchérisseur est préalablement informé s'il est connu. Elle fait l'objet d'un acte annexé au procès-verbal de la vente.** – *[L. nº 2000-642 du 10 juill. 2000, art. 9.]*

Procès-verbal. Ne constitue pas un acte authentique le procès-verbal dressé par un commissaire-priseur judiciaire qui dirige une vente organisée et réalisée par une société de ventes volontaires de meubles aux enchères publiques. • Com. 19 déc. 2006, nº 05-15.872 P : *D. 2007. 626, note Mauger-Vielpeau ; RTD civ. 2007. 351, obs. Mestre et Fages ; JCP 2007. IV. 1245 ; Gaz. Pal. 2007. 443, rapp. Potocki ; RJDA 2007, nº 248.*

Art. L. 321-10 *(L. nº 2011-850 du 20 juill. 2011, art. 12, en vigueur le 1er sept. 2011)* **« Les opérateurs mentionnés à l'article L. 321-4 » tiennent jour par jour un registre en application des articles 321-7 et 321-8 du code pénal ainsi qu'un répertoire sur lequel** *(L. nº 2011-850 du 20 juill. 2011, art. 12, en vigueur le 1er sept. 2011)* **« ils » inscrivent leurs procès-verbaux.** *(L. nº 2011-850 du 20 juill. 2011, art. 12, en vigueur le 1er sept. 2011)* **« Ils doivent tenir ce registre et ce répertoire sous une forme électronique, dans des conditions définies par décret. »** *(L. nº 2022-267 du 28 févr. 2022, art. 9)* **« *Ce registre et ce répertoire* peuvent être regroupés. »** – [L. nº 2000-642 du *10 juill. 2000, art. 10.]*

Les opérateurs de ventes volontaires de meubles aux enchères publiques mentionnés à l'art. L. 321-4 disposent d'un délai de deux ans à compter de la publication de la L. nº 2011-850 du 20 juill. 2011 (JO 21 juill.) pour se conformer aux dispositions de la dernière phrase de l'art. L. 321-10 (L. préc., art. 50).

Art. L. 321-11 Chaque vente volontaire de meubles aux enchères publiques donne lieu à une publicité sous toute forme appropriée. — *V. art. R. 321-33.*

Le prix de réserve est le prix minimal arrêté avec le vendeur au-dessous duquel le bien ne peut être vendu. Si le bien a été estimé, ce prix ne peut être fixé à un montant supérieur à l'estimation la plus basse figurant dans la publicité, ou annoncée publiquement par la personne qui procède à la vente et consignée au procès-verbal.

(Ord. n° 2019-698 du 3 juill. 2019, art. 2) « L'article L. 442-5 » *(L. n° 2011-850 du 20 juill. 2011, art. 13, en vigueur le 1er sept. 2011)* « est applicable à tout vendeur se livrant à titre habituel à la revente de biens neufs en l'état à un prix inférieur à leur prix d'achat effectif, par le procédé des enchères publiques, dans les conditions prévues à cet article. »

(Ord. n° 2021-1247 du 29 sept. 2021, art. 18, en vigueur le 1er janv. 2022) « Dans le cas des biens d'occasion proposés à la vente et dès lors que les acheteurs ont la faculté d'y assister en personne, les opérateurs de ventes volontaires de meubles aux enchères publiques mentionnés à l'article L. 321-4 informent les acheteurs, de manière claire et compréhensible avant la conclusion de la vente, que ceux-ci ne bénéficient pas de la garantie légale de conformité conformément à l'article L. 217-2 du code de la consommation. » — *[L. n° 2000-642 du 10 juill. 2000, art. 11.]*

Art. L. 321-12 *(L. n° 2011-850 du 20 juill. 2011, art. 14, en vigueur le 1er sept. 2011)* Un opérateur de ventes volontaires de meubles aux enchères publiques mentionné à l'article L. 321-4 peut garantir au vendeur un prix d'adjudication minimal du bien proposé à la vente. Si le bien a été estimé, ce prix ne peut être fixé à un montant supérieur à l'estimation la plus basse mentionnée à l'article L. 321-11.

Si le prix d'adjudication minimal garanti n'est pas atteint lors de la vente aux enchères, l'opérateur est autorisé à se déclarer adjudicataire du bien à ce prix. A défaut, il verse au vendeur la différence entre le prix d'adjudication minimal garanti et le prix d'adjudication effectif.

Il peut revendre le bien ainsi acquis, y compris aux enchères publiques. La publicité doit alors mentionner de façon claire et non équivoque que l'opérateur est le propriétaire du bien. — *[L. n° 2000-642 du 10 juill. 2000, art. 12.]*

Art. L. 321-13 *(L. n° 2011-850 du 20 juill. 2011, art. 15, en vigueur le 1er sept. 2011)* « Un opérateur de ventes volontaires de meubles aux enchères publiques mentionné à l'article L. 321-4 » peut consentir au vendeur une avance sur le prix d'adjudication du bien proposé à la vente. — *[L. n° 2000-642 du 10 juill. 2000, art. 13.]*

Art. L. 321-14 *(L. n° 2011-850 du 20 juill. 2011, art. 16, en vigueur le 1er sept. 2011)* « Les opérateurs de ventes volontaires de meubles aux enchères publiques mentionnés à l'article L. 321-4 » sont responsables à l'égard du vendeur et de l'acheteur de la représentation du prix et de la délivrance des biens dont *(L. n° 2011-850 du 20 juill. 2011, art. 16, en vigueur le 1er sept. 2011)* « ils » ont effectué la vente. Toute clause qui vise à écarter ou à limiter leur responsabilité est réputée non écrite.

Le bien adjugé ne peut être délivré à l'acheteur que lorsque *(L. n° 2011-850 du 20 juill. 2011, art. 16, en vigueur le 1er sept. 2011)* « l'opérateur ayant organisé la vente » en a perçu le prix ou lorsque toute garantie lui a été donnée sur le paiement du prix par l'acquéreur.

A défaut de paiement par l'adjudicataire, après mise en demeure restée infructueuse, le bien est remis en vente à la demande du vendeur sur *(L. n° 2015-177 du 16 févr. 2015, art. 12-I)* « réitération des enchères » ; si le vendeur ne formule pas cette demande dans un délai *(L. n° 2011-850 du 20 juill. 2011, art. 16, en vigueur le 1er sept. 2011)* « de trois mois » à compter de l'adjudication, la vente est résolue de plein droit, sans préjudice de dommages et intérêts dus par l'adjudicataire défaillant. *(L. n° 2022-267 du 28 févr. 2022, art. 10)* « Ce dernier ne peut se prévaloir de la résolution de la vente pour se soustraire à ses obligations. »

Les fonds détenus pour le compte du vendeur doivent être versés à celui-ci au plus tard deux mois à compter de la vente. — *[L. n° 2000-642 du 10 juill. 2000, art. 14.]*

BIBL. ▶ Mauger-Vielpeau et de Baecque, *Dr. et patr. 12/2016. 52* (l'adjudicataire défaillant en matière de ventes volontaires de meubles aux enchères publiques).

Subrogation. L'acquéreur ne saurait se prévaloir des dispositions de l'art. L. 321-14 dès lors que la société de ventes volontaires de meubles aux enchères publiques a procédé au règlement de l'objet au vendeur et est subrogée dans les droits de celui-ci. Est dès lors recevable l'action en paiement de l'objet de la société de vente à l'encontre de l'acquéreur qui ne pouvait sérieusement soutenir qu'il avait été victime d'une erreur. • Dijon, 23 oct. 2007 : *JCP 2008. IV. 2163.*

Art. L. 321-15 I. — Est puni de deux ans d'emprisonnement et de 375 000 € d'amende le fait de procéder ou de faire procéder à une ou plusieurs ventes volontaires de meubles aux enchères publiques :

1° *(L. n° 2011-850 du 20 juill. 2011, art. 17, en vigueur le 1er sept. 2011)* « Si l'opérateur qui organise la vente n'a pas procédé à la déclaration préalable prévue à l'article L. 321-4 ou fait l'objet d'une interdiction temporaire ou définitive d'exercer l'activité de ventes volontaires de meubles aux enchères publiques ; »

2° Ou si le ressortissant d'un État membre de la Communauté européenne ou d'un État partie à l'accord sur l'Espace économique européen qui organise la vente n'a pas procédé à la déclaration prévue à l'article L. 321-24 ;

3° Ou si la personne qui dirige la vente ne remplit pas les conditions prévues à l'article *(L. n° 2011-850 du 20 juill. 2011, art. 17, en vigueur le 1er sept. 2011)* « L. 321-4 » ou est frappée d'une interdiction à titre temporaire ou définitif de diriger de telles ventes.

II. — Les personnes physiques coupables de l'une des infractions aux dispositions prévues au présent article encourent également les peines complémentaires suivantes :

1° L'interdiction, pour une durée de cinq ans au plus, d'exercer une fonction publique ou d'exercer l'activité professionnelle ou sociale dans l'exercice ou à l'occasion de l'exercice de laquelle l'infraction a été commise ;

2° L'affichage ou la diffusion de la condamnation prononcée dans les conditions prévues par l'article 131-35 du code pénal ;

3° La confiscation des sommes ou objets irrégulièrement reçus par l'auteur de l'infraction, à l'exception des objets susceptibles de restitution.

(Abrogé par L. n° 2011-850 du 20 juill. 2011, art. 17, à compter du 1er sept. 2011) (L. n° 2009-526 du 12 mai 2009, art. 125-IV) « ***III. — Les personnes morales déclarées responsables pénalement, dans les conditions prévues par l'article 121-2 du code pénal, des infractions définies par le présent article encourent, outre l'amende suivant les modalités prévues par l'article 131-38 du code pénal, pour une durée de cinq ans au plus, les peines mentionnées aux 1° à 4°, 8° et 9° de l'article 131-39 du même code. L'interdiction mentionnée au 2° de l'article 131-39 du même code porte sur l'activité dans l'exercice ou à l'occasion de l'exercice de laquelle l'infraction a été commise.*** »

(L. n° 2011-850 du 20 juill. 2011, art. 17, en vigueur le 1er sept. 2011) « IV. — Le Conseil des *(L. n° 2022-267 du 28 févr. 2022, art. 2)* « maisons de vente » peut se constituer partie civile dans le cadre des poursuites judiciaires intentées sur le fondement du présent article. » — *[L. n° 2000-642 du 10 juill. 2000, art. 15.]*

Art. L. 321-16 *(Abrogé par L. n° 2011-850 du 20 juill. 2011, art. 18, à compter du 1er sept. 2011)* ***Les dispositions des articles L. 752-1, L. 752-2 et L. 752-15 ne sont pas applicables aux locaux utilisés par les sociétés mentionnées à l'article L. 321-2.*** — *[L. n° 2000-642 du 10 juill. 2000, art. 17.]*

Art. L. 321-17 *(L. n° 2011-850 du 20 juill. 2011, art. 19, en vigueur le 1er sept. 2011)* « Les opérateurs de ventes volontaires de meubles aux enchères publiques mentionnés à l'article L. 321-4 » et les officiers publics ou ministériels compétents pour procéder aux ventes judiciaires et volontaires *(L. n° 2004-130 du 11 févr. 2004, art. 57)* « ainsi que les experts qui *(L. n° 2011-850 du 20 juill. 2011, art. 19, en vigueur le 1er sept. 2011)* « les assistent dans la description, la présentation et » l'estimation des biens » engagent leur responsabilité au cours ou à l'occasion *(L. n° 2011-850 du 20 juill. 2011, art. 19, en vigueur le 1er sept. 2011)* « des prisées et » des ventes de meubles aux enchè***res publiques, conformément*** aux règles applicables à ces ventes.

Les clauses qui visent à écarter ou à limiter leur responsabilité sont interdites et réputées non écrites.

Les actions en responsabilité civile engagées à l'occasion des prisées et des ventes volontaires et judiciaires de meuble*[s]* aux enchères publiques se prescrivent par *(L. n° 2008-561 du 17 juin 2008, art. 9)* « cinq » ans à compter de l'adjudication ou de la

prisée. (*L. n° 2011-850 du 20 juill. 2011, art. 19, en vigueur le 1er sept. 2011*) **« Mention de ce délai de prescription doit être rappelée dans la publicité prévue à l'article L. 321-11. »** – [*L. n° 2000-642 du 10 juill. 2000, art. 30.*]

L'art. 30 de la L. n° 2000-642 du 10 juill. 2000, codifié par l'Ord. n° 2000-912 du 18 sept. 2000 à l'art. L. 321-17, n'a été abrogé par ladite ordonnance qu'en tant qu'il s'applique aux ventes volontaires de meubles aux enchères publiques (Ord. préc., art. 4-I-42°).

L'art. L. 321-17 est applicable aux prisées et aux ventes judiciaires que les commissaires de justice réalisent (Ord. n° 2016-728 du 2 juin 2016, art. 21, en vigueur le 1er juill. 2022). — V. ce texte au ***C. pr. civ.***

BIBL. ▸ PORCHER, *D. 2004. 2978* (la nouvelle prescription des actions en responsabilité professionnelle en matière de ventes et de prisées). – BAILLET-BOUIN, *D. 2007. 2288* (le commissaire-priseur, responsable de plein droit envers l'adjudicataire d'une œuvre d'art ?). – DURET-ROBERT, *Dr. et patr. 12/2008. 51* (ventes publiques : les garanties dont bénéficient les acheteurs). – PIERRE, *Dalloz IP/IT 2019. 139* (les principes généraux de l'assurance de responsabilité civile).

1. Responsabilité. Il résulte des art. L. 321-17, al. 1er, C. com. et 1382, devenu 1240 C. civ., qu'à l'égard de l'acquéreur, le commissaire-priseur, qui affirme sans réserve l'authenticité de l'œuvre d'art qu'il est chargé de vendre ou ne fait pas état des restaurations majeures qu'elle a subies, engage sa responsabilité, sans préjudice d'un recours contre l'expert dont il s'est fait assister. • Civ. 1re, 21 oct. 2020, n° 19-10.536 P : *D. 2021. 325, note Labarthe ; RTD com. 2021. 112, obs. Pollaud-Dulian*. ♦ Vis-à-vis de la victime de l'erreur, le commissaire-priseur ou l'expert qui affirme l'authenticité d'une œuvre d'art sans assortir son propos de réserves engage sa responsabilité. • Civ. 1re, 3 avr. 2007, n° 05-12.238 P : *D. 2007. 2288, note Baillet Bouin ; RTD com. 2007. 823, obs. Bouloc ; RJDA 2007, n° 830 ; CCE 2008. Chron. 9, par Hénaff.* ♦ Le commissaire-priseur qui a recouru aux services de deux experts ayant inexactement attesté l'authenticité de l'œuvre présentée lors d'une vente est fondé à demander à être garanti par eux de la condamnation prononcée contre lui. • Même arrêt. – V. toutefois en présence de faute du commissaire-priseur : • Paris, 24 mai 2016, n° 14/15357 : *CCE 2017. Chron. 4, spéc. n° 10, par Ranouil.* ♦ Absence de faute du commissaire-priseur qui, eu égard aux données acquises au moment de la vente, n'avait aucune raison de mettre en doute l'authenticité de l'œuvre, ni par conséquent de procéder à des investigations complémentaires. • Civ. 1re, 10 juill. 2013, n° 12-23.773 P : *D. 2013. 1895 ; RTD civ. 2014. 794, obs. Bouloc ; JCP E 2013, n° 1500 ; RJDA 2014, n° 19 ; LPA 3 juin 2015, note Nevejans.*

2. Prescription. L'exigence du rappel de la mention du délai de prescription de cinq ans dans la publicité à laquelle donnent lieu les ventes aux enchères publiques ayant été posée à l'art. L. 321-17 C. com. par la L. n° 2011-850 du 20 juill. 2011, soit postérieurement à la vente litigieuse, la cour d'appel n'avait pas à procéder à la vérification invoquée. • Civ. 1re, 21 oct. 2020, n° 19-15.415 P : *D. 2021. 325, note Labarthe ; RTD com. 2021. 112, obs. Pollaud-Dulian ; RTD civ. 2021. 121, obs. Barbier*.

SOUS-SECTION 2 LE CONSEIL DES MAISONS DE VENTE

(*L. n° 2022-267 du 28 févr. 2022, art. 2*)

Art. L. 321-18 Il est institué une autorité de régulation dénommée "Conseil des maisons de vente".

Le Conseil des maisons de vente, établissement d'utilité publique doté de la personnalité morale, est chargé :

1° D'observer l'économie du secteur des enchères publiques ;

2° De déterminer et de diffuser les bonnes pratiques professionnelles ainsi que de formuler des recommandations en matière de ventes volontaires de meubles aux enchères publiques ;

3° De soutenir et de promouvoir la qualité et la sécurité des ventes volontaires de meubles aux enchères publiques par des actions répondant à l'intérêt collectif de la profession ;

4° D'informer, d'une part, les professionnels exerçant l'activité de vente volontaire de meubles aux enchères publiques et, d'autre part, le public sur la réglementation applicable ;

5° D'assurer l'organisation de la formation en vue de l'obtention de la qualification requise pour diriger les ventes volontaires de meubles aux enchères publiques ;

6° D'enregistrer les déclarations des personnes mentionnées aux I et II de l'article L. 321-4 et d'établir, de mettre à jour et de publier un annuaire national desdites personnes ;

7° D'enregistrer les déclarations des ressortissants des États mentionnés à la section II du présent chapitre ;

8° De collaborer avec les autorités compétentes des autres États membres de l'Union européenne ou parties à l'accord sur l'Espace économique européen afin de faciliter l'application de la directive 2005/36/CE du Parlement européen et du Conseil du 7 septembre 2005 relative à la reconnaissance des qualifications professionnelles ;

9° D'élaborer un recueil des obligations déontologiques applicables aux personnes mentionnées à l'article L. 321-4 du présent code, soumis à l'approbation du ministre de la justice et rendu public ; *– V. Arr. du 30 mars 2022, ci-dessous.*

10° De déterminer les modalités d'accomplissement de la formation professionnelle continue prévue à l'article L. 321-4-1 ;

11° De prévenir ou de concilier tous différends d'ordre professionnel entre les personnes mentionnées aux I et II de l'article L. 321-4 ;

12° D'examiner les réclamations faites contre ces mêmes personnes à l'occasion de l'exercice de leur profession ;

13° De sanctionner, dans les conditions prévues à l'article L. 321-23-2, les manquements aux lois, règlements et obligations professionnelles applicables aux personnes mentionnées aux I et II de l'article L. 321-4 et aux personnes habilitées à diriger les ventes en application du premier alinéa de l'article L. 321-9.

Le Conseil des maisons de vente peut également formuler des propositions de modifications législatives et réglementaires concernant l'activité de vente volontaire de meubles aux enchères publiques.

BIBL. ► MAUGER-VIELPEAU, *D. 2008. 594* (missions du Conseil des ventes et des sociétés de vente). – VANDERMEEREN, *RJDA 2016. 763* (à propos de la Cour de cassation et du Conseil des ventes : bref retour sur la notion de juridiction).

Arrêté du 30 mars 2022,

Portant approbation du recueil des obligations déontologiques des opérateurs de ventes volontaires de meubles aux enchères publiques.

Art. L. 321-19 Le financement du Conseil des maisons de vente est assuré par le versement de cotisations professionnelles acquittées par les personnes mentionnées aux I et II de l'article L. 321-4 et assises sur le montant des honoraires bruts perçus l'année précédente à l'occasion des ventes organisées ou réalisées sur le territoire national. Le montant de ces cotisations est fixé tous les trois ans par arrêté du ministre de la justice, après avis du Conseil des maisons de vente et des organisations professionnelles représentatives des personnes mentionnées aux mêmes I et II. *– V. art. R. 321-41.*

Le conseil désigne un commissaire aux comptes et, lorsque les conditions définies au deuxième alinéa du I de l'article L. 823-1 sont réunies, un commissaire aux comptes suppléant. Il est soumis au contrôle de la Cour des comptes.

Art. L. 321-20 Le Conseil des maisons de vente informe la Chambre nationale des commissaires de justice, le Conseil supérieur du notariat et le Conseil national des courtiers de marchandises assermentés des faits commis qui ont été portés à sa connaissance et qui portent atteinte à la réglementation des ventes volontaires de meubles aux enchères publiques.

La Chambre nationale des commissaires de justice, le Conseil supérieur du notariat ainsi que le Conseil national des courtiers de marchandises assermentés procèdent à la même information envers le Conseil des maisons de ventes.

Art. L. 321-21 I. – Le collège du Conseil des maisons de vente comprend :

1° Six représentants, élus selon des modalités fixées par décret en Conseil d'État, parmi les personnes mentionnées au I ou au 3° du II de l'article L. 321-4, dont :

a) Trois personnalités exerçant dans la région d'Île-de-France ;

b) Trois personnalités exerçant en dehors de la région dÎle-de-France ;

2° Deux personnalités qualifiées nommées par le ministre de la justice ;

3° Deux personnalités qualifiées nommées par le ministre chargé de la culture ;

4° Une personnalité qualifiée nommée par le ministre chargé du commerce.

Des suppléants sont désignés en nombre égal et dans les mêmes formes.

La durée du mandat des membres du conseil est fixée à quatre ans, renouvelable une fois.

Le président du Conseil des maisons de vente est nommé par le ministre de la justice parmi les membres du collège mentionnés aux 2° à 4° du présent I.

Il ne peut être mis fin aux fonctions des membres du collège et du président du Conseil des maisons de vente avant l'expiration de leur mandat qu'en cas de démission ou d'empêchement, dans des conditions définies par décret en Conseil d'État.

II. — Le Conseil des maisons de vente se prononce à la majorité des membres présents. En cas de partage égal des voix, celle du président est prépondérante.

III. — Aucun membre du Conseil des maisons de vente ne peut participer à une délibération relative à :

1° Une affaire dans laquelle il a un intérêt direct ou indirect, dans laquelle il a déjà pris parti ou s'il représente ou a représenté l'intéressé ;

2° Un organisme au sein duquel il a, au cours des trois années précédant la délibération, détenu un intérêt direct ou indirect, exercé des fonctions ou détenu un mandat.

Tout membre du conseil doit informer le président des intérêts, directs ou indirects, qu'il détient ou vient à détenir, des fonctions qu'il exerce ou vient à exercer et de tout mandat qu'il détient ou vient à détenir au sein d'une personne morale. Ces informations ainsi que celles concernant le président sont tenues à la disposition des membres du conseil.

Les membres du Conseil des ventes volontaires de meubles aux enchères publiques (CVV) sont maintenus dans leurs fonctions jusqu'à la première réunion du collège du Conseil des maisons de vente, même dans le cas où leur mandat expirerait avant celle-ci. Jusqu'à cette date, le CVV exerce les compétences qui lui sont dévolues par les dispositions législatives et réglementaires en vigueur à la date de publication de la L. n° 2022-267 du 28 févr. 2022 (JO 1er mars). A la date de la première réunion de son collège, le Conseil des maisons de vente succède au CVV dans ses droits et obligations. A la même date, les affaires disciplinaires pendantes devant le CVV sont transférées à la commission des sanctions du Conseil des maisons de vente (L. préc., art. 2-III).

Membres ayant délibéré (jurispr. antérieure à la L. n° 2022-267 du 28 févr. 2022). Conformément à l'art. L. 321-21, l'indication nominative de ceux des membres qui ont effectivement délibéré est, à peine de nullité, impérative. • Paris, 1er févr. 2005 : *JCP 2006. II. 10091, note Thomasset-Pierre.* ♦ La convocation adressée par le commissaire du gouvernement aux personnes poursuivies précise les noms et qualités des membres titulaires et suppléants du conseil des ventes volontaires de meubles aux enchères publiques (CVV) susceptibles de constituer la formation disciplinaire du conseil. Pour rejeter la demande d'annulation de la décision du CVV, l'arrêt retient que la participation de Mme X à la formation disciplinaire du CVV était régulière, dès lors que celle-ci avait été désignée non pas en tant que personnalité exerçant l'activité d'opérateur de ventes volontaires, mais en qualité de personnalité qualifiée, et que l'interdiction édictée par l'art. L. 321-21 a été respectée. En se déterminant ainsi, sans rechercher, comme il le lui était demandé, si le nom et les qualités de Mme X figuraient dans la convocation, la cour d'appel n'a pas donné de base légale à sa décision. • Civ. 1re, 27 juin 2018, n° 17-12.496 P.

Art. L. 321-22 Les décisions du Conseil des maisons de vente peuvent faire l'objet d'un recours devant la cour d'appel de Paris. — *V. art. R. 321-50 s.*

Recours. V. notes ss. art. L. 321-23-3.

SOUS-SECTION 3 DE LA DISCIPLINE

(L. n° 2022-267 du 28 févr. 2022, art. 2)

Art. L. 321-23 Le Conseil des maisons de vente comprend une commission des sanctions composée de trois membres, nommés pour une durée de quatre ans par le ministre de la justice :

1° Un membre du Conseil d'État, en activité ou honoraire, nommé sur proposition du vice-président du Conseil d'État ;

2° Un conseiller à la Cour de cassation, en activité ou honoraire, nommé sur proposition du premier président de la Cour de cassation ;

3° Une personnalité ayant cessé d'exercer depuis moins de cinq ans l'activité de vente volontaire aux enchères publiques.

Des membres suppléants sont nommés dans les mêmes conditions.

Le mandat des membres n'est ni révocable, ni renouvelable. Sauf démission, il ne peut être mis fin aux fonctions des membres de la commission avant l'expiration de leur mandat qu'en cas d'empêchement, dans des conditions définies par décret en Conseil d'État.

Le président de la commission des sanctions est nommé parmi ses membres par le ministre de la justice.

A la date de la première réunion du collège du Conseil des maisons de vente, les affaires disciplinaires pendantes devant le Conseil des ventes volontaires de meubles aux enchères publiques sont transférées à la commission des sanctions du Conseil des maisons de vente (L. n° 2022-267 du 28 févr. 2022, art. 2-III).

Art. L. 321-23-1 Un magistrat de l'ordre judiciaire est désigné pour exercer les fonctions de commissaire du Gouvernement auprès du Conseil des maisons de vente.

Le commissaire du Gouvernement est assisté d'une personnalité ayant cessé d'exercer depuis moins de cinq ans l'activité de vente volontaire aux enchères publiques.

Le commissaire du Gouvernement instruit les réclamations faites contre les personnes mentionnées aux articles L. 321-4 et L. 321-24.

Il peut proposer une solution amiable aux différends qui sont portés à sa connaissance.

Il engage les poursuites devant la commission des sanctions. — *V. art. R. 321-45 s.*

Art. L. 321-23-2 I. — Peut donner lieu à sanction disciplinaire tout manquement aux lois, règlements ou obligations professionnelles applicables aux personnes mentionnées aux I et II de l'article L. 321-4 et aux personnes habilitées à diriger les ventes en application du premier alinéa de l'article L. 321-9. La prescription est de trois ans à compter du manquement. Toutefois, si la personne concernée est l'auteur de faits ayant donné lieu à une condamnation pénale, l'action se prescrit par deux ans à compter de la date à laquelle cette condamnation est devenue définitive.

La commission des sanctions statue par décision motivée sur saisine du commissaire du Gouvernement. Aucune sanction ne peut être prononcée sans que les griefs aient été communiqués à la personne mentionnée aux I ou II de l'article L. 321-4, à son représentant légal ou à la personne habilitée à diriger les ventes, sans que celui-ci ait été mis à même de prendre connaissance du dossier ni sans qu'il ait été entendu ou dûment appelé.

Aucun membre de la commission des sanctions ne peut participer à une délibération ou à l'instruction d'un dossier relatif à :

1° Une affaire dans laquelle il a un intérêt direct ou indirect, dans laquelle il a déjà pris parti ou s'il représente ou a représenté l'intéressé ;

2° Un organisme au sein duquel il a, au cours des trois années précédant la délibération, détenu un intérêt direct ou indirect, exercé des fonctions ou détenu un mandat.

II. — Les sanctions applicables aux personnes mentionnées au premier alinéa du I du présent article sont, compte tenu de la gravité des faits reprochés :

1° L'avertissement ;

2° Le blâme ;

3° L'interdiction temporaire d'exercer tout ou partie de l'activité de vente volontaire de meubles aux enchères publiques, d'exercer des fonctions d'administration ou de direction au sein d'une personne morale mentionnée au II de l'article L. 321-4 ou de diriger des ventes, pour une durée qui ne peut excéder trois ans ;

4° L'interdiction définitive d'exercer l'activité de vente volontaire de meubles aux *enchères publiques*, d'exercer des fonctions d'administration ou de direction au sein d'une personne morale mentionnée au même II ou de diriger des ventes.

La commission des sanctions peut, à la place ou en sus des sanctions prévues aux 1° à 4° du présent II, prononcer à l'encontre d'une personne mentionnée aux I ou II de l'article L. 321-4 une sanction pécuniaire, dont le montant est proportionné à la gravité du manquement, à la situation de la personne en cause, à l'ampleur du dommage causé et aux avantages qui en ont été tirés, sans pouvoir excéder 3 % du montant des honoraires bruts perçus l'année précédente à l'occasion des ventes de meubles aux enchères publiques organisées ou réalisées sur le territoire national. Ce plafond est porté à 5 % en cas de nouveau manquement à la même obligation. A défaut d'activité antérieure permettant de déterminer ce plafond, le montant de la sanction ne peut excéder 50 000 €. Ce montant est porté à 90 000 € en cas de nouveau manquement à la même obligation.

Lorsque le manquement est constitutif d'une infraction pénale, le montant de la sanction pécuniaire ne peut excéder celui prévu pour l'amende pénale.

Lorsque la commission des sanctions a prononcé une sanction pécuniaire devenue définitive avant que le juge pénal ait statué définitivement sur les mêmes faits ou sur des faits connexes, celui-ci peut ordonner que le montant de la sanction pécuniaire s'impute sur celui de l'amende qu'il prononce.

Les sanctions prévues aux 1° à 4° du présent II peuvent également être prononcées à l'encontre du représentant légal d'une personne mentionnée au II de l'article L. 321-4 si le manquement lui est personnellement imputable.

Tout manquement aux obligations relatives à la lutte contre le blanchiment des capitaux et le financement du terrorisme prévues aux sections III à VI du chapitre Ier du titre VI du livre V du code monétaire et financier donne également lieu à la mise en œuvre des mesures et des sanctions prévues à l'article L. 561-36-3 du même code.

Les sanctions prononcées par la commission des sanctions ainsi que leurs motifs peuvent être rendus publics dans les journaux ou les supports qu'elle détermine, après avoir été notifiés aux personnes sanctionnées. Les frais de publication sont à la charge de ces personnes, qui sont tenues solidairement à leur paiement.

III. — En cas d'urgence, le président du Conseil des maisons de vente ou, après l'engagement de poursuites devant la commission des sanctions, le président de cette commission peut adresser une mise en demeure à une personne mentionnée aux I ou II de l'article L. 321-4 du présent code ou à une personne habilitée à diriger les ventes pour faire cesser un manquement qui a été constaté et dont elle est l'auteur.

A titre conservatoire, le président du Conseil des maisons de vente ou, après l'engagement de poursuites devant la commission des sanctions, le président de cette commission peut également prononcer la suspension provisoire de l'exercice de tout ou partie de l'activité de vente volontaire de meubles aux enchères publiques d'une personne mentionnée aux mêmes I ou II ou d'une personne habilitée à diriger les ventes. Cette mesure peut être ordonnée pour une durée qui ne peut excéder un mois, sauf prolongation, qui ne peut excéder trois mois.

La suspension ne peut être prononcée ou prolongée sans que les griefs aient été communiqués à l'intéressé, sans qu'il ait été mis à même de prendre connaissance du dossier ni sans qu'il ait été entendu ou dûment appelé.

Sanction disciplinaire (jurispr. antérieure à la L. nº 2022-267 du 28 févr. 2022). La mission d'instance disciplinaire conférée au Conseil ne saurait ainsi limiter son intervention aux seules sociétés agréées à l'exception de celles qui, opérant dans le domaine de la vente volontaire, n'auraient pas estimé devoir satisfaire aux exigences de l'art. L. 321-5 [ancien]. *Il entre ainsi dans son champ de* compétence la possibilité d'exiger des sociétés dont il estime que l'objet est la vente volontaire aux enchères publiques qu'elles sollicitent son agrément et de faire trancher un éventuel différend sur la nature de l'activité exercée de sorte que sa qualité à agir est avérée. • Paris, 25 mai 2012 : *cité note 2 ss. art. L. 321-3.* ♦ Aux termes de l'art. L. 321-22, tout manquement aux lois, règlements ou obligations professionnelles applicables aux opérateurs et aux personnes habilitées à diriger les ventes en vertu du 1er al. de l'art. L. 321-9 peut donner lieu à sanction disciplinaire ; il en résulte que le défaut de communication du registre prévu à l'art. L. 321-10 est de nature à constituer une faute disciplinaire. • Civ. 1re, 15 juin 2016, nº 15-19.365 P. ♦ Sous peine de sanction disciplinaire, l'opérateur de ventes volontaires est tenu d'informer le vendeur du lieu où doit se tenir la vente de ses biens aux fins de lui permettre d'apprécier le montant des frais de transport de ceux-ci. • Civ. 1re, 27 mars 2019, nº 17-24.242 P : *cité note 1 ss. art. L. 321-23-3.*

Art. L. 321-23-3 Les décisions et mesures conservatoires prises en application de l'article L. 321-23-2 peuvent faire l'objet d'un recours devant la cour d'appel de Paris. Le recours peut être porté devant le premier président de ladite cour statuant en référé. — *V. art. R. 321-50 s.*

Jurispr. antérieure à la L. n° 2022-267 du 28 févr. 2022

1. Commissaire du gouvernement. Le commissaire du gouvernement auprès du Conseil des ventes volontaires de meubles aux enchères publiques (CVV) a la qualité de partie à l'instance devant celui-ci statuant en matière disciplinaire ainsi que devant la cour d'appel de Paris statuant sur ledit recours. • Civ. 1re, 27 mars 2019, n° 17-24.242 P : *D. 2019. Actu. 694*

2. Ministère public. Le ministère public est partie jointe devant la cour d'appel de Paris statuant sur le recours prévu à l'art. L. 321-23. • Civ. 1re, 27 mars 2019, n° 17-24.242 P : *préc. note 1.*

3. Égalité des armes. Lors de l'examen du recours formé contre les décisions du CVV statuant en matière disciplinaire, le commissaire du gouvernement et le ministère public n'exercent pas les mêmes fonctions. Le premier engage les poursuites disciplinaires et expose les faits propres à les fonder, tandis que le second fait connaître son avis sur l'application à la personne poursuivie des lois, règlements ou obligations professionnelles applicables. Dès lors que l'avis du ministère public ne rejoint pas nécessairement les prétentions du commissaire du gouvernement tendant à voir prononcer des sanctions disciplinaires à l'encontre de la personne poursuivie, l'assistance de l'un et l'autre à l'audience, au cours de laquelle ils sont entendus, ne place pas celle-ci dans une situation de net désavantage par rapport à eux et ne viole donc pas le principe de l'égalité des armes tel qu'il résulte de l'art. 6, §1, Conv. EDH. • Civ. 1re, 27 mars 2019, n° 17-24.242 P : *préc. note 1.*

SECTION II LIBRE PRESTATION DE SERVICES DE L'ACTIVITÉ DE VENTES VOLONTAIRES DE MEUBLES AUX ENCHÈRES PUBLIQUES PAR LES RESSORTISSANTS DES ÉTATS MEMBRES DE L'UNION EUROPÉENNE ET DES ÉTATS PARTIES À L'ACCORD SUR L'ESPACE ÉCONOMIQUE EUROPÉEN *(L. n° 2011-850 du 20 juill. 2011, art. 25-I).*

Art. L. 321-24 Les ressortissants d'un État membre de la Communauté *[l'Union]* européenne ou d'un État partie à l'accord sur l'Espace économique européen qui exercent à titre permanent l'activité de ventes volontaires de meubles aux enchères publiques dans l'un de ces États autre que la France peuvent accomplir, en France, cette activité professionnelle à titre occasionnel. Cette activité ne peut être accomplie qu'après déclaration faite au Conseil des *(L. n° 2022-267 du 28 févr. 2022, art. 2)* « maisons de vente ». *(Ord. n° 2008-507 du 30 mai 2008, art. 20-II)* « La déclaration est faite au moins un mois avant la date de la première vente réalisée en France. Cette déclaration est renouvelée une fois par an si le prestataire envisage d'exercer son activité professionnelle de façon occasionnelle au cours de l'année concernée ou en cas de changement matériel relatif à sa situation professionnelle. » — *[L. n° 2000-642 du 10 juill. 2000, art. 24.] — V. art. R. 321-56 et R. 321-63 s.*

Art. L. 321-25 Les personnes exerçant l'activité de ventes volontaires de meubles aux enchères publiques à titre permanent dans leur pays d'origine font usage, en France, de leur qualité exprimée dans la ou l'une des langues de l'État où elles sont établies, accompagnée d'une traduction en français, ainsi que, s'il y a lieu, du nom de l'organisme professionnel dont elles relèvent. — *[L. n° 2000-642 du 10 juill. 2000, art. 25.]*

Art. L. 321-26 *(L. n° 2011-850 du 20 juill. 2011, art. 25-II, en vigueur le 1er sept. 2011)* Pour pouvoir exercer l'activité de ventes volontaires de meubles aux enchères publiques à titre temporaire et occasionnel, le ressortissant d'un État membre de l'Union européenne ou d'un autre État partie à l'accord sur l'Espace économique européen doit justifier dans la déclaration mentionnée à l'article L. 321-24 qu'il est également établi dans l'un de ces États, qu'il n'encourt aucune interdiction même temporaire d'exercer et qu'il détient les qualifications professionnelles requises le cas échéant dans l'État membre d'origine.

(Ord. n° 2016-1809 du 22 déc. 2016, art. 18) « Toutefois, lorsque cette activité ou la formation y conduisant n'est pas réglementée dans son État d'établissement, le prestataire doit justifier avoir exercé cette activité dans un ou plusieurs États membres de l'Union européenne ou parties à l'accord sur l'Espace économique européen, pendant au moins une année à temps plein ou à temps partiel pendant une durée totale équivalente, au cours des dix années qui précèdent la prestation. » S'il s'agit d'une personne morale, elle doit justifier dans la déclaration qu'elle comprend parmi ses dirigeants, ses associés ou ses salariés une personne remplissant ces conditions. — *[L. n° 2000-642 du 10 juill. 2000, art. 26.]*

Art. L. 321-27 Les ressortissants d'un État membre de la Communauté *[l'Union]* européenne ou d'un État partie à l'accord sur l'Espace économique européen sont tenus de respecter les règles régissant l'activité de ventes volontaires de meubles aux enchères publiques prévues par *(L. n° 2011-850 du 20 juill. 2011, art. 26, en vigueur le 1er sept. 2011)* « les articles L. 321-1 à L. 321-3 et L. 321-5 à L. 321-17 » sans préjudice des obligations non contraires qui leur incombent dans l'État dans lequel ils sont établis. – *[L. n° 2000-642 du 10 juill. 2000, art. 27.]*

Art. L. 321-28 En cas de manquement *(L. n° 2022-267 du 28 févr. 2022, art. 2)* « aux lois, règlements ou obligations professionnelles qui leur sont applicables ou » aux dispositions du présent chapitre, les ressortissants des États membres de *(L. n° 2011-850 du 20 juill. 2011, art. 27, en vigueur le 1er sept. 2011)* « l'Union » européenne et des États parties à l'accord sur l'Espace économique européen sont soumis aux dispositions *(L. n° 2022-267 du 28 févr. 2022, art. 2)* « des articles L. 321-23 à L. 321-23-3 ». Toutefois, les sanctions de l'interdiction temporaire *(L. n° 2011-850 du 20 juill. 2011, art. 27, en vigueur le 1er sept. 2011)* « ou définitive de l'exercice de l'activité » sont remplacées par les sanctions de l'interdiction temporaire ou définitive d'exercer en France l'activité de ventes volontaires de meubles aux enchères publiques.

En cas de sanction, le Conseil des *(L. n° 2022-267 du 28 févr. 2022, art. 2)* « maisons de vente » en avise l'autorité compétente de l'État *(L. n° 2011-850 du 20 juill. 2011, art. 27, en vigueur le 1er sept. 2011)* « d'établissement ». – *[L. n° 2000-642 du 10 juill. 2000, art. 28.]*

SECTION II *BIS* DE L'ACCÈS PARTIEL AUX ACTIVITÉS DE VENTE VOLONTAIRE DE MEUBLES AUX ENCHÈRES PUBLIQUES PAR LES RESSORTISSANTS DES ÉTATS MEMBRES DE L'UNION EUROPÉENNE ET DES ÉTATS PARTIES À L'ACCORD SUR L'ESPACE ÉCONOMIQUE EUROPÉEN

(L. n° 2022-267 du 28 févr. 2022, art. 11)

Art. L. 321-28-1 I. – Le Conseil des maisons de vente accorde un accès partiel aux activités de vente volontaire de meubles aux enchères publiques lorsque toutes les conditions suivantes sont remplies :

1° Le professionnel est pleinement qualifié pour exercer dans un État membre de l'Union européenne ou partie à l'accord sur l'Espace économique européen l'activité professionnelle pour laquelle un accès partiel est sollicité ;

2° Les différences entre l'activité professionnelle légalement exercée dans l'État membre de l'Union européenne ou partie à l'accord sur l'Espace économique européen et l'activité de vente volontaire de meubles aux enchères publiques en France sont si importantes que l'application de mesures de compensation reviendrait à imposer au demandeur de suivre le programme complet d'enseignement et de formation requis en France pour avoir pleinement accès à l'activité en France ;

3° L'activité professionnelle pour l'exercice de laquelle un accès est sollicité peut objectivement être séparée d'autres activités relevant de l'activité de vente volontaire de meubles aux enchères publiques en France.

Pour apprécier si la condition mentionnée au 3° du présent I est remplie, le Conseil des maisons de vente tient compte du fait que l'activité professionnelle pour l'exercice de laquelle un accès est sollicité peut ou ne peut pas être exercée de manière autonome dans l'État d'origine.

II. – Sauf si les connaissances acquises par le demandeur sont de nature à rendre cette vérification inutile, le demandeur à un établissement en France peut être soumis à une épreuve d'aptitude dans le champ des activités qu'il est autorisé à exercer.

III. – L'accès partiel peut être refusé pour des raisons impérieuses d'intérêt général si ce refus est proportionné à la protection de cet intérêt.

IV. – La décision qui accorde l'accès partiel précise le champ des activités professionnelles ouvertes au demandeur.

V. – Les activités sont exercées sous le titre professionnel de l'État d'origine utilisé dans la ou les langues de cet État. Le professionnel qui bénéficie d'un accès partiel indique clairement aux destinataires des services le champ des activités qu'il est autorisé à exercer.

SECTION III DES EXPERTS INTERVENANT DANS LES VENTES VOLONTAIRES DE MEUBLES AUX ENCHÈRES PUBLIQUES *(L. nº 2011-850 du 20 juill. 2011, art. 28-I, en vigueur le 1er sept. 2011).*

BIBL. ▶ OLIVIER, *Gaz. Pal. 11-12 oct. 2000, p. 2* (experts agréés).

Art. L. 321-29 *(L. nº 2011-850 du 20 juill. 2011, art. 28-II, en vigueur le 1er sept. 2011)* **Les opérateurs de ventes volontaires de meubles aux enchères publiques mentionnés à l'article L. 321-4, les huissiers de justice et les notaires peuvent, sous leur seule responsabilité, s'assurer du concours d'experts, quelle qu'en soit l'appellation, pour les assister dans la description, la présentation et l'estimation des biens mis en vente.**

Le public est informé de l'intervention d'experts dans l'organisation de la vente. – *[L. nº 2000-642 du 10 juill. 2000, art. 31.]*

Art. L. 321-30 *(L. nº 2011-850 du 20 juill. 2011, art. 29, en vigueur le 1er sept. 2011)* **Tout expert intervenant à titre onéreux à l'occasion d'une vente de meubles aux enchères publiques est tenu de contracter une assurance garantissant sa responsabilité professionnelle.**

Il est solidairement responsable avec l'organisateur de la vente pour ce qui relève de son activité.

Tous éléments relatifs à la nature de la garantie prévue au premier alinéa sont portés à la connaissance du public.

Art. L. 321-31 *(L. nº 2011-850 du 20 juill. 2011, art. 30, en vigueur le 1er sept. 2011)* **L'organisateur de la vente veille au respect par l'expert dont il s'assure le concours des obligations et interdictions respectivement prévues au premier alinéa de l'article L. 321-30 et à l'article L. 321-32. Il en informe le public.**

Art. L. 321-32 *(L. nº 2011-850 du 20 juill. 2011, art. 31, en vigueur le 1er sept. 2011)* **L'expert mentionné à l'article L. 321-29 ne peut décrire, présenter, estimer, ni mettre en vente un bien lui appartenant, ni se porter acquéreur directement ou indirectement pour son propre compte d'un bien dans les ventes aux enchères publiques auxquelles il apporte son concours.**

A titre exceptionnel, l'expert peut cependant vendre, par l'intermédiaire d'un opérateur mentionné à l'article L. 321-4, un bien lui appartenant à condition qu'il en soit fait mention dans la publicité de manière claire et non équivoque.

Art. L. 321-33 **Le fait, pour toute personne ne figurant pas sur la liste prévue à l'article L. 321-29 d'user de la dénomination mentionnée à cet article, ou d'une dénomination présentant une ressemblance de nature à causer une méprise dans l'esprit du public, est puni des peines prévues par l'article 433-17 du code pénal.** – *[L. nº 2000-642 du 10 juill. 2000, art. 35.]*

Art. L. 321-34 *(Abrogé par L. nº 2011-850 du 20 juill. 2011, art. 31, à compter du 1er sept. 2011)* ***Le Conseil des ventes volontaires de meubles aux enchères publiques peut prononcer le retrait de l'agrément d'un expert en cas d'incapacité légale, de faute professionnelle grave, de condamnation pour faits contraires à l'honneur, à la probité ou aux bonnes mœurs.*** – *[L. nº 2000-642 du 10 juill. 2000, art. 36.]*

Art. L. 321-35 et L. 321-35-1 *Abrogés par L. nº 2011-850 du 20 juill. 2011, art. 32, à compter du 1er sept. 2011. – V. art. L. 321-31 et L. 321-32.*

SECTION IV DISPOSITIONS DIVERSES

Art. L. 321-36 *(L. nº 2011-850 du 20 juill. 2011, art. 33, en vigueur le 1er sept. 2011)* **« Les ventes aux enchères publiques de meubles appartenant à l'État ainsi que toutes les ventes de biens meubles effectuées en la forme domaniale continuent d'être faites** ***selon les modalités*** **prévues à l'article L. 3211-17 du code général de la propriété des personnes publiques. Toutefois, par dérogation aux dispositions du même article L. 3211-17, ces ventes peuvent être faites avec publicité et concurrence, pour le compte de l'État, par les opérateurs de ventes volontaires de meubles aux enchères publiques mentionnés aux articles L. 321-4 et L. 321-24 du présent code, dans les conditions prévues par le présent chapitre. »**

Les ventes de meubles aux enchères publiques relevant du code des douanes sont faites selon les modalités prévues par le même code. Toutefois, par dérogation aux dispositions du code des douanes, ces ventes peuvent également être faites avec publicité et concurrence, pour le compte de l'État, par les *(L. nº 2011-850 du 20 juill. 2011, art. 33, en vigueur le 1er sept. 2011)* « opérateurs de ventes volontaires de meubles aux enchères publiques mentionnés aux articles L. 321-4 et L. 321-24 » dans les conditions prévues par le présent chapitre. – *[L. nº 2000-642 du 10 juill. 2000, art. 58, al. 2 et 3.]*

Art. L. 321-37 *(L. nº 2011-850 du 20 juill. 2011, art. 34, en vigueur le 1er sept. 2011)* A l'exception des contestations relatives aux ventes volontaires aux enchères publiques de marchandises en gros, qui sont portées devant les tribunaux de commerce, les tribunaux civils sont seuls compétents pour connaître des actions en justice relatives aux activités de vente dans lesquelles est partie un opérateur de ventes volontaires de meubles aux enchères publiques mentionné à l'article L. 321-4. Toute clause contraire est réputée non écrite. Néanmoins, si l'opérateur est une personne morale, les associés peuvent convenir, dans les statuts, de soumettre à des arbitres les contestations qui surviendraient entre eux ou entre opérateurs de ventes volontaires à raison de leur activité. – *[L. nº 2000-642 du 10 juill. 2000, art. 61.]*

Art. L. 321-38 *(L. nº 2022-267 du 28 févr. 2022, art. 2)* Un décret en Conseil d'État fixe les conditions d'application du présent chapitre.

Loi nº 2000-642 du 10 juillet 2000, *portant réglementation des ventes volontaires de meubles aux enchères publiques.* **Art. 52** *(Abrogé par Ord. nº 2016-728 du 2 juin 2016, art. 24-I, à compter du 1er juill. 2022) Les actions en responsabilité civile engagées à l'occasion des ventes volontaires et judiciaires de meubles aux enchères publiques, ainsi que des expertises correspondantes et des prisées, en cours à la date de promulgation de la présente loi, se prescrivent par dix ans à compter de cette date, à moins que la prescription ne soit acquise selon les règles applicables antérieurement avant ce délai.*

V. art. L. 321-17.

Art. 54 *(Abrogé par Ord. nº 2016-728 du 2 juin 2016, art. 24-I, à compter du 1er juill. 2022) Les personnes ayant subi avec succès l'examen d'aptitude à la profession de commissaire-priseur remplissent la condition de qualification mentionnée à l'article (L. nº 2011-850 du 20 juill. 2011, art. 34, en vigueur le 1er sept. 2011) « L. 321-4 » du code de commerce.*

CHAPITRE II DES AUTRES VENTES AUX ENCHÈRES

RÉP. COM. vº *Ventes aux enchères publiques de marchandises neuves*, par MAUGER-VIELPEAU.

Art. L. 322-1 Les ventes publiques et au détail de marchandises qui ont lieu après décès ou par autorité de justice sont faites selon les formes prescrites et par les officiers ministériels préposés pour la vente forcée du mobilier conformément aux articles *(Ord. nº 2011-1895 du 19 déc. 2011, art. 2, en vigueur le 1er juin 2012)* « L. 221-4 du code des procédures civiles d'exécution *[ancienne rédaction : 53 de la loi nº 91-650 du 9 juillet 1991 relative à la réforme des procédures civiles d'exécution]* » et 945 du code de procédure civile. – *[L. 25 juin 1841, art. 3.] – V. ces textes au* ***C. pr. exéc.*** *et au* ***C. pr. civ.***

Art. L. 322-2 Les ventes de marchandises après liquidation judiciaire sont faites conformément aux articles L. 642-19 et suivants.

(L. nº 2011-850 du 20 juill. 2011, art. 36, en vigueur le 1er sept. 2011) « Elles peuvent être faites par le ministère des commissaires-priseurs judiciaires, des notaires ou des huissiers de justice lorsqu'elles ont lieu au détail ou par lots, ou par le ministère des courtiers de marchandises assermentés lorsqu'elles ont lieu en gros. Les biens meubles du débiteur autres que les marchandises ne peuvent être vendus aux enchères que par le ministère des commissaires-priseurs judiciaires, des notaires ou des huissiers de justice, en application des lois et règlements régissant les interventions de ces différents officiers. » – *[L. 25 juin 1841, art. 4.]*

Sur les courtiers de marchandises assermentés, V. art. L. 131-12 s.

Art. L. 322-3 Les ventes publiques et par enchères après cessation de commerce, ou dans les autres cas de nécessité *(L. n° 2011-850 du 20 juill. 2011, art. 37-I, en vigueur le 1er sept. 2011)* « dont l'appréciation est soumise au tribunal de commerce », ne peuvent avoir lieu qu'autant qu'elles ont été préalablement autorisées par le tribunal de commerce, sur la requête du commerçant propriétaire, à laquelle est joint un état détaillé des marchandises.

Le tribunal constate, par son jugement, le fait qui donne lieu à la vente ; il indique le lieu de l'arrondissement où se fait la vente ; il peut même ordonner que les adjudications n'ont lieu que par lots dont il fixe l'importance.

(L. n° 2011-850 du 20 juill. 2011, art. 37-I, en vigueur le 1er sept. 2011) « Il décide qui, des courtiers de marchandises assermentés, des commissaires-priseurs judiciaires ou des autres officiers publics, est chargé de la réception des enchères. »

L'autorisation ne peut être accordée pour cause de nécessité qu'au marchand sédentaire, ayant depuis un an au moins son domicile réel dans l'arrondissement où la vente doit être opérée.

Des affiches apposées à la porte du lieu où se fait la vente énoncent le jugement qui l'a autorisée. – *[L. 25 juin 1841, art. 5.]*

1. Cessation de commerce. Selon l'art. L. 322-3, le tribunal de commerce qui autorise la vente publique aux enchères de marchandises après cessation de commerce décide qui, indifféremment des courtiers ou des commissaires-priseurs judiciaires ou autres officiers publics, est chargé de la réception des enchères. La faculté, pour la juridiction, de confier cette vente volontaire à un courtier ou à un officier ministériel autre que commissaire-priseur ne subit aucune dérogation tenant à l'implantation d'un office de commissaire-priseur judiciaire dans la commune où la vente est organisée. • Civ. 1re, 20 mars 2007, n° 04-13.276 P : *D. 2007. AJ 1138, obs. Delpech ; RTD com. 2007. 823, obs. Bouloc ; JCP E 2007, n° 19, p. 24 ; CCC 2007, n° 169, obs. Leveneur ; RJDA 2007, n° 713.*

2. Prix de réserve. La vente aux enchères publiques d'un stock de matériel après cessation de commerce à laquelle procède un commissaire-priseur, avec autorisation judiciaire délivrée à la requête du commerçant conformément à la loi du 25 juin 1841 [C. com., art. L. 322-3 s.], est une vente volontaire ne privant pas le commissaire-priseur de sa qualité de mandataire du vendeur et celui-ci de la possibilité d'assortir la vente de prix de réserve. • Com. 27 avr. 1993, n° 91-12.561 P : *CCC 1993, n° 186, obs. Raymond ; RJDA 1993, n° 889.*

3. Nécessité. Ne constitue pas un cas de nécessité au sens de l'art. L. 320-2 [ancien] la liquidation d'un stock d'arbres et de plants motivée par un surplus de produits consécutif à une gestion et une prévision inadaptées, les contraintes climatiques ou le phénomène de mode dans les choix manifestés par la clientèle étant des facteurs communs à tous les commerçants de ce secteur. • Com. 30 sept. 2008, n° 07-16.594 : *RJDA 2009, n° 23.*

Art. L. 322-4 *(L. n° 2011-850 du 20 juill. 2011, art. 37-II, en vigueur le 1er sept. 2011)* Les ventes aux enchères publiques de marchandises en gros faites en application de la loi ou ordonnées par décision de justice sont confiées à un courtier de marchandises assermenté. – *[L. 25 juin 1841, art. 6, (partie).] – Sur ces derniers, V. art. L. 131-12 s.*

Art. L. 322-5 Toute infraction aux dispositions des articles *(Abrogé par L. n° 2011-850 du 20 juill. 2011, art. 37-III, à compter du 1er sept. 2011)* « L. 320-1, L. 320-2 et » L. 322-1 à L. 322-7 est punie de la confiscation des marchandises mises en vente et, en outre, d'une amende de 3 750 €, qui est prononcée solidairement tant contre le vendeur que contre *(L. n° 2011-850 du 20 juill. 2011, art. 37-II, en vigueur le 1er sept. 2011)* « le courtier de marchandises assermenté ou l'officier » public qui l'a assisté, sans préjudice des dommages[-]intérêts, s'il y a lieu.

(Abrogé par L. n° 2011-850 du 20 juill. 2011, art. 37-III, à compter du 1er sept. 2011) « Est considérée comme complice et frappée des mêmes peines toute personne dont l'interposition a pour but de tourner les interdictions formulées à l'article L. 320-1. » – *[L. 25 juin 1841, art. 7, al. 1er et 2.]*

Art. L. 322-6 Le fait pour les vendeurs *(L. n° 2011-850 du 20 juill. 2011, art. 37-IV, en vigueur le 1er sept. 2011)* « , les courtiers de marchandises assermentés ou les officiers » publics de comprendre dans les ventes faites par autorité de justice, sur saisie, après décès, liquidation judiciaire, cessation de commerce, ou dans les autres cas de nécessité *(L. n° 2011-850 du 20 juill. 2011, art. 37-IV, en vigueur le 1er sept. 2011)* « dont l'appréciation est soumise au tribunal de commerce » des marchandises neuves ne faisant pas partie du fonds ou mobilier mis en vente, est passible des peines prévues à l'article L. 322-5. — *[L. 25 juin 1841, art. 8.]*

Art. L. 322-7 Dans les lieux où il n'y a point de courtiers de *(L. nº 2011-850 du 20 juill. 2011, art. 37-V, en vigueur le 1er sept. 2011)* « marchandises assermentés », les commissaires-priseurs judiciaires, les notaires et huissiers font les ventes *(L. nº 2011-850 du 20 juill. 2011, art. 37-V, en vigueur le 1er sept. 2011)* « prévues à l'article L. 322-4, conformément aux dispositions légales et réglementaires régissant leurs interventions ».

Ils sont, pour lesdites ventes, soumis aux formes, conditions et tarifs imposés aux courtiers. — *[L. 25 juin 1841, art. 10.]*

Art. L. 322-8 *(L. nº 2011-850 du 20 juill. 2011, art. 37-VI, en vigueur le 1er sept. 2011)* Les ventes volontaires aux enchères publiques en gros d'armes, de munitions et de leurs éléments essentiels ne peuvent avoir lieu que sur autorisation préalable du tribunal de commerce.

Art. L. 322-9 *(L. nº 2011-850 du 20 juill. 2011, art. 37-VI, en vigueur le 1er sept. 2011)* Les courtiers de marchandises assermentés sont soumis aux dispositions prescrites par les articles 871 et 873 du code général des impôts. — *[L. 28 mai 1858, art. 2.]*

Art. L. 322-10 Le droit de courtage pour les ventes qui font l'objet des articles L. 322-8 à L. 322-13 est fixé, pour chaque localité, par le ministre chargé *(L. nº 2011-850 du 20 juill. 2011, art. 37-VIII, en vigueur le 1er sept. 2011)* « du commerce », après avis de la chambre de commerce et d'industrie *[territoriale]* et du tribunal de commerce. En aucun cas, il ne peut excéder le droit établi dans les ventes de gré à gré, pour les mêmes sortes de marchandises. — *[L. 28 mai 1858, art. 3.]*

Art. L. 322-11 Les contestations relatives aux ventes réalisées en application de l'article L. 322-8 sont portées devant le tribunal de commerce. — *[L. 28 mai 1858, art. 5.]*

Art. L. 322-12 et L. 322-13 *Abrogés par L. nº 2011-850 du 20 juill. 2011, art. 37-IX, à compter du 1er sept. 2011.*

Art. L. 322-14 Les tribunaux de commerce peuvent, après décès ou cessation de commerce, et dans tous les autres cas de nécessité dont l'appréciation leur est soumise, autoriser la vente aux enchères en gros des marchandises de toute espèce et de toute provenance.

L'autorisation est donnée sur requête. Un état détaillé des marchandises à vendre est joint à la requête.

Le tribunal constate par son jugement le fait qui donne lieu à la vente. — *[L. 3 juill. 1861, art. 1er.] — V. art. R. 322-13 à R. 322-15.*

Art. L. 322-15 *(L. nº 2011-850 du 20 juill. 2011, art. 37-X, en vigueur le 1er sept. 2011)* Les ventes judiciaires de marchandises en gros autorisées en vertu de l'article L. 322-14 ainsi que toutes celles qui sont autorisées ou ordonnées par la justice consulaire dans les divers cas prévus par le présent code sont faites par des courtiers de marchandises assermentés.

Néanmoins, il appartient toujours au tribunal ou au juge qui autorise ou ordonne la vente de désigner, pour y procéder, un commissaire-priseur judiciaire, un huissier de justice ou un notaire. Dans ce cas, l'officier public, quel qu'il soit, est soumis aux dispositions qui régissent les courtiers de marchandises assermentés relativement aux formes, aux tarifs et à la responsabilité. — *[L. 3 juill. 1861, art. 2.] — V. art. R. 322-13 à R. 322-15.*

Les courtiers de marchandises assermentés inscrits, à la date d'entrée en vigueur de la L. nº 2011-850 du 20 juill. 2011, sur les listes des cours d'appel dressées en application de la réglementation applicable avant cette date, qui poursuivent une activité de ventes volontaires aux enchères publiques de marchandises en gros, disposent d'un délai de six mois à compter de la promulgation de ladite loi pour se mettre en conformité avec l'ensemble des dispositions du chapitre Ier du titre II du livre III (L. préc., art. 42-II).

Art. L. 322-16 Les dispositions des articles L. 322-11 à L. 322-13 sont applicables aux ventes visées aux articles L. 322-14 et L. 322-15. — *[L. 3 juill. 1861, art. 3.]*

Sur la pratique des enchères dans les lieux affectés à l'expédition ou à la vente en gros des denrées et produits provenant de l'agriculture et de la pêche, V. Décr. n° 58-560 du 28 juin 1958, abrogé par Décr. n° 2007-431 du 25 mars 2007 relatif à la partie réglementaire du code de commerce à l'exception des art. 3 à 5.

TITRE TROISIÈME DES CLAUSES D'EXCLUSIVITÉ

V. aussi art. L. 410-1 s. et R. 420-1 s. — Sur les règlements communautaires pris en application du traité de Rome, art. 101 § 3, V. note ss. cet art., App., v° Concurrence.

RÉP. COM. v[is] *Accords de distribution (Droit de la concurrence) ; Automobile (Droit de la concurrence)*, par ARHEL ; *Distribution*, par GRIGNON.

Art. L. 330-1 Est limitée à un maximum de dix ans la durée de validité de toute clause d'exclusivité par laquelle l'acheteur, cessionnaire ou locataire de biens meubles s'engage vis-à-vis de son vendeur, cédant ou bailleur, à ne pas faire usage d'objets semblables ou complémentaires en provenance d'un autre fournisseur. — *[L. 14 oct. 1943, art. 1er.]*

Art. L. 330-2 Lorsque le contrat comportant la clause d'exclusivité mentionnée à l'article L. 330-1 est suivi ultérieurement, entre les mêmes parties, d'autres engagements analogues portant sur le même genre de biens, les clauses d'exclusivité contenues dans ces nouvelles conventions prennent fin à la même date que celle figurant au premier contrat. — *[L. 14 oct. 1943, art. 2.]*

I. CLAUSES D'EXCLUSIVITÉ

A. EXCLUSIVITÉ D'APPROVISIONNEMENT

BIBL. Didier, *D. 1966. Chron. 55*. – Mousseron et Seube, *D. 1973. Chron. 197*. – le Tourneau, *RJ com. 1979. 121*. – De Mello, *Gaz. Pal. 1979. 2. Doctr. 667*. – Vogel, *JCP E 1992. I. 184*. – Leloup, *D. Affaires 1999. 1166*. – Lambert, *RJ com. 2000. 289* (contrat de bière face au nouveau droit de la concurrence communautaire). – Lavabre, *RJDA 2002, p. 603* (élément de la problématique du contrat-cadre). – Lambert, *RJ com. 2002. 388* (influence d'internet sur la distribution). – Dumont-Lefrand, *RTD com. 2003. 43* (bail commercial et droit de la distribution). – Castagnon, *CCC 2003. chron. 10* (internet et réseau de distribution). – Lambert, *D. 2005. 1085* (contrôle de l'assistance dans le contrat de bière) ; *JCP E 2007, n° 41, p. 16* (le contrat de bière : l'exclusivité en voie de disparition forcée) ; *RLDA avr. 2008. 86* (la spécificité du contrat de bière). – Richard, *Cah. dr. entr. 2010, n° 4, p. 52* (aperçu du droit positif des organisations d'approvisionnement). – Guillemin, *D. 2013. 657* (défense du distributeur face à son fournisseur dans le contrat de bière). – Lambert, *JCP E 2017, n° 1017* (durée de l'exclusivité d'approvisionnement) ; *ibid. 2018, n° 1001* (le contentieux du contrat de bière : vers un accord cadre de plus en plus sûr). – Galmiche, *RLC sept. 2019. 36* (validité des contrats brasseurs : rapide état des lieux).

1. *Ordre public.* Les dispositions légales sont d'ordre public. • Com. 25 mars 1974, n° 73-11.785 P : *JCP 1976. II. 18378, note Simler.* ♦ L'application de la loi du 14 oct. 1943 pouvant être demandée par toute personne y ayant intérêt, les actes contraires à son art. 1er [C. com., art. L. 330-1], atteints de nullité absolue, ne sont pas susceptibles de confirmation. • Com. 7 avr. 1992, n° 90-21.260 P : *D. 1992. Somm. 396, obs. Ferrier ; CCC 1992, n° 177, obs. Leveneur ; RJDA 1992, n° 442* (V. aussi l'arrêt cassé). – ♦ Comp., jugeant que seules les parties au contrat sont fondées à se prévaloir de la violation du dépassement, à l'exclusion des tiers : • Com. 21 déc. 1981, n° 80-15.035 P.

2. *Droit de la concurrence.* **BIBL.** Chagny, *LPA 29 nov. 2007* (regards sur le droit des pratiques anticoncurrentielles : les développement en matière de distribution). – Dieny, *JCP E 2008, n° 49, p. 24* (consolidation de l'analyse et du traitement des relations entre commettant et agent au regard du droit des ententes). – Grynfogel et Marthan, *RJDA 1/2010, p. 3* (le clair-obscur de l'obligation d'exclusivité : de quelques singularités dans l'appréciation de l'Autorité de la concurrence). – François-Martin, *RDLC 2010, n° 1, p. 63* (le contrôle des distributeurs par la tête de réseau – définition et enjeux). ♦ V. C. com., art. L. 420-1 s. et art. 101 du traité de Rome, App., v° *Concurrence.* ♦ Une exclusivité d'achat n'est pas, par sa seule nature, incompatible avec la réglementation des ententes, mais elle peut le devenir lorsqu'elle est susceptible d'exercer un effet restrictif sur le jeu de la concurrence. • CJCE 12 déc. 1967 : *RTD eur. 1968. 15* • 18 mars 1970 : *ibid. 1970. 491, obs. Champaud* • Com. 28 janv. 1975, n° 73-13.170 P • Paris, 12 juin 1970 : *RTD eur. 1970. 539, obs. Joliet ; JCP 1971. II. 16663, note H. D.* • CJCE 7 déc. 2000 : *Gaz. Pal. 3-5 févr. 2002. Somm. 25, note Vialens.*

Sur la validité de la clause d'approvisionnement exclusif en matière de franchise, V. note 49 ss. art. L. 420-1. ♦ Sur la force obligatoire des règlements d'exemption communautaires, V. note 4. ♦ Sur les modalités d'acquisition de foncier commercial dans le secteur de la distribution alimentaire, V. • Aut. conc., avis n° 10-A-26 du 7 déc. 2010 : *cité note 2 ss. art. L. 752-26.* – Suivant les préconisations de cet avis, V. • Paris, 3 avr. 2013 : *RJDA 2013, n° 999 ; RLC juill.-août 2013. 105, note Amaro.* ♦ V. aussi • Aut. conc., avis n° 12-A-01 du 11 janv. 2012 : *cité note 1 ss. art. L. 752-26.*

3. Monopole bancaire. Sur la validité de l'assistance financière consentie par le fournisseur sous la forme d'un prêt de somme d'argent ou du cautionnement d'un tel prêt accordé par un tiers, au regard de l'art. L. 511-5 C. mon. fin. qui réserve l'exercice des activités bancaires et financières aux seuls établissements financiers, V. note 3 ss. art. L. 511-7 C. mon. fin., App., v° *Banque et financement de l'entreprise.*

1° DURÉE

4. Droit communautaire. S'agissant des règlements communautaires applicables en la matière (qui prévoient une durée limitée à cinq ans), il a été jugé que n'est pas nécessairement nul un accord ne remplissant pas les conditions posées par un règlement d'exemption s'il n'est pas établi qu'il a pour objet ou pour effet d'empêcher, de restreindre ou de fausser le jeu de la concurrence à l'intérieur du marché commun. • Com. 3 déc. 2003, n° 02-12.910 : *CCC 2004, n° 23, obs. Malaurie-Vignal ; LPA 27 juin 2005, obs. Baccichetti et Dom ; RJDA 2004, n° 372.* ♦ Pour une relation contractuelle de sept ans, V. • Bourges, 14 avr. 2004 : *cité note 7* • Versailles, 18 janv. 2007 : *cité note 10.* ♦ Pour un contrat d'exclusivité de 10 ans, sanctionné sur le fondement de l'art. 81 CE, V. • TGI Strasbourg, 28 févr. 2008 : *Lettre distrib. 4/2008, p. 3.* ♦ L'art. 5, sous a), du Règl. (CE) n° 2790/1999 du 22 déc. 1999 (V. ce texte, App., v° *Concurrence* ; remplacé par Règl. UE n° 330/2010 du 20 avr. 2010, V. App., v° *Concurrence*), doit être interprété en ce sens que, aux fins de l'application de la dérogation qu'il prévoit, cette disposition exige que le fournisseur soit propriétaire tant de la station-service qu'il donne en location au revendeur que du terrain sur lequel celle-ci est bâtie ou, dans le cas où il n'est pas le propriétaire, qu'il loue ces biens à des tiers non liés au revendeur. • CJCE 2 avr. 2009, n° C-260/07 : *D. 2009. Pan. 2889, obs. Ferrier ; CCC 2009, n° 160, obs. Malaurie-Vignal ; RLC juill.-août 2009. 29, obs. Robin.*

5. Domaine. Selon l'art. 1er de la loi du 14 oct. 1943 [C. com., art. L. 330-1], une exclusivité d'achat doit être limitée à dix ans, même si la vente n'est pas encore parfaite au moment de la souscription de l'exclusivité et se réalisera par des actes d'exécution successive. • Com. 27 avr. 1971, n° 69-10.843 P : *D. 1972. 353, note Ghestin ; JCP 1972. II. 16975, note Boré* • 12 févr. 1974, n° 72-13.959 P : *D. 1974. 415, note Ghestin ; JCP 1975. II. 17915, note Boré.* ♦ Sur l'application de la loi de 1943 aux accords de distribution exclusive, V. • Com. 7 avr. 1992, n° 90-21.260 P : *préc. note 1* (cassant • Paris, 20 sept. 1990 : *D. 1991. 165, note Malaurie ; JCP E 1992. II. 245, note Shodermeier,* qui avait écarté l'application de la loi). ♦ Pour une clause d'approvisionnement exclusif d'une durée supérieure à dix ans, insérée dans un contrat de sous-licence de marque, V. • Com. 15 janv. 2013, n° 11-17.797 : *RJDA 2013, n° 399.*

Une clause d'approvisionnement exclusif, portant en partie sur de la bière, qui figure dans un contrat de bail conclu pour une période de neuf ans renouvelable est soumise au respect de la loi de 1943. • Com. 14 déc. 1999, n° 97-12.887 P : *D. 2000. AJ 79, obs. Chevrier ; CCC 2000, n° 46, obs. Poillot-Peruzetto ; RTD com. 2000. 709, obs. Bouloc.* ♦ Dans le même sens, considérant que l'annulation de la clause illicite ne doit pas entraîner celle du bail, V. • Civ. 3e, 31 janv. 2001, n° 98-12.895 : *D. 2001. Somm. 3520, obs. Rozès ; RJDA 2001, n° 428.* – V. aussi Lutz et Wagner, *D. 2001. 1708* (pourquoi la loi Doubin n'est pas applicable aux contrats de bière ?).

6. Absence d'exclusivité. Ne constituent pas une clause d'exclusivité, au sens de la L. du 14 oct. 1943, les dispositions d'un contrat de location et d'entretien d'une installation téléphonique conclu pour une durée de quinze années interdisant au locataire de s'adresser à un autre fournisseur que le bailleur pour toute adjonction ou modification de l'installation fournie, dès lors qu'elles ont leur justification dans le maintien de la propriété du matériel au bailleur et que la possibilité pour le locataire de faire poser et entretenir toute autre installation téléphonique par toute entreprise de son choix reste intacte. • Com. 19 janv. 1993, n° 91-10.479 : *RJDA 1993, n° 497.* – V. déjà • Civ. 1re, 10 déc. 1985, n° 84-14.795 P. – *Contra* : • Paris, 14 juin 1994 : *Gaz. Pal. 1995. 1. Somm. 196.*

7. Calcul du délai. Sont atteintes d'une cause de nullité les viciant en leur totalité les deux conventions d'approvisionnement exclusif de toutes boissons y compris la bière, d'une durée égale respectivement de 5 et 2 ans, qui, comportant une même cause et un même objet puisqu'elles stipulent des obligations similaires à la charge du fournisseur, doivent être considérées comme un seul et unique contrat d'une durée de sept ans destiné à contourner la réglementation européenne. • Bourges, 14 avr. 2004 : *préc. note 4.* ♦ V. aussi • Bourges, 15 déc. 1986 : *Gaz. Pal. 1988. 1. Somm. 195.*

8. Renouvellement du contrat. Le contrat, dès lors qu'il est arrivé à expiration, peut être renouvelé par accord des parties, pour une nouvelle période maximale de dix ans, renouvelable. • Com. 11 mars 1981, n° 79-12.532 P • 30 mars 1981, n° 80-10.357 P. ♦ Le contrat conclu après l'arrivée du terme légal de dix ans ne constitue pas juridiquement la prorogation du premier contrat. • Com. 21 févr. 1995, n° 93-13.302 P : *D. 1995. IR 92 ; RJDA 1995, n° 803 ; CCC 1995, n° 104, obs. Vogel.*

9. Sanction du dépassement. Au cas où le contrat serait conclu pour une durée supérieure, il n'est pas nul de ce fait et doit être réduit à la durée légalement imposée. • Com. 1er déc. 1981, n° 79-16.147 P • Paris, 3 nov. 1981 : *JCP 1982. IV. 210* • Com. 10 févr. 1998, n° 95-21.906 P : *D. Affaires 1998. 373, obs. E. P. ; CCC 1998, n° 55, obs. Leveneur ; RTD com. 1998. 911, obs. Bouloc*. ♦ Le délai de dix ans étant dépassé, le gérant d'une société de distribution liée par une clause d'enseigne peut mettre un terme aux relations commerciales sans avoir à mettre en œuvre l'art. 16 des statuts qui réservait les cas dans lesquels la loi attribue des pouvoirs aux seuls associés. • T. com. Auxerre, 16 avr. 2007 : *Lettre distrib. 10/2007, p. 4.*

2° DÉTERMINATION DU PRIX

10. Abus dans la fixation du prix. BIBL. Laude, *D. Affaires 1996. 3 ; Cah. dr. entr. 1997, n° 5, p. 29.* – Couret, *Dr. et patr. 1/1996. 48.* – Frison-Roche, *RJDA 1996, p. 3.* – Leveneur, *CCC 1996. Chron. 1.* – Pollaud-Dullian et Ronzano, *RTD com. 1996. 179* (contrat-cadre). – Jamin, *JCP E 1996. I. 3959* (de l'abus dans la détermination du prix au contrôle des pratiques abusives). – Bergoin, *Gaz. Pal. 1997. 1. Doctr. 600* (détermination du prix par référence au marché). – Colloque du 17 déc. 1996, *RTD com. 1997. 1* (nouveaux enjeux un an après). – Aynès, Kamara et de Fontbressin, *Cah. dr. entr. 1997, n° 3-4, p. 16.* – Brunet et Ghozis, *D. 1998. Chron. 1* (jurisprudence de l'Assemblée plénière sur le prix du point de vue de la théorie du contrat). – Boré, *Mél. Champaud, Dalloz, 1997, p. 102.* – Mainguy, *Cah. dr. entr. 1998, n° 2, p. 24.* – Fages, *ibid., n° 6, p. 11* (abus dans les contrats de distribution). – Molfessis, *LPA 5 mai 2000* (exigences relatives au prix). – Aubert de Vincelles, *D. 2006. 2629* (pour une généralisation, encadrée, de l'abus dans la fixation du prix). – Ghestin, *Mél. Goubeau, Dalloz-LGDJ, 2009. 183* (la portée des arrêts du 1er déc. 1995 au regard de leurs justifications). – Aronica, *AJCA 2014. 69* (la clause du client le plus favorisé). ♦ Lorsqu'une convention prévoit la conclusion de contrats ultérieurs, l'indétermination du prix de ces contrats dans la convention initiale n'affecte pas, sauf dispositions légales particulières, la validité de celle-ci, l'abus dans la fixation du prix ne donnant lieu qu'à *résiliation ou indemnisation* (cassation pour violation des art. 1709 et 1710, ensemble les art. 1134 et 1135 [anciens] C. civ., à propos de location-entretien d'installation téléphonique). • Cass., ass. plén., 1er déc. 1995, n° 91-15.578 P : *BICC 15 janv. 1996, p. 10, concl. Jéol, note Fossereau ; D. 1996. 13, concl. Jéol, note Aynès* ; *JCP 1996. II. 22565, concl. Jéol, note Ghestin ; Gaz. Pal. 1995. 2. 626, concl. Jéol, note de Fontbressin ; JCP E 1996. II. 776, note Leveneur.* ♦ L'art. 1129 [ancien] C. civ. n'étant pas applicable à la détermination du prix, une cour d'appel, qui n'est pas saisie d'une demande de résiliation ou d'indemnisation pour abus dans la fixation du prix justifie légalement sa décision en écartant l'exception de nullité d'un contrat de location d'une installation téléphonique et des avenants intervenus, tirée de l'indétermination du prix d'une partie des prestations stipulées. • Cass., ass. plén., 1er déc. 1995, n° 93-13.688 P : *D. 1995. IR 273* ; *Gaz. Pal. préc. ; JCP préc. ; JCP E préc.* ♦ V. aussi, pour un contrat de concession, • Com. 11 juin 1996, n° 94-16.866 P : *D. 1996. Somm. 323, obs. Aynès* ; *D. 1997. Somm. 59, obs. Ferrier*. ♦ ... Pour un contrat de commission, • Paris, 4 oct. 1996 : *D. Affaires 1996. 1317.* ♦ ... Pour des contrats de location-gérance, V. • Com. 19 nov. 1996, n° 92-12.450 : *RJDA 1997, n° 306* • 3 déc. 1996, n° 94-10.983 : *ibid. ; CCC 1997, n° 59, obs. Leveneur.* ♦ ... Pour un contrat d'approvisionnement exclusif de bière, V. • Com. 18 nov. 1997, n° 95-21.846 : *RJDA 1998, n° 275.* ♦ ... Pour les contrats de franchise, V. note 27 ss. art. L. 330-3.

11. Critère de l'abus. Sur les critères d'appréciation de l'abus dans la fixation du prix, V. • Com. 28 mars 2000, n° 97-10.652 : *Cah. dr. entr. 2001, n° 2, p. 28, obs. Respaud* • 6 juin 2000, n° 97-12.260 : *ibid.* • 15 janv. 2002, n° 99-21.172 : *D. 2002. 1974, note Stoffel-Munck* ; *RTD civ. 2002. 294, obs. Mestre et Fages* ; *JCP 2002. II. 10157, note Jamin ; LPA 3 juill. 2003, obs. Mathey* • 13 nov. 2003, n° 01-14.368 : *RJDA 2004, n° 415 ; RDC 2004. 1011, obs. Béhar-Touchais.* – V. aussi • T. com. Paris, 13 oct. 2003 : *cité note 39.* ♦ Dès lors qu'il est constaté que les prix unilatéralement fixés par une société, excessifs dès l'origine, ne permettaient pas à son partenaire commercial de faire face à la concurrence, la cour d'appel a pu retenir que la société avait abusé de son droit de fixer unilatéralement le prix des marchandises. • Com. 4 nov. 2014, n° 11-14.026 : *D. 2015. 183, note Ghestin* ; *AJCA 2015. 78, obs. Bros* ; *RTD civ. 2015. 123, obs. Barbier* ; *JCP E 2014, n° 1639, note Choné-Grimaldi ; CCC 2015, n° 38, obs. M. M.-V. ; RJDA 2015, n° 84.*

3° PRATIQUES DISCRIMINATOIRES ET ENGAGEMENTS DISPROPORTIONNÉS

12. Proportionnalité des engagements. Sur la nullité pour absence de cause d'un contrat d'approvisionnement exclusif, les engagements souscrits par le fournisseur à l'égard de ceux pris par le distributeur étant disproportionnés au point d'être considérés comme dérisoires, V. • Com. 14 oct. 1997, n° 95-16.733 : *D. 1998.*

Somm. 333, obs. Ferrier ; *Defrénois 1998. 1040, obs. Mazeaud* ; *RJDA 1998, n° 164* • 8 févr. 2005, n° 03-10.749 P : *D. 2005. Pan. 2841, obs. Amrani Mekki* ; *RTD com. 2005. 825, obs. Bouloc* ; *JCP E 2005, n° 31-34, p. 1326, obs. Mainguy et Respaud* ; *CCC 2005, n° 104, obs. Leveneur* ; *RJDA 2005, n° 538* • Versailles, 16 sept. 2004 : *BRDA 2004, n° 22, p. 6* • Angers, 24 juin 2008 : *CCC 2009, n° 12, obs. M. M.-V.* ♦ Rejetant la nullité pour absence de cause en raison de la disproportion entre les obligations réciproques des parties, la comparaison devant s'effectuer non pas entre la subvention et le volume des achats, mais entre la subvention et la marge bénéficiaire espérée de ce volume par l'exploitant d'un débit de boissons, V. • Versailles, 18 janv. 2007 : *D. 2008. Pan. 2197, obs. Ferrier* ; *JCP E 2007, n° 16, p. 25.*

Bien que le contrat d'approvisionnement et la reconnaissance de dette stipulent que les avantages financiers octroyés au distributeur constituent la contrepartie de l'obligation d'achat exclusive, ce qui rend ces deux opérations incontestablement liées, aucune indivisibilité de nature à faire obstacle juridiquement ou matériellement à une exécution séparée n'existent entre elles. Le remboursement anticipé des prêts n'a donc pas fait disparaître l'obligation distincte d'approvisionnement exclusif. • Grenoble, 20 juin 2007 : *CCC 2008, n° 7, obs. Malaurie-Vignal.* ♦ L'engagement de caution du brasseur, à hauteur de 50 % du prêt octroyé au détaillant, ne peut être considéré comme dérisoire au point de priver de cause l'engagement exclusif sur cinq ans contracté par le détaillant, au seul motif qu'il existait déjà, lors de la signature, un engagement de caution d'une autre société à hauteur de 100 % du prêt. • Toulouse, 18 mars 2008 : *JCP E 2008, n° 42, p. 35.*

13. *Pratiques discriminatoires.* Sur les notions de contraintes économiques et de pratiques discriminatoires dans un contrat de bières, V. • Com. 29 janv. 2008, n° 07-13.778 P : *D. 2008. AJ 541, obs. Chevrier* ; *JCP E 2008, n° 10, p. 26* ; *CCC 2008, n° 102, obs. Malaurie-Vignal* ; *RJDA 2008, n° 718* ; *RLDC 2008, n° 2, p. 127, obs. Roberval et Fasquelle.* ♦ Sur l'absence de preuve, incombant au distributeur, d'une différenciation tarifaire injustifiée, V. • Montpellier, 11 déc. 2012 : *RJDA 2013, n° 220.*

B. EXCLUSIVITÉ DE VENTE

BIBL. Plaisant, *RTD com. 1964. 1.* – Champaud, *ibid. 1963. 451.* – Maymon-Goutaly, *ibid. 1982. 518.* – Pigassou, *ibid. 1980. 473.* – Thréard, *JCP E 1977. II. 12536.* – Malaurie-Vignal, *JCP E 1998, n° 7-8, p. 260* (*intuitu personae* et liberté de la concurrence dans les contrats de distribution). – Collard et Roquilly, *LPA 3 avr. 2002* (réseaux de distribution fermés et commerce électronique). – Lambert, *RJ com. 2002. 388* (influence d'internet sur la distribution). – Amiel-Cosme, *Mél. Guyon, Dalloz, 2003, p. 1* (théorie institutionnelle du réseau). – Dumont-Lefrand, *RTD com. 2003. 43* (bail commercial et droit de la distribution). – Castagnon, *CCC 2003, Chron. n° 10* (internet et réseau de distribution). – Ayma, *LPA 3 juill. 2003* (même thème). – Decocq, *ibid. 13* ; *CCE 2003, Chron. 24* (même thème). – Prieto, *RDC 2004. 875* (efficience contractuelle dans le droit de la libre concurrence : illustration par la clause d'exclusivité). – Lebreton-Derrien, *RJ com. 2004. 506* (clause d'objectif). – Tisserand et Van Eeckhout, *RDC 2004. 1110* (distribution de téléphonie mobile). – Raynard, *Cah. dr. entr. 2005, n° 3, p. 30* (technique contractuelle au service de la pérennité du réseau de distribution). – Ferrier, *D. 2006. 2594* (la distribution sur internet dans le cadre d'un réseau). – Inforeg, *Cah. dr. entr. 2006, n° 6, p. 55* (contrats de distribution exclusif – cahier pratique). – Dieny, *JCP E 2009, n° 24, p. 23* (vente par internet, vente hors réseau : un aperçu des décisions 2008). – Tiquant, *LPA 25 févr. 2010* (pour une assurance obligatoire de la tête de réseau). – Simon, *Cah. dr. entr. 2010, n° 4, p. 20* (du bon usage de la technique contractuelle dans les contrats de distribution). – Cillero Valdelvira, *ibid., p. 37* (la prise de participation par la tête de réseau dans le capital de la société distributrice). – Chaput, *JCP E 2010, n° 1893* (contrôler sa distribution : l'impossible pari). – Duminy et Bretzner, *RDC 2011. 321* (petit manuel de survie à l'usage de ceux qui désirent rompre un contrat de distribution). – Ferrier et Sautonie-Laguionie, *RTD civ. 2011. 225* (la distribution parallèle à l'épreuve de l'opposabilité du réseau). – Blaise, *JCP E 2012, n° 1181* (comment configurer un réseau de distribution aujourd'hui). – Dossier, *Journ. sociétés 6/2012. 11* (le réseau dans tous ses états). – Dossier, *AJCA 2015. 247* (le contrat de distribution internationale). – Colloque, *RLDA juill.-août 2016, suppl.* (réforme du droit commun du contrat et droit de la distribution). ▸ Sur la distribution automobile, V. notes 81 s.

1° DÉFINITION ET LICÉITÉ

14. *Définition.* Ne constitue pas un mandat, mais une concession de vente, la convention selon laquelle le fabricant vend à un commerçant l'exclusivité de ses produits, lorsque le prix est payé ferme au concédant, indépendamment de celui que payent les clients du concessionnaire auxquels les produits sont revendus, et que le concessionnaire assure l'entière responsabilité de la revente. • Com. 13 mai 1970, n° 69-10.934 P : *D. 1970. 701, note Guyénot* ; *JCP 1971. II. 18891, note Sayag.* ♦ Sur la disqualification en contrat de travail, au cas d'existence d'un lien de subordination juridique, V. • Riom, 4 déc. 1968 : *JCP 1969. II. 15825, note Meyzonnade.* ♦ Sur la distinction entre agent commercial et concessionnaire, V. note 2 ss. art. L. 134-1.

Pour un arrêt estimant que le contrat de concession est une convention d'adhésion, V. • Paris, 10 déc. 1998 : *Cah. dr. entr. 1999, n° 2, p. 30, obs. Mainguy.* ♦ Sur l'inapplication à la concession d'exclusivité de la Conv. du 15 juin 1955 sur les ventes internationales d'objets mobiliers corporels, V. • Civ. 1re, 15 mars 1988, n° 86-10.875 P : *D. 1988. IR 92.*

15. Droit de la concurrence. BIBL. Colloque, *RLDA suppl. juin 2013* (droit de la distribution : questions de concurrence). ♦ Des restrictions quantitatives sont justifiables, dès lors qu'elles ont pour objet d'assurer un progrès économique et réservent aux utilisateurs une part équitable du profit qui en résulte. • Paris, 22 oct. 1991 : *D. 1992. Somm. 393, obs. Ferrier.* ♦ Mais il appartient au fournisseur d'établir la réalité de son intérêt économique. • Com. 22 oct. 1991, n° 90-11.193 P : *eod. loc.* ♦ Il est justifié sur le plan économique et commercial pour un fournisseur qui recourt à un réseau spécialisé pour distribuer ses produits de veiller à ce que son réseau de distribution soit convenablement dimensionné par rapport aux conditions de confrontation de l'offre et de la demande et il est également justifié, dans le cadre de relations d'affaires, lorsqu'un choix est à faire entre deux candidats remplissant les mêmes critères objectifs, de tenir compte de considérations subjectives. • Cons. conc. n° 07-D-25 du 25 juill. 2007 : *CCC 2007, n° 238, obs. Malaurie-Vignal ; RLC oct.-déc. 2007. 23, obs. Sélinsky ; RDLC 2007, n° 4, p. 69, obs. Debroux.* ♦ La localisation du lieu physique de vente dans un réseau de distribution exclusive ou sélective répond à un souci légitime du fournisseur de pouvoir contrôler la densité et la répartition géographique de son réseau ; c'est pourquoi les clauses d'interdiction de revente à partir d'un lieu d'établissement non autorisé ne font pas perdre le bénéfice de l'exemption catégorielle. • Même décision.

2° PREUVE

16. Liberté de la preuve. L'existence d'un accord de distribution exclusive nécessite que soit établi de manière précise et non équivoque, l'objet de la concession, sa durée, la délimitation exacte du territoire concédé, les droits et obligations réciproques des parties et les modalités de résiliation. En raison du principe de la liberté de la preuve en matière commerciale, cette preuve peut être rapportée par écrit, par témoin, et par présomption, mais non par l'aveu puisque l'existence et la qualification d'un contrat constituent une question de droit et non un élément de fait. • *Versailles, 26 oct. 1995 : JCP 1996. IV. 1091.*

17. Présomption d'exclusivité. Dans l'hypothèse d'un contrat de concession, lorsqu'il est mis à la charge du concessionnaire une obligation d'achat exclusif, l'exclusivité devient, selon les usages du commerce, réciproque pour le concédant ; en revanche, dans le cadre d'un contrat de distribution, la reconnaissance de l'exclusivité accordée par un fournisseur à un distributeur n'entraîne pas automatiquement une obligation d'approvisionnement exclusif s'imposant au distributeur par voie de simple réciprocité, l'exclusivité ne se présumant pas dans ce domaine. • Basse-Terre, 15 juin 1998 : *BICC 1999, n° 78.* ♦ En l'absence d'écrit non équivoque, en raison de la règle de la liberté de la preuve entre commerçants, il incombe, d'une part, à la partie qui s'en prétend bénéficiaire de rapporter la preuve de la clause d'exclusivité et il appartient, d'autre part, à la juridiction saisie d'apprécier le caractère suffisant des éléments qui lui sont soumis pour établir, à partir de la commune intention des parties, l'existence d'une obligation d'approvisionnement pour le distributeur auprès du fournisseur. • Même arrêt. ♦ V. aussi, • Com. 3 juill. 2001, n° 99-11.390 : *RJDA 2002, n° 35* • Lyon, 20 févr. 2003 : *RJDA 2003, n° 1055.* – Comp. • Versailles, 11 mai 2006 : *Lettre distrib. 11/2006, p. 2.*

3° EXÉCUTION DES CONVENTIONS

18. Détermination des obligations des parties. Si l'art. 1129 [ancien] C. civ., en tant qu'il permettait [avant les arrêts de l'Assemblée plénière du 1er déc. 1995 ; V. note 10] d'annuler un contrat pour indétermination du prix, était inapplicable aux obligations de faire, il n'en demeure pas moins qu'il prescrit sur le plan général que l'objet de l'obligation soit suffisamment déterminé ou déterminable (à propos de l'obligation de pénétration d'un marché). • Paris, 2 oct. 1991 : *D. 1991. IR 284.* ♦ Pour la résiliation d'un contrat de distribution exclusive pour inexécution d'une obligation de moyens inscrite dans le contrat, V. • Com. 23 juin 2015, n° 14-10.133 : *AJCA 2015. 436, obs. Ponsard.*

19. Respect de l'exclusivité. Il appartient au fournisseur de faire respecter l'exclusivité qu'il a concédée. • Com. 20 févr. 2007, n° 04-17.752 P : *D. 2007. AJ 795, obs. Chevrier ; JCP 2007. IV. 1657 ; CCC 2007, n° 121, obs. Malaurie-Vignal ; RJDA 2007, n° 1219* • 8 juin 2017, n° 15-26.755 : *D. 2018. Pan. 874, obs. Ferrier ; AJ contrat 2017. 438, obs. Pihéry ; RJDA 2018, n° 117.* ♦ Ne respecte pas cette obligation le fournisseur qui laisse des employés d'une entreprise tierce se rendre sur le parking d'un supermarché situé dans la zone d'exclusivité déjà consenti pour proposer des prestations dans le cadre d'opérations promotionnelles, avec une camionnette affichant le logo du fournisseur, ce dont il résulte que l'entreprise tierce prospectait une clientèle déterminée à l'intérieur du territoire concédé et procédait ainsi à des ventes actives. • Com. 20 sept. 2016, n° 13-15.935 P : *D. 2016. Actu. 1924, obs. Chevrier ; AJ contrat 2016. 541, obs. Éréséo ; JCP E 2016, n° 1544 ;*

CCC 2016, n° 254, obs. Malaurie-Vignal. ♦ Sur la succession à un contrat de concession stipulant l'existence d'un concurrent dans la zone d'activité, d'un contrat de concession exclusive ne faisant plus aucune référence à ce concurrent qui pourtant a vu par la suite son contrat reconduit, V. • Com. 15 mai 2007, n° 04-13.644 : *RJDA 2007, n° 959.*

20. Violation de l'exclusivité : site internet. En ouvrant son site internet de réservation directe et en empêchant ainsi les agents de remplir leur fonction en vue du développement de la marque, et en les privant de la rémunération sur le chiffre des ventes réalisées par internet, alors que, de son côté, l'agent, lié par la clause d'exclusivité figurant au contrat, était dans l'impossibilité de compenser ce manque à gagner par la distribution de produits concurrents, la société n'a pas respecté le principe d'exécution de bonne foi du contrat de mandat d'intérêt commun la liant à ses agents. • T. com. Bobigny, 29 janv. 2008 : *D. 2008. AJ 474, obs. Manara ; Gaz. Pal. 2008. 1050, obs. Gouache ; RJDA 2008, n° 872.*

21. Substitution de concessionnaire. BIBL. Le Floch et Guégen, *Mél. Paillusseau, Dalloz, 2003, p. 335* (la transmission d'une entreprise membre d'un réseau de distribution). ♦ V., imposant au concédant, sur le fondement de l'art. 1134 [ancien] C. civ., une obligation de motivation du refus d'agrément : • Com. 5 oct. 2004, n° 02-17.338 P : *D. 2005. Pan. 2844, obs. Fauvarque-Cosson ; JCP E 2005, n° 15-16, p. 668, note Chagny ; CCC 2005, n° 1, obs. Leveneur ; RTD com. 2005. 407, obs. Bouloc ; RJDA 2005, n° 120.* – V. aussi • Com. 3 nov. 2004, n° 02-17.919 : *JCP E 2005, n° 31-34, p. 1324, obs. Mainguy ; RJDA 2005, n° 539.* ♦ Dans le cas d'un contrat de concession expressément conclu *intuitu personae*, prévoyant que son transfert au profit d'un tiers est subordonné à l'agrément du concédant et que ce dernier s'engage à « examiner équitablement et avec tout le soin requis le changement proposé et communiquer rapidement sa réponse au concessionnaire », le refus d'agrément par le concédant doit être justifié par des impératifs tenant à la sauvegarde des intérêts commerciaux légitimes et afin d'éviter tout arbitraire, il lui appartient de le motiver, à la seule fin de permettre au concessionnaire de vérifier que sa décision était fondée sur un examen équitable et soigneux conforme à ses engagements contractuels. • Com. 2 juill. 2002, n° 01-12.685 P : *D. 2003. 93, note Mazeaud ; JCP 2002. II. 10023, note Mainguy ; CCC 2003, n° 10, obs. Malaurie-Vignal ; RJDA 2002, n° 1261 ; RTD civ. 2002. 810, obs. Mestre et Fages* (cassation de • Lyon, 17 mai 2001 : *RJDA 2001, n° 1204 ; RTD civ. 2002. 98, obs. Mestre et Fages* , qui avait retenu un refus d'agrément abusif sans vérifier si les motifs avancés par le concédant en cours d'instance étaient de nature à le justifier) • Paris, 21 janv. 2010 : *CCC 2010, n° 154, obs. Mathey ; RDLC 2010, n° 3, p. 103, obs. Ferrier.*

Pour un contrat de concession stipulant qu'il ne pourra être cédé par le distributeur à un tiers sans l'accord formel du fournisseur, V. • Montpellier, 16 sept. 2003 : *JCP E 2004, n° 12, p. 461, obs. P. Mousseron.* ♦ ... Ou prévoyant l'accord du concédant pour toute cession de parts sociales affectant plus du quart du capital de la société concessionnaire : • Paris, 28 janv. 2004 : *BRDA 2004, n° 7, p. 8.* ♦ Pour une opération de fusion, V. • Com. 13 déc. 2005, n° 03-16.878 P : *D. 2006. AJ 149, obs. Lienhard ; RTD com. 2006. 429, obs. Le Cannu ; JCP E 2006, n° 17, p. 782, note Hovasse ; CCC 2006, n° 61, obs. Leveneur ; LPA 4 oct. 2006, note Albortchire.* – V. aussi Dubertret, *Rev. sociétés 2006. 721* (l'*intuitu personae* dans les fusions). ♦ En cas de cession de la totalité des parts sociales ou de changement des dirigeants d'une société, le principe de l'autonomie de la personne morale par rapport à la personne de ses associés ou de ses dirigeants aboutit au maintien de la personne morale et, sauf stipulation particulière du contrat, au maintien de l'accord précédemment passé avec cette société. • Com. 29 janv. 2013, n° 11-23.676 P : *D. 2014. Pan. 897, obs. Ferrier ; RTD civ. 2013. 397, obs. Gautier ; JCP E 2013, n° 1225, note Buy ; CCC 2013, n° 75, obs. Mathey ; Gaz. Pal. 2013. 1146, obs. Houtcieff.*

22. Clause de changement de contrôle. Sur la validité des clauses prévoyant une faculté de résiliation en cas de changement de contrôle de la société concessionnaire, V. • Paris, 25 janv. 1995 : *BJS 1995. 413, note Couret*, cassé par • Com. 14 janv. 1997, n° 95-12.769 : *D. Affaires 1997. 273.* ♦ ... A condition que ces clauses soient mises en œuvre de bonne foi, ce qui était le cas en l'espèce : • Versailles, 19 févr. 2013 : *RJDA 2013, n° 583.* ♦ V. aussi, pour un arrêt jugeant un concédant fondé à soutenir que l'adhésion de l'actionnaire majoritaire de son concessionnaire à un réseau soumis à l'influence de son principal concurrent met un terme à la confiance qu'il avait dans le concessionnaire et compromet la confidentialité de ses secrets de fabrication et son développement économique, • Paris, 7 nov. 1996 : *JCP 1997. II. 22857, note Mousseron.* ♦ L'opération conduisant à la transmission universelle du patrimoine du fournisseur au bénéfice de son associé unique entraîne le transfert du contrat de distribution dès lors que le contrat ne prévoyait d'*intuitu personae* qu'à l'égard du distributeur et qu'aucune stipulation contractuelle ne prévoyait l'accord du distributeur concernant la cession du contrat. • Com. 4 févr. 2014, n° 12-22.404 : *Rev. sociétés 2014. 657, note Amiel-Cosme* .

23. Clause de non-concurrence. RÉP. COM. V° *Concurrence (obligation de non-concurrence)*, par Picod, Auguet et Gomy. ♦ Une société concessionnaire ne viole pas la clause de non-concurrence stipulée au contrat du seul fait qu'une autre société, créée sous une dénomination voisine avec le même capital, le même objet social, les mêmes actionnaires, administrateurs et président-directeur général, avait procédé à la commercialisation de véhicules d'une marque concurrente, alors que les deux sociétés constituaient deux personnes morales distinctes l'une de l'autre, dont chacune était, en outre, distincte des personnes physiques de ses associés et dirigeants, qui n'étaient pas débiteurs, à titre personnel, de l'obligation de non-concurrence, dont seule était débitrice la société concessionnaire et qu'enfin, n'était pas retenue l'existence d'une fraude intervenue entre les deux sociétés. • Com. 15 déc. 1992, n° 90-15.552 P : *D. 1994. Somm. 75, obs. Picod* ; *JCP 1993. IV. 522.*

24. Concurrence déloyale. Sur la responsabilité du concédant autorisant l'installation d'un autre concessionnaire, V. • Com. 19 déc. 1989, n° 88-13.789 P : *RTD com. 1990. 457, obs. Bouloc* . ♦ Le seul fait pour un tiers de commercialiser des produits couverts par un contrat de distribution exclusive ne constitue pas un acte de concurrence déloyale. • Com. 16 févr. 1983, n° 81-14.506 P • 6 mai 2003, n° 01-11.323 : *CCC 2003, n° 159, obs. Malaurie-Vignal ; LPA 15 juin 2004, obs. Bacchichetti ; RJDA 2005, n° 211.*

25. Responsabilité pour soutien abusif. Le concédant, en fournissant au concessionnaire une trésorerie totalement fictive et en lui permettant de poursuivre une activité irrémédiablement compromise, commet une faute en relation directe avec la création du passif, qui justifie, en cas de procédure collective ouverte à l'encontre du concessionnaire, sa condamnation à payer l'insuffisance d'actif. • Pau, 28 avr. 1993 : *D. 1995. Somm. 79, obs. Ferrier* ; *RJ com. 1994. 23, note Grua,* conf. par • Com. 9 mai 1995, n° 93-10.345 : *D. 1997. Somm. 54, obs. Ferrier* ; *RJDA 1995, n° 1288.* ♦ V. aussi • Montpellier, 12 déc. 1994 : *Dr. sociétés 1996, n° 103, obs. Chaput* • Douai, 22 mai 1997 : *D. 1998. Somm. 330, obs. Ferrier* • Versailles, 21 févr. 2006 : *RJDA 2006, n° 896.* – Comp. : • Toulouse, 30 juin 1997 : *RJDA 1997, n° 1420 ;* réformant • T. com. Saint-Gaudens, 25 avr. 1997 : *Dr. sociétés 1997, n° 105, obs. Chaput.* ♦ V., aussi, dans d'autres domaines, • Com. 22 févr. 1994, n° 92-13.871 P : *RJDA 1994, n° 859* (location-gérance) • 14 janv. 2004, n° 02-15.541 P : *D. 2004. AJ 278, obs. Lienhard* ; *JCP E 2004, n° 11, p. 398 ; RJDA 2004, n° 736* (franchise).

4° DURÉE ET FIN DES CONVENTIONS

BIBL. Masquefa, *Cah. dr. entr. 2000, n° 5, p. 11* (fidélité et groupements de la grande distribution). – Dossier, *Dr. et patr. 5/2004. 55* (rupture unilatérale du contrat). – Licari, *RLDA févr. 2007. 93* (application par analogie du droit de l'agence commerciale, fondement possible de la reconnaissance d'une indemnité de fin de contrat au concessionnaire et au franchisé). – Beauchard, *Mél. le Tourneau, Dalloz, 2008, p. 37* (la nécessaire protection du concessionnaire et du franchisé à la fin du contrat). – Oudin, *RTD com. 2011. 447* (la transmission des contrats de distribution). – Regnault, *JCP E 2014, n° 1429* (l'indemnisation de la rupture fautive des contrats de distribution). – Savova et Kennedy, *AJ contrat 2016. 470* (l'aménagement de la relation post-contractuelle).

Sur la durée minimale des accords de distribution automobile et leur résiliation, V. notes 90 s.

26. Contrats à durée déterminée. Il a été jugé qu'était licite et limitée dans le temps une exclusivité de trente ans renouvelable par tacite reconduction. • Com. 2 déc. 1969, n° 68-11.946 P : *D. 1970. 203, note J. L.*

27. Non-renouvellement du contrat. Lorsqu'un contrat de concession à durée déterminée arrive à son terme, le concédant n'est pas tenu de le renouveler. • Com. 9 déc. 1986 : *D. 1988. Somm. 19, obs. Ferrier* • 9 juin 1992, n° 90-17.101 : *CCC 1992, n° 223.* ♦ Le refus de renouveler le contrat est de droit pour le concédant à condition de prévenir le concessionnaire dans le délai contractuel. • Paris, 11 mai 1989 : *D. 1990. Somm. 366, obs. Ferrier* • Com. 9 avr. 2002, n° 99-15.532 : *CCC 2003, n° 9, obs. Malaurie-Vignal.* ♦ Le refus ne saurait constituer en lui-même un refus de vente. • Com. 4 févr. 1986 : *D. 1988. Somm. 19, obs. Ferrier.* ♦ ... Et le concédant n'est pas tenu de motiver sa décision. • Com. 4 janv. 1994, n° 91-18.170 P : *D. 1995. 355, note Virassamy* • 3 juill. 2001, n° 99-11.390 : *RJDA 2002, n° 35.* – Comp. : • Com. 5 oct. 2004, n° 02-17.338 P : *préc. note 21.* ♦ S'agissant d'un contrat conclu pour une durée déterminée, dénoncé avant son expiration dans le délai contractuellement prévu, le concédant n'a pas à tenir compte des investissements réalisés par le concessionnaire. • Com. 4 janv. 1994, n° 91-18.170 P : *préc.* ♦ Sur le respect, en l'absence d'un préavis contractuel, d'un délai raisonnable, V. • Com. 30 nov. 1982, n° 81-13.397 P. ♦ Comp., sur la sanction civile de la rupture brutale d'une relation commerciale établie : art. L. 442-1.

28. Indemnité en cas de non-renouvellement. Sur le principe de l'absence d'indemnité en cas de non-renouvellement, • Com. 6 janv. 1987, n° 85-16.823 P : *RTD com. 1988. 122, obs. Bouloc* • 5 déc. 1989, n° 88-12.431 P • 7 juin 1983 : *JCP 1984. II. 20261, note Durand* • 13 mai 1970 : *JCP 1971. II. 16891, note Sayag.* ♦ V., cependant, sur la réparation due par le concédant : en cas de non-respect d'un accord de renouvellement, • Com. 9 févr. 1981, n° 79-14.440 P : *D. 1982. 4, note J. Schmidt ; RTD com. 1982. 295, obs. Hémard et Bouloc* • 3 juill. 2001, n° 98-23.070 : *RJDA 2001,* *n° 1202.* ♦ ... En cas de rupture après tacite reconduction, • Versailles, 14 mai 1996 : *D. Affaires 1996. 1093.* ♦ ... En cas de résiliation après avoir fait espérer au concessionnaire un renouvellement de contrat, en l'incitant à des investissements et à du recrutement de personnel, • Com. 23 juin 1998, n° 96-10.015 : *RJDA 1998, n° 1213.* ♦ Dans le même sens : • Com. 23 mai 2000, n° 97-10.553 : *RTD civ. 2001. 137, n° 6, obs. Mestre et Fages ; RJDA 2000, n° 973* • Versailles, 14 juin 2007 : *CCC 2008, n° 77, obs. N. M. ; RJDA 2008, n° 28.* ♦ Jugeant que la proposition de nouvelles conditions contractuelles, même si elles sont inacceptables pour l'ancien concessionnaire, ne peut à elle seule constituer un abus : • Com. 6 juin 2001, n° 99-10.768 : *RJDA 2001, n° 1201.* ♦ Pour un arrêt retenant l'existence d'un refus abusif de renouvellement, V. • Com. 27 oct. 1998, n° 96-11.012 P : *Defrénois 1999. 1318, obs. Mazeaud.*

29. Résiliation anticipée. Sur la résiliation anticipée du contrat par le concédant motivée par faute du concessionnaire, V. • Com. 17 mars 1992, n° 90-14.742 P : *JCP 1992. IV. 1494* • Paris, 29 mai 1992 : *D. 1992. IR 237.* ♦ V. aussi • Paris, 8 sept. 2000 : *BRDA 2000, n° 21, p. 7.* ♦ Pour une résiliation de plein droit, V. • Com. 8 juin 1999, n° 97-12.233 P : *LPA 9 mars 2000, obs. Mathey* • Versailles, 10 déc. 1998 : *Gaz. Pal. 24-26 oct. 1999, p. 22* • Paris, 23 avr. 1990 : *D. 1990. IR 141.* ♦ Pour une rupture abusive du concédant, V. • Com. 1er déc. 1992, n° 91-10.930 P • Versailles, 17 déc. 1998 : *Gaz. Pal. 24-26 oct. 1999, p. 22.* ♦ Est légalement justifié l'arrêt qui a fait droit à la demande, d'une société bénéficiant d'un contrat de distribution sélective, de condamnation d'une société de parfumerie en exécution de commandes fondées sur ledit contrat et au versement de dommages-intérêts pour rupture abusive de celui-ci, dès lors qu'ayant relevé que la première société, ayant une personnalité juridique distincte d'une autre société dont le gérant est identique, ne pouvait se voir reprocher une faute de celui-ci en qualité de gérant de cette autre société en l'absence de toute infraction prouvée et même alléguée de la part de la première, la cour d'appel n'avait pas à rechercher si les aptitudes de ce gérant lui permettaient d'assumer dans les sociétés qu'il dirigeait le respect des engagements pris envers le distributeur. • *Com. 29 juin 1993,* n° 91-20.380 P : *JCP E 1994. II. 562, note Hannoun ; Rev. sociétés 1995. 50, note Delebecque .*

30. Assistance à la reconversion. Le concédant n'est pas tenu d'une obligation d'assistance du concessionnaire en vue de sa reconversion. • Com. 6 mai 2002, n° 99-14.093 P : *D. 2002. Somm. 2842, obs. Mazeaud ; JCP E 2002, n° 39, p. 1693, note Stoffel-Munck ; CCC 2002, n° 134, obs. Leveneur ; LPA 3 juill. 2003, obs. Mathey ; RTD com. 2003. 157, obs. Bouloc .* ♦ Comp., sur l'obligation d'assistance pesant sur le concédant, qui use de sa faculté de ne pas renouveler le contrat à durée déterminée du concessionnaire, pendant la phase de préavis de rupture (refus d'une demande du concessionnaire, de levée de l'exclusivité présentée pendant le délai de préavis et perte d'une chance de reconversion), V. • Paris, 26 mars 1999 : *JCP 2000. II. 10244, note Chazal ; Gaz. Pal. 12-14 déc. 1999, Somm., p. 31, obs. Vray ; LPA 9 mars 2000, obs. Mathey.* – V. aussi • Paris, 11 févr. 1999 : *D. 1999. IR 82 ; RTD civ. 1999. 390, obs. Mestre ; JCP 2000. II. 10244, note Chazal.* ♦ Sur la responsabilité du concédant, V. note 39.

31. Contrats à durée indéterminée. Un concédant a le droit de mettre fin à tout moment à un contrat de distribution exclusive à durée indéterminée à la condition qu'il respecte un préavis conventionnel ou d'usage. • Com. 8 avr. 1986, n° 84-12.943 P • 3 juin 1986 : *D. 1988. Somm. 19, obs. Ferrier* • 3 juill. 2001, n° 99-12.513 : *RJDA 2002, n° 147* • Versailles, 3 mai 1990 : *D. 1990. Somm. 367, obs. Ferrier* • Paris, 14 nov. 2001 : *RJDA 2002, n° 242.* ♦ Le contrat de concession exclusive ne constitue pas un mandat d'intérêt commun. • Com. 7 oct. 1997, n° 95-14.158 P : *D. 1998. 413, note Jamin ; CCC 1998, n° 20, obs. Leveneur ; JCP 1998. II. 10085, note Chazal* • Paris, 12 mai 1995 : *D. 1997. Somm. 53, obs. Ferrier* • 1er mars 2006 : *RJDA 2006, n° 1014 ; RLDA févr. 2007. 93, note Licari.*

32. Clause de résiliation. Lorsque un contrat de concession exclusive est, à la suite d'un avenant, devenu par novation un mandat d'intérêt commun, la clause de résiliation figurant dans le contrat initial continue de régir les obligations respectives des parties dès lors qu'elle n'a pas été expressément annulée par l'avenant. • Com. 3 juill. 2001, n° 98-16.691 P : *D. 2001. Somm. 3245, obs. Delebecque ; LPA 25 mars 2002, note Corlay ; RJDA 2002, n° 40* (cassation de • Versailles, 9 avr. 1998 : *LPA 25 sept. 1998, note Mathey*). ♦ Sur le non-respect d'une cause de résiliation figurant dans un contrat de distribution, V. • Versailles, 2 sept. 2014 : *RJDA 2015, n° 83.*

33. Respect du délai de préavis. Ont été jugés raisonnables un délai de six à dix mois. • Paris, 17 févr. 1993 : *D. 1995. Somm. 69, obs. Ferrier .* ♦ ... Un délai d'un an (pour une concession ayant duré plus de vingt ans). • Paris, 8 déc. 1994 : *D. 1997. Somm. 52, obs. Ferrier ; RJDA 1995, n° 272.* ♦ Un délai de préavis n'est, toutefois, pas nécessaire en cas de faute de nature à justifier la rupture immédiate du contrat. • Com. 14 avr. 1992, n° 90-12.843 : *CCC 1992, n° 152, obs. Leveneur.* ♦ Pour la résiliation d'un contrat de concession exclusive sans préavis, sans indemnité ni formalité préalable en application d'une clause de résiliation de plein droit en cas de non-respect d'une obligation de non-concurrence, V. • Com. 21 janv. 2003, n° 01-10.441 : *CCC 2003, n° 68.* ♦ En ce sens que la rupture d'un contrat de distribution exclusive sans respecter le délai de préavis prévu suppose l'impossibilité de le poursuivre, laquelle est souverainement appréciée par les juges du fond, V. • Com. 6 juill. 1999, n° 96-20.495 : *RJDA 1999, n° 1197.* ♦ Pour une hypothèse d'incidents de paiements imputables au concessionnaire ayant entraîné une détérioration de l'équilibre financier, élément essentiel du contrat de concession, et justifiant de ce fait une rupture de ce contrat par le concédant, sans qu'aucun préavis ne soit nécessaire, V. • Com. 14 oct. 1997, n° 95-10.374 : *D. 1998. Somm. 333, obs. Ferrier*. ♦ Pour la résiliation sans préavis ni mise en demeure des contrats de concession et de réparateur agréé à durée indéterminée alors même que les manquements reprochés ne concernaient que le contrat de concession, V. • Com. 10 févr. 2015, n° 13-25.783 : *RJDA 2015, n° 327.* ♦ Sur l'absence de caractère abusif de la résiliation de contrats de concession exclusive, moyennant un préavis d'un an, justifiée par la nécessité pour le concédant de réorganiser l'ensemble de son réseau de distribution, V. • Com. 2 déc. 2008, n° 07-18.775 : *CCC 2009, n° 42, obs. Mathey* • Paris, 18 sept. 2000 : *RJDA 2001, n° 146.* ♦ Le concédant, fournisseur de crédits non occasionnels au concessionnaire, ne peut, au seul motif de l'importance des effets impayés, résilier le contrat de concession sans un préavis dont il ne peut se dispenser que si le concessionnaire a eu un comportement gravement répréhensible ou est dans une situation irrémédiablement compromise. • Com. 5 avr. 1994, n° 92-16.602 : *RJDA 1994, n° 1132.*

34. Indemnité compensatrice de préavis. Le respect du préavis peut être compensé par l'octroi d'une indemnité conventionnelle. • Com. 3 juin 1986 : *préc. note 31.*

35. Assistance pendant le préavis. Le concédant qui rompt un contrat de concession exclusive doit maintenir l'assistance due au concessionnaire jusqu'au terme du préavis. • Paris, 9 mai 1997 : *D. 1998. Somm. 335, obs. Ferrier*. ♦ Il ne peut, notamment, exclure le concessionnaire des publicités groupées dont il bénéficiait auparavant, ni, impunément, fragiliser le crédit bancaire de ce dernier, en tirant des traites sur des factures indues ou en différant l'encaissement des prix dus par les clients. • Même arrêt. ♦ Comp. • Com. 9 avr. 2002, n° 99-15.532 : *préc. note 27.* ♦ Toutefois, il n'est pas tenu d'une obligation d'assistance du concessionnaire en vue de sa reconversion. • Com. 6 mai 2002, n° 99-14.093 P : *cité note 30.* ♦ La transmission par le concédant du fichier clientèle du concessionnaire résilié au profit de son successeur, alors que ces derniers ont convenu d'une cession de clientèle, n'est pas faite en fraude des droits du concessionnaire résilié dès lors qu'elle n'est pas intervenue antérieurement à la cession. • Paris, 4 oct. 2002 : *JCP E 2003, n° 19, p. 783 ; LPA 11 sept. 2003, note Bertin.*

La création par un constructeur automobile d'un réseau de distribution de ses produits et l'adhésion des concessionnaires à ce réseau, à l'essor duquel ils vont contribuer au mieux d'intérêts économiques communs, impliquent de la part du constructeur, propriétaire du réseau, des obligations d'assistance et de conseil qui ne prennent fin qu'après que les concessionnaires, auxquels il n'a pas de reproche à faire, ont quitté le réseau, et lui imposent, par application des art. 1134, al. 3, et 1135 [anciens] C. civ., de veiller loyalement à ce que ces concessionnaires puissent partir sans perdre le fruit de leur participation à l'effort commun. • Paris, 11 févr. 1999 : *D. 1999. IR 82 ; LPA 9 mars 2000, obs. Mathey ; RJ com. 1999. 395, note Grignon.*

36. Sanction des ruptures brutales. V., sanctionnant des ruptures abusives en raison de leur brutalité. • Com. 28 juin 1994, n° 92-17.888 : *CCC 1994, n° 218, obs. Leveneur* • Versailles, 30 mars 1994 : *Gaz. Pal. 1994. 2. Somm. 577.* – V. aussi • Paris, 17 févr. 1992 : *CCC 1992, n° 52, obs. Vogel ; D. 1992. IR 138* • Versailles, 14 déc. 1995 : *D. Affaires 1996. 269* • Paris, 6 févr. 1997 : *D. 1998. Somm. 335, obs. Ferrier.* – Comp. : • Com. 20 janv. 1998, n° 96-18.353 P : *D. 1998. 413, note Jamin ; JCP 1999. II. 10018, note Chazal ; CCC 1998, n° 56, obs. Leveneur ; LPA 25 sept. 1998, obs. Mathey* • 29 janv. 2002, n° 00-11.433 : *RTD civ. 2002. 810, obs. Mestre et Fages*. ♦ Comp. aussi, sur la sanction civile de la rupture brutale d'une relation commerciale établie : art. L. 442-1.

37. Sanction des ruptures abusives. BIBL. Garinot, *D. 2014. 2014* (que reste-t-il de l'abus dans le non-renouvellement du contrat ?). ♦ Pour des ruptures abusives et de mauvaise foi, bien que le délai de préavis ait été respecté, V. • Com. 5 oct. 1993, n° 91-10.408 P : *D. 1995. Somm. 69, obs. Ferrier ; JCP 1994. II. 22224, note Jamin* • 5 avr. 1994, n° 92-17.278 P : *CCC 1994, n° 159, obs. Leveneur ; D. 1995. 355, note Virassamy* • 27 oct. 1998, n° 96-14.540 : *RJDA 1998, n° 1352.* ♦ V. aussi, pour des manquements à la bonne foi contractuelle durant la période de préavis, • Paris, 12 mai 1995 : *RJDA 1995, n° 1354* • Com. 3 juill. 2001, n° 99-11.314 : *RJDA 2001, n° 1203.* ♦ Pour un manquement réciproque aux obligations contractuelles pendant le préavis de rupture : • Com. 23 juin 2004, n° 99-19.932 : *RJDA 2005, n° 26.* ♦ Un concessionnaire automobile ne saurait se prévaloir d'un manquement à la loyauté contractuelle par le concédant du fait de la résiliation unilatérale, par ce dernier, du contrat de concession à durée indéterminée, dans le respect du délai de préavis contractuellement prévu, en invoquant le fait qu'il avait, à la connaissance de son cocontractant, réalisé d'importants investissements, dès lors que ceux-ci, qui n'étaient pas liés à l'exploitation de la concession, avaient été faits à l'initiative du concessionnaire, le concédant s'étant borné à consentir une aide exceptionnelle d'un montant limité, sans avoir fait une quelconque promesse sur l'extension de la concession pouvant l'inciter à de tels investissements. • Com. 11 mai 1999, n° 97-10.999 : *RJDA 1999, n° 918 ; LPA 8 mars 2000, obs. Mathey.*

38. *Preuve de la rupture abusive.* Jugeant que le concessionnaire, à qui il revient de prouver l'abus dans la rupture, ne peut utiliser à cette fin un entretien téléphonique enregistré à l'insu de son concédant, V. • Com. 25 févr. 2003, n° 01-02.913 : *RTD civ. 2004. 92, obs. Mestre et Fages ; CCC 2003, n° 104, obs. Leveneur ; RJDA 2003, n° 1035.*

39. *Indemnisation du concessionnaire.* Sur la responsabilité civile d'un concédant dans l'insuffisance d'actif d'un de ses concessionnaires, V. • Paris, 23 sept. 1999 : *Cah. dr. entr. 1999, n° 5, p. 20, obs. Grignon et Mainguy.* – V. aussi • T. com. Paris, 13 oct. 2003 : *RDBF 2004, n° 241, obs. F.-X. Lucas.* ♦ Pour un arrêt déclarant le concédant responsable de la perte de son fonds de commerce par le concessionnaire à la suite de la résiliation abusive des quatre conventions qui l'unissaient à ce dernier, V. • Com. 17 juill. 2001, n° 99-11.666 : *RJDA 2002, n° 148.* ♦ ... Ou de la diminution de la valeur du fonds de commerce que le concessionnaire était sur le point de vendre : • Paris, 24 janv. 2008 : *RJDA 2008, n° 488* • 2 oct. 2008 : *RJDA 2009, n° 420 ; RDC 2009. 1151, note Béhar-Touchais* (conf. par • Com. 15 sept. 2009, n° 08-20.992 : *RJDA 2010, n° 21*). ♦ En notifiant de façon précipitée la résiliation, sans même invoquer un intérêt personnel impératif à préserver, un concédant entrave sciemment la reconversion de son concessionnaire, ce dont il résulte une rupture abusive des relations contractuelles. • Com. 8 oct. 2013, n° 12-22.952 P : *D. 2013. 2617, note Mazeaud ; RTD com. 2014. 388, obs. Bouloc ; JCP E 2014, n° 1063, note Mainguy et Respaud ; CCC 2013, n° 265, obs. Mathey ; RJDA 2014, n° 26.* ♦ Engage sa responsabilité envers son concessionnaire le concédant qui a malicieusement contraint les candidats appelés à reprendre la concession à renoncer à leur projet, en dehors de tout impératif tenant à la sauvegarde de ses intérêts commerciaux. • Com. 23 sept. 2014, n° 13-18.938 : *RTD civ. 2015. 123, obs. Barbier ; JCP E 2014, n° 1624, note Bories ; CCC 2015, n° 6, obs. Malaurie-Vignal ; RJDA 2014, n° 893.* ♦ Au contraire, retenant l'absence d'abus du concédant qui a invité le concessionnaire à étudier la reprise de son activité par un autre distributeur agréé et qui est resté extérieur aux négociations entre les parties : • Com. 16 déc. 2008, n° 07-21.903 : *RJDA 2009, n° 329.* ♦ V. aussi note 30.

40. *Indemnisation de la caution.* Sur la responsabilité du créancier à l'égard de la caution après la rupture abusive d'un contrat de concession, V. • Paris, 28 oct. 2005 : *JCP 2006. II. 10067, note Houtcieff.*

5° CONTENTIEUX ISSU DE LA CESSATION DES CONVENTIONS

41. *Reprise des stocks.* BIBL. Lambert, *RJ com. 2002. 4* (la pièce détachée en droit économique). ♦ Sur le principe de non-reprise des stocks, sauf clause expresse, au cas de cessation du contrat, V. • Com. 16 févr. 1970, n° 67-11.849 P • 26 oct. 1982, n° 81-12.360 P • 25 févr. 1986 : *JCP 1988. II. 20995, note Virassamy.* ♦ Sur le contrôle judiciaire sur les clauses de détermination du prix de reprise des stocks, V. • Com. 23 juin 1992, n° 90-16.650 : *RJDA 1992, n° 1119.* ♦ Sur la portée d'une clause de reprise des stocks, en présence de marchandises périmées, V., considérant que lorsque la clause ne comporte aucune restriction quant à la durée de validité ou la nature des produits pour leur reprise par le fournisseur, celle-ci est de droit sauf à démontrer que le distributeur a fait preuve de mauvaise foi dans l'exécution du contrat ou encore qu'il a commis une faute grave : • Paris, 15 janv. 1999 : *D. Affaires 1999. 516, obs. E. C. ; LPA 9 mars 2000, obs. Mathey.* ♦ Pour un arrêt sanctionnant un refus abusif de renouvellement d'une concession par une reprise des stocks du concessionnaire, V. • Com. 23 mai 2000, n° 97-10.553 : *préc. note 28.*

42. *Restitution du matériel.* L'obligation de restitution en nature du matériel impose des travaux coûteux au revendeur de carburant, non justifiés par des nécessités techniques en raison de la durée de vie des cuves, et elle est susceptible de le dissuader de traiter avec un autre fournisseur ; elle est ainsi disproportionnée avec la fonction qui lui a été fixée de faire respecter l'exclusivité d'achat du carburant et constitue un frein à la concurrence d'autres fournisseurs. • Com. 18 févr. 1992, n° 87-12.844 P : *D. 1993. 57, note Hannoun ; JCP 1992. II. 21897, note Béhar-Touchais* • 26 mai 1992, n° 90-13.499 : *D. 1993, préc.* • 8 juin 1993, n° 88-17.989 : *RJDA 1993, n° 688.* – Comp. : • Com. 22 juill. 1986, n° 84-17.646 P : *D. 1988. Somm. 21, obs. Ferrier.* ♦ V. aussi, pour les accessoires de la cuve, • Lyon, 6 déc. 1990 : *JCP E 1991. Pan. 480.* ♦ Une convention de bière prévoyait qu'en cas de résiliation à l'initiative de la brasserie en raison du non-respect par le débitant de ses engagements, « le débitant de boissons s'engage à restituer à la brasserie les avantages dont il a bénéficié » ; en l'absence de toute autre précision, il convient de juger que la convention prévoyait une simple restitution, laquelle doit littéralement s'entendre d'une restitution en nature et non d'une restitution en valeur. • Colmar, 7 juin 2005 : *JCP 2005. IV. 3769.*

43. *Reprise et reclassement des salariés.* BIBL. Bertin, *Bull. act. Lamy droit économique, mars 2002, p. 1* (constructeurs automobiles employeurs potentiels des salariés de leurs concessionnaires). – Dossier, *Journ. sociétés*

10/2013. 11 (distribution et droit du travail : frères ennemis ?). ♦ Une cour d'appel qui a constaté que la concession exclusive, dans le secteur géographique défini, qui avait été retirée au concessionnaire, n'avait été reprise par aucun concessionnaire unique nouveau et que la vente des automobiles était assurée désormais par plusieurs entreprises de la région entre lesquelles elle avait été répartie, a pu en déduire que l'entité économique constituée par la concession de vente exclusive de marques n'avait pas conservé son identité et, par voie de conséquence, que la société concessionnaire était restée l'employeur des salariés. • Soc. 28 mai 2003, n° 01-41.263 P : *D. 2005. Pan. 152, obs. Ferrier* ; *JCP E 2003, n° 31, p. 1268.* ♦ En disant que le concédant est devenu l'employeur des salariés du concessionnaire à la suite de la résiliation du contrat de concession exclusive, alors qu'il ne résulte pas de ses constatations que le concédant a effectivement poursuivi ou repris l'activité de vente de véhicules antérieurement concédée au concessionnaire sur le territoire concerné, un cour d'appel a violé l'art. L. 122-12, al. 2, [L. 1224-1 nouv.] C. trav. • Soc. 28 mai 2003, n° 02-41.999 P : *eod. loc.* ♦ Comp., jugeant que le transfert de l'entité économique – condition d'application de l'art. L. 122-12 [L. 1224-1 nouv.] C. trav. – peut résulter de la reprise par le propriétaire de la marque ou de l'exploitation par un nouveau concessionnaire d'une activité de concession exclusive de vente de véhicules automobiles dans un secteur déterminé, • Douai, 31 janv. 2002 : *LPA 3 juill. 2003, obs. Ayma.* ♦ Le changement de concessionnaire exclusif de la vente de véhicules automobiles d'une marque entraîne le transfert d'une entité économique autonome constituée d'un ensemble organisé de personnes et d'éléments corporels ou incorporels permettant l'exercice d'une activité économique qui poursuit un objectif propre, ayant conservé son identité et dont l'activité est poursuivie. • Soc. 11 juin 2002, n° 01-43.051 P : *D. 2003. 792, note Blary-Clément* ; *LPA 3 juill. 2003, obs. Ayma.* ♦ Pour d'autres exemples d'application de l'art. L. 122-12 [L. 1224-1 nouv.] C. trav., dans le secteur de la distribution, V. • Soc. 24 sept. 2002, n° 00-44.923 • 12 juin 2007, n° 06-41.554 : *CCC 2007, n° 235, obs. Malaurie-Vignal.*

Ayant constaté que, si l'entreprise appartenait à un réseau de distribution qui constituait un groupement de commerçants indépendants, se structurant autour d'une association des centres distributeurs décidant de l'attribution de l'enseigne à ses adhérents et définissant les orientations globales du réseau, d'un groupement d'achat commun et de coopératives régionales qui assurent des fonctions logistiques au bénéfice des commerçants adhérents, il n'existait pas de liens capitalistiques entre les sociétés ni de rapport de domination d'une entreprise sur les autres, la cour d'appel a pu en déduire que l'entreprise n'appartenait pas à un groupe, en sorte que la cause économique du licenciement devait être appréciée au niveau de l'entreprise. • Soc. 16 nov. 2016, n° 14-30.063 P : *D. 2017. Chron. C. cass. 239, obs. Salomon* ; *Rev. sociétés 2017. 243, obs. F. Petit* ; *JCP 2017, n° 388, obs. Dauxerre.* ♦ Ayant constaté qu'il n'était pas démontré que l'organisation du réseau de distribution auquel appartenait l'entreprise permettait entre les sociétés adhérentes la permutation de tout ou partie de leur personnel, la cour d'appel a pu retenir que ces sociétés ne faisaient pas partie d'un même groupe de reclassement. • Même arrêt.

44. Statut des baux commerciaux. Un distributeur à qui son concédant avait mis à disposition des locaux aménagés pour l'exercice de son activité, à titre accessoire du contrat d'exclusivité de vente, ne saurait bénéficier du statut des baux commerciaux. • Civ. 3e, 14 nov. 2002, n° 01-11.152 : *cité note 2 ss. art. L. 145-31.* ♦ Sur la charge de la preuve de l'existence d'une clientèle propre au concessionnaire, V. • Com. 12 juin 2007, n° 06-14.872 P : *D. 2007. AJ 1791, obs. Delpech* . ♦ V. aussi notes 29 s. ss. art. L. 330-3.

45. Aide à la reconversion. BIBL. Respaud, *Cah. dr. entr. 2002, n° 5, p. 19.* ♦ Le concédant n'est pas tenu d'une obligation d'assistance du concessionnaire en vue de sa reconversion. • Com. 6 mai 2002, n° 99-14.093 P : *préc. note 30* • 7 avr. 2004, n° 02-15.287 : *RJDA 2004, n° 969* ; *RJ com. 2005. 197, obs. Lebreton-Derrien.* ♦ *Contra* : • Paris, 11 févr. 1999 : *D. 1999. IR 82* ; *RJDA 1999, n° 779* • 26 mars 1999 : *préc. note 30.* ♦ Comp. : • Com. 2 juill. 2002, n° 01-12.685 P : *préc. note 21.* ♦ Comp. aussi, imposant de recueillir les explications du concessionnaire avant de rompre le contrat : • Com. 8 oct. 2003, n° 01-10.326 : *RDC 2004. 392, obs. Béhar-Touchais.* ♦ ... Il lui appartient toutefois, sauf à manquer à son devoir de loyauté commerciale, de l'informer de son éviction définitive du réseau dans un délai suffisamment rapide pour lui permettre de préserver au mieux ses actifs et de faciliter sa reconversion ainsi que la reprise éventuelle de la concession. • Paris, 28 avr. 2004 : *Lettre distrib. 6/2004, p. 3.* ♦ V. aussi, précisant les conditions de réparation du préjudice subi par un concessionnaire victime d'une rupture de pourparlers intervenue en cours de période de préavis : • Com. 20 nov. 2007, n° 06-17.289 : *CCC 2008, n° 6, obs. Mathey* ; *RJ com. 2008. 104, note Lebreton-Derrien* ; *RDLC 2008, n° 1, p. 132, obs. Mitchell.*

46. Mention « ancien concessionnaire ». Sur la faculté de se présenter comme un ancien concessionnaire, V. • Com. 25 avr. 1983, n° 82-11.050 P : *D. 1984. 449, note Daverat* ; *JCP 1983. II. 20090, note Chavanne* • 17 déc. 1991, n° 89-21.561 : *D. 1992. Somm. 388, obs. Ferrier* • 29 juin 1993, n° 91-21.764 : *D. 1995. Somm. 211, obs. Picod* ; *CCC 1993, n° 193, obs. Leveneur.*

6° DROIT INTERNATIONAL PRIVÉ

47. BIBL. Nuyts, *Rev. crit. DIP 1999. 31 et 245* (l'application des lois de police dans l'espace). – de Brosses, *Bull. act. Lamy droit économique janv. 2004* (rupture des contrats internationaux de distribution). – M.-E. Ancel, *Rev. crit. DIP 2008. 561* (les contrats de distribution et la nouvelle donne du règlement Rome I). – Ribeiro Oertel, *RJ com. 2014. 397* (contrat de distribution intracommunautaire : modalités de règlement des litiges). – Bontinck et Cornil, *RJ com. 2015. 8* (rupture du contrat de distribution intracommunautaire). – Dossier, *AJCA 2015. 247* (le contrat de distribution internationale). ♦ L'art. 5, pt 1, ss. b, du Règl. n° 44/2001 doit être interprété en ce sens que la règle de compétence édictée au second tiret de cette disposition pour les litiges relatifs aux contrats de fourniture de services trouve à s'appliquer dans le cas d'une action judiciaire par laquelle un demandeur établi dans un État membre fait valoir, à l'encontre d'un défendeur établi dans un autre État membre, des droits tirés d'un contrat de concession, ce qui requiert que le contrat liant les parties comporte des stipulations particulières concernant la distribution par le concessionnaire des marchandises vendues par le concédant ; il incombe au juge national de vérifier si tel est le cas dans le litige dont il est saisi. • CJUE 19 déc. 2013, n° C-9/12 : *D. 2014. Pan. 1971, obs. d'Avout ; AJCA 2014. 28, note Parleani ; RTD civ. 2014. 848, obs. Usunier ; JCP 2014, n° 180, note Berlioz ; RJDA 2014, n° 294 ; Gaz. Pal. 2014. 1733, obs. Nioche.* ♦ Sur l'application de cette jurisprudence en droit interne, V. • Civ. 1re, 19 nov. 2014, n° 13-13.405 P : *D. 2015. 51, note Lardeux ; AJCA 2015. 45, obs. Parleani ; RTD com. 2015. 621, obs. Delebecque ; JCP 2015, n° 11, note Sindres ; RJDA 2015, n° 322 ; LPA 6 févr. 2015, note Mahinga.* ♦ Sur le règlement des conflits de lois et de juridictions dans un contrat de distribution exclusive, V. aussi • Civ. 1re, 15 mai 2001, n° 99-17.132 P : *D. 2002. 198, note Diloy ; JCP 2001. II. 10634, note Raynard ; LPA 30 mai 2002, note Chanteloup* • 25 nov. 2003, n° 01-01.414 P : *D. 2004. 494, note Kenfack ; JCP 2004. II. 10046, note Raynard ; CCC 2004, n° 17, obs. Leveneur ; RJDA 2004, n° 669 ; RJ com. 2007. 26, obs. Lebreton-Derrien ; Rev. crit. DIP 2004. 102, note Lagarde*. ♦ Comp. • Civ. 1re, 23 janv. 2007, n° 05-12.166 P : *D. 2007. 1575, note Kenfack ; RTD com. 2007. 630, obs. Delebecque ; JCP E 2007, n° 19, p. 20, note Azzi ; CCC 2007, n° 119, obs. Malaurie-Vignal ; RJDA 2007, n° 1084 ; RJ com. 2007. 336, obs. Attal ; RLDA sept. 2007. 70, note Cavalier* • 5 mars 2008, n° 06-21.949 P : *D. 2008. 1729, note Kenfack (2e esp.) ; RTD com. 2008. 455, obs. Delebecque ; JCP 2008. IV. 1649 ; CCC 2008, n° 128, obs. Malaurie-Vignal ; RJ com. 2008. 290, obs. Lebreton-Derrien* • 9 juill. 2008, n° 07-17.295 P : *D. 2008. AJ 2154 ; Rev. crit. DIP 2008. 863, note Sindres ; CCC 2008, n° 228, obs. Malaurie-Vignal ; RJDA 2008, n° 1208.* ♦ L'art. 5, pt 3, du Règl. n° 44/2001 du 22 déc. 2000 doit être interprété, aux fins d'attribuer la compétence judiciaire conférée par cette disposition pour connaître d'une action en responsabilité pour violation de l'interdiction de vente en dehors d'un réseau de distribution sélective résultant de l'offre, sur des sites internet opérant dans différents États membres, de produits faisant l'objet dudit réseau, en ce sens que le lieu où le dommage s'est produit doit être considéré comme étant le territoire de l'État membre qui protège ladite interdiction de vente au moyen de l'action en question, territoire sur lequel le demandeur prétend avoir subi une réduction de ses ventes. • CJUE 21 déc. 2016, n° C-618/15 : *D. 2017. Pan. 888, obs. Ferrier ; CCC 2017, n° 53, obs. Malaurie-Vignal ; RJ com. 2017. 191, obs. Attal ; Procédures 2017, n° 38, obs. Nourissat.* ♦ Méconnaît cette solution l'arrêt qui, pour dire les juridictions françaises incompétentes pour connaître des demandes relatives aux sites de la société Amazon à l'étranger, retient que le juge français n'est compétent pour connaître des litiges liés à la vente sur internet que si le site sur lequel la distribution est assurée vise le public de France et que, dès lors, c'est à bon droit que le premier juge s'est déclaré incompétent pour ce qui concerne les « sites d'Amazon à l'étranger », en l'occurrence amazon.de, amazon.co.uk, amazon.es et amazon.it. • Com. 5 juill. 2017, n° 14-16.737 P : *cité note 54.* ♦ L'art. 7, pt. 1, du Règl. n° 1215/2012 doit être interprété en ce sens que la juridiction compétente, en vertu de cette disposition, pour connaître d'une demande indemnitaire relative à la résiliation d'un contrat de concession commerciale, conclu entre deux sociétés établies et opérant dans deux États membres différents, pour la commercialisation de produits sur le marché national d'un troisième État membre, sur le territoire duquel aucune de ces sociétés ne dispose de succursale ou d'établissement, est celle de l'État membre où se trouve le lieu de la fourniture principale des services, tel qu'il découle des dispositions du contrat ainsi que, à défaut de telles dispositions, de l'exécution effective de ce contrat et, en cas d'impossibilité de le déterminer sur cette base, celui du domicile du prestataire. • CJUE 8 mars 2018, n° C-64/17 : *D. 2018. Actu. 565 ; AJ contrat 2018. 240, obs. Luc ; BRDA 2018, n° 7, p. 18 ; Procédures 2018, n° 144, obs. Nourissat.* ♦ V. aussi notes 9 s., App., v° *Contrats d'affaires (généralités).*

L'art. 23 du Règl. (CE) n° 44/2001 du 22 déc. 2000 doit être interprété en ce sens que l'application, à l'égard d'une action en dommages et intérêts intentée par un distributeur à l'encontre de son fournisseur sur le fondement de l'art. 102 TFUE, d'une clause attributive de juridiction contenue dans le contrat liant les parties n'est pas exclue au seul motif que cette clause ne se réfère pas expressément aux différends relatifs à la responsabilité encourue du fait d'une infraction au droit de la concurrence. • CJUE 24 oct. 2018, n° C-595/17 : *D. 2018. 2338, note Gaudemet-Tallon ; AJ contrat 2019. 31, note Parleani ; CCC 2019, n° 11, obs. Bosco ; RJDA 2019, n° 66.* ♦ L'art. 23 du Règl. (CE) n° 44/2001 doit être interprété en ce sens que l'application d'une clause attributive de juridiction dans le cadre d'une action en dommages et intérêts intentée par un distributeur à l'encontre de son fournisseur sur le fondement de l'art. 102 TFUE ne dépend pas du constat préalable d'une infraction au droit de la concurrence par une autorité nationale ou européenne. • Même arrêt. – V. aussi • Civ. 1re, 30 janv. 2019, n° 16-25.259 P : *D. 2019. Actu. 262 ; AJ contrat 2019. 193, obs. Parleani ; CCC 2019, n° 64, obs. Malaurie-Vignal ; RJDA 5/2019. 395, note Vigneau.*

II. RÉSEAUX DE DISTRIBUTION SÉLECTIVE

BIBL. Calvo, *Gaz. Pal. 1987. 1. Doctr. 32 ; Cah. dr. entr. 1991, n° 1.* – Schaming, *ibid. 1992, n° 5.* – M. et J.-M. Mousseron, *RJDA 1993, p. 7.* – Bonet et J.-M. Mousseron, *Cah. dr. entr. 1993, n° 1.* – Canivet et Vogel, *D. 1991. Chron. 283*. – *Gaz. Pal. 1992. 1. Doctr. 381.* – Nussenbaum, *RJDA 1995, p. 316* (analyse économique). – Amédée-Manesme, *RJ com. 1995. 173* (distribution distinctive). – Ronzano, *JCP E 1996. I. 535* (clauses de rendement). – Malaurie-Vignal, *ibid. 1998, n° 7-8, p. 260* (*intuitu personae* et liberté de la concurrence dans les contrats de distribution). – Fages, *Cah. dr. entr. 1998, n° 6, p. 11* (abus dans les contrats de distribution). – Schaming, *D. 2000. Chron. 173* (distribution sélective : une voie de plus en plus étroite). – Kovar, *Mél. Gavalda, Dalloz, 2001, p. 187* (les produits de luxe et la distribution sélective). – Arhel, *LPA 20 nov. 2001* (influence de la réforme communautaire sur les restrictions verticales). – Collard et Roquilly, *LPA 3 avr. 2002* (réseaux de distribution fermés et commerce électronique : implications en droit communautaire). – Lambert, *RJ com. 2002. 388* (influence d'internet sur la distribution). – Castagnon, *CCC 2003. Chron. 10* (internet et réseau de distribution). – Sabirau-Perez, *D. 2004. 1441* (distribution sélective et préjudice concurrentiel). – B. Honorat, *CCC 2007. Étude 7* (comment concilier distribution sélective et internet ?). – Mainguy et Respaud, *Mél. le Tourneau, Dalloz, 2008, p. 705* (à propos du contrat de « commission-affiliation »). – Dieny, *JCP E 2009, n° 24, p. 23* (vente par internet, vente hors réseau : un aperçu des décisions 2008). – de Senilhes et Roux, *RJDA 2010. 447* (distribution sélective et commerce électronique : une évolution inachevée). – Cousin, *Cah. dr. entr. 2010, n° 4, p. 44* (épuisement du droit sur la marque). – Lasserre et Le More, *CCC 2015. Étude 13* (internet et les contrats de distribution sélective à la lumière des droits français et allemand). – Dossier, *AJCA 2016. 361* (actualité de la distribution sélective). – Luc, *JCP E 2018, n° 1337* (la distribution sélective : entre droit spécial et droit commun). – Wilhelm et Dumur, *ibid., n° 1498* (impact des plateformes sur le marché de la distribution sélective). – Fourgoux, *RLDA avr. 2020. 32* (distribution sélective : l'organisation des réseaux). – Lambert, *D. 2021. 1593* (le paradoxe de la distribution sélective qui valide beaucoup mais protège peu...).

A. QUALIFICATION

48. *Définition.* Est un contrat de distribution sélective celui par lequel le fournisseur s'engage à approvisionner dans un secteur déterminé un ou plusieurs commerçants qu'il choisit en fonction de critères objectifs de caractère qualitatif, sans discrimination et sans limitation quantitative injustifiées, et par lequel, d'autre part, le distributeur est autorisé à vendre d'autres produits concurrents. • Crim. 3 nov. 1982, n° 82-90.522 P : *D. 1983. IR 211, obs. Gavalda et Lucas de Leyssac.* – V. aussi • Com. 27 oct. 1992, n° 90-18.943 P : *D. 1992. 505, note Bénabent ; RJDA 1993, p. 17, concl. Raynaud.* ♦ Si, pour assurer la libre concurrence sur le marché, le droit de la concurrence impose à la tête d'un réseau de distribution et de réparation sélectives qualitatives de déterminer les critères de sélection requis par la nature des biens distribués ou réparés ou des services effectués et de les mettre en œuvre uniformément et de manière non discriminatoire, cette exigence ne relève pas de l'obligation de bonne foi contractuelle. • Com. 16 févr. 2022, n° 20-11.754 B : *D. actu. 10 mars 2022, obs. Heyraud ; D. 2022. Actu. 348 ; JCP E 2022, n° 1111 ; BRDA 2022, n° 6, p. 9.* – Rappr. • Versailles, 24 juin 2021, n° 19/05687 : *RTD civ. 2021. 875, obs. Barbier*.

49. *Distinction de la distribution agréée.* Par rapport à la distribution sélective, la distribution agréée se distingue en ce que ce dernier contrat ne prévoit aucune exclusivité au profit de l'une ou l'autre des parties. • Com. 9 févr. 1976 : *JCP 1977. II. 18598, note Hémard* • Paris, 22 nov. 1994 : *D. 1997. Somm. 62, obs. Ferrier*. ♦ Sur les difficultés résultant de la coexistence d'un réseau de distribution agréé et d'un réseau de vente par correspondance, V. • Versailles, 1er oct. 1991 : *Gaz. Pal. 1993. 1. Somm. 14, obs. d'Hœraene.* ♦ V. aussi, jugeant qu'un fournisseur peut valablement faire coexister plusieurs catégories de distributeurs (en l'espèce des distributeurs agréés et non agréés) selon le type de relations commerciales qu'il entretient avec eux, dès lors qu'il n'existe aucune discrimination à l'intérieur de chacune de ces catégories, • Paris, 26 juin 2001 : *CCC 2002, n° 26, obs. Malaurie-Vignal ; RJDA 2002, n° 373.*

50. *Distinction de la concession exclusive.* Sur la distinction entre le contrat de concession exclusive et le contrat de distribution sélective, V. • Paris, 24 sept. 1990 : *D. 1990. IR 224* • T. com. Paris, 21 janv. 1998 : *Gaz. Pal. 15-16 oct. 1998, p. 8.*

B. LICÉITÉ DU RÉSEAU

1° PREUVE

51. *Pouvoir souverain des juges du fond.* L'appréciation du caractère licite d'un réseau de distribution sélective, de même que, dans le cas de licéité du réseau, l'application faite des critères de sélection, relève de la compétence exclusive des juges du fond. • Paris, 25 oct. 1996 : *D. Affaires 1997. 25.*

52. *Charge de la preuve.* La charge de la preuve de la licéité du réseau de distribution pèse sur le fournisseur ou le fabricant. • Com. 31 janv. 1989, n° 86-14.511 P : *D. 1989. 335, note Malaurie* • 7 mars 1989, n° 86-10.465 P : *JCP 1990. II. 21391, note Dorsner-Dolivet* • 27 oct. 1992, n° 89-19.655 P : *préc. note 48* • 23 févr. 1993, n° 89-19.371 P : *D. 1993. IR 84* • 26 oct. 1993, n° 91-21.931 P • Paris, 27 mars 2014 : *D. 2015. Pan. 951, obs. Ferrier* ; *AJCA 2014. 133, obs. Saint-Esteben* ; *RDC 2014. 667, note Béhar-Touchais.* ♦ ... Et le promoteur du réseau est tenu de faire connaître les motifs concrets de son refus d'agrément. • Com. 23 févr. 1993, n° 90-19.953 P : *D. 1993. IR 72.* ♦ Plus spécialement, dans le cadre de la franchise, V. note 25 ss. art. L. 330-3.

53. *Contrat type.* La preuve de la licéité d'un réseau de distribution sélective mis en œuvre par des fabricants de produits de parfumerie est rapportée dès lors que le contrat liant ceux-ci aux distributeurs agréés est le contrat type approuvé après modification par la Direction générale de la concurrence de la Commission des Communautés européennes et que ce contrat a pour finalité la vente dans un environnement commercial mettant en valeur la qualité des produits commercialisés. • Com. 15 mars 1994, n° 91-13.523 P : *D. 1995. Somm. 81, obs. Ferrier* ; *CCC 1994, n° 158, obs. Leveneur.* – V. aussi • Com. 10 janv. 1995, n° 92-17.738 : *RJDA 1995, n° 424.*

54. *Doute sur l'étanchéité du réseau.* BIBL. Riéra, *AJCA 2016. 365* (comment maintenir l'étanchéité d'un réseau de distribution sélective ?). ♦ La circonstance qu'un tiers ait pu s'approvisionner en parfums d'une marque déterminée n'est pas de nature à démontrer à elle seule l'illicéité du réseau de distribution sélective du fabricant de ces produits lié à ses revendeurs par des contrats leur faisant interdiction de vendre en dehors des circuits agréés. • Com. 21 juin 1994, n° 92-16.197 P : *D. Affaires 1995. 112* ♦ La validité du réseau ne peut être remise en cause en fonction du nombre de transgressions commises par les distributeurs, l'étanchéité d'un réseau n'étant pas une condition de sa validité. • Com. 5 juill. 2017, n° 14-16.737 P : *D. 2017. Chron. C. cass. 2333, obs. Tréard* ; *AJ contrat 2017. 488, obs. Pironon* ; *RJDA 2017, n° 855* ; *RLC mai 2018. 15, note Le Bescond de Coatpont* ; *CCE 2017, n° 72, obs. Loiseau.*

2° CONDITIONS DE VALIDITÉ

55. *Absence de restriction discriminatoire et disproportionnée.* BIBL. Kovar, *RJDA 1995, p. 311* (sélection quantitative). – Wilhelm et Dumur, *JCP E 2017, n° 1007* (le refus d'agrément au réseau de distribution sélective). ♦ Pour justifier un refus de vente, le réseau de distribution ne doit pas être constitutif d'une restriction discriminatoire et non proportionnée aux nécessités de la distribution des produits en cause. • Com. 25 avr. 1989, n° 88-11.894 P : *D. 1990. 64, note Lavillaine-Juliet* • Paris, 16 janv. 1995 : *D. 1997. Somm. 60, obs. Ferrier*. ♦ Dès lors qu'il est constaté qu'un fournisseur excluait *a priori* les commerçants de la grande distribution, il en résulte que les critères qualitatifs qu'il appliquait n'avaient pas été fixés uniformément pour tous les revendeurs potentiels. • Com. 18 déc. 2012, n° 11-27.342 : *CCC 2013, n° 54, obs. Malaurie-Vignal* ; *RJDA 2013, n° 219.* ♦ Ni le droit européen ni le droit national de la concurrence ne prohibent le seul refus, par l'opérateur à la tête d'un réseau de distribution sélective qualitative, d'agréer des distributeurs qui remplissent les critères de sélection, seule une mise en œuvre discriminatoire de ces derniers ayant pour objet ou pour effet de fausser la concurrence ou un refus ayant le même objet ou effet étant prohibés par les art. 101, § 1, TFUE et L. 420-1 C. com. • Com. 16 févr. 2022, n° 20-11.754 B : *préc. note 48.* ♦ Si la condition quantitative opposée par le fournisseur pour organiser son réseau de distribution n'est pas illicite en soi, il lui appartient de sélectionner les distributeurs sur la base de critères définis, objectivement fixés et appliqués sans discrimination à l'égard de tous les revendeurs potentiels. En ne justifiant d'aucune définition objective des zones de chalandise, ni de la méthode selon laquelle le taux maximum de densité des distributeurs est uniformément appliqué, ni davantage des méthodes adoptées pour respecter l'antériorité des demandes selon la zone concernée, les distributeurs souhaitant intégrer le réseau ne peuvent pas véritablement apprécier la portée du critère imposé. • Paris, 29 nov. 2007 : *D. 2007. Pan. 2197, obs. Ferrier* ; *CCC 2008, n° 70, obs. Malaurie-Vignal.* ♦ Sur l'absence de traitement discriminatoire à l'égard d'un candidat non agréé, bien qu'un autre commerçant ait été agréé dans le même centre commercial, V. • Versailles, 20 déc. 1995 : *D. Affaires 1996. 233.*

56. *Achat minimal et amplitude du référencement.* La clause d'un contrat de distribution sélective prévoyant un montant minimal annuel d'achats est illicite lorsque, dans le chiffre d'affaires d'un revendeur offrant une gamme représentative des produits concurrents, ce montant dépasse manifestement le pourcentage que les produits du fabricant occupent sur le marché en cause. • Com. 13 mai 1997, n° 95-14.035 P : *D. 1997. IR 196 ; CCC 1997, n° 118, obs. Vogel ; RJDA 1997, n° 1185.* ♦ Comp., sur la validité d'une résiliation justifiée par la non-réalisation du chiffre d'achats minimal : • Versailles, 20 déc. 1995 : *JCP 1996. IV. 1092 ; BICC 1996, n° 644.* – V. Ronzano, *JCP E 1996. I. 535.*

N'est pas licite la clause d'un contrat de distribution sélective de produits cosmétiques de luxe imposant la détention, à tout moment, de l'ensemble des exemplaires de chacune des références et coloris, l'exigence normale du fabricant pouvant se limiter aux deux tiers des référencements, quantité propre à répondre à l'attente d'un consommateur dès lors que celui-ci a accès à l'essentiel de ces référencements et qu'il a la certitude d'une mise à disposition rapide du produit désiré. • Paris, 31 mars 1995 : *RJDA 1995, n° 705.*

57. Licéité des critères qualitatifs. **BIBL.** Martin, *AJCA 2016. 362* (les critères de sélection). – Ferrier, *JCP E 2017, n° 1678* (la liberté de sélectionner dans la distribution sélective). – Rigolot, *RLDA avr. 2020. 27* (contrôle du juge sur les critères de sélection d'un réseau de distribution sélective et de refus de l'accès à ce réseau). ♦ Sont légitimes, dans l'intérêt du consommateur, les critères de sélection qualitatifs tenant à la compétence du distributeur et à l'installation de son point de vente. • Paris, 26 juin 1991 : *D. 1992. Somm. 393, obs. Ferrier* . ♦ Évite toute discrimination arbitraire la méthode d'évaluation mise au point par un fabricant de parfum qui, par le nombre et la précision des rubriques, permet d'apprécier objectivement la qualité des candidats et, notamment, d'écarter un magasin disgracieux situé dans une zone portuaire. • Paris, 14 févr. 1991 : *D. 1991. IR 122.* ♦ Un fabricant de parfums peut légitimement refuser l'agrément à un commerçant, dès lors que, après avoir fait procéder à une étude déterminant le nombre des points de vente potentiel par agglomération en fonction du nombre d'habitants et donc de la demande des consommateurs dans la zone considérée, il estime que la création de nouveaux points de vente excédentaires peut entraîner des surcoûts tant pour le fournisseur que pour les consommateurs, ce qui justifie la limitation quantitative de ses points de vente. • Paris, 10 févr. 1995 : *D. 1997. Somm. 62, obs. Ferrier* • 29 juin 2004 : *D. 2005. Pan. 149, obs. Ferrier ; RLC 2005, n° 1, p. 28, obs. Sélinsky.* ♦ Sur la licéité d'un réseau de distribution sélective reposant sur des critères tenant, d'une part, à la technologie du produit vendu qui, ayant bénéficié d'un investissement de recherche important, a entraîné des progrès technologiques indéniables et, d'autre part, à l'originalité de ce produit ainsi qu'à son aspect de création le faisant par conséquent entrer dans la catégorie des produits dits de mode, V. • T. com. Paris, 28 mars 1997 : *Gaz. Pal. 1998. 1. Somm. 178.* ♦ Pour des refus illicites, V. • Paris, 31 oct. 1991 : *D. 1992. IR 40* • 13 mai 1993 : *Gaz. Pal. 1994. 1. Somm. 61* • 24 févr. 1994 : *RJDA 1994, n° 919.* ♦ Prenant appui sur l'arrêt de la CJUE du 13 oct. 2011 (cité note 62), la Cour de cassation a considéré que la clause qui exige la présence sur le lieu de vente d'un diplômé en pharmacie pendant toute l'amplitude horaire d'ouverture pour la commercialisation de produits dermo-cosmétiques a un caractère disproportionné et est en conséquence illicite. • Com. 24 sept. 2013, n° 12-14.344 P : *D. 2014. 192, note Mendoza-Caminade ; RTD civ. 2014. 114, obs. Barbier ; JCP E 2013, n° 1657, note Vilmart ; RJDA 2014. 2, note Riffault-Silk.*

58. Absence de relation intuitu personae. Un réseau de distribution sélective n'implique pas l'existence de relations *intuitu personae* entre le fabricant et chacun des revendeurs ; dès lors, ne présente aucun caractère anormal justifiant un refus de vente, l'intervention d'un GIE auprès du fabricant pour centraliser des commandes destinées à certains membres de ce groupement, dont il était précisé que chacun d'eux remplissait les conditions qualitatives lui permettant de distribuer les produits du réseau. • Com. 4 mai 1999, n° 96-22.638 : *RJDA 1999, n° 777 ; LPA 8 mars 2000, obs. Malaurie-Vignal.* ♦ Comp., considérant qu'une demande d'intégration à un réseau de concession ne saurait être rejeté dès lors que les critères quantitatifs et qualitatifs de sélection sont imprécis, discrétionnairement mis en application par le concédant et ne permettent pas de vérifier si les concessionnaires sont choisis selon les mêmes critères objectifs opposables à tous les candidats : • Com. 25 janv. 2000, n° 97-15.292 : *CCC 2000, n° 64, obs. Malaurie-Vignal.* ♦ Est licite la clause qui stipule la résiliation de plein droit du contrat en cas de cession du fonds de commerce. • Paris, 3 juill. 1992 : *JCP E 1992. Pan. 1193.*

59. Image du produit. **BIBL.** Cuzacq, *RTD com. 2002. 605* (le luxe et le droit). – Hauviller, *RLDA déc. 2011. 84* (le luxe est-il une notion juridique ?). – Ferrier, *ibid. 118* (la distribution des produits de luxe). – Vilmart, *AJCA 2016. 374* (un exemple sectoriel : les produits de luxe). ♦ Est de nature à justifier le recours à un système de distribution sélective l'image « haut de gamme » d'un produit aux yeux des consommateurs. • Paris, 11 oct. 2000 : *D. 2000. AJ 443* . ♦ Mais le seul fait que des produits dérivés soient vendus sous une marque de luxe n'est pas de nature à leur conférer la qualification de produits de luxe relevant d'un système de distribution sélective. • Com. 8 juill. 2003, n° 00-16.726 : *CCC 2003, n° 155, obs. Leveneur ; LPA 27 juin*

2005, obs. Baccichetti et Dom. ♦ Sur la licéité, s'agissant de produits de luxe : d'un critère de sélection relatif à la localisation géographique d'un point de vente, V. • Com. 13 nov. 2003, n° 01-00.195 : *CCC 2004, n° 18, obs. Leveneur.* ♦ ... Des conditions de commercialisation imposées au distributeur, V. • Paris, 30 mars 1992 : *D. 1992. Somm. 395, obs. Ferrier* • 11 mars 1994 : *D. 1994. IR 106* • 15 sept. 1995 : *D. 1995. IR 230 ; D. Affaires 1995. 112* • Versailles, 14 mai 1992 : *D. 1992. préc.* • 8 juin 1995 : *Quot. jur. 14 déc. 1995, p. 2, note Calvo.*

C. EXÉCUTION DU CONTRAT

60. *Prix concurrentiels.* Manque à son obligation d'exécuter de bonne foi le contrat de distributeur agréé qu'elle a passé avec l'exploitant d'une station-service la société pétrolière qui, en l'absence de tout cas de force majeure, a privé le distributeur des moyens de pratiquer des prix concurrentiels. • Com. 3 nov. 1992, n° 90-18.547 P : *D. 1995. Somm. 85, obs. Ferrier ; JCP 1993. II. 22164, note Virassamy ; RTD civ. 1993. 124, obs. Mestre .* ♦ Sur l'obligation pour un mandant de contrôler son réseau, et notamment les centrales d'achat à partir desquelles des importations parallèles se sont produites, afin de permettre à son mandataire de pratiquer des prix concurrentiels, V. • Com. 24 nov. 1998, n° 96-18.357 P : *D. 1999. IR 9 ; CCC 1999, n° 56, obs. Malaurie-Vignal.*

61. *Clause relative au lieu de vente.* La clause interdisant à un distributeur agréé de recourir à la vente « par correspondance » ou, en règle générale, à toute vente en dehors du lieu de vente désigné au contrat étant sans ambiguïté, aucune distinction ne peut être opérée entre la vente consentie après réception d'une lettre ou celle consentie après réception d'une communication téléphonique. • Versailles, 23 févr. 1995 : *RJDA 1995, n° 706.*

62. *Commercialisation sur internet.* BIBL. Chagny, *RJ com. 2013. 147* (distribution sélective et internet). – Lemay, *RLDA déc. 2013. 76* (remise en cause du modèle traditionnel de la distribution autorisée par la libéralisation de la vente sur l'internet). – Tercinet, *RLC janv.-mars 2014. 191* (restrictions à la vente en ligne imposées aux distributeurs : l'approche européenne). – Ruble et Versaevel, *ibid. 217* (quelles spécificités des accords de distribution en ligne ?). – Dossier, *AJCA 2014. 305* (internet, distribution et concurrence). – Yhill-Tayara et Maulin, *AJCA 2016. 368* (internet, vecteur de perturbation de la distribution sélective). – Maurel, *RLC juill.-août 2018. 47* (distribution sélective : le cas des places de marché en ligne). – Lacresse, Leung et Monti, *RLC mars 2019. 20* (*marketplaces* et réseaux de distribution sélective : quel encadrement ?). ♦ Sur la demande d'un fournisseur tendant à la cessation de la commercialisation de ses produits sur un site internet par l'un de ses distributeurs, ladite commercialisation nuisant à l'ensemble du réseau et dépréciant l'image de marque des produits dermo-cosmétiques en général et des produits distribués sous les marques du fournisseur en particulier, lequel, ne saurait accepter, sans commettre un acte discriminatoire, que l'un de ses distributeurs agréés procède sans agrément et même sans l'en avertir à la commercialisation des produits sur un site internet, V. • Versailles, 2 déc. 1999 : *D. 2001. Somm. 299, obs. Ferrier ; JCP 2000. II. 10282, note Vivant ; CCC 2000, n° 43, obs. Malaurie-Vignal.* ♦ ... Infirmant une décision ayant retenu que dans le cadre d'un réseau de distribution sélective, dès lors que les documents contractuels ne font aucune référence aux modalités de commercialisation par un serveur en ligne et qu'il est seulement fait mention que le distributeur agréé s'engage à « tout faire pour développer les ventes », il convient de considérer que le moyen internet immatériel s'ajoute aux modalités traditionnelles mises en place par le distributeur dans son officine et conformes aux exigences relatives à la matérialité du lieu de vente. • T. com. Pontoise, réf., 15 avr. 1999 : *D. 1999. 725, note Manara .* ♦ Si aucun texte ne prévoit explicitement la possibilité pour l'organisateur d'un réseau de réserver la vente sur internet aux membres de son réseau, une telle solution apparaît compatible dans un certain nombre de cas avec les règles de concurrence applicables aux restrictions verticales. • Cons. conc. n° 06-D-24 du 24 juill. 2006 : *D. 2007. Pan. 1691, obs. Claudel ; CCC 2006, n° 187, obs. Malaurie-Vignal ; RJDA 2006, n° 1268 ; RLC janv.-févr. 2007. 16, note Brault et Proust* (conf. par • Paris, 16 oct. 2006 : *cité note 2 ss. art. R. 464-2*). ♦ Un fournisseur peut sélectionner ses distributeurs en retenant notamment comme critère qu'ils disposent d'un magasin pour accueillir le public et exposer les produits contractuels, c'est-à-dire en excluant de son réseau le vendeur « exclusivement » internet. • Même décision. – V. aussi : • Cons. conc. n° 06-D-28 du 5 oct. 2006 : *D. 2007. Pan. 1691, obs. Claudel ; RJDA 2007, n° 102 ; RDLC 2006, n° 4, p. 63, obs. Debroux ; RLC janv.-févr. 2007. 14, note Sélinsky.* ♦ Une comparaison avec la vente par correspondance doit être écartée dans la mesure où celle-ci ne peut offrir au consommateur ni la vitrine de présentation, ni l'interaction, au travers notamment de l'existence d'une *hot line* et de l'utilisation de films, qu'est susceptible d'offrir un site de vente en ligne. On ne peut donc assimiler l'interdiction de vente d'un produit sur internet au sein d'un réseau sélectif agréé à une interdiction de vente par correspondance classique. • Cons. conc. n° 07-D-07 du 8 mars 2007 : *D. 2007. 2209, note J.-L. Fourgoux ; JCP E 2008, n° 3, p. 18, obs. Alma-Delettre ; CCC 2007, n° 122, obs. Malaurie-Vignal ; CCE 2007, n° 72, obs. Debet ; RDLC 2007, n° 2, p. 102, obs. Claudel.* – V. aussi : B. Honorat, *CCC 2007. Étude 7* (comment concilier distribution sélective et internet ?) ; Bermond, *LPA 27 avr. 2007* (le Conseil de la concurrence affine son approche de la distribution sélective sur internet).

Pour une condamnation d'une vente sur internet en violation du réseau sélectif, V. • T. com. Paris, 15 févr. 2007 : *CCE 2007, n° 71, obs. Debet* (conf. par • Paris, 18 avr. 2008 : *D. 2009. Pan. 2895, obs. Ferrier* ; *CCC 2008, n° 177, obs. Bosco* ; *CCE 2008, n° 90, obs. Chagny* ; *RDLC 2008, n° 3, p. 139, obs. Lemaire*). ♦ Pour une décision estimant contraire au droit de la concurrence l'interdiction faite aux distributeurs agréés de vendre certains produits de marques sur internet, V. • Cons. conc. n° 08-D-25 du 29 oct. 2008 : *D. 2009. Pan. 2894, obs. Ferrier* ; *JCP E 2008, n° 45-46, p. 6* ; *CCC 2008, n° 271, obs. Malaurie-Vignal* ; *LPA 25 nov. 2008, obs. Boursier-Mauderly* ; *CCE 2008, n° 137, obs. Chagny* ; *RJDA 2009, n° 142* ; *RLC janv.-mars 2009. 21, note Arhel.* – La cour de Paris, saisie d'un recours contre cette décision, a saisi la CJCE d'une demande préjudicielle sur cette question : • Paris, 29 oct. 2009 : *RTD com. 2010. 81, obs. Claudel* ; *JCP E 2009, n° 49, p. 3, note Vilmart* ; *CCC 2009, n° 287, obs. Malaurie-Vignal* ; *CCE 2009, n° 113, obs. Chagny* ; *RJDA 2010, n° 175* ; *RDLC 2010, n° 1, p. 91, obs. Debroux* ; *RLC janv.-mars 2010. 27, obs. Sélinsky.* – V. la réponse : • CJUE 13 oct. 2011, n° C-439/09 : *D. 2012. Pan. 583, obs. Ferrier* ; *RTD eur. 2012. 442, obs. Blaise* ; *JCP E 2011, n° 1833, note Vilmart* ; *CCC 2011, n° 257, obs. Malaurie-Vignal* ; *RJDA 2012, n° 208* ; *RLDA nov. 2011. 38, note Lesquins et Ferchiche* ; *RJ com. 2012. 35, note Decocq.* – ... Et son application par la cour de Paris, qui confirme en définitive la décision du Conseil de la concurrence : • Paris, 31 janv. 2013 : *D. 2013. 887, note Ferrier* ; *JCP E 2013, n° 1119, note Vilmart* ; *CCC 2013, n° 64, obs. Decocq* ; *RJDA 2013, n° 455* ; *RLC avr.-juin 2013. 23, note Sélinsky.* ♦ Pour un contentieux similaire : • Com. 20 mars 2012, n° 10-16.329 P : *D. 2012. Actu. 941* ; *JCP E 2012, n° 1404* ; *CCC 2012, n° 151, obs. Malaurie-Vignal* ; *RJDA 2012, n° 899* ; *RJ com. juill.-août 2012. 12, note Chagny.* – V. aussi • Paris, 27 juin 2012 : *CCE 2012, n° 135, obs. Chagny* ; *RDLC 2012, n° 4, p. 85, obs. Martin.* ♦ Bien que les effets réels et précis de l'interdiction de vente par internet imposée aux distributeurs agréés ne puissent être déterminés, cette circonstance n'est pas de nature à remettre en cause le constat de l'existence d'une restriction de concurrence. • Aut. conc. n° 12-D-23 du 12 déc. 2012 : *D. 2013. Pan. 733, obs. Ferrier* ; *JCP E 2013, n° 1202, note Mendoza-Caminade* ; *CCC 2013, n° 30, obs. Malaurie-Vignal* ; *CCE 2013, n° 15, obs. Chagny* ; *BRDA 2013, n° 2, p. 17, obs. Pétrignet* ; *RLC avr.-juin 2013. 94, obs. Barbier de la Serre.* – Réduisant le montant des sanctions au motif que le droit et la jurisprudence applicables à la vente par internet n'étaient pas clairement fixés : • Paris, 13 mars 2014 : *D. 2015. Pan. 944, obs. Ferrier* ; *AJCA 2014. 85, obs. Saint-Esteben* ; *CCC 2014, n° 118, obs. Decocq* ; *RJDA 2014, n° 691.* ♦ Sur le fonctionnement concurrentiel du commerce électronique, V. • Aut. conc., avis n° 12-A-20 du 18 sept. 2012 : *D. 2013. Pan. 732, obs. Ferrier* ; *RTD com. 2012. 739, obs. Claudel* ; *CCC 2012, n° 279, obs. Malaurie-Vignal* ; *RLDA déc. 2012. 32, note Kouchnir-Cargill* ; *RLC janv.-mars 2013. 21, note Christol.*

L'art. 101, § 1, TFUE doit être interprété en ce sens qu'il ne s'oppose pas à une clause contractuelle qui interdit aux distributeurs agréés d'un système de distribution sélective de produits de luxe visant, à titre principal, à préserver l'image de luxe de ces produits de recourir, de manière visible, à des plateformes tierces pour la vente sur internet des produits contractuels, dès lors que cette clause vise à préserver l'image de luxe desdits produits, qu'elle est fixée d'une manière uniforme et appliquée d'une façon non discriminatoire, et qu'elle est proportionnée au regard de l'objectif poursuivi, ce qu'il appartient à la juridiction de renvoi de vérifier. • CJUE 6 déc. 2017, n° C-230/16 : *D. 2018. 150, note Grimaldi* ; *AJ contrat 2018. 34, note Buy et Roda* ; *Dalloz IP/IT 2018. 317, obs. Maréchal* ; *JCP E 2018, n° 1189, note Wilhem et Dumur* ; *CCC 2018. Étude 5, par Viala* ; *RJDA 2/2018. 107, note Coursière-Pluntz et Pétrignet* ; *RLDA janv. 2018. 40, note Audran et Choffel* ; *RLC janv. 2018. 27, note Bonnet-Desplan* ; *RJ com. 2018. 48, obs. Kutscher-Puis.* ♦ L'art. 4 du Règl. (UE) n° 330/2010 du 20 avr. 2010 doit être interprété en ce sens que l'interdiction faite aux membres d'un système de distribution sélective de produits de luxe, qui opèrent en tant que distributeurs sur le marché, d'avoir recours de façon visible à des entreprises tierces pour les ventes par internet, ne constitue pas une restriction de la clientèle, au sens de l'art. 4, sous b, de ce règlement, ni une restriction des ventes passives aux utilisateurs finals, au sens de l'art. 4, sous c, dudit règlement. • Même arrêt. – V. aussi • Paris, 28 févr. 2018, n° 16/02263 : *D. 2018. Pan. 2276, obs. Larrieu* ; *Dalloz IP/IT 2018. 377, obs. Maréchal*. ♦ L'obligation de « mise en main » prévue par le contrat de distribution sélective, qui conduit à proscrire toute livraison par des tiers, supprime *de facto* les avantages essentiels de la vente sur internet et revient, toujours *de facto*, à interdire cette modalité de vente (estimant toutefois que l'interdiction de la commercialisation des produits par le biais des plateformes constitue, dans les circonstances de l'espèce, une exigence légitime imposée par le fournisseur à ses distributeurs pour respecter les exigences propres à son réseau de distribution). • Aut. conc. n° 18-D-23 du 24 oct. 2018 : *D. 2019. Pan. 783, obs. Ferrier* ; *AJ contrat 2019. 40, obs. L. et J. Vogel* ; *CCC 2018, n° 204, obs. Bosco* ; *RLC déc. 2018. 4, obs. Baudu* ; *RJ com. 2018. 477, obs. Chagny.* – V. aussi • Com. 26 janv. 2022, n° 19-24.464 : *D. actu. 17 févr. 2022, obs. Delpech.*

63. Commercialisation de produits altérés. La résiliation unilatérale d'un contrat de distribution agréé, par le fournisseur, est justifiée dès lors que le distributeur a mis en vente des produits dont la présentation d'origine a été altérée. • Com. 28 nov. 1995, n° 94-14.898 P : *D. Affaires 1996. 75.*

64. Contrôle de la qualité des acheteurs. Les dispositions contractuelles qui imposent au distributeur agréé de s'assurer, préalablement à toute livraison croisée, que ses acheteurs font également partie du réseau sélectif et qui sont dépourvues de toute ambiguïté lient le distributeur agréé qui ne peut dès lors invoquer le caractère abusif de la rupture prononcée, sur la base de leur violation, par le fabricant. • Paris, 15 févr. 2001 : *D. 2001. AJ 1465, obs. Chevrier.* ♦ Sur la condamnation pour concurrence déloyale d'un distributeur agréé qui ne respecte pas les obligations qu'il a souscrites auprès du promoteur du réseau de distribution sélective, V. • Com. 1er juill. 2003, n° 99-17.183 P : *D. 2003. Somm. 2427, obs. Ferrier ; JCP E 2003, n° 41, p. 1622, note Vilmart ; CCC 2003, n° 160, note Malaurie-Vignal ; RTD com. 2004. 364, obs. Bouloc ; RJDA 2003, n° 1138 ; LPA 11 oct. 2004, obs. Chagny.*

65. Clause résolutoire. Un concessionnaire n'agit pas de mauvaise foi en appliquant une clause résolutoire au distributeur agréé, dès lors que le manquement contractuel de celui-ci est avéré. • Com. 18 mars 1997, n° 95-11.079 : *D. Affaires 1997. 628.*

66. Conséquences de la résiliation. Dès lors qu'il respecte les stipulations détaillées du contrat organisant les conditions de reprise de stocks, le fabricant ne peut se voir imposer des obligations supplémentaires par le distributeur dont le contrat est résilié. • Paris, 15 févr. 2001 : *préc. note 64.*

67. Renouvellement. Pour un refus de renouvellement abusif et discriminatoire, V. • Versailles, 5 oct. 1995 : *BICC 1996, n° 277.* ♦ Pour un exemple de refus abusif d'agrément d'un repreneur et de renouvellement, V. • Paris, 23 oct. 1998 : *Cah. dr. entr. 1999, n° 2, p. 31, obs. Mainguy.*

68. Réintégration. En ce sens que le distributeur évincé du réseau pour violation de ses obligations peut être à nouveau sélectionné après l'expiration d'un délai raisonnable (10 ans, en l'espèce), V. • Versailles, 29 févr. 1996 : *D. 1997. Somm. 62, obs. Ferrier.* ♦ Un délai de trois ans n'a pas été jugé suffisant pour permettre à un ancien distributeur fautif de réintégrer le réseau : • Com. 19 sept. 2006, n° 04-15.025 : *D. 2007. Pan. 1916, obs. Ferrier ; RJDA 2007, n° 38.*

D. DISTRIBUTION PARALLÈLE

69. Responsabilité civile. Sur la responsabilité civile résultant, désormais, de la participation à la violation de l'interdiction de revente hors réseau, V. art. L. 442-2. ♦ Sur la jurisprudence antérieure à la L. n° 96-588 du 1er juill. 1996, V. notes 74 s.

70. Preuve. En ce sens que la preuve de la commercialisation des produits par un vendeur non agréé est libre, et que les juges, faisant usage de leur pouvoir souverain d'appréciation de la force probante des moyens de preuve, peuvent se fonder sur des documents irréguliers, V. • Com. 12 juill. 1993, n° 91-16.826 P.

71. Commerce électronique. Jugeant que le fait pour un distributeur hors réseau, de proposer sur internet des produits que le fabricant réserve à son réseau de distribution sélective constitue un trouble manifestement illicite indépendamment de la régularité des approvisionnements du distributeur : • Paris, 5 sept. 2003 : *CCE 2004, n° 19, obs. Stoffel-Munck.* – V. aussi • Paris, 3 oct. 2014 : *CCC 2015, n° 7, obs. Malaurie-Vignal.* ♦ Ordonnant à une entreprise l'interdiction de commercialiser sur son site internet des produits normalement commercialisés par un réseau de distribution sélective auquel elle n'appartient pas, internet étant un simple moyen de communication et ne pouvant constituer en soi un marché pertinent : • T. com. Nanterre, 4 oct. 2000 : *D. 2002. Somm. 934, obs. Caron ; Cah. dr. entr. 2001, n° 2, p. 27, obs. Mainguy.* – V. aussi Collard et Roquilly, *LPA 3 avr. 2002* (réseaux de distribution fermés et commerce électronique). ♦ Sur cette question, V. encore • Cons. conc. n° 06-S-01 du 3 févr. 2006 : *D. 2006. AJ 1229, obs. Manara ; RTD com. 2006. 575, obs. Claudel ; CCE 2006, n° 100, obs. Chagny.* ♦ V. aussi note 62.

72. Pouvoirs du juge des référés. Le juge des référés peut prescrire des mesures conservatoires pour prévenir le trouble manifestement illicite résultant des ventes hors réseau, nonobstant l'existence d'une contestation sérieuse, à condition que le promoteur du réseau fasse la preuve de la licéité de celui-ci, V. • Com. 27 oct. 1992, n° 89-19.655 P : *préc. note 48 ; JCP 1994. II. 22214, note Lévy.* ♦ Pour une injonction ordonnant sous astreinte à un site internet de cesser d'héberger des annonces proposant la commercialisation de produits en dehors du réseau de distribution sélective, V. • T. com. Paris, réf., 26 juill. 2007 : *CCE 2008, n° 25, obs. A. D.* ♦ Comp., pour l'impossibilité, au stade des référés, de demander l'interdiction de revente hors réseau en raison d'une contestation sérieuse de l'illicéité de l'approvisionnement et de l'étanchéité du réseau, V. • Colmar, 24 juin 2008 : *CCC 2009, n° 98, obs. Malaurie-Vignal.*

73. Rupture du contrat. Sur le caractère non abusif de la rupture, par l'organisateur du réseau, du contrat de distribution sélective du revendeur agréé fautif, V. • Com. 10 mai 1994, n° 92-14.464 : *CCC 1994, n° 158, obs. Leveneur* • Paris, 23 oct. 1995 : *D. 1996. IR 20 ; RJDA 1996, n° 213.*

1° ACTION EN CONCURRENCE DÉLOYALE

74. *Jurisprudence antérieure à la L. n° 96-588 du 1er juill. 1996.* BIBL. Jourdain, *D. 1990. Chron. 43*. – Burst, *Cah. dr. entr. 1991, n° 1*. – Froger, *ibid.* – Grellière, *LPA 17 mai 1989*. – Jéol, *JCP 1992. I. 3588*. – R. Goyer, *Cah. dr. entr. 1997, n° 1, p. 1*. – Montalcino, *D. Affaires 1999. 1479*. ♦ Commettent une faute constitutive de concurrence déloyale les intermédiaires non agréés qui s'approvisionnent auprès de distributeurs agréés en violation du réseau de distribution sélective. • Com. 27 oct. 1992, n° 90-18.943 P : *préc. note 48* • 15 mars 1994, n° 91-13.523 P : *préc. note 53* • 9 avr. 1996, n° 94-12.043 : *D. 1997. Somm. 26, obs. Mazeaud* • Aix-en-Provence, 5 mai 1994 : *JCP 1994. IV. 1852*. ♦ Comp., désormais : art. L. 442-2. ♦ Mais le fait de satisfaire des commandes avec des produits acquis régulièrement, en dépit des droits d'exclusivité dont bénéficiait, à la connaissance du vendeur, une société, ne constitue pas en soi un acte de concurrence déloyale. • Com. 1er mars 1994, n° 92-11.364 P : *D. 1995. Somm. 211, obs. Izorche* • Chambéry, 11 oct. 1995 : *D. 1996. IR 17*. ♦ V. aussi, sur la possibilité, pour le fabricant, de demander, sur le fondement de l'art. 145 NCPC [renommé C. pr. civ.], qu'il soit ordonné à un distributeur qui revend ses produits sans son agrément de lui communiquer les factures correspondantes, • Aix-en-Provence, 6 déc. 1991 : *RJDA 1992, n° 698*. ♦ Mais le commerçant ne peut pas être condamné sous astreinte à communiquer la facture d'achat des produits en cause, la condamnation sous astreinte à produire des pièces n'étant possible sans que leur existence soit, sinon établie avec certitude, du moins vraisemblable. • Civ. 2e, 17 nov. 1993, n° 92-12.922 P.

75. *Usurpation de la qualité de distributeur agréé.* Le fait pour un intermédiaire non agréé de mettre en vente des produits dont le conditionnement portait la mention « vente exclusive par des distributeurs agréés » est constitutif de concurrence déloyale. • Com. 27 oct. 1992, n° 90-18.943 P : *préc. note 48* • 23 févr. 1993, n° 91-11.205 : *CCC 1993, n° 71, obs. Vogel* • 21 juin 1994, n° 92-16.197 P : *préc. note 54* • Paris, 7 juin 1995 : *Gaz. Pal. 1996. 1. Somm. 145*. ♦ Une telle mention, non démentie par le vendeur non agréé, étant de nature à faire croire à la clientèle que celui-ci a la qualité de distributeur agréé, constitue un acte de publicité mensongère, au sens de l'art. 44 de la loi du 27 déc. 1973 [C. consom., art. L. 121-2 s.]. • Com. 27 oct. 1992, n° 89-19.655 P : *préc. note 48* • 24 nov. 1992, n° 91-10.295 P : *CCC 1993, n° 36, obs. Raymond* • 21 juin 1994, n° 92-16.197 P : *préc. note 54* • 10 janv. 1995, n° 92-17.738 : *RJDA 1995, n° 424* • 9 avr. 1996, n° 94-12.043 : *préc. note 74*. – *Contra* : • Paris, 28 mars 1991 : *D. 1992. Somm. 394, obs. Ferrier*. ♦ En revanche, le fait pour un opérateur de ne pas indiquer dans ses documents publicitaires sa qualité de revendeur non agréé n'est pas de nature à créer une confusion à l'égard des concessionnaires, dès lors que n'a été relevée aucune indication ou présentation fausse ou de nature à induire en erreur l'acheteur de véhicules, laissant croire à ce dernier que l'opérateur était agréé. • Com. 26 janv. 1999, n° 97-10.964 P : *D. 2001. Somm. 298, obs. Ferrier* ; *Gaz. Pal. 20-24 août 1999, p. 14, obs. Guével*. ♦ Un concessionnaire exclusif d'une marque de véhicule peut s'opposer à ce qu'une société concurrente se prévale d'un agrément que le constructeur ne lui a pas donné en se présentant comme concessionnaire ou agent du constructeur, en recourant à des formules ambiguës pour insidieusement suggérer qu'elle a cette qualité et en faisant figurer en regard de l'énoncé de son nom commercial la reproduction d'un véhicule de la marque en cause. • Rouen, 4 sept. 1997 : *BICC 1998, n° 330*. ♦ Caractérisent des agissements constitutifs de concurrence déloyale à l'égard du concessionnaire exclusif d'une marque de moto, les diverses annonces publicitaires effectuées par un ancien concessionnaire qui utilise sans autorisation la marque et le logo du concessionnaire actuel et se présente comme « agent agréé » « ou spécialiste » de ladite marque. • Com. 15 déc. 1998, n° 96-21.675 : *RJDA 1999, n° 357*.

76. *Atteinte à l'image de marque.* Constitue une atteinte à l'image de la marque d'un parfum, le fait pour un vendeur hors réseau de vendre des flacons avec un emballage sur lequel la mention « ne peut être vendu que par des distributeurs agréés » avait été oblitérée, alors qu'il ne rapportait pas la preuve d'une acquisition régulière de ces produits. • Com. 19 mai 1998, n° 96-16.042 P : *RTD com. 1999. 180, obs. Bouloc*. ♦ Sur la détention de produits aux fins de marques d'appel, • Même arrêt. ♦ Sur l'application des art. L. 217-2 et L. 217-3 [L. 413-6 et L. 413-7] C. consom. en matière d'altération ou de suppression de sigles permettant d'identifier la marchandise vendue, V. • Paris, 28 nov. 2001 : *cité note 79*, et les notes ss. ces articles au **C. consom.** ♦ Constituent des actes de concurrence déloyale le fait de vendre à bas prix des produits faisant l'objet d'un réseau de distribution sélective et porteurs de la marque sans l'autorisation du titulaire de celle-ci et le fait de laisser l'indication du prix de vente pratiqué par ce dernier sur les produits en cause. • Com. 21 juin 1994, n° 92-17.361 : *RJDA 1994, n° 1276*.

Le distributeur exclusif pour la France d'objets de marque étrangère (montres, pendules, pendulettes) qui les commercialise par l'intermédiaire d'un réseau de revendeurs agréés choisis par lui en fonction de critères sélectifs basés sur les conditions d'environnement, d'accueil et de compétence est fondé à se prévaloir de la notoriété des biens en question pour établir le préjudice que lui occasionnent les agissements d'autres revendeurs qui proposent ces produits, acquis sur le marché parallèle, dans des magasins d'articles bas de gamme ou de pacotille sans valeur, avec un personnel dépourvu des connaissances que tout consommateur est en droit d'attendre lorsqu'il s'agit de tels objets, d'une relative complexité. • Com. 18 oct. 1994, n° 93-10.219 P : *D. 1996. 311, note Krimmer* ; *JCP 1995. I. 3853, n° 5, obs. Viney.* ♦ Comp., jugeant que, si le fait pour un revendeur de s'approvisionner sur le marché parallèle ne constitue pas, en tant que tel, une pratique de concurrence déloyale, encore faut-il qu'il informe clairement le consommateur des différences caractérisant les produits et services qu'il offre par rapport à ceux du réseau de la marque et respecte les conditions qualitatives du système de distribution agréé par le fabricant ou son représentant : • Paris, 2 oct. 1992 : *D. 1993. IR 28.* ♦ En s'affranchissant délibérément des exigences qualitatives du système de distribution mis en place, un distributeur sélectif ne peut prétendre que le distributeur parallèle a commis un acte de concurrence déloyale au préjudice des membres du réseau, faute d'établir que les produits étaient vendus dans un environnement dévalorisant ou à proximité de produits dévalorisants. • Paris, 18 sept. 2013 : *CCC 2014, n° 5, obs. Malaurie-Vignal.*

2° *USAGE ILLICITE DE MARQUE*

77. *Principe.* La commercialisation d'un produit par un distributeur non agréé peut constituer un usage illicite de la marque, V. • Com. 23 févr. 1993, n° 90-19.375 : *D. 1994. 318, note Fort-Cardon* ; *CCC 1993, n° 71, obs. Vogel.*

78. *Illustration de l'usage illicite de marque.* Constitue un usage illicite de marque le fait de mettre en vente des produits acquis auprès de revendeurs soldeurs étrangers au réseau de distribution sélective du titulaire de la marque, produits que celui-ci avait refusés auprès du fabricant, alors que, si ces revendeurs avaient été autorisés à vendre ces produits, ils ne démontraient pas qu'ils avaient reçu l'accord du titulaire de la marque pour que les produits soient porteurs de celle-ci. • Com. 21 juin 1994, n° 92-12.584 P : *D. 1994. IR 204* ; *RJDA 1994, n° 1276.* ♦ De même, constitue un usage illicite de la marque la mise dans le commerce de produits faisant l'objet d'un réseau de distribution sélective, même dans le cadre de l'organisation d'une loterie, effectuée par une société qui n'a pas la qualité de revendeur agréé. • Paris, 18 nov. 1993 : *RJDA 1994, n° 1224.* ♦ La Cour de cassation a rejeté le pourvoi contre cet arrêt au motif que le propriétaire de la marque est en droit de s'opposer à ce que les produits la portant puissent être diffusés dans le public, dès lors que cette diffusion n'a pas pour objet la commercialisation. • Com. 2 juill. 1996, n° 94-10.525 P : *D. 1996. IR 200* ; *LPA 17 janv. 1997, note Calvo.* – V. Montégudet, *Bull. act. Lamy droit commercial oct. 1996, p. 1.* ♦ *Contra*, ayant jugé que, s'agissant de produits authentiques revêtus de la marque apposée par le fabricant et régulièrement acquis par le distributeur non agréé, l'usage illicite ne pouvait résulter du seul fait d'une commercialisation au mépris d'un réseau de distribution sélective : • Com. 10 janv. 1989, n° 87-10.676 : *D. 1989. 427, note Bénabent* • Paris, 18 mars 1994 : *JCP E 1994. Pan. 1363.* ♦ V. déjà, refusant d'appliquer l'art. 422 C. pén. [CPI., art. L. 716-9], lorsque la marque utilisée n'est pas contrefaite, • Crim. 18 avr. 1988, n° 87-81.354 P : *D. 1989. Somm. 198, obs. Burst.* ♦ Dans le même sens, à propos d'un ancien distributeur agréé : • Paris, 30 janv. 1992 : *D. 1992. IR 136.* ♦ Comp. aussi, en cas de modification ou d'altération des produits : • Paris, 22 oct. 1991 : *D. 1992. Somm. 394, obs. Ferrier.*

79. *Épuisement du droit de marque.* BIBL. Lancrenon, *Propr. ind. 2012. Étude 7* (preuve de l'épuisement du droit de marque). ♦ Le titulaire d'une marque ne peut s'opposer, au titre de l'art. 7 de la Dir. 89/104 [transposé à l'art. 713-4 CPI], à ce qu'un revendeur commercialisant habituellement des articles de même nature mais pas nécessairement de même qualité que ceux revêtus de ladite marque emploie cette dernière afin d'annoncer au public la commercialisation ultérieure des produits protégés, à moins qu'il ne soit établi que l'utilisation de cette marque porte une atteinte sérieuse à sa renommée. • CJCE 7 nov. 1997 : *D. Affaires 1997. 1427.* ♦ Le titulaire d'une marque ne peut s'opposer à ce qu'un opérateur indépendant utilise celle-ci dans des documents publicitaires en vue d'annoncer au public qu'il effectue la réparation et l'entretien des produits revêtus de cette marque, mis dans le commerce sous cette marque par le titulaire ou avec son consentement, ou qu'il est spécialisé ou spécialiste de la vente ou la réparation et l'entretien de tels produits, à moins que la marque ne soit utilisée de manière telle qu'elle peut donner l'impression qu'il existe un lien commercial entre l'entreprise tierce et le titulaire de la marque. • CJCE 23 févr. 1999, n° C-63/97 : *D. Affaires 1999. 901, obs. E. C.* – Sur le risque de confusion, V. notes 26 s. ss. L. 2 juill. 1963, art. 2, App., v° *Concurrence.*

En matière d'épuisement des droits conférés par la marque, le « consentement » du titulaire à la commercialisation de ses produits peut être implicite dès lors qu'il traduit de façon certaine une renonciation à s'opposer à son droit exclusif, V. • CJCE 20 nov. 2001, n° C-414/99 : *D. 2002. AJ 214, obs. Chevrier* ; *RTD com. 2002. 405, obs. Luby* ; *JCP E 2002, n° 22, p. 905, note Vilmart.* – Pour une application en droit interne, V. • Com. 9 avr. 2002, n° 99-15.428 P : *D. 2002. AJ 1759, obs. Daleau* . ♦ Mais dans des circonstances telles que celles de l'affaire, où la remise de « testeurs à parfum » aux intermédiaires liés par contrat au titulaire de la marque afin que leurs clients puissent en essayer le contenu a lieu sans transfert de propriété et avec interdiction de vente, où le titulaire de la marque peut à tout moment rappeler cette marchandise et où la présentation de celle-ci se distingue clairement de celle des flacons de parfum habituellement mis à la disposition desdits intermédiaires par le titulaire de la marque, le fait que ces testeurs soient des flacons de parfum qui comportent les mentions « démonstration » et « vente interdite » s'oppose à ce que le consentement du titulaire de la marque à leur mise dans le commerce soit implicitement reconnu, en l'absence de tout élément probant en sens contraire dont l'appréciation incombe à la juridiction de renvoi. • CJUE 3 juin 2010, n° C-127/09 : *JCP E 2010, n° 1607 ; CCE 2010, n° 85, obs. Caron.*

Sur la charge de la preuve de l'épuisement des droits sur une marque, V. • CJCE 8 avr. 2003, n° C-244/00 : *D. 2003. 2358, note Arnaud ; JCP E 2003, n° 42, p. 1667, note Boespflug, Greffe et Barthélemy ; RJDA 2003, n° 790* • TGI Lille, 2 déc. 2004 : *Lettre distrib. 12/2004, p. 2* (risque de cloisonnement). – Comp. • TGI Dijon, 18 oct. 2004 : *ibid. janv. 2005, p. 3.* ♦ V. aussi, en matière de transit sur le territoire communautaire de marchandises marquées licitement hors CEE et destinées à des pays tiers, • Paris, 28 nov. 2001 : *D. 2003. Somm. 127, obs. Durrande ; Lettre distrib. 3/2002, p. 1, obs. Tardieu-Guigues.* ♦ Sur l'« épuisement international », V. aussi • Metz, 21 mai 2003 : *JCP 2004. IV. 2650.*

80. Neutralisation de l'épuisement du droit de marque. L'existence d'un réseau de distribution sélective, conforme aux critères de licéité imposés par le droit communautaire, constitue un juste motif pour écarter l'effet d'épuisement du droit de marque (CPI, art. L. 713-4) et interdire la distribution des produits et, de ce fait, la diffusion de la marque en cause lorsque celles-ci sont opérées en violation du réseau. • Paris, 1er oct. 1997 : *D. 1998. 445, note Malaurie-Vignal*. – Comp. : • Com. 2 juill. 1996, n° 94-10.525 P : *préc. note 78.* ♦ V. aussi, concluant à l'existence d'un motif légitime, tiré du prestige et de la renommée d'une marque de luxe, pour neutraliser l'épuisement du droit : • CJCE 23 avr. 2009, n° C-59/08 : *D. 2009. AJ 1276, obs. Daleau ; RTD com. 2009. 706, obs. Azéma ; JCP E 2009, n° 27, p. 24, note Caron ; RLDA août-sept. 2009. 23, note Bretonnière.* – S'appuyant sur cette interprétation : • Com. 2 févr. 2010, n° 06-16.202 P : *D. 2010. AJ 503, obs. Daleau ; RLDA avr. 2010. 46, obs. Anadon.* – V. aussi • Com. 23 mars 2010, n° 09-65.839 : *RTD com. 2010. 702, obs. Azéma ; JCP E 2010, n° 1714, note Schaffner et Georges ; CCE 2011, n° 3, obs. Caron.* ♦ Une clause imposant une restriction territoriale ne peut faire échec à l'épuisement du droit. • CJCE 30 nov. 2004, n° C-16/03 : *RTD com. 2005. 74, obs. Azéma ; Gaz. Pal. 2005. Somm. 1323, obs. Arnaud.* ♦ Considérant que l'art. 7 de la directive doit être interprété en ce sens que l'épuisement des droits conférés par la marque n'a lieu que si les produits ont été mis dans le commerce dans la Communauté (dans l'Espace économique européen) et qu'il ne laisse pas aux États membres la possibilité de prévoir dans leur droit national l'épuisement des droits conférés par la marque pour des produits mis dans le commerce dans des pays tiers, V. • CJCE 1er juill. 1999, n° C-173/98 : *D. 1999. AJ 22, obs. B. P.* ♦ Dans le même sens, V. aussi • CJCE 16 juill. 1998, n° C-355/96 : *D. Affaires 1998. 1592, note Arnaud.*

III. DISTRIBUTION AUTOMOBILE

BIBL. Möschel, *RTD com. 1991. 1*. – Durand, *Cah. dr. entr. 1992, n° 3.* – Gauclère, *ibid. 1999, n° 5, p. 10* (jurisprudence et distribution automobile). – R. et J. Royer, *ibid. n° 2, p. 1* (automobile et secteurs voisins). – Lambert, *RJ com. 2002. 4* (la pièce détachée en droit économique). – Thieffry, *CCC 2003. Chron. 1* (distribution automobile sur internet). – J.-L. Fourgoux, *Dr. et patr. 6/2003. 75* (rapports constructeurs-distributeurs automobiles : du monologue au dialogue ?). – Castagnon, *CCC 2003. Chron. 10* (internet et réseau de distribution). – Decocq, *ibid. 13* (même thème). – Arhel, *LPA 16 juill. 2004* (application du droit de la concurrence à la distribution automobile, juill. 2003-juin 2004). – Lambert, *D. 2006. 582* (le mandataire automobile acheteur-revendeur). – C. Claude, *CCC 2008. Chron. 1* (actualité jurisprudentielle du droit de la distribution automobile : janv.-déc. 2007). – Alcalde, *Teutates 2012, n° 1/1, Étude* (la distribution automobile : étude juridique). – Lambert, *JCP E 2014, n° 1452* (à propos de la résiliation du contrat de distribution portant sur la vente d'automobiles). – Ferrier et Reboul, *D. 2015. 169* (le régime juridique des pièces détachées « visibles » de véhicules automobiles : une double méprise). – Bricogne, Henry et Homman Ludiye, *AJ contrat 2018. 70* (contrat de distribution automobile et de motos : revue de jurisprudence 2017). – Henry et Bricogne, *ibid. 2020. 139* (distribution automobile : revue de la jurisprudence marquante de l'année 2019). – Ponsard, *ibid. 321* (bonne foi et distribution sélective automobile).

RÉP. COM., v° *Automobile (Droit de la concurrence)*, par ARHEL.

A. LICÉITÉ DES ACCORDS DE CONCESSION

81. Règlement communautaire. L'art. 3 § 6 du Règl. CE n° 1400/2002 doit être interprété en ce sens que le seul fait qu'un accord prévoie une clause expresse de résiliation, en vertu de laquelle un tel accord peut être résilié de plein droit et sans préavis par le fournisseur en cas de manquement du distributeur à l'une des obligations contractuelles mentionnées dans ladite clause, n'a pas pour effet de rendre l'exemption par catégorie inapplicable à cet accord. • CJCE 18 janv. 2007, n° C-421/05 : *D. 2007. AJ 440, obs. Chevrier ; JCP 2007. I. 172, n° 11, obs. Lecourt ; CCC 2007, n° 71, obs. Malaurie-Vignal ; RJDA 2007, n° 407 ; LPA 19 mars 2007, obs. Arhel.* ♦ Le Règl. n° 123/85 rendant inapplicable l'art. 85 § 1 du traité de Rome (actuel art. 101 TFUE) aux restrictions de concurrence constituées par l'interdiction de livrer les revendeurs non agréés, la licéité d'un accord de concession automobile exempté en application de ce règlement ne peut alors être contestée sur ce fondement, au regard de l'art. 36 (1°) de l'Ord. n° 86-1243 du 1er déc. 1986 [C. com., anc. art. L. 442-6 (1°)]. • Com. 7 avr. 1998, n° 96-13.219 P : *D. 1998. Somm. 332, obs. Ferrier ; CCC 1998, n° 118, obs. Malaurie-Vignal ; RTD com. 1999. 180, obs. Bouloc ; JCP E 1999, n° 48, obs. Arhel.*

Sur l'exemption par catégorie dans le secteur de l'automobile, V. Règl. CE n° 1400/2002 du 31 juill. 2002 *(JOCE L 203 du 1er août 2002)* et Règl. UE n° 461/2010 du 27 mai 2010, App., v° *Concurrence (II. Droit communautaire).* ♦ Pour une analyse des conditions de sélection de leurs réseaux par les constructeurs automobiles à l'occasion de l'entrée en vigueur du nouveau règlement, V. Bertin, *D. 2003. 1150*. ♦ Pour un avis de l'Autorité de la concurrence sur le fonctionnement concurrentiel des secteurs de la réparation et de l'entretien de véhicules et de la fabrication et de la distribution de pièces de rechange, V. • Aut. conc. n° 12-A-21 du 8 oct. 2012 : *D. 2012. 2815, note Pollaud-Dulian ; JCP E 2012. Actu. n° 645, note Arhel ; CCC 2012, n° 277, obs. Malaurie-Vignal ; BRDA 2012, n° 21, p. 15, note Vanni ; RLC janv.-mars 2013. 25, note Sélinsky.* ♦ Pour une violation de l'interdiction du cumul des systèmes de distribution sélective et de concession exclusive dès lors qu'un constructeur dispose d'une part de marché supérieure à 40 % sur le marché des services d'entretien, posée par le Règl. n° 1400/2002 du 31 juill. 2002, V. • Com. 6 oct. 2015, n° 13-28.212 P : *D. 2016. Pan. 972, obs. Ferrier ; AJCA 2015. 534, obs. Regnault ; JCP E 2015, n° 1535 ; CCC 2016, n° 9, obs. Mathey.* ♦ Pour une bibliographie consacrée à la réglementation européenne, V. App., v° *Concurrence*, ss. art. 101 du traité de Rome.

82. Sélection et numerus clausus. Pour un concédant ayant opté pour la distribution sélective quantitative dans le cadre du Règl. CE n° 1400/2002 et la mise en œuvre du *numerus clausus* pour l'agrément des distributeurs : • Com. 28 juin 2005, n° 04-15.279 P : *D. 2005. 2226, note Bertin ; JCP E 2005, n° 47, p. 2001, note Chagny ; CCC 2005, n° 191, obs. Malaurie-Vignal ; LPA 16 mai 2006, obs. Baccichetti ; RLC 2005, n° 5, p. 25, obs. Peyre ; RJDA 2006, n° 255.* (cassation de • Dijon, 1er avr. 2004 : *Lettre distrib. 7-8/2004. 2*). – V. aussi : • T. com. Lyon, 15 sept. 2006 : *LPA 12 déc. 2006, note Bertin* • Paris, 2 déc. 2009 : *CCC 2010, n° 91, obs. Malaurie-Vignal ; RDLC 2010, n° 2, p. 94, obs. Éréséo* • 11 sept. 2014 : *AJCA 2014. 388, obs. Regnault*. ♦ Par les termes « critères définis », figurant à l'art. 1er, § 1, sous f, du Règl. CE n° 1400/2002, il y a lieu d'entendre, s'agissant d'un système de distribution sélective quantitative au sens de ce règlement, des critères dont le contenu précis peut être vérifié. Pour bénéficier de l'exemption prévue par ledit règlement, il n'est pas nécessaire qu'un tel système repose sur des critères qui sont objectivement justifiés et appliqués de façon uniforme et non différenciée à l'égard de tous candidats à l'agrément. • CJUE 14 juin 2012, n° C-158/11 : *D. 2012. 2156, note Ferrier ; JCP 2012, n° 771, obs. F. Picod ; CCC 2012, n° 212, obs. Decocq ; LPA 18 déc. 2012, note Junqua-Lamarque ; RJDA 2012. 755, note Vogel ; RLC oct.-déc. 2012. 21, obs. Sélinsky* (sur renvoi pour question préjudicielle de : • Com. 29 mars 2011, n° 10-12.734 P : *D. 2011. Actu. 1068, obs. Chevrier ; JCP E 2011, n° 1482, spéc. n° 1, obs. Grignon ; CCC 2011, n° 141, obs. Malaurie-Vignal*). ♦ Aucune disposition législative ou réglementaire, de droit national ou communautaire, n'impose au concédant de justifier des raisons qui l'ont amené à arrêter le *numerus clausus* qui lui sert de critère quantitatif de sélection. • Com. 15 janv. 2013, n° 10-12.734 P : *D. 2013. Actu. 236, obs. Chevrier ; JCP E 2013, n° 1186, note Tercinet ; CCC 2013, n° 77, obs. Malaurie-Vignal ; RJDA 2013, n° 364.* ♦ La nomination d'un nouveau distributeur est une prérogative du concédant, lequel étant libre dans la détermination de son *numerus clausus* et n'ayant pas à justifier de sa pertinence et de son objectivité, ne peut se voir reprocher d'avoir nommé un distributeur supplémentaire « sans justifications objectives » dès lors que cette nomination ne perturbe pas l'équilibre contractuel avec un premier concessionnaire en imposant à celui-ci de nouvelles conditions de concurrence défavorables. • Com. 7 juin 2016, n° 14-22.093 : *AJCA 2016. 400, obs. Regnault ; RJDA 2017, n° 75.* ♦ Pour dire que le refus d'agrément constitue une faute, l'arrêt, après avoir constaté que la société était à la tête d'un réseau de distribution sélective quantitative, énonce que le concédant est tenu, dès la phase précontractuelle, de respecter son obligation générale de bonne foi dans le choix de son cocontractant et en déduit que le titulaire du réseau doit sélectionner ses distributeurs sur le fondement de critères définis et objectivement fixés et appliquer ceux-ci de manière non discriminatoire. En statuant ainsi, alors que l'exigence de bonne foi ne requiert pas, de la part de la tête d'un réseau de distribution la détermination et la mise en œuvre d'un tel processus de sélection, la cour d'appel a violé l'art. 1382, devenu 1240, C. civ., ensemble les principes de liberté contractuelle et de liberté du commerce et de l'industrie. • Com. 27 mars 2019, n° 17-22.083 P : *D. 2019. Chron. C. cass. 2212, obs. Le Bras ; AJ contrat 2019. 295, obs. Buy et Roda ; JCP E 2019, n° 1416, note Mainguy ; CCC 2019, n° 101, obs. Malaurie-Vignal ; RJDA 2019, n° 616 ; RLC juin 2019. 15, note Bettoni.* – V. aussi • Paris, 31 juill. 2019 : *CCC 2019, n° 155, obs. Malaurie-Vignal* • 24 juin 2020 : *AJ contrat 2020. 392, obs. Ponsard* . ♦ Le concessionnaire invoquant, au soutien de sa demande, le caractère discriminatoire du refus qui avait été opposé à sa candidature au renouvellement de son agrément comme distributeur exclusif dans un réseau entrant dans le champ d'application du Règl. (CE) n° 1400/2002, en contestant la pertinence des critères de sélection et les conditions de leur mise en œuvre, c'est à bon droit et sans méconnaître l'art. 3 du Règl. (CE) n° 1/2003 du 16 déc. 2002 que la cour d'appel, en l'absence d'invocation d'autres agissements relevant du droit de la responsabilité civile, a examiné le refus litigieux au seul regard du Règl. (CE) n° 1400/2002, dont il relevait exclusivement. • Com. 12 mai 2021, n° 19-17.580 : *RJDA 2022, n° 11.*

Le nouveau cadre européen préconise, pour les constructeurs têtes de réseaux, de recourir à un système de distribution sélective purement qualitatif pour le segment de l'après-vente. Au sein d'un tel système de distribution sélective, tout candidat qui satisfait aux critères qualitatifs requis doit être, en principe, agréé. Les principes selon lesquels un fournisseur tête de réseau dispose d'une certaine marge de manœuvre dans la détermination des critères de constitution de son réseau ne s'opposent pas à ce que les autorités de concurrence veillent au respect des règles de concurrence dans la mise en place ou la gestion de ce réseau. Ainsi, dans la mesure où les règles de constitution de réseaux de distribution de véhicules neufs sont moins contraignantes que celles relatives à l'après-vente, en ce qu'elles autorisent l'usage de critères quantitatifs, il y a lieu de vérifier que l'appartenance à un réseau de distribution ne constitue pas le prérequis indispensable pour pouvoir opérer également sur le segment de l'après-vente. L'objectif est de s'assurer que le choix des opérateurs agréés s'opère en fonction de critères objectifs, relatifs notamment à la qualification professionnelle de l'opérateur, de son personnel et de ses installations, et que ces critères sont fixés d'une manière uniforme à l'égard de tous les opérateurs potentiels et appliqués de façon non discriminatoire. • Aut. conc. n° 19-D-08 du 9 mai 2019 : *RLC juin 2019. 56, note Jouvensal ; RLC sept. 2019. 31, note Henry.*

83. Clause d'objectifs. Pour un arrêt considérant que les Règl. d'exemption n°s 123/85 et 1475/95 doivent être interprétés en ce sens que l'exemption accordée s'applique à une clause contractuelle imposant au distributeur un objectif déterminé de vente et prévoyant des sanctions pouvant aller jusqu'à la résiliation du contrat dans l'hypothèse où cet objectif n'est pas atteint, à condition toutefois que la fixation de l'objectif de vente constitue l'expression d'une simple obligation de moyens, V. • CJCE 30 avr. 1998, n° C-230/96 : *LPA 7 août 1998, note Arhel.* ♦ Sur la validité des clauses d'objectifs, V. aussi • Com. 7 déc. 1993, n° 91-21.711 P : *D. 1995. Somm. 70, obs. Ferrier ; CCC 1994, n° 29, note Vogel ; Gaz. Pal. 1994. 2. 514, note Ristain* • 1er févr. 1994, n° 92-16.021 : *CCC 1994, n° 103, obs. Vogel* • 21 mai 1996, n° 94-17.452 : *D. 1997. Somm. 55, obs. Ferrier* • 16 déc. 1997, n° 96-14.515 : *D. 1998. Somm. 330, obs. Ferrier* • 7 avr. 1998, n° 96-15.303 P : *D. 1998. Somm. 330, obs. Ferrier ; LPA 25 sept. 1998, obs. Reboul et Mathey ; JCP E 1999, n° 48, p. 1910, obs. Arhel* • 12 déc. 2006, n° 05-19.204 : *RJDA 2007, n° 604* • Paris, 10 févr. 1994 : *Gaz. Pal. 1994. 2. 527, note Fourgoux* • 12 avr. 1996 : *D. 1996. IR 131 ; D. Affaires 1996. 713.* – V. Ronzano, *JCP E 1996. I. 535.* – Sur la validité d'une clause de pénétration du marché dès lors qu'elle repose sur des critères objectifs et n'emporte aucune discrimination par rapport aux autres distributeurs du réseau, V. • Com. 12 avr. 2016, n° 14-24.263 : *D. 2017. Pan. 889, obs. Ferrier ; RJDA 2017, n° 13.*

84. Clause de non-concurrence. Sur l'application d'une disposition d'un contrat de concession exclusive prévoyant sa résiliation extraordinaire en cas de violation de la clause par laquelle une société concessionnaire automobile, agissant en son nom et se portant fort des personnes morales ou physiques composant ses organes de direction, d'administration ou de surveillance, s'était engagée à ne pas s'intéresser, soit par elle-même, soit par personne interposée, à la distribution de produits concurrents de ceux du concédant, V. • Com. 23 mars 1999, n° 97-15.091 : *RJDA 1999, n° 659.* ♦ Les clauses contractuelles de non-concurrence qui visent des personnes physiques ou morales composant les organes de direction, d'administration ou de surveillance du distributeur, loin de constituer des restrictions additionnelles non prévues par le Règl. d'exemption n° 123/85, sont la traduction nécessaire de ses dispositions lorsque l'entreprise concessionnaire est exploitée sous la forme d'une société disposant de la personnalité morale, sauf à priver l'interdiction prévue par ce règlement de toute portée. • Paris, 18 févr. 2000 : *D. 2000. AJ 195, obs. Chevrier* . ♦ Les dispositions du contrat de concession prohibant la prise d'intérêt direct ou indirect, la création d'établissements ou la constitution de sociétés exerçant une activité de distribution automobile, par le concessionnaire ainsi que par ses dirigeants et associés lorsque l'entreprise est exploitée sous forme de société, ne font que reprendre celles du Règl. n° 123/85 relatives aux entreprises liées directement ou indirectement à l'une des parties à l'accord. • Même arrêt.

85. Aides spécifiques. Des aides commerciales spécifiques consenties par un constructeur automobile à des concessionnaires frontaliers selon des critères objectifs n'ont ni pour objet ni pour effet de restreindre la liberté commerciale des concessionnaires mais visent à venir en aide à ceux dont l'activité est localement affectée par le développement d'importations parallèles. • Com. 17 janv. 2006, n° 03-12.382 P : *D. 2007. Pan. 1917, obs. Ferrier ; JCP E 2006, n° 39, p. 1613, obs. Decocq ; CCC 2006, n° 107, obs. Malaurie-Vignal.*

86. Pratiques prohibées. Pour la condamnation d'une pratique restrictive de concurrence consistant à exclure une entreprise d'un salon de l'automobile, V. • Cons. conc. n° 94-D-37 du 21 juin 1994. ♦ ... Ou à faire pression sur un annonceur pour limiter les annonces faites par des mandataires hors réseaux, V. • Paris, 29 juin 2004 : *CCC 2004, n° 162, obs. Poillot-Peruzzetto.* ♦ Pour des exemples de clauses jugées abusives dans les contrats de vente de véhicules neufs, V. note 41 ss. C. consom., art. L. 212-1, App., v° *Ventes commerciales.*

B. VENDEURS HORS RÉSEAU

87. Importation parallèle. Le Règl. du 12 déc. 1984 ne fait pas obstacle à ce qu'un opérateur, qui n'est ni revendeur agréé du réseau de distribution du constructeur d'une marque automobile déterminée, ni intermédiaire mandaté au sens de ce texte, se livre à une activité d'importation parallèle et de revente indépendante de véhicules neufs de cette marque. Ce règlement ne s'oppose pas davantage à ce qu'un opérateur indépendant cumule les activités d'intermédiaire mandaté et celles de revendeur non agréé de véhicules provenant d'importations parallèles. • CJCE 15 févr. 1996, n° C-309/94 : *D. Affaires 1996. 419 ; CCC 1996, n° 43, note Vogel* • 20 févr. 1997, n° C-128/95 : *D. Affaires 1997. 416.* – V. Ferrier, *Cah. dr. entr. 1996, n° 3, p. 13.* – Dans le même sens : • Com. 9 juill. 1996, n° 94-14.723 P : *D. 1997. Somm. 56, obs. Ferrier ; JCP E 1998, n° 26, p. 1044, note Fourgoux* • 15 oct. 1996, n° 94-19.646 : *D. Affaires 1997. 24 ; CCC 1996, n° 205, note Vogel* • 7 oct. 1997, n° 96-10.495 P : *D. 1998. 206, note Malaurie-Vignal ; CCC 1998, n° 10, note Vogel* (V. l'arrêt d'appel : • Chambéry, 11 oct. 1995 : *D. Affaires 1996. 19 ; Gaz. Pal. 1996. 1. Somm. 140, obs. Vray*) • 13 janv. 1998, n° 95-13.425 : *D. 1998. Somm. 331, obs. Ferrier ; CCC 1998, n° 61, obs. Vogel ; LPA 25 sept. 1998, obs. Malaurie-Vignal et Petitier* • 1er déc. 1998, n° 96-21.946 : *JCP E 1999, n° 5, p. 224, obs. Fourgoux ; CCC 1999, n° 55, obs. Malaurie-Vignal.*

88. Mandataires automobiles. Sur les entreprises agissant en qualité de mandataires pour l'achat de véhicules, Comm. CEE 4 déc. 1991 : *JOCE L 66 du 11 mars 1992* et • Grenoble, 8 juill. 1992 : *CCC 1993, n° 109, obs. Vogel* • TGI Bonneville, 3 févr. 1993 : *ibid.* • TGI Sarreguemines, 15 mars 1993 : *ibid.* – V. Durand, *D. Affaires 1997. 1341.*

89. Approvisionnement irrégulier. Viole l'art. 85 § 1 du traité de Rome (actuel art. 101 TFUE, depuis l'entrée en vigueur du traité de Lisbonne ; V. Décr. n° 2009-1466 du 1er déc. 2009, *JO 2 déc.*) et le Règl. de 1984 l'arrêt qui, pour rejeter la demande de concessionnaires relative aux fautes commises par une société non agréée revendant hors réseau des véhicules neufs, considère qu'il appartient aux concessionnaires de faire la preuve que l'approvisionnement de l'opérateur non agréé s'est fait en connaissance de cause, au mépris des droits qu'ils tiennent de leurs contrats de concession, alors qu'il appartient à l'opérateur qui a acquis des véhicules neufs pour les revendre de prouver qu'il les a régulièrement acquis sur un réseau parallèle ou auprès d'un autre concessionnaire. • Com. 26 janv. 1999, n° 97-10.964 P : *préc. note 75* • 4 déc. 2001, n° 99-10.909 : *CCC 2002, n° 60, obs. Malaurie-Vignal.* ♦ Toutefois, aucune présomption d'approvisionnement illicite ne pouvant lui être opposée, l'opérateur ne saurait être tenu de rapporter la preuve de l'acquisition régulière des véhicules litigieux par le vendeur auquel il s'est adressé, cette recherche incombant aux concessionnaires ou aux fabricants. • Com. 19 oct. 1999, n° 97-16.506 P : *D. 2000. 341, note Mauger-Vielpeau ; JCP E 1999, n° 48, p. 1895, obs. Fourgoux ; CCC 2000, n° 6, obs. Malaurie-Vignal* • 25 avr. 2001, n° 98-21.559 P : *D. 2001. AJ 1947, obs. Chevrier ; RTD com. 2001. 881, obs. Claudel .* ♦ Dans la mesure où le distributeur parallèle n'est pas tenu de s'assurer de l'approvisionnement régulier de son fournisseur, il ne saurait se voir imputer la faute de ne pas l'avoir fait. • Limoges, 11 avr. 2001 : *D. 2001. AJ 1722, obs. Chevrier ; RTD com. 2001. 881, obs. Claudel .*

L'acquisition de véhicules par un revendeur non agréé auprès de loueurs professionnels ne peut être considérée comme fautive dans la mesure où elle n'est accompagnée d'aucune tromperie ou manœuvre frauduleuse et qu'aucune interdiction de revente n'est stipulée à la charge des loueurs professionnels. • Com. 10 févr. 1998, n° 96-11.281 P : *D. 1998. Somm. 331, obs. Ferrier ; JCP E 1998, n° 26, p. 1044, note Fourgoux ; LPA 25 sept. 1998, obs. Malaurie-Vignal et Petitier.* ♦ Sont réguliers les approvisionnements opérés auprès de loueurs professionnels dès lors que ceux-ci ne sont pas tenus d'une interdiction de revente des véhicules qui leur sont fournis par les constructeurs automobiles et que le distributeur parallèle n'a pas connaissance d'une telle interdiction. • Com. 25 avr. 2001, n° 98-21.559 P : *préc.* ♦ De même, le fait de s'approvisionner auprès de revendeurs non agréés s'étant faussement prétendus mandataires d'utilisateurs finaux n'est pas constitutif d'une faute dès lors que n'est pas établie la connaissance qu'avaient les distributeurs indépendants de la fraude commise par leurs vendeurs. • Même arrêt. ♦ Comp., pour une condamnation pour concurrence déloyale d'un vendeur hors réseau : • Orléans, 29 nov. 1994 : *JCP 1995. IV. 1214.* ♦ Un revendeur indépendant justifie de l'origine licite des véhicules commercialisés en reconnaissant s'être approvisionné auprès d'une entreprise du réseau de son choix à l'intérieur du marché commun, V. • Com. 1er déc. 1998, n° 96-21.946 : *préc. note 87.* ♦ Rapp., jugeant que le seul fait pour l'importateur indépendant de satisfaire des commandes avec des produits acquis régulièrement auprès d'un concessionnaire, en dépit des obligations contractuelles auxquelles ce dernier est tenu, ne constitue pas en soi un acte de concurrence déloyale : • Com. 9 oct. 2001, n° 99-14.701 : *CCC 2002, n° 8, obs. Malaurie-Vignal.*

90. Mention « garantie constructeur ». N'est pas mensongère la mention « véhicule vendu avec une garantie de douze mois constructeur » figurant sur des factures établies par un revendeur non agréé, dès lors que l'art. 5-1 du Règl. n° 123/85, repris par le Règl. n° 1475-95, subordonne l'exemption des accords de concession automobile à ce que le distributeur s'engage à assurer sa garantie aux véhicules de sa marque vendus par une entreprise du réseau de distribution dans le marché commun. • Com. 10 févr. 1998, n° 96-11.281 P : *préc. note 89.* ♦ Il ne saurait être fait grief à un opérateur non agréé de mentionner dans sa publicité l'existence de la garantie constructeur, dès lors qu'il est tenu d'assurer l'obligation de garantie auprès de l'acheteur final quelles que soient les modalités par lesquelles cette obligation s'exerce. • Com. 19 oct. 1999, n° 97-16.506 P : *préc. note 89.*

C. RÉORGANISATION DU RÉSEAU

91. Nécessité de réorganiser le réseau. Sur la nécessité d'une réorganisation juridique ou économique du réseau, V. • Com. 6 mars 2007, n° 05-17.011 P : *D. 2007. AJ 1011, obs. Chevrier ; RTD com. 2007. 825, obs. Bouloc ; JCP 2007. I. 195, n° 19, obs. Chagny ; CCC 2007, n° 148, obs. Malaurie-Vignal ; RJDA 2007, n° 898.* – V. aussi • Com. 26 juin 2007, n° 06-12.077 : *JCP E 2008, n° 20, p. 26, obs. Respaud ; LPA 30 nov. 2007, note Arcelin-Lécuyer* • Paris, 21 janv. 2009 : *JCP E 2009, n° 38, p. 25, note Mathey.* ♦ Le fournisseur a le choix du moment de la résiliation *au cours du processus* de réorganisation du réseau de distribution dès lors qu'il s'agit d'un processus qui se poursuit sans solution de continuité et qui n'est pas achevé. • Com. 6 mars 2007, n° 05-13.991 P : *D. 2007. AJ 1010, obs. Chevrier ; RTD com. 2007. 825, obs. Bouloc ; JCP 2007. I. 195, n° 19, obs. Chagny ; CCC 2007, n° 149, obs. Malaurie-Vignal ; RJDA 2007, n° 714.* ♦ Les juges doivent caractériser la nécessité d'une réorganisation rapide du réseau en cause. • Com. 15 déc. 2009, n° 08-20.987 : *JCP E 2010. n° 1265, note Malaurie-Vignal ; CCC 2010, n° 70, obs. Mathey.* – Dans la même affaire, V. • Com. 25 sept. 2012, n° 11-20.713 : *CCC 2012, n° 276, obs. Mathey ; RJDA 2013, n° 107.* ♦ La modification du mode de distribution et la suppression de la concession de territoires exclusifs sont, en elles-mêmes, révélatrices du caractère substantiel de la modification intervenue, peu important qu'elle porte directement sur les accords même de distribution qui régissent le réseau. • Com. 29 janv. 2008, n° 06-17.748 P : *D. 2008. AJ 476, obs. Chevrier ; JCP E 2008, n° 10, p. 28 ; CCC 2008, n° 69, obs. Mathey ; RJDA 2008, n° 856.*

Pour des résiliations concomitantes à l'entrée en vigueur du Règl. CE n° 1400/2002 : • Com. 28 nov. 2006, n° 04-20.734 P : *D. 2007. AJ 13, obs. Chevrier ; RTD civ. 2007. 345, obs. Mestre et Fages ; JCP E 2007, n° 11, p. 24, obs. Mainguy et Respaud ; RJDA 2007, n° 428* • 21 juin 2016, n° 15-10.438 : *RJDA 2016, n° 776* • Versailles, 25 mai 2004 : *Lettre distrib. 7-8/2004.* ♦ ... Alors même que l'entrée en vigueur de ce règlement ne rendait pas, par elle-même, nécessaire la réorganisation du réseau de distribution d'un fournisseur au sens de l'art. 5 § 3 du Règl. n° 1475/95. • CJCE 7 sept. 2006, n° C-125/05 : *D. 2006. AJ 2393, obs. Chevrier ; JCP E 2007, n° 6-7, p. 16, note Chagny ; LPA 18 déc. 2006, obs. Arhel ; RLDA janv. 2007. 74, note Bertin.*

92. Limites du contrôle judiciaire. La réorganisation d'un réseau peut se justifier par des motifs économiques ou juridiques ; si la réorganisation est justifiée par un motif juridique, dès lors que ce motif existe, le juge n'a pas à s'immiscer dans le choix du moment arrêté par le concédant pour réorganiser le réseau du point de vue juridique. • Versailles, 24 nov. 2005 : *Lettre distrib. 12/2005, p. 2.* ♦ Si le juge se doit de vérifier la réalité des motifs et d'apprécier si le réseau a été réorganisé globalement ou substantiellement en raison de ces motifs, en revanche, il ne lui appartient pas de porter un jugement de valeur sur la pertinence du choix économique opéré par le concédant. • Même arrêt.

93. Préavis. Une résiliation ordinaire régulière suivie d'une résiliation extraordinaire pendant le préavis n'est pas contraire au règlement d'exemption automobile. • Com. 18 nov. 1997, n° 95-20.808 : *CCC 1998, n° 9, obs. Vogel.* ♦ Les stipulations régissant un contrat de distribution automobile sont celles en vigueur au jour de la résiliation. Par conséquent, l'adoption du Règl. n° 1475/95 ne proroge pas le délai de préavis d'une année supplémentaire par rapport au préavis d'un an prévu dans l'ancien Règl. n° 123/85 (le nouveau règlement porte le délai de un à deux ans). • T. com. Versailles, 8 oct. 1997 : *CCC*

1998, n° 8, obs. Vogel. ♦ Le fournisseur, qui, avec un préavis d'exception d'un an seulement, rompt le contrat de concession exclusive le liant à un garagiste et opte pour une politique de distribution sélective en invoquant la nécessité de réorganiser l'ensemble de son réseau, doit rapporter la preuve qu'il a mis en œuvre cette réorganisation avant le 1er oct. 2003 afin de se conformer au règlement. Dès lors qu'il ne justifie, devant la juridiction nationale, d'aucun élément concret permettant de déterminer objectivement, au vu du nombre de concessions de distribution et de leur implantation géographique ainsi que du nombre restant de contrats à négocier, que le processus de réorganisation n'était pas achevé à la date de résiliation du contrat de concession exclusive du garagiste, il doit indemniser ce dernier à hauteur de la perte d'activité provenant de la réduction du préavis de deux ans à un seul. • Versailles, 25 sept. 2007 : *BICC 1er avr. 2008, n° 585.* ♦ Sur les relations entre le Règl. CE n° 1400-2002 du 31 juill. 2002 et l'art. L. 442-6-I-5° [ancien] C. com., V. • Versailles, 4 sept. 2012 : *cité note 38 ss. anc. art. L. 442-6, reproduit ss. art. L. 442-1.*

Art. L. 330-3 Toute personne qui met à la disposition d'une autre personne un nom commercial, une marque ou une enseigne, en exigeant d'elle un engagement d'exclusivité ou de quasi-exclusivité pour l'exercice de son activité, est tenue, préalablement à la signature de tout contrat conclu dans l'intérêt commun des deux parties, de fournir à l'autre partie un document donnant des informations sincères, qui lui permette de s'engager en connaissance de cause.

Ce document, dont le contenu est fixé par décret, précise notamment, l'ancienneté et l'expérience de l'entreprise, l'état et les perspectives de développement du marché concerné, l'importance du réseau d'exploitants, la durée, les conditions de renouvellement, de résiliation et de cession du contrat ainsi que le champ des exclusivités.

Lorsque le versement d'une somme est exigé préalablement à la signature du contrat mentionné ci-dessus, notamment pour obtenir la réservation d'une zone, les prestations assurées en contrepartie de cette somme sont précisées par écrit, ainsi que les obligations réciproques des parties en cas de dédit.

Le document prévu au premier alinéa ainsi que le projet de contrat sont communiqués vingt jours minimum avant la signature du contrat, ou, le cas échéant, avant le versement de la somme mentionnée à l'alinéa précédent. — *[L. n° 89-1008 du 31 déc. 1989, art. 1er.] — V. art. R. 330-1 et R. 330-2. — V. aussi art. A. 441-1.*

Pour l'application de l'art. L. 330-3 à Mayotte, aux territoires d'outre-mer et à la Nouvelle-Calédonie, V. Ord. n° 98-774 du 2 sept. 1998, art. 14 (JO 4 sept.), mod. par L. n° 99-1121 du 28 déc. 1999, art. 2 (JO 29 déc.).

V. Règl. UE n° 330-2010 du 20 avr. 2010 concernant l'application de l'art. 101 § 3 TFUE à des catégories d'accords verticaux et de pratiques concertées (JOUE L 102 du 23 avr.), applicable à compter du 1er juin 2010, App., v° Concurrence (II — Droit communautaire). — V. aussi le « code » de déontologie européen de la franchise, élaboré par la Fédération européenne de la franchise (JCP E 1990. II. 20656).

*Sur le prêt inter-entreprises dans le cadre d'un contrat de franchise, V. C. mon. fin., art. L. 511-6 et R. 511-2-1-1 à R. 511-2-1-3. — **C. mon. fin.***

RÉP. COM. vis *Franchise*, par DISSAUX ; *Savoir-faire*, par BINCTIN.

BIBL. ▸ Information précontractuelle : VIRASSAMY, *JCP E 1990. II. 15809.* – PLANTAMP, *ALD 1990. 177.* – *Cah. dr. entr. 1990, n° 4.* – DURAND, *ibid., n° 5, p. 21.* – J.-P. CLÉMENT, *Gaz. Pal. 1991. 1. Doctr. 287.* – THRÉARD, *ibid., 2. Doctr. 609.* – BLANC, *D. 1993. Chron. 218* (contrats de distribution concernés par la loi Doubin). – GROLLEMUND-LOUSTALOT-FOREST, *RJ com. 1993. 60 et 101.* – CHAMBONNAUD, *in Mél. Derruppé, p. 121.* – L. VOGEL et J. VOGEL, *D. Affaires 1995. 5* (cinq ans d'application de la loi). – MÉRESSE, *RJ com. 1997. 260* (étude de marché). – MAINGUY, GRIGNON et RESPAUD, *Cah. dr. entr. 1998, n° 5, p. 21* (synthèse de jurisprudence). – GAST et PEIRANI, *LPA 31 mai 1999* (comptes d'exploitation prévisionnels et franchise : vers un débat d'experts ?). – MAROT, *LPA 31 août 2000* (collaboration entre franchiseur et franchisé). – LUTZ et WAGNER, *D. 2001. 1708* (pourquoi la loi Doubin n'est pas applicable aux contrats de bière ?). – KENFACK, *D. 2002. 627* (la lettre et l'esprit, à propos du délai d'information précontractuelle). – MAINGUY et RESPAUD, *CCC 2003, Chron. n° 4* (comment renforcer l'efficacité de la « loi Doubin » ?). – REGNAULT, *LPA 10 janv. 2003* (la tentation d'autoritarisme de la loi Doubin). – MAROT, *JCP E 2005, n° 49, p. 2087* (contenu et finalité de l'obligation d'information précontractuelle en franchise). – DISSAUX, *JCP 2010, n° 5, p. 236* (l'information précontractuelle du franchisé : un joyeux anniversaire ?). – LOIR, *D. 2012. 1425* (l'information du franchisé sur le futur). – MÉRESSE et TOULOUSE, *RLDA juill.-août 2012, suppl., p. 19, 23 et 29* (le document d'information précontractuel). – Dissaux, *RDC 2012. 1072* (obligation d'information à la charge du franchiseur) ; *JCP E 2016, n° 1235* (pauvre loi Doubin...). – Riéra, *AJ contrat 2017. 155* (l'obligation d'information précontractuelle dans les contrats de distribution après la réforme du droit des contrats). – Di Benedetto et Gouache, *BRDA 2018, n° 20, p. 17* (le DIP et l'information précontractuelle dans les contrats de distribution).

▸ Franchise : Boutard-Labarde, *Cah. dr. entr. 1987, n° 2.* – Legeais, *JCP N 1992. I. 217.* – Leloup, *JCP E 1989. II. 15455.* – Le Tourneau, *ibid. 1980. II. 13362.* – Amédée-Manesme, *RJ com. 1981. 165 ; ibid. 1993. 89 et 141* (distribution sélective et franchise). – Castan, *RJDA 1993, p. 514* (distinction entre franchise et affiliation). – Baschet, *Gaz. Pal. 1996. 2. Doctr. 1478* (pratique de la franchise). – Gastinel, *ibid. 1994. 1. Doctr. 696* (franchise internationale). – Atias, *Ann. loyers 1996. 1102* (contentieux de la franchise). – Colloque des 11-12 déc. 1996, *Cah. dr. entr. 1997, n° 3-4, p. 44.* – Malaurie-Vignal, *JCP E 1998, n° 7-8, p. 260* (*intuitu personae* et liberté de la concurrence dans les contrats de distribution). – Fages, *Cah. dr. entr. 1998, n° 6, p. 11* (abus dans les contrats de distribution). – Zimmer, *D. Affaires 1999. 1152* (réseau commercial, mode de distribution à protéger). – Fabre, *Cah. dr. entr. 1999, n° 5, p. 26* (franchise, un ménage à trois). – Albaric, *ibid., p. 30* (adaptation de la franchise par le franchisé principal). – Leloup, *D. 2000, n° 40, p. III* (circonstances et constance du droit de la franchise). – Amiel-Cosme, *Mél. Guyon, Dalloz, 2003, p. 1* (théorie institutionnelle du réseau). – Fabre et Dany, *D. 2003. 195* (application de la nouvelle définition des opérations de concentration à la franchise). – Mellerio et Savova, *JCP E 2005, n° 30, p. 1285* (franchise internationale). – Numéro spécial, *LPA 15 nov. 2007* (droit de la franchise). – Mainguy et Respaud, *Mél. le Tourneau, Dalloz, 2008, p. 705* (à propos du contrat de « commission-affiliation »). – Simon, *LPA 22 juill. 2009* (les manquements du franchisé à son obligation de bonne foi). – Sersiron et Charles, *RLDA juin 2010. 85* (franchiseurs multi-enseignes et stratégies de convergence). – Simon, *Cah. dr. entr. 2010, n° 4, p. 20* (du bon usage de la technique contractuelle dans les contrats de distribution). – Dossier, *LPA 15 mars 2011* (développement international des réseaux de franchise). – Loyer-Lemercier, *JCP E 2011, n° 1218* (quel avenir pour le contrat de commission affiliation ?). – Dissaux, *RTD com. 2011. 33* (la commission-affiliation : un monstre juridique ?). – Mainguy, *Teutates 2012, n° 1/2, p. 1* (big bang dans la franchise ?). – Aubry, *RLDA juill.-août 2012, suppl., p. 9* (la franchise et les modèles concurrents). – Raja, *RTD com. 2014. 1* (pour un renouveau du contrat d'affiliation). – Dossier, *AJCA 2014. 55* (la responsabilité du franchiseur). – Collectif, *BRDA 2015, n° 5, p. 23* (questions à se poser avant d'opter pour la master-franchise) – Ponsard et Marcinkowski, *AJCA 2015. 252* (de certaines problématiques liées à la franchise internationale). – Dissaux, *RTD com. 2015. 403* (l'essai en matière de franchise). – Dossier, *AJCA 2016. 7* (contrat de franchise : questions d'actualité). – Regnault, *AJCA 2016. 191* (sort des données dans la franchise). – Leloup, *RJ com. 2016. 634* (la franchise face à la révolution d'octobre). – Dutto, *AJ contrat 2017. 159* (quelques réflexions concernant l'appréhension du droit de la franchise à la lumière de la réforme du droit des contrats). – Cressard, *ibid. 163* (contrat de franchise et bonne foi). – Riéra, *RLC juill.-août 2017. 21* (retour sur l'obligation de loyauté dans les contrats de distribution). – Lecourt, *RLDA nov. 2017. 25* (responsabilité du franchiseur : les différents chefs de responsabilité invocables par le franchisé) ; *ibid. 32* (responsabilité du franchiseur et procédure collective du franchisé). – Leloup, *RJ com. 2018. 45* (conditions de validité du contrat de franchise dans la réforme du droit des contrats). – Méresse, *LPA 9 oct. 2018* (regards sur la franchise). – Pihéry, *AJ contrat 2018. 414* (secret des affaires : quels impacts en matière de franchise ?). – Bettoni, *RLDA oct. 2018. 39* (la responsabilité de l'animateur d'un réseau de distribution pour des actes dommageables commis par ses membres à l'aune de la notion de groupe de sociétés). – de Balmann, *D. 2021. 475* (franchise et équilibres contractuels : non à une législation impérative, oui à une régulation par les usages professionnels).

▸ Internet : Ferrier, *Cah. dr. entr. 2000, n° 2, p. 12* (distribution sur l'internet). – Contis et Cordier, *JCP 2001. I. 313* (accords de distributions à l'épreuve de l'internet). – Fournier, *D. 2002. 793* (équilibre des réseaux de franchise de parfumerie de luxe). – Collard et Roquilly, *LPA 3 avr. 2002* (réseaux de distribution fermés et commerce électronique). – Castagnon, *CCC 2003, Chron. n° 10* (internet et réseau de distribution). – Lecourt, *D. 2004. 623* (franchise et internet). – Ferrier, *D. 2006. 2594* (la distribution sur internet dans le cadre d'un réseau). – Dieny, *JCP E 2009, n° 24, p. 23* (vente par internet, vente hors-réseau : un aperçu des décisions 2008). – Chaput, *JCP E 2010, n° 1893* (contrôler sa distribution : l'impossible pari). – Tercinet, *RLC janv.-mars 2014. 191* (restrictions à la vente en ligne imposées aux distributeurs : l'approche européenne). – Ruble et Versaevel, *ibid. 217* (quelles spécificités des accords de distribution en ligne ?). – Dossier, *AJCA 2014. 305* (internet, distribution et concurrence). – Lemay, *RTD com. 2015. 183* (*pure players* et réseaux de distribution autorisée : les clauses à prévoir). – Grynfogel, *RJDA 2017. 355 et 443* (distribution en ligne et droit de la concurrence : état des lieux). – Even, *JCP E 2018, n° 1333* (la construction actuelle du droit de la concurrence assure-t-elle un environnement favorable à une compétition équilibrée entre *pure players* et *clics & mortars* ?).

I. INFORMATION PRÉCONTRACTUELLE

1. Ordre public. En ce sens que l'art. L. 330-3, loi protectrice d'ordre public interne, n'est pas une loi de police applicable dans l'ordre international, V. • Paris, 30 nov. 2001 : *Cah. dr. entrep. 2002, n° 3, p. 29, obs. Raynard.* ♦ Comp., jugeant qu'il résulte des objectifs de la loi et du droit comparé (belge) que les dispositions de l'art. L. 330-3 ne caractérisent pas seulement une loi de protection, mais que, procédant de l'ordre public économique de direction, elles constituent une loi de police applicable au contrat conclu avec une société française en vue de la création et du développement en France d'un réseau de franchise, sous licence étrangère, nonobstant la désignation par les parties de la loi québécoise comme loi du contrat. • Paris, 25 oct. 2011 : *RDC 2012. 563, obs. Racine.*

2. Entrée en vigueur. BIBL. J.-P. Clément, *Gaz. Pal. 1992. 1. Doctr. 126.* ♦ Si la loi du 31 déc. 1989 [C. com., art. L. 330-3] prévoit un décret d'application pour fixer le contenu du document d'information qui doit être communiqué vingt jours au moins avant la signature du contrat, elle est d'application immédiate en ce qui concerne la communication préalable du projet de contrat dans ce délai. • Paris, 7 avr. 1993 : *D. 1995. Somm. 75, obs. Ferrier ; LPA 3 déc. 1993, obs. Marot.* ♦ V. note ss. art. R. 330-1.

A. CHAMP D'APPLICATION

3. Forme. Le respect de la loi Doubin suppose la signature d'une convention écrite. • Com. 7 janv. 2004, n° 02-12.366. ♦ L'ensemble contractuel comportant le contrat de vente, le contrat d'installation de celui-ci et le contrat d'approvisionnement entre bien, malgré les efforts entrepris pour éviter la qualification de contrat de franchise et ses conséquences, dans les prévisions de l'art. L. 330-3, il suffit à cet effet que soit établie la mise à disposition, en contrepartie d'un engagement d'exclusivité, d'une marque ou d'une enseigne. • Toulouse, 3 déc. 2002 : *D. 2003. Somm. 2432, obs. Ferrier ; JCP E 2004, n° 5, p. 153.* ♦ L'artifice consistant à renvoyer à une annexe au contrat ces deux obligations réciproques ne saurait permettre d'écarter l'application d'une loi d'ordre public, s'agissant d'ailleurs d'un contrat consensuel, conclu entre commerçants. • Même arrêt.

4. Exclusivité. La notion d'exclusivité au sens de l'art. L. 330-3 s'apprécie au regard des relations privilégiées qui peuvent unir un franchiseur à un candidat à la franchise et non au regard de l'activité globale de ce dernier. • Agen, 12 mars 2008 : *CCC 2008, n° 199, obs. Malaurie-Vignal.* ♦ Ainsi, l'art. L. 330-3 est applicable dès lors que les adhérents à une coopérative de commerçants détaillants sont, pour les produits couverts par la convention, tenus à une quasi-exclusivité, et alors même qu'il existe une possibilité d'exploiter des activités non concurrentes. • Com. 19 janv. 2010, n° 09-10.980 P : *D. 2011. Pan. 549, obs. Ferrier ; JCP E 2010, n° 1348, note Friedel et Toulouse ; LPA 22 juin 2010, note Tiquant ; CCC 2010, n° 92, obs. Malaurie-Vignal ; RJDA 2010, n° 495.* ♦ L'art. 1er de la L. du 31 déc. 1989 [C. com., art. L. 330-3] s'applique au contrat d'affiliation par lequel une radio locale diffuse le programme d'un autre opérateur. • T. com. Paris, 22 mars 1993 : *D. 1994. Somm. 281, obs. Hassler ; RJ com. 1994. 30, note Hassler.*

En revanche, le contrat d'assistance commerciale par lequel un fournisseur met à la disposition d'un distributeur des produits de sa marque moyennant l'obligation pour ce dernier de faire figurer la marque sur la porte de sa boutique de façon visible mais sans aucune obligation d'exclusivité n'est pas soumis à l'art. 1er de la L. du 31 déc. 1989 [C. com., art. L. 330-3]. • T. com. Paris, 3 nov. 1992 : *JCP 1993. IV. 493.* ♦ V. aussi relevant qu'aussi bien dans le contrat que dans les statuts ou le règlement intérieur d'une société coopérative aucun engagement d'exclusivité ou de quasi-exclusivité n'était stipulé : • Com. 17 mars 2004, n° 02-12.671.

5. Location-gérance. L'obligation d'information prévue à l'art. 1er de la loi du 31 déc. 1989 [C. com., art. L. 330-3] est applicable à un contrat de location-gérance dès lors que, pour l'application de ce texte, il suffit que les parties soient liées par des stipulations contractuelles prévoyant d'un côté la mise à disposition de l'enseigne, du nom commercial ou de la marque et d'un autre côté, un engagement d'exclusivité pour l'exercice de l'activité concernée. • Com. 10 févr. 1998, n° 95-21.906 P : *D. 1998. Somm. 334, obs. Ferrier ; JCP E 1998, n° 23, p. 894, note Leveneur ; Defrénois 1998. 733, obs. Delebecque ; CCC 1998, n° 55, obs. Leveneur.* – V. aussi • Paris, 2 oct. 2013 : *RJDA 2014, n° 322.*

6. Autres illustrations. Précisant que la forme sociale que les parties ont adoptée pour exercer leur activité n'a pas à être prise en considération (application à des coopératives de commerçants détaillants) • Douai, 4 juill. 2002 : *D. 2002. AJ 2868, obs. Chevrier* • Nîmes, 29 juin 2009 : *JCP E 2011, n° 1150, spéc. n° 4, obs. Karlshausen.* – Comp. • Paris, 9 avr. 2002 : *LPA 3 juill. 2003, obs. Etner.* – V. aussi, Kandem, *D. Affaires 1998. 989* ; Neau-Leduc, *Cah. dr. entr. 1998, n° 2, p. 27* ; Marot, *D. 1999. Chron. 431* . ♦ Sur l'application de la loi à la relation unissant un pétrolier et un gérant mandataire, V. • Montpellier,

2 avr. 1998 : *Cah. dr. entr. 1998, n° 5, p. 21, obs. Mainguy, Grignon et Respaud.* ♦ ... A un contrat d'affiliation à une centrale d'achats, V. • Bordeaux, 30 avr. 2002 : *LPA 3 juill. 2003, obs. Petitier.* ♦ ... A un contrat de sous-licence de marque et de savoir-faire, V. • T. com. Marseille, 22 janv. 2001 : *RJDA 2002, n° 446.* ♦ V. aussi • Com. 24 sept. 2003, n° 01-11.595 : *RJDA 2004, n° 299.* ♦ ... A un contrat de réservation de licence de marque, V. • Paris, 15 févr. 2018, n° 15/10648 : *RJDA 2018, n° 494.*

7. Reconduction, cession du contrat. La modification du contrat initial résultant de l'agrément d'un nouveau concessionnaire impose que le concédant fournisse à son nouveau contractant les informations lui permettant de s'engager en connaissance de cause. • Com. 21 févr. 2012, n° 11-13.653 P : *D. 2013. Pan. 738, obs. Ferrier ; RTD com. 2012. 723, obs. Saintourens ; JCP E 2012, n° 1481, note Randoux ; CCC 2012, n° 123, obs. Malaurie-Vignal ; RJDA 2012, n° 762 ; RDLC 2012, n° 4, p. 89, obs. Ferrier.* ♦ L'obligation précontractuelle d'information, prévue par la loi du 31 déc. 1989 [C. com., art. L. 330-3], doit s'appliquer lorsqu'un franchisé est amené à changer d'enseigne au sein d'un même groupe, avec lequel il est déjà contractuellement lié. • T. com. Toulouse, 8 févr. 1995 : *Gaz. Pal. 1996. 1. 84.* – V. Grosz, *ibid. Doctr. 118.* ♦ Pour une application de l'obligation précontractuelle d'information lors de la reconduction tacite d'un contrat, V. • Com. 14 janv. 2003, n° 00-11.781 : *D. 2003. 2304, note Kenfack ; JCP E 2004, n° 11, p. 420, obs. Neau-Leduc ; RJ com. 2004. 104, note Lebreton-Derrien ; Lettre distrib. 3/2003, p. 1, obs. Mainguy.* ♦ ... V. en matière de cession du contrat de franchise : • Com. 7 janv. 2004 : *préc. note 3.* ♦ Le grief tiré de l'insuffisance des informations précontractuelles suppose la signature d'un contrat et cette insuffisance d'informations préalables à la signature d'un éventuel nouveau contrat est en toute hypothèse impropre à caractériser un abus dans la résiliation d'un contrat préexistant, V. • Paris, 13 sept. 2002 : *Lettre distrib. 11/2002, p. 2.*

Aucune disposition légale ne régissant le cas où le contrat de franchise n'est que la reprise de contrats antérieurs, dès lors que les signataires sont les mêmes, que les caractéristiques fondamentales du nouveau contrat sont identiques à celles de l'ancien contrat et qu'il n'y a pas eu de modification dans le marché et dans le réseau, le défaut d'information lors du renouvellement du contrat de franchise n'est susceptible d'en entraîner la nullité que dans la mesure où la preuve est rapportée que *l'omission de cette formalité a vicié* le consentement du franchisé qui sollicite le renouvellement du contrat. • Paris, 6 nov. 1998 : *RJDA 1999, n° 400.* ♦ Le contrat de franchise souscrit par le cédant d'un fonds de commerce doit être considéré comme continué par le cessionnaire dès lors qu'il a été en fait exécuté aux conditions initiales en dépit d'une novation par changement de franchisé et de l'existence d'une clause de tacite reconduction ; l'inobservation de l'obligation d'information prévue par la loi n'a pas vicié le consentement du nouveau franchisé dès lors que celui-ci a été averti, à l'occasion des négociations ayant précédé l'acquisition du fonds, de l'existence de la franchise, de ses modalités d'exécution et de ses résultats. • Paris, 11 déc. 1998 : *eod. loc.* ♦ Sur l'obligation d'information pré-contractuelle pesant sur le franchisé lors de la cession de son contrat de franchise, V. • Metz, 23 sept. 2008 : *CCC 2009, n° 46, obs. M. M.-V.*

En raison des difficultés liées à la mise en place simultanée de deux cents magasins résultant d'un plan de redressement judiciaire par voie de cession, un avenant aux contrats de franchise peut dispenser le franchiseur de procéder à l'étude préalable pour les magasins déjà ouverts ; cela n'entache pas les contrats de nullité et n'autorise pas les franchisés à ne pas payer les redevances prévues. • Com. 1er juin 1993, n° 91-18.215. – V. aussi Vilmart, *JCP E 2004, n° 32-35, p. 1282* (conséquences de la cession d'un franchiseur). – Sur cette question, V. aussi note 45.

B. DÉLAI LÉGAL

8. Date d'appréciation. Seule la signature du contrat ayant marqué l'accord effectif de la volonté des parties sur les stipulations qu'il devait contenir, le délai légal d'information précontractuelle doit s'apprécier au moment de la signature même lorsqu'il a été prévu que le contrat prendrait effet à une date antérieure. • Com. 17 juill. 2001, n° 98-19.258 P : *D. 2001. AJ 2674, obs. Chevrier ; RTD civ. 2002. 289, obs. Mestre et Fages ; CCC 2002, n° 2, obs. Leveneur ; JCP E 2002, n° 13, p. 569, note Kamdem.* ♦ V. aussi Kenfack, *D. 2002. 627* ; Choisy, *LPA 11 avr. 2002.* ♦ En l'absence des informations visées à l'art. L. 330-3, seules susceptibles de permettre au futur franchisé de se déterminer en connaissance de cause, le franchiseur ne pouvait pas exiger la signature du contrat. • Com. 17 mars 2009, n° 08-12.830 : *RJDA 2009, n° 594.*

C. OBJET DE L'INFORMATION

9. Obligation de moyens. Satisfait à l'obligation de moyens qui lui incombe le franchiseur qui, après avoir accompli sans manquement particulier ni erreur flagrante des diligences complètes de nature à permettre au franchisé de se déterminer en connaissance de cause, s'implique à titre personnel pour cautionner les engagements de ce dernier auprès des organismes de crédit ; sa responsabilité ne saurait être engagée vis-à-vis du franchisé, dès lors que ce dernier, déjà rompu aux pratiques du franchisage, a contracté avant de connaître les résultats de l'étude de faisabilité. • Limoges, 28 oct. 1997 : *BICC 1998, n° 404.* ♦ Sur un changement de concept d'un réseau de franchise qui, en raison de son caractère récent, ne permettait pas de comparatif fiable avec d'autres commerces, V. • Amiens, 10 janv. 2019 : *RJDA 2019, n° 422.* ♦ Sur la prise en compte de l'expérience du distributeur et ses éventuelles obligations, V. • Com. 7 juill. 2004, n° 02-15.950 P : *D. 2004. AJ 2229* ; *JCP E 2004, n° 39, p. 1468 ; CCC 2004, n° 170, obs. Leveneur ; Gaz. Pal. 2005. Somm. 584, obs. Guével ; RTD com. 2005. 406, obs. Bouloc* ; *RJDA 2005, n° 25.* ♦ Sur l'obligation de s'informer pesant sur le franchisé, V. • Rennes, 3 juill. 2012 : *RJDA 2013, n° 218.* ♦ Sur la charge de la preuve du vice du consentement, V. • Com. 4 févr. 2004, n° 00-21.319 : *D. 2005. Pan. 151, obs. Ferrier* ; *RDC 2004. 729, obs. Béhar-Touchais.*

10. Étude du marché local. Il ne peut être reproché au franchiseur de s'être abstenu de fournir au candidat franchisé une étude du marché local dès lors que l'art. L. 330-3 ne met pas une telle obligation à la charge du franchiseur. • Versailles, 7 juin 2007 : *RJDA 2007, n° 1085.* ♦ Mais s'il est exact que le texte légal n'exige pas que le document précontractuel réalise une véritable étude de marché local ou fournisse un prévisionnel d'activité du magasin en projet, le franchiseur est néanmoins tenu d'informer son partenaire avec loyauté et sincérité, tant en ce qui concerne le montant de l'investissement qu'il devra consentir, que pour ce qui est de l'état général et local du marché des produits faisant l'objet du contrat, et notamment de la situation concurrentielle existante et prévisible lorsqu'elle est de nature à avoir un impact significatif sur le chiffre d'affaires à réaliser. • Nîmes, 6 oct. 2005 : *Lettre distrib. 1/2006, p. 5.* ♦ V. aussi, jugeant que le franchiseur doit fournir au candidat franchisé des informations suffisantes sur le marché local : • Paris, 23 juin 2006 : *JCP E 2007, n° 3, p. 32, note Deberdt.* ♦ Le document intitulé « Étude de marché » remis au candidat ne pouvait pas tenir lieu d'étude locale de marché que le franchiseur devait fournir car il ne contenait que des données très générales. • Paris, 22 mai 2008 : *CCC 2008, n° 230, obs. M. M.-V. ; RJDA 2008, n° 1112.* ♦ Sur l'absence de sérieux d'une étude du marché local, les éléments chiffrés relatifs à la clientèle remontant à cinq ans, aucune information sur la répartition socio-professionnelle et le nombre de centres concurrents n'ayant été fournie, V. • Paris, 30 juin 2011 : *CCC 2012, n° 14, obs. M. M.-V.*

Jugeant que si le document ne comportait pas d'état local du marché et s'il appartenait effectivement au franchiseur de présenter l'état général et local du marché, le candidat à la franchise devait réaliser lui-même une étude précise du marché local et que, compte tenu du temps dont il avait disposé pour affiner son appréciation du marché local, les éventuels manquements à telle ou telle exigence légale n'auraient pu, de toute façon, être constitutifs d'un dol ou d'une erreur de nature à vicier son consentement : • Com. 28 mai 2013, n° 11-27.256 : *RJDA 2013, n° 998.* ♦ Sur les conséquences du défaut de présentation d'un état du marché local dès lors que cette information n'a pas été un élément essentiel et déterminant de l'engagement du franchisé, V. • Com. 5 janv. 2016, n° 14-16.701 : *D. 2017. Pan. 889, obs. Ferrier* ; *JCP E 2016, n° 1235, note Dissaux ; CCC 2016, n° 65, obs. Malaurie-Vignal ; RJDA 2016, n° 366.* – Comp. • Colmar, 30 sept. 2015, n° 14/02315 : *AJCA 2016. 99, obs. Simon* .

11. Compte prévisionnel. Si les comptes prévisionnels ne figurent pas dans les éléments devant se trouver dans le document d'information précontractuelle, ils doivent, lorsqu'ils sont communiqués, présenter un caractère sérieux. • Com. 31 janv. 2012, n° 11-10.834 : *D. 2013. Pan. 738, obs. Ferrier* ; *RJDA 2012, n° 763* • 13 sept. 2017, n° 15-19.740 : *D. 2018. Pan. 873, obs. Ferrier* ; *CCC 2017, n° 245, obs. Malaurie-Vignal.* ♦ Sur l'absence d'obligation de résultat dans l'établissement, par le franchiseur des prévisions d'activité du franchisé, V. • Com. 19 mai 1992, n° 90-16.872 : *JCP E 1993. II. 387, note Leveneur* • Civ. 1re, 11 janv. 2000, n° 97-16.419 : *RJDA 2000, n° 259* • 5 déc. 2000, n° 98-16.524 : *RJDA 2001, n° 440* • Paris, 29 mai 1992 : *D. 1992. Somm. 391, obs. Ferrier* • Paris, 4 oct. 1991 : *D. 1991. IR 293* • 22 janv. 2014 : *BRDA 2014, n° 9, p. 6.* ♦ Comp., sur la responsabilité du franchiseur en raison de la mauvaise qualité de son étude préalable, qui avait été déterminante de l'adhésion du franchisé : • Com. 4 déc. 1990, n° 89-14.314 : *JCP 1991. II. 21725, note Virassamy* • 24 févr. 1998, n° 95-20.438 : *RJDA 1998, n° 854* • Versailles, 29 juin 1995 : *D. 1997. Somm. 55, obs. Ferrier* • Lyon, 3 mars 2000 : *JCP 2002. IV. 1399.* ♦ ... Ou d'une erreur grossière : • T. com. Paris, 30 sept. 1993 : *Gaz. Pal. 1994. 2. Somm. 756 ; JCP E 1993. Pan. 1289 ; RJDA 1993, n° 1014,* conf. par • Paris, 3 févr. 1994 : *D. 1995. Somm. 75, obs. Ferrier* ; *CCC 1994, n° 113, obs. Leveneur ; RJ com. 1994. 163, notes Lévy et Maniez,* puis par • Com. 30 janv. 1996, n° 94-12.638 P : *JCP 1996. I. 3929, n° 6, obs. Jamin ; RJDA 1996, n° 776.* – Sur cette affaire, V. Clément, *RJ com. 1996. 282.* – V. aussi • Douai, 6 oct. 1992 : *D. 1995. Somm. 76, obs. Ferrier* • Toulouse, 6 déc. 1995 : *D. Affaires 1996. 392.* ♦ Sur l'annulation d'un contrat de franchise pour erreur sur la rentabilité de l'activité entreprise, V. • Com. 4 oct. 2011, n° 10-23.012 : *D. 2011. 3052, note Dissaux* ; *JCP 2012, n° 135, note Ghestin ; Gaz. Pal. 2012. 284, obs. Houtcieff ; RLDA janv. 2012. 36, note Riéra ; RDC 2012. 64, note Genicon* (sur renvoi : • Paris, 12 sept. 2013 : *RJDA 2014, n° 100*). – V. aussi • Com. 12 juin 2012, n° 11-

19.047 : *D. 2012. 2079, note Dissaux* ; *RTD civ. 2012. 724, obs. Fages* ; *JCP E 2013, n° 1200, spéc. n° 1, obs. Mainguy* ; *RDLC 2012, n° 4, p. 89, obs. Ferrier* • Com. 17 mars 2015, n° 13-24.853 : *D. 2016. Pan. 972, obs. Ferrier* ; *AJCA 2015. 286, obs. Regnault* • Montpellier, 21 oct. 2014 : *CCC 2015, n° 88, obs. Malaurie-Vignal.* ♦ Compte tenu des éléments d'appréciation à la disposition du franchisé, c'est souverainement que les juges ont retenu que la faute du franchiseur – ayant consisté à garder le silence sur les difficultés conjoncturelles subies par le précédent franchisé et à présenter des prévisions de résultats exagéréments optimistes – était insuffisante pour entraîner la nullité du contrat dès lors qu'il n'est pas démontré que les prévisions de chiffre d'affaires aient été mensongères. • Com. 8 juill. 2003, n° 02-11.691 : *CCC 2003, n° 153, obs. Leveneur* ; *RJDA 2004, n° 34* (dol incident par opposition au dol déterminant). ♦ Pour une caution recherchant la responsabilité d'une centrale de référencement qui a fourni une étude prévisionnelle erronée, V. • Amiens, 26 mars 2007 : *RDBF 2007, n° 218, obs. Legeais.*

Sur une étude prévisionnelle faisant partie du savoir-faire du franchiseur et entrée dans le cadre contractuel, ce qui justifie la résiliation du contrat en cas de manquement, sans avoir à prouver un vice du consentement : • Com. 7 juill. 2004, n° 02-19.289 : *D. 2005. Pan. 152, obs. Ferrier* ; *Cah. dr. entr. 2004, n° 6, p. 10, obs. Mainguy et Respaud.* ♦ V. aussi, jugeant que le savoir-faire mis en avant par le franchiseur autorisait le franchisé à se fier au choix de l'emplacement du magasin, comme aux prévisions de chiffre d'affaires et de résultat élaborées par le franchiseur ; ces divers services fournis à titre onéreux entrant dans le champ contractuel défini dans le contrat de franchise : • Paris, 1er févr. 2006 : *RJ com. 2006. 314, note Leloup.*

D. SANCTIONS

12. *Nullité du contrat.* Pour prononcer la nullité du contrat conclu en violation de l'art. 1er de la L. du 31 déc. 1989 [C. com., art. L. 330-3], il appartient au juge de rechercher que le défaut d'information a eu pour effet de vicier le consentement du cocontractant. • Com. 10 févr. 1998, n° 95-21.906 P : *préc. note 5* • 21 nov. 2000, n° 98-12.527 : *JCP E 2001, n° 17, p. 712, note Leveneur* • 15 mars 2011, n° 10-11.871 : *RDLC 2011, n° 3, p. 125, obs. Éréséo.* – V. déjà • T. com. Paris, 22 mars 1993 : *préc. note 4.* ♦ Dans le même sens, V. • Com. 13 avr. 1999, n° 96-19.383 : *RJDA 1999, n° 660* ; *Cah. dr. entr. 1999, n° 5, p. 18, obs. Grignon* • *19 oct. 1999,* n° 97-14.367 : *D. 2001. Somm. 296, obs. Ferrier* • 10 juin 2020, n° 18-21.536 : *AJ contrat 2020. 447, obs. Dissaux* ; *RTD civ. 2020. 869, obs. Barbier* ; *RJDA 2020, n° 417.* ♦ De même, le non-respect par le franchiseur de son obligation d'information ne peut entraîner l'annulation du contrat pour dol, sur le fondement de l'art. 1116 [1137] C. civ., que si le comportement du franchiseur a conduit le franchisé à être abusé sur les conditions réelles dans lesquelles il était amené à contracter. • Com. 2 déc. 1997, n° 95-21.563 : *D. 1998. Somm. 334, obs. Ferrier* ; *RJDA 1998, n° 417.* ♦ En déduisant un vice du consentement du franchisé du seul manquement du franchiseur à son obligation d'information précontractuelle, la cour d'appel n'a pas donné de base légale à sa décision. • Com. 20 mars 2007, n° 06-11.290 : *JCP 2007. II. 10133, note Attuel-Mendes.* ♦ L'absence d'indication de la domiciliation bancaire du franchiseur ne peut être sérieusement considérée comme de nature à vicier le consentement du franchisé. • Toulouse, 26 janv. 2006 : *Lettre distrib. 5/2006, p. 4.* ♦ Sur l'annulation d'un contrat de franchise, bien que le franchiseur ait transmis au futur franchisé les documents prévus par la loi, dans la mesure où les informations communiquées sur la composition de la clientèle potentielle étant incomplètes, elles l'avaient privé de la possibilité d'apprécier la rentabilité de l'entreprise : • Com. 16 mai 2000, n° 97-16.386 : *JCP E 2001, n° 6, p. 269, obs. Neau-Leduc.* ♦ Sur la condamnation du franchiseur sur le fondement des art. 1109, 1116, 1134 et 1147 [anciens] C. civ. et dans le cadre de l'art. L. 330-3 C. com., V. • TGI Nîmes, 19 janv. 2005 : *JCP E 2005, n° 49, p. 2087, note Marot.* ♦ L'erreur sur la rentabilité du concept d'une franchise ne peut conduire à la nullité du contrat pour vice du consentement du franchisé si elle ne procède pas de données établies et communiquées par le franchiseur. • Com. 24 juin 2020, n° 18-15.249 : *JCP E 2020, n° 1443, note Dissaux* ; *CCC 2020, n° 138, obs. Malaurie-Vignal.*

Comp., jugeant suffisante la simple violation de l'art. 1er de la L. du 31 déc. 1989 [C. com., art. L. 330-3] : • Paris, 24 mars 1995 : *D. 1995. IR 138* ; *JCP 1995. I. 3867, n° 6, obs. Jamin* • 17 mai 1995 : *D. 1997. Somm. 55, obs. Ferrier* ; *RJDA 1996, n° 331* • 7 juill. 1995 : *préc. note 2* • 18 juin 1997 : *D. Affaires 1997. 1040.* ♦ Comp. aussi, jugeant que l'obligation précontractuelle de renseignements étant d'ordre public, son inexécution dans le délai légal entraîne la nullité du contrat, les choses devant être remises en état comme si le contrat n'avait jamais existé : • Montpellier, 4 déc. 1997 : *BICC 1998, n° 784* • 21 mars 2000 : *D. 2001. Somm. 296, obs. Ferrier.*

Pour une annulation pour cause illicite (exercice illégal de la médecine et de la pharmacie), V. • Civ. 1re, 11 juin 1996, n° 94-15.614 : *D. 1997. Somm. 57, obs. Ferrier* ; *CCC 1996, n° 166, obs. Leveneur.*

13. *Dol.* Sur la nécessité d'un élément intentionnel en cas de dol, et sur la prise en compte du caractère inexcusable de l'erreur, V. • Paris, 14 nov. 1997 : *JCP E 1998, n° 15-16, p. 604, obs. Ph. N.-L.* ; *RJDA 1998, n° 278.* ♦ Sur l'annulation pour dol en raison du silence gardé par le franchiseur sur la liquidation judiciaire d'un ancien franchisé prononcée plus d'un an auparavant, alors même que le 5°, *c)* de l'art. 1er du Décr. du 4 avr. 1991 [C. com., art. R. 330-1], n'oblige qu'à communiquer au candidat le nombre d'entreprises qui, étant liées au réseau, ont cessé d'en faire partie au cours de l'année précédent celle de la délivrance du document d'information précontractuelle, V. • TGI Avignon, 9 déc. 2003 : *Lettre distrib. 2/2004, p. 4* (réformé par • Nîmes, 13 juin 2006 : *ibid. juill.-août 2006, p. 3*). ♦ Ayant relevé que le franchisé s'était engagé sur la foi des informations fausses et trompeuses communiquées par le franchiseur et retenu que ce dernier avait volontairement déformé la réalité du réseau en occultant sciemment les difficultés de son développement en province, procédant à une rétention d'informations essentielles mettant en cause la viabilité de l'exploitation, une cour d'appel a fait ressortir le caractère déterminant des manœuvres déployées. • Com. 3 avr. 2012, n° 11-16.303 : *D. 2013. Pan. 738, obs. Ferrier ; RJDA 2012, n° 845.* ♦ En occultant les raisons de l'échec du précédent franchisé ainsi que les répercussions qui en ont découlé sur le secteur au regard de la réputation commerciale de l'enseigne, en procédant à une présentation erronée du réseau et en opérant une transmission erronée des chiffres prévisionnels, le franchiseur a enfreint son obligation de sincérité sur des données nécessairement déterminantes au regard du consentement du franchisé ; les informations transmises, par leur caractère erroné et dénué de sérieux, sont révélatrices de la volonté délibérée du franchiseur de tromper le consentement de son cocontractant. • Civ. 1re, 3 nov. 2016, n° 15-24.886 : *D. 2017. Pan. 889, obs. Ferrier ; AJ contrat 2017. 85, obs. Bories ; JCP E 2017, n° 1019, note Le Gac-Pech.* ♦ Pour des décisions refusant l'annulation pour dol, • Paris, 26 mars 1992 : *RJDA 1992, n° 576* • T. com. Paris, 28 oct. 1992 : *JCP 1993. IV. 358* • Toulouse, 13 janv. 2000 : *D. 2000. AJ 261* • Com. 10 janv. 1995, n° 92-17.892 : *RJDA 1995, n° 561* • 11 févr. 2003, n° 01-03.932 : *D. 2003. 2304, note Kenfack ; LPA 17 sept. 2003, note Perruchot-Triboulet.*

14. Effet de la nullité. Sur les conséquences de l'effet rétroactif de la nullité du contrat, au regard des restitutions auxquelles peuvent prétendre les parties, et sur la possibili[22] té d'ordonner une expertise à cet égard, V. • Paris, 24 mars 1995 : *Gaz. Pal. 1996. 1. 69* • 5 déc. 1996 : *D. Affaires 1997. 380* – Sur ces arrêts, V. Grosz, *Gaz. Pal. 1996. 1. Doctr. 118.* ♦ V. aussi, pour la réparation du préjudice d'associés ayant créé une société pour la seule exploitation d'un magasin franchisé, en cas d'annulation, pour dol du franchiseur, du contrat de franchise, • Versailles, 12 oct. 1995 : *JCP E 1996. Pan. 171.* ♦ Jugeant que le gérant de la société franchisée est recevable à agir sur le fondement de l'art. 1382 [1240] C. civ. pour obtenir réparation du préjudice qu'il estime subir à titre personnel du fait des agissements dolosifs allégués contre le franchiseur, V. • Paris, 19 févr. 2014 : *JCP E 2014, n° 1308.* ♦ Pour un autre exemple d'évaluation du préjudice du franchisé résultant de la résiliation du contrat aux torts du franchiseur, V. • Paris, 28 mars 1997 : *D. Affaires 1997. 667.* ♦ Sur la distinction entre l'action en nullité et l'action en réparation du préjudice, V. • Com. 27 janv. 2009, n° 07-21.616 : *CCC 2009, n° 103, obs. M. M.-V. ; RJDA 2009, n° 419.* ♦ Le contrat de franchise annulé étant censé ne jamais avoir existé, le franchisé ne peut utilement, sauf à méconnaître les conséquences mêmes de la nullité prononcée, réclamer l'allocation d'un préjudice financier correspondant à la non-obtention des résultats commerciaux qu'il eût été en droit d'attendre de l'exploitation de la franchise. • Com. 18 oct. 2011, n° 10-23.524 : *RJDA 2012, n° 151 ; RDLC 2012, n° 1, p. 125, obs. Martin.* ♦ Ainsi, le préjudice résultant du manquement à une obligation précontractuelle d'information est constitué par la perte de la chance de ne pas contracter ou de contracter à des conditions plus avantageuses et non par celle d'obtenir les gains attendus. • Com. 25 nov. 2014, n° 13-24.658 : *AJCA 2015. 138, obs. Riéra ; CCC 2015, n° 37, obs. M. M.-V. ; RJDA 2015, n° 646.*

15. Résiliation du contrat. La violation de l'obligation précontractuelle d'information et de renseignements, prévue à l'art. L. 330-3, si elle peut fonder la nullité du contrat de franchise en cas de vice du consentement, ne saurait entraîner à elle seule sa résiliation. • Com. 12 févr. 2008, n° 07-10.462 : *RJDA 2008, n° 634.* ♦ L'art. 1er [C. com., art. L. 330-3] n'a en aucune façon pour objet de restreindre la faculté de résiliation des contrats qu'il vise. • Paris, 12 mai 1995 : *cité par L. et J. Vogel, D. Affaires 1995. 6, n° 10.* ♦ Pour des résiliations aux torts du franchiseur, pour manquement de ce dernier à son devoir d'information, • Com. 6 mai 2003, n° 00-12.217 : *RJDA 2003, n° 1169* (présentation imprécise du projet de franchise, absence d'information sur le marché local, compte prévisionnel irréaliste) • Paris, 17 janv. 1992 : *D. 1992. IR 101* • T. com. Paris, 22 déc. 1992 : *Gaz. Pal. 1994. 2. Somm. 757* • Com. 11 févr. 2003 : *BRDA 2003, n° 5, p. 5* • Versailles, 7 févr. 2002 : *JCP 2003. II. 10127, note Viennois* • Paris, 4 déc. 2003 : *CCC 2004, n° 75, obs. Leveneur ; LPA 1er oct. 2004, note Tiquant.*

II. FRANCHISE

16. Offre d'adhésion à un réseau. La publicité afin d'adhérer à un réseau de franchise, diffusée sur une radio, ne constitue pas un appel public à l'épargne, au sens du Règl. COB n° 88-04, dès lors qu'elle n'est porteuse que d'une offre d'adhésion audit réseau et non d'une proposition en vue de l'acquisition ou de la souscription de valeurs mobilières. • Paris, 15 févr. 1995 : *JCP 1995. II. 22470, note Granier ; BJS 1995. 186, note Le Cannu.*

17. Compétence juridictionnelle. Le contrat de franchise n'étant pas nécessairement commercial, s'agissant d'un litige opposant le franchiseur à un franchisé artisan indépendant non inscrit au RCS, le tribunal de commerce n'est pas compétent. • Com. 25 oct. 1994, n° 93-11.415 P : *CCC 1995, n° 27, obs. Leveneur.* ♦ Sur la compétence d'un tribunal arbitral, V. • Paris, 11 sept. 2018, n° 16/19913 : *AJ contrat 2018. 491, obs. Jourdan-Marques.*

A. DÉFINITION

18. Éléments essentiels. Un contrat de franchise doit comporter la mise à disposition du franchisé par le franchiseur d'un nom commercial, de sigles et symboles, d'une marque ainsi que d'un savoir-faire et d'une collection de produits et services offerts d'une manière originale et spécifique et exploités suivant des techniques commerciales uniformes préalablement expérimentées et constamment mises au point et contrôlées. • Colmar, 9 juin 1982 : *D. 1982. 553, note Burst.* – Comp. : • Paris, 15 déc. 1992 : *RJ com. 1993. 151, note Martin-Serf.* ♦ Sur les éléments essentiels et spécifiques du contrat de franchisage, V. aussi • Com. 8 juill. 1997, n° 95-17.232 : *D. Affaires 1997. 960 ; RJDA 1997, n° 1481.* ♦ Sur la qualification de franchise et non de contrat de location de matériel pour un professionnel se présentant comme un partenaire privilégié dans le domaine de la laverie automatique qui guide et conseille à tous les stades de l'investissement en établissant un dossier de financement et en réalisant une étude de faisabilité, et comme prestataire d'un savoir-faire, V. • Lyon, 3 mars 2000 : *JCP 2002. IV. 1399.* ♦ L'absence de publication d'un contrat de licence de marque au registre national des marques ne remet pas en cause les droits conférés sur la marque par le licencié à son franchisé, et ce défaut de publication, qui n'est susceptible d'affecter que son opposabilité aux tiers, ne suffit pas à priver de cause le contrat de franchise. • Com. 4 nov. 2014, n° 13-21.933 : *AJCA 2015. 92, obs. Cohen ; JCP 2015, n° 484, note Binctin ; RJDA 2015, n° 261.*

Sur la distinction entre franchise et licence de marque, V. • Versailles, 7 mars 2002 : *RJDA 2002, n° 829 ; LPA 3 juill. 2003, obs. Etner.* ♦ Sur la distinction entre franchise et contrat de partenariat commercial avec transmission de savoir-faire, V. • Paris, 19 juill. 2006 : *CCC 2007, n° 9, obs. Malaurie-Vignal.* ♦ Sur la requalification en contrat de travail d'un postulant à la franchise, V. • Paris, 20 sept. 2010 : *LPA 25 févr. 2011, note Tiquant.*

19. Savoir-faire. BIBL. Baschet, *Gaz. Pal. 1994. 1. Doctr. 690* (savoir-faire). – Gast, *LPA 3 nov. 1995* (du savoir-faire au savoir-réussir). – Inforeg, *Cah. dr. entr. févr. 2016. Prat. 6* (le savoir-faire dans les contrats de franchise). – Dossier, *AJCA 2015. 345* (le savoir-faire de l'entreprise : développements récents). ♦ Il ne peut y avoir contrat de franchise que si le franchiseur possède et met à la disposition du franchisé un savoir-faire propre, original ou substantiel. • Paris, 7 juin 1990 : *D. 1990. IR 176* • 31 mars 1993 : *RJDA 1993, n° 613* • Com. 19 févr. 1991, n° 88-19.809 : *D. 1992. Somm. 391, obs. Ferrier.* ♦ Lorsque le franchiseur ne dispose d'aucun savoir-faire, le contrat est dépourvu d'objet. • Chambéry, 31 mars 2015, n° 13/02706 : *AJCA 2015. 333, obs. Ancelin et de Bakker.* ♦ Sur l'exigence d'un savoir-faire « éprouvé », V. • Paris, 19 mars 2014 : *AJCA 2014. 190, obs. Ponsard.* ♦ Comp., lorsque la franchise porte sur un nouveau concept : • Rouen, 14 mars 1992 : *RJDA 1992, n° 816.* ♦ L'absence de site pilote ne suffit pas à démontrer l'absence de savoir-faire. • Paris, 7 déc. 2016, n° 14/09212 : *BRDA 2017, n° 3, p. 10.* ♦ Le contenu du savoir-faire est fonction de la branche d'activité ou du produit, objet de la franchise. • Paris, 18 juin 1992 : *D. 1995. Somm. 76, obs. Ferrier ; RJDA 1993, n° 106.* ♦ A titre d'exemple, il a été jugé que constitue un savoir-faire suffisamment substantiel et original pour faire l'objet d'un contrat de franchise portant sur la location de voitures d'occasion, l'expérience accumulée par le franchiseur – tant dans la fourniture des véhicules indispensables à l'exercice de l'activité que dans la prospection de la clientèle potentielle et la gestion des agences – et rassemblée sous forme de recueils fournis aux franchisés et mis à jour périodiquement pour tenir compte de l'évolution de ces connaissances spécifiques et de celle du marché. • Paris, 12 janv. 1994 : *RJDA 1994, n° 795.* ♦ Un manuel opérationnel qualifié de « bible », ensemble volumineux, peu maniable, mêlant synthèses et emprunts, n'en constitue pas moins un outil de travail qui opère par son contenu et son agencement, une transmission d'informations et de savoir-faire. • Paris, 20 déc. 1995 : *D. Affaires 1996. 268.* ♦ Sur la consistance du savoir-faire constitué par un « savoir-sélectionner » les produits et un « savoir-vendre », V. • Com. 8 juin 2017, n° 15-22.318 : *D. 2018. Pan. 874, obs. Ferrier ; RJDA 2018, n° 118.*

L'originalité du savoir-faire du franchiseur peut consister en la combinaison d'une formule club, à laquelle les franchisés sont tenus de souscrire, et d'une assurance groupe destinée à attirer et fidéliser une clientèle spécifique recherchant à la fois l'optimisation de l'offre immobilière par l'accès à un service télématique et une actualisation des offres nées de l'envoi de publications régulières, le tout, avec une sécurité juridique résultant d'un service d'assistance ou du bénéfice d'une assurance. • Paris, 8 mars 1996 : *D. 1996. IR 108.*

20. Sanction de l'absence de savoir-faire. BIBL. Bensoussan, *RLDA juill.-août 2012, suppl., p. 50* (indemnisation du franchisé et savoir-faire). ♦ La résolution judiciaire du contrat de franchise, aux torts exclusifs du franchiseur, peut être prononcée en cas de non-transmission du savoir-faire promis. • Com. 24 mai 1994, n° 92-15.846 : *CCC 1994, n° 191, obs. Leveneur.* ♦ Faute pour le franchiseur de rapporter la preuve qu'il a exécuté ses obligations essentielles en fournissant au franchisé le savoir-faire et l'assistance technique, le contrat de franchise doit être résolu. • Com. 27 janv. 1998, n° 95-13.600. ♦ V. aussi, à défaut de transmission d'un savoir-faire original et substantiel, • Com. 10 mai 1994, n° 92-15.834 : *RJDA 1994, n° 1016* • 30 janv. 1996, n° 94-13.792 : *RJDA 1996, n° 775* • Paris, 9 févr. 2011 : *CCC 2011, n° 192, obs. M. M.-V.* ♦ Le savoir-faire ne correspondant à aucune réalité, aucune contrepartie réelle ne justifiait la conservation par le franchiseur du droit d'entrée. • Com. 26 juin 2007, n° 06-13.211 : *JCP E 2008, n° 20, p. 25, obs. Mainguy et Respaud ; CCC 2007, n° 299, obs. Malaurie-Vignal.* ♦ En revanche, dès lors que le franchisé a bénéficié de l'usage de l'enseigne et des méthodes de commercialisation mises au point par le franchiseur, le contrat ne peut être annulé pour défaut de cause. • Com. 26 mars 1996, n° 94-14.853 : *CCC 1996, n° 98, obs. Leveneur.* ♦ Ainsi, un contrat nul en tant que franchise peut être requalifié en un autre contrat valide, tel qu'un accord de distribution ou un mandat ; en l'espèce, la cour estime qu'il y a eu un contrat d'entreprise valide, assez analogue au contrat d'un consultant. • Colmar, 19 juill. 2011 : *CCC 2012, n° 19, obs. M. M.-V.*

21. Notoriété de la marque. Faute de notoriété, la marque offerte par le franchiseur n'est pas une contrepartie aux obligations souscrites par le franchisé, le contrat de franchise se trouve privé de cause et doit être annulé. • Com. 9 oct. 1990, n° 89-13.384 : *JCP E 1991. I. 39, n° 5, obs. Azéma.* ♦ Le franchiseur qui ne démontre pas avoir procédé aux formalités nécessaires pour rendre opposable aux tiers le transfert de la marque, acquise par apport partiel d'actif, ni au renouvellement de son dépôt à l'échéance décennale, ne peut se prévaloir de la propriété de ce signe distinctif dont il concède l'utilisation ; il s'ensuit qu'à défaut de cause le contrat de franchise doit être annulé. • Versailles, 7 févr. 2002 : *JCP 2003. II. 10127, note Viennois* • 9 déc. 1987 : *Cah. dr. entr. 1988, n° 2, p. 42, note Burst* • Com. 6 mai 2003, n° 00-12.217 : *RJDA 2003, n° 1169* (résolution pour dol). ♦ Satisfait à ses obligations de transmission de savoir-faire le franchiseur qui, d'une part, offre à la vente des produits sélectionnés de sa marque, conditionnés spécialement et bénéficiant d'une notoriété incontestable et qui, d'autre part, met ses produits à la disposition du franchisé en lui délivrant des conseils adaptés pour leur vente, même si ces conseils ne présentent aucun caractère original. • Versailles, 4 juill. 1996 : *LPA 7 janv. 1998, note Marot.*

22. Originalité des produits. Il n'est pas nécessaire que les produits soient originaux. • Paris, 18 juin 1992 : *préc. note 19.* ♦ Sur un ensemble de faits attestant de la réalité indéniable de la franchise, aucune stipulation contractuelle ne la soumettant à un quelconque caractère innovant ou original des produits distribués dans le réseau. • Versailles, 11 mai 2006 : *JCP E 2006, n° 43-44, p. 1836.* ♦ S'agissant d'une franchise de service dans un domaine où les connaissances utilisables sont à la portée de tous, c'est moins l'originalité et l'exclusivité des notions applicables aux situations étudiées qui constituent le savoir-faire concédé que l'expérience du franchiseur dans l'assemblage et l'exploitation de ces connaissances et des techniques à mettre en œuvre pour résoudre les difficultés rencontrées dans le service à la clientèle. • Paris, 7 déc. 2016, n° 14/09212 : *préc. note 19.*

23. Indépendance du franchisé. Sur la nécessaire indépendance du franchisé, V. note 2 ss. art. A. 441-1.

24. Exclusivité territoriale. Le contrat de franchise n'est pas nul par le seul fait de l'absence d'une clause d'exclusivité territoriale. • Com. 9 nov. 1993, n° 91-20.382 P : *D. 1995. Somm. 78, obs. Ferrier ; CCC 1994, n° 23, obs. Leveneur* • Paris, 12 janv. 1994 : *préc. note 14.* ♦ L'exclusivité territoriale n'est pas de l'essence du franchisage. • Paris, 2 mars 1999 : *JCP E 1999, n° 18-19, p. 792 ; LPA 10 janv. 2000, note Petitier.* ♦ ... Même en présence d'une exclusivité d'approvisionnement. • Com. 19 nov. 2002, n° 01-13.492 : *D. 2003. Somm. 2427, obs. Ferrier ; RJDA 2003, n° 482* (cassation de • Lyon, 10 mai 2001 : *LPA 23 juill. 2003, note Marot*). ♦ Jugeant qu'un franchisé n'explique pas en quoi l'absence d'exclusivité territoriale serait déséquilibrée au regard de la clause post-contractuelle de non-concurrence, V. • Paris, 14 déc. 2016, n° 14/14207 : *AJ contrat 2017. 89, obs. Lecourt.* ♦ V. aussi note 38.

B. CONDITIONS DE VALIDITÉ DU CONTRAT

25. Droit de la concurrence. BIBL. Granier, *RTD com. 1991. 358* (prix imposés et conseillés). – Sorour, *RJ com. 2001. 292* (droit de la concurrence et franchise). – Chagny, *LPA 29 nov. 2007* (regards sur le droit des pratiques anticoncurrentielles : les développements en matière de distribution). – Fabre et Charles, *RLC janv.-mars 2010. 21* (les contrats de distribution Mango échappent à l'applicabilité du droit des ententes). – Albert, *JCP E 2010, n° 1941* (les mécanismes conventionnels de protection des réseaux de distribution alimentaires sont-ils anticoncurrentiels ?). – Raud et Notté, *JCP E 2010, n° 678* (les pratiques de la grande distribution alimentaire stigmatisées). – Colloque, *RLDA suppl. juin 2013* (droit de la distribution : questions de concurrence). ♦ Le franchiseur est en droit de se prévaloir à l'égard des tiers des obligations qu'il contracte dans le cadre des conventions conclues avec les franchisés dès lors qu'il justifie du progrès économique apporté par le réseau mis en place et du profit en résultant pour les utilisateurs. • Paris, 13 juill. 1993 : *D. 1993. IR 239.* ♦ Dès lors, est licite son refus de vente à un commerçant étranger au réseau ; ce refus de vente n'est pas non plus contraire aux dispositions de l'art. 85-1 du traité de Rome (actuel art. 101 TFUE, depuis l'entrée en vigueur du traité de Lisbonne ; V. Décr. n° 2009-1466 du 1er déc. 2009, *JO 2 déc.*), d'une part, pour les mêmes motifs que dans le cadre de la législation interne et, d'autre part, parce qu'il bénéficie de l'exemption édictée par le Règl. CEE n° 4087-88 du 30 nov. 1988 relatif aux accords de franchise, selon lequel l'interdiction des accords entre entreprises, susceptibles de restreindre le jeu de la concurrence est inapplicable aux accords de franchise auxquels ne participent que deux entreprises et qui comportent notamment l'obligation pour le franchiseur de ne pas fournir lui-même des produits à des tiers. • Même arrêt. – Dans le même sens : • Paris, 20 mars 1995 : *Gaz. Pal. 1995. 2. Somm. 490.* ♦ V. aussi notes 55 s. ss. art. L. 330-2.

26. Prix imposés ou conseillés. BIBL. Amaro, *AJCA 2015. 296* (prix imposés en droit de la concurrence : un péché majeur ?). ♦ Pour la nullité d'un contrat de franchise fondée sur l'illicéité d'une clause prévoyant des marges conseillées, V. • Com. 1er juin 1993, n° 91-14.242 P : *D. 1993. IR 162* ; *CCC 1993, n° 175, obs. Vogel* • 2 juill. 2002, n° 00-14.939 : *D. 2003. Somm. 2430, obs. Ferrier* ; *RJDA 2002, n° 1206.* ♦ … D'un contrat de franchise prévoyant que le franchiseur fixe unilatéralement le prix des marchandises achetées par le franchisé et que ce dernier est tenu d'appliquer le prix de revente transmis par le franchiseur. • Com. 7 oct. 1997, n° 95-19.518 : *CCC 1998, n° 2, obs. Leveneur.* ♦ V. aussi sanctionnant la pratique consistant en la diffusion, par le franchiseur, de documents, destinés à la clientèle du franchisé, comportant les taux de commission et les frais forfaitaires fixes préimprimés, • Paris, 8 juill. 1994 : *D. 1994. IR 224* • Cons. conc. n° 96-D-36 du 28 mai 1996 : *D. 1997. Somm. 63, obs. Ferrier*. ♦ … Ou celle consistant à indiquer le prix « conseillé » sur une étiquette devant être obligatoirement agrafée sur le vêtement à vendre, • Pau, 22 juin 1995 : *Gaz. Pal. 1996. 1. 75.* ♦ En revanche, l'obligation souscrite par le franchisé d'utiliser les tarifs de base du franchiseur n'est pas illicite dès lors qu'il s'agit de tarifs *maxima* que le franchiseur peut définir afin d'assurer l'homogénéité du réseau de franchise. • Paris, 16 juin 1993 : *D. 1993. IR 214* • 2 mars 1999 : *préc. note 24.* ♦ Lorsque le site internet géré par le franchiseur est un site vitrine, les prix affichés en ligne sont des prix conseillés ou des prix maxima, en fonction des contrats de franchise conclus. Lorsque le site internet géré par le franchiseur est un site marchand, le prix affiché est le prix fixé par le vendeur, à savoir le franchiseur ou le franchisé selon l'origine des produits. Lorsque le franchisé procède à la remise du produit vendu par le franchiseur au consommateur via le système de *click and collect* ou de livraison à domicile, il convient de mettre en place des mécanismes préservant la liberté commerciale du franchisé et le respect de ses propres impératifs économiques. En tout état de cause, ces pratiques doivent s'inscrire dans le respect des règles relatives aux interdictions de revente à perte et de fixation d'un prix de revente minimum imposé prévues respectivement aux art. L. 442-5 et L. 442-6 ainsi que dans le respect des règles de droit de la concurrence. • CEPC, avis n° 21-5 du 15 avr. 2021 : *D. 2021. 1295, obs. Dissaux*. ♦ Considérant que la pratique des prix imposés directement ou indirectement par le franchiseur, outre la violation de la réglementation de la concurrence qu'elle peut générer, méconnaît le statut d'indépendance du franchisé et peut entraîner l'annulation de la convention, V. • Paris, 2 mars 1999 : *préc. note 24.*

V. aussi notes 6, 36 et 50 ss. art. L. 420-1.

27. Détermination du prix. BIBL. *Jurisprudence postérieure à l'intervention de l'assemblée plénière :* V. note 10 ss. art. L. 330-2. – *Jurisprudence antérieure :* Legeais, *JCP E 1992. I. 135.* ♦ La clause d'un contrat de franchisage faisant référence au tarif en vigueur au jour des commandes d'approvisionnement à intervenir n'affecte pas la validité du contrat, l'abus dans la fixation du prix ne donnant lieu qu'à résiliation ou indemnisation. • Cass., ass. plén., 1er déc. 1995, n° 91-19.653 P : *BICC 5 janv. 1996, concl. Jéol, note Fossereau ; D. 1996. 13, concl. Jéol, note Aynès* ; *Gaz. Pal. 1995. 2. 626, concl. Jéol, note de Fontbressin.* ♦ V. les autres arrêts du même jour, note 10 ss. art. L. 330-2. ♦ Dans le même sens, V. • Com. 26 mars 1996, n° 93-16.849 : *RJDA 1996, n° 912 ; CCC 1996, n° 136, obs. Leveneur* • 4 févr. 1997, n° 94-21.174 : *D. 1998. Somm. 335, obs. Ferrier* • 23 févr. 1999, n° 96-22.784 : *CCC 1999, n° 68, obs. Leveneur.* ♦ Un franchiseur ne commet pas d'abus dans l'application d'une clause d'approvisionnement exclusif dès lors que celle-ci concernait une liste élargie de fournisseurs, un guide étendu des achats, ainsi qu'un catalogue des produits et un tarif de vente indicatif, et que ledit franchiseur a laissé au franchisé la liberté de négocier les prix selon la loi du marché sans souffrir d'une position dominante et arbitraire. • Com. 21 janv. 1997, n° 94-22.034 : *D. 1997. 414, note Jamin* .

28. Approvisionnement exclusif. Sur la validité de la clause d'approvisionnement exclusif, V. note 49 ss. art. L. 420-1.

C. FONDS DE COMMERCE DU FRANCHISÉ

29. Propriété de la clientèle du franchisé. BIBL. de Belot, *Gaz. Pal. 1996. 1. Doctr. 538.* – Boccara, *ibid. 1994. 2. Doctr. 1256.* – Baschet, *ibid. 1996. 1. Doctr. 557 ; ibid. 1994. 2. Doctr. 1256.* – Guillemain, *Loyers et copr. 1996, Chron. 9.* – R. Fabre, *Cah. dr. entr. 1996, n° 3, p. 17.* – Derruppé, *AJPI 1997. 1002.* – Le Floch, *in Mél. Champaud, Dalloz, p. 405.* – Bensoussan, *D. 2001. 2498* (la clientèle « au » franchisé, facteur d'illégitimité de la clause de non-rétablissement). – Proost et Brisard, *LPA 11 avr. 2002* (clientèle et franchise : le divorce du droit et de l'économie). – Binder, *AJDI 2001. 1054* (mythe de la propriété de la clientèle : la franchise). – De Panafieu, *ibid. 1062* (le mythe de la propriété de la clientèle dans les centres commerciaux). – Boccara, *AJDI 2002. 502* (régime locatif des franchisés et renouvellement des concepts sur le fonds de commerce). – Fabre, *Cah. dr. entr. 2002, n° 5, p. 24* (autonomie du fonds de commerce du franchisé). – Dumont-Lefrand, *RTD com. 2003. 43* (bail commercial et droit de la distribution). – de Belot, *Administrer 7/2007. 12* (bail commercial : retour sur la franchise). – Beauchard, *Mél. le Tourneau, Dalloz, 2008, p. 37* (la nécessaire protection du concessionnaire et du franchisé à la fin du contrat). – Mendoza-Caminade, *ibid., p. 763* (la notion de fonds de commerce à l'épreuve de l'Internet : faut-il admettre le fonds de commerce électronique ?). – Dissaux, *Administrer 12/2008. 35* (franchise et bail commercial : les liaisons dangereuses). – Dissaux et Loir, *D. 2022. 571* (le droit de la franchise, un bateau ivre). ♦ Si une clientèle est au plan national attachée à la notoriété de la marque du franchiseur, la clientèle locale n'existe que par le fait des moyens mis en œuvre par le franchisé, parmi lesquels les éléments corporels de son fonds de commerce, matériel et stock, et l'élément incorporel que constitue le bail. Cette clientèle fait elle-même partie du fonds de commerce du franchisé puisque, même si celui-ci n'est pas le propriétaire de la marque et de l'enseigne mises à sa disposition pendant l'exécution du contrat de franchise, elle est créée par son activité, avec des moyens que, contractant à titre personnel avec ses fournisseurs ou prêteurs de deniers, il met en œuvre à ses risques et périls. • Civ. 3e, 27 mars 2002, n° 00-20.732 P : *D. 2002. 2400, note Kenfack ; JCP 2002. II. 10112, note Auque ; LPA 4 févr. 2003, note Marot ; AJDI 2002. 376, obs. Blatter ; CCC 2002, n° 111, obs. Malaurie-Vignal* • Paris, 1er mars 2006 : *RJDA 2006, n° 1014 ; RLDA févr. 2007. 93, note Licari* (contrat de concession).

30. Preuve d'une clientèle autonome. La sanction d'une éventuelle perte de clientèle, voire d'un insuccès total, frappant directement le franchisé au point, le cas échéant, de mettre en péril l'existence de son fonds alors que le franchiseur n'est atteint que de manière différée, il en résulte que la clientèle attachée au fonds est celle du franchisé, laquelle est donc autonome par rapport à celle du franchiseur, cette constatation n'étant pas en contradiction avec le fait qu'il y a interdépendance entre franchiseur et franchisé laquelle se traduit aussi schématiquement : sans fonds du franchisé, pas de création de clientèle pour le franchiseur, et, sans franchiseur, pas de clientèle pour le franchisé. • Paris, 4 oct. 2000 : *D. 2001. 1718, note Kenfack ; JCP 2001. II. 10467, note Boccara ; AJDI 2001. 582, note Raynaud ; ibid. 244, obs. Derruppé*, infirmant • TGI Paris, 30 oct. 1998 : *Gaz. Pal. 28-30 mars 1999, p. 32, obs. Barbier.* – Sur ce jugement, V. Boccara, *D. 2000. Chron. 15*. ♦ Pour un arrêt caractérisant, à l'occasion d'une cession de fonds de commerce dans le domaine de la haute couture, l'existence d'une clientèle propre au franchisé, V. • Civ. 3e, 20 déc. 2000, n° 99-10.267 : *BRDA 2001, n° 3, p. 9.* ♦ Jugeant, en réponse au bailleur qui prétendait qu'en raison des stipulations contractuelles le franchisé ne maîtrisait pas les risques de l'exploitation de sorte que le titulaire de la clientèle était en réalité le franchiseur, que si le franchiseur exige de recevoir périodiquement les pièces comptables du franchisé c'est non parce qu'il assume les risques pris par le franchisé mais au contraire pour en prévenir les effets à son égard en résiliant si nécessaire le contrat, V. • Paris, 3 juill. 2002 : *D. 2003. Somm. 2429, obs. Ferrier.* ♦ Comp., considérant que pour qu'un locataire franchisé ou concessionnaire d'une marque soit considéré comme ayant un fonds de commerce en propre, il faut qu'il apporte la preuve de ce qu'il a une clientèle liée à son activité personnelle, indépendamment de son attrait en raison de la marque du franchiseur ou du concédant, ou bien qu'il démontre que l'élément du fonds qu'il apporte, le droit au bail, attire la clientèle de manière telle qu'il prévaut sur la marque. • Paris, 6 févr. 1996 : *D. 1997. Somm. 57, obs. Ferrier ; JCP 1997. II. 22818, note Boccara ; Defrénois 1996. 926, obs. Le Cannu* (confirmant • TGI Évry, 9 déc. 1993 : *D. 1995. Somm. 154, obs. Rozès ; Gaz. Pal. 1994. 1. 203, note de Belot ; LPA 24 août 1994, note Gast et Lanciaux*). ♦ *Contra*, au motif que « le contrat de franchise instaure une collaboration entre le franchisé et le franchiseur pour le développement d'une clientèle, qui pour n'être la propriété ni de l'un, ni de l'autre, n'en est pas moins indiscutablement le fruit des efforts des deux partenaires, mais sans que l'on puisse dénier au franchisé la qualité de propriétaire du fonds de commerce dès lors qu'il est bien titulaire d'un ensemble de droits l'autorisant à exploiter une clientèle ». • TGI Paris, 26 sept. 1995 : *Gaz. Pal. 1996. 1. Somm. 129, obs. Barbier. 57.*

31. Statut des baux commerciaux. Le franchiseur reconnaissant au franchisé le droit de disposer des éléments constitutifs de son fonds, une cour d'appel en a déduit exactement que le preneur était en droit de réclamer le paiement d'une indemnité d'éviction. • Civ. 3e, 27 mars 2002, n° 00-20.732 P : *préc. note 29.* ♦ V. déjà, faisant bénéficier la franchise du statut des baux commerciaux, • TGI Paris, 24 nov. 1992 : *D. 1995. Somm. 154, obs. Rozès ; Gaz. Pal. 1994. 1. 203, note de Belot ; LPA 24 août 1994, note Gast et Lanciaux.* – V. aussi • Versailles, 24 mars 1988 : *D. 1988. IR 24.* ♦ V. dans le domaine de la distribution des produits pétroliers, • Com. 27 févr. 1973, n° 71-10.653 P : *D. 1974. 283, note Derruppé.* ♦ Sur l'abandon de l'exigence d'une clientèle propre prépondérante comme condition au bénéfice du statut des baux commerciaux, V. • Civ. 3e, 19 mars 2003, n° 01-17.679 P : *cité note 6 ss. art. L. 141-5.*

32. Indemnité pour perte de clientèle. A violé l'art. 1371 [1300] C. civ. la cour d'appel qui a rejetté la demande du franchisé en indemnité pour perte de clientèle, alors qu'elle constatait, tout à la fois, que le franchisé pouvait se prévaloir d'une clientèle propre, et que la rupture du contrat stipulant une clause de non-concurrence était le fait du franchiseur, ce dont il se déduisait que l'ancien franchisé se voyait dépossédé de cette clientèle, et qu'il subissait en conséquence un préjudice. • Com. 9 oct. 2007, n° 05-14.118 : *D. 2008. 388, note Ferrier ; RTD civ. 2008. 119, obs. Gautier ; JCP E 2008, n° 1, p. 31, note Dissaux ; CCC 2007, n° 298, obs. Malaurie-Vignal ; RJDA 4/2008, p. 355, note Kenfack ; RLDA déc. 2007. 40, note Ferré et Deberdt.*

33. Location-gérance. Sur la prise en location-gérance du fonds de commerce par le franchisé, V. • Versailles, 18 janv. 1988 : *D. 1988. IR 77* • Paris, 1er déc. 1994 : *RJDA 1995, n° 279 ; LPA 25 août 1995, note Marot.*

34. Cession du fonds de commerce du franchisé. BIBL. Le Floch et Guégen, *Mél. Paillusseau, Dalloz, 2003, p. 335* (la transmission d'une entreprise membre d'un réseau de distribution). – van de Wynckele-Bazela, *D. 2004. 2487* (pacte de préférence et contrat de franchise). – Amédée-Manesme, *JCP E 2010, n° 5, p. 28* (la vraie nature juridique du fonds de commerce du franchisé et l'impact de l'appartenance à un réseau en cas de cession de ce fonds de commerce). – Cillero Valdelvira, *Cah. dr. entr. 2010, n° 4, p. 37* (la prise de participation par la tête de réseau dans le capital de la société distributrice). – Ben Soussen, *RLDA juill.-août 2012, suppl., p. 14* (incidence du contrat de franchise sur la valeur du fonds de commerce). – Dondero, *JCP E 2012, n° 1671* (franchise participative). ♦ Même si la résiliation du contrat de *franchise n'est pas intervenue sur* l'initiative du franchisé mais comme une conséquence nécessaire de la vente, avant le terme du contrat de franchise, du fonds de commerce à laquelle avait procédé le franchisé, celui-ci doit être déclaré seul responsable de la rupture. • Paris, 30 juin 2000 : *D. 2000. AJ 379, obs. Chevrier.* – Comp. • Nîmes, 8 sept. 2005 : *Lettre distrib. 12/2005, p. 3.* ♦ V. pour la mise en location-gérance du fonds du franchisé : • Paris, 19 nov. 2009 : *RTD com. 2010. 274, obs. Saintourens.* ♦ La dépose brutale de l'enseigne, accessoire du contrat de franchise, par le cessionnaire du fonds sans l'accord du franchiseur, constitue un trouble manifestement illicite au regard des obligations du contrat de franchise. • Com. 14 mars 2006, n° 05-12.073 : *CCC 2006, n° 81, obs. Malaurie-Vignal.* ♦ Le refus d'agrément du cessionnaire des parts sociales du franchisé par le franchiseur, qui possède une minorité de blocage dans la société du franchisé, n'est pas constitutif d'un abus de droit. • Paris, 29 juin 1995 : *Rev. dr. bancaire 1995. 189, obs. Germain et Frison-Roche.*

Sur le non-respect du droit de préférence au profit du franchiseur lors de la vente du fonds de commerce du franchisé, V. • Com. 3 mai 2018, n° 16-27.926 P : *CCC 2018, n° 132, obs. Malaurie-Vignal* • Rennes, 18 mars 2008 : *JCP 2009. IV. 1715.*

D. OBLIGATIONS DES PARTIES

35. Promotion de sa marque par le franchiseur. En matière de commercialisation de produits de luxe, la renommée d'une marque doit compenser l'importance des investissements mis à la charge du franchisé et cette compensation nécessaire à l'équilibre du contrat le liant à son unique franchisé en France nécessite, de la part du franchiseur, un effort particulièrement important de publicité et de promotion pour faire connaître sa marque et pallier ainsi l'absence de notoriété. • Com. 12 juill. 1993, n° 91-20.540 : *CCC 1993, n° 207, obs. Leveneur.* – V. aussi • Com. 1er févr. 1994, n° 92-10.111 : *CCC 1994, n° 93.* ♦ Il ne peut être soutenu que le franchiseur a commis une faute en imposant au franchisé des tarifs « grands comptes » insuffisants pour lui permettre d'équilibrer son exploitation dès lors qu'il est démontré que le franchiseur a mené une politique commerciale dynamique à l'égard de cette clientèle potentielle en justifiant d'opérations publicitaires dans des catalogues destinées aux PME et TPE, du recours à une agence spécialisée pour une opération de prospection auprès des entreprises, d'opérations de sponsoring de véhicules d'entreprise ainsi que de la mise en place de partenariats signés avec des sociétés importantes. • Com. 7 janv. 2014, n° 12-17.154 : *D. 2015. Pan. 953, obs. Ferrier ; AJCA 2014. 45, obs. Lecourt ; RJDA 2014, n° 213.*

36. Obligations d'assistance et de conseil. BIBL. Sergent, *LPA 2 nov. 2009* (l'obligation d'assistance du franchiseur). ♦ Sur l'obligation d'assistance au franchisé, V. • Paris, 4 mars 1991 : *D. 1991. IR 103* • 23 janv. 1992 : *D. 1992. Somm. 392, obs. Ferrier* • Com. 7 mars 1995, n° 93-10.368 : *RJDA 1995, n° 836* (obligation de conseil à l'occasion du transfert du fonds de commerce dans un centre commercial). ♦ V. aussi • Com. 17 nov. 1998, n° 96-15.138 P : *RJDA 1999, n° 30* • 7 mars 2000, n° 97-15.396 : *RJDA 2000, n° 756 ; RTD civ. 2000. 829, obs. Mestre et Fages* (obligation de renseignement sur la procédure collective du franchiseur) • 8 janv. 2002, n° 98-19.526 : *RJDA 2002, n° 494 ; LPA 3 juill. 2003, obs. Malaurie-Vignal* (obligation de conseil en matière d'implantation et d'architecture du point de vente – station de lavage – malgré l'expérience du franchisé dans l'exploitation de ce type de centre). ♦ Pour une illustration de l'obligation pour le franchiseur de respecter tout engagement pris dans le cadre d'un avant-contrat et par lequel il s'oblige notamment à apporter son assistance au candidat en vue de son installation, V. • Versailles, 27 févr. 2003 : *RJDA 2003, n° 584.* ♦ Comp., cassant l'arrêt d'appel sanctionnant un franchiseur pour ne pas avoir redéfini un nouveau plan financier ni conseillé à son franchisé d'arrêter la poursuite de l'activité déficitaire, sans préciser quelles dispositions du contrat de franchise stipulant l'obligation de conseil auraient été méconnues : • Civ. 3e, 17 mai 2005, n° 04-12.176 : *CCC 2005, n° 169, obs. Malaurie-Vignal.* ♦ Le maillage du territoire, condition nécessaire à l'existence et à la pérennité d'un réseau de location de véhicules, ne saurait toutefois constituer une obligation de résultat à la charge du franchiseur ; dès lors, le contrat de franchise ne mettant pas à la charge de celui-ci une obligation de maintenir en l'état ou de développer le réseau et aucune responsabilité directe ne pouvant lui être attribuée dans la diminution du nombre des agences, aucun manquement ne peut être reproché au franchiseur. • Com. 7 janv. 2014, n° 12-17.154 : *préc. note 35.* ♦ La carence du franchiseur dans l'exécution de ses missions d'animation et d'assistance alors même qu'il s'était engagé contractuellement à être toujours disponible pour son franchisé afin que celui-ci ne se trouve jamais seul pour faire face aux difficultés, constituent un manquement à ses obligations contractuelles dont la gravité, à raison du caractère essentiel des obligations en cause, justifie la résiliation du contrat. • Limoges, 5 nov. 2015, n° 13/01241 : *AJCA 2016. 96, obs. Ponsard.*

Sur l'obligation faite au franchiseur, qui modifie son mode de distribution en adoptant des contrats de dépôts, de respecter ses engagements antérieurs à l'égard du franchisé, qui n'avait pas été intégré au nouveau système, V. • Paris, 15 sept. 2000 : *D. 2000. AJ 389, obs. Chevrier.* ♦ Sur la cessation, par le franchiseur, de sa fonction de centrale d'achat, V. • Com. 20 mai 2003, n° 01-00.668 : *Cah. dr. entr. 2003, n° 5, p. 43, obs. Respaud.* ♦ Jugeant que le franchiseur, certes tenu d'une obligation d'assistance envers ses franchisés, n'a pour autant pas à communiquer, en vertu du secret des affaires, les conditions de la négociation commerciale lorsqu'il négocie avec les fournisseurs au nom et pour le compte de ses franchisés en sa qualité de centrale d'achat : • Com. 8 juin 2017, n° 15-27.146 : *D. 2018. Pan. 872, obs. Ferrier ; AJ contrat 2017. 443, obs. Dissaux ; CCC 2017, n° 171, obs. Malaurie-Vignal.*

37. Adaptation du savoir-faire. Pèse sur le franchiseur une exigence de réussite commerciale pendant toute la durée du contrat, dont il doit s'acquitter par l'actualisation de son savoir, de ses capacités et de sa technique, en vérifiant que son assimilation se trouve convenablement réalisée par le franchisé. • Douai, 6 sept. 2007 : *D. 2007. AJ 2303, obs. Chevrier ; D. 2008. Pan. 2198, obs. Ferrier.* ♦ Sur l'obligation du franchiseur d'adapter son savoir-faire aux spécificités locales, V. • T. com. Chambéry, 14 déc. 2007 : *Lettre distrib. 7-8/2008. 4.*

38. Respect d'une zone d'exclusivité. V. • Com. 27 mars 1990, n° 88-17.119 P • 16 juin 1992, n° 90-17.622 : *CCC 1992, n° 199* • Versailles, 12 juin 1997 : *D. Affaires 1997. 931.* ♦ Sur le respect de la clause d'exclusivité territoriale, V. • Com. 9 mars 1993, n° 91-11.479 : *CCC 1993, n° 107, obs. Leveneur* • Paris, 23 janv. 1992 : *D. 1992. IR 126* • 9 juin 1995 : *D. Affaires 1995. 20* • T. com. Paris, 7 mars 1995 : *Gaz. Pal. 1996. 1. Somm. 41.* ♦ En ce sens que la clause d'un contrat de franchise par laquelle le franchiseur s'engage « à ne pas accorder de franchise et à ne pas installer par lui-même un magasin » dans la zone de chalandise du magasin du franchisé interdit seulement au franchiseur de créer dans cette zone de nouveaux magasins en franchise ou en gestion directe, mais non d'y modifier le mode d'exploitation de magasins existants du réseau, V. • Com. 11 janv. 2000, n° 97-19.165 : *RJDA 2000, n° 260.* – Dans le même sens, V. • Toulouse, 16 oct. 2002 : *Lettre distrib. 1/2003, p. 3.* ♦ Sur l'absence de responsabilité du franchiseur dès lors que les produits vendus dans la zone d'exclusivité concédée au franchisé étaient dégriffés, V. • Com. 14 janv. 2003, n° 00-11.253 : *CCC 2003, n° 70 ; LPA 15 juin 2004, obs. Bacchichetti.* ♦ ... Ou que la boutique concurrente commercialisait la collection homme alors que le franchisé s'était toujours limité à la collection femme, même si l'exclusivité consentie portait sur l'intégralité de la collection. • Paris, 16 oct. 2002 : *Lettre distrib. 1/2003, p. 2.* ♦ Reconnaissant la possibilité pour un franchiseur d'ouvrir, après rupture du contrat de franchise, un point de vente à proximité du fonds d'un ancien franchisé, • Paris, 21 avr. 2000 *D. 2002. Somm. 1264, obs. Auguet.*

39. Exclusivité et site internet. En l'état d'une clause qui se borne à garantir au franchisé l'exclusivité territoriale dans un secteur déterminé, rien ne s'oppose à l'ouverture d'un site internet par le franchiseur, la création d'un site internet n'étant pas assimilable à l'implantation d'un point de vente dans le secteur protégé. • Com. 14 mars 2006, n° 03-14.639 P : *D. 2006. 1901, note Kenfack ; RTD civ. 2006. 553, obs. Mestre et Fages ; JCP E 2006, n° 23, p. 1012, note Reverdy ; CCC 2006, n° 82, obs. Malaurie-Vignal ; LPA 13 nov. 2006, obs. Baccichetti ; Gaz. Pal. 2006. 2513, note L'Hénoret-Marcellesi ; RJDA 2006, n° 640* (cassation de • Bordeaux, 26 févr. 2003 : *JCP E 2004, n° 14, p. 540 ; CCE 2004, n° 160, obs. Stoffel-Munck ; RJDA 2004, n° 805,* qui avait jugé que le fait pour un franchiseur de développer un site marchand sur internet troublait l'usage paisible de l'exclusivité concédée au franchisé). – V. aussi • Paris, 4 déc. 2008 : *CCC 2009, n° 99, obs. Malaurie-Vignal* • Com. 14 févr. 2012, n° 09-11.689 : *D. 2012. Pan. 2351, obs. Larrieu ; CCE 2012, n° 65, obs. Chagny ; RJDA 2012, n° 664.* ♦ Comp., jugeant une violation du principe d'exécution de bonne foi du contrat : • T. com. Bobigny, 29 janv. 2008 : *cité note 20 ss. art. L. 330-2.*

40. *Concurrence déloyale.* Un gérant associé ne peut se voir reprocher des actes de concurrence déloyale par non-respect des obligations découlant d'un contrat de franchise et notamment la garantie de jouissance paisible et l'exclusivité géographique prévue alors que le contrat de franchise a été conclu entre la société demanderesse et une société dont le gérant est associé et que la faute personnelle du gérant poursuivi n'est pas caractérisée. • Com. 17 déc. 2002, n° 00-13.484 : *BJS 2003. 423, note Godon.* ♦ Sur la responsabilité contractuelle pour acte de concurrence déloyale d'un franchiseur ayant tenté de détourner la clientèle du franchisé en utilisant le fichier de clientèle de ce dernier, V. • Paris, 24 janv. 2002 : *D. 2003. Somm. 2428, obs. Ferrier ; RJDA 2002, n° 626.* ♦ Pour une concurrence déloyale d'un ancien franchisé ayant détourné à son profit le savoir-faire et les investissements du franchiseur, V. • Com. 14 févr. 2012, n° 10-30.872 : *RJDA 2012, n° 713.* ♦ Pour deux franchisés condamnés réciproquement pour concurrence déloyale, l'un pour ne pas avoir déposé ses comptes au greffe du tribunal de commerce, l'autre pour avoir imité la publicité du premier, V. • Versailles, 18 mars 2014 : *AJCA 2014. 94, obs. Lajnef ; RJDA 2014, n° 644 ; RJ com. 2014. 258, note Leloup.*

41. *Troubles du voisinage.* Sur la responsabilité quasi délictuelle du franchiseur dans l'exploitation d'une station-service ayant causé des troubles anormaux du voisinage, V. • Civ. 2e, 21 mai 1997, n° 05-17.743 P : *D. 1998. 150, note Fages ; CCC 1997, n° 128, obs. Leveneur ; JCP 1998. II. 10057, note Mauger-Vielpeau.*

42. *Publicité fausse.* Est caractérisée l'infraction de publicité fausse à la charge du franchisé qui a utilisé des affiches mensongères fournies par le franchiseur. • Crim. 27 nov. 1990, n° 90-81.222 P : *D. 1991. IR 35.*

E. FIN DU CONTRAT DE FRANCHISE

BIBL. Bensoussan, *D. 2001. 2498* (la « clientèle au franchisé », facteur d'illégitimité de la clause de non-rétablissement). – Licari, *RLDA févr. 2007. 93* (application par analogie du droit de l'agence commerciale, fondement possible de la reconnaissance d'une indemnité de fin de contrat au concessionnaire et au franchisé). – Beauchard, *Mél. le Tourneau, Dalloz, 2008, p. 37* (la nécessaire protection du concessionnaire et du franchisé à la fin du contrat). – Amédée-Manesme, *RJ com. 2011. 400* (le contrat de franchise et les clauses post-contractuelles). – Oudin, *RTD com. 2011. 447* (la transmission des contrats de distribution). – Béhar-Touchais, *RLDA juill.-août 2012, suppl., p. 32* (les obstacles à la sortie du franchisé). – Bénabent, *ibid., p. 47* (l'indemnisation du franchisé). – Regnault, *JCP E 2014, n° 1429* (l'indemnisation de la rupture fautive des contrats de distribution).

43. *Refus de renouvellement du contrat.* Le non-renouvellement d'un contrat à durée déterminée ne constitue pas une rupture des conventions commerciales lorsque celles-ci ont pris fin en application du contrat, sous réserve de la preuve, par le franchisé, que le refus de renouvellement présente le caractère d'un abus de droit ou d'une malveillance. • Com. 5 juill. 1994, n° 92-17.918 : *CCC 1994, n° 219, obs. Leveneur.* ♦ Le non-renouvellement d'un contrat de franchise venu à expiration est un droit pour le franchiseur qui n'engage sa responsabilité qu'en cas d'abus dans l'exercice de celui-ci, abus dont la preuve incombe à celui qui s'en prétend victime. • Paris, 12 janv. 2005 : *LPA 8 déc. 2005, note Marot.* ♦ V. aussi • Com. 4 sept. 2018, n° 17-18.132 : *D. 2019. Pan. 795, obs. Ferrier ; CCC 2018, n° 200, obs. Malaurie-Vignal ; RJDA 2018, n° 899* • Paris, 4 juill. 2018 : *JCP E 2018, n° 1515, note Bories.* ♦ Par ailleurs, les règles gouvernant l'enrichissement sans cause ne peuvent être invoquées dès lors que l'appauvrissement et l'enrichissement allégués trouvent leur cause dans la cessation de la convention conclue entre les parties. • Com. 23 oct. 2012, n° 11-25.175 P : *D. 2012. 2862, note Dissaux ; RTD civ. 2013. 114, obs. Fages ; JCP E 2013, n° 1068, note Sassolas ; CCC 2013, n° 6, obs. Mathey ; RJDA 2013, n° 502.* ♦ L'envoi des documents précontractuels d'information ainsi que d'un exemplaire du nouveau contrat type en vigueur ne saurait s'analyser en une proposition formelle de reconduction. • Paris, 12 janv. 2005 : *préc.* ♦ Le franchiseur n'est pas tenu d'une obligation d'assistance de son franchisé en vue de sa reconversion. • Même arrêt. – V., en matière de concession exclusive, note 45 ss. art. L. 330-2.

Ayant relevé que le franchiseur avait expressément informé le franchisé de sa volonté de non-renouvellement des contrats par tacite reconduction en envoyant à l'adresse de chacun de ses deux magasins une lettre recommandée avec demande d'avis de réception qui lui avait été retournée avec la mention « non réclamé, retour à l'envoyeur », une cour d'appel, appréciant souverainement les éléments de preuve qui lui étaient soumis, retient que le franchisé ne peut invoquer la non-réception des deux courriers de notification, retournés au franchiseur, dès lors que n'est pas rapportée, ni même alléguée, la preuve d'une erreur d'adresse des destinataires. • Com. 29 janv. 2008, n° 06-13.462 P : *D. 2008. Pan. 2830, obs. Delebecque ; RTD civ. 2008. 299, obs. Fages ; JCP E 2008, n° 10, p. 28 ; CCC 2008, n° 76, obs. N. M. ; BRDA 2008, n° 4, p. 7.* – V. aussi • Com. 29 janv. 2008, n° 06-20.426 : *RJDA 2008, n° 635.* ♦ Sur le non-renouvellement du contrat d'approvisionnement et ses effets sur le contrat de franchise, V. • Com. 12 juill. 2011, n° 10-22.930 : *D. 2012. Pan. 582, obs. Ferrier ; RJDA 2011, n° 876 ; RDLC 2011, n° 4, p. 110, obs. Ferré.* ♦ … Et inversement, sur la rupture du contrat de franchise et ses effets sur le contrat d'approvisionnement, V. • Reims, 6 août 2013 : *BRDA 2013, n° 21, p. 6.* ♦ Sur la condamnation d'un franchisé à réparer le préjudice par ricochet causé à un fournisseur du fait de la rupture du contrat de franchise, V. • Com. 10 juill. 2012, n° 11-22.301 : *RDLC 2012, n° 4, p. 90, obs. Martin.* ♦ Sur l'obligation de déposer les signes distinctifs d'appartenance au réseau en cas de rupture du contrat, V. • Com. 20 mai 2014, n° 13-17.488 : *AJCA 2014. 244, note Regnault .*

44. Résiliation du contrat. **BIBL.** Simon, *LPA 16 avr. 2009* (contrat de franchise et variété de clauses de résiliation). ♦ V., issu de l'Ord. n° 2016-131 du 10 févr. 2016, C. civ., art. 1217 s. (inexécution du contrat) et 1224 s. (résolution). – **C. civ.** ♦ Dans le cas où le contrat de franchise est à durée indéterminée chacun dispose, sous réserve de ne pas commettre d'abus, du droit de le résilier à tout moment. • Com. 3 avr. 2007, n° 05-17.168 : *CCC 2007, n° 201.* ♦ En application de l'art. 1184 [ancien] C. civ., il ne peut être valablement mis fin de manière anticipée au contrat de franchise liant les parties qu'à la condition que la preuve soit rapportée de manquements suffisamment graves de l'une d'entre elles à ses obligations contractuelles. • Versailles, 13 mai 2004 : *Gaz. Pal. 2005. Somm. 1367, obs. Forgeron et Grasset.* ♦ Le fait pour un franchisé de créer une association de défense des franchisés du réseau ne constitue pas une faute justifiant la résiliation du contrat. • Com. 28 nov. 2018, n° 17-18.619 : *RJDA 2019, n° 182.* ♦ Mais le fait d'exercer une activité concurrente pendant l'exécution du contrat de franchise fait ressortir l'existence d'une situation incompatible avec l'exécution loyale du contrat par le franchisé, justifiant la résiliation du contrat pour faute grave de celui-ci. • Com. 14 nov. 2018, n° 17-19.851 : *D. 2019. Pan. 796, obs. Ferrier ; AJ contrat 2019. 92, obs. Regnault ; RJDA 2019, n° 81.* ♦ La résiliation du contrat de franchise étant exclusivement imputable au franchiseur, celui-ci ne saurait prétendre à des dommages et intérêts pour non-paiement de factures, cette résiliation emportant celle des commandes non encore livrées. • Rouen, 22 sept. 1994 : *JCP 1995. IV. 303.* ♦ V. aussi cet arrêt pour l'indemnité allouée au franchisé du fait des investissements effectués. ♦ Sur cette question du préjudice, V. également • Paris, 28 mars 1997 : *D. Affaires 1997. 667* • 19 févr. 1998 : *Gaz. Pal. 1999. 1. Somm. 304.*

La diffusion par le franchiseur, deux mois avant l'expiration du contrat, d'une circulaire annonçant dans le territoire protégé par l'exclusivité conférée au franchisé les nom et adresse d'un nouveau franchisé et invitant les clients à prendre contact « dès à présent » pour plus d'information avec ce revendeur, constitue une atteinte fautive à l'exclusivité toujours en vigueur consentie au franchisé. • Com. 12 nov. 1996, n° 94-14.329 : *D. 1996. IR 263 .*

L'inexécution d'une convention peut être justifiée, si le cocontractant n'a lui-même pas satisfait à une obligation contractuelle, même découlant d'une convention distincte, dès lors que l'exécution de cette dernière est liée à celle de la première. Un tel lien n'existe pas entre les obligations résultant du contrat de franchise, d'une part, et celles découlant des ventes conclues entre les parties à ce contrat, d'autre part, dans la mesure où l'obligation de payer le prix d'une marchandise n'est pas la contrepartie de la bonne exécution du contrat de franchise, mais seulement celle de la délivrance d'une chose conforme à la commande en exécution du contrat de vente. • Com. 12 juill. 2005, n° 03-12.507 : *RTD civ. 2006. 307, obs. Mestre et Fages ; JCP 2005. I. 194, n° 19, obs. Constantin ; RJDA 2005, n° 1316.* ♦ Pour une rupture unilatérale et anticipée par le franchisé de son contrat de franchise, la suppression brutale de l'enseigne du franchiseur et la commercialisation de marques concurrentes, constituant un trouble manifestement illicite, V. • Com. 23 oct. 2007, n° 06-16.733 : *CCC 2008, n° 8, obs. Malaurie-Vignal.* ♦ Sur la résiliation anticipée fautive du contrat de franchise par le franchisé, le non-renouvellement du bail commercial ne rendant pas impossible la poursuite de l'exploitation du fonds franchisé dans d'autres locaux, V. • Paris, 15 mai 2019 : *AJ contrat 2019. 396, obs. Dissaux ; RTD civ. 2019. 860, obs. Barbier ; JCP E 2019, n° 1445, note Bories ; RJDA 2019, n° 617.*

45. Modification de la personne du franchiseur. **BIBL.** Vilmart, *JCP E 2004, n° 32-35, p. 1282* (conséquences de la cession d'un franchiseur sur les contrats des franchisés). – Augagneur, *JCP 2005. I. 158* (consentement du franchisé dans la succession de contrats de franchise). – Amédée-Manesme et Helwaser, *JCP E 2012,* *n° 1364* (le rachat ou la fusion de réseaux). – Lucas, *BJE 2014. 167* (cession du contrat de franchise à l'occasion d'un plan de cession). – de Saint-Pol, *JCP E 2014, n° 1561* (procédure collective du franchiseur et cession forcée du réseau). – Pihéry, *AJ contrat 2016. 428* (la transmission du réseau de franchise, l'obstacle de l'*intuitu personae*). ♦ En cas de reprise d'un franchiseur par un autre, l'économie du contrat de franchise ne peut être modifiée sans que le franchisé ait donné son accord. • Com. 3 janv. 1996, n° 94-12.314 : *RJDA 1996, n° 490* • 31 janv. 2012, n° 10-27.603 : *RJDA 2012, n° 492.* ♦ Le contrat de franchise, conclu en considération de la personne du franchiseur, ne peut, sauf accord du franchisé, être transmis par fusion-absorption à une société tierce. • Com. 3 juin 2008, n° 06-18.007 P : *D. 2009. Pan. 2896, obs. Ferrier* ; *RTD com. 2009. 385, obs. Le Cannu et Dondero* ; *Rev. sociétés 2009. 339, note Amiel-Cosme* ; *JCP E 2008, n° 40, p. 44, note Hovasse ; CCC 2008, n° 200, obs. Malaurie-Vignal ; RJDA 2008, n° 1262.* ♦ ... Ou par l'effet d'un apport partiel d'actif placé sous le régime des scissions. • Com. 3 juin 2008, n° 06-13.761 P : *eod. loc.* • 24 nov. 2009, n° 08-16.428 : *D. 2009. AJ 2932* ; *Rev. sociétés 2010. 562, note Amiel-Cosme* ; *CCC 2010, n° 42, obs. Malaurie-Vignal* • 12 oct. 2010, n° 09-70.116 : *Rev. sociétés 2010. 508, obs. Lienhard* . – V. aussi • Com. 7 janv. 2014, n° 10-18.319 : *RJDA 2014, n° 223 ; BJS 2014. 335, note Dondero.* – Comp., jugeant que le franchisé ne peut obtenir la résolution du contrat du fait que le franchiseur a procédé à un apport partiel d'actif soumis au régime des scissions. • Pau, 24 janv. 1996 : *Cah. jurispr. Aquitaine 1996, n° 2, p. 89.* ♦ Sur la résiliation aux torts exclusifs du franchiseur d'un contrat de franchise qui, en raison du rachat de la franchise par un distributeur concurrent, n'a pas été exécuté jusqu'à son terme conformément aux stipulations contractuelles, V. • Rouen, 9 nov. 2000 : *RJDA 2001, n° 290* (infirmée par • Com. 20 mai 2003, n° 01-00.668 : *JCP E 2004, n° 12, p. 461, obs. André,* faute pour la cour d'appel d'avoir suffisamment démontré le caractère déterminant de l'obligation litigieuse). ♦ Pour un contrat stipulant une clause excluant le caractère *intuitu personae* du contrat à l'égard du franchiseur, V. • Lyon, 23 oct. 2003 : *Lettre distrib. 11/2003, p. 2.* ♦ Si l'*intuitu personae* n'est stipulé qu'en considération du seul franchisé, et si, en conséquence, l'autorisation de ce dernier au transfert du contrat par le biais d'un apport partiel d'actif n'est pas nécessaire, le franchiseur n'en est pas moins tenu de respecter ses engagements et de mettre en œuvre de bonne foi la clause dont précisément il entend tirer parti. • Dijon, 8 avr. 2010 : *JCP E 2010, n° 1412, note Dissaux ; RDLC 2010, n° 3, p. 105, obs. Éréséo.* ♦ Le contrat de franchise subordonnant la cession du contrat au seul agrément du franchiseur, l'accord du franchisé n'étant pas exigé, il en résulte que ce dernier ne peut s'opposer à la poursuite de la relation contractuelle avec le repreneur, motif pris qu'il n'a pas donné son agrément à la cession. • Lyon, 9 déc. 2014 : *AJCA 2015. 140, obs. Lecourt* ♦ Sur l'imputabilité et l'indemnisation de la rupture d'un contrat de franchise en cas de cession à un tiers du franchiseur lui-même et de l'enseigne commune au réseau sans l'accord des franchisés, V. • Rennes, 20 janv. 2004 : *JCP E 2004, n° 32-35, p. 1282, note Vilmart.* ♦ Sur les conséquences du refus d'un franchisé d'accepter le successeur du franchiseur, V. • Com. 28 juin 2005, n° 04-10.038 : *RJDA 2005, n° 1207.* ♦ Un changement de dénomination sociale n'entraîne pas de changement de personnalité morale de sorte que le franchiseur reste formellement le même. • Paris, 25 mars 2009 : *RJDA 2009, n° 726.* ♦ Pour un changement d'enseigne, V. • Com. 19 janv. 2016, n° 14-16.272 : *D. 2017. Pan. 890, obs. Ferrier* ; *AJCA 2016. 160, obs. Ponsard* • Paris, 1er juin 2016, n° 14/00997 : *RDC 2016. 686, obs. Grimaldi.*

46. *Obligation de non-concurrence.* BIBL. Bensoussan, *D. 2001. 2498* (la « clientèle au franchisé », facteur d'illégitimité de la clause de non-rétablissement). – Jamin, *D. 2003. 2878* (clause de non-concurrence et contrat de franchise). – Depincé, *Dr. et patr. 1/2007. 26* (la clause de non-réaffiliation). – Augagneur, *JCP E 2008, n° 39, p. 15* (changer d'enseigne). – Guenzoui, *LPA 24 nov. 2011* (moralisation des clauses de non-concurrence ?). – Celaya, *RLDA juill.-août 2012, suppl., p. 40* (validité des clauses de non-concurrence : le fourvoiement). – Riéra, *Journ. sociétés 12/ 2015. 9* (obligation de non-concurrence et contrat de franchise). – Marcinkowski, *AJCA 2016. 16* (clause de non-concurrence post contractuelle dans le contrat de franchise). – Noblot, *CCC 2017. Formule 2* (clause de sauvetage de la clause de non-concurrence post-contractuelle en cas d'anéantissement d'un contrat de distribution). ♦ RÉP. COM. v° *Concurrence (obligation de non-concurrence)*, par PICOD, AUGUET et GOMY. ♦ V. aussi art. L. 341-2. ♦ La clause insérée dans un contrat de franchise, aux termes de laquelle, à l'expiration de celui-ci, le franchisé s'interdit de concurrencer le franchiseur n'est valable que si, limitée dans le temps ou dans l'espace, elle n'empêche pas l'ancien franchisé d'exercer sa profession. • Com. 29 mai 1980, n° 79-10.323 P • 12 janv. 1988, n° 86-12.838 P : *D. 1989. Somm. 269, obs. Serra.* ♦ V. aussi : • Douai, 15 oct. 2001 : *RJDA 2002, n° 757* • Paris, 23 oct. 1986 : *D. 1988. Somm. 173, obs. Serra.* ♦ De plus, l'engagement de non-concurrence doit être nécessaire pour protéger les intérêts légitimes du franchiseur en rapport avec l'objet du contrat. • Com. 14 nov. 1995, n° 93-16.299 : *D. 1997. Somm. 59, obs. Ferrier* • 18 déc. 2007, n° 05-21.441 : *RJDA 2008, n° 368.* ♦ Retenant la validité d'une clause de non-concurrence stipulée dans une franchise dès lors qu'il est établi, d'une part, qu'elle était nécessaire pour maintenir l'identité commune ou la réputation du réseau et que, d'autre part, elle n'interdisait pas la poursuite d'une activité identique sous une autre enseigne et procurait seulement au franchiseur un délai d'un an pendant lequel l'implantation par l'ancien franchisé d'une enseigne renommée concurrente ne serait pas possible de sorte qu'il pourra reconstituer son réseau localement, V. • Com. 22 févr. 2000, n° 97-15.560 : *JCP E 2000, n° 37, p. 1429, note Leveneur ; CCC 2000, n° 92, obs. Leveneur.* ♦ Il appartient ainsi aux juges du fond de rechercher si l'engagement n'était pas proportionné aux intérêts légitimes du franchiseur au regard de l'objet du contrat. • Com. 1er juill. 2003, n° 02-11.384 : *D. 2004. Somm. 1153, obs. Picod ; JCP E 2004, n° 22, p. 869, note Moracchini-Zeidenberg ; CCC 2003, n° 152, obs. Leveneur ; RJDA 2004, n° 8.* ♦ La clause de non-concurrence est d'autant plus proportionnée aux intérêts du franchiseur que le supermarché jusque-là exploité par le franchisé est situé dans un village de 1844 habitants, où l'implantation de plusieurs supérettes apparaît difficile. • Lyon, 31 janv. 2008 : *BICC 15 oct. 2008, n° 1500.* ♦ Pour une clause considérée comme une pratique restrictive de concurrence, au sens de l'art. 7 de l'Ord. du 1er déc. 1986 [C. com., art. L. 420-1], V. • Cons. conc. n° 97-D-48 du 18 juin 1997 : *D. 1998. Somm. 223, obs. Serra.* – V. aussi Marot, *LPA 27 nov. 1998.* ♦ La clause interdisant au franchisé d'exercer, même de manière indépendante, une activité commerciale concurrente dans le local concerné est proportionnée à la protection des intérêts visés par cette stipulation. • Com. 24 nov. 2009, n° 08-17.650 : *JCP E 2010. 1220, note Dissaux ; CCC 2010, n° 43, obs. Malaurie-Vignal ; RJDA 2010, n° 208 ; RLC avr.-juin 2010. 39, note Riera.* ♦ Jugeant, au contraire, disproportionnée la clause imposant un rayon minimal de non-rétablissement de 50 km autour de tout point de vente à l'enseigne du franchiseur, V. • Com. 23 sept. 2014, n° 13-20.454 : *cité note 47.* ♦ Ouvrant la voie à une révision de la clause de non-concurrence à effet post-contractuel, V. • Paris, 21 juin 2017, n° 15/15949 : *JCP E 2017, n° 1596, note Bories.*

47. *Spécificité de la clause de non-réaffiliation.* BIBL. Depincé, *Dr. et patr. 1/2007. 26* (la clause de non-réaffiliation). – Lucas-Puget, *CCC 2013. Formule 11* (clause de non-réaffiliation). ♦ La clause de non-concurrence a pour objet de limiter l'exercice par le franchisé d'une activité similaire ou analogue à celle du réseau qu'il quitte, tandis que la clause de non-réaffiliation se borne à restreindre sa liberté d'affiliation à un autre réseau. • Com. 28 sept. 2010, n° 09-13.888 P : *D. 2010. Actu. 2357, obs. Chevrier ; JCP E 2010, n° 1943, note Dissaux ; CCC 2010, n° 271, obs. Malaurie-Vignal ; RJDA 2011, n° 135.* ♦ V. aussi distinguant l'exercice de l'activité au sein d'une organisation avec autrui et l'exercice de cette même activité à titre individuel et en toute indépendance : • Com. 8 juill. 2003, n° 02-10.502 : *RJDA 2004, n° 36.* ♦ Mais dès lors que l'interdiction de réaffiliation rend, non pas impossible, mais très difficile la poursuite de l'exploitation du fonds de commerce en compromettant sa rentabilité, la clause de non-réaffiliation peut valablement être assimilée à une clause de non-concurrence. • Aut. conc. n° 11-D-03 du 15 févr. 2011 : *D. actu. 1er mars 2011, obs. Chevrier ; JCP E 2011, n° 1482, spéc. n° 15, obs. Grignon ; CCC 2011, n° 92, obs. Malaurie-Vignal ; RLC avr.-juin 2011. 39, obs. Sélinsky.* ♦ Pour des arrêts assimilant la clause de non-réaffiliation à la clause de non-concurrence, V. • Com. 10 janv. 2008, n° 07-13.558 : *CCC 2008, n° 71, obs. Malaurie-Vignal* • Caen, 29 sept. 2005 : *JCP E 2006, n° 27-28, p. 1216, obs. Raynard ; CCC 2006, n° 132, obs. Malaurie-Vignal.* ♦ La clause obligeant le franchisé à « ne pas exercer son activité sous une enseigne concurrente » ne se borne pas à interdire, après l'expiration du contrat, l'affiliation à un réseau de franchise concurrent, mais s'analyse en une clause de non-concurrence prohibant tout rétablissement dans une activité identique sous une autre enseigne que celle du franchiseur, y compris une enseigne propre choisie par l'ancien franchisé. • Com. 23 sept. 2014, n° 13-20.454 : *D. 2014. Pan. 2489, obs. Gomy ; AJCA 2015. 92, obs. Riera ; JCP E 2014, n° 1657, obs. Malaurie-Vignal ; CCC 2014, n° 268, obs. Malaurie-Vignal ; RJDA 2014, n° 919.*

48. *Validité de la clause de non-réaffiliation.* BIBL. Bories, *JCP E 2018, n° 1087* (contrôle d'une clause de non-affiliation : approche concurrentielle et économique). ♦ V. aussi art. L. 341-2. ♦ Dès lors qu'elle est limitée dans le temps et l'espace, et qu'elle est en outre justifiée et proportionnée aux intérêts du créancier de l'obligation, une clause de non-réaffiliation, qui n'a pas à être rémunérée, est licite. • Com. 31 janv. 2012, n° 11-11.071 P : *D. 2012. Pan. 2762, obs. Gomy ; JCP E 2012, n° 1143, obs. Dissaux ; CCC 2012, n° 83, obs. Leveneur ; LPA 21 juin 2012, note Broche ; Gaz. Pal. 2012. 1005, obs. Houtcieff ; RJDA 2012, n° 469.* ♦ Le Règl. CEE n° 4087/88, qui limite à une année l'application d'une clause contractuelle de non-concurrence, ne concerne que les clauses de non-rétablissement de l'ancien franchisé et non la clause lui interdisant d'adhérer, directement ou indirectement, à un réseau de franchise ou à un réseau de distribution analogue pendant une durée de deux ans sur le territoire qui lui a été concédé. • Paris, 18 déc. 1998 : *D. Affaires 1999. 420, obs. E. P.* ♦ Dès lors que la clause de non-réaffiliation imposée au franchisé n'interdit pas la poursuite d'une activité commerciale identique et se trouve limitée dans le temps et dans l'espace, une cour d'appel peut retenir qu'elle ne viole aucune règle d'ordre public. • Com. 17 janv. 2006, n° 03-12.382 P : *D. 2006. AJ 498, obs. Chevrier ; JCP E 2006, n° 27-28, p. 1216, obs. Raynard ; CCC 2006, n° 67, obs. Malaurie-Vignal ; LPA 13 nov. 2006, obs. Baccichetti ; RLDA mai 2006, p. 39, note Kenfack.* ♦ La clause qui interdit uniquement, pendant une durée limitée à un an à compter de la date de résiliation du contrat d'affiliation, l'usage, dans un rayon de cinq kilomètres du magasin, d'une enseigne de renommée nationale ou régionale et la vente de produits liés ne s'oppose pas à la poursuite d'une activité commerciale identique dans ce magasin, sous une autre enseigne, pendant cette durée, et, par la suite, sous une enseigne renommée concurrente. • Com. 2 déc. 2008, n° 07-17.539 : *D. 2009. Pan. 2896, obs. Ferrier* . ♦ Écartant l'application de la clause de non-réaffiliation mise à la charge du franchisé, dès lors que la preuve de la renommée nationale ou régionale de l'enseigne rejointe par l'ancien franchisé au moment de la réaffiliation n'était pas rapportée et qu'il était inutile de rechercher si le franchiseur disposait d'un savoir-faire spécifique : • Com. 20 mai 2008, n° 06-19.234 : *D. 2009. Pan. 1442, obs. Picod* . ♦ Pour une clause de non-réaffiliation jugée disproportionnée, V. • Paris, 25 févr. 2010 : *D. 2011. Pan. 551, obs. Ferrier ; CCC 2010, n° 209, obs. M. M.-V. ; RDLC 2010, n° 3, p. 104, obs. Éréséo.* ♦ La clause emportant interdiction de s'affilier à un réseau concurrent sur l'ensemble du territoire métropolitain est insuffisamment limitée dans l'espace du fait que l'activité du franchisé était locale puisqu'elle ne s'exerçait que dans une seule agence. • Com. 3 avr. 2012, n° 11-16.301 P : *D. 2012. Pan. 2761, obs. Gomy ; JCP E 2012, n° 1264, obs. Dissaux ; CCC 2012, n° 169, obs. Leveneur ; LPA 28-29 août 2012, note Le Gac-Pech ; Gaz. Pal. 2012. 2163, obs. Houtcieff ; RJDA 2012, n° 560* (conf. de • Paris, 9 févr. 2011 : *RDLC 2011, n° 2, p. 125, obs. Éréséo*). ♦ Condamnant une clause de non-réaffiliation auprès d'une enseigne existante pendant une durée d'un an dans la mesure où elle ne tend pas à la protection d'un savoir-faire substantiel et identifié mais vise exclusivement à protéger un territoire et à assurer la reconstitution locale du réseau : • Rennes, 23 mars 2004 : *JCP E 2005, n° 11, p. 474, obs. Raynard* • T. com. Évry, 24 mai 2007 : *Lettre distrib. 6/2007, p. 2.* ♦ Cassant un arrêt ayant jugé la clause de non-réaffiliation disproportionnée parce que privant un ancien franchisé du support d'un réseau bénéficiant d'une renommée significative, V. • Com. 30 mai 2012, n° 11-18.779 : *D. 2012. Pan. 2762, obs. Gomy ; CCC 2012, n° 230, obs. Malaurie-Vignal ; RJDA 2012, n° 949.* ♦ Jugeant, au contraire, disproportionnée une clause de non-réaffiliation mettant l'ex-franchisé dans l'impossibilité de poursuivre, dans des conditions économiquement rentables, l'exploitation de son fonds de commerce : • Com. 18 déc. 2012, n° 11-27.068 : *D. 2013. Pan. 738, obs. Ferrier ; JCP E 2013, n° 1037, obs. Dissaux ; CCC 2013, n° 53, obs. Malaurie-Vignal ; RJDA 2013, n° 384.* ♦ Eu égard à la généralité du commerce alimentaire de proximité concerné, et à la nature du savoir-faire transféré, nécessairement lié à celle du commerce exploité, et donc en l'espèce de faible technicité, spécificité et originalité, il n'est pas établi que l'obligation de non-réaffiliation soit indispensable à la protection du franchiseur. • Paris, 6 mars 2013 : *CCC 2013, n° 113, obs. Malaurie-Vignal ; RLC juill.-août 2013. 105, note Amaro ; RJ com. 2013. 349, obs. Leloup et Sabatier.* – V. aussi • Com. 23 sept. 2014, n° 13-22.624 : *AJCA 2015. 92, obs. Riera ; CCC 2014, n° 269, obs. Malaurie-Vignal ; RDC 2015. 70, obs. Grimaldi.* ♦ L'interdiction de vendre des produits MDD d'enseignes concurrentes de renommée nationale ou régionale prive l'ancien franchisé de la possibilité de s'approvisionner en produits attractifs sur lesquels s'opèrent les plus grosses marges, ce qui interdit tout exercice par l'ex-franchisé, dans des conditions économiquement acceptables, d'un commerce analogue ; dès lors, une atteinte à la liberté commerciale de l'ex-franchisé, aussi lourde, est disproportionnée à l'objectif poursuivi. • Com. 16 sept. 2014, n° 13-18.710 : *AJCA 2014. 390, obs. Pecnard ; RJDA 2015, n° 230.* ♦ La clause de non-réaffiliation litigieuse qui vise à protéger le savoir-faire, dont la protection n'est pas complètement assurée par la clause de confidentialité limitée à la non-divulgation des informations relatives à l'organisation et au fonctionnement du réseau, est proportionnée dans la mesure où elle n'interdit pas à l'ancien franchisé de poursuivre son activité d'agence immobilière concurrente mais qu'elle le contraint simplement à déplacer le siège de cette activité en cas d'adhésion à un autre réseau dans l'année suivant son exclusion de l'ancien réseau. • Dijon, 8 mars 2018, n° 16/01118 : *CCC 2018, n° 109, obs. Malaurie-Vignal.*

49. Portée de la clause de non-réaffiliation. Sur l'inopposabilité de la clause de non-réaffiliation à la société exploitant le fonds de commerce concurrent qui est simplement associée au débiteur de non-réaffiliation, V. • Com. 8 juill. 2008, n° 07-20.385 : *CCC 2008, n° 227, obs. Malaurie-Vignal.* ♦ Sur l'inapplicabilité d'une clause de non-affiliation lors de la résiliation d'un contrat tacitement reconduit, V. • Versailles, 17 mars 2011 : *RJDA 2011, n° 900.*

50. Concurrence déloyale. L'achat d'un fonds de commerce, fait sans déloyauté, ne constitue pas une faute de nature à rendre l'acquéreur complice de la rupture, même fautive, du contrat de franchise par le cédant. Ainsi, l'achat des fonds de commerce litigieux, franchisés dans un réseau concurrent, avant le terme du contrat de franchise et d'approvisionnement, ne constitue pas en soi un acte de concurrence déloyale, dès lors que, d'une part, le franchiseur, bénéficiaire d'un droit de préférence, avait la possibilité d'acquérir les fonds litigieux aux mêmes conditions que son concurrent et a choisi de ne pas le faire, et que, d'autre part, que le principe de la liberté du commerce et de l'industrie autorise cette pratique relevant de la libre concurrence entre acteurs économiques. • Agen, 11 juin 2014 : *AJCA 2014. 342, obs. Ponsard*.

51. *Reprise des salariés.* L'activité dans le cadre d'un contrat de franchise ne suffit pas à démontrer l'absence de possibilités de permutation de personnel. • Soc. 15 janv. 2014, nº 12-22.944 : *D. 2015. Pan. 948, obs. Ferrier*. ♦ Faute pour l'employeur (franchisé) d'apporter des éléments démontrant l'impossibilité de permutation, le périmètre du reclassement doit être élargi aux autres membres du réseau de franchise. • Toulouse, 9 oct. 2015, nº 13/05919 : *D. 2016. Pan. 972, obs. Ferrier* ; *AJCA 2016. 98, obs. Ferré et Pihéry*. – V. aussi • Montpellier, 9 mai 2018 : *RTD com. 2018. 728, obs. Hiez*.

TITRE QUATRIÈME DES RÉSEAUX DE DISTRIBUTION COMMERCIALE

(L. nº 2015-990 du 6 août 2015, art. 31-I)

Les art. L. 341-1 et L. 341-2 s'appliquent à l'expiration d'un délai d'un an à compter de la date de promulgation de la loi nº 2015-990 du 6 août 2015 (L. préc., art. 31-II).

RÉP. COM. vº *Distribution*, par GRIGNON.

BIBL. GÉN. ▶ MATHEY, *CCC 2015. Repère 7* (les réseaux de distribution entre marché et organisation). – PANCRAZI, *JCP E 2015, nº 1405* (nouveautés dans le secteur de la distribution). – FERRIER, *D. 2015. 1904* (L. du 6 août 2015 pour la croissance, l'activité et l'égalité des chances économiques... en matière de distribution ?). – RIÉRA, *AJCA 2015. 411* (vers un nouveau contrat d'affiliation ?). – MAINGUY, *JCP E 2015, nº 1579* (premières vues sur le droit français nouveau des réseaux de distribution commerciale). – MALAURIE-VIGNAL, *CCC 2015, nº 256* (apports de la loi Macron en droit de la distribution). – JAZOTTES, *RJ com. 2015. 673* (amorce d'un droit des réseaux de distribution commerciale). – L. et J. VOGEL, *AJCA 2015. 512* (un nouveau régime des contrats de distribution inutile, coûteux et inadapté). – TITONE et PIHÉRY, *RLC janv. 2016. 24* (introduction d'un droit des réseaux de distribution commerciale par la loi Macron). – FERRIER, *RJ com. 2016. 699* (les clauses usuelles dans les contrats de distribution à l'aune des réformes récentes). – BETTONI, *RLDA oct. 2018. 39* (la responsabilité de l'animateur d'un réseau de distribution pour des actes dommageables commis par ses membres à l'aune de la notion de groupe de sociétés). – DI BENEDETTO et GOUACHE, *BRDA 2019, nº 4, p. 26* (contrats de distribution, contrats d'adhésion ?).

Art. L. 341-1 L'ensemble des contrats conclus entre, d'une part, une personne physique ou une personne morale de droit privé regroupant des commerçants, autre que celles mentionnées aux chapitres V et VI du titre II du livre Ier du présent code, ou mettant à disposition les services mentionnés au premier alinéa de l'article L. 330-3 et, d'autre part, toute personne exploitant, pour son compte ou pour le compte d'un tiers, un magasin de commerce de détail, ayant pour but commun l'exploitation de ce magasin et comportant des clauses susceptibles de limiter la liberté d'exercice par cet exploitant de son activité commerciale prévoient une échéance commune.

La résiliation d'un de ces contrats vaut résiliation de l'ensemble des contrats mentionnés au premier alinéa du présent article.

Le présent article n'est pas applicable au contrat de bail dont la durée est régie par l'article L. 145-4, au contrat d'association et au contrat de société civile, commerciale ou coopérative.

Code civil Art. 1111 *(Ord. nº 2016-131 du 10 févr. 2016, art. 2, en vigueur le 1er oct. 2016)* Le contrat cadre est un accord par lequel les parties conviennent des caractéristiques générales de leurs relations contractuelles futures. Des contrats d'application en précisent les modalités d'exécution.

BIBL. ▶ DISSAUX, *AJ contrat 2017. 104* (les mystères du contrat cadre). – LECLERC, *ibid. 152* (les enjeux de la confrontation des contrats de distribution à la réforme du droit des contrats).

Art. 1164 *(Ord. nº 2016-131 du 10 févr. 2016, art. 2, en vigueur le 1er oct. 2016)* Dans les contrats cadre, il peut être convenu que le prix sera fixé unilatéralement par l'une des parties, à charge pour elle d'en motiver le montant en cas de contestation.

En cas d'abus dans la fixation du prix, le juge peut être saisi d'une demande tendant à obtenir des dommages et intérêts et le cas échéant la résolution du contrat.

BIBL. ▶ MOURY, *AJCA 2016. 123* (la fixation unilatérale du prix dans le contrat cadre). – LABARTHE, *JCP 2016, n° 642* (la fixation unilatérale du prix dans les contrats cadre et prestations de service).

Art. L. 341-2 **I. – Toute clause ayant pour effet, après l'échéance ou la résiliation d'un des contrats mentionnés à l'article L. 341-1, de restreindre la liberté d'exercice de l'activité commerciale de l'exploitant qui a précédemment souscrit ce contrat est réputée non écrite.**

II. – Ne sont pas soumises au I du présent article les clauses dont la personne qui s'en prévaut démontre qu'elles remplissent les conditions cumulatives suivantes :

1° Elles concernent des biens et services en concurrence avec ceux qui font l'objet du contrat mentionné au I ;

2° Elles sont limitées aux terrains et locaux à partir desquels l'exploitant exerce son activité pendant la durée du contrat mentionné au I ;

3° Elles sont indispensables à la protection du savoir-faire substantiel, spécifique et secret transmis dans le cadre du contrat mentionné au I ;

4° Leur durée n'excède pas un an après l'échéance ou la résiliation d'un des contrats mentionnés à l'article L. 341-1.

BIBL. ▶ NDLR, *BRDA 2015, n° 15-16, p. 25* (la sortie d'un réseau de distribution commerciale bientôt facilitée). – BUY, *D. 2015. 1902* (focus sur les clauses restrictives d'après-contrat). – FOURNIER, *RLC juill.-août 2016. 26* (les clauses post-contractuelles en droit de la distribution). – BORIES, *JCP E 2019, n° 1060* (clause de non-concurrence et clause de non-réaffiliation à effet post-contractuel : l'étau se resserre).

1. Application dans le temps. Se prononçant en faveur d'une application immédiate de l'art. L. 341-2 au contrat de franchise en cours, V. • Paris, 22 nov. 2018 : *AJ contrat 2019. 136, obs. Riéra ; JCP E 2019, n° 1060, note Bories.* ♦ L'art. 31-II de la L. du 6 août 2015 dispose que le I de cet article, qui crée l'art. L. 341-2 C. com., s'applique à l'expiration d'un délai d'un an à compter de la promulgation de la loi. Il s'en déduit qu'un an après la promulgation de la loi, est réputée non écrite toute clause ayant pour effet, après l'échéance ou la résiliation d'un contrat tel le contrat de franchise, de restreindre la liberté d'exercice de l'activité commerciale de l'exploitant qui l'a précédemment souscrit, et ce peu important que le contrat soit arrivé à son terme le 19 juin 2008 sans avoir été renouvelé. • Paris, 1er juill. 2020, n° 17/21498 : *JCP E 2021, n° 1002, note Grignon ; RJDA 2020, n° 563.* ♦ En statuant ainsi, alors que la loi nouvelle ne peut, sauf rétroactivité expressément stipulée par le législateur, inexistante en l'espèce, remettre en cause la validité d'une clause contractuelle régie par les dispositions en vigueur à la date où le contrat a été passé, la cour d'appel a violé les art. 2 C. civ. et 31-II de la L. n° 2015-990 du 6 août 2015. • Com. 16 févr. 2022, n° 20-20.429 B : *D. 2022. Actu. 348 ; JCP E 2022, n° 1112.*

2. Restriction injustifiée. La clause litigieuse, interdisant pour plus d'une année à compter de l'échéance du contrat non renouvelé d'utiliser les mêmes couleurs bleue et blanche, est de nature à restreindre la liberté d'exercice de l'activité commerciale de l'exploitant qui l'a précédemment souscrite dans la mesure où tant le blanc, symbole de propreté, que le bleu, symbole de l'eau, s'associent naturellement à des activités de lavage, tel le lavage de véhicules. • Paris, 1er juill. 2020, n° 17/21498 : *préc. note 1.* ♦ En se déterminant ainsi, par des motifs tirés de la restriction apportée par la clause à l'activité de l'exploitant, impropres à établir une atteinte disproportionnée au principe de la liberté d'entreprendre, au regard des intérêts légitimes du franchiseur, la cour d'appel a privé sa décision de base légale. • Com. 16 févr. 2022, n° 20-20.429 B : *préc. note 1.*

LIVRE QUATRIÈME DE LA LIBERTÉ DES PRIX ET DE LA CONCURRENCE

BIBL. GÉN. ▶ Biolay, *D. 1987. Chron. 183*. – Gavalda et Lucas de Leyssac, *ALD 1988. 47*. – Jeantet, *JCP 1987. I. 3277*. – Malaurie-Vignal, *Cah. dr. entr. 1998, nº 5, p. 10 ; ibid. 1999, nº 2, p. 16* (lexique de droit de la distribution et de la concurrence). – D. Brault, *RJDA 1995, p. 90* (dualité des régimes de contrôle). – Houin-Saint-Alary, *Rev. inter. dr. éco. 1995. 169*. – Nlend, *LPA 31 juill. 1996* (rôle de la DGCCRF). – Danet, *D. Affaires 1996. 1370* (le droit anti-trust doit-il être « économiquement correct » ?). – Vogel, *JCP E 1997. I. 713* (droit de la concurrence et puissance d'achat : plaidoyer pour un changement) ; *D. Affaires 1999. 1464* (abus de puissance d'achat : du contrôle direct au contrôle indirect). – Blaise, *Mél. Champaud, Dalloz, 1997, p. 86* (utilisation de la règle de raison en droit interne de la concurrence). – Idot, *LPA 23 mars 2000* (liberté de concurrence en France). – Dix ans d'application de l'Ord. du 1er déc. 1986, *Gaz. Pal. 1997. 1. Doctr. 232*. – Fourgoux, *Gaz. Pal. 2-4 janv. 2000, p. 65* (un droit de la concurrence ou une éthique de la concurrence pour le 3e millénaire). – Colloque du 7 juin 2000, *LPA 28 déc. 2000* (efficacité des décisions en droit de la concurrence). – Vogel, *JCP 1992. I. 3550* (influence du droit communautaire). – J.-C. et J.-L. Fourgoux, *JCP E 1994. I. 325* (concurrence des compétences). – Babusiaux, *D. 1998. Chron. 249* (pour un espace européen de la concurrence). – Chérot, *LPA 8 nov. 2000* (nouveaux enjeux de la politique de la concurrence). – Alfredo, *D. 2000. Chron. 645* (droit de la concurrence : approche franco-espagnole). – Colloque du 6 déc. 2000, *Gaz. Pal. 9-10 nov. 2001* (conquête de la clientèle et droit de la concurrence). – Decocq, *RJ com. nov. 2001, nº spéc., p. 89* (dépénalisation du droit de la concurrence). – Moeschel, *RTD com. 2006. 37* (harmonisation ou concurrence entre les différents droits de la concurrence ?). – Frison-Roche, *D. 2006. 1895* (proposition pour une notion : l'opérateur crucial). – Fréget et Herrenschmidt, *RDLC 2006, nº 3, p. 40* (réflexions sur les pratiques d'influence et le droit de la concurrence). – Conférence 3 juill. 2006, *RLC oct.-déc. 2006. 134* (droit de la concurrence et droit de la consommation : complémentarité ou divergences ?). – Lemaire et Blanc, *JCP E 2006, nº 45, p. 1879* (un nouvel essor des relations entre le Conseil de la concurrence et les juridictions en droit de la concurrence). – Donnedieu de Vabres-Tranié et Montet, *CCC 2006. Dossier 22* (un droit de la concurrence : pour quoi faire ?). – Mourre et Vilmart, *ibid. 23* (plaidoyer pour une meilleure efficacité du droit français de la concurrence dans l'économie mondiale). – Malaurie-Vignal, *ibid. 24* (que reste-t-il de la dépénalisation voulue par les rédacteurs de l'Ord. du 1er déc. 1986 ?). – Auguet, *Mél. Serra, Dalloz, 2006, p. 29* (l'équilibre, finalité du droit de la concurrence). – Dossier, *RLC janv.-mars 2007. 73* (les vingt ans de l'Ord. de 1986). – Gaudemet, Le code de commerce 1807-2007, Livre du bicentenaire, *Dalloz 2007, p. 397* (droit de la concurrence : une autre introduction). – L. Vogel, *ibid., p. 413* (concurrence : de l'évolution à la révolution). – Cousin, *RDLC 2007, nº 1, p. 38* (la concurrence potentielle). – Legal, *AJDA 2007. 949* (impact du droit de la concurrence sur la gestion du patrimoine des personnes publiques). – Bénichou, *Gaz. Pal. 2007. 671* (l'Europe, les avocats et la concurrence). – Destours et Vertut, *Cah. dr. entr. 2007, nº 3, p. 39* (la puissance de négociation sous surveillance). – Nasse, Bornkamm et Reh, *RDLC 2007, nº 2, p. 68* (protection de la concurrence ou protection des PME). – Jenny, *RDLC 2007, nº 4, p. 27* (rôle de l'analyse économique dans le contrôle exercé par la Cour de cassation en matière de droit de la concurrence). – Prieto, *D. 2008. 232* (actions de groupe et pratiques anticoncurrentielles : perspectives d'évolution... au Royaume-Uni). – Bouloc, *RLC janv.-mars 2008. 76* (remarques en vue d'un aménagement du droit pénal de la concurrence). – Béhar-Touchais, *Mél. le Tourneau, Dalloz, 2008, p. 53* (« le choc des Titans » : existe-t-il des fournisseurs assez puissants pour contrebalancer la puissance d'achat de la grande distribution ?). – Mounier et Dieny, *JCP E 2008, nº 7-8, p. 20* (responsabilité des dirigeants et collaborateurs de l'entreprise dans le cadre des pratiques anticoncurrentielles). – Riffault-Silk, *RDLC 2008, nº 1, p. 28* (la Cour de cassation et le droit de la concurrence). – Debroux, *RLDA avr. 2008. 33* (le rapport *Attali* et la réforme du droit de la concurrence). – Marson, *RFDA 2008. 785* (la neutralisation des distorsions de concurrence devant le juge fiscal). – Glaudet, *Defrénois 2009. 1229* (État, monopole et concurrence : quelles leçons à tirer des économistes du droit ?). – Parléani, *Mél. Tricot, Dalloz/Litec, 2011, p. 265* (une variante de « *pricing out* » : l'éviction du marché par la perversion du droit social). – Bouloc et Colin, *RLC avr.-juin 2011. 54* (de quelques concepts pénaux maltraités en droit de la concurrence). – Hoffmann, *RFDA 2011. 531* (probabilité et droit de la concurrence). – Colloque CREDA, *RLC oct.-déc. 2011. 146* (les PME face au droit de la concurrence). – Dossier, *JCP E 2013, nos 1168 à 1172* (les sanctions du droit de la concurrence). – Glais, *RTD com. 2014. 37* (le processus concurrentiel : une présentation historique des apports de la théorie économique). – Dossier, *CCC 2014, Dossier 10 à 17* (modernisation du droit de la concurrence). – Martucci, *RJ com. 2014. 444* (en quête d'une matrice constitutionnelle du droit de la concurrence) – Dossier, *AJCA 2015. 199* (la preuve dans le contentieux commercial et de la concurrence). – AUGAGNEUR, *JCP E 2015, n° 1295* (évaluation du préjudice concurrentiel à l'ère du *big data*). – FROT, *RLC mai 2016. 35* (le concept d'élasticité de la demande en économie de la concurrence). – CHAGNY, *CCC 2016. Dossier 11* (dix ans de droit de la concurrence : rétrospectives et perspectives). – Colloque, *RLC nov. 2017. 4* (loyauté de la concurrence et économie : nouveaux développements, nouvelles perspectives). – MALAURIE-VIGNAL, *JCP E 2018, n° 1187* (droit, économie et politique de concurrence – réflexions à partir de la notion de bien-être du consommateur). – RODA, *D. 2018. 1504* (réflexions sur les objectifs du droit français de la concurrence). – LESQUINS, *RLC mars 2020. 48* (pour réformer le droit de la concurrence).

▸ Droit des contrats : MALAURIE-VIGNAL, *D. 1995. Chron. 51* (droit de la concurrence et droit des contrats). – FAGES ET MESTRE, *RTD com. 1998. 71* (emprise du droit de la concurrence sur le contrat). – CLAUDEL, *RTD com. 1999. 291* (le consentement en droit de la concurrence, consécration ou sacrifice). – Colloque du 15 oct. 1999, *Cah. dr. entr. 2000, n° 3* (droit de la concurrence et droit privé). – Débats, *RDC 2004. 861* (droit de la concurrence et droit des contrats). – FRISON-ROCHE, *RTD civ. 2004. 451* (contrat, concurrence, régulation). – RIFFAULT-SILK, *RLC 2005, n° 3, p. 132* (droit des contrats et régulation économique). – PICOD, *LPA 1er juill. 2005* (droit de la distribution et droit des contrats). – Débats, *RDC 2006. 1317* (droit du contrat et droit du marché). – BÉHAR-TOUCHAIS, *RDC* (y a-t-il de la rétroactivité en droit de la concurrence ?). – BUCHER, *CCC 2011. Étude 12* (l'obligation de non-concurrence née de la garantie d'éviction : entre droit de la concurrence et droits fondamentaux). – Dossier, *AJCA 2015. 105* (le droit de la concurrence dans les contrats d'affaires : quelles contraintes ? quelles opportunités ?). – DUMUR et WILHEM, *JCP E 2019, n° 1533* (l'altération du contrat par l'effet du droit de la concurrence).

▸ Propriété intellectuelle : MALLET-POUJOL, *LPA 29 août 2003* (accès aux œuvres d'art et droit de la concurrence). – Ateliers de la concurrence, *RCC juill.-sept. 2004, n° 139* (droit de la concurrence et propriété intellectuelle). – RESPAUD, *Cah. dr. entr. 2004, n° 4, p. 39* (même thème). – AZÉMA, *RLC 2005, n° 1, p. 147* (droit de la concurrence et accord de transfert de technologie). – MAULÉON-WELLS, *RDLC 2005, n° 4, p. 53* (propriété intellectuelle et concurrence : de l'approche forcée à la négociation). – TERESI, *ibid., p. 143* (données publiques et concurrence). – DE CARLAN, PAOLI, PECORARO, DESURMONT, CALVET et POUYAT, *RDLC 2006, n° 2, p. 10* (concurrence et gestion collective des droits de propriété intellectuelle). – SIRINELLI, *RLC avr.-juin 2007. 183* (logiques de concurrence et droit d'auteur). – ARHEL, *LPA 16 juill. 2007* (application du droit de la concurrence dans le domaine des droits de propriété intellectuelle). – TREPPOZ, *RLC oct.-déc. 2008. 163* (aux confins du droit de la concurrence et du droit de la propriété intellectuelle : *l'affaire Microsoft*). – BOIVIN, *Propr. ind. 2009. Étude 19* (atteintes au droit des marques et contraintes économiques). – BACCICHETTI et BONNET, *JCP E 2009, n° 46, p. 18* (droit des pratiques anticoncurrentielles et droits de propriété intellectuelle). – ARHEL, *LPA 17 nov. 2010* (l'ADPIC : un équilibre entre propriété intellectuelle et concurrence). – MALAURIE-VIGNAL, *D. 2012. 2325* (rencontre entre le droit de la propriété intellectuelle et le droit de la concurrence à propos des brevets). – SCHREPEL, *RLC janv.-mars 2015. 141* (l'innovation de rupture : de nouveaux défis pour le droit de la concurrence).

▸ Société, entreprise en difficulté, marché financier : Colloque du 7 avr. 1999, *LPA 21 juill. 1999* (droit boursier et droit de la concurrence). – LARUE, *Cah. dr. entr. 2000, n° 5, p. 5* (confrontation entre règles du droit des sociétés et du droit de la concurrence). – ARCELIN, *RLC 2005, n° 1, p. 159* (l'entreprise en difficulté face au droit de la concurrence). – FASQUELLE, *RDLC 2005, n° 1, p. 41* (incidence des difficultés des entreprises sur l'application des règles de concurrence). – BRUN, *Dr. sociétés 2006. Chron. 12* (la prise en compte toujours accrue des groupes de sociétés en droit de la concurrence). – PIETRANCOSTA, *RTDF déc. 2006. 71 ; RDLC 2007, n° 1, p. 69* (concurrence et marchés financiers). – FASQUELLE, *Mél. Serra, Dalloz 2006, p. 159* (incidence des difficultés des entreprises sur l'application des règles de concurrence). – VALLENS, *LPA 11 juin 2008* (le droit de l'insolvabilité, une atteinte contrôlée à la concurrence). – JAQUILLAT et FRAVRE, *RLC juill.-août 2008. 124* (bourse et concurrence : opportunités et risques de la restructuration des marchés boursiers). – PERROT, *RLC juill.-sept. 2009. 99* (politique de la concurrence et faillites bancaires). – CHAPUT, *CCC 2010. Étude 1* (l'autonomie de la filiale en droit des pratiques anticoncurrentielles). – KOVAR, *RLDA janv. 2010. 62* (droit de la concurrence et droit de l'insolvabilité). – TEBOUL, *LPA 20 sept. 2010* (procédure de sauvegarde et poursuite des relations commerciales). – ARCELIN-LÉCUYER, *D. 2011. 1441* (procédure de sauvegarde et concurrence : le divorce consommé). – PIRONON, *LPA 6 oct. 2011* (les groupes de sociétés en droit des pratiques anticoncurrentielles). – PRUNET, *Gaz. Pal. 2011. 3762* (les conflits d'intérêts en droit de la concurrence). – LUCAS, *RPC 2012. Étude 11* (de la prise en compte par l'Autorité de la concurrence des difficultés de l'entreprise). – GALOKHO, *RDBF 2012. Étude 22* (existe-t-il des ententes entre les agences de notation ?). – CONSTANTIN, *D. 2012. 2717* (emprise du droit de la concurrence sur le contrat de société). – KECSMAR, *RLC oct.-déc. 2012. 95* (le droit de la concurrence à l'épreuve des structures sociétales obscures). – GINER ASINS et PFLIEGER, *JCP E 2015, n° 1614* (gérer les risques concurrence dans les opérations de fusion-acquisition). – ARCELIN, *RTD com. 2018. 575* (la conquête du droit du marché par la notion d'entreprise). – GALOKHO, *RTD com. 2020. 231* (dépôt des comptes sociaux et concurrence).

▶ Internet, informatique, communication : PICHAUD, *CCC 1999. Chron. 1* (informatique et droit de la concurrence). – FICHET, *LPA 17 oct. 2003* (secteur des télécommunications). – DECOCQ, *CCC 2003 Chron. 13 ; CCE 2003. Chron. 24* (commerce électronique et droit de la concurrence). – COUSI et ENTRAYGUES, Travaux de l'Association Henri Capitant, La concurrence, *SLC, 2006, p. 837* (la régulation de la concurrence dans les télécommunications). – COLOMO, *RDLC 2007, n° 1, p. 48* (télévision et concurrence). – BÉHAR-TOUCHAIS, *CCE 2007. Étude 19* (internet, entente et abus de position dominante). – CASTETS-RENARD, *CCC 2007. Étude 12* (jeux et paris en ligne). – GRYNFOGEL, *JCP E 2008, n° 47, p. 42* (le CSA, le règlement des différends et la libre concurrence). – LESCOP, *RDLC 2010, n° 2, p. 44* (les moteurs de recherche et la concurrence). – AMIEL, *RLC oct.-déc. 2011. 94* (télévision payante et droit de la concurrence). – PUEL, FRANÇOIS-MARTIN et COULON, *RLC avr.-juin 2012. 120* (protection du e-commerce par le droit de la concurrence). – FOURGOUX, *ibid. 150* (publicité associative et concurrence). – CHAGNY, *JCP 2015, n° 1340* (adaptation du droit de la concurrence à l'économie numérique). – CHARLIER-BONATTI, *AJCA 2016. 64* (pratiques liées à l'économie digitale : aspects de droit de la concurrence). – LENOIR, *ibid. 66* (le droit de la concurrence confronté à l'économie du *big data*). – Dossier, *AJCA 2016. 171* (pratiques liées à l'économie digitale : diversité des modes de régulation). – ARCELIN, *RLC nov. 2016. 51* (internet des objets et régulation). – LANERET, KNITTEL et BAUDEQUIN, *Dalloz IP/IT 2017. 619* (protection des données personnelles : quand le droit de la concurrence s'en mêle...). – MASMI-DAZI, *RLC sept. 2018. 41* (enjeux et perspectives de concurrence sur le marché de la publicité en ligne). – DOUGUET, *RLC nov. 2018. 20* (l'ouverture à la concurrence dans les industries de réseaux). – Dossier, *Cah. dr. entr. 2019, n° 3, p. 19* (concurrence et numérique). – TITONE et CHANALET-QUERCY, *RLDA sept. 2019. 36* (IA et droit de la concurrence). – FASQUELLE, *CCC 2019. Dossier 11* (le droit de la concurrence à la croisée des chemins face à l'émergence du numérique). – ARCELIN, *JCP E 2019, n° 1493* (le droit de la concurrence mis à l'épreuve par le numérique). – COUSIN et AZZI, *RLC déc. 2019. 37* (la régulation des plateformes digitales et les limites du droit de la concurrence). – CHAIEHLOUDJ, *CCC 2020. Étude 4* (quels outils efficaces pour les autorités de concurrence dans l'économie numérique ?). – ÉRÉSÉO, *Dalloz IP/IT 2020. 414* (libre circulation des données et droit de la concurrence [à propos du Règl. du 14 nov. 2018 relatif à la libre circulation des données non personnelles]). – MALAURIE-VIGNAL, *CCE 2020. Étude 17* (concurrence et numérique : un foisonnement d'idées pour dominer les géants). – CLAUDEL, *RTD com. 2020. 806* (numérique : le droit de la concurrence français à l'offensive). – RODA, *Dalloz IP/IT 2021. 315* (les limites à la libre concurrence en ligne : le droit de la concurrence entre sur-utilisation et tâtonnement).

▶ Agriculture, transport, santé : ARHEL, *JCP E 1997. I. 626* (coopérative agricole). – PRIETO, *D. 2004. 2134* (restriction de concurrence des compagnies aériennes). – DIÉNY, *CCC 2006. Étude 17* (industrie pharmaceutique et droit de la concurrence). – DEREPAS, *RDSS 2007. 1060* (le médicament générique, entre maîtrise des dépenses de santé et droit de la concurrence). – LEFEBVRE-DUTILLEUL et MOTTIER, *RLDA déc. 2008. 39* (LME et relations fournisseur-distributeurs dans le secteur pharmaceutique). – PERRON, *RD rur. 2009. Étude 2* (la production laitière et les ententes : confirmation législative de l'exception agricole aux règles de la concurrence). – ARHEL, *LPA 12 juin 2009* (application du droit de la concurrence dans le secteur de la santé publique). – SALQUE, *Dr. adm. 2009. Étude 19* (la libéralisation du transport ferroviaire de passagers). – VITOUX, *RD rur. 2010. Dossier 8* (entreprise viticole : le recours aux pratiques du droit commercial et du droit économique). – THÉVAND, *AJDA 2010. 1124* (taxis et concurrence). – DRIGUEZ, *RDSS 2010. 1048* (les institutions de protection sociale face au droit de la concurrence). – PERROT, *RDSS 2011. 430* (fonctionnement concurrentiel du secteur pharmaceutique français). – DEBROUX, *RDLC 2011, n° 3, p. 89* (agriculture et concurrence : vers une nouvelle articulation ?). – MACZKOVICS, *RD transp. 2011. Étude 10* (financement du secteur ferroviaire par des subventions croisées en environnement concurrentiel). – ROSKIS et MARTOR, *JCP E 2011, n° 1897* (l'entrée en gare de la concurrence). – HARDY, *AJDA 2012. 532* (coopération sanitaire et préoccupations de concurrence). – ALVAREZ, *Teutates 2012, n° 1/3, p. 25* (le contingentement pharmaceutique : une pratique anticoncurrentielle encadrée). – GRALL et DUCROS, *RLC janv.-mars 2013. 94* (agriculture et concurrence : alignement, adaptation, confrontation ou consensus ?). – ANCELIN et DE BAKKER, *JCP E 2013, n° 1562* (la chaîne d'approvisionnement alimentaire et le droit de la concurrence). – Colloque, *Gaz. Pal. 2014. 2655* (protection sociale et droit de la concurrence). – ZIANI, *RLC avr.-juin 2015. 67* (l'Autorité de la concurrence face à la rente de monopole des sociétés concessionnaires d'autoroutes). – FRIEDEL et BISQUAY, *ibid. 115* (concilier santé publique, concurrence et intérêt du consommateur dans le secteur du médicament). – Colloque, *ibid. 161* (contrat et concurrence dans le secteur pharmaceutique). – GRANSARD et LE THIEIS, *RD rur. 2015. Étude 5* (régulation concurrentielle du secteur agricole : entre surveillance et bienveillance de l'Autorité de la concurrence, la vigilance indispensable des acteurs du secteur). – CONDOMINES, *CCC 2015. Étude 6* (le secteur agricole sous le regard de l'Autorité de la concurrence). – SERSIRON et TRAVADE, *RLC juin 2017. 34* (fixation des prix dans les filières agricoles : le droit de la concurrence en campagne). – ANCELIN et D'HARCOURT, *JCP E 2018*, n° 1652 (les accords visant à retarder l'entrée des génériques sur le marché). – GRYNFOGEL, *RJDA 1/2019. 3 ; ibid. 2/2019. 89* (les comportements anticoncurrentiels du secteur pharmaceutique : une approche sévère des autorités de concurrence).

▸ Environnement, arbitrage, droit de l'homme : HELALI, *RTD eur. 1991. 335* ⌀ *et 609* ⌀ (la Conv. EDH et les droits français et communautaire de la concurrence). – DE MELLO, *ibid. 1993. 601* ⌀ (droit de la concurrence et droits de l'homme). – LESGUILLONS, *Gaz. Pal. 2003. Doctr. 1495* (la solitude pondérée de l'arbitre face au droit de la concurrence). – LONDON, *RTD eur. 2003. 267* ⌀ (concurrence et environnement : une entente écologiquement rationnelle ?). – BARBIER DE LA SERRE et NOURISSAT, *RLC 2005, n° 2, p. 68* (contrôle des sentences arbitrales à l'aune du droit de la concurrence). – Ateliers de la concurrence, *LPA 15 juin 2006* (droit de l'environnement et droit de la concurrence). – IDOT, *RDLC 2006, n° 3, p. 12* (ordre public, concurrence et arbitrage). – KNOEPFLER, *ibid., p. 16* (droit de la concurrence et réserve de l'ordre public en arbitrage). – THIEFFRY, *Cah. dr. entr. 2006, n° 5, p. 42* (les comportements visant à la protection de l'environnement en droit de la concurrence). – L. VOGEL, *Mél. Serra, Dalloz 2006, p. 443* ⌀ (droits de l'homme et droit de la concurrence). – ARCELIN, *RLC avr.-juin 2007. 100* (alliance raisonnable entre droit de la concurrence et CEDH). – IDOT, *D. 2007. 2681* ⌀ (la place de l'arbitrage dans la résolution des litiges en droit de la concurrence). – NOURISSAT, *RLC juill.-sept. 2008. 62* (arbitrage et concurrence : sur la violation flagrante, effective et concrète de l'ordre public international...). – RIEM, *Dr. et patr. 7-8/2010. 85* (Conv. EDH et contentieux de la concurrence). – NOURISSAT, *RLDA janv. 2011. 71* (les quotas [d'émission de gaz à effet de serre] et le droit de la concurrence). – VERDURE, *RLC juill.-sept. 2011. 113* (application du droit de la concurrence dans le secteur des déchets). – KAMAL et PEREZ, *RLC avr.-juin 2012. 49* (la liberté d'entreprendre à la lumière de la QPC). – Dossier, *AJCA 2014. 203* ⌀ (arbitrage et droit de la concurrence).

▸ Régulation, conformité, normalisation : POULET et ROBERT, *RJ com. 2001. 254* (de Balladur à la NRE, 15 ans de régulation du droit de la concurrence en France, une approche comparée du droit et de l'économie). – BOY, *JCP 2004. I. 166 ; CCC 2004. Chron. 16* (droit de la concurrence : régulation et/ou contrôle des restrictions de la concurrence). – NAUGÈS, *AJDA 2007. 672* ⌀ (articulation entre droit commun de la concurrence et droit de la régulation sectorielle). – LEDOUX et RODA, *CCC 2007. Étude 14* (les « compliance programs » en droit de la concurrence). – LEMAIRE, *RDLC 2008, n° 1, p. 64* (à propos des programmes de conformité). – Actes de colloque, *RLC avr.-juin 2009. 141* (la culture de la conformité, nouvel horizon du droit français de la concurrence). – DEBROUX et SAINTE FARE GARNOT, *RDLC 2009, n° 2, p. 230* (programmes de conformité et risque de concurrence). – BERNARD, *D. 2009. 2289* ⌀ (le marché autorégulé, « une idée folle » ?). – IDOUX, *RLC janv.-mars 2010. 47* (offices respectifs du juge, du droit commun de la concurrence et du régulateur sectoriel). – BEN HADJ YAHIA, *JCP E 2010, n° 1437* (controverses autour des autorités de régulation). – BOULOC, *RLC avr.-juin 2010. 65* (pour une prise en considération de la mise en conformité spontanée en droit de la concurrence). – ARHEL, *LPA 26 juill. 2010* (comportements anticoncurrentiels dans le cadre de la normalisation). – GESLIN, *RFDA 2010. 731* ⌀ (le champ de la régulation). – NICINSKI, *ibid. 735* (le mode de régulation). – IDOT, *Mél. Tricot, Dalloz/Litec, 2011, p. 183* (l'Autorité de la concurrence, régulateur des industries de réseau ?). – ÉPRON, *RFDA 2011. 1007* ⌀ (le statut des autorités de régulation et la séparation des pouvoirs). – FRISON-ROCHE, *Mél. Payet, Dalloz, 2011, p. 171* (régulation *versus* concurrence). – ARCELIN-LÉCUYER, *RLC avr.-juin 2012. 155* (aspects anticoncurrentiels de la régulation professionnelle de la publicité). – BOULOC, *RLC juill.-sept. 2012. 52* (remarques sur l'incitation à la mise en place d'un programme de conformité). – Colloque, *RLC oct.-déc. 2012. 100* (programmes de conformité). – ARCELIN-LÉCUYER, *RLDA mars 2014. 103* (stratégies volontaires d'anticipation du risque concurrentiel). – FRISON-ROCHE, *D. 2014. 1556* ⌀ (réguler les « entreprises cruciales »). – ZIVY, *RLC janv.-mars 2015. 115* (réguler la concurrence : réflexions sur les fondements constitutionnels d'un droit très politique). – PUEL et REBEYROTTE, *JCP E 2015, n° 1297* (audit des pratiques de l'entreprise au regard des règles de droit de la concurrence et mise en conformité). – DIENY, *RLDA déc. 2015. 57* (regards croisés sur la norme ISO 1960 : 2014 et la pratique en droit de la concurrence). – AUBRY, *CCC 2016. Étude 3* (la normalisation au regard des règles de concurrence). – Boiteau, *RFDA 2018. 469* (l'entreprise régulée). – Marciot, *RLC sept. 2018. 33* (la régulation économique par les données).

► Autres secteurs particuliers : Luc, *LPA 14 juin 2001* (assurance et concurrence). – Charbit, *D. 2002. Jur. 631* (même thème). – Gruwez, *Gaz. Pal. 2003. Doctr. 3394* (renouveau du droit de la concurrence sur les marchés du droit et du conseil). – Brunet, *LPA 6 févr. 2004* (même thème). – Béhar-Touchais, *LPA 1er juill. 2005* (grande distribution et concurrence). – I. Luc, *Dr. et patr. 11/2006. 64* (les professions libérales et le droit de la concurrence). – Bénichou, *Gaz. Pal. 2007. 671* (l'Europe, les avocats et la concurrence). – E. Honorat, *AJDA 2007. 1631* (droit du sport et concurrence). – Lesquins, *RLC oct.-déc. 2007. 112* (marché de l'électricité : la triangulation impossible). – Israël, *AJDA 2008. 911* (l'activité juridique est-elle une activité économique ?). – Lévêque, *RLC avr.-juin 2008. 105* (le Conseil de la concurrence au secours des opérateurs alternatifs de l'électricité). – Cournil et Reneaud, *JCP E 2009, no 11, p. 37* (salles de cinéma et concurrence). – Dezobry, *CCC 2009. Étude 4* (analyse concurrentielle de la rente du nucléaire). – Edelman, *D. 2009. 1547* (droit du travail, droit de la concurrence). – Chagny, *RDC 2009. 1642* (le contrôle des clauses abusives par le droit de la concurrence). – Massart, *LPA 15 déc. 2009* (le périmètre du droit, l'activité juridique accessoire et le droit de la concurrence). – Fréget et Potel-Saville, *RDLC 2010, no 3, p. 47* (libéralisation des jeux à la française, une vraie-fausse ouverture à la concurrence ?). – Simonnet, *RLDA mai 2011. 67* (la loi NOME : l'interventionnisme au secours de la concurrence). – Idot, *RDLC, no 2, p. 66* (contribution des autorités de la concurrence à la politique de l'énergie de l'UE). – Claudel, *RLDA déc. 2011. 122* (le luxe et le droit de la concurrence : entre bienveillance et rigueur). – Jazottes, *RLDA déc. 2013, suppl. 42* (l'entreprise de l'économie sociale et solidaire dans le jeu de la concurrence). – Colloque, *RFDA 2014. 825* (culture et concurrence : quel cadre juridique pour l'action publique ?). – Dossier, *D. avocats 2019. 11* ; *ibid. 58* (l'avocat et la concurrence). – Maulin, *RLC déc. 2020. 34* (application du droit de la concurrence aux associations professionnelles).

► L. no 96-588 du 1er juill. 1996 : J.-C. et J.-L. Fourgoux, *JCP E 1996. I. 601*. – Acquaviva, *Cah. dr. entr. 1996, no 5, p. 20* (application de la réforme). – Abbou, *LPA 21 juill. 1997* (même thème). – Vogel, *JCP E 1996. I. 613*. – Simon, *D. Affaires 1997. 652*. – G. Parléani, *Cah. dr. entr. 1997, no 5, p. 34* (prix d'achat et de revente).

► L. no 2001-420 du 15 mai 2001 : Arhel, *JCP E 2000, no 15-16, p. 644* (projet de loi). – Claudel, *RTD com. 2000. 606* et *877* (même thème) ; *ibid. 2001. 663* (même thème). – Pansier et Charbonneau, *LPA 23 et 24 mai 2001*. – Pancrazi, *Dr. et patr. 12/2001. 65* (moralisation des pratiques commerciales). – Prieto, *ibid. 74* (l'élan donné par la loi NRE sur la lutte contre les pratiques anticoncurrentielles). – Arhel, *CCC 2001. Chron. 17* (nouvelles règles aux comportements restrictifs de concurrence). – Arcelin, *ibid. Chron. 18* (pratiques commerciales : apports de la loi NRE). – Pirovano, *D. 2002. 62* (droit de la concurrence et progrès social). – Conférence-débats du 15 nov. 2001, *DP aff. 13 janv. 2002, bull. 564* (les relations commerciales sous le contrôle de l'administration et du juge). – Guével, *Gaz. Pal. 29-30 mai 2002, p. 36* (quelques aspects de la loi NRE en matière de concurrence). – Babusiaux, *LPA 3 juin 2002* (conception de la régulation dans la réforme du droit de la concurrence par la loi NRE). – Frison-Roche, *D. 2004. 126* (définition du droit de la régulation économique). – Auguet, *LPA 2 sept. 2004* (nouvelles régulations économiques et nouveaux contentieux du droit de la concurrence devant les tribunaux de commerce). – Dossier, *RLC févr. 2022. 3* (les 20 ans de la loi NRE : contrats et concurrence).

► L. no 2005-882 du 2 août 2005 : Grall, Meffre et Guet, *D. 2005. 2149* (analyse critique). – Rédaction DO, *JCP E 2005, no 38, p. 1535* (présentation des dispositions en droit de la concurrence). – Gunther et Viala, *LPA 4 oct. 2005* (impact et conséquences). – Ferrier et Ferré, *JCP E 2005, no 43, p. 1812 ; CCC 2005. Chron. 18* (réforme des pratiques commerciales). – Fasquelle et Roberval, *LPA 6 déc. 2005* – Lebreton-Derrien, RJ com. 2005. 528. – Vilmart, *RLC 2006, no 6, p. 33* (le volet concurrence de la loi en faveur des PME à la lumière du droit communautaire). – Decocq, *Cah. dr. entr. 2006, no 1, p. 61* (le droit pénal de la concurrence en pleine mutation). – Aronica et Chevallier, *LPA 9 mars 2006* (relations commerciales dans l'industrie automobile). – Claudel, *RTD com. 2006. 51* . – Bouloc, *RLC 2006, no 7, p. 42* (modernisation du droit pénal de la concurrence).

► L. no 2008-776 du 4 août 2008 : Chagny, *JCP 2008. I. 196* (une (r)évolution du droit français de la concurrence ?). – J.-L. Fourgoux, *Gaz. Pal. 2008. 2886* (concurrence : la LME, une révolution prometteuse mais ténébreuse). – Flaicher-Maneval, B. Philippe et Redon, *BRDA 2008, no 24, p. 11* (pratiques anticoncurrentielles et contrôle des concentrations : aperçu de la réforme). – Claudel, *RTD com. 2008. 698* (réformes du droit français de la concurrence : le grand jeu ? [1re partie]). ► Ord. no 2008-1161 du 13 nov. 2008 : Vilmart, *JCP E 2009, no 4, p. 20* (naissance de l'Autorité de la concurrence : une réforme fondamentale mais inachevée). –

Decoq, *RJ com. 2008. 446* (la réforme du droit de la concurrence). – Arhel, *LPA 27 janv. 2009* (le droit de la concurrence se dote d'une nouvelle ordonnance). – Cousin, *RDLC 2009, nº 1, p. 63* (la régulation modernisée et (presque) unifiée de la concurrence). – Claudel, *RTD com. 2009. 91* (réformes du droit français de la concurrence : le grand jeu ? *[2e partie]*). – Vilmart, *JCP E 2009, nº 25, p. 3* (LME : la réforme enfin achevée par une seconde ratification de l'Ord. du 13 nov. 2008). – Lasserre, *RJ com. 2009. 96* (la transformation du Conseil de la concurrence en Autorité de la concurrence, clé de voûte d'une régulation de la concurrence moderne, juste et efficace). – Bosco, *CCC 2009, nº 198* (quelques clarifications apportées par la ratification de l'Ord. du 13 nov. 2008). – Claudel, *RTD com. 2009. 555* (la réforme de la régulation de la concurrence est achevée). ▸ Décrets d'application : Vilmart, *JCP E 2009, nº 8-9, p. 3* (LME : la réforme en voie d'achèvement). – NDLR, *BRDA 2009, nº 4, p. 26*. – Bosco, *CCC 2009, nº 104* (les décrets « LME » sont publiés). – Momege, *RDLC 2009, nº 2, p. 175* (publication de l'ensemble des textes réglementaires nécessaires à l'achèvement de la réforme du droit de la concurrence). – Lasserre, *RDLC 2010, nº 3, p. 35 ; ibid. nº 4, p. 56* (la régulation concurrentielle un an après sa réforme).

▸ Ord. nº 2021-649 du 26 mai 2021 : Delpech, *D. actu. 2 juin 2021* (transposition en droit français de la directive ECN+). – Claudel, *RTD com. 2021. 561* (le foisonnement textuel issu de la transposition de la directive ECN+).

TITRE PREMIER DISPOSITIONS GÉNÉRALES

Art. L. 410-1 **Les règles définies au présent livre s'appliquent** *(Ord. nº 2021-649 du 26 mai 2021, art. 2-I)* **« aux entreprises entendues comme les entités, quelle que soit leur forme juridique et leur mode de financement***[,]* **qui exercent une activité » de production, de distribution et de services, y compris celles qui sont le fait de personnes publiques, notamment dans le cadre de conventions de délégation de service public.** — *[Ord. nº 86-1243 du 1er déc. 1986, art. 53.]*

Sur l'application des dispositions du livre IV aux établissements de crédit, V. C. mon. fin., art. L. 511-4, L. 612-22, App., vº Banque et financement de l'entreprise.

RÉP. CONT. ADM. vº *Concurrence*, par Picard.

RÉP. RESP. PUISS. PUBL. vº *Interventions économiques*, par Terneyre.

BIBL. ▸ Hémard et Bouloc, *RTD com. 1987. 96*. – Boutard-Labarde et Vogel, *Gaz. Pal. 1988. 2. Doctr. 733 ; ibid. 1989. 2. Doctr. 747*. – Llorens et Soler-Couteaux, *D. 1989. Chron. 67*. – J.-Y. Chérot, *D. 1991. Chron. 163*. – Mousseron, Sélinsky et Ferrier, *JCP E 1987. II. 14840*. – Lignières, *ibid. 1993. I. 285* (limitation, par le droit de la concurrence, de l'octroi de garanties d'emprunt par les collectivités locales). – Lhuillier, *RTD com. 1994. 645* (critère jurisprudentiel d'application du droit de la concurrence). – Bazex, *Gaz. Pal. 1994. 2. Doctr. 1197 ; RFDA 1998. 781* (le droit public de la concurrence). – Gaudemet, *Mél. Perrot, p. 121, Dalloz*. – Vaissette, *RJDA 1994, p. 967* (accès des tiers au réseau public concédé). – Mathieu, *D. 1995. Chron. 27*. – Frison-Roche, *RJDA 1995. 847* (libres propos sur le « service public marchand »). – Anneau et Jacq, *RJ com. 1995. 371* (application aux pratiques sportives). – Truchet, *D. Affaires 1996. 731* (liberté d'entreprendre des personnes publiques). – Léonnet, *Gaz. Pal. 1997. 1. Doctr. 262*. – Nouel, *ibid. 1997. 1. Doctr. 321* (données publiques). – Atelier du 29 janv. 1997, *RCC juill.-août 1997, p. 6* (même thème). – Thouvenin, *D. Affaires 1997. 331*. – Bazex, Meschriakoff, Lesquins, Berlin et Biancarelli, *RCC mars-avr. 1997. 37*. – Geneste, *D. Affaires 1996. 1446* (service public et concurrence : « publicisation » du droit français et communautaire). – Colloque du 25 mars 1998 (équilibres dans le secteur des services publics concurrentiels), *LPA 10 juill. 1998*. – Stirn, *Mél. Champaud, Dalloz, p. 555*. – Courivaud, *CCC 1998. Chron. 8* (adaptation des entreprises publiques françaises au droit de la concurrence). – D. Brault, *Gaz. Pal. 9-10 avr. 1999, p. 4* (de nouveaux moyens pour lever les barrières réglementaires au jeu de la concurrence : progrès ou recul ?). – Gonzales, *AJDA 1999. 387* (domaine public et droit de la concurrence). – Pugeault, *D. 1999. Chron. 347* (services publics locaux et droit de la concurrence). – Laidie, *Gazette des communes 20 sept. 1999, p. 50* (contrats de droit public et droit de la concurrence). – Hubert, *Cah. fonct. publ. 11/1999. 3* (administration et droit de la concurrence). – Caillosse, *AJDA 2000. 99* (droit administratif saisi par la concurrence). – Dreyfus, *ibid. 575* (actualité des contrats entre personnes publiques). – Peyrical, *ibid. 581* (contrats de prestation entre collectivités publiques). – Faure, *AJDA 2001. 136* (droit administratif des collectivités locales et de la concurrence). – Colloque du 6 déc. 2000, *Gaz. Pal. 9-10 nov. 2001* (libéralisation des services publics). – Mainguy et Berthault, *Cah. dr. entr. 2001, nº 5, p. 1* (concurrence et télécommunication). – Eckert, *Mél. Waline, Dalloz, 2002, p. 207* (égalité de concurrence entre opérateurs publics et privés sur le marché). – Pignon, *LPA 21,*

24 et 25 juin 2002 (le Conseil d'État au service du droit de la concurrence : les enseignements du rapport annuel). – Chérot, *Mél. Moderne, Dalloz, 2004, p. 87* (nouvelles observations sur la régulation par le Conseil d'État de la concurrence entre personnes publiques et personnes privées). – Charbit, *RTD com. 2004. 47* (application du droit de la concurrence au domaine public). – Nincinski, *AJDA 2004. 751* (évolutions du droit administratif de la concurrence). – Thouvenin, Mouly, Tran Thiet et Barthélemy, *RDLC 2005, n° 2, p. 10* (coûts incrémentaux : retour sur les avantages concurrentiels du secteur public). – Clamour, *RLC 2005, n° 3, p. 57* (domaine public et droit de la concurrence). – Linotte, *AJDA 2005. 1549* (existe-t-il un principe général du droit de la libre concurrence ?). – Clamour, *RLC 2005, n° 4, p. 40* (libre et égale concurrence entre opérateurs public et privé). – Thouvenin, *CCC 2005. Chron. 19* (actes faisant grief et droit de la concurrence). – Bettinger, *LPA 21 nov. 2005* (concurrence loyale entre personnes publiques et entreprises privées dans les procédures d'appel à la concurrence). – Fuchs, *AJDA 2006. 746* (conciliation des intérêts dans le contentieux administratif de la concurrence). – Alfandari, *RDSS 2006. 779* (la concurrence dans les services sociaux). – Hennion-Moreau, *ibid. 801* (même thème). – Muller, *ibid. 828* (les mutuelles dans la tourmente de la concurrence). – Berkani, *RDLC 2007, n° 1, p. 58* (droit de la concurrence et commande publique). – Terneyre, *AJDA 2007. 1906* (secteur public et concurrence : à propos de la liberté contractuelle). – Destours, *RLC oct.-déc. 2007. 47* (des opérateurs historiques sous surveillances). – Kalflèche, *AJDA 2007. 2420* (secteur public et concurrence : la convergence des droits). – Amiel, *AJDA 2008. 23* (conflit autour de la notion de service public culturel d'exploitation cinématographique). – Monpion, *ibid. 232* (le contrôle de l'interventionnisme économique public : l'affaiblissement du principe de liberté du commerce et de l'industrie ?). – Idot, *RDLC 2008, n° 1, p. 52* (commande publique et droit de la concurrence). – A. Antoine, *RLC juill.-sept. 2008. 43* (protection des personnes publiques face aux pratiques anticoncurrentielles des cocontractants). – Auvray, *RLC oct.-déc. 2008. 69* (la notion d'opérateur économique en droit des contrats publics). – Vautrot-Schwarz, *AJDA 2009. 568* (la publicité et la mise en concurrence dans la délivrance des titres d'occupation domaniale). – Bourdu et Varlamoff, *CCC 2009. Alerte 30* (diversification des entreprises publiques et jeu de la concurrence par les mérites). – Dossier, *AJDA 2009. 1020* (le droit des transports face à la concurrence et à la décentralisation). – Fossier et Saltiel, *JCP 2010, n° 515* (service public et concurrence : contributions récentes de la cour d'appel de Paris). – Nicinsky, *RFDA 2012. 1135* (sociétés publiques locales et droit de la concurrence). – Eckert, *AJDA 2013. 849* (contrats entre personnes publiques et droit de la concurrence). – Tesson, *AJDA 2013. 1675* (la notion française d'activité économique des personnes publiques). – Guézou, *RFDA 2014. 632* (contrats publics et politique de concurrence). – Idot, *RJ com. 2014. 434* (la distinction droit public-droit privé a-t-elle une pertinence en droit de la concurrence ?). – Colloque, *RJ com. 2015. 76* (dimensions de la sphère publique en droit de la concurrence). – Dossier, *AJDA 2016. 761* (personnes publiques et concurrence). – Dossier, *RFDA 2017. 33* (les réformes économiques récentes et le droit public).

▸ Compétence : Grall, *LPA 30 juin 1995* (recevabilité de la saisine du Conseil). – Nicolas-Vullierme, *CCC 1998. Chron. 6* (débats autour des règles de compétence en droit de la concurrence). – Broussole, *JCP E 1998, n° 38, p. 1438* (aides d'État et concurrence déloyale d'organismes publics : combien de juges ?). – Stahl, *Cah. fonct. publ. 11/1999. 10* (concurrence, administration et juge administratif). – Bréchon-Moulènes, *AJDA 2000. 679* (place du juge administratif dans le contentieux économique public). – Chérot, *ibid. 687* (méthode du juge administratif dans le contentieux de la concurrence. – Terneyre, *ibid. 697* (compétence du juge administratif). – Richer, *ibid. 703* (juge économiste ?). – Landry, *Gaz. Pal. 2004. Doctr. 3455* (petits retours sur le concours de compétences pour l'application des règles de concurrence sur le domaine public). – Arhel, *RLC 2005, n° 3, p. 63* (le juge administratif, juge de l'application du droit de la concurrence). – Frison-Roche, *RLC 2005, n° 5, p. 90* (la dualité de juridictions appliquée à la régulation). – Clamour, *RLC 2006, n° 6, p. 43* (une application directe du droit de la concurrence par le juge administratif). – A. Antoine, *RLC avr.-juin 2008. 54* (le dol concurrentiel devant le Conseil d'État). – Idoux, *RLC oct.-déc. 2009. 50* (la spécificité du contentieux de la régulation économique en question). – Dossier, *AJDA 2017. 90* (les 30 ans de la décision *Conseil de la concurrence*).

1. *Date d'entrée en vigueur des prescriptions nouvelles.* Sur l'application des sanctions pénales de l'art. L. 420-6 aux seuls faits postérieurs à la création du Conseil de la concurrence V. note 1 ss. art. L. 420-6 et note 3 ss. art. 61 de l'Ord. n° 86-1243 du 1er déc. 1986, reproduit ss. art. L. 490-12.

I. APPLICATION DANS L'ESPACE

2. *Exportations et importations.* L'Ord. du 1er déc. 1986 [C. com., art. L. 410-1 s.] s'applique aux produits achetés en France même si ces produits doivent être distribués ou revendus à l'étranger. • Com. 16 juin 1998, n° 96-20.182 P : *D. 1998. IR 179* ; *JCP E 1998, n° 37, p. 1379* ; *RJDA 1998, n° 1300* ; *CCC 1998, n° 146, obs. Malaurie-Vignal* ; *LPA 23 juin 1999, obs. Reboul.* ♦ Les dispositions de l'art. 31 de l'Ord. du 1er déc. 1986 [C. com., art. L. 441-9] s'appliquent de la même manière aux produits nationaux et à ceux en provenance des autres États membres (condamnation d'un acheteur français en raison de l'irrégularité des factures émises par un fournisseur étranger, dès lors que les biens achetés ont été distribués en France). • Crim. 18 juin 1998, n° 97-81.510 P : *CCC 1998, n° 148, obs. Malaurie-Vignal.*

3. Opérations effectuées à l'étranger. Le Conseil de la concurrence est compétent pour connaître d'opérations effectuées à l'étranger dès lors qu'elles ont des effets sur le territoire français : V. • Cons. conc. n° 89-D-22 du 13 juin 1989 : *D. 1991. Somm. 247, obs. Gavalda et Lucas de Leyssac* ; *Gaz. Pal. 1990. 1. 235, note Marchi.* ♦ V. aussi, dans le même sens, pour les pratiques concernant les exportations, • Cons. conc. n° 97-D-01 du 15 janv. 1997 : *CCC 1997, n° 81, obs. Vogel* ; *Dr. sociétés 1998. 17, note Vidal.* ♦ Ni la Convention de Bruxelles du 27 sept. 1968 concernant la compétence judiciaire et l'exécution des décisions en matière civile et commerciale, ni les protocoles annexes à cette Convention ne font obstacle à l'application des dispositions des art. 7 et 8 [C. com., art. L. 420-1 et L. 420-2] à une société ayant son siège social en Allemagne dès lors qu'elle s'est livrée en France à des pratiques entrant dans le champ d'application de ces textes. • Paris, 15 sept. 1993 : *D. 1993. IR 225* ; *CCC 1993, n° 211, obs. Vogel.*

II. ACTIVITÉS ET PERSONNES CONCERNÉES

A. ACTIVITÉS DE PRODUCTION, DE DISTRIBUTION ET DE SERVICES DES PERSONNES PHYSIQUES OU MORALES

4. Portée générale. Les dispositions de l'art. 30 de l'Ord. du 1er déc. 1986 [C. consom., art. L. 121-11], qui interdisent de subordonner la prestation d'un service à celle d'un autre service ou à l'achat d'un produit et qui, selon l'art. 53 [C. com., art. L. 410-1], s'appliquent à toutes les activités de production, de distribution et de services, y compris celles qui sont le fait de personnes publiques, ont une portée générale. • Crim. 12 févr. 1990, n° 89-80.815 P : *D. 1991. Somm. 247, obs. Lucas de Leyssac* ; *JCP 1990. II. 21582, note Conte* ; *Gaz. Pal. 1990. 2. 400, rapp. Bayet.* ♦ Mais les dispositions du livre IV du code de commerce ne sauraient s'appliquer de manière séparée aux mandataires sociaux d'entreprises visées dans la saisine, sans que celle-ci dénonce un comportement découlant d'une activité économique autonome ; à défaut, ces personnes forment une unité économique avec les sociétés visées et leur activité n'est pas soumise en tant que telle aux règles de concurrence. • Cons. conc. n° 08-D-19 du 31 juill. 2008 : *RLC janv.-mars 2009. 27, obs. Sélinsky et Cholet.* ♦ Les règles de concurrence s'appliquent dès lors qu'il existe une demande de soins à laquelle répond une offre ; cette rencontre entre une offre et une demande caractérise l'existence d'un marché qui doit respecter les règles de la concurrence. Selon la jurisprudence nationale et communautaire, les particularités du secteur de la santé et son caractère réglementé ne sont pas de nature à exclure l'activité de soins du champ d'application du droit de la concurrence, dès lors qu'elle s'analyse en une activité de services, permettant la rencontre, moyennant paiement, d'une demande de la part des malades, et d'une offre de la part des médecins. • Aut. conc. n° 09-D-39 du 18 déc. 2009 : *CCC 2010, n° 51, obs. Decocq* ; *RLC avr.-juin 2010. 57, obs. Destours.*

Tant en droit de l'Union qu'en droit interne, le champ d'application matériel des règles du droit de la concurrence recouvre toute pratique mise en œuvre par une entité exerçant une activité économique, quelle que soit sa forme juridique. • Paris, 26 févr. 2015, n° 2013/06663 : *cité note 45 ss. art. L. 464-2.* ♦ La forme juridique des personnes qui exercent une activité visée par l'art. L. 410-1, leur éventuel agrément par l'État, ou leur participation à une mission de service public, ne saurait empêcher l'Autorité de la concurrence d'agir. • Paris, 11 sept. 2009 : *BOCC 9 oct. 2009.* ♦ En effet, l'appartenance d'une entreprise au secteur public ne la met pas en dehors du champ d'application du droit commun de la concurrence. • Aut. conc. n° 12-D-04 du 23 janv. 2012 : *RLC avr.-juin 2012. 58, obs. Ziani.* ♦ L'art. L. 410-1 énonce que la prohibition des pratiques visées par les art. L. 420-1, L. 420-2 et L. 420-5 s'applique à toutes les activités de production, de distribution et de services, lesquelles comprennent, en l'absence de toute réglementation contraire, les activités agricoles. • Aut. conc. n° 12-D-08 du 6 mars 2012 : *RLC juill.-sept. 2012. 20, note Sélinsky* ; *RLDA mai 2012. 80, note Givry et Guibert* (le secteur agricole à l'épreuve du droit de la concurrence). ♦ Ainsi, les règles de concurrence interne et européenne ne s'appliquent à la production et au commerce des produits agricoles que dans la mesure où leur application ne met pas en péril la réalisation des objectifs de la PAC et n'entrave pas le fonctionnement des organisations nationales des marchés agricoles dont les mécanismes de régulation sont dérogatoires au droit commun de la concurrence. • Paris, 15 mai 2014 : *D. 2015. Pan. 945, obs. Ferrier* ; *AJCA 2014. 233, note Arcelin* ; *CCC 2014, n° 168, obs. Bosco* ; *RLC juill.-sept. 2014. 34, obs. Sélinsky.* – Sur cette affaire, V. aussi Bombardier, *RD rur. 2015. Étude 15* (retour sur la fameuse affaire des « endives » dans l'attente de l'arrêt (de confirmation ?) de la Cour de cassation).

5. But lucratif. L'absence de but lucratif ne détermine pas le caractère économique ou non de l'activité. • Cons. conc. n° 05-D-14 du 6 avr. 2005 : *RDLC 2005, n° 3, p. 74, obs. Debroux ; RLC 2005, n° 4, p. 29, obs. Sélinsky.*

6. Prestations des mutuelles d'assurances. BIBL. Destours, *RLC 2005, n° 1, p. 63* (affaire de la Mutualité de la fonction publique). ♦ Les dispositions du droit de la concurrence s'appliquent notamment, en l'absence de dérogation expresse, aux prestations offertes par les mutuelles d'assurances, nonobstant l'art. L. 111-1 C. mutualité, dès lors que ces prestations ne sont pas spécifiques au domaine de la mutualité et relèvent du secteur concurrentiel (à propos de la subordination d'une assurance « maladie-chirurgie » à la garantie d'autres risques « accidents et incendies »). • Crim. 12 févr. 1990, n° 89-80.815 P : *préc. note 4.* – V. aussi, sur renvoi, • Paris, 27 nov. 1990 : *Gaz. Pal. 1991. 1. 159, note Marchi.* ♦ Le régime juridique des mutuelles, comme le caractère non lucratif de leur activité, n'est pas de nature à les exclure du champ d'application de l'Ord. du 1er déc. 1986 [C. com., art. L. 410-1 s.], dès lors qu'elles procèdent à une activité de production de distribution et de services (commercialisation de médicaments). • Com. 21 oct. 1997, n° 95-14.457 P : *D. 1997. IR 246.* – V. aussi • Paris, 5 déc. 1991 : *BOCC 3 janv. 1992.* ♦ En revanche, un organisme gérant un régime légal d'assurance vieillesse – ce régime fût-il complémentaire et facultatif – selon les principes de répartition et de solidarité nationale énoncés aux art. L. 111-1 à L. 111-4 CSS, n'exerçant aucune activité commerciale, économique ou spéculative, échappe aux règles de concurrence formulées par les art. 7 et 8 [C. com., art. L. 420-1 et L. 420-2] et 85 et 86 du traité de Rome (actuels art. 101 et 102 TFUE, depuis l'entrée en vigueur du traité de Lisbonne ; V. Décr. n° 2009-1466 du 1er déc. 2009, *JO 2 déc.*). • Crim. 25 nov. 1992, n° 91-83.512 P : *JCP 1993. IV. 595.* ♦ La notion d'entreprise, au sens des art. 85 et 86 [désormais 81 et 82] et des art. 7 et 8 [C. com., art. L. 420-1 et L. 420-2] ne vise pas les organismes chargés de la gestion de régimes de sécurité sociale. • Com. 12 juill. 1993, n° 90-13.627 : *CCC 1993, n° 151, obs. Vogel.* – Dans le même sens : • Com. 6 avr. 1993, n° 90-13.625 P • Soc. 10 mars 1994, n° 91-11.516 P : *D. 1994. Somm. 302, obs. Langlois.* – V. aussi • Cons. conc. n° 94-D-04 du 8 mars 1994 • CJCE 22 janv. 2002, n° C-218/00 : *Europe 2002, n° 109 ; LPA 9 avr. 2002, note Arhel.*

7. Production d'électricité. La production d'électricité destinée à EDF intervenant, non en tant qu'utilisateur final afin d'incorporer cette énergie à sa propre activité, mais en sa qualité de détenteur du monopole du transport et de la distribution en vue de la commercialisation de cette énergie auprès des utilisateurs des secteurs industriel, tertiaire et domestique, constitue une activité économique de production entrant dans le champ d'application de l'Ord. du 1er déc. 1986 [C. com., art. L. 410-1 s.]. • Paris, 27 janv. 1998 : *D. Affaires 1998. 326, obs. A. M. ; Gaz. Pal. 1998. 1. Somm. 41 ; RCC juill.-août 1998. 59, obs. Maigre.* ♦ Sur la nullité d'une clause contractuelle contraire au monopole de distribution d'EDF par laquelle un locataire rétrocédait tout ou partie de l'électricité distribuée par EDF, V. • Versailles, 19 juin 2012 : *LPA 12 juill. 2012, note Lèguevaques.*

8. Certificats d'immatriculation. Si la fourniture de services en vue de l'obtention de certificats d'immatriculation ou de la gestion des demandes de cartes grises constitue une prestation économique au sens de l'art. 53 [C. com., art. L. 410-1], le choix opéré par le ministère de l'Intérieur d'une entreprise chargée d'une telle mission n'a pas pour objet ou pour effet de fausser le jeu de la concurrence sur le marché de la télétransmission des demandes d'immatriculation. • Paris, 20 oct. 1998 : *CCC 1999, n° 7, obs. Malaurie-Vignal ; LPA 21 juin 1999, obs. Reboul ; Gaz. Pal. 17-19 oct. 1999, p. 40, obs. Godet.* ♦ V. aussi • Paris, 11 mai 1999 : *Gaz. Pal. 12-14 déc. 1999, p. 12, obs. Petit.*

9. Organisation syndicale et ordre professionnel. BIBL. Del Prete, *LPA 20 mai 2004* (ordres professionnels et droit communautaire de la concurrence). – Prieto, *JCP 2004. I. 126* (même thème). – Luc, *LPA 24 sept. 2004* (ordres professionnels et concurrence). ♦ Est soumise à l'art. 53 [C. com., art. L. 410-1] l'organisation syndicale qui se livre à une activité économique, distincte de sa mission première de défense des intérêts de ses adhérents. • Paris, 29 févr. 2000 : *D. 2000. AJ 182, obs. Daleau.* ♦ V. aussi l'arrêt de confirmation, qui précise que la cour d'appel ne s'est pas fondée sur le caractère isolé des agissements en cause, mais bien sur l'absence d'activité économique des syndicats poursuivis pour exclure, en l'espèce, l'application de l'art. L. 420-1 C. com. • Com. 15 janv. 2002, n° 00-13.059 P : *D. 2002. AJ 720, obs. Chevrier ; JCP E 2002, n° 8-9, p. 338.* ♦ Dès lors qu'un ordre professionnel ne se borne pas à un simple rappel de dispositions légales adressé aux instances régionales et départementales de la profession, mais constitue en réalité un argumentaire qu'il invite à utiliser auprès des élus et des services responsables en vue de se réserver certaines activités, il exerce une activité qui entre dans le champ d'application de l'art. L. 410-1. • Paris, 13 nov. 2002 : *CCC 2003, n° 41, obs. Malaurie-Vignal.* ♦ Même dans l'hypothèse où certaines des mesures litigieuse relèveraient de l'exercice, par l'Ordre, de ses prérogatives de puissance publique, dans la mesure où celles-ci n'auraient pas été mises en œuvre, comme le prétend l'Ordre, pour des motifs liés à l'intérêt général et à l'action publique, mais dans un but manifestement anticoncurrentiel, l'Autorité est compétente pour les apprécier. • Aut.

conc. n° 19-D-19 du 30 sept. 2019 : *AJDA 2019. 2591, obs. Nicinski* ; *AJCT 2020. 40, obs. Bony-Cisternes* ; *RLC janv. 2020. 44, note Mongouachon.* ♦ Indépendamment de toute appréciation de l'existence d'une pratique de boycott et de la contrariété des art. R. 4127-215 et R. 4127-225 CSP avec le droit européen, les interventions du Conseil national de l'ordre des chirurgiens-dentistes (CNOCD), en ce qu'elles sont fondées sur plusieurs dispositions essentielles applicables aux chirurgiens-dentistes, dont la conformité avec le droit européen n'est pas remise en cause, relèvent de l'accomplissement par le CNOCD de la mission de service public qui lui est dévolue par la loi, en particulier, le devoir de veiller au respect de la déontologie et la défense de l'honneur et de l'indépendance de la profession. Ces actions traduisent ainsi, dans les circonstances de l'espèce, l'exercice par le CNOCD, dans une mesure non manifestement inappropriée, de prérogatives de puissance publique. • Aut. conc. n° 19-D-02 du 15 janv. 2019.

10. Activités commerciales des fédérations sportives. Les juridictions de l'ordre judiciaire sont compétentes pour connaître de la validité d'un art. du règlement de la Ligue nationale de football qui prévoyait l'obligation, pour les clubs participant aux championnats de France, de faire porter des équipements fournis par la Ligue, et permettait à cette dernière d'imposer l'exclusivité des signes faisant apparaître le parrainage d'une marque d'équipements sportifs, cette disposition concernant seulement des activités commerciales de distribution et ne se rattachant pas à la mission de service public de la Ligue. • Com. 2 déc. 1997, n° 95-19.753 P : *D. 1998. IR 19* ; *CCC 1998, n° 24, obs. Vogel.* – (V. l'arrêt d'appel : • Paris, 23 août 1995 : *CCC 1995, n° 185, obs. Vogel*). ♦ Cette disposition a d'ailleurs été annulée pour excès de pouvoir : V. • CE 19 nov. 1997, n° 170660 : *BRDA 1997, n° 23, p. 12.* – V. aussi, Simon, *D. 1999. Chron. 174* . ♦ Dans la même affaire, V., confirmant, d'une part, le caractère commercial des activités de la Ligue précédemment décrites et, d'autre part, la compétence du Conseil de la concurrence et de la cour d'appel pour apprécier la conformité des pratiques qui leur sont déférées tant au regard des règles communautaires de la concurrence qu'au regard des dispositions de l'Ord. du 1er déc. 1986 [C. com., art. L. 410-1 s.] : • Paris, 16 févr. 1999 : *D. 1999. IR 82* ; *RG. proc. 1999. 269, obs. Idot* ; *LPA 11 nov. 1999, obs. Mathieu.* ♦ V. aussi, pour les pratiques mises en œuvre par la FIFA et le CFO à l'occasion de la revente des billets dans le cadre de la confection de forfaits touristiques lors de la coupe du monde de football 1998. • Paris, 30 oct. 2001 : *BOCC 31 déc. 2001.*

11. Activités de service des fédérations sportives. BIBL. Brault, *RLC 2005, n° 5, p. 46* (à quelles conditions des droits sportifs exclusifs peuvent-ils être concédés ?). ♦ La cession de droits de retransmission télévisée de matchs de football par la Fédération française de football est une activité de service entrant dans le champ d'application de l'Ord. de 1986 [C. com., art. L. 410-1 s.]. • Paris, 23 déc. 1991 : *Gaz. Pal. 1991. 1. 9, obs. Jobard* • Com. 1er mars 1994, n° 92-12.124 P : *D. 1995. Somm. 61, obs. Lacabarats* . ♦ V. note 14 ss. art. L. 420-2. ♦ De même, la diffusion par la Fédération française de ski de produits d'assurance constitue une activité de service au sens de l'art. 53 [C. com., art. L. 410-1], détachable de ses prérogatives de puissance publique. • Paris, 14 juin 1995 : *BOCC 20 juill. 1995.* ♦ La Fédération française d'escrime exerce une activité de service au sens de l'art. 53 [C. com., art. L. 410-1], en mettant à la disposition d'un fournisseur de matériel et d'équipement, en contrepartie de la fourniture de l'assistance technique de la compétition, un emplacement dans l'enceinte de ladite compétition, pour qu'il y expose et vende ses produits. • Cons. conc. n° 98-D-31 du 13 mai 1998. ♦ Lorsque la FFPJP conclut des contrats de partenariat avec des annonceurs comme les fabricants de boules de pétanque, à qui elle vend, à l'occasion des championnats de France, une prestation de services ayant pour objet la mise à disposition d'un espace de vente et de publicité en contrepartie d'une rémunération, elle accomplit des actes détachables de sa mission de service public, et relève en conséquence de la compétence de l'Autorité de la concurrence. • Aut. conc. n° 10-D-17 du 25 mai 2010 : *RDLC 2010, n° 3, p. 86, obs. Debroux* ; *RLC juill.-sept. 2010. 35, obs. Destours.* ♦ En revanche, les dispositions de l'Ord. de 1986 [C. com., art. L. 410-1 s.] sont inapplicables au système mis en place par la Fédération française de tennis pour la vente des billets d'accès au tournoi qui portent en caractères très lisibles la mention « ce billet ne peut être revendu », offerts en priorité à titre individuel aux licenciés de la Fédération puis au public à l'exclusion de toute société autre que celle à qui incombent les opérations de relations publiques à l'intérieur du stade. • Paris, 20 nov. 1995 : *D. 1996. IR 6.*

12. Communication audiovisuelle. Aucune des dispositions du titre III n'exclut de la compétence du Conseil de la concurrence les pratiques anti-concurrentielles commises dans le secteur de la communication audiovisuelle, mais, au contraire, l'art. 41-4 de la L. n° 86-1067 du 30 sept. 1986 relative à la liberté de la communication lui donne mission de veiller à la liberté de la concurrence dans ce secteur *[désormais secteurs de la radio et de la télévision : mod. apportée par L. n° 2004-669 du 9 juill. 2004, art. 77]* selon les règles et conditions prévues par l'Ord. du 1er déc. 1986 [C. com., art. L. 410-1 s.]. • Paris, 3 juin 1993 : *D. 1993. IR 182.*

13. Sociétés d'auteurs. BIBL. Pollaud-Dulian, *CCC 1995. Chron. 11.* ♦ En faveur de l'applicabilité de l'Ord. de 1986 [C. com., art. L. 410-1 s.] à ces sociétés, V. • Paris, 17 janv. 1990 : *Gaz. Pal. 1990. 1. 205, note Marchi ; RTD com. 1990. 664, obs. Bouzat* • Com. 5 nov. 1991, n° 90-11.811 P : *D. 1993. 63, note Daverat*. – *Contra* • Angers, 11 janv. 1989 : *LPA 6 déc. 1989.*

14. Coopératives. V. • Cons. conc. n° 92-D-38 du 9 juin 1992.

15. Sous-traitance. BIBL. Courivaud, *D. Affaires 1996. 1210.* ♦ Sur la soumission des activités de sous-traitance aux dispositions de l'Ord. de 1986 [C. com., art. L. 410-1 s.], V. • Paris, 9 févr. 1994 : *CCC 1994, n° 51, obs. Vogel.* ♦ S'il est loisible pour plusieurs entreprises, ayant étudié la possibilité d'établir entre elles des liens de sous-traitance à l'occasion d'un marché, de présenter des offres distinctes, elles ne sauraient établir des propositions apparemment concurrentes qu'à la condition, lors du dépôt de leurs offres, de faire connaître aux maîtres d'œuvre ou d'ouvrage, même s'ils ne le réclament pas expressément, la nature des liens de sous-traitance qui les unissent ou le fait qu'elles ont échangé des informations entre elles. • Cons. conc. n° 93-D-47 du 3 nov. 1993 : *RJDA 1994, n° 424.* ♦ V. aussi notes 26 et 27 ss. art. L. 420-1.

16. Prestation de services de manutention. V. note 23 ss. art. L. 420-1.

B. APPLICATION DU DROIT DE LA CONCURRENCE AUX PERSONNES DE DROIT PUBLIC

1° APPRÉCIATION DE LA LÉGALITÉ DES ACTES DES PERSONNES PUBLIQUES AU REGARD DU DROIT DE LA CONCURRENCE

17. Actes réglementaires. Les dispositions de l'art. 101 TFUE visent uniquement le comportement des entreprises et non les mesures législatives ou réglementaires émanant d'un État membre ; il n'en va autrement que lorsqu'un État, notamment, retire à sa propre réglementation son caractère étatique en déléguant à des opérateurs privés la responsabilité de prendre des décisions d'intervention économique. Il n'en va pas ainsi par le simple fait qu'il consulte les professionnels intéressés avant d'arrêter une réglementation économique ou qu'il charge un organisme professionnel ou interprofessionnel de déterminer en fonction de critères d'intérêt général ou de critères déterminés par lui-même une telle réglementation en conservant un pouvoir de contrôle et de réformation des décisions prises à cet effet. • CE 23 déc. 2011, n° 333974 : *RJDA 2012, n° 1002.*

Sur la question de la soumission des actes réglementaires au droit de la concurrence défini par l'Ord. de 1986 [C. com., art. L. 410-1 s.], V. • CE 26 oct. 1990, n° 99563 : *JCP 1992. II. 21876, note Bazex.* – V. aussi • CE 1er avr. 1998, n° 188529 : *cité note 20* • 5 oct. 1998, n° 193261 : *RJDA 1999, n° 479* • 30 avr. 2003, n° 230804 : *D. 2004. Somm. 1702, obs. Chelle et Prétot ; AJDA 2003. 1849, note Subra de Bieusses ; RTD com. 2003. 490, obs. Orsoni ; LPA 19 déc. 2003, note Gate ; RJDA 2003, n° 782* (conciliation du droit de la concurrence et du droit des conventions collectives). ♦ Sur ce dernier thème, V. Combrexelle, *Mél. Labetoulle, Dalloz, 2007, p. 185* (droit du travail et droit de la concurrence : le conflit des droits).

18. Octroi d'une subvention par un ministère. Ne relève pas de l'art. 53 [C. com., art. L. 410-1] mais du seul exercice des prérogatives de puissance publique le fait pour le ministre de l'économie d'octroyer des subventions à une mutuelle de fonctionnaires, comme l'art. R. 523-2 C. mutualité lui en réserve la faculté, ou bien encore de refuser d'étendre l'octroi des moyens internes à l'administration. • Paris, 11 janv. 1994 : *D. 1994. IR 72.* ♦ Il en va de même des facilités accordées par le ministre chargé de l'éducation nationale aux mutuelles d'étudiants habilitées. • Cons. conc. n° 94-D-46 du 12 juill. 1994.

19. Organisation d'un service public. L'organisation du service public de la distribution de l'eau à laquelle procède un conseil municipal n'est pas constitutive d'une activité de production, de distribution ou de services à laquelle une personne publique doit se livrer pour tomber sous le coup de l'art. 53 [C. com., art. L. 410-1]. • T. confl. 6 juin 1989 : *D. 1990. 418, note Israël ; JCP 1990. II. 21395, note Terneyre ; Gaz. Pal. 1989. 2. 582, concl. Stirn.* ♦ L'acte juridique de dévolution de l'exécution de ce service n'est pas, par lui-même, susceptible d'empêcher, de restreindre ou de fausser le jeu de la concurrence sur le marché, et il n'appartient en conséquence qu'aux juridictions de l'ordre intéressé de vérifier la validité de cet acte au regard des dispositions de l'art. 9 [C. com., art. L. 420-3]. • Même décision. ♦ V. déjà, dans la même affaire, • Paris, 19 janv. 1989 : *Gaz. Pal. 1989. 1. 242, concl. Jobard.* ♦ Dans le même sens : • CE 23 juill. 1993, n° 138504 : *D. 1993. IR 222* • 22 janv. 1997, n° 116416 : *RJDA 1997, n° 662.* – Comp. : • Paris, 30 juin 1988 : *Gaz. Pal. 1988. 2. 656, notes Richer et Marchi* • Cons. conc. n° 98-D-52 du 7 juill. 1998 : *D. Affaires 1999. 23, obs. Emery.* ♦ De même, le Conseil d'État avait jugé que n'était pas une activité soumise à l'Ord. de 1986 l'organisation, par le pouvoir réglementaire (Décr. 30 juill. 1985 relatif à l'union des groupements d'achats publics), du service des achats publics. • CE 29 juill. 1994, n° 130503 : *CCC 1994, n° 221, obs. Vogel ; RJDA 1994, n° 1314.* ♦ Toutefois, l'UGAP est soumise, dans l'exercice de son activité de distribution et de services, aux règles définies par l'ordonnance. • Paris, 31 oct. 1994 : *Gaz. Pal. 1995. 1. 93, concl. Benas ; CCC 1995, n° 29, obs. Vogel.* ♦ Sur les abus de position dominante commis par l'UGAP, V. • Paris, 13 janv. 1998 : *JCP E 1999, n° 8, p. 375,* *note Grandvuillemin.* ♦ Sur l'aide à l'accès au droit (mission de service public), qui inclut l'aide à la consultation en matière juridique par le biais, notamment, de la création de maisons de la justice et du droit, V. • Cons. conc. n° 03-D-27 du 4 juin 2003 (conf. par • Paris, 24 févr. 2004 : *BOCC 4 mai 2004,* puis par • Com. 19 avr. 2005, n° 04-12.664 : *JCP E 2005, n° 21, p. 859*).

Ne constitue pas un service, au sens de l'art. 53 [C. com., art. L. 410-1], la commercialisation, en contrepartie du versement d'un prix, d'informations météorologiques par la Direction de la Météorologie nationale, dès lors que celle-ci gère, en application des dispositions de droit international et de réglementation interne, le service public de la météorologie aérienne et réserve aux seuls usagers de l'aviation civile des messages propres à assurer leur sécurité et celle des passagers, sans qu'il ait été constaté une commercialisation auprès du grand public des informations recueillies dans le cadre de sa mission. • Com. 12 déc. 1995, n° 93-13.880 P : *D. 1996. IR 4 ; CCC 1996, n° 23, note Vogel ; JCP E 1996. II. 810, note Berlin et Calvet ; RJ com. 1996. 175, note Drago et Boutard-Labarde* (cassation de • Paris, 18 mars 1993 : *RJ com. 1993. 334, note Drago,* qui avait confirmé • Cons. conc. n° 92-D-35 du 13 mai 1992).

20. Contrats de concession. Le Conseil d'État accepte désormais de contrôler la légalité de contrats de concession, au regard de l'ordonnance, dès lors qu'ils sont postérieurs à son entrée en vigueur. Il a décidé à ce titre que, si le contrat par lequel une commune concède le service extérieur des pompes funèbres à une entreprise crée, au profit de cette dernière, une position dominante, la durée de six ans, renouvelable une fois par décision expresse de cette convention, ne met cependant pas la société en situation d'abuser de cette position. • CE 3 nov. 1997, n° 169907 : *D. 1997. IR 259 ; RJDA 1998, p. 87 et 162, concl. Stahl.* – V. aussi, Destours, *Cah. dr. entr. 1998, n° 2, p. 1* ; Nicolas-Vullierme, *CCC 1998. Chron. 6* ; Basex, *RFDA 1998. 781* ; Israël, *Gaz. Pal. 25-29 déc. 1999, p. 2.* – V. aussi • CE 30 nov. 1998, n° 159203 : *RJDA 1999, n° 480.* ♦ Dans le même sens, le Conseil d'État considère qu'il est loisible à l'État d'organiser le service public des bases de données en recourant, en ce qui concerne la diffusion, au procédé de la concession, ce mode d'organisation, bien que conférant au concessionnaire une position dominante, n'ayant pas pour effet de le placer dans une situation d'abus de cette position au regard de l'ordonnance (légalité du Décr. n° 96-481 du 31 mai 1996). • CE 17 déc. 1997, n° 181611 : *D. 1998. 591, note Jorion ; JCP E 1998, n° 1-2, p. 4.* ♦ V. aussi, admettant la légalité du Décr. du 18 avr. 1997 relatif aux structures d'hospitalisation prévues à l'art. L. 714-36 CSS [devenu l'art. L. 6146-10], dans la mesure où il ne peut être soutenu que cet acte réglementaire contreviendrait au principe de liberté de la concurrence résultant de l'ordonnance, • CE 1er avr. 1998, n° 188529 : *RJDA 1998, n° 1301.*

V. également, en ce sens que le fait, pour un établissement public exploitant le domaine public, de se réserver une activité économique est un acte du service public, • Com. 29 mars 1994, n° 92-16.988 : *CCC 1994, n° 177, obs. Vogel.* ♦ Comp., sur des activités de distribution (distribution de carburéacteur sur un aéroport) indépendantes des modalités d'organisation de la concession de service public : • Com. 5 mars 1996, n° 94-17.699 P : *D. 1996. IR 87.* ♦ La fourniture de données publiques à un tiers diffuseur peut être légitimement refusée si elle menace l'existence du service, par exemple en mettant en cause l'équilibre économique du délégataire de ce service (Circ. 14 févr. 1994, *JO 19 févr.*). – V. désormais la précision apportée par la L. n° 95-127 du 8 févr. 1995 à l'art. 53.

21. Délégation de service public. Le principe de la liberté du commerce et de l'industrie ne fait pas obstacle, par lui-même, à ce qu'un établissement public administratif se porte candidat à l'obtention d'une délégation de service public proposée par une collectivité territoriale. • CE 16 oct. 2000, n° 212054 : *RFDA 2001. 106, concl. Bergeal* . ♦ Rappr., retenant que si aucun texte ou principe n'interdit, en raison de sa nature, à une personne publique, de se porter candidate à l'attribution d'un marché public ou d'un contrat de délégation de service public, pour que soient respectés tant les exigences de l'égal accès aux marchés publics que le principe de la liberté de la concurrence, cette attribution suppose toutefois que le prix proposé par l'établissement soit déterminé en prenant en compte l'ensemble des coûts directs et indirects concourant à la formation du prix de la prestation objet du contrat. • CE 8 nov. 2000, n° 222208 : *RFDA 2001. 112, concl. Bergeal* . ♦ Sur l'obligation pour les agents du Trésor de se conformer au droit de la concurrence lorsqu'ils distribuent des produits d'assurance, notamment en ce qui concerne la rémunération des prestations assurées et l'absence d'utilisation des avantages liés aux missions de service public par ailleurs assurées par ces services, V. • CE 28 mars 2001, n° 155896 : *D. 2002. 630, note Charbit* . ♦ Quelles que soient les prérogatives de puissance publique mises en œuvre à l'occasion de la conclusion d'un contrat de délégation de service public, les dispositions des art. L. 420-1 s. C. com. sont applicables aux actes qui en sont détachables et notamment les échanges d'informations antérieurs au choix du délégataire. • Paris, 18 déc. 2001 : *CCC 2002, n° 77, obs. Malaurie-Vignal.* ♦ Il appartient au ministre de l'intérieur de veiller à ce que les modalités d'instruction des demandes d'autorisation d'exploitation d'un casino n'aient pas pour effet de conduire à empêcher, restreindre ou fausser le jeu de la concurrence sur un marché, notamment en limitant de façon excessive l'accès à ce marché en opérant une conciliation entre les nécessités de la protection de l'ordre public et les impératifs tenant à la préservation de l'égalité d'accès dans le secteur en cause. • CE 10 mars 2006, n° 264098 : *AJDA 2006. 751, note Dreyfus ; CCC 2006, n° 136, obs. Brunet ; RLC juill.-sept. 2006. 55, note Clamour.*

22. Dévolution d'une autorisation d'occupation du domaine public. L'exercice de l'activité consistant, pour la SNCF, à offrir dans l'enceinte des gares des prestations annexes, comprenant notamment des services de restauration, entre dans le champ d'application de l'Ord. de 1986. • Paris, 31 oct. 1991 : *D. 1992. 312, note Sélinsky ; Gaz. Pal. 1992. 1. 357, concl. Thin, note Marchi.* ♦ Toutefois, les conventions par lesquelles elle choisit les entreprises chargées de fournir les services s'incorporant à sa propre activité n'ont pas en elles-mêmes pour objet de fausser le jeu de la concurrence sur les marchés spécifiques concernés. • Même arrêt. ♦ L'attribution à une société de la jouissance d'une portion du domaine public, pour y exercer une activité commerciale ne constituant nullement une activité de production, de distribution ou de service mais un acte de gestion du domaine public, l'examen des conditions dans lesquelles ladite société a été choisie échappe à la compétence du Conseil de la concurrence, lequel ne peut connaître que des seules pratiques commerciales détachables de la légalité d'un acte administratif. • Paris, 6 juin 2000 : *Gaz. Pal. 21-22 juill. 2000, p. 14.*

Mais ne constitue pas une activité de production, de distribution ou de service, mais un acte de gestion du domaine public, le fait pour un concessionnaire de service public d'exiger la signature d'une convention d'installation et d'exploitation pour des distributeurs automatiques de boissons ainsi que le paiement d'une redevance, en raison de l'occupation d'une portion du domaine public qu'implique l'installation de ces appareils, arrêtée en conseil d'administration et fixée par arrêté préfectoral. • Paris, 20 janv. 1998 : *Gaz. Pal. 1998. 1. Somm. 39.* ♦ Comp., jugeant que l'activité du groupe Decaux, qui porte à la fois sur la fourniture de mobilier urbain à des collectivités locales et sur la commercialisation des espaces publicitaires aménagés sur ce mobilier urbain, est une activité de prestation de service visée à l'art. 53 [C. com., art. L. 410-1], et que la circonstance qu'elle soit exercée sur le domaine public et qu'elle implique la conclusion de contrats de droit public avec les collectivités locales est sans incidence sur sa nature commerciale : • Cons. conc. n° 98-D-52 du 7 juill. 1998 : *D. Affaires 1999. 23, obs. Emery.* ♦ Les pratiques mises en œuvre par ce groupe en position dominante afin d'éviter une confrontation avec la concurrence et en vue de conserver l'exclusivité de l'installation des principaux types de mobiliers urbains publicitaires, notamment par le biais de clauses d'exclusivité assorties d'un droit de préférence, dans les villes où il est implanté, pour des durées excédant largement celles fixées dans les contrats initiaux, constituent une exploitation abusive de cette position prohibée par les dispositions de l'art. 8 [C. com., art. L. 420-2]. • Même décision. ♦ L'examen de pratiques mises en œuvre par des entreprises bénéficiaires d'une autorisation d'occupation du domaine public relève des pouvoirs accordés au Conseil de la concurrence par l'Ord. du 1er déc. 1986 [C. com., art. L. 410-1 s.], ces pratiques étant indépendantes des modalités d'organisation de la concession de service public. • Paris, 6 juill. 1994 : *CCC 1994, n° 195, obs. Vogel ; RJDA 1994, n° 1324.* – V. aussi Vaissette, *ibid. 1994, p. 967.*

23. Actes de gestion du domaine public. Lorsqu'une entité publique ou privée chargée d'une mission de service public prend des mesures dans le cadre de la mission qui lui est confiée en mettant en œuvre des prérogatives de puissance publique, l'Autorité de la concurrence n'est pas compétente pour en connaître. En outre, lorsqu'une entreprise s'est vu confier la gestion d'une infrastructure située sur le domaine public, les actes relatifs à l'accès à ce domaine public constituent des actes de gestion du domaine public, qui entraînent l'usage de prérogatives de puissance publique et, par conséquent, excluent la compétence de l'Autorité. • Aut. conc. n° 19-D-22 du 22 nov. 2019. ♦ S'il appartient à l'autorité administrative affectataire de dépendances du domaine public de gérer celles-ci tant dans l'intérêt du domaine et de son affectation que dans l'intérêt général, il lui incombe en outre lorsque, conformément à l'affectation de ces dépendances, celles-ci sont le siège d'activités de production, de distribution ou de services, de prendre en considération les diverses règles, telles que le principe de la liberté du commerce et de l'industrie ou l'Ord. du 1er déc. 1986 [C. com., art. L. 410-1 s.], dans le cadre desquelles s'exercent ces activités. • CE 26 mars 1999, n° 202257 : *D. 2000. 204, note Markus ; JCP E 1999, n° 27-28, p. 1170, obs. Rouault ; AJDA 1999. 427, concl. Stahl et obs. Bazex .* – V. aussi • CAA Paris, 4 déc. 2003 : *AJDA 2005. 200, note Nicinski .* ♦ Il appartient alors au juge de l'excès de pouvoir, à qui il revient d'apprécier la légalité des actes juridiques de gestion du domaine public, de s'assurer que ces actes ont été pris compte tenu de l'ensemble de ces principes et de ces règles et qu'ils en font, en les combinant, une exacte application. • CE 26 mars 1999, n° 202257 : *préc.* ♦ Dans la même affaire, V. déjà considérant que l'activité d'ADP, qui consiste à mettre à la disposition d'opérateurs économiques, directement ou indirectement et en contrepartie de redevances, des installations permettant à ces opérateurs d'exercer leur activité de location de véhicules sans chauffeur, est une activité de service au sens de l'art. 53 [C. com., art. L. 410-1] : • Cons. conc. n° 98-MC-13 du 2 déc. 1998 : *AJDA 1999. 532, obs. Richer*. ♦ La personne publique ne peut délivrer une autorisation d'occuper une dépendance du domaine public lorsque sa décision a pour effet de méconnaître le droit de la concurrence, notamment en plaçant automatiquement l'occupant en situation d'abuser d'une position dominante, contrairement aux dispositions de l'art. L. 420-2 C. com. • CE 23 mai 2012, n° 348909 : *AJDA 2012. 1151, note Glaser ; AJCT 2012. 445, note Juilles ; JCP 2012, n° 684, obs. Touzeil-Divina ; RJDA 2012, n° 803 ; RLC juill.-sept. 2012. 34, note Clamour.* ♦ V. note 1 ss. art. L. 462-3.

24. Fixation des redevances afférentes à l'occupation du domaine public. La fixation du niveau de redevances afférentes à l'occupation du domaine public fait partie des actes de gestion du domaine public mettant en cause des prérogatives de puissance publique dont l'appréciation ne relève que de la juridiction administrative. • Cons. conc. n° 2000-D-41 du 20 sept. 2000 : *CCC 2001, n° 24, obs. Malaurie-Vignal*, conf. par • Com. 19 nov. 2002, n° 01-02.546 P : *D. 2003. AJ 272, obs. Chevrier ; JCP 2003. I. 119, obs. Levoyer ; CCC 2003, n° 24, obs. Malaurie-Vignal ; RJDA 2003, n° 196.* ♦ Il en est de même des décisions refusant d'accorder un droit d'occupation sur le domaine public. • Mêmes décisions. ♦ Mais si les droits de place et de stationnement dans les marchés communaux présentent le caractère de contributions indirectes et échappent à ce titre aux dispositions de l'Ord. du 1er déc. 1986 [C. com., art. L. 410-1 s.], les recettes perçues par les concessionnaires en contrepartie de prestations complémentaires sont de nature contractuelle et doivent faire l'objet d'une facturation, conformément à l'art. 31 [C. com., art. L. 441-9]. • Crim. 10 oct. 1994, n° 93-85.572 P : *RJDA 1994, n° 1337.* ♦ La redevance d'utilisation du domaine public aux fins de stationnement ne saurait s'analyser en la contrepartie d'un service offert par la puissance publique dans le carde d'une activité commerciale au sens de l'art. L. 410-1. • Crim. 13 juin 2007, n° 06-86.050 : *cité note 5 ss. C. mon. fin., art. L. 133-15, App., v° Banque et financement de l'entreprise.*

25. Pouvoir de police administrative. Dès lors que l'exercice du pouvoir de police administrative est susceptible d'affecter des activités de production, de distribution ou de services, la circonstance que les mesures de police ont pour objectif la protection de l'ordre public ou, dans certains cas, la sauvegarde des intérêts que l'administration a pour mission de protéger ou de garantir, n'exonère pas l'autorité investie de ces pouvoirs de l'obligation de prendre en compte la liberté du commerce et de l'industrie et les règles de concurrence. • CE, avis, 22 nov. 2000, n° 223645 : *D. 2001. 2110, note Albert ; JCP E 2001, n° 28, p. 1164, obs. Rouault ; LPA 21 févr. 2001, obs. Charbit ; RTD com. 2001. 658, obs. Orsoni*. ♦ Il appartient au juge de l'excès de pouvoir d'apprécier la légalité de ces mesures de police administrative (réglementation de l'affichage publicitaire) compte tenu de l'ensemble de ces objectifs et de ces règles. • Même avis • CE 15 mai 2009, n° 311082 : *AJDA 2009. 1015 ; RJDA 2010, n° 559.* – V. aussi Marceau, *AJDA 2002. 190*.

26. Établissement public industriel et commercial. BIBL. Lombard, *AJDA 2006. 79* (l'EPIC est-il condamné ?). ♦ Il appartient à la juridiction judiciaire de connaître d'une demande tendant à obtenir réparation du préjudice causé par certaines pratiques commerciales imputées à un groupement d'achat public, établissement public à caractère industriel et commercial, et de nature à fausser prétendument le jeu de la concurrence au regard tant du droit interne que du droit communautaire. • T. confl. 4 nov. 1991 : *D. 1992. IR 43.* ♦ Dans le même sens, s'agissant d'un litige opposant des sociétés commerciales à la Poste et à ses filiales de droit privé, en vue d'obtenir la cessation ainsi que la réparation des dommages occasionnés par des pratiques commerciales imputées à la Poste et susceptibles de fausser le jeu de la concurrence, V. • T. confl. 19 janv. 1998, n° 98-03.084 P : *D. 1998. IR 98 ; JCP E 1998, n° 12, p. 439.* – V. aussi Bréchon-Moulènes et Delvolvé, *RFDA 1999. 189*.

Le Conseil de la concurrence est incompétent pour dire si un EPIC est en droit d'exercer ou non une activité commerciale. • Cons conc. n° 04-D-02 du 10 févr. 2004 : *CCC 2004, n° 78, obs. Malaurie-Vignal.*

2° RÉPARTITION DES COMPÉTENCES ENTRE L'AUTORITÉ DE LA CONCURRENCE ET LES JURIDICTIONS ADMINISTRATIVES

27. Distinction entre la mise en œuvre de prérogatives de puissance publique et les actes détachables d'une mission de service public. Les décisions par lesquelles les personnes publiques ou les personnes privées chargées d'une mission de service public mettent en œuvre des prérogatives de puissance publique et qui peuvent constituer des actes de production, distribution ou de service au sens de l'art. 53 [C. com., art. L. 410-1], entrant dans son champ d'application, ne relèvent pas de la compétence du Conseil de la concurrence. Toutefois, il en est autrement lorsque ces organismes interviennent hors de cette mission ou ne mettent en œuvre aucune prérogative de puissance publique. • Com. 16 mai 2000, n° 98-11.800 P : *D. 2000. 315, obs. Marmontel ; CCC 2000, n° 112, obs. Malaurie-Vignal ; RTD com. 2000. 619, obs. Claudel*. ♦ V. aussi, retenant que si, dans la mesure où elles effectuent des activités de production, de distribution ou de services, les personnes publiques peuvent être sanctionnées par le Conseil de la concurrence agissant sous le contrôle de l'autorité judiciaire, les décisions par lesquelles ces personnes assurent la mission de service public qui leur incombe au moyen de prérogatives de puissance publique, relèvent de la compétence de la juridiction administrative pour en apprécier la légalité, et le cas échéant, pour statuer sur la mise en jeu de la responsabilité encourue par ces personnes : • T. confl. 18 oct. 1999, n° 99-03.174 P : *D. 2000. 607, note Louvaris* ; *JCP 2000. II. 10413, concl. Schwartz* ; *RTD com. 2000. 619, obs. Claudel*. ♦ Sur les critères de répartition de compétence, V. aussi • Cons. conc. n° 99-D-72 du 1er déc. 1999. ♦ En matière de marchés publics, lesquels ne traduisent pas la mise en œuvre de prérogatives de puissance publique, la compétence du juge administratif en qualité de juge du contrat, résultant de l'art. 2 de la L. n° 2001-1168 du 11 déc. 2001, ne fait pas obstacle à la compétence du Conseil de la concurrence pour statuer sur les litiges fondés sur l'invocation des pratiques anticoncurrentielles. • T. confl. 4 mai 2009, n° 3714 P : *AJDA 2009. 1490, note Eckert* ; *LPA 17 juin 2009, concl. Guyomar* ; *RJDA 2009, n° 1011* ; *RLC oct.-déc. 2009. 48, note Clamour.* – V. aussi • Paris, 24 juin 2015, n° 14/01570 : *RJDA 2015, n° 869.*

28. *Actes indissociables de l'usage de prérogatives de puissance publique.* L'Autorité de la concurrence n'est pas compétente pour connaître de pratiques qui relèvent de l'organisation d'un service public ou de la mise en œuvre de prérogatives de puissance publique. • Aut. conc. n° 14-D-12 du 10 oct. 2014. ♦ Sur l'incompétence du Conseil de la concurrence pour apprécier les pratiques anti-concurrentielles, mises en œuvre par Aéroport de Paris, et qui sont en réalité indissociables de la réorganisation des aérogares décidée par l'établissement public, puis approuvée par le ministre de l'équipement, du transport et du logement, V. • T. confl. 18 oct. 1999, n° 99-03.174 P : *préc. note 27.* – V. Guedj, *LPA 27 avr. 2000.* ♦ De même, ressortit à la compétence de la juridiction administrative, le contrat de cession, par la Ligue, des droits liés à l'utilisation et à la reproduction d'un logiciel de gestion de billetterie. • T. confl. 4 nov. 1996, n° 96-03.038P : *AJDA 1997. 142, note Chauvaux et Girardot* ; *CCC 1997, n° 63, obs. Vogel* (V. l'arrêt d'appel, en sens contraire : • Paris, 16 avr. 1996 : *D. 1996. IR 145* ; *D. Affaires 1996. 706* ; *CCC 1996, n° 100, obs. Vogel*). ♦ Sur l'incompétence du Conseil de la concurrence pour examiner les conditions dans lesquelles l'INSEE, qui est une direction générale du ministère de l'économie, vend aux sociétés de marketing direct les informations sur les entreprises issues du répertoire Sirène, cette diffusion s'inscrivant dans le prolongement de sa mission de service public et le prix de cette prestation étant fixé par arrêté et donc exclu de toute négociation, V. • CE 29 juill. 2002, n° 200886 : *D. 2003. Somm. 901, obs. Gonzalez* ; *RJDA 2002, n° 1327* (V. dans la même affaire • Cons. conc. n° 01-D-78 du 6 déc. 2001 : *BRDA 2002, n° 7, p. 12*).

La décision par laquelle une collectivité publique décide de recourir à une concession pour la réalisation d'un équipement collectif et choisit les entreprises auxquelles elle confie cette concession n'est pas un acte de production, de distribution ou de services relevant de la compétence du Conseil de la concurrence. • Paris, 29 janv. 2002 : *CCC 2002, n° 110, obs. Malaurie-Vignal.* ♦ Si la fourniture d'un navire par un service public constitue un acte de production économique qui relève de l'art. 53 [C. com., art. L. 410-1], la décision administrative par laquelle le ministre, à l'issue d'une procédure d'ouverture des plis faite en application des dispositions du code des marchés publics, attribue le marché à un des soumissionnaires, relève de la compétence de la juridiction administrative. • Com. 14 déc. 1993, n° 91-21.421 P : *D. 1994. Somm. 175, obs. Gavalda et Lucas de Leyssac* ; *CCC 1994, n° 25, obs. Vogel* (V. l'arrêt confirmé : • Paris, 6 nov. 1991 : *Gaz. Pal. 1992. 1. 359, concl. Jobard, note Marchi* ; *JCP E 1992. Pan. 5*). – V. aussi • Paris, 29 mars 1994 : *D. 1994. IR 121* • Cons. conc. n° 02-D-73 du 10 déc. 2002 : *CCC 2003, n° 90, obs. Malaurie-Vignal.*

29. *Actes détachables d'une mission de service public.* En mettant à la disposition de compagnies aériennes des installations aéroportuaires et en offrant diverses prestations regroupées sous l'appellation générale de « services d'assistance en escale » moyennant une redevance payée par lesdites compagnies qui, pour poursuivre leurs activités, utilisent ou occupent ces installations, locaux et espaces aménagés, l'établissement public ADP exerce alors une activité de services, de nature économique, telle que celle visée à l'art. 53 [C. com., art. L. 410-1], peu important au regard de ce texte, qui fait entrer dans son champ d'application les activités de production, de distribution et de services émanant de personnes publiques, que le gestionnaire soit investi de prérogatives de puissance publique ou gère une partie du domaine public. • Paris, 23 févr. 1999 : *D. 1999. IR 108.* ♦ L'activité de mise à disposition de moyens de signalisation à des opérateurs privés contre redevance ne s'analyse pas comme une autorisation d'occupation du domaine public mais comme l'offre d'un service à des opérateurs en vue d'exercer leur activité économique ; elle ne relève ainsi pas de prérogative de puissance publique exercée par ADP excluant la compétence du Conseil de la concurrence. • Com. 7 janv. 2004, n° 00-12.451 P : *JCP E 2004, n° 10, p. 351* ; *RJ com. 2004. 96, note Decocq* ; *RJDA 2004, n° 633.* – *Contra* : • TA Paris, 7 janv. 2004 : *JCP E 2004, n° 47, p. 1810.* ♦

Dès lors, le Conseil de la concurrence en prononçant des sanctions, après avoir qualifié, d'une part, au regard de l'art. 7 [C. com., art. L. 420-1], les pratiques concertées mises en œuvre par ADP et par Air France sur le marché des locaux et espaces nécessaires aux activités des compagnies aériennes mis à leur disposition sur l'aéroport d'Orly, et d'autre part, au regard de l'art. 8 [C. com., art. L. 420-2], les pratiques discriminatoires émanant d'ADP, sans jamais se prononcer sur la validité ou la licéité de décisions administratives, a statué dans les limites de sa compétence sans jamais excéder ses pouvoirs. • Paris, 23 févr. 1999 : *préc.* ♦ Relève de la compétence de la juridiction de l'ordre judiciaire l'action en responsabilité engagée par l'usager d'un service public industriel et commercial pour obtenir réparation d'un préjudice trouvant son origine dans la fixation discriminatoire des redevances commerciales stipulées en rémunération de l'autorisation, donnée par un établissement public, d'exploiter, dans un aéroport, une activité de services d'assistance en escale, de telles redevances n'impliquant pas l'usage de prérogatives de puissance publique. • T. confl. 15 janv. 2007, n° 0703568 P : *RLC avr.-juin 2008. 58, note Clamour.*

Des concertations entre entreprises en vue de répondre à une demande d'un maître d'ouvrage relative à la réalisation des travaux peuvent constituer des pratiques détachables de la décision administrative d'attribution et sont susceptibles de tomber sous le coup des dispositions du Livre IV du code de commerce. En se refusant à apprécier la procédure de concession tout en acceptant d'examiner les concertations antérieures et postérieures à celle-ci, le Conseil de la concurrence a exactement fait la part entre ce qui relevait du contrôle de la légalité et ce qui ressortissait de sa compétence. • Paris, 29 janv. 2002 : *préc. note 28.* ♦ V. aussi, estimant que cette solution ne viole pas le principe *non bis in idem* : • Cons. conc. n° 03-D-46 du 30 sept. 2003 : *CCC 2004, n° 9, obs. Malaurie-Vignal.* ♦ En octroyant des moyens de signalisations contre redevances à des opérateurs privés, afin d'informer les usagers potentiels de leur existence et de leur localisation à proximité de l'aéroport, ADP n'exerce pas une mission de service public relevant de prérogatives de puissance publique, mais une activité économique de prestations de services soumise à l'Ord. de 1986 [C. com., art. L. 410-1 s.]. • Paris, 8 févr. 2000 : *D. 2000. AJ 156* ; *JCP E 2000, n° 10, p. 393.* – V. aussi • Paris, 14 mars 2000 : *CCC 2000, n° 82, obs. Malaurie-Vignal* • CJCE 24 oct. 2002, n° C-82/01 P : *CCC 2003, n° 11, obs. Poillot-Peruzzetto ; Europe 2002, n° 419, obs. Idot ; AJDA 2003. 436, note Chérot.* ♦ La publication, dans une lettre mensuelle du Conseil de l'ordre des chirurgiens-dentistes, d'une mise en garde qui commente les conditions d'application d'une réglementation, ne relève pas de l'exercice d'une prérogative de puissance publique et peut par conséquent être contestée devant le Conseil de la concurrence. • Cons. conc. n° 98-D-73 du 25 nov. 1998 : *CCC 1999, n° 92, obs. Malaurie-Vignal.*

30. Recours. S'il résulte des dispositions combinées des art. L. 410-1, L. 464-7 et L. 464-8 que, dans la mesure où elles effectuent des activités de production, de distribution ou de services, les personnes publiques peuvent être l'objet de décisions de l'Autorité de la concurrence agissant sous le contrôle de l'autorité judiciaire, ce transfert de compétence se limite au seul contentieux ainsi visé, relatif aux décisions rendues par cette Autorité en matière de pratiques anticoncurrentielles. • Com. 8 avr. 2014, n° 13-11.765 P : *D. 2014. Actu. 925* ; *AJCA 2014. 184, obs. Dreyfus* ; *CCC 2014, n° 227, obs. Decocq ; RJDA 2014, n° 567 ; RLC juill.-sept. 2014. 102, obs. Brameret.*

Art. L. 410-2 **Sauf dans les cas où la loi en dispose autrement, les prix des biens, produits et services relevant antérieurement au 1er janvier 1987 de l'ordonnance n° 45-1483 du 30 juin 1945 sont librement déterminés par le jeu de la concurrence.**

Toutefois, dans les secteurs ou les zones où la concurrence par les prix est limitée en raison soit de situations de monopole ou de difficultés durables d'approvisionnement, soit de dispositions législatives ou réglementaires, un décret en Conseil d'État peut réglementer les prix après consultation de l'Autorité de la concurrence.

Les dispositions des deux premiers alinéas ne font pas obstacle à ce que le Gouvernement arrête, par décret en Conseil d'État, contre des hausses ou des baisses excessives de prix, des mesures temporaires motivées par une situation de crise, des circonstances exceptionnelles, une calamité publique ou une situation manifestement anormale du marché dans un secteur déterminé. Le décret est pris après consultation du Conseil national de la consommation. Il précise sa durée de validité qui ne peut excéder six mois. – *[Ord. n° 86-1243 du 1er déc. 1986, art. 1er.]* – *V. aussi* art. L. 410-3 *et* R. 410-1.

BIBL. ► CHENET et PARIENTE, *JCP E 2015, n° 1236* (déterminisme ou détermination du prix). – VIALA, *AJCA 2015. 307* (contrôle du niveau des prix : aspects juridiques). – BENZONI, *ibid. 310* (... : aspects économiques). – PELLIER, *D. 2020. 546* (retour sur le contrôle des prix sur fond de coronavirus : entre Charybde et Scylla). – BRAMERET, *RLC juill.-août 2020. 27* (quand la panique précède la crise sanitaire : le retour des blocages administratifs des prix). – RUY, *ibid. sept.*

2020. 21 (la norme de droit et ses contre-effets économiques : l'exemple de l'encadrement du prix des gels hydro-alcooliques).

1. Champ d'application. L'Ord. du 1er déc. 1986 [C. com., art. L. 410-1 s.] s'applique aux produits achetés en France même si ces produits doivent être distribués ou revendus à l'étranger. • Com. 16 juin 1998, n° 96-20.182 P : *D. 1998. IR 179 ; JCP E 1998, n° 37, p. 1379 ; RJDA 1998, n° 1300 ; CCC 1998, n° 146, obs. Malaurie-Vignal ; LPA 23 juin 1999, obs. Reboul.*

2. Droit transitoire. V. note 1 ss. art. L. 420-6.

3. Prohibition des atteintes à la liberté des prix. L'ingérence du fournisseur dans la politique de prix du distributeur contrevient à l'art. L. 410-2. • Cons. conc. n° 07-D-50 du 20 déc. 2007 : *cité note 20 ss. art. L. 420-1.* ♦ V. notes ss. art. L. 420-1 (ententes) et notes ss. L. 442-5 (prix imposés).

4. Secteurs de concurrence limitée. La situation de concurrence limitée par les prix qui résulte nécessairement d'une position dominante occupée sur un marché de taille réduite sur lequel l'importation de marchandises est soumise à l'octroi de la mer, est de celles dans lesquelles, en application de l'art. L. 410-2, les prix peuvent être réglementés. • CE 18 janv. 2006, n° 269406 : *AJDA 2006. 1169, note Laget-Annamayer ; RLDA mars 2006. 42, obs. Méar.* – V. aussi art. L. 410-3. ♦ Sur les péages autoroutiers, V., concluant à la légalité du Décr. n° 88-1202 du 30 déc. 1988 [remplacé par Décr. n° 95-81 du 24 janv. 1995], • CE 3 mars 1993, n° 105461 : *RJDA 1993, n° 722.* ♦ Sur la possibilité pour les aéro-clubs de faire payer les baptêmes de l'air, V., concluant à la légalité du Décr. n° 98-884 du 28 sept. 1998, • CE 19 mars 2001, n° 202349 : *RTD com. 2001. 870, obs. Orsoni .* ♦ Sur la fixation de prix de vente maxima des produits pétroliers à La Réunion justifiée par la petite taille et la dépendance de cette île vis-à-vis des importations, par une situation monopolistique en ce qui concerne l'approvisionnement en carburants, le transport de ces produits et leur stockage, quand bien même la distribution est assurée par quatre opérateurs, V. • CAA Bordeaux, 1er avr. 2014 : *AJDA 2014. 1275, concl. de la Taille .* ♦ La possibilité qu'offre au ministre chargé de l'économie le Décr. n° 2015-1252 du 7 oct. 2015, pris en application de l'art. L. 410-2, de corriger les déséquilibres entre l'offre et la demande dans certaines zones, dus au fait que la tarification horokilométrique jusqu'alors en vigueur pour tous les trajets incite les taxis à privilégier la desserte de certaines zones au détriment d'autres faisant pourtant l'objet d'une forte demande, ne porte pas une atteinte à la liberté d'entreprendre non justifiée par un motif d'intérêt général. • CE 5 déc. 2016, n° 395086 : *AJDA 2017. 561, obs. Idoux .*

Les services des huissiers de justice correspondant à leur activité hors monopole entrant dans le champ d'application de l'Ord. du 1er déc. 1986 [C. com., art. L. 410-1 s.], doit être annulé, en ce qu'il fixe les tarifs applicables à cette activité, le Décr. n° 88-914 du 7 sept. 1988 modifiant le Décr. n° 67-18 du 5 janv. 1967 fixant le tarif général des huissiers de justice en matière civile et commerciale, qui a été pris sans que le Conseil de la concurrence ait été consulté. • CE 21 oct. 1994, n° 103018 : *D. 1994. IR 261 .* ♦ V., toutefois, la loi de validation n° 94-1133 du 27 déc. 1994.

Les actes réservés, en application de la L. n° 71-1130 du 31 déc. 1971, au monopole des avocats, sont exclus du champ d'application du principe, posé au 1er al. de l'art. L. 410-2, de libre détermination des prix par le libre jeu de la concurrence. • CE 23 nov. 2005, n° 263284 : *JCP 2006. II. 10038, note Aguila ; RLC 2006, n° 7, p. 38, obs. Clamour.* ♦ Ainsi, ce principe n'est pas applicable à la postulation devant les TGI en matière civile, réservée par l'art. 4 de la loi au monopole des avocats ; dès lors rien ne faisait obstacle à ce que le Gouvernement en réglemente la tarification, le moyen tiré de ce que le Gouvernement ne pouvait prendre cette réglementation sans procéder à la consultation préalable du Conseil de la concurrence, ultérieurement prévue par l'Ord. du 1er déc. 1986, ne pouvant être utilement invoqué. • Même décision.

L'application de l'art. L. 162-38 CSS se substitue à celle de l'art. L. 410-2 C. com. et le régime des prix n'est pas libre. Toutefois, les prix des prestations de services qu'un médecin libéral apporte à un hôpital ne sont pas prédéfinis par les nomenclatures et tarifs relatifs au remboursement des assurés sociaux et relèvent du régime de droit commun de la liberté des prix prévu aujourd'hui à l'art. L. 410-2, al. 1er. • Cons. conc. n° 07-D-41 du 28 nov. 2007 : *RLC janv.-mars 2008. 98, obs. Nourissat ; RDLC 2008, n° 1, p. 114, obs. Claudel.* ♦ Le code de déontologie médicale ne saurait conduire à méconnaître des règles de niveau législatif, comme celles édictées à l'art. L. 410-2, al. 1er. • Même décision.

5. Consultation de l'Autorité de la concurrence. V. notes ss. art. L. 462-2.

6. Exceptions conjoncturelles. **BIBL.** Blary-Clément, *ALD 1991. 17* (produits pétroliers). ♦ Dans les limites fixées par l'art. 7 de la L. n° 2003-8 du 3 janv. 2003 (V. désormais C. énergie, art. L. 445-1 s. au **C. consom.**), les ministres de l'économie et de l'énergie peuvent légalement tenir compte de la situation économique générale, et plus particulièrement de celle des ménages, pour moduler l'évolution du prix de vente du gaz en distribution publique, sans être tenus de répercuter intégralement, dans les tarifs qu'ils fixent, les variations, à la hausse ou à la baisse, des coûts complets moyens de fournitures de gaz ainsi distribué. • CE 10 déc. 2007, n° 296191 : *RJDA 2008, n° 955.*

7. Prohibition des prix abusivement bas. Pour une consultation du Conseil de la concurrence demandée par le Conseil d'État sur le point de savoir si les prix de vente du gaz par GDF résultant de l'Arr. du 12 nov. 2004 sont au moins égaux, compte tenu du montant de l'abonnement payé par le consommateur, aux coûts complets moyens de fourniture du gaz ainsi distribué : • CE 7 juill. 2006, n° 289012 : *RTD com. 2007. 36, obs. Orsoni ; JCP E 2006, n° 36, p. 1486 ; Gaz. Pal. 2007. 1135, note du Marais ; CCC 2006, n° 189, obs. Bazex ; RJDA 2007, n° 786.* ♦ Sur les tarifs régulés du gaz, V. également : • CE 10 févr. 2006, n° 289013 : *AJDA 2006. 1146, obs. Richer*. ♦ Sur les prix abusivement bas, V. aussi notes ss. art. L. 420-5.

8. Organisation professionnelle. Dans un régime de liberté des prix, il n'appartient pas à une organisation professionnelle de fixer des prix sur un marché, cette possibilité n'étant prévue que dans le cadre d'une autorisation législative expresse. Un prix est soit déterminé par le libre jeu du marché, soit fixé par les pouvoirs publics dans des conditions prévues par la loi, mais ne peut en aucun cas prendre la forme d'un « tarif syndical » arrêté au sein d'une organisation professionnelle pour le seul bénéfice de ses membres. • Cons. conc. n° 06-D-30 du 18 oct. 2006 : *D. 2006. AJ 2731, obs. Chevrier ; LPA 9-10 avr. 2007, obs. Bacchichetti ; RJDA 2007, n° 101 ; RLC janv.-mars 2007. 19, obs. Sélinsky.* ♦ V. aussi notes 7, 43 et 44 ss. art. L. 420-1.

9. Relevés de prix. Validant la pratique des relevés de prix chez un concurrent au nom du principe de fixation des prix par le libre jeu de la concurrence, V. • Com. 4 oct. 2011, n° 10-21.862 P : *cité note 6 ss. C. consom., art. L. 122-1, App., v° Publicité commerciale.* ♦ L'art. L. 410-2, tel qu'il a été interprété par la Cour de cassation au regard du principe de police économique visant à permettre la détermination des prix par le libre jeu de la concurrence, ne porte pas une atteinte disproportionnée aux dispositions, règles et principes de valeur constitutionnelle invoqués. • Com., QPC, 13 mars 2012, n° 11-25.062 : *RJDA 2012, n° 621.* ♦ C'est dans l'exercice de son pouvoir souverain d'appréciation de la proportionnalité des contraintes inhérentes aux relevés de prix par rapport à l'objectif qu'ils poursuivent, et sans méconnaître les exigences de l'art. L. 410-2, qu'après avoir relevé, d'une part, que les vendredi, samedi et éventuellement dimanche, en cas d'ouverture, sont des jours de grande affluence durant lesquels les relevés sont plus visibles pour la clientèle et plus perturbants pour les magasins, d'autre part, que la nécessité de réaliser des relevés de prix durant ces journées n'était pas établie, la cour d'appel a estimé nécessaire d'en encadrer l'exercice en l'autorisant du lundi au jeudi inclus, à l'exclusion du vendredi et du week-end. • Com. 26 avr. 2017, n° 16-11.386 : *RJDA 2017, n° 589.*

Art. L. 410-3 *(L. n° 2012-1270 du 20 nov. 2012, art. 1er)* **Dans les collectivités relevant de l'article 73 de la Constitution et dans les collectivités d'outre-mer de Saint-Barthélemy, de Saint-Martin, de Saint-Pierre-et-Miquelon et de Wallis-et-Futuna, et dans les secteurs pour lesquels les conditions d'approvisionnement ou les structures de marché limitent le libre jeu de la concurrence, le Gouvernement peut arrêter, après avis public de l'Autorité de la concurrence et par décret en Conseil d'État, les mesures nécessaires pour remédier aux dysfonctionnements des marchés de gros de biens et de services concernés, notamment les marchés de vente à l'exportation vers ces collectivités, d'acheminement, de stockage et de distribution. Les mesures prises portent sur l'accès à ces marchés, l'absence de discrimination tarifaire, la loyauté des transactions, la marge des opérateurs et la gestion des facilités essentielles, en tenant compte de la protection des intérêts des consommateurs.**

Sur la réglementation des prix des produits pétroliers et le fonctionnement des marchés de gros pour la distribution de ces produits dans les départements de la Guadeloupe, de la Guyane et de la Martinique, V. C. énergie, art. R. 671-1 s. — ... Dans le département de La Réunion, V. C. énergie, art. R. 671-14 s. — ... Dans le département de Mayotte, V. C. énergie, art. R. 671-23 s. — ***C. énergie.***

BIBL. ► ARHEL, *JCP E 2012. Actu. 733* (volet « prix et concurrence » de la L. n° 2012-1270 du 20 nov. 2012). – MANNA, *RLC avr.-juin 2013. 125* (les bases d'un droit de la concurrence ultramarin). – MONTET et VENAYRE, *ibid. 131* (contre la vie chère en outre-mer : une construction difficile entre concurrence et administration des prix). – RAYMOND, *RLC oct.-déc. 2013. 131* (état des lieux du droit de la concurrence dans les outre-mer). – AKOUN, *RFDA 2014. 231* (intervention publique économique en Nouvelle-Calédonie). – VENAYRE, *RLC avr.-juin 2014. 137* *(dynamisme de l'action* outre-mer et premiers effets de la loi REOM) ; *ibid. 142* (marchés de carburants dans les DOM : évolution de la réglementation et première application de l'art. L. 410-3).

Régulation outre-mer. Si le gouvernement l'estime nécessaire, des solutions visant à favoriser une concurrence entre le fret maritime et le fret aérien, faciliter une réelle concurrence entre importateurs français et importateurs d'autres pays européens ou faire limiter la marge des affréteurs pourraient être analysées dans le cadre de mesures gouvernementales relatives à la régulation économique outre-mer, en application de l'art. L. 410-3. • Aut. conc. n° 13-D-15 du 25 juin 2013 : *RLC oct.-déc. 2013. 31, obs. Cholet ; RDC 2013. 1405, obs. Prieto.*

Loi n° 2012-1270 du 20 novembre 2012, *relative à la régulation économique outre-mer et portant diverses dispositions relatives aux outre-mer.* **Art. 22** Dans les collectivités relevant de l'article 73 de la Constitution et dans les collectivités d'outre-mer de Saint-Barthélemy, de Saint-Martin, de Saint-Pierre-et-Miquelon et de Wallis-et-Futuna, les entreprises soumises à une mesure de régulation économique en application des articles L. 410-2 et L. 410-3 du code de commerce ou qui bénéficient d'une aide publique en faveur de leur activité économique sont tenues de répondre, dans un délai de deux mois, à toute demande du représentant de l'État dans le territoire de lui transmettre leurs comptes sociaux et la comptabilité analytique de l'activité régulée ou subventionnée.

En cas de refus, le représentant de l'État peut demander au juge des référés d'enjoindre à l'entreprise en cause de produire les documents demandés sous astreinte.

Art. L. 410-4 *(L. n° 2012-1270 du 20 nov. 2012, art. 15-I)* **Dans les collectivités relevant de l'article 73 de la Constitution et dans les collectivités d'outre-mer de Saint-Barthélemy, de Saint-Martin, de Saint-Pierre-et-Miquelon et de Wallis-et-Futuna, et en conformité avec l'article 349 du traité sur le fonctionnement de l'Union européenne, le Gouvernement peut réglementer, après avis public de l'Autorité de la concurrence et par décret en Conseil d'État, le prix de vente de produits ou de familles de produits de première nécessité.** — *Comp. L. n° 2009-594 du 27 mai 2009, art. 1er, abrogé par L. n° 2012-1270 du 20 nov. 2012, art. 15-II. — V.* ***C. com.****, éd. 2013 et antérieures.*

BIBL. ▶ CALMETTE, *Dr. adm. 2009. Étude 14* (les dispositions de la loi du 27 mai 2009 en matière de contrôle des prix et de relance économique).

Art. L. 410-5 *(L. n° 2012-1270 du 20 nov. 2012, art. 15-I)* **I. —** *(L. n° 2015-1268 du 14 oct. 2015, art. 1er)* **« Dans les collectivités relevant de l'article 73 de la Constitution et dans les collectivités d'outre-mer de Saint-Martin, de Saint-Pierre-et-Miquelon et de Wallis-et-Futuna », après avis public de l'observatoire des prix, des marges et des revenus territorialement compétent, le représentant de l'État négocie chaque année avec les organisations professionnelles du secteur du commerce de détail et leurs fournisseurs, qu'ils soient producteurs, grossistes ou importateurs,** *(L. n° 2017-256 du 28 févr. 2017, art. 61)* **« ainsi qu'avec les entreprises de fret maritime et les transitaires » un accord de modération du prix global d'une liste limitative de produits de consommation courante.**

En cas de réussite des négociations, l'accord est rendu public par arrêté préfectoral.

II. — En l'absence d'accord un mois après l'ouverture des négociations, le représentant de l'État arrête, sur la base des négociations mentionnées au I et des prix les plus bas pratiqués dans le secteur économique concerné, le prix global de la liste mentionnée au premier alinéa du même I, ainsi que ses modalités d'encadrement. — *Sur l'observatoire des prix, des marges et des revenus dans les outre-mer, V. art. L. 910-1 A s.*

III. — Le prix global de la liste mentionnée au I, tel qu'il est pratiqué, est affiché en application *(Ord. n° 2016-301 du 14 mars 2016, art. 2, en vigueur le 1er juill. 2016)* **« des articles L. 112-1 et L. 141-1** *[ancienne rédaction : de l'article L. 113-3]* **» du code de la consommation.** — *V. ces art., App., v° Ventes commerciales.*

IV. — Les manquements au III du présent article sont recherchés et constatés par les agents mentionnés au II de l'article L. 450-1 du présent code, dans les conditions fixées aux articles L. 450-2, L. 450-3, L. 450-7, L. 450-8 et *(Ord. n° 2017-303 du 9 mars 2017, art. 2-II)* **« L. 490-8** *[ancienne rédaction : L. 470-5]* **».**

V. — Les modalités d'application des I à IV du présent article sont précisées par décret. — *V. Décr. n° 2012-1459 du 26 déc. 2012 ci-dessous.*

Décret n° 2012-1459 du 26 décembre 2012,

Relatif aux accords annuels de modération de prix de produits de grande consommation de l'article L. 410-5 du code de commerce.

Art. 1er En application du I de l'article L. 410-5 du code de commerce, le représentant de l'État saisit pour avis l'observatoire des prix, des marges et des revenus territorialement compétent entre le 15 et le 30 novembre de l'année civile précédant l'année de la négociation de l'accord.

L'avis de l'observatoire porte notamment sur l'évolution du coût de la vie et les prix effectivement pratiqués pour les produits de consommation courante. Il peut aussi faire des propositions pour la constitution ou la modification de la liste prévue au I de l'article L. 410-5 du même code et mentionner les observations faites à titre individuel par ses membres sur l'ensemble des sujets évoqués dans l'avis.

L'avis de l'observatoire est réputé acquis en l'absence de transmission au représentant de l'État d'un avis écrit dans un délai d'un mois à compter de la réception de la saisine.

Le représentant de l'État transmet l'avis de l'observatoire aux parties intéressées avant l'ouverture de la négociation. Ces dernières peuvent transmettre au représentant de l'État des propositions ou des observations préalablement à l'ouverture des discussions.

La première réunion de négociation est convoquée par le représentant de l'État au plus tôt une semaine après la transmission aux parties à la négociation de l'avis écrit de l'observatoire ou du constat de l'absence d'avis.

L'arrêté pris en application du I ou du II de l'article L. 410-5 du code de commerce est publié au recueil des actes administratifs et par voie électronique avant le 1er mars de son année d'application.

Art. 2 La négociation relative à l'accord annuel de modération mentionné au I de l'article L. 410-5 du code de commerce porte sur la composition et le prix de la liste de produits prévue au même article, sur les catégories de commerce participant au dispositif et sur les efforts de modération de prix de chacun des opérateurs de la chaîne d'approvisionnement et de distribution parties à la négociation.

Les réunions de négociation font l'objet de procès-verbaux signés par le représentant de l'État et les organisations professionnelles représentées. Les documents examinés lors de ces réunions sont annexés aux procès-verbaux.

En l'absence d'accord dans le délai prévu au II de l'article L. 410-5 du même code, le procès-verbal de la dernière réunion de négociation prend acte de l'échec des discussions et en précise les motifs, en indiquant, le cas échéant, les propositions de prix et de composition de la liste faites par les parties à la négociation.

Art. 3 Le prix global de la liste de produits mentionnée au I de l'article L. 410-5 du code de commerce résultant de l'accord intervenu au terme de la négociation ou, à défaut, fixé par arrêté est un prix maximum entendu toutes taxes comprises.

Toutefois, afin d'augmenter le nombre de points de vente participant au dispositif, l'accord peut autoriser une marge de dépassement pour des catégories de magasins de surface commerciale inférieure à un seuil déterminé par la négociation. Dans ce dernier cas, la marge maximale de dépassement est fixée en euros, sans pouvoir dépasser 5 % du prix maximum autorisé. La liste des établissements bénéficiaires de l'autorisation de dépassement est annexée à l'accord.

Art. 4 La liste de produits mentionnée au I de l'article L. 410-5 du code de commerce comprend des articles génériques décrits par leur composition, leur nature, leur poids, leur volume ou leur conditionnement, à l'exclusion de toute marque commerciale.

Elle précise, le cas échéant, les articles qui doivent être issus de la production locale ou qui sont soumis à des critères de qualité particuliers.

Art. 5 L'accord de modération ou l'arrêté du représentant de l'État prévu au II de l'article L. 410-5 du code de commerce précise les établissements commerciaux participant à l'accord en les désignant par leur enseigne et leur surface commerciale. Le représentant de l'État publie par voie électronique la liste nominative des établissements où s'appliquent ces dispositions pour chaque commune concernée.

Art. 6 Chaque commerçant partie à l'accord ou soumis aux dispositions de l'arrêté pris en application du II de l'article L. 410-5 du code de commerce est libre de choisir la marque commerciale de chaque article de la liste de produits soumis à accord de modération proposée dans son magasin. Il désigne les articles retenus par un étiquetage visible par les consommateurs.

Chaque établissement transmet, tous les mois, par voie électronique, au représentant de l'État la liste des articles auxquels s'applique l'accord de modération avec leurs prix.

Ces informations sont transmises par le représentant de l'État à l'observatoire des prix, des marges et des revenus et aux associations de consommateurs agréées.

Dans les conditions fixées au III de l'article L. 410-5 du code de commerce, chaque établissement partie à l'accord de modération ou soumis aux dispositions de l'arrêté pris en application du II du même article affiche conjointement le prix global qu'il pratique pour la liste de produits visée par l'accord ou l'arrêté susvisé et le prix global maximal autorisé, ainsi que, le cas échéant, la marge de dépassement dont il bénéficie aux termes de l'accord, en application de l'article 3.

Art. 7 En cas de variations importantes de certains coûts susceptibles de modifier significativement le coût de revient d'articles inclus dans la liste mentionnée au I de l'article L. 410-5 du code de commerce, le représentant de l'État, sur demande des organisations professionnelles concernées et après avis de l'observatoire des prix, des marges et des revenus, peut, en cours d'année, ajuster le prix global de la liste, pour une durée qu'il fixe et qui ne peut aller au-delà du terme de l'accord en vigueur, afin de tenir compte des effets de ces variations. Un arrêté conjoint du ministre chargé de la consommation et du ministre chargé des outre-mer détermine le périmètre de la clause de sauvegarde, les références à prendre en compte et son seuil de déclenchement. – *V. Arr. du 23 avr. 2015, ci-dessous.*

Art. 8 *(Décr. n° 2016-1393 du 17 oct. 2016, art. 1er)* Les dispositions du présent décret s'appliquent à Saint-Martin à compter du 1er janvier 2018.

Arrêté du 23 avril 2015,

Relatif à la clause de sauvegarde prévue à l'article 7 du décret n° 2012-1459 du 26 décembre 2012.

Art. 1er Les organisations professionnelles du secteur du commerce de détail et leurs fournisseurs, qu'ils soient producteurs, grossistes ou importateurs, qui demandent au représentant de l'État un ajustement du prix global de la liste mentionnée au I de l'article L. 410-5 du code de commerce, doivent lui fournir tous les éléments de preuve attestant que les coûts de revient d'un ou plusieurs produits faisant partie de la liste sont significativement affectés par la variation des prix des matières premières qui les composent.

Art. 2 Les matières premières visées à l'article précédent s'entendent du lait, des denrées tropicales, des oléagineux, des céréales, du sucre, de la viande de bœuf empaquetée, du blé, de la viande de poulet et de la viande de porc.

Art. 3 La variation des prix des matières premières correspond à une majoration supérieure ou égale à 40 % des cours d'au moins une des neuf matières premières visées à l'article 2 en rythme annuel et constatée pendant trois mois consécutifs, par rapport à la moyenne des cours observés lors des périodes correspondantes des cinq dernières campagnes, à l'exclusion des deux périodes au cours desquelles les cours ont été respectivement le plus bas et le plus élevé.

Art. 4 Les indicateurs retenus pour mesurer la hausse des cours des matières premières, élaborés par l'Institut national de la statistique et des études économiques (INSEE), sont constitués par le cours mensuel du blé à Chicago (prix en cents américains par boisseau de 60 livres), par les séries des indices mensuels des prix internationaux des matières premières importées en euros pour les denrées tropicales, les oléagineux, les céréales, le sucre et la viande de bœuf empaquetée, et par l'indice mensuel des prix agricoles à la production (IPPAP) du lait, des porcins et du poulet (données brutes).

Art. L. 410-6 *(L. n° 2017-256 du 28 févr. 2017, art. 63)* **I. — A titre expérimental et pour une durée de cinq ans à compter du 1er juillet 2017, dans le Département de Mayotte et en Guyane, après avis public de l'observatoire des prix, des marges et des**

revenus territorialement compétent, le représentant de l'État négocie chaque année avec les grandes et moyennes surfaces présentes sur le territoire un tarif professionnel maximal pour leur activité de gros à l'égard des petites surfaces de commerce de détail enregistrées au registre du commerce et des sociétés.

II. — En l'absence d'accord dans un délai d'un mois à compter de l'ouverture des négociations, le représentant de l'État arrête, sur la base des négociations mentionnées au I, le tarif professionnel maximal ainsi que ses modalités d'encadrement. Les modalités de calcul d'un tarif maximal consistent en un pourcentage de majoration par rapport au prix d'achat des grandes et moyennes surfaces ou en un pourcentage de minoration par rapport aux prix facturés aux consommateurs.

TITRE DEUXIÈME DES PRATIQUES ANTICONCURRENTIELLES

BIBL. GÉN. ▶ FASQUELLE, *RTD com. 1998. 763* (réparation des dommages causés par les pratiques anticoncurrentielles). – FOURGOUX, *JCP E 1999, nº 50, p. 2005* (même thème). – CARTIER-BRESSON, *LPA 1er juill. 1999* (corruption et pratiques anticoncurrentielles). – BENOÎT, *Dr. et patr. 6/2000. 62* (le droit de la concurrence est un droit de l'abus). – ARHEL, *JCP E 2000, nº 46, p. 1799* (lutte contre les pratiques de prix imposées en Europe) ; *LPA 5 févr. 2001* (lutte contre les discriminations abusives en Europe) ; *ibid. 16 nov. 2001* (lutte contre les pratiques de prix minimum imposées en Europe [2000 et 2001]). – DECOCQ, *RJ com., nov. 2001, nº spéc., p. 89* (dépénalisation du droit de la concurrence). – POÉSY, *RJDA 2002. 391* (Cour de cassation et pratiques anticoncurrentielles). – BRUN et TOULEMONT-DAKOURE, *CCC 2003. Chron. 11* (barrières à l'entrée en droit de la concurrence). – COLLOQUE, *LPA 20 janv. 2005* (sanctions judiciaires des pratiques anticoncurrentielles). – LESQUINS, *ibid.* (établissement des pratiques anticoncurrentielles lors du procès civil). – MAZIÈRES, *LPA 27 sept. 2006* (droit de la concurrence et droit du travail dans les marchés publics). – N. PETIT, *CCC 2011. Dossier 3* (actualité du droit matériel des pratiques anticoncurrentielles). – BLOUD-REY, *LPA 24 nov. 2011* (loyauté et pratiques anticoncurrentielles, antinomie ?). – HOMOBONO et MARIE, *RDLC 2012, nº 1, p. 33* (rôle de la DGCCRF dans l'application du droit des pratiques anticoncurrentielles depuis la réforme de 2008). – DE MUIZON, *RDLC 2012, nº 4, p. 25* (tests de preuve économiques permettant de caractériser une pratique anticoncurrentielle). – DE LA MURE, *Journ. sociétés 12/ 2013. 20* (l'action de groupe en matière de pratiques anticoncurrentielles : en quête d'équilibre ?). – PUEL et REBEYROTTE, *AJCA 2015. 499* (abus de puissance contractuelle et pratique anticoncurrentielle). – CONDOMINES, *CCC 2016. Étude 10* (durée des pratiques anticoncurrentielles : enjeux et critères d'appréciation). – BOUDOU, *RJDA 7/2019. 595* (contrôle des concentrations et prohibition des pratiques anticoncurrentielles : entre compétences antagonistes et compétences complémentaires).

Sur l'action de groupe intervenant en matière de pratiques anticoncurrentielles, V. C. consom., art. L. 623-1, L. 623-24 à L. 623-26. — ***C. consom.***

Art. L. 420-1 **Sont prohibées,** *(L. nº 2001-420 du 15 mai 2001, art. 52)* **« même par l'intermédiaire direct ou indirect d'une société du groupe implantée hors de France, » lorsqu'elles ont pour objet ou peuvent avoir pour effet d'empêcher, de restreindre ou de fausser le jeu de la concurrence sur un marché, les actions concertées, conventions, ententes expresses ou tacites ou coalitions, notamment lorsqu'elles tendent à :**

1º Limiter l'accès au marché ou le libre exercice de la concurrence par d'autres entreprises ;

2º Faire obstacle à la fixation des prix par le libre jeu du marché en favorisant artificiellement leur hausse ou leur baisse ;

3º Limiter ou contrôler la production, les débouchés, les investissements ou le progrès technique ;

4º Répartir les marchés ou les sources d'approvisionnement. — *[Ord. nº 86-1243 du 1er déc. 1986, art. 7.]*

Sur la saisine de l'Autorité de la concurrence par l'Autorité de régulation de la communication audiovisuelle et numérique (ARCOM) pour des litiges dont il est saisi et étant susceptibles de constituer une pratique anticoncurrentielle, V. L. nº 86-1067 du 30 sept. 1986, art. 17-1 et 41-4, au ***C. communic.*** *— ... Par l'Autorité de régulation des jeux en ligne des situations susceptibles d'être constitutives de pratiques entravant le libre exercice de la concurrence dans le secteur des jeux en ligne, V. L. nº 2010-476 du 12 mai 2010, art. 39, au* ***C. sport****. — ... Par la Commission de régulation de l'énergie pour les pratiques entravant le libre exercice de la concurrence dans les secteurs de l'électricité ou du gaz naturel, V. C. énergie, art. L. 134-16.*

RÉP. COM. v° *Entente*, par ARHEL.

BIBL. ▸ VOGEL, *1991. I. 96* (définition et preuve de l'entente). – PERROT et VOGEL, *ibid. 1993. I. 299* (entente tacite, oligopole et parallélisme de comportement). – ARHEL, *D. Affaires 1998. 97* (auto-défense et droit de la concurrence) ; *ibid. 1348* (synthèse de jurisprudence) ; *ibid. 1722* (même thème). – COURIVAUD, *ibid. 1998. 1202* (organisations professionnelles confrontées au droit de la concurrence). – PUTMAN, *RID éco. 1998. 107* (rapports entre droit social et droit de la concurrence). – CLAUDEL, *RTD com. 1999. 291* (le consentement en droit de la concurrence, consécration ou sacrifice ?). – VERTUT, *CCC 2000. Chron. 15* (communications en matière de prix de revente et droit de la concurrence). – COT, *RJDA 2004, p. 603* (notion d'entente dans la jurisprudence communautaire récente). – GRYNFOGEL, *RJDA 2005. 551* (le concours de volontés entre entreprise, une notion protéiforme en droit communautaire des ententes). – ROBIN, *RLC 2005, n° 5, p. 20* (de l'intérêt du réseau d'agents en droit des ententes et du danger des participations aux réunions). – GUENZOUI, *RTD com. 2006. 273* (entente et contrat : le trouble notionnel). – CHARBIT, *RDLC 2006, n° 2, p. 44* (l'entente « automatique »). – OSTER, *RLC juill.-sept. 2008. 110* (entente complexe et continue : notion récemment accueillie par le droit français). – GRYNFOGEL et MARTHAN, *RJDA 1/2010, p. 3* (le clair-obscur de l'obligation d'exclusivité : de quelques singularités dans l'appréciation de l'Autorité de la concurrence). – PFISTER, *RDC 2012. 349* (contrat, libre concurrence et ordre public : sanction des ententes dans la jurisprudence française du XIXe siècle). – DECOCQ et DES YLOUSES, *JCP E 2016, n° 1456* (secret des affaires et droit des ententes anticoncurrentielles). – SÉLINSKY, *RLC oct. 2016. 26* (la notion de facilitateur d'entente et ses conséquences). – TROUSSARD et DE BURE, *RLC mars 2020. 32* (la coordination algorithmique : fantasme ou réalité ?). – SCHREPEL, *D. 2020. 1244* (ententes algorithmiques et ententes par *blockchain*).

▸ Sur la loi relative aux nouvelles régulations économiques : PRIETO, *Dr. et patr. 12/2001. 74* (l'élan donné par la loi NRE sur la lutte contre les pratiques anticoncurrentielles). – ARHEL, *CCC 2001. Chron. 17* (nouvelles règles relatives aux comportements restrictifs de concurrence). – ARCELIN, *ibid. 18* (pratiques commerciales : apports de la loi NRE). – PIROVANO, *D. 2002. Chron. 62* (droit de la concurrence et progrès social). – Conférence-débats du 15 nov. 2001, *DP aff. 13 janv. 2002, bull. 564* (les relations commerciales sous le contrôle de l'Administration et du juge).

I. GÉNÉRALITÉS

1. *Application territoriale.* Le Conseil de la concurrence est compétent pour connaître d'opérations effectuées à l'étranger dès lors qu'elles ont des effets sur le territoire français. • Cons. conc. n° 89-D-22 du 13 juin 1989 : *D. 1991. Somm. 247, obs. Gavalda et Lucas de Leyssac* ; *Gaz. Pal. 1990. 1. 235, note Marchi.* ♦ V., dans le même sens, dès lors que les pratiques affectent le commerce entre États membres et ce, même si elles n'ont pas d'effet sur le territoire français, ne sont pas commises sur le territoire national et sont le fait d'entreprises non installées sur le territoire • Cons. conc. n° 00-MC-14 du 23 oct. 2000 : *BRDA 2002, n° 15-16, p. 16* • n° 02-MC-07 du 15 mai 2002 : *CCC 2002, n° 175, obs. Malaurie-Vignal* (conf. par • Paris, 26 juin 2002 : *Europe 2003, n° 283, obs. Idot).* ♦ V. aussi pour les pratiques concernant les exportations, • Cons. conc. n° 01-MC-04 du 24 sept. 2001 • n° 97-D-01 du 15 janv. 1997 : *CCC 1997, n° 81, obs. Vogel* ; *Dr. sociétés 1998. 17, note Vidal.* ♦ V. sur la question, Claudel, *RTD com. 2003. 491* (le Conseil de la concurrence à l'heure de la décentralisation).

Ni la Conv. de Bruxelles du 27 sept. 1968 concernant la compétence judiciaire et l'exécution des décisions en matière civile et commerciale, ni les protocoles annexes à cette convention ne font obstacle à l'application des dispositions des art. 7 et 8 [C. com., art. L. 420-1 et L. 420-2] à une société ayant son siège social en Allemagne dès lors qu'elle s'est livrée en France à des pratiques entrant dans le champ d'application de ces textes. • Paris, 15 sept. 1993 : *D. 1993. IR 225* ; *CCC 1993, n° 211, obs. Vogel.*

S'agissant de la compétence des autorités des États membres, V. Règl. CE n° 1/2003 du 16 déc. 2003, App., v° *Concurrence.*

2. *Ententes et position dominante.* **BIBL.** Garcia-Rosado, *RLC 2005, n° 3, p. 139* (lien entre les ententes et les abus de position dominante collective). ♦ Les notions d'entente et d'abus de position dominante, au sens des art. 7 et 8 [C. com., art. L. 420-1 et L. 420-2], ne sont pas exclusives l'une de l'autre. • Com. 21 juin 1994, n° 92-14.589 P : *D. 1994. IR 213* • 5 mars 1996, n° 94-17.699 P : *D. Affaires 1996. 410.* ♦ Les griefs d'entente et d'abus de position dominante à propos d'une même pratique peuvent être retenus cumulativement. • Aut. conc. n° 09-D-36 du 9 déc. 2009 : *RLC avr.-juin 2010. 31, note Arhel* ; *RDLC 2010, n° 1, p. 95, obs. Nicolas-Vullierme.* ♦ L'analyse des effets sur la concurrence des accords d'exclusivité conclus entre une entreprise en position dominante sur le marché et ses acheteurs est *a fortiori* pertinente pour l'analyse des mêmes accords au regard des législations nationale et communautaire relatives aux ententes. • Aut. conc. n° 10-D-07 du 2 mars 2010. ♦ Sur le cumul des sanctions, V. note 38 ss. art. L. 464-2.

3. Ententes et concentrations. Les procédures prévues par le titre III relatif au contrôle des ententes et par le titre V relatif au contrôle des concentrations sont différentes et inconciliables entre elles. • Paris, 28 juin 1994 : *D. 1994. IR 195 ; Gaz. Pal. 1994. 2. 654, concl. Jobard ; CCC 1994, n° 169, obs. Vogel,* conf. par • Com. 26 nov. 1996, n° 94-20.055 P : *D. 1997. IR 16*. ♦ Sont donc irrecevables les saisines visant des opérations de concentration économique ayant fait l'objet d'un arrêté ministériel, en application des art. 38 s. [C. com., art. L. 430-1 s.], dès lors que les parties en litige n'ont pas fait état de pratiques illicites issues de ces accords pouvant faire l'objet, le cas échéant, d'une saisine distincte du Conseil de la concurrence sur le fondement des art. 7 et 8 [C. com., art. L. 420-1 et L. 420-2]. • Mêmes arrêts. ♦ V. aussi • Cons. conc. n° 02-D-44 du 11 juill. 2002 : *CCC 2002, n° 157, obs. Malaurie-Vignal ; JCP E 2003, n° 5, p. 224, note Arhel* (conf. par • Paris, 18 févr. 2003 : *JCP E 2003, n° 14, p. 612, note Arhel*).

En ce sens que dans le cadre de l'appréciation d'une concentration notifiée, la Commission ne saurait être obligé, en vertu de l'art. 81 CE, d'examiner le risque hypothétique que les parties à la concentration puissent être amenées à conclure des accords restrictifs à la suite de cette concentration. En effet, selon les termes de cet art., l'interdiction y édictée ne s'applique que lorsque des accords anti-concurrentiels ont effectivement été conclus. • TPICE 8 juill. 2003 : *CCC 2003, n° 164, obs. Poillot-Peruzzetto.*

La circonstance que l'Autorité de la concurrence identifie dans le cadre de l'examen d'une demande d'autorisation d'une opération de concentration d'éventuels comportements anticoncurrentiels que la nouvelle entité serait susceptible de mettre en œuvre à l'issue de l'opération, et qu'elle cherche à prévenir ce risque au moyen de l'acceptation d'engagements comportementaux, ne lui interdit pas d'examiner les comportements réellement mis en œuvre par la nouvelle entité sur le fondement des dispositions des art. L. 420-1 et L. 420-2 et de se prononcer sur des éléments nouveaux portés à sa connaissance par des tiers, ou découverts dans le cadre d'une instruction de ses services. L'analyse des risques concurrentiels effectués par l'Autorité *a priori* ne saurait avoir d'incidence sur la possibilité pour celle-ci d'examiner et de qualifier les comportements anticoncurrentiels reprochés à une entreprise dans le cadre de son contrôle *a posteriori*. • Aut. conc. n° 10-D-32 du 16 nov. 2010 : *CCC 2011, n° 15, obs. Decocq ; RDLC 2011, n° 1, p. 110, note Marty.*

4. Articulation avec le droit communautaire. Les art. L. 420-1 et L. 420-2 sont, en l'absence d'affectation du commerce intracommunautaire, applicables aux pratiques d'entente et d'abus de position dominante anticoncurrentielles mises en œuvre sur le territoire national ; dès lors, quand bien même un arrêt serait fondé en ce qu'il a annulé la décision pour avoir appliqué le droit communautaire de la concurrence, celle-ci demeure valide en ce qu'elle a appliqué les dispositions du droit national. • Com. 31 janv. 2012, n° 10-25.775 P : *cité note 1 ss. art. 3 du Règl. CE n° 1/2003 du 16 déc. 2002, App., v° Concurrence.* ♦ V. aussi, *eod. loc,* note 1 ss. art. 9 du Règl. CEE n° 17-62 du 6 févr. 1962.

II. PRINCIPE DE PROHIBITION DES ENTENTES RESTRICTIVES DE CONCURRENCE

A. EXIGENCE D'UNE PRATIQUE COLLUSIVE

1° NEUTRALITÉ DE LA FORME JURIDIQUE DE L'ENTENTE : ACCORDS ET PRATIQUES CONCERTÉES

5. Concours de volontés. Prouver l'entente implique de rapporter la preuve du concours des volontés. • Cons. conc. n° 07-D-47 du 18 déc. 2007 : *RD transp. 2008, n° 41, obs. Grard.* ♦ La preuve d'un tel accord doit reposer sur la constatation directe ou indirecte de l'élément subjectif qui caractérise la notion même d'accord, c'est-à-dire la concordance de volonté sur la mise en pratique d'une politique, abstraction faite de la manière dont est exprimée cette volonté. • Paris, 16 mai 2013 : *CCC 2013, n° 166, obs. Decocq ; RLC juill.-sept. 2013. 31, obs. Sélinsky.* ♦ Un accord est établi dès lors que les parties en cause adhèrent à un plan commun, qui limite ou est susceptible de limiter leur comportement commercial respectif sur le marché. Il n'est pas nécessaire qu'un tel accord soit établi par écrit ou respecte un formalisme particulier. Il n'est pas obligatoire non plus que des sanctions contractuelles ou des mesures de contrainte soient prévues. • Aut. conc. n° 11-D-17 du 8 déc. 2011 : *RLC avr.-juin 2012. 23, note Respaud.* ♦ La démonstration d'une entente verticale anticoncurrentielle reprochée à un fournisseur n'exige pas l'identification de tous les distributeurs ayant participé à l'entente. • Com. 11 juin 2013, n° 12-13.961 P : *D. 2013. Actu. 1542, obs. Chevrier ; JCP E 2013. Actu. 492 ; CCC 2013, n° 217, obs. Decocq ; RJDA 2013. 635, note Tréard.* ♦ La démonstration d'une entente verticale anticoncurrentielle généralisée au sein d'un réseau de distribution, impliquant des distributeurs représentant une part significative de la distribution concernée, ne requiert pas l'identification de tous les distributeurs ayant participé à l'entente dès lors qu'il n'est pas retenu d'entente totale au sein du réseau. • Com. 7 oct. 2014, n° 13-19.476 : D. 2015. *Pan. 944, obs. Ferrier ; AJCA 2014. 380, obs. Chagny ; CCC 2014, n° 278, obs. Decocq ; RJDA 2015, n° 47 ; RLC janv.-mars 2015. 35, obs. Cholet.* ♦ Une entente peut être à la fois un accord et une pratique concertée sans que l'autorité de concurrence ait à qualifier l'infraction exclusivement au regard de l'une ou de l'autre de ces formes de comportement illicite. • Aut. conc. n° 11-D-17 du 8 déc. 2011 : *préc.* ♦ La qualification de pratique concertée n'est pas limitée aux seuls comportements sur le marché mais peut aussi s'appliquer à une forme de coordination et à des prises de contacts entre les entreprises, supposant en cela un accord de volonté pour mener ensemble une telle concertation. • Cons. conc. n° 06-D-03 du 9 mars 2006 : *cité note 2 ss. art. L. 123-22.* ♦ Pour un arrêt considérant que l'art. 7 [C. com., art. L. 420-1] n'est applicable que s'il est démontré que les parties à l'entente ont eu l'intention de participer à une action concertée en vue de limiter l'accès au marché pertinent ou à la libre concurrence, V. • Com. 12 janv. 1999, n° 97-10.808 : *CCC 1999, n° 57, obs. Malaurie-Vignal ; LPA 25 nov. 1999, obs. Reboul ; JCP E 1999, n° 48, p. 1909, obs. Arhel.* ♦ Pour un arrêt retenant que la sanction d'une pratique sur le fondement des art. L. 420-1, L. 462-6 et L. 464-2 suppose que les entreprises aient librement et volontairement participé à une action concertée, en sachant qu'elle avait pour objet ou pouvait avoir pour effet d'empêcher, de restreindre ou de fausser le jeu de la concurrence sur le marché, V. • Paris, 9 janv. 2001 : *RTD com. 2001. 421, obs. Claudel* • 17 juin 2003 : *CCC 2003, n° 180, obs. Malaurie-Vignal* (dépendance des distributeurs excluant qu'ils aient pu librement consentir à l'entente). ♦ Comp., estimant qu'il résulte d'une pratique décisionnelle constante du Conseil de la concurrence qu'il n'est pas nécessaire de prouver que la restriction de concurrence ait été consciemment envisagée et voulue par les parties en connaissance de cause : • Aut. conc. n° 10-D-22 du 22 juill. 2010. ♦ Même si tout contrat peut-être le support d'une entente, il est difficile de qualifier ainsi une relation qui lie un employeur à son salarié, plaçant ce dernier dans une position de subordination qui rend incertaine l'application de la notion d'accord de volonté au sens du droit des ententes. • Cons. conc. n° 06-MC-02 du 27 juin 2006 : *RTD com. 2007. 48, obs. Claudel ; CCC 2006, n° 236, obs. Malaurie-Vignal ; RJDA 2006, n° 1075 ; RDLC 2006, n° 3, p. 89, obs. Claudel ; RLC oct.-déc. 2006. 23, note Neau-Leduc.* ♦ Les relations organisées entre un agent ou un intermédiaire et son commettant peuvent échapper au droit des ententes lorsque ces personnes juridiques ne constituent pas des entreprises indépendantes, mais forment en réalité une seule entité économique ; il s'agit alors d'un contrat d'agence et l'art. L. 420-1 n'est donc pas applicable aux obligations imposées à l'agent lorsque celui-ci n'est pas propriétaire des biens contractuels achetés ou vendus ou lorsqu'il ne fournit pas lui-même des services contractuels. • Aut. conc. n° 09-D-31 du 30 sept. 2009 : *cité note 29.*

En cas d'entente complexe, l'accord résulte de la preuve de réunions ayant un objet anticoncurrentiel, la responsabilité d'une entreprise pouvant être retenue si elle a participé à ces réunions, quelle que soit l'intensité de sa participation, en ayant connaissance de cet objet même si ensuite elle n'a pas mis en œuvre les mesures convenues. • CJCE 15 oct. 2002 : *CCC 2003, n° 60, obs. Poillot-Peruzzetto.* ♦ ... Ou qu'elle n'a pas signé le procès-verbal de réunion. • Cons. conc. n° 03-D-54 du 28 nov. 2003 : *CCC 2004, n° 61, obs. Malaurie-Vignal ; RTD com. 2004. 455, obs. Claudel .* ♦ Pour démontrer la participation d'une entreprise à une entente conclue à l'occasion de réunions secrètes, l'Autorité n'est pas tenue de déterminer si la personne qui la représentait à ces réunions détenait un mandat ou une autorité particulière à cet effet, mais seulement d'établir que l'entreprise a effectivement été présente à ces réunions. • Paris, 30 janv. 2014 : *AJCA 2014. 40, obs. Arcelin ; RTD com. 2014. 78, note Claudel ; JCP E 2014, n° 1231 ; CCC 2014, n° 98, obs. Decocq.* ♦ Au moment où les décisions communes ont été prises, si les participants ne pouvaient préjuger du degré d'application de ces décisions, néanmoins, leur volonté, à ce moment là, était bien de définir des prix minima communs. En conséquence, le fait de participer à des réunions où ont été décidé ces prix, ne laisse aucun doute sur leur volonté de participer à une concertation sur les prix, car la nature même de ces décisions établit leur caractère anticoncurrentiel. • Cons. conc. n° 05-D-27 du 15 juin 2005. ♦ Le Conseil retient que l'accord de volonté est démontré dans deux hypothèses : si l'entreprise n'a participé qu'à une seule réunion ayant un objet anticoncurrentiel dès lors qu'il est également établi qu'elle a adhéré à cet objet, notamment par la diffusion des consignes adoptées ou encore par l'application des mesures décidées au cours de cette réunion ; ou si l'entreprise a participé à plusieurs réunions ayant le même objet anticoncurrentiel. • Cons. conc. n° 06-D-03 du 9 mars 2006 : *préc.* ♦ La participation d'une entreprise à une entente globale, impliquant d'autres entreprises que celles avec laquelle elle s'est directement concertée, n'est établie que s'il est démontré que l'entreprise en cause a entendu contribuer par son propre comportement aux objectifs communs poursuivis par l'ensemble des participants et qu'elle avait connaissance des comportements matériels envisagés ou mis en œuvre par ces autres participants dans la poursuite des mêmes objectifs ou qu'elle pouvait raisonnablement les prévoir et qu'elle était prête à en accepter le risque. • Com. 9 oct. 2007, n° 06-12.446 : *D. 2007. AJ 2729, obs. Chevrier ; CCC 2007, n° 304, obs. Decocq ; RJDA 2008, n° 194.* – Sur renvoi après cassation, jugeant que ces éléments n'étant pas établis il en résulte que la participation de cette entreprise à une entente à trois n'est pas démontrée : • Paris, 15 juin 2010 : *CCC 2010, n° 214, obs. Decocq.* ♦ Si la preuve d'une distanciation publique peut permettre de renverser la présomption du caractère illicite de la participation d'une entreprise à une réunion anticoncurrentielle, l'absence d'une telle distanciation ne peut, dans le cas d'une entente se poursuivant dans le temps et se caractérisant par une succession de réunions collusoires, être le seul élément retenu pour établir qu'une entreprise a continué de participer à l'infraction, lorsque cette entreprise a cessé, pendant une période significative, de participer à ces réunions. • Com. 8 nov. 2016, n° 14-28.234 : *CCC 2017, n° 18, obs. Decocq ; RJDA 2017, n° 120.*

Pour un arrêt relevant que le boycott constitue une action délibérée en vue d'évincer un opérateur du marché et que faute d'établir la volonté d'éviction, les pratiques litigieuses ne peuvent être qualifiées d'entente illicite : • Com. 22 oct. 2002, n° 00-18.048 P : *cité note 41.* ♦ Jugeant que l'adhésion à une entente peut se déduire de la mise en œuvre par une entreprise du comportement anticoncurrentiel collectivement décidée par plusieurs de ses concurrents, V. • Paris, 18 mars 2003 : *cité note 24.* ♦ Le traitement discriminatoire entre distributeurs intégrés ne suffit pas à caractériser une entente entre distributeurs et fournisseurs, dans la mesure où l'opacité des conditions générales ne permet pas d'établir que les distributeurs avaient connaissance des différences de traitement, les pratiques litigieuses ne relevant pas, par conséquent, d'une concertation entre les intéressés, mais traduisant au contraire un comportement unilatéral du fournisseur. • Cons. conc. n° 99-D-31 du 18 mai 1999 : *CCC 1999, n° 143, obs. Malaurie-Vignal.*

6. Contrat type. En matière d'effet cumulatif des contrats, les pratiques anticoncurrentielles ne résultent pas d'un accord de volontés de plusieurs concurrents visant à s'entendre, mais de la mise en œuvre indépendante de plusieurs contrats identiques passés par chacun d'entre eux et dont l'effet cumulatif est restrictif de concurrence. • Aut. conc. n° 19-D-10 du 27 mai 2019. ♦ Entrent dans le champ des pratiques concurrentielles définies par l'art. 7 [C. com., art. L. 420-1] les accords liant un ensemble de distributeurs à un fournisseur au moyen d'un contrat type, prévoyant notamment que l'agrément des distributeurs est subordonné à l'acceptation par eux d'une politique de prix de revente conseillés. • Com. 18 mai 1993, n° 91-20.471 P. – V. aussi • Com. 1er juin 1993, n° 91-14.242 P : *D. 1995. Somm. 79, obs. Ferrier ; CCC 1993, n° 175, note Vogel* (contrat de franchise) • 2 juill. 2002, n° 00-14.939 : *BRDA 2002, n° 17, p. 10 ; LPA 3 juill. 2003, obs. Malaurie-Vignal.*

S'il est envisageable qu'une évolution contractuelle puisse être considérée comme ayant été acceptée d'avance, lors de et par la signature d'un contrat de concession légal, lorsqu'il s'agit d'une évolution contractuelle légale qui, soit est envisagée par le contrat, soit est une évolution que le concessionnaire ne saurait, eu égard aux usages commerciaux ou à la réglementation, refuser, en revanche, il ne saurait être admis qu'une évolution contractuelle illégale puisse être considérée comme ayant été acceptée d'avance, lors de et par la signature d'un contrat de distribution légal. • TPICE 3 déc. 2003, n° T-208/01 : *D. 2004. AJ 135 ; RJDA 2004, n° 233 ; CCC 2004, n° 27, obs. Poillot-Peruzzetto ; LPA 15 mars 2004, obs. Arhel* (conf. par • CJCE 13 juill. 2006, n° C-74/04 : *LPA 20 nov. 2006, obs. Arhel ; RJDA 2006, n° 1172 ; RLC oct.-déc. 2006. 31, obs. Sélinsky ; RDLC 2006, n° 4, p. 67, obs. van der Woude*). ♦ V. aussi, s'interrogeant sur le point de savoir si la mesure prise par le fabricant est entrée dans le champ des relations contractuelles : • TPICE 21 oct. 2003, n° T-368/00 : *CCC 2004, n° 27, obs. Poillot-Peruzzetto ; Europe 2003, n° 404, obs. Idot ; RJDA 2004, n° 759* • CJCE 6 janv. 2004 : *D. 2004. Somm. 1970, obs. Claudel ; JCP E 2004, n° 18, p. 752, note Vilmart ; LPA 12-13 avr. 2004, obs. Arhel ; RJDA 2004, n° 759.* – Sur cet arrêt, V. aussi Cot, *RJDA 2004, p. 603 ;* Idot, *RDC 2004. 289.* ♦ Pour une application en droit interne, V. • Cons. conc. n° 05-D-06 du 23 févr. 2005 : *RDLC 2005, n° 2, p. 50, obs. Debroux ; RLC 2005, n° 3, p. 28, obs. C. R.*

Comp., jugeant qu'en présence d'une invitation d'un fabricant à respecter des prix « conseillés », l'accord de volonté des distributeurs peut être démontré par une concentration anormale des prix pratiqués par les revendeurs mais aussi par la signature d'un contrat de coopération commerciale impliquant le respect de la politique commerciale ou de la politique de communication du fabricant par les revendeurs. • Cons. conc. n° 05-D-66 du 5 déc. 2005 : *cité note 6 ss. art. L. 463-1* (conf. par • Paris, 19 juin 2007 : *cité note 3 ss. art. R. 464-17*). ♦ Dans les deux cas, l'entente est démontrée sans qu'il soit nécessaire d'avoir mis en cause chacun des distributeurs au stade de la notification des griefs, les fournisseurs prenant une part prépondérante dans la constitution de l'entente en diffusant des prix minimaux conseillés et veillant à ce qu'ils soient respectés par ces distributeurs. • Même décision • Cons. conc. n° 06-D-04 du 13 mars 2006 : *CCC 2006, n° 83, obs. Malaurie-Vignal ; LPA 13 nov. 2006, obs. Baccichetti ; RJDA 2006, n° 705 ; RLDC 2006, n° 2, p. 82, obs. Claudel* • n° 07-D-03 du 24 janv. 2007 : *cité note ss. art. R. 463-7.* ♦ V. sur la question de savoir si les contrats d'achat exclusif de carburants conclus entre une compagnie pétrolière et un pompiste relèvent du droit des ententes : • CJCE 14 déc. 2006, n° C-217/05 : *D. 2007. Pan. 1911, obs. Ferrier ; JCP E 2007, n° 25, p. 28, note Dieny ; CCC 2007, n° 45, obs. Malaurie-Vignal ; RLC avr.-juin 2007. 17, obs. Robin.*

7. Organisations professionnelles. **BIBL.** Deschamps et Reis, *RLDA mai 2012. 85* (utilisation stratégique des organisations professionnelles dans le cadre des infractions anticoncurrentielles). – Maulin, *RLC déc. 2020. 34* (application du droit de la concurrence aux associations professionnelles). ♦ Les décisions des organismes collectifs, bien que se présentant comme des actes unilatéraux, résultent d'un accord de volonté de leurs membres et sont, à ce titre, susceptibles de relever des règles de prohibition des ententes. • Aut. conc. n° 18-D-06 du 23 mai 2018. ♦ Bien qu'émanant d'une seule personne morale et revêtant un caractère d'unilatéralité, les pratiques mises en œuvre par des syndicats ou des associations professionnels sont présumées constituer des concours de volontés entre leurs membres. • Aut. conc. n° 12-D-26 du 20 déc. 2012. ♦ L'élaboration et la diffusion, à l'initiative d'un syndicat professionnel, d'un document destiné à l'ensemble de ses adhérents peuvent constituer une entente si ceux-ci ont pour objet ou pour effet d'empêcher, de restreindre ou de fausser le jeu de la concurrence. • Paris, 6 juin 2013, n° 2012/02945 : *CCC 2013, n° 219, obs. Decocq.* ♦ Les consignes syndicales constituent des actions concertées au sens de l'art. L. 420-1. L'infraction aux règles de concurrence n'est pas constituée par les discussions internes mais résulte de la diffusion de consignes anticoncurrentielles par le syndicat à destination de ses membres ou d'actions vis-à-vis de tiers. • Aut. conc. n° 10-D-11 du 24 mars 2010 : *RDLC 2010, n° 2, p. 75, obs. Debroux ; RLC juill.-sept. 2010. 34, obs. Destours.* ♦ Toute pratique susceptible d'avoir un objet ou un effet anticoncurrentiel mise en œuvre par un ordre professionnel, autorité qui représente la collectivité de ses membres, révèle nécessairement une entente entre ses membres. • Com. 16 mai 2000, n° 98-12.612 P : *D. 2000. AJ 298, obs. Marmontel*. ♦ Les actions des organisations professionnelles ont en elles-mêmes un caractère collectif et sont donc susceptibles d'entrer dans le champ de l'art. 7 [C. com., art. L. 420-1] sans qu'il soit nécessaire de démontrer l'existence d'une concertation entre ces organisations et d'autres parties. • Cons. conc. n° 94-D-05 du 18 janv. 1994 • n° 99-D-68 du 9 nov. 1999. ♦ Si le caractère collectif des actions des organisations professionnelles suffit à établir une entente entre leurs membres, sans qu'il soit nécessaire de rechercher la preuve d'une concertation avec d'autres parties, il ne fonde toutefois aucune présomption en matière d'entente ou de concertations entre plusieurs organisations professionnelles, *a fortiori* lorsque leurs membres sont distincts. • Aut. conc. n° 12-D-19 du 26 sept. 2012 : *RLC janv.-mars 2013. 31, obs. Sélinsky.* ♦ V. aussi notes 43 et 44 et note 8 ss. art. L. 410-2.

Le seul fait d'avoir participé à une seule réunion tenue dans le cadre statutaire d'une organisation professionnelle est insuffisant pour démontrer l'adhésion d'une entreprise à une entente, lorsque l'entreprise n'est pas en mesure d'appréhender le caractère anticoncurrentiel de la réunion et qu'il ne lui est révélé que par une évolution imprévisible de l'ordre du jour, dans la mesure où sa bonne foi a pu être surprise, compte tenu du cadre statutaire dans lequel la réunion se déroulait. Dans cette hypothèse, l'adhésion à l'entente peut toutefois être démontrée si l'entreprise en cause donne son accord exprès à l'entente, si elle diffuse les consignes arrêtées lors de la réunion, si elle applique les mesures concrètes décidées lors de la réunion ou enfin si elle participe à une autre réunion ayant le même objet anticoncurrentiel. • Aut. conc. n° 16-D-20 du 29 sept. 2016. ♦ Pour établir l'adhésion d'un membre de l'organisme à une décision d'association d'entreprises ayant un objet anticoncurrentiel, il convient de démontrer que ce membre a mis en œuvre la pratique litigieuse en cause par des mesures concrètes adoptées dans le cadre de la décision d'association d'entreprises, étant entendu qu'une application littérale de la décision d'association d'entreprises par les membres de l'organisme n'est pas nécessaire à la démonstration de leur participation. • Aut. conc. n° 19-D-19 du 30 sept. 2019 : *préc. note 9 ss. art. L. 410-1.*

Il résulte de l'arrêt du 14 nov. 2017 de la CJUE (n° C-671/15) que si des pratiques qui portent sur une concertation relative aux prix ou aux quantités mises sur le marché ou sur des échanges d'informations stratégiques peuvent être soustraites à l'interdiction des ententes prévue à l'art. 101, § 1, TFUE lorsqu'elles sont convenues entre membres d'une même organisation de producteurs (OP) ou d'une même association (AOP) reconnue par un État membre et qu'elles sont strictement nécessaires à la poursuite du ou des objectifs qui lui ont été assignés en conformité avec la réglementation relative à l'organisation commune du marché concerné, de telles pratiques ne peuvent échapper à cette interdiction lorsqu'elles sont convenues entre différentes OP ou AOP ainsi qu'avec des entités non reconnues dans le cadre de l'organisation commune du marché concerné. • Com. 12 sept. 2018, n° 14-19.589 P : *D. 2018. Actu. 1804 ; JCP E 2018, n° 1501 ; CCC 2018, n° 203, obs. Decocq ; RDC 2018. 592, obs. Prieto* (suite de la question préjudicielle posée par • Com. 8 déc. 2015, n° 14-19.589 P : *D. 2016. Actu. 4 ; JCP E 2016, n° 1044 ; CCC 2016, n° 46, obs. Decocq*).

8. Pratiques concertées et comportements parallèles. Justifie légalement sa décision de condamnation de sociétés pétrolières pour entente économique la cour d'appel qui établit le parallélisme de comportement de ces sociétés avec celui des autres distributeurs, constate que ce parallélisme, qui les a amenées, pour des stations qu'elles exploitaient par mandataires, à pratiquer systématiquement des prix de détail identiques à ceux des autres distributeurs, ne se justifiait ni par les caractéristiques du marché conduisant au contraire à une dispersion des prix de revient, ni par les coûts d'exploitation nécessairement spécifiques à la gestion par mandataires et énonce que ce comportement traduisait leur renoncement à suivre une politique commerciale autonome et s'expliquait par leur choix délibéré de coopérer en fait aux ententes formées par les autres distributeurs auxquels elles ont tacitement mais volontairement adhéré. • Com. 8 oct. 1991, n° 89-20.869 P : *CCC 1991, n° 237, obs. Vogel ; JCP 1993. II. 22095, note Synvet.* ♦ V. également, concernant une action concertée, entre deux sociétés, relative au « coût du port avancé » de la levure fraîche de panification, • Com. 14 janv. 1992, n° 89-21.462 P. ♦ Sur les conditions d'un équilibre non collusif entre entreprises concurrentes, V. • Cons. conc. n° 04-D-43 du 8 sept. 2004 : *D. 2004. AJ 2570 ; RLC 2005, n° 1, p. 33, obs. Sélinsky.* ♦ Sur la preuve de la cartellisation d'un oligopole, V. • Cons. conc. n° 05-D-38 du 5 juill. 2005 : *D. 2005. AJ 2444, obs. Chevrier ; RDLC 2005, n° 4, p. 67, obs. Debroux* (partiellement censuré par • Com. 9 oct. 2007, n° 06-12.446 : *préc. note 5*).

2° PARTIES À L'ENTENTE

9. Acteur économique. Bien que l'art. 7 [C. com., art. L. 420-1] ne pose pas comme condition de son application la qualité d'entreprise des parties à l'entente, une au moins des parties doit être considérée comme un acteur économique exerçant une activité sur le marché ; tel n'est pas le cas de syndicats professionnels organisant des actions concertées destinées à dissuader un éditeur de faire assurer l'impression de ses journaux dans une entreprise de labeur. • Paris, 29 févr. 2000 : *D. 2000. AJ 182, obs. Daleau ; CCC 2000, n° 95, obs. Malaurie-Vignal ; LPA 6 févr. 2001, obs. Bergé* (V. décision annulée • Cons. conc. n° 99-D-41 du 22 juin 1999 : *D. 1999. IR 208 ; CCC 1999, n° 178, obs. Malaurie-Vignal.* – Sur cette décision, V. Edelman, *D. 2000. Chron. 261*). ♦ V. aussi l'arrêt de confirmation, qui précise que la cour d'appel ne s'est pas fondée sur le caractère isolé des agissements en cause, mais bien sur l'absence d'activité économique des syndicats poursuivis pour exclure, en l'espèce, l'application de l'art. L. 420-1. • Com. 15 janv. 2002, n° 00-13.059 P : *D. 2002. AJ 720, obs. Chevrier ; RTD com. 2002. 287, obs. Claudel ; CCC 2002, n° 61, obs. Malaurie-Vignal.* ♦ Les avocats exerçant une activité économique et, partant, constituant des entreprises, les conseils de l'ordre des avocats, comme le CNB, peuvent donc être considérés comme des associations d'entreprises au sens du droit de la concurrence et les pratiques qu'ils mettent en œuvre doivent être regardées comme traduisant un concours de volonté entre leurs membres. • Aut. conc. n° 18-D-12 du 18 juill. 2018.

Considérant qu'il importe peu, pour l'application des règles de concurrence, que la personne poursuivie pour entente n'ait pas la qualité d'opérateur économique sur le marché affecté dès lors que ses comportements sont susceptibles d'affecter le jeu de la concurrence dans un secteur économique, V. • Paris, 8 févr. 2000 : *CCC 2000, n° 128, obs. Malaurie-Vignal.* ♦ Les dispositions de l'art. L. 420-1 C. com., comme celles de l'art. 101 TFUE, impliquent que peuvent être considérées comme ayant participé à une entente, les entreprises qui contribuent à une restriction de concurrence sur un marché sur lequel elles ne sont pas actives, dès lors qu'elles contribuent à la mise en œuvre de l'entente, même de façon subordonnée, accessoire ou passive, par exemple par une approbation tacite ou par une absence de dénonciation de cette entente aux autorités. • Aut. conc. n° 19-D-12 du 24 juin 2019 : *AJDA 2019. 2591, obs. Nicinski ; RLC janv. 2020. 50, note Galokho.*

V. aussi note 11.

10. Convention collective. Les accords conclus dans le cadre d'une convention collective destinés à améliorer les conditions d'emploi et de travail, doivent être considérés, en raison de leur nature et de leur objet, comme ne relevant pas du droit des ententes, sauf s'ils portent sur des matières qui ne relèvent pas de l'essence des négociations collectives ou visent à affecter directement les rapports entre les employeurs et les tiers, tels que les clients, les fournisseurs, les employeurs concurrents ou les consommateurs, en portant atteinte à la concurrence. • Cons. conc. n° 03-D-30 du 2 juill. 2003 : *CCC 2003, n° 141, obs. Malaurie-Vignal.*

11. Associations professionnelles. BIBL. Condomines, *JCP E 2005, n° 4, p. 120.* ♦ Constitue une interdiction générale et prohibée par l'art. 7 [C. com., art. L. 420-1] la disposition du règlement intérieur stipulant qu'aucun membre de l'association ne doit soumissionner à titre individuel à un quelconque appel d'offre de tel ou tel centre hospitalier. • Paris, 1er oct. 1996 : *D. Affaires 1996. 1316.* ♦ De même, les clauses statutaires organisant la procédure d'agrément des professionnels candidats à l'adhésion à une association professionnelle peuvent avoir un objet ou un effet anticoncurrentiel dès lors que la sélection n'est pas fondée sur des critères objectifs de nature qualitative et appliqués de manière non discriminatoire, et qu'elles sont utilisées pour empêcher l'accès au marché à certaines entreprises. • Cons. conc. n° 96-D-04 du 23 janv. 1996. ♦ Tel est le cas d'une clause figurant dans les statuts d'une association de taxis dans laquelle sont déterminées les conditions d'adhésion à l'association et notamment l'existence d'un droit d'entrée, sans que le montant de ce droit soit fixé dans des conditions objectives dans la mesure où il est laissé à l'appréciation des membres du bureau. • Cons. conc. n° 00-D-78 du 21 mars 2001. ♦ Sur l'illicéité de la décision d'éviction, prise par une association d'exploitants de taxi d'une commune, à l'égard d'un membre ayant décidé de recourir aux services d'un salarié pour exploiter son taxi, V. • Cons. conc. n° 97-D-40 du 4 juin 1997 : *D. Affaires 1997. 1139.* – V. aussi note 17.

Les conditions d'adhésion à une association professionnelle peuvent porter atteinte à la libre concurrence si, d'une part, cette adhésion est une condition d'accès au marché ou si elle constitue un avantage concurrentiel et si, d'autre part, ces conditions d'adhésion sont définies ou appliquées de façon non objective, non transparente ou discriminatoire. • Aut. conc. n° 19-D-05 du 28 mars 2019. ♦ Si l'admission de nouveaux membres au sein d'une organisation professionnelle par cooptation ne constitue pas en elle-même une pratique contraire au droit de la concurrence, une telle modalité peut, notamment lorsqu'elle est associée à d'autres dispositions telles que le parrainage et la dispense de motivation des refus, avoir pour effet de limiter le jeu de la concurrence. • Cons. conc. n° 98-D-81 du 21 déc. 1998 : *CCC 1999, n° 94, obs. Malaurie-Vignal ; LPA 25 nov. 1999, obs. Reboul* • n° 02-D-60 du 27 sept. 2002 : *CCC 2003, n° 26, obs. Malaurie-Vignal* (mais réformé par • Paris, 27 mai 2003 : *BOCC 11 juill. 2003*). ♦ Contrevient aux dispositions de l'art. 7 [C. com., art. L. 420-1] la clause des statuts d'une association qui subordonne l'adhésion d'un nouvel adhérent au parrainage d'un concurrent géographiquement proche. • Cons. conc. n° 96-D-22 du 22 avr. 1996 : *CCC 1997, n° 29, obs. Vogel.* ♦ Constitue une pratique anticoncurrentielle le fait pour une association de taxis d'imposer comme condition d'adhésion l'interdiction de pratiquer le doublage, soit la renonciation par le futur adhérent à employer des salariés, dans la mesure où cette condition a pour conséquence inévitable de limiter la capacité des exploitants membres de l'association à développer leur activité en leur interdisant tout particulièrement d'améliorer l'offre des taxis dans l'intérêt des consommateurs. • Cons. conc. n° 00-D-79 du 21 mars 2001. ♦ En revanche, la concertation entre entreprises de transports sanitaires ayant créé une association professionnelle pour assurer le respect de la déontologie de leur profession et celui de la concurrence entre entreprises du secteur n'est pas en soi anticoncurrentielle. • Paris, 1er oct. 1996 : *préc.*

12. Groupements d'intérêt économique. Un accord de volontés peut prendre la forme de la constitution d'un GIE entre entreprises indépendantes, par lequel ces dernières mettent en commun certains éléments de leur politique commerciale. A l'instar d'autres décisions d'organismes collectifs qui se présentent comme des décisions unilatérales, cette organisation est en réalité le fruit d'une décision fondée sur le concours de volontés de membres du GIE. • Aut. conc. n° 12-D-06 du 26 janv. 2012 : *D. actu. 8 févr. 2012, obs. Delpech.* ♦ Pour un GIE constitutif d'une entente, V. • Cons. conc. n° 88-D-37 du 11 oct. 1988 : *RTD com. 1989. 102, obs. Cabrillac et Teyssié* (groupement des cartes bancaires) • Paris, 26 avr. 1990 : *D. 1990. IR 133 ; JCP 1991. II. 21597, note Bouteiller.* ♦ Pour un système satisfaisant, V., dans la même affaire, • Cons. conc. n° 89-D-15 du 3 mai 1989 : *RTD com. 1989. 580, obs. Bouzat.* – V. aussi • Cons. conc. n° 90-D-41 du 30 oct. 1990 : *RTD com. 1991. 80, obs. Cabrillac et Teyssié* ✎. ♦ Plus généralement, sur l'application des règles de concurrence à la création d'un GIE, V. • Paris, 6 déc. 1990 : *BOCC 29 déc. 1990* • 17 sept. 1992 : *ibid. 3 oct. 1992.*

Les pratiques d'entente et d'abus de position dominante peuvent être le fait d'un GIE, fût-il bénéficiaire d'une convention d'occupation temporaire du domaine public. Ainsi, dès lors que les statuts de deux GIE constitués par deux sociétés subordonnent l'admission de nouveaux membres à « l'accord unanime du conseil d'administration », que les décisions de tarification sont concertées et que les approvisionnements sont assurés par des moyens logistiques communs, il apparaît que ces deux sociétés ont mis en place une stratégie commerciale commune et sont en mesure de s'opposer à l'accès d'un nouvel opérateur sur le marché. • Com. 5 mars 1996, n° 94-17.699 P : *préc. note 2.* ♦ V. aussi note 17.

13. Groupements d'investissement. Une analyse au fond apparaît nécessaire afin de rechercher si le droit de la concurrence impose ou non, en l'absence de pratique décisionnelle ou de jurisprudence portant précisément sur ce point, l'application de conditions d'adhésion objectives, transparentes et non discriminatoires à des groupements d'investissement, dans la mesure où cette adhésion constitue une condition d'accès au marché ou un avantage concurrentiel. • Aut. conc. n° 11-D-05 du 23 févr. 2011 : *CCE 2011, n° 54, obs. Chagny.*

14. Centrales d'achat. BIBL. Delbarre et Lavabre, *RJDA 1996, p. 135.* – Pédamon, *RID comp. 1987. 579 et 1988. 470.* – G. Parléani, *LPA 6 mars 1996.* – Reyé, *ibid. 5 janv. 1998* (coopération commerciale : référencement et services spécifiques). – Bonnet-Desplan, *Cah. dr. entr. 1998, n° 2, p. 12* (du déréférencement). – Retterer, *ibid. 1999, n° 2, p. 1* (contrat de référencement : du droit des obligations au droit de la concurrence). – Colloque du 6 déc. 2000, *Gaz. Pal. 9-10 nov. 2001* (abus de puissance d'achat et accès aux linéaires de la grande distribution). ♦ Sur les centrales de référencement, V. Leloup, *RJ com. n° spéc. nov. 1997. 161* (ventes à la grande distribution) et V. Estoup, note ss. • Versailles, 29 sept. 1988 : *JCP 1989. II. 21190.* ♦ V. aussi notes 8 et 9 ss. art. L. 132-1.

15. Sociétés. La constitution d'une société ou participation entre deux entreprises en vue d'exécuter en commun des travaux prévus par un marché auquel elles vont soumissionner n'est pas en soi constitutive d'une entente illicite. • Com.

10 janv. 1995, n° 92-17.892 : *RJDA 1995, n° 596* • Paris, 6 juin 2000 : *Rev. sociétés 2000. 590, obs. Guyon.* ♦ Sur la constitution de filiales communes entre plusieurs banques pour la mise en place du porte-monnaie électronique Moneo, V. • Cons. conc. n° 03-A-17 du 18 sept. 2003 : *D. 2003. AJ 2635*.

16. Groupes de sociétés. Dans un arrêt du 17 mai 2018 (CJUE 17 mai 2018, n° C-531/16), constituant la première espèce portée devant la Cour de justice en la matière, la Cour a estimé que les règles de l'art. 101 TFUE sont inapplicables aux accords entre sociétés du même groupe pris dans le cadre d'un appel d'offres et renvoyé, dans ce cas de figure, aux règles relatives aux marchés publics. Cette nouvelle jurisprudence conduit, partant, l'Autorité de la concurrence à reconsidérer sa pratique décisionnelle relative à l'application de la prohibition des ententes aux soumissions concertées des sociétés filiales d'un même groupe à des appels d'offres. Dès lors, les filiales d'un même groupe, même si elles répondent séparément à un appel d'offres, constituent désormais une seule entreprise au sens du droit de la concurrence ; il n'est donc pas possible de leur opposer une entente. • Aut. conc. n° 20-D-19 du 25 nov. 2020 : *D. actu. 1er déc. 2020, obs. Lebied ; AJCT 2021. 87, obs. Coupé ; BRDA 2021, n° 1, p. 23, obs. Coursière-Pluntz et Flaicher-Maneval ; RLC avr. 2021. 22, note Lauer.* – V. aussi • CJUE 17 mai 2018, n° C-531/16 : *AJ contrat 2018. 290, obs. Grimaud et Villemagne ; RTD eur. 2019. 493, obs. Durviaux*.

17. Coopératives. Le dispositif légal régissant les coopératives de commerçants détaillants n'est pas de nature, en tant que tel, à faire obstacle à l'application normale du droit de la concurrence. • Aut. conc. n° 16-D-26 du 24 nov. 2016. ♦ Pour un exemple, V. • Cons. conc. n° 95-D-38 du 9 juin 1992. ♦ Comp., jugeant que l'Ord. de 1986 n'est pas applicable aux clauses d'un groupement de coopératives (prévoyant, entre autres, une pénalité en cas de retrait anticipé), au motif, notamment, que l'art. 8 (2) [C. com., art. L. 420-2 (I), 2°] vise le rapport client-fournisseur, et que le coopérateur n'est pas seulement un client de la coopérative, mais aussi son associé qui, dans le cadre de l'*affectio societatis*, profite de la coopérative et tire des bénéfices des activités de celle-ci en bénéficiant des avantages tarifaires obtenus des fournisseurs, en participant à la répartition des excédents et en tirant profit encore de l'accès aux filiales et aux services de la coopérative. • Versailles, 27 mars 1997 : *D. Affaires 1997. 824 ; Rev. sociétés 1997. 796, note Saintourens*. – Dans le même sens, V. • T. com. Paris, 19 juill. 1995 : *Dr. sociétés 1996, n° 68, obs. crit. Vidal.* ♦ Rappr., sanctionnant sur le fondement du droit commun mais n'excluant pas l'application de l'ordonnance [C. com., art. L. 420-1 s.], la clause statutaire réglant le sort des ristournes en cas d'exclusion d'un adhérent de groupement coopératif d'achat : • Com. 22 févr. 2000, n° 97-17.020 P : *D. 2000. AJ 153, obs. Chevrier*. ♦ N'est pas caractérisée une entente entre sociétés coopératives qui aurait eu un effet restrictif sur la concurrence dès lors que les liens qui existent entre les deux coopératives participent à l'organisation et au fonctionnement normal du mouvement auquel elles appartiennent et que ces deux coopératives ne peuvent être considérées comme économiquement indépendantes l'une par rapport à l'autre. • Reims, 5 mai 2003 : *Rev. sociétés 2003. 865, note Saintourens*.

Sur l'illicéité d'une clause du règlement intérieur d'une coopérative de taxis, qui interdit aux membres de posséder et d'utiliser d'autres moyens de communication que le radiotéléphone agréé par la coopérative, V. • Paris, 13 juin 1997 : *D. Affaires 1997. 952 ; JCP E 1997. Pan. 752.* ♦ V. aussi, pour un règlement intérieur d'un GIE de taxis subordonnant l'adhésion à ce groupement à la participation à un syndicat professionnel • Cons. conc. n° 97-D-54 du 9 juill. 1997 conf. par • Paris, 5 mai 1998 : *D. Affaires 1998. 1526 ; CCC 1998, n° 130, obs. Malaurie-Vignal.* ♦ Dans le même sens, V. • Cons. conc. n° 00-D-77 du 21 mars 2001 • n° 00-D-78 du 21 mars 2001. ♦ V. également note 11.

18. Établissements de crédit. L'accord passé par plusieurs établissements bancaires français, visant à refuser, par principe, toute demande de renégociation ou de rachat de prêts ayant pour objet de figer des parts de marchés détenues par chaque réseau pour les crédits antérieurement accordés et, pour effet de dissuader ou de priver une partie de la clientèle de la possibilité de renégocier ses emprunts soit avec l'établissement prêteur d'origine soit avec un établissement concurrent, constitue une pratique anticoncurrentielle des plus graves dans la mesure où cette entente horizontale affecte les taux d'intérêts et en définitive les prix payés par les consommateurs finaux. • Cons. conc. n° 00-D-28 du 19 sept. 2000 : *CCC 2001, n° 27, obs. Malaurie-Vignal ; RTD com. 2001. 422, obs. Claudel*, conf. par • Paris, 27 nov. 2001 : *RTD com. 2002. 141, obs. Cabrillac et 293, obs. Claudel*. ♦ V. en matière de tarifs de traitement des chèques à l'encaissement : • Com. 29 janv. 2020, n° 18-10.967 P : *D. 2020. Actu. 277 ; RTD eur. 2020. 973, obs. Idot ; JCP E 2020, n° 1293, note Bettoni ; CCC 2020, n° 49, obs. Bosco ; RJDA 5/2020. 331, note Marie.*

3° PREUVE DE L'ENTENTE

BIBL. Vogel, *JCP E 1991. I. 96.* – Léonnet, *JCP 1993. I. 3722.* – NDLR, *BRDA 2007, n° 17, p. 13* (preuve des accords de volontés constitutifs d'entente). – Buhart et Maulin, *RDLC 2011, n° 4, p. 51* (preuve en matière de cartels : état des lieux et perspectives). – Guillotin, *JCP E 2012, n° 1107* (preuve et forme des ententes). – Roda, *D. 2021. 1297* (le standard de preuve : réflexions à partir du droit de la concurrence).

19. Charge de la preuve. Eu égard à la nature des infractions en cause ainsi qu'à la nature et au degré de sévérité des sanctions qui s'y attachent, la présomption d'innocence s'applique en matière de violation des règles de concurrence susceptibles d'entraîner le prononcé d'amendes. • Paris, 26 janv. 2012 : *cité note 3 ss. art. L. 463-1.* ♦ La preuve de pratiques anticoncurrentielles incombe à celui qui s'en prétend victime, ou aux autorités administratives dans le cadre des enquêtes qui sont diligentées en application de l'art. 47 [C. com., art. L. 450-3]. • Com. 12 oct. 1993, n° 91-16.988 P : *JCP 1993. IV. 2611.* ♦ C'est de la qualification de la restriction de concurrence que dépend la charge de la preuve, la restriction par objet imposant aux entreprises de justifier des critères d'une exemption individuelle pour infirmer la présomption d'infraction qui résulte d'une restriction par objet, présumée porter préjudice au fonctionnement des marchés, l'effet potentiel des autres restrictions devant être prouvé. • Paris, 23 févr. 2012 : *RTD com. 2012. 379, obs. Legeais* ; *JCP E 2012. Actu. 132 ; CCC 2012, n° 104, obs. Bosco* (réforme de • Aut. conc. n° 10-D-28 du 20 sept. 2010). – Cassé par : • Com. 14 avr. 2015, n° 12-15.971.

Dans le cadre de l'examen du lien de causalité entre la concertation et le comportement sur le marché des entreprises participant à celle-ci, lien qui est exigé pour établir l'existence d'une pratique concertée au sens de l'art. 81, § 1, CE, le juge national est tenu, sous réserve de la preuve contraire qu'il incombe à ces dernières de rapporter, d'appliquer la présomption de causalité énoncée par la jurisprudence de la Cour et selon laquelle lesdites entreprises, lorsqu'elles demeurent actives sur ce marché, tiennent compte des informations échangées avec leurs concurrents. Pour autant que l'entreprise participant à la concertation demeure active sur le marché considéré, la présomption du lien de causalité entre la concertation et le comportement de cette entreprise sur ce marché est applicable même si la concertation n'est fondée que sur une seule réunion des entreprises concernées. • CJCE 4 juin 2009, n° C-8/08 : *D. 2009. AJ 1689* ; *AJDA 2009. 1539, et les obs.* ; *CCC 2009, n° 197, obs. Decocq ; Gaz. Pal. 2009. 3179, obs. Vialens ; RJDA 2010, n° 79 ; RLDA août-sept. 2009. 45, note Wilhelm et Provost ; RLC juill.-août 2009. 27, obs. Robin.*

20. Faisceau d'indices. En raison de l'emploi de cette méthode du faisceau d'indices il n'y a pas lieu d'examiner si, pris séparément, chacun de ces éléments a un caractère probant. • Paris, 16 sept. 2010 : *CCC 2010, n° 255, obs. Decocq.* ♦ Pour des exemples d'ensemble d'indices graves, précis et concordants d'entente, tirés, notamment, du parallélisme de comportement, V. • Com. 8 déc. 1992, n° 90-20.258 P • Cons. conc. n° 95-D-51 du 11 juill. 1995 *CCC 1995, n° 187, obs. Vogel.* ♦ Sur la méthode du faisceau d'indices, V. aussi • Cons. conc. n° 95-D-76 du 29 nov. 1995. • n° 97-D-39 du 17 juin 1997 : *cité note 31* • n° 99-D-10 du 2 févr. 1999 : *cité note 21* • n° 04-D-43 du 8 sept. 2004 : *préc. note 8* • Paris, 4 févr. 2003 : *BOCC 31 mars 2003.* ♦ Prix évoqués, mesures mises en œuvre par le fournisseur visant à les faire appliquer et application significative de ces prix suffisent à la démonstration de la commission de la pratique d'entente par le fournisseur, sans qu'il soit besoin de rechercher quels distributeurs particuliers ont participé à l'entente ; c'est la conjonction de l'existence de prix évoqués, de leur application significative et la participation aux mesures de police par un distributeur particulier qui établit l'accord de volonté de ce distributeur particulier d'adhérer à l'entente. • Cons. conc. n° 07-D-50 du 20 déc. 2007 : *CCC 2008, n° 39, obs. Malaurie-Vignal ; RJDA 2008, n° 328 ; RDLC 2008, n° 1, p. 108, obs. Claudel ; RLC avr.-juin 2008. 20, obs. Cholet* (conf. par • Paris, 28 janv. 2009 : *CCC 2009, n° 83, obs. Decocq ; Gaz. Pal. 2010. 477, et les obs. ; Lettre distrib. 2/2009, p. 1, obs. Sélinsky et Vertut ; RDLC 2009, n° 2, p. 107, obs. Nicolas-Vullierme*, puis par • Com. 7 avr. 2010, n° 09-11.936 : *D. actu. 19 avr. 2010, obs. Chevrier ; CCC 2010, n° 163, obs. Decocq ; RDLC 2010, n° 2, p. 68, obs. Nicolas-Vullierme*). ♦ Dès lors qu'a été démontré l'accord de volonté entre un fournisseur et l'ensemble des distributeurs, la participation du fournisseur à une entente est établie, sans qu'il soit nécessaire, comme le fait le Conseil lorsqu'il recourt, faute d'avoir au dossier la preuve matérielle de l'accord de prix imposés, à la méthode du faisceau d'indices, de démontrer que le fournisseur avait les moyens de surveiller les prix communiqués, a réellement exercé une telle surveillance ou a mis en place des mesures de rétorsion à l'encontre de détaillants n'ayant pas respecté leur engagement. • Cons. conc. n° 07-D-06 du 28 févr. 2007 : *RJDA 2007, n° 555 ; RDLC 2007, n° 2, p. 101, obs. Claudel ; Europe 2007, n° 118, obs. Idot.*

Le recours à des éléments de preuve généraux, qui concernent indistinctement de nombreuses sociétés, peut à bon droit être utilisé par le Conseil pour décrire le contexte et les conditions générales existant sur le marché pertinent ; cependant, ces documents ne sauraient constituer des preuves à l'encontre des requérantes que dans la mesure où ils citent précisément et sans ambiguïté les entreprises ou les marques auteurs des pratiques dénoncées. • Paris, 26 juin 2006 : *cité note 8 ss. art. L. 463-1.* ♦ Un document régulièrement saisi, quel que soit le lieu où il l'a été, est opposable à l'entreprise qui l'a rédigé, à celle qui l'a reçu et à celles qui y sont mentionnées et peut être utilisé comme preuve d'une concertation ou d'un échange d'informations entre entreprises, le cas échéant par le rapprochement avec d'autres indices concordants. • Cons. conc. n° 08-D-15 du 2 juill. 2008 : *RLC. oct.-déc. 2008. 27, obs. Sélinsky et Cholet.* ♦ La jurisprudence n'a jamais exigé que la preuve d'une concertation au moyen d'un échange d'informations nécessite la preuve d'un acte positif d'information tel qu'un échange de mails ou la découverte de comptes rendus de réunions ou encore d'une offre communiquée à une entreprise concurrente. • Aut. conc. n° 09-D-25 du 29 juill. 2009. ♦ La jurisprudence ne pose pas une exigence du renforcement du standard de preuves lorsque des informations sont susceptibles d'être fournies par une source autre que les entreprises elles-mêmes. • Même décision. ♦ Si la déclaration du représentant d'une entreprise reconnaissant sa participation à une entente constitue une preuve se suffisant à elle-même de l'existence et de la participation de l'entreprise à l'infraction en cause, une déclaration mettant en cause une entreprise et émanant du représentant d'une entreprise concurrente constitue un simple indice de la participation de l'entreprise concernée à l'entente en cause. Il doit donc être recherché si un tel indice est corroboré par d'autres éléments de preuve, tels que des déclarations concordantes d'autres entreprises inculpées ou d'autres indices matériels. • Aut. conc. n° 11-D-17 du 8 déc. 2011 : *préc. note 5.* ♦ Les déclarations d'un demandeur de clémence sont des moyens de preuve pertinents pouvant être pris en compte au titre du faisceau d'indices. • Aut. conc. n° 12-D-09 du 13 mars 2012 : *RLC juill.-sept. 2012. 16, note Sélinsky.*

21. Autres moyens de preuve. En présence de preuves documentaires ou contractuelles, il n'est pas besoin de recourir, au surplus, à l'étude de preuves de nature comportementale. • Paris, 16 mai 2013 : *préc. note 5.* ♦ Sont qualifiés de « preuves documentaires directes » des éléments suffisamment explicites, tels que des notes internes, des déclarations, des comptes rendus de réunion, des projets d'ordre du jour ou encore des notes prises lors de réunions, qui rendent inutile le besoin de rechercher l'existence d'un faisceau d'indices graves, précis et concordants. • Aut. conc. n° 18-D-26 du 20 déc. 2018. ♦ La preuve d'une concertation entre des entreprises, n'ayant soumissionné que pour des lots situés dans leur zone d'intervention, n'est pas établie dès lors que le cahier des charges d'appel d'offres imposait que les soumissionnaires soient situés dans la zone d'intervention définie par les pouvoirs publics et non par un accord de volontés. • *Paris, 16 sept. 1997 : CCC 1998, n° 73, obs. Vogel.* ♦ La constatation d'un parallélisme de comportements ne suffit pas à elle seule à démontrer l'existence d'une entente anticoncurrentielle dans la mesure où ce parallélisme peut résulter de décisions prises par des entreprises qui s'adaptent de façon autonome au contexte du marché ; il est nécessaire, pour établir l'existence d'une telle entente, d'apporter des éléments autres que la constatation du seul parallélisme de comportements, de telle sorte que soit constitué un faisceau d'indices graves, précis et concordants. • Cons. conc. n° 95-D-63 du 14 nov. 1995 : *CCC 1996, n° 60, obs. Vogel.* – V. aussi • Cons. conc. n° 99-D-77 du 7 déc. 1999 : *CCE 2001, n° 2, obs. Caron.* – Dans le même sens, V. • Cons. conc. n° 02-D-29 du 7 mai 2002. ♦ Ainsi, l'évolution parallèle des tarifs des distributeurs peut résulter d'une anticipation permise par la transparence du marché et d'un comportement d'alignement, conduisant de manière systématique à la hausse des tarifs concurrents. • Cons. conc. n° 99-D-10 du 2 févr. 1999 : *CCC 1999, n° 128, obs. Malaurie-Vignal.* ♦ Jugeant que le degré de transparence d'un marché se définit en référence aux coûts en temps et en argent qu'il faut supporter pour recueillir l'information sur les prix souhaitée, coûts nécessairement réduits en cas d'échanges téléphoniques entre concurrents, V. • Cons. conc. n° 03-D-17 du 31 mars 2003 : *CCC 2003, n° 109, obs. Malaurie-Vignal ; RJDA 2003, n° 649* (décision toutefois infirmée, l'alignement sur les prix étant ni systématique ni parfait : • Paris, 9 déc. 2003 : *D. 2005. Pan. 148, obs. Ferrier ; CCC 2004, n° 44, obs. Malaurie-Vignal ; RJDA 2004, n° 758*). ♦ Pour une action concertée de sociétés pétrolières visant à l'alignement de leurs prix, V. • Com. 8 oct. 1991, n° 89-20.869 P : *D. 1991. IR 241 ; JCP 1993. II. 22095, note Synvet.* ♦ Pour un parallélisme des prix justifié par la structure du marché, en raison notamment des conditions d'approvisionnement et d'exploitation identiques ou très proches, V. • Paris, 19 oct. 1999 : *CCC 2000, n° 9, obs. Malaurie-Vignal* • Cons. conc. n° 99-D-17 du 24 févr. 1999 : *CCC 1999, n° 129, obs. Malaurie-Vignal.* ♦ V. également • Paris, 15 févr. 2000 : *CCC 2000, n° 65, obs. Malaurie-Vignal.* – V. aussi Condomines et Le Morhedec, *LPA 2 mai 2002.* ♦ Pour un parallélisme dans un mode d'expression des prix lié à la nature des produits ou des services sans induire une quelconque concordance des volontés, V. • TPICE 14 oct. 2004, n° T-56/02 : *CCC 2004, n° 183, obs. Poillot-Peruzzetto.*

Si la preuve d'un accord de volonté est établie entre fournisseur et distributeurs, la preuve de l'application des prix imposés par les distributeurs, et donc de ses effets sur le marché, ne s'avère pas en principe nécessaire à l'établissement de l'infraction. La preuve de l'accord de volonté peut être rapportée par tous moyens, notamment par l'acquiescement des distributeurs aux pratiques, celui-ci pouvant découler de l'application significative des prix par les distributeurs. • Aut. conc. n° 15-D-07 du 23 avr. 2015 : *CCC 2015, n° 171, obs. Malaurie-Vignal ; RLC juill.-sept. 2015. 33, obs. Cholet.*

22. Sur l'utilisation des informations recueillies par les autorités communautaires, V. App., v°

Concurrence, note 6 ss. art. 9 du Règl. CEE n° 17-62 du 6 févr. 1962.

B. EXIGENCE D'UNE RESTRICTION DE CONCURRENCE SUR LE MARCHÉ

23. *Notion de marché.* BIBL. Vogel, *CCC juin 1992. 1* (distinction des sous-marchés). – Colloque du 6 déc. 2000, *Gaz. Pal. 9-10 nov. 2001* (délimitation du marché pertinent et entente). – Durand, *RDLC 2010, n° 4, p. 33* (définition des marchés pertinents : ne pas oublier le test du monopole hypothétique). – Charpin, *RLC févr. 2016. 30* (l'indispensable test du monopoleur hypothétique). – Deffains et Pellefigue, *RTD com. 2018. 555* (vraiment pertinent ? une analyse économique des marchés pertinents). ♦ Les analyses de marché en matière de contrôle des concentrations revêtent nécessairement un caractère prospectif, alors qu'en matière de pratiques anticoncurrentielles, elles s'attachent à décrire un marché existant. • Cons. conc. n° 05-D-32 du 22 juin 2005 : *RDLC 2005, n° 3, p. 75, obs. Wachsmann ; RJDA 2005, n° 1287 ; LPA 16 mai 2006, obs. Bacchichetti.* – V. aussi : • Paris, 29 janv. 2008 : *cité note 11 ss. art. L. 464-8.* ♦ Toutefois, ce caractère prospectif des analyses de marché ne fait pas obstacle à ce qu'elles puissent, le cas échéant, être évoquées dans les décisions de l'Autorité en matière de pratiques anticoncurrentielles. • Aut. conc. n° 14-D-02 du 20 févr. 2014 : *cité note 29 ss. art. L. 420-2.* ♦ Les pratiques dénoncées étant recherchées au titre de la prohibition des ententes, il n'est alors pas nécessaire de définir le marché avec précision, comme en matière d'abus de position dominante, dès lors que le secteur et les marchés ont été suffisamment identifiés pour permettre de qualifier les pratiques qui y ont été constatées et de les imputer aux opérateurs qui les ont mises en œuvre. • Cons. conc. n° 05-D-27 du 15 juin 2005. – V. aussi • Cons. conc. n° 05-D-55 du 12 oct. 2005. ♦ Il en va toutefois différemment pour des pratiques qui, prises isolément, n'affectent pas le libre jeu de la concurrence de manière suffisamment significative, mais qui sont susceptibles de produire un effet anticoncurrentiel de nature cumulative. Compte tenu des critères posés par la jurisprudence, une telle hypothèse impose de délimiter le marché pertinent avec une précision suffisante pour être en mesure d'examiner les possibilités pour les concurrents des entreprises mises en cause de s'insérer sur le marché, nonobstant l'existence des pratiques alléguées. • Aut. conc. n° 19-D-10 du 27 mai 2019. ♦ S'il n'est pas sérieusement contestable qu'afin de réprimer un abus de position dominante la délimitation du marché en cause est un préalable obligatoire, ce principe n'exclut cependant pas que l'Autorité de la concurrence puisse estimer superflu de procéder à une analyse précise du marché au motif que les comportements dénoncés ne pouvaient, quels que soient le marché en cause et la position, dominante ou non, de l'entreprise, être considérés comme abusifs. • Paris, 26 sept. 2013 : *CCC 2013, n° 273, obs. Decocq.*

La circonstance que les prestations tarifaires en cause seraient réalisées à perte est sans incidence sur l'existence d'un marché au sens du droit de la concurrence dès lors que les soins vétérinaires prestés résultent de la rencontre entre une demande, d'une part, et une offre, d'autre part. • Aut. conc. n° 13-D-14 du 11 juin 2013 : *citée note 8 ss. art. L. 420-4.* ♦ Si une entente suppose l'existence d'actions concertées ou de conventions expresses ou tacites émanant d'opérateurs économiques en vue d'empêcher, de restreindre ou de fausser le jeu de la concurrence sur un marché déterminé, elle n'implique pas pour autant que les auteurs de ces actions prohibées exercent une activité économique sur le marché en cause. • Com. 13 févr. 1996, n° 94-11.955 P : *D. 1996. IR 70* . ♦ Dès lors qu'une convention d'exclusivité conclue par une société ayant pour objet social d'organiser des salons professionnels, avec six entreprises de manutention, a eu pour effet de créer « artificiellement » une barrière à l'entrée du marché pertinent, délimité comme étant celui de la manutention des salons, l'existence de l'entente est caractérisée. • Même arrêt. ♦ En ce sens que des prestations de services distinctes appartiennent au même marché dès lors que le comportement réel des utilisateurs et des offreurs les rendent indivisibles (à propos des pompes funèbres), V. • Cons. conc. n° 97-D-26 du 21 oct. 1997 : *CCC 1998, n° 74, obs. Vogel.* ♦ Sur l'existence d'un marché local conjoncturel des prestations de travail temporaire résultant de l'aménagement des sites olympiques, V. • Paris, 8 sept. 1998 : *cité note 24.* ♦ Un salon ou une foire à caractère commercial constitue un marché en soi puisqu'il s'agit d'un lieu spécifique et géographiquement limité où se rencontrent l'offre et la demande. • Cons. conc. n° 05-D-14 du 6 avr. 2005 : *cité note 5 ss. art. L. 410-1.* ♦ Si chaque marché passé sur appel d'offres constitue un marché pertinent, l'entente organisée à un échelon plus vaste que chacun des marchés considérés et produisant des effets sur ces marchés, en ce qu'elle conduit les entreprises qui y sont présentes à s'en répartir illicitement les parts, peut être sanctionnée. • Paris, 11 oct. 2012 : *cité note 6 ss. art. L. 463-5.* ♦ Le fait que diverses entreprises aient joué des rôles différents dans la poursuite d'un objectif commun n'élimine pas l'identité d'objet anticoncurrentiel et, partant, d'infraction, à condition que chaque entreprise ait contribué, à son propre niveau, à la poursuite de l'objectif commun. • Même arrêt.

La fixation de prix concertés par le distributeur d'une œuvre cinématographique, détenteur d'un droit de propriété intellectuelle, et le concessionnaire chargé de la fabrication et/ou de la distribution de produits publicitaires n'est pas contraire à l'art. 7 [C. com., art. L. 420-1], dans la mesure où les produits mis sur le marché ne peuvent être offerts que par un seul opérateur. • Cons. conc. n° 99-D-34 du 8 juin 1999 : *CCC 2000, n° 8, obs. Malaurie-Vignal.* ♦ Sur le marché de l'hôtellerie de luxe, V. • Paris, 26 sept. 2006 : *D. 2007. 198, note Sabathié* ; *RTD com. 2007. 43, obs. Claudel* ; *JCP E 2007, n° 9, p. 24, note Afchain* ; *CCC 2006, n° 226, obs. Malaurie-Vignal* ; *LPA 9-10 avr. 2007, obs. Bacchichetti* ; *RJDA 2006, n° 1267* ; *RDLC 2006, n° 4, p. 68, obs. van der Woude.*

V. aussi notes 5 et 6 ss. art. L. 420-2.

24. Seuil de sensibilité. BIBL. De La Laurencie et Cot, *Gaz. Pal. 1993. 2. Doctr. 1099* (seuil de sensibilité). – Retterer, *LPA 2 août 1996* (même thème). – Targa, *RCC 1993, n° 76, p. 18.* – Bretzner, *D. Affaires 1999. 850.* ♦ Ne sont pas prohibés les accords n'ayant qu'une portée limitée dans le marché pertinent considéré et ne pouvant porter atteinte de façon sensible au jeu de la concurrence. • Com. 4 mai 1993, n° 91-17.937 P : *D. 1994. Somm. 220, obs. Serra* ; *JCP 1993. II. 22111, note Boutard-Labarde* ; *CCC 1993, n° 110, obs. Vogel.* ♦ En l'absence de toute définition légale ou réglementaire d'un seuil de sensibilité, il appartient aux juridictions saisies de vérifier dans chaque cas d'espèce si l'effet potentiel ou avéré des pratiques incriminées est de nature à restreindre de manière sensible le jeu de la concurrence sur le marché concerné. • Com. 12 janv. 1999, n° 97-13.125 P : *D. 1999. IR 37* ; *CCC 1999, n° 42, obs. Malaurie-Vignal* ; *LPA 23 mars 1999, obs. J. L.* ; *JCP E 1999, n° 48, p. 1909, obs. Arhel.*

La cour de Paris considérait, quant à elle, que seule une atteinte sensible, avérée ou potentielle, pouvait justifier la sanction d'une pratique prohibée par l'art. 7 [C. com., art. L. 420-1]. • Paris, 7 juill. 1995 : *D. 1996. Somm. 176, obs. Gavalda et Lucas de Leyssac* ; *JCP E 1996. I. 613, n° 10, obs. Vogel* • 28 janv. 1997 : *BOCC 31 déc. 1997* • 4 avr. 1997 : *LPA 3 oct. 1997, note Arhel,* conf. par • Com. 18 mai 1999, n° 97-14.414 : *CCC 2000, n° 25, obs. Malaurie-Vignal* ; *Gaz. Pal. 28-29 juin 2000, p. 18, note J. Bonneau.* ♦ Elle a cependant précisé que la nécessité d'établir la sensibilité de l'effet d'une entente, si elle doit conduire à exonérer de sanction les parties à un accord dont l'effet potentiel ou avéré serait trop faible pour affecter véritablement le fonctionnement d'un marché, ne saurait conduire à vider de son sens une disposition légale visant expressément l'effet potentiel. • Paris, 5 nov. 1996 : *BOCC 5 déc. 1996.* ♦ Dans un arrêt ultérieur, elle a considéré qu'en l'absence de toute définition légale ou réglementaire d'un seuil de sensibilité, il appartient aux juridictions saisies de vérifier dans chaque cas d'espèce si l'effet potentiel ou avéré des pratiques incriminées est de nature à restreindre de manière sensible le jeu de la concurrence sur le marché concerné. • Paris, 18 mars 1997 : *D. 1999. Somm. 24, obs. Claudel* ; *CCC 1997, n°s 82 et 83, obs. Vogel,* conf. par • Com. 12 janv. 1999, n° 97-13.125 P : *préc.* – V. aussi • Paris, 25 mars 1997 : *D. Affaires 1997. 725* ; *CCC 1997, n° 99, obs. Vogel* • 8 sept. 1998 : *D. 1998. IR 237* ; *D. Affaires 1998. 1847, obs. A. M.* ; *CCC 1999, n° 8, obs. Malaurie-Vignal* ; *LPA 23 juin 1999, obs. Reboul.* ♦ Comp., décidant que sont prohibées les pratiques restrictives visées par l'art. 7 [C. com., art. L. 420-1], quels qu'en aient été les effets, dès lors qu'il est établi qu'elles avaient pour objet ou pouvaient avoir pour effet d'entraver la concurrence : • Cons. conc. n° 92-D-31 du 28 avr. 1992 • n° 93-D-50 du 23 nov. 1993 : *CCC 1994, n° 50, obs. Vogel* • n° 94-D-05 du 18 janv. 1994, conf. par • Paris, 3 févr. 1995 : *BOCC 18 févr. 1995* • Cons. conc. n° 94-D-55 du 18 oct. 1994, conf. par • Paris, 23 mai 1995 : *BOCC 16 juin 1995* • Cons. conc. n° 96-D-02 du 12 avr. 1996 : *CCC 1996, n° 103, obs. Vogel.* ♦ Dans le même sens, affirmant l'indifférence du caractère sensible de l'effet anticoncurrentiel, V. • Paris, 7 juill. 1994 : *CCC 1994, n° 196, obs. Vogel* • 14 juin 1995 : *D. Affaires 1995. 40.* ♦ V. aussi, jugeant que l'objet anticoncurrentiel de pratiques accomplies dans le cadre d'une entente tendant à l'élimination d'une entreprise du marché est caractérisé indépendamment des conséquences immédiates de ces pratiques : • Paris, 18 mars 2003 : *BOCC 20 mai 2003.* ♦ En matière de boycott, V. note 41.

Sur la position du Conseil de la concurrence en matière d'abus de position dominante, V. note 9 ss. art. L. 420-2.

1° RESTRICTION DE CONCURRENCE

25. Objet ou effet anticoncurrentiel. Ainsi qu'il résulte des termes mêmes de l'art. L. 420-1, l'objet et l'effet anticoncurrentiel de telles pratiques sont des conditions alternatives pour apprécier si celles-ci peuvent être sanctionnées en application de cette disposition. • Aut. conc. n° 10-D-39 du 22 déc. 2010. ♦ L'objet anticoncurrentiel ne doit pas être confondu avec l'élément intentionnel, par exemple au sens où l'utilise le droit pénal, mais, conformément à la nature objective des infractions de concurrence, il vise les conséquences potentielles ou prévisibles d'une pratique dans une situation de marché donnée. En somme, pour constituer une infraction par objet, la pratique incriminée doit permettre, sur la base d'un ensemble d'éléments objectifs de droit ou de fait, d'envisager avec un degré de probabilité suffisant qu'elle puisse exercer une influence directe ou indirecte, actuelle ou potentielle, sur la concurrence. • Cons. conc. n° 09-D-10, du 27 févr. 2009 : *RLC avr.-juin 2009. 57, obs. Destours* ; *RDLC 2009, n° 2, p. 125, obs. Wachsmann.* ♦ L'examen des effets n'est nécessaire qu'en l'absence d'objet anticoncurrentiel. • Même décision. ♦ En effet, ayant démontré l'existence de pratiques ayant un objet anticoncurrentiel, le Conseil n'est pas tenu de caractériser par surcroît les effets des pratiques anticoncurrentielles en cause. • Paris, 26 janv. 2010 : *RDLC 2010, n° 2, p. 72, obs. Nicolas-Vullierme.* ♦ La qualification de « restriction par objet » suppose que l'accord puisse être considéré comme suffisamment dangereux en lui-même pour que l'on puisse présumer ses effets restrictifs ; aux fins d'apprécier l'existence d'une telle restriction, il convient de s'attacher à la teneur de la clause, aux objectifs qu'elle vise à atteindre ainsi qu'au contexte économique et juridique dans lequel elle s'insère. • Aut. conc. n° 13-D-05 du 26 févr. 2013. ♦ Certains types de coordination entre entreprises, tels que, notamment mais pas exclusivement, les ententes sur les prix, révèlent intrinsèquement un degré suffisant de nocivité à l'égard de la concurrence pour qu'il puisse être considéré que l'examen de leurs effets n'est pas nécessaire. L'appréciation de l'existence d'un degré suffisant de nocivité nécessite d'examiner concrètement et cumulativement la teneur et les objectifs de la disposition restrictive de concurrence, ainsi que le contexte économique et juridique dans lequel elle s'insère. Dans le cadre de l'appréciation dudit contexte, il y a lieu également de prendre en considération la nature des biens ou des services affectés, ainsi que les conditions réelles du fonctionnement et de la structure du ou des marchés en question. • Aut. conc. n° 18-D-26 du 20 déc. 2018. ♦ La constatation de l'existence de l'objet anticoncurrentiel d'un accord ne saurait être subordonnée à celle que les consommateurs finals soient privés des avantages d'une concurrence efficace en termes d'approvisionnement ou de prix dans la mesure où l'art. 81 CE [art. 101 TFUE] vise, à l'instar des autres règles de concurrence énoncées dans le traité, à protéger non pas uniquement les intérêts des concurrents ou des consommateurs, mais la structure du marché et, ce faisant, la concurrence en tant que telle. • CJCE 6 oct. 2009, n° C-501/06 : *D. 2011. Pan. 540, obs. Ferrier ; CCC 2009, n° 291, obs. Decocq ; RJDA 2010, n° 78 ; Gaz. Pal. 2010. 1861, note de Pingon ; RDLC 2010, n° 1, p. 89, obs. Sarrazin.* ♦ Le fait qu'une entreprise, affectée par une entente ayant pour objet de restreindre la concurrence, opérait sur le marché en cause de façon prétendument illégale lors de la conclusion de cette entente est sans incidence sur la question de savoir si ladite entente constitue une infraction à cette disposition. • CJUE 7 févr. 2013, n° C-68/12 : *D. 2014. Pan. 894, obs. Ferrier ; JCP E 2013, n° 1123 ; RLDA mai 2013. 58, note Robert ; RLC avr.-juin 2013. 29, obs. Robin.* ♦ Le caractère prétendument « secondaire » de discussions anticoncurrentielles dans le cadre de réunions dont l'objet principal serait légitime n'a pas de conséquence sur leur qualification juridique. • Aut. conc. n° 10-D-13 du 15 avr. 2010 : *cité note 28.* ♦ La notion d'objet, telle qu'appliquée par la jurisprudence tant communautaire que nationale, revient à sanctionner la tentative d'atteinte à la concurrence, c'est-à-dire la pratique accomplie volontairement dans le but d'attenter à la concurrence mais restée sans effets pour des raisons indépendantes de la volonté de l'auteur. Mais il convient de ne pas confondre la tentative d'atteinte à la concurrence, qui échoue dans son objectif, avec la tentative visant à conclure un accord anticoncurrentiel, qui n'est pas punissable, faute d'avoir abouti. • Même décision. ♦ Si dans la réalité des faits le dommage à l'économie a été causé par la seule mise en œuvre des pratiques par la société, il n'en demeure pas moins que l'objet a préexisté à l'action de celle-ci et qu'il existe un lien de causalité entre la préparation de l'accord de volonté, sa conclusion et la mise en œuvre qui en a été faite, sans qu'importe le fait que la société aurait pu décider de ne pas y procéder. • Paris, 26 mars 2015, n° 2014/03330 : *CCC 2015, n° 153, obs. Decocq ; RLC juill.-août 2015. 38, obs. Cholet* (conf. par • Com. 11 janv. 2017, n° 15-17.134 P : *cité note 2 ss. art. L. 463-2*). ♦ La qualification par objet des pratiques en cause est fondée sur le contenu du document diffusé et sur sa diffusion, et non sur l'auteur du document. • Aut. conc. n° 19-D-19 du 30 sept. 2019 : *préc. note 9 ss. art. L. 410-1.*

Le fait que les concurrents connaissent une croissance soutenue ne permet pas de conclure à l'absence d'effet anticoncurrentiel de la pratique. • Com. 16 avr. 2013, n° 10-14.881 P : *cité note 3 ss. art. L. 464-6-1.* ♦ Le fait, pour un groupement de commerçants, de recommander à ses adhérents certains fournisseurs ou certains produits ne peut avoir à lui seul pour effet d'empêcher, de restreindre ou de fausser le jeu de la concurrence. • Com. 16 janv. 1990, n° 88-11.541 P : *D. 1990. IR 42*. ♦ Le référencement ou le déréférencement d'un fournisseur par un distributeur résultant du jeu normal de la négociation contractuelle et commerciale, le déréférencement ne revêt pas dès lors par nature le caractère d'une pratique anticoncurrentielle. • Paris, 13 déc. 1995 : *D. 1997. Somm. 108, obs. Paulin*, conf. par • Com. 27 janv. 1998, n° 96-11.080 P : *D. 1998. IR 85 ; D. Affaires 1998. 836, obs. A. M. ; LPA 24 août 1998, obs. Malaurie-Vignal.* ♦ Toutefois, met en œuvre une pratique dont l'objet et l'effet sont anticoncurrentiels la centrale d'achat, qui, en suspendant tous les achats de produits d'un fournisseur, agit de manière concertée avec ses adhérents pour conforter la position de la centrale dans ses négociations sur les prix avec ce fournisseur. • Même arrêt (V. la décision confirmée : • Cons. conc. n° 94-D-60 du 13 déc. 1994 : *CCC 1995, nos 31, 32 et 35, obs.Vogel*). ♦ V. désormais, sanctionnant civilement les pratiques de rupture brutale de relations commerciales, art. L. 442-1. ♦ La pratique ayant consisté à échanger des informations sur les prix et à coordonner les offres après une concertation préalable a, en elle-même, un objet anticoncurrentiel dès lors qu'elle conduisait nécessairement à une restriction de concurrence, peu important à cet égard que l'intention des requérantes fût de protester contre la présence de l'Imprimerie nationale dont elles contestaient les prix proposés au regard notamment de ses coûts réels de fonctionnement. • Paris, 24 mai 2005 : *BOCC 20 sept. 2005.*

26. Sous-traitance. BIBL. Courivaud, *D. Affaires 1996. 1210.* ♦ Lorsque l'objet d'un contrat synallagmatique est la sous-traitance, en exécution d'un marché moyennant rémunération suivant un tarif fixé par les parties, l'interdépendance entre le marché principal et le marché de sous-traitance trouve sa limite dans la liberté d'approvisionnement de l'entrepreneur principal, cette limite excluant la notion d'approvisionnement exclusif. • Paris, 15 déc. 1995 : *D. Affaires 1996. 168.* ♦ L'inobservation des art. 2 C. marchés et 3 de la L. n° 75-1334 du 31 déc. 1975, faisant obligation à l'entrepreneur donneur d'ordre de faire accepter chaque sous-traitant par le maître de l'ouvrage, ne saurait, en soi, constituer une pratique prohibée par l'art. 7 de l'Ord. du 1er déc. 1986 [C. com., art. L. 420-1], mais seulement dans la mesure où elle fausserait le jeu de la concurrence en induisant en erreur le maître de l'ouvrage sur la réalité et l'étendue du champ de ses choix. • Paris, 5 juill. 1994 : *D. 1994. IR 220 ; LPA 19 août 1994, note Sélinsky.* ♦ Spécialement, la preuve n'est pas rapportée qu'ait pu avoir un objet ou un effet anticoncurrentiel le fait par des entreprises de n'avoir pas indiqué au maître de l'ouvrage, lors de la communication de leurs offres, leur intention de sous-traiter l'exécution de certaines parties du marché à des entreprises ayant des compétences bien spécifiques. • Même arrêt. ♦ Comp., jugeant que le fait de soumissionner à un appel d'offres sans mentionner le recours à un sous-traitant, qui implique que l'entreprise réalise elle-même les travaux et que, dans le cas contraire, elle trompe le maître de l'ouvrage sur la réalité et l'étendue de la concurrence, est susceptible d'avoir eu pour effet de fausser le jeu de la concurrence sur le marché, et constitue en conséquence une pratique prohibée par l'art. 7 [C. com., art. L. 420-1] : • Paris, 2 avr. 1996 : *D. Affaires 1996. 643,* conf. par • Com. 24 mars 1998, ☎ n° 96-14.845. – V. aussi • Paris, 22 sept. 1998 : *JCP E 1998, n° 43, p. 1667 ; Dr. adm. 1999, n° 5, obs. Braconnier.* ♦ Un projet de sous-traitance non abouti, qui a donné lieu à des échanges d'informations entre des entreprises, fausse irrémédiablement la concurrence, ce qui interdit aux entreprises en cause de soumissionner séparément par la suite. • Cons. conc. n° 07-D-47 du 18 déc. 2007 : *préc. note 5.* ♦ Si des entreprises échangent des informations dans la perspective d'une sous-traitance, elles ne sont pas autorisées à présenter des offres séparées pour ce marché. • Aut. conc. n° 09-D-34 du 18 nov. 2009. ♦ Le fait pour une entreprise candidate dans une procédure d'appel d'offres pour la passation d'un marché public d'être en outre sous-traitante multiple n'est pas en soi anticoncurrentiel et de nature à vicier cette procédure devant le juge administratif. • TA Paris, 16 mars 2004 : *LPA 26 nov. 2004, concl. Guedj.*

27. La L. n° 92-1445 du 31 déc. 1992 relative à la sous-traitance en matière de transports routiers, qui prévoit la fixation d'un prix minimal dans la conclusion des contrats individuels entre le donneur d'ordre et le sous-traitant (V. désormais C. transp., art. L. 3221-4), ne justifie pas la diffusion générale d'un même barème à un ensemble d'entreprises. • Paris, 25 janv. 1994 : *BOCC 9 févr. 1994.* – V. Magnan de Bornier, *CCC 1994. Chron. 10.* ♦ Le guide établi par le ministre de l'Équipement, des Transports et du Tourisme sur la base des art. 9 et 10 de la L. n° 85-704 du 12 juill. 1985 relative à la maîtrise d'ouvrages publics et à ses rapports avec la maîtrise d'œuvre privée, ainsi que de l'art. 29 du Décr. n° 93-1268 du 29 nov. 1993 relatif aux missions de maîtrise d'œuvre confiées par des maîtres d'ouvrages publics à des prestataires de droit privé, se borne à énoncer certaines indications, dépourvues de toute valeur normative ou réglementaire, à l'effet d'inviter les maîtres d'ouvrages publics à procéder à la négociation des marchés de maîtrise d'œuvre, laquelle doit, en tout état de cause, être conduite dans le respect des dispositions de l'art. 7 [C. com., art. L. 420-1], c'est-à-dire par voie de négociation au cas par cas. • CE 27 mai 1998, ☎ n° 161547 : *RJDA 1998, n° 1421.* ♦ La compromission des maîtres de l'ouvrage (des personnes de droit public), à la supposer établie, ne fait pas échec à l'application de l'art. 7 [C. com., art. L. 420-1]. • Com. 6 oct. 1992, ☎ n° 90-16.755 P.

28. Clauses de non-concurrence. Si, dans leur principe, les clauses de non-concurrence ne sont pas en elles-mêmes illicites, elles peuvent être contraires à l'art. L. 420-1 si elles s'avèrent disproportionnées dans leur champ ou leur durée à l'objectif qu'elles poursuivent ou encore si leur application concrète conduit à porter une atteinte excessive à la concurrence ; elles ne sauraient ainsi être légalement détournées de leur objet pour couvrir des agissements anticoncurrentiels. • Aut. conc. n° 10-D-13 du 15 avr. 2010 : *RDLC 2010, n° 3, p. 82, obs. Nicolas-Vullierme ; RLC juill.-sept. 2010. 24, obs. Cholet.* ♦ Se rendent coupables d'entente illicite des entreprises qui, par le biais de tels engagements, aboutissent à un partage de clientèle sur une part importante du marché national. • Cons. conc. n° 92-D-20 du 10 mars 1992, conf. par • Paris, 10 déc. 1992 : *BOCC 15 janv. 1993.* – V. aussi • Cons. conc. n° 95-D-84 du 19 déc. 1995 • Versailles, 15 sept. 2005 : *JCP E 2005, n° 47, p. 2003* (partiellement cassé par • Com. 26 juin 2007, ☎ n° 05-21.378 P : *cité note 2 ss. art. L. 420-3*). ♦ Sur l'illicéité de clauses limitant le droit d'adhérents de coopératives de détaillants d'ouvrir de nouveaux points de vente, V. • Com. 16 mai 1995, n° 93-16.556 P : *D. 1995. IR 146.* ♦ L'interdiction apportée par une clause de non-concurrence doit s'apprécier concrètement et son ajustement doit être contrôlé dans le temps et dans l'espace par rapport à la fonction qu'elle remplit. • Com. 4 mai 1993, n° 91-17.937 P : *préc. note 24.* ♦ Pour des exemples de clauses posant une interdiction excessive, V. • Paris, 5 janv. 2000 : *D. 2000. AJ 94* (clause insérée dans un bail commercial) • Cons. conc. n° 96-D-53 du 17 sept. 1996 • n° 97-D-01 du 15 janv. 1997 : *Rev. sociétés 1997. 391, obs. Guyon* (à propos d'une clause des statuts d'un GIE). – V. de Vendeuil, *JCP E 1997, n° 41, p. 364.* ♦ Sur les clauses imposées dans le cadre des réseaux de franchise, V. note 15.

Le retrait ou l'éviction d'une organisation syndicale ne peut être assorti de restrictions au libre exercice d'une activité professionnelle, cette restriction étant en outre, en l'espèce, sans proportion avec la protection des intérêts commerciaux des moniteurs de ski regroupés en une école de ski français. • Com. 9 nov. 1993, n° 91-20.722 P : *D. 1994. 399, note Lombard* . ♦ Mais la concurrence entre commerçants opérant sur un même marché ne se trouve pas affectée par une exclusion d'adhérent en vertu d'une décision statutaire qui, à l'instar d'une décision de conseil d'administration ou d'assemblée générale d'associés, est nécessairement collective, mais ne peut être qualifiée d'entente au sens de l'art. 7 de l'Ord. du 1er déc. 1986 [C. com., art. L. 420-1], dans la mesure où elle n'a pas pour objet ou pour effet de restreindre ou de fausser le jeu de la concurrence. • Com. 22 févr. 2000, n° 97-17.020 P : *RJDA 2000, n° 719.*

29. Clauses d'exclusivité. BIBL. Bacchicchetti et Bonnet, *JCP E 2009, n° 46, p. 18* (droit des pratiques anticoncurrentielles et droits de propriété intellectuelle). – Duflos et Pfister, *RDLC 2010, n° 3, p. 23* (accords de fourniture exclusive et concurrence : principes d'analyse et application au cas iPhone). – Bougette, Marty, Pillot et Reis, *ibid., p. 65* (appréciation des clauses d'exclusivité par les autorités de la concurrence : le cas des marchés de haute technologie). – Binctin, *Mél. Payet, Dalloz, 2011, p. 33* (droit de la concurrence et consommation : le sort de l'exclusivité). ♦ Dès lors qu'une clause d'exclusivité de licence de marque n'interdit pas dans les secteurs géographiques où elle s'applique la commercialisation de produits de même nature, elle n'empêche pas la concurrence. • Com. 10 janv. 1995, n° 92-18.923 P : *D. 1995. IR 43.* ♦ Jugeant que l'exercice d'un droit exclusif par son titulaire peut donner lieu à un comportement abusif : • Com. 26 nov. 2003, n° 00-22.605 P : *LPA 2 juill. 2004, concl. Lafortune ; JCP E 2004, n° 52-53, p. 2068, obs. Chérigny ; RJDA 2004, n° 907 ; CCE 2004, n° 20, obs. Decocq.* ♦ Jugeant que le maintien d'une exclusivité de commercialisation pendant une durée de 20 ans, sans qu'aucune cause justificative ne soit invoquée, a manifestement pour effet d'interdire l'accès au marché, contrevenant dès lors aux dispositions de l'art. L. 420-1, V. • TGI Paris, 18 mai 2004 : *Lettre distrib. 9/2004, p. 3.*

Le cumul de l'ensemble des exclusivités stipulées dans les contrats, de très longue durée, tous signés avec le même partenaire et tous renouvelés dans des conditions qui ont ôté aux parties en présence toute indépendance dans la gestion de leur stratégie commerciale et rendu impossible la rupture de leurs liens contractuels, ne peut avoir d'autre objet et d'autre effet au moins potentiel que de préserver leurs relations économiques de toute concurrence extérieure en verrouillant efficacement le marché. • Aut. conc. n° 09-D-31 du 30 sept. 2009 : *RLC janv.-mars 2010. 28, obs. Bouniol ; RDC 2010. 103, obs. Prieto.* ♦ Au contraire, jugeant que la clause d'exclusivité prévue dans le bail de locaux appartenant à un centre commercial ne constitue pas une entente illicite dans la mesure où les clauses d'exclusivité de tous les contrats de bail, cumulativement appliquées, n'étaient pas de nature à verrouiller le marché. • Paris, 3 juill. 2013 : *JCP E 2013, n° 1656, note Marx ; RJDA 2013, n° 947.* ♦ L'art. 101, § 1, TFUE doit être interprété en ce sens que la seule circonstance qu'un contrat de bail commercial portant sur la location d'une grande surface située dans un centre commercial contient une clause octroyant au preneur le droit de s'opposer à la location par le bailleur, dans ce centre, d'espaces commerciaux à d'autres locataires n'implique pas que ce contrat a pour objet de restreindre la concurrence. • CJUE 26 nov. 2015, n° C-345/14 : *D. 2016. 292, note Grimaldi ; AJDI 2016. 273, obs. Le More ; CCC 2016, n° 36, obs. Mathey ; RJDA 2016. 75, note Luc.* ♦ La répartition des commandes reçues à la suite des négociations commerciales par France Farine selon une clé de répartition consistant en une transmission de la commande au meunier le plus proche du site, avec finalement une désignation de zones géographiques préattribuées à chacun des meuniers, ne peut être incriminée *a priori* au titre d'une restriction de concurrence par objet, dès lors que ces pratiques découlent, pour l'essentiel, de la nécessité de présentation d'offres groupées dans le cadre de structures de commercialisation communes permettant de répondre à la demande nationale et aux exigences des centrales d'achats. • Paris, 20 nov. 2014 : *cité note 38 ss. art. L. 450-4.*

30. Monopole de prospection. V. note 25.

31. Autres exemples. Pour des *conditions générales de vente* dans un réseau de distribution, susceptibles d'affecter la concurrence sur le marché du son et de l'image, V. • Cons. conc. n° 90-D-23 du 3 juill. 1990. ♦ Pour une *entente prohibée* : entre une *société d'auteurs* et un syndicat de producteurs de disques, V. • Paris, 17 janv. 1990 : *D. 1990. IR 50 ; Gaz. Pal. 1990. 1. 205, note Marchi* • Com. 5 nov. 1991, n° 90-11.565 P : *D. 1991. IR 271.* ♦ ... Entre des *sociétés de télévision* et des syndicats d'artistes-interprètes, ayant pour but de contraindre à une négociation collective, V. • Paris, 6 mars 1991 : *D. 1992. 10*. – V. Edelman, *D. 1992. Chron. 1* (pour un autre arrêt jugeant contraire à l'art. L. 420-1 une clause contenue dans une convention collective, V. • Paris, 26 sept. 1991 : *BOCC 17 oct. 1991*). ♦ Pour une entente dans le domaine de la distribution cinématographique, V. note 2 ss. art. L. 420-4.

Pour des *soumissions concertées* à des offres de marché public, V. • Com. 12 janv. 1993, n° 90-17.015 P : *D. 1993. IR 36* • Crim. 9 nov. 1995, n° 94-84.204 P : *JCP E 1996. Pan. 303* • Paris, 20 nov. 1992 : *BOCC 15 janv. 1993* • Cons. conc. n° 95-D-76 du 29 nov. 1995 (annulée partiellement par • Paris, 14 janv. 2003 : *BOCC 27 févr. 2003*) • Cons. conc. n° 97-D-11 du 25 févr. 1997 • n° 97-D-39 du 17 juin 1997 : *D. Affaires 1997. 1178* • n° 98-D-41 du 16 juin 1998 (conf. sur ce point par • Paris, 26 janv. 1999 : *D. 1999. IR 52*). – Rappr. : dans un cas d'échange d'informations tarifaires avant l'adjudication d'un marché public. • Paris, 18 déc. 2001 : *CCC 2002, n° 77, obs. Malaurie-Vignal.* ♦ ... S'agissant d'accords de répartition en vue de soumissionner à un appel d'offres, des sociétés concurrentes s'étant regroupées en une entreprise commune. • Paris, 29 janv. 2002 : *CCC 2002, n° 110, obs. Malaurie-Vignal.* ♦ Pour un groupement momentané d'entreprises en vue de répondre à un appel d'offre, V. • Aut. conc. n° 09-D-18 du 2 juin 2009 : *RDLC 2009, n° 3, p. 95, obs. Sibony ; RLC oct.-déc. 2009. 61, obs. Destours.* ♦ V. aussi notes 26 et 40.

32. Échange d'informations. BIBL. Venayre, *RLC 2005, n° 2, p. 122 ; ibid. 2006, n° 6, p. 20* (accords d'échanges d'informations). – Wilhelm et Vever, *CCC 2006. Chron. 6* (échanges d'informations sur un marché oligopolistique). – Lévêque, *RDLC 2006, n° 3, p. 33* (échanges d'information : faut-il bâillonner tous les oligopoleurs ?). – Afchain, *JCP E 2007, n° 9, p. 24* (le fondement de l'illicéité des échanges d'informations entre concurrents). – Choné, *RLC janv.-mars 2008. 197* (communication et échanges d'informations sur les marchés oligopolistiques). – Grynfogel, *RJDA mars 2008. 221* (de quelques variations sur le même thème : l'échange d'informations et le droit de la concurrence). – Lescop, *D. 2009. 187* (les échanges d'informations entre non-concurrents). – *Puel, RDLC 2010, n° 4, p. 69* (échanges d'informations, droit de la concurrence et préparation d'une opération de concentration). – Vilmart, *JCP E 2011, n° 1052* (les échanges d'informations selon les lignes directrices sur les restrictions horizontales). – Séminaire Nasse, *RLC oct.-déc. 2011. 138* (les échanges d'information). – Villey-Desmeserets et Pinon, *RLC janv. 2018. 21* (appréhension des échanges d'information entre concurrents à l'épreuve de la dématérialisation des moyens de communication). ♦ La seule constatation de l'échange d'informations sans rechercher de façon concrète, comme elle y était invitée, si cet échange avait eu pour objet ou pour effet réel ou potentiel, compte tenu des caractéristiques du marché, de son fonctionnement, de la nature et du niveau d'agrégation des données échangées et de la périodicité des échanges, de permettre à chacun des opérateurs de s'adapter au comportement prévisible de ses concurrents et ainsi de fausser ou de restreindre de façon sensible la concurrence sur le marché concerné, la cour d'appel n'a pas légalement justifié sa décision au regard des art. L. 420-1 C. com. et 81 du traité CE [art. 101 TFUE]. • Com. 29 juin 2007, n° 07-10.303 P : *D. 2007. AJ 1953, obs. Chevrier ; RTD com. 2007. 707, obs. Claudel ; JCP 2007. II. 10153, note Prieto ; CCC 2007, n° 209, obs. Bazex et Blazy ; RJDA 2007, n° 1153 ; RLDA oct. 2007. 41, note Boy ; RDLC 2007, n° 3, p. 87, obs. Debroux et Orengo.* ♦ Dans la même affaire, jugeant que la cour d'appel (saisie sur renvoi après cassation) n'a pas présumé, à partir du seul caractère oligopolistique du marché et de données abstraites, qu'un échange régulier d'informations était de nature à altérer sensiblement la concurrence ; qu'elle ne s'est pas bornée à déduire le caractère stratégique des données échangées du seul fait qu'elles étaient analysées au plus haut niveau par les opérateurs ; et qu'elle a vérifié que les informations échangées, en dépit de leurs imperfections, avaient été effectivement utilisées par les opérateurs pour ajuster leur stratégie et n'avaient pas seulement un caractère rétrospectif. • Com. 7 avr. 2010, n° 09-12.984 P : *D. 2011. Pan. 541, obs. Ferrier ; RTD com. 2010. 282, obs. Claudel ; JCP E 2011, n° 1301, spéc. n° 47, obs. Decocq ; CCC 2010, n° 164, obs. Decocq ; RJDA 2010, n° 879 ; RLC oct.-déc. 2010. 77, note Dorandeu.* ♦ En fonction de leurs caractéristiques intrinsèques et du contexte juridique et économique dans lequel ils s'insèrent, de tels échanges d'informations, soit seront à qualifier de restrictions de la concurrence par leur objet même, soit devront être appréciés au regard de leurs effets actuels ou potentiels. • Aut. conc. n° 13-D-03 du 13 févr. 2013 : *RLC avr.-juin 2013. 27, obs. Sélinsky.* ♦ La jurisprudence n'exige pas l'existence d'un oligopole stable pour établir le caractère anticoncurrentiel d'un système d'échange d'informations. Par conséquent, l'analyse de la structure du marché ne suffit pas pour se prononcer sur l'effet anticoncurrentiel des échanges poursuivis ; elle est une condition préalable pour apprécier la possibilité d'une atteinte à la concurrence mais l'analyse du caractère stratégique des données échangées demeure nécessaire. • Aut. conc. n° 17-D-03 du 27 févr. 2017. ♦ Le terme stratégique vise ici la capacité des entreprises à adapter leur comportement concurrentiel sur le marché en fonction des informations reçues. Il ne se déduit donc pas de la seule nature des informations échangées mais s'apprécie au vu du fonctionnement concret du marché et des circonstances spécifiques à l'espèce. • Même décision.

2° OBJET DE L'ENTENTE

33. Limitation de l'accès à un marché. Le soutien financier accordé par une entreprise à une autre aux fins de pénétrer sur un marché n'a ni un objet ni un effet restrictifs de concurrence, alors au surplus qu'une telle pratique est examinée dans un secteur d'activité régi par la protection du pluralisme de l'information et la liberté de sa diffusion. • Paris, 11 mars 1992 : *JCP E 1992. Pan. 528.* ♦ Sur l'exclusion de foires et salons : de distributeurs de véhicules de marques japonaises ou coréennes, V. • Cons. conc. n° 94-D-05 du 18 janv. 1994. ♦ ... D'un mandataire pour l'achat de véhicules, V. • Cons. conc. n° 96-D-42 du 25 juin 1996 (conf. par • Paris, 25 mars 1997 : *préc. note 24*). ♦ Sur la limitation d'accès au marché de la vente de véhicules d'un mandataire automobile s'étant vu refuser l'insertion de publicité dans un journal d'annonces gratuit, suite à une pression exercée sur la société éditrice par un groupement de concessionnaires automobiles, V. • Cons. conc. n° 97-D-62 du 16 sept. 1997. ♦ Sur les clauses de préférence prévues dans les contrats types de louage d'emplacement publicitaire (licites en cours de bail ; prohibées en fin de bail), V. • Cons. conc. n° 95-D-39 du 30 mai 1995 : *D. 1996. Somm. 179, obs. Gavalda et Lucas de Leyssac* ; *CCC 1995, n° 165, obs. Vogel* • Aix-en-Provence, 29 janv. 1998 : *JCP 1998. IV. 2759.* ♦ Sur la pratique des offres de couverture sur le marché des titres restaurant, V. • Cons. conc. n° 01-D-41 du 11 juill. 2001. ♦ Jugeant que le cumul d'obligations similaires par les principaux fournisseurs sur un même marché ne suffit pas à justifier l'application de la théorie de l'effet cumulatif des contrats de distribution ayant pour effet de restreindre l'accès au marché, en l'absence d'une atteinte effective de la concurrence. • Cons. conc. n° 03-D-42 du 18 août 2003 : *CCC 2003, n° 182, obs. Malaurie-Vignal.*

34. Si le fait pour la fédération sportive de conclure un accord exclusif avec des fournisseurs de produits pour l'organisation de l'assistance technique de ses compétitions en permettant à deux d'entre eux de bénéficier, dans le cadre d'un tel accord, de l'image de la fédération en contrepartie de la fourniture de leurs prestations techniques et de remises sur le matériel individuel n'est pas en soi contraire à l'art. 7 [C. com., art. L. 420-1] un tel accord peut toutefois être visé par ces dispositions si les conditions dans lesquelles il a été négocié ou les clauses qu'il contient ont pour objet ou peuvent avoir pour effet de limiter directement ou indirectement l'accès à un marché. • Cons. conc. n° 98-D-31 du 13 mai 1998 : *CCC 1998, n° 147, obs. Malaurie-Vignal.* ♦ Dès lors que l'accord d'exclusivité a été précédé d'appels à la concurrence dont les consultations ont échoué en raison de l'incapacité des entreprises concurrentes à fournir les prestations techniques requises, les conditions dans lesquelles cette convention a été conclue ne peuvent être considérées comme contraires aux dispositions du titre III de l'ordonnance [C. com., art. L. 430-1 s.]. • Même décision. ♦ Sur l'obligation d'une mise en concurrence effective par appel d'offres, V. • Cons. conc. n° 03-MC-01 du 23 janv. 2003 : *CCC 2003, n° 89, obs. Malaurie-Vignal* ; *CCE 2003, n° 31, obs. Decocq.* ♦ Sur la nécessité de préserver la possibilité pour de nouveaux opérateurs d'entrer sur le marché de l'assistance technique des compétitions organisées par une fédération sportive, V. jugeant contraires à l'art. 7 [C. com., art. L. 420-1] les clauses d'un contrat de partenariat prévoyant une durée d'exclusivité de quatre ans, et une tacite reconduction de la convention sans appel à la concurrence : • Même décision. ♦ S'agissant des compétitions les plus importantes et de celles qui drainent le plus grand nombre de clients potentiels, pour un arrêt considérant que l'exclusivité d'accès à ces compétitions produit, à elle seule, un effet anticoncurrentiel significatif, V. • Paris, 20 oct. 1998 : *CCC 1999, n° 24, obs. Malaurie-Vignal.* – V. aussi sur cette question : Grandvuillemin, *CCE 2003. Chron. 11* (image et droit de la concurrence). ♦ Sur le partenariat exclusif et anticoncurrentiel conclu entre les réseaux « Gîtes de France » et « Bienvenue à la ferme », empêchant un réseau concurrent de créer un partenariat avec l'un ou l'autre de ces organismes, V. • Cons. conc. n° 08-D-03 du 21 févr. 2008 : *CCC 2008, n° 108, obs. Bosco* ; *RLC avr.-juin 2008. 20, obs. Sélinsky* ; *RDLC 2008, n° 2, p. 111, obs. Debroux.* ♦ Sur la saturation volontaire de l'accès à un marché (utilisation détournée de la réglementation sur les taxis), V. • Cons. conc. n° 08-D-23 du 15 oct. 2008 : *JCP E 2009, n° 4, p. 30* ; *RDLC 2009, n° 1, p. 115, obs. Nicolas-Vullierme.*

35. Limitation de l'accès à une profession. Le respect du principe général de délicatesse inclus dans le préambule du règlement intérieur de la CNAB, qui implique, de la part des professionnels, droiture et probité, n'est pas une notion anticoncurrentielle. • Com. 9 mars 1993, n° 91-16.591 P : *D. 1994. Somm. 172, obs. Gavalda et Lucas de Leyssac* ; *RDI 1993. 394, obs. Tomasin* . ♦ Pour une clause d'exclusivité liant une clinique avec deux pédiatres, interdisant à celle-ci de faire appel à d'autres praticiens de cette spécialité pour réaliser l'examen médical du nouveau-né et établir le certificat de santé obligatoire, V. Raja, Godard et Vialla, *Cah. dr. entr. 2004, n° 1, p. 46.* ♦ Sur des mesures tendant à limiter l'accès au marché et le libre exercice de la concurrence par des études d'huissiers de justice, dans le contexte de l'entrée en vigueur de la L.

n° 2015-990 du 6 août 2015, V. • Aut. conc. n° 19-D-13 du 24 juin 2019 : *AJDA 2019. 2591, obs. Nicinski* .

36. Fixation des prix. BIBL. Delbarre, J.-M. et M. Mousseron, *Cah. dr. entr. 1995, n° 6, p. 9* (police des prix de revente). – Arhel, *JCP E 2000, n° 46, p. 1799* (lutte contre les pratiques de prix imposés en Europe) ; *LPA 16 nov. 2001* (idem 2000 et 2001). – Sélinsky et Montet, *RLC oct.-déc. 2007. 14* (États-Unis : revirement de jurisprudence sur les prix minima de revente imposés). – de Muizon, *RLC mars 2017. 24* (évolution cyclique des prix : concurrence ou collusion ?). ♦ Sur l'illicéité d'une clause qui subordonne certaines ristournes calculées en fin d'année au respect par le vendeur de la réglementation relative à la vente à perte et au prix d'appel, V. • Com. 5 févr. 1991, n° 89-17.626 P : *D. 1991. IR 65.* – V. aussi • Crim. 5 nov. 1990, n° 89-82.192 P : *D. 1991. IR 10* • Cons. conc. n° 91-D-50 du 13 nov. 1991 : *RJDA 1992, n° 169, et Chron. Delbarre, p. 91,* conf. par • Paris, 27 mai 1992 : *BOCC 16 juin 1992.* ♦ Comp., en ce sens que la clause subordonnant l'application des conditions de vente au respect des dispositions légales relatives à la revente à perte ne constitue pas un obstacle contractuel à la répercussion dans les prix à la consommation des remises qualitatives et quantitatives obtenues, dans la mesure où celles-ci sont toutes déduites directement sur facture : • Cons. conc. n° 94-D-33 du 31 mai 1994. ♦ Sur une entente verticale et horizontale présentant faussement des ristournes sous la forme conditionnelle afin d'empêcher les distributeurs de les répercuter sur leurs prix de revente aux consommateurs, V. • Cons. conc. n° 03-D-45 du 25 sept. 2003 : *JCP E 2004, n° 3, p. 83, note Arhel ; CCC 2004, n° 7, obs. Malaurie-Vignal.*

Constituent des pratiques anticoncurrentielles les stipulations qui fixent un taux de marge minimum à la revente, qui interdisent l'intégration de ristournes différées inconditionnelles dans les prix, ou encore des clauses dites « pénales » qui donnent au fabricant la possibilité de supprimer les remises de coopération commerciale s'il estime qu'il y a eu revente à perte. • Cons. conc. n° 94-D-55 du 18 oct. 1994. ♦ En revanche, l'octroi de ristournes ou de remises différées n'est pas restrictif de concurrence lorsque le principe et le montant de ces avantages sont acquis de manière certaine dès le franchissement des seuils quantitatifs qui en déterminent l'attribution et lorsque tous les distributeurs peuvent, sans aléas, ni restrictions, en répercuter le montant sur leurs prix de vente. • Com. 12 oct. 1993, n° 91-16.988 P : *D. 1994. Somm. 169, obs. Gavalda et Lucas de Leyssac* (cassant • Paris, 13 juin 1991 : *Gaz. Pal. 1992. 1. 226, concl. Thin*). – Comp., sur renvoi : • Paris, 19 janv. 1996 : *RJDA 1996, n° 935.* – Comp. aussi : • Cons. conc. n° 93-D-41 du 12 oct. 1993.

Le fait, pour un fournisseur, d'accorder des ristournes qualitatives ajoutées aux remises quantitatives aux seuls distributeurs offrant des services tels que la démonstration des produits à la demande des clients ou l'assistance technique au consommateur, n'est pas en soi une pratique restrictive de concurrence dès lors qu'elles sont définies de façon objective et qu'elles ne limitent pas la liberté des commerçants de fixer leur politique de prix de façon autonome. • Paris, 22 oct. 1997 : *D. 1997. IR 255.* – V. aussi, sur la possibilité, pour un fournisseur, d'accorder des ristournes qualitatives : • Cons. conc. n° 90-D-42 du 6 nov. 1990, conf. par • Paris, 5 juill. 1991 : *D. 1991. IR 246* • Com. 12 oct. 1993, n° 91-17.983 : *RJDA 1993, n° 921* • Cons. conc. n° 93-D-19 du 7 juill. 1993 (même affaire), conf. par • Paris, 8 juill. 1994 : *BOCC 5 août 1994.* ♦ La Cour de cassation a cassé cet arrêt au motif que la cour d'appel avait énoncé que des conditions générales de vente ou les avantages tarifaires proposés par un fournisseur et acceptés explicitement ou tacitement par les distributeurs constituent des conventions au sens de l'art. 7 [C. com., art. L. 420-1], sans vérifier s'il existait des présomptions établissant que ce fournisseur avait consenti à certains distributeurs bénéficiant d'une ristourne de 5 % des dérogations aux stipulations contractuelles leur imposant, en contrepartie de l'octroi de cette ristourne, l'exécution de prestations de service au profit de la clientèle. • Com. 29 oct. 1996, n° 94-17.918 P : *D. 1996. IR 257* . – V. concl. Raynaud, *RJDA 1997, p. 6.* – V. aussi Saint-Esteben, *Gaz. Pal. 3-4 juill. 1998, p. 19.* – Comp., sur renvoi : • Paris, 8 nov. 1997 : *BOCC 29 nov. 1997.* – V. aussi, Debruyne, *Cah. dr. entr. 1998, n° 2, p. 14.* ♦ Jugeant qu'un distributeur ne saurait invoquer, pour obtenir la condamnation d'un fournisseur pour entente illicite, le seul fait que ce dernier aurait accordé une ristourne discriminatoire à un autre revendeur, V. • Cons. conc. n° 02-D-08 du 12 févr. 2002 : *cité note 47.*

L'adoption d'une enseigne commune à un ensemble de distributeurs est une condition objective et vérifiable de l'octroi de remises par lesquelles un producteur peut choisir de rémunérer les prestations et avantages commerciaux qui lui sont fournis. Ce mode de rétribution n'est pas restrictif de concurrence, dès lors qu'il est la contrepartie de réelles prestations que tout distributeur, le souhaitant, peut fournir en groupant sa commande avec d'autres, sous la même enseigne. • Paris, 29 oct. 1997 : *D. 1997. IR 255.* ♦ La fixation concertée de prix de revente par des commerçants indépendants regroupés sous une même enseigne ne constitue pas une pratique prohibée par les dispositions de l'art. L. 420-1 lorsque ces commerçants ne se situent pas sur les mêmes zones de chalandise. • Cons. conc. n° 03-D-39 du 4 sept. 2003 : *CCC 2003, n° 181, obs. Malaurie-Vignal ; LPA 15 juin 2004, obs. Baccichetti.*

37. L'acte par lequel un distributeur, à l'occasion d'une opération de concentration réalisée par lui, fait savoir à l'ensemble de ses fournisseurs d'une catégorie de produits ou d'une partie substantielle d'entre eux, qu'il entend subordonner la poursuite des relations commerciales qu'il a nouées avec eux à des conditions supplémentaires par rapport à celles qu'il avait acceptées ne peut être qualifié d'action concertée ou d'entente que s'il est établi que les parties y ont librement consenti en vue de limiter l'accès au marché ou à la libre concurrence. Tel n'est pas le cas lorsque cette pratique prise à l'initiative du fournisseur avait été de nature à entraîner l'adhésion des distributeurs ou de certains d'entre eux et avait eu pour effet d'affecter leur autonomie de décision. • Com. 7 avr. 1998, ♔ n° 96-13.735 P : *BRDA 1998, n° 9, p. 16 ; CCC 1998, n° 89, note Vogel ; LPA 21 août 1998, obs. Malaurie-Vignal* (cassant • Paris, 5 mars 1996 : *D. Affaires 1996. 412 ; CCC 1996, n° 59, obs. Vogel,* qui réformait • Cons. conc. n° 95-D-34 du 9 mai 1995 : *CCC 1995, n° 146, obs. Vogel*) • Cons. conc. n° 02-D-67 du 7 nov. 2002 : *préc. note 16.* – V. aussi Ferrier, *Cah. dr. entr. 1996, n° 3, p. 10.* ♦ V. anc. art. L. 442-6 (I), 4° et 5°, reprenant l'art. 36 (4 et 5) dans sa rédaction issue de la L. n° 96-588 du 1er juill. 1996. – V. également, P. Arhel, *LPA 19 avr. 2002.*

La diffusion d'un journal d'information gratuit, financée par des recettes publicitaires, ne constitue pas par elle-même une pratique de prix artificielle restrictive de concurrence. • Paris, 11 mars 1992 : *préc. note 33.* ♦ Pour la sanction de pratiques d'opacité tarifaire dans le secteur de la publicité, V. • Cons. conc. n° 93-D-59 du 15 déc. 1993 • n° 96-D-44 du 18 juin 1996. ♦ V. aussi pour des rémunérations confidentielles, versées par des producteurs de lessive aux distributeurs, • Cons. conc. n° 94-D-60 du 13 déc. 1994 (conf. par • Paris, 13 déc. 1995 : *préc. note 25*). ♦ De même, pour une entente visant à favoriser artificiellement une hausse des prix sur le marché des laits infantiles caractérisé par le fait que le consommateur ne prête pas une attention particulière au prix du lait, dès lors qu'une marque lui est recommandée par une maternité. • Paris, 11 sept. 2001 : *Gaz. Pal. 3-5 mars 2002, p. 40.* ♦ La diffusion par le franchiseur, auprès des entreprises franchisées du réseau, de documents destinés à la clientèle comportant les taux de commission et les frais forfaitaires fixes préimprimés ne constitue pas seulement un confort de gestion pour les franchisés mais une forte incitation à appliquer les taux de commission et les frais forfaitaires indiqués, lesquels, communiqués aux déposants et très généralement appliqués, ont entraîné une restriction effective du libre jeu de la concurrence sur le marché concerné, ayant ainsi un effet équivalent à une pratique de prix imposés. • Paris, 8 juill. 1994 : *D. 1994. IR 224.* ♦ Si l'indication de prix conseillés peut être admise dès lors qu'il n'est exercé aucune pression sur les revendeurs pour en assurer le respect, le fait de préciser que les prix indiqués en annexe « font partie intégrante » du contrat est de nature à leur conférer un caractère obligatoire et à limiter la liberté commerciale des revendeurs. • Paris, 3 nov. 1995 : *BOCC 15 déc. 1995.* ♦ Le fait de conditionner le référencement des revendeurs sur Internet au respect par ces derniers des prix communiqués confère aux accords signés un objet anticoncurrentiel. • Com. 7 oct. 2014, ♔ n° 13-19.476 : *préc. note 5.* ♦ Un code de bonne conduite « comité et collectivité », joint au contrat de franchise, a la même valeur contractuelle et la même force obligatoire que le contrat lui-même. Dès lors, l'obligation qu'il impose aux franchisés de vendre au prix CE conduit ces derniers à appliquer un prix consigné dans un contrat qui s'avère être un prix imposé par le franchiseur ; l'interdiction de « surenchère-remise » participe de la même volonté de limiter la liberté commerciale des franchisés. • Cons. conc. n° 07-D-04 du 24 janv. 2007 : *cité note 13 ss. art. L. 442-6.* ♦ De même, lorsque les revendeurs disposent en réalité d'une marge de manœuvre réduite à l'extrême par le caractère très bas des prix maximaux figurant dans le catalogue d'un franchiseur, dans un contexte de grande tension des prix sur le marché et par les principes mêmes qui, par la charte du franchiseur, gouvernent ses relations avec les franchisés, leur faisant obligation de ne pas s'éloigner dans des proportions trop importantes des prix établis dans cette chaîne de distribution développant une image de prix bas, il en résulte une incitation vigoureuse du distributeur à se conformer à ces prix. • Paris, 13 déc. 1995 : *préc. note 25.* ♦ V. aussi note 49, et note 26 ss. art. L. 330-3.

La politique tarifaire d'un distributeur est définie par les prix affichés en magasins, nets des remises annoncées dans le point de vente, et ne saurait recouvrir les remises effectuées en caisse, qui relèvent certes de la politique commerciale générale de l'enseigne mais qui sont, à côté de la politique de prix du point de vente, une manière différente d'attirer et de fidéliser les clients ; ces systèmes de remises, quand bien même ils seraient fondés sur des critères objectifs et non-discriminatoires, n'en constituent pas moins des gestes commerciaux accordés individuellement en fonction des caractéristiques du client et non du produit vendu et ne sauraient dès lors être pris en considération dans l'appréciation de la politique tarifaire du distributeur vis-à-vis des marques. • Paris, 26 juin 2007 : *cité note 8 ss. art. L. 463-1.* ♦ Rien ne s'oppose à ce qu'une annonce d'un prix de détail par un fournisseur faite à l'occasion d'une conférence de presse de lancement d'un produit puisse être retenue comme l'un des éléments constitutifs d'une pratique de prix imposé. • Aut. conc. n° 15-D-18 du 1er déc. 2015 : *CCC 2016, n° 15, obs. Bosco ; RLC janv. 2016. 10.*

Sur l'argument selon lequel l'alignement des prix qu'aurait produit une entente résulte en réalité de la seule application du seuil légal de revente à perte, V. • Cons. conc. n° 07-D-50 du 20 déc. 2007 : *préc. note 20.*

38. Coopération commerciale. Le versement par un fournisseur d'une rémunération de coopération commerciale à ceux de ses distributeurs qui s'étaient engagés, en contrepartie, à offrir sur les lieux de vente des prestations de services spécifiques, n'est pas en soi une pratique de nature à empêcher, restreindre ou fausser le jeu de la concurrence, lorsque les conditions d'obtention de ces ristournes n'excluent pas les distributeurs prêts à fournir les mêmes services, qu'elles sont définies de façon objective, ne sont pas appliquées de façon discriminatoire, et n'ont ni pour objet ni pour effet de limiter la liberté des commerçants de déterminer de façon autonome leur politique de prix de revente. • Cons. conc. n° 97-D-15 du 4 mars 1997 : *LPA 2 janv. 1998, note Arhel,* conf. par • Paris, 10 mars 1998 : *CCC 1998, n° 90, obs. Vogel,* puis par • Com. 24 oct. 2000, n° 98-12.947 : *CCC 2001, n° 9, obs. Malaurie-Vignal ; LPA 5 févr. 2001, obs. Arhel.* – V. aussi, Malaurie-Vignal, *LPA 4 sept. 1998.* ♦ En ce sens que si la clause subordonnant l'octroi et le maintien d'avantages figurant dans un accord de coopération commerciale à l'obligation pour le distributeur de respecter la propriété intellectuelle d'une maison d'édition ne présente pas en soi un caractère anticoncurrentiel, elle peut, lorsqu'elle est combinée avec une clause de résiliation en cas de non-respect de l'exclusivité, aboutir à des pratiques anticoncurrentielles, V. • Cons. conc. n° 98-D-76 du 9 déc. 1998 : *CCC 1999, n° 114, obs. Malaurie-Vignal.*

39. Prix prédateur. Des comportements de prix prédateurs peuvent être imputés soit à une entreprise en position dominante qui consentirait des pertes en vue d'évincer des concurrents susceptibles de menacer sa domination du marché, soit à plusieurs entreprises qui uniraient leur volonté pour mener la même stratégie en commun, et cela quelle que soit leur position sur le marché. • Aut. conc. n° 09-D-20 du 11 juin 2009. ♦ Le prix prédateur est défini comme étant le prix de vente unitaire d'un produit inférieur au coût variable unitaire de celui-ci. • Paris, 3 nov. 1994 : *D. 1996. Somm. 181, obs. Gavalda et Lucas de Leyssac ; CCC 1994, n° 7, note Vogel ; Gaz. Pal. 1995. 2. Doctr. 792, obs. Ricatte* (conf. par • Com. 4 févr. 1997, n° 94-21.147 P : *D. 1997. IR 56*). – V. aussi, Ricatte, *Gaz. Pal. 1998. 2. Doctr. 845.* ♦ Ainsi, par exemple, dans l'affaire ayant *donné lieu, sur appel, à l'arrêt précité,* le Conseil de la concurrence a jugé qu'une entreprise de production qui choisit de vendre un produit industriel banalisé à un prix inférieur à son coût variable de production augmente délibérément ses pertes par rapport à celles qu'elle enregistrait si elle s'abstenait de vendre ce produit puisque, à la perte sur coûts fixes qu'elle encourait en tout état de cause, elle ajoute une perte supplémentaire sur les coûts variables auxquels elle doit faire face pour produire et livrer le produit considéré ; que la mise en œuvre d'une telle pratique par plusieurs entreprises, qui détiennent collectivement une part très importante du marché, à la suite de l'implantation d'un nouveau concurrent sur ce même marché, ne peut s'expliquer par l'intérêt individuel de chacune d'entre elles mais constitue, au contraire, l'indice d'une concertation entre les entreprises concernées pour éliminer le nouvel entrant et restaurer une entente de prix entre elles. • Cons. conc. n° 94-MC-10 du 14 sept. 1994 : *CCC 1994, n° 250, obs. Vogel* (conf. par • Paris, 3 nov. 1994 : *préc.*). ♦ Dans le cadre de la procédure d'urgence, le Conseil peut se prononcer en se référant aux coûts variables moyens des produits. • Com. 4 févr. 1997, n° 94-21.233 P : *préc.* ♦ Sur les coûts incrémentaux, V. • Cons. conc. n° 04-D-79 du 23 déc. 2004 : *AJDA 2005. 1334, note Mazières ; RDLC 2005, n° 1, p. 66, obs. Spector ; RLC 2005, n° 2, p. 51, note Destours.* – ... Censuré sur ce point par • Com. 17 juin 2008, n° 05-17.566 P : *D. 2008. AJ 1821, obs. Chevrier ; JCP E 2008, n° 30, p. 23 ; CCC 2008, n° 211, obs. Decocq ; RJDA 2008, n° 1187 ; RDLC 2008, n° 3, p. 97, obs. Prieto ; RLC oct.-déc. 2008. 80, obs. Destours.* – ... Et sur renvoi, statuant dans le sens d'une absence de position dominante : • Paris, 9 juin 2009 : *D. actu. 12 juin 2009, obs. Chevrier ; RDLC 2009, n° 3, p. 88, note Sibony ; RLC oct.-déc. 2009. 55, note Destours.* ♦ Mais en prenant en compte, au stade de la délimitation du marché pertinent, des éléments relevant de l'appréciation de l'abus consistant à pratiquer des prix prédateurs dans le cadre d'activités concurrentielles, au lieu de se déterminer au regard de critères de substituabilité admis par la doctrine économique et adoptés par la jurisprudence, la cour d'appel a violé les dispositions de l'art. L. 420-2. • Com. 13 juill. 2010, n° 09-67.439 P : *D. 2010. Actu. 1933, obs. Chevrier ; AJDA 2010. 1921, obs. Nicinski ; JCP 2010, n° 1041, obs. Nussenbaum ; CCC 2010, n° 227, obs. Decocq ; RLC oct.-déc. 2010. 27, note Destours ; RDLC 2010, n° 4, p. 126, obs. Sibony* (sur renvoi, annulant la décision du Conseil de la concurrence : • Paris, 20 déc. 2012 : *CCC 2013, n° 60, obs. Decocq ; RLC avr.-juin 2013. 67, note Destours*). ♦ Sur la notion de prix prédateur, V., à propos de la jurisprudence communautaire, note Vogel ss. • CJCE 3 juill. 1991 : *JCP E 1992. II. 273.* ♦ Les pratiques de prix de vente abusivement bas sont sanctionnées par l'art. L. 420-5.

V. aussi note 29 ss. art. L. 420-2 et note 12 ss. art. L. 464-1 (mesures conservatoires).

40. Offre de couverture. BIBL. Chaput, *CCC 2009. Étude 9* (répondre à un appel d'offres en groupement : efficace, mais risqué...). ♦ Les pratiques dites de l'offre « carte de visite », permettant à une entreprise de se faire connaître du maître de l'ouvrage, sans chercher à obtenir le marché, aussi fréquentes soient-elles et provoquées par le comportement de donneurs d'ordres publics quant à l'exigence d'une participation habituelle des entreprises intéressées à leurs appels d'offres, ne peuvent être tenues pour licites, dès lors que, par les échanges d'information sur les prix, elles trompent les maîtres de l'ouvrage sur la réalité et l'étendue de la concurrence sur le marché concerné. • Paris, 2 avr. 1996 : *préc. note 26*. – V. aussi • Paris, 15 sept. 1995 : *D. 1996. Somm. 177, obs. Gavalda et Lucas de Leyssac*. ♦ L'entreprise désirant réellement soumissionner dans l'espoir d'obtenir le marché, qui communique ses prix à son concurrent afin de permettre à celui-ci de faire une offre « carte de visite », contribue dans la même mesure à cette tromperie. • Paris, 2 avr. 1996 : *préc.* ♦ Le fait pour une société de ne pas elle-même faire un usage direct du chiffrage qu'elle a reçu d'un concurrent, ne saurait les exonérer de leur participation à une entente dès lors, d'une part, que la communication d'un chiffrage de couverture a, en elle-même, un objet anticoncurrentiel et, d'autre part, que l'effet anticoncurrentiel est établi par l'utilisation de ce document au profit d'un tiers. • Cons. conc. n° 04-D-55 du 4 déc. 2003.

L'échange d'informations, à l'occasion d'un marché public, entre entreprises soumissionnaires concurrentes sur leurs offres respectives, dans le but de permettre à l'une d'elles d'apparaître la moins-disante, caractérise une action concertée pouvant avoir pour effet de fausser le libre jeu de la concurrence. • Paris, 25 sept. 1998 : *BICC 1999, n° 354*. ♦ Est à juste titre condamné sur le fondement des art. 7 et 17 [C. com., art. L. 420-1 et L. 420-6] le dirigeant qui, pour tenter d'emporter un marché (déménagement d'un militaire) aux meilleures conditions, a pris l'initiative d'adresser sous le même pli, non pas le seul devis qu'on lui avait demandé, mais les deux devis exigés par la réglementation (statut des militaires), dès lors que ces documents ont été établis à l'en-tête de deux sociétés distinctes, que le prévenu dirigeait, pour simuler une concurrence qui n'existait pas, et que l'envoi d'un devis de « couverture », en rendant inutile tout autre appel d'offres à un concurrent, est non seulement de nature à entraver le libre jeu de la concurrence, mais encore susceptible de provoquer une hausse artificielle des prix. • Crim. 14 déc. 1995, n° 94-85.912 P : *D. 1996. IR 79* • Cons. conc. n° 02-D-62 du 27 sept. 2002. ♦ En revanche, pour une décision admettant que le montant du marché et la technicité des travaux aient pu justifier que des entreprises de moyenne importance ne disposant pas chacune de tout le savoir-faire requis pour ce type de chantier aient pu se réunir pour soumissionner ce marché public : • Cons. conc. n° 00-D-53 du 18 janv. 2001 : *CCC 2001, n° 72, obs. Malaurie-Vignal*. ♦ Mais la circonstance que les pouvoirs publics encourageraient la constitution de groupements et que les collectivités adjudicatrices seraient favorables aux candidatures groupées ne peut en aucun cas justifier les pratiques de groupements artificiels visant à réduire la concurrence entre les entreprises dès lors que le groupement est sans justification économique ou technique. • Aut. conc. n° 18-D-19 du 24 sept. 2018 : *RSC 2018. 917, obs. Sordino*. ♦ S'agissant plus particulièrement des marchés publics, il faut considérer que tout échange d'informations entre soumissionnaires potentiels sur la conduite à tenir lors d'un appel d'offres a pour objet et pour effet d'atténuer ou supprimer l'incertitude sur ce marché ; une telle pratique concertée peut être qualifiée d'entente sans qu'il soit besoin de démontrer que l'accord de volonté des soumissionnaires à l'appel d'offres portait sur l'exécution d'un plan particulier. • Cons. conc. n° 07-D-49 du 19 déc. 2007 : *RDLC 2008, n° 1, p. 112, obs. Claudel ; RLC avr.-juin 2008. 19, obs. Sélinsky.*

Sur la licéité des échanges d'informations sur les prix, V. • Cons. conc. n° 88-D-13 du 15 mars 1988 : *D. 1990. Somm. 102, obs. Gavalda et Lucas de Leyssac* • n° 92-D-29 du 5 mai 1992 : *CCC 1992, n° 116, obs. Vogel*. – V. Sélinsky, *Cah. dr. entr. 1995, n° 1, p. 24*. ♦ Pour une répartition de marchés dans le cadre d'enchères électroniques, les intervenants ayant procédé à une simulation complète de leur comportement au cours des tours d'enchères électroniques afin de fixer les niveaux de prix et la séquence suivant laquelle ils devaient enchérir sur chacun des lots, V. • Cons. conc. n° 07-D-26 du 26 juill. 2007 : *RTD com. 2008. 54, obs. Claudel ; CCC 2007, n° 258, obs. G. D. ; RLC oct.-déc. 2007. 22, obs. Sélinsky.*

L'art. L. 420-1 ne peut être interprété comme contraignant une entreprise à mettre en concurrence ses fournisseurs. Il n'interdit pas non plus à un acheteur non soumis au code des marchés publics de demander à ses fournisseurs de lui présenter une offre conjointe. • Cons. conc. n° 08-D-28 du 3 déc. 2008 : *RDLC 2009, n° 1, p. 114, obs. Debroux*. ♦ Le comportement, ou l'inexpérience, du maître de l'ouvrage à l'occasion d'un appel d'offres, même s'il est susceptible de faciliter les pratiques irrégulières des entreprises, ce qui semble être le cas en l'espèce, ne peut faire échec à l'application des règles de concurrence. • Cons. conc. n° 09-D-03 du 21 janv. 2009 : *RDLC 2009, n° 2, p. 109, obs. Nicolas-Vullierme*. ♦ La procédure suivie devant l'Autorité n'a pas pour objet de sanctionner des manquements à la réglementation applicable en matière de passation des marchés publics, mais des pratiques anticoncurrentielles mises en œuvre par les entreprises ; les règles régissant les marchés publics ne constituent donc pas le fondement légal de la procédure engagée devant l'Autorité. Au surplus, le droit de la concurrence prohibe les pratiques d'offres de couverture mises en œuvre par des entreprises à l'occasion de toute consultation lancée par les collectivités afin de susciter la manifestation d'offres concurrentes, alors même que le contrat n'entrerait pas dans le champ des procédures de publicité et de mise en concurrence organisées par la règlementation des marchés publics. • Aut. conc. n° 18-D-19 du 24 sept. 2018 : *préc.*

41. Boycottage. **BIBL.** Bretzner, *D. 2000. Chron. 441* ♦ Toute pratique de boycott est en soi anticoncurrentielle. • Paris, 10 mars 1998 : *D. 1998. IR 106.* – V. aussi • Cons. conc. n° 04-D-56 du 15 nov. 2004 : *RLC 2005, n° 2, p. 26, note Brault.* ♦ Comp. jugeant que le boycott constitue une action délibérée en vue d'évincer un opérateur du marché et que, faute d'établir la volonté d'éviction, les pratiques litigieuses ne peuvent être qualifiées de boycott : • Com. 22 oct. 2002, n° 00-18.048 P : *D. 2003. AJ 63, obs. Chevrier ; RTD com. 2003. 72, obs. Claudel ; JCP E 2002, n° 49, p. 1940 ; CCC 2003, n° 25, obs. Malaurie-Vignal ; RJDA 2003, n° 195* • Cons. conc. n° 03-D-06 du 29 janv. 2003 : *CCE 2003, n° 63, obs. Lepage et Decocq.* ♦ Constituent des pratiques concertées prohibées par l'art. 7 [C. com., art. L. 420-1] les consignes données par un syndicat professionnel de boycotter les produits d'un fabricant de boissons rafraîchissantes sans alcool ayant installé des distributeurs automatiques de boissons devant divers commerces, alors que cette mesure de rétorsion n'est justifiée ni par la position dominante de la société fabriquant les boissons, aucun abus n'étant démontré, ni par l'illicéité des pratiques mises en œuvre par cette société, la résistance légitime à une concurrence jugée agressive et déloyale ne pouvant prendre la forme d'une pratique prohibée. • Paris, 10 juill. 1992 : *D. 1992. IR 224.* – V. aussi • Paris, 4 juill. 1996 : *D. Affaires 1996. 1054.* ♦ Ayant constaté que sur le marché de l'assurance en général, le salon « assure-expo » était principalement fréquenté par des professionnels du monde de l'assurance pour lesquels le salon ne représentait pas un réel débouché commercial, une cour d'appel a pu en déduire que la disparition de ce lieu de rencontre n'avait pas atteint de manière sensible le fonctionnement de la concurrence sur le marché considéré. • Com. 22 oct. 2002, n° 00-18.048 P : *préc.* ♦ Le fait pour une centrale de référencement d'organiser entre les distributeurs indépendants qu'elle regroupe le boycott des produits d'un fournisseur qu'elle avait référencés pour la période en cours et l'élimination de ces produits de leurs linéaires est de nature à limiter artificiellement l'accès du fournisseur au marché et constitue une action *concertée prohibée. • Cons. conc. n° 94-D-60* du 13 déc. 1994 (conf. par • Paris, 13 déc. 1995 : *préc. note 25*). ♦ V. aussi, pour la condamnation d'une politique de boycott menée par des pharmaciens à l'encontre des laboratoires continuant d'approvisionner un pharmacien concurrent pratiquant des prix inférieurs aux leurs, • Cons. conc. n° 95-D-35 du 10 mai 1995. ♦ Dans le même sens, V. • Paris, 29 janv. 2008 : *cité note 11 ss. art. L. 464-8.*

42. Sur des actions concertées de boycottage organisées par un conseil régional de l'ordre des architectes, de nature à entraver l'accès des architectes à un marché, V. • Cons. conc. n° 96-D-15 du 12 mars 1996 • n° 96-D-18 du 26 mars 1996. ♦ Sur la condamnation d'un groupement d'agriculteurs ayant imposé des prix de revente à la distribution de fruits, tout en menant des opérations de boycott des importations sur ces produits, V. • Cons. conc. n° 00-D-01 du 22 févr. 2000 : *CCC 2001, n° 25, obs. Malaurie-Vignal.* ♦ Sur l'illicéité d'un communiqué de l'ordre des pharmaciens invitant les pharmaciens à ne pas délivrer de médicaments aux entreprises de portage de médicaments à domicile, V. • Cons. conc. n° 97-D-18 du 18 mars 1997, conf. par • Paris, 10 févr. 1998 : *LPA 1er juill. 1999, note Huichard et Tabutiaux*, puis par • Com. 16 mai 2000, n° 98-12.612 P : *préc. note 7.* ♦ Sur la distinction entre la mise en garde adressée par un organisme professionnel à ses adhérents et une opération de boycott, V. • Paris, 27 juin 2000 : *CCC 2000, n° 178, obs. Malaurie-Vignal* (conf. par • Com. 22 oct. 2002, n° 00-18.048 : *préc. note 41*). ♦ Sur le boycott d'un appel d'offres, V. • Cons. conc. n° 07-D-49 du 19 déc. 2007 : *préc. note 40.*

43. Intervention des organisations professionnelles. **BIBL.** Del Prete, *LPA 20 mai 2004* (ordres professionnels et droit communautaire de la concurrence). – Prieto, *JCP 2004. I. 126* (même thème). – Luc, *LPA 24 sept. 2004* (ordres professionnels et concurrence). ♦ Sur le rôle des organisations professionnelles, V., sanctionnant : les incitations à la hausse des tarifs ou des prix, • Paris, 10 mars 1988 : *D. 1988. IR 105* • 19 mai 1988 : *Gaz. Pal. 1988. 2. 633* • 4 juin 1992 : *D. 1992. IR 243.* ♦ ... La diffusion : de barèmes professionnels, • Cons. conc. n° 92-D-39 du 16 juin 1992 • Paris, 21 janv. 1993 : *JCP E 1993. Pan. 556* • 9 déc. 1997 : *D. 1998. IR 26 ; Gaz. Pal. 1998. 1. 150, note Damien ; JCP 1998. II. 10078, note Martin.* – Conf. • Cons. conc. n° 96-D-78 du 3 déc. 1996 : *Gaz. Pal. 1997. 1. 310, note Damien* (honoraires d'avocats) • Paris, 11 sept. 2001 : *BOCC 23 oct. 2001.* ♦ Pour des solutions en droit communautaire, V. • CJCE 29 nov. 2001, n° C-221/99 : *CCC 2002, n° 33, note Poillot-Peruzzetto* • 19 févr. 2002, n° C-309/99 : *D. 2002. IR 1114 ; RTD com. 2002. 389 et 392, obs. Poillot-Peruzzetto ; JCP 2002. I. 153, obs. Kostopoulos ; LPA 9 avr. 2002, note Arhel.* ♦ V. • Cons. conc. n° 97-D-41 du 4 mars 1997 : *LPA 17 oct. 1997, note Arhel* • n° 97-D-45 du 10 juin 1997. – V. également • Cons. conc. n° 98-D-07 du 14 janv. 1998 (conf. par • Paris, 10 nov. 1998 : *JCP E 1998, n° 50, p. 1951*). ♦ ... D'une étude de coûts de revient, • Cons. conc. n° 96-D-24 du 9 avr. 1996. ♦ Dans le même sens, pour la fixation et la diffusion de prix de revente de lessives, dans une publication, par un groupement de producteurs (licéité de mise en œuvre d'un prix unique lorsque les commerçants ne sont pas situés dans la même zone de chalandise ; licéité, à l'intérieur d'une même zone, d'un prix conseillé ou maximum, dès lors qu'il ne s'agit pas de prix imposés) : • Cons. conc. n° 94-D-60 du 13 déc. 1994, conf. par • Paris, 13 déc. 1995 : *préc. note 25,* puis par • Com. 27 janv. 1998, n° 96-11.080 : *ibid.* ♦ V. aussi, sanctionnant la diffusion d'une circulaire par un syndicat professionnel recommandant à ses adhérents la répercussion d'une taxe sur leurs factures : • Paris, 13 avr. 1999 : *JCP E 1999, n° 21, p. 887.* ♦ Apporte une limite à la liberté commerciale et se livre à une pratique anticoncurrentielle le barreau qui prévoit dans son règlement intérieur une clause précisant que les honoraires demandés par les avocats pour chaque type de prestation ne peuvent être inférieurs au coût économique de cette dernière, alors que, sauf cas particuliers où le législateur l'a interdit, il est toujours loisible à un opérateur économique et souvent nécessaire à un nouvel entrant sur un marché de pratiquer, pour un bien ou un service donné, un prix inférieur à son coût de revient. • Cons. conc. n° 00-D-23 du 31 mai 2000 : *CCC 2000, n° 143, obs. Malaurie-Vignal.* ♦ Sur la fixation de prix minimum de revente de fruits par un groupement d'agriculteurs, V. note 42. ♦ Comp., retenant la licéité de barèmes permettant de fixer le montant des honoraires dus aux experts en matière civile dès lors que ces barèmes élaborés à l'initiative des premiers présidents de cours d'appel conformément aux instructions du ministère n'ont pas été utilisés en dehors du cadre de l'expertise judiciaire et n'ont pas servi aux activités privées des experts. • Cons. conc. n° 99-D-15 du 24 févr. 1999 : *CCC 1999, n° 130, obs. Malaurie-Vignal.*

L'accord conclu entre une fédération du bâtiment et des entreprises de travail temporaire tendant à fixer un plafond maximal de rémunération, aligné sur les salaires versés aux salariés de qualification équivalente liés par un contrat de travail à durée indéterminée, vise à limiter la concurrence entre les entreprises de travail temporaire qui, par l'encadrement ainsi imposé du salaire de base, voient leur liberté de négociation réduite au minimum, ce qui a pour conséquence d'uniformiser leur offre et d'exclure du marché les entreprises de travail temporaire qui n'y sont pas adhérentes. • Paris, 8 sept. 1998 : *préc. note 24.* ♦ La circonstance que l'organisation interprofessionnelle n'ait pas eu à effectuer la police des prix auprès des producteurs, ceux-ci s'alignant spontanément sur les prix dits « conseillés », ne prive pas la pratique de sa qualification d'entente anticoncurrentielle, celle-ci ayant été réalisée sous l'égide d'une organisation qui possède, de par son statut administratif, les qualités de ses représentants et sa notoriété, une autorité naturelle à même d'assurer le respect de ses décisions. • Cons. conc. n° 05-D-55 du 12 oct. 2005. ♦ V. aussi note 8 ss. art. L. 410-2.

44. Syndicats professionnels. Le refus d'un syndicat de pharmaciens d'agréer la demande d'un organisme d'assurance complémentaire à l'assurance maladie visant à mettre en place une convention de dispense d'avance de frais par les assurés sociaux constitue une action concertée en tant qu'il engage une profession et résulte d'une décision collective pouvant avoir pour effet de fausser le libre exercice de la concurrence sur le marché des prestations d'assurance complémentaire à l'assurance maladie. • Paris, 17 mars 1998 : *BICC 1998, n° 939.* ♦ V. aussi note 9.

45. Téléphonie mobile. BIBL. Duflos et Pfister, *RDLC 2010, n° 3, p. 23* (accords de fourniture exclusive et concurrence : principes d'analyse et application au cas iPhone). ♦ Constitue une pratique anticoncurrentielle la commercialisation de téléphones mobiles préprogrammés sur un fournisseur d'accès internet, sans aucune indication sur les modalités permettant au consommateur de déverrouiller le poste ou d'en modifier la programmation en vue de l'utilisation d'une autre voie d'accès. • Paris, 13 juill. 2000 : *D. 2000. AJ 382.* ♦ V. dans la même affaire : • Cons. conc. n° 00-MC-17 du 7 nov. 2000. ♦ Pour des échanges d'information et une entente sur les parts de marché, V. • Cons. conc. n° 05-D-65 du 30 nov. 2005 : *CCC 2006, n° 9, obs. Malaurie-Vignal ; RDLC 2006, n° 1, p. 129 et 131, obs. Claudel ; CCE 2006, n° 83, obs. Chagny* (conf. par • Paris, 12 déc. 2006 : *RTD com. 2007. 43, obs. Claudel ; JCP E 2007, n° 6-7, p. 18, note Grandvuillemin ; CCC 2007. Étude 3, note Vilmart ; LPA 9-10 avr. 2007, obs. Bacchichetti ; RJDA 2007, n° 404*). – Sur cette décision, V. aussi Wilhelm et Vever, *CCC 2006. Chron. 6.*

Sur les mesures conservatoires prononcées lors de la remise en cause de l'accord d'exclusivité conclu entre Orange et Apple pour la distribution de l'iPhone, V. • Cons. conc. n° 08-MC-01 du 17 déc. 2008 : *AJDA 2009. 525, obs. Nicinski ; CCC 2009, n° 52, obs. Bosco ; CCE 2009, n° 16, obs. Chagny ; RDLC 2009, n° 1, p. 112, obs. Nicolas-Vullierme* (conf. par • Paris, 4 févr. 2009 : *JCP 2009. I. 144, n° 9, obs. Grynfogel ; CCC 2009, n° 110, obs. Decocq ; Lettre distrib. 2/2009, p. 1, obs. Sélinsky et Vertut ; RLC avr.-juin 2009. 72, note Muguet-Poullennec ; RJ com. 2009. 138, obs. Lebreton-Derrien*, mais cassée par • Com. 16 févr. 2010, n° 09-11.968 : *RTD com. 2010. 284, obs. Claudel ; JCP 2010, n° 675, spéc. n° 8, obs. Grynfogel ; CCC 2010, n° 102, obs. Decocq ; Gaz. Pal. 2010. 2370, note Forster ; RLC avr.-juin 2010. 35, obs. Sélinsky et Dumarçay ; RDLC 2010, n° 2, p. 65, obs. Nicolas-Vullierme*).

46. Nom de domaine. Pour une décision analysant l'attribution d'un nom de domaine sur internet au regard du droit des ententes, V. • Cons. conc. n° 00-D-32 du 9 juin 2000 : *D. 2000. AJ 391, obs. Manara.*

III. TEMPÉRAMENT : MISE EN ŒUVRE DE LA RÈGLE DE RAISON

47. Distribution sélective et distribution exclusive. BIBL. Vogel, *JCP E 1992. I. 184* (distribution exclusive). – Sélinsky, *D. 1992. Chron. 41* (accords verticaux). – Wilhelm et Dumur, *JCP E 2018, n° 1498* (impact des plateformes sur le marché de la distribution sélective). – Birolleau, *RLDA avr. 2020. 24* (l'appréciation de la licéité d'un réseau de distribution sélective au regard du droit de la concurrence). ♦ S'agissant des accords dits de distribution sélective, il est désormais de jurisprudence constante que de tels accords, même s'ils « influencent nécessairement la concurrence dans le marché commun », peuvent néanmoins être conformes aux exigences des art. 101, § 1, TFUE et L. 420-1 C. com. De fait, il existe des exigences légitimes, telles que le maintien de canaux de distribution spécialisés, capables de fournir des prestations spécifiques pour des produits de haute qualité et technicité, qui justifient une réduction de la concurrence par les prix au bénéfice d'une concurrence portant sur d'autres éléments que le prix. • Aut. conc. n° 18-D-23 du 24 oct. 2018 : *cité note 62 ss. art. L. 330-2.* ♦ Dès lors qu'ils préservent l'existence d'une concurrence sur le marché, les réseaux de distribution sélective ne sont pas contraires aux dispositions de l'art. 7 [C. com., art. L. 420-1] si les critères de choix ont un caractère objectif, n'ont pas pour objet ou pour effet d'exclure certaines formes déterminées de distribution et ne sont pas appliqués de manière discriminatoire. • Com. 21 oct. 1997, n° 95-19.419 P : *D. 1997. IR 244 ; RJDA 1997, p. 995, note Leclerq* • Paris, 25 sept. 1991 : *D. 1991. IR 240.* ♦ Pour des cas de discrimination, V. • Paris, 8 juill. 1991 : *D. 1991. IR 226* • 31 oct. 1991 : *CCC 1992, n° 50, obs. Leveneur.* ♦ ... Des critères d'agrément imprécis, V. • Paris, 16 janv. 1995 : *RJDA 1995, n° 266.* ♦ ... Un système de prix imposés faussant le jeu de la concurrence, V. • Com. 18 mai 1993, n° 91-20.471 P : *D. 1993. IR 162* • Cons. conc. n° 01-D-45 du 19 juill. 2001 : *RJDA 2002, n° 103.* ♦ ... Une clause interdisant la revente de certains produits par le distributeur, même à des points de vente agréés, V. • Cons. conc. n° 95-D-14 du 7 févr. 1995. ♦ ... Une application de l'art. L. 420-1 au fournisseur refusant de fournir un distributeur satisfaisant pourtant les critères de sélection requis, V. • Com. 14 janv. 2003, n° 99-14.198 : *D. 2003. Somm. 2430, obs. Ferrier ; RJ com. 2004. 114, note Lebreton-Derrien ; LPA 15 juin 2004, obs. Baccichetti.* ♦ *Jugeant que les conditions de vente pratiquées à* l'égard d'un distributeur, dès lors qu'elles ne sont pas connues des autres membres du réseau, ne permettent de caractériser aucune entente entre ceux-ci et le fournisseur mais seulement un comportement unilatéral de ce dernier, V. • Cons. conc. n° 02-D-08 du 12 févr. 2002 : *RJDA 2002, n° 816 ; LPA 3 juill. 2003, obs. Malaurie-Vignal.* ♦ Sur le contrôle de la mise en œuvre des critères de sélection exercé par la Cour de cassation, V. • Com. 21 oct. 1997, n° 95-19.419 P : *préc.* ♦ Sur la référence faite par le Conseil de la concurrence au Règl. n° 2790/99 pour l'examen d'un contrat dont l'application est limitée au territoire national, V. • Cons. conc. n° 01-D-45 du 19 juill. 2001 : *préc.* ♦ La circonstance, à la supposer établie, que l'accord ne bénéficie pas d'une exemption par catégorie n'implique pas nécessairement que le réseau de distribution sélective contrevienne aux dispositions de l'art. 101, § 1, TFUE. • Com. 16 mai 2018, n° 16-18.174 P : *D. 2019. Pan. 784, obs. Ferrier ; AJ contrat 2018. 286, obs. Buy et Roda ; JCP E 2018, n° 1431, note Ferrier ; CCC 2018, n° 150, obs. Malaurie-Vignal ; RJ com. 2018. 330, obs. Chagny.*

Sur la licéité, dans les contrats de distribution sélective de produits cosmétiques, des clauses relatives à la qualification professionnelle du distributeur, à l'exigence d'un espace clos et isolé pour la vente desdits produits, et d'une caisse particulière ; et, sur l'illicéité, des clauses exigeant une vitrine, des clauses de compatibilité de l'enseigne du magasin avec l'image de marque des produits et des clauses dites « de marques concurrentes », V. • Cons. conc. n° 96-D-57 du 1er oct. 1996 : *CCC 1997, n° 50, obs. Vogel* (conf. par • Paris, 1er juill. 1997 : *D. Affaires 1997. 1033 ; LPA 6 févr. 1998, note Arhel*). – V. Arhel, *LPA 18 juin 1997.* ♦ Le critère de service de conseil et de démonstration établi en tenant compte du nombre de personnes affectées à la vente au regard du chiffre d'affaires du magasin n'encourt pas le grief d'illicéité. • Versailles, 16 mai 2002 : *D. 2003. Somm. 2433, obs. Ferrier ; JCP E 2002, n° 31-35, p. 1314.* ♦ De même aucune disposition ne s'oppose à ce qu'un réseau de distribution sélective établisse sa propre grille d'évaluation et procède à la notation des points de vente candidats à l'agrément, faute de démontrer que le distributeur aurait agréé des établissements présentant des caractéristiques identiques à celles des points de ventes litigieux. • Même arrêt. ♦ Il est loisible à un fournisseur de déterminer librement les conditions de distribution de ses produits et de faire coexister plusieurs catégories de distributeurs dans son réseau (agréés et non agréés), dès lors qu'il n'existe de sa part aucune discrimination de nature anticoncurrentielle à l'intérieur de chaque catégorie et que les consommateurs peuvent bénéficier d'offres diversifiées. Ne constitue donc pas une entente ni un abus de position dominante le fait pour un fournisseur de faire bénéficier ces distributeurs agréés de bons de garantie internationaux en contrepartie de leur astreinte à des sujétions auxquelles les distributeurs non agréés n'ont pas à répondre. • Paris, 26 juin 2001 : *JCP E 2001, n° 42, p. 1648.* ♦ La distribution d'un produit par le biais d'un système de distribution à la fois exclusive et non exclusive est licite, sous réserve que le recours à ces systèmes ne soit pas discriminatoire et ne couvre pas les mêmes zones. • Cons. conc. n° 97-D-31 du 20 mai 1997 : *CCC 1997, n° 151, obs. Vogel ; LPA 2 mars 1998, note Arhel.* ♦ V. aussi art. L. 420-4 et notes 15 et 47 s. ss. art. L. 330-2.

48. Sur l'illicéité, s'agissant de la distribution exclusive de montres de luxe, de l'obligation d'installer un atelier de réparation et d'employer un personnel spécialement formé à l'horlogerie, V. • Cons. conc. n° 96-D-72 du 19 nov. 1996 : *CCC 1997, n° 66, obs. Vogel* (conf. par • Paris, 9 déc. 1997 : *D. 1998. IR 32 ; CCC 1998, n° 26, obs. Vogel*). ♦ Sont illicites les systèmes de distribution visant à exclure du marché les entreprises de vente par correspondance sans justification autre que celle tenant à la politique de prix de ces entreprises. • Cons. conc. n° 93-D-49 du 16 nov. 1993. ♦ Un fournisseur, recourant à un réseau de distributeurs exclusifs auxquels il concède des territoires d'exclusivité, ne saurait licitement interdire à ces distributeurs de répondre à des sollicitations de clients situés dans des zones géographiques autres que celles faisant l'objet de l'exclusivité, dès lors qu'ils ne procèdent pas à une politique de vente active en dehors du territoire qui leur a été concédé. • Cons. conc. n° 98-D-62 du 13 oct. 1998 : *CCC 1999, n° 23.* ♦ La clause par laquelle il est fait interdiction à un concessionnaire, membre d'un réseau de distribution exclusive, de commercialiser directement ou indirectement une marchandise en dehors du territoire national est anticoncurrentielle. • Cons. conc. n° 00-D-35 du 26 sept. 2000 : *CCC 2001, n° 26, obs. Malaurie-Vignal.*

Justifie sa décision la cour d'appel qui, pour décider qu'une clause d'approvisionnement minimum contenue dans un contrat de distribution sélective ne présentait pas le « caractère raisonnable » devant s'attacher à un contrat d'approvisionnement et était par conséquence illicite au regard des dispositions des art. 7 et 9 de l'Ord. du 1er déc. 1986 [C. com., art. L. 420-1 et L. 420-3], retient que l'obligation d'approvisionnement ainsi imposée était disproportionnée par rapport au pourcentage des ventes du fournisseur sur l'ensemble du marché et qu'elle avait pour effet, d'un côté, de réserver l'accès aux seuls revendeurs qui étaient en mesure de souscrire à un tel engagement et, de l'autre, de contraindre les distributeurs agréés à consacrer une part significative de leurs efforts à la vente des produits contractuels. • Com. 13 mai 1997, n° 95-14.035 P : *CCC, 1997, n° 118, obs. Vogel.* ♦ Sur l'illicéité de la subordination, par une société pétrolière, de la fourniture de supercarburant sans plomb à un engagement d'exclusivité de la part des distributeurs n'appartenant pas au réseau de la marque, V. • Cons. conc. n° 92-D-56 du 13 oct. 1992 (conf. par • Paris, 20 oct. 1993 : *BOCC 6 nov. 1993 ; CCC 1993, n° 167, obs. Vogel ; LPA 25 févr. 1994, note Sélinsky*). ♦ Sur l'illicéité, dans un contrat de distribution sélective de logiciels, des clauses interdisant la vente par correspondance et comme produits d'appel, en tant qu'elles sont restrictives de concurrence entre revendeurs et permettent au distributeur de se prémunir contre la concurrence intra-marque au niveau de la distribution, V. • Paris, 28 oct. 1997 : *BOCC 18 nov. 1997.* ♦ Sur le caractère illicite d'une clause d'agrément de distributeurs sélectifs dans le secteur de la porcelaine de Limoges, se référant à la notion de « commerce traditionnel de produits de luxe », cette notion pouvant aboutir à exclure certaines formes modernes de distribution, V. • Cons. conc. n° 99-D-78 du 15 déc. 1999.

49. Franchise. BIBL. Gastinel, *Gaz. Pal. 1994. 2. Doctr. 1016.* – Marot, *ibid. 1995. 2. Doctr. 1088.* – H. Bensoussan, *D. Affaires 1998. 454* (de l'obligation d'approvisionnement exclusif à l'achat privilégié d'intérêt commun). – Dossier spécial, *D. Affaires 1999. 1151* (protection du réseau de franchise). ♦ Les clauses de non-affiliation ou de non-concurrence peuvent être considérées comme inhérentes à la franchise dans la mesure où elles permettent d'assurer la protection du savoir-faire transmis qui ne doit profiter qu'aux membres du réseau et de laisser au franchiseur le temps de réinstaller un franchisé dans la zone d'exclusivité ; ces clauses doivent cependant rester proportionnées à l'objectif qu'elles poursuivent. • Cons. conc. n° 96-D-36 du 28 mai 1996 : *CCC 1996, n° 167, obs. Vogel,* conf. par • Paris, 18 mars 1997 : *préc. note 24,* puis par • Com. 12 janv. 1999, n° 97-13.125 P : *ibid.* ♦ Pour une clause disproportionnée, V. aussi • Cons. conc. n° 97-D-51 du 24 juin 1997 : *D. 1998. Somm. 223, obs. Serra.* ♦ Sur la non-application du Règl. n° 4087/88 concernant les accords de franchise aux clauses de non-affiliation, V. note 48 ss. art. L. 330-3.

La clause qui impose aux franchisés de s'approvisionner auprès du franchiseur exclusivement en produits portant sa marque ou en produits agréés par lui peut, à certaines conditions, être considérée comme ne constituant pas une restriction de concurrence. • Cons. conc. n° 94-D-31 du 24 mai 1994 : *CCC 1994, n° 164.* ♦ Est, notamment, valable la clause d'approvisionnement exclusif qui a pour objet de préserver l'image de marque d'un réseau de franchise. • Cons. conc. n° 94-D-32 du 24 mai 1994 • Com. 20 déc. 2017, n° 16-20.501 : *CCC 2018, n° 75, obs. Bosco ; RJDA 2018, n° 313 ; RJ com. 2018. 479, obs. Leloup.* ♦ Pour porter cette appréciation, il y a lieu de s'inspirer des principes dégagés tant par la réglementation que par la jurisprudence communautaires. • Cons. conc. nos 94-D-31 et 94-D-32 du 24 mai 1994 : *préc.* ♦ En vertu du droit interne et des règles dégagées au plan communautaire, un franchiseur n'est en droit d'imposer aux franchisés de s'approvisionner exclusivement auprès de sa société ou auprès des fournisseurs qu'il aura référencés qu'autant qu'il est prouvé qu'il n'est pas possible, en pratique, en raison de la nature des produits qui font l'objet de la franchise, d'appliquer des spécifications de qualité objectives. • Paris, 18 mars 1997 : *préc.* • Cons. conc. n° 96-D-36 du 28 mai 1996 : *préc.* • n° 96-D-16 du 19 mars 1996 : ♦ Sur l'illicéité d'une clause imposant aux franchisés des références de matériel informatique et de fournitures délivrées par le franchiseur, V. • Cons. conc. n° 97-D-48 du 18 juin 1997 : *D. 1998. Somm. 223, obs. Serra ; CCC 1997, n° 152, obs. Vogel ; LPA 8 avr. 1998, obs. Arhel.* – Sur cette affaire, V. Marot, *LPA 27 nov. 1997.* – V. aussi • Cons. conc. n° 97-D-51 du 24 juin 1997 : *préc.* ♦ V. Règl. CEE n° 4087/88 du 30 nov. 1988. ♦ Sur la nécessité de démontrer concrètement en quoi la clause d'approvisionnement exclusif est indispensable pour préserver l'identité et la réputation du réseau de franchise, V. • Com. 17 janv. 1995, n° 93-10.306 : *D. 1997. Somm. 58, obs. Ferrier ; LPA 5 mai 1995, note Gast ; RJDA 1995, n° 561.* ♦ V. l'arrêt de renvoi, concluant, en l'espèce, à la validité de la clause, • Amiens, 17 juin 1996 : *D. Affaires 1997. 179.* – Et, sur cet arrêt, Gast, *D. Affaires 1997. 172.* ♦ V. aussi art. L. 420-4 et notes 12 s. ss. art. L. 330-3.

50. La clause interdisant les rétrocessions entre franchisés est contraire aux dispositions de l'art. 7 [C. com., art. L. 420-1] en ce qu'elle empêche les franchisés de s'approvisionner auprès d'autres franchisés et de profiter, le cas échéant, de meilleures conditions d'achat, sans qu'une telle clause apparaisse justifiée par la nécessité de maintenir l'image du réseau de franchise. • Paris, 18 mars 1997 : *préc. note 24* • Cons. conc. n° 96-D-36 du 28 mai 1996 : *préc. note 49.* ♦ La fixation concertée de prix par des commerçants indépendants regroupés sous une même enseigne ne constitue pas une pratique prohibée par les dispositions de l'art. 7 [C. com., art. L. 420-1] lorsque ces commerçants ne sont pas situés dans la même zone de chalandise ; il est, en outre, possible à un franchiseur de communiquer à des franchisés, situés dans la même zone de chalandise, des barèmes de prix maximaux de revente ou de prix conseillés, à condition que ces indications soient sans ambiguïté et que ces prix ne revêtent pas en réalité le caractère de prix imposés ou de prix minimaux ; à l'inverse, lorsque les franchisés sont regroupés sous la même enseigne et situés, pour certains d'entre eux, sur les mêmes zones de chalandise, la fixation de prix de revente identiques ou minimaux que tous les membres du réseau se trouvent, en fait, dans l'obligation d'appliquer, constitue une pratique prohibée par l'art. 7 [C. com., art. L. 420-1]. • Paris, 18 mars 1997 : *préc.* • Cons. conc. n° 96-D-36 du 28 mai 1996 : *préc.* • n° 96-D-16 du 19 mars 1996. – V. aussi • Cons. conc. n° 97-D-48 du 18 juin 1997 : *préc. note 49.* ♦ Sur l'illicéité de la clause d'aménagement exclusif des magasins, obligeant les franchisés à recourir à un décorateur choisi par le franchiseur ou à une filiale de celui-ci, V. • Paris, 18 mars 1997 : *préc. note 24* • Cons. conc. n° 96-D-36 du 28 mai 1996 : *préc.* • n° 96-D-16 du 19 mars 1996. ♦ Le fait de n'autoriser des franchisés à vendre les produits défraîchis ou périmés avec un rabais que pendant la période de solde limite leur liberté commerciale au-delà de ce qui est nécessaire pour la protection de la marque et, par conséquent, est contraire à l'art. 7 [C. com., art. L. 420-1]. • Cons. conc. n° 98-D-67 du 27 oct. 1998 : *CCC 1999, n° 93, obs. Malaurie-Vignal ; Cah. dr. entr. 1999, n° 5, p. 21, obs. Mainguy.*

51. Label. Une démarche collective de certification conduisant à sélectionner des entreprises en fonction de leur aptitude à réaliser certains travaux ou en fonction de certains critères de qualité constitue une entente entre les entreprises qui adhèrent à cette démarche ; une telle entente est anticoncurrentielle si les critères d'octroi d'un label ou d'une qualification ne sont pas suffisamment objectifs et clairs et se prêtent à une application discriminatoire permettant ainsi d'évincer des concurrents du marché concerné par des moyens autres que ceux fondés sur les mérites des entreprises. • Aut. conc. n° 12-D-26 du 20 déc. 2012 • Cons. conc. n° 94-D-41 du 5 juill. 1994 : *CCC 1994, n° 225, obs. Vogel.*

Art. L. 420-2 *(L. n° 2001-420 du 15 mai 2001)* **Est prohibée, dans les conditions prévues à l'article L. 420-1, l'exploitation abusive par une entreprise ou un groupe d'entreprises d'une position dominante sur le marché intérieur ou une partie substantielle de celui-ci. Ces abus peuvent notamment consister en refus de vente, en ventes liées ou en conditions de vente discriminatoires ainsi que dans la rupture de relations commerciales établies, au seul motif que le partenaire refuse de se soumettre à des conditions commerciales injustifiées.**

Est en outre prohibée, dès lors qu'elle est susceptible d'affecter le fonctionnement ou la structure de la concurrence, l'exploitation abusive par une entreprise ou un groupe d'entreprises de l'état de dépendance économique dans lequel se trouve à son égard *une entreprise cliente ou fournisseur.* *(L. n° 2005-882 du 2 août 2005, art. 40)* **« Ces abus peuvent notamment consister en refus de vente, en ventes liées, en pratiques discriminatoires visées** *(Ord. n° 2019-698 du 3 juill. 2019, art. 2)* **« aux articles L. 442-1 à L. 442-3 » ou en accords de gamme. »**

Sur le fait qu'un prêt inter-entreprises ne peut placer l'entreprise emprunteuse en état de dépendance économique vis-à-vis de l'entreprise prêteuse, V. C. mon. fin., art. R. 511-2-1-1. – **C. mon. fin.**

Pour des dispositions relatives aux opérateurs exerçant une influence significative sur un marché du secteur des communications électroniques, V. CPCE, art. L. 37-1 s. (L. nº 2004-669 du 9 juill. 2004, art. 18, JO 10 juill.) et Décr. nº 2004-1301 du 26 nov. 2004 (JO 30 nov.).

*Sur la définition du produit vendu sous marque de distributeur, V. C. consom., art. R. 412-47, al. 2. — **C. consom.***

RÉP. COM. vº *Abus de position dominante*, par BLAISE.

BIBL. ▶ JEANTET, *LPA 28 mars 1987*. – PÉDAMON, *Cah. dr. entr. 1987, nº 1*. – THRÉARD et BOURGEON, *ibid. 1987, nº 2*. – PIGASSOU, *Gaz. Pal. 1987. 2. Doctr. 544*. – GLAIS, *ibid. 1989. 1. Doctr. 290*. – RICATTE, *ibid. 1991. 2. Doctr. 600* (clause dite « du client le plus favorisé »). – MAINGUY, *Cah. dr. entr. 1998, nº 6, p. 23* (abus de droit dans les contrats soumis au droit de la concurrence). – RETTERER, *ibid. 1999, nº 2, p. 1* (contrat de référencement : du droit des obligations au droit de la concurrence). – VOGEL, *D. Affaires 1999. 1464* (abus de puissance d'achat : du contrôle direct au contrôle indirect). – NOURISSAT, *D. 2000. Chron. 369* (violence économique, vice du consentement : beaucoup de bruit pour rien ?). – Colloque du 6 déc. 2000, *Gaz. Pal. 9-10 nov. 2001* (abus de puissance d'achat et accès aux linéaires de la grande distribution). – GRALL, *Bull. act. Lamy droit économique, janv. 2002* (distinction entre « relation de dépendance » et « état de dépendance économique »). – DUMONCEAU-BEAUNE et BELMONT, *CCC 2002. Chron. 12* (fournisseurs de produits sous marques de distributeurs : comment prévenir et gérer une situation de dépendance économique). – MONTELS, *RTD com. 2002. 417* (violence économique, illustration du conflit entre droit commun des contrats et droit de la concurrence). – G. PARLÉANI, *Mél. Guyon, Dalloz, 2003, p. 882* (violence économique, vertus contractuelles, vices concurrentiels). – CONDOMINES, *LPA 29 oct. 2003* (pratique des enchères inversées). – BRUN et TOULEMONT-DAKOURE, *CCC 2003, Chron. 11* (barrières à l'entrée en droit de la concurrence). – POUILLE, *ibid. 2004. Chron. 11* (plaidoyer pour un changement dans les rapports entre fournisseurs et distributeurs). – BOIZARD, *LPA 16 juin 2004* (réception de la notion de violence économique en droit). – D. BRAULT, *LPA 30 nov. 2004 ; RLC 2005, nº 1, p. 182* (service public et position dominante : peut-il y avoir abus ?). – IDOT, *RDLC 2005, nº 2, p. 31* (ventes liées). – GARCIA-ROSADO, *RLC 2005, nº 3, p. 139* (pratiques anticoncurrentielles au sein des oligopoles : le lien entre les ententes et les abus de position dominante collective). – PERROT, *ibid., nº 4, p. 195* (prédation, ventes liées, remises...). – ARSAC-RIBEYROLLES, *LPA 27 janv. 2006* (abus à la baisse dans la fixation du prix). – RIVOAL, *D. 2006. 891* (dépendance économique en droit du travail). – BOSCO, *RDLC 2006, nº 3, p. 176* (obligations d'exclusivité et abus de position dominante). – GLAIS, *CCC 2006. Dossier 25* (sanction des abus de dépendance économique : entre désillusion et espoir). – BOSCO, *LPA 3 juill. 2008* (regards sur la modernisation de l'abus de position dominante). – ARCELIN-LÉCUYER, *LPA 12 juill. 2010* (dépôt d'une offre : acte, activité ou/et abus ?). – MARTY, *RLC avr.-juin 2011. 107* (stratégies de ciseau tarifaire). – PICOT, *LPA 16 nov. 2012* (injonctions structurelles et abus de position dominante). – MASCRET, *LPA 5 nov. 2014* (les enseignements de l'Autorité de la concurrence en matière d'abus de position dominante pour des pratiques visant à retarder l'entrée sur le marché d'un médicament générique). – GLAIS, *RTD com. 2015. 649* (une latitude de plus en plus étroite pour les entreprises qualifiées de dominantes dans leurs stratégies de défense de leurs positions de marché). – Dossier, *AJCA 2016. 219* (abus de position dominante : nouvelles pratiques, nouvelles analyses). – CLAUDEL, *RTD com. 2016. 460* (l'abus de dépendance économique : un sphinx renaissant de ses cendres ?). – SCHREPEL, *JCP E 2018, nº 1579* (les positions dominantes bientôt sanctionnées ?). – PRIETO, *Cah. dr. entr. 2019, nº 3, p. 34* (numérique et abus de position dominante). – MOROT-MONOMY, *AJDA 2019. 1387* (vice de violence économique et contrats administratifs). – CHONÉ-GRIMALDI, *D. 2020. 343* (les abus de position dominante dans le secteur numérique). – CHAIEHLOUDJ, *D. 2021. 809* (pour la consécration d'une notion éversive : la position dominante « de crise »).

I. EXPLOITATION ABUSIVE D'UNE POSITION DOMINANTE

A. NOTION DE POSITION DOMINANTE

1º POSITION DOMINANTE INDIVIDUELLE OU COLLECTIVE

1. Part de marché. La notion de position dominante, qui s'entend comme le pouvoir de faire obstacle à une concurrence effective, suppose que l'entreprise considérée occupe sur le marché une place prépondérante que lui assurent notamment l'importance des parts qu'elle détient dans celui-ci, la disproportion entre celles-ci et celles de l'entreprise concurrente, comme éventuellement son statut, et ses modes d'action commerciale. • Paris, 17 oct. 1990 : *D. 1990. IR 273* • 7 juill. 1995 : *Gaz. Pal. 1995. 2. Somm. 489.* ♦ Les biens et services produits par une entreprise pour sa propre consommation ne font pas partie du marché pertinent, tel que défini par les autorités de concurrence pour apprécier les éventuelles pratiques anticoncurrentielles. Mais si l'autoconsommation doit être écartée du calcul des parts de marché, elle peut effectivement avoir un impact sur l'analyse du pouvoir de marché. • Aut. conc. n° 14-D-06 du 8 juill. 2014 : *AJCA 2014. 332, obs. Luc ; RLC oct.-déc. 2014. 17, note Sélinsky.* ♦ Bien que l'autoproduction ne soit pas comptabilisée dans le calcul des parts de marché, elle doit être prise en compte dans l'analyse de la pression concurrentielle exercée sur les offreurs. • Aut. conc. n° 15-D-09 du 4 juin 2015 : *RLC oct.-déc. 2015. 27, obs. Cholet.* ♦ La baisse de parts de marché au cours de la période concernée par une pratique anticoncurrentielle n'exclut pas l'existence d'une position dominante ; l'enregistrement d'une diminution des parts de marché n'entraîne pas nécessairement la perte de la position dominante de l'entreprise qui en conserve toujours une part substantielle. • Aut. conc. n° 14-D-08 du 24 juill. 2014 : *cité note 6 ss. art. L. 463-1.* ♦ Si la réduction de parts de marché encore très importantes ne peut constituer, en elle-même, la preuve de l'absence de position dominante, il n'en demeure pas moins que la capacité de l'entreprise en cause à s'abstraire de la pression de ses clients et concurrents est sensiblement contrainte par une évolution du marché qui lui est défavorable. • Aut. conc. n° 09-D-33 du 10 nov. 2009 : *cité note 29.* ♦ L'argument selon lequel, malgré sa forte part de marché, une société ne serait pas en position dominante car elle consent des pertes pour affronter la pression concurrentielle ne permet pas à lui seul de remettre en cause le fait qu'elle dispose encore, à ce jour, d'une position dominante sur le marché en cause. • Aut. conc. n° 12-D-25 du 18 déc. 2012 : *cité note 23.* ♦ L'appartenance à un groupe économique puissant, occupant une position de *leadership* sur le plan national dans un secteur d'activité, est un indice qui peut, parmi d'autres, être retenu pour caractériser une position dominante. • Com. 9 avr. 1996, n° 94-13.293 : *D. Affaires 1996. 737.* ♦ Le code des transports confère à la SNCF un monopole légal sur le territoire national en ce qui concerne le transport ferroviaire intérieur de voyageurs ; par conséquent, la SNCF, qui, sur les lignes intérieures, est l'unique entreprise ferroviaire transportant des voyageurs, est en position dominante sur le marché des services de distribution des billets de train, cette dernière étant la seule à pouvoir en proposer à la vente. • Aut. conc. n° 14-D-11 du 2 oct. 2014 : *cité note 7 ss. art. R. 464-2.* ♦ La position de quasi-monopole caractérise nécessairement et de ce seul fait une position dominante puisque l'entreprise concernée détient la totalité ou la quasi-totalité des parts du marché où elle n'est, de ce fait, soumise à aucune concurrence. • Aut. conc. n° 11-D-15 du 16 nov. 2011 : *cité note 21.* ♦ Mais l'importance de l'écart entre les parts de marché détenues par plusieurs sociétés ne permet pas de présumer de l'existence d'une position dominante de l'une d'entre elles. • Paris, 19 oct. 1999 : *Gaz. Pal. 2000. Somm. 220.* ♦ Si les ventes constituent généralement le critère de référence permettant de caractériser la position d'une entreprise sur un marché déterminé, il n'en demeure pas moins que ce critère peut être relayé par d'autres critères s'avérant plus pertinents au regard des produits ou de l'industrie concernés. • Paris, 5 nov. 2008 : *BRLC janv.-mars 2009. 52, obs. Destours.* ♦ L'appréciation de la position dominante d'une entreprise s'effectue à partir d'un faisceau de critères qui prend en compte des données d'ordre structurel comme les parts de marché de l'entreprise et celles de ses principaux concurrents, mais aussi des éléments qui sont de nature à donner un avantage concurrentiel à l'entreprise concernée comme l'appartenance à un groupe puissant, la détention d'une avance technologique, la puissance financière ou l'image de marque. • Aut. conc. n° 13-D-11 du 14 mai 2013 : *cité note 22.* ♦ Le fait qu'une position dominante n'ait pas un caractère permanent ne rend pas inapplicables les dispositions des art. L. 420-2 C. com. et 102 TFUE. Soutenir le contraire reviendrait à restreindre leur application aux seuls cas où la dominance de l'opérateur mis en cause est en réalité une situation irréversible à moyen ou long terme, par exemple lorsqu'il existe une facilité essentielle. • Aut. conc. n° 15-D-01 du 5 févr. 2015 : *cité note 1 ss. art. L. 462-6.*

2. Valeur économique. La position dominante d'un producteur sur un marché géographiquement délimité se définit par la valeur économique qu'il développe par rapport à l'activité considérée (marché des pompes funèbres). • Com. 9 avr. 1996, n° 94-13.293 : *préc. note 1.* ♦ La position dominante repose sur l'appréciation d'un ensemble de critères, dont notamment la position de l'entreprise en cause et celle de ses concurrents sur ce marché, la notoriété dont jouit cette entreprise, l'existence de barrières à l'entrée sur ce marché, l'absence d'une menace crédible d'expansion des concurrents sur ce marché et l'absence de puissance d'achat compensatrice des clients. • Aut. conc. n° 12-D-01 du 10 janv. 2012. ♦ Une telle position peut également résulter de différents facteurs caractérisant le marché lui-même ou l'entreprise, comme la détention d'un monopole légal ou de fait sur une activité ; elle peut aussi résulter de l'appartenance à un groupe de grande envergure, de la faiblesse des concurrents, de la détention d'une avance technologique ou d'un savoir-faire spécifique. • Aut. conc. n° 14-D-06 du 8 juill. 2014 : *préc. note 1.* ♦ Le fait pour une société de définir, dans le cadre du réseau de franchisage qu'elle a mis en place, la politique commerciale du groupe et de décider des conditions dans lesquelles ses produits peuvent ou non être vendus par des tiers qui ne sont pas des distributeurs exclusifs ou des points de vente à son enseigne permet de caractériser la position dominante de cette entreprise sur le marché concerné. • Com. 4 mai 1999, n° 97-13.402 : *RJDA 1999, n° 1014.* ♦ Jugeant que le refus opposé par un fournisseur de baisser ses prix, comme le lui demande un distributeur, illustre la position dominante détenue par ce fournisseur sur le marché. • Cons. conc. n° 04-D-12 du 7 avr. 2004 : *JCP E 2004, n° 40, p. 1546, note Arhel.* ♦ Mais le seul critère de la notoriété reproché à la Fédération des Gîtes ne suffit pas à établir que les Gîtes de France peuvent exercer un rôle déterminant pour orienter le choix du consommateur vers leurs seules chambres d'hôtes, alors qu'il est par ailleurs constaté que 55 % des propriétaires de chambres d'hôtes ont des comportements indépendants vis-à-vis de leurs clients. • TGI Paris, 3 déc. 2002 : *JCP E 2003, n° 10, p. 392.*

3. Moyens financiers. Le juge ne doit pas limiter son contrôle concernant l'existence d'une position dominante à une comparaison du chiffre d'affaires de l'entreprise par rapport à celui de ses concurrents dans le domaine spécifique des productions audiovisuelles destinées à des usages non télévisuels sans prendre en considération les avantages financiers et matériels dont la société nationale de télévision en cause dispose pour promouvoir l'ensemble de ses activités reconnues par la loi. • Com. 28 janv. 1992, n° 90-16.766 P : *D. 1995. 538*. – V., sur renvoi, • Versailles, 17 mai 1994 : *D. 1995. 539* ; *Gaz. Pal. 1995. 1. 49, note Junqua-Lamarque.* – Sur ces arrêts, V. Lucas de Leyssac, *D. 1995. Chron. 288* ; Junqua-Lamarque, *Gaz. Pal. 1995. 2. Doctr. 981.* ♦ V. aussi, prenant en compte la disproportion des moyens financiers entre l'entreprise dominante et ses concurrents, • Cons. conc. n° 96-D-10 du 20 févr. 1996.

4. Position dominante collective. BIBL. Givry et de La Laurencie, *Bull. act. Lamy droit économique, févr. 2003, p. 1.* – Rincazaux et Dieny, *RLC 2005, n° 3, p. 125 ; ibid. n° 4, p. 117.* – Fontaine, *JCP E 2006, n° 30, p. 1316* (la dominance collective). – Aventel, Daley et de Muizon, *RDLC 2011, n° 4, p. 41* (position dominante collective : dépasser les critères *Airtours*). ♦ Le concept de dominance collective renvoie à un groupe d'entreprises qui disposent, en commun, d'un pouvoir de marché assimilable à celui d'une entreprise en position dominante simple, c'est-à-dire lui permettant de s'abstraire de la concurrence d'autres entreprises actives sur le même marché ; ce concept réunit ainsi deux notions : en premier lieu celle de l'interdépendance, et en second lieu celle, plus classique, de la dominance. • Aut. conc. n° 10-D-36 du 17 déc. 2010 : *JCP E 2011, n° 1302, note Malaurie-Vignal ; RDLC 2011, n° 1, p. 200, obs. Lemaire.* ♦ Les comportements d'opérateurs en situation oligopolistique sur un marché pertinent peuvent, en l'absence même de toute entente formelle, être implicitement coordonnés, lorsque ces opérateurs, notamment en raison de l'existence de facteurs de corrélation entre eux, ont le pouvoir d'adopter durablement une même ligne d'action sur un marché en vue de profiter d'une situation de puissance économique collective sans que les concurrents, les clients ou les consommateurs ne puissent réagir de manière effective. • CE 5 nov. 2014, n° 373065 : *cité note 1 ss. art. L. 430-9.* ♦ De jurisprudence constante, la dominance collective se différencie de l'entente. Sont en dominance collective des entreprises qui, du fait de leurs caractéristiques propres et des circonstances spécifiques au marché concerné, adoptent des comportements parallèles qui les conduisent à se comporter comme si elles ne formaient qu'une seule entreprise, sans que cette identité de comportement nécessite le concours de leurs volontés ; à l'inverse, l'entente résulte précisément de ce concours des volontés. • Cons. conc. n° 07-D-08 du 12 mars 2007 : *cité note 8 ss. art. L. 462-7.* ♦ Il convient de rechercher si, en l'absence d'ententes conclues avec leurs clients, les sociétés en cause auraient disposé en commun de la possibilité de se comporter sur le marché en cause, dans une mesure appréciable, de façon indépendante vis-à-vis de leurs concurrents, de leurs clients et des consommateurs. • Com. 7 juill. 2009, n° 08-15.609 P : *D. 2009. AJ 1889* ; *JCP E 2009, n° 38, p. 27 ; CCC 2009, n° 227, obs. Decocq ; RJDA 2010, n° 297.* ♦ Jugeant, dans la même affaire, qu'aucun élément du dossier ne permet de considérer qu'une ligne d'action commune aurait pu être mise en œuvre en l'absence des ententes et constituer soit l'objet soit l'effet d'une indépendance vis-à-vis des concurrents, clients ou consommateurs. • Paris, 15 avr. 2010 : *CCC 2010, n° 159, obs. Decocq ; RDLC 2010, n° 3, p. 91, note Marty ; RLC juill.-sept. 2010. 17, note Mexis.*

Occupent une position dominante collective deux sociétés financièrement liées ayant mis en place une stratégie commerciale révélatrice d'une volonté commune de pratiquer une politique de vente coordonnée et étant en mesure de s'opposer à l'arrivée d'un nouvel opérateur sur un marché où elles sont les seules intervenantes. • Paris, 6 juill. 1994 : *CCC 1994, n° 197, obs. Vogel ; RJDA 1994, n° 1324.* ♦ Dans le même sens, décidant que plusieurs entreprises simultanément présentes sur un même marché peuvent être considérées comme détenant conjointement une position dominante dès lors qu'il existe entre elles une interdépendance les conduisant à adopter une stratégie explicitement ou implicitement coordonnée, V. • Cons. conc. n° 98-D-76 du 9 déc. 1998 : *CCC 1999, n° 111, obs. Malaurie-Vignal.* ♦ V. aussi, décidant que la position dominante collective peut être retenue à l'encontre de deux entités, économiquement interdépendantes, qui ont agi ensemble sur un même marché et ont adopté une ligne de conduite commune sur un même marché : • Paris, 30 oct. 2001 : *CCC 2001, n° 173, obs. Malaurie-Vignal.* ♦ En l'absence de tels liens, la seule structure du marché peut permettre de mettre en évidence une position dominante collective, si les critères cumulatifs suivants sont réunis, à savoir la structure oligopolistique et la transparence du marché concerné, la possibilité d'exercer des représailles sur les entreprises déviant de la ligne d'action commune et enfin la non contestabilité du marché ou l'absence de compétition potentielle. • Cons. conc. n° 06-D-02 du 20 févr. 2006 : *RDLC 2006, n° 2, p. 90, obs. Prieto ; RLC juill.-sept. 2006. 32, obs. Sélinsky.* ♦ Sur un abus de position dominante collective, caractérisé par l'abstention de plusieurs sociétés à répondre aux appels d'offres en concurrence avec les entreprises communes qu'elles ont créées, V. • Cons. conc. n° 02-D-44 du 11 juill. 2002 : *JCP E 2003, n° 5, p. 224, note Arhel ; CCC 2002, n° 157, obs. Malaurie-Vignal ; Gaz. Pal. 2003. Doctr. 2177, note Thouvenin* (conf. par • Paris, 18 févr. 2003 : *JCP E 2003, n° 14, p. 612, note Arhel*). ♦ Pour une position dominante collective de la FIFA et du CFO sur le marché des billets destinés à être vendus à l'occasion de la coupe du monde de football 1998, V. • Paris, 30 oct. 2001 : *Lettre distrib. 2/2002, p. 2.* ♦ Pour une position dominante collective sur les marchés de la distribution d'eau et de l'assainissement, résultant notamment des liens structurels liant les entreprises en cause, lesquels résultaient de la création d'une entreprise commune, V. • Cons. conc. n° 02-D-44 : du 11 juill. 2002 : *préc.* ♦ Comp. jugeant que des liens structurels de faible importance et un engagement d'exclusivité de commercialisation ou d'approvisionnement sont insuffisants pour caractériser une position dominante collective : • Cons. conc. n° 02-D-68 du 14 nov. 2002 : *CCC 2003, n° 72, obs. Malaurie-Vignal ; RJDA 2003, n° 650.* ♦ Pour des solutions en droit communautaire, V. • CJCE 10 juill. 2001, n°C-497/99 : *CCC 2001, n° 175, obs. Poillot-Peruzzetto.* – V. aussi Belmont, *ibid. 2002, Chron. 3 ;* Jalabert-Doury, *Cah. dr. entr. 2002, n° 5, p. 1.* ♦ V. également • TPICE 6 juin 2002, n° T-342/99 : *JCP E 2002, n° 29, p. 1209, note Vilmart ; LPA 25 juill. 2002, obs. Arhel.* ♦ Jugeant que la démonstration d'une position dominante collective suppose que soit mise en évidence l'adoption effective d'une ligne d'action commune sur le marché, V. • Aut. conc. n° 12-D-13 du 15 mai 2012. ♦ Mais l'existence d'une position dominante collective ne requiert pas l'adoption par les entreprises d'un même comportement pour tous les aspects de la concurrence sur le marché concerné. • TPICE 30 sept. 2003, n° T-191/98 : *CCC 2004, n° 62, obs. Poillot-Peruzzetto.*

2° MARCHÉ DE RÉFÉRENCE

BIBL. Vogel, *CCC juin 1992. 1 ; JCP 1994. I. 3737.* – Boutard-Labarde et Bureau, *RJDA 1993, p. 743.* – Campana et Barratin, *Gaz. Pal. 1997. 1. Doctr. 243.* – Canivet et Champalaune, *Liber amicorum Calais-Auloy, Dalloz, 2004, p. 227* (comportement du consommateur). – Deffains et Pellefigue, *RTD com. 2018. 555* (vraiment pertinent ? une analyse économique des marchés pertinents).

5. Substituabilité du produit. Le marché se définit comme le lieu théorique où se rencontrent l'offre et la demande de produits ou de services qui sont considérés par les acheteurs ou les utilisateurs comme substituables entre eux mais non substituables aux autres biens ou services offerts. • Paris, 17 juin 1992 : *RJDA 1992, n° 843* • 18 janv. 1995 : *D. 1995. IR 81.* ♦ Les critères de substituabilité d'un produit permettant de délimiter le marché économique de référence s'apprécient différemment selon la nature ou les modalités de commercialisation du produit en cause. • Com. 29 nov. 1994, n° 93-10.275 P : *D. 1995. IR 4 ; CCC 1995, n° 34, obs. Vogel.* ♦ L'existence ou l'absence de marché pertinent ne saurait découler de décisions antérieures mais résulte de la mise en œuvre, dans chaque cas d'espèce, d'une analyse économique qui n'est pas figée, reposant principalement sur le critère de substituabilité des produits et services du point de vue de la demande. • Aut. conc. n° 15-D-20 du 17 déc. 2015 : *AJCA 2016. 92, obs. Paulhac ; RTD com. 2016. 279, obs. Claudel ; CCC 2016, n° 98, obs. Bosco.* ♦ Une cour d'appel, qui a constaté qu'il existait pour un jeu de société, des jeux aux mécanismes intellectuels similaires rendant ce produit aisément substituable, a énoncé à bon droit que la notoriété d'un jeu ne saurait lui permettre de constituer à lui seul un marché particulier, et a pu décider que le marché de référence était celui des jeux de société, et en déduire qu'une société ne se trouvait pas en état de dépendance économique à l'égard du distributeur concessionnaire exclusif de ce jeu. • Com. 2 juin 1992, n° 90-18.224 P : *CCC 1992, n° 229, obs. Vogel.* ♦ Le seul critère de notoriété d'un produit ne suffit pas à établir son insubstituabilité par rapport à d'autres créations et donc à délimiter un marché pertinent. • Com. 29 janv. 2002, n° 99-15.334 : *CCC 2002, n° 93, obs. Malaurie-Vignal.* ♦ Outre les éléments déjà examinés, l'Autorité peut apprécier la délimitation du marché au regard du test dit du « monopole hypothétique », qui consiste à évaluer si une augmentation faible, mais significative et non transitoire, du prix d'un bien ou d'un service au-delà du niveau concurrentiel serait profitable pour un offreur supposé en monopole sur ce service, compte tenu de la baisse de demande résultant de l'augmentation du prix. • Aut. conc. n° 12-D-25 du 18 déc. 2012 : *cité note 23.* ♦ La substituabilité entre différents biens ou services du point de vue de la demande constitue le critère déterminant pour la délimitation du marché pertinent. Les caractéristiques et les spécificités physiques, techniques ou fonctionnelles du produit, si elles peuvent contribuer à expliquer le comportement des demandeurs, ne permettent pas à elles seules d'évaluer le degré de substituabilité de ce produit avec d'autres et l'éventuelle réaction des consommateurs à des variations de leur prix. Ainsi, la définition du marché pertinent doit permettre, en partant du type de produit ou service en cause, d'y inclure le cas échéant d'autres produits ou services, si ceux-ci exercent une pression concurrentielle. • Aut. conc. n° 14-D-18 du 28 nov. 2014 : *AJCA 2015. 84, obs. Ferré et Pihéry ; RLC janv.-mars 2015. 40, obs. Cholet* (conf. par • Paris, 12 mai 2016, n° 2015/00301 : *AJCA 2016. 345, obs. Ancelin et d'Harcourt*).

Sur l'appréciation de l'interchangeabilité d'une spécialité pharmaceutique et la détermination du marché de référence de ce produit : • Com. 15 juin 1999, n° 97-15.185 P : *D. 1999. IR 190 ; CCC 1999, n° 180, obs. Poillot-Peruzzetto.* ♦ ... Sur le marché de référence des jeux de société et de connaissances : • Com. 8 juin 1992, n° 90-18.224 P : *D. 1992. IR 208.* ♦ ... Sur le marché des boissons au goût de cola : • Cons. conc. n° 96-D-67 du 29 oct. 1996 : *CCC 1997, n° 67, obs. Vogel* (annulée pour vice de procédure par • Paris, 8 sept. 1998 : *D. Affaires 1998. 1633, obs. J. F. ; CCC 1998, n° 164, obs. Malaurie-Vignal*). ♦ ... Sur le marché de la réparation de carrosserie et la position dominante des compagnies d'assurance : • Paris, 29 sept. 1998 : *D. 1998. IR 243 ; CCC 1999, n° 6, obs. Malaurie-Vignal ; LPA 18 juin 1999, obs. Reboul.* ♦ ... Sur le marché du mobilier urbain : • Cons. conc. n° 98-D-52 du 7 juill. 1998 : *D. Affaires 1999. 23, obs. Emery.* – Dans cette même affaire, V. note 19 ss. art. L. 410-1. ♦ ... Sur le marché des locaux et espaces nécessaires aux activités de compagnies aériennes : • Paris, 23 févr. 1999 : *D. 1999. IR 108.* ♦ ... Sur le marché de la télévision à péage : • Com. 30 mai 2000, n° 99-17.038 P : *D. 2000. AJ 366* (rejet du pourvoi contre • Paris, 15 juin 1999 : *cité note 4 ss. art. L. 462-7*). ♦ Sur la question de la spécificité du marché de la vente de livres par clubs, V., cassant un arrêt ayant conclu à un abus de position dominante : • Com. 10 mars 1992, n° 90-16.298 P : *D. 1992. 355, note Gavalda* (cassation de • Paris, 21 mai 1990 : *D. 1990. 523, note Gavalda ; Gaz. Pal. 1990. 2. 426, obs. Jobard*). – Comp., sur renvoi : • Paris, 11 mars 1993 : *BOCC 26 mars 1993.*

6. Facteurs spécifiques de délimitation d'un marché. Sur l'incidence des particularismes géographiques et du coût de transport, pour la détermination du marché pertinent : • Com. 29 juin 1993, n° 91-14.295 P : *RJDA 1993, n° 1056.* ♦ Ainsi, la définition d'un marché national peut conduire à nier l'existence de contraintes géographiques et d'habitudes locales de consommation, indéniables dans le cas des départements ultra-marins, et donc à surestimer la pression concurrentielle exercée par les importations venues de métropole. • Aut. conc. n° 14-D-08 du 24 juill. 2014 : *cité note 6 ss. art. L. 463-1.* ♦ Considérant qu'il convient, pour apprécier l'existence d'un marché pertinent du traitement des déchets en décharge et la substituabilité des procédés existants, de tenir compte du comportement des utilisateurs, V. • Com. 22 mai 2001, n° 99-14.716 P : *D. 2001. AJ 2973 ; CCC 2001, n° 135, obs. Malaurie-Vignal* (V. l'arrêt d'appel • Paris, 13 avr. 1999 : *D. 1999. IR 140*). ♦ Selon une pratique décisionnelle et une jurisprudence établies, chaque marché public passé selon une procédure d'appel d'offres constitue en soi un marché pertinent ; ce marché résulte de la confrontation de la demande du donneur d'ordres et des offres faites par les candidats qui répondent à l'appel d'offres. • Aut. conc. n° 10-D-10 du 10 mars 2010. ♦ Pour déterminer le marché pertinent à l'occasion d'un appel d'offres, il ne faut pas se limiter au marché particulier résultant du croisement de l'appel d'offres et des soumissions déposées mais y inclure aussi le marché où sont actifs l'ensemble des opérateurs susceptibles de répondre à l'appel d'offres, V. • Cons. conc. n° 01-D-67 du 10 oct. 2001 : *CCC 2002, n° 47, obs. Malaurie-Vignal* • Aut. conc. n° 12-D-06 du 26 janv. 2012. ♦ La relative porosité des bassins de chalandise n'empêche pas le droit de la concurrence de délimiter des marchés locaux ; s'il en était autrement, il faudrait admettre que la plupart des marchés locaux devraient, de proche en proche, être étendus aux marchés géographiques voisins pour constituer au final un marché global. • Cons. conc. n° 04-D-70 du 16 déc. 2004. ♦ La dimension géographique du marché des prestations de commerce électronique est au moins nationale ; il n'existe pas d'obstacle matériel à ce que la prestation soit réalisée à partir de n'importe quel point du territoire national. • Aut. conc. n° 09-D-30 du 21 sept. 2009. ♦ La délimitation du marché pertinent doit procéder de l'examen des caractéristiques objectives et qualitatives du produit ou service en cause, mais aussi des conditions de concurrence et de structure de la demande et, le cas échéant, de l'offre. Cet exercice de définition du marché consiste donc, fondamentalement, à identifier les autres sources réelles d'approvisionnement auxquelles les clients des entreprises en cause peuvent recourir et qu'ils considèrent comme substituables, tant sous l'angle des produits ou des services que les autres fournisseurs proposent que du point de vue de leur localisation géographique. • Aut. conc. n° 14-D-18 du 28 nov. 2014 : *préc. note 5.*

Même si la décision d'une autorité sectorielle n'équivaut pas à la définition d'un marché pertinent par une autorité de concurrence, il faut relever que le point 5 des lignes directrices de la Commission européenne pour l'analyse des marchés précise que les autorités sectorielles nationales doivent « se fonder sur les principes et les méthodes du droit de la concurrence pour définir les marchés qui devront être soumis à une régulation *ex ante* et apprécier des entreprises sur ces marchés ». Ainsi, les caractéristiques économiques et techniques retenues par le régulateur sectoriel pour définir un marché, sont des éléments objectifs incontestables qui peuvent être repris par l'Autorité de la concurrence pour sa propre analyse des marchés. • Aut. conc. n° 15-D-01 du 5 févr. 2015 : *cité note 1 ss. art. L. 462-6.*

V. note 23 ss. art. L. 420-1.

7. Marché connexe. Des pratiques mises en œuvre sur un marché non dominé ne peuvent être considérées comme constitutives d'une exploitation abusive d'un marché dominé connexe que si, du fait de cette connexité, et de la prééminence détenue sur le marché non dominé par l'entreprise, elle peut y manifester, par rapport aux autres opérateurs qui y sont présents, une indépendance de comportement lui conférant une responsabilité particulière dans le maintien d'une concurrence effective. • Cons. conc. n° 05-D-28 du 15 juin 2005. ♦ Le rôle particulier du mode ferroviaire au sein de la chaîne de transports peut conférer un avantage concurrentiel significatif à l'opérateur historique et à ses filiales sur les marchés connexes liés au transport, tel le marché de l'assistance technique aux exploitants de réseaux de transport urbain, notamment pour leurs besoins d'intermodalité. • Aut. conc. n° 13-D-16 du 27 juin 2013 : *AJDA 2013. 1953, obs. Nicinski ; CCC 2013, n° 242, obs. Bosco ; RLC oct.-déc. 2013. 21, note Sélinsky.*

8. Segmentation du marché. Dès lors qu'une segmentation du marché retenue n'apporte aucune information supplémentaire sur le pouvoir de marché dont dispose l'entreprise concernée car celle-ci occupe la même position quelle que soit la segmentation retenue, il n'est pas nécessaire de procéder à une telle segmentation et le fait de retenir un marché pertinent plus large n'interdit pas de constater que les effets des pratiques mises en œuvre ont été plus importants sur certains segments de marché. • Paris, 4 juill. 2013 : *CCC 2013, n° 245, obs. Decocq ; RLC oct.-déc. 2013. 28 et 32, obs. Cholet.* – Conf. dans tous ses éléments par • Com. 6 janv. 2015, n° 13-21.305 P : *D. 2015. Actu. 156 ; AJCA 2015. 129, obs. Ponsard ; JCP E 2015, n° 1055 ; CCC 2015, n° 70, obs. Decocq ; RJDA 2015, n° 222 ; RLC avr.-juin 2015. 21, obs. Cholet.*

B. ABUS DE POSITION DOMINANTE

9. Objet ou effet anticoncurrentiel. Est prohibée l'exploitation abusive d'une position dominante *« dans les mêmes conditions »* que sont prohibées les ententes et actions concertées « lorsqu'elles ont pour objet ou peuvent avoir pour effet » d'empêcher, de restreindre, de fausser le jeu de la concurrence sur un marché. Il suffit donc qu'une clause ait eu pour objet de restreindre et de fausser le jeu de la concurrence. • Cons. conc. n° 97-D-72 du 7 oct. 1997 • Paris, 9 mars 2010 : *cité note 1 ss. art. R. 464-1.* ♦ La recherche de l'effet anticoncurrentiel de la pratique poursuivie est présentée tantôt comme le but poursuivi concrètement par l'opérateur, auquel cas l'analyse se confond avec celle de l'abus, tantôt comme le ressort essentiel du comportement, auquel cas la conjonction « ou » qu'énonce la loi indique que l'effet anticoncurrentiel suffit à consacrer le grief poursuivi. • Paris, 23 mars 2010 : *cité note 22.* ♦ Afin d'établir le caractère abusif d'une pratique d'éviction, l'effet anticoncurrentiel de celle-ci sur le marché doit exister, mais il ne doit pas être nécessairement concret, étant suffisante la démonstration d'un effet anticoncurrentiel potentiel de nature à évincer les concurrents au moins aussi efficaces que l'entreprise en position dominante. • Aut. conc. n° 13-D-06 du 28 févr. 2013 : *RLC avr.-juin 2013. 32, obs. Sélinsky.* ♦ L'Autorité n'est nullement tenue d'apporter la preuve d'une détérioration effective quantifiable de la position concurrentielle des opérateurs concurrents, qui peut avoir été plus ou moins efficacement contrée ou circonscrite sans que cela n'ôte en rien leur caractère abusif aux pratiques en cause. • Aut. conc. n° 12-D-24 du 13 déc. 2012 : *cité note 43 ss. art. L. 464-2.* ♦ Il suffit donc, en se fondant sur les conditions concrètes de fonctionnement du marché, du contexte juridique et économique, ainsi que sur l'ensemble des circonstances de l'espèce, de démontrer que le comportement en cause est susceptible de produire un désavantage concurrentiel. Dans les cas où aucun désavantage potentiel dans la concurrence, entendu comme l'affectation des intérêts d'un opérateur du fait d'une pratique discriminatoire d'une entreprise en position dominante, n'a pu être démontré au regard des conditions juridiques et économiques concrètes du fonctionnement du marché concerné, il n'est pas possible de retenir une qualification d'abus de position dominante. • Aut. conc. n° 18-D-11 du 4 juill. 2018.

Il appartient à la cour d'appel de Paris de rechercher, non si le Conseil avait établi que les nouveaux opérateurs de téléphonie fixe ne disposaient plus d'aucun moyen permettant d'éviter l'effet de ciseau subi en cas d'interconnexion directe, mais si les pratiques de « ciseau tarifaire » avaient pour objet ou pouvaient avoir pour effet de restreindre ou de fausser le jeu de la concurrence sur le marché de la téléphonie fixe vers mobile des entreprises. • Com. 10 mai 2006, n° 05-14.501 P : *D. 2006. AJ 1527, obs. Chevrier ; JCP E 2006, n° 26, p. 1167 ; CCC 2006, n° 140, obs. Decocq ; RJDA 2006, n° 958 ; RLC juill.-sept. 2006. 29, obs. Dumarcay ; RDLC 2006, n° 3, p. 98, obs. Wachsmann.* ♦ Il en découle que la pertinence, en soi, d'un test de ciseau tarifaire ne peut être exclue lorsque les sources alternatives d'approvisionnement existantes ne sont pas effectives, au sens où le caractère insuffisamment significatif de ces sources ne permet pas aux opérateurs d'éviter de recourir à la prestation ou au bien en cause. • Cons. conc. n° 07-MC-04 du 28 juin 2007 : *CCC 2007, n° 242, obs. Bazex ; RDLC 2007, n° 3, p. 101, obs. Flochel, et p. 144, obs. Lemaire ; RDC 2007. 1171, obs. Idot.* ♦ Une pratique de « ciseau tarifaire » a un effet anticoncurrentiel si un concurrent potentiel aussi efficace que l'entreprise dominante verticalement intégrée auteur de la pratique ne peut entrer sur le marché aval qu'en subissant des pertes ; un tel effet peut être présumé seulement lorsque les prestations fournies à ses concurrents par l'entreprise auteur du « ciseau tarifaire » leur sont indispensables pour la concurrencer sur le marché aval. • Com. 3 mars 2009, n° 08-14.435 P : *D. 2009. Pan. 2890, obs. Ferrier ; RTD com. 2010. 89, obs. Claudel ; JCP E 2009, n° 16-17, p. 38 ; CCC 2009, n° 142, obs. G. D. ; RJDA 2009, n° 893 ; RDLC 2009, n° 2, p. 118, obs. Sibony.* – Appliquant ce critère de fond et cette démonstration probatoire : • Paris, 27 janv. 2011 : *D. actu. 7 févr. 2011, obs. Chevrier ; CCC 2011, n° 70, obs. Decocq ; Gaz. Pal. 2011. 2325, obs. Forster et Santonja ; RDLC 2011, n° 2, p. 114, obs. Sibony ; RLC avr.-juin 2011. 36, obs. Cholet* (conf. par • Com. 17 janv. 2012, n° 11-13.067 : *cité note 15 ss. art. L. 464-8*). ♦ La différenciation tarifaire abusive constitue une pratique distincte du ciseau tarifaire, dès lors qu'elle peut fausser le jeu de la concurrence sans pour autant empêcher les concurrents du marché aval aussi efficaces de proposer leurs services de manière rentable. • Aut. conc. n° 09-D-36 du 9 déc. 2009. ♦ Sur la pratique de compression des marges constitutive, en tant que telle, d'un abus de position dominante : • CJUE 14 oct. 2010, n° C-280/08 : *RTD eur. 2011. 409, obs. Idot ; JCP E 2010, n° 568 ; CCC 2010, n° 274, obs. Bosco ; RJDA 2011, n° 85 ; RDLC 2011, n° 1, p. 91, note Sibony.* ♦ Considérant que les tests économiques – test du profit sacrifié, test de l'absence de sens économique, test de l'éviction d'un concurrent aussi efficace et test de l'atteinte au surplus du consommateur – ne sauraient se substituer à l'analyse concrète de l'objet ou des effets réels ou potentiels des pratiques en cause, V. : • Aut. conc. n° 13-D-20 du 17 déc. 2013 : *cité note 33.* ♦ V. aussi note 25 ss. art. L. 420-1.

10. Abus automatique de position dominante. La théorie de l'abus automatique de position dominante, issue du droit européen, permet aux juridictions administratives d'annuler des dispositions structurellement génératrices d'abus : l'annulation de l'acte implique que l'opérateur concerné dispose d'une position dominante sur un marché, que ce soit de son fait ou à l'initiative d'une autorité publique, et surtout, qu'il soit démontré que c'est la mesure elle-même, et non le comportement de l'opérateur sur le marché, qui conduit à l'exploitation abusive d'une position dominante. • Aut. conc. n° 17-D-17 du 27 sept. 2017.

11. Abus d'exploitation. Sur cette notion, V. Bosco, *CCC 2020, n° 46, obs. ss.* • Aut. conc. n° 19-D-26 du 19 déc. 2019.

12. Abus de position dominante et concentrations. Il ressort de la jurisprudence et de la pratique décisionnelle de l'Autorité que les procédures applicables aux concentrations d'une part, et à la répression des pratiques anticoncurrentielles d'autre part, sont incompatibles et inconciliables entre elles. L'Autorité ne peut donc, sur le fondement de l'art. L. 420-2, considérer qu'une concentration, même si celle-ci n'atteint pas les seuils nationaux fixés à l'art. L. 430-2, constitue, en elle-même, un abus de position dominante. • Aut. conc. n° 20-D-01 du 16 janv. 2020. ♦ L'art. L. 430-9 permet quant à lui à l'Autorité, en cas d'exploitation abusive d'une position dominante ou d'un état de dépendance économique, d'enjoindre, par décision motivée, à l'entreprise ou au groupe d'entreprises en cause de modifier, de compléter ou de résilier, dans un délai déterminé, tous accords et tous actes par lesquels s'est réalisée la concentration de la puissance économique qui a permis les abus, même si ces actes ont fait l'objet de la procédure prévue au présent titre. L'application de cet article est néanmoins subordonnée à l'existence d'un abus détachable de la concentration en elle-même, ce qui n'est pas démontré en l'espèce. La position retenue par les services d'instruction est en effet fondée sur une mise en cause de l'opération de concentration elle-même, et non sur la démonstration de pratiques abusives qui auraient été détachables de cette concentration. • Même décision. ♦ Ainsi, en l'état actuel du droit, une opération de concentration ne peut constituer, en elle-même, un abus de position dominante en application des art. 102 TFUE et L. 420-2 C. com., et ce alors même qu'elle n'aurait pas été soumise à notification obligatoire devant l'Autorité de la concurrence ou la Commission européenne, en application des seuils définis par les art. L. 430-2 C. com. et 1er du Règl. n° 139/2004. • Même décision. ♦ Pour une question préjudicielle posée à la CJUE en la matière : • Paris, 1er juill. 2021, n° 20/04300 : *RLC oct. 2021. 31, note Billard et Colombier.* ♦ V. aussi note 3 ss. art. L. 420-1.

1° ABUS DE COMPORTEMENT

13. Cessation d'approvisionnement. Le fait qu'EDF soit en position dominante sur le marché de gros de l'électricité lui donne certes davantage de responsabilités que d'autes acteurs sur ce marché, mais ses responsabilités ne vont pas jusqu'à l'obliger à acheter les produits de ses concurrents. • Aut. conc. n° 11-D-09 du 8 juin 2011 : *CCC 2011, n° 193, obs. Bosco ; RDLC 2011, n° 3, p. 110, obs. Marty ; RLC oct.-déc. 2011. 25, obs. Arhel.* ♦ Une personne qui décide de cesser de s'approvisionner chez un commerçant, cette abstention fût-elle avec l'intention de nuire, ne fait qu'exercer la liberté fondamentale de s'approvisionner chez un commerçant et ne commet pas un abus de droit. • Com. 5 juill. 1994, n° 92-20.064 P : *JCP 1994. II. 22323, note Léonnet ; Gaz. Pal. 1995. 1. 90, note Dureuil.* ♦ Comp., pour une cessation d'approvisionnement constitutive d'un abus de droit : • Com. 28 févr. 1995, n° 93-14.437 P : *D. 1997. Somm. 64, obs. Ferrier*. – V. Mainguy, *Cah. dr. entr. 1995, n° 6, p. 28.* ♦ La rupture avant le terme contractuellement défini d'une relation commerciale exclusive relève du contentieux commercial et peut éventuellement donner lieu à réparation sur ce terrain ; mais, en ce qui concerne le droit de la concurrence, celui-ci ne trouve à s'appliquer que si la rupture brutale de la relation commerciale a un objet ou des effets anticoncurrentiels, qu'ils soient avérés ou potentiels, sur la structure ou le fonctionnement du secteur ou du marché en cause au détriment du bien-être des clients, des utilisateurs des produits ou services en cause ou encore des consommateurs. • Aut. conc. n° 13-D-07 du 28 févr. 2013 : *cité note 19.* ♦ Ainsi, l'argumentation de la requérante relative à la gravité de la violation des règles contractuelles permettant, par application de l'art. L. 442-6 [ancien], une rupture sans préavis des relations commerciales est inopérante. • Paris, 24 juin 2014 : *cité note 3 ss. art. L. 462-8.* ♦ Sur la sanction civile de la rupture brutale d'une relation commerciale établie, V. art. L. 442-1.

En mettant en œuvre une pratique visant à inciter une autre entreprise à rompre un accord exclusif avec une autre entreprise, telle que cette pratique serait de nature à influencer la structure du marché et aurait pour effet de faire obstacle au maintien ou au développement d'une concurrence effective sur ce marché, une entreprise en position dominante commettrait un abus. La qualification d'une telle pratique d'anticoncurrentielle impliquerait que l'entreprise en position dominante ait utilisé son pouvoir de marché pour inciter à la rupture de l'accord exclusif, en ayant recours pour ce faire à des moyens différents de ceux qui gouvernent une compétition normale entre concurrents. • Aut. conc. n° 11-MC-01 du 12 mai 2011 : *AJDA 2011. 1881, obs. Lombard ; RDLC 2011, n° 3, p. 117, obs. Sibony.*

14. Refus de vente. V. C. consom., art. L. 121-11, App., v° *Ventes commerciales (Dispositions générales).* ♦ Trois conditions liminaires doivent être remplies afin d'examiner si un refus d'accès ou de fourniture est constitutif d'un abus de position *dominante, à savoir le caractère indispensable (ou objectivement nécessaire)* du produit ou service auquel l'accès est refusé, l'affectation de la concurrence résultant du refus d'accès ou de fourniture et le caractère novateur du produit offert par le demandeur d'accès. • Aut. conc. n° 12-D-01 du 10 janv. 2012. ♦ Sur un usage abusif et discriminatoire du droit de la Fédération française de football de refuser la retransmission télévisée de rencontres de football, V., • Paris, 10 févr. 1992 : *D. 1992. IR 146 ; Gaz. Pal. 1993. 1. 12, note Marchi* (conf. par • Com. 1er mars 1994, n° 92-12.124 P : *D. 1995. Somm. 61, obs. Lacabarats*). ♦ La concession à un diffuseur du droit de retransmettre en direct et intégralement une compétition sportive ne peut, en vertu du droit du public à l'information, faire obstacle à la communication de l'événement au public, sous la forme de brefs extraits ne portant pas atteinte au droit d'exclusivité du diffuseur. • Civ. 1re, 6 févr. 1996, n° 93-17.670 P : *D. 1996. IR 82 ; D. Affaires 1996. 425.* – V. Galloux, *JCP 1997. I. 4046.* ♦ V. aussi et comp., désormais : C. sport, art. L. 333-1 s. et R. 333-1 s. – **C. sport**. – V. Théophile et Philipp, *Cah. dr. entr. 1992, n° 5* ; Mallet-Poujol, *D. 1996. Chron. 103*. ♦ Sur le refus par la Direction de la Météorologie nationale de communiquer ses informations, V. note 19 ss. art. L. 410-1. ♦ Sur le refus par une maison de disques d'autoriser la diffusion de son catalogue musical sur un site de téléchargement gratuit, V. • TGI Paris, réf., 5 sept. 2011 : *CCE 2011, n° 101, obs. Caron.*

Sur la légitimité, pour une société vendant des appareils photographiques, de se réserver le service après-vente de ses produits, V. • Com. 14 nov. 1995, n° 94-17.397 : *CCC 1996, n° 6, obs. Vogel ; RJDA 1996, n° 242* (cassant • Paris, 30 juin 1994 : *CCC 1994, n° 167*). ♦ V. la même solution à propos d'une société qui refuse de répondre à une nouvelle demande qui excède ses capacités de production restant disponibles et qui réserve à l'une de ses filiales la partie de sa production en bien intermédiaire qui lui est nécessaire pour produire un produit fini, • Cons. conc. n° 01-D-70 du 24 oct. 2001 : *CCC 2002, n° 48, obs. Malaurie-Vignal.*

15. Refus d'accorder un droit exclusif. BIBL. Lévêque, *RDLC déc. 2004. 16* (quel est le prix raisonnable d'une licence obligatoire ?). – Idot, *LPA 25 nov. 2005* (droits exclusifs et abus de position dominante). – Gstalter, *RDLC 2007, n° 3, p. 46* (*open source*, interopérabilité et concurrence). – Bacchichetti et Bonnet, *JCP E 2009, n° 46, p. 18* (droit des pratiques anticoncurrentielles et droits de propriété intellectuelle). – Binctin, *Mél. Payet, Dalloz, 2011, p. 33* (droit de la concurrence et consommation : le sort de l'exclusivité). – Grynfogel, *RJDA 2016. 341* (illustration de la confrontation entre concurrence et propriété intellectuelles : les licences FRAND). ♦ La détention d'un droit de propriété intellectuelle n'exempte nullement du respect des règles de la concurrence. • Aut. conc. n° 10-D-16 du 17 mai 2010 : *CCC 2010, n° 183, obs. Bosco ; Gaz. Pal. 2011. 589, note Rousset ; RDLC 2010, n° 3, p. 94, note Marty ; RLC juill.-sept. 2010. 20, note Arhel.* ♦ L'exploitation d'un droit de propriété intellectuelle par une entreprise en position dominante peut être considérée, eu égard aux circonstances particulières de l'espèce, comme restreignant le droit des concurrents d'exploiter leur propre capacité d'innovation et peut, partant, constituer un abus. • Aut. conc. n° 12-D-01 du 10 janv. 2012. ♦ Le refus, opposé par une entreprise en position dominante et qui est titulaire d'un droit exclusif, d'octroyer une licence pour l'utilisation de ce droit à une autre entreprise, constitue un abus de position dominante dès lors que les conditions suivantes sont réunies : l'entreprise qui a demandé la licence a l'intention d'offrir, sur le marché en cause, des produits ou des services nouveaux que le titulaire du droit de propriété intellectuelle n'offre pas et pour lesquels il existe une demande potentielle de la part des consommateurs ; le refus n'est pas justifié par des considérations objectives ; le refus est de nature à réserver à l'entreprise titulaire du droit exclusif le marché en cause, en excluant toute concurrence sur celui-ci. • CJCE 29 avr. 2004, n° C-418/01 : *D. 2004. 2366, note Sardain ; JCP E 2004, n° 49, p. 1927, obs. Sardain ; Gaz. Pal. 2005. Somm. 2069, obs. L. C. F. ; RJDA 2004, n° 1053 ; CCE 2004, n° 69, obs. Caron ; Lettre distrib. 5/2004, p. 1, obs. Mainguy ; RTD com. 2004. 491, obs. Pollaud-Dulian*. – Sur cet arrêt, V. aussi Gendreau et Redon, *RJDA 2004, p. 1151* (droit de la concurrence et droit d'auteur) ; Peyre, *RLC 2005, n° 1, p. 26* (droit de propriété intellectuelle et droit de la concurrence) ; Gyselen, *RDLC 2005, n° 2, p. 24* (fourniture d'une licence à un concurrent). ♦ Un refus de licence n'est pas anticoncurrentiel en soi puisqu'il relève de la liberté commerciale du propriétaire du bien intellectuel, sauf si ce bien est essentiel à l'activité de l'entreprise demanderesse. • Cons. conc. n° 04-D-76 du 22 déc. 2004 (annulée par • Paris, 24 mai 2005 : *RLC oct.-déc. 2008. 185, note Riffault-Silk,* qui estime qu'en l'espèce le bien était essentiel à l'activité de la requérante). ♦ Sur l'affaire *Microsoft*, V. • TPICE 17 sept. 2007, n° T-201/04 : *D. 2007. Point de vue 3082, obs. Laine ; RTD com. 2007. 715, obs. Pollaud-Dulian ; JCP E 2007, n° 43-44, p. 21, note Debroux ; CCC 2007, n° 279, obs. Bosco ; LPA 21 nov. 2007, note Arhel ; Gaz. Pal. 2008. 298, note Marcellesi ; RJDA 2007, n° 1154 ; RDLC 2007, n° 4, p. 78, obs. Prieto ; RLC janv.-mars 2008. 22, note Lévêque.* – Sur cet arrêt, V. aussi Prieto, *D. 2007. 2884* (la condamnation de *Microsoft* ou l'alternative européenne à l'antitrust américain) ; Gunther et Tayar, *RLC janv.-mars 2008. 169* (l'arrêt *Microsoft* marque-t-il la fin de l'externalisation du contrôle des engagements en matière de concentration ?). – Béhar-Touchais, *CCE 2008. Étude 6* (être interopérable ou ne pas être : telle est la question). – Sur les affaires *Microsoft* et leurs apports au droit de la concurrence, V. Dossier, *RLC oct.-déc. 2008. 127*. ♦ L'art. 102 TFUE doit être interprété en ce sens que le titulaire d'un brevet essentiel à une norme établie par un organisme de normalisation, qui s'est engagé irrévocablement envers cet organisme à octroyer aux tiers une licence à des conditions équitables, raisonnables et non discriminatoires, dites « FRAND » *(fair, reasonable and non-discriminatory)*, n'abuse pas de sa position dominante au sens de cet article en introduisant une action en contrefaçon tendant à la cessation de l'atteinte à son brevet ou au rappel des produits pour la fabrication desquels ce brevet a été utilisé alors que le contrefacteur n'avait souscrit aucune licence d'utilisation aux conditions FRAND. • CJUE 16 juill. 2015, n° C-170/13 : *D. 2015. 2482, note Roda ; RTD eur. 2015. 826, obs. Idot ; JCP E 2015, n° 1454, note Latil ; CCC 2015, n° 234, obs. Decocq ; CCE 2015, n° 65, obs. Caron.*

16. Ventes liées. Il y a vente liée lorsque la vente d'un produit donné (le produit liant) est subordonnée à l'achat d'un autre produit (le produit lié) à l'entreprise dominante. Une vente liée peut constituer un abus de position dominante si l'entreprise occupe une position dominante sur le marché liant, si les produits liants et les produits liés sont des produits distincts et si la vente liée débouche sur une éviction anticoncurrentielle. Les pratiques permettant de mettre en œuvre la vente liée peuvent être de nature commerciale, juridique ou technique et peuvent être utilisées de manière cumulative et se renforcer réciproquement. En l'absence de la démonstration de l'existence d'une justification objective ou de gains d'efficience qui en résulteraient, des modifications répétées des produits liants ou liés (machine et capsule Nespresso) sont susceptibles de constituer un moyen à caractère technique de mettre en œuvre une vente liée, qualifiable d'abus de position dominante, potentiellement renforcé par des modalités juridique ou commerciale. • Aut. conc. n° 14-D-09 du 4 sept. 2014 : *D. actu. 9 sept. 2014, obs. Delpech ; CCC 2014, n° 253, obs. Bosco ; RDC 2015. 110, obs. Prieto.*

17. Prix imposés et augmentations de tarifs. Constitue un abus de position dominante le fait, pour un laboratoire pharmaceutique qui détient le monopole de la production et de la distribution d'un médicament, d'avoir fortement majoré le prix de celui-ci, et d'avoir mis en place un mécanisme de remise liée à l'achat concomitant d'un autre médicament dont le brevet était tombé dans le domaine public. • Com. 15 juin 1999, n° 97-15.185 P : *préc. note 5* (conf. de • Paris, 6 mai 1997 : *JCP E 1997. Pan. 1175*). ♦ Sur l'abus de position dominante d'un fabricant de jouets ayant institué un système de prix imposés en prévoyant dans ses conditions de vente et contrats de coopération commerciale, sous peine de suppression de remise, l'obligation pour les grossistes de respecter ses tarifs et de ne pas imputer les remises dont ils bénéficiaient sur les prix de revente, l'interdiction aux distributeurs de rétrocéder les marchandises aux autres distributeurs appartenant au réseau, V. • Cons. conc.

n° 99-D-45 du 30 juin 1999. ♦ Mais le seul fait pour un opérateur occupant une position dominante sur un marché de relever ses tarifs étant insuffisant pour caractériser un abus de cette position, V. considérant que l'augmentation du tarif d'abonnement des fournisseurs de services exploitant des codes minitel ne suffit pas à établir l'abus de position dominante de France Télécom : • Paris, 3 oct. 2000 : *CCE 2001, n° 9, obs. Decocq* (conf. par • Com. 24 sept. 2002, n° 00-21.074 : *CCE 2003, n° 9, obs. Decocq ; Gaz. Pal. 2004. 446, note L'Hénoret-Marcellesi*). ♦ L'Autorité de la concurrence peut, dans certaines circonstances, s'assurer, sur la base de l'art. L. 420-2, que les conditions commerciales pratiquées par une entreprise en position dominante ne sont pas manifestement abusives et que, notamment, les prix pratiqués par l'entreprise en position dominante ne sont pas inéquitables. Dès lors, si le rôle de l'autorité est avant tout de protéger les conditions concurrentielles d'une libre fixation des prix par les acteurs du marché et non pas d'être un régulateur des prix et de leurs augmentations, il n'est pas exclu que, dans certaines circonstances, lorsqu'une entreprise en position dominante dispose de la latitude suffisante pour imposer des conditions commerciales inéquitables au regard du contexte juridique et économique dans lequel elles sont mises en œuvre, elle puisse apprécier sa politique tarifaire, et la sanctionner le cas échéant, au regard de la répression des abus de position dominante. Elle peut ainsi considérer comme abusive une augmentation tarifaire qui met en œuvre une stratégie d'exploitation de clients captifs, dont la mise en évidence ressort à la fois du caractère brutal, significatif et non transitoire de l'augmentation tarifaire et de l'absence de justification objective et pertinente de celle-ci, au regard des conditions de fonctionnement du marché. • Aut. conc. n° 18-D-17 du 20 sept. 2018 : *RDC 2018. 595, obs. Prieto* (réformé par • Paris, 14 nov. 2019 : *RJDA 3/2020. 159, note Marie ; RJ com. 2020. 99, note Chagny* et • Com. 7 juill. 2021, n° 19-25.586 : *D. actu. 7 sept. 2021, obs. Vague ; CCC 2021, n° 152, obs. Bosco ; RJDA 1/2022. 3, note Lorieul*). ♦ Une pratique de prix abusivement élevés peut être établie s'il existe une disproportion manifeste entre ce prix et la valeur du service correspondant, et que cette disproportion ne s'appuie sur aucune justification économique. Ainsi, en principe, l'appréciation d'un prix abusivement élevé doit au premier abord s'apprécier au regard des coûts de la prestation ; s'il n'est pas possible d'établir cette disproportion par examen des coûts, il est permis de recourir à une évaluation par comparaison avec les prix pratiqués par des entreprises placées dans des situations équivalentes. • Aut. conc. n° 09-D-38 du 17 déc. 2009.

18. Conditions de transaction inéquitables. S'agissant plus spécifiquement du a) du 2e al. de l'art. 102 TFUE, son application ne se limite pas à l'hypothèse dans laquelle l'acteur dominant impose des prix non équitables ou excessifs, mais couvre aussi, comme l'article y fait expressément référence, le cas où cet acteur impose, de façon directe ou indirecte, d'« autres conditions de transaction non équitables ». Le standard de preuve consiste, d'une part, à examiner les modalités selon lesquelles les conditions de transaction ont été conclues, les termes du a) du 2e al. de l'art. 102 précisant que la pratique abusive peut consister à « imposer » des conditions, et, d'autre part, à apprécier le caractère inéquitable de ces conditions, en examinant plus particulièrement si les comportements de l'entreprise dominante ont été accomplis dans une « mesure raisonnable ». Au regard de ce qui précède, il apparaît que les modalités de mise en œuvre par Google de la L. n° 2019-775 du 24 juill. 2019 sur les droits voisins sont susceptibles d'être qualifiées d'imposition de conditions de transaction inéquitables au sens de l'art. 102 a) du TFUE et de l'art. L. 420-2 C. com. • Aut. conc. n° 20-MC-01 du 9 avr. 2020 : *D. 2020. 1181, note Roda ; Dalloz IP/IT 2020. 560, obs. Dormont ; RLC juin 2020. 21, note Titone et Chanalet-Quercy* (conf. par • Paris, 8 oct. 2020, n° 20/08071 : *D. 2020. 2176, obs. Roda ; Légipresse 2020. 605, note Choné-Grimaldi*). ♦ Google, par son seul comportement, paraît en capacité de priver la loi sur les droits voisins d'une grande partie de son effectivité. Un tel comportement est donc susceptible de constituer une pratique contraire aux art. L. 420-2 C. com. et 102 TFUE. En effet, les juridictions européennes ont considéré qu'une entreprise en position dominante pouvait commettre un abus lorsque, sans violer formellement une loi, elle en détourne les finalités sans justification objective. Un comportement « naturel, prudent et raisonnable » pour un opérateur dominant comme Google, sur lequel repose une responsabilité particulière, aurait pu consister à entrer dans des négociations préalables de bonne foi avec les éditeurs et agences de presse ; de telles négociations auraient permis à Google de respecter la volonté du législateur, tout en préservant ses intérêts. • Aut. conc. n° 20-MC-01 du 19 déc. 2019 : *RLC mars 2020. 17, note Cholet.* – V. aussi : Mendoza-Caminade, *D. 2021. 1591* (la mise en œuvre laborieuse du droit des éditeurs de presse : le recours au droit de la concurrence pour enfin appliquer la loi ?). ♦ S'agissant de l'imposition de conditions de transaction non équitables, la démonstration d'effets anticoncurrentiels de la pratique n'est pas requise. • Aut. conc. n° 19-D-26 du 9 avr. 2020 : *préc.*

19. Conditions de vente discriminatoires. **BIBL.** Sautel, *RLC nov. 2016. 43* (la discrimination en prix : la position des autorités de concurrence à la lumière de la théorie économique). ♦ Les pratiques de discrimination et de favoritisme, lorsqu'elles sont le fait d'une entreprise en position dominante, sont susceptibles d'être contraires à l'art. L. 420-2. • Aut. conc. n° 13-D-04 du 14 févr. 2013. ♦ La discrimination peut d'abord consister à renforcer de manière artificielle l'entreprise qui la met en œuvre dans la compétition qu'elle livre sur le marché dominé ou sur un autre marché (abus dit d'éviction) ; la discrimination peut aussi porter atteinte au jeu concurrentiel sans que l'entreprise la mettant en œuvre soit directement partie prenante sur le marché affecté (abus dit d'exploitation). • Aut. conc. n° 13-D-07 du 28 févr. 2013 : *CCE 2013, n° 91, obs. Chagny.* ♦ Sur la condamnation d'une société pour avoir traité de façon discriminatoire des annonceurs selon qu'ils appartenaient ou non au groupe auquel elle appartenait, V. • Cons. conc. n° 99-D-85 du 22 déc. 1999 (conf. par • Com. 26 nov. 2003, n° 00-22.605 P : *LPA 2 juill. 2004, concl. Lafortune ; JCP E 2004, n° 4, p. 105 ; RTD com. 2004. 458, obs. Claudel*). ♦ La promotion croisée consiste à annoncer la diffusion prochaine d'un programme télévisuel et doit donc présenter un caractère purement informatif, à la différence des messages publicitaires qui visent à promouvoir une marque ou un produit. De ce fait, les messages de promotion croisée ne sont pas insérés dans des espaces publicitaires et ne sont pas soumis aux contraintes réglementaires des messages publicitaires. En outre, la promotion croisée dont a bénéficié HD1 sur l'antenne de TF1 n'est possible qu'entre des chaînes contrôlées par un même groupe audiovisuel, ce qui exclut les chaînes des autres groupes d'une telle opération. Le cadre réglementaire applicable à la promotion croisée crée donc une différence entre les chaînes selon qu'elles appartiennent ou non à un même groupe audiovisuel de sorte qu'il ne peut être reproché à TF1 Publicité d'avoir traité différemment des chaînes qui se trouvaient dans des situations différentes. • Aut. conc. n° 17-D-11 du 25 juill. 2017. ♦ La notion de « désavantage dans la concurrence », au sens de l'art. 102, 2e al., sous c), TFUE, doit être interprétée en ce sens qu'elle vise, dans l'hypothèse où une entreprise dominante applique des prix discriminatoires à des partenaires commerciaux sur le marché en aval, la situation dans laquelle ce comportement est susceptible d'avoir pour effet une distorsion de la concurrence entre ces partenaires commerciaux. La constatation d'un tel « désavantage dans la concurrence » ne requiert pas la preuve d'une détérioration effective et quantifiable de la position concurrentielle, mais doit se fonder sur une analyse de l'ensemble des circonstances pertinentes de l'espèce qui permet de conclure que ledit comportement a une influence sur les coûts, sur les bénéfices, ou sur un autre intérêt pertinent d'un ou de plusieurs desdits partenaires, de sorte que ce comportement est de nature à affecter ladite position. • CJUE 19 avr. 2018, n° C-525/16 : *RTD eur. 2018. 812, obs. Idot* ; *RLC oct. 2018. 23, note Parmentier ; RJ com. 2018. 384, note Decocq.*

20. *Refus de résiliation.* Jugeant qu'en tardant à tirer les conséquences de la résiliation du contrat et en ne coopérant pas avec le nouveau attributaire du marché, une société a abusé de sa position dominante, V. • Cons. conc. n° 04-D-32 du 8 juill. 2004 : *CCC 2004, n° 156, obs. Malaurie-Vignal* (conf. par • Paris, 22 févr. 2005 : *RDLC 2005, n° 2, p. 54, obs. Prieto*).

21. *Action en justice.* BIBL. Deharo, *RJ com. 2011. 183* (utilisation frauduleuse de la procédure : état de la jurisprudence). ♦ Une entreprise, même lorsqu'elle occupe une position dominante, doit être en mesure d'ester en justice afin de défendre ses intérêts lorsqu'elle estime ceux-ci menacés par le comportement jugé déloyal d'un concurrent. • Aut. conc. n° 11-D-15 du 16 nov. 2011 : *D. actu. 29 nov. 2011, obs. Chevrier ; CCC 2012, n° 48, obs. Bazex ; RLC janv.-mars 2012. 24, obs. Cholet.* ♦ Le fait pour plusieurs personnes d'agir en justice de concert ne pourrait être qualifié de pratique anticoncurrentielle que dans des circonstances tout à fait exceptionnelles. • Cons. conc. n° 99-D-77 du 7 déc. 1999 : *CCE 2001, n° 2, obs. Caron.* ♦ Il en va ainsi lorsque l'action en justice est, dans une perspective objective, manifestement dépourvue de fondement et qu'elle a été conçue dans le cadre d'un plan ayant pour but d'éliminer la concurrence. • TPICE 17 juill. 1998, n° T-111/96 : *JCP 1998. I. 189, n° 2, obs. Boutard-Labarde.* ♦ Ainsi, pour que l'exercice d'une action en justice d'une entreprise occupant une position dominante reçoive la qualification d'abus il faut, d'une part, que l'action, manifestement dépourvue de tout fondement, ne puisse être raisonnablement considérée comme visant à faire valoir des droits de l'entreprise concernée et, d'autre part, qu'elle s'inscrive dans un plan visant à empêcher, restreindre ou fausser le jeu de la concurrence sur le marché considéré. • Paris, 4 févr. 2003 : *BOCC 31 mars 2003* • Cons. conc. n° 02-D-76 du 19 déc. 2002. ♦ Tel n'est en revanche pas le cas si l'action est seulement mal fondée. • Cons. conc. n° 02-D-35 du 13 juin 2002 : *CCC 2002, n° 174, obs. Malaurie-Vignal.* – Sur cet arrêt, V. note 68 ss. art. 2, L. 2 juill. 1963, App., v° *Concurrence.* ♦ Le fait d'avoir été condamné en première instance pour concurrence déloyale suffit à démontrer que la procédure déclenchée n'était pas manifestement dépourvue de tout fondement au point de ne pouvoir être raisonnablement considérée comme visant à faire valoir les droits de l'entreprise concernée. • Aut. conc. n° 11-D-15 du 16 nov. 2011 : *préc.*

Sur un parallèle fait entre la jurisprudence développée en matière d'abus d'action en justice d'une entreprise dominante et l'« abus de dépôts de dossier en Commission départementale d'équipement commercial » d'un distributeur consistant pour celui-ci à implanter des magasins dans des zones où il est déjà omniprésent et à surdimensionner ses surfaces de vente, nonobstant tout objectif de rentabilité, V. • Cons. conc. n° 04-D-12 du 7 avr. 2004 : *D. 2004. AJ 1309*.

22. Pratique de dénigrement. Parmi les actes qui peuvent être regardés comme abusifs figure le dénigrement, qui consiste à jeter publiquement le discrédit sur une personne, un produit ou un service identifiés. Tout dénigrement mis en œuvre par une entreprise en position dominante, s'il peut relever de la concurrence déloyale et engager la responsabilité de l'entreprise vis-à-vis de ses concurrents, n'est pas nécessairement constitutif d'un abus sanctionné au titre de l'art. L. 420-2. Pour qu'un dénigrement puisse être qualifié d'abus de position dominante, il convient que soit établi un lien entre la domination de l'entreprise et la pratique de dénigrement. • Aut. conc. n° 09-D-14 du 25 mars 2009 : *RDLC 2009, n° 2, p. 126, obs. Sibony ; RLC juill.-août 2009. 31, obs. Sélinsky et Cholet.* ♦ Pour apprécier l'existence d'une pratique de dénigrement, l'Autorité s'attache tout d'abord à vérifier si le discours commercial tenu par l'entreprise en position dominante relève de constatations objectives ou s'il procède d'assertions non vérifiées ; puis, afin de déterminer si le discours commercial de l'entreprise dominante est de nature à influencer la structure du marché, l'Autorité examine les effets attendus ou réels de ce discours auprès des partenaires commerciaux ou de la clientèle potentielle de ses concurrents ; enfin, au nombre des éléments que l'Autorité retient pour établir l'existence d'un lien entre la domination de l'entreprise en cause et la pratique de dénigrement, figurent la notoriété de cette entreprise et la confiance que lui accordent les acteurs du marché qui sont de nature à renforcer significativement l'impact du discours développé par celle-ci. • Aut. conc. n° 13-D-11 du 14 mai 2013 : *JCP E 2013, n° 1333 ; CCC 2013, n° 157, obs. Malaurie-Vignal ; RJDA 2013. 638, note Luc ; RLC juill.-sept. 2013. 31, obs. Cholet.* ♦ La preuve peut résulter de l'existence formelle de pièces se suffisant à elles-mêmes, mais peut aussi résulter d'un faisceau d'indices graves, précis et concordants, apprécié globalement et constitué par diverses pièces, ainsi le cas échéant que par le rapprochement de ces pièces avec d'autres éléments de preuve tels que les témoignages de personnes auxquelles est destiné le discours en cause. • Même décision. ♦ Si le dénigrement, pour être qualifié selon le droit de la concurrence, suppose que les propos tenus contre la personne ou le service dénigré visent à dégrader leur position sur le secteur économique dans lequel *ils* interviennent et qu'il convient donc d'analyser au moins les effets attendus par les auteurs des informations en cause, il n'en demeure pas moins que convenir de diffuser des propos qui sont de nature à induire un doute ou une prévention non justifiée contre un produit concurrent, afin d'affaiblir sa position sur un marché, constitue une pratique restrictive de concurrence par son objet. • Paris, 26 mars 2015 : *cité note 25 ss. art. L. 420-1.*

L'Autorité de la concurrence a veillé à souligner que l'abus de position dominante ne se confond pas avec une pratique de concurrence déloyale. • Paris, 23 mars 2010 : *D. 2010. Pan. 2546, obs. Picod ; JCP E 2010, n° 1411, obs. Malaurie-Vignal ; CCC 2010, n° 130, obs. Decocq ; RDLC 2010, n° 2, p. 82, obs. Wachsmann.* ♦ En matière d'abus de position dominante, les comportements fautifs de l'entreprise au regard des dispositions générales de l'art. 1382 [1240] C. civ. constituent des abus de position dominante. • Même arrêt. ♦ Sur le dénigrement sanctionné au titre de la concurrence déloyale, V. notes 15 s. ss. art. 2 de la L. n° 63-628 du 2 juill. 1963, App., v° *Concurrence.*

2° ABUS DE STRUCTURE

23. Rétention et utilisation d'informations. Si les données ont été acquises par l'entreprise dominante dans le cadre d'une compétition par les mérites et qu'elles peuvent être reproduites par des concurrents aussi efficaces sur le marché, l'utilisation croisée de bases de clientèle n'est pas susceptible de constituer un abus ; tel n'est pas le cas d'une base de données (exhaustive et actualisée) constituée dans le cadre d'un monopole légal. • Aut. conc. n° 13-D-20 du 17 déc. 2013 : *cité note 33.* ♦ Si l'utilisation de l'information stratégique détenue dans des bases de clientèle constituées dans le cadre du monopole historique est susceptible de créer des effets d'éviction sur un marché concurrentiel de diversification, normalement substantiellement différent du marché de l'ex-monopole, même s'il en est connexe, une telle utilisation peut créer davantage encore de tels effets d'éviction, s'il s'agit du même produit, vendu en offres de marché en même temps qu'en tarifs réglementés. Dans ce cas en effet, les informations de la base de données en monopole, et tout le savoir-faire acquis pour les exploiter, seraient intégralement utilisables et particulièrement efficaces pour la conquête d'abonnés sur le même marché devenu concurrentiel. • Aut. conc. n° 14-MC-02 du 9 sept. 2014 : *cité note 33.* ♦ Caractérise l'exploitation abusive d'une position dominante le fait de se réserver, en partie, pour France Télécom, pour l'édition des annuaires professionnels, l'information concernant les abonnés et obtenue dans l'exercice de ses missions relatives au service public de télécommunications ; une telle prérogative confère à l'exploitant public le monopole de l'édition des annuaires professionnels comprenant la liste exhaustive des abonnés au service du téléphone, en privant tout éditeur concurrent des informations relatives à ceux inscrits sur la liste orange. • Paris, 7 févr. 1994 : *Gaz. Pal. 1994. 2. 492, note Mole et Pottier* (conf. par • Com. 6 mai 1996, n° 94-13.347 P : *RJDA 1996, n° 938*). – V. aussi • Paris, 20 févr. 1995 : *Gaz. Pal. 1995. 2. 547, note Cousin.* ♦ V. note 34. ♦ L'utilisation, par une entreprise en position dominante, d'informations confidentielles des entreprises concurrentes à des fins stratégiques et commerciales, obtenues dans l'exercice d'une mission particulière qu'elle détient en plus de ses activités concurrentielles peut constituer un abus de cette position dominante. • Aut. conc. n° 12-D-25 du 18 déc. 2012 : *CCC 2013, n° 59, obs. Bosco ; RLC avr.-juin 2013. 19, note Sélinsky.* ♦ Inversement, en s'abstenant de communiquer à ses concurrents des informations dont elle disposait et qu'elle aurait dû porter à leur connaissance dans des conditions objectives et transparentes, une société s'est réservée un avantage injustifié, ce qui a, corrélativement, entravé la capacité des autres entreprises à lui livrer concurrence. • Même décision. ♦ Le verrouillage, par une entreprise en position dominante, de l'accès à des fonctions essentielles des appareils qu'elle fabrique, sans nécessité objective, au risque d'éliminer toute concurrence dans la maintenance ou la réparation de ces appareils, peut constituer un abus prohibé par l'art. L. 420-2. • Cons. conc. n° 06-D-35 du 21 nov. 2006 : *CCC 2007, n° 25, obs. Decocq ; RDLC 2007, n° 1, p. 95, obs. Prieto.* ♦ Si tout opérateur économique, y compris lorsqu'il jouit d'une position dominante, a en principe droit au respect de son secret des affaires, en l'espèce, la rétention d'information par la société, qu'elle seule détenait, a empêché tout autre opérateur de la concurrencer utilement à l'occasion de l'appel public à la concurrence pour le renouvellement de la convention d'occupation domaniale. Dans la mesure où la communication de ces informations aux concurrents éventuels était l'unique moyen d'ouvrir ce marché, tout refus de les transmettre, fussent-elles couvertes par le secret des affaires, aurait constitué une exploitation abusive de sa position dominante. • Paris, 12 oct. 2017, n° 15/14038 : *CCC 2018, n° 12, obs. Decocq.* ♦ Sur la protection du secret des affaires, V. art. L. 151-1 s.

24. Exclusivité de diffusion télévisuelle. BIBL. Destours, *RLDA janv. 2008. 38* (nouvelle feuille de match pour la durée des droits sportifs). ♦ Abuse de la position dominante qu'elle détient sur le marché de la télévision à péage et sur le marché des droits de diffusion des films français récents la société qui impose aux producteurs la conclusion de contrats de préachat de droits de diffusion lui accordant une priorité et une exclusivité de diffusion payante, leur interdit de vendre les droits de leurs films pour une diffusion en paiement à la séance, empêchant ainsi l'émergence du marché né des progrès technologiques de la diffusion des films récents à la télévision par paiement à la séance. • Paris, 15 juin 1999 : *préc. note 5.* ♦ Sur l'effet anticoncurrentiel de publicités illicites réalisées par l'INC dans les émissions prévues pour l'information des consommateurs par le cahier des charges des chaînes de télévision publiques, V. • Com. 23 avr. 2003, n° 01-12.345 : *CCC 2003, n° 156, obs. Malaurie-Vignal ; CCE 2003, n° 98, obs. Decocq ; Gaz. Pal. 2004. Somm. 1265, obs. Biolay.* ♦ ... D'une clause d'exclusivité d'une durée anormale, V. • Paris, 8 janv. 2004 : *CCC 2004, n° 40, obs. Malaurie-Vignal.* ♦ V. aussi en la matière, • Paris, 22 avr. 2005 : *RTD com. 2005. 509, obs. Pollaud-Dulian*.

25. Clause d'exclusivité. BIBL. Grynfogel et Marthan, *RJDA 1/2010, p. 3* (le clair-obscur de l'obligation d'exclusivité : de quelques singularités dans l'appréciation de l'Autorité de la concurrence). ♦ Afin d'apprécier l'effet de verrouillage du marché que des clauses d'exclusivité peuvent tendre à produire, il convient de prendre en compte notamment leur durée effective, qui peut être plus longue que la durée inscrite au contrat du fait de l'existence de clause de tacite reconduction, de clause de promotion et de non-concurrence ou d'une intégration technique rendant plus difficile la rupture de la relation. • Aut. conc. n° 13-D-06 du 28 févr. 2013 : *préc. note 9.* ♦ L'engagement d'exclusivité bien que limité à un an assorti d'une clause de reconduction tacite mais avec faculté de résiliation est abusif, lorsque son débiteur est dissuadé de rompre la convention faute d'une offre concurrente suffisamment développée, l'entrée de nouveaux entrants sur le marché étant alors rendue impossible. • Com. 12 févr. 2002, n° 00-10.465 : *CCC 2002, n° 109, obs. Malaurie-Vignal ; LPA 3 juill. 2003, obs. ibid. ; Cah. dr. entr. 2002, n° 5, p. 36, obs. Mainguy.* ♦ L'imposition systématique d'une clause d'exclusivité sans justification réelle ou objective, conjuguée d'une part avec la rétention des codes-barres comme moyen de pression sur les clients et l'interdiction d'un double codage, et d'autre part avec des propositions tarifaires destinées à maintenir des relations d'exclusivité afin d'empêcher l'accès au marché à un concurrent, constitue un abus de position dominante. • Cons. conc. n° 02-D-33 du 10 juin 2002 : *BRDA 2002, n° 13, p. 13.* ♦ Si une entreprise dominante peut proposer à ses clients des conditions d'obligation d'achat exclusif conformes à ses propres intérêts, ces pratiques d'exclusivité ne sont pas pour autant dénuées d'effets anticoncurrentiels dès lors que les conditions favorables proposées aux clients ont précisément pour but de les détourner des concurrents et de freiner leur entrée ou leur développement sur le marché. • Aut. conc. n° 16-D-14 du 23 juin 2016 : *citée note 2 ss. art. R. 464-2* (conf. par • Paris, 17 mai 2018, n° 2016/16621 : *D. 2019. Pan. 785, obs. Ferrier ; CCC 2018, n° 137, obs. Decocq*).

Constitue un abus de position dominante le fait pour une société en position dominante sur le marché de la chaussure de football de marque d'imposer une clause contractuelle de priorité dans les contrats conclus avec les clubs de football professionnels faisant obligation de lui adresser copie des propositions concurrentes afin que, dans un certain délai, elle fasse valoir son droit d'option prioritaire à ses conditions. • Paris, 4 juill. 2000 : *RTD civ. 2001. 140, n° 7, obs. Mestre et Fages* ; *JCP E 2000, n° 46, p. 1786.*

26. Refus de publication. Pour un refus, par une entreprise occupant une position dominante sur le marché de la presse spécialisée portant sur les détecteurs de métaux, de publier l'annonce publicitaire d'une entreprise concurrente, V. • Paris, 23 janv. 1998 : *Gaz. Pal. 1998. 1. Somm. 39.* ♦ La liberté dont dispose Google pour définir sa politique de contenus AdWords n'exonère pas cette entreprise de l'obligation de mettre en œuvre cette politique dans des conditions objectives, transparentes et non discriminatoires. Elle doit notamment définir des règles générales et dénuées d'ambiguïté, informer clairement les annonceurs de leur existence et, le cas échéant, faire évoluer ces règles en informant de façon également claire les annonceurs, en leur laissant un préavis suffisant avant leur entrée en vigueur, définir une procédure de contrôle et de suspension des comptes également objective et transparente et garantir une application non discriminatoire des règles et procédures ainsi définies. • Aut. conc. n° 10-MC-01 du 30 juin 2010 : *cité note 44.* ♦ Si doit être reconnue la liberté de Google de définir librement la politique de contenus AdWords, et notamment son droit de mettre en œuvre des exigences plus strictes que celles fixées par les pouvoirs publics, en particulier dans le domaine de la protection des consommateurs ; ces règles doivent cependant être mises en œuvre dans des conditions objectives, transparentes et non discriminatoires. Ainsi, le droit pour Google de suspendre immédiatement un compte AdWords paraît indissociable de son obligation de garantir le caractère objectif et transparent de la procédure de contrôle et de suspension des comptes, afin de garantir aux annonceurs un degré suffisant de prévisibilité. • Aut. conc. n° 15-D-13 du 9 sept. 2015 : *CCC 2016, n° 259, obs. Bosco.* ♦ Les pratiques de Google sont susceptibles de caractériser une rupture brutale des relations commerciales dans des conditions qui ne sont ni objectives, ni transparentes, dans la mesure où les suspensions de compte intervenues au motif « Déclarations trompeuses » n'ont fait l'objet d'aucun avertissement préalable, n'évoquaient explicitement aucune règle Google Ads et n'ont été consécutives à aucun refus d'annonce pour le même motif. Il convient en conséquence d'enjoindre à Google de revoir sa procédure de suspension de compte Google Ads en cas de « contenus trompeurs ou interdits », afin d'éviter les suspensions brutales et insuffisamment motivées. Ainsi, la procédure devra en principe comporter un préavis exposant les motifs de la suspension du compte dans des termes clairs et laissant un délai suffisant aux entreprises pour demander des explications sur les manquements identifiés, justifier les manquements identifiés, voire y remédier. • Aut. conc. n° 19-MC-01 du 31 janv. 2019.

Après avoir rappelé que le droit de la concurrence, notamment l'art. L. 420-2, ne trouve à s'appliquer que si la rupture brutale de la relation commerciale a eu un objet ou des effets anticoncurrentiels, avérés ou potentiels, l'arrêt retient, par motifs adoptés, que les éléments présentés ne sont pas suffisamment probants pour caractériser l'objet ou les effets anticoncurrentiels de la rupture des relations contractuelles par la société Google et en déduit, à bon droit, que la question relative à la gravité de la violation des règles contractuelles permettant, par application de l'art. L. 442-6 [ancien], une rupture sans préavis des relations commerciales est inopérante. • Com. 19 janv. 2016, n° 14-21.670 P : *cité note 7 ss. art. L. 463-4.*

27. Délais de livraison. L'installateur d'une presse à fromage, à qui le brevet confère l'exclusivité sur la fourniture de ce type de dispositif, fait une exploitation abusive de sa position dominante sur le marché de l'installation des fromageries fabriquant du reblochon en se livrant à diverses manœuvres dilatoires pour différer la livraison de la presse à un concurrent en vue de l'empêcher d'accéder à ce marché. • Cons. conc. n° 97-D-16 du 11 mars 1997 : *D. 1997. Somm. 334, obs. Mousseron* ; *LPA 12 janv. 1998, note Arhel.*

28. Refus d'achat. V. note 13.

29. Prix prédateurs. BIBL. Sibony, *LPA 21 oct. 2009* (l'année de la prédation). – Cousin et Boillot, *CCC 2016. Dossier 14* (politique tarifaire des entreprises en position dominante depuis l'arrêt *Post Danmark II*). – Sautel et Muños, *RLC juill.-août 2017. 36* (le test de ciseau tarifaire en pratique : les défis de son implémentation). ♦ La prédation est une pratique tarifaire consistant, pour un opérateur dominant, à vendre en dessous de ses coûts de production dans le but d'éliminer, d'affaiblir ou de discipliner ses concurrents sous réserve de la possibilité de récupérer à terme, et sous quelque forme que ce soit, les pertes accumulées délibérément. • Cons. conc. n° 04-D-17 du 11 mai 2004 : *RDLC déc. 2004. 60, obs. Spector* ; *CCC 2004, n° 160, obs. Poillot-Peruzzetto.* ♦ Comp., refusant d'ériger la possibilité de récupération des pertes en condition nécessaire à la qualification de prix de prédation : • CJCE 2 avr. 2009, n° C-202/07 : *AJDA 2009. 986, obs. Broussy,* Donnat et Lambert ; *CCC 2009, n° 167, obs. Decocq* ; *CCE 2009, n° 65, obs. Chagny* ; *RJDA 2009, n° 896* ; *RDLC 2009, n° 2, p. 112, obs. Sibony.* ♦ Si les analyses économiques récentes ont souligné qu'un aspect déterminant dans la qualification de prédation était moins la détention d'une position dominante, appréciée par référence à une part de marché, que la crédibilité du scénario de prédation, c'est-à-dire la stratégie de l'entreprise expliquant que celle-ci consente rationnellement des pertes afin d'éliminer un concurrent, cette crédibilité dépend toutefois fortement du pouvoir de marché initial de l'entreprise. • Cons. conc. n° 07-D-39 du 23 nov. 2007 : *JCP 2007. Act. 597 ; CCC 2008, n° 21, obs. Bosco ; RLC janv.-mars 2008. 30, obs. Sélinsky ; RDLC 2008, n° 1, p. 119, obs. Wachsmann.* ♦ En effet, la stratégie mise en œuvre suppose que l'entreprise ait la capacité financière de supporter les pertes initiales, ce qui ne peut être le cas que d'entreprises financièrement puissantes et disposant d'un pouvoir de marché tel qu'elles peuvent, en réalité, dominer ce dernier. • Même décision. ♦ Si les cas de prédation par la jurisprudence reposent pour la plupart sur des sacrifices de profit consentis par l'auteur de la pratique, il ne saurait néanmoins s'en déduire que le seul constat d'un sacrifice de profit constitue, lorsqu'il est consenti par une entreprise en position dominante, la démonstration de l'existence, voire de l'existence probable d'une pratique anticoncurrentielle. • Paris, 28 juill. 2016, n° 2016/11253 : *CCC 2016, n° 216, obs. Bosco.* ♦ En tout état de cause, il n'appartient pas à l'Autorité de la concurrence de juger la pertinence des choix stratégiques des opérateurs, sauf lorsque ceux-ci conduisent à des pertes injustifiées qui pourraient révéler une stratégie de prédation ou impliquer des effets d'éviction anticoncurrentiels. Il est à cet égard difficile d'avancer de manière générale une durée maximale « rationnelle » de compensation des pertes. En effet, selon les caractéristiques d'une activité, son risque, le niveau de rentabilité espérée, etc., l'horizon de récupération des investissements initiaux pourra être d'une durée très différente. • Aut. conc. n° 17-D-08 du 1er juin 2017.

Le fait, pour un producteur qui dispose d'une position dominante et est confronté à la concurrence d'un nouvel entrant pratiquant sur le marché des prix compétitifs, de chercher à l'éliminer en vendant son produit à un prix inférieur à son coût moyen variable, constitue un abus anticoncurrentiel de sa position dominante ; en effet, une telle stratégie le conduit délibérément à accumuler des pertes qu'il pourrait éviter, et ne peut être compatible avec son propre intérêt que s'il espère compenser ces pertes par les profits qu'il pourra réaliser une fois le concurrent disparu et sa position dominante restaurée. • Cons. conc. n° 94-D-30 du 24 mai 1994 : *CCC 1994, n° 166, obs. Vogel.* ♦ Par ailleurs, le fait, pour un producteur dominant confronté à l'apparition d'un nouvel entrant, de réagir en pratiquant des prix inférieurs à ses coûts moyens totaux mais supérieurs à ses coûts moyens variables, peut être regardé comme un abus anticoncurrentiel de position dominante, s'il est établi que cette stratégie avait pour objet ou pouvait avoir pour effet d'interdire au nouveau concurrent de se maintenir sur le marché. • Cons. conc. n° 96-D-67 du 29 oct. 1996 : *préc. note 5.* ♦ Le simple fait d'affecter les bénéfices d'une partie de son activité à une autre activité déficitaire ne saurait constituer en soi une pratique anticoncurrentielle, une telle pratique n'étant répréhensible que si elle est constitutive d'une prédation ou de prix abusivement bas. • Cons. conc. n° 07-D-44 du 11 déc. 2007 : *CCC 2008, n° 50, obs. Bosco ; Gaz. Pal. 2008. 1929, obs. Renault et Guinot-Delery ; RDLC 2008, n° 1, p. 124, obs. Prieto ; RLC avr.-juin 2008. 22, obs. Sélinsky.* ♦ Un test de ciseau tarifaire consiste à comparer la différence entre les prix en aval et en amont de l'opérateur intégré et les coûts moyens incrémentaux de long terme en aval de cet opérateur. Ces trois composantes peuvent dépendre de manière complexe des quantités produites ou consommées, de telle sorte que la délimitation du périmètre pertinent de la demande est importante ; à cet égard, les recettes qu'il convient de prendre en compte pour effectuer le test de ciseau tarifaire doivent comprendre l'ensemble des sources de revenus accessibles à un concurrent potentiel d'efficacité égale sur le marché aval. • Aut. conc. n° 15-D-10 du 11 juin 2015 : *AJCA 2015. 433, obs. Constantin ; RLC oct.-déc. 2015. 22, note Cholet.* ♦ L'existence de prix prédateurs ne peut être déduite de la seule comparaison des prix pratiqués entre les appels d'offre, ni de la seule comparaison des prix pratiqués entre ces appels d'offres et les appels d'offres concernant les marchés antérieurs. • Cons. conc. n° 2001-D-10 du 30 mars 2001. ♦ Les coûts à prendre en compte pour la réalisation du test de coût sont, sauf circonstances exceptionnelles, les coûts effectivement subis par l'entreprise en cause, et non les coûts supportés par ses concurrents actuels ou potentiels. • Aut. conc. n° 18-D-07 du 31 mai 2018. ♦ V. aussi note 39 ss. art. L. 420-1 et note 12 ss. art. L. 464-1 (mesures conservatoires).

Jugeant que, sans constituer une pratique de prix prédateurs, une pratique de prix mise en œuvre, indirectement, par un opérateur en position dominante faussant le fonctionnement de la concurrence peut constituer un abus au sens de l'art. L. 420-2. • Com. 10 déc. 2003, n° 01-17.493 P : *JCP E 2004, n° 19, p. 766, note Grandvuillemin ; CCC 2004, n° 58, obs. Malaurie-Vignal ; LPA 5 mars 2004, note Reifegerste ; BRDA 2004, n° 1, p. 11.* ♦ Le fait de pratiquer des prix prédateurs ne saurait cependant pas être considéré comme l'unique comportement d'une entreprise en position dominante fondé sur une pratique de prix bas ; cela peut aussi être le cas, notamment, de pratiques fondées sur des prix qui, à la différence de prix prédateurs, ne s'inscrivent pas dans une logique de sacrifice à court terme, mais tendent néanmoins à restreindre la concurrence par un effet d'éviction. • Aut. conc. n° 12-D-25 du 18 déc. 2012 : *préc. note 23.* – Réformée sur ce point par • Paris, 6 nov. 2014 : *AJCA 2015. 82, obs. Arcelin ; CCC 2015, n° 14, obs. Decocq ; RLC janv.-mars 2015. 41, obs. Cholet.* – Et censuré par • Com. 22 nov. 2016, n° 14-28.224 : *cité note 12 ss. art. L. 464-8.* ♦ Si l'appui procuré à sa filiale par une maison mère est suffisamment important, les prix proposés par celle-ci n'ont pas nécessairement à être inférieurs à ceux des concurrents pour entraîner d'effet d'éviction ou de marginalisation ou de fausser le jeu concurrentiel ; l'absence de prix abusivement bas ne permet ainsi pas de conclure à l'absence de pratique visant à évincer les concurrents. • Paris, 21 mai 2015, n° 2014/02694 : *cité note 33.* ♦ Pour une volonté d'éviction d'un groupe de presse qui a fait le choix de sacrifier des bénéfices en espérant évincer son concurrent et retrouver sa situation de monopole sur le marché de la presse quotidienne d'information sportive en lançant un nouveau quotidien à vocation éphémère dès l'origine, une telle pratique, qui ne peut être réduite à sa dimension tarifaire, devant toutefois être distinguée des pratiques de prix prédateurs, V. • Aut. conc. n° 14-D-02 du 20 févr. 2014 : *AJCA 2014. 83, obs. Luc ; CCC 2014, n° 95, obs. Bosco ; RLC avr.-juin 2014. 33, obs. Sélinsky* • Com. 1er mars 2017, n° 15-19.068 : *CCC 2017, n° 108, obs. Decocq ; RLC oct. 2017. 12, note Destours.*

Sur la prédation par acquisition d'une réputation agressive, V. • Cons. conc. n° 07-D-09 du 14 mars 2007 : *cité note 7 ss. art. L. 463-2* (réformé par • Paris, 8 avr. 2008 : *cité note 3 ss. art. R. 463-11*). ♦ ... Arrêt de la cour de Paris confirmé par la cour régulatrice selon laquelle les art. L. 420-2 C. com. et 82 du traité CE (art. 102 TFUE) présupposent l'existence d'un lien entre la position dominante et le comportement prétendument abusif qui n'est normalement pas présent lorsqu'une pratique abusive est mise en œuvre sur un marché distinct du marché dominé. • Com. 17 mars 2009, n° 08-14.503 P : *D. 2009. Pan. 2888, obs. Ferrier ; RTD com. 2010. 86, obs. Claudel ; JCP E 2009, n° 31-34, p. 27, note Duloum ; CCC 2009, n° 144, obs. D. B. ; RJDA 2009, n° 895 ; RLDA mai 2009. 41, note Lefebvre Dutilleul, Mottier et Ramos Garcia ; RLC juill.-août 2009. 31, obs. Sélinsky.* ♦ Une stratégie de prédation n'est profitable que si les concurrents évincés n'ont pas la possibilité de rentrer de nouveau sur le marché à l'issue de la période de prédation ; dans cette logique, une telle stratégie limitée à un segment de marché apparaît économiquement peu plausible puisqu'elle ne permettrait pas d'évincer un concurrent de manière durable, ce dernier pouvant aisément proposer à nouveau son offre à l'instant même où l'opérateur dominant décide de relever ses prix pour compenser ses pertes. • Aut. conc. n° 09-D-33 du 10 nov. 2009 : *D. actu. 13 nov. 2009, obs. Chevrier ; RDLC 2010, n° 1, p. 102, obs. Marty.* ♦ L'art. 82 du traité CE [art. 102 TFUE] doit être interprété en ce sens qu'une politique de prix bas appliqués à l'égard de certains anciens clients importants d'un concurrent par une entreprise occupant une position dominante ne peut être considérée comme constitutive d'une pratique d'éviction abusive au seul motif que le prix appliqué par cette entreprise à l'un de ces clients se situe à un niveau inférieur aux coûts totaux moyens imputés à l'activité concernée, mais supérieur aux coûts incrémentaux moyens afférents à celle-ci ; encore faut-il qu'une telle politique ait pour résultat l'éviction effective ou probable de ce concurrent. • CJUE 27 mars 2012, n° C-209/10 : *D. 2013. Pan. 734, obs. Ferrier ; RTD eur. 2012. 450, obs. Blaise ; CCC 2012, n° 154, obs. Decocq.*

30. Primes de fidélité et remises. Le fait, pour une entreprise détenant une position dominante sur un marché, d'offrir une prime de fidélité à ceux de ses clients qui pourraient être tentés de devenir également clients d'une entreprise concurrente, plutôt que de jouer le jeu d'une concurrence par les mérites en abaissant sans discrimination son tarif unitaire de vente ou en améliorant la qualité de ses produits pour les rendre plus compétitifs, constitue une pratique prohibée par l'art. 8 [C. com., art. L. 420-2]. • Cons. conc. n° 96-D-10 du 20 févr. 1996, conf. partiellement par • Paris, 18 févr. 1997 : *D. Affaires 1997. 434,* puis sur ce point par • Com. 6 avr. 1999, n° 97-14.193 P : *JCP E 1999, n° 23, p. 986 ; CCC 1999, n° 113, obs. Malaurie-Vignal ; RJDA 1999, n° 731 ; LPA 25 nov. 1999, obs. Marsac.* ♦ Sur l'illicéité de remises liées à la prépondérance des ventes de coca-cola, pratiquées par le fabricant à l'égard des entrepositaires-grossistes, V. • Cons. conc. n° 96-D-67 du 29 oct. 1996 : *préc. note 5.* ♦ V. aussi pour des remises facturées en contrepartie du référencement d'une gamme de produits d'une étendue telle qu'elle conduisait à saturer le plan d'assortiment (linéaires) des distributeurs : • Cons. conc. n° 04-D-13 du 8 avr. 2004 : *RDLC déc. 2004. 62, obs. Wachsmann ; CCC 2004, n° 95, obs. Malaurie-Vignal ; JCP E 2004, n° 32-35, p. 1299, note Arhel ; LPA 27 juin 2005, obs. Bacchichetti et Dom ; RJDA 2004, n° 1052 ; RLC 2005, n° 1, p. 38, obs. Sélinsky* (conf. par • Com. 6 déc. 2005, n° 04-19.541 P : *cité note 37*) • n° 07-MC-06 du 11 déc. 2007 (délais de paiement supplémentaires accordés à des pharmaciens pour compenser un surstockage en médicaments princeps pour lutter contre l'arrivée d'un générique par la saturation des linéaires). – V. désormais la dernière phrase du 2e al. de l'art. L. 420-2. ♦ Sur une présomption de discrimination résultant de seuils élevés de déclenchement des différentes tranches de rabais mis en place par une entreprise en position dominante, V. • Cons. conc. n° 03-D-09 du 14 févr. 2003 : *RJDA 2003, n° 546 ; CCE 2003, n° 53, obs. Decocq.*

Constitue un abus de position dominante le fait pour une société, appartenant à un groupe industriel puissant traitant 54 % des déchets ménagers mis en décharge contrôlée en Île-de-France, tandis que son concurrent n'en avait traité pour la même période que 19 %, d'offrir aux sociétés s'engageant à enfouir un tonnage minimum annuel, une remise par tonne sur l'ensemble du tonnage apporté, dans la mesure où il excédera de plus de 10 % le seuil fixé, dès lors que le tonnage minimum prévu est sans portée réelle puisque les apports des sociétés du groupe sont déjà supérieurs au seuil et que celui-ci est très largement supérieur aux tonnages livrés par des entreprises indépendantes, les tarifs préférentiels accordés aux sociétés filialisées par rapport au prix consenti à d'autres clients ne s'expliquant donc par aucune contrepartie réelle de la part des clients du groupe. • Paris, 13 avr. 1999 : *D. 1999. IR 140 ; CCC 1999, n° 159, obs. Malaurie-Vignal.* ♦ Sur les remises de couplage, V. • Com. 6 avr. 1999, n° 97-14.193 P : *préc.* • Cons. conc. n° 04-D-65 du 30 nov. 2004 : *Europe 2005, n° 22, obs. Idot* • n° 05-D-13 du 18 mars 2005 : *RTD com. 2006. 580, obs. Claudel ; CCC 2005, n° 84, obs. Malaurie-Vignal ; LPA 15 mai 2006, obs. Baccichetti ; RLC 2005, n° 3, p. 30, obs. C. R. et V. S.* ♦ Mais le seul fait qu'elle soit en position dominante n'interdit pas à une entreprise, par principe, le recours à des remises purement quantitatives dès lors que l'effet de forclusion de ces remises ne résulte d'aucun élément du dossier et ne saurait se déduire du seul fait qu'elles ont accompagné d'autres pratiques restrictives de concurrence. • Paris, 4 avr. 2006 : *LPA 13 nov. 2006, obs. Baccichetti ; RDLC 2006, n° 3, p. 95, obs. Spector et Wachsmann ; RLC juill.-sept. 2006. 21, obs. Winckler et Genevaz.* ♦ Les systèmes de rabais quantitatifs, liés exclusivement au volume des achats effectués auprès d'une entreprise en position dominante, sont généralement considérés comme n'ayant pas d'effet de forclusion et ne contreviennent pas à ce titre à l'art. L. 420-2, sauf si les critères et les modalités d'octroi du rabais font apparaître que le système ne repose pas sur une contrepartie économiquement justifiée mais tend à enlever à l'acheteur, ou à restreindre dans son chef, la possibilité de choix en ce qui concerne ses sources d'approvisionnement, à barrer l'accès du marché aux concurrents, à appliquer à des partenaires commerciaux des conditions inégales à des prestations équivalentes ou à renforcer la position dominante par une concurrence faussée. • Aut. conc. n° 13-D-21 du 18 déc. 2013 : *D. actu. 15 janv. 2014, obs. Chevrier ; RLC avr.-juin 2014. 28, note Arhel ; RDC 2014. 267, note Prieto.* ♦ Une offre de fidélisation doit s'apprécier dans le cadre d'un bilan comparant les effets anticoncurrentiels de l'offre et ses justifications économiques, au regard notamment des avantages octroyés, de leurs modalités de mise en œuvre, de la durée des engagements et de la structure du marché. • Paris, 4 juill. 2013 : *préc. note 8.* ♦ Les rabais d'exclusivité supposent qu'une entreprise dominante conditionne l'octroi de remises à une exclusivité d'approvisionnement, pour une part importante des besoins de l'acheteur. • Aut. conc. n° 19-D-07 du 25 avr. 2019. ♦ Le test du concurrent le plus efficace, qui consiste à estimer le prix qu'un concurrent devrait offrir pour indemniser le client pour la perte du rabais conditionnel, si ce dernier s'adressait à lui plutôt qu'à l'entreprise en position dominante, pour une partie de la demande ou une fraction pertinente de celle-ci, n'est approprié que lorsque l'instrument de la fidélisation est de nature financière. Or en l'espèce, les pratiques reprochées ne se bornaient pas à l'application de remises d'exclusivité ou fidélisantes, mais à la mise en œuvre d'une politique commerciale d'ensemble visant, notamment, à dissuader les distributeurs d'offrir d'autres produits que ceux du fournisseur, et, lorsqu'ils procédaient à de telles offres, à les empêcher d'en faire la promotion, en vue d'entraver la pénétration sur le marché et le développement de ses concurrents en empêchant, autant que faire se peut, ses clients de s'approvisionner auprès de ces derniers par l'application de diverses clauses contractuelles, de mesures de surveillance et de rétorsion. • Com. 2 sept. 2020, n° 18-18.501 P : *D. 2020. Actu. 1716 ; RJDA 2021, n° 266.*

31. Refus de communication des prix de vente en gros et délégation de service public. Constitue un abus de position dominante le fait pour une société assurant de manière exclusive la distribution d'eau potable de refuser de communiquer son prix de vente en gros de sorte que ses concurrents n'ont pu ni déterminer l'offre globale d'un prix de distribution de l'eau, dans les conditions prévues au cahier des charges, ni formuler des propositions complètes en l'absence de données nécessaires relatives au prix d'acquisition de l'eau. • Paris, 29 juin 1998 : *LPA 28 juin 1999, obs. Reboul.* ♦ Ce refus illicite constitue une atteinte grave et immédiate à l'économie générale et à celle du secteur intéressé puisque, émanant d'une entreprise détenant les ressources essentielles, il affecte directement les conditions financières de la délégation du service public de la distribution d'eau. • Même arrêt. ♦ Dans la même affaire, retenant qu'il peut être enjoint à une société de communiquer son prix de vente en gros de l'eau potable à tout tiers qui en ferait la demande dans le but de se porter candidat à un appel d'offre lancé par plusieurs communes dans la mesure où la communication du prix de vente en gros de l'eau aux seules communes ne permet pas aux entreprises soumissionnaires, à défaut d'informations directes, d'élaborer utilement leurs offres, V. • Com. 3 mai 2000, n° 98-18.602 P. ♦ ... L'objet de l'injonction étant de vérifier que le prix de gros de l'eau fournie par la société en position dominante n'introduisait pas de distorsion de concurrence dans la distribution de l'eau. • Cons. conc. n° 05-D-58 du 3 nov. 2005 : *RDLC*

2006, n° 1, p. 143, obs. Spector (conf. par • Paris, 26 sept. 2006 : *D. 2006. AJ 2460, obs. Chevrier* ; *CCC 2006, n° 231, obs. Decocq*, puis par • Com. 20 nov. 2007, n° 06-20.262 : *AJDA 2008. 677, note Nicinski* ; *CCC 2008, n° 43, obs. Bazex ; RDLC 2008, n° 1, p. 123, obs. Prieto*).

La circonstance que le règlement d'un appel d'offres ait autorisé les soumissionnaires à présenter une offre globale, n'interdit pas de qualifier, au regard du droit de la concurrence, le dépôt d'une telle offre par une entreprise en position dominante. • Cons. conc. n° 06-MC-03 du 11 déc. 2006 : *CCC 2007, n° 47, obs. Bazex ; RLC avr.-juin 2007. 45, note Clamour et Destours ; RDLC 2007, n° 1, p. 86, obs. Debroux.* ♦ Inversement, le dépôt d'une offre globale, qu'il soit autorisé, voire encouragé, ou non, par l'entreprise ou la collectivité organisant la compétition, ne peut être considéré comme étant, par nature, abusif dès lors qu'il émane d'une entreprise en position dominante. • Même décision. ♦ Mais lorsqu'une entreprise incontournable répond à un appel d'offres en déposant uniquement une offre indivisible, l'offre en cause constitue un levier lui permettant de remporter avec certitude le marché dans la mesure où la collectivité ne peut l'écarter au profit des offres concurrentes. • Cons. conc. n° 09-D-10 du 27 févr. 2009. ♦ En pratique, une telle offre a le même effet anticoncurrentiel qu'une offre couplée assortie d'un avantage économique substantiel ayant pour objet et pour effet d'exclure automatiquement les offres des entreprises concurrentes. • Même décision.

32. Monopole d'exploitation du réseau ferroviaire. La SNCF, qui dispose exclusivement en France du monopole d'exploitation du réseau ferroviaire et se trouve également investie d'un droit absolu sur la marque Orient-Express, n'a pas abusé de sa position dominante en subordonnant la traction de trains de luxe, par un particulier qui souhaitait aussi utiliser le signe protégé pour l'exploitation de ces trains, à la conclusion de contrats de licence de la marque Orient-Express, emportant paiement de redevances jugées excessives, dès lors que l'établissement public n'a pas refusé de tracter les trains en cas de non-acceptation des contrats de licence et n'a fait qu'user des droits légitimes attachés au signe distinctif, sans apporter de restriction à la libre circulation des marchandises. • Com. 4 juill. 1995, n° 93-16.355 P. ♦ Les pratiques consistant à chercher à évincer, discipliner ou décourager les concurrents, par des procédés ne relevant pas de la compétition par les mérites, de la part d'entreprises *qui mobiliseraient, sur des marchés ouverts à la concurrence*, des moyens issus de marchés en monopole, lorsqu'elles sont le fait d'une entreprise en position dominante, sont susceptibles d'être contraires à l'art. L. 420-2. • Aut. conc. n° 13-D-16 du 27 juin 2013 : *préc. note 7.* ♦ D'une manière générale, toute utilisation du savoir-faire du groupe issu de l'activité en monopole pour promouvoir les intérêts d'une filiale autonome est susceptible de relever d'une pratique de confusion prohibée. • Aut. conc. n° 15-D-05 du 15 avr. 2015 : *CCC 2015, n° 178, obs. Bosco ; RLC juill.-août 2015. 45, obs. Sélinsky.*

33. Abus de la position dominante d'EDF. V. • Cons. conc. n° 96-D-80 du 10 déc. 1996 • n° 99-D-51 du 20 juill. 1999 : *CCC 2000, n° 24, obs. Malaurie-Vignal*, conf. par • Paris, 23 mai 2000 : *CCC 2000, n° 110* • 27 janv. 1998 : *cité note 37.* ♦ Le seul fait, pour une filiale appartenant au groupe constitué par l'opérateur historique d'un marché libéralisé, de mentionner son appartenance à ce groupe ne saurait en lui-même caractériser un abus de position dominante que détiendrait l'une des entités de ce groupe. Le bénéfice des avantages d'image liés à l'appartenance à un tel groupe est inhérent à la possibilité laissée à ces groupes de poursuivre ou de développer leurs activités dans des domaines ouverts à la concurrence. C'est seulement dans des circonstances particulières, comme celles conduisant à entretenir la confusion entre une activité de service public et l'activité concurrentielle ou à tirer parti d'autres avantages spécifiques liés à l'activité de service public, qu'un abus du type de celui dénoncé peut le cas échéant être caractérisé. • Aut. conc. n° 10-D-14 du 16 avr. 2010 : *RDLC 2010, n° 3, p. 97, note Marty ; RLC juill.-sept. 2010. 33, obs. Destours ; RDC 2014. 265, note Prieto.* ♦ La simple création par un opérateur historique d'une filiale distincte pour entrer sur un marché de diversification est un moyen nécessaire mais non suffisant ; pour que cette mesure présente une utilité, il importe que le développement de l'activité de diversification soit véritablement et visiblement confié à cette filiale, ce qui implique de lui créer une identité, en engageant des dépenses de marketing, de personnel et de fonctionnement pour répondre à la demande des consommateurs et installer dans l'esprit du public cette nouvelle marque. • Aut. conc. n° 13-D-20 du 17 déc. 2013 : *D. actu. 10 janv. 2014, obs. Chevrier ; AJDA 2014. 664, obs. Nicinski* ; *RLC avr.-juin 2014. 87, obs. Destours ; RDC 2014. 265, note Prieto.* ♦ Si l'usage de la marque et du logo d'un opérateur historique par l'une de ses filiales sur un marché de diversification ouvert à la concurrence n'est pas nécessairement constitutif d'un abus, cet usage est susceptible de devenir anticoncurrentiel selon les caractéristiques du marché concerné (connexité étroite, faible concurrence, technicité importante, marché émergent). • Même décision. – Réformée sur ce point : la démonstration par l'Autorité de l'abus de l'utilisation de la marque et du logo ne repose pas sur des actions ou démarches particulières visant à induire le consommateur en erreur mais sur les caractéristiques du marché qui tendraient à amplifier l'avantage qu'implique l'usage de la marque, ce qui n'est, en l'espèce, pas démontré. • Paris, 21 mai 2015, n° 2014/02694 : *CCC 2015, n° 208, obs. Decocq ; RLC juill.-août 2015. 40 obs. Cholet.* ♦ Un opérateur distribuant sur le même marché, d'une part, un service public en monopole, et, d'autre part, des offres en concurrence avec d'autres opérateurs, et pratiquant une totale confusion des moyens commerciaux au service des offres de marché, est susceptible de créer des effets d'éviction beaucoup plus puissants sur ce marché que s'il pratiquait une telle confusion de moyens sur un marché perçu comme substantiellement différent, pour lequel la confusion avec le service public n'irait pas de soi. • Aut. conc. n° 14-MC-02 du 9 sept. 2014 : *AJCA 2014. 340, obs. Fourgoux*.

34. *Abus de la position dominante de France Télécom.* V., à propos du marché de l'édition des annuaires, • Com. 6 avr. 1999, n° 97-12.776 P : *préc. note 30* • Paris, 18 févr. 1997 : *ibid.* ♦ V. aussi • T. com. Nanterre, 22 sept. 2000 : *JCP E 2001, n° 9, p. 376, note Clamens.* ♦ Dans cette même affaire, V. sur renvoi • Paris, 4 janv. 2000 : *D. 2000. AJ 115*. ♦ V. aussi, s'agissant de l'accès par Transpac au réseau public Numéris, • Paris, 19 mai 1998 : *CCC 1998, n° 119, obs. Malaurie-Vignal ; LPA 23 juin 1999, obs. Petitier* • Cons. conc. n° 97-D-53 du 1er juill. 1997 : *LPA 22 et 24 juill. 1998, obs. Quenier.* ♦ ... S'agissant de l'accès à internet, • Cons. conc. n° 98-MC-03 du 19 mai 1998 : *D. 1998. IR 166 ; LPA 23 juin 1999, obs. Petitier* • n° 2000-MC-01 du 18 févr. 2000 : *CCC 2000, n° 80, obs. Malaurie-Vignal* • n° 05-D-59 du 7 nov. 2005 : *cité note 37* • n° 07-D-33 du 15 oct. 2007 : *cité note 48 ss. art. L. 464-2* (ADSL). ♦ ... S'agissant de l'accès aux réseaux câblés de diffusion d'images, • Cons. conc. n° 99-MC-01 du 12 janv. 1999 : *CCC 1999, n° 112 ; LPA 22 nov. 1999, obs. Marsac,* conf. par • Paris, 15 mars 1999 : *BOCC 3 juin 1999.* ♦ ... S'agissant de l'accès au marché des « grands comptes », • Cons. conc. n° 01-D-46 du 23 juill. 2001 • n° 01-D-66 du 10 oct. 2001. ♦ ... S'agissant de ses offres tarifaires, • Cons. conc. n° 01-MC-06 du 19 déc. 2001.

Pour un arrêt considérant qu'en exploitant le fichier complet de ses abonnés, y compris de ceux figurant sur les listes « rouge » et « orange » qu'elle s'est engagée à ne pas commercialiser, pour la diffusion d'une brochure contenant un message publicitaire relatif au secteur de la téléphonie mobile sur lequel elle est en concurrence avec des opérateurs privés, France Télécom utilise une facilité essentielle et crée ainsi un grave désavantage dans la concurrence, V. • Paris, 1er sept. 1998 : *D. 1998. IR 227 ; D. Affaires 1998. 1559, obs. A. M. ; CCC 1998, n° 163, obs. Malaurie-Vignal ; LPA 23 juin 1999, obs. Arsac.* ♦ Considérant que France Télécom, en position dominante sur le marché de la liste des abonnés au téléphone, a abusé de sa domination sur le marché aval des fichiers de prospection en obligeant les opérateurs, qui veulent accéder à la liste expurgée des abonnés en liste orange, à faire l'acquisition de listes d'adresses préalablement expurgées par l'opérateur et, avant chaque utilisation, pour expurger à nouveau des données de la liste orange, à réactualiser l'ensemble de leur fichier par le rachat de toutes les adresses qu'il contient, V. • Com. 4 déc. 2001, n° 99-16.642 P : *CCC 2002, n° 46, obs. Malaurie-Vignal ; RTD com. 2002. 296, obs. Claudel ; LPA 14 janv. 2003, obs. Daverat* (conf. de • Paris, 29 juin 1999 : *BOCC 23 août 1999,* annulant mais reprenant la même solution que • Cons. conc. n° 98-D-60 du 29 sept. 1998 : *D. Affaires 1999. 623, obs. A. M.*). – Comp. dans cette même affaire, jugeant que les tarifs de France Télécom n'étaient pas anticoncurrentiels : • T. com. Paris, 18 juin 1999 : *RJDA 1999, n° 1403.* ♦ La position dominante occupée par France Télécom sur le marché de la téléphonie fixe ne saurait justifier que le lancement d'offres couplant des services de téléphonie fixe et mobile lui soit *a priori* et par principe interdit. • Cons. conc. n° 04-D-22 du 21 juin 2004 : *CCC 2004, n° 139, obs. Malaurie-Vignal ; RLC 2005, n° 1, p. 39, obs. Sélinsky.*

35. *Abus de la position dominante d'ADP.* V. • Paris, 23 févr. 1999 : *préc. note 5* • 8 févr. 2000 : *D. 2000. AJ 156 ; JCP E 2000, n° 10, p. 393.* ♦ V. note 29 ss. art. L. 410-1.

36. *Abus de la position dominante de La Française des jeux.* Pour une condamnation en raison de pratiques mises en œuvre dans les secteurs de la maintenance informatique et du mobilier de comptoir, V. • Cons. conc. n° 00-D-50 du 5 mars 2001, conf. par • Paris, 20 nov. 2001 : *CCC 2002, n° 76, obs. Malaurie-Vignal,* puis par • Com. 10 déc. 2003, n° 01-17.493 P : *préc. note 29.*

37. *Théorie des « infrastructures essentielles ».* **BIBL.** Thill-Tayara et Couadou, *CCC 1999. Chron. 6.* – L'Hénoret-Marcellesi, *Gaz. Pal. 2005. Doctr. 2456* (infrastructures essentielles dans le secteur des nouvelles technologies). – Canivet, *RLDA déc. 2006. 79* (le droit de propriété confronté à la théorie des infrastructures essentielles). ♦ Une infrastructure est considérée comme essentielle et un refus d'accès à celle-ci comme abusif – si elle ne peut être reproduite dans des conditions raisonnables par les concurrents de l'entreprise qui la gère, l'accès à cette infrastructure est refusé ou autorisé dans des conditions restrictives, l'accès à l'infrastructure est néanmoins possible (notamment sur le plan technique) et l'accès à l'infrastructure est strictement nécessaire (ou indispensable) pour exercer une activité concurrente sur un marché amont, aval ou complémentaire de celui sur lequel le détenteur de l'infrastructure est en situation de position dominante. • Aut. conc. n° 19-D-16 du 24 juill. 2019. ♦ L'accès demandé n'est pas strictement nécessaire ou indispensable s'il existe des produits ou des services constituant des solutions alternatives, même si elles sont moins avantageuses ; ou s'il est raisonnablement possible pour une entreprise entendant opérer sur ledit marché de créer, éventuellement en collaboration avec d'autres opérateurs, des produits ou services alternatifs. L'existence d'obstacles économiques s'entend de manière limitative puisque la rentabilité du service envisagé doit être analysée au regard d'une production à une échelle comparable à celle de l'entreprise contrôlant le produit ou le service existant. • Aut. conc. n° 20-D-02 du 23 janv. 2020. ♦ Lorsque l'exploitant monopolistique d'une « infrastructure essentielle » est en même temps le concurrent potentiel d'une entreprise offrant un service exigeant le recours à cette facilité, cet exploitant peut restreindre ou fausser le jeu de la concurrence sur le marché aval du service en abusant de sa position dominante ou de la situation de dépendance dans laquelle se trouvent ses concurrents à son égard en établissant un prix d'accès injustifié à cette facilité. • Cons. conc. n° 96-D-51 du 3 sept. 1996 : *CCC 1997, n° 31, obs. Vogel* (conf. par • Paris, 9 sept. 1997 : *D. Affaires 1997. 1416*). ♦ L'abus résulte de ce qu'une entreprise en position dominante sur un marché ne peut protéger cette position en refusant l'accès à une infrastructure à laquelle les entreprises opérant sur un marché connexe (aval ou amont) doivent nécessairement avoir accès pour concurrencer l'entreprise détentrice de l'infrastructure. • Cons. conc. n° 05-D-59 du 7 nov. 2005 : *CCC 2005, n° 207, obs. Malaurie-Vignal ; CCE 2005, n° 190, obs. Decocq ; RDLC 2006, n° 1, p. 141, obs. Prieto ; RLC 2006, n° 6, p. 27 et 30, obs. Sélinsky.* ♦ En présence d'une infrastructure essentielle, le refus même de contracter peut, sous certaines conditions, tenant notamment à l'absence de justifications objectives au refus opposé, être constitutif d'un abus de dépendance économique ou de position dominante. • Cons. conc. n° 08-D-08 du 29 avr. 2008 : *CCC 2008, n° 168, obs. Decocq ; RDLC 2008, n° 3, p. 100, obs. Wachsman.* ♦ Dans certaines situations très spécifiques, une entreprise en position dominante doit non seulement s'abstenir de certaines pratiques mais également promouvoir activement la concurrence en accordant à des concurrents potentiels l'accès à des installations qu'elle a développées. • Paris, 23 févr. 2010 : *CCC 2010, n° 99, obs. Decocq ; RLC avr.-juin 2010. 55, note Destours ; RDLC 2010, n° 2, p. 81, obs. Wachsmann.* ♦ La société qui ne peut disposer d'installations essentielles dans la mesure où une autre société détient sur elles un monopole d'exploitation se trouve nécessairement en position de dépendance économique. • Com. 25 janv. 2000, n° 97-20.199 : *CCC 2000, n° 62, obs. Malaurie-Vignal.* ♦ V. aussi • Paris, 30 juin 1998 : *CCC 1998, n° 162, obs. Malaurie-Vignal ; LPA 23 juin 1999, obs. Arsac.* ♦ Dans le même sens, s'agissant du titulaire d'un monopole légal de fourniture de prestation de service (insémination artificielle) ayant abusé de sa position dominante sur le marché aval de la fourniture de produit (semence), V. • Cons. conc. n° 98-D-65 du 20 oct. 1998 : *CCC 1999, n° 72.* ♦ V. également pour l'exploitation par EDF d'une infrastructure essentielle : • Paris, 27 janv. 1998 : *D. Affaires 1998. 326, obs. A. M. ; RCC juill.-août 1998, 59, obs. Maigre ; LPA 24 août 1998, obs. Reboul.* ♦ ... Et pour la qualification d'installation essentielle d'un logiciel informatique : • Paris, 12 févr. 2004 : *CCC 2004, n° 111, obs. Malaurie-Vignal ; JCP E 2004, n° 48, p. 1880, obs. Caron ; LPA 27 juin 2005, obs. Bacchichetti et Dom.* – Comp. : • Cons. conc. n° 04-D-54 du 9 nov. 2004 : *CCC 2005, n° 7, obs. Malaurie-Vignal.*

Les réseaux câblés dont France Télécom est propriétaire et seul exploitant technique constituent une infrastructure essentielle pour l'exploitant commercial de ces réseaux, dès lors qu'il n'existe pas, en l'état actuel de l'équipement des sites, d'autres réseaux et que la construction d'un deuxième réseau câblé ne pourrait être rentabilisée en l'état actuel du marché, la circonstance que France Télécom ne serait pas concurrente dudit exploitant sur le marché de l'exploitation commerciale n'ayant pas à être prise en considération, V. • Cons. conc. n° 99-MC-01 du 12 janv. 1999 : *CCC 1999, n° 112 ; LPA 22 nov. 1999, obs. Marsac,* conf. par • Paris, 15 mars 1999 : *BOCC 3 juin 1999,* puis par • Com. 18 avr. 2000, n° 99-13.627 : *JCP E 2000, n° 24, p. 921.* ♦ Jugeant qu'il ne suffit pas que les solutions alternatives soient moins avantageuses pour qualifier la ressource d'essentielle, V. • Com. 12 juill. 2005, n° 04-12.388 P : *D. 2005. AJ 2144, obs. Chevrier ; RTD civ. 2005. 773, obs. Mestre et Fages ; JCP E 2005, n° 47, p. 1994, note François ; CCC 2005, n° 190, obs. Malaurie-Vignal ; RDLC 2005, n° 4, p. 77, obs. Wachsmann et Bouin ; RJDA 2006, n° 202.* ♦ Si l'État peut percevoir des droits à l'occasion de la communication de données publiques en vue de leur commercialisation (répertoire SIRENE), ces sommes ne doivent pas faire obstacle, par leur caractère excessif, à l'activité concurrentielle d'autres opérateurs économiques lorsque ces données constituent pour eux une « ressource essentielle » pour élaborer un produit ou assurer une prestation qui diffèrent de ceux fournis par l'État, la perception de droits excessifs constituant un abus de position dominante. • CE 29 juill. 2002, n° 200886 : *D. 2003. Somm. 901, obs. Gonzalez ; JCP E 2003, n° 4, p. 179, note Bruguière ; CCC 2003, n° 39, obs. Malaurie-Vignal ; RJDA 2002, n° 1327.* – Sur cette question, V. aussi • CE 2 avr. 2003, n° 247796 : *RJDA 2003, n° 1022.* ♦ Il est peu probable, sauf circonstances vraiment exceptionnelles, que de simples terrains puissent être considérés comme une infrastructure essentielle. • Cons. conc. n° 05-D-30 du 21 juin 2005 : *D. 2005. AJ 2379, obs. Chevrier ; RLC 2005, n° 5, p. 51, obs. Destours.*

♦ La faible élasticité de l'offre de linéaires fait de ceux-ci une ressource rare, et la croissance des ventes sous marques de distributeurs, particulièrement dans le domaine des produits alimentaires, est une ressource de raréfaction des linéaires pour les producteurs offrant de façon privilégiée des produits sous leur propre marque. • Com. 6 déc. 2005, n° 04-19.541 P : *D. 2006. Pan. 514, obs. Ferrier* ; *RTD com. 2006. 577, obs. Claudel* ; *JCP E 2006, n° 16, p. 723, note Reifegerste* ; *CCC 2006, n° 47, obs. Malaurie-Vignal* ; *RJDA 2006, n° 591.*

38. « Facilités essentielles ». BIBL. Richer, *D. 1999. Chron. 523* . – Mainguy et Berthault, *Cah. dr. entr. 2001, n° 5, p. 1.* – Martin et Levilain, *Gaz. Pal. 23-24 oct. 2002, p. 4.* – Terrier et Donnedieu de Vabres, *RLDA déc. 2006. 76.* – Ranouil, *CCE 2016. Étude 1* (théorie des facilités essentielles et droit de la propriété intellectuelle). ♦ Est considéré comme un abus de position dominante le fait, pour les propriétaires ou gestionnaires d'un équipement qui leur donne une position particulière en tant qu'offreur sur le marché, de refuser l'accès ou de donner un accès discriminatoire à l'équipement en cause, sans pour autant invoquer la théorie des facilités essentielles. • Cons. conc. n° 06-D-36 du 6 déc. 2006 : *CCC 2007, n° 53, obs. Decocq* ; *RDLC 2007, n° 1, p. 94, obs. Prieto.* ♦ Sur l'abus de position dominante de la SNCF résultant de l'obligation faite aux agences de voyages en ligne d'utiliser la licence Ravel pour accéder à la facilité essentielle Résarail et ce, à un coût particulièrement élevé, érigeant ainsi des barrières à l'entrée sur le marché français de la distribution de billets de train : • Cons. conc. n° 09-D-06 du 5 févr. 2009 : *JCP E 2009, n° 41, p. 30, obs. Reinhard* ; *CCC 2009, n° 77, obs. Bazex* ; *CCE 2009, n° 35, obs. Chagny* ; *RLC avr.-juin 2009. 20, note Marty et Pillot* ; *RDLC 2009, n° 2, p. 106, obs. Nicolas-Vullierme* (sur les conséquences sur le terrain de la responsabilité civile : • T. com. 25 avr. 2013 : *Gaz. Pal. 2013. 2513*). ♦ Sur la pratique consistant pour la SNCF à surréserver des sillons ferroviaires et à rendre indisponible certains types de wagons pour le transport de marchandises, retardant ainsi de façon artificielle la pénétration du marché par les concurrents, V. • Aut. conc. n° 12-D-25 du 18 déc. 2012 : *préc. note 23.*

II. EXPLOITATION ABUSIVE D'UN ÉTAT DE DÉPENDANCE ÉCONOMIQUE

39. Conformité au droit communautaire. L'infraction d'abus de dépendance économique de l'art. L. 420-2, al. 2, constitue une catégorie d'infractions distincte de celles des ententes anticoncurrentielles et n'a pas d'équivalent en droit communautaire de la concurrence. • Aut. conc. n° 10-D-08 du 3 mars 2010 : *cité note 2 ss. art. 3 du Règl. n° 1/2003 du 16 déc. 2002, App., v° Concurrence.* ♦ Issue de l'Ord. du 1er déc. 1986, cette infraction n'a pas d'équivalent en droit de l'Union, mais est compatible avec celui-ci, le Règl. (CE) n° 1/2003 du 16 déc. 2002 relatif à la mise en œuvre des règles de concurrence prévues aux art. 81 et 82 du traité (devenus art. 101 et 102 du TFUE) « n'empêch[ant] pas les États membres d'adopter et de mettre en œuvre sur leur territoire des lois nationales plus strictes qui interdisent ou sanctionnent un comportement unilatéral d'une entreprise » • Aut. conc. n° 20-MC-01 du 9 avr. 2020.

40. Notion d'état de dépendance économique. L'abus de dépendance économique, comme l'abus de position dominante, ne requiert pas la démonstration d'une intention anticoncurrentielle. • Com. 20 mai 2014, n° 12-26.705 P : *cité note 25 ss. anc. art. L. 442-6, reproduit ss. art. L. 442-1.* ♦ L'état de dépendance économique se définit comme l'impossibilité, pour une entreprise, de disposer d'une solution techniquement et économiquement équivalente aux relations contractuelles qu'elle a nouées avec une autre entreprise. • Com. 12 févr. 2013, n° 12-13.603 P : *D. 2013. Actu. 494* ; *JCP E 2013, n° 1454, spéc. n° 12, obs. Grignon* ; *CCC 2013, n° 114, obs. Malaurie-Vignal* ; *RJDA 2013, n° 365* ; *RDC 2013. 988, obs. Grimaldi.* ♦ En l'état des constatations et appréciations faisant ressortir l'absence d'obstacle juridique ou factuel à la faculté de diversification de la société, il y a lieu de retenir que celle-ci n'était pas en situation de dépendance économique. • Même décision. ♦ En l'absence d'exclusivité des relations contractuelles, l'importance de la part du chiffre d'affaires représenté par les produits de la marque du concédant est indifférente dans l'appréciation de la situation de dépendance économique du concessionnaire. • Com. 24 juin 2014, n° 13-15.953 : *AJCA 2014. 296, obs. Bourgeon* ; *RJDA 2014, n° 799.* ♦ En effet, la seule circonstance de réaliser une part importante, voire exclusive, de son activité auprès d'un seul partenaire ne suffit pas à caractériser l'état de dépendance économique. • Paris, 10 déc. 2014, n° 11/13313 : *AJCA 2015. 234, obs. Regnault* . ♦ L'état de dépendance économique caractérise une situation dans laquelle une entreprise est obligée de poursuivre des relations commerciales avec une autre lorsqu'il lui est impossible de s'approvisionner en produits substituables dans des conditions équivalentes. V. • Paris, 5 juill. 1991 : *D. 1991. IR 247* • 22 janv. 1992 : *D. 1992. IR 123* • Versailles, 27 janv. 2000 : *D. 2000. AJ 157* ; *JCP E 2000, n° 23, p. 872* (conf. par • Com. 9 avr. 2002, n° 00-13.921 : *RTD com. 2003. 75, obs. Claudel* ; *LPA 3 juill. 2003, obs. Malaurie-Vignal*). ♦ Sur l'absence d'incidence de la disparition de la condition relative à « l'absence de solution équivalente » dans la rédaction de l'art. L. 420-2, al. 2, issue de la L. n° 2001-420 du 15 mai 2001, V. • Cons. conc. n° 01-D-49 du 31 août 2001 : *RTD com. 2003. 75, obs. Claudel* ; *RJ com. 2003.*

30, note Courivaud ; RJDA 2002, n° 563. ♦ ... Et dans la même affaire • Paris, 9 avr. 2002 : *LPA 3 juill. 2003, obs. Malaurie-Vignal,* conf. sur ce point par • Com. 3 mars 2004, n° 02-14.529 P : *D. 2004. 1661, note Picod ; JCP E 2004, n° 36, p. 1345, note Chagny ; CCC 2004, n° 108, obs. Malaurie-Vignal ; LPA 27 juin 2005, obs. Baccichetti et Dom ; RTD com. 2004. 463, obs. Claudel ; RJDA 2004, n° 908.* – V. aussi • Paris, 15 janv. 2014 : *RJ com. 2014. 108, obs. Chagny.* ♦ Rappr. de la définition donnée en matière d'abus de dépendance économique : V. note 46 ss. anc. art. L. 442-6, reproduit ss. art. L. 442-1.

41. Dépendance économique collective. Il n'existe aucun élément au dossier permettant de soutenir de manière probante l'idée d'une coordination entre les comportements de plusieurs fournisseurs à l'égard du distributeur, qui pourrait fonder un hypothétique « abus de dépendance collective » invoqué par ce dernier. • Cons. conc. n° 08-D-31 du 10 déc. 2008 : *D. actu. 16 déc. 2008, obs. Chevrier ; JCP E 2009, n° 1, p. 16 ; CCC 2009, n° 49, obs. Malaurie-Vignal ; RDLC 2009, n° 1, p. 194, obs. Lemaire.* ♦ Estimant qu'il ne peut être exclu, au stade de l'examen des mesures conservatoires, que les dépositaires de presse soient en situation de dépendance économique à l'égard de deux structures : • Cons. conc. n° 09-D-02 du 20 janv. 2009. ♦ Sur cette notion de « dépendance collective », V. aussi : • Douai, 20 nov. 2007 : *cité note 32 ss. anc. art. L. 442-6, reproduit ss. art. L. 442-1* • Com. 2 déc. 2008, n° 08-10.731 P : *eod. loc.*

42. Dépendance économique du distributeur à l'égard du fournisseur. Si l'existence d'un état de dépendance économique s'apprécie en tenant compte de la notoriété de la marque du fournisseur, il convient également de tenir compte de l'importance de sa part dans le marché considéré et dans le chiffre d'affaires du revendeur ainsi que de l'impossibilité pour ce dernier d'obtenir d'autres fournisseurs des produits équivalents. • Com. 12 oct. 1993, n° 91-16.988 P • Paris, 30 mars 1992 : *D. 1992. IR 176.* – V. aussi • Paris, 16 oct. 1992 : *D. 1993. IR 28* • Com. 3 oct. 1995, n° 94-10.206 : *CCC 1995, n° 203.* ♦ Est sous l'entière dépendance économique et ne dispose pas de solutions équivalentes la société qui, en sa qualité de mandataire, ne fait qu'exploiter le fonds aux clauses et conditions définies par une société pétrolière, en distribuant des carburants aux prix et conditions qui lui auront été définis, tout en n'étant pas libre de ses conditions d'achat, ni de vente, ce qui l'empêche de pouvoir préserver ses marges. • T. com. Paris, 3 févr. 1997 : *Gaz. Pal. 1998. 1. Somm. 176.* ♦ La jurisprudence ne reconnaît normalement pas la dépendance économique collective d'un ensemble de sociétés du seul fait qu'elles ont en commun d'être en relation avec le même fournisseur. • Aut. conc. n° 18-D-22 du 17 oct. 2018. ♦ Toutefois, l'état de dépendance économique s'apprécie *in concreto*, soit dans la relation bilatérale entre deux opérateurs économiques soit, plus largement, dans les relations entre un fournisseur et son réseau de distribution pourvu que ce réseau constitue un groupe d'entreprises aux caractéristiques suffisamment homogènes, dont les membres sont placés, à l'égard de ce fournisseur, dans la même position économique et juridique. • Aut. conc. n° 10-D-08 du 3 mars 2010 : *préc. note 39.* ♦ La mise en évidence d'une situation de dépendance économique des franchisés à l'égard d'un franchiseur peut résulter du jeu cumulé d'un ensemble de clauses contractuelles imposées par ce dernier, dont la finalité serait de limiter la possibilité des franchisés de quitter le réseau et de restreindre leur liberté contractuelle dans des proportions dépassant les objectifs inhérents à la franchise, sans que la circonstance que ces clauses aient été volontairement souscrites puisse leur être opposée. • Même décision.

Sur le rejet de la demande en paiement pour abus de dépendance économique formée par un distributeur contre deux de ses fournisseurs au motif que l'importance des parts de ces derniers dans le marché considéré ne peut se déduire, en l'absence d'autres justifications, de la seule notoriété de ces marques ou de l'exploitation de procédés de fabrication spécifiques, V. • Com. 12 janv. 1999, n° 96-21.644 P : *RJDA 1999, n° 482 ; LPA 25 nov. 1999, obs. Arsac.* ♦ Est constitutif d'un abus de dépendance économique vis-à-vis d'un distributeur le fait, pour un fournisseur, de rompre des relations commerciales établies avec ce distributeur en situation de dépendance économique, pour des raisons non objectives et discriminatoires. • Cons. conc. n° 04-D-26 du 30 juin 2004 : *RLC 2005, n° 1, p. 38, obs. Sélinsky.* ♦ Sur la sanction civile de la rupture brutale d'une relation commerciale établie, V. art. L. 442-1.

43. Dépendance économique du fournisseur à l'égard du distributeur. Une forte dépendance d'un fournisseur à l'égard des commandes d'un acheteur donné peut caractériser l'existence d'un état de dépendance économique. • Aut. conc. n° 12-D-11 du 6 avr. 2011. ♦ L'état de dépendance économique d'un fournisseur vis-à-vis d'un distributeur doit s'apprécier au regard de plusieurs critères et, notamment, de l'importance de la part du chiffre d'affaires réalisé par ce fournisseur avec le distributeur, de l'importance du distributeur dans la commercialisation des produits concernés, des facteurs ayant conduit à la concentration des ventes du fournisseur auprès du distributeur (choix stratégique ou nécessité technique), de l'existence et de la diversité éventuelle de solutions alternatives pour le fournisseur. • Cons. conc. n° 93-D-21 du 8 juin 1993 : *D. 1993. IR 192 ; RJDA 1993, n° 1055* (conf. par • Paris, 25 mai 1994 :

CCC 1994, n° 119, obs. Vogel) • Cons. conc. n° 94-D-60 du 13 déc. 1994 : *CCC 1995, n° 35, obs. Vogel,* conf. par • Paris, 13 déc. 1995 : *D. 1997. Somm. 108, obs. Paulin* ✐ et par • Com. 27 janv. 1998, n° 96-11.080 : *D. 1998. IR 85.* – V. de Mello, *Gaz. Pal. 1994. 2. Doctr. 1224.* ♦ L'importance anormale des participations au financement du catalogue d'un distributeur ne saurait constituer l'abus de dépendance économique. • Paris, 13 déc. 1995 : *préc.*

En ce sens que, dès lors que les parties n'étaient liées par aucun engagement formel d'exclusivité, il appartient au juge de vérifier, de façon concrète, si la société prétendument en état de dépendance était dans l'impossibilité de trouver d'autres débouchés sur le marché local concurrentiel, V. • Com. 10 déc. 1996, n° 95-20.931 P : *D. 1997. IR 16* ✐. ♦ L'absence de solution alternative peut être établie en prenant en compte, notamment, la faiblesse des ressources financières de l'entreprise, la faiblesse de ses marges et la durée et l'importance de la pratique de partenariat. • Cons. conc. n° 96-D-44 du 18 juin 1996 : *CCC 1997, n° 8, obs. Vogel.*

S'agissant des prestations de services, la dépendance économique peut être celle des fournisseurs de services à l'égard de leurs clients ; la situation est alors examinée au regard des mêmes critères que ceux utilisés pour l'existence d'une relation de dépendance d'un fournisseur industriel à l'égard de son distributeur. • Aut. conc. n° 09-D-21 du 23 juin 2009.

44. Recevabilité. Le texte de l'art. L. 420-2 ne fait référence qu'à la dépendance économique d'une entreprise cliente ou fournisseur sans poser comme condition l'existence d'une relation distributeur/fournisseur. • Aut. conc. n° 10-MC-01 du 30 juin 2010 : *RDC 2010. 1279, note Prieto.* ♦ L'état de dépendance économique ne peut être invoqué que par une entreprise vis-à-vis de ses propres fournisseurs ou clients, exception faite du cas particulier d'un syndicat professionnel ayant en charge les intérêts moraux ou matériels d'une profession, dans la mesure où ceux-ci sont de nature à être affectés par les pratiques dénoncées. • Aut. conc. n° 18-D-25 du 6 déc. 2018. ♦ Dans le cas d'espèce, la saisine ne concerne pas un fournisseur en particulier, dont la notoriété et la part de marché pourraient être déterminées, mais une catégorie de prestataires, réunissant des entreprises à la notoriété et aux parts de marchés diverses, ainsi qu'aux caractéristiques hétérogènes. Dès lors, il apparaît que la société saisissante n'apporte pas d'éléments suffisamment probants en faveur de l'existence d'un état de dépendance économique par rapport à un acteur économique identifié et, *a fortiori*, d'un abus de cet état. • Aut. conc. n° 19-D-18 du 31 juill. 2019 : *Banque et Dr. 11-12/2019. 26, obs. Storrer.* ♦ Une entreprise ne peut valablement invoquer le bénéfice de l'art. L. 420-2 qu'à la condition de démontrer s'être trouvée dans un rapport de client à fournisseur, ce qui n'est pas le cas d'un actionnaire majoritaire ou minoritaire d'une société dans les rapports qu'entretient celle-ci avec son fournisseur. • Versailles, 22 nov. 2001 : *D. 2002. 1824, note Zeidenberg* ✐, conf. par • Com. 7 janv. 2004, n° 02-11.014 P : *D. 2004. AJ 346* ✐ *; JCP E 2004, n° 10, p. 351 ; CCC 2004, n° 39, obs. Malaurie-Vignal ; LPA 27 juin 2005, obs. Bacchichetti et Dom ; RJ com. 2004. 101, obs. Decocq ; RTD com. 2004. 466, obs. Claudel* ✐ *; RJDA 2004, n° 632.* ♦ Les sociétés actionnaires qui invoquent un préjudice par ricochet ne seraient recevables à en demander réparation qu'à la condition que la société, dont elles détiennent une partie du capital, ait été jugée elle-même victime d'un abus de dépendance économique. • Mêmes arrêts. ♦ Sur le point de savoir si la dépendance économique peut être invoquée par un locataire à l'encontre d'un bailleur commercial, V. • Cons. conc. n° 05-D-05 du 18 févr. 2005 : *JCP E 2005, n° 22, p. 911, obs. Monéger ; RLC 2005, n° 3, p. 32, obs. V. S.*

La rupture avant le terme contractuellement défini d'une relation commerciale exclusive relève du contentieux commercial et peut éventuellement donner lieu à réparation sur ce terrain. Mais, en ce qui concerne le droit de la concurrence, celui-ci ne trouve à s'appliquer que si la rupture brutale de la relation commerciale a un objet ou des effets anticoncurrentiels. • Aut. conc. n° 12-D-11 du 6 avr. 2011.

45. Société coopérative de commerçants. La prohibition de l'exploitation de l'état de dépendance économique ne peut être étendue de manière générale à tout partenariat économique et n'est pas applicable à un coopérateur, celui-ci n'étant pas seulement un client de la coopérative mais aussi et avant tout son associé. • Reims, 5 mai 2003 : *Rev. sociétés 2003. 865, note Saintourens* ✐.

46. Déréférencement abusif. BIBL. Gournay, *Dr. et patr. 6/2003. 65* (rupture fautive d'un contrat de distribution et pratiques anticoncurrentielles). ♦ V. • Cons. conc. n° 93-D-21 du 8 juin 1993 : *préc. note 43* • n° 97-D-20 du 28 mars 1997 : *LPA 22 oct. 1997, note Arhel* • Paris, 15 mai 1998 : *CCC 1998, n° 115, obs. Malaurie-Vignal.* ♦ V. aussi note 25 ss. art. L. 420-1.

III. PREUVE DES ABUS DE DOMINATION

V. notes 19 s. ss. art. L. 420-1.

47. Moyen de preuve. La preuve de l'exploitation abusive d'un état de dépendance économique ou d'une position dominante ne saurait, en l'absence de toutes autres justifications, résulter des seuls quotas d'achat contenus dans un contrat de concession exclusive. • Com. 4 juill. 1995, n° 93-20.202 : *RJDA 1995, n° 1388.* ♦ Le seul critère pertinent pour apprécier la valeur probante d'une preuve réside dans sa crédibilité et le régime en matière de preuve devant l'Autorité de la concurrence n'implique aucun formalisme particulier. • Aut. conc. n° 13-D-11 du 14 mai 2013 : *préc. note 22.*

48. Charge de la preuve. Pour un arrêt considérant qu'il appartient au distributeur qui se prétend victime d'un abus de dépendance économique d'en rapporter la preuve, V. • Com. 12 janv. 1999, n° 96-21.644 P : *préc. note 42.*

Art. L. 420-2-1 *(L. n° 2012-1270 du 20 nov. 2012, art. 5-I)* **Sont prohibés, dans les collectivités relevant de l'article 73 de la Constitution et dans les collectivités d'outre-mer de Saint-Barthélemy, de Saint-Martin, de Saint-Pierre-et-Miquelon et de Wallis-et-Futuna, les accords ou pratiques concertées ayant pour objet ou pour effet d'accorder des droits exclusifs d'importation à une entreprise ou à un groupe d'entreprises.** – *V. le III de l'art. L. 420-4.*

(L. n° 2020-1508 du 3 déc. 2020, art. 37) **« Est également prohibé dans les collectivités mentionnées au premier alinéa du présent article le fait, pour une entreprise exerçant une activité de grossiste importateur ou de commerce de détail ou pour un groupe d'entreprises dont au moins une des entités exerce une de ces activités, d'appliquer à l'encontre d'une entreprise dont elle ne détient aucune part du capital des conditions discriminatoires relatives à des produits ou services pour lesquels existe une situation d'exclusivité d'importation de fait. »**

L'art. L. 420-2-1 s'applique aux accords ou pratiques concertées en cours. Les parties à ces accords ou pratiques disposent d'un délai de quatre mois à compter de la promulgation de la L. n° 2012-1270 du 20 nov. 2012 pour se mettre en conformité avec les dispositions de ce même article (L. préc., art. 5-II).

BIBL. ► Arhel, *JCP E 2012. Actu. 733* (volet « prix et concurrence » de la L. n° 2012-1270 du 20 nov. 2012). – Comert, *BRDA 2012, n° 23, p. 12* (même thème). – Manna, *RLC avr.-juin 2013. 125* (les bases d'un droit de la concurrence ultramarin). – Montet et Venayre, *ibid. 131* (contre la vie chère en outre-mer : une construction difficile entre concurrence et administration des prix). – Venayre, *RLC sept. 2017. 14* (prohibition des exclusivités d'importation à Tahiti : fin de la [discrète] période pédagogique) ; *RLC nov. 2021. 32* (des limites de l'art. L. 420-2-1).

1. Droits exclusifs d'importation. L'infraction à l'art. L. 420-2-1, qui consiste à accorder des droits exclusifs d'importation à une entreprise ou à un groupe d'entreprises en outre-mer, non justifiés par l'intérêt des consommateurs a, en elle-même, un impact négatif sur la concurrence intramarque et empêche l'animation de la concurrence sur les marchés intermédiaires ; une telle pratique ne saurait cependant revêtir le même caractère de gravité que les ententes et les abus de position dominante. • Aut. conc. n° 16-D-15 du 6 juill. 2016 • n° 17-D-14 du 27 juill. 2017 • n° 18–D-21 du 8 oct. 2018 : *cité note 2 ss. art. R. 463-3.* ♦ Sur des relations commerciales susceptibles d'être prohibées par les dispositions de l'art. L. 420-2-1, V. • Aut. conc. n° 15-D-14 du 10 sept. 2015 : *cité note 5.* ♦ Le recours à un grossiste-importateur exclusif par un fabricant peut donner aux fabricants concurrents le signal qu'il n'adoptera pas de politique tarifaire agressive, atténuant ainsi la concurrence intermarques en prix. • Aut. conc. n° 19-D-20 du 8 oct. 2019 : *cité note 7.* ♦ La circonstance que les contrats précisent que la licence d'exploiter et d'utiliser le procédé technique *confiée à l'importateur*-grossiste est « non exclusive » ne remet pas en cause le caractère exclusif des droits d'importation octroyés. En effet, le caractère non exclusif de la licence d'exploitation a pour objet de permettre à l'importateur-grossiste de concéder à son tour des sous-licences aux applicateurs licenciés, mais ne retire pas leur caractère exclusif aux droits d'importation octroyés, dès lors que seul l'importateur-grossiste en est titulaire. • Aut. conc. n° 18-D-03 du 20 févr. 2018 : *cité note 4.* ♦ La circonstance que le nouveau contrat signé entre les deux sociétés ne comporte plus de clause d'exclusivité demeure sans influence, la loi Lurel prohibant l'octroi de toute forme de droits exclusifs d'importation, y compris lorsqu'il résulte d'une exclusivité de fait. • Aut. conc. n° 19-D-11 du 29 mai 2019. ♦ Toutefois, la situation d'exclusivité constatée n'est pas le reflet d'une pratique concertée mais résulte à la fois de la spécificité des produits concernés (produits de biologie médicale), qui explique le recours privilégié au circuit long de distribution, et du fonctionnement particulier du marché en cause, justifiant ainsi les différents refus de vente. • Même décision.

2. Preuve. L'art. L. 420-2-1 vise un accord ou une pratique concertée, de sorte qu'échappe à la prohibition une simple exclusivité de fait pour l'obtention de laquelle son bénéficiaire n'a réalisé aucun acte positif. La démonstration de l'accord de volontés, nécessaire à la qualification d'accord ou de pratiques concertées, peut résulter de preuves documentaires directes, ou, à défaut, de preuves comportementales indirectes. Dans cette dernière hypothèse, la démonstration du concours de volontés repose sur un faisceau d'indices graves, précis et concordants, dont le caractère probant est apprécié globalement, chacun de ses éléments n'ayant pas à répondre au critère de preuve précise, grave et concordante de l'accord d'exclusivité, dès lors que le faisceau répond à cette exigence. • Com. 26 janv. 2022, n° 20-14.000 B : *D. actu. 10 mars 2022, obs. Heyraud ; D. 2022. Actu. 212 ; JCP E 2022, n° 1070 ; BRDA 2022, n° 4, p. 17.*

3. Notion d'importation. Selon l'art. 294 CGI instaurant la taxe sur la valeur ajoutée dans les territoires d'outre-mer, une importation est constituée par « l'entrée dans les départements » d'outre-mer d'un bien provenant de la métropole, d'un État membre de l'Union ou d'un autre territoire d'outre-mer. Dès lors, contrairement à ce que soutiennent les mises en cause, l'existence d'une importation n'implique pas un transfert de propriété, la seule entrée d'une marchandise sur le territoire suffisant à déclencher le paiement des droits et taxes attachés à l'importation des produits. • Aut. conc. n° 18-D-03 du 20 févr. 2018 : *cité note 4.*

4. Produit de grande consommation. L'art. L. 420-2-1 ne limite nullement l'application de l'interdiction des exclusivités d'importation aux produits de grande consommation. A défaut d'une restriction expresse inscrite dans la loi, sa portée doit être considérée comme générale. La mention, dans un autre article du code (art. L. 420-4), de circonstances dans lesquelles les entreprises peuvent établir que les consommateurs sont les bénéficiaires ultimes de l'exclusivité ne signifie nullement que les produits dits de « grande consommation » sont les seuls concernés par l'interdiction des exclusivités d'importation. On peut, à cet égard, relever que lorsque le législateur a souhaité circonscrire le champ d'application d'une disposition de la loi Lurel aux produits de grande consommation, il l'a expressément mentionné (V. le I de l'art. L. 410-5). • Aut. conc. n° 18-D-03 du 20 févr. 2018 : *RLC avr. 2018. 22, note Venayre.*

5. Engagements. Les entreprises concernées ont proposé d'aller au-delà de leurs obligations légales, qui se limitent à ne pas mettre en place d'accords d'exclusivité sans justification suffisante, et se sont engagées à sélectionner périodiquement leurs grossistes non exclusifs à partir de procédures d'appel d'offres ou de mise en concurrence transparentes et non discriminatoires, ce qui pourrait permettre d'animer la concurrence du côté de l'offre de services dans les circuits longs, voire d'amener de nouveaux opérateurs sur ce marché. Dès lors, ces engagements, qui conduisent à généraliser le mécanisme d'appel public aux opérateurs dans l'ensemble des territoires visés par les préoccupations de concurrence, sont de nature à renforcer la concurrence intra-marque entre les opérateurs ultramarins. • Aut. conc. n° 15-D-14 du 10 sept. 2015 : *RLC oct.-déc. 2015. 115, note Titone et Pihéry.*

6. Nullité. La circonstance que la clause d'exclusivité du contrat serait, en tout état de cause, nulle en application de l'art. L. 420-3, est sans influence sur l'appréciation des pratiques en cause, alors d'ailleurs que, en tout état de cause, aucune juridiction civile ou commerciale n'a, à la date de la décision attaquée, relevé la nullité de cette clause. • Aut. conc. n° 19-D-11 du 29 mai 2019.

7. Sanction. En cas de violation des dispositions de l'art. L. 420-2-1, l'Autorité de la concurrence sanctionne tant les fournisseurs, pour avoir octroyé de tels droits exclusifs d'importation, que les grossistes-importateurs, pour en avoir bénéficié. • Aut. conc. n° 19-D-20 du 8 oct. 2019.

Art. L. 420-2-2 *(L. n° 2016-1920 du 29 déc. 2016, art. 3, en vigueur le 1er mars 2017)* **Sont prohibés les accords, les pratiques concertées et les pratiques unilatérales ayant pour objet ou pour effet d'interdire ou de limiter substantiellement la possibilité pour une entreprise qui exécute des prestations de transport public particulier de personnes ou des services occasionnels de transport collectif de personnes effectués au moyen de véhicules légers :**

1° De recourir simultanément à plusieurs intermédiaires ou acteurs de mise en relation avec des clients en vue de la réalisation de ces prestations ;

2° Sans préjudice de l'article L. 3142-5 du code des transports, de commercialiser sans intermédiaire les services de transport qu'elle exécute ;

3° De faire la promotion, au moyen de signes extérieurs sur le véhicule, d'une ou *[de]* **plusieurs offres de transport, y compris celles qu'elle commercialise sans intermédiaire.**

L'art. L. 420-2-2 est applicable aux contrats conclus avant le 1er mars 2017 (L. n° 2016-1920 du 29 déc. 2016, art. 3-II).

BIBL. ▶ NDLR, *BRDA 2017, n° 2, p. 14* (les ententes sur le marché de la réservation d'un véhicule avec conducteur sont interdites). – DELEBECQUE, *D. 2017. 314* (un statut pour les centrales de réservation). – CHONÉ-GRIMALDI, *D. 2017. 1255* (une nouvelle pratique anticoncurrentielle passée [presque] inaperçue).

Art. L. 420-3 **Est nul tout engagement, convention ou clause contractuelle se rapportant à une pratique prohibée par les articles L. 420-1** *(L. n° 2012-1270 du 20 nov.*

2012, art. 5-I) « , L. 420-2 » *(L. n° 2016-1920 du 29 déc. 2016, art. 3, en vigueur le 1er mars 2017)* « , L. 420-2-1 et L. 420-2-2 ». — *[Ord. n° 86-1243 du 1er déc. 1986, art. 9.]*

Sur les actions en dommages et intérêts du fait des pratiques anticoncurrentielles, V. art. L. 481-1 s. — V. aussi Dir. 2014/104/UE du 26 nov. 2014 relative à certaines règles régissant les actions en dommages et intérêts en droit national pour les infractions aux dispositions du droit de la concurrence des États membres et de l'Union européenne, App., v° Concurrence.

RÉP. COM. v° *Pratiques anticoncurrentielles : injonctions et sanctions*, par ARHEL.

BIBL. ► BRILL, *Gaz. Pal. 1987. 2. Doctr. 775* (sanctions civiles). – HOEPFNER-LÉGER, *JCP E 2006, n° 48, p. 2050* (poursuites privées en matière de pratiques anticoncurrentielles). – IDOT, *RDLC 2007, n° 2, p. 91* (sanctions civiles des pratiques anticoncurrentielles). – LASSERRE-KIESOW, *D. 2007. 2116* (promotion des sanctions civiles en droit des pratiques anticoncurrentielles). – BÉHAR-TOUCHAIS, *RDC 2008. 61* (y a-t-il de la rétroactivité en droit de la concurrence ?). – JENNY, *RLC juill.-sept. 2011. 157* (sanctions civiles et sanctions administratives en droit de la concurrence : approche économique). – LASSERRE, *Mél. Payet, Dalloz, 2011, p. 343* (sanctions civiles en droit de la concurrence).

1. Titulaire de l'action en nullité. Sur le droit d'agir en nullité des concurrents, V. • Com. 24 oct. 2000, n° 98-14.382 P : *D. 2000. AJ 429, obs. Marmontel ; CCC 2001, n° 7, obs. Malaurie-Vignal ; RTD com. 2001. 427, obs. Claudel*. ♦ En ce sens que le ministre de l'Économie ne saurait tirer de l'art. 9 le pouvoir de se substituer aux parties pour solliciter l'application de ces dispositions, celles-ci ne comportant, par ailleurs, aucune dispense au respect dû au principe de la contradiction qui implique qu'aient été appelées dans la cause toutes les parties signataires de la convention comportant la clause dont l'annulation est poursuivie, V. • Paris, 22 mars 2000 : *Gaz. Pal. 2000, 2, Somm. 1606*.

2. Stipulations nulles. Sur l'obligation de restitution du matériel (cuves) imposée aux pompistes par les compagnies pétrolières, V. note 42 ss. art. L. 330-2. ♦ Pour la nullité d'une clause d'exclusivité, V. note 25 ss. art. L. 420-1. ♦ Pour application de l'art. 9 [C. com., art. L. 420-3], l'annulation d'une convention se rapportant à une pratique anticoncurrentielle prohibée peut être prononcée même si tous les cocontractants n'y ont pas participé ou n'en ont pas eu connaissance. • Com. 24 oct. 2000, n° 98-14.382 P : *préc. note 1*. ♦ Mais encore faut-il apporter la preuve que les conventions avaient pour objet ou pouvaient avoir pour effet de restreindre la concurrence sur un marché pertinent. • Com. 26 juin 2007, n° 05-21.378 P : *JCP E 2007, n° 38, p. 19 ; CCC 2007, nos 214 et 245, obs. Malaurie-Vignal ; RJDA 2007, n° 1152*. ♦ Seuls encourent l'annulation, sur le fondement des art. L. 420-3 C. com. et 101 § 1 et 2 TFUE, les engagements, accords ou décisions constituant des pratiques anticoncurrentielles au sens de ces textes ; les engagements qui peuvent être annulés en application de ces textes sont seulement ceux qui ont caractérisé les échanges d'informations sanctionnés par l'Autorité de concurrence, les contrats de fourniture passés postérieurement par la société ne sont pas, par eux-mêmes, des accords interdits, dès lors qu'ils ne correspondent pas aux pratiques anticoncurrentielles sanctionnées et n'en ont pas été les instruments. • Com. 13 sept. 2017, n° 15-22.837 : *CCC 2017, n° 231, obs. Decocq ; RJDA 2018, n° 184 ; RJ com. 2017. 566, obs. Chagny*. ♦ Ayant retenu le caractère anticoncurrentiel des obligations résultant des contrats de partenariat, s'attachant tant à l'émission qu'à la distribution des cartes-cadeaux mono-enseigne, la cour d'appel, bien qu'elle n'ait, à tort, pas prononcé l'annulation de cette clause, en méconnaissance des art. 101, al. 2, TFUE et L. 420-3 C. com., ce qu'elle aurait dû faire en relevant ce moyen d'office après avoir recueilli les observations des parties, a néanmoins, à bon droit, décidé, d'abord, que les sociétés ne pouvaient être sanctionnées pour ne pas avoir respecté la clause de non-concurrence et, ensuite, que les astreintes ainsi que leur liquidation, prononcées sur le fondement de ces contrats, étaient dépourvues de fondement juridique, de sorte que les sommes qu'elles avaient payées en exécution des décisions les prononçant devaient leur être restituées. • Com. 12 mai 2021, n° 19-12.357 : *RJDA 2021, n° 607 ; RJ com. 2021. 321, obs. Chagny ; Lettre distrib. juill.-août 2021, p. 11, note Idani*.

3. Absence d'autre sanction civile. L'illicéité d'une clause anticoncurrentielle ne peut être sanctionnée que par sa nullité. • Com. 29 janv. 2002, n° 00-11.951 : *D. 2002. AJ 1550 ; LPA 3 juill. 2003, obs. Malaurie-Vignal*. ♦ L'art. 9 [C. com., art. L. 420-3] ne prévoit pas la possibilité pour le juge d'ordonner la conclusion d'un contrat ou son renouvellement. • Com. 24 oct. 2000, n° 98-14.382 P : *préc. note 1*.

4. Dommages-intérêts. Une partie à un contrat, support d'une entente anticoncurrentielle, ne peut se prévaloir de l'illicéité d'une clause de ce contrat pour réclamer des dommages et intérêts pour non-exécution de cette clause. • Com. 29 janv. 2002, n° 00-11.951 : *préc. note 3*. ♦ Comp., en droit communautaire : une partie à un contrat constituant une entente anticoncurrentielle peut se prévaloir de l'illicéité de ce contrat pour en refuser l'exécution et demander l'allocation de dommages-intérêts lorsque le juge national n'a pas établi que le demandeur a une responsabilité significative dans la réalisation du contrat illicite. • CJCE 20 sept. 2001, n° C-453/99 : *RTD com. 2002. 398, obs. Poillot-Peruzzetto ; RDC 2003. 71, obs. Bergé.* ♦ Une décision définitive du Conseil de la concurrence désignant nommément la société appelante comme l'une des victimes d'actions dilatoires concertées ayant eu pour objet d'entraver le libre exercice de la concurrence établit suffisamment que les comportements qu'elle a sanctionnés à ce titre constituent bien des fautes à l'égard de l'appelante, laquelle est bien fondée à poursuivre l'indemnisation du préjudice qui en a résulté pour elle. • Versailles, 24 juin 2004 : *JCP E 2004, n° 42, p. 1614.* ♦ V. aussi, jugeant que pour être constitutive d'un dol, et ouvrir droit à dommages-intérêts au profit de la victime, l'entente doit avoir constitué une manœuvre ayant surpris le consentement de la victime en l'amenant à conclure des marchés dans des conditions qu'elle n'aurait pas acceptées si elle n'avait pas été victime de la fraude : • CAA Paris, 22 avr. 2004 : *D. 2004. 3020, note Dreyfus ; AJDA 2004. 1417, concl. Haïm ; JCP 2005. II. 10013, note J. Martin.* – Sur le dol incident, V. • CAA Paris, 27 févr. 2007 : *AJDA 2007. 1978, note Richer .* ♦ S'il existe un lien entre la faute des auteurs des ententes et la majoration des prix des matières premières, le lien de causalité entre ces prix majorés et le préjudice allégué n'est quant à lui pas établi du fait de la possibilité qu'avait le vendeur de répercuter cette majoration dans ses prix de vente ; ne l'ayant pas fait alors qu'il le pouvait, il a librement arrêté sa politique tarifaire sans que la responsabilité des défenderesses puisse être engagée. • T. com. Nanterre, 11 mai 2006 : *RLC janv.-mars 2007. 62, obs. Chagny.* ♦ L'art. 101 TFUE doit être interprété en ce sens qu'il s'oppose à une interprétation et à une application du droit interne d'un État membre qui consiste à exclure de manière catégorique, pour des motifs juridiques, que des entreprises participant à une entente répondent sur le plan civil de dommages résultant de prix qu'une entreprise ne participant pas à cette entente a fixés, en considération des agissements de ladite entente, à un niveau plus élevé que celui qui aurait été appliqué en l'absence d'entente. • CJUE 5 juin 2014, n° C-557/12 : *D. 2014. 1525, note Carval ; AJCA 2014. 235, note Parleani ; JCP E 2014, n° 1401, note Maréchal ; CCC 2014, n° 200, obs. Decocq ; RJDA 2014, n° 727.* ♦ L'action en réparation initiée devant une juridiction civile est indépendante de la décision préalablement rendue par l'Autorité de la concurrence. • TGI Paris, 17 déc. 2013 : *JCP E 2014, n° 1145, note d'Alès et Constans.* ♦ Les juridictions de droit commun doivent rechercher si une faute génératrice d'un préjudice résulte de pratiques d'abus de position dominante sanctionnées dans le cadre d'une procédure de concurrence. • Com. 23 mars 2010, n° 08-20.427 : *CCE 2010, n° 122, obs. Chagny* (sur renvoi : • Paris, 27 juin 2012 : *CCE 2013, n° 6, obs. Chagny* ; et dans la même affaire : • Paris, 27 mai 2015, n° 14/147758 : *AJCA 2015. 465, note Chagny ; RLC oct.-déc. 2015. 72, note Amaro*). ♦ Sur la réparation du préjudice lié à une infraction au droit de la concurrence et la consécration de la théorie du *passing on defense*, V. • Com. 15 juin 2010, n° 09-15.816 : *D. 2010. 2781, note Utzschneider et Parmentier ; CCC 2010, n° 232, obs. Malaurie-Vignal ; RJDA 2011, n° 349 ; RDLC 2010, n° 4, p. 205, obs. Lemaire et Cousin* (et sur renvoi : • Paris, 27 févr. 2014 : *AJCA 2014. 122, note Ponsard ; CCC 2014, n° 139, obs. Decocq*). ♦ Sur une action autonome en réparation du préjudice causé par un abus de position dominante et de dépendance économique, V. • Paris, 22 oct. 2015, n° 14/03665 : *AJCA 2016. 52, obs. Amaro .*

L'art. 1er, § 1, du Règl. (CE) n° 44/2001 du 22 déc. 2000, concernant la compétence judiciaire, la reconnaissance et l'exécution des décisions en matière civile et commerciale, doit être interprété en ce sens qu'une action visant à obtenir la réparation du préjudice résultant de violations alléguées du droit de la concurrence de l'Union relève de la notion de « matière civile et commerciale », au sens de cette disposition, et entre, par voie de conséquence, dans le champ d'application de ce règlement. • CJUE 23 oct. 2014, n° C-302/13 : *AJCA 2015. 42, obs. Pironon ; RJDA 2015, n° 63 ; Procédures 2015, n° 14, obs. Nourissat.* ♦ Sur la compétence des juridictions judiciaires, V. notes ss. art. L. 462-6.

5. Effets de la nullité. La nullité d'un contrat se rapportant à une pratique prohibée par l'art. 7 [C. com., art. L. 420-1] a pour conséquence de le priver rétroactivement de tout effet. • Com. 3 janv. 1996, n° 94-13.169 : *RJDA 1996, n° 806.* ♦ Prononçant la restitution des sommes d'argent payées sur le fondement d'une clause résultant d'une entente illicite et l'allocation de dommages-intérêts, V. • Paris, 14 déc. 2011 : *CCC 2012, n° 69, obs. Decocq ; RLC avr.-juin 2012. 35, obs. Robin.* ♦ En cas d'annulation du contrat en raison d'une pratique anticoncurrentielle imputable au cocontractant, ce dernier doit restituer les sommes que lui a versées la personne publique mais peut prétendre en contrepartie, sur un terrain quasicontractuel, au remboursement des dépenses qu'il a engagées et qui ont été utiles à celle-ci, à l'exclusion, par suite, de toute marge bénéficiaire. Si, en cas d'annulation du contrat, la personne publique ne saurait obtenir, sur le terrain quasi délictuel, la réparation du préjudice lié au surcoût qu'ont impliqué les pratiques anticoncurrentielles dont elle a été victime, dès lors que cette annulation entraîne par elle-même l'obligation pour le cocontractant de restituer à la personne publique toutes les dépenses qui ne lui ont pas été utiles, elle peut, en revanche, demander la réparation des autres préjudices que lui aurait causés le comportement du cocontractant. • CE 10 juill. 2020, n° 420045 : *AJ contrat 2020. 482, note Amaro ; RJDA 2/2021. 95, note Vandermeeren.*

Si un contrat est nul en vertu de l'art. 9 [C. com., art. L. 420-3], cette nullité est sans effet sur la garantie à première demande qui l'accompagne, s'agissant d'un engagement autonome qui ne se rapporte pas directement à la pratique prohibée. • Versailles, 28 févr. 1992 : *D. 1993. Somm. 109, obs. Vasseur ; RJDA 1992, n° 715.*

6. Prescription. Sur la prescription, V. • Paris, 26 juin 2013 : *RJDA 2013, n° 948 ; RLDA oct. 2013. 46, obs. Lalot ; RLC oct.-déc. 2013. 33, obs. Cholet ; RJ com. 2013. 490, obs. Chagny* • 2 juill. 2015, n° 13/22609 : *AJCA 2015. 475, obs. Amaro ; RLC oct.-déc. 2015. 72, note Amaro.*

Art. L. 420-4 I. — **Ne sont pas soumises aux dispositions des articles L. 420-1 et L. 420-2 les pratiques :**

1° Qui résultent de l'application d'un texte législatif ou d'un texte réglementaire pris pour son application ;

2° Dont les auteurs peuvent justifier qu'elles ont pour effet d'assurer un progrès économique *(L. n° 2001-420 du 15 mai 2001)* **« , y compris par la création ou le maintien d'emplois, » et qu'elles réservent aux utilisateurs une partie équitable du profit qui en résulte, sans donner aux entreprises intéressées la possibilité d'éliminer la concurrence pour une partie substantielle des produits en cause. Ces pratiques qui peuvent consister à organiser, pour les produits agricoles ou d'origine agricole, sous une même marque ou enseigne, les volumes et la qualité de production ainsi que la politique commerciale, y compris en convenant d'un prix de cession commun ne doivent imposer des restrictions à la concurrence, que dans la mesure où elles sont indispensables pour atteindre cet objectif de progrès.**

II. — Certaines catégories d'accords ou certains accords, notamment lorsqu'ils ont pour objet d'améliorer la gestion des entreprises moyennes ou petites, peuvent être reconnus comme satisfaisant à ces conditions par décret pris après avis conforme de l'Autorité de la concurrence. — *V. art. R. 420-1 et R. 420-2. — V. deuxième note ci-dessous.*

(L. n° 2012-1270 du 20 nov. 2012, art. 5-I) **« III. — Ne sont pas soumis aux dispositions** *(L. n° 2016-1920 du 29 déc. 2016, art. 3, en vigueur le 1er mars 2017)* **« des articles L. 420-2-1 et L. 420-2-2 » les accords ou pratiques** *(Abrogé par L. n° 2016-1920 du 29 déc. 2016, art. 3, à compter du 1er mars 2017) « concertées »* **dont les auteurs peuvent justifier qu'ils sont fondés sur des motifs objectifs tirés de l'efficacité économique et qui réservent aux consommateurs une partie équitable du profit qui en résulte. »**

(L. n° 2016-1920 du 29 déc. 2016, art. 3, en vigueur le 1er mars 2017) **« Certaines catégories d'accords ou de pratiques, certains accords ou certaines pratiques, notamment lorsqu'ils ont pour objet de favoriser l'apparition d'un nouveau service, peuvent être reconnus comme satisfaisant aux conditions mentionnées au premier alinéa du présent III, par arrêté conjoint des ministres chargés de l'économie et des transports, pris après avis conforme de l'Autorité de la concurrence et pour une durée ne pouvant excéder cinq ans. »** — *[Ord. n° 86-1243 du 1er déc. 1986, art. 10.]*

Les dispositions du 1° du I de l'art. L. 420-4 sont applicables aux accords étendus conclus dans le cadre des organisations interprofessionnelles agricoles ou sylvicoles reconnues. — Les organisations interprofessionnelles reconnues peuvent demander à l'autorité administrative compétente de prendre les décrets mentionnés au II du même art. (C. rur., art. L. 632-5).

Les dispositions issues de la L. n° 2016-1920 du 29 déc. 2016 sont applicables aux contrats conclus avant le 1er mars 2017 (L. préc., art. 3-II).

Sur la possibilité d'adoption, par des organisations interprofessionnelles, d'accords restrictifs de concurrence mettant en œuvre des pratiques mentionnées au 1° du I de l'art. L. 420-4, V. C. rur., art. L. 632-2. — V. aussi, pour des contrats conclus entre organisations professionnelles ou des groupements de producteurs, dans le cadre de crises conjoncturelles affectant les productions de produits agricoles périssables ou de produits issus de cycles courts de production, ou les productions de la pêche maritime ou des cultures marines, C. rur., art. L. 611-4. — Sur l'élaboration et la diffusion d'indices de tendance des marchés laitiers et de valeurs entrant dans la composition du prix de cession du lait aux collecteurs ou transformateurs, V. C. rur., art. L. 632-14. — **C. rur.**

V., en application du II de l'art. L. 420-4 : Décr. n° 96-499 du 7 juin 1996 relatif aux accords entre producteurs bénéficiant de signes de qualité dans le domaine agricole (JO 11 juin) ; Décr. n° 96-500 du 7 juin 1996 relatif aux accords entre producteurs agricoles ou entre producteurs agricoles et entreprises concernant des mesures d'adaptation à des situations de crise (JO 11 juin) ; Décr.

n° 2007-1884 du 26 déc. 2007 concernant un accord relatif aux délais de paiement dans la filière automobile (JO 30 déc.), et les avis n° 07-03 rendu à cet égard par la CEPC (BOCC 31 juill. 2007 ; CCC 2007, n° 241, obs. M. M.-V.) et n° 07-A-14 du 9 nov. 2007 du Conseil de la concurrence (BOCC 4 mars 2008 ; CCC 2008, n° 136, obs. Decocq ; RLC avr.-juin 2008. 23, obs. Arhel).

RÉP. COM. v° *Entente,* par ARHEL.

BIBL. ► TRAN THIET, RAKOTOVAO, FRÉGET et VITAL-DURAND, *CCC 1997. Chron. 1* (ententes dans le secteur agricole). – J.-L. FOURGOUX et DJAVADI, *Cah. dr. entr. 2009, n° 3, p. 20* (l'exemption en période de crise économique). – DE JUVIGNY et FAIVRE, *ibid., p. 24* (quelle politique de sanction en période de crise ?). – GUGLER et SCHALLER, *RDLC 2009, n° 3, p. 26* (le pouvoir compensateur : un nouveau motif d'efficacité économique en droit de la concurrence ?). – RAFFIER, *Dr. adm. 2016. Étude 10* (l'exemption individuelle des pratiques anticoncurrentielles en droit européen et français : quelle conception de l'intérêt général ?).

I. APPLICATION D'UN TEXTE

1. *Dispositions légales.* L'art. L. 420-4, 1°, ne peut exonérer que les pratiques constituant une conséquence nécessaire de l'application de textes législatifs ou réglementaires. • Aut. conc. n° 10-D-04 du 26 janv. 2010 : *RLC avr.-juin 2010. 35, obs. Sélinsky ; Gaz. Pal. 2010. 3042, et les obs.* ♦ Cette exception ne peut être retenue que si la législation ne laisse subsister aucune possibilité à l'entreprise d'adopter un comportement autonome conforme aux règles de concurrence. • Cons. conc. n° 07-D-50 du 20 déc. 2007 : *cité note 20 ss. art. L. 420-1.* ♦ L'absence de liberté des entreprises ne constituant une cause d'exonération de leur responsabilité que s'il apparaît sur la base d'indices objectifs, pertinents et concordants que ce comportement leur a été unilatéralement imposé par les autorités nationales par l'exercice de pressions irrésistibles, telles que la menace d'adoption de mesures étatiques susceptibles de leur faire subir des pertes importantes. • Aut. conc. n° 10-D-13 du 15 avr. 2010. ♦ Une pratique résulte d'un texte législatif ou d'un texte réglementaire pris pour son application lorsque ces textes imposent un comportement déterminé à des opérateurs. • Aut. conc. n° 13-D-23 du 30 déc. 2013 : *cité note ss. art. R. 741-5.* ♦ La compromission ou la tolérance des pouvoirs publics dans la mise en œuvre de pratiques anticoncurrentielles ne fait pas obstacle à l'application de l'art. L. 420-1. • Aut. conc. n° 10-D-13 du 15 avr. 2010.

La position dominante de la société en charge du fonctionnement du MATIF est légale puisqu'elle s'inscrit dans les dispositions de la L. n° 87-1158 du 31 déc. 1987. • Paris, 27 juin 1990 : *D. 1991. Somm. 251, obs. Gavalda et Lucas de Leyssac.* ♦ De la même façon, l'application d'un régime forfaitaire à des discothèques réalisant un chiffre d'affaires inférieur à un certain seuil ne constitue que l'application de l'art. L. 131-4 CPI et ne peut donc pas être sanctionnée sur le fondement des art. L. 420-1 et L. 420-2 C. com. • Com. 7 janv. 2004, n° 01-12.477 P : *D. 2004. AJ 211 ; JCP E 2004, n° 10, p. 350 ; RTD com. 2004. 278, obs. Pollaud-Dulian ; LPA 27 juin 2005, obs. Bacchichetti et Dom ; RJDA 2004, n° 631.* ♦ Sur le Décr. n° 2003-727 du 1er août 2003 relatif à l'élimination des véhicules hors d'usage (codifié aux art. R. 543-154 s. C. envir.), V. • CE 20 avr. 2005, n° 260779 : *AJDA 2005. 2064, note Nicinski.* ♦ Le marché de l'équarrissage qui résulte de l'application de textes législatifs et réglementaires spécifiques échappe aux dispositions qui prohibent les pratiques anticoncurrentielles. • Agen, 20 mars 2006 : *BICC 2006, n° 1898.* ♦ Sur la légalité des arrêtés pris en application du CSP pour lutter contre le saturnisme, V. • CE 6 juill. 2007, n° 294599 : *RLC oct.-déc. 2007. 55, obs. Clamour.* ♦ Le Règl. CE n° 1475/95 du 28 juin 1995 n'établit pas de prescriptions contraignantes affectant directement la validité ou le contenu des clauses contractuelles d'un contrat de concession automobile. • Com. 23 sept. 2008, n° 07-18.428 : *JCP E 2009, n° 16-17, p. 34, note Bertin.* ♦ Le fait qu'un tarif soit soumis à homologation ne dispense pas l'entreprise de respecter les règles du droit de la concurrence dans la mesure où l'entreprise fixait librement son tarif, l'homologation ministérielle ne pouvant, en aucune manière, être considérée ni comme une obligation s'imposant à l'entreprise, ni comme un blanc-seing l'exonérant de toute responsabilité. • Aut. conc. n° 09-D-24 du 28 juill. 2009 : *Gaz. Pal. 2010. 1691, et les obs.* ♦ Le simple visa donné par l'administration chargée de la tutelle des ports ne saurait justifier la pratique de fixation en commun des prix par les entreprises de manutention, à leur initiative, dans la mesure où il est établi que ce visa n'a nullement été imposé par les représentants de l'État dans le département concerné, le syndicat professionnel ayant d'ailleurs admis que le tarif est d'abord discuté entre les entreprises puis simplement validé par la DDE. • Aut. conc. n° 11-D-01 du 18 janv. 2011 : *cité note 16.*

2. La L. n° 82-652 du 29 juill. 1982 sur la communication audiovisuelle [CCIA, art. L. 212-19 et L. 212-21], qui autorise la constitution de groupements ou d'ententes entre entreprises de spectacles cinématographiques, ne s'oppose pas aux poursuites pour pratiques anticoncurrentielles contre ces entreprises. • Com. 21 juin 1994, n° 92-14.533 P : *D. 1994. IR 213.* ♦ Les dispositions de l'art. 10 (1°) [C. com., art. L. 420-4 (I), 1°] doivent être écartées dans la mesure où l'art. R. 5015-26 CSS, bien que restreignant les conditions dans lesquelles les pharmaciens peuvent se concurrencer, n'implique nullement l'absence de toute concurrence entre ceux-ci, et à cet égard, si l'art. 5015-40 CSP invite les pharmaciens à tenter de résoudre leurs éventuels différends par voie de conciliation et préconise d'en aviser, le cas échéant, leurs autorités ordinales, le Conseil régional de l'ordre des pharmaciens ne peut cependant organiser une réunion tendant à conclure une entente sur les prix. • Com. 10 mars 1998, n° 96-13.602 P : *D. 1998. IR 111 ; LPA 21 août 1998, obs. Reboul.* ♦ Les art. L. 5125-1 s. CSP, visant à assurer un « maillage territorial » adéquat pour répondre aux besoins de la population en cas de création, de transfert ou de regroupement d'officines de pharmacie, n'instaurent aucun monopole territorial ni ne limitent en général une situation de concurrence entre officines. • Aut. conc. n° 09-D-17 du 22 avr. 2009 : *D. 2009. 1741, note Alleaume ; RLC juill.-août 2009. 30, obs. Sélinsky et Chollet ; RDLC 2009, n° 3, p. 84, obs. Nicolas-Vullierme.* ♦ L'obligation légale de faire agréer une activité économique ne fait pas échapper, pour cette seule raison, l'exercice de cette activité et les pratiques auxquelles elle donne lieu éventuellement, au respect des règles de la concurrence et à la compétence du Conseil de la concurrence, dès lors que l'exercice de l'activité est détachable de la délivrance de l'agrément lui-même. • Cons. conc. n° 08-D-18 du 30 juill. 2008 : *RLC janv.-mars 2009. 51, obs. Destours.* ♦ Si les grilles tarifaires syndicales prenaient en compte les règles imposées par la convention collective et le code du travail en matière de rémunération des mannequins, les tarifs ne constituaient pas la stricte reprise de ces salaires minima, mais incluaient également la marge commerciale des agences allant ainsi au-delà des exigences requises par les dispositions légales et conventionnelles. De telles grilles ne sauraient donc bénéficier de l'exemption de l'art. L. 420-4, I, 1°, dans la mesure où ces grilles ne reflètent pas *stricto sensu* le cadre législatif applicable. • Aut. conc. n° 16-D-20 du 29 sept. 2016.

3. La pratique incriminée, qui résulte directement et nécessairement de l'application de l'art. 27 de la L. n° 71-1130 du 31 déc. 1971 qui exclut la faculté pour les avocats, lorsqu'une assurance collective de responsabilité civile professionnelle a été contractée par le barreau, de ne pas y adhérer et de s'assurer individuellement, bénéficie de l'exemption prévue au § 1 de l'art. L. 420-4. • *Cons. conc. n° 03-D-03* du 16 janv. 2003 : *D. 2003. IR 600 ; JCP E 2003, n° 16, p. 714, note Martin.* ♦ En revanche, et contrairement à la garantie des archives et supports d'information appartenant à l'assuré et à la garantie de toutes valeurs remises à un avocat, ni l'assurance responsabilité civile exploitation, ni l'assurance des objets et vêtements déposés dans les vestiaires de l'Ordre, ni les dommages par catastrophes naturelles, ne résulte de l'application directe et nécessaire d'un texte et constitue ainsi une pratique prohibée par l'art. 420-1. • Même arrêt. ♦ Les marchés des consultations, actes techniques et chirurgicaux des médecins spécialistes libéraux du secteur I sont soumis à une réglementation des prix excluant toute possibilité d'une concurrence susceptible d'être empêchée, restreinte ou faussée par les pratiques incriminées, de telle sorte que les dispositions de l'art. L. 420-1 sont inapplicables. • Com. 7 avr. 2010, n° 09-13.494 P : *D. actu. 15 avr. 2010, obs. Chevrier ; JCP E 2010, n° 1506 ; CCC 2010, n° 162, obs. Bazex ; RJDA 2010, n° 878 ; RDLC 2010, n° 2, p. 67, obs. Debroux et Bourgery* (conf. de • Paris, 18 mars 2009 : *D. actu. 30 mars 2009, obs. Chevrier ; CCC 2009, n° 135, obs. Decocq*, qui avait réformé • Cons. conc. n° 08-D-06 du 2 avr. 2008 : *cité note 44 ss. art. L. 464-2*).

Une lettre du ministre de l'économie (dans le cadre d'un contrôle des concentrations) ne constitue pas « un texte législatif ou un texte réglementaire » au sens de l'art. L. 420-4, I, 1° ; les parties ne sont donc pas fondées à se prévaloir de ce document pour invoquer l'exception tirée de l'action étatique. • Aut. conc. n° 10-D-04 du 26 janv. 2010 : *préc. note 1.*

4. Règlement général et convention. Le règlement général des manifestations commerciales, bien qu'approuvé par le ministre du commerce, ne constitue pas un texte législatif ou réglementaire au sens de l'art. 10 (1) [C. com., art. L. 420-4 (I), 1°]. • Cons. conc. n° 92-D-44 du 7 juill. 1992. ♦ ... Pas plus qu'une convention conclue entre la Fédération française de ski et le Syndicat national des téléphériques et téléskis de France. • Paris, 14 juin 1995 : *BOCC 20 juill. 1995.* ♦ V. aussi • CE 29 juill. 2002, n° 200886 : *BRDA 2002, n° 19, p. 11.* ♦ L'art. L. 420-4 ne trouve pas à s'appliquer compte tenu du fait que la convention de subdélégation susceptible d'être qualifiée d'entente ne résulte pas de la mise en œuvre d'un texte législatif ou réglementaire qui en légitimerait ou en renforcerait les effets, mais de la mise en œuvre de contrats administratifs auxquels les entreprises mises en cause sont elles-mêmes parties. • Cons. conc. n° 07-D-08 du 12 mars 2007 : *cité note 8 ss. art. L. 462-7.*

5. Code ou usage professionnel. Un usage professionnel n'empêche pas l'application des dispositions du titre III de l'Ord. du 1er déc. 1986. • Cons. conc. n° 95-D-39 du 30 mai 1995 : *CCC 1995, n° 166.* ♦ Le code de déontologie médicale ne saurait être considéré comme un texte réglementaire pris pour l'application d'un texte législatif, au sens de l'art. L. 420-4. • Cons. conc. n° 07-D-41 du 28 nov. 2007 : *cité note 4 ss. art. L. 410-2.* ♦ L'argument de l'approbation de l'administration des « mercuriales » n'est pas pertinent puisqu'elle date d'un régime économique de réglementation des prix abandonné depuis 1986 ; et le fait que de telles grilles soient utilisées dans d'autres pays ne valide pas pour autant, au regard des règles de concurrence, l'usage qui en a été fait. • Paris, 29 sept. 2009 : *BOCC 9 oct. 2009.*

A supposer même établie l'existence d'usages encourageant les entreprises à procéder à des échanges d'informations dans le cadre des appels d'offres lancés par les maîtres d'ouvrage, une société ne peut utilement se prévaloir du 1° de l'art. L. 420-1 dès lors que l'exonération qu'il prévoit ne s'applique qu'aux pratiques constituant une conséquence nécessaire de l'application d'un texte législatif ou réglementaire. Par ailleurs, la compromission ou la tolérance des pouvoirs publics dans la mise en œuvre de pratiques anticoncurrentielles ne fait pas obstacle à l'application de l'art. L. 420-1. • Aut. conc. n° 11-D-02 du 26 janv. 2011

6. *Concession de service public.* Ayant relevé que la validité des contrats de concession sur lesquels le concessionnaire exclusif du service extérieur des pompes funèbres fonde son action n'est pas contestée, l'arrêt énonce à bon droit que les pratiques anticoncurrentielles du concessionnaire, qui trouvent leurs sanctions dans les poursuites administratives et dans les actions en responsabilité civile qui peuvent être engagées ne dispensent pas les tiers de respecter les contrats de concessions exclusives dont il se prévaut. • Com. 23 oct. 2001, n° 99-12.623 P : *JCP E 2001, n° 48, p. 1890 ; CCC 2002, n° 9, obs. Malaurie-Vignal ; RJDA 2002, n° 243.*

7. *Déréglementation.* L'existence d'un cadre réglementaire spécifique assurant la régulation de l'ouverture à la concurrence d'un secteur ne place pas celui-ci en dehors du champ d'application des dispositions du livre IV du code de commerce. • Com. 23 oct. 2007, n° 06-17.852 : *cité note 8 ss. art. L. 464-3.* ♦ Si le législateur a prévu un certain nombre d'incitations à la production d'électricité par les énergies renouvelables, cette circonstance ne peut avoir pour effet de contraindre juridiquement, ou de créer une quelconque obligation pour l'opérateur historique, de promouvoir directement les offres commerciales de ses filiales opérant dans la filière des énergies renouvelables. • Aut. conc. n° 09-MC-01 du 8 avr. 2009 : *RLC juill.-sept. 2009. 59, obs. Destours ; RDLC 2009, n° 3, p. 92, note Wachsmann.*

II. PROGRÈS ÉCONOMIQUE

BIBL. Bienaymé et Lazarus, *RCC nov.-déc. 1996.* – Blaise, *Gaz. Pal. 1997. 1. Doctr. 239.*

8. *Critères.* Quatre critères doivent être satisfaits pour octroyer une exemption à une pratique jugée anticoncurrentielle dans le cadre du 2° du I de l'art. L. 420-4 : la réalité du progrès économique, le caractère indispensable et adapté des pratiques en cause pour l'obtenir, l'existence d'un bénéfice pour les consommateurs et l'absence d'élimination de toute concurrence. Chacune de ces quatre conditions doit être remplie pour que le bénéfice d'une exemption individuelle soit admissible. • Aut. conc. n° 13-D-14 du 11 juin 2013 : *RLC oct.-déc. 2013. 32, obs. Cholet.* ♦ Eu égard au fait que la pratique permet à des patients de bénéficier d'appareillages rares dans de meilleures conditions, qu'elle porte sur une demande marginale, qu'elle n'est pas obligatoire et qu'elle intervient dans un contexte où la concurrence peut difficilement jouer, il y a lieu de considérer qu'elle contribue au progrès en bénéficiant aux utilisateurs sans avoir elle-même un impact significatif sur la concurrence. • Cons. conc. n° 07-D-05 du 21 févr. 2007 : *RDLC 2007, n° 2, p. 100, obs. Claudel.*

9. *Charge de la preuve.* Il appartient aux auteurs des pratiques anticoncurrentielles d'apporter la preuve des faits qui, en vertu de l'art. 10 [C. com., art. L. 420-4], seraient propres à justifier ces pratiques. • Com. 6 nov. 1990, n° 89-13.116 P : *D. 1990. IR 300 ; RTD com. 1991. 431, obs. Bouloc* . ♦ Il leur appartient ainsi de démontrer, non seulement que ces actions comportent des avantages économiques, mais encore que ceux-ci sont suffisants pour compenser les incidences des pratiques sur la concurrence. • Cons. conc. n° 07-D-08 du 12 mars 2007 : *préc. note 4.* ♦ Ces principes s'appliquent aussi aux demandes des entreprises qui souhaitent bénéficier des dispositions du III de l'art. L. 420-4 issues de la loi Lurel. • Aut. conc. n° 18-D-03 du 20 févr. 2018 : *cité note 4 ss. art. L. 420-2-1.* ♦ L'Autorité de la concurrence est uniquement tenue, aux fins de déterminer si un accord contribue à améliorer la production ou la distribution des produits ou à promouvoir le progrès technique ou économique, d'examiner les arguments de fait et les éléments de preuve fournis par l'entreprise dans le cadre de sa demande d'exemption. • Aut. conc. n° 12-D-09 du 13 mars 2012.

Il ne résulte nullement de la jurisprudence que la démonstration d'une pratique abusive de différenciation tarifaire imposerait, du fait de possibles effets pro-concurrentiels, l'application d'un standard de preuve plus élevé que celui utilisé pour d'autres pratiques susceptibles d'être qualifiées d'abus de position dominante. C'est à l'entreprise dominante qu'il appartient de démontrer que ses pratiques sont économiquement justifiées, par exemple par des gains d'efficacité substantiels. Dans ce cadre, la jurisprudence impose également de déterminer si l'effet anticoncurrentiel qui résulte de la pratique peut être contrebalancé, voire surpassé, par des avantages en termes d'efficacité qui profitent également au consommateur. • Aut. conc. n° 12-D-24 du 13 déc. 2012 : *cité note 43 ss. art. L. 464-2.*

10. *Réseau de distribution.* Jugeant qu'il n'est pas démontré en quoi les investissements réalisés par un opérateur téléphonique chez ses distributeurs indépendants étaient spécifiques et pouvaient créer un risque de parasitisme préjudiciable à ce dernier en l'absence de mise en place de clauses d'exclusivité. • Aut. conc. n° 09-D-36 du 9 déc. 2009. ♦ Une limitation absolue de la concurrence et du libre jeu du marché en faveur des franchisés porte atteinte au libre exercice par ceux-ci de la concurrence, alors qu'elle a pour seul effet de procurer une clientèle à chacun de ceux-ci sans apporter un complément au progrès économique déjà garanti par l'interdiction de revente directe. • Paris, 7 juin 1990 : *D. 1990. IR 174.* ♦ Comp., pour un réseau de franchise constituant un développement économique avantageux pour les clients : • Paris, 13 juill. 1993 : *RJDA 1994, n° 303.* ♦ Le mode de distribution (franchise) des articles de prêt-à-porter de luxe par des magasins spécialisés dans la présentation et la mise en valeur des articles proposés ainsi que dans l'argumentation de vente constitue un développement économique avantageux pour les clients, qui outre une sélection d'articles de qualité, trouvent dans ces boutiques un environnement soigné de nature à préserver et accroître le prestige de la marque et un personnel attentionné, bénéficiant d'un certain savoir-faire apte à les conseiller utilement. • Com. 4 mai 1999, n° 97-13.402 : *RJDA 1999, n° 1014.* ♦ Sur la justification des réseaux de distribution sélective ou exclusive, V. notes 47 et 48 ss. art. L. 420-1, et notes 15 et 47 s. ss. art. L. 330-2.

11. Sous-traitance. Pour un arrêt faisant bénéficier de l'art. 10 (2) [C. com., art. L. 420-4 (I), 2°] un contrat de sous-traitance, V. • Paris, 15 déc. 1995 : *D. Affaires 1996. 168.*

12. Événements conjoncturels. En ce sens qu'une situation de crise de secteur peut justifier l'application de l'art. 10 (2) [C. com., art. L. 420-4 (I), 2°] à condition que les atteintes à la concurrence soient accompagnées de dispositions d'ordre structurel touchant à la production et à la commercialisation des produits concernés, V. • Cons. conc. n° 95-D-77 du 5 déc. 1995 : *CCC 1996, n° 61, obs. Vogel.*

13. Travail temporaire. Sur le progrès économique pouvant être apporté par les entreprises de travail temporaire, V. • Cons. conc. n° 97-D-52 du 25 juin 1997.

14. Appel d'offres illégal. Si le progrès économique allégué est d'avoir fait échec à une procédure prétendument illégale, le même objectif aurait pu être atteint par des moyens légaux en formant un recours devant le juge pour qu'il se prononce sur cette illégalité, sans qu'il soit nécessaire de mettre en œuvre une entente constitutive d'un boycott. • Cons. conc. n° 07-D-49 du 19 déc. 2007 : *cité note 40 ss. art. L. 420-1.* ♦ L'annulation éventuelle de l'appel d'offres en cause par le juge compétent ne serait pas de nature à retirer son caractère anticoncurrentiel à l'entente ; il n'y a donc pas lieu, ni de saisir la juridiction administrative d'une question préjudicielle, ni de surseoir à statuer. • Paris, 8 avr. 2009 : *D. actu. 21 avr. 2009, obs. Chevrier ; CCC 2009, n° 173, obs. Bosco.*

15. Compensation. Les entreprises ne peuvent compenser les désavantages concurrentiels qu'elles estiment supporter en mettant en œuvre des pratiques anticoncurrentielles prohibées, que ce soit en se concertant avec leurs concurrents ou en abusant de la position dominante qu'elles détiennent sur un marché. • Cons. conc. n° 09-D-04 du 27 janv. 2009 : *JCP E 2009, n° 11, p. 27, obs. Derieux ; CCE 2009, n° 45, obs. Chagny ; RLC avr.-juin 2009. 29, obs. Arhel ; RDLC 2009, n° 2, p. 120, obs. Wachsmann.* ♦ L'anticipation d'éventuelles difficultés économiques qui seraient consécutives à une animation du jeu de la concurrence entre opérateurs économiques ne peut justifier la conclusion d'accords anticoncurrentiels. • Aut. conc. n° 15-D-19 du 15 déc. 2015. ♦ L'attitude des différents acteurs d'un marché, à la supposer répréhensible, n'excuse pas et n'atténue même pas la portée des perturbations occasionnées par les autres entreprises ou organismes du même marché, sauf à modérer les sanctions prononcées. • Paris, 19 janv. 2010 : *cité note 53 ss. art. L. 464-2.* ♦ Le fait d'être ou de se sentir agressé par un concurrent par des moyens déloyaux ne saurait justifier une quelconque mesure de rétorsion, sous forme d'une pratique anticoncurrentielle, de la part de l'entreprise en position dominante. • Aut. conc. n° 11-D-15 du 16 nov. 2011 : *cité note 21 ss. art. L. 420-2.* ♦ Sur l'indifférence du fait que l'entente ait eu pour objet ou effet l'éviction d'un concurrent opérant illégalement sur le marché en cause, V. • CJUE 7 févr. 2013, n° C-68/12 : *cité note 25 ss. art. L. 420-1.*

16. Maintien de l'emploi. BIBL. Pirovano, *D. 2002. 62* (droit de la concurrence et progrès social). ♦ L'Autorité de la concurrence, pleinement consciente de l'impact que des conflits sociaux font courir sur l'économie insulaire, ne peut cependant prendre à son compte la thèse avancée par les parties selon laquelle le maintien d'un « niveau de salaires (...) particulièrement élevé » d'une catégorie de personnels, afin de « pérenniser la paix sociale », est compatible avec l'objectif de maintien de l'emploi tel qu'introduit par le législateur dans l'art. L. 420-4, I, 2°, au nombre des exemples des manifestations du progrès économique. • Aut. conc. n° 11-D-01 du 18 janv. 2011 : *D. actu. 21 janv. 2011, obs. Chevrier ; RLDA mars 2011. 36, obs. Lecourt.*

17. Articulation avec le droit de l'Union. Lorsque sont en cause des pratiques susceptibles d'affecter le commerce entre États membres, le bénéfice de l'exemption prévue par l'art. L. 420-4 ne peut être accordé que pour autant que les conditions prévues par l'art. 101, § 3, TFUE soient cumulativement réunies, lorsqu'elles en diffèrent ; tel n'est pas le cas des conditions de l'exemption prévue au titre du 2° du I de l'art. L. 420-4, qui sont en substance identiques à celles prévues au titre de l'art. 101 précité, si bien que l'Autorité conduit, en principe, une analyse concomitante de l'exemption éventuelle d'une pratique restrictive au titre de ces deux dispositions. • Aut. conc. n° 12-D-08 du 6 mars 2012. ♦ Sur le principe de confiance légitime : • Aut. conc. n° 18-D-23 du 24 oct. 2018.

Art. L. 420-5 **Sont prohibées les offres de prix ou pratiques de prix de vente aux consommateurs abusivement bas par rapport aux coûts de production, de transformation et de commercialisation, dès lors que ces offres ou pratiques ont pour objet ou peuvent avoir pour effet d'éliminer d'un marché ou d'empêcher d'accéder à un marché une entreprise ou l'un de ses produits.**

(L. n° 2017-256 du 28 févr. 2017, art. 64) **« En Guadeloupe, en Guyane, en Martinique, à La Réunion et dans le Département de Mayotte, lorsque des denrées alimentaires identiques ou similaires à celles qui sont produites et commercialisées localement sont proposées aux consommateurs à des prix manifestement inférieurs à ceux pratiqués dans l'Hexagone, la conclusion d'un accord entre les acteurs de l'importation et de la distribution, d'une part, et ceux de la production et de la transformation locales, d'autre part, peut être rendue obligatoire par le représentant de l'État dans le territoire. Celui-ci prend en compte les volumes de produits concernés, la situation économique des producteurs locaux et l'intérêt des consommateurs à très faibles revenus. Cet accord, dont la négociation est conduite sous l'égide de l'État et des collectivités compétentes en matière de développement économique, doit mentionner les opérations continues menées par la distribution afin d'offrir au consommateur des denrées produites localement ainsi que la politique menée par les producteurs locaux afin de satisfaire au mieux les besoins des consommateurs. L'accord est rendu public par arrêté préfectoral. En l'absence d'accord dans le délai de dix jours ouvrables à compter de l'ouverture des négociations, le représentant de l'État dans le territoire prend par arrêté toute mesure relevant de sa compétence et permettant de répondre aux objectifs précités. »**

Les coûts de commercialisation comportent également et impérativement tous les frais résultant des obligations légales et réglementaires liées à la sécurité des produits.

(L. n° 2018-938 du 30 oct. 2018, art. 18) **« Les premier et troisième alinéas du présent article » ne sont pas applicables en cas de revente en l'état, à l'exception des enregistrements sonores reproduits sur supports matériels** *(L. n° 2005-882 du 2 août 2005, art. 45)* **« et des vidéogrammes destinés à l'usage privé du public ».** — *[Ord. n° 86-1243 du 1er déc. 1986, art. 10-1.] — V. art. R. 462-3 et R. 464-8. — En matière de transport public routier de marchandises, V. C. transp., art. L. 3221-1, et L. 3242-2, ss. art. L. 133-5.*

V. Cons. conc., avis, n° 97-A-18 du 8 juill. 1997 relatif à l'application de l'art. 10-1 [C. com., art. L. 420-5] au secteur du disque (BOCC 17 sept. 1997 ; D. Affaires 1997. 1160).

BIBL. ► VOGEL, *CCC 1996, n° 144.* – SEMADENI, *Cah. dr. entr. 1996, n° 5, p. 8.* – MALAURIE-VIGNAL, *D. 1996. Chron. 361.* – TRAN THIET, RAKOTOVAO, FRÉGET et VITAL-DURAND, *CCC 1997. Chron. 1.* – FOURNIER, *Cah. dr. entr. 1997, n° 1, p. 5.* – DUCHENET, *BID 1998, n° 7-8, p. 77* (pratique des prix bas et abusivement bas). – MAINGUY, *Cah. dr. entr. 1998, n° 6, p. 23* (abus de droit dans les contrats soumis au droit de la concurrence). – KOVAR, *ibid. 1999, n° 5, p. 1* (pratique de prix abusivement bas et commercialisation des supports de sons). – BENOÎT, *Dr. et patr. 6/2000. 62* (le droit de la concurrence est un droit de l'abus). – MALAURIE-VIGNAL, *CCC 2003, n° 142* (prix abusivement bas des produits agricoles et crise conjoncturelle). – DECOCQ, *CCE 2005, n° 175* (prohibition des prix abusivement bas des vidéogrammes). – PERROT, *RLC juill.-sept. 2006. 153* (les pratiques de prix bas sont-elles anticoncurrentielles ?). – WINCKLER, *ibid. 158* (prix bas : objectif ou abus ?). – LORIOU, *AJCT 2015. 427* (commande publique : l'offre anormalement basse, tentative de définition).

1. Notion de prix abusivement bas. L'application des dispositions sur les prix abusivement bas de l'art. L. 420-5 n'est pas limitée aux pratiques des entreprises en position dominante à la différence des dispositions de l'art. L. 420-2 dont relèvent les pratiques de prix prédateurs mises en œuvre par une entreprise en position dominante. • Cons. conc. n° 04-D-10 du 1er avr. 2004 : *D. 2004. AJ 1235 ; Gaz. Pal. 2004. Somm. 2007, et les obs.* ♦ Admettant que le texte concerne les produits comme les prestations de services, V. • Cons. conc. n° 96-PB-01 du 27 nov. 1996. ♦ Sur la détermination des coûts de référence pris en compte pour déterminer le caractère abusivement bas des prix pratiqués dans le secteur du disque, V. • Cons. conc. n° 98-PB-03 du 8 juill. 1998 : *Cah. dr. entr. 1999, n° 2, p. 33, obs. Mainguy, Grignon et Respaud* • n° 98-PB-04 du

8 juill. 1998 • n° 98-PB-05 du 8 juill. 1998. ♦ V. aussi • Cons. conc. n° 98-PB-06 du 15 sept. 1998 : *D. Affaires 1999. 249, obs. A. M. ; Cah. dr. entr. 1999, n° 2, p. 33, obs. Mainguy, Grignon et Respaud.* ♦ Sur la définition du prix prédateur retenue, avant la L. du 1er juill. 1996, par le Conseil de la concurrence et la cour de Paris, V. note 39 ss. art. L. 420-1 et note 29 ss. art. L. 420-2.

2. Notion de consommateur. Le consommateur visé à l'art. 10-1 [C. com., art. L. 420-5] est la personne physique ou morale qui, sans expérience particulière dans le domaine où elle contracte, agit pour la satisfaction de ses besoins personnels et utilise, dans ce seul but, le produit ou le service acquis. • Paris, 3 juill. 1998 : *D. 1999. 249, note Chazal ; CCC 1998, n° 131, obs. Malaurie-Vignal ; LPA 28 juin 1999, obs. Mathey.* ♦ V. aussi, précisant qu'il doit s'agir du consommateur final : • Cons. conc. n° 01-D-81 du 19 déc. 2001. ♦ V., excluant l'application de ce texte aux personnes responsables de la passation de marchés publics (à propos d'une offre faite à un syndicat intercommunal), • Paris, 3 juill. 1998 : *préc.*, confirmant • Cons. conc. n° 97-PB-02 du 27 mai 1997 : *D. Affaires 1997. 1108.* ♦ V. aussi • Paris, 14 nov. 2000 : *JCP E 2000, n° 50, p. 1980* • Cons. conc. n° 01-D-10 du 30 mars 2001 • n° 04-D-52 du 9 nov. 2004 : *RLC 2005, n° 2, p. 57, obs. Bazex, Blazy et Berkani.* ♦ En effet, la notion de prix abusivement bas concerne les pratiques de prix sur les marchés de détail, elle ne peut donc s'appliquer aux soumissions d'une entreprise à un appel d'offres d'une collectivité publique. • Cons. conc. n° 07-D-38 du 15 nov. 2007 : *cité note 4 ss. art. L. 462-6.* ♦ Une collectivité locale ne peut être assimilée à un consommateur final. • Aut. conc. n° 09-D-20 du 11 juin 2009 : *RDLC 2009, n° 3, p. 152, obs. Kovar.* ♦ Si un groupement, en tant que centrale de référencement agissant pour le compte de ses adhérents, peut être assimilé à l'utilisateur final du produit, son rôle fait de lui un professionnel averti sur le marché de la fourniture des produits pharmaceutiques, en sorte qu'il ne saurait être qualifié de consommateur, au sens de l'art. L. 420-5. • T. com. Paris, 15 févr. 2007 : *CCC 2007, n° 236, obs. Malaurie-Vignal.* ♦ Un centre hospitalier dispose d'une compétence technique dans le domaine où il intervient, ce qui est incompatible avec la notion de consommateur au sens de l'art. L. 420-5 et exclut l'application de ce texte. • Cons. conc. n° 08-D-01 du 18 janv. 2008 : *JCP 2008. Actu. 137 ; CCC 2008, n° 85, obs. Bosco ; RJDA 2008, n° 459 ; RLC avr.-juin 2008. 22, obs. Sélinsky ; RDLC 2008, n° 2, p. 183, obs. Kovar.*

3. Exclusion des distributeurs. Jugeant que les prix pratiqués par des personnes exerçant une activité de distribution, c'est-à-dire de revente en l'état, ne tombent pas sous le coup de la prohibition édictée par l'art. L. 420-5, V. • Cons. conc. n° 04-D-33 du 19 juill. 2004. ♦ V. aussi • Cons. conc. n° 01-D-81 du 19 déc. 2001.

4. Éviction du marché. Dès lors qu'un distributeur est confronté à plusieurs reprises, et, à intervalles suffisamment rapprochés, à des ventes à prix bas de la part d'un ou plusieurs concurrents, alors que lui-même ne serait pas en mesure de pratiquer de tels prix aussi régulièrement sans remettre en cause l'équilibre de son entreprise, et s'il est établi que les prix en question constituent des prix abusivement bas, une telle situation peut aboutir à l'éviction du marché de ce distributeur. • Cons. conc. n° 98-PB-06 du 15 sept. 1998 : *préc. note 1.*

Dans l'hypothèse où une entreprise aurait pratiqué un prix de vente qui serait inférieur aux coûts variables, la preuve de la volonté d'éviction résulte de plein droit de la mise en œuvre de cette pratique si l'entreprise est en position dominante ; si l'entreprise n'est pas en position dominante, cette pratique constitue une présomption simple, ou indice de sa volonté d'éviction, qui doit être complétée par d'autres indices pour établir l'existence de cette volonté. • Cons. conc. n° 02-D-66 du 6 nov. 2002 : *CCC 2003, n° 74, obs. Malaurie-Vignal.*

Dès lors que la volonté d'éviction n'est pas établie par un faisceau d'indices suffisamment probants, la pratique de prix prédateurs ne peut être démontrée que si les prix pratiqués par l'opérateur dominant sont inférieurs à la moyenne des coûts variables. • Cons. conc. n° 04-D-10 du 1er avr. 2004 : *préc. note 1.*

Art. L. 420-6 **Est puni d'un emprisonnement de quatre ans et d'une amende de 75 000 € le fait, pour toute personne physique, de prendre frauduleusement une part personnelle et déterminante dans la conception, l'organisation ou la mise en œuvre de pratiques visées aux articles L. 420-1** *(L. n° 2016-1920 du 29 déc. 2016, art. 3, en vigueur le 1er mars 2017)* **« , L. 420-2 et L. 420-2-2 ».**

Le tribunal peut ordonner que sa décision soit publiée intégralement ou par extraits dans les journaux qu'il désigne, aux frais du condamné. – *[Ord. n° 86-1243 du 1er déc. 1986, art. 17.]*

(L. n° 2001-420 du 15 mai 2001) **« Les actes interruptifs de la prescription devant l'Autorité de la concurrence en application** *(Ord. n° 2021-649 du 26 mai 2021, art. 2-II)* **« du troisième alinéa » de l'article L. 462-7 sont également interruptifs de la prescription de l'action publique. »**

BIBL. ▶ DE GILES, *JCP E 2003, n° 1, p. 20, et n° 2, p. 68* (droit pénal de la concurrence en Europe). – FOURGOUX, *RSC 2004. 651* (survivance du droit pénal dans l'antitrust). – BOULOC,

LPA 20 janv. 2005 (sanction judiciaire des pratiques anticoncurrentielles par la voie pénale). – PRUNET, *Gaz. Pal. 2005. 3786* (concurrence et responsabilité pénale des personnes morales : un effet inattendu de la loi Perben II). – M.-P. et C. LUCAS DE LEYSSAC, *Mél. Bouloc, Dalloz, 2006, p. 651* (l'inquiétant art. L. 420-6 et comment se rassurer). – DAVID, *RDLC 2006, n° 2, p. 175* (concurrence et droit pénal : tableau de jurisprudence). – MATSOPOULOU, *RLC janv.-mars 2008. 187* (l'exercice de l'action civile devant le juge répressif en matière d'ententes). – MOUNIER et DIENY, *JCP E 2008, n° 7-8, p. 20* (responsabilité des dirigeants et collaborateurs de l'entreprise dans le cadre des pratiques anticoncurrentielles). – D. BLANC, *AJ pénal 2008. 69* (droit de la concurrence : la dépénalisation n'est pas la solution). – BLAISE, *JCP E 2013, n° 1170* (sanction pénale). – DECOCQ, *Cah. dr. entr. 2015, n° 5, p. 84* (le rôle du ministère public au regard du pouvoir de sanction des autorités indépendantes : le droit de la concurrence). – DUMARÇAY, *RLC juill.-août 2020. 34* (extension des compétences du PNF en droit de la concurrence : la clef d'une revalorisation du contentieux pénal de la concurrence ?).

1. Droit transitoire. **BIBL.** Azéma, *RSC 1989. 651* (dépénalisation). ♦ Les sanctions pénales que fait encourir la méconnaissance des prescriptions nouvelles de l'art. 17 [C. com., art. L. 420-6] ne peuvent concerner que des faits postérieurs à la création du Conseil de la concurrence. • Crim. 7 déc. 1987, n° 87-81.536 P : *D. 1988. 477, note Roujou de Boubée.* ♦ L'al. 3 de l'art. L. 420-6 est applicable aux faits postérieurs à son entrée en vigueur. • Crim. 17 juin 2009, n° 08-84.482 P : *D. 2009. AJ 2034, obs. Chevrier ; CCC 2009, n° 228, obs. Decocq ; RJDA 2010, n° 77 ; RLC janv.-févr. 2011. 55, obs. Bouloc.*

2. Principe de légalité. Les dispositions de l'art. L. 420-6 C. com., qui renvoient aux art. L. 420-1 et L. 420-2 du même code, ne sont pas de nature à méconnaître le principe de légalité posé par l'art. 7 Conv. EDH. En effet, d'une part, il résulte de la combinaison des art. L. 420-6, L. 420-1 et L. 420-2 que la participation à des pratiques caractérisant l'exploitation abusive d'une position dominante est réprimée lorsque ces pratiques, en lien avec la domination du marché par l'entreprise, ont pour objet ou peuvent avoir pour effet d'empêcher, de restreindre ou de fausser le jeu de la concurrence sur ce marché et qu'elles ne sont pas justifiées au regard des dispositions de l'art. L. 420-4. D'autre part, l'art. L. 420-6, qui incrimine le fait de prendre frauduleusement une part personnelle et déterminante dans la conception, l'organisation ou la mise en œuvre des pratiques prohibées, vise tout acte de participation ayant un lien de causalité avec ces pratiques, commis intentionnellement, de mauvaise foi ou dans le but de tromper. Ainsi, ces textes sont rédigés en des termes suffisamment clairs et précis pour exclure tout risque d'arbitraire. • Crim. 9 sept. 2020, n° 18-82.746 P : *D. 2020. Actu. 1717 ; JCP E 2020, n° 1418 ; RJDA 1/2021. 3, avis Salomon.* – V. aussi : • Crim. 19 déc. 2018, n° 18-82.746 : *cité note 4.*

3. Compétence. S'agissant d'une infraction pénale relevant des tribunaux correctionnels, l'Autorité de la concurrence n'est pas compétente pour en connaître. • Aut. conc. n° 19-D-22 du 22 nov. 2019.

4. Domaine d'application. L'art. L. 420-6, qui incrimine le fait de prendre frauduleusement une part personnelle et déterminante dans la conception, l'organisation ou la mise en œuvre des pratiques prohibées, vise tout acte intentionnel de mauvaise foi ou de tromperie. Ce texte est rédigé en des termes suffisamment clairs et précis pour exclure tout risque d'arbitraire et laisse au juge, auquel la loi permet de consulter l'Autorité de la concurrence, le soin, conformément à son office, de qualifier des comportements que le législateur, de part leur complexité et leur variété, ne peut énumérer de façon exhaustive. • Crim. 19 déc. 2018, n° 18-82.746 : *RSC 2019. 829, obs. Sordino .* ♦ Le délit de revente à perte n'entre pas dans les prévisions de l'art. 17 [C. com., art. L. 420-6]. • Crim. 4 févr. 1991, n° 90-81.382 P : *D. 1991. IR 120 ; Gaz. Pal. 1991. 2. 401, note Doucet.* ♦ L'exercice d'une action en justice, expression du droit fondamental d'accès au juge, ne peut être qualifié d'abusif, qu'à la double condition, d'une part, de ne pouvoir être raisonnablement considéré comme visant à faire valoir les droits de l'entreprise concernée, d'autre part, de s'inscrire dans un plan visant à empêcher, restreindre ou fausser le jeu de la concurrence sur le marché considéré. Le juge doit alors rechercher si ces actions en justice étaient manifestement dépourvues de tout fondement et n'avaient pour objet que d'écarter les concurrents. • Crim. 9 sept. 2020, n° 18-82.746 P : *préc. note 2.*

5. Part personnelle et déterminante. V., appliquant l'art. 17 [C. com., art. L. 420-6] à un dirigeant, à propos d'une entente tendant à une soumission concertée à une offre de marché public, • Crim. 20 févr. 2008, n° 02-82.676 P : *D. 2008. AJ 779, obs. Chevrier ; RTD com. 2008. 880, obs. Bouloc ; JCP 2008. IV. 1579 ; CCC 2008, n° 110, obs. Decocq ; RJDA 2008, n° 578 ; RLC oct.-déc. 2008. 91, note Bouloc ; RDLC 2008, n° 3, p. 136, obs. Lemaire* (affaire des marchés publics d'Île-de-France) • 9 nov. 1995, n° 94-84.204 P : *BRDA 1995, n° 24, p. 10.* ♦ ... A un dirigeant d'une société d'HLM ayant pour objet la construction de logements sociaux et qui n'a pas respecté l'obligation de mise en concurrence imposée par l'art. L. 433-1 CCH, V. • Douai, 27 oct. 2005 : *CCC 2006, n° 91, obs. Malaurie-Vignal.* ♦ Pour une application à un simple salarié dès lors qu'il a fait montre d'un comportement actif, V. • TGI Albertville, 23 oct. 2000 : *RTD com. 2003. 80, cité par Claudel* .

Pour d'autres exemples, V. • Crim., 16 mai 2001, n° 99-83.467 P : *RTD com. 2003. 80, obs. Claudel* • Rouen, 25 févr. 2002 : *LPA 13 déc. 2002, note Arhel ; RTD com. 2003. 80, obs. Claudel* • T. corr. Saint-Étienne, 26 juill. 2004 : *RLC 2005, n° 4, p. 55, obs. Bouloc.* ♦ Pour la prise en compte d'une violation délibérée et intentionnelle des règles de concurrence, V. • Cons. conc. n° 04-D-07 du 11 mars 2004 : *D. 2004. AJ 1082 ; CCC 2004, n° 81, obs. Malaurie-Vignal.* – V. aussi note 40 ss. art. L. 420-1. ♦ Sur les pouvoirs du Conseil de la concurrence sur la qualification des faits, V. • Paris, 22 févr. 2005 : *cité note 7 ss. art. L. 462-6.*

6. Charge de la preuve. Il appartient aux parties civiles de rapporter la preuve que par leurs agissements personnels les prévenus se sont rendus coupables de pratiques anticoncurrentielles (à propos de l'exploitation abusive d'une position dominante non prouvée). • Crim. 21 nov. 1991, n° 91-81.064 P : *Gaz. Pal. 1992. 1. 256, note Fourgoux.*

7. Publication. La publication des paragraphes de la décision du Conseil de la concurrence qui énoncent, en termes détaillés, les charges retenues contre des personnes physiques ayant pris une part personnelle et déterminante dans la conception, l'organisation ou la mise en œuvre de pratiques anticoncurrentielles pour justifier la transmission du dossier au procureur de la République, en application de l'art. L. 462-6, al. 2, est de nature à porter atteinte, de façon irréparable, à la présomption d'innocence qui bénéficie aux intéressés. • Paris, 22 sept. 2004 : *D. 2004. AJ 2788 ; RTD com. 2005. 279 et 280, obs. Claudel* .

8. Prescription. Compte tenu des liens étroits entre les faits à la source du délit pénal de l'art. L. 420-6 et les infractions au droit de la concurrence des art. L. 420-1 et L. 420-2, les actes afférents à l'instruction pénale, en ce qu'ils portent sur des faits dont la matérialité a une incidence directe sur la constitution de l'infraction de concurrence des art. L. 420-1 et L. 420-2, tendent à la recherche, à la constatation ou à la sanction des pratiques anticoncurrentielles. • Cons. conc. n° 05-D-69 du 15 déc. 2005 : *cité note 1 ss. art. L. 463-5.* ♦ Il en résulte que les actes d'instruction tendant à établir la matérialité du délit de l'art. L. 420-6 sont interruptifs de la prescription suivie devant le Conseil de la concurrence au sens de l'art. L. 462-7. • Même décision. ♦ Jurisprudence confirmée par le 2e al. de l'art. L. 462-7, introduit *par l'Ord. n° 2008-1161 du 13 nov. 2008.* ♦ La règle en vertu de laquelle les actes interruptifs de la prescription était également applicable aux actes interruptifs antérieurs à l'entrée en vigueur de l'Ord. du 13 nov. 2008, nonobstant l'absence de disposition expresse alors en vigueur. • Paris, 11 oct. 2012 : *cité note 6 ss. art. L. 463-5.* ♦ Il ne s'agit pas d'appliquer un principe selon lequel le criminel tiendrait l'administratif en l'état, qui signifierait que le Conseil ne pourrait pas statuer sur les pratiques anticoncurrentielles avant que les faits objet de la procédure pénale n'aient été jugés par le juge pénal, ce que le Conseil a toujours écarté, les deux procédures étant distinctes, mais de faire application d'un texte spécial, l'art. L. 462-7, qui définit les actes interruptifs de prescription en fonction de leur objet ou de leur finalité sans préciser quels en sont les auteurs. • Cons. conc. n° 06-D-07 du 21 mars 2006 : *D. 2006. AJ 1165, obs. Chevrier ; RJDA 2006, n° 838 ; RLC juill.-sept. 2006. 86, note Cheynel.* ♦ Sur l'imbrication entre prescriptions concurrentielle et de l'action publique, V. • Paris, 24 juin 2008 : *cité note 5 ss. art. L. 463-5.*

Sur la prescription de l'action publique, V. aussi : • Crim. 20 févr. 2008, n° 02-82.676 P : *préc. note 5* • 19 mars 2008, n° 07-80.473 P : *cité notes 6 et 10 ss. art. L. 462-7* • 17 juin 2009, n° 08-84.482 : *préc. note 1.*

9. Autorité de la chose jugée. En principe, l'autorité de la chose jugée au pénal ne s'impose aux autorités administratives qu'en ce qui concerne les constatations de fait que les juges répressifs ont retenues et qui sont le support nécessaire de leurs décisions. Il convient de constater que l'Autorité n'est liée dans la présente affaire par aucune constatation de fait retenue par le juge pénal à l'appui d'une décision revêtue de l'autorité de la chose jugée. En tout état de cause, si les constatations de fait qui sont le support nécessaire d'une décision pénale s'imposent à elle, il appartient à l'Autorité de donner aux faits qui lui sont soumis leur qualification juridique au regard des dispositions des art. L. 420-1 et L. 420-2, sous le contrôle de la cour d'appel de Paris. • Aut. conc. n° 11-D-02 du 26 janv. 2011 : *D. 2011. Actu. 437, obs. Chevrier ; CCC 2011, n° 75, obs. Prébissy-Schnall ; RDLC 2011, n° 2, p. 106, obs. Jalabert-Doury ; RLC avr.-juin 2011. 67, obs. Mexis.* ♦ L'autorité de la chose jugée au pénal sur le civil ne s'attache qu'à ce qui a été définitivement, nécessairement et certainement décidé par le juge pénal sur l'existence du fait qui forme la base commune de l'action civile et de l'action pénale, sur sa qualification ainsi que sur la culpabilité de celui à qui le fait est imputé. Pour avoir autorité absolue de la chose jugée, il faut que la décision statue sur une action pénale. En l'espèce, le JLD a statué sur des opérations qui ne sont pas de nature pénale, effectuées à la demande du ministre chargé de l'économie, lequel n'est pas chargé de poursuites pénales, et dans l'objectif de poursuivre des pratiques anticoncurrentielles qui ne font pas l'objet d'une incrimination pénale. C'est ainsi à bon droit que la cour d'appel a retenu que le principe de l'autorité absolue de la chose jugée au pénal sur le civil n'était pas applicable. • Com. 2 sept. 2020, n° 18-18.501 P : *cité note 30 ss. art. L. 420-2.*

Art. L. 420-6-1 *(Ord. nº 2021-649 du 26 mai 2021, art. 2-III)* **Les directeurs, gérants et autres membres du personnel de l'entreprise ou association d'entreprises qui ont pris une part personnelle et déterminante dans la conception, l'organisation ou la mise en œuvre de pratiques mentionnées à l'article L. 420-1 sont exempts des peines prévues par l'article L. 420-6 si cette entreprise ou association d'entreprises a bénéficié d'une exonération totale des sanctions pécuniaires en application de la procédure prévue au IV de l'article L. 464-2 au titre de ces pratiques, et s'il est établi qu'ils ont activement coopéré avec l'Autorité de la concurrence et le ministère public.**

La coopération active d'une personne est appréciée au regard des critères suivants :

1° La personne se tient à la disposition des services d'enquête et de l'Autorité de la concurrence pour répondre à toute question pouvant contribuer à établir les faits ;

2° La personne s'abstient de détruire, de falsifier ou de dissimuler des informations ou des preuves pertinentes ;

3° La personne apporte des éléments de preuve de nature à établir l'infraction et à en identifier les autres auteurs ou complices.

L'exemption de peine n'est pas accordée aux directeurs, gérants et autres membres du personnel qui, au moment de la demande d'exonération des sanctions pécuniaires formée par l'entreprise ou l'association d'entreprises pour laquelle ils travaillent en application de la procédure prévue au IV de l'article L. 464-2, avaient connaissance d'une procédure administrative ou judiciaire relative à leur participation aux pratiques mentionnées à l'article L. 420-1 faisant l'objet de cette demande d'exonération.

Art. L. 420-7 *(Ord. nº 2004-1173 du 4 nov. 2004, art. 1er)* **Sans préjudice des articles L. 420-6, L. 462-8, L. 463-1 à L. 463-4, L. 463-6, L. 463-7 et L. 464-1 à L. 464-8, les litiges relatifs à l'application des règles contenues dans les articles L. 420-1 à L. 420-5 ainsi que dans les articles 81 et 82 du traité instituant la Communauté européenne** *[art. 101 et 102 TFUE]* **et ceux dans lesquels ces dispositions sont invoquées sont attribués, selon le cas et sous réserve des règles de partage de compétences entre les ordres de juridiction,** *(Ord. nº 2011-337 du 29 mars 2011, art. 7, en vigueur le 1er avr. 2011)* **« aux juridictions civiles ou commerciales » dont le siège et le ressort sont fixés par décret en Conseil d'État. Ce décret détermine également le siège et le ressort de la ou des cours d'appel appelées à connaître des décisions rendues par ces juridictions.** – *V. art. R. 420-3 à R. 420-5.*

BIBL. ▶ Arhel, *JCP E 2004, nº 51, p. 2010* (adaptation du droit national au droit communautaire de la concurrence). – Meffre et Guet, *D. 2005. 361* (contrôle *a posteriori* de la licéité des accords par le juge national : questions de procédure). – Sélinsky, *RLC 2005, nº 3, p. 17* (quand les juges du commerce appliquent le droit de la concurrence). ▶ Décr. nº 2005-1756 du 30 déc. 2005 : Cheynel, *RLC 2006, nº 6, p. 71* (spécialisation des juridictions judiciaires). – Claudel, *RTD com. 2006. 322* . – Idot, *RDC 2006. 719.* – Marchand, Nourissat, Riffault-Silk et Marcilhacy, *RLC janv.-mars 2007. 132* (*idem* : regards croisés). – Lefèvre, *Gaz. Pal. 2007. 1542* (juridictions spécialisées : nouvelle mode ?). – Nourissat, *RLC oct.-déc. 2008. 93* (à propos des procédures judiciaires de concurrence : proposition raisonnable au service d'une justice apaisée). – Pietrini, *LPA 27 mars 2009* (indépendance et interdépendance des juridictions et autorités de concurrence : éléments de droit comparé). – Bosco, *RDLC 2011, nº 1, p. 236* (la spécialisation judiciaire française en matière de concurrence dans l'impasse). – Chagny, *Procédures 2011. Dossier 10* (restriction de compétence matérielle et droit de la concurrence). – Amaro, *CCC 2015. Étude 4* (les questions de compétence matérielle laissées sans réponse). – Pihéry, *AJCA 2016. 235* (les clauses attributives de juridiction à l'épreuve du droit de la concurrence).

1. Compétence territoriale. Sur l'application des règles de compétence territoriale de la Convention de Lugano pour connaître d'une action en dommages-intérêts concurrentiels, V. • T. com. Charleroi, 15 mai 2006 : *RLC juill.-sept. 2006. 100, obs. Nourissat.*

2. Spécialisation des juridictions. V. notes ss. art. R. 420-3 et R. 420-5.

3. Compétence exclusive. S'agissant d'un moyen de défense, l'art. 49 C. pr. civ. n'attribue compétence à la juridiction visée à l'art. L. 420-7 C. com. que si cette compétence est exclusive. Concernant l'art. 82 de la L. nº 2001-420 du 15 mai 2001 (qui a inséré l'art. L. 420-7 dans sa rédaction antérieure à l'Ord. nº 2004-1173 du 4 nov. 2004), le législateur a entendu conférer une compétence exclusive aux tribunaux spécialisés dans le contentieux des pratiques anticoncurrentielles. • Poitiers, 27 oct. 2009 : *JCP E 2009, nº 48, p. 29 ; CCC 2010, nº 5, obs. Malaurie-Vignal* (conf. par • Com. 9 nov. 2010, nº 10-10.937 P : *D. 2010. Actu. 2764, obs. Chevrier ; JCP E 2010, nº 2110 ; CCC 2011, nº 5, obs. Malaurie-Vignal ; RJDA 2011, nº 267 ; RLC avr.-juin 2011. 75, obs. Barbier de la*

Serre). ♦ Dès lors que l'examen de la demande initiale et celui du moyen en défense relèvent concurremment de la compétence exclusive de la juridiction spécialisée, l'intégralité du litige doit être renvoyée à sa connaissance. • Même arrêt.

4. Référés. En référence aux dispositions de l'art. 872 C. pr. civ., le juge des référés ne peut prescrire les mesures conservatoires ou de remise en état qui s'imposent que dans la limite de la compétence du tribunal. Or, il s'infère des art. L. 420-7 et R. 430-3 C. com. et plus précisément de l'annexe 4-2 du même code que le tribunal de commerce d'Albi n'est pas compétent pour statuer en la matière (y compris, donc, s'agissant du contentieux des référés). • T. com. Albi, réf., 28 oct. 2009 : *CCC 2010, n° 11, obs. Bosco ; RJDA 2010, n° 561.*

5. Fin de non-recevoir. L'inobservation des art. L. 420-7 et R. 420-5 est sanctionnée par une fin de non-recevoir. • Com. 21 févr. 2012, n° 11-13.276 P : *D. 2012. Actu. 677, obs. Chevrier ; RTD civ. 2012. 566, obs. Théry ; JCP E 2012, n° 1237 ; RJDA 2012, n° 620.* ♦ Il résulte de la combinaison des art. 125 C. pr. civ., L. 420-7 et R. 420-5 C. com. que les actions en réparation des préjudices nés de pratiques anticoncurrentielles sont portées devant les juridictions spécialisées désignées à l'art. R. 420-3 C. com. et que seule la cour d'appel de Paris est investie du pouvoir juridictionnel de statuer sur l'appel formé contre les décisions rendues par ces juridictions. L'inobservation de ces règles d'ordre public est sanctionnée par une fin de non-recevoir, qu'il revient à la cour d'appel saisie de relever d'office. • Com. 10 juill. 2018, nf° 17-16.365 P : *D. 2018. 2171, note Amaro ; ibid. Chron. C. cass. 2443, obs. Le Bras ; JCP E 2018, n° 1446 ; RJDA 2018, n° 775.*

TITRE TROISIÈME DE LA CONCENTRATION ÉCONOMIQUE

RÉP. COM. v° *Concentration*, par Arhel.

BIBL. GÉN. ▶ Souam, *LPA 28 déc. 2000* (efficacité préventive des décisions en matière de concentrations). – Liebscher, *Gaz. Pal. 2003. Doctr. 1501* (l'arbitrage dans les procédures de contrôle des concentrations). – Bucher, *BJB 2003. 1* (droit des concentrations et offres publiques). – Brun et Toulemont-Dakoure, *CCC 2003. Chron. 11* (barrières à l'entrée en droit de la concurrence). – Montéran, Ponsard et Marcinkowski, *RPC 2004, p. 193* (contrôle des concentrations et entreprises en redressement et liquidation judiciaires). – Bougette et Montet, *RLC 2005, n° 2, p. 9* (remèdes non structurels dans le contrôle des concentrations). – Hubert, *ibid., n° 4, p. 14* (contrôle des concentrations et juge administratif). – Sevy, *ibid., n° 5, p. 9* (contrôle des concentrations dans les industries de réseau). – Théophile et Parmentier, *RDLC 2006, n° 1, p. 39* (étendue du contrôle juridictionnel dans le contentieux du contrôle des concentrations en droits interne et communautaire). – Federico, *RLC 2006, n° 7, p. 9* (concentrations dans le secteur du gaz et de l'électricité). – Cerutti, *RDLC 2006, n° 3, p. 50* (bilan et perspectives du contrôle français des concentrations). – Théophile et Simic, *CCC 2006. Dossier 27* (analyse des effets unilatéraux des concentrations horizontales par les autorités françaises de concurrence). – Decocq, *RJ com. 2006. 474* (concentration entre entreprises de télévision payante). – Testu et Thiré, *JCP E 2007, n° 16, p. 19* (concentration et entreprises d'assurance : exemple des fusions et partenariats impliquant des mutuelles santé). – Guibert, *RDLC 2007, n° 2, p. 46* (le secteur immobilier à l'épreuve du contrôle des concentrations). – Cousin, *LPA 29 nov. 2007* (regards sur le contrôle des concentrations dans les secteurs régulés). – Kdyem, *Gaz. Pal. 2008. 2297* (retour sur la complémentarité entre droit des concentrations et droit de la presse). – Théophile et Mèle, *Gaz. Pal. 2009. 294* (quelques observations sur le contrôle des concentrations par le Conseil d'État à l'aune du droit communautaire). – Ernstsone et Niels, *RLC avr.-juin 2009. 9* (les ratios de diversion : de l'intérêt de comprendre où vont les consommateurs lorsqu'ils trouvent un magasin fermé). – Oster, *Cah. dr. entr. 2009, n° 3, p. 31* (contrôle des concentrations en temps de crise). – Baccichetti et Bonnet, *JCP E 2009, n° 47, p. 30* (contrôle des concentrations et droits de propriété intellectuelle). – Brunet et Duprey, *RLC janv.-mars 2010. 9* (secteur bancaire et contrôle des concentrations). – Chomé et Pfister, *ibid. 103* (contrôle des concentrations et concurrence spatiale). – Boy, *Mél. Guichard, Dalloz, 2010, p. 505* (entre contrôle juridictionnel et gouvernement des juges en droit de la concentration). – Vergé, *RLC juill.-sept. 2010. 8* (contrôle des concentrations dans les industries innovantes). – Puel, *RDLC 2010, n° 4, p. 69* (échanges d'informations, droit de la concurrence et préparation d'une opération de concentration). – Lafaro et Van der Veer, *RLC Janv.-mars 2011. 8* (concentrations et effets de réseau dans le *secteur de l'internet*). – Flochel, *RDLC 2011, n° 1, p. 30* (contrôle des concentrations horizontales : les tests UPP, GUPPI et IPR). – Cot et Blanchet, *ibid., p. 58* (panorama de la pratique décisionnelle de l'Autorité de la concurrence en 2010). – Bosco, *CCC 2011. Dossier 4* (l'année 2010 en droit des concentrations). – Bertin et Genevaz, *RDLC 2011, n° 3, p. 70* (contrôle des concentrations sur les marchés d'appels d'offres). – de Muizon, *RLC oct.-déc. 2011. 117* (quels engagements pour remédier aux effets anticoncurrentiels d'une fusion sur un marché d'appels d'offres ?). – François-Martin, *Journ. sociétés 6/2012. 26* (contrôle des concentrations et réseaux). – RODA, *RTD com. 2013. 439* (le contrat, instrument de sécurisation d'une opération de concentration). – GENEVAZ, *CCC 2015. Dossier 7* (renouvellement des méthodes en contrôle des concentrations). – ODINET, *RLDA janv. 2016. 40* (le Conseil d'État, juge des concentrations). – DE DROUAS, *CCC 2016. Étude 8* (intervention des tiers lors de l'examen d'une concentration). – KALAANI, *RLDA nov. 2016. 35* (les obligataires dans les opérations de concentration). – ESPESSON-VERGEAT, *RLC oct. 2017. 18* (contrôle des opérations de concentrations dans le secteur des établissements de santé : enjeu économique, impact de santé publique). – FERRIER et THOMAS, *RDBF 2018. Étude 9* (le *gun jumping*). – COUSIN, *CCC 2018. Dossier 4* (droit des concentrations : faut-il réformer pour mieux contrôler ?). – DE SILVA, *JCP E 2018, n° 1460* (modernisation et simplification du contrôle des concentrations). – LE ROUX, *RLC mai 2019. 27* (marché biface et effets de réseau croisés). – BOUDOU, *RJDA 7/2019. 595* (contrôle des concentrations et prohibition des pratiques anticoncurrentielles : entre compétences antagonistes et compétences complémentaires). – AÏT BENALI et DE BURE, *RLC mars 2020. 40* (*common ownership* : théorie de la coordination ou théorie du complot ?). – MADARBUX, *RLC sept. 2020. 30* (le *gun jumping* et l'application du test du lien direct fonctionnel avec un changement de contrôle).

► Loi n° 2001-420 du 15 mai 2001 : IDOT, *JCP 2001. I. 343*. – LÉVY et MARTUCCI, *JCP E 2001, n° 41, p. 1593*. – PRIETO, *Dr. et patr. 12/2001. 84*. – ARCELIN, *CCC 2001. Chron. 18*. – PIROVANO, *D. 2002. 62* (droit de la concurrence et progrès social). – VILMART et FOURGOUX, *Gaz. Pal. 3-5 févr. 2002. Doctr. 3*. – L. et J. VOGEL, *JCP E 2002, n° 30, p. 1274* (incidences du nouveau droit français des concentrations pour les entreprises). – COLLIN et PONSARD, *Dr. sociétés 2002. Chron. 13* (même thème). – FABRE et DANY, *D. 2003. 195* (application de la nouvelle définition des opérations de concentration à la franchise). – IDOT, *RLC févr. 2022. 23* (les 20 ans de la loi NRE : contrôle des concentrations).

► Loi n° 2008-776 du 4 août 2008 : VILMART et LEGUIN, *JCP E 2008, n° 31-34, p. 17, spéc. p. 22* (tentative encore inachevée de modernisation du droit français de la concurrence). – CHEYNEL, *RLC juill.-sept. 2008. 64* (avant-projet d'ordonnance portant création de l'Autorité de la concurrence). – ARHEL, *LPA 7 août 2008* (nouvelle réforme du droit de la concurrence). – BAZEX et BLAZY, *CCC 2008. Dossier 7* (quelle régulation pour le contrôle des opérations de concentration ?). – FLAICHER-MANEVAL et B. PHILIPPE, *BRDA 2008, n° 23, p. 21* (date d'entrée en vigueur du nouveau régime du contrôle des concentrations). – FLAICHER-MANEVAL, B. PHILIPPE et REDON, *BRDA 2008, n° 24, p. 11* (pratiques anticoncurrentielles et contrôle des concentrations : aperçu de la réforme). – VILMART, *JCP E 2009, n° 4, p. 20* (naissance de l'Autorité de la concurrence : une réforme fondamentale mais inachevée). – S. MARTIN, *ibid., n° 5, p. 36* (contrôle des concentrations : la fin d'une exception française). – VILMART, *CCC 2009. Alerte 10* (transfert du contrôle des concentrations à l'Autorité de la concurrence). – CLAUDEL, *RTD com. 2009. 104* (réforme du droit des concentrations). – DECOCQ, *RJ com. 2009. 361* (exercice par l'Autorité de la concurrence des pouvoirs qu'elle tient de la LME). – BOSCO, *CCC 2010. Chron. 1* (chronique de droit des concentrations).

► Lignes directrices du 23 juill. 2020 relatives au contrôle des concentrations : NDLR, *BRDA 2020, n° 18, p. 23* (concentrations : les nouvelles lignes directrices de l'Autorité de la concurrence). – COURSIÈRE-PLUNTZ, REDON et LORIEUL, *JCP E 2020, n° 1470* (contrôle des concentrations : quelles évolutions dans la pratique de l'Autorité de la concurrence ?).

Art. L. 430-1 *(L. n° 2001-420 du 15 mai 2001)* **I. — Une opération de concentration est réalisée :**

1° Lorsque deux ou plusieurs entreprises antérieurement indépendantes fusionnent ;

2° Lorsqu'une ou plusieurs personnes, détenant déjà le contrôle d'une entreprise au moins ou lorsqu'une ou plusieurs entreprises acquièrent, directement ou indirectement, que ce soit par prise de participation au capital ou achat d'éléments d'actifs, contrat ou tout autre moyen, le contrôle de l'ensemble ou de parties d'une ou *[de]* **plusieurs autres entreprises.**

II. — La création d'une entreprise commune accomplissant de manière durable toutes les fonctions d'une entité économique autonome constitue une concentration au sens du présent article.

III. — Aux fins de l'application du présent titre, le contrôle découle des droits, contrats ou autres moyens qui confèrent, seuls ou conjointement et compte tenu des circonstances de fait ou de droit, la possibilité d'exercer une influence déterminante sur l'activité d'une entreprise, et notamment :

— des droits de propriété ou de jouissance sur tout ou partie des biens d'une entreprise ;

— des droits ou des contrats qui confèrent une influence déterminante sur la composition, les délibérations ou les décisions des organes d'une entreprise.

Sur la saisine de l'Autorité de la concurrence dans les secteurs de la radio, de la télévision et des services de médias audiovisuels à la demande, V. L. n° 86-1067 du 30 sept. 1986, art. 41-4. — ***C. communic.***

BIBL. ► Laurent-Bellue et Bourgeois, *BJB 2003. 741* (cession de bloc de contrôle au regard du droit boursier et de la concurrence). – De Montalembert et Ancelin, *JCP E 2004, n° 42, p. 1626* (contrôle des concentrations appliqué aux opérations de capital-investissement). – Wilhelm et Vever, *CCC 2007. Étude 13* (notion de concentration en droit interne et communautaire). – Tayar, *RDLC 2009, n° 3, p. 62* (entreprises communes et risques de coordination des sociétés mères en contrôle des concentrations). – Friedel, *Journ. sociétés 2009. 67* (quel régime pour les extensions d'entreprises communes coopératives ?). – Belorgey, *RLC juill.-août 2015. 104* (examen des concentrations et commande publique interne : ne pas confondre contrôle et contrôle). – Chaiehloudj, *AJ contrat 2017. 211* (le droit des concentrations doit-il s'appliquer au contrat de location ?). – Charpin et Pouille, *RLC févr. 2019. 31* (fusions horizontales : deux pistes d'amélioration du contrôle des concentrations).

1. Entreprise commune. Pour un exemple d'entreprise commune, dont la création relève du droit des concentrations, mais relève également du droit des pratiques anticoncurrentielles, V. • Cons. conc. n° 02-D-44 du 11 juill. 2002 : *JCP E 2003, n° 5, p. 224, note Arhel ; CCC 2002, n° 157, obs. Malaurie-Vignal* (conf. par • Paris, 18 févr. 2003 : *JCP E 2003, n° 14, p. 612, note Arhel*). ♦ Avant la loi NRE, le conseil considérait que, pour que la création d'une entreprise commune constitue une concentration, il était nécessaire qu'elle assure toutes les fonctions d'une entreprise autonome d'une manière durable et que sa création n'ait pas pour objet et ne puisse avoir pour effet une coordination sur les marchés pertinents du comportement des sociétés-mères entre elles ou de l'une d'entre elles avec la filiale commune. • Cons. conc., avis n° 97-A-23 du 17 oct. 1997 : *CCC 1998, n° 72, obs. Vogel.* ♦ Une filiale commune à plusieurs entreprises ne peut être regardée comme une concentration que si elle assure de manière durable toutes les fonctions d'une entité économique autonome. • CE 31 mai 2000, n° 213161 : *D. 2000. AJ 336, obs. Marmontel ; RTD com. 2000. 875, obs. Orsoni*. ♦ Pour une opération notifiée au titre d'une opération de concentration mais s'analysant davantage en un changement d'enseigne d'une centaine de magasins, V. • Aut. conc. n° 09-DCC-023 du 23 juill. 2009 : *D. 2011. Pan. 545, obs. Ferrier* .

2. Fusion d'entreprises. Une concentration peut avoir lieu lorsqu'une entreprise est absorbée par une autre et, dans ce cas, elle entraîne la disparition de la personnalité morale de l'entreprise absorbée. • Aut. conc. n° 13-D-01 du 31 janv. 2013 : *cité note 9 ss. art. L. 430-8.* ♦ L'absorption par une société, sous contrôle exclusif d'une holding, *d'une filiale à 100 %, n'est pas* soumise à la réglementation des concentrations car, bien qu'il se soit agi de la fusion de deux sociétés distinctes, elle consistait en la réorganisation interne du groupe et n'impliquait aucun changement de contrôle : Lettre min. de l'Économie du 9 août 2002 : *BOCC 21 oct. 2002 ; RJDA 2003, p. 6, obs. Berlin.* ♦ La constitution d'une entité commune chargée de la direction économique des sociétés fondatrices, en vertu d'une convention d'affiliation, peut être analysée en une opération de concentration en l'absence même de liens financiers entre les sociétés participantes et la nouvelle entité : Lettre min. de l'Économie du 21 nov. 2003 : *BOCC 30 sept. 2004 ; CCC 2004, n° 174, obs. Malaurie-Vignal.*

3. Exception d'entreprise défaillante. **BIBL.** de Montalembert et Niedolistek, *JCP E 2005, n° 8, p. 314* (approche comparée). – Winckler, *RLC juill.-sept. 2009. 9* (la théorie de l'entreprise défaillante : une renaissance dans la crise ?). ♦ S'agissant de la reprise, par un concurrent, d'une société en difficulté, le ministre de l'Économie doit autoriser l'opération sans l'assortir de prescriptions lorsqu'il apparaît que les effets de cette opération sur la concurrence ne seraient pas plus défavorables que ceux qui résulteraient de la disparition de l'entreprise en difficulté, c'est-à-dire s'il est établi, en premier lieu, que ces difficultés entraîneraient la disparition rapide de la société en l'absence de reprise, en deuxième lieu, qu'il n'existe pas d'autre offre de reprise moins dommageable pour la concurrence, portant sur la totalité ou une partie substantielle de l'entreprise et, en troisième lieu, que la disparition de la société en difficulté ne serait pas moins dommageable pour les consommateurs que la reprise projetée. • CE 6 févr. 2004, n° 249267 : *D. 2004. AJ 695 ; JCP E 2004, n° 10, p. 349 ; CCC 2004, n° 59, obs. Malaurie-Vignal ; RJDA 2004, p. 607, concl. Glaser ; RTD com. 2004. 260, obs. Orsoni ; RDLC déc. 2004. 76, obs. Cot.* – Sur cet arrêt, V. aussi Masson, *CCC 2004. Chron. 14 ; RPC 2004, p. 128.* – Sur les suites de l'affaire : • Cons. conc., avis n° 04-A-16 du 28 juill. 2004 et Lettre min. de l'Économie du 16 août 2004 : *RDLC 2005, n° 1, p. 81, obs. Cot ; RLC 2005, n° 2, p. 18, obs. Girgenson ; Europe 2005, n° 99, obs. Idot* • CE 13 févr. 2006, n° 278796 : *cité note 3 ss. art. L. 430-5.* ♦ Sur le point de savoir si le rachat d'une entreprise en redressement judiciaire est susceptible d'affecter le jeu de la concurrence, V.

• Cons. conc., avis n° 02-A-15 du 23 déc. 2002 et Lettre min. de l'Économie du 20 janv. 2003 : *BOCC 11 août ; CCC 2003, n° 157, obs. Malaurie-Vignal ; JCP E 2003, n° 47, p. 1869, obs. Decocq.*

4. Champ d'application. **BIBL.** Kdyem, *Gaz. Pal. 2008. 2297* (retour sur la complémentarité entre droit des concentrations et droit de la presse). ♦ En l'absence de dispositions écartant expressément les marchés du lectorat de la presse écrite du champ d'application des dispositions des art. L. 430-1 s., celles-ci s'appliquent, conformément à l'art. L. 410-1, à toutes les activités de production, de distribution et de services, dont relèvent l'édition et la publication de publication de presse. • Cons. conc., avis n° 05-A-18 du 11 oct. 2005. ♦ Les dispositions de la L. n° 86-897 du 1er août 1986, notamment son art. 11, s'appliquent dès lors concomitamment à celles prévues par le code de commerce. • Même avis. ♦ Position confirmée par : • CE 31 janv. 2007, n° 294896 : *cité note 5.* ♦ Sur la compétence de l'Autorité de la concurrence en matière de radio et télévision, V. note rédactionnelle ss. art. L. 430-1.

5. Influence déterminante. Dans le contrôle des concentrations, il y a lieu de tenir compte pour l'appréciation du caractère déterminant de l'influence d'une entreprise sur une autre, des rapports entre les actionnaires de la société acheteuse. • CE 31 janv. 2007, n° 294896 : *D. 2007. AJ 500, obs. Chevrier ; JCP E 2007, n° 18, p. 30, note Marson ; CCC 2007, n° 95, obs. Bazex et Blazy ; RJDA 2007, n° 408 et p. 307, concl. Glaser ; RLDA avr. 2007. 45, note Théophile et Renaudeau ; RJ com. 2007. 144, note Decocq.* – V. aussi Decocq, *RJ com. 2007. 410* (concentration entre groupes de presse régionaux). ♦ Il y a lieu de tenir compte, pour l'appréciation du caractère déterminant de l'influence d'une entreprise sur une autre, non seulement des effets virtuels des accords au moment de leur examen, comme par exemple une simple participation minoritaire dans le capital, mais également des « effets potentiels » de ces accords, comme par exemple les incidences d'une importante créance ou encore des droits de conversion d'obligations, de préemption ou d'options sur l'émission possible d'actions nouvelles. • Cons. conc., avis n° 95-A-13 du 11 juill. 1995 : *CCC 1995, n° 167, obs. Vogel.*

Sur l'analyse de l'acquisition d'une minorité de blocage constituée par plus de 42 % du capital à une société exerçant son activité sur les mêmes marchés que l'acquéreur, V. Lettre min. de l'Économie du 29 juill. 1997 : *BOCC 7 oct. ; CCC 1997, n° 165, obs. Vogel* • Cons. conc., avis n° 97-A-14 du 1er juill. 1997 : *ibid.* ♦ Constitue une concentration soumise au contrôle l'opération par laquelle une société prend une participation dans le capital d'une autre société et se met en mesure d'exercer une influence déterminante sur celle-ci en lui accordant un prêt important et en lui achetant une centaine de brevets. V. • Cons. conc., avis n° 91-A-09 du 15 oct. 1991 : *CCC 1992, n° 80, obs. Vogel ; RJDA 1992, n° 479.*

Art. L. 430-2 *(L. n° 2008-776 du 4 août 2008, art. 96-I, A)* **I. — Est soumise aux dispositions des articles L. 430-3 et suivants du présent titre toute opération de concentration, au sens de l'article L. 430-1, lorsque sont réunies les trois conditions suivantes :**

— le chiffre d'affaires total mondial hors taxes de l'ensemble des entreprises ou groupes de personnes physiques ou morales parties à la concentration est supérieur à 150 millions d'euros ;

— le chiffre d'affaires total hors taxes réalisé en France par deux au moins des entreprises ou groupes de personnes physiques ou morales concernés est supérieur à 50 millions d'euros ;

— l'opération n'entre pas dans le champ d'application du règlement (CE) n° 139/2004 du Conseil du 20 janvier 2004 relatif au contrôle des concentrations entre entreprises.

II. — Lorsque deux au moins des parties à la concentration exploitent un ou plusieurs magasins de commerce de détail, est soumise aux dispositions des articles L. 430-3 et suivants du présent titre toute opération de concentration, au sens de l'article L. 430-1, lorsque sont réunies les trois conditions suivantes :

— le chiffre d'affaires total mondial hors taxes de l'ensemble des entreprises ou groupes de personnes physiques ou morales parties à la concentration est supérieur à 75 millions d'euros ;

— le chiffre d'affaires total hors taxes réalisé en France dans le secteur du commerce de détail par deux au moins des entreprises ou groupes de personnes physiques ou morales concernés est supérieur à 15 millions d'euros ;

— l'opération n'entre pas dans le champ d'application du règlement (CE) n° 139/2004 du Conseil du 20 janvier 2004 précité.

III. — Lorsqu'au moins une des parties à la concentration exerce tout ou partie de son activité dans un ou plusieurs départements d'outre-mer *(Ord. n° 2011-337 du*

29 mars 2011, art. 7, en vigueur le 1er avr. 2011) « , dans le Département de Mayotte *(Ord. n° 2014-487 du 15 mai 2014, art. 2)* « , dans les îles Wallis-et-Futuna » ou dans les collectivités d'outre-mer de Saint-Pierre-et-Miquelon, » Saint-Martin et Saint-Barthélemy, est soumise aux dispositions des articles L. 430-3 et suivants du présent titre toute opération de concentration, au sens de l'article L. 430-1, lorsque sont réunies les trois conditions suivantes :

– le chiffre d'affaires total mondial hors taxes de l'ensemble des entreprises ou groupes de personnes physiques ou morales parties à la concentration est supérieur à 75 millions d'euros ;

– le chiffre d'affaires total hors taxes réalisé individuellement dans au moins un des départements ou collectivités territoriales concernés par deux au moins des entreprises ou groupes de personnes physiques ou morales concernés est supérieur à 15 millions d'euros *(L. n° 2010-853 du 23 juill. 2010, art. 41)* « , ou à *(L. n° 2012-1270 du 20 nov. 2012, art. 9)* « 5 » millions d'euros *[précédemment 7,5 millions d'euros]* dans le secteur du commerce de détail » *(L. n° 2015-990 du 6 août 2015, art. 215-1°)* « sans qu'il soit nécessaire que ce seuil soit atteint par l'ensemble des entreprises concernées dans le même département ou la même collectivité territoriale » ;

– l'opération n'entre pas dans le champ d'application du règlement (CE) n° 139/2004 du Conseil du 20 janvier 2004 précité.

IV. — Une opération de concentration visée au*[aux]* I, II ou III entrant dans le champ du règlement (CE) du Conseil n° 139/2004 du 20 janvier 2004 précité qui a fait l'objet d'un renvoi total ou partiel à l'Autorité de la concurrence est soumise, dans la limite de ce renvoi, aux dispositions du présent titre.

V. — Les chiffres d'affaires visés aux I, II et III sont calculés selon les modalités définies par l'article 5 du règlement (CE) du Conseil n° 139/2004 du 20 janvier 2004 précité. — *V. le Règl. préc., App., v° Concurrence (II — Droit communautaire).*

L'art. L. 430-2, tel qu'il résulte de la L. n° 2008-776 du 4 août 2008, est entré en vigueur le 13 nov. 2008, date de la promulgation de l'Ord. n° 2008-1161 du 13 nov. 2008, portant modernisation de la régulation de la concurrence (JO 14 nov.). L'examen des affaires de concentration notifiées avant la date de la première réunion de l'Autorité de la concurrence se poursuit selon les règles de procédure en vigueur antérieurement à cette date. Le collège de l'Autorité de la concurrence est substitué au collège du Conseil de la concurrence pour l'examen de ces affaires, y compris pour les affaires en délibéré (Ord. préc., art. 5-III). — Sur la date d'entrée en vigueur du nouveau régime du contrôle des concentrations, V. toutefois BRDA 2008, n° 23, p. 21. — Pour la rédaction antérieure des art. L. 430-1 s., V. ***C. com.,*** *éd. 2013 ou antérieures.*

BIBL. ▶ DAMY, *CCC 2003. Chron. 12* (projet d'augmentation des seuils en matière de concentration). – DU PAYRAT, *LPA 28 mars 2006* (pourquoi faut-il introduire un filet de sécurité dans le cadre du contrôle des concentrations ?). ▶ Loi n° 2008-776 du 4 août 2008 : VILMART et LEGUIN, *JCP E 2008, n° 31-34, p. 17, spéc. p. 22* (tentative encore inachevée de modernisation du droit français de la concurrence). – CHEYNEL, *RLC juill.-sept. 2008. 64* (avant-projet d'ordonnance portant création de l'Autorité de la concurrence). – ARHEL, *LPA 7 août 2008* (nouvelle réforme du droit de la concurrence).

1. Chiffre d'affaires. Les chiffres d'affaires générés par ailleurs par les investisseurs du fonds d'investissement ne sont pas pris en compte dans le calcul du seuil de chiffres d'affaires : Lettre min. de l'Économie du 8 juill. 2002 : *BOCC 21 oct. ; RJDA 2003, p. 6, n° 7, obs. Berlin.* ♦ En application des art. L. 432-1 *bis* [L. 2323-20 nouv.] C. trav. et L. 430-1 C. com., le seuil du chiffre d'affaires à prendre en considération en cas d'opérations de concentration doit être apprécié à partir du chiffre d'affaires total réalisé par les entreprises jointes à l'opération, c'est-à-dire, en cas de cession, le cédant et le cessionnaire. • Soc. 13 nov. 2007, n° 06-12.339 : *RJDA 2008, n° 329 ; RDLC 2008, n° 1, p. 135, obs. Cot ; LPA 3 juill. 2008, p. 56, obs. Goyer.* – V. désormais le V de l'art. L. 430-2, tel qu'il résulte de la L. n° 2008-776 du 4 août 2008.

2. Commerce de détail. Pour la première décision d'autorisation rendue par l'Autorité de la concurrence pour une concentration réalisée dans le secteur du commerce de détail, V. • Aut. conc. n° 09-DCC-001 du 8 avr. 2009 : *Gaz. Pal. 2010. 474, et les obs. ; CCC 2009, n° 176, obs. D. B.*

3. Indifférence de l'impact concurrentiel. L'argument tenant au faible impact de l'opération de concentration sur la concurrence compte tenu des parts de marché et de la position des parties sur les différents marchés concernés par l'opération est sans incidence sur l'application des art. L. 430-1 et L. 430-2, le caractère contrôlable d'une opération de concentration ne s'appréciant qu'au regard de seuils exprimés en termes de chiffres d'affaires des entreprises. • Aut. conc. n° 13-D-22 du 20 déc. 2013 : *cité note 9 ss. art. L. 430-8.*

Art. L. 430-3 *(L. n° 2001-420 du 15 mai 2001 ; L. n° 2004-1343 du 9 déc. 2004, art. 83-II)* **« L'opération de concentration doit être notifiée** *(L. n° 2008-776 du 4 août 2008, art. 96-I, B, 1°)* **« à l'Autorité de la concurrence » avant sa réalisation. La notification peut intervenir dès lors que la ou les parties concernées sont en mesure de présenter un projet suffisamment abouti pour permettre l'instruction du dossier et notamment lorsqu'elles ont conclu un accord de principe, signé une lettre d'intention ou dès l'annonce d'une offre publique. Le renvoi** *(L. n° 2008-776 du 4 août 2008, art. 96-I, B, 1°)* **« à l'Autorité de la concurrence » de tout ou partie d'un cas de concentration notifié à la Commission européenne vaut notification au sens du présent article. »**

L'obligation de notification incombe aux personnes physiques ou morales qui acquièrent le contrôle de tout ou partie d'une entreprise ou, dans le cas d'une fusion ou de la création d'une entreprise commune, à toutes les parties concernées qui doivent alors notifier conjointement. Le contenu du dossier de notification est fixé par décret.

La réception de la notification d'une opération, ou le renvoi total ou partiel d'une opération *(L. n° 2015-990 du 6 août 2015, art. 215-2°)* **« relevant de la compétence de l'Union européenne », fait l'objet d'un communiqué publié par** *(L. n° 2008-776 du 4 août 2008, art. 96-I, B, 2°)* **« l'Autorité de la concurrence » selon des modalités fixées par décret.**

(L. n° 2008-776 du 4 août 2008, art. 96-I, B, 3°) **« Dès réception du dossier, l'Autorité de la concurrence en adresse un exemplaire au ministre chargé de l'économie. »** – *V. art. R. 430-4.*

V. notes ss. art. L. 430-2.

Sur la consultation du comité d'entreprise en cas d'opération de concentration, V. C. trav., art. L. 2323-20. – ***C. trav.***

BIBL. ▶ COT, *RDLC 2005, n° 1, p. 79* (projet de concentration). - MOUY, TAYAR et JALABERT-DOURY, *RDLC 2012, n° 4, p. 12 s.* (procédure de prénotification). - DURAND, *RLC janv. 2017. 38* (croissance externe et contrôle des concentrations : maîtriser la notification).

1. Application dans le temps. Si la loi du 15 mai 2001 a rendu obligatoire la notification au ministre chargé de l'économie [ancienne rédaction] des projets de concentration entrant dans le champ d'application des art. L. 430-1 et L. 430-2, et si celui-ci a, de ce fait, perdu, dans le nouveau régime, le pouvoir de contrôler *a posteriori*, sauf dans les cas prévus à l'art. L. 430-8, les opérations de concentration définitivement réalisées, il résulte des dispositions de l'art. 94, al. 2, de ladite loi que le ministre a conservé ce pouvoir s'agissant des opérations de concentration engagées de façon irrévocable avant la date d'entrée en vigueur du nouveau régime de contrôle des concentrations, laquelle résulte des dispositions combinées de l'art. 94 de la loi du 15 mai 2001 et de l'art. 51 du Décr. du 30 avr. 2002, pris pour son application ; il résulte des mêmes dispositions que l'examen de ces dernières opérations reste régi, dans le cas où le ministre décide de les soumettre au Conseil de la concurrence, aux règles de fond et de procédure fixées par les art. L. 430-1 à L. 430-7 dans leur rédaction issue de l'Ord. du 1er déc. 1986 ainsi que par les règlements pris pour leur application. • CE 9 juill. 2003, n° 248828 : *cité note 1 ss. art. L. 430-5.*

2. Droit communautaire. De même que la Commission européenne n'est pas compétente pour adopter une décision au titre du règlement relatif au contrôle des opérations de concentration entre entreprises avant la conclusion d'un tel accord, elle cesse d'être compétente aussitôt que cet accord vient à être résilié, quand bien même les entreprises concernées poursuivraient leurs négociations en vue de la conclusion d'un accord sous une autre forme. • TPICE 28 sept. 2004, n° T-310/00 : *D. 2004. AJ 2650 ; CCC 2005, n° 12, obs. Poillot-Peruzzetto ; RLC 2005, n° 1, p. 103, obs. Barbier de la Serre ; RJDA 2005, n° 333 ; LPA 18 avr. 2005, obs. Arhel.*

3. Projet de concentration. Sur la notion de projet suffisamment abouti, V. Lettre min. de l'Économie du 15 avr. 2005 : *RDLC 2005, n° 4, p. 94, obs. Cor.*

4. Pré-notification. Les lignes directrices de l'Autorité de la concurrence relatives au contrôle des concentrations organisent, en leurs points 191 à 200, une phase de « pré-notification », proposée aux entreprises qui souhaitent présenter le projet qu'elles vont notifier afin d'échanger avec le service des concentrations pour compléter leur dossier de notification et être en mesure de présenter un dossier susceptible de recevoir l'accusé de réception prévu par l'art. R. 430-2 au jour de son dépôt. Le point 200 de ces lignes directrices précise que l'ensemble de la phase de pré-notification est strictement confidentiel, qu'elle ne donne lieu ni à publicité sur le site Internet de l'Autorité, ni à des contacts avec des tiers. Néanmoins, sous réserve de l'accord préalable de la partie notifiante, une consultation de marché (test de marché) peut être effectuée afin de réunir des informations plus précises sans attendre la notification et de contribuer ainsi à minimiser le risque d'incomplétude de la notification ou à anticiper d'éventuels problèmes de concurrence. Il en résulte que les mesures en litige, prises par l'Autorité au titre de la phase de « pré-notification » de l'opération que les entreprises concernées entendent ensuite lui notifier, ne sont qu'un élément de la procédure destinée à permettre à cette Autorité de se prononcer sur l'opération de concentration en cause. Elles revêtent, dès lors, un caractère préparatoire et ne sont pas susceptibles de faire l'objet d'un recours pour excès de pouvoir ni, par suite, d'une demande de suspension sur le fondement de l'art. L. 521-1 CJA. • CE, ord., 12 nov. 2021, n° 458273 : *RJDA 2022, n° 114.*

5. Notification. V. notes 4 et 9 ss. art. L. 430-8.

Art. L. 430-4 *(L. n° 2008-776 du 4 août 2008, art. 96-I, C, 1°)* **« La réalisation effective d'une opération de concentration ne peut intervenir qu'après l'accord de l'Autorité de la concurrence ou, lorsqu'il a évoqué l'affaire dans les conditions prévues à l'article L. 430-7-1, celui du ministre chargé de l'économie. »**

(L. n° 2001-420 du 15 mai 2001) **« En cas de nécessité particulière dûment motivée, les parties qui ont procédé à la notification peuvent demander** *(L. n° 2008-776 du 4 août 2008, art. 96-I, C, 2°)* **« à l'Autorité de la concurrence » une dérogation leur permettant de procéder à la réalisation effective de tout ou partie de la concentration sans attendre la décision mentionnée au premier alinéa et sans préjudice de celle-ci.** *(L. n° 2015-990 du 6 août 2015, art. 215-3°)* **« L'octroi de cette dérogation peut être assorti de conditions.**

« La dérogation mentionnée au deuxième alinéa cesse d'être valable si, dans un délai de trois mois à compter de la réalisation effective de l'opération, l'Autorité de la concurrence n'a pas reçu la notification complète de l'opération. » — *V. art. R. 430-5.*

V. notes ss. art. L. 430-2.

BIBL. ▸ PELLET, *RDLC 2007, n° 2, p. 39* (suspension des opérations de concentration).

1. Suspension. Les dispositions du premier alinéa de l'art. L. 430-4 n'ont ni pour objet ni pour effet de faire obstacle à la mise en œuvre des dispositions de l'art. L. 521-1 CJA qui permettent au juge des référés, lorsque certaines conditions sont réunies, de suspendre l'exécution d'une décision administrative. • CE 19 mai 2005, n° 279697 : *D. 2005. AJ 1552, obs. Chevrier ; RTD com. 2006. 49, obs. Orsoni ; JCP E 2006, n° 1, p. 31, obs. Decocq ; CCC 2005, n° 131, obs. Malaurie-Vignal ; RDLC 2005, n° 3, p. 93, obs. Philippe ; RLC 2005, n° 4, p. 17, obs. Geffriaud.*

2. Dérogation. Pour une application des dispositions du second alinéa de l'art. 430-4, V. jugeant que l'opération notifiée n'entraîne aucun chevauchement d'activité et permet d'attiser la concurrence de telle sorte qu'elle n'est pas de nature à porter atteinte à celle-ci sur les marchés concernés : Lettre min. de l'Économie du 15 nov. 2002 : *BOCC 31 janv. 2003.*

Art. L. 430-5 *(L. n° 2008-776 du 4 août 2008, art. 96-I, D, 1°)* **« I. — L'Autorité de la concurrence se prononce sur l'opération de concentration dans un délai de vingt-cinq jours ouvrés à compter de la date de réception de la notification complète. »**

(L. n° 2001-420 du 15 mai 2001) **« II. — Les parties à l'opération peuvent s'engager à prendre des mesures visant notamment à remédier, le cas échéant, aux effets anticoncurrentiels de l'opération soit à l'occasion de la notification de cette opération, soit à tout moment avant l'expiration du délai de** *(L. n° 2008-776 du 4 août 2008, art. 96-I, D, 1°)* **« vingt-cinq jours ouvrés » à compter de la date de réception de la notification complète, tant que la décision prévue au I n'est pas intervenue. »**

(L. n° 2008-776 du 4 août 2008, art. 96-I, D, 2°, b et c) **« Si des engagements sont reçus par l'Autorité de la concurrence, le délai mentionné au I est prolongé de quinze jours ouvrés. »**

(L. n° 2015-990 du 6 août 2015, art. 215-4°) **« L'Autorité de la concurrence peut suspendre le délai mentionné au I du présent article lorsque les parties ayant procédé à la notification ont manqué de l'informer dès sa survenance d'un fait nouveau, qui aurait *dû être notifié* s'il s'était produit avant une notification au sens de l'article L. 430-3, ou ont manqué de lui communiquer tout ou partie des informations demandées dans le délai imparti, ou lorsque des tiers ont manqué de lui communiquer, pour des raisons imputables aux parties ayant procédé à la notification, les informations demandées. Le délai reprend son cours dès la disparition de la cause ayant justifié la suspension. »**

(L. nº 2008-776 du 4 août 2008, art. 96-I, D, 2º, b) et c) **« En cas de nécessité particulière, telle que la finalisation des engagements mentionnés à l'alinéa précédent, les parties peuvent demander à l'Autorité de la concurrence de suspendre les délais d'examen de l'opération dans la limite de quinze jours ouvrés. »**

III. — *(L. nº 2008-776 du 4 août 2008, art. 96-I, D, 3º, a)* **« L'Autorité de la concurrence peut : »**

(L. nº 2001-420 du 15 mai 2001) **— soit constater, par décision motivée, que l'opération qui lui a été notifiée n'entre pas dans le champ défini par les articles L. 430-1 et L. 430-2 ;**

— soit autoriser l'opération, en subordonnant éventuellement, par décision motivée, cette autorisation à la réalisation effective des engagements pris par les parties.

(L. nº 2008-776 du 4 août 2008, art. 96-I, D, 3º, b) **« — soit, si elle estime qu'il subsiste un doute sérieux d'atteinte à la concurrence, engager un examen approfondi dans les conditions prévues à l'article L. 430-6 ».**

(L. nº 2008-776 du 4 août 2008, art. 96-I, D, 4º) **« IV. — Si l'Autorité de la concurrence ne prend aucune des trois décisions prévues au III dans le délai mentionné au I, éventuellement prolongé en application du II, elle en informe le ministre chargé de l'économie. L'opération est réputée avoir fait l'objet d'une décision d'autorisation au terme du délai ouvert au ministre chargé de l'économie par le I de l'article L. 430-7-1. »** — *V. art. R. 430-6 s.*

V. notes ss. art. L. 430-2.

Sur l'articulation des règles relatives aux offres publiques d'acquisition avec la procédure d'autorisation des concentrations, V. Règl. gén. AMF, art. 231-11 et 232-2. — ***C. mon. fin.*** *ou* ***C. sociétés.***

Sur les opérations de concentration dans le secteur bancaire, V. C. mon. fin., art. L. 612-22 et notes 2 et 3 ss. C. mon. fin., art. L. 511-4, App., vº Banque et financement de l'entreprise. — ... Dans le secteur de l'assurance, V. C. assur., art. L. 322-4. — ***C. assur.***

BIBL. ▶ Atelier de la concurrence, *RCC nov.-déc. 1998, p. 5* (rôle des engagements dans les décisions des autorités de la concurrence). - DE VAUPLANE et DAIGRE, *Banque et Dr. 11-12/2002. 35* (offre publique, rapport avec le droit de la concurrence). - BRUNET, *RLC 2005, nº 3, p. 9* (la consultation du Conseil de la concurrence a-t-elle encore une utilité ?). - COUARD, *RTD com. 2011. 201* (technique des « joyaux de la couronne » en droit des concentrations). - THÉOPHILE et AUBRON, *AJCA 2014. 212* (l'arbitrage dans les engagements en matière de concurrence).

1. Saisine du Conseil de la concurrence (jurispr. antérieure à la L. nº 2008-776 du 4 août 2008). Tant sous le régime de contrôle des concentrations issu de l'Ord. du 1er déc. 1986 que sous celui issu de la loi du 15 mai 2001, la saisine du conseil par le ministre chargé de l'économie n'est qu'un élément de la procédure qui permet aux autorités compétentes soit d'interdire l'opération de concentration, soit de l'autoriser ; elle a, dès lors, le caractère d'un acte préparatoire et ne constitue pas par elle-même une décision susceptible de faire l'objet d'un recours pour excès de pouvoir ; il en est de même de la décision par laquelle le ministre refuse de retirer cette saisine. • CE 9 juill. 2003, nº 248828 : *AJDA 2003. 2380, note Nicinski ; JCP E 2003, nº 36, p. 1360 ; RTD com. 2004. 78, obs. Orsoni ; RJDA 2004, nº 634.* ♦ Pour une solution semble-t-il contraire dans le cas, inverse, où le ministre s'est abstenu de saisir le Conseil de la concurrence (solution rendue sous l'empire du régime issu de l'Ord. du 1er déc. 1986), V. • CE 5 nov. 2003, nº 244082 : *RFDA 2004. 126, concl. Séniers ; CCC 2004, nº 41, obs. Malaurie-Vignal ; RJDA 2004, nº 635.* ♦ Sur le point de savoir si le ministre est *tenu* de saisir le Conseil de la concurrence, V. • CE 27 juin 2007, nº 278652 : *AJDA 2007. 1737, obs. Nicinski ; CCC 2007. Chron. 4, p. 11, obs. Zevounou ; RJDA 2007, nº 1285.*

Sur la saisine pour avis du Conseil de la concurrence par le Conseil d'État aux fins d'examiner, dans les mêmes conditions que celles prévues à l'art. L. 430-6, l'opération de concentration telle qu'elle a été notifiée au ministre de l'Économie, V. • CE 20 juill. 2005, nº 279180 : *RTD com. 2006. 49, obs. Orsoni ; AJDA 2005. 2167, note Landais et Lenica ; JCP E 2006, nº 1, p. 31, obs. Decocq ; Gaz. Pal. 2006. 1087, note du Marais ; RJDA 2006, nº 68.*

2. Motivation. Si les dispositions du IV de l'art. L. 430-5 prévoient qu'une opération de concentration peut faire l'objet d'une autorisation tacite, cette circonstance ne saurait faire obstacle à ce que le juge exerce un contrôle sur les motifs de la décision prise dans le délai prévu par la loi lorsque celle-ci, comme en l'espèce, a été expressément motivée. • CE 19 mai 2005, nº 279697 : *cité note 1 ss. art. L. 430-4.* ♦ Ni l'art. L. 430-5, ni aucune autre disposition ou principe n'imposent à l'Autorité de la concurrence de transmettre un projet de décision à un tiers à une opération de concentration, aux fins de le mettre en mesure de présenter ses observations.

• CE 6 juill. 2016, n° 390457 : *AJDA 2016. 1855, obs. Nicinski* ; *CCC 2016, n° 217, obs. Decocq* ; *RJDA 2016, n° 907*.

3. Autorité de la chose jugée. L'autorité de la chose jugée qui s'attache à l'annulation pour excès de pouvoir de la décision du 5 juill. 2002 prononcée par la décision du Conseil d'État du 6 févr. 2004 [V. note 3 ss. L. 430-1] s'étend aux motifs qui en sont le nécessaire soutien. • CE 13 févr. 2006, n° 278796 : *RFDA 2006. 715, concl. Glaser* ; *JCP E 2006, n° 11, p. 522* ; *RJDA 2006, n° 1270* ; *RLC 2006, n° 7, p. 13, obs. Girgenson* ; *RJ com. 2006. 119, obs. Decocq*. ♦ L'autorité de la chose ainsi jugée ne sauraient être opposée aux appréciations dépendant de la situation de fait à la date de la nouvelle décision du ministre ; ainsi ce dernier n'a pas méconnu l'autorité de la chose jugée en tirant le 16 août 2004 des conclusions différentes de celles qu'il avait retenues deux ans auparavant s'agissant des effets de l'opération sur la concurrence, de la détention des marques notoires et des barrières à l'entrée. • Même arrêt.

4. Restriction accessoire. En l'absence de notification expresse dans le cadre de la procédure prévue par les art. L. 430-3 s., les entreprises peuvent soutenir devant l'Autorité de la concurrence, saisie *a posteriori* au titre du droit des pratiques anticoncurrentielles, qu'une clause contractuelle constitue une restriction accessoire à une opération de concentration précédemment autorisée par l'Autorité ; il reviendra alors à l'Autorité d'apprécier le bien-fondé d'une telle qualification, au regard des critères dégagés par la jurisprudence communautaire. • Aut. conc. n° 10-D-32 du 16 nov. 2010. ♦ V. aussi note 3 ss. art. L. 420-1.

5. Engagement alternatif. Lorsqu'elle est saisie par les parties à une opération de concentration d'un engagement relatif à la cession d'un actif, l'Autorité de la concurrence peut être conduite à examiner s'il y a lieu d'accepter, par exemple lorsqu'il existe des incertitudes sur la cessibilité, la viabilité ou la compétitivité de l'actif dont la cession est proposée, que cet engagement soit assorti d'un « engagement alternatif » consistant en la cession d'un actif dont la cessibilité et la viabilité posent *a priori* moins de difficultés. Lorsqu'elle accepte un tel engagement alternatif, celui-ci constitue, tout autant que l'engagement auquel il est, le cas échéant, appelé à se substituer, un élément de sa décision d'autorisation, qui ne saurait, sans qu'il soit porté atteinte à la possibilité de contester la légalité de celle-ci devant le juge de l'excès de pouvoir, rester confidentiel. • CE 15 avr. 2016, n° 390457 : *AJCA 2016. 349, obs. Redon et Lorieul* ; *AJDA 2016. 1871, note Blanc* ; *RJDA 2016, n° 736*.

6. Marché pertinent. BIBL. Charpin, *RLC sept. 2016. 49* (marchés locaux et calcul des parts de marché). ♦ Dès lors que les positions des parties à l'opération de concentration ont été déterminées à partir du nombre de leurs points de vente, en le rapportant au nombre total de distributeurs présents sur chacune des zones de chalandise, celles-ci étant constituées par les centres-villes et les centres commerciaux dans lesquels les enseignes sont implantées, que les zones de chalandise ainsi délimitées ont été élargies dans plusieurs cas, quand des opérateurs concurrents étaient présents à proximité de ces centres, il en résulte que ces éléments font état de façon suffisamment détaillée des critères en fonction desquels, faute de données statistiques qui auraient permis de délimiter des zones isochrones, le périmètre des zones de chalandise a été évalué. • CE 26 mai 2010, n° 313764 : *RJDA 2011, n° 351*. ♦ L'analyse des effets d'une opération de concentration ne peut se réduire au constat des parts de marché détenues lors de l'opération mais doit s'étendre à leur potentiel d'évolution ultérieure, compte tenu de tous les éléments susceptibles de compenser ou d'accroître l'ampleur des parts conférées aux parties à la concentration. S'il convient ainsi de tenir compte, pour anticiper les effets de l'opération sur chacun des marchés locaux identifiés, des facteurs d'évolution générale du marché et des barrières à l'entrée sur le marché, liés notamment aux spécificités du régime juridique des baux commerciaux, le ministre n'est en revanche pas tenu de procéder à une analyse prospective des disponibilités en matière de locaux commerciaux dans chacune des zones de chalandise identifiées. • Même arrêt. ♦ Si l'Autorité de la concurrence n'est pas compétente pour se prononcer sur les effets éventuels d'une opération de concentration sur un marché ne comprenant pas le territoire français, elle est, en principe, compétente pour apprécier les répercussions que pourraient avoir, sur le marché pertinent comprenant ce territoire, les effets produits par cette opération dans le reste du monde. • CE 25 mai 2018, n° 404382 : *RJDA 2018, n° 776*.

Art. L. 430-6 *(L. n° 2008-776 du 4 août 2008, art. 96-I, E)* **Lorsqu'une opération de concentration fait l'objet, en application du dernier alinéa du III de l'article L. 430-5, d'un *examen approfondi*, l'Autorité de la concurrence examine si elle est de nature à porter atteinte à la concurrence, notamment par création ou renforcement d'une position dominante ou par création ou renforcement d'une puissance d'achat qui place les fournisseurs en situation de dépendance économique. Elle apprécie si l'opération apporte au progrès économique une contribution suffisante pour compenser les atteintes à la concurrence.**

La procédure applicable à cet examen approfondi de l'opération par l'Autorité de la concurrence est celle prévue au deuxième alinéa de l'article L. 463-2 et aux articles L. 463-4, L. 463-6 et L. 463-7. Toutefois, les parties qui ont procédé à la notification et le commissaire du Gouvernement doivent produire leurs observations en réponse à la communication du rapport dans un délai de quinze jours ouvrés.

Avant de statuer, l'autorité peut entendre des tiers en l'absence des parties qui ont procédé à la notification. Les comités d'entreprise des entreprises parties à l'opération de concentration sont entendus à leur demande par l'autorité dans les mêmes conditions.

V. notes ss. art. L. 430-2.

1. Progrès économique. Le développement du progrès économique peut s'entendre également d'une contribution à la lutte contre la pollution de l'environnement. • Cons. conc., avis n° 94-A-18 du 17 mai 1994 : *CCC 1994, n° 173.* ♦ Pour une opération de concentration considérée comme n'ayant que des effets très limités, tant du point de vue de la concurrence que de celui du progrès économique, V. • Cons. conc., avis n° 93-A-17 du 16 nov. 1993. ♦ Pour une divergence d'appréciation entre le Conseil de la concurrence et le ministre de l'économie sur la question de savoir si, dans le secteur des batteries automobiles, la puissance d'achat des distributeurs est susceptible de compenser un renforcement du pouvoir de marché des producteurs, V. : • Cons. conc., avis n° 95-A-08 du 9 mai 1995 et Lettre min. de l'Économie du 9 juin 1995 : *BOCC 25 juill. 1995 ; CCC 1995, n° 147.*

2. Principe de la contradiction. La procédure prévue à l'art. L. 430-6 n'est pleinement contradictoire qu'à l'égard des parties à l'opération de concentration ; il en résulte que les concurrents qui contestent cette opération et qui, n'étant pas partie à celle-ci, doivent être regardés comme des tiers, n'ont pas à recevoir communication du rapport établi par les rapporteurs. • CE 19 oct. 2005, n° 285648 : *RJDA 2006, n° 68.* ♦ Les investigations auxquelles se livre le Conseil de la concurrence pour apprécier la portée économique d'une concentration impliquent qu'il prenne connaissance d'informations couvertes par le secret des affaires, ce qui exclut que les concurrents hostiles à cette concentration y soient contradictoirement associés. • CE 13 févr. 2006, n° 279180 : *RFDA 2006. 702, concl. Glaser ; JCP E 2006, n° 39, p. 1615, obs. Decocq ; CCC 2007 Chron. 2, n° 4, obs. Marson ; RJDA 2006, n° 711 ; RDLC 2006, n° 2, p. 111, obs. J. Philippe ; RLC 2006, n° 7, p. 12, obs. Girgenson.* ♦ Eu égard à l'indépendance et aux méthodes de travail de cette autorité collégiale, le fait que les sociétés requérantes n'ont pas été contradictoirement associées auxdites investigations ne saurait suffire à faire regarder l'examen de cet avis comme viciant l'équité du procès. • Même arrêt.

3. Position dominante. Sur la notion de position dominante collective en matière de contrôle des concentrations, V. • CE 31 juill. 2009, n° 305903 : *RTD com. 2010. 69, obs. Orsoni ; CCC 2009, n° 249, obs. Bosco ; RJDA 2010, n° 785 ; RLDA nov. 2009. 35, note Hubert et de Douchet ; RLC oct.-déc. 2009. 9, note Spector.* ♦ En matière de pratiques anticoncurrentielles, V. note 4 ss. art. L. 420-2.

4. Pouvoir de marché. BIBL. Deffains et Pellefigue, *RTD com. 2018. 555* (vraiment pertinent ? une analyse économique des marchés pertinents). ♦ L'appréciation du pouvoir de marché d'un groupe de distribution aux fins de procéder à l'analyse des effets concurrentiels d'une opération de concentration réalisée entre deux réseaux de distribution, qui est distincte de l'appréciation de l'existence d'une influence déterminante aux fins d'identifier une opération de concentration, exige la prise en compte de tous les magasins adhérents des réseaux, dès lors que leur politique commerciale n'est pas suffisamment autonome. • CE 23 déc. 2010, n° 337533 : *RTD com. 2011. 323, obs. Orsoni ; AJDA 2011. 654, obs. Glaser ; JCP E 2011, n° 1079 ; CCC 2011. Chron. 2, spéc. n° 7, par Bosco ; RJDA 2011, n° 350 ; RLDA mars 2011. 31, note Oster ; RLC avr.-juin 2011. 18, obs. de Bure.* ♦ Pour apprécier l'autonomie commerciale des différentes catégories d'adhérents, l'Autorité de la concurrence peut prendre en considération des éléments tels que le respect de la politique du franchiseur en matière de communication publicitaire, la participation à des campagnes promotionnelles, l'exclusivité d'approvisionnement auprès de fournisseurs référencés pour une partie des achats, l'interdiction de modifier un point de vente sans l'autorisation du franchiseur, la possibilité, pour celui-ci, de fixer un prix maximum ou encore l'existence de clauses de préemption, de substitution et de préférence au profit du franchiseur en cas de cession d'un magasin franchisé. • Même décision.

5. Engagements. Il incombe à l'Autorité de la concurrence d'user des pouvoirs d'interdiction, d'injonction, de prescription ou de subordination de son autorisation à la réalisation effective d'engagements pris devant elle par les parties, qui lui sont conférés par les dispositions des art. L. 430-6 s., à proportion de ce qu'exige le maintien d'une concurrence suffisante sur les marchés affectés par l'opération ; il suit de là que l'Autorité n'est pas tenue, lorsqu'elle identifie un effet anticoncurrentiel de l'opération, d'adopter des mesures correctives de nature à le supprimer intégralement, pourvu que ces mesures permettent d'assurer le maintien d'une concurrence suffisante. • CE 23 déc. 2013, n° 363702 : *cité note 4 ss. art. L. 430-7.* ♦ Il ne résulte pas des dispositions du 2e al. de l'art. L. 430-6 que, lorsque les parties à l'opération de concentration proposent de nouveaux engagements à l'Autorité au cours de la procédure d'examen approfondi, le rapporteur général ou le rapporteur général adjoint soit tenu de produire un rapport complémentaire avant que le collège ne se prononce sur ces engagements. • CE 5 nov. 2014, n° 373065 : *cité note 1 ss. art. L. 430-9.*

Art. L. 430-7 *(L. n° 2008-776 du 4 août 2008, art. 96-I, F)* **I. — Lorsqu'une opération de concentration fait l'objet d'un examen approfondi, l'Autorité de la concurrence prend une décision dans un délai de soixante-cinq jours ouvrés à compter de l'ouverture de celui-ci.**

II. — Après avoir pris connaissance de l'ouverture d'un examen approfondi en application du dernier alinéa du III de l'article L. 430-5, les parties peuvent proposer des engagements de nature à remédier aux effets anticoncurrentiels de l'opération. *(L. n° 2015-990 du 6 août 2015, art. 215-5°)* **« Lorsque des engagements ou des modifications apportées à des engagements déjà proposés » sont transmis à l'Autorité de la concurrence moins de vingt jours ouvrés avant la fin du délai mentionné au I, celui-ci expire vingt jours ouvrés après** *(L. n° 2015-990 du 6 août 2015, art. 215-5°)* **« leur réception, dans la limite de quatre-vingt-cinq jours ouvrés à compter de l'ouverture de l'examen approfondi ».**

En cas de nécessité particulière, telle que la finalisation des engagements mentionnés à l'alinéa précédent, les parties peuvent demander à l'Autorité de la concurrence de suspendre les délais d'examen de l'opération dans la limite de vingt jours ouvrés. Ces délais peuvent également être suspendus à l'initiative de l'Autorité de la concurrence lorsque les parties ayant procédé à la notification ont manqué de l'informer d'un fait nouveau dès sa survenance ou de lui communiquer, en tout ou partie, les informations demandées dans le délai imparti, ou que des tiers ont manqué de lui communiquer, pour des raisons imputables aux parties ayant procédé à la notification, les informations demandées. En ce cas, le délai reprend son cours dès la disparition de la cause ayant justifié sa suspension.

III. — L'Autorité de la concurrence peut, par décision motivée :

— soit interdire l'opération de concentration et enjoindre, le cas échéant, aux parties de prendre toute mesure propre à rétablir une concurrence suffisante ;

— soit autoriser l'opération en enjoignant aux parties de prendre toute mesure propre à assurer une concurrence suffisante ou en les obligeant à observer des prescriptions de nature à apporter au progrès économique une contribution suffisante pour compenser les atteintes à la concurrence.

Les injonctions et prescriptions mentionnées aux deux alinéas précédents s'imposent quelles que soient les clauses contractuelles éventuellement conclues par les parties.

Le projet de décision est transmis aux parties intéressées auxquelles un délai raisonnable est imparti pour présenter leurs observations.

IV. — Si l'Autorité de la concurrence n'entend prendre aucune des décisions prévues au III, elle autorise l'opération par une décision motivée. L'autorisation peut être subordonnée à la réalisation effective des engagements pris par les parties qui ont procédé à la notification.

V. — Si aucune des décisions prévues aux III et IV n'a été prise dans le délai mentionné au I, éventuellement prolongé en application du II, l'Autorité de la concurrence en informe le ministre chargé de l'économie. L'opération est réputée avoir fait l'objet d'une décision d'autorisation au terme du délai ouvert au ministre chargé de l'économie par le II de l'article L. 430-7-1. — *V. art. R. 430-6 s.*

V. notes ss. art. L. 430-2.

BIBL. ▶ FASQUELLE, *LPA 1er mars 2000* (unité ou dualité de contrôle des entreprises communes ?).

1. Injonctions. En ce sens qu'une condition purement comportementale, qui nécessiterait en outre un contrôle permanent du comportement des entreprises, ne répond pas aux objectifs du contrôle des concentrations, qui concerne les structures, V. Lettre min. de l'Économie du 19 déc. 1994 : *CCC 1995, n° 11, obs. Vogel.* ♦ Pour un exemple de concentration autorisée sous condition de procéder : à des aménagements structurels de l'opération, V. Arr. du 5 févr. 1997 : *préc. ss. art. L. 430-5.* ♦ ... A la cession de certains actifs au bénéfice de sociétés autres que celles mentionnées dans la décision d'autorisation, V. Arr. du 20 août 1996 : *préc. ss. art. L. 430-5.* ♦ Cet arrêté a été annulé au motif que, en imposant à des sociétés tierces à l'opération de concentration une sujétion et restreignant la liberté du commerce et de l'industrie non seulement à l'égard des entreprises concernées par ladite opération mais aussi à l'égard des sociétés mentionnées, ces dernières auraient dû être mises en mesure de faire valoir leurs droits conformément au principe des droits de la défense. • CE 9 avr. 1999, n° 201853 : *D. 2000. 157, obs. Troianiello ; AJDA 1999. 611, note Bazex et Thiry ; JCP E 1999, n° 18-19, p. 786 ; RTD com. 1999. 855, obs. Orsoni .* – V. concl. Stahl, *RFDA 1999. 769 .* – Dans cette même affaire, V. • CE 6 oct. 2000, n° 216645 : *AJDA 2000. 847, concl. Touvet.* – V. aussi Laidié, *Dr. adm. 2001. Chron. 8.*

Les appréciations que l'Autorité de la concurrence porte, dans les motifs de la décision par laquelle elle statue sur la demande d'autorisation d'une opération de concentration, sur l'exercice, par des personnes physiques ou morales autres que les parties notifiantes, d'un contrôle sur ces mêmes parties afin, s'il y a lieu, de tenir compte, dans l'analyse des effets anticoncurrentiels de l'opération sur les marchés pertinents qu'elle a identifiés, de l'activité de l'ensemble des personnes concernées par l'opération, ne sont pas détachables du dispositif de cette décision, dont elles constituent le soutien. Elles ne sauraient être regardées comme constituant une décision distincte de la décision par laquelle l'Autorité a autorisé l'opération de concentration et qui serait susceptible de faire l'objet d'un recours pour excès de pouvoir. • CE 9 avr. 2014, n° 364192 : *AJDA 2014. 1242, obs. Lombard ; RJDA 2014, n° 798.*

2. Recours. Saisi d'un recours en annulation pour excès de pouvoir de l'Arr. du 17 sept. 1998 refusant une opération de concentration, le Conseil d'État considère qu'eu égard à la nature et à l'importance des effets anticoncurrentiels du projet de concentration et à la difficulté de déterminer des mesures adéquates pour les compenser, la décision prise par les ministres [ancienne rédaction] de s'opposer purement et simplement à l'opération projetée ne peut être regardée comme ayant porté une atteinte excessive à la liberté du commerce et de l'industrie. • CE 9 avr. 1999, n° 201853 : *préc. note 1.* – V. concl. Stahl, *RFDA 1999. 777 .* ♦ V. aussi, sur l'appréciation d'une opération de concentration dans le secteur des boissons gazeuses : • CE 6 oct. 2000, n° 216645 : *CJEG 2001. 33, concl. Touvet ; BRDA 2000, n° 20, p. 12.*

3. Compétence. Sur la compétence du Conseil d'État en premier et dernier ressort pour connaître des conclusions dirigées contre un arrêté enjoignant à une société de renoncer à une opération de concentration, dès lors que celui-ci doit être regardé, pour l'application des dispositions de l'art. 2-3° du Décr. n° 53-934 du 30 sept. 1953, relatif à la réforme du contentieux administratif [CJA, art. R. 311-1], comme ayant un champ d'application s'étendant au-delà du ressort d'un seul tribunal administratif, V. • CE 9 avr. 1999, n° 201853 : *préc. note 1.*

4. Collégialité. Il résulte des dispositions combinées des art. L. 430-7, L. 461-1 et L. 461-3 que les décisions prévues à l'art. L. 430-7 doivent être adoptées par l'Autorité de la concurrence siégeant soit en formation plénière, soit en sections, soit en commission permanente, mais ne peuvent être adoptées, contrairement aux décisions relatives à des concentrations ne faisant pas l'objet d'un examen approfondi, par le seul président ou un vice-président désigné par lui. • CE 23 déc. 2013, n° 363702 : *AJDA 2014. 4, obs. Pastor ; JCP 2014, n° 32, obs. Derieux ; CCC 2014, n° 71, obs. Decocq ; RJDA 2014, n° 869 ; CCE 2014, n° 19, obs. Pironon ; RLC avr.-juin 2014. 11, note Medina.*

5. Demande de suspension. Les conclusions tendant à la suspension de l'exécution d'une décision autorisant une opération de concentration sont devenues sans objet dès lors que l'opération a été réalisée avant l'intervention du référé ; en revanche, il y a lieu de statuer sur les conclusions tendant à la suspension de la décision contestée en tant qu'elle comporte des engagements qui trouveront à s'appliquer pendant les cinq années qui viennent à compter du 1er janv. 2014, sous le contrôle d'un mandataire indépendant. • CE 27 nov. 2013, n° 373066 : *AJDA 2014. 386 ; RJDA 2014, n° 171.*

6. Modification d'une injonction. En vertu de l'art. L. 430-7, il appartient à l'Autorité de la concurrence de veiller à la bonne exécution des engagements pris par les parties devant elle aux fins de remédier aux effets anticoncurrentiels d'une opération de concentration, des injonctions dont elle a assorti aux mêmes fins l'autorisation de l'opération, ou des prescriptions, imposées aux parties, de nature à apporter au progrès économique une contribution suffisante pour compenser les atteintes à la concurrence, tout au long de la période d'exécution de ces engagements, injonctions ou prescriptions. Elle tire de ces dispositions la faculté de les modifier pour en réduire ou même en supprimer la portée en fonction de l'évolution de la situation des marchés pertinents et de l'utilité de la poursuite de l'exécution de ces engagements, injonctions ou prescriptions. Il suit de là qu'elle peut également, dans les mêmes conditions, modifier la portée pratique de ces engagements, injonctions ou prescriptions. • CE 21 mars 2016, n° 390023 : *D. 2017. Pan. 881, obs. Ferrier ; AJCA 2016. 302, obs. Pelé ; RTD com. 2016. 711, obs. Lombard ; Rev. sociétés 2016. 608, note Dexant-de-Bailliencourt ; JCP 2016, n° 623, note Perroud ; CCC 2016, n° 125, obs. Bosco ; RJDA 2016, n° 484 ; LPA 15-16 sept. 2016, note Chaltiel.*

Art. L. 430-7-1 *(L. nº 2008-776 du 4 août 2008, art. 96-I, G)* I. – Dans un délai de cinq jours ouvrés à compter de la date à laquelle il a reçu la décision de l'Autorité de la concurrence ou en a été informé en vertu de l'article L. 430-5, le ministre chargé de l'économie peut demander à l'Autorité de la concurrence un examen approfondi de l'opération dans les conditions prévues aux articles L. 430-6 et L. 430-7.

II. – Dans un délai de vingt-cinq jours ouvrés à compter de la date à laquelle il a reçu la décision de l'Autorité de la concurrence ou en a été informé en vertu de l'article L. 430-7, le ministre chargé de l'économie peut évoquer l'affaire et statuer sur l'opération en cause pour des motifs d'intérêt général autres que le maintien de la concurrence et, le cas échéant, compensant l'atteinte portée à cette dernière par l'opération.

Les motifs d'intérêt général autres que le maintien de la concurrence pouvant conduire le ministre chargé de l'économie à évoquer l'affaire sont, notamment, le développement industriel, la compétitivité des entreprises en cause au regard de la concurrence internationale ou la création ou le maintien de l'emploi.

Lorsqu'en vertu du présent II le ministre chargé de l'économie évoque une décision de l'Autorité de la concurrence, il prend une décision motivée statuant sur l'opération en cause après avoir entendu les observations des parties à l'opération de concentration. Cette décision peut éventuellement être conditionnée à la mise en œuvre effective d'engagements.

Cette décision est transmise sans délai à l'Autorité de la concurrence.

(L. nº 2015-990 du 6 août 2015, art. 215-6º) « Si le ministre chargé de l'économie estime que les parties n'ont pas exécuté dans les délais fixés un engagement figurant dans sa décision, il peut prendre les décisions prévues aux 1º à 3º du IV de l'article L. 430-8. » — *V. art. R. 430-6 s.*

L'art. L. 430-7-1 est entré en vigueur le 13 nov. 2008, date de promulgation de l'Ord. nº 2008-1161 portant modernisation de la régulation de la concurrence (JO 14 nov.).

BIBL. ▶ Vilmart et Leguin, *JCP E 2008, nº 31-34, p. 17, spéc. p. 25* (la LME : une tentative encore inachevée de modernisation du droit français de la concurrence). – Cheynel, *RLC juill.-sept. 2008. 64* (avant-projet d'ordonnance portant création de l'Autorité de la concurrence). – de Bure et Girgenson, *RLC janv.-mars 2009. 9* (le pouvoir d'intervention du ministre de l'économie en matière de contrôle des concentrations). – Glais, *RTD com. 2019. 259* (l'utilisation par le ministre de l'économie de son « pouvoir d'évocation »).

Intervention du ministre. En application du 7º de l'art. R. 311-1 CJA, le Conseil d'État est compétent pour connaître en premier et dernier ressort des recours dirigés contre les décisions prises par le ministre chargé de l'économie sur le fondement de l'art. L. 430-7-1 C. com. dans le cadre du contrôle des concentrations économiques organisé par ce code, mais aussi des recours dirigés contre une décision ministérielle, prise dans le cadre de pouvoirs de contrôle autres que ceux qui sont prévus à l'art. L. 430-7-1, accordant ou refusant d'autoriser une prise de participation qui relève d'une opération de concentration notifiée à une autorité de concurrence au titre du contrôle des concentrations économiques. ● CE 23 déc. 2011, nº 340834 : *RLC avr.-juin 2012. 63, obs. Clamour.*

Art. L. 430-8 *(L. nº 2001-420 du 15 mai 2001)* I. – *(L. nº 2008-776 du 4 août 2008, art. 96-I, H, 1º)* « Si une opération de concentration a été réalisée sans être notifiée, l'Autorité de la concurrence enjoint sous astreinte, dans la limite prévue au II de l'article L. 464-2, aux parties de notifier l'opération, à moins de revenir à l'état antérieur à la concentration. La procédure prévue aux articles L. 430-5 à L. 430-7 est alors applicable.

« En outre, l'autorité peut infliger aux personnes auxquelles incombait la charge de la notification une sanction pécuniaire dont le montant maximum s'élève, pour les personnes morales, à 5 % de leur chiffre d'affaires hors taxes réalisé en France lors du dernier exercice clos, augmenté, le cas échéant, de celui qu'a réalisé en France durant la même période la partie acquise et, pour les personnes physiques, à 1,5 million d'euros. »

II. – Si une opération de concentration notifiée et ne bénéficiant pas de la dérogation prévue au deuxième alinéa de l'article L. 430-4 a été réalisée avant l'intervention de la décision prévue au premier alinéa du même article, *(L. nº 2008-776 du 4 août 2008, art. 96-I, H, 2º)* « l'Autorité de la concurrence » peut infliger aux personnes ayant procédé à la notification une sanction pécuniaire qui ne peut dépasser le montant défini au I.

III. — En cas d'omission ou de déclaration inexacte dans une notification, *(L. n° 2008-776 du 4 août 2008, art. 96-I, H, 2°)* « l'Autorité de la concurrence » peut infliger aux personnes ayant procédé à la notification une sanction pécuniaire qui ne peut dépasser le montant défini au I.

Cette sanction peut s'accompagner du retrait de la décision ayant autorisé la réalisation de l'opération. A moins de revenir à l'état antérieur à la concentration, les parties sont alors tenues de notifier de nouveau l'opération dans un délai d'un mois à compter du retrait de la décision, sauf à encourir les sanctions prévues au I.

(L. n° 2008-776 du 4 août 2008, art. 96-I, H, 3°, a) « IV. — Si elle estime que les parties n'ont pas exécuté dans les délais fixés une injonction, une prescription ou un engagement figurant dans sa décision *(Abrogé par L. n° 2015-990 du 6 août 2015, art. 215-7°)* ***« ou dans la décision du ministre ayant statué sur l'opération en application de l'article L. 430-7-1 »***, l'Autorité de la concurrence constate l'inexécution. Elle peut : »

1° Retirer la décision ayant autorisé la réalisation de l'opération. A moins de revenir à l'état antérieur à la concentration, les parties sont tenues de notifier de nouveau l'opération dans un délai d'un mois à compter du retrait de la décision, sauf à encourir les sanctions prévues au I ;

2° Enjoindre sous astreinte *(L. n° 2008-776 du 4 août 2008, art. 96-I, H, 3°, b)* « , dans la limite prévue au II de l'article L. 464-2, » aux parties auxquelles incombait l'obligation non exécutée d'exécuter dans un délai *(L. n° 2015-990 du 6 août 2015, art. 215-7°)* « qu'elle fixe » les injonctions, prescriptions ou engagements *(L. n° 2015-990 du 6 août 2015, art. 215-7°)* « figurant dans la décision ;

« 3° Enjoindre sous astreinte, dans la limite prévue au II de l'article L. 464-2, aux parties auxquelles incombait l'obligation, d'exécuter dans un délai qu'elle fixe des injonctions ou des prescriptions en substitution de l'obligation non exécutée. »

(L. n° 2008-776 du 4 août 2008, art. 96-I, H, 3°, c) « En outre, l'Autorité de la concurrence peut infliger aux personnes auxquelles incombait l'obligation non exécutée une sanction pécuniaire qui ne peut dépasser le montant défini au I.

« La procédure applicable est celle prévue au deuxième alinéa de l'article L. 463-2 et aux articles L. 463-4, L. 463-6 et L. 463-7. Toutefois, les parties qui ont procédé à la notification et le commissaire du Gouvernement doivent produire leurs observations en réponse à la communication du rapport dans un délai de quinze jours ouvrés.

« L'Autorité de la concurrence se prononce dans un délai de soixante-quinze jours ouvrés.

« V. — Si une opération de concentration a été réalisée en contravention des décisions prises en application des articles L. 430-7 et L. 430-7-1, l'Autorité de la concurrence enjoint sous astreinte, dans la limite prévue au II de l'article L. 464-2, aux parties de revenir à l'état antérieur à la concentration.

« En outre, l'Autorité de la concurrence peut infliger aux personnes auxquelles les décisions précitées s'imposaient la sanction pécuniaire prévue au I. »

V. notes ss. art. L. 430-2.

BIBL. ▶ JALABERT-DOURY et NOUVEL, *RDLC 2007, n° 2, p. 29* (suivi de l'exécution des engagements). – MOUY, *ibid., p. 35* (rôle du Conseil de la concurrence dans le suivi des engagements). – AMAND et PIQUEREAU, *ibid., n° 4, p. 36* (suivi des engagements souscrits dans le cadre du contrôle des concentrations). – BACCICHETTI et BONNET, *LPA 28 juill. 2009* (contrôle des concentrations : des sanctions souvent très lourdes). – GALMICHE et LUCAS, *CCC 2012. Étude 6* (suivi des engagements en matière de contrôle des concentrations) ; *JCP E 2012, n° 1295* (comment assurer le suivi des engagements ?).

1. Défaut d'exécution. La décision par laquelle le ministre [ancienne rédaction], constatant que les parties à l'opération de concentration n'ont pas exécuté dans les délais fixés une injonction, une prescription ou un engagement, retirerait, après avis du Conseil de la concurrence, l'autorisation accordée ou enjoindrait aux parties de s'y conformer sur le fondement du IV de l'art. L. 430-8, constitue un acte administratif dont la légalité ne peut être appréciée que par le Conseil d'État. • Cons. conc. n° 06-D-31 du 20 oct. 2006 : *D. 2006. AJ 2909, obs. Chevrier ; RJDA 2007, n° 198 ; RLC janv.-mars 2007. 12, obs. Girgenson ; RDLC 2007, n° 1, p. 143, obs. Lemaire.*

Le moyen invoquant l'application du 1° du IV de l'art. L. 430-8 n'est pas recevable dans le cadre d'une procédure ouverte au titre du droit des pratiques anticoncurrentielles, dès lors qu'une décision de retrait d'une autorisation de concentration ne peut intervenir que dans le cadre procédural spécifique fixé par les dispositions du IV de l'art. L. 430-8. • Aut. conc. n° 10-D-32 du 16 nov. 2010.

2. Suivi des engagements. A la différence des injonctions imposées par l'Autorité de la concurrence, les engagements sont proposés par les parties à l'opération de concentration ; celles-ci sont alors tenues de s'assurer dès ce stade que les engagements retenus peuvent effectivement être exécutés, dès lors que ces derniers conditionnent la délivrance de l'autorisation de l'opération. Dans ces conditions, les parties ne sauraient invoquer, au stade du contrôle de leur exécution, l'impossibilité ou la difficulté de se conformer aux engagements souscrits, dont elles ont elles-mêmes approuvé le contenu et le délai de mise en œuvre. • Aut. conc. n° 11-D-12 du 20 sept. 2011 : *D. 2011. Actu. 2270, obs. Chevrier ; CCC 2012. Chron. 1, spéc. n° 4, par Bosco ; CCE 2011, n° 113, obs. Chagny ; RLDA nov. 2011. 35, note Adam ; RLC oct.-déc. 2011. 8, note Nouët.* – Sur cette décision, V. aussi : Mouzon, *RDLC 2012, n° 1, p. 24* (respect des engagements : point de vue de l'Autorité de la concurrence).

Lorsqu'elle contrôle l'exécution d'engagements en application des dispositions du IV de l'art. L. 430-8, l'Autorité de la concurrence tient compte de l'ensemble des circonstances particulières à l'opération de concentration. Son appréciation dépend notamment de la nature des engagements souscrits et de leur pertinence au regard du diagnostic qui a conduit à y subordonner l'autorisation de l'opération. • Aut. conc. n° 16-D-07 du 19 avr. 2016. ♦ Ni la jurisprudence du Conseil d'État ni la pratique décisionnelle de l'Autorité ne permettent de soutenir que le respect des engagements pris pour obtenir une autorisation de concentration s'apprécie au terme d'une pesée globale des différents engagements ou des différents volets d'un même engagement. Faute d'indication en ce sens dans le texte des engagements ou dans la décision d'autorisation, une telle approche reviendrait à laisser à l'entreprise le soin de choisir elle-même les critères à partir desquels elle pourrait pondérer l'importance de chaque engagement pour en faire une application globale qui soit acceptable à ses yeux, privant ainsi d'effectivité des mesures dont elles auraient estimé, hors de tout contrôle, qu'elles ont moins d'importance. • Même décision. ♦ Le contrôle effectué ne relève pas d'une appréciation globale mais porte sur le respect des engagements pris un par un, dont chacun a valeur obligatoire. En effet, la décision d'autorisation de l'opération de concentration est délivrée sous la condition de la bonne exécution de l'ensemble des engagements retenus, qui sont tous nécessaires à la résolution des atteintes à la concurrence identifiées. Ainsi, la circonstance qu'une partie des engagements ait été respectée ne saurait faire échec à un constat d'inexécution. • Aut. conc. n° 11-D-12 du 20 sept. 2011 : *préc.* ♦ A l'inverse, le respect formel de la lettre d'un engagement peut être insatisfaisant s'il s'avère que l'entreprise qui était tenue de le mettre en œuvre a, par ailleurs, pris des mesures aboutissant à le vider en tout ou en partie de sa portée. • Aut. conc. n° 12-D-15 du 9 juill. 2012 : *CCC 2013. Chron. 1, n° 4, par Bosco ; RDLC 2012, n° 4, p. 125, obs. Cot et Blanchet ; RLC oct.-déc. 2012. 16, obs. de Bure.*

3. Sanction du non-respect des engagements. Jugeant conforme à la Constitution le IV de l'art. L. 430-8, V. • Cons. const., QPC, 12 oct. 2012 : *D. 2013. Pan. 1588, obs. Jacquinot* ✎ ; *JCP 2012, n° 1135 ; CCC 2013. Chron. 1, n° 3, obs. Bosco ; Gaz. Pal. 2013. 1138, obs. Piazzon ; CCE 2012, n° 134, obs. Pironon ; RJDA 2012, n° 1107 ; RLC janv.-mars 2013. 78, obs. Chassaing.* ♦ Par sa nature même, le non-respect des engagements ou injonctions pris en application du titre relatif à la concentration économique par la partie à laquelle ils incombaient revêt un caractère particulièrement grave (Arr. Min. de l'Économie du 21 août 2007 : *BOCC 14 sept. 2007 ; RDLC 2007, n° 4, p. 99, obs. Philippe ; RLC janv.-mars 2008. 16, obs. Girgenson*). ♦ La gravité d'un tel manquement doit cependant être appréciée en fonction des circonstances concrètes propres à chaque cas d'espèce, et notamment de son ampleur, de sa durée ou encore du comportement de l'entreprise en cause. • Aut. conc. n° 12-D-15 du 9 juill. 2012 : *préc. note 2.* ♦ Il n'est pas nécessaire de démontrer qu'un manquement ait eu des effets réels sur la concurrence, même si la preuve de tels effets peut naturellement être prise en compte. C'est en effet, en premier lieu, par rapport à l'objectif ayant conduit à la prise de l'engagement qu'il convient de raisonner : plus le risque que l'engagement était destiné à prévenir est important, plus le manquement est de nature, toutes choses égales par ailleurs, lui-même à avoir, actuellement ou potentiellement, des conséquences importantes. • Même décision. ♦ Estimant que le non-respect des engagements est une faute civile, V. • Paris, 3 juin 2016, ⚖ n° 14/22991 : *CCC 2016, n° 195, obs. Decocq* (conf. par • Com. 31 janv. 2018, ⚖ n° 16-21.173 : *RJDA 2018, n° 461*).

Il résulte de l'économie de l'art. L. 430-8 que le prononcé d'une décision de retrait et celui d'une injonction constituent des options alternatives ouvertes à l'Autorité de la concurrence. En effet, l'injonction d'exécuter l'obligation non respectée peut difficilement se concevoir si la décision de rendre celle-ci obligatoire est retirée dans le même temps. • Aut. conc. n° 11-D-12 du 20 sept. 2011 : *préc. note 2.* ♦ Le recours à telle ou telle des options ouvertes par l'art. L. 430-8 est effectué par l'Autorité en tenant compte, notamment, de la nature des manquements constatés, en appréciant leur gravité et l'atteinte à la concurrence que la décision d'autorisation avait pour objet de prévenir. Elle peut également prendre en compte la nature des engagements souscrits, leur importance dans l'économie générale de la décision d'autorisation de l'opération de concentration, ou encore le temps écoulé depuis l'opération de concentration et la durée des engagements restant à courir à la date à laquelle elle statue. • Aut. conc. n° 12-D-15 du 9 juill. 2012 : *préc.* ♦ Eu égard à leur objet qui, outre sa portée punitive, est la préservation de l'ordre public économique, les sanctions prévues par le 1° et le 2° du IV de l'art. L. 430-8, qui sont distinctes de la sanction pécuniaire prévue au 4e al. de ce IV, doivent être proportionnées à la gravité des manquements constatés et aux exigences de maintien ou de rétablissement d'un niveau de concurrence suffisant sur les marchés concernés. • CE 21 déc. 2012, n° 353856 : *cité note 10.* ♦ Pour apprécier, dans ce cadre, la proportionnalité des injonctions sous astreinte, il y a lieu de tenir compte de l'importance des engagements en tout ou partie non respectés au regard de l'ensemble des mesures correctives adoptées et des effets anticoncurrentiels qu'ils entendaient prévenir, de l'ampleur des manquements et de la nécessité d'assurer le maintien d'une concurrence suffisante sur les marchés concernés. • CE 28 sept. 2017, n° 409770 : *AJDA 2017. 1868, obs. Nicinski ; CCC 2017, n° 254, obs. Decocq ; RJDA 2018, n° 185.*

La sanction pécuniaire doit être déterminée de telle sorte que l'entreprise ayant pris les engagements ne soit pas incitée à se livrer à un calcul économique consistant à les proposer à l'Autorité en vue d'obtenir l'autorisation de la concentration, mais sans vouloir les exécuter effectivement ou sans prendre les mesures nécessaires à cet effet. Il importe donc que la sanction pécuniaire soit fixée à un niveau suffisant pour dissuader les intéressés de ne pas exécuter leurs engagements. • Aut. conc. n° 11-D-12 du 20 sept. 2011 : *préc.* ♦ A la différence des sanctions que l'Autorité de la concurrence peut prononcer en application des dispositions des 1°, 2° et 3° du IV de l'art. L. 430-8, la sanction financière qu'elle peut, en outre, infliger en cas d'absence de réalisation effective d'engagements pris par les parties à une opération de concentration a un objet purement répressif. Eu égard à cet objet, il incombe à l'Autorité, ainsi qu'au juge saisi d'un recours de pleine juridiction, d'apprécier la proportionnalité d'une telle sanction au regard de la gravité des manquements constatés, c'est-à-dire de l'importance des engagements non respectés dans l'ensemble des mesures correctrices adoptées afin de prévenir les effets anticoncurrentiels de l'opération de concentration, du comportement de l'entreprise dans la mise en œuvre des engagements souscrits ainsi que de sa situation particulière, notamment de sa situation financière. • CE 7 nov. 2019, n° 424702 : *AJDA 2020. 444, note Le Coq ; RJDA 2020, n° 110.*

4. Notification. La règle posée par les dispositions combinées des art. L. 430-3 et L. 430-1 est suffisamment claire et elle définit avec assez de précision l'obligation qu'elles prévoient pour permettre aux professionnels concernés, d'une part, de déterminer si l'opération à laquelle ils sont parties est une opération de concentration et de prévoir qu'un défaut de notification préalable de cette opération constitue un manquement susceptible d'être sanctionné en application des dispositions de l'art. L. 430-8, d'autre part, d'identifier la ou les parties à l'opération de concentration sur lesquelles pèse l'obligation de notification. • CE 24 juin 2013, n° 360949 : *JCP E 2013. Actu. 494 ; CCC 2014. Chron. 1, spéc. n° 3, par Bosco ; RJDA 2014, n° 568 ; RLC oct.-déc. 2013. 17, obs. Schrameck.* ♦ L'infraction de défaut de notification d'une opération de concentration est à imputer aux personnes physiques ou morales qui acquièrent de façon ultime le contrôle de tout ou partie de l'entreprise cible et non à la seule personne juridiquement signataire de l'accord d'acquisition. • Aut. conc. n° 12-D-12 du 11 mai 2012 : *cité note 8.* ♦ La liberté laissée à un groupe de choisir la société qui notifiera en pratique l'opération ne modifie nullement la situation juridique de la ou des personnes tenues à l'obligation de notification au sens de l'al. 2 de l'art. L. 430-3. • Même décision.

La compétence des autorités nationales pour statuer sur une opération de concentration fait l'objet d'une contestation sérieuse, eu égard au montant des chiffres d'affaires des groupes concernés et à la répartition du chiffre d'affaires au sein de la Communauté européenne ; d'ailleurs, les groupes parties à l'opération de concentration ont informé la Commission européenne de pourparlers pouvant déboucher sur un pacte d'actionnaires et sur une notification au titre du Règl. n° 139/2004 du 20 janv. 2004. Ainsi, l'injonction sollicitée au titre des pouvoirs conférés au ministre [ancienne rédaction], par l'art. L. 430-8 ne peut être prononcée. • CE, ord., 18 févr. 2008, n° 312534 : *AJDA 2008. 1130, obs. Nicinski ; JCP E 2008, n° 12-13, p. 8 ; RJDA 2008, n° 952.*

5. Commissaire du Gouvernement. L'art. L. 463-7 prévoit, de façon générale, la présence du commissaire du Gouvernement aux séances du Conseil, sans qu'aucune dérogation ne soit prévue pour la procédure du IV de l'art. L. 430-8 [ancienne rédaction]. Cette procédure ne débouche sur aucune sanction ni injonction prononcée par le Conseil, mais habilite le ministre, si le Conseil constate l'inexécution des engagements, à prendre une des décisions énoncées au IV, toutes ces décisions étant susceptibles de faire grief aux entreprises concernées. Le commissaire du Gouvernement n'a, comme dans le cadre de la procédure contentieuse, pouvoir d'intervention ni sur le déroulement de la procédure ni sur le prononcé de l'avis du Conseil, qui n'est pas lié par les observations présentées devant lui. Il n'est donc pas conduit à prendre de décision qui préjugerait des suites du dossier. Par ailleurs, les observations écrites qu'il dépose et ses conclusions orales en séance sont soumises au contradictoire : les parties peuvent les contester après les avoir reçues ou entendues. Il s'ensuit que la présence en séance du commissaire du Gouvernement n'est pas contraire au principe d'impartialité, ni au principe de l'égalité des armes. • Cons. conc., avis n° 08-A-01 du 28 janv. 2008.

6. Droits acquis. Le principe selon lequel les droits acquis par une entreprise en vertu d'une décision administrative individuelle ne sauraient être retirés, si elle est illégale, au-delà d'un délai de quatre mois à compter de la notification de cette décision s'impose à l'Autorité de la concurrence, quand bien même la mise en œuvre des droits acquis constituerait un comportement entrant dans le champ de sa compétence matérielle, et qu'elle est normalement susceptible d'apprécier au regard des dispositions des art. L. 420-1 et L. 420-2. • Aut. conc. n° 10-D-32 du 16 nov. 2010. ♦ V. aussi note 3 ss. art. L. 420-1.

7. Mandataire. BIBL. de Bonnières, *RDLC 2012, n° 1, p. 29* (mandataire dans le respect des engagements). ♦ Si les rapports établis par le mandataire chargé de surveiller la réalisation des engagements sont de nature à éclairer utilement l'analyse effectuée par l'Autorité de la concurrence dans le cadre de son contrôle de l'exécution des engagements, cette dernière n'est pas liée par les appréciations portées par le mandataire dans le cadre de l'exercice de sa mission de suivi des engagements. • Aut. conc. n° 11-D-12 du 20 sept. 2011 : *préc. note 2.*

8. Prescription. La prescription quinquennale prévue par le 1er al. de l'art. L. 462-7 est applicable aux faits relevant du I de l'art. L. 430-8. • Aut. conc. n° 12-D-12 du 11 mai 2012 : *cité note 1 ss. art. L. 462-7.* ♦ Dans la mesure où les faits visés à cette disposition concernent l'omission d'une notification devant intervenir à un moment précis et où la réalisation d'une opération de concentration intervient en un trait de temps, il y a lieu de considérer que la réalisation d'une opération de concentration sans qu'elle ait été notifiée préalablement constitue une infraction permanente soumise au régime des infractions instantanées, de telle sorte que la prescription commence à courir au jour où se matérialise le changement de contrôle. • Même décision. ♦ V. aussi s'agissant du IV de l'art. L. 430-8 : • Cons. const., QPC, 12 oct. 2012 : *préc. note 3.*

9. Sanction du défaut de notification. Un manquement à l'obligation de notification d'une opération de concentration constitue, en tant que tel et quelle que soit l'importance des effets anticoncurrentiels de cette opération sur le ou les marchés pertinents concernés, un manquement grave. • Aut. conc. n° 13-D-22 du 20 déc. 2013 : *D. actu. 16 janv. 2014, obs. Chevrier ; JCP 2014, n° 151, obs. Kos'isaka.* ♦ La caractérisation du manquement sanctionné par le I de l'art. L. 430-8 ne nécessite donc pas la démonstration d'une atteinte à la concurrence qui pourrait être provoquée par la concentration non notifiée. • Aut. conc. n° 12-D-12 du 11 mai 2012 : *préc. note 8.* ♦ Pour la détermination de la sanction il doit être tenu compte, notamment, du caractère plus ou moins évident de la contrôlabilité de l'opération, de la taille de l'entreprise et des moyens, notamment juridiques, dont celle-ci pouvait disposer, ou de l'éventuelle volonté délibérée de ses responsables de contourner l'obligation légale de notification, en particulier lorsque l'opération était susceptible de porter une atteinte substantielle à la concurrence. • Même décision. ♦ Si l'Autorité est fondée à tenir compte du fait que l'opération n'entraîne pas d'atteinte à la concurrence pour déterminer le montant de l'amende, au sens où le constat d'une telle atteinte aggraverait l'infraction poursuivie, le fait que la concentration n'ait pas porté atteinte à la concurrence n'est pas de nature, en soi, à atténuer la gravité de l'infraction. • Aut. conc. n° 13-D-22 du 20 déc. 2013 : *préc.*

Il convient de préserver l'effet utile de l'obligation de notification et de la sanction du manquement à cette obligation prévues aux art. L. 430-3 et L. 430-8 dans le cas où une personne morale assure la gouvernance d'un groupe tout en ne disposant pas elle-même d'un chiffre d'affaires, mais où le chiffre d'affaires issu des activités du groupe est bien réalisé par les différentes entités composant le groupe et membres, comme en l'espèce, par l'association chargée de la gouvernance de l'ensemble. Dans ce cas, et en cohérence avec la rédaction du I de l'art. L. 430-8 qui prévoit d'augmenter, le cas échéant, le chiffre d'affaires de la personne morale à laquelle incombait la charge de la notification de celui de « la partie acquise », il convient de prendre en compte la réalité économique des parties concernées par l'obligation de notification. • Aut. conc. n° 13-D-01 du 31 janv. 2013 : *JCP E 2013. Actu. 158, obs. Lucas ; CCC 2013. Étude 5, par Lucas ; RLC avr.-juin 2013. 17, obs. Pinçon.* ♦ Le mode de calcul de la sanction prévue au I de l'art. L. 430-8 est directement lié à la nature de l'infraction réprimée ; il appartient à l'Autorité de la concurrence, sous le contrôle du juge, de tenir compte des circonstances de chaque espèce, y compris de la gravité du manquement, pour déterminer le montant de l'amende dans la limite du plafond, qui n'est pas manifestement disproportionné, fixé par les dispositions contestées. • CE 16 juill. 2014, n° 375658 : *CCC 2015. Chron. 1, spéc. n° 7, obs. Bosco ; RJDA 2014, n° 868 ; RLC oct.-déc. 2014. 12, obs. Verney.*

10. Continuité du contrôle des concentrations. Le législateur a entendu assurer la continuité de l'exercice des pouvoirs de police en matière de concentrations antérieurement détenus par le ministre chargé de l'économie et transférés à l'Autorité de la concurrence. Il en résulte que, quelle que soit la date à laquelle les mesures correctives assortissant une autorisation de concentration ont été adoptées, l'Autorité est compétente pour se saisir d'office en vue de vérifier l'exécution des injonctions, prescriptions ou engagements figurant dans des décisions autorisant des opérations de concentration. • CE 21 déc. 2012, n° 353856 : *AJDA 2013. 215, note Domino et Bretonneau ; JCP E 2013, n° 1094 ; CCC 2013. Chron. 3, par Bosco ; RJDA 2013, n° 842 ; RLDA mars 2013. 33, note Gunther et Tayar.*

11. Réalisation anticipée de l'opération. La réalisation d'une opération de concentration pendant la période suspensive peut être qualifiée d'effective lorsque la propriété de tout ou partie des actifs de la cible et les droits qui y sont attachés sont effectivement transférés à l'acquéreur avant l'autorisation de l'Autorité, auquel cas la situation de fait (le contrôle) se confond avec la situation de droit (les titres de propriété). Elle peut également être qualifiée d'effective lorsque, sans que la propriété des actifs ne soit transférée (ou avant même le transfert de ces actifs), l'acquéreur acquiert néanmoins une influence déterminante sur tout ou partie des activités de la cible. La réalisation anticipée de l'opération (*gun jumping*) pourra être caractérisée au regard, notamment, d'un changement structurel, de la mise en œuvre de relations commerciales ou d'échanges d'informations. • Aut. conc. n° 16-D-24 du 8 nov. 2016 : *RLC avr. 2017. 15, note Audran.*

Art. L. 430-9 *(L. n° 2008-776 du 4 août 2008, art. 96-I, I)* **« L'Autorité de la concurrence peut, en cas d'exploitation abusive d'une position dominante ou d'un état de dépendance économique, enjoindre, par décision motivée, à l'entreprise ou » au groupe d'entreprises en cause de modifier, de compléter ou de résilier, dans un délai déterminé, tous accords et tous actes par lesquels s'est réalisée la concentration de la puissance économique qui a permis les abus même si ces actes ont fait l'objet de la procédure prévue au présent titre.** — *Anc. art. L. 430-6 (L. n° 2001-420 du 15 mai 2001).*

V. notes ss. art. L. 430-2.

BIBL. ▶ THOUVENIN, *CCC 2005. Chron. 19, spéc. n°s 34 s.* (l'art. L. 430-9 et l'acte faisant grief). – BOUDOU, *RJDA 7/2019. 595* (contrôle des concentrations et prohibition des pratiques anticoncurrentielles : entre compétences antagonistes et compétences complémentaires).

1. Conditions. Pour apprécier si une opération de concentration présente le risque de produire des effets coordonnés de la part d'opérateurs en situation de puissance économique collective, il incombe à l'Autorité de la concurrence de s'interroger, dans le cadre d'une analyse prospective du marché pertinent, sur sa probabilité, en appréhendant le mécanisme économique global d'une éventuelle coordination. • CE 5 nov. 2014, n° 373065 : *JCP E 2014, n° 1641 ; CCC 2015. Chron. 1, spéc. n° 3, obs. Prieto ; RJDA 2015, n° 309 ; RLC juill.-sept. 2015. 18, obs. Bary.* ♦ Mais les procédures prévues par le titre III de l'Ord. du 1er déc. 1986 [C. com., art. L. 420-1 s.], relatif au contrôle des ententes, et par le titre V [C. com., art. L. 430-1 s.], relatif au contrôle des concentrations, sont différentes et inconciliables entre elles. • Paris, 28 juin 1994 : *CCC 1994, n° 169, obs. Vogel ; Gaz. Pal. 1994. 2. 654, concl. Jobard ; D. 1994. IR 195.* ♦ L'art. 43 [C. com., art. L. 430-6], s'il permet le cumul des contrôles des concentrations et des pratiques anticoncurrentielles lorsqu'il s'agit d'un cas d'exploitation abusive d'une position dominante ou d'un état de dépendance économique, ne prévoit aucune possibilité d'examen conjoint des concentrations et des ententes. • Même arrêt. – Conf. par • Com. 26 nov. 1996, n° 94-20.055 P : *D. 1997. IR 16*. ♦ V. note 3 ss. art. L. 420-1.

2. Application : remise en cause de la concentration. Il résulte de l'art. L. 430-9 que lorsqu'une opération concentrative qui, en elle-même, ne constitue pas une pratique répréhensible, a permis la réalisation d'un abus de position dominante, le Conseil de la concurrence [ancienne rédaction] peut, une fois qu'il a constaté qu'un tel abus avait été commis, demander au ministre de mettre en œuvre les dispositions précitées, afin que soit remise en cause pour l'avenir, par le biais d'une mesure de police non constitutive d'une sanction, l'opération de concentration. • Cons. conc. n° 02-D-44 du 11 juill. 2002 : *D. 2002. AJ 2804 ; JCP E 2003, n° 5, p. 224, note Arhel ; LPA 2 sept. 2002, note Arhel ; CCC 2002, n° 157, obs. Malaurie-Vignal.* ♦ Afin d'éviter que ne se reproduisent les abus de positions dominantes constatés, V., demandant au ministre d'enjoindre à plusieurs entreprises de modifier, compléter ou résilier, dans un délai déterminé, tous accords et tous actes ayant conduit ces entreprises à associer leurs moyens dans le cadre de filiales communes qu'elles ont créées conjointement dans différents secteurs. • Même décision. ♦ En vertu de l'art. L. 430-9, l'Autorité de la concurrence peut, en cas d'exploitation abusive d'une position dominante ou d'un état de dépendance économique, enjoindre aux entreprises concernées de modifier, compléter ou résilier tous accords et tous actes par lesquels s'est réalisée la concentration de la puissance économique, même s'ils ont fait l'objet d'une procédure d'autorisation de concentration. • CE

23 déc. 2013, n° 363702 : *cité note 4 ss. art. L. 430-7.*

3. Recours. Les décisions prises sur le fondement de l'art. L. 430-9 ne sont susceptibles que d'un recours devant le juge administratif. • Com. 12 juill. 2004, n° 03-12.409 P : *D. 2004. AJ 2374, obs. Chevrier ; JCP E 2004, n° 48, p. 1883, obs. Decocq ; CCC 2004, n° 173, obs. Malaurie-Vignal ; RDLC déc. 2004. 92, obs. Momège ; RJDA 2004, n° 1270 ; RLC 2005, n° 1, p. 15, obs. Sélinsky.* – V. sur cet arrêt, Destours, *RJDA 2004, p. 1059.* ♦ En l'absence de disposition législative expresse dérogeant au principe selon lequel relève en dernier ressort de la compétence de la juridiction administrative l'annulation ou la réformation des décisions prises par les autorités exerçant le pouvoir exécutif dans l'exercice des prérogatives de puissance publique, il appartient à cette juridiction de connaître de la légalité des actes pris pour l'application de l'art. L. 430-9. • CE 7 nov. 2005, n° 271982 : *D. 2005. AJ 3084, obs. Chevrier ; RTD com. 2006. 312, obs. Orsoni ; JCP 2006. I. 120, n° 25, obs. Boiteau ; RJDA 2006, n° 67 ; RJ com. 2006. 124, obs. Decocq.*

La demande adressée par le Conseil de la concurrence au ministre de l'Économie [ancienne rédaction] sur le fondement de l'art. L. 430-9 ne fait pas grief, de sorte que le recours en annulation formé contre une telle demande est irrecevable. • Paris, 18 févr. 2003 : *JCP E 2003, n° 14, p. 612, note Arhel ; CCC 2004, n° 8, obs. Malaurie-Vignal.* – Arrêt cassé, au motif que la cour d'appel de Paris aurait dû se déclarer incompétente : • Com. 12 juill. 2004, n° 03-12.409 P : *préc.* ♦ La décision par laquelle le Conseil saisit le ministre de l'Économie [ancienne rédaction] d'une demande tendant à ce qu'il prenne les mesures entrant dans les prévisions de l'art. L. 430-9 n'est qu'un élément de la procédure qui permet à celui-ci de prononcer des injonctions à l'encontre des entreprises en cause ; elle est, par elle-même, dépourvue de tout effet juridique à leur égard ; elle présente, dès lors, le caractère d'un acte préparatoire et n'est pas susceptible de faire l'objet d'un recours pour excès de pouvoir. • CE 7 nov. 2005, n° 271982 : *préc.*

4. Application dans le temps. Pour l'application des dispositions de l'art. L. 430-9, il importe peu que les opérations en cause soient intervenues plusieurs décennies avant l'entrée en vigueur de cette disposition. • Paris, 18 févr. 2003 : *préc. note 3.*

Art. L. 430-10 *(L. n° 2008-776 du 4 août 2008, art. 96-I, J)* **Lorsqu'ils interrogent des tiers au sujet de l'opération, de ses effets et des engagements proposés par les parties, et rendent publique leur décision dans des conditions fixées par décret, l'Autorité de la concurrence et le ministre chargé de l'économie tiennent compte de l'intérêt légitime des parties qui procèdent à la notification ou des personnes citées à ce que leurs secrets d'affaires ne soient pas divulgués.** – *V. art. R. 463-15-1.*

V. notes ss. art. L. 430-2.

TITRE QUATRIÈME DE LA TRANSPARENCE, DES PRATIQUES RESTRICTIVES DE CONCURRENCE ET D'AUTRES PRATIQUES PROHIBÉES

RÉP. COM. v^is^ *Transparence tarifaire et pratiques restrictives ; Accords de distribution (Droit de la concurrence)*, par Arhel.

BIBL. GÉN. ▶ Ferré, *Cah. dr. entr. 2007, n° 3, p. 26* (regard sur l'efficacité du titre IV, livre IV du code de commerce à l'occasion d'un bilan). – Decocq, *RJ com. 2008. 96* (de l'avenir des pratiques dites « restrictives de concurrence »). ▶ Loi n° 2008-776 du 4 août 2008 : Chagny, *CCC 2008. Dossier 10* (application dans le temps du nouveau droit des pratiques restrictives de concurrence). – NDLR, *BRDA 2009, n° 1, p. 21* (avis de la CEPC sur le volet concurrence de la LME). – Le Gac-Pech, *CCC 2009. Étude 12* (l'établissement des relations de distribution : entre classicisme et modernité). – Grall, *RLC juill.-sept. 2011. 28* (la LME résistera-t-elle jusqu'aux prochaines élections présidentielles ?). – Berg-Moussa et Minet, *CCC 2012. Étude 2* (la médiation des relations inter-entreprises : premier bilan d'activité). – Martin, *Journ. sociétés 9/2014. 41* (pratiques restrictives de concurrence et transparence tarifaire : étude des bilans de décisions judiciaires de l'année 2013). – Grall et Bussonnière, *RLC sept. 2016. 37* (les sanctions administratives en droit de la transparence tarifaire et des pratiques restrictives : premier bilan et perspectives). – Plankensteiner et Créquer, *RLC janv. 2017. 27* (les relations commerciales après la loi Sapin 2). – NDLR, *BRDA 2017, n° 1, p. 34* (mesures de la loi Sapin 2 en droit de la concurrence). – Gouache et Béhar-Touchais, *CCC 2017. Étude 7* (apports de la loi Sapin 2 en matière de distribution). – Ponsard, *CCC 2018. Dossier 3* (propositions de l'AFEC concernant la réforme attendue des pratiques restrictives de concurrence). – Buy, *D. 2020. 1240* (la crise au supermarché). – Hadj-Aïssa, *AJ contrat 2020. 325* (covid-19 et application des dispositions du titre IV du livre IV du code de commerce). – Godard, *RLC 1/2021. 21* (un vent de réformes souffle (déjà !) sur le droit substantiel des pratiques restrictives de concurrence).

▸ Loi n° 2014-344 du 17 mars 2014 : Dossier, *Journ. sociétés 1/2014. 9* (relations B to B dans le projet de loi relatif à la consommation). – Ferrier et Martin, *JCP 2014, n° 376* (loi en faveur des consommateurs... et de certains professionnels). – Chagny, *RTD com. 2014. 67* (le droit [substantiel] des pratiques restrictives de concurrence s'invite dans la loi Hamon [1re partie]). – Dossier, *AJCA 2014. 9* (loi Hamon : quel impact sur les contrats d'affaires ?). – Pétrignet et Redon, *BRDA 2014, n° 7, p. 11* (relations commerciales entre professionnels). – Ferrier, *D. 2014. 889* (encadrement renforcé des relations entre professionnels). – Éréséo, *Gaz. Pal. 2014. 1425* (encadrement des relations entre fournisseurs et distributeurs). – Maréchal, *CCC 2014. Dossier 4* (volet « concurrence » de la L. n° 2014-344 du 17 mars 2014). – Faizant et Coulon, *ibid. 9* (dispositions relatives à la transparence et aux relations commerciales : nouvelle évolution ou révolution ?). – Grall, *RLC avr.-juin 2014. 39* (implications sur les négociations commerciales). – Lesquins, Delesalle et Van Cauwelaert, *ibid. 149* (réforme du dispositif de sanction en cas de non-respect des règles relatives aux délais de paiement et à la convention unique). – Grall et Lamy, *RLDA mai 2014. 79* (implications sur les négociations commerciales). – Berg-Moussa, *JCP E 2014, n° 1320 ; CCC 2014. Étude 7* (apports de la loi Hamon en matière de délais de paiement). – Buy, *D. 2014. 1333* (sanction de la lésion dans les relations commerciales : à propos de l'art. L. 441-7 modifié). – Grall et Bussonnière, *RLC oct.-déc. 2014. 23* (quelle sanction en cas de non-respect du délai de paiement convenu inférieur aux plafonds légaux ? conséquences de l'abrogation de l'art. L. 442-6-I-7°). – Beaumont, *AJCA 2014. 316* ; *AJCA 2015. 37* (position de la DGCCRF sur les dispositions concernant les relations commerciales). – Pétrignet, *BRDA 2014, n° 23, p. 25* (même thème). – Inforeg, *Cah. dr. entr. 2015, n° 1, p. 61* (les CGV dans les contrats d'affaires à l'heure de la loi Hamon). – Augagneur et Rivier-Deloye, *RLDA mars 2015. 64* (insécurité juridique des délais de paiement après la loi Hamon). – Chenet et Pariente, *JCP E 2015, n° 1236* (déterminisme ou détermination du prix : la fixation du prix pendant un an, la conséquence [peut-être] inattendue de la loi Hamon). – Mitchell et Fournier, *CCC 2015. Dossier 6* (pratiques restrictives dans la loi Hamon). – Martin et Pihéry, *Journ. sociétés 9/2015. 47* (pratiques restrictives de concurrence et transparence tarifaire : entre la loi Hamon et la loi Macron, les bilans de décisions judiciaires de l'année 2014). – Berg-Moussa, *RLDA oct. 2015. 58* (loi Hamon un an après : volet B2B).

▸ Loi n° 2015-990 du 6 août 2015 : Arhel, *LPA 29 sept. 2015* (volet « concurrence » de la loi Macron). – Ferrier, *D. 2015. 1904* (L. du 6 août 2015 pour la croissance, l'activité et l'égalité des chances économiques... en matière de distribution ?). – Parleani, *AJCA 2015. 407* (loi Macron : toujours plus en « pratiques restrictives »). – Plankensteiner et Créquer, *LPA 4 nov. 2015* (les relations commerciales après la loi du 6 août 2015).

La procédure simplifiée de l'ordonnance pénale est applicable aux délits prévus au titre IV du livre IV du code de commerce pour lesquels une peine d'emprisonnement n'est pas encourue (C. pr. pén., art. 495-II-9°).

CHAPITRE PRÉLIMINAIRE LA COMMISSION D'EXAMEN DES PRATIQUES COMMERCIALES

(L. n° 2014-344 du 17 mars 2014, art. 127)

Art. L. 440-1 **I. — La commission d'examen des pratiques commerciales est composée d'un député et d'un sénateur désignés par les commissions permanentes de leur assemblée compétentes en matière de relations commerciales entre fournisseurs et revendeurs, de membres, éventuellement honoraires, des juridictions administratives et judiciaires, de représentants des secteurs de la production et de la transformation agricole et halieutique, ainsi qu'industrielle et artisanale, des transformateurs, des grossistes, des distributeurs et de l'administration, ainsi que de personnalités qualifiées.**

Le président de la commission est désigné parmi ses membres par décret. Lorsque celui-ci n'est pas membre d'une juridiction, un vice-président appartenant à une juridiction administrative ou judiciaire est également désigné, dans les mêmes conditions. Elle comprend un nombre égal de représentants des producteurs et des revendeurs.

Les membres de la commission sont tenus au secret professionnel pour les faits, actes et renseignements dont ils ont pu avoir connaissance en raison de leurs fonctions.

II. — Le président de la commission peut décider de mettre en place plusieurs chambres d'examen au sein de la commission.

La commission assure, sous la responsabilité de son président, l'anonymat des saisines et des documents qui lui sont soumis, y compris vis-à-vis de ses membres.

Un décret détermine l'organisation, les moyens et les modalités de fonctionnement de la commission ainsi que les conditions nécessaires pour assurer l'anonymat des acteurs économiques visés dans les avis et recommandations de la commission. – *V. art. D. 440-1 s.*

III. — La commission entend, à sa demande, les personnes et fonctionnaires qu'elle juge utiles à l'accomplissement de sa mission.

Son président peut demander qu'une enquête soit effectuée par les agents habilités à cet effet à l'article L. 450-1 du présent code *(Ord. n° 2016-301 du 14 mars 2016, art. 6, en vigueur le 1er juill. 2016)* **« et aux articles L. 511-3, L. 511-21 et L. 511-22 » du code de la consommation, selon les procédures prévues. Le compte rendu de l'enquête est remis au président de la commission, qui s'assure qu'il préserve l'anonymat des personnes concernées.**

IV. — La commission est saisie par le ministre chargé de l'économie, par le ministre chargé du secteur économique concerné, par le président de l'Autorité de la concurrence, par toute personne morale, notamment les organisations professionnelles ou syndicales, les associations de consommateurs agréées, les chambres consulaires ou d'agriculture, ainsi que par tout producteur, fournisseur ou revendeur s'estimant lésé par une pratique commerciale. Elle peut également se saisir d'office.

La commission d'examen des pratiques commerciales peut également être consultée par les juridictions sur des pratiques, définies au présent titre, relevées dans les affaires dont celles-ci sont saisies.

La décision de saisir la commission n'est pas susceptible de recours. La commission fait connaître son avis dans un délai maximal de quatre mois à compter de sa saisine. Il est sursis à toute décision sur le fond de l'affaire jusqu'à réception de l'avis ou, à défaut, jusqu'à l'expiration du délai de quatre mois susmentionné. Toutefois, des mesures urgentes ou conservatoires nécessaires peuvent être prises. L'avis rendu ne lie pas la juridiction.

L'avis de la commission d'examen des pratiques commerciales est publié après la décision rendue par la juridiction l'ayant saisie pour avis.

V. — La commission a pour mission de donner des avis ou de formuler des recommandations sur les questions, les documents commerciaux ou publicitaires, y compris les factures et contrats couverts par un secret *(L. n° 2018-670 du 30 juill. 2018, art. 4)* **« des affaires », et les pratiques concernant les relations commerciales entre producteurs, fournisseurs et revendeurs, qui lui sont soumis.**

L'avis rendu par la commission porte notamment sur la conformité au droit de la pratique ou du document dont elle est saisie. – *V. ces avis publiés sur le site internet de la CEPC.*

La commission peut également décider d'adopter une recommandation sur les questions dont elle est saisie et sur toutes celles entrant dans ses compétences, notamment celles portant sur le développement des bonnes pratiques. Lorsqu'elle fait suite à une saisine en application du premier alinéa du présent V, cette recommandation ne contient aucune indication de nature à permettre l'identification des personnes concernées. La recommandation est communiquée au ministre chargé de l'économie et est publiée sur décision de la commission.

La commission exerce, en outre, un rôle d'observatoire régulier des pratiques commerciales, des facturations et des contrats conclus entre producteurs, fournisseurs et revendeurs qui lui sont soumis.

Elle établit chaque année un rapport d'activité, qu'elle transmet au Gouvernement et aux assemblées parlementaires. Ce rapport est rendu public. Il comprend une analyse détaillée du nombre et de la nature des infractions au présent titre ayant fait l'objet de sanctions administratives ou pénales. Il comprend également les décisions rendues en matière civile sur les opérations engageant la responsabilité de leurs auteurs.

BIBL. ► VILMART, *JCP E 2001, n° 50, p. 1994* (effectivité de la lutte contre les pratiques commerciales abusives dans la loi NRE). – DESTOURS, *Lettre distrib. 1/2002, p. 1* (obscure clarté du premier décret d'application de la loi NRE). – GRIZAUT, *DP aff. 13 janv. 2002* (nouvelle Commission d'examen des pratiques commerciales). – DUMAS, *D. 2003. Interview. 1146* (même thème). – GUÉVEL, *Gaz. Pal. 29-30 mai 2002, p. 36* (quelques aspects de la loi NRE en matière de concurrence). – FERRÉ, *CCC 2007. Étude 6* (quels enseignements tirer des rapports présentés par la CEPC ?). – LECLERCQ, *Cah. dr. entr. 2007, n° 3, p. 23* (fonctionnement de la CEPC). – GRALL,

RLC juill.-sept. 2009. 35 (la Commission d'examen des pratiques commerciales). – VAUTRIN, *RDLC 2011, nº 4, p. 28* (la CEPC : organe de création de *soft law*). – FERRÉ et PIHÉRY, *CCC 2011. Étude 1* (pratiques restrictives de concurrence : étude du bilan de la CEPC) ; *CCC 2012. Étude 1* (même thème pour 2012). – BÉHAR-TOUCHAIS, *RLC oct.-déc. 2011. 33* (CEPC : analyse des derniers avis). – FERRÉ et PIHÉRY, *RDLC 2012, nº 4, p. 56* (étude du bilan de la CEPC 2012). – DELPECH, *AJCA 2015. 216* (saisine de la CEPC). – PÉTRIGNET et FOURGOUX, *RLC juill.-août 2018. 24* (l'activité de la CEPC : quel impact sur le contrôle du déséquilibre significatif ?). – CHAGNY, *RLC févr. 2022. 4* (les vingt ans de la CEPC).

Compétence matérielle. La CEPC n'est pas compétente pour juger de la conformité d'une clause au regard des dispositions du code de la consommation. Néanmoins, en l'espèce, il convient de s'assurer que les professionnels contractants ne relèvent pas des notions de consommateur ou de non-professionnel pour pouvoir écarter l'application de telles dispositions. • CE, avis nº 15-03 du 22 janv. 2015.

CHAPITRE PREMIER DE LA TRANSPARENCE DANS LA RELATION COMMERCIALE *(Ord. nº 2019-359 du 24 avr. 2019, art. 1er).*

RÉP. COM. vº *Transparence tarifaire et pratiques restrictives*, par ARHEL.

BIBL. GÉN. ▸ PIGASSOU, *JCP E 1990. II. 15720 ; RTD com. 1995. 693* (pénalisation de la transparence tarifaire et libre circulation des marchandises). – LUCAS DE LEYSSAC, *Mél. Guyon, Dalloz, 2003, p. 751* (opacification du droit de la transparence, conséquence de sa codification). – BÉHAR-TOUCHAIS, *RLC oct.-déc. 2007. 164* (vice et vertu de la transparence). – J. PHILIPPE, *ibid. 169* (la transparence, source d'accroissement et facteur de réduction de la concurrence). – AUGAGNEUR, *RTD com. 2008. 221* (transparence tarifaire, opacité législative). – Dossier, *AJCA 2015. 295* (les pratiques tarifaires et le droit de la concurrence). – FOURGOUX, *AJCA 2016. 70* (transparence digitale sur les prix et concurrence). – DOSTERT, *ibid. 73* (les pratiques tarifaires revisitées par l'économie digitale). – Dossier, *RLC avr. 2016. 25* (réforme du droit des contrats : quels enjeux pour les relations commerciales ?). – VERTUT, *RLC juill.-août 2017. 43* (précision et transparence : une relation aux multiples enjeux dans le cadre des pratiques restrictives de concurrence et des relations commerciales en général).

▸ Ord. nº 2019-359 du 24 avr. 2019 : Dossier, *AJ contrat 2019. 207* (ordonnances EGalim : principaux impacts sur le droit des contrats). – NDLR, *BRDA 2019, nº 10, p. 59* (le droit des négociations commerciales profondément modifié). – BUY, *D. 2019. 1122* (la [décevante] réforme du droit des relations commerciales). – FOURGOUX, *RLC juin 2019. 20* (la transparence des relations commerciales après la réforme du titre IV du livre IV du code de commerce). – LOISEAU, *CCE 2019, nº 48* (refonte des règles contractuelles en matière de pratiques commerciales). – CHAGNY, *RTD com. 2019. 353* (la refonte du titre IV du livre IV... en attendant une nouvelle réforme ?). – Dossier, *JCP E 2019, nº 1361* (la réforme du titre IV du livre IV du code de commerce). – BEAUMEUNIER, *RLC sept. 2019. 18* (le regard de la DGCCRF) ; *CCC 2019. Dossier 12* (présentation de la réforme par la DGCCRF). – BROUSSOLLE, *LPA 18 mars 2020* (principales disposition des ordonnances du 24 avr. 2019).

SECTION PREMIÈRE LES CONDITIONS GÉNÉRALES DE VENTE *(Ord. nº 2019-359 du 24 avr. 2019, art. 1er)*

Art. L. 441-1 **I. — Les conditions générales de vente comprennent notamment les conditions de règlement, ainsi que les éléments de détermination du prix tels que le barème des prix unitaires et les éventuelles réductions de prix.**

II. — Toute personne exerçant des activités de production, de distribution ou de services qui établit des conditions générales de vente est tenue de les communiquer à tout acheteur qui en fait la demande pour une activité professionnelle. Cette communication s'effectue par tout moyen constituant un support durable.

Ces conditions générales de vente peuvent être différenciées selon les catégories d'acheteurs de produits ou de prestations de services. Dans ce cas, l'obligation de communication prescrite au premier alinéa du présent II porte uniquement sur les conditions générales de vente applicables à une même catégorie d'acheteurs.

III. — Dès lors que les conditions générales de vente sont établies, elles constituent le socle unique de la négociation commerciale.

Dans le cadre de cette négociation, les parties peuvent convenir de conditions particulières de vente qui ne sont pas soumises à l'obligation de communication prescrite au II.

Lorsque le prix d'un service ne peut être déterminé *a priori* ou indiqué avec exactitude, le prestataire de services est tenu de communiquer au destinataire qui en fait la demande la méthode de calcul du prix permettant de vérifier ce dernier, ou un devis suffisamment détaillé.

IV. — Tout manquement au II est passible d'une amende administrative dont le montant ne peut excéder 15 000 € pour une personne physique et 75 000 € pour une personne morale. — *Comp. anc. art. L. 441-6-I, al. 1er à 7, et II.*

BIBL. ▶ André et J.-M. Mousseron, *Cah. dr. entr. 1993, nº 1.* – Delbarre et Lavabre, *RJDA 1994, p. 380* (confrontation des conditions générales de vente et conditions générales d'achat). – Acquaviva et de Montblanc, *Cah. dr. entr. 1993, nº 3* (nouveaux documents commerciaux). – Anstett-Gardea, *ibid. 1995, nº 1.* – Malaurie-Vignal, *LPA 3 oct. 1994 ; JCP E 1996. I. 537.* – M. Mousseron, *LPA 3 oct. 1994* (prestations de services). – Caprioli et Roquilly, *Cah. dr. entr. 1994, nº 4* (dématérialisation des documents commerciaux). – L. et J. Vogel, *JCP E 1995. I. 436.* – Lucas de Leyssac, *LPA 6 mars 1996.* – Giulj, *LPA 1er nov. 2002* (rédaction des conditions de vente et des factures depuis la loi NRE : mentions obligatoires relatives aux conditions de règlement). – Fabre, *Cah. dr. entr. 2005, nº 6, p. 40* (les nouvelles conditions générales de vente et d'achat issues de la L. du 2 août 2005). – Bouloc, *RLC juill.-sept. 2006. 75* (communication à un tiers d'accords conclus par un groupement d'achats et abus de confiance). – Nourissat, *RLC oct.-déc. 2006. 36.* (retour sur les CGV catégorielles et les CPV). – Béhar-Touchais, *Mél. le Tourneau, Dalloz, 2008, p. 53* (« le choc des Titans » : existe-t-il des fournisseurs assez puissants pour contrebalancer la puissance d'achat de la grande distribution ?). – Inforeg, *Cah. dr. entr. 2008, nº 5, p. 67* (conditions générales d'achat). – Amenc, *RSC 2008. 388* (dépénalisation du refus de communication des CGV par la L. du 3 janv. 2008). – Cousin, *JCP E 2008, nº 43, p. 9* (négociabilité des tarifs et des CGV après la LME : quels garde-fous ?). – Augagneur, *JCP E 2010, nº 1654* (interdiction, droit et devoir de négocier : retour sur la confrontation entre CGV et CGA). – Aronica et Ostojski, *AJCA 2014. 165* (les CGV, un incontournable de la relation commerciale). – Bailly, Haranger et de Pelet, *RLDA déc. 2018. 58* (conditions générales : comment les faire prévaloir dans ses relations commerciales ?).

I. DOMAINE D'APPLICATION

1. *Champ d'application matériel.* La société régisseur de la publicité dans les annuaires officiels de France Télécom n'étant ni producteur, ni grossiste, ni importateur au sens de l'art. 33 [C. com., anc. art. L. 441-6], et, par ailleurs, la société partie civile, qui commercialise des appareils de balnéothérapie, n'ayant pas la qualité de revendeur vis-à-vis de celle-ci, puisque leurs domaines d'activité sont totalement différents, ledit art. 33 [C. com., anc. art. L. 441-6] est inapplicable et il y a lieu de relaxer les prévenus du chef de refus de communication de tarifs. • Paris, 3 juin 1993 : *JCP E 1993. Pan. 1076.* ♦ Les dispositions de l'art. L. 441-6 [L. 441-1] ne sont pas applicables à un contrat de cession de fonds de commerce. • Com. 3 mars 2015, nº 14-11.414 P : *D. 2015. Actu. 620 ; AJCA 2015. 238, obs. Reygrobellet ; JCP E 2015, nº 1154 ; CCC 2015, nº 117, obs. Malaurie-Vignal ; RJDA 2015, nº 390.* ♦ Jugeant que l'avocat, prestataire de services, relève des dispositions des art. L. 441-6 [L. 441-1] et D. 441-5 : • Civ. 2e, 3 mai 2018, nº 17-11.926 P : *D. 2018. Actu. 1020 ; JCP E 2018, nº 1264.* ♦ Pour condamner une association à payer des pénalités de retard au titre de l'art. L. 441-6, dans sa rédaction issue de la L. nº 2006-10 du 5 janv. 2006, l'arrêt retient que ce texte lui est applicable, dès lors que seuls les consommateurs sont exclus de son champ d'application. En se déterminant ainsi, sans rechercher, comme elle y était invitée, si, compte tenu de son activité, l'association n'avait pas la qualité de non-professionnel, exclusive de l'application des pénalités litigieuses, la cour d'appel a privé sa décision de base légale au regard du texte susvisé. • Civ. 1re, 5 févr. 2020, nº 18-18.854 P : *D. 2020. Actu. 276 ; AJ contrat 2020. 291, obs. Buy ; RTD com. 2020. 316, obs. Chagny ; JCP E 2020, nº 1101 ; CCC 2020, nº 65, obs. Malaurie-Vignal ; RJDA 2020, nº 236.*

2. *Exclusion de l'obligation de communication à un concurrent non acheteur.* L'art. 33 [C. com., art. L. 441-1] ne peut bénéficier au concurrent qui n'a jamais prétendu qu'il pourrait acheter au fournisseur ses produits et, n'étant pas un revendeur habituel desdits produits, n'a jamais demandé au fournisseur de lui rétrocéder une quelconque marchandise mais indique naïvement vouloir connaître les prix des produits vendus par lui. • Versailles, 3 avr. 1997 : *D. Affaires 1997. 694*, conf. sur ce point par • Com. 1er juin 1999, nº 97-15.421 P : *D. Affaires 1999. 1320 ; CCC 2000, nº 10, obs. Malaurie-Vignal.*

II. PORTÉE DE L'OBLIGATION

3. *Absence d'obligation d'établir des CGV.* L'obligation pour toute entreprise de communiquer son barème et ses conditions de vente ne signifie pas que l'établissement de ces barèmes en conditions générales de vente soit obligatoire, en particulier dans les professions où la nature des prestations offertes ne s'y prête pas. Cela ne dispense cependant les entreprises, ni de mentionner dans leurs factures, la date limite de paiement qui doit, à peine de discrimination, être la même pour tous les acheteurs ni de rappeler dans ces documents les conditions d'escompte applicables en cas de paiement anticipé – y compris s'il n'y a pas d'escompte – ainsi que les pénalités auxquelles s'expose le débiteur en cas de paiement tardif (Rép. min. n° 3027 : *JO Sénat Q, 3 févr. 1994*). – V. aussi • Nancy, 23 juin 1998 : *JCP 1999. IV. 1540.*

L'absence de barèmes préétablis ne permet pas de se soustraire à l'obligation de communiquer les taux de ristournes accordés aux clients habituels ou occasionnels ainsi que les montants de commandes auxquels correspondent ces remises. • Com. 18 janv. 1994, ♔ n° 92-11.425 : *CCC 1994, n° 162, obs. Vogel.* – Dans le même sens, V. * Rép. min. n° 5044 : *JO Sénat Q, 5 mai 1994, p. 1092 ; CCC 1994, n° 163.*

4. CGV différenciées. **BIBL.** Villey-Desmeserets, Dauba et Gauvry, *RLC nov. 2021. 37* (la différenciation de traitement par un fournisseur de ses clients-distributeurs). ♦ Sur la faculté reconnue à un fournisseur d'établir des conditions générales de vente distinctes pour les différentes catégories d'acheteur, V. • Com. 12 mars 1996, ♔ n° 93-19.632 : *D. Affaires 1996. 608* (commercialisation par un éditeur d'ouvrages à compte d'auteur). • T. com. Paris, 11 mai 2005 : *Lettre distrib. 5/2006, p. 1, obs. André* (distinction entre les négociants et les industriels). ♦ En vertu de l'art. L. 441-6 [L. 441-1] et de la circulaire Dutreil, un négociant ne peut bénéficier de la communication de barèmes et CGV que pour les produits relevant de la catégorie de clientèle dont il relève. • T. com. Paris, 11 mai 2006 : *JCP E 2007, n° 12, p. 25, obs. Mainguy ; RDLC 2006, n° 3, p. 112, obs. de La Laurencie ; RLC juill.-sept. 2006. 48, obs. Béhar-Touchais.* – V. aussi note 50 ss. anc. art. L. 442-6, reproduit ss. art. L. 442-1. ♦ Si la L. du 2 août 2005 légitime les conditions particulières de vente et la différenciation tarifaire, les conditions générales de vente constituent le socle de la négociation commerciale (Lettre min. de l'Économie du 29 août 2005 : *Lettre distrib. 11/2005, p. 4*).

5. CGV et CGA. En droit commercial, rien n'impose de préférer les conditions générales de vente d'un fournisseur aux conditions générales d'achat d'un distributeur client, qui sont soumises à la négociation commerciale des parties dans le cadre de la réglementation économique applicable. • Nîmes, 25 févr. 2010 : ♔ *cité note 21 ss. anc. art. L. 442-6, reproduit ss. art. L. 442-4.* ♦ Mais l'intangibilité des CGA, leur systématisation excluant toute négociation véritable, outre l'inversement de la situation de négociation voulue par le législateur dans l'art. L. 441-6 [L. 441-1], établit un déséquilibre significatif dans les obligations des parties, au détriment du fournisseur. • Paris, 18 déc. 2013 : ♔ *CCC 2014, n° 64, obs. Mathey ; RJDA 2014, n° 569 ; RLC avr.-juin 2014. 45, note Grall et Bussonnière* (conf. par • Com. 27 mai 2015, ♔ n° 14-11.387 P : *cité note 13 ss. anc. art. L. 442-6, reproduit ss. art. L. 442-1*). ♦ Le code de commerce précise désormais que les CGV sont le socle unique de la négociation commerciale, ce qui exclut ainsi expressément une organisation de cette négociation sur le seul fondement des conditions d'achat ou de contrats types des clients. Ceux-ci peuvent néanmoins être pris en compte dans le cadre de la négociation. • CEPC, avis n° 15-08 du 26 mars 2015 : *CCC 2015, n° 170, obs. Malaurie-Vignal.* ♦ En l'absence de CGV, la négociation peut valablement démarrer des conditions générales d'achat du client. Ces CGA ou de référencement doivent faire l'objet d'une négociation, au même titre que les CGV, et peuvent valablement figurer en annexe des conventions commerciales répondant aux conditions prévues à l'art. L. 441-7 [L. 441-3]. • CEPC, avis n° 17-1 du 19 janv. 2017. ♦ Les annexes font partie intégrante du contrat principal et sont soumises aux mêmes conditions de durée que celles de la convention commerciale ; la durée de validité ne saurait être différente, pour une annexe, de la durée stipulée au titre du contrat principal. Dans l'hypothèse où les CGA ou de référencement sont signées indépendamment et ne sont pas annexées à la convention unique telle que définie à l'art. L. 441-7 [L. 441-3], elles peuvent valablement comporter une clause de durée indéterminée, sous réserve que cette durée ne soit pas constitutive d'un déséquilibre significatif, et que les dispositions qu'elles contiennent ne relèvent pas de celles devant figurer dans la convention unique. • Même avis. ♦ Lorsque les contrats de vente font l'objet de documents écrits, les documents ayant valeur contractuelle sont ceux qui font l'objet d'un accord des deux parties, qu'ils aient été établis d'un commun accord entre elles (contrat, conditions particulières de vente) ou qu'il s'agisse de documents établis par l'une des parties dès lors qu'ils ont recueilli l'accord exprès ou implicite de l'autre partie (CGV, CGA, offre commerciale). • CEPC, avis n° 16-11 du 16 juin 2016.

III. CONTENU ET MOYEN DE LA COMMUNICATION

6. Rabais, remises et ristournes. Ayant constaté que les rabais et ristournes accordés à titre occasionnel faisaient partie, selon un usage professionnel courant, des informations communiquées aux distributeurs dans un souci de transparence et que les accords versés aux débats n'imposaient aux revendeurs de la société fournisseur aucun service spécifique allant au-delà des obligations contractées ordinairement entre fournisseurs et distributeurs, le juge des référés a pu retenir que le refus opposé par le fournisseur de communiquer à l'un de ses distributeurs le détail des ristournes et escomptes qu'il accordait à certains de ses distributeurs, les conditions spéciales qu'il consentait à l'occasion de campagnes de promotion de certains produits ainsi que les modalités de ses accords de distribution, constituait un trouble manifestement illicite. • Com. 27 févr. 1990, n° 88-12.189 P : *D. 1990. 521, note Malaurie*.

7. Avoirs sur transactions. En refusant d'ordonner la communication des conditions et de rémunération des avoirs sur transaction consentis à certains revendeurs au motif que ces avoirs ne concerneraient que la grande distribution à laquelle la société demanderesse n'appartient pas, une cour d'appel viole l'art. 33 [C. com., art. L. 441-1] en ajoutant à cette disposition une condition d'appartenance à un circuit de distribution qu'elle ne prévoit pas. • Com. 24 oct. 2000, n° 98-13.037 : *CCC 2001, n° 8, obs. Malaurie-Vignal.*

8. Conditions de règlement et pénalités. V. note 4 ss. art. L. 441-10.

9. Négociation verbale. La communication au demandeur des renseignements ne peut être subordonnée à une « négociation verbale » avec des représentants de la société. • Paris, 24 mars 1992 : *Gaz. Pal. 1992. 2. 590, note Marchi.* ♦ V. aussi, jugeant que la « négociation verbale », en raison de son caractère restrictif et le manque de transparence en résultant, contrevient aux dispositions de l'art. 33 [C. com., art. L. 441-1], et que la communication doit se faire par document écrit : • T. com. Grenoble, réf., 9 mars 1998 : *Gaz. Pal. 9-10 avr. 1999, p. 11.*

IV. SANCTIONS

10. Référé. Le juge des référés peut ordonner à un fournisseur de communiquer à un distributeur ses CGV et ses tarifs ainsi que le détail des rabais et ristournes consentis aux revendeurs à titre occasionnel ou habituel si, la condition d'urgence étant remplie, l'existence d'un différend entre les parties justifie cette mesure. • Com. 8 oct. 1991, n° 89-16.738 : *RJDA 1991, n° 1049.* ♦ En revanche, en prononçant une astreinte en vue d'assurer l'exécution de cette mesure au cas où le fournisseur s'abstiendrait ultérieurement de communiquer au distributeur les documents de cette nature, le juge statue pour l'avenir et par disposition générale en ajoutant à l'art. 33 [C. com., art. L. 441-1] une sanction que ce texte ne comporte pas. • Même arrêt. ♦ Sur la compétence du juge des référés, V. aussi • Com. 13 févr. 1990, n° 88-11.889 P.

11. Responsabilité civile. Une cour d'appel a justifié sa décision déclarant un fabricant de produits responsable du préjudice subi par un grossiste en raison de l'absence de communication en temps utile des conditions de vente. • Com. 26 nov. 1996, n° 94-18.136 : *RJDA 1997, n° 377.* ♦ Pour la condamnation d'un fournisseur sur le fondement du refus de communiquer les conditions générales de contrat et les contrats de concession déjà conclus avec des concessionnaires : • Paris, 23 avr. 2003 : *Cah. dr. entr. 2003, n° 5, p. 41, obs. Mainguy.* ♦ Le refus de communication des CGV applicables aux ventes en direct, à le supposer fautif, n'est pas susceptible de justifier une pratique illégale telle que la rétrocession litigieuse, constitutive de concurrence déloyale. • Com. 29 mars 2017, n° 15-27.811 P : *cité note 9 ss. art. D. 442-3.* ♦ V. aussi les sanctions sur le fondement de l'art. L. 442-6-I-9°, note 50 ss. anc. art. L. 442-6, reproduit ss. art. L. 442-1.

Art. L. 441-1-1 *(L. n° 2021-1357 du 18 oct. 2021, art. 4-I-1°)* **I. — Pour les produits alimentaires et les produits destinés à l'alimentation des animaux de compagnie, les conditions générales de vente, sur décision du fournisseur et sans que l'acheteur ne puisse interférer dans ce choix :**

1° Soit présentent, pour chacune des matières premières agricoles et pour chacun des produits transformés composés de plus de 50 % de matières premières agricoles qui entrent dans la composition du produit mentionné au premier alinéa du présent I, leur part dans la composition dudit produit, sous la forme d'un pourcentage en volume et d'un pourcentage du tarif du fournisseur ;

2° Soit présentent la part agrégée des matières premières agricoles et des produits transformés composés de plus de 50 % de matière première agricole qui entrent dans la composition du produit mentionné au même premier alinéa, sous la forme d'un pourcentage en volume et d'un pourcentage du tarif du fournisseur ;

3° Soit prévoient, sous réserve qu'elles fassent état d'une évolution du tarif du fournisseur du produit mentionné audit premier alinéa par rapport à l'année précédente, l'intervention d'un tiers indépendant, aux frais du fournisseur, chargé de certifier au terme de la négociation que, conformément au II de l'article L. 443-8, celle-ci n'a pas porté sur la part de cette évolution qui résulte de celle du prix des matières premières agricoles ou des produits transformés mentionnés au premier alinéa du présent I. Dans ce cas, le fournisseur transmet au tiers indépendant les pièces nécessaires à cette certification. Cette certification est fournie dans le mois qui suit la conclusion du contrat. En l'absence de ladite certification, si les parties souhaitent poursuivre leur relation contractuelle, elles modifient leur contrat dans un délai de deux mois à compter de la signature du contrat initial.

Le tiers indépendant est astreint au secret professionnel pour les faits, actes et renseignements dont il a connaissance à raison de ses fonctions. Le recours à un tiers indépendant ne dispense pas le fournisseur de conserver un exemplaire des pièces justificatives afin de répondre, le cas échéant, aux demandes de l'administration.

Tout manquement au présent I est passible d'une amende administrative dans les conditions prévues au VI de l'article L. 443-8.

Un décret peut prévoir que l'obligation prévue au présent I ne s'applique pas aux produits alimentaires ou produits destinés à l'alimentation des animaux de compagnie dont la part agrégée des matières premières agricoles et des produits transformés composés de plus de 50 % de matières premières agricoles, composant ces produits, est inférieure ou égale à un seuil qui ne peut excéder 25 %.

II. — A. — Pour l'application du 1° du I, l'acheteur peut, à ses frais, demander au fournisseur de mandater un tiers indépendant pour attester l'exactitude des éléments figurant dans les conditions générales de vente. Dans ce cas, le fournisseur transmet au tiers indépendant, sous dix jours, les pièces justifiant l'exactitude de ces éléments.

B. — Pour l'application du 2° du I, l'acheteur peut, à ses frais, demander au fournisseur de mandater un tiers indépendant pour attester l'exactitude des éléments figurant dans les conditions générales de vente. En cas d'inexactitude ou de tromperie volontaire de la part du fournisseur quant à la part agrégée des matières premières agricoles dans le volume du produit ou dans son tarif du fournisseur, constatée par le tiers indépendant et entraînant l'impossibilité de délivrer l'attestation mentionnée à la première phrase du présent B, les frais d'intervention du tiers indépendant sont à la charge du fournisseur.

C. — Dans le cadre de l'application des 1° et 2° du I, la mission du tiers indépendant consiste exclusivement, sur la base d'un contrat conclu avec le fournisseur, à réceptionner les pièces transmises par le fournisseur et les pièces justificatives, à attester l'exactitude des informations transmises, notamment la détermination de la part unitaire ou agrégée des matières premières agricoles et produits transformés dans le tarif du fournisseur, et à transmettre cette attestation à l'acheteur dans un délai de dix jours à compter de la réception des pièces mentionnées au présent C.

D. — Le tiers indépendant est astreint au secret professionnel pour les faits, actes et renseignements dont il a connaissance à raison de ses fonctions.

Le recours à un tiers indépendant ne dispense pas le fournisseur de conserver un exemplaire des pièces justificatives afin de répondre, le cas échéant, aux demandes de l'administration.

III. — Le prix de la matière première agricole est celui payé pour la livraison de produits agricoles, au sens des articles 148 et 168 du règlement (UE) n° 1308/2013 du Parlement européen et du Conseil du 17 décembre 2013 portant organisation commune des marchés des produits agricoles et abrogeant les règlements (CEE) n° 922/72, (CEE) n° 234/79, (CE) n° 1037/2001 et (CE) n° 1234/2007 du Conseil, par un premier acheteur, par une organisation de producteurs avec transfert de propriété ou par une coopérative agricole.

IV. — Les conditions générales de vente indiquent si un contrat de vente, conclu en application de l'article L. 631-24 du code rural et de la pêche maritime, portant sur les matières premières agricoles entrant dans la composition du produit alimentaire ou du produit destiné à l'alimentation des animaux de compagnie est déjà conclu.

V. — Le présent article n'est applicable ni aux grossistes au sens du II de l'article L. 441-4 pour leurs actes d'achat et de revente, ni à certains produits alimentaires, catégories de produits alimentaires ou produits destinés à l'alimentation des animaux de compagnie, dont la liste est définie par un décret pris après concertation avec les organisations interprofessionnelles concernées, en raison des spécificités de leur filière de production. — *V. Décr. n° 2021-1426 du 29 oct. 2021, ci-dessous.*

VI. — Un décret peut fixer la liste des professions présumées présenter les garanties pour exercer la mission de tiers indépendant.

Les dispositions issues des 1° à 3° du I de l'art. 4 et de l'art. 8 de la L. n° 2021-1357 du 18 oct. 2021 entrent en vigueur dans les conditions suivantes :

1° Les CGV communiquées à compter du premier jour du mois suivant la publication de ladite loi (JO 19 oct.) sont soumises au 1° du I de l'art. 4 ;

2° Les conventions conclues sur la base de négociations commerciales fondées sur des CGV conformes au même 1° sont soumises au 2° du même I et à l'art. 8 ;

3° En tout état de cause, à compter du 1er janv. 2022 :

a) Les conventions sont conclues à la suite de négociations commerciales fondées sur des CGV conformes au 1° du I de l'art. 4 et sont soumises au 2° du même I et à l'art. 8 ;

b) Les conventions en cours qui n'ont pas été conclues conformément au 2° du I de l'art. 4 sont mises en conformité avec ses dispositions au plus tard le 1er mars 2023 (L. préc., art. 16-II).

BIBL. ▶ LOIR, *D. 2021. 2097* (la L. n° 2021-1357 du 18 oct. 2021 : un nouveau coup dans l'eau). – VANNI, *BRDA 2021, n° 23, p. 22* (loi Egalim 2 : le retour du principe de l'interdiction des discriminations).

Décret n° 2021-1426 du 29 octobre 2021, *fixant la liste des produits alimentaires, catégories de produits alimentaires ou produits destinés à l'alimentation des animaux de compagnie exclus du champ d'application de l'article L. 441-1-1 du code de commerce.*

Art. 1er L'article L. 441-1-1 du code du commerce n'est pas applicable aux produits alimentaires, catégories de produits alimentaires ou produits destinés à l'alimentation des animaux de compagnie mentionnés en annexe du présent décret.

ANNEXE

LISTE DES PRODUITS ALIMENTAIRES, CATÉGORIES DE PRODUITS ALIMENTAIRES OU PRODUITS DESTINÉS À L'ALIMENTATION DES ANIMAUX DE COMPAGNIE EXCLUS DU CHAMP D'APPLICATION DE L'ARTICLE L. 441-1-1 DU CODE DE COMMERCE

Nomenclature combinée (règlement d'exécution (UE) 2020/1577 de la Commission du 21 septembre 2020 modifiant l'annexe I du règlement (CEE) n° 2658/87 du Conseil relatif à la nomenclature tarifaire et statistique et au tarif douanier commun)	Précisions sur la portée de l'exclusion du champ d'application de l'article L. 441-1-1 du code de commerce
0409 00 00 Miel naturel	y compris propolis, pollen et gelée royale
Chapitre 7 : LÉGUMES, PLANTES, RACINES ET TUBERCULES ALIMENTAIRES	**1) Tous les items à l'exception des :** - Pommes de terre non cuites ou cuites à l'eau ou à la vapeur, congelées (0710 10 00) ; - Pois 'Pisum sativum', écossés ou non, non cuits ou cuits à l'eau ou à la vapeur, congelés (0710 21 00) ; - Haricots 'Vigna spp., Phaseolus spp.', écossés ou non, non cuits ou cuits à l'eau ou à la vapeur, congelés (0710 22 00) ; - Légumes à cosse, écossés ou non, non cuits ou cuits à l'eau ou à la vapeur, congelés (0710 29 00) ; - Épinards, tétragones [épinards de Nouvelle-Zélande] et arroches [épinards géants], non cuits ou cuits à l'eau ou à la vapeur, congelés (0710 30 00) ; - Maïs doux, non cuit ou cuit à l'eau ou à la vapeur, congelé (0710 40 00) ; - Olives, non cuites ou cuites à l'eau ou à la vapeur, congelées (0710 80 10) ; - Piments doux ou poivrons, non cuits ou cuits à l'eau ou à la vapeur, congelés (0710 80 51) ;

Nomenclature combinée (règlement d'exécution (UE) 2020/1577 de la Commission du 21 septembre 2020 modifiant l'annexe I du règlement (CEE) n° 2658/87 du Conseil relatif à la nomenclature tarifaire et statistique et au tarif douanier commun)	Précisions sur la portée de l'exclusion du champ d'application de l'article L. 441-1-1 du code de commerce
	- Piments du genre 'Capsicum' ou du genre 'Pimenta', non cuits ou cuits à l'eau ou à la vapeur, congelés (0710 80 59) ; - Champignons du genre 'Agaricus', non cuits ou cuits à l'eau ou à la vapeur, congelés (0710 80 61) ; - Tomates, non cuites ou cuites à l'eau ou à la vapeur, congelées (0710 80 70) ; - Artichauts, non cuits ou cuits à l'eau ou à la vapeur, congelés (0710 80 80) ; - Asperges, non cuites ou cuites à l'eau ou à la vapeur, congelées (0710 80 85) ; - Légumes, non cuits ou cuits à l'eau ou à la vapeur, congelés (0710 80 95). - Mélanges de légumes, non cuits ou cuits à l'eau ou à la vapeur, congelés (0710 90 00) ; - Oignons, séchés, même coupés en morceaux ou en tranches ou bien broyés ou pulvérisés, mais non autrement préparés (0712 20 00) ; - Champignons du genre 'Agaricus', séchés, même coupés en morceaux ou en tranches ou bien broyés ou pulvérisés, mais non autrement préparés (0712 31 00) ; - Pommes de terre, séchées, même coupées en morceaux ou en tranches, mais non autrement préparées (0712 90 05) ; - Maïs doux 'Zea mays var. saccharata', séché, même coupé en morceaux ou en tranches, mais non autrement préparé (à l'exclusion du maïs doux hybride destiné à l'ensemencement) (0712 90 19) ; - Tomates, séchées, même coupées en morceaux ou en tranches ou bien broyées ou pulvérisées, mais non autrement préparées (0712 90 30) ; - Carottes, séchées, même coupées en morceaux ou en tranches ou bien broyées ou pulvérisées, mais non autrement préparées (0712 90 50) ; - Légumes et mélanges de légumes, séchés, même coupés en morceaux ou en tranches ou bien broyés ou pulvérisés, mais non autrement préparés (à l'exclusion des pommes de terre, des oignons, des champignons, des truffes, du maïs doux, des tomates et des carottes) (0712 90 90).

Nomenclature combinée (règlement d'exécution (UE) 2020/1577 de la Commission du 21 septembre 2020 modifiant l'annexe I du règlement (CEE) n° 2658/87 du Conseil relatif à la nomenclature tarifaire et statistique et au tarif douanier commun)	**Précisions sur la portée de l'exclusion du champ d'application de l'article L. 441-1-1 du code de commerce**
	2) A l'exception des fruits et légumes frais transformés (4e gamme) définis dans les nomenclatures d'activités et de produits françaises NAF rév. 2 – CPF rév. 2.1 – 2019 : Classe 10.39A – Transformation et conservation de légumes : -les produits de la "4e gamme" : salades et autres légumes emballés (Légumes pelés et coupés, salades composées de légumes). Classe 10.39B – Transformation et conservation de fruits, -les produits de la "4e gamme".
Chapitre 8 : FRUITS COMESTIBLES ; ÉCORCES D'AGRUMES OU DE MELONS	Tous les items **à l'exception** des fruits, non cuits ou cuits à l'eau ou à la vapeur, congelés, même additionnés de sucre ou d'autres édulcorants (0811).
Chapitre 10 : CÉRÉALES	Tous les items concernés.
Chapitre 11 : PRODUITS DE LA MINOTERIE ; MALT ; AMIDONS ET FÉCULES ; INULINE ; GLUTEN DE FROMENT	**Tous les items concernés à l'exception de :** - Farine, semoule et poudre de pommes de terre (1105 10 00) ; - Flocons, granulés et agglomérés sous forme de pellets, de pommes de terre (1105 20 00).
Chapitre 12 : GRAINES ET FRUITS OLÉAGINEUX ; GRAINES, SEMENCES ET FRUITS DIVERS ; PLANTES INDUSTRIELLES OU MÉDICINALES ; PAILLES ET FOURRAGES	Tous les items concernés.
1507 10 90 Huile de soja, brute, même dégommée (à l'exclusion de l'huile de soja destinée à des usages techniques ou industriels)	
1508 10 90 Huile d'arachide, brute (à l'exclusion de l'huile d'arachide destinée à des usages techniques ou industriels)	
1511 10 90 Huile de palme, brute (à l'exclusion de l'huile destinée à des usages techniques ou industriels)	
1512 11 91 Huile de tournesol, brute (à l'exclusion de l'huile destinée à des usages techniques ou industriels)	
1512 11 99 Huile de carthame, brute (à l'exclusion *de l'huile destinée à des* usages techniques ou industriels)	
1512 21 90 Huile de coton, brute, même dépourvue de gossipol (à l'exclusion de l'huile destinée à des usages techniques ou industriels)	

Nomenclature combinée (règlement d'exécution (UE) 2020/1577 de la Commission du 21 septembre 2020 modifiant l'annexe I du règlement (CEE) n° 2658/87 du Conseil relatif à la nomenclature tarifaire et statistique et au tarif douanier commun)	**Précisions sur la portée de l'exclusion du champ d'application de l'article L. 441-1-1 du code de commerce**
1513 11 91 Huile de coco [coprah], brute, présentée en emballages immédiats d'un contenu net ≤ 1 kg (à l'exclusion de l'huile destinée à des usages techniques ou industriels)	
1513 11 99 Huile de coco [coprah], brute, présentée en emballages immédiats d'un contenu net > 1 kg (à l'exclusion de l'huile destinée à des usages techniques ou industriels)	
1513 21 30 Huiles de palmiste ou de babassu, brutes, présentées en emballages immédiats d'un contenu net ≤ 1 kg (à l'excl. des huiles destinées à des usages techniques ou industriels)	
1513 21 90 Huiles de palmiste ou de babassu, brutes, présentées en emballages immédiats d'un contenu net > 1 kg (à l'exclusion des huiles destinées à des usages techniques ou industriels)	
1514 11 90 Huiles de navette ou de colza à faible teneur en acide érucique "huiles fixes dont la teneur en acide érucique est < 2 %", brutes (à l'exclusion des huiles destinées à des usages techniques ou industriels)	
1514 91 90 Huiles de navette ou de colza d'une teneur élevée en acide érucique "huiles fixes dont la teneur en acide érucique est ≥ 2 %" et huiles de moutarde, brutes (à l'exclusion des huiles destinées à des usages techniques ou industriels)	
1515 21 90 Huile de maïs, brute (à l'exclusion de l'huile destinée à des usages techniques ou industriels)	
1515 50 19 Huile de sésame, brute (à l'exclusion de l'huile destinée à des usages techniques ou industriels)	
1515 90 51 Graisses et huiles végétales fixes, brutes, concrètes, présentées en emballages immédiats d'un contenu net ≤ 1 kg (à l'exclusion des graisses et huiles pour usages techniques ou industriels, des huiles de soja, arachide, olive, palme, tournesol, carthame, coton, coco, palmiste, babassu, navette, colza, moutarde, lin, maïs, ricin, tung, sésame, jojoba, oïticica et graines de tabac, des cires de myrica et du Japon)	

Nomenclature combinée (règlement d'exécution (UE) 2020/1577 de la Commission du 21 septembre 2020 modifiant l'annexe I du règlement (CEE) n° 2658/87 du Conseil relatif à la nomenclature tarifaire et statistique et au tarif douanier commun)	Précisions sur la portée de l'exclusion du champ d'application de l'article L. 441-1-1 du code de commerce
1515 90 59 Graisses et huiles végétales fixes, brutes, concrètes, présentées en emballages immédiats d'un contenu net > 1 kg, et graisses et huiles végétales fixes, brutes, fluides (sauf produits destinés à usages techniques ou industriels ; cires de myrica ou du Japon ; huiles reprises entre le n° 1507 et le n° 1515 90 39)	
1516 20 96 Huiles d'arachide, de coton, de soja ou de tournesol ainsi que leurs fractions (à l'exclusion des produits du n° 1516 20 95) ; autres huiles ainsi que leurs fractions d'une teneur en acides gras libres < 50 % en poids, en emballages immédiats d'un contenu net > 1 kg ou autrement présentées (à l'excl. des huiles de palmiste, d'illipé, de coco, de navette, de colza ou de copaïba ainsi que des huiles du n° 1516 20 95)	
1702 Autres sucres, y.c. le lactose, le maltose, le glucose et le fructose – lévulose – chimiquement purs, à l'état solide ; sirops de sucres sans addition d'aromatisants ou de colorants ; succédanés du miel, même mélangés de miel naturel ; sucres et mélasses caramélisés	
1901 90 Extraits de malt ; préparations alimentaires de farines, gruaux, semoules, amidons, fécules ou extraits de malt, ne contenant pas de cacao ou contenant < 40 % en poids de cacao calculés sur une base entièrement dégraissée, n.d.a. ; préparations alimentaires à base de lait, de crème de lait, de babeurre, de lait caillé, de crème caillée, de lactosérum, de yoghourt, de képhir et autres produits simil. du n° 0401 à 0404, ne contenant pas de cacao ou contenant < 5 % en poids de cacao calculés sur une base entièrement dégraissée, n.d.a. (à l'excl. des préparations pour l'alimentation des enfants conditionnées pour la vente au détail ainsi que les mélanges et pâtes pour la préparation des produits de la boulangerie, de la pâtisserie ou de la biscuiterie du n° 1905)	
2003 90 90 Champignons, préparés ou conservés *autrement qu'au vinaigre* ou à l'acide acétique (à l'exclusion des champignons du genre [Agaricus])	
2106 10 Concentrats de protéines et substances protéiques texturées	

Nomenclature combinée (règlement d'exécution (UE) 2020/1577 de la Commission du 21 septembre 2020 modifiant l'annexe I du règlement (CEE) nº 2658/87 du Conseil relatif à la nomenclature tarifaire et statistique et au tarif douanier commun)	**Précisions sur la portée de l'exclusion du champ d'application de l'article L. 441-1-1 du code de commerce**
2106 90 30 Sirop d'isoglucose, aromatisé ou additionné de colorants	
2106 90 55 Sirops de glucose ou de maltodextrine, aromatisés ou additionnés de colorants	
CHAPITRE : 22 BOISSONS, LIQUIDES ALCOOLIQUES ET VINAIGRES	**Tous les items à l'exception** *[des]* : - Boissons non alcooliques, ne contenant pas de lait, de produits laitiers ni de matières grasses provenant de ces produits (à l'exclusion des eaux, des jus de fruits ou de légumes, de la bière et des boissons à base de soja ou à base de fruits à coques du chapitre 8, de céréales du chapitre 10 ou de graines du chapitre 12 (2202 99 19)), composées de plus de 25 % de matières premières agricoles ; - Eaux, y compris les eaux minérales et les eaux gazéifiées, additionnées de sucre ou d'autres édulcorants ou aromatisées (2202 10 00) composées à plus de 25 % de matières première agricoles ; - Bières sans alcool (2202 91 00) ; - Bières de malt (2203 00).
2302 Sons, remoulages et autres résidus, même agglomérés sous forme de pellets, du criblage, de la mouture ou d'autres traitements des céréales ou des légumineuses	
2303 10 Résidus d'amidonnerie et résidus similaires	
2303 20 10 Pulpes de betteraves	
2303 30 00 Drêches et déchets de brasserie ou de distillerie	
2304 00 00 Tourteaux et autres résidus solides, même broyés ou agglomérés sous forme de pellets, de l'extraction de l'huile de soja	
2305 00 00 Tourteaux et autres résidus solides, même broyés ou agglomérés sous forme de pellets, de l'extraction de l'huile d'arachide	
2306 Tourteaux et autres résidus solides, même broyés ou agglomérés sous forme de pellets, de l'extraction de graisses ou huiles végétales (à l'exclusion des tourteaux et autres résidus solides de l'extraction des huiles de soja et d'arachide)	

Nomenclature combinée (règlement d'exécution (UE) 2020/1577 de la Commission du 21 septembre 2020 modifiant l'annexe I du règlement (CEE) n° 2658/87 du Conseil relatif à la nomenclature tarifaire et statistique et au tarif douanier commun)	Précisions sur la portée de l'exclusion du champ d'application de l'article L. 441-1-1 du code de commerce
2309 90 96 Préparations des types utilisés pour l'alimentation des animaux, ne contenant ni amidon ou fécule, ni glucose ou sirop de glucose, ni maltodextrine ou sirop de maltodextrine, ni produits laitiers	
2501 00 91 Sel propre à l'alimentation humaine	
2501 00 31 Sel, y.c. le sel préparé pour la table et le sel dénaturé, et chlorure de sodium pur, même en solution aqueuse, destinés à la transformation chimique [séparation Na de Cl] pour la fabrication d'autres produits	
2905 43 00 Mannitol	
2905 44 D-Glucitol [sorbitol]	
3504 00 90 Peptones et leurs dérivés ; autres matières protéiques et leurs dérivés, n.d.a. ; poudre de peau, traitée ou non au chrome (à l'exclusion de concentrés de protéines du lait contenant, en poids calculé sur matière sèche, > 85 % de protéines)	
3505 Dextrine et autres amidons et fécules modifiés [les amidons et fécules prégélatinisés ou estérifiés, par exemple] ; colles à base d'amidons ou de fécules, de dextrine ou d'autres amidons ou fécules modifiés (à l'excl. des produits conditionnés pour la vente au détail d'un poids net ≤ 1 kg)	
3824 60 Sorbitol (à l'exclusion du D-Glucitol [sorbitol])	
Autres produits (hors nomenclature combinée)	
Denrées alimentaires destinées à des fins médicales spéciales	Au sens du règlement européen délégué n° 2016/128.
Compléments alimentaires commercialisés comme des denrées alimentaires et présentés comme tels	Au sens de la directive 2002/46/CE du Parlement européen et du Conseil du 10 juin 2002 relative au rapprochement des législations des États membres concernant les compléments alimentaires.

Art. L. 441-2 Tout prestataire de services est tenu, à l'égard de tout destinataire de prestations de services, de respecter les obligations d'information définies à l'article L. 111-2 du code de la consommation.

Cette obligation ne s'applique pas aux services mentionnés aux livres Ier à III et au titre V du livre V du code monétaire et financier ainsi qu'aux opérations pratiquées

par les entreprises régies par le code des assurances, par les fonds de retraite professionnelle supplémentaire mentionnés à l'article L. 381-1 du même code, par les mutuelles ou unions mentionnées à l'article L. 214-1 du code de la mutualité, par les institutions de retraite professionnelle supplémentaire mentionnées à l'article L. 942-1 du code de la sécurité sociale, par les mutuelles et unions régies par le livre II du code de la mutualité et par les institutions de prévoyance et unions régies par le titre III du livre IX du code de la sécurité sociale. – *Comp. anc. art. L. 441-6-III.*

SECTION II LA NÉGOCIATION ET LA FORMALISATION DE LA RELATION COMMERCIALE

(Ord. n° 2019-359 du 24 avr. 2019, art. 1er)

BIBL. GÉN. ▶ CHAGNY, *JCP 2005. I. 173* (modernisation des relations commerciales). – VILMART, *JCP E 2008, n° 2, p. 24* (analyse des conséquences de la loi pour le développement de la concurrence au service des consommateurs dans les relations producteurs distributeurs). – TESTU et HERZELE, *ibid., n° 4, p. 27* (formalisation contractuelle du résultat des négociations commerciales entre fournisseurs et distributeurs). – VERTUT, *Lettre distrib. 1/2008, p. 1* (convention écrite). – FERRÉ, GENTY et DEBERDT, *RLDA févr. 2008. 41* (L. du 3 janv. 2008 : quelles incidences dans les relations fournisseur-distributeur ?). – VILMART et LEGUIN, *JCP E 2008, n° 31-34, p. 17, spéc. p. 19* (la LME : une tentative encore inachevée de modernisation du droit français de la concurrence). – FERRIER et FERRÉ, *D. 2008. 2234* (la réforme des pratiques commerciales). – Ndlr, *BRDA 2008, n° 17, p. 10* (LME : mesure en droit de la concurrence). – GRIMONPREZ, *CCC 2009. Étude 1* (la mort subite du contrat de coopération commerciale). – GRALL, LAMY et KOUCHNIR-CARGILL, *RLC avr.-juin 2009. 129* (LME an I : dispositions relatives aux relations industrie/commerce). – SÉLINSKY, *RLC oct.-déc. 2009. 140* (la négociation commerciale un an après la LME). – VERTUT, *RLDA juin 2011. 35* (souplesse ou rigueur en matière de prestations de services de l'art. L. 441-7 [ancien] ?). – BÉHAR-TOUCHAIS, *RLC oct.-déc. 2011. 40* (renégociation de la convention unique : rapport Vautrin et Gaubert). – VOGEL, *JCP E 2012, n° 1183* (négociations tarifaires fournisseurs/grande distribution). – CHARLES, *RLC janv.-mars 2012. 126* (formalisme des négociations commerciales : le labyrinthe législatif). – VOINOT, *AJCA 2014. 371* (clause de réserve de propriété et négociation commerciale) ; *AJCA 2016. 316* (la négociation des contrats de la grande distribution). – ARONICA et CHEVALLIER, *LPA 9 mars 2006* (relations commerciales dans l'industrie automobile). – GRALL et BELLONE, *RLC sept. 2016. 25* (les défis de la contractualisation : les art. L. 441-7 et L. 441-7-1 [anciens]). – VERTUT, *RLC avr. 2017. 36* (le formalisme de l'art. L. 441-7 [ancien] et la preuve de la modification de l'accord des parties). – BÉHAR-TOUCHAIS, *RDC 2017. 288* (l'autorisation de la convention pluriannuelle dans les rapports industrie-commerce). – FOURNIER, *RLC juill.-août 2017. 27* (la période précontractuelle dans le secteur de la grande distribution). – PÉTRIGNET et LE BOURDON, *BRDA 2020, n° 22, p. 33* (les négociations commerciales internationales à l'épreuve du droit français). – GRALL, LAMY et ILLOUZ, *RLDA sept. 2021. 33* (négociations commerciales 2022 : vers une nouvelle réforme du titre IV du livre IV du code de commerce ?). – NDLR, *BRDA 2021, n° 23, p. 14* (loi EGalim 2 : nouvel encadrement des contrats de vente agricoles et des négociations commerciales). – VANNI et MARTIN, *RLC déc. 2021. 42* (loi EGalim II : sécuriser l'amont et verrouiller l'aval).

▶ Ord. n° 2019-359 du 24 avr. 2019 : L. et J. VOGEL, *AJ contrat 2019. 208* (droit de la négociation commerciale : une réforme courageuse mais perfectible). – DISSAUX et LOIR, *JCP E 2019, n° 1362* (la réforme de la négociation commerciale : une névrose française). – RENAUDIER, *CCC 2019. Dossier 13* (la convention commerciale annuelle). – AUGAGNEUR, *AJ contrat 2020. 74* (après EGalim, quel modèle de régulation alternatif des négociations commerciales ?).

SOUS-SECTION 1 CONVENTIONS ÉCRITES

Art. L. 441-3 I. – Une convention écrite conclue entre le fournisseur, à l'exception des fournisseurs de produits mentionnés à l'article L. 443-2, et le distributeur ou le prestataire de services mentionne les obligations réciproques auxquelles se sont engagées les parties à l'issue de la négociation commerciale, dans le respect des articles L. 442-1 à L. 442-3. Cette convention est établie soit dans un document unique, soit dans un ensemble formé par un contrat-cadre et des contrats d'application.

II. – Sans préjudice des articles L. 442-1 à L. 442-3, tout avenant à la convention mentionnée au I fait l'objet d'un écrit qui mentionne l'élément nouveau le justifiant.

III. — La convention mentionnée au I fixe, aux fins de concourir à la détermination du prix convenu, les obligations suivantes :

1° Les conditions de l'opération de vente des produits ou des prestations de services, y compris les réductions de prix, et le cas échéant les types de situation dans lesquelles et les modalités selon lesquelles des conditions dérogatoires de l'opération de vente sont susceptibles d'être appliquées ;

2° Les services de coopération commerciale, propres à favoriser la commercialisation des produits ou services du fournisseur, que le distributeur ou le prestataire de service lui rend, ne relevant pas des obligations d'achat et de vente, en précisant l'objet, la date prévue, les modalités d'exécution, la rémunération de ces services ainsi que les produits ou services auxquels ils se rapportent et la rémunération globale afférente à l'ensemble de ces obligations ;

3° Les autres obligations destinées à favoriser la relation commerciale entre le fournisseur et le distributeur ou le prestataire de services, en précisant pour chacune l'objet, la date prévue et les modalités d'exécution, ainsi que la rémunération ou la réduction de prix globale afférente à l'ensemble de ces obligations ;

(L. n° 2020-1525 du 7 déc. 2020, art. 138) **« 4° L'objet, la date, les modalités d'exécution, la rémunération et les produits auxquels il se rapporte de tout service ou obligation relevant d'un accord conclu avec une entité juridique située en dehors du territoire français, avec laquelle le distributeur est directement ou indirectement lié. »**

IV. — La convention mentionnée au I est conclue pour une durée d'un an, de deux ans ou de trois ans, au plus tard le 1er mars de l'année pendant laquelle elle prend effet ou dans les deux mois suivant le point de départ de la période de commercialisation des produits ou des services soumis à un cycle de commercialisation particulier. Lorsqu'elle est conclue pour une durée de deux ou de trois ans, elle fixe les modalités selon lesquelles le prix convenu est révisé. Ces modalités peuvent prévoir la prise en compte d'un ou de plusieurs indicateurs disponibles reflétant l'évolution du prix des facteurs de production.

V. — Le fournisseur communique ses conditions générales de vente au distributeur dans un délai raisonnable avant le 1er mars ou, pour les produits ou services soumis à un cycle de commercialisation particulier, avant le point de départ de la période de commercialisation. — *Comp. anc. art. L. 441-7-I, al. 1er à 5.*

Sur les sanctions, V. art. L. 441-6.

Les dispositions du II de l'art. L. 441-3, dans leur rédaction résultant de l'Ord. n° 2019-359 du 24 avr. 2019, sont applicables à toute convention en cours d'exécution à la date d'entrée en vigueur de cette ordonnance, à compter de cette date. Pour les conventions en cours à la date d'entrée en vigueur de ladite ordonnance dont la durée est supérieure à un an, les art. L. 441-3 à L. 441-7 dans leur rédaction résultant de cette ordonnance s'appliquent à compter du 1er mars 2020 (Ord. préc., art. 5 ; JO 25 avr.).

1. Loi applicable. Sur les rédactions successives de l'art. L. 441-7 [repris en partie à l'art. L. 441-3], V. • Paris, 28 janv. 2009 : *RLC oct.-déc. 2009. 39, obs. Grall* • Crim. 9 févr. 2010, n° 09-81.574 : *JCP E 2011, n° 1135, spéc. n° 33, obs. Decocq ; CCC 2010, n° 181, obs. Malaurie-Vignal.*

2. Durée de la convention. La L. n° 2016-1691 du 9 déc. 2016, dans laquelle le IV de l'art. L. 441-3 trouve son origine, a introduit une souplesse quant à la périodicité de la convention requise, en disposant que celle-ci « est conclue pour une durée d'un an, de deux ans ou de trois ans ». L'emploi de l'indicatif dans cette disposition vaut impératif, de sorte que sa rédaction exclut toute possibilité de prévoir une durée plus longue quelles que soient les circonstances. Cette limite maximale est applicable aussi bien lorsque les parties ont fait le choix d'établir la convention dans un document unique ou dans un ensemble formé par un contrat-cadre et des contrats d'application. C'est en effet l'ensemble qui doit être conforme aux exigences légales et non pas les seuls contrats d'application. Le caractère impératif du formalisme prescrit borne la temporalité de la convention écrite à un maximum de trois ans et exclut toute possibilité de conclure une convention à durée indéterminée. • CEPC, avis n° 2021-2 du 18 mars 2021 : *BRDA 2021, n° 9, p. 17.* ♦ Sur le guide de bonnes pratiques en matière de contrats pluriannuels dans les relations entre industriels et distributeurs, V. • CEPC, Recomm. n° 21-1 du 23 sept. 2021 : *BRDA 2021, n° 20, p. 17.*

3. Facturation des « autres obligations ». Il résulte de l'art. L. 441-7 [repris en partie à l'art. L. 441-3] modifié par la L. n° 2008-776 du 4 août 2008, que les obligations destinées à favoriser la relation commerciale entre le fournisseur et le distributeur ou le prestataire de services concourent à la détermination du prix de l'opération de fourniture. Il est admis que lorsqu'en application de ces dispositions, les obligations auxquelles s'engage le distributeur ou le prestataire de services constituent des éléments de formation du prix de l'opération de vente, ces obligations ne sont pas constitutives de services distincts de l'opération de vente. Dans cette situation, les obligations relatives à la facturation portent sur la seule facture qui est adressée par le fournisseur à l'acheteur et sur laquelle figure le prix ainsi déterminé. Les services dits de coopération commerciale visés au 2° du I de l'art. L. 441-7 ne sont pas concernés par cette évolution (Instr. fiscale 18 nov. 2008 : *BOI 3 E-2-08 ; JCP E 2008, n° 49, p. 3, obs. Vilmart ; CCC 2009, n° 9, obs. Malaurie-Vignal ; BRDA 2008, n° 23, p. 18 ; Lettre distrib. 12/2008, p. 1, obs. Vertut*).

4. Ex-services distincts. La L. n° 2008-776 du 4 août 2008 a supprimé la catégorie des « services distincts », celle-ci n'ayant plus lieu d'être dès lors que la catégorie de services du 2° de l'art. L. 441-7-I [L. 441-3-III-2°] a été étendue aux services inter-professionnels. • CEPC, avis n° 10-18 du 15 déc. 2010. ♦ Le service consistant, pour un grossiste répartiteur, à reprendre certains produits aux officines et à les détruire entre dans les prévisions du 2° de l'art. L. 441-7 [L. 441-3-III-2°] et doit donner lieu à l'établissement d'une facture du grossiste au laboratoire pharmaceutique. • CEPC, avis n° 11-03 du 9 févr. 2011 : *RLDA juin 2011. 35, note Vertut ; RDLC 2011, n° 3, p. 142, obs. Dany et Le Moullec.* ♦ En application des dispositions du droit commercial et du droit fiscal, apparaît seule licite la rémunération des prestations de coopération commerciale, visées au 2° du III de l'art. L. 441-3, par le biais d'une facture émise par le prestataire de service. L'éventuelle pratique d'une réduction de prix sur la facture du fournisseur vendant des marchandises au prestataire de service ne semble pas répondre à l'ensemble des règles actuellement en vigueur, tant au niveau du droit commercial que du droit fiscal. • CEPC, avis n° 21-14 du 18 nov. 2021 : *BRDA 2021, n° 24, p. 15.*

5. Contrat instantané. BIBL. Leclerc, *CCC 2010. Alerte 61* (convention prévue à l'art. L. 441-7 [ancien] : objet et champ d'application). ♦ Lorsque la relation commerciale se borne à la conclusion de contrats instantanés sur le fondement des conditions générales ou catégorielles du vendeur, il n'est point requis d'établir une convention unique conforme à l'art. L. 441-7 [L. 441-3]. La convention conclue entre les parties est alors constituée par les CGV ou les conditions catégorielles écrites du fournisseur incluant, le cas échéant, un barème de réductions de prix. • CEPC, avis n° 10-07 du 1er avr. 2010 : *D. 2010. Actu. 1142 ; JCP E 2010. Actu. 240 ; CCC 2010, n° 178, obs. Malaurie-Vignal.* ♦ Sur l'obligation annuelle de signer les contrats-cadres et l'existence d'éventuels avenants, V. • CEPC, avis n° 15-10 du 26 mars 2015.

6. NIP. BIBL. Béhar-Touchais, *RLC oct.-déc. 2011. 41* (NIP : rapport Vautrin et Gaubert). ♦ Les nouveaux instruments promotionnels sont parfois traités comme des opérations classiques de coopération commerciale ([art. L. 441-3-III-2°]) ; ils doivent alors être intégrés dans la convention écrite définie par ce même article. Le plus souvent, ils procèdent de contrats de mandats ; dans ce cas, ils sont transparents pour le mandataire, l'avantage financier allant directement du fournisseur au consommateur final. Ils donnent lieu à une reddition de compte effectuée par le mandataire auprès du mandant ; ils n'ont dès lors pas lieu d'être intégrés dans la convention écrite de l'art. L. 441-7 [L. 441-3]. • CEPC, avis n° 10-10 du 3 juin 2010 : *D. actu. 22 juill. 2010, obs. Chevrier ; RDLC 2010, n° 4, p. 151, obs. Chagny.*

7. Management catégoriel. Sur les contrats de « management catégoriel » entre les opérateurs de la grande distribution à dominante alimentaire et certains de leurs fournisseurs, V. • Aut. conc., avis n° 10-A-25 du 7 déc. 2010 : *RTD com. 2011. 527, obs. Claudel* ; *CCC 2011, n° 30, obs. Malaurie-Vignal ; RLDA avr. 2011. 34, note Grando ; RDLC 2011, n° 1, p. 136, obs. Dany.* – V. aussi Claudel, *RTD com. 2011. 515* (rapport annuel de l'Autorité : l'occasion d'un retour exhaustif sur les contrats de distribution). ♦ Sur l'élaboration d'un code de bonne conduite en matière de management par catégorie, V. • CEPC, recomm. n° 11-01 du 28 sept. 2011 : *JCP E 2011, n° 606 ; CCC 2012, n° 8, obs. Malaurie-Vignal ; BRDA 2011, n° 22, p. 8.*

8. Commissionnaire à l'achat. La convention écrite prévue par l'art. L. 441-7 [L. 441-3] doit être établie entre le commissionnaire à l'achat et le fournisseur. Cette obligation ne s'impose en revanche pas aux relations entre le commissionnaire et son commettant qui sont régies par le contrat de commission, pas plus qu'elle ne s'impose aux relations entre le cocontractant et le commettant. • CEPC, avis n° 12-05 du 10 avr. 2012 : *RLC juill.-sept. 2012. 33, obs. Grall.*

9. Centrale d'achat. Une centrale d'achat, s'approvisionnant auprès de fournisseurs pour revendre à des distributeurs indépendants, est soumise au formalisme prescrit par l'art. L. 441-3 tant dans ses relations avec ses propres fournisseurs qu'avec ses clients qui achètent pour revendre. Il n'y est fait exception que dans le cas où la relation d'approvisionnement est établie sur la seule base des conditions générales ou catégorielles de ses propres fournisseurs, ou de ses conditions générales ou catégorielles lorsqu'elle est fournisseur des distributeurs indépendants. • CEPC, avis n° 20-6 du 17 déc. 2020 : *D. actu. 27 janv. 2021, obs. Delpech.*

10. Produits ou services transformés. L'art. L. 441-7 [L. 441-3] vise à contractualiser les conditions de la vente d'un produit ou d'un service entre un fournisseur et un distributeur ou un prestataire de service, en vue de sa revente en l'état, ce qui exclut les produits ou services destinés à être transformés par ces derniers. Dans ces conditions, cet article ne trouve pas à s'appliquer dans la relation unissant les entrepositaires grossistes aux CHR et *a fortiori* pour la fourniture de « produits boissons ». • CEPC, avis n° 13-01 du 25 févr. 2013 : *BRDA 2013, n° 8, p. 10* • CEPC, avis n° 18-10 du 25 oct. 2018 : *cité ss. art. D. 441-2.* ♦ Un artisan électricien qui revend des appareils domotiques en assurant la pose et la mise en fonctionnement n'est pas considéré comme un distributeur au sens de l'art. L. 441-7 [L. 441-3] et n'est donc pas soumis aux dispositions de celui-ci. • CEPC, avis n° 16-7 du 14 janv. 2016.

11. Entrée en vigueur de la convention unique. L'art. L. 441-7, al. 7 [L. 441-3-IV], impose que le prix convenu s'applique au plus tard le 2 mars. Par exception, il est possible de conclure la convention « dans les deux mois suivant le point de départ de la période de commercialisation des produits ou des services soumis à un cycle de commercialisation particulier ». Si le texte ne le prévoit pas de manière explicite, la dérogation à la date de signature emporte *de facto* une dérogation à la date d'application du prix convenu. Par analogie, celui-ci doit s'appliquer au plus tard dans les deux mois qui suivent le point de départ de la période de commercialisation. La contrainte d'une société, filiale d'un groupe étranger qui impose de clôturer son exercice fiscal à une date différente de l'année civile, n'entre pas dans le champ de l'exception visée à l'art. L. 441-7 [L. 441-3], qui vise une saisonnalité spécifique du cycle de commercialisation. Il incombe à celui qui invoque le caractère particulier du cycle de commercialisation d'apporter la preuve de celui-ci. La société a toutefois la possibilité de proposer, ultérieurement à la date du 1er mars, une modification de son tarif, que le client demeure libre d'accepter ou pas. Toutefois, tout avenant signé ultérieurement ne doit pas remettre en cause l'économie générale du contrat tel qu'initialement signé. • CEPC, avis n° 17-7 du 27 avr. 2017.

12. Contexte international. Dans les rapports entre les parties à la relation commerciale, les dispositions de l'art. L. 441-7 [L. 441-3] peuvent revêtir le caractère de loi de police au sens de l'art. 9, § 1, du Règl. Rome I. En tout état de cause, l'art. L. 441-7 [L. 441-3] n'est applicable qu'aux situations internationales qui entrent dans son champ d'application dans l'espace, ce que le code de commerce ne prévoit pas expressément. Par conséquent, une application de la loi française, en présence d'un élément d'extranéité, nécessite, dans ces deux hypothèses, une analyse *in concreto* de la relation commerciale afin d'apprécier si les éléments de rattachement au territoire français sont suffisants au regard de l'objectif poursuivi par ce texte pour en justifier l'application immédiate. • CEPC, avis n° 19-7 du 18 avr. 2019 : *BRDA 2019, n° 18, p. 14.*

Loi n° 2012-1270 du 20 novembre 2012, *relative à la régulation économique outre-mer et portant diverses dispositions relatives aux outre-mer.* **Art. 24** Dans les collectivités relevant de l'article 73 de la Constitution et dans les collectivités d'outre-mer de Saint-Barthélemy, de Saint-Martin, de Saint-Pierre-et-Miquelon et de Wallis-et-Futuna, est prohibé pour un distributeur le fait de facturer ses services mentionnés au 2° *(Ord. n° 2019-698 du 3 juill. 2019, art. 13)* « du III de l'article L. 441-3 » du code de commerce par l'intermédiaire d'une filiale domiciliée dans un État ou un territoire dans lequel elle bénéficie d'un régime fiscal privilégié au sens de l'article 238 A du code général des impôts.

Le non-respect de cette obligation engage la responsabilité des auteurs de la pratique, qui peuvent être condamnés à la répétition de l'indu et à une amende civile dans les conditions prévues *(Ord. n° 2019-698 du 3 juill. 2019, art. 13)* « à l'article L. 442-4 » du code de commerce.

Code de la santé publique **Art. L. 5141-14-2** *(L. n° 2014-1170 du 13 oct. 2014, art. 48-I)* A l'occasion de la vente de médicaments vétérinaires contenant une ou plusieurs substances antibiotiques, les remises, rabais, ristournes, la différenciation des conditions générales et particulières de vente au sens *(Ord. n° 2019-698 du 3 juill. 2019, art. 9)* « de l'article L. 441-1 » du code de commerce ou la remise d'unités gratuites et toutes pratiques équivalentes sont interdits. Toute pratique commerciale visant à contourner, directement ou indirectement, cette interdiction par l'attribution de remises, rabais ou ristournes sur une autre gamme de produits qui serait liée à l'achat de ces médicaments est prohibée.

La conclusion de contrats de coopération commerciale, au sens du 2° du *(Ord. n° 2019-698 du 3 juill. 2019, art. 9)* « III de l'article L. 441-3 » du même code, relatifs à des médicaments vétérinaires comportant une ou plusieurs substances antibiotiques est interdite et, lorsque de tels contrats sont conclus, ils sont nuls et de nul effet.

Art. L. 441-4 I. — Le présent article est applicable à la convention mentionnée au I de l'article L. 441-3 lorsqu'elle est relative aux produits de grande consommation définis comme des produits non durables à forte fréquence et récurrence de consommation. La liste de ces produits de grande consommation est fixée par décret. — *V. art. D. 441-1.*

II. — Le présent article n'est pas applicable au grossiste, qui s'entend de toute personne physique ou morale qui, à des fins professionnelles, achète des produits à un ou plusieurs fournisseurs et les revend, à titre principal, à d'autres commerçants, grossistes ou détaillants, à des transformateurs ou à tout autre professionnel qui s'approvisionne pour les besoins de son activité. Sont assimilés à des grossistes les centrales d'achat ou de référencement de grossistes.

Sont exclus de la notion de grossiste les entreprises ou les groupes de personnes physiques ou morales exploitant, directement ou indirectement, un ou plusieurs magasins de commerce de détail ou intervenant dans le secteur de la distribution comme centrale d'achat ou de référencement pour des entreprises de commerce de détail.

III. — La convention mentionne le barème des prix unitaires, tel qu'il a été préalablement communiqué par le fournisseur, avec ses conditions générales de vente, ou les modalités de consultation de ce barème dans la version ayant servi de base à la négociation.

IV. — La convention fixe le chiffre d'affaires prévisionnel, qui constitue, avec l'ensemble des obligations fixées par la convention conformément au III de l'article L. 441-3, le plan d'affaires de la relation commerciale. Lorsque sa durée est de deux ou trois ans, cette convention fixe les modalités selon lesquelles le chiffre d'affaires prévisionnel est révisé.

V. — La date d'entrée en vigueur de chacune des obligations prévues aux 1° à 3° du III de l'article L. 441-3 est concomitante à la date d'effet du prix convenu. Celui-ci s'applique au plus tard le 1er mars.

Les dispositions du 1° du III de l'article L. 441-3 relatives aux conditions dérogatoires de l'opération de vente ne sont pas applicables au présent article.

VI. — Le fournisseur communique ses conditions générales de vente au distributeur au plus tard trois mois avant le 1er mars ou, pour les produits soumis à un cycle de commercialisation particulier, deux mois avant le point de départ de la période de commercialisation. Le distributeur dispose d'un délai raisonnable à compter de la réception des conditions générales de vente pour *(L. nº 2021-1357 du 18 oct. 2021, art. 4-I-3º)* « motiver explicitement et de manière détaillée par écrit son *[ancienne rédaction : notifier par écrit les motifs de]* » refus de ces dernières ou son acceptation ou, le cas échéant, les dispositions des conditions générales de vente qu'il souhaite soumettre à la négociation.

VII. — Les conditions dans lesquelles, le cas échéant, le fournisseur s'engage à accorder aux consommateurs, en cours d'année, des avantages promotionnels sur ses produits ou services sont fixées dans des mandats confiés au distributeur ou au prestataire de services, conclus et exécutés conformément aux articles 1984 et suivants du code civil. Chacun de ces contrats de mandat précise, notamment, le montant et la nature des avantages promotionnels accordés, la période d'octroi *(Ord. nº 2021-859 du 30 juin 2021, art. 1er)* « , la quantité prévisionnelle de produits concernés » et les modalités de mise en œuvre de ces avantages ainsi que les modalités de reddition de comptes par le distributeur au fournisseur.

Pour les produits agricoles mentionnés à l'article L. 443-2, le lait et les produits laitiers, ces avantages ne peuvent dépasser 30 % de la valeur du barème des prix unitaires, frais de gestion compris. — *Comp. anc. art. L. 441-7-I, al. 8 et 9.*

V. notes ss. art. L. 441-3.

Les dispositions issues de l'Ord. nº 2021-859 du 30 juin 2021 sont applicables à compter du 1er nov. 2021 aux contrats conclus après la publication (JO 1er juill.) de ladite ordonnance. Les contrats en cours d'exécution à la date de publication de cette ordonnance sont mis en conformité avec les présentes dispositions dans un délai de douze mois à compter de cette date (Ord. préc., art. 4).

V. aussi note ss. art. L. 441-1-1.

Champ d'application. La revente de produits alimentaires ou de boissons par les exploitants de complexes cinématographiques n'apparaît pas constituer une activité de distribution au sens des art. L. 441-3 et L. 441-4 dès lors que cette activité est accessoire à leur activité principale de diffuseur de films en salles. • CEPC, avis n° 19-10 du 19 sept. 2019 : *BRDA 2019, n° 22, p. 18.* ♦ En sus des obligations prévues à l'art. L. 441-3, une centrale d'achat est également tenue de respecter le formalisme additionnel prescrit par l'art. L. 441-4 lorsque la convention est relative à des produits de grande consommation au sens de ce dernier texte. • CEPC, avis n° 20-6 du 17 déc. 2020 : *cité note 9 ss. art. L. 441-3.*

Art. L. 441-5 **Une convention écrite est établie, dans le respect des articles L. 441-1 et L. 442-1 à L. 442-3, pour tout achat de produits manufacturés, fabriqués à la demande de l'acheteur en vue d'être intégrés dans sa propre production, dont le montant est supérieur à un seuil fixé par décret. Elle mentionne les conditions convenues entre les parties, notamment :** — *V. art. D. 441-2.*

1° L'objet de la convention et les obligations respectives des parties ;

2° Le prix ou les modalités de sa détermination ;

3° Les conditions de facturation et de règlement ;

4° Les responsabilités respectives des parties et les garanties, telles que, le cas échéant, les modalités d'application d'une réserve de propriété ;

5° Les règles régissant la propriété intellectuelle entre les parties lorsque la nature de la convention le justifie ;

6° La durée de la convention ainsi que les modalités de sa résiliation ;

7° Les modalités de règlement des différends quant à l'exécution de la convention et, si les parties décident d'y recourir, les modalités de mise en place d'une médiation. — *Comp. anc. art. L. 441-9.*

V. notes ss. art. L. 441-3.

BIBL. ▸ Charles, *RLDA mai 2016. 33* (formalisation des relations contractuelles pour les contrats de sous-traitance). – Boyault et Aronica, *AJCA 2016. 279* (formalisme du contrat de sous-traitance industrielle : aspects de droit interne) ; *ibid. 330* (... : aspects internationaux). – Charles, *AJ contrat 2019. 122* (relations de sous-traitance : état des lieux des progrès accomplis).

Art. L. 441-6 **Tout manquement aux dispositions des articles L. 441-3 à L. 441-5 est passible d'une amende administrative dont le montant ne peut excéder 75 000 € pour une personne physique et 375 000 € pour une personne morale.**

Le maximum de l'amende encourue est porté à 150 000 € pour une personne physique et 750 000 € pour une personne morale en cas de réitération du manquement dans un délai de deux ans à compter de la date à laquelle la première décision de sanction est devenue définitive. — *Comp. anc. art. L. 441-7-II et L. 441-7-1-III.*

V. 2e note ss. art. L. 441-3.

Art. L. 441-7 **I. — Le contrat conclu entre un fournisseur et un distributeur portant sur la conception et la production de produits alimentaires selon des modalités répondant aux besoins particuliers de l'acheteur et vendus sous marque de distributeur mentionne le prix ou les critères et modalités de détermination du prix d'achat des produits agricoles entrant dans la composition de ces produits alimentaires.**

(L. n° 2021-1357 du 18 oct. 2021, art. 6, en vigueur le 1er janv. 2022) **« La détermination du prix tient compte des efforts d'innovation réalisés par le fabricant à la demande du distributeur.**

« Le contrat comporte une clause de révision automatique des prix en fonction de la variation du coût de la matière première agricole ou des produits transformés soumis au I de l'article L. 441-1-1 du présent code entrant dans la composition des produits alimentaires. Les parties déterminent librement la formule de révision, en tenant compte notamment des indicateurs relatifs aux coûts de production en agriculture mentionnés au III de l'article L. 631-24 du code rural et de la pêche maritime.

« Le distributeur peut demander au fabricant de mandater un tiers indépendant pour attester, sous quinze jours, l'exactitude de la variation du coût de la matière première agricole supportée par le fabricant. Dans ce cas, le fabricant remet au tiers indépendant, sous dix jours, les pièces justifiant l'exactitude de ces éléments. Les frais d'intervention du tiers indépendant sont à la charge du distributeur. En cas d'inexactitude ou de tromperie volontaire de la part du fabricant quant à la variation du coût de la

matière première agricole ou du produit transformé, constatée par le tiers indépendant et entraînant l'impossibilité de délivrer l'attestation mentionnée à la première phrase du présent alinéa, ces frais sont à la charge du fabricant. Le tiers indépendant est astreint au secret professionnel pour les faits, actes et renseignements dont il a pu avoir connaissance à raison de ses fonctions.

« I *bis*. — En cas d'appel d'offres portant sur la conception et la production de produits alimentaires selon des modalités répondant aux besoins particuliers de l'acheteur et vendus sous marque de distributeur, l'appel d'offres comporte un engagement du distributeur relatif au volume prévisionnel qu'il souhaite faire produire.

« I *ter*. — Le contrat mentionné au I comporte une clause relative au volume prévisionnel que le distributeur s'engage à faire produire sur une période donnée ainsi qu'un délai raisonnable de prévenance permettant au fabricant d'anticiper des éventuelles variations de volume.

« I *quater*. — Le contrat définit la durée minimale du préavis contractuel à respecter en cas de rupture de la relation contractuelle. Il prévoit le sort et les modalités d'écoulement des emballages et des produits finis en cas de cessation de contrat. »

II. — L'obligation prévue au I s'applique uniquement lorsque la vente des produits agricoles fait l'objet d'un contrat écrit. Elle s'applique, le cas échéant, lorsque le vendeur est une société mentionnée à l'article L. 521-1 du code rural et de la pêche maritime.

(L. n° 2021-1357 du 18 oct. 2021, art. 6, en vigueur le 1er janv. 2022) « III. — Le contrat mentionné au I comporte une clause de répartition entre le distributeur et le fournisseur des différents coûts additionnels survenant au cours de l'exécution du contrat.

« IV. — Aucune dépense liée aux opérations promotionnelles d'un produit vendu sous marque de distributeur ne peut être mise à la charge du fabricant.

« V. — Le contrat établit un système d'alerte et d'échanges d'informations périodiques entre le distributeur et le fabricant afin d'optimiser les conditions d'approvisionnement et de limiter les risques de ruptures.

« VI. — Tout manquement au présent article est passible d'une amende administrative dont le montant ne peut excéder 75 000 € pour une personne physique et 375 000 € pour une personne morale.

« Le maximum de l'amende encourue est porté à 150 000 € pour une personne physique et à 750 000 € pour une personne morale en cas de réitération du manquement dans un délai de deux ans à compter de la date à laquelle la première décision de sanction est devenue définitive. » — *Comp. anc. art. L. 441-10.*

V. 2e note ss. art. L. 441-3.

Les conventions en cours au 1er janv. 2022 sont mises en conformité avec les dispositions issues de la L. n° 2021-1357 du 18 oct. 2021 au plus tard le 1er janv. 2023 (L. préc., art. 16-III).

1. Produits MDD. Le fait que le contenu du produit soit identique à celui des produits vendus sous marque de fournisseur n'empêche pas que le produit concerné puisse être considéré comme étant vendu sous marque de distributeur. • CEPC, avis n° 22-3 du 1er avr. 2022.

2. Coopération commerciale. Sous réserve de l'interprétation souveraine des juges du fond, les produits visés par la saisine constituent bien des produits MDD. Dès lors, aucune rémunération ne peut être mise à la charge du fabricant au titre de la réalisation de services de coopération commerciale par le distributeur, une telle pratique étant expressément interdite par le IV de l'art. L. 441-7. • CEPC, avis n° 22-3 du 1er avr. 2022 : *préc. note 1.* ♦ La facturation par un distributeur de prestations de coopération commerciale à un fabricant de produits MDD pourrait également sans doute tomber sous le coup de l'interdiction de l'obtention d'un avantage sans contrepartie telle que visée par l'art. L. 442-1. L'argument selon lequel la réalisation et la facturation par le distributeur de services de coopération commerciale, pour des produits vendus sous MDD, se justifierait dans la mesure où la mise en œuvre d'opérations promotionnelles sur lesdits produits constituerait une opportunité pour le fournisseur d'augmenter son chiffre d'affaires, ne saurait prospérer en l'espèce. Cette augmentation du chiffre d'affaires est inhérente à l'exécution même du contrat, et ne saurait constituer une contrepartie spécifique au profit du fournisseur. Plus précisément, il convient de rappeler que les services de coopération commerciale sont destinés à développer la notoriété d'un produit au profit du fournisseur. Or, la notoriété d'un produit est essentiellement attachée à sa marque, marque dont la titularité et l'usage appartiennent, dans le cas des MDD, aux distributeurs. Ainsi, les services de coopération commerciale, moyens de fidélisation des clients à l'enseigne et non au fabricant, ne constituent pas des outils adaptés en matière de produits vendus sous marques de distributeur. • Même avis.

SOUS-SECTION 2 CLAUSE DE RENÉGOCIATION *(Ord. n° 2019-359 du 24 avr. 2019, art. 1er).*

Art. L. 441-8 *(L. n° 2014-344 du 17 mars 2014, art. 125-II) (L. n° 2018-938 du 30 oct. 2018, art. 9)* **« Sans préjudice de l'article 172 *bis* du règlement (UE) n° 1308/2013 du Parlement européen et du Conseil du 17 décembre 2013 portant organisation commune des marchés des produits agricoles et abrogeant les règlements (CEE) n° 922/72, (CEE) n° 234/79, (CE) n° 1037/2001 et (CE) n° 1234/2007 du Conseil, » les contrats d'une durée d'exécution supérieure à trois mois portant sur la vente des produits** *(L. n° 2018-938 du 30 oct. 2018, art. 9)* **« agricoles et alimentaires »** *(Abrogé par L. n° 2021-1357 du 18 oct. 2021, art. 5)* ***« figurant sur une liste fixée par décret, »*** **dont les prix de production sont significativement affectés par des fluctuations des prix des matières premières agricoles et alimentaires »** *(L. n° 2018-938 du 30 oct. 2018, art. 9)* **« et des produits agricoles et alimentaires »** *(L. n° 2021-1357 du 18 oct. 2021, art. 5)* **« , de l'énergie, du transport et des matériaux entrant dans la composition des emballages » comportent une clause relative aux modalités de renégociation du prix permettant de prendre en compte ces fluctuations à la hausse comme à la baisse.** *— V. art. D. 441-3.*

(L. n° 2018-938 du 30 oct. 2018, art. 9) **« Cette clause, définie par les parties, précise les conditions et les seuils de déclenchement de la renégociation** *(Abrogé par L. n° 2021-1357 du 18 oct. 2021, art. 5)* ***« et prend notamment en compte les indicateurs mentionnés à l'article L. 631-24-1 du code rural et de la pêche maritime ou, à défaut, un ou plusieurs indicateurs des prix des produits agricoles ou alimentaires constatés sur le marché sur lequel opère le vendeur diffusés, le cas échéant, par accords interprofessionnels ou par l'Observatoire de la formation des prix et des marges des produits alimentaires »*** *[ancienne rédaction : Cette clause, définie par les parties, précise les conditions de déclenchement de la renégociation et fait référence à un ou plusieurs indices publics des prix des produits agricoles ou alimentaires. Des accords interprofessionnels ainsi que l'observatoire de la formation des prix et des marges des produits alimentaires peuvent proposer, en tant que de besoin et pour les produits qu'ils visent, des indices publics qui peuvent être utilisés par les parties, ainsi que les modalités de leur utilisation permettant de caractériser le déclenchement de la renégociation].* **»**

La renégociation de prix est conduite de bonne foi dans le respect *(Abrogé par L. n° 2018-670 du 30 juill. 2018, art. 4)* ***« du secret en matière industrielle et commerciale et »*** **du secret des affaires, ainsi que dans un délai, précisé dans le contrat, qui ne peut être supérieur à** *(L. n° 2018-938 du 30 oct. 2018, art. 9)* **« un** *[ancienne rédaction : deux]* **» mois. Elle tend à une répartition équitable entre les parties de l'accroissement ou de la réduction des coûts de production résultant de ces fluctuations. Elle tient compte notamment de l'impact de ces fluctuations sur l'ensemble des acteurs de la chaîne d'approvisionnement. Un compte rendu de cette négociation est établi, selon des modalités définies par décret.** *— V. art. D. 441-4.*

Le fait de ne pas prévoir de clause de renégociation conforme aux deux premiers alinéas *(Abrogé par Ord. n° 2019-359 du 24 avr. 2019, art. 1er)* ***« du présent article »*****, de ne pas respecter le délai fixé au troisième alinéa, de ne pas établir le compte rendu prévu au même troisième alinéa ou de porter atteinte, au cours de la renégociation, aux secrets de fabrication ou au secret des affaires est passible d'une amende administrative dont le montant ne peut excéder 75 000 € pour une personne physique et 375 000 € pour une personne morale.** *(Abrogé par Ord. n° 2019-359 du 24 avr. 2019, art. 1er)* ***« L'amende est prononcée dans les conditions prévues à l'article*** *(Ord. n° 2017-303 du 9 mars 2017, art. 2-II)* ***« L. 470-2 ». »*** **Le maximum de l'amende encourue est doublé en cas de réitération du manquement dans un délai de deux ans à compter de la *date à laquelle* la première décision de sanction est devenue définitive.**

(L. n° 2018-938 du 30 oct. 2018, art. 9) **« Si la renégociation de prix n'aboutit pas à un accord au terme du délai d'un mois prévu au troisième alinéa** *(Abrogé par Ord. n° 2019-359 du 24 avr. 2019, art. 1er)* ***« du présent article »*****, et sauf recours à l'arbitrage, il est fait application de l'article L. 631-28 du code rural et de la pêche maritime sans que le contrat puisse prévoir un autre dispositif de médiation. »**

Le présent article ne fait pas obstacle à toute autre renégociation, dans le respect *(Ord. n° 2019-359 du 24 avr. 2019, art. 1er)* **« du présent titre ».**

(L. n° 2015-990 du 6 août 2015, art. 33-I) **« Le présent article est également applicable aux contrats d'une durée d'exécution supérieure à trois mois portant sur la conception et la production, selon des modalités répondant aux besoins particuliers de l'acheteur, de produits mentionnés au premier alinéa. »**

L'art. L. 441-8, dans sa rédaction résultant de l'art. 125-II de la L. n° 2014-344 du 17 mars 2014, est applicable aux contrats conclus à compter du premier jour du quatrième mois suivant la promulgation de ladite loi (L. préc., art. 125-V).

Les renégociations de prix ainsi que les procédures de médiation et instances juridictionnelles qui sont en cours à la date de publication de la L. n° 2018-938 du 30 oct. 2018 (JO 1er nov.) restent soumises à l'art. L. 441-8 dans sa rédaction antérieure à ladite loi (L. préc., art. 96-IV).

BIBL. ▶ L. n° 2014-344 du 17 mars 2014 : Béhar-Touchais, *RLC juill.-sept. 2013. 54* (la théorie de l'imprévision revue et corrigée par le droit commercial). – Gransard et Louvel, *Journ. sociétés 1/2014. 23* (dispositions relatives à l'agriculture). – Béhar-Touchais, *RDC 2013. 1431* (la clause de *hardship* imposée sous peine d'amende administrative). – Grando et Goubet, *RLDC mars 2016. 47* (convention annuelle ou convention perpétuelle ?). – Grall et Bellone-Closset, *RLC oct. 2020. 32* (relation industrie-commerce et « indicateurs Egalim » : où en sommes-nous après la publication des lignes directrices portant sur la prise en compte des indicateurs dans la chaîne contractuelle ?).

1. Fluctuation des prix. Un certain nombre de textes prennent désormais en compte la spécificité des marchés soumis à la volatilité des prix des matières premières et permettent aujourd'hui de disposer d'outils légaux pour encadrer les conditions de répercussion des hausses de prix à l'aval d'une filière en cas de fluctuations excessives. L'Autorité de la concurrence a, à cet égard, considéré dans un avis n° 11-A-11 du 12 juill. 2011 que l'insertion de clauses de révision des prix et de lissage de prix dans les contrats commerciaux sont compatibles avec le droit de la concurrence. • Aut. conc. n° 15-D-08 du 5 mai 2015 : *cité note 7 ss. art. L. 464-2.*

2. Renégociation. En présence d'une clause d'indexation licite, l'application du nouveau tarif en résultant peut intervenir sans délai de prévenance, à moins qu'un tel délai ait été prévu par la clause. En l'absence de toute clause d'indexation, un changement de tarif est envisageable dans le respect des obligations contractuelles et des art. L. 441-7, L. 441-8 et L. 442-6-I-12° [anciens]. Le changement de tarif qui emporte une modification du contrat doit être acceptée par le client. A défaut d'accord, la rupture ne peut se faire qu'en respectant un délai de prévenance tenant compte de la durée de la relation si celle-ci peut être considérée *comme* une relation commerciale établie au sens de l'art. L. 442-6-I-5° [ancien]. • CEPC, avis n° 16-4 du 14 janv. 2016.

3. Produits MDD. L'application de l'art. L. 441-8 à des produits MDD dépend, avant l'entrée en vigueur de la L. n° 2015-990 du 6 août 2015 de la qualification juridique des contrats : il a vocation à jouer lorsque les produits répondent à des caractéristiques déterminées à l'avance par le fabricant et qu'il s'agit par conséquent de ventes tandis qu'il est exclu lorsque les produits répondent à des besoins particuliers exprimés par le distributeur, cette hypothèse étant celle de contrats d'entreprise. Les contrats relatifs à des produits MDD, conclus à compter du 8 août 2015, doivent quant à eux respecter les dispositions de l'art. L. 441-8, qu'ils soient qualifiés de contrats de vente ou de contrats d'entreprise. • CEPC, avis n° 16-17 du 22 sept. 2016 : *RLC mars 2017. 39, note Vertut.* ♦ La pratique consistant pour un distributeur à demander à un fabricant de produits MDD l'octroi d'avantages tarifaires en fin d'année, sous la forme d'avoirs justifiés uniquement par des opérations promotionnelles de mise en avant des produits (présence des produits dans des brochures, offres tarifaires promotionnelles), contrevient à l'art. L. 442-6-I, 1° et 2° [ancien], en raison de l'absence de toute contrepartie. S'agissant d'un produit MDD, une telle justification ne correspond à aucun service effectivement rendu ; la commercialisation d'un produit MDD ne peut donner lieu à une facturation par le distributeur de prestations de services de coopération commerciale. • CEPC, avis n° 17-3 du 19 janv. 2017. ♦ A condition qu'elle soit réellement établie, l'avoir peut être justifié par une défaillance imputable au fabricant ; dans ce cas toutefois, la pratique peut contrevenir à l'art. L. 442-6-I-2° [ancien] si le montant de l'avoir est disproportionné. • Même avis.

4. Fédération professionnelle. La part éventuellement prise par une telle fédération à la mise en œuvre du dispositif de l'art. L. 441-8 doit s'effectuer dans le respect de cette règle et du décret d'application, mais aussi du droit des pratiques anticoncurrentielles. Il en résulte que les préconisations formulées par la fédération professionnelle quant aux modalités d'application et notamment l'indice de référence ou le seuil de déclenchement de la renégociation doivent rester de simples préconisations que les parties à la relation contractuelle sont libres de prendre en compte ou non. • CEPC, avis n° 16-17 du 22 sept. 2016 : *préc. note 3.*

SECTION III LA FACTURATION ET LES DÉLAIS DE PAIEMENT

(Ord. n° 2019-359 du 24 avr. 2019, art. 1er)

SOUS-SECTION 1 FACTURATION

RÉP. COM. v° *Transparence tarifaire et pratiques restrictives,* par ARHEL.

BIBL. GÉN. ▶ ANDRÉ et J.-M. MOUSSERON, *Cah. dr. entr. 1993, n° 1.* – MALAURIE-VIGNAL, *LPA 3 oct. 1994* (transparence tarifaire). – L. et J. VOGEL, *JCP E 1995. I. 436* (même thème). – GAFFURI, *Cah. dr. entr. 1996, n° 5, p. 24* (contexte international). – VOGEL, *CCC 1996, n° 143* (L. n° 96-588 du 1er juill. 1996). – DELBARRE, *Cah. dr. entr. 1996, n° 5, p. 2* (même thème). – MALAURIE-VIGNAL, *D. 1996. Chron. 361* (même thème). – TRAN THIET, RAKOTOVAO, FRÉGET et VITAL-DURAND, *CCC 1996. Chron. 11* (même thème). – PIGASSOU, *D. 1997. Chron. 157* (même thème). – DONSIMONI, *LPA 9 févr. 1998* (contradiction entre l'art. 31 et l'art. 289 CGI). – LEBOUCHÉ, *JCP E 1999, n° 12, p. 513* (euro, politique tarifaire et concurrence). – GIULJ, *LPA 1er nov. 2002* (rédaction des conditions de vente et des factures depuis la loi NRE : mentions obligatoires relatives aux conditions de règlement). – PIETTE-COUDOL, *CCE 2003. Chron. 12* (facture électronique). – RETTERER, *D. 2003. 1210* (restauration de l'équilibre des relations commerciales dans la grande distribution). – NARAYAN-FOURMENT, *D. 2004. 2023* (maîtrise des prix : hors du droit de la concurrence, point de salut). – L. et J. VOGEL, *JCP E 2004, n° 28-29, p. 1136* (marges arrière et remises de gamme). – FERRIER, *D. 2004. 3054* ; *JCP E 2005, n° 3, p. 72* (rapport Canivet). – Colloque, *LPA 1er juill. 2005* (pratiques dans la distribution : la réforme impossible ?). – VILMART, *Gaz. Pal. 2006. Doctr. 3813* (de la « facturologie » au « bidouillage »). – PÉTRIGNET, *RDLC 2009, n° 3, p. 163* (les règles de facturation et la loi LME). – MAGNIER-MERRAN, *Bibliothèque de droit de l'entreprise, LexisNexis, 2016* (la facture). ▶ Ord. n° 2019-359 du 24 avr. 2019 : LANGLAIS, *LPA 16 oct. 2019* (mentions sur facturation : l'estompage du dispositif transitoire issu de l'Ord. du 24 avr. 2019).

Art. L. 441-9 **I. — Tout achat de produits ou toute prestation de service pour une activité professionnelle fait l'objet d'une facturation.**

Le vendeur est tenu de délivrer la facture dès la réalisation de la livraison ou de la prestation de services au sens du 3 du I de l'article 289 du code général des impôts *[V. App., v° Factures]*. **L'acheteur est tenu de la réclamer.**

Le vendeur et l'acheteur conservent chacun un exemplaire de toute facture émise dans la limite de durée prévue par les dispositions applicables du code général des impôts. La facture émise sous forme papier est rédigée en double exemplaire. — *V. art. R. 441-3.*

Sous réserve du *c* **du II de l'article 242** *nonies* **A de l'annexe II au code général des impôts** *[V. App., v° Factures]*, **dans sa version en vigueur au 26 avril 2013, la facture mentionne le nom des parties ainsi que leur adresse et leur adresse de facturation si elle est différente, la date de la vente ou de la prestation de service, la quantité, la dénomination précise, et le prix unitaire hors TVA des produits vendus et des services rendus ainsi que toute réduction de prix acquise à la date de la vente ou de la prestation de services et directement liée à cette opération de vente ou de prestation de services, à l'exclusion des escomptes non prévus sur la facture.** — *Sur les autres mentions, et notamment le numéro d'identification de l'entreprise, V. art. R. 123-237.*

La facture mentionne la date à laquelle le règlement doit intervenir. Elle précise les conditions d'escompte applicables en cas de paiement à une date antérieure à celle résultant de l'application des conditions générales de vente, le taux des pénalités exigibles le jour suivant la date de règlement inscrite sur la facture ainsi que le montant de l'indemnité forfaitaire pour frais de recouvrement due au créancier en cas de retard de paiement. Le règlement est réputé réalisé à la date à laquelle les fonds sont mis, par le client, à la disposition du bénéficiaire ou de son subrogé. — *V. CGI, art. 237 sexies, App., v° Factures.*

La facture mentionne le numéro du bon de commande lorsqu'il a été préalablement ***établi par l'acheteur.***

II. — Tout manquement au I est passible d'une amende administrative dont le montant ne peut excéder 75 000 € pour une personne physique et 375 000 € pour une personne morale.

Le maximum de l'amende encourue est porté à 150 000 € pour une personne physique et *[à]* **750 000 € pour une personne morale en cas de réitération du manque-**

ment dans un délai de deux ans à compter de la date à laquelle la première décision de sanction est devenue définitive. – *Comp. anc. art. L. 441-3.*

V. aussi Dir. n° 2011/7/UE du 16 févr. 2011 concernant la lutte contre les retards de paiement dans les transactions commerciales ss. art. L. 441-11.

Les factures et autres documents échangés entre professionnels, personnes de droit privé françaises et étrangères, qui ne sont pas consommateurs ou utilisateurs finals des biens, produits ou services, ne sont pas visés par les dispositions de la L. n° 94-665 du 4 août 1994 relative à l'emploi de la langue française (Circ. 19 mars 1996, JO 20 mars ; D. Affaires 1996. 467).

I. DOMAINE D'APPLICATION

BIBL. Arhel, *D. Affaires 1998. 1348.*

A. PERSONNES VISÉES

1. Particuliers. Jugeant que l'obligation de réclamer une facture s'impose quand bien même les achats sont effectués auprès de particuliers, en l'occurrence des ramasseurs de champignons qui ne souhaitaient pas apparaître dans les transactions, V. • TGI Bergerac, 9 mai 2000 : *BID 12/2002. 24.*

2. Application aux importateurs. Les obligations de l'art. 31 [C. com., art. L. 441-9] qui s'imposent tant au vendeur qu'à l'acheteur ne constituent pas une entrave à la libre circulation des marchandises, au sens de l'art. 30 du traité de Rome (art. 34 TFUE), dès lors qu'elles portent sur les modalités de la vente et s'appliquent de la même manière aux produits nationaux et à ceux en provenance des autres États membres. • Crim. 18 juin 1998, n° 97-81.510 P : *D. 1998. IR 218 ; CCC 1998, n° 148, obs. Malaurie-Vignal ; LPA 28 juin 1999, obs. Reboul.* ♦ Se rend coupable du délit prévu à l'art. 31 [C. com., art. L. 441-9] le dirigeant d'une société importatrice qui, pour des transactions réalisées sur le territoire national, produit des factures dont l'irrégularité a été établie, faute d'indication de la quantité des produits vendus, de leur dénomination précise et de leur prix unitaire. • Même arrêt. ♦ Les contrats de vente internationale de marchandises désignant un droit étranger et relevant de la Conv. de Vienne du 11 avr. 1980 (V. App., v° *Ventes commerciales*) conclus entre un fournisseur étranger et un distributeur situé en France impliquent l'obligation pour le vendeur de délivrer une facture chaque fois que le contrat, les usages ou une loi impérative au titre des lois de police le prévoient (CVIM, art. 30 et 34). L'art. L. 441 9 peut s'analyser comme une loi de cette nature imposant dans son principe la remise d'une facture, dont le contenu est déterminé librement par les parties conformément à la CVIM. • CEPC, avis n° 21-9 du 8 juill. 2021.

3. Application aux exportateurs. Les règles de facturation de l'Ord. du 1er déc. 1986 [C. com., art. L. 410-1 s.] s'appliquent aux produits achetés en France même si ces produits doivent être distribués ou revendus à l'étranger. • Com. 16 juin 1998, n° 96-20.182 P : *D. 1998. IR 179 ; JCP E 1998, n° 37, p. 1379 ; RJDA 1998, n° 1300 ; CCC 1998, n° 146, obs. Malaurie-Vignal ; LPA 23 juin 1999, obs. Reboul.* ♦ Sur les mentions obligatoires à porter sur la facture en cas d'exportation, V. aussi • CEPC, avis n° 14-05 du 23 janv. 2014.

B. TRANSACTIONS VISÉES

4. Prestations de services. Si les droits de place et de stationnement dans les marchés communaux présentent le caractère de contribution indirecte et échappent à ce titre aux dispositions de l'Ord. du 1er déc. 1986 [C. com., art. L. 410-1 s.], les recettes perçues par les concessionnaires en contrepartie de prestations complémentaires sont en revanche de nature contractuelle et entrent dans les prévisions de ce texte. • Crim. 10 oct. 1994, n° 93-85.572 P : *RJDA 1994, n° 1337.* ♦ L'art. L. 441-3 [L. 441-9] s'applique à toute vente ou prestation de services à caractère professionnel, quelle que soit la nature contractuelle spécifique de la prestation (pour des prestations de transport et de commissionnaire en transport). • Crim. 19 févr. 2003, n° 02-80.351 P : *JCP 2004. II. 10019, note Delebecque ; CCC 2003, n° 128, obs. Malaurie-Vignal ; RTD com. 2003. 582, obs. Bouloc ; RJDA 2003, n° 1006.* ♦ Ne peuvent constituer des honoraires (d'avocat) librement payés après service rendu ceux qui ont été réglés sur présentation de factures ne répondant pas aux exigences de l'art. L. 441-3 [L. 441-9], peu important qu'elles soient complétées par des éléments extrinsèques. • Civ. 2e, 6 juill. 2017, n° 16-19.354 P : *D. 2017. Chron. C. cass. 1868, obs. Touati et Becuwe ; ibid. 2411, note Pellier .*

5. Factures de complaisance ou inexactes. Même en cas de factures de complaisance ou inexactes, les dispositions de l'art. 31 [C. com., art. L. 441-9] permettent à l'administration des impôts de bénéficier du mode d'investigation prévu par l'art. 48 de l'Ord. du 1er déc. 1986 [C. com., art. L. 450-4]. • Com. 24 mai 1994, n° 93-10.844 : *RJDA 1994, n° 1162.*

6. Prestation et vente fictives. Des factures constatant des prestations fictives et appuyant des paiements indus de rémunérations occultes obéissent aux conditions et qualification du délit de faux en écriture privés dès lors d'une part, qu'une facture, qui doit être conforme aux prescriptions de l'art. 31 [C. com., art. L. 441-9], ne doit être délivrée qu'à la réalisation effective d'une vente ou prestation de service et d'autre part, qu'elle sert de pièce comptable justifiant des passations d'écritures dans les livres et comptes dont la tenue est obligatoire et qui, selon l'art. 17 [C. com., art. L. 123-23] sont admis pour servir de preuve entre commerçants, V. • Paris, 21 sept. 1998 : *BICC 1999, n° 700.*

7. Coopération commerciale. Les mentions exigées par l'art. L. 441-3 [L. 441-9] doivent figurer sur les factures sans qu'il soit nécessaire de se référer aux documents qui les fondent. • Crim. 6 déc. 2006, n° 06-82.834 P : *cité note 2 ss. art. L. 450-3* • Paris, 30 nov. 2009 : *RLC avr.-juin 2010. 48, obs. Grall.* ♦ Les factures établies par un distributeur pour les prestations réalisées en exécution de contrats de coopération commerciale doivent permettre d'identifier avec précision la nature exacte des services rendus, les produits et quantités de produits concernés ainsi que la date de réalisation de ces services, et ce, même si ces services font par ailleurs l'objet d'un contrat écrit en double exemplaire détenu par chacune des parties. • Paris, 29 juin 1998 : *RJDA 1998, n° 1407* • 12 mars 2004 : *JCP E 2004, n° 48, p. 1878, obs. Decocq.*

Le fait que les mentions apposées sur une facture de coopération ou de participation publicitaire soient insuffisantes au regard de l'obligation de facturation détaillée édictée par l'art. L. 441-3 [L. 441-9] n'est pas à lui seul de nature à établir ou à faire présumer l'existence d'une pratique discriminatoire. • Com. 8 févr. 2005, n° 02-12.855 : *RDLC 2005, n° 2, p. 65, obs. de La Laurencie.* ♦ Le juge doit rechercher si la mention dans les factures de postes tels que « dynamique commerciale-présence de produits du fournisseur sur des opérations magasin au cours de l'année, en animation rayon au sein du magasin » ou « promotion publicitaire-présence de produits du fournisseur sur des opérations publicitaires au cours de l'année, soit sur prospectus, soit en animation rayon au sein du magasin », sans autres précisions sur la date et la nature des services rendus permettait de vérifier la réalité et la valeur de ces services. • Crim. 23 sept. 2008, n° 08-81.278 : *JCP E 2008, n° 45-46, p. 19 ; RJDA 2009, n° 134 ; RDLC 2009, n° 2, p. 130, obs. Dany.* ♦ Pour des factures tardives et imprécises s'agissant de la date de réalisation des services rendus, de l'absence de quantité et de prix unitaire de ces services et de la désignation de ces services, V. • T. corr. Nantes, 29 sept. 2005 : *Lettre distrib. 12/2005, p. 5.* ♦ Pour une approche moins contraignante, V. • Limoges, 21 févr. 2007 : *CCC 2008, n° 10, obs. M. M.-V. ; RJDA 2007, n° 653.*

Sur la coopération commerciale, V. art. L. 441-3.

II. REMISE DE LA FACTURE

8. Obligations réciproques. BIBL. Charbit, *Gaz. Pal. 1997. 1. Doctr. 201.* ♦ Les dispositions de l'art. 31 [C. com., art. L. 441-9], selon lesquelles tout achat de produits ou toute prestation de service pour une activité professionnelle doit faire l'objet d'une facture mentionnant, notamment, les rabais, remises ou ristournes dont le principe est acquis et le montant chiffrable au moment de la vente, s'imposent indistinctement au vendeur et à l'acheteur, tenus à des obligations complémentaires et réciproques. • Crim. 20 juin 1994, n° 93-83.037 P : *D. 1994. IR 201 ; CCC 1994, n° 161, obs. Vogel* • 15 mai 2008, n° 07-87.139 : *Dr. pénal 2008, n° 130, obs. J.-H. Robert* • TGI Paris, 12 oct. 2000 : *BID 2/2002. 6.* ♦ Sur la compatibilité de l'obligation faite à l'acquéreur de réclamer la facture avec l'art. 121-1 C. pén., V. • TGI Saint-Nazaire, 7 mai 1999 : *BID 2/2002. 25.* ♦ L'acheteur qui n'exige pas du vendeur une facturation répondant aux exigences légales se rend coupable du délit même si le vendeur n'est pas poursuivi. • Dijon, 26 mai 1994 : *BID 10/1994. 25.* ♦ Comp., lorsque l'acheteur ayant acquis la marchandise auprès, non du fournisseur, mais d'une centrale d'achat, n'avait pas la maîtrise de la facturation : • Crim. 3 avr. 1995, n° 94-82.029 : *Dr. pénal 1995, n° 179, obs. J.-H. Robert.* ♦ L'art. L. 441-3, dans sa rédaction antérieure à celle issue de l'Ord. n° 2019-359 du 24 avr. 2019, impose au vendeur de délivrer sa facture dès la réalisation de la prestation de service. Si ce texte prévoit aussi que l'acheteur doit réclamer la facture qui mentionne la date à laquelle le règlement doit intervenir, l'obligation au paiement du client prend naissance au moment où la prestation commandée a été exécutée. • Com. 26 févr. 2020, n° 18-25.036 P : *D. 2020. Actu. 486 ; AJ contrat 2020. 337, obs. Magnier-Merran ; JCP E 2020, n° 1265, note Bories ; CCC 2020, n° 83, obs. Mathey ; RJDA 2020, n° 345.*

9. Destinataire de la facture. Lorsqu'une structure de regroupement à l'achat agit en tant que référenceur, elle négocie des conditions de vente et des tarifs pour ses adhérents, de telle sorte que le fabricant/exploitant doit émettre les factures au nom de chaque adhérent. En revanche, lorsque la structure de regroupement à l'achat agit en tant que commissionnaire à l'achat, elle centralise les commandes des adhérents qu'elle transmet en son nom au fabricant/exploitant, de telle sorte que ce dernier doit émettre les factures au nom du groupement qui procède au règlement pour le compte de ses adhérents. • CEPC, avis n° 17-9 du 11 mai 2017.

10. Moment de remise. S'agissant des relations commerciales entre une centrale de référencement et ses adhérents fournisseurs, c'est à la fin de chaque année, au moment où l'ensemble de la prestation est réalisé et connu, que celle-ci est chiffrable et doit donner lieu à une facturation répondant aux exigences fixées par l'Ord. de 1986 [C. com., art. L. 441-9]. En revanche, le versement d'« acomptes » à valoir sur la facture n'est soumis à aucun formalisme particulier. • T. corr. Nanterre, 14 mars 1995 : *RJDA 1995, n° 1016.* – V. aussi : * Rép. min. n° 46291 : *JOAN Q, 21 oct. 1991, p. 4322.* ♦ Comp., jugeant que chaque facture – fût-elle d'acomptes – doit être analysée isolément et décrire avec une précision suffisante la nature de la prestation pour laquelle elle est émise et la date à laquelle cette prestation a été effectuée : • T. corr. Créteil, 16 déc. 2005 : *RDLC 2006, n° 3, p. 106, obs. Fasquelle et Roberval.* ♦ En principe, une facture doit être émise à chaque livraison ou prestation de services mais une facture peut en regrouper plusieurs lorsque celles-ci sont réalisées simultanément ou concomitamment ou lorsque les conditions de recours à la facture périodique sont remplies. • CEPC, avis n° 15-26 du 29 oct. 2015 : *AJCA 2015. 493, obs. X. D.*

En présence d'une prestation de services annuelle (service continu rémunéré de manière identique qu'il soit ou non utilisé), celle-ci peut faire l'objet de factures d'acompte mensuelles qui doivent être payées conformément aux délais de paiement de 60 jours date de facture ou 45 jours fin de mois. Si la prestation de services correspond en réalité à une multiplicité de prestations de services effectuées chaque mois à une fréquence variable, deux modalités de facturation sont conformes à la loi : soit une facture est établie dès la réalisation de chaque prestation, et payée dans les délais de droit commun précités ; soit une facture périodique est établie au plus tard à la fin du mois civil et est payée dans le délai de 45 jours date de facture. En revanche, dans le cadre d'un abonnement annuel, la facturation mensuelle d'un montant calculé sur la base du coût estimé de l'ensemble des prestations sur l'année n'est conforme ni aux règles de facturation, ni aux règles relatives aux délais de paiement. • CEPC, avis n° 15-27 du 5 nov. 2015 : *AJCA 2015. 493, obs. X. D.*

Sous réserve de l'appréciation souveraine des tribunaux quant à la notion de « réalisation de la vente », les parties peuvent prévoir contractuellement qu'en application des dispositions de l'art. L. 441-3 [L. 441-9], la facture doit être émise à la date de « livraison » définie par l'Incoterm FOB, c'est-à-dire à la date de la remise de la marchandise à bord du navire au port du départ. Cette date fera ainsi courir le délai de paiement légal conventionnel. • CEPC, avis n° 17-4 du 2 mars 2017. ♦ La législation fiscale autorise le vendeur à émettre la facture au moment de la « livraison », au sens de l'Incoterm FOB, dans la mesure où la remise matérielle des biens (en l'espèce, la livraison à bord) est effectuée dans le mois suivant la date où le transfert du pouvoir de disposer de ces biens comme un propriétaire est intervenu. Dans le cas contraire, la facture doit être émise dans le mois suivant la date prévue au contrat relative au transfert du pouvoir de disposer de ces biens comme un propriétaire. • Même avis. ♦ La date de réception de la facture par le débiteur ne peut pas déterminer *a posteriori* la date de son établissement, qui reste de la responsabilité du créancier. L'émission de la facture est préalable ou concomitante à sa date d'envoi, par voie postale ou par tout autre moyen (transmission par internet, par exemple). • CEPC, avis n° 19-5 du 14 mars 2019. ♦ Le débiteur ne peut exiger la « rectification » de la date de la facture de son créancier au motif que la pièce comptable aurait été reçue, par exemple, plus de 10 jours après. Une telle exigence est contraire aux prescriptions légales impératives relatives à l'émission des factures, qui doit intervenir dès réalisation de la livraison (au sens du droit fiscal et conformément à l'avis 17-5) ou de la prestation de services. Outre une infraction aux dispositions de l'art. L. 441-3 [L. 441-9], une telle pratique, si elle se répétait, pourrait également caractériser un déséquilibre significatif dans les droits et obligations des parties au sens de l'art. L. 442-6-I-2° [ancien]. • Même avis.

11. Résolution du contrat. La résolution ultérieure du contrat est sans incidence sur l'obligation de délivrance d'une facture, étant observé que la restitution du prix fera également l'objet d'une inscription dans la comptabilité du cocontractant. • Colmar, 21 janv. 2004 : *JCP E 2004, n° 48, p. 1878, obs. Decocq ; CCC 2004, n° 113, obs. Malaurie-Vignal.*

III. MENTIONS OBLIGATOIRES

BIBL. Bouloc, *D. 2003. 448* (la facture mensongère et le faux).

12. Adresse des parties. La notoriété des clients ne dispense pas le fournisseur d'indiquer son adresse. • Reims, 17 juin 1994 : *Cah. dr. entr. 1996, n° 5, p. 32, obs. Arhel.* ♦ Si l'adresse d'une entreprise doit s'entendre de son siège social, il paraît toutefois possible d'admettre, sous réserve de l'appréciation souveraine des tribunaux, que soit mentionnée sur la facture l'adresse de l'établissement qui en assure le règlement et avec lequel l'émetteur de la facture est en relation, sous réserve que le nom ou la raison sociale mentionnés sur la facture, également obligatoires, correspondent à ceux de l'entreprise cliente : Lettre DGCCRF du 1er mars 2005 : *BRDA 2005, n° 7, p. 12.* – V. aussi : Lettre DLF du 15 févr. 2005 : *BF 2005, n° 4, inf. 361 ; Lettre distrib. 5/2005, p. 4.* ♦ En application des dispositions de l'art. L. 441-9, l'émetteur de la facture doit notamment mentionner l'adresse des parties ainsi que leur adresse de facturation, si celle-ci est différente. L'adresse de l'acheteur s'entend comme celle du siège social de l'entreprise mais il peut être toléré que seule l'adresse d'un établissement secondaire qui assure le règlement de la facture soit mentionnée sur celle-ci. Dans cette dernière hypothèse, une seule adresse peut donc être mentionnée sur la facture en ce qui concerne l'acheteur. • CEPC, avis n° 20-3 du 18 juin 2020 : *BRDA 2020, n° 14, p. 15.*

13. Dénomination précise des produits. La dénomination précise, au sens de l'art. 31 [C. com., art. L. 441-9], s'entend non seulement de l'indication de la nature du produit, mais aussi de ses caractéristiques permettant d'assurer la transparence des prix pratiqués. • Crim. 10 mars 1999, n° 98-81.521 P : *D. Affaires 1999. 704, obs. E. P. ; CCC 1999, n° 95, obs. Malaurie-Vignal ; LPA 26 nov. 1999, obs. Pelletier.* ♦ V. aussi, considérant que la mention de la seule dénomination générique de fruits et légumes ne satisfait pas à l'obligation de mentionner la dénomination précise du produit et qu'une interprétation différente serait contraire à la lettre et à l'esprit du texte qui a pour objectif d'assurer le rôle d'instrument de preuve et de contrôle des factures : • Paris, 23 mars 1999 : *D. 1999. IR 140 ; LPA 26 nov. 1999, obs. Reboul.* ♦ La dénomination précise suppose l'indication de la marque du produit, la simple mention de la nature de la marchandise n'étant pas suffisamment explicite car elle ne permet pas de savoir avec certitude quel est le produit facturé. • Crim. 12 févr. 1998, n° 97-81.650 : *LPA 21 août 1998, obs. Reboul.* ♦ De même, les mentions « congelé » ou « surgelé » doivent être précisées puisqu'elles permettent l'application des délais de paiement réglementés résultant des dispositions de l'art. 35 [C. com., art. L. 441-10 s.]. • TGI Lyon, 8 sept. 2000 : *BID 11/2001. 7.* ♦ Jugeant qu'un code TIPS (tarif interministériel des prestations sanitaires), bien qu'imprécis et inexact, n'étant pas un élément de dénomination du produit vendu, n'a jamais induit les utilisateurs en erreur sur sa nature et sa qualité, de telle sorte que l'infraction de facturation non conforme n'est pas caractérisée : • Rennes, 22 janv. 2004 : *JCP E 2004, n° 48, p. 1878, obs. Decocq.* ♦ Pour une facture sur des prestations de services, V. • TGI Lille, 24 oct. 2003 : *cité note 15.* ♦ Pour déclarer le prévenu coupable de vente sans facture, l'arrêt énonce notamment que tout achat de produit doit faire l'objet de la part du vendeur d'une facturation détaillée mentionnant la quantité, la dénomination précise et le prix unitaire hors TVA des produits vendus et que, en l'espèce, les marchandises contenues dans les palettes n'ont pas été énumérées dans des factures conformes à la législation ; en l'état de ces énonciations, et dès lors que les factures doivent comporter toutes les mentions prévues par l'art. L. 441-3 [L. 441-9], la cour d'appel a, sans insuffisance, caractérisé le délit en tous ses éléments, tant matériel, qu'intentionnel. • Crim. 17 janv. 2018, n° 16-87.753 : *CCC 2018, n° 78, obs. Bernheim-Desvaux.*

14. Quantité. *En matière de prestations de services,* la « quantité » au sens de l'art. L. 441-3, al. 3 [L. 441-9, al. 4] est pour l'essentiel le temps passé par les techniciens qui fournissent ces prestations, et le cas échéant, les produits fournis pour la réalisation de ces prestations, de telle sorte que la facture doit procéder à la ventilation de ces différents éléments et non se contenter du montant total des prestations sans aucune précision quant au temps passé, au taux horaire pratiqué, ni au prix unitaire des fournitures. • TGI Nanterre, 23 janv. 2001 : *BID 2/2002. 6.*

15. Prix unitaire. La loi n'exige que la mention, sur les factures, du prix unitaire des produits vendus avant toute imputation de réductions de prix et non l'indication du prix effectivement payé. • Crim. 12 juin 1997, n° 96-80.739 P : *D. 1997. IR 187.* – V. aussi rapp. Brieuc de Massiac, *RJDA 1997, p. 791.* ♦ Les dispositions de l'art. L. 441-3 [L. 441-9] n'imposent pas la mention sur la facture du prix effectivement payé par le commissionnaire au transporteur mais celle du « prix unitaire hors TVA des produits vendus et des services rendus », ce qui peut s'entendre du prix effectivement payé par le donneur d'ordre au commissionnaire. Dès lors qu'il est constaté que les factures mentionnent, avec les quantités facturées, un forfait FOB port de départ à B/N port d'arrivée, les frais supplémentaires, les taxes, les frais d'intermédiation, le coût de « son intervention », il s'en déduit qu'elles sont conformes aux dispositions légales précitées. • Com. 20 sept. 2017, n° 16-17.152 P : *D. 2017. Actu. 1909 ; JCP E 2017, n° 1553 ; RJDA 2018, n° 59.* ♦ Jugé qu'est irrégulière la facture établie par un commissionnaire de transport ne mentionnant qu'un prix forfaitaire sans distinguer entre la prestation de recherche et d'organisation des moyens de transport et le transport lui-même. • Crim. 19 févr. 2003, n° 02-80.351 P : *préc. note 4.* ♦ Estimant qu'une entreprise peut proposer une prestation de services qui fait l'objet d'un prix global et forfaitaire et que la facture doit alors mentionner le prix unitaire de la prestation, qui est le prix forfaitaire, et ne peut faire référence qu'au seul forfait mentionné dans le contrat s'agissant de la dénomination précise de la prestation. • CEPC, avis n° 15-25 du 29 oct. 2015. ♦ Pour une facture ne comportant qu'un montant global ne permettant pas de connaître le prix unitaire hors TVA de chacun des services rendus : • TGI Lille, 24 oct. 2003 : *RCC 2004, n° 138, p. 3.* ♦ La contribution Éco-Emballages, qui n'est pas une taxe, constitue un des éléments du prix de revient de celui qui en est redevable et doit être incorporée dans le prix unitaire hors TVA qui apparaît sur la facture • CEPC, avis n° 09-13 du 9 déc. 2009 : *BRDA 2010, n° 1, p. 10.* ♦ Les dispositions prévues en matière de transparence tarifaire n'obligent, ni n'interdisent au fournisseur d'indiquer spécifiquement le coût de la gestion des déchets dans son tarif. En ce qui concerne la facture, ce coût constitue un des éléments du prix de revient qui doit être incorporé dans le prix unitaire hors taxe du produit apparaissant sur la facture ; le cas échéant, il peut faire l'objet d'une information, de préférence en pied de facture. En revanche, le coût de gestion des DEEE destinés aux ménages et des meubles qui avaient été mis sur le marché avant la création des filières REP correspondantes doit être indiqué sur la facture de tels produits, en sus du prix unitaire • CEPC, avis n° 17-13 du 14 déc. 2017. ♦ Sur la notion de prix unitaire s'agissant de solutions informatiques comprenant des logiciels, V. • Montpellier, 7 mai 2009 : *RLC avr.-juin 2010. 48, obs. Grall.* ♦ La CEPC recommande, lorsqu'il n'en a pas été convenu autrement entre les parties, qu'un avoir émis par le fournisseur, qui modifie le prix unitaire des produits, soit intégré dans le calcul des réductions de prix ou des rémunérations des prestations de service. • CEPC, avis n° 18-1 du 1er févr. 2018.

16. Remises et ristournes (jurispr. antérieure à la loi du 1er juill. 1996). BIBL. Meffre, *Cah. dr. entr. 1993, n° 6.* – Frison-Roche et Meffre, *D. 1994. Chron. 311*. – Arhel, *LPA 3 oct. 1994.* ♦ La disposition de l'art. 31 [C. com., art. L. 441-9] selon laquelle les factures doivent comporter toutes les mentions, quelle que soit leur date de règlement, étant d'ordre public, enfreint ledit art. la clause des conditions générales de vente prévoyant que le droit aux remises quantitatives et ristournes de fin d'année est subordonné au règlement complet à leur échéance des factures sur la base desquelles la remise ou la ristourne a été calculée. • Paris, 15 nov. 1994 : *BID 12/1995. 33.*

Une remise dont le taux est fonction du montant de la commande et effectivement maintenu, même en cas de non-réalisation du chiffre d'affaires initialement prévu, ne peut être conditionnelle. Certaine en son principe et chiffrable, puisque exprimée en valeur relative en fonction d'une base de calcul déterminée, une telle remise devait figurer sur la facture. • Paris, 19 déc. 1994 : *BID 6/1995. 14.* – V. aussi • Paris, 13 déc. 1994 : *Gaz. Pal. 1996. 2. Doctr. 1196.* ♦ En ce sens qu'une ristourne dépendant de la réalisation d'un chiffre d'affaires, n'étant pas acquise en son principe et chiffrable en son montant lors de la vente, n'avait pas à être mentionnée, V. • Colmar, 2 mars 1995 : *Lettre distrib. 1995, n° 3, p. 3.* – *Contra* : • Douai, 12 sept. 1995 : *RJDA 1996, n° 246.* ♦ En ce sens qu'un budget publicitaire spécialement affecté à un article doit être assimilé à une remise spécialement accordée à cet article, V. • Toulouse, 24 oct. 1996 : *BID 9/1997. 15.*

V. aussi note 13 ss. art. L. 442-5.

17. Réduction de prix acquise au moment de la vente. L'art. L. 441-3 [L. 441-9] dispose que la facture doit mentionner toute réduction de prix acquise à la date de la vente mais n'interdit pas d'y faire également figurer une remise conditionnelle. • Com. 6 sept. 2011, n° 10-17.963 P : *D. 2011. Actu. 2197, obs. Chevrier* ; *JCP E 2011, n° 1672 ; RJDA 2012, n° 85 ; RDLC 2011, n° 4, p. 124, obs. Dany.* ♦ Comp., jugeant que seules les réductions de prix acquises à la date de la vente doivent être mentionnées sur la facture de vente. • Crim. 12 juin 1997, n° 96-80.839 P : *D. 1997. IR 187 ; RTD com. 1998. 223, obs. Bouloc* ; *CCC 1997, n° 154, obs. Vogel ; RJDA 1997, p. 791, rapp. Brieuc de Massiac.* ♦ Des ristournes de fin d'année, dont le bénéfice n'est acquis au distributeur des produits d'une marque qu'après réalisation de certains seuils de chiffre d'affaires ou d'opérations de promotion, ne sauraient être regardées, faute d'accomplissement des conditions auxquelles elles sont subordonnées, comme acquises au moment de la vente. • Même arrêt. ♦ Au regard des exigences et des objectifs de la transparence tarifaire instituée par l'art. L. 441-3 [L. 441-9], lorsque l'acheteur s'est engagé contractuellement à réaliser un objectif en termes de chiffres d'affaires, lorsque le palier est atteint, la réduction de prix obtenue en contrepartie est acquise dès la première vente et doit par conséquent figurer d'emblée sur la facture correspondante. • CEPC, avis n° 14-09 du 22 sept. 2014. ♦ La pratique consistant à convenir, lors des négociations pour l'année N, d'une réduction de prix inconditionnelle dont le paiement est différé à la ou aux premières factures d'achat de l'année N + 1 doit, du point de vue des règles de facturation, donner lieu à la mention de la réduction sur la facture correspondant à l'opération de vente à laquelle elle se rapporte, en pied de facture ; cette ristourne peut être imputée sous forme d'avoir sur une facture émise ultérieurement. Ces deux factures émises à des dates différentes devront chacune être réglées dans les délais prévus par la législation en vigueur en matière de délais de paiement. • CEPC, avis n° 16-18 du 10 nov. 2016.

18. Réduction directement liée à l'opération de vente ou de prestation de services. Cette condition, issue de la L. du 1er juill. 1996, vise les remises liées à la nature ou à la quantité des produits, ou bien encore à la périodicité ou au conditionnement des achats qui, si elles sont acquises et donc mentionnées sur facture, sont déductibles du prix d'achat. Il n'en est évidemment pas de même pour les prestations détachables du contrat de vente proprement dit, lesquelles font généralement l'objet d'accords de coopération commerciale. Les remises correspondantes devraient faire l'objet d'une facturation séparée, établie par le distributeur, grevée du taux de TVA frappant les services : * Rép. min. n° 47190 : *JOAN Q, 17 mars 1997, p. 1409.* ♦ Pour des exemples de remise n'entrant pas dans le cadre d'une coopération commerciale, V. • Rennes, 9 oct. 1997 : *BID 6/1998. 58* • Com. 3 mars 2004, n° 02-14.529 P : *CCC 2004, n° 114, obs. Malaurie-Vignal ; RJDA 2004, n° 908* (et sur renvoi : • Paris, 5 oct. 2004 : *JCP E 2005, n° 31-34, p. 1332, obs. Mainguy ; CCC 2005, n° 30, obs. Malaurie-Vignal ; RJDA 2005, n° 198* : jugeant qu'un service ne cesse pas d'être spécifique au seul motif qu'il peut être rendu par différentes catégories de distributeurs ; conf. par • Com.

6 déc. 2005, n° 04-19.320 P : *D. 2006. Pan. 512, obs. Ferrier ; JCP E 2006, n° 4, p. 202 ; CCC 2006, n° 32, obs. Malaurie-Vignal ; LPA 13 nov. 2006, obs. Bacchichetti ; RJDA 2006, n° 706*).

19. Technique de la cagnotte. Les réductions de prix consenties, pendant la période de promotion, dans le cadre de pratiques relevant de la technique de la « cagnotte » doivent être mentionnées sur les factures, V. • Amiens, 25 mai 1999 : *LPA 9 févr. 2000, note Arhel.*

20. Conditions d'escompte. Un acheteur qui appliquerait l'escompte sans respecter le délai de paiement correspondant ne remplirait pas ses obligations et mettrait en jeu sa responsabilité contractuelle : * Rép. min. n° 3786 : *JOAN Q, 1er nov. 1993, p. 3822.* ♦ Sont acquis à la date de la vente et constituent par conséquent des réductions de prix devant figurer sur les factures, les escomptes prévus préalablement par les parties en contrepartie du règlement anticipé de factures par rapport aux conditions générales de vente. • Crim. 21 juin 2000, n° 99-86.433 : *JCP 2001, n° 289, obs. Maron ; RJDA 2000, n° 1117.* ♦ Pour déclarer les prévenus coupables d'infractions aux règles de la facturation, l'arrêt énonce que les factures ne mentionnaient ni le taux d'escompte, en cas de paiement anticipé, ni les pénalités encourues, en cas de retard de paiement. En statuant ainsi, et dès lors que, d'une part, les factures de prestation de service pour une activité professionnelle doivent comporter toutes les mentions prévues par l'art. L. 441-3 [L. 441-9] sans qu'il soit nécessaire de se référer ni aux documents qui les fondent, ni à la législation applicable, d'autre part, le paiement avant la date limite est nécessairement un paiement anticipé ouvrant droit à l'escompte, la cour d'appel a justifié sa décision. • Crim. 3 mai 2017, n° 15-85.875 : *CCC 2017, n° 151, obs. Malaurie-Vignal.*

21. Mode de règlement. L'entreprise qui vend ses produits au comptant doit indiquer ce mode de règlement sur ses factures, mention qui peut alors se substituer à l'indication de la date du règlement et des conditions d'escompte, ainsi que la dénomination précise des produits, l'indication de leur seul nom générique étant insuffisante. • Paris, 25 févr. 1998 : *D. Affaires 1998. 707, obs. E. P. ; LPA 21 août 1998, obs. Reboul.*

22. Pénalités pour paiement tardif. BIBL. M.-P. Wagner, *D. 2004. 2634* (pénalités de retard : encore des interrogations). ♦ En ce sens que la mention des pénalités pour paiement tardif n'est pas obligatoire sur les factures : * Rép. min. n° 5044 : *JO Sénat Q, 5 mai 1994, p. 1092 ; CCC 1994, n° 163.* ♦ L'art. 3, § 1er, sous c), ii), de la Dir. 2000/35/CE du 29 juin 2000, concernant la lutte contre le retard de paiement dans les transactions commerciales, doit être interprété en ce sens qu'il exige, afin qu'un paiement par virement bancaire écarte ou mette un terme à l'application d'intérêts de retard, que la somme due soit inscrite sur le compte du créancier à l'échéance. • CJCE 3 avr. 2008, n° C-306/06 : *RJDA 2008, n° 857.*

IV. OBLIGATION DE CONSERVATION

23. Délai de conservation. Sur l'articulation entre les art. L. 123-22, L. 441-3, al. 2 [L. 441-9, al. 3], et R. 441-3 V. • Cons. conc. n° 05-D-32 du 22 juin 2005 : *cité note 2 ss. art. L. 123-22.*

Code de commerce

Ancien art. L. 441-3 *Tout achat de produits ou toute prestation de service pour une activité professionnelle doivent faire l'objet d'une facturation.*

Sous réserve des deuxième et troisième alinéas du 3 du I de l'article 289 du code général des impôts [V. App., v° Factures], le vendeur est tenu de délivrer la facture dès la réalisation de la vente ou la prestation du service. L'acheteur doit la réclamer. La facture doit être rédigée en double exemplaire. Le vendeur et l'acheteur doivent en conserver chacun un exemplaire. — V. art. R. 441-3.

Sous réserve du c du II de l'article 242 nonies A de l'annexe II au code général des impôts [V. App., v° Factures], dans sa version en vigueur au 26 avril 2013, la facture doit mentionner le nom des parties ainsi que leur adresse, la date de la vente ou de la prestation de service, la quantité, la dénomination précise, et le prix unitaire hors TVA des produits vendus et des services rendus ainsi que toute réduction de prix acquise à la date de la vente ou de la prestation de services et directement liée à cette opération de vente ou de prestation de services, à l'exclusion des escomptes non prévus sur la facture.

La facture mentionne également la date à laquelle le règlement doit intervenir. Elle précise les conditions d'escompte applicables en cas de paiement à une date antérieure à celle résultant de l'application des conditions générales de vente, le taux des pénalités exigibles le jour suivant la date de règlement inscrite sur la facture ainsi que le montant de l'indemnité forfaitaire pour frais de recouvrement due au créancier en cas de retard de paiement. Le règlement est réputé réalisé à la date à laquelle les fonds sont mis, par le client, à la disposition du bénéficiaire ou de son subrogé. — [Ord. n° 86-1243 du 1er déc. 1986, art. 31, al. 1er à 4.] — V. CGI, art. 237 sexies, App., v° Factures.

Les dispositions de l'art. L. 441-3 relatives aux factures restent applicables, dans leur rédaction antérieure à l'entrée en vigueur de l'Ord. n° 2019-359 du 24 avr. 2019, aux factures émises avant le 1er oct. 2019 (Ord. préc., art. 5-III ; JO 25 avr.). — Sur ces dispositions transitoires, V. Langlais, LPA 16 oct. 2019.

Ancien art. L. 441-4 *Toute infraction aux dispositions de l'article L. 441-3 est punie d'une amende de 75 000 €.*

L'amende peut être portée à 50 % de la somme facturée ou de celle qui aurait dû être facturée. — [Ord. n° 86-1243 du 1er déc. 1986, art. 31, al. 5 et 6.] — V. CGI, art. 1751, App., v° Factures.

1. *Rétroactivité in mitius de la loi du 1er juill. 1996.* Depuis l'entrée en vigueur, le 1er janv. 1997, de la rédaction de l'art. 31, issue de la L. du 1er juill. 1996 [C. com., anc. art. L. 441-3 s.], qui a restreint le champ d'application des mentions obligatoires à porter dans les factures, la sanction prononcée à l'encontre des demandeurs pour infraction à l'art. 31 [C. com., anc. art. L. 441-3 s.], dans sa rédaction antérieure, ne peut être maintenue à raison de l'existence de leur pourvoi en cassation (application de l'art. 112-1, al. 3, C. pén. : rétroactivité des lois pénales plus douces). • Crim. 23 janv. 1997, n° 95-86.183 P : *D. 1997. IR 92* • 5 mai 1997, n° 85-82.685 P : *D. Affaires 1997. 1244.*

2. *Intention coupable.* La seule constatation de la violation en connaissance de cause d'une prescription légale ou réglementaire implique, de la part de son auteur, l'intention coupable exigée par l'art. 121-3, al. 1er, C. pén. (à propos d'une vente sans facture). • Crim. 25 mai 1994, n° 93-85.158 P : *CCC 1994, n° 248, obs. Vogel.*

3. *Délégation de pouvoirs.* BIBL. Dreyer, *D. 2004. 937* (les pouvoirs délégués afin d'exonérer pénalement le chef d'entreprise). ♦ Aucune disposition légale n'interdisant au chef d'entreprise de déléguer ses pouvoirs en matière de fixation des prix, encourt la censure la cour d'appel qui, pour écarter la délégation invoquée par le directeur d'un supermarché poursuivi pour revente à perte, se borne à énoncer que ce dirigeant avait seul le pouvoir, en raison de sa qualité, de s'opposer à l'application d'une opération illégale dans l'établissement dont il était le premier responsable. • Crim. 6 mai 1996, n° 95-83.340 : *RJDA 1996, n° 1335.* ♦ En revanche, un chef d'entreprise ne saurait s'exonérer de sa responsabilité pénale en invoquant une délégation de pouvoirs, dès lors que, selon les constatations des juges, la comptabilisation de factures fictives incriminée relevait des fonctions de direction qu'il assumait personnellement. • Crim. 13 mars 1995, n° 93-84.299 P. ♦ Justifie sa décision la cour d'appel qui, pour condamner le directeur d'un supermarché pour infractions aux règles de la facturation, refuse de prendre en compte la délégation de pouvoirs que celui-ci avait donnée, en cette matière, au chef du secteur des produits frais, au motif que l'établissement des factures relevait, en l'espèce, du service comptable de l'entreprise et que le chef du secteur des produits frais ne pouvait donner des instructions à un service sur lequel il n'avait pas autorité. • Crim. 6 mai 1996, n° 95-83.350 : *RJDA 1996, n° 1335.* ♦ En revanche, les chefs de rayon ayant établi de leur propre main les factures insuffisamment renseignées, ils sont les auteurs des infractions. Elles ne doivent pas être mises à la charge du directeur du magasin, dès lors que ces contrats-factures prévoyaient une place pour toutes ces mentions et quand bien même il accepte d'endosser la responsabilité d'infractions dont il n'est pas l'auteur. • Chambéry, 22 janv. 1997 : *BID 10/1997. 24.* ♦ Jugeant que le chef d'entreprise a la possibilité de se décharger de sa responsabilité pénale sauf dans les domaines relevant de sa responsabilité ultime, au rang de laquelle ne figure pas la coopération commerciale qui peut faire l'objet d'une délégation à un chef de rayon : • Rennes, 18 mars 2004 : *CCC 2006, n° 31, obs. Malaurie-Vignal.*

Il n'appartient pas aux enquêteurs d'apprécier la validité et l'étendue d'une délégation de pouvoirs dont l'existence est incertaine. • Crim. 7 mars 1996, n° 95-83.554 P. ♦ L'étendue de la délégation de pouvoirs invoquée relève du pouvoir souverain d'appréciation des juges du fond. • Crim. 27 févr. 1995, n° 94-82.178 : *RJDA 1995, n° 737 ; Dr. pénal 1995, n° 150, obs. J.-H. Robert.* ♦ Sur les conditions d'efficacité de la délégation de pouvoirs, V. notes 29 s. ss. art. L. 442-5.

4. *Preuve des infractions.* Les dispositions de l'art. 31 [C. com., anc. art. L. 441-3] permettent à l'administration des impôts de bénéficier du mode d'investigation prévu à l'art. 48 [C. com., art. L. 450-4] pouvant être autorisé au cours de l'enquête prévue à l'art. 47 [C. com., anc. art. L. 450-3]. La possibilité de mise en œuvre du droit de communication par l'Administration fiscale n'interdit pas de recourir aux visites et saisies domiciliaires prévues à l'art. 31 [C. com., anc. art. L. 441-3]. • Com. 12 déc. 1995, n° 93-20.810 : *RJDA 1996, n° 365.* – V. art. L. 450-3 et L. 450-4.

5. *Délit de faux.* Pour une condamnation sur le fondement de l'art. 441-1 C. pén. en cas de factures majorées et de coopération commerciale fictive, V. • Crim. 20 juin 2007, n° 06-88.825 : *D. 2008. Pan. 1576, obs. Mascala ; Dr. pén. 2007, n° 142, obs. Véron* • 25 juin 2008, n° 07-80.261 P : *D. 2009. Pan. 1445, obs. Valette-Ercole ; Rev. sociétés 2008. 873, note Matsopoulou ; JCP E 2008, n° 45-46, p. 17, note Ducouloux-Favard ; RJDA 2009, n° 135 ; RLC janv.-mars 2009. 62, note Bouloc ; RDLC 2009, n° 1, p. 132, obs. Dany.*

6. *Donnée métier.* En matière de facturation

entre professionnels, que la facture soit ou non dématérialisée, les mentions obligatoires devant figurer sur ce document sont régies par le code de commerce et le code général des impôts. Si l'absence d'une mention obligatoire ou l'erreur présente sur la facture peut être sanctionnée, elle est en elle-même sans incidence sur l'existence de la créance. Ainsi, l'inexactitude ou l'incomplétude de la facture sur des données dites « métier » (par exemple : un numéro de commande, un numéro de bon de livraison, un numéro de ligne dans une commande, un code service, un nom de service) ne doit pas avoir pour effet de retarder abusivement le point de départ des délais de paiement tels que plafonnés par le code de commerce, ou de permettre au débiteur de se soustraire au paiement, sous peine de sanctions. • CEPC, avis n° 19-11 du 19 sept. 2019.

Ancien art. L. 441-5 *Les personnes morales déclarées pénalement responsables de l'infraction prévue à l'article L. 441-4 encourent une peine d'exclusion des marchés publics pour une durée de cinq ans au plus, en application du 5° de l'article 131-39 du code pénal.*

Ancien art. R. 441-3 *Pour l'application du deuxième alinéa de l'article L. 441-3, les originaux ou les copies des factures sont conservés pendant un délai de trois ans à compter de la vente ou de la prestation de service. — [Décr. n° 2002-689 du 30 avr. 2002, art. 13.]*

SOUS-SECTION 2 DÉLAIS DE PAIEMENT

RÉP. COM. v° *Transparence tarifaire et pratiques restrictives*, par ARHEL.

BIBL. GÉN. ▶ J.-M. MOUSSERON, *Cah. dr. entr. 1998, n° 2, p. 15* (des paiements entre fournisseurs et distributeurs). – LEBOUCHÉ, *JCP E 1999, n° 12, p. 513* (euro, politique tarifaire et concurrence). – LARDEUX, *JCP E 2000, n° 35, p. 1318* (lutte contre le retard de paiement dans les transactions commerciales). GOUYET, *CCC 2002. Chron. 11* (répression des retards de paiements dans les transactions commerciales à travers le prisme de la loi NRE). – FERRIER, *D. 2004. 3054* (rapport Canivet). – LESQUINS, *RLC avr.-juin 2007. 122* (délais de paiement : sortir de l'impasse). – AUGAGNEUR, *JCP E 2008, n° 45-46* (application dans le temps et dans l'espace de la LME sur la réduction des délais de paiement impératifs). – MATHEY, *CCC 2008. Dossier 4* (nouvelle tentative de lutte contre les délais de paiement excessifs). – DGCCRF, *JCP E 2008, n° 51-52, p. 28* (questions-réponses relatives à la relation entre fournisseur et distributeur et aux délais de paiement). – Inforeg, *Cah. dr. entr. 2009, n° 1, p. 59* (cahier pratique : délais de paiement entre entreprises). – ARONICA, *LPA 17 févr. 2009* (délais et retards de paiement dans les relations commerciales après l'adoption de la LME). – VILMART, *RLC avr.-juin 2009. 35* (la réduction des délais de paiement par la LME : mythe ou réalité ?). – GARNIER et BAUDOIN, *JCP E 2009, n° 18, p. 29* (réforme des délais de paiement : mode d'emploi à l'usage des praticiens). – ARROYO, *D. 2009. 2499* (dépassement des délais de paiement « plafonds » de la LME : une sanction automatique ?). – FERRÉ et HOTTE, *RLC oct.-déc. 2009. 133* (délais de paiement : une délicate mise en œuvre). – BÉHAR-TOUCHAIS, *RLC oct.-déc. 2011. 37* (délais de paiement : rapport Vautrin et Gaubert). – NDLR, *BRDA 2012, n° 6, p. 23* (modification de la réglementation des délais de paiement). – DANTZIKIAN FRACHON, *LPA 25 avr. 2012* (délais de paiement : l'adoption laborieuse d'une nouvelle exception au délai légal). – BERG-MOUSSA, *CCC 2012. Alerte 29* (nouveautés en matière de délai de paiement). – AUGAGNEUR, *JCP E 2012, n° 1363 ; CCC 2012. Chron. 12* (délai de paiement : simplifier en dérogeant). – MATHONNIÈRE, *RLDA mai 2012. 48* (aspects relatifs au droit économique). – CHARLES, *RLDA mars 2013. 57* (délais de paiement : l'histoire sans fin !). – VERTUT, *RLC nov. 2018. 25* (pas de droit à l'erreur et *Name and Shame* renforcé : deux nouvelles mesures en matière de lutte contre les retards de paiement).

Art. L. 441-10 I. — **Sauf dispositions contraires figurant aux conditions de vente ou convenues entre les parties, le délai de règlement des sommes dues ne peut dépasser trente jours après la date de réception des marchandises ou d'exécution de la prestation demandée.**

Le délai convenu entre les parties pour régler les sommes dues ne peut dépasser soixante jours après la date d'émission de la facture.

Par dérogation, un délai maximal de quarante-cinq jours fin de mois après la date *d'émission* de la facture peut être convenu entre les parties, sous réserve que ce délai soit expressément stipulé par contrat et qu'il ne constitue pas un abus manifeste à l'égard du créancier.

En cas de facture périodique au sens du 3 du I de l'article 289 du code général des impôts, le délai convenu entre les parties ne peut dépasser quarante-cinq jours après la date d'émission de la facture.

II. – Les conditions de règlement mentionnées au I de l'article L. 441-1 précisent les conditions d'application et le taux d'intérêt des pénalités de retard exigibles le jour suivant la date de règlement figurant sur la facture ainsi que le montant de l'indemnité forfaitaire pour frais de recouvrement due au créancier dans le cas où les sommes dues sont réglées après cette date. Sauf disposition contraire qui ne peut toutefois fixer un taux inférieur à trois fois le taux d'intérêt légal, ce taux est égal au taux d'intérêt appliqué par la Banque centrale européenne à son opération de refinancement la plus récente majoré de 10 points de pourcentage. Dans ce cas, le taux applicable pendant le premier semestre de l'année concernée est le taux en vigueur au 1er janvier de l'année en question. Pour le second semestre de l'année concernée, il est le taux en vigueur au 1er juillet de l'année en question. Les pénalités de retard sont exigibles sans qu'un rappel soit nécessaire. Tout professionnel en situation de retard de paiement est de plein droit débiteur, à l'égard du créancier, d'une indemnité forfaitaire pour frais de recouvrement, dont le montant est fixé par décret. Lorsque les frais de recouvrement exposés sont supérieurs au montant de cette indemnité forfaitaire, le créancier peut demander une indemnisation complémentaire, sur justification. Toutefois, le créancier ne peut invoquer le bénéfice de ces indemnités lorsque l'ouverture d'une procédure de sauvegarde, de redressement ou de liquidation judiciaire interdit le paiement à son échéance de la créance qui lui est due. – *V. art. D. 441-5.*

III. – Sous réserve de dispositions spécifiques plus favorables au créancier, lorsqu'une procédure d'acceptation ou de vérification permettant de certifier la conformité des marchandises ou des services au contrat est prévue, la durée de cette procédure est fixée conformément aux bonnes pratiques et usages commerciaux et, en tout état de cause, n'excède pas trente jours à compter de la date de réception des marchandises ou de réalisation de la prestation des services, à moins qu'il n'en soit expressément stipulé autrement par contrat et pourvu que cela ne constitue pas une clause ou pratique abusive au sens de l'avant-dernier alinéa de l'article L. 441-16 ou de l'article L. 442-1. La durée de la procédure d'acceptation ou de vérification ne peut avoir pour effet ni d'augmenter la durée, ni de décaler le point de départ du délai maximal de paiement prévu aux deuxième, troisième et quatrième alinéas du I, à moins qu'il n'en soit expressément stipulé autrement par contrat et pourvu que cela ne constitue pas une clause ou pratique abusive, au sens de l'avant-dernier alinéa de l'article L. 441-16 ou de l'article L. 442-1. – *Comp. anc. art. L. 441-6-I, al. 8 et 11, et IV.*

1. Champ d'application territorial. **BIBL.** Grall, Kouchnir-Cargill et Camilleri, *RLDA janv. 2009. 37* (application aux contrats internationaux des dispositions relatives aux délais de paiement issues de la LME). ♦ La DGCCRF veillera à ce que des créanciers français ne se voient pas imposer des délais de paiement anormalement longs par leurs débiteurs, en particulier ceux qui utiliseraient des centrales de paiement à l'étranger. Elle veillera par ailleurs à ce que les débiteurs établis en France règlent leurs créanciers résidant à l'étranger sans entraîner de distorsion de concurrence vis-à-vis d'opérateurs résidant en France. • CEPC, avis n° 09-06 du 20 mai 2009 : *CCC 2009, n° 192, obs. Malaurie-Vignal.* – V. aussi * Rép. min. n° 46541 : *JOAN Q, 30 juin 2009, p. 6619 ; JCP E 2009, n° 31-34, p. 31.* ♦ Dans les rapports entre un fournisseur étranger et un client français, il est permis de penser qu'en l'état du droit positif le taux plancher des pénalités pour retard de paiement s'applique dès lors que les produits ou services contractuels sont distribués en France. En revanche, ce taux ne s'applique pas aux contrats liant ce fournisseur étranger à ses clients étrangers dès lors que les produits ou services contractuels sont distribués à l'étranger. • CEPC, avis n° 13-07 du 27 mai 2013. ♦ Au niveau international, l'application dans l'espace de la L. du 4 août 2008, telle que codifiée dans le titre IV du livre IV du code de commerce, ne peut être envisagée en bloc, mais seulement disposition par disposition, en distinguant celles dont l'inobservation est sanctionnée pénalement et celles dont l'inobservation est sanctionnée civilement. • CEPC, avis n° 15-08 du 26 mars 2015.

En l'état du droit positif, on peut penser que les sanctions administratives qui viennent assortir le dépassement des délais impératifs de paiement pourront être mises en œuvre dans les rapports entre un vendeur français et un acheteur étranger malgré la soumission du contrat à la loi interne d'un État étranger, notamment lorsque l'ensemble de la relation commerciale se déroule en France. En revanche, en présence d'une clause attributive de juridiction désignant une juridiction étrangère et d'une clause d'electio juris désignant une loi étrangère, le juge étranger saisi d'une action de nature civile garde les mains très libres pour refuser de tirer les conséquences civiles de la violation du droit français ; il ne pourrait en aller différemment que si, en dépit de l'établissement à l'étranger de l'acheteur, l'ensemble de la relation commerciale se déroulait en

France. • CEPC, avis n° 16-1 du 14 janv. 2016 : *CCC 2016. Chron. 3, n° 4, par Leclerc.* ♦ Les ventes intervenues entre une filiale française du fournisseur et une filiale française de l'acheteur en application d'un contrat-cadre de fourniture conclu entre leurs sociétés mères étrangères respectives conservent en principe leur caractère de ventes internes soumises au droit interne français et partant au plafonnement des délais de paiement. Il ne pourrait en aller différemment que si l'une des sociétés mères au moins pouvait s'analyser comme une partie à la vente ou comme l'établissement de la filiale disposant de la relation la plus étroite avec le contrat. • CEPC, avis n° 19-2 du 14 mars 2019.

Une vente internationale de marchandises désignant un droit étranger et relevant de la CVIM, conclue entre un fournisseur étranger et un distributeur situé en France, n'est pas soumise aux délais de paiement prévus à l'art. L. 441-10. Les délais de paiement convenus entre les parties ne doivent cependant pas constituer un abus manifeste à l'égard du créancier. Tel ne semble pas être le cas des modalités de paiement échelonné établies par le créancier et communes à l'ensemble des contrats de vente conclus avec ses clients européens. • CEPC, avis n° 21-9 du 8 juill. 2021. ♦ Les contrats de vente internationale de marchandises relevant de la Conv. de Vienne du 11 avr. 1980 (V. App., v° *Ventes commerciales*) ne sont pas soumis au plafond des délais de paiement. Par l'application combinée de la convention, des principes généraux dont elle s'inspire et de la Dir. n° 2011/7/UE du 16 févr. 2011 concernant la lutte contre les retards de paiement dans les transactions commerciales, les délais de paiement convenus entre les parties ne devraient pas constituer un abus manifeste à l'égard du créancier, c'est-à-dire traduire un écart manifeste par rapport aux bonnes pratiques et usages commerciaux, contraire à la bonne foi et à un usage loyal, compte tenu de la nature du produit. • CEPC, avis n° 16-12 du 16 juin 2016 : *D. 2017. Pan. 616, obs. Witz* ; *BRDA 2016, n° 14, p. 14.* ♦ A supposer la loi française applicable au contrat sous-jacent, le paiement « à vue » par voie de crédit documentaire – couramment utilisé dans la pratique internationale pour sécuriser les paiements internationaux – n'est pas en soi contraire à la réglementation française des délais de paiement. • CEPC, avis n° 19-3 du 14 mars 2019. ♦ Pour un *vadémécum* sur l'application dans l'espace des dispositions du code de commerce relatives aux délais de paiement, où sont analysées 24 situations dans lesquelles le fournisseur est *français et l'acheteur ou la livraison du bien* se situent dans un pays étranger (soit dans l'Union européenne, soit dans un pays tiers à l'UE), V. • CEPC, avis n° 2021-2 du 18 mars 2021 : *BRDA 2021, n° 11, p. 23, obs. Reygrobellet et Flaicher-Maneval.*

2. Champ d'application matériel. Si les délais de paiement prévus au I de l'art. L. 441-10 s'appliquent à l'égard du distributeur, ils ne concernent pas la relation entre le mandant et son mandataire. Celle-ci n'étant encadrée par aucun plafond légal de paiement, les parties au contrat de mandat peuvent donc prévoir librement les conditions de transmission des fonds correspondant aux paiements des clients distributeurs. • CEPC, avis n° 20-2 du 27 févr. 2020. ♦ Dès lors qu'un contrat à durée déterminée ou indéterminée, stipulant un paiement périodique à des intervalles définis par avance, tel que le loyer mensuel afférent à un contrat de location d'un local professionnel, relève du champ d'application matériel de la Dir. 2011/7/UE du 16 févr. 2011 concernant la lutte contre le retard de paiement, en tant que transaction commerciale conduisant à une prestation de services contre rémunération, au sens de l'art. 2, pt. 1, de cette directive, l'art. 5 de celle-ci doit être interprété en ce sens que, pour qu'un tel contrat puisse faire naître, en cas de paiement non réglé à l'échéance, les droits aux intérêts et à l'indemnisation prévus à l'art. 3 et à l'art. 6 de ladite directive, il ne doit pas nécessairement être considéré comme constituant un accord sur un échéancier fixant les montants à payer par tranches, au sens de cet art. 5. • CJUE 9 juill. 2020, n° C-199/19 : *RJDA 2020, n° 663.* ♦ Les pénalités de retard prévues par l'art. L. 441-6-I C. com., dans sa rédaction antérieure à celle issue de l'Ord. du 24 avr. 2019, qui sont dues de plein droit, sans rappel et sans avoir à être mentionnées dans le contrat, et sont notamment applicables aux acomptes dus en vertu d'un marché de travaux, s'appliquent, selon l'al. 1er du texte, aux relations entre, d'un côté, tout producteur, prestataire de services, grossiste ou importateur, de l'autre, tout acheteur de produits ou tout demandeur de prestations de services qui contracte pour son activité professionnelle. En statuant par des motifs tirés des seuls faits que la SCI n'avait pas la qualité de commerçant et qu'elle n'avait pas davantage conclu un acte de commerce, impropres à écarter l'application des pénalités de retard prévues par l'art. L. 441-6-I à son égard, la SCI pouvant être tenue, le cas échéant, pour un demandeur de prestations de services contractant pour son activité professionnelle au sens de ce texte, la cour d'appel a violé celui-ci. • Com. 21 oct. 2020, n° 18-25.749 P : *D. 2020. Actu. 2116* ; *Rev. sociétés 2021. 53, note Barbièri* ; *JCP E 2020, n° 1484* ; *RJDA 2020, n° 664.*

3. Groupe de sociétés. V. : • Crim. 24 mars 1999, n° 97-84.841 : *cité note 5 ss. art. L. 441-11.* ♦ Le plafond légal des délais de paiement conventionnels est applicable entre sociétés d'un même groupe (Note d'information DGCCRF n° 2009-28 du 2 mars 2009 : *BRDA 2009, n° 10, p. 9*).

4. Conditions de règlement et pénalités. BIBL. Labarthe, *D. 1995. Chron. 61* (nature juridique des pénalités). – Wagner, *D. 2004. 2634* (pénalités de retard : encore des interrogations). ♦ Est incomplète la communication ne comprenant pour l'ensemble des produits ni catalogues ni documentation technique ni informations précises sur les conditions de règlement. • Com. 13 févr. 1990, n° 88-11.889 P. ♦ Les dispositions de la L. n° 2001-420 du 15 mai 2001 modifiant l'art. L. 441-6 [L. 441-10], qui répondent à des considérations d'ordre public particulièrement impérieuses, sont applicables, dès la date d'entrée en vigueur de ce texte, aux contrats en cours. Les pénalités de retard pour non-paiement des factures sont dues de plein droit, sans rappel et sans avoir à être indiquées dans les conditions générales des contrats. • Com. 3 mars 2009, n° 07-16.527 P : *D. 2009. Pan. 2891, obs. Ferrier* ; *JCP E 2009, n° 22, p. 24, note Mainguy ; Gaz. Pal. 2009. 2561, note Mordefroy ; CCC 2009, n° 129, obs. Malaurie-Vignal ; RJDA 2009, n° 578 ; RDLC 2009, n° 2, p. 131, obs. Dany ; RLC janv.-mars 2010. 42, obs. Béhar-Touchais* • 22 nov. 2017, n° 16-19.739 : *AJ contrat 2018. 87, obs. Magnier-Merran* ; *RJDA 2018, n° 186.* ♦ Le taux d'intérêt des pénalités de retard de la Banque centrale européenne majoré de sept points est applicable de plein droit quand bien même il n'aurait pas été indiqué dans le contrat. • Civ. 3e, 30 sept. 2015, n° 14-19.249 P : *D. 2015. Actu. 2004* . ♦ L'art. L. 441-6 [L. 441-10], quelle que soit sa rédaction applicable aux contrats en cours, ne subordonne pas le droit aux pénalités de retard à la communication des CGV ou à une contractualisation de ses dispositions, la liberté des parties n'étant maintenue sur ce point que pour un éventuel dépassement du taux d'intérêt qui est impératif et calculé sur la base du taux d'intérêt appliqué par la BCE à son opération de refinancement la plus récente majoré de sept points de pourcentage dans sa rédaction issue de la L. n° 2006-10 du 5 janv. 2006, et majoré de dix points de pourcentage dans sa rédaction issue de la L. n° 2008-776 du 4 août 2008 en vigueur depuis le 6 août 2008. • Versailles, 19 mai 2010, n° 09/3526. ♦ Les dispositions de l'art. L. 441-6 [L. 441-10] relatives aux pénalités de retard sont des dispositions légales supplétives, ce dont il résulte que les pénalités dues par application de ce texte ne constituent pas une clause pénale et ne peuvent donc être réduites en raison de leur caractère abusif. • Com. 2 nov. 2011, n° 10-14.677 P : *D. 2011. Actu. 2788, obs. Chevrier* ; *RTD com. 2012. 182, obs. Bouloc* ; *Gaz. Pal. 2012. 400, obs. Mekki ; RJDA 2012, n° 209 ; RDLC 2012, n° 1, p. 134, obs. Dany.*

Les pénalités de retard sont exigibles de plein droit, sans qu'un rappel soit nécessaire ; il n'est donc pas nécessaire d'adresser une mise en demeure à son débiteur, la créance naît automatiquement à l'échéance légale, soit le lendemain de la date à laquelle le paiement était prévu. Mais le terme « exigible » ne signifie pas que le créancier a l'obligation de les réclamer, il a simplement la possibilité de les réclamer ; le fait de ne pas exiger le paiement de ces pénalités n'est pas en soi répréhensible. Toutefois, une pratique consistant à exiger ces pénalités auprès de certains débiteurs et pas à d'autres peut constituer une pratique abusive au sens de l'art. L. 442-6-I [ancien]. • CEPC, avis n° 10-08 du 12 mai 2010. ♦ Le vendeur qui renoncerait à réclamer le paiement de ces pénalités pourrait engager sa responsabilité civile pour pratique discriminatoire, sur le fondement de l'art. 36 [C. com., anc. art. L. 442-6], s'il peut être démontré que cette renonciation, effectuée sans contrepartie, a entraîné pour un concurrent de l'acheteur, un préjudice indemnisable (Rép. min. n° 18436 : *JOAN Q, 4 déc. 1995, p. 515*). ♦ Au regard des dispositions légales applicables aux délais de paiement, il n'est pas licite de retenir la date de réception de la facture comme point de départ d'un délai de paiement. En cas de délais de paiement conventionnels, l'émission de la facture constitue en principe le point de départ du décompte des délais de paiement. • CEPC, avis n° 17-5 du 2 mars 2017. ♦ En application des textes, le non-respect des plafonds légaux de paiement expose l'entreprise cliente à l'amende administrative prévue à l'art. L. 441-6-VI [L. 441-16]. En cas de retard de règlement, les pénalités de retard et l'indemnité forfaitaire de recouvrement seront exigibles de plein droit, en application de l'art. L. 441-6 [L. 441-10], le jour suivant la date de paiement indiquée sur la facture. • Même avis. ♦ Il résulte de l'application combinée des art. L. 441-3 et L. 441-6 [L. 441-9 et L. 441-10] que, dans les rapports entre un avocat et son client professionnel, le délai de règlement de trente jours des sommes dues, visé au second de ces textes, court à compter de la date à laquelle l'avocat a délivré la facture au client comme il est tenu de le faire dès la réalisation de la prestation de services. • Civ. 2e, 3 mai 2018, n° 17-13.167 P : *D. 2018. Actu. 1020* ; *JCP E 2018, n° 1265.* – V. aussi note 4 ss. art. L. 441-9. ♦ Prive sa décision de base légale la cour d'appel qui condamne une partie à payer des pénalités de retard à compter de la date d'émission d'une facture sans préciser la date d'exigibilité de celle-ci. • Com. 9 sept. 2020, n° 18-21.256 : *CCC 2020, n° 160, obs. Mathey ; RJDA 2020, n° 593.*

La pénalité de retard prévue par l'art. L. 441-6 [L. 441-10] C. com. constituant un intérêt moratoire, la cour d'appel a pu l'assortir de la capitalisation prévue par l'art. 1154 [1343-2] C. civ. • Com. 10 nov. 2015, n° 14-15.968 P : *D. 2015. Actu. 2372* ; *AJCA 2016. 49, obs. Reynier et Bretzner* ; *JCP E 2015, n° 1601 ; CCC 2016, n° 42, obs. Malaurie-Vignal ; RJDA 2016, n° 153.* ♦ Les pénalités prévues à l'art. 33, al. 2 [C. com., art. L. 441-10], ne constituant pas un intérêt, n'entrent donc pas dans le champ d'application de la L. n° 66-1010 du 28 déc. 1966 prohibant l'usure [C. consom., art. L. 314-6 s.] et peuvent, en cas de mise en demeure adressée à l'acheteur, se cumuler avec des intérêts moratoires

(Rép. min. n° 18436 : *JOAN Q, 4 déc. 1995, p. 515*). ♦ L'art. L. 313-2 C. mon. fin. prend place dans un cadre général qui renvoie aux opérations de crédits (V. App., v° *Banque et financement de l'entreprise*). Il n'existe aucune contradiction avec l'art. L. 441-6 [L. 441-10] C. com., qui vise le recouvrement de créances et qui reste de ce fait seul applicable dans le cadre de la présente saisine. • CEPC, avis n° 15-19 du 26 mars 2015. ♦ Sur l'application du taux de pénalité pour retard de paiement dans le cadre d'un contrat international, V. note 1.

5. Indemnité pour frais de recouvrement. La DGCCRF estime que l'indemnité forfaitaire pour frais de recouvrement est due dès le premier jour de retard de paiement, même lorsque la facture prévoit un paiement à réception (Note d'information DGCCRF n° 2013-26 : *BRDA 2013, n° 15-16, p. 23*).

Art. L. 441-11 **I. — Les professionnels d'un secteur, clients et fournisseurs, peuvent décider conjointement de réduire le délai maximum de paiement fixé aux deuxième, troisième et quatrième alinéas du I de l'article L. 441-10. Ils peuvent également proposer de retenir la date de réception des marchandises ou d'exécution de la prestation de services demandée comme point de départ de ce délai. Des accords peuvent être conclus à cet effet par leurs organisations professionnelles. Un décret peut étendre le nouveau délai maximum de paiement à tous les opérateurs du secteur ou, le cas échéant, valider le nouveau mode de computation et l'étendre à ces mêmes opérateurs.**

II. — Le délai de paiement, par tout producteur, revendeur ou prestataire de services, ne peut dépasser :

(Ord. n° 2021-859 du 30 juin 2021, art. 1er) **« 1° Pour les achats de produits agricoles et alimentaires périssables et de viandes congelées ou surgelées, de poissons surgelés, de plats cuisinés et de conserves fabriqués à partir de produits alimentaires périssables :**

« *a)* Trente jours après la date de livraison ;

« *b)* Ou, en cas de facture périodique au sens du 3 du I de l'article 289 du code général des impôts, trente jours après la fin de la décade de livraison ;

« Le délai mentionné à l'alinéa précédent s'applique sauf disposition dérogatoire figurant dans les contrats types pluriannuels liant les fournisseurs de raisins ou de moût destinés à l'élaboration de vins passibles des droits de circulation prévus à l'article 438 du code général des impôts et leurs acheteurs directs, sous réserve que ces contrats aient été rendus obligatoires conformément à l'article 164 du règlement (UE) n° 1308/2013 du 17 décembre 2013 avant le 1er janvier 2019 et que leur extension soit renouvelée à compter de cette date sans modification significative des conditions de paiement au détriment des fournisseurs de raisins et de moût.

« *c)* En cas de facture périodique pour des achats de produits saisonniers effectués dans le cadre de contrats d'intégration conclus dans le secteur des fruits et légumes mentionnés aux articles L. 326-1 à L. 326-3 du code rural et de la pêche maritime, trente jours à compter de la fin du mois au cours duquel la livraison est effectuée *[ancienne rédaction : 1° Trente jours après la fin de la décade de livraison pour les achats de produits alimentaires périssables et de viandes congelées ou surgelées, de poissons surgelés, de plats cuisinés et de conserves fabriqués à partir de produits alimentaires périssables, à l'exception des achats de produits saisonniers effectués dans le cadre de contrats d'intégration conclus dans le secteur des fruits et légumes mentionnés aux articles L. 326-1 à L. 326-3 du code rural et de la pêche maritime]* **; »**

2° Vingt jours après *(Ord. n° 2021-859 du 30 juin 2021, art. 1er)* **« la date** *[ancienne rédaction : le jour]* **» de livraison pour les achats de bétail sur pied destiné à la consommation et de viandes fraîches dérivées ;**

3° Trente jours après la fin du mois de livraison pour les achats de boissons alcooliques passibles des droits de consommation prévus à l'article 403 du code général des impôts ;

(Ord. n° 2021-859 du 30 juin 2021, art. 1er) **« 4° Soixante jours après la date d'émission de la facture pour les achats de produits agricoles et alimentaires non périssables. Lorsque la facture est établie par l'acheteur, ce délai commence à courir à compter de la date de livraison** *[ancienne rédaction : 4° Quarante-cinq jours fin de mois ou soixante jours après la date d'émission de la facture pour les achats de raisins et de moûts destinés à l'élaboration de vins ainsi que de boissons alcooliques passibles des droits de circulation prévus à l'article 438 du code général des impôts, sauf dispositions dérogatoires figurant : a) Dans des décisions interprofessionnelles prises en application de la loi du 12 avril 1941 portant création d'un comité interprofessionnel du vin de Champagne ; b) Ou dans des accords interprofessionnels pris en application du*

livre VI du code rural et de la pêche maritime et rendus obligatoires par voie réglementaire à tous les opérateurs sur l'ensemble du territoire métropolitain] ; »

5° Trente jours après la date d'émission de la facture pour le transport routier de marchandises, pour la location de véhicules avec ou sans conducteur, pour la commission de transport ainsi que pour les activités de transitaire, d'agent maritime et de fret aérien, de courtier de fret et de commissionnaire en douane ;

6° Pour les ventes entre, d'une part, les industriels de l'agroéquipement, constructeurs et importateurs et, d'autre part, les entreprises de distribution spécialisées et de réparation, dans le secteur de l'agroéquipement :

a) Cinquante-cinq jours fin de mois après la date d'émission de la facture pour les matériels d'entretien d'espaces verts ;

b) Cent-dix jours fin de mois après la date d'émission de la facture pour les matériels agricoles à l'exception des tracteurs, matériels de transport et d'élevage ;

7° Quatre-vingt-dix jours après la date d'émission de la facture pour le règlement du solde des factures relatives à des livraisons effectuées avant l'ouverture de la saison d'activité dans le secteur des articles de sport, pour les ventes d'équipements nécessaires à la pratique des sports de glisse sur neige entre les fournisseurs et les entreprises dont l'activité est exclusivement ou quasi exclusivement saisonnière ;

8° Cinquante-quatre jours fin de mois après la date d'émission de la facture dans le secteur de la filière du cuir, pour les ventes entre les fournisseurs et les distributeurs spécialisés ;

9° Cinquante-neuf jours fin de mois ou soixante-quatorze jours nets après la date d'émission de la facture dans le secteur de l'horlogerie, de la bijouterie, de la joaillerie et de l'orfèvrerie pour les ventes entre, d'une part, les fournisseurs, fabricants, importateurs ou grossistes et, d'autre part, les distributeurs spécialisés, au titre de leur activité au sein d'un point de vente ou dans le cadre de leur activité de vente à distance ou les centrales d'achat dont l'activité principale est de revendre des produits de l'horlogerie, de la bijouterie, de la joaillerie et de l'orfèvrerie à des distributeurs spécialisés ;

10° Pour les ventes entre les fabricants et les distributeurs spécialisés dans le secteur du commerce du jouet :

a) Quatre-vingt-quinze jours nets après la date d'émission de la facture pour la période "du permanent" s'étendant du mois de janvier au mois de septembre inclus ;

b) Soixante-quinze jours nets après la date d'émission de la facture pour la période de fin d'année, s'étendant du mois d'octobre au mois de décembre inclus.

III. — Le délai maximum mentionné aux 6° à 10° du II est expressément stipulé par contrat et ne doit pas constituer un abus manifeste à l'égard du créancier. A défaut de stipulation expresse, le délai prévu au deuxième alinéa du I de l'article L. 441-10 est applicable. — *Comp. anc. art. L. 443-1, al. 1er à 7, anc. art. L. 441-6-I, al. 9, 10 et 13, et art. D. 441-5-1.*

Les dispositions issues de l'Ord. n° 2021-859 du 30 juin 2021 sont applicables à compter du 1er nov. 2021 aux contrats conclus après la publication (JO 1er juill.) de ladite ordonnance. Les contrats en cours d'exécution à la date de publication de cette ordonnance sont mis en conformité avec les présentes dispositions dans un délai de douze mois à compter de cette date (Ord. préc., art. 4).

I. DOMAINE D'APPLICATION

1. Délais de paiement dérogatoires. BIBL. Raud et Notté, *JCP E 2011, n° 1055* (tableau des accords dérogatoires, des accords spécifiques et permanents des délais de paiement). ♦ A partir du moment où un créancier entend faire profiter son débiteur d'un accord dérogatoire et que ce client en a accepté expressément le bénéfice dans tous ses effets et notamment en réglant ses factures en 2009 et 2010 sur la base du mode de calcul précédemment défini, il doit être considéré que les deux parties ont reconnu contractuellement la primauté de ce dispositif sur les autres délais de paiement. En conséquence, le client est tenu d'honorer ses factures 2011 selon la même règle en respectant le délai conventionnel qui doit figurer dans les CGV du vendeur et/ou dans la convention unique conclue à l'issue des négociations. Ce n'est qu'à l'issue de l'application de l'accord dérogatoire que les parties pourront choisir entre les deux modalités offertes par le droit commun. • CEPC, avis n° 11-05 du 1er juin 2011 : *BRDA 2011, n° 12, p. 21.* ♦ Le juge doit constater que les conditions générales applicables entre les parties ou qu'un accord conclu par les organisations professionnelles du secteur concerné font exception au délai de règlement de trente jours prévu par l'art. L. 441-6. • Com. 10 nov. 2015, n° 14-15.968 P : *cité note 4 ss. art. L. 441-10.*

2. *Conserves.* Sur l'application du délai de paiement fixé à 30 jours fin de décade de livraison, aux conserves fabriquées à partir de denrées alimentaires périssables ayant été soumises à des procédés de conservation : * Rép. min. n° 34-205 : *JOAN Q, 17 janv. 2000, p. 364.*

3. *Secteur de l'agroéquipement.* Les délais de paiement maximaux fixés au I de l'art. D. 441-5-1 pour le secteur de l'agroéquipement doivent être respectés par les opérateurs dans tous les cas de figure, quels que soient la date d'émission de la facture, le mode de calcul utilisé, ainsi que les délais mentionnés au contrat. Bien entendu, les parties peuvent prévoir et pratiquer des délais de paiement inférieurs aux délais maximaux prévus par la réglementation. • CEPC, avis n° 18-11 du 25 oct. 2018.

4. *Entreprises de restauration et traiteurs.* Le délai de 30 jours après la fin de la décade de livraison est applicable aux entreprises de restauration (Rép. min. n° 399 : *JO Sénat Q, 8 juill. 1993, p. 1097*). ♦ L'activité des traiteurs de réception est soumise à l'art. 35 [C. com., art. L. 443-1], s'agissant de la confection de plats préparés et de la vente de produits à emporter, mais ne l'est pas, s'agissant du service de repas avec fourniture de personnel (Rép. min. n° 5772 : *JOAN Q, 10 janv. 1994, p. 137*).

5. *Groupe de sociétés.* Le non-respect de la réglementation des délais de paiement des produits alimentaires périssables est punissable même si l'infraction a été commise au sein d'un groupe de sociétés. • Crim. 24 mars 1999, n° 97-84.841 : *RJDA 1999, n° 732 ; JCP E 1999, n° 48, p. 1912, obs. Arhel.* ♦ Pour la condamnation d'un gérant d'un hôtel alors que c'était la holding qui définissait les modalités de règlement, dès lors qu'il traitait directement avec les fournisseurs par un système de traites acceptées : • Rennes, 9 oct. 2003 : *RCC 2004, n° 138, p. 7.*

6. *Intermédiaire.* Le fait que le paiement se fasse par un intermédiaire ne modifie pas les délais légalement applicables qui courent à compter de la date d'émission de la facture par le fournisseur (art. L. 441-6), ou de la date de livraison des produits alimentaires relevant des dispositions des 1° et 2° de l'art. L. 443-1 [L. 441-11-II-1° et 2°]. Par conséquent, le fait que seul le paiement passe par un intermédiaire ne doit pas entraîner un règlement dans un délai supérieur au délai de paiement légal. • CEPC, avis n° 16-13 du 22 sept. 2016.

II. SANCTIONS

7. *Élément intentionnel.* L'intention délictueuse peut être constituée par une simple négligence, sans exiger la preuve d'une volonté délibérée de violer les dispositions légales. • TGI Coutances, 20 déc. 1994 : *BID 2/1996. 33.*

Jugeant que le prévenu est tenu, en cas de retard dans l'établissement des factures par ses fournisseurs, de les réclamer suffisamment à l'avance pour en assurer le paiement dans le délai légal, et de s'assurer que la date d'émission du chèque était telle qu'il puisse être honoré avant la date limite de paiement, ce qu'il s'est abstenu de faire, bénéficiant ainsi de délais supplémentaires pour payer, V. • Montpellier, 14 juin 2001 : *BID 2/2002. 6.*

8. *Complicité.* Pour la condamnation d'un vendeur (dirigeant d'une centrale d'achats), poursuivi comme complice de l'infraction, en application de l'art. 121-7 C. pén., dès lors qu'il est établi qu'il a, de manière intentionnelle et active, permis le dépassement du délai par les acheteurs (adhérents de la centrale), V. • Poitiers, 31 mai 2001 : *RJDA 2002, n° 440.*

9. *Délégation de pouvoir.* Il appartient à la juridiction correctionnelle, dès lors qu'est caractérisé l'élément matériel de l'infraction poursuivie, de rechercher, dans chaque cas et à la lumière des faits et circonstances soumis à son appréciation, si la responsabilité de cette infraction est imputable au prévenu. • Paris, 4 févr. 1992 : *Gaz. Pal. 1992. 1. 304, note Marchi.*

10. *Pratique discriminatoire.* Pour un arrêt considérant que le non-respect des dispositions de l'art. 35 [C. com., art. L. 441-11], relatives aux délais de paiement, constitue une pratique discriminatoire pouvant être appréhendée au regard de l'art. 36 (1) [C. com., anc. art. L. 442-6-I-1°] : • Lyon, 17 sept. 1997 : *BID 11/1998. 16,* conf. par • Crim. 30 avr. 1998 : *ibid. n° 12, p. 39.*

Code rural et de la pêche maritime Art. L. 665-3 *(L. n° 2008-776 du 4 août 2008, art. 23)* Le premier acheteur de boissons alcooliques passibles des droits de circulation prévus à l'article 438 du code général des impôts doit verser au vendeur ou à son subrogé, dans un délai de dix jours francs suivant la conclusion du contrat de vente, un acompte représentant au moins 15 % du montant de la commande. Le solde est réglé dans les conditions prévues au 4° *(Ord. n° 2019-698 du 3 juill. 2019, art. 8)* « du II de l'article L. 441-11 » du code de commerce.

Le premier alinéa s'applique à défaut d'accords interprofessionnels rendus obligatoires dans les conditions prévues par le chapitre II du titre III du présent livre ou de décisions prises dans ce domaine par les interprofessions mentionnées à l'article L. 632-9 ou par celles instituées par la loi du 12 avril 1941 portant création d'un comité interprofessionnel du vin de Champagne.

(*Abrogé par Ord. n° 2019-738 du 17 juill. 2019, art. 11*) « *Lorsque l'acheteur ne verse pas l'acompte auquel il est tenu, le vendeur peut demander au président du tribunal compétent statuant en la forme des référés de lui adresser une injonction de payer, le cas échéant sous astreinte.* » — *Anc. art. L. 664-8 (Ord. n° 2010-459 du 6 mai 2010, art. 5).*

Les modifications issues de l'Ord. n° 2019-738 du 17 juill. 2019 s'appliquent aux demandes introduites à compter du 1er janv. 2020 (Ord. préc., art. 30).

Loi n° 2010-97 du 27 janvier 2010, *relative aux délais de paiement des fournisseurs dans le secteur du livre.* **Art. unique** Nonobstant les dispositions prévues (*Ord. n° 2019-698 du 3 juill. 2019, art. 13*) « au I de l'article L. 441-10 et au 5° du II de l'article L. 441-11 » du code de commerce, pour les opérations d'achat, de vente, de livraison, de commission ou de façon concourant à la fabrication de livres, ainsi que pour la fourniture de papier et autres consommables dédiés à une activité d'impression, de brochage, de reliure ou d'édition de livres, le délai est défini conventionnellement entre les parties.

BIBL. ► DECOCQ, *JCP E 2011, n° 1135, spéc. n° 23.*

Code des transports Art. L. 1432-14 (*Ord. n° 2010-1307 du 28 oct. 2010*) Les délais de paiement particuliers applicables au transporteur routier de marchandises, au loueur de véhicules avec ou sans conducteur, au commissionnaire de transport, au transitaire, à l'agent de fret maritime et aérien, au courtier de fret et au commissionnaire en douane sont énoncés (*Ord. n° 2019-698 du 3 juill. 2019, art. 11*) « au 5° du II de l'article L. 441-11 » du code de commerce.

BIBL. ► CHABERT, *CCE 2006, n° 65* (délai de paiement du transport). – PAULIN, *RD transp. 2008, n° 23* (le non-respect des délais de paiement dans le transport routier de marchandises serait-il sanctionné pénalement ?).

Accords dérogatoires aux délais de paiement.

BIBL. ► RAUD et NOTTÉ, *JCP E 2011, n° 1055* (tableau des accords dérogatoires, des accords spécifiques et permanents des délais de paiement).

— *Décr. n° 2009-488 du 29 avr. 2009, JO 2 mai (secteur du bâtiment et des travaux publics) ;*
— *Décr. n° 2009-489 du 29 avr. 2009, JO 2 mai (secteur du sanitaire, chauffage et matériel électrique) ;*
— *Décr. n° 2009-490 du 29 avr. 2009, JO 2 mai (secteur du bricolage) ;*
— *Décr. n° 2009-595 du 26 mai 2009, JO 28 mai (secteur de l'édition de livres) ;*
— *Décr. n° 2009-858 du 8 juill. 2009, JO 12 juill. (secteur des emballages et bouchages métalliques des conserves alimentaires) ;*
— *Décr. n° 2009-859 du 8 juill. 2009, JO 12 juill. (secteur des pneumatiques) ;*
— *Décr. n° 2009-860 du 8 juill. 2009, JO 12 juill. (secteur des animaux de compagnie) ;*
— *Décr. n° 2009-912 du 27 juill. 2009, JO 29 juill. (secteur des deux/trois roues motorisés et quads) ;*
— *Décr. n° 2009-992 du 20 août 2009, JO 23 août (secteur du commerce de gros de l'outillage automobile) ;*
— *Décr. n° 2009-1014 du 25 août 2009, JO 27 août (secteur de la papeterie, de la fourniture et de la bureautique) ;*
— *Décr. n° 2009-1016 du 25 août 2009, JO 27 août (secteur des armes et des munitions pour la chasse) ;*
— *Décr. n° 2009-1017 du 25 août 2009, JO 27 août (secteur des professionnels du jardin amateur) ;*
— *Décr. n° 2009-1100 du 7 sept. 2009, JO 9 sept. (secteur du textile d'habillement) ;*
— *Décr. n° 2009-1144 du 22 sept. 2009, JO 24 sept. (secteur des médicaments de prescription médicale facultative non remboursables) ;*
— *Décr. n° 2009-1169 du 1er oct. 2009, JO 3 oct. (secteur des compléments alimentaires) ;*
— *Décr. n° 2009-1170 du 1er oct. 2009, JO 3 oct. (secteur de l'agrofourniture) ;*
— *Décr. n° 2009-1171 du 1er oct. 2009, JO 3 oct. (secteur de la tonnellerie) ;*

— Décr. n° 2009-1172 du 1er oct. 2009, JO 3 oct. (secteur de la fabrication des peintures, encres, couleurs et produits assimilés) ;
— Décr. n° 2009-1174 du 2 oct. 2009, JO 4 oct. (secteur des produits acier pour la construction) ;
— Décr. n° 2009-1240 du 15 oct. 2009, JO 17 oct. (secteur de la pêche de loisir) ;
— Décr. n° 2009-1241 du 15 oct. 2009, JO 17 oct. (secteur de l'outillage industriel) ;
— Décr. n° 2009-1242 du 15 oct. 2009, JO 17 oct. (secteur de la quicaillerie industrielle) ;
— Décr. n° 2009-1278 du 22 oct. 2009, JO 24 oct. (secteur de l'optique-lunetterie) ;
— Décr. n° 2009-1299 du 26 oct. 2009, JO 28 oct. (secteur de la pisciculture continentale et marine) ;
— Décr. n° 2009-1331 du 28 oct. 2009, JO 30 oct. (secteur des activités manuelles artistiques) ;
— Décr. n° 2009-1332 du 28 oct. 2009, JO 30 oct. (secteur des véhicules de loisirs – fournisseurs et clients industriels) ;
— Décr. n° 2009-1333 du 28 oct. 2009, JO 30 oct. (secteur des véhicules de loisirs – constructeurs et distributeurs) ;
— Décr. n° 2009-1335 du 28 oct. 2009, JO 30 oct. (secteur du nautisme) ;
— Décr. n° 2009-1424 du 19 nov. 2009, JO 21 nov. (secteur des bois ronds pour l'approvisionnement des entreprises d'exploitations forestières et de première transformation du bois) ;
— Décr. n° 2010-96 du 25 janv. 2010, JO 27 janv. (secteur du disque).

Sur l'application d'un accord dérogatoire aux délais de paiement, V. note 1 ss. art. L. 441-6. — V. aussi art. D. 441-5-1.

Directive n° 2011/7/UE du Parlement européen et du Conseil du 16 février 2011,

Concernant la lutte contre le retard de paiement dans les transactions commerciales.

La Dir. n° 2011/7/UE abroge et remplace, à compter du 16 mars 2013, la Dir. n° 2000/35/CE du 29 juin 2000 concernant la lutte contre les retards de paiement dans les transactions commerciales.

BIBL ▶ Pétrignet, *BRDA 2011, n° 7, p. 18.* – Augagneur, *JCP E 2011, n° 1912 ; CCC 2011. Étude 16* (la Dir. n° 2011/7 à la recherche d'une « culture du paiement rapide »).

Art. L. 441-12 **Par dérogation au I de l'article L. 441-10** *(Abrogé par Ord. n° 2021-859 du 30 juin 2021, art. 1er)* ***« et aux 1° à 3° du II de l'article L. 441-11 »*****, le délai convenu entre les parties pour le paiement des achats effectués en franchise de la taxe sur la valeur ajoutée, en application de l'article 275 du code général des impôts, de biens destinés à faire l'objet d'une livraison en l'état hors de l'Union européenne ne peut dépasser quatre-vingt-dix jours après la date d'émission de la facture. Le délai convenu entre les parties est expressément stipulé par contrat et ne doit pas constituer un abus manifeste à l'égard du créancier.**

A défaut de stipulation expresse ou si les biens ne reçoivent pas la destination prévue au premier alinéa, les pénalités de retard mentionnées au II de l'article L. 441-10 sont exigibles.

Le présent article n'est pas applicable aux achats effectués par les grandes entreprises. — *Comp. anc. art. L. 443-1, al. 8, et anc. art. L. 441-6-I, al. 14.*

Les modifications issues de l'Ord. n° 2021-859 du 30 juin 2021 sont applicables à compter du 1er nov. 2021 aux contrats conclus après la publication (JO 1er juill.) de ladite ordonnance. Les contrats en cours d'exécution à la date de publication de cette ordonnance sont mis en conformité avec les présentes dispositions dans un délai de douze mois à compter de cette date (Ord. préc., art. 4).

Art. L. 441-13 **Pour les livraisons de marchandises qui font l'objet d'une importation dans le territoire fiscal des départements de la Guadeloupe, de la Martinique, de la Guyane, de La Réunion et de Mayotte ainsi que des collectivités d'outre-mer de Saint-Barthélemy, de Saint-Martin, des îles Wallis-et-Futuna et de Saint-Pierre-et-Miquelon, les délais de paiement prévus au I de l'article L. 441-10 et aux 1° à 4° du II de l'article L. 441-11 ne sont décomptés qu'à partir de la date de dédouanement de la mar-**

chandise au port de destination finale. Lorsque la marchandise est mise à la disposition de l'acheteur, ou de son représentant, en métropole, le délai n'est décompté qu'à partir du vingt et unième jour suivant la date de cette mise à disposition ou à partir de la date du dédouanement si celle-ci est antérieure. — *Comp. anc. art. L. 443-1, al. 8, et anc. art. L. 441-6-V.*

Art. L. 441-14 Les sociétés dont les comptes annuels sont certifiés par un commissaire aux comptes communiquent des informations sur les délais de paiement de leurs fournisseurs et de leurs clients suivant des modalités définies par décret. — *V. art. D. 441-6.*

Ces informations font l'objet d'une attestation du commissaire aux comptes, dans des conditions fixées par ce même décret. Lorsque la société concernée est une grande entreprise ou une entreprise de taille intermédiaire, au sens de l'article 51 de la loi n° 2008-776 du 4 août 2008 de modernisation de l'économie *[V. ce texte, App., v° Commerce (organisation)]*, le commissaire aux comptes adresse son attestation au ministre chargé de l'économie si elle démontre, de façon répétée, des manquements significatifs de la société aux prescriptions du I de l'article L. 441-10 ou du 5° du II de l'article L. 441-11. — *V. art. D. 823-7-1. — Comp. anc. art. L. 441-6-1.*

Art. L. 441-15 I. — Tout professionnel opérant dans un secteur économique mentionné au III peut demander à l'autorité administrative chargée de la concurrence et de la consommation de prendre formellement position sur la conformité aux deuxième, troisième et quatrième alinéas du I de l'article L. 441-10 des modalités de computation des délais de paiement qu'il envisage de mettre en place. — *V. art. R. 441-8 s.*

Cette prise de position formelle a pour objet de prémunir ce professionnel d'un changement d'appréciation de l'autorité administrative qui serait de nature à l'exposer à la sanction administrative prévue à l'article L. 441-16.

II. — La validité de la prise de position mentionnée au I prend fin à compter de la date à laquelle :

1° La situation du professionnel n'est plus identique à celle présentée dans sa demande ;

2° Est entrée en vigueur une modification de dispositions législatives ou réglementaires de nature à affecter cette validité ;

3° L'autorité administrative notifie au professionnel, après l'avoir préalablement informé, la modification de son appréciation.

III. — Un décret en Conseil d'État précise les secteurs économiques mentionnés au I dans lesquels se posent des difficultés particulières en matière de délais de paiement appréciées en fonction du nombre et de la gravité des incidents de paiement qui y sont constatés et de leur impact économique sur les secteurs concernés ou de la nature et de la récurrence des difficultés d'interprétation qu'y font naître les règles relatives aux délais de paiement. — *V. art. R. 441-7 — Comp. anc. art. L. 441-6-2.*

Art. L. 441-16 Est passible d'une amende administrative dont le montant ne peut excéder 75 000 € pour une personne physique et deux millions d'euros pour une personne morale, le fait de :

(Ord. n° 2021-859 du 30 juin 2021, art. 1er) « *a)* Ne pas respecter les délais de paiement prévus au I de l'article L. 441-10, au II de l'article L. 441-11, à l'article L. 441-12 et à l'article L. 441-13 *[ancienne rédaction : a) Ne pas respecter les délais de paiement prévus au I de l'article L. 441-10, aux 1°, 2°, 3°, b du 4°, 5°, a et b du 6°, 7°, 8°, 9° et a et b du 10° du II de l'article L. 441-11, à l'article L. 441-12 et à l'article L. 441-13]* ; »

b) Ne pas indiquer, dans les conditions de règlement fixées au I de l'article L. 441-1, les mentions prévues au II de l'article L. 441-10 ;

c) Fixer un taux ou des conditions d'exigibilité des pénalités de retard non conformes aux prescriptions du II de l'article L. 441-10 ;

d) Ne pas respecter les modalités de computation des délais de paiement convenues entre les parties conformément aux deuxième, troisième et quatrième alinéas du I de l'article L. 441-10.

Sous les mêmes sanctions, sont interdites toutes clauses ou pratiques ayant pour effet de retarder abusivement le point de départ des délais de paiement mentionnés au présent article.

Le maximum de l'amende encourue est porté à 150 000 € pour une personne physique et quatre millions d'euros pour une personne morale en cas de réitération du manquement dans un délai de deux ans à compter de la date à laquelle la première décision de sanction est devenue définitive. — *Comp. anc. art. L. 443-1, al. 9, et anc. art. L. 441-6-VI.*

Les modifications issues de l'Ord. n° 2021-859 du 30 juin 2021 sont applicables à compter du 1er nov. 2021 aux contrats conclus après la publication (JO 1er juill.) de ladite ordonnance. Les contrats en cours d'exécution à la date de publication de cette ordonnance sont mis en conformité avec les présentes dispositions dans un délai de douze mois à compter de cette date (Ord. préc., art. 4).

V. les Lignes directrices DGCCRF du 2 déc. 2021 relatives à la détermination des sanctions pour dépassement des délais de paiement interprofessionnels (BRDA 2022, n° 1, p. 19).

Loi pénale plus douce. En substituant à l'amende civile de 2 millions d'euros prévue par le I de l'art. L. 442-6 [ancien], qui sanctionnait « le fait, par tout producteur, commerçant, industriel ou personne immatriculée au répertoire des métiers [...] de soumettre un partenaire à des conditions de règlement qui ne respectent pas le plafond fixé au 9e al. de l'art. L. 441-6 [ancien] », une amende administrative sanctionnant « le fait de ne pas respecter les délais de paiement mentionnés » au 9e al. du I de l'art. L. 441-6 [ancien], d'un montant de 75 000 euros pour une personne physique et 375 000 euros pour une personne morale, l'art. 123 de la L. du 17 mars 2014 a, sans modifier la teneur des faits sanctionnés, modifié les règles de compétence et de procédure et réduit le *quantum* de la peine applicable. Par suite, la cour n'a pas commis d'erreur de droit ni d'erreur de qualification juridique en jugeant que cette loi constitue une loi pénale plus douce immédiatement applicable aux faits commis antérieurement à son entrée en vigueur, quand bien même la nouvelle amende administrative serait appliquée plus fréquemment que l'ancienne amende civile. • CE 3 févr. 2021, n° 430130 : *AJDA 2021. 302, obs. de Montecler* ; *RJDA 2021, n° 687.*

SECTION IV PÉNALITÉS LOGISTIQUES

(L. n° 2021-1357 du 18 oct. 2021, art. 7)

Art. L. 441-17 I. — Le contrat peut prévoir la fixation de pénalités infligées au fournisseur en cas d'inexécution d'engagements contractuels. Il prévoit une marge d'erreur suffisante au regard du volume de livraisons prévues par le contrat. Un délai suffisant doit être respecté pour informer l'autre partie en cas d'aléa.

Les pénalités infligées au fournisseur par le distributeur ne peuvent dépasser un montant correspondant à un pourcentage du prix d'achat des produits concernés. Elles doivent être proportionnées au préjudice subi au regard de l'inexécution d'engagements contractuels.

Il est interdit de procéder au refus ou au retour de marchandises, sauf en cas de non-conformité de celles-ci ou de non-respect de la date de livraison.

La preuve du manquement doit être apportée par le distributeur par tout moyen. Le fournisseur dispose d'un délai raisonnable pour vérifier et, le cas échéant, contester la réalité du grief correspondant.

Il est interdit de déduire d'office du montant de la facture établie par le fournisseur les pénalités ou rabais correspondant au non-respect d'un engagement contractuel.

Seules les situations ayant entraîné des ruptures de stocks peuvent justifier l'application de pénalités logistiques. Par dérogation, le distributeur peut infliger des pénalités logistiques dans d'autres cas dès lors qu'il démontre et documente par écrit l'existence d'un préjudice.

Dès lors qu'il est envisagé d'infliger des pénalités logistiques, il est tenu compte des circonstances indépendantes de la volonté des parties. En cas de force majeure, aucune pénalité logistique ne peut être infligée.

II. — Le distributeur ne peut exiger du fournisseur un délai de paiement des pénalités mentionnées au présent article inférieur au délai de paiement qu'il applique à compter de la réception des marchandises.

Art. L. 441-18 En cas d'inexécution d'un engagement contractuel du distributeur, le fournisseur peut lui infliger des pénalités. Celles-ci ne peuvent dépasser un montant

correspondant à un pourcentage du prix d'achat des produits concernés. Elles doivent être proportionnées au préjudice subi au regard de l'inexécution d'engagements contractuels. La preuve du manquement doit être apportée par le fournisseur par tout moyen. Le distributeur dispose d'un délai raisonnable pour vérifier et, le cas échéant, contester la réalité du grief correspondant.

Art. L. 441-19 Pour l'application des articles L. 441-17 et L. 441-18, un guide des bonnes pratiques est publié et actualisé régulièrement.

CHAPITRE II DES PRATIQUES COMMERCIALES DÉLOYALES ENTRE ENTREPRISES *(Ord. nº 2019-359 du 24 avr. 2019, art. 2).*

SECTION PREMIÈRE DES PRATIQUES RESTRICTIVES DE CONCURRENCE

(Ord. nº 2019-359 du 24 avr. 2019, art. 2)

RÉP. COM. vº *Transparence tarifaire et pratiques restrictives,* par ARHEL.

BIBL. GÉN. ▶ DECOCQ, *RJ com. 2008. 96* (de l'avenir des pratiques dites « restrictives de concurrence »). – BÉHAR-TOUCHAIS, *RLC avr.-juin 2008. 141* (actualité des pratiques restrictives) ; *RLDA févr. 2010. 66* (mutations du droit des pratiques restrictives de concurrence). – RIEM, *RLC oct.-déc. 2009. 31* (le nouveau droit des pratiques restrictives : rupture ou continuité ?). – ÉRÉSÉO, *LPA 21 oct. 2010* (actualité du droit des pratiques restrictives de concurrence). – MALAURIE-VIGNAL, *LPA 24 nov. 2011* (éthique des pratiques restrictives). – BÉHAR-TOUCHAIS, *RLC janv.-mars 2014. 36* (quelques pistes pour l'amélioration du droit des pratiques restrictives de concurrence). – CHAGNY, *CCC 2014. Dossier 15* (vers une unification du droit des restrictions verticales). – PONSARD, *ibid. 16* (même thème). – Colloque, *RJ com. 2015. 634* (actualité des pratiques restrictives de concurrence). – MITCHEL et DELANNOY, *AJCA 2015. 504* (abus de puissance contractuelle et pratiques commerciales restrictives). – CHAGNY, *RTD com. 2016. 451* (droit des pratiques restrictives de concurrence et réforme du droit commun des contrats). – CAROFF, *RLC nov. 2016. 35* (l'action des brigades LME de la DGCCRF en matière de pratiques restrictives de concurrence). – FORTUNATO, *AJ contrat 2018. 224* (proposition de directive européenne sur les pratiques commerciales déloyales entre professionnels : conséquences pour le droit français). – GRIMALDI, *D. 2019. 388* (distribution : vers un contrôle généralisé de la lésion en droit français ?). – Dossier, *RLC juin 2019. 19* (les pratiques restrictives de concurrence après la réforme du titre IV du livre IV du code de commerce). – BEHAR-TOUCHAIS, *JCP E 2019, nº 1363* (les différentes pratiques restrictives de concurrence dans les ordonnances du 24 avr. 2019). – LAHOUAZI, *AJDA 2022. 197* (l'inapplicabilité du droit des pratiques restrictives de concurrence au contrat administratif). – GRIMALDI, *RLC févr. 2022. 9* (les rôles du ministre de l'Économie dans la lutte contre les pratiques restrictives de concurrence).

Art. L. 442-1 **I. — Engage la responsabilité de son auteur et l'oblige à réparer le préjudice causé le fait, dans le cadre de la négociation commerciale, de la conclusion ou de l'exécution d'un contrat, par toute personne exerçant des activités de production, de distribution ou de services :**

1º D'obtenir ou de tenter d'obtenir de l'autre partie un avantage ne correspondant à aucune contrepartie ou manifestement disproportionné au regard de la valeur de la contrepartie consentie ;

2º De soumettre ou de tenter de soumettre l'autre partie à des obligations créant un *déséquilibre* **significatif dans les droits et obligations des parties ;** — *V. aussi C. civ., art. 1171.* — ***C. civ.***

(L. nº 2021-1357 du 18 oct. 2021, art. 7 et 8) **« 3º D'imposer des pénalités logistiques ne respectant pas l'article L. 441-17 ;**

« 4º S'agissant des produits alimentaires et des produits destinés à l'alimentation des animaux de compagnie soumis au I de l'article L. 441-1-1, de pratiquer, à l'égard de l'autre partie, ou d'obtenir d'elle des prix, des délais de paiement, des conditions de vente ou des modalités de vente ou d'achat discriminatoires et non justifiés par des contreparties réelles prévues par la convention mentionnée à l'article L. 443-8 en créant, de ce fait, pour ce partenaire, un désavantage ou un avantage dans la concurrence. » — *V. note ss. art. L. 441-1-1.*

II. — Engage la responsabilité de son auteur et l'oblige à réparer le préjudice causé le fait, par toute personne exerçant des activités de production, de distribution ou de

services de rompre brutalement, même partiellement, une relation commerciale établie, en l'absence d'un préavis écrit qui tienne compte notamment de la durée de la relation commerciale, en référence aux usages du commerce ou aux accords interprofessionnels.

En cas de litige entre les parties sur la durée du préavis, la responsabilité de l'auteur de la rupture ne peut être engagée du chef d'une durée insuffisante dès lors qu'il a respecté un préavis de dix-huit mois.

Les dispositions du présent II ne font pas obstacle à la faculté de résiliation sans préavis, en cas d'inexécution par l'autre partie de ses obligations ou en cas de force majeure. — *Comp. anc. art. L. 442-6-I et II.*

(L. nº 2020-1508 du 3 déc. 2020, art. 9) **« III. — Engage la responsabilité de son auteur et l'oblige à réparer le préjudice causé le fait, par toute personne proposant un service d'intermédiation en ligne au sens du règlement (UE) 2019/1150 du Parlement européen et du Conseil du 20 juin 2019 promouvant l'équité et la transparence pour les entreprises utilisatrices de services d'intermédiation en ligne, de ne pas respecter les obligations expressément prévues par le même règlement.**

« Toute clause ou pratique non expressément visée par ledit règlement est régie par les autres dispositions du présent titre. »

BIBL. ▶ CHAGNY, *RLC juin 2019. 24* (le nouveau droit des pratiques restrictives de concurrence). – HAERI, JAVAUX et ADLER, *RLC sept. 2019. 24* (la réforme de la rupture brutale des relations commerciales établies : un encadrement dans la continuité). – MOULY-GUILLEMAUD, *D. 2019. 2102* (assainir le contentieux de la rupture brutale par une réforme des principes jurisprudentiels). – L. et J. VOGEL, *RJDA 4/2020. 239* (ce qui ne va toujours pas en matière de rupture de relations commerciales établies après la réforme). – BUY, *AJ contrat 2020. 271* (la modification unilatérale à l'épreuve des pratiques commerciales déloyales). – HAMELIN, *RLC févr. 2022. 29* (de la disproportion au déséquilibre significatif).

Article L. 442-1, I, 1º et 2º. Le recours, par les fabricants de produits de grande consommation vendus sous marques, à l'apposition du Nutri-Score, est une recommandation des pouvoirs publics, et ne constitue donc pas une obligation légale. Dès lors que le fabricant n'a pas souhaité s'inscrire dans cette démarche, le fait d'imposer cette apposition à un fournisseur qui n'aurait pas souscrit aux déclarations nécessaires auprès des autorités publiques pour bénéficier du logo Nutri-Score constitue le cas échéant une pratique susceptible d'être appréhendée sous l'angle des pratiques restrictives de concurrence prévues à l'art. L. 442-1. Toutefois, l'avantage sans contrepartie visé à l'art. L. 442-1, I, 1º n'est pas adapté pour caractériser cette pratique. • CEPC, avis nº 22-1 du 1er avr. 2022. ♦ Si la démonstration de la soumission est possible, le déséquilibre dans les droits et obligations des parties n'est pas évident à caractériser, sauf à ce que l'apposition du Nutri-Score génère des frais importants à la charge du fournisseur auquel elle aurait été imposée par le distributeur. Les pratiques en la matière devront être examinées au cas par cas, en prenant éventuellement en compte l'économie générale du contrat. • Même avis. ♦ Les pratiques de déréférencement ou de menaces de déréférencement abusives sont, depuis l'Ord. nº 2019-359 du 24 avr. 2019, appréhendées sous l'angle des dispositions visées à l'art. L. 442-1, I, 2º. • Même avis.

La clause qui permet au client d'un éditeur de logiciel de résilier le contrat lorsqu'il refuse la nouvelle proposition tarifaire de ce dernier, laquelle fait suite à un processus de comparaison des prix ayant constaté une différence de plus de 5 % entre le prix du contrat et le prix du marché, est constitutive d'un déséquilibre significatif au sens de l'art. L. 442-1, I, 2º, sous réserve qu'elle n'ait pas fait l'objet d'une négociation effective et que son effet pour l'éditeur de logiciel ne soit pas compensé par d'autres clauses plus favorables. • CEPC, avis nº 22-2 du 1er avr. 2022.

Code de commerce Ancien art. L. 442-6 *I. — Engage la responsabilité de son auteur et l'oblige à réparer le préjudice causé le fait, par tout producteur, commerçant, industriel ou personne immatriculée au répertoire des métiers :*

1º D'obtenir ou de tenter d'obtenir d'un partenaire commercial un avantage quelconque ne correspondant à aucun service commercial effectivement rendu ou manifestement disproportionné au regard de la valeur du service rendu. Un tel avantage peut notamment consister en la participation, non justifiée par un intérêt commun et sans contrepartie proportionnée, au financement d'une opération d'animation ou de promotion commerciale, d'une acquisition ou d'un investissement, en particulier dans le cadre de la rénovation de magasins, du rapprochement d'enseignes ou de centrales de référencement ou d'achat ou de la rémunération de ser-

vices rendus par une centrale internationale regroupant des distributeurs. Un tel avantage peut également consister en une globalisation artificielle des chiffres d'affaires, en une demande d'alignement sur les conditions commerciales obtenues par d'autres clients ou en une demande supplémentaire, en cours d'exécution du contrat, visant à maintenir ou accroître abusivement ses marges ou sa rentabilité ;

2° De soumettre ou de tenter de soumettre un partenaire commercial à des obligations créant un déséquilibre significatif dans les droits et obligations des parties ;

3° D'obtenir ou de tenter d'obtenir un avantage, condition préalable à la passation de commandes, sans l'assortir d'un engagement écrit sur un volume d'achat proportionné et, le cas échéant, d'un service demandé par le fournisseur et ayant fait l'objet d'un accord écrit ;

4° D'obtenir ou de tenter d'obtenir, sous la menace d'une rupture brutale totale ou partielle des relations commerciales, des conditions manifestement abusives concernant les prix, les délais de paiement, les modalités de vente ou les services ne relevant pas des obligations d'achat et de vente ;

5° De rompre brutalement, même partiellement, une relation commerciale établie, sans préavis écrit tenant compte de la durée de la relation commerciale et respectant la durée minimale de préavis déterminée, en référence aux usages du commerce, par des accords interprofessionnels. Lorsque la relation commerciale porte sur la fourniture de produits sous marque de distributeur, la durée minimale de préavis est double de celle qui serait applicable si le produit n'était pas fourni sous marque de distributeur. A défaut de tels accords, des arrêtés du ministre chargé de l'économie peuvent, pour chaque catégorie de produits, fixer, en tenant compte des usages du commerce, un délai minimum de préavis et encadrer les conditions de rupture des relations commerciales, notamment en fonction de leur durée. Les dispositions qui précèdent ne font pas obstacle à la faculté de résiliation sans préavis, en cas d'inexécution par l'autre partie de ses obligations ou en cas de force majeure. Lorsque la rupture de la relation commerciale résulte d'une mise en concurrence par enchères à distance, la durée minimale de préavis est double de celle résultant de l'application des dispositions du présent alinéa dans les cas où la durée du préavis initial est de moins de six mois, et d'au moins un an dans les autres cas ;

6° De participer directement ou indirectement à la violation de l'interdiction de revente hors réseau faite au distributeur lié par un accord de distribution sélective ou exclusive exempté au titre des règles applicables du droit de la concurrence ; — V. art. L. 442-2

7° D'imposer une clause de révision du prix, en application du cinquième alinéa du I de l'article L. 441-7 ou de l'avant-dernier alinéa de l'article L. 441-7-1, ou une clause de renégociation du prix, en application de l'article L. 441-8, par référence à un ou plusieurs indices publics sans rapport direct avec les produits ou les prestations de services qui sont l'objet de la convention ;

8° De procéder au refus ou retour de marchandises ou de déduire d'office du montant de la facture établie par le fournisseur les pénalités ou rabais correspondant au non-respect d'une date de livraison ou à la non-conformité des marchandises, lorsque la dette n'est pas certaine, liquide et exigible, sans même que le fournisseur n'ait été en mesure de contrôler la réalité du grief correspondant ;

9° De ne pas communiquer ses conditions générales de vente, dans les conditions prévues à l'article L. 441-6, à tout acheteur de produits ou tout demandeur de prestations de services qui en fait la demande pour l'exercice d'une activité professionnelle ;

10° De refuser de mentionner sur l'étiquetage d'un produit vendu sous marque de distributeur le nom et l'adresse du fabricant si celui-ci en a fait la demande conformément à l'article R. 412-47 du code de la consommation ;

11° D'annoncer des prix hors des lieux de vente, pour un fruit ou légume frais, sans respecter les règles définies aux II et III de l'article L. 441-2 du présent code ;

12° De passer, de régler ou de facturer une commande de produits ou de prestations de services à un prix différent du prix convenu résultant de l'application du barème des prix unitaires mentionné dans les conditions générales de vente, lorsque celles-ci ont été acceptées sans négociation par l'acheteur, ou du prix convenu à l'issue de la négociation commerciale faisant l'objet de la convention prévue à l'article L. 441-7, modifiée le cas échéant par avenant, ou de la renégociation prévue à l'article L. 441-8 ;

13° De soumettre ou de tenter de soumettre un partenaire commercial à des pénalités pour retard de livraison en cas de force majeure.

II. — Sont nuls les clauses ou contrats prévoyant pour un producteur, un commerçant, un industriel ou une personne immatriculée au répertoire des métiers, la possibilité :

a) De bénéficier rétroactivement de remises, de ristournes ou d'accords de coopération commerciale ;

b) D'obtenir le paiement d'un droit d'accès au référencement préalablement à la passation de toute commande ;

c) D'interdire au cocontractant la cession à des tiers des créances qu'il détient sur lui ;

d) De bénéficier automatiquement des conditions plus favorables consenties aux entreprises concurrentes par le cocontractant ;

e) D'obtenir d'un revendeur exploitant une surface de vente au détail inférieure à 300 mètres carrés qu'il approvisionne mais qui n'est pas lié à lui, directement ou indirectement, par un contrat de licence de marque ou de savoir-faire, un droit de préférence sur la cession ou le transfert de son activité ou une obligation de non-concurrence post-contractuelle, ou de subordonner l'approvisionnement de ce revendeur à une clause d'exclusivité ou de quasi-exclusivité d'achat de ses produits ou services d'une durée supérieure à deux ans.

L'annulation des clauses relatives au règlement entraîne l'application du délai indiqué au huitième alinéa du I de l'article L. 441-6, sauf si la juridiction saisie peut constater un accord sur des conditions différentes qui soient équitables.

III. et IV. – V. ss. art. L. 442-4.

BIBL. ▸ BOIZARD, *LPA 16 juin 2004* (réception de la notion de violence économique en droit). – TORT, *RDC 2006. 933* (feu à volonté sur le déréférencement abusif : inventaire des munitions). – J.-L. FOURGOUX, *CCC 2006. Dossier 26* (le droit de la distribution doit-il encore comporter des dispositions relatives aux pratiques restrictives de concurrence ?). – FERRIER, *Mél. Serra, Dalloz 2006, p. 189* (les pratiques restrictives de concurrence. Pour quelle finalité ?). – MALAURIE-VIGNAL, *CCC 2007. Étude 10* (une discrimination tarifaire est-elle constitutive d'une pratique abusive ?). – PFISTER, *RDLC 2009, n° 1, p. 35* (puissance d'achat et politique de concurrence). ▸ L. n° 2001-420 du 15 mai 2001 : VILMART, *JCP E 2001, n° 50, p. 1994* (efficacité de la lutte contre les pratiques commerciales abusives dans la loi NRE). – MAINGUY, *JCP E 2002, n° 48, p. 1914* (l'esprit et la lettre du nouvel art. L. 442-6). – RETTERER, *D. 2003. 1210* (restauration de l'équilibre des relations commerciales dans la grande distribution). – CONDOMINES, *LPA 29 oct. 2003* (pratique des enchères inversées). – DELORT, *JCP E 2005, n° 12, p. 512* (qualification aléatoire de l'abus de puissance d'achat, de vente ou de relations de dépendance). ▸ L. n° 2008-776 du 4 août 2008 : AUGAGNEUR, *JCP E 2008, n° 39, p. 15* (changer d'enseigne [art. L. 442-6, II, *e*]) ; MALAURIE-VIGNAL, *CCC 2008, n° 238* (la LME affirme la liberté de négociation et sanctionne le déséquilibre significatif). – *ibid Dossier 5* (le nouvel art. L. 442-6 apporte-t-il de nouvelles limites à la négociation contractuelle ?). – LUCAS DE LEYSSAC et CHAGNY, *RDC 2009. 1268* (le droit des contrats, instrument d'une forme nouvelle de régulation économique ?). – LAJNEF, *CCC 2012. Dossier 5, spéc. n°s 25 s.* (consolidation du régime juridique des pratiques restrictives de concurrence). – GRIMALDI, *D. 2019. 2045* (le singulier destin de l'application dans le temps de l'ancien art. L. 442-6-I-2° du code de commerce).

I. PRATIQUES DISCRIMINATOIRES

*[La L. n° 2008-776 du 4 août 2008 a abrogé le délit de discrimination entre professionnels en tant que faute civile tel qu'il était défini par l'ancien art. L. 442-6-I-1°. – Pour des annotations de jurisprudence se reporter au **C. com.**, éd. 2015 ou antérieures.]*

BIBL. Pichon de Bury et Minet, *CCC 2008. Étude 13* (incidences de la suppression de l'art. L. 442-6-I-1° et de l'introduction de la notion de « déséquilibre significatif » par la LME) ; *CCC 2009. Alerte 58* (vers une liberté totale de discriminer ?). – Dieny, *RDLC 2009, n° 2, p. 89* (la prohibition des discriminations après l'abrogation de l'art. L. 442-6-I-1°). – L. Vogel, *CCC 2013. Dossier 5* (discrimination tarifaire : quelle marge de manœuvre pour les entreprises ?). – Luc, *AJCA 2015. 299* (discrimination tarifaire : approche juridique). – Sautel et Muñoz, *ibid. 303* (... : approche économique).

1. Abrogation. L'intimée ne saurait invoquer utilement l'art. L. 442-6-I-1° [ancien] qui sanctionnait la faute civile de discrimination, dès lors que cette disposition a été abrogée et ne peut désormais recevoir application et ce, que les faits en cause soient antérieurs ou postérieurs à son abrogation. • Paris, 14 déc. 2011 : *RJ com. mars-avr. 2012. 16, obs. crit. Chagny.* ♦ Il en résulte désormais que les discriminations ne sont répréhensibles que si elles constituent un abus de droit imputable au commerçant ; il appartient donc à celui qui s'en prévaut d'établir la réalité de l'éventuel abus de droit que celles-ci peuvent néanmoins constituer. • Même arrêt. ♦ La L. n° 2008-776 du 4 août 2008 a supprimé l'interdiction des pratiques discriminatoires à compter de son entrée en vigueur ; à compter du 5 août 2008, donc, la discrimination, en droit commercial, n'est plus interdite en soi. Par ailleurs, les pratiques de discrimination bénéficient de l'exemption automatique du Règl. (UE) n° 330/2010 du 20 avr. 2010 [V. App., v° *Concurrence*] lorsque le fournisseur a une part de marché inférieure à 30 %. • Paris, 7 janv. 2015, n° 12/19768 : *CCC 2015, n° 62, obs. Malaurie-Vignal.*

II. REFUS DE VENTE

[La L. du 1er juill. 1996 a abrogé le refus de vente entre professionnels en tant que faute civile tel qu'il était défini par l'ancien art. 36 (2) de l'Ord. de 1986. – Pour des annotations de jurisprudence se reporter au C. com., éd. 2010 ou antérieures.]

BIBL. Cot, *Cah. dr. entr. 1996, n° 5, p. 14* (suppression du refus de vente).

2. Pouvoir d'injonction. En raison de l'abrogation par l'art. 14 de la loi de 1996 des dispositions de l'art. 36 (2°) de l'ordonnance, le refus de vente entre professionnels ne constituant plus en soi, à la date où l'arrêt d'appel est intervenu, une faute civile, viole cet art. la cour d'appel qui enjoint à un fabricant, ayant refusé d'approvisionner un distributeur, de fournir à celui-ci tous les documents nécessaires pour passer commande et de satisfaire à cette commande. • Com. 26 janv. 1999, n° 97-11.084 P : *D. 2001. Somm. 300, obs. Ferrier* ; *LPA 22 nov. 1999, obs. Reboul.*

En ce sens que depuis l'entrée en vigueur de la loi du 1er juill. 1996, le refus de vente ne constitue plus par lui-même une faute civile et qu'il appartient donc à celui qui se prétend victime d'un tel refus d'établir que celui-ci est fautif, V. • Com. 18 déc. 2001, n° 99-11.787 P : *JCP E 2002, n° 6, 246* • Paris, 12 oct. 2011 : *RDLC 2012, n° 1, p. 129, obs. Chagny.*

3. Responsabilité civile. En ce sens que la suspension d'approvisionnement d'une société de la part d'un grossiste avec lequel elle entretenait des relations anciennes entraîne un trouble commercial devant être sanctionné sur le fondement de la responsabilité civile, V. • Com. 5 déc. 2000, n° 99-11.720 : *RJDA 2001, n° 512.* ♦ Pour un arrêt sanctionnant des refus de livraisons abusifs sur le fondement du « délit civil de droit commun », V. • Douai, 10 sept. 1998 : *JCP E 1999, n° 20, p. 864, note Voinot.* ♦ L'art. L. 442-6 [ancien] sanctionne le refus de vente selon le droit commun de la responsabilité ; il appartient en conséquence à celui qui l'invoque d'établir une faute du fournisseur. • Versailles, 15 sept. 2005 : *JCP E 2005, n° 47, p. 2004.*

III. DÉSÉQUILIBRE SIGNIFICATIF

BIBL. Béhar-Touchais, *RDC 2009. 202* (sanction du déséquilibre significatif dans les contrats entre professionnels) ; *ibid. 1258* (que penser de l'introduction d'une protection contre les clauses abusives dans le code de commerce ?). – Utzschneider et Lamothe, *ibid. 1261* (même thème). – Saint-Esteben, *ibid. 1275* (même thème). – Chagny, *ibid. 1642* (le contrôle des clauses abusives par le droit de la concurrence) ; *D. 2011. 392* (l'art. L. 442-6, I, 2° [ancien], entre droit du marché et droit commun des obligations). – Jeannin, *LPA 6 oct. 2011* (le déséquilibre significatif ou une atteinte à la liberté contractuelle ?). – Mainguy, *Teutates 2012, n° 1/1, p. 1* (le déséquilibre significatif devant le juge). – Titone et Coulon, *RLDA avr. 2012. 36* (première définition jurisprudentielle de la notion de déséquilibre significatif). – Berg-Moussa, *JCP E 2012, n° 1139* (notion de déséquilibre significatif et action du ministre : point d'étape et nouveaux questionnements). – Rocher, *ibid., n° 1741* (déséquilibre significatif et commande ouverte dans l'industrie). – Riéra-Thiebault et Covillard, *Gaz. Pal. 2013. 205* (nouveau droit des clauses abusives entre professionnels ?). – Mathey, *CCC 2013. Dossier 3* (approches civiliste et consumériste). – Ponsard, *ibid. 4* (bilan et perspectives). – Inforeg, *Cah. dr. entr. 2013, n° 3. Prat. 13* (notion de déséquilibre significatif dans les relations contractuelles entre professionnels). – Fourgoux et Djavadi, *JCP E 2013, n° 1691 ; CCC 2013. Étude 14* (les clauses contractuelles à l'épreuve du déséquilibre significatif : état de la jurisprudence). – Lajnef, *RLC avr.-juin 2014. 171* (bilan de l'application judiciaire de l'art. L. 442-6-I-2° [ancien]). – Dossier, *AJCA 2014. 103* (déséquilibre significatif dans les contrats d'affaires). – Gicquiaud, *RTD com. 2014. 267* (le contrat à l'épreuve du déséquilibre significatif). – Amaro, *CCC 2014. Étude 8* (le déséquilibre significatif en droit commun des contrats ou les incertitudes d'une double filiation). – Grall et Bussonnière, *RLC avr.-juin 2015. 26* (convergence et divergence entre le *B to B* et le *B to C*). – Béhar-Touchais, *JCP 2015, n° 603* (un déséquilibre significatif à deux vitesses). – Kutscher-Puis, *CCC 2015. Étude 7* (enseignements allemands sur le déséquilibre significatif en droit des contrats commerciaux). – Jakouloff, *LPA 18 juin 2015* (de la délimitation à tâtons du déséquilibre significatif en droit de la concurrence). – Malaurie-Vignal, *CCC 2015. Étude 9* (faut-il avoir peur du déséquilibre significatif ?). – Depasse, *RD rur. 2015. Dossier 19* (la contractualisation hors secteur coopératif et la notion de déséquilibre significatif dans les droits et obligations des parties). – Dieny, *JCP E 2015, n° 1626* (déséquilibre significatif : a-t-on atteint l'âge de raison ?). – Riéra, *RLC juill.-août 2016. 19* (le déséquilibre significatif en droit des pratiques restrictives et en droit des obligations : une notion, deux régimes ?). – Hontebeyrie, *D. 2016. 2180* (1171 contre L. 442-6-I-2° [ancien] : la prescription dans la balance). – Lecourt, *RLDA déc. 2016. 34* (le déséquilibre significatif : une notion fuyante, un régime divisé). – Grall et Mallen, *RLC déc. 2016. 20* (déséquilibre significatif : entre une affirmation progressive en droit des pratiques restrictives de concurrence et une apparition inédite en droit commun des obligations). – L. et J. Vogel, *BRDA 2018, n° 9, p. 27* (le droit du déséquilibre significatif : une contrainte de plus en plus forte pour les entreprises). – Chantepie, *JCP E 2018, n° 1336* (le déséquilibre significatif entre droit commun et droits spéciaux). – Pétrignet et Fourgoux, *RLC juill.-août 2018. 24* (l'activité de la CEPC : quel impact sur le contrôle du déséquilibre significatif ?). – Henry, *AJ contrat 2018. 370* (clauses abusives dans les contrats commerciaux : état des lieux dix ans après). – Bassilana, Restrepo et Colombani, *ibid. 471* (le déséquilibre significatif dans les contrats commerciaux : nouvel outil de lutte contre les GAFA). – Combet, *ibid. 2019. 76* (le déséquilibre significatif dans les contrats d'affaires internationaux suite à la réforme du droit des contrats). – Buy et Roda, *AJ contrat 2019. 433* (Amazon au crible du déséquilibre significatif). – Fériel, *JCP E 2021, n° 1246* (la trajectoire conceptuelle du déséquilibre significatif).

RÉP. COM. v° *Déséquilibre significatif*, par CHANTEPIE et SAUPHANOR-BROUILLAUD.

A. NOTION

4. *Conformité à la Constitution.* Pour déterminer l'objet de l'interdiction des pratiques commerciales abusives dans les contrats conclus entre un fournisseur et un distributeur, le législateur s'est référé à la notion juridique de « déséquilibre significatif » entre les droits et obligations des parties qui figure à l'art. L. 132-1 [L. 212-1] C. consom. ; qu'en référence à cette notion, dont le contenu est déjà précisé par la jurisprudence, l'infraction est définie dans des conditions qui permettent au juge de se prononcer sans que son interprétation puisse encourir la critique d'arbitraire, de telle sorte qu'eu égard à la complexité des pratiques que le législateur a souhaité prévenir et réprimer, l'incrimination est définie en des termes suffisamment clairs et précis pour ne pas méconnaître le principe de légalité des délits. • Cons. const. 13 janv. 2011, n° 2010-85 QPC : *D. 2011. 415, note Picod ; RTD com. 2011. 655, obs. Bouloc ; JCP E 2011, n° 1136, note crit. Mainguy ; CCC 2011. Étude 5, par Fourgoux ; LPA 13 avr. 2011, note Dadoun ; RJDA 2011, n° 656 ; RLC avr.-juin 2011. 41, note Béhar-Touchais* (sur une QPC transmise par • Com., QPC, 15 oct. 2010, n° 10-40.039 : *D. 2010. Actu. 2508, obs. Chevrier ; CCC 2010, n° 280, obs. Malaurie-Vignal ; BRDA 2010, n° 21, p. 10* • T. com. Bobigny, 13 juill. 2010 : *D. 2010. Actu. 1881 ; BRDA 2010, n° 21, p. 10*). ♦ La similitude des notions de déséquilibre significatif prévues aux art. L. 132-1, devenu art. L. 212-1, C. consom., et L. 442-6-I-2° [ancien] C. com., relevée par le Conseil constitutionnel dans sa décision du 13 janv. 2011, n'exclut pas qu'il puisse exister entre elles des différences de régime tenant aux objectifs poursuivis par le législateur dans chacun de ces domaines, en particulier quant à la catégorie des personnes qu'il a entendu protéger et à la nature des contrats concernés ; ainsi, l'art. L. 442-6-I-2° [ancien], qui figure dans le livre IV du code de commerce relatif à la liberté des prix et de la concurrence, et au chapitre II du titre IV, dédié aux pratiques restrictives de concurrence, n'exclut pas, contrairement à l'art. L. 212-1 C. consom., que le déséquilibre significatif puisse résulter d'une inadéquation du prix au bien vendu. • Com. 25 janv. 2017, n° 15-23.547 P : *cité note 9.* ♦ Le 2° du I de l'art. L. 442-6 [ancien], dans sa rédaction résultant de la L. n° 2015-990 du 6 août 2015, est conforme à la Constitution. • Cons. const. 30 nov. 2018, n° 2018-749 QPC : *D. 2019. Pan. 787, obs. Ferrier ; AJ contrat 2019. 29, note Buy ; RTD civ. 2019. 92, obs. Barbier ; JCP E 2018, n° 1638, note Béhar-Touchais ; CCC 2019, n° 23, obs. Mathey ; RJDA 2019, n° 139 ; RJDA 6/2019. 503, note Henry* (réponse à une QPC de • T. com., QPC, 27 sept. 2018, n° 18-40.028 : *AJ contrat 2018. 533, obs. Regnault*).

5. *Soumission.* Caractérise l'existence d'une soumission au sens de l'art. L. 442-6-I-2° [ancien] la cour d'appel qui constate que les clauses litigieuses sont insérées dans tous les contrats signés par les fournisseurs, lesquels ne disposent pas du pouvoir réel de les négocier, et relève que ces derniers ne pouvaient pas prendre le risque d'être déréférencés par le distributeur, celui-ci détenant près de 17 % des parts de marché de la distribution. • Com. 27 mai 2015, n° 14-11.387 P : *cité note 13.* ♦ Les comportements consistant à imposer sans négociation contreviennent aux dispositions de l'art. L. 442-6-I-2° [ancien]. Par ailleurs, en droit positif, des stipulations conférant à un opérateur un pouvoir unilatéral ne sont pas nécessairement illicites, mais elles sont susceptibles de révéler un déséquilibre significatif lorsque le pouvoir unilatéral est réservé à un contractant et laissé à sa discrétion. • CEPC, avis n° 14-06 du 19 juin 2014 : *cité note 48.* ♦ Les clauses litigieuses relatives au paiement des ristournes étant pré rédigées, elles constituent une composante intangible de tous les contrats examinés et n'ont pu faire l'objet d'aucune négociation effective, de telle sorte que la cour d'appel a pu caractériser la soumission requise par l'art. L. 442-6-I-2° [ancien]. • Com. 25 janv. 2017, n° 15-23.547 P : *cité note 9.* ♦ La soumission ou la tentative de soumission d'un fournisseur ou partenaire commercial, premier élément constitutif de la pratique de déséquilibre significatif, implique de démontrer l'absence de négociation effective des clauses incriminées. Si la structure d'ensemble du marché de la grande distribution peut constituer un indice de l'existence d'un rapport de force déséquilibré, se prêtant difficilement à des négociations véritables entre distributeurs et fournisseurs, ce seul élément ne peut suffire et doit être complété par d'autres indices établissant l'absence de négociation effective. S'il a pu être déduit, dans certains cas, un indice de soumission ou de tentative de soumission de déséquilibre significatif, de l'adoption, par un certain nombre de fournisseurs, de clauses identiques qui leur étaient manifestement défavorables, tel n'est pas le cas dans la présente espèce. • Com. 20 nov. 2019, n° 18-12.823 P : *D. 2020. Chron. C. cass. 1255, obs. Le Bras ; AJ contrat 2020. 35, obs. Buy ; RTD com. 2020. 322, obs. Chagny ; JCP E 2020, n° 1236, note Guégan ; CCC 2020, n° 6, obs. Mathey ; RJDA 2020, n° 111 ; RLC févr. 2020. 43, note Leroy et Beaumont.* – Confirmant le rejet de l'action du ministre de l'Économie, faute pour celui-ci d'avoir prouvé l'existence d'une soumission : • Paris, 20 déc. 2017, n° 13/04879 : *AJ contrat 2018. 135, obs. Buy et Roda ; RTD com. 2018. 633, obs. Chagny ; CCC 2018, n° 68, obs. Mathey ; RJDA 2018, n° 364 ; RLC avr. 2018. 13, note Boudou.* ♦ Par ailleurs, le fait d'insérer des nouvelles clauses dans le contrat de concession exclusive proposé à la signature à l'occasion du renouvellement ne constitue pas à lui seul « le fait de soumettre ou tenter de soumettre » au sens de l'art. L. 442-6-I-2° [ancien]. • CEPC, avis n° 18-4 du 23 avr. 2018 : *CCC 2018, n° 131, obs. Mathey.* ♦ Sur les exigences jurisprudentielles en matière de soumission, V. encore : • Paris, 6 juin 2018, n° 16/08019 : *AJ contrat 2018. 386, obs. Ponsard* • 13 juin 2018, n° 15/14893 : *AJ contrat 2018. 386, obs. Ponsard ; RTD com. 2018. 639 et 641, obs. Chagny.*

6. Partenaire commercial. S'agissant de la notion de « partenaire commercial » visée par l'art. L. 442-6-I-2° [ancien], elle implique un examen concret de la relation et de l'objet du contrat. En l'espèce, le contrat s'inscrit dans la durée (48 mois) et est destiné à développer l'activité des professionnels signataires de sorte que la notion de partenariat est présente. • CEPC, avis n° 15-01 du 22 janv. 2015 : *D. actu. 28 mai 2015, obs. Constantin ; BRDA 2015, n° 5, p. 21.* ♦ La distinction entre la notion de « partenaire commercial » et celles d'« agent économique » ou de « cocontractant » n'est pas évidente et la cour d'appel de Paris précise, conformément à une jurisprudence établie, que l'existence d'un contrat écrit n'est pas une condition caractéristique de la notion de partenaire commercial. En revanche, la durée (du contrat ou de la relation) constitue un élément déterminant à travers des « relations stables et établies » entre les parties. • CEPC, avis n° 18-7 du 20 sept. 2018 : *CCC 2019, n° 26, obs. Mathey.* ♦ Un professionnel ne peut utilement invoquer l'application de l'art. L. 442-6-I-2° [ancien] aux relations contractuelles unissant les parties dès lors que le contrat de location régissant leurs rapports ne fait pas de M. X, conseil en gestion de patrimoine, son partenaire économique au sens de ces dispositions mais un simple cocontractant, locataire pour ses besoins professionnels d'un site internet. • Paris, 6 mars 2015, n° 13/20879 : *CCE 2015, n° 41, obs. Loiseau.* ♦ Le partenariat commercial visé à l'art. L. 442-6-I-1° et 2° [ancien] s'entendant d'échanges commerciaux conclus directement entre les parties, c'est à bon droit que la cour d'appel a retenu que ce texte n'avait pas vocation à s'appliquer à la situation de l'espèce, dès lors qu'il n'existe pas de relation commerciale entre le réparateur automobile et la société d'assurances, laquelle intervient comme tiers payeur, au titre d'un contrat d'assurance souscrit par le client du réparateur. • Com. 31 janv. 2018, n° 16-24.063 : *RTD com. 2018. 635, obs. Chagny ; CCC 2018, n° 67, obs. Mathey ; RJDA 2018, n° 606.* ♦ Sur des clauses contenues dans un bail commercial traduisant un déséquilibre significatif, V. note 9 ss. art. D. 442-3. ♦ Sont exclues du champ d'application de l'art. L. 442-6-I-2° [ancien] les modalités de retrait du membre d'un GIE, prévues par le contrat constitutif ou par une clause du règlement intérieur de ce groupement. • Com. 11 mai 2017, n° 14-29.717 P : *D. 2017. 1583, note Deshayes et Tadros ; AJ contrat 2017. 337, obs. Buy et Roda ; Rev. sociétés 2018. 250, obs. Godon ; RTD com. 2017. 593, obs. Chagny ; JCP E 2017, n° 1304, note Dissaux ; CCC 2017, n° 147, obs. Mathey ; RJDA 2017, n° 505.* ♦ Les dispositions de l'art. L. 442-6-I-2° et 5° [ancien] sont étrangères aux rapports entretenus par les sociétés en cause, adhérentes d'une société coopérative de commerçants détaillants, avec cette dernière. • Com. 18 oct. 2017, n° 16-18.864 P : *D. 2018. Pan. 869, obs. Ferrier ; AJ contrat 2018. 31, note Parleani ; RTD com. 2018. 160, obs. Hiez ; JCP E 2017, n° 1615 ; CCC 2018, n° 9, obs. Mathey ; RJDA 2018, n° 73 ; RLC févr. 2018. 32, note Beaumont et Maugère.* ♦ Jugeant que l'art. L. 442-6 [ancien] allégué par l'association de commerçants d'un centre commercial, sans même rechercher la responsabilité civile de l'exploitant, n'a pas vocation à s'appliquer entre un commerçant et une association à laquelle il n'appartient pas, lesquels ne sauraient être considérés comme des partenaires commerciaux au sens de ce texte : • Civ. 3e, 11 oct. 2018, n° 17-23.211 P : *AJ contrat 2018. 531, obs. Buy ; RTD com. 2018. 968, obs. Hiez ; JCP E 2018, n° 1627, note Dissaux ; RJDA 2019, n° 73.* ♦ Le partenariat commercial visé à l'art. L. 442-6-I, 1° et 2° [ancien], s'entendant d'échanges commerciaux conclus entre les parties, c'est à bon droit que la cour d'appel a retenu que ce texte n'avait pas vocation à s'appliquer, dès lors qu'il n'existe pas de relation commerciale entre un avocat et le cabinet au sein duquel il collabore. • Civ. 1re, 20 févr. 2019, n° 17-27.967 P : *D. 2019. Actu. 438 ; CCC 2019, n° 86, obs. Mathey ; RJDA 2019, n° 382.* ♦ Sur la notion de partenaire commercial, V. aussi • Aix-en-Provence, 10 mars 2016, n° 2016/140 : *CCC 2016, n° 141, obs. Malaurie-Vignal* • Com. 26 avr. 2017, n° 15-27.865 : *D. 2018. Pan. 869, obs. Ferrier ; RTD com. 2017. 593, obs. Chagny ; CCC 2017, n° 146, obs. Mathey ; RJDA 2017, n° 506*

• Paris, 27 sept. 2017, n° 16/00671 : *AJ contrat 2017. 535, obs. Eréséo ; RJDA 2018, n° 363.*

Ayant constaté que l'art. L. 511-4 C. mon. fin. prévoit seulement que les art. L. 420-1 à L. 420-4 C. com. sur les pratiques anticoncurrentielles s'appliquent aux établissements de crédit et aux sociétés de financement pour leurs opérations de banque et leurs opérations connexes, la cour d'appel en a justement déduit que, pour ces opérations, le législateur n'a pas étendu aux établissements de crédit et sociétés de financement l'application des textes relatifs aux pratiques restrictives de concurrence, de sorte que les activités exercées par la société dans le cadre des opérations de location financière litigieuses ne relèvent pas du code de commerce mais des dispositions spécifiques du code monétaire et financier. • Com. 15 janv. 2020, n° 18-10.512 P : *D. 2020. Actu. 148 ; AJ contrat 2020. 153, obs. Chantepie ; RTD com. 2020. 318 et 320, obs. Chagny ; JCP E 2020, n° 1212, note Behar-Touchais ; CCC 2020, n° 43, obs. Mathey ; LPA 13 mars 2020, note Hadj-Aïssa.* ♦ L'art. 1171 C. civ., interprété à la lumière des travaux parlementaires, s'applique aux contrats, même conclus entre producteurs, commerçants, industriels ou personnes immatriculées au répertoire des métiers, lorsqu'ils ne relèvent pas de l'art. L. 442-6-I-2° [ancien] C. com., tels que les contrats de location financière conclus par les établissements de crédit et sociétés de financement, lesquels, pour leurs opérations de banque et leurs opérations connexes définies à l'art. L. 311-2 C. mon. fin., ne sont pas soumis aux textes du code de commerce relatifs aux pratiques restrictives de concurrence. • Com. 26 janv. 2022, n° 20-16.782 B : *D. actu. 1er févr. 2022, obs. Hélaine ; D. 2022. 539, note Tisseyre ; JCP E 2022, n° 1125, note Chantepie ; BRDA 2022, n° 4, p. 10.* ♦ Au sens de l'art. L. 442-6-I-2° [ancien], le partenaire commercial est la partie avec laquelle l'autre partie s'engage, ou s'apprête à s'engager, dans une relation commerciale. Pour rejeter la demande du ministre de l'Économie, l'arrêt, après avoir relevé que les deux alinéas de ce texte mentionnent la notion de « partenaire commercial » et énoncé qu'un partenaire se définit comme le professionnel avec lequel une entreprise commerciale entretient des relations commerciales pour conduire une activité quelconque, ce qui suppose une volonté commune et réciproque d'effectuer de concert des actes ensemble dans des activités de production, de distribution ou de services, par opposition à la notion plus large d'agent économique ou plus étroite de cocontractant, retient que les contrats de mise à disposition de site *internet* conclus entre la société et ses clients sont des contrats de location ayant pour objet des opérations ponctuelles à objet et durée limités, de cinq ans, ne générant aucun courant d'affaires stable et continu et n'impliquant aucune volonté commune et réciproque d'effectuer, de concert, des actes ensemble dans des activités de production, de distribution ou de services. En statuant ainsi, en ajoutant à la loi des conditions qu'elle ne comporte pas, la cour d'appel a violé le texte susvisé. • Com. 15 janv. 2020, n° 18-10.512 P : *préc.* ♦ Le partenaire économique s'étend aux sociétés qui, sans qu'elles aient elles-mêmes conclu ou participé à la conclusion du contrat avec le partenaire, ici le franchisé, ont pris personnellement part aux pratiques restrictives de concurrence, concouru aux dommages causés par leur partenaire en raison de ces pratiques en fournissant les moyens et assuré l'exécution du contrat comportant des clauses manifestement déséquilibrées. • T. com. Paris, 13 oct. 2020, n° 2017005123 : *AJ contrat 2020. 543, obs. Buy et Roda ; RLC 1/2021. 33, note Boudou.*

Les dispositions du code de commerce relatives aux pratiques restrictives de concurrence sont applicables à la relation entre une plateforme numérique gestionnaire de réseau de soins et les professionnels de santé membres du réseau, tels que des audioprothésistes. Les professionnels audioprothésistes qui intégreraient un réseau de soins sont liés aux gestionnaires de réseau dans le cadre d'un partenariat commercial. Si la démonstration peut être apportée de l'absence de négociation des conditions fixées par les gestionnaires de réseaux de soins, le contrat de partenariat peut être qualifié de « contrat d'adhésion » au sens du nouveau droit des contrats. Dès lors, si les audioprothésistes concernés démontrent que certaines clauses – pour autant qu'elles ne portent pas sur le prix ou sur l'objet principal du contrat – ne sont pas négociables, les dispositions de l'art. 1171 C. civ. peuvent être invoquées devant le juge. Une application concurrente des règles du code civil et de celles du code de commerce en matière de déséquilibre significatif peut être possible, en fonction de l'interprétation du juge saisi, en fonction de la clause considérée comme déséquilibrée (par exemple, la clause portant sur le prix ne pourra être appréciée qu'au regard du code de commerce) ou encore en fonction du but recherché (nullité de la clause ou responsabilité de l'auteur de la pratique). • CEPC, avis n° 21-6 du 15 avr. 2021 : *D. actu. 6 juill. 2021, obs. Delpech.* ♦ Sur l'articulation avec l'art. 1171 C. civ., V. aussi Barbier, obs. ss. • Lyon, 27 févr. 2020 : *RTD civ. 2020. 375 .*

7. *Appréciation du déséquilibre.* BIBL. Le Gac-Pech, *JCP E 2017, n° 1053* (que reste-t-il du principe de liberté contractuelle en droit de la distribution ?). ♦ L'art. L. 442-6-I-2° [ancien] est applicable aux déséquilibres financiers aussi bien qu'aux déséquilibres juridiques. • CEPC, avis n° 19-01 du 17 janv. 2019 : *CCC 2019, n° 63, obs. Mathey.* ♦ Dans les rapports noués entre un fournisseur et un distributeur, le déséquilibre significatif s'apprécie au regard de la convention écrite prévue par l'art. L. 441-7 [ancien], laquelle précise les obligations auxquelles se sont engagées les parties et fixe, notamment, les conditions de l'opération de vente des produits ou des prestations de services, comprenant les réductions de prix, telles qu'elles résultent de la négociation commerciale qui s'opère dans le respect de l'art. L. 441-6 [ancien] ; ayant constaté que l'annexe 2 des contrats-cadres stipulait que la ristourne litigieuse était prévue au titre des conditions de l'opération de vente, la cour d'appel en a justement déduit que les clauses litigieuses relevaient de l'art. L. 442-6-I-2° [ancien]. • Com. 25 janv. 2017, n° 15-23.547 P : *cité note 9.* ♦ L'art. L. 442-6-I-2° [ancien] invite à apprécier le contexte dans lequel le contrat est conclu et son économie, de façon que le déséquilibre significatif ne soit caractérisé qu'après une appréciation concrète et globale du ou des contrats en cause. • Com. 3 mars 2015, n° 13-27.525 P : *D. 2015. Chron. C. cass. 997, obs. Tréard ; ibid. 1021, note Buy ; AJCA 2015. 218, note Chantepie ; RTD com. 2015. 486, obs. Chagny ; JCP E 2015, n° 1207, note Le Gac-Pech ; CCC 2015, n° 115, obs. Mathey ; RJDA 2015, n° 393.* ♦ Ainsi, le déséquilibre prohibé doit s'apprécier au niveau des droits et obligations, c'est-à-dire de l'ensemble du contrat, ce déséquilibre pouvant résulter de l'accumulation d'obligations, c'est-à-dire de clauses parfaitement licites dont seuls le nombre ou le poids créeraient l'excès prohibé. • T. com. Évry, 7 févr. 2013 : *RDC 2013. 979, obs. Béhar-Touchais* • T. com. Paris, 2 sept. 2019 : *D. 2019. Pan. 1964, obs. d'Avout ; AJ contrat 2019. 433, note Buy et Roda ; Dalloz IP/IT 2019. 710, obs. Lecourt ; RSC 2019. 833, obs. Sordino ; RJDA 2/2020. 81, note Spy ; CCE 2019. Étude 21, par Gayrard.* ♦ Appliquant également l'approche globale pour considérer qu'il peut être admis que le déséquilibre instauré par une clause puisse être corrigé par l'effet d'une autre, à condition toutefois que le rééquilibrage invoqué soit effectivement démontré : • Paris, 4 juill. 2013 : *CCC 2013, n° 208, obs. Mathey ; RJDA 2013, n° 1053 ; RLC janv.-mars 2014. 43, note Grall et Tourret* (conf. par • Com. 29 sept. 2015, n° 13-25.043 : *RTD com. 2016. 81, obs. Chagny ; RJDA 2016, n° 154*). ♦ Par ailleurs, si les situations particulières des parties en cause doivent être prises en compte, cela ne doit pas interdire une appréhension plus globale d'un ensemble de situations lorsqu'est dénoncé un déséquilibre causé par certaines clauses d'un contrat type s'adressant indifféremment à des fournisseurs, dont certains sont davantage en situation de négocier que d'autres et quelles que soient les marchandises concernées. • Même décision. ♦ Depuis mars 2015, la Cour de cassation a levé l'incertitude en droit positif sur le point de savoir si le déséquilibre significatif doit être apprécié clause par clause ou doit donner lieu à une appréciation globale. Les hauts magistrats ont en effet confirmé le principe selon lequel s'impose une appréciation globale et concrète du contrat litigieux, sans qu'il soit nécessaire de vérifier les effets du déséquilibre. Ils ont à cette occasion précisé dans la logique d'une appréciation globale que si la convention comporte des clauses favorisant une partie, les juges n'ont pas à retenir le déséquilibre significatif dès lors qu'il est établi que les clauses se compensent. • CEPC, avis n° 15-23 du 25 juin 2015. ♦ Comp., jugeant qu'il résulte tant de l'esprit de la loi que de la lettre de l'art. L. 442-6-I-2° [ancien] que le déséquilibre significatif doit s'apprécier dans la formation et l'exécution des relations contractuelles entre les parties, peu important qu'il n'y ait pas de contrat écrit, et non dans la comparaison des conditions commerciales et tarifaires consenties aux différents partenaires ; l'argumentation développée par un opérateur pour démontrer que les tarifs consentis à un autre étaient plus avantageux que ceux à lui consentis est inopérante à elle seule à caractériser ce déséquilibre. • Versailles, 27 oct. 2011 : *CCC 2012, n° 42, obs. Mathey.* ♦ L'art. L. 442-6-I-2° [ancien] vise les clauses contractuelles, mais encore les « pratiques » entre les partenaires commerciaux, aucune distinction n'étant faite par le texte et l'équilibre des droits et obligations des parties pouvant être modifié par des pratiques non prévues dans la convention écrite (renégociation tarifaire dans le cadre d'un budget additionnel). • Paris, 16 mai 2018, n° 17/11187 : *D. 2019. Pan. 786, obs. Ferrier ; AJ contrat 2018. 385, obs. Augagneur ; RTD com. 2018. 638, obs. Chagny ; RLC juill.-août 2018. 16, note Vertut.* ♦ Le juge peut, si cela est invoqué, tenir compte du contrat dans sa globalité pour apprécier si certaines stipulations contractuelles sont utilement contrebalancées par d'autres pour rétablir l'équilibre. • Paris, 1er oct. 2014 : *AJCA 2014. 373, note Fourgoux ; RTD com. 2014. 785, obs. Chagny ; RJDA 2015, n° 223 ; RLC janv.-mars 2015. 47, note Grall et Bussonnière* (conf. par • Com. 4 oct. 2016, n° 14-28.013 : *D. 2016. Pan. 2489, obs. Riéra ; JCP E 2017, n° 1053, note Le Gac-Pech ; RJDA 2017, n° 45 ; RDC 2017. 81, obs. Béhar-Touchais*). ♦ Le déséquilibre devient significatif par la présence, dans le contrat unique, d'obligations injustifiées à la charge du fournisseur, néfastes pour l'économie (et pour le consommateur) et qui ne sont pas compensées par la négociation d'autres clauses du contrat, peu important que ces obligations soient ou non exécutées et que les effets concrets du déséquilibre ne soient pas mesurés. • Paris, 11 sept. 2013 : *RDC 2014. 231, note Béhar-Touchais.* ♦ En présence d'une asymétrie créée par certaines clauses, il appartient au défendeur de prouver l'éventuel rééquilibrage par d'autres clauses du contrat. • CEPC, avis n° 15-01 du 22 janv. 2015 : *préc. note 1.* – Sur la charge de la preuve, V. aussi • Com. 3 mars 2015, n° 13-27.525 P : *préc.* ♦ Plusieurs stipulations contractuelles, qu'il s'agisse de limiter la liberté de l'hôtelier dans la prospection de la clientèle, de le soumettre à des conditions de règlement nettement défavorables, d'alléger très nettement la responsabilité des centrales de réservation, de conférer à ces dernières un pouvoir laissant l'exécution du contrat à leur entière discrétion, sont dépourvues de réciprocité et de contrepartie et créent, à tout le moins par leur accumulation, un déséquilibre significatif. • CEPC, avis n° 13-10 du 16 sept. 2013 : *D. actu. 21 oct. 2013, obs. Teffo ; BRDA 2013, n° 18, p. 11 ; CCE 2014, n° 7, obs. Pironon.* ♦ Des clauses qui, stipulées à l'avantage exclusif du prestataire et nettement défavorables au client, ne sont assorties ni d'un avantage de même nature ni d'aucune contrepartie au bénéfice de ce dernier, et ne paraissent pas répondre à une justification légitime, apparaissent, soit isolément, soit par leur jeu cumulé, de nature à créer un déséquilibre significatif. Il en va ainsi de la combinaison d'une clause résolutoire jouant, au bénéfice du seul prestataire, en cas d'infraction à l'une des clauses du contrat, avec une indemnité de résiliation anticipée due par le client même en cas de rupture motivée par un manquement grave de son cocontractant. Il en est de même de pouvoirs de sanction unilatéraux (clause pénale, suspension pour tout retard de paiement) aménagés au profit du seul prestataire. Il reste néanmoins possible au prestataire d'établir l'absence de déséquilibre significatif de la relation commerciale, notamment en apportant la preuve que le déséquilibre se trouve compensé par d'autres dispositions contractuelles ou par des avantages. • CEPC, avis n° 19-01 du 17 janv. 2019 : *préc.*

B. ILLUSTRATIONS

8. *Conditions de paiement.* La pratique d'acomptes mensuels mise en place par le distributeur est abusive et crée un déséquilibre significatif dans les droits et obligations des parties en faveur de celui-ci. • T. com. Lille, 6 janv. 2010 : *D. 2010. 1000, note Sénéchal ; RTD civ. 2010. 324, obs. Fages ; JCP E 2010, n° 5, p. 5, note Grall ; CCC 2010, n° 71, obs. Mathey ; RJDA 2010, n° 298 ; RLC avr.-juin 2010. 43, note Béhar-Touchais.* ♦ Le fait d'imposer des paiements par virement est abusif et renforce le déséquilibre décrit précédemment dans les droits et obligations des parties en défaveur du fournisseur. • Même jugement. ♦ Ces pratiques ne respectent pas l'esprit de la loi, elles ne sont pas réciproques, elles sont sans contreparties et nettement défavorables aux fournisseurs, elles s'appuient sur un rapport de dépendance lié à la puissance d'achat du distributeur ; elles sont dès lors abusives et, leur *ampleur étant caractérisée, le déséquilibre* ainsi provoqué en défaveur des fournisseurs est significatif au sens de l'art. L. 442-6-I-2° [ancien] ; étant entendu qu'il n'est pas nécessaire que les fournisseurs lésés par les pratiques manifestent des griefs ou qu'ils aient la volonté d'obtenir en justice réparation de leur préjudice. • Même jugement. ♦ Le fait pour un donneur d'ordre d'imposer à son prestataire un intermédiaire qui contribuerait uniquement à différer les délais de paiement pourrait être constitutif d'une soumission ou d'une tentative de soumission à un déséquilibre significatif. Pour apprécier le caractère abusif ou non de la pratique relevée, il convient de vérifier notamment si l'intermédiaire est imposé par le donneur d'ordres au prestataire et, dès lors, l'intermédiaire assumant une fonction économique distincte du simple paiement, d'analyser la nature de cette fonction et les conditions de paiement. • CEPC, avis n° 16-13 du 22 sept. 2016. ♦ Une entreprise cliente qui obtiendrait ou tenterait d'obtenir le bénéfice d'un délai de paiement supérieur à celui résultant des dispositions légales, pourrait, le cas échéant, être susceptible de contrevenir à l'art. L. 442-6-I-2° [ancien]. • CEPC, avis n° 17-5 du 2 mars 2017. ♦ Le mode de règlement est librement déterminé par les parties. Dans la mesure où le choix de chaque acheteur reste libre entre un mode de paiement assorti d'un avantage réel et proportionné et tout autre mode non assorti d'un avantage, il n'y a pas de rupture d'égalité. En revanche, le fait d'imposer une modalité de paiement peut être constitutif d'un déséquilibre significatif entre les droits et obligations des parties, sous réserve de l'analyse de l'économie globale du contrat. • CEPC, avis n° 17-6 du 2 mars 2017. ♦ Un fournisseur, du fait de l'obligation qui lui serait imposée de faire transiter les paiements par l'établissement financier étranger s'il veut traiter avec des adhérents d'une centrale de référencement, pourrait chercher à faire valoir le caractère significativement déséquilibré de la relation avec l'établissement financier voire avec la centrale de référencement. • CEPC, avis n° 17-12 du 21 sept. 2017. ♦ Le fait de prévoir un pourcentage d'achèvement des travaux très élevé et la nécessité de l'émission par le maître d'œuvre d'un certificat de paiement après vérification de la bonne exécution des travaux pour que l'entrepreneur puisse émettre sa facture est susceptible de contrevenir à l'art. L. 441-6-VI, al. 2 [ancien], qui prohibe les clauses ou pratiques ayant pour effet de retarder abusivement le point de départ des délais de paiement, et à l'art. L. 442-6-I-2° [ancien], qui interdit de soumettre son partenaire commercial à un déséquilibre significatif dans les droits et obligations des parties. • CEPC, avis n° 19-6 du 14 mars 2019.

9. *Prix et ristourne.* BIBL. de Lammerville et Nussenbaum, *BRDA 2022, n° 4, p. 24* (rapport du Club des juristes sur le contrôle judiciaire du prix). ♦ La L. du 4 août 2008, en exigeant une convention écrite qui indique le barème de prix tel qu'il a été préalablement communiqué par le fournisseur, avec ses CGV, a entendu permettre une comparaison entre le prix arrêté par les parties et le tarif initialement proposé par le fournisseur ; il suit de là que l'art. L. 442-6-I-2° [ancien] autorise un contrôle judiciaire du prix, dès lors que celui-ci ne résulte pas d'une libre négociation et caractérise un déséquilibre significatif dans les droits et obligations des parties. • Com. 25 janv. 2017, n° 15-23.547 P : *D. 2017. Chron. C. cass. 1076, obs. Tréard ; ibid. 481, note Buy ; AJ contrat 2017. 132, obs. Ferré et Pihéry ; RTD com. 2017. 601, obs. Chagny ; JCP E 2017, n° 1135, note Le Gac-Pech ; CCC 2017, n° 77, obs. Mathey ; RJDA 2017, n° 286 ; LPA 19 mai 2017, note Voisset ; RLDA avr. 2017. 14, note Leroy et Beaumont ; RLC mars 2017. 17, note Vanni et Martin.* ♦ La L. du 4 août 2008, qui a posé le principe de la libre négociabilité des conditions de vente, et notamment des tarifs, a maintenu le principe selon lequel les CGV constituent le socle de la négociation commerciale. La libre négociabilité tarifaire se traduit notamment, pour le fournisseur, par la possibilité, prévue à l'art. L. 441-6 [ancien], de convenir avec le distributeur de conditions particulières de vente, mais que les obligations auxquelles les parties s'engagent en vue de fixer le prix à l'issue de la négociation commerciale doivent néanmoins être formalisées dans une convention écrite. Il en résulte que la formalisation des engagements des parties dans un document unique doit permettre à l'administration d'exercer un contrôle *a posteriori* sur la négociation commerciale et sur les engagements pris par les cocontractants, de telle sorte que le principe de la libre négociabilité n'est pas sans limite et que l'absence de contrepartie ou de justification aux obligations prises par les cocontractants, même lorsque ces obligations n'entrent pas dans la catégorie des services de coopération commerciale, peut être sanctionnée au titre de l'art. L. 442-6-I-2° [ancien], dès lors qu'elle procède d'une soumission ou tentative de soumission et conduit à un déséquilibre significatif. • Même arrêt.

La clause en vertu de laquelle le prix d'achat du distributeur est fixé en fonction du prix de revente le plus bas pratiqué par d'autres distributeurs constitue une pratique susceptible de créer un déséquilibre significatif dans les droits et obligations des parties. • CEPC, avis n° 10-09 du 3 juin 2010. ♦ Sur le risque de déséquilibre significatif en matière d'organisation logistique d'un distributeur : • CEPC, avis n° 10-13 du 29 sept. 2010 : *BRDA 2010, n° 19, p. 10.* ♦ Sur le déséquilibre significatif de clauses relatives au versement de ristournes de fin d'année : • Paris, 1er juill. 2015, n° 13/19251 : *AJCA 2015. 435, obs. Chagny ; RTD com. 2015. 493, obs. Chagny ; CCC 2015, n° 229, obs. Mathey ; RJDA 2015. 739, note Pétrignet ; RLC oct.-déc. 2015. 29, note Grall et Bussonnière.* – V. aussi • CEPC, avis n° 18-2 du 23 avr. 2018. ♦ La pratique consistant, pour une centrale d'achats, à imposer à son fournisseur sa propre version de la convention récapitulative, sans possibilité de négociation et sous peine de déréférencement, peut, si les conditions prévues par le code de commerce sont réunies, contrevenir à la règle sur le déséquilibre significatif et à celle sur l'avantage sans contrepartie. • CEPC, avis n° 21-10 du 23 sept. 2021 : *D. actu. 5 oct. 2021, obs. Delpech.* ♦ Dans le cadre d'une relation commerciale stable et établie entre une entreprise fournissant un progiciel et une société cliente, il est possible d'envisager de qualifier l'introduction d'une redevance complémentaire de « pratique abusive » au sens de l'art. L. 442-6 [ancien]. • CEPC, avis n° 18-7 du 20 sept. 2018 : *préc. note 6.* ♦ L'absence de clause de modification des acomptes de ristournes constitue un risque sérieux pour le fournisseur et contribue, de ce fait, au déséquilibre significatif déjà constaté entre les droits et obligations des parties. • T. com. Lille, 6 janv. 2010 : *préc. note 8.* ♦ La déduction unilatérale d'une réduction de prix au titre du crédit d'impôt pour la compétitivité et l'emploi, de même que l'obtention d'un escompte malgré le non-respect de ses conditions d'attribution, contreviennent aux dispositions de l'art. L. 442-6-I-2° [ancien] si la preuve de la soumission ou de la tentative de soumission du partenaire commercial est rapportée. • CEPC, avis n° 18-6 du 7 juin 2018. – Comp. • Paris, 4 nov. 2020, n° 19/09129 : *RJDA 2021, n° 267 ; RLC juin 2021. 31, note Boudou* • T. com. Paris, 11 mai 2021, n° 2018014864 : *D. 2021. 1195, obs. Buy .* ♦ Sur le déséquilibre significatif en matière de produits MDD, V. note 3 ss. art. L. 441-8.

10. Garantie perte d'exploitation. La pratique consistant, pour un assureur, à supprimer une garantie contractuelle conférée par le contrat d'assurance à peine de résiliation du contrat dans le cas où la modification n'est pas acceptée par l'assuré peut, dans certaines conditions, contrevenir à la règle sur le déséquilibre significatif et à celle sur l'avantage sans contrepartie (suppression en période de crise sanitaire de la garantie perte d'exploitation). • CEPC, avis n° 21-8 du 27 mai 2021.

11. Clause de révision ou de renégociation. BIBL. Kirillov, *LPA 23 sept. 2011* (les clauses de *hardship* en droit prospectif à l'épreuve de l'art. L. 442-6-I-2° [ancien]). – Bucher, *CCC 2019. Formule 9* (la clause de force majeure). ♦ Entrent dans les prévisions de l'art. L. 442-6 [ancien] les pratiques consistant pour un fournisseur, d'un côté, à se prévaloir, sans en justifier, des dispositions de la force majeure pour s'exonérer de toute responsabilité en cas d'inexécution partielle ou de retard dans l'exécution de ses obligations contractuelles, de l'autre, à exclure dans ses CGA l'insertion de clauses d'adaptation, d'indexation ou de *hardship* permettant la renégociation du contrat aux fins, notamment, d'un partage des surcoûts imputables à son inexécution totale ou partielle par ce fournisseur. • CEPC, avis n° 11-06 du 1er juin 2011. ♦ La qualification de force majeure paraît devoir être écartée, faute d'impossibilité radicale d'exécution, lorsqu'une augmentation de prix est demandée à l'acheteur de produits en faisant valoir un tel motif. Un changement de circonstances imprévisible lors de la conclusion du contrat pourrait autoriser une demande de renégociation à condition de rendre l'exécution excessivement onéreuse pour une partie qui n'aurait pas accepté d'en assumer le risque et à la condition que la partie sollicitant la renégociation continue d'exécuter dans l'intervalle ses obligations. La pratique consistant à demander à l'acheteur une augmentation du prix précédemment fixé d'un commun accord en arguant de la « force majeure » est susceptible de contrevenir à la règle sur le déséquilibre significatif édictée à l'art. L. 442-1-I-2° (anciennement L. 442-6-I-2°). • CEPC, avis n° 19-9 du 19 sept. 2019 : *BRDA 2019, n° 22, p. 18.* ♦ Sur le déséquilibre significatif créé par les modalités de mise en œuvre d'une faculté de renégociation tarifaire en cours de contrat et le paiement de pénalités commerciales disproportionnées : • T. com. Lille, 7 sept. 2011 : *D. 2012. Pan. 579, obs. Ferrier* ; *JCP E 2011, n° 1701, note Chantepie ; CCC 2011. Repère 10 et n° 234, obs. Mathey ; RJDA 2012. 103, note Comert ; RDLC 2011, n° 4, p. 124, obs. Dany.* ♦ Sur le déséquilibre significatif d'une clause de révision des prix et celle relative au taux de service (écart de quantité entre les commandes et les livraisons) : • Paris, 11 sept. 2013 : *RTD civ. 2014. 114, obs. Barbier* ; *CCC 2013, n° 269, obs. N. M. ; RJDA 2014, n°s 172 et 481.* ♦ Peut constituer un déséquilibre significatif l'absence de clause de révision d'un contrat successif de fournitures de matériels conclu entre un grossiste et un partenaire commercial, alors que par suite de l'évolution des circonstances économiques (augmentation du prix des matières premières entrant dans la fabrication de ces matériels et hausse corrélative des prix payés par le grossiste) est constatée une aggravation significative, sans contrepartie, de l'obligation du grossiste envers le partenaire commercial. • CEPC, avis n° 12-07du 16 mai 2012.

12. Clause de mévente. Sur le déséquilibre significatif de clauses de protection des stocks et de mévente des produits : • Paris, 25 nov. 2015, n° 12/14513 : *RJDA 2016, n° 231.* ♦ ... Ou résultant d'une clause de résiliation pour sous-performance d'un produit par rapport aux objectifs de vente : • T. com. Meaux, 6 déc. 2011 : *CCC 2012, n° 62, obs. Mathey ; RJDA 2012. 103, note Comert ; RLDA avr. 2012. 36, note Titone et Coulon ; RDLC 2012, n° 1, p. 130, obs. Chagny ; RLC avr.-juin 2012. 42 et 43, obs. Béhar-Touchais* (conf. par • Paris, 20 nov. 2013 : *CCC 2014, n° 63, obs. Malaurie-Vignal ; RJDA 2014, n° 482 ; RLC avr.-juin 2014. 45, note Grall et Bussonnière*). ♦ ... Ou causé par une clause de retour des invendus qui impute au fournisseur la totalité de la charge de la mévente d'un produit, ainsi que le coût de la reprise alors que le distributeur détient presque tous les leviers lui permettant, à ce stade, d'agir sur le niveau des ventes : • Paris, 23 mai 2013 : *RTD com. 2013. 500, obs. Chagny* ; *CCC 2013, n° 208, obs. Mathey.*

13. Clause pénale ou de dédit. Sur le déséquilibre significatif d'une obligation de ne pas faire assortie d'une indemnité de dédit : • Paris, 29 oct. 2014 : *AJCA 2015. 39, obs. Pecnard et Tournaire* ; *RTD com. 2014. 785, obs. Chagny* ; *RJDA 2015, n° 146* (cassé sur ce point par • Com. 11 mai 2017, n° 14-29.717 P : *préc. note 6*). ♦ Estimant la clause dite « de solidarité » comme constituant un déséquilibre significatif, V. • T. com. Paris, 20 mai 2014 : *AJCA 2014. 243, note Constantin* ; *RJDA 2015, n° 310 ; RLC oct.-déc. 2014. 28, obs. Grall et Bussonnière.* ♦ Jugeant, au contraire, qu'une clause pénale n'est pas constitutive d'un tel déséquilibre : • Bordeaux, 11 mars 2014 : *AJCA 2014. 181, obs. Dany* . ♦ Mais les dispositions de l'art. 1152 [1231-5] C. civ. ne font pas obstacle à l'application de l'art. L. 442-6-I-2° [ancien] C. com. à une clause pénale, dès lors que les conditions en sont réunies. • Com. 27 mai 2015, n° 14-11.387 P : *D. 2015. Pan. 2530, obs. Dorandeu* ; *AJCA 2015. 379, obs. Bros* ; *RTD com. 2015. 486, obs. Chagny* ; *JCP E 2015, n° 1300 ; CCC 2015, n° 229, obs. Mathey ; RJDA 2015, n° 605.* ♦ Ainsi, les distorsions en matière de délais de paiement, de pénalités de retard dans le paiement et d'escomptes en cas de paiement anticipé, systématiquement au détriment du fournisseur et sans que d'autres clauses ne permettent de rééquilibrer les obligations des parties, créent un déséquilibre significatif. • Même arrêt. ♦ Sur la licéité de pénalités contractuelles au regard du déséquilibre significatif : • Paris, 19 janv. 2011 : *RDLC 2011, n° 2, p. 129, obs. Chagny* • 19 janv. 2011 : *RDLC 2011, n° 2, p. 132, obs. Fourgoux.*

14. Clause de non-concurrence. Dès lors qu'elle n'est pas réciproque ou qu'elle est dépourvue de contrepartie ou qu'elle apparaît dépourvue de justification objective et qu'elle n'est pas compensée par d'autres avantages, une clause de non-concurrence peut être à l'origine d'un déséquilibre significatif. • CEPC, avis n° 16-09 du 12 mai 2016. ♦ Sur l'appréciation d'une clause de non-concurrence post-contractuelle et l'absence d'exclusivité territoriale dans un contrat de franchise au regard du déséquilibre significatif, V. • Paris, 14 déc. 2016, n° 14/14207 : *cité note 24 ss. art. L. 330-3.*

15. Clause de résiliation. La clause de résiliation anticipée, conférant au concédant comme au concessionnaire le même droit de mettre fin au contrat et dans les mêmes conditions, ne crée pas un déséquilibre significatif. • Com. 12 avr. 2016, n° 13-27.712 : *RTD civ. 2016. 618, obs. Barbier* ; *JCP E 2016, n° 1474, note Le Gac-Pech ; CCC 2016, n° 142, obs. Mathey ; RJDA 2016, n° 648.* ♦ Dans le cas d'un contrat d'agence commerciale, la question de la licéité de la clause d'indemnité compensatrice par rapport aux dispositions de l'art. L. 442-6-I-2° [ancien], ne se pose pas car cette indemnité compensatrice du préjudice subi par l'agent est due en cas de cessation des relations commerciales avec le mandant. • CEPC, avis n° 19-8 du 18 avr. 2019 : *D. 2019. 1658, note Dissaux* ; *BRDA 2019, n° 19, p. 13.* ♦ En revanche, s'agissant d'un contrat de commission, il est permis de s'interroger sur la justification de l'insertion d'une clause d'indemnité compensatrice au bénéfice du commissionnaire, mais également sur sa licéité notamment au regard des dispositions de l'art. L. 442-6-I-2° [ancien], dès lors que l'insertion de cette clause, n'est pas justifiée par la nature de la convention, ni par la qualité du mandataire ou encore par la volonté du législateur de prévoir un statut juridique du commissionnaire plus protecteur. • Même avis. ♦ La clause permettant au fournisseur de mettre fin, à tout moment, moyennant un préavis de trois mois, au contrat de maintenance dès lors que le matériel a atteint une certaine ancienneté et que le fournisseur considère impossible d'assurer la maintenance dans des conditions de qualité satisfaisantes, confère à ce dernier un pouvoir unilatéral discrétionnaire, sans justification ni contrepartie, et paraît de nature à créer un déséquilibre significatif dans les droits et obligations des parties au contrat, à moins que le fournisseur démontre que ce déséquilibre se trouve compensé par d'autres dispositions contractuelles. • CEPC, avis n° 21-13 du 18 nov. 2021.

16. Clause de parité tarifaire. BIBL. Marcinkowski, *AJCA 2016. 378* (récentes évolutions réglementaires et jurisprudentielles concernant la clause du client le plus favorisé). ♦ Sur leur nullité, V. • T. com. Paris, 7 mai 2015 : *AJCA 2015. 376, obs. Maulin* ; *RTD com. 2015. 483, obs. Chagny* ; *CCC 2016. Chron. 3, n° 3, par Leclerc* ; *RLC juill.-août 2015. 48, note Grall et Mallen.*

17. Clause de volume de commandes. La clause imposant aux pharmaciens de maintenir un certain volume de commandes durant la durée du préavis exécuté en cas de rupture des relations commerciales, et prévoyant une clause pénale en cas de non-respect de cette obligation, n'apparaît pas déséquilibrée au sens de l'article L. 442-6-I-2° [ancien], dès lors que la pénalité semble conforme aux bonnes pratiques. • CEPC, avis n° 15-28 du 5 nov. 2015 : *CCC 2016, n° 69, obs. N. M.* ♦ Le fait de réserver un volume de bouteilles étiquetées MDD, lorsqu'il est associé à une obligation de disponibilité permanente des volumes, sans échéance ni délai d'enlèvement par l'acheteur, et sans engagement d'enlèvement total de la réservation, caractérise un déséquilibre significatif dès lors que ces conditions ont été imposées unilatéralement et qu'elles ne donnent lieu à aucune justification ou contrepartie rééquilibrant la relation. • CEPC, avis n° 16-19 du 10 nov. 2016. ♦ Sur la question de savoir si le refus d'accorder une exclusivité de fabrication peut constituer une pratique d'imposition d'un déséquilibre significatif, V. • Paris, 13 sept. 2017, n° 14/2548 : *AJ contrat 2017. 533, obs. Ponsard* .

18. Clause de transfert de données clients. La clause selon laquelle, à l'expiration du contrat de concession exclusive, le concédant a le droit de garder les données clients et prospects dans ses bases de données et de les utiliser selon les conditions préalablement acceptées par les clients et prospects est susceptible d'être à l'origine d'un déséquilibre significatif dès lors que cette obligation est dépourvue de justification ou n'est pas assortie d'une contrepartie. • CEPC, avis n° 18-4 du 23 avr. 2018.

19. Questionnaire fournisseur. Le fait pour une entreprise de devoir renseigner un questionnaire avec l'identité de ses collaborateurs clés, le numéro de leur pièce d'identité et leur CV est susceptible de contrevenir aux dispositions de l'art. L. 442-6-I-2° [ancien]. • CEPC, avis n° 19-4 du 14 mars 2019.

20. Décomposition des coûts d'un produit MDD. Dans le cas où un distributeur a la qualité de partenaire commercial et où il impose ou tente d'imposer, sans possibilité de négociation, à un fournisseur de produits MDD, la communication d'un fichier décomposant les coûts de revient par postes et sous-postes, c'est-à-dire des informations susceptibles d'être protégées au titre du secret des affaires, cette communication, non réciproque et sans contrepartie, crée un déséquilibre significatif contraire à l'art. L. 442-6-I-2° [ancien] lorsqu'elle ne répond pas à un objectif légitime, notamment au regard de la responsabilité civile du distributeur vendant les produits sous sa marque. • CEPC, avis n° 18-9 du 25 oct. 2018 : *cité ss. art. L. 151-4.*

IV. RUPTURE BRUTALE DES RELATIONS COMMERCIALES

BIBL. Vergucht, *RJ com. 1997. 129* (rupture d'une relation commerciale établie). – Meffre, *D. Affaires 1999. 1143* (bilan de trois ans d'application de l'art. 36 (5°) de l'Ord. de 1986). – Petitier, *LPA 8 mars 2000* (même thème). – Bouretz, *JCP E 2001, n° 15-16, p. 649* (même thème). – Grizaut, *Dr. et patr. 6/2003. 71* (même thème). – de Brosses, *ibid. 50.* – Meffre et Kouchnir-Cargill, *Dr. et patr. 12/2003. 40* (conseils à l'auteur de la rupture) ; *ibid. janv. 2004. 34* (conseils à la victime de la rupture). – Lachièze, *JCP E 2004, n° 50, p. 1966* (à la croisée du droit commun et du droit de la concurrence). – P. Mousseron, *JCP E 2006, n° 16, p. 720* (altération des liens d'alliance d'un groupement d'affaires). – Inforeg, *Cah. dr. entr. 2007, n° 3, p. 73* (cahier pratique). – Fourment, *RLC oct.-déc. 2007. 27* (les clairs-obscurs de la rupture des relations commerciales établies). – Regnault, *Dr. et patr. 10/2007. 48* (guide de la rupture des relations commerciales établies). – Martinet et Cartier-Marraud, *Gaz. Pal. 2007. 3671* (les beaux jours de l'art. L. 442-6-I, 5°). – Le Couviour, *RTD com. 2008. 1* (regards critiques sur la rupture brutale des relations commerciales établies). – S. Petit, *LPA 18 sept. 2008* (la rupture abusive des relations commerciales). – Mathey, *CCC 2010. Étude 3* (la rupture de relations commerciales établies en période de crise). – Rochfeld, *RDC 2010. 499* (même thème). – Haeri et Pichon de Bury, *CCC 2010. Étude 6* (extension de l'application de la notion de rupture brutale des relations commerciales établies). – Éréséo, *RDLC 2010, n° 2, p. 57* (le détournement du droit des pratiques restrictives à travers l'exemple de l'art. L. 442-6-I, 5°). – Chagny, *RLDA juill.-août 2010. 94* (gestion contractuelle de la rupture au regard des exigences concurrentielles de l'art. L. 442-6-I-5°). – Oudin, *RJDA 2011, p. 3* (le juge et les attentes légitimes des parties). – Dossier, *Journ. sociétés 7/2013. 11* (rupture brutale des relations commerciales établies). – Mouly-Guillemaud, *RLC oct.-déc. 2013. 136* (quelle place pour l'anticipation des parties ?). – Regnault, *JCP E 2014, n° 1429* (l'indemnisation de la rupture fautive des contrats de distribution). – Garinot, *D. 2014. 2014* (que reste-t-il de l'abus dans le non-renouvellement du contrat ?). – Fourgoux, *AJCA 2015. 19* (panorama de la rupture brutale des relations commerciales). – Gile, *Gaz. Pal. 2015. 2161* (les dégâts collatéraux causés aux entreprises françaises par une loi dévoyée). – Dissaux, *RTD com. 2015. 783* (les conventions relatives à la rupture d'une relation commerciale). – Kuntz et Cavelier, *BJE 2016. 131* (rupture des relations commerciales établies et procédures collectives). – Mouly-Guillemaud, *RTD com. 2016. 385* (répercussion de la crise économique, perte de rentabilité d'une relation ou prévisibilité de la rupture : la brutalité en quête de sens). – L. et V. Vogel, *AJ contrat 2016. 460* (panorama de la rupture de relations commerciales établies : un droit à réformer) ; *RJDA 2017. 261* (… : un droit incohérent, facteur d'insécurité juridique et d'inefficience économique). – Ignatoff, *AJ contrat 2017. 203* (impact de la réforme du droit des contrats sur la notion de rupture brutale des relations commerciales établies). – Giner Asins et Sanz, *JCP E 2017, n° 1501* (rupture de relations commerciales établies : bilan 2015-2016). – Henry, *RTD com. 2018. 523* (les principes jurisprudentiels mal établis de la rupture brutale de l'art. L. 442-6-I-5°). – Dossier, *AJ contrat 2019. 7* (la rupture brutale des relations commerciales établies : les questions fondamentales). – Mouly-Guillemaud, *D. 2019. 2102* (assainir le contentieux de la rupture brutale *par une réforme des principes* jurisprudentiels).

A. CHAMP D'APPLICATION

21. *Relations internationales.* BIBL. Ancel, *RJ com. 2009. 200* (l'art. L. 442-6-I-5° [ancien], C. com. en droit international privé). – Malan, *CCC 2010. Étude 4* (le champ d'application dans l'espace des dispositions de la LME en matière de pratiques restrictives de concurrence). – Béhar-Touchais, *RLC janv.-mars 2010. 31* (l'art. 6 du Règl. Rome II et les pratiques restrictives de concurrence internationales). – Sindres, *AJ contrat 2016. 464* (rupture du contrat international). – Jourdan-Masques, *ibid. 2019. 60* (contentieux international de la rupture brutale des relations commerciales établies). – Combet, *RLC févr. 2022. 37* (la rupture brutale des relations commerciales établies dans un contexte international ou européen). ♦ L'exigence d'un préavis écrit prévu par l'art. L. 442-6-I-5° [ancien] constitue une règle de fond. • Com. 20 mai 2014, n° 12-26.705 P : *cité note 25.* ♦ La loi applicable à la responsabilité extracontractuelle est celle de l'État du lieu où le fait dommageable s'est produit, ce lieu s'entendant aussi bien de celui du fait générateur du dommage que de celui du lieu de réalisation de ce dernier. Les parties ayant formalisé leur relation par un contrat conclu à Paris, en désignant le droit français comme loi applicable et le tribunal de commerce de Paris comme juridiction compétente, il en résulte que la loi applicable à la demande de dommages-intérêts formée par une société chilienne est la loi française. • Com. 25 mars 2014, n° 12-29.534 P : *D. 2014. 1250, note Jault-Seseke ; AJCA 2014. 141, note Pironon ; RTD civ. 2014. 656, obs. Barbier ; JCP E 2014, n° 1336, note Wynaendts et Marion ; CCC 2014, n° 157, obs. Malaurie-Vignal ; RJDA 2014, n° 570 ; RLDA sept. 2014. 46, note Beaumont et Maugere.* – V. aussi • Paris, 25 févr. 2015, n° 12/22181 : *CCC 2015, n° 116, obs. Mathey.* ♦ L'art. L. 442-6-I-5° [ancien], s'impose à une société française que son partenaire soit lui-même français ou étranger lorsque son application est recherchée devant une juridiction française à propos d'un litige ayant pour objet la rupture de relations commerciales établies résultant pour l'essentiel de l'exécution d'un contrat de distribution que les parties ont entendu soumettre au droit français et se trouvant par là aussi rattaché à l'ordre juridique français. • Versailles, 14 oct. 2004 : *Dr. et patr. 6/2005. 116, obs. P. Mousseron.* ♦ Le contrat de collaboration commerciale, qui avait le territoire français pour lieu d'exécution, est suffisamment rattaché à la France pour que l'art. L. 442-6-I-5° [ancien], qui constitue une loi de police, s'impose aux relations entre les parties alors même qu'elles avaient choisi de soumettre leur contrat à la loi italienne. • Lyon, 30 avr. 2008, n° 06/04689 • 25 sept. 2008 : *CCC 2009, n° 8, obs. Mathey.* – V. aussi : • Grenoble, 5 sept. 2013 : *CCC 2013, n° 268, obs. N. M.* ♦ Comp., jugeant que l'art. L. 442-6 [ancien] ne peut pas s'appliquer aux relations commerciales internationales composées d'une série de ventes particulières, entre une société française et une société de droit allemand, soumise à la Conv. de Vienne de 1980 sur les ventes internationales : • Colmar, 6 déc. 2006 : *Bull. civ. I, n° 233* (décision cassée par • Com. 21 oct. 2008 : *JCP E 2009, n° 19, p. 26, obs. Mainguy ; CCC 2009, n° 8, obs. Mathey*). ♦ Quel que soit le fondement, contractuel ou délictuel, de l'action en responsabilité pour rupture brutale d'une relation commerciale établie exercée, la loi française était applicable, soit en tant que loi du contrat, soit en tant que loi du pays où le dommage est survenu, au sens de l'art. 4 du Règl. (CE) n° 864/2007 du 11 juill. 2007, auquel s'est référé l'arrêt sans cependant prendre parti sur son applicabilité. • Com. 7 mai 2019, n° 17-15.340 : *D. 2019. Pan. 1963, obs. d'Avout ; JCP 2019, n° 851, obs. Nourissat ; CCC 2019, n° 124, obs. Mathey ; RLC sept. 2019. 42, note Querleux et Beaumont.*

Pour écarter la clause attributive de juridiction et reconnaître la compétence des juridictions françaises, la cour d'appel avait retenu qu'il s'agissait d'appliquer des dispositions impératives relevant de l'ordre public économique constitutives de lois de police et de sanctionner des pratiques discriminatoires assimilées à des délits civils qui avaient été commises sur le territoire national. En statuant ainsi, alors que la clause attributive de juridiction contenue dans ce contrat visait tout litige né du contrat, et devait en conséquence, être mise en œuvre, des dispositions impératives constitutives de lois de police fussent-elles applicables au fond du litige, la cour d'appel a violé l'art. 3 C. civ. et les principes généraux du droit international privé. • Civ. 1re, 22 oct. 2008, n° 07-15.823 P : *D. 2009. 200, note Jault-Seseke ; RTD com. 2009. 646, obs. Delebecque ; JCP E 2009, n° 16-17, p. 31, note Ollivry ; Gaz. Pal. 2009. 535, note Guez ; CCC 2008, n° 270, obs. Malaurie-Vignal ; RLDA mars 2009. 63, note Chabot ; RDLC 2009, n° 1, p. 129, obs. Dany.* – V. aussi Huet, *D. 2009. 684* (clause attributive de juridiction à un tribunal étranger et loi française de police et de sûreté).

Une action indemnitaire fondée sur une rupture brutale de relations commerciales établies de longue date, telle que celle en cause, ne relève pas de la matière délictuelle ou quasi-délictuelle au sens du Règl. (CE) 44/2001 du 22 déc. 2000 s'il existait, entre les parties, une relation contractuelle tacite : • CJUE 14 juill. 2016, n° C-196/15 : *D. 2016. 2223, note Buy ; AJ contrat 2016. 442, obs. Luc ; RTD com. 2017. 231, obs. Marmisse-d'Abadie d'Arrast ; JCP E 2016, n° 1507, note de Lammerville et Marion ; CCC 2016, n° 235, obs. Mathey ; RJDA 2016, n° 839 ; RLDA nov. 2016. 30, note Beaumont et Di Benedetto ; RLC sept. 2016. 44, note Kouchnir-Cargill et Camilleri* (question préjudicielle de • Paris, 7 avr. 2015 : *JCP 2015, n° 527, obs. Beltz ; CCC 2015, n° 173, obs. Mathey*). ♦ Appliquant cette jurisprudence : une action indemnitaire fondée sur une rupture brutale de relations commerciales établies de longue date ne relève pas de la matière délictuelle ou quasi-délictuelle s'il existait, entre les parties, une relation contractuelle tacite reposant sur un faisceau d'éléments concordants, parmi lesquels sont susceptibles de figurer, notamment, l'existence de relations commerciales établies de longue date, la bonne foi entre les parties, la régularité des transactions et leur évolution dans le temps exprimée en quantité et en valeur, les éventuels accords sur les prix facturés et/ou sur les rabais accordés, ainsi que la correspondance échangée. • Com. 20 sept. 2017, n° 16-14.812 P : *D. 2017. Pan. 2452, obs. Auguet ; AJ contrat 2017. 493, obs. Pihéry ; JCP E 2018, n° 1190, note de Lammerville et Marion ; CCC 2017, n° 246, obs. Mathey ; RJDA 2018, n° 188.* – Comp. note 4.

22. Clause compromissoire. La clause compromissoire visant tout litige ou différend né du contrat ou en relation avec celui-ci n'est pas manifestement inapplicable dès lors que la demande de la société fondée sur l'art. L. 442-6-I-5° [ancien] présentait un lien avec le contrat puisqu'elle se rapportait notamment aux conditions dans lesquelles il y avait été mis fin et aux conséquences en ayant résulté pour la société, peu important que des dispositions d'ordre public régissent le fond du litige dès lors que le recours à l'arbitrage n'est pas exclu du seul fait que des dispositions impératives, fussent-elles constitutives d'une loi de police, sont applicables. • Civ. 1re, 8 juill. 2010, n° 09-67.013 P : *D. 2010. Pan. 2544, obs. Dorandeu ; RTD com. 2011. 667, obs. Delebecque ; JCP E 2010, n° 2134, spéc. n° 13, obs. Raynard ; Gaz. Pal. 2010. 2214, note Bertrou et Attias ; RJ com. 2010. 543, obs. Berlioz ; RDLC 2010, n° 4, p. 149, obs. Dany.* – V. aussi • Com. 1er mars 2017, n° 15-22.675 P : *cité note 4.* ♦ La circonstance que l'art. L. 442-6 [ancien] investisse le ministère public et le ministre chargé de l'économie d'une action autonome devant les juridictions étatiques aux fins de protection du fonctionnement du marché et de la concurrence par la cessation des pratiques illicites et l'application d'amendes civiles n'a pas pour effet d'exclure le recours à l'arbitrage pour trancher les litiges nés, entre les opérateurs économiques, de l'application de ce même texte. • Paris, 1er juill. 2014 : *cité note 7 ss. art. D. 442-3.* ♦ Dès lors, l'action aux fins d'indemnisation du préjudice prétendument résulté de la rupture de relations commerciales n'est pas de celles dont la connaissance est réservée aux juridictions étatiques. • Civ. 1re, 21 oct. 2015, n° 14-25.080 P : *D. 2015. 2537, note Dissaux ; AJCA 2015. 520, obs. Ruy ; RTD com. 2016. 693, obs. Loquin ; JCP E 2016, n° 1138, note Kaminsky et Rozier ; CCC 2016, n° 41, obs. Malaurie-Vignal ; RJDA 2016, n° 61 ; LPA 23 juin 2016, note Courdier-Cuisinier ; RLC fin. 2016. 46, note Zekkouti.*

23. Droit européen. BIBL. Birolleau, *RLC févr. 2019. 22* (la difficile conciliation avec le droit européen de la rupture brutale des relations d'affaires). ♦ Le Règl. (CE) n° 1400/2002 précisant expressément que la durée de préavis qu'il prévoit revêt un caractère minimal et le Règl. (CE) n° 1/2003 du 16 déc. 2002 prévoyant, en son art. 3.2, qu'il n'empêche pas les États membres d'adopter et de mettre en œuvre sur leur territoire des lois nationales plus strictes qui interdisent ou sanctionnent un comportement unilatéral d'une entreprise, le moyen, qui postule l'incompatibilité de la législation nationale sanctionnant la rupture brutale de relations commerciales établies en raison de la possibilité qu'elle offre d'exiger le respect d'un délai de préavis supérieur au minimum fixé par le droit de l'Union, manque en droit. • Com. 5 juill. 2016, n° 15-17.004 P : *D. 2016. Pan. 2488, obs. Riéra ; AJ contrat 2016. 439, obs. Regnault ; RTD com. 2016. 719, obs. Chagny ; JCP E 2016, n° 1478 ; CCC 2016, n° 212, obs. Mathey ; RJDA 2017, n° 46.* ♦ Comp., jugeant que l'art. L. 442-6-I-5° [ancien] doit être interprété et appliqué en considération du droit communautaire dont les impératifs priment les règles générales et spéciales du droit français : • Paris, 11 mai 2011 : *cité note 2 ss. Règl. n° 1/2003 du 16 déc. 2002, art. 3, App. v° Concurrence.*

24. Notion de relations établies : lien contractuel. **BIBL.** Kouchnir-Cargill, *RLDA juill.-août 2012. 40* (la notion de relation établie sujette à interprétation). – Chantepie, *JCP E 2012, n° 1605* (la précarité des relations commerciales). – Caporale, *Cah. dr. entr. 2014, n° 1, p. 23* (notion de relation commerciale établie). – Mouly-Guillemaud, *RLDA nov. 2015. 56* (redéfinir le champ de l'art. L. 442-6-I-5° [ancien] pour préserver le droit des sociétés). – Henry, *LPA 6 avr. 2018* (relations commerciales : être établies ou ne pas l'être). – Jazottes, *RLDA juill.-août 2018. 28* (sous-traitance et « relation commerciale établie » au sens de l'art. L. 442-6 [ancien] : quelle pertinence pour le plan de vigilance ?). – Amaro, *AJ contrat 2019. 8* (la relation commerciale établie ou les vents contraires de la jurisprudence). – Gaftarnik, *RLDA nov. 2020. 39* (précarité et continuité : les aventures indécises d'une relation commerciale). ♦ En ce sens que le législateur ayant voulu condamner toutes ruptures préjudiciables de relations commerciales lorsque l'une des parties agit de mauvaise foi, c'est-à-dire sans raison légitime, unilatéralement et brusquement alors qu'elle a laissé se créer chez son partenaire une confiance dans la conclusion ou le renouvellement d'un contrat, les dispositions légales permettent par conséquent d'apprécier les conditions de la rupture de « toute relation commerciale établie » qu'elle soit précontractuelle, contractuelle et même postcontractuelle, V. • Montpellier, 11 août 1999 : *D. 2001. Somm. 298, obs. Ferrier ; Cah. dr. entr. 1999, n° 5, p. 19, obs. Mainguy.* – V. aussi pour une relation précontractuelle stable : • Com. 5 mai 2009, n° 08-11.916 : *CCC 2009, n° 191, obs. Mathey ; RLC juill.-sept. 2009. 40, obs. Béhar-Touchais ; RDLC 2009, n° 3, p. 100, obs. Mitchell.* – V., en revanche : • Paris, 10 avr. 2015, n° 12/21750 : *CCC 2015, n° 176, obs. N. M.* ♦ Jugeant que le texte ne fait aucune distinction entre les relations commerciales contractuellement établies et les autres, V. • T. com. Avignon, 25 juin 1999 : *D. 1999. AJ 19, obs. E. P.* ♦ V. aussi • T. com. Roubaix-Tourcoing, 26 nov. 1998 : *Cah. dr. entr. 1999, n° 2, p. 32, obs. Mainguy, Grignon et Respaud* • Lyon, 15 mars 2002 : *Cah. dr. entr. 2002, n° 5, p. 29, obs. Mainguy* • Chambéry, 11 juin 2002 : *Lettre distrib. 12/2002, p. 4* • Paris, 1er déc. 2004 : *RDLC 2005, n° 3, p. 84, obs. de La Laurencie ; RJDA 2005, n° 762* • Lyon, 30 oct. 2008 : *BICC 1er avr. 2009, n° 508.* ♦ Peu importe pour l'application de l'art. L. 442-6-I-5° [ancien], que le contrat de distribution ait été conclu pour une durée déterminée et qu'il soit renouvelable ; la notion de relation commerciale établie dépasse celle de contrat commercial à durée déterminée. • Lyon, 10 avr. 2003 : *JCP E 2004, n° 7, p. 254.* – V. aussi • Versailles, 14 oct. 2004 : *JCP E 2004, n° 51, p. 2002* • Paris, 14 déc. 2005 : *RDLC 2006, n° 2, p. 101, obs. Mitchell.* ♦ Comp., s'attachant à l'absence de tout renouvellement antérieur du contrat pour estimer qu'une telle relation ne saurait être considérée comme établie du fait de la conclusion d'un seul contrat à durée déterminée, fût-il prévu pour une longue durée (7 ans) : • Paris, 12 janv. 2005 : *RDLC 2005, n° 3, p. 84, obs. de La Laurencie.* ♦ L'annonce, par un contractant, de son intention de céder son fonds de commerce ne fait pas perdre son caractère établi à la relation commerciale, qui avait seulement vocation à cesser à compter de la cession du fonds, ce dont il résultait que cette cession, intervenue en avr. 2012, n'avait pu ôter son caractère brutal à la rupture notifiée en décembre 2011, sans préavis. • Com. 3 juill. 2019, n° 17-18.681 : *CCC 2019, n° 157, obs. Mathey.* ♦ Il résulte de la succession de contrats prorogés et/ou renouvelés qu'une relation commerciale durable était établie et que dès lors le distributeur était recevable à agir non au titre du renouvellement du dernier contrat mais au titre de la rupture de la relation commerciale établie. • Paris, 29 nov. 2007 : *D. 2008. Pan. 2196, obs. Ferrier.* ♦ Pour la prise en compte d'une lettre d'intention d'une durée de dix mois, renouvelable annuellement, V. • Besançon, 28 oct. 2003 : *JCP E 2004, n° 18, p. 693.* ♦ Comp., excluant l'application de l'art. L. 442-6-I-5° [ancien] dès lors que les démarches accomplies ne caractérisaient pas des relations commerciales établies mais simplement de longs pourparlers en vue d'un accord commercial, qui n'a en fait jamais été concrétisé : • Com. 25 avr. 2006, n° 02-19.577 : *JCP E 2007, n° 11, p. 24, obs. Mainguy et Respaud ; RDC 2006. 1033, obs. Rochfeld ; RDLC 2006, n° 4, p. 77, obs. Mitchell.* ♦ Ayant relevé que les relations commerciales entre les parties n'avaient duré que quelques mois, la cour d'appel a caractérisé ainsi l'absence de relations commerciales établies. • Com. 18 déc. 2007, n° 06-10.390 : *RJDA 2008, n° 1055.* ♦ Sont exclues du domaine d'application de l'art. L. 442-6-I-5° [ancien] les missions semestrielles confiées à un annonceur à une agence de publicité dont la commande était systématiquement précédée d'une mise en concurrence, dès lors que le recours à un tel procédé a pour effet de priver les relations commerciales de toute permanence garantie en les plaçant dans une perspective de précarité. • Versailles, 24 mars 2005 : *CCC 2005, n° 133, obs. Malaurie-Vignal.* – Rappr. : • Paris, 13 févr. 2003 : *Gaz. Pal. 2003. Somm. 3988.*

Le recours à une mise en compétition avec des concurrents avant toute commande prive les relations commerciales de toute permanence garantie et les places dans une situation de précarité ne permettant pas à l'entreprise qui a été plusieurs fois attributaire du marché de considérer que ces relations ont un avenir certain. • Versailles, 18 sept. 2008 : *RJDA 2008, n° 1313* • Paris, 7 sept. 2016, n° 14/06517 : *RJDA 2017, n° 47.* – V. aussi • Com. 20 sept. 2011, n° 10-15.750 : *CCC 2012, n° 12, obs. Mathey.* ♦ Du fait d'une mise en compétition systématique des concurrents avant toute commande à laquelle elle était régulièrement invitée à participer, une société ne peut considérer que sa relation commerciale avait un avenir certain ou raisonnablement prévisible, de telle sorte que cette relation était dépourvue de tout caractère établi. • T. com. Paris, 15 juin 2000 : *Gaz. Pal. 2012. 2308.* ♦ Comp., identifiant l'existence de relations établies nonobstant l'existence d'une procédure d'appel à compétences, que le tribunal distingue d'une procédure formelle d'appel d'offres : • T. com. Paris, 2 avr. 2009 : *Lettre distrib. 6/2009, p. 3.* ♦ Comp. aussi, jugeant que le recours à un appel d'offres ne suffit pas à exclure l'existence d'une relation commerciale établie : • Versailles, 27 oct. 2011 : *RJDA 2012, n° 720.* ♦ Dès lors que les relations contractuelles résultaient de contrats indépendants, que les parties n'avaient pas passé d'accord-cadre et qu'aucun chiffre d'affaires ou exclusivité n'avait été garanti, il s'en déduit l'absence d'une relation commerciale établie. • Com. 16 déc. 2008, n° 07-15.589 P : *D. 2009. Pan. 2892, obs. Ferrier ; JCP E 2009, n° 19, p. 25, obs. Mainguy ; CCC 2009, n° 73, obs. Mathey ; RJDA 2009, n° 274 ; RDLC 2009, n° 1, p. 128, obs. Mitchell* • 13 nov. 2013 : *CCC 2014, n° 40, obs. Mathey ; RJDA 2014, n° 173.* – *Contra* • Com. 6 sept. 2011 : *JCP E 2011, n° 1835, obs. Mathey ; CCC 2011, n° 238, obs. Mathey ; RDLC 2011, n° 4, p. 122, obs. Fourgoux.* ♦ Par ailleurs, dans un contrat à durée déterminée sans tacite reconduction, les parties sont avisées dès l'origine de la date à laquelle prendront fin les relations commerciales, dès lors, les dispositions de l'art. L. 442-6-I-5° [ancien] n'ont pas vocation à recevoir application dans un tel cas. • Paris, 10 mai 2007 : *RJ com. 2007. 424, note Lebreton-Derrien.* – V. aussi • T. com. Alençon, 8 oct. 2007 : *Lettre distrib. 12/2007, p. 3* (tacite reconduction expressément limitée à deux fois) ; conf. par • Caen, 23 avr. 2009 : *Lettre distrib. 6/2009, p. 3.* – Comp. • Com. 5 avr. 2018, n° 16-26.568 : *cité note 40.* ♦ La qualification du contrat, dit de sous-occupation précaire, et la limitation de sa durée à trois années attirent clairement l'attention sur le caractère temporaire, voire fragile, des relations nouées. • Lyon, 15 mars 2007 : *CCC 2008, n° 11, obs. N. M.* ♦ V., déduisant la précarité de la relation du caractère inhabituel du circuit de vente : • Paris, 15 avr. 2015, n° 13/02730 : *CCC 2015, n° 174, obs. Mathey.* ♦ Pour le cas particulier des ventes de primeurs de vins de Bordeaux, V. • Paris, 19 févr. 2003 : *D. 2003. 1789, obs. Agostini.* ♦ La qualification de relations commerciales « établies » n'est pas conditionnée par l'existence d'un échange permanent et continu entre les parties (pour la location répétée sur plusieurs années d'un stand sur un salon ouvert dix jours par an). • Versailles, 12 juin 2008 : *RJDA 2008, n° 1313.* ♦ ... Une succession de contrats ponctuels peut être suffisante pour la caractériser dès lors qu'il est démontré la régularité, le caractère significatif et la stabilité de la relation. • Com. 15 sept. 2009, n° 08-19.200 P : *D. 2011. Pan. 547, obs. Ferrier ; RTD com. 2009. 799, obs. Bouloc ; JCP E 2009, n° 42, p. 22, note Augagneur ; CCC 2009, n° 264, obs. Mathey ; LPA 9 nov. 2009, note Grimonprez ; RJDA 2010, n° 81 ; RLDA déc. 2009. 40, note Courdier-Cuisinier* • 23 juin 2015, n° 14-14.687 : *CCC 2015, n° 228, obs. Mathey ; RJDA 2015, n° 709* • Paris, 11 sept. 2014 : *JCP E 2014, n° 1565.* ♦ Pour une distinction opérée entre l'activité promotionnelle et l'activité permanente, qui seule pourrait donner lieu à l'application de l'art. L. 442-6-I-5° [ancien], V. • T. com. Tourcoing, 10 sept. 2008 : *Lettre distrib. 10/2008, p. 1, obs. Vertut et Mouly.* ♦ Pour l'application de l'art. L. 442-6-I-5° [ancien], les juges doivent rechercher si, eu égard à la nature de leur prestation de conception et réalisation de programmes télévisuels, les plaignants pouvaient légitimement s'attendre à la stabilité de leur relation. • Com. 18 mai 2010, n° 08-21.681 P : *D. 2011. Pan. 547, obs. Ferrier ; JCP E 2010, n° 1581 ; LPA 12-13 août 2010, note Roumélian ; RJDA 2010, n° 1006 ; RDLC 2010, n° 3, p. 110, obs. Mitchell* (et sur renvoi : • Paris, 1er juill. 2011 : *CCC 2011, n° 214, obs. N. M. ; RJDA 2012, n° 338 ; RDLC 2011, n° 4, p. 121, obs. Dany* ; confirmé par • Com. 25 sept. 2012, n° 11-24.428 P : *RLC janv.-mars 2013. 44, obs. Béhar-Touchais*). – V. aussi : • Com. 12 févr. 2013, n° 12-13.819 : *RTD civ. 2013. 374, obs. Barbier ; JCP E 2013, n° 1278, note Mathey ; CCC 2013, n° 115, obs. Mathey.*

25. Notion de relations établies : personnes concernées. Un tiers peut invoquer, sur le fondement de la responsabilité délictuelle, la rupture brutale d'une relation commerciale dès lors que ce manquement lui a causé un préjudice. • Com. 6 sept. 2011, n° 10-11.975 P : *D. 2011. Actu. 2196, obs. Chevrier ; RTD civ. 2011. 763, obs. Fages ; JCP E 2011, n° 1788, note de Lammerville ; CCC 2011, n° 258, obs. Mathey ; Gaz. Pal. 2012. 403, obs. Mekki ; RJDA 2012, n° 94 ; RLDC janv. 2012. 7, note Pignarre ; RDLC 2011, n° 4, p. 122, obs. Fourgoux.* – V. aussi • Paris, 27 févr. 2014 : *JCP E 2014, n° 1267, note Mathey ; CCC 2014, n° 116, obs. Mathey.* ♦ Comp. jugeant que si l'art. L. 442-6-I-5° [ancien] a vocation à régir toutes les relations d'affaires, qu'elles relèvent d'une convention ou se soient nouées de manière informelle, c'est à la condition qu'elles s'inscrivent entre personnes physiques ou morales qui les ont réellement et effectivement entretenues. • Versailles, 20 févr. 2003 : *RJDA 2003, n° 685* (hypothèse de l'absorption de la société contractante) • Com. 3 nov. 2004, n° 02-17.078 : *JCP E 2005, n° 31-34, p. 1325, obs. Mainguy ; RDLC 2005, n° 1, p. 71, obs. Mitchell* (hypothèse d'une relation commerciale indirecte, l'auteur de la rupture n'étant lié qu'à l'importateur et non au distributeur qui se plaignait de la rupture) • Paris, 24 oct. 2016, n° 15/08065 : *AJ contrat 2017. 39, obs. Ponsard ; RTD civ. 2017. 144, obs. Barbier* (hypothèse de l'actionnaire principal de la victime de la rupture). ♦ Une relation commerciale établie s'entend d'échanges commerciaux conclus directement entre les parties. • Com. 7 oct. 2014, n° 13-20.390 : *JCP E 2015, n° 1071, note Mathey ; CCC 2015, n° 8, obs. Mathey ; RLDA janv. 2015. 56, note Cholet.* ♦ Seule la partie qui entretient directement une relation commerciale établie avec l'autre partie pouvant, sur le fondement de l'art. L. 442-6-I-5° [ancien], rechercher la responsabilité de cette dernière dans le cas où elle aurait, brutalement et sans préavis écrit, rompu cette relation, même partiellement, les tiers ne peuvent demander l'indemnisation du préjudice personnel que leur cause une telle rupture que sur le fondement du droit commun de la responsabilité civile délictuelle. • Com. 18 mars 2020, n° 18-20.256 : *CCC 2020, n° 97, obs. Mathey ; RJDA 2020, n° 332.* ♦ En matière de rupture brutale d'une relation commerciale établie, la seule circonstance qu'un tiers, ayant repris l'activité ou partie de l'activité d'une personne, continue une relation commerciale que celle-ci entretenait précédemment ne suffit pas à établir que c'est la même relation commerciale qui s'est poursuivie avec le partenaire concerné, si ne s'y ajoutent des éléments démontrant que telle était la commune intention des parties. • *Com. 10 févr. 2021,* n° 19-15.369 P : *D. 2021. Actu. 348 ; JCP E 2021, n° 1126 ; CCC 2021, n° 60, obs. Mathey ; RJDA 2021, n° 342 ; RLC avr. 2021. 42, note Di Benedetto et Beaumont.* ♦ Une cour d'appel doit rechercher si le fournisseur qui avait repris, par avenant au contrat conclu entre le distributeur et un premier fournisseur, certains engagements de ce dernier, n'avait pas continué la relation commerciale initialement nouée. • Com. 29 janv. 2008, n° 07-12.039 P : *D. 2008. AJ 475, obs. Chevrier ; JCP E 2008, n° 10, p. 27 ; CCC 2008, n° 76, obs. N. M. ; RJDA 2008, n° 953.* – Rappr. • Com. 24 nov. 2009, n° 07-19.248 : *D. 2011. Pan. 547, obs. Ferrier ; CCC 2010, n° 94, obs. Mathey ; RJDA 2010, n° 432 ; RDLC 2010, n° 1, p. 124, obs. Dany* • 2 nov. 2011, n° 10-25.323 : *D. 2012. 795, note Mouly-Guillemaud ; JCP E 2011, n° 1903 ; CCC 2012, n° 11, obs. Mathey ; RJDA 2012, n° 721* • 25 sept. 2012, n° 11-24.301 P : *D. 2012. Actu. 2382, obs. Chevrier ; RTD civ. 2012. 721, obs. Fages ; JCP E 2012, n° 1785, note Mathey ; RJDA 2012, n° 1108 ; RLDA janv. 2013. 35, note Mouly-Guillemaud* • 22 oct. 2013, n° 12-28.704 : *CCC 2014, n° 8, obs. N. M. ; RJDA 2014, n° 177* • 20 mai 2014, n° 12-20.313 : *AJCA 2014. 241, obs. Nezam et Bretzner ; JCP E 2014, n° 1415, obs. Mathey ; CCC 2014, n° 193, obs. Mathey* • Montpellier, 6 oct. 2009 : *RDLC 2010, n° 2, p. 96, obs. Mitchell* • Paris, 4 mars 2011 : *RDLC 2011, n° 3, p. 137, obs. Mitchell* • Versailles, 19 févr. 2013 : *RJDA 2013, n° 457* • Paris, 10 sept. 2014 : *JCP E 2014, n° 1564, obs. Mathey ; CCC 2014, n° 243, obs. Mathey* (censuré par • Com. 3 mai 2016, n° 15-10.158 : *D. 2016. Pan. 2488, obs. Riéra ; CCC 2016, n° 166, obs. Mathey ; RJDA 2016, n° 822*). – Comp. • Com. 15 sept. 2015, n° 14-17.964 P : *D. 2016. 59, note Mouly-Guillemaud ; AJCA 2015. 477, obs. Bretzner ; RTD civ. 2015. 885, obs. Barbier ; JCP E 2015, n° 1566, note Le Gac-Pech ; CCC 2015, n° 280, obs. Mathey ; RJDA 2015, n° 785 ; LPA 23 mars 2016, note Niel ; RLDA janv. 2016. 8, note Beaumont et Maugère.*

Pour une relation commerciale établie à l'égard de la société mère mais pas à l'égard d'une filiale, V. • Paris, 20 mars 2014 : *JCP E 2014, n° 1232 ; CCC 2014, n° 130, obs. Mathey.* ♦ Jugeant que la mise en cause de la société mère suppose que soit apportée la preuve de l'immixtion de celle-ci dans le fonctionnement de sa filiale créant l'apparence qu'elle était le cocontractant de la victime de la rupture, V. • Paris, 26 mars 2014 : *AJCA 2014. 136, note Cohen.* ♦ S'il ressort du débat judiciaire que les deux filiales ont respecté les consignes et la stratégie de leur société mère, en ne poursuivant pas les relations commerciales avec leurs fournisseurs, la responsabilité de la société mère, qui n'a pas commis de faute civile en s'immisçant dans la gestion de ses filiales de telle sorte qu'elles en perdraient toute autonomie et toute personnalité morale, ne peut être retenue. • Com. 20 mai 2014, n° 12-26.705 P : *D. 2014. Pan. 2492, obs. Dorandeu ; AJCA 2014. 242, note Luciani ; RTD civ. 2014. 656, obs. Barbier ; JCP E 2014, n° 1337 ; CCC 2014, n° 192, obs. Mathey ; RLDA juill.-août 2014. 42, obs. Chelliah.* ♦ Dès lors qu'il est constaté que la tête de réseau a donné des instructions à tout le réseau aux fins que cessent les commandes auprès de la société et a informé les fournisseurs qu'il ne travaillait plus avec cette société, que les franchisés avaient l'obligation de s'approvisionner, à hauteur de 80 %, auprès de fournisseurs référencés par la tête de réseau, que les restaurants n'ont plus passé aucune commande auprès de la société, que le protocole signé entre les parties l'a été par la tête de réseau, tant pour elle-même qu'au nom de ses filiales, il s'en déduit que celle-ci était seule décisionnaire pour ses filiales détenues à 100 % et qu'elle seule a pris la décision de rupture. En l'état de ces constatations et appréciations, faisant ressortir que les filiales et les franchisés n'avaient disposé d'aucune autonomie dans la décision de nouer des relations commerciales avec la société puis dans celle de les rompre, la cour d'appel a pu retenir la responsabilité de la tête de réseau sur le fondement de l'art. L. 442-6-I-5° [ancien]. • Com. 5 juill. 2016, n° 14-27.030 : *RTD com. 2016. 719, obs. Chagny* ; *JCP E 2016, n° 1599, obs. Mathey ; CCC 2016, n° 213, obs. Mathey ; RJDA 2016, n° 739.*

26. Notion de relation commerciale : nature de l'activité. Entre dans le champ d'application de l'art. L. 442-6-I-5° [ancien], toute « relation commerciale établie », que celle-ci porte sur la fourniture d'un produit ou d'une prestation de service. • Com. 23 avr. 2003, n° 01-11.664 P : *D. 2003. Somm. 2433, obs. Ferrier* ; *JCP E 2003, n° 51-52, p. 2065, note Mainguy ; CCC 2003, n° 107, obs. Malaurie-Vignal ; RJDA 2003, n° 917 ; RJ com. 2004. 107, obs. Lebreton-Derrien* (qui conf. • Douai, 15 mars 2001 : *cité note 40*) • 16 déc. 2008, n° 07-18.050 P : *D. 2009. Pan. 2892, obs. Ferrier* ; *JCP 2009. II. 10034, note Archambault ; CCC 2009, n° 100, obs. Mathey ; RJDA 2009, n° 477 ; RLC avr.-juin 2009. 40, obs. Béhar-Touchais.* ♦ L'art. L. 442-6-I-5° [ancien] s'applique aussi bien aux relations industrielles qu'aux activités commerciales. • Lyon, 15 mars 2002 : *préc. note 24.* ♦ Sur son application à des sociétés émettrices de chèques cadeaux ayant cessé brutalement leurs relations commerciales avec la société commercialisant lesdits chèques, V. • Versailles, 10 juin 1999 : *D. Affaires 1999. 1248, obs. E. P. ; JCP E 1999, n° 29, p. 1221* • 27 avr. 2000 : *BRDA 2000, n° 14, p. 9* • T. com. Nanterre, 20 nov. 1998 : *D. 1999. IR 57 ; D. Affaires 1999. 212, obs. X. D. et A. M.* ♦ V. aussi Vergucht, *RJ com. 1997. 129.* ♦ Pour un contrat de transport : • Besançon, 20 nov. 2005 : *JCP E 2006, n° 11, p. 523* • Aix-en-Provence, 4 janv. 2007 : *RD transp. 2007, n° 99, obs. Paulin* • Paris, 18 janv. 2007 : *ibid., n° 100, obs. Paulin* • Orléans, 22 févr. 2007 : *cité note 4 ss. art. L. 133-7* • Com. 6 mars 2007, n° 05-18.121 : *RDLC 2007, n° 2, p. 123, obs. Mitchell ; RD transp. 2007, n° 98, obs. Paulin.* ♦ Pour les rapports entre un annonceur et une agence de publicité : • Paris, 11 janv. 2008 : *Gaz. Pal. 2008. 2001, obs. Roiland.* ♦ Pour des relations entre un courtier d'assurances et un assureur : • Paris, 10 janv. 2012 : *Gaz. Pal. 2012. 3470, obs. Moore.* ♦ Sur des relations commerciales successives en matière de distribution de vins en primeur : • Com. 7 juin 2006, n° 03-12.659 : *RDLC 2006, n° 4, p. 77, obs. Mitchell ; RD rur. 2006, n° 225, note Barbièri et Formage.* ♦ L'art. L. 442-6-I-5° [ancien] s'applique aux relations entretenues avec les sociétés de presse pour des demandes d'insertion d'annonces publicitaires ; en effet, la L. du 29 juill. 1881, qui pose le principe de la liberté de la presse et celui de la responsabilité pénale du directeur de la publication, ne fait pas obstacle à l'application de l'article précité. • Paris, 29 févr. 2008 : *RJDA 2008, n° 858.* ♦ L'art. L. 442-6-I-5° [ancien] n'a pas vocation à s'appliquer dès lors qu'il n'existe pas de relation commerciale entre un chirurgien-dentiste et son fournisseur de matériel dentaire. • Com. 31 mars 2021, n° 19-16.139 P : *D. 2021. Actu. 693* ; *JCP E 2021, n° 1216 ; RJDA 2021, n° 428.*

27. Notion de relation commerciale : statut juridique. L'art. L. 442-6-I-5° [ancien] peut être mis en œuvre quel que soit le statut juridique de la victime du comportement incriminé. • Com. 6 févr. 2007, n° 03-20.463 P : *D. 2007. 1317, note Cathiard* ; *RTD com. 2007. 558, obs. Grosclaude* ; *JCP 2007. II. 10109, note Archambault ; CCC 2007, n° 92, obs. Malaurie-Vignal ; RJDA 2007, n° 784* (cassation de • Paris, 17 sept. 2003 : *RTD civ. 2004. 90, obs. crit. Mestre et Fages* , qui avait jugé qu'une association ne pouvait se prévaloir des dispositions sanctionnant la rupture d'une relation commerciale établie). ♦ Jugeant également qu'une association peut être l'auteur d'une rupture brutale, V. • Rennes, 28 févr. 2014 : *RLC juill.-sept. 2014. 136, note Beaumont et Chevallier* • Paris, 24 sept. 2021, n° 18/02209 : *CCC 2021, n° 168, obs. Mathey.* ♦ Mais n'étant pas allégué qu'une association exerçât une activité de producteur, de commerçant, d'industriel ou de prestation de services, ou qu'elle fût immatriculée au répertoire des métiers, il ne peut être reproché à la cour d'appel, qui n'a fait qu'appliquer les critères prévus à l'art. L. 442-6 [ancien], de s'être fondée sur un motif inopérant pour retenir que la responsabilité de l'association ne pouvait être engagée sur le fondement de ce texte. • Com. 5 janv. 2016, n° 14-15.555 : *AJCA 2016. 155, obs. Carval* ; *CCC 2016, n° 67, obs. Mathey.* – Sur la paracommercialité des associations, V. art. L. 442-10. ♦ Si le régime juridique d'une association, comme le caractère non lucratif de son activité, ne sont pas de nature à l'exclure du champ d'application de l'art. L. 442-6-I-5° [ancien] dès lors qu'elle procède à une activité de production, de distribution ou de services, encore faut-il qu'elle ait entretenu une relation commerciale établie avec le demandeur à l'action. • Com. 25 janv. 2017, n° 15-13.013 P : *D. 2017. Pan. 2450, obs. Riéra ;*

AJ contrat 2017. 135, obs. Duminy et Bretzner ; *JCP E 2017, n° 1152, note Dissaux ; CCC 2017, n° 54, obs. Mathey ; RJDA 2017, n° 288 ; LPA 10 mai 2017, note Courdier-Cuisinier ; BJS 2017. 389, obs. Bénard.* ♦ Pour l'application de l'art. L. 442-6-I-5° [ancien] aux gérants-mandataires régis par les art. L. 146-1 s., V. • Com. 2 oct. 2019, n° 18-15.676 P : *cité ss. art. L. 146-4.* ♦ Le retrait d'un membre d'un GIE ne relève pas de l'art. L. 442-6-I-5° [ancien], sauf disposition statutaire ou prévue dans le règlement intérieur : • Com. 3 avr. 2007, n° 06-10.526 : *JCP E 2008, n° 20, p. 22, obs. Mainguy ; CCC 2007, n° 171, obs. Malaurie-Vignal ; Dr. sociétés 2007, n° 191, obs. Mortier ; BJS 2007. 1280, note Poracchia.* ♦ Les statuts des coopératives fixant, aux termes de l'art. 7 de la L. du 10 sept. 1947, les conditions d'adhésion, de retrait et d'exclusion des associés, les conditions dans lesquelles les liens unissant une société coopérative et un associé peuvent cesser sont régies par les statuts de cette dernière et échappent à l'application de l'art. L. 442-6-I-5° [ancien] C. com. • Com. 8 févr. 2017, n° 15-23.050 P : *D. 2017. Pan. 2449, obs. Riéra ; RTD civ. 2017. 372, obs. Barbier* ; *Rev. sociétés 2017. 636, obs. Hiez* ; *JCP E 2017, n° 1137 ; CCC 2017, n° 78, obs. Mathey ; RJDA 2017, n° 287 ; BJS 2017. 324, note Béhar-Touchais* (cassation de • Paris, 28 mai 2015, n° 14/00099 : *CCC 2015, n° 203, obs. Mathey*). – V. aussi : • Com. 18 oct. 2017, n° 16-18.864 P : *préc. note 6* • Paris, 29 juin 2017, n° 16/14653 : *BJS 2017. 683, obs. Béhar-Touchais* • Com. 16 mai 2018, n° 17-14.236 : *RTD com. 2018. 976, obs. Hiez* ; *BJS 2018. 511, obs. Béhar-Touchais.* ♦ Sur la responsabilité d'un EPIC qui a rompu brutalement sa relation avec une société privée, V. • Paris, 22 déc. 2017, n° 14/19086 : *CCC 2018, n° 27, obs. Mathey.* ♦ Pour l'inapplicabilité de l'art. L. 442-6-I-5° [ancien] à un contrat administratif, V. • CAA Nancy, 27 oct. 2015, n° 15-NC00242 : *RJDA 2016, n° 685.*

28. Notion de relation commerciale : prestations intellectuelles. En application du code de déontologie médicale qui prohibe expressément la pratique de la médecine comme un commerce, deux médecins ne peuvent être regardés comme entretenant avec leur clinique une relation commerciale, de telle sorte que les conditions d'application de l'art. L. 442-6-I-5° [ancien] ne sont pas réunies. • Com. 23 oct. 2007, n° 06-16.774 P : *D. 2007. AJ 2805, obs. Chevrier* ; *RTD civ. 2008. 105, obs. Fages* ; *JCP E 2008, n° 20, p. 22, obs. Mainguy ; RJDA 2008, n° 458 ; RLC janv.-mars 2008. 39, obs. Béhar-Touchais.* ♦ *Après avoir énoncé qu'en vertu de* l'art. 13, 1° du Décr. du 19 déc. 1945 relatif au statut du notariat, il est interdit aux notaires de se livrer à des opérations de commerce, l'arrêt retient qu'un notaire ne peut invoquer une quelconque disposition sanctionnant la rupture d'une relation établie, de telle sorte que les conditions d'application de l'art. L. 442-6-I [ancien] ne sont pas réunies : • Com. 20 janv. 2009, n° 07-17.556 P : *D. 2009. AJ 369, obs. Chevrier* ; *JCP 2009. IV. 1301 ; CCC 2009, n° 100, obs. Mathey ; RJDA 2009, n° 477 ; RLC avr.-juin 2009. 40, obs. Béhar-Touchais ; RDLC 2009, n° 2, p. 128, obs. Mitchell.* ♦ Aux termes de l'art. L. 422-12 CPI, l'activité de conseil en propriété industrielle, quand bien même elle serait exercée sous forme de société commerciale, est incompatible avec toute activité de caractère commercial, de telle sorte que ne peut être invoquée une quelconque rupture d'une relation commerciale établie. • Com. 3 avr. 2013, n° 12-17.905 P : *D. 2013. Actu. 992, obs. Chevrier* ; *JCP E 2013, n° 1382, obs. Mathey ; CCC 2013, n° 131, obs. Mathey ; RJDA 2013, n° 753 ; RLDA juin 2013. 40, obs. Lalot ; BJS 2013. 383, note Barbier.* ♦ V. aussi pour un avocat : • Com. 24 nov. 2015, n° 14-22.578 : *D. 2016. 462, note Mouly-Guillemaud* ; *CCC 2016, n° 39, obs. Mathey ; RJDA 2016, n° 232* • Angers, 17 juin 2014 : *CCC 2014, n° 222, obs. N. M.* ♦ Il résulte de l'art. 22 de l'Ord. n° 45-2138 du 19 sept. 1945, portant institution de l'ordre des experts-comptables et réglementant le titre et la profession d'expert-comptable, que l'activité d'expert-comptable est incompatible avec toute activité commerciale ou acte d'intermédiaire, à l'exception de ceux répondant à la double condition d'être réalisés à titre accessoire et de ne pas mettre en péril les règles d'indépendance et de déontologie de la profession. Faute pour la société d'expertise comptable d'avoir établi que les prestations de services dont elle reprochait à son client l'interruption brutale étaient accessoires à sa mission d'expert-comptable et de nature commerciale, c'est à bon droit que la cour d'appel a retenu que les dispositions du 5° de l'art. L. 442-6-I [ancien] n'étaient pas applicables. • Com. 10 févr. 2021, n° 19-10.306 P : *D. 2021. Chron. C. cass. 1000, obs. Le Bras* ; *CCC 2021, n° 61, obs. Mathey ; RJDA 2021, n° 427.* ♦ Pour une prestation intellectuelle rompue au stade où l'accord ne porte que sur l'élaboration d'un prototype avant même le début de la relation commerciale envisagée : • T. com. Toulouse, 25 sept. 2008 : *Lettre distrib. 10/2008, p. 1, obs. Vertut et Mouly* (conf. par • Toulouse, 16 sept. 2009 : *JCP E 2010, n° 1582,* qui estime que la relation s'inscrivait dans un véritable partenariat global devant aboutir à la conclusion de contrat d'industrialisation). ♦ Pour les prestations intellectuelles d'un architecte : • Com. 16 déc. 2008, n° 07-18.050 P : *préc.* ♦ Pour une activité de service des sociétés d'assurances mutuelles : • Com. 14 sept. 2010, n° 09-14.322 P : *D. 2010. Pan. 2544, obs. Dorandeu* ; *JCP E 2010, n° 2013, note Barbièri ; CCC 2010, n° 249, obs. Mathey ; RJDA 2011, n° 87 ; RDLC 2010, n° 4, p. 149, obs. Roberval ; RLC avr.-juin 2011. 45, obs. Béhar-Touchais.*

29. Notion de rupture. BIBL. Augagneur, *JCP*

E 2009, n° 18, p. 32 (la répercussion d'une baisse d'activité sur les fournisseurs et sous-traitants constitue-t-elle une rupture partielle des relations commerciales établies ?). – Bourdu, *CCC 2013. Alerte 28* (la rupture brutale ne peut résulter que d'une décision délibérée). ♦ Si la rupture d'une relation commerciale établie sans préavis suffisant peut engager la responsabilité de son auteur, une simple proposition de modification des conditions contractuelles ne peut être qualifiée de rupture si elle est négociable. • Com. 20 nov. 2019, n° 18-11.966 : *CCC 2020, n° 23, obs. Mathey ; RJDA 2020, n° 246.* ♦ Pour une rupture des relations commerciales résultant d'un changement d'organisation dans le mode de distribution entre un fournisseur et l'un de ses distributeurs, V. • T. com. Avignon, 25 juin 1999 : *préc. note 24* • Com. 12 mars 2002, n° 98-21.553 : *LPA 3 juill. 2003, obs. Petitier* • 17 mars 2004, n° 02-20.493 : *Lettre distrib. 6/2004, p. 2* • 23 oct. 2012, n° 11-24.775 : *BRDA 2012, n° 11, p. 11.* ♦ ... Du maintien des seuls contrats d'entretien liant une centrale de référencement à un prestataire de services, V. • T. com. Roubaix-Tourcoing, 26 nov. 1998 : *préc. note 24.* ♦ ... Du défaut total ou quasi total de commandes traduisant un déréférencement, V. • Versailles, 22 mars 2002 : *Cah. dr. entr. 2002, n° 5, p. 29, obs. Mainguy* (conf. par • Com. 7 juill. 2004, n° 03-11.472 : *D. 2005. Pan. 150, obs. Ferrier ; RLC 2005, n° 1, p. 51, obs. Béhar-Touchais ; RDLC 2005, n° 1, p. 71, obs. Mitchell*). ♦ ... De la chute subite du chiffre d'affaires (- 75 %), V. • Paris, 28 oct. 2005 : *RJDA 2006, n° 377 ; RDLC 2006, n° 1, p. 147, obs. de La Laurencie* • 24 juin 2009 : *RJDA 2010, n° 82.* ♦ ... A moins qu'il ne résulte de la diminution des propres commandes du fournisseur : • Com. 12 févr. 2013, n° 12-11.709 : *RTD civ. 2013. 375, obs. Barbier ; CCC 2013, n° 78, obs. Mathey ; RJDA 2013, n° 456 ; RLC oct.-déc. 2013. 35, note Gallage-Alwis et Tilliard.* ♦ ... De la modification substantielle par le fournisseur de ses conditions générales de vente, V. • Versailles, 6 mars 2003 : *RJDA 2003, n° 685* • Paris, 5 mars 2003 : *CCC 2003, n° 136* • Com. 12 mars 2002, n° 98-21.553 : *LPA 3 juill. 2003, obs. Petitier* • 17 mars 2004, n° 02-14.751 : *Lettre distrib. 6/2004, p. 2. – Contra* : • Paris, 13 nov. 2013 : *RJDA 2014, n° 383* (conf. par • Com. 31 mars 2015, n° 14-11.329 : *CCC 2015, n° 145, obs. Mathey ; RJDA 2015, n° 462).* ♦ ... De la réduction du montant de l'encours du compte courant commercial, de sorte que l'acheteur se trouve dans l'impossibilité soudaine de s'approvisionner chez le vendeur notamment la veille d'une importante période de commercialisation, V. • Nîmes, 15 sept. 2005 : *RDLC 2006, n° 2, p. 101, obs. Mitchell ; RJDA 2006, n° 592.* ♦ ... De la renégociation d'un contrat de cession des droits de retransmission d'événements sportifs entrainant une rémunération nettement inférieure à celle antérieurement versée, V. • Paris, 14 févr. 2013 : *LPA 18 nov. 2013, note Rizzo* (conf. par • Com. 20 mai 2014, n° 13-16.398 P : *cité note 35*). ♦ Les modifications importantes de réservation de volume au regard des années précédentes peuvent être considérées comme une rupture brutale partielle des relations commerciales sans respect de préavis dans la mesure où la relation commerciale porte sur la vente de volume de vin, la réservation de volume pouvant donc être analysée comme une obligation essentielle de la relation. • CEPC, avis n° 16-19 du 10 nov. 2016 : *préc. note 17.* ♦ Pour des applications à une rupture seulement partielle de la relation commerciale établie : • Lyon, 19 sept. 2002 : *BICC 2003, n° 179* • Com. 11 sept. 2012, n° 11-14.620 : *CCC 2012, n° 255, obs. Mathey* • 11 sept. 2012, n° 11-17.458 : *RDLC 2012, n° 4, p. 99, obs. Fourgoux* • 9 oct. 2012, n° 11-23.549 : *JCP E 2013, n° 1004, note Mathey ; CCC 2013, n° 7, obs. Mathey.* ♦ Jugeant que le non-respect d'une exclusivité accompagné d'une augmentation de tarifs constituent une rupture brutale partielle des relations commerciales : • Paris, 6 mai 2015, n° 13/01886 : *AJCA 2015. 438, obs. Pecnard et Duperray .* ♦ En revanche, les modifications des habitudes de démarchage du distributeur par le fournisseur ne constituent pas une rupture brutale telle qu'énoncée à l'art. L. 442-6 [ancien]. • T. com. Le Creusot, 25 janv. 2005 : *Lettre distrib. 2/2005, p. 2.* ♦ De la même façon, une hausse de tarif de 24 % ne constitue pas, à elle seule, une rupture unilatérale de la relation commerciale : • Versailles, 5 avr. 2007 : *Lettre distrib. 7-8/2007. 4.* ♦ Ainsi, l'art. L. 442-6-I-5° [ancien] n'empêche pas que les parties, dans le cadre d'une exécution loyale et de bonne foi, réaménagent leurs relations commerciales, dès lors qu'il n'en résulte pas des conséquences excessives pour l'une ou l'autre. • Paris, 4 avr. 2013 : *RJDA 2013, n° 549 ; RLC oct.-déc. 2013. 35, note Gallage-Alwis et Tilliard.* – V. aussi • Paris, 1er oct. 2014 : *AJCA 2015. 91, obs. Regnault .* ♦ Mais la stipulation des NCGA permettant à un contractant, à sa discrétion, de modifier les conditions contractuelles en matière de quantités et de fréquences de livraisons, sans lui imposer un délai pour l'entrée en vigueur de ces modifications peut conduire à une rupture brutale de la relation commerciale, si cette modification est substantielle. • CEPC, avis n° 14-06 du 19 juin 2014 : *cité note 48.* ♦ La baisse du volume du chiffre d'affaires des commandes passées ne présente aucun caractère fautif, puisqu'elle résulte de la conjoncture économique. En effet, la rupture brutale ne saurait être constituée du fait de la répercussion par un industriel sur son sous-traitant de la baisse de ses propres commandes. • Paris, 14 janv. 2016, n° 14/16799 : *CCC 2016, n° 93, obs. Mathey ; Gaz. Pal. 13 sept. 2016, p. 17, note Bailly et Haranger.* ♦ Après avoir constaté que la société n'avait pris aucun engagement de volume envers son partenaire, l'arrêt relève qu'elle a souffert d'une baisse de chiffre d'affaires du fait de la situation conjoncturelle affectant le marché du textile, baisse qu'elle n'a pu que répercuter sur ses commandes dans la mesure où un donneur d'ordres ne peut être contraint de maintenir un niveau d'activité auprès de son sous-traitant lorsque le marché lui-même diminue, et constaté que, dans le même temps, cette société a proposé une aide financière à son sous-traitant pour faire face à la baisse de ses commissions, démontrant ainsi sa volonté de poursuivre leur relation commerciale. • Com. 8 nov. 2017, n° 16-15.285 P : *D. 2018. Pan. 870, obs. Ferrier ; AJ contrat 2018. 85, obs. Bretzner ; RTD civ. 2018. 112, obs. Barbier ; JCP E 2017, n° 1688, note Dissaux ; CCC 2018, n° 10, obs. Mathey ; RJDA 2018, n° 189.* ♦ Sur l'absence de notification claire de la rupture, V. • Com. 8 mars 2016, n° 14-25.718 : *CCC 2016, n° 116, obs. Mathey.* ♦ Après avoir justement pris en considération la situation des parties et le contexte économique dans lequel les conditions commerciales, négociées annuellement, ont été modifiées, et en avoir déduit qu'aucune des modifications appliquées ne constituait une rupture partielle des relations commerciales au sens de l'art. L. 442-6-I-5° [ancien], c'est à bon droit que la cour d'appel a écarté la demande indemnitaire formée à ce titre. • Com. 4 oct. 2016, n° 15-14.685 : *RTD civ. 2017. 143, obs. Barbier ; CCC 2017, n° 10, obs. Mathey.*

Pour apprécier les droits à commissions tirés d'un contrat d'apporteur d'affaires au titre de commandes qui ont déjà été honorées, les juges du fond n'ont pas à faire application de l'art. L. 442-6-I-5° [ancien]. • Civ. 2e, 23 févr. 2017, n° 15-24.059 P : *CCC 2017, n° 98, obs. Mathey.* ♦ L'art. L. 442-6-I-5° [ancien] ne vise que la situation de rupture d'une relation commerciale et ne saurait être invoqué pour reprocher à un partenaire le contrat signé avec un tiers qui ne saurait traduire une volonté cachée de rupture. • Com. 11 mars 2014, n° 13-13.578 : *JCP E 2014, n° 1289, note Mathey ; CCC 2014, n° 115, obs. Mathey.* ♦ Mais sur la condamnation d'un fournisseur n'ayant pas informé un de ses distributeurs, qui, du fait de ventes successives ayant eu lieu entre les parties pendant sept ans, pouvait être considéré comme agréé par le fournisseur, de la convention d'exclusivité passée avec un autre cocontractant et ayant attendu que ce distributeur manifeste sa volonté de passer une nouvelle commande pour s'y opposer en invoquant la nouvelle convention, la tardiveté de cette notification ignorant délibérément les contraintes de la profession relatives aux conditions de *présentation des collections*, V. • Com. 15 févr. 2000, n° 96-22.543 : *D. 2001. Somm. 297, obs. Ferrier .* – V. désormais sur cette notion art. L. 442-6-I-5° [ancien].

30. Brutalité de la rupture : notion. **BIBL.** Augagneur, *JCP E 2009, n° 42, p. 22* (l'anticipation raisonnable de la rupture des relations commerciales). – Bernheim-Desvaux, *CCC 2012. Formule 11* (clause organisant la rupture d'une relation commerciale établie). – Saintourens, *Cah. dr. entr. 2014, n° 1, p. 29* (notion de rupture brutale). – Magnier-Merran, *AJ contrat 2019. 13* (la rupture brutale : pour un regain de confiance autour du texte). ♦ La rupture, pour être préjudiciable et ouvrir droit à des dommages et intérêts, doit être brutale, c'est-à-dire selon le droit commun, « imprévisible, soudaine et violente » et selon l'art. 36 (5°) [C. com., art. L. 442-6], effectuée sans préavis écrit tenant compte des relations commerciales antérieures ou des usages reconnus par des accords professionnels. • Montpellier, 11 août 1999 : *préc. note 24.* ♦ Le caractère prévisible de la rupture d'une relation commerciale établie ne prive pas celle-ci de son caractère brutal si elle ne résulte pas d'un acte du partenaire manifestant son intention de ne pas poursuivre la relation commerciale et faisant courir un délai de préavis ; ayant constaté que la société avait cessé ses approvisionnements auprès de son partenaire du jour au lendemain, sans lui adresser ni lettre de rupture, ni préavis écrit, la cour d'appel a pu retenir sa responsabilité. • Com. 6 sept. 2016, n° 14-25.891 P : *D. 2016. 2203, note Mouly-Guillemaud ; ibid. Chron. C. cass. 2250, obs. Tréard ; AJ contrat 2016. 539, obs. Leclerc ; RTD civ. 2016. 859, obs. Barbier ; JCP E 2016, n° 1565, note Dissaux ; CCC 2016, n° 233, obs. Mathey ; RJDA 2016, n° 908.* – V. aussi • Paris, 28 mars 2018, n° 16/06477 : *AJ contrat 2018. 289, obs. Regnault .* ♦ Jugeant que l'existence de relations conflictuelles n'est pas incompatible avec une brusque rupture : • Com. 15 mai 2007, n° 05-19.370 : *JCP E 2008, n° 20, p. 23, obs. Mainguy ; CCC 2007, n° 203, obs. Malaurie-Vignal.* ♦ La rupture étant intervenue au terme d'une période d'une année au cours de laquelle de longues discussions ont été menées sur la fixation du prix, sans que les partie soient parvenues à un accord, il en résulte que la rupture ne pouvait être imputée à aucune des parties, excluant ainsi toute responsabilité sur le fondement de l'art. L. 442-6-I-5°. • Com. 3 juill. 2019, n° 18-10.580 : *CCC 2019, n° 158, obs. Mathey.* ♦ Le dernier contrat conclu entre les parties étant non renouvelable par tacite reconduction, une société ne pouvait ignorer que ce contrat, à l'échéance, était susceptible soit de faire l'objet d'une nouvelle négociation, soit de ne pas être renouvelé, ce dont il résulte qu'elle ne pouvait raisonnablement anticiper une continuité de la relation commerciale pour l'avenir. • Com. 20 nov. 2012, n° 11-22.660 : *JCP E 2013, n° 1092, note Mathey* ; CCC 2013, *n° 32, obs. Mathey ; RLC avr.-juin 2013. 39, note Grall et Bellone.* ♦ A défaut d'information du cocontractant, l'interruption brusque des relations commerciales par le distributeur, sans s'enquérir de l'importance du stock résiduel du fournisseur, et la dissimulation de l'intention de changer de source d'approvisionnement sont constitutifs d'un comportement fautif de nature à engager la responsabilité du distributeur. • Versailles, 19 sept. 2002 : *BICC 2003, n° 674.* ♦ Si la notification d'un appel d'offres peut constituer la manifestation de ne pas poursuivre les relations contractuelles selon les conditions antérieures et peut faire ainsi courir le délai de préavis, encore faut-il que l'annonce soit écrite et suffisamment explicite pour traduire l'intention de ne pas poursuivre les relations en cas de refus des nouvelles conditions. • Lyon, 3 juill. 2008 : *JCP E 2008, n° 51-52, p. 27.* ♦ Le fait que la victime de la rupture ne justifie pas avoir formulé la moindre protestation sur la brutalité de cette rupture et la brièveté de la durée du préavis, avant de l'invoquer pour la première fois dans le cadre de sa réponse à une réclamation adverse, est impropre à écarter le caractère brutal de la rupture. • Com. 27 oct. 2009, n° 08-19.396 : *JCP E 2009, n° 46, p. 27 ; CCC 2010, n° 7, obs. Mathey ; RJDA 2010, n° 299 ; RDLC 2010, n° 1, p. 123, obs. Mitchell.*

Jugeant que celui qui se plaint d'une rupture abusive n'a pas à établir qu'il se trouve dans un état de dépendance économique : • T. com. Amiens, 22 oct. 1999 : *RJDA 2000, n° 217* (conf. par • Com. 17 mars 2004, n° 02-14.751 : *préc. note 29.* ♦ ... Ni qu'il bénéficie d'une exclusivité : • Paris, 20 oct. 2004 : *D. 2004. AJ 2996*. – Comp. • Com. 12 mai 2004, n° 01-12.865 P : *cité note 34.* ♦ Sur le préavis *écrit*, V. • Com. 17 mars 2004, n° 02-17.575 : *D. 2005. Pan. 150, obs. Ferrier ; RJDA 2005, n° 628.*

31. Brutalité de la rupture : illustrations. La rupture sans préavis des relations commerciales établies depuis neuf ans entre une société exploitant des bateaux de croisière et son traiteur est brusque, lorsque la première donne en location-gérance son fonds de commerce, sans se soucier de son fournisseur. • Paris, 20 oct. 2005 : *RDC 2006. 431, obs. Béhar-Touchais.* ♦ N'est pas fondé à imputer à son client la rupture brutale de leur relation commerciale le grossiste en fruits et légumes qui, tout en étant resté référencé chez le client, n'a plus été à même de formuler ses offres au client au jour le jour, comme convenu entre eux et comme l'exige la nature spécifique de ce commerce saisonnier de produits frais, cette absence d'offres ayant naturellement entraîné le tarissement de la relation. • Versailles, 12 oct. 2006 : *BICC 1er avr. 2007, n° 747.* ♦ N'est pas brutale la rupture alors qu'un donneur d'ordre a averti son cocontractant d'une cessation de la relation dix mois à l'avance. • Douai, 10 mai 2007 : *BICC 1er nov. 2007, n° 2221.* ♦ Il n'y a pas eu rupture brutale, mais diminution progressive, étalée sur plusieurs années, la perspective de désengagement complet sur trois exercices étant connue des parties, alors même que la diminution progressive a été plus rapide que souhaitée, en raison des circonstances économiques, cette possibilité était parfaitement prévisible et même prévue lors de la signature du protocole. • Paris, 9 sept. 2009 : *RJDA 2010, n° 155.*

32. Justification de la rupture : faute grave. BIBL. Bailly et Haranger, *RLC mars 2018. 24* (faute de la victime et exigence de préavis en matière de rupture des relations commerciales établies : illustrations jurisprudentielles). ♦ Il ne peut pas être fait obstacle aux dispositions d'ordre public de l'art. L. 442-6-I-5° [ancien], par des clauses permettant une rupture sans préavis dès lors que l'inexécution du contrat n'a pas un degré de gravité suffisant. • Com. 25 sept. 2007, n° 06-15.517 : *D. 2008. 1115, note Mouly-Guillemaud ; JCP E 2008, n° 20, p. 23, obs. Mainguy ; RJDA 2007, n° 1286 ; RDLC 2008, n° 1, p. 132, obs. Mitchell.* – V. aussi : • Com. 9 juill. 2013, n° 12-21.001 : *JCP E 2013, n° 1597, obs. Mathey ; CCC 2013, n° 239, obs. Mathey ; RJDA 2013, n° 950* • Paris, 11 janv. 2017, n° 14/07959. ♦ L'inexécution par un distributeur agréé des engagements contractuels souscrits par lui, lesquels prévoyaient expressément la possibilité d'une résiliation immédiate en cas de violation, ne peut être qualifiée d'abusive au sens de l'art. L. 442-6-I-5° [ancien], et ouvrir droit au respect d'un préavis à l'égard du distributeur qui, au mépris d'un premier avertissement, s'est livré à des opérations publicitaires utilisant la marque de son fournisseur sans son agrément. • Versailles, 15 sept. 2005 : *JCP E 2005, n° 47, p. 2004.* ♦ Les juges doivent rechercher, ainsi qu'ils y sont invités, s'il n'y avait pas de manquement grave de la société à ses obligations contractuelles justifiant la rupture des relations commerciales sans préavis. • Com. 18 janv. 2011, n° 10-11.611 : *JCP E 2011, n° 1138 ; RDLC 2011, n° 2, p. 130, obs. Mitchell* • 8 nov. 2017, n° 16-15.296 : *RJDA 2018, n° 284.* – V. aussi : • Com. 5 juin 2019, n° 17-26.119 : *AJ contrat 2019. 395, obs. Regnault*. ♦ Ayant constaté qu'après une première notification de rupture en déc. 2009, les relations commerciales avaient été reprises jusqu'en mars 2010, date à laquelle elles avaient à nouveau été rompues, cette rupture étant assortie d'un préavis de huit jours, ce qui excluait l'existence de manquements graves. • Com. 1er mars 2017, n° 15-12.785 : *JCP E 2017, n° 1330, obs. Mathey ; CCC 2017, n° 100, obs. Mathey.* ♦ Mais jugeant que même en présence de manquements d'une partie suffisamment graves pour justifier la rupture immédiate de la relation commerciale, il est toujours loisible à l'autre partie de lui accorder un préavis : • Com. 14 oct. 2020, n° 18-22.119 : *AJ contrat 2020. 562, obs. Ponsard*. ♦ Le fait de ne pas être à jour des paiements ne constitue pas, compte tenu des circonstances de l'espèce, une faute grave autorisant une rupture sans préavis. • Com. 20 sept. 2016, n° 13-15.935 P : *cité note 19 ss. art. L. 330-2.* ♦ En ne précisant pas en quoi la non-réalisation de l'objectif de chiffre d'affaires prévu au contrat était de nature à caractériser un manquement suffisamment grave du distributeur à ses obligations, justifiant la rupture sans préavis des relations commerciales, la cour d'appel n'a pas donné de base légale à sa décision. • Com. 5 avr. 2018, n° 16-19.923 : *AJ contrat 2018. 236, obs. Regnault ; CCC 2018, n° 110, obs. Mathey.* ♦ Relevant que les non-conformités constatées n'étaient pas des manquements contractuels mais constituaient seulement des obstacles à la labellisation de la victime de la rupture : • Com. 6 déc. 2016, n° 15-12.320 : *D. 2017. Pan. 885, obs. Ferrier ; JCP E 2017, n° 1166, note Mathey ; CCC 2017, n° 35, obs. Mathey.* ♦ Pour un comportement jugé suffisamment grave pour justifier la rupture : • Com. 24 mai 2011, n° 10-17.844 : *CCC 2011, n° 161, obs. Mathey.* ♦ Pour la prise en compte d'une clause stipulant expressément qu'en cas de manquement grave, dont il précisait la nature, le contrat pourrait être résilié avec effet immédiat : • Com. 11 sept. 2012, n° 11-23.067 : *CCC 2012, n° 256, obs. Mathey* • Paris, 22 juin 2016, n° 14/01512 : *CCC 2016, n° 190, obs. Mathey.* ♦ ... A moins que les manquements reprochés aient fait l'objet de réparations de nature à leur retirer toute gravité : • Com. 27 nov. 2012, n° 11-14.588 : *JCP E 2013, n° 1134, obs. Nourissat ; CCC 2013, n° 57, obs. N. M.* ♦ ... Ou aient été tolérés par celui qui maintenant s'en prévaut : • Paris, 10 avr. 2014 : *CCC 2014, n° 159, obs. Mathey.*

La poursuite des relations contractuelles ayant été rendue impossible par la faute d'un contractant, celui-ci n'est pas fondé à reprocher à son cocontractant de ne lui avoir laissé qu'un délai de préavis de trois mois, alors que les dispositions de l'art. L. 442-6-5° [ancien], invoquées par l'intimé, autorisaient en pareil cas une résiliation sans préavis. • Paris, 13 mai 2004 : *Gaz. Pal. 2005. Somm. 2207, obs. Reichenbach.* – V aussi • Paris, 2 juill. 2014 : *RJDA 2014, n° 943.* ♦ Dès lors qu'une société a été « préavisée » d'une rupture des relations contractuelles fondée sur l'inexécution de ses obligations en cas de non-paiement de ses dettes dans les six mois, le juge n'a pas à rechercher si elle était en mesure de régler cette dette dans le délai imparti. • Com. 28 mars 2006, n° 03-21.097 : *RJDA 2006, n° 865.* ♦ Sur la faute d'un dirigeant, d'une gravité suffisante de nature à compromettre l'exécution du contrat conclu en considération de la personne de celui-ci, V. • Com. 18 nov. 2020, n° 19-14.775 : *RTD civ. 2021. 131, obs. Barbier ; CCC 2021, n° 6, obs. Mathey.*

33. Justification de la rupture : force majeure. BIBL. Teboul, *LPA 20 sept. 2010* (procédure de sauvegarde et poursuite des relations commerciales). ♦ Ne constitue pas une des causes prévues par la loi et justifiant la rupture d'une relation commerciale établie sans préavis suffisant la prise de contrôle d'une société par un actionnaire exerçant, sur un autre territoire, une activité de distribution d'une marque concurrente, dès lors qu'aucun élément de la procédure ne permet d'affirmer que le changement intervenu comportait les germes d'une inexécution future du contrat. • Douai, 29 sept. 2005 : *BICC 2006, n° 325.* ♦ La faute reprochée – attitude offensante et raciste envers un des employés de l'auteur de la rupture – n'emprunte pas les caractéristiques de la force majeure et notamment l'irrésistibilité au sens des dispositions de l'art. 1148 [1218] C. civ., et les propos reprochés n'entrent bien évidemment pas dans le champ contractuel de telle sorte que ne peut être reprochée une inexécution contractuelle. • Bordeaux, 5 févr. 2008 : *JCP E 2008, n° 36, p. 31 ; RDLC 2008, n° 4, p. 96, obs. Mitchell* (cassé par • Com. 31 mars 2009, n° 08-13.964 : *BRDA 2009, n° 9, p. 7 ; RLC juill.-sept. 2009. 41, obs. Béhar-Touchais*). ♦ Le caractère imprévisible et irrésistible de la chute de son carnet de commande ne constitue pas un cas de force majeure exonérant l'auteur de la rupture de toute responsabilité au regard de l'art. L. 442-6 [ancien]. • Chambéry, 8 juill. 2010 : *JCP E 2010, n° 2014, note Mathey.* ♦ Sur le respect des règles fixées par un programme de compliance et les effets sur la rupture d'une relation commerciale, V. • Com. 20 nov. 2019, n° 18-12.817 : *D. 2020. 913, note Roda ; CCC 2020, n° 25, obs. Mathey.*

B. RÉGIME

34. Durée du préavis : critères. BIBL. Van Eeckhout, *RDC 2005. 491.* – Mouly-Guillemaud, *RLDA avr. 2013. 85 ; RLC avr.-juin 2013. 183* (quel est l'objet du préavis entre professionnels ?). – Benzoni et Atlani, *AJ contrat 2016. 475* (le délai de préavis lors d'une rupture contractuelle : approche économique). – Gramain, Lambert, Nettah et Bykov, *AJ contrat 2019. 428* (une analyse statistique de la durée du préavis). ♦ Le délai du préavis suffisant s'apprécie en tenant compte de la durée de la relation commerciale et des autres circonstances au moment de la notification de la rupture. • Com. 9 juill. 2013, n° 12-20.468 P : *D. 2013. 2324, note Mouly-Guillemaud ; JCP E 2013, n° 1499, note Vilmart ; CCC 2013, n° 209, obs. Mathey.* ♦ Lorsque deux distributeurs d'un même groupe ont contracté distinctement avec le même fournisseur, la rupture décidée par ce dernier avec un seul distributeur ne peut donner lieu à un préavis calculé sur la durée des relations nouées avec le plus ancien. • Paris, 30 sept. 2015, n° 13/07915 : *AJCA 2015. 529, obs. Parleani.* ♦ L'adéquation du préavis écrit qui est consenti, tenant compte de la durée de la relation commerciale, s'apprécie à la date à laquelle l'auteur de la rupture notifie son intention d'y mettre fin. • Com. 29 janv. 2013, n° 11-23.676 P : *cité note 21 ss. art. L. 330-2.* ♦ Jugeant qu'à défaut d'usages reconnus ou d'accords professionnels, la durée du préavis s'apprécie au regard de critères généralement utilisés par la jurisprudence, critères qui dépendent de la nature de la relation commerciale qui va être rompue et qu'il convient notamment que l'ancienneté de la relation et la notoriété des produits soient prises en considération, afin que le délai et les modalités de la fin des relations commerciales soient fixés en plein accord avec l'autre partie, V. • T. com. Paris, 2 avr. 1999 : *D. Affaires 1999. 980, obs. E. P.* ♦ Pour la prise en compte de l'état de dépendance économique de la victime, caractérisé par un engagement d'exclusivité, ainsi que de l'existence d'une clause de non-concurrence pour le calcul de la durée du préavis : • Paris, 23 févr. 2007 : *RJDA 2007, n° 833.* ♦ Pour une décision refusant de prendre en considération le cycle de production d'une collection (chaussures) pour apprécier la durée du préavis : • Com. 8 janv. 2002, n° 98-13.142 P : *D. 2002. AJ 567, obs. Chevrier ; CCC 2002, n° 78, obs. Malaurie-Vignal.* ♦ *Contra*, fixant la durée du préavis en fonction du domaine professionnel, la mode, dont l'activité s'organise autour de collections saisonnières : • Paris, 25 juin 2003 : *D. 2004. Somm. 1159, obs. Dorandeu* (préavis devant être notifié à la fin de la précédente collection) • 28 juin 2004 : *Lettre distrib. 10/2004, p. 3.* ♦ Comp., jugeant qu'en matière de produits alimentaires ayant le plus souvent un cycle de production annuel, il n'est pas inéquitable de fixer à 12 mois le préavis qui aurait dû être respecté : • TGI Nanterre, 5 nov. 2004 : *Lettre distrib. 4/2005, p. 2.* ♦ En donnant au mois de janvier un préavis pour la fin de la période saisonnière annuelle (vin rosé), un distributeur a respecté un préavis suffisant au regard des usages et de la durée de la relation commerciale (5 ans), permettant à l'exploitant de trouver une solution alternative pour le prochain cycle de production. • Versailles, 3 juill. 2012 : *CCC 2012, n° 232, obs. N. M.* ♦ Prenant en compte le temps nécessaire au partenaire pour se réorganiser, V. • Paris, 28 janv. 2016, n° 14/13036 : *RTD civ. 2016. 361, obs. Barbier ; JCP 2016, n° 288, obs. Grimaldi.* ♦ Ainsi, la durée du préavis à accorder dépend du temps nécessaire au partenaire évincé pour réorienter son activité et trouver éventuellement de nouveaux partenaires. • Paris, 20 déc. 2017, n° 15/20154 : *CCC 2018, n° 28, obs. Mathey ; RLDA juill.-août 2018. 52, note Bailly, Haranger et de Pelet.* ♦ Sur la prise en considération de l'appartenance de la victime de la rupture à un groupe de sociétés, lui permettant de se reconvertir plus facilement et de s'ouvrir vers un marché facile d'accès : • Com. 24 oct. 2018, n° 17-16.011 : *CCC 2019, n° 7, obs. Mathey.*

35. Indifférence du préavis contractuel. Les stipulations contractuelles relatives à la rupture du contrat n'écartent pas le jeu de la règle impérative appréhendant la rupture brutale de la relation commerciale si celle-ci est établie au sens de l'art. L. 442-1-II. • CEPC, avis n° 20-4 du 24 sept. 2020. ♦ L'existence d'une stipulation contractuelle de préavis ne dispense pas le juge, s'il en est requis, de vérifier si le délai de préavis contractuel tient compte de la durée des relations commerciales ayant existé entre les parties et des autres circonstances. • Com. 20 mai 2014, n° 13-16.398 P : *D. 2014. Pan. 2492, obs. Dorandeu ; AJCA 2014. 240, obs. Nezam et Bretzner ; JCP E 2014, n° 1381, note Mathey ; CCC 2014, n° 158, obs. Mathey ; RJDA 2014, n° 728 ; RLDA juill.-août 2014. 43, obs. Chelliah.* ♦ Le respect du préavis contractuel n'est pas suffisant pour exonérer le concédant du manquement de brusque rupture ; même si le contrat prévoit un délai de préavis d'un an, les juges sont libres de rechercher si celui-ci est suffisant et raisonnable. • Lyon, 10 avr. 2003 : *préc. note 24.* ♦ V. aussi, considérant que la durée du préavis aurait dû être fixée à un an, et non trois mois, comme le contrat l'envisageait, eu égard, d'une part, à l'ancienneté des relations et, d'autre part, à la perte de chance de gains du partenaire évincé : • Rouen, 3 nov. 1998 : *Cah. dr. entr. 1999, n° 2, p. 32, obs. Mainguy, Grignon et Respaud.* ♦ Pour d'autres exemples jugeant que le préavis contractuellement prévu est insuffisant : • Douai, 5 déc. 2002 : *Lettre distrib. 3/2003, p. 3* • Versailles, 14 oct. 2004 : *JCP E 2005, n° 8, p. 305 ; CCC 2005, n° 28, obs. Malaurie-Vignal* • 2 déc. 2004 : *ibid.* • Paris, 12 sept. 2013 : *JCP E 2014, n° 1052, note Mathey ; CCC 2014, n° 7, obs. Mathey.* ♦ Sur cette question, V. aussi • Com. 12 mai 2004, n° 01-12.865 P : *D. 2005. Pan. 150, obs. Ferrier ; JCP E 2004, n° 41, p. 1592, note Lachièze ; CCC 2004, n° 104, obs. Leveneur ; RJDA 2004, n° 1191.* ♦ Mais si l'art. L. 442-6-I-5° [ancien] institue une responsabilité d'ordre public à laquelle les parties ne peuvent renoncer par anticipation, il ne leur interdit pas de convenir des modalités de la rupture de leur relation commerciale, ou de transiger sur l'indemnisation du préjudice subi par suite de la brutalité de cette rupture. Dès lors, doit être appliqué un accord conclu entre les parties fixant un préavis de plus de deux ans assorti d'un engagement d'approvisionnement en diminution progressive. • Com. 16 déc. 2014, n° 13-21.363 P : *D. 2015. Pan. 947, obs. Ferrier ; AJCA 2015. 133, obs. Arcelin ; RTD civ. 2015. 384, obs. Barbier ; JCP E 2015, n° 1115, note Dissaux ; CCC 2015, n° 34, obs. Mathey ; RJDA 2015, n° 147 ; RLDA avr. 2015. 33, note Beaumont et Maugere ; RLC avr.-juin 2015. 121, note Mouly-Guillemaud.*

36. Durée du préavis : illustrations. Considérant qu'un délai de préavis de trente mois ne peut être admis que dans des circonstances exceptionnelles et qu'il appartient, à la partie qui estime qu'une telle durée lui est nécessaire, d'organiser en conséquence ses relations avec ses partenaires ou tout le moins de les en avertir, V. • Versailles, 27 avr. 2000 : *préc. note 26.* ♦ Pour un préavis de quatre mois jugé suffisant alors que les relations d'affaires ont duré plus de treize ans : • Chambéry, 18 mai 2004 : *Lettre distrib. 6/2004, p. 3* • Com. 31 janv. 2006, n° 03-13.739 : *JCP E 2007, n° 11, p. 23, obs. Mainguy et Respaud ; RDLC 2006, n° 3, p. 105, obs. Mitchell ; RLC juill.-sept. 2006. 47, obs. Béhar-Touchais ; RJ com. 2006. 125, obs. Decocq* (préavis de six mois pour dix ans de relations d'affaires). ♦ Pour la fixation d'un préavis de deux ans, dès lors que la relation avait duré trente-cinq ans et était caractérisée par certaines spécificités (investissement de la part du concessionnaire, dépendance économique, obligation de non-concurrence) : • Amiens, 2 juin 2015, n° 14/00395 : *RLC oct.-déc. 2015. 33, note Grall et Mallen.* ♦ Jugeant que le caractère trop bref du préavis engage la responsabilité de l'auteur de la rupture, sans que l'acceptation du report de la rupture de la relation commerciale puisse l'en exonérer, V. • Com. 3 déc. 2002, n° 99-19.822 : *D. 2003. Somm. 2432, obs. Ferrier ; JCP E 2003, n° 51-52, p. 2065, note Mainguy ; RJDA 2003, n° 548.*

37. Produit MDD. **BIBL.** Dumonceau-Beaune et Belmont, *CCC 2002. Chron. 12* (fournisseurs de produits sous marques de distributeurs et la loi NRE ou comment prévenir et gérer une situation de dépendance économique). – Reis, *CCC 2014. Étude 6* (accès au marché des fournisseurs face au développement des MDD). ♦ Pour une définition, V. C. consom., art. R. 412-47. – **C. consom.** ♦ En application de l'art. L. 442-6-I-5° [ancien], lorsqu'une relation commerciale porte sur la fourniture de produits MDD, la durée minimale de préavis est double de celle qui serait applicable si le produit n'était pas fourni sous marque de distributeur. Un produit doit être considéré comme vendu sous marque de distributeur lorsque ses caractéristiques ont été définies par l'entreprise ou le groupe d'entreprise, qui en assure la vente au détail et est propriétaire de la marque sous laquelle il est vendu. • Versailles, 18 mai 2006 : *JCP E 2006, n° 50, p. 2154.* ♦ En cas de rupture d'une relation commerciale établie, la durée minimale de préavis n'est doublée que lorsque la relation commerciale porte sur la fourniture de produits MDD, il ne suffit pas que les prestations délivrées s'incorporent dans le cycle de production des produits sous marque de distributeur. • Com. 7 juin 2011, n° 10-12.095 : *CCC 2011, n° 213, obs. Mathey ; RJDA 2011, n° 738 ; RDLC 2011, n° 4, p. 119, obs. Mitchell.* – V. aussi • Com. 24 nov. 2015, n° 14-24.672 : *D. 2016. Pan. 2488, obs. Riéra ; AJCA 2016. 94, obs. Reynier et Bretzner .* ♦ Le fait qu'un producteur élabore un habillage spécifique ne suffit pas à caractériser un produit MDD dès lors qu'il ne mentionne pas la marque de la société et n'évoque pas le logo figuratif du distributeur. • Versailles, 3 juill. 2012 : *préc. note 34.* ♦ Sur l'obligation pour le juge, qui relève d'office le doublement du préavis, d'inviter les parties à s'expliquer sur ce moyen et notamment sur la qualification de produits MDD, V. • Com. 22 oct. 2013, n° 12-19.500 P : *D. 2013. Actu. 2516 ; RTD com. 2014. 389, obs. Bouloc ; JCP E 2013, n° 1693, obs. Mathey ; CCC 2013, n° 266, obs. Mathey ; RJDA 2014, n° 174 ; RLDA janv. 2014. 36, note Mouly-Guillemaud.*

Il est recommandé que le contrat définisse cette durée minimale. Eu égard à la spécificité de chaque relation contractuelle, il n'est pas possible d'établir une recommandation générale quant à la durée minimale du préavis à respecter. Par contre, pour déterminer cette durée contractuelle, doivent être notamment prises en compte les variables suivantes : la durée de la relation entre les parties, l'importance des actifs spécifiques engagés par la partie victime de la rupture, la durée raisonnable pour cette dernière de retrouver sur le marché une solution équivalente, la part du chiffre d'affaires réalisé sur le(s) produit(s) en cause dans le total du chiffre d'affaires de la partie victime de la rupture. • CEPC, Recomm. n° 10-10 du 3 juin 2010 : *cité note 6 ss. art. L. 441-3.*

38. Accords interprofessionnels. **BIBL.** Morinet, *RD transp. 2007, Prat. 2* (rupture abusive d'une relation commerciale établie en transports routiers de marchandises). – Dereviankine et Gallois, *ibid. 2014. Formule 3* (mettre un terme à une relation commerciale établie avec un transporteur). – Institut des Usages, *RJ com. 2016. 501* (le préavis de trois mois pour rompre une relation établie de transport routier). ♦ A ce jour, seuls quatre accords pris en application de l'art. L. 442-6-I-5° [ancien] ont été recensés : l'accord des usages professionnels de la Fédération de l'imprimerie et de la communication graphique (janv. 1998), l'accord relatif à l'exploitation en location-gérance des fonds de commerce de station-service des sociétés pétrolières (14 juin 1994) et l'accord conclu dans le secteur du bricolage entre l'Union des industries du bricolage et la Fédération française des magasins de bricolage (15 janv. 2002), l'accord conclu entre la Fédération des entreprises et entrepreneurs de France et la Fédération des entreprises du commerce et de la distribution (6 mars 2013). Cette liste n'est pas exhaustive. Il existe également des délais de préavis fixés dans les contrats types de transport, et notamment : le contrat-type de transport en matière de sous-traitance et le contrat-type de commission de transport. Ils ne sont cependant pas pris en application de ce texte. • CEPC, avis n° 13-04 du 27 mai 2013. ♦ L'existence d'un accord interprofessionnel ne dispense pas la juridiction d'examiner si le préavis, qui respecte le délai minimal fixé par cet accord, tient compte de la durée de la relation commerciale et des autres circonstances de l'espèce. • Com. 2 déc. 2008, n° 08-10.731 P : *D. 2009. Pan. 2892, obs. Ferrier ; JCP E 2008, n° 50, p. 6 ; RJDA 2009, n° 273 ; Lettre distrib. 1/2009, p. 1, obs. Mouly ; RDLC 2009, n° 1, p. 128, obs. Mitchell* • Metz,

30 juin 2011 : *CCC 2011, n° 212, obs. Mathey* • Douai, 20 nov. 2007 : *RLC avr.-juin 2008. 33, obs. Béhar-Touchais.* ♦ ... Notamment de l'état de dépendance économique de l'entreprise évincée. • Com. 2 nov. 2011, n° 10-25.323 : *préc. note 25.* ♦ Même solution en présence d'usages professionnels : • Com. 3 mai 2012, n° 11-10.544 P : *D. 2012. Actu. 1324, obs. Chevrier ; JCP 2012, n° 867, note Le Gac-Pech ; CCC 2012, n° 174, obs. Mathey ; RJDA 2013, n° 166.* – V. aussi, s'agissant du code des usages professionnels de l'imprimerie et de la communication graphique : • Paris, 26 mars 2015, n° 13/19922 : *JCP E 2015, n° 1528, spéc. n° 18, obs. Grignon.*

Jugeant que l'art. L. 442-6-I-5° [ancien], qui instaure une responsabilité de nature délictuelle, ne s'applique pas dans le cadre des relations commerciales de transports publics routiers de marchandises exécutés par des sous-traitants, lorsque le contrat type qui prévoit la durée des préavis de rupture, institué par la LOTI [V. C. transp., art. L. 1432-4], régit, faute de dispositions contractuelles, les rapports du sous-traitant et de l'opérateur de transport : • Com. 4 oct. 2011, n° 10-20.240 P : *D. 2011. Actu. 2465, obs. Delpech ; RTD com. 2011. 790, obs. Bouloc ; JCP E 2011, n° 1769 ; CCC 2011, n° 259, obs. Mathey ; RJDA 2012, n° 93 ; RDLC 2011, n° 4, p. 124, obs. Fourgoux.* – V. aussi • Com. 16 avr. 2013, n° 12-15.591 : *JCP E 2013, n° 1142, note Mathey ; CCC 2013, n° 159, obs. Mathey ; Gaz. Pal. 2013. 3083, obs. Carayol.* ♦ V. déjà estimant qu'une cour d'appel n'a pas à faire application de l'art. L. 442-6-I-5° [ancien] dès lors qu'elle a constaté le respect d'un préavis de trois mois conformément au contrat type de transport public de marchandises applicable à la cause (sur ces contrats types, V. C. transp., art. L. 1432-4, L. 1432-5 et L. 1432-12. – **C. transp.**). • Com. 22 janv. 2008, n° 06-19.440 P : *D. 2008. AJ 412, obs. Delpech ; JCP E 2008, n° 10, p. 29 ; RJDA 2008, n° 649 ; RLC avr.-juin 2008. 33, obs. Béhar-Touchais.* – *Contra* : • Versailles, 9 mars 2010 : *JCP E 2010, n° 1772, spéc. n° 8, obs. Bon-Garcin ; RD transp. 2010, n° 147, obs. Paulin.* ♦ Il résulte de la combinaison des art. L. 442-6-I-5° [ancien], 8-II de la LOTI et 12-2 du contrat type approuvé par le Décr. n° 2003-1295 du 26 déc. 2003 [C. transp., art. D. 3224-3] que les usages commerciaux en référence desquels doit s'apprécier la durée du préavis de résiliation du contrat de sous-traitance de transport contractuellement convenu sont nécessairement compris comme conformes au contrat type dont dépendent les professionnels concernés. • Com. 19 nov. 2013, n° 12-26.404 P : *D. 2013. Actu. 2765, obs. Delpech ; RTD com. 2014. 180, obs. Bouloc ; JCP E 2013, n° 1704, note Bazin-Beust ; CCC 2014, n° 39, obs. Mathey ; RJDA 2014, n° 175.* ♦ Si le contrat type ne doit pas contrevenir aux dispositions législatives en matière de contrat, tel n'est pas le cas de l'art. L. 442-6-I-5° [ancien], qui instaure une responsabilité de nature délictuelle. • Com. 23 sept. 2014, n° 12-27.387 P : *D. 2014. Actu. 1932 ; JCP E 2014, n° 1508 ; CCC 2014, n° 271, obs. Mathey ; RJDA 2015, n° 49 ; Gaz. Pal. 2014. 3676, note Paulin.* ♦ L'art. L. 442-6-I-5° [ancien] ne s'applique pas à la rupture des relations commerciales de transports publics routiers de marchandises exécutés par des sous-traitants lorsque le contrat-cadre liant les parties se réfère expressément au contrat type institué par la LOTI, qui prévoit en son art. 12. 2 la durée des préavis de rupture. • Com. 22 sept. 2015, n° 13-27.726 P : *D. actu. 13 oct. 2015, obs. Delpech ; D. 2015. Actu. 1949 ; RTD com. 2015. 743, obs. Bouloc ; JCP E 2015, n° 1511 ; CCC 2015, n° 281, obs. Mathey ; RJDA 2015, n° 870.*

Le Règl. (CE) n° 1400-2002 du 31 juill. 2002 [V. ce texte, App., v° *Concurrence*], par son objet de protection de la libre concurrence, n'a pas pour vocation de suppléer, écarter ou compléter les dispositions d'ordre public interne de l'art. L. 442-6-I-5° [ancien]. Les durées minimales de préavis que ce règlement prévoit comme l'une des conditions d'exemption ne résultent ni des usages du commerce ni d'accords professionnels et ne peuvent y être assimilées pour servir de référence afin d'apprécier la durée du préavis minimale. • Versailles, 4 sept. 2012 : *D. 2012. Actu. 2445, obs. Chevrier ; CCC 2012, n° 278, obs. Mathey ; RJDA 2012, n° 1109* • Limoges, 9 févr. 2012 : *RDLC 2012, n° 4, p. 86, obs. Éréséo* • Paris, 2 juill. 2014 : *RJDA 2015, n° 391.* ♦ De la même façon, le préavis de deux ans prévu par le règlement automobile n'écarte pas la nécessité, prévue à l'art. L. 442-6-I-5° [ancien], d'accorder un préavis suffisant au partenaire qui subit une résiliation de concession. • Paris, 15 janv. 2014 : *AJCA 2014. 38, obs. Ponsard ; CCC 2014, n° 65, obs. Mathey.* ♦ Jugeant en revanche l'art. L. 442-6-I-5° [ancien] inapplicable à la rupture des concours bancaires uniquement régis par l'art. L. 313-12 C. mon. fin., V. • Com. 25 oct. 2017, n° 16-16.839 P : *cité note 13 ss. art. L. 313-12 C. mon. fin., App., v° Banque et financement de l'entreprise* • T. com. Paris, 24 janv. 2013 : *RTD com. 2014. 167, obs. Legeais ; JCP E 2013, n° 1662, spéc. n° 24, obs. Routier.*

Le contrat type du 19 sept. 1961 ne constitue qu'une déclinaison, dans le domaine des agences de publicité – pour lesquelles les relations commerciales ne peuvent, sans brusquerie, être rompues sans préavis de six mois –, du principe édicté aujourd'hui par l'art. L. 442-6 [ancien] ; l'indemnité prévue par ce dernier texte ne saurait, dès lors, être cumulativement allouée avec celle prévue par les usages des agences de publicité. • Versailles, 5 févr. 2009 : *RJDA 2009, n° 897.*

39. Point de départ du préavis. Considérant que le préavis court à compter du jour où le contractant informe son partenaire de sa volonté de ne pas poursuivre les relations contractuelles par la notification de son intention de recourir à un appel d'offres et non à compter de la date de notification de l'échec à cet appel d'offres, V. • Com. 6 juin 2001, n° 99-20.831 P : *CCC 2001, n° 160, obs. Malaurie-Vignal* • 18 déc. 2007, n° 05-15.970 : *RJDA 2008, n° 719* • Versailles, 15 mars 2007 : *RDLC 2007, n° 3, p. 107, obs. Mitchell.* – V. aussi • Com. 7 avr. 2009, n° 08-11.572 : *JCP E 2009, n° 41, p. 28, obs. Bon-Garcin ; RLC juill.-sept. 2009. 41, obs. Béhar-Touchais ; RDLC 2009, n° 3, p. 100, obs. Mitchell.* ♦ Sur la question de savoir si le point de départ du préavis doit être fixé à la date d'envoi ou à la date de réception de la lettre recommandée de rupture, V. • Com. 9 juill. 2002, n° 99-13.072 P : *JCP E 2003, n° 15, p. 660, obs. André.* ♦ Une télécopie précédant la lettre de rupture ne peut valablement constituer le préavis de la rupture des relations commerciales dès lors que les sociétés ont poursuivi leurs relations contractuelles. • Pau, 21 févr. 2006 : *RJDA 2007, n° 12.* ♦ La notification par courriel du recours à un appel d'offres vaut notification de la rupture de la relation commerciale et constitue le point de départ du préavis. • Com. 8 déc. 2015, n° 14-18.228 : *JCP E 2016, n° 1201, note Mathey ; CCC 2016, n° 68, obs. Mathey ; CCE 2016, n° 11, obs. Loiseau ; RDC 2016. 665, obs. Huet.* ♦ Sur l'absence de constatation du caractère écrit de l'appel d'offres, dont l'existence même était contestée : • Com. 14 févr. 2018, n° 16-24.667 : *AJ contrat 2018. 235, obs. Constantin ; RJDA 2018, n° 462.* ♦ Aucun préavis écrit n'ayant été notifié, le fait que les relations commerciales aient été maintenues pendant un certain temps après que le distributeur eut informé son partenaire de la rupture de la relation est sans effet sur le caractère brutal de la rupture (absence de préavis de fait). • Paris, 3 févr. 2010 : *CCC 2010, n° 226, obs. N. M.* ♦ Comp., jugeant que pour apprécier la responsabilité de l'auteur de la rupture il convient de retenir la durée du préavis réellement effectué et non de celui initialement notifié : • Com. 11 juin 2013, n° 12-21.424 : *D. 2014. Pan. 897, obs. Ferrier ; JCP E 2013, n° 1465, obs. Mathey ; CCC 2013, n° 184, obs. Mathey ; RJDA 2013, n° 949 ; RLDA oct. 2013. 41, note Mouly-Guillemaud.* ♦ Engage sa responsabilité la société qui s'abstient de notifier la durée du préavis qu'elle entend octroyer et qui, postérieurement à la notification de la rupture, entretient l'incertitude sur son intention de rompre, mettant son partenaire dans l'impossibilité de mettre à profit le préavis finalement exécuté. • Com. 15 janv. 2013, n° 12-17.553 : *RJDA 2013, n° 366.*

40. Réparation du préjudice. **BIBL.** Juaristi et de Brosses, *Dr. et patr. 6/2003. 60.* – Ruiz, *CCC 2009. Prat. 1* (indemnisation de la rupture brutale des relations commerciales). – Deshayes, *RLDA juill.-août 2010. 98* (le dommage réparable en cas de rupture brutale d'une relation commerciale établie). – Mathey, *JCP E 2011, n° 1345 ; CCC 2011, n° 116* (évaluation du préjudice en cas de rupture brutale d'une relation commerciale établie). – Lecène-Villemonteix, *Cah. dr. entr. 2014, n° 1, p. 34* (sanctions et parades). – Fourment et Batude, *CCC 2015. Étude 16* (préjudice découlant de la rupture brutale : plaidoyer pour une prévisibilité des calculs prétoriens). – Carval, Laborde et Nérot, *D. 2018. 252* (la réparation de la perte de marge). – Magnier-Merran, *AJ contrat 2019. 56* (autopsie du principe de réparation intégrale). – Delcamp, *JCP E 2020, n° 1049* (estimation de la marge indemnisable). ♦ Il résulte de l'art. L. 442-6-I-5° [ancien] que seuls sont indemnisables les préjudices découlant de la brutalité de la rupture et non de la rupture elle-même. • Com. 10 févr. 2015, n° 13-26.414 P : *D. 2015. Actu. 429 ; AJCA 2015. 182, obs. Carval ; RTD civ. 2015. 381, obs. Barbier ; JCP E 2015, n° 1180, note Le Gac-Pech ; CCC 2015, n° 89, obs. Mathey ; RJDA 2015, n° 392 ; Gaz. Pal. 2015. 1171, obs. Gerry-Vernières.* ♦ En cas d'insuffisance du préavis, le préjudice en résultant est évalué en fonction de la durée du préavis jugée nécessaire. • Com. 9 juill. 2013, n° 12-20.468 P : *préc. note 34* • 20 mai 2014, n° 13-16.398 P : *préc. note 35.* ♦ En cas d'insuffisance du préavis, le préjudice en résultant est évalué en fonction de la durée de celui-ci jugée nécessaire, sans qu'il y ait lieu de tenir compte de circonstances postérieures à la rupture. • Com. 4 oct. 2016, n° 15-14.025 : *RTD com. 2016. 719, obs. Chagny ; CCC 2017, n° 9, obs. Mathey ; RJDA 2017, n° 123.* ♦ En cas de rupture des relations commerciales sans préavis, les dommages et intérêts à fixer doivent tenir compte de la durée du préavis qui aurait dû être accordé et des conséquences dommageables résultant de l'absence de préavis, en gain manqué et perte prouvée. • Versailles, 10 juin 1999 : *préc. note 26.* ♦ Ainsi, le préjudice peut être évalué en considération de la marge brute escomptée durant la période d'insuffisance de préavis. • Com. 28 avr. 2009, n° 08-12.788 : *CCC 2009, n° 190, obs. Mathey.* – V. aussi • Aix-en-Provence, 17 avr. 2009 : *CCC 2010, n° 4, obs. Mathey* • Paris, 1er déc. 2016, n° 14/02192 : *LDDC févr. 2017, p. 2, obs. Celaya* • 17 janv. 2018, n° 15/17101 : *CCC 2018, n° 47, obs. Mathey.* ♦ Le recours à la marge brute, qui est une notion comptable définie comme la différence entre le chiffre d'affaires hors taxes (HT) et les coûts HT, se justifie par le fait que la victime de la rupture continue de supporter certaines charges fixes. • Com. 23 janv. 2019, n° 17-26.870 : *AJ contrat 2019. 186, obs. Regnault ; CCC 2019, n° 46, obs. Mathey ; RJDA 2019, n° 299 ; RLDA juin 2019. 35, note Mouly-Guillemaud.* ♦ Le fournisseur ne peut obtenir réparation que du préjudice entraîné par le caractère brutal de la rupture et non du préjudice découlant de la rupture elle-même ; dès lors, en acceptant une situation de dépendance et en ne développant pas d'activités nouvelles, le fournisseur a accepté un risque qu'il y a lieu de prendre en compte dans l'évaluation du préjudice. • Douai, 15 mars 2001 : *D. 2002. 307, note André* ; *RTD civ. 2002. 296, obs. Mestre et Fages* ; *JCP E 2001, n° 47, p. 1861, obs. Pédamon.* ♦ V. aussi : • Lyon, 15 mars 2002 : *préc. note 24* • Versailles, 22 mars 2002 : *préc. note 29.* ♦ L'art. L. 442-6-I-5° [ancien] n'est pas uniquement applicable aux relations dont le chiffre d'affaires laisse envisager une progression. • Paris, 1er déc. 2004 : *préc. note 24.* ♦ Pour un exemple d'évaluation du préjudice prenant pour base le chiffre d'affaires réalisé par le fournisseur pendant les quelques mois précédant la rupture et tenant compte de la diminution progressive de la part de marché représentée par le fournisseur dans les achats du distributeur, V. • Douai, 5 sept. 2000 : *RJ com. 2002. 33, note Salvat.* ♦ L'indemnisation due au titre du préavis est constituée par une estimation de la marge attendue des marchés, sachant que la marge réalisée ne saurait être maintenue sur une longue durée dans cette activité (produits agroalimentaires). • TGI Nanterre, 5 nov. 2004 : *préc. note 34.* ♦ Prenant en considération le chiffre d'affaires susceptible d'être réalisé avec l'ensemble des magasins européens du groupe de distribution, la marge annuelle sur un tel chiffre d'affaires multipliée par six ans, ce en raison de la durée des relations antérieures (20 ans), auquel est appliquée un coefficient de 50 % s'agissant d'une perte de chance et non d'un préjudice établi, V. • T. com. Évry, 5 oct. 2005 : *RDLC 2006, n° 2, p. 101, obs. Mitchell.*

Ayant relevé que deux sociétés, bien qu'appartenant à un même groupe et ayant la même activité, étaient deux sociétés autonomes qui avaient entretenu avec une entreprise des relations commerciales distinctes, la cour d'appel, qui n'a pas constaté qu'elles avaient agi de concert, n'a pas donné de base légale à sa décision en prenant en compte, pour apprécier la durée du préavis, le chiffre d'affaires global généré par les sociétés. • Com. 6 oct. 2015, n° 14-19.499 P : *D. 2015. Actu. 2070* ; *AJCA 2015. 532, obs. Luciani* ; *RTD civ. 2016. 118, obs. Barbier* ; *Rev. sociétés 2016. 519, obs. Tap* ; *JCP E 2015, n° 1531* ; *CCC 2015, n° 279, obs. Mathey* ; *RJDA 2016, n° 326* ; *RLDA févr. 2016. 12, note Zekkouti.* ♦ Jugeant que la réparation ne se limite pas à l'indemnisation du délai de préavis mais peut inclure l'existence d'amortissements non encore amortis spécifiquement engagés pour satisfaire un besoin explicite du distributeur, le coût éventuel de restructuration ou de désinvestissement consécutif à la rupture, la désorganisation de l'appareil productif du fournisseur et, en cas de dépendance totale, le préjudice par ricochet subi par les créanciers confrontés à la cessation des paiements du fournisseur, V. • Douai, 5 déc. 2002 : *Cah. dr. entr. 2003, n° 3, p. 21, obs. Mainguy.* ♦ Jugeant que le préjudice subi par les associés de la société victime de la rupture est constitué par la réduction du prix de cession des actions résultant de la perte brutale de ce marché important : • Toulouse, 15 sept. 2010 : *JCP E 2011, n° 1112.* – V. aussi sur le préjudice personnel et distinct des associés coopérateurs : • Com. 26 nov. 2013, n° 12-26.015 : *CCC 2014, n° 41, obs. Mathey.* ♦ Après avoir retenu que les circonstances de la rupture, autres que sa brutalité, avaient causé un préjudice moral à la victime qui s'était trouvé déconsidéré, la cour d'appel a pu condamner l'auteur de la rupture à payer une indemnité sur le fondement de l'art. 1382 [1240] C. civ., indépendamment de la responsabilité qu'il encourait sur le fondement de l'art. L. 442-6-I-5° [ancien] C. com. • Com. 20 mai 2014, n° 13-16.398 P : *préc. note 35.* ♦ Un préjudice moral peut s'inférer du caractère brutal de la rupture d'une relation commerciale établie. • Com. 5 avr. 2018, n° 16-26.568 : *CCC 2018, n° 111, obs. Mathey.* ♦ En condamnant tout à la fois l'auteur de la rupture à payer les commissions jusqu'au terme prévisible du contrat résilié sept mois avant son échéance et des dommages-intérêts correspondant à un préavis de six mois, en réparation de la rupture brutale des relations commerciales, la cour d'appel, qui a indemnisé deux fois le même dommage, a méconnu l'art. 1382 [1240] C. civ. et le principe de la réparation intégrale. • Com. 16 févr. 2016, n° 14-22.914 : *AJCA 2016. 248, obs. Pecnard et Duperray* ; *RTD civ. 2016. 359, obs. Barbier* ; *CCC 2016, n° 117, obs. Mathey.*

41. Exécution du préavis. Pour dire qu'un fournisseur n'a pas respecté un préavis suffisant et effectif en raison de la cessation des livraisons pendant le préavis, il convient de rechercher si le distributeur n'avait pas pu, compte tenu des stocks dont il disposait, continuer à assurer la distribution exclusive des produits du concédant. • Com. 9 nov. 2010, n° 09-15.889 : *CCC 2011, n° 7, obs. Mathey* ; *RDLC 2011, n° 1, p. 119, obs. Ferrier* ; *RLC avr.-juin 2011. 45, obs. Béhar-Touchais.* ♦ En réduisant de façon drastique ces commandes pendant la durée du préavis, une société a privé son partenaire de la possibilité de réorienter sa production et n'a donc pas exécuté le contrat de bonne foi au cours du préavis, de telle sorte qu'elle engage sa responsabilité contractuelle. • Com. 7 oct. 2014, n° 13-21.086 P : *cité note 5 ss. art. D. 442-3.* ♦ Ainsi, sauf circonstances particulières, l'octroi d'un préavis suppose le maintien de la relation commerciale aux conditions antérieures. Dès lors, le délai de préavis de douze mois accordé par une lettre de rupture a été privé de son intérêt par la décision concomitante de retrait progressif de l'exclusivité territoriale accordée au distributeur, plaçant ce dernier dans l'impossibilité de mettre à profit le préavis pour se réorganiser, de telle sorte que la rupture avait été brutale. • Com. 10 févr. 2015, n° 13-26.414 P : *cité note 40.* ♦ Mais dès lors qu'il apparaît que la relation commerciale s'était maintenue, dans les conditions antérieures, pendant la durée du préavis, la cour d'appel a pu retenir que la société n'avait pas subi de préjudice et, en conséquence, rejeter sa demande de dommages-intérêts. • Com. 1er mars 2017, n° 15-20.848 : *RJDA 2017, n° 436.* ♦ Si, durant le préavis, la relation commerciale doit se poursuivre aux conditions antérieures, la perte par le concessionnaire de son exclusivité territoriale après six mois de préavis, ainsi que le prévoit le contrat, ne constitue pas une modification substantielle de l'exécution du préavis (prévu pour 18 mois) dès lors qu'elle a pour contrepartie l'abandon réciproque et concomitant, par le concédant, de l'obligation d'approvisionnement exclusif et de non-concurrence pesant sur le concessionnaire. Dès lors, le préavis a été effectif. • Com. 24 juin 2020, n° 18-25.517 : *RJDA 2020, n° 537.* – V. aussi • Com. 11 mai 2017, n° 16-13.464 : *CCC 2017, n° 149, obs. Mathey.*

V. VENTES OU PRESTATIONS SUBORDONNÉES

BIBL. Idot, *RDLC 2005, n° 2, p. 31* (ventes liées).

42. Prestation subordonnée à l'acceptation d'une autre prestation. Est illicite le contrat par lequel une société, en même temps qu'elle confie à un cabinet d'expertise une mission d'estimation de ses biens, s'engage à faire appel à lui comme expert pendant dix ans en cas de sinistre pour le règlement des dommages qui lui seraient occasionnés, sous peine de versement d'une indemnité convenue à l'avance. • Com. 1er mars 1994, n° 92-13.807 P : *Gaz. Pal. 1994. 2. 796, note H. V.; Defrénois 1994. 1457, obs. Delebecque* (art. 37-1°-c de l'Ord. n° 45-1483 du 30 juin 1945).

43. Recommandation d'une société de maintenance. En ce sens que ne constitue pas un « contrat forcé » le fait pour un vendeur fabricant d'une machine hautement spécialisée de recommander une société de maintenance, même si celle-ci est sa filiale, ni que cette dernière oblige l'utilisateur de la machine à acquérir des produits de consommation auprès d'un fournisseur agréé par le fabricant dès lors que la technicité de la machine impose dans l'intérêt même de l'acquéreur qu'il y ait des liens professionnels entre les fabricants et le personnel chargé de la maintenance, V. • Grenoble, 28 oct. 1998 : *CCC 1999, n° 84, obs. Malaurie-Vignal.*

VI. AUTRES PRATIQUES PROHIBÉES

44. Contrat de référencement. Le défaut d'écrit invoqué au regard de l'art. L. 442-6-I-3° [ancien] n'affecte pas la validité du contrat dont une cour d'appel a estimé l'existence prouvée. • Com. 17 mars 2004, n° 01-10.103 P : *D. 2004. AJ 1233, obs. Chevrier ; JCP E 2004, n° 22, p. 838 ; CCC 2004, n° 91, obs. Leveneur ; RJDA 2004, n° 1054 ; RLC 2005, n° 2, p. 43, obs. Béhar-Touchais.* ♦ Engage sa responsabilité un commerçant qui obtient d'un fabricant une remise de 5 % et un allongement des délais de paiement de 30 à 60 jours préalablement à la passation des commandes pour la saison suivante, tout en refusant de l'assortir d'un quelconque engagement en volume. • Versailles, 18 mai 2006 : *RJDA 2006, n° 1174 ; RDLC 2006, n° 4, p. 81, obs. Fasquelle et Roberval.*

Pour une application de l'art. L. 442-6-II-*b* [ancien] prohibant les primes de référencement dès lors qu'il est constaté qu'une somme d'argent versée à une centrale n'avait pas été calculée sur la base des commandes effectuées mais avait été imposée dès la rédaction du contrat d'adhésion : • Com. 25 juin 2013, n° 12-21.623 : *CCC 2013, n° 213, obs. M. M.-V. ; RJDA 2014, n° 800 ; LPA 3 janv. 2014, note Garaud.*

45. Cession de créance. BIBL. Licari, *RJ com. 2002. 66, spéc. 80 s.* (incessibilité conventionnelle de la créance [art. L. 442-6-II-*c*]). – Renfert et Brun, *RTDF 2009, n° 3, p. 37* (les clauses prohibant la cession de créances en droit français et en droit comparé). ♦ Si l'art. L. 442-6-II-*a*) [ancien] tel que modifié par la L. du 15 mai 2001, prohibe désormais de telles clauses (en l'espèce, clause d'agrément préalable à toute cession de créance), la validité de la clause objet du présent litige ne saurait être remise en cause, dès lors qu'elle résulte d'une situation antérieure à cette loi. • Metz, 23 mars 2005 : *cité note 9 ss. art. L. 313-29 C. mon. fin., App., v° Banque et financement de l'entreprise.*

46. Abus d'une relation de dépendance (Jurispr. antérieure à la L. n° 2008-776 du 4 août 2008). L'état de dépendance économique au sens de l'art. L. 442-I-2°-*b* [ancien ; rédaction antérieure à la L. n° 2008-776 du 4 août 2008] ne saurait se déduire de la seule exclusivité à laquelle une société est engagée ou de la notoriété de la marque ; il caractérise une situation dans laquelle une entreprise est obligée de poursuivre des relations commerciales avec une autre, compte tenu de l'impossibilité de s'approvisionner en produits substituables dans des conditions équivalentes. • Paris, 8 mars 2006 : *CCC 2006, n° 133, obs. Malaurie-Vignal ; RDLC 2006, n° 4, p. 79, obs. Fasquelle et Roberval* • Com. 23 oct. 2007, n° 06-14.981 : *JCP 2008. I. 136, obs. 14, obs. Chagny ; RJDA 2008, n° 330 ; RDLC 2008, n° 1, p. 133, obs. Roberval et Fasquelle* • 25 juin 2013, n° 12-21.850 : *RTD com. 2013. 497, obs. Chagny* . – Rappr. de la définition donnée en matière d'abus de dépendance économique : V. note 40 ss. art. L. 420-2. ♦ Une augmentation brutale du prix des services administratifs et comptables par la société qui assure ces prestations est constitutive d'un abus de dépendance économique. • Angers, 7 févr. 2006 : *CCC 2006, n° 165, obs. Malaurie-Vignal ; RDLC 2006, n° 4, p. 80, obs. Fasquelle et Roberval.* ♦

En revanche, ne peuvent soutenir avoir été tenues dans une situation de dépendance par le franchiseur deux sociétés franchisées ayant librement accepté, lors de la signature de leurs contrats, les clauses d'interdiction de concurrence directe et indirecte après résiliation, alors que ces clauses apparaissaient proportionnées aux contrats et qu'elles en ont elles-mêmes bénéficiées dans leurs propres secteurs pendant des années. • Versailles, 11 mai 2006 : *JCP E 2006, nos 43-44, p. 1836.* ♦ Sur la dépendance économique à l'égard de plusieurs personnes juridiques distinctes (gémellité des deux entités Brico-Dépôt/Castorama) : • Douai, 20 nov. 2007 : *RLC avr.-juin 2008. 34, obs. Béhar-Touchais* (décision cassée sur ce point par • Com. 2 déc. 2008, n° 08-10.731 P : *préc. note 38*, et sur renvoi après cassation : • Douai, 6 juill. 2009 : *RDC 2010. 156, obs. Béhar-Touchais*). – V. aussi note 41 ss. art. L. 420-2. ♦ Sur l'absence de substituabilité démontrée par la grande difficulté à trouver un nouveau partenaire, V. • Caen, 13 déc. 2007 : *CCC 2008, n° 156, obs. M. M.-V.* ♦ Sur l'absence de cumul de l'action en responsabilité pour abus de dépendance économique et l'action en comblement de passif, V. • Versailles, 25 sept. 2008 : *RJDA 2009, n° 664.*

47. Avantage injustifié. Les termes de l'art. L. 442-6-I-2° [désormais anc. art. L. 442-6-I-1°], définissant de manière claire, précise et sans ambiguïté le comportement qu'ils visent et ne contredisant aucune des autres stipulations de l'art. 7 Conv. EDH, la cour d'appel a exactement décidé que le premier de ces textes n'était pas contraire au second. • Com. 12 juill. 2011, n° 10-21.551 : *CCC 2011, n° 237, obs. Mathey.* ♦ Si la plupart des applications de l'art. L. 442-6-I-1° [ancien] concerne effectivement des services de coopération commerciale et autres services rendus par le distributeur au fournisseur, tels qu'envisagés à l'art. L. 441-7 [ancien], la lettre du texte, visant « le service commercial » sans aucune autre précision ni restriction, n'en limite cependant pas l'application à ces seuls services. • CEPC, avis n° 15-22 du 21 mai 2015. ♦ L'art. L. 442-6-I-1° [ancien] envisage uniquement le résultat de la procédure de fixation du prix et ne s'applique pas à la procédure de fixation elle-même. A supposer ce texte applicable à une indemnité de résiliation anticipée, celle-ci, destinée à maintenir l'équilibre financier du contrat, contrevient à cette disposition uniquement dans le cas où la tarification de la prestation elle-même est manifestement disproportionnée au regard de la valeur des services rendus. • CEPC, avis n° 19-01 du 17 janv. 2019. ♦ La lettre du texte, visant « un avantage quelconque » et « le service commercial » sans aucune autre précision ni restriction, est large. Pour autant, il n'est pas acquis, en l'état du droit positif, qu'une pratique de remises de fin d'année soit susceptible d'être examinée au regard de l'art. L. 442-6-I-1° [ancien]. Si tel devait être le cas, il convient de rappeler que la pratique ne contrevient à cette disposition que si l'avantage constitué par la remise de fin d'année ne correspond à aucun service effectivement rendu ou apparaît manifestement disproportionné avec la valeur du service rendu. Or, le fait de bénéficier de la concentration du chiffre d'affaires de la part d'un client, sans qu'aucun artifice soit à l'origine de cette concentration, présente indéniablement un intérêt pour le prestataire qui en bénéficie. • CEPC, avis n° 15-24 du 23 juill. 2015 : *CCC 2015, n° 255, obs. Mathey.*

Est un service spécifique le service de « singularisation » consistant en la mise en œuvre de nouveaux critères d'implantation des rayons par une réallocation de l'implantation, une modulation des flux de circulation de la clientèle, une réorganisation des zones dites « chaudes » et « froides », une mise en valeur des produits frais, une restructuration des autres rayonnages et de la signalisation du point de vente de sorte que les produits frais encerclent les autres rayons. • Paris, 20 déc. 2006 : *RLC avr.-juin 2007. 38, obs. Béhar-Touchais.* ♦ Ce service, qui va au-delà des obligations contractuelles résultant habituellement des achats et des ventes en ce qu'il constituait une prestation personnalisée de collaboration au développement des ventes, et qui est distinct d'une opération de rénovation de magasin, n'apparaît pas, en soi, contraire aux dispositions de l'art. L. 442-6-I-2°-*a* [ancien]. • Même arrêt (clause toutefois annulée pour violation du principe de proportionnalité). ♦ Estimant que la « gestion d'un rayon » peut, à la différence d'une simple prestation de « mise en rayon », constituer un service spécifique susceptible d'une rémunération au titre de la coopération commerciale : • Com. 20 févr. 2007, n° 04-20.449 : *D. 2008. Pan. 252, obs. Valette-Ercole ; JCP E 2007, n° 43-44, p. 19, obs. Decocq ; CCC 2007, n° 125, obs. Malaurie-Vignal ; RJDA 2007, n° 899 ; RLC avr.-juin 2007. 39, obs. Béhar-Touchais ; RDLC 2007, n° 3, p. 109, obs. Roberval et Fasquelle.* ♦ Le contrat de coopération commerciale par lequel un distributeur fait financer par son fournisseur la construction d'un nouvel entrepôt est nul au regard de l'art. L. 442-6 [ancien], dans la mesure où cet avantage ne correspond à aucun service commercial spécifique pour le fournisseur. En effet, le stockage et son organisation, qui incombent au distributeur en sa qualité d'acheteur, ne contribuent pas à stimuler, au bénéfice du fournisseur, la revente de ses produits. • Colmar, 12 juin 2008 : *BICC 1er mars 2009, n° 296.* ♦ Jugeant également disproportionné et sans contrepartie réelle des « plan d'action par famille de produit », « plan de développement des performances du fournisseur » et « plan d'implantation des produits par type de magasin » : • Paris, 2 févr. 2012 : *RJDA 2012, n° 533 ; RLC juill.-sept. 2012. 28, note Grall et Tourret.* ♦ Jugeant disproportionnées et insuffisamment définies des prestations de « clarification et positionnement spécifique de l'assortiment des produits » ou de « mise en avant en magasins » : • Com. 11 sept. 2012, n° 11-14.620 : *D. 2012. Pan. 2766, obs. Dorandeu ; RJDA 2012, n° 1003 ; RDLC 2012, n° 4, p. 98, obs. Fourgoux.* ♦ Pour un service, fictif, de mise en avant sur le site internet et les lieux de vente, V. • Paris, 15 janv. 2015 : *AJCA 2015. 137, obs. Fourgoux* (conf. par • Com. 15 mars 2017, n° 15-18.381 : *D. 2018. Pan. 868, obs. Ferrier ; AJ contrat 2017. 230, obs. Constantin*). ♦ L'examen de la jurisprudence montre que les méthodes comparatives ont les faveurs des juridictions appelées à se prononcer sur l'existence d'une disproportion manifeste. Ainsi, la circonstance que le taux (de 50 %) pratiqué soit très nettement supérieur au taux en usage dans le secteur (compris entre 10 et 20 %) est incontestablement à prendre en considération. • CEPC, avis n° 15-21 du 21 mai 2015 : *JCP E 2015, n° 1528, spéc. n° 15, obs. Brès.*

La disproportion manifeste entre le service et sa rémunération doit être appréciée dans le cadre des contrats de coopération litigieux des parties et non dans un contexte plus général des relations d'affaire entre le fournisseur et le groupe dont dépend le distributeur. • Rennes, 20 janv. 2009 : *CCC 2009, n° 244, obs. M. M.-V.* ♦ Si la faiblesse du chiffre d'affaires réalisé par le distributeur sur le ou les produits concernés par une action de coopération commerciale pendant la période de référence au regard de l'avantage qui lui a été consenti ou l'absence de progression significative des ventes pendant cette période de référence peuvent constituer des éléments d'appréciation de l'éventuelle disproportion manifeste entre ces deux éléments, elles ne peuvent à elles seules constituer la preuve de cette disproportion manifeste, les distributeurs qui concluent des accords de coopération commerciale n'étant pas tenus à une obligation de résultat. • Com. 27 avr. 2011, n° 10-13.690 P : *D. 2011. Pan. 2966, obs. Dorandeu ; CCC 2011, n° 160, obs. Malaurie-Vignal ; RJDA 2011, n° 737 ; RDLC 2011, n° 3, p. 139, obs. Dany et Le Moullec.* ♦ Il appartient à une centrale de référencement de chiffrer objectivement la valeur du service rendu et d'opposer ce chiffre aux services de l'administration lors de leur enquête. • T. com. Nanterre, 28 mars 2007 : *JCP E 2007, n° 43-44, p. 20, obs. Decocq ; RJDA 2007, n° 1018* et *p. 885, note Redon ; RDLC 2007, n° 2, p. 126, obs. Fasquelle et Roberval ; Lettre distrib. 4/2007, p. 1, note Vertut.* – Décision infirmée par • Versailles, 24 sept. 2009 : *RJDA 2010, n° 178.* ♦ V. aussi : • Rennes, 21 déc. 2006 : *CCC 2008, n° 9, obs. M. M.-V. ; RLC avr.-juin 2007. 36, obs. Béhar-Touchais* (de la fausse coopération commerciale à la fausse facture pénalement sanctionnée). ♦ Le fait de lier le coût des prestations de services au pourcentage du chiffre d'affaires réalisé ne suffit pas à démontrer que les services en cause n'ont pas été rendus. • T. com. Meaux, 21 nov. 2006 : *Gaz. Pal. 2007. 1232.* ♦ La pratique de « globalisation artificielle des chiffres d'affaires » vise le comportement d'acheteurs qui, lors de leur regroupement, cumulent les chiffres d'affaires qu'ils réalisent avec un fournisseur, afin d'atteindre des paliers leur permettant d'obtenir de meilleures conditions commerciales alors qu'il ne résulte de ce regroupement aucune contrepartie supplémentaire pour le fournisseur. • CEPC, avis n° 14-09 du 22 sept. 2014. ♦ En l'absence de toute information sur les modalités de calcul des avantages ainsi accordés, il n'y a aucune raison d'assimiler *a priori* les réseaux multi-enseignes à une globalisation artificielle des chiffres d'affaires. • Même avis. ♦ Le fait d'obtenir un engagement de quasi-exclusivité est susceptible de contrevenir à l'art. L. 442-6-I-1° [ancien] dans le cas où sa contrepartie, constituée par des crédits-fournisseurs et des cautionnements assortis de contre-garanties, est illusoire ou dérisoire ou si cet engagement apparaît manifestement disproportionné au regard de la valeur des crédits-fournisseurs et cautionnements accordés. • CEPC, avis n° 18-3 du 1er févr. 2018 : *RLC oct. 2018. 40, note Delahaye et Villey.* ♦ Une remise liée au bénéfice du crédit d'impôt pour la compétitivité et l'emploi (CICE), de même qu'un escompte justifié par un délai de paiement non respecté, constituent des avantages sans contrepartie effectivement rendue en violation de l'art. L. 442-6-I-1° [ancien]. • CEPC, avis n° 18-6 du 7 juin 2018. – Comp. • Paris, 4 nov. 2020, n° 19/09129 : *RJDA 2021, n° 267 ; RLC juin 2021. 31, note Boudou* • T. com. Paris, 11 mai 2021, n° 2018014864 : *D. 2021. 1195, obs. Buy* .

48. Menace de brusque rupture. BIBL. S. Petit, *D. 2010. 1813* (réflexions sur l'incrimination de la menace d'une brusque rupture des relations commerciales). ♦ La menace de déréférencement visée à l'art. L. 442-6-I-4° [ancien] ne peut être invoquée que si les manœuvres dénoncées interviennent en cours de contrat, et non lorsque la rupture est déjà consommée. • Com. 20 juin 2018, n° 16-24.163 : *CCC 2018, n° 152, obs. Mathey.* ♦ Des stipulations des NCGA constitueraient probablement une menace de rupture brutale totale ou partielle des relations commerciales si de telles stipulations autorisaient un contractant à résilier le contrat si le fournisseur refusait une modification des conditions contractuelles, alors que les conditions modifiées seraient abusives au sens de l'art. L. 442-6-I-4° [ancien]. Il pourrait en aller de même des stipulations affirmant le caractère exclusif, donc non négociable des NCGA, si le contractant renonçait à rompre brutalement, totalement ou partiellement un contrat en cours, sous réserve que le partenaire accepte telles quelles les NCGA et les conditions modifiées abusives. • CEPC, avis n° 14-06 du 19 juin 2014 : *AJCA 2014. 382, obs. Mathieu* . ♦ A partir du moment où une clause prévoit que, au gré du prestataire, le refus de la révision du tarif entraînerait la résiliation à bref délai (un mois), le bénéficiaire de la stipulation qui en fait usage procède à la menace d'une rupture brutale des relations commerciales au sens de l'art. L. 442-6-I-4° [ancien]. • CEPC, avis n° 15-22 du 21 mai 2015.

49. Obtention d'un avantage préalable. L'obtention par les sociétés anonymes d'assurance, les sociétés d'assurance mutuelles régies par le code des assurances et les plateformes de gestion de sinistres enregistrées au répertoire des métiers, d'un avantage consistant en une remise sur les tarifs des réparateurs, considéré comme une condition préalable à la passation de commandes de prestations de réparations, non assorti d'engagement écrit sur un volume d'achat prévisionnel proportionné, engage leur responsabilité civile sur le fondement de l'art. L. 442-6-I-3° [ancien]. Une solution pourrait consister à substituer aux remises sur les tarifs des réparateurs des remises conditionnelles ou des ristournes de fin d'année calculées sur le chiffre d'affaires réalisé. • CEPC, avis n° 16-8 du 14 janv. 2016 : *BRDA 2016, n° 4, p. 15.* ♦ La pratique consistant à faire régler, par des sociétés de restauration collective participant à un appel d'offres, les honoraires de cabinets conseil spécialisés en « Assistance à Maîtrise d'Ouvrage » (AMO) commandités par les acheteurs, contrevient aux dispositions de l'art. L. 442-6-I-3° [ancien] dès lors que le versement de ces honoraires constitue un préalable à la participation à l'appel d'offres et qu'il n'est assorti en contrepartie d'aucun engagement écrit sur un volume d'achat proportionné. • CEPC, avis n° 18-8 du 20 sept. 2018 : *CCC 2019, n° 26, obs. Mathey.*

50. Refus de communication des CGV. Un fournisseur de produits est tenu de communiquer ses CGV dans les conditions prévues à l'art. L. 441-6 [ancien], et il ne peut refuser à un acheteur la communication des CGV applicables à une catégorie de clientèles que s'il établit, selon des critères objectifs, que cet acheteur n'appartient pas à la catégorie concernée. Il revient au juge de préciser les critères appliqués par une société pour définir ses catégories d'acheteurs, lui permettant de retenir qu'une société ne relève pas de la même catégorie d'acheteurs que les officines et groupement d'officines et relevait ainsi nécessairement de celle des grossistes. • Com. 29 mars 2017, n° 15-27.811 P : *cité note 9 ss. art. D. 442-3.*

51. Pénalité pour non-conformité. Pour une application de l'art. L. 442-6-I-8° [ancien] selon lequel engage la responsabilité de son auteur le fait de procéder au refus ou retour de marchandises ou de déduire d'office du montant de la facture établie par le fournisseur les pénalités ou rabais correspondant au non-respect d'une date de livraison ou à la non-conformité des marchandises, lorsque la dette n'est pas certaine, liquide et exigible, sans même que le fournisseur n'ait été en mesure de contrôler la réalité du grief correspondant, V. • Paris, 19 avr. 2017, n° 15/24221 : *CCC 2017, n° 152, obs. Malaurie-Vignal ; RJDA 2017, n° 840.*

Art. L. 442-2 Engage la responsabilité de son auteur et l'oblige à réparer le préjudice causé le fait, par toute personne exerçant des activités de production, de distribution ou de services de participer directement ou indirectement à la violation de l'interdiction de revente hors réseau faite au distributeur lié par un accord de distribution sélective ou exclusive exempté au titre des règles applicables du droit de la concurrence. — *Comp. anc. art. L. 442-6-I-6°, supra.*

1. Étanchéité du réseau. Sur l'application de l'art. L. 442-6-I-6° [L. 442-2], malgré l'absence d'étanchéité juridique d'un réseau de distribution sélective, V. • Paris, 8 juin 2005 : *RDLC 2005, n° 3, p. 86, obs. Mitchell ; RLC 2005, n° 5, p. 24, obs. Viennois.* ♦ Un concessionnaire évincé ne peut maintenir un flux d'affaires avec la marque du fabricant, en recourant aux importations parallèles, sans établir la régularité de son approvisionnement en dévoilant l'identité de son fournisseur immédiat. • Paris, 4 févr. 2015, n° 12/20412 : *AJCA 2015. 236, obs. Parleani ; RJDA 2015, n° 647.*

2. Vente en ligne. Les ventes accomplies par de simples particuliers ne sont pas susceptibles de constituer une violation d'une interdiction de revente hors réseau de distribution sélective. • Com. 3 mai 2012, n° 11-10.508 P : *D. 2012. 1684, note Mauger-Vielpeau ; JCP E 2012, n° 1458, note Debet ; CCC 2012, n° 207, obs. Malaurie-Vignal ; Gaz. Pal. 2012. 2246, obs. Marino ; RJDA 2012, n° 809 ; RJ com. nov.-déc. 2012. 26, obs. Berlioz.* ♦ Cassation de l'arrêt ayant retenu la responsabilité d'une plate-forme de commerce électronique pour l'utilisation de son site par des vendeurs violant un réseau de distribution sélective : • Paris, 3 sept. 2010 : *JCP 2010, n° 1111, note Huet ; CCC 2010, n° 247, obs. Malaurie-Vignal ; CCE 2010, n° 110, obs. Debet ; RDLC 2010, n° 4, p. 138, obs. Éréséo.* ♦ En ne permettant que la vente en ligne par le site propre du pharmacien distributeur des produits du fournisseur, les contrats de distribution sélective interdisent par principe à celui-ci le recours à la vente en ligne par le biais de plate-forme en ligne ; cette interdiction de principe, quelles qu'en soient les caractéristiques, est susceptible de constituer, sauf justification objective, une restriction de concurrence caractérisée exclue du bénéfice de l'exemption communautaire individuelle visée à l'art. L. 442-6-I-6° [L. 442-2]. • Paris, 2 févr. 2016, n° 15/01542 : *D. 2017. Pan. 887, obs.*

Ferrier ; *AJCA 2016. 210, obs. Ponsard* ; *Dalloz IP/IT 2016. 261, obs. Alma-Delettre* ; *JCP E 2016, n° 1310, note Malaurie-Vignal* ; *CCC 2016, n° 148, obs. Bosco* ; *RJDA 2016, n° 524* (cassation partielle, uniquement sur l'action en référé, par • Com. 13 sept. 2017, n° 16-15.067 : *D. 2018. Pan. 867, obs. Ferrier* ; *AJ contrat 2017. 489, obs. Buy et Roda* ; *Dalloz IP/IT 2017. 665, obs. Lemay* ; *JCP E 2017, n° 1632, note Wilhem et Dumur* ; *CCC 2017, n° 221, obs. Malaurie-Vignal* ; *RJDA 2017, n° 800* ; *RLDI nov. 2017. 12, note Fourgoux*). – Et sur renvoi, validant, au regard du droit de la concurrence, l'interdiction de recourir à des plateformes tierces de vente sur internet : • Paris, 13 juill. 2018, n° 17/20787 : *Dalloz IP/IT 2018. 645, obs. Maréchal*.

3. Exercice de l'action. En prononçant une condamnation tant pour usage illicite de marque que pour concurrence déloyale et pour violation de l'interdiction de vente hors réseau alors que les faits retenus, de ces deux derniers chefs, ne constituaient pas des faits distincts de ceux retenus pour dire que le fournisseur justifiait de motifs légitimes pour s'opposer à une nouvelle commercialisation de ses produits, la cour d'appel a violé les art. 1382 [1240] C. civ., L. 442-6-I-6° [L. 442-2] C. com., ensemble les art. L. 713-2 et L. 713-4 CPI. • Com. 23 mars 2010, n° 09-66.987 : *JCP E 2011, n° 1135, spéc. n° 40, obs. Decocq* ; *CCC 2010, n° 236, obs. Malaurie-Vignal.* ♦ Si la revente par un distributeur non agréé de produits destinés à être diffusés à travers un réseau de distribution sélective juridiquement étanche et licite au regard des règles de la concurrence constitue un acte de concurrence déloyale et de parasitisme engageant la responsabilité de son auteur sur le fondement de l'art. L. 442-6-I-6° [L. 442-2], le préjudice allégué de ce chef ne se distingue pas de celui que lui a causé l'usage illicite de la marque, dans la mesure où il trouve sa cause dans les mêmes faits de revente hors réseau par un distributeur non agréé qui caractérisent cet usage illicite. • Com. 23 mars 2010, n° 09-66.522 : *eod. loc.* ♦ Pour une violation de l'interdiction de vente hors réseau dans le cadre de la liquidation judiciaire d'un distributeur agréé, V. • Com. 16 févr. 2016, n° 14-13.017 : *D. 2017. Pan. 888, obs. Ferrier* ; *CCC 2016, n° 115, obs. Malaurie-Vignal.* ♦ La responsabilité d'un fournisseur au titre de l'agrément prétendument fautif d'un nouveau distributeur ne relève pas des dispositions de l'art. L. 442-6-I-6° [L. 442-2], qui sanctionnent la participation à la violation de l'interdiction de revente hors réseau. • Com. 31 mars 2015, n° 14-12.272 : *AJCA 2015. 331, obs. Riera* ; *JCP E 2015, n° 1386, note Bories* ; *CCC 2015, n° 172, obs. Malaurie-Vignal.* ♦ Sur la responsabilité d'un tiers hors réseau pour avoir proposé à la vente des véhicules dont l'origine est illicite, V. • Paris, 9 janv. 2019 : *CCC 2019, n° 65, obs. Malaurie-Vignal.*

Art. L. 442-3 **Sont nuls les clauses ou contrats prévoyant pour toute personne exerçant des activités de production, de distribution ou de services, la possibilité** *(Abrogé par L. n° 2020-1508 du 3 déc. 2020, art. 18)* **« *de bénéficier* » :**

a) *(L. n° 2020-1508 du 3 déc. 2020, art. 18)* **« De bénéficier » rétroactivement de remises, de ristournes ou d'accords de coopération commerciale ;**

b) *(L. n° 2020-1508 du 3 déc. 2020, art. 18)* **« De bénéficier » automatiquement des conditions plus favorables consenties aux entreprises concurrentes par le cocontractant ;**

(L. n° 2020-1508 du 3 déc. 2020, art. 18) **« *c)* D'interdire au cocontractant la cession à des tiers des créances qu'il détient sur elle. »**

Art. L. 442-4 **I. — Pour l'application des articles L. 442-1, L. 442-2, L. 442-3, L. 442-7 et L. 442-8, l'action est introduite devant la juridiction civile ou commerciale compétente par toute personne justifiant d'un intérêt, par le ministère public, par le ministre chargé de l'économie ou par le président de l'Autorité de la concurrence lorsque ce dernier constate, à l'occasion des affaires qui relèvent de sa compétence, une pratique mentionnée aux articles précités.**

Toute personne justifiant d'un intérêt peut demander à la juridiction saisie d'ordonner la cessation des pratiques mentionnées aux articles L. 442-1, L. 442-2, L. 442-3, L. 442-7 et L. 442-8 ainsi que la réparation du préjudice subi. Seule la partie victime des pratiques prévues aux articles L. 442-1, L. 442-2, L. 442-3, L. 442-7 et L. 442-8 peut faire constater la nullité des clauses ou contrats illicites et demander la restitution des avantages indus.

Le ministre chargé de l'économie ou le ministère public peuvent demander à la juridiction saisie d'ordonner la cessation des pratiques mentionnées aux articles L. 442-1, L. 442-2, L. 442-3, L. 442-7 et L. 442-8. Ils peuvent également, pour toutes ces pratiques, faire constater la nullité des clauses ou contrats illicites et demander la restitution des avantages indument obtenus, dès lors que les victimes de ces pratiques sont informées, par tous moyens, de l'introduction de cette action en justice. Ils peuvent

également demander le prononcé d'une amende civile dont le montant ne peut excéder le plus élevé des trois montants suivants :
— cinq millions d'euros ;
— le triple du montant des avantages indument perçus ou obtenus ;
— 5 % du chiffre d'affaires hors taxes réalisé en France par l'auteur des pratiques lors du dernier exercice clos depuis l'exercice précédant celui au cours duquel les pratiques ont été mises en œuvre.

II. — La juridiction ordonne systématiquement la publication, la diffusion ou l'affichage de sa décision ou d'un extrait de celle-ci selon les modalités qu'elle précise. Elle peut ordonner l'insertion de la décision ou de l'extrait de celle-ci dans le rapport établi sur les opérations de l'exercice par les gérants, le conseil d'administration ou le directoire de l'entreprise. Les frais sont supportés par la personne condamnée.

La juridiction peut ordonner l'exécution de sa décision sous astreinte.

Le juge des référés peut ordonner, au besoin sous astreinte, la cessation des pratiques abusives ou toute autre mesure provisoire.

III. — Les litiges relatifs à l'application des articles L. 442-1, L. 442-2, L. 442-3, L. 442-7 et L. 442-8 sont attribués aux juridictions dont le siège et le ressort sont fixés par décret. — *V. art. D. 442-2 et D. 442-3. — Comp. anc. art. L. 442-6-III et IV.*

BIBL. ▸ LUC, *RLC juin 2019. 28* (le nouveau dispositif de mise en œuvre des pratiques restrictives de concurrence). – FERRIER, *CCC 2019. Dossier 5* (quelle autonomie procédurale du droit de la concurrence ?).

Code de commerce Ancien art. L. 442-6 *I et II. — V. ss. art. L. 442-1.*

III. — L'action est introduite devant la juridiction civile ou commerciale compétente par toute personne justifiant d'un intérêt, par le ministère public, par le ministre chargé de l'économie ou par le président de l'Autorité de la concurrence lorsque ce dernier constate, à l'occasion des affaires qui relèvent de sa compétence, une pratique mentionnée au présent article.

Lors de cette action, le ministre chargé de l'économie et le ministère public peuvent demander à la juridiction saisie d'ordonner la cessation des pratiques mentionnées au présent article. Ils peuvent aussi, pour toutes ces pratiques, faire constater la nullité des clauses ou contrats illicites et demander la répétition de l'indu. Ils peuvent également demander le prononcé d'une amende civile dont le montant ne peut être supérieur à cinq millions d'euros. Toutefois, cette amende peut être portée au triple du montant des sommes indûment versées ou, de manière proportionnée aux avantages tirés du manquement, à 5 % du chiffre d'affaires hors taxes réalisé en France par l'auteur des pratiques lors du dernier exercice clos depuis l'exercice précédant celui au cours duquel les pratiques mentionnées au présent article ont été mises en œuvre. La réparation des préjudices subis peut également être demandée. Dans tous les cas, il appartient au prestataire de services, au producteur, au commerçant, à l'industriel ou à la personne immatriculée au répertoire des métiers qui se prétend libéré de justifier du fait qui a produit l'extinction de son obligation.

La juridiction ordonne systématiquement la publication, la diffusion ou l'affichage de sa décision ou d'un extrait de celle-ci selon les modalités qu'elle précise. Elle peut également ordonner l'insertion de la décision ou de l'extrait de celle-ci dans le rapport établi sur les opérations de l'exercice par les gérants, le conseil d'administration ou le directoire de l'entreprise. Les frais sont supportés par la personne condamnée.

La juridiction peut ordonner l'exécution de sa décision sous astreinte.

Les litiges relatifs à l'application du présent article sont attribués aux juridictions dont le siège et le ressort sont fixés par décret.

IV. — Le juge des référés peut ordonner, au besoin sous astreinte, la cessation des pratiques abusives ou toute autre mesure provisoire.

BIBL. ▸ BRILL, *Gaz. Pal. 1987. 2. Doctr. 775* (sanctions civiles). – CHAGNY, *JCP 2006. I. 149* (la notion de dommages et intérêts punitifs et ses répercussions sur le droit de la concurrence). – BÉLOT, *D. 2007. 1681* (l'évaluation du préjudice économique). – PENNEAU, *D. 2003. 1278* (sanction civile de contrats commerciaux déloyaux par l'effet de l'action de substitution d'une autorité publique). – AUGUET, *LPA 2 sept. 2004* (nouvelles régulations économiques et nouveaux contentieux du droit de la concurrence devant les tribunaux de commerce). – LE GOFF, *LPA 6 oct. 2011* (le contentieux de l'art. L. 442-6).

I. ACTION EN JUSTICE

A. ACTION DE LA VICTIME

1. Action en nullité. BIBL. Sélinsky et Peyre, *RLC 2005, n° 2, p. 114* (la nullité des engagements relatifs à des pratiques restrictives visées par l'art. L. 442-6). – Chagny, *RDC 2018. 137* (un texte pour la nullité ? Quand la réforme du droit commun des contrats appelle celle du droit spécial des pratiques restrictives de concurrence). ♦ La partie victime d'un déséquilibre significatif, au sens de l'art. L. 442-6-I-2° [ancien], est fondée à faire prononcer la nullité de la clause du contrat qui crée ce déséquilibre, s'agissant d'une clause illicite qui méconnaît les dispositions d'ordre public de ce texte. • Com. 30 sept. 2020, n° 18-25.204 : *AJ contrat 2020. 561, obs. Chagny ; RTD civ. 2021. 124, obs. Barbier ; JCP E 2021, n° 1075, note Mihailov ; RJDA 2021, n° 200.* ♦ *Contra* : contrairement au ministère public ou au ministre de l'Économie, celui qui est partie au contrat ne peut en faire constater la nullité ou celle de la clause à l'origine d'une pratique abusive prévue par l'art. L. 442-6-III, al. 1er [ancien]. • T. com. Nanterre, 20 sept. 2001 : *RJDA 2002, n° 822.* ♦ L'art. L. 442-6 [ancien], dans sa rédaction antérieure à la L. n° 2001-420 du 15 mai 2001, institue pour seule sanction des pratiques affectant l'équilibre des relations commerciales, la responsabilité civile de leur auteur. La finalité de ce texte intéressant l'ordre public économique lui confère un caractère spécial primant le droit commun. Il est donc impossible de le rapprocher de l'art. L. 420-3 pour obtenir l'annulation des conventions contrevenantes. • Versailles, 30 sept. 2004, n° 01/07008 : *BICC 2005, n° 185.*

2. Cumul d'actions. Le principe de non-cumul des responsabilités contractuelle et délictuelle interdit seulement au créancier d'une obligation contractuelle de se prévaloir, contre le débiteur de cette obligation, des règles de la responsabilité délictuelle et n'interdit pas la présentation d'une demande distincte, fondée sur l'art. L. 442-6-I-5° [ancien], qui tend à la réparation d'un préjudice résultant non pas d'un manquement contractuel mais de la rupture brutale d'une relation commerciale établie. • Com. 24 oct. 2018, n° 17-25.672 P : *D. 2018. 2396, note Buy ; AJ contrat 2019. 86, obs. Dissaux ; RTD civ. 2019. 103, obs. Barbier ; ibid. 112, obs. Jourdain ; JCP E 2018, n° 1594 ; CCC 2018, n° 201, obs. Mathey ; RJDA 2019, n° 298* • 10 avr. 2019, n° 18-12.882 : *CCC 2019, n° 103, obs. Mathey.* ♦ Les dispositions de l'art. L. 442-6-I-5° [ancien] C. com., étant exclusives de celles de l'art. 1382 [1240] C. civ., c'est à bon droit que la cour d'appel a retenu qu'en l'absence de toute faute délictuelle distincte établie, la demande fondée sur ce dernier texte devait être rejetée. • Com. 2 oct. 2019, n° 18-15.676 P : *cité ss. art. L. 146-4.* ♦ Le principe de non-cumul des actions en responsabilité pour insuffisance d'actif et de droit commun n'interdit pas de présenter à titre subsidiaire une action fondée sur l'art. L. 442-6-I-5° [ancien]. • Grenoble, 28 mars 2013 : *CCC 2013, n° 133, obs. Mathey.*

3. Incompétence de l'Autorité de la concurrence. Une action en responsabilité pour pratiques discriminatoires, fondée sur l'art. 36 [C. com., anc. art. L. 442-6], relève de la juridiction civile ou commerciale territorialement compétente et non du Conseil de la concurrence. • Paris, 3 mai 1990 : *D. 1990. IR 142.* ♦ Le refus de vente ne relevait de la compétence du Conseil de la concurrence que dans la mesure où il se rattachait à l'exploitation abusive d'une position dominante ou à celle d'un état de dépendance économique. • Paris, 22 janv. 1992 : *D. 1992. IR 123.* ♦ V. aussi note 14 ss. art. L. 420-2. ♦ Pour la mise en œuvre du III de l'art. L. 442-6 [ancien], permettant au président du Conseil de transmettre le dossier aux tribunaux de commerce compétents, V. • Cons. conc. n° 07-D-50 du 20 déc. 2007 : *cité note 20 ss. art. L. 420-1.*

4. Compétence territoriale. BIBL. Nourissat, *RLDA sept. 2007. 67* (du curieux effet du franchissement d'une frontière sur la nature de l'action). – Ruy, *JCP E 2009, n° 50, p. 3* (regroupement du contentieux de l'art. L. 442-6). – Bretzner, *RLDA juill.-août 2010. 91* (nature juridique de la responsabilité résultant de la violation de l'art. L. 442-6-I-5°). – Mainguy, *D. 2011. 1495* (nature de la responsabilité du fait de la rupture brutale des relations commerciales établies : une controverse jurisprudentielle à résoudre). – Pihéry, *AJCA 2016. 235* (les clauses attributives de juridiction à l'épreuve du droit de la concurrence). – Bienvenu, *JCP E 2016, n° 1464* (rupture brutale d'une relation commerciale : compétence des juridictions saisies). – Arroyo, *RLC mai 2018. 21* (rupture brutale des relations commerciales établies dans les litiges internationaux : vers un régime unifié de la qualification de l'action ?). – Rontchevsky, *AJ contrat 2019. 17* (rupture brutale des relations commerciales établies : le contentieux interne et les MARD). – Fohrer-Dedeurwaerder, *RTD com. 2018. 1083* (les clauses attributives de juridiction dans les relations commerciales établies). ♦ Le fait de rompre brutalement une relation commerciale établie engage la responsabilité délictuelle de son auteur. • Com. 6 févr. 2007, n° 04-13.178 P : *D. 2007. Pan. 1694, obs. Ballot-Léna ; RTD com. 2008. 210, obs. Delebecque ; JCP 2007. II. 10108, note Marmoz ; CCC 2007, n° 91, obs. Malaurie-Vignal ; RJDA 2007, n° 785 ; RLC oct.-déc. 2007. 85, obs. Chagny* • 13 janv. 2009, n° 08-13.971 P : *D. 2009. Pan. 2892, obs. Ferrier ; JCP E 2009, n° 7, p. 41 ; CCC 2009, n° 72, obs. Mathey ; RJDA 2009, n° 478 ; RLC oct.-déc. 2009. 41, obs. Béhar-Touchais ; RDC 2009. 1016, obs. D. Mazeaud ; RDLC 2009, n° 2, p. 129, obs. Mitchell* (soulignant que la victime de la rupture avait assigné l'auteur exclusivement sur le fondement de l'anc. art. L. 442-6-I-5°) • 15 sept. 2009, n° 07-10.493 : *CCC 2010, n° 179, obs. Mathey ; RJDA 2010, n° 84* • 13 oct. 2009, n° 08-20.411 : *CCC 2010, n° 180, obs. Mathey* • 18 janv. 2011, n° 10-11.885 P : *D. 2011. Actu. 366, obs. Delpech ; RTD com. 2011. 406, obs. Bouloc ; JCP E 2011, n° 1179, note de Lammerville et Aynès ; CCC 2011, n° 64, obs. Mathey ; RJDA 2011, n° 489 ; RJ com. 2011. 277, obs. Ancel.* – Comp. • Civ. 1re, 6 mars 2007, n° 06-10.946 P : *D. 2007. AJ 951, obs. Chevrier ; JCP 2008. I. 112, n° 3, obs. Lecourt* • 22 oct. 2008, n° 07-15.823 P : *cité note 21 ss. anc. art. L. 442-6, reproduit ss. art. L. 442-1* • CJUE 14 juill. 2016, n° C-196/15 : *eod. loc.* ♦ La rupture brutale de relations commerciales ne peut engager la responsabilité contractuelle de la société qui en est à l'origine, au sens de l'art. 5 § 1 du Règl. n° 44/2001 du 22 déc. 2000, cette responsabilité relevant de la matière délictuelle ou quasi délictuelle au sens de l'art. 5 § 3 du règlement. • Rennes, 27 juin 2006 : *BICC 1er mars 2007, n° 485.* ♦ En vertu de l'art. 46, al. 3, NCPC [renommé C. pr. civ.] (selon lequel, en matière délictuelle, le demandeur peut saisir, outre la juridiction du lieu où demeure le défendeur, celle du lieu du fait dommageable ou celle dans le ressort de laquelle le dommage a été subi), une centrale d'achats peut saisir le juge des référés du tribunal de commerce du lieu de son siège social, lieu où le dommage a été subi, sans que le fournisseur puisse valablement lui opposer la clause attributive de compétence figurant dans ses conditions générales de vente. • Versailles, 26 oct. 1995 : *BRDA 1996, n° 15, p. 15.* – V. déjà • Douai, 23 sept. 1993 : *D. 1994. Somm. 171, obs. Gavalda et Lucas de Leyssac ; Gaz. Pal. 1994. 1. 47, note Marchi* • Com. 21 avr. 1992, n° 90-18.750 : *RJDA 1992, n° 933.* – V. aussi • Com. 9 avr. 1996, n° 94-14.649 P : *D. 1997. 77, note Tichadou .* ♦ Sur le tribunal compétent en cas de pluralité de défendeurs : • Com. 7 juill. 2009, n° 08-16.633 P : *D. 2009. AJ 1961, obs. Chevrier ; JCP 2009, n° 37, p. 35 ; CCC 2009, n° 220, obs. Mathey ; RJDA 2010, n° 105.* ♦ La clause, qui attribue compétence aux juridictions allemandes pour tous les litiges découlant des relations contractuelles, est suffisament large pour s'appliquer à ceux découlant de faits de rupture brutale des relations commerciales établies, peu important à cet égard la nature délictuelle ou contractuelle de la responsabilité encourue. • Com. 20 mars 2012, n° 11-11.570 : *JCP E 2012, n° 1500 ; CCC 2012, n° 208, obs. Mathey.* – V. aussi • Com. 5 juill. 2017, n° 16-13.862 : *CCC 2017, n° 222, obs. Mathey.* ♦ Ayant relevé que le rapport de droit en cause ne se limitait pas aux obligations contractuelles, la référence de l'art. 26 au « présent contrat » ne concernant que le droit applicable, et devait s'entendre des litiges découlant de la relation contractuelle, la cour d'appel, hors toute dénaturation, en a souverainement déduit, des dispositions impératives constitutives de lois de police fussent-elles applicables au fond du litige, que la clause attributive de compétence s'appliquait à la rupture brutale du contrat. • Civ. 1re, 18 janv. 2017, n° 15-26.105 P : *AJ contrat 2017. 139, obs. Nourissat ; RTD civ. 2017. 391, obs. Barbier ; Rev. crit. DIP 2017. 269, note Bureau et Muir Watt ; RJDA 2017, n° 289.*

Ayant relevé que le dommage invoqué était constitué par la cessation d'activité de l'entreprise à la suite des difficultés financières résultant de la rupture brutale des relations commerciales établies, une cour d'appel a pu déduire de ces constatations que le dommage avait été subi au lieu où s'exerçait l'activité de l'entreprise, et décider que le tribunal de commerce dans le ressort duquel elle était située, était territorialement compétent. • Civ. 2e, 6 oct. 2005, n° 03-20.187 P : *D. 2005. AJ 2677, obs. Chevrier ; JCP 2005. IV. 3349 ; CCC 2006, n° 34, obs. Malaurie-Vignal ; RJDA 2005, n° 1390.* – Comp. • Com. 8 févr. 2000, n° 98-13.282 : *Procédures 2000, n° 88, obs. Perrot.*

Sur les juridictions compétentes, V. le 5e al. du III de l'anc. art. L. 442-6 et les art. D. 442-3 et D. 442-4. ♦ Les dispositions de l'art. L. 442-6 [ancien] attribuant le pouvoir juridictionnel, pour les litiges relatifs à son application, aux juridictions désignées par l'art. D. 442-3 ne peuvent être mises en échec par une clause attributive de juridiction. • Com. 1er mars 2017, n° 15-22.675 P : *D. 2017. Pan. 2451, obs. Dorandeu ; AJ contrat 2017. 188, obs. Ruy ; RTD civ. 2017. 391, obs. Barbier ; JCP 2017, n° 406, note Mouralis ; CCC 2017, n° 99, obs. Malaurie-Vignal ; RJDA 2017, n° 372 ; RLDA mai 2017. 13, note Clavel-Thoraval ; Procédures 2017, n° 93, obs. Weiller.* ♦ Le litige relevant d'une juridiction spécialisée, c'est à bon droit que la cour d'appel a retenu que le débat sur l'opposabilité de la clause attributive de compétence dont se prévalait la société importait peu, une telle clause ne pouvant recevoir application dès lors qu'elle désignait une juridiction non spécialement désignée par les art. L. 442-6 [ancien] et D. 442-3. • Com. 11 mai 2017, n° 15-21.913 : *CCC 2017, n° 175, obs. Mathey.* ♦ Sur les clauses attributives de compétence et la compétence spéciale, V. aussi Henderson et Bobocea, note ss. : • Paris, 4 juin 2013 : *JCP E 2013, n° 1705.*

5. Compétence matérielle. Si, conformément à la jurisprudence de la Cour de cassation selon laquelle le fait de rompre brutalement une relation commerciale établie engage la responsabilité délictuelle de son auteur (V. note 4), l'action engagée par la société à l'encontre des EPIC SNCF réseau et SNCF paraît ressortir à la juridiction judiciaire, le caractère administratif des marchés antérieurement passés entre les parties, retenu par les juges du fond au regard de certaines de leurs clauses, pourrait conduire à admettre la compétence de la juridiction administrative pour en connaître, dès lors que le Conseil d'État et le Tribunal des conflits ont reconnu, en cette matière, un effet attractif de compétence au contrat administratif, cependant limité à la seule phase précontractuelle (renvoi au Tribunal des conflits). • Civ. 1re, 9 sept. 2020, n° 19-21.955 P : *JCP E 2020, n° 1377 ; CCC 2020, n° 156, obs. Mathey ; RJDA 2021, n° 62.* ♦ La demande de la société, qui tend à obtenir réparation du préjudice qu'elle estime avoir subi du fait de la rupture brutale de la relation antérieurement établie entre elle et SNCF Réseau, est relative à la cessation de la relation contractuelle résultant d'un contrat administratif, alors même que la société se prévaut des dispositions du 5° du I de l'art. L. 442-6 [ancien], désormais reprises en substance à l'art. L. 442-1. Le litige ressortit, en conséquence, à la compétence de la juridiction administrative. • T. confl. 8 févr. 2021, n° 4201 : *AJDA 2021. 308, obs. Maupin ; RJDA 2021, n° 343* • 5 juill. 2021, n° 4213 : *AJCT 2021. 609, obs. Noual ; RDI 2022. 107, obs. Giacuzzo ; RJDA 2021, n° 796.* ♦ Conformément à l'art. 11 de la L. du 24 mai 1872 relative au Tribunal des conflits, cette décision s'impose à toutes les juridictions judiciaires et administratives. • Civ. 1re, 19 mai 2021, n° 19-21.955 P : *D. 2021. Actu. 1032 ; JCP E 2021, n° 1292 ; CCC 2021, n° 120, obs. Mathey ; RJDA 11/2021. 969, note Dazzan.*

6. Prescription. Il résulte de l'art. 2224 C. civ. que la prescription d'une action en responsabilité court à compter de la réalisation du dommage ou de la date à laquelle il est révélé à la victime, si celle-ci établit qu'elle n'en avait pas eu précédemment connaissance. C'est à bon droit qu'en application de ce texte, la cour d'appel a retenu que la prescription de l'action en responsabilité engagée pour rupture brutale d'une relation commerciale avait couru à compter de la notification de la rupture dès lors que la victime avait eu connaissance, à cette date, de l'absence de préavis et du préjudice en découlant, sans qu'il y ait lieu de tenir compte de l'éventualité d'une faute ayant pu justifier que l'auteur de la rupture ait mis un terme à la relation sans préavis. • Com. 8 juill. 2020, n° 18-24.441 P : *D. 2020. Chron. C. cass. 2482, obs. Le Bras ; AJ contrat 2020. 497, obs. Regnault ; JCP E 2020, n° 1319.* ♦ Si, en principe, l'interruption de la prescription ne peut s'étendre d'une action à une autre, il en est autrement lorsque deux actions, quoique ayant des causes distinctes, tendent à un seul et même but, de telle sorte que la seconde est virtuellement comprise dans la première. Il convient alors de vérifier si les faits que la victime avait alors *dénoncés pour réclamer* l'indemnisation de la perte de marge commerciale qu'elle prétendait avoir subie par suite de la modification unilatérale des conditions commerciales qui lui avait été imposée dans sa lettre de rupture, que la cour d'appel avait écartés comme relevant de l'art. L. 442-6-I-5° [ancien], n'étaient pas les mêmes que ceux qu'elle invoquait au soutien de sa demande fondée sur ce texte, de sorte que les actions tendaient toutes deux à la réparation du préjudice résultant de la modification unilatérale des conditions commerciales, éventuellement constitutive d'une rupture, fût-elle seulement partielle, de la relation commerciale unissant les parties. • Même arrêt. ♦ Se prononçant pour l'application de l'art. L. 110-1 C. com. et non de l'art. L. 133-6 du même code pour une action relative à la rupture brutale des relations commerciales avec un prestataire de transport, V. • Com. 11 mai 2010, n° 09-10.797 : *JCP E 2010, n° 1772, obs. Bon-Garcin ; CCC 2010, n° 205, obs. Mathey ; RDLC 2010, n° 3, p. 109, obs. Mitchell et Le Moullec* • 21 sept. 2010, n° 09-15.716 : *RJDA 2011, n° 86 ; RDLC 2010, n° 4, p. 150, obs. Mitchell.* – V. aussi : • Com. 1er oct. 2013, n° 12-23.456 P : *cité note 22 ss. art. L. 133-6.*

7. Conflit de lois. Jugeant, en application de l'art. 4 de la Conv. de Rome du 19 juin 1980, que c'est l'art. L. 442-6-I-5° [ancien] qui est applicable à la rupture d'un contrat international de distribution, V. • Besançon, 14 juin 2006 : *JCP 2007. IV. 1346.* ♦ Retenant, au contraire, l'exception d'incompétence soulevée par des sociétés suisses : • Crim. 26 sept. 2007, n° 06-19.709 P : *JCP E 2008, n° 20, p. 23, obs. Mainguy.*

8. Clause compromissoire. Sur la compétence de l'arbitre pour apprécier la brutalité de la rupture d'une relation commerciale établie, V. • Aix-en-Provence, 29 mai 2008 : *JCP E 2009, n° 30, p. 27, obs. Decocq* • Paris, 18 mars 2014 : *D. 2014. Pan. 2544, obs. Clay ; RTD com. 2015. 57, obs. Loquin ; CCC 2014, n° 128, obs. Mathey ; Gaz. Pal. 2014. 3795, obs. Bensaude.* – V. aussi note 22. ♦ Jugeant que la clause compromissoire ne crée aucun déséquilibre significatif : • Paris, 11 sept. 2018, n° 16/19913 : *CCC 2018, n° 192, obs. Mathey.*

9. Clause de médiation. L'action engagée, fondée sur les dispositions de l'art. L. 442-6-I-5° [ancien], visant la rupture d'une relation commerciale établie, la cour d'appel n'a pas méconnu la loi des parties en écartant la clause de médiation préalable figurant au contrat, dont l'application était limitée aux différends portant sur la fin de ce contrat précis. • Com. 12 juin 2012, n° 11-18.852 P : *JCP E 2012, n° 1586, note de Lamerville et Wynaendts ; CCC 2012, n° 231, obs. Mathey ; RJDA 2012, n° 805 ; RDLC 2012, n° 4, p. 98, obs. Chagny ; RDC 2013. 192, obs. Pelletier.*

B. ACTION DU MINISTRE DE L'ÉCONOMIE

10. Compétence d'attribution. L'action du ministre de l'économie sur le fondement de l'art. 36 [C. com., anc. art. L. 442-6] est de la compétence du tribunal de commerce. • Paris, 30 mars 1994 : *CCC 1994, n° 98 ; RJDA 1994, n° 1044* (conf. par • Com. 27 juin 1995, n° 94-15.257 P : *D. 1995. IR 202*). – Comp. : • TGI Paris, 19 mai 1993 : *BICC 1993, n° 1125.* ♦ L'action ainsi attribuée au titre d'une mission de gardien de l'ordre public économique pour protéger le fonctionnement du marché et de la concurrence est une action autonome dont la connaissance est réservée aux juridictions étatiques au regard de sa nature et de son objet. Le ministre n'agissant ni comme partie au contrat ni sur le fondement de celui-ci, la cour d'appel a caractérisé l'inapplicabilité manifeste au litige de la convention d'arbitrage du contrat de distribution. • Civ. 1re, 6 juill. 2016, n° 15-21.811 P : *D. 2016. 1910, note Roda ; AJ contrat 2016. 444, obs. Boucaron-Nardetto ; RTD com. 2016. 695, obs. Loquin ; JCP E 2016, n° 1475 ; CCC 2016, n° 214, obs. Mathey ; RJDA 2016, n° 823 ; RJ com. 2017. 36, obs. Moreau.*

11. Compétence territoriale. Si les pratiques restrictives de concurrence sont généralement constatées à l'occasion de relations commerciales fondées sur un contrat, c'est, au travers de l'exécution du contrat, le comportement d'un opérateur économique ayant une pratique injustifiée au regard du jeu normal de la concurrence qui est sanctionné par l'action ouverte par l'art. L. 442-6 [ancien]. • Com. 18 oct. 2011, n° 10-28.005 P : *D. 2011. Pan. 2966, obs. Dorandeu ; JCP E 2011, n° 1813 ; CCC 2012, n° 9, obs. Mathey ; RJDA 2012, n° 211 ; RDLC 2012, n° 1, p. 133, obs. Fourgoux.* ♦ Dès lors, l'action autonome du ministre aux fins de cessation de ces pratiques et aux fins d'annulation des contrats qui en sont le support revêt la nature d'une action en responsabilité quasi-délictuelle, le ministre pouvant former sa demande, à son choix, devant la juridiction du domicile du défendeur, celle du lieu du fait dommageable ou celle du lieu dans le ressort de laquelle le dommage a été subi. • Même décision. ♦ Jugeant que l'action, de par sa nature et son objet, est réservée aux juridictions françaises, V. • Paris, 15 sept. 2015, n° 15/07435 : *RLC oct.-déc. 2015. 40, note Sélinsky.*

12. Loi applicable. En dépit de la combinaison d'une clause de désignation d'une loi étrangère et d'une clause donnant compétence à une juridiction étrangère, le droit français des pratiques restrictives, et plus précisément l'art. L. 442-6 [ancien], reste applicable, à tout le moins, lorsque l'action sur son fondement est intentée par le ministre de l'Économie faisant usage des prérogatives prévues au III de ce texte. • CEPC, avis n° 13-10 du 16 sept. 2013. ♦ L'art. L. 442-6-I-2° et II-*d)* [ancien] prévoit des dispositions impératives dont le respect est jugé crucial pour la préservation d'une certaine égalité des armes et loyauté entre partenaires économiques et qui s'avèrent donc indispensables pour l'organisation économique et sociale de la France, ce dont la cour a déduit, à bon droit, qu'elles constituent des lois de police dont l'application, conformément tant à l'art. 9 du Règl. (CE) n° 593/2008 du 17 juin 2008 sur la loi applicable aux obligations contractuelles qu'à l'art. 16 du Règl. (CE) n° 864/2007 du 11 juill. 2007 sur la loi applicable aux obligations non contractuelles, s'impose au juge saisi, sans qu'il soit besoin de rechercher la règle de conflit de lois conduisant à la détermination de la loi applicable. • Com. 8 juill. 2020, n° 17-31.536 P : *AJ contrat 2020. 495, obs. Chantepie ; RTD civ. 2020. 840, obs. Usunier ; JCP E 2020, n° 1375, note Behar-Touchais ; RJDA 2021, n° 127 ; RLDA nov. 2020. 28, note Heyraud.* – V. aussi • Paris, 21 juin 2017, n° 15/18784 : *AJ contrat 2017. 388, obs. Pironon ; RTD com. 2017. 599, obs. Chagny ; RJDA 2017, n° 668 ; RLC oct. 2017. 38, note Jardel* • 9 janv. 2019, n° 18/09522 : *D. 2019. Pan. 2382, obs. Anou ; AJ contrat 2019. 189, obs. Pironon ; CCC 2019, n° 87, obs. Mathey.*

13. Action du ministre : constitutionnalité. BIBL. Penneau, *D. 2003. 1278* (sanction civile de contrats commerciaux déloyaux par l'effet de l'action de substitution d'une autorité publique). – Raynard, *Cah. dr. entr. 2007, n° 3, p. 35* (action du ministre à l'épreuve de la Conv. EDH) ; *JCP E 2007, n° 27-28, p. 13* (le ministre, le juge et le contrat). – Béhar-Touchais, *RLC juill.-sept. 2007. 33* (chronique d'une mort annoncée : à propos de l'action en nullité et en restitution de l'indu exercée par le ministre de l'Économie). – de Béchillon et Jamin, *D. 2007. 2313* (la Conv. EDH au supermarché). – Penneau, *ibid. 2630* (l'art. L. 442-6-III en question). – Jacquier, *CJFI sept.-oct. 2008, p. 310* (l'ordre public économique). – Rougeau-Mauger, *RTD com. 2010. 653* (réflexion sur la nature juridique de l'action en justice du ministre de l'Économie en matière de pratiques restrictives de concurrence). – Béhar-Touchais, *RLC oct.-déc. 2011. 30* (action du ministre, acte 3 : conséquence de l'arrêt d'assemblée plénière du 22 avr. 2011). ♦ Sous réserve que les parties en aient été informées, l'action du ministre de l'Économie déclenchée en application du III de l'art. L. 442-6 [ancien], est conforme à la Constitution. • Cons. const. 13 mai 2011, n° 2011-126 QPC : *D. 2011. 1833, note Rougeau-Mauger ; JCP 2011, n° 717, note Luciani ; CCC 2011. Alerte 52, par Fourgoux ; RJDA 2011, n° 844 ; RDLC 2011, n° 3, p. 129, obs. Chagny ; RLC juill.-sept. 2011. 32, note Grall* (statuant après saisine par • Cass., QPC, 8 mars 2011, n° 10-40.070 P : *D. 2011. Actu. 869 ; JCP E 2011, n° 1224 ; CCC 2011, n° 115, obs. Malaurie-Vignal ; Gaz. Pal. 2011. 1609, obs. Borzeix*). ♦ ... Et elle n'est pas contraire à la Conv. EDH. • CEDH 17 janv. 2012 : *JCP 2012, n° 462, note Luciani ; CCC 2012, n° 94, obs. Malaurie-Vignal ; RJDA 2012, n° 534 ; RLC avr.-juin 2012. 39, note Béhar-Touchais ; RDC 2012. 963, obs. Marguénaud.* ♦ Si l'art. L. 442-6 [ancien] a été modifié par la L. n° 2008-766 du 4 août 2008 qui a inséré, au I-2°, une nouvelle pratique restrictive de concurrence, cette modification ne constitue pas un changement de circonstances de droit ou de fait qui, affectant la portée de la disposition législative critiquée, en justifierait le réexamen. • Com., QPC, 4 juill. 2014, n° 14-10.907 : *RJDA 2014, n° 813.*

V., déclarant irrecevable l'action du ministre faute pour ce dernier d'apporter la preuve que les fournisseurs ont été informés de la procédure engagée : • T. com. Créteil, 13 déc. 2011 : *CCC 2012, n° 62, obs. Mathey ; RDLC 2012, n° 1, p. 131, obs. Fourgoux ; RLC avr.-juin 2012. 42 et 43, obs. Béhar-Touchais* • Com. 9 oct. 2012, n° 11-19.833 : *D. 2012. Pan. 2765, obs. Dorandeu ; Gaz. Pal. 2013. 909, obs. Nioche* (les juges devant constater la délivrance de cette information). ♦ Sur les modalités de mise en œuvre de cette information, V. • Paris, 3 oct. 2013 : *RJDA 2014, n° 384* • Grenoble, 3 juill. 2014 : *AJCA 2014. 288, obs. Lecourt* . ♦ C'est seulement lorsque l'action engagée par l'autorité publique tend à la nullité des conventions illicites, à la restitution des sommes indûment perçues et à la réparation des préjudices que ces pratiques ont causés que les parties au contrat doivent en être informées ; dès lors que le ministre avait renoncé en cours d'instance à poursuivre l'annulation des clauses litigieuses, c'est à bon droit que la cour d'appel a retenu que son action, qui ne tendait plus qu'à la cessation des pratiques et au prononcé d'une amende civile, était recevable. • Com. 3 mars 2015, n° 13-27.525 P : *cité note 7 ss. anc. art. L. 442-6, reproduit ss. art. L. 442-1* • 27 mai 2015, n° 14-11.387 P : *cité note 13 ss. anc. art. L. 442-6, reproduit ss. art. L. 442-1.*

14. Action du ministre : nature. BIBL. Utzschneider, *JCP E 2018, n° 1338* (accès au dossier d'enquête en cas d'action du ministre sur le fondement de l'art. L. 442-6). ♦ L'action du ministre chargé de l'économie, exercée en application des dispositions de l'art. L. 442-6-III [ancien], qui tend à la cessation des pratiques qui y sont mentionnées, à la constatation de la nullité des clauses ou contrats illicites, à la répétition de l'indu et au prononcé d'une amende civile, est une action autonome de protection du fonctionnement du marché et de la concurrence qui n'est pas soumise au consentement ou à la présence des fournisseurs. • Com. 8 juill. 2008, n° 07-16.761 P : *D. 2008. Chron. C. cass. 2752, obs. Salomon ; ibid. 3046, note Bandrac ; JCP E 2008, n° 38, p. 33, note Ballot-Léna ; CCC 2008, n° 237, obs. Malaurie-Vignal ; RJDA 2008, n° 1314 ; RLC oct.-déc. 2008. 43, obs. Béhar-Touchais ; RDLC 2008, n° 4, p. 95, obs. Fasquelle et Roberval* (cassation de • Versailles, 3 mai 2007 : *D. 2007. 2433, note Bandrac ; JCP E 2007, n° 47, p. 28, note Koering ; CCC 2007, n° 206, obs. Malaurie-Vignal ; RJDA 2007, n° 901 ; RDLC 2007, n° 3, p. 106, obs. Mitchell*) • 5 mai 2009, n° 08-15.264 : *RLC juill.-sept. 2009. 39, obs. Béhar-Touchais.* ♦ ... C'est donc à bon droit que la cour d'appel a retenu que l'intervention du ministre concernait un domaine d'activité où la liberté contractuelle des fournisseurs peut parfois être rendue virtuelle par des pratiques commerciales que le législateur a voulu interdire pour garantir les droits fondamentaux des opérateurs économiques. • Com. 16 déc. 2008, n° 08-13.162 : *D. 2009. Pan. 1445, obs. Dorendeu ; JCP E 2009, n° 30, p. 23, obs. Decocq.*

Dans le même sens : il n'est pas contraire aux termes de la loi, et il est conforme au but recherché par la loi, d'ordonner le remboursement des sommes dues aux fournisseurs et ce par le canal du ministre de l'Économie en raison de sa mission de protection de l'ordre public économique et de son engagement de restitution des sommes qui ne pourraient être remises aux fournisseurs. • T. com. Nanterre, 15 nov. 2005. ♦ Jugeant aussi qu'il n'y a pas lieu, pour demander la répétition de l'indu, que le ministre détienne un pouvoir de représentation des fournisseurs et qu'il dispose d'un pouvoir propre lui permettant de faire constater la nullité des clauses et contrats illicites et demander la répétition de l'indu en l'absence des fournisseurs à la procédure. • T. com. Angers, 15 févr. 2006 : *RDLC 2006, n° 3, p. 106, obs. Fasquelle et Roberval.* – V. aussi : • T. com. Créteil, 24 oct. 2006 : *Gaz. Pal. 2007. 516 ; RLC avr.-juin 2007. 87, obs. Chagny.* ♦ L'action exercée par le ministre de l'Économie n'est pas une action en substitution, mais une action autonome visant à la défense de l'ordre public économique ; il n'a donc pas à s'assurer que les fournisseurs ont donné leur consentement à l'action qu'il conduit. • Reims, 5 nov. 2007 : *D. 2008. Pan. 2195, obs. Ferrier ; RJDA 2008, n° 195.* ♦ L'action exercée par le ministre est une action principale autonome visant à la défense de l'ordre public économique qui laisse aux fournisseurs la possibilité de défendre leurs droits et d'obtenir la réparation de leur préjudice propre. • Colmar, 12 juin 2008 : *BICC 1er avr. 2009, n° 509.* ♦ Le droit à un procès équitable n'est pas dénié par l'absence à la cause du cocontractant substitué par le ministère de l'économie, absence qui aurait privé l'appelant de son droit d'interroger les témoins à charge, au sens de l'art. 6, § 3, *d*, de la Conv. EDH, dès lors que les dispositions du code de procédure civile offraient la possibilité de prendre l'initiative de faire intervenir la partie substituée à l'instance s'il était estimé que la société appelante y avait intérêt, afin de lui rendre le jugement commun, ou encore de provoquer son témoignage contradictoire en sollicitant une enquête civile. • Rennes, 20 janv. 2009 : *BICC 15 juill. 2009, n° 1104.* ♦ L'allongement dictatorial des délais de paiement, lequel procure un avantage financier calculable au détriment et contre le gré des fournisseurs, autorise le ministre de l'économie à imposer la restitution de cet avantage indu aux fournisseurs lésés. • T. com. Lille, 18 nov. 2004 : *Lettre distrib. 9/2006, p. 4* (qui écarte toutefois cette restitution au motif que ce calcul ne représenterait pas le préjudice exact mais une réparation forfaitaire peu conforme aux textes). ♦ Les difficultés posées par la mise en œuvre de la répétition de l'indu ne sauraient réduire à néant la protection de l'ordre public économique ; dans ces circonstances, en l'absence de précisions apportées par l'art. L. 442-6 [ancien], force est de constater que la restitution des sommes indues aux fournisseurs par l'intermédiaire du Trésor public est seule à même de garantir l'exécution de la décision judiciaire. • Versailles, 29 oct. 2009 : *D. actu. 9 déc. 2009, obs. Chevrier ; JCP E 2009, n° 51-52, p. 28 ; CCC 2010, n° 44, obs. Malaurie-Vignal ; RJDA 2010, n° 179 ; RLC janv.-mars 2010. 40, obs. Béhar-Touchais.* ♦ Refusant d'ordonner la répétition de l'indu au titre de l'accord de partenariat en raison de son indivisibilité avec l'accord commercial, la résiliation de l'un entraînant automatiquement et simultanément la résiliation de l'autre ce qui aurait en tout état de cause des conséquences indésirables, V. • T. com. Évry, 14 oct. 2009 : *Lettre distrib. 11/2009, p. 1, note crit. Vertut ; RJDA 2010, n° 178 ; RDLC 2010, n° 1, p. 121, note Chagny ; RLC janv.-mars 2010. 36, obs. Grall et Kouchnir-Cargill.*

15. Intervention. V. note 3 ss. art. L. 490-8.

16. Preuve. Le ministre de l'Économie n'a pas à rapporter, dans le cadre de l'application de l'art. 36 [C. com., anc. art. L. 442-6], la preuve de moyens de pression anormaux ou de procédés discriminatoires qui auraient mis le fournisseur dans la dépendance du distributeur puissant. Ce dernier, en revanche, est tenu de prouver le caractère réel des contreparties qui pourraient justifier l'octroi de conditions de vente discriminatoires à son avantage par le fournisseur. • TGI Chalon-sur-Saône, 21 juin 1994 : *RJDA 1994, n° 1160 ; CCC 1994, n° 194, note Vogel.* ♦ Sur la charge de la preuve consécutivement aux modifications apportées par la L. n° 2005-882 du 2 août 2005, V. • T. com. Angers, 15 févr. 2006 : *préc. note 14.*

17. Représentation du ministre par un avocat. V. note 5 ss. art. L. 490-8.

18. Délégation de signature. Si les modifications successives des dispositions de l'art. 36 de l'Ord. du 1er déc. 1986, codifié à l'art. L. 442-6 [ancien] C. com., ont élargi et précisé le champ des pratiques restrictives de concurrence susceptibles de faire l'objet d'une action contentieuse devant les juridictions civiles ou commerciales compétentes et ont prévu la possibilité pour le ministre chargé de l'économie de présenter au juge, dans le cadre de cette action, des demandes tendant à ce que soit ordonnée la cessation de ces pratiques, à ce que soit constatée la nullité des clauses et contrats illicites, à ce que l'indu soit remboursé, à ce qu'une amende civile soit prononcée et à ce que les préjudices subis soient réparés, elles n'ont toutefois pas eu pour effet de changer la nature et l'objet de l'action prévue à cet article. Le renvoi opéré par l'art. 1er du Décr. du 12 mars 1987 à l'action prévue à l'art. 36 de l'ordonnance susvisée doit ainsi s'entendre comme un renvoi à ces dispositions dans leur rédaction résultant de leur codification à l'art. L. 442-6 [ancien] et des modifications qui y ont été apportées ; ce décret autorise donc le ministre chargé de l'économie à déléguer sa signature aux fonctionnaires qu'il mentionne pour l'ensemble des actes relatifs à l'action prévue à l'art. L. 442-6 [ancien] modifié. • CE 26 mai 2010, n° 325623 : *AJDA 2010. 1725.*

C. SAISINE DU JUGE DES RÉFÉRÉS

19. Conditions. BIBL. M. Malaurie, *JCP 1993. I. 3637.* – Lacabarats, *DP aff., bull. 13 janv. 2002* (intervention du juge des référés après la loi NRE). ♦ Le juge, statuant en référé, en vertu de l'art. 36 [C. com., anc. art. L. 442-6], ne peut ordonner les mesures prévues par ce texte que si les conditions fixées soit aux art. 808 ou 809, soit aux art. 872 ou 873 NCPC [renommé C. pr. civ.], sont remplies. • Com. 27 juin 1989, n° 88-10.250 P : *D. 1990. Somm. 107, obs. Gavalda et Lucas de Leyssac ; JCP 1990. II. 21530, note Virassamy.* ♦ L'art. 36, dern. al. [C. com., anc. art. L. 442-6, dern. al.], n'interdit pas de saisir le juge des référés avant que l'action au fond soit introduite, si les conditions fixées tant par les autres alinéas de ce texte que par les art. 808, 809, 872 ou 873 NCPC [renommé C. pr. civ.] sont remplies. • Com. 17 juill. 1990, n° 89-14.119 P : *D. 1991. 471, note Reynès.* ♦ Comp., jugeant que les dispositions de l'art. 36 [C. com., anc. art. L. 442-6] ne sont pas un simple rappel des pouvoirs que le droit commun confère au juge des référés mais instituent une procédure de « référé-concurrence » spécifique : • Paris, 17 janv. 1989 : *D. 1989. IR 52 ; Gaz. Pal. 1989. 1. 201.*

20. Contestation sérieuse. Il résulte de l'art. 873 NCPC [renommé C. pr. civ.] que l'existence d'une contestation sérieuse ne fait pas obstacle à ce que le juge des référés prescrive les mesures conservatoires qui s'imposent. • Com. 30 janv. 1996, n° 94-14.314 : *BRDA 1996, n° 6, p. 12.* ♦ V., considérant qu'il lui appartient alors de vérifier le caractère *a priori* discriminatoire de la pratique dénoncée et de rechercher si elle s'analyse en un trouble manifestement illicite qu'il convient de faire cesser : • Versailles, 5 mars 1998 : *D. Affaires 1998. 878, obs. E. P. ; Gaz. Pal. 9-10 avr. 1999, obs. F. M.-L. ; LPA 24 août 1998, obs. Mathey.* ♦ Sur les pouvoirs du juge statuant en référé, V. aussi • Com. 10 juill. 1989, n° 85-10.727 P : *D. 1990. Somm. 107, obs. Gavalda et Lucas de Leyssac.*

La cour d'appel, qui ne s'est pas prononcée sur la responsabilité contractuelle mais sur le caractère brutal de la rupture des relations commerciales établies, n'a fait qu'user des pouvoirs que lui confèrent les art. L. 442-6-IV [ancien] C. com. et 873 C. pr. civ. en ordonnant la poursuite des relations commerciales pendant dix mois selon des modalités équivalentes à celles ayant été suivies l'année écoulée, après avoir retenu que la rupture litigieuse constituait un trouble manifestement illicite et était de nature à causer au fournisseur un dommage imminent. • Com. 10 nov. 2009, n° 08-18.337 : *D. 2011. Pan. 547, obs. Ferrier* ; *CCC 2010, n° 93, obs. Mathey* ; *LPA 16 mars 2010, note Lefrand-Dumont* ; *RJDA 2010, n° 433* • 3 mai 2012, n° 10-28.366 : *JCP E 2012, n° 1443, note Buy* ; *CCC 2012, n° 173, obs. Mathey* ; *RJDA 2013, n° 167* ; *Gaz. Pal. 2013. 426, obs. Dondero* (en présence d'une liquidation précipitée de la société afin de se soustraire à ses obligations résultant de l'anc. art. L. 442-6). ♦ Jugeant que le juge des référés peut ordonner le maintien forcé des relations commerciales dans l'attente du jugement au fond sur le caractère brutale de la rupture : • T. com. Paris, ord., 25 nov. 2016 : *LDDC févr. 2017, p. 2, obs. Béhar-Touchais.*

V. aussi note 2 (pouvoir d'injonction).

II. SANCTIONS

21. Amende civile. L'action particulière du ministre, dont les conditions d'exercice ont été définies par le législateur et figurent dans le code de commerce, hors de toute référence au code pénal, au code de procédure pénale ou à toute autre disposition légale ou réglementaire de nature pénale, n'est pas en elle-même soumise aux dispositions de la loi pénale française, ni par sa nature, ni par son objet, en ce qu'elle tend à restaurer l'équilibre économique dans les relations commerciales entre professionnels du commerce lorsque cet équilibre a été rompu et à maintenir la libre concurrence lorsque celle-ci ne s'exerce plus dans un domaine particulier, ni par la volonté exprimée par le législateur. • Nîmes, 25 févr. 2010 : *D. actu. 6 avr. 2010, obs. Chevrier* ; *JCP E 2010, n° 1388* ; *CCC 2010, n° 153, obs. Malaurie-Vignal* ; *RJDA 2010, n° 682* ; *RLC oct.-déc. 2010. 22, obs. Béhar-Touchais* ; *RDLC 2010, n° 4, p. 146, obs. Chagny.* ♦ Il convient de constater que, parmi les mesures prévues par la loi, seule l'amende civile est susceptible d'être considérée comme une sanction punitive, toutes les autres mesures étant uniquement destinées à mettre fin à une situation illicite ou à réparer les préjudices directs causés par celle-ci, ce qui est exclusif de la nature pénale de sanction répressive invoquée par le requérant, et relève d'une action civile, même si elle est menée de façon particulière par le ministre. • Même décision. ♦ L'amende civile que peuvent prononcer les juridictions civiles ou commerciales, par sa double nature répressive et indemnitaire, et par son objet, n'est pas une sanction pénale soumise comme telle aux dispositions des art. 111-3 et 111-4 C. pén. Ainsi, les dispositions des art. 111-3, 111-4, 121-1 et 121-2 C. pén. ne s'appliquent pas à l'amende civile prévue à l'art. L. 442-6 [ancien] C. com. • Même décision. ♦ Dès lors, si une peine ne peut être infligée qu'à la condition que soit respectés le principe de légalité des délits et des peines, le principe de nécessité des peines, le principe de non-rétroactivité de la loi pénale d'incrimination plus sévère ainsi que le principe du respect des droits de la défense, force est de constater qu'il n'est nullement considéré qu'il est aussi requis, pour une sanction prévue par une loi particulière applicable en matière civile et commerciale, en dehors du droit pénal lui-même, que soit respecté strictement le principe de la personnalité des délits et des peines, notamment dans son interprétation particulière proposée par le prévenu, concernant les personnes morales ayant absorbé une société par transmission universelle de patrimoine, qui seraient dès lors exemptées de toute responsabilité personnelle et sanction d'amende civile encourue pour des faits répréhensibles commis en matière de pratiques commerciales antérieurement à la fusion-absorption par la société absorbée, tout en recevant par ailleurs l'intégralité de ses droits et actions de nature civile ou commerciale. • Même décision. ♦ L'art. L. 442-6 [ancien] s'applique à toute entreprise, indépendamment du statut juridique de celle-ci, et sans considération de la personne qui l'exploite ; ainsi le principe de la personnalité des peines, résultant des art. 8 et 9 de la Déclaration de 1789, ne fait pas obstacle au prononcé d'une amende civile à l'encontre de la personne morale à laquelle l'entreprise a été juridiquement transmise. • Com. 21 janv. 2014, n° 12-29.166 P : *D. 2014. 531, note Sordino* ; *AJCA 2014. 41, obs. Constantin* ; *RTD civ. 2014. 367, obs. Barbier* ; *JCP E 2014, n° 1124, note Arcelin-Lécuyer* ; *CCC 2014, n° 91, obs. Mathey* ; *RJDA 2014. 283, note Riffault-Silk* ; *RLC juill.-sept. 2014. 36, note Bretzner* ; *Dr. pénal 2014, n° 49, obs. Peltier* ; *BJS 2014. 180, note Couret.* ♦ Les dispositions contestées permettent qu'une sanction pécuniaire non pénale soit prononcée à l'encontre de la personne morale à laquelle l'exploitation d'une entreprise a été transmise, pour des pratiques restrictives de concurrence commises par la personne qui exploitait l'entreprise au moment des faits. Ces dispositions, telles qu'interprétées par une jurisprudence constante, ne méconnaissent pas, compte tenu de la mutabilité des formes juridiques sous lesquelles s'exercent les activités économiques concernées, le principe selon lequel nul n'est punissable que de son propre fait. Il en résulte que la troisième phrase du 2e al. du III de l'art. L. 442-6 [ancien] est conforme à la Constitution. • Cons. const. 18 mai 2016, n° 2016-542 QPC : *JO 20 mai 2016* ; *D. 2017. Pan. 883, obs. Ferrier* ; *AJCA 2016. 338, note Arcelin* ; *RTD civ. 2016. 628, obs. Barbier* ; *RJDA 2016, n° 649* ; *Dr. sociétés 2016, n° 124, obs. Roussille* ; *BJS 2016. 611, note Dondero* (réponse à une QPC de • Com., QPC, 18 févr. 2016, n° 15-22.317 P : *CCC 2016, n° 118, obs. N. M.* ;

RJDA 2016, n° 400).

Comp., jugeant qu'eu égard à la nature pécuniaire de la sanction prononcée en application de l'art. L. 442-6-I-2° [ancien], le principe de la légalité des délits et des peines, qui lui impose d'énoncer en des termes suffisamment clairs et précis la prescription dont il sanctionne le manquement, doit s'appliquer : • Cons. const. 13 janv. 2011, n° 2010-85 QPC : *cité note 4 ss. anc. art. L. 442-6, reproduit ss. art. L. 442-1.* – V. aussi • Nîmes, 10 mars 2011 : *RDLC 2011, n° 3, p. 140, obs. Chagny.*

Sur l'évaluation de l'amende civile, V. • Paris, 3 déc. 2014, n° 13/06091 : *AJCA 2015. 229, obs. Constantin ; RJDA 2015, n° 531.*

22. Nullité. BIBL. Sélinsky et Peyre, *RLC 2005, n° 2, p. 114* (nullité des engagements relatifs à des pratiques restrictives visées par l'art. L. 442-6). – Chagny, *RDC 2018. 137* (un texte pour la nullité ? Quand la réforme du droit commun des contrats appelle celle du droit spécial des pratiques restrictives de concurrence). ♦ Dès lors qu'une clause prévoit l'obligation pour une partie d'exécuter une obligation prohibée par des dispositions légales d'ordre public, telles les dispositions de l'art. L. 442-6-I [ancien] C. com., cette obligation repose nécessairement sur une cause illicite, atteinte donc de nullité relative au sens de l'art. 1131 [ancien] C. civ. Elle peut ainsi être annulée par la juridiction désignée compétente par le législateur pour prononcer cette nullité, lorsque celle-ci est requise par la partie protégée ou tout intéressé. • Nîmes, 25 févr. 2010 : *préc. note 21.* ♦ Les prétendus accords de coopération commerciale, établis en violation des art. L. 441-3, L. 441-6 et L. 442-6 [anciens] C. com., sont nuls sur le fondement de l'art. 1131 [ancien] C. civ. En effet, d'une part, en l'absence de contrepartie réelle ils sont dépourvus de cause, d'autre part, leur cause est illicite puisqu'ils violent les dispositions impératives d'ordre public économique tel qu'il résulte des articles susvisés du code de commerce. • Paris, 24 mars 2011 : *JCP E 2011, n° 1876, note Stoffel-Munck.* ♦ S'il est vrai que l'art. L. 442-6-I [ancien] C. com. mentionne uniquement l'engagement de la responsabilité civile de l'auteur de la pratique, cette disposition spéciale n'interdit pas à la victime d'une pratique visée par ce texte de demander la nullité de la clause ou du contrat contraire à l'ordre public concurrentiel sur le fondement du droit commun. De même, ni les cas spéciaux de nullité de plein droit prévus à l'art. L. 442-6-II [ancien] C. com., ni les prérogatives spécifiquement reconnues au ministre de l'Économie et au ministère public par l'art. L. 442-6-III [ancien] ne font interdiction au contractant lésé de mettre à néant la stipulation ou l'engagement illicite en application des art. 6, 1131 et 1133 [anciens] C. civ. • CEPC, avis n° 14-02 du 23 janv. 2014 : *BRDA 2014, n° 4, p. 12.*

23. Répétition de l'indu. L'action en répétition exercée sur le fondement de l'art. L. 442-6-I-1°, et III [ancien] par le ministre chargé de l'économie suppose seulement la constatation d'un avantage indu reçu par le distributeur du fournisseur ne correspondant à aucun service commercial effectivement rendu par le distributeur au fournisseur ou manifestement disproportionné au regard du service rendu. • Com. 18 oct. 2011, n° 10-15.296 P : *D. 2011. Pan. 2966, obs. Dorandeu ; JCP E 2011, n° 1814 ; CCC 2012, n° 10, obs. Malaurie-Vignal ; RJDA 2012, n° 212 ; RDLC 2012, n° 1, p. 133, obs. Fourgoux.* ♦ Peu importe ainsi que cet avantage se concrétise ou non par un mouvement de fonds. • Même arrêt. ♦ Seules doivent être remboursées les sommes excédant la valeur réelle des services dont il est constaté qu'ils avaient été effectivement rendus, fussent-elles sans proportion avec la valeur réelle de ces services. • Com. 10 sept. 2013, n° 12-21.804 : *RTD civ. 2014. 114, obs. Barbier ; CCC 2013, n° 259 ; RJDA 2014, n° 176 ; RLC janv.-mars 2014. 48, obs. Béhar-Touchais.*

24. Restitution des sommes par le Trésor public. Jugeant qu'une démarche qui revient à enjoindre aux fournisseurs de renoncer à leurs créances résultant des sommes qui devaient leur être restituées au titre d'une décision de justice, constitue une tentative de la centrale d'achats de soumettre les fournisseurs à un déséquilibre significatif. • T. com. Paris, 22 nov. 2011 : *CCC 2012, n° 93, obs. Mathey ; RJDA 2012, n° 337 ; RDLC 2012, n° 1, p. 132, obs. Fourgoux ; RLC avr.-juin 2012. 44, obs. Béhar-Touchais.* – V. aussi : • Paris, 18 sept. 2013 : *RJDA 2014, n° 382.*

Art. L. 442-5 I. — **Le fait, pour tout commerçant, de revendre ou d'annoncer la revente d'un produit en l'état à un prix inférieur à son prix d'achat effectif est puni de 75 000 € d'amende. Cette amende peut être portée à la moitié des dépenses de publicité dans le cas où une annonce publicitaire, quel qu'en soit le support, fait état d'un prix inférieur au prix d'achat effectif. La cessation de l'annonce publicitaire peut être ordonnée dans les conditions prévues à l'article L. 121-3** *[L. 132-8]* **du code de la consommation.** — *V. cet art., App., v° Publicité commerciale.*

Le prix d'achat effectif est le prix unitaire net figurant sur la facture d'achat, minoré du montant de l'ensemble des autres avantages financiers consentis par le vendeur exprimé en pourcentage du prix unitaire net du produit et majoré des taxes sur le chiffre d'affaires, des taxes spécifiques afférentes à cette revente et du prix du transport.

Le prix d'achat effectif est affecté d'un coefficient de 0,9 pour le grossiste qui distribue des produits ou services exclusivement à des professionnels qui lui sont indépendants et qui exercent une activité de revendeur au détail, de transformateur ou de prestataire de services final. Est considérée comme indépendante toute entreprise libre de déterminer sa politique commerciale et dépourvue de lien capitalistique ou d'affiliation avec le grossiste.

II. — Les dispositions du I ne sont pas applicables :

1° Aux ventes volontaires ou forcées motivées par la cessation ou le changement d'une activité commerciale ;

2° Aux produits dont la vente présente un caractère saisonnier marqué, pendant la période terminale de la saison des ventes et dans l'intervalle compris entre deux saisons de vente ;

3° Aux produits qui ne répondent plus à la demande générale en raison de l'évolution de la mode ou de l'apparition de perfectionnements techniques ;

4° Aux produits, aux caractéristiques identiques, dont le réapprovisionnement s'est effectué en baisse, le prix effectif d'achat étant alors remplacé par le prix résultant de la nouvelle facture d'achat ;

5° Aux produits alimentaires commercialisés dans un magasin d'une surface de vente de moins de 300 mètres carrés et aux produits non alimentaires commercialisés dans un magasin d'une surface de vente de moins de 1 000 mètres carrés, dont le prix de revente est aligné sur le prix légalement pratiqué pour les mêmes produits par un autre commerçant dans la même zone d'activité ;

6° A condition que l'offre de prix réduit ne fasse l'objet d'une quelconque publicité ou annonce à l'extérieur du point de vente, aux produits périssables à partir du moment où ils sont menacés d'altération rapide ;

7° Aux produits soldés mentionnés à l'article L. 310-3.

Ces exceptions ne font pas obstacle à l'application du 2° de l'article L. 653-5 et du 1° de l'article L. 654-2.

III. — Les personnes morales déclarées pénalement responsables de l'infraction prévue au I encourent la peine mentionnée au 9° de l'article 131-39 du code pénal.

La cessation de l'annonce publicitaire peut être ordonnée dans les conditions prévues à l'article L. 121-3 *[L. 132-8]* **du code de la consommation.** — *Comp. anc. art. L. 442-2 à L. 442-4.*

BIBL. ▶ J.-M. et M. Mousseron, *Cah. dr. entr. 1995, n° 1* (coopération commerciale et revente à perte). – Mainguy, *ibid.* (clause de prix à marge garantie). – Vilmart, *RLC 2005, n° 3, p. 35* (transparence tarifaire et interdiction de la revente à perte). – Pecnard, *LPA 1er juill. 2005* (la vente à perte). ▶ Loi n° 2005-882 du 2 août 2005 : Pecnard et Cousin, *LPA 26 sept. 2005* (quelles marges arrières intégrer dans le seuil de revente à perte ?). – Gunther et Viala, *ibid. 4 oct. 2005* (impact et conséquences). – Grall, Meffre et Guet, *D. 2005. 2149* (analyse critique). – Fasquelle et Roberval, *RDLC 2005, n° 4, p. 85* (nouveau calcul du seuil de revente à perte). – Béhar-Touchais, *RLC 2005, n° 5, p. 41* (nouveau seuil de revente à perte). – Grall, *Cah. dr. entr. 2005, n° 6, p. 36* (nouveau seuil de revente à perte). – Amand, Ruppelt et Vogel, *RDLC 2007, n° 2, p. 77* (revente à perte et autres pratiques prohibées en deçà du seuil de dominance). ▶ Loi n° 2008-3 du 3 janv. 2008 : Béhar-Touchais, *RLC janv.-mars 2008. 36* (projet de loi pour le développement de la concurrence au service des consommateurs dans les relations producteurs distributeurs). – NDLR, *BRDA 2008, n° 2, p. 14* (nouveau calcul du seuil de revente à perte). – Amenc, *RSC 2008. 388* (adoption d'une définition plus stricte de la revente à perte). ▶ Ord. n° 2019-359 du 24 avr. 2019 : Vanni et Martin, *AJ contrat 2019. 221* (relèvement du seuil de revente à perte et encadrement des promotions : l'ouvrage à nouveau sur le métier).

I. PRINCIPE D'INTERDICTION DE LA REVENTE À PERTE

A. GÉNÉRALITÉS

1. Loi plus douce. L'art. 15, § 1, du Pacte international sur les droits civils et politiques doit s'entendre non seulement de l'application de la rétroactivité de la loi pénale plus douce dans l'hypothèse d'une peine plus légère, mais également lorsque la loi supprime une incrimination ou certains éléments d'une incrimination. Compte tenu de la ratification par la France de ce Pacte, les dispositions de l'art. 112-1, al. 3, C. pén. relatives au principe de rétroactivité de la loi pénale plus douce doivent s'appliquer sans que la réserve de dérogations expresses ne puisse être admise. • T. corr. Évry, 26 juin 2007 : *RJDA 2007, n° 1157 ; Lettre distrib. 10/2007, p. 1, obs. Vertut ; RDLC 2007, n° 4, p. 88, obs. de la Laurencie et Lemonnier.* ♦ Le législateur pouvait, pour assurer l'effectivité de la législation économique antérieure et éviter que ceux qui ont obtenu, contre la loi, un avantage concurrentiel par la revente à perte soient exonérés de poursuites, prendre les mesures prévues dans le paragraphe IV de l'art. 47 de la L. du 2 août 2005. • Cons. const. 3 déc. 2010 : *D. 2011. Pan. 1861, obs. Mascala ; AJ pénal 2011. 30, obs. Perrier ; RTD com. 2011. 429, obs. Bouloc ; JCP 2011, n° 82, note Dreyer ; Gaz. Pal. 2011. 254, note Detraz ; RDLC 2011, n° 1, p. 129, obs. Fourgoux* (réponse à une QPC posée par • Crim., QPC, 22 sept. 2010, n° 10-90.094 : *RTD com. 2011. 429, obs. Bouloc ; JCP 2010, n° 1163, obs. Mathieu ; Dr. pénal 2011, n° 38, obs. J.-H. Robert*).

2. Pratique commerciale déloyale. **BIBL.** Voinot, *AJCA 2014. 171* (l'interdiction de la revente à perte est-elle conforme à la directive sur les pratiques commerciales déloyales à l'égard des consommateurs ?). ♦ La Dir. 2005/29/CE du 11 mai 2005 sur les pratiques commerciales déloyales des entreprises vis-à-vis des consommateurs doit être interprétée en ce sens qu'elle s'oppose à une disposition nationale qui prévoit une interdiction générale d'offrir à la vente ou de vendre des biens à perte, pour autant que cette disposition poursuit des finalités tenant à la protection des consommateurs (législation belge). • CJUE 7 mars 2013, n° C-343/12 : *D. 2013. Pan. 2819, obs. Dorandeu ; JCP 2013, n° 396, obs. Berlin ; CCC 2013. Alerte 34, par Arcelin ; RJDA 2013. 539, note Fourgoux ; RLDA juin 2013. 35, note Lecourt ; RLDA sept. 2013. 82, note Combet.* ♦ La Dir. 2005/29/CE doit être interprétée en ce sens qu'elle s'oppose à une disposition nationale qui contient une interdiction générale de proposer à la vente ou de vendre des biens à perte et qui prévoit des motifs de dérogation à cette interdiction fondés sur des critères ne figurant pas dans cette directive (législation espagnole). • CJUE 19 oct. 2017, n° C-295/16 : *D. 2017. Actu. 2094 ; AJ contrat 2017. 539, obs. Fortunato ; CCC 2017, n° 260, obs. Bernheim-Desvaux.* ♦ Se pose la question de savoir si la prohibition de la revente à perte, énoncée à l'art. L. 442-2 [L. 442-5], poursuit des finalités tenant à la protection des consommateurs, ou vise à protéger, non pas les consommateurs, mais les acteurs économiques et la concurrence. Si l'intérêt du consommateur n'est jamais totalement occulté, le fait même que la L. n° 2014-344 du 17 mars 2014 reste muette sur ce point, confirme que le dispositif législatif vise avant tout à assurer l'équilibre des relations commerciales et donc à protéger les intérêts économiques. Dès lors, l'art. L. 442-2 [L. 442-5], en ce qu'il vise, dans ce cadre, à prohiber la revente à perte entre professionnels, échappe au champ d'application de la Dir. du 11 mai 2005 et trouve à s'appliquer. • Douai, 31 mars 2016, n° 15/02238 : *AJCA 2016. 299, obs. Ancelin et d'Harcourt ; RTD com. 2016. 477, obs. Chagny ; CCC 2016, n° 165, obs. Malaurie-Vignal.* ♦ Aux termes de l'art. 3 de la Dir. 2005/29/CE, celle-ci s'applique aux pratiques commerciales déloyales des entreprises vis-à-vis des consommateurs ; il résulte des constatations de l'arrêt et des écritures des parties que le litige porte sur des pratiques commerciales entre une centrale d'achat et des détaillants, soit des transactions entre professionnels, ce dont il résulte qu'elles ne relèvent donc pas du champ d'application de la directive. Dès lors, le moyen, en ce qu'il invoque l'incompatibilité de la législation française avec une directive inapplicable en l'espèce, est inopérant. • Com. 22 nov. 2017, n° 16-18.028 : *D. 2018. Pan. 868, obs. Ferrier ; AJ contrat 2018. 42, obs. Regnault ; RJDA 2018, n° 285 ; LPA 21 févr. 2018, note Voisset et Bourgeois* • Crim. 16 janv. 2018, n° 16-83.457 P : *cité note 5 ss. art. L. 442-6.*

L'activité de mise en relation, par voie électronique, de personnes désirant louer un véhicule et de professionnels de la location est susceptible, lorsqu'elle repose sur des offres de location à un euro, de contrevenir à l'interdiction des prix abusivement bas. De plus, lorsqu'elle s'accompagne d'une présentation insuffisamment claire des conditions de cette offre (destination, kilométrage, assurance ...) et donc susceptible d'induire en erreur le consommateur, elle peut constituer un acte de concurrence déloyale. • CEPC, avis n° 16-2 du 14 janv. 2016 : *AJCA 2016. 249, obs. Mathieu .*

3. Manipulation. Contrôler les prix de revente par manipulation du seuil de revente à perte est contraire à l'art. L. 442-2 [L. 442-5]. • Aut. conc. n° 16-D-17 du 21 juill. 2016.

4. Grossiste. Après avoir rappelé que l'art. L. 442-2 [L. 442-5] prévoit un seuil de revente à perte minoré pour les grossistes, l'arrêt relève que l'al. 3 de ce texte impose, pour que soit retenue cette qualification, outre une condition de distribution de produits ou de services, exclusivement à des professionnels exerçant une activité de revendeur au détail, de transformateur ou de prestataire de services final, une condition d'indépendance caractérisée par le fait que l'entreprise doit être libre de déterminer sa politique commerciale et est dépourvue de tout lien capitalistique ou d'affiliation avec le grossiste. Tel n'est pas le cas de conditions générales d'adhésion et de vente mettant à la charge de l'adhérent différentes obligations renforçant les liens existant entre celui-ci et la centrale et qui dépassent celles existant entre un grossiste et son client, de telle sorte qu'il peut s'en déduire l'existence d'un réseau dans lequel les détaillants accèdent à des offres plus ou moins larges en contrepartie d'obligations plus ou moins importantes. • Com. 22 nov. 2017, n° 16-18.028 : *préc. note 2.*

5. Domaine d'application. L'art. 1er-I ne faisant aucune distinction entre les opérateurs et incriminant tout commerçant qui revendait un produit en l'état à un prix inférieur à son prix d'achat, était punissable la revente à perte de produits par une centrale d'achat à ses filiales. • Crim. 21 juin 1993, n° 92-80.538 : *RJDA 1993, n° 720*, conf. • Paris, 12 nov. 1991 : *Gaz. Pal. 1992. 1. 302, note Marchi.* ♦ L'art. L. 442-2 [L. 442-5] s'applique même dans les rapports entre une société mère et sa filiale détenue à 100 %. • Douai, 20 déc. 2005 : *CCC 2006, n° 159, obs. Malaurie-Vignal* (conf. par • Crim. 22 nov. 2006, n° 06-83.008 P : *D. 2007. AJ 150, obs. Chevrier ; RTD com. 2007. 464, obs. Bouloc ; RJDA 2007, n° 563 ; RLDA févr. 2007. 57, obs. Cheynel ; RLC avr.-juin 2007. 59, obs. Bouloc*). ♦ Appliquant les dispositions sur la revente à perte même si, au moment de l'achat, le distributeur n'était pas encore propriétaire de la marchandise : • Douai, 12 janv. 2006 : *CCC 2006, n° 158, obs. Malaurie-Vignal* (conf. par • Crim. 6 déc. 2006, n° 06-81.947 P : *D. 2007. AJ 301, obs. Chevrier ; RTD com. 2007. 464, obs. Bouloc ; AJ pénal 2007. 85, obs. Royer ; JCP 2007. I. 187, n° 12, obs. J.-H. Robert ; RJDA 2007, n° 564 ; RLDA févr. 2007. 56, obs. Cheynel*).

6. Application dans le temps. V. • Crim. 1er juin 1987, n° 86-95.157 P.

B. NOTION DE REVENTE À PERTE

7. Économie globale de l'opération. Pour apprécier l'existence du délit de revente à perte, il y a lieu de prendre en considération l'économie globale de l'opération de revente (opération combinant un abonnement au réseau internet et la fourniture de modem). • Crim. 7 mai 2002, n° 01-83.412 P : *D. 2003. Somm. 1033, obs. Chopin ; CCC 2002, n° 166, obs. Raymond ; JCP 2003. II. 10047, note Courtois-Champenois ; RTD com. 2002. 738, obs. Bouloc ; Gaz. Pal. 2003. Somm. 2508, obs. Misse et Dupuy ; RJDA 2003, n° 197.* – V. aussi Serinet, *D. 2002. 3252*. – Comp. jugeant que l'incrimination doit s'analyser produit par produit et non de façon globale (à propos d'un rabais global accordé sur le contenu total d'un « caddie »). • TGI Toulouse, 4 juill. 1994 : *Cah. dr. entr. 1996, n° 5, p. 33, obs. Arhel.*

8. Prix d'achat présumé (jurispr. antérieure à la L. du 1er juill. 1996). La présomption selon laquelle le prix d'achat effectif est celui porté sur la facture d'achat est une présomption simple. • T. com. Paris, réf., 6 sept. 1988 : *Gaz. Pal. 1988. 2. 839, note Marchi.* ♦ La preuve contraire peut résulter de ristournes différées et de conditions de coopération commerciale dont peut, par ailleurs, bénéficier le revendeur. • Même ordonnance. – V. aussi • Crim. 4 févr. 1991, n° 90-81.467 : *Gaz. Pal. 1991. 1. 299, note Bayet.* ♦ Lorsque la facture n'est pas fiable, comme comportant une anomalie manifeste, le revendeur est libre d'apporter la preuve, dont la charge lui incombe, du caractère licite de la revente. • Douai, 7 oct. 1994 : *RJDA 1995, n° 302.*

9. Remises pour paiement comptant. Pour le calcul du seuil de revente à perte, aucune distinction ne saurait être opérée entre les différentes remises venant en diminution du prix d'achat. • Crim. 10 avr. 1995, n° 94-82.026 P : *D. 1995. IR 156.*

10. Réduction acquise à la date de la vente et directement liée à la vente. En ce sens qu'une ristourne de fin de campagne consentie par un fournisseur à tous les adhérents d'une centrale d'achat, sans autre condition que l'achat, doit être prise en compte dans le calcul du seuil de revente à perte, V. • Orléans, 26 nov. 1998 : *D. Affaires 1999. 1205.*

11. Prix du transport. Une société de vente par correspondance peut valablement tenir compte pour le calcul du seuil de revente à perte des frais de port afférents à la livraison de la marchandise. • Douai, 28 sept. 1993 : *RJDA 1994, n° 1043.*

12. Déduction pour coopération commerciale. Sur la subordination de la déduction pour services dits « de coopération commerciale » à l'affectation de ces services au produit au prix litigieux : • Crim. 1er juin 1987, n° 86-95.157 P : *préc. note 6* • 4 févr. 1991, n° 90-81.467 : *cité note 27* • Montpellier, 17 janv. 1995 : *BID 12/1995. 34.* – V. aussi • T. com. Paris, 6 sept. 1988 : *préc. note 8* • Chambéry, 27 juin 1996 : *cité note 27.*

13. Remises futures et conditionnelles (jurispr. antérieure à la L. du 1er juill. 1996). Méconnaît le sens et la portée de l'art. 1er et de l'art. 31 de l'Ord. n° 86-1243 du 1er déc. 1986 [dans sa rédaction antérieure à la L. du 1er juill. 1996], relatif aux factures, l'arrêt qui autorise le revendeur à faire prendre en compte, pour la détermination du prix d'achat effectif, toutes les remises mêmes futures et conditionnelles, dans la mesure où, leur principe étant acquis, elles devront être, sans fraude, régulièrement et effectivement octroyées, alors que les remises alléguées n'étaient pas chiffrables au jour de la vente. • Crim. 18 févr. 1991, n° 90-83.437 : *JCP E 1991. Pan. 591 ; RTD com. 1991. 685, obs. Bouzat* (V. l'arrêt cassé : • Colmar, 26 févr. 1990 : *JCP 1990. II. 21522, note Burst*) • Crim. 18 mai 1992, n° 91-83.358 : *RJDA 1992, n° 1152.* – V. aussi : • Metz, 26 sept. 1991 : *Cah. dr. entr. 1992, n° 3, note Burst et Mousseron* • Versailles, 14 mai 1992 : *RJDA 1992, n° 847* • TGI Reims, 25 oct. 1993 : *CCC 1995, n° 71, obs. Vogel.* ♦ Les ristournes complémentaires qui peuvent être prises en compte pour la détermination du seuil de revente à perte ne doivent pas revêtir un caractère aléatoire ou être la contrepartie d'un service. • Versailles, 10 oct. 1991 : *RJDA 1992, n° 482.* – Comp. : • Versailles, 16 mars 1989 : *préc. note 5.* ♦ La rémunération de l'exposition des produits de la marque d'un fournisseur par certains détaillants étant accordée par ce premier au vu d'une facture établie par le revendeur, la prestation de ce dernier se trouve ainsi rémunérée dans le cadre de conventions non incluses dans les conditions générales de vente, et fait l'objet d'une facturation autonome, de telle sorte que sa valeur n'a pas à être déduite du prix du produit (pour établir le seuil de revente à perte). • Paris, 5 nov. 1996 : *D. Affaires 1997. 111.*

II. EXCEPTIONS LÉGALES À L'INTERDICTION

14. Exclusion des exceptions non prévues par un texte. Jugeant qu'un commerçant ne peut valablement revendre à perte ses stocks en prétextant sauver son entreprise de la liquidation judiciaire, V. • T. corr. Paris, 23 janv. 2002 : *BRDA 2002, n° 14, p. 12.*

15. Liquidation. L'interdiction de la revente à perte ne s'applique pas aux ventes volontaires motivées par la cessation ou le changement d'une activité commerciale ; tel est le cas des ventes de liquidation [C. com., art. L. 310-1] autorisées par le préfet en raison d'une prochaine fermeture pour travaux. • Orléans, 27 mars 2003 : *CCC 2004, n° 52, obs. Raymond.*

A. PRODUITS SAISONNIERS

16. Produits potentiellement dépréciés. L'exception prévue pour certains produits dépréciables par l'art. 1er-II n'est admissible que lorsque leur revente a lieu à un moment où ils sont potentiellement dépréciés (condamnation, à propos d'une vente de jouets trois jours avant Noël). • Crim. 13 mars 1995, n° 93-85.198 : *RJDA 1995, n° 599.* ♦ S'agissant d'une vente de jouets, le 15 décembre ne constitue pas la période terminale de la saison des ventes, celle-ci commençant en octobre pour s'achever le 24 décembre : • Orléans, 15 sept. 1997 : *BID 5/1998. 26.* – V. aussi, pour une mise en vente dès le 19 décembre : • Caen, 7 avr. 1995 : *BID 10/1997. 26.* ♦ Dans le même sens, V. • Besançon, 25 nov. 1999 : *BICC 2000, n° 440.* ♦ V., au contraire, jugeant que la mise en vente de jouets le 23 décembre se situe dans la phase terminale de la saison, laquelle ne peut pas se situer après le 24 décembre, • Crim. 3 mai 2001, n° 00-85.552 : *RJDA 2002, n° 441 ; Dr. pénal 2001, n° 131, obs. J.-H. Robert.* ♦ Sur la contestation du caractère saisonnier des jouets, V. • TGI Quimper, 23 janv. 1997 : *BID 1/1998. 18.* ♦ Sur la revente à perte de produits vendus en période de soldes, V. note 5 ss. art. L. 310-3.

B. PRODUITS NE RÉPONDANT PLUS À LA DEMANDE GÉNÉRALE

17. Quantité vendue. Le faible nombre de ventes ne suffit pas à établir que le produit litigieux ne répond plus à la demande générale en raison de l'évolution de la mode ou des progrès techniques. • Chambéry, 27 juin 1996 : *cité note 27.*

C. ALIGNEMENT DU PRIX

18. Nature de l'exception. L'alignement sur la concurrence est un moyen de défense au fond qui peut être soulevé à tout moment de la procédure. • Crim. 10 avr. 1995, n° 94-82.026 P : *préc. note 9.*

19. Nature des produits. Pour la limitation de l'exception au cas prévu par le *d)* du 1° du I de l'art. L. 442-4, V. • Poitiers, 25 juin 2004 : *JCP E 2005, n° 17, p. 703 ; CCC 2005, n° 112, obs. Malaurie-Vignal.*

20. Proximité temporelle. L'exception d'alignement prévue à l'art. 1er-II, dernier al., n'est pas subordonnée à la simultanéité des pratiques visées par ce texte. • Crim. 28 juin 1993, n° 92-86.739 P (délai de onze jours) • 17 janv. 1994, n° 93-80.362 : *D. 1995. 577, note Casson* (délai de trois semaines) • 3 mai 1995, n° 94-82.041 P : *D. 1995. IR 164* (délai d'une semaine). ♦ Mais le prix servant de base à l'alignement ne peut valablement consister en un prix ayant été pratiqué un mois après la date du contrôle. • Montpellier, 17 janv. 1995 : *préc. note 12.* ♦ Sur le rejet d'un alignement sur un prix non encore pratiqué, V. • Rouen, 24 févr. 1994 : *Cah. dr. entr. 1996, n° 5, p. 34, obs. Arhel.*

21. Proximité géographique. La notion de « zone d'activité » doit s'apprécier au regard de l'entreprise et du marché. • Crim. 10 avr. 1995, n° 94-82.026 P : *préc. note 9.* ♦ Le directeur d'un magasin à grande surface ne peut invoquer utilement un alignement sur un commerçant situé à 25 km dans une autre zone d'activité. • Crim. 10 oct. 1996, n° 95-80.226 P : *cité note 27.*

22. Proximité des prix. Il n'est pas exigé que le prix aligné soit identique au prix servant de référence (à propos d'un alignement partiel, tantôt sur un concurrent, tantôt sur un autre). • Crim. 3 mai 1995, n° 94-82.041 P : *préc. note 20.* ♦ ... Ni que le prix aligné soit égal au prix de référence (à propos d'un prix supérieur) : • Crim. 23 janv. 1995, n° 94-84.014 P : *RJDA 1995, n° 456.*

23. Alignement sur un prix lui-même illicite. Un prévenu ne peut valablement arguer d'un alignement sur le prix d'un concurrent, lui-même inférieur au seuil de revente à perte, ce qu'il ne pouvait ignorer dès lors qu'il s'agissait de deux enseignes en situation dominante. • TGI Lille, 26 avr. 1996 : *BID 5/1997. 27.*

24. Preuve. Du moment où il n'est point contesté que le prévenu, auquel est reproché une revente à perte, a aligné ses prix sur ceux des commerçants concurrents, il ne saurait être exigé de lui la preuve de la légalité des prix pratiqués par ceux-ci, ce qui reviendrait à rapporter une preuve impossible. • Dijon, 1er mars 1990 : *Gaz. Pal. 1990. 2. 687, note Doucet.* ♦ Il suffit au revendeur d'apporter la preuve du prix sur lequel il prétend s'aligner, sauf à la partie poursuivante à établir le caractère illégal de ce prix. • Crim. 11 mars 1991, n° 90-82.267 P : *D. 1991. IR 144 ; Gaz. Pal. 1991. 2. 399, note Bayet* • 3 mai 1995, n° 94-82.041 P : *préc. note 20* • Paris, 25 sept. 1995 : *D. 1995. IR 270.* ♦ La preuve du prix du concurrent peut résulter de la production d'un ticket de caisse. • Crim. 11 mars 1991, n° 90-81.847 P : *JCP 1991. IV. 237.* – V. aussi • Crim. 3 juin 1991, n° 90-84.332 : *ibid. 357.*

La preuve peut être rapportée postérieurement au contrôle effectué par les agents de la Direction de la concurrence et de la consommation. • Crim. 3 avr. 1997, n° 95-81.640 : *D. Affaires 1997. 1212 ; RJDA 1997. 1506.* ♦ Mais il convient que la preuve soit rapportée autrement qu'en invoquant un procès-verbal d'infraction pour revente à perte dressé contre la société concurrente. • Crim. 6 déc. 2006, n° 06-81.947 P : *préc. note 5.*

D. EXCEPTION DE RÉAPPROVISIONNEMENT

25. Autonomie de l'exception (jurispr. antérieure à la L. du 4 août 2008). Il ressort à l'évidence, comme cela n'est pas discuté par l'administration, de la lecture de l'art. L. 442-4 [L. 442-5] que la notion de réapprovisionnement envisagée par son paragraphe *c)* [désormais 4°] est exclusive de la condition préalable exposée au 1° de « ventes volontaires ou forcées motivées par la cessation ou le changement d'une activité commerciale » qui ne constitue en réalité avec le cas visé en *c)* qu'une des exceptions à l'art. L. 442-2 [L. 442-5] prévues par la loi. • Saint-Denis de La Réunion, 16 oct. 2008 : *JCP E 2009, n° 30, p. 27, obs. Decocq.* ♦ L'autonomie de l'exception de réapprovisionnement est désormais légalement acquise par la renumérotation de l'art. L. 442-5.

26. Conditions de l'exception. Dès lors que les produits sont identiques, l'exception s'applique alors même que le réapprovisionnement a lieu le même jour dès lors que les deux commandes ne sont pas concomitantes mais successives, la loi n'exigeant pas pour qu'il y ait réapprovisionnement que le stock de la première commande ait été vendu. • Saint-Denis de La Réunion, 16 oct. 2008 : *préc. note 25.*

III. SANCTIONS

A. SANCTIONS PÉNALES

27. Élément intentionnel de l'infraction. La seule constatation de la violation en connaissance de cause d'une prescription légale implique de la part de son auteur l'intention coupable exigée par l'art. 121-3 C. pén. • Crim. 4 avr. 2001, n° 00-83.001 : *RJDA 2001, n° 1269.* ♦ Est ainsi caractérisé en tous ses éléments constitutifs le délit de revente à perte dès lors que les prix de revente du prévenu, compte tenu des seules remises dont il justifie, sont inférieurs à ses coûts d'achat effectifs. • Crim. 10 oct. 1996, n° 95-80.226 P : *D. Affaires 1997. 216.* ♦ Il importe peu pour la qualification que l'infraction ait porté sur une quantité restreinte de produits. • Pau, 21 avr. 2005 : *RDLC 2005, n° 4, p. 89, obs. Fasquelle et Roberval.* ♦ Comp., pour un arrêt ayant jugé que l'art. 121-3 C. pén. étant applicable, le délit de revente à perte n'est constitué que si le prévenu a eu l'intention de le commettre ou a été imprudent ou négligent dans le mode de calcul de son prix de revente : • Nancy, 8 févr. 1996 : *Gaz. Pal. 1996. 2. Doctr. 1197, obs. O. F.* ♦ Avant l'entrée en vigueur de l'art. 121-3 C. pén., le 1er mars 1994, la chambre criminelle considérait que le texte n'exige point que l'intention frauduleuse soit établie. • Crim. 4 févr. 1991, n° 90-81.382 P : *D. 1991. IR 120 ; Gaz. Pal. 1991. 2. 401, note Doucet.* – Comp., précisant que le prévenu doit avoir agi « en connaissance de cause » : • Chambéry, 27 juin 1996 : *JCP E 1996. Pan. 991.* ♦ Jugeant que l'élément intentionnel est démontré par l'attitude du prévenu tendant à faire croire aux enquêteurs qu'il n'y avait pas eu de réapprovisionnement après la hausse de taxes sur le carburant : • Montpellier, 27 févr. 1995 : *BID 3/1996. 41.* – Comp., aussi, pour une relaxe motivée, notamment, par l'imprécision de la position de l'Administration sur la prise en considération des ristournes : • TGI Strasbourg, 23 juin 1994 : *ibid.*

28. Preuve. La seule production de factures suffit à établir l'illicéité de la revente pratiquée en deçà du prix d'achat effectif qui y figure. • Crim. 4 avr. 2001, n° 00-83.001 : *préc. note 27.*

29. Admission de la délégation de pouvoirs. BIBL. Bayet, *Gaz. Pal. 1993. 2. Doctr. 923.* – de Massiac, *RJDA 1995, p. 927.* – Dreyer, *D. 2004. 937* (les pouvoirs délégués afin d'exonérer pénalement le chef d'entreprise). ♦ Sauf si la loi en dispose autrement, le chef d'entreprise qui n'a pas personnellement pris part à la réalisation de l'infraction peut s'exonérer de sa responsabilité pénale s'il rapporte la preuve qu'il a délégué ses pouvoirs à une personne pourvue de la compétence de l'autorité et des moyens nécessaires. • Crim. 11 mars 1993, n° 90-84.931 P : *D. 1994. Somm. 135, obs. Roujou de Boubée ; JCP E 1994. II. 571, note Robert* • 17 janv. 1994, n° 93-80.362 P : *ibid.* • 3 mai 1995, n° 94-82.041 P : *ibid.* • 6 mai 1996, n° 95-83.340 : *RJDA 1996, n° 1335.* ♦ Pour un arrêt ayant admis que les contrats de travail des responsables des secteurs alimentaire et non alimentaire d'une grande surface opéraient, pour les infractions d'achat sans facture de produits frais et de revente à perte de conserves et de lessives, délégation de pouvoirs, les préposés en question bénéficiant d'une connaissance technique suffisante à la compréhension des textes à faire respecter, V. • Angers, 22 nov. 1994 : *BID 12/1995. 34.* ♦ Comp. aussi, auparavant, jugeant que le dirigeant de l'entreprise où les pratiques illicites sont constatées ne saurait s'exonérer en invoquant une délégation de pouvoirs, dès lors que les faits incriminés relèvent des fonctions de direction qu'il assume personnellement : • Crim. 11 mars 1991, n° 90-83.855 P : *D. 1991. IR 160 ; Rev. sociétés 1991. 565, note Bouloc* • 18 mai 1992, n° 91-83.358 : *RJDA 1992, n° 1153.* ♦ Comp. note 9 ss. art. L. 441-11.

30. Preuve de la délégation de pouvoirs. La délégation de pouvoirs n'a pas besoin d'avoir date certaine, la preuve de la valeur et de l'étendue d'une délégation de pouvoirs, et des subdélégations éventuelles, n'étant soumise à aucune forme particulière. • Crim. 15 nov. 1994, n° 94-80.393. ♦ Sur la validité d'une subdélégation, sous réserve de la preuve, d'une part, de la formation et de la compétence du subdélégataire, d'autre part, de la faculté, par le subdélégant lui-même, de déléguer à un subordonné, V. • Crim. 25 janv. 1996, n° 95-83.363 : *BID 6/1996. 32.* – V. aussi • Crim. 3 avr. 1997, n° 95-81.640 : *préc. note 24* • Rouen, 29 avr. 1996 : *BID 5/1997. 20.*

B. ACTION EN JUSTICE

31. Action en référé d'un fournisseur. Peut être admise l'action en référé introduite par un fournisseur en cessation de la revente à perte pratiquée par un distributeur, cette pratique exposant le fournisseur, d'une part, à une dépréciation de son image de marque, le produit pouvant apparaître comme bradé et, d'autre part, aux soupçons des autres distributeurs sur l'existence de conditions préférentielles consenties à des concurrents, mettant ainsi en péril sa politique commerciale. • Com. 20 juin 1995, n° 93-20.643 : *RJDA 1995, n° 1004.*

32. Action civile des associations. Une association de défense de commerçants et d'artisans ne peut valablement se constituer partie civile à l'occasion des poursuites exercées contre le dirigeant d'un hypermarché pour revente à perte, dès lors qu'elle n'est pas une victime directe de l'infraction et qu'elle ne figure pas au nombre des personnes auxquelles le législateur a reconnu le droit d'agir en justice. • Crim. 7 déc. 1992, n° 90-87.858 : *RJDA 1993, n° 49.* ♦ En revanche, est recevable la constitution de partie civile d'une association de consommateurs agréée dès lors que la revente à perte, incompatible avec une concurrence saine et loyale, est contraire à l'intérêt général des consommateurs, et qu'est donc caractérisé le préjudice direct ou indirect causé à l'intérêt collectif des consommateurs. • Crim. 10 oct. 1996, n° 95-80.226 P : *préc. note 27.* ♦ Jugeant que l'intérêt protégé par la répression de la revente à perte est la loyauté de la concurrence entre commerçants et ne concerne pas directement les consommateurs bénéficiaires de cette concurrence sauvage, V. • TGI Amiens, 16 sept. 1997 : *BID 12/1998. 26.*

Loi n° 2020-1525 du 7 décembre 2020,

D'accélération et de simplification de l'action publique.

Art. 125 I. — Le prix d'achat effectif défini au deuxième alinéa du I de l'article L. 442-5 du code de commerce est affecté d'un coefficient de 1,10 pour les denrées alimentaires et les produits destinés à l'alimentation des animaux de compagnie revendus en l'état au consommateur *(L. n° 2021-1357 du 18 oct. 2021, art. 9)* « , à l'exception des produits assujettis aux droits de consommation mentionnés au I de l'article 403 du code général des impôts.

« I *bis.* — Pour les produits assujettis aux droits de consommation mentionnés au I de l'article 403 du code général des impôts, le prix d'achat effectif défini au deuxième alinéa du I de l'article L. 442-5 du code de commerce est majoré d'un montant égal au produit d'un coefficient 0,1 par une valeur P, égale au prix d'achat effectif défini au même deuxième alinéa minoré du montant des droits de consommation mentionnés au I de l'article 403 du code général des impôts et du montant des cotisations prévues à l'article L. 245-7 du code de la sécurité sociale.

« I *ter.* — Un arrêté du ministre chargé de l'agriculture peut fixer la liste de certains produits mentionnés aux parties IX et XI de l'annexe 1 au règlement (UE) n° 1308/2013 du Parlement européen et du Conseil du 17 décembre 2013 portant organisation commune des marchés des produits agricoles et abrogeant les règlements (CEE) n° 922/72, (CEE) n° 234/79, (CE) n° 1037/2001 et (CE) n° 1234/2007 du Conseil pour lesquels, par dérogation, le I du présent article n'est pas applicable, dans les conditions suivantes :

« 1° L'application du même I se traduit par une baisse du revenu du producteur agricole en raison de la saisonnalité des productions concernées et de leurs ventes ou de modalités particulières de commercialisation de ces produits ;

« 2° La dérogation prévue au premier alinéa du présent I *ter* fait l'objet d'une demande, motivée et accompagnée de toutes données utiles pour l'appréciation du critère prévu au

1°, par l'interprofession représentative des denrées ou catégories de denrées concernées ou, lorsqu'il n'existe pas d'interprofession pour ce type de denrées ou de catégorie de denrées, par une organisation professionnelle représentant des producteurs. »

II. — A. — Les dispositions du présent II s'appliquent aux avantages promotionnels, immédiats ou différés, ayant pour effet de réduire le prix de vente au consommateur de denrées alimentaires ou de produits destinés à l'alimentation des animaux de compagnie.

B. — Les avantages promotionnels, le cas échéant cumulés, mentionnés au A du présent II, accordés au consommateur pour un produit déterminé, ne sont pas supérieurs à 34 % du prix de vente au consommateur ou à une augmentation de la quantité vendue équivalente.

C. — Sous réserve des dispositions du III, ces avantages promotionnels, qu'ils soient accordés par le fournisseur ou par le distributeur, portent sur des produits ne représentant pas plus de 25 % :

1° Du chiffre d'affaires prévisionnel fixé par la convention prévue à l'article L. 441-4 du code de commerce ;

2° Du volume prévisionnel prévu par un contrat portant sur la conception et la production de produits alimentaires selon des modalités répondant aux besoins particuliers de l'acheteur ;

3° Des engagements de volume portant sur des produits agricoles périssables ou issus de cycles courts de production, d'animaux vifs, de carcasses ou pour les produits de la pêche et de l'aquaculture.

Pour l'application des dispositions du présent C, la convention mentionnée au 1° et le contrat mentionné au 2° fixent respectivement un chiffre d'affaires prévisionnel et un volume prévisionnel.

D. — Les dispositions du présent II ne s'appliquent pas aux produits périssables et menacés d'altération rapide, à la condition que l'avantage promotionnel ne fasse l'objet d'aucune publicité ou annonce à l'extérieur du point de vente.

E. — Tout manquement aux obligations du présent II par le fournisseur ou le distributeur est passible d'une amende administrative dont le montant ne peut excéder 75 000 € pour une personne physique et 375 000 € ou la moitié des dépenses de publicité effectuées au titre de l'avantage promotionnel pour une personne morale.

Les agents mentionnés au II de l'article L. 450-1 du code de commerce sont habilités à rechercher et à constater les manquements aux dispositions du présent article dans les conditions prévues au livre IV du même code. L'article L. 470-1 dudit code peut être mis en œuvre à partir des constatations effectuées.

L'amende est prononcée dans les conditions prévues à l'article L. 470-2 du même code. Le maximum de l'amende encourue est doublé en cas de réitération du manquement dans un délai de deux ans à compter de la date à laquelle la première décision de sanction est devenue définitive.

III. — Un arrêté du ministre chargé de l'économie fixe la liste des denrées ou catégories de denrées alimentaires pour lesquelles, par dérogation, les dispositions du C du II ne sont pas applicables, dans les conditions suivantes : *— V. Arr. du 29 janv. 2021, ci-dessous.*

1° Plus de la moitié des ventes de l'année civile aux consommateurs des denrées ou catégories de denrées alimentaires concernées est, de façon habituelle, concentrée sur une durée n'excédant pas douze semaines au total ;

2° La dérogation prévue au premier alinéa du présent III fait l'objet d'une demande, motivée et accompagnée de toutes données utiles pour l'appréciation de la saisonnalité des ventes au regard du critère prévu au 1°, par l'interprofession représentative des denrées ou catégories de denrées concernées ou, lorsqu'il n'existe pas d'interprofession pour ce type de denrées ou de catégorie de denrées, par une organisation professionnelle représentant des producteurs ou des fournisseurs des denrées ou catégories de denrées concernées.

IV. — Le Gouvernement remet au Parlement respectivement avant le 1er octobre 2021 et avant le 1er octobre 2022 deux rapports évaluant les effets du présent article sur la construction des prix de vente des denrées alimentaires et des produits destinés à l'alimentation des animaux de compagnie revendus en l'état au consommateur *(Abrogé par L. n° 2021-1357 du 18 oct. 2021, art. 9)* « *et le partage de la valeur entre les producteurs et les distributeurs* ». *(L. n° 2021-1357 du 18 oct. 2021, art. 9)* « Le rapport remis avant le 1er octobre 2022 analyse notamment l'usage qui a été fait par les distributeurs, depuis 2019, du surplus de chiffre d'affaires enregistré à la suite de la mise en œuvre du I ; il détaille, d'une part, la part de ce chiffre d'affaires supplémentaire qui s'est traduite par une revalorisation des prix convenus entre les distributeurs et leurs fournisseurs de produits alimentaires et de produits destinés à l'alimentation des animaux de compagnie et, d'autre part, celle qui s'est traduite par une baisse des prix de vente à la consommation ou par un reversement au consommateur sous la forme de promotions ou de crédits récompensant leur fidélité. Il analyse la part de ce chiffre d'affaires supplémentaire qui s'est traduite, le cas échéant, par une diminution des prix de vente des produits alimentaires vendus sous marque de distributeur. Ce rapport précise également, le cas échéant, la part de l'augmentation de chiffre d'affaires enregistrée par les fournisseurs de produits alimentaires et de produits destinés à l'alimentation des animaux de compagnie qui a donné lieu à une revalorisation des prix d'achat des produits agricoles. Le rapport évalue, enfin, les effets de la dérogation prévue au I *ter* sur le revenu des producteurs concernés. »

Ces rapports prennent en compte les éléments d'appréciation de la pertinence des mesures en cause, fournis par l'ensemble des acteurs économiques concernés de la filière alimentaire.

V. — Les dispositions du présent article ne sont pas applicables dans les collectivités de la Guadeloupe, de la Guyane, de la Martinique, de La Réunion et de Mayotte, ni dans les collectivités de Saint-Barthélemy, de Saint-Martin et de Saint-Pierre-et-Miquelon.

VI. — A. — Un décret en Conseil d'État, pris après avis de l'Autorité de la concurrence, peut suspendre l'application des dispositions des I à III pour tout ou partie des denrées ou produits mentionnés aux I et II, si les conditions prévues au B du présent VI sont remplies. Dans ce cas, l'Assemblée nationale et le Sénat en sont informés sans délai.

B. — Les dispositions du A du présent VI sont applicables si le comportement d'un nombre significatif d'acheteurs de denrées ou produits mentionnés aux I et II, lors de la négociation ou de l'exécution des conventions et des contrats mentionnés au II, est de nature à compromettre sensiblement l'atteinte de l'un des objectifs de rétablissement de conditions de négociation plus favorables pour les fournisseurs, de développement des produits dont la rentabilité est trop faible et de meilleur équilibre dans les filières alimentaires de l'article 15 de la loi n° 2018-938 du 30 octobre 2018 pour l'équilibre des relations commerciales dans le secteur agricole et alimentaire et une alimentation saine, durable et accessible à tous.

VII. — Les dispositions du présent article sont applicables aux contrats en cours d'exécution à la date d'entrée en vigueur de la présente loi *[publiée au JO du 8 déc.]*.

VIII. — A l'exception du IX, les dispositions du présent article sont applicables jusqu'au 15 avril 2023.

IX. — *Abrogation de l'Ord. n° 2018-1128 du 12 déc. 2018.*

X. — *Abrogation de l'art. 54-I-2° de la L. n° 2020-734 du 17 juin 2020.*

V. aussi Lignes directrices DGCCRF du 28 déc. 2021 relatives à l'encadrement des promotions (BRDA 2022, n° 3, p. 18).

Relèvement du seuil de revente à perte. Le relèvement du seuil de revente à perte, résultant de l'Ord. n° 2018-1128 du 12 déc. 2018 comme de la L. n° 2020-1525 du 7 déc. 2020, concerne uniquement les reventes en l'état au consommateur et n'est donc pas applicable aux opérations de revente en l'état entre professionnels. En revanche, il est rappelé que l'interdiction de la revente à perte prévue par l'art. L. 442-5 C. com., indépendamment de la majoration de 10 % du seuil de revente à perte spécifique à certaines catégories de produits destinés à être revendus aux consommateurs, s'applique aussi bien dans les relations entre un professionnel et un consommateur qu'entre professionnels. • CEPC, avis n° 21-1 du 18 mars 2021.

Arrêté du 29 janvier 2021,

Relatif à la liste des denrées ou catégories de denrées alimentaires pour lesquelles, par dérogation, l'encadrement des promotions en volume prévu par les dispositions du C du II de l'article 125 de la loi n° 2020-1525 du 7 décembre 2020 d'accélération et de simplification de l'action publique n'est pas applicable.

Art. 1er Les denrées ou catégories de denrées alimentaires mentionnées au III de l'article 125 de la loi n° 2020-1525 du 7 décembre 2020 d'accélération et de simplification de l'action publique sont les suivantes :

1° Produits qui du fait de leurs caractéristiques, y compris leur conditionnement ou leur emballage, peuvent se rattacher à la catégorie des confiseries de chocolat saisonnières et correspondent aux périodes de commercialisation de Noël et de Pâques ;

2° Produits issus des palmipèdes à foie gras ;

(*Arr. du 16 févr. 2021, art. 1er*) « 3° Champignons sylvestres, en conserve, surgelés ou déshydratés ;

« 4° Escargots préparés en conserve, surgelés ou frais » ;
(Arr. du 5 août 2021, art. 1er) « 5° Dindes de Noël, oies, chapons, mini chapons, poulardes, chapons de pintade. »

Art. 2 Les catégories de produits visées à l'article 1er bénéficient d'une dérogation à l'application des dispositions du C du II de l'article 125 de la loi du 7 décembre 2020 susvisée jusqu'au 1er mars 2023.

Art. L. 442-6 Est puni d'une amende de 15 000 € le fait par toute personne d'imposer, directement ou indirectement, un caractère minimal au prix de revente d'un produit ou d'un bien, au prix d'une prestation de service ou à une marge commerciale. – *Comp. anc. art. L. 442-5.*

V., dérogeant à cette prohibition en matière de livre, L. n° 81-766 du 10 août 1981, art. 1er, App., v° Concurrence (I — Droit interne).

BIBL. ▶ DELBARRE, *RJDA 1993. 167*. – GRANIER, *RTD com. 1991. 358* (contrat de franchise). – J.-M. et M. MOUSSERON, *Cah. dr. entr. 1995, n° 1* (coopération commerciale et prix imposés). – DELBARRE, J.-M. et M. MOUSSERON, *ibid., n° 6, p. 9* (police des prix de revente par les fournisseurs). – VERTUT, *CCC 2000. Chron. 15* (communications en matière de prix de revente et droit de la concurrence). – ARHEL, *JCP E 2000, n° 46, p. 1799* (lutte contre les pratiques de prix imposés en Europe) ; *LPA 16 nov. 2001* (*idem* 2000 et 2001).

I. PRINCIPE DE PROHIBITION DES PRIX MINIMUM IMPOSÉS

1. *Champ d'application.* Jugeant que l'art. L. 442-5 [L. 442-6] n'est pas applicable au propriétaire de marchandises qui les fait vendre au détail en son nom et pour son compte par un prétendu franchisé, ce dernier ne pouvant se prévaloir de la qualité de commerçant indépendant, cet élément essentiel au contrat de franchise faisant défaut : • Paris, 18 juin 2003 : *CCC 2004, n° 19, obs. Leveneur.*

2. *Imposition d'un coefficient minimal.* L'envoi par un fournisseur de lettres de rappel à l'ordre à des distributeurs, qui ne respectent pas le coefficient minimal qu'il préconise, est constitutif du délit de prix imposés sans qu'il soit nécessaire d'apporter la preuve que ces injonctions aient été suivies d'un effet direct et matériellement constaté. • Versailles, 28 nov. 1990 : *Gaz. Pal. 1991. 2. 410, note Marchi.*

3. *Exigence d'une autorisation du fournisseur.* Le fait de subordonner à l'autorisation du fournisseur la fixation de prix inférieurs de 10 % à un prix moyen de référence contrevient à l'art. 34 [C. com., art. L. 442-6]. • T. com. Paris, 16 mai 1995 : *LPA 22 mars 1996, note Dreyer.*

4. *Pratique des prix « conseillés ».* Un prix présenté comme « conseillé » par le concédant, peut constituer, en réalité, un prix imposé, tant en ce qui concerne les produits vendus que les services rendus à la clientèle, dès lors que, par son statut, le concessionnaire se trouve dans un état *de dépendance économique* tel qu'il est tenu de le respecter. • Paris, 17 janv. 1995 : *D. 1997. Somm. 63, obs. Ferrier*. ♦ Est illicite la clause par laquelle le franchisé oblige à l'égard du franchiseur « à respecter autant que faire se peu » des marges bénéficiaires décidées par le franchiseur, celles-ci ne pouvant dès lors être considérées comme des « marges conseillées à titre indicatif », qui a pour effet de dissuader les franchisés de procéder à la fixation autonome de leurs prix. • Com. 1er juin 1993, n° 91-14.242 P : *D. 1995, somm., 79, obs. Ferrier*. ♦ Pour un autre exemple de prix, présentés par le fabricant comme « conseillés » aux détaillants du réseau de distribution sélective, mais constituant, en réalité, des prix imposés, en raison de menaces de rétorsions commerciales, V. • Crim. 25 nov. 1991, n° 91-80.159 : *Gaz. Pal. 1992. 1. Somm. 166, obs. Doucet.* ♦ Pour des prix « indicatifs » de revente qui revêtent un caractère obligatoire, compte tenu d'une clause interdisant aux revendeurs toute remise promotionnelle sur les produits de la marque sans le consentement du concédant et d'une politique de refus systématique de telles remises, V. • Crim. 22 août 1995, n° 94-83.196 : *D. 1997. Somm. 63, obs. Ferrier* ; *RJDA 1996, n° 77.*

5. *Clause d'approvisionnement exclusif.* Ayant retenu que le prix d'achat des marchandises achetées par le franchisé était déterminé par le franchiseur, que le franchisé se trouvait dans l'obligation d'appliquer à la clientèle le tarif déterminé et transmis par celui-ci, une cour d'appel a pu en déduire que par l'effet de la clause d'approvisionnement exclusif les prix étaient déterminés dans des conditions contraires à l'art. 34 [C. com., art. L. 442-6]. • Com. 7 oct. 1997, n° 95-19.518 : *CCC 1998, n° 2, obs. Leveneur ; JCP 1998. II. 10110, note Mainguy.* – V. aussi notes 36 ss. art. L. 420-1 et 26 ss. art. L. 330-3. ♦ Pour déclarer les prévenus coupables d'imposition d'un caractère minimal au prix de revente des produits livrés, l'arrêt relève que les investigations ont révélé que sur le logiciel des caisses des magasins, les prix étaient intégrés depuis la centrale d'achat, toutes les informations relatives aux prix, aux chiffres de vente de tous les magasins du groupe étant centralisés par ce dernier grâce au système informatique qui comportait un logiciel programmé, que les vêtements arrivaient pré-étiquetés et que le groupe définissait un coefficient pour calculer les prix de vente. En l'état de ces seules énonciations, d'où il résulte que l'organisation et le fonctionnement du réseau de distribution privaient d'une façon générale les exploitants des magasins de l'enseigne de toute liberté de fixer le prix de revente de leurs produits, et constituaient un moyen indirect, au sens de l'art. L. 442-5 [L. 442-6], d'imposer un caractère minimal au prix de revente défini par la centrale d'achat, la cour d'appel a justifié sa décision. • Crim. 16 janv. 2018, n° 16-83.457 P : *D. 2018. Actu. 164 ; AJ contrat 2018. 88, obs. Fortunato ; RSC 2018. 915, obs. Sordino ; CCC 2018, n° 37, obs. Bernheim-Desvaux ; RJDA 2018, n° 366.*

6. Refus de livraison. Constitue un moyen indirect d'imposer un prix minimal de revente d'un produit le refus de livrer celui-ci au motif que le prix de revente est insuffisant. • Crim. 31 oct. 2000, n° 99-86.588 P : *RTD com. 2001. 265, obs. Bouloc ; CCC 2001, n° 73, obs. Malaurie-Vignal.*

7. Prix accepté. Relevant qu'il résulte du contrat que le prix a été fixé à la suite d'un accord entre les parties, puisque signé, sans contrainte ni violence, et n'a donc pas été imposé, au sens des dispositions légales : • Nîmes, 22 mai 2003 : *Cah. dr. entr. 2003, n° 5, p. 51, obs. crit. Respaud.*

II. TEMPÉRAMENTS

8. Ristournes conditionnelles. Le fait d'offrir, à l'occasion de la cession d'un produit, des rabais, remises ou ristournes dans des conditions d'attribution définies de manière objective et ne prêtant pas à discrimination, n'est pas de nature à restreindre la liberté de leur bénéficiaire éventuel de fixer le prix de revente de ces produits et ne saurait constituer une pratique tendant à lui conférer un caractère minimal. • Crim. 30 nov. 1992, n° 92-83.574 P : *D. 1993. IR 37* • 29 nov. 1993, n° 92-83.574 P : *D. 1994. IR 15.* ♦ La pratique de rabais, remises ou ristournes hors facture ne constitue pas une façon d'imposer indirectement un caractère minimal au prix de revente du distributeur, puisqu'il n'existe pas de délit de refus d'acheter et que le distributeur est libre d'adhérer ou non aux conditions de vente proposées par le fournisseur : • Versailles, 14 mai 1992 : *RJDA 1992, n° 849.* ♦ Mais l'infraction de prix imposés est commise par un fabricant qui, par un mécanisme conditionnel de ristournes, se donne les moyens de prévenir toute revente au-dessous du prix facturé. • Crim. 5 nov. 1990, n° 89-82.192 P : *D. 1991. IR 10.* ♦ Pour un autre exemple de ristourne conditionnelle contraire à l'art. 34 [C. com., art. L. 442-6], V. • Paris, 29 mars 1994 : *CCC 1994, n° 236, obs. Vogel.*

9. Plancher de rémunération variable. Un fournisseur a toujours le droit de fixer contractuellement un plancher à une rémunération variable. Ce faisant, il ne peut être accusé d'imposer un prix de revente minimal, le revendeur conservant le droit de fixer son prix en tenant compte des éléments de son prix de revient. • T. com. Paris, 16 mai 1995 : *préc. note 3.*

10. Tarifs maxima. L'obligation souscrite par le franchisé d'utiliser les tarifs de base du franchiseur n'est pas illicite, dès lors qu'il s'agit de tarifs maxima que le franchiseur peut définir afin d'assurer l'homogénéité du réseau. • Paris, 16 juin 1993 : *D. 1995. Somm. 79, obs. Ferrier .* ♦ Mais la pratique de prix minimum imposé est établie lorsque les revendeurs d'un groupement de commerçants indépendants disposent d'une marge de manœuvre réduite à l'extrême par le caractère très bas des prix maximaux figurant au recueil de prix promotionnels, dans un contexte de grande tension des prix sur le marché et par les principes mêmes qui, en vertu de la charte du groupement, gouvernent les relations de celui-ci avec les franchisés, leur faisant obligation de ne pas s'éloigner dans des proportions trop importantes des prix établis dans cette chaîne de distribution développant une image de pratique de prix bas et que le contrat de franchise souscrit par tous les revendeurs leur interdit de pratiquer des prix supérieurs au prix maximal ou encore de le baisser de manière anormale. • Com. 27 janv. 1998, n° 96-11.080 P : *D. 1998. Somm. 336, obs. Ferrier ; RJDA 1998, n° 798.*

III. SANCTIONS

11. Imputabilité de l'infraction. Il entre dans les attributions du président du conseil d'administration de veiller à la bonne conduite de la politique commerciale pratiquée, notamment, vis-à-vis des grands distributeurs des produits de la société. • Paris, 29 mars 1994 : *préc. note 8.* ♦ Pour la condamnation du président d'une société à indemniser de leur préjudice moral les franchisés constitués parties civiles : • Crim. 19 févr. 2003, n° 02-81.422 : *Dr. pénal 2003, n° 87, obs. Robert.* ♦ En cet état, et dès lors que le prévenu, devant répondre des conséquences dommageables de l'infraction dont il s'est personnellement rendu coupable, ce délit eût-il été commis dans le cadre de ses fonctions de dirigeant social, engage sa responsabilité civile à l'égard des tiers auxquels cette infraction a porté préjudice. • Même arrêt.

12. Sanction civile : nullité du contrat. Justifie légalement sa décision d'annuler un contrat de franchise la cour d'appel qui a constaté que par l'effet de la clause d'approvisionnement exclusif liant les parties, les prix étaient déterminés dans des conditions contraires aux dispositions légales. • Com. 7 oct. 1997, n° 95-19.518 : *préc. note 5.* ♦ Doit être annulé en raison de son caractère anticoncurrentiel le contrat de concession exclusive qui prévoit que le concessionnaire a l'obligation d'appliquer le tarif conseillé par le concédant et ne lui laisse aucune autonomie dans la fixation de ses prix. • Paris, 17 janv. 1995 : *préc. note 4.* ♦ Pour d'autres décisions annulant des contrats stipulant des clauses contrevenant à l'art. 34 [C. com., art. L. 442-6], V. note 6 ss. art. L. 330-3.

13. Sanction pénale. L'art. L. 442-5 [L. 442-6] fait de la pratique de prix imposés une infraction pénale, définie indépendamment du pouvoir de marché détenu par le producteur. • Cons. conc. n° 07-D-04 du 24 janv. 2007 : *D. 2008. Pan. 2193, obs. Ferrier ; CCC 2007, n° 70, obs. Malaurie-Vignal ; RDLC 2007, n° 2, p. 99, obs. Claudel.*

Art. L. 442-7 *(L. n° 2005-157 du 23 févr. 2005, art. 34) (Ord. n° 2019-358 du 24 avr. 2019, art. 1er)* **« Engage la responsabilité de son auteur et l'oblige à réparer le préjudice causé le fait pour un acheteur de produits agricoles ou de denrées alimentaires de faire pratiquer par son fournisseur un prix de cession abusivement bas.**

« Pour caractériser un prix de cession abusivement bas, il est tenu compte notamment des indicateurs de coûts de production mentionnés aux articles L. 631-24, L. 631-24-1, L. 631-24-3 et L. 632-2-1 du code rural et de la pêche maritime ou, le cas échéant, de tous autres indicateurs disponibles dont ceux établis par l'Observatoire de la formation des prix et des marges des produits alimentaires mentionné à l'article L. 682-1 du même code. Dans le cas d'une première cession, il est également tenu compte des indicateurs figurant dans la proposition de contrat du producteur agricole. »

(Ord. n° 2019-359 du 24 avr. 2019, art. 2) **« L'article L. 442-4 est applicable » à l'action prévue par le présent article.** — *Anc. art. L. 442-9 mod. (Ord. n° 2019-359 du 24 avr. 2019, art. 2-3°).*

Pour les contrats en cours d'exécution à la date de publication de l'Ord. n° 2019-358 du 24 avr. 2019 (JO 25 avr.), les dispositions issues de ladite ordonnance sont applicables à compter du premier jour du cinquième mois suivant cette date, soit le 1er sept. 2019 (Ord. préc., art. 2).

BIBL. ▸ NDLR, *BRDA 2019, n° 11, p. 22* (l'interdiction de vendre des produits agricoles à des prix abusivement bas généralisée). – CHONÉ-GRIMALDI, *JCP E 2019, n° 1364* (l'interdiction des prix abusivement bas).

Code de commerce

Ancien art. L. 442-9 *(L. n° 2005-157 du 23 févr. 2005, art. 34-I) Engage la responsabilité de son auteur et l'oblige à réparer le préjudice causé le fait, pour tout producteur, commerçant, industriel ou personne immatriculée au répertoire des métiers, de pratiquer ou de faire pratiquer, en situation de crise conjoncturelle telle que définie par l'article L. 611-4 du code rural et de la pêche maritime, des prix de première cession abusivement bas pour des produits figurant sur la liste prévue à l'article L. 441-2-1 du présent code.*

(L. n° 2008-3 du 3 janv. 2008, art. 5) « Engage également la responsabilité de son auteur et l'oblige à réparer le préjudice causé le fait pour tout revendeur d'exiger de son fournisseur, en situation de forte hausse des cours de certaines matières premières agricoles, des prix de cession abusivement bas pour les produits agricoles périssables ou issus de cycles courts de production, d'animaux vifs, de carcasses, pour les produits de l'aquaculture, ainsi que pour les produits alimentaires de consommation courante issus de la première transformation de ces produits. Les conditions définissant la situation de forte hausse des cours de certaines matières premières agricoles ainsi que la liste des produits concernés sont fixées par décret. » — V. anc. art. D. 442-5 et D. 442-6.

Le III et le IV de l'article L. 442-6 sont applicables à l'action prévue par le présent article.

Code rural et de la pêche maritime

Art. L. 611-4 *(L. n° 2005-157 du 23 févr. 2005, art. 35)* La situation de crise conjoncturelle affectant ceux des produits figurant sur la liste prévue à l'article *(Ord. n° 2019-698 du 3 juill. 2019, art. 8)* « L. 443-2 » du code de commerce est constituée lorsque le prix de cession de ces produits par les producteurs ou leurs groupements reconnus est anormalement bas par rapport à la moyenne des prix observés lors des périodes correspondantes des cinq dernières campagnes, à l'exclusion des deux périodes au cours desquelles les prix ont été respectivement le plus bas et le plus élevé.

(Abrogé par L. n° 2010-874 du 27 juill. 2010, art. 15-II) « Les entreprises de commercialisation ou de distribution peuvent conclure avec l'État, pour un ou plusieurs des produits

mentionnés au premier alinéa, des accords comprenant un dispositif de répercussion de la baisse des prix de cession des produits par les producteurs sur les prix de vente à la consommation.

« Afin qu'un bilan des engagements des acheteurs puisse être établi par les ministres chargés de l'agriculture, de la pêche et de l'économie, les acheteurs communiquent pendant la crise conjoncturelle aux services compétents les éléments leur démontrant leur engagement dans les démarches contractuelles mentionnées au précédent alinéa et l'effet de ces démarches, selon une procédure définie par arrêté conjoint de ces ministres. »

Un arrêté conjoint du ministre chargé de l'économie et du ministre chargé de l'agriculture précise, en fonction des différents produits concernés, les modalités d'application du présent article, notamment les modalités de détermination des prix anormalement bas et la durée pendant laquelle ces prix doivent être constatés pour que la crise soit constituée. — *V. Arr. du 24 mai 2005 (JO 25 mai), mod. par Arr. du 2 mai 2006 (JO 10 mai), et Arr. du 26 avr. 2013 (JO 15 mai).*

Art. L. 611-4-1 *(L. n° 2010-874 du 27 juill. 2010, art. 15-II)* Les personnes mentionnées au I de l'article 302 *bis* ZA du code général des impôts peuvent conclure chaque année avec l'État des accords de modération des marges de distribution des fruits et légumes frais.

Ces personnes doivent, lorsqu'elles sont liées contractuellement à une centrale d'achat ou à une centrale de référencement ou associées à un groupement d'achat, mandater le responsable de cette centrale ou de ce groupement pour signer en leur nom les accords prévus au premier alinéa du présent article.

La marge de distribution visée au premier alinéa s'entend de la différence entre le prix de revente hors taxe au consommateur du produit et son prix d'achat hors taxe.

Ces accords, dont le contenu est précisé par décret en Conseil d'État, sont signés avant le 1er mars de chaque année. Pour l'année 2010, ils sont signés au plus tard un mois après la publication de ce décret. Ils entrent en application dès que la situation de crise conjoncturelle définie à l'article L. 611-4 est constituée.

Les personnes mentionnées au I de l'article 302 *bis* ZA du code général des impôts, ou le groupement de distributeurs dont elles dépendent, rendent compte, à la demande des ministres chargés de l'agriculture et de l'économie, de l'application des accords. – *V. Arr. du 23 févr. 2012 (JO 28 févr.).*

Le non-respect des accords ou le retard dans leur mise en œuvre est sanctionné d'une amende civile dont le montant ne peut être supérieur à deux millions d'euros. Le montant de l'amende est proportionné à la gravité des faits constatés, au vu notamment du volume de produits en cause et de la durée des périodes de crise. L'action est introduite devant la juridiction civile compétente par le ministère public, par le représentant de l'État dans le département, par le ministre chargé de l'agriculture ou le ministre chargé du commerce.

Avant le 1er mars de chaque année, le Gouvernement remet au Parlement un rapport sur la mise en œuvre des accords de modération des marges de distribution des fruits et légumes frais prévus à l'art. L. 611-4-1 C. rur. (L. n° 2010-874 du 27 juill. 2010, art. 16).

BIBL. ▶ NDLR, *BRDA 2010, n° 15-16, p. 15* (accords de modération des marges de distribution). - GRIMONPREZ, *JCP E 2010, n° 1771 ; CCC 2010. Étude 12* (relations commerciales agricoles : l'aube de la contractualisation). - BARBIÈRI, *RD rur. 2010. Étude 17* (négoce agricole et filières). - AUBIN-BROUTÉ, *ibid. 2016. Étude 11* (la question du prix dans les relations commerciales agricoles).

....

Art. L. 682-1 *(L. n° 2010-874 du 27 juill. 2010, art. 19)* L'Observatoire de la formation des prix et des marges des produits alimentaires, placé auprès du ministre chargé de l'alimentation et du ministre chargé de la consommation, a pour mission d'éclairer les acteurs économiques et les pouvoirs publics sur la formation des prix et des marges au cours des transactions au sein de la chaîne de commercialisation des produits alimentaires, qu'il s'agisse de produits de l'agriculture, de la pêche ou de l'aquaculture.

Les modalités de désignation du président de l'observatoire, le fonctionnement de l'observatoire ainsi que sa composition sont définis par décret. *(L. n° 2018-699 du 3 août 2018, art. 75)* « Deux députés et deux sénateurs siègent au comité de pilotage de l'observatoire. »

L'observatoire analyse les données nécessaires à l'exercice de ses missions. *(L. n° 2016-1691 du 9 déc. 2016, art. 98-I)* « Il peut les demander directement aux entreprises ou les obtenir par l'intermédiaire de l'établissement mentionné à l'article L. 621-1 et du service statistique public auprès duquel elles sont recueillies. » *(L. n° 2018-938 du 30 oct. 2018, art. 8)* « La liste des établissements refusant de communiquer les données nécessaires à l'exercice des missions de l'observatoire peut faire l'objet d'une publication par voie électronique. »

Il étudie les coûts de production au stade de la production agricole, les coûts de transformation et les coûts de distribution dans l'ensemble de la chaîne de commercialisation des produits agricoles. *(L. n° 2018-938 du 30 oct. 2018, art. 7)* « Il examine, à l'échelle de chaque filière, la prise en compte des indicateurs mentionnés *(L. n° 2021-1357 du 18 oct. 2021, art. 1er)* « au quinzième *[ancienne rédaction : à l'avant-dernier]* » alinéa du III de l'article L. 631-24, à l'article L. 631-24-1 et au II de l'article L. 631-24-3 ainsi que la répartition de la valeur ajoutée tout au long de la chaîne de commercialisation des produits agricoles qui en résulte. »

(L. n° 2016-1691 du 9 déc. 2016, art. 98-I) « Il compare, sous réserve des données disponibles équivalentes, ces résultats à ceux des principaux pays européens. »

(L. n° 2018-938 du 30 oct. 2018, art. 7) « Il peut être saisi par l'un de ses membres, par le médiateur des relations commerciales agricoles ou par une organisation interprofessionnelle pour donner un avis sur les indicateurs de coûts de production ou de prix des produits agricoles et alimentaires mentionnés *(L. n° 2021-1357 du 18 oct. 2021, art. 1er)* « au quinzième *[ancienne rédaction : à l'avant-dernier]* » alinéa du III de l'article L. 631-24 ou sur les méthodes d'élaboration de ces indicateurs. » *(L. n° 2021-1357 du 18 oct. 2021, art. 3)* « L'observatoire publie, chaque trimestre, un support synthétique reprenant l'ensemble des indicateurs, rendus publics, relatifs aux coûts pertinents de production en agriculture mentionnés au même quinzième alinéa, à l'article L. 631-24-1 et aux II et III de l'article L. 631-24-3. »

(Abrogé par L. n° 2018-938 du 30 oct. 2018, art. 8) « Lorsque les dirigeants d'une société commerciale transformant des produits agricoles ou commercialisant des produits alimentaires n'ont pas procédé au dépôt des comptes dans les conditions et délais prévus aux articles L. 232-21 à L. 232-23 du code de commerce, le président de l'observatoire peut saisir le président du tribunal de commerce afin que ce dernier adresse à la société une injonction de le faire à bref délai sous astreinte. Le montant de cette astreinte ne peut excéder 2 % du chiffre d'affaires journalier moyen hors taxes réalisé en France par la société au titre de cette activité, par jour de retard à compter de la date fixée par l'injonction. » — V., désormais, art. L. 123-5-2.

(L. n° 2016-1691 du 9 déc. 2016, art. 98-I) « L'observatoire remet chaque année un rapport au Parlement.

« L'observatoire procède, par anticipation au rapport annuel, à la transmission des données qui lui sont demandées par les commissions permanentes compétentes et par les commissions d'enquête de l'Assemblée nationale et du Sénat sur la situation des filières agricoles et agroalimentaires. » — *Anc. art. L. 692-1 (Ord. n° 2016-391 du 31 mars 2016, art. 8, en vigueur le 1er juill. 2016).*

....

Art. R. 616-4 *(Décr. n° 2011-553 du 20 mai 2011)* Les accords de modération des marges de distribution des fruits et légumes frais prévus à l'article L. 611-4-1 sont conclus pour une durée d'un an et signés au nom de l'État par les ministres chargés de l'agriculture, de l'économie et du commerce.

Les produits concernés sont les fruits et légumes destinés à être vendus à l'état frais au consommateur qui sont mentionnés dans la partie IX de l'annexe I du règlement (CE) n° 1234/2007 du Conseil du 22 octobre 2007 portant organisation commune des marchés dans le secteur agricole et dispositions spécifiques en ce qui concerne certains produits de ce secteur (règlement "OCM unique").

Art. R. 616-5 *(Décr. n° 2011-553 du 20 mai 2011)* Pour l'application des articles R. 616-4 à D. 616-7, sont retenues les définitions suivantes :

1° Le taux de marge brute du rayon fruits et légumes est égal au rapport entre la marge brute, telle que définie au troisième alinéa de l'article L. 611-4-1, et le chiffre d'affaires de ce rayon ;

2° Le taux de marge brute moyen du rayon fruits et légumes est égal à la moyenne des taux de marge brute de ce rayon constatés au cours des trois derniers exercices comptables. Ce taux est calculé en excluant les périodes d'application de la modération des marges.

Par dérogation au 2° de l'art. R. 616-5, le taux de marge brute moyen du rayon fruits et légumes pour l'année 2011 est celui de l'exercice comptable 2010. Pour l'année 2012, il est égal à la moyenne des taux de marge brute des exercices comptables 2010 et 2011 (Décr. n° 2011-553 du 20 mai 2011, art. 2).

Art. R. 616-6 *(Décr. n° 2011-553 du 20 mai 2011)* Les accords de modération des marges de distribution des fruits et légumes frais prévoient qu'en période de crise conjoncturelle sur un produit constatée selon les modalités prévues à l'article L. 611-4 les personnes parties aux accords s'engagent à réduire, le cas échéant, la marge brute pratiquée sur ce produit, afin que leur taux de marge brute sur ce produit soit inférieur ou égal au taux de marge brute moyen du rayon fruits et légumes.

L'accord indique que ce dispositif de modération des marges est mis en place pour un produit donné, lorsque la crise conjoncturelle est constatée pour ce produit et au plus tard dans les trois jours ouvrés qui suivent le début de la période de crise, jusqu'à la fin de cette crise. Le ministre chargé de l'agriculture informe les signataires de l'accord de la mise en place de ce dispositif.

Art. D. 616-7 *(Décr. n° 2011-553 du 20 mai 2011)* Un arrêté conjoint des ministres chargés de l'agriculture, de l'économie et du commerce fixe les modalités selon lesquelles les personnes parties à ces accords rendent compte de leur application aux ministres chargés de l'agriculture et de l'économie.

....

Art. D. 682-1 *(Décr. n° 2010-1301 du 28 oct. 2010)* Afin de remplir les missions qui lui sont dévolues en vertu de l'article L. 682-1, l'Observatoire de la formation des prix et des marges des produits alimentaires :

1° Recueille auprès des services et établissements publics compétents les données statistiques disponibles nécessaires à l'analyse des mécanismes de formation des prix dans la chaîne alimentaire ;

2° Demande à ces services et établissements de collecter, en tant que de besoin, des données supplémentaires ;

3° Réalise ou fait réaliser les travaux d'études nécessaires à son activité ;

4° Analyse les informations recueillies ;

5° Produit des rapports de synthèse sur les filières étudiées ;

6° Assure la diffusion régulière de ses travaux.

A ces fins, l'Observatoire de la formation des prix et des marges des produits alimentaires s'appuie sur l'établissement public mentionné à l'article L. 621-1. — *Anc. art. D. 692-1 (Décr. n° 2016-781 du 10 juin 2016, art. 7, en vigueur le 1er juill. 2016).*

Ancien art. D. 442-5 *(Décr. n° 2014-1196 du 17 oct. 2014, art. 2) Les matières premières agricoles mentionnées au deuxième alinéa de l'article L. 442-9 s'entendent du lait, des céréales (orge, blé tendre, blé dur, maïs) et des oléagineux (colza, tournesol, soja, pois protéagineux).*

Ancien art. D. 442-6 *(Décr. n° 2014-1196 du 17 oct. 2014, art. 2) On entend par situation de forte hausse des cours des matières premières agricoles, au sens de l'article L. 442-9, les majorations suivantes, en rythme annuel et constatées pendant trois mois consécutifs, par rapport à la moyenne des cours observés lors des périodes correspondantes des cinq dernières campagnes, à l'exclusion des deux périodes au cours desquelles les cours ont été respectivement le plus bas et le plus élevé :*

— lait : 30 % ;

— orge, blé tendre, blé dur, maïs : 40 % ;

— colza, tournesol, soja, pois protéagineux : 30 %.

Un arrêté des ministres chargés de l'économie et de l'agriculture détermine les indicateurs retenus pour l'application des précédents alinéas.

Art. L. 442-8 I. — Est nul le contrat par lequel un fournisseur s'engage envers toute personne exerçant des activités de production, de distribution ou de services sur une

offre de prix à l'issue d'enchères inversées à distance, organisées notamment par voie électronique, lorsque l'une au moins des règles suivantes n'a pas été respectée :

1° Préalablement aux enchères, l'acheteur ou la personne qui les organise pour son compte communique de façon transparente et non discriminatoire à l'ensemble des candidats admis à présenter une offre les éléments déterminants des produits ou des prestations de services qu'il entend acquérir, ses conditions et modalités d'achat, ses critères de sélection détaillés ainsi que les règles selon lesquelles les enchères vont se dérouler ;

2° A l'issue de la période d'enchères, l'identité du candidat retenu est révélée au candidat qui, ayant participé à l'enchère, en fait la demande. Si l'auteur de l'offre sélectionnée est défaillant, nul n'est tenu de reprendre le marché au dernier prix ni à la dernière enchère.

II. — L'acheteur ou la personne qui organise les enchères pour son compte effectue un enregistrement du déroulement des enchères qu'il conserve pendant un an. Il est présenté aux agents habilités s'il est procédé à une enquête dans les conditions prévues au titre V.

III. — Les enchères à distance inversées organisées par l'acheteur ou par son représentant sont interdites pour les produits agricoles figurant sur une liste établie par décret, ainsi que pour les produits alimentaires de consommation courante issus de la première transformation de ces produits. — *V. Décr. n° 2008-535 du 5 juin 2008, ci-dessous.*

IV. — Le fait de ne pas respecter les dispositions des I à III engage la responsabilité de son auteur et l'oblige à réparer le préjudice causé.

Les dispositions de l'article L. 442-4 sont applicables aux opérations mentionnées aux I à III. — *Comp. anc. art. L. 442-10.*

BIBL. ► CHAGNY, *JCP 2005. I. 173, spéc. n° 4 s.* (enchères inversées à distance). - GENTY et HUET, *CCC 2005. Chron. 22* (les enchères électroniques « inversées »). - DECOCQ, *CCE 2005, n° 175* (réglementation des enchères à distance). - MAUGER-VIELPEAU, *D. 2006. 642* (les enchères inversées). - GENTY, HUET et DUMONT-TRICOT, *CCE 2006. Chron. 13* (enchères électroniques inversées). - LUCIANI, *RDLC 2006, n° 2, p. 61* (application dans l'espace). - ANADON, *RLDA sept. 2007. 49* (enchères électroniques inversées artificielles).

Décret n° 2008-535 du 5 juin 2008, *fixant la liste des produits agricoles visée au III de l'article L. 442-10 [L. 442-8] du code de commerce.* **Art. 1er** Les produits agricoles auxquels s'appliquent les dispositions du III de l'article L. 442-10 *[L. 442-8]* du code de commerce sont les suivants :

— fruits et légumes destinés à être vendus à l'état frais au consommateur, y compris les pommes de terre de conservation ;
— viandes et abats de bovin, veau, porc, ovin, caprin, cheval, volaille et lapin ;
— produits de la pisciculture ;
— lait ;
— œufs ;
— miels.

SECTION II DES AUTRES PRATIQUES PROHIBÉES

(Ord. n° 2019-359 du 24 avr. 2019, art. 2)

RÉP. COM. v° *Transparence tarifaire et pratiques restrictives,* par ARHEL.

Art. L. 442-9 **I. — Est puni de deux ans d'emprisonnement et de 30 000 € d'amende le fait d'opérer la hausse ou la baisse artificielle soit du prix de biens ou de services, soit d'effets publics ou privés, notamment à l'occasion d'enchères à distance :**

1° En diffusant, par quelque moyen que ce soit, des informations mensongères ou *calomnieuses ;*

2° En introduisant sur le marché ou en sollicitant soit des offres destinées à troubler les cours, soit des sur-offres ou sous-offres faites aux prix demandés par les vendeurs ou prestataires de services ;

3° Ou en utilisant tout autre moyen frauduleux.

La tentative est punie des mêmes peines.

II. – Lorsque la hausse ou la baisse artificielle des prix concerne des produits alimentaires, la peine est portée à trois ans d'emprisonnement et 45 000 € d'amende.

III. – Les personnes physiques coupables des infractions prévues au présent article encourent également les peines complémentaires suivantes :

1° L'interdiction des droits civiques, civils et de famille, suivant les modalités de l'article 131-26 du code pénal ;

2° L'affichage ou la diffusion de la décision prononcée dans les conditions prévues par l'article 131-35 du code pénal.

IV. – Les personnes morales déclarées pénalement responsables des infractions prévues aux I et II encourent les peines mentionnées aux 2° à 6° et 9° de l'article 131-39 du code pénal.

L'interdiction mentionnée au 2° de l'article 131-39 du même code porte sur l'activité dans l'exercice ou à l'occasion de l'exercice de laquelle l'infraction a été commise. – *Comp. anc. art. L. 443-2 et L. 443-3.*

BIBL. ▶ MASSÉ, *RSC 1986. 625.* – BOUTARD-LABARDE, *LPA 6 oct. 1993.* – MAINGUY, *Cah. dr. entr. 1995, n° 1* (clauses de prix à marge garantie). – DEBET, *CCE 2011, n° 66* (le Conseil constitutionnel et la revente de billets sur internet).

Pour des exemples de poursuite sur ce fondement, V. • TGI Draguignan, 10 oct. 1996 : *BID 10/1997. 24* • TGI Limoges, 17 déc. 1997 : *BID 10/1998. 19.*

Art. L. 442-10 Aucune association ou coopérative d'entreprise ou d'administration ne peut, de façon habituelle, offrir des produits à la vente, les vendre ou fournir des services si ces activités ne sont pas prévues par ses statuts. – *Comp. anc. art. R. 442-4.*

Sur les sanctions, V. art. R. 442-4.

BIBL. ▶ BA BADJANG, *LPA 14 juin 2001* (de la paracommercialité).

Associations. L'interdiction faite au dirigeant d'une association notamment d'offrir à la vente ou de vendre de façon habituelle des produits, alors que cette activité ne rentre pas dans les prévisions des statuts, ne tend nullement à assurer le respect du pacte social, mais à protéger la liberté de la concurrence contre une pratique de nature à en compromettre le jeu normal. • Crim. 10 juin 1991, n° 90-85.001 P : *D. 1991. IR 228 ; BJS 1991. 914, note Jeantin.* ♦ Constitue une pratique paracommerciale illicite le fait pour une association de proposer des activités sportives à des personnes extérieures à l'association contre le paiement d'un prix et d'un droit d'entrée, alors que cela n'est pas prévu par ses statuts. En effet, l'association, non assujettie aux charges fiscales et sociales, se livre ainsi de manière habituelle à des opérations commerciales lucratives de nature à porter préjudice aux commerçants offrant les mêmes prestations. • Crim. 19 oct. 1992, n° 91-86.998 P : *D. 1993. IR 21 ; Rev. sociétés 1993. 625, note Castro ; BJS 1993. 221, note Mayaud et Sousi ; RJDA 1992, n° 1146.* S'agissant de savoir si les dispositions sanctionnant la rupture d'une relation commerciale établie bénéficient aux associations, V. • Com. 6 févr. 2007, n° 03-20.463 P : *cité note 27 ss. anc. art. L. 442-6, reproduit ss. art. L. 442-1.*

Art. L. 442-11 Il est interdit à toute personne d'offrir à la vente des produits ou de proposer des services en utilisant, dans des conditions irrégulières, le domaine public de l'État, des collectivités locales et de leurs établissements publics.

Les infractions à l'interdiction mentionnée au premier alinéa sont recherchées et constatées dans les conditions définies par les articles L. 450-1 à L. 450-3-2 et L. 450-7.

Les agents peuvent consigner, dans des locaux qu'ils déterminent et pendant une durée qui ne peut être supérieure à un mois, les produits offerts à la vente et les biens ayant permis la vente des produits ou l'offre de services.

La consignation donne lieu à l'établissement immédiat d'un procès-verbal. Celui-ci comporte un inventaire des biens et des marchandises consignés ainsi que la mention de leur valeur. Il est communiqué dans les cinq jours de sa clôture au procureur de la République et à l'intéressé.

La juridiction peut ordonner la confiscation des produits offerts à la vente et des biens ayant permis la vente des produits ou l'offre de services. La juridiction peut condamner l'auteur de l'infraction à verser au Trésor public une somme correspondant à la valeur des produits consignés, dans le cas où il n'a pas été procédé à une saisie. – *Comp. anc. art. L. 442-8.*

Sur les sanctions, V. art. R. 442-4.

*Sur le régime juridique de la consignation des emballages de liquides alimentaires, V. L. n° 89-421 du 23 juin 1989, art. 7. — **C. consom.***

V. Circ. du 12 août 1987 (JO 23 août) relative à la lutte contre les pratiques paracommerciales.

BIBL. ▸ Soleilhac, *AJDA 2007. 2178* (vers une commercialité des autorisations administratives).

1. Vente sauvage. Le fait d'offrir à la vente des produits ou de proposer des services en utilisant, dans des conditions irrégulières, le domaine public de l'État, des collectivités locales et de leurs établissements publics, n'est réprimé, par l'art. 14 du Décr. n° 2002-689 du 30 avr. 2002 [C. com., art. R. 442-2], que s'il est commis en violation des dispositions réglementaires sur la police des lieux. • Crim. 4 avr. 2006, n° 05-86.290 P : *D. 2006. AJ 1285, obs. Chevrier ; RTD com. 2006. 926, obs. Bouloc ; JCP E 2006, n° 39, p. 1613, obs. Decocq ; RJDA 2006, n° 891 ; RDLC 2006, n° 3, p. 108, obs. Fasquelle et Roberval.* ♦ Dès lors que le fait d'embaucher une personne, fût-ce régulièrement, en la faisant stationner sur le domaine public, en vue de lui faire vendre des marchandises, sans l'autorisation requise par le règlement de police, constitue l'exploitation de vente à la sauvette, les juges ont caractérisé en tous ses éléments constitutifs, tant matériels qu'intentionnels, ledit délit. • Crim. 21 févr. 2017, n° 16-82.220 P : *D. 2017. Actu. 506 ; RTD com. 2017. 459, obs. Bouloc ; Dr. pénal 2017, n° 61, obs. J.-H. Robert.* ♦ La vente de glaces, constatée à deux reprises sur le même lieu à quarante-cinq minutes d'intervalle et après une première mise en garde, ne peut constituer un colportage, qui suppose une activité itinérante et ne peut concerner la vente de glaces à des passants dans ce cadre, compte tenu notamment de la nature du produit délivré. • Crim. 13 juin 2017, n° 16-82.548 : *RTD com. 2017. 726, obs. Bouloc*. ♦ Lorsque l'offre, la vente ou l'exposition en vue de la vente de marchandises dans un lieu public sans autorisation sont effectuées dans le cadre d'une activité salariée, sont punissables tant l'employeur que son préposé. • Même arrêt. ♦ Pour une « vente à la sauvette » qualifiée de vente au déballage, V. • Paris, 30 nov. 2007 : *cité note 1 ss. art. L. 310-2.*

2. Vente ambulante. V. note 1 ss. art. L. 123-29.

3. Vente à l'étalage. Si la vente à l'étalage sur la voie publique de végétaux et de denrées périssables, pour la plupart d'entre elles de première nécessité, résulte d'usages constants, il n'en va pas de même du commerce des articles d'équipement de la maison et de la personne qui sont proposés à la vente dans des locaux commerciaux prévus à cet effet. Dans ces conditions, le maire d'une commune peut, sans porter une atteinte excessive à la liberté du commerce et de l'industrie dont bénéficient, notamment, les commerces d'équipement de la personne et de la maison, imposer à ces derniers des mesures d'installation de leurs étalages sur la voie publique plus restrictives que celles imposées aux autres commerces sédentaires. • CAA Versailles, 15 oct. 2009 : *AJDA 2010. 909, note Verpeaux*.

4. Taxe trottoir. L'utilisation, le temps d'une transaction, de la dépendance du domaine public constituée par les trottoirs bordant les voies publiques d'une commune et normalement affectée à la circulation générale des piétons, par les clients des établissements bancaires disposant de distributeurs automatiques bancaires installés en façade de bâtiment et accessibles directement depuis ledit domaine public, ainsi que de tous les commerces pratiquant des ventes ou activités diverses au travers de vitrines ou de comptoirs ouvrant sur le même domaine, présente un caractère momentané ne dépassant pas le droit d'usage qui appartient à tous, de telle sorte qu'elle ne peut donner lieu à l'assujettissement desdits établissements au paiement d'une redevance d'utilisation du domaine public. • CAA Marseille, 26 juin 2012 : *AJDA 2012. 2109, note Deliancourt ; AJCT 2012. 603, note Tambou ; Dr. adm. 2012, n° 82, obs. Melleray ; RDBF 2013, n° 3, obs. Crédot et Samin* (infirmation de • TA Nîmes, 3 mars 2011 : *AJDA 2011. 1022, concl. Héry*). ♦ La présence momentanée des clients des établissements en cause sur le domaine public, le temps d'effectuer une transaction, qui n'est ni exclusive de la présence d'autres usagers du domaine public ni incompatible avec l'affectation de celui-ci, n'est pas constitutive, pour ces établissements, quand bien même elle est nécessaire au mode d'exercice de leur commerce, d'une occupation du domaine public excédant le droit d'usage qui appartient à tous. • CE 31 mars 2014, n° 362140 : *RTD com. 2014. 333, obs. Orsoni ; AJDA 2014. 2134, note Foulquier ; AJCT 2014. 388, obs. Tambou ; LPA 16 juill. 2014, note Orlandini ; RDBF 2014, n° 90, obs. Crédot et Samin.*

5. Concurrence déloyale. N'a pas tiré les conséquences légales de ses constatations la cour d'appel qui a rejeté la demande d'indemnisation d'une entreprise alors qu'il résultait de ses constatations que les véhicules d'une société stationnaient sur le domaine public en contravention avec l'arrêté du préfet de police de Paris qui interdisait tout stationnement des véhicules de location sur la voie publique, ce dont il résultait que cette société exerçait son activité en violation des dispositions réglementaires sur la police des lieux, méconnaissant ainsi l'art. L. 442-8 [devenu L. 442-11], fait constitutif de concurrence déloyale, peu important que son activité ne soit pas soumise à une autorisation d'occupation du domaine public. • Com. 18 nov. 2020, n° 19-14.831 : *RJDA 2021, n° 437.*

Code pénal

Art. 225-12-8 *(L. nº 2011-267 du 14 mars 2011, art. 52)* L'exploitation de la vente à la sauvette est le fait par quiconque d'embaucher, d'entraîner ou de détourner une personne en vue de l'inciter à commettre l'une des infractions mentionnées à l'article 446-1, ou d'exercer sur elle une pression pour qu'elle commette l'une de ces infractions ou continue de le faire, afin d'en tirer profit de quelque manière que ce soit.

Est assimilé à l'exploitation de la vente à la sauvette le fait de recevoir des subsides d'une personne commettant habituellement l'une des infractions mentionnées au même article 446-1.

Est également assimilé à l'exploitation de la vente à la sauvette le fait de ne pouvoir justifier de ressources correspondant à son train de vie tout en exerçant une influence de fait, permanente ou non, sur une ou plusieurs personnes commettant habituellement l'une des infractions mentionnées audit article 446-1 ou en étant en relation habituelle avec cette ou ces dernières.

L'exploitation de la vente à la sauvette est punie de trois ans d'emprisonnement et d'une amende de 45 000 €.

La procédure simplifiée de l'ordonnance pénale est applicable au délit de vente à la sauvette prévu aux art. 446-1 et 446-2 C. pén. (C. pr. pén., art. 495, II, 6º).

Art. 225-12-9 *(L. nº 2011-267 du 14 mars 2011, art. 52)* L'exploitation de la vente à la sauvette est punie de cinq ans d'emprisonnement et d'une amende de 75 000 € lorsqu'elle est commise :

1º A l'égard d'un mineur ;

2º A l'égard d'une personne dont la particulière vulnérabilité, due à son âge, à une maladie, à une infirmité, à une déficience physique ou psychique ou à un état de grossesse est apparente ou connue de son auteur ;

3º A l'égard de plusieurs personnes ;

4º A l'égard d'une personne qui a été incitée à commettre l'une des infractions mentionnées à l'article 446-1 soit hors du territoire de la République, soit à son arrivée sur le territoire de la République ;

5º Par un ascendant légitime, naturel ou adoptif de la personne qui commet l'une des infractions mentionnées à l'article 446-1 ou par une personne qui a autorité sur elle ou abuse de l'autorité que lui confèrent ses fonctions ;

6º Avec l'emploi de la contrainte, de violences ou de manœuvres dolosives sur la personne commettant l'une des infractions mentionnées à l'article 446-1, sur sa famille ou sur une personne étant en relation habituelle avec elle ;

7º Par plusieurs personnes agissant en qualité d'auteurs ou de complices, sans qu'elles constituent une bande organisée.

Art. 225-12-10 *(L. nº 2011-267 du 14 mars 2011, art. 52)* L'exploitation de la vente à la sauvette est punie de dix ans d'emprisonnement et de 1 500 000 € d'amende lorsqu'elle est commise en bande organisée.

……………………………………………………………………………………………

Art. 446-1 *(L. nº 2011-267 du 14 mars 2011, art. 51-I)* La vente à la sauvette est le fait, sans autorisation ou déclaration régulière, d'offrir, de mettre en vente ou d'exposer en vue de la vente des biens ou d'exercer toute autre profession dans les lieux publics en violation *des dispositions réglementaires sur* la police de ces lieux.

La vente à la sauvette est punie de six mois d'emprisonnement et de 3 750 € d'amende.

(L. nº 2019-222 du 23 mars 2019, art. 58) « Pour le délit prévu au premier alinéa du présent article, y compris en cas de récidive, l'action publique peut être éteinte, dans les conditions prévues aux articles 495-17 à 495-25 du code de procédure pénale, par le versement d'une amende forfaitaire d'un montant de 300 €. Le montant de l'amende forfaitaire minorée est de 250 € et le montant de l'amende forfaitaire majorée est de 600 €.

« L'auteur de cette infraction encourt également les peines complémentaires définies à l'article 446-3 du présent code. »

Art. 446-2 *(L. nº 2011-267 du 14 mars 2011, art. 51-I)* Lorsque la vente à la sauvette est accompagnée de voies de fait ou de menaces ou lorsqu'elle est commise en réunion, la peine est portée à un an d'emprisonnement et à 15 000 € d'amende.

Art. 446-3 *(L. n° 2011-267 du 14 mars 2011, art. 51-I)* Les personnes physiques coupables des délits prévus au présent chapitre encourent également les peines complémentaires suivantes :

1° La confiscation de la chose qui a servi ou était destinée à commettre l'infraction ou de la chose qui en est le produit ;

2° La destruction de la chose qui a servi ou était destinée à commettre l'infraction ou de la chose qui en est le produit.

Art. 446-4 *(L. n° 2011-267 du 14 mars 2011, art. 51-I)* Les personnes morales déclarées responsables pénalement, dans les conditions prévues par l'article 121-2, des infractions définies au présent chapitre encourent, outre l'amende suivant les modalités prévues par l'article 131-38, les peines prévues par l'article 131-39.

L'interdiction mentionnée au 2° de l'article 131-39 porte sur l'activité dans l'exercice ou à l'occasion de l'exercice de laquelle l'infraction a été commise.

CHAPITRE III DISPOSITIONS SPÉCIFIQUES AUX PRODUITS AGRICOLES ET AUX DENRÉES ALIMENTAIRES *(Ord. n° 2019-359 du 24 avr. 2019, art. 3).*

RÉP. COM. v° *Transparence tarifaire et pratiques restrictives,* par ARHEL.

Art. L. 443-1 *(Ord. n° 2019-359 du 24 avr. 2019, art. 3)* **I. — Toute publicité à destination du consommateur, diffusée sur tout support ou visible de l'extérieur du lieu de vente, mentionnant une réduction de prix ou un prix promotionnel sur les produits alimentaires périssables précise la nature et l'origine des produits offerts et la période pendant laquelle est maintenue l'offre proposée par l'annonceur. La mention relative à l'origine est inscrite en caractères d'une taille égale à celle de la mention du prix.**

Dans la promotion par les opérateurs de vente d'un produit alimentaire, le terme "gratuit" ne peut être utilisé comme outil marketing et promotionnel dans le cadre d'une relation commerciale.

Lorsque de telles opérations promotionnelles sont susceptibles, par leur ampleur ou leur fréquence, de désorganiser les marchés, un arrêté interministériel ou, à défaut, préfectoral fixe, pour les produits concernés, la périodicité et la durée de telles opérations. — *V. art. R. 444-1.*

Toute infraction aux dispositions des premier à troisième alinéas est punie d'une amende de 15 000 €.

La cessation de la publicité réalisée en violation du présent I peut être ordonnée dans les conditions prévues à l'article L. 121-3 *[L. 132-8]* **du code de la consommation.** — *V. cet art., App., v° Publicité commerciale.*

II. — Pour un fruit ou légume frais ayant fait l'objet, entre le fournisseur et son acheteur, d'un accord sur le prix de cession, l'annonce du prix, hors lieu de vente, est autorisée dans un délai maximal de trois jours précédant le premier jour de l'application du prix annoncé, pour une durée qui ne peut excéder cinq jours à compter de cette date.

L'accord sur le prix de cession est formalisé dans un contrat écrit signé par les parties, dont un exemplaire est détenu par chacune d'entre elles avant la diffusion de l'annonce du prix hors lieu de vente. Le présent alinéa ne s'applique pas aux annonces de prix réalisées sur le lieu des ventes au déballage mentionnées à l'article L. 310-2 du présent code.

III. — Dans les cas où les conditions mentionnées au premier alinéa du II ne sont pas réunies, toute annonce de prix, hors lieu de vente, portant sur un fruit ou légume frais, quelle que soit l'origine de celui-ci, fait l'objet d'un accord interprofessionnel d'une durée d'un an renouvelable, conclu conformément à l'article L. 632-1 du code rural et de la pêche maritime. Cet accord précise les périodes durant lesquelles une telle annonce est possible et ses modalités.

Cet accord peut être étendu conformément aux articles L. 632-3 et L. 632-4 du même code.

IV. — Les II et III ne sont pas applicables aux fruits et légumes frais appartenant à des variétés non produites en France métropolitaine. — *Comp. anc. art. L. 441-2.*

Promotion des produits alimentaires périssables. En édictant les deux notes d'information des 2 mars 2004 et 18 févr. 2005, le ministre ne s'est pas borné à interpréter les dispositions de l'art. L. 441-2 [L. 443-1] relatives aux publicités mentionnant une réduction de prix ou un prix promotionnel sur les produits alimentaires périssables, mais, alors qu'aucun texte ne lui donnait compétence pour les prendre, a fixé des règles nouvelles qui imposent, pour tous produits alimentaires périssables fabriqués ou transformés à partir de matières premières, la double mention de l'État de fabrication ou de transformation et l'État d'origine de la matière première. • CE 21 mai 2007, n° 286764 : *RJDA 2007, n° 1020.*

Art. L. 443-2 *(Ord. n° 2019-359 du 24 avr. 2019, art. 3)* **I. — Pour les produits agricoles périssables ou issus de cycles courts de production, d'animaux vifs, de carcasses ou pour les produits de la pêche et de l'aquaculture, figurant sur une liste établie par décret, un distributeur ou prestataire de services ne peut bénéficier de remises, rabais et ristournes ou prévoir la rémunération de services rendus à l'occasion de leur revente, propres à favoriser leur commercialisation et ne relevant pas des obligations d'achat et de vente, ou de services ayant un objet distinct, que si ceux-ci sont prévus dans un contrat écrit portant sur la vente de ces produits par le fournisseur.** — *V. art. D. 443-2.*

Ce contrat écrit comprend notamment des clauses relatives aux engagements sur les volumes, aux modalités de détermination du prix en fonction des volumes et des qualités des produits et des services concernés et à la fixation d'un prix. Il mentionne les avantages tarifaires consentis par le fournisseur au distributeur au regard des engagements de ce dernier. *(Ord. n° 2021-859 du 30 juin 2021, art. 2)* **« Si le fournisseur s'engage à accorder aux consommateurs des avantages promotionnels sur ses produits ou services, les conditions d'octroi de ces avantages doivent être fixées dans des mandats confiés au distributeur conformément aux dispositions du VII de l'article L. 441-4. »**

Lorsqu'un contrat type relatif aux activités mentionnées au premier alinéa est inclus dans un accord interprofessionnel adopté par l'organisation interprofessionnelle reconnue pour le produit concerné et étendu en application des dispositions des articles L. 632-3 et L. 632-4 du code rural et de la pêche maritime, le contrat mentionné au premier alinéa est conforme à ce contrat type.

Les deuxième et troisième alinéas ne sont pas applicables aux produits pour lesquels la conclusion de contrats écrits *(L. n° 2021-1357 du 18 oct. 2021, art. 4-I-4°)* **« est obligatoire en application de l'article L. 631-24 du code rural et de la pêche maritime** *[ancienne rédaction : a été rendue obligatoire en application de l'article L. 631-24-2 du code rural et de la pêche maritime]*. **»** — *V. cet art., ci-dessous.*

II. — Par dérogation, un acheteur, un distributeur ou prestataire de services ne peut pas bénéficier de remises, rabais et ristournes pour l'achat de fruits et légumes frais.

Il peut toutefois bénéficier de réfactions tarifaires résultant d'une non-conformité, qualitative ou quantitative, du produit livré à la commande si un accord, conclu par une organisation interprofessionnelle reconnue dans les conditions prévues à l'article L. 632-1 du code rural et de la pêche maritime, en a précisé les conditions.

Cet accord peut être étendu conformément aux articles L. 632-3 et L. 632-4 du même code.

III. — Tout manquement aux dispositions des I et II par l'acheteur, le distributeur ou le prestataire de services est passible d'une amende administrative dont le montant ne peut excéder 15 000 € pour une personne physique et 75 000 € pour une personne morale.

Le maximum de l'amende encourue est porté à 30 000 € pour une personne physique et *[à]* **150 000 € pour une personne morale en cas de réitération du manquement dans un délai de deux ans à compter de la date à laquelle la première décision de sanction est devenue définitive.** — *Comp. anc. art. L. 441-2-1 et L. 441-2-2.*

Les modifications issues de l'Ord. n° 2021-859 du 30 juin 2021 sont applicables à compter du 1er nov. 2021 aux contrats conclus après la publication (JO 1er juill.) de ladite ordonnance. Les contrats en cours d'exécution à la date de publication de cette ordonnance sont mis en conformité avec les présentes dispositions dans un délai de douze mois à compter de cette date (Ord. préc., art. 4).

V. aussi 2e note ss. art. L. 631-24 C. rur., ss. art. L. 443-2.

Sur la responsabilité de l'auteur d'une pratique de prix abusivement bas en cas de crise conjoncturelle, V. art. L. 442-9.

Sur la prohibition des enchères à distance inversées pour les produits agricoles visés au 1er al. de l'art. L. 441-2-1, V. art. L. 442-10.

BIBL. ▶ Loi n° 2008-3 du 3 janv. 2008 : Vilmart, *JCP E 2008, n° 2, p. 24* (analyse des conséquences de la loi pour le développement de la concurrence au service des consommateurs dans les relations producteurs distributeurs). – Barbièri, *RD rur. 2009. Dossier 22* (contrats du négoce agricole et contrats d'affaires). ▶ Loi n° 2010-874 du 27 juill. 2010 : NDLR, *BRDA 2010, n° 15-16, p. 15* (instauration de contrats de vente écrits entre opérateurs de la filière agricole). – Grimonprez, *JCP E 2010, n° 1771 ; CCC 2010. Étude 12* (relations commerciales agricoles : l'aube de la contractualisation). – Barbièri, *RD rur. 2010. Étude 17* (négoce agricole et filières). – Roberval, *RDLC 2010, n° 4, p. 142* (renforcement des exigences en matière agricole). – Grall et Darmon, *RLC janv.-févr. 2011. 36* (contractualisation obligatoire : présentation et incertitudes !). – Barbièri, *RD rur. 2011, n° 51* (premières illustrations du contrat de vente durable). – Charles, *RLC janv.-mars 2012. 126* (formalisme des négociations commerciales : le labyrinthe législatif). – Grimonprez, *RD rur. 2012. Alerte 140* (contractualisation : deux ans plus tard). – Mezen, *RTD com. 2012. 693* (contrat nommé de distribution en matière agricole). – Dervillers, *RD rur. 2015. Dossier 18* (mise en œuvre de la contractualisation dans le secteur non coopératif). ▶ Loi n° 2014-344 du 17 mars 2014 : Gransard, *Journ. sociétés 1/2014. 23* (dispositions relatives à l'agriculture). – Grall et Bellone, *RLC sept. 2016. 32* (les défis de la contractualisation au regard du droit des pratiques restrictives de concurrence : le cas particulier du secteur agricole). ▶ Loi n° 2016-1691 du 9 déc. 2016 : Varlet-Angove, *AJ contrat 2017. 23* (impact sur les contrats du secteur agricole). – Aubin-Brouté, *RD rur. 2017. Étude 7* (le contentieux du paiement dans les contrats de commercialisation des produits agricoles : l'avènement d'une nouvelle trinité). – Grall et Bellone, *RLC mars 2017. 29* (des objectifs louables mais des effets qui risquent de rester limités). – Vertut, *RLC janv. 2018. 30* (circuits longs et partage de la valeur dans la chaîne d'approvisionnement alimentaire : vers un *soft power* des consommateurs plus efficace que la réglementation ?).

▶ Loi n° 2018-938 du 30 oct. 2018 : Riéra, *RLC sept. 2018. 20* (le projet de loi EGalim sera-t-il à la hauteur de son ambition d'améliorer l'équilibre des relations commerciales dans le secteur agricole ?). – Dossier, *AJ contrat 2018. 503* (loi EGalim : quel impact sur le droit des contrats ?). – Vanni et Martin, *RLC déc. 2018. 17* (la nouvelle donne EGalim applicable aux négociations commerciales 2019). – Redon et Pétrignet, *BRDA 2018, n° 23, p. 26* (loi EGalim : vers un nouvel équilibre des relations commerciales). – Choné-Grimaldi, *JCP E 2019, n° 1021* (un nouveau droit de la distribution des produits alimentaires). – Salvat, *RLC déc. 2019. 67* (les contrats de première commercialisation des produits agricoles écartés du régime du code rural). ▶ Ord. n° 2019-359 du 24 avr. 2019 : Lebel, *AJ contrat 2019. 227* (le cadre juridique de la coopération agricole précisé). ▶ Loi n° 2021-1357 du 18 oct. 2021 : Loir, *D. 2021. 2097* (loi Besson-Moreau : un nouveau coup dans l'eau). – NDLR, *BRDA 2021, n° 23, p. 14* (loi EGalim 2 : nouvel encadrement des contrats de vente agricoles et des négociations commerciales). – Vanni et Martin, *RLC déc. 2021. 42* (loi EGalim II : sécuriser l'amont et verrouiller l'aval).

Contrat écrit. Le cadre légal applicable à la relation entre un producteur agricole et son premier acheteur distributeur n'impose pas, sauf pour certains produits limitativement énumérés, l'établissement d'un contrat écrit, l'ancienneté de la relation étant sans incidence à cet égard. En revanche, lorsque la contractualisation sous forme écrite est obligatoire ou lorsqu'elle est librement choisie par les parties, le contenu du contrat doit respecter les exigences fixées par les textes en vigueur. En tout état de cause, la négociation et la conclusion du contrat doivent s'effectuer dans le respect des règles relatives au déséquilibre significatif et à l'avantage manifestement disproportionné. • CEPC, avis n° 21-7 du 15 avr. 2021 : *D. actu. 6 juill. 2021, obs. Delpech.*

Code rural et de la pêche maritime

Contrats de vente de produits agricoles

Art. L. 631-24 *(L. n° 2018-938 du 30 oct. 2018, art. 1er-I) (L. n° 2021-1357 du 18 oct. 2021, art. 1er)* « I. — Tout contrat de vente de produits agricoles livrés sur le territoire français est conclu sous forme écrite et est régi, dans le respect des articles 1365 et 1366 du code civil, par le présent article.

« Le présent article et les articles L. 631-24-1 à L. 631-24-3 ne s'appliquent ni aux ventes directes au consommateur, ni aux cessions réalisées au bénéfice des organisations caritatives pour la préparation de repas destinés aux personnes défavorisées, ni aux cessions à prix ferme de produits agricoles sur les carreaux affectés aux producteurs et situés au sein des marchés d'intérêt national définis à l'article L. 761-1 du code de commerce ou sur d'autres marchés physiques de gros de produits agricoles.

« Un décret en Conseil d'État peut fixer un ou plusieurs seuils de chiffre d'affaires en-dessous desquels le présent article n'est pas applicable aux producteurs ou aux acheteurs de produits agricoles. Ces seuils peuvent, le cas échéant, être adaptés par produit ou par catégorie de produits *[ancienne rédaction : I. — Tout contrat de vente de produits agricoles livrés sur le territoire français est régi, lorsqu'il est conclu sous forme écrite, dans le respect des articles 1365 et 1366 du code civil, par les dispositions du présent article. Toutefois, le présent article et les articles L. 631-24-1, L. 631-24-2 et L. 631-24-3 du présent code ne s'appliquent pas aux ventes directes au consommateur, aux cessions réalisées au bénéfice des organisations caritatives pour la préparation de repas destinés aux personnes défavorisées, aux cessions à prix ferme de produits agricoles sur les carreaux affectés aux producteurs situés au sein des marchés d'intérêt national définis à l'article L. 761-1 du code de commerce ou sur d'autres marchés physiques de gros de produits agricoles]*. »

II. — La conclusion d'un contrat de vente écrit relatif à la cession à leur premier acheteur de produits agricoles figurant à l'annexe I du règlement (UE) n° 1308/2013 du Parlement européen et du Conseil du 17 décembre 2013 portant organisation commune des marchés des produits agricoles et abrogeant les règlements (CEE) n° 922/72, (CEE) n° 234/79, (CE) n° 1037/2001 et (CE) n° 1234/2007 du Conseil destinés à la revente ou à la transformation en vue de la revente est précédée d'une proposition du producteur agricole *(Abrogé par L. n° 2021-1357 du 18 oct. 2021, art. 1er)* « *sauf si, dans le cas où la conclusion d'un contrat écrit n'est pas obligatoire, celui-ci exige de l'acheteur une offre de contrat écrit, conformément au 1 bis des articles 148 et 168 du même règlement* ».

Lorsque le producteur a donné mandat à une organisation de producteurs reconnue dont il est membre ou à une association d'organisations de producteurs reconnue à laquelle appartient l'organisation de producteurs dont il est membre pour négocier la commercialisation de ses produits sans qu'il y ait transfert de leur propriété, la conclusion par lui d'un contrat écrit avec un acheteur pour la vente des produits en cause est précédée *(Abrogé par L. n° 2021-1357 du 18 oct. 2021, art. 1er)* « *, pour les secteurs dans lesquels la contractualisation est rendue obligatoire en application de l'article L. 631-24-2 du présent code,* » de la conclusion et *(L. n° 2021-1357 du 18 oct. 2021, art. 1er)* « est *[ancienne rédaction :, dans tous les cas,]* » subordonnée au respect des stipulations de l'accord-cadre écrit avec cet acheteur par l'organisation de producteurs ou l'association d'organisations de producteurs. L'organisation de producteurs ou l'association d'organisations de producteurs propose à l'acheteur un accord-cadre écrit conforme aux prescriptions du présent article. La proposition de contrat ou d'accord-cadre écrit est le socle unique de la négociation au sens de l'article *(Ord. n° 2019-698 du 3 juill. 2019, art. 8)* « L. 441-1 » du code de commerce. Tout refus de la proposition de contrat ou d'accord-cadre écrit par le premier acheteur ainsi que toute réserve sur un ou plusieurs éléments de cette proposition doivent être motivés et transmis à l'auteur de la proposition dans un délai raisonnable au regard de la production concernée.

III. — La proposition de contrat ou d'accord-cadre écrit mentionnée au II et le contrat ou l'accord-cadre écrit conclu comportent *a minima* les clauses relatives :

(L. n° 2021-1357 du 18 oct. 2021, art. 1er) « 1° Au prix et aux modalités de révision automatique, à la hausse ou à la baisse, de ce prix, selon une formule librement déterminée par les parties, ou aux critères et modalités de détermination du prix, parmi lesquels la pondération des indicateurs mentionnés au quinzième alinéa du présent III *[ancienne rédaction : 1° Au prix ou aux critères et modalités de détermination et de révision du prix]* ; »

2° A la quantité *(L. n° 2021-1357 du 18 oct. 2021, art. 1er)* « totale », à l'origine et à la qualité des produits concernés qui peuvent ou doivent être livrés ;

3° Aux modalités de collecte ou de livraison des produits ;

4° Aux modalités relatives aux procédures et délais de paiement ;

5° A la durée du contrat ou de l'accord-cadre *(L. n° 2021-1357 du 18 oct. 2021, art. 1er)* « , qui ne peut être inférieure à trois ans » ;

6° Aux règles applicables en cas de force majeure ;

7° Au délai de préavis et à l'indemnité éventuellement applicables dans les différents cas de résiliation du contrat. Dans l'hypothèse où la résiliation est motivée par une modification du mode de production, le délai de préavis et l'indemnité éventuellement applicables sont réduits. *(L. n° 2021-1357 du 18 oct. 2021, art. 1er)* « En cas d'aléa sanitaire ou climatique exceptionnel indépendant de la volonté des parties, aucune pénalité ne peut être imposée à un producteur ne respectant pas les volumes prévus au contrat.

« La durée minimale des contrats de vente et accords-cadres mentionnée au 5° du présent III peut être augmentée jusqu'à cinq ans par extension d'un accord interprofessionnel en application de l'article L. 632-3 ou, à défaut, par décret en Conseil d'État. L'accord interprofessionnel ou le décret en Conseil d'État peut prévoir que la durée minimale des contrats portant sur un produit dont le producteur a engagé la production depuis moins de cinq ans est augmentée, dans la limite de deux ans. Un producteur peut renoncer, expressément et par écrit, à ces augmentations de la durée minimale du contrat.

« Les contrats portant sur un produit dont le producteur a engagé la production depuis moins de cinq ans ne peuvent être résiliés par l'acheteur avant le terme de la période minimale, sauf en cas d'inexécution par le producteur ou en cas de force majeure. Ils fixent la durée de préavis applicable en cas de non-renouvellement.

« Lorsqu'un acheteur a donné son accord à la cession d'un contrat par le producteur à un autre producteur engagé dans la production depuis moins de cinq ans, la durée restant à courir du contrat cédé, si elle est inférieure à la durée minimale fixée en application du présent III, est prolongée pour atteindre cette durée.

« Sont considérés comme un producteur ayant engagé une production depuis moins de cinq ans l'exploitant qui s'est installé ou a démarré une nouvelle production au cours de cette période ainsi qu'une société agricole intégrant un nouvel associé répondant aux conditions fixées au présent alinéa et détenant au moins 10 % de son capital social.

« Un décret en Conseil d'État précise les produits considérés comme relevant de la même production pour l'application du présent article.

« Les dispositions relatives à la durée minimale du contrat prévues au présent III ne sont applicables ni aux produits soumis à accises, ni aux raisins, moûts et vins dont ils résultent.

« La proposition de contrat ou d'accord-cadre constitue le socle de la négociation entre les parties. Au titre des critères et modalités de révision ou de détermination du prix mentionnés au 1° du présent III, elle prend en compte un ou plusieurs indicateurs relatifs aux coûts pertinents de production en agriculture et à l'évolution de ces coûts. Dans le contrat ou dans l'accord-cadre, les parties définissent librement ces critères et ces modalités de révision ou de détermination du prix en y intégrant, outre le ou les indicateurs issus du socle de la proposition *[ancienne rédaction : Les critères et modalités de détermination du prix mentionnés au 1° du présent III prennent en compte un ou plusieurs indicateurs relatifs aux coûts pertinents de production en agriculture et à l'évolution de ces coûts]* », un ou plusieurs indicateurs relatifs aux prix des produits agricoles et alimentaires constatés sur le ou les marchés sur lesquels opère l'acheteur et à l'évolution de ces prix ainsi qu'un ou plusieurs indicateurs relatifs aux quantités, à la composition, à la qualité, à l'origine et à la traçabilité des produits ou au respect d'un cahier des charges. Dans le cadre de leurs missions et conformément au règlement (UE) n° 1308/2013 du Parlement européen et du Conseil du 17 décembre 2013 précité, les organisations interprofessionnelles élaborent et *(L. n° 2021-1357 du 18 oct. 2021, art. 1er)* « publient *[ancienne rédaction : diffusent]* » des indicateurs, qui servent d'indicateurs de référence. Elles peuvent, le cas échéant, s'appuyer sur l'observatoire mentionné à l'article L. 682-1 ou sur l'établissement mentionné à l'article L. 621-1. *(L. n° 2021-1357 du 18 oct. 2021, art. 1er)* « A défaut de publication, par une organisation interprofessionnelle, des indicateurs de référence dans les quatre mois suivant la promulgation de la loi n° 2021-1357 du 18 octobre 2021 visant à protéger la rémunération des agriculteurs, les instituts techniques agricoles les élaborent et les publient dans les deux mois suivant la réception d'une telle demande formulée par un membre de l'organisation interprofessionnelle. »

Les contrats, accords-cadres et propositions de contrat et d'accord-cadre mentionnés au premier alinéa du présent III comportent également, le cas échéant, la clause mentionnée à l'article L. 441-8 du code de commerce et celle prévue à l'article 172 *bis* du règlement (UE) n° 1308/2013 du Parlement européen et du Conseil du 17 décembre 2013 précité.

(L. n° 2021-1357 du 18 oct. 2021, art. 1er) « Les contrats, accords-cadres et propositions de contrat et d'accord-cadre mentionnés au premier alinéa du présent III ne comportent pas de clauses ayant pour effet une renégociation ou une modification automatique du prix liée à l'environnement concurrentiel. »

IV. — La proposition d'accord-cadre écrit et l'accord-cadre conclu mentionnés au premier alinéa du III précisent en outre :

1° La quantité totale, l'origine et la qualité des produits agricoles à livrer par les producteurs membres de l'organisation ou les producteurs représentés par l'association ;

2° La répartition des quantités à livrer entre les producteurs membres de l'organisation ou les producteurs représentés par l'association et les modalités de cession des contrats ;

3° Les modalités de gestion des écarts entre le volume ou la quantité à livrer et le volume ou la quantité effectivement livrés par les producteurs membres de l'organisation ou les producteurs représentés par l'association ;

4° Les règles organisant les relations entre l'acheteur et l'organisation de producteurs ou l'association d'organisations de producteurs, notamment les modalités de la négociation sur les quantités et le prix ou les modalités de détermination du prix entre l'acheteur et l'organisation de producteurs ou l'association d'organisations de producteurs ;

5° Les modalités de transparence instaurées par l'acheteur auprès de l'organisation de producteurs ou de l'association d'organisations de producteurs, précisant les modalités de prise en compte des indicateurs figurant dans le contrat conclu avec l'acheteur en application de l'article L. 631-24-1.

L'acheteur transmet chaque mois à l'organisation de producteurs ou à l'association d'organisations de producteurs avec laquelle un accord-cadre a été conclu les éléments figurant sur les factures individuelles des producteurs membres ayant donné un mandat de facturation à l'acheteur et l'ensemble des critères et modalités de détermination du prix d'achat aux producteurs. Les modalités de transmission de ces informations sont précisées dans un document écrit.

V. — Pour les volumes en cause, l'établissement de la facturation par le producteur est délégué à l'organisation de producteurs ou à l'association d'organisations de producteurs commercialisant ses produits. Lorsque les membres de cette organisation ou de cette association réunis en assemblée générale le décident, ou à défaut d'organisation de producteurs ou d'association d'organisations de producteurs, cette facturation peut être déléguée à un tiers ou à l'acheteur. Dans tous les cas, l'établissement de la facturation fait l'objet d'un mandat écrit distinct et qui ne peut être lié au contrat.

Le mandat de facturation est renouvelé chaque année par tacite reconduction.

Le producteur peut révoquer ce mandat à tout moment, sous réserve d'un préavis d'un mois.

VI. — *(L. n° 2021-1357 du 18 oct. 2021, art. 1er)* « Sans préjudice du 5° du III, » le contrat écrit ou l'accord-cadre écrit est prévu pour une durée, le cas échéant, au moins égale à la durée minimale fixée par un accord interprofessionnel étendu en application de l'article L. 632-3 et est renouvelable par tacite reconduction pour une période équivalente, sauf stipulations contraires. Il fixe la durée de préavis applicable en cas de non-renouvellement. Lorsque ce préavis émane de l'acheteur, il ne peut être inférieur à trois mois.

VII. — La proposition de contrat ou la proposition d'accord-cadre soumise à l'acheteur en application du II par le producteur agricole, l'organisation de producteurs ou l'association d'organisations de producteurs est annexée au contrat écrit ou à l'accord-cadre écrit.

(L. n° 2021-1357 du 18 oct. 2021, art. 1er) « VIII. — Lorsque le contrat ou l'accord-cadre ne comporte pas de prix déterminé, l'acheteur communique au producteur et à l'organisation de producteurs ou à l'association d'organisations de producteurs, avant le premier jour de la livraison des produits concernés par le contrat, de manière lisible et compréhensible, le prix qui sera payé. »

Sur l'entrée en vigueur des dispositions issues de la L. n° 2018-938 du 30 oct. 2018, V. l'art. 96 de ladite loi.

Sur l'entrée en vigueur des dispositions issues de la L. n° 2021-1357 du 18 oct. 2021, V. l'art. 16 de ladite loi. — V. aussi Décr. n° 2021-1416 du 29 oct. 2021 (JO 30 oct.).

Dans la clause de prix des contrats de vente de produits agricoles mentionnés à l'art. L. 631-24, les parties peuvent convenir de bornes minimales et maximales entre lesquelles les critères et les modalités de détermination ou de révision du prix, intégrant notamment un ou plusieurs indicateurs relatifs aux coûts pertinents de production en agriculture, produisent leurs effets. Un décret, de l'élaboration duquel les parties prenantes sont informées, définit, pour un ou plusieurs produits agricoles, les conditions d'une expérimentation de l'utilisation obligatoire d'un modèle de rédaction de la clause susmentionnée. Cette expérimentation, d'une durée maximale de cinq ans, vise à évaluer les effets de l'utilisation de la clause susmentionnée sur l'évolution du prix de vente des produits concernés et sur la concurrence. Est passible de l'amende administrative prévue à l'art. L. 631-25 le fait, pour un producteur, une organisation de producteurs, une association d'organisations de producteurs ou un acheteur de produits agricoles, de conclure un contrat écrit ou un accord-cadre écrit ne comportant pas la clause dont l'utilisation a été rendue obligatoire par le décret susmentionné (L. n° 2021-1357 du 18 oct. 2021, art. 2). — V. Décr. n° 2021-1415 du 29 oct. 2021 (JO 30 oct.).

Art. L. 631-24-1 *(L. n° 2018-938 du 30 oct. 2018, art. 1er-I)* Lorsque l'acheteur revend des produits agricoles ou des produits alimentaires comportant un ou plusieurs produits agricoles, le contrat de vente prend en compte les indicateurs mentionnés *(L. n° 2021-1357 du 18 oct. 2021, art. 1er)* « au quinzième *[ancienne rédaction : à l'avant-dernier]* » alinéa du III de l'article L. 631-24 figurant dans le contrat d'achat conclu pour l'acquisition de ces produits.

Dans l'hypothèse où le contrat conclu pour l'acquisition de ces produits comporte un prix déterminé, le contrat de vente mentionné au premier alinéa du présent article prend en compte un ou plusieurs indicateurs relatifs aux prix des produits agricoles concernés.

L'acheteur communique à son fournisseur, selon la fréquence convenue entre eux et mentionnée dans le contrat écrit ou l'accord-cadre écrit, l'évolution des indicateurs relatifs aux prix des produits agricoles et alimentaires constatés sur les marchés sur lesquels il opère.

V. 1re et 2e notes ss. art. L. 631-24 C. rur.

Art. L. 631-24-2 *(L. n° 2018-938 du 30 oct. 2018, art. 1er-I)* I. — La conclusion de contrats de vente et accords-cadres écrits mentionnés à l'article L. 631-24 peut être rendue obligatoire par extension d'un accord interprofessionnel en application de l'article L. 632-3 ou, en l'absence d'accord étendu, par un décret en Conseil d'État qui précise les produits ou catégories de produits concernés en priorisant les produits sous signes d'identification de la qualité et de l'origine.

Toutefois, le premier alinéa du présent I ne s'applique pas aux entreprises dont le chiffre d'affaires est inférieur à un seuil défini par l'accord interprofessionnel ou le décret en Conseil d'État mentionné au même premier alinéa.

Au cas où un accord est adopté et étendu après la publication d'un tel décret en Conseil d'État, l'application de celui-ci est suspendue pendant la durée de l'accord.

II. — Lorsque le contrat ou l'accord-cadre ne comporte pas de prix déterminé, l'acheteur communique au producteur et à l'organisation de producteurs ou à l'association d'organisations de producteurs, avant le premier jour de la livraison des produits concernés par le contrat, de manière lisible et compréhensible, le prix qui sera payé.

III. — L'accord interprofessionnel ou le décret en Conseil d'État mentionnés au I fixent la durée minimale du contrat de vente, qui ne peut excéder cinq ans, sauf renonciation expresse écrite du producteur. Ils peuvent prévoir que la durée minimale des contrats portant sur un produit dont le producteur a engagé la production depuis moins de cinq ans est augmentée dans la limite de deux ans.

Les contrats portant sur un produit dont le producteur a engagé la production depuis moins de cinq ans ne peuvent être résiliés par l'acheteur avant le terme de la période minimale, sauf en cas d'inexécution par le producteur ou cas de force majeure. Ils fixent la durée de préavis applicable en cas de non-renouvellement.

Lorsqu'un acheteur a donné son accord à la cession par le producteur d'un contrat à un autre producteur engagé dans la production depuis moins de cinq ans, la durée restant à courir du contrat cédé, si elle est inférieure à la durée minimale fixée en application du premier alinéa du présent III, est prolongée pour atteindre cette durée.

Est considéré comme un producteur ayant engagé une production depuis moins de cinq ans l'exploitant qui s'est installé ou a démarré une nouvelle production au cours de cette période ainsi qu'une société agricole intégrant un nouvel associé répondant aux conditions fixées au présent alinéa et détenant au moins 10 % de son capital social.

Un décret en Conseil d'État précise les produits considérés comme relevant de la même production pour l'application du présent article. Le décret en Conseil d'État ou l'accord interprofessionnel mentionné au I fixe le délai de mise en conformité des contrats en cours à la date de son intervention conclus avec un producteur ayant engagé la production depuis moins de cinq ans.

Les dispositions relatives à la durée minimale du contrat prévues au premier alinéa du présent III ne sont applicables ni aux produits soumis à accises, ni aux raisins, moûts et vins dont ils résultent.

V. 1re note ss. art. L. 631-24 C. rur.

Nouvel art. L. 631-24-2 *(L. n° 2021-1357 du 18 oct. 2021, art. 1er) Par dérogation au I de l'article L. 631-24, en vertu de l'extension d'un accord interprofessionnel en application de l'article L. 632-3 ou, en l'absence d'accord étendu, en vertu d'un décret en Conseil d'État qui précise les produits ou catégories de produits concernés, pris après concertation avec les organisations interprofessionnelles compétentes, le contrat de vente ou l'accord-cadre peut ne pas être conclu sous forme écrite. Dans cette hypothèse, si le contrat est tout de même conclu sous forme écrite, il est régi par l'article L. 631-24, à l'exception du 5° du III du même article L. 631-24. Lorsque la durée du contrat est inférieure à trois ans, par dérogation au 1° du même III, il peut ne pas comporter de clause relative aux modalités de révision automatique,* *à la hausse ou à la baisse, du prix fixe. La durée du contrat peut alors tenir compte de la durée des contrats par lesquels l'acheteur revend des produits comportant un ou plusieurs produits agricoles.*

Au cas où un accord est adopté et étendu après la publication du décret en Conseil d'État mentionné au premier alinéa du présent article, l'application de celui-ci est suspendue pendant la durée de l'accord.

Pour les produits ou catégories de produits agricoles pour lesquels il n'existe pas d'interprofession représentative, la dérogation prévue au même premier alinéa fait l'objet d'une demande, motivée et accompagnée de toutes données utiles à l'appréciation de sa pertinence, par une organisation professionnelle représentant des producteurs.

Dans le cas où la conclusion d'un contrat écrit n'est pas obligatoire, le producteur peut exiger de l'acheteur une offre de contrat écrit, conformément au 1 bis des articles 148 et 168 du règlement (UE) n° 1308/2013 du Parlement européen et du Conseil du 17 décembre 2013 portant organisation commune des marchés des produits agricoles et abrogeant les règlements (CEE) n° 922/72, (CEE) n° 234/79, (CE) n° 1037/2001 et (CE) n° 1234/2007 du Conseil.

V. 2ᵉ note ss. art. L. 631-24 C. rur.

Art. L. 631-24-3 *(L. n° 2018-938 du 30 oct. 2018, art. 1ᵉʳ-I)* I. — Les articles L. 631-24 à L. 631-24-2 sont d'ordre public.

II. — Les articles L. 631-24 à L. 631-24-2 ne sont pas applicables aux relations des sociétés coopératives agricoles mentionnées à l'article L. 521-1 avec leurs associés coopérateurs, non plus qu'aux relations entre les organisations de producteurs et associations d'organisations de producteurs bénéficiant d'un transfert de propriété des produits qu'elles commercialisent et les producteurs membres si leurs statuts, leur règlement intérieur ou des règles ou décisions prévues par ces statuts ou en découlant comportent des dispositions produisant des effets similaires à ceux des clauses mentionnées au III de l'article L. 631-24. Un exemplaire de ces documents est remis aux associés coopérateurs ou aux producteurs membres de l'organisation de producteurs ou de l'association d'organisations de producteurs en cause.

Lorsque la coopérative, l'organisation de producteurs ou l'association d'organisations de producteurs commercialise des produits agricoles dont elle est propriétaire ou des produits alimentaires comportant un ou plusieurs produits agricoles livrés par ses membres, le contrat de vente prend en compte les indicateurs utilisés pour la rémunération des apports des producteurs ou, en cas de prix déterminé, relatifs aux prix des produits agricoles concernés.

Lorsqu'une entreprise commercialise des produits agricoles ou des produits alimentaires comportant un ou plusieurs produits agricoles livrés dans le cadre d'un contrat d'intégration conclu, au sens des articles L. 326-1 à L. 326-10, entre un producteur agricole et cette entreprise, le contrat de vente prend en compte, le cas échéant, les indicateurs utilisés et mentionnés dans le contrat d'intégration qui les lie.

III. — Les articles L. 631-24 à L. 631-24-2 ne sont pas applicables aux contrats passés avec les entreprises sucrières par les producteurs de betteraves ou de canne à sucre.

(L. n° 2021-1357 du 18 oct. 2021, art. 1ᵉʳ) « Toutefois, dans le cadre de leurs missions et conformément au règlement (UE) n° 1308/2013 du Parlement européen et du Conseil du 17 décembre 2013 portant organisation commune des marchés des produits agricoles et abrogeant les règlements (CEE) n° 922/72, (CEE) n° 234/79, (CE) n° 1037/2001 et (CE) n° 1234/2007 du Conseil, les organisations interprofessionnelles élaborent et publient les indicateurs mentionnés au quinzième alinéa du III de l'article L. 631-24 du présent code. »

IV. — Les contrats types définis dans le cadre d'accords interprofessionnels étendus dans les conditions prévues aux articles L. 632-3 et L. 632-4 peuvent préciser et compléter les clauses mentionnées au III de l'article L. 631-24.

V. 1ʳᵉ et 2ᵉ notes ss. art. L. 631-24 C. rur.

Art. L. 631-24-4 *(L. n° 2016-1691 du 9 déc. 2016, art. 95)* Pendant une période de sept ans à compter de la publication de la loi n° 2016-1691 du 9 décembre 2016 relative à la transparence, à la lutte contre la corruption et à la modernisation de la vie économique, les contrats conclus entre producteurs et acheteurs mentionnés à l'article L. 631-24 et les obligations qui en découlent lorsqu'ils portent sur l'achat de lait de vache ne peuvent, à peine de nullité, faire l'objet d'une cession à titre onéreux, totale ou partielle.

Les dispositions du présent article sont d'ordre public. — *Anc. art. L. 631-24-1 (L. n° 2018-938 du 30 oct. 2018, art. 1ᵉʳ-I).*

Art. L. 631-24-5 *(L. n° 2016-1691 du 9 déc. 2016, art. 95)* Pendant une période de sept ans à compter de la publication de la loi n° 2016-1691 du 9 décembre 2016 relative à la transparence, à la lutte contre la corruption et à la modernisation de la vie économique, les contrats conclus entre producteurs et acheteurs mentionnés à l'article L. 631-24 et les obligations qui en découlent lorsqu'ils portent sur l'achat de lait autre que le lait de vache ne peuvent, à peine de nullité, faire l'objet d'une cession à titre onéreux, totale ou partielle.

Les dispositions du présent article sont d'ordre public. — *Anc. art. L. 631-24-2 (L. n° 2018-938 du 30 oct. 2018, art. 1er-I).*

Art. L. 631-25 *(L. n° 2018-938 du 30 oct. 2018, art. 2)* Est passible d'une amende administrative, dont le montant ne peut être supérieur à 2 % du chiffre d'affaires hors taxes du dernier exercice clos ou, dans le cas des organisations de producteurs ou associations d'organisations de producteurs assurant la commercialisation des produits sans transfert de propriété, à 2 % du chiffre d'affaires agrégé de l'ensemble des producteurs dont elles commercialisent les produits :

1° Le fait, pour un producteur, une organisation de producteurs, une association d'organisations de producteurs ou un acheteur de produits agricoles de conclure un contrat écrit ou un accord-cadre écrit ne comportant pas toutes les clauses mentionnées à l'article L. 631-24 ou comprenant une délégation de facturation en méconnaissance du V du même article L. 631-24 ;

2° Le fait, pour un producteur ou un acheteur, de conclure un contrat ne respectant pas, en méconnaissance du II dudit article L. 631-24, les stipulations d'un accord-cadre ;

3° *(L. n° 2021-1357 du 18 oct. 2021, art. 1er)* « Lorsque la conclusion de contrats de vente et d'accords-cadres écrits a été rendue facultative dans les conditions prévues à l'article L. 631-24-2, » le fait, pour un acheteur, de ne pas proposer une offre écrite de contrat au producteur qui en a fait la demande, en méconnaissance du paragraphe 1 *bis* des articles 148 et 168 du règlement (UE) n° 1308/2013 du Parlement européen et du Conseil du 17 décembre 2013 précité, ou de proposer une offre écrite de contrat ne comportant pas toutes les clauses mentionnées à l'article L. 631-24 ou comprenant une délégation de facturation, en méconnaissance du V du même article L. 631-24 ;

4° Le fait, pour un acheteur, de ne pas transmettre, par écrit, à l'auteur de la proposition de contrat ou d'accord-cadre, tout refus ou toute réserve sur un ou plusieurs éléments de cette proposition de manière motivée et dans un délai raisonnable au regard de la production concernée ;

5° Le fait, pour un acheteur, de ne pas transmettre les informations prévues au dernier alinéa du IV dudit article L. 631-24 et à l'article L. 631-24-1 ;

6° Lorsque la conclusion de contrats de vente et d'accords-cadres écrits *(L. n° 2021-1357 du 18 oct. 2021, art. 1er)* « n'a pas été rendue facultative *[ancienne rédaction : a été rendue obligatoire]* » dans les conditions prévues à l'article L. 631-24-2 :

a) Le fait, pour une organisation de producteurs reconnue ou une association d'organisations de producteurs reconnue agissant comme mandataire de ses membres pour négocier la commercialisation des produits dont ces derniers sont propriétaires, de ne pas proposer au premier acheteur de ces produits un accord-cadre écrit ;

b) Le fait, pour un producteur, de faire délibérément échec à la conclusion d'un contrat écrit en ne proposant pas de contrat à l'acheteur de ses produits ;

c) Le fait, pour un acheteur, d'acheter des produits agricoles à un producteur sans avoir conclu de contrat écrit avec ce producteur, sans avoir conclu d'accord-cadre écrit avec l'organisation de producteurs ou l'association d'organisations de producteurs à laquelle il a donné mandat pour négocier la commercialisation de ses produits ou sans respecter les dispositions prises en application du III du même article L. 631-24-2.

Le montant de l'amende est proportionné à la gravité des faits constatés, notamment au nombre et au volume des ventes réalisées en infraction. Il peut être porté au double en cas de réitération du manquement dans un délai de cinq ans à compter de la première commission des faits. L'autorité administrative compétente peut, en outre, ordonner la publication de la décision ou d'un extrait de celle-ci dans les publications, journaux ou services de communication au public par voie électronique, dans un format et pour une durée proportionnés à la sanction infligée. Cette publication est systématiquement ordonnée en cas de réitération du manquement dans un délai de cinq ans à compter de la première commission des faits.

L'action de l'administration pour la sanction des manquements mentionnés au présent article se prescrit par trois années révolues à compter du jour où le manquement a été commis si, dans ce délai, il n'a été fait aucun acte tendant à la recherche, à la constatation ou à la sanction de ce manquement.

V. 1re et 2e notes ss. art. L. 631-24 C. rur.

Art. L. 631-25-1 *(L. n° 2014-1170 du 13 oct. 2014, art. 15-II-C)* Le fait de ne pas respecter le délai fixé au troisième alinéa de l'article L. 441-8 du code de commerce, de ne pas établir le compte rendu prévu à ce même troisième alinéa ou de porter atteinte, au cours de la renégociation, aux secrets de fabrication ou au secret des affaires est passible d'une amende administrative dont le montant et les conditions de prononcé sont définis *(L. n° 2015-990 du 6 août 2015, art. 33-II)* « au quatrième » alinéa du même article.

Art. L. 631-26 *(L. n° 2010-874 du 27 juill. 2010, art. 12-I) (L. n° 2018-938 du 30 oct. 2018, art. 3)* « Les manquements mentionnés à l'article L. 631-25 sont constatés par des agents désignés dans des conditions fixées par décret en Conseil d'État. ». Ces manquements sont constatés par procès-verbal dans les conditions fixées par les articles L. 450-2 et L. 450-3 du code de commerce et les dispositions prises pour leur application. Le double du procès-verbal, accompagné de toutes les pièces utiles et mentionnant le montant de l'amende administrative encourue, est notifié à la personne physique ou morale concernée.

Le procès-verbal indique la possibilité pour l'intéressé de présenter, dans un délai d'un mois, ses observations écrites ou orales. A l'issue de ce délai, le procès-verbal, accompagné le cas échéant des observations de l'intéressé, est transmis à l'autorité administrative compétente qui peut, par décision motivée et après une procédure contradictoire, prononcer la sanction prévue à l'article L. 631-25 du présent code.

L'intéressé est informé de la possibilité de former un recours gracieux, hiérarchique ou contentieux contre cette décision, dans un délai de deux mois à compter de la notification de la sanction.

(L. n° 2018-938 du 30 oct. 2018, art. 3) « Les agents mentionnés au premier alinéa du présent article peuvent, après une procédure contradictoire, enjoindre à l'auteur d'un des manquements mentionnés à l'article L. 631-25 de se conformer à ses obligations, en lui impartissant un délai raisonnable ne pouvant pas excéder trois mois. Si, à l'issue de ce délai, le manquement persiste, l'agent le constate par un procès-verbal qu'il transmet à l'autorité administrative compétente pour prononcer la sanction, dans les conditions prévues au deuxième alinéa du présent article. »

V. 1re note ss. art. L. 631-24 C. rur.

Médiateur des relations commerciales agricoles

Art. L. 631-27 *(L. n° 2014-1170 du 13 oct. 2014, art. 15-II-D)* Un médiateur des relations commerciales agricoles est nommé par décret. *– V. C. rur., art. D. 631-1 s.*

Il peut être saisi de tout litige relatif à la conclusion ou à l'exécution d'un contrat ayant pour objet la vente ou la livraison de produits agricoles, ou la vente ou la livraison de produits alimentaires destinés à la revente ou à la transformation, y compris les litiges liés à la renégociation du prix prévue à l'article L. 441-8 du code de commerce *(L. n° 2016-1691 du 9 déc. 2016, art. 94-III, en vigueur le 1er avr. 2017)* « ou à un accord-cadre prévu *(L. n° 2018-938 du 30 oct. 2018, art. 3)* « à » l'article L. 631-24 du présent code ». *(L. n° 2018-938 du 30 oct. 2018, art. 3)* « Il peut demander aux parties communication de tout élément nécessaire à la médiation. » Il prend toute initiative de nature à favoriser la résolution amiable du litige entre parties.

(L. n° 2018-938 du 30 oct. 2018, art. 3) « Il recommande la suppression ou la modification des projets de contrat et d'accord-cadre ou des contrats et accords-cadres dont il estime qu'ils présentent un caractère abusif ou manifestement déséquilibré ou qu'il estime non conformes au III de l'article L. 631-24. »

Il peut faire toutes recommandations sur l'évolution de la réglementation relative aux relations contractuelles mentionnées au deuxième alinéa du présent article, qu'il transmet aux ministres chargés de l'économie et de l'agriculture.

Il peut également émettre un avis sur toute question transversale relative aux relations contractuelles, à la demande d'une organisation interprofessionnelle ou d'une organisation professionnelle ou syndicale *(L. n° 2018-938 du 30 oct. 2018, art. 3)* « ou de sa propre initiative ».

(L. n° 2018-938 du 30 oct. 2018, art. 3) « Il peut saisir le ministre chargé de l'économie de toute clause des contrats ou accords-cadres ou de toute pratique liée à ces contrats ou accords-cadres qu'il estime présenter un caractère abusif ou manifestement déséquilibré afin que le ministre puisse, le cas échéant, introduire une action devant la juridiction compétente.

« Il peut émettre à la demande d'une organisation membre d'une interprofession tout avis ou recommandation sur les indicateurs mentionnés *(L. n° 2021-1357 du 18 oct. 2021, art. 1er)* « au quinzième *[ancienne rédaction : à l'avant-dernier]* » alinéa du III de l'article L. 631-24. »

Sur demande conjointe des ministres chargés de l'économie et de l'agriculture, il peut émettre des recommandations sur les modalités de partage équitable de la valeur ajoutée entre les étapes de production, de transformation, de commercialisation et de distribution des produits agricoles et alimentaires.

Ces avis et recommandations précisent comment sont pris en compte les différents modes de production, de transformation et de commercialisation, notamment ceux des produits issus de l'agriculture biologique ou bénéficiant d'un autre signe d'identification de la qualité et de l'origine.

(L. nº 2018-938 du 30 oct. 2018, art. 3) « Il peut décider de rendre *(L. nº 2021-1357 du 18 oct. 2021, art. 11)* « publics » ses conclusions, avis ou recommandations, y compris ceux auxquels il est parvenu au terme d'une médiation, sous réserve de l'information préalable des parties s'agissant des litiges prévus au deuxième alinéa du présent article. »

(L. nº 2021-1357 du 18 oct. 2021, art. 11) « Il peut également rendre publics les refus des parties de communiquer les éléments nécessaires à la médiation des litiges prévus au même deuxième alinéa. »

Il peut saisir la commission d'examen des pratiques commerciales prévue à l'article L. 440-1 du *(L. nº 2018-938 du 30 oct. 2018, art. 3)* « code de commerce ».

V. 1re et 2e notes ss. art. L. 631-24 C. rur.

Les dispositions issues de l'art. 11 de la L. nº 2021-1357 du 18 oct. 2021 ne sont pas applicables aux médiations en cours à la date de publication (JO 19 oct.) de ladite loi (L. préc., art. 16-IV).

Art. L. 631-27-1 *(L. nº 2016-1691 du 9 déc. 2016, art. 104)* Pour chacune des filières agricoles, une conférence publique de filière est réunie chaque année avant le 31 décembre, sous l'égide de l'Établissement national des produits de l'agriculture et de la mer mentionné à l'article L. 621-1.

Elle réunit notamment les représentants des producteurs, des organisations de producteurs, des entreprises et des coopératives de transformation industrielle des produits concernés, de la distribution et de la restauration hors domicile.

La conférence publique de filière examine la situation et les perspectives d'évolution des marchés agricoles et agroalimentaires concernés au cours de l'année à venir. Elle propose, au regard de ces perspectives, une estimation des coûts de production en agriculture et de leur évolution pour l'année à venir, en tenant compte de la diversité des bassins et des systèmes de production.

Les modalités d'application du présent article, notamment la délimitation des filières agricoles et la composition de la conférence, sont définies par décret.

Règlement des litiges

Art. L. 631-28 *(L. nº 2018-938 du 30 oct. 2018, art. 3)* Tout litige entre professionnels relatif à *(L. nº 2021-1357 du 18 oct. 2021, art. 11)* « la conclusion ou à » l'exécution d'un contrat ou d'un accord-cadre mentionné à l'article L. 631-24 ayant pour objet la vente de produits agricoles ou alimentaires doit, préalablement à toute saisine du juge, faire l'objet d'une procédure de médiation par le médiateur des relations commerciales agricoles *(L. nº 2021-1357 du 18 oct. 2021, art. 11)* « et, en cas d'échec de la médiation, d'une saisine du comité de règlement des différends commerciaux agricoles mentionné à l'article L. 631-28-1 », sauf si le contrat prévoit un autre dispositif de médiation ou en cas de recours à l'arbitrage *(L. nº 2021-1357 du 18 oct. 2021, art. 11)* « et sauf pour certaines filières, dont la liste est définie par décret, pour lesquelles des modes alternatifs de règlement des différends ont été mis en place ».

Le médiateur des relations commerciales agricoles fixe la durée de la médiation, qui ne peut excéder un mois, renouvelable une fois sous réserve de l'accord préalable de chaque partie. Le chapitre Ier du titre II de la loi nº 95-125 du 8 février 1995 relative à l'organisation des juridictions et à la procédure civile, pénale et administrative est applicable à cette médiation.

(L. nº 2021-1357 du 18 oct. 2021, art. 11) « En cas d'échec de la médiation, dans un délai d'un mois à compter du constat de cet échec, toute partie au litige, après en avoir informé les parties, peut saisir le comité de règlement des différends commerciaux agricoles. Toute partie à un litige relatif à l'exécution d'un contrat peut, le cas échéant, saisir le président du tribunal compétent pour qu'il statue sur le litige selon la procédure accélérée au fond sur la base des recommandations du médiateur des relations commerciales agricoles. La saisine du président du tribunal compétent selon ces modalités est également ouverte au terme du délai prévu au présent alinéa.

« Par dérogation au premier alinéa, en cas d'échec de la médiation portant sur un litige mentionné au cinquième alinéa de l'article L. 441-8 du code de commerce, toute partie au litige peut directement saisir le juge compétent. »

V. 1re note ss. art. L. 631-24 C. rur. et 2e note ss. art. L. 631-27 C. rur.

Les dispositions issues de l'Ord. no 2019-738 du 17 juill. 2019 s'appliquent aux demandes introduites à compter du 1er janv. 2020 (Ord. préc., art. 30).

Art. L. 631-28-1 *(L. no 2021-1357 du 18 oct. 2021, art. 11)* I. — Le comité de règlement des différends commerciaux agricoles connaît des litiges mentionnés à l'article L. 631-28 du présent code, à l'exception des litiges mentionnés au cinquième alinéa de l'article L. 441-8 du code de commerce, et statue sur le litige sur la base des recommandations non contraignantes du médiateur des relations commerciales agricoles.

Il établit et rend publiques des lignes directrices qui précisent les modalités d'application des articles L. 631-24 et L. 631-24-2 du présent code.

II. — Il comprend cinq membres, nommés pour une durée de cinq ans par décret pris sur le rapport du ministre chargé de l'agriculture :

1° Un membre ou ancien membre du Conseil d'État, de la Cour de cassation, de la Cour des comptes ou des autres juridictions administratives ou judiciaires, président du comité ;

2° Deux personnalités choisies en raison de leur expérience passée en matière de relation commerciale ;

3° Une personnalité ayant exercé son activité dans le secteur de la production de produits agricoles ;

4° Une personnalité ayant exercé son activité dans le secteur de la transformation, notamment de produits agricoles.

Le comité comprend également cinq membres suppléants, désignés dans les mêmes conditions que les membres titulaires.

L'écart entre le nombre de femmes et le nombre d'hommes parmi l'ensemble des membres, d'une part, et parmi les membres titulaires, d'autre part, n'est pas supérieur à un.

En cas de vacance de la présidence du comité ou en cas d'empêchement pour quelque cause que ce soit, les fonctions du président sont provisoirement exercées par son suppléant.

Le mandat des membres du comité n'est renouvelable qu'une seule fois.

Les membres du comité de règlement des différends commerciaux agricoles exercent leurs fonctions en toute impartialité, sans recevoir d'instruction du Gouvernement, ni d'aucune institution, personne ou entreprise, ni d'aucun organisme.

III. — Le comité dispose d'un secrétariat et peut faire appel à des rapporteurs extérieurs mis à disposition par l'État.

Dans l'exercice de leurs fonctions, les agents mis à la disposition du comité exercent leurs fonctions en toute impartialité, sans recevoir d'instruction du Gouvernement, ni d'aucune institution, personne ou entreprise, ni d'aucun organisme.

Ils sont tenus au secret professionnel pour les faits, actes et renseignements dont ils ont connaissance en raison de leurs fonctions.

V. 2e note ss. art. L. 631-27 C. rur.

Art. L. 631-28-2 *(L. no 2021-1357 du 18 oct. 2021, art. 11)* L'instruction et la procédure devant le comité de règlement des différends commerciaux agricoles sont contradictoires. Chaque partie peut être assistée ou représentée par toute personne de son choix.

Le comité délibère à la majorité des membres présents. Il ne peut délibérer que si tous ses membres, titulaires ou suppléants, sont présents. Il délibère hors la présence du rapporteur.

Les débats devant le comité ont lieu en séance publique après lecture du rapport par le rapporteur. Toutefois, le huis clos est de droit si l'une des parties le demande. Le président du comité peut également décider que la séance a lieu ou se poursuit hors la présence du public, si la préservation du secret des affaires l'exige.

Le comité se prononce dans un délai d'un mois à compter de la date de la saisine. Le délai peut être porté à deux mois si la production de documents est demandée à l'une ou l'autre des parties. Ce délai de deux mois peut être prorogé sous réserve de l'accord de la partie qui a saisi le comité.

V. 2e note ss. art. L. 631-27 C. rur.

Art. L. 631-28-3 *(L. no 2021-1357 du 18 oct. 2021, art. 11)* I. — Pour les litiges relatifs à la conclusion d'un contrat ou d'un accord-cadre, la décision du comité de règlement des différends commerciaux agricoles est motivée et précise les conditions devant être remplies pour assurer la conformité du contrat aux articles L. 631-24 et L. 631-24-2.

Pour les litiges relatifs à l'exécution ou à la renégociation d'un contrat ou d'un accord-cadre, la décision du comité est motivée et précise les modifications devant être apportées au contrat ou à l'accord-cadre pour assurer la conformité du contrat aux mêmes articles L. 631-24 et L. 631-24-2.

II. — Le comité peut enjoindre aux parties de se conformer à sa décision. Cette injonction peut être assortie d'une astreinte pour contraindre les parties :

1° Pour les litiges relatifs à la conclusion d'un contrat ou d'un accord-cadre, à conclure un contrat à certaines conditions conformes aux articles L. 631-24 et L. 631-24-2, en application de la décision mentionnée au I du présent article ;

2° Pour les litiges relatifs à l'exécution ou à la renégociation d'un contrat ou d'un accord-cadre, à modifier ou à renégocier un contrat pour le mettre en conformité avec les articles L. 631-24 et L. 631-24-2, en application de la décision mentionnée au I du présent article.

L'astreinte est prononcée dans la limite de 5 % du chiffre d'affaires journalier moyen par jour de retard à compter de la date fixée par le comité. Le chiffre d'affaires pris en compte est calculé sur la base des comptes de l'entreprise relatifs au dernier exercice clos à la date de la décision.

L'astreinte mentionnée au 1° du présent II est prononcée jusqu'à la conclusion du contrat en application de la décision mentionnée au I ou jusqu'à ce qu'une partie décide de mettre fin à la négociation du contrat. Dans ce cas, cette partie notifie sa décision au président du comité.

L'astreinte mentionnée au 2° du présent II est prononcée jusqu'à la modification du contrat en application de la décision mentionnée au I ou jusqu'à ce qu'il soit mis fin à la relation contractuelle, le cas échéant dans le respect du délai de préavis prévu au contrat.

L'astreinte est liquidée par le comité, qui en fixe le montant définitif, et est recouvrée comme une créance de l'État étrangère à l'impôt et au domaine.

III. — Le comité peut, après avoir entendu les parties en cause, prendre les mesures conservatoires qui lui apparaissent nécessaires.

Ces mesures ne peuvent intervenir que s'il est porté une atteinte grave et immédiate aux intérêts de l'une des parties au litige.

Pour les litiges relatifs à la conclusion d'un contrat ou d'un accord-cadre, les mesures conservatoires sont exécutées jusqu'à la conclusion du contrat en application de la décision mentionnée au I ou jusqu'à ce qu'une partie décide de mettre fin à la négociation du contrat. Dans ce cas, cette partie notifie sa décision au président du comité.

Pour les litiges relatifs à l'exécution ou à la renégociation d'un contrat ou d'un accord-cadre, les mesures conservatoires sont exécutées jusqu'à la modification du contrat en application de la décision mentionnée au même I ou jusqu'à ce qu'il soit mis fin à la relation contractuelle, le cas échéant dans le respect du délai de préavis prévu au contrat.

Les mesures conservatoires doivent rester strictement limitées à ce qui est nécessaire pour faire face à l'urgence.

IV. — La décision est notifiée aux parties.

V. — Si les injonctions ou les mesures prévues aux II et III ne sont pas respectées, le comité peut prononcer une sanction pécuniaire dans les conditions prévues à l'article L. 631-25.

V. 2e note ss. art. L. 631-27 C. rur.

Art. L. 631-28-4 *(L. nº 2021-1357 du 18 oct. 2021, art. 11)* Les décisions et les mesures conservatoires prises par le comité de règlement des différends commerciaux agricoles en application de l'article L. 631-28-3 sont susceptibles de recours en annulation ou en réformation devant la cour d'appel de Paris.

Le recours n'est pas suspensif. Toutefois, le sursis à exécution de la décision peut être ordonné par le premier président de la cour d'appel de Paris si elle est susceptible d'entraîner des conséquences manifestement excessives ou s'il est survenu, après sa notification, des faits nouveaux d'une exceptionnelle gravité.

Le président du comité peut former un pourvoi en cassation contre l'arrêt de la cour d'appel de Paris ayant annulé ou réformé une décision prise en application de la présente section et peut présenter des observations devant la Cour de cassation.

V. 2e note ss. art. L. 631-27 C. rur.

Contrats de vente de produits agricoles

Art. R. 631-6 *(Décr. nº 2021-1801 du 24 déc. 2021, art. 1er)* Les seuils de chiffre d'affaires en dessous desquels l'article L. 631-24 n'est pas applicable aux producteurs ou aux acheteurs de produits agricoles sont les suivants :

Produits agricoles concernés	Seuils de chiffre d'affaires annuel de l'acheteur pour le produit agricole concerné	Seuils de chiffre d'affaires annuel du producteur, de l'organisation de producteurs ou de l'association d'organisations de producteurs pour le produit agricole concerné
Bovins mâles non castrés de 12 à 24 mois de race à viande	100 000 euros	10 000 euros
Bovins femelles de plus de 12 mois n'ayant jamais vêlé de race à viande	100 000 euros	10 000 euros
Bovins femelles ayant déjà vêlé de race à viande	100 000 euros	10 000 euros
Bovins sous signes officiels de qualité	100 000 euros	10 000 euros
Bovin mâle ou femelle maigre de moins de 12 mois de race viande, hors signes officiels de qualité	100 000 euros	10 000 euros
Porcs charcutiers castrés nés à partir du 1er janvier 2022	780 000 euros	10 000 euros
Lait de vache cru	700 000 euros	-
Lait de chèvre cru	700 000 euros	-
Lait de brebis cru	700 000 euros	-

Contrats de vente de lait de vache

Art. R. 631-7 *(Décr. nº 2021-1801 du 24 déc. 2021, art. 2)* Les contrats de vente de lait de vache cru conclus en application de l'article L. 631-24 sont soumis aux dispositions de la présente section.

Les articles R. 631-8 et R. 631-9 sont également applicables à tout contrat ou accord-cadre conclu par écrit lorsque l'article L. 631-24 ne leur est pas applicable en vertu des dispositions de l'article R. 631-6.

Art. R. 631-8 *(Décr. nº 2020-960 du 31 juill. 2020, art. 1er)* La clause relative au prix ou aux modalités de détermination du prix, mentionnée au 1° du III de l'article L. 631-24, tient compte des dispositions des articles L. 654-30, D. 654-29 et D. 654-32 à D. 654-35.

Le prix est établi par référence à un prix de base correspondant à un lait de qualité et de composition standard auquel sont appliquées les réfactions et les majorations, en application des articles L. 654-30 et L. 654-31, en fonction de la qualité et de la composition réelles du lait acheté. Si le prix de base convenu ne correspond pas à un lait contenant 38 grammes par litre de matière grasse et 32 grammes par litre de matière protéique, le contrat et l'accord-cadre mentionnent également, pour information, le prix correspondant à un lait d'une telle composition.

Le contrat et l'accord-cadre prévoient les modalités de détermination alternatives du prix en cas d'indisponibilité temporaire des indicateurs prévus au contrat et à l'accord-cadre.

Pour l'application du *(Décr. nº 2021-1801 du 24 déc. 2021, art. 2)* « VIII de l'article L. 631-24 », le prix de base du lait est communiqué par l'acheteur selon des modalités prévues dans le contrat ou l'accord-cadre.

Art. R. 631-9 *(Décr. nº 2020-960 du 31 juill. 2020, art. 1er)* I. — Les stipulations mentionnées au 2° du III de l'article L. 631-24, relatives aux volumes et aux caractéristiques du lait à livrer détaillent :

1° Le volume de lait à livrer pour chacune des périodes de douze mois prévues par le contrat et, s'il y a lieu, l'accord-cadre et les marges à l'intérieur desquelles le volume livré peut varier ;

2° Les conditions dans lesquelles le volume prévu par période de douze mois peut être ajusté à la hausse ou à la baisse ;

3° Les règles applicables lorsque le volume livré dépasse ou n'atteint pas, en tenant compte des marges prévues au 1°, le volume défini, ou lorsque le lait livré ne répond pas aux caractéristiques définies dans le contrat et l'accord-cadre ;

4° Les règles applicables lorsque l'acheteur ne respecte pas, en tenant compte des marges prévues au 1°, ses engagements d'achat.

II. — Au titre des modalités de collecte mentionnées au 3° du III de l'article L. 631-24, le contrat et l'accord-cadre précisent les obligations qui incombent au producteur et à l'acheteur, notamment les conditions d'accès à la marchandise, la fréquence et les plages horaires de collecte et la procédure mise en place pour l'échantillonnage et la mesure de la qualité et de la composition du lait, ainsi que les modalités d'information des producteurs sur les quantités collectées lors de chaque collecte.

III. — Au titre des modalités de paiement mentionnées au 4° du III de l'article L. 631-24, si des acomptes sont prévus, le contrat et l'accord-cadre prévoient les conditions dans lesquelles ceux-ci sont déterminés et les conditions dans lesquelles le solde est versé.

Art. R. 631-10 *(Décr. nº 2020-960 du 31 juill. 2020, art. 1er)* La durée du contrat ne peut être inférieure à cinq ans, ou à sept ans pour les contrats conclus par un producteur qui a engagé sa production depuis moins de cinq ans dans les conditions prévues au *(Décr. nº 2021-1801 du 24 déc. 2021, art. 2)* « douzième alinéa du III de l'article L. 631-24 ».

Toute modification du contrat et de l'accord-cadre est faite par un avenant écrit qui prévoit une date d'effet compatible avec les modifications prévues à cet avenant.

Contrats de vente de fruits et légumes frais

Art. R. 631-11 à R. 631-14 *Abrogés par Décr. nº 2019-310 du 11 avr. 2019.*

Contrôles

Art. R. 631-15 *(Décr. nº 2019-143 du 26 févr. 2019, art. 1er)* Sont habilités à rechercher et constater les manquements mentionnés à l'article L. 631-25 :

1° Les agents de la concurrence, de la consommation et de la répression des fraudes ;

2° Les agents des services de l'État chargés de l'agriculture et de la pêche ;

3° Les agents assermentés de l'établissement mentionné à l'article L. 621-1 désignés par le directeur général de cet établissement en application du deuxième alinéa de l'article R. 622-6 ;

4° Les administrateurs, officiers du corps technique et administratif des affaires maritimes ;

5° Les fonctionnaires affectés dans les services exerçant des missions de contrôle dans le domaine des affaires maritimes sous l'autorité ou à la disposition du ministre chargé de la mer ;

6° Les agents des douanes.

Art. L. 443-3 A l'exception des produits destinés à être vendus en ferme sur un marché physique de gros par le producteur ou l'organisation de producteurs, les fruits et légumes frais destinés à la vente ou à la revente à un professionnel établi en France doivent, lors de leur transport sur le territoire national, y compris dans l'enceinte des marchés d'intérêt national, être accompagnés d'un bon de commande établi par l'acheteur ou d'un contrat passé avec le commissionnaire ou le mandataire. Le bon de commande mentionne le nom des parties, leur adresse, la date de la commande, la quantité, les modalités de détermination du prix et la dénomination précise des produits. Le contrat mentionne le nom des parties, leur adresse, sa date, son objet ainsi que les conditions de fixation du prix payé au fournisseur et de rémunération du commissionnaire ou du mandataire.

Dans le cas où les documents mentionnés au premier alinéa n'ont pu être présentés aux agents habilités lors du transport, il appartient à l'acheteur de leur transmettre, dans un délai de quarante-huit heures, ces documents ou, à défaut, un message, écrit ou par voie électronique, certifiant qu'il a bien commandé les produits concernés et précisant le ou les prix convenus avec son fournisseur pour l'achat de ces produits.

Lorsque l'acheteur réalise lui-même le transport des produits qu'il a achetés directement dans les locaux de ses fournisseurs, il atteste, lors du contrôle, qu'il est propriétaire des produits.

Tout manquement aux obligations résultant du présent article par l'acheteur, le commissionnaire, le mandataire ou le fournisseur est passible d'une amende administrative dont le montant ne peut excéder 15 000 € pour une personne physique et 75 000 € pour une personne morale.

Le maximum de l'amende encourue est porté à 30 000 € pour une personne physique et 150 000 € pour une personne morale en cas de réitération du manquement dans un délai de deux ans à compter de la date à laquelle la première décision de sanction est devenue définitive. – *Comp. anc. art. L. 441-3-1.*

BIBL. ▶ Loi n° 2014-344 du 17 mars 2014 : GRANSARD, *Journ. sociétés 1/2014. 23* (dispositions relatives à l'agriculture). – PÉTRIGNET et REDON, *BRDA 2014, n° 7, p. 11* (relations commerciales entre professionnels).

Art. L. 443-4 *(Ord. n° 2019-359 du 24 avr. 2019, art. 3)* I. — Pour les produits agricoles ou les produits alimentaires comportant un ou plusieurs produits agricoles, lorsque les indicateurs énumérés au neuvième alinéa du III de l'article L. 631-24 et aux articles L. 631-24-1 et L. 631-24-3 du code rural et de la pêche maritime ou, le cas échéant, tous autres indicateurs disponibles dont ceux établis par l'Observatoire de la formation des prix et des marges des produits alimentaires existent, les conditions générales de vente mentionnées à l'article L. 441-1 du présent code, ainsi que les conventions mentionnées aux articles L. 441-3, L. 441-4, L. 441-7 *(L. n° 2021-1357 du 18 oct. 2021, art. 4)* « , L. 443-2 et L. 443-8 » y font référence et explicitent les conditions dans lesquelles il en est tenu compte pour la détermination des prix.

II. — Tout manquement aux dispositions du I est passible d'une amende administrative dont le montant ne peut excéder 75 000 € pour une personne physique et 375 000 € pour une personne morale.

Le maximum de l'amende encourue est porté à 150 000 € pour une personne physique et 750 000 € pour une personne morale en cas de réitération du manquement dans un délai de deux ans à compter de la date à laquelle la première décision de sanction est devenue définitive.

BIBL. ▶ GRALL et BELLONE-CLOSSET, *RLC oct. 2020. 32* (relation industrie-commerce et « indicateurs Egalim » : où en sommes-nous après la publication des lignes directrices portant sur la prise en compte des indicateurs dans la chaîne contractuelle ?).

Art. L. 443-5 *(Ord. n° 2021-859 du 30 juin 2021, art. 2)* L'acheteur de produits agricoles et alimentaires périssables mentionnés au 1° du II de l'article L. 441-11 ne peut annuler une commande dans un délai inférieur à trente jours. Toutefois, pour un secteur d'activité, pour une catégorie d'acheteurs, pour un produit ou une catégorie de produits, ce délai peut être réduit, suivant des modalités fixées par décret, lorsque, eu égard notamment au mode de commercialisation, ce délai réduit laisse suffisamment de temps aux fournisseurs pour vendre leurs produits par l'intermédiaire d'un autre acheteur ou pour les utiliser eux-mêmes. – *V. art. D. 443-3 et D. 443-4.*

Tout manquement aux dispositions du présent article est passible d'une amende administrative dont le montant ne peut excéder 75 000 € pour une personne physique et 375 000 € pour une personne morale.

Le maximum de l'amende encourue est porté à 150 000 € pour une personne physique et 750 000 € pour une personne morale en cas de réitération du manquement dans un délai de deux ans à compter de la date à laquelle la première décision de sanction est devenue définitive.

Les art. L. 443-5 à L. 443-7 sont applicables à compter du 1er nov. 2021 aux contrats conclus après la publication (JO 1er juill.) de l'Ord. no 2021-859 du 30 juin 2021. Les contrats en cours d'exécution à la date de publication de cette ordonnance sont mis en conformité avec les dispositions mentionnées ci-dessus dans un délai de douze mois à compter de cette date (Ord. préc., art. 4).

Art. L. 443-6 *(Ord. no 2021-859 du 30 juin 2021, art. 2)* L'obtention, l'utilisation ou la divulgation illicites de secrets d'affaires, au sens des articles L. 151-4, L. 151-5 et L. 151-6, par un acheteur de produits agricoles et alimentaires est passible d'une amende administrative dont le montant ne peut excéder 75 000 € pour une personne physique et 375 000 € pour une personne morale.

Le maximum de l'amende encourue est porté à 150 000 € pour une personne physique et 750 000 € pour une personne morale en cas de réitération du manquement dans un délai de deux ans à compter de la date à laquelle la première décision de sanction est devenue définitive.

V. note ss. art. L. 443-5.

Art. L. 443-7 *(Ord. no 2021-859 du 30 juin 2021, art. 2)* Le refus par toute personne exerçant des activités de production, de transformation, de distribution ou de services de faire droit à la demande formulée par l'une des parties de confirmation écrite des conditions d'un contrat non conclu sous forme écrite et portant sur des produits agricoles et alimentaires est passible d'une amende administrative dont le montant ne peut excéder 75 000 € pour une personne physique et 375 000 € pour une personne morale.

Le maximum de l'amende encourue est porté à 150 000 € pour une personne physique et 750 000 € pour une personne morale en cas de réitération du manquement dans un délai de deux ans à compter de la date à laquelle la première décision de sanction est devenue définitive.

V. note ss. art. L. 443-5.

Art. L. 443-8 *(L. no 2021-1357 du 18 oct. 2021, art. 4-I-2o)* I. — Pour les produits alimentaires et les produits destinés à l'alimentation des animaux de compagnie pour lesquels les conditions générales de vente sont soumises au I de l'article L. 441-1-1, une convention écrite conclue entre le fournisseur et son acheteur mentionne les obligations réciproques auxquelles se sont engagées les parties à l'issue de la négociation commerciale, dans le respect des articles L. 442-1 et L. 442-3. Cette convention est établie soit dans un document unique, soit dans un ensemble formé par un contrat-cadre et des contrats d'application.

La convention mentionne chacune des obligations réciproques auxquelles se sont engagées les parties à l'issue de la négociation commerciale ainsi que leur prix unitaire.

Lorsqu'elle est conclue avec un distributeur, la convention est conclue dans les conditions prévues aux articles L. 441-3 et L. 441-4, sous réserve du présent article.

II. — La négociation commerciale ne porte pas sur la part, dans le tarif du fournisseur, du prix des matières premières agricoles et des produits transformés mentionnés au I de l'article L. 441-1-1.

III. — Lorsque le fournisseur a fait le choix de faire figurer dans ses conditions générales de vente les éléments mentionnés aux 1° ou 2° du I de l'article L. 441-1-1, la convention mentionne, aux fins de concourir à la détermination du prix convenu, la part du prix unitaire ou agrégé des matières premières agricoles et des produits transformés mentionnés aux mêmes 1° ou 2°, tel qu'il figure dans les conditions générales de vente. La convention précise les modalités de prise en compte de ce prix d'achat dans l'élaboration du prix convenu.

IV. — La convention comporte une clause de révision automatique des prix du contrat en fonction de la variation du coût de la matière première agricole, à la hausse ou à la baisse, entrant dans la composition du produit alimentaire ou du produit destiné à l'alimentation des animaux de compagnie. Les parties déterminent librement, selon la durée du cycle de production, la formule de révision et, en application du III de l'article L. 631-24 du code rural et de la pêche maritime, les indicateurs utilisés. Lorsque l'acquisition de la matière première agricole par le fournisseur fait l'objet d'un contrat écrit en application du I du même article L. 631-24, la clause de révision inclut obligatoirement les indicateurs relatifs aux coûts de production en agriculture.

V. — A. — La convention mentionnée au I du présent article est conclue pour une durée d'un an, de deux ans ou de trois ans.

B. — La convention est conclue au plus tard le 1er mars et le fournisseur communique ses conditions générales de vente à l'acheteur au plus tard trois mois avant cette date.

C. — Le distributeur dispose d'un délai d'un mois à compter de la réception des conditions générales de vente pour soit motiver explicitement et de manière détaillée, par écrit, le refus de ces dernières ou, le cas échéant, les dispositions des conditions générales de vente qu'il souhaite soumettre à la négociation, soit notifier leur acceptation.

VI. — Sans préjudice des articles L. 442-1 à L. 442-3, tout avenant à la convention mentionnée au I du présent article fait l'objet d'un écrit, qui mentionne l'élément nouveau le justifiant.

VII. — Tout manquement au présent article est passible d'une amende administrative dont le montant ne peut excéder 75 000 € pour une personne physique et 375 000 € pour une personne morale. Le maximum de l'amende encourue est doublé en cas de réitération du manquement dans un délai de deux ans à compter de la date à laquelle la première décision de sanction est devenue définitive.

V. note ss. art. L. 441-1-1.

Directive (UE) 2019/633 du Parlement européen et du Conseil du 17 avril 2019,

Sur les pratiques commerciales déloyales dans les relations interentreprises au sein de la chaîne d'approvisionnement agricole et alimentaire.

BIBL. ▶ FORTUNATO, *AJ contrat 2019. 284* (le droit européen des pratiques commerciales déloyales entre entreprises s'enrichit d'une directive). – NDLR, *BRDA 2019, n° 23, p. 14* (vers une liste de pratiques commerciales déloyales interdites dans le secteur agroalimentaire).

Art. 1er *Objet et champ d'application.* 1. Afin de lutter contre des pratiques qui s'écartent nettement de la bonne conduite commerciale, sont contraires à la bonne foi et à la loyauté et sont imposées de manière unilatérale par un partenaire commercial à un autre, la présente directive établit une liste minimale de pratiques commerciales déloyales interdites dans les relations entre acheteurs et fournisseurs dans la chaîne d'approvisionnement agricole et alimentaire, énonce des règles minimales concernant l'application de ces interdictions et prévoit des dispositions relatives à la coordination entre les autorités d'application.

2. La présente directive s'applique à certaines pratiques commerciales déloyales qui interviennent dans le cadre de la vente de produits agricoles et alimentaires par :

a) des fournisseurs dont le chiffre d'affaires annuel ne dépasse pas 2 000 000 EUR, à des acheteurs dont le chiffre d'affaires annuel dépasse 2 000 000 EUR ;

b) des fournisseurs dont le chiffre d'affaires annuel se situe entre 2 000 000 et 10 000 000 EUR, à des acheteurs dont le chiffre d'affaires annuel dépasse 10 000 000 EUR ;

c) des fournisseurs dont le chiffre d'affaires annuel se situe entre 10 000 000 et 50 000 000 EUR, à des acheteurs dont le chiffre d'affaires annuel dépasse 50 000 000 EUR ;

d) des fournisseurs dont le chiffre d'affaires annuel se situe entre 50 000 000 et 150 000 000 EUR, à des acheteurs dont le chiffre d'affaires annuel dépasse 150 000 000 EUR ;

e) des fournisseurs dont le chiffre d'affaires annuel se situe entre 150 000 000 et 350 000 000 EUR, à des acheteurs dont le chiffre d'affaires annuel dépasse 350 000 000 EUR.

Le chiffre d'affaires annuel des fournisseurs et des acheteurs visé au premier alinéa, points a) à e), s'entend conformément aux parties pertinentes de l'annexe à la recommandation 2003/361/CE de la Commission *[du 6 mai 2003 concernant la définition des micro, petites et moyennes entreprises]*, et en particulier aux articles 3, 4 et 6 de cette annexe, y compris les définitions d'"entreprise autonome", "entreprise partenaire" et "entreprise liée", ainsi que d'autres questions relatives au chiffre d'affaires annuel.

Par dérogation au premier alinéa, la présente directive s'applique aux ventes de produits agricoles et alimentaires par des fournisseurs dont le chiffre d'affaires annuel ne dépasse pas 350 000 000 EUR à tous les acheteurs qui sont des autorités publiques.

La présente directive s'applique aux ventes pour lesquelles soit le fournisseur, soit l'acheteur, ou les deux, sont établis dans l'Union.

La présente directive s'applique également aux services, pour autant qu'il y soit fait explicitement référence à l'article 3, fournis par un acheteur à un fournisseur.

La présente directive ne s'applique pas aux accords entre fournisseurs et consommateurs.

3. La présente directive s'applique aux accords de fourniture conclus après la date d'application des mesures la transposant, conformément à l'article 13, paragraphe 1, deuxième alinéa.

4. Les accords de fourniture conclus avant la date de publication des mesures transposant la présente directive conformément à l'article 13, paragraphe 1, premier alinéa, sont mis en conformité avec la présente directive dans un délai de douze mois à compter de cette date de publication.

Art. 2 *Définitions.* Aux fins de la présente directive, on entend par :

1) "produits agricoles et alimentaires" : les produits énumérés à l'annexe I du traité sur le fonctionnement de l'Union européenne, ainsi que les produits ne figurant pas dans ladite annexe, mais qui sont transformés en vue d'être utilisés dans l'alimentation humaine en recourant à des produits énumérés dans ladite annexe ;

2) "acheteur" : toute personne physique ou morale, indépendamment du lieu d'établissement de cette personne, ou toute autorité publique dans l'Union, qui achète des produits agricoles et alimentaires ; le terme "acheteur" peut englober un groupe de personnes physiques et morales appartenant à cette catégorie ;

3) "autorité publique" : les autorités nationales, régionales ou locales, les organismes de droit public ou les associations formées par une ou plusieurs de ces autorités ou un ou plusieurs de ces organismes de droit public ;

4) "fournisseur" : tout producteur agricole ou toute personne physique ou morale, indépendamment de son lieu d'établissement, qui vend des produits agricoles et alimentaires ; le terme "fournisseur" peut englober un groupe de producteurs agricoles ou de personnes physiques et morales appartenant à cette catégorie, tel que des organisations de producteurs, des organisations de fournisseurs et des associations de ces organisations ;

5) "produits agricoles et alimentaires périssables" : des produits agricoles et alimentaires qui, de par leur nature ou à leur stade de transformation, sont susceptibles de devenir impropres à la vente dans un délai de trente jours après la récolte, la production ou la transformation.

Art. 3 *Interdiction de pratiques commerciales déloyales.* 1. Les États membres veillent à ce qu'au moins toutes les pratiques commerciales déloyales suivantes soient interdites :

a) l'acheteur paie le fournisseur :

i) lorsque l'accord de fourniture prévoit la livraison de produits de manière régulière :

— pour les produits agricoles et alimentaires périssables, plus de trente jours après l'expiration d'un délai de livraison convenu au cours duquel les livraisons ont été effectuées, ou plus de trente jours après la date d'établissement du montant à payer pour ce délai de livraison, la plus tardive de ces deux dates étant retenue,

— pour les autres produits agricoles et alimentaires, plus de soixante jours après l'expiration d'un délai de livraison convenu au cours duquel les livraisons ont été effectuées, ou plus de soixante jours après la date d'établissement du montant à payer pour ce délai de livraison, la plus tardive de ces deux dates étant retenue ;

— pour ce qui est des délais de paiement visés au présent point, les délais de livraison convenus s'entendent dans tous les cas comme ne dépassant pas un mois ;

ii) lorsque l'accord de fourniture ne prévoit pas la livraison de produits de manière régulière :

— pour les produits agricoles et alimentaires périssables, plus de 30 jours après la date de livraison ou plus de 30 jours après la date d'établissement du montant à payer, la plus tardive de ces deux dates étant retenue,

— pour les autres produits agricoles et alimentaires, plus de 60 jours après la date de livraison ou plus de 60 jours après la date d'établissement du montant à payer, la plus tardive de ces deux dates étant retenue.

Nonobstant les points i) et ii) du présent point, lorsque l'acheteur établit le montant à payer :

— les délais de paiement visés au point i) commencent à courir à l'expiration d'un délai de livraison convenu au cours duquel les livraisons ont été effectuées, et

— les délais de paiement visés au point ii) commencent à courir à compter de la date de livraison ;

b) l'acheteur annule des commandes de produits agricoles et alimentaires périssables à si brève échéance que l'on ne peut raisonnablement s'attendre à ce qu'un fournisseur trouve une autre solution pour commercialiser ou utiliser ces produits ; un délai inférieur à 30 jours est toujours considéré comme une brève échéance ; les États membres peuvent fixer des délais inférieurs à 30 jours pour des secteurs spécifiques et dans des cas dûment justifiés ;

c) l'acheteur modifie unilatéralement les conditions d'un accord de fourniture de produits agricoles et alimentaires qui concernent la fréquence, la méthode, le lieu, le calendrier ou le volume des approvisionnements ou des livraisons de produits agricoles et alimentaires, les normes de qualité, les conditions de paiement ou les prix ou en ce qui concerne la fourniture de services dans la mesure où ceux-ci sont explicitement visés au paragraphe 2 ;

d) l'acheteur demande au fournisseur des paiements qui ne sont pas en lien avec la vente de produits agricoles et alimentaires du fournisseur ;

e) l'acheteur demande au fournisseur qu'il paie pour la détérioration ou la perte de produits agricoles et alimentaires ou pour la détérioration et la perte qui se produisent dans les locaux de l'acheteur ou après le transfert de propriété à l'acheteur, lorsque cette détérioration ou cette perte ne résulte pas de la négligence ou de la faute du fournisseur ;

f) l'acheteur refuse de confirmer par écrit les conditions d'un accord de fourniture entre l'acheteur et le fournisseur au sujet desquelles le fournisseur a demandé une confirmation écrite ; ceci ne s'applique pas lorsque l'accord de fourniture porte sur des produits devant être livrés par un membre d'une organisation de producteurs, y compris une coopérative, à l'organisation de producteurs dont il est membre dès lors que les statuts de cette organisation de producteurs ou les règles et décisions prévues par ces statuts ou en découlant contiennent des dispositions produisant des effets similaires à ceux des conditions de l'accord de fourniture ;

g) l'acheteur obtient, utilise ou divulgue de façon illicite des secrets d'affaires du fournisseur au sens de la directive (UE) 2016/943 du Parlement européen et du Conseil *[du 8 juin 2016 sur la protection des savoir-faire et des informations commerciales non divulgués (secrets d'affaires) contre l'obtention, l'utilisation et la divulgation illicites]* ;

h) l'acheteur menace de procéder ou procède à des actions de représailles commerciales à l'encontre du fournisseur si le fournisseur exerce ses droits contractuels ou légaux, y compris en déposant une plainte auprès des autorités d'application ou en coopérant avec les autorités d'application au cours d'une enquête ;

i) l'acheteur demande une compensation au fournisseur pour le coût induit par l'examen des plaintes des clients en lien avec la vente des produits du fournisseur malgré l'absence de négligence ou de faute de la part du fournisseur.

L'interdiction visée au premier alinéa, point a), s'entend sans préjudice :

— des conséquences des retards de paiement et des voies de recours au titre de la directive 2011/7/UE, qui s'appliquent, par dérogation aux délais de paiement fixés dans ladite directive, sur la base des délais de paiement prévus par la présente directive,

— de la possibilité dont disposent un acheteur et un fournisseur de se mettre d'accord sur une clause de répartition de la valeur au sens de l'article 172 *bis* du règlement (UE) *n° 1308/2013*.

L'interdiction visée au premier alinéa, point a), ne s'applique pas aux paiements :

— effectués par un acheteur à un fournisseur, lorsque ces paiements interviennent dans le cadre du programme à destination des écoles conformément à l'article 23 du règlement (UE) n° 1308/2013,

— effectués par des entités publiques dispensant des soins de santé au sens de l'article 4, paragraphe 4, point b), de la directive 2011/7/UE,

— effectués dans le cadre d'accords de fourniture entre des fournisseurs de raisins ou de moût destinés à la production de vin et leurs acheteurs directs, pour autant que :

i) les conditions de paiement spécifiques aux opérations de vente soient contenues dans des contrats types qui ont été rendus obligatoires par les États membres conformément à l'article 164 du règlement (UE) n° 1308/2013 avant le 1er janvier 2019, et que l'extension de contrats types soit renouvelée par les États membres à compter de cette date sans modification significative des conditions de paiement au détriment des fournisseurs de raisins ou de moût, et

ii) les accords de fourniture entre les fournisseurs de raisins ou de moût de raisins destinés à la production de vin et leurs acheteurs directs soient pluriannuels ou deviennent pluriannuels.

2. Les États membres veillent à ce qu'au moins toutes les pratiques commerciales suivantes soient interdites, à moins qu'elles n'aient été préalablement convenues en termes clairs et dépourvus d'ambiguïté dans l'accord de fourniture ou dans tout accord ultérieur entre le fournisseur et l'acheteur :

a) l'acheteur renvoie des produits agricoles et alimentaires invendus au fournisseur sans payer pour ces invendus ou sans payer pour l'élimination de ces produits ;

b) le fournisseur est tenu d'effectuer un paiement pour que ses produits agricoles et alimentaires soient stockés, exposés ou référencés ou mis à disposition sur le marché ;

c) l'acheteur demande au fournisseur qu'il supporte tout ou partie des coûts liés à toutes remises sur les produits agricoles et alimentaires qui sont vendus par l'acheteur dans le cadre d'actions promotionnelles ;

d) l'acheteur demande au fournisseur qu'il paie pour la publicité faite par l'acheteur pour les produits agricoles et alimentaires ;

e) l'acheteur demande au fournisseur qu'il paie pour la commercialisation de produits agricoles et alimentaires par l'acheteur ;

f) l'acheteur fait payer par le fournisseur le personnel chargé d'aménager les locaux utilisés pour la vente des produits du fournisseur.

Les États membres veillent à ce que la pratique commerciale visée au premier alinéa, point c), soit interdite à moins que l'acheteur, avant une action de promotion dont il est à l'initiative, précise sa durée et la quantité de produits agricoles et alimentaires qu'il prévoit de commander à prix réduit.

3. Lorsque l'acheteur demande un paiement dans les situations visées au paragraphe 2, premier alinéa, point b), c), d), e) ou f), l'acheteur présente par écrit au fournisseur, à la demande de ce dernier, une estimation des paiements par unité ou des paiements globaux, selon le cas, et, en ce qui concerne les situations visées au paragraphe 2, premier alinéa, point b), d), e) ou f), il présente également par écrit une estimation des coûts au fournisseur et les éléments sur lesquels se fonde cette estimation.

4. Les États membres veillent à ce que les interdictions visées aux paragraphes 1 et 2 constituent des dispositions impératives dérogatoires applicables à toute situation entrant dans le champ d'application de ces interdictions, quelle que soit par ailleurs la loi qui serait applicable à l'accord de fourniture entre les parties.

Art. 4 *Autorités d'application désignées.* 1. Chaque État membre désigne une ou plusieurs autorités chargées de faire respecter les interdictions prévues à l'article 3 au niveau national (ci-après dénommée "autorité d'application") et informe la Commission de cette désignation.

2. Si un État membre désigne plusieurs autorités d'application sur son territoire, il désigne un point de contact unique aux fins de la coopération entre autorités d'application et avec la Commission.

Art. 5 *Plaintes et confidentialité.* 1. Les fournisseurs peuvent adresser des plaintes soit à l'autorité d'application de l'État membre dans lequel il est établi, soit à l'autorité d'application de l'État membre dans lequel l'acheteur qui est soupçonné de s'être livré à une pratique commerciale interdite est établi. L'autorité d'application à laquelle la plainte est adressée est compétente pour faire respecter les interdictions prévues à l'article 3.

2. Les organisations de producteurs, les autres organisations de fournisseurs et les associations de ces organisations ont le droit de déposer une plainte à la demande d'un ou plusieurs de leurs membres ou, selon le cas, d'un ou plusieurs membres de leurs organisations de membres, lorsque ces membres considèrent qu'ils ont été lésés par une pratique commerciale interdite. D'autres organisations qui ont un intérêt légitime à représenter les fournisseurs ont le droit de déposer des plaintes à la demande d'un fournisseur et dans son intérêt, pour autant que ces organisations soient des personnes morales indépendantes sans but lucratif.

3. Les États membres veillent à ce que, lorsque le plaignant en fait la demande, l'autorité d'application prenne les mesures nécessaires pour assurer une protection adéquate de l'identité du plaignant ou des membres ou fournisseurs visés au paragraphe 2 et de toute autre information dont la divulgation serait, de l'avis du plaignant, préjudiciable à ses intérêts ou

à ceux de ces membres ou de ces fournisseurs. Le plaignant indique toute information pour laquelle il demande un traitement confidentiel.

4. Les États membres veillent à ce que l'autorité d'application qui reçoit la plainte informe le plaignant dans un délai raisonnable après l'avoir reçue de la manière dont elle compte donner suite à la plainte.

5. Les États membres veillent à ce que, lorsqu'une autorité d'application considère que les motifs ne sont pas suffisants pour donner suite à une plainte, elle informe le plaignant des raisons qui motivent sa décision dans un délai raisonnable après réception de la plainte.

6. Les États membres veillent à ce que, lorsqu'une autorité d'application considère que les motifs sont suffisants pour donner suite à une plainte, elle ouvre, mène et clôture une enquête sur cette plainte dans un délai raisonnable.

7. Les États membres veillent à ce que, lorsque l'autorité d'application estime qu'un acheteur a enfreint les interdictions visées à l'article 3, elle enjoigne à l'acheteur de mettre fin à la pratique commerciale interdite.

Art. 6 *Pouvoirs des autorités d'application.* 1. Les États membres veillent à ce que chacune de leurs autorités d'application dispose des ressources et de l'expertise nécessaires pour s'acquitter de sa mission et lui confèrent les pouvoirs suivants :

a) le pouvoir d'ouvrir et de mener des enquêtes de sa propre initiative ou sur la base d'une plainte ;

b) le pouvoir d'exiger que les acheteurs et les fournisseurs communiquent toutes les informations nécessaires pour réaliser les enquêtes sur les pratiques commerciales interdites ;

c) le pouvoir d'effectuer des inspections inopinées sur place dans le cadre de ses enquêtes, conformément aux règles et procédures nationales ;

d) le pouvoir de prendre des décisions constatant une infraction aux interdictions énoncées à l'article 3 et enjoignant à l'acheteur de mettre fin à la pratique commerciale interdite ; l'autorité peut s'abstenir de prendre une telle décision, si cette décision risque de révéler l'identité d'un plaignant ou de divulguer toute information qui serait, de l'avis de ce dernier, préjudiciable à ses intérêts, et à condition que le plaignant ait indiqué quelles sont ces informations, conformément à l'article 5, paragraphe 3 ;

e) le pouvoir d'infliger des amendes et d'autres sanctions aussi efficaces et de prendre des mesures provisoires visant l'auteur de l'infraction ou d'engager une procédure dans ce but, conformément aux règles et procédures nationales ;

f) le pouvoir de publier régulièrement ses décisions relatives aux points d) et e).

Les sanctions visées au premier alinéa, point e), sont effectives, proportionnées et dissuasives, compte tenu de la nature, de la durée, de la récurrence et de la gravité de l'infraction.

2. Les États membres veillent à ce que l'exercice des pouvoirs visés au paragraphe 1 soit soumis à des garanties appropriées en matière de droits de la défense, conformément aux principes généraux du droit de l'Union et à la Charte des droits fondamentaux de l'Union européenne, y compris lorsque le plaignant demande le traitement confidentiel des informations conformément à l'article 5, paragraphe 3.

Art. 7 *Règlement extrajudiciaire des litiges.* Sans préjudice du droit des fournisseurs de déposer plainte en vertu de l'article 5 et des pouvoirs des autorités d'application en vertu de l'article 6, les États membres peuvent promouvoir le recours volontaire à des mécanismes efficaces et indépendants de règlement extrajudiciaire des litiges tels que la médiation, en vue de résoudre les litiges entre fournisseurs et acheteurs en ce qui concerne la mise en œuvre, par l'acheteur, de pratiques commerciales déloyales.

Art. 8 *Coopération entre les autorités d'application.* 1. Les États membres veillent à ce que les autorités d'application coopèrent efficacement les unes avec les autres et avec la Commission et se prêtent mutuellement assistance dans le cadre des enquêtes ayant une dimension transfrontalière.

2. Les autorités d'application se réunissent au moins une fois par an afin de discuter de la mise en œuvre de la présente directive sur la base des rapports annuels visés à l'article 10, paragraphe 2. Les autorités d'application examinent les meilleures pratiques, les nouveaux cas et les nouvelles évolutions en ce qui concerne les pratiques commerciales déloyales au sein de la chaîne d'approvisionnement agricole et alimentaire et échangent des informations, en particulier sur les mesures d'application qu'elles ont adoptées conformément à la présente directive et sur leurs pratiques en matière d'application. Elles peuvent adopter des recom-

mandations dans le but d'encourager une application cohérente de la présente directive et d'améliorer cette application. La Commission facilite l'organisation de ces réunions.

3. La Commission crée et gère un site internet qui permet des échanges d'informations entre les autorités d'application et la Commission, notamment aux fins des réunions annuelles. La Commission crée un site internet public sur lequel figurent les coordonnées des autorités d'application désignées et des liens vers les sites internet des autorités d'application nationales ou d'autres autorités des États membres, ainsi que des informations sur les mesures transposant la présente directive visées à l'article 13, paragraphe 1.

Art. 9 *Règles nationales.* 1. En vue d'assurer un niveau de protection plus élevé, les États membres peuvent maintenir ou introduire des règles visant à lutter contre les pratiques commerciales déloyales plus strictes que celles énoncées dans la présente directive, à condition que ces règles nationales soient compatibles avec les règles relatives au fonctionnement du marché intérieur.

2. La présente directive s'applique sans préjudice des règles nationales visant à lutter contre les pratiques commerciales déloyales qui ne relèvent pas de son champ d'application, à condition que ces règles soient compatibles avec les règles relatives au fonctionnement du marché intérieur.

Art. 10 *Rapports.* 1. Les États membres veillent à ce que leurs autorités d'application publient un rapport annuel sur leurs activités relevant du champ d'application de la présente directive, qui précise entre autres le nombre de plaintes reçues et d'enquêtes ouvertes ou closes au cours de l'année précédente. Pour chaque enquête close, le rapport contient une description succincte de l'affaire, de l'issue de l'enquête et, le cas échéant, de la décision prise, dans le respect des exigences en matière de confidentialité énoncées à l'article 5, paragraphe 3.

2. Au plus tard le 15 mars de chaque année, les États membres transmettent à la Commission un rapport sur les pratiques commerciales déloyales dans les relations interentreprises au sein de la chaîne d'approvisionnement agricole et alimentaire. Ce rapport contient, en particulier, toutes les données pertinentes concernant la mise en œuvre et les mesures prises pour assurer le respect des règles énoncées dans la présente directive dans l'État membre concerné au cours de l'année précédente.

3. La Commission peut adopter des actes d'exécution fixant :

a) les règles relatives aux informations nécessaires à l'application du paragraphe 2 ;

b) les modalités de gestion des informations à transmettre par les États membres à la Commission et les règles relatives au contenu et à la forme de ces informations ;

c) les modalités selon lesquelles les informations et les documents sont transmis aux États membres, aux organisations internationales, aux autorités compétentes dans les pays tiers ou au public, ou sont mis à leur disposition, sous réserve de la protection des données à caractère personnel et des intérêts légitimes des producteurs agricoles et des entreprises à ce que leurs secrets d'affaires ne soient pas divulgués.

Ces actes d'exécution sont adoptés en conformité avec la procédure d'examen visée à l'article 11, paragraphe 2.

Art. 11 *Comité.* 1. La Commission est assistée par le comité de l'organisation commune des marchés agricoles institué par l'article 229 du règlement (UE) n° 1308/2013. Ledit comité est un comité au sens du règlement (UE) n° 182/2011.

2. Lorsqu'il est fait référence au présent paragraphe, l'article 5 du règlement (UE) n° 182/2011 s'applique.

Art. 12 *Évaluation.* 1. Au plus tard le 1er novembre 2025, la Commission procède à la première évaluation de la présente directive et soumet au Parlement européen et au Conseil, ainsi qu'au Comité économique et social européen et au Comité des régions un rapport exposant les principales conclusions de cette évaluation. Ce rapport est assorti, le cas échéant, de propositions législatives.

2. Cette évaluation porte, au moins, sur :

a) l'efficacité des mesures mises en œuvre au niveau national dans le but de lutter contre les pratiques commerciales déloyales au sein de la chaîne d'approvisionnement agricole et alimentaire ;

b) l'efficacité de la coopération entre les autorités d'application compétentes et, le cas échéant, l'identification de solutions visant à améliorer cette coopération.

3. La Commission fonde le rapport visé au paragraphe 1 sur les rapports annuels visés à l'article 10, paragraphe 2. Si nécessaire, elle peut demander aux États membres un complé-

ment d'information, notamment sur l'efficacité des mesures mises en œuvre au niveau national et sur l'efficacité de la coopération et de l'assistance mutuelle.

4. Au plus tard le 1er novembre 2021, la Commission présente un rapport intermédiaire sur l'état d'avancement de la transposition et de la mise en œuvre de la présente directive au Parlement européen et au Conseil, ainsi qu'au Comité économique et social européen et au Comité des régions.

Art. 13 *Transposition.* 1. Les États membres adoptent et publient, au plus tard le 1er mai 2021, les dispositions législatives, réglementaires et administratives nécessaires pour se conformer à la présente directive. Ils communiquent immédiatement le texte de ces dispositions à la Commission.

Ils appliquent ces dispositions au plus tard le 1er novembre 2021.

Lorsque les États membres adoptent ces dispositions, celles-ci contiennent une référence à la présente directive ou sont accompagnées d'une telle référence lors de leur publication officielle. Les modalités de cette référence sont arrêtées par les États membres.

2. Les États membres communiquent à la Commission le texte des dispositions essentielles de droit interne qu'ils adoptent dans le domaine régi par la présente directive.

Art. 14 *Entrée en vigueur.* La présente directive entre en vigueur le cinquième jour suivant celui de sa publication au *Journal officiel de l'Union européenne [JOUE L 111 du 25 avr. 2019].*

TITRE QUATRIÈME *BIS* DE CERTAINS TARIFS RÉGLEMENTÉS

(L. no 2015-990 du 6 août 2015, art. 50-I-1o)

Les art. L. 444-1 à L. 444-7 sont applicables à Wallis-et-Futuna (L. no 2015-990 du 6 août 2015, art. 50-V).

BIBL. GÉN. ▶ Dossier, *JCP N 2015, nos 1147 s.* (le notariat et la loi Macron). – NDLR, *BRDA 2015, no 15-16, p. 14* (encadrement de la rémunération des professions du droit et du chiffre). – Arcelin, *AJCA 2015. 400* (vers un renforcement de la concurrence ?). – Galokho, *RLC mai 2016. 47* (les tarifs des professions juridiques réglementées et le droit européen des aides d'État). – Hébert, *JCP N 2016, no 1204* (nouveau tarif des notaires). – Martucci, *JCP N 2017, no 1127* (le « cadre libéral » de la profession de notaires : la question des tarifs réglementés). Charpin et Munoz, *RLC janv. 2020. 21* (les professions réglementées à l'heure de la concurrence : un regard économique).

Art. L. 444-1 **Sont régis par le présent titre les tarifs réglementés applicables aux prestations** *(Ord. no 2016-728 du 2 juin 2016, art. 23-III, en vigueur le 1er juill. 2022)* **« des commissaires de justice** *[ancienne rédaction : des commissaires-priseurs judiciaires, des greffiers de tribunal de commerce, des huissiers de justice]* **», des administrateurs judiciaires, des mandataires judiciaires et des notaires. Sont également régis par le présent titre les droits et émoluments de l'avocat en matière de saisie immobilière, de partage, de licitation et de sûretés judiciaires mentionnés à l'article 10 de la loi no 71-1130 du 31 décembre 1971 portant réforme de certaines professions judiciaires et juridiques.** – *V. art. R. 444-1 s.*

Sauf disposition contraire, lorsqu'un professionnel mentionné au premier alinéa du présent article est autorisé à exercer une activité dont la rémunération est soumise à un tarif propre à une autre catégorie d'auxiliaire de justice ou d'officier public ou ministériel, sa rémunération est arrêtée conformément aux règles dudit tarif. Les prestations accomplies par les personnes mentionnées au deuxième alinéa de l'article L. 811-2 et au premier alinéa du II de l'article L. 812-2 sont rémunérées conformément aux tarifs réglementés applicables aux administrateurs et mandataires judiciaires.

Sauf disposition contraire, les prestations que les professionnels mentionnés au premier alinéa du présent article accomplissent en concurrence avec celles, non soumises à un tarif, d'autres professionnels ne sont pas soumises à un tarif réglementé. Les honoraires rémunérant ces prestations tiennent compte, selon les usages, de la situation de fortune du client, de la difficulté de l'affaire, des frais exposés par les professionnels concernés, de leur notoriété et des diligences de ceux-ci. Les professionnels concernés concluent par écrit avec leur client une convention d'honoraires, qui précise, notamment, le montant ou le mode de détermination des honoraires couvrant

les diligences prévisibles, ainsi que les divers frais et débours envisagés. — *V. art. R. 444-13 s.*

Art. L. 444-2 **Les tarifs mentionnés à l'article L. 444-1 prennent en compte les coûts pertinents du service rendu et une rémunération raisonnable, définie sur la base de critères objectifs.**

Par dérogation au premier alinéa du présent article, peut être prévue une péréquation des tarifs applicables à l'ensemble des prestations servies. Cette péréquation peut notamment prévoir que les tarifs des prestations relatives à des biens ou des droits d'une valeur supérieure à un seuil fixé par l'arrêté conjoint prévu à l'article L. 444-3 soient fixés proportionnellement à la valeur du bien ou du droit.

(L. n° 2019-222 du 23 mars 2019, art. 20) **« En application des deux premiers alinéas du présent article, l'arrêté conjoint mentionné au même article L. 444-3 fixe les tarifs sur la base d'un objectif de taux de résultat moyen, dont les modalités de détermination sont définies par un décret en Conseil d'État, et dont le montant est estimé globalement pour chaque profession pour l'ensemble des prestations tarifées en application de l'article L. 444-1. »**

(Abrogé par L. n° 2020-1672 du 24 déc. 2020, art. 29) ***« En outre, peut être prévue une redistribution entre professionnels, afin de favoriser la couverture de l'ensemble du territoire par les professions judiciaires et juridiques et l'accès du plus grand nombre au droit. Cette redistribution est la finalité principale d'un fonds dénommé "fonds interprofessionnel de l'accès au droit et à la justice".***

« L'organisation et le fonctionnement du fonds interprofessionnel de l'accès au droit et à la justice, ainsi que la composition du conseil d'administration par lequel est administrée la personne morale de droit privé qui le gère, sont précisés par le décret en Conseil d'État prévu à l'article L. 444-7. » — *V. art. R. 444-22 s.*

Des remises peuvent être consenties lorsqu'un tarif est déterminé proportionnellement à la valeur d'un bien ou d'un droit en application du deuxième alinéa du présent article et lorsque l'assiette de ce tarif est supérieure à un seuil défini par l'arrêté conjoint prévu à l'article L. 444-3. Le taux des remises octroyées par un professionnel est fixe, identique pour tous et compris dans des limites définies par voie réglementaire. *(L. n° 2019-222 du 23 mars 2019, art. 20)* **« Toutefois, pour certaines prestations et au-delà d'un montant d'émolument fixé par l'arrêté mentionné au même article L. 444-3, le professionnel et son client peuvent convenir du taux des remises. »** — *V. art. R. 444-10.*

Rémunération raisonnable. Il résulte des dispositions des al. 1er et 2 de l'art. L. 444-2, éclairées par les travaux préparatoires, que le législateur a entendu permettre que le tarif de certaines prestations soit fixé en deçà du prix nécessaire à la couverture des coûts pertinents et d'une rémunération raisonnable dès lors que la péréquation entre les actes d'un même professionnel, d'une part, et la redistribution entre professionnels par le fonds interprofessionnel d'accès au droit et à la justice, d'autre part, ont pour effet de garantir une rémunération globale raisonnable aux professionnels concernés. • CE 24 mai 2017, n° 398801 : *cité ss. art. R. 444-21.*

Art. L. 444-3 **Le tarif de chaque prestation est arrêté conjointement par les ministres de la justice et de l'économie.**

Ce tarif est révisé au moins tous les cinq ans. — *V. art. R. 444-4 s.*

L'art. 1er de la L. du 29 mars 1944 relative aux tarifs des émoluments alloués aux officiers publics ou ministériels est abrogé à une date fixée par décret, et au plus tard à l'expiration du sixième mois suivant la promulgation de la L. n° 2015-990 du 6 août 2015. Les arrêtés prévus à l'art. L. 444-3 peuvent être adoptés avant cette date (L. préc., art. 50-IV). — Conformément aux dispositions du IV de l'art. 50 de la L. n° 2015-990 du 6 août 2015, l'art. 1er de la L. du 29 mars 1944 est abrogé à compter du 29 févr. 2016 (Décr. n° 2016-230 du 26 févr. 2016, art. 11).

Pour une période maximale de deux ans à compter de la publication du Décr. n° 2016-230 du 26 févr. 2016 (JO 28 févr.), dans l'attente du recueil des données et informations prévues aux art. R. 444-18 à R. 444-20, l'arrêté prévu à l'art. L. 444-3 peut fixer provisoirement des émoluments à partir de ceux applicables avant l'entrée en vigueur de l'art. 10 du décret précité dans la limite d'une variation de 5 % (Décr. préc., art. 12). — La collecte des informations statistiques nécessaires à l'élaboration des tarifs dans des conditions conformes aux exigences de l'art. L. 444-2 n'étant matériellement pas possible dans le délai de 6 mois, et compte tenu du délai nécessaire au recueil de l'ensemble de ces données, le Décr. n° 2016-230 du 26 févr. 2016 a pu légalement prévoir que puis-

sent être arrêtés, pendant la période nécessaire à la collecte de ces données, des tarifs transitoires (CE 24 mai 2017, n° 398801 : cité ss. art. R. 444-21).

V., pour les tarifs réglementés des commissaires-priseurs judiciaires, art. A. 441-1 s. — ... Des huissiers de justice, art. A. 444-10 s. — ... Des notaires, art. A. 444-53 s. — ... Des greffiers des tribunaux de commerce, art. A. 743-8 s.

Art. L. 444-4 **Les** *(Ord. n° 2016-728 du 2 juin 2016, art. 23-III, en vigueur le 1er juill. 2022)* **« commissaires de justice** *[ancienne rédaction : commissaires-priseurs judiciaires, les greffiers de tribunal de commerce, les huissiers de justice]* **», les administrateurs judiciaires, les mandataires judiciaires, les personnes mentionnées au deuxième alinéa de l'article L. 811-2 et au premier alinéa du II de l'article L. 812-2, les avocats pour les droits et émoluments mentionnés au premier alinéa de l'article L. 444-1 du présent code et les notaires affichent les tarifs qu'ils pratiquent, de manière visible et lisible, dans leur lieu d'exercice et sur leur site internet, selon des modalités fixées dans les conditions prévues** *(Ord. n° 2016-301 du 14 mars 2016, art. 2, en vigueur le 1er juill. 2016)* **« à l'article L. 112-1** *[ancienne rédaction : au premier alinéa de l'article L. 113-3]* **» du code de la consommation.**

Art. L. 444-5 **Les ministres de la justice et de l'économie, pour l'application de l'article L. 444-3, et l'Autorité de la concurrence, pour l'application des articles L. 444-7 et L. 462-2-1, peuvent recueillir :**

1° Toute donnée utile, auprès des professionnels mentionnés à l'article L. 444-1 ;

2° Les informations statistiques définies par voie réglementaire, auprès des instances représentatives de ces professionnels. — *V. art. R. 444-17 s.*

Art. L. 444-6 **I. — Les agents mentionnés au II de l'article L. 450-1 recherchent et constatent les manquements aux articles L. 444-4 et L. 444-5 dans les conditions prévues aux articles L. 450-2 à L. 450-8. Ils peuvent enjoindre aux professionnels et à leurs instances représentatives de se conformer à leurs obligations dans les conditions prévues au I de l'article** *(Ord. n° 2017-303 du 9 mars 2017, art. 2-II)* **« L. 470-1** *[ancienne rédaction : L. 465-1]* **».**

II. — Les manquements aux articles L. 444-4 et L. 444-5 du présent code ainsi que l'inexécution des injonctions de se conformer à ces dispositions sont passibles de l'amende *(Ord. n° 2016-301 du 14 mars 2016, art. 6, en vigueur le 1er juill. 2016)* **« administrative dont le montant ne peut excéder 3 000 euros pour une personne physique et 15 000 euros pour une personne morale. L'amende est prononcée dans les conditions prévues à l'article** *(Ord. n° 2017-303 du 9 mars 2017, art. 2-II)* **« L. 470-2** *[ancienne rédaction : L. 465-2]* **» du code de commerce ».**

Art. L. 444-7 **Un décret en Conseil d'État, pris après avis de l'Autorité de la concurrence, précise les modalités d'application du présent titre, notamment :**

(L. n° 2019-222 du 23 mars 2019, art. 20) **« 1° Les modalités selon lesquelles les coûts pertinents et la rémunération raisonnable, mentionnés au premier alinéa de l'article L. 444-2, sont évalués globalement pour l'ensemble des prestations tarifées en application de l'article L. 444-1 ; »**

2° Les caractéristiques de la péréquation prévue au deuxième alinéa de l'article L. 444-2 ;

(Abrogé par L. n° 2020-1672 du 24 déc. 2020, art. 29) ***« 3° La composition du conseil d'administration, l'organisation et le fonctionnement du fonds interprofessionnel de l'accès au droit et à la justice mentionné au*** *(L. n° 2019-222 du 23 mars 2019, art. 20)* ***« quatrième » alinéa du même article L. 444-2 ; »***

4° La liste des informations statistiques mentionnées au 2° de l'article L. 444-5 et les modalités de leur transmission régulière ;

(L. n° 2019-222 du 23 mars 2019, art. 20) **« 5° Les conditions dans lesquelles, en application du dernier alinéa de l'article L. 444-2, le professionnel et son client peuvent convenir du taux des remises. »** — *V. art. R. 444-1 s.*

TITRE CINQUIÈME DES POUVOIRS D'ENQUÊTE

RÉP. COM. v° *Concurrence (règles de procédure)*, par ARHEL.

BIBL. GÉN. ▶ FOURGOUX, *Gaz. Pal. 1989. 1. 127.* – DE LA LAURENCIE, *LPA 30 mars 1988.* – BOUTARD-LABARDE, *JCP 1988. I. 3360.* – DAUDRET, *Gaz. Pal. 1992. 1. Doctr. 305* (droits de la défense). –

Pepy, *ibid. 1994. 2. Doctr. 1086* (procédure devant le conseil). ▶ Ord. nº 2004-1173 du 4 nov. 2004 : Lasserre, *RDLC déc. 2004. 29* (modernisation : les adaptations nécessaires du Conseil de la concurrence). – Decocq, *RJ com. 2004. 499*. – Cheynel et Nourissat, *RLC 2005, nº 2, p. 63*. – Claudel, *RTD com. 2005. 60*. – Jalabert-Doury, Les inspections de concurrence, *Bruylant, 2005*. – Poulet, Contrôles et perquisitions dans l'entreprise, *Delmas, 2005*. – Dompé et Théophile, *RTDF 2007, nº 1, p. 56* (enquêtes sous contrôle judiciaire, concurrence et bourse : analyse comparée). – A. Marie, *RLC janv.-mars 2008. 112* (les enquêtes de la DGCCRF en matière de pratiques anticoncurrentielles). – Dufour, *LPA 4 juill. 2012* (perquisition : un nouveau risque pour les entreprises ?). ▶ Ord. nº 2008-1162 du 13 nov. 2008 : Bosco, *CCC 2008, nº 273* (premières vues sur l'ordonnance de modernisation de la régulation de la concurrence). – Hatoux, *RJDA nº 2/2009, p. 63* (la réforme des visites domiciliaires en matière de concurrence). – Puel, *RLC oct.-déc. 2009. 164* (protection de la confidentialité des correspondances avocats/clients : le *« legal privilege »* comme garantie). – Sélinsky, *ibid. 167* (le déroulement des enquêtes de concurrence après la réforme LME). – Daoud et Albertin, *RLDA mai 2014. 102* (les pouvoirs d'enquête au crible du droit de la défense). – Marie, *RJDA 2014. 707 et 779* (enquêtes réalisées par les agents de la DGCCRF en matière de pratiques anticoncurrentielles : point d'actualité après la réforme de l'Ord. du 13 nov. 2008). – Puel et Rebeyrotte, *JCP E 2015, nº 1329* (se préparer aux inspections « concurrence »). – Puel et Lacresse, *JCP E 2015, nº 1330* (inspection des locaux de l'entreprise : déroulement, droits des agents, droit de l'entreprise). – Jalabert-Doury, *RLDA oct. 2017. 45* (visites et saisies de concurrence : les juridictions de contrôle toujours à la recherche de l'équilibre entre droits procéduraux et effectivité des enquêtes). – Rutschmann, Billard et Pellegrin, *CCC 2017. Étude 11* (présence et rôle de l'avocat dans les opérations de visite et saisie : examen comparé des procédures fiscales et de concurrence). – Dossier, *RLC avr. 2019. 22* (perquisitions et enquêtes en droit de la concurrence).

Art. L. 450-1 *(Ord. nº 2008-1161 du 13 nov. 2008, art. 1er)* **I. — Les agents des services d'instruction de l'Autorité de la concurrence habilités à cet effet par le rapporteur général peuvent procéder à toute enquête nécessaire à l'application des dispositions des titres II et III du présent livre.** — *V. art. A. 450-1*

(L. nº 2014-344 du 17 mars 2014, art. 108) **« Ils peuvent également, pour l'application du titre VI du présent livre, mettre en œuvre les pouvoirs d'enquête définis à l'article L. 450-3. »**

(Ord. nº 2021-649 du 26 mai 2021, art. 2-IV) **« Dans le cas où des investigations sont menées au nom ou pour le compte d'une autorité de concurrence d'un autre État membre, en application du 1 de l'article 22 du règlement (CE) nº 1/2003 du Conseil relatif à la mise en œuvre des règles de concurrence prévues aux articles 101 et 102 du traité sur le fonctionnement de l'Union européenne, le rapporteur général de l'Autorité de la concurrence autorise des agents de l'autorité de concurrence de l'autre État membre à assister activement les agents mentionnés à l'alinéa précédent dans leurs investigations, sous la surveillance de ces derniers. »**

Les modalités de cette assistance sont fixées par décret en Conseil d'État. — *V. art. R. 450-1.*

II. — Des fonctionnaires habilités à cet effet par le ministre chargé de l'économie peuvent procéder aux enquêtes nécessaires à l'application des dispositions du présent livre.

(L. nº 2014-344 du 17 mars 2014, art. 108) **« II *bis*. — Des fonctionnaires de catégorie A spécialement habilités à cet effet par le ministre de la justice, sur la proposition, selon le cas, du ministre chargé de l'économie ou du rapporteur général de l'Autorité de la concurrence, peuvent recevoir des juges d'instruction des commissions rogatoires. »**

III. — Les agents mentionnés aux I et II peuvent exercer les pouvoirs qu'ils tiennent du présent article et des articles suivants sur l'ensemble du territoire national.

La validité des actes de poursuite, d'instruction et de sanction accomplis antérieurement à la première réunion de l'Autorité de la concurrence est appréciée au regard des textes en vigueur à la date à laquelle ils ont été pris ou accomplis (Ord. nº 2008-1161 du 13 nov. 2008, art. 5-II).

1. Refus d'enquêter. Si les enquêtes que mènent les fonctionnaires habilités par le ministre chargé de l'économie, en application des dispositions de l'art. L. 450-1, ont pour objet de constater les infractions aux dispositions du livre IV du code de commerce en vue, s'agissant des manquements visés à l'art. L. 443-1 [L. 441-11] dénoncés par la société requérante, de saisir, le cas échéant, les autorités judiciaires compétentes, la décision par laquelle l'Administration refuse d'ouvrir une telle enquête est, par elle-même, insusceptible par principe de se rattacher à une procédure judiciaire, et est, dès lors, de la compétence du juge administratif. • TA Paris, 18 juin

2013 : *AJDA 2013. 2044, concl. Fort-Besnard*.

A. POUVOIRS DES AGENTS HABILITÉS

2. *Domaine d'application des art. L. 450-1 s.* V. note 4 ss. anc. art. L. 441-4, reproduit ss. art. L. 441-9. ♦ La compétence des agents de la DGCCRF pour procéder à des investigations en matière de recherche des pratiques anticoncurrentielles n'est pas soumise à une autorisation spéciale de l'administration centrale. • Cons. conc. n° 07-D-29 du 26 sept. 2007 : *RDLC 2007, n° 4, p. 70, obs. Claudel.* ♦ Sur l'inapplicabilité des art. L. 450-1 s. lorsque l'Autorité de la concurrence est saisi de pratiques illicites, V. note 1 ss. art. L. 450-6.

3. *Compétence territoriale.* Dans le cadre de l'organisation des services de la DGCCRF, déconcentrée jusqu'au niveau départemental, les limitations de compétence territoriale des agents procédant aux enquêtes visées à l'art. 45 de l'Ord. n° 86-1243 du 1er déc. 1986 [C. com., art. L. 450-1], qui existaient à l'époque, ne sauraient être interprétées comme s'appliquant au simple recueil d'une plainte, mais doivent être interprétées comme ne concernant que les actes d'enquête. • Cons. conc. n° 07-D-16 du 9 mai 2007 : *CCC 2007, n° 182, obs. Decocq ; RDLC 2007, n° 3, p. 87, obs. Debroux.* ♦ V. désormais le dernier al. de l'art. L. 450-1 introduit par la L. n° 2001-420 du 15 mai 2001 qui s'applique immédiatement lors de son entrée en vigueur s'agissant d'une loi de procédure. • Même décision. ♦ Sur la compétence territoriale des agents habilités en matière d'enquête, V. aussi note 1 ss. anc. art. L. 450-3.

4. *Agents habilités (jurispr. antérieure à l'Ord. n° 2008-1161 du 13 nov. 2008).* Une ordonnance autorisant des agents de la direction générale des impôts, en vertu de l'art. 48 [C. com., art. L. 450-4], à effectuer une visite et une saisie de documents dans les locaux d'une société en vue de rechercher la preuve de la fraude mentionnée par l'art. 31 [C. com., anc. art. L. 441-4], qui ne précise pas que ces agents sont habilités à procéder à des visites et des saisies domiciliaires pour la recherche d'infractions audit article et qui n'indique pas si l'un d'entre eux, fonctionnaire à la DGI, appartient à la catégorie A (comme le prévoit l'Arr. du 12 mars 1993), ne fait pas preuve par elle-même de sa régularité. • Com. 16 janv. 1996, n° 94-20.620 P : *D. 1996. IR 47.* ♦ Constitue une cause d'annulation des opérations de visite et de saisies la désignation d'un enquêteur non placé sous l'autorité du chef de service en charge de sa désignation. • TGI Rodez, ord., 25 avr. 2006 : *RLC juill.-sept. 2006. 97, obs. Cheynel.* ♦ Si, afin de satisfaire aux prescriptions de l'art. 45 [C. com., art. L. 450-1], les fonctionnaires désignés pour procéder aux visites domiciliaires doivent être choisis parmi les enquêteurs habilités, une telle exigence ne concerne pas le chef de service sous l'autorité administrative duquel ils sont placés et dont le rôle n'est pas de procéder lui-même aux opérations de visite. • Com. 10 déc. 1996, n° 94-13.056 P • 13 mai 1997, n° 94-10.928 P : *JCP 1997. IV. 1392.*

5. *Commission rogatoire.* Il résulte de l'art. 45, al. 3 de l'Ord. n° 83-1243 du 1er déc. 1986 [C. com., art. L. 450-1-II *bis*], que les fonctionnaires de catégorie A du ministre chargé de l'économie, spécialement habilités à cet effet, peuvent recevoir des juges d'instruction des commissions rogatoires, mais seulement pour enquêter sur les infractions visées par l'ordonnance préc. (exclusion du délit de favoritisme prévu et réprimé par l'art. 432-14 C. pén.). • Crim. 5 mai 1999, n° 98-85.589 P : *D. 1999. IR 217 ; Dr. pénal 1999, n° 142, obs. J.-H. Robert.* ♦ Dès lors, les enquêteurs qui procèdent à la recherche d'un éventuel délit de favoritisme ne peuvent effectuer aucun acte d'enquête au sens des art. 45 s. [C. com. art. L. 450-1 s.]. • Crim. 20 sept. 2000, n° 00-84.328 P : *D. 2000. AJ 424 ; RSC 2001. 171, obs. Rebut*.

B. RESPECT DES DROITS DE LA DÉFENSE

6. *Enquête préalable.* L'enquête préalable que les rapporteurs sont habilités à diligenter par application de l'art. 45, al. 2 [C. com., art. L. 450-1, al. 2], permet, sans communication de la procédure aux personnes entendues, de procéder à toutes recherches et vérifications sur les pratiques incriminées, à la condition que cela n'aboutisse pas à compromettre irrémédiablement les garanties de la défense. • Paris, 17 mai 1994 : *CCC 1994, n° 138, obs. Vogel.* ♦ Comp., en ce sens qu'il résulte de l'art. 14 du Pacte international relatif aux droits civils et politiques (qui garantit le droit de toute personne à ne pas être forcée de témoigner contre elle-même ou de s'avouer coupable) que les enquêteurs sont tenus de faire connaître clairement aux personnes interrogées l'objet de leur enquête, sans qu'il y ait à distinguer selon qu'ils agissent en application des art. 47 ou 48 [C. com., art. L. 450-3 ou L. 450-4], et indépendamment du pouvoir du Conseil de la concurrence de donner aux faits constatés la qualification qu'ils comportent : • Paris, 8 avr. 1994 : *D. 1995. 607, note Lucas de Leyssac ; CCC 1994, n° 101, obs. Vogel ; Gaz. Pal. 1994. 2. Doctr. 1212, obs. Decocq ; LPA 19 août 1994, obs. Sélinsky.* – V. aussi • Paris, 16 déc. 1994 : *D. 1995. IR 22 ; CCC 1995, n° 8* • 27 sept. 1996 : *D. Affaires 1997. 17.* ♦ V. toutefois, jugeant que la mention préimprimée sur le procès-verbal selon laquelle l'objet de l'enquête a été porté à la connaissance de la personne entendue suffit à justifier, jusqu'à preuve du contraire, de l'indication de cet objet : • Com. 20 nov. 2001, n° 99-16.776 P. ♦ Le principe de non-auto-incrimination, édicté par ledit art. 14, ne fait pas obstacle à ce que les enquêteurs obtiennent des renseignements précis ainsi que les documents s'y rapportant. • Paris, 9 sept. 1997 : *BOCC 7 oct. 1997.* ♦ Les règles de l'enquête ne font pas obligation aux enquêteurs qui réalisent les investigations d'interroger plusieurs fois les personnes qu'ils ont entendues. • Paris, 26 janv. 1999 : *LPA 16 nov. 1999, obs. Petitier.* ♦ V. aussi • Paris, 21 janv. 2000 : *D. 2000. AJ 150, obs. Marmontel.*

7. Principe du contradictoire. BIBL. Mekki, *D. 2016. 2355* (le principe de la loyauté probatoire a-t-il encore un avenir dans le contentieux de la concurrence ?). ♦ Aucune disposition légale n'impose à l'Administration de justifier des motifs pour lesquels elle procède à une enquête administrative sur le fondement de l'art. 47 [C. com., art. L. 450-3]. • Com. 4 févr. 1997, n° 95-10.486 P : *D. Affaires 1997. 304* (V. l'arrêt d'appel : • Paris, 16 déc. 1994 : *préc. note 6*). ♦ Le seul fait que l'enquête ne soit pas soumise au principe du contradictoire, qui n'est applicable à la procédure qu'à compter de la notification des griefs, ne peut conduire à compromettre irrémédiablement les droits de la défense en amenant les personnes entendues à faire des déclarations sur la portée desquelles elles pourraient se méprendre, dès lors que l'objet de l'enquête a été porté à la connaissance des personnes entendues. • Paris, 26 oct. 2004 : *D. 2004. AJ 3138 ; RLC 2005, n° 2, p. 75, obs. Cheynel.* ♦ Aucune base légale n'habilite les services d'instruction à écarter de leur propre chef, sans débat contradictoire, une pièce qui aurait été produite par les parties au motif qu'elle méconnaîtrait le principe de loyauté de la preuve. En effet, le collège doit se prononcer sur l'affaire au regard de l'ensemble des pièces transmises par les parties après s'être prononcé le cas échéant sur leur recevabilité. • Aut. conc. n° 16-D-21 du 6 oct. 2016 : *RLC déc. 2016. 43, note. Grangeon.*

8. Auditions. Les auditions auxquelles procède le rapporteur, en vertu de l'art. 45, al. 2 [C. com., art. L. 450-1, al. 2], et qui n'imposent pas que l'intéressé soit à cette occasion assisté d'un conseil, ne doivent pas être assimilées à celles donnant lieu à rédaction d'un procès-verbal lors du déroulement de la procédure d'instruction, qui suppose, aux termes des art. 18 et 21 [C. com., art. L. 463-1 et L. 463-2], la communication préalable des griefs et la mise à la disposition des intéressés de l'ensemble du dossier. • Com. 14 janv. 1992, n° 89-20.576 P : *D. 1994. Somm. 173, obs. Gavalda et Lucas de Leyssac* • Paris, 16 déc. 1994 : *préc. note 6.*

9. Confrontations et explications. Les règles de l'enquête ne font pas obligation aux agents qui réalisent les investigations de confronter les responsables des entreprises avec les auteurs de déclarations qui les mettent en cause ou de les interroger sur les pièces saisies chez des tiers dont le contenu peut être contradictoirement discuté. • Paris, 16 déc. 1994 : *préc. note 6* • 26 janv. 1999 : *eod. loc.* ♦ Si les enquêteurs tirent de l'art. 47 [C. com., art. L. 450-3] la possibilité de demander des explications aux prévenus, les demandes d'explications ne peuvent être assimilées à un interrogatoire, celles-ci ne tendant pas directement à l'établissement de l'éventuelle infraction. • Paris, 21 janv. 2000 : *préc. note 6.*

10. Enquête postérieure à la saisine. En procédant à des enquêtes, portant sur le fond même du débat, postérieurement au prononcé de la décision du Conseil de la concurrence, le ministre de l'Économie ne peut faire usage de ses prérogatives de puissance publique sans méconnaître le principe du procès équitable posé par l'art. 6 de la Conv. EDH et celui du respect des droits de la défense ; en conséquence, les rapports d'enquête et pièces annexes établis postérieurement à la saisine du Conseil doivent être écartés du débat. • Paris, 25 mai 1994 : *D. 1996. Somm. 182, obs. Gavalda et Lucas de Leyssac* (conf. par • Com. 10 déc. 1996, n° 94-16.192 P : *cité note 1 ss. art. L. 450-6*).

11. Procès-verbal. Il est de jurisprudence constante que le caractère irrégulier des procès-verbaux ne peut être soulevé que par la personne interrogée par l'enquêteur, ou à qui ce dernier a demandé la communication de documents, à l'exclusion de tiers. Le rapporteur étant, en vertu de l'art. L. 450-1, investi des mêmes pouvoirs que l'enquêteur, cette jurisprudence est directement transposable au moyen tiré de l'irrégularité d'un procès-verbal d'audition au motif que les personnes entendues ne justifieraient pas d'une habilitation de la région pour parler en son nom. • Cons. conc. n° 07-D-27 du 31 juill. 2007.

Code de la consommation Art. D. 512-6 *(Décr. n° 2016-884 du 29 juin 2016, en vigueur le 1er juill. 2016)* Les agents de la concurrence, de la consommation et de la répression des fraudes peuvent être accompagnés dans leurs contrôles par :

1° Les fonctionnaires et agents contractuels de l'État régis par le décret n° 86-83 du 17 janvier 1986 relatif aux dispositions générales applicables aux agents contractuels de l'État *qui sont affectés dans l'une des directions suivantes* :

a) la direction générale de la concurrence, de la consommation et de la répression des fraudes ;

b) une *(Décr. n° 2020-1545 du 9 déc. 2020, art. 28, en vigueur le 1er avr. 2021)* « direction régionale de l'économie, de l'emploi, du travail et des solidarités » ;

c) une direction départementale interministérielle chargée de la protection des populations ;

d) une *(Décr. n° 2020-1545 du 9 déc. 2020, art. 28, en vigueur le 1er avr. 2021)* « direction de l'économie, de l'emploi, du travail et des solidarités » ;

e) une direction de la cohésion sociale, du travail, de l'emploi et de la population ;

2° Tout fonctionnaire stagiaire accueilli dans l'une des directions mentionnées au 1°.

Les fonctionnaires et agents contractuels mentionnés au présent article ne peuvent réaliser aucun acte de procédure pénale ou de police administrative et sont tenues *[tenus]* de ne pas divulguer les informations dont elles *[ils]* ont eu connaissance dans le cadre des enquêtes.

Art. L. 450-2 **Les enquêtes donnent lieu à l'établissement de procès-verbaux et, le cas échéant, de rapports.** — *V. art. R. 450-1.*

Les procès-verbaux sont transmis à l'autorité compétente. *(L. n° 2014-344 du 17 mars 2014, art. 111)* **« Copie en est transmise aux personnes intéressées. » Ils font foi jusqu'à preuve contraire.** — *[Ord. n° 86-1243 du 1er déc. 1986, art. 46.]*

1. Absence de procès-verbal. En l'absence d'établissement par un agent habilité par le ministère chargé de l'économie, d'un procès-verbal constatant une infraction dans les conditions prévues par l'art. 46 [C. com., art. L. 450-2], les juges peuvent fonder leurs décisions sur les éléments du dossier soumis au débat contradictoire, tels que les courriers échangés entre l'administration et le prévenu et l'enquête diligentée par les officiers de police judiciaire sur instruction du procureur. • Crim. 19 janv. 2000, n° 99-83.045 P : *RJ com. 2000. 332, obs. Cerf.*

2. Pluralité de saisines. Le fait qu'un même procès-verbal ait été utilisé dans deux procédures ouvertes devant le Conseil postérieurement à la réalisation de l'enquête à la suite de deux saisines distinctes du ministre de l'Économie n'a aucune incidence quant à la loyauté de l'enquête. Le fait que le ministre décide ou non d'utiliser le résultat de ces enquêtes pour former une ou plusieurs saisines devant le Conseil ne saurait rendre irréguliers ou déloyaux les actes d'enquête antérieurs. • Cons. conc. n° 06-D-03 du 9 mars 2006 : *cité note 2 ss. art. L. 123-22.*

3. Établissement des procès-verbaux. Si les art. L. 450-2 et R. 463-6 prévoient que les informations recueillies dans le cadre d'une enquête donnent lieu à l'établissement de procès-verbaux, ils n'imposent pas de formalisme particulier pour leur présentation, dès lors que la régularité de la communication aux services d'instruction des informations en cause peut être établie et que celles-ci sont soumises au débat contradictoire. • Aut. conc. n° 10-D-28 du 20 sept. 2010. ♦ Le procès-verbal, rédigé conformément à l'art. L. 450-2, *qui liste les documents remis et qui est signé par* le rapporteur, atteste seulement du fait que l'entreprise détentrice des documents les a remis au rapporteur ; ce dernier ne dispose d'aucune compétence pour écarter telle ou telle pièce transmise par l'entreprise ou décider de leur nullité. • Aut. conc. n° 13-D-12 du 28 mai 2013 : *cité note 1 ss. art. R. 464-5.* ♦ L'entrée en vigueur de la L. du 15 juin 2000 n'a pas eu pour effet de modifier les règles spécifiques applicables à l'élaboration des procès-verbaux dressés en application des art. L. 450-2 et L. 450-3 C. com., qui n'ont pas à être établis conformément aux règles de l'art. 429 C. pr. pén. mais selon les dispositions spécifiques applicables à la procédure devant le Conseil. • Cons. conc. n° 05-D-66 du 5 déc. 2005 : *cité note 6 ss. art. L. 463-1.* ♦ Les procès-verbaux d'enquête, lorsqu'ils recueillent des déclarations, n'ont pas à être rédigés sous forme de questions et de réponses pour être valables. • Même décision. ♦ Sur la mention des questions posées aux personnes interrogées dans les procès-verbaux d'enquête de concurrence, V. aussi et comp. • Cons. conc. n° 02-D-57 du 19 sept. 2002 • n° 03-D-07 du 4 févr. 2003 : *D. 2003. AJ 1293* • Paris, 25 nov. 2003 : *BOCC 12 mars 2004.* ♦ V. aussi Roussel, *AJ pénal 2005. 19* et C. pr. pén., art. 429. – **C. pr. pén.**

4. Deuxième exemplaire. L'art. 31 du Décr. du 29 déc. 1986 imposant la rédaction « dans le plus court délai » des procès-verbaux prévus par l'art. 46 [C. com., art. L. 450-2], la remise des doubles [désormais : copies] doit également intervenir dans un délai bref. • Paris, 8 avr. 1994 : *D. 1995. 607, note Lucas de Leyssac ; CCC 1994, n° 101, obs. Vogel.*

5. Sanction. La signature du procès-verbal par la personne concernée par les investigations et la remise du double [désormais : copie] sont des formalités substantielles mais dont l'absence ne saurait affecter la validité de la procédure subséquente, dès lors que le procès-verbal n'est pas la base nécessaire des poursuites et qu'il existe d'autres moyens de preuve de l'infraction. • Limoges, 22 févr. 1995 : *CCC 1995, n° 79, obs. Raymond.* – V. aussi • Rennes, 25 mai 2007 : *JCP E 2007, n° 49, p. 30.* ♦ Il résulte de l'art. 46 [C. com., art. L. 450-2] que les procès-verbaux d'enquête établis sans qu'un double exemplaire [désormais copie] ait été laissé aux parties intéressées sont irréguliers et doivent être de ce fait écartés des débats. • Com. 10 oct. 2000, n° 98-12.393 P : *D. 2000. AJ 420 ; LPA 20 déc. 2000, note Vrion.*

6. Préjudice. Les dispositions du nouv eau code de procédure civile [C. pr. civ., art. 112 et 114] ne s'appliquant pas à la procédure suivie devant le Conseil de la concurrence, il en résulte que les déclarations recueillies dans des conditions déloyales doivent être écartées sans que la partie intéressée ait à démontrer l'existence d'un préjudice particulier. • Com. 14 janv. 2003, n° 00-16.962 P : *D. 2003. AJ 493 ; JCP E 2003, n° 10, p. 393 ; CCC 2003, n° 56, obs. Malaurie-Vignal ; RJDA 2003, n° 651.* – V. aussi • Paris, 29 mars 2005 : *D. 2005. AJ 1223, obs. Chevrier*

7. Preuve contraire. Le procès-verbal ne faisant foi que jusqu'à preuve contraire, dans le cadre de leur pouvoir souverain d'appréciation des preuves, les juges du fond ont pu estimer qu'un devis figurait dans les pièces communiquées aux enquêteurs, même si cette pièce ne figure pas dans le procès-verbal d'inventaire. • Com. 20 nov. 2001, n° 99-16.776 P.

8. Commission rogatoire. Le procès-verbal d'audition, dressé en vertu des art. L. 450-2 et L. 450-3, étant étranger à la procédure soumise au contrôle du juge par commission rogatoire, en application de l'art. L. 450-4, la contestation sur sa régularité ne relève pas de sa compétence. • Crim. 20 oct. 2004, n° 02-87.096 P : *D. 2004. AJ 3136, obs. Chevrier ; AJ pénal 2005. 29, obs. Rondey ; RLC 2005, n° 2, p. 61, obs. Bouloc.*

9. Force probante du rapport d'enquête. Le rapport facultatif d'enquête est dépourvu de force probante. • Com. 10 oct. 2000, n° 98-12.393 P : *préc. note 5.* ♦ Le rapport administratif d'enquête constitue un document de synthèse auquel aucune disposition légale n'attache de force probante particulière ou d'effet juridique qui lui soit attaché. Dès lors, les services d'instruction pouvaient, sans méconnaître le principe d'impartialité, retenir dans la notification de griefs une analyse de l'imputabilité différente de celle suggérée par le rapport d'enquête, dès lors qu'en tout état de cause ce rapport figure au dossier et a pu être discuté par les parties au cours de la procédure. • Aut. conc. n° 16-D-20 du 29 sept. 2016. ♦ Le fait que le rapport n'ait pas été précédé, accompagné ou suivi de procès-verbaux constatant les faits y rapportés n'entraîne pas la nullité de ce rapport en l'absence de texte la prévoyant en ce cas ou de violation d'un principe général du droit imputable à la seule rédaction de ce rapport dans ces conditions. • Nîmes, 10 mars 2011 : *BOCC 25 mars 2011.*

10. Nature des procès-verbaux et rapports. Alors même qu'ils ont été élaborés par des services administratifs en vertu des pouvoirs d'investigation qui leur sont conférés, des procès-verbaux et rapports d'enquête établis en application de l'art. L. 450-2 ne constituent pas, dans la mesure où ils constatent des pratiques qui ne sont susceptibles d'être sanctionnées que par une décision juridictionnelle, des documents administratifs ; ainsi, en jugeant que la circonstance que les documents litigieux constataient des infractions aux règles relatives aux délais de paiement prévues par l'art. L. 443-1 [L. 441-11], susceptibles seulement de sanctions prononcées par le juge pénal, ne faisait pas obstacle à leur qualification, dans cette mesure, de documents administratifs, le juge administratif a commis une erreur de droit. • CE 19 févr. 2014, n° 366707 : *AJDA 2014. 1109, note Rougé Guichard ; RJDA 2014, n° 731.* – *Contra* : • CE 1er mars 2004, n° 247733 : *AJDA 2004. 1494 ; JCP E 2004, n° 13, p. 492 ; RJDA 2005, n° 334.*

11. Communication des procès-verbaux et rapports. Il appartient à l'administration saisie d'une demande de communication de tels documents de rechercher si celle-ci peut être refusée en application des dispositions de l'art. 6 de la L. du 17 juill. 1978, notamment dans le cas où elle serait de nature à porter atteinte au déroulement de procédures engagées devant une juridiction ou à l'un des secrets protégés par la loi, au nombre desquels figure le secret de l'instruction prévu par l'art. 11 C. pr. pén. • CE 1er mars 2004, n° 247733 : *préc. note 10.* ♦ La circonstance que les procès-verbaux, rapports et pièces annexées dont le requérant avait demandé la communication pourraient être transmis au parquet et donner lieu à des poursuites pénales ne permet pas de s'opposer à leur communication sur le fondement de la L. du 17 juill. 1978. • Même arrêt. ♦ ... Et dès lors qu'aucune instance pénale n'a été engagée, la communication des documents sollicités ne peut porter atteinte au secret de l'instruction protégé par l'art. 11 C. pr. pén. • Même arrêt.

Art. L. 450-2-1 *(L. n° 2020-1525 du 7 déc. 2020, art. 128)* **Les actes établis par les agents mentionnés à l'article L. 450-1 peuvent être établis ou convertis sous format numérique et peuvent être intégralement conservés sous cette forme, dans des conditions sécurisées, sans nécessité d'un support papier.**

Lorsque ces actes sont établis sous format numérique et que les dispositions du présent code exigent qu'ils soient signés, ils font l'objet, quel qu'en soit le nombre de pages et pour chaque signataire, d'une signature unique sous forme numérique, selon des modalités techniques qui garantissent que l'acte ne peut plus ensuite être modifié.

La liste des actes concernés ainsi que les modalités de cette signature et les personnes qui peuvent y recourir sont précisées par décret en Conseil d'État. – *V. art. R. 450-2-1 s.*

Art. L. 450-3 *(L. n° 2014-344 du 17 mars 2014, art. 112-I)* **Les agents mentionnés à l'article L. 450-1 peuvent opérer sur la voie publique, pénétrer entre 8 heures et 20 heures dans tous lieux utilisés à des fins professionnelles et dans les lieux d'exécution d'une prestation de services, ainsi qu'accéder à tous moyens de transport à usage professionnel.**

Ils peuvent également pénétrer en dehors de ces heures dans ces mêmes lieux lorsque ceux-ci sont ouverts au public ou lorsqu'à l'intérieur de ceux-ci sont en cours des activités de production, de fabrication, de transformation, de conditionnement, de transport ou de commercialisation.

Lorsque ces lieux sont également à usage d'habitation, les contrôles ne peuvent être effectués qu'entre 8 heures et 20 heures et avec l'autorisation du juge des libertés et de la détention du *(Ord. n° 2019-964 du 18 sept. 2019, art. 35, en vigueur le 1er janv. 2020)* **« tribunal judiciaire** *[ancienne rédaction : tribunal de grande instance]* **» dans le ressort duquel sont situés ces lieux, si l'occupant s'y oppose.**

(L. n° 2015-990 du 6 août 2015, art. 216-1°) **« Les agents peuvent exiger la communication et obtenir ou prendre copie, par tout moyen et sur tout support, des livres, factures et autres documents professionnels de toute nature,** *(Ord. n° 2021-649 du 26 mai 2021, art. 2-V)* **« et, le cas échéant, de leurs moyens de déchiffrement, susceptibles d'être détenus ou d'être accessibles ou disponibles, » entre quelques mains qu'ils se trouvent, propres à faciliter l'accomplissement de leur mission. Ils peuvent exiger la mise à leur disposition des moyens indispensables pour effectuer leurs vérifications. Ils peuvent également recueillir, sur place ou sur convocation, tout renseignement, document ou toute justification nécessaire au contrôle. »**

Pour le contrôle des opérations faisant appel à l'informatique, ils ont accès aux logiciels et aux données stockées ainsi qu'à la restitution en clair des informations propres à faciliter l'accomplissement de leurs missions. Ils peuvent en demander la transcription par tout traitement approprié des documents directement utilisables pour les besoins du contrôle.

Ancien art. L. 450-3 *Les (Ord. n° 2008-1161 du 13 nov. 2008, art. 1er) « agents mentionnés à l'article L. 450-1 » peuvent accéder à tous locaux, terrains ou moyens de transport à usage professionnel, demander la communication des livres, factures et tous autres documents professionnels (L. n° 2001-420 du 15 mai 2001) « et en obtenir ou prendre copie par tous moyens et sur tous supports », recueillir sur convocation ou sur place les renseignements et justifications.*

Ils peuvent demander à l'autorité dont ils dépendent de désigner un expert pour procéder à toute expertise contradictoire nécessaire. — [Ord. n° 86-1243 du 1er déc. 1986, art. 47.]

V. note ss. art. L. 450-1.

BIBL. ▶ Jeuland, *D. 2000. Chron. 209* (l'expertise commerciale). – Biguenet, *Procédures 2003. Chron. 2* (les procédures administratives de contrôle et la Convention européenne des droits de l'homme). – Sélinsky, *RLC janv.-mars 2008. 132* (auditions : le point de vue de l'avocat). – Giner Asins et Sanz, *JCP E 2014, n° 1029* (enquêtes simples de concurrence).

1. Compétence territoriale. Les fonctionnaires habilités par le ministre chargé de l'économie ne peuvent exercer leurs pouvoirs que dans les limites territoriales du service auquel ils sont affectés. • Crim. 10 déc. 1998, n° 98-82.535 P : *D. 1999. IR 67 ; CCC 1999, n° 75, obs. Malaurie-Vignal ; Procédures 1999, n° 135, obs. Buisson ; LPA 16 nov. 1999, obs. Petitier.* ♦ L'exercice du droit de communication qui n'est qu'une des modalités du droit d'enquête prévu par l'art. 47 [C. com., art. L. 450-3], n'autorisant pas les agents de l'Administration à déroger aux règles de compétence fixées par l'art. 45 [C. com., art. L. 450-1], encourt la cassation la décision de la chambre d'accusation [désormais : la chambre d'instruction] qui, pour exclure de l'annulation prononcée les demandes de pièces formulées par les enquêteurs [désormais : les agents] et les documents adressés en réponse, énonce que les fonctionnaires ont pu à bon droit, sur le fondement de l'art. 47 [C. com., art. L. 450-3], se faire communiquer par des sociétés les pièces et documents intéressant leur enquête, même si ces sociétés avaient leur siège dans d'autres départements que ceux où ces agents étaient en poste. • Même arrêt. ♦ V. désormais le dernier al. de l'art. L. 450-1.

2. Distinction entre les procédures d'enquête des art. L. 450-3 et L. 450-4. La demande d'enquête du ministre de l'Économie répond aux prescriptions de l'art. 47 [C. com., art. L. 450-3] lorsqu'elle n'est pas limitée à la mise en œuvre de l'art. 48 [C. com., art. L. 450-4] mais prescrit la recherche de la preuve de pratiques anticoncurrentielles prohibées aux art. 7 et 8 [C. com., art. L. 420-1 et L. 420-2] sur un marché déterminé. • Com. 4 avr. 1995, n° 94-12.391 : *RJDA 1995, n° 865* • 3 oct. 1995, n° 94-11.709 P : *D. Affaires 1995. 149* • 12 nov. 1996, nº 94-10.596 P. – V. aussi • Paris, 7 févr. 1989 : *D. 1990. Somm. 112, obs. Gavalda et Lucas de Leyssac* . ♦ En effectuant le contrôle des contrats et des factures relatifs aux opérations de coopération commerciale et en se faisant communiquer par le directeur de la société les seuls documents utiles à la manifestation de la vérité, l'agent n'a pas procédé à une visite domiciliaire requérant une autorisation judiciaire préalable. • Crim. 6 déc. 2006, nº 06-82.834 P : *D. 2007. Pan. 1913, obs. Ferrier* ; *RTD com. 2007. 465, obs. Bouloc* ; *JCP E 2007, nºs 43-44, obs. Decocq* ; *RJDA 2007, nº 561* ; *Dr. pénal 2007, nº 23, obs. J.-H. Robert.*

3. Objet de l'enquête. Lorsque l'enquête porte sur une entente illicite, l'art. 47 [C. com., art. L. 450-3] ne fait pas obligation aux enquêteurs [désormais : les agents] de délimiter au préalable le ou les marchés, au sens de l'art. 7 [C. com., art. L. 420-1], sur lesquels ils font porter leurs investigations. • Com. 21 mars 2000, nº 98-11.957 P : *D. 2000. AJ 246, obs. Marmontel* ; *RTD com. 2000. 628, obs. Claudel* ; *CCC 2000, nº 98, obs. Malaurie-Vignal.* – Comp. sur renvoi • Paris, 12 déc. 2000 : *RTD com. 2001. 419, obs. Claudel* . ♦ V. aussi, considérant que ni l'art. 7 [C. com., art. L. 420-1], ni l'art. 47 [C. com., art. L. 450-3] n'imposent à l'autorité prescrivant une enquête de délimiter préalablement le marché sur lequel des investigations pourront porter, la qualification du marché relevant des pouvoirs du Conseil et, en cas de recours, de la cour : • Paris, 16 déc. 1994 : *D. 1995. IR 22* • Com. 20 nov. 2001, nº 99-16.776 P : *JCP E 2002, nº 1, 7* ; *CCC 2002, nº 29, obs. Malaurie-Vignal* ; *RJDA 2002, nº 316.* ♦ Si les rapporteurs doivent faire connaître clairement aux entreprises l'objet de leurs investigations, s'agissant à la fois du cadre juridique dans lequel ils interviennent et du secteur d'activité visé par les investigations, ils ne sont en revanche nullement tenus de justifier des motifs de leurs investigations ou des circonstances de la saisine, ni de délimiter un marché pertinent ou de prendre parti sur la qualification juridique des faits. La preuve que l'entreprise a eu connaissance de l'objet de l'enquête peut résulter d'une mention, faisant foi jusqu'à preuve du contraire, figurant sur le procès-verbal ou d'éléments extrinsèques à celui-ci. • Aut. conc. nº 17-D-27 du 21 déc. 2017. ♦ Lorsque l'indication expresse de ce que l'objet de l'enquête a été porté à la connaissance des personnes entendues ne figure pas au procès-verbal, il appartient à l'administration de démontrer qu'elle a néanmoins rempli cette obligation. • Com. 14 janv. 2003, nº 00-16.962 P : *JCP E 2003, nº 10, p. 393* ; *CCC 2003, nº 56, obs. Malaurie-Vignal* ; *RJDA 2003, nº 651.* ♦ A défaut d'indication expresse de l'objet de l'enquête ou de la mention selon laquelle il a été porté à la connaissance de la personne entendue, et même si l'indication de cet objet doit être préalable aux déclarations, elle peut seulement se déduire du contenu de l'acte ou d'un acte qui serait antérieur à l'audition. • Même arrêt.

4. Communication de pièces. Les dispositions du 4e al. de l'art. L. 450-3 dans leur rédaction issue de la L. nº 2014-344 du 17 mars 2014 sont conformes à la Constitution en ce qu'elles ne portent pas atteinte, d'une part, au droit à un recours juridictionnel effectif, aux droits de la défense et au droit au procès équitable consacrés à l'art. 16 DDH, d'autre part, au droit de ne pas s'auto-incriminer consacré à l'art. 9 DDH et, enfin, aux secrets du domicile privé, de la vie privée et des correspondances, consacrés aux art. 2 et 4 DDH. • Cons. const. 8 juill. 2016, nº 2016-552 QPC : *JO 10 juill. 2016* ; *D. 2016. Actu. 1492* ; *CCC 2016, nº 221, obs. Decocq* ; *RJDA 2016, nº 740* (réponse à • Com., QPC, 4 mai 2016, nº 15-25.699 : *RJDA 2016, nº 650*). – Et sur les suites : • Com. 26 avr. 2017, nº 15-25.699 : *D. 2018. Pan. 865, obs. Ferrier* ; *CCC 2017, nº 157, obs. Decocq* ; *RJDA 2017, nº 590.* ♦ La mise en œuvre du droit de communication suppose que les documents et informations soient volontairement communiqués par les entreprises ou organismes concernés, sans que les agents habilités ne puissent appréhender les pièces en cas de refus, ni procéder à des fouilles, à des saisies ou à des perquisitions. La circonstance que le refus de communication puisse être à l'origine d'une injonction sous astreinte prononcée par l'Autorité de la concurrence, d'une amende administrative prononcée par cette autorité ou d'une sanction pénale ne confère pas une portée différente aux pouvoirs dévolus aux agents habilités par les dispositions contestées. • Aut. conc. nº 16-D-28 du 6 déc. 2016 : *citée note 7.* ♦ La possibilité qu'ont les enquêteurs [désormais : les agents] de demander la communication des livres, factures et tous autres documents professionnels n'exclut pas que, hors toute contrainte, des documents qu'ils n'auraient pas demandés puissent leur être remis. • Com. 9 mai 2001, nº 98-22.150 P : *JCP E 2001, nº 27, p. 1115* ; *RJDA 2001, nº 1264.* ♦ Les enquêteurs [désormais : les agents] ne peuvent procéder à une demande générale et imprécise des documents présents dans l'entreprise, sans connaître préalablement l'existence des documents demandés. • Cons. conc. nº 97-D-39 du 17 juin 1997 : *D. Affaires 1997. 1177.* ♦ La remise de documents ou la prise de copies au domicile du professionnel ne peut être assimilée à une perquisition dès lors que les enquêteurs [désormais : les agents] se sont présentés au magasin du prévenu, que celui-ci les a conduits à son domicile, qu'il n'a pas fait mention de pression de leur part et que les règles du code de procédure pénale ne peuvent s'appliquer en l'espèce compte tenu de l'existence d'un texte dérogatoire [C. com., art. L. 450-3] qui attribue des compétences spécifiques aux enquêteurs. • TGI Bergerac, 9 mai 2000 : *BID 12/2002. 24.*

5. Droits de la défense. Sur la portée de la nullité sanctionnant la violation du secret de la correspondance entre un avocat et son client, V. • Com. 9 nov. 1993, n° 91-20.722 P : *D. 1994. 399, note M. Lombard ; CCC 1994, n° 10, obs. Vogel.* ♦ En l'état des énonciations, dont il résulte que les agents de l'administration, qui ont informé les personnes visées par l'enquête de l'objet de celle-ci, n'ont employé aucun procédé déloyal pouvant compromettre les droits de la défense, et dès lors qu'aucun texte ne prévoit que les intéressés, qui peuvent être effectivement assistés d'un avocat, soient avisés de ce droit, la cour d'appel a, sans contradiction, justifié sa décision. • Crim. 18 juill. 2017, n° 15-86.153 P.

6. Détournement de procédure. Sur l'utilisation des pouvoirs d'investigation spécifiques que les agents habilités tiennent, dans le cadre d'une enquête économique, de l'art. L. 450-3 aux seules fins de découvrir des infractions de droit commun sans avoir à respecter les exigences du code de procédure pénale en matière d'enquête préliminaire, V. • Crim. 31 janv. 2006, n° 05-80.640 P : *AJ pénal 2006. 177, obs. Girault ; RSC 2006. 243, obs. Commaret.*

7. Contrôle des opérations faisant appel à l'informatique. Les dispositions du 5e al. de l'art. L. 450-3 se bornent à préciser les modalités du droit de communication, déjà prévu par le 4e al., pour le contrôle des opérations faisant appel à l'informatique. Elles ne méconnaissent ni le droit à un recours juridictionnel effectif, ni le droit à un procès équitable, ni le principe de sécurité juridique, ni le droit au respect de la vie privée, ni le principe de l'inviolabilité du domicile, ni enfin le principe du secret des correspondances. • Aut. conc. n° 16-D-28 du 6 déc. 2016 : *CCC 2017, n° 21, obs. Bosco.* ♦ Il est de principe que les al. 4 et 5 de l'art. L. 450-3 ne permettent pas aux enquêteurs de demander la communication, d'une manière générale et imprécise, de tous les documents se trouvant dans les postes informatiques de l'entreprise ; mais cette limite aux pouvoirs des enquêteurs ne saurait être interprétée comme exigeant de leur part qu'ils connaissent *a priori* l'existence et la dénomination de chacun des documents communiqués, ces informations n'étant, par définition, connues que du seul utilisateur du poste informatique. • Paris, 26 oct. 2017, n° 2017/01658. ♦ Le droit de communication prévu par ces dispositions – outre qu'il s'exerce sans coercition, les enquêteurs ne pouvant surmonter le refus de la personne concernée et s'emparer eux-mêmes des documents demandés –, peut être contesté, par voie d'exception, dans le cadre du recours de pleine juridiction. Dans ces conditions, l'absence d'immédiateté de ce recours n'est pas de nature à en diminuer l'effectivité, compte tenu de ce que les pouvoirs mis en œuvre par les enquêteurs sont dépourvus de toute force coercitive. • Même arrêt. ♦ V., pour l'al. 4 : • Cons. const. 8 juill. 2016, n° 2016-552 QPC : *préc. note 4.*

Art. L. 450-3-1 *(L. n° 2014-344 du 17 mars 2014, art. 112-II)* Lorsqu'ils recherchent ou constatent une infraction ou un manquement au présent livre, les agents mentionnés à l'article L. 450-1 sont habilités à relever l'identité de la personne qu'ils contrôlent. Si celle-ci refuse ou se trouve dans l'impossibilité de justifier de son identité, ils en rendent compte immédiatement à tout officier de police judiciaire territorialement compétent, qui peut alors procéder à une vérification d'identité dans les conditions prévues à l'article 78-3 du code de procédure pénale. En ce cas, le délai prévu au troisième alinéa du même article 78-3 court à compter du relevé d'identité.

Ils peuvent recourir à toute personne qualifiée, désignée par l'autorité administrative dont ils dépendent. Cette personne peut les accompagner lors de leurs contrôles et prendre connaissance de tout document ou élément nécessaire à la réalisation de sa mission ou de son expertise. Elle ne peut effectuer aucun acte de procédure pénale ou de police administrative. Elle ne peut pas utiliser les informations dont elle prend connaissance à cette occasion pour la mise en œuvre des pouvoirs de contrôle dont elle dispose, le cas échéant, en vertu d'autres dispositions législatives ou réglementaires. Elle ne peut, sous les peines prévues à l'article 226-13 du code pénal, divulguer les informations dont elle a eu connaissance dans ce cadre.

Art. L. 450-3-2 *(L. n° 2014-344 du 17 mars 2014, art. 112-II)* I. — Lorsque l'établissement de la preuve de l'infraction ou du manquement en dépend et qu'elle ne peut être établie autrement, les agents mentionnés à l'article L. 450-1 peuvent différer le moment où ils déclinent leur qualité au plus tard jusqu'à la notification à la personne contrôlée de la constatation de l'infraction ou du manquement.

II. — Pour le contrôle de la vente de biens et de la fourniture de services sur internet *(L. n° 2017-256 du 28 févr. 2017, art. 66)* « et pour celui des accords ou pratiques concertées mentionnés à l'article L. 420-2-1 », les agents mentionnés au I peuvent faire usage d'une identité d'emprunt.

Un décret en Conseil d'État précise les conditions dans lesquelles ils procèdent à leurs constatations.

BIBL. ▶ Bretzner et Bendavid, *AJCA 2014. 19* (analyse critique des dispositions de la L. du 17 mars 2014 relatives aux sanctions administratives). – Sefiane, *CCC 2016. Étude 1* (la pratique du client mystère en droit de la concurrence et la loyauté de la preuve).

Art. L. 450-3-3 *(L. nº 2019-486 du 22 mai 2019, art. 212)* **I. — Par dérogation aux deux derniers alinéas de l'article L. 450-3, pour la recherche et la constatation des infractions et manquements prévus au titre II du présent livre, l'accès aux données conservées et traitées par les opérateurs de télécommunication, dans les conditions et sous les limites prévues à l'article L. 34-1 du code des postes et des communications électroniques, et par les prestataires mentionnés aux 1 et 2 du I de l'article 6 de la loi nº 2004-575 du 21 juin 2004 pour la confiance dans l'économie numérique est réalisé dans les conditions définies au présent article.**

II. — L'accès aux données mentionnées au I du présent article par les agents mentionnés à l'article L. 450-1 fait l'objet d'une demande d'autorisation préalable du rapporteur général de l'Autorité de la concurrence ou de l'autorité administrative chargée de la concurrence et de la consommation auprès d'un contrôleur des demandes de données de connexion.

Le contrôleur des demandes de données de connexion est alternativement un membre du Conseil d'État, en activité ou honoraire, élu par l'assemblée générale du Conseil d'État, et un magistrat de la Cour de cassation, en activité ou honoraire, élu par l'assemblée générale de ladite Cour. Son suppléant, issu de l'autre juridiction, est désigné selon les mêmes modalités. Le contrôleur des demandes de données de connexion et son suppléant sont élus pour une durée de quatre ans non renouvelable.

Il ne peut être mis fin aux fonctions du contrôleur des demandes de données de connexion que sur sa demande ou en cas d'empêchement constaté, selon le cas, par le vice-président du Conseil d'État ou par le premier président de la Cour de cassation ou le procureur général près ladite Cour, sur saisine du ministre chargé de l'économie.

Le contrôleur des demandes de données de connexion ne peut recevoir ni solliciter aucune instruction de l'Autorité de la concurrence, de l'autorité administrative chargée de la concurrence et de la consommation, ni d'aucune autre autorité dans l'exercice de sa mission.

La demande d'autorisation mentionne les éléments recueillis par les agents mentionnés à l'article L. 450-1 laissant présumer l'existence d'une infraction ou d'un manquement mentionnés au titre II du présent livre et justifiant l'accès aux données de connexion pour les besoins de l'enquête.

Les agents mentionnés à l'article L. 450-1 utilisent les données de connexion communiquées dans les conditions du présent article exclusivement dans le cadre de l'enquête pour laquelle ils ont reçu l'autorisation d'y accéder.

L'autorisation est versée au dossier d'enquête.

Ces données de connexion sont détruites à l'expiration d'un délai de six mois à compter d'une décision devenue définitive de l'Autorité de la concurrence, de l'autorité administrative chargée de la concurrence et de la consommation ou de la juridiction judiciaire ou administrative.

Les données de connexion relatives à des faits ne faisant pas l'objet de poursuites sont détruites à l'expiration d'un délai d'un mois à compter de la décision du rapporteur général de l'Autorité de la concurrence ou de l'autorité administrative mentionnée au I de l'article L. 470-2 ou de la juridiction judiciaire ou administrative, sans préjudice de leur transmission au procureur de la République en application de l'article 40 du code de procédure pénale.

Les modalités d'application du présent article sont précisées par décret en Conseil d'État. — *V. art. R. 450-4 s.*

BIBL. ▶ Claudel, *RTD com. 2019. 617* (loi PACTE : les fadettes seules rescapées). – NDLR, *BRDA 2019, nº 24, p. 15* (les conditions d'accès aux fadettes sont précisées). – Berté et Grall, *RLC janv. 2020. 4* (communication des fadettes à l'Autorité de la concurrence : modalités de l'accès aux données de connexion des personnes suspectées de pratiques anticoncurrentielles).

Art. L. 450-4 *(Ord. nº 2008-1161 du 13 nov. 2008, art. 1er)* **« Les agents mentionnés à l'article L. 450-1 »** *(Ord. nº 2004-1173 du 4 nov. 2004, art. 3)* **« ne peuvent procéder aux visites en tous lieux ainsi qu'à la saisie de documents et de tout support d'information** *(Ord. nº 2021-649 du 26 mai 2021, art. 2-VI)* **« et, le cas échéant, de leurs**

moyens de déchiffrement, susceptibles d'être détenus ou d'être accessibles ou disponibles » que dans le cadre d'enquêtes demandées par la Commission européenne, le ministre chargé de l'économie ou le rapporteur général de l'Autorité de la concurrence sur proposition du rapporteur, sur autorisation judiciaire donnée par ordonnance du juge des libertés et de la détention du *(Ord. n° 2019-964 du 18 sept. 2019, art. 35, en vigueur le 1er janv. 2020)* « tribunal judiciaire *[ancienne rédaction : tribunal de grande instance]* » dans le ressort duquel sont situés les lieux à visiter. Ils peuvent également, dans les mêmes conditions, procéder à la pose de scellés sur tous locaux commerciaux, documents et supports d'information dans la limite de la durée de la visite de ces locaux. » Lorsque ces lieux sont situés dans le ressort de plusieurs juridictions et qu'une action simultanée doit être menée dans chacun d'eux, une ordonnance unique peut être délivrée par l'un des *(Ord. n° 2008-1161 du 13 nov. 2008, art. 1er)* « juges des libertés et de la détention » compétents. – *V. art. A. 450-2.*

(L. n° 2001-420 du 15 mai 2001) « Le juge *(L. n° 2020-1508 du 3 déc. 2020, art. 37)* « vérifie » que la demande d'autorisation qui lui est soumise est fondée ; cette demande doit comporter tous les éléments d'information en possession du demandeur de nature à justifier la visite. Lorsque la visite vise à permettre la constatation d'infractions aux dispositions du livre IV du présent code en train de se commettre, la demande d'autorisation peut ne comporter que les indices permettant de présumer, en l'espèce, l'existence des pratiques dont la preuve est recherchée. »

La visite et la saisie s'effectuent sous l'autorité et le contrôle du juge qui les a autorisées. *(L. n° 2020-1508 du 3 déc. 2020, art. 37)* « Celui-ci désigne le ou les chefs de service territorialement compétents, lesquels nomment autant d'officiers de police judiciaire que de lieux visités. Les officiers de police judiciaire sont chargés, chacun en ce qui les concerne, d'assister à ces opérations, d'y apporter leur concours en procédant, le cas échéant, aux réquisitions nécessaires et de tenir le juge informé du déroulement de ces opérations. Le juge ayant autorisé les opérations de visite et de saisie peut, pour en exercer le contrôle, délivrer une commission rogatoire au juge des libertés et de la détention dans le ressort duquel s'effectue la visite. »

Le juge peut se rendre dans les locaux pendant l'intervention. A tout moment, il peut décider la suspension ou l'arrêt de la visite.

(L. n° 2001-420 du 15 mai 2001) « L'ordonnance est notifiée verbalement et sur place au moment de la visite à l'occupant des lieux ou à son représentant qui en reçoit copie intégrale contre récépissé ou émargement au procès-verbal. » *(Ord. n° 2008-1161 du 13 nov. 2008, art. 1er)* « L'ordonnance comporte la mention de la faculté pour l'occupant des lieux ou son représentant de faire appel à un conseil de son choix. L'exercice de cette faculté n'entraîne pas la suspension des opérations de visite et saisie. En l'absence de l'occupant des lieux, l'ordonnance est notifiée après les opérations par lettre recommandée avec avis de réception. Il en va de même lorsqu'il n'est pas procédé à la visite dans un des lieux visés par l'ordonnance. » *(L. n° 2001-420 du 15 mai 2001)* « La notification est réputée faite à la date de réception figurant sur l'avis. »

(Ord. n° 2021-649 du 26 mai 2021, art. 2-VI) « L'ordonnance par laquelle le juge des libertés et de la détention statue sur la demande d'autorisation mentionnée au premier alinéa peut faire l'objet d'un appel devant le premier président de la cour d'appel dans le ressort de laquelle le juge a autorisé ou refusé la mesure, suivant les règles prévues par le code de procédure pénale. Le ministère public peut interjeter appel, ainsi que la personne à l'encontre de laquelle a été ordonnée cette mesure. L'Autorité de la concurrence ou le ministre chargé de l'économie peut interjeter appel contre une ordonnance de refus d'autorisation. L'appel est formé par déclaration au greffe du tribunal judiciaire dans un délai de dix jours à compter de la notification de l'ordonnance. Il n'est pas suspensif. En cas d'appel formé à l'encontre d'une ordonnance d'autorisation, le ministre chargé de l'économie ou l'Autorité de la concurrence, selon le cas, est partie à cette procédure. Les parties à la procédure devant le premier président de la cour d'appel peuvent former un pourvoi en cassation à l'encontre de l'ordonnance rendue à son issue selon les règles prévues par le code de procédure pénale. Les pièces saisies sont conservées jusqu'à ce qu'une décision soit devenue définitive *[ancienne rédaction : L'ordonnance mentionnée au premier alinéa peut faire l'objet d'un appel devant le premier président de la cour d'appel dans le ressort de laquelle le juge a autorisé la mesure, suivant les règles prévues*

par le code de procédure pénale. Le ministère public et la personne à l'encontre de laquelle a été ordonnée cette mesure peuvent interjeter appel. Cet appel est formé par déclaration au greffe du tribunal judiciaire dans un délai de dix jours à compter de la notification de l'ordonnance. L'appel n'est pas suspensif. L'ordonnance du premier président de la cour d'appel est susceptible d'un pourvoi en cassation selon les règles prévues par le code de procédure pénale. Les pièces saisies sont conservées jusqu'à ce qu'une décision soit devenue définitive]. »

La visite, qui ne peut commencer avant six heures ou après vingt et une heures, est effectuée en présence de l'occupant des lieux ou de son représentant. *(Ord. nº 2008-1161 du 13 nov. 2008, art. 1er)* « L'occupant des lieux peut désigner un ou plusieurs représentants pour assister à la visite et signer le procès-verbal. » *(L. nº 2001-420 du 15 mai 2001)* « En cas d'impossibilité, l'officier de police judiciaire requiert deux témoins choisis en dehors des personnes relevant de son autorité, de celle de l'administration de la direction générale de la concurrence de la consommation et de la répression des fraudes ou de celle de l'Autorité de la concurrence. »

(Ord. nº 2008-1161 du 13 nov. 2008, art. 1er) « Les agents mentionnés à l'article L. 450-1 » *(Ord. nº 2004-1173 du 4 nov. 2004, art. 3)* « , l'occupant des lieux ou son représentant ainsi que l'officier de police judiciaire et, le cas échéant, les agents et autres personnes mandatés par la Commission européenne peuvent seuls prendre connaissance des pièces et documents avant leur saisie. » *(Ord. nº 2008-1161 du 13 nov. 2008, art. 1er)* « Les agents mentionnés à l'article L. 450-1 peuvent procéder au cours de la visite à des auditions de l'occupant des lieux ou de son représentant en vue de recueillir les informations ou explications utiles aux besoins de l'enquête. » *(L. nº 2016-731 du 3 juin 2016, art. 83-IV)* « Conformément à l'article 28 du code de procédure pénale, l'article 61-1 du même code est applicable lorsqu'il est procédé à l'audition d'une personne à l'égard de laquelle il existe des raisons plausibles de soupçonner qu'elle a commis ou tenté de commettre une infraction. »

Les inventaires et mises sous scellés sont réalisés conformément à l'article 56 du code de procédure pénale.

Les originaux du procès-verbal et de l'inventaire sont transmis au juge qui a ordonné la visite. *(L. nº 2009-526 du 12 mai 2009, art. 139-VII)* « Une copie du procès-verbal et de l'inventaire est remise à l'occupant des lieux ou à son représentant. Une copie est également adressée par lettre recommandée avec demande d'avis de réception aux personnes mises en cause ultérieurement par les pièces saisies au cours de l'opération. » *– V. art. R. 450-2.*

(L. nº 2001-420 du 15 mai 2001) « Les pièces et documents saisis sont restitués à l'occupant des lieux, dans un délai de six mois à compter de la date à laquelle la décision de l'Autorité de la concurrence est devenue définitive. L'occupant des lieux est mis en demeure, par lettre recommandée avec avis de réception, de venir les rechercher, dans un délai de deux mois. A l'expiration de ce délai et à défaut de diligences de sa part, les pièces et documents lui sont restitués, à ses frais. »

(L. nº 2009-526 du 12 mai 2009, art. 139-VII) « Le déroulement des opérations de visite et saisie peut faire l'objet d'un recours devant le premier président de la cour d'appel dans le ressort de laquelle le juge a autorisé ces dernières, suivant les règles prévues par le code de procédure pénale. Le ministère public, la personne à l'encontre de laquelle a été prise l'ordonnance mentionnée au premier alinéa et les personnes mises en cause au moyen de pièces saisies au cours de ces opérations peuvent former ce recours. *(Ord. nº 2021-649 du 26 mai 2021, art. 2-VI)* « Le ministre chargé de l'économie ou l'Autorité de la concurrence, selon le cas, est partie à cette procédure en qualité de partie défenderesse. » Ce dernier est formalisé par déclaration au greffe du *(Ord. nº 2019-964 du 18 sept. 2019, art. 35, en vigueur le 1er janv. 2020)* « tribunal judiciaire *[ancienne rédaction : tribunal de grande instance]* » dans un délai de dix jours à compter de la remise ou de la réception du procès-verbal et de l'inventaire, ou, pour les personnes n'ayant pas fait l'objet de visite et de saisie et qui sont mises en cause, à compter de la date à laquelle elles ont reçu notification du procès-verbal et de l'inventaire et, au plus tard à compter de la notification de griefs prévue à l'article L. 463-2. Le recours n'est pas suspensif. *(Ord. nº 2021-649 du 26 mai 2021, art. 2-VI)* « Les parties à la procédure devant le premier président de la cour d'appel peuvent former un pourvoi en cassation à l'encontre de l'ordonnance rendue à son issue selon les règles prévues par le code de procédure pénale *[ancienne rédaction : L'ordonnance du premier pré-*

sident de la cour d'appel est susceptible d'un pourvoi en cassation selon les règles prévues par le code de procédure pénale]. » **Les pièces saisies sont conservées jusqu'à ce qu'une décision soit devenue définitive.** » — *[Ord. n° 86-1243 du 1er déc. 1986, art. 48.]*

V. note ss. art. L. 450-1.

Les parties ayant formé, à l'encontre de l'ordonnance ayant autorisé la visite prévue à l'art. L. 450-4, un pourvoi pendant devant la Cour de cassation au jour de la publication de l'Ord. n° 2008-1161 du 13 nov. 2008 (JO 14 nov.) disposent d'un délai d'un mois pour interjeter appel de l'ordonnance objet dudit pourvoi à compter de la date de publication de l'Ord. du 13 nov. 2008, dans les conditions prévues au 6e alinéa de l'art. L. 450-4 dans sa rédaction issue de l'ordonnance précitée. Cet appel vaut désistement du pourvoi en cassation. — Pour un relevé d'office, V. Crim. 20 mai 2009 : cité note 14 ci-dessous. Si l'autorisation de visite et saisie n'a pas fait l'objet d'un pourvoi en cassation ou si cette autorisation a fait l'objet d'un pourvoi en cassation ayant donné lieu à un arrêt de rejet de la Cour de cassation, un recours en contestation de l'autorisation est ouvert devant la cour d'appel de Paris saisie dans le cadre de l'art. L. 464-8, hormis le cas des affaires ayant fait l'objet d'une décision irrévocable à la date de publication de l'Ord. n° 2008-1161 du 13 nov. 2008 (JO 14 nov.). — Pour une application, V. Paris, 16 juin 2009 : cité note 14 ci-dessous. Lorsque est pendant devant la Cour de cassation un pourvoi formé contre un arrêt de la cour d'appel de Paris statuant dans le cadre de l'art. L. 464-8, les parties ont la faculté de demander le renvoi à la cour d'appel de Paris pour l'examen d'un recours en contestation de l'autorisation de visite et saisie délivrée par le juge des libertés et de la détention (Ord. n° 2008-1161 du 13 nov. 2008, art. 5-IV). — Pour une application, V. Com. 3 mars 2009 : cité note 5 ss. art. R. 464-12.

BIBL. ▶ Rapp, *AJDA 2001. 560* (NRE). – Arhel, *JCP E 2004, n° 51, p. 2010* (adaptation du droit national au droit communautaire de la concurrence). – Marie, *RLC 2005, n° 4, p. 65* (question de la compétence du JLD). – Pérouse, *RLC 2006, n° 7, p. 80* (perquisitions informatiques). ▶ Ord. n° 2008-1161 du 13 nov. 2008 : NDLR, *BRDA 2008, n° 22, p. 11* (répression des infractions économiques : perquisitions et saisies). – Bosco, *CCC 2008, n° 273* (premières vues sur l'ordonnance de modernisation de la régulation de la concurrence). – Bouloc, *Gaz. Pal. 2009. 404* (visites et saisies en droit de la concurrence après l'arrêt *Ravon* et l'Ord. du 13 nov. 2008). – Hatoux, *RJDA n° 2/2009, p. 63* (réforme des visites domiciliaires en matière de concurrence). – Jalabert-Doury, *RLDC 2009, n° 2, p. 69* (saisies informatiques : le régime français à l'épreuve des impératifs de conformité et de cohérence). – Fossier, *RDLC 2010, n° 2, p. 188* (visites domiciliaires et investigations informatiques). ▶ L. n° 2009-526 du 12 mai 2009 : Cheynel, *RLC juill.-sept. 2009. 79* (nouveaux délais, nouvelles procédures). – Oppelt-Reveneau, *RLC oct.-déc. 2009. 169* (appel des ordonnances du JLD : une réforme procédurale décisive). – Fourgoux, *RLDA suppl. sept. 2011. 49* (incidence des évolutions européennes sur les enquêtes de concurrence). – Sélinsky, *RLC janv.-mars 2012. 18* (dépistage des pratiques anticoncurrentielles par les opérations de visite et saisies). – Bombardier et Bouloc, *ibid. 45* (visites domiciliaires : 2011, une année rock'n'roll !). – Catala Marty et Nouvel, *JCP E 2012, n° 1442* (conciliation des droits de la défense et des intérêts de l'enquête dans les perquisitions en concurrence). – Lasserre Capdeville, *RDLC 2012, n° 4, p. 208* (contentieux des OVS devant la chambre criminelle : développements récents). – Saenko, *JCP E 2013, n° 1453 ; Dr. pénal 2013. Étude 16* (saisies globales en droit de la concurrence : perspectives nouvelles). – Ruy, *JCP 2013, n° 1005* (perquisitions en matière économique ou fiscale et ordonnances pré-rédigées par l'Administration : une pratique à éradiquer). – Daoud et Pugliese, *AJ pénal 2015. 126* (existe-t-il une stratégie des droits de la défense devant les AAI ?). – Bouloc, *RLC nov. 2018. 14* (observations sur les relations entre l'Autorité de la concurrence et les autorités judiciaires lors de la phase préparatoire). – Marie, *RJDA 8-9/2020. 547* (la constitution de scellés fermés provisoires dans les enquêtes sur autorisation judiciaire : état de la jurisprudence). – Vertut, *RLC juill.-août 2020. 40* (visites domiciliaires, saisies et pratiques anticoncurrentielles : scellés provisoires et autres problématiques de déroulement des opérations). – Claudel, *RTD com. 2020. 793* (volet concurrentiel de la L. n° 2020-1508 du 3 déc. 2020).

I. CONFORMITÉ DU DISPOSITIF AUX DROITS FONDAMENTAUX

1. Convention EDH. **BIBL.** Mathey, *RTD civ. 2008. 205* (les droits et libertés fondamentaux des personnes morales de droit privé). – Royer, *JCP 2008. I. 185* (la Conv. EDH et le droit des sociétés). – Matsopoulou, *D. 2008. 2814* (le nouveau dispositif, issu de la LME, applicable aux visites et saisies effectuées par les agents de certaines administrations). – Dany et Goossens, *LPA 16 janv. 2009* (une ordonnance pour soigner les droits de la défense en matière de droit de la concurrence). – Vilmart, *JCP E 2010, n° 1653* (le nouveau contrôle judiciaire des enquêtes de concurrence). – Jalabert-Doury, *RLC janv.-mars 2015. 68* (affaire *Delta Pekarny* : nouvelle pierre à l'édifice des garanties fondamentales auxquelles sont soumises les inspections de concurrence). ♦ Jugeant qu'il est temps de reconnaître dans certaines circonstances que les droits garantis par l'art. 8 Conv. EDH peuvent être interprétés comme incluant pour une société le droit au respect de son siège social, son agence ou ses locaux professionnels, V. • CEDH 16 avr. 2002 : *D. 2003. Somm. 527, obs. Birsan* ; *JCP E 2003, n° 2, p. 77, obs. Espesson-Vergeat.* ♦ Estimant transposable au régime contentieux de l'art. L. 450-4 C. com. la décision de la CEDH jugeant que les voies de recours ouvertes au contribuable en matière de contrôle fiscal (LPF, art. L. 16 B), pour contester la régularité des visites et saisies domiciliaires, ne sont pas conformes à l'art. 6, § 1 de la Convention relatif au droit à un procès équitable, V. les obs. ss. • CEDH 21 févr. 2008 : *Rev. sociétés 2008. 658, obs. Bouloc* ; *JCP 2008. I. 167, n° 10, obs. Sudre* ; *CCC 2008. Alerte. 27, par Wilhelm et Vever* ; *BRDA 2008, n° 7, p. 14* ; *LPA 15 avr. 2008, note Perrotin* ; *RDLC 2008, n° 2, p. 151, obs. Maitrepierre* ; *RLC juill.-août 2008. 114, note Roda.* ♦ A supposer que le régime des visites et saisies autorisées sur le fondement de l'art. L. 450-4, dans sa rédaction antérieure à celle issue de l'Ord. du 13 nov. 2008, se heurte à la même incompatibilité que celle relevée par la CEDH à propos de celles opérées en matière fiscale et douanière – alors qu'à la différence de ces dernières, les règles applicables en matière de concurrence permettent aux entreprises de contester devant le juge des libertés et de la détention le déroulement des opérations, en portant devant lui les contestations qui peuvent naître au cours des visites et saisies –, il convient, pour répondre à l'objection soulevée par l'entreprise mise en cause, de renvoyer aux dispositions du 2e al. du IV de l'art. 5 de l'Ord. préc. Ces dispositions transitoires offrent aux entreprises, notamment dans les cas où – comme en l'espèce – elles n'ont pas formé un pourvoi en cassation contre une autorisation de visite et saisie, délivrée antérieurement à la modification de l'art. L. 450-4 issue de l'art. 1er de l'Ord. préc., la possibilité de contester cette autorisation devant la cour d'appel de Paris saisie d'un recours au fond contre la décision du Conseil statuant sur les pratiques reprochées. Compte tenu de cette possibilité, elles ne peuvent se plaindre de ce que le droit positif ne leur permettrait pas d'avoir accès à un « juge effectif » au sens de l'arrêt *Ravon*. • Cons. conc. n° 08-D-30 du 4 déc. 2008 : *CCC 2009, n° 56, obs. Decocq.*

2. Constitutionnalité. Les dispositions de l'art. L. 450-4 assurent un contrôle effectif, par le juge, de la nécessité de chaque visite et lui donnent les pouvoirs d'en suivre effectivement le cours, de régler les éventuels incidents portant notamment sur la saisie, par l'Administration, de documents de nature personnelle, confidentielle ou couverts par le secret professionnel et, le cas échéant, de mettre fin à la visite à tout moment. Il en résulte qu'il n'y as pas lieu à QPC. • Crim. 27 juin 2012, n° 12-90.028 P : *D. 2012. Actu. 1881* ; *AJ pénal 2012. 605, obs. Lasserre Capdeville* ; *JCP 2012, n° 1092, spéc. n° 12, obs. J.-H. Robert* • Cass., QPC, 1er déc. 2010, n° 10-80.016 P : *D. actu. 5 janv. 2011, obs. Chevrier* ; *JCP 2011, n° 81.* ♦ La QPC ne présente pas un caractère sérieux. D'une part, l'art. L. 450-4 renvoie expressément à l'art. L. 450-1, lequel permet de définir avec suffisamment de précision le cadre des enquêtes dans lesquelles les agents de l'administration peuvent procéder sur le fondement de ce texte aux opérations de visites et de saisies, soit les enquêtes liées à l'application des titres II et III du livre IV du code de commerce, destinées à rechercher les preuves de pratiques anticoncurrentielles ou d'opérations de concentration prohibées. D'autre part, selon l'interprétation de ce texte par la chambre criminelle de la Cour de cassation, le juge du fond doit exercer un contrôle effectif sur les présomptions de pratiques prohibées et les agissements dont la preuve est recherchée. • Crim. 9 déc. 2020, n° 20-83.001 : *RJDA 2021, n° 195.*

II. CONTRÔLE JUDICIAIRE DES VISITES ET SAISIES DOMICILIAIRES

A. DÉCLENCHEMENT DE LA PROCÉDURE

3. Demande d'enquête. Sur l'obligation, pour le président du tribunal [désormais le JLD], de vérifier que la demande d'autorisation lui a été présentée dans le cadre d'une enquête demandée soit par le ministre chargé de l'économie, soit par le Conseil de la concurrence, V. • Com. 21 mars 1989, n° 87-18.918 P : *D. 1990. Somm. 109, obs. Gavalda et Lucas de Leyssac* • 12 déc. 1989, n° 89-10.898 P • 19 déc. 1989, n° 89-12.425 P. ♦ Dès lors que la Cour de cassation est en mesure de s'assurer que l'enquête portant sur le marché litigieux a été demandée par le rapporteur général du Conseil de la concurrence sur proposition du rapporteur, l'ordonnance du JLD autorisant les visites et saisies domiciliaires satisfait aux prescriptions de l'art. L. 450-4. • Crim. 9 févr. 2005, n° 03-85.302 P : *D. 2005. AJ 951, obs. Chevrier* ; *JCP E 2005, n° 15-16, p. 644* ; *CCC 2005, n° 87, obs. Malaurie-Vignal* ; *RDLC 2005, n° 2, p. 92, obs. Michel-Amsellem.* ♦ Sur une demande d'enquête par le Conseil de la concurrence, V. • Com. 24 juin 1997, n° 95-30.126 : *RJDA 1997. 1507.*

4. Délégation du ministre. Sur la nécessité, pour le directeur général de la concurrence, de la consommation et de la répression des fraudes, d'agir sur délégation du ministre, V. • Com. 6 mars 1990, n° 89-12.763 P. ♦ Mais le président du tribunal [désormais le JLD] n'a pas à constater que ledit directeur, délégataire du ministre, agit sur instructions expresses de ce dernier. • Com. 15 mars 1994, n° 92-15.501 P. ♦ Sur les conditions de cette délégation : • Com. 10 mars 1992, n° 90-21.384 P • 2 juin 1992, n° 91-13.046 P • 23 févr. 1993, n° 91-19.745 P • Paris, 16 déc. 1994 : *BOCC 28 déc. 1994.* ♦ Le ministre délégué aux finances et au commerce extérieur, dès lors qu'il exerce les attributions qui lui sont confiées par le ministre de l'Économie, peut demander une enquête dans le cadre de l'art. 48 [C. com., art. L. 450-4] et déléguer sa signature au profit du directeur général de la concurrence, de la consommation et de la répression des fraudes. • Com. 17 nov. 1998, n° 90-30.010 P : *JCP E 1999, n° 1, p. 8.* ♦ V. aussi • Com. 12 janv. 1999, n° 97-30.135 : *LPA 16 nov. 1999, obs. Petitier* • 6 avr. 1999, n° 97-30.022 : *ibid. 18 nov. 1999, obs. Petitier.* ♦ La circonstance que l'ordonnance d'autorisation vise une délégation permanente de signature caduque, et non la délégation régulièrement donnée pour signer les demandes d'enquête au nom du ministre en exercice, n'est pas de nature à entacher d'irrégularité la demande d'enquête retenue par l'ordonnance. • Com. 12 déc. 1995, n° 93-20.810 : *RJDA 1996, n° 365.*

B. AUTORISATION JUDICIAIRE

1° COMPÉTENCE

5. Juge des libertés et de la détention (JLD). Aucune disposition légale n'impose au JLD, qui tient de l'art. L. 450-4 sa compétence pour autoriser les visites et saisies de documents, de mentionner dans l'ordonnance l'origine de sa désignation. • Crim. 14 nov. 2007, n° 05-85.740 : *D. 2008. AJ 81, obs. Chevrier* . ♦ L'ordonnance prévue par l'art. 48 [C. com., art. L. 450-4] peut être rendue par un juge délégué par le président du TGI. • Com. 4 avr. 1995, n° 92-21.281 P. ♦ V. désormais la rédaction de la 1re phrase du 1er al. de l'art. L. 450-4.

6. Demandes faites par la Commission européenne. Sur la question de savoir si le juge national est compétent pour refuser d'accorder les visites et saisies sollicitées s'il estime que la décision de la Commission n'est pas suffisamment motivée et ne lui permet de vérifier de façon concrète le bien-fondé de la demande qui lui est soumise, le mettant ainsi dans l'impossibilité d'exercer le contrôle exigé par son droit national, V. • Com. 7 mars 2000, n° 98-30.389 P : *D. 2000. 491, note Boré* ; *RTD com. 2000. 629, obs. Claudel* ; *CCC 2000, n° 100, obs. Poillot-Peruzzetto.* ♦ Et sur les réponses apportées par le juge communautaire aux questions préjudicielles posées par la Cour de cassation dans l'arrêt précité, V. • CJCE 22 oct. 2002, n° C-94/00 : *D. 2002. AJ 3205, obs. Chevrier* ; *JCP E 2003, n° 31, p. 1282, obs. Parléani* ; *CCC 2003, n° 30, obs. Poillot-Peruzzetto* ; *Gaz. Pal. 2003. 3064, note Vialens* ; *RJDA 2003, n° 324* ; *Procédures 2003, n° 12, obs. Nourissat.* ♦ V. aussi note 11. ♦ V. désormais les modifications apportées par l'Ord. n° 2004-1173 du 4 nov. 2004. ♦ Le JLD qui a rendu une ordonnance autorisant, à titre préventif, les agents de la Direction nationale des enquêtes de concurrence, de consommation et de répression des fraudes (DNECCRF) à effectuer des opérations de visite et de saisie dans les locaux d'une société pour assister les agents de la Commission européenne est incompétent pour statuer sur la régularité de ces opérations, dès lors qu'il constate que son ordonnance n'a pas été mise en œuvre par les enquêteurs de la DNECCRF, en l'absence d'opposition de la société aux opérations de visite et de saisie effectuées par les agents de la Commission européenne. • Crim. 2 juin 2010, n° 08-87.326 P : *RSC 2010. 940, obs. Renucci* ; *RJDA 2011, n° 185.* ♦ En l'absence d'opposition expressément formulée par la société demanderesse, dès la notification de la décision d'inspection ordonnée par la Commission européenne en application de l'art. 20 du Règl. CE n° 1/2003 du 16 déc. 2002, l'ordonnance d'autorisation rendue par le JLD à titre préventif n'a pas à être notifiée par les enquêteurs de l'Autorité de la concurrence dont la simple présence, en application de l'art. 20 § 5 du règlement précité est insuffisante pour justifier de la mise en œuvre des pouvoirs tirés de l'art. L. 450-4 C. com. et du recours qu'il prévoit. D'autre part, la procédure d'inspection ordonnée par la Commission est entourée de garanties assurant le respect des droits de la défense et les modalités des recours ouverts aux sociétés soumises à cette procédure, en ce qu'elles permettent de contester, soit directement, soit dans le cadre du contentieux relatif à la décision finale de la Commission, le déroulement de ces opérations, même en l'absence d'opposition, satisfont aux exigences du droit à un recours effectif, le juge communautaire effectuant un contrôle en droit et en fait et étant en mesure d'apprécier si l'ingérence dans les droits des intéressées protégés par l'art. 8 Conv. EDH est proportionnée au but poursuivi. Enfin, le mécanisme de sanctions prévu par l'art. 23 du règlement précité ne peut être mis en œuvre qu'en cas d'obstruction évidente ou d'utilisation abusive du droit d'opposition, et non pour réprimer le simple exercice de ce droit. • Crim. 13 juin 2019, n° 18-80.678 P : *D. 2019. Actu. 1276* ; *AJ pénal 2019. 457, obs. Lasserre Capdeville* ; *JCP E 2019, n° 1369* ; *RJDA 2019, n° 713* ; *RLC déc. 2019. 52, note Vertut.*

Sur les demandes d'assistance et d'entraide faites dans le cadre du REC, V. Règl. n° 1/2003 du 16 déc. 2002, art. 22, App., v° *Concurrence.*

2° EXAMEN DU BIEN-FONDÉ DE LA DEMANDE

7. Bien-fondé de la demande. Sur l'obligation, pour le juge, de vérifier le bien-fondé de la demande, V. • Cass., ch. mixte, 15 déc. 1988, n° 87-19.759 P : *D. 1989. 189, concl. Jéol* ; *JCP 1989. II. 21263, note Dugrip* ; *Gaz. Pal. 1989. 1. 227, note Doucet* • Com. 19 déc. 1989, n° 89-12.425 P • 20 nov. 1990, n° 89-18.265 P. ♦ Le juge doit vérifier de manière concrète par l'appréciation des éléments d'information que l'administration est tenue de lui fournir que la demande d'autorisation qui lui est soumise est bien fondée et à cette fin doit se référer en les analysant, fût-ce succinctement, à ces éléments d'information desquels il tire les faits fondant son appréciation. • Com. 5 févr. 1991, n° 89-15.134 P : *D. 1991. IR 65* • 26 janv. 1993, n° 91-22.250 P : *D. 1993. IR 60.* – V. aussi • Com. 6 avr. 1993, n° 91-20.439 P. ♦ Ainsi, la pratique des ordonnances pré-rédigées par l'administration, qui tend à orienter la décision du JLD, est à proscrire en ce qu'elle constitue une ingérence de l'administration dans les pouvoirs dévolus à l'autorité judiciaire. • Orléans, 8 nov. 2011 : *CCC 2012, n° 72, obs. Bosco ; RLC avr.-juin 2012. 79, obs. Winckler* (cassé, toutefois, par • Crim. 27 févr. 2013, n° 11-88.471 P : *cité note 44*). ♦ Le contrôle du JLD s'entend en effet comme un contrôle effectif réalisé *in concreto* à partir des données fournies par l'administration, mais de façon autonome par rapport à celle-ci. • Metz, 25 nov. 2011 : *eod. loc.* ♦ Mais si la demande doit comporter tous les éléments d'appréciation permettant au juge de se prononcer sur ladite demande, cette exigence n'implique nullement que ce magistrat constate, d'une façon expresse, dans son ordonnance, à peine d'irrégularité, que cette prescription légale a été observée. • Com. 14 janv. 1992, n° 90-10.582 P : *JCP 1992. IV. 777.* ♦ L'art. L. 450-4 ne prévoit aucun délai entre la présentation de la requête et le prononcé de la décision ; la circonstance que l'ordonnance a été rendue le lendemain du jour de la présentation de la requête est sans incidence sur sa régularité. • Crim. 9 févr. 2005, n° 03-85.302 P : *préc. note 3.* ♦ Les engagements pris par l'une des sociétés dont le juge avait connaissance ne sont pas de nature à éviter le déclenchement d'une enquête lourde. • Crim. 11 juill. 2017, n° 16-81.039 P : *D. 2017. Actu. 1524 ; JCP E 2017, n° 1503 ; RJDA 2018, n° 190.*

8. Caractérisation des pratiques anticoncurrentielles. Le juge doit caractériser les pratiques anticoncurrentielles présumées. • Com. 15 mars 1994, n° 92-15.501 P. ♦ Justifie sa décision le JLD qui autorise des opérations de visite et de saisie dans les locaux de plusieurs entreprises après avoir analysé l'ensemble des éléments d'information lui étant soumis et souverainement apprécié l'existence de pratiques anticoncurrentielles. • Crim. 19 déc. 2012, n° 11-88.472 P : *D. actu. 18 janv. 2013, obs. Bombled.* ♦ Sur la prise en compte d'une demande de clémence, V. • Crim. 4 mai 2011, n° 10-81.750 : *RLC oct.-déc. 2011. 72, obs. Barbier de la Serre.* ♦ *Il n'est pas interdit au juge, pour* caractériser les présomptions de pratiques anticoncurrentielles, de comparer des pratiques de l'espèce à des pratiques similaires qualifiées d'infractions par le Conseil de la concurrence et la cour d'appel de Paris. • Com. 7 oct. 1997, n° 95-30.146 P : *D. 1997. IR 222 ; JCP 1997. IV. 2260.*

9. Présomptions. Sur le pouvoir souverain du juge de considérer qu'il existe des présomptions de pratiques anticoncurrentielles justifiant des visites domiciliaires, V. • Com. 14 janv. 1992, n° 90-10.583 P. ♦ Il résulte de l'art. L. 450-4 qu'après avoir vérifié que la demande qui lui est soumise est fondée, le JLD peut autoriser des opérations de visite et saisie dans toute entreprise, quelle que soit son activité ; nul besoin alors que les présomptions soient d'autant plus précises, graves et concordantes, qu'il s'agit d'autoriser des opérations de visite et saisie dans les locaux d'entreprises de presse. • Crim. 11 janv. 2012, n° 10-85.446 P : *D. 2012. Actu. 213, obs. Lavric ; AJ pénal 2012. 350, note Lasserre Capdeville ; JCP E 2012, n° 1168 ; CCC 2012, n° 74, obs. Decocq ; Gaz. Pal. 2012. 1630, obs. Fourment ; CCE 2012, n° 40, obs. Chagny ; RLC avr.-juin 2012. 78, obs. Winckler.* ♦ En exigeant que des présomptions précises, graves et concordantes doivent, en répondant aux exigences des art. 1349 et 1353 [anciens] C. civ., permettre d'établir la réalité d'un fait inconnu à partir de faits connus, alors que l'art. L. 450-4 C. com. n'exige que de vérifier que la demande qui lui est soumise est fondée, le juge a ajouté à la loi des conditions qu'elle ne comporte pas. • Crim. 22 janv. 2014, n° 13-81.013 P : *D. 2014. Actu. 268 ; AJCA 2014. 42, obs. Utzschneider et Castex ; AJ pénal 2014. 379, obs. Lasserre Capdeville ; JCP 2014, n° 130, obs. Ruy ; RJDA 2014, n° 386 ; RLC avr.-juin 2014. 100, obs. Bouloc.* ♦ Sur le régime des présomptions issu de l'Ord. n° 2016-131 du 10 févr. 2016, V. C. civ., art. 1354, 1356, 1382. – **C. civ.**

10. Documents produits. Le juge ne peut se référer qu'aux documents produits par l'Administration demanderesse détenus par celle-ci de manière apparemment licite. • Com. 27 nov. 1991, n° 90-10.579 P : *D. 1992. 122, concl. Jéol, note Texidor ; JCP E 1992. II. 248, concl. Jéol.* ♦ Aussi, manque de base légale la décision qui, pour autoriser des visites et saisies de documents dans des locaux appartenant à diverses entreprises, après avoir retenu que les documents obtenus au cours de l'enquête corroborent les éléments résultant de documents émanant des entreprises recherchées reçus par le service au moyen d'un envoi anonyme, se fonde sur ces derniers documents dont l'origine licite ne résulte pas des mentions de l'ordonnance. • Même arrêt. – V. aussi • Com. 15 déc. 1998, n° 97-30.122 P : *LPA 26 mai 1999, note Brandeau.*

11. Confidentialité des documents justifiant une visite domiciliaire. Le caractère manifestement confidentiel des documents recherchés et les pressions auxquelles peuvent être soumis certains tiers sont de nature à justifier l'utilisation des pouvoirs définis à l'art. 48 [C. com., art. L. 450-4]. • Crim. 22 oct. 2003, n° 98-30.389 P : *D. 2004. AJ 134 ; JCP E 2004, n° 1-2, p. 7 ; CCC 2004, n° 24, obs. Malaurie-Vignal.* ♦

En raison de la nature des agissements dont la preuve est recherchée et qui laisse supposer que la requérante est impliquée dans des pratiques prohibées, et du caractère confidentiel des documents s'y rapportant, nécessairement ignorés des enquêteurs, seuls les pouvoirs conférés par l'art. 48 [C. com., art. L. 450-4], non disproportionnés par rapport aux mesures envisagées, sont de nature à garantir l'accomplissement de la mission des agents mandatés par la Commission. • Crim. 22 oct. 2003, n° 00-30.180 P : *eod. loc.* ♦ En l'état de ces constatations, le président du tribunal [désormais le JLD] a procédé au contrôle qui lui incombait en vertu des art. 14, § 6, du Règl. n° 17/62/CEE et 48 de l'Ord. de 1986 [C. com., art. L. 450-4] et n'avait pas à mieux s'expliquer sur le caractère confidentiel des documents figurant au dossier de la Commission. • Même arrêt. ♦ Sur le recours à l'enquête lourde de l'art. L. 450-4 commandé par l'urgence d'éviter la contractualisation d'une pratique restrictive plutôt que par leur caractère secret ou complexe, V. • Paris, 14 déc. 2016, n° 16/11138 : *LDDC févr. 2017, p. 1, obs. L. et J. Vogel.*

12. Saisies antérieures. En se fondant sur des documents provenant de saisies autorisées par une décision antérieure obtenus au moyen de visites et saisies ayant pour objet la recherche de la preuve d'agissements distincts de ceux visés dans la demande sur laquelle il statuait, sans préciser qu'ils avaient été régulièrement saisis comme se rapportant aux agissements retenus dans l'ordonnance antérieure et, dans l'affirmative, sans indiquer au moyen de quelle procédure l'Administration avait distrait lesdits documents des précédentes saisies pour les présenter à l'appui de sa nouvelle requête, le président du tribunal [désormais le JLD] a violé l'art. 48 [C. com., art. L. 450-4]. • Com. 12 juill. 1993, n° 92-12.711 P : *D. 1993. IR 218.*

13. Marchés publics. S'agissant de la recherche de pratiques anticoncurrentielles lors de marchés publics, on ne saurait faire grief à l'Administration d'avoir détenu illicitement des pièces, dès lors qu'un fonctionnaire de la DGCCRF est membre en cette qualité de la commission d'ouverture des plis d'appels d'offres et qu'aucun devoir de confidentialité ne s'impose à lui. • Com. 12 nov. 1996, n° 94-10.597 P : *JCP 1997. IV. 23.* – V. aussi • Com. 10 déc. 1996, n° 94-13.056 P : *D. Affaires 1997. 208.*

14. Déclaration anonyme. Il n'est pas interdit au juge de faire état d'une déclaration anonyme, non accompagnée de la remise de documents, dès lors que cette déclaration est soumise au juge au moyen d'un document établi par les enquêteurs et signé par eux, permettant ainsi d'en apprécier la teneur et corroborée par d'autres éléments d'information décrits et analysés par lui. • Com. 26 oct. 1993, n° 92-13.658 P : *D. 1993. IR 258*. ♦ V. aussi, sur le fondement de l'art. L. 16 B LPF, • Com. 16 juin 1998, n° 96-30.135 P : *D. 1998. IR 190* ; *D. Affaires 1998. 1167, obs. A. L.*

3° FORME ET PORTÉE DE L'ORDONNANCE

15. Établissement de l'ordonnance. L'ordonnance prévue à l'art. 48 [C. com., art. L. 450-4] n'a pas à être rendue en audience publique et ni le défaut d'assistance du juge par un secrétaire, ni l'absence de signature d'un greffier n'entachent la décision d'irrégularité. • Com. 12 janv. 1999, n° 97-30.135 : *préc. note 4.* ♦ L'apposition de la formule exécutoire sur les ordonnances n'est pas exigée par l'art. 48 [C. com., art. L. 450-4]. • Com. 16 mai 1995, n° 93-20.748 P • 3 oct. 1995, n° 94-11.709 P : *D. 1995. IR 233* • 12 mars 1996, n° 94-17.283 P : *D. Affaires 1996. 641.* ♦ Aucune disposition du code de commerce ne commande au Conseil de mettre les ordonnances du juge autorisant les visites et saisies à la disposition des parties dans le dossier d'instruction. • Cons. conc. n° 06-D-33 du 8 nov. 2006 : *cité note 8 ss. art. L. 462-7.*

16. Absence de déclaration de culpabilité. L'ordonnance par laquelle le juge autorise une visite domiciliaire n'emporte pas déclaration de culpabilité et ne préjuge pas de l'appréciation, par la juridiction du fond, des éléments de preuve trouvés. • Com. 20 nov. 1990, n° 89-18.267 P : *D. 1990. IR 289* • 5 févr. 1991, n° 89-20.191 P • 4 avr. 1995, n° 93-12.947 P.

17. Ordonnance complémentaire. En se référant pour la compléter à sa précédente ordonnance, le président du tribunal qui a autorisé une visite et saisie domiciliaire n'a pas à reproduire le contenu de son ordonnance principale ; cette référence ne rend pas incompétents les agents désignés par la première ordonnance. • Com. 4 avr. 1995, n° 93-12.948 P. – V. déjà • Com. 15 juill. 1992, n° 90-21.374 P.

18. Commission rogatoire. Le président du tribunal, à qui l'ordonnance d'autorisation de visite domiciliaire donne commission rogatoire pour contrôler les opérations se déroulant dans son ressort, n'a pas à procéder à un nouveau contrôle de légitimité. • Com. 30 mai 2000, n° 98-30.289 : *CCC 2000, n° 145, obs. Malaurie-Vignal.* ♦ L'art. 48 [C. com., art. L. 450-4] n'impose pas que dans la commission rogatoire commettant le président du tribunal territorialement compétent, il soit nécessaire de préciser toutes les diligences que devra accomplir ce magistrat, de tracer les limites de son intervention et de définir quelle juridiction sera compétente pour statuer sur les incidents soulevés au cours des opérations de visite domiciliaire et saisie. • Com. 21 mars 2000, n° 98-30.317 P : *D. 2000. AJ 224, obs. Marmontel* ; *CCC 2000, n° 97, obs. Malaurie-Vignal.* ♦ Seul le juge ayant reçu commission rogatoire pour désigner un ou plusieurs OPJ chargés d'assister aux opérations de visite et de saisie et de le tenir informé de leur déroulement est compétent pour statuer sur la modification de la situation des locaux à visiter, dès lors qu'ils se trouvent dans son ressort. • Crim. 9 févr. 2005, n° 03-85.301 P : *JCP E 2005, n° 15-16, p. 644 ; CCC 2005, n° 87, obs. Malaurie-Vignal ; RDLC 2005, n° 2, p. 92, obs. Michel-Amsellem.* ♦ Seule l'ordonnance du JLD autorisant les visites et saisies est susceptible d'appel ; en l'état de ces énonciations, et dès lors que l'ordonnance rendue sur commission rogatoire n'est qu'un acte d'exécution de l'ordonnance principale autorisant les visites, le premier président a justifié sa décision déclarant irrecevable le recours formé contre l'ordonnance désignant les OPJ pour la visite des locaux. • Crim. 23 févr. 2011, n° 09-87.848 P : *AJ pénal 2011. 253, obs. Lasserre Capdeville ; JCP 2011, n° 1176, spéc. n° 8, obs. J.-H. Robert ; RDLC 2011, n° 2, p. 190, obs. Lemaire et Naudin.* – V. aussi • Crim. 16 juin 2011, n° 10-84.126 : *JCP E 2011, n° 1900, obs. J.-H. Robert.*

4° ENCADREMENT DES VISITES ET SAISIES

19. Date de la visite. L'art. 48 [C. com., art. L. 450-4] n'exige pas que le président, qui désigne un ou plusieurs OPJ pour assister aux opérations de visites et de saisie qui auront lieu dans son ressort, fixe la date de ces opérations. • Com. 30 mai 2000, n° 98-30.289 : *CCC 2000, n° 145, obs. Malaurie-Vignal.*

20. Objet de la visite. Ne satisfait pas aux exigences de l'art. 48 [C. com., art. L. 450-4] le président du tribunal [désormais le JLD] qui autorise des visites et saisies domiciliaires ayant un objet général, en ce qui concerne les appels d'offres sur lesquels pouvaient porter les recherches, et indéterminé au regard des divers agissements visés à l'art. 7 [C. com., art. L. 420-1], alors qu'il retient des présomptions circonscrites à certains appels d'offres et à certains agissements déterminés. • Com. 6 avr. 1993, n° 91-17.835 P • 26 oct. 1993, n° 92-13.658 P : *D. 1994. IR 3* • 15 mars 1994, n° 92-15.501 P. ♦ Sur le caractère déterminé de l'ordonnance judiciaire autorisant une visite domiciliaire, V. • Com. 11 janv. 2000, n° 97-30.109 P : *D. 2000. AJ 124, obs. Marmontel ; LPA 20 juill. 2000, obs. Petitier.*

21. Lieux de la visite. Le juge peut autoriser une visite en tous lieux, même privés, où sont susceptibles d'être détenus les documents se rapportant aux agissements frauduleux dont la preuve est recherchée. • Com. 29 oct. 1991, n° 90-12.924 P • 15 juill. 1992, n° 90-21.375 P. ♦ L'ordonnance ne revêt pas un caractère général et indéterminé, dès lors que le président [*désormais le JLD*] *a autorisé les visites de sept lieux distincts relevant de cinq compagnies pétrolières,* suspectées d'entente prohibée lors de la passation de deux marchés, à seule fin de rechercher la preuve de leur concertation faisant obstacle à la fixation des prix par le libre jeu de la concurrence. • Com. 12 nov. 1996, n° 94-11.694 P : *préc. note 13.* ♦ Sur l'identification nécessaire des lieux où les visites sont autorisées, V. aussi • Com. 21 mars 1989, n° 88-10.162 P : *D. 1990. Somm. 109, obs. Gavalda et Lucas de Leyssac ; RTD com. 1990. 85, obs. Bouloc* • 4 juin 1991, n° 90-10.586 P • 6 avr. 1999, n° 97-30.022 : *LPA 18 nov. 1999, obs. Petitier.* ♦ Sur la nécessité, pour le président du tribunal [désormais le JLD] ordonnant une visite et une saisie au domicile d'un salarié, d'indiquer en quoi le lieu de ladite visite est susceptible de contenir les documents se rapportant à la fraude recherchée, V. : • Com. 7 mars 2000, n° 97-30.392 P (rendu sur le fondement de l'art. L. 16 B du LPF).

22. Groupe de sociétés. Il se déduit de l'art. L. 450-4 que le juge qui autorise des opérations de visite et saisie dans les locaux d'une société n'est pas tenu d'identifier toutes les sociétés du même groupe, domiciliées à la même adresse. • Crim. 4 avr. 2012, n° 10-88.192 : *Dr. pénal 2012, n° 92, obs. J.-H. Robert.*

23. Extension de la visite. Si on ne peut reconnaître d'une façon générale à la Commission européenne un droit d'accès, sur la base d'une décision de vérification adressée à une entité juridique déterminée, aux locaux d'une entité juridique tierce sous le simple prétexte qu'elle est étroitement liée au destinataire de la décision de vérification, les circonstances de la cause peuvent rendre de telles visites licites. • TPICE 11 déc. 2003, n° T-66/99 : *LPA 15 mars 2004, obs. Arhel ; Europe 2004, n° 52, obs. Idot.* ♦ Le président d'un tribunal [désormais le JLD] qui autorise une visite et saisie de documents dans un lieu n'est pas tenu de prendre une ordonnance spécifique autorisant la visite d'un véhicule appartenant à l'occupant de ces lieux et s'y trouvant. • Com. 21 janv. 1997, n° 94-18.856 P : *D. Affaires 1997. 271.* ♦ Sur une demande de modification des lieux de la visite en cas de commission rogatoire, V. note 18.

24. Désignation des enquêteurs. Si le président du tribunal peut laisser au chef de service, qui a sollicité et obtenu l'autorisation exigée par la loi, le soin de désigner les agents chargés d'effectuer les visites et saisies autorisées, dès lors que ces agents sont dûment habilités en qualité d'enquêteurs, c'est à la condition que les agents ainsi désignés soient placés sous l'autorité de ce chef de service. • Com. 4 avr. 1995, n° 92-21.281 P • 16 mai 1995, n° 93-20.748 P. – V. déjà, en ce sens, • Com. 6 mars 1990, n° 89-13.233 P • 21 mars 1989, n° 87-18.918 P : *préc. note 3* • 5 févr. 1991, n° 89-20.191 P. ♦ Sur la possibilité, pour le président du tribunal, de laisser au chef national des enquêtes de la concurrence, qui a compétence sur l'ensemble du territoire national, le soin de désigner les agents habilités pour effectuer les visites et saisies autorisées, V. • Com. 17 nov. 1998, n° 90-30.010 : *préc. note 4.* ♦ V. désormais la rédaction du 3e al. de l'art. L. 450-4 issue de l'Ord. n° 2008-

1161 du 13 nov. 2008. ♦ L'ordonnance, qui se borne à désigner les enquêteurs compétents pour procéder aux opérations de visites et saisies, n'est pas susceptible, en cas de recours, de donner lieu à un contrôle du bien-fondé de la demande initiale d'autorisation de visite et de saisie. • Com. 15 janv. 2008, n° 07-11.677 P : *cité note 1 ss. art. L. 463-5.*

25. Compétence territoriale des enquêteurs. Le président du tribunal [désormais le JLD], statuant en application de l'art. 48 [C. com., art. L. 450-4], peut autoriser d'autres agents DGCCRF à effectuer des enquêtes dans des locaux situés hors du ressort territorial des agents ayant présenté la demande d'autorisation d'enquête, dès lors qu'il a constaté la nécessité d'une action simultanée dans les différents locaux des entreprises suspectées de pratiques anticoncurrentielles, V. • Com. 12 janv. 1999, n° 97-30.135 : *CCC 1999, n° 75, obs. Malaurie-Vignal ; LPA 16 nov. 1999, obs. Petitier.*

26. Désignation des OPJ. En autorisant le commissaire central à désigner pour les sociétés situées dans le ressort de sa juridiction les OPJ placés sous son autorité et territorialement compétents, le président du tribunal a méconnu les exigences de l'art. 48 [C. com., art. L. 450-4]. • Com. 23 mars 1993, n° 91-21.612 P. ♦ Jugeant que la présence conjointe d'un véritable OPJ suffit à rendre régulière la partie des opérations de visite et de saisie effectuée sous le contrôle d'un fonctionnaire n'ayant pas cette qualité : • Com. 23 juin 2004, n° 01-17.896 P : *D. 2004. AJ 2439.*

27. Rôle des OPJ. Viole l'art. 48 [C. com., art. L. 450-4], le président du TGI qui charge, en outre, l'OPJ de recourir aux réquisitions nécessaires, tels les services éventuels d'un serrurier. • Com. 10 mars 1992, n° 91-10.554 P. ♦ En autorisant le chef d'une brigade de gendarmerie et/ou tout officier de police judiciaire territorialement compétent placé sous son autorité pour recourir aux réquisitions, le président du tribunal méconnaît l'étendue des pouvoirs de l'OPJ • Com. 24 mai 1994, n° 92-21.293 : *RJDA 1994, n° 1161.* ♦ V. désormais la 2e phrase du 3e al. de l'art. L. 450-4.

28. Assistance de l'occupant des lieux. L'occupant des lieux ne dispose pas du droit de saisir lui-même le juge qui a autorisé la visite et la saisie, les OPJ chargés d'assister aux opérations devant, au cours de la visite, tenir ce magistrat informé des difficultés rencontrées. • Crim. 9 mars 2016, n° 14-84.566 P : *D. 2017. Pan. 882, obs. Ferrier ; AJCA 2016. 251, obs. Gautier et de Mortillet ; JCP E 2016, n° 1390, note Milano ; CCC 2016, n° 147, obs. Bosco ; RJDA 2016, n° 485 ; RLC mai 2016. 39, note Bouloc ; Dr. pénal 2016, n° 81, obs. J.-H. Robert.* ♦ L'occupant des lieux ne saurait se faire grief de l'absence temporaire, pendant la visite domiciliaire, de l'OPJ désigné par le JLD, dès lors que cette absence ne l'a pas empêché de solliciter, par l'intermédiaire de celui-ci, le contrôle du JLD et qu'il n'a ainsi pas été porté atteinte à ses intérêts. • Crim. 20 janv. 2021, n° 19-84.292 : *RJDA 2021, n° 269.* ♦ La possibilité de faire appel à un conseil ou d'avoir des contacts avec l'extérieur durant les opérations de visite et saisie domiciliaire n'est pas prévue par la loi, s'agissant d'une mesure d'instruction devant se dérouler, en présence de l'occupant des lieux ou de son représentant, le plus rapidement possible, en présence d'un ou de plusieurs OPJ chargés de veiller au respect des droits de la défense et du secret professionnel, de prendre connaissance des documents avant leur saisie et d'informer le juge du déroulement des opérations. • Com. 21 janv. 1997, n° 94-18.855 P : *préc. note 23.* ♦ Pour des non-lieux à renvoi pour QPC pour le défaut d'assistance lors de visites domiciliaires, V. • Cass., QPC, 15 juin 2010, n° 10-80.018 : *D. actu. 10 sept. 2010, obs. Chevrier ; RDLC 2010, n° 4, p. 204, obs. Lemaire* • 15 juin 2010, n° 09-86.073 : *eod. loc.* ♦ Comp., jugeant qu'il convient de rechercher si, comme le soutient la requérante en se fondant sur les mentions portées au procès-verbal de visite, ses conseils ne s'étaient pas vu interdire d'accéder aux bureaux visités et de prendre la parole, en violation du principe selon lequel le droit d'avoir une assistance juridique doit être respecté dès le stade de l'enquête préalable : • Crim. 27 nov. 2013, n° 12-86.424 P : *D. actu. 10 déc. 2013, obs. Bombled ; RLC avr.-juin 2014. 99, obs. Bouloc ; Dr. pénal 2014, n° 43, obs. J.-H. Robert.* ♦ Dans les procédures fondées sur la violation du droit de la concurrence, l'obligation d'assurer l'exercice des droits de la défense doit être respectée dès le stade de l'enquête préalable (agents ayant fait obstacle à la présence des avocats appelés à assister aux opérations de visite domiciliaire). • Crim. 25 juin 2014, n° 13-81.471 P : *D. 2014. Actu. 1445 ; AJCA 2014. 291, obs. Thill-Tayara et Sanz ; JCP E 2014, n° 1551, obs. J.-H. Robert ; CCC 2014, n° 228, obs. Decocq ; RJDA 2014, n° 801 ; RLDA oct. 2014. 36, note Roskis et Griffin ; RLC oct.-déc. 2014. 37, note Bouloc.* ♦ Dans les procédures fondées sur la violation du droit de la concurrence, les droits de la défense peuvent être exercés par l'occupant des lieux dès la notification de l'ordonnance autorisant les opérations de visite et saisie (indication à l'occupant des lieux qu'aucune communication avec l'extérieur n'était possible, y compris auprès des avocats, tant que l'ensemble des bureaux ne serait pas scellé). • Crim. 4 mai 2017, n° 16-81.071 : *RJDA 2018, n° 75.*

Si c'est à tort que les juges relèvent que les avocats de la société objet d'une opération de visite et de saisie ne bénéficient pas des droits reconnus à celle-ci et à ses représentants par l'al. 8 de l'art. L. 450-4, ils n'encourent cependant pas la censure, dès lors qu'il appartenait à la société et à ses conseils, qui sont intervenus dès le début des opérations de visite et avaient nécessairement connaissance des documents susceptibles d'être appréhendés, de soulever toute contestation utile sur les documents qui leur paraissaient devoir être exclus de la saisie. • Crim. 27 nov. 2013, n° 12-85.830 P : *D. 2014. Chron. C. cass. 323, obs. Labrousse ; JCP E 2014, n° 1050, note Saenko ; CCC 2014. Étude 5, par Saenko ; RJDA 2014, n° 273 ; RLC avr.-juin 2014. 99, obs. Bouloc ; Dr. pénal 2014, n° 43, obs. J.-H. Robert.*

29. Documents susceptibles d'être saisis. En autorisant la saisie de « tous documents utiles », le juge n'autorise pas pour autant les agents de l'Administration à saisir des documents ne se rapportant pas aux agissements retenus pour accueillir la demande de visite. • Com. 14 janv. 1992, n° 90-10.582 P : *préc. note 7.* ♦ Lorsque l'ordonnance limite les pouvoirs des enquêteurs à la seule saisie de documents, l'autorisation judiciaire en cause vise aussi bien des documents sur support papier que sur support informatique (DVD contenant la copie de messages électroniques), dans la mesure où le texte permet la saisie de tous documents ou supports d'information. • Crim. 14 nov. 2007, n° 05-85.739 : *D. 2008. AJ 81, obs. Chevrier ; RDLC 2008, n° 1, p. 168, obs. Lemaire.* ♦ V. aussi notes 30 et 46.

30. Régularité des saisies de documents informatiques. Les saisies de documents informatiques, autorisées judiciairement sur le fondement de l'art. L. 450-4, ne constituent pas un traitement de données à caractère personnel au sens de la L. du 6 janv. 1978. La saisie de certains documents personnels à des salariés n'invalide pas la saisie mais doit conduire l'Administration à restituer les documents concernés dès lors qu'ils auront été identifiés par les intéressés. • Versailles, 19 févr. 2010 : *RDT 2010. 445, note Neiss ; Gaz. Pal. 2010. 3045, et les obs.* ♦ Dès lors que les fichiers informatiques saisis étaient susceptibles de contenir des éléments intéressant l'enquête, la présence, parmi eux, de pièces insaisissables, ne saurait avoir pour effet d'invalider la saisie de tous les autres documents. • Crim. 27 nov. 2013, n° 12-85.830 P : *cité note 28.* ♦ Sont régulières les saisies de supports et données informatiques et télématiques, dès lors que les fichiers informatiques saisis sont identifiés et inventoriés. • Crim. 30 nov. 2011, n° 10-81.748 P : *D. 2011. Actu. 2988 ; JCP E 2012, n° 1091 ; Dr. pénal 2012, n° 10, obs. J.-H. Robert.* ♦ Est régulière la saisie dès lors qu'il est constaté que les pièces appréhendées n'étaient pas étrangères au but de l'autorisation accordée, que les fichiers saisis ont été identifiés puis inventoriés, qu'il n'a été présenté aucun élément de nature à établir que certains des documents ne pouvaient, en raison de leur objet, être saisis et, que, enfin, la confection de scellés provisoires est une faculté laissée à l'appréciation des enquêteurs, agissant sous le contrôle du juge. • Crim. 14 nov. 2013, n° 12-87.346 P : *D. 2013. Actu. 2692 ; JCP E 2013. Actu. 867 ; RJDA 2014, n° 273 ; RLC avr.-juin 2014. 111, obs. Koehler de Montblanc ; Dr. pénal 2014, n° 28, obs. J.-H. Robert.* ♦ Jugeant que ne peut être saisie que la globalité de la messagerie informatique dès lors qu'elle contient des éléments pour partie utiles à la preuve des agissements présumés, V. • Paris, 31 août 2012 : *D. 2012. Actu. 2653, obs. Bouloc et Bombardier .* ♦ Sur l'appréciation de la pratique des saisies informatiques globales au regard de la Conv. EDH, V. • CEDH, 2 avr. 2015, n° 63629/10 : *AJCA 2015. 265, note Maulin ; JCP E 2015. Actu. 371, obs. Hindré-Guéguen ; CCC 2015, n° 152, obs. Bosco ; RLC juill.-août 2015. 81, note Baillat-Devers ; RJDA 2015. 495, note Marie ; Gaz. Pal. 2015. 3117, obs. Andriantsimbazovina.*

31. Respect des droits de la défense et des correspondances d'avocat. BIBL. Nioré, *D. avocats 2014. 357* (perquisitions administratives : le JLD, ectoplasme ou garant effectif du secret professionnel de l'avocat et des droits de la défense ?). ♦ Le pouvoir reconnu aux agents de l'Autorité de la concurrence par l'art. L. 450-4 de saisir des documents et supports informatiques trouve sa limite dans le principe de la libre défense, qui commande de respecter la confidentialité des correspondances échangées entre un avocat et son client et liées à l'exercice des droits de la défense. • Crim. 24 avr. 2013, n° 12-80.331 P : *D. 2014. Chron. C. cass. 323, obs. Labrousse ; JCP E 2013, n° 1453, note Saenko ; RJDA 2013, n° 754 ; LPA 1er juill. 2013, note Dufour ; Gaz. Pal. 2013. 1639, note Piau ; RLC juill.-août 2013. 91, note Lavedan ; Procédures 2013, n° 222, obs. Chavent-Leclère.* ♦ En saisissant des documents à l'évidence protégés par leur nature personnelle, confidentielle ou couverts par le secret des affaires ou le secret professionnel en usant de procédés de ciblage vraisemblablement inadéquats ne permettant pas d'écarter des documents n'entrant pas dans le champ de l'autorisation et en refusant la possibilité à l'occupant des lieux ou à son représentant, contrairement aux dispositions de l'art. 56 C. pr. pén., de prendre connaissance des critères de choix des documents saisis, les enquêteurs n'ont pas respecté les droits de la défense. • TGI Nanterre, 9 avr. 2008 : *cité note ss. art. R. 450-2.* ♦ Si, selon les principes rappelés par l'art. 66-5 de la L. n° 71-1130 du 31 déc. 1971, les correspondances échangées entre le client et son avocat sont, en toutes matières, couvertes par le secret professionnel, il demeure qu'elles peuvent notamment être saisies dans le cadre des opérations de visite prévues par l'art. L. 450-4 dès lors qu'elles ne concernent pas l'exercice des droits de la défense. • Crim. 25 nov. 2020, n° 19-84.304 P : *D. 2020. Actu. 2340 ; JCP E 2021, n° 1025 ; RJDA 2021, n° 268.* ♦ Il résulte de l'art. L. 450-4 que le premier président, statuant sur la régularité de ces opérations, ne peut ordonner la restitution des correspondances entre l'occupant des lieux visités et un avocat en raison de leur confidentialité que si celles-ci sont en lien avec l'exercice des droits de la défense. • Même arrêt. ♦ La protection au titre de la confidentialité des échanges entre l'avocat et son client s'étend à l'ensemble des correspondances échangées entre un avocat et son client, et liées à l'exercice des droits de la défense, et non pas seulement aux documents qui relèveraient de l'exercice des droits de la défense dans l'enquête ayant donné lieu à la visite domiciliaire. • Crim. 20 janv. 2021, n° 19-84.292 : *préc. note 28.* ♦ Estimant que le privilège de confidentialité des correspondances entre les avocats et leurs clients s'étend aux courriels émanant du juriste d'entreprise de la société saisie et visitée dès lors qu'ils reprennent la stratégie de défense de l'avocat : • Paris, ord., 8 nov. 2017, n° 14/13384 : *AJ pénal 2018. 49, obs. Mayoux ; CCC 2017, n° 256, obs. Bosco.*

32. Procès-verbal et inventaire. L'art. 48 [C. com., art. L. 450-4] dispose seulement que les originaux du procès-verbal de saisie et de l'inventaire sont transmis au juge qui a ordonné la visite et ne fait pas obligation au juge de rappeler ces dispositions légales ou de fixer un délai. • Com. 23 mars 1993, n° 91-20.702 P. ♦ Le procès-verbal et l'inventaire établis lors d'opérations de visite et de saisie doivent être notifiés aux personnes n'ayant pas fait l'objet de ces opérations mais qui sont mises en cause au moyen de pièces saisies lors de celles-ci et qui disposent d'un recours sur leur déroulement devant le premier président de la cour d'appel dans le ressort de laquelle le juge les a autorisées. Se trouve mise en cause la personne visée par une demande d'autorisation de procéder dans ses locaux à des opérations de visite et de saisie sur le fondement de pièces saisies au cours d'une précédente visite domiciliaire effectuée chez un tiers. Le procès-verbal et l'inventaire dressés à l'issue de ces opérations antérieures doivent être annexés tant à la requête qu'à l'ordonnance d'autorisation du JLD qui doit être notifiée au moment de la visite, assurant ainsi l'exercice du droit à un recours effectif de la personne mise en cause. En l'espèce, la société se trouvant mise en cause par une requête visant à obtenir l'autorisation d'effectuer des opérations de visite et de saisie dans ses locaux sur le fondement des résultats d'une opération antérieure effectuée chez des tiers, le procès-verbal et l'inventaire dressés à l'issue de cette dernière devaient être annexés à ladite requête et lui être notifiés au début de la visite autorisée. • Crim. 13 juin 2019, n° 17-87.364 P : *D. 2019. Actu. 1277 ; JCP E 2019, n° 1368 ; CCC 2019, n° 145, obs. Decocq ; RJDA 2020, n° 291 ; RLC oct. 2019. 69, note Bouloc.*

C. CONTRÔLE DE LA RÉGULARITÉ DES OPÉRATIONS

1° CONTESTATION DE LA RÉGULARITÉ DES VISITES ET SAISIES

33. Délais. Sur les délais pour contester la régularité des opérations de visite et de saisie, V. considérant que l'art. 21 [C. com., art. L. 463-2], relatif à la communication des griefs, est inapplicable aux recours en annulation desdites opérations : • Com. 15 juin 1999, n° 97-30.004 : *CCC 1999, n° 144, obs. Malaurie-Vignal.* ♦ Le seul envoi d'une lettre missive, même si une copie de la décision autorisant les agents de la DGCCRF, en vertu de l'art. 48 [C. com., art. L. 450-4], à effectuer des visites et des saisies dans les locaux d'une entreprise y était jointe, ne constitue pas une notification de la décision attaquée répondant aux exigences de l'art. 568, al. 2, C. pr. pén. et ne fait pas courir le délai du pourvoi en cassation. • Com. 6 mars 1990, n° 89-12.763 P. ♦ Il appartient aux juges du fond d'apprécier souverainement si le délai qui s'est écoulé entre la date à laquelle l'ordonnance autorisant les opérations de visite et saisies a été rendue et celle à laquelle la cour d'appel a statué a permis aux sociétés requérantes de contester utilement les documents produits par l'administration. • Crim. 25 févr. 2015, n° 13-87.795 : *cité note 40.*

34. Qualité et intérêt à agir (jurispr. antérieure à l'Ord. n° 2008-1161 du 13 nov. 2008). Il n'est pas nécessaire qu'une visite du domicile et des locaux d'un commerçant ait été ordonnée pour que ce commerçant ait intérêt à se pourvoir en cassation contre l'ordonnance. • Com. 29 oct. 1991, n° 90-12.924 P. ♦ Comp., exigeant que la société soit au moins visée par l'ordonnance : • Com. 28 janv. 1992, n° 91-10.542 P • 10 mars 1992, n° 90-21.384 P. ♦ La déclaration de pourvoi en cassation faite par un inspecteur de la concurrence, de la consommation et de la répression des fraudes au nom du ministre chargé de l'économie à l'encontre d'une ordonnance d'un juge du TGI faisant droit à la requête d'une société tendant à la communication du dossier présenté par l'Administration à l'appui d'une demande d'autorisation de visite domiciliaire est régulière comme émanant du représentant de l'Administration qui a obtenu l'autorisation de visite et saisie domiciliaires. • Com. 3 oct. 1995, n° 94-13.381 P : *RJDA 1996, n° 78.* ♦ Il résulte des dispositions des art. 567 et 568 C. pr. pén. qu'est recevable à se pourvoir en cassation toute partie à l'instance qui a donné lieu à la décision attaquée, lorsque cette dernière contient à son égard des dispositions qui lui font grief ; il en est ainsi du rapporteur général de l'Autorité de la concurrence qui a sollicité et obtenu du JLD l'autorisation de procéder à des opérations de visite et saisie, en vue de rechercher la preuve de pratiques anticoncurrentielles, conformément à l'art. L. 450-4 C. com., et dont le déroulement a fait l'objet d'un recours devant le premier président de la cour d'appel. • Crim. 16 juin 2011, n° 11-80.345 P : *D. 2011. Actu. 1749 ; JCP 2011, n° 1176, spéc. n° 8, obs. J.-H. Robert ; BRDA 2011, n° 13, p. 11 ; RDLC 2011, n° 3, p. 187, obs. Lemaire et Naudin ; RLC juill.-sept. 2011. 66, obs. Lavedan.* ♦ Pour un pourvoi tardif, V. • Crim. 11 janv. 2012, n° 10-87.762 P : *D. 2012. Actu. 212* ; *JCP E 2012, n° 1167.*

35. Mise en cause de l'Administration. Il appartient à la partie qui conteste la régularité des opérations de visite et saisie domiciliaires, autorisées par le président du TGI à la demande de l'Administration, de mettre en cause cette dernière. • Com. 6 mai 1996, n° 94-16.235 P : *D. Affaires 1996. 704.*

36. Compétence. L'art. L. 450-4, dans sa rédaction postérieure à la L. n° 2001-420 du 15 mai 2001, ne donne pas compétence au Conseil et désormais à l'Autorité pour apprécier la régularité des opérations effectuées en exécution des ordonnances du JLD autorisant les visites et saisies. • Aut. conc. n° 10-D-26 du 28 juill. 2010. ♦ Seul le juge judiciaire, régulièrement saisi, est compétent pour effectuer un tel contrôle. • Aut. conc. n° 11-D-13 du 5 oct. 2011 : *D. actu. 13 oct. 2011, obs. Chevrier ; RLC janv.-mars 2012. 26, obs. Cholet.* ♦ Un tiers ne saurait se prévaloir devant le Conseil de l'irrégularité d'un procès-verbal établi dans le cadre de visites et saisies dès lors que l'entreprise ayant fait l'objet de ces visites et saisies ou dont le représentant a été interrogé n'en a pas contesté la régularité. • Cons. conc. n° 06-D-03 du 9 mars 2006 : *cité note 2 ss. art. L. 123-22.* ♦ Sur l'impossibilité d'invoquer la nullité de l'ordonnance par voie d'exception devant le juge saisi des poursuites, V. à propos de l'art. L. 38 LPF : • Crim. 31 janv. 1994, n° 93-81.366 P : *RJDA 1994, n° 306.*

37. Accès aux pièces du dossier. Le droit légalement reconnu des parties à avoir accès *a posteriori* aux pièces du dossier présenté par l'Administration, demanderesse à une autorisation de visite et saisie domiciliaires qui leur fait grief, ne peut être soumis à contestation, l'organisation matérielle de la communication de ces pièces relevant non de la procédure organisée par l'art. 48 [C. com., art. L. 450-4], mais d'une mesure d'administration judiciaire. • Com. 3 oct. 1995, n° 94-13.381 P : *D. 1995. IR 233 ; RJDA 1996, n° 78.* ♦ Il appartient aux demandeurs au pourvoi, si les pièces litigieuses ne se trouvent pas au greffe de la juridiction, de mettre en demeure l'Administration, qui avait obtenu l'autorisation de visite en cause, de leur communiquer lesdites pièces de manière à permettre l'exercice de leurs droits et, en particulier, d'élaborer les moyens à l'appui de leur pourvoi. • Com. 10 déc. 1996, n° 94-13.057 P : *RJDA 1997, n° 1055.* ♦ La production des pièces répond à sa finalité quand elle est faite en photocopie. • Com. 13 mai 1997, n° 94-10.928 P : *JCP 1997. IV. 1392.* ♦ Si l'Administration peut être fondée à garantir l'anonymat de certaines personnes entendues au cours de l'enquête et doit respecter le secret des affaires, dès lors qu'elle produit des pièces pour justifier de présomptions de pratiques anticoncurrentielles au soutien d'une demande d'autorisation de visite et saisie, l'ordonnance qui l'accorde en visant et analysant lesdites pièces ne peut les soustraire à l'examen contradictoire des parties nécessaire à l'exercice du recours qu'elles sont en droit d'introduire contre ladite ordonnance. • Com. 9 juill. 1996, n° 94-16.223 P : *D. 1996. IR 191* . ♦ Le juge viole la loi lorsqu'il refuse l'accès au dossier produit par l'Administration à l'appui d'une demande d'autorisation de visite domiciliaire, ce dont il résulte que les pièces annexées à la demande ne peuvent pas être consultées par les personnes auxquelles le recours en cassation est ouvert, alors que celles-ci, pour exercer cette voie de recours seule offerte par la loi, doivent être en mesure d'apprécier les griefs dont l'ordonnance est susceptible et, à cette fin, avoir connaissance des pièces sur lesquelles le juge s'est fondé. • Com. 1er avr. 1997, n° 95-30.152 : *RJDA 1997, n° 792.* – Dans le même sens, V. • Com. 7 oct. 1997, n° 95-30.225 P : *D. 1997. IR 222* .

2° RECOURS DEVANT LE PREMIER PRÉSIDENT DE LA COUR D'APPEL

38. Compétence du premier président. BIBL. Fossier et Tordjman, *RDLC 2010, n° 3, p. 197* (nouveau régime des visites domiciliaires : jurisprudence de la cour d'appel de Paris et de son premier président). ♦ L'Ord. du 13 nov. 2008 donnant compétence au premier président de la cour d'appel du ressort du juge les ayant autorisées pour connaître d'un recours sur le déroulement des opérations de visite ou de saisie, le JLD ne pouvait constater la régularité des opérations. • Crim. 8 févr. 2012, n° 09-86.073 : *Dr. pénal 2012, n° 72, obs. J.-H. Robert.* ♦ Sur le moyen relevé d'office après avis donné aux parties et pris de l'entrée en vigueur de l'Ord. du 13 nov. 2008, jugeant qu'il résulte de l'art. 5-IV de ladite ordonnance, ensemble l'art. L. 450 4 C. com., que la voie de l'appel a été ouverte à l'encontre de la décision frappée de pourvoi et que, dès lors, le pourvoi est devenu irrecevable : • Crim. 20 mai 2009, n° 08-82.985 P : *D. 2009. AJ 1601, obs. Chevrier* ; *RLC oct.-déc. 2009. 82, obs. Cheynel.* ♦ En interjetant appel des ordonnances en cause devant les premiers présidents de cour d'appel compétents, et ainsi en ne faisant pas usage des dispositions transitoires qui leur étaient applicables, dont elles n'ignoraient pas l'existence et qui avaient été instaurées afin de garantir au mieux leurs droits et de donner l'effet le plus large possible à une modification législative destinée à tirer les conséquences d'un constat d'inconventionnalité effectué par la CEDH, les requérantes doivent être considérées comme ayant renoncé à exercer leur droit de recours ; dès lors, l'Autorité était parfaitement fondée à tirer les conséquence de l'absence d'usage de ce droit et ainsi considérer que les pièces, régulièrement saisies, étaient susceptibles d'être utilisées dans la procédure. • Paris, 20 nov. 2014 : *AJCA 2015. 28, note Ponsard* ; *CCC 2015,* *n° 39, obs. Decocq ; RLC janv.-mars 2015. 37, obs. Sélinsky.* ♦ Il n'entre pas dans l'office du JLD, qui doit seulement contrôler le déroulement des opérations de visites domiciliaires, de se prononcer sur le caractère saisissable ou non des documents saisis, seul le premier président étant compétent pour connaître d'une telle contestation. • Crim. 20 janv. 2021, n° 19-84.292 : *préc. note 28.*

39. Personnes pouvant exercer le recours. En dépit de la formulation du texte instituant ce recours spécial, sans précision quant aux personnes auxquelles il est ouvert, celles-ci ne peuvent être que les personnes visées par l'ordonnance ayant autorisé la saisie, puisqu'il ne s'agit que d'une modalité particulière de l'appel institué par l'art. L. 450-4 dans sa rédaction résultant de l'Ord. n° 2008-1161 du 13 nov. 2008, destinée à réexaminer des autorisations intervenues dans des affaires n'ayant pas encore abouti à une décision définitive sur le fond. • Paris, 29 juin 2010 : *BOCC 5 août 2010* (conf. sur ce point par • Com. 2 nov. 2011, n° 10-21.103 P : *D. 2011. Actu. 2789, obs. Chevrier ; JCP E 2011, n° 1812 ; CCC 2012, n° 22, obs. Decocq ; Dr. pénal 2012, n° 11, obs. J.-H. Robert ; RLC oct.-déc. 2011. 75, obs. Barbier de la Serre*). ♦ Seules les personnes ayant subi une atteinte au caractère privé de leur domicile ou une mesure coercitive de saisie de documents personnels sont en droit de critiquer les conditions dans lesquelles l'ordonnance d'autorisation a été rendue ; la personne mise en cause au moyen de pièces saisies au cours des opérations n'est pas, quant à elle, privée d'un accès équitable au juge, ayant le droit de discuter devant l'Autorité de la concurrence, puis éventuellement devant la cour d'appel de Paris, le contenu et la portée des documents qui lui sont opposés. • Même arrêt.

40. Exigence d'impartialité. L'examen de l'existence de présomptions de pratiques anticoncurrentielles autorisant les visite et saisie par la même formation de jugement que celle appelée à statuer sur le bien-fondé des griefs retenus et de la sanction prononcée au titre de ces pratiques est de nature à faire naître un doute raisonnable sur l'impartialité de la juridiction. • Com. 2 nov. 2011, n° 10-21.103 P : *préc. note 39* • 21 juin 2011, n° 09-67.793 P : *D. 2011. Actu. 1749, obs. Chevrier ; JCP 2011, n° 784, obs. Ruy ; CCC 2011, n° 199, obs. Bosco ; RJDA 2011, n° 961 ; RDLC 2011, n° 3, p. 188, obs. Lemaire et Naudin ; RLC oct.-déc. 2011. 75, obs. Barbier de la Serre.* ♦ Cassation de l'arrêt ayant jugé que le contrôle en fait et en droit de la régularité de l'ordonnance d'autorisation des visite et saisie n'implique de la part de la cour d'appel aucune appréciation sur le bien-fondé des griefs et que, dès lors, la cour peut à la fois statuer sur les deux plans du recours sans que cela constitue une atteinte à l'exigence d'impartialité. • Paris, 16 juin 2009 : *D. actu. 22 juin 2009, obs. Chevrier ; CCC 2009, n° 230, obs. Decocq ; RDLC 2009, n° 3, p. 128, obs. Momège ; RLC oct.-déc. 2009. 82, obs. Cheynel* • Aut. conc. n° 09-D-25 du 29 juill. 2009. – V. aussi • Paris, 5 janv. 2010 : *CCC 2010, n° 77, obs. Decocq ; RDLC 2010, n° 2, p. 137, obs. Lemaire et Naudin* (jugeant qu'aucun principe ne fait obstacle à ce que le même juge examine successivement la régularité d'une étape de la procédure, puis l'affaire au fond). ♦ La cour d'appel n'a pas méconnu l'exigence d'impartialité, dès lors qu'elle a statué sur la contestation de l'autorisation des opérations de visite et saisie dans une composition différente de celle appelée à se prononcer sur le recours formé contre la décision de l'Autorité de la concurrence. • Crim. 25 févr. 2015, n° 13-87.795 : *Dr. pénal 2015, n° 53, obs. J.-H. Robert.*

41. Objet du recours. La cour ne peut pas se dérober, au motif qu'il manquerait des pièces, à sa mission de juger le nouveau recours ouvert par le législateur ; il lui incombe d'apprécier en fait et en droit la régularité de l'ordonnance au vu des éléments du dossier, ce qui constitue un contrôle juridictionnel effectif. • Paris, 16 juin 2009 : *préc. note 40.* ♦ Il revient alors seulement à la cour de vérifier si le juge qui a autorisé les opérations de visites et saisies l'a fait au vu de présomptions suffisantes d'une pratique anticoncurrentielle. • Paris, 15 juin 2010 : *CCC 2010, n° 214, obs. Decocq ; RLC oct.-déc. 2010. 61, obs. Christol* (censurée sur ce point par • Com. 15 nov. 2011, n° 10-20.527 : *CCC 2012, n° 22, obs. Decocq ; RDLC 2012, n° 1, p. 192, obs. Lemaire et Naudin*). ♦ Par application de l'art. 561 C. pr. civ., le premier président qui annule l'ordonnance du JLD autorisant des opérations de visite et saisie doit se prononcer lui-même sur le bien-fondé de la requête de l'administration. • Crim. 25 févr. 2015, n° 13-87.795 : *préc. note 40.* ♦ Le recours devant le premier président de la cour d'appel ou, à l'occasion d'un recours contre une décision de l'Autorité de la concurrence, l'examen des conditions de la perquisition par la cour d'appel de Paris ont pour effet concret d'ouvrir un recours en appel, qui n'existait pas antérieurement, à l'encontre de l'ordonnance rendue par le JLD en matière de visite et de saisie ; ce recours consiste à examiner, *in concreto*, au regard de l'art. L. 450-4, le bien-fondé de l'ordonnance d'autorisation attaquée et il a pour suite, s'il aboutit à l'infirmation de cette décision, de conduire à l'anéantissement des actes d'enquête réalisés en application de celle-ci, avec toutes les conséquences que cela pourra, en outre, comporter sur les poursuites elles-mêmes ; il s'agit donc d'un recours, certes différé, mais effectif et efficace, en ce qu'il permet à l'appelant de faire valoir ses droits. • Paris, 19 janv. 2010 : *cité note 44 ss. art. L. 464-2.*

Ayant relevé qu'une voie de recours spécifique était prévue par l'art. L. 450-4 pour contester le déroulement des opérations de visite et saisie, la cour d'appel en a justement déduit que l'appréciation de la régularité des saisies opérées sur autorisation judiciaire ne relevait pas des attributions de l'Autorité de la concurrence, ni de celles de la cour d'appel saisie en application de l'art. L. 464-8, seule la valeur probante des pièces recueillies dans le cadre de ces opérations pouvant être discutée devant elle. • Com. 21 oct. 2014, n° 13-16.602 P : *cité note 47 ss. art. L. 464-2.*

42. *Incertitude du recours.* L'action résultant de la mise en œuvre des mesures transitoires de l'art. 5-IV de l'Ord. du 13 nov. 2008 ne peut être exercée que si un recours au fond est formé contre la décision de l'Autorité de la concurrence, ce qui rend nécessairement l'accessibilité de cette voie de recours incertaine, compte tenu de l'exigence préalable à la fois d'une décision au fond et d'un recours contre celle-ci. • CEDH 21 déc. 2010 : *D. 2011. 1332, note Matsopoulou ; CCC 2011, n° 40, obs. Decocq ; BRDA 2011, n° 3, p. 10, note Marie ; RLDA mars 2011. 36, obs. Lecourt ; RDLC 2011, n° 1, p. 178, obs. Lemaire* et *Cousin.* – V. aussi • CEDH 5 mai 2011 : *JCP 2011, n° 595, obs. Pastre-Belda ; RLC juill.-août 2011. 121, note Leroy et Ruy ; Procédures 2011, n° 244, obs. Buisson.* ♦ ... Et prenant acte de cette décision en ordonnant la réouverture des débats afin de permettre aux parties, à l'Autorité de la concurrence, au ministère public et au ministre de l'Économie de conclure sur la portée de cet arrêt dans l'espèce qui lui est soumise : • Paris, 13 janv. 2011 : *D. actu. 24 janv. 2011, obs. Chevrier ; RDLC 2011, n° 1, p. 198, obs. Lemaire* et *Cousin.* ♦ ... Puis estimant que l'incertitude du recours, au sens de l'arrêt de la CEDH du 21 déc. 2010, s'entend de la situation dans laquelle seraient mises les entreprises requérantes du fait du régime transitoire résultant de l'Ord. du 13 nov. 2008, si elles n'avaient pas exercé de recours au fond, ce qui ne correspond pas aux circonstances de la présente affaire : • Paris, 27 janv. 2011 : *D. actu. 2 févr. 2011, obs. Chevrier ; CCC 2011, n° 72, obs. Decocq ; RLDA mars 2011. 36, obs. Lecourt ; RDLC 2011, n° 2, p. 191, obs. Lemaire* et *Naudin.* – Sur ces arrêts, V. Cheynel, Mexis et Winckler, *RLC juill.-sept. 2011. 48* (le législateur et les visites domiciliaires : bien, mais peut mieux faire). ♦ Le recours en contestation prévu par l'Ord. n° 2008-1161 du 13 nov. 2008 ne répond pas, en l'espèce, aux exigences de l'art. 6, § 1, Conv. EDH, dès lors que les sociétés en cause n'ont pu contester en fait et en droit l'ordonnance autorisant les visite et saisie de documents que quinze ans après l'exécution de celles-ci. • Com. 14 févr. 2012, n° 11-11.750 P : *D. 2012. Actu. 604, obs. Chevrier ; JCP E 2012, n° 1206 ; CCC 2012, n° 102, obs. Bosco ; RJDA 2012, n° 622 ; Dr. pénal 2012, n° 56, obs. J.-H. Robert* (cassation de • Paris, 27 janv. 2011 : *préc.*).

43. *Ministère public.* L'art. L. 450-4 ne prévoit la présence du ministère public à l'audience que si celui-ci a relevé appel de l'ordonnance du JLD ayant autorisé des visites et saisies. • Crim. 8 sept. 2010, n° 09-84.467 P : *D. actu. 19 oct. 2010, obs. Chevrier ; AJ pénal 2010. 557, note Lasserre Capdeville ; JCP E 2010, n° 1944 ; CCC 2010, n° 282, obs. D. B. ; RJDA 2011, n° 187.*

44. *Portée de l'annulation.* L'annulation d'une ordonnance autorisant une visite domiciliaire entraîne l'annulation de toutes les poursuites subséquentes procédant de l'exploitation des documents saisis à cette occasion. • Crim. 30 sept. 1991, n° 90-83.579 P : *RJDA 1991, n° 1050.* ♦ Selon l'art. L. 450-4, les pièces saisies par l'administration de la concurrence sont conservées jusqu'à ce que la décision soit devenue définitive. Dès lors, en ordonnant la restitution immédiate des documents saisis après avoir annulé la décision du JLD, le premier président a méconnu le sens et la portée de ce texte. • Crim. 27 févr. 2013, n° 11-88.471 P : *D. 2013. Actu. 637 ; AJ pénal 2013. 418, obs. Lasserre Capdeville ; JCP E 2013, n° 1230 ; RJDA 2013, n° 551 ; Dr. pénal 2013, n° 78, obs. J.-H. Robert* • 22 janv. 2014, n° 13-81.013 P : *préc. note 9.* ♦ Il résulte de l'al. 6 de l'art. L. 450-4 que, l'ordonnance du premier président statuant sur l'appel de l'ordonnance du JLD ayant autorisé des opérations de visite et saisie étant susceptible de pourvoi en cassation, les pièces saisies sont conservées jusqu'à ce que la décision soit devenue définitive. • Crim. 19 déc. 2012, n° 12-82.270 : *Dr. pénal 2013, n° 77, obs. J.-H. Robert.*

45. *Pièces irrégulièrement saisies.* Les pièces irrégulièrement saisies ne sauraient être retenues comme moyens de preuve des concertations relevées. • Cons. conc. 8 janv. 1991 : *Gaz. Pal. 1991. 1. 324, note Marchi.* ♦ Le droit, pour les agents de la Commission européenne, de prendre copie des livres ou documents professionnels suppose, en cas de refus des dirigeants de l'entreprise, que ces livres et documents soient préalablement saisis par les fonctionnaires nationaux présents pour assister les agents de la Commission. • Crim. 22 oct. 2003, n° 98-30.389 P : *préc. note 11.* ♦ Les pouvoirs d'investigation conférés par la loi aux agents de la DGCCRF leur permettent d'effectuer les visites valablement, sans que l'usage ultérieur des documents saisis soit déterminant de la validité des opérations de perquisition. • Paris, 19 janv. 2010 : *préc. note 41.* ♦ V. aussi notes 10, 12 et 31.

46. *Restitution des seules pièces irrégulièrement saisies.* Si l'Administration ne peut appréhender que des documents se rapportant aux agissements retenus par l'ordonnance autorisant les opérations de visite et de saisie, il ne lui est pas interdit de saisir des pièces pour partie utiles à la preuve de ces agissements ; le juge, au vu des éléments de preuve qui lui sont soumis, appréciant souverainement que les écrits, supports et données saisis n'étaient ni divisibles ni étrangers au but de l'autorisation accordée.

• Crim. 14 déc. 2011, n° 10-85.293 P : *D. 2012. Actu. 86* ; *JCP E 2012, n° 1169.* ♦ Le juge saisi d'un recours concernant le déroulement des opérations de visite et de saisie qu'il a autorisées doit en vérifier la régularité et ordonner la restitution des seuls documents dont il est établi qu'ils ont été appréhendés irrégulièrement ou en violation des droits de la défense. • Crim. 20 mai 2009, n° 07-86.437 P : *D. actu. 19 juin 2009, obs. Chevrier* ; *RDLC 2009, n° 3, p. 126, obs. Momège* ; *Procédures 2010. Chron. 1, spéc. n° 6, par Leroy et Ruy* • 11 janv. 2012, n° 10-88.197 P : *D. 2012. Actu. 214* ; *JCP E 2012, n° 1170* ; *CCC 2012, n° 71, obs. Bosco* ; *CCE 2012, n° 31, obs. Chagny* ; *RLDA févr. 2012. 39, note Roskis et Dorémus.* ♦ Il appartient au juge de vérifier concrètement, en se référant au procès-verbal et à l'inventaire des opérations, la régularité de ces dernières et d'ordonner, le cas échéant, la restitution des documents qu'il estimait appréhendés irrégulièrement ou en violation des droits de la défense ; le juge ne pouvant ordonner une mesure d'instruction sans rapport concret avec le litige comme tendant à apprécier la possibilité pour les enquêteurs de procéder autrement qu'ils ne l'avaient fait (utilisation d'un logiciel permettant aux services d'instruction de l'Autorité de la concurrence d'identifier à partir de mots clés les éléments contenus dans un ordinateur susceptibles de se rattacher aux pratiques suspectées). • Crim. 16 juin 2011, n° 11-80.345 P : *préc. note 34.* ♦ Pour rejeter la demande de restitution de pièces saisies, l'ordonnance énonce que la demanderesse au recours sollicite sans autre précision la restitution de pièces relatives à l'exercice des prérogatives de puissance publique du conseil départemental ou sans rapport avec les agissements visés dans l'ordonnance. En se déterminant par ces seuls motifs, alors que le demandeur avait fourni la liste des pièces dont il demandait la restitution, et soutenait que celles-ci étaient sans lien avec l'enquête, le premier président n'a pas justifié sa décision. • Crim. 12 sept. 2018, n° 17-81.189 P : *RSC 2018. 913, obs. Sordino* ; *RJDA 2019, n° 224* ; *Dr. pénal 2018, n° 213, obs. J.-H. Robert.* ♦ V. aussi notes 29 à 31.

47. Pourvoi en cassation. Il résulte de l'art. L. 450-4 que le pourvoi en cassation contre la décision statuant en appel sur l'autorisation de visite doit être formé selon les règles prévues par le code de procédure pénale. • Com. 9 déc. 2014, n° 13-26.624 : *RLDA févr. 2015. 68, note Bouloc.*

Art. L. 450-5 *(Ord. n° 2008-1161 du 13 nov. 2008, art. 1er)* **Le rapporteur général de l'Autorité de la concurrence est informé avant leur déclenchement des investigations que le ministre chargé de l'économie souhaite voir diligenter sur des faits susceptibles de relever des articles L. 420-1** *(L. n° 2016-1920 du 29 déc. 2016, art. 3, en vigueur le 1er mars 2017)* **« à L. 420-2-2 »** *(L. n° 2012-1270 du 20 nov. 2012, art. 6)* **« et L. 420-5 ou d'être contraires aux mesures prises en application de l'article L. 410-3 » et peut, dans un délai fixé par décret, en prendre la direction.**

Le rapporteur général est informé sans délai du résultat des investigations menées par les services du ministre. Il peut, dans un délai fixé par décret, proposer à l'Autorité de se saisir d'office. — *[Ord. n° 86-1243 du 1er déc. 1986, art. 49.]* — *V. art. D. 450-3.*

V. note ss. art. L. 450-1.

BIBL. ▶ MARIE, *RLC nov. 2016. 30* (pratiques anticoncurrentielles de dimension locale : le rôle de la DGCCRF).

Art. L. 450-6 *(Ord. n° 2008-1161 du 13 nov. 2008, art. 1er)* **Le rapporteur général désigne, pour l'examen de chaque affaire, un ou plusieurs agents des services d'instruction aux fonctions de rapporteur. A sa demande écrite, l'autorité dont dépendent les agents mentionnés au II de l'article L. 450-1 met sans délai à sa disposition, en nombre et pour la durée qu'il a indiqués, les agents nécessaires à la réalisation des opérations mentionnées à l'article L. 450-4.** — *V. art. R. 463-4 et R. 463-5.*

V. note ss. art. L. 450-1.

1. Pouvoirs du ministre de l'Économie. Il résulte des dispositions des art. 11, 15 et 50 [C. com., art. L. 462-5, L. 464-8 et L. 450-6] que, dès lors que le Conseil de la concurrence est saisi pour sanctionner des parties auxquelles il est reproché des pratiques illicites faisant obstacle au jeu de la libre concurrence, le ministre de l'Économie ne peut utiliser dans la même procédure, à l'encontre de ces parties, les pouvoirs qu'il tient des art. 45 s. [C. com., art. L. 450-1 s.]. • Com. 10 déc. 1996, n° 94-16.192 P : *D. Affaires 1997. 109.*

2. Autosaisine. La désignation formelle d'un rapporteur pour instruire une affaire, conformément à l'art. 50 de l'Ord. du 1er déc. 1986 [C. com., art. L. 450-6] n'est prévue que pour l'instruction des affaires au fond postérieure à la saisine du Conseil et non pour les procédures au cours desquelles le Conseil décide de se saisir d'office. Il est dès lors loisible au Conseil de désigner oralement et sans formalités des rapporteurs chargés spécialement de faire un rapport oral sur la saisine d'office devant la formation chargée de se prononcer sur cette saisine. • Cons. conc. n° 06-D-07 du 21 mars 2006 : *cité note 8 ss. art. L. 420-6.*

3. Désignation du rapporteur. L'art. L. 450-6 n'impose aucun délai pour la désignation du rapporteur et aucune disposition n'impose que la nomination du rapporteur ait été effectuée préalablement à la demande d'avis des autorités administratives compétentes. • Cons. conc. n° 05-D-13 du 18 mars 2005 : *D. 2005. AJ 1023, obs. Chevrier*. – Sur la demande d'avis, V. art. R. 463-9.

4. Nom du rapporteur. La demande du président du Conseil qui se borne à inviter l'Administration à communiquer au rapporteur des informations qu'elle détient, mais ne comporte aucune demande d'enquête n'a pas à faire mention du nom du rapporteur. • Com. 16 mai 2000, n° 99-12.872 P : *CCC 2000, n° 144, obs. Malaurie-Vignal.*

5. Rôle du rapporteur. Il résulte des art. L. 450-1 et L. 450-6 que le rapporteur est maître de la conduite des investigations et qu'il apprécie librement l'opportunité des mesures à mettre en œuvre ; il ne peut donc être reproché au Conseil de ne pas avoir fait effectuer des visites domiciliaires. • Paris, 23 janv. 2007 : *D. 2007. AJ 576, obs. Chevrier ; CCC 2007, n° 73, obs. Malaurie-Vignal ; RJDA 2007, n° 557 ; RLC avr.-juin 2007. 79, obs. Cheynel.* ♦ V. aussi note 3 ss. art. L. 463-7 et note 8 ss. art. L. 462-7.

Art. L. 450-7 Les *(Ord. n° 2008-1161 du 13 nov. 2008, art. 1er)* **« agents mentionnés à l'article L. 450-1 » peuvent, sans se voir opposer le secret professionnel, accéder à tout document ou élément d'information détenu par les services et établissements de l'État** *(Ord. n° 2021-649 du 26 mai 2021, art. 2-VII)* **« , les autorités administratives indépendantes et autorités publiques indépendantes mentionnées à l'annexe de la loi n° 2017-55 du 20 janvier 2017 portant statut général des autorités administratives indépendantes et des autorités publiques indépendantes, » et des autres collectivités publiques.** – *[Ord. n° 86-1243 du 1er déc. 1986, art. 51.]*

1. Absence de forme particulière. L'art. 51 [C. com., art. L. 450-7] qui autorise les enquêteurs [désormais : les agents] à accéder à tout document détenu par les services de l'État ou les collectivités publiques, sans se voir opposer le secret professionnel, ne subordonne pas l'exercice de ce droit à une forme particulière, pas plus qu'il n'interdit aux services de communiquer spontanément ces documents. • Com. 26 janv. 1999, n° 97-30.110 : *JCP E 1999, n° 48, p. 1913, obs. Arhel ; CCC 1999, n° 58, obs. Malaurie-Vignal ; LPA 18 nov. 1999, obs. Petitier.*

2. Secret médical. Opèrent dans les limites des pouvoirs qui leur sont attribués par les art. L. 141-1 [L. 511-1 s.] C. consom. et L. 450-3 C. com., les enquêteurs [désormais : les agents] qui se sont bornés à demander communication de plusieurs dossiers d'une clinique au prévenu, lequel leur a transmis neuf devis où les mentions relatives à l'identité des patients étaient cancellées, de telle sorte qu'ils n'ont pas porter atteinte au secret médical. • Crim. 15 oct. 2002, n° 01-88.172 : *CCC 2003, n° 99, obs. Raymond ; Dr. pénal 2003, n° 22, obs. J.-H. Robert.*

3. Absence de procès-verbal. Des documents administratifs peuvent être considérés comme figurant de façon licite dans un dossier d'enquête sans que leur réception fasse l'objet d'un procès-verbal, lorsqu'ils sont fournis par les services et établissements de l'État et des autres collectivités publiques. • Cons. conc. n° 07-D-29 du 26 sept. 2007 : *cité note 1 ss. art. L. 450-1.*

Art. L. 450-8 *(Ord. n° 2021-649 du 26 mai 2021, art. 2-VIII)* **I. — Sous réserve des dispositions du II, est puni d'un emprisonnement de deux ans et d'une amende de 300 000 € le fait pour quiconque de s'opposer, de quelque façon que ce soit, à l'exercice des fonctions dont les agents mentionnés au II de l'article L. 450-1 sont chargés en application du présent livre.**

II. — Lorsque l'opposition porte sur des actes des agents mentionnés au II de l'article L. 450-1 accomplis au titre de leur mise à disposition du rapporteur général de l'Autorité de la concurrence en application de l'article L. 450-6, et qu'elle est le fait d'une personne morale, les dispositions du I ne sont pas applicables et elle n'est passible que de la sanction pécuniaire prévue au deuxième alinéa du V de l'article L. 464-2. – *[Ord. n° 86-1243 du 1er déc. 1986, art. 52.]*

BIBL. ▶ Bouloc, *RLC avr.-juin 2013. 77* (les infractions d'opposition aux fonctions au regard des droits fondamentaux).

1. Obstacles aux fonctions des enquêteurs. Dès lors que les enquêteurs [désormais : les agents] habilités par le ministre chargé de l'économie exercent leurs fonctions en exécution d'une ordonnance du président du TGI, ils sont réputés agir dans les conditions prévues par la loi et les obstacles mis à leurs fonctions constituent le délit prévu par l'art. 52 [C. com., art. L. 450-8]. • Crim. 25 févr. 1992, n° 91-82.731 P. ♦ Pour une illustration de l'opposition à fonction, V.

• TGI Toulouse, 9 mars 1998 : *BID 12/1998. 32.*

2. *Auto-incrimination.* BIBL. Roets, *AJ pénal 2008. 119* (le droit de ne pas contribuer à sa propre incrimination dans la jurisprudence de la CEDH). ♦ Le secret professionnel comme la protection des libertés individuelles des clients ne peuvent être opposés aux enquêteurs, qui sont soumis à un devoir de discrétion et qui tiennent de la loi le pouvoir d'exiger la communication de documents de toute nature propres à l'accomplissement de leur mission. • Crim. 24 févr. 2009, n° 08-84.410 P : *D. 2009. AJ 1017, obs. Léna ; AJ pénal 2009. 226, obs. Lasserre Capdeville ; JCP E 2009, n° 16-17, p. 38 ; CCC 2009, n° 151, obs. Raymond ; RJDA 2009, n° 785 ; Dr. pénal 2009, n° 83, obs. J.-H. Robert ; RLC janv.-févr. 2011. 54, obs. Bouloc.* ♦ Les juges relèvent que le refus de communiquer les documents contractuels dans leur intégralité, qui a empêché les enquêteurs de vérifier l'application de la réglementation en matière de démarchage à domicile, caractérise le délit prévu et réprimé par l'art. L. 450-8, lequel consiste en une obstruction, de quelque nature que ce soit, apportée aux demandes d'un fonctionnaire de contrôle tendant à l'empêcher de procéder aux enquêtes dont il est chargé. • Même arrêt. ♦ La cour d'appel a justifié sa décision, sans porter atteinte au droit au silence garanti par les dispositions de la Conv. EDH. • Même arrêt.

3. *Droit transitoire.* V. note 1 ss. art. 61 de l'Ord. n° 86-1243 du 1er déc. 1986, reproduit ss. art. L. 490-12.

Art. L. 450-9 *(Ord. n° 2021-649 du 26 mai 2021, art. 2-IX)* **Est puni d'un emprisonnement de deux ans et d'une amende de 300 000 € le fait pour une personne physique de s'opposer à l'exercice des fonctions dont les agents mentionnés au I de l'article L. 450-1 sont chargés en application du présent livre.**

Art. L. 450-10 *(Ord. n° 2021-649 du 26 mai 2021, art. 2-IX)* **Les dispositions de l'article 121-2 du code pénal ne sont pas applicables aux infractions mentionnées à l'article L. 450-9, ni à celles mentionnées au I de l'article L. 450-8, lorsque l'opposition porte sur des actes des agents mentionnés au II de l'article L. 450-1 accomplis au titre de leur mise à disposition du rapporteur général de l'Autorité de la concurrence en application de l'article 450-6.**

TITRE SIXIÈME DE L'AUTORITÉ DE LA CONCURRENCE

(L. n° 2008-776 du 4 août 2008, art. 95-I, 1°, en vigueur le 13 nov. 2008).

BIBL. GÉN. ▶ Loi n° 2008-776 du 4 août 2008 : Idot et Lemaire, *JCP 2008. Actualités. 441* (avant-projet d'ordonnance portant création de l'Autorité de la concurrence). – Vilmart, *JCP E 2008, n° 26, p. 3* (réflexions sur le projet d'ordonnance portant création de l'Autorité de concurrence). – Chevrier, *D. 2008. 1884* (réintroduction par le Sénat dans le projet LME). – Vilmart et Leguin, *JCP E 2008, n° 31-34, p. 17, spéc. p. 25* (la LME : une tentative encore inachevée de modernisation du droit français de la concurrence). – Debroux, *CCC 2008. Alerte 45* (la création d'une Autorité de la concurrence aux compétences élargies : une réforme majeure et quelques scories). – Cheynel, *RLC juill.-sept. 2008. 64* (avant-projet d'ordonnance portant création de l'Autorité de la concurrence). – Arhel, *LPA 7 août 2008* (LME : une nouvelle réforme du droit de la concurrence). – Fourgoux, *RJ com. 2008. 251* (sur une autorité de la concurrence moderne ?). – Bosco, *CCC 2008. Dossier 8* (la nouvelle Autorité de la concurrence). – Sélinsky, *RLC oct.-déc. 2008. 202* (Autorité de la concurrence unique : une réforme à parfaire). – Deschamps, *ibid. 204* (réflexions autour de la nécessité d'un débat technique et démocratique). ▶ Ord. n° 2008-1162 du 13 nov. 2008 : Bosco, *CCC 2008, n° 273* (premières vues sur l'ordonnance de modernisation de la régulation de la concurrence). – Flaicher-Maneval, B. Philippe et Redon, *BRDA 2008, n° 24, p. 11* (pratiques anticoncurrentielles et contrôle des concentrations : aperçu de la réforme). – Vilmart, *JCP E 2009, n° 4, p. 20* (naissance de l'Autorité de la concurrence : une réforme fondamentale mais inachevée). – Poésy, *AJDA 2009. 347* (nature juridique de l'Autorité de la concurrence). – Idot et Lemaire, *JCP 2009. I. 125* (le nouveau visage de la régulation de la concurrence en France). – Anadon et Marchand, *RLC janv.-févr. 2009. 100* (l'Autorité de la concurrence de A à Z). – Claudel, *RTD com. 2009. 92* (la réforme institutionnelle : la création d'une Autorité de la concurrence aux compétences élargies). – Ferrier et Biancone, *D. 2009. 1031* (l'Autorité de la concurrence). – Lasserre, *RJ com. 2009. 96* (la transformation du Conseil de la concurrence en Autorité de la concurrence, clé de voûte d'une régulation de la concurrence moderne, juste et efficace). – Nicinski, *RFDA 2009. 1237* (l'Autorité de la concurrence). – de Drouas, Durand et Hubert, *RDLC 2010, n° 2, p. 34* (l'Autorité de la concurrence, un an après : points de vue d'usagers). – Lasserre, *Just. et cass. 2010. 100* (l'office de l'Autorité de la concurrence). – Frison-Roche, *LPA 29 sept. 2011* (QPC, autorités de concurrence, autorités de régulation économique et financière : perspectives institutionnelles). – Fourgoux, *AJCA 2015. 404* (l'Autorité de la concurrence transfigurée par la loi Macron n° 2015-990 du 6 août 2015 ?). – Lacresse et Marx, *RLC janv. 2016. 19* (loi

Macron et Autorité de la concurrence : une autorité [encore] plus efficace ?). – Des Ylouses, *D. avocats 2019. 66* (l'avocat et l'activité de l'Autorité de la concurrence depuis la loi Macron : quelques enseignements). – Idoux, *RLC mai 2017. 22* (l'approfondissement récent de l'encadrement juridique des dispositifs de régulation) ; *AJDA 2017. 1115* (le nouveau statut général des AAI et API issu de la L. n° 2017-55 du 20 janv. 2017). – Atsarias-Dumas, *AJ contrat 2020. 474* (le contrôle du contrat par l'Autorité de la concurrence).

▶ Conseil de la concurrence : V. Bibl. sur le Code en ligne.

V. le règlement intérieur de l'Autorité de la concurrence adopté par une décision du 30 mars 2009 (JO 4 avr.).

CHAPITRE PREMIER DE L'ORGANISATION

(L. n° 2008-776 du 4 août 2008, art. 95-I, 2°, en vigueur le 13 nov. 2008)

Art. L. 461-1 **I. – L'Autorité de la concurrence est une autorité administrative indépendante. Elle veille au libre jeu de la concurrence. Elle apporte son concours au fonctionnement concurrentiel des marchés aux échelons européen et international.**

II. – Les attributions confiées à l'Autorité de la concurrence sont exercées par un collège composé de dix-sept membres, dont un président, nommés pour une durée de cinq ans par décret pris sur le rapport du ministre chargé de l'économie.

Le président est nommé *(L. n° 2017-55 du 20 janv. 2017, art. 28)* **« par décret du Président de la République » en raison de ses compétences dans les domaines juridique et économique** *(Abrogé par L. n° 2010-838 du 23 juill. 2010, art. 2-I)* **« *, après avis des commissions du Parlement compétentes en matière de concurrence* ».**

Le collège comprend également :

1° Six membres ou anciens membres du Conseil d'État, de la Cour de cassation, de la Cour des comptes ou des autres juridictions administratives ou judiciaires ;

2° Cinq personnalités choisies en raison de leur compétence en matière économique ou en matière de concurrence et de consommation ;

3° Cinq personnalités exerçant ou ayant exercé leurs activités dans les secteurs de la production, de la distribution, de l'artisanat, des services ou des professions libérales.

(Ord. n° 2015-948 du 31 juill. 2015, art. 4) **« Les membres mentionnés au 1°, d'une part, et les membres mentionnés aux 2° et 3°, d'autre part, comprennent un nombre égal de femmes et d'hommes. »**

Quatre vice-présidents sont désignés parmi les membres du collège, dont au moins deux parmi les personnalités mentionnées aux 2° et 3°.

(L. n° 2017-55 du 20 janv. 2017, art. 28) **« Selon des modalités fixées par décret en Conseil d'État, le collège est, à l'exception de son président, renouvelé par moitié tous les deux ans et six mois.** – *V. art. R. 461-10.*

« III. – Le mandat des membres du collège n'est renouvelable, sous réserve du septième alinéa du II, qu'une seule fois. »

La validité des actes de poursuite, d'instruction et de sanction accomplis antérieurement à la première réunion de l'Autorité de la concurrence est appréciée au regard des textes en vigueur à la date à laquelle ils ont été pris ou accomplis (Ord. n° 2008-1161 du 13 nov. 2008, art. 5-II).

L'examen des affaires de concentration notifiées avant la date de la première réunion de l'Autorité de la concurrence et l'examen des affaires de pratiques anticoncurrentielles ayant donné lieu à une notification de griefs ou à une proposition de non-lieu avant cette même date se poursuivent selon les règles de procédure en vigueur antérieurement à cette date. Le collège de l'Autorité de la concurrence est substitué au collège du Conseil de la concurrence pour l'examen de ces affaires, y compris pour les affaires en délibéré (Ord. n° 2008-1161 du 13 nov. 2008, art. 5-III).

Sauf dispositions contraires de l'Ord. n° 2015-948 du 31 juill. 2015, celle-ci s'applique aux nominations postérieures à sa publication [JO 2 août] (Ord. préc., art. 20).

V. Décr. n° 2014-747 du 1er juill. 2014 relatif à la gestion des instruments financiers détenus par les membres du Gouvernement et par les présidents et membres des autorités administratives indépendantes et des autorités publiques indépendantes intervenant dans le domaine économique (JO 2 juill.).

1. Nature juridique de l'Autorité de la concurrence. **BIBL.** Poésy, *AJDA 2009. 347*. – Dossier, *AJDA 2017. 90* (les 30 ans de la décision *Conseil de la concurrence*). ♦ L'Autorité de la concurrence, chargée par la loi notamment de veiller au libre jeu de la concurrence et de contrôler les opérations de concentration économique, est une autorité administrative indépendante, de nature non juridictionnelle, même lorsqu'elle est appelée à prononcer une sanction ayant le caractère d'une punition. • Civ. 2e, 30 sept. 2021, n° 20-18.672 B : *cité note 3 ss. art. L. 461-4.* – V. aussi • Civ. 2e, 30 sept. 2021, n° 20-18.302 B : *eod. loc.* ♦ L'Autorité de la concurrence est une autorité administrative indépendante ; elle veille au libre jeu de la concurrence et apporte son concours au fonctionnement concurrentiel des marchés aux échelons européen et international ; elle n'est pas une juridiction ou « quasi-juridiction » de première instance, puisqu'elle participe d'une politique publique, que le statut de ses membres ou son organisation ne prétendent pas garantir l'impartialité au sens de la Conv. EDH, que, par application de l'art. L. 461-1-II, l'Autorité n'est pas dotée d'une commission des sanctions et œuvre à travers un collège unique. • Paris, 23 sept. 2010 : *D. actu. 5 oct. 2010, obs. Chevrier ; JCP E 2010, n° 1895.* ♦ Si l'Autorité, lorsqu'elle prononce des sanctions pécuniaires à l'encontre d'entreprises s'étant livrées à des pratiques anticoncurrentielles, statue en matière pénale au sens de l'art. 6 Conv. EDH, avec les conséquences qui s'y attachent, elle a la nature non d'une juridiction, mais d'une autorité administrative, comme le prévoit expressément l'art. L. 461-1. • Paris, 1er déc. 2016, n° 2012/11639 • 2 févr. 2017, n° 2013/13058 : *cité note 32 ss. art. L. 464-2.*

2. Impartialité du collège. La présence, en application du 2° de l'art. L. 461-1, de la présidente d'une confédération d'associations qui a pour objet la défense des droits des consommateurs, dans la composition de l'Autorité ayant pris la décision attaquée n'est pas, en soi, de nature à porter atteinte à la présomption d'impartialité dont elle bénéficie. En l'espèce, la confédération n'était pas partie à la procédure, elle n'a pas pris position en faveur d'une partie dans le cadre de celle-ci, ni n'a manifesté son intention d'introduire une action de groupe contre l'une des entreprises mises en cause, de sorte que la circonstance selon laquelle un membre du collège en est la présidence ne constitue pas un élément objectif de nature à suspecter de l'impartialité de celui-ci. • Paris, 27 oct. 2016, n° 15/01673.

Art. L. 461-2 Le président et les vice-présidents exercent leurs fonctions à plein temps. *(Abrogé par L. n° 2017-55 du 20 janv. 2017, art. 28)* ***« Ils sont soumis aux règles d'incompatibilité prévues pour les emplois publics. »***

Est déclaré démissionnaire d'office par le ministre chargé de l'économie tout membre de l'autorité qui n'a pas participé, sans motif valable, à trois séances consécutives *(Abrogé par L. n° 2017-55 du 20 janv. 2017, art. 28)* ***« ou qui ne remplit pas les obligations prévues aux troisième et quatrième alinéas. Il peut également être mis fin aux fonctions d'un membre de l'autorité en cas d'empêchement constaté par le collège dans des conditions prévues par son règlement intérieur.***

« Tout membre de l'autorité doit informer le président des intérêts qu'il détient ou vient à acquérir et des fonctions qu'il exerce dans une activité économique.

« Aucun membre de l'autorité ne peut délibérer dans une affaire où il a un intérêt ou s'il représente ou a représenté une des parties intéressées. » *— Sur les conflits d'intérêts des membres d'une autorité administrative indépendante, V. L. n° 2017-55 du 20 janv. 2017, art. 12.*

Le commissaire du Gouvernement auprès de l'autorité est désigné par le ministre chargé de l'économie.

BIBL. ▶ DESCHAMPS, *RLC juill.-sept. 2011. 104* (prévention des conflits d'intérêts au sein de l'Autorité de la concurrence).

1. Commissaire du Gouvernement. Le ministre chargé de l'économie a la faculté de saisir le Conseil de la concurrence [désormais l'Autorité de la concurrence] en vue de la sanction de pratiques anticoncurrentielles en application de l'art. L. 462-5, et est par ailleurs, lui-même ou les représentants qu'il a désignés, commissaire du Gouvernement auprès du Conseil [désormais l'Autorité] en application de l'art. L. 461-2. • Cons. conc. n° 07-D-49 du 19 déc. 2007 : *cité note 40 ss. art. L. 420-1.* ♦ Ce dispositif prévu par la loi ne confère ni au ministre partie saisissante, ni au commissaire du Gouvernement qu'il désigne, aucun pouvoir sur le déroulement de la procédure autre que celui de déposer des observations, qui constituent un simple avis consultatif, fût-il obligatoire, communiquées aux entreprises en cause qui ont la possibilité de faire valoir leurs propres observations en réponse ; il n'en résulte aucune atteinte au principe d'égalité des armes ni aucune violation du droit à un procès équitable. • Paris, 8 avr. 2009 : *D. actu. 21 avr. 2009, obs. Chevrier ; RLC juill.-sept. 2009. 74, obs. Barbier de la Serre ; RDLC 2009, n° 3, p. 127, obs. Momège.*

2. Conflit d'intérêts. Le code de commerce ainsi que le règlement intérieur et la charte de déontologie de l'Autorité de la concurrence prévoient un ensemble de mécanismes destinés à prévenir tout risque de conflit d'intérêts. • Aut. conc. n° 11-MC-01 du 12 mai 2011 : *RDLC 2011, n° 3, p. 191, obs. Lemaire et Naudin.*

Art. L. 461-3 L'Autorité de la concurrence peut siéger soit en formation plénière, soit en sections, soit en commission permanente. La commission permanente est composée du président et des quatre vice-présidents.

Les formations de l'autorité délibèrent à la majorité des membres présents. Le règlement intérieur de l'autorité détermine les critères de quorum applicables à chacune de ces formations.

En cas de partage égal des voix, la voix du président de la formation est prépondérante.

(Ord. nº 2008-1161 du 13 nov. 2008, art. 2-I) « Le président, ou un vice-président désigné par lui, peut adopter seul les décisions prévues *(L. nº 2020-1508 du 3 déc. 2020, art. 37)* « au III de l'article L. 462-5, » *(L. nº 2009-526 du 12 mai 2009, art. 139-VII)* « à l'article L. 462-8, ainsi que celles prévues aux articles » L. 464-2 à L. 464-6 quand elles visent des faits dont l'Autorité de la concurrence a été saisie par le ministre en application du quatrième alinéa de l'article L. 464-9. *(L. nº 2020-1508 du 3 déc. 2020, art. 37)* « Il peut faire de même s'agissant des décisions prévues à l'article L. 430-5, des décisions de révision des mesures mentionnées aux III et IV de l'article L. 430-7, des décisions nécessaires à la mise en œuvre de ces mesures et des décisions de révision des engagements prises en application de l'article L. 464-2. » — *V. art. R. 464-8-5º.*

1. Commission permanente (jurispr. relative au Conseil de la concurrence). Si les dispositions des art. 6, 13 et 15 [dans sa rédaction antérieure au Décr. du 2 mai 1988] du Décr. nº 86-1309 du 29 déc. 1986 [abrogé], qui fixait les conditions d'application de l'ordonnance et n'énumérait pas les compétences reconnues à la commission permanente, confèrent à cette dernière certaines attributions, elles n'avaient ni pour objet, ni pour effet de restreindre à ces attributions la compétence de la commission. • CE 30 oct. 1987, nº 86645 : *D. 1987. IR 229* • Paris, 27 nov. 2001 : *Gaz. Pal. 3-5 mars 2002, p. 35.* ♦ V. désormais art. R. 461-7. ♦ Les dispositions qui confèrent à la commission permanente certaines attributions n'ont ni pour objet, ni pour effet de restreindre à ces attributions la compétence de cette dernière formation. • Paris, 24 juin 2008 : *cité note 5 ss. art. L. 463-5.* ♦ V. aussi, reconnaissant la compétence de la commission permanente pour ordonner des mesures conservatoires en vertu de l'art. 12 [C. com., art. L. 464-1], • Paris, 19 oct. 1987 : *Gaz. Pal. 1987. 2. 733, note Fourgoux.*

L'art. L. 461-3 qui fixe la composition de la commission permanente n'impose pas que tous les membres soient présents pour lui permettre de délibérer valablement ; la règle de quorum, prévue par l'art. 24 du décret de 2002 exige seulement la présence de trois membres de la commission. • Cons. conc. nº 06-D-07 du 21 mars 2006 : *cité note 8 ss. art. L. 420-6.*

2. Principe d'impartialité (jurispr. relative au Conseil de la concurrence). Le Conseil de la concurrence, statuant en commission permanente, s'étant prononcé sur le caractère prohibé d'une partie des faits qui lui étaient dénoncés dans la procédure de mesures conservatoires, ne peut, dans une formation comportant des membres ayant statué dans cette procédure, statuer à nouveau au fond, sans manquer objectivement au principe d'impartialité. • Com. 9 oct. 2001, nº 98-21.987 P : *D. 2001. AJ 3530, obs. Chevrier ; RTD com. 2002. 292, obs. Claudel ; CCC 2001, nº 174, note Malaurie-Vignal ; JCP E 2001, nº 47, p. 1840.* ♦ En revanche, la sanction du non-respect d'une injonction ne préjugeant pas au fond, c'est à juste titre que l'arrêt retient qu'en se prononçant au fond dans une composition comprenant certains membres ayant déjà statué dans une décision se bornant à sanctionner l'inexécution d'une injonction prononcée à titre conservatoire dans une décision précédente relative à la même saisine, le Conseil n'a pas manqué au principe d'impartialité. • Com. 23 oct. 2007, nº 06-17.852 : *cité note 8 ss. art. L. 464-3.* ♦ De même, la seule présence, dans une formation contentieuse du Conseil, de membres qui se sont exprimés antérieurement dans le cadre d'une procédure consultative ne constitue pas une violation du principe d'impartialité dès lors que les termes de l'avis rendu à l'issue de cette procédure ne s'apparente pas à un préjugement. • Paris, 18 févr. 2003 : *JCP E 2003, nº 14, p. 612, note Arhel ; CCC 2004, nº 8, obs. Malaurie-Vignal* • Paris, 4 févr. 2003 : *RTD com. 2004. 81, obs. Claudel .* ♦ Le fait que le rapporteur ait assisté au délibéré de la commission permanente n'affecte pas la validité de la décision dès lors que celle-ci s'est bornée à ouvrir la procédure. • Paris, 27 nov. 2001 : *D. 2002. Somm. 2043, obs. Reygrobellet .* ♦ La circonstance que des membres du Conseil aient siégé en commission permanente lors de la saisine d'office, puis lors de la séance décidant sur le fond de l'affaire, n'est pas contraire au principe d'impartialité, la décision de se saisir d'office ne les ayant pas conduits à préjuger de l'affaire. • Cons. conc. nº 07-D-15 du 9 mai 2007 : *cité note 7 ss. art. L. 463-5.*

3. Constitutionnalité. Jugeant conforme à la Constitution l'art. L. 461-3, V. • Cons. const. 12 oct. 2012, nº 2012-280QPC : *cité note 3 ss. art. L. 430-8.* ♦ Les mots : « , des décisions de révision des mesures mentionnées aux III et IV de l'article L. 430-7 ou des décisions nécessaires à la mise en œuvre de ces mesures » figurant à la 2de phrase du dernier al. de l'art. L. 461-3, dans sa rédaction résultant de la L. n° 2015-990 du 6 août 2015, sont conformes à la Constitution. • Cons. const., QPC, 20 avr. 2018, n° 2018-702 : *D. 2018. Actu. 892* ; *CCC 2018, n° 116, obs. Decocq ; RJDA 2018, n° 605.*

4. Décision du président. La loi prévoit deux hypothèses : la prise de décision en formation, d'une part, et la prise de décision par le président ou un vice-président désigné par lui, d'autre part ; c'est également ce qui ressort de l'art. 37 du règlement intérieur de l'Autorité. La loi ne renvoie au règlement intérieur pour fixer le quorum minimum que dans la première hypothèse, la question d'un quorum étant sans objet lorsque la décision est prise par le président ou un vice-président seul. • Aut. conc. n° 13-D-08 du 15 avr. 2013. ♦ L'application du 4e al. de l'art. L. 461-3 aux décisions prévues à l'art. L. 462-8 n'est pas limitée aux « faits dont l'Autorité de la concurrence a été saisie par le ministre en application du 4e al. de l'art. L. 464-9 » ; cette exigence s'applique uniquement pour la prise des décisions prévues aux art. L. 464-2 à L. 464-6. • Même décision. ♦ V. en matière de contrôle des concentrations : • CE 23 déc. 2013, n° 363702 : *cité note 4 ss. art. L. 430-7.*

5. Mesure de révision. Les mesures relatives à la révision ou à la mise en œuvre des engagements annexés à une décision d'autorisation de concentration se rattachent, par nature, à cette décision d'autorisation et non à une éventuelle procédure pouvant aboutir au prononcé d'une sanction, que l'Autorité de la concurrence serait par ailleurs susceptible de déclencher à l'encontre des parties bénéficiant de cette autorisation. Par suite, la fin de non-recevoir, soulevée par l'Autorité, tirée de ce que la décision attaquée ne serait pas détachable de la procédure de respect du contrôle des engagements pouvant aboutir au prononcé d'une sanction, doit être écartée. • CE 26 juill. 2018, n° 414654 : *AJDA 2018. 1879, obs. Nicinski* ; *JCP 2018, n° 927, note Erstein ; RJDA 2018, n° 948 ; RLC oct. 2018. 4, obs. Baudu.* ♦ Aux termes du 2° de l'art. L. 231-4 CRPA, par dérogation à l'art. L. 231-1, le silence gardé par l'administration pendant deux mois vaut décision de rejet lorsque la demande ne s'inscrit pas dans une procédure prévue par un texte législatif ou réglementaire. Si l'art. L. 461-3 C. com. précise que le président de l'Autorité de la concurrence, ou un vice-président désigné par lui, peut adopter seul les décisions de révision des mesures mentionnées aux III et IV de l'art. L. 430-7 du même code ou nécessaires à la mise en œuvre de ces mesures, la procédure selon laquelle un repreneur proposé par une partie notifiante peut être agréé n'est régie par aucune disposition législative ou réglementaire spécifique. Dès lors, il résulte de l'art. L. 231-4 CRPA que le silence gardé par l'Autorité ne pouvait valoir que décision de rejet. • Même décision.

Art. L. 461-4 **L'Autorité de la concurrence dispose de services d'instruction dirigés par un rapporteur général nommé par arrêté du ministre chargé de l'économie après avis du collège.**

Ces services procèdent aux investigations nécessaires à l'application *(L. n° 2014-344 du 17 mars 2014, art. 108)* **« des titres II, III et VI » du présent livre.**

Les rapporteurs généraux adjoints, les rapporteurs permanents ou non permanents et les enquêteurs des services d'instruction sont nommés par le rapporteur général, par décision publiée au *Journal officiel*.

Un conseiller auditeur possédant la qualité de magistrat *(L. n° 2009-526 du 12 mai 2009, art. 139-VII)* **« ou offrant des garanties d'indépendance et d'expertise équivalentes » est nommé par arrêté du ministre chargé de l'économie après avis du collège. Il recueille, le cas échéant, les observations des parties mises en cause et saisissantes sur le déroulement des procédures les concernant dès l'envoi de la notification des griefs. Il transmet au président de l'autorité un rapport évaluant ces observations et proposant, si nécessaire, tout acte permettant d'améliorer l'exercice de leurs droits par les parties.**

Les modalités d'intervention du conseiller auditeur sont précisées par décret en Conseil d'État. — *V. art. R. 461-9.*

(Abrogé par L. n° 2017-55 du 20 janv. 2017, art. 28) ***« Les crédits attribués à l'Autorité de la concurrence pour son fonctionnement sont inscrits dans un programme relevant du ministère chargé de l'économie. La loi du 10 août 1922 relative à l'organisation du contrôle des dépenses engagées n'est pas applicable à leur gestion. »***

Le président *(Abrogé par L. n° 2017-55 du 20 janv. 2017, art. 28)* ***« est ordonnateur des recettes et des dépenses de l'autorité. Il »*** **délègue l'ordonnancement des dépenses des services d'instruction au rapporteur général.**

Un décret en Conseil d'État détermine les conditions dans lesquelles le président de l'autorité la représente dans tous les actes de la vie civile et a qualité pour agir en justice en son nom. — *V. art. R. 461-1 et R. 461-2.*

BIBL. ▸ BOULOC, *RLDA mai 2015. 33* (remarques sur la confusion des pouvoirs de poursuite et d'instruction du rapporteur général de l'Autorité de la concurrence).

1. Conseiller auditeur. La faculté pour les parties de présenter des observations auprès du conseiller auditeur a été instituée par l'art. 95 de la L. n° 2008-776 du 4 août 2008, lequel article, qui a pour objet l'instauration d'une Autorité de la concurrence, prévoyait une entrée en vigueur des dispositions nouvelles à compter de la publication de l'ordonnance prévue pour leur application. Cette ordonnance, publiée le 13 nov. 2008, ayant maintenu les compétences du Conseil de la concurrence jusqu'à la première réunion de l'Autorité de la concurrence, l'entrée en vigueur des dispositions nouvelles issues de l'art. 95 a ainsi été repoussée à cette date. Dès lors les règles de procédure en vigueur antérieurement à la date de la première réunion de l'Autorité de la concurrence le 2 mars 2009, applicables à l'examen de la présente affaire, ne prévoyant pas la possibilité pour les parties de saisir le conseiller auditeur, les entreprises mises en cause ne sont pas fondées à se plaindre de l'absence d'intervention du conseiller auditeur dans la présente procédure. • Aut. conc. n° 11-D-02 du 26 janv. 2011.

2. Services d'instruction. Si, aux termes de l'art. L. 461-4, l'Autorité de la concurrence dispose de services d'instruction dirigés par un rapporteur général, qui procèdent aux investigations nécessaires à l'application des titres II, III et IV du présent livre, il n'en résulte pas que la décision de mener de nouvelles mesures d'instruction relèverait, comme le prétend le requérant, de l'office exclusif des services d'instruction de l'Autorité. Ce point est, de surcroît, expressément tranché par l'art. R. 463-7, qui, lorsque l'instruction s'avère incomplète, donne à l'Autorité elle-même, et non à ses services, le pouvoir de décider de renvoyer l'affaire à l'instruction. • Paris, 12 mai 2016, n° 2015/00301 : *cité note 5 ss. art. L. 420-2.*

3. Récusation. Les art. 341 s. C. pr. civ. instituant, devant les juridictions judiciaires statuant en matière civile, une procédure de récusation ou de renvoi pour cause de suspicion légitime, ne s'appliquent pas à l'Autorité de la concurrence (requête en récusation du rapporteur). • Civ. 2e, 30 sept. 2021, n° 20-18.672 B : *D. actu. 11 oct. 2021, obs. Hoffschir ; D. 2021. Actu. 1812 ; JCP E 2022, n° 1012, note Dumur et Wilhelm ; CCC 2021, n° 172, obs. Bosco ; BRDA 2021, n° 20, p. 17.* – V. aussi • Civ. 2e, 30 sept. 2021, n° 20-18.302 B : *eod. loc.*

Art. L. 461-5 Les commissions du Parlement compétentes en matière de concurrence peuvent entendre le président de l'Autorité de la concurrence et consulter celle-ci sur toute question entrant dans le champ de ses compétences.

(Abrogé par L. n° 2017-55 du 20 janv. 2017, art. 28) ***« Le président de l'Autorité de la concurrence rend compte des activités de celle-ci devant les commissions du Parlement compétentes en matière de concurrence, à leur demande.***

« L'Autorité de la concurrence établit chaque année, avant le 30 juin, un rapport public rendant compte de son activité qu'elle adresse au Gouvernement et au Parlement. »

BIBL. ▸ ARHEL, *LPA 12-13 août 2010* (premier rapport d'activité) ; *ibid. 31 oct. 2011* (deuxième rapport d'activité). – CLAUDEL, *RTD com. 2011. 515* (rapport annuel). – ARHEL, *LPA 6-7 sept. 2012* (troisième rapport d'activité) ; *ibid. 16 déc. 2013* (quatrième rapport d'activité).

Portée du rapport annuel. Le principe de prévisibilité juridique, consacré par le droit européen des droits de l'homme et par le droit communautaire, comme le principe général de cohérence, qui interdit de se contredire devant un juge au détriment d'autrui, ne donnent pas aux entreprises poursuivies le droit d'attendre le bénéfice d'une analyse juridique d'un document (rapport annuel) qui n'a valeur ni légale ni réglementaire et s'assimile tout au plus à des indications jurisprudentielles, évolutives par nature. • Paris, 19 janv. 2010 : *cité note 44 ss. art. L. 464-2.*

CHAPITRE II DES ATTRIBUTIONS

Art. L. 462-1 L'Autorité de la concurrence peut être consultée par les commissions parlementaires sur les propositions de loi ainsi que sur toute question concernant la concurrence.

Elle donne son avis sur toute question de concurrence à la demande du Gouvernement. Elle peut également donner son avis sur les mêmes questions à la demande des collectivités territoriales, des organisations professionnelles et syndicales, des organisations de consommateurs agréées, des chambres d'agriculture, des chambres de métiers ou des *(L. n° 2010-853 du 23 juill. 2010, art. 8)* « chambres de commerce et d'industrie territoriales », de *(L. n° 2021-1382 du 25 oct. 2021, art. 1er, en vigueur le 1er janv. 2022)* « l'Autorité de régulation de la communication audiovisuelle et numérique », et des présidents des observatoires des prix *(L. n° 2012-1270 du 20 nov. 2012, art. 23-III)*

« , des marges » et des revenus *(L. n° 2015-1268 du 14 oct. 2015, art. 1er)* **« des collectivités relevant de l'article 73 de la Constitution et des collectivités d'outre-mer de Saint-Barthélemy, de Saint-Martin, de Wallis-et-Futuna et de Saint-Pierre-et-Miquelon », en ce qui concerne les intérêts dont ils ont la charge ».** – *[Ord. n° 86-1243 du 1er déc. 1986, art. 5.] — V. art. R. 462-1 s.*

Sur les observatoires des prix, des marges et des revenus dans les outre-mer, V. art. L. 910-1 A s.

Sur la saisine de l'Autorité de la concurrence par la Commission de régulation de l'électricité, V. C. énergie, art. L. 134-16, et R. 134-4. — ... Par l'Autorité de régularisation des télécommunications, V. CPCE, art. L. 37-1 ; V. aussi 1re note ss. art. L. 420-2.

BIBL. ▸ CHÉROT, *D. 1995. Chron. 233*. – CHEYNEL, *RLC oct.-déc. 2009. 80* (cumul des fonctions : la nouvelle Autorité de la concurrence à l'abri des foudres de la Cour EDH ?). – LASSERRE, *Just. et cass. 2010. 100* (l'office de l'Autorité de la concurrence). – SPILLIAERT, *RDLC 2010, n° 3, p. 58* (les avis de l'Autorité de la concurrence) ; *CCC 2011. Dossier 6* (quelques considérations sur l'activité consultative de l'Autorité de la concurrence). – DESCHAMPS, *RLC oct.-déc. 2012. 85* (l'Autorité de la concurrence doit-elle, dans le cadre de sa fonction consultative, disposer de toutes les libertés ?). – MÉRENNE, *RLC oct.-déc. 2015. 49* (étendue de l'obligation de consultation de l'Autorité de la concurrence sur le code de déontologie d'une profession réglementée).

1. Collectivité locale. Estimant qu'en tant qu'il exerce les activités qui lui sont déléguées par les communes qui y sont associées, un syndicat intercommunal doit être considéré comme une collectivité locale au sens de l'art. L. 462-1 : • Cons. conc. n° 04-A-23 du 20 déc. 2004. ♦ La situation locale de la communication audiovisuelle entrant dans les intérêts dont les communes ont la charge, en conséquence la saisine et le recours de collectivités publiques sont recevables. • Paris, 3 juin 1993 : *D. 1993. IR 182.*

2. Préjugement. Jugeant qu'aucun des termes d'un avis rendu par le Conseil de la concurrence dans l'exercice de ses attributions consultatives, en l'espèce à la demande de la commission des finances de l'Assemblée nationale, sur le prix de l'eau en France et plus généralement sur la structure du marché, ne s'apparente à un préjugement, V. • Paris, 18 févr. 2003 : *JCP E 2003, n° 14, p. 612, note Arhel ; CCC 2004, n° 8, obs. Malaurie-Vignal ; RTD com. 2004. 81, obs. Claudel*. ♦ Les avis qu'il rend sur l'application éventuelle des dispositions de l'art. L. 420-4, lorsqu'il est saisi sur le fondement de l'art. L. 462-1, ne constituent pas des exemptions, ni des refus d'exemption, de pratiques interdites par le droit de la concurrence, au sens de l'art. 81, § 3 CE, dès lors qu'il n'existe pas, dans le droit national, de procédure équivalente à l'exemption communautaire. • Cons. conc. n° 04-A-06 du 16 avr. 2004 : *RLC 2005, n° 1, p. 72, obs. Bazex et Blazy.* ♦ Seuls une procédure contentieuse ou un avis contradictoire rendu à la demande d'une juridiction en application de l'art. L. 462-3, seraient susceptibles de déterminer la position du Conseil sur la possibilité d'accorder aux pratiques en cause le bénéfice des dispositions de l'art. L. 420-4. • Même avis. ♦ V. aussi, jugeant que les missions du Conseil diffèrent suivant qu'il se trouve saisi dans le cadre d'une procédure consultative ou contentieuse : • Cons. conc. n° 04-D-49 du 28 oct. 2004 : *D. 2004. AJ 3066*.

3. Portée des avis. Lorsqu'elle est consultée en application de l'art. L. 462-1, l'Autorité de la concurrence ne peut se prononcer que sur des questions générales de concurrence. Il ne lui appartient pas dans ce cadre de se prononcer sur la question de savoir si telle ou telle pratique est contraire aux dispositions du code de commerce réprimant les ententes, les abus de position dominante ou de dépendance économique ou les prix abusivement bas ; seules une saisine contentieuse et la mise en œuvre d'une procédure contradictoire prévue au livre IV dudit code sont de nature à permettre une appréciation de la licéité de la pratique considérée au regard desdites dispositions. • Aut. conc., avis n° 10-A-02 du 1er févr. 2010 : *Dr. adm. 2010, n° 49, obs. Bazex.* ♦ A la différence de sa fonction décisionnelle, qui amène l'Autorité à intervenir sur des affaires individuelles de concentration ou de pratiques anticoncurrentielles, sa mission consultative lui permet de s'exprimer sur toute question de concurrence et d'émettre, le cas échéant, des propositions aux fins d'améliorer le fonctionnement concurrentiel des marchés. • Aut. conc., avis n° 12-A-14 du 19 juin 2012. ♦ L'Autorité ne peut pas, dans le cadre d'une demande d'avis, procéder à la qualification de pratiques anticoncurrentielles ; un tel examen ne peut être mené que dans l'exercice de sa compétence contentieuse, de façon contradictoire, en présence de faits avérés et non hypothétiques. • Même avis.

4. Impartialité. Si l'exigence d'impartialité, qui doit s'apprécier objectivement, fait obstacle à ce que certaines personnes exercent successivement à propos des mêmes décisions des fonctions consultatives et juridictionnelles, elle n'interdit pas, en revanche, qu'un même organisme soit doté de telles prérogatives, dès lors qu'elles sont dévolues à des personnes différentes. • Paris, 24 juin 2003 : *CCC 2003, n° 185, obs. Malaurie-Vignal ; RTD com. 2004. 81, obs. Claudel*.

Art. L. 462-2 **L'Autorité de la concurrence est obligatoirement consultée par le Gouvernement sur tout projet de texte réglementaire instituant un régime nouveau ayant directement pour effet :**

1° De soumettre l'exercice d'une profession ou l'accès à un marché à des restrictions quantitatives ;

2° D'établir des droits exclusifs dans certaines zones ;

3° D'imposer des pratiques uniformes en matière de prix ou de conditions de vente. – *[Ord. n° 86-1243 du 1er déc. 1986, art. 6.]*

BIBL. ► V. Bibl. ss. art. L. 462-1.

1. Consultation obligatoire. L'adoption de l'arrêté interministériel fixant les taux de marge des pharmaciens d'officine n'a pas à être précédée de la consultation du Conseil de la concurrence, malgré les dispositions de l'art. 6 [C. com., art. L. 462-2]. • CE 12 juin 1992, n° 103794 : *RJDA 1992, n° 850.* ♦ Il en va de même : de l'Arr. du 11 juill. 1992 par lequel ont été fixés les prix et tarifs d'honoraires des médecins. • CE 3 oct. 1994, n° 141251 : *D. 1994. IR 247.* ♦ ... De l'arrêté portant approbation de la convention nationale des masseurs-kinésithérapeutes. • CE 30 avr. 1997, n° 180299 : *D. 1997. IR 155.*

2. Régime nouveau. Le Conseil n'a pas à être consulté sur le fondement de l'art. L. 462-2 lorsque la réglementation d'un régime déjà en place se trouve modifiée sans que son économie soit substantiellement changée. • Cons. conc. n° 08-D-06 du 2 avr. 2008 : *cité note 44 ss. art. L. 464-2.* ♦ Parce qu'il ne s'est pas borné à préciser les modalités d'application des règles communautaires et nationales en vigueur mais qu'il a modifié la réglementation antérieure de manière substantielle, un décret doit être regardé comme ayant institué un régime nouveau au sens de l'art. L. 462-2, imposant une consultation du Conseil. • CE 28 mars 2007, n° 251094 : *RLC oct.-déc. 2007. 57, obs. Clamour.* ♦ En revanche, le Décr. n° 96-756 du 28 août 1996 relatif à l'évolution de certains loyers dans l'agglomération de Paris qui se borne à faire application des dispositions de l'art. 18 de la L. n° 89-462 du 6 juill. 1989 n'institue pas un régime nouveau au sens de l'art. 6 [C. com., art. L. 462-2]. • CE 6 juin 1997, n° 183111 : *D. 1997. IR 155.* ♦ Il en est de même : du Décr. n° 95-284 du 14 mars 1995, instituant le nouveau code de déontologie des pharmaciens. • CE 30 avr. 1997, n° 16944 : *LPA 10 nov. 1997, note Roquelle et Vialla.* ♦ ... Ou du Décr. n° 2014-307 du 7 mars 2014 permettant l'ouverture des magasins de bricolage le dimanche. • CE 24 févr. 2015, n° 374726 : *AJCA 2015. 190, obs. Bugada* ♦ Un arrêté qui se borne à modifier de façon ponctuelle la réglementation applicable ne peut être regardé comme instituant un régime nouveau. • CE 29 avr. 2011, n° 348036 : *RJDA 2012, n° 435 ; RLC oct.-déc. 2011. 57, obs. Clamour.*

Art. L. 462-2-1 *(L. n° 2015-990 du 6 août 2015, art. 50-I-2°)* **A la demande du Gouvernement, l'Autorité de la concurrence donne son avis sur les prix et tarifs réglementés mentionnés, respectivement, au deuxième alinéa de l'article L. 410-2 et à l'article L. 444-1. Cet avis est rendu public.** – *V. art. R. 462-2.*

L'Autorité de la concurrence peut également prendre l'initiative d'émettre un avis sur les prix et tarifs réglementés mentionnés au premier alinéa du présent article. Cet avis est rendu public au plus tard un mois avant la révision du prix ou du tarif en cause.

L'engagement d'une procédure d'avis en application du présent article est rendu publique dans les cinq jours ouvrables, afin de permettre aux associations de défense des consommateurs agréées au niveau national pour ester en justice ainsi qu'aux organisations professionnelles ou aux instances ordinales concernées d'adresser leurs observations à l'Autorité de la concurrence.

(Abrogé par L. n° 2020-1508 du 3 déc. 2020, art. 37) ***« Le Gouvernement informe l'Autorité de la concurrence de tout projet de révision des prix ou des tarifs réglementés mentionnés au premier alinéa, au moins deux mois avant la révision du prix ou du tarif en cause. »***

L'art. L. 462-2-1 est applicable à Wallis-et-Futuna (L. n° 2015-990 du 6 août 2015, art. 50-V).

Avis facultatif. Il résulte des dispositions de l'art. L. 462-2-1 que les ministres de la Justice et *de l'Économie ne sont* pas tenus de saisir l'Autorité de la concurrence pour avis sur leur fondement. Dès lors que la saisine de cette autorité n'est pas obligatoire, le choix des ministres de ne pas faire usage de la faculté que ces dispositions leur ouvrent relève de leur libre appréciation et ne saurait entacher d'irrégularité la procédure préalable à l'édiction de l'arrêté attaqué. • CE 24 mai 2017, n° 398801 : *cité ss. art. R. 444-21.*

Art. L. 462-3 **L'Autorité de la concurrence peut être consultée par les juridictions sur les pratiques anticoncurrentielles définies aux articles L. 420-1** *(L. n° 2016-1920 du*

29 déc. 2016, art. 3, en vigueur le 1er mars 2017) **« à L. 420-2-2 »** *(L. n° 2012-1270 du 20 nov. 2012, art. 6)* **« et L. 420-5 » ainsi qu'aux articles** *(L. n° 2012-1270 du 20 nov. 2012, art. 6)* **« 101 et 102 du traité sur le fonctionnement de l'Union européenne » et relevées dans les affaires dont elles sont saisies. Elle ne peut donner un avis qu'après une procédure contradictoire. Toutefois, si elle dispose d'informations déjà recueillies au cours d'une procédure antérieure, elle peut émettre son avis sans avoir à mettre en œuvre la procédure prévue au présent texte.**

(L. n° 2012-1270 du 20 nov. 2012, art. 5-III) **« L'Autorité de la concurrence peut transmettre tout élément qu'elle détient concernant les pratiques anticoncurrentielles concernées, à l'exclusion des pièces élaborées ou recueillies au titre du IV de l'article L. 464-2, à toute juridiction qui la consulte ou lui demande de produire des pièces qui ne sont pas déjà à la disposition d'une partie à l'instance. Elle peut le faire dans les mêmes limites lorsqu'elle produit des observations de sa propre initiative devant une juridiction. »** *(Ord. n° 2017-303 du 9 mars 2017, art. 4)* **« Les dispositions prévues au présent alinéa ne sont pas applicables aux demandes de production de pièces formées en vue ou dans le cadre d'une action en dommages et intérêts fondée sur l'article L. 481-1 du présent code. »**

Le cours de la prescription est suspendu, le cas échéant, par la consultation de l'Autorité.

L'avis de l'Autorité peut être publié après le non-lieu ou le jugement. – *[Ord. n° 86-1243 du 1er déc. 1986, art. 26, al. 2 à 4.] – V. art. R. 462-3.*

Les dispositions issues de l'Ord. n° 2017-303 du 9 mars 2017 sont applicables aux instances introduites devant les juridictions administratives et judiciaires à compter du 26 déc. 2014 (Ord. préc., art. 12-I). — Les dispositions de la même ordonnance qui allongent la durée d'une prescription s'appliquent lorsque le délai de prescription n'était pas expiré à la date de son entrée en vigueur ; il est alors tenu compte du délai déjà écoulé (Ord. préc., art. 12-II).

BIBL. ▶ Claudel, *RDLC 2012, n° 4, p. 38* (procédure d'*amicus curiae* : bilan en demi-teinte de la pratique européenne et française). – Arhel, *JCP E 2012. Actu. 733* (volet « prix et concurrence » de la L. n° 2012-1270 du 20 nov. 2012). – Clarenc et Christol, *JCP E 2013. Act. 18* (transmission des dossiers de l'Autorité de la concurrence dans les procédures indemnitaires). – Comert et Nasser el Dine-Pomar, *CCC 2013. Étude 4* (nouvelles dispositions procédurales en matière de concurrence). – Chagny, *D. 2013. 851* (accès judiciaire des victimes de pratiques anticoncurrentielles au dossier de l'Autorité de la concurrence). – Jaunet, *CCC 2013. Dossier 9* (relation entre juge de droit commun et autorités de concurrence). – Roskis et Doremus, *RLC juill.-août 2013. 136* (accès aux dossiers de l'Autorité de la concurrence dans le contentieux indemnitaire des pratiques anticoncurrentielles). – Claudel, *RTD com. 2013. 512* (l'accès au dossier des autorités de concurrence : un cavalier législatif au secours (provisoire ?) de la clémence). – d'Alès et Constans, *JCP E 2014, n° 1575* (l'accès aux preuves des victimes de pratiques anticoncurrentielles).

1. Consultation de l'Autorité. En vertu de l'art. 26 [C. com., art. L. 462-3], le juge administratif peut, lorsqu'il doit apprécier la légalité d'un acte administratif en prenant en compte le droit de la concurrence, consulter le Conseil de la concurrence et lui demander des éléments d'appréciation. • CE 26 mars 1999, n° 202260 : *D. 2000. 204, note Markus* ; *JCP E 1999, n° 27-28, p. 1170, obs. Rouault* • 15 mars 2000, n° 200886 : *Dr. adm. 2000, n° 79.* ♦ Pour un autre exemple : • CE 13 janv. 2003, n° 235176 : *LPA 27 oct. 2003, note Saillard.*

Sur la valeur d'un avis rendu en application de l'art. L. 462-3 sur le bénéfice des dispositions de l'art. L. 420-4 : • Cons. conc. n° 04-A-06 du 16 avr. 2004 : *cité note 2 ss. art. L. 462-1.*

2. Transmission par l'Autorité. Prenant appui sur une décision de la Cour de cassation du 19 janv. 2010 (V. note 2 ss. art. L. 463-6), et estimant « nécessaire » que l'Autorité de la concurrence transmette au tribunal certaines pièces recueillies à l'occasion d'une procédure d'engagements, V. : • T. com. Paris, 24 août 2011 : *CCC 2011, n° 221, obs. Bosco ; RDLC 2011, n° 4, p. 178, obs. Lemaire et Naudin ; RLC oct.-déc. 2011. 29, obs. Sélinsky ; RLC janv.-mars 2012. 98, obs. Fabre ; RJ com. mai-juin 2012. 19, obs. Decocq.* – V. aussi • T. com. Paris, 8 nov. 2011 : *CCC 2012, n° 24, obs. Bosco ; RDLC 2012, n° 1, p. 199, obs. Lemaire et Naudin ; RLC janv.-mars 2012. 27, obs. Cholet* • 16 mars 2012 : *D. 2012. Actu. 1181, obs. Prunet et Bombardier ; RTD eur. 2012. 460, obs. Idot ; CCC 2012, n° 135, obs. Bosco ; RLC juill.-sept. 2012. 92, obs. Lavedan* • 10 avr. 2012 : *Gaz. Pal. 2013. 2534.* ♦ Mais la violation du secret professionnel n'est admise que lorsque celle-ci est nécessaire pour l'exercice des droits de la défense ; dès lors, l'Autorité et ses agents n'ont pas à assumer le risque d'une violation du secret professionnel aux lieu et place de la partie qui est seule à même de connaître exactement, alors qu'elle-même en dispose déjà, les pièces nécessaires à l'exercice de ses droits. Il en résulte qu'en la matière l'Autorité peut se prévaloir régulièrement d'un empêchement légitime. • Paris, 20 nov. 2013 : *CCC 2014, nº 74, obs. Bosco.* – V. aussi • Paris, 24 sept. 2014 : *cité note 2 ss. art. L. 463-6.* ♦ V. désormais l'art. L. 462-3, al. 2.

Art. L. 462-4 *(Ord. nº 2008-1161 du 13 nov. 2008, art. 2-II)* **L'Autorité de la concurrence peut prendre l'initiative de donner un avis sur toute question concernant la concurrence. Cet avis est rendu public. Elle peut également recommander au ministre chargé de l'économie ou au ministre chargé du secteur concerné de mettre en œuvre les mesures nécessaires à l'amélioration du fonctionnement concurrentiel des marchés.**

BIBL. ▶ DE DROUÂS, HUBERT et FAURANT, *RDLC 2011, nº 3, p. 230* (les entreprises face au pouvoir consultatif renforcé de l'Autorité de la concurrence). – WILHELM et PRIOUX, *CCC 2013. Étude 1* (nouveau regard sur le régime contentieux des avis de l'Autorité de la concurrence). – CHAMPALAUNE, *CCC 2013. Dossier 7* (procédure des avis de l'Autorité de la concurrence). – JALABERT-DOURY, *ibid. 8* (le point de vue des entreprises). – SÉE, *Dr. adm. 2014, nº 72* (les activités économiques publiques à l'épreuve de l'*advocacy* de l'Autorité de la concurrence).

Recours. Les prises de position et recommandations que l'Autorité de la concurrence formule à l'occasion des avis rendus sur le fondement de l'art. L. 462-4 ne constituent pas des décisions faisant grief ; il en va toutefois différemment si elles revêtent le caractère de dispositions générales et impératives ou de prescriptions individuelles dont l'Autorité peut ultérieurement censurer la méconnaissance. • CE 11 oct. 2012, nº 357193 : *D. 2013. Pan. 732, obs. Ferrier ; RTD com. 2012. 747, obs. Claudel ; JCP E 2012. Actu. nº 654 ; CCC 2012, nº 282, obs. Bosco ; RJDA 2012, nº 1106 ; RLC janv.-mars 2013. 55, note Clamour ; RJ com. nov.-déc. 2012. 10, note Chagny ; Procédures 2012, nº 374, obs. Deygas.* ♦ Les avis, recommandations, mises en garde et prises de position adoptés par l'autorité peuvent également faire l'objet d'un recours, introduit par un requérant justifiant d'un intérêt direct et certain à leur annulation, lorsqu'ils sont de nature à produire des effets notables, notamment de nature économique, ou ont pour objet d'influer de manière significative sur les comportements des personnes auxquelles ils s'adressent ; dans ce dernier cas, il appartient au juge, saisi de moyens en ce sens, d'examiner les vices susceptibles d'affecter la légalité de ces actes en tenant compte de leur nature et de leurs caractéristiques, ainsi que du pouvoir d'appréciation dont dispose l'autorité de régulation. • CE 21 mars 2016, nº 390023 : *cité note 6 ss. art. L. 430-7.*

Art. L. 462-4-1 *(L. nº 2015-990 du 6 août 2015, art. 52-V)* **L'Autorité de la concurrence rend au ministre de la justice, qui en est le garant, un avis sur la liberté d'installation des notaires,** *(Ord. nº 2016-728 du 2 juin 2016, art. 23-IV, en vigueur le 1er juill. 2022)* **« et des commissaires de justice** *[ancienne rédaction : des huissiers de justice et des commissaires-priseurs judiciaires]* **».**

Elle fait toutes recommandations en vue d'améliorer l'accès aux offices publics ou ministériels dans la perspective de renforcer la cohésion territoriale des prestations et d'augmenter de façon progressive le nombre d'offices sur le territoire. Elle établit également un bilan en matière d'accès des femmes et des hommes aux offices publics ou ministériels, sur la base de données présentées par sexe et d'une analyse de l'évolution démographique des femmes et des jeunes au sein des professions concernées. Ces recommandations sont rendues publiques au moins tous les deux ans. Elles sont assorties de la carte mentionnée au I de l'article 52 de la loi nº 2015-990 du 6 août 2015 pour la croissance, l'activité et l'égalité des chances économiques.

L'ouverture d'une procédure visant à l'élaboration de la carte mentionnée au deuxième alinéa du présent article est rendue publique, dans un délai de cinq jours à compter de la date de cette ouverture, afin de permettre aux associations de défense des consommateurs agréées au niveau national pour ester en justice, aux instances ordinales des professions concernées, ainsi qu'à toute personne remplissant les conditions de nationalité, d'aptitude, d'honorabilité, d'expérience et d'assurance requises pour être nommée par le ministre de la justice en qualité de notaire *(Ord. nº 2016-728 du 2 juin 2016, art. 23-IV, en vigueur le 1er juill. 2022)* **« ou de commissaire de justice** *[ancienne rédaction :, d'huissier de justice ou de commissaire-priseur judiciaire,]* **» d'adresser à l'Autorité de la concurrence leurs observations.**

Lorsque l'Autorité de la concurrence délibère en application du présent article, son collège comprend deux personnalités qualifiées nommées par décret pour une durée de trois ans non renouvelable.

L'art. L. 462-4-1 entre en vigueur le premier jour du sixième mois suivant celui de la promulgation de la L. nº 2015-990 du 6 août 2015. Il est applicable à Wallis-et-Futuna. Il ne s'applique pas dans les départements du Bas-Rhin, du Haut-Rhin et de la Moselle (L. préc., art. 52, VI à VIII).

Les notaires, les huissiers de justice et les commissaires-priseurs judiciaires [commissaires de justice, à compter du 1er juill. 2022] peuvent librement s'installer dans les zones où l'implantation d'offices apparaît utile pour renforcer la proximité ou l'offre de services. Ces zones sont déterminées par une carte établie conjointement par les ministres de la justice et de l'économie, sur proposition de l'Autorité de la concurrence en application de l'art. L. 462-4-1. Elles sont définies de manière détaillée au regard de critères précisés par décret, parmi lesquels une analyse démographique de l'évolution prévisible du nombre de professionnels installés (V. Décr. nº 2016-216 du 26 févr. 2016, ci-dessous). A cet effet, cette carte identifie les secteurs dans lesquels, pour renforcer la proximité ou l'offre de services, la création de nouveaux offices de notaire, d'huissier de justice ou de commissaire-priseur judiciaire [commissaires de justice, à compter du 1er juill. 2022] apparaît utile. Afin de garantir une augmentation progressive du nombre d'offices à créer, de manière à ne pas bouleverser les conditions d'activité des offices existants, cette carte est assortie de recommandations sur le rythme d'installation compatible avec une augmentation progressive du nombre de professionnels dans la zone concernée. Cette carte est rendue publique et révisée tous les deux ans (L. nº 2015-990 du 6 août 2015, art. 52-I). — V. Arr. du 20 juill. 2021 pris en application de l'art. 52 de la L. nº 2015-990 du 6 août 2015 pour la profession d'huissier de justice (JO 21 juill.) ; ... du 20 juill. 2021 pour la profession de commissaire-priseur judiciaire (JO 21 juill.) ; ... du 11 août 2021 pour la profession de notaire (JO 27 août).

Dans les zones autres que celles mentionnées au I, il ne peut être créé de nouveaux offices qu'à la condition de ne pas porter atteinte à la continuité de l'exploitation des offices existants et à la qualité du service rendu. L'arrêté portant création d'un ou plusieurs nouveaux offices est pris après avis de l'Autorité de la concurrence (L. nº 2015-990 du 6 août 2015, art. 52-III, mod. par L. nº 2020-1672 du 24 déc. 2020, art. 29-IV).

Les commissaires de justice peuvent librement s'installer dans les zones où l'implantation d'offices apparaît utile pour renforcer la proximité ou l'offre de services. Ces zones sont déterminées par une carte établie conjointement par les ministres de la justice et de l'économie, sur proposition de l'Autorité de la concurrence, en application de l'art. L. 462-4-1. Elles sont définies de manière détaillée au regard de critères précisés par décret, parmi lesquels une analyse démographique de l'évolution prévisible du nombre de professionnels installés (Ord. nº 2016-728 du 2 juin 2016, art. 3-I, en vigueur le 1er juill. 2022). — V. ce texte au ***C. pr. civ.***

Carte d'installation. Sur le rejet du recours contre l'Arr. du 16 sept. 2016 établissant la carte d'installation des notaires, V. • CE 16 oct. 2017, nº 403815 : *D. actu. 27 oct. 2017, obs. Coustet.*

Décret nº 2016-216 du 26 février 2016,

Relatif à l'établissement de la carte instituée au I de l'article 52 de la loi nº 2015-990 du 6 août 2015 pour la croissance, l'activité et l'égalité des chances économiques.

Art. 1er I. — Pour chacune des professions de notaire, d'huissier de justice et de commissaire-priseur judiciaire, l'Autorité de la concurrence propose au ministre de la justice et au ministre chargé de l'économie une carte identifiant les zones, mentionnées au I de l'article 52 de la loi du 6 août 2015 susvisée, où l'implantation d'offices apparaît utile pour renforcer la proximité ou l'offre de service de ces professions, au regard des critères suivants :

1º Critères permettant d'évaluer le niveau et les perspectives d'évolution de l'offre de service :

— nombre et localisation des offices installés ;

— chiffre d'affaires global de ces offices et celui réalisé par chacun d'entre eux sur les cinq dernières années, en distinguant les montants respectifs des émoluments et des honoraires ;

— nombre de professionnels nommés dans ces offices (titulaires, associés, salariés) ;

— nombre et localisation des offices vacants ;

— âge des professionnels en exercice ;

2º Critères permettant d'évaluer le niveau et les perspectives d'évolution de la demande :

— caractéristiques démographiques et tendance de leur évolution ;

— évolutions significatives de la situation économique ayant une incidence directe sur l'activité des professionnels, dont l'évolution :

— s'agissant des notaires : des marchés immobiliers et fonciers, et du nombre de mariages et de décès ;

— s'agissant des huissiers de justice : de l'activité des juridictions civiles et pénales, et du marché immobilier locatif ;

— s'agissant des commissaires-priseurs judiciaires : de l'activité des juridictions commerciales en matière de redressement et de liquidation judicaires.

II. — Les zones mentionnées au I doivent être délimitées en tenant compte de la localisation géographique des usagers auxquels les professionnels fournissent habituellement des prestations et du lieu d'exécution de la prestation.

V. Arr. du 20 juill. 2021 pris en application de l'art. 52 de la L. n° 2015-990 du 6 août 2015 pour la profession d'huissier de justice (JO 21 juill.) ; ... du 20 juill. 2021 pour la profession de commissaire-priseur judiciaire (JO 21 juill.) ; ... du 11 août 2021 pour la profession de notaire (JO 27 août).

Art. 2 L'ouverture de la procédure visant à l'élaboration de la carte mentionnée au I de l'article 52 de la loi du 6 août 2015 susvisée est publiée sur le site internet de l'Autorité de la concurrence. Outre l'objet de la procédure, elle mentionne le délai donné aux personnes mentionnées au troisième alinéa de l'article L. 462-4-1 du code de commerce pour recueillir leurs observations.

Art. 3 Le présent décret est applicable à Wallis-et-Futuna.

Art. L. 462-4-2 *(L. n° 2015-990 du 6 août 2015, art. 57-I)* **L'Autorité de la concurrence rend au ministre de la justice, qui en est le garant, un avis sur la liberté d'installation des avocats au Conseil d'État et à la Cour de cassation.**

Elle fait toutes recommandations en vue d'améliorer l'accès aux offices d'avocat au Conseil d'État et à la Cour de cassation dans la perspective d'augmenter de façon progressive le nombre de ces offices. Elle établit, en outre, un bilan en matière d'accès des femmes et des hommes à ces offices. Ces recommandations sont rendues publiques au moins tous les deux ans.

A cet effet, elle identifie le nombre de créations d'offices d'avocat au Conseil d'État et à la Cour de cassation qui apparaissent nécessaires pour assurer une offre de services satisfaisante au regard de critères définis par décret et prenant notamment en compte les exigences de bonne administration de la justice ainsi que l'évolution du contentieux devant ces deux juridictions. — *V. Décr. n° 2016-215 du 26 févr. 2016, ci-dessous.*

Les recommandations relatives au nombre de créations d'offices d'avocat au Conseil d'État et à la Cour de cassation permettent une augmentation progressive du nombre d'offices à créer, de manière à ne pas bouleverser les conditions d'activité des offices existants.

L'ouverture d'une procédure sur le fondement du présent article est rendue publique dans un délai de cinq jours à compter de la date de cette ouverture, afin de permettre aux associations de défense des consommateurs agréées au niveau national pour ester en justice, au conseil de l'ordre des avocats au Conseil d'État et à la Cour de cassation, ainsi qu'à toute personne remplissant les conditions de nationalité, d'aptitude, d'honorabilité, d'expérience et d'assurance requises pour être nommée par le ministre de la justice en qualité d'avocat au Conseil d'État et à la Cour de cassation, d'adresser à l'Autorité de la concurrence leurs observations.

Lorsque l'Autorité de la concurrence délibère au titre du présent article, son collège comprend deux personnalités qualifiées nommées par décret pour une durée de trois ans non renouvelable.

L'art. L. 462-4-2 entre en vigueur le premier jour du sixième mois suivant celui de la promulgation de la L. n° 2015-990 du 6 août 2015 (L. préc., art. 57-IV).

Création d'offices d'avocat. Une augmentation *de leur nombre de 6 %* n'apparaît pas de nature à bouleverser l'économie des offices existants, la charge constituée par le remboursement de l'emprunt destiné à financer le droit de présentation qu'ont dû supporter des avocats ayant été, à cet égard, prise en compte pour apprécier les effets de la création de ces quatre nouveaux offices. • CE 21 juill. 2021, n° 434750 : *AJDA 2021. 2196*.

Décret nº 2016-215 du 26 février 2016,

Portant définition des critères prévus pour l'application de l'article L. 462-4-2 du code de commerce.

Art. 1er L'annonce de l'ouverture de la procédure prévue par l'article L. 462-4-2 du code de commerce est publiée sur le site internet de l'Autorité de la concurrence. Elle mentionne l'objet de la procédure et le délai donné aux personnes mentionnées au cinquième alinéa du même article pour recueillir leurs observations.

Art. 2 L'Autorité de la concurrence identifie le nombre de créations d'offices d'avocat au Conseil d'État et à la Cour de cassation qui apparaissent nécessaires pour assurer une offre de services satisfaisante au regard des critères suivants :

1° Critères permettant d'évaluer le niveau et les perspectives d'évolution de la demande :

— l'évolution de l'activité de la Cour de cassation et de la section du contentieux du Conseil d'État au cours des cinq dernières années telle que résultant des rapports d'activité publiés annuellement par ces deux juridictions sur le fondement des articles R. 431-9 du code de l'organisation judiciaire et R. 123-5 du code de justice administrative ;

— l'évolution du nombre de décisions prononcées par les juridictions du fond susceptibles de pourvoi en cassation au cours des cinq dernières années ;

2° Critères permettant d'évaluer le niveau et les perspectives d'évolution de l'offre :

— la tendance de l'activité économique ;

— l'évolution du nombre d'offices et du nombre d'avocats au Conseil d'État et à la Cour de cassation exerçant soit à titre individuel, soit dans le cadre d'une entité dotée de la personnalité morale, soit en qualité de salarié, au cours des cinq dernières années ;

— le nombre d'offices vacants ;

— le nombre de personnes titulaires du certificat d'aptitude à la profession d'avocat au Conseil d'État et à la Cour de cassation n'exerçant pas en qualité d'avocat au Conseil d'État et à la Cour de cassation ;

— le chiffre d'affaires global des offices d'avocat au Conseil d'État et à la Cour de cassation et celui réalisé par chacun d'entre eux au cours des cinq dernières années correspondant à leur activité devant la Cour de cassation et le Conseil d'État.

Art. 3 L'avis et les recommandations formulés par l'Autorité de la concurrence sur le fondement des dispositions de l'article L. 462-4-2 du code de commerce sont publiés au *Journal officiel* de la République française.

Art. L. 462-5 *(Ord. nº 2008-1161 du 13 nov. 2008, art. 2-III)* **I. — L'Autorité de la concurrence peut être saisie par le ministre chargé de l'économie de toute pratique mentionnée aux articles L. 420-1** *(L. nº 2016-1920 du 29 déc. 2016, art. 3, en vigueur le 1er mars 2017)* **« à L. 420-2-2 »** *(L. nº 2012-1270 du 20 nov. 2012, art. 8)* **« et L. 420-5 ou contraire aux mesures prises en application de l'article L. 410-3 », ou de faits susceptibles de constituer une telle pratique, ainsi que des manquements aux engagements pris en application de l'article L. 430-7-1 ou pris en application des décisions de concentration intervenues avant l'entrée en vigueur de l'ordonnance nº 2008-1161 du 13 novembre 2008 portant modernisation de la régulation de la concurrence.**

II. — Pour toutes les pratiques mentionnées aux articles L. 420-1 *(L. nº 2016-1920 du 29 déc. 2016, art. 3, en vigueur le 1er mars 2017)* **« à L. 420-2-2 »** *(L. nº 2012-1270 du 20 nov. 2012, art. 8)* **« et L. 420-5 ou contraires aux mesures prises en application de l'article L. 410-3 », l'Autorité de la concurrence peut être saisie par les entreprises ou, pour toute affaire qui concerne les intérêts dont ils ont la charge, par les organismes mentionnés au deuxième alinéa de l'article L. 462-1.**

III. — Le rapporteur général peut proposer à l'Autorité de la concurrence de se saisir d'office des pratiques mentionnées aux I et II et à l'article L. 430-8 ainsi que des manquements aux engagements pris en application des décisions autorisant des opérations de concentration intervenues avant l'entrée en vigueur de l'ordonnance nº 2008-1161 du 13 novembre 2008 portant modernisation de la régulation de la concurrence.

(L. nº 2012-1270 du 20 nov. 2012, art. 8) **« IV. — L'Autorité de la concurrence peut être saisie par les régions d'outre-mer, le Département de Mayotte** *(Ord. nº 2014-487 du 15 mai 2014, art. 5)* **« , les îles Wallis-et-Futuna », la collectivité de Saint-**

Barthélemy, la collectivité de Saint-Martin et la collectivité territoriale de Saint-Pierre-et-Miquelon de toute pratique mentionnée aux articles L. 420-1 *(L. n° 2016-1920 du 29 déc. 2016, art. 3, en vigueur le 1er mars 2017)* **« à L. 420-2-2 » et L. 420-5 ou contraire aux mesures prises en application de l'article L. 410-3, ou de faits susceptibles de constituer une telle pratique, concernant leur territoire respectif. »**

Sur la saisine de l'Autorité de la concurrence par l'Autorité de régulation de la communication audiovisuelle et numérique (ARCOM), V. CPI, art. L. 331-29. – **CPI.**

BIBL. ▸ GRALL, *LPA 30 juin 1995.* – SALOMON, *Dr. sociétés 2000. Chron. 17* (pouvoir de sanction des AAI en matière économique et financière et garanties fondamentales). – MANNA et O'MAHONY, *RLC juill.-août 2013. 171* (droit de saisine de l'Autorité de la concurrence par les collectivités territoriales ultramarines).

1. Saisine par le ministre de l'Économie. Le ministre a pu réunir dans un même dossier, pour en saisir le Conseil, des pratiques constatées sur différents marchés de travaux publics, bien que tous ne se rapportent pas spécifiquement à l'aménagement des routes, dès lors que chacun d'eux suppose la mise en œuvre, pour partie au moins, de techniques, de matériels et de qualification de même nature et qu'ils ont été exécutés par les mêmes entreprises. • Paris, 4 juill. 1994 : *CCC 1994, n° 199, obs. Vogel.* ♦ La saisine de « faits susceptibles de constituer une telle pratique » vise des situations dans lesquelles le ministre n'accompagne pas sa saisine d'un rapport d'enquête effectué par ses services, mais saisit directement l'Autorité de la concurrence de pratiques susceptibles de porter atteinte à l'ordre public économique qu'il estime devoir faire l'objet d'une instruction par les rapporteurs de l'Autorité munis de pouvoirs d'investigation. • Aut. conc. n° 11-MC-01 du 12 mai 2011.

Sur la délégation de pouvoirs accordée par le ministre chargé de l'économie, V. • Paris, 13 nov. 2001 : *BOCC 31 déc. 2001 ; Gaz. Pal. 3-5 mars 2002, p. 43* • 13 déc. 2001 : *eod. loc.* • 29 janv. 2002 : *BOCC 26 févr. 2002.*

2. Constitutionnalité. **BIBL.** Menuret, *CCC 2002, Chron. 1* (saisine d'office au regard de l'art. 6, § 1, CEDH). ♦ Les mots « se saisir d'office ou » figurant à l'art. L. 462-5 dans sa rédaction résultant de l'Ord. n° 2000-912 du 18 sept. 2000, et donc dans sa rédaction antérieure à l'Ord. n° 2008-1161 du 13 nov. 2008, sont conformes à la Constitution. • Cons. const. 14 oct. 2015, n° 2015-489 QPC : *cité note 45 ss. art. L. 464-2.* ♦ Jugeant conforme à la Constitution le III de l'art. L. 462-5, V. • Cons. const. 12 oct. 2012, n° 2012-280 QPC : *cité note 3 ss. art. L. 430-8.* ♦ La faculté d'auto-saisine dont dispose l'Autorité de la concurrence, en vertu du III de l'art. L. 462-5, fait l'objet d'un encadrement suffisant au regard des exigences d'équité et d'impartialité. • *CE 21 déc. 2012,* n° 353856 : *cité note 10 ss. art. L. 430-8.* ♦ Les garanties légales qui entourent la saisine d'office excluent tout préjugement. • Aut. conc. n° 15-D-19 du 15 déc. 2015. ♦ N'étant pas un acte d'accusation ou de poursuite au sens de l'art. 6, § 1, Conv. EDH, la saisine d'office de l'Autorité ne saurait constituer une violation de cette disposition. • Aut. conc. n° 16-D-20 du 29 sept. 2016. ♦ Sur cette question, V. encore : • Paris, 22 sept. 2016, n° 2015/09009 : *CCC 2016, n° 242, obs. Decocq.*

3. Saisine par les entreprises. Une personne physique qui n'exerce pas en nom propre une activité commerciale ne peut être regardée comme une entreprise au sens de l'art. 11 [C. com., art. L. 462-5]. • Paris, 1er déc. 1995 : *CCC 1996, n° 62, obs. Vogel.* ♦ V. aussi notes 4 s. ss. art. L. 464-2. ♦ Le juriste salarié d'une SCP dont l'inscription au barreau a été refusée par le conseil de l'ordre, n'est pas recevable à saisir le Conseil de la concurrence car, n'étant que préposé de ladite société, il ne peut justifier d'une activité d'offreur de service sur le marché des prestations juridiques, et par ailleurs, n'ayant pas la qualité d'avocat, il n'est pas susceptible d'intervenir sur le marché des actes relevant du monopole de cette profession réglementée. • Paris, 18 juin 1996 : *BICC 1996, n° 1193,* conf. par : • Com. 16 juin 1998, n° 96-17.797 : *JCP E 1999, n° 48, p. 1914, obs. Arhel.*

4. Droit patrimonial du saisissant. La poursuite d'une action devant l'Autorité de la concurrence ou devant la cour d'appel de Paris sur recours, n'est pas exclusivement attachée à la personne, notamment en ce qu'elle ne relève pas des art. 1er à 515 C. civ., ni explicitement ni implicitement, non plus que du code de procédure pénale. • Paris, 9 juin 2009 : *D. actu. 12 juin 2009, obs. Chevrier.*

5. Portée de la saisine. L'action devant le Conseil n'est pas une action patrimoniale de sorte qu'un administrateur ou un liquidateur, mandaté dans une procédure collective, n'a pas la qualité pour retirer une plainte devant le Conseil. • Cons. conc. n° 07-D-09 du 14 mars 2007 : *cité note 7 ss. art. L. 463-2.* ♦ Le Conseil est saisi *in rem* et n'est pas lié par les demandes de la partie saisissante, ni par les faits énoncés dans la saisine, ni par les qualifications proposées. • Cons. conc. n° 95-D-76 du 29 nov. 1995. ♦ En revanche, le Conseil n'est pas compétent pour examiner des faits postérieurs à la saisine et qui ne constituent pas la continuité de faits antérieurs à celle-ci. • Cons. conc. n° 04-D-73 du 21 déc. 2004 : *CCC 2005, n° 45, obs. Malaurie-Vignal ; RDLC 2005, n° 1, p. 67, obs. Spector.* ♦ L'Autorité de la concurrence, qui bénéficie d'une autonomie procédurale tant à l'égard du droit judiciaire privé qu'à l'égard du droit communautaire, qui est chargée par la loi d'une mission de protection de l'ordre public économique, n'a pas à justifier des circonstances de sa saisine, pas plus qu'elle n'aurait d'ailleurs de comptes à rendre à l'auteur de cette saisine. • Paris, 19 janv. 2010 : *cité note 53 ss. art. L. 464-2.* ♦ L'Autorité de la concurrence, autorité administrative indépendante, n'est pas une juridiction d'instruction ou de jugement. Lorsqu'elle est saisie en application des dispositions de l'art. L. 462-5, la loi ne lui reconnaît pas compétence pour prononcer, au cours de l'instruction d'une saisine, l'annulation des actes accomplis par les services d'instruction. Ainsi, dans le cadre de l'instruction des pratiques anticoncurrentielles, il ne revient pas à l'Autorité d'annuler, de son propre chef ou à la demande d'une partie, un acte d'instruction. Il en est de même lorsque l'Autorité se prononce sur une infraction relative à un comportement d'obstruction manifesté par une entreprise ayant fait l'objet de demandes de communication de pièces par les services d'instruction. • Aut. conc. n° 17-D-27 du 21 déc. 2017.

V. aussi note 1 ss. art. L. 450-6.

6. Auto-saisine. Dès lors que la saisine du Conseil par une personne habilitée a pour effet de porter à sa connaissance des pratiques susceptibles d'être contraires aux règles de la concurrence, une fois cette saisine déposée, son auteur n'a pas la maîtrise de la procédure ainsi engagée devant le Conseil, lequel a la faculté de s'autosaisir notamment lorsqu'une saisine irrecevable ou rétractée révèle des faits dont l'examen s'avère nécessaire du point de vue de l'ordre public économique. • Paris, 8 sept. 1998 : *D. Affaires 1998. 1633, obs. J. F. ; CCC 1998, n° 164, obs. Malaurie-Vignal ; LPA 21 juin 1999, obs. Reboul.* ♦ La disparition de la société qui a régulièrement saisi le Conseil au regard des conditions de recevabilité posées par l'art. L. 462-8 n'a pas pour effet de dessaisir le Conseil de l'affaire qui avait été portée à sa connaissance. • Cons. conc. n° 06-D-18 du 28 juin 2006 : *cité note 1 ss. art. R. 464-2.* ♦ Il résulte des dispositions de l'art. L. 462-5 que l'Autorité de la concurrence peut se saisir elle-même, sur proposition de son rapporteur général et sur décision de son collège, d'une opération de concentration réalisée par une entreprise sans avoir été notifiée avant sa réalisation. • CE 15 avr. 2016, n° 375658 : *AJDA 2016. 1487 ; RJDA 2016, n° 737.* ♦ La décision d'auto-saisine qui a pour seul objet d'ouvrir la procédure n'est pas soumise à l'obligation de motivation et de notification. L'absence de motivation ne caractérise aucune atteinte à la règle d'impartialité inhérente au droit à un procès équitable. • Paris, 27 nov. 2001 : *D. 2002. Somm. 2043, obs. Reygrobellet* • Cons. conc. n° 07-D-15 du 9 mai 2007 : *cité note 7 ss. art. L. 463-5.* ♦ En effet, l'art. L. 462-5 permet à l'Autorité de se saisir d'office sans motiver spécialement sa décision à ce sujet. • Paris 27 janv. 2011 : *BOCC 23 févr. 2011.* ♦ Le Conseil n'est tenu de rendre compte, ni des informations qui ont emporté sa décision de se saisir, ni des conditions dans lesquelles ces informations sont parvenues à sa connaissance. • Paris, 24 juin 2008, n° 2006/06913. ♦ Ni la saisine par un tiers, ni la formulation d'une demande de clémence ne sauraient avoir pour effet de limiter la compétence que le législateur a attribuée à l'Autorité ; admettre le contraire reviendrait à méconnaître la nature même de la saisine d'office qui est une procédure engagée dans l'intérêt général, sans aucun préjugé, et ayant pour simple effet d'ouvrir une phase d'examen. • Aut. conc. n° 15-D-04 du 26 mars 2015 : *RLC juill.-août 2015. 35, obs. Sélinsky.* ♦ L'Autorité est souveraine dans l'appréciation de l'opportunité de se saisir d'office et n'a pas à rendre compte des circonstances dans lesquelles elle décide d'exercer ce pouvoir ; elle n'a donc pas à justifier son auto-saisine, ni à produire les éléments factuels au vu desquels elle a pris sa décision. Dès lors, le fait que le champ de l'auto-saisine soit plus large que le champ de la demande de clémence initiée par une entreprise n'entraîne pas de conséquence quant à sa régularité. • Même décision. ♦ Sur l'auto-saisine et le respect du principe d'impartialité, V. Claudel, *RTD com. 2004. 83* .

La présentation d'un rapport sur l'opportunité de la saisine d'office ne constitue pas un acte d'accusation ni une décision au fond, pas plus que la décision de saisine d'office elle-même. • Paris, 26 juin 2007 : *cité note 8 ss. art. L. 463-1.* ♦ En effet, la décision de saisine d'office, antérieure à toutes poursuites puisque celles-ci ne prennent naissance que par la notification des griefs, ne peut être regardée comme un acte de poursuite, encore moins comme un préjugement, et ne comporte dès lors, en elle-même, aucun risque d'atteinte au principe d'impartialité. • Paris, 24 juin 2008, n° 2006/06913. ♦ Les décisions par lesquelles l'Autorité décide de se saisir d'office ne peuvent faire l'objet d'aucune voie de recours prévue par les textes. En effet, une décision d'auto-saisine, en ce qu'elle permet à l'Autorité de mener une instruction puis, le cas échéant, de rendre une décision finale, n'est qu'une mesure préparatoire interne ne pouvant faire l'objet d'un recours de plein contentieux. Une telle décision peut toutefois être soumise à un contrôle de licéité du juge, dans le cadre d'un recours de plein contentieux contre la décision finale de l'Autorité. • Aut. conc. n° 15-D-04 du 26 mars 2015 : *préc.* ♦ La désignation formelle d'un rapporteur pour instruire une affaire, conformément à l'art. L. 450-6, n'est prévue que pour l'instruction des affaires au fond postérieure à la saisine de l'Autorité. Il est dès lors loisible au rapporteur général de désigner oralement et sans formalité un rapporteur chargé spécialement de faire un rapport oral sur la saisine d'office devant la formation chargée de se prononcer sur cette saisine. • Aut. conc. n° 16-D-20 du 29 sept. 2016.

En se déterminant par des motifs impropres à démontrer en quoi le Conseil, qui avait relevé que les pratiques d'ententes verticales sur les prix, mises en évidence par l'enquête qu'il avait ordonnée après s'être saisi d'office de la situation de la concurrence dans le secteur de la parfumerie de luxe, portaient sur une gamme de produits de luxe faisant l'objet de contrats de distribution sélective, et constaté que lesdits contrats visaient indistinctement les parfums de luxe et les cosmétiques de luxe et définissaient de manière globale les montants d'achats annuels devant être réalisés par chaque distributeur, avait méconnu l'étendue de sa saisine, la cour d'appel n'a pas légalement justifié sa décision. • Com. 10 juill. 2008, n° 07-17.276 P : *D. 2008. AJ 2225, obs. Chevrier ; JCP E 2008, n° 38, p. 38 ; CCC 2008, n° 236, obs. Decocq ; RJDA 2008, n° 1312 ; RLC oct.-déc. 2008. 29, obs. Sélinsky et Cholet.*

Art. L. 462-6 **L'Autorité de la concurrence examine si les pratiques dont elle est saisie entrent dans le champ des articles L. 420-1** *(L. n° 2016-1920 du 29 déc. 2016, art. 3, en vigueur le 1er mars 2017)* **« à L. 420-2-2 »** *(L. n° 2012-1270 du 20 nov. 2012, art. 6)* **« ou L. 420-5, sont contraires aux mesures prises en application de l'article L. 410-3 » ou peuvent se trouver justifiées par application de l'article L. 420-4. Elle prononce, le cas échéant, des sanctions et des injonctions.**

Lorsque les faits lui paraissent de nature à justifier l'application de l'article L. 420-6, elle adresse le dossier au procureur de la République. Cette transmission interrompt la prescription de l'action publique.

(Abrogé par Ord. n° 2021-649 du 26 mai 2021, art. 2-X) (Ord. n° 2004-1173 du 4 nov. 2004, art. 5) ***« La prescription est interrompue également lorsque les faits visés dans la saisine font l'objet d'un acte tendant à leur recherche, leur constatation ou leur sanction par la Commission européenne ou par une autorité de concurrence d'un autre État membre de la Communauté européenne. »*** *— [Ord. n° 86-1243 du 1er déc. 1986, art. 11, al. 2 et 3.]*

BIBL. ▶ BRACONNIER, *JCP 2012, n° 842* (infractions au droit de la concurrence et marchés publics : vers une concentration du contentieux indemnitaire entre les mains du juge judiciaire ?). – CHAGNY et LUC, *AJCA 2015. 112* (quels contrôles des contrats d'affaires par les autorités de concurrence ?).

I. COMPÉTENCE DE L'AUTORITÉ DE LA CONCURRENCE

A. NATURE DES PRATIQUES

1. *Sanction des engagements anticoncurrentiels.* Il n'appartient pas au Conseil de la concurrence d'apprécier la régularité d'un comportement au regard d'autres textes que le livre IV du code de commerce et des art. 81 et 82 CE. • Cons. conc. n° 04-D-46 du 30 sept. 2004 : *RLC 2005, n° 1, p. 91, obs. Sélinsky.* ♦ Il relève de la compétence du Conseil de sanctionner les engagements anticoncurrentiels quelle que soit la nature de la convention dans laquelle ils se trouvent insérés (à propos d'une convention collective). • Paris, 6 mars 1991 : *D. 1991. IR 100 ; Gaz. Pal. 1991. 2. 403, concl. Jobard.* ♦ L'Autorité n'est pas compétente pour poursuivre et, le cas échéant, sanctionner en tant que telles des infractions à des dispositions prévues par une réglementation sectorielle : cependant, l'incompatibilité d'un comportement d'entreprise avec l'art. L. 420-2 est indépendante de sa conformité ou non à d'autres règles juridiques, ce qui explique qu'un comportement légal au regard d'autres branches du droit que le droit de la concurrence puisse être prohibé par ce dernier. • Aut. conc. n° 12-D-25 du 18 déc. 2012 : *cité note 23 ss. art. L. 420-2.* ♦ Dès lors que la régulation sectorielle laisse à une entreprise régulée une liberté suffisante pour adopter un comportement autonome sur le marché, ce comportement peut être examiné au regard du droit de la concurrence par l'Autorité, qui reste donc compétente pour analyser ce comportement au regard non pas du droit sectoriel, mais des dispositions des art. L. 420-2 C. com. et 102 TFUE. • Aut. conc. n° 15-D-01 du 5 févr. 2015 : *AJCA 2015. 181, obs. Constantin ; CCC 2015, n° 93, obs. Bosco ; RLC avr.-juin 2015. 20, obs. Sélinsky.* ♦ Si l'ARCEP n'a pas engagé de procédure de sanction à l'encontre de la société pour manquement à ses obligations sectorielles, ce dont elle a l'opportunité, cette société ne peut en tirer que le principe *non bis in idem* s'opposerait à la qualification d'abus par l'Autorité de la concurrence. En effet, outre qu'aucune décision formelle de non-lieu à poursuivre n'a été prise par l'ARCEP, l'appréciation de cette autorité ne saurait lier l'Autorité de la concurrence, qui applique une législation différente. • Paris, 15 sept. 2016, n° 2015/06968 (conf. par • Com. 30 mai 2018, n° 16-24.792 : *CCC 2018, n° 138, obs. Decocq*).

2. *Responsabilité civile.* Sur l'incompétence du Conseil de la concurrence, chargé de la protection de l'ordre public économique, en ce qui concerne la réparation du préjudice éventuellement subi par les parties qui le saisissent et allèguent être victimes de pratiques anticoncurrentielles, celles-ci pouvant saisir les juridictions civiles et répressives d'une action en indemnisation, annulation ou cessation des pratiques contestées dans les délais de prescription afférents à ces actions, le Conseil pouvant le cas échéant être consulté par ces juridictions, le cours de la prescription étant alors suspendu : • Com. 17 juill. 2001, n° 99-13.535 P : *JCP E 2001, n° 43-45, p. 1697.* ♦ Dans le même sens : • Paris, 28 juin 2002 : *JCP 2003. II. 10183, note Vetu ; RTD com. 2003. 78, obs. Claudel ; BRDA 2002, n° 18, p. 11* (application de la responsabilité civile pour violation du droit des pratiques anticoncurrentrielles). ♦ V. aussi les notes ss. art. L. 420-3.

3. Compétence des tribunaux judiciaires. Le Conseil n'est compétent ni pour appliquer l'art. 44 de la loi du 27 déc. 1973 [C. consom., art. L. 121-2 s.] (publicité fausse), ni pour prononcer la nullité de stipulations contractuelles prévues à l'art. 9 de l'ordonnance [C. com., art. L. 420-3], ni de prendre des mesures en application des art. 36 et 17 de ce texte [C. com., art. L. 442-6 anc. et L. 420-6], ni d'en appliquer l'art. 31 [C. com., art. L. 441-3 s.], ni pour prendre des mesures en application de l'art. 1382 [1240] C. civ. • Cons. conc. n° 91-MC-01 du 5 mars 1991. ♦ L'appréciation du caractère proportionné ou non du montant des cotisations versées par les saisissantes en contrepartie des prestations fournies par une enseigne de la grande distribution (C. com., anc. art. L. 442-6-I-1°) relève du juge commercial et non de l'Autorité de la concurrence, dès lors que ces pratiques n'affectent pas le jeu de la concurrence sur le marché concerné. • Aut. conc. n° 11-D-20 du 16 déc. 2011 : *cité note 2 ss. art. L. 752-26.* ♦ Jugeant que si des revendeurs estiment avoir été trompés sur leurs conditions d'entrée dans le réseau ainsi que sur la nature de leurs relations avec leur fournisseur, les litiges qui peuvent en découler sont de l'ordre commercial et relèvent en conséquence des juridictions de l'ordre judiciaire, V. • Cons. conc. n° 01-D-58 du 24 sept. 2001 : *CCC 2002, n° 27, obs. Malaurie-Vignal.* ♦ Il ne relève pas de la compétence du Conseil d'apprécier la licéité de la vente par pack au regard de l'art. L. 442-2 [L. 442-5]. • Cons. conc. n° 04-D-67 du 1er déc. 2004 : *CCC 2005, n° 67, obs. Malaurie-Vignal.* ♦ Il ne relève pas de la compétence de l'Autorité de la concurrence d'apprécier la licéité de faits au regard de l'art. L. 442-2 [L. 442-5], réprimés par des sanctions pénales qui ne peuvent être infligées que par un tribunal correctionnel. • Aut. conc. n° 12-D-20 du 12 oct. 2012. ♦ Ni le refus de vente, ni la rupture brutale d'une relation commerciale établie ne constitue une infraction qui, en elle-même, est susceptible d'être poursuivie de manière autonome par l'Autorité. • Aut. conc. n° 14-D-07 du 23 juill. 2014 : *cité note 6 ss. art. L. 462-8.* ♦ L'éventuel refus de communication des CGV, en violation de l'art. L. 441-6 [L. 441-1], ne relève de la compétence du Conseil que s'il est susceptible de se rattacher à des comportements visés par les art. L. 420-1 et L. 420-2. • Cons. conc. n° 06-D-39 du 15 déc. 2006. ♦ Par ailleurs, il revient au Conseil de veiller à ce que les dispositions légales sur le seuil de revente à perte ne soient pas indûment invoquées pour contester au Conseil le droit de qualifier une entente verticale de prix. • Cons. conc. n° 07-D-50 du 20 déc. 2007 : *cité note 20 ss. art. L. 420-1.* ♦ Le caractère commercial d'un litige entre un bailleur et un preneur ne saurait faire obstacle à la compétence du Conseil dans la mesure où les faits litigieux sont susceptibles d'affecter le fonctionnement de certains marchés et d'être qualifiés au regard du droit de la concurrence. • Cons. conc. n° 08-D-05 du 27 mars 2008 : *AJDA 2008. 1131, obs. Richer ; CCC 2008, n° 131, obs. Decocq ; RDLC 2008, n° 2, p. 117, obs. Prieto.*

Il ne résulte pas des art. 11 s. [C. com., art. L. 462-5 s.] que les litiges entre les parties fondés sur les art. 7 et 8 [C. com., art. L. 420-1 et L. 420-2] échappent aux juridictions de droit commun, seules compétentes pour statuer sur toutes autres demandes. • Paris, 27 juin 1990 : *D. 1991. Somm. 251, obs. Gavalda et Lucas de Leyssac .* ♦ Les tribunaux de l'ordre judiciaire sont compétents pour vérifier directement la légalité de pratiques relevant des art. 7 et 8 [C. com., art. L. 420-1 et L. 420-2], sans qu'il soit besoin de saisir au préalable le Conseil de la concurrence. • Versailles, 17 mai 1994 : *Gaz. Pal. 1995. 1. 49, note Junqua-Lamarque.*

La saisine du Conseil est facultative et la décision qu'il est appelé à rendre ne lie pas le juge judiciaire saisi d'une demande tendant à faire constater l'existence de pratiques constitutives de concurrence déloyale. • Com. 15 oct. 1996, n° 94-21.008 P : *RJDA 1997, n° 72.* ♦ La seule existence de procédures judiciaires introduites parallèlement à une saisine du Conseil ne saurait empêcher celui-ci d'examiner, conformément à l'art. 11 [C. com., art. L. 462-5], les pratiques dont il est saisi, dès lors que celles-ci, ayant pour objet ou pour effet de restreindre ou fausser le jeu de la concurrence, sont susceptibles d'être qualifiées sur le fondement des art. 7 et 8 [C. com., art. L. 420-1 et L. 420-2]. • Cons. conc. n° 97-D-01 du 15 janv. 1997. ♦ ... Et le Conseil de la concurrence n'est pas lié par les qualifications proposées par l'auteur d'une saisine. • Com. 22 oct. 2002, n° 00-18.048 P : *RJDA 2003, n° 195.* ♦ Le fait que le juge judiciaire soit compétent pour connaître des litiges relatifs aux conventions de sous-occupation entre un occupant du domaine public et les exploitants d'espaces dédiés à des activités commerciales ne saurait exclure la compétence de l'Autorité de la concurrence, dès lors que les pratiques anticoncurrentielles alléguées lors de l'attribution des espaces commerciaux à des exploitants pourraient être de nature à porter atteinte au fonctionnement de la concurrence sur les marchés affectés. • Aut. conc. n° 15-D-15 du 18 nov. 2015.

V. aussi note 26 ss. art. L. 410-1 et note 68 ss. l'art. 2 de la L. n° 63-628 du 2 juill. 1963, App., v° *Concurrence.*

4. Compétence des tribunaux administratifs. Pour un cas de compétence exclusive, V. • Paris, 10 févr. 1994 : *D. 1994. Somm. 174, obs. Gavalda et Lucas de Leyssac* . ♦ Jugeant que le Conseil de la concurrence n'est pas chargé de l'application des art. L. 720-1 et L. 720-3 C. com. [anciens] (équipement commercial), V. • Cons. conc. n° 04-D-12 du 7 avr. 2004 : *D. 2004. AJ 1309* . ♦ Sur l'incompétence du Conseil pour dire si une personne publique peut ou non exercer une activité commerciale ou pour rechercher si elle perçoit des aides d'État : • Cons. conc. n° 04-D-02 du 10 févr. 2004 : *CCC 2004, n° 78, obs. Malaurie-Vignal.* ♦ Sur la compétence administrative pour juger si dans le cadre de marchés publics le consentement de la SNCF a été vicié suite à une entente et si celle-ci peut obtenir des dommages-intérêts : • CAA Paris, 22 avr. 2004 : *cité note 4 ss. art. L. 420-3* • 17 avr. 2007 : *AJDA 2007. 2200, note Braconnier* ; *RLC juill.-sept. 2007. 73, obs. Clamour* • CE 19 déc. 2007, n° 268918 : *RFDA 2008. 109, note Moderne* ; *JCP E 2008, n° 2, p. 13, obs. Rouault* ; *CCC 2008. Chron. 3, n° 7, obs. Camus et Glatt* ; *RJDA 2008, n° 1257* ; *RDLC 2008, n° 2, p. 181, obs. du Marais et Houedanou.* – V. aussi • CE 19 déc. 2007, n° 299293 : *JCP 2008. II. 10113, note J. Martin.* ♦ Jugeant que c'est au juge administratif qu'il revient de connaître d'un litige par lequel une personne publique met en cause la responsabilité délictuelle d'entreprises et de leurs préposés en raison des ententes concurrentielles dont ils ont été les auteurs lors de la passation de marchés publics : • T. confl. 16 nov. 2015, n° 4035 : *AJCA 2016. 30, note Louvaris* ; *AJDA 2015. 2401, obs. Braconnier* ; *CCC 2016. Chron. 2, n° 48, obs. Decocq* ; *RJDA 2016, n° 325* ; *RLC janv. 2016. 12, obs. Ziani.* ♦ Sur le développement du contentieux public de la concurrence (concernant une procédure en référé), V. • CE 19 janv. 2004, n° 263012 : *AJDA 2004. 1476, note Nicinski* . ♦ Les moyens relatifs à la qualification de pratiques au regard des dispositions du CGCT ne relèvent pas de la compétence du Conseil de la concurrence. • Cons. conc. n° 04-D-46 du 30 sept. 2004 : *préc. note 1.* ♦ Il n'appartient pas au Conseil d'apprécier la conformité des pratiques dénoncées à d'autres règles que celles posées par le titre II du livre IV du code de commerce, comme par exemple l'art. 55 du code des marchés publics relatif aux offres anormalement basses. • Cons. conc. n° 07-D-38 du 15 nov. 2007 : *RLC janv.-mars 2008. 59, note Destours.* ♦ Les juridictions de l'ordre judiciaire ne sont pas compétentes pour octroyer des dommages-intérêts en réparation d'un dommage concurrentiel, quand bien même la violation des dispositions du droit de la concurrence aurait été constatée et sanctionnée par le Conseil de la concurrence, dès lors que le dommage est lié à un contrat administratif. • Civ. 1re, 29 sept. 2004, n° 02-18.335 P : *ibid. 2005. 1348, note Jeanneney et Ayache* .

Le Conseil n'est pas compétent pour apprécier la légalité d'une décision administrative (décret portant AOC) traduisant l'exercice de prérogatives de puissance publique, et notamment pour vérifier la régularité des actes ou procédures préparatoires à l'adoption de cette décision. • Cons. conc. n° 07-D-10 du 28 mars 2007 : *RLC juill.-sept. 2007. 61, obs. Destours* ; *RDLC 2007, n° 3, p. 173, obs. Kovar.* ♦ Toutefois, le Conseil peut examiner si à l'occasion des discussions qui ont eu lieu entre professionnels, les entreprises membres du comité interprofessionnel ont, par le moyen d'une entente, poursuivi un plan anticoncurrentiel destiné à évincer du marché tel ou tel type de producteur concurrent. • Même décision.

5. Autorité de la chose jugée. Le rejet par le tribunal de commerce de la plupart des griefs invoqués ne saurait s'imposer au Conseil de la concurrence dans l'exercice de la compétence qu'il tient des dispositions du livre IV du code de commerce pour sanctionner les pratiques anticoncurrentielles visées à ces dispositions, aux fins de sauvegarde de l'ordre public économique. • Cons. conc. n° 04-D-21 du 17 juin 2004 : *CCC 2004, n° 158, obs. Malaurie-Vignal* • Paris, 17 mars 1998 : *BOCC 27 mars 1998.*

B. LOCALISATION DES PRATIQUES

6. Est irrecevable la demande d'une entreprise dénonçant des pratiques d'ententes qui seraient intervenues sur un territoire d'outre-mer en l'absence de dispositions expresses prévoyant que l'ordonnance est applicable sur ce territoire. • Cons. conc. n° 93-D-16 du 25 mai 1993 : *RJDA 1993, n° 630.* ♦ S'il est exact que le livre IV du code de commerce ne s'applique pas en Polynésie française et en Nouvelle-Calédonie, l'art. L. 462-6, qui fixe la compétence de l'Autorité de la concurrence en matière de pratiques anticoncurrentielles, est applicable à Saint-Martin et Saint-Barthélemy, en vertu des art. L.O. 6313-1 et L.O. 6213-1 CGCT, à Saint-Pierre-et-Miquelon, en vertu de l'art. L. 910-1 C. com., et à Wallis-et-Futuna, en vertu de l'art. L. 950-1 C. com. dans sa version modifiée par l'Ord. n° 2014-487 du 15 mai 2014. • Aut. conc. n° 15-D-01 du 5 févr. 2015 : *préc. note 1.* ♦ Sur l'incompétence de principe du Conseil de la concurrence à l'égard de pratiques anticoncurrentielles visant les exportations, sauf si ces pratiques sont susceptibles d'affecter la rentabilité et la pérennité de l'activité des entreprises intervenant sur le marché français, V. • Cons. conc. n° 97-D-01 du 15 janv. 1997 : *CCC 1997, n° 81, obs. Vogel* ; *Dr. sociétés 1998. 17, obs. Vidal.*

Sur la compétence territoriale internationale, V. note 1 ss. art. L. 420-1.

II. TRANSMISSION AU PARQUET

7. V. Bibl. et notes ss. art. L. 420-6. ♦ Sur le recours contre la décision de l'Autorité de la concurrence de transmettre le dossier au procureur de la République, V. note 4 ss. art. L. 464-8. ♦ Il n'appartient pas au Conseil de la concurrence de qualifier les faits sans réserve au regard des art. L. 420-6 et L. 462-6 et d'en imputer publiquement la responsabilité pénale à des personnes. • Paris, 22 févr. 2005 : *D. 2005. AJ 886, obs. Chevrier* ; *CCC 2005, n° 85, obs. Malaurie-Vignal ; RTD com. 2005. 280, obs. Claudel* . ♦ Dès lors, en se prononçant par des motifs qui portent atteinte à la présomption d'innocence et aux droits de la défense des personnes visées, le Conseil a excédé ses pouvoirs. • Même arrêt. ♦ Validant toutefois la procédure en substituant un fondement pénal au fondement commercial initialement retenu, dès lors qu'une telle transmission est possible en application de l'art. 40, al. 2, C. pr. pén. : • Crim. 17 juin 2009, n° 08-84.482 P : *cité note 1 ss. art. L. 420-6.*

Art. L. 462-7 *(Ord. n° 2021-649 du 26 mai 2021, art. 2-XI)* **« I. — » L'Autorité de la concurrence ne peut être saisie de faits remontant à plus de** *(Ord. n° 2004-1173 du 4 nov. 2004, art. 6)* **« cinq ans » s'il n'a été fait aucun acte tendant à leur recherche, leur constatation ou leur sanction.**

(Ord. n° 2008-1161 du 13 nov. 2008, art. 2-IV) **« Les actes interruptifs de la prescription de l'action publique** *(Ord. n° 2021-649 du 26 mai 2021, art. 2-XI)* **« exercée en application du premier alinéa » de l'article L. 420-6 sont également interruptifs de la prescription devant l'Autorité de la concurrence. »**

(Abrogé par Ord. n° 2021-649 du 26 mai 2021, art. 2-XI) ***« Toutefois, la prescription est acquise en toute hypothèse lorsqu'un délai de dix ans à compter de la cessation de la pratique anticoncurrentielle s'est écoulé sans que l'Autorité de la concurrence ait statué sur celle-ci. »*** *— V. désormais la 1re phrase du II.*

(Ord. n° 2017-303 du 9 mars 2017, art. 5) **« Tout acte tendant à la recherche, à la constatation ou à la sanction de pratiques anticoncurrentielles par l'Autorité de la concurrence, une autorité nationale de concurrence d'un autre État membre de l'Union européenne ou la Commission européenne interrompt** *(Ord. n° 2021-649 du 26 mai 2021, art. 2-XI)* **« la prescription de l'action devant l'Autorité de la concurrence ainsi que » la prescription de l'action civile et de l'action indemnitaire engagée devant une juridiction administrative sur le fondement de l'article L. 481-1. L'interruption résultant d'un tel acte produit ses effets jusqu'à la date à laquelle la décision de l'autorité de concurrence compétente ou de la juridiction de recours ne peut plus faire l'objet d'une voie de recours ordinaire** *[ancienne rédaction : L'ouverture d'une procédure devant l'Autorité de la concurrence, une autorité nationale de concurrence d'un autre État membre de l'Union européenne ou la Commission européenne interrompt la prescription de l'action civile. L'interruption résultant de l'ouverture de cette procédure produit ses effets jusqu'à la date à laquelle la décision de ces autorités ou, en cas de recours, de la juridiction compétente est définitive]*. **»** *(Ord. n° 2021-649 du 26 mai 2021, art. 2-XI)* **« La prescription de l'action devant l'Autorité de la concurrence est également interrompue par la transmission mentionnée au deuxième alinéa de l'article L. 462-6.**

« II. — La prescription est acquise lorsqu'un délai de dix ans à compter de la cessation de la pratique anticoncurrentielle s'est écoulé sans que l'Autorité de la concurrence ait statué sur celle-ci. Ce délai » *(L. n° 2012-1270 du 20 nov. 2012, art. 13)* **« est suspendu jusqu'à la notification à l'Autorité de la concurrence d'une décision juridictionnelle irrévocable lorsque :**

« 1° L'ordonnance délivrée en application de l'article L. 450-4 fait l'objet d'un appel ou lorsque le déroulement des opérations mentionnées au même article fait l'objet d'un recours, à compter du dépôt de cet appel ou de ce recours ;

« 2° La décision de l'Autorité de la concurrence fait l'objet d'un recours en application de l'article L. 464-8, à compter du dépôt de ce recours ; »

(L. n° 2016-1547 du 18 nov. 2016, art. 96) **« 3° La décision prise par le rapporteur général de l'Autorité de la concurrence en application de l'article L. 463-4 de refuser la protection du secret des affaires ou de lever la protection accordée fait l'objet d'un recours. Le délai mentionné au troisième alinéa du présent article est alors suspendu à compter du dpôt de ce recours. »** — *[Ord. n° 86-1243 du 1er déc. 1986, art. 27.]*

BIBL. ► ARHEL, *JCP E 2012. Actu. 733* (volet « prix et concurrence » de la L. n° 2012-1270 du 20 nov. 2012). - COMERT et NASSER EL DINE-POMAR, *CCC 2013. Étude 4* (nouvelles dispositions procédurales en matière de concurrence). – Claudel, *RTD com. 2013. 518* (le yoyo de la prescription en droit français de la concurrence). – Loubières et Saint-Olive, *RLC avr.-juin 2014. 181* (*private enforcement* et prescription : L. n° 2014-344 du 17 mars 2014). – Condomines, *CCC 2016. Étude 10* (durée des pratiques anticoncurrentielles : enjeux et critères d'appréciation).

1. Champ d'application. L'art. L. 462-7 ne s'applique qu'à la procédure suivie devant le Conseil de la concurrence (peu important que sa décision soit ultérieurement annulée). • Com. 13 juill. 2004, n° 03-11.430 P : *D. 2004. AJ 2375* ; *JCP E 2004, n° 41, p. 1564 ; CCC 2004, n° 157, obs. Malaurie-Vignal ; RLC 2005, n° 1, p. 92, obs. Cheynel.* ♦ L'art. L. 462-7 a été codifié dans le titre relatif à l'Autorité de la concurrence, et non dans celui propre au seul contrôle des pratiques anticoncurrentielles. En outre, le libellé de son premier alinéa ne contient aucun élément dont il devrait être déduit qu'il se limite aux seuls faits appréhendés au regard des règles relatives aux pratiques anticoncurrentielles ; il vise, sans distinction, l'ensemble des « faits » que l'Autorité peut être conduite à sanctionner, contrairement aux deux alinéas suivants qui ne visent que les pratiques anticoncurrentielles. Dès lors, la prescription quinquennale prévue au 1er al. de l'art. L. 462-7 est applicable aux faits relevant du I de l'art. L. 430-8. • Aut. conc. n° 12-D-12 du 11 mai 2012 : *D. actu. 1er juin 2012, obs. Chevrier ; CCC 2013. Chron. 1, n° 2, par Bosco ; RLC oct.-déc. 2012. 65, obs. Barbier de la Serre.* – V. note 8 ss. art. L. 430-8.

2. Prescription quinquennale. Lorsque la prescription n'est pas acquise, les lois relatives à la prescription sont applicables immédiatement aux pratiques commises avant leur entrée en vigueur. • Paris, 12 déc. 2006 : *D. 2007. AJ 79, obs. Chevrier* ; *CCC 2007, n° 56, obs. Decocq ; RLC avr.-juin 2007. 71, obs. Nourissat ; RDLC 2007, n° 1, p. 150, obs. Michel-Amsellem.* ♦ S'agissant d'un texte de procédure, l'art. 6 de l'Ord. du 4 nov. 2004 allongeant le délai de prescription est applicable immédiatement, y compris à la poursuite des faits antérieurs à son entrée en vigueur, sous la seule réserve qu'il ne puisse permettre de poursuivre ou de sanctionner des faits pour lesquels la prescription a été définitivement acquise en vertu du texte applicable précédemment. • Cons. conc. n° 06-D-08 du 24 mars 2006 : *D. 2006. AJ 1105, obs. Chevrier* ; *RLC juill.-sept. 2006. 86, note Cheynel ; RDLC 2006, n° 2, p. 143, obs. Michel-Amsellem* • n° 08-D-09 du 6 mai 2008.

3. Prescription décennale. L'Ord. du 13 nov. 2008, texte de procédure, étant dépourvue d'effet rétroactif, le nouveau délai préfix qu'elle instaure *ne peut courir,* à l'égard des pratiques ayant cessé avant le 15 nov. 2008, qu'à compter de l'entrée en vigueur de ces nouvelles dispositions. • Com. 18 févr. 2014, n° 12-27.643 P : *cité note 47 ss. art. L. 464-2.* ♦ Les nouvelles lois de procédure ne peuvent priver d'effet les actes accomplis régulièrement avant leur entrée en vigueur. La décision du Conseil de la concurrence rendue en 2006 ne peut être annulée sur ce point dès lors qu'à cette date l'Ord. du 13 nov. 2008 instaurant le délai de dix ans prévu par l'al. 3 de l'art. L. 462-7 n'était pas entrée en vigueur. • Com. 15 mai 2012, n° 11-18.507 P : *D. 2012. Actu. 1396, obs. Chevrier* ; *CCC 2012, n° 184, obs. Decocq ; RJDA 2012, n° 898 ; RLC juill.-sept. 2012. 26, obs. Sélinsky.* ♦ Cassation de l'arrêt jugeant que la prescription décennale a vocation à s'appliquer aux pratiques anticoncurrentielles survenus antérieurement à l'adoption des dispositions nouvelles ; elle s'attache au délai dans lequel est intervenue (ou n'est pas intervenue) la sanction, indépendamment de l'autorité qui a pu la prononcer et il est dès lors indifférent que les sanctions litigieuses aient été prononcées par le Conseil de la concurrence et non pas par l'Autorité de la concurrence. • Paris, 5 mai 2011 : *D. 2011. Actu. 1477* ; *CCC 2011, n° 174, obs. Decocq ; RDLC 2011, n° 3, p. 189, obs. Lemaire et Naudin ; RLC juill.-sept. 2011. 68, obs. Barbier de la Serre.* ♦ Comp., jugeant qu'en admettant même, malgré les dispositions transitoires instituées par l'Ord. n° 2008-1161 du 13 nov. 2008 (V. notes rédactionnelles ss. art. L. 461-1), que les dispositions nouvelles de l'al. 3 de l'art. L. 462-7 soient applicables à la présente affaire, les pratiques ne sont en tout état de cause pas prescrites à la date à laquelle l'Autorité statue, dès lors que dans le cas d'une infraction continue le délai de prescription ne commence à courir qu'à compter du jour où l'infraction a pris fin. • Aut. conc. n° 11-D-02 du 26 janv. 2011 . ♦ La circonstance que les dispositions transitoires ne visent pas expressément les recours exercés contre les décisions du Conseil ne fait pas obstacle à leur application au cas d'espèce. • Paris, 10 oct. 2013 : *CCC 2014, n° 16, obs. Decocq.* ♦ S'il a pu naître un doute sur le fait que le délai préfix de la nouvelle prescription décennale continue à courir ou non durant l'exercice des voies de recours contre une décision de l'Autorité, ce doute ne peut exister, en tout état de cause, qu'à l'égard des seules décisions n'entrant pas dans le champ d'application des dispositions transitoires de l'art. 5 de l'Ord. n° 2008-1161 du 13 nov. 2008 puisque leur « validité (...) est appréciée au regard des textes en vigueur à la date à laquelle » elles ont été prises et que donc, comme il a été jugé, la nouvelle prescription décennale ne leur est pas applicable. • Même arrêt. ♦ Pas davantage l'introduction, par la L. n° 2012-1270 du 20 nov. 2012, d'un deuxième paragraphe à l'art. L. 462-7, ne justifie *a contrario* l'application de la loi nouvelle. • Même arrêt.

Sur la durée de la procédure, V. note 3 ss. art. L. 463-1.

4. Portée de la prescription. L'interruption de la prescription pour des faits dont le Conseil est saisi vaut à l'égard de toutes les entreprises en cause. • Com. 6 mars 2007, n° 06-13.501 P : *D. 2007. AJ 937, obs. Chevrier ; JCP E 2007, n° 16, p. 25 ; CCC 2007, n° 130, obs. Decocq ; RJDA 2007, n° 897 ; RDLC 2007, n° 2, p. 151, obs. Michel-Amsellem.* ♦ Bien que prescrits, des faits peuvent être relatés à seule fin de permettre la compréhension des griefs retenus et relatifs à des faits susceptibles d'être sanctionnés. • Cons. conc. n° 92-D-37 du 2 juin 1992 : *CCC 1992, n° 161, obs. Vogel* • Paris, 8 juill. 1992 : *BOCC 15 août 1992.* ♦ Les faits prescrits peuvent néanmoins être évoqués pour la compréhension des pratiques postérieures à condition toutefois qu'ils ne soient ni qualifiés ni poursuivis et qu'il n'en soit pas tiré de conséquences quant à la gravité des faits. • Paris, 29 janv. 2002 : *RJDA 2002, n° 818.* ♦ La durée de trois ans [désormais cinq ans] à laquelle, en l'espèce, le Conseil est soumis en matière de prescription, n'est en rien assimilable à un délai préfixé à la procédure, auquel il serait astreint. • Cons. conc n° 07-D-08 du 12 mars 2007 : *cité note 8.*

5. Domaine de la prescription. Quand il s'agit de vérifier si le Conseil s'est saisi de faits atteints ou non par la prescription, il est exclu que l'art. L. 462-7 renvoie à des actes émanant du Conseil lui-même, puisque, par hypothèse, celui-ci ne pouvait rechercher, constater ou sanctionner des faits dont il n'était pas encore saisi. • Paris, 24 juin 2008 : *cité note 5 ss. art. L. 463-5.* ♦ Les actes interruptifs de prescription prévus à l'art. L. 462-7 ne se rapportent qu'aux faits dont l'Autorité est saisie, c'est-à-dire ceux évoqués dans la saisine et, en cas d'infraction continue, ceux qui se seraient poursuivis postérieurement à cette saisine. Mais un acte d'instruction ne saurait suspendre la prescription de faits intervenus postérieurement à cet acte et dont l'Autorité, par hypothèse, n'est pas saisie. • Aut. conc. n° 17-D-10 du 24 juill. 2017.

6. Point de départ de la prescription. La date à retenir comme constituant le point de départ de la prescription est celle à laquelle la lettre de saisine arrive au Conseil de la concurrence dès lors que c'est à cette date que les faits dénoncés sont portés à sa connaissance. • Paris, 13 déc. 2001 : *RTD com. 2002. 289, obs. Claudel.* ♦ Comp., jugeant que c'est la date de l'enregistrement de la saisine au Conseil qui constitue en l'espèce le point de départ de la prescription : • Cons. conc. n° 05-D-04 du 17 févr. 2005 : *D. 2005. AJ 886, obs. Chevrier.* ♦ Retenant comme point de départ de la prescription la date de réception par les personnes concernées de la convocation adressée par le rapporteur, V. • Cons. conc. n° 01-D-77 du 27 nov. 2001 : *BRDA 2002, n° 15-16, p. 16.*

Dans le cas d'une infraction continue ou continuée, la prescription court à compter du jour où l'infraction a pris fin. • Paris, 11 sept. 2001 : *RTD com. 2002. 289, obs. Claudel.* ♦ Sur la preuve de la continuité de l'infraction, V. • Cons. conc. n° 05-D-57 du 21 oct. 2005. ♦ Le délit d'abus de position dominante, résultant de la conclusion d'un contrat d'approvisionnement exclusif, se prescrit à compter du dernier acte d'exécution dudit contrat. • Crim. 19 mars 2008, n° 07-80.473 P : *D. 2008. AJ 1138, obs. Chevrier ; RTD com. 2008. 881, obs. Bouloc ; JCP 2008. I. 181, n° 10, obs. J.-H. Robert ; LPA 28 oct. 2008, obs. AG ; RDLC 2008, n° 3, p. 136, obs. Lemaire.* ♦ La participation frauduleuse à une action concertée tendant à refuser l'accès à un marché est un délit qui ne commence à se prescrire qu'à partir de l'instant où le prévenu cesse d'y prendre part. • Crim. 17 juin 2009, n° 08-84.482 P : *cité note 1 ss. art. L. 420-6.* ♦ Sur les règles de détermination du point de départ de la prescription, V. aussi : • Cons. conc. n° 07-D-15 du 9 mai 2007 : *cité note 7 ss. art. L. 463-5.* ♦ Une pratique anticoncurrentielle revêt un caractère instantané lorsqu'elle est réalisée en un trait de temps, dès la commission des faits qui la constituent et elle revêt au contraire un caractère continu lorsque l'état délictuel se prolonge dans le temps par la réitération constante ou par la persistance de la volonté anticoncurrentielle après l'acte initial sans qu'un acte matériel ait nécessairement à la renouveler dans le temps. • Com. 15 mars 2011, n° 09-17.055 P : *D. 2011. Actu. 941, obs. Chevrier ; JCP E 2011, n° 1305 ; RJDA 2011, n° 654 ; RLC juill.-sept. 2011. 46, note crit. Bouloc.*

7. Interruption de la prescription. L'art. L. 462-7 définit les actes interruptifs de prescription en fonction de leur objet ou de leur finalité, sans préciser quels en sont les auteurs. • Cons. conc. n° 05-D-69 du 15 déc. 2005 : *cité note 1 ss. art. L. 463-5.* ♦ En vertu du principe de l'autonomie procédurale des autorités nationales de concurrence, la règle énoncée dans un arrêt du TPICE selon laquelle « la prescription est interrompue par tout acte, porté à la connaissance de la personne en cause, émanant de l'autorité compétente et visant à l'instruction ou à la poursuite de l'irrégularité », ne peut donc être utilisée pour interpréter l'art. L. 462-7. • Cons. conc. n° 05-D-67 du 6 déc. 2005. ♦ La saisine, par le ministre, du président du Conseil constitue un acte interruptif de prescription. • Paris, 9 sept. 1997 : *BOCC 7 oct. 1997* • 11 sept. 2001 : *BOCC 23 oct. 2001.* ♦ L'audition effectuée par un rapporteur du Conseil donnant lieu à l'établissement d'un procès-verbal tend nécessairement à la recherche, à la constatation ou à la sanction de faits dénoncés dans la saisine que le rapporteur est chargé d'instruire et a dès lors un effet interruptif. • Com. 19 juin 2001, n° 99-13.190 P. ♦ Un procès-verbal de saisie établi dans une entreprise interrompt la prescription à l'égard de l'ensemble des entreprises en cause. • Cons. conc. n° 88-D-25 du

14 juin 1988 • n° 88-D-43 du 8 nov. 1988.

Dès lors qu'un procès-verbal d'audition de l'une des parties mises en cause a été dressé postérieurement à la saisine du Conseil, la prescription à l'égard des autres parties mises en cause est interrompue. • Cons. conc. n° 98-D-25 du 17 mars 1998 : *CCC 1998, n° 132, obs. Malaurie-Vignal ; LPA 21 juin 1999, obs. Reboul.* ♦ Le Conseil étant saisi des pratiques d'entente dans leur ensemble et non marché par marché, l'interruption de la prescription produit effet à l'égard de toutes les parties qui y sont impliquées, y compris à l'égard de celles qui n'ont pas été entendues dans le délai de trois ans [désormais cinq ans]. • Cons. conc. n° 03-D-06 du 29 janv. 2003 : *CCC 2003, n° 91, obs. Malaurie-Vignal.* ♦ Une audition peut interrompre la prescription à l'égard de l'ensemble des pratiques dont le Conseil est saisi par trois plaintes, sans qu'il y ait lieu de prendre en considération le fait, d'une part, que l'une des saisines ne soit pas visée par le procès-verbal d'audition et, d'autre part, que la jonction des saisines soit intervenue postérieurement. • Cons. conc. n° 03-D-37 du 29 juill. 2003 : *D. 2003. AJ 2436* ; *CCC 2003, n° 186, obs. Malaurie-Vignal.*

Une seconde saisine portant sur les mêmes pratiques que la première, tout en présentant des éléments de preuve complémentaires, constitue un acte tendant à la recherche, la constatation ou la sanction des pratiques. • Cons. conc. n° 05-D-69 du 15 déc. 2005 : *préc.* ♦ Il est, à cet égard, sans incidence, s'agissant de la portée interruptive de prescription de la seconde saisine que la jonction des procédures ait eu lieu postérieurement ; le caractère interruptif d'un acte ne saurait en effet dépendre des mesures d'administration de la procédure. • Même décision. ♦ La décision du rapporteur général de disjoindre la saisine initiale en trois dossiers distincts à compter de l'étape procédurale du rapport, dès lors qu'elle ne consacre pas l'autonomie des faits relevant de chacun des dossiers ainsi disjoints, n'a aucun effet sur la prescription. • Cons. conc. n° 03-D-68 du 23 déc. 2003 : *D. 2004. AJ 418*. ♦ Un acte tendant à la recherche, la constatation ou la sanction de pratiques anticoncurrentielles, même s'il ne concerne que certaines des entreprises incriminées ou une partie seulement des faits commis pendant la période visée par la saisine, interrompt la prescription à l'égard de toutes les entreprises concernées et pour l'ensemble des faits dénoncés dès lors que ceux-ci présentent entre eux un lien de connexité. • Com. 11 janv. 2017, n° 15-17.134 P : *cité note 2 ss. art. L. 463-2.* ♦ Un acte tendant à la recherche, la constatation ou la sanction de pratiques anticoncurrentielles interrompt la prescription pour l'ensemble des faits dénoncés dès lors que ceux-ci présentent entre eux un lien de connexité ; bien que de nature différente, des faits sont susceptibles de présenter entre eux des rapports étroits caractérisant leur connexité. • Com. 12 juill. 2005, n° 04-16.933 P : *D. 2005. AJ 2145, obs. Chevrier* ; *JCP E 2005, n° 40, p. 1637 ; RDLC 2005, n° 4, p. 118, obs. Momège ; RJDA 2005, n° 1288.* ♦ Les actes d'instruction ou de poursuite produisent un effet interruptif de prescription à l'égard des pratiques qui n'y seraient pas visées mais sont comprises dans le champ de la saisine, ou sont de même nature, ou encore sont connexes ; le fait que des pratiques soient différentes ne faisant nullement obstacle à leur connexité lorsque, comme en l'espèce, elles poursuivent un même objet. • Paris, 26 mars 2015 : *cité note 25 ss. art. L. 420-1.* ♦ V. note 5 ss. art. L. 462-5.

8. Autres exemples. Sont interruptifs de prescription, les convocations adressées par le rapporteur aux fins d'auditionner l'entreprise poursuivie. • Paris, 13 déc. 2001 : *RTD com. 2002. 289, obs. Claudel*. ♦ ... Les auditions auxquelles l'auditeur procède dans ses pouvoirs d'enquête. • Paris, 29 févr. 2000 : *JCP E 2000 p. 631.* ♦ ... L'enquête de la DGCCRF. • Paris, 8 sept. 1998 : *D. 1998. IR 237.* ♦ ... Ainsi que la transmission et le dépôt du rapport d'enquête. • Com. 10 juill. 2008, n° 07-17.276 P : *cité note 6 ss. art. L. 462-5.* ♦ ... Les procès-verbaux dressés par les enquêteurs. • Cons. conc. n° 99-D-14 du 23 févr. 1999. ♦ ... Les décisions rendues sur les contestations élevées à l'encontre de la validité des actes tendant à la recherche, constatation ou sanction des faits dont le Conseil est saisi. • Cons. conc. n° 02-D-02 du 29 juin 2001. ♦ ... L'acte par lequel le président du Conseil décide de retirer certaines pièces du dossier afin de préserver le secret des affaires. • Paris, 13 déc. 2001 : *RTD com. 2002. 289, obs. Claudel*. ♦ Sur les effets de la transmission de pièces en application de l'art. L. 463-5 sur la prescription, V. note 5 ss. cet art. ♦ Sur les actes d'instruction tendant à établir la matérialité du délit de l'art. L. 420-6 sur la prescription, V. note 8 ss. cet art. et le 2e al. de l'art. L. 462-7 introduit par l'Ord. n° 2008-1161 du 13 nov. 2008. ♦ La démarche volontaire d'une entreprise sur le fondement du IV de l'art. L. 464-2 (procédure de clémence) est un acte tendant à la recherche, la constatation et la sanction de pratiques anticoncurrentielles au sens de l'art. L. 462-7. • Cons. conc. n° 06-D-09 du 11 avr. 2006 : *cité note 32 ss. art. L. 464-2.* ♦ En revanche, la désignation d'un ou plusieurs rapporteurs, prévue par l'art. 50 [C. com., art. L. 450-6], n'a pas pour effet d'interrompre la prescription. • Paris, 1er déc. 1995 : *CCC 1996, n° 26, obs. Vogel* (conf. par • Com. 8 juill. 1997, n° 96-10.373 P : *D. 1997. IR 179*). – Dans le même sens : • Cons. conc. n° 02-D-78 du 27 déc. 2002. ♦ De la même façon, des courriers d'entreprises répondant aux questions du rapporteur ne constituent pas des actes tendant à la recherche, la constatation ou la sanction des pratiques visées par l'instruction, peu important que les demandes du rapporteur revêtent elles-mêmes un tel caractère. • Com. 6 nov. 2007, n° 06-17.881 P : *D. 2008. Chron. C. cass. 1236, obs. Salomon ; JCP E 2007, n° 50, p. 25 ; CCC 2008, n° 15, obs. Decocq ; LPA 28 oct. 2008, obs. AG ; RJDA 2008, n° 456 ; RDLC 2008, n° 1, p. 167, obs. Lemaire* (conf. de • Paris, 4 juill. 2006 : *CCC 2006, n° 199, obs. Decocq ; RJDA 2006, n° 1076 ; RLC oct.-déc. 2006. 79, obs. Nourissat ; RLDA oct. 2006. 53, obs. Cheynel*). – *Contra* : • Paris, 15 juin 1999 : *Gaz. Pal. 11-12 août 1999, p. 15* • Com. 20 nov. 2001, n° 99-16.776 P • Cons. conc. n° 05-D-67 du 6 déc. 2005 • n° 06-D-33 du 8 nov. 2006 : *RDLC 2007, n° 1, p. 147, obs. Lemaire.* ♦ Et une convocation aux fins d'audition ne saurait valablement interrompre la prescription dès lors que l'audition ne présentait aucune utilité à la date où elle a été demandée, le rapporteur général disposant déjà de tous éléments nécessaires pour notifier les griefs et le Conseil pour statuer. • Paris, 23 mai 2006 : *JCP E 2006, n° 36, p. 1472, note Driguez ; CCC 2006, n° 138, obs. Decocq ; RJDA 2006, n° 959 ; RDLC 2006, n° 3, p. 139, obs. Michel-Amsellem ; RLDA oct. 2006. 53, obs. Cheynel* (cassé par • Com. 6 nov. 2007, n° 06-16.194 P : *D. 2008. Chron. C. cass. 1236, obs. Salomon ; JCP E 2007, n° 50, p. 25 ; CCC 2008, n° 16, obs. Decocq ; LPA 28 oct. 2008, obs. AG ; RJDA 2008, n° 456 ; RLC janv.-mars 2008. 99, obs. Cheynel ; RDLC 2008, n° 1, p. 167, obs. Lemaire*). ♦ L'arrêt du 23 mai 2006 (préc.) n'impose nullement aux rapporteurs de prévoir à l'avance, car c'est à l'évidence impossible, si les réponses qui seront apportées aux questionnaires qu'ils adressent aux entreprises seront effectivement utilisables, à charge ou à décharge, de façon à exclure de ces questionnaires toute question dont la réponse s'avérerait, après coup, sans intérêt. • Cons. conc. n° 07-D-08 du 12 mars 2007 : *RTD com. 2008. 68, obs. Claudel ; RJDA 2007, n° 558 ; RDLC 2007, n° 2, p. 116, obs. Prieto ; RLC juill.-sept. 2007. 27, obs. Sélinsky et Cholet* (conf. pour l'essentiel par • Paris, 6 mai 2008 : *CCC 2008, n° 184, obs. Decocq ; RDLC 2008, n° 3, p. 88, obs. Debroux*).

9. Saisine des juridictions judiciaires. Les constats d'huissiers, parce qu'ils visaient à constater une faute civile, de même que la saisine du tribunal de commerce puis de la cour d'appel, qui sont intervenus dans le cadre d'une action en dommages et intérêts, pour la défense d'un intérêt particulier, ne sauraient être considérés comme des actes tendant à la recherche, la constatation et la sanction de pratiques anticoncurrentielles, effectués pour la défense d'un ordre public économique et la régulation du marché. • Cons. conc. n° 04-D-46 du 30 sept. 2004 : *D. 2004. AJ 2787 ; CCC 2005, n° 8, obs. Malaurie-Vignal ; RLC 2005, n° 1, p. 91, obs. Sélinsky* • n° 05-D-42 du 19 juill. 2005 : *D. 2005. AJ 2444, obs. Chevrier ; RDLC 2005, n° 4, p. 118, obs. Momège* • Paris, 21 mars 2006 : *CCC 2006, n° 86, obs. Malaurie-Vignal ; RDLC 2006, n° 2, p. 143, obs. Michel-Amsellem.* ♦ Comp., s'agissant du droit transitoire, jugeant que doit être assimilée aux actes visés à l'art. 27 [C. com., art. L. 462-7] une plainte dénonçant aux juridictions répressives des pratiques de nature à constituer des infractions pénales avant la mise en application des dispositions de l'Ord. du 1er déc. 1986 [C. com., art. L. 462-1 s.] et dont a ensuite été saisi le Conseil. • Paris, 14 janv. 1993 : *BOCC 13 févr. 1993.* ♦ Comp. aussi, s'agissant de la saisine du procureur de la République en application de l'art. L. 462-6, note 8 ss. art. L. 420-6. ♦ Dès lors que les opérations de visite et de saisie constituent des actes de recherche et de constatation des faits susceptibles de constituer des pratiques anticoncurrentielles, les décisions rendues sur les contestations élevées à l'encontre des décisions qui autorisent ces actes constituent des actes interruptifs de prescription car elles peuvent conduire à l'annulation des actes et retirer ainsi à la poursuite les éléments de preuve sur lesquels elle s'appuie. • Cons. conc. n° 05-D-19 du 12 mai 2005 : *D. 2005. AJ 1411, obs. Chevrier ; CCC 2005, n° 173, obs. Malaurie-Vignal ; RDLC 2005, n° 3, p. 127, obs. Momège* • Paris, 7 mars 2006 : *RDLC 2006, n° 2, p. 143, obs. Michel-Amsellem* (conf. par • Com. 6 mars 2007, n° 06-13.501 P : *préc. note 4*). ♦ *Contra* • Paris, 4 juill. 2003 : *cité note 13.*

10. Saisine d'une juridiction arbitrale. L'élément matériel du délit d'abus de position dominante ayant nécessairement disparu à compter de la date à laquelle ont cessé toutes relations contractuelles, la société plaignante reprenant sa liberté économique qui n'a pu être entravée par l'action devant la juridiction arbitrale aux fins d'indemnisation pour rupture de contrat diligentée par la société présumée auteur de l'abus, aucune cause légale d'interruption ou de suspension de la prescription de l'action publique ne peut être relevée. • Crim. 19 mars 2008, n° 07-80.473 P : *préc. note 6.*

11. Impossibilité d'agir. En ce sens que l'impossibilité d'agir de la requérante dans une procédure en cours ne fait pas partie des cas de suspension de la prescription prévue à l'art. L. 462-7, V. • Com. 17 juill. 2001, n° 99-13.407 P : *D. 2001. AJ 2827, obs. Chevrier ; RTD com. 2002. 290, obs. Claudel ; CCC 2001, n° 159, obs. Malaurie-Vignal.* ♦ V. l'arrêt cassé considérant qu'il ne saurait être imposé à la partie saisissante, en l'absence de toute nécessité et dans le seul but d'interrompre la prescription, ni de saisir à nouveau le Conseil ou de présenter devant lui des demandes à caractère conservatoire alors que de telles saisines ou demandes n'ont pas été instituées en vue d'interrompre la prescription d'une procédure au fond, ni davantage d'engager une action devant les juridictions civiles ou répressives sur un fondement distinct et sans rapport avec celui autorisant les entreprises à saisir le Conseil : • Paris, 9 mars 1999 : *CCC 1999, n° 74, obs.*

Malaurie-Vignal ; LPA 11 nov. 1999, obs. Mathieu. ♦ V. la même solution appliquée au détriment du ministre de l'Économie : le fait que le directeur de la DGCCRF a été mis dans l'impossibilité d'agir pour faire exécuter un acte interruptif dans la procédure en cours devant le Conseil de la concurrence, dans la mesure où il n'a pas été chargé d'une enquête par le Conseil dans les conditions prévues par l'art. L. 450-6, ne suspend pas la prescription. • Com. 26 févr. 2002, n° 99-20.829 P : *RTD com. 2002. 290, obs. Claudel ; JCP E 2003, n° 17-18, p. 760, note Rajot.*

12. Computation et imputabilité. Sur la computation du délai de prescription, V. • Cons. conc. n° 00-D-52 du 15 janv. 2001 : *CCC 2001, n° 74, obs. Malaurie-Vignal* (conf. par • Paris, 11 sept. 2001 : *préc. note 6*). ♦ L'imputabilité du délai de procédure est un élément inopérant lorsqu'il s'agit de statuer sur le point de savoir si l'action de l'Autorité de la concurrence est, ou non, prescrite à la date à laquelle elle se prononce, en application de l'art. L. 462-7 ; l'application de cette disposition à des faits de plus de cinq ans à la date à laquelle se prononce l'Autorité réclame seulement que soit établi si des actes interruptifs de prescription sont intervenus et, en application de l'al. 3, s'il ne s'est pas écoulé plus de dix ans entre la cessation des pratiques et le jour de la décision. • Paris, 26 mars 2015 : *cité note 25 ss. art. L. 420-1.*

13. Convention EDH. A des sociétés qui considéraient que la prescription était contraire à la Conv. EDH, V. jugeant que celles-ci pouvaient utilement saisir les juridictions de droit commun aux fins d'être indemnisées des conséquences dommageables des pratiques anticoncurrentielles alléguées et voir enjoindre qu'il soit mis fin à ces pratiques notamment à titre conservatoire, le fait que la preuve de telles pratiques soit facilitée par les investigations auxquelles sont susceptibles de procéder les autorités de concurrence ne pouvant suffire à justifier que soit écartés le droit à l'oubli, la protection contre le dépérissement des preuves comme au surplus la nécessité de recouvrer la paix sociale lorsqu'un laps de temps important s'est écoulé sans qu'aucune procédure n'ait été exercée : • Paris, 4 juill. 2003 : *CCC 2003, n° 184, obs. Malaurie-Vignal.*

Art. L. 462-8 *(L. n° 2001-420 du 15 mai 2001)* **L'Autorité de la concurrence peut déclarer, par décision motivée, la saisine irrecevable pour défaut d'intérêt ou de qualité à agir de l'auteur de celle-ci, ou si les faits sont prescrits au sens de l'article L. 462-7, ou si elle estime que les faits invoqués n'entrent pas dans le champ de sa compétence.**

Elle peut aussi rejeter la saisine par décision motivée lorsqu'elle estime que les faits invoqués ne sont pas appuyés d'éléments suffisamment probants *(Ord. n° 2021-649 du 26 mai 2021, art. 2-XII)* **« ou, pour les saisines reçues en application du II et du IV de l'article L. 462-5, lorsqu'elle ne les considère pas comme une priorité ».**

(L. n° 2015-990 du 6 août 2015, art. 217-1°) **« Elle peut aussi rejeter la saisine par décision motivée lorsque les faits invoqués peuvent être traités par le ministre chargé de l'économie en application de l'article L. 464-9. »**

(Ord. n° 2004-1173 du 4 nov. 2004, art. 7) **« Elle peut aussi rejeter la saisine dans les mêmes conditions, lorsqu'elle est informée qu'une autre autorité nationale de concurrence d'un État membre de la Communauté européenne ou la Commission européenne a traité des mêmes faits relevant des dispositions prévues aux articles** *(L. n° 2020-1508 du 3 déc. 2020, art. 37)* **« 101 et 102 du traité sur le fonctionnement de l'Union européenne ».**

« Elle peut aussi rejeter la saisine dans les mêmes conditions ou suspendre la procédure, lorsqu'elle est informée qu'une autre autorité nationale de concurrence d'un État membre de la Communauté européenne traite des mêmes faits relevant des dispositions prévues aux articles *(L. n° 2020-1508 du 3 déc. 2020, art. 37)* **« 101 et 102 du traité sur le fonctionnement de l'Union européenne ». Lorsque cette information est reçue par le rapporteur au stade de l'instruction, le rapporteur général peut suspendre son déroulement.**

« L'Autorité de la concurrence peut aussi décider de clore dans les mêmes conditions une affaire pour laquelle elle s'était saisie d'office. »

Il est donné acte, par décision du président de l'Autorité de la concurrence ou d'un vice-président délégué par lui, des désistements *(Ord. n° 2004-1173 du 4 nov. 2004, art. 7)* **« des parties ou des dessaisissements effectués par la Commission européenne ».** *(Ord. n° 2008-1161 du 13 nov. 2008, art. 2-IV)* **« En cas de désistement, l'Autorité peut poursuivre l'affaire, qui est alors traitée comme une saisine d'office. »** *– V. art. R. 463-8.*

BIBL. ▶ Arhel, *JCP E 2004, n° 51, p. 2010* (adaptation du droit national au droit communautaire de la concurrence). – Lacresse, *RLC sept. 2021. 23* (transposition de la directive ECN+ : une révolution qui ne dit pas son nom ?).

1. Compétence. Sur la compétence de l'Autorité de la concurrence sur le fonctionnement du réseau de distribution de la presse, V. • Aut. conc. n° 17-D-23 du 11 déc. 2017. ♦ Plus généralement, V. notes ss. art. L. 462-6 et notes ss. art. L. 410-1.

2. Irrecevabilité. Est inopérante, l'allégation selon laquelle la violation du principe de spécialité constitue, en soi, un abus de position dominante ; en effet, fût-elle contraire audit principe, ne suffit pas à caractériser un tel abus, la seule intervention d'EDF, par le biais d'une société dotée de sa propre personnalité morale, sur le marché de la télésurveillance, marché distinct de celui de la production et de la distribution d'électricité sur lequel il bénéficie d'une position dominante. • Paris, 10 févr. 1994 : *Gaz. Pal. 1994. 2. Somm. 740, obs. Blazy.* ♦ Pour un autre exemple, V. • Paris, 3 juin 1993 : *D. 1993. IR 182.*

3. Éléments probants. Alors que le rejet *de plano* de la saisine, prévu au 2e al. de l'art. L. 462-8, suppose une appréciation des éléments de preuve produits à l'appui de celle-ci, l'existence d'une cause d'irrecevabilité de la saisine exclut tout examen tant des preuves produites que du fond. • Cons. conc. n° 02-D-75 du 17 déc. 2002 : *CCC 2003, n° 111, obs. Malaurie-Vignal.* ♦ Aucun texte ni principe ne font obligation à la partie saisissante d'apporter au Conseil de la concurrence la preuve des agissements qu'elle dénonce ; il lui appartient seulement d'assortir ses déclarations d'indices crédibles permettant de présumer l'existence de pratiques illicites. • Cons. conc. n° 04-D-48 du 14 oct. 2004 : *D. 2004. AJ 2995.* ♦ Sauf à retirer toute portée au texte, qui a pour finalité de conduire les parties saisissantes à produire dès l'origine un ensemble suffisant d'éléments de preuve des pratiques qu'elles dénoncent, les éléments non produits devant le Conseil ne peuvent l'être pour la première fois devant la cour d'appel. • Paris, 17 sept. 2008, n° 2007/20354 : *CCC 2008, n° 276, obs. Decocq ; RDLC 2008, n° 4, p. 79, obs. Claudel ; RLC janv.-mars 2009. 74, obs. Cheynel.*

L'art. L. 462-8 laisse la possibilité à l'Autorité de la concurrence de réserver une suite favorable à une saisine si elle n'est pas appuyée d'éléments suffisamment probants. Le législateur n'a pas entendu imposer de quelconques exigences probatoires à l'auteur de la saisine, ni à l'appui de celle-ci *ni ultérieurement*, et a confié au service d'instruction de l'Autorité le soin de réunir les éléments dont l'organe décisionnel et au besoin la cour d'appel apprécieront la pertinence. • Paris, 27 janv. 2011, n° 2010/08945 : *RLC avr.-juin 2011. 71, obs. Barbier de la Serre et Quiles.* ♦ S'il n'appartient pas à l'Autorité de suppléer le manque d'éléments probants à l'appui de la saisine et la carence de la saisissante par la conduite d'une instruction complète, il ne peut lui être fait grief d'avoir, avant de se prononcer sur la saisine, examiné les éléments de preuve apportés par la saisissante en procédant à son audition ou à celle des personnes qu'elle a mises en cause ou en demandant des précisions. • Paris, 24 juin 2014, n° 2013/06758.

4. Droits de la défense. V. note ss. art. R. 464-17.

5. Nouvelle saisine. Le rejet, sur le fondement de l'art. L. 462-8, al. 2, n'est pas revêtu de l'autorité de la chose décidée et n'exclut pas une nouvelle saisine autrement étayée. • Paris, 17 sept. 2008 : *préc. note 3.* ♦ Une instruction au fond, qui devrait nécessairement s'appuyer sur des éléments factuels concernant l'attractivité des services de télévision de rattrapage (« catch up TV »), et ses effets éventuels de migration des consommateurs vers l'offre de France Télécom, n'est pas justifiée alors même que l'accord signé avec France Télévisions n'est pas entré en vigueur. Un tel rejet ne fait cependant pas obstacle à ce que les entreprises du secteur, dans le cas où elles feraient état d'éléments nouveaux provenant de l'observation ultérieure du marché, puissent saisir ultérieurement le Conseil. • Cons. conc. n° 08-D-10 du 7 mai 2008 : *CCC 2008, n° 185, obs. Decocq ; RDLC 2008, n° 3, p. 96, obs. Prieto ; CCE 2008, n° 127, obs. Chagny.*

6. Saisine de la Commission européenne. L'existence d'une enquête en cours auprès de la Commission européenne ne saurait à elle seule exclure, dans le cadre d'une demande de mesures conservatoires, l'examen de la recevabilité de la saisine au fond. • Aut. conc. n° 14-D-07 du 23 juill. 2014 : *CCC 2014, n° 241, obs. Malaurie-Vignal ; RLC oct.-déc. 2014. 20, obs. Cholet ; RJ com. 2014. 410, note Chagny.*

7. Saisine d'une autre autorité nationale de concurrence. Dans le cas d'espèce, plusieurs autorités nationales de concurrence ont traité des mêmes faits que ceux dénoncés par les saisissants, au sens des dispositions de l'al. 4 de l'art. L. 462-8 C. com., lues à la lumière de la jurisprudence européenne relative à l'art. 13, § 2, du Règl. n° 1/2003 du 16 déc. 2002 (V. App., v° *Concurrence*). En effet, certaines autorités nationales de concurrence, saisies de faits identiques, ont décidé de clôturer le cas. Tel a été notamment le cas en Suède, Italie, Grèce, Pologne et au Royaume-Uni. L'auteur des pratiques en cause s'était engagée à renoncer aux clauses de parité tarifaire, de conditions commerciales et de disponibilités et à procéder à la modification de ses contrats avec tous les hôtels dans l'ensemble de l'EEE, à compter du 1er août 2015 pour une durée de cinq ans. Pour cette raison, les autorités nationales en cause ont considéré comme levées les préoccupations de concurrence qui avaient été identifiées à son encontre. Les clauses de parité tarifaire, de conditions et de disponibilité dénoncées dans la saisine susvisée ayant été « traitées » par des autorités nationales de concurrence au sens de l'al. 4 de l'art. L. 462-8, l'Autorité peut rejeter sur ce fondement la présente saisine. • Aut. conc. n° 19-D-23 du 10 déc. 2019.

Art. L. 462-9 *(L. nº 2001-420 du 15 mai 2001 ; Ord. nº 2004-1173 du 4 nov. 2004, art. 8)* **I. — L'Autorité de la concurrence peut, pour ce qui relève de ses compétences et après information préalable du ministre chargé de l'économie, communiquer les informations ou les documents qu'elle détient ou qu'elle recueille, à leur demande, à la Commission** *(Ord. nº 2021-649 du 26 mai 2021, art. 2-XIII)* **« européenne » ou aux autorités des autres États exerçant des compétences analogues, à leur demande, sous réserve de réciprocité, et à condition que l'autorité étrangère compétente soit soumise au secret professionnel avec les mêmes garanties qu'en France.**

L'Autorité de la concurrence peut, dans les mêmes conditions, selon les mêmes procédures et sous les mêmes sanctions que celles prévues pour l'exécution de sa mission, conduire ou demander au ministre chargé de l'économie de conduire des enquêtes, à la demande d'autorités étrangères exerçant des compétences analogues, sous réserve de réciprocité.

L'obligation de secret professionnel ne fait pas obstacle à la communication par les autorités de concurrence des informations ou documents qu'elles détiennent ou qu'elles recueillent, à leur demande, à la Commission *(Ord. nº 2021-649 du 26 mai 2021, art. 2-XIII)* **« européenne » et aux autorités des autres États exerçant des compétences analogues et astreintes aux mêmes obligations de secret professionnel.**

L'assistance demandée par une autorité étrangère exerçant des compétences analogues pour la conduite d'enquêtes ou la transmission d'informations détenues ou recueillies par l'Autorité de la concurrence est refusée par celle-ci lorsque l'exécution de la demande est de nature à porter atteinte à la souveraineté, à la sécurité, aux intérêts économiques essentiels ou à l'ordre public français ou lorsqu'une procédure pénale a déjà été engagée en France sur la base des mêmes faits et contre les mêmes personnes, ou bien lorsque celles-ci ont déjà été sanctionnées par une décision définitive pour les mêmes faits.

Les autorités de concurrence, pour ce qui relève de leurs compétences respectives, peuvent utiliser des informations ou des documents qui leur auront été transmis dans les mêmes conditions par la Commission *(Ord. nº 2021-649 du 26 mai 2021, art. 2-XIII)* **« européenne » ou les autorités des autres États membres exerçant des compétences analogues.**

L'Autorité de la concurrence peut, pour la mise en œuvre du présent article, conclure des conventions organisant ses relations avec les autorités des autres États exerçant des compétences analogues. Ces conventions sont approuvées par l'Autorité *(Ord. nº 2021-649 du 26 mai 2021, art. 2-XIII)* **« de la concurrence » dans les conditions prévues à l'article L. 463-7. Elles sont publiées au *Journal officiel*.**

(Ord. nº 2004-1173 du 4 nov. 2004, art. 8) **« II. — Dans la mise en œuvre des règles de concurrence prévues aux articles** *(Ord. nº 2021-649 du 26 mai 2021, art. 2-XIII)* **« 101 et 102 du traité sur le fonctionnement de l'Union européenne », les autorités de concurrence appliquent les dispositions du règlement nº 1/2003 du Conseil relatif à la mise en œuvre des règles de concurrence prévues aux articles** *(Ord. nº 2021-649 du 26 mai 2021, art. 2-XIII)* **« 101 et 102 du traité sur le fonctionnement de l'Union européenne », à l'exclusion des dispositions des cinq premiers alinéas du I du présent article.**

« Pour l'application des dispositions du 4 de l'article 11 de ce règlement, l'Autorité de la concurrence transmet à la Commission européenne un résumé de l'affaire ainsi qu'un document exposant l'orientation envisagée, qui peut être la notification de griefs ou le rapport mentionnés à l'article L. 463-2. Elle peut mettre ces mêmes documents à la disposition des autres autorités de concurrence des États membres de *(Ord. nº 2021-649 du 26 mai 2021, art. 2-XIII)* **« l'Union européenne ». »**

Art. L. 462-9-1 *(Ord. nº 2021-649 du 26 mai 2021, art. 2-XIV)* **I. — Pour les procédures ayant fait l'objet d'une information par l'Autorité de la concurrence en application de l'article 11, paragraphe 3***[,]* **du règlement (CE) nº 1/2003, l'Autorité de la concurrence informe la Commission européenne et les autorités nationales de concurrence des autres États membres de l'Union européenne lorsqu'elle décide qu'il n'y a pas lieu de poursuivre la procédure mise en œuvre et qu'elle met fin à celle-ci.**

L'Autorité de la concurrence informe la Commission européenne et les autorités nationales de concurrence des autres États membre*[s]* **du prononcé d'une décision**

imposant des mesures conservatoires dans le cas de pratiques susceptibles d'être contraires aux articles 101 et 102 du traité sur le fonctionnement de l'Union européenne.

II. — Afin d'établir si une entreprise ou association d'entreprises a refusé de se soumettre aux mesures d'enquête et aux décisions prises par une autorité nationale de concurrence d'un autre État membre de l'Union européenne, l'Autorité de la concurrence peut, à la requête et au nom de cette autorité requérante, mettre en œuvre ses pouvoirs d'enquête. Elle peut, à cette même fin, échanger avec cette autorité requérante des informations et les utiliser à titre de preuve, sous réserve des garanties prévues à l'article 12 du règlement (CE) n° 1/2003.

III. — L'Autorité de la concurrence peut requérir l'assistance d'une autorité d'un autre État membre exerçant des compétences analogues pour la notification au destinataire de tout acte de procédure ou tout document relatif à l'application des articles 101 ou 102 du traité sur le fonctionnement de l'Union européenne, conformément aux règles applicables dans cet État membre.

IV. — A la requête d'une autorité d'un autre État membre exerçant des compétences analogues, et au nom de cette autorité requérante, l'Autorité de la concurrence notifie au destinataire :

1° Tous griefs préliminaires relatifs à une procédure engagée pour l'application de l'article 101 ou 102 du traité sur le fonctionnement de l'Union européenne et toutes décisions appliquant ces articles ;

2° Tout autre acte de procédure, adopté dans le cadre de l'application de ces mêmes articles, dont la notification est nécessaire en application des règles du droit national de l'autorité requérante ;

3° Tout autre document pertinent lié à l'application de ces mêmes articles, y compris les documents relatifs à l'exécution des décisions infligeant une sanction pécuniaire ou une astreinte.

La notification demandée par l'autorité requérante et mise en œuvre par l'Autorité de la concurrence est régie par le droit français. Elle est effectuée par lettre recommandée avec avis de réception.

La notification demandée par l'autorité requérante est effectuée par l'Autorité de la concurrence, sans retard injustifié, au moyen d'un instrument uniforme dont le modèle est établi par un arrêté du ministre chargé de l'économie. L'instrument uniforme transmis par l'autorité requérante, établi en langue française, est accompagné d'une copie de l'acte à notifier et de sa traduction en langue française. — *V. art. A. 462-1.*

L'Autorité de la concurrence n'est pas tenue d'accorder son assistance à l'autorité requérante lorsque la demande n'est pas conforme aux exigences du présent article, ou lorsque l'Autorité de la concurrence est en mesure de démontrer que l'exécution de la demande serait manifestement contraire à l'ordre public français. L'Autorité de la concurrence contacte l'autorité requérante lorsqu'elle a l'intention de rejeter sa demande de notification ou souhaite obtenir des informations complémentaires.

L'Autorité de la concurrence peut demander à l'autorité requérante de supporter pleinement l'intégralité des frais exposés au titre de la demande d'assistance, notamment les coûts de traduction, les coûts de la main-d'œuvre et les coûts administratifs.

V. — L'Autorité de la concurrence peut requérir l'assistance des administrations compétentes des États membres de l'Union européenne pour l'exécution de ses décisions infligeant une sanction pécuniaire ou une astreinte adoptées en application des articles 101 ou 102 du traité sur le fonctionnement de l'Union européenne, conformément aux règles applicables dans cet État membre.

A la requête d'une autorité d'un autre État membre de l'Union européenne exerçant des compétences analogues, l'Autorité de la concurrence exécute la décision infligeant une sanction pécuniaire ou une astreinte adoptée par cette autorité requérante, dans la mesure où cette autorité, après avoir fait des efforts raisonnables sur son propre territoire, établit que l'entreprise ou l'association d'entreprises en cause ne possède pas suffisamment d'actifs dans l'État membre de cette autorité pour en permettre le recouvrement.

L'assistance de l'Autorité de la concurrence peut être accordée dans les autres cas que celui mentionné à l'alinéa précédent, en particulier lorsque l'entreprise ou l'association d'entreprises en cause n'est pas établie dans l'État membre de l'autorité requérante.

Dans tous les cas, l'assistance de l'Autorité de la concurrence n'est accordée que si la décision faisant l'objet de la demande est devenue insusceptible de recours par les voies ordinaires.

L'exécution demandée par l'autorité requérante et mise en œuvre par l'Autorité de la concurrence est régie par le droit français. Elle est effectuée par lettre recommandée avec accusé de réception.

Les règles relatives aux délais de prescription applicables à l'exécution d'une décision d'une autorité de concurrence d'un autre État membre pour laquelle l'Autorité de la concurrence accorde son assistance sont celles en vigueur dans l'État membre de l'autorité requérante.

L'assistance demandée par l'autorité requérante pour l'exécution d'une décision infligeant une sanction pécuniaire ou une astreinte est mise en œuvre sans retard injustifié, au moyen d'un instrument uniforme, dont le modèle est établi par arrêté du ministre chargé de l'économie. L'instrument uniforme transmis par l'autorité requérante, établi en langue française, est accompagné d'une copie de l'acte à exécuter et de sa traduction en langue française. — *V. art. A. 462-1.*

L'instrument uniforme a les effets d'un jugement au sens du 6° de l'article L. 111-3 du code des procédures civiles d'exécution et fonde les mesures prises en vue du recouvrement de la sanction pécuniaire ou de l'astreinte.

L'Autorité de la concurrence prend toutes les mesures nécessaires en vue de l'exécution de la demande.

L'Autorité de la concurrence n'est pas tenue d'accorder son assistance à l'autorité requérante lorsque la demande n'est pas conforme aux exigences du présent article, ou lorsqu'elle est en mesure de démontrer que l'exécution de la demande serait manifestement contraire à l'ordre public français. L'Autorité de la concurrence informe l'autorité requérante lorsqu'elle a l'intention de rejeter sa demande.

Le recouvrement des sanctions pécuniaires et astreintes en France est opéré comme en matière de créances étrangères à l'impôt et au domaine, après notification du titre exécutoire par l'Autorité de la concurrence. Le montant de la sanction pécuniaire ou de l'astreinte est recouvré en euros. Au besoin, sa conversion en euros est réalisée au taux de change applicable à la date à laquelle la sanction pécuniaire ou l'astreinte a été infligée.

Les frais exposés pour l'exécution des décisions infligeant des sanctions pécuniaires et astreintes, y compris les coûts de traduction, de main-d'œuvre et les coûts administratifs, peuvent être prélevés sur les recettes provenant des sommes recouvrées au nom de l'autorité requérante. A défaut de recouvrement, l'Autorité de la concurrence peut demander à l'autorité requérante le remboursement des frais avancés.

VI. — La déclaration effectuée en vue d'obtenir le bénéfice de la procédure prévue au IV de l'article L. 464-2 ne peut être transmise par l'Autorité de la concurrence à une autorité nationale de concurrence d'un autre État membre, en application de l'article 12 du règlement (CE) n° 1/2003, que si l'entreprise ou l'association d'entreprises ayant sollicité le bénéfice de cette procédure accepte cette transmission, ou si cette entreprise ou association d'entreprises a également formé une demande en vue d'obtenir le bénéfice d'une procédure équivalente devant cette autre autorité nationale de concurrence, concernant la même infraction, et qu'au moment où cette déclaration est transmise, cette entreprise ou association d'entreprises n'a plus la faculté d'obtenir de cette autre autorité nationale de concurrence le retrait des informations qu'elle lui a communiquées au soutien de sa demande.

BIBL. ▶ LACRESSE, *RLC sept. 2021. 23* (transposition de la directive ECN+ : une révolution qui ne dit pas son nom ?).

Art. L. 462-10 *(L. n° 2015-990 du 6 août 2015, art. 37) (L. n° 2018-938 du 30 oct. 2018, art. 19)* « I. — » Doit être communiqué à l'Autorité de la concurrence, à titre d'information, au moins *(L. n° 2018-938 du 30 oct. 2018, art. 19)* « quatre » mois avant sa mise en œuvre, tout accord entre des entreprises ou des groupes de personnes physiques ou morales exploitant, directement ou indirectement, un ou plusieurs magasins de commerce de détail de produits de grande consommation, ou intervenant dans le secteur de la distribution comme centrale de référencement ou d'achat d'entreprises de commerce de détail, visant à négocier de manière groupée l'achat ou le référencement de produits ou la vente de services aux fournisseurs.

Le premier alinéa *(L. n° 2018-938 du 30 oct. 2018, art. 19)* « du présent I » s'applique lorsque le chiffre d'affaires total mondial hors taxes de l'ensemble des entreprises ou des groupes de personnes physiques ou morales parties à l'accord et le chiffre d'affaires total hors taxes réalisé à l'achat en France dans le cadre de l'accord par l'ensemble des parties à l'accord excèdent des seuils fixés par décret en Conseil d'État. — *V. art. R. 462-5.*

(L. n° 2018-938 du 30 oct. 2018, art. 19) « L'Autorité de la concurrence transmet au ministre chargé de l'économie, à sa demande, les accords mentionnés au premier alinéa du présent I.

« II. — Un bilan concurrentiel de la mise en œuvre d'un accord défini au premier alinéa du I est effectué par l'Autorité de la concurrence, de sa propre initiative ou à la demande du ministre chargé de l'économie. A cet effet, l'Autorité de la concurrence peut demander aux parties à l'accord de lui transmettre un rapport présentant l'effet sur la concurrence de cet accord.

« L'engagement de la procédure de bilan concurrentiel est rendu public par l'Autorité de la concurrence, afin de permettre aux tiers intéressés de lui adresser leurs observations. La procédure applicable est celle prévue au deuxième alinéa de l'article L. 463-2 et aux articles L. 463-4, L. 463-6 et L. 463-7. Avant de statuer, l'Autorité de la concurrence peut entendre des tiers en l'absence des parties à l'accord en cause.

« Afin de réaliser le bilan concurrentiel, l'Autorité de la concurrence examine si cet accord, tel qu'il a été mis en œuvre, est de nature à porter une atteinte sensible à la concurrence au sens des articles L. 420-1 et L. 420-2. A cette occasion, elle apprécie si l'accord apporte au progrès économique une contribution suffisante pour compenser d'éventuelles atteintes à la concurrence, en prenant en compte son impact tant pour les producteurs, les transformateurs et les distributeurs que pour les consommateurs.

« Si des atteintes à la concurrence telles que mentionnées au troisième alinéa du présent II ou des effets anticoncurrentiels ont été identifiés, les parties à l'accord s'engagent à prendre des mesures visant à y remédier dans un délai fixé par l'Autorité de la concurrence. L'Autorité de la concurrence peut également se saisir d'office en application du III de l'article L. 462-5 ou être saisie par le ministre chargé de l'économie en application du I du même article L. 462-5.

« III. — L'Autorité de la concurrence peut prendre des mesures conservatoires selon les modalités et dans les conditions prévues au dernier alinéa de l'article L. 464-1 pour tout accord mentionné au I du présent article dès lors que l'une des atteintes à la concurrence mentionnées au II, que cet accord entraîne ou est susceptible d'entraîner immédiatement après son entrée en vigueur, présente un caractère suffisant de gravité.

« Elles peuvent comporter une injonction aux parties de revenir à l'état antérieur ou demander une modification dudit accord.

« IV. — Un arrêté du ministre chargé de l'économie, pris après avis de l'Autorité de la concurrence, fixe le contenu du dossier d'information communiqué à cette autorité en application du premier alinéa du I ainsi que les éléments d'information et les documents devant figurer dans le rapport prévu au premier alinéa du II. » — *V. art. A. 462-1.*

BIBL. ▶ Bosco, *JCP E 2015, n° 1406* (nouvelles attributions pour l'Autorité de la concurrence).

CHAPITRE III DE LA PROCÉDURE

Art. L. 463-1 L'instruction et la procédure devant l'Autorité de la concurrence sont *(Abrogé par L. n° 2011-525 du 17 mai 2011, art. 178-I) « **pleinement** »* contradictoires *(Ord. n° 2004-1173 du 4 nov. 2004, art. 9-I ; Ord. n° 2021-649 du 26 mai 2021, art. 2-XV)* « sous réserve des dispositions prévues aux articles L. 463-4 et L. 464-10 ». — *[Ord. n° 86-1243 du 1er déc. 1986, art. 18.] — V. art. R. 463-1 s.*

(Ord. n° 2021-649 du 26 mai 2021, art. 2-XV) « Les pratiques dont l'Autorité de la concurrence est saisie peuvent être établies par tout mode de preuve. »

La validité des actes de poursuite, d'instruction et de sanction accomplis antérieurement à la première réunion de l'Autorité de la concurrence est appréciée au regard des textes en vigueur à la date à laquelle ils ont été pris ou accomplis (Ord. n° 2008-1161 du 13 nov. 2008, art. 5-II).

RÉP. COM. v° *Concurrence (règles de procédure)*, par ARHEL.

BIBL. ▶ LUC, *LPA 15 et 18 févr. 2002* (application du principe d'impartialité aux autorités de concurrence françaises). – LEMAIRE, *LPA 3 juill. 2008* (un an d'actualité en droit processuel de la concurrence). – SÉLINSKY, *RLDA févr. 2010. 75* (les mutations du droit procédural de la concurrence). – ZIVY et LUC, *RDLC 2010, n° 4, p. 85* (l'équité procédurale devant l'Autorité de la concurrence). – TERCINET, *RLC avr.-juin 2012. 182* (le laboratoire du droit processuel de la concurrence). – BOULOC, *RLDA mai 2015. 33* (remarques sur la confusion des pouvoirs de poursuite et d'instruction du rapporteur général de l'Autorité de la concurrence).

1. Instruction des mesures conservatoires. Il appartient au Conseil de la concurrence, qui ne saurait être tenu d'appliquer des dispositions de procédure incompatibles avec l'urgence qui s'attache au prononcé de ces mesures, de prescrire, dans chaque cas, les mesures appropriées pour concilier avec l'urgence le respect du caractère contradictoire prévu à l'art. 18 [C. com., art. L. 463-1], lors de l'instruction des mesures conservatoires prévues à l'art. 12 [C. com., art. L. 464-1]. • CE 30 oct. 1987, n° 86645 : *D. 1987. IR 229.* ♦ Le débat contradictoire dans le cadre d'une saisine de l'Autorité de la concurrence ne débute qu'après l'envoi de la notification des griefs ; avant ce moment, le respect des principes du procès équitable et du contradictoire doit s'apprécier au regard des nécessités de l'enquête des services et des contraintes de rapidité liées à la demande de mesures conservatoires et ce, quand bien même les dispositions de la Dir. 2012/13/UE du 22 mai 2012 relative au droit à l'information dans le cadre des procédures pénales seraient applicables aux procédures relatives à l'application du droit européen de la concurrence. • Paris, 9 oct. 2014 : *AJCA 2014. 383, obs. Ponsard ; CCC 2014, n° 279, obs. Decocq.*

Le principe de la contradiction devant s'apprécier au regard de la procédure d'urgence prévue par l'art. 12 [C. com., art. L. 464-1] de l'ordonnance et l'art. 15 du Décr. du 29 déc. 1986 et le rapporteur ayant, tant en ce qui concerne les intérêts en cause qu'en ce qui concerne la formulation de l'injonction proposée au Conseil, exposé oralement l'affaire en présence des parties, un arrêt peut décider que celles-ci avaient pu « sans que cela soit contesté » s'exprimer les dernières et débattre contradictoirement des mesures proposées. • Com. 4 févr. 1997, n° 94-21.147 : *D. 1997. IR 56.* – V. aussi Ricatte, *Gaz. Pal. 1998. 2. Doctr. 845.* ♦ Si aucun délai minimal pour la remise des observations des parties n'est stipulé dans le code de commerce, le règlement intérieur de l'Autorité de la concurrence *précise dans son article* 17 que « les documents envoyés dans le cadre de l'examen d'une demande de mesures conservatoires ou dont l'envoi est justifié par l'existence d'un fait nouveau doivent parvenir à l'Autorité dans un délai raisonnable et compatible avec l'exercice du contradictoire, et au plus tard deux jours ouvrés francs avant la séance, sauf décision contraire du président de séance ». L'appréciation du délai raisonnable compatible avec l'exercice du contradictoire s'effectue *in concreto* en fonction du contenu des observations concernées, dont la société qui en sollicite le rejet doit exposer en quoi elles portent atteinte à ses droits de la défense. • Aut. conc. n° 19-D-16 du 24 juill. 2019.

2. Portée de l'obligation de respecter la contradiction. Les seules mentions selon lesquelles le rapport écrit a été signé puis notifié aux parties en vue de provoquer les observations de celles-ci ne mettent pas la cour en mesure d'exercer son contrôle de la régularité de la procédure suivie, eu égard aux exigences impératives de la totale contradiction des débats. • Paris, 25 févr. 1988 : *D. 1988. Somm. 301, obs. Gavalda et Lucas de Leyssac.* ♦ La procédure commençant avec le dépôt de la requête saisissant le Conseil de la concurrence, elle doit dès ce moment prendre un caractère contradictoire ; par conséquent, la lettre du directeur général de la concurrence, exprimant l'avis que la requête pouvait être déclarée irrecevable, aurait dû être communiquée au requérant pour lui permettre de répondre aux arguments développés. • Paris, 10 mars 1988 : *D. 1988. Somm. 301, obs. Gavalda et Lucas de Leyssac ; Gaz. Pal. 1988. 1. 356, note Marchi.* ♦ Aux termes des dispositions combinées des art. L. 463-1 et L. 463-2, c'est la notification des griefs qui marque l'ouverture de la procédure contradictoire. • Paris, 2 oct. 2007 : *CCC 2007, n° 305, obs. Decocq ; RDLC 2007, n° 4, p. 71, obs. Debroux.* ♦ ... Avant cette notification, les règles qui prévalent sont celles de la loyauté dans la conduite de l'instruction. • Cons. conc. n° 07-D-50 du 20 déc. 2007 : *cité note 20 ss. art. L. 420-1.* ♦ Le droit d'accès au dossier n'est pas ouvert avant la notification de griefs qui constitue l'acte d'accusation ; la possibilité, pour toute personne entendue par un rapporteur du Conseil de la concurrence, d'être assistée de son conseil n'ouvre pas, pour autant, le droit d'accès au dossier avant la notification des griefs. • Cons. conc. n° 09-D-07 du 12 févr. 2009. ♦ Si la situation d'un plaignant individuel n'est pas la même que celle d'une entreprise mise en cause par les services d'instruction de l'Autorité, cette différence ne peut toutefois justifier que le plaignant bénéficie avant la notification de griefs de davantage de droits que les entreprises qui encourent le prononcé d'une sanction. • Paris, 18 févr. 2016, ♔ nº 2014/23387 : *BOCC 31 mars 2016*.

La notification des griefs n'a pas pour objet d'anticiper ou d'épuiser dès l'origine le débat contradictoire ultérieur, ni de retirer à la formation du Conseil appelée à prendre la décision son pouvoir de motiver librement celle-ci, dès lors qu'elle s'en tient au grief notifié et fonde sa décision sur des éléments soumis au contradictoire. • Cons. conc. nº 05-D-64 du 25 nov. 2005. ♦ L'absence de communication préalable du dossier ne peut préjudicier aux droits des requérants, dès lors que le dossier soumis au Conseil ne comporte pas d'autres pièces que celles communiquées par les requérants eux-mêmes. • Paris, 28 juin 1994 : *D. 1994. IR 195*.

3. Phase d'enquête. Les règles de l'enquête définies par l'Ord. du 1er déc. 1986 [C. com., art. L. 450-1 s.] ne font pas obligation aux agents qui y procèdent ou au rapporteur du Conseil de la concurrence de confronter les responsables des entreprises avec les auteurs des déclarations qui les mettaient en cause ou de les interroger sur les pièces saisies chez des tiers. • Com. 6 oct. 1992, ♔ nº 90-16.755 P • Paris, 4 juill. 1994 : *D. 1994. IR 224*. ♦ Elles ne font pas obligation aux enquêteurs qui réalisent les investigations d'interroger plusieurs fois les personnes qu'ils ont entendues. • Paris, 26 janv. 1999 : *LPA 16 nov. 1999, obs. Petitier*.

Si l'obligation de loyauté doit présider à la recherche des preuves, l'enquête n'est pas soumise au principe contradictoire, qui n'est applicable à la procédure qu'à compter de la notification des griefs. Néanmoins, la durée excessive de cette première phase de la procédure administrative peut avoir une incidence sur les possibilités futures de défense des entreprises concernées, notamment en diminuant l'efficacité des droits de la défense dans la phase ultérieure d'instruction et dans la phase finale de décision de l'Autorité. • Paris, 10 nov. 2009 : *D. actu. 19 nov. 2009, obs. Chevrier ; CCC 2010, nº 17, obs. Decocq ; RJDA 2010, nº 176 ; RDLC 2010, nº 1, p. 162, obs. Momège ; RLC janv.-mars 2010. 25, obs. Sélinsky* (cassé par • Com. 23 nov. 2010, ♔ nº 09-72.031 : *D. 2011. Pan. 541, obs. Ferrier* ✐ ; *CCC 2011, nº 17, obs. Decocq ; RJDA 2011, nº 266 ; RDLC 2011, nº 1, p. 193, obs. Lemaire et Naudin ; RLC avr.-juin 2011. 74, obs. Barbier de la Serre*). ♦ Le respect des droits de la défense revêtant une importance capitale, il importe d'éviter que ces droits puissent être irrémédiablement compromis, notamment en raison d'une durée excessive de la phase d'enquête, et que cette durée soit susceptible de faire obstacle à l'établissement de preuves. Pour cette raison, l'examen de l'éventuelle entrave à l'exercice des droits de la défense ne doit pas être limité à la phase même dans laquelle ces droits produisent leur plein effet, à savoir la seconde phase de la procédure administrative, mais l'appréciation de la source de l'éventuel affaiblissement de l'efficacité des droits de la défense doit s'étendre à l'ensemble de cette procédure en se référant à la durée totale de celle-ci, enquête comprise. • Paris, 10 nov. 2009 : *préc.* ♦ Mais la simple connaissance de ce qu'une enquête administrative avait été conduite, nonobstant le fait que ces actes ne mentionnaient pas spécifiquement que cette enquête était menée sous l'égide de l'Autorité de la concurrence, devait conduire les entreprises concernées, qui se savaient nécessairement soumises à un risque de poursuites, à conserver, non seulement les documents et pièces prévus par l'art. L. 123-22, mais également tous éléments de preuve de la légalité de leurs pratiques commerciales jusqu'à l'expiration du délai de prescription ou le prononcé d'une éventuelle décision de non-lieu publiée au *BOCC* ; il leur appartenait à tout le moins de se renseigner sur l'issue de ces investigations afin de satisfaire pleinement au devoir de prudence pesant sur elles. • Paris, 26 janv. 2012 : *D. actu. 2 mars 2012, obs. Chevrier ; CCC 2012, nº 100, obs. Decocq ; RLC avr.-juin 2012. 26, note Dumarçay* (rendu sur renvoi par • Com. 23 nov. 2010, ♔ nº 09-72.031 : *préc.*). ♦ En vertu d'un devoir général de prudence, il incombe, en effet, aux entreprises mises en cause de conserver toute preuve de nature à établir la licéité de leurs pratiques jusqu'à la fin de la prescription fixée par l'art. L. 462-7. • Aut. conc. nº 15-D-10 du 11 juin 2015 : ♔ *cité note 29 ss. art. L. 420-2*. ♦ Dans tous les cas, la durée excessive de la procédure ne peut être déterminée en soi de manière abstraite. • Paris, 23 mars 2010 : ♔ *BOCC 19 avr. 2010*.

La sanction qui s'attache à la violation par les autorités de concurrence de leur obligation de se prononcer dans un délai raisonnable n'est pas l'annulation de la procédure ou sa réformation mais la réparation du préjudice résultant éventuellement du délai subi sous réserve, toutefois, que la conduite de la procédure n'ait pas irrémédiablement privé les entreprises mises en cause des moyens de se défendre, de telles circonstances devant être appréciées concrètement de telle sorte qu'il soit démontré par les parties une « atteinte personnelle, effective et irrémédiable » à leur droit de se défendre. • Aut. conc. nº 11-D-02 du 26 janv. 2011 : ♔ *RLC avr.-juin 2011. 74, obs. Barbier de la Serre*.

Les engagements réciproques qui avaient été pris par les signataires de la Charte de coopération et d'objectifs signée le 28 janv. 2005 par le Conseil de la concurrence et la DGCCRF afin de formaliser les principes de leur coopération en vue d'atteindre une plus grande efficacité dans la lutte contre les pratiques anticoncurrentielles, notamment à réduire les délais moyens de traitement des affaires au stade de l'enquête administrative et de l'instruction en définissant des délais optimum de traitement des affaires, ne peuvent être constitutifs de droits que les entreprises poursuivies peuvent opposer à l'Autorité à l'issue des procédures dont elles font l'objet. • Paris, 23 févr. 2012 : *cité note 19 ss. art. L. 420-1.*

4. *Présence au délibéré du rapporteur.* V. note 3 ss. art. L. 463-7.

5. *Procédure.* Aucune disposition du code de commerce n'impose de délais pour la mise en état de procédures de mesures conservatoires qui se caractérisent par l'urgence, mais dont l'instruction doit permettre dans un temps nécessairement restreint de réunir le plus d'éléments possibles. • Cons. conc. n° 02-D-46 du 19 juill. 2002 : *D. 2002. AJ 2941.* ♦ La procédure d'exécution d'une injonction donnée en mesure conservatoire se rattache à cette procédure d'urgence et répond aux mêmes principes. • Même décision. ♦ Sur le plan formel et procédural, la procédure administrative qui se déroule devant l'Autorité de la concurrence n'est pas une instance au sens des codes de procédure civile, pénale ou administrative ; l'issue d'une telle instance, qu'il s'agisse d'une condamnation, d'une transaction ou d'une décision d'incompétence, est donc indifférente à l'Autorité. • Paris, 19 janv. 2010 : *cité note 53 ss. art. L. 464-2.* – V. aussi • Aut. conc. n° 15-D-10 du 11 juin 2015 : *préc. note 3.*

6. *Loyauté de la preuve.* BIBL. Raynaud, *JCP E 2010, n° 1347* (admissibilité des preuves déloyales devant l'Autorité de la concurrence : raisonnable et non pas illicite). – Sefiane, *CCC 2016. Étude 1* (la pratique du client mystère en droit de la concurrence et la loyauté de la preuve). – Mekki, *D. 2016. 2355* (le principe de la loyauté probatoire a-t-il encore un avenir dans le contentieux de la concurrence ?). ♦ Le régime en matière de preuve devant l'Autorité de la concurrence n'implique aucun formalisme particulier. Tous les modes de preuve (documents écrits, témoignages, aveux) sont utilisables devant elle, sous réserve du respect du principe de loyauté de la preuve ; sous cette réserve, la pertinence et la force d'un élément de preuve sont directement liées à sa crédibilité. • Aut. conc. n° 14-D-08 du 24 juill. 2014 : *D. actu. 1er août 2014, obs. Constantin ; CCC 2014, n° 216, obs. Malaurie-Vignal ; RLC oct.-déc. 2014. 22, obs. Cholet.* ♦ Toutefois, l'enregistrement d'une communication téléphonique réalisé par une partie à l'insu de l'auteur des propos tenus constitue un procédé déloyal rendant irrecevable sa production à titre de preuve, conformément à l'art. 6 § 1 Conv. EDH. • Com. 3 juin 2008, n° 07-17.147 P : *D. 2008. Chron. C. cass. 2753, obs. Salomon ; ibid. 2476, note Boursier-Mauderly ; RTD com. 2009. 431, obs. Bouloc ; JCP E 2008, n° 36, p. 27, note Royer ; CCC 2008, n° 204, obs. Bosco ; Gaz. Pal. 2008. 3318, note Roda ; CCE 2008, n° 114, obs. Chagny ; RJDA 8-9/2008. 855, rapp. Michel-Amsellem ; RLC juill.-sept. 2008. 76, obs. Cheynel.* ♦ *Contra*, dans la même affaire, au stade des mesures conservatoires : le Conseil étant chargé de la défense de l'ordre public économique, il n'y a pas lieu, lors de l'examen d'une demande de mesure conservatoire, par application des principes dégagés par le juge pénal, de retirer du dossier les enregistrements des conversations téléphoniques obtenus à l'insu de l'intéressé et leur transcription et versés au débat par l'une des parties. • Cons. conc. n° 98-MC-08 du 8 sept. 1998 : *CCC 1999, n° 25, obs. Malaurie-Vignal.* ♦ ... Puis quant au fond de l'affaire, avec une décision très argumentée concluant à la liberté de la preuve devant le Conseil de la concurrence, V. • Cons. conc. n° 05-D-66 du 5 déc. 2005 : *D. 2006. Pan. 1385, obs. Claudel ; RTD com. 2006. 325, obs. Claudel ; AJ pénal 2006. 125, obs. Roussel ; RDLC 2006, n° 1, p. 187, obs. Momège ; RLC 2006, n° 6, p. 70, obs. Nourissat* (conf. par • Paris, 19 juin 2007 : *cité note 3 ss. art. R. 464-17*, mais cassé par • Com. 3 juin 2008, n° 07-17.147 P : *préc.*). ♦ ... Et sur renvoi après cassation : si les enregistrements téléphoniques ont constitué un procédé déloyal à l'égard de ceux dont les propos ont été insidieusement captés, ils ne doivent pas pour autant être exclus du débat et ainsi privés de toute vertu probante par la seule application d'un principe énoncé abstraitement, mais seulement s'il est avéré que la production de ces éléments a concrètement porté atteinte au droit à un procès équitable, au principe du contradictoire et aux droits de la défense de ceux auxquels ils sont opposés. • Paris, 29 avr. 2009 : *D. 2009. Pan. 2716, obs. Delebecque ; RTD com. 2010. 73, obs. Claudel ; JCP E 2009, n° 20-21, p. 8 ; CCC 2009, n° 174, obs. Decocq ; CCE 2009, n° 88, obs. Chagny ; RLC juill.-août 2009. 27, obs. Sélinsky ; RDLC 2009, n° 3, p. 82, obs. Nicolas-Vullierme.* ♦ Décision à nouveau censurée : sauf disposition expresse contraire du code de commerce, les règles du code de procédure civile s'appliquent au contentieux des pratiques anticoncurrentielles ; dès lors, l'enregistrement d'une communication téléphonique réalisé à l'insu de l'auteur des propos tenus constitue un procédé déloyal rendant irrecevable sa production à titre de preuve. • Cass., ass. plén., 7 janv. 2011, n° 09-14.316 P : *BICC 1er févr. 2011, p. 21, rapport Bargue, avis Petit ; D. 2011. Chron. C. cass. 618, obs. Vigneau ; ibid. 562, note Fourment ; RTD civ. 2011. 127, obs. Fages ; JCP 2011, n° 208, note Ruy ; CCC 2011, n° 71, obs. Bosco ; LPA 12 mai 2011, note Eeckhoudt ; Gaz. Pal. 2011. 243, note Régnault ; RJDA 2011, n° 563 ; Dr. et pr. 2011. 97, note Fricero ; RLC avr.-juin 2011. 59, note Cheynel.*

7. *Secret des affaires.* V. art. L. 463-4.

8. *Rectification.* La procédure suivie devant le Conseil est une procédure particulière à laquelle ne s'applique pas l'art. 462 NCPC [renommé C. pr. civ.] sur la rectification des erreurs et omissions matérielles. • Paris, 26 juin 2007 : *CCC 2007, n° 211, obs. Decocq ; RJDA 2007, n° 1015 ; RLC oct.-déc. 2007. 21, obs. Cholet et Sélinsky ; RDLC 2007, n° 3, p. 81, obs. Debroux.*

9. Procédure collective. A défaut de mise en cause des organes de la procédure collective devant le Conseil de la concurrence, alors que les poursuites en cours étaient susceptibles de conduire à l'adoption d'une décision affectant la situation juridique de l'entreprise, la procédure menée à son encontre, représentée par son seul dirigeant, n'est pas régulière. • Paris, 15 janv. 2008 : *D. 2008. AJ 347, obs. Chevrier ; CCC 2008, n° 84, obs. Decocq ; RJDA 2008, n° 437 ; RLC avr.-juin 2008. 19, obs. Sélinsky.* ♦ Mais la cour d'appel peut statuer sur le fond en vertu de l'effet dévolutif de l'appel, en présence de l'administrateur judiciaire et conformément aux conclusions des parties. • Com. 16 déc. 2008, n° 08-11.418 : *D. actu. 7 janv. 2009, obs. Chevrier ; CCC 2009, n° 55, obs. Decocq ; RDLC 2009, n° 1, p. 113, obs. Nicolas-Vullierme.* ♦ V. aussi note 2 ss. art. R. 464-17.

Art. L. 463-2 *(Ord. n° 2008-1161 du 13 nov. 2008, art. 2-V)* **« Sans préjudice des mesures prévues à l'article L. 464-1, le rapporteur général ou un rapporteur général adjoint désigné par lui notifie les griefs aux intéressés ainsi qu'au commissaire du Gouvernement, qui peuvent consulter le dossier sous réserve des dispositions de l'article L. 463-4 et présenter leurs observations dans un délai de deux mois. Les entreprises destinataires des griefs signalent sans délai au rapporteur chargé du dossier, à tout moment de la procédure d'investigation, toute modification de leur situation juridique susceptible de modifier les conditions dans lesquelles elles sont représentées ou dans lesquelles les griefs peuvent leur être imputés. Elles sont irrecevables à s'en prévaloir si elles n'ont pas procédé à cette information. »**

Le rapport est ensuite notifié aux parties, au commissaire du Gouvernement et aux ministres intéressés. Il est accompagné des documents sur lesquels se fonde le rapporteur et des observations faites, le cas échéant, par les intéressés. – *V. art. R. 463-10, R. 463-11 et R. 464-8.*

Les parties ont un délai de deux mois pour présenter un mémoire en réponse qui peut être consulté dans les quinze jours qui précèdent la séance par les personnes visées à l'alinéa précédent.

(L. n° 2001-420 du 15 mai 2001) **« Lorsque des circonstances exceptionnelles le justifient,** *(Ord. n° 2008-1161 du 13 nov. 2008, art. 2-V)* **« le rapporteur général de l'Autorité » peut, par une décision non susceptible de recours, accorder un délai supplémentaire d'un mois pour la consultation du dossier et la production des observations des parties. »** – *[Ord. n° 86-1243 du 1er déc. 1986, art. 21.]*

V. note ss. art. L. 463-1.

L'examen des affaires de pratiques anticoncurrentielles ayant donné lieu à une notification de griefs ou à une proposition de non-lieu avant la date de la première réunion de l'Autorité de la concurrence se poursuit selon les règles de procédure en vigueur antérieurement à cette date. Le collège de l'Autorité de la concurrence est substitué au collège du Conseil de la concurrence pour l'examen de ces affaires, y compris pour les affaires en délibéré (Ord. n° 2008-1161 du 13 nov. 2008, art. 5-III).

V. les recommandations pour la soumission d'études économiques à l'Autorité de la concurrence (juill. 2013) : www.autoritedelaconcurrence.fr.

1. Mesures conservatoires. BIBL. Voillemont, *Gaz. Pal. 1988. 1. Doctr. 199.* ♦ V. note 1 ss. art. L. 463-3.

2. Notification des griefs. Ni l'art. 6, § 3, Conv. EDH, ni aucune règle du code de commerce ne créent de droit pour une entreprise d'être entendue par les services d'instruction avant la notification de griefs. • Aut. conc. n° 14-D-19 du 18 déc. 2014 : *cité note 32 ss. art. L. 464-2.* ♦ Si l'art. 21 [C. com., art. L. 463-2] fait obligation au Conseil [désormais au rapporteur général] de notifier les griefs aux personnes à l'encontre desquelles il envisage des sanctions prévues par l'art. 13 [C. com., art. L. 464-2], il n'est pas tenu d'engager une telle procédure à l'égard de toutes les parties à une entente, dès lors qu'il apprécie que le comportement de certaines d'entre elles ne justifie ni injonction, ni sanctions pécuniaires. • Paris, 25 sept. 1991 : *BOCC 17 oct. 1991.* ♦ Les griefs n'ont pas à être notifiés aux agences locales des sociétés en cause, dès lors que ces agences, dont les dirigeants ne sont pas à même de déterminer librement une stratégie industrielle, financière et commerciale pleinement autonome, ne constituent pas des entreprises au sens de l'Ord. de 1986. • Cons. conc. n° 95-D-66 du 17 oct. 1995 : *CCC 1996, n° 25, obs. Vogel.* – V. aussi note 9 ss. art. L. 464-2. ♦ Sur la violation des droits de la défense résultant d'une notification de griefs adressée à une filiale alors que la sanction a été prise à l'encontre de la société mère, V. • CJCE 2 oct. 2003, n° C-176/99 : *JCP E 2004, n° 44, p. 1729, obs. Parléani.* ♦ Sur la notification de griefs, V. aussi notes ss. art. R. 463-11.

Même si les observations du commissaire du gouvernement donnent aux faits et documents soumis au Conseil une interprétation différente de celle proposée par le rapport, il ne peut s'agir de griefs nouveaux au sens de l'art. 21 [C. com., art. L. 463-2]. • Com. 10 mars 1992, n° 90-16.298 P. ♦ Dans le même sens, V. • Com. 6 oct. 1992, n° 90-16.755 P. – V. également • Com. 8 déc. 1992, n° 90-20.258 P : *D. 1993. IR 21.* ♦ Ayant relevé que la décision avait sanctionné la société pour avoir participé à l'élaboration des pratiques d'abus de position dominante, tandis que le grief notifié visait la participation aux pratiques d'abus elles-mêmes, l'arrêt retient que cette réduction du champ du grief s'appuie sur les éléments de fait contenus dans la notification de griefs ainsi que dans le rapport du rapporteur, et tient compte des objections et explications apportées par la société dans le cadre de leur défense. • Com. 11 janv. 2017, n° 15-17.134 P : *D. 2017. Actu. 157, obs. Chevrier ; JCP E 2017, n° 1071 ; CCC 2017, n° 83, obs. Decocq ; RJDA 2017, n° 285.* ♦ Mais le Conseil ne saurait, sauf notification de griefs complémentaires à laquelle il lui est loisible de procéder, sanctionner une pratique qui n'a pas été visée dans la notification des griefs, peu important à cet égard qu'elle ait été dénoncée dans le rapport et que les parties s'en soient expliquées devant lui. • Paris, 29 mars 2005 : *D. 2005. AJ 1223, obs. Chevrier ; RDLC 2005, n° 2, p. 93, obs. Michel-Amsellem.*

Aucune disposition légale n'impose que l'autorité administrative à laquelle la saisine a été communiquée doive à nouveau donner son avis lors de l'examen au fond de l'affaire. • Cons. conc. n° 04-D-44 du 15 sept. 2004 : *D. 2004. AJ 2571* . ♦ Sur la communication de la saisine, V. art. R. 463-9. ♦ L'art. 35 [C. com., art. R. 463-9] n'a pas pour effet de conférer à l'autorité administrative la qualité de partie à la procédure. • Paris, 29 mars 2005 : *préc.*

3. *Notification complémentaire.* Il n'y a lieu d'adresser une notification de griefs complémentaire que lorsque les services d'instruction de l'Autorité envisagent de dénoncer une pratique qui n'avait pas été visée dans la notification initiale. • Aut. conc. n° 12-D-24 du 13 déc. 2012 : *cité note 43 ss. art. L. 464-2.* ♦ Aucune disposition n'interdit au président d'adresser une notification de griefs complémentaires, même après envoi du rapport, dès lors que les parties ont, conformément à l'art. 21 [C. com., art. L. 463-2], bénéficié d'un délai de deux mois pour consulter le dossier et développer leurs observations, puis *d'un délai identique pour présenter* un mémoire en réponse au rapport complémentaire. • Paris, 23 mai 1995 : *BOCC 16 juin 1995* • 17 juin 2003 : *BOCC 29 sept. 2003.* ♦ S'agissant d'une notification complémentaire, elle n'a pas vocation à annuler et remplacer la notification initiale, mais seulement à s'y ajouter. • Paris, 24 juin 2008 : *cité note 5 ss. art. L. 463-5.*

Dès lors que les éléments de preuve rassemblés ont été ouverts à la consultation des entreprises en cause qui ont pu librement en discuter la force probante et opposer leurs propres moyens de preuve et arguments et présenter leurs observations, ni l'origine ou la nature des pièces fondant les notifications de griefs, ni la pluralité de ces notifications de griefs ne sont en elles-mêmes constitutives d'aucune atteinte au principe du contradictoire, ni aux droits de la défense, ni au droit des parties à un procès équitable. • Paris, 24 juin 2008 : *préc.* ♦ Il se déduit de la validité de la notification de griefs initiale, laquelle n'a été ni annulée ni remplacée par les notifications complémentaires ultérieures, que, quand même celles-ci n'auraient pas repris la totalité des griefs figurant dans la notification initiale, le rapport, en ce qu'il a repris l'ensemble des griefs notifiés par les trois notifications initiale et complémentaires, n'a évoqué aucun grief nouveau. • Même arrêt.

4. *Principe d'impartialité.* Sur les conséquences de la communication d'un projet de notification des griefs par le rapporteur à un membre du Conseil de la concurrence, V. • Cons. conc. n° 01-D-22 du 9 mai 2001 : *RTD com. 2002. 291, obs. Claudel* . ♦ La participation à un colloque, serait-elle accompagnée d'un rappel des problématiques d'actualité et d'une introduction flatteuse pour les différents intervenants, n'est pas une prise de position qui engage l'Autorité de la concurrence, surtout si elle n'émane pas de ses organes légalement représentatifs, et n'est donc pas incompatible avec l'exercice ultérieur des fonctions de rapporteur. • Paris, 19 janv. 2010 : *cité note 53 ss. art. L. 464-2.*

5. *Date et signature de la notification.* Dans la mesure où ni la notification de griefs ni le rapport ne constituent des décisions administratives, et dès lors que le Conseil de la concurrence constitue une autorité administrative indépendante, il faut considérer que la L. du 12 avr. 2000 relative aux droits des citoyens dans leur relation avec l'administration est inapplicable. • Cons. conc. n° 03-D-35 du 24 juill. 2003 (conf. par • Paris, 30 mars 2004 : *LPA 28 févr. 2005, obs. Arhel*). – V. aussi • Paris, 17 juin 2003 : *BOCC 29 sept. 2003.* ♦ Comp., reconnaissant implicitement l'application de la L. du 12 avr. 2000, mais jugeant que l'omission de la signature n'est pas de nature à justifier l'annulation de la notification des griefs sur le fondement de son art. 4 dès lors qu'aucune ambiguïté n'existe sur l'auteur de cette notification dont le nom est expressément indiqué en page de couverture : • Com. 6 mars 2007, n° 06-13.501 P : *cité note 4 ss. art. L. 462-7.*

6. *Observations.* La fixation du point de départ du délai de deux mois, donné aux parties par l'art. 21 [C. com., art. L. 463-2] pour produire leurs observations, n'est pas prévue à peine de nullité et, le président du Conseil étant saisi de demandes tendant au retrait de certaines pièces touchant au secret des affaires, le rapporteur peut différer, pour l'ensemble des parties et dans leur intérêt, le point de départ dudit délai aux fins de préserver leurs droits et le principe de la contradiction. • Paris, 20 déc. 1994 : *BOCC 28 déc. 1994.* ♦ Concernant la question de l'égalité des armes, le contentieux du droit de la concurrence ne présente aucun point commun avec le contentieux privé et il n'est donc pas possible de comparer le temps dont a disposé une partie pour répondre à la notification des griefs avec le temps qui a été nécessaire aux services d'instruction pour enquêter, instruire et rédiger la notification des griefs. • Aut. conc. n° 15-D-19 du 15 déc. 2015. ♦ Il appartient à la partie en cause de démontrer en quoi le délai de deux mois pour répondre à la notification des griefs et à la notification du rapport aurait été insuffisant pour lui permettre de réunir les éléments au soutien de sa défense. • Com. 28 janv. 2003, n° 01-00.528 P : *D. 2003. AJ 553 ; JCP E 2003, n° 12, p. 492 ; RTD com. 2004. 80, obs. Claudel ; RJDA 2003, n° 652.* ♦ V. aussi note 10. ♦ Sur l'inapplicabilité de l'art. 21 [C. com., art. L. 463-2] aux recours en annulation des opérations de visite et de saisies effectuées sur le fondement de l'art. 48 [C. com., art. L. 450-4] : • Com. 15 juin 1999, n° 97-30.004 : *CCC 1999, n° 144, obs. Malaurie-Vignal.* – V. désormais art. L. 463-2, dern. al.

Le fait, pour une partie, de ne répondre à la notification de griefs, sur un certain point, que dans le cadre de son mémoire en réponse au rapport et non de ses observations à la notification de griefs ne saurait, en tant que tel, violer le principe du contradictoire dès lors que les moyens invoqués dans ce cadre peuvent être discutés lors de la séance, sauf à prouver que ces moyens requièrent une réponse écrite. • Cons. conc. n° 04-D-48 du 14 oct. 2004 : *D. 2004. AJ 2995 .*

7. *Rapport d'enquête.* L'art. L. 463-2 ne détermine pas quel doit être le contenu du rapport rédigé après la notification de griefs. • Cons. conc. n° 05-D-19 du 12 mai 2005 : *cité note 9 ss. art. L. 462-7.* ♦ Si les allégations touchant à la fiabilité de certaines des affirmations du rapport d'enquête peuvent être opérantes pour contester le bien-fondé des griefs notifiés, elles n'ont, en revanche, pas d'incidence sur la procédure. • Cons. conc. n° 04-D-49 du 28 oct. 2004. ♦ La position prise par l'enquêteur ne peut en elle-même constituer un vice de procédure, la réalisation du rapport d'enquête conduisant nécessairement l'enquêteur à exposer ses propres convictions au terme des investigations auxquelles il a procédé. • Même décision. ♦ Le rapport d'enquête constitue un document de synthèse auquel aucune disposition légale n'attache de force probante particulière ou d'effet juridique qui lui soit attaché. • Cons. conc. n° 07-D-48 du 18 déc. 2007 : *JCP E 2008, n° 9, p. 3, obs. Grandvuillemin ; CCC 2008, n° 49, obs. Bosco ; RDLC 2008, n° 1, p. 113, obs. Claudel ; RLC avr.-juin 2008. 27, obs. Sélinsky.* ♦ La circonstance que le rapporteur se soit appuyé, au stade du rapport, sur des pièces figurant au dossier qui, bien que venant conforter les griefs notifiés, n'avaient pas été expressément citées au stade de l'envoi de ces derniers, est sans incidence sur la régularité de la procédure, dès lors que les parties ont disposé du délai légal, à la suite de la notification du rapport, pour y répondre. • Cons. conc. n° 06-D-04 du 13 mars 2006 : *cité note 6 ss. art. L. 420-1.* ♦ Aucun texte ni aucun principe n'interdit au Conseil de verser au dossier d'une saisine d'office des pièces obtenues dans le cadre d'une autre saisine. • Cons. conc. n° 07-D-09 du 14 mars 2007 : *CCC 2007, n° 133, obs. Decocq ; RJDA 2007, p. 663, note Condomines et Madec ; RLC juill.-sept. 2007. 17, note Sibony ; RDLC 2007, n° 2, p. 110, obs. Wachsmann et Flochel.*

Aucune disposition ne prévoyant que la notification du rapport doit être faite au siège social de l'entreprise, dès lors que celle-ci a pu avoir connaissance de ce rapport et a disposé du délai de deux mois prévu par l'art. 21 [C. com., art. L. 463-2], la notification faite à l'adresse des locaux commerciaux de la société est valable. • Com. 27 janv. 1998, n° 96-11.080 P : *D. Affaires 1998. 836, obs. A. M. ; LPA 24 août 1998, obs. Malaurie-Vignal.* ♦ La transmission du rapport d'enquête de la DGCCRF aux parties par le chef du bureau de la procédure n'équivaut pas à la transmission d'une notification de griefs qui devrait être faite par le rapporteur général. • Cons. conc. n° 05-D-37 du 5 juill. 2005 : *cité note 9.* ♦ Il ne résulte pas des art. L. 463-2 et R. 463-11, pas plus que d'aucune autre règle ou principe jurisprudentiel, que l'envoi du rapport aurait pour effet de dessaisir le rapporteur de l'instruction du dossier. • Aut. conc. n° 12-D-24 du 13 déc. 2012 : *cité note 43 ss. art. L. 464-2.*

8. *Ministres intéressés.* Sur cette notion, V. • Paris, 17 janv. 1990 : *Gaz. Pal. 1990. 1. 205, note Marchi,* conf. par • Com. 5 nov. 1991, n° 90-11.565 P : *D. 1991. IR 271* • 6 déc. 1990 : *Gaz. Pal. 1991. 1. 325, concl. Jobard* • 30 mai 1995, n° 93-15.354 P • 23 juin 2004, n° 01-17.896 P : *D. 2004. AJ 2439 ; RLC févr.-avr. 2005. 28, obs. Peyre* • Paris, 22 janv. 2002 : *BOCC 27 mars 2002.*

9. *Consultation du dossier.* Aucune disposition du code de commerce n'impose l'obligation de préciser aux parties qu'elles disposent de la possibilité de consulter le dossier. • Cons. conc. n° 05-D-37 du 5 juill. 2005 : *D. 2005. AJ 2379, obs. Chevrier .* ♦ Ce n'est qu'à partir de la notification des griefs que l'entreprise dispose d'un droit d'accès au dossier. • Paris, 26 janv. 2012 : *cité note 3 ss. art. L. 463-1.* ♦ La remise éventuelle par le Conseil de la concurrence d'un CD-Rom n'a pas pour objet de remplacer la consultation du dossier et ne constitue qu'une facilité supplémentaire qu'offre le Conseil aux parties.

Par suite, la circonstance que certains documents seraient difficilement lisibles sur ce CD-Rom est sans incidence sur leur validité. • Cons. conc. n° 05-D-32 du 22 juin 2005 : *RLC 2005, n° 4, p. 27, note Arhel.* ♦ Le CD-Rom ne constituant qu'une facilité offerte aux parties pour la consultation du dossier, toute difficulté rencontrée par l'une d'elles pour accéder à partir du CD-Rom à certaines pièces du dossier ne caractérise pas en elle-même une atteinte au droit d'accès au dossier. • Aut. conc. n° 10-D-13 du 15 avr. 2010. ♦ Si l'examen des pièces du rapport devait montrer que certaines d'entre elles seraient ou incomplètes, ou difficilement lisibles, de telles insuffisances seraient de nature à réduire ou anéantir leur force probante, ce que le débat contradictoire a précisément pour objet de permettre aux parties de discuter, et non à porter atteinte au principe même de la contradiction. • Paris, 24 juin 2008 : *préc. note 3.*

10. Délai supplémentaire. L'octroi d'un délai supplémentaire accordé, postérieurement à la notification de griefs, par le président du Conseil [désormais le rapporteur général de l'Autorité], s'il ressort d'une de ses « compétences administratives », ne peut avoir pour objet ni pour effet « d'orienter les poursuites selon les objectifs qui lui paraissent les plus appropriés » dès lors qu'il est sans influence sur la nature ou le contenu des griefs notifiés par les services d'instruction. Il en résulte que l'octroi d'un délai supplémentaire accordé aux parties pour présenter leurs observations en réponse à la notification des griefs ne saurait caractériser une immixtion du président du Conseil [désormais le rapporteur général de l'Autorité] dans les fonctions de poursuite et d'instruction. • Cons. conc. n° 06-D-03 du 9 mars 2006 : *cité note 2 ss. art. L. 123-22.* ♦ Le président du Conseil [désormais le rapporteur général de l'Autorité] doit adapter ce délai à la nature des circonstances exceptionnelles propres à chaque entreprise, sous réserve de ne pas excéder un mois. • Même décision. ♦ Les dispositions de l'art. L. 463-2, al. 4, qui prévoient que l'octroi d'un délai supplémentaire dépend de la démonstration par chaque partie de l'existence de circonstances exceptionnelles le justifiant, impliquent nécessairement de traiter les parties de manière individuelle et donc, le cas échéant, de manière différente selon leur situation. • Même décision. ♦ La seule coïncidence du délai de réponse à la notification des griefs avec la période estivale ne saurait constituer, en soi, une circonstance exceptionnelle justifiant un délai supplémentaire. • Paris, 20 janv. 2011 : *CCC 2011, n° 74, obs. Decocq.* ♦ La longueur de la notification de griefs et le fait que d'autres personnes mises en cause aient bénéficié d'un délai supplémentaire ne constituent pas davantage des circonstances exceptionnelles. • Aut. conc. n° 14-D-19 du 18 déc. 2014 : *cité note 32 ss. art. L. 464-2.* ♦ V. aussi note 6.

La mise en œuvre de la procédure prévue par le III de l'art. L. 464-2 (transaction) ne saurait remettre en cause la possibilité pour une entreprise de bénéficier de l'octroi d'un délai supplémentaire pour présenter ses observations en réponse à la notification de griefs, avant qu'elle se soit manifestée pour demander le bénéfice de cette procédure. • Cons. conc. n° 06-D-03 du 9 mars 2006 : *préc.* ♦ Mais aucune disposition ne prévoit, au bénéfice des entreprises qui souhaitent recourir à la procédure prévue au III de l'art. L. 464-2, le droit à une prolongation supplémentaire. • Cons. conc. n° 09-D-05 du 2 févr. 2009. – V. aussi notes 25 s. ss. art. L. 464-2.

11. Transaction. La non-contestation des griefs est une voie procédurale dont la mise en œuvre est subordonnée à la signature d'un procès-verbal entre la société l'ayant choisie et le rapporteur général. • Cons. conc. n° 08-D-32 du 16 déc. 2008. ♦ Aucune disposition n'impose d'adresser aux autres parties, avant le rapport, un procès-verbal de non-contestation de grief, au sens du III de l'art. L. 464-2, qui n'engage que l'entreprise qui le signe. • Même décision.

12. Langue de la procédure. La langue de procédure devant l'Autorité est le français, comme le rappelle l'art. 26 de son règlement intérieur. • Aut. conc. n° 13-D-12 du 28 mai 2013 : *cité note 1 ss. art. R. 464-5* • n° 18-D-26 du 20 déc. 2018. ♦ L'Autorité, dont la décision n'intervient pas au terme d'une procédure pénale proprement dite, et ne vise pas des personnes physiques, mais des personnes morales disposant en règle générale de ressources plus importantes pour assurer leur défense, ne méconnaît pas les exigences de l'art. 6, § 3, al. a), Conv. EDH si elle établit, à la suite d'une demande faite par les parties, que celles-ci possèdent suffisamment le français pour saisir la portée des accusations formulées contre elles. • Aut. conc. n° 12-D-09 du 13 mars 2012. ♦ Il n'est pas exigé que l'ensemble des pièces versées au dossier de l'Autorité soit accompagné d'une traduction ; ainsi, certains éléments factuels et d'appréciation versés au débat peuvent l'être dans une langue autre que le français, dans la mesure où les parties y ont accès dans les conditions prévues par la loi. • Même décision. ♦ Il en va ainsi, de pièces en langue allemande – constituées par des procès-verbaux d'auditions effectuées en Allemagne ou des pièces communiquées par l'autorité de concurrence allemande – venant au soutien des analyses avancées dans la notification des griefs ou du rapport, qui sont accompagnées de résumés succincts en français ou traduits *in extenso* en français. • Paris, 20 nov. 2014 : *cité note 38 ss. art. L. 450-4.*

Art. L. 463-3 *(L. n° 2001-420 du 15 mai 2001)* **Le** *(Ord. n° 2008-1161 du 13 nov. 2008, art. 2-VI)* **« rapporteur général de l'Autorité de la concurrence » peut** *(Abrogé par L. n° 2020-1508 du 3 déc. 2020, art. 37)* **« ,** *(Ord. n° 2008-1161 du 13 nov. 2008, art. 2-VI)* ***« lors de » la notification des griefs aux parties intéressées, »*** **décider que l'affaire sera** *(Ord. n° 2008-1161 du 13 nov. 2008, art. 2-VI)* **« examinée par l'Autorité » sans établissement préalable d'un rapport.** *(L. n° 2020-1508 du 3 déc. 2020, art. 37)* **« Il en informe les parties et le commissaire du Gouvernement préalablement à la notification des griefs.** — *V. art. R. 463-12 s.*

« Dans ce cas, si le chiffre d'affaires cumulé réalisé en France lors du dernier exercice clos de l'ensemble des parties dépasse 200 millions d'euros et dès lors qu'au moins une des parties intéressées en formule la demande, le délai prévu à la première phrase du premier alinéa de l'article L. 463-2 est allongé de deux mois. La demande doit être formulée dans un délai maximal de trente jours à compter de la notification des griefs. Au vu des observations des parties destinataires des griefs, le rapporteur général peut décider d'adresser un rapport aux parties selon les modalités prévues au même article L. 463-2.

« Lorsque le rapporteur général décide de ne pas établir de rapport, la notification des griefs doit mentionner les déterminants de la sanction encourue. »

V. note ss. art. L. 463-1.

BIBL. ▶ CLAUDEL, *RTD com. 2020. 793* (volet concurrentiel de la L. n° 2020-1508 du 3 déc. 2020).

1. Mesures conservatoires. Si les art. 21 et 22 [C. com., art. L. 463-2 et L. 463-3] prévoient que le président du Conseil de la concurrence [désormais le rapporteur général de l'Autorité] peut décider de porter une affaire devant la commission permanente, sauf pour les parties à demander le renvoi devant une autre formation du Conseil, ces dispositions ne sont pas applicables aux demandes de mesures conservatoires. • CE 30 oct. 1987, n° 86645 : *D. 1987. IR 229.*

2. Transaction. Ni les dispositions des art. L. 463-3 et L. 464-2, III C. com., ni aucune disposition du titre VI du livre IV du code, n'interdisent au Conseil de la concurrence de mettre en œuvre cumulativement, dans une même affaire, la procédure simplifiée régie par le premier de ces textes et la procédure dite de transaction prévue par le second. • Cass., avis, 11 juill. 2005, n° 05-00.006 P : *cité note 2 ss. art. L. 464-5.*

3. Saisine d'office. Il ne résulte d'aucune disposition que la procédure simplifiée serait obligatoire dans toute procédure engagée sur saisine d'office. • Paris, 24 juin 2008 : *cité note 5 ss. art. L. 463-5.*

Art. L. 463-4 *(Ord. n° 2008-1161 du 13 nov. 2008, art. 2-VII)* **Sauf dans les cas où la communication ou la consultation de ces documents est nécessaire à l'exercice des droits de la défense d'une partie mise en cause, le rapporteur général de l'Autorité de la concurrence peut refuser à une partie la communication ou la consultation de pièces ou de certains éléments contenus dans ces pièces mettant en jeu le secret des affaires d'autres personnes. Dans ce cas, une version non confidentielle et un résumé des pièces ou éléments en cause lui sont accessibles.**

Un décret en Conseil d'État précise les modalités d'application du présent article. — *V. art. R. 463-13 s.*

V. note ss. art. L. 463-1.

BIBL. ▶ BOUTARD-LABARDE, *Gaz. Pal. 1992. 1. Doctr. 1.* – GENESTE, *D. Affaires 1997. 1271 et 1309.* – DECOCQ, *RJ com. 2004. 499* (Ord. n° 2004-1173 du 4 nov. 2004). – NOURISSAT et CHEYNEL, RLC *2005, n° 1, p. 84* (repenser la protection du secret professionnel dans le cadre des procédures de concurrence). – LEMAIRE, *JCP E 2006, n° 4, p. 191* (protection du secret des affaires devant le Conseil de la concurrence : une évolution bienvenue). – CHEYNEL, *RLC 2006, n° 6, p. 73* (refonte du mécanisme de protection des secrets d'affaires). – MOMÈGE, *RDLC 2006, n° 1, p. 184* (modification de la protection du secret des affaires). – GARCIA-ROSADO et LESUR, *RLC juill.-sept. 2006. 142* (protection du secret des affaires en matière de concentrations). – CHEYNEL, *ibid. 150* (présentation synoptique des procédures française et communautaire). – TRAN THIET, *RDLC 2007, n° 3, p. 21 et 190* (pour une harmonisation des règles applicables à la protection des secrets des affaires devant les autorités de concurrence et de régulation). – TASSO-DE PANAFIEU, *RLDA sept. 2012. 45* (protection de la divulgation des documents relatifs aux procédures de clémence).

1. Absence de débat contradictoire. La finalité des dispositions de l'art. 23 [C. com., art. L. 463-4] exclut tout débat contradictoire devant le président du Conseil de la concurrence [désormais le rapporteur général de l'Autorité], qui doit statuer en fonction des seules observations de la partie qui l'a saisi. • Com. 14 janv. 1992, n° 89-21.462 P : *D. 1992. IR 50.*

2. *Sanction.* Sur le rejet du moyen de nullité tiré de la violation du secret des affaires, à défaut de preuve que la communication des pièces a affecté la décision prise par le Conseil sur le fond de la saisine, V. • Paris, 27 mai 1992 : *CCC 1992, n° 137, obs. Vogel.* ♦ La sanction qui s'attache à la divulgation d'informations couvertes par le secret des affaires n'est pas la nullité de la procédure, mais le versement éventuel d'une indemnité en réparation, dans le cas où la communication de tels documents serait de nature à créer un préjudice direct et certain à ces entreprises. • Cons. conc. n° 07-D-50 du 20 déc. 2007 : *cité note 20 ss. art. L. 420-1.*

3. *Indépendance de la procédure.* Les procédures de jonction, prévue à l'art. 31 du Décr. n° 2002-689 du 30 avr. 2002 [C. com., art. R. 463-3], et de secret des affaires, organisée par l'art. L. 463-4, mises en œuvre par deux autorités distinctes (le rapporteur générale et le président du Conseil : jurispr. antérieure à l'Ord. n° 2008-1161 du 13 nov. 2008), sont indépendantes l'une de l'autre : la première organise l'instruction, la seconde statue sur le droit de protection de la confidentialité, mis en balance avec les nécessités de la procédure. • Cons. conc. n° 05-D-65 du 30 nov. 2005.

4. *Initiative de la procédure.* Aucune disposition du code de commerce n'autorise un enquêteur à décider, lui-même, de ne pas transmettre des pièces au Conseil au motif qu'elles seraient couvertes par le secret des affaires. • Cons. conc. n° 05-D-66 du 5 déc. 2005 : *cité note 6 ss. art. L. 463-1.* ♦ Jugeant que la demande de secret des affaires doit contenir la référence à l'art. L. 463-4 et préciser les pièces concernées : • Même décision.

5. *Étendue du secret.* La publication de fourchettes encadrant les données chiffrées dont les entreprises ont fait valoir qu'elles constituaient des secrets d'affaires est un procédé largement employé par les autorités de concurrence pour permettre une compréhension du dossier tout en respectant la confidentialité demandée. • Cons. conc. n° 07-D-50 du 20 déc. 2007 : *préc. note 2.* ♦ Autant un document « à charge » doit pouvoir être accessible à la partie à laquelle il est opposé car, dans ce cas, le droit pour la partie mise en cause de se défendre prime sur la protection des secrets d'affaires revendiquée par les autres parties, autant les droits de la défense, en ce qui concerne la recherche d'éléments à décharge, *sont raisonnablement* assurés par la possibilité qu'a toujours la partie qui souhaite mettre en avant de tels éléments, de les puiser dans sa propre documentation ou dans les informations non couvertes par la protection du secret des affaires. • Cons. conc. n° 09-D-05 du 2 févr. 2009 : *RDLC 2009, n° 2, p. 104, obs. Nicolas-Vullierme.*

6. *Champ d'application.* La protection du secret des affaires n'est applicable qu'en cas de procédure menée devant l'Autorité. Aucune protection du secret des affaires contenues dans les pièces demandées en communication par le Président de l'Autorité de la concurrence, dans une procédure engagée devant le tribunal de commerce, ne peut être organisée car elle n'est prévue ni dans le code de commerce ni dans le code de procédure civile. • T. com. Créteil, 13 oct. 2009 : *D. actu. 2 déc. 2009, obs. Chevrier ; CCC 2010, n° 6, obs. Malaurie-Vignal.*

7. *Accès au dossier.* Le droit des parties de prendre connaissance des pièces remises à l'Autorité n'est pas un droit absolu et illimité et doit être mis en balance avec le droit des entreprises à la protection du secret de leurs affaires. • Com. 19 janv. 2016, n° 14-21.671 P : *D. 2016. 973, note Buy et Roda ; AJCA 2016. 159, obs. Hicheri ; RTD civ. 2016. 371, obs. Barbier ; JCP E 2016, n° 1088 ; CCC 2016, n° 70, obs. Decocq ; RLC avr. 2016. 53, note Dieny.* ♦ Ni le droit à un recours effectif ni le principe de la contradiction n'impliquent que la partie saisissante, qui n'a pas de droits de la défense à préserver dans le cadre de la procédure ouverte par l'Autorité sur sa saisine, laquelle en outre n'a pas pour objet la défense de ses intérêts privés, puisse obtenir la communication de documents couverts par le secret des affaires concernant la personne qu'elle a mise en cause, ni qu'elle puisse contester la décision de protection du secret des affaires prise à ce titre. • Même décision. ♦ Il résulte des art. L. 463-4 et L. 463-2 que le droit des entreprises à l'accès au dossier doit être mis en balance avec la protection de leurs secrets d'affaires, et que cette mise en balance nécessite une appréciation au cas par cas, compte tenu de la situation concrète des parties, de la nature des informations concernées et de la nécessité pour la partie requérante d'y avoir accès pour se défendre, elle-même liée à la nature du grief notifié et au contexte du marché examiné. • Aut. conc. n° 10-D-32 du 16 nov. 2010. ♦ Lorsque l'instruction ne concerne qu'une seule entreprise, il n'existe, à ce stade de la procédure, aucun risque de divulgation d'informations susceptibles de relever du secret des affaires de l'entreprise mise en cause, dès lors qu'aucune autre partie n'a accès à la procédure. Après avoir constaté que l'instruction de l'affaire ne concernait que les sociétés X, lesquelles constituaient une seule entité et partie à la procédure, l'ordonnance retient, à bon droit, qu'en l'absence d'une ou plusieurs tierces parties, ces sociétés ne peuvent justifier d'une quelconque atteinte à leurs droits, au motif de la levée de la protection du secret des affaires. • Com. 29 janv. 2020, n° 18-11.726 : *RLC mars 2020. 4, obs. Guéna et Perdereau.*

8. *Transaction.* Sur la confidentialité entourant la transaction du III de l'art. L. 464-2, V. notes ss. art. R. 464-4.

Art. L. 463-5 **Les juridictions d'instruction et de jugement peuvent communiquer à l'Autorité de la concurrence, sur sa demande, les procès-verbaux** *(Ord. nº 2008-1161 du 13 nov. 2008, art. 2-VIII)* « *[,]* **rapports d'enquête ou autres pièces de l'instruction pénale** » **ayant un lien direct avec des faits dont l'Autorité est saisie.** – *[Ord. nº 86-1243 du 1er déc. 1986, art. 26, al. 1er.]*

V. note ss. art. L. 463-1.

1. Auteur de la demande. Le pouvoir de demander à un juge d'instruction la communication de pièces appartient, selon l'art. L. 463-5, au Conseil ; il ne résulte dès lors pas qu'en prenant une délibération sur ce fondement, la commission permanente ait excédé ses pouvoirs en empêchant le rapporteur d'exercer en pleine indépendance et sous sa seule responsabilité les pouvoirs propres qu'il tient par ailleurs des art. L. 450-1 et L. 450-6. • Cons. conc. nº 05-D-69 du 15 déc. 2005 : *D. 2006. AJ 223, obs. Chevrier ; CCC 2006, nº 50, obs. Malaurie-Vignal ; RLC 2006, nº 6, p. 82, obs. Cheynel* (conf. par • Paris, 30 janv. 2007 : *CCC 2007, nº 75, obs. Decocq ; RJDA 2007, nº 556 ; RLC avr.-juin 2007. 76, obs. Cheynel ; RDLC 2007, nº 2, p. 153, obs. Michel-Amsellem*, puis par • Com. 15 janv. 2008, nº 07-11.677 P : *D. 2008. AJ 411, obs. Chevrier ; JCP E 2008, nº 7-8, p. 28 ; CCC 2008, nº 80, obs. Decocq ; RJDA 2008, nº 579 ; RDLC 2008, nº 2, p. 156, obs. Momège*). ♦ La mise en œuvre de la L. nº 2001-420 du 15 mai 2001 et de l'Ord. nº 2004-1173 du 4 nov. 2004, qui ont transféré au rapporteur général plusieurs des attributions précédemment dévolues au Conseil, a créé un contexte juridique nouveau qui justifie, à la lumière de ces évolutions, que le rapporteur général puisse valablement exercer, au nom du Conseil, le pouvoir de mettre en œuvre l'art. L. 463-5. • Même décision. ♦ La demande de pièces adressée par le rapporteur général au juge d'instruction faisant suite à la transmission de pièces du dossier d'instruction demandée à ce juge par le Conseil dans une précédente délibération, il en résulte, en l'état de ces seules énonciations, qu'une nouvelle délibération du Conseil était sans objet. • Com. 15 janv. 2008, nº 07-11.677 P : *préc.*

2. Nature de la demande. La demande de communication de pièces ne constitue pas une décision par laquelle les membres du Conseil, siégeant en commission permanente, auraient été conduits à formuler une accusation ou, encore, à préjuger de l'affaire au fond. Par une telle décision, le Conseil se borne à transmettre une demande émanant du rapporteur qui sollicitait, au regard du déroulement de son instruction, des pièces du dossier d'instruction. • Cons. conc. nº 05-D-69 du 15 déc. 2005 : *préc. note 1.* ♦ Il est loisible au Conseil d'entendre le rapporteur avant de décider la mise en œuvre de l'art. L. 463-5. • Même décision.

3. Pièces communiquées. La lettre et la finalité de l'art. L. 463-5 sont de permettre aux juridictions de décider souverainement, notamment, de l'opportunité, de la forme et de la périodicité de la communication des pièces sollicitées. • Cons. conc. nº 05-D-69 du 15 déc. 2005 : *préc. note 1.* ♦ Il n'est pas concevable que des procès-verbaux et rapports d'enquête soient communiqués au Conseil sans les pièces qui les accompagnent et qui sont nécessaires à l'exploitation des documents entrant dans ces deux premières catégories. • Même décision. ♦ V. les modifications introduites par l'Ord. nº 2008-1161 du 13 nov. 2008. ♦ En l'espèce, le rapporteur du Conseil n'a consulté, sur l'invitation du juge d'instruction, que les pièces du dossier d'instruction ayant, selon l'appréciation de ce magistrat, un lien direct avec les faits dont était saisi le Conseil et qu'aucun élément ne corrobore l'allégation des parties selon laquelle le juge d'instruction n'aurait pas sélectionné lui-même les pièces remises en copie. • Com. 15 janv. 2008, nº 07-11.677 P : *préc. note 1.* ♦ Rien n'empêche le rapporteur de prendre connaissance du dossier dans le cabinet du juge d'instruction et de demander la communication des pièces qu'il estime en relation directe avec les faits dont l'Autorité est saisie ; il appartient alors au juge d'instruction de vérifier que cette relation directe existe bien et, le cas échéant, de communiquer d'autres pièces ayant la même relation, que le rapporteur n'aurait pas identifiées. • Aut. conc. nº 10-D-39 du 22 déc. 2010 : *RDLC 2011, nº 1, p. 201, obs. Lemaire et Cousin.*

4. Forme de la communication. L'art. L. 463-5 n'impose aucune forme particulière et autorise donc tant leur consultation sur place que la transmission de copie. • Cons. conc. nº 05-D-69 du 15 déc. 2005 : *préc. note 1.* ♦ L'art. L. 463-5 ne prévoyant pas les modalités de la communication, aucune irrégularité ne saurait résulter de ce que, à la suite de cette demande, le juge d'instruction ait informé le rapporteur qu'il pouvait prendre connaissance du dossier et en prendre copie. • Paris, 3 juill. 2008 : *CCC 2008, nº 244, obs. G. D. ; RDLC 2008, nº 3, p. 136, obs. Lemaire.* ♦ Ni le code de commerce, ni le code de procédure pénale ne prévoient un quelconque formalisme pour la communication des pièces du dossier de l'instruction pénale au Conseil, qui ne constitue pas un acte d'instruction au sens du code de procédure pénale ; une ordonnance de transmission de pièces n'est pas nécessaire pour autoriser cette communication, l'art. 182 C. pr. pén. visant une toute autre hypothèse. • Cons. conc. nº 06-D-07 du 21 mars 2006 : *cité note 8 ss. art. L. 420-6.* ♦ Ni l'art. L. 463-5 C. com., ni le code de procédure pénale n'imposant de forme particulière à la communication des pièces, l'autorisation de communication donnée par le juge d'instruction résulte du fait même de la mise à disposition du rapporteur par le juge, par l'intermédiaire de son greffier, d'une partie des pièces de l'information pénale dont il avait la charge. • Com. 13 oct. 2009, ⛫ n° 08-17.269 P : *CCC 2009, n° 294, obs. Decocq ; RDLC 2010, n° 1, p. 161, obs. Momège.* ♦ La demande de communication de pièces, et pas davantage la communication qui en est la suite ne constituent la formulation d'une accusation, ni ne préjugent de l'affaire au fond ; ces diligences ne sont en elles-mêmes nullement incompatibles avec les art. 6-1 et 6-3 de la Conv. EDH. • Paris, 24 juin 2008 : ⛫ *cité note 5.*

5. Prescription. La délibération ainsi que la lettre de transmission prisent sur le fondement de l'art. L. 463-5 sont des actes tendant à la recherche, la constatation ou la sanction des faits dont est saisi le Conseil. • Cons. conc. n° 05-D-69 du 15 déc. 2005 : ⛫ *préc. note 1.* ♦ La transmission des pièces est un acte pris par un juge d'instruction en application de l'art. L. 463-5 et à la demande du Conseil ; inutile à la procédure pénale, cet acte ne peut être rattaché qu'à la procédure de concurrence. Impliquant l'exercice, par le juge, d'un choix quant aux pièces transmises au Conseil, cet acte tend à la recherche, à la constatation et à la sanction des faits dont est saisi le Conseil. • Même décision (infirmée sur ce point par • Com. 15 janv. 2008, ⛫ n° 07-11.677 P : *préc. note 1*, qui estime que c'est à tort qu'il a été retenu que la transmission par le juge d'instruction des pièces demandées par le Conseil interrompt la prescription). ♦ Par le procès-verbal de réception des pièces, le rapporteur s'approprie les pièces transmises par le juge d'instruction ainsi que leur contenu, dont il a pu faire état dans la procédure qu'il instruisait et retenir à l'appui des griefs. Il s'agit donc d'un acte interruptif de la prescription au sens de l'art. L. 462-7. • Même décision. ♦ La prescription est interrompue par le procès-verbal établi par le rapporteur, officialisant l'intégration des pièces du dossier pénal à la procédure suivie devant le Conseil. • Com. 13 oct. 2009, ⛫ n° 08-17.269 P : *préc. note 4.*

Si l'art. L. 420-6 prévoit expressément que les actes interruptifs de la prescription devant le Conseil sont également interruptifs de l'action publique, il ne résulte pas de l'absence de disposition légale de sens inverse que les actes de recherche, de constatation ou de sanction d'infractions pénales, particulièrement celles dont les éléments constitutifs comportent un élément matériel défini par renvoi à la définition des pratiques anticoncurrentielles, seraient dépourvus eux-mêmes d'effet interruptif de la prescription de l'action à fins de sanctions devant le Conseil de la concurrence. Dès lors, de tels actes, lorsqu'ils tendent à la recherche, la constatation ou la sanction de faits dont la matérialité a une incidence directe sur la constitution des infractions de concurrence – ce qui est précisément le cas puisque l'art. L. 420-6 définit les infractions qu'il réprime par renvoi aux dispositions des art. L. 420-1 et L. 420-2, les actes interruptifs de la prescription de l'action publique interrompent en même temps la prescription de l'action administrative à fins de sanctions de pratiques anticoncurrentielles. • Paris, 24 juin 2008 : ⛫ *D. 2008. AJ 1895, obs. Chevrier* ✎ *; CCC 2008, n° 208, obs. Decocq ; RJDA 2008, n° 1052 ; RDLC 2008, n° 3, p. 137 et 138, obs. Lemaire* (conf. par • Com. 13 oct. 2009, ⛫ n° 008-17.269 P : *préc.*). – Jurisprudence confirmée par le 2e al. de l'art. L. 462-7, introduit par l'Ord. n° 2008-1161 du 13 nov. 2008. ♦ L'effet interruptif de la prescription de l'action à fins de sanctions des pratiques anticoncurrentielles attaché aux diligences accomplies dans le cadre de l'action publique ne met pas la survie de la première dans la dépendance de celle de la seconde, les deux actions, visant des personnes distinctes et des fins différentes, suivant leur propre évolution en fonction des actes accomplis par chacune des autorités compétentes. • Même arrêt.

6. Utilisation des pièces communiquées. L'art. L. 463-5 ne prévoit aucune restriction dans l'utilisation des pièces pénales communiquées au Conseil. Ces pièces peuvent donc fonder les griefs de la même façon que les pièces issues d'une enquête administrative, sans que le rapporteur ait à procéder à des actes d'investigation complémentaires s'il estime les poursuites suffisamment fondées par ces documents et pièces. • Cons. conc. n° 06-D-07 du 21 mars 2006 : ⛫ *préc. note 4.* ♦ Une fois versées au dossier du Conseil, les pièces d'origine pénale sont opposables aux parties dans les mêmes conditions que les autres pièces rassemblées lors de l'instruction de l'affaire par le rapporteur. • Même décision. ♦ Mais ce sont les pièces et les analyses présentées par le rapporteur dans la notification des griefs qui délimitent le champ de la discussion contradictoire, celui-ci ne s'étendant pas, lorsqu'il a été fait application de l'art. L. 463-5, à l'entier dossier d'instruction. • Paris, 24 juin 2008 : ⛫ *préc. note 5.* ♦ L'Autorité de la concurrence est en droit d'utiliser les procès-verbaux relatifs et consécutifs à la garde à vue des responsables des entreprises concernées dans le cadre de la procédure pénale pour prouver l'existence d'une infraction aux dispositions de l'art. L. 420-1. • Paris, 11 oct. 2012 : ⛫ *CCC 2012, n° 285, obs. Decocq.* ♦ Sur l'utilisation de propos tenus par un tiers au cours d'écoutes téléphoniques réalisées dans une procédure distincte à laquelle la société incriminée est restée étrangère, V. • Com. 18 févr. 2014, ⛫ n° 12-27.643 P : *cité note 47 ss. art. L. 464-2.*

7. Entretiens avec le juge d'instruction. Aucun texte légal, et notamment les art. L. 462-3, L. 462-6 et L. 463-5, n'interdit au rapporteur de s'entretenir avec le juge d'instruction, que cet entretien ait lieu à la demande du juge ou du rapporteur. • Cons. conc. n° 07-D-15 du 9 mai 2007 : *CCC 2007, n° 180, obs. Decocq ; RLC juill.-sept. 2007. 26, obs. Cholet ; RDLC 2007, n° 3, p. 140 et 141, obs. Lemaire.*

8. Égalité des armes. Le fait que la faculté de demander à la juridiction d'instruction communication des procès-verbaux ou rapports d'enquête n'appartient qu'au Conseil n'est pas en lui-même contraire au principe d'égalité des armes et d'impartialité. • Com. 13 oct. 2009, n° 08-17.269 P : *préc. note 4.* ♦ La prérogative permettant au Conseil de demander aux juridictions d'instruction et de jugement la communication des procès-verbaux ou rapports d'enquête ayant un lien direct avec des faits dont il est saisi, lesquels sont à la suite de la notification des griefs communiqués aux parties et soumis au débat contradictoire, ne constitue pas par elle-même une atteinte au principe de l'égalité des armes. • Com. 13 oct. 2009, n° 08-18.224 P : *D. 2009. AJ 3547, obs. Chevrier ; JCP E 2009, n° 46, p. 27 ; CCC 2009, n° 295, obs. Decocq ; RJDA 2010, n° 177 ; RDLC 2010, n° 1, p. 161, obs. Momège.* ♦ Le principe d'égalité des armes n'implique pas que les entreprises auxquelles seront, le cas échéant, par la suite notifiés des griefs disposent au stade de l'enquête, alors même qu'elles ne sont pas mises en cause, de la prérogative organisée par l'art. L. 463-5. • Paris, 29 mars 2012 : *BOCC 23 oct. 2012.*

9. Constitutionnalité. La prérogative accordée à l'Autorité par l'art. L. 463-5 ne constitue pas par elle-même une atteinte aux droits de la défense, en particulier au principe de l'égalité des armes, ni au droit à un recours juridictionnel effectif, dès lors que le principe de l'égalité des armes ne s'applique pas à ce stade, non contradictoire, de la procédure d'enquête, que la disposition critiquée n'autorise pas l'Autorité à avoir accès au dossier pénal, le juge lui communiquant les documents de l'instruction dont il estime qu'ils ont un lien direct avec les faits dont l'Autorité est saisie, et que, enfin, les pièces ainsi obtenues sont communiquées aux parties et soumises au débat contradictoire, les parties ayant alors la possibilité de soulever toute contestation qu'elles jugeraient utile. • Com., QPC, 28 nov. 2012, n° 12-18.410 : *RJDA 2013, n° 260.*

Art. L. 463-6 **Est punie des peines prévues à l'article 226-13 du code pénal, la divulgation par l'une des parties des informations concernant une autre partie ou un tiers et dont elle n'a pu avoir connaissance qu'à la suite des communications ou consultations auxquelles il a été procédé.** — *[Ord. n° 86-1243 du 1er déc. 1986, art. 24.]*

(Ord. n° 2017-303 du 9 mars 2017, art. 6) **« L'alinéa précédent n'est pas applicable lorsque la divulgation intervient conformément aux dispositions prévues au chapitre III du titre VIII** *(Ord. n° 2021-649 du 26 mai 2021, art. 2-XVI)* **« ainsi qu'aux articles L. 464-10, L. 490-13 et L. 490-14 ». »**

(Ord. n° 2021-649 du 26 mai 2021, art. 2-XVI) **« Le secret professionnel qui s'impose aux membres du collège et aux agents de l'Autorité de la concurrence ne fait pas obstacle à la publication par l'Autorité de la concurrence d'informations succinctes relatives aux actes qu'elle accomplit en vue de la recherche, de la constatation ou de la sanction de pratiques anticoncurrentielles, lorsque la publication de ces informations est effectuée dans l'intérêt du public et dans le strict respect de la présomption d'innocence des entreprises ou associations d'entreprises concernées. »**

1. Secret de l'instruction. La violation du secret de l'instruction, qui est assimilée à une violation du secret professionnel, est sanctionnée par les art. 226-13 et 226-14 C. pén., qui ne prévoient pas la nullité de la procédure. Ce n'est que dans l'hypothèse où les droits de la défense seraient irrémédiablement atteints par une telle violation que la procédure en serait affectée. • Paris, 12 déc. 2006 : *cité note 45 ss. art. L. 420-1.* ♦ La sanction de la violation du secret de l'instruction ne saurait être la nullité de la notification des griefs et encore moins de l'ensemble de la procédure. • Cons. conc. n° 09-D-06 du 5 févr. 2009 : *RLC avr.-juin 2009. 92, obs. Cheynel.* ♦ Aucune nullité de la procédure ou de la décision ne saurait résulter des conditions dans lesquelles les parties, à l'issue des débats, ou le Conseil, après que la décision eut été rendue, ont communiqué avec la presse à propos de ce procès, dès lors que ces communications, seraient-elles avérées, n'ont pu avoir d'influence sur la décision rendue par le collège et ainsi porter atteinte à l'impartialité de ce dernier. • Paris, 4 févr. 2009 : *cité note 45 ss. art. L. 420-1.* ♦ Le recours dont la cour d'appel de Paris est saisie tend, selon les termes de la loi, à l'annulation ou à la réformation de la décision déférée. Elle ne saurait, par conséquent, statuer sur d'autres demandes que celles entrant dans cet objet et qui, telle la demande de dommages et intérêts présentée par une entreprise pour violation du secret des affaires, relève en justice des actions de droit commun. • Paris, 3 déc. 2015, n° 2014/18125 : *AJCA 2016. 88, obs. Amaro ; CCC 2016, n° 47, obs. Decocq.* — V. aussi • Paris, 23 mai 2017, n° 15/08224.

2. Droit de la défense. Le principe du respect des droits de la défense ne justifie la divulgation, dans un procès civil, d'informations couvertes par le secret de l'instruction devant le

Conseil de la concurrence que si cette divulgation, incriminée par l'art. L. 463-6, est nécessaire à l'exercice de ces droits. • Com. 19 janv. 2010, n° 08-19.761 P : *D. 2010. AJ 320, obs. Chevrier ; JCP E 2011, n° 1301, spéc. n° 53, obs. Decocq ; CCC 2010, n° 105, obs. Decocq ; RJDA 2010, n° 681 ; RDLC 2010, n° 2, p. 136, obs. Lemaire et Naudin ; RLC avr.-juin 2010. 86, obs. Barbier de la Serre.* – V. aussi • T. com. Paris, 30 mars 2015 : *CCC 2015, n° 155, obs. Decocq ; RJ com. 2015. 444, note Chagny ; RLC juill.-août 2015. 46, obs. Sélinsky.* ♦ Dès lors que les pièces demandées sont détenues par la partie qui entend en faire état au soutien de ses intérêts, l'injonction de communication a pour conséquence de contraindre un tiers, en l'espèce l'Autorité, à verser aux débats, sans aucun motif et en dehors de l'hypothèse dans laquelle l'art. 138 C. pr. civ. le permet, des pièces couvertes par le secret de l'instruction auquel se trouvent soumis, en application de l'art. L. 463-6 C. com., l'Autorité et ses membres et ce, sans respecter leur empêchement légitime. • Paris, 24 sept. 2014 : *AJCA 2014. 385, obs. Constantin ; CCC 2014, n° 280, obs. Decocq ; RJDA 2014. 843, note Luc ; RLC avr.-juin 2015. 24, obs. Cholet* (réformant : • T. com. Paris, 16 mars 2012 : *cité note 2 ss. art. L. 462-3*).

Art. L. 463-7 **Les séances de l'Autorité de la concurrence ne sont pas publiques. Seules les parties et le commissaire du Gouvernement peuvent y assister. Les parties peuvent demander à être entendues par l'Autorité et se faire représenter ou assister.**

L'Autorité de la concurrence peut entendre toute personne dont l'audition lui paraît susceptible de contribuer à son information.

Le rapporteur général, *(Ord. n° 2008-1161 du 13 nov. 2008, art. 2-IX)* **« ou le rapporteur général adjoint désigné par lui » et le commissaire du Gouvernement peuvent présenter des observations.**

Le rapporteur général, *(Ord. n° 2008-1161 du 13 nov. 2008, art. 2-IX)* **« ou le rapporteur général adjoint désigné par lui » et le rapporteur assistent au délibéré, sans voix délibérative, sauf lorsque l'Autorité statue sur des pratiques dont elle a été saisie en application de l'article L. 462-5.** – *[Ord. n° 86-1243 du 1er déc. 1986, art. 25.]*

V. note ss. art. L. 463-1.

La restriction, prévue au dernier alinéa, relative à la possibilité, pour les rapporteurs, d'assister au délibéré sans voix délibérative « lorsque le Conseil [désormais l'Autorité] statue sur des pratiques dont il a été saisi en application de l'art. L. 462-5 » n'existait pas avant la codification. Il s'agit, en réalité, de la conséquence de la position adoptée par la Cour de cassation (Com. 5 oct. 1999 : cité note 3).

V. le règlement intérieur de l'Autorité de la concurrence adopté par une décision du 30 mars 2009 (JO 4 avr.).

BIBL. ► Potocky, *Gaz. Pal. 1997. 1. Doctr. 268* (secrets d'affaires). – Barthe, *CCC 2001. Chron. 2* (propos critiques sur la disparition des rapporteurs au délibéré du Conseil de la concurrence au regard des exigences de l'art. 6 § 1 Conv. EDH). – Luc, *LPA 15 févr. et 18 févr. 2002* (application du principe d'impartialité aux autorités de concurrence françaises). – Zivy, *JCP E 2012, n° 1142* (la séparation des fonctions d'instruction et de décision au sein de l'Autorité de la concurrence). – Bouloc, *RLDA mai 2015. 33* (remarques sur la confusion des pouvoirs de poursuite et d'instruction du rapporteur général de l'Autorité de la concurrence).

1. Auditions. **BIBL.** D. de Giles, *JCP E 2002, n° 13, p. 557.* ♦ L'audition de témoins est une faculté laissée à l'appréciation du Conseil eu égard au contenu du dossier. • Paris, 25 nov. 2003 : *BOCC 12 mars 2004.* ♦ Le principe du contradictoire et du respect des droits de la défense implique que les parties ou leurs représentants puissent préalablement aux débats avoir connaissance du nom et de la qualité des témoins que le Conseil de la concurrence prévoit de faire entendre, de même que la faculté pour les parties de demander au Conseil, qui en apprécie l'utilité, l'audition d'autres témoins. • Com. 5 mars 1996, n° 94-17.699 P. ♦ L'audition de personnes intéressées constitue une faculté laissée à l'appréciation du rapporteur ou de l'Autorité, eu égard au contenu du dossier, et le fait que les dirigeants d'une entreprise n'aient pas été entendus au cours de l'enquête et de l'instruction est, en l'absence de disposition légale en la matière, sans incidence sur la régularité de la procédure, dès lors qu'à compter de la notification de griefs et lors des différentes phases de la procédure, l'entreprise a été en mesure de faire valoir ses observations en temps utile. • Paris, 11 oct. 2012 : *cité note 6 ss. art. L. 463-5.* ♦ En procédant en séance à l'audition des avocats d'une société, personne morale visée par la saisine mais non partie à la procédure, l'Autorité n'a fait qu'user de la faculté que lui offrent les dispositions de l'art. L. 463-7. • Paris, 24 juin 2014, n° 2013/06758 (conf. par • Com. 19 janv. 2016, n° 14-21.670 P : *cité note 2*).

2. Observations du rapporteur. Aucune disposition n'impose que le rapport oral du rapporteur et celui du rapporteur général aient préalablement revêtu une forme écrite et aient été communiqués aux parties. • Com. 26 nov. 2003, n° 00-22.605 P : *JCP E 2004, n° 4, p. 105.* ♦ Le fait que le rapporteur n'ait pas repris, dans son intervention orale devant le Conseil, l'opinion exprimée dans son rapport, ne saurait constituer une atteinte aux droits de la défense, dès lors que les parties ont été en mesure de lui répondre. • Paris, 29 juin 2004 : *BOCC 30 sept. 2004* • 21 sept. 2004 : *D. 2004. AJ 2789* . ♦ Dans le cours de leur intervention, les rapporteurs peuvent ne pas reprendre à l'identique l'opinion exprimée dans leur rapport et sont en droit de modifier leur appréciation des faits de la cause, dès lors, d'une part, qu'aucun élément ne figurant pas au dossier n'est allégué à la charge des mis en cause et, d'autre part, que ceux-ci ont été mis en mesure de répliquer dans des conditions conformes au principe du contradictoire. • Paris, 23 mai 2017, n° 15/08224. ♦ S'agissant de la possibilité donnée aux parties de répliquer, il est loisible à l'Autorité de la concurrence, dans l'hypothèse où leur simple intervention en séance ne permettrait pas de débattre contradictoirement et utilement des éléments nouveaux présentés par les rapporteurs, de renvoyer l'affaire à l'instruction ou de rouvrir les débats ; elle n'y est, cependant, pas tenue et elle peut choisir de recourir à toute autre procédure, notamment en communiquant aux parties le support écrit de l'intervention orale des rapporteurs et en les autorisant à produire une note en délibéré, à la condition que cette procédure s'avère propre à garantir pleinement le respect du principe du contradictoire. • Même arrêt. ♦ Ayant constaté que la société avait été mise en mesure de répliquer aux observations orales du rapporteur, la cour d'appel a, à bon droit, retenu que cette société n'était pas fondée à invoquer la violation du principe de la contradiction résultant de ce que les observations orales du rapporteur s'appuyaient sur un document écrit dont elle n'avait pas eu connaissance. • Com. 19 janv. 2016, n° 14-21.670 P : *cité note 7 ss. art. L. 463-4.*

3. Présence au délibéré du rapporteur. La participation du rapporteur au délibéré du Conseil de la concurrence, serait-ce sans voix délibérative, comme le prévoit l'art. 25, al. 4 [C. com., art. L. 463-7, al. 4], dès lors que celui-ci a procédé aux investigations utiles pour l'instruction des faits dont le Conseil est saisi, est contraire au principe de l'égalité des armes prévu par l'art. 6 § 1 Conv. EDH ; il en est de même pour la présence à ce délibéré du rapporteur général, l'instruction du rapporteur étant accomplie sous son contrôle. • Com. 5 oct. 1999, n° 97-15.617 P : *D. 2000. Somm. 9, obs. Niboyet* ; *JCP 2000. II. 10255, note Cadou ; LPA 15 oct. 1999, obs. Ducouloux-Favard ; CCC 1999, n° 177, obs. Malaurie-Vignal ; Gaz. Pal. 1er-2 déc. 1999, p. 9, concl. Lafortune ; RTD com. 2000. 632, obs. Claudel* . – V. aussi Flécheux, *Gaz. Pal. 1er-2 déc. 1999, p. 2.* ♦ Considérant que la présence du rapporteur et du rapporteur général au délibéré du Conseil, leur permettant d'exprimer sur l'affaire, en l'absence des parties, des positions sur lesquelles celles-ci n'ont pas été en mesure de répondre, est une situation tout à la fois contraire à l'art. 6 § 1 Conv. EDH, aux garanties de la défense et à l'art. 18 de l'Ord. [C. com., art. L. 463-1] et qu'en conséquence la décision du Conseil, prise dans ces conditions irrégulières, doit être annulée, V. • Paris, 15 juin 1999 : *D. 2000. Somm. 202, obs. Hassler et Lapp* ; *Gaz. Pal. 31 déc. 1999-1er janv. 2000, p. 5 concl. Woirhaye ; JCP E 1999, n° 49, p. 1966, note Fourgoux ; CCC 1999, n° 145, obs. Malaurie-Vignal,* conf. par • Com. 30 mai 2000, n° 99-17.038 P : *D. 2000. AJ 366* (V. décision annulée : • Cons. conc. n° 98-D-70 du 24 nov. 1998). ♦ V. aussi : • Paris, 29 juin 1999 : *BOCC 25 août 1999.* ♦ L'art. L. 463-7, al. 4, a pour effet d'exclure l'assistance au délibéré du rapporteur général, de ses adjoints et des rapporteurs, lorsque le Conseil statue sur des pratiques dont il a été saisi en application de l'art. L. 462-5, lequel vise les saisines concernant les infractions aux art. L. 420-1, L. 420-2 et L. 420-5, qui peuvent en particulier déboucher sur des décisions comportant des injonctions et infligeant des sanctions pécuniaires. C'est dans le souci d'assurer le caractère impartial de ces procédures, notamment requis par l'art. 6 Conv. EDH, que le législateur a écarté dans ces procédures la présence au délibéré des rapporteurs et rapporteurs généraux. • Cons. conc. n° 08-D-12 du 21 mai 2008 : *CCC 2008, n° 181, obs. Bosco ; RLC juill.-sept. 2008. 16, note Arhel ; RDLC 2008, n° 3, p. 89, obs. Claudel.*

Le principe d'impartialité ne fait pas obstacle à ce qu'un même agent procède à l'instruction des faits dont le Conseil est saisi et présente un rapport oral devant la formation du Conseil amenée à statuer sur les griefs éventuellement notifiés à la suite de cette instruction, dès lors qu'il n'assiste ni ne participe au délibéré du Conseil. • Com. 9 juin 2004, n° 03-16.668 P : *JCP E 2004, n° 32-35, p. 1273 ; Gaz. Pal. 2004. 2546, avis Lafortune ; RJDA 2004, n° 1393.* ♦ L'atteinte au principe d'impartialité du juge entachant le délibéré du Conseil et entraînant l'annulation de sa décision n'a pas nécessairement pour conséquence l'irrégularité de la procédure d'instruction qui l'a précédée ; le requérant doit expliquer concrètement en quoi aurait consisté la méconnaissance de ses droits au stade de l'enquête, de la notification de griefs ou de l'établissement du rapport. • Paris, 16 juin 2009 : *BOCC 3 août 2009* (conf. par • Com. 21 juin 2011, n° 09-67.793 P : *cité note 40 ss. art. L. 450-4*). ♦ Ainsi, la présence du rapporteur et du rapporteur général au délibéré, si elle a entaché de nullité la décision qui s'en est suivie, est, en revanche, sans effet sur la procédure antérieure puisque, en l'espèce, il n'en est résulté aucune confusion entre les fonctions d'instruction et de jugement, ni atteinte aux règles du procès équitable ; dès lors, la cour d'appel pouvait, lors du recours, exercer son pouvoir d'évocation. • Paris, 1er déc. 2016, n° 2012/11639.

Le Conseil de la concurrence s'étant prononcé sur le caractère prohibé d'une partie des faits qui lui étaient dénoncés dans la procédure de mesures conservatoires, il ne peut, dans une formation comportant des membres ayant statué dans cette procédure, statuer à nouveau au fond, sans manquer objectivement au principe d'impartialité. • Com. 9 oct. 2001, n° 98-21.987 P : *D. 2001. AJ 3530, obs. Chevrier* ; *CCC 2001, n° 174, obs. Malaurie-Vignal* ; *JCP E 2001, n° 47, p. 1840* ; *RJDA 2002, n° 206*. ♦ V. toutefois note 2 ss. art. L. 461-3. ♦ Dès lors que le Conseil n'a fondé sa décision que sur les éléments du rapport discutés contradictoirement, il n'est pas justifié que les principes du contradictoire et de l'égalité des armes ont été méconnus au regard de l'art. 6 Conv. EDH. • Com. 27 janv. 1998, n° 96-11.080 P : *D. Affaires 1998. 836, obs. A. M.* ; *LPA 24 août 1998, obs. Malaurie-Vignal*. ♦ V. aussi, refusant que puisse être sollicité l'avis de la Cour de cassation, en application de l'art. L. 151-1 COJ, sur cette question, • Cons. conc. n° 94-D-60 du 13 déc. 1994.

Sur le refus de faire de la présence du rapporteur au délibéré du conseil un moyen devant être soulevé d'office, V. note 3 ss. art. R. 464-12.

4. Publicité des débats. Si l'art. 25, al. 1er [C. com., art. L. 463-7, al. 1er], dispose que les séances du Conseil ne sont pas publiques, il précise toutefois, pour sauvegarder les droits de la défense, que les parties peuvent y assister, demander à y être entendues et se faire représenter, le Conseil ayant en outre la possibilité d'entendre toute personne susceptible de contribuer à son information. Le fait que le prononcé de la décision ne soit pas public ne saurait faire grief aux parties intéressées, dès lors qu'elles peuvent se pourvoir contre la décision devant une juridiction, ce qui rend inopérant le grief de l'absence de publicité des débats ou de double degré de juridiction. • Com. 5 oct. 1999, n° 97-15.617 P : *préc. note 3* • Paris, 12 déc. 2000 : *RTD com. 2001. 420, obs. Claudel*. ♦ Le fait que les débats devant le Conseil, ainsi que le prononcé de la décision de celui-ci ne soient pas public, ne saurait faire grief aux parties intéressées, dès lors que ces décisions subissent *a posteriori* le contrôle effectif d'un organe judiciaire offrant toutes les garanties d'un tribunal au sens de la Conv. EDH. • Com. 28 janv. 2003, n° 01-00.528 P : *D. 2003. AJ 553, obs. Chevrier* ; *LPA 14 févr. 2003, concl. Lafortune* ; *RTD com. 2003. 493, obs. Claudel* ; *JCP E 2003, n° 12, p. 492* ; *CCC 2003, n° 57, obs. Malaurie-Vignal* ; *RJDA 2003, n° 652* • 28 juin 2005, n° 04-13.910 P : *RJDA 2006, n° 201*.

5. Secret des affaires. L'effet utile des décisions de secret des affaires rendues à l'occasion de la phase d'instruction du dossier doit être préservé durant les débats oraux qui se déroulent devant le collège de l'Autorité ; le principe de la contradiction n'impose pas davantage, à ce stade de la procédure, que la partie saisissante puisse assister aux débats au cours desquels des informations protégées seront évoquées. • Com. 4 oct. 2016, n° 15-14.158 : *CCC 2017, n° 41, obs. Decocq*.

Art. L. 463-8 *(L. n° 2001-420 du 15 mai 2001)* **Le rapporteur général peut décider de faire appel à des experts en cas de demande formulée à tout moment de l'instruction par le rapporteur ou une partie. Cette décision n'est susceptible d'aucun recours.**

La mission et le délai imparti à l'expert sont précisés dans la décision qui le désigne. Le déroulement des opérations d'expertise se fait de façon contradictoire.

Le financement de l'expertise est à la charge de la partie qui la demande ou à celle de l'Autorité de la concurrence dans le cas où elle est ordonnée à la demande du rapporteur. Toutefois, l'Autorité peut, dans sa décision sur le fond, faire peser la charge définitive sur la ou les parties sanctionnées dans des proportions qu'elle détermine. — *V. art. R. 463-16.*

BIBL. ▸ NUSSENBAUM, *LPA 20 janv. 2005* (difficultés de l'expertise en matière de pratiques anticoncurrentielles).

1. Mission de l'expert. La décision prise par le rapporteur général de faire appel à un expert n'a pas pour effet de priver le rapporteur, désigné pour l'examen de l'affaire, sur la base des dispositions de l'art. L. 450-6, des pouvoirs d'instruction et d'enquête qui lui sont conférés par l'art. L. 450-1 ; la possibilité de se faire décrire par l'expert l'état d'avancement de sa mission et les difficultés rencontrées entre certainement dans ces pouvoirs. • Cons. conc. n° 04-D-79 du 23 déc. 2004 (conf. par • Paris, 28 juin 2005 : *RLC 2005, n° 5, p. 73, obs. Cheynel*).

2. Contradiction. Le caractère contradictoire du déroulement des opérations d'expertise n'impose pas que les parties soient présentes lors de toutes les réunions tenues par l'expert avec l'une ou l'autre des parties, ou avec le rapporteur, mais qu'elles en soient informées et aient été mises en mesure de donner leur position. • Cons. conc. n° 04-D-79 du 23 déc. 2004 : *préc. note 1*. ♦ Les art. L. 463-8 et R. 463-16 ne prévoient pas la consultation des parties quant à la définition de la mission de l'expert ; en effet, aux termes du premier de ces textes, seul le déroulement des opérations d'expertise se fait de façon contradictoire. Dès lors, la modification de la définition de l'objet de l'expertise sans consultation préalable des parties est sans incidence sur sa régularité. • Aut. conc. n° 10-D-28 du 20 sept. 2010 : *RDLC 2010, n° 4, p. 208, obs. Lemaire.* ♦ Les dispositions spéciales des art. L. 463-8 et R. 463-16 C. com. n'imposent pas une convocation des parties dans les conditions prévues par les dispositions de l'art. 160 C. pr. civ. • Paris, 23 févr. 2012 : *cité note 19 ss. art. L. 420-1.*

CHAPITRE IV DES DÉCISIONS ET DES VOIES DE RECOURS

Art. L. 464-1 *(L. n° 2001-420 du 15 mai 2001)* **L'Autorité de la concurrence peut, à la demande du ministre chargé de l'économie, des personnes mentionnées au dernier alinéa de l'article L. 462-1 ou des entreprises** *(Ord. n° 2021-649 du 26 mai 2021, art. 2-XVII)* **« ou de sa propre initiative » et après avoir entendu les parties en cause et le commissaire du Gouvernement, prendre les mesures conservatoires qui lui sont demandées ou celles qui lui apparaissent nécessaires.** — *V. art. R. 463-8, R. 464-1, R. 464-6 et R. 464-8.*

Ces mesures ne peuvent intervenir que si la pratique *(Ord. n° 2021-649 du 26 mai 2021, art. 2-XVII)* **« en cause** *[ancienne rédaction : dénoncée]* **» porte une atteinte grave et immédiate à l'économie générale, à celle du secteur intéressé, à l'intérêt des consommateurs ou** *(Ord. n° 2021-649 du 26 mai 2021, art. 2-XVII)* **« le cas échéant, » à l'entreprise plaignante.**

Elles peuvent comporter la suspension de la pratique concernée ainsi qu'une injonction aux parties de revenir à l'état antérieur. Elles doivent rester strictement limitées à ce qui est nécessaire pour faire face à l'urgence *(Ord. n° 2021-649 du 26 mai 2021, art. 2-XVII)* **« dans l'attente d'une décision au fond ».**

(Abrogé par Ord. n° 2008-1161 du 13 nov. 2008, art. 2-X) ***« Les mesures conservatoires sont publiées au Bulletin officiel de la concurrence, de la consommation et de la répression des fraudes. »*** — *[Ord. n° 86-1243 du 1er déc. 1986, art. 12, al. 1er à 3 et 6.]* — *Sur les modalités de publicité des décisions, V. art. L. 490-11.*

BIBL. ▸ KRIMMER, *JCP E 1991. I. 82.* – GUILLOTIN, *RJ com. 1993. 272.* – IDOT, *RTD eur. 1993. 581.* – ARHEL, *D. Affaires 1998. 1722* (synthèse de jurisprudence). – LUCAS DE LEYSSAC, *Mél. Gavalda, Dalloz, 2001, p. 215* (le juge, l'urgence et la concurrence). – RAPP, *AJDA 2001. 560* (NRE). – ARHEL, *LPA 22 janv. 2002* (activité de la Cour d'appel de Paris dans le domaine des pratiques anticoncurrentielles). – FRÉGET et HERRENSCHMIDT, *Bull. act. Lamy droit économique juill. 2005, p. 1, et sept. 2005, p. 1* (la procédure conservatoire en question ?). – SÉLINSKY, *RLC 2006, n° 7, p. 16* (prévention des atteintes à la concurrence pouvant prendre appui sur des droits de propriété intellectuelle). – DEPREZ et BONNET, *JCP E 2013, n° 1299* (exigences probatoires inhérentes à la procédure de mesures conservatoires). – BILLARD, *RLC mars 2017. 22* (le référé de droit commun, alternative aux demandes de mesures conservatoires devant l'Autorité de la concurrence ?).

1. Champ d'application. L'art. 12 [C. com., art. L. 464-1] concerne toutes les pratiques anticoncurrentielles susceptibles d'être visées par les art. 7 et 8 [C. com., art. L. 420-1 et L. 420-2], que celles-ci résultent ou non de conventions antérieurement conclues, dès lors que les autres conditions posées par ledit art. 12 [C. com., art. L. 464-1] sont réunies. • Cons. conc. n° 95-D-82 du 12 déc. 1995. ♦ Une atteinte passée, serait-elle établie, ne saurait fonder l'octroi de mesures d'urgence visant à préserver les intérêts du plaignant, du secteur ou des consommateurs. • Aut. conc. n° 13-D-16 du 27 juin 2013 : *cité note 7 ss. art. L. 420-2.*

A. PROCÉDURE APPLICABLE AUX MESURES CONSERVATOIRES

2. Instruction en urgence. Le respect des droits de la défense doit, dans le cadre de l'examen d'une demande de mesures conservatoires, être assuré au regard des contraintes imposées par l'urgence dans laquelle une réponse doit être apportée à cette demande. • Paris, 9 oct. 2014 : *cité note 1 ss. art. L. 463-1.* ♦ Une société n'est pas fondée à invoquer la méconnaissance des dispositions de l'art. 22 du Décr. du 29 déc. 1986, qui prévoient un délai de convocation aux séances du Conseil de trois semaines, ce délai étant incompatible avec l'urgence qui s'attache aux mesures prises dans le cadre de l'art. 12 de l'Ord. [C. com., art. L. 464-1]. • CE 30 oct. 1987, n° 86645 : *D. 1987. IR 229.* ♦ Aucune disposition du code de commerce n'impose de délais pour la mise en état de procédures de mesures conservatoires qui se caractérisent par l'urgence, mais dont l'instruction doit permettre, dans un temps nécessairement restreint, de réunir le plus d'éléments possibles. • Cons. conc. n° 02-D-46 du 19 juill. 2002 : *D. 2002. AJ 2941* • Paris, 5 févr. 2008 : *CCC 2008, n° 104, obs. Decocq ; RDLC 2008, n° 2, p. 158, obs. Momège.* ♦ La procédure d'exécution d'une injonction donnée en mesure conservatoire se rattache à cette procédure d'urgence et répond aux mêmes principes. • Cons. conc. n° 02-D-46 du 19 juill. 2002 : *préc.* ♦ Sur la recevabilité d'une demande de mesures conservatoires émanant du ministre de l'Économie, V. • Paris, 3 nov. 1994 : *cité note 39 ss. art. L. 420-1.* ♦ Sur la compétence de la commission permanente, V. notes ss. art. L. 461-3 et note 1 ss. art. L. 463-3. ♦ Sur le caractère contradictoire, V. note 1 ss. art. L. 463-1.

3. Intervention du juge des référés. La procédure particulière prévue par l'art. 12 [C. com., art. L. 464-1] ne fait pas obstacle aux pouvoirs généraux que le juge des référés tient des art. 808 et 809, 872 et 873 NCPC [renommé C. pr. civ.]. • Paris, 27 juin 1990 : *D. 1991. Somm. 251, obs. Gavalda et Lucas de Leyssac*. ♦ Le juge des référés est compétent, conformément aux dispositions de l'art. 12 [C. com., art. L. 464-1], pour statuer sur une demande tendant à ce que soient prises des mesures conservatoires afin de faire cesser des agissements restrictifs de concurrence. • Com. 1er mars 1994, n° 92-12.124 P : *D. 1995. Somm. 61, obs. Lacabarats ; RJDA 1994 n° 423.* ♦ Pour une saisine de l'Autorité de la concurrence d'une action en *public enforcement* et du président du tribunal de commerce d'un référé en *private enforcement* pour abus de position dominante : • Paris, 7 déc. 2016, n° 16/15228 : *LDDC févr. 2017, p. 3, obs. Choné-Grimaldi.*

4. Recevabilité des éléments de preuve. Aucun principe fondamental, aucune disposition légale n'interdit à l'Autorité de joindre l'examen de l'incident relatif à la recevabilité de certains éléments de preuve à celui de la demande de mesures conservatoires ; il lui appartient seulement de se prononcer préalablement sur la question de la recevabilité des pièces. • Aut. conc. n° 16-D-21 du 6 oct. 2016 : *citée note 7 ss. art. L. 450-1.*

B. JUSTIFICATION DES MESURES CONSERVATOIRES

5. Critères cumulatifs. Lorsque l'Autorité est saisie d'une demande de mesures conservatoires, il lui appartient de vérifier préalablement si les faits invoqués sont appuyés d'éléments suffisamment probants (art. L. 462-8) et, dans la négative, de rejeter la saisine, ce rejet entraînant, par voie de conséquence, celui de la demande de mesures conservatoires, sans examen de celle-ci. • Com. 9 oct. 2012, n° 10-28.718 : *CCC 2012, n° 286, obs. Decocq.* ♦ L'Autorité doit apprécier *si trois critères cumulatifs* sont remplis : la gravité de l'atteinte, l'immédiateté de l'atteinte, le lien de causalité entre les faits dénoncés et l'atteinte. Si l'un des critères n'est pas rempli, les conditions d'octroi des mesures conservatoires ne sont pas réunies et la demande de mesures conservatoires n'a pas à être examinée. • Aut. conc. n° 13-D-04 du 14 févr. 2013. ♦ La gravité et l'immédiateté de l'atteinte sont deux critères cumulatifs ; si ces critères sont remplis, une mesure conservatoire peut être prononcée s'il existe un lien de causalité entre les faits dénoncés et l'atteinte grave et immédiate constatée. • Aut. conc. n° 15-D-13 du 9 sept. 2015 : *cité note 26 ss. art. L. 420-2.* ♦ En revanche, les différentes atteintes – à l'économie générale, au secteur intéressé, à l'intérêt des consommateurs ou à l'entreprise plaignante – ne constituent pas des conditions cumulatives mais alternatives : une atteinte grave et immédiate relevée dans un seul de ces cas suffit à permettre l'attribution de mesures conservatoires. • Aut. conc. n° 14-MC-01 du 30 juill. 2014. ♦ L'atteinte prévue par l'art. L. 464-1 porte de façon générale sur le secteur concerné et doit donc être envisagée de manière globale et non segment par segment. • Paris, 31 oct. 2014 : *cité note 3 ss. art. R. 464-17.*

Le rejet d'une demande de mesures conservatoires, accessoire à une saisine au fond, n'exclut pas la faculté de saisir à nouveau l'Autorité d'une telle demande en cas de survenance d'éléments nouveaux. • Aut. conc. n° 15-D-11 du 24 juin 2015.

6. Atteinte grave et immédiate. Les mesures conservatoires ne visent pas à prévenir un risque de perturbation potentielle du jeu concurrentiel mais ont vocation à répondre à une atteinte existante, grave et immédiate par des mesures d'urgence nécessaires pour éviter des conséquences difficilement réversibles et préserver ainsi la pleine effectivité de l'application du droit de la concurrence dans l'attente de la décision au fond. • Aut. conc. n° 09-D-15 du 2 avr. 2009. ♦ Elles ne visent pas à encadrer de manière générale le comportement des opérateurs mais à faire face à une atteinte grave et immédiate résultant de la mise en œuvre d'une pratique spécifique à un moment et sur un marché précis, dans des circonstances particulières. Dès lors, la seule circonstance que, si une offre similaire à celle litigieuse venait à être de nouveau proposée, elle risquerait de porter une atteinte grave et immédiate au secteur considéré n'est pas suffisante pour envisager le prononcé de mesures conservatoires à ce stade. • Même décision • Aut. conc. n° 11-D-05 du 23 févr. 2011. ♦ Pour que l'atteinte puisse être qualifiée de grave et immédiate, elle doit porter un préjudice à un intérêt collectif dont la persistance est particulièrement dommageable ou met en péril l'existence même de l'opérateur, constituant ainsi une perturbation pour le marché. • Aut. conc. n° 10-D-25 du 28 juill. 2010 : *Dr. adm. 2010, n° 154, obs. Bazex ; RLC janv.-févr. 2011. 17, note Marty et Pillot.* ♦ Mais il n'est pas nécessaire de constater une baisse des parts de marché du saisissant ou d'identifier un risque de sortie prochaine du marché pour démontrer l'existence d'un dommage grave. • Aut. conc. n° 14-MC-01 du 30 juill. 2014.

♦ Un manque à gagner, à le supposer démontré, est insuffisant à lui seul pour caractériser l'atteinte grave et immédiate. • Cons. conc. n° 01-MC-04 du 24 sept. 2001. ♦ L'immédiateté peut être caractérisée par le caractère imminent de l'échéance ; mais l'intervention de l'Autorité peut également être sollicitée pour mettre fin en urgence à un comportement récent qu'il conviendrait de stopper afin que le dommage ne puisse se matérialiser ou prendre de l'ampleur. • Aut. conc. n° 14-MC-02 du 9 sept. 2014 : *cité note 33 ss. art. L. 420-2.* ♦ Ainsi, compte tenu du caractère récent de l'intensification des pratiques de conquête commerciale de l'opérateur, de l'impact particulièrement fort, et peut-être durable compte tenu du manque d'information des consommateurs, de ces pratiques dans la phase actuelle de basculement du marché (du gaz et de l'électricité), compte tenu enfin de l'imminence de la période de chauffe, le caractère immédiat de l'atteinte est établi pour les consommateurs. • Même décision.

7. *Lien de causalité.* Des mesures conservatoires peuvent être décidées dès lors que les faits dénoncés, et visés par l'instruction dans la procédure au fond, apparaissent susceptibles, en l'état des éléments produits aux débats, de constituer une pratique anticoncurrentielle, pratique à l'origine directe et certaine de l'atteinte relevée. • Com. 8 nov. 2005, n° 04-16.857 P : *cité note 1 ss. art. L. 464-7.* – Comp. : • Paris, 31 janv. 2006 : *RLC 2006, n° 7, p. 16, obs. Sélinsky* (conf. par • Com. 20 févr. 2007, n° 06-12.424 P : *D. 2007. AJ 724, obs. Chevrier ; JCP E 2007, n° 14-15, p. 17 ; RJDA 2007, n° 895*). ♦ Pour décider de mesures conservatoires dans les limites de ce qui est justifié par l'urgence, il n'est pas nécessaire de constater au préalable l'existence de pratiques manifestement illicites dès lors que les faits dénoncés et visés par l'instruction dans la procédure au fond, sont suffisamment caractérisés pour être tenus comme la cause directe et certaine de l'atteinte relevée. • Com. 18 avr. 2000, n° 99-13.627 P : *D. 2000. AJ 289, obs. Marmontel ; RTD com. 2000. 636, obs. Claudel*. – Comp. • Cons. conc. n° 04-MC-02 du 9 déc. 2004 : *RDLC 2005, n° 1, p. 106, obs. Amsellem.* ♦ En sens contraire : • Com. 7 avr. 1992, n° 90-14.971 P • Paris, 29 juin 2004 : *BOCC 8 nov. 2004* (cassé par • Com. 8 nov. 2005, n° 04-16.857 P : *préc.*). ♦ De la même façon, mais *a contrario*, une pratique anticoncurrentielle particulièrement grave n'engendre pas, comme telle, une atteinte aussi grave aux intérêts de la victime, justifiant en elle-même l'octroi de mesures conservatoires. • Paris, 21 sept. 2004 : *D. 2004. AJ 2712*. ♦ L'insertion dans les contrats passés par une entreprise en position dominante d'une clause d'exclusivité d'une durée d'un an, assortie d'une clause de tacite reconduction peut justifier l'octroi de mesures conservatoires dès lors que cette pratique risque de faire obstacle à l'ouverture du marché à de nouveaux entrants. • Com. 12 févr. 2002, n° 00-10.465 : *CCC 2002, n° 109, obs. Malaurie-Vignal ; Cah. dr. entr. 2002, n° 5, p. 36, obs. Mainguy.* – Comp. : • Paris, 1er sept. 2000 : *CCC 2000, n° 177, obs. Malaurie-Vignal.* ♦ La mise en œuvre, possible et imminente, d'un partenariat peut caractériser une atteinte grave et immédiate au maintien d'une concurrence suffisante dans le secteur intéressé, au détriment de l'économie générale et de l'intérêt des clients, qui justifie le prononcé d'une mesure conservatoire consistant à geler une situation afin d'éviter qu'une pratique très vraisemblablement anticoncurrentielle porte une atteinte grave, immédiate et difficilement réversible au mécanisme concurrentiel. • Aut. conc. n° 11-MC-01 du 12 mai 2011.

C. PRONONCÉ DES MESURES CONSERVATOIRES

8. *Nature et portée de la décision.* Une décision de mesures conservatoires, rendue en l'état de l'instruction, constitue une décision provisoire qui ne constate pas d'infraction. • Aut. conc. n° 09-D-36 du 9 déc. 2009. ♦ Dès lors, au terme de l'instruction au fond, l'Autorité de la concurrence peut retenir une analyse différente des pratiques, de telle sorte qu'il n'existe pas d'obstacle à ce que la pratique reprochée puisse être appréciée au regard de l'art. L. 420-1, relatif aux ententes, et non des dispositions prohibant les abus de position dominante sur le fondement desquelles a été ordonnée la mesure conservatoire. • Même décision.

9. *Proportionnalité.* C'est dans l'exercice de son pouvoir souverain que la cour d'appel a pu estimer que la mesure conservatoire sollicitée n'était pas proportionnée à la nature des atteintes dénoncées. • Com. 8 nov. 2005, n° 04-16.857 P : *cité note 1 ss. art. L. 464-7.* ♦ Il se déduit du principe de proportionnalité que des mesures conservatoires qui interviendraient trop tard pour redresser une situation ne sont plus nécessaires et ne peuvent, par conséquent, pas être accordées ; tel est le cas pour une entreprise mise en liquidation judiciaire, toute mesure ne pouvant être qu'inefficace ou disproportionnée. • Cons. conc. n° 08-D-16 du 3 juill. 2008 : *CCC 2008, n° 209, obs. Bosco ; RDLC 2008, n° 4, p. 90, obs. Wachsmann.* ♦ Les mesures conservatoires qui interviendraient trop tard pour redresser une situation ne sont plus nécessaires et ne peuvent pas être accordées ; même le risque de disparition de l'entreprise qui demande ces mesures n'est pris en considération par le législateur que dans le cas d'atteinte immédiate aux intérêts de cette requérante, ce qui ne recouvre donc pas les situations anticoncurrentielles anciennes. Réciproquement, la condition d'urgence exclut les mesures conservatoires si l'atteinte aux intérêts protégés ne se produit pas dans un avenir proche, parce que alors lesdites mesures pourraient affecter prématurément le fonctionnement des entreprises concernées. • Paris, 11 sept. 2009 : *BOCC 9 oct. 2009.* ♦ Au regard du fait qu'une compétition sportive dont les rencontres se déroulent toutes les semaines sur une période de dix mois doit être considérée comme un ensemble indissociable, l'impératif d'urgence doit être concilié avec les particularités des droits sportifs pour lesquels une interruption du contrat de diffusion en cours de saison peut causer des dommages sérieux aux diffuseurs, aux clubs et aux consommateurs. Le respect du principe de proportionnalité doit donc conduire à envisager des mesures tenant compte du calendrier des compétitions sportives et dont la prise d'effet ne peut, en pratique, s'inscrire que dans les périodes de transition entre chaque saison sportive. • Aut. conc. n° 14-MC-01 du 30 juill. 2014. ♦ Les mesures doivent être strictement limitées, tant dans leur objet que dans leur durée, à ce qui est nécessaire pour corriger une atteinte manifeste et intolérable à la libre concurrence. • Com. 7 avr. 1992, n° 90-14.971 P : *préc. note 7.* – V. aussi : • Paris, 15 nov. 1989 : *D. 1991. 70, note Lucas de Leyssac* • 6 août 1990 : *ibid. Somm. 248, obs. Gavalda et Lucas de Leyssac ; Gaz. Pal. 1991. 1. 92, note Fourgoux* • 16 janv. 1991 : *D. 1991. IR 80* • 23 oct. 1991 : *Gaz. Pal. 1992. 1. 62, concl. Jobard et note Marchi* (entreprises de presse). ♦ Sur l'effet utile des mesures conservatoires sollicitées, V. • Paris, 9 févr. 1999 : *BOCC 26 févr. 1999,* confirmant • Cons. conc. n° 98-MC-12 du 17 nov. 1998. ♦ La mesure prononcée n'a pas le caractère irrémédiable reproché qui, en tout état de cause, n'est pas exclu par les dispositions de l'art. L. 464-1, dès lors que les mesures prononcées sont nécessaires pour faire face à l'urgence et sont proportionnées au trouble subi. • Paris, 31 oct. 2014 : *cité note 3 ss. art. R. 464-17.*

10. Pertinence : autonomie procédurale. Jugeant que la pertinence des mesures conservatoires doit être appréciée, par l'autorité nationale de concurrence qui applique les art. 81 ou 82 CE, par rapport au droit interne, V. • Com. 14 déc. 2004, n° 02-17.012 P : *cité note 3 ss. art. L. 490-9* (qui casse : • Paris, 26 juin 2002 : *Europe 2003, n° 283, obs. Idot*).

11. Liste non limitative : pouvoir d'appréciation. L'énumération figurant à l'art. L. 464-1 n'est pas limitative et n'interdit en rien de prendre d'autres décisions de nature à prévenir ou redresser les situations économiques dites « déviantes », V. • Paris, 21 mai 2002 : *D. 2002. AJ 2803, obs. Chevrier ; RJDA 2002, n° 1326.* ♦ Les mesures conservatoires, qui ne constituent pas *des sanctions et qui ne sont pas énumérées* de façon limitative, peuvent revêtir des formes diverses, sous réserve qu'elles restent strictement limitées à ce qui est nécessaire pour faire face à l'urgence. • Com. 13 janv. 2009, n° 08-12.510 P : *D. 2009. AJ 295, obs. Chevrier ; JCP E 2009, n° 7, p. 41 ; RJDA 2009, n° 476.* ♦ Il importe peu que la suspension de l'activité de commercialisation d'un produit ne soit pas énoncée, en tant que telle, dans les mesures qui peuvent être prononcées. • Paris, 31 oct. 2014 : *cité note 3 ss. art. R. 464-17.* ♦ Le Conseil de la concurrence n'est pas lié par la demande de mesures conservatoires telle que formulée par les parties. • Même arrêt. ♦ ... Et il ne peut être fait grief aux parties saisissantes de n'en avoir défini ni la nature ni l'objet. • Cons. conc. n° 03-MC-03 du 1er déc. 2003. ♦ Le moyen mis en œuvre selon lequel le Conseil ne peut prononcer de mesures conservatoires différentes de celles demandées par le saisissant, par le commissaire du Gouvernement et, le cas échéant, par une ou plusieurs autorités saisies par lui pour avis ou par son rapporteur en séance, doit être écarté. • Cons. conc. n° 04-MC-01 du 15 avr. 2004 : *D. 2004. AJ 1310*. ♦ L'art. L. 464-1 permet au Conseil de prendre, dans les mêmes conditions que celles applicables aux demandes formées devant lui, « les mesures conservatoires qui lui apparaissent nécessaires », indépendamment de celles demandées par les parties. • Cons. conc. n° 07-MC-01 du 25 avr. 2007 : *CCC 2007, n° 176, obs. Bazex ; RLC juill.-sept. 2007. 31, obs. Sélinsky ; RDLC 2007, n° 3, p. 99, obs. Wachsmann* (conf. par • Paris, 26 juin 2007 : *CCC 2007, n° 218, obs. G. D. ; RDC 2007. 1171, obs. Idot*).

12. Exemples de mesures conservatoires. En enjoignant à une société d'en revenir, pour l'exécution de commandes en cours, à l'état antérieur au refus de vente, sans préjuger de la décision qu'il sera amené à prononcer au fond après instruction, le Conseil de la concurrence ordonne une mesure limitée à ce qui est nécessaire pour faire face à l'urgence. • CE 30 oct. 1987, n° 86645 : *préc. note 2.* ♦ Sur l'injonction adressée à la Ligue nationale de football de suspendre l'application d'un art. du règlement des championnats de France de football professionnel (fourniture exclusive par une société des équipements des joueurs), V. • Com. 2 déc. 1997, n° 95-19.753 P : *D. 1998. IR 19 ; CCC 1998, n° 24, obs. Vogel* (V. l'arrêt d'appel • Paris, 23 août 1995 : *JCP E 1995. Pan. 969,* confirmant • Cons. conc. n° 95-MC-10 du 12 juill. 1995). – Rappr. : • Paris, 4 sept. 1996 : *BICC 1996, n° 1342.* ♦ V. aussi note 10 ss. art. L. 410-1. ♦ La pratique décisionnelle de l'Autorité comporte plusieurs précédents de mesures conservatoires consistant dans des injonctions de limiter dans le temps la durée de contrats déjà signés, ou de suspendre leur exécution jusqu'à l'intervention de la décision au fond, étant précisé que le 3e al. de l'art. L. 464-1 précise que les mesures conservatoires « peuvent comporter la suspension de la pratique concernée ». • Aut. conc. n° 14-MC-01 du 30 juill. 2014. ♦ Le Conseil n'excède pas ses pouvoirs en enjoignant à une entreprise de cesser de vendre à un prix unitaire inférieur à son coût moyen variable de production (prix prédateur) tel qu'il résulte de la comptabilité analytique établie mensuellement. • Paris, 3 nov. 1994 : *cité note 39 ss. art. L. 420-1* (conf. par • Com. 4 févr. 1997, ☎ n° 94-21.233 : *ibid.*). ♦ Enjoignant à France Télécom de faire une offre technique et commerciale permettant à ses concurrents d'accéder à de nouveaux réseaux locaux de télécommunications « virtuels » qui permettent de fournir à leurs abonnés leurs propres services d'accès à internet : • Cons. conc. n° 00-MC-01 du 18 févr. 2000 : *CCC 2000, n° 80, obs. Malaurie-Vignal.* ♦ Obligeant le titulaire d'une marque à maintenir, contre son gré, son contrat de licence de marque : • Cons. conc. n° 03-MC-02 du 5 mars 2003 : *RTD com. 2004. 458, obs. Claudel* ; *CCE 2003, n° 94, obs. Caron.* ♦ La résolution, à titre conservatoire, des effets de pratiques de ciseau tarifaire consiste à enjoindre à l'opérateur dominant de prendre les mesures qui s'imposent pour permettre aux opérateurs alternatifs de le concurrencer sur un pied d'égalité et sur la base de leurs seuls métiers. • Cons. conc. n° 07-MC-04 du 28 juin 2007 : *cité note 9 ss. art. L. 420-2.* ♦ Pour une mesure de publication dans deux journaux professionnels, V. • Com. 13 janv. 2009, ☎ n° 08-12.510 P : *préc. note 11.*

13. Publication (jurispr. antérieure à l'Ord. n° 2008-1161 du 13 nov. 2008). L'art. 12, dern. al. [C. com., art. L. 464-1, dern. al.], prévoyant que les mesures conservatoires sont publiées au *BOCC*, il ne saurait être fait droit à une demande tendant à ce qu'une telle décision fasse l'objet d'une insertion dans une publication professionnelle. • Cons. conc. n° 92-MC-08 du 14 avr. 1992 : *RJDA 1992, n° 602.* ♦ Comp. notes 53 s. ss. art. L. 464-2. ♦ Sur la distinction entre publication des mesures conservatoires et mesure conservatoire de publication, V. • Com. 13 janv. 2009, ☎ n° 08-12.510 P : *préc. note 11.* ♦ Sur les modalités de publicité des décisions, V. art. L. 490-11.

Art. L. 464-2 *(L. n° 2001-420 du 15 mai 2001)* **I. — L'Autorité de la concurrence peut ordonner aux intéressés de mettre fin aux pratiques anticoncurrentielles dans un délai déterminé ou** *(Ord. n° 2021-649 du 26 mai 2021, art. 2-XVIII)* **« leur imposer toute mesure corrective de nature structurelle ou comportementale proportionnée à l'infraction commise et nécessaire pour faire cesser effectivement l'infraction** *[ancienne rédaction : imposer des conditions particulières]* **».** *(Ord. n° 2004-1173 du 4 nov. 2004, art. 10)* **« Elle peut aussi accepter des engagements** *(Ord. n° 2021-649 du 26 mai 2021, art. 2-XVIII)* **« , d'une durée déterminée ou indéterminée, proposés par les entreprises ou associations d'entreprises** *[ancienne rédaction : proposés par les entreprises ou organismes]* **» et de nature à mettre un terme »** *(Ord. n° 2008-1161 du 13 nov. 2008, art. 2-XI)* **« à ses préoccupations de concurrence susceptibles de constituer des pratiques prohibées visées aux articles L. 420-1 »** *(L. n° 2016-1920 du 29 déc. 2016, art. 3, en vigueur le 1er mars 2017)* **« à L. 420-2-2 »** *(L. n° 2012-1270 du 20 nov. 2012, art. 6)* **« et L. 420-5 ou contraires aux mesures prises en application de l'article L. 410-3 ».** — *V. art. R. 464-2.*

(Ord. n° 2021-649 du 26 mai 2021, art. 2-XVIII) **« Elle peut infliger une sanction pécuniaire lorsqu'une entreprise ou association d'entreprises a commis des pratiques anticoncurrentielles, ou en cas d'inexécution des injonctions ou de non-respect des engagements qu'elle a acceptés. Elle peut, de sa propre initiative ou sur demande de l'auteur de la saisine, du ministre chargé de l'économie ou de toute entreprise ou association d'entreprises ayant un intérêt à agir, modifier, compléter les engagements qu'elle a acceptés ou y mettre fin :**

« *a)* Si l'un des faits sur lesquels la décision d'engagements repose a subi un changement important, ou

« *b)* Si la décision d'engagements repose sur des informations incomplètes, inexactes ou trompeuses fournies par les parties à la procédure. » — *Ancienne rédaction : Elle peut infliger une sanction pécuniaire applicable soit immédiatement, soit en cas d'inexécution des injonctions soit en cas de non-respect des engagements qu'elle a acceptés.*

(Ord. n° 2021-649 du 26 mai 2021, art. 2-XVIII) **« Les sanctions pécuniaires sont appréciées au regard de la gravité et de la durée de l'infraction, de la situation de l'association d'entreprises ou de l'entreprise sanctionnée ou du groupe auquel l'entreprise appartient et de l'éventuelle réitération de pratiques prohibées par le présent titre** *[ancienne rédaction : Les sanctions pécuniaires sont proportionnées à la gravité des faits reprochés, à l'importance du dommage causé à l'économie, à la situation de l'organisme ou de l'entreprise sanctionné ou du groupe auquel l'entreprise appartient et à l'éventuelle réitération de pratiques prohibées par le présent titre]*. **» Elles sont déterminées individuellement pour chaque entreprise ou organisme sanctionné et de façon motivée pour chaque sanction.** *(Ord. n° 2017-303 du 9 mars 2017, art. 7)* **« L'Autorité de la concurrence peut décider de réduire le montant de la sanction pécuniaire infligée à une entreprise ou à un orga-**

nisme lorsque cette entreprise ou cet organisme a, en cours de procédure devant l'Autorité, versé à la victime de la ou des pratiques anticoncurrentielles sanctionnées une indemnité due en exécution d'une transaction au sens de l'article 2044 du code civil. »

(Ord. nº 2021-649 du 26 mai 2021, art. 2-XVIII) « Le montant maximum de la sanction est, pour une entreprise, de 10 % du montant du chiffre d'affaires mondial hors taxes le plus élevé réalisé au cours d'un des exercices clos depuis l'exercice précédant celui au cours duquel les pratiques ont été mises en œuvre. Si les comptes de l'entreprise concernée ont été consolidés ou combinés en vertu des textes applicables à sa forme sociale, le chiffre d'affaires pris en compte est celui figurant dans les comptes consolidés ou combinés de l'entreprise consolidante ou combinante. *— Sur la communication du chiffre d'affaires aux fins de sanction, V. art. R. 463-10.*

« Le montant maximum de la sanction est, pour une association d'entreprises, de 10 % du montant du chiffre d'affaires mondial hors taxes le plus élevé réalisé au cours d'un des exercices clos depuis l'exercice précédant celui au cours duquel les pratiques ont été mises en œuvre.

« Lorsque l'infraction d'une association d'entreprises a trait aux activités de ses membres, le montant maximal de la sanction pécuniaire est égal à 10 % de la somme du chiffre d'affaires mondial total réalisé par chaque membre actif sur le marché affecté par l'infraction de l'association.

« Toutefois, la responsabilité financière de chaque entreprise en ce qui concerne le paiement de la sanction ne peut excéder le montant maximal fixé conformément au quatrième alinéa. » *— Ancienne rédaction : Si le contrevenant n'est pas une entreprise, le montant maximum de la sanction est de 3 millions d'euros. Le montant maximum de la sanction est, pour une entreprise, de 10 % du montant du chiffre d'affaires mondial hors taxes le plus élevé réalisé au cours d'un des exercices clos depuis l'exercice précédant celui au cours duquel les pratiques ont été mises en œuvre. Si les comptes de l'entreprise concernée ont été consolidés ou combinés en vertu des textes applicables à sa forme sociale, le chiffre d'affaires pris en compte est celui figurant dans les comptes consolidés ou combinés de l'entreprise consolidante ou combinante.*

L'Autorité de la concurrence peut ordonner la publication, la diffusion ou l'affichage de sa décision ou d'un extrait de celle-ci selon les modalités qu'elle précise. Elle peut également ordonner l'insertion de la décision ou de l'extrait de celle-ci dans le rapport établi sur les opérations de l'exercice par les gérants, le conseil d'administration ou le directoire de l'entreprise. Les frais sont supportés par la personne intéressée. *— Sur les modalités de publicité des décisions, V. aussi art. L. 490-11.*

(L. nº 2012-1270 du 20 nov. 2012, art. 7) « Les entreprises ou groupements d'entreprises ayant fait l'objet d'une injonction de l'Autorité de la concurrence en raison de pratiques contraires aux mesures prises en application de l'article L. 410-3 doivent rendre publique cette injonction en la publiant, à leurs frais, dans la presse quotidienne locale, selon des modalités précisées par l'Autorité de la concurrence. Cette publication mentionne, le cas échéant, l'existence d'un recours formé à l'encontre de l'injonction. »

(Ord. nº 2004-1173 du 4 nov. 2004, art. 10) « II. — L'Autorité de la concurrence peut infliger aux intéressés des astreintes dans la limite de 5 % du chiffre d'affaires *(Ord. nº 2021-649 du 26 mai 2021, art. 2-XVIII)* « mondial total » journalier moyen, par jour de retard à compter de la date qu'elle fixe, pour les contraindre :

« *a)* A exécuter une décision les ayant obligés à mettre fin aux pratiques anticoncurrentielles, à exécuter une décision ayant imposé des conditions particulières ou à respecter une décision ayant rendu un engagement obligatoire en vertu du I ;

« *b)* A respecter les mesures prononcées en application de l'article L. 464-1.

« Le chiffre d'affaires pris en compte est calculé sur la base des comptes de l'entreprise relatifs au dernier exercice clos à la date de la décision. L'astreinte est liquidée par l'Autorité de la concurrence qui en fixe le montant définitif. » *(Ord. nº 2021-649 du 26 mai 2021, art. 2-XVIII)* « Si les comptes de l'entreprise concernée ont été consolidés ou combinés en vertu des textes applicables à sa forme sociale, le chiffre d'affaires pris en compte est celui figurant dans les comptes consolidés ou combinés de l'entreprise consolidante ou combinante. » *— V. art. R. 464-3.*

(L. nº 2015-990 du 6 août 2015, art. 218-I-1º) « III. — Lorsqu'une *(Ord. nº 2021-649 du 26 mai 2021, art. 2-XVIII)* « association d'entreprises *[ancienne rédaction : organisme]* » ou une entreprise ne conteste pas la réalité des griefs qui lui sont notifiés, le rappor-

teur général peut lui soumettre une proposition de transaction fixant le montant minimal et le montant maximal de la sanction pécuniaire envisagée. Lorsque l'entreprise ou l'*(Ord. nº 2021-649 du 26 mai 2021, art. 2-XVIII)* **« association d'entreprises** *[ancienne rédaction : organisme]* **» s'engage à modifier son comportement, le rapporteur général peut en tenir compte dans sa proposition de transaction. Si, dans un délai fixé par le rapporteur général,** *(Ord. nº 2021-649 du 26 mai 2021, art. 2-XVIII)* **« l'entreprise ou l'association d'entreprises** *[ancienne rédaction : l'organisme ou l'entreprise]* **» donne son accord à la proposition de transaction, le rapporteur général propose à l'Autorité de la concurrence, qui entend l'entreprise ou l'***(Ord. nº 2021-649 du 26 mai 2021, art. 2-XVIII)* **« association d'entreprises** *[ancienne rédaction : organisme]* **» et le commissaire du Gouvernement sans établissement préalable d'un rapport, de prononcer la sanction pécuniaire prévue au I dans les limites fixées par la transaction** *[ancienne rédaction : III. — Lorsqu'un organisme ou une entreprise ne conteste pas la réalité des griefs qui lui sont notifiés, le rapporteur général peut proposer à l'Autorité de la concurrence, qui entend les parties et le commissaire du Gouvernement sans établissement préalable d'un rapport, de prononcer la sanction pécuniaire prévue au I en tenant compte de l'absence de contestation. Dans ce cas, le montant maximum de la sanction encourue est réduit de moitié. Lorsque l'entreprise ou l'organisme s'engage en outre à modifier son comportement pour l'avenir, le rapporteur général peut proposer à l'Autorité de la concurrence d'en tenir compte également dans la fixation du montant de la sanction]***. »**

(Ord. nº 2004-1173 du 4 nov. 2004, art. 10) **« IV. — » Une exonération totale ou partielle des sanctions pécuniaires peut être accordée à une entreprise ou à** *(Ord. nº 2021-649 du 26 mai 2021, art. 2-XVIII)* **« une association d'entreprises** *[ancienne rédaction : un organisme]* **» qui a, avec d'autres, mis en œuvre une pratique prohibée par les dispositions de l'article L. 420-1 s'il a contribué à établir la réalité de la pratique prohibée et à identifier ses auteurs, en apportant des éléments d'information dont l'Autorité ou l'administration ne disposaient pas antérieurement.** *(Ord. nº 2021-649 du 26 mai 2021, art. 2-XVIII)* **« A cette fin, l'entreprise ou l'association d'entreprises peut soumettre les déclarations qu'elle effectue au titre de cette démarche en langue française ou dans une autre langue officielle de l'Union européenne convenue entre elle et l'Autorité de la concurrence ou l'administration. Si l'entreprise ou l'association d'entreprises sollicite du rapporteur général l'attribution d'une place dans l'ordre d'arrivée en vue de bénéficier d'une exonération de sanctions pécuniaires, cette demande peut être présentée en langue française ou dans une autre langue officielle de l'Union européenne convenue entre elle et l'Autorité de la concurrence ou l'administration. »** *(L. nº 2020-1508 du 3 déc. 2020, art. 37)* **« Le rapporteur général informe le commissaire du Gouvernement de la démarche engagée par l'entreprise. Il informe l'entreprise par écrit, le cas échéant, de son éligibilité à une exonération totale ou partielle des sanctions pécuniaires encourues et lui indique les conditions de coopération définies par l'Autorité de la concurrence. Lors de la décision prise en application du I du présent article, l'Autorité peut, si ces conditions ont été respectées, accorder une exonération de sanctions pécuniaires proportionnée à la contribution apportée à l'établissement de l'infraction. Un décret en Conseil d'État précise les modalités d'organisation et d'application de cette procédure. »** — *V. art. R. 464-5.*

(Ord. nº 2021-649 du 26 mai 2021, art. 2-XVIII) **« Lorsqu'une exonération totale des sanctions pécuniaires a été accordée à une entreprise ou une association d'entreprises en application de la procédure prévue au présent IV et lorsque les faits lui paraissent de nature à justifier l'application de l'article L. 420-6, l'Autorité de la concurrence en informe le procureur de la République et lui transmet le dossier, en mentionnant, le cas échéant, les personnes physiques qui lui paraissent éligibles à une exemption de peine. »** — *V. art. L. 420-6-1.*

(Ord. nº 2008-1161 du 13 nov. 2008, art. 2-XI) **« V. —** *(Ord. nº 2021-649 du 26 mai 2021, art. 2-XVIII)* **« Hors les cas où la force publique peut être requise, lorsqu'une entreprise ou une association d'entreprises refuse de se soumettre à une visite ou** *[ancienne rédaction : Lorsqu'une entreprise ou un organisme]* **» ne défère pas à une convocation ou ne répond pas dans le délai prescrit à une demande de renseignements ou de communication de pièces formulée par un des agents visés au I de l'article L. 450-1 dans l'exercice des pouvoirs qui lui sont conférés par les titres V et VI du livre IV, l'Autorité peut, à la demande du rapporteur général, prononcer à son encontre une injonction assortie d'une astreinte, dans la limite prévue au II.**

« Lorsqu'une entreprise *(Ord. n° 2021-649 du 26 mai 2021, art. 2-XVIII)* « ou une association d'entreprises » a fait obstruction à l'investigation ou à l'instruction, notamment en fournissant des renseignements incomplets ou inexacts, ou en communiquant des pièces incomplètes ou dénaturées, l'Autorité peut, à la demande du rapporteur général, et après avoir entendu l'entreprise en cause et le commissaire du Gouvernement, décider de lui infliger une sanction pécuniaire. Le montant maximum de cette dernière ne peut excéder 10 % du montant du chiffre d'affaires mondial hors taxes le plus élevé réalisé au cours d'un des exercices clos depuis l'exercice précédant celui au cours duquel les pratiques ont été mises en œuvre. » *– V. note 58 ss. art. L. 464-2.*

(Ord. n° 2021-649 du 26 mai 2021, art. 2-XVIII) « Si les comptes de l'entreprise concernée ont été consolidés ou combinés en vertu des textes applicables à sa forme sociale, le chiffre d'affaires pris en compte est celui figurant dans les comptes consolidés ou combinés de l'entreprise consolidante ou combinante.

« Lorsqu'il est fait application des dispositions du deuxième alinéa, l'entreprise ou l'association d'entreprises concernée ne peut faire l'objet de poursuites pénales au titre des mêmes faits.

« VI. – Lorsqu'une sanction pécuniaire est infligée à une association d'entreprises en tenant compte du chiffre d'affaires de ses membres et que l'association n'est pas solvable, l'Autorité de la concurrence peut lui enjoindre de lancer à ses membres un appel à contributions pour couvrir le montant de la sanction pécuniaire.

« Dans le cas où ces contributions ne sont pas versées intégralement à l'association d'entreprises dans un délai fixé par l'Autorité de la concurrence, celle-ci peut exiger directement le paiement de la sanction pécuniaire par toute entreprise dont les représentants étaient membres des organes décisionnels de cette association.

« Lorsque cela est nécessaire pour assurer le paiement intégral de la sanction pécuniaire, après avoir exigé le paiement par ces entreprises, l'Autorité de la concurrence peut également exiger le paiement du montant impayé de la sanction pécuniaire par tout membre de l'association qui était actif sur le marché sur lequel l'infraction a été commise. Ce paiement n'est toutefois pas exigé des entreprises qui démontrent qu'elles n'ont pas appliqué la décision litigieuse de l'association et qui en ignoraient l'existence ou qui s'en sont activement désolidarisées avant l'ouverture de la procédure. »

V. note ss. art. L. 463-1.

Les dispositions de l'art. L. 464-2 (I) ne s'appliquent pas aux affaires pour lesquelles une saisine du Conseil de la concurrence a été effectuée avant la date d'entrée en vigueur de la L. n° 2001-420 du 15 mai 2001 (L. préc., art. 94, JO 16 mai).

Les dispositions issues du I de l'art. 218 de la L. n° 2015-990 du 6 août 2015 sont applicables aux procédures pour lesquelles les griefs ont été notifiés, en application de l'art. L. 463-2, postérieurement à la publication (JO 7 août) de la loi (L. préc., art. 218-II).

L'entrée en vigueur des dispositions issues de la L. n° 2015-990 du 6 août 2015, qui abrogent les anciennes dispositions relatives à la procédure de non-contestation de grief, a rendu caduc le communiqué de procédure du 10 févr. 2012 relatif à la non-contestation des griefs. Pour les mêmes raisons, sont désormais caduques les références à l'ancienne procédure de non-contestation des griefs contenues dans le communiqué du 16 mai 2011 relatif à la méthode de détermination des sanctions pécuniaires ou dans le document-cadre du 10 févr. 2012 sur les programmes de conformité aux règles de la concurrence, lequel est retiré (Comm. du 19 oct. 2017 relatif à la procédure de transaction et aux programmes de conformité).

Les modifications résultant du 1° et des 3e et 4e al. du 4° du XVIII de l'art. 2 de l'Ord. n° 2021-649 du 26 mai 2021 ne sont pas applicables aux pratiques anticoncurrentielles ayant pris fin avant l'entrée en vigueur de ladite ordonnance. Toutefois, dans les cas où leur application a pour effet de réduire le montant maximal de la sanction encourue par l'association d'entreprises concernée, elles s'appliquent immédiatement aux procédures de sanction en cours. Les modifications résultant du 3° du XVIII de l'art. 2 préc. ne sont applicables qu'aux procédures pour lesquelles des griefs sont notifiés, en application de l'art. L. 463-2 C. com., après l'entrée en vigueur de l'Ord. n° 2021-649 du 26 mai 2021 (Ord. préc., art. 6).

RÉP. COM. v° *Pratiques anticoncurrentielles : injonctions et sanctions*, par ARHEL.

BIBL. ► POÉSY, *LPA 23 févr. 2001* (réforme du calcul de l'assiette des sanctions pécuniaires). – AMAR, *LPA 2 nov. 2001* (de la non-déductibilité des amendes prononcées par le Conseil de la concurrence). – GOUYET, *CCC 2002. Chron. 4* (même thème). – FOURGOUX, *DP aff. 13 janv. 2002* (poursuites et sanctions : nouveaux acteurs). – Claudel, *LPA 20 janv. 2005* (les injonctions). – Jalabert-Doury, *RDLC 2005, n° 2, p. 41* (les déclarations en droit de la concurrence : la preuve d'infractions peut-elle se satisfaire de « certitudes probables » ?). – Chatain-Autajon, *RLC oct.-déc. 2006. 95* (pratiques anticoncurrentielles et restructurations : qui supporte la sanction ?). – Béhar-Touchais, Travaux de l'Association Henri Capitant, La concurrence, *SLC, 2006, p. 355* (les sanctions en cas d'atteinte à la concurrence). – Deboissy, *Mél. Serra, Dalloz 2006, p. 103* (déductibilité des sanctions prononcées par le Conseil). – Ledoux et Roda, *CCC 2007. Étude 14* (les « compliance programs » en droit de la concurrence). – Ancelin-Menais, *JCP E 2008, n° 14, p. 15* (l'imputabilité des pratiques anticoncurrentielles). – Théry-Schultz, *CCC 2009. Étude 3* (pratiques continues et infractions complexes). – NDLR, *BRDA 2010, n° 5, p. 12* (vers une méthode de calcul des sanctions en droit français de la concurrence). – Tercinet, *RLC janv.-mars 2010. 110* (évolution du risque concurrentiel dans une économie globalisée). – Cheynel, *ibid. 134* (*public enforcement* du droit de la concurrence : un risque concurrentiel grandissant) ; *ibid. 146* (*criminal enforcement* du droit de la concurrence : un risque concurrentiel émergent). – Fossier, *RLDA juin 2010. 71* (le *sentencing* en droit de la concurrence). – Bouloc, *RLC avr.-juin 2010. 65* (pour une prise en considération de la mise en conformité spontanée en droit de la concurrence). – Lasserre, *RLC juill.-sept. 2010. 74* (rôle de la sanction pécuniaire en droit de la concurrence). – Cousin, *CCC 2011. Dossier 5* (l'année 2010 en matière de procédures et de sanctions). – Fossier et Onillon, *RLC juill.-sept. 2012. 107* (PAC : sanctionner plus ? sanctionner mieux !). – Dossier, *JCP E 2013, nos 1168 à 1172* (les sanctions du droit de la concurrence). – Bouloc, *RLDA avr. 2013. 74* (sur la méconnaissance par l'art. L. 464-2, I, al. 4, des normes conventionnelles et constitutionnelles). – Grall et Crouy-Fournier, *RLC avr.-juin 2013. 176* (l'intention du cartelliste : un facteur de diversification des sanctions ?). – Tolot, *RLC juill.-août 2013. 147* (le prix de l'appartenance à un groupe en cas de sanction de la filiale). – Claudel, *CCC 2014. Dossier 13* (l'essor des sanctions en droit de la concurrence). – Colloque, *RLC avr.-juin 2015. 127* (la sanction en droit des pratiques anticoncurrentielles). – Condomines, *CCC 2016. Étude 10* (durée des pratiques anticoncurrentielles : enjeux et critères d'appréciation). – Prunet, *Cah. dr. entr. 2017, n° 1. Dossier 3* (sanction adéquate en droit de la concurrence). – Riffault-Silk, *Rev. dr. et aff. 2017. 100* (la détermination du quantum des sanctions par les juges). – Dumarçay, *RLC déc. 2017. 37* (entreprise « mono-produit » cause de minoration de la sanction des pratiques anticoncurrentielles en droit français et de l'UE). – Lemonnier, *RLC sept. 2021. 4* (les associations professionnelles au cœur de l'actualité du droit de la concurrence : des sanctions encourues plus élevées à la mesure de leur rôle dans la politique de concurrence). – Lacresse, *ibid. 23* (transposition de la directive ECN+ : une révolution qui ne dit pas son nom ?). – Claudel, *RTD com. 2021. 561* (le foisonnement textuel issu de la transposition de la directive ECN+).

▸ Clémence, engagements et transaction : Arhel, *LPA 1er juin 2001* (instauration d'une procédure de clémence) ; *ibid. 22 févr. 2002* (procédures de clémence dans les droits européens de la concurrence). – Idot, *Europe 2002, n° 146* (nouveau programme de clémence communautaire). – Luc, Cerutti, Davies et de Brousse, *RDLC 2005, n° 1, p. 9* (à propos de la pratique des engagements). – L. et J. Vogel, *JCP E 2005, n° 23, p. 971* (du droit à la régulation de la concurrence : les programmes de clémence). – Koehler de Montblanc et Biancone, *ibid., n° 35, p. 1374* (procédure de transaction devant le Conseil de la concurrence). – Colloque, *Gaz. Pal. 2005. Doctr. 3195* (clémence et transaction en matière de concurrence). Lemaire, *RDLC 2005, n° 3, p. 19* (de la loi NRE au programme de clémence). – Sélinsky, *Mél. Bouloc, Dalloz, 2006, p. 1043* (nouveaux instruments relatifs à la sanction des pratiques portant atteinte au jeu de la concurrence en droit français). – Claudel, *RTD com. 2006. 568* (le programme de clémence français). – Philippe, Mason, Dominguez et Boret, *CCC 2006. Dossier 28* (avènement des procédures de coopération devant le Conseil de la concurrence). – Fabre et Dowding, *Cah. dr. entr. 2007, n° 1, p. 22* (la clémence : le cœur et la raison). – Lebeau-Marianna et Vasset, *ibid., p. 27* (clémence et droit de contrôle de l'employeur). – Oster, *ibid., p. 33* (la gestion des demandes de clémence dans un contexte international). – Redon, *Gaz. Pal. 2007. 740* (libres propos sur la procédure de clémence : loyauté, dénonciation et droit de la concurrence). – Arbault et Luc, *RLC avr.-juin 2008. 152* (procédures alternatives : les apports des nouveaux textes). – Baccichetti, *ibid. 159* (comment choisir entre clémence et transaction ?). – Barbier de la Serre et Saint-Esteben, *ibid. 162* (pour ou contre la procédure d'engagement ?). – Lemaire, *ibid. 180* (la transaction : analyse juridique). – Flochel, *ibid. 187* (... analyse économique). – Lasserre, *RDLC 2008, n° 2, p. 93* (non-contestation des griefs : bilan et perspectives d'un outil pionnier). – Drummen, *JCP E 2010, n° 1443* (modes alternatifs de règlement des conflits en droit de la concurrence). – Sélinsky, *RLC juill.-sept. 2010. 88* (procédures négociées et/ou alternatives à la sanction : quel choix pour les entreprises ?). – Kipiani, *CCC 2010. Étude 13* (engagements : vers un droit « négocié » en matière de pratiques anticoncurrentielles). – David, *RDLC 2011, n° 1, p. 67* (incidence des procédures alternatives sur l'établissement des pratiques anticoncurrentielles). – Grandvuillemin, *JCP E 2011, n° 1344* (les procédures négociées en droit français des pratiques anticoncurrentielles). – Brault et Maulin, *RDLC 2011, n° 2, p. 80* (la procédure de non-contestation des griefs : un succès non contestable). – Dahan et Lemaire, *RDLC 2012, n° 1, p. 15* (le respect des engagements en droit antitrust doit-il être soumis à une règle de raison ?). – Roda, *CCC 2012. Dossier 4* (actualité des procédures négociées). – Tercinet, *RLC avr.-juin 2012. 182* (le laboratoire du droit processuel de la concurrence). – Chagny, *CCE 2013, n° 116* (vers une régulation privée devant l'Autorité de la concurrence : le sort d'un accord transactionnel entre les parties). – Théophile et Aubron, *AJCA 2014. 212* (l'arbitrage dans les engagements en matière de concurrence). – Puel et Rebeyrotte, *JCP E 2015, n° 1298* (engager une procédure de clémence suite à un audit de concurrence). – Puel et François-Martin, *ibid., n° 1355* (procédures d'engagements en droit de la concurrence européen et français). – Puel et de Gouville, *ibid., n° 1356* (procédures de transaction en droit de la concurrence français et européen). – Catelan, *AJ pénal 2015. 467* (les transactions devant l'ADLC et l'AMF). – Ruy, *RLC avr. 2016. 19* (loi Macron : les questions soulevées par la procédure de transaction). – de Bure et Bary, *RLC oct. 2016. 36* (retour sur la politique d'engagements des autorités de la concurrence, dix ans après). – Krenzer, *RLC nov. 2016. 26* (actualité de l'évolution des procédures de coopération). – Claudel, *RTD com. 2017. 865* (procédure de transaction « à la française » : l'heure d'un premier bilan). – Fournier de Crouy, *RLC juin 2018. 14* (la transaction en droit de la concurrence : comment [ré]concilier célérité et dissuasion ?). – Thill-Tayara et Provost, *RLDA mai 2019. 44* (transaction devant l'Autorité de la concurrence : au-delà des apparences, les entreprises ont-elles vraiment à y gagner ?). – Barba, *RLC févr. 2020. 25* (la possibilité d'une clémence privée en droit de la concurrence). – Claudel, *RTD com. 2020. 793* (volet concurrentiel de la L. n° 2020-1508 du 3 déc. 2020). – Colloque, *RLC mai 2021. 26* (modes alternatifs et droit de la concurrence). – Tercinet, *RLC sept. 2021. 45* (la procédure de clémence française à la faveur de la transposition de la directive ECN+). – Subrémon, *RLC nov. 2021. 17* (transiger avec ses clients victimes de pratiques anticoncurrentielles en cours de procédure devant l'Autorité de la concurrence : vraie solution ou fausse bonne idée ?). – Marie, *RJDA 12/2021. 1051* (les transactions proposées par la DGCCRF en matière de pratiques anticoncurrentielles et leur suite).

▸ Communiqué de procédure du 3 avr. 2015 relatif au programme de clémence français : Oster, *RLDA avr. 2015. 64* (projet de communiqué : plus précis mais pas plus attractif). – Saint-Esteben, *AJCA 2015. 192* (un projet à revoir). – NDLR, *BRDA 2015, n° 7, p. 13* (ententes illicites : révision du programme de clémence). – Bosco, *CCC 2015, n° 154* (nouvelle révision du communiqué de procédure). – Puel, *AJCA 2015. 279* (quelles nouveautés pour les entreprises ?). – Claudel, *RTD com. 2015. 251* (promouvoir la clémence à la française). – Krenzer, *CCC 2015. Étude 8* (l'Autorité de la concurrence révise son programme de clémence).

▸ Communiqué de procédure du 21 déc. 2018 relatif à la procédure de transaction : NDLR, *BRDA 2019, n° 2, p. 19*. – Baudu, *RLC févr. 2019. 5* (des réponses, mais encore quelques questions). – Ruy, *RLC avr. 2019. 16* (communiqué de procédure sur la transaction : aperçu commenté). – Claudel, *RTD com. 2019. 57* (la transaction à la française : une procédure attractive ?). – Dumarçay, *LPA 1er-2 mai 2019* (à propos du communiqué de procédure relatif à la transaction).

▸ Communiqué du 30 juill. 2021 relatif à la méthode de détermination des sanctions pécuniaires : NDLR, *BRDA 2021, n° 17, p. 21* (l'Autorité de la concurrence modifie sa méthodologie pour déterminer les sanctions pécuniaires). – Claudel, *RTD com. 2021. 583* (vers un durcissement des sanctions prononcées par l'Autorité de la concurrence ?). – Subrémon, *RLC nov. 2021. 17* (transiger avec ses clients victimes de pratiques anticoncurrentielles en cours de procédure devant l'Autorité de la concurrence : vraie solution ou fausse bonne idée ?). – Coursière-Pluntz, *JCP E 2022, n° 1036* (anticiper les risques financiers associés à la commission d'infractions au droit de la concurrence).

I. LOI APPLICABLE

1. *Saisines multiples.* En présence de saisines *multiples portant sur les mêmes pratiques* et qui ont été jointes, le fait que l'une d'elles soit postérieure à la date d'entrée en vigueur de la loi plus sévère est sans incidence sur l'antériorité, par rapport à cette même date, des autres saisines qui demeurent soumises à l'examen du Conseil dans le cadre du même contentieux. • Cons. conc. n° 05-D-49 du 28 juill. 2005 : *D. 2005. AJ 2379, obs. Chevrier ; RDLC 2005, n° 4, p. 68, obs. Claudel ; RLC 2005, n° 5, p. 31, obs. Arhel.* ♦ Afin d'assurer l'application d'un régime unique aux pratiques visées dans des saisines jointes et le respect du principe de non-rétroactivité des lois à caractère punitif plus sévère, il convient de retenir la date de saisine la plus ancienne pour déterminer la loi applicable. • Même décision. ♦ Les pratiques relevées étant constitutives d'une pratique continue, commencée antérieurement et terminée postérieurement à l'entrée en vigueur de la L. n° 2001-420 du 15 mai 2001, et le Conseil ayant été saisi postérieurement à cette entrée en vigueur, les dispositions applicables sont celles de la loi précitée. • Cons. conc. n° 05-D-55 du 12 oct. 2005.

2. Principes directeurs du droit répressif. La L. du 15 mai 2001 ne dispose pas sur le sort des saisines postérieures à son entrée en vigueur ; mais il n'est pas permis d'en déduire, par un a contrario, que toutes les saisines postérieures peuvent donner lieu à l'application des nouvelles sanctions en contradiction avec le principe dégagé par l'art. 8 Conv. EDH. Il faut alors, pour les hypothèses que ne règle pas l'art. 94 de la loi, revenir aux principes directeurs du droit répressif et s'attacher, pour déterminer la date des faits répréhensibles, au point de savoir si l'on est en présence d'un comportement complexe et continu, le dernier fait répréhensible déterminant la loi applicable à l'ensemble du comportement anticoncurrentiel. • Paris, 19 janv. 2010 : *cité note 44.*

3. Communiqué « sanctions ». BIBL. V. Bibl. ss. art. L. 464-2. ♦ Le communiqué de l'Autorité de la concurrence du 16 mai 2011 relatif à la méthode de détermination des sanctions pécuniaires ne peut être mis en œuvre dans la présente décision, la séance s'étant tenue à une date trop rapprochée de sa publication pour avoir permis au contradictoire de s'être déroulé. • Aut. conc. n° 11-D-13 du 5 oct. 2011 : *cité note 36 ss. art. L. 450-4.* ♦ Le communiqué est assimilable à une simple directive au sens de la jurisprudence administrative. Il se borne à décrire et à expliciter, à droit constant, la méthode suivie par l'Autorité quant à la détermination des sanctions. Cette méthode, exclusivement fondée sur les différents éléments énoncés par le code de commerce, s'inscrit bien, sans le modifier, dans le cadre légal existant, de telle sorte que le communiqué ne peut recevoir la qualification de « texte à valeur normative » comportant, le cas échéant, des dispositions plus sévères que les dispositions en vigueur. Il en résulte que les moyens tirés de la violation des principes de légalité des peines et de non-rétroactivité de la loi pénale plus sévère, au motif que la publication du communiqué est intervenue postérieurement aux pratiques poursuivies, sont inopérants. • Paris, 10 oct. 2013 : *RTD com. 2014. 78, note Claudel ; CCC 2014, n° 18, obs. Bosco* • 30 janv. 2014 : *cité note 5 ss. art. L. 420-1.* ♦ Le communiqué, qui n'institue pas un barème mécanique permettant d'anticiper le montant précis des sanctions et soumet son application à l'examen concret des circonstances propres à chaque cas d'espèce, ne permet pas de postuler qu'une aggravation des sanctions découle automatiquement de sa mise en œuvre. • Com. 17 mars 2015, n° 13-26.003 : *cité note 40.*

Le communiqué publié par l'Autorité relativement à la méthode qu'elle suit pour mettre en œuvre ces critères au cas par cas, et donc pour déterminer les sanctions pécuniaires, précise qu'il lui est opposable, sauf à ce que l'Autorité explique, dans la motivation de sa décision, les circonstances particulières ou les raisons d'intérêt général la conduisant à s'en écarter dans un cas donné. • Paris, 25 sept. 2014 : *RLC janv.-mars 2015. 45, obs. Sélinsky.* ♦ Lors de l'exercice de sa compétence de pleine juridiction, la cour d'appel n'est pas liée par le communiqué de l'Autorité qui ne préjuge pas de l'appréciation de la sanction par cette cour ; celle-ci peut notamment, dans l'exercice de cette compétence, substituer ses propres appréciations à celle de l'Autorité. • Même arrêt. ♦ Il revient ainsi seulement à la cour d'apprécier si, en définitive, l'Autorité a bien déterminé les sanctions en application des dispositions de l'art. L. 464-2. • Paris, 6 nov. 2014 : *cité note 29 ss. art. L. 420-2.* ♦ Si la cour d'appel doit vérifier que la sanction a été prononcée conformément aux règles définies par la loi, elle ne peut se dispenser, lorsqu'elle en est requise, de s'assurer préalablement que l'Autorité a respecté le communiqué de sanction qu'elle a publié et qui s'impose à elle ; c'est donc à tort que la cour a retenu qu'il lui revenait seulement d'apprécier si l'Autorité avait déterminé les sanctions pécuniaires infligées aux requérantes conformément aux dispositions de l'art. L. 464-2. • Com. 18 oct. 2016, n° 15-10.384 P : *D. 2016. Actu. 2164, obs. Chevrier ; JCP E 2016, n° 1604 ; RJDA 2017, n° 121.* ♦ En l'espèce, la cour d'appel a fait ressortir qu'eu égard à la particularité d'une situation qui n'avait pas été envisagée par son communiqué, l'Autorité en avait adapté les modalités dans le respect de l'art. L. 464-2 et des objectifs poursuivis par le législateur ; il suit de là que, nonobstant l'erreur commise par la cour, la cassation n'est pas encourue dès lors que ses motifs établissent que l'Autorité a respecté les termes de son communiqué, en précisant les raisons d'intérêt général et la situation particulière des entreprises en cause qui l'ont conduite à en aménager l'application. • Même décision. ♦ Même si elle n'y est pas tenue, la cour de Paris juge approprié d'appliquer également les modalités exposées dans le communiqué « sanctions ». En effet, ce communiqué vise à accroître la transparence, or ce besoin de prévisibilité et de dissuasion n'est pas moins grand devant la cour, saisie sur recours, que devant l'Autorité. • Paris, 23 mai 2017, n° 15/08224.

C'est au terme d'une analyse globale tenant compte du fonctionnement du secteur économique en cause, de la nature des pratiques sanctionnées et, dans les circonstances particulières de la présente affaire, de l'efficacité relative des sanctions pécuniaires et des engagements pour rétablir une situation normale de concurrence sur le marché, que l'Autorité peut apprécier, au cas d'espèce, s'il y a lieu ou non de s'écarter des méthodes de détermination et réduction de sanction décrites respectivement dans le communiqué sanctions et le communiqué sur la non-contestation des griefs. • Aut. conc. n° 15-D-08 du 5 mai 2015 : *cité note 7.* ♦ Le prononcé de sanctions et l'acceptation d'engagements pris par les entreprises sont deux outils qui répondent au même objectif de rétablissement pour l'avenir d'une situation normale de concurrence. En l'espèce, l'Autorité considère que l'engagement pris est susceptible d'avoir une plus grande efficacité que des sanctions pécuniaires calculées par sa méthode habituelle. Pour ces raisons, à la fois exceptionnelles et tout à fait spécifiques au cas de l'espèce, l'Autorité fera de cet engagement, dans le respect des critères prévu par l'art. L. 464-2, un élément décisif de l'appréciation des sanctions qu'elle prononcera sans faire application des méthodes de détermination et de réduction de sanctions telles qu'elles sont exposées dans le communiqué sanctions et le communiqué sur la non-contestation de griefs. • Même décision. ♦ Les circonstances particulières résultant de la mise en œuvre, en l'espèce, de la procédure de transaction fondée sur le III de l'art. L. 464-2 justifient que les sanctions prononcées ne soient pas motivées par référence à la méthode de détermination des sanctions pécuniaires énoncée dans le communiqué du 16 mai 2011. • Aut. conc. n° 17-D-20 du 18 oct. 2017 : *cité note 31.* – V. aussi 4e note ss. art. L. 464-2.

II. IMPUTABILITÉ DES PRATIQUES ANTICONCURRENTIELLES

A. PRINCIPES

4. Notion d'entreprise. **BIBL.** Ancelin-Menais, *JCP E 2008, n° 14, p. 15* (l'imputabilité des pratiques anticoncurrentielles). – Patat et Guibert, *RLC juill.-sept. 2011. 126* (imputabilité du comportement anticoncurrentiel d'une filiale dont la totalité du capital est détenue par sa société mère). – Le Corre et Daoud, *RLDA nov. 2012. 83* (présomption d'influence déterminante). – Dossier, *AJCA 2015. 55* (société, groupe, entreprise… : qui est responsable en droit de la concurrence ?). – Lemaire, *CCC 2017. Dossier 5* (responsabilité concurrentielle des groupes de sociétés). – Claudel, *Cah. dr. entr. 2017, n° 5, p. 23* (responsabilité au sein des groupes en droit de la concurrence). ♦ V. la dernière phrase du 1er al. de l'art. L. 463-2. ♦ Jugeant conforme à la Constitution le régime des sanctions des pratiques anticoncurrentielles : • Cons. const. 7 janv. 2016, n° 2015-510 QPC : *D. 2016. Actu. 68* ; *Constitutions 2016. 107, obs. Le Bot* ; *CCC 2016, n° 75, obs. Bosco ; RJDA 2016, n° 324 ; RLDC mars 2016. 18, note Arcelin* (sur une QPC de • Com. 6 oct. 2015, n° 15-15.005 : *D. actu. 30 oct. 2015, obs. Chapuis ; RJDA 2016, n° 59*). ♦ La notion d'entreprise et les règles d'imputabilité relèvent des règles matérielles du droit de la concurrence de l'Union ; l'interprétation qu'en donnent les juridictions de l'Union s'impose donc à l'autorité nationale de concurrence lorsqu'elle applique ce droit. • Aut. conc. n° 12-D-09 du 13 mars 2012. ♦ Le droit de la concurrence vise à sanctionner les infractions contraires à l'exercice de la libre concurrence et, à ce titre, de façon dérogatoire au droit commun laquelle est justifiée par ses objectifs de police économique, ce droit vise les activités des entreprises indépendamment de la personnalité morale des sociétés qui peuvent composer celles-ci. Ainsi, la notion d'entreprise désigne toute entité exerçant une activité économique, indépendamment de son statut juridique et de son mode de financement. • Paris, 18 déc. 2014 : *cité note 47.* ♦ Les art. 101 TFUE et L. 420-1 C. com. visent les entreprises et non les personnes morales ; les autorités de concurrence doivent en conséquence identifier les entités qui doivent être déclarées auteurs des infractions. • Paris, 27 oct. 2016, n° 15/01673. ♦ Les références dans l'art. L. 464-2 aux notions de groupe et aux comptes consolidés ou combinés n'excluent pas le caractère opérationnel de la notion d'unité économique pour caractériser l'entreprise dans le cadre de la recherche de l'imputabilité des pratiques. Le fait qu'au sein d'un groupe de sociétés l'unité économique puisse comporter plusieurs entreprises, selon les degrés d'influence de la société mère sur ses filiales, ne saurait avoir pour conséquence que la société filiale auteur de pratiques anticoncurrentielles et sa mère exerçant sur elle une influence déterminante ne constituent pas une entité économique caractéristique d'une entreprise. • Même décision. ♦ En tout état de cause, les sanctions prévues par l'art. L. 464-2 C. com. ne peuvent être prononcées qu'à l'encontre de personnes physiques ou d'entreprises ou d'organismes pourvus de la personnalité juridique ; or, tel n'est pas le cas du « Groupe Caisse des dépôts et consignations », au sens de l'art. L. 518-2 C. mon. fin., visé par la décision, seule la Caisse des dépôts et consignations ayant la qualité de sujet de droit. • Paris, 26 oct. 2017, n° 2017/01658.

5. Principe de la personnalité des peines. **BIBL.** Kovar, *Rev. UE 2015. 362* (sanction des pratiques anticoncurrentielles et personnalité des peines). ♦ La condamnation à une amende civile prononcée à l'encontre d'une société en raison du comportement imputable à la société qu'elle a absorbée ne porte pas atteinte au principe de la personnalité des peines en raison du principe de la continuité économique et fonctionnelle de l'entreprise. • CEDH, 1er oct. 2019, n° 37858/14 : *D. 2019. 475, note Gallois* ; *RJDA 2020, n° 148.* ♦ Les sanctions administratives prononcées par le Conseil de la concurrence ne revêtent pas de caractère pénal, de sorte que la référence au principe de personnalité des peines est inappropriée. • Paris, 19 janv. 1999 : *CCC 1999, n° 41, obs. Malaurie-Vignal.* ♦ Si le

Conseil est tenu de prendre en compte la situation de l'entreprise pour apprécier, d'une manière individuelle, la sanction à lui infliger, il ne peut lui être reproché d'avoir retenu, pour certaines, leur qualité de filiales ainsi que la connaissance qu'elles devaient avoir des sanctions encourues en raison de leur lien de dépendance avec des sociétés déjà condamnées, dès lors qu'il n'a pas tiré de cette appartenance à un groupe comprenant des entreprises sanctionnées l'existence d'une réitération de la pratique incriminée. • Même arrêt.

Lorsqu'une décision concerne une pluralité de destinataires et pose un problème d'imputabilité de l'infraction, celle-ci doit comporter une motivation suffisante à l'égard de chacun des destinataires, particulièrement pour ceux d'entre eux qui, aux termes de cette décision, doivent supporter la charge de cette infraction. Ainsi, pour être suffisamment motivée à l'égard des sociétés mères des filiales ayant commis l'infraction, la décision doit contenir un exposé circonstancié des motifs de nature à justifier l'imputabilité de l'infraction à ces sociétés. Ainsi, il importe, sous peine de violation des droits de la défense des parties mises en cause, que la communication des griefs indique précisément en quelle qualité une entreprise se voit reprocher les faits allégués. • Aut. conc. n° 15-D-04 du 26 mars 2015 : *cité note 6 ss. art. L. 462-5.*

6. Présomption d'imputabilité : droit européen. La notion d'entreprise au sens du droit communautaire de la concurrence doit être comprise comme désignant une unité économique même si, du point de vue juridique, cette unité économique est constituée de plusieurs personnes physiques ou morales. Dans le cas particulier où une société mère détient 100 % du capital de sa filiale ayant commis une infraction aux règles communautaires de la concurrence, il existe une présomption réfragable selon laquelle ladite société mère exerce effectivement une influence déterminante sur le comportement de sa filiale. Dans ces conditions, il suffit que la Commission européenne prouve que la totalité du capital d'une filiale est détenue par sa société mère pour présumer que cette dernière exerce une influence déterminante sur la politique commerciale de cette filiale. • CJCE 10 sept. 2009, n° C-97/08 : *RTD com. 2010. 144, obs. Champaud et Danet ; RLC janv.-mars 2010. 75, obs. Barbier de la Serre ; BJS 2010. 69, note Prieto.* ♦ Pour la présomption pesant sur une holding détenant 100 % d'une société interposée, qui possède à son tour la totalité du capital d'une filiale de son groupe, auteur d'une pratique anticoncurrentielle, V. • CJUE 30 avr. 2014, n° C-238/12 : *AJCA 2014. 182, obs. Luc .* ♦ Il résulte de la jurisprudence communautaire que lorsqu'une société mère détient 100 % des parts de sa filiale, il existe une présomption selon laquelle cette filiale ne détermine pas de façon autonome son comportement sur le marché et forme avec sa société mère une entreprise au sens du droit communautaire de la concurrence. C'est pourquoi la société mère peut être tenue responsable du comportement de sa filiale, sans qu'il soit nécessaire de démontrer qu'elle a effectivement exercé un pouvoir de direction sur celle-ci dans le cadre de la mise en œuvre des pratiques reprochées. • Aut. conc. n° 09-D-36 du 9 déc. 2009 : *D. actu. 14 déc. 2009, obs. Chevrier ; RLC avr.-juin 2010. 31, note Arhel ; RDLC 2010, n° 1, p. 107, obs. Sibony.* ♦ L'imputation des pratiques d'une filiale à sa société mère, qui ne constitue qu'une faculté, peut intervenir lorsque la filiale ne détermine pas de façon autonome sa ligne d'action sur le marché, mais applique les instructions qui lui sont imparties par la société mère. • Paris, 28 oct. 2010 : *CCC 2011, n° 14, obs. Decocq ; RDLC 2011, n° 1, p. 85, obs. Jalabert-Doury.*

7. Présomption d'imputabilité : droit interne. Le régime jurisprudentiel de l'imputabilité aux sociétés mères de pratiques mises en œuvre par leurs filiales ne porte pas atteinte au principe d'autonomie de la personne morale ou encore aux principes fondamentaux de la personnalité des peines, de la légalité des délits et des peines, de la présomption d'innocence, des droits de la défense et du droit à un procès équitable. En effet, ce régime d'imputabilité ne consacre pas un cas de responsabilité du fait d'autrui puisque la responsabilité de la société mère du fait du comportement de sa filiale n'est encourue qu'en raison du fait que ces entités juridiques distinctes constituent une même entité économique et, partant, forment une seule entreprise au sens de l'art. 101 TFUE, entité qui engage sa responsabilité personnelle lorsqu'elle enfreint les règles de la concurrence définies par cette disposition. • Aut. conc. n° 15-D-08 du 5 mai 2015 : *AJCA 2015. 325, obs. Constantin ; CCC 2015, n° 180, obs. Bosco ; RLC juill.-août 2015. 38, obs. Sélinsky.* ♦ Il ne saurait être exigé de la part de l'Autorité de la concurrence qu'elle étaye la présomption d'imputabilité d'un second élément autre que la détention de la totalité ou quasi-totalité du capital de la filiale ; rien n'indique en effet dans la jurisprudence de l'Union qu'un élément supplémentaire devrait être rapporté. • Aut. conc. n° 13-D-21 du 18 déc. 2013 : *cité note 30 ss. art. L. 420-2.*

8. Renversement de la présomption d'imputabilité. Sous peine de rendre cette présomption irréfragable, le juge est tenu d'exposer de manière adéquate les raisons pour lesquelles les éléments de fait et de droit invoqués n'ont pas suffi à la renverser. • CJUE 29 sept. 2011, n° C-521/09 : *JCP E 2011, n° 515 ; RDLC 2011, n° 4, p. 87, obs. Jalabert-Doury ; RLC janv.-mars 2012. 26, obs. Robin.* ♦ Pour renverser cette présomption, il ne suffit pas à une société de soutenir qu'elle n'est pas impliquée dans les infractions mises en œuvre par sa filiale, mais il lui appartient de démontrer, indépendamment des comportements reprochés, qu'elle n'exerçait pas une influence déterminante sur sa filiale, et ce en justifiant d'un ensemble d'éléments – relatifs aux liens économiques, organisationnels et juridiques l'ayant unie à sa filiale – de nature à démontrer que ces deux personnes morales ne constituaient pas une entité économique unique. • Paris, 4 juill. 2013 : *cité note 8 ss. art. L. 420-2.* ♦ Il n'est en effet pas exigé pour imputer à une société mère les actes commis par sa filiale de prouver que la société mère a été directement impliquée dans, ou a eu connaissance, des comportements incriminés. • Aut. conc. n° 14-D-16 du 18 nov. 2014 : *cité note 25.* ♦ L'absence de chevauchement de dirigeants entre la société mère et la filiale ne constitue pas un indice suffisant permettant de démontrer l'autonomie de la filiale, pas plus que le fait que la société mère et sa filiale soient actives sur des marchés distincts. • Même décision.

La possibilité d'imputer une infraction à une société mère ne dépend, en aucune façon, des moyens financiers dont dispose sa filiale, auteur des pratiques, ou le successeur juridique de cette dernière. Par ailleurs, ce n'est pas une relation d'instigation relative à l'infraction entre la société mère et sa filiale ni, à plus forte raison, une implication de la première dans l'infraction, mais le fait qu'elles constituent une seule entreprise qui permet à l'autorité de concurrence d'imputer l'infraction à la société mère. • Aut. conc. n° 14-D-19 du 18 déc. 2014 : *cité note 32.* ♦ Le fait que l'entité détenant la totalité ou la quasi-totalité du capital d'une autre entité ou contrôlant la totalité ou la quasi-totalité des parts sociales de cette autre entité soit constituée sous la forme juridique d'une holding purement financière ou d'une fondation plutôt que d'une société n'est pas suffisant pour renverser la présomption. • Aut. conc. n° 16-D-17 du 21 juill. 2016. ♦ Si la loi instaure une séparation organique entre les activités d'intérêt général de la Caisse des dépôts et consignations et les activités commerciales et concurrentielles de ses filiales, on ne saurait considérer qu'il en résulte, d'une façon générale, l'impossibilité pour la première d'exercer une influence sur les secondes, et en particulier une influence déterminante. L'existence de ce dispositif n'est donc pas de nature à écarter la présomption. • Paris, 26 oct. 2017, n° 2017/01658.

La requérante ne saurait soutenir, pour renverser la présomption, la diversité des activités exercées, la configuration du groupe et l'éloignement géographique qui lui interdirait en fait de pouvoir déterminer ou influencer le comportement ou la politique commerciale de ses filiales. La présomption étant applicable en vertu des seules relations capitalistiques, l'Autorité n'avait pas à démontrer qu'elle exerçait une influence déterminante sur sa filiale, ni qu'elle connaissait les pratiques reprochées à celle-ci. • Paris, 19 mai 2016, n° 2014/25803 : *AJCA 2016. 350, obs. Constantin ; RLC sept. 2016. 19, note Dumarçay* (conf. par • Com. 18 oct. 2017, n° 16-19.120 P : *D. 2018. Pan. 866, obs. Ferrier ; JCP E 2018, n° 1051, note El Mejri ; CCC 2018, n° 13, obs. Decocq ; RJDA 2018, n° 283 ; BJS 2017. 732, obs. Claudel*). ♦ Le fait, pour la société mère, d'avoir contesté les griefs, contrairement à sa filiale, qui a choisi la voie procédurale de la non-contestation des griefs ne saurait davantage démontrer l'autonomie de la filiale. En effet, pour une entreprise composée comme en l'espèce de deux sociétés, ne pas se présenter comme un seul interlocuteur, tant au cours de la procédure administrative qu'au stade contentieux, ne permet pas de conclure que la filiale concernée est autonome par rapport à sa ou ses sociétés mères, les choix procéduraux relevant de chaque personne morale. • Paris, 19 mai 2016, n° 2014/25803 : *préc.*

B. ILLUSTRATIONS

9. Agences locales. La direction régionale d'une société de dimension nationale ne peut être considérée comme une entreprise au regard des règles de concurrence que si elle dispose d'une réelle autonomie économique. Tel n'est pas le cas de la liberté d'action accordée par délégation à des directeurs régionaux soit dans les seuls domaines technique et juridique, soit pour la passation de marchés mais sous le contrôle étroit de la direction générale de la société. • Paris, 24 juin 1993 : *RJDA 1993, n° 715* (conf. par • Com. 3 mai 1995, n° 93-17.144 P : *D. 1995. IR 136*). – V. aussi • Com. 4 juin 1996, n° 94-17.065 P : *D. Affaires 1996. 869* • Paris, 26 avr. 1994 : *CCC 1994, n° 120, obs. Vogel* • 27 sept. 1996 : *ibid. 1997, n° 10, obs. Vogel* (délégation limitée dans son montant). ♦ Dès lors qu'une délégation donnée au directeur d'une agence n'était accordée que sous la réserve « expresse » que le mandataire exercerait ses pouvoirs suivant les directives des personnes dont il relevait « hiérarchiquement » et auxquelles il devrait rendre compte, une cour d'appel peut décider que cette agence ne disposait d'aucune indépendance économique. • Cass., ass. plén., 14 mars 1997, n° 94-15.237 P : *D. 1997. IR 89 ; JCP 1997. II. 22915, note Idot* (à propos de l'Ord. du 30 juin 1945). ♦ Il incombe à l'entreprise qui prétend que les pratiques illicites mises en œuvre par plusieurs entreprises à l'occasion de deux phases d'un marché public ne lui sont pas imputables mais le sont à son agence locale de fournir au Conseil de la concurrence et à la cour d'appel tous éléments de preuve établissant que son agence locale bénéficie, à la date des faits et pour le marché considéré, de l'autonomie commerciale, financière et technique dans la zone économique concernée. • Com. 12 mars 1996, n° 93-20.213 P : *D. 1996. IR 137* • 13 nov. 2003, n° 02-12.084. ♦ ... A cet égard, un jugement statuant sur la question de savoir si, au regard de l'élection des délégués du personnel, les établissements d'une société sont distincts est dénué de toute portée sur la question de savoir si lesdits établissements doivent être considérés, au regard du droit de la concurrence, comme des entreprises. • Cons. conc. n° 04-D-42 du 4 août 2004 : *D. 2004. AJ 2570 ; RLC 2005, n° 1, p. 30, obs. Sélinsky.* ♦ Sur la prise en compte de l'absence de personnalité juridique des établissements secondaires, V. • Cons. conc. n° 97-D-52 du 25 juin 1997.

10. Organismes divers. Si un ou plusieurs organismes ou autres entités juridiques ne revêtant pas la forme d'une société peuvent être considérés comme exerçant une activité économique et se trouver, pour cette raison, soumis au respect des règles de concurrence, ils n'en constituent pas pour autant des entreprises aux fins de la détermination des sanctions selon les règles prévues par le code de commerce qui prévoit justement que de tels organismes sont assujettis à un maximum légal distinct de celui applicable aux entreprises. • Aut. conc. n° 13-D-06 du 28 févr. 2013 : *cité note 9 ss. art. L. 420-2.*

11. Administration. Aucune disposition du code de commerce ne fait obstacle à ce qu'une administration de l'État soit sanctionnée, au titre de l'art. L. 464-2, pour des pratiques anticoncurrentielles relevant d'une activité économique (condamnation de la direction des monnaies et médailles [établissement public La Monnaie de Paris], alors même qu'elle ne disposait pas d'une personnalité juridique distincte de celle de l'État). • Cons. conc. n° 05-D-75 du 22 déc. 2005 : *AJDA 2006. 476, obs. Richer ; RLC 2006, n° 7, p. 36, obs. Destours ; CCC mai 2006. 16, n° 4, obs. Glatt.*

12. Transfert d'entreprise. Les pratiques anticoncurrentielles sont imputées à une entreprise, indépendamment du statut juridique de celle-ci et sans considération de la personne. Le principe de la continuité économique et fonctionnelle de l'entreprise s'applique quel que soit le mode juridique de transfert des activités dans le cadre desquelles ont été commises les pratiques sanctionnées. • Com. 28 févr. 2006, n° 05-12.138 P : *D. 2006. AJ 781, obs. Chevrier ; JCP E 2006, n° 12, p. 573 ; CCC 2006, n° 88, obs. Decocq ; RJDA 2006, n° 707 ; RLC juill.-sept. 2006. 28, obs. Sélinsky ; RDLC 2006, n° 2, p. 141, obs. Michel-Amsellem.* ♦ Sur les effets d'une clause excluant du transfert d'entreprise « les engagements résultant d'une fraude ou d'une faute intentionnelle », V. • Paris, 25 janv. 2005 : *D. 2005. AJ 711, obs. Chevrier .* ♦ L'existence et les modalités de mise en œuvre de clauses de garantie de passif relèvent des relations contractuelles entre les sociétés et sont sans incidence sur l'imputabilité des pratiques dans la mesure où les règles de détermination de la responsabilité et de la sanction encourues par les sociétés ne peuvent être laissées à la libre disposition de ces dernières. • Aut. conc. n° 16-D-20 du 29 sept. 2016.

13. Cession d'entreprise. L'acquéreur d'un fonds de commerce ne peut soutenir que les sanctions de pratiques anticoncurrentielles prononcées contre son vendeur, étant antérieures à son acquisition, ne lui sont pas opposables, alors que cette cession n'a pas interrompu la continuité de l'entreprise. • Paris, 14 mars 1991 : *Gaz. Pal. 1991. 2. 635, note Marchi.* – Dans le même sens : • Cons. conc. n° 92-D-66 du 8 déc. 1992 (conf. par • Paris, 22 sept. 1993 : *BOCC 4 déc. 1993*). ♦ Comp., refusant de prononcer des sanctions, s'agissant de pratiques commises par des entreprises artisanales exploitées en nom personnel par des personnes physiques, ces dernières ayant, postérieurement aux ententes réalisées, cédé leurs fonds de commerce à des sociétés auxquelles lesdites pratiques ne sont pas imputables : • Paris, 19 nov. 1992 : *BOCC 4 déc. 1992.* ♦ Si une entreprise cède tout ou partie de son activité mais subsiste en tant qu'entreprise, elle doit répondre des pratiques anticoncurrentielles auxquelles elle a participé antérieurement à la cession ; c'est seulement si elle disparaît en tant qu'entreprise que l'entreprise qui a acquis les moyens matériels et humains ayant servi à la commission des faits sera considérée comme responsable de la pratique incriminée. • Cons. conc. n° 96-D-64 du 20 nov. 1996 : *CCC 1997, n°s 100 et 103, obs. Vogel.* ♦ ... Alors même que cette transmission a été opérée en application d'une loi. • Com. 23 juin 2004, n° 01-17.896 P : *D. 2004. AJ 2439 ; JCP E 2004, n° 37, p. 1371 ; CCC 2004, n° 159, obs. Malaurie-Vignal ; RJDA 2005, n° 80.* ♦ Dans le cas particulier où une société a été rachetée pendant les pratiques reprochées, chacune des deux sociétés mères successives peut se voir imputer les pratiques pour la période de détention du contrôle de la filiale qui lui est propre. Mais les sociétés mères successives ne sauraient être solidaires entre elles de l'amende, la solidarité ne pouvant jouer qu'à l'égard de la filiale. • Aut. conc. n° 14-D-20 du 22 déc. 2014 : *cité note 44.*

14. Redressement judiciaire. Sur l'impossibilité, en cas de cession d'une entreprise en redressement judiciaire, d'infliger au cessionnaire une sanction pécuniaire pour des faits antérieurs à la cession, en raison de l'art. 62, al. 3, de la L. du 25 janv. 1985 [C. com., art. L. 621-63, al. 3], V. • Cons. conc. n° 95-D-14 du 7 févr. 1995 : *CCC 1995, n° 107, obs. Vogel* • n° 96-D-16 du 19 mars 1996.

15. Fusion. En cas de fusion-absorption, les pratiques doivent être imputées à la société qui succède, sur le plan juridique, à la société auteur des pratiques, c'est-à-dire la société absorbante, ce principe s'appliquant même si la société absorbante a cédé à une troisième société la branche d'activité concernée par les pratiques. • Cons.

conc. n° 07-D-11 du 28 mars 2007 : *RLDA mai 2007. 49, obs. Anadon.* ♦ V., en cas de dissolution suite à une absorption : • Cons. conc. n° 97-D-27 du 29 août 1997. – V. aussi • Cons. conc. n° 97-D-52 du 25 juin 1997 • n° 98-D-33 du 3 juin 1998 : *CCC 1998, n° 145, obs. Malaurie-Vignal* (fusion-absorption) • Com. 28 janv. 2003, n° 01-00.528 P : *BRDA 2003, n° 4, p. 9.* ♦ Comp., jugeant qu'une entreprise dont les moyens humains et matériels ont concouru à la mise en œuvre d'une entente peut se voir infliger des sanctions pécuniaires (en l'espèce la société absorbante) tant qu'elle conserve une personnalité juridique, indépendamment de la cession desdits actifs : • Com. 20 nov. 2001, n° 99-16.776 P : *JCP E 2002, n° 27, p. 1146, note Arcelin ; CCC 2002, n° 28, obs. Malaurie-Vignal.*

III. INJONCTIONS

16. *Limites du pouvoir d'injonction.* Le prononcé d'injonctions au fond est soumis au principe de proportionnalité, ce qui signifie que les mesures ordonnées ne doivent pas excéder ce qui est strictement nécessaire pour faire cesser l'atteinte à la concurrence. • Aut. conc. n° 10-D-13 du 15 avr. 2010. ♦ Le prononcé d'injonctions apparaît néanmoins particulièrement nécessaire lorsque l'atteinte à la concurrence résulte des stipulations d'un contrat toujours en vigueur à la date de la décision de l'Autorité. • Même décision. ♦ Afin de s'assurer de la mise à jour rapide des contrats en cause, il convient de faire application des dispositions du I de l'art. L. 464-2 et d'enjoindre aux sociétés de modifier, dans un délai de deux mois, les contrats de distribution signés avec leurs importateurs-grossistes dans les territoires ultramarins pour y supprimer toute disposition instaurant une exclusivité d'importation ou toute clause ayant un effet équivalent. • Aut. conc. n° 18-D-03 du 20 févr. 2018 : *cité note 4 ss. art. L. 420-2-1.* ♦ Il n'entre dans la compétence ni du Conseil de la concurrence, ni de la cour de Paris, de prononcer la dissolution d'un GIE. • Paris, 17 sept. 1992 : *CCC 1992, n° 207, obs. Vogel.*

17. *Interprétation stricte.* Une injonction, constituant par nature une mesure contraignante pour celui qui la subit, est d'interprétation stricte et doit être formulée en des termes clairs, précis et exempts d'incertitude quant à son exécution. • Paris, 10 sept. 1996 : *RJDA 1997, n° 73.* ♦ S'agissant des modalités d'exécution des injonctions, seule la décision du Conseil est applicable, le communiqué mis en ligne étant sans incidence sur ce point. • Paris, 24 août 2007 : *BOCC 3 août 2009.* ♦ Dans le cadre précis du III de l'art. L. 464-2, l'Autorité de la concurrence n'a pas le pouvoir de donner des injonctions. • Paris, 23 févr. 2010 : *cité note 3 ss. art. L. 464-6-1.*

18. *Exécution des injonctions.* Les injonctions du Conseil de la concurrence doivent être exécutées dans un délai raisonnable à compter de leur notification (sanctionnant la non-exécution après quatorze mois). • Paris, 29 mars 1996 : *BOCC 24 mai 1996.* ♦ Le non-respect d'une injonction prononcée par le Conseil constitue déjà en soi une pratique qui présente un caractère de gravité exceptionnelle. • Cons. conc. n° 04-D-18 du 13 mai 2004 (conf. par • Paris, 11 janv. 2005 : *RLC 2005, n° 3, p. 83, obs. B. C. ; Gaz. Pal. 2005. 2683, note Misse et Colas-Bernié*). ♦ La cour d'appel, qui s'est prononcée sur la gravité des faits découlant du non-respect de l'injonction, a pu estimer, dans son pouvoir souverain d'appréciation de la proportionnalité de la sanction, qu'eu égard au caractère délibéré du non-respect de l'injonction claire et précise adressée par le Conseil, la sanction prononcée par celui-ci devait être aggravée. • Com. 14 mars 2006, n° 05-11.232 : *RLC juill.-sept. 2006. 40, obs. Sélinsky ; RDLC 2006, n° 2, p. 146, obs. Momège.* ♦ Un retard de respectivement quatre et dix mois apporté à la réalisation d'une publication n'a pas créé d'autre dommage qu'un retard dans l'information du public et de la profession ; au cas d'espèce, s'agissant d'une publication qui n'avait pas un caractère d'urgence particulier au regard de ses effets attendus sur le marché, le dommage à l'économie peut être considéré comme faible. • Cons. conc. n° 08-D-07 du 9 avr. 2008 : *CCC 2008, n° 162, obs. Decocq ; LPA 28 oct. 2008, obs. A. G.*

19. *Astreinte.* Le Conseil de la concurrence ne tient d'aucun texte le pouvoir de prononcer des injonctions sous astreinte. • Cons. conc. n° 92-MC-08 du 14 avr. 1992. – V. désormais les II et V de l'art. L. 464-2. ♦ Le Conseil, auquel est reconnu le pouvoir d'infliger une sanction pécuniaire en cas d'inexécution d'une injonction, est le « juge » de l'exécution des injonctions qu'il prononce. • Paris, 30 mars 2000 : *BOCC 18 oct. 2000.* ♦ Le JEX n'est pas compétent pour assortir d'une astreinte une décision d'injonction prononcée par le Conseil ou par la cour d'appel de Paris, statuant dans le cadre de la procédure de recours formé contre cette décision, pour laquelle il existe un régime juridique de sanction spécifique et exclusif mis en œuvre par cette autorité administrative indépendante. • Com. 3 nov. 2004, n° 00-19.247 P : *D. 2004. AJ 3064, obs. Chevrier ; RTD civ. 2005. 175, obs. Théry ; JCP E 2004, n° 50, p. 1955 ; CCC 2005, n° 9, obs. Malaurie-Vignal ; RDLC 2005, n° 1, p. 108, obs. Amsellem ; RJDA 2005, n° 332.* ♦ Pour un exemple d'injonctions sous astreinte : • Cons. conc. n° 06-D-06 du 17 mars 2006 : *CCC 2006, n° 92, obs. Decocq ; RDLC 2006, n° 2, p. 93, obs. Prieto.*

IV. PROCÉDURE D'ENGAGEMENTS

20. *Typologie des comportements.* BIBL. Luc, Cerutti, Davies et de Brousse, *RDLC 2005, n° 1, p. 9.* – Picot, *RLC 2005, n° 2, p. 142.* –

Claudel, *RTD com. 2005. 272*. – Momège, *RDLC 2006, n° 1, p. 213* (premier bilan de la pratique décisionnelle). ♦ Le code de commerce et le Règl. n° 1/2003 n'interdisent pas le recours à la procédure d'engagements pour certaines catégories particulières de comportements susceptibles de porter atteinte à la concurrence. • Aut. conc. n° 11-D-11 du 7 juill. 2011. ♦ Mais si le code de commerce ne précise pas la typologie des comportements susceptibles de faire l'objet d'engagements, l'Autorité de la concurrence n'applique pas la procédure d'engagements dans les cas où, en tout état de cause, l'atteinte à l'ordre public économique impose le prononcé de sanctions pécuniaires, notamment lorsque le dommage à l'économie généré est important. • Aut. conc. n° 10-D-06 du 26 févr. 2010. ♦ ... Et/ou la taille du marché est importante. • Aut. conc. n° 12-D-04 du 23 janv. 2012. ♦ Si le recours aux engagements n'est pas envisageable en présence de cartels et n'est en principe pas opportun dans les cas d'accords horizontaux, d'accords verticaux ou de pratiques unilatérales susceptibles de revêtir une particulière gravité ou d'avoir d'ores et déjà porté une atteinte caractérisée à la concurrence et à l'économie, il peut en revanche s'avérer pertinent lorsque, eu égard à la nature des faits, à leurs caractéristiques et à leurs conséquences actuelles ou potentielles sur la concurrence, le cas se prête à ce que l'Autorité privilégie un objectif de maintien ou de rétablissement volontaire de la concurrence. • Aut. conc. n° 12-D-17 du 5 juill. 2012 : *RDLC 2012, n° 4, p. 69, obs. Jalabert-Doury ; RLC oct.-déc. 2012. 26, obs. Cholet.* ♦ Ni la durée de l'instruction ni la réitération d'un éventuel comportement soulevant des préoccupations de concurrence ne justifient d'écarter le recours à la procédure d'engagements. • Aut. conc. n° 20-D-06 du 2 avr. 2020.

21. Initiative. L'initiative d'une procédure d'engagements revient à l'entreprise mise en cause et non aux services d'instruction. • Aut. conc. n° 13-D-20 du 17 déc. 2013 : *cité note 33 ss. art. L. 420-2.* ♦ La procédure d'engagement ne procède pas d'un accord auquel sont parvenues les parties à la procédure, mais d'engagements pris par les entreprises ou organismes en cause vis-à-vis de l'Autorité qui a en charge de faire respecter l'ordre public économique. • Aut. conc. *n° 10-D-20 du 25 juin 2010.* ♦ *La simple promesse* de respecter la loi pour l'avenir n'a pas de valeur d'engagement au sens de la procédure prévue par le I de l'art. L. 464-2. • Aut. conc. n° 11-D-01 du 18 janv. 2011 : *cité 16 ss. art. L. 420-4.*

22. Atteinte actuelle à la concurrence. Les textes applicables, qui supposent seulement la constatation d'une atteinte actuelle à la concurrence, n'exigent nullement que celle-ci soit récente. • Paris, 6 nov. 2007 : *cité ss. art. R. 464-8.* ♦ Le recours à la procédure d'engagements offre l'intérêt de privilégier un rétablissement volontaire rapide de la concurrence sur le marché. • Aut. conc. n° 11-D-14 du 20 oct. 2011 : *RDLC 2012, n° 1, p. 108, obs. Marty ; RLC janv.-mars 2012. 27, obs. Cholet.* ♦ La procédure d'engagements permet de mettre fin à des situations susceptibles d'être préjudiciables à la concurrence dans des délais procéduraux plus rapides que ceux conduisant à un constat d'infraction. Les préoccupations de concurrence identifient donc les atteintes actuelles aux règles de la concurrence. • Aut. conc. n° 17-D-12 du 26 juill. 2017.

23. Pouvoir d'appréciation. Dans le cadre d'une procédure d'engagements, il ne revient pas au Conseil de la concurrence de se prononcer sur une réforme statutaire allant au-delà des remèdes nécessaires pour mettre fin aux problèmes de concurrence préalablement identifiés. • Cons. conc. n° 05-D-16 du 26 avr. 2005 : *D. 2005. AJ 1354, obs. Daleau ; RTD com. 2005. 731, obs. Pollaud-Dulian ; RDLC 2005, n° 3, p. 79, obs. Spector ; CCE 2005, n° 107, obs. Decocq.* ♦ ... Ni de se prononcer, lors de l'examen d'une proposition d'engagements touchant à la fixation de prix, sur le caractère anticoncurrentiel du niveau absolu des tarifs proposés ; en revanche, et dans la limite de la procédure d'engagements, le Conseil peut se prononcer sur la structure des barèmes proposés. • Cons. conc. n° 06-D-01 du 7 févr. 2006 : *RLC 2006, n° 7, p. 21, obs. Sélinsky ; CCE 2006, n° 49, obs. Decocq.* ♦ Il n'est pas nécessaire que l'appréciation du Conseil s'étende aux stipulations précises du contrat qui sera conclu entre les parties. • Cons. conc. n° 08-D-04 du 25 févr. 2008 : *JCP E 2008, n° 38, p. 23, obs. Chérigny ; RLC avr.-juin 2008. 27, obs. Sélinsky ; RDLC 2008, n° 2, p. 120, obs. Sibony.* ♦ Faisant application du pouvoir d'appréciation que lui confère l'art. L. 464-2, le Conseil n'est jamais tenu de décider de rendre obligatoires les engagements proposés. • Aut. conc. n° 09-MC-01 du 8 avr. 2009 : *RDLC 2009, n° 2, p. 190, obs. Lescop ; RLC juill.-août 2009. 32, obs. Sélinsky.* ♦ La décision d'entrer en procédure d'acceptation d'engagements est un choix qui appartient à l'Autorité pour mesurer la politique de concurrence qui lui est confiée et qui lui laisse une importante marge d'appréciation dans le recours aux différents instruments prévus par le code de commerce. • Aut. conc. n° 15-D-06 du 21 avr. 2015 : *RLDA juill.-août 2015. 35, obs. Costes ; RLC juill.-sept. 2015. 28, note Sélinsky.* ♦ Si le I de l'art. L. 464-2 permet à l'Autorité d'accepter les engagements de nature à mettre un terme à ses préoccupations de concurrence, proposés par les entreprises, ces dernières ne disposent pas d'un droit aux engagements, l'Autorité jouissant d'un pouvoir discrétionnaire en la matière. C'est donc exactement que la cour d'appel, qui, pour se prononcer sur la régularité de la procédure suivie devant l'Autorité, n'était pas tenue par l'analyse de celle-ci, a retenu que le collège n'avait pas à formaliser sa décision ni, *a fortiori*, à la motiver et, partant, que son refus des engagements pouvait résulter, comme en l'espèce, de sa décision négative, implicite, de ne pas demander au rapporteur de procéder à l'évaluation préliminaire d'une telle mesure. • Com. 2 sept. 2020, n° 18-18.501 P : *cité note 30 ss. art. L. 420-2.* ♦ De même que les pratiques anticoncurrentielles identifiées peuvent se renforcer l'une l'autre, les engagements se complètent et se renforcent et forment un ensemble dont l'efficacité est supérieure à celle de chaque engagement pris isolément ; chacun d'entre eux doit donc être apprécié en tenant compte du dispositif global dans lequel il s'insère, celui-ci devant être proportionné et pertinent pour répondre aux préoccupations de concurrence exprimées, et resté équilibré en permettant de ne pas freiner l'innovation tout en prévenant l'affaiblissement de la concurrence sur le marché. • Aut. conc. n° 14-D-09 du 4 sept. 2014 : *cité note 16 ss. art. L. 420-2.*

24. Procédure d'engagement. Les décisions aux termes desquelles les services d'instruction devront poursuivre l'instruction au fond n'imposent en aucune manière à ces derniers de recourir à telle ou telle voie procédurale parmi celles définies par le I de l'art. L. 464-2, et notamment pas le recours à une procédure pouvant conduire au prononcé d'une sanction plutôt qu'à une procédure pouvant déboucher sur l'acceptation d'engagements. Ainsi, la procédure d'engagements constitue bien une voie de résolution contentieuse d'un dossier devant l'Autorité de la concurrence, celle-ci disposant alors d'un large pouvoir d'appréciation pour déterminer la voie procédurale la plus adaptée, et notamment pour opter entre la procédure d'acceptation d'engagements et la procédure de sanction. • Aut. conc. n° 17-D-16 du 7 sept. 2017 : *D. actu. 15 sept. 2017, obs. Chevrier.* ♦ Sur la coexistence des procédures d'engagements et de contrôle au titre des concentrations, V. • Aut. conc. n° 17-D-26 du 21 déc. 2017. ♦ Jugeant que le recours contre le refus de l'Autorité d'ouvrir la procédure d'engagements doit être formé devant la cour d'appel de Paris, V. • CE 11 oct. 2017, n° 402268 : *AJDA 2018. 198 ; RJDA 2018, n° 182.* ♦ Sur les modalités d'application de la procédure d'engagement, V. art. R. 464-2.

V. PROCÉDURE DE TRANSACTION OU DE NON-CONTESTATION DES GRIEFS

25. Domaine de la transaction. La procédure de transaction ne saurait s'appliquer lorsque aucun grief n'a été notifié. • Cons. conc. n° 04-D-76 du 22 déc. 2004 : *RTD com. 2005. 67, obs. Claudel .* ♦ *La procédure* de non-contestation des griefs prévue au III de l'art. L. 464-2 peut, en principe, intervenir à tout moment, entre la réception de la notification de griefs et la notification du rapport aux parties, y compris une fois le délai de remise des observations expiré, dès lors que le rapport du rapporteur n'est pas encore notifié. • Cons. conc. n° 06-D-03 du 9 mars 2006 : *cité note 10 ss. art. L. 463-2.* ♦ L'un des effets de la non-contestation des griefs étant la dispense d'établissement du rapport, la procédure de transaction n'a plus d'intérêt une fois franchie cette étape de l'instruction. • Cons. conc. n° 07-D-50 du 20 déc. 2007 : *cité note 20 ss. art. L. 420-1.* ♦ Dès lors que la notification des griefs est adressée à des sociétés ayant une personnalité juridique distincte, chacune d'entre elles doit avoir le choix de sa défense. Ainsi, toute société doit pouvoir être libre de ses choix procéduraux, indépendamment des choix de défense opérés par sa société mère. • Aut. conc. n° 14-D-16 du 18 nov. 2014 : *RLC janv.-mars 2015. 85, obs. Farache.* ♦ La loi ne permet pas de recevoir favorablement une demande d'exemption de la part d'une entreprise ayant opté pour la procédure de non-contestation des griefs. • Aut. conc. n° 15-D-19 du 15 déc. 2015. ♦ La procédure de non-contestation des griefs constitue uniquement une option procédurale, tant pour les mises en cause que pour l'Autorité. Les conditions entourant cette procédure ne peuvent être contraires aux principes du procès équitable, dès lors que les entreprises ont toujours la possibilité de contester les griefs et de faire valoir devant l'Autorité l'ensemble des arguments qu'elles estiment pertinents. • Même décision.

Sur le bénéfice de la procédure de non-contestation des griefs prévue au III de l'art. L. 464-2 au profit d'entreprises ayant pris l'initiative de collaborer avec les autorités de concurrence alors que le dispositif de « clémence », qui est désormais prévu au IV du même texte, ne figurait pas encore dans le corpus législatif des règles de concurrence nationales, V. • Cons. conc. n° 07-D-02 du 23 janv. 2007 : *D. 2007. AJ 441, obs. Chevrier ; RTD com. 2008. 60, obs. Claudel ; RLC avr.-juin 2007. 30, obs. Cholet ; RDLC 2007, n° 2, p. 155, obs. Momège et Carpentier.* – V. aussi • Cons. conc. n° 07-D-40 du 23 nov. 2007 : *RTD com. 2008. 60, obs. Claudel ; RDLC 2008, n° 1, p. 115, obs. Claudel.* ♦ Sur le cumul des procédures de transaction et de clémence, V. note 36. ♦ Sur le cumul de la procédure de transaction avec la procédure simplifiée, V. note 2 ss. art. L. 463-3 et note 2 ss. art. L. 464-5.

26. Pouvoir d'appréciation. Les services d'instruction ne sont pas tenus d'effectuer au stade de la notification de griefs une évaluation quantifiée du dommage à l'économie à seule fin de permettre aux parties d'apprécier le montant de la sanction encourue, et, partant, l'opportunité de demander le bénéfice de la procédure de non-contestation des griefs. • Aut. conc. n° 10-D-28 du 20 sept. 2010 : *cité note 51.* ♦ La procédure de non-contestation des griefs n'est pas un droit pour les entreprises puisqu'elle peut éventuellement être mise en œuvre sur proposition du rapporteur général, au regard des gains procéduraux pouvant en être attendus. • Aut. conc. nº 15-D-19 du 15 déc. 2015. ♦ Même si le III de l'art. L. 464-2 laisse un large pouvoir d'appréciation au rapporteur général, cette situation ne fait pas obstacle à ce que le Conseil exerce un contrôle, même restreint, sur l'usage qu'il fait de cette faculté, dans la mesure où cette appréciation rejaillit sur le montant de la sanction finalement décidée. • Cons. conc. nº 06-D-09 du 11 avr. 2006 : *cité note 32.* ♦ Il résulte du III de l'art. L. 464-2 que l'engagement de la procédure de non-contestation des griefs relève du pouvoir d'appréciation du rapporteur général, sous réserve du contrôle de l'erreur manifeste par l'Autorité, de sorte que les parties ne disposent d'aucun droit à la mise en œuvre de cette procédure. • Paris, 23 févr. 2012 : *cité note 19 ss. art. L. 420-1.* ♦ Le rapporteur général n'est pas tenu de donner une suite favorable à une demande de mise en œuvre du III de l'art. L. 464-2, dans la mesure où ce texte lui reconnaît un pouvoir d'appréciation lui permettant de déterminer, d'une part, si cette demande porte sur une affaire dans laquelle la mise en œuvre de la procédure de non-contestation des griefs lui paraît opportune au regard de l'économie procédurale et, d'autre part, si la demande elle-même lui paraît pertinente. • Aut. conc. nº 14-D-16 du 18 nov. 2014 : *préc. note 25.* ♦ Il revient au collège de s'assurer de la régularité de la procédure préalable à la prise de sa décision. Celui-ci peut être ainsi conduit à vérifier que le rapporteur général n'a pas commis, dans son appréciation de l'opportunité de recourir ou non à la procédure de non-contestation des griefs en ce qui le concerne, et le cas échéant de tenir compte de propositions d'engagements, d'erreur manifeste rejaillissant sur le montant de la sanction pécuniaire pouvant lui être imposée. • Même décision. ♦ Le rapporteur général dispose de la faculté de soumettre une proposition de transaction, sans que cela constitue une obligation pour lui. A cet égard, il dispose d'une large faculté d'appréciation, dépendant notamment des objectifs de la procédure de transaction rappelés dans le communiqué de procédure de l'Autorité du 21 déc. 2018. • Aut. conc. nº 20-D-05 du 23 mars 2020.

27. Portée de la transaction. La non-contestation des griefs, qui fait partie intégrante de la procédure suivie devant le Conseil, ne constitue, en soi, ni un aveu ni une reconnaissance de responsabilité. • Paris, 29 janv. 2008 : *cité note 11 ss. art. L. 464-8.* ♦ La mise en œuvre de la procédure de transaction n'empêche pas les entreprises en cause de présenter au Conseil des éléments tendant à démontrer que les griefs retenus n'ont pas de caractère de gravité et n'ont pas causé de dommage à l'économie. • Cons. conc. nº 03-D-45 du 25 sept. 2003 : *cité note 30.* ♦ ... En revanche elle est incompatible avec le fait d'invoquer la « nullité » de la notification de griefs au motif qu'elle n'aurait pas été adressée à la bonne société. • Cons. conc. nº 08-D-32 du 16 déc. 2008 : *cité note 33.* ♦ Il n'y a pas lieu de prendre en considération le comportement d'une entreprise dans une procédure distincte concernant une autre pratique anticoncurrentielle qui lui était imputée, dans laquelle elle a trouvé à propos, contre une minoration de la sanction encourue, de ne pas contester les griefs qui lui étaient imputés et de prendre des engagements, cette procédure étant dépourvue de tout rapport avec la présente affaire. • Paris, 8 oct. 2008 : *RDLC 2008, nº 4, p. 80, obs. Claudel.* ♦ L'intéressé doit renoncer à contester non seulement la réalité des pratiques visées par la notification des griefs, mais également la qualification qui en a été donnée par les services d'instruction de l'Autorité au regard des dispositions du code de commerce, et leur responsabilité dans la mise en œuvre de ces pratiques ; cette renonciation devant, sur l'ensemble de ces points, être claire, complète et dépourvue d'ambiguïté. • Aut. conc. nº 12-D-06 du 26 janv. 2012 : *RLC avr.-juin 2012. 16, note Venayre.* ♦ Mais la renonciation à contester les griefs ne limite pas la possibilité pour les entreprises de contester la détermination par la décision des sanctions en fonction des critères de l'art. L. 464-2, I et III. • Paris, 25 sept. 2014 : *préc. note 3.* – V. aussi • Paris, 13 juin 2019 : *CCC 2019, nº 144, obs. Decocq ; RJDA 2019, nº 71.* ♦ Si la mise en conformité d'une clause statutaire avec le droit de la concurrence ne constitue pas en soi un engagement susceptible de faire l'objet d'une rétribution dans le cadre d'une transaction, les parties qui s'engagent dans cette voie procédurale se doivent d'apporter des garanties suffisantes, notamment en termes de délais de mise en conformité, pour que la pratique faisant l'objet d'un grief notifié cesse dans les meilleurs délais après la transaction. • Aut. conc. nº 19-D-21 du 28 oct. 2019.

28. Respect du contradictoire. Sur l'application du principe de la contradiction à la procédure de transaction, V. • Paris, 21 sept. 2004 : *cité note 30* (conf. par • Com. 22 nov. 2005, nº 04-19.102 P : *D. 2006. AJ 139, obs. Chevrier ; JCP E 2006, nº 1, p. 34 ; CCC 2006, nº 49, obs. Malaurie-Vignal ; RJDA 2006, nº 462 ; RLC 2006, nº 6, p. 70, obs. Nourissat*, jugeant que si l'entreprise ne peut subordonner son absence de contestation des griefs et ses engagements à condition, elle dispose devant le Conseil de la faculté de présenter toutes observations et de produire toutes pièces utiles à l'appréciation par cette autorité de la sanction pécuniaire qu'elle prononcera). ♦ Sur la confidentialité entourant la transaction, V. notes ss. art. R. 464-4.

29. Liberté de négociation. Comme pour toute négociation, les positions sont libres tant qu'un accord n'est pas signé, sous la forme d'un procès-verbal de non contestation de griefs signé conjointement par l'entreprise concernée et par le rapporteur général, et la prudence impose d'envisager dès le départ la possibilité d'un non-aboutissement. • Cons. conc. n° 09-D-05 du 2 févr. 2009 : *cité note 45.* ♦ S'il peut être tenu compte, de façon générale, dans le cadre de la mise en œuvre de la procédure de transaction, des engagements proposés par les entreprises pour modifier leur comportement à l'avenir, en l'espèce, les procès-verbaux de transaction signés par le rapporteur général et les parties n'ont pas retenu les propositions de mise en place ou d'amélioration de programmes de conformité présentées par les entreprises. Il n'y a donc pas lieu pour l'Autorité de prendre en compte les propositions d'engagements formulées par les entreprises au stade des discussions avec les services d'instruction pour fixer le montant des sanctions. • Aut. conc. n° 17-D-20 du 18 oct. 2017 : *cité note 31.*

30. Taux de réfaction. La réfaction prévue par l'art. L. 464-2-II [désormais L. 464-2-III] est applicable au plafond légal puisqu'il renvoie au montant maximal de la sanction encourue et non pas à la sanction que le Conseil aurait, conformément aux critères posés au I du même art., déterminée. • Paris, 21 sept. 2004 : *D. 2004. AJ 2712* ; *RTD com. 2005. 68, obs. Claudel* ; *JCP E 2004, n° 48, p. 1881, obs. Decocq ; RDLC déc. 2004. 89, obs. Michel-Amsellem ; RLC 2005, n° 1, p. 94, obs. Cheynel.* ♦ L'art. L. 464-2-II [désormais L. 464-2-III] a pour objet de garantir aux entreprises que, si le Conseil accepte les engagements qu'elles ont pris, le plafond légal applicable aux sanctions qu'il édicte est divisé par deux par rapport au régime de droit commun ; toutefois, ces dispositions ne font pas obstacle à ce que, dans la limite de ce nouveau plafond, le Conseil apprécie le montant de la sanction qui aurait été encourue par chaque entreprise et y applique le taux de réfaction qu'il retient compte tenu des propositions faites par le rapporteur général. • Cons. conc. n° 03-D-10 du 20 févr. 2003 : *JCP E 2004, n° 48, p. 1881, obs. Decocq ; CCC 2003, n° 127, obs. Malaurie-Vignal ; LPA 2 mai 2003, note Arhel* • n° 03-D-45 du 25 sept. 2003 : *D. 2003. AJ 2831* ; *JCP E 2004, n° 3, p. 83, note Arhel ; CCC 2004, n° 7, obs. Malaurie-Vignal ; RJDA 2004, n° 103 ; RDLC déc. 2004. 89, obs. Michel-Amsellem.*

Sur l'application dite « en cascade » plutôt que cumulative des taux de réfaction lorsque les procédures de clémence et de transaction se cumulent, V. • Paris, 27 oct. 2016, n° 15/01673.

31. Critères de la réfaction. Lorsque est mise en œuvre la procédure prévue au III de l'art. L. 464-2, la décision du Conseil, qui examine la proposition du rapporteur général relative à *l'aménagement de la sanction pécuniaire* éventuellement encourue, tient compte à la fois de la non-contestation des griefs et des engagements pris pour l'avenir. Toutefois, la simple renonciation à contester les griefs, qui a principalement pour effet d'alléger et d'accélérer le travail de l'instruction en dispensant de la rédaction du rapport, ne peut conduire à accorder aux entreprises en cause qu'une réduction forfaitaire et relativement limitée de la sanction encourue ; c'est la qualité des engagements qui peut permettre d'accorder des contreparties plus substantielles dans le cadre de cette procédure. • Cons. conc. n° 07-D-21 du 26 juin 2007 : *RTD com. 2008. 57, obs. Claudel* ; *CCC 2007, n° 220, obs. G. D. ; RJDA 2007, n° 1016 ; RLC oct.-déc. 2007. 24, obs. Sélinsky ; RDLC 2007, n° 3, p. 144, obs. Lemaire.* ♦ L'élaboration et la mise en œuvre de programmes de conformité ont vocation à s'insérer dans la gestion courante des entreprises, particulièrement lorsque celles-ci sont de taille conséquente. Les engagements portant sur la mise en œuvre de tels programmes de conformité n'ont, par suite, pas vocation, de façon générale, à justifier une atténuation des sanctions encourues au titre des infractions au droit de la concurrence, tout spécialement s'agissant d'infractions d'une particulière gravité telles que les ententes et échanges d'informations sur les prix futurs et la politique commerciale. • Aut. conc. n° 17-D-20 du 18 oct. 2017 : *BRDA 2017, n° 21, p. 16.* – V. aussi 4ᵉ note ss. art. L. 464-2.

Le bénéfice tiré de la non-contestation ne doit pas être forfaitaire pour toutes les entreprises qui ne contestent pas, dans la mesure où l'abattement dépend expressément dans la loi de la réalité des engagements pris personnellement par chacune des entreprises qui ont opté pour ce processus. Par ailleurs, l'abattement offert aux entreprises qui ne contestent pas ne peut dépendre de la fourchette négociée au titre de la clémence avec telle ou telle autre entreprise puisque, et même si à engagements comparables, la clémence rend plus de services à la protection de la concurrence que la non-contestation de griefs, l'accord de clémence est inopposable, en droit et en fait, aux entreprises qui n'y sont pas parties. Enfin, pour les entreprises qui ne contestent pas les griefs, la loi préconise un écrêtement, non pas de la sanction prononcée comme dans le cas de la clémence, mais du plafond de la sanction encourue. • Paris, 19 janv. 2010 : *cité note 44.* ♦ En acceptant une transaction, les sociétés ont par principe estimé que les fourchettes de sanction définies dans leurs procès-verbaux de transaction respectifs étaient compatibles avec leur situation financière. Elles ne peuvent donc soutenir ensuite que l'application de sanctions dans les limites de ces fourchettes serait incompatible avec leur capacité contributive, sauf à ce que celle-ci se soit dégradée postérieurement à la signature des procès-verbaux de transaction. • Aut. conc. n° 19-D-21 du 28 oct. 2019. ♦ Pour une comparaison avec les sanctions prononcées dans le cadre de la procédure de clémence, V. note 35.

VI. PROCÉDURE DE CLÉMENCE

32. Conditions de la clémence. L'entreprise demandant le bénéfice de la clémence doit apporter au Conseil tous éléments d'information, sans qu'il en soit précisé la forme et la nature, lui permettant d'établir la pratique dénoncée et d'identifier ses auteurs ; ces éléments d'information peuvent être constitués de preuves documentaires (documents internes à l'entreprise, comptes rendus de réunions,...) que l'entreprise peut compléter par des explications synthétisées dans un ou plusieurs mémoires versés à l'appui de sa demande, ou de déclarations orales. • Cons. conc. n° 06-D-09 du 11 avr. 2006 : *D. 2006. AJ 1231, obs. Chevrier ; RTD com. 2006. 328, obs. Claudel ; JCP E 2006, n° 19, p. 847, obs. Taillandier ; CCC 2006, n° 110, obs. Decocq ; LPA 13 nov. 2006, p. 14, obs. Bacchichetti ; RJDA 2006, n° 708 ; RDLC 2006, n° 2, p. 144, obs. Momège*. – Sur cette décision, V. aussi Sélinsky et Cholet, *RLDA juin 2006. 55* ; Barbier de la Serre, *RLC juill.-sept. 2006. 77*. ♦ La présentation d'une demande de clémence suppose nécessairement que l'entreprise informe l'Autorité, premièrement, de la nature et du champ matériel, géographique et temporel de l'entente visée par cette demande, deuxièmement, de sa propre responsabilité dans cette entente et, troisièmement, de l'identité des autres entreprises ou organismes auteurs des pratiques en cause. • Aut. conc. n° 13-D-12 du 28 mai 2013 : *cité note 1 ss. art. R. 464-5*. ♦ Mais le fait d'avoir omis un participant sur la grande quantité des entreprises concernées, qui ont en outre évolué au fil du temps, n'est pas, en l'espèce, de nature à invalider l'appréciation de la qualité de la coopération du demandeur de clémence. • Paris, 20 nov. 2014 : *cité note 38 ss. art. L. 450-4*. ♦ Imposant, pour bénéficier de la clémence, à la société dénonciatrice : d'apporter des éléments concernant la période non prescrite permettant de contribuer à établir la réalité des pratiques dénoncées et à en identifier les auteurs ; de coopérer de manière totale, permanente et rapide tout au long de la procédure d'enquête et d'instruction ; de mettre fin à sa participation aux activités illégales dénoncées et de ne pas avoir pris de mesures pour contraindre d'autres entreprises à participer aux infractions ; de ne pas informer de sa démarche les entreprises susceptibles d'être mises en cause dans le cadre des pratiques dénoncées. • Cons. conc. n° 06-D-09 du 11 avr. 2006 : *préc.* ♦ Mais le statut de demandeur de clémence ne lui interdit pas de mettre au dossier d'instruction, accessible aux parties, les éléments dont elle dispose et qui pourraient venir atténuer la portée des pratiques dénoncées ou encore minorer la participation de telle ou telle entreprise, dès lors que ces informations sont fournies dans les meilleurs délais, sont sincères et sont présentées de manière impartiale ; la fourniture de telles informations ne pouvant en aucun cas conduire l'Autorité à conclure que le demandeur de clémence romprait son obligation de coopération. • Aut. conc. n° 14-D-19 du 18 déc. 2014 : *D. actu. 27 janv. 2015, obs. Constantin ; RLC avr.-juin 2015. 18, obs. Sélinsky.*

La pratique de l'Autorité consiste à subordonner l'octroi effectif de l'exonération de sanction pécuniaire envisagée dans ses avis de clémence à la condition que le demandeur coopère activement à l'ensemble de la procédure d'enquête et d'instruction, y compris en fournissant tout élément de preuve en relation avec l'infraction suspectée qui viendrait en sa possession au cours de l'instruction. Le IV de l'art. L. 464-2 appréhende en effet la procédure de clémence comme une contribution active et volontaire, non seulement à leur détection par l'Autorité, par le biais de la production d'éléments de preuve, mais également, en aval, à l'instruction de l'affaire par les services d'instruction. En pratique, l'obligation impose au demandeur de coopérer avec l'Autorité jusqu'à la séance, y compris donc après la délivrance de l'avis de clémence. • Aut. conc. n° 15-D-19 du 15 déc. 2015. ♦ Quand bien même l'Autorité ne serait-elle pas dans l'obligation d'adopter un principe de procédure défini par le droit de l'Union européenne, l'application cohérente du droit de l'Union constitue un objectif propre à légitimement fonder la décision qu'elle a prise d'appliquer le principe selon lequel la société mère d'une filiale, qui ne l'est plus au moment où cette filiale dépose une demande de clémence, ne peut bénéficier de la clémence accordée à cette filiale. • Paris, 2 févr. 2017, n° 2013/13058 : *JCP E 2017, n° 1200, note Wilhelm et Dumur ; CCC 2017, n° 107, obs. Decocq* (conf. par • Com. 10 juill. 2018, n° 17-13.973 : *CCC 2018, n° 181, obs. Bosco ; RJDA 2018, n° 871*). ♦ La procédure de clémence est instituée afin de faciliter pour les autorités de concurrence la connaissance et l'appréhension de pratiques anticoncurrentielles ; il est, dans cet objectif, légitime que soit bénéficiaire de ce dispositif l'entreprise qui accomplit la démarche et non celle qui aurait pu la décider, mais s'en est abstenue. Le fait que certaines sociétés mères seraient trop éloignées de leurs filiales ou n'auraient pas la possibilité d'avoir connaissance des pratiques incriminées relève sur ce point de leur propre responsabilité organisationnelle et n'a pas à être pris en compte. • Paris, 2 févr. 2017, n° 2013/13058 : *préc.* ♦ V. aussi note 3 ss. art. L. 464-4.

33. Pièces et déclarations. Les pièces et déclarations communiquées dans les conditions fixées par le IV de l'art. L. 464-2, sont recevables sans qu'il soit besoin de rechercher la motivation de l'entreprise qui les apporte : il appartient seulement d'apprécier leur vraisemblance, en les confrontant aux autres pièces du dossier ; l'examen de la valeur probante des déclarations, distinct de celui de leur recevabilité, est fait lors de l'analyse du bien-fondé des griefs notifiés. • Cons. conc. n° 08-D-32 du 16 déc. 2008 : *D. actu. 19 déc. 2008, obs. Chevrier ; RDLC 2009, n° 1, p. 110, obs. Debroux et Rieu ; RLC avr.-juin*

2009. 26, obs. Cholet. ♦ Saisi d'une demande de clémence, le rapporteur général ne peut, lors du dépôt, n'en contrôler que sommairement le contenu et il ne se trouve pas en mesure de rejeter tel ou tel élément avant que le rapporteur chargé du dossier puisse débuter un examen approfondi et des investigations. De même, il ne peut en soi être reproché au rapporteur du dossier, d'une part, d'avoir reçu des déclarations ou des pièces contenant des accusations contre une personne physique, quel que soit son titre, si celles-ci pouvaient être en lien avec les infractions, d'autre part, d'en avoir consigné la réception dans un procès-verbal et, enfin, s'agissant de pièces comportant des indications utiles à la manifestation de la vérité, de les avoir maintenues au dossier. Mais il lui appartient néanmoins de veiller à la sauvegarde des droits fondamentaux de ces personnes. • Paris, 2 févr. 2017, n° 2013/13058 : *préc. note 32.* ♦ Le fait que les notes de synthèse et autres documents contiennent des accusations contre une personne précisément dénommée ne rend pas l'intégralité de ces documents, qui comportent d'autres informations utiles pour l'enquête, illégale. En effet, si ces documents n'auraient pas dû comporter des accusations graves dépourvues de preuve, ceci n'en altère la validité que pour cette partie individuelle, mais n'en affecte pas l'ensemble. De même, les documents de la procédure, avis de clémence et notification de griefs, qui se sont référés à ces pièces sans toutefois citer, ni même faire référence, aux passages portant atteinte à la réputation d'une personne ne sont pas, de ce fait, entachés de nullité. • Même arrêt.

34. Droits de la défense. L'exercice concret des droits de la défense doit être appréhendé en tenant compte de l'obligation incombant à l'entreprise qui a bénéficié d'un avis conditionnel de clémence de coopérer de manière rapide, totale, permanente et véritable au traitement de l'affaire, et ce tout au long de la phase préliminaire d'enquête et de la procédure d'instruction. Cette coopération vise à faciliter la démonstration de l'entente telle que visée par l'avis de clémence et s'oppose à ce que l'intéressé réoriente l'instruction vers une autre pratique qui chapeauterait ou compléterait celle visée par la procédure. Dès lors est-il important d'examiner, d'une part, la nature des liens existant entre les pièces dont le transfert est demandé à la Commission européenne et l'objet de l'affaire pour laquelle leur transfert a été sollicité et de rechercher, d'autre part, en quoi ces pièces pourraient influencer concrètement l'exercice des droits de la défense *par l'entreprise en cause.* • *Aut. conc.* n° 11-D-17 du 8 déc. 2011 : *cité note 36.* ♦ Par son existence même, la procédure de clémence a pour effet de placer les parties à une entente dans des positions différentes dans la procédure de sanction de ces pratiques. Cependant, cette situation, voulue par le législateur, n'instaure pas une inégalité des armes au sens de l'art. 6 Conv. EDH dans la mesure où ces parties ne sont pas adversaires les unes des autres et que l'autorité poursuivante respecte pour chacune d'elles les principes fondamentaux des droits de la défense. • Paris, 27 oct. 2016, n° 15/01673.

35. Réduction des sanctions pécuniaires. L'art. L. 464-2 définit les conditions d'octroi de l'exonération et confient à l'Autorité de la concurrence, dans l'exercice de son pouvoir de sanction, l'appréciation, à l'issue d'une procédure contradictoire, et par une décision motivée soumise au contrôle du juge, de l'étendue de l'exonération à accorder au demandeur de clémence, sur la base de critères objectifs, liés à la nature et à l'importance de la contribution apportée par celui-ci à l'établissement de l'infraction et en considération des données individuelles propres à chaque entreprise ou organisme, conformément au principe d'individualisation de la peine (non-transmission d'une QPC). • Com., QPC, 4 mars 2015, n° 14-40.052 : *D. actu. 13 mars 2015, obs. Chevrier ; JCP 2015, n° 322.* ♦ Le niveau des réductions de sanctions pécuniaires accordées dans le cadre du programme de clémence pour les demandeurs qui ne peuvent bénéficier de l'exonération totale doit rester plus incitatif que celui pratiqué dans le cadre de la non-contestation des griefs. L'espérance de gain doit nécessairement rester inférieure dans ce deuxième cas pour que les deux dispositifs soient cohérents et que l'incitation à opter pour la clémence soit préservée. • Cons. conc. n° 07-D-21 du 26 juin 2007 : *préc. note 31.* ♦ L'art. L. 464-2-IV n'autorise pas les parties à l'accord à prévoir un simple écrêtement de la sanction encourue, la loi prescrivant exclusivement, dans un souci évident de transparence et de sécurité juridique, une exonération totale ou partielle de la sanction prononcée. Dès lors, la pratique doit s'établir d'une évaluation de la sanction en fonction de critères dégagés pour toutes les entreprises poursuivies, et ensuite d'un abattement qui apparaisse clairement, du moins si l'Autorité entend y faire droit dans la fourchette convenue entre elle et l'entreprise. • Paris, 19 janv. 2010 : *cité note 44.* ♦ L'Autorité, à son initiative, peut accorder à l'issue de l'instruction une réévaluation du taux maximal lorsqu'il apparaît notamment que la valeur ajoutée des pièces remises par le demandeur avait été sous-évaluée au stade de l'avis. Mais en tout état de cause, l'application du point 19 du communiqué de procédure du 2 mars 2009 ne peut aboutir, « en principe », à une exonération partielle de sanction supérieure à 50 %. • Aut. conc. n° 14-D-19 du 18 déc. 2014 : *préc. note 32.* ♦ Par ailleurs, seule l'unité économique ayant déposé une demande de clémence et transmis les preuves décisives peut en bénéficier, à savoir la filiale et la société mère qui la détient au moment de cette demande. • Même décision. ♦ Les manquements à l'obligation de coopération, s'ils n'impliquent pas nécessairement la perte intégrale de l'exonération de sanction envisagée au stade de l'avis de clémence, justifient une réduction proportionnée de celle-ci. • Paris, 19 juill. 2018, n° 16/01270 : *CCC 2018, n° 195, obs. Decocq.* ♦ Sur la prescription, V. note 8 ss. art. L. 462-7. ♦ Sur l'examen de l'avis de clémence, V. note 2 ss. art. R. 464-5.

36. Cumul des procédures de clémence et de transaction. La coexistence du III et du IV de l'art. L. 464-2 n'exclut pas la possibilité, pour le rapporteur général, de proposer à l'Autorité de tenir compte du fait qu'une entreprise ayant présenté une demande de clémence renonce ultérieurement à contester les griefs qui lui auraient été notifiés dans l'intervalle. • Aut. conc. n° 11-D-17 du 8 déc. 2011 : *D. actu. 19 déc. 2011, obs. Constantin ; JCP 2011, n° 1411 ; RDLC 2012, n° 1, p. 98, obs. Jalabert-Doury ; RLC avr.-juin 2012. 69, note Patat et Guibert.* ♦ Lorsqu'une entreprise ayant obtenu le bénéfice conditionnel d'une exonération totale ou partielle de sanction en application de la procédure de clémence sollicite ensuite la mise en œuvre de la procédure de non-contestation des griefs, il faut admettre que le rapporteur général puisse tenir compte de cette séquence procédurale. Il lui est en particulier loisible d'apprécier les suites qu'il entend réserver à la demande de mise en œuvre du III à la lumière du contenu respectif de la demande de clémence, d'une part, et des griefs notifiés, d'autre part. • Même décision. ♦ Ainsi, lorsque le champ des griefs notifiés diffère sur un ou plusieurs points importants de l'entente telle que décrite par le demandeur de clémence au vu de l'ensemble des informations et des éléments de preuve dont il pouvait disposer, la mise en œuvre de la procédure de non-contestation des griefs à son égard peut revêtir un intérêt certain ; en revanche, lorsque le périmètre des griefs notifiés correspond au contenu de l'entente tel qu'il a été décrit par le demandeur de clémence, le rapporteur général peut, sans commettre d'erreur manifeste d'appréciation et à condition de respecter par ailleurs le principe d'égalité de traitement, estimer que la mise en œuvre de cette procédure n'apporte pas de valeur ajoutée suffisante au traitement de l'affaire. • Même décision.

Il résulte du point 6 du communiqué de procédure du 10 févr. 2012 que s'il fait référence à un cumul, celui-ci porte sur les procédures, mais ne laisse nullement penser que l'Autorité procéderait à un cumul des taux. Il convient en conséquence de rejeter le moyen par lequel les requérantes soutiennent que l'application « en cascade » des taux de réduction serait contraire à cette disposition. • Paris, 27 oct. 2016, n° 15/01673. ♦ Lorsque l'Autorité décide de mettre en œuvre les deux procédures conjointement, il se déduit des dispositions précitées qu'elle doit d'abord appliquer au montant de base l'exonération totale ou partielle accordée au titre de la clémence avant de faire application de la réduction accordée au titre de la non-contestation des griefs ; cette application en cascade des deux réductions n'aboutissant pas à une inégalité de traitement au détriment des bénéficiaires de la procédure de clémence dès lors que l'exonération totale ou partielle dont ceux-ci bénéficient est nécessairement supérieure à la réduction pouvant être accordée au titre de la non-contestation des griefs afin de ne pas nuire à l'attractivité de cette première procédure. • Même arrêt. ♦ V. 4e note ss. art. L. 464-2.

VII. SANCTIONS

A. RESPECT DES DROITS FONDAMENTAUX

37. Garanties du procès équitable. Les prescriptions de l'art. 6 Conv. EDH (délai raisonnable, présomption d'innocence, etc.) s'appliquent aux sanctions pécuniaires prévues par l'art. 13 [C. com., art. L. 464-2], qui, bien que de nature administrative, visent comme en matière pénale, par leur montant élevé et la publicité qui leur est donnée, à punir les auteurs des faits contraires aux dispositions des art. 7 et 8 [C. com., art. L. 420-1 et L. 420-2], et à dissuader les agents économiques de se livrer à de telles pratiques. • Paris, 6 mai 1997 : *D. Affaires 1997. 1036 ; LPA 11 mars 1998, obs. Arhel.* ♦ Toutefois, ainsi que l'a jugé la CEDH, des impératifs de souplesse et d'efficacité peuvent justifier l'intervention préalable, dans la procédure suivie, d'une autorité administrative qui, comme le Conseil de la concurrence, ne satisfait pas, sur tous leurs aspects, aux prescriptions de forme de l'art. 6, § 1er, de la Conv., dès lors que les décisions prises par celle-ci subissent *a posteriori*, sur les points de fait, les questions de droit ainsi que sur la proportionnalité de la sanction prononcée avec la gravité de la faute commise, le contrôle effectif d'un organe judiciaire offrant toutes les garanties d'un tribunal au sens dudit art. 6. • Même arrêt. ♦ Comp. considérant que, dans l'exercice de son pouvoir de sanction, le Conseil de la concurrence est tenu au respect des garanties énoncées par l'art. 6 Conv. EDH : • Paris, 15 juin 1999 : *D. 1999. IR 184 ; JCP E 1999, n° 49, p. 1966, note Fourgoux* • 29 juin 1999 : *BOCC 25 août 1999.* ♦ V. note 3 ss. art. L. 463-7. ♦ Jugeant que la sanction qui s'attache à la violation de l'obligation pour le Conseil de se prononcer dans un délai raisonnable résultant de la Conv. EDH n'est pas l'annulation ou la réformation de la décision mais la réparation du préjudice résultant de la durée excessive de la procédure : • Paris, 20 nov. 2001 : *préc. note 41.* ♦ En matière d'infractions au droit de la concurrence, la cour d'appel pouvant être saisie d'un recours contre les décisions du Conseil de la concurrence, il est satisfait à l'impératif lié à l'existence d'un double degré de juridiction, les décisions motivées émanant du Conseil subissant un contrôle effectif, tant en ce qui concerne la motivation que le respect du principe de la contradiction et des droits de la défense, d'une juridiction de recours répondant à toutes les exigences posées par le Pacte international et la Convention européenne. • Paris, 28 janv. 1997 : *cité note 38.*

38. Cumul des sanctions. Lorsque des faits reprochés sur le fondement de l'art. 8 [C. com., art. L. 420-2] ont déjà été sanctionnés en tant qu'ils ont donné lieu à des pratiques prohibées par l'art. 7 [C. com., art. L. 420-1], il convient de tenir compte de cette précédente décision pour déterminer le montant de la sanction applicable. • Cons. conc. n° 96-D-40 du 14 mai 1996. ♦ En cas de poursuites d'un comportement ou d'une série homogène de comportements sous plusieurs qualifications (abus de position dominante et entente), le fait de retenir une double qualification ne conduit pas à une modification de l'appréciation de la sanction qui sera prononcée. • Aut. conc. n° 17-D-02 du 10 févr. 2017 : *CCC 2017, n° 84, obs. Bosco.* ♦ Sur le cumul des sanctions pécuniaires prononcées par le Conseil de la concurrence et des réparations civiles prononcées par une juridiction de droit commun, V. • Cons. conc. 27 mars 1990 : *Gaz. Pal. 1990. 1. 345, note Marchi ; RTD com. 1990. 663, obs. Bouzat* . ♦ La compétence du Conseil, limitée à la connaissance des atteintes portées à la concurrence et lui permettant de prononcer des sanctions administratives à l'encontre de leurs auteurs, sans pour autant pouvoir allouer des dommages et intérêts à leurs éventuelles victimes, est distincte de la compétence reconnue aux juridictions répressives (non-application de la règle *non bis in idem*). • Paris, 28 janv. 1997 : *BOCC 31 déc. 1997.* ♦ Le principe *non bis in idem* interdit de punir deux fois les mêmes faits. Sont différentes les pratiques anticoncurrentielles, dont la sanction est régie par les dispositions de l'art. L. 464-2, de celles qui consistent dans l'inexécution d'injonction, comportement réprimé par les dispositions de l'art. L. 464-3 qui renvoient à celles de l'art. L. 464-2 pour fixer les limites de la sanction applicable. • Cons. conc. n° 05-D-59 du 7 nov. 2005 : *D. 2005. AJ 3012, obs. Chevrier ; CCC 2005, n° 207, obs. Malaurie-Vignal* (conf. par • Com. 23 oct. 2007, n° 06-17.852 : *cité note 8 ss. art. L. 464-3*). ♦ La circonstance que, pour respecter les critères fixés par l'art. L. 464-2 auxquels renvoi implicitement l'art. L. 464-3, la cour d'appel ait tenu compte de « l'importance du dommage causé à l'économie » par le refus de respecter les injonctions du Conseil, dommage qui se confond en partie avec celui né des pratiques en cause, n'interdit pas au Conseil de prononcer une sanction pour réprimer ces dernières ; en effet, aucun obstacle juridique ne s'oppose à ce que deux sanctions successives, infligées à raison de pratiques différentes, prennent en compte, pour calculer leur montant, un critère partiellement commun. • Même décision. ♦ La règle *non bis in idem* ne peut valablement être invoquée pour échapper à des situations dans lesquelles deux personnes morales distinctes sont poursuivies pour les mêmes faits, tels les entreprises adhérentes d'un groupement et le groupement lui-même. • Cons. conc. n° 06-D-03 du 9 mars 2006 : *cité note 2 ss. art. L. 123-22.* ♦ Il est possible de retenir la responsabilité personnelle d'un organisme collectif, parallèlement à celle de ses membres, dès lors que cet organisme collectif adopte un comportement anticoncurrentiel distinct et autonome de celui de ces membres. • Aut. conc. n° 12-D-06 du 26 janv. 2012.

L'art. 50 de la charte des droits fondamentaux de l'UE doit être interprété en ce sens qu'il ne s'oppose pas à ce qu'une entreprise soit poursuivie, par l'autorité de concurrence d'un État membre, et se voie, le cas échéant, infliger une amende pour une infraction à l'art. 101 TFUE et aux dispositions correspondantes du droit national de la concurrence, en raison d'un comportement qui a eu un objet ou un effet anticoncurrentiel sur le territoire de cet État membre, alors que ce comportement a déjà été mentionné, par une autorité de concurrence d'un autre État membre, dans une décision définitive que celle-ci a adoptée, à l'égard de cette entreprise, au terme d'une procédure d'infraction à l'art. 101 TFUE et aux dispositions correspondantes du droit de la concurrence de cet autre État membre, pour autant que cette décision ne repose pas sur le constat d'un objet ou d'un effet anticoncurrentiel sur le territoire du premier État membre. • CJUE 22 mars 2022, n° C-151/20 : *D. 2022. Actu. 607* . ♦ L'art. 50 de la même charte doit être interprété en ce sens qu'une procédure de mise en œuvre du droit de la concurrence dans laquelle, en raison de la participation de la partie concernée au programme national de clémence, une infraction à ce droit ne peut qu'être constatée est susceptible d'être soumise au principe *ne bis in idem*. • Même arrêt. ♦ L'art. 50 de la charte des droits fondamentaux de l'UE, lu en combinaison avec l'art. 52, § 1, de cette dernière, doit être interprété en ce sens qu'il ne s'oppose pas à ce qu'une personne morale soit sanctionnée par une amende pour avoir commis une infraction au droit de la concurrence de l'Union, lorsque, pour les mêmes faits, cette personne a déjà fait l'objet d'une décision définitive à l'issue d'une procédure relative à une infraction à une réglementation sectorielle ayant pour objet la libéralisation du marché concerné, à condition qu'il existe des règles claires et précises permettant de prévoir quels actes et omissions sont susceptibles de faire l'objet d'un cumul des poursuites et des sanctions ainsi que la coordination entre les deux autorités compétentes, que les deux procédures aient été menées de manière suffisamment coordonnée dans un intervalle de temps rapproché et que l'ensemble des sanctions imposées corresponde à la gravité des infractions commises. • CJUE 22 mars 2022, n° C-117/20 : *D. 2022. Actu. 607* .

B. DÉTERMINATION DE LA SANCTION

39. Motivation et individualisation. L'art. L. 464-2 laisse à l'autorité administrative indépendante, sous le contrôle du juge, le soin de fixer le montant de la sanction pécuniaire, dans la limite du maximum déterminé par les dispositions contestées, et de proportionner cette sanction à la gravité des faits reprochés, à l'importance du dommage causé à l'économie, à la situation de l'entreprise sanctionnée ou du groupe auquel elle appartient et à l'éventuelle réitération de pratiques prohibées. Par suite, le grief tiré de la méconnaissance du principe d'individualisation des peines doit être écarté. • Cons. const. 14 oct. 2015, n° 2015-489 QPC : *cité note 45.* ♦ L'Autorité de la concurrence doit apporter un soin tout particulier à la motivation s'agissant de l'individualisation et tempérer le propos de sorte que les bases d'évaluation des sanctions n'apparaissent ni stéréotypées ni exclusivement défavorables. • Paris, 19 janv. 2010 : *cité note 44.* ♦ Si les sanctions doivent tenir compte des rôles respectifs joués par chaque entreprise, elles doivent néanmoins être fixées de manière individuelle et non relativement à celles prononcées à l'encontre d'autres entreprises. • Paris, 24 juin 2008 : *cité note 5 ss. art. L. 463-5.* ♦ La seule circonstance que le Conseil ait retenu, pour calculer le montant de la sanction prononcée, un pourcentage du chiffre d'affaires égal à celui pris comme référence dans l'appréciation des sanctions prononcées contre d'autres parties dans la même cause ne suffit pas à caractériser le reproche de manquement à l'obligation d'individualiser la sanction prescrite par l'art. L. 464-2, la commune unité de mesure ne faisant pas l'unité de l'objet mesuré. • Paris, 4 mars 2008 : *cité note 40.* ♦ Le principe d'égalité de traitement ou de non-discrimination exige que des situations comparables ne soient pas traitées de manière différente et que des situations différentes ne soient pas traitées de manière égale, à moins qu'un tel traitement ne soit objectivement justifié. • Paris, 25 sept. 2014 : *préc. note 3.* ♦ Le fait qu'une entreprise détienne une position de *leadership* constitue, aux termes du § 46 du communiqué du 16 mai 2011, une circonstance aggravante, ce dont ne se déduit pas l'existence d'une circonstance atténuante liée à la taille réduite d'une société. • Aut. conc. n° 14-D-16 du 18 nov. 2014 : *préc. note 25.* ♦ Si le § 48 du même communiqué permet à l'Autorité d'adapter à la baisse la sanction pour tenir compte du fait que l'entreprise concernée mène l'essentiel de son activité sur le secteur ou le marché en relation avec l'infraction, il apparaît que 50 % ne suffit pas à constituer « l'essentiel » de l'activité d'une entreprise. • Même décision. ♦ A la lecture des § 44 et 45 du communiqué, il ne fait aucun doute qu'a été réservée la possibilité de qualifier de circonstances atténuantes, ouvrant droit à une réduction de la sanction, des circonstances non expressément prévues dans ce communiqué. Tel est notamment le cas de la moindre gravité de la participation à une infraction unique ainsi que de l'éventuelle variation de cette gravité dans le temps. En tout état de cause, pour pouvoir être prise en considération, une circonstance atténuante doit être démontrée par l'entreprise ou l'organisme qui l'allègue. • Paris, 23 mai 2017, n° 15/08224. ♦ Mais si le communiqué « sanctions » ne comporte pas une liste exhaustive des circonstances atténuantes, et si le fait que celui-ci ne prévoie pas expressément qu'une coopération effective d'une entreprise en dehors de la procédure de clémence suffit à en exclure le caractère atténuant, il n'en demeure pas moins que la jurisprudence française ne récompense pas les entreprises pour leur coopération, aussi active soit-elle, hors de la procédure de clémence. • Même arrêt. ♦ Une attitude de franc-tireur, consistant à adopter durablement un comportement concurrentiel, constitue une circonstance atténuante. S'il n'est pas exigé que l'intéressé se soit publiquement distancié de l'infraction, il n'est néanmoins pas suffisant qu'il ait violé, de façon ponctuelle ou partielle, la discipline commune. • Aut. conc. n° 14-D-19 du 18 déc. 2014 : *préc. note 32.* ♦ S'il ne résulte pas du communiqué « sanctions » que la reconnaissance de la qualité de franc-tireur serait réservée à la première entreprise ayant adopté un comportement concurrentiel durable, ni qu'il serait exigé du franc-tireur qu'il sorte de l'entente, il est toutefois nécessaire, pour pouvoir bénéficier de cette circonstance atténuante, que le non-respect des obligations de l'entente ait été réalisé de façon visible et « considérable » et qu'il ait eu pour effet d'en perturber le fonctionnement. • Paris, 23 mai 2017, n° 15/08224. ♦ La notion de distanciation publique est utilisée aux fins d'apprécier si, et à quel moment, une entreprise a cessé de participer à une entente ; elle ne constitue pas, en revanche, une circonstance atténuante autonome. • Même arrêt. ♦ Le principe d'individualisation des sanctions doit conduire à prendre en compte le choix procédural différencié de la société mère et de sa filiale, la première ayant contesté les griefs, la seconde ayant opté pour la non-contestation des griefs qui l'a fait bénéficier, seule, d'une réduction de l'amende. • Paris, 19 mai 2016, n° 2014-25803 : *préc. note 8.*

Si l'Autorité peut imposer plusieurs sanctions à une entreprise ayant commis plusieurs infractions, il lui est néanmoins loisible, si elle l'estime opportun eu égard à l'identité ou à la connexité des secteurs ou des marchés en cause, d'une part, et à l'objet général des pratiques, d'autre part, d'infliger une seule sanction au titre de plusieurs infractions. • Paris, 6 nov. 2014 : *cité note 29 ss. art. L. 420-2.* ♦ La circonstance que les infractions diffèrent en ce qui concerne leur durée, leur gravité et les dommages qui en résultent ne fait nullement obstacle à ce que l'Autorité prononce une sanction unique et, de la même façon, la possibilité de prononcer une sanction unique pour plusieurs infractions n'est pas subordonnée à l'existence d'une stratégie globale d'éviction. • Même décision. ♦ Dans la situation particulière de l'espèce où l'Autorité choisit de prononcer une sanction unique pour deux griefs distincts, dont le premier absorbe entièrement dans le temps le second, il paraît équitable de retenir un coefficient multiplicateur tenant compte de la durée du seul premier grief plutôt que de cumuler les durées des deux griefs. • Aut. conc. n° 15-D-03 du 11 mars 2015 : *AJCA 2015. 277, obs. Luc ; CCC 2015, n° 126, obs. Bosco ; RLC juill.-août 2015. 37, obs. Sélinsky.*

40. Critères. BIBL. Canivet et Vogel, *RJDA 1993, p. 599.* ♦ En se déterminant, sans préciser les éléments propres à déterminer le montant maximum de la sanction prévue par l'art. 13, al. 3 [4] [C. com., art. L. 464-2, al. 4], et, sans apprécier s'il existait une proportionnalité entre la peine prononcée et la gravité des faits relevés et le dommage porté à l'économie du marché de référence, une cour d'appel ne donne pas de base légale à sa décision. • Com. 10 mars 1992, n° 90-16.298 P : *D. 1992. 355, note Gavalda* • 23 avr. 2003, n° 01-16.124. – Comp. : • Com. 21 juin 1994, n° 92-17.598 P. – V. aussi • Com. 6 oct. 1992, n° 90-16.755 P : *CCC 1992, n° 205, obs. Vogel* • 8 déc. 1992, n° 90-20.352 P. ♦ La pratique répressive de la Commission européenne n'est pas un des critères énoncés par l'art. L. 464-2-I (facteur multiplicateur). • Paris, 24 nov. 2009 : *RLC avr.-juin 2010. 74, obs. Barbier de la Serre.* ♦ En référence à son montant maximum, la sanction pécuniaire doit être fixée en fonction du nombre, de la durée, de la gravité des pratiques en cause, de la part prise par l'entreprise dans leur conception et leur mise en œuvre et de l'atteinte qu'elles ont portée à l'économie. • Paris, 1er juill. 1992 : *BOCC 31 juill. 1992.* ♦ La sanction doit être proportionnée, notamment, à la gravité des faits reprochés et à l'importance du dommage causé à l'économie ; le deuxième critère ne se confondant pas avec le premier de sorte que si, comme en l'espèce, le dommage causé à l'économie peut être qualifié de limité, les faits peuvent en eux-mêmes revêtir un caractère certain de gravité. • Paris, 4 mars 2008 : *D. 2008. AJ 913, obs. Chevrier ; CCC 2008, n° 135, obs. Decocq ; RDLC 2008, n° 2, p. 108, obs. Claudel.* ♦ Si les infractions les plus graves, c'est-à-dire celles pour lesquelles l'expérience et la théorie enseignent qu'elles sont le plus susceptibles de *causer un dommage* à l'économie, sont, en règle générale, celles qui causent le dommage le plus grand, les données disponibles ne permettent pas toujours de le mettre en évidence quantitativement. • Paris, 23 mai 2017, n° 15/08224. ♦ L'art. L. 464-2 n'exclut pas que les éléments caractérisant le dommage à l'économie puissent également être retenus pour apprécier les autres critères d'individualisation de la sanction. • Com. 21 oct. 2014, n° 13-16.602 P : *cité note 47.* ♦ Le communiqué sanction ne prévoit pas la prise en compte des difficultés financières particulières de l'entreprise mise en cause au stade de la détermination du montant de base de la sanction, cette question étant examinée au titre de la capacité contributive (V. note 46). • Aut. conc. n° 16-D-28 du 6 déc. 2016 : *citée note 7 ss. art. L. 450-3.*

En application du I de l'art. L. 464-2, le montant de base de la sanction de chaque entreprise en cause est déterminé en fonction de la gravité des faits et de l'importance du dommage causé à l'économie, critères qui se rapportent tous deux à l'infraction en cause. La durée des pratiques constituant un facteur pertinent pour apprécier tant la gravité des faits que l'importance du dommage causé à l'économie, elle doit faire l'objet d'une prise en compte sous ce double angle. Les autres éléments d'individualisation pertinents relatifs à la situation et au comportement de chacune des entreprises en cause doivent être pris en considération dans un second temps. • Aut. conc. n° 11-D-17 du 8 déc. 2011 : *préc. note 36.* ♦ La durée de mise en œuvre des pratiques est un critère indicatif tant de la gravité que du dommage à l'économie ; pour avoir un sens, l'appréciation de la durée de mise en œuvre ne saurait être déconnectée de celle des effets de la pratique lorsque ceux-ci ont perduré dans le temps au-delà des faits en cause. • Paris, 18 déc. 2014 : *cité note 47.* ♦ Le 3e al. de l'art. L. 464-2-I, qui prévoit que les sanctions sont proportionnées à la gravité des faits et à l'importance du dommage qu'ils ont causé à l'économie, ne fait pas obstacle à ce que la durée des pratiques, facteur pertinent pour apprécier ces deux éléments, soit prise en considération à ce double titre. • Com. 17 mars 2015, n° 13-26.003 : *CCC 2015, n° 124, obs. Decocq ; RLC juill.-août 2015. 42, obs. Cholet.* ♦ La circonstance que le Conseil n'a pas prononcé les mesures conservatoires demandées, faute d'une atteinte grave et immédiate à l'économie générale, à celle du secteur intéressé, à l'intérêt des consommateurs ou à l'entreprise plaignante, n'est pas de nature à atténuer la gravité des comportements constatés. • Cons. conc. n° 09-D-07 du 12 févr. 2009. ♦ Lorsque le comportement d'une personne publique a eu pour effet d'inciter à une entente dans un marché public, il y a lieu d'en tenir compte pour la détermination des sanctions. • Paris, 27 sept. 1996 : *D. Affaires 1997. 17.*

41. Principe de proportionnalité. Sur l'appréciation concrète des juges du fond sur la proportionnalité de la sanction prononcée à la gravité des faits reprochés, au dommage à l'économie et à la situation de chacune des entreprises concernées, V. • Com. 14 déc. 1999, n° 98-13.401 : *CCC 2000, n° 44, obs. Malaurie-*

Vignal • Paris, 20 nov. 2001 : *Gaz. Pal. 3-5 mars 2002, p. 34.* ♦ Une partie sanctionnée, qui ne peut revendiquer que la prise en compte des principes et critères mentionnés par l'art. L. 464-2, al. 2, n'est pas recevable à contester sa condamnation au prétexte d'une appréciation, selon elle discriminatoire de la part du Conseil, de la sanction infligée à une autre entreprise également poursuivie. • Paris, 24 avr. 2007 : *CCC 2007, n° 155, obs. Decocq ; RLC juill.-août 2007. 32, obs. Sélinsky et Cholet ; RDLC 2007, n° 3, p. 92, obs. Claudel.* – V. aussi • Paris, 28 janv. 2009 : *cité note 20 ss. art. L. 420-1.* ♦ L'art. L. 464-2 commandent seulement de vérifier que la sanction prononcée répond au principe de proportionnalité selon les critères qu'il énumère, sans qu'il y ait lieu de comparer l'application qui en a été faite à d'autres entreprises également sanctionnées ou de se référer aux lignes directrices pour le calcul des amendes que la Commission européenne a publiées pour son seul usage. • Paris, 20 nov. 2007 : *cité note 2 ss. art. R. 464-14.* ♦ L'art. L. 464-2 ne commande pas, au titre de la détermination individuelle de la sanction, de justifier celle-ci au regard de celles prononcées envers d'autres entreprises également sanctionnées dans la même affaire. • Paris, 11 mai 2010 : *CCC 2010, n° 184, obs. Decocq.* ♦ Le fait d'avoir prononcé la sanction proposée sur la base de quatre griefs notifiés alors que deux griefs avaient été abandonnés ne peut constituer une atteinte au principe de proportionnalité dès lors qu'il n'est pas établi que les pratiques abandonnées auraient eu des effets anticoncurrentiels autonomes par rapport à ceux engendrés par celles sanctionnées. • Paris, 19 mai 1998 : *BOCC 18 juin 1998.*

42. Principe de la contradiction. Il incombe au Conseil de la concurrence de faire connaître aux sociétés poursuivies le montant qu'il entend prendre en compte à titre de référence, pour l'application de l'art. 13, al. 3 [4] [C. com., art. L. 464-2, al. 4], pour leur permettre de présenter, le cas échéant, toutes observations et, faute par lui de l'avoir fait, les sanctions prononcées doivent être annulées. • Paris, 22 avr. 1992 : *BOCC 30 avr. 1992.*

43. Dommage causé à l'économie. Pour tenir compte du dommage causé à l'économie, le *Conseil de la concurrence* n'est tenu ni d'en chiffrer le montant, ni de quantifier l'incidence des pratiques constatées sur les prix, mais seulement de fournir les éléments permettant d'en apprécier l'incidence économique. • Paris, 25 janv. 1994 : *D. 1994. IR 46.* ♦ Ainsi, l'art. L. 464-2 n'exige pas une évaluation précise du dommage causé à l'économie. • Cons. conc. n° 08-D-29 du 3 déc. 2008. ♦ ... Celui-ci ne devant pas être précisément chiffré, et ne pouvant se réduire aux seules conséquences directes et monétaires. • Aut. conc. n° 09-D-19 du 10 juin 2009. ♦ Pour un arrêt retenant que le dommage porté à l'économie peut résulter de la mise en œuvre d'agissements anticoncurrentiels commis pour renforcer les barrières à l'entrée des marchés concernés alors que le législateur avait décidé de l'ouverture de ces marchés à la concurrence d'entreprises privées, V. • Com. 6 avr. 1999, n° 97-12.776 P. ♦ En ce sens que l'appréciation du dommage à l'économie tient compte de la notoriété des entreprises concernées, qui peut entraîner des entreprises de plus petite taille à adopter les mêmes comportements anticoncurrentiels, V. • Cons. conc. n° 96-D-64 du 20 nov. 1996 : *préc. note 13.* ♦ S'il y a lieu pour mesurer l'importance du dommage à l'économie de tenir compte de la sensibilité de la demande du prix, les motifs retenus par le Conseil et tirés de l'importance de la taille du marché ainsi que de l'implication de la totalité des opérateurs intervenant sur ce marché oligopolistique sont également pertinents. • Paris, 30 juin 2011 : *CCC 2011, n° 218, obs. Decocq ; RDLC 2011, n° 4, p. 99, obs. Jalabert-Doury* (conf. par • Com. 30 mai 2012, n° 11-22.144 : *CCC 2012, n° 181, obs. Decocq ; RLC juill.-sept. 2012. 26, obs. Sélinsky*). ♦ Lorsque l'Autorité examine dans une seule et même décision deux abus de position dominante de même nature mais mis en œuvre par des opérateurs différents, elle apprécie, en principe, de manière séparée l'importance du dommage causé par chacune de ces infractions. • Aut. conc. n° 12-D-24 du 13 déc. 2012 : *D. actu. 15 janv. 2013, obs. Chevrier ; CCE 2013, n° 55, obs. Chagny ; RLC avr.-juin 2013. 31, obs. Sélinsky.* ♦ Lorsque plusieurs entreprises sont en cause, il suffit au Conseil de caractériser l'importance du dommage global causé à l'économie, sans rechercher la part de ce dommage imputable à chaque entreprise. • Cons. conc. n° 08-D-06 du 2 avr. 2008 : *cité note 44.* ♦ S'il incombe à l'Autorité d'apprécier la gravité des faits et l'importance du dommage causé à l'économie, afin d'y proportionner le montant des sanctions qu'elle prononce, elle n'est nullement tenue d'y procéder par la voie d'une quantification qui prendrait la forme d'un chiffrage ou d'un coefficient multiplicateur. • Paris, 6 juill. 2017, n° 2016/22365. ♦ Un chiffrage précis de la valeur du dommage causé à l'économie n'est pas exigé par l'art. L. 464-2, qui prévoit que les sanctions soient « proportionnées à l'importance du dommage » • Cons. conc. n° 05-D-59 du 7 nov. 2005 : *cité note 37 ss. art. L. 420-2.* ♦ L'art. L. 464-2 n'impose pas de rechercher la part de marché affectée par la pratique en cause, ni de préciser la part spécifique et personnelle des entreprises sanctionnées sur ce marché, il exige seulement de déterminer l'ordre de grandeur du dommage à l'économie afin d'en tenir compte dans la fixation proportionnelle de la sanction. • Paris, 29 avr. 2009 : *cité note 6 ss. art. L. 463-1.* ♦ L'Autorité n'est pas tenue de chiffrer précisément le dommage à l'économie, qui en tout état de cause ne saurait se limiter au surprofit, comme le ferait le juge de la réparation ; il ne s'agit donc que de donner un ordre de grandeur d'un surprix ou d'une surmarge, et non pas de les mesurer de manière incontestable. • Aut. conc. n° 10-D-39 du 22 déc. 2010 : *RLC avr.-juin 2011. 39, obs. Sélinsky.* ♦ Le dommage causé à l'économie, qu'il n'est pas nécessaire d'évaluer précisément, est distinct du préjudice financier éventuellement subi par la victime directe de l'entente et s'apprécie en fonction de la perturbation générale apportée au fonctionnement normal des marchés ; il n'y a donc pas lieu de circonscrire au seul marché pertinent l'appréciation de ce dommage. • Cons. conc. n° 08-D-13 du 11 juin 2008 : *CCC 2008, n° 181, obs. Bosco ; RDLC 2008, n° 3, p. 91, obs. Claudel ; RLC oct.-déc. 2008. 31, obs. Sélinsky et Cholet.* ♦ Ainsi, il y a lieu de tenir compte, pour apprécier l'incidence économique de la pratique en cause, de l'ampleur de l'infraction, telle que caractérisée, entre autres, par sa couverture géographique ou par la part de marché cumulée des participants sur le secteur ou le marché concerné, de sa durée, de ses conséquences conjoncturelles ou structurelles, ainsi que des caractéristiques économiques pertinentes du secteur ou du marché concerné. • Aut. conc. n° 14-D-06 du 8 juill. 2014 : *cité note 1 ss. art. L. 420-2.* ♦ Le fait qu'à certains égards, une entente présente des effets analogues à ceux d'une fusion n'implique pas pour autant que les critères utilisés pour en évaluer l'ampleur doivent nécessairement être identiques ou qu'ils aient la même importance dans l'analyse. • Aut. conc. n° 15-D-19 du 15 déc. 2015. ♦ Un contre-pouvoir de négociation élevé, combiné à l'asymétrie entre les participants à la pratique, à l'absence de mécanisme de surveillance et à l'existence de surcapacités structurelles, peut diminuer le dommage en empêchant les participants d'imposer les hausses de prix envisagées à leurs clients. • Même décision. ♦ Même si le très fort contre-pouvoir des distributeurs comme la contestabilité modérée de la position des industriels présents sur le marché ont certainement eu pour effet de limiter l'effet des pratiques, il ne peut néanmoins être d'emblée affirmé qu'ils ont empêché tout dommage à l'économie, compte tenu, d'une part, de l'ampleur des pratiques – les entreprises concernées représentant plus de 90 % du marché – et, d'autre part, de l'existence de barrières à l'entrée telles que seule une société aurait été susceptible de perturber l'entente si elle avait décidé de revenir sur le marché en cause, ce qui ne s'est pas produit. • Paris, 23 mai 2017, n° 15/08224.

44. Gravité des pratiques. La gravité des pratiques en cause s'apprécie globalement, non pas du point de vue de chacun des acteurs de l'entente, mais au regard de la volonté infractionnelle d'ensemble que présente l'entente et du point de vue de la légalité et des catégories économiques que la loi protège. • Paris, 19 janv. 2010, n° 2009/00334 : *D. 2010. AJ 261, obs. Chevrier ; RTD com. 2010. 289, obs. Claudel ; JCP E 2010. Actu. 130, obs. Vilmart ; CCC 2010, n° 79, obs. Decocq ; RJDA 2010, n° 680 ; RLDA mars 2010. 37, note Ferré et Biancone ; RLC avr.-juin 2010. 21, note Boy ; RDLC 2010, n° 2, p. 68, obs. Debroux.* ♦ La pratique décisionnelle établit une gradation des comportements anticoncurrentiels par ordre de gravité – même si la loi ne fait pas de même – entre abus de position dominante, entente verticale et entente horizontale, ce dernier comportement étant considéré comme le plus préoccupant. • Même arrêt. ♦ Si la jurisprudence classe les pratiques d'entente verticale à un degré de moindre gravité par rapport aux ententes horizontales, la combinaison des deux pratiques contribue à en renforcer la gravité. • Aut. conc. n° 16-D-17 du 21 juill. 2016. ♦ Le nombre, le cumul et l'interaction des comportements anticoncurrentiels mis en œuvre en même temps constituent un facteur qui doit être pris en compte au titre de la gravité des faits. • Aut. conc. n° 09-D-36 du 9 déc. 2009 : *préc. note 6.* ♦ Même si la gravité des faits s'entend habituellement de leur répétition, de leur durée, de leur ancienneté et de leur ampleur, leur caractère ponctuel peut, par son immédiateté et sa brutalité, avoir un effet anticoncurrentiel, entraînant ainsi l'éviction d'un concurrent qui tente de pénétrer sur le marché par l'utilisation d'un produit voisin. • Paris, 21 oct. 1997 : *D. Affaires 1997. 1350.* ♦ Si la durée de la pratique est un critère à prendre en compte pour apprécier la gravité de l'infraction, la durée pertinente n'est toutefois pas la durée du déroulement de l'appel d'offres lui-même mais la durée de son exécution pendant laquelle sont ressentis les effets sur le marché. • Paris, 24 nov. 2009, n° 2009/00315 : *préc. note 40.* ♦ Ainsi, s'agissant d'un marché d'appel d'offres, par nature instantané, la durée à prendre en considération est celle du temps pendant lequel les prix et les parts de marché ont échappé, du fait de l'accord de volontés, au jeu normal qui serait résulté d'une compétition non faussée au départ. • Com. 20 janv. 2015, n° 13-16.745 P : *cité note 1 ss. art. 3 du Règl. CE n° 1/2003 du 16 déc. 2002, App., v° Concurrence.* ♦ La durée de la pratique peut résulter d'une infraction unique et répétée. Le caractère unique de l'infraction sur l'ensemble de la période, avant et après la suspension des pratiques, se déduit de l'identité des modalités de mise en œuvre, de l'identité des participants aux réunions, de l'identité des objectifs des pratiques, de l'identité des produits concernés et de l'identité du champ géographique concerné. • Aut. conc. n° 18-D-24 du 5 déc. 2018 : *RLC janv. 2019. 19, note Trifounovirch ; ibid. févr. 2019. 36, note Dumarçay.* ♦ La gravité de la pratique doit aussi s'apprécier en tenant compte des possibilités ouvertes à ses victimes de s'y soustraire. • Cons. conc.

n° 08-D-06 du 2 avr. 2008 : *CCC 2008, n° 164, obs. Decocq ; RDLC 2008, n° 2, p. 105, obs. Debroux ; RLC oct.-déc. 2008. 208, note Deschamps et Marty.* ♦ La gravité du comportement ne se confond pas avec la réalité de l'abus de position dominante mais doit procéder d'une analyse des méthodes utilisées par l'opérateur pour parvenir à ses fins, d'une mesure des parts de marché que détient l'entreprise poursuivie, d'un examen de la durée du comportement anticoncurrentiel, de l'étendue ou la complexité des processus anticoncurrentiels, de l'affectation directe des prix, jusques et y compris les prix de détail, d'une analyse des marchés concernés, selon qu'il s'agit de marchés sensibles ou qui le sont moins, de marchés touchant directement le consommateur final ou pas, de l'identification de clients personnes physiques ou petites entreprises, ou de clients vulnérables (enfants, personnes âgées, malades...) ou d'une clientèle captive au sens économique, de la continuation du comportement anticoncurrentiel après la saisine de l'Autorité, ou encore du fait qu'il s'agisse d'un marché public. • Paris, 23 mars 2010, ⚖ n° 2009/09599. ♦ V. aussi, prenant en considération la nature de l'infraction en cause (entente, abus de domination), la nature du ou des paramètres de la concurrence concernés (prix, clientèle, production), la nature des activités, des secteurs ou des marchés en cause (marché public, marché émergeant, ouverture à la concurrence), la nature des personnes susceptibles d'être affectées (PME, consommateur), les caractéristiques objectives de l'infraction (secret, sophistication, représaille) : • Aut. conc. n° 14-D-20 du 22 déc. 2014 : *RLC avr.-juin 2015. 11, note Venayre* (conf. par • Paris, 14 avr. 2016, ⚖ n° 2015/01855 : *AJCA 2016. 351, obs. Utzschneider et Mussi* ✎) • Aut. conc. n° 18-D-06 du 23 mai 2018. ♦ En faussant par leurs devis de complaisance le processus de mise en concurrence, les entreprises en cause ont non seulement violé l'art. L. 420-1, mais sont également responsables d'une mauvaise utilisation de deniers publics en cherchant à faire échec à une réglementation, ce qui a pour effet d'accroître la gravité des pratiques en cause. • Aut. conc. n° 14-D-16 du 18 nov. 2014 : *préc. note 25.*

Sur la question de savoir si la nouveauté de l'infraction, dans son principe et sa caractérisation, peut militer en faveur d'une limitation de sa gravité, en vertu du principe de sécurité juridique, V. • Paris, 15 mai 2015, ⚖ n° 2014/05554 : *AJCA 2015. 326, obs. Fourgoux* ✎ *; CCC 2015, n° 179, obs. Decocq ; RLC juill.-août 2015. 40, obs. Sélinsky.* ♦ La connaissance par l'entreprise du caractère illicite des pratiques qu'elle a commises constitue un facteur aggravant, l'expertise d'un juriste n'étant nullement une condition nécessaire à la prise de conscience que les concertations et échanges d'informations entre entreprises soumissionnaires à un appel d'offres sont par principe prohibés. • Paris, 21 janv. 2016, ⚖ n° 2014/22811 : *cité note 47.* ♦ Les éléments aux dossiers témoignent de la parfaite connaissance que les distributeurs avaient du caractère illicite de leur comportement, ce qui accroît le degré de gravité des pratiques mises en œuvre. • Aut. conc. n° 18-D-15 du 26 juill. 2018. ♦ La complexité du test de différenciation tarifaire mis en œuvre, pas plus que le caractère, à certains égards, inédit de l'application de la qualification d'abus de position dominante aux faits en cause ne font disparaître en aucune manière, ni même n'atténuent la contrariété au droit de la concurrence des pratiques reprochées, avec les conséquences qui s'y attachent en ce qui concerne la responsabilité des opérateurs. En revanche, la cour juge qu'il y a lieu de considérer ces circonstances, et leurs effets en termes de prévisibilité pour les opérateurs, comme étant, au cas d'espèce, de nature à diminuer le montant des sanctions pécuniaires prononcées. • Paris, 19 mai 2016, ⚖ n° 2013/01006 : *AJCA 2016. 346, obs. Amaro* ✎. ♦ Mais l'incertitude tenant à la matière conduit à relativiser la gravité de la pratique. • Aut. conc. n° 17-D-06 du 21 mars 2017.

45. Assiette de la sanction : chiffre d'affaires. En prévoyant de réprimer les pratiques anticoncurrentielles d'une entreprise au moyen d'une sanction pécuniaire dont le montant maximal correspond à 10 % du chiffre d'affaires, le législateur n'a pas institué une peine manifestement disproportionnée au regard, d'une part, de la nature des agissements réprimés et, d'autre part, du fait qu'ils ont pu et peuvent encore, alors même qu'ils ont cessé, continuer de procurer des gains illicites à l'entreprise. Il en résulte que les dispositions de la 2e phrase du 4e al. de l'art. L. 464-2 ne méconnaissent pas les principes de nécessité et de proportionnalité des peines. • Cons. const. 14 oct. 2015, ⚖ n° 2015-489 QPC : *D. 2015. Actu. 2068* ✎ *; RTD com. 2015. 703, obs. Claudel* ✎ *; CCC 2015, n° 289, obs. Bosco ; RJDA 2016, n° 324.* ♦ En prévoyant que, lorsque les comptes de l'entreprise ont été consolidés ou combinés en vertu des textes applicables à sa forme sociale, le chiffre d'affaires pris en compte pour calculer le maximum de la sanction encourue est celui figurant dans les comptes consolidés ou combinés de l'entreprise consolidante ou combinante, le législateur a entendu prévenir des stratégies consistant à réduire, par des restructurations du capital des sociétés, le chiffre d'affaires des entreprises se livrant à des pratiques anticoncurrentielles afin de minorer le maximum de la sanction encourue dans l'hypothèse où ces pratiques seraient sanctionnées ; cette disposition vise en outre à prendre en compte la taille et les capacités financières de l'entreprise visée dans l'appréciation du montant maximal de la sanction. Eu égard à l'objectif ainsi poursuivi, les dispositions de la 3e phrase du 4e al. de l'art. L. 464-2 ne méconnaissent pas les principes de nécessité et de proportionnalité des peines. • Même décision. ♦ La prise en compte du chiffre d'affaires figurant dans les comptes consolidés ou combinés de l'entreprise consolidante ou combinante n'est pas subordonnée au constat que cette dernière a exercé une influence déterminante sur le comportement de l'entreprise sanctionnée. Le plafond légal sera donc calculé par rapport à ce chiffre d'affaires, même lorsque l'entreprise sanctionnée a agi de façon autonome. Par ailleurs, la prise en compte du chiffre d'affaires figurant dans les comptes consolidés ou combinés n'est pas davantage subordonnée au constat préalable que l'appartenance de l'entreprise sanctionnée à un groupe a joué un rôle dans la mise en œuvre des pratiques anticoncurrentielles ou est de nature à influer sur l'appréciation de leur gravité, de sorte que ledit chiffre d'affaires doit servir de base au calcul du plafond légal, que la sanction ait ou non été majorée en raison de l'appartenance de l'entreprise sanctionnée à un groupe. • Paris, 23 mai 2017, n° 15/08224. ♦ Ainsi, la jurisprudence énonçant les conditions dans lesquelles l'Autorité peut user de la faculté de rehaussement de la sanction à raison de l'appartenance de l'entreprise concernée à un groupe (V. note 47) est étrangère à la détermination du plafond légal. • Même arrêt.

Si toute entité exerçant une activité économique peut, quelle que soit sa forme juridique, faire l'objet d'une sanction, il n'en demeure pas moins que, dans le cadre de la méthode de détermination des sanctions relevant de l'autonomie procédurale reconnue aux États membres, l'art. L. 464-2 institue un plafond de sanctions différent selon que l'entité est ou non une entreprise. • Paris, 26 févr. 2015, n° 2013/06663 : *AJCA 2015. 228, obs. Fourgoux ; CCC 2015, n° 122, obs. Decocq.* ♦ Compte tenu du fait que l'entité, qui est une association de type loi de 1901, ne dispose pas d'un chiffre d'affaires propre ou de valeur des ventes en relation avec les prestations des agences de mannequins, sa sanction pécuniaire doit être déterminée selon des modalités propres au cas d'espèce ; l'Autorité prendra en compte, pour donner une traduction chiffrée à l'appréciation des critères légaux de détermination de la sanction prévus par le code de commerce, le montant des cotisations professionnelles perçues. • Aut. conc. n° 16-D-20 du 29 sept. 2016. ♦ En se référant à la notion d'entreprise, le législateur a entendu distinguer les personnes condamnées en fonction de la nature de leurs facultés contributives respectives. Il a ainsi fixé un montant maximal de la sanction pécuniaire, proportionné au montant du chiffre d'affaires pour celles qui sont constituées selon l'un des statuts ou formes juridiques propres à la *poursuite d'un but lucratif* et fixé en valeur absolue pour les autres contrevenants. Après avoir relevé que le contrevenant était une entité exerçant une activité économique, comme telle soumise aux dispositions de l'art. L. 420-2, c'est à bon droit que la cour d'appel a retenu que cette association, régie par la L. du 1er juill. 1901, n'était pas pour autant une entreprise au sens de l'art. L. 464-2-I, al. 4, et qu'elle en a déduit qu'en déterminant la sanction au regard du maximum légal de trois millions d'euros, l'Autorité de la concurrence avait fait l'exacte application de ce texte, qui ne distingue pas selon que le contrevenant, qui n'est pas une entreprise, réalise ou non un chiffre d'affaires. • Com. 8 févr. 2017, n° 15-15.005 P : *D. 2017. Actu. 404 ; JCP E 2017, n° 1136 ; CCC 2017, n° 105, obs. Decocq ; RJDA 2017, n° 371.* ♦ L'art. L. 464-2 ne prévoit pas que le chiffre d'affaires des entreprises constitue l'assiette exclusive des sanctions que le Conseil peut infliger : il ne fait référence au chiffre d'affaires que pour déterminer le montant maximum de la sanction qui peut être prononcée. • Cons. conc. n° 09-D-05 du 2 févr. 2009 : *Gaz. Pal. 2010. 470, et les obs.*

Si le code de commerce, en ne se référant pas au chiffre d'affaires lié au marché en cause, mais uniquement au chiffre d'affaires mondial consolidé ou combiné, n'impose pas à l'Autorité de procéder de la sorte, il n'en résulte pas moins que la valeur des ventes de l'ensemble des catégories de produits en relation avec l'infraction effectuées en France par chacune des entreprises en cause, durant son dernier exercice comptable complet de participation à l'infraction, peut être utilement retenue comme assiette de leurs sanctions respectives. • Aut. conc. n° 11-D-17 du 8 déc. 2011 : *préc. note 36.* ♦ Selon les § 33 et 34 du communiqué sur les sanctions du 16 mai 2011, les ventes à prendre en compte sont « toutes celles réalisées en France » dans les « catégories de produits ou de services en relation avec l'infraction » et non les seules ventes effectivement affectées par l'infraction ; l'Autorité n'a donc pas à prouver une affectation directe de chaque vente par l'infraction lorsqu'elle détermine le montant de la valeur des ventes. • Aut. conc. n° 16-D-11 du 6 juin 2016. ♦ Pour un arrêt approuvant dans le cadre d'une entente anticoncurrentielle, une « sanction pécuniaire globale », prenant en considération le chiffre d'affaires réalisé à l'échelle d'un ensemble de sociétés ayant souscrit un contrat de franchisage : • Com. 27 janv. 1998, n° 96-10.694 : *JCP E 1998, n° 7, p. 263.* ♦ ... Ou en raison des ententes horizontale et verticale auxquelles l'entreprise sanctionnée avait participé : • Com. 22 nov. 2005, n° 04-19.102 P : *préc. note 28.* ♦ Il n'y a pas lieu de se limiter au chiffre d'affaires concernant les produits constituant le marché de référence sur lequel ont été constatées les pratiques prohibées. • Com. 21 juin 1994, n° 92-17.598 P : *préc. note 40* • 3 mai 1995, n° 93-17.144 P : *préc. note 9* • 13 mai 1997, n° 95-14.035 P • Paris, 15 sept. 1995 : *D. 1996. Somm. 177, obs. Gavalda et Lucas de Leyssac ; CCC 1996, n° 26.* – V. aussi • Paris, 24 mai 1996 : *D. 1996. IR 158 ; D. Affaires 1996. 832.* ♦ L'exercice de référence est le dernier exercice clos au moment où le Conseil de la concurrence sanctionne les agissements de l'entreprise poursuivie. • Com. 30 mai 1995, n° 93-18.670 P : *D. 1995. IR 186*. ♦ ... Peu important que la décision de celui-ci ait été ultérieurement annulée. • Com. 13 juill. 2004, n° 03-11.430 P : *D. 2004. AJ 2375 ; JCP E 2004, n° 41, p. 1564 ; RLC 2005, n° 1, p. 92, obs. Cheynel.* ♦ Jugeant qu'en l'absence de chiffre d'affaires déterminé, la sanction peut être assise sur des éléments représentant l'activité économique (en l'espèce, pour des établissements de crédit, le produit brut bancaire) dans la limite du plafond légal. • Com. 23 juin 2004, n° 01-17.896 P : *RLC 2005, n° 2, p. 38, obs. Peyre et Sélinsky.* – V. aussi • Aut. conc. n° 10-D-28 du 20 sept. 2010 : *cité note 51.* ♦ Pour la difficile détermination de l'assiette de la sanction en présence d'une opération de fusion proche de la décision du Conseil de la concurrence, V. • Paris, 14 janv. 2009 : *CCC 2009, n° 80, obs. Decocq.* ♦ Jugeant que l'ancienneté des faits et la durée de la procédure ne constituent pas un moyen de réduction de la sanction ; qu'aucune distinction ne doit être opérée quant aux branches d'activité de l'entreprise, et que l'on ne saurait dès lors restreindre le chiffre d'affaires de référence aux prestations dédiées à une catégorie de clientèle déterminée ; que le chiffre d'affaires à prendre en considération est celui du dernier exercice clos, peu important que l'augmentation sensible de ce chiffre d'affaires soit la conséquence du rachat de plusieurs sociétés : • Paris, 29 janv. 2008 : *cité note 11 ss. art. L. 464-8.* ♦ La circonstance que le chiffre d'affaires se soit accru depuis la survenance des faits est sans incidence sur le montant du chiffre d'affaires de référence, constitué par le dernier connu au moment du prononcé de la sanction. • Paris, 10 avr. 2014 : *BOCC 7 juill. 2014.* ♦ Estimant que les débours ne sont pas retirés du chiffre d'affaires de l'entreprise pour le calcul, V. • Aut. conc. n° 14-D-16 du 18 nov. 2014 : *préc. note 25.* ♦ ... Pas plus que les coûts ne sont à déduire du chiffre d'affaires servant de base au calcul des sanctions (prise en compte du chiffre d'affaires « double net »). • Paris, 27 oct. 2016, n° 15/01673. ♦ Le requérant ne saurait confondre l'année prise en compte pour le chiffre d'affaires servant à déterminer la valeur des ventes et l'année prise en compte pour définir le maximum légal de sanction. • Paris, 20 nov. 2014 : *cité note 38 ss. art. L. 450-4.* ♦ Dans la mesure où seules les règles comptables françaises s'imposent à l'ensemble des opérateurs qui exercent une activité économique en France, la notion de chiffre d'affaires renvoie nécessairement au chiffre d'affaires tel que calculé selon ces normes comptables. • Aut. conc. n° 14-D-19 du 18 déc. 2014 : *préc. note 32.* ♦ La méthode la plus pertinente pour écarter tout risque de double sanction consiste, pour les entreprises concernées par une précédente décision, à exclure de l'assiette de l'amende la valeur des ventes correspondant aux produits, pour la période au cours de laquelle les deux infractions ont eu lieu simultanément. • Même décision. ♦ La circonstance que, sur le marché des produits laitiers frais vendus sous MDD, le lien commercial entre fabricants et distributeurs soit moins une relation de distribution qu'une relation de sous-traitance, ne prive pas de pertinence la référence à la valeur des ventes affectées par l'entente. • Paris, 23 mai 2017, n° 15/08224.

46. Calcul de la sanction : difficulté économique. Il convient de tenir compte, pour chacune des entreprises, de ses capacités contributives, de la part prise dans les comportements sanctionnés ainsi que de l'atteinte portée aux règles de la concurrence dans le cas du marché concerné. • Cons. conc. n° 92-D-22 du 17 mars 1992 : *CCC 1992, n° 101, obs. Vogel.* ♦ Les éventuelles difficultés du secteur économique concerné par les griefs ou l'action des pouvoirs publics ne figurent pas parmi les critères à prendre en considération pour la détermination des sanctions. • Aut. conc. n° 15-D-19 du 15 déc. 2015. ♦ En effet, l'art. L. 464-2, s'il précise que les sanctions pécuniaires sont notamment proportionnées à la gravité des faits et à la situation de l'organisme ou de l'entreprise sanctionné, ne met pas au nombre des critères de proportionnalité de la sanction les éventuelles difficultés générales du secteur concerné par l'infraction. • Paris, 23 mai 2017, n° 15/08224. ♦ Ainsi, les difficultés économiques susceptibles d'être prises en compte pour l'appréciation de la sanction sont seulement les difficultés individuelles dans la mesure où elles affecteraient la capacité contributive d'une entreprise et non la situation de crise économique du secteur. • Paris, 29 sept. 2009 : *D. actu. 5 oct. 2009, obs. Chevrier ; Gaz. Pal. 2010. 1696, et les obs.* ♦ La diminution des résultats nets ne constitue pas nécessairement l'indice de difficultés économiques mais, tout au plus, d'une diminution de rentabilité, qui ne constitue pas un critère de détermination de la sanction fixé par l'art. L. 464-2. • Aut. conc. n° 13-D-12 du 28 mai 2013 : *cité note 1 ss. art. R. 464-5.* ♦ Jugeant que le Conseil peut réduire le montant de la sanction pour tenir compte des résultats déficitaires de l'entreprise, V. • Cons. conc. n° 07-D-48 du 18 déc. 2007 : *cité note 7 ss. art. L. 463-2.* ♦ Ayant relevé que l'Autorité de la concurrence avait, pour fixer le montant de la sanction, tenu compte de la détérioration de la situation financière de la société, la cour d'appel a, à juste titre, refusé de modifier la sanction pour tenir compte d'une nouvelle détérioration tenant au paiement de ladite sanction, cette circonstance ayant nécessairement été prise en considération par l'Autorité. • Com. 7 oct. 2014, n° 13-19.476 : *cité note 5 ss. art. L. 420-1.* ♦ L'Autorité n'est pas tenue, pour apprécier la capacité contributive d'une entreprise, de prendre en compte, en soi, l'éventualité de condamnations à la suite de poursuites engagées par d'autres autorités de la concurrence, et les conséquences des condamnations pécuniaires ne peuvent être prises en considération, le cas échéant, que dans le cadre général de l'analyse d'éléments financiers et comptables. • Paris, 20 nov. 2014 : *cité note 38 ss. art. L. 450-4.* ♦ Des études de cabinets d'audit, si elles font ressortir des difficultés à s'acquitter entièrement de l'amende, un état de trésorerie « très tendu », voire un risque d'« insolvabilité latente » en cas d'exigibilité immédiate de l'amende, ne constituent cependant pas pour autant des éléments constituant des preuves fiables, complètes et objectives attestant l'existence de difficultés réelles et actuelles empêchant l'entreprise de s'acquitter, en tout ou partie, de la sanction pécuniaire pouvant lui être imposée. • Même décision. ♦ La circonstance que l'amende soit équivalente à cinq années d'exécution du contrat litigieux et aboutisse à confisquer le bénéfice tiré de l'infraction n'est pas en soi critiquable, car la confiscation du profit fait partie du risque encouru par les entreprises qui mettent en œuvre des pratiques anticoncurrentielles et participe à l'effet dissuasif de la sanction, la société ne versant aux débats aucun élément de nature à démontrer qu'elle serait, par ailleurs, dans l'impossibilité manifeste de s'acquitter de cette amende. • Paris, 15 sept. 2016, n° 2015/06968. ♦ La part que représente la sanction au regard des capitaux propres, du résultat net comptable moyen, de la capacité d'autofinancement moyenne et de l'investissement annuel moyen de la requérante ne constitue pas un critère opérant de la démonstration de difficultés financières susceptibles de justifier une diminution de la sanction. En effet, la capacité contributive s'apprécie – au jour auquel la cour statue – au regard de l'actif mobilisable pour le paiement de la sanction et de la capacité de l'entreprise à générer des ressources pour en assurer le paiement. • Paris, 23 mai 2017, n° 15/08224. ♦ Jugeant que la signature d'une clause de garantie de passif entre sociétés n'est pas un élément opérant quant à l'appréciation des facultés contributives de la société sanctionnée, et que la circonstance qu'une société a provisionné le montant de la sanction sur des exercices antérieurs ne saurait témoigner de l'absence de ses difficultés contributives, V. • Même arrêt.

47. Calcul de la sanction : appartenance à un groupe. BIBL. Dossier, *AJCA 2015. 55* (société, groupe, entreprise... : qui est responsable en droit de la concurrence ?). – Bernardeau, *RLC janv.-mars 2015. 74* (*like mother, like daughter*, (sauf) en droit de la concurrence ?). – Claudel, *RTD com. 2015. 84* (l'appartenance à un groupe au crible du principe d'individualisation des sanctions en l'absence d'unité économique). – Appel, *RLC avr.-juin 2015. 79* (entreprise, amendes solidaires... et personnelles). – Dumarçay, *RLC janv. 2017. 20* (retour sur la méthode de fixation du maximum légal de l'amende encourue au titre d'une pratique anticoncurrentielle). ♦ L'organisation juridique d'un groupe de sociétés ne doit pas permettre aux entreprises, ou être pour elles l'occasion, de minorer les sanctions qu'elles encourent. Par ailleurs, la prise en compte de la puissance économique d'une entreprise pour caractériser sa position dominante ne constitue pas un obstacle à ce que cet élément soit aussi pris en compte dans le calcul de la sanction au titre d'une majoration. • Paris, 18 déc. 2014 : *AJCA 2015. 131, obs. Ancelin et de Bakker* ; *CCC 2015, n° 66, obs. Decocq* ; *RLC avr.-juin 2015. 19, obs. Cholet* (conf. par • Com. 18 oct. 2016, n° 15-10.384 P : *préc. note 3*). ♦ L'appartenance à un groupe constitue une cause de majoration de la sanction en ce que cette circonstance est de nature à accroître l'ampleur et la portée économique de l'infraction et favorise un effet d'exemplarité. De plus, et nonobstant le principe d'autonomie de la personne morale, cette appartenance constitue un caractère propre à permettre à la filiale concernée d'assumer la charge d'une sanction plus élevée qu'elle ne le serait pour une entreprise de moindre envergure. • Paris, 18 déc. 2014 : *préc.* ♦ L'art. L. 464-2 évoque le chiffre d'affaires du groupe pour hausser le maximum légal de la sanction, mais aussi pour tenir compte de la taille de l'opérateur, de la possibilité qu'a l'entreprise fautive de s'adosser juridiquement et économiquement à un ensemble plus puissant. Cependant, la loi n'indique pas qu'il faille s'abstraire du chiffre d'affaires de la société personnellement poursuivie ; cette référence devra même être préférée lorsque l'appartenance au groupe n'a joué aucun rôle significatif dans la pratique anticoncurrentielle et lorsque la capacité contributive de l'entreprise poursuivie n'est pas susceptible d'être dépassée par la sanction. • Paris, 19 janv. 2010 : *préc. note 44.* ♦ En retenant qu'en raison de son appartenance à un groupe dont le chiffre d'affaires est particulièrement important, une société n'est pas fondée à se prévaloir de difficultés financières particulières affectant sa capacité contributive, une cour d'appel, qui n'a pas recherché si cette société avait la faculté de mobiliser les fonds nécessaires au règlement de la sanction auprès du groupe auquel elle appartient alors qu'elle s'était comportée de manière autonome sur le marché, a privé sa décision de base légale. • Com. 18 févr. 2014, n° 12-27.643 P : *D. 2014. Chron. C. cass. 1010, obs. Le Bras* ; *ibid. 1359, note Martin* ; *AJCA 2014. 88, obs. Arcelin* ; *JCP E 2014, n° 1168* ; *CCC 2014, n° 100, obs. Decocq* ; *RJDA 2014. 379, note Tréard* ; *LPA 16 oct. 2014, obs. Teffo* ; *RLC juill.-sept. 2014. 31, obs. Cholet* (et sur renvoi : • Paris, 28 mai 2015, n° 2014/09272 : *AJCA 2015. 380, obs. Arcelin*). ♦ En retenant que l'appartenance d'une société à un groupe dont le chiffre d'affaires est particulièrement important constitue une circonstance individuelle conduisant à majorer le montant de la sanction sans rechercher si cette appartenance avait joué un rôle dans la mise en œuvre des pratiques anticoncurrentielles ou était de nature à influer sur l'appréciation de la gravité de ces pratiques, une cour d'appel a privé sa décision de base légale. • Même décision. ♦ L'individualisation de la sanction exclut, à l'égard d'une entreprise ayant agi de manière autonome, le relèvement automatique de la sanction en raison de sa seule appartenance à un groupe. • Com. 21 oct. 2014, n° 13-16.602 P : *D. 2014. Actu. 2172* ; *RTD com. 2015. 84, obs. Claudel* ; *JCP E 2014, n° 1610 ; CCC 2015, n° 15, obs. Decocq ; RJDA 2015, n° 51 ; RLC janv.-mars 2015. 38, obs. Cholet.* ♦ Ainsi, le constat qu'une entreprise appartient à un groupe ne saurait conduire, à lui seul, à relever le montant de la sanction qui lui est infligée. • Paris, 21 janv. 2016, n° 2014/22811 : *D. 2017. Pan. 882, obs. Ferrier* ; *AJCA 2016. 205, obs. Constantin* ; *CCC 2016, n° 72, obs. Decocq.* – V. aussi note 6 ss. art. L. 464-8. ♦ L'existence de liens capitalistiques unissant un grand nombre d'entreprises dans un groupe très important au sein duquel elles consolident leurs comptes respectifs, atteste de ce que l'autonomie patrimoniale des personnes juridiques qui le composent s'appuie sur des synergies, et que le groupe peut compter sur des partenariats qui en justifient l'intérêt même. C'est à ce titre qu'il peut être considéré comme suffisamment établi qu'une filiale a bien les moyens de mobiliser les fonds nécessaires au règlement de la sanction auprès du groupe auquel elle appartient, au développement et à la puissance duquel elle contribue. • Aut. conc. n° 15-D-04 du 26 mars 2015 : *cité note 6 ss. art. L. 462-5.* ♦ Comp. jugeant qu'afin d'assurer le caractère à la fois proportionné et dissuasif de la sanction, il peut être tenu compte de l'appartenance de l'entreprise à un groupe disposant d'une taille ou d'une puissance économique importante, indépendamment du point de savoir si ce groupe a joué ou non un rôle dans l'accomplissement des pratiques anticoncurrentielles : • Paris, 10 oct. 2013 : *préc. note 3.*

Dès lors qu'il est établi que deux sociétés qui se sont livrées à une entente illicite ont dirigé chacune la stratégie commerciale de leur groupe, le chiffre d'affaires à retenir pour calculer le plafond de la sanction pécuniaire applicable à ces deux sociétés doit être déterminé sur la base du chiffre d'affaires consolidé de chacun de ces groupes. • Cons. conc. n° 92-D-20 du 10 mars 1992. ♦ Le fait que la société consolidante soit britannique ne fait pas obstacle à ce que soient retenus ses comptes consolidés pour le calcul du plafond de la sanction (les comptes consolidés publiés par une société dans un État membre sont reconnus dans un autre État membre à condition que celle-ci applique les normes comptables internationales, ce qui est le cas pour toute société côtée en bourse). • Cons. conc. n° 07-D-21 du 26 juin 2007 : *préc. note 31.* ♦ Sur la détermination du plafond légal en présence de plusieurs entreprises d'un même groupe ayant participé à la même entente (absence de plafond unique de sanction). • Cons. conc. n° 08-D-32 du 16 déc. 2008 : *préc. note 33.* ♦ Sur le mécanisme de solidarité en matière de paiement de l'amende au regard de la notion d'entreprise, V. • CJUE 10 avr. 2014, n° C-231/11 : *AJCA 2014. 138, obs. Arcelin* ; *RTD eur. 2014. 944, obs. Idot* ; *RLC juill.-sept. 2014. 111, note Bernardeau ; RDC 2014. 735, note Béhar-Touchais.* ♦ Jugeant que le Trib. UE a commis une erreur de droit en n'appliquant pas à la société mère la réduction de l'amende infligée à la filiale du fait de sa participation à une entente : • CJUE 17 sept. 2015, n° C-597/13 : *AJCA 2015. 480, obs. Luc* ; *CCC 2015, n° 263, obs. Decocq ; Europe 2015, n° 439, obs. Idot.*

C. RÉITÉRATION DES PRATIQUES

48. *Notion de réitération.* **BIBL.** Idot, *Mél. Bouloc, Dalloz, 2006, p. 457* (réflexions sur l'application de certains principes et notions du droit pénal en droit des pratiques anticoncurrentielles). – Dossier, *RDLC 2010, n° 4, p. 13* (ombres et lumières du traitement de la récidive par le droit des pratiques anticoncurrentielles). ♦ La question posée ne présente pas de caractère sérieux en ce que les termes « réitération de pratiques prohibées » contenus à l'art. L. 464-2 sont suffisamment précis au regard de l'exigence constitutionnelle de clarté de la loi qui s'applique à toute sanction ayant le caractère d'une punition. • Cass., QPC, 17 sept. 2010, n° 10-13.686 : *D. actu. 7 oct. 2010, obs. Chevrier.* ♦ Si la lettre de l'art. L. 464-2 (sixième titre du livre IV) envisage la prise en compte de « l'éventuelle réitération de pratiques prohibées par le présent titre », il vise en réalité les pratiques prohibées par le deuxième titre du livre IV intitulé « Des pratiques anticoncurrentielles » et non le sixième titre du livre IV intitulé « Du conseil de la concurrence ». • Cons. conc. n° 07-D-33 du 15 oct. 2007 : *D. 2007. AJ 2668, obs. Chevrier* ; *RTD com. 2008. 63, obs. Claudel* ; *CCC 2007, n° 307, obs. Bosco ; CCE 2007, n° 134, obs. Chagny ; RDLC 2007, n° 4, p. 131, obs. Momège ; RLC janv.-mars 2008. 18, note Arhel.* ♦ La notion de réitération en droit de la concurrence connaît un régime juridique *sui generis* qui doit être distingué des notions de récidive et de réitération en droit pénal. • Même décision. ♦ Si le droit pénal exige, pour que la récidive puisse être retenue, que la première condamnation soit devenue définitive avant la commission de faits nouveaux, une telle exigence ne saurait être posée pour la qualification d'une réitération en droit de la concurrence en raison de l'absence d'effet suspensif des recours devant la cour d'appel de Paris. • Même décision.

49. *Période de la réitération.* Le législateur n'a pas fixé de limite à la prise en compte de décisions antérieures pour établir la réitération. En conséquence, le Conseil dispose d'une marge d'appréciation pour déterminer les périodes au cours desquelles il tiendra compte des infractions précédemment constatées. • Cons. conc. n° 07-D-33 du 15 oct. 2007 : *préc. note 48.* ♦ Cette décision appelle à une modulation de la sanction en fonction du délai séparant la pratique litigieuse originelle de la pratique réitérée, sans inférer qu'une réitération de pratiques constatées depuis plus de vingt ans n'ait aucune incidence en terme d'amende. • Cons. conc. n° 08-D-13 du 11 juin 2008 : *préc. note 43.* ♦ Si un délai de vingt et un ans ne fait pas juridiquement obstacle à ce que soit prise en compte la réitération, le Conseil n'entend pas opposer cette dernière aux entreprises au-delà de vingt ans. • Cons. conc. n° 08-D-32 du 16 déc. 2008 : *préc. note 33.* ♦ Un délai de onze ans est inférieur au délai de quinze ans au-delà duquel l'Autorité de la concurrence n'entend pas retenir la réitération à l'encontre d'une entreprise, conformément au point 51 de son communiqué du 16 mai 2011. Cette période relativement longue entre le précédent constat d'infraction et la pratique en cause est toutefois prise en compte par l'Autorité, dans un sens favorable à l'entreprise, pour limiter le quantum de la réitération. • Aut. conc. n° 15-D-01 du 5 févr. 2015 : *cité note 1 ss. art. L. 462-6.*

50. Imputabilité de la réitération. BIBL. Roda, *Dr. sociétés 2017. Dossier 15* (droit de la concurrence, groupe de sociétés et récidive : quels enjeux ? quelles solutions ?). ♦ La réitération vise le renouvellement des pratiques, indépendamment de toute référence au contexte interne, nécessairement évolutif, de l'entreprise ; c'est la personne morale qui assume la continuité juridique ou économique de l'entreprise auteur de la première infraction qui, en renouvelant les pratiques, commet une réitération. • Cons. conc. n° 08-D-32 du 16 déc. 2008 : *préc. note 33.* ♦ En effet, les règles en matière de réitération doivent suivre celles appliquées en matière d'imputabilité. • Aut. conc. n° 09-D-36 du 9 déc. 2009 : *préc. note 6* • Paris, 4 juill. 2013 : *cité note 8 ss. art. L. 420-2.* ♦ Mais l'imputabilité d'un comportement anticoncurrentiel répréhensible ne se confond avec – ni ne se résume à – l'imputabilité de la sanction. • Paris, 23 sept. 2010 : *D. actu. 5 oct. 2010, obs. Chevrier ; JCP E 2010, n° 1895 ; CCC 2010, n° 277, obs. Decocq ; RLC janv.-févr. 2011. 29, obs. Robin ; RDC 2011. 122, obs. Prieto.*

51. Application de la réitération. Avant l'entrée en vigueur de la L. du 15 mai 2001, qui prend *en compte expressément la réitération des pratiques*, la cour d'appel de Paris a admis la possibilité, pour le Conseil, de prendre en considération, dans la fixation de la sanction pécuniaire infligée à une entreprise, la réitération des pratiques. • Cons. conc. n° 07-D-08 du 12 mars 2007 : *cité note 8 ss. art. L. 462-7.* ♦ Il résulte de la pratique décisionnelle du Conseil, confirmée par la jurisprudence de la cour d'appel de Paris, que toute entreprise condamnée à des sanctions pécuniaires ou déclarée coupable d'une infraction par une décision du Conseil de la concurrence, d'une autorité nationale de concurrence européenne ou de la Commission européenne, peut se voir opposer la réitération des pratiques, concernant des pratiques similaires ou commises sur des marchés identiques ou connexes. • Même décision. ♦ Toutefois, pour respecter pleinement les droits de défense des entreprises mises en cause, ces condamnations doivent être mentionnées lors de la notification des griefs ou dans le rapport. • Même décision. ♦ Le facteur d'aggravation de la sanction résultant de la réitération n'est pas celui de la commission de pratiques antérieures, mais celui de la mise en œuvre de pratiques du même type que les précédentes postérieurement à l'entrée en vigueur de la L. du 15 mai 2001. • Paris, 4 juill. 2013 : *cité note 8 ss. art. L. 420-2.* ♦ La circonstance que les pratiques aient débuté avant qu'une précédente infraction ne fasse l'objet d'un constat ne suffit pas à priver l'Autorité de la concurrence de la possibilité de retenir la réitération au titre des circonstances aggravantes, lorsque les pratiques, de nature continue, se sont poursuivies après ce premier constat d'infraction. • Aut. conc. n° 10-D-28 du 20 sept. 2010 : *D. actu. 6 oct. 2010, obs. Constantin ; CCC 2010, n° 278, obs. Decocq ; RLDA déc. 2010. 49, note Jalabert-Doury ; RDLC 2010, n° 4, p. 108, note Nicolas-Vullierme ; RLC janv.-févr. 2011. 26, obs. Sélinsky* • n° 10-D-39 du 22 déc. 2010 : *préc. note 43.* ♦ L'exigence d'une décision précédente qualifiant le comportement de l'entreprise mise en cause de pratiques anticoncurrentielles conduit à écarter toutes les affaires ayant mis hors de cause l'entreprise ou ses filiales ainsi que celles ayant prononcé des mesures conservatoires au terme d'une analyse *prima facie* de l'espèce. • Aut. conc. n° 09-D-24 du 28 juill. 2009. ♦ Il n'est possible de retenir la réitération d'éventuelles pratiques prohibées par le titre II du livre IV que si ces pratiques ont déjà fait l'objet d'un constat d'infraction ; n'entrent pas dans cette catégorie les pratiques qui ont justifié le prononcé de mesure conservatoire, ni celles qui ont donné lieu à des décisions acceptant et rendant obligatoires, sur le fondement du I de l'art. L. 464-2, des engagements proposés par les entreprises. • Cons. conc. n° 07-D-33 du 15 oct. 2007 : *préc. note 48.* ♦ En revanche, toute décision constatant une infraction doit être prise en compte au titre de la réitération, quelle que soit la suite à laquelle elle a donné lieu (injonction, amende, publication, ...). • Même décision. ♦ Il importe peu que l'entreprise n'ait pas, dans une première affaire ayant conduit à une condamnation, contesté les griefs en vertu du III de l'art. L. 464-2, dès lors que le choix procédural n'emporte aucune conséquence sur l'existence même du constat d'infraction effectué par l'Autorité, qui est caractérisé dans tous ses aspects, constatation des faits, qualification juridique de ces faits et responsabilité de l'entreprise en cause. • Paris, 6 nov. 2014 : *cité note 29 ss. art. L. 420-2.*

Les pratiques peuvent être identiques ou similaires par leur même objet anticoncurrentiel, critère qui renvoie pour l'essentiel à la base légale utilisée pour les qualifier ; mais elles peuvent aussi être identiques ou similaires par leur même effet anticoncurrentiel, critère qui transcende au contraire les qualifications légales pour s'attacher davantage à la finalité du comportement poursuivi. • Cons. conc. n° 07-D-33 du 15 oct. 2007 : *préc.* ♦ Dès lors, des pratiques d'entente et des comportements unilatéraux peuvent rechercher le même effet d'éviction à l'égard de concurrents sur un marché, sans pour autant relever du même régime de prohibition. • Aut. conc. n° 12-D-24 du 13 déc. 2012 : *préc. note 43.* ♦ La qualification de la réitération n'exige pas que les infractions commises soient identiques quant à la pratique mise en œuvre ou quant au marché concerné, qu'il s'agisse du marché de produits ou services ou du marché géographique. • Paris, 4 juill. 2013 : *préc.* • Com. 22 nov. 2016, n° 14-28.224 : *cité note 12 ss. art. L. 464-8* • 27 sept. 2017, n° 15-20.087 : *CCC 2017, n° 252, obs. Decocq ; RJDA 2018, n° 183.*

52. Taux de majoration. La détermination du taux de majoration de la sanction n'est pas le reflet arithmétique du nombre de constats d'infraction antérieurs, mais résulte d'une appréciation globale par l'Autorité, qui témoignent, au vu de l'ensemble des éléments de réitération, de la forte propension de l'entreprise à s'affranchir des règles de la concurrence. • Aut. conc. n° 12-D-24 du 13 déc. 2012 : *préc. note 43.* ♦ Si le Conseil doit prendre en compte la réitération de pratiques anticoncurrentielles au titre des critères aggravants de la sanction, l'absence d'infraction antérieure constitue une circonstance normale dont l'autorité de concurrence n'a pas à tenir compte comme circonstance atténuante. • Cons. conc. n° 07-D-48 du 18 déc. 2007 : *cité note 7 ss. art. L. 463-2.* ♦ Si la réitération des pratiques et leur poursuite malgré l'enquête sont un facteur d'aggravation de la sanction, l'absence de réitération comme l'arrêt des pratiques à la suite de l'enquête ne sauraient constituer en elles-mêmes des circonstances atténuantes. • Cons. conc. n° 08-D-12 du 21 mai 2008 : *cité note 3 ss. art. L. 463-7.*

VIII. PUBLICATION

53. Peine complémentaire. BIBL. Faure-Mossmann, *LPA 23 avr. 2012* (les peines complémentaires de publicité, publication-sanction, en droit boursier et en droit de la concurrence). ♦ Bien que l'art. 13, al. 4 [C. com., art. L. 464-2, al. 4], ne prévoie la publication dans les journaux que pour les décisions du Conseil de la concurrence et que l'art. 15 [C. com., art. L. 464-8] ne prescrive la publication des décisions de la cour d'appel que dans le *BOCC*, la cour d'appel, qui a retenu qu'il était légitime que les professionnels avisés du recours formé contre la décision du Conseil aient également connaissance de la décision de la cour d'appel, n'a pas excédé son pouvoir en ordonnant la publication d'un communiqué dans des journaux. • Com. 14 janv. 1992, n° 89-21.462 P : *RJDA 1992, n° 365.* ♦ Comp., jugeant que la publication est une sanction complémentaire et que, dès lors que la décision déférée n'y recourt pas, il n'est pas permis à la cour de Paris d'y procéder en aggravant ainsi le sort des entreprises concernées : • Paris, 19 janv. 2010 : *D. actu. 28 janv. 2010, obs. Chevrier ; CCC 2010, n° 78, obs. Decocq ; RLC avr.-juin 2010. 60, obs. Destours.*

54. Principe fondamental. La faculté d'imposer une publication de la décision procède du principe fondamental de la publicité des décisions à forme et à contenu juridictionnel ; elle ajoute à l'exemplarité de la sanction et participe à l'effectivité du respect des règles de la concurrence ; en soi elle n'est pas de nature à porter atteinte au crédit ou à la considération des personnes visées, sauf caractère excessif. • Paris, 29 sept. 2009 : *préc. note 46.*

55. Distinction entre publication et communiqué de presse. La diffusion par le Conseil de la concurrence d'un communiqué de presse annonçant le prononcé de sa décision ne constitue pas une mesure de publication au sens de l'art. 13 [C. com., art. L. 464-2] et ne peut par conséquent faire l'objet d'un recours devant la cour d'appel de Paris. • Paris, 15 juin 1999 : *CCC 1999, n° 142, obs. Malaurie-Vignal.* ♦ La couverture médiatique à laquelle une décision du Conseil a donné lieu quand elle a été rendue ne peut juridiquement se substituer à la publication qui a été ordonnée par le Conseil ni dispenser les entreprises concernées de leur obligation de respecter l'injonction. • Cons. conc. n° 05-D-08 du 9 mars 2005 : *D. 2005. AJ 1349, obs. Chevrier ; RTD com. 2005. 278, obs. Claudel ; RDLC 2005, n° 2, p. 93, obs. Michel-Amsellem ; RLC 2005, n° 3, p. 83, obs. B. C.* ♦ Sur les modalités de publicité des décisions, V. aussi art. L. 470-7-1.

56. Modalités de la publication. Le Conseil de la concurrence qui ordonne la publication de sa décision sous un titre qui précise l'objet et l'identité de la personne sanctionnée et correspond à la teneur de la décision qu'il prononce ne fait qu'user du pouvoir d'ordonner la publication de ses décisions prévu à l'art. L. 464-2. • Com. 9 mai 2001, n° 98-22.150 P : *JCP E 2001, n° 27, p. 1115 ; RJDA 2001, n° 1264.* ♦ La mesure de publication forcée de la décision est de nature à entraîner un préjudice irréparable à l'entreprise en cause et à donner aux professionnels concernés, comme au public, destinataires de cette publicité, une information incomplète, si elle n'est accompagnée de l'indication du recours dont ladite décision fait l'objet. • Paris, ord., 11 juin 1992 : *Gaz. Pal. 1992. 2. Somm. 330* • 10 juill. 1996 : *BOCC 27 juill. 1996.* ♦ Sur une publication susceptible de porter atteinte, de façon irréparable, à la présomption d'innocence qui bénéficie aux intéressés : • Paris, 22 sept. 2004 : *cité note 7 ss. art. L. 420-6.* ♦ Sur la possibilité de prévoir une publication accompagnée d'une mention différente de l'intitulé de la décision : • Paris, 26 févr. 1998 : *D. Affaires 1998. 511, obs. Sélinsky.* ♦ Pour une publication sur la page d'accueil du site internet de l'organisme condamné : • Cons. conc. n° 05-D-75 du 22 déc. 2005 : *préc. note 11* (conf. par • Paris, 21 mars 2006 : *CCC 2006, n° 112, obs. Malaurie-Vignal*). ♦ L'injonction d'adresser un résumé de la décision du Conseil, en ce qu'elle est destinée à des personnes qui ne sont pas concernées directement par les pratiques dont il s'agit, est injustifiée. • Paris, 12 déc. 2006 : *D. 2007. AJ 221, obs. Chevrier ; RTD com. 2007. 50, obs. Claudel ; CCC 2007, n° 49, obs. Malaurie-Vignal ; RLDA févr. 2007. 55, obs. Cheynel.* ♦ Sur le secret des affaires, V. art. L. 464-8, al. 2.

57. Communiqué annonçant un arrêt en réformation. La cour d'appel qui retient qu'il y a lieu de faire connaître son arrêt réformant une décision qui a elle-même été portée à la connaissance du public par son auteur n'excède pas son pouvoir en ordonnant la publication d'un communiqué dans des conditions identiques à celles de la décision réformée, peu important que l'arrêt confirme ou infirme la sanction imposée par la décision. • Com. 17 janv. 2012, n° 11-13.067 P : *cité note 10 ss. art. L. 464-8.*

IX. OBSTRUCTION À INSTRUCTION

BIBL. Claudel, *RTD com. 2021. 321* (le dispositif français en matière d'obstruction à l'enquête en pleine effervescence !). – Bouloc, *RLC nov. 2021. 4* (regard sur le nouveau droit de l'opposition aux fonctions et la responsabilité pénale d'une personne morale).

58. Conformité à la Constitution. L'art. L. 450-8 punit de deux ans d'emprisonnement et d'une amende de 300 000 euros le fait pour quiconque de s'opposer, de quelque façon que ce soit, à l'exercice des fonctions dont les agents de l'Autorité de la concurrence sont chargés. Ces dispositions permettent de sanctionner toute entrave intentionnelle aux mesures d'investigation ou d'instruction conduites par ces agents. Par *conséquent, en ce qu'elles permettent de sanc*tionner des entraves au contrôle de l'Autorité, commises par des entreprises de manière intentionnelle, les dispositions de l'art. L. 450-8 et les dispositions contestées du 2e al. du V de l'art. L. 464-2 tendent à réprimer de mêmes faits qualifiés de manière identique. En deuxième lieu, la sanction administrative instaurée par les dispositions contestées vise, comme le délit prévu à l'art. L. 450-8, à assurer l'efficacité des enquêtes conduites par l'Autorité pour garantir le respect des règles de concurrence nécessaires à la sauvegarde de l'ordre public économique. Ces deux répressions protègent ainsi les mêmes intérêts sociaux. En dernier lieu, lorsqu'il s'applique à des entreprises, le délit prévu à l'art. L. 450-8 est, conformément aux règles énoncées par l'art. 131-38 C. pén., puni d'une amende de 1 500 000 euros. La nature de cette sanction n'est pas différente de celle de l'amende prévue par les dispositions contestées, dont le montant ne peut excéder 1 % du montant du chiffre d'affaires mondial de l'entreprise. Il en résulte que la répression administrative prévue par les dispositions contestées et la répression pénale organisée par l'art. L. 450-8 relèvent de corps de règles identiques protégeant les mêmes intérêts sociaux aux fins de sanctions de même nature. Les dispositions contestées méconnaissent donc le principe de nécessité et de proportionnalité des peines. Elles doivent donc être déclarées contraires à la Constitution. Les dispositions déclarées contraires à la Constitution, dans leur rédaction contestée, ne sont plus en vigueur. Afin de faire cesser l'inconstitutionnalité constatée à compter de la publication de la présente décision, il y a lieu de juger que, dans les procédures en cours fondées sur les dispositions contestées, la déclaration d'inconstitutionnalité peut être invoquée lorsque l'entreprise poursuivie a préalablement fait l'objet de poursuites sur le fondement de l'art. L. 450-8. • Cons. const. 26 mars 2021, n° 2021-892 QPC : *RTD com. 2021. 311, note Claudel ; Rev. sociétés 2021. 459, note Bouloc ; RSC 2021. 849, obs. Sordino ; RJDA 2021, n° 527 ; RLC mai 2021. 4, obs. Duprié et Basquin.* ♦ Pour une espèce où les sociétés n'ont pas préalablement fait l'objet de poursuites sur le fondement de l'art. L. 450-8 et où, en conséquence, la déclaration d'inconstitutionnalité ne leur est pas applicable, V. • Com. 1er déc. 2021, n° 20-16.849 B : *cité note 61.* ♦ V., désormais, les VIII et IX de l'art. 2 de l'Ord. n° 2021-649 du 26 mai 2021 qui restreignent le champ d'application de l'art. L. 450-8 afin de se conformer à cette décision.

La modification opérée à l'art. L. 450-8 et la création des art. L. 450-9 et L. 450-10 permettent de tirer les conséquences de la décision du Conseil constitutionnel tout en maintenant le V de l'art. L. 464-2 dans sa version actuelle (Rapp. relatif à l'Ord. n° 2021-649, *JO 27 mai*).

59. Notion d'obstruction. Les manquements de l'entreprise, constitutifs de l'obstruction, s'apprécient au regard de son obligation de collaboration active et loyale avec les services d'instruction. L'obstruction, dont les formes ne sont pas limitativement définies, recouvre tout comportement de l'entreprise tendant, de propos délibéré ou par négligence, à faire obstacle aux actes d'instruction. • Aut. conc. n° 17-D-27 du 21 déc. 2017 : *RTD com. 2021. 321, note Claudel* . ♦ L'obstruction prévue à l'art. L. 464-2 se distingue du délit pénal d'opposition à fonction, incriminé par les dispositions de l'art. L. 450-8. La loi ne comporte aucune référence à un élément intentionnel frauduleux de la part de l'entreprise ; l'infraction d'obstruction peut donc résulter d'une simple négligence. • Même décision. ♦ La nécessité des renseignements demandés s'apprécie en fonction des finalités en vue desquelles les pouvoirs d'enquête ont été conférés ; l'entreprise ne saurait ainsi se faire juge de la pertinence des mesures d'instruction qui lui sont adressées. • Même décision. ♦ Les demandes de renseignement des services d'instruction, qui sont des mesures d'enquête « simple », utilisées dans la phase d'instruction d'une affaire, ne portent en elles-mêmes aucune atteinte aux droits de la défense de l'entreprise et, notamment, au droit de l'entreprise de ne pas s'incriminer elle-même. Sauf à priver de tout effet utile les pouvoirs d'enquête « simple » que les rapporteurs tiennent du code de commerce, les entreprises ne sauraient refuser de répondre aux demandes des services d'instruction et échapper à l'infraction d'obstruction en alléguant l'atteinte portée à leurs droits. • Même décision.

L'infraction d'obstruction est une infraction autonome, définie par la loi, sanctionnant le non-respect des obligations qui pèsent sur l'entreprise faisant l'objet d'une investigation ou d'une instruction. En cas de méconnaissance de ces obligations, l'entreprise s'expose à une sanction qui tend à garantir l'efficacité des pouvoirs d'enquête dévolus aux services d'instruction. • Aut. conc. n° 19-D-09 du 22 mai 2019 : *RTD com. 2021. 321, note Claudel* ; *CCC 2019, n° 128, obs. Bosco ; RLC déc. 2019. 52, note Vertut.* ♦ L'infraction d'« obstruction à l'investigation ou à l'instruction » est définie de manière suffisamment précise par l'al. 2 du V de l'art. L. 464-2 au regard des obligations pesant sur la définition des sanctions administratives. En effet, aux termes de cet article, l'obstruction peut « notamment » résulter de la fourniture par l'entreprise de renseignements incomplets ou inexacts, ou de la communication de pièces incomplètes ou dénaturées. Dans un souci d'explicitation, le législateur a estimé utile de préciser certains des cas dans lesquels une obstruction pourrait être, le cas échéant, constatée, mais cette énumération n'est toutefois pas limitative. • Même décision. ♦ L'Autorité de la concurrence peut sanctionner des faits constitutifs d'une obstruction pouvant, le cas échéant, également faire l'objet d'une sanction pénale. Ainsi, le refus de communication des informations ou documents demandés peut donner lieu à trois types de sanctions, de nature administrative ou pénale, distinctes les unes des autres : une injonction sous astreinte prononcée par l'Autorité, une amende administrative prononcée par cette autorité ou une sanction pénale. • Même décision. ♦ V., désormais, note 58.

V. aussi note 4 ss. art. L. 450-3.

60. Bris de scellé. Le seul fait du bris de scellé fait disparaître l'effet de sauvegarde de celui-ci et suffit donc à constituer l'infraction. Il importe ainsi peu que le bris de scellé ait pu être commis par négligence par un salarié, dès lors qu'il appartient à l'entreprise de prendre toutes les mesures nécessaires afin de prévenir ce type d'incident. Ainsi, dès lors que la matérialité du bris de scellé est constatée et incontestée, l'infraction d'obstruction, qui n'est subordonnée à aucun élément intentionnel, est établie. Cette conclusion n'est pas remise en cause par le fait que les enquêteurs n'ont pas jugé nécessaire que l'entreprise ferme à clé les portes des bureaux placés sous scellé, dès lors qu'une telle mesure n'aurait pas été suffisante pour garantir la préservation des preuves, notamment en raison de l'existence éventuelle de doubles des clés dans l'entreprise. En effet, un bris de scellé entraîne nécessairement un risque de déperdition ou d'altération des preuves et l'Autorité n'est nullement tenue de démontrer une disparition ou une manipulation de preuves dans le local placé sous scellé. • Aut. conc. n° 19-D-09 du 22 mai 2019 : *préc. note 59.*

61. Poursuites. Le V de l'art. L. 464-2 ne prévoit aucune condition particulière à l'engagement des poursuites en cas d'obstruction à l'instruction. Les rapporteurs ne sont nullement tenus de faire mention desdites dispositions légales dans leurs demandes de renseignement adressées aux entreprises, qui sont censées ne pas ignorer la loi. L'engagement des poursuites pour obstruction n'est soumis par les dispositions qui les régissent à aucune condition de mise en demeure ou d'injonction sous astreinte préalable. • Aut. conc. n° 17-D-27 du 21 déc. 2017. ♦ En matière d'infractions procédurales, comme en matière de pratiques anticoncurrentielles, il ressort de la pratique décisionnelle et de la jurisprudence nationale et européenne que la personne morale est responsable des actes commis par ses représentants, que ceux-ci agissent pour le compte de l'entreprise ou pour leur propre compte. • Aut. conc. n° 19-D-09 du 22 mai 2019 : *préc. note 59.* ♦ Après avoir exactement énoncé que l'al. 2 du V de l'art. L. 464-2 s'applique à tous les comportements de l'entreprise qui tendent, de propos délibéré ou par négligence, à faire obstacle aux actes d'investigation ou d'instruction, l'arrêt relève qu'à l'instar du I de l'art. L. 464-2 qui dote l'Autorité du pouvoir d'infliger une sanction pécuniaire à l'entreprise qui s'est livrée à des pratiques anticoncurrentielles, ce même article, en son V, al. 2, dote l'Autorité du pouvoir d'infliger une sanction pécuniaire à l'entreprise qui a fait obstruction à l'investigation ou à l'instruction qui la concerne. Il observe que ces dispositions se réfèrent, l'une et l'autre, à la notion d'« entreprise », laquelle doit être comprise au sens du droit de la concurrence, et retient qu'il y a donc lieu, pour des raisons de cohérence, d'interpréter cette notion de la même manière, qu'il s'agisse de sanctionner une infraction aux règles de fond ou de réprimer une obstruction à une enquête destinée à rechercher une telle infraction, et d'appliquer, en conséquence, les mêmes règles d'imputabilité à ces deux types d'infraction. Il en déduit que la responsabilité de l'entreprise à raison d'actes d'obstruction commis par un ou plusieurs de ses salariés est engagée dans les mêmes conditions que sa responsabilité à raison de pratiques anticoncurrentielles commises par ses salariés et rappelle que l'imputation à une entreprise d'une infraction à l'art. L. 420-1 ne suppose pas une action ou même une connaissance de cette infraction par les associés ou des gérants principaux de l'entreprise concernée, mais l'action d'une personne qui est autorisée à agir pour le compte de l'entreprise. • Com. 1er déc. 2021, n° 20-16.849 B : *JCP E 2021, n° 1562 ; RJDA 2022, n° 115.*

62. Sanctions. Les dispositions du V de l'art. L. 464-2 fixent le plafond de la sanction pécuniaire susceptible d'être infligée, mais l'Autorité n'a pas adopté de lignes directrices énonçant la méthode de calcul qui s'imposerait à elle pour la fixation des amendes en cas d'obstruction. Pour apprécier la proportionnalité de la sanction et procéder à son individualisation, l'Autorité tiendra compte de la gravité du comportement reproché et des circonstances particulières de l'espèce, des effets de ce comportement sur le déroulement de l'instruction, et plus généralement, de ses conséquences sur l'ordre public économique que l'Autorité a pour mission de préserver. • Aut. conc. n° 17-D-27 du 21 déc. 2017. ♦ L'infraction d'obstruction est, en soi, une infraction particulièrement grave, dès lors que, par nature, elle met en péril, voire peut faire échec à la finalité de l'instruction des saisines contentieuses de l'Autorité, qui est de constater les infractions au droit de la concurrence, national et européen, d'en établir la preuve et de les sanctionner, et au rétablissement du bon fonctionnement concurrentiel du marché, ce qui préjudicie tant à l'ordre public économique qu'aux entreprises ou acteurs victimes des pratiques anticoncurrentielles. • Aut. conc. n° 19-D-09 du 22 mai 2019 : *préc. note 59.*

Art. L. 464-3 *(Ord. n° 2004-1173 du 4 nov. 2004, art. 11)* **Si les mesures, injonctions ou engagements prévus aux articles L. 464-1 et L. 464-2 ne sont pas respectés, l'Autorité de la concurrence peut prononcer une sanction pécuniaire dans les limites fixées à l'article L. 464-2.** — *[Ord. n° 86-1243 du 1er déc. 1986, art. 14.]* — *V. art. R. 464-9.*

1. Domaine. L'injonction de publier aux frais de l'entreprise la décision est au nombre des injonctions dont le non-respect peut être sanctionné sur le fondement de l'art. L. 464-3. • Cons. conc. n° 04-D-47 du 12 oct. 2004 : *D. 2004. AJ 2996.* ♦ Les modalités de l'exécution de l'injonction fixées dans la décision du Conseil font partie intégrante de l'injonction, notamment son délai d'exécution ; l'exécution tardive d'une injonction peut donc être sanctionnée au titre de l'art. L. 464-3. • Même décision. ♦ Si les entreprises contreviennent à leurs engagements, l'Autorité de la concurrence peut être saisie sur demande du saisissant, du ministre de l'Économie, ou de toute autre entreprise ayant un intérêt à agir, ou se saisir de sa propre initiative. • Aut. conc. n° 12-D-22 du 22 nov. 2012 : *D. actu. 17 déc. 2012, obs. Constantin ; CCE 2013, n° 5, obs. Pironon ; RLC janv.-mars 2013. 35, obs. Sélinsky.*

2. Procédure. Les textes n'imposent pas que, dans le cadre de la procédure de vérification du respect d'injonction, soit mise en œuvre, antérieurement à la rédaction du rapport, la procédure de notification de griefs prévue par l'art. 21 *[C. com., art. L. 463-2]*. • Cons. conc. n° 95-D-82 du 12 déc. 1995. ♦ Ni les dispositions de l'art. L. 464-3, ni celles du Décr. du 29 déc. 1986 ne prévoient de règle de procédure relative au respect des injonctions prononcées. • Cons. conc. n° 04-D-18 du 13 mai 2004 : *D. 2004. AJ 1524.* – V. désormais art. R. 464-9. – Comp. : • Cons. conc. n° 02-D-46 du 19 juill. 2002 : *cité note 2 ss. art. L. 464-1.*

A. EXÉCUTION DES INJONCTIONS

3. Sursis à exécution. Seul le sursis ordonné par le premier président de la cour d'appel de Paris peut suspendre le caractère exécutoire de la décision ; et à défaut de demander ce sursis ou de l'obtenir, il n'appartient pas aux parties de décider du moment où elles procéderont à l'exécution d'une injonction à laquelle elles ont été condamnées avec un délai d'exécution à respecter. • Cons. conc. n° 05-D-09 du 14 mars 2005 : *D. 2005. AJ 1080, obs. Chevrier ; RTD com. 2005. 278, obs. Claudel ; RDLC 2005, n° 2, p. 93, obs. Michel-Amsellem.* ♦ V. aussi notes 6 s. ss. art. L. 464-8.

4. Délai supplémentaire. Pour l'octroi d'un nouveau délai pour l'exécution d'une injonction afin de tenir compte d'obligations supplémentaires pesant sur le débiteur, issues d'une loi nouvelle, V. • Paris, 28 janv. 2005 : *LPA 22 juill. 2005, obs. Arhel ; RLC 2005, n° 3, p. 31, obs. J. P.*

5. Interprétation stricte. Les injonctions formulées en application de l'art. L. 464-1 doivent l'être en termes clairs, précis et exempts d'incertitude quant à leur exécution ; il en résulte qu'elles sont d'interprétation stricte lorsqu'il s'agit de vérifier leur respect. • Cons. conc. n° 05-D-36 du 30 juin 2005 : *AJDA 2005. 1658, obs. Richer ;*

RDLC 2005, n° 3, p. 126, obs. Momège ; RLC 2005, n° 4, p. 36, obs. C. R. (partiellement annulée par • Paris, 21 févr. 2006 : *RLC 2006, n° 7, p. 23, obs. Robin*). ♦ La procédure de vérification du respect d'injonction doit nécessairement être conduite par référence à la décision ayant imposé cette injonction ; il s'ensuit qu'il n'appartient pas à l'Autorité de la concurrence de se prononcer, dans le cadre de cette procédure, sur des éléments qui pourraient être retenus à l'issue de la procédure au fond en cours d'instruction, mais seulement de vérifier le respect par le prévenu de l'injonction qui lui a été faite, telle qu'éclairée par les motifs qui ont justifié son prononcé. • Aut. conc. n° 12-D-05 du 24 janv. 2012 : *D. actu. 31 janv. 2012, obs. Chevrier ; CCC 2012, n° 52, obs. Chagny ; RLC avr.-juin 2012. 37, obs. Sélinsky et Venayre.*

B. SANCTIONS

6. Recours. Jugeant que le Conseil peut infliger une sanction pour non-respect des injonctions qu'il a prononcées alors même que toutes les voies de recours n'ont pas été épuisées et que sa décision ordonnant ces injonctions n'est pas devenue définitive : • Cons. conc. n° 04-D-47 du 12 oct. 2004 : *préc. note 1.* ♦ Comp., jugeant que dans le cadre de l'art. L. 464-3, il appartient au Conseil d'apprécier si l'injonction, telle qu'elle a été prononcée, a été respectée, sans qu'il y ait lieu de contester le libellé de cette injonction, confirmée en appel et devenue définitive : • Cons. conc. n° 04-D-18 du 13 mai 2004 : *préc. note 2.* ♦ Comp. aussi, estimant qu'ayant constaté que l'entreprise en cause n'avait pas déféré aux injonctions d'une décision du Conseil, qui n'avait jamais fait l'objet d'un recours et qui s'imposait donc à elle, la cour d'appel de Paris a pu décider qu'elle avait commis une faute en ne déférant pas à ces injonctions : • Com. 8 nov. 1994, n° 92-20.285 P : *RJDA 1995, n° 301.*

7. Cumul des sanctions. Sur le cumul des sanctions prises sur le fondement de l'art. L. 464-3 avec celles réprimant les pratiques anticoncurrentielles, V. • Cons. conc. n° 05-D-59 du 7 nov. 2005 : *cité note 38 ss. art. L. 464-2.*

8. Absence d'impunité. Dès lors que le délai de deux mois accordé à l'entreprise pour se conformer aux mesures conservatoires était un délai de nature purement technique ne lui conférant pas d'impunité, l'infraction pouvait être retenue pendant cette période sans porter atteinte au principe de l'autorité de la chose établie. • Paris, 4 juill. 2006 : *CCC 2006, n° 204, obs. Decocq ; RDLC 2006, n° 3, p. 140, obs. Michel-Amsellem ; RLC oct.-déc. 2006. 80, obs. Nourissat.* ♦ Le délai que le Conseil accorde à une entreprise pour satisfaire à l'injonction de faire délivrée à son encontre à titre conservatoire n'emporte pas autorisation pour cette entreprise de ne pas satisfaire aux règles de concurrence, mais fixe la durée pendant laquelle le non-respect éventuel de l'injonction prononcée ne sera pas sanctionné. • Com. 23 oct. 2007, n° 06-17.852 : *D. 2007. AJ 3002, obs. Chevrier ; CCC 2007, n° 308, obs. Decocq ; RDLC 2008, n° 1, p. 121, obs. Prieto.*

9. Critères de détermination des sanctions. Si l'art. L. 464-3 fait seulement référence aux limites, c'est-à-dire au maximum légal prévu par l'art. L. 464-2 en matière de sanctions pécuniaires, sans imposer le recours aux critères de détermination des sanctions prévus par le même article en cas de pratique anticoncurrentielle, l'exigence d'individualisation et le principe de proportionnalité doivent conduire à déterminer la sanction en fonction de la gravité du comportement reproché, d'une part, et de l'incidence que ce comportement a pu avoir sur la concurrence que l'injonction visait à préserver, d'autre part. • Aut. conc. n° 12-D-05 du 24 janv. 2012 : *préc. note 5.* ♦ Appliquant la même jurisprudence en matière d'engagements : • Aut. conc. n° 20-D-03 du 20 févr. 2020 • n° 15-D-02 du 26 févr. 2015 : *cité note 6 ss. art. R. 464-2.* – Et sur appel : faute pour l'art. L. 464-3 de renvoyer aux critères de détermination de la sanction pécuniaire définis par l'art. L. 464-2-I, al. 3, il ne peut être reproché à l'Autorité de ne pas avoir procédé à une analyse du dommage à l'économie résultant des pratiques en cause ; ce reproche est d'autant moins fondé que l'Autorité s'est attachée dans sa décision à apprécier l'incidence que le comportement a pu avoir sur la concurrence que les engagements visaient à préserver. L'Autorité s'est ainsi conformée aux principes d'individualisation et de proportionnalité de la sanction, en prenant en considération la nature et l'importance des pratiques en cause, leur contexte et leurs conséquences sur la situation concurrentielle au regard de laquelle les engagements ont été pris. • Paris, 6 oct. 2016, n° 2015/06776 : *CCC 2016, n° 265, obs. Decocq.* ♦ Après avoir énoncé que l'art. L. 464-3 permet à l'Autorité, si les engagements qu'elle a acceptés ne sont pas respectés, de prononcer une sanction pécuniaire « dans les limites fixées à l'art. L. 464-2 », l'arrêt retient exactement que seul le montant maximal de la sanction est ainsi défini, sans toutefois qu'il soit renvoyé aux critères prévus à l'al. 3 de ce dernier texte pour en déterminer le quantum, lequel est fixé selon les principes généraux d'individualisation et de proportionnalité applicables à toute sanction, de sorte qu'il ne peut être reproché à l'Autorité de ne pas avoir procédé à une analyse du dommage à l'économie résultant des pratiques en cause. • Com. 26 sept. 2018, n° 16-25.403 P : *D. 2018. Actu. 1908 ; JCP E 2018, n° 1532 ; CCC 2019, n° 14, obs. Bosco ; RJDA 2018, n° 947 ; RLC déc. 2018. 28, note Gury et Devienne.* ♦ La gravité des manquements aux engagements pris est appréciée au regard des préoccupations de concurrence auxquelles ces engagements devaient mettre fin. La méconnaissance de tels engagements, en contrepartie desquels l'Autorité a renoncé à engager une procédure aux fins de sanction, constitue un manquement grave en lui-même. • Même arrêt. ♦ Le non-respect d'une injonction constitue, en soi, une pratique d'une gravité exceptionnelle. • Paris, 21 févr. 2006 : *préc. note 5.*

Art. L. 464-4 **Les sanctions pécuniaires** *(Ord. n° 2004-1173 du 4 nov. 2004, art. 12)* **« et les astreintes » sont recouvrées comme les créances de l'État étrangères à l'impôt et au domaine.** — *[Ord. n° 86-1243 du 1er déc. 1986, art. 16.]*

1. Nature des sanctions. En vertu des règles de la comptabilité publique les sommes recouvrées ne peuvent faire l'objet d'aucune affectation. Ces sanctions ont un caractère répressif et n'ont pas pour vocation de réparer les dommages causés aux victimes de pratiques anticoncurrentielles. Par contre, les collectivités locales victimes peuvent obtenir réparation des dommages devant le juge civil en produisant la décision du Conseil, dès lors qu'elles sont en mesure d'évaluer le dommage (Rép. min. n° 35780 : *JOAN Q, 3 juin 1996, p. 2983*).

2. Portée de la décision de sanction. Une décision de sanction ou d'injonction relative à des pratiques anticoncurrentielles ne saurait être qualifiée d'acte administratif à caractère individuel créateur de droit au profit des entreprises concernées. • Aut. conc. n° 11-D-11 du 7 juill. 2011.

3. Solidarité. La solidarité, même si elle correspond à une infraction unique et quand bien même les dispositions du code civil trouveraient-elles à s'appliquer s'agissant d'une infraction aux dispositions de l'art. 101 TFUE, ne pourrait conduire à ce que l'exonération accordée au demandeur de clémence bénéficie à sa société mère non demanderesse. En effet, l'exonération de sanction dont bénéficie la filiale au titre de la clémence procède de l'apport individuel et personnel de cette société à l'information de l'Autorité de la concurrence et à l'établissement des pratiques. En conséquence, cette exonération, qui constitue une contrepartie à un apport personnel de la filiale, auquel la société mère est étrangère, devrait s'interpréter comme une exception purement, et non simplement, personnelle, laquelle ne pourrait donc s'étendre à la société mère. • Paris, 2 févr. 2017, n° 2013/13058 : *cité note 32 ss. art. L. 464-2.* ♦ Il résulte de la nature punitive de la procédure dans laquelle s'inscrit le mécanisme de la clémence, ainsi que de l'objectif assigné à cette procédure d'inciter à la dénonciation des pratiques anticoncurrentielles en accordant une situation privilégiée à l'entreprise qui procède à cette dénonciation, que l'exemption de sanction accordée à l'entreprise demanderesse de clémence ne saurait s'analyser comme une division de la dette au sens de l'art. 1210 [1316] C. civ. • Même arrêt.

Art. L. 464-5 *(Abrogé par L. n° 2020-1508 du 3 déc. 2020, art. 37) (L. n° 2001-420 du 15 mai 2001)* ***L'Autorité de la concurrence, lorsqu'elle statue selon la procédure simplifiée prévue à l'article L. 463-3, peut prononcer les mesures prévues au I de l'article L. 464-2. Toutefois, la sanction pécuniaire ne peut excéder 750 000 euros pour chacun des auteurs de pratiques prohibées.*** — *Les dispositions de cet art. ne s'appliquent pas aux affaires pour lesquelles une saisine de l'ancien Conseil de la concurrence avait été effectuée avant la date d'entrée en vigueur de la L. n° 2001-420 du 15 mai 2001 (L. préc., art. 94, al. 1er, publiée au JO du 16 mai).*

BIBL. ▶ CLAUDEL, *RTD com. 2020. 793* (volet concurrentiel de la L. n° 2020-1508 du 3 déc. 2020).

1. Application dans le temps. Bien qu'il s'agisse, en l'espèce, d'une pratique continue qui s'est poursuivie après l'entrée en vigueur de la L. du 15 mai 2001, le Conseil ayant été saisi le 2 sept. 1998, la sanction pécuniaire qui peut être prononcée ne doit pas excéder le montant prévu à l'art. 22, al. 2, de l'Ord. du 1er déc. 1986, applicable à la date de la saisine du Conseil. • Cons. conc. n° 05-D-07 du 24 févr. 2005 : *RLC 2005, n° 3, p. 85, obs. B. C.*

2. Transaction et sanction. Dans le cas de mise en œuvre cumulative des procédures simplifiées et de transaction, et quel que soit l'ordre chronologique de cette mise en œuvre, le montant de la sanction qui sera infligée doit être calculé conformément aux dispositions de l'art. L. 464-2-III, sans pouvoir dépasser le seuil fixé par l'art. L. 464-5. • Cass., avis, 11 juill. 2005, n° 05-00.006 P : *BICC 1er oct. 2005, p. 4, rapp. Favre, obs. Main ; D. 2005. AJ 2216, obs. Chevrier ; JCP E 2006, n° 1, p. 30, obs. Decocq ; CCC 2005, n° 192, obs. Malaurie-Vignal ; RDLC 2005, n° 4, p. 116, obs. Michel-Amsellem ; RLC 2005, n° 5, p. 67, obs. Nourissat.* ♦ Au regard de l'ensemble des dispositions de l'art. L. 464-2-I et II [désormais I et III], les sanctions pécuniaires ne peuvent dépasser 5 % du chiffre d'affaires mondial hors taxe le plus élevé réalisé au cours d'un des exercices clos depuis l'exercice précédant celui au cours duquel les pratiques ont été mises en œuvre, sans préjudice du plafond spécifique qui s'impose lorsque est applicable la procédure simplifiée prévue à l'art. L. 463-3. • Cons. conc. n° 04-D-65 du 30 nov. 2004 : *CCC 2005, n° 29, obs. Malaurie-Vignal ; RLC 2005, n° 2, p. 76, obs. Cheynel* • n° 04-D-37 du 27 juill. 2004 : *RTD com. 2005. 67, obs. Claudel ; RDLC déc. 2004. 89, obs. Michel-Amsellem.*

Art. L. 464-5-1 *(L. n° 2016-731 du 3 juin 2016, art. 82-V)* **Les sanctions pécuniaires prononcées en application des articles L. 464-2, L. 464-3 et L. 464-5 peuvent faire l'objet d'une majoration, dans la limite de 10 % de leur montant, mise à la charge de l'organisme ou de l'entreprise sanctionné et destinée à financer l'aide aux victimes.**

Le troisième alinéa du I de l'article L. 464-2 est applicable à cette majoration et les motifs qu'il énonce sont appréciés pour en moduler le montant.

BIBL. ▸ Bosco, *CCC 2016, n° 241* (des sanctions antitrust majorées pour venir en aide aux victimes).

Art. L. 464-6 *(L. n° 2001-420 du 15 mai 2001)* **Lorsque aucune pratique de nature à porter atteinte à la concurrence sur le marché n'est établie, l'Autorité de la concurrence peut décider, après que l'auteur de la saisine et le commissaire du Gouvernement ont été mis à même de consulter le dossier et de faire valoir leurs observations, qu'il n'y a pas lieu de poursuivre la procédure.** *(Ord. n° 2004-274 du 25 mars 2004, art. 24-I)* **« Cette décision est motivée. »** – *V. art. R. 464-7 et R. 464-8.*

BIBL. ▸ Boutard-Labarde, *JCP 1988. I. 3360.*

1. Irrecevabilité de la saisine. Alors qu'aux termes de l'art. L. 464-6, le prononcé d'un non-lieu intervient après une analyse des faits objet de la saisine afin d'en vérifier la matérialité et de dire s'ils constituent ou non des pratiques anticoncurrentielles prohibées, l'existence d'une cause d'irrecevabilité de la saisine exclut tout examen tant des preuves produites que du fond. • Cons. conc. n° 02-D-75 du 17 déc. 2002 : *préc. note 3 ss. art. L. 462-8.*

2. Auditions. L'Autorité de la concurrence, qui est tenue d'apprécier la valeur des éléments de preuve apportés par la partie saisissante, peut, avant de se prononcer sur la saisine et de la rejeter faute d'éléments probants, procéder à l'audition de la partie saisissante et à celle des personnes mises en cause ou demander des précisions. • Com. 19 janv. 2016, n° 14-21.670 P : *cité note 7 ss. art. L. 463-4.*

Art. L. 464-6-1 *(Ord. n° 2004-274 du 25 mars 2004, art. 24-II)* **L'Autorité de la concurrence peut également décider, dans les conditions prévues à l'article L. 464-6, qu'il n'y a pas lieu de poursuivre la procédure lorsque les pratiques mentionnées à l'article L. 420-1 ne visent pas des contrats passés en application du** *(Ord. n° 2018-1074 du 26 nov. 2018, art. 17)* **« code de la commande publique** *[ancienne rédaction : code des marchés publics]* **» et que la part de marché cumulée détenue par les entreprises ou organismes parties à l'accord ou à la pratique en cause ne dépasse pas soit :**

a) **10 % sur l'un des marchés affectés par l'accord ou la pratique lorsqu'il s'agit d'un accord ou d'une pratique entre des entreprises ou organismes qui sont des concurrents, existants ou potentiels, sur l'un des marchés en cause ;**

b) **15 % sur l'un des marchés affectés par l'accord ou la pratique lorsqu'il s'agit d'un accord ou d'une pratique entre des entreprises ou organismes qui ne sont pas concurrents existants ou potentiels sur l'un des marchés en cause.**

V. Communic. CE concernant les accords d'importance mineure qui ne restreignent pas sensiblement le jeu de la concurrence au sens de l'art. 101, § 1, TFUE (JOUE C 291 du 30 août 2014) : AJCA 2014. 284, obs. Arcelin ; BRDA 2014, n° 18, p. 9 ; RDC 2014. 728, obs. Idot.

Sur la poursuite des micro-pratiques anticoncurrentielles par le ministre chargé de l'économie, V. art. L. 464-9.

BIBL. ▸ Damy, *CCC 2003. Chron. 12* (projet de création d'une procédure accélérée devant le Conseil de la concurrence). – Claudel, *RTD com. 2003. 716* (même thème). – Destours et Respaud, *Lettre distrib. 4/2004, p. 1* (règle de minimis). – Claudel, RDLC *déc. 2004. 56* (seuil de sensibilité en droit français).

1. Entrée en vigueur. Les dispositions de l'art. 24 de l'Ord. n° 2004-274 du 25 mars 2004 sont immédiatement applicables comme étant plus favorables aux entreprises en ce qu'elles instituent un seuil de sensibilité. • Paris, 26 oct. 2004 : *D. 2004. AJ 3138* ; *RLC 2005, n° 2, p. 75, obs. Cheynel* • Cons. conc. n° 04-D-63 du 30 nov. 2004 : *CCC 2005, n° 47, obs. Malaurie-Vignal ; RDLC 2005, n° 1, p. 57, obs. Claudel.*

2. Marché pertinent. L'application de l'art. L. 464-6-1 peut nécessiter une définition précise des marchés. • Cons. conc. n° 07-D-41 du 28 nov. 2007 : *cité note 4 ss. art. L. 410-2.*

3. Simple faculté. L'emploi du verbe « peut » montre que la décision de ne pas poursuivre prise en application de l'art. L. 464-6-1 n'est qu'une faculté pour l'Autorité de la concurrence, qui peut décider de poursuivre même si les critères permettant une exemption sont réunis. • Paris, 23 févr. 2010 : *CCC 2010, n° 103, obs. Decocq ;*

CCE 2010, n° 73, obs. Chagny ; RLC avr.-juin 2010. 37, obs. Sélinsky et Dumarçay ; RDLC 2010, n° 2, p. 73, obs. Nicolas-Vullierme ; RLC juill.-sept. 2010. 54, obs. Christol. ♦ L'art. L. 464-6-1 a introduit dans le code de commerce les mêmes seuils et critères que ceux figurant à l'art. 7 de la communication CE du 22 déc. 2001, laquelle précise qu'elle est dépourvue de force contraignante à l'égard des juridictions et autorités des États membres, lesquels demeurent donc libres de poursuivre des pratiques se situant en deçà des seuils figurant dans la communication. • Même arrêt. ♦ Par ailleurs, l'art. 3, § 1, du Règl. n° 1/2003 du 16 déc. 2002 (V. App., v° *Concurrence*) n'interdit pas aux autorités nationales de poursuivre des pratiques quand bien même les entreprises auteurs de ces pratiques rempliraient les critères susceptibles d'autoriser une exemption de poursuite en application de l'art. L. 464-6-1. • Même arrêt. ♦ Pour le rejet d'une question prioritaire de constitutionnalité sur la règle *de minimis* : • Cass., QPC, 15 oct. 2010, n° 10-14.881 : *D. actu. 9 nov. 2010, obs. Chevrier.* ♦ Pour une question préjudicielle sur le sujet : • CJUE 13 déc. 2012, n° C-226/11 : *cité note 2 ss. Règl. n° 1-2003 du 16 déc. 2002, art. 3, App., v° Concurrence.* ♦ Et, prenant acte de cette décision, jugeant que l'art. L. 464-6-1 confère à l'Autorité une simple faculté dont elle est libre de ne pas user : • Com. 16 avr. 2013, n° 10-14.881 P : *D. 2014. Pan. 893, obs. Ferrier ; RTD com. 2013. 518, obs. Claudel ; JCP E 2013, n° 1279 ; CCC 2013, n° 140, obs. Decocq ; RJDA 2013, n° 548 ; RLDA juill.-août 2013. 41, note Dieny.*

4. Champ d'application. La communication *de minimis* qui se borne à définir, au moyen de seuils de parts de marché, ce qui ne constitue pas une restriction sensible de la concurrence au sens de l'art. 101 TFUE [équivalent à l'art. L. 420-1 C. com.], n'est pas applicable aux abus de position dominante, prévus à l'art. 1012 TFUE [équivalent à l'art. L. 420-2 C. com.]. Par ailleurs, la CJUE a jugé que la fixation d'un seuil de sensibilités en vue de déterminer une exploitation abusive d'une position dominante, ne se justifie pas, car cette pratique anticoncurrentielle est, de par sa nature même, susceptible de provoquer des restrictions de concurrence non négligeables, voire d'éliminer la concurrence sur le marché sur lequel opère l'entreprise concernée. • Paris, 12 oct. 2017, n° 15/14038 : *cité note 23 ss. art. L. 420-2.*

Art. L. 464-6-2 *(Ord. n° 2004-274 du 25 mars 2004, art. 24-II)* **Toutefois, les dispositions de l'article L. 464-6-1 ne s'appliquent pas aux accords et pratiques qui contiennent l'une quelconque des restrictions caractérisées de concurrence suivantes :**

a) **Les restrictions qui, directement ou indirectement, isolément ou cumulées avec d'autres facteurs sur lesquels les parties peuvent influer ont pour objet la fixation de prix de vente, la limitation de la production ou des ventes, la répartition de marchés ou des clients ;**

b) **Les restrictions aux ventes non sollicitées et réalisées par un distributeur en dehors de son territoire contractuel au profit d'utilisateurs finaux ;**

c) **Les restrictions aux ventes par les membres d'un réseau de distribution sélective qui opèrent en tant que détaillants sur le marché, indépendamment de la possibilité d'interdire à un membre du système de distribution d'opérer à partir d'un lieu d'établissement non autorisé ;**

d) **Les restrictions apportées aux livraisons croisées entre distributeurs à l'intérieur d'un système de distribution sélective, y compris entre les distributeurs opérant à des stades différents du commerce.**

Exception à la règle de minimis. L'art. L. 464-6-2 prévoit que les dispositions de l'art. L. 464-6-1 ne s'appliquent pas aux accords et pratiques qui, directement ou indirectement, ont pour objet la répartition de marchés ou des clients. • Paris, 20 janv. 2011 : *CCC 2011, n° 74, obs. Decocq.* – V. aussi • Aut. conc. n° 18-D-05 du 13 mars 2018.

Art. L. 464-7 **La décision de l'Autorité de la concurrence prise au titre de l'article L. 464-1 peut faire l'objet d'un recours en annulation ou en réformation par les parties en cause et le commissaire du Gouvernement devant la cour d'appel de Paris au maximum dix jours après sa notification. La cour statue dans le mois du recours.** – *V. art. R. 464-8.*

Le recours n'est pas suspensif. Toutefois, le premier président de la cour d'appel de Paris peut ordonner qu'il soit sursis à l'exécution des mesures conservatoires, si celles-ci sont susceptibles d'entraîner des conséquences manifestement excessives ou s'il est intervenu, postérieurement à leur notification, des faits nouveaux d'une exceptionnelle gravité. – *[Ord. n° 86-1243 du 1er déc. 1986, art. 12, al. 4 et 5.] – V. art. R. 464-20 s.*

FORM. PR. COM. v[is] *Assignation devant le premier président de la cour d'appel de Paris à fin de sursis à exécution d'une décision de mesures conservatoires ; Requête afin d'assigner à jour fixe dans une procédure de sursis à exécution d'une décision de mesures conservatoires*, par CASANOVA.

BIBL. ▶ ROSEAU, *RDLC 2007, n° 3, p. 72* (la cour d'appel de Paris et le contentieux objectif du droit de la concurrence).

1. Délais. Si le juge doit relever d'office la fin de non-recevoir résultant de l'inobservation du délai dans lequel doit être exercée une voie de recours, il ne résulte ni de l'arrêt, ni des écritures des parties que la cour d'appel ait été mise en mesure de constater l'irrecevabilité du recours par la production de pièces établissant le point de départ du délai. • Com. 8 nov. 2005, n° 04-16.857 P : *D. 2005. AJ 2870, obs. Chevrier ; RTD com. 2006. 324, obs. Claudel ; JCP E 2006, n° 1, p. 30, obs. Decocq ; CCC 2005, n° 206, obs. Malaurie-Vignal ; RJDA 2006, n° 461 ; RLC 2006, n° 6, p. 71, obs. Nourissat.* ♦ Le délai d'un mois pour statuer n'est assorti d'aucune sanction. Par ailleurs, l'existence d'un délai pour statuer sur le recours en annulation n'a pas pour effet de rendre sans objet une demande en sursis à exécution, expressément prévue par le 2e al. de l'art. L. 464-7. • Paris, ord., 8 oct. 2014 : *BOCC 19 déc. 2014.*

2. Mesures conservatoires. Eu égard au caractère accessoire de la demande de mesures conservatoires, le rejet de la saisine par application de l'art. L. 462-8 emporte rejet, par voie de conséquence, de la demande de mesures conservatoires, sans examen de celle-ci ; il suit de là que la décision rendue sur ce fondement entre dans les prévisions de l'art. L. 464-8 et que sont donc inapplicables les dispositions de l'art. L. 464-7, propres aux recours contre les décisions se prononçant sur les mesures conservatoires. • Paris, 2 juill. 2008 : *CCC 2008, n° 242, obs. G. D.* • 15 oct. 2008 : *RDLC 2009, n° 1, p. 191, obs. Lemaire.* ♦ Ainsi, l'unicité de la décision de l'Autorité de la concurrence conduit également à l'unicité du régime procédural du recours. • Paris, 1er juin 2010 : *D. actu. 9 juin 2010, obs. Chevrier ; CCC 2010, n° 216, obs. Decocq ; RLC oct.-déc. 2010. 70, obs. Christol.*

3. Publication. V. note 2 ss. art. D. 464-8-1.

4. Engagements. S'il n'a pas prononcé de décision spécifique rejetant la demande de mesures conservatoires, le Conseil, acceptant les engagements proposés et en mettant ainsi fin à la procédure, a implicitement rejeté la demande de mesures conservatoires dont il était saisi ; dès lors, cette même demande, présentée par la saisissante comme étant la conséquence de sa demande d'annulation de la décision, est recevable. • Paris, 16 oct. 2007 : *cité note 2 ss. art. R. 464-2.*

5. Recevabilité et examen au fond. L'examen de la caractérisation par le Conseil de la pratique dénoncée ressortit à l'examen au fond par la cour d'appel du recours en annulation ou en réformation de la décision du Conseil ordonnant des mesures conservatoires et non à la recevabilité de ce recours. • Com. 8 nov. 2005, n° 04-16.857 P : *préc. note 1.*

6. Pouvoir de la cour d'appel. Saisie d'un recours contre une décision du Conseil en application des art. 12, al. 5, ou 15, al. 3 [C. com., art. L. 464-7, al. 5, et L. 464-8, al. 3], la cour d'appel de Paris n'a ni le pouvoir d'annuler des conventions ou clauses contractuelles, ni celui de prononcer des condamnations à des dommages et intérêts. • Paris, 6 nov. 1991 : *Gaz. Pal. 1992. 1. 359, concl. Jobard, note Marchi ; JCP 1992. II. 21886, note Suzanne.*

7. Tierce opposition. Les arrêts rendus par la cour de Paris, en application des art. 12 et 15 [C. com., art. L. 464-7 et L. 464-8] sont passibles de tierce opposition. • Paris, 29 mars 1990 : *Gaz. Pal. 1990. 1. 332, concl. Jobard et note Marchi.*

8. Pourvoi en cassation. Les arrêts de la cour d'appel de Paris statuant sur recours formés contre des décisions du Conseil prises au titre de l'art. L. 464-1 C. com. peuvent, par application des dispositions des art. L. 464-7 et L. 464-8 du même code, être frappés d'un pourvoi en cassation dans le délai d'un mois à compter de leur notification (inapplicabilité des art. 606 et 608 C. pr. civ.). • Com. 16 févr. 2010, n° 09-11.968 : *D. actu. 18 févr. 2010, obs. Chevrier ; Procédures 2010, n° 275, obs. Ruy.* ♦ Sur l'art. 609 C. pr. civ., V. note 16 ss. art. L. 464-8.

9. Sursis à exécution. L'irréversibilité des mesures ordonnées n'emporte pas nécessairement par elle-même des conséquences manifestement excessives. • Paris, ord., 8 oct. 2014 : *préc. note 1.*

Art. L. 464-8 **Les décisions de l'Autorité de la concurrence mentionnées aux articles L. 462-8,** *(Abrogé par L. n° 2001-1168 du 11 déc. 2001)* **« L. 464-1, » L. 464-2, L. 464-3,** *(Abrogé par L. n° 2020-1508 du 3 déc. 2020, art. 37)* **« L. 464-5, »** *(Ord. n° 2004-274 du 25 mars 2004, art. 24-III)* **« L. 464-6 »** *(L. n° 2012-1270 du 20 nov. 2012, art. 10-II)* **« , L. 464-6-1 et L. 752-27 » sont notifiées aux parties en cause et au ministre chargé de l'économie, qui peuvent, dans le délai d'un mois, introduire un recours en annulation ou en réformation devant la cour d'appel de Paris.**

(Abrogé par Ord. n° 2008-1161 du 13 nov. 2008, art. 2-XII) ***« Les décisions sont publiées au Bulletin officiel de la concurrence, de la consommation et de la répression des fraudes.***

« (*Ord. nº 2004-1173 du 4 nov. 2004, art. 13*) « ***Les décisions peuvent prévoir une publication limitée pour tenir compte de l'intérêt légitime des parties à ce que leurs secrets d'affaires ne soient pas divulgués.*** » ***Le ministre chargé de l'économie veille à leur exécution.*** » — *Sur les modalités de publicité des décisions, V. art. L. 490-11. — V. aussi art. R. 462-4.*

Le recours n'est pas suspensif. Toutefois, le premier président de la cour d'appel de Paris peut ordonner qu'il soit sursis à l'exécution de la décision si celle-ci est susceptible d'entraîner des conséquences manifestement excessives ou s'il est intervenu, postérieurement à sa notification, des faits nouveaux d'une exceptionnelle gravité. — *V. art. R. 464-22 s.*

Le pourvoi en cassation, formé le cas échéant, contre l'arrêt de la cour, est exercé dans un délai d'un mois suivant sa notification.

(*Ord. nº 2008-1161 du 13 nov. 2008, art. 2-XII*) « **Le président de l'Autorité de la concurrence peut former un pourvoi en cassation contre l'arrêt de la cour d'appel de Paris ayant annulé ou réformé une décision de l'Autorité.** »

(*L. nº 2004-1343 du 9 déc. 2004, art. 83-II*) « **Le ministre chargé de l'économie peut, dans tous les cas, former un pourvoi en cassation contre l'arrêt de la cour d'appel de Paris.** »

(*Ord. nº 2008-1161 du 13 nov. 2008, art. 2-XII*) « **L'Autorité de la concurrence veille à l'exécution de ses décisions.** » — [*Ord. nº 86-1243 du 1er déc. 1986, art. 15.*]

V. 2e note rédactionnelle ss. art. L. 450-4.

FORM. PR. COM. Vis *Assignation devant le premier président de la cour d'appel de Paris à fin de sursis à exécution d'une décision au fond ; Requête afin d'assigner à jour fixe dans une procédure de sursis à exécution d'une décision au fond,* par Casanova.

BIBL. ▶ Bolze, *D. 1988. Chron. 169.* – Douvreleur, *Gaz. Pal. 1988. 1. Doctr. 179.* – Gaudemet, *JCP 1999. I. 188* (pouvoir de réformation de la cour d'appel de Paris). – Truchet, *Mél. Jeanneau, Dalloz, 2002, p. 539* (le mythe de l'unification du contentieux de la concurrence). – D. Brault, *Gaz. Pal. 2003. Doctr. 2166* (de la présomption d'innocence en matière de pratiques anticoncurrentielles). – Roseau, *RDLC 2007, nº 3, p. 72* (la cour d'appel de Paris et le contentieux objectif du droit de la concurrence). – Ancelin et Fossati-Kotz, *JCP E 2011, nº 1458* (l'appel des décisions de l'Autorité de la concurrence). – Matutano, *AJCA 2016. 336* (codification(s) du droit de la concurrence ou concurrence des codes en Océanie ?).

I. RECOURS DEVANT LA COUR D'APPEL DE PARIS

1. Compétente exclusive. Il résulte des dispositions de l'art. 15 [C. com., art. L. 464-8] que, le législateur ayant entendu organiser un recours juridictionnel spécial contre certaines décisions du Conseil de la concurrence, seule la cour d'appel de Paris est compétente pour statuer sur les sanctions pécuniaires prononcées par le Conseil. • CE 21 oct. 1998, nº 174803 : *D. 1998. IR 253* ; *RJDA 1999, nº 98.* ♦ Les demandes faites par des rapporteurs permanents de l'Autorité visant à obtenir de certaines entreprises des informations et la communication de divers documents, qui ne sont pas susceptibles de faire grief par elles-mêmes, indépendamment de la procédure suivie devant l'Autorité dans laquelle elles s'inscrivent, ne peuvent pas être regardées comme des actes détachables de cette procédure qui seraient susceptibles de faire l'objet d'un recours pour excès de pouvoir auprès du juge administratif. • CE 6 mars 2015, nº 381711 : *AJDA 2015. 1619* ; *RJDA 2015, nº 461.*

2. Notification. En l'état d'une notification comportant un délai inexact (dix jours en application de l'art. L. 464-7 alors qu'il était d'un mois en application de l'art. L. 464-8), il doit être considéré que le délai de recours n'a pas couru. • Paris, 2 juill. 2008 : *préc. note 2 ss. art. L. 464-7.* ♦ Si le Conseil a notifié aux parties la rectification opérée en leur adressant une ampliation de la décision rectifiée dans les mêmes formes que la décision elle-même, cette seconde notification a seulement pour objet de leur permettre, le cas échéant, de contester la rectification. Dès lors, cette notification n'a pu avoir pour effet de proroger le délai de recours ouvert par la première notification, régulière, de la décision, étant observé que les erreurs corrigées, simples erreurs de plume, n'affectaient ni le sens de la décision, ni sa motivation, de sorte que cette première notification avait mis les parties en mesure d'en apprécier la teneur et d'exercer, si bon leur semblait, leur droit de recours dans le délai légal. • Paris, 5 nov. 2008 : *RLC janv.-mars 2009. 74, obs. Cheynel* ; *RDLC 2009, nº 1, p. 191, obs. Lemaire.* ♦ Sur la notification faite au cabinet d'avocats où l'entreprise sanctionnée a élu domicile, le texte n'exigeant pas une notification aux parties elles-mêmes, V. • Paris, 16 mai 2019 : *CCC 2019, nº 143, obs. Decocq.*

A. RECEVABILITÉ

3. Qualité de partie. Le recours ne peut être formé que par l'une des parties en cause, soit celle dont la réclamation a été déclarée irrecevable ou rejetée, soit celle qui, à la suite d'une notification de griefs, a fait l'objet d'une injonction ou d'une sanction pécuniaire. • Paris, 11 mars 2003 : *BOCC 11 juill. 2003.* ♦ N'ont pas cette qualité les entreprises qui n'ont fait que répondre à des demandes d'informations des rapporteurs en charge de l'enquête. • Même arrêt. ♦ Sur le défaut de qualité de partie d'une société n'ayant pas saisi directement le Conseil : • Com. 17 déc. 1991, n° 89-21.194 P.

4. Décisions visées. Le recours n'est ouvert qu'à l'encontre des décisions énumérées à l'art. L. 464-8, au nombre desquelles ne figure pas le renvoi d'une affaire à l'instruction, simple mesure interne prise par le Conseil de la concurrence pour poursuivre l'examen d'une affaire dont il entend rester saisi. • Paris, 11 mars 2003 : *préc. note 3.* ♦ Il résulte de l'art. L. 464-8 que le recours en annulation ou en réformation devant la cour d'appel de Paris prévu par ce texte n'est pas ouvert contre les décisions par lesquelles le Conseil : déclare une saisine au fond recevable. • Paris, 26 juin 2002 : *BOCC 11 juill. 2003.* ♦ ... Estime que les faits invoqués à l'appui de la saisine sont suffisamment probants. • Paris, 28 janv. 2005 : *D. 2005. AJ 710, obs. Chevrier.* ♦ ... Ou prononce la disjonction de la saisine initiale. • Paris, 21 sept. 2004 : *cité note 3 ss. art. R. 463-3.* ♦ ... Ni contre les décisions prises en application de l'art. L. 430-9. • Com. 12 juill. 2004, n° 03-12.409 P : *cité note 3 ss. art. L. 430-9.* ♦ Aucune disposition ne prévoit que les actes d'enquête auxquels procède le rapporteur de l'Autorité de la concurrence dans le cadre de l'art. L. 450-3, qui ne sont pas des décisions de l'Autorité, seraient susceptibles d'un recours autonome. En conséquence, la validité de ces actes ne peut être contestée que dans le cadre du recours au fond éventuellement exercé contre une décision de sanction prononcée par l'Autorité. • Paris, 25 sept. 2015, n° 2014-12883. – Pour une QPC sur ce point : • Com., QPC, 4 mai 2016, n° 15-25.699 : *cité note 4 ss. art. L. 450-3.* ♦ Il n'appartient pas à la cour d'appel de Paris de se prononcer sur la décision du Conseil de transmettre le dossier au parquet ainsi que le prévoit l'art. L. 462-6. • Paris, 26 oct. 2004 : *D. 2004. AJ 3138 ; RLC 2005, n° 2, p. 75, obs. Cheynel* • *12 déc. 2006 : cité note 45 ss. art. L. 420-1.* ♦ L'utilisation de la procédure de clémence, qui relève par sa nature et par son mécanisme de la politique de concurrence que le législateur a confiée au Conseil puis à l'Autorité, repose pour l'essentiel sur une négociation et ne relève pas du contrôle de plein contentieux de la cour d'appel de Paris, qui reste malgré tout compétente pour vérifier la licéité de l'accord de clémence au regard de l'art. L. 464-2-IV. • Paris, 19 janv. 2010 : *cité note 44 ss. art. L. 464-2.* ♦ Sur le recours contre les décisions acceptant des engagements : • Paris, 16 oct. 2007 : *cité ss. art. R. 464-2* • 6 nov. 2007 : *cité ss. art. R. 464-8.* ♦ Sur le recours contre les décisions rejetant à la fois la saisine au fond et la demande de mesures conservatoires : • Paris, 2 juill. 2008 : *cité note 2 ss. art. L. 464-7.* ♦ La décision du Conseil d'instruire au fond sur les faits invoqués dans la saisine n'est pas une décision susceptible de recours aux termes de l'art. L. 464-8 puisqu'elle ne statue pas sur la recevabilité qui sera discutée dans la décision au fond. • Paris, 8 août 2008, n° 2008/14232. ♦ Une société sanctionnée n'est pas recevable à critiquer la décision en ce qu'elle ne sanctionne pas d'autres entreprises, cette circonstance ne lui faisant pas grief. • Paris, 28 janv. 2009 : *cité note 20 ss. art. L. 420-1.* – V. aussi : • Paris, 24 avr. 2007 : *cité note 41 ss. art. L. 464-2.* ♦ Les communiqués de presse diffusés par le Conseil de la concurrence n'entrent pas dans le champ de compétence de la cour, ne sont en aucun cas des causes possibles d'annulation ou de réformation des décisions, et leurs conséquences ne peuvent relever que d'une réparation de droit commun sur la preuve d'un dommage. • Paris, 24 nov. 2009 : *D. actu. 30 nov. 2009, obs. Chevrier ; CCC 2010, n° 16, obs. Decocq.* ♦ Le champ de la saisine de la cour de Paris étant délimité par le cadre de la décision frappée de recours, la cour n'a pas le pouvoir d'imposer des engagements supplémentaires, de telle sorte que la demande tendant au prononcé d'injonctions est irrecevable. • Paris, 23 févr. 2010 : *cité note 3 ss. art. L. 464-6-1.* ♦ V. aussi notes 30 ss. art. L. 410-1, 3 ss. art. L. 464-1, 5 et 6 ss. art. L. 464-7, 6 ss. art. L. 450-1 et 41 ss. art. L. 450-4.

5. Exposé des moyens d'annulation. Faute d'avoir exposé le moyen d'annulation tiré de la présence du rapporteur au délibéré du Conseil lors de la déclaration de recours, ou dans les deux mois suivant la notification de la décision frappée de recours, les requérants ne sont pas recevables à le faire pour la première fois devant la Cour de cassation, et la cour d'appel n'est pas tenue de le relever d'office. • Com. 27 mars 2001, n° 99-10.045 P : *D. 2001. AJ 1537, obs. Chevrier.* – Dans le même sens : • Com. 9 oct. 2001, n° 98-21.987 P : *JCP 2001. IV. 2870.*

B. SURSIS À EXÉCUTION

6. QPC. Il n'existe pas, en l'état, d'interprétation jurisprudentielle constante interdisant au premier président de suspendre l'exécution provisoire d'une décision de sanction pécuniaire prononcée par l'Autorité de la concurrence lorsqu'il apparaît que le paiement immédiat de l'amende peut être supporté par le groupe auquel l'entreprise sanctionnée appartient. • Com., QPC, 24 avr. 2013, n° 12-23.486 : *RJDA 2013, n° 665.* ♦ Le 3e al. du I de l'art. L. 464-2 ayant pour objet d'assurer l'efficacité de la protection de l'ordre économique au moyen d'une sanction dissuasive qui doit tenir compte de l'intégralité des ressources pouvant être mobilisées par l'entreprise à laquelle sont imputées des pratiques prohibées, tout en prévoyant qu'elle soit déterminée individuellement pour chaque entreprise ou organisme sanctionné et de façon motivée pour chaque sanction, ce qui permet d'apprécier l'autonomie dont cette entreprise dispose à l'égard du groupe auquel elle appartient et exclut tout caractère automatique du relèvement du montant de la sanction au regard de la seule appartenance à ce groupe. • Com., QPC, 19 nov. 2013, n° 13-16.602 : *RJDA 2014, n° 170.*

7. Domaine. L'art. 15, al. 3 [C. com., art. L. 464-8, al. 3], ne s'applique pas lorsque la décision soumise à recours a sanctionné, par application de l'art. 14 [C. com., art. L. 464-3], l'inexécution partielle d'injonctions prononcées précédemment sans en édicter de nouvelles. • Paris, ord., 6 mars 1991 : *Gaz. Pal. 1991. 2. 520.* ♦ Le fait qu'une société ne s'étende pas sur ses difficultés contributives devant l'Autorité de la concurrence ne peut valoir renonciation à un droit qu'elle n'a pas encore acquis puisque le droit pour l'entreprise de solliciter une suspension de l'exécution provisoire attachée à la décision prononcée à son encontre ne peut naître qu'à compter de la date à laquelle cette décision lui est notifiée. • Paris, 3 juill. 2012 : *RDLC 2012, n° 4, p. 150, obs. Lemaire et Naudin.* ♦ Sur le sursis à exécution de la première décision de l'Autorité de la concurrence polynésienne en raison d'un risque sérieux d'annulation fondé notamment sur le défaut d'impartialité du collège : • Paris, ord., 16 oct. 2019 : *D. actu. 6 nov. 2019, obs. Venayre ; RSC 2019. 832, obs. Sordino* .

8. Critère. Sur la nécessité, pour obtenir un sursis à exécution d'une décision du Conseil, de caractériser les conséquences manifestement excessives, par une démonstration concrète et chiffrée des excès évidents qu'entraînerait de manière effective l'exécution des injonctions : • Paris, 18 févr. 1999 : *D. 1999. IR 114.* ♦ Il revient au premier président de la cour d'appel de Paris de relever et rechercher en quoi le rappel du droit des victimes d'agir en réparation du préjudice que leur causent les pratiques anticoncurrentielles était susceptible d'entraîner des conséquences manifestement excessives. • Com. 20 mars 2012, n° 11-16.128 P : *cité note 15.* ♦ Il n'est pas interdit au premier président de tenir compte, s'il l'estime justifié par les circonstances de l'espèce, de l'appartenance de la personne morale sanctionnée à un groupe pour apprécier si l'exécution immédiate de la décision est susceptible d'entraîner des conséquences manifeste*ment excessives.* • *Com.* 22 oct. 2013, n° 12-23.486 P : *D. 2013. Actu. 2516* ; *JCP E 2013, n° 1621 ; RJDA 2014, n° 62* (cassation de • Paris, 3 juill. 2012 : *RDLC 2012, n° 4, p. 150, obs. Lemaire et Naudin*). ♦ Le sursis à exécution d'une décision ne peut être ordonné, faute que cette exécution soit susceptible d'entraîner des conséquences manifestement excessives, alors qu'elle impose une publication forcée dans trois organes de presse, puisque la décision a déjà reçu une complète publicité par son insertion d'office au *BOCC* et par son insertion dans d'autres journaux. • Paris, ord., 11 août 1987 : *cité note 9.* ♦ Il n'appartient pas au magistrat délégué par le premier président de contrôler la légalité de la décision, objet du recours dont la cour aura à connaître, à moins qu'en raison d'une violation flagrante des règles de droit applicables, la décision ne soit sérieusement menacée d'annulation, de sorte que son exécution dans ces conditions serait de nature à engendrer les conséquences manifestement excessives prévues par l'art. L. 464-8. • Paris, ord., 4 mars 2009 : *BOCC 19 avr. 2010.* ♦ Mais, s'il ne revient pas au magistrat saisi en référé de contrôler la légalité de la décision, objet du recours, il lui revient en revanche de s'assurer, lorsqu'une irrégularité grave de procédure est invoquée, que la décision n'est pas sérieusement menacée d'annulation de ce chef, de sorte que son exécution dans ces conditions serait de nature à engendrer les conséquences manifestement excessives visées à l'art. L. 464-8. • Paris, ord., 23 janv. 2007 : *D. 2007. AJ 576, obs. Chevrier* ; *CCC 2007, n° 97, obs. Decocq ; RLC avr.-juin 2007. 72, obs. Nourissat.* ♦ Ainsi, la seule constatation d'une atteinte manifeste portée aux droits de la défense justifie que l'exécution de la sanction soit suspendue jusqu'à ce que la cour, statuant sur le bien-fondé du recours, se prononce sur la légitimité de cette atteinte et, partant, sur la régularité de la procédure. • Même décision.

9. Illustrations. Un sursis à exécution, limité dans le temps, de la décision du Conseil de la concurrence ordonnant à des sociétés de cesser de subordonner l'agrément de leurs distributeurs à la détention de la qualité de pharmacien d'officine, est justifié pour permettre à ces sociétés la possibilité d'organiser et d'aménager une politique commerciale nouvelle de leurs produits sans risques majeurs définitifs et irréversibles de désordre. • Paris, ord., 11 août 1987 : *D. 1987. IR 196 ; RJ com. 1988. 58, note Gallet* • 11 sept. 1987 : *ibid.* – V. aussi • Paris, ord., 8 mars 1990 : *Gaz. Pal. 1991. 1. Somm. 36, obs. Marchi.* ♦ Pour une décision de sursis motivée par la restructuration de la société et le fait que le recouvrement immédiat de l'intégralité du montant de la sanction serait de nature à altérer de façon grave et durable le fonctionnement de l'entreprise, V. • Paris, ord., 26 juin 1996 : *BOCC 20 août 1996* • 20 mai 2003 : *CCC 2003, n° 162, obs. Malaurie-Vignal* (mise en péril de l'exploitation). ♦ Le fait que la sanction prononcée excède notablement le montant des capitaux propres justifie, dans le contexte économique actuel particulièrement tendu, qu'il soit sursis à l'exécution des trois quarts de la sanction et qu'il soit également sursis à l'exécution de la mesure de publication ordonnée, qui précise le montant total de la sanction prononcée et qui, dans cette mesure, est susceptible de compliquer les relations de la société avec ses fournisseurs de crédit, banques et factors. • Paris, ord., 11 mars 2009 : *BOCC 19 avr. 2010.* ♦ Sur le sursis à exécution d'une mesure de diffusion personnalisée d'extraits de la décision du Conseil à des contractants de l'entreprise condamnée, V. • Paris, ord., 6 sept. 2005 : *CCC 2005, n° 193, obs. Malaurie-Vignal.* ♦ Dès lors qu'il accorde le sursis à exécution de la sanction pécuniaire, il ne peut qu'être fait droit à la demande de sursis à l'exécution de la mesure de publication ordonnée qui précise le montant total de la sanction prononcée et qui, dans cette mesure, est susceptible de compliquer les relations des sociétés avec leurs fournisseurs et organismes de crédit. • Paris, 26 juin 2012 : *CCC 2012, n° 214, obs. Decocq ; RDLC 2012, n° 4, p. 73, obs. Jalabert-Doury.*

C. POUVOIR DE LA COUR D'APPEL

10. Rejet de saisine. La cour, saisie d'un recours formé contre une décision de rejet de saisine fondée sur l'art. L. 462-8, al. 2, doit vérifier si les faits invoqués, tels qu'ils ont été soumis au Conseil, étaient appuyés d'éléments suffisamment probants, étant observé que le rejet sur ce fondement n'est pas revêtu de l'autorité de la chose décidée et n'exclut pas une nouvelle saisine autrement étayée ; il en résulte que les éléments qui n'ont pas été produits devant le Conseil ne peuvent l'être pour la première fois devant la cour. • Paris, 2 juill. 2008 : *cité note 2 ss. art. L. 464-7.*

11. Portée de l'annulation. En conséquence d'une annulation d'une décision pour procédure irrégulière, la cour est tenue de statuer, en fait et en droit, sur le grief notifié, sous réserve toutefois du respect du principe général de non-aggravation du sort du requérant en l'absence de recours du ministre chargé de l'économie, qui s'oppose à ce que la sanction soit aggravée. • Paris, 15 janv. 2008 : *cité note 9 ss. art. L. 463-1.* ♦ En l'état des textes applicables aux recours contre les décisions du Conseil, la cour d'appel, à défaut de recours du ministre chargé de l'économie, n'a pas le pouvoir d'aggraver la situation des demandeurs au recours ; elle ne saurait donc porter une appréciation sur le bien-fondé des abandons de griefs, qui sont définitifs. • Paris, 29 janv. 2008 : *JCP E 2008, n° 11, p. 28 ; CCC 2008, n° 83, obs. Decocq ; RLC avr.-juin 2008. 18 et 27, obs. Sélinsky ; RDLC 2008, n° 2, p. 107, obs. Claudel.* ♦ L'annulation d'une partie seulement des sanctions infligées par l'Autorité, et leur fixation consécutive par la cour, laquelle n'est pas tenue par les choix initialement faits par l'Autorité, est de nature à conduire à la fixation de ces sanctions selon des modalités différentes de celles mises en œuvre par l'Autorité pour le calcul des sanctions infligées aux entreprises n'ayant pas demandé l'annulation de la décision attaquée et que ces dernières ne contesteraient pas. • Paris, 23 mai 2017, n° 15/08224.

12. Effet dévolutif de l'appel. La cour d'appel de Paris, qui a annulé une décision du Conseil de la concurrence en raison de la présence du rapporteur et du rapporteur général au délibéré de cette autorité, a le pouvoir de statuer sur les griefs notifiés sans avoir à examiner d'autres moyens de nullité de la décision critiquée. • Com. 30 mai 2000, n° 99-17.038 P (rejet du pourvoi contre • Paris, 15 juin 1999 : *cité note 3 ss. art. L. 463-7* • 29 juin 1999 : *ibid.*). – V. aussi • Com. 4 déc. 2001, n° 99-16.642 P : *JCP E 2002, n° 3, p. 93* • 26 févr. 2002, n° 99-20.829 P : *JCP E 2003, n° 17-18, p. 760, note Rajot ; RJDA 2002, n° 819.* ♦ Ayant annulé la seule décision du Conseil en laissant subsister l'intégralité de la procédure suivie devant lui, la cour d'appel tient de la combinaison des art. L. 464-8 C. com. et 561 NCPC [renommé C. pr. civ.] le pouvoir de statuer en fait et en droit sur les griefs notifiés. • Com. 7 janv. 2004, n° 00-12.451 P : *cité note 29 ss. art. L. 410-1.* ♦ Saisie par les parties en cause d'un recours en annulation ou en réformation de la décision du Conseil, la cour d'appel, après avoir annulé cette décision, est tenue de statuer en fait et en droit sur les demandes des parties tendant à l'annulation de l'enquête et de l'instruction ayant conduit à la décision qu'elle annule et, le cas échéant, sur les griefs notifiés et maintenus par le rapport. • Com. 27 sept. 2005, n° 04-16.677 P : *D. 2005. AJ 2590, obs. Chevrier ; JCP E 2005, n° 44-45, p. 1872 ; CCC 2005, n° 208, obs. Malaurie-Vignal ; RDLC 2005, n° 4, p. 115, obs. Michel-Amsellem ; RLC 2005, n° 5, p. 67, obs. Nourissat ; RJDA 2006, n° 335* • 31 janv. 2006, n° 04-20.360 : *R. 2006, p. 389 ; JCP E 2006, n° 39, p. 1614, obs. Decocq ; CCC 2006, n° 71, obs. Malaurie-Vignal ; RDLC 2006, n° 2, p. 140, obs. Michel-Amsellem.* ♦ *Contra*, jugeant que si la cour d'appel de Paris, lorsqu'elle annule une décision du Conseil de la concurrence sans que soit remise en cause la procédure antérieure à cette décision, tient, de la combinaison des art. L. 464-8 C. com. et 561 NCPC [renommé C. pr. civ.], le pouvoir de statuer en fait et en droit sur la question soumise au conseil, la juridiction de recours n'est pas tenue d'user de ce pouvoir. • Paris, 14 janv. 2003 : *BOCC 27 févr. 2003* • 22 juin 2004 : *BOCC 8 nov. 2004.* ♦ Si la cour d'appel, saisie d'un recours en annulation d'une décision du Conseil, est en principe tenue, après avoir annulé cette décision, de statuer en fait et en droit sur les griefs notifiés et maintenus par le rapport, il n'en est pas ainsi lorsque la cour d'appel annule, en raison de l'insuffisance de l'instruction du Conseil, une décision ayant dit non établies les pratiques reprochées. • Com. 26 févr. 2008, n° 07-14.126 P : *D. 2008. AJ 844, obs. Chevrier ; JCP E 2008, n° 15, p. 27 ; CCC 2008, n° 105, obs. Decocq ; RJDA 2008, n° 715 ; RLC avr.-juin 2008.*

90, obs. Cheynel. ♦ Le recours en annulation ou en réformation de la décision de l'Autorité de la concurrence impose à la cour d'appel de vérifier elle-même la licéité de la pratique tarifaire mise en œuvre, voire de renvoyer l'affaire pour instruction complémentaire si elle estime ne pas disposer des éléments lui permettant d'effectuer le test de coût approprié ; dès lors, la cour d'appel, qui a méconnu son office, a violé les art. L. 464-8 C. com. et 561 et 562 C. pr. civ. • Com. 22 nov. 2016, n° 14-28.224 : *CCC 2017, n° 16, obs. Decocq ; RJDA 2017, n° 122.*

13. Portée de la réformation. La réformation d'une décision du Conseil de la concurrence ne produit d'effet qu'à compter de la notification de l'arrêt de la cour d'appel de Paris et ne modifie pas rétroactivement l'état de droit concernant la société condamnée à publier une décision, ni ne retire son caractère exécutoire à la mesure de publication ordonnée. • Cons. conc. n° 95-D-29 du 2 mai 1995. ♦ L'arrêt réformant les sanctions prononcées par le Conseil constitue le titre ouvrant droit à restitution des sommes versées au titre de l'exécution de la décision, lesdites sommes assorties des intérêts au taux légal à compter de la notification de l'arrêt valant mise en demeure. • Paris, 6 mai 2008 : *cité note 8 ss. art. L. 462-7* • Paris, 23 mai 2017, n° 15/08224.

14. Publication. V. note 12 ss. art. L. 464-2.

II. POURVOI EN CASSATION

15. Autorité de la concurrence. L'obligation d'effectivité dans l'application des art. 101 et 102 TFUE commande que l'Autorité de la concurrence, qui a succédé au Conseil de la concurrence comme autorité administrative indépendante chargée de mettre en œuvre sur le territoire national notamment les art. 101 et 102 TFUE et qui avait la qualité de partie devant la cour d'appel, puisse disposer de la faculté de former un pourvoi contre un arrêt de cour d'appel réformant ou annulant une décision prise par le Conseil de la concurrence. • Com. 17 janv. 2012, n° 11-13.067 P : *D. 2012. Actu. 277, obs. Chevrier ; JCP E 2012, n° 1166 ; CCC 2012, n° 75, obs. Decocq ; RJDA 2012, n° 532 ; CCE 2012, n° 29, obs. Chagny ; RLC avr.-juin 2012. 33, obs. Cholet. – Contra* : • Cass., QPC, 18 juin 2010, n° 09-72.830 P : *D. actu. 6 juill. 2010, obs. Chevrier ; D. 2010. Actu. 1700 ; JCP 2010, n° 786.* ♦ L'art. L. 464-8 doit s'interpréter comme permettant au président de l'Autorité de former un pourvoi contre une décision statuant sur une demande de sursis à exécution formée contre une *décision de l'Autorité* rendue sur le fondement des dispositions des art. 101 et 102 TFUE. • Cass., QPC, 30 nov. 2010, n° 10-17.044. ♦ L'art. L. 464-8 doit s'interpréter comme permettant au président de l'Autorité de former un pourvoi contre une décision statuant sur une demande de sursis à exécution formée contre une décision de l'Autorité rendue sur le fondement des dispositions des art. 101 et 102 TFUE. • Com. 20 mars 2012, n° 11-16.128 P : *D. 2012. Actu. 868, obs. Chevrier ; JCP E 2012, n° 1266 ; CCC 2012, n° 133, obs. Decocq ; RJDA 2012, n° 619 ; RLC juill.-sept. 2012. 90, obs. Barbier de la Serre* • 22 oct. 2013, n° 12-23.486 P : *préc. note 8.* ♦ V. aussi note ss. Règl. n° 1/2003 du 16 déc. 2002, art. 35.

16. Ministre de l'Économie. Si le ministre chargé de l'économie a le droit d'exercer un recours devant la cour d'appel contre une décision du Conseil de la concurrence, même s'il n'a pas été partie à la décision, il n'en résulte pas une dérogation à la règle selon laquelle le pourvoi en cassation n'est ouvert qu'aux parties à l'instance devant le juge du second degré (art. 609 C. pr. civ.) ; par conséquent le pourvoi formé par ledit ministre, qui n'a pas exercé un recours contre la décision et n'était donc pas partie à l'instance devant la cour d'appel, est irrecevable. • Com. 15 juill. 1992, n° 89-20.334 P : *JCP 1992. IV. 2687* • 19 juin 2001, n° 99-13.190 P : *Gaz. Pal. 2002. 2. Somm. 1548* • 25 mars 2003, n° 01-01.556 P : *D. 2003. AJ 1163 ; JCP E 2003, n° 23, p. 930 ; CCC 2003, n° 112, obs. Malaurie-Vignal ; Gaz. Pal. 2004. Somm. 598, obs. du Rusquec ; RJDA 2003, n° 653* • 26 nov. 2003, n° 02-14.310 : *Gaz. Pal. 2004. 471, avis. Lafortune.* – V. aussi note 3 ss. art. L. 490-8. ♦ V. désormais l'avant-dernier al. de l'art. L. 464-8. ♦ Sur les art. 606 et 608 C. pr. civ., V. note 8 ss. art. L. 464-7.

17. Entreprise. Une entreprise qui a saisi l'Autorité de la concurrence de pratiques anticoncurrentielles, à laquelle la décision est notifiée et qui est partie au recours formé contre la décision rendue par cette Autorité devant la cour d'appel de Paris, doit pouvoir former un pourvoi en cassation tant contre l'arrêt de la cour d'appel statuant sur ce recours que contre l'ordonnance du premier président qui statue sur une demande de sursis à l'exécution de la décision. Le pourvoi formé contre l'ordonnance doit être introduit dans le même délai que celui prévu pour former un pourvoi contre l'arrêt de la cour d'appel. • Com. 1er déc. 2021, n° 20-19.738 B : *D. 2021. Actu. 2180 ; JCP E 2021, n° 1561.*

18. Indivisibilité. Le seul fait qu'un grief identique d'entente ait été reproché à la société X et à la société Y ne suffit pas à forger un lien d'indivisibilité, au sens de l'art. 615 C. pr. civ., susceptible de conduire ces sociétés à se prévaloir de la cassation qui est intervenue, dès lors qu'au regard de ce grief notifié séparément à chacune de ces entreprises, le Conseil leur a infligé, après l'avoir déterminée de manière individuelle, une sanction qui peut être appréciée, puis, le cas échéant, exécutée séparément. • Com. 15 nov. 2011, n° 10-20.527 : *RDLC 2012, n° 1, p. 192, obs. Lemaire et Naudin.*

Art. L. 464-8-1 *(L. n° 2016-1547 du 18 nov. 2016, art. 96)* **Les décisions prises par le rapporteur général de l'Autorité de la concurrence en application de l'article L. 463-4 de refuser la protection du secret des affaires ou de lever la protection accordée peuvent faire l'objet d'un recours en réformation ou en annulation devant le premier président de la cour d'appel de Paris ou son délégué.**

L'ordonnance du premier président de la cour d'appel de Paris statuant sur ce recours est susceptible d'un pourvoi en cassation.

Ce recours et ce pourvoi sont instruits et jugés en chambre du conseil.

Un décret en Conseil d'État précise les modalités de ce recours et de ce pourvoi. — *V. art. R. 464-24-1 s.*

BIBL. ▶ Bosco, *CCC 2017, n° 20* (les recours contre les décisions du rapporteur général quant au secret des affaires incombent à la cour d'appel de Paris).

Art. L. 464-8-2 *(Ord. n° 2021-649 du 26 mai 2021, art. 2-XIX)* **Sans préjudice des compétences exclusives du juge de l'exécution, le recours relatif à la validité de la notification par l'Autorité de la concurrence des actes mentionnés au IV de l'article L. 462-9-1 est porté devant une cour d'appel spécialement désignée par décret dans le délai d'un mois à compter de cette notification. Le recours n'est pas suspensif.**

Le président de l'Autorité de la concurrence peut former un pourvoi en cassation contre l'arrêt de la cour d'appel.

Art. L. 464-9 *(Ord. n° 2008-1161 du 13 nov. 2008, art. 2-XIII)* **Le ministre chargé de l'économie peut enjoindre aux entreprises de mettre un terme aux pratiques visées aux articles L. 420-1** *(L. n° 2016-1920 du 29 déc. 2016, art. 3, en vigueur le 1er mars 2017)* **« à L. 420-2-2 »** *(L. n° 2012-1270 du 20 nov. 2012, art. 6)* **« et L. 420-5 ou contraires aux mesures prises en application de l'article L. 410-3 » dont elles sont les auteurs lorsque ces pratiques** *(Abrogé par L. n° 2020-1508 du 3 déc. 2020, art. 37)* ***« affectent un marché de dimension locale, »*** **ne concernent pas des faits relevant des articles** *(L. n° 2020-1508 du 3 déc. 2020, art. 37)* **« 101 et 102 du traité sur le fonctionnement de l'Union européenne » et sous réserve que le chiffre d'affaires que chacune d'entre elles a réalisé en France lors du dernier exercice clos ne dépasse pas 50 millions d'euros et que leurs chiffres d'affaires cumulés ne dépassent pas** *(L. n° 2014-344 du 17 mars 2014, art. 109)* **« 200** *[ancienne rédaction : 100]* **» millions d'euros.**

Le ministre chargé de l'économie peut également, dans les mêmes conditions, leur proposer de transiger. Le montant de la transaction ne peut excéder *(L. n° 2014-344 du 17 mars 2014, art. 109)* **« 150 000** *[ancienne rédaction : 75 000]* **» € ou 5 % du dernier chiffre d'affaires connu en France si cette valeur est plus faible. Les modalités de la transaction sont fixées par décret en Conseil d'État. L'exécution dans les délais impartis des obligations résultant de l'injonction et de l'acceptation de la transaction éteint toute action devant l'Autorité de la concurrence pour les mêmes faits. Le ministre chargé de l'économie informe l'Autorité de la concurrence des transactions conclues.** — *V. art. R. 464-9-1 s.*

Il ne peut proposer de transaction ni imposer d'injonction lorsque les mêmes faits ont, au préalable, fait l'objet d'une saisine de l'Autorité de la concurrence par une entreprise ou un organisme visé au deuxième alinéa de l'article L. 462-1 *(L. n° 2015-990 du 6 août 2015, art. 217-2°)* **« , sauf si l'Autorité de la concurrence a rejeté la saisine sur le fondement du troisième alinéa de l'article L. 462-8 ».**

En cas de refus de transiger, le ministre chargé de l'économie saisit l'Autorité de la concurrence. Il saisit également l'Autorité de la concurrence en cas d'inexécution des injonctions prévues au premier alinéa ou des obligations résultant de l'acceptation de la transaction. — *V. art. L. 461-3, al. 4.*

Les sommes issues de la transaction sont versées au Trésor public et recouvrées comme les créances étrangères à l'impôt et au domaine.

BIBL. ▶ Bosco, *CCC 2008, n° 273* (premières vues sur l'ordonnance de modernisation de la régulation de la concurrence). – Flaicher-Maneval, B. Philippe et Redon, *BRDA 2008, n° 24, p. 11* (pratiques anticoncurrentielles et contrôle des concentrations : aperçu de la réforme). – Ferré, Biancone et François-Martin, *RLDA févr. 2009. 45* (le nouveau traitement des micro-pratiques anticoncurrentielles en droit français). – Picot et Bombardier, *RLDA avr. 2013. 36 ; RLC juill.-août 2013. 177* (mode d'emploi du dispositif d'injonction et de transaction en matière de pratiques anticoncurrentielles locales). – Marie, *BRDA 2014, n° 11, p. 13* (le point sur le contrôle des pratiques anticoncurrentielles locales). – Delpech, *AJCA 2015. 396* (micro PAC : « jurisprudence » de la DGCCRF).

Micro PAC. La compétence du ministre de l'Économie pour traiter directement une pratique anticoncurrentielle est soumise à trois conditions cumulatives : que le marché soit de dimension locale, que le droit européen ne s'applique pas et que le chiffre d'affaires des entreprises en cause soit inférieur à 50 millions d'euros ; ces conditions sont réunies en l'espèce. • Aut. conc. n° 17-D-22 du 29 nov. 2017.

Art. L. 464-10 *(Ord. n° 2021-649 du 26 mai 2021, art. 2-XX)* **I. — L'accès aux déclarations effectuées en vue d'obtenir le bénéfice de la procédure d'exonération de sanction pécuniaire prévue au IV de l'article L. 464-2 ou par des dispositions équivalentes du droit national d'un autre État membre n'est accordé qu'aux parties à la procédure concernée.**

Les informations tirées de ces déclarations et qui ne peuvent être obtenues que par l'accès au dossier de la procédure peuvent être utilisées par une partie ayant eu accès à ce dossier uniquement pour l'exercice des droits de la défense dans le cadre d'une procédure relative à un recours formé contre une décision de l'Autorité de la concurrence mentionné à l'article L. 464-8 du code de commerce.

II. — L'accès à la proposition de transaction faite dans le cadre de la procédure prévue au III de l'article L. 464-2 ou du deuxième alinéa de l'article L. 464-9 n'est accordé qu'à la partie concernée par cette proposition.

Les informations tirées de cette proposition peuvent être utilisées par cette partie uniquement pour l'exercice des droits de la défense dans le cadre d'un recours formé contre une décision de l'Autorité de la concurrence mentionné à l'article L. 464-8 ou devant la juridiction administrative statuant sur un recours contre une proposition de transaction du ministre chargé de l'économie.

V. art. L. 490-13.

TITRE SEPTIÈME **DES INJONCTIONS ET SANCTIONS ADMINISTRATIVES** *(Ord. n° 2017-303 du 9 mars 2017, art. 2-I).*

(L. n° 2014-344 du 17 mars 2014, art. 121)

Ancien titre VI bis (Ord. n° 2017-303 du 9 mars 2017, art. 2-I).

BIBL. GÉN. ▶ Bretzner et Bendavid, *AJCA 2014. 19* (analyse critique des dispositions de la L. du 17 mars 2014 relatives aux sanctions administratives). – Bretzner, *D. avocats 2014. 321* (le rôle de l'avocat dans la mise en œuvre de la loi Hamon : opportunités et limites). – Grall et Bussonnière, *RLC sept. 2016. 37* (les sanctions administratives en droit de la transparence tarifaire et des pratiques restrictives : premier bilan et perspectives). – Pétrignet et Le Bourdon, *BRDA 2021, n° 15-16, p. 22* (ombres et lumières du dispositif de sanctions administratives des retards de paiement interentreprises).

Art. L. 470-1 **I. — Les agents habilités, dans les conditions prévues au II de l'article L. 450-1, à rechercher et à constater les infractions ou manquements aux obligations prévues au titre IV du présent livre peuvent, après une procédure contradictoire, enjoindre à tout professionnel, en lui impartissant un délai raisonnable, de se conformer à ses obligations, de cesser tout agissement illicite ou de supprimer toute clause illicite.** *(L. n° 2020-1508 du 3 déc. 2020, art. 9)* **« Dans les mêmes conditions, ils peuvent enjoindre à tout professionnel de se conformer aux dispositions du règlement (UE) 2019/1150 du Parlement européen et du Conseil du 20 juin 2019 promouvant l'équité et la transparence pour les entreprises utilisatrices de services d'intermédiation en ligne ainsi que lui enjoindre de cesser tout agissement ou de supprimer toute clause contraire à ces dispositions. »** — *V. art. R. 470-1.*

II. — Lorsque le professionnel concerné n'a pas déféré dans le délai imparti à une injonction qui lui a été notifiée à raison d'une infraction ou d'un manquement passible d'une amende administrative, l'autorité administrative chargée de la concurrence et de la consommation peut prononcer à son encontre, dans les conditions et selon les modalités prévues à l'article *(Ord. n° 2017-303 du 9 mars 2017, art. 2-II)* **« L. 470-2** *[ancienne rédaction : L. 465-2]* **», une amende administrative dont le montant ne peut excéder 3 000 € pour une personne physique et 15 000 € pour une personne morale.**
— *Anc. art. L. 465-1 (Ord. n° 2017-303 du 9 mars 2017, art. 2-I).*

(L. n° 2020-1508 du 3 déc. 2020, art. 9) « III. – 1. Lorsque l'injonction est notifiée à raison d'un manquement passible d'une amende civile, les agents mentionnés au I du présent article peuvent assortir leur mesure d'une astreinte journalière ne pouvant excéder un montant de 0,1 % du chiffre d'affaires mondial hors taxes réalisé au cours du dernier exercice clos. Si les comptes de l'entreprise concernée ont été consolidés ou combinés en vertu des textes applicables à sa forme sociale, le chiffre d'affaires pris en compte est celui figurant dans les comptes consolidés ou combinés de l'entreprise consolidante ou combinante.

« Dans ce cas, l'injonction précise les modalités d'application de l'astreinte encourue, notamment sa date d'applicabilité, sa durée et son montant. Le montant de l'astreinte est proportionné à la gravité des manquements constatés et tient compte notamment de l'importance du trouble causé.

« L'astreinte journalière court à compter du jour suivant l'expiration du délai imparti au professionnel pour se mettre en conformité avec la mesure d'injonction notifiée.

« En cas d'inexécution, totale ou partielle, ou d'exécution tardive, l'autorité administrative chargée de la concurrence et de la consommation procède, dans les conditions prévues au IV de l'article L. 470-2, à la liquidation de l'astreinte. Toutefois, le total des sommes demandées au titre de la liquidation de l'astreinte ne peut être supérieur à 1 % du chiffre d'affaires mondial hors taxes réalisé au cours du dernier exercice clos. Si les comptes de l'entreprise concernée ont été consolidés ou combinés en vertu des textes applicables à sa forme sociale, le chiffre d'affaires pris en compte est celui figurant dans les comptes consolidés ou combinés de l'entreprise consolidante ou combinante.

« La décision prononçant la mesure d'injonction et celle prononçant la liquidation de l'astreinte journalière sont motivées. Elles sont susceptibles d'un recours de pleine juridiction et le juge des référés, saisi d'une demande en ce sens, peut ordonner leur suspension dans les conditions prévues à l'article L. 521-1 du code de justice administrative.

« 2. L'injonction mentionnée au premier alinéa du 1 du présent III peut faire l'objet, en cas d'inexécution totale ou partielle ou d'exécution tardive, d'une mesure de publicité sur le site internet de l'autorité administrative chargée de la concurrence et de la consommation ainsi que, aux frais de la personne sanctionnée, sur un support habilité à recevoir des annonces légales que cette dernière aura choisi dans le département où elle est domiciliée. La décision peut en outre être publiée, à ses frais, sur d'autres supports.

« Dans ce cas, le professionnel est informé, lors de la procédure contradictoire préalable au prononcé de l'injonction, de la nature et des modalités de la mesure de publicité encourue. »

BIBL. ► CLAUDEL, *RTD com. 2020. 793* (volet concurrentiel de la L. n° 2020-1508 du 3 déc. 2020).

Art. L. 470-2 I. – L'autorité administrative chargée de la concurrence et de la consommation est l'autorité compétente pour prononcer les amendes administratives sanctionnant les manquements mentionnés au titre IV du présent livre ainsi que l'inexécution des mesures d'injonction prévues à l'article *(Ord. n° 2017-303 du 9 mars 2017, art. 2-II)* « L. 470-1 *[ancienne rédaction : L. 465-1]* ».

II. – L'action de l'administration pour la sanction des manquements mentionnés au I se prescrit par troisannées révolues à compter du jour où le manquement a été commis si, dans ce délai, il n'a été fait aucun acte tendant à la recherche, à la constatation ou à la sanction de ce manquement.

III. – Les manquements passibles d'une amende administrative sont constatés par procès-verbal, selon les modalités prévues à l'article L. 450-2.

IV. – Avant toute décision, l'administration informe par écrit la personne mise en cause de la sanction envisagée à son encontre, en lui indiquant qu'elle peut prendre connaissance des pièces du dossier et se faire assister par le conseil de son choix et en l'invitant à présenter, dans le délai de soixante jours, ses observations écrites et, le cas échéant, ses observations orales.

Passé ce délai, l'autorité administrative peut, par décision motivée, prononcer l'amende.

(L. n° 2019-486 du 22 mai 2019, art. 3-II) « V. — La décision prononcée par l'autorité administrative peut être publiée sur le site internet de cette autorité administrative et, aux frais de la personne sanctionnée, sur d'autres supports.

« La décision prononcée par l'autorité administrative en application *(Ord. n° 2019-698 du 3 juill. 2019, art. 2)* « de l'article L. 441-16 » est publiée sur le site internet de cette autorité administrative et, aux frais de la personne sanctionnée, sur un support habilité à recevoir des annonces légales que cette dernière aura choisi dans le département où elle est domiciliée. La décision peut en outre être publiée, à ses frais, sur d'autres supports.

« L'autorité administrative doit préalablement avoir informé la personne sanctionnée, lors de la procédure contradictoire fixée au IV du présent article, de la nature et des modalités de publicité de sa décision.

« En cas d'inexécution par la personne sanctionnée de la mesure de publicité, l'autorité administrative peut la mettre en demeure de publier la décision sous une astreinte journalière de 150 € à compter de la notification de la mise en demeure jusqu'à publication effective. »

VI. — Lorsqu'une amende administrative est susceptible de se cumuler avec une amende pénale infligée à raison des mêmes faits à l'auteur du manquement, le montant global des amendes prononcées ne dépasse pas le maximum légal le plus élevé.

VII. — Lorsque, à l'occasion d'une même procédure ou de procédures séparées, plusieurs sanctions administratives ont été prononcées à l'encontre d'un même auteur pour des manquements en concours, ces sanctions s'exécutent cumulativement *(Abrogé par L. n° 2016-1691 du 9 déc. 2016, art. 123-I)* « *, dans la limite du maximum légal le plus élevé* ».

VIII. — Les documents recueillis et établis à l'occasion de la recherche et de la constatation d'un manquement ayant donné lieu à une procédure de sanction administrative ne sont communicables qu'à la personne qui en fait l'objet ou à son représentant.

IX. — L'amende est recouvrée comme en matière de créances étrangères à l'impôt et au domaine.

X. — Les modalités d'application du présent article sont fixées par décret en Conseil d'État. — *Anc. art. L. 465-2 (Ord. n° 2017-303 du 9 mars 2017, art. 2-I).* — *V. art. R. 470-2.*

Les dispositions issues de la L. n° 2015-990 du 6 août 2015 sont applicables dans les îles Wallis-et-Futuna (L. préc., art. 210-VI).

Manquements en concours. En vertu de l'art. L. 470-2, l'autorité administrative chargée de la concurrence et de la consommation peut prononcer des amendes administratives en cas de non-respect des obligations en matière de transparence, de pratiques restrictives de concurrence, d'autres pratiques prohibées ou d'inexécution d'une mesure d'injonction notifiée à un professionnel soumis à ces règles. Selon les dispositions contestées du VII, lorsqu'un manquement à ces règles a été commis par une personne avant que celle-ci ait été définitivement sanctionnée pour un autre manquement, les sanctions administratives prononcées à son encontre s'exécutent cumulativement. En premier lieu, aucune exigence constitutionnelle n'impose que des sanctions administratives prononcées pour des manquements distincts soient soumises à une règle de non-cumul. En second lieu, d'une part, les dispositions contestées n'ont pas pour objet de déterminer le montant des sanctions encourues pour chacun des manquements réprimés et, d'autre part, elles ne font pas obstacle à la prise en compte par l'autorité administrative, sous le contrôle du juge, de la nature des manquements, de leur gravité et de leur répétition pour déterminer le montant des sanctions, en particulier lorsqu'elles s'appliquent de manière cumulative. Il en résulte que les dispositions contestées, qui ne méconnaissent pas les principes de légalité et de nécessité des délits et des peines, ni aucun autre droit ou liberté que la Constitution garantit, doivent être déclarées conformes à la Constitution. • Cons. const. 25 mars 2022, n° 2021-984 QPC : *D. 2022. Actu. 604* (sur une QPC de : • CE 29 déc. 2021, n° 457203 : *RJDA 2022, n° 173*).

TITRE HUITIÈME DES ACTIONS EN DOMMAGES ET INTÉRÊTS DU FAIT DES PRATIQUES ANTICONCURRENTIELLES

(Ord. nº 2017-303 du 9 mars 2017, art. 3)

Les conditions d'application des dispositions de l'Ord. nº 2017-303 du 9 mars 2017 sont fixées par décret en Conseil d'État (Ord. préc., art. 14). — V. Décr. nº 2017-305 du 9 mars 2017, dont les dispositions sont applicables aux instances introduites à compter du 26 déc. 2014 (Décr. préc., art. 6).

Les dispositions issues de l'Ord. nº 2017-303 du 9 mars 2017 sont applicables à Wallis-et-Futuna (Ord. préc., art. 13).

V. Circ. NOR : JUSC1708788C du 23 mars 2017, ss. art. L. 483-11. — V. aussi Dir. 2014/104/UE du 26 nov. 2014, App., vº Concurrence.

BIBL. GÉN. ▸ Ord. nº 2017-303 du 9 mars 2017 : CARVAL, *JCP 2017, nº 298* (les actions en dommages-intérêts des victimes de pratiques anticoncurrentielles : à propos de l'Ord. et du Décr. du 9 mars 2017). – D'ALÈS ET CONSTANS, *JCP E 2017. Actu. 242* (au-delà d'une simple transposition de la Dir. 2017/104). – COUSIN, *RLC avr. 2017. 20* (réparation ou punition ?). – CARVAL, *RCA 2017. Dossier 7* (responsabilité civile et droit de la concurrence). – REDON, *BRDA 2017, nº 10, p. 20* (nouveaux outils pour favoriser les actions en réparation pour pratiques anticoncurrentielles). – LE MORE, *CCC 2017. Alerte 29* (plaidoyer pour une vraie réforme de l'action de groupe en matière de concurrence). – DUMARÇAY, *RLC juin 2017. 25* (transposition de la directive « dommages » : vers une nouvelle architecture des contentieux du droit des pratiques anticoncurrentielles ?). – BROUSSOLLE, *LPA 22 juin 2017* (les principales dispositions de l'Ord. du 9 mars 2017). – AMARO, *CCC 2017. Étude 8* (actions en réparation en matière de pratiques anticoncurrentielles : la Dir. 2014/104/UE est transposée !). – NINANE, *ibid. Dossier 4* (un fragile équilibre entre encouragement des actions indemnitaires, préservation de l'efficacité de l'action publique et protection du secret des affaires). – CLAUDEL, *RTD com. 2017. 305* (la porte est grande ouverte aux actions en réparation !). – CHAGNY, *RJ com. 2017. 462* (la réparation des dommages concurrentiels). – CHARRIER et LOSTE, *RLDA déc. 2017, suppl., p. 69* (quelle expertise pour la réparation des dommages concurrentiels ?). – ADDA, AMARO et LABARODE, *AJDA 2019. 320* (réparation du dommage causé par les ententes devant le juge administratif). – EL HARIRI et GUIBERT, *RLC oct. 2021. 17* (les actions indemnitaires en réparation d'un préjudice concurrentiel : vers la création d'un marché du financement de procès par des tiers en France ?).

▸ V. Bibl. ss. Dir. 2014/104/UE du 26 nov. 2014, App., vº *Concurrence.*

▸ CHAGNY et DEFFAINS, Réparation des dommages concurrentiels, *Dalloz, Essai, sept. 2015.*

CHAPITRE PREMIER DE LA RESPONSABILITÉ

SECTION PREMIÈRE DES CONDITIONS DE LA RESPONSABILITÉ

Art. L. 481-1 Toute personne physique ou morale formant une entreprise ou un organisme mentionné à l'article L. 464-2 est responsable du dommage qu'elle a causé du fait de la commission d'une pratique anticoncurrentielle définie aux articles L. 420-1, L. 420-2, L. 420-2-1, L. 420-2-2 et L. 420-5 ainsi qu'aux articles 101 et 102 du traité sur le fonctionnement de l'Union européenne.

BIBL. ▸ BÉHAR-TOUCHAIS, *RDC 2017. 310* (débiteur de la réparation).

Code de justice administrative

Contentieux indemnitaire du fait des pratiques anticoncurrentielles

Art. L. 775-1 *(Ord. nº 2017-303 du 9 mars 2017, art. 10)* Lorsqu'elles relèvent de la juridiction administrative, les actions tendant à la réparation d'un dommage causé par une pratique anticoncurrentielle mentionnée à l'article L. 481-1 du code de commerce sont présentées, instruites et jugées selon les dispositions du présent code, sous réserve *(L. nº 2018-670 du 30 juill. 2018, art. 3)* « des articles L. 153-1 et L. 153-2 du code de commerce et du titre VIII du livre IV du même code. »

....

Art. R. 775-1 *(Décr. nº 2017-305 du 9 mars 2017, art. 4)* Les actions mentionnées à l'article L. 775-1 sont présentées, instruites et jugées selon les dispositions du présent code, sous réserve du présent chapitre et des dispositions réglementaires du chapitre III du titre VIII du livre IV du code de commerce.

Art. R. 775-2 *(Décr. n° 2017-305 du 9 mars 2017, art. 4)* Sans préjudice des dispositions de l'article R. 611-10, le président de la formation de jugement peut déléguer au rapporteur les pouvoirs qui lui sont conférés par le présent chapitre pour l'instruction des affaires.

Art. R. 775-3 *(Décr. n° 2017-305 du 9 mars 2017, art. 4)* Le président de la formation de jugement peut, après avoir recueilli les observations des parties, solliciter l'avis de l'Autorité de la concurrence sur l'évaluation du préjudice dont il est demandé réparation.

L'Autorité de la concurrence dispose d'un délai de deux mois pour communiquer ses observations au juge. A défaut de réponse dans ce délai, l'instance est poursuivie.

Art. R. 775-4 *(Décr. n° 2017-305 du 9 mars 2017, art. 4)* Sans préjudice des dispositions de l'article L. 731-1, la motivation des décisions prises en application du présent chapitre préserve, le cas échéant, la confidentialité des informations couvertes par le secret des affaires. A cette fin, il peut en être établi une version non confidentielle à destination des personnes non tenues à l'obligation de confidentialité.

Art. L. 481-2 Une pratique anticoncurrentielle mentionnée à l'article L. 481-1 est présumée établie de manière irréfragable à l'égard de la personne physique ou morale désignée au même article dès lors que son existence et son imputation à cette personne ont été constatées par une décision qui ne peut plus faire l'objet d'une voie de recours ordinaire pour la partie relative à ce constat, prononcée par l'Autorité de la concurrence ou par la juridiction de recours.

Une décision qui ne peut plus faire l'objet d'une voie de recours ordinaire pour la partie relative au constat de l'existence et de l'imputation d'une pratique anticoncurrentielle, prononcée par une autorité de concurrence ou par une juridiction de recours d'un autre État membre de l'Union européenne à l'égard d'une personne physique ou morale, constitue un moyen de preuve de la commission de cette pratique.

Lorsqu'une décision définitive de la Commission, statuant sur les accords, décisions ou pratiques relevant de l'article 101 ou 102 du traité sur le fonctionnement de l'Union européenne, a constaté une pratique anticoncurrentielle prévue à ces articles et imputé cette pratique à une personne physique ou morale mentionnée à l'article L. 481-1, la juridiction nationale saisie d'une action en dommages et intérêts du fait de cette pratique ne peut, conformément au paragraphe 1 de l'article 16 du règlement (CE) n° 1/2003 du Conseil du 16 décembre 2002 relatif à la mise en œuvre des règles de concurrence prévues aux articles 81 et 82 du traité instituant la Communauté économique européenne, devenus articles 101 et 102 du traité sur le fonctionnement de l'Union européenne, prendre une décision qui irait à l'encontre de la décision adoptée par la Commission.

1. Preuve. Pour une illustration du caractère irréfragable de la preuve des pratiques, V. • TA Strasbourg, 20 oct. 2021, n° 1903573 : *RJDA 2/2022, p. 75, note Marie.*

2. Procédure d'engagement. Sur les incidences d'une décision d'engagements sur l'action en réparation, V. • TGI Paris, 22 févr. 2018 : *CCC 2018, n° 93, obs. Decocq.*

Art. L. 481-3 Le préjudice subi par le demandeur du fait de la pratique anticoncurrentielle mentionnée à l'article L. 481-1 comprend notamment :

1° La perte faite, résultant :

a) Du surcoût correspondant à la différence entre le prix du bien ou du service qu'il a effectivement payé et celui qui l'aurait été en l'absence de commission de l'infraction, sous réserve de la répercussion totale ou partielle de ce surcoût qu'il a éventuellement opérée sur son contractant direct ultérieur ;

b) De la minoration résultant d'un prix plus bas que lui a payé l'auteur de l'infraction ;

2° Le gain manqué résultant notamment de la diminution du volume des ventes liée à la répercussion partielle ou totale du surcoût qu'il a été amené à opérer sur ses contractants directs ou de la prolongation certaine et directe des effets de la minoration des prix qu'il a dû pratiquer ;

3° La perte de chance ;

4° Le préjudice moral.

BIBL. ▶ NDLR, *BRDA 2017, n° 18, p. 24* (illustration de la difficulté de prouver le lien de causalité entre la faute et le préjudice, ainsi que la nature de ce dernier). – D'ALÈS et CONSTANS, *JCP E 2017, n° 1582* (la faucheuse, le voyagiste et le préjudice concurrentiel – note ss. Paris, 7 et 14 déc. 2016). – THOMAS et BOUSCATEL, *RLC janv. 2018. 13* (l'approche récente de la cour d'appel de Paris en matière d'action indemnitaire des concurrents évincés – note ss. Paris, 14 déc. 2016 et 10 mai 2017). – REDON et LORIEUL, *RJDA 7/2020. 467* (contentieux indemnitaire des pratiques anticoncurrentielles : retour sur le lien de causalité – note ss. T. com. Paris, 20 févr. 2020). – CHARPIN et LUGASSY, *RLC 10/2020. 22* (l'économétrie au service de l'évaluation des préjudices en *follow-on*). – LABORDE, *D. 2021. 100* (la réparation du dommage causé par une entente anticoncurrentielle). – PIETRINI, *RLC oct. 2021. 36* (nouvelle illustration des apports de l'expertise judiciaire dans la réparation du préjudice concurrentiel).

Art. L. 481-4 **L'acheteur direct ou indirect, qu'il s'agisse de biens ou de services, est réputé n'avoir pas répercuté le surcoût sur ses contractants directs, sauf la preuve contraire d'une telle répercussion totale ou partielle apportée par le défendeur, auteur de la pratique anticoncurrentielle.**

Art. L. 481-5 **L'acheteur direct ou indirect, qu'il s'agisse de biens ou de services, qui prétend avoir subi l'application ou la répercussion d'un surcoût doit en prouver l'existence et l'ampleur.**

Toutefois, l'acheteur indirect, qu'il s'agisse de biens ou de services, est réputé avoir apporté la preuve de cette répercussion lorsqu'il justifie que :

1° Le défendeur a commis une pratique anticoncurrentielle mentionnée à l'article L. 481-1 ;

2° Cette pratique a entraîné un surcoût pour le contractant direct du défendeur ;

3° Il a acheté des biens ou utilisé des services concernés par la pratique anticoncurrentielle, ou acheté des biens ou utilisé des services dérivés de ces derniers ou les contenant.

Le défendeur peut cependant démontrer que le surcoût n'a pas été répercuté sur l'acheteur indirect ou qu'il ne l'a été que partiellement par son contractant antérieur.

Art. L. 481-6 **Les règles de preuve prévues aux articles L. 481-4 et L. 481-5 sont applicables aux fournisseurs directs ou indirects de l'auteur de la pratique anticoncurrentielle qui invoquent un préjudice résultant d'une baisse du prix des biens ou services concernés par cette pratique.**

Art. L. 481-7 **Il est présumé jusqu'à preuve contraire qu'une entente entre concurrents cause un préjudice.**

SECTION II DES EFFETS DE LA RESPONSABILITÉ

SOUS-SECTION 1 LA RÉPARATION DU PRÉJUDICE

Art. L. 481-8 **Les dommages et intérêts sont évalués au jour du jugement, en tenant compte de toutes les circonstances qui ont pu affecter la consistance et la valeur du préjudice depuis le jour de la manifestation du dommage, ainsi que de son évolution raisonnablement prévisible.** — *V. art. R. 481-1.*

BIBL. ▶ THOMAS et BOUSCATEL, *RLC janv. 2018. 13* (l'approche récente de la cour d'appel de Paris en matière d'action indemnitaire des concurrents évincés – note ss. Paris, 14 déc. 2016 et 10 mai 2017). – LACRESSE, *RLC juill.-août 2018. 29* (le guide pratique sur la quantification du préjudice en cas de pratiques anticoncurrentielles : quelle utilisation ? L'éclairage du juriste). – FROT, *ibid. 32* (... L'éclairage de l'économiste). – LEHAIRE, *RLC déc. 2018. 43* (réparer le préjudice concurrentiel : pour une évaluation forfaitaire du préjudice de « consommation »). – THILL-TAYARA et PROVOST, *RLDA févr. 2020. 45 ; RLC févr. 2020. 17* (indemnisation des préjudices résultant de pratiques anticoncurrentielles : le « *pass-on* » est-il le maillon faible ?).

SOUS-SECTION 2 L'INCIDENCE DE LA PLURALITÉ DE RESPONSABLES ET DES TRANSACTIONS

§ 1er DE LA SOLIDARITÉ DES RESPONSABLES

Art. L. 481-9 **Lorsque plusieurs personnes physiques ou morales ont concouru à la réalisation d'une pratique anticoncurrentielle mentionnée à l'article L. 481-1, elles**

sont solidairement tenues de réparer le préjudice en résultant. Elles contribuent entre elles à la dette de réparation à proportion de la gravité de leurs fautes respectives et de leur rôle causal dans la réalisation du dommage.

BIBL. ▶ CHAGNY, *CCC 2017. Dossier 6* (responsabilité concurrentielle et civile de l'entreprise).

Art. L. 481-10 Par dérogation à l'article L. 481-9, une petite ou moyenne entreprise n'est pas tenue solidairement de réparer le préjudice subi par les victimes autres que ses contractants directs ou indirects lorsque :

1° Sa part de marché sur le marché pertinent est inférieure à 5 % pendant toute la durée de la commission de la pratique anticoncurrentielle ;

2° L'application de l'article L. 481-9 compromettrait irrémédiablement sa viabilité économique et ferait perdre toute valeur à ses actifs.

Cette dérogation n'est pas applicable lorsque la petite ou moyenne entreprise a été l'instigatrice de la pratique anticoncurrentielle, a contraint d'autres personnes à y participer ou a précédemment commis une telle pratique constatée par une décision d'une autorité de concurrence ou une juridiction de recours.

Est une petite ou moyenne entreprise pour l'application du présent article une personne relevant de la catégorie des petites et moyennes entreprises au sens de l'article 51 de la loi n° 2008-776 du 4 août 2008 de modernisation de l'économie et des mesures réglementaires prises pour son application.

Art. L. 481-11 La personne mentionnée à l'article L. 481-1 ayant bénéficié d'une exonération totale de sanction pécuniaire en application d'une procédure de clémence n'est tenue solidairement de réparer le préjudice subi par les victimes autres que ses contractants directs ou indirects que si ces victimes n'ont pas pu obtenir la réparation intégrale de leur préjudice auprès des autres codébiteurs solidaires après les avoir préalablement et vainement poursuivis.

BIBL. ▶ BÉHAR-TOUCHAIS, *RDC 2017. 312* (une application curieuse de la solidarité : la solidarité avec bénéfice de discussion).

Art. L. 481-12 Lorsque les victimes indemnisées sont les contractants directs ou indirects des codébiteurs solidaires, le montant de la contribution de la personne physique ou morale mentionnée à l'article L. 481-1 qui a bénéficié d'une exonération totale de sanction pécuniaire en application d'une procédure de clémence est déterminé conformément à la règle prévue à la seconde phrase de l'article L. 481-9 sans pouvoir excéder le montant du préjudice subi par ses contractants directs ou indirects.

§ 2 L'INCIDENCE DES TRANSACTIONS

Art. L. 481-13 La victime qui a conclu une transaction avec l'un des codébiteurs solidaires ne peut réclamer aux autres codébiteurs non parties à la transaction que le montant de son préjudice diminué de la part du préjudice imputable au codébiteur partie à la transaction. Les codébiteurs non parties à la transaction ne peuvent réclamer au codébiteur partie à celle-ci une contribution à la somme qu'ils ont payée à cette victime.

Sauf stipulation contraire, la victime peut réclamer au codébiteur partie à la transaction le paiement du solde de son préjudice imputable aux autres codébiteurs solidaires non parties à la transaction après les avoir préalablement et vainement poursuivis.

Art. L. 481-14 Pour fixer le montant de la contribution qu'un codébiteur peut récupérer auprès des autres codébiteurs solidaires, le juge tient également compte de l'ensemble des indemnités déjà versées par les codébiteurs en exécution d'une transaction antérieurement conclue par eux avec l'une des victimes de la pratique anticoncurrentielle.

CHAPITRE II DE LA PRESCRIPTION DES ACTIONS

Art. L. 482-1 L'action en dommages et intérêts fondée sur l'article L. 481-1 se prescrit à l'expiration d'un délai de cinq ans. Ce délai commence à courir du jour où le demandeur a connu ou aurait dû connaître de façon cumulative :

1° Les actes ou faits imputés à l'une des personnes physiques ou morales mentionnées à l'article L. 481-1 et le fait qu'ils constituent une pratique anticoncurrentielle ;

2° Le fait que cette pratique lui cause un dommage ;
3° L'identité de l'un des auteurs de cette pratique.

Toutefois, la prescription ne court pas tant que la pratique anticoncurrentielle n'a pas cessé.

Elle ne court pas à l'égard des victimes du bénéficiaire d'une exonération totale de sanction pécuniaire en application d'une procédure de clémence tant qu'elles n'ont pas été en mesure d'agir à l'encontre des auteurs de la pratique anticoncurrentielle autres que ce bénéficiaire.

Prescription. Jusqu'à l'entrée en vigueur de la L. du 17 juin 2008, les actions fondées sur la responsabilité quasi-délictuelle des auteurs de pratiques anticoncurrentielles se prescrivaient par dix ans à compter de la manifestation du dommage. Après l'entrée en vigueur de cette loi, la prescription de ces conclusions est régie par les dispositions de l'art. 2224 C. civ. fixant une prescription de cinq ans. S'appliquent, depuis l'entrée en vigueur de l'Ord. n° 2017-303 du 9 mars 2017, les dispositions de l'art. L. 482-1 C. com. posant une même prescription. • CE 27 mars 2020, n° 420491 : *D. 2020. Actu. 764, obs. de Montecler ; AJCT 2020. 475, obs. Dreyfus ; RDI 2020. 382, obs. Hasquenoph*. – V. aussi • CE 22 nov. 2019, n° 418645 : *CCC 2020, n° 47, obs. Bosco ; RJDA 2020, n° 245.*

L'art. 102 TFUE et le principe d'effectivité doivent être interprétés en ce sens qu'ils s'opposent à une réglementation nationale qui, d'une part, prévoit que le délai de prescription en ce qui concerne les actions en dommages et intérêts est de trois ans et commence à courir à compter de la date à laquelle la personne lésée a eu connaissance de son droit à réparation, même si le responsable de l'infraction n'est pas connu, et, d'autre part, ne prévoit aucune possibilité de suspension ou d'interruption de ce délai au cours d'une procédure suivie devant l'autorité nationale de concurrence. • CJUE 28 mars 2019, n° C-637/17 : *D. 2019. 2235, note Amaro ; RTD eur. 2019. 907, obs. Idot ; RLC 1/2021. 41, note Parmentier ; RJ com. 2019. 231, note Decocq ; ibid. 352, note Chagny.*

CHAPITRE III DE LA COMMUNICATION ET DE LA PRODUCTION DES PIÈCES

SECTION PREMIÈRE DISPOSITIONS GÉNÉRALES

Art. L. 483-1 Les demandes de communication ou de production de pièces ou de catégorie de pièces formées en vue ou dans le cadre d'une action en dommages et intérêts par un demandeur qui allègue de manière plausible un préjudice causé par une pratique anticoncurrentielle mentionnée à l'article L. 481-1 sont régies par les dispositions du code de procédure civile ou celles du code de justice administrative sous réserve des dispositions du présent chapitre. — *V. art. R. 483-1.*

Lorsqu'il statue sur une demande présentée en application du premier alinéa, le juge en apprécie la justification en tenant compte des intérêts légitimes des parties et des tiers. Il veille en particulier à concilier la mise en œuvre effective du droit à réparation, en considération de l'utilité des éléments de preuve dont la communication ou la production est demandée, et la protection du caractère confidentiel de ces éléments de preuve ainsi que la préservation de l'efficacité de l'application du droit de la concurrence par les autorités compétentes.

Les dispositions des art. L. 483-1 à L. 483-4, L. 483-6, L. 483-7 et L. 483-9, ainsi que des quatre premiers alinéas des art. L. 483-5 et L. 483-8, issues de l'Ord. n° 2017-303 du 9 mars 2017, sont applicables aux instances introduites devant les juridictions administratives et judiciaires à compter du 26 déc. 2014 (Ord. préc., art. 12-I). — Les dispositions de la même ordonnance qui allongent la durée d'une prescription s'appliquent lorsque le délai de prescription n'était pas expiré à la date de son entrée en vigueur ; il est alors tenu compte du délai déjà écoulé (Ord. préc., art. 12-II).

Demande de communication. Il résulte de l'art. L. 483-1 C. com., tel qu'interprété à la lumière des art. 5 et 6 de la Dir. 2014/104/UE du 26 nov. 2014, que la juridiction, saisie d'une demande de communication de pièces ayant pour objet de permettre d'établir les preuves nécessaires à l'indemnisation d'une victime du fait d'une pratique anticoncurrentielle, doit, en apportant toute précision dans sa décision à cet égard, tenir compte des intérêts légitimes des parties et des tiers, quand bien même ceux-ci ne seraient pas représentés, et veiller à concilier la mise en œuvre effective du droit à réparation, en considération, d'un côté, de l'utilité des éléments de preuve dont la communication ou la production est demandée, de l'autre, de la protection du caractère confidentiel de ces éléments de preuve, ainsi que de la préservation de l'efficacité de l'application du droit de la concurrence par les autorités compétentes. • Com. 8 juill. 2020, n° 19-25.065 : *RJDA 2021, n° 194.*

SECTION II *[ABROGÉE]* DE LA PROTECTION DES PIÈCES COUVERTES PAR LE SECRET DES AFFAIRES

(Abrogée par L. n° 2018-670 du 30 juill. 2018, art. 2)

Art. L. 483-2 *Lorsque à l'occasion d'une instance en réparation d'un dommage causé par une pratique anticoncurrentielle, fondée sur l'article L. 481-1, il est fait état ou est demandée la communication ou la production d'une pièce dont il est allégué par une partie ou un tiers ou dont il a été jugé qu'elle est de nature à porter atteinte à un secret des affaires, le juge peut, d'office ou à la demande des parties, si la protection de ce secret ne peut être autrement assurée, décider que les débats auront lieu et que la décision sera prononcée hors la présence du public. Il peut, à la même fin et sous la même condition, déroger au principe du contradictoire, limiter la communication ou la production de la pièce à certains de ses éléments, restreindre l'accès à cette pièce et adapter la motivation de sa décision aux nécessités de la protection du secret des affaires, sans préjudice de l'exercice des droits de la défense. — V. art. R. 483-2 s.*

V. note ss. art. L. 483-1.

Art. L. 483-3 *Toute personne ayant accès à une pièce ou au contenu de cette pièce considérée par le juge comme étant susceptible d'être couverte par le secret des affaires est tenue à une obligation de confidentialité lui interdisant toute utilisation ou divulgation des informations qu'elle contient.*

Dans le cas d'une personne morale, l'obligation prévue à l'alinéa précédent s'applique aussi à ses représentants.

Les personnes ayant accès à la pièce ou à son contenu ne sont liées par cette obligation ni dans leurs rapports entre elles ni à l'égard des représentants de la personne morale partie à l'instance indemnitaire. De même, les conseils des parties ne sont pas liés par cette obligation à l'égard de celles-ci.

L'obligation de confidentialité perdure à l'issue de l'instance. Toutefois elle prend fin si une juridiction décide, par une décision qui n'est plus susceptible de recours, qu'il n'existe pas de secret des affaires ou si les informations en cause ont entretemps cessé de constituer un secret des affaires ou sont devenues aisément accessibles.

V. note ss. art. L. 483-1.

SECTION III DE LA COMMUNICATION ET DE LA PRODUCTION DES PIÈCES FIGURANT DANS LE DOSSIER D'UNE AUTORITÉ DE CONCURRENCE

Art. L. 483-4 Le juge ne peut pas ordonner à l'Autorité de la concurrence, au ministre chargé de l'économie, à toute autorité de concurrence d'un autre État membre ou à la Commission européenne la production d'une pièce figurant dans son dossier lorsque l'une des parties ou un tiers est raisonnablement en mesure de fournir cette pièce. *— V. art. R. 483-11 s.*

V. note ss. art. L. 483-1.

Art. L. 483-5 Le juge ne peut pas enjoindre la communication ou la production d'une pièce comportant :

1° Un exposé écrit ou la transcription de déclarations orales présenté volontairement à une autorité de concurrence par une personne mentionnée à l'article L. 481-1 ou en son nom, et contribuant à établir la réalité d'une pratique anticoncurrentielle prévue aux articles L. 420-1 et 101 du traité sur le fonctionnement de l'Union européenne et à en identifier ses auteurs, en vue de bénéficier d'une exonération totale ou partielle de sanctions en application d'une procédure de clémence ;

2° Un exposé écrit ou la transcription de déclarations orales présenté volontairement à une autorité de concurrence par une personne mentionnée à l'article L. 481-1 ou en son nom, traduisant sa volonté de renoncer à contester la réalité des griefs qui lui sont notifiés et la responsabilité qui en découle, ou reconnaissant sa participation à une pratique anticoncurrentielle et la responsabilité qui en découle, établi pour permettre à l'Autorité de la concurrence d'appliquer la procédure prévue au III de l'article

L. 464-2, ou au ministre chargé de l'économie d'appliquer la procédure prévue au deuxième alinéa de l'article L. 464-9 ou aux autorités de concurrence des autres États membres et à la Commission européenne d'appliquer une procédure simplifiée ou accélérée.

Cette interdiction s'applique également aux passages d'une pièce établie à l'occasion d'une enquête ou d'une instruction devant une autorité de concurrence et qui comporteraient une transcription ou citation littérale des exposés mentionnés aux alinéas précédents.

Le juge écarte des débats les pièces mentionnées au présent article qui seraient produites ou communiquées par les parties lorsque ces pièces ont été obtenues uniquement grâce à l'accès au dossier d'une autorité de concurrence. — *V. art. R. 483-13.*

V. note ss. art. L. 483-1.

Art. L. 483-6 A la demande d'une partie, le juge vérifie le contenu de la pièce figurant dans le dossier d'une autorité de concurrence dont il est allégué qu'elle relève de l'interdiction prévue à l'article L. 483-5. A cette fin, il se fait communiquer cette pièce par la personne ou l'autorité de concurrence qui la détient et en prend seul connaissance. Il peut, hors la présence de toute autre personne, entendre l'auteur de la pièce litigieuse assisté ou représenté par toute personne habilitée.

Le juge peut se prononcer hors la présence du public. Il adapte la motivation de sa décision aux nécessités de la protection de la confidentialité de la pièce concernée.

V. note ss. art. L. 483-1.

Art. L. 483-7 Lorsque seulement une partie d'une pièce est couverte par l'interdiction prévue à l'article L. 483-5, les autres parties en sont communiquées selon les modalités du présent chapitre.

V. note ss. art. L. 483-1.

Art. L. 483-8 Tant que la procédure concernée n'est pas close par une décision adoptée par l'Autorité de la concurrence sur le fondement du I de l'article L. 464-2 et des articles L. 462-8, L. 464-3, L. 464-6 ou L. 464-6-1, par le ministre chargé de l'économie sur le fondement des premier et deuxième alinéas de l'article L. 464-9 ou par une autorité de concurrence d'un autre État membre de l'Union européenne ou la Commission européenne sur le fondement de dispositions équivalentes, le juge ne peut pas enjoindre la communication ou la production d'une pièce comportant :

1° Des informations préparées par une personne physique ou morale mentionnée à l'article L. 481-1 ou toute autre personne physique ou morale concernée, ainsi que par les autorités administratives que l'Autorité de la concurrence consulte, aux fins d'une enquête ou d'une instruction menée par une autorité de concurrence ;

2° Des informations établies par une autorité de concurrence et communiquées à la personne physique ou morale mentionnée à l'article L. 481-1 ou à toute autre personne physique ou morale concernée au cours de la procédure ;

3° Un exposé écrit ou une transcription ou citation littérale d'un exposé écrit ou oral, mentionné au 2° de l'article L. 483-5, lorsque la personne mentionnée à l'article L. 481-1 auteur de l'exposé s'est retirée unilatéralement de la procédure.

Le juge écarte des débats les pièces mentionnées aux 1° à 3° qui seraient produites ou communiquées par les parties alors que la procédure concernée n'est pas close lorsque ces pièces ont été obtenues uniquement grâce à l'accès au dossier d'une autorité de concurrence.

V. note ss. art. L. 483-1.

Art. L. 483-9 Les articles L. 483-5 et L. 483-8 ne s'appliquent pas à une pièce qui existe indépendamment de la procédure engagée devant une autorité de concurrence, qu'elle figure ou non dans le dossier de ladite autorité.

V. note ss. art. L. 483-1.

Art. L. 483-10 Lorsqu'une pièce ne relevant pas des interdictions prévues aux articles L. 483-5 et L. 483-8 a été obtenue par une personne physique ou morale uniquement grâce à son accès au dossier d'une autorité de concurrence, cette pièce ne peut être utilisée que dans le cadre d'une action mentionnée au présent titre par ladite personne ou son ayant droit.

Art. L. 483-11 **Un décret en Conseil d'État précise les modalités d'application du présent titre.** – *V. art. R. 481-1 s.*

Circulaire NOR : JUSC1708788C du 23 mars 2017,
De présentation des dispositions de l'ordonnance n° 2017-303 du 9 mars 2017 relative aux actions en dommages et intérêts du fait des pratiques anticoncurrentielles et du décret d'application n° 2017-305 du 9 mars 2017.

TITRE NEUVIÈME DISPOSITIONS DIVERSES *(Ord. n° 2017-303 du 9 mars 2017, art. 2-I).*

Ancien titre VII (Ord. n° 2017-303 du 9 mars 2017, art. 2-I).

Art. L. 490-1 **La juridiction peut condamner solidairement les personnes morales au paiement des amendes prononcées contre leurs dirigeants en vertu des dispositions du présent livre et des textes pris pour son application.** – *[Ord. n° 86-1243 du 1er déc. 1986, art. 54.] – Anc. art. L. 470-1 (Ord. n° 2017-303 du 9 mars 2017, art. 2-I).*

Art. L. 490-2 *(L. n° 2005-882 du 2 août 2005, art. 53)* **En cas de condamnation au titre d'un délit prévu au titre IV du présent livre, la juridiction peut ordonner que sa décision soit affichée ou diffusée dans les conditions prévues par l'article 131-10 du code pénal.** – *Anc. art. L. 470-2 (Ord. n° 2017-303 du 9 mars 2017, art. 2-I).*

1. Publication des décisions. Sur la possibilité de faire précéder la reproduction de la décision du Conseil de la concurrence d'un texte avertissant de l'existence d'un recours pendant devant la cour de Paris : • Paris, 12 oct. 1989 : *D. 1990. Somm. 109, obs. Gavalda et Lucas de Leyssac.* ♦ ... Ou de mentions précisées au dispositif de l'ordonnance rendue sur appel des personnes condamnées par le premier président de la cour de Paris : • Paris, 10 avr. 1991 : *D. 1991. IR 138.*

2. Hôtellerie et restauration. La faculté que le juge répressif tient de l'art. 55 [C. com., art. L. 490-2] de prononcer une mesure de publication en cas de condamnation pour une des infractions prévue aux art. 31, 32, 34 et 35 [C. com., art. L. 441-4, L. 442-3, L. 442-5 et L. 443-1 anciens] a été expressément étendue, par l'art. 60 (V) de l'ordonnance [abrogé] et l'art. 2 de la L. n° 66-965 du 26 déc. 1966, aux infractions à la réglementation sur la publicité des prix des hôtels et restaurants [abrogée et insérée au code du tourisme]. • Crim. 3 avr. 1997, n° 95-85.790 P : *D. 1997. IR 156.* – V. désormais la rédaction de l'art. L. 490-2.

Art. L. 490-3 **Lorsqu'une personne ayant fait l'objet, depuis moins de deux ans, d'une condamnation pour l'une des infractions définies par les articles** *(Ord. n° 2019-698 du 3 juill. 2019, art. 2)* **« L. 442-5, L. 442-6 et L. 443-1 », commet la même infraction, le maximum de la peine d'amende encourue est porté au double.** – *[Ord. n° 86-1243 du 1er déc. 1986, art. 55, al. 2.] – Anc. art. L. 470-3 (Ord. n° 2017-303 du 9 mars 2017, art. 2-I).*

Art. L. 490-4 **Lorsqu'une personne morale ayant fait l'objet, depuis moins de deux ans, d'une condamnation pour** *(Ord. n° 2019-698 du 3 juill. 2019, art. 2)* **« l'infraction définie par l'article L. 442-5 » commet la même infraction, le taux maximum de la peine d'amende encourue est égal à dix fois celui applicable aux personnes physiques pour cette infraction.** – *[Ord. n° 86-1243 du 1er déc. 1986, art. 55, al. 3.] – Anc. art. L. 470-4 (Ord. n° 2017-303 du 9 mars 2017, art. 2-I).*

Art. L. 490-5 *(L. n° 2005-882 du 2 août 2005, art. 44)* **Pour les délits prévus au titre IV du présent livre pour lesquels une peine d'emprisonnement n'est pas encourue** *(Ord. n° 2005-1086 du 1er sept. 2005, art. 1er-I)* **« et pour les contraventions prévues au présent livre », l'autorité administrative chargée de la concurrence et de la consommation a droit, tant que l'action publique n'a pas été mise en mouvement, de transiger, après accord du procureur de la République, selon les modalités fixées par décret en Conseil d'État.** – *V. art. R. 490-8 s.*

L'acte par lequel le procureur de la République donne son accord à la proposition de transaction est interruptif de la prescription de l'action publique.

L'action publique est éteinte lorsque l'auteur de l'infraction a exécuté dans le délai imparti les obligations résultant pour lui de l'acceptation de la transaction. – *Anc. art. L. 470-4-1 (Ord. n° 2017-303 du 9 mars 2017, art. 2-I).*

BIBL. ▶ Loi n° 2005-882 du 2 août 2005 : GRALL, MEFFRE et GUET, *D. 2005. 2149* (analyse critique). – FERRIER et FERRÉ, *JCP E 2005, n° 43, p. 1812 ; CCC 2005. Chron. 18* (réforme des pratiques commerciales). ▶ Ord. n° 2005-1086 du 1er sept. 2005 : CHEYNEL, *RLC 2005, n° 5, p. 63* (procédure de transaction).

Art. L. 490-6 *(L. n° 2005-882 du 2 août 2005, art. 46)* **I. — La composition pénale prévue à l'article 41-2 du code de procédure pénale est applicable aux personnes morales qui reconnaissent avoir commis un ou plusieurs délits prévus au titre IV du présent livre pour lesquels une peine d'emprisonnement n'est pas encourue ainsi que, le cas échéant, une ou plusieurs contraventions connexes. Seule la mesure prévue par le 1° de l'article 41-2 du même code est applicable à ces personnes.**

II. — Pour les délits mentionnés au I, le procureur de la République peut proposer la composition pénale à l'auteur des faits par l'intermédiaire d'un fonctionnaire mentionné au quatrième alinéa de l'article L. 450-1 du présent code. – *Anc. art. L. 470-4-2 (Ord. n° 2017-303 du 9 mars 2017, art. 2-I).*

Art. L. 490-7 *(L. n° 2005-882 du 2 août 2005, art. 55)* **Pour les délits prévus au titre IV du présent livre pour lesquels une peine d'emprisonnement n'est pas encourue, vaut citation à personne la convocation en justice notifiée au prévenu, sur instruction du procureur de la République, par un fonctionnaire mentionné au quatrième alinéa de l'article L. 450-1.**

Les dispositions de l'article 390-1 du code de procédure pénale sont applicables à la convocation ainsi notifiée. – *Anc. art. L. 470-4-3 (Ord. n° 2017-303 du 9 mars 2017, art. 2-I).*

Art. L. 490-8 **Pour l'application des dispositions du présent livre, le ministre chargé de l'économie ou son représentant peut, devant les juridictions civiles ou pénales, déposer des conclusions et les développer oralement à l'audience. Il peut également produire les procès-verbaux et les rapports d'enquête.** – *[Ord. n° 86-1243 du 1er déc. 1986, art. 56.] – Anc. art. L. 470-5 (Ord. n° 2017-303 du 9 mars 2017, art. 2-I). – V. art. R. 490-1 s. et R. 490-9.*

1. Représentation du ministre. L'art. 36 de l'Ord. de 1986 [C. com., art. L. 442-4] donne au ministre chargé de l'économie le droit d'agir en cas de pratique restrictive de concurrence, mais ne le dispense pas du ministère d'avocat, et l'art. 56 du même texte [C. com., art. L. 490-8] ne concerne que l'intervention de l'administration lors d'une instance pendante et non une action principale de celle-ci, laquelle en l'absence de dispositions contraires, reste soumise au principe formel de l'art. 899 NCPC [renommé C. pr. civ.] selon lequel les parties sont tenues de prendre un avocat. • Com. 17 juill. 2001, n° 99-19.309 P : *D. 2001. AJ 2673, obs. Chevrier ; RTD com. 2001. 877, obs. Claudel ; CCC 2001, n° 161, note Malaurie-Vignal ; Gaz. Pal. 2003. 1. Somm. 1143, obs. Guével ; RJDA 2002, n° 105.* ♦ *Contra*, sur la dispense pour le ministre chargé de l'économie, du ministère d'avocat, V. • Paris, 16 janv. 1989 : *D. 1990. Somm. 106, obs. Gavalda et Lucas de Leyssac* • TGI Paris, 6 juin 1989 : *ibid. 107, obs. Gavalda et Lucas de Leyssac*.

2. Compétence d'attribution. V. note 10 ss. anc. art. L. 442-6, reproduit ss. art. L. 442-4.

3. Intervention. Le ministre de l'Économie n'ayant pas exercé l'action prévue à l'art. 36, al. 2, de l'Ord. du 1er déc. 1986 [C. com., art. L. 442-4], mais s'étant borné à déposer des conclusions sur le fondement des dispositions de l'art. 56 de ce texte [C. com., art. L. 490-8], au soutien des prétentions du demandeur principal, sans formuler aucune demande distincte, il s'en déduit que sa présence dans le débat ne revêtait pas le caractère d'une intervention. • Com. 7 juill. 2004, n° 03-11.369 P : *D. 2004. AJ 2299, obs. Chevrier ; JCP E 2004, n° 48, p. 1879, obs. Decocq ; RDLC déc. 2004. 68, obs. Fasquelle ; CCC 2004, n° 179, obs. Malaurie-Vignal ; RLC 2005, n° 2, p. 44, obs. Béhar-Touchais.* ♦ Le ministre n'a pas qualité, en application de l'art. L. 470-5 [L. 490-8], pour solliciter des mesures d'injonction ou la nullité des dispositions contractuelles prétendument discriminatoires alors qu'il n'a pas lui-même engagé une telle action conformément et selon les modalités de l'art. L. 442-6 [L. 442-4]. • Versailles, 27 janv. 2005 : *RDLC 2005, n° 2, p. 64, obs. de La Laurencie ; RJDA 2005, n° 1051.* ♦ Le ministre, auquel l'art. L. 442-6-III [L. 442-4] C. com. permet d'introduire une action tendant notamment au prononcé d'une amende civile à l'encontre de l'auteur de pratiques mentionnées par les premiers paragraphes de ce texte, ne peut, sans méconnaître les dispositions des art. 554 et 564 NCPC [renommé C. pr. civ.], solliciter la condamnation de l'auteur de telles pratiques au paiement d'une amende civile lorsqu'il intervient pour la première fois en cause d'appel sur le fondement de l'art. L. 470-5 [L. 490-8]. • Com. 23 janv. 2007, n° 04-16.779 P : *D. 2007. AJ 501, obs. Chevrier ; JCP E 2007, n° 43-44, p. 16, obs. Decocq ; RJDA 2007, n° 562 ; RDLC 2007, n° 2, p. 124, obs. Fasquelle et Roberval.* ♦ Comp., jugeant que l'intervention principale en cause d'appel du ministre sur le fondement de l'art. L. 442-6-I-2° [ancien] est recevable, dès lors qu'il invoque les mêmes faits que ceux opposés par le défendeur en première instance, sa demande procède, en effet, directement de la demande originaire et tend aux mêmes fins de sanction d'un comportement relevant de pratiques restrictives de concurrence : • Douai, 13 oct. 2005 : *RJDA 2006, n° 593 ; RDLC 2006, n° 2, p. 103, obs. Fasquelle et Roberval.* ♦ Le ministre, qui agit pour la défense de l'ordre public économique, peut être partie dans la procédure d'appel au cours de laquelle les sociétés entendent remettre en cause la décision qui les a condamnées pour rupture brutale des relations commerciales ; en l'état de ces seules constatations, dont elle a déduit l'intérêt nouveau pour le ministre à user d'une voie de recours qu'il n'avait pas exercée, la cour d'appel a exactement retenu que le ministre était recevable en son appel incident provoqué. • Com. 18 oct. 2016, n° 15-13.834 : *AJ contrat 2017. 38, obs. Gautier et de Mortillet ; JCP E 2017, n° 1066, note Le Gac-Pech ; CCC 2016, n° 255, obs. Mathey ; RJDA 2017, n° 124.* ♦ Le ministre, exerçant le droit propre que lui confère l'art. L. 442-6-III [L. 442-4], ayant demandé en première instance, par voie de conclusions déposées au visa de l'art. L. 470-5 [L. 490-8], la condamnation au paiement d'une amende civile pour ne pas avoir respecté les dispositions de l'art. L. 442-6-I-5° [ancien], il en résulte qu'il avait la qualité de partie à l'instance et qu'il pouvait donc, par la voie de l'appel incident, demander la réformation du jugement en ce qu'il avait rejeté sa demande. • Com. 4 déc. 2012, n° 11-21.743 P : *D. 2012. Actu. 2958, obs. Chevrier ; JCP E 2013, n° 1038 ; CCC 2013, n° 31, obs. Mathey.*

Si l'art. 56 [C. com., art. L. 490-8] permet au ministre de déposer devant les juridictions civiles des conclusions et de les développer oralement à l'audience, ce texte ne lui confère pas pour autant la qualité de partie à l'action. • Com. 26 nov. 1996, n° 94-20.651 P : *D. 1997. IR 4*. ♦ Dès lors que les conclusions en intervention déposées par le ministre en application de l'art. 7 [C. com., art. L. 420-1], tendant à faire déclarer illicite un art. du règlement intérieur d'un GIE, n'ont pas de lien suffisant avec le litige en refus de vente opposant une société à ce GIE, le ministre n'est pas recevable à agir en application de l'art. 325 NCPC [renommé C. pr. civ.] • Même arrêt. – V. aussi • Com. 6 nov. 1990, n° 89-13.116 P. ♦ En prévoyant que le ministre ou son représentant peut, devant les juridictions civiles, déposer des conclusions et les développer oralement, produire les procès-verbaux et les rapports d'enquête, l'art. 56 [C. com., art. L. 490-8] lui permet également de faire délivrer assignation et constitue l'une des dispositions contraires réservées par l'art. 751 NCPC [renommé C. pr. civ.]. • TGI Paris, 19 mai 1993 : *BICC 1993, n° 1125.* ♦ Jugeant qu'aucun texte du code de procédure pénale n'interdit au ministre de l'Économie de déposer des conclusions pour la première fois en cause d'appel, V. • Rouen, 25 févr. 2002 : *LPA 13 déc. 2002, note Arhel.*

4. Rapports d'enquête. La cour d'appel de Paris tient de l'art. 56 [C. com., art. L. 490-8] et de l'art. 11 NCPC [renommé C. pr. civ.] les pouvoirs de demander au Conseil de la concurrence le rapport intégral d'enquête de la direction nationale des enquêtes accompagné de ses annexes, qui ne lui a été communiqué que partiellement par le ministre de l'Économie. • Com. 15 oct. 1996, n° 94-21.008 P : *D. 1996. IR 257 ; D. Affaires 1996. 1382.*

5. Champ d'application. Jugeant l'intervention du ministre recevable au regard de l'art. L. 470-5 alors que l'action était intentée sur le terrain de la concurrence déloyale et des pratiques commerciales trompeuses, donc des art. 1382 et 1383 [1240 et 1241] C. civ. et L. 121-1 s. [L. 121-2 s.] C. consom., qui ne figurent pas et auxquels il n'est pas fait de renvoi dans le livre IV du code de commerce : • T. com. Paris, 4 oct. 2011 : *cité ss. art. L. 490-10.*

Art. L. 490-9 **Pour l'application des** *(L. n° 2001-420 du 15 mai 2001)* **« articles 81 à 83 du traité instituant la Communauté européenne »** *[art. 101 à 103 TFUE]*, **le ministre chargé de l'économie et les fonctionnaires qu'il a désignés ou habilités conformément aux dispositions du présent livre, d'une part, l'Autorité de la concurrence, d'autre part, disposent des pouvoirs respectifs qui leur sont reconnus par les articles du présent livre** *(L. n° 2004-1343 du 9 déc. 2004, art. 83-II)* **« et du règlement (CE) n° 139/2004 du Conseil, du 20 janvier 2004, relatif au contrôle des concentrations entre entreprises »** *(Ord. n° 2004-1173 du 4 nov. 2004, art. 14)* **« et par le règlement du Conseil n° 1/2003 (CE) du 16 décembre 2002 relatif à la mise en œuvre des règles de concurrence prévues aux articles 81 et 82 du traité instituant la Communauté européenne »** *[art. 101 et 102 TFUE]*. **Les règles de procédure prévues par ces textes leur sont applicables.**

(L. n° 2001-420 du 15 mai 2001) **« Pour l'application des articles 87 et 88 du traité instituant la Communauté européenne** *[art. 107 et 108 TFUE]*, **le ministre chargé de l'économie et les fonctionnaires qu'il a désignés ou habilités conformément aux dispositions de l'article L. 450-1 disposent des pouvoirs qui leur sont reconnus par le titre V du livre IV. »** — *[Ord. n° 86-1243 du 1er déc. 1986, art. 56 bis.] — Anc. art. L. 470-6 (Ord. n° 2017-303 du 9 mars 2017, art. 2-I). — V. art. R. 490-5 s. — V. aussi art. A. 450-3.*

BIBL. ▶ COURIVAUD, *CCC 1999. Chron. 8* (est-il toujours opportun d'engager une procédure devant les autorités communautaires ?). – MEFFRE et GUET, *D. 2005. 361* (contrôle *a posteriori* de la licéité des accords par le juge national : questions de procédure). – BARREAU, *CCC 2011. Étude 13* (participation française au réseau européen de concurrence après la LME : une inopportune divergence ?).

1. Assistance des autorités nationales. Si l'assistance des autorités nationales lors des investigations menées par les agents mandatés par la Commission n'est exigée que lorsque l'entreprise concernée manifeste son opposition, elle peut également être demandée, à titre préventif, en vue de surmonter l'opposition éventuelle de l'entreprise. Dès lors, le président du tribunal [dans le ressort duquel la visite est ordonnée] peut, par application des art. 14 du Règl. CE n° 17-62 du 6 févr. 1962, portant sur ces investigations et 56 *bis* [C. com., art. L. 490-9] de l'ordonnance, autoriser les agents de l'administration de la concurrence à recourir aux pouvoirs coercitifs de l'art. 48 [C. com., art. L. 450-4], en vue d'apporter leur concours aux agents de la Commission, sans être tenu, pour ce faire, ni de constater que l'entreprise s'était déjà opposée à la vérification, ni de caractériser un risque particulier d'opposition de la part de cette dernière. • Com. 11 janv. 2000, n° 97-30.109 P : *D. 2000. AJ 132, obs. Marmontel ; LPA 20 juill. 2000, obs. Petitier ; RTD com. 2000. 629, obs. Claudel.* ♦ V. note 6 ss. art. L. 450-4.

2. Application du droit communautaire. V. note 6 ss. art. L. 420-1. ♦ V. aussi Règl. CE n° 1/2003 du 16 déc. 2002, App., v° *Concurrence.*

3. Autonomie procédurale. Le principe de l'autonomie procédurale commande à l'autorité nationale de concurrence, qui applique les art. 81 ou 82 CE [art. 101 ou 102 TFUE], de mettre en œuvre les règles de procédure interne, sauf si ce principe conduit à rendre impossible ou excessivement difficile l'application du droit communautaire. • Com. 14 déc. 2004, n° 02-17.012 P : *D. 2005. AJ 72, obs. Chevrier ; JCP E 2005, n° 12, p. 527, note Vilmart ; CCC 2005, n° 51, obs. Poillot-Peruzzetto ; RDLC 2005, n° 1, p. 105, obs. Amsellem ; RLC 2005, n° 2, p. 78, obs. Barbier de La Serre ; Procédures 2005, n° 208, obs. Nourissat* (arrêt rendu au visa de la rédaction de l'art. L. 470-6 [L. 490-9] à l'époque des faits). – Cassation de : • Paris, 26 juin 2002 : *Europe 2003, n° 283, obs. Idot.* ♦ Si la mise en œuvre du droit de l'Union respecte le principe d'autonomie procédurale, il ne peut être considéré que l'Autorité de la concurrence commettrait une erreur de droit en décidant que, s'agissant d'un point de procédure qui n'a pas été fixé par la loi ou les règlements, il convient, dans un objectif de cohérence, d'adopter un principe de procédure défini par le droit de l'Union européenne. • Paris, 2 févr. 2017, n° 2013/13058 : *cité note 32 ss. art. L. 464-2.*

Art. L. 490-10 **Les organisations professionnelles peuvent introduire l'action devant la juridiction civile ou commerciale pour les faits portant un préjudice direct ou indirect à l'intérêt collectif de la profession ou du secteur qu'elles représentent, ou à la loyauté de concurrence.** — *[Ord. n° 86-1243 du 1er déc. 1986, art. 56 ter.] — Anc. art. L. 470-7 (Ord. n° 2017-303 du 9 mars 2017, art. 2-I).*

Action des organisations professionnelles. Estimant que l'action en concurrence déloyale engagée par un syndicat hôtelier entre dans les prévisions de l'art. L. 470-7 [L. 490-10], V. • T. com. Paris, 4 oct. 2011 : *CCE 2011, n° 114, obs. Debet.*

Art. L. 490-11 *(Ord. n° 2008-1161 du 13 nov. 2008, art. 3)* **Un décret fixe les modalités de publicité des décisions prises en application des articles L. 462-8, L. 464-1, L. 464-2, L. 464-3, L. 464-5, L. 464-6 et L. 464-6-1.** — *Anc. art. L. 470-7-1 (Ord. n° 2017-303 du 9 mars 2017, art. 2-I). — V. art. D. 464-8-1.*

Art. L. 490-12 **Un décret en Conseil d'État détermine les modalités d'application du présent livre.** — *[Ord. n° 86-1243 du 1er déc. 1986, art. 62.] — Anc. art. L. 470-8 (Ord. n° 2017-303 du 9 mars 2017, art. 2-I). — V. art. R. 420-1 s.*

L'abrogation, à compter du 1er janv. 1987, de l'Ord. n° 45-1483 du 30 juin 1945 n'a eu aucun effet rétroactif, en l'absence de toutes dispositions expresses, en ce qui concerne les prix fixés antérieurement au 1er janv. 1987 et déterminés, pour les conventions prévoyant des clauses de révision, par des accords professionnels limitant les hausses produites par ces clauses et homologués par des arrêtés ministériels alors applicables. • Com. 1er févr. 1994, n° 92-12.630 P.

Ordonnance n° 86-1243 du 1er décembre 1986,

Relative à la liberté des prix et de la concurrence.

Les dispositions de l'Ord. ont été, sauf les exceptions ci-après, abrogées et pour la plupart codifiées, par Ord. n° 2000-912 du 18 sept. 2000, au C. com., livre IV.

Art. 58 *Al. 1er et 2 abrogés par Ord. n° 2000-912 du 18 sept. 2000.*

Dès lors qu'elle constitue un élément d'évolution vers la libre concurrence, peut être établie par décret une procédure contribuant à l'information sur les coûts des transports routiers de marchandises et facilitant la gestion des entreprises.

Art. 59 *et* 60 *Dispositions abrogées par Ord. n° 2000-912 du 18 sept. 2000.*

Art. 61 A titre transitoire, demeurent en vigueur les arrêtés réglementant, en application de l'ordonnance n° 45-1483 du 30 juin 1945, les prix des secteurs et des zones visés au deuxième alinéa de l'article 1er de la présente ordonnance et énumérés au décret prévu à l'article suivant. — *V. annexe au Décr. n° 2002-689 du 30 avr. 2002.* — ***C. pén.*** — *V. art. R. 410-1.*

Les dispositions de l'ordonnance n° 45-1483 du 30 juin 1945 demeurent en vigueur pour la réglementation du papier de presse.

1. Délit d'opposition à fonction. Si l'art. 52 [C. com., art. L. 450-8] incrimine le fait pour quiconque de s'opposer aux fonctions des agents habilités ou des rapporteurs du Conseil de la concurrence, les faits poursuivis sous la qualification de refus de communication de documents ne sauraient, sans excéder les limites de la prévention, être retenus sous la qualification visée au nouveau texte. • Crim. 2 mars 1987, n° 86-91.605 P : *D. 1988. Somm. 301, obs. Gavalda et Lucas de Leyssac.*

2. Pratiques illicites. Sur la rétroactivité *in mitius* en matière de prix illicites et la survie des seules actions civiles : • Crim. 16 févr. 1987, n° 85-96.122 P : *D. 1988. 39, note Dekeuwer.* ♦ ... Et en matière de refus de vente : • Crim. 12 oct. 1987, n° 86-92.343 P : *D. 1988. Somm. 302, obs. Gavalda et Lucas de Leyssac.*

3. Arrêtés antérieurs maintenus en vigueur. Les arrêtés ou règlements légalement pris par l'autorité compétente revêtant un caractère de permanence qui les fait survivre aux lois dont ils procèdent, tant qu'ils n'ont pas été rapportés ou qu'ils ne sont pas devenus inconciliables avec les règles fixées par une législation nouvelle, en matière de publicité des prix, les arrêtés ministériels fixant les modalités d'application de l'Ord. du 30 juin 1945 abrogée par l'Ord. du 1er déc. 1986 demeurent applicables et leur méconnaissance est pénalement sanctionnée par l'art. 33 du Décr. du 29 déc. 1986 [C. consom., art. R. 410-1], pris en application de cette dernière ordonnance. • Crim. 20 déc. 1995, n° 95-81.428 P : *D. Affaires 1996. 548.* ♦ V. ainsi, affirmant la légalité du maintien en vigueur de l'Arr. du 2 sept. 1977 relatif à la publicité des prix à l'égard des consommateurs [remplacé par Arr. du 31 déc. 2008 relatif aux annonces de réduction de prix à l'égard des consommateurs, V. **C. consom.**] : • Crim. 12 janv. 1994, n° 92-85.125 : *RJDA 1994, n° 601* • 2 mars 1994, n° 93-81.524 : *ibid.*

Contra, pour un arrêt qui déclarait l'art. 33, al. 2 [C. com., art. R. 410-1], illégal en ce qu'il visait la répression des infractions aux arrêtés ayant le même objet que ceux prévus à l'art. 28 [originel] de l'Ord. du 1er déc. 1986 [C. consom., art. L. 112-1] mais pris en application de l'Ord. du 30 juin 1945 (à propos de l'Arr. n° 85/24A du 18 mars 1985, relatif aux pompes funèbres) : • Lyon, 18 janv. 1995 : *D. 1995. IR 42.* ♦ De même, il avait été jugé que l'art. R. 113-1, al. 2, C. consom. [désormais C. com., art. R. 410-1] version codifiée de l'art. 33 du Décr. du 29 déc. 1986, ne faisant plus référence aux arrêtés pris en application de l'Ord. du 30 juin 1945, la violation de l'Arr. du 2 sept. 1977 relatif aux annonces de réduction de prix n'était plus réprimée : • Dijon, 23 sept. 1998 : *D. 2000. Somm. 42, obs. Pizzio.* ♦ V., désormais, art. R. 410-1.

Décret n° 2002-689 du 30 avril 2002,

Fixant les conditions d'application du livre IV du code de commerce relatif à la liberté des prix et de la concurrence.

Art. 49 Les arrêtés mentionnés à l'article 61 de l'ordonnance n° 86-1243 du 1er décembre 1986 relative à la liberté des prix et de la concurrence sont énumérés à l'annexe V au présent décret. — *V. Ord. n° 86-1243 du 1er déc. 1986, art. 61, et annexe V.*

ANNEXE V

LISTE DES ARRÊTÉS MENTIONNÉS À L'ARTICLE 61 DE L'ORDONNANCE N° 86-1243 DU 1ER DÉCEMBRE 1986

Arrêté n° 25-553 du 6 décembre 1968 relatif au tarif pharmaceutique national.

Arrêté n° 25-789 du 10 juillet 1970 relatif au tarif des outillages dans les ports maritimes et fluviaux.

Arrêtés nos 83-15-A du 22 février 1983 et 86-5-A du 7 février 1986 relatifs au prix des soins et de l'hospitalisation afférents à l'interruption volontaire de grossesse.

Arrêté n° 86-65-A du 18 décembre 1986 concernant les entreprises de manutention portuaire et les consignataires de navires.

Arrêté ministériel n° 76-64/P du 23 juin 1976 relatif au prix de vente au détail de certains produits pharmaceutiques.

Arrêté ministériel n° 77-63/P du 28 avril 1977 relatif aux engrais et aux produits phytosanitaires.

Arrêté ministériel n° 77-64/P du 28 avril 1977 et les arrêtés préfectoraux relatifs aux aliments du bétail.

Arrêtés préfectoraux relatifs aux biens et services de santé, aux livres, aux articles scolaires, aux produits énergétiques, aux transports.

Arrêtés préfectoraux relatifs aux prix et aux marges des secteurs faisant l'objet d'arrêtés maintenus en vigueur au plan national.

Arrêté ministériel n° 76-48/P du 12 mai 1976 relatif à la détermination du prix de revient des produits importés de l'étranger ou en provenance de la métropole dans les départements d'outre-mer, en tant qu'il concerne les secteurs dont les prix demeurent réglementés.

Arrêtés préfectoraux relatifs aux prix des produits et services de la collectivité territoriale de Saint-Pierre-et-Miquelon.

Art. L. 490-13 *(Ord. n° 2021-649 du 26 mai 2021, art. 2-XXI)* **I. — Les informations tirées des déclarations mentionnées au I de l'article L. 464-10 et qui ne peuvent être obtenues que par l'accès au dossier de la procédure concernée peuvent être utilisées par une partie ayant eu accès à ce dossier uniquement pour l'exercice des droits de la défense devant la juridiction compétente, dans une affaire ayant un lien direct avec celle pour laquelle l'accès a été accordé et qui concerne la répartition, entre les auteurs d'une infraction mentionnée à l'article L. 420-1 ou au 1 de l'article 101 du traité sur le fonctionnement de l'Union européenne, d'une sanction pécuniaire infligée solidairement par l'Autorité de la concurrence ou l'autorité nationale de concurrence d'un autre État membre de l'Union européenne sur le fondement de cette dernière disposition ou des dispositions équivalentes de son droit national.**

II. — Les informations tirées de la proposition de transaction mentionnées au II de l'article L. 464-10 peuvent être utilisées par la partie concernée uniquement pour l'exercice des droits de la défense devant la juridiction compétente, dans une affaire ayant un lien direct avec celle pour laquelle l'accès au dossier de la procédure a été accordé et qui concerne la répartition, entre les auteurs d'une infraction mentionnée à l'article L. 420-1 ou au 1 de l'article 101 du traité sur le fonctionnement de l'Union européenne, d'une sanction pécuniaire infligée solidairement par l'Autorité de la concurrence, par le ministre chargé de l'économie ou l'autorité nationale de concurrence d'un autre État membre de l'Union européenne sur le fondement de cette dernière disposition ou des dispositions équivalentes de son droit national.

Art. L. 490-14 *(Ord. n° 2021-649 du 26 mai 2021, art. 2-XXI)* **Sans préjudice des dispositions du chapitre III du titre VIII, tant qu'une procédure de mise en œuvre des règles de concurrence n'est pas close par une décision adoptée par l'Autorité de la concurrence sur le fondement du I de l'article L. 464-2 et des articles L. 462-8, L. 464-3, L. 464-6 ou L. 464-6-1, par le ministre chargé de l'économie sur le fondement des premier et deuxième alinéas de l'article L. 464-9, ou par une autorité de concurrence d'un autre État membre de l'Union européenne sur le fondement de dispositions équivalentes, une partie ne peut utiliser ou divulguer devant la juridiction compétente, lorsqu'elle les a obtenues dans le cadre de cette même procédure, les informations suivantes :**

1° Les informations préparées expressément par une autre personne physique ou morale ou par une autorité administrative, aux fins de la procédure de mise en œuvre ;

2° Les informations établies par l'autorité nationale de concurrence ou le ministre chargé de l'économie en application de l'article L. 464-9 et adressées à une partie au cours de la procédure de mise en œuvre ;

3° La proposition de transaction mentionnée au II de l'article L. 464-10 ou par des dispositions équivalentes du droit national d'un autre État membre, lorsqu'elle a été retirée.

LIVRE CINQUIÈME DES EFFETS DE COMMERCE ET DES GARANTIES

TITRE PREMIER DES EFFETS DE COMMERCE

CHAPITRE PREMIER DE LA LETTRE DE CHANGE

RÉP. COM. v^{is} *Lettre de change ; Effets de commerce,* par GIBIRILA.

BIBL. GÉN. ▶ M. CABRILLAC, La lettre de change dans la jurisprudence, 1978. – D. MARTIN, *Rev. dr. bancaire 1987, n° 2, p. 38.* – SUANT, PERDRIX et BARTHARES, *Banque 1983. 989.* – CHVIKA, *D. 2000. Chron. 615* (déclin de la négociabilité des instruments de paiement et de crédit). – MALECKI, *JCP E 2000, n° 51-52, p. 2036* (regard sur le formalisme cambiaire à l'heure de la signature électronique). – TRÉBULLE, *RDBF 2000. 114* (incidence de la réforme de la preuve sur le droit bancaire). – SZULMAN, *Banque et Dr. 11-12/2000. 10* (la LCR magnétique : enfin une véritable lettre de change ?). – DJOUDI, *D. 2001. 1858* (garanties cambiaires à l'épreuve de la lettre de change magnétique). – GUÉVEL, *Mél. Simler, Dalloz-Litec, 2006, p. 457* (l'atomisation du droit cambiaire).

SECTION PREMIÈRE DE LA CRÉATION ET DE LA FORME DE LA LETTRE DE CHANGE

Art. L. 511-1 I. — La lettre de change contient :

1° La dénomination de lettre de change insérée dans le texte même du titre et exprimée dans la langue employée pour la rédaction de ce titre ;

2° Le mandat pur et simple de payer une somme déterminée ;

3° Le nom de celui qui doit payer, dénommé tiré ;

4° L'indication de l'échéance ;

5° Celle du lieu où le paiement doit s'effectuer ;

6° Le nom de celui auquel ou à l'ordre duquel le paiement doit être fait ;

7° L'indication de la date et du lieu où la lettre est créée ;

8° La signature de celui qui émet la lettre dénommé tireur. Cette signature est apposée, soit à la main, soit par tout procédé non manuscrit.

II. — Le titre dans lequel une des énonciations indiquées au I fait défaut ne vaut pas comme lettre de change, sauf dans les cas déterminés aux III à V du présent article.

III. — La lettre de change dont l'échéance n'est pas indiquée est considérée comme payable à vue.

IV. — A défaut d'indication spéciale, le lieu désigné à côté du nom du tiré est réputé être le lieu du paiement et, en même temps, le lieu du domicile du tiré.

V. — La lettre de change n'indiquant pas le lieu de sa création est considérée comme souscrite dans le lieu désigné à côté du nom du tireur. — *[C. com., art. 110.]*

BIBL. ▶ Omissions : LESCOT, *Ann. dr. com. 1928. 275.* – CRIONNET, *D. 1989. Chron. 129.* ▶ Régularisation : BAZIN, *Rev. huiss. 1995. 1042.* – BOY, *LPA 18 mai 1990.*

I. FORMES

1. Langue. Une traite n'est pas nulle alors que, rédigée en langue italienne, l'avaliste a utilisé la langue française pour porter la mention « bon pour aval à titre personnel ». • T. com. Lyon, 9 févr. 1970 : *Banque 1970. 816, obs. Marin ; RTD com. 1970. 750, obs. M. Cabrillac et Rives-Lange.*

A. MENTIONS OBLIGATOIRES

2. Dénomination. Un titre ne saurait valoir comme lettre de change s'il ne contient pas expressément la dénomination « lettre de change », impérativement exigée par l'art. 110 [C. com., art. L. 511-1]. • Lyon, 11 juin 1956 : *D. 1957. Somm. 36.* ♦ V. cep., pour le terme « traite », • Montpellier, 24 nov. 1953 : *Banque 1956. 520, obs. Marin.*

3. Signature du tireur. **BIBL.** Massin, *Rép. Commaille 1967. 113.* ♦ Sur l'exigence de la signature du tireur, V. • Com. 11 juill. 1988, n° 86-18.690 P : *D. 1989. Somm. 90, obs. Cabrillac ; JCP 1989. II. 21345, note Putman* • 17 oct. 1995, n° 93-18.642 : *RJDA 1996, n° 95 ; LPA 7 juin 1996, note Gibirila.* ♦ La signature du tireur sur une lettre de change en est une composante obligatoire et son apposition sur le timbre fiscal, élément ajouté à l'effet et amovible, ne permet pas d'y suppléer. • Com. 29 nov. 1994, n° 92-18.003 P : *Rev. huiss. 1995. 724, note Hesbert.* – V. aussi • Paris, 4 févr. 1998 : *D.*

Affaires 1998. 623. ♦ La signature du tireur devant être portée sur le titre lui-même, n'est pas valablement signée la lettre de change sur laquelle la signature se trouve à cheval sur l'effet et sur le timbre. • Com. 1er déc. 1998, n° 96-11.365 P : *D. 1999. IR 33 ; D. Affaires 1999. 173, obs. X. D. ; RJ com. 1999. 227, obs. Gibirila.* ♦ Il importe peu, pour la vérification de la régularité de la lettre de change, que le timbre fiscal revêtu de la signature y soit apposé ou remplacé postérieurement ou non, à la mention de l'acceptation. • Com. 29 nov. 1994, n° 92-18.003 P : *préc.* – V. aussi • Bordeaux, 10 mai 1950 : *RTD com. 1950. 616, obs. Houin.* ♦ Comp., jugeant que, dès lors que la correspondance des traits sur la lettre et sur le timbre démontre que ce timbre n'a pas été bougé ni recouvert et a toujours fait corps avec l'effet dès avant la signature par le tireur, il est établi que chaque lettre de change a été signée par le tireur, même si la signature de celui-ci déborde sur le timbre fiscal (à propos de trois lettres) : • Versailles, 23 nov. 1995 : *JCP E 1996. Pan. 240.* ♦ Pour un autre exemple de lettre de change valable dès lors qu'il résulte que la signature du tireur a été apposée sur un timbre préalablement collé : • Versailles, 30 oct. 1997 : *D. Affaires 1998. 111, obs. X. D.* – Dans le même sens, V. déjà • Paris, 2 juill. 1966 : *D. 1966. 589 ; RTD com. 1966. 970, obs. Becqué et Cabrillac.* – V. aussi • Paris, 17 mai 1967 : *Banque 1969. 722, obs. Marin.* ♦ Le droit de timbre sur les effets de commerce a été supprimé par l'art. 38 de la loi de finances pour 1997 n° 96-1181 du 30 déc. 1996.

4. Code-chiffres. En ce sens qu'un code-chiffres peut valoir signature du tireur, V. • Paris, 11 janv. 1995 : *D. 1996. Somm. 36, obs. crit. Cabrillac .* ♦ Sur la signature non manuscrite, admise depuis la loi du 16 juin 1966, V. Hamel, *Banque 1962. 47* ; Gavalda, *JCP 1966. I. 2034* ; Marin, *Banque 1966. 472* ; Massin, *préc. note 3.*

5. Vérification de la signature. Il n'incombe pas à la Cour de cassation de vérifier l'exactitude d'une signature portée sur un effet. • Com. 23 oct. 2001, n° 99-18.436 : *RJDA 2002, n° 306.*

6. Nom du tiré. L'art. 110 (3°) [C. com., art. L. 511-1 (I), 3°] n'impose nullement l'utilisation du seul nom patronymique à l'exclusion du nom commercial, et, s'agissant d'une entreprise individuelle désignée sous sa propre enseigne, le tiré est parfaitement désigné par ce nom commercial sans qu'il y ait une quelconque possibilité de confusion ou d'erreur. • Amiens, 15 oct. 1993 : *JCP 1994. II. 22258, note Massot-Durin.*

7. Adresse du tiré. En indiquant sur une lettre de change une adresse, le tiré accepteur accepte nécessairement qu'y soient notifiés les exploits fondés sur cette lettre de change. • Paris, 17 déc. 1993 : *D. 1994. Somm. 183, obs. Cabrillac .*

8. Nom du bénéficiaire. Est nul le titre qui ne contient pas le nom de celui auquel, ou à l'ordre duquel, le paiement doit être fait. • Com. 6 juill. 1965, n° 63-11.559 : *D. 1966. 24* • 29 mars 1994, n° 91-20.869 P : *cité note 10* • Lyon, 28 janv. 1957 : *D. 1957. Somm. 118* • Paris, 21 mai 1957 : *D. 1957. Somm. 147.* ♦ L'emploi d'initiales est insuffisant à désigner le bénéficiaire. • Com. 20 janv. 1981, n° 79-12.304 P : *D. 1981. IR 304, obs. Vasseur.* ♦ ... Sauf à ce que cela n'entraîne dans l'esprit du tiré aucune incertitude ni ambiguïté. • Com. 12 nov. 1992, n° 91-10.922 P : *D. 1993. Somm. 317, obs. Cabrillac* . – V. aussi • T. com. Chaumont, 21 avr. 1967 : *Banque 1968. 141, obs. Marin.*

La seule circonstance que le nom du bénéficiaire a été laissé en blanc ne peut suffire à révéler qu'en apposant sa signature, le tiré accepteur n'a pas voulu s'engager selon la loi du change. • Com. 4 oct. 1971, n° 69-13.906 P : *D. 1972. Somm. 74.* ♦ Dans le même sens, dès lors que le tiré accepteur n'avait pas inscrit sur le titre une mention de nature à faire apparaître qu'il n'était pas destiné à être complété *ou* mis en circulation, et que n'était pas établie la connaissance, par le bénéficiaire, lors de la réception de l'effet, que ce dernier aurait été complété contrairement à la volonté du tiré accepteur, V. • Com. 12 oct. 1993, n° 91-19.439 : *JCP 1995. II. 22378, note Bazin.* ♦ Comp., auparavant, exigeant, pour la première condition, l'absence d'une mention indiquant que le titre n'était pas destiné à être complété *et* mis en circulation : • Com. 25 mai 1988, n° 86-18.239 P. – V. aussi • Com. 21 juin 1988, n° 85-16.053 P : *D. 1988. IR 198.* ♦ V. aussi note 19.

9. Cachet du tireur. La nullité des effets de commerce en raison du défaut de mention du nom du bénéficiaire doit être écartée lorsqu'ils portent le cachet de la société tireur tant au recto qu'au verso accompagné de la signature de son gérant. • Com. 3 avr. 2002, n° 98-15.193 P : *Banque et Dr. 7-8/2002. 44, obs. Bonneau ; LPA 11 sept. 2002, obs. E. C.*

10. Date de création. En l'absence de date de création, la lettre de change est nulle. • Com. 7 nov. 1979 : *Gaz. Pal. 1980. 1. 44, note J. D. ; RTD com. 1980. 115, obs. Cabrillac et Rives-Lange* • 13 mars 1985, n° 84-10.324 P : *D. 1985. IR 418, obs. Cabrillac.* ♦ Pour la nullité d'un effet en raison de l'illisibilité de la date, V. • Com. 29 mars 1994, n° 91-20.869 P : *D. 1994. Somm. 183, obs. Cabrillac* . ♦ Mais l'inexactitude de la date n'emporte pas nullité du titre. • Reims, 26 févr. 1980 : *JCP 1980. IV. 398.* ♦ V. aussi note 19.

11. Lieu de paiement. Sur la clause de domiciliation, V. notes 7 s. ss. art. L. 511-2.

12. Lettre de change-relevé (LCR). Il appartient à la banque du créancier (le tireur) de procéder, lorsque son client lui remet la LCR, à la saisie informatique des données inscrites sur le titre papier, qui comporte les mentions obligatoires du titre cambiaire définies à l'art. L. 511-1, après avoir vérifié les références du tireur ainsi que celles du tiré (le débiteur). • Lyon, 7 déc. 2001 : *RJDA 2002, n° 1311.* ♦ Il lui est en effet indispensable d'obtenir du tiré, par le RIB remis à cette occasion, toutes les informations utiles à l'identification du tiré, notamment sa domiciliation bancaire. • Même arrêt. ♦ Le contrôle de la banque domiciliaire se limite à vérifier la concordance entre les mentions portées sur la LCR et le destinataire de l'effet qui ne peut être identifié que par le code figurant sur le RIB après que la banque du tireur a procédé à la dématérialisation de l'effet. • Même arrêt. ♦ V. aussi note 10 ss. art. L. 511-2.

La LCR magnétique ne repose pas sur un titre soumis aux conditions de validité de l'art. L. 511-1 et constitue un simple procédé de recouvrement de créance dont la preuve de l'exécution relève du droit commun. • Com. 2 juin 2015, n° 14-13.775 P : *RTD com. 2016. 169, obs. Legeais* ; *D. 2015. Actu. 1269* ; *JCP E 2015, n° 1466, note Rodriguez ; RJDA 2015, n° 599 ; LPA 18-19 août 2015, note Lasserre Capdeville ; Gaz. Pal. 2015. 2338, obs. Moreil.*

B. SUPPLÉANCES

13. Tiré. Si la signature apposée au recto n'est pas celle de celui que la lettre désigne comme le tiré, elle ne peut exprimer qu'un engagement d'aval. • Com. 24 févr. 1965, n° 62-12.258 P : *RTD com. 1965. 437, obs. Becqué et H. Cabrillac ; Banque 1965. 557, obs. Marin* (cassant • Paris, 7 févr. 1962 : *JCP 1962. II. 12956, note Lescot*).

14. Bénéficiaire. La nullité résultant du défaut d'indication du preneur n'est pas d'ordre public et les juges ne sauraient la prononcer d'office sans rechercher si le nom du bénéficiaire, dont l'absence n'avait pas été invoquée par le tiré, n'était pas suppléé par le nom du tireur endosseur. • Com. 9 nov. 1970, n° 68-13.846 P : *RTD com. 1971. 746, obs. Cabrillac et Rives-Lange.* ♦ L'indication du preneur peut résulter de l'apposition de la griffe d'escompte d'une banque à l'endroit de la clause à ordre. • Paris, 26 oct. 1971 : *RTD com. 1972. 428, obs. Cabrillac et Rives-Lange ; Banque 1972. 194, obs. Martin* • Amiens, 15 oct. 1993 : *préc. note 6.*

15. Date de création. L'indication de la date de création est une mention obligatoire, à défaut de laquelle le titre ne vaut pas comme lettre de change, et l'apposition d'un cachet à date sur le timbre fiscal ne permet pas d'y suppléer. • Com. 7 oct. 1987, n° 86-14.542 P : *D. 1988. Somm. 51, obs. Cabrillac* • Paris, 20 nov. 1990 : *D. 1991. IR 26.* – Comp. : • Colmar, 7 juill. 1952 : *RTD com. 1953. 936, obs. Becqué et H. Cabrillac.* ♦ Sur la suppression du timbre fiscal, V. note 3.

16. Lieu de création. Il résulte des dispositions de l'art. L. 511-1, V, que lorsque le lieu de création n'est pas indiqué sur la lettre de change, celle-ci doit être considérée comme souscrite dans le lieu désigné à côté du nom du tireur ; et c'est exactement que la cour d'appel a retenu que ce texte n'exige pas que l'indication de ce lieu figure au recto de la lettre de change. • Com. 26 mai 2010, n° 09-14.561 P : *D. 2010. Actu. 1476, obs. Delpech* ; *RTD com. 2010. 759, obs. Legeais* ; *JCP E 2010, n° 1631 ; Gaz. Pal. 2010. 3494, obs. Houin-Bressand ; RJDA 2010, n° 998.*

II. OMISSIONS

17. Inexactitude ou altération d'une mention. Sur l'inexactitude, V. note 10. ♦ Sur l'altération, V. notes ss. art. L. 511-77.

A. NULLITÉ

18. Ordre public. Si les effets dont le paiement est demandé ne comportent pas toutes les mentions exigées par la loi et s'ils n'ont pas été régularisés, ils ne valent pas comme lettre de change. • Com. 13 mai 1986, n° 85-10.977 P. ♦ La nullité résultant de l'omission d'une mention obligatoire étant d'ordre public, tout intéressé peut l'invoquer et elle peut être soulevée d'office. • Com. 16 juill. 1973, n° 72-11.035 P. ♦ Le moyen tiré de la nullité pour vice de forme ne peut être invoqué pour la première fois devant la Cour de cassation. • Com. 25 oct. 1972, n° 70-13.831 P. ♦ La banque ne s'étant pas prévalue devant la cour d'appel de ce que l'acceptation de la lettre de change interdirait au tiré d'invoquer sa nullité par suite de l'omission du nom du bénéficiaire, le moyen nouveau, et mélangé de fait et de droit, est irrecevable. • Com. 16 juin 2009, n° 08-14.589 : *RJDA 2009, n° 1001.*

19. Disqualification. Le titre nul comme lettre de change peut néanmoins faire preuve des engagements contractés suivant les règles du droit commun. • Civ. 7 févr. 1934 : *Gaz. Pal. 1934. 1. 721* • Com. 10 févr. 1971, n° 69-13.230 P • 2 nov. 1994, n° 92-21.839 : *RJDA 1994, n° 1339* • Paris, 19 déc. 1958 : *D. 1959. 24* • Pau, 5 févr. 1987 : *Banque 1987. 521, obs. Rives-Lange.* ♦ Le titre au porteur, ne comportant pas mention du bénéficiaire, et produit par une partie, établit la créance de celle-ci, dans les termes du droit commun, sur le souscripteur de la mention d'acceptation. • Com. 1er mars 1994, n° 92-16.393 P. ♦ Si l'apposition de la signature du tireur au verso d'une lettre de change pour l'endosser ne supplée pas à l'absence de sa signature en qualité de tireur, le titre peut valoir comme billet à ordre lorsqu'il est revêtu de toutes les mentions exigées par l'art. L. 512-1. • Com. 23 janv. 2007, n° 05-14.036 P : *D. 2007. 2509, note Boujeka* ; *RTD com. 2007. 421, obs. Legeais* ; *JCP E 2007, n° 10, p. 13 ; LPA 29 févr. 2008, note Despaquis ; RJDA 2007, n° 547.*

L'acceptation par le débiteur désigné, d'une lettre de change n'en ayant pas la valeur en l'absence de certaines mentions obligatoires, peut être retenue comme preuve écrite de sa promesse de payer le tireur, voire tout tiers ultérieurement indiqué par lui si le titre est établi à son ordre. • Com. 24 mars 1998, n° 95-19.867 P : *D. 1999. 174, note Rossi ; RTD com. 1998. 647, obs. Cabrillac ; RJ com. 1999. 225, obs. Gibirila.* ♦ Un tel titre, faute de désignation du tiers porteur lors de l'engagement du débiteur, n'emporte pas néanmoins délégation de créance à son profit, et le débiteur pourra encore lui opposer les exceptions résultant de ses rapports avec le tireur. • Même arrêt.

Le titre qui ne comporte pas les mentions obligatoires de la lettre de change dégénère, pour autant qu'il en comporte aussi les mentions nécessaires, en un commencement de preuve par écrit d'un acte sous seing privé de reconnaissance de dette, voire de cautionnement lorsqu'un aval est apposé. • Paris, 5 juill. 2001 : *D. 2001. AJ 2672* . ♦ A défaut de l'une des mentions obligatoires prescrites, les titres ne peuvent valoir comme lettres de change mais s'analysent en des billets à ordre de nature civile, en l'absence de caractère de commercialité régissant les rapports entre les parties, soumis au régime de la prescription de droit commun. • Dijon, 4 févr. 1994 : *Rev. huiss. 1994. 1289.* ♦ Comp., jugeant qu'une lettre de change nulle comme telle, mais contenant la clause à ordre et les mentions prescrites pour la validité du billet à ordre, peut valoir comme tel : • Orléans, 6 mars 1963 : *JCP 1964. II. 13618, note Gavalda.*

B. RÉGULARISATION

20. Date d'appréciation de la régularité de la lettre. La régularité d'une lettre de change ne s'apprécie pas au jour de l'émission, mais au jour de la présentation au paiement. • Com. 19 oct. 1965, n° 64-10.659 P : *D. 1966. 25 ; Banque 1966. 51, obs. Marin ; RTD com. 1966. 88, obs. Becqué et Cabrillac* • 9 mars 1976, n° 74-12.637 P • Versailles, 15 juin 2000 : *D. 2000. AJ 388* .

21. Exigence de l'accord du tiré. Sur la nullité d'une régularisation entreprise, sans l'accord du tiré, par une banque ayant reçu à l'escompte une traite ne comportant pas l'indication d'un lieu et d'une date de création, V. • Com. 25 mai 1988, n° 86-15.275 P : *JCP 1989. II. 21345, note Putman.*

22. Signature du tireur. L'apposition de la signature du tireur au verso du titre est sans effet dès lors qu'il n'est pas soutenu qu'elle soit antérieure à l'acceptation par le tiré. • Com. 29 nov. 1994, n° 92-18.003 P. ♦ Sur l'exigence de la signature du tireur, V. note 3.

23. Nom du bénéficiaire. Si l'indication du bénéficiaire est, en principe, une condition de validité de la lettre de change, l'omission de cette formalité peut être réparée, avant présentation de l'effet. Tel est le cas, en l'absence du nom du bénéficiaire, d'une lettre de change qui a été régulièrement endossée deux jours après sa création au profit d'une banque après avoir été entre-temps revêtue de l'acceptation du tiré. • Com. 9 avr. 1996, n° 94-10.026 : *RJDA 1996, n° 1371 ; LPA 14 mai 1997, note Gibirila.* – V. aussi • Com. 23 oct. 2001, n° 99-18.436 : *préc. note 5.* ♦ Sur l'exigence du nom du bénéficiaire, V. note 8.

24. Date et lieu de création. V. note 21.

25. Tirage pour compte. V. note 2 ss. art. L. 511-2.

26. Portée de la régularisation. Dans les rapports entre un débiteur de la lettre de change et un porteur qui a reçu l'effet postérieurement à la régularisation, l'engagement cambiaire résulte des termes de l'effet régularisé même s'ils ne sont pas conformes aux accords de régularisation, si le porteur était de bonne foi lorsqu'il a reçu le titre. • Com. 28 mai 1968, n° 66-13.504 P : *D. 1968. 753* • Grenoble, 28 mai 1963 : *JCP 1964. II. 13503, note P. L.* ♦ Celui qui reçoit un effet de commerce pourvu, lors de l'endossement fait à son profit, de toutes les mentions exigées, est censé ne pas connaître les lacunes que ce titre pouvait présenter lors de sa création par le tireur ou de son acceptation par le tiré. • Com. 10 oct. 1989, n° 88-11.509 P : *D. 1990. Somm. 122, obs. Cabrillac* . ♦ Toutefois, le souscripteur ne saurait être engagé que s'il a entendu s'obliger cambiairement. • Com. 28 févr. 1983, n° 81-16.124 P : *RTD com. 1983. 580, obs. Cabrillac et Teyssié* • 13 mars 1985, n° 84-10.324 P : *D. 1985. IR 418, obs. Cabrillac.* – V. aussi • Com. 3 oct. 1995, n° 93-21.280 : *Rev. huiss. 1996. 338.* ♦ Comp., sur l'altération, notes ss. art. L. 511-77.

Art. L. 511-2 La lettre de change peut être à l'ordre du tireur lui-même.

Elle peut être tirée sur le tireur lui-même.

Elle peut être tirée pour le compte d'un tiers.

Elle peut être payable au domicile d'un tiers, soit dans la localité où le tiré a son domicile, soit dans une autre localité. – *[C. com., art. 111.]*

I. TIRAGE DE LA LETTRE DE CHANGE

A. TIRAGE À L'ORDRE DU TIREUR

1. Validité. L'art. 111, al. 1er [C. com., art. L. 511-2, al. 1er], admettant que le tireur d'une lettre de change puisse se désigner lui-même comme bénéficiaire, les titres émis par le tireur à l'ordre de « nous-mêmes » répondent parfaitement aux exigences de désignation du bénéficiaire et permettent son identification de façon non équivoque. • Amiens, 15 oct. 1993 : *JCP 1994. II. 22258, note Massot-Durin.*

B. TIRAGE PAR MANDATAIRE

2. *Preuve du tirage pour compte.* Le tirage pour compte n'a pas besoin d'être établi par le texte de la lettre de change ; il peut résulter d'une convention de tirage pour compte liant les parties. • Com. 19 févr. 1968, n° 65-13.849 P : *JCP 1969. II. 15730, note Lescot.* ♦ La preuve de la qualité de mandataire n'est pas soumise au formalisme cambiaire et peut résulter de la connaissance qu'en avaient les tiers. • Com. 24 juin 1980, n° 78-15.362 P. ♦ Comp., au cas de mandat apparent : • Com. 11 oct. 1971, 70-11.040 P • 19 juin 1973, n° 72-10.445 P. – *Contra* : • Com. 12 déc. 1973, n° 72-12.979 P • 11 févr. 1974, n° 70-14.167 P.

3. *Régularisation.* Lorsqu'en prenant la qualité de tireur pour régulariser une lettre de change non signée à l'origine, le porteur a agi pour le compte du tireur véritable, il y a non pas cession d'un titre mais tirage pour le compte prévu à l'art. 111 [C. com., art. L. 511-2]. • Com. 28 mai 1968, n° 66-13.504 P : *D. 1968. 753.*

4. *Pouvoirs.* V. notes 7 s. ss. art. L. 511-5.

5. *Date de l'appréciation des pouvoirs.* Les pouvoirs du signataire s'apprécient à la date de l'émission de la lettre de change. • Civ. 1re, 15 déc. 1976 : *D. 1977. IR 160.*

6. *Tirage pour le compte d'un cessionnaire de créance.* V. notes 17 s. ss. art. L. 511-7.

II. DOMICILIATION

7. *Forme.* La domiciliation peut résulter d'un compte de chèques postaux apposé sur des traites. • Com. 29 juin 1965, n° 64-11.017 P : *D. 1965. 823 ; Banque 1964. 131, obs. Marin.*

8. *Domiciliataire.* La lettre de change peut être domiciliée chez celui qui en est porteur à l'échéance. • Civ. 21 oct. 1942 : *Gaz. Pal. 1943. 1. 15.* ♦ Le domiciliataire doit être un tiers vis-à-vis du tiré. • Aix-en-Provence, 23 avr. 1980 : *RTD com. 1981. 799, obs. Cabrillac et Teyssié.*

9. *Responsabilité du domiciliataire à l'égard du tiré.* BIBL. Revel, *JCP E 1976. II. 12282.* ♦ Une banque à qui sont présentées, en vue de leur paiement, des lettres de change tirées sur l'un de ses clients, ne peut, même s'il les a acceptées, se dessaisir des fonds dont elle est dépositaire pour le compte de ce client, que sur instruction reçue de lui indépendamment de la mention de domiciliation et, à défaut, lui en doit restitution. • Com. 30 nov. 1999, n° 96-16.233 P : *D. 2000. AJ 24, obs. A. L. ; RTD com. 2000. 149, obs. Cabrillac ; JCP E 2000, n° 49, p. 1956, note Djoudi.* ♦ En cas de paiement par la banque domiciliataire, sans instruction, la restitution du montant de ce paiement peut être ordonné, sans qu'il soit nécessaire de rechercher si le préjudice de la société tirée est inférieur à ce montant, et indépendamment de toute référence à l'absence de provision du compte. • Même arrêt. ♦ Le domiciliataire engage sa responsabilité s'il paie un effet sans avoir reçu un avis de domiciliation l'invitant à le faire. • Com. 23 avr. 1976, n° 75-11.339 P : *D. 1977. 563, note Vermelle ; RTD com. 1976. 755, obs. Cabrillac et Rives-Lange* • 22 nov. 1977, n° 76-13.435 P : *D. 1978. IR 342, obs. Cabrillac ; JCP 1978. II. 18997, note Gégoud* • 8 juin 1982, n° 80-15.370 P : *Banque 1983. 99, obs. Martin ; RTD com. 1983. 93, obs. Cabrillac et Teyssié* • Paris, 7 avr. 1973 : *JCP 1973. II. 17555, note Gavalda.* ♦ Un tel paiement par le banquier domiciliataire est inopposable au tiré qui ne lui a pas adressé un ordre exprès par un avis de domiciliation. • Mêmes arrêts. – *Contra,* • Versailles, 22 févr. 1996 : *Gaz. Pal. 1996. 2. Somm. 348* • Paris, 28 oct. 1967 : *RTD com. 1968. 101, obs. Cabrillac et Rives-Lange.*

Sur la validité du paiement de lettres de change revêtues de fausses signatures d'acceptation, effectué par un banquier domiciliataire, lequel est tenu de payer ces effets en vertu d'une convention de « paiement sauf désaccord », V. • Com. 9 févr. 1999, n° 96-12.531 P : *D. 2000. Somm. 458, obs. Martin ; RTD com. 1999. 472, obs. Cabrillac ; RDBB 1999. 94, obs. Crédot et Gérard.* ♦ Sur l'absence de recours en répétition de l'indu contre le porteur : • Com. 23 avr. 1976, n° 75-11.339 P : *préc.* ♦ Sur la validité d'un mandat exprès rendant inutile un mandat de domiciliation : • Lyon, 19 févr. 1974 : *RTD com. 1974. 130, obs. Cabrillac et Rives-Lange.*

10. *Responsabilité du domiciliataire à l'égard du porteur.* Dès lors que la banque domiciliataire a reçu du tiré mandat de payer et que la situation du compte permet le paiement, eu égard au montant du découvert usuellement autorisé, elle est tenue de l'exécuter sauf à engager sa responsabilité envers le porteur. • Com. 23 nov. 1999, n° 96-17.278 P : *D. 2000. AJ 3, obs. A. L. ; RTD com. 2000. 150, obs. Cabrillac .* ♦ La banque domiciliataire qui n'est pas engagée par une obligation cambiaire au paiement d'une lettre de change, mais seulement par l'ordre de payer reçu du tiré, ne peut invoquer la nullité de l'effet pour omission d'une de ses mentions qu'autant que le tiré aurait pu lui-même soutenir n'être pas engagé par un titre incomplet et lui aurait, par son mandat, confié le soin de soulever pour son compte une telle exception. • Même arrêt. ♦ V., en cas de refus de paiement de lettres de change avec la mention « demande prorogation » : • Com. 8 déc. 1992, n° 91-11.422 : *Rev. huiss. 1993. 335, note Vidal.* ♦ En cas de rejet d'une lettre de change-relevé par la banque domiciliaire, il appartient au tireur de rechercher auprès de sa banque si les énonciations du RIB transmis par le tiré ont été correctement reproduites sur le support informatique et, pour le cas où elles l'auraient été, de rapporter la preuve que la banque domiciliaire a commis elle-même une faute en rejetant l'effet sans motif légitime. • Lyon, 7 déc. 2001 : *RJDA 2002, n° 1311.* – V. aussi note 12 ss. art. L. 511-1.

Art. L. 511-3 Dans une lettre de change payable à vue ou à un certain délai de vue, il peut être stipulé par le tireur que la somme sera productive d'intérêts. Dans toute autre lettre de change, cette stipulation est réputée non écrite.

Le taux des intérêts doit être indiqué dans la lettre ; à défaut de cette indication, la clause est réputée non écrite.

Les intérêts courent à partir de la date de la lettre de change si une autre date n'est pas indiquée. – *[C. com., art. 112.]*

1. Montant des intérêts. Il résulte de l'art. 112 [C. com., art. L. 511-3] que le tireur doit incorporer, dès l'émission de la lettre, le montant des intérêts dans le montant de la lettre de change. • Com. 14 juill. 1971, n° 69-12.527 P : *RTD com. 1972. 128, obs. Cabrillac et Rives-Lange.*

2. Intérêts usuraires. Sur l'obligation de la juridiction civile, saisie par le tireur d'une demande en paiement, de surseoir à statuer en raison d'une information pénale ouverte contre ce dernier sur le fondement de la L. du 28 déc. 1966 [C. consom., art. L. 314-1 s. ; V. App., v° *Prêts d'argent – Intérêts des capitaux*], au cas où le montant d'intérêts usuraires a été inclus dans la somme à payer : • Com. 14 juill. 1971, n° 69-12.527 P : *préc. note 1.*

Art. L. 511-4 La lettre de change dont le montant est écrit à la fois en toutes lettres et en chiffres vaut, en cas de différence, pour la somme écrite en toutes lettres.

La lettre de change dont le montant est écrit plusieurs fois, soit en toutes lettres, soit en chiffres, ne vaut, en cas de différence, que pour la moindre somme. – *[C. com., art. 113.]*

Discordance. En cas de discordance entre la somme portée en chiffres et celle portée en lettres, la lettre de change vaut pour la somme écrite en toutes lettres. • Com. 13 janv. 1982, n° 80-13.889 P : *JCP 1982. IV. 114.*

Art. L. 511-5 Les lettres de change souscrites par des mineurs sont nulles à leur égard, sauf les droits respectifs des parties, conformément à *(Ord. n° 2016-131 du 10 févr. 2016, art. 6-III, en vigueur le 1er oct. 2016)* « l'article 1352-4 *[ancienne rédaction : l'article 1312]* » du code civil.

Si la lettre de change porte des signatures de personnes incapables de s'obliger par lettre de change, des signatures fausses ou des signatures de personnes imaginaires ou des signatures qui, pour toute autre raison, ne sauraient obliger les personnes qui ont signé la lettre de change, ou du nom desquelles elle a été signée, les obligations des autres signataires n'en sont pas moins valables.

Quiconque appose sa signature sur une lettre de change comme représentant d'une personne pour laquelle il n'avait pas le pouvoir d'agir, est obligé lui-même en vertu de la lettre et, s'il a payé, a les mêmes droits qu'aurait eus le prétendu représenté. Il en est de même du représentant qui a dépassé ses pouvoirs. – *[C. com., art. 114.]*

Les contrats conclus avant le 1er oct. 2016 demeurent soumis à la loi ancienne, y compris pour leurs effets légaux et pour les dispositions d'ordre public. Lorsqu'une instance a été introduite avant l'entrée en vigueur de l'Ord. n° 2016-131 du 10 févr. 2016, l'action est poursuivie et jugée conformément à la loi ancienne. Cette loi s'applique également en appel et en cassation (Ord. préc., art. 9).

V. aussi C. consom., art. L. 314-21, ci-dessous.

A. CAPACITÉ

BIBL. Menjucq, *JCP N 1999, n° 20, p. 836* (l'incapable majeur en droit des affaires).

1. Mineur. Le mineur non commerçant, même autorisé par son père, ne peut valablement tirer une lettre de change, la nullité étant indépendante *du préjudice subi par le mineur.* • Civ. 19 févr. 1856 : *DP 1856. 1. 86* • Paris, 17 juill. 1894 : *DP 1895. 2. 25, note Thaller* • 27 avr. 1896 : *DP 1898. 2. 257, note Boistel* • Civ. 7 mars 1922 : *DP 1922. 1. 169* • Com. 28 oct. 1969, n° 68-10.145 P : *Banque 1970. 706, obs. Marin* • Paris, 5 juin 1968 : *ibid. 926, obs. Marin ; JCP 1930. II. 16322, note Durry.*

2. Délit ou quasi-délit du mineur. Le mineur n'est pas restituable contre les obligations résultant de son délit ou quasi-délit. • Req. 15 nov. 1898 : *DP 1899. 1. 439 ; S. 1899. 1. 225, note Wahl.* ♦ Le seul fait pour un mineur d'avoir donné son aval ne suffit pas à établir sa participation à un quasi-délit en l'absence de manœuvres. • Com. 28 oct. 1969, n° 68-10.145 P : *RTD com. 1970. 454, obs. Cabrillac et Rives-Lange ; Banque 1970. 706, obs. Marin.* ♦ Le mineur peut invoquer la nullité de son engagement lorsqu'il a agi avec légèreté ou imprudence. • Paris, 16 juill. 1894 : *DP 1895. 2. 25, note Thaller.*

3. Prodigue. Le prodigue ne peut tirer de lettres

de change sans l'assistance de son curateur. • Civ. 1er août 1860 : *DP 1860. 1. 316* • Req. 3 avr. 1855 : *DP 1855. 1. 129* • Civ. 24 juin 1913 : *DP 1917. 139.*

4. Nullité. L'incapable peut opposer son incapacité à tous, même au tiers porteur de bonne foi. • Civ. 19 févr. 1856 : *DP 1856. 1. 86* • Paris, 17 juill. 1894 : *DP 1895. 2. 25, note Thaller* • Paris, 10 nov. 1925 : *DP 1926. 2. 139, note H. L.* ♦ Le tribunal compétent pour prononcer la nullité d'une lettre de change tirée par un incapable est le tribunal civil si la nullité est soulevée par voie d'action et le tribunal de commerce si elle l'est par voie d'exception. • Civ. 23 mars 1857 : *DP 1857. 1. 126* • 9 août 1860 : *DP 1861. 5. 96.*

B. INDÉPENDANCE DES SIGNATURES

5. Inopposabilité au porteur de l'incapacité du tireur. Les personnes qui apposent leur signature sur la lettre de change après sa création ne peuvent, à l'égard du porteur, se prévaloir de l'incapacité du tireur, pour refuser le paiement. • Com. 21 déc. 1959 : *D. 1960. 262.*

6. Validité des obligations des autres signataires. Si la lettre de change ne porte pas la signature de la personne ayant la qualité indiquée sur le titre, les obligations des autres signataires n'en sont pas moins valables. • Com. 15 juin 1993, n° 91-18.276 P : *D. 1993. IR 171.*

C. REPRÉSENTATION

7. Preuve du mandat. Il incombe à celui qui a apposé sa signature sur une lettre de change au nom d'une autre personne d'établir l'existence du mandat dont il se prévaut s'il entend échapper aux poursuites engagées contre lui en application de l'art. 114, al. 3 [C. com., art. L. 511-5, al. 3]. • Com. 30 juin 1992, n° 90-20.922 P.

8. Mandat apparent. Le porteur de bonne foi d'un billet à ordre signé au nom d'une société n'est tenu de vérifier ni la signature apposée sur l'effet ni l'étendue des pouvoirs du signataire, la société étant engagée par la signature de son mandataire apparent, sauf à elle, d'établir être étrangère dans la formation de cette apparence de mandat. • Com. 9 mars 1999, n° 96-13.782 P : *D. Affaires 1999. 831, obs. X. D. ; RDBB 1999. 94, obs. Crédot et Gérard.* – V. aussi Bonneau, *Dr. sociétés 1999. Chron. 10.* – Youego, *RDBF 2000. 254.*

9. Administrateur judiciaire. Comp., pour l'inapplicabilité de l'art. 114, al. 3 [C. com., art. L. 511-5, al. 3], à un curateur à la suspension provisoire des poursuites investi d'une simple mission de surveillance : • Com. 24 juin 1980, n° 78-15.362 P : *RTD com. 1981. 105, obs. Cabrillac et Rives-Lange.*

10. Absence de pouvoir. Quiconque appose sa signature sur une lettre de change comme représentant d'une personne pour laquelle il n'avait pas pouvoir d'agir est obligé cambiairement. • Com. 19 mars 1958 : *D. 1958. 354 ; RTD com. 1958. 580, obs. Becqué et Cabrillac ; Banque 1959. 509, obs. Marin* • 29 mars 1977, n° 76-10.201 P. – V. aussi • Com. 15 juin 1993, n° 91-18.276 P : *préc. note 6.* ♦ En application de l'art. L. 511-5, la lettre de change portant une fausse signature ne peut engager la personne au nom de laquelle elle a été signée. • Com. 1er avr. 2014, n° 13-13.473 : *Banque et Dr. 7-8/2014. 20, obs. Helleringer.*

Code de la consommation Art. L. 314-21 Les dispositions de l'article L. 511-5 du code de commerce sont applicables aux lettres de change et billets à ordre souscrits ou avalisés par les emprunteurs même majeurs à l'occasion des opérations de crédit régies par le présent titre à l'exception des sections II, VI et VIII du chapitre III et des sections I, II, IV, V et VI du présent chapitre et de la section II du chapitre Ier du titre IV.

Champ d'application. Il résulte de l'art. L. 313-13 [L. 314-21] C. consom. que la nullité prévue par l'art. L. 511-5 C. com. applicable aux lettres de change et billets à ordre souscrits ou avalisés par les emprunteurs à l'occasion des opérations de crédit régies par le titre I du livre III du code de la consommation n'est pas applicable aux effets souscrits ou avalisés à l'occasion du contrat principal financé par un crédit soumis au chapitre II de ce titre. • Civ. 1re, 4 févr. 2003, n° 99-17.394 : *D. 2004. Somm. 2038, obs. Boujeka ; RJDA 2003, n° 1115.* ♦ Par suite, ayant relevé qu'une banque avait demandé, en sa qualité de tiers porteur, le paiement de traites émises pour le remboursement de travaux escompté par elle et non pas pour le remboursement des prêts consentis, une cour d'appel a légalement justifié sa décision de rejeter la demande en nullité de ces lettres formée par le client. • Même arrêt. ♦ Pour une lettre de change souscrite à l'occasion d'une opération de construction et non d'une opération de crédit, V. • Com. 23 juin 2004, n° 01-12.217 : *RJDA 2005, n° 71.*

Pour l'application de l'art. L. 313-13 [L. 314-21] C. consom., il importe peu que la souscription d'une lettre de change par un consommateur en remboursement de l'intégralité ou du solde de l'opération de crédit soit contemporaine ou non de l'ouverture de crédit ou du prêt consentis. • Civ. 1re, 30 sept. 1997, n° 95-20.171 P : *D. 1997. IR 215 ; JCP E 1997. Pan. 1183, obs. Bouteiller ; CCC 1997, n° 182, obs. Raymond ; RTD com. 1998. 181, obs. Cabrillac.*

Art. L. 511-6 Le tireur est garant de l'acceptation et du paiement.

Il peut s'exonérer de la garantie de l'acceptation ; toute clause par laquelle il s'exonère de la garantie du paiement est réputée non écrite. – *[C. com., art. 115.]*

SECTION II DE LA PROVISION

Art. L. 511-7 La provision doit être faite par le tireur ou par celui pour le compte de qui la lettre de change sera tirée, sans que le tireur pour compte d'autrui cesse d'être personnellement obligé envers les endosseurs et le porteur seulement.

Il y a provision si, à l'échéance de la lettre de change, celui sur qui elle est fournie est redevable au tireur, ou à celui pour compte de qui elle est tirée, d'une somme au moins égale au montant de la lettre de change.

La propriété de la provision est transmise de droit aux porteurs successifs de la lettre de change.

L'acceptation suppose la provision.

Elle en établit la preuve à l'égard des endosseurs.

Qu'il y ait ou non acceptation, le tireur seul est tenu de prouver, en cas de dénégation, que ceux sur qui la lettre était tirée avaient provision à l'échéance ; sinon, il est tenu de la garantir, quoique le protêt ait été fait après les délais fixés. – *[C. com., art. 116.]*

BIBL. ▶ GRUA, *D. 1986. Chron. 261.* – JESTAZ, *RTD com. 1966. 886.* – LACOUR, *Ann. dr. com. 1931. 5.* – MARTY, *RTD com. 1978. 307.* – VASSEUR, *D. 1985. Chron. 199.* – PARROT, *JCP E 1991. I. 58* (droits du porteur sur la provision d'une lettre de change non acceptée en cas de redressement judiciaire du tireur).

I. EXISTENCE DE LA PROVISION

1. Montant. La provision doit être au moins égale au montant de la traite et il n'y a pas provision si la dette du tiré est inférieure à la somme indiquée. • Com. 23 févr. 1983, n° 81-13.449 P. – *Contra* : • Aix-en-Provence, 24 avr. 1981 : *D. 1982. 425, note Stoufflet.* ♦ Toutefois, le porteur de la lettre a un droit exclusif sur la provision, serait-elle inférieure au montant indiqué. • Civ. 19 janv. 1937 : *DH 1937. 145* • 23 sept. 1940 : *DH 1940. 157.* ♦ La créance du tireur sur un tiers autre que le tiré ne peut être assimilée à la provision. • Com. 23 févr. 1983, n° 81-13.449 P.

2. Caractéristiques. Si la créance qui forme la provision n'est pas certaine, liquide et exigible, le tiré ne peut être contraint ni d'accepter, ni de payer. • Civ. 11 mai 1853 : *DP 1853. 1. 142.* ♦ Mais le porteur devient propriétaire de la provision à l'échéance, même si celle-ci n'est pas liquide et exigible, dès lors que la créance existe en son principe. • Com. 4 juin 1991, n° 89-19.652 P : *D. 1991. IR 179.* ♦ C'est à la date de l'échéance que la provision doit exister. • Com. 24 mars 1969, n° 67-12.417 P : *RTD com. 1969. 775, obs. Cabrillac et Rives-Lange* • 28 juin 1983, n° 82-10.630 P : *D. 1984. 444, note Endréo* • 27 oct. 1992, n° 91-11.574 P : *D. 1993. Somm. 317, obs. Cabrillac*. ♦ Si la créance, exigible *lors de l'émission, s'est éteinte avant l'échéance,* la traite est sans provision. • Req. 24 janv. 1912 : *DP 1912. 1. 520* • Com. 24 mars 1969, n° 67-12.417 P : *préc.* ♦ Toutefois une créance dont le terme est postérieur à l'échéance du titre ou conditionnelle ou non liquidée se transmet au porteur. • Com. 3 mai 1976, n° 74-14.019 P • 20 mars 1984, n° 82-16.159 P : *RTD com. 1984. 697, obs. Cabrillac et Teyssié ; Banque 1984. 858, obs. Martin.*

3. Renonciation à la garantie du tireur. La renonciation d'une banque à la garantie du tireur quant à l'existence de la provision d'une lettre de change qu'elle a prise à l'escompte doit être expresse. • Com. 8 juill. 1997, n° 95-10.702 P : *D. 1998. 427, note Goyet*. ♦ L'engagement pris par une banque (selon lequel « si les effets reviennent impayés, elle ferait le nécessaire... ne débiterait pas le compte du tiré mais un compte interne à l'établissement ») emporte seulement renonciation de sa part à réclamer le montant des effets en cas de défaillance de la société tirée dans le paiement de sa dette, excluant ainsi son application en cas de défaut de fourniture de la provision par le tireur. • Même arrêt.

II. PREUVE DE LA PROVISION

4. Charge de la preuve. Conformément au droit commun de l'art. 1315 [1353] C. civ., c'est à celui qui invoque le bénéfice de la provision d'en rapporter la preuve. • Com. 22 nov. 1950 : *RTD com. 1951. 321, obs. Becqué et Cabrillac ; Banque 1950. 770, obs. Marin.* – V. aussi • Com. 8 juill. 1997, n° 95-10.702 P : *préc. note 3.* ♦ Un relevé d'identité bancaire ne saurait contenir aucune garantie concernant l'existence ou non d'une provision sur le compte. • Paris, 12 janv. 1990 : *RTD com. 1990. 618, obs. Cabrillac et Teyssié*.

5. Acceptation : relation tireur-tiré. L'acceptation établit une présomption simple d'existence de la provision dans les relations du tireur et du tiré. • Com. 16 juill. 1951 : *JCP 1951. II. 6513, note Lescot ; RTD com. 1952. 124, obs. Becqué et Cabrillac* • 14 mai 1958 : *D. 1958. 671* • 4 juill. 1966, n° 64-11.911 P : *D. 1967. 144 ; JCP 1967. II. 15037, note Lescot* • Paris, 29 nov. 1978 : *D. 1979. IR 277, obs. Cabrillac.* ♦ La charge de la preuve du défaut de provision incombe au tiré accepteur qui l'invoque. • Com. 4 juin 1991, n° 89-12.533 P • 4 mai 1999, n° 96-16.050 : *RJDA 1999, n° 834.* ♦ C'est au tiré, qui a accepté une lettre de change, assigné en référé en paiement d'une provision sur le montant de cet effet, qu'il incombe d'établir que l'obligation invoquée par le tireur est sérieusement contestable. • Com. 22 nov. 1994, n° 93-14.752 P. ♦ V. aussi, sur le droit du tiré accepteur d'établir le défaut de provision pour écarter l'action du tireur : • Com. 22 mai 1991, n° 90-10.348 P : *D. 1992. Somm. 339, obs. Cabrillac.*

6. Acceptation : relation tiers porteur-tiré. L'acceptation établit une présomption simple d'existence de la provision au profit d'un tiers porteur à l'égard du tiré accepteur. • Com. 12 juill. 1971, n° 69-10.457 P : *Gaz. Pal. 1971. 2. 759.* – Comp. : • Civ. 21 mars 1939 : *DC 1941. 68, note E. de Lagrange.* – *Contra* : • Req. 13 févr. 1928 : *DP 1928. 1. 13, note Chéron* • Paris, 26 mars 1960 : *D. 1960. Somm. 74.* ♦ Au cas d'acceptation partielle, la présomption ne joue qu'à concurrence du montant de l'acceptation. • Chambéry, 13 mai 1977 : *D. 1978. IR 84, obs. Cabrillac ; RTD com. 1977. 743.* ♦ V. aussi, sur la situation de l'avaliste : • Com. 1er avr. 2014, n° 13-16.902 P : *cité note 30 ss. art. L. 511-21.*

7. Rapport fondamental. Dès lors que le porteur de lettres de change rapporte la preuve de l'existence de la provision à l'échéance, le tiré invoquant une falsification de la signature portée sur les effets en vue de leur acceptation peut être condamné à payer le montant de celles-ci sans qu'il soit nécessaire de vérifier l'authenticité de ladite signature dans la mesure où la condamnation serait fondée non sur l'engagement cambiaire mais sur le rapport d'obligation fondamental ayant préexisté à la création des effets. • Com. 16 janv. 2001, n° 97-18.752 P : *D. 2002. Somm. 2113, obs. Boujeka.*

III. TRANSFERT DE LA PROVISION

A. PORTÉE DU TRANSFERT DE LA PROVISION

8. Application aux traites non acceptées. La transmission de la provision au porteur s'opère pour les traites non acceptées comme pour celles qui ont été acceptées. • Civ. 18 janv. 1937 : *DH 1937. 145 ; S. 1937. 1. 89, note Rousseau.* – V. aussi Hécart, *D. 2003. 539* (réflexions à propos de la traite non acceptée). ♦ Pour des applications aux traites dites *pro forma*, V. • Com. 14 déc. 1970, n° 69-13.179 P : *D. 1972. 1, note Bouloc ; Banque 1971. 411, obs. Marin ; RTD com. 1971. 409, obs. Cabrillac et Rives-Lange* • 28 juin 1983, n° 82-10.630 P : *D. 1984. 444, note Endréo* • 20 mars 1984, n° 83-10.618 P : *Banque 1984. 859, obs. Martin ; RTD com. 1984. 697, obs. Cabrillac et Teyssié* • Aix-en-Provence, 16 avr. 1969 : *JCP 1970. II. 16228, note Gavalda.* ♦ V. aussi note 14.

9. Clause non acceptable. La clause non acceptable n'exclut pas le transfert de la provision. • Com. 14 déc. 1970, n° 69-13.179 P : *préc. note 8.* – *Contra* : • Civ. 2 mars 1857 : *DP 1857. 1. 119.*

10. Date. La date du transfert de propriété est celle de la remise du titre au preneur. • Com. 20 mars 1962, n° 59-11.725 P : *JCP 1962. II. 12747, note Rives-Lange ; Banque 1962. 421, obs. Marin* • 20 mars 1984, n° 83-10.618 P : *ibid. 1984. 859, obs. L. Martin ; RTD com. 1984. 697, obs. Cabrillac et Teyssié.* ♦ V. *contra*, pour un transfert à l'échéance de lettres non acceptées : • Com. 4 déc. 1984, n° 82-12.239 P : *D. 1985. 181, note Bénabent ; RTD com. 1985. 536, obs. Cabrillac et Teyssié ; JCP 1985. II. 20445, note Synvet.* – Et, sur renvoi, • Limoges, 11 janv. 1989 : *D. 1990. 79, note Dubois.* – V. aussi • Com. 4 juill. 1989, n° 88-13.325 P : *D. 1991. 369, note Bloch ; RTD com. 1989. 693, obs. Cabrillac et Teyssié ; JCP E 1990. II. 15661, note Dubois.* – V. également Synvet, *JCP 1990. I. 3425.* – V. aussi • Com. 4 juin 1991, n° 89-19.652 P : *préc. note 2.*

Sur cette question, V. encore notes 15 et 16.

11. Droits du tireur. A défaut d'acceptation, le tireur a la faculté de réclamer au tiré le paiement de la créance de provision. • Com. 24 avr. 1972, n° 71-10.080 P : *D. 1972. 686, note Roblot ; RTD com. 1972. 964, obs. Cabrillac et Rives-Lange* • 10 juill. 1973, n° 72-12.480 P : *Banque 1973. 157* • 19 nov. 1973, n° 72-13.287 P : *RTD com. 1975. 307, obs. Cabrillac et Rives-Lange* • 29 janv. 1974, n° 71-12.305 P : *RTD com. 1975. 559, obs. Cabrillac et Rives-Lange.* ♦ La dette peut s'éteindre par compensation. • Com. 18 mars 1986, n° 84-15.309 P : *D. 1987. Somm. 291, obs. Vasseur* • 7 oct. 1987, n° 86-14.542 P : *D. 1988. Somm. 51, obs. Cabrillac.* ♦ A l'échéance de la lettre de change, le tiré qui a connaissance de l'émission du titre ne peut plus s'acquitter valablement entre les mains du tireur. • Com. 4 oct. 1982, n° 80-16.748 P : *D. 1983. IR 409, obs. Vasseur* • Aix-en-Provence, 25 mars 1977 : *D. 1978. IR 340, obs. Cabrillac.* – Comp. : • Com. 3 mai 1976, n° 74-14.019 P : *JCP 1977. II. 18767, note Pierre-François.* ♦ En revanche, avant l'échéance, la seule connaissance par le tiré de l'émission, au cas de refus d'acceptation, n'a pas pour effet d'immobiliser la provision. • Com. 1er févr. 1977, n° 75-13.556 P • 24 avr. 1972, n° 71-10.080 P : *préc.* ♦ Sur l'obligation du tiré non-accepteur de faire retour au porteur de l'effet que celui-ci lui avait envoyé pour acceptation, V. note 1 ss. art. L. 511-16. ♦ Sur l'affectation d'une provision à un effet, V. • Com. 28 févr. 1962, n° 58-10.058 P. ♦ Et sur les conflits entre porteurs de traites distinctes, V. • Rouen, 24 avr. 1845 : *S. 1847. 2. 65* • Civ. 2 mars 1857 : *S. 1857. 1. 510.*

12. Saisie des créanciers du tireur. Les créanciers du tireur ne peuvent saisir la créance de provision dès lors que la lettre de change a été émise. • Civ. 19 nov. 1850 : *DP 1854. 2. 286* • Com. 29 nov. 1982, n° 81-14.005 P : *D. 1983. IR 246, obs. Cabrillac* • Montpellier, 21 mars 1951 : *RTD com. 1951. 549, obs. Becqué et Cabrillac* • Dijon, 23 mai 1973 : *ibid. 1973. 833, obs. Cabrillac et Rives-Lange.* ♦ V. aussi, au cas de saisie par les créanciers d'un endosseur : • Com. 3 nov. 1988, n° 86-17.715 P.

13. Procédure collective à l'encontre du tireur. Si le jugement d'ouverture de la procédure de redressement judiciaire du tireur d'une lettre de change non acceptée n'a pas pour effet de consolider les droits du tiers porteur de celle-ci sur la provision, et n'empêche pas le tiré, pour la partie non acceptée de la créance, d'opposer la compensation jusqu'à l'échéance, il ne le peut que si les conditions de la compensation légale ont été réunies avant l'ouverture de la procédure collective ou, à défaut, s'il existe entre les dettes respectives du tireur et du tiré un lien de connexité et si le tiré a déclaré au passif du redressement judiciaire du tireur sa créance d'origine antérieure. • Com. 22 févr. 1994, n° 92-14.438 P : *D. 1995. 27, note Honorat* ; *JCP 1994. II. 22267, rapp. Rémery.* – V. aussi • Nîmes, 22 sept. 1998 : *Banque et Dr. 1-2/1999. 59, obs. Guillot.* ♦ Sur l'influence de la déchéance du terme provoquée par l'ouverture d'une procédure de *faillite*, consolidant définitivement les droits du porteur, V. • Civ. 18 janv. 1937 : *DH 1937. 145 ; S. 1937. 1. 89, note Rousseau.* – Comp. : • Civ. 20 avr. 1873 : *DP 1873. 1. 459.* ♦ V. aussi, art. L. 643-1. ♦ Sur l'inopposabilité à la *masse* du tireur de la constitution d'une provision après l'émission de l'effet et en période suspecte, V. • Bordeaux, 28 juin 1960 : *D. 1961. 182, note A. C.* • Aix-en-Provence, 19 déc. 1974 : *D. 1975. 352, note Derrida ; RTD com. 1975. 329.* – V. art. L. 632-2.

14. Immobilisation de la provision. L'acceptation immobilise la provision au profit du porteur du titre. • Paris, 18 juin 1968 : *RTD com. 1969. 137.* – V. aussi note 1. ♦ La défense de s'acquitter de la provision faite par le porteur au tiré ou une saisie-arrêt entre les mains du tiré a les mêmes effets sur l'immobilisation de la provision que l'acceptation. • Com. 24 avr. 1972, n° 71-10.080 P : *préc. note 11* • Paris, 14 avr. 1964 : *D. 1964. 725, note Goré.* ♦ Mais l'interdiction faite au tiré non accepteur, par le porteur d'une lettre de change, de payer toute autre personne que lui-même n'a plus de portée juridique lorsque le porteur ne rapporte pas la preuve de l'existence de la provision à la date d'échéance de l'effet. • Com. 3 mai 1995, n° 92-14.646 : *D. 1996. 292, note Gibirila* ; *RJDA 1995, n° 1132.*

B. CONFLITS

15. Conflit entre sous-traitant et porteur. BIBL. Talau, *JCP E 1999, n° 23, p. 996.* ♦ L'inopposabilité de la transmission de créance énoncée par l'art. 13-1 de la L. du 31 déc. 1975, ne s'applique pas aux endossements d'effets de commerce acceptés ou payés par le tiré. • Com. 18 nov. 1997, n° 95-20.604 P : *RDBB 1998. 8, obs. Crédot et Gérard ; RTD com. 1998. 180, obs. Cabrillac* ; *Gaz. Pal. 18-19 août 1999, Somm. p. 20, obs. Peisse.* ♦ V., donnant la préférence au banquier escompteur : • Com. 18 févr. 1986, n° 84-13.590 P : *D. 1986. IR 324, obs. Vasseur ; JCP 1987. II. 20730, note Synvet ; RTD com. 1987. 82, obs. Cabrillac et Teyssié* • 4 juill. 1989, n° 88-13.325 P : *préc. note 10* • 29 mars 1994, n° 91-19.074 : *RJDA 1994, n° 1020.* ♦ Comp., en cas de traite non acceptée, • Com. 4 déc. 1984, n° 82-12.239 P : *préc. note 10.* ♦ V. aussi, App., v° *Sous-traitance*, note 24 ss. l'art. 12 et l'art. 13-1 préc. de la L. n° 75-1334 du 31 déc. 1975.

Sur le conflit entre le sous-traitant et le cessionnaire d'un bordereau Dailly, V. App., v° *Banque et financement de l'entreprise*, notes 27 s. ss. art. L. 313-27 C. mon. fin.

16. Conflit entre cessionnaire d'un bordereau Dailly et porteur. V. note 22 ss. l'art. L. 313-27 C. mon. fin., App., v° *Banque et financement de l'entreprise.*

C. CESSION DE CRÉANCE DOUBLÉE DE L'ÉMISSION D'UNE TRAITE SUR LE DÉBITEUR CÉDÉ

BIBL. Cabrillac, *Rev. dr. bancaire 1987. 75.* – Guillot et Vangasse, *Banque 1991. 267.*

17. Émission de la lettre de change antérieure à la cession de la créance sur le tiré. Dès lors qu'au jour de la création des lettres de change, la société émettrice est encore titulaire de sa créance sur le tiré, qu'elle n'avait pas encore cédée selon les modalités de la loi « Dailly », et que les lettres de change ont été acceptées par le tiré, l'endossement de ces effets à l'ordre de la banque permet à celle-ci de bénéficier de l'inopposabilité cambiaire des exceptions, bien que ce transfert ait été postérieur à une cession de la même créance au profit de la même banque. • Com. 6 avr. 1999, n° 96-17.332 P : *D. 2000. Somm. 461, obs. Martin* ; *LPA 15 juin 1999, obs. L. C. ; RJDA 1999, n° 717 ; RTD com. 1999. 725, obs. Cabrillac* .

18. Émission de la lettre de change postérieure à la cession de la créance. Lorsqu'une cession de créance, qui opère transfert du patrimoine du cédant à celui du cessionnaire, précède l'émission d'une traite, le tireur cédant ne peut avoir tiré l'effet puis constitué la provision que pour le compte du cessionnaire. • Aix-en-Provence, 29 janv. 1992 : *Banque 1992. 425, obs.*

Rives-Lange. ♦ Dès lors, quand le cessionnaire est également bénéficiaire de la lettre, il a en réalité la qualité de tireur bénéficiaire, si bien que, même s'il est de bonne foi, les exceptions tirées du rapport fondamental lui sont opposables par le tiré accepteur. • Même arrêt.

Dès lors que le tireur n'a émis l'effet que pour le compte du banquier cessionnaire, ce dernier n'a pas, dans ses rapports avec le tiré, la qualité de tiers porteur, mais celle de donneur d'ordre. Le client peut donc opposer à son banquier les exceptions fondées sur ses rapports personnels avec son cocontractant, peu important que le tiré ait accepté la lettre de change et que la cession de créance n'ait été effectuée qu'à titre de garantie. • Com. 29 nov. 1994, n° 92-17.810 P : *JCP 1995. IV. 256 ; RTD com. 1995. 173, obs. Cabrillac.*

19. Incidence d'une acceptation antérieure à la notification de la cession. Un arrêt ne peut, pour rejeter la demande d'une banque en paiement d'une créance dont elle a notifié la cession à son profit au débiteur, retenir que ce dernier peut opposer au cessionnaire de la créance toutes les exceptions tirées de ses rapports avec le cédant, et en particulier le fait qu'il a déjà payé la facture par un règlement en valeur en acceptant des lettres de change, sans rechercher si les lettres de change ont été présentées au paiement par le tireur lui-même, resté porteur, auquel cas le tiré devait lui opposer la cession de créance dont il a antérieurement reçu notification, une telle exception étant inopposable à un tiers bénéficiaire d'endossements, • Com. 21 mars 1995, n° 93-15.617 P : *D. 1996. Somm. 34, obs. Cabrillac ; RTD com. 1995. 626, obs. Cabrillac.* ♦ Sur l'opposabilité au cessionnaire Dailly de l'acceptation d'une traite, acceptation antérieure à la notification de la cession, présentée au paiement par un tiers porteur, V. aussi • Com. 3 mai 2000, n° 97-10.911 P : *D. 2000. AJ 324, obs. Faddoul ; RTD com. 2000. 985, obs. Cabrillac.* ♦ Peu important son acceptation de la lettre de change émise en paiement de sa dette, le débiteur doit, à l'échéance, opposer à son créancier, porteur de l'effet, la notification qui lui a été faite de la cession de sa créance et, en ne le faisant pas, il s'expose à payer deux fois cette créance. • Com. 5 nov. 2002, n° 00-10.929 : *RJDA 2003, n° 308.*

Il incombe au débiteur cédé d'apporter la preuve de l'antériorité de son acceptation de la lettre de change par rapport à la notification de la cession de créance pour pouvoir opposer à la banque cessionnaire l'exception de son engagement cambiaire. • Com. 7 mars 1995, n° 93-13.544 P : *D. 1995. IR 126 ; RTD com. 1995. 626, obs. Cabrillac.* ♦ Le paiement effectué entre les mains du créancier initial par celui qui s'est engagé cambiairement, est opposable à l'affactureur, subrogé dans les droits du créancier initial, pourvu que l'engagement cambiaire ou le paiement soit intervenu avant la connaissance par le débiteur de cette subrogation. • Com. 26 mars 2000, n° 96-16.412 P.

Comp., en ce sens que lorsque le débiteur accepte une lettre de change avant la notification de la cession, que cette cession intervienne dans le cadre d'un contrat d'affacturage ou dans celui de la loi Dailly, il appartient au cédant ou au cessionnaire d'assurer la restitution de la traite pour pouvoir imposer au débiteur, qui ne s'est pas engagé à le faire, de payer entre les mains du cessionnaire : • Aix-en-Provence, 13 sept. 1994 : *RJDA 1994, n° 1342.*

SECTION III DE L'ENDOSSEMENT

Art. L. 511-8 Toute lettre de change, même non expressément tirée à ordre, est transmissible par la voie de l'endossement.

Lorsque le tireur a inséré dans la lettre de change les mots "non à ordre" ou une expression équivalente, le titre n'est transmissible que dans la forme et avec les effets d'une cession ordinaire.

L'endossement peut être fait même au profit du tiré, accepteur ou non, du tireur ou de tout autre obligé. Ces personnes peuvent endosser la lettre à nouveau.

L'endossement doit être pur et simple. Toute condition à laquelle il est subordonné est réputée non écrite.

L'endossement partiel est nul.

L'endossement "au porteur" vaut comme endossement en blanc.

L'endossement doit être inscrit sur la lettre de change ou sur une feuille qui y est attachée et dénommée allonge. Il doit être signé par l'endosseur. La signature de celui-ci est apposée, soit à la main, soit par tout procédé non manuscrit.

L'endossement peut ne pas désigner le bénéficiaire ou consister en un endossement en blanc constitué par la simple signature de l'endosseur. Dans ce dernier cas, l'endossement, pour être valable, doit être inscrit au dos de la lettre de change ou sur l'allonge. – *[C. com., art. 117.]*

RÉP. COM. v[is] *Endossement ; Escompte*, par GIBIRILA.

A. ENDOSSEMENT

1. *Formes.* La seule remise de la lettre de change en l'absence d'un endossement régulier ne saurait la transférer à celui qui la reçoit. • Com. 13 oct. 1970, nº 68-13.551 P • 29 mai 1979, nº 77-15.562 P • Paris, 19 déc. 1984 : *D. 1985. IR 419, obs. Cabrillac.* ♦ Le cachet commercial apposé sur la lettre de change pour endossement et comportant le nom de la société, son adresse et ses coordonnées téléphoniques ne peut tenir lieu de signature non manuscrite apposée par le procédé de la griffe. • Com. 25 avr. 2006, nº 04-20.583 P : *D. 2006. AJ 1443, obs. Avena-Robardet ; JCP E 2006, nº 22, p. 970 ; RDBF 2006, nº 154, obs. Crédot et Samin ; Banque et Dr. 7-8/2006. 59, obs. Bonneau ; RJDA 2006, nº 945.* ♦ Un document intitulé « historique de compte » sur lequel figure le montant des lettres de change au crédit du compte n'est pas de nature à démontrer la réalité de l'endossement qui ne peut s'analyser comme une simple facilité de caisse et doit répondre aux exigences de l'art. L. 511-8. • Agen, 27 mai 2013 : *Gaz. Pal. 2013. 3804, obs. Rouaud.* ♦ V. art. L. 511-9.

2. *Endossement en blanc.* Lorsque la lettre a été endossée en blanc, l'endossataire peut la remettre à un tiers, de la main à la main, sans remplir le blanc et sans l'endosser. • T. com. Seine, 4 juin 1935 : *Gaz. Pal. 1935. 2. 346.* – Comp. : • T. com. Angers, 12 avr. 1961 : *Banque 1962. 46, obs. Marin.* ♦ Viole l'art. L. 511-8 C. com. et l'art. 455 C. pr. civ. une cour d'appel qui n'a pas recherché, comme elle y était invitée, si l'endossement en blanc des effets ne donnait pas à la caisse la qualité de porteur légitime. • Com. 1er avr. 2014, nº 13-13.900 : *RDBF 2014, nº 125, obs. Crédot et Samin.*

3. *Endossement partiel.* Sur la nullité, V. • Crim. 5 mars 1956 : *JCP 1956. II. 9369, note Roblot.*

4. *Exclusion de l'endossement.* Si la lettre de change est transmissible par endossement, il est possible d'exclure celui-ci par une clause expresse. • Com. 9 avr. 2013, nº 12-14.133 P : *D. 2013. Actu. 988, obs. Delpech ; JCP E 2013, nº 1447, note Boujeka ; RJDA 2013, nº 747 ; Gaz. Pal. 2013. 2363, obs. Rouaud* (sur renvoi : • Paris, 2 déc. 2014 : *RJDA 2015, nº 523*).

5. *Pouvoirs.* Le fait qu'une lettre de change ait été endossée par le débiteur en état de cessation des paiements ne porte pas atteinte à la validité de l'endossement si, au moment de celui-ci, le signataire n'était pas encore soumis au dessaisissement. • Com. 18 juin 1979, nº 77-15.497 P : *Banque 1979. 1504, obs. Marin.* – Comp. : • Req. 24 févr. 1936 : *S. 1936. 1. 223* • Douai, 17 févr. 1938 : *S. 1938. 2. 196.* ♦ V. aussi, art. L. 641-9.

6. *Porteur légitime.* V. note 1 ss. art. L. 511-11.

7. *Lettre de change-relevé (LCR).* Les dispositions de la loi du 13 mars 2000, qui ont consacré la valeur probante de l'écrit dématérialisé et validé la signature électronique, ne sauraient avoir pour effet de conférer à la LCR les effets juridiques de la lettre de change, notamment en ce qui concerne les recours cambiaires (Rép. min. nº 25110 : *JO Sénat Q 30 nov. 2000, p. 4087*). ♦ Sur la validité d'une LCR qui avait été scannée et envoyée par le tiré accepteur et ensuite endossée par le bénéficiaire, V. • Montpellier, 20 juin 2017, nº 15/04137 : *CCE 2017, nº 93, obs. Caprioli.*

B. ESCOMPTE

BIBL. Vasseur, *Banque 1982. 1458.* – Szulman, *Banque et Dr. 5-6/2000. 26* (bordereau de remise d'effet à l'escompte : nouvelle modalité d'endossement ?).

8. *Portée de l'escompte.* Le seul fait qu'un créancier ait tenté de se faire payer, en tirant des effets sur son débiteur et en les remettant à l'escompte, n'implique pas qu'il ait voulu renoncer au bénéfice de la compensation légale. • Com. 21 mars 1995, nº 93-11.987 P.

9. *Rémunération.* Le mode inhabituel de la fixation de la rémunération prélevée par un endossataire régulier (somme forfaitaire inférieure à la valeur nominale des effets) ne le prive pas de ses droits cambiaires. • Com. 1er oct. 1996, nº 94-10.953 P : *D. 1997. 225, note D. Martin ; JCP E 1996. II. 892, note Bonneau ; RTD com. 1997. 124, obs. Cabrillac.*

10. *Refus du banquier.* Une banque peut refuser de prendre à l'escompte des lettres de change dès lors qu'elle n'a pu obtenir du remettant des renseignements utiles sur le tiré, cette demande ne revêtant pas un caractère abusif, V. • Com. 30 nov. 1999, nº 96-14.028 P : *D. 2000. AJ 42, obs. V. A.-R. ; JCP E 2000, nº 27, p. 1087, obs. Gavalda et Stoufflet ; RDBF 2000, nº 7, obs. Crédot et Gérard.*

V. aussi notes ss. art. L. 511-9 et, sur la contrepassation par le banquier escompteur, notes 9 s. ss. art. L. 511-45.

Art. L. 511-9 **I. — L'endossement transmet tous les droits résultant de la lettre de change.**

II. — Si l'endossement est en blanc, le porteur peut :

1° Remplir le blanc, soit de son nom, soit du nom d'une autre personne ;

2° Endosser la lettre de nouveau en blanc ou à une autre personne ;

3° Remettre la lettre à un tiers, sans remplir le blanc et sans l'endosser. – *[C. com., art. 118.]*

1. Présomption d'endossement translatif. En l'absence de toute indication sur la nature de l'endossement, celui-ci est présumé translatif de propriété et un signataire antérieur peut se prévaloir de la situation apparente. • Com. 24 sept. 2002, n° 00-11.121 P : *Banque et Dr. 1-2/2003. 59, obs. Bonneau ; JCP 2002. IV. 2743 ; LPA 9 janv. 2003, obs. E. C. ; RJDA 2003, n° 63.* ♦ La mention d'endossement portée sans autre précision sur une lettre de change a un effet translatif au profit de l'endossataire dès lors que la preuve n'est pas rapportée d'une intention différente des parties. • Com. 3 mai 2000, n° 97-10.911 P : *D. 2000. AJ 324, obs. Faddoul ; RDBF 2000, n° 182, obs. Crédot et Gérard.* ♦ V. aussi, • Paris, 27 mai 1983 : *D. 1984. IR 72, obs. Cabrillac* • Reims, 5 mai 1980 : *Banque 1981. 1047.*

2. Preuve contraire. Dans le cas de l'endossement translatif d'un effet de commerce, si le remettant et l'endossataire sont convenus que cet effet garantit l'exécution d'une obligation, et quoique les tiers soient fondés à se prévaloir du caractère translatif de l'endossement, l'endossataire est tenu envers le remettant selon ce qui a été convenu entre eux (à propos de billets à ordre). • Com. 14 mars 1989, n° 86-16.936 P : *D. 1989. IR 104.* ♦ La preuve contraire peut en être rapportée, mais ne saurait résulter de la pratique qualifiée d'escompte en banque. • Aix-en-Provence, 8 juill. 1977 : *JCP 1979. II. 19111, note Stoufflet.* ♦ V. art. L. 511-13.

3. Droits transmis. BIBL. Cabrillac, *Études Weill, Dalloz, Litec, 1983, p. 107.* ♦ L'endossement effectué par une personne n'ayant pas la qualité de porteur légitime est privé d'effet translatif. • Com. 14 oct. 1980, n° 79-10.338 P. ♦ L'endossataire bénéficie, en principe, des sûretés qui garantissaient la provision, alors même qu'aucune mention n'en figurait sur le titre (billet à ordre). • Civ. 20 juin 1854 : *DP 1854. 1. 305* • Douai, 14 nov. 1901 : *DP 1903. 2. 158* • Colmar, 30 déc. 1850 : *DP 1854. 2. 145.*

V., pour la réserve de propriété, • Com. 11 juill. 1988, n° 87-10.834 P : *D. 1988. IR 240 ; RTD com. 1988. 656, obs. Cabrillac et Teyssié.* ♦ V. aussi, note 47 ss. art. L. 624-16.

L'opération d'escompte d'une lettre de change ne confère pas de plein droit à une banque le bénéfice d'un contrat d'assurance-crédit, destiné à garantir l'éventuelle insolvabilité du tiré, qui n'est pas l'accessoire de la lettre de change. • Com. 25 févr. 1992, n° 90-14.707 P : *D. 1992. 349, note Gavalda ; Banque 1992. 530, obs. Rives-Lange.*

4. Date de l'endossement. V. note 2 ss. art. L. 511-14.

Art. L. 511-10 L'endosseur est, sauf clause contraire, garant de l'acceptation et du paiement.

Il peut interdire un nouvel endossement. Dans ce cas, il n'est pas tenu à la garantie envers les personnes auxquelles la lettre est ultérieurement endossée. — *[C. com., art. 119.]*

1. Clause interdisant un nouvel endossement. La clause par laquelle un endosseur interdit un nouvel endossement a pour effet de supprimer sa garantie envers les seules personnes auxquelles la lettre serait ultérieurement endossée. • Paris, 11 déc. 1984 : *RTD com. 1985. 330, obs. Cabrillac et Teyssié.*

2. Clause de non-garantie. La clause de non-garantie, si elle exonère le signataire de la responsabilité qui lui incombe au cas de défaillance du tiré, laisse subsister sa responsabilité au cas de nullité du titre et pour son fait personnel. • Civ. 31 juill. 1817 : *S. 1819. 1. 68* • 31 mai 1864 : *DP 1864. 1. 285* • Req. 3 févr. 1885 : *DP 1885. 1. 364.* – Comp. C. civ., art. 1693. – C. civ.

3. Entrée en compte. Le recours en garantie ouvert à l'endossataire contre l'endosseur existe même si le montant de l'effet a été porté au compte courant existant entre eux, nonobstant le principe de novation dominant le fonctionnement de ce compte. • Civ. 24 janv. 1906 : *DP 1906. 1. 353, note Lacour.* – Comp. : • Com. 7 oct. 1963, n° 61-13.217 P • 23 févr. 1976, n° 74-13.093 P : *RTD com. 1976. 768, obs. Cabrillac et Rives-Lange.*

Art. L. 511-11 Le détenteur d'une lettre de change est considéré comme porteur légitime s'il justifie de son droit par une suite ininterrompue d'endossements, même si le dernier endossement est en blanc. Les endossements biffés sont à cet égard réputés non écrits. Quand un endossement en blanc est suivi d'un autre endossement, le signataire de celui-ci est réputé avoir acquis la lettre par l'endossement en blanc.

Si une personne a été dépossédée d'une lettre de change par quelque événement que ce soit, le porteur justifiant de son droit de la manière indiquée à l'alinéa précédent n'est tenu de se dessaisir de la lettre que s'il l'a acquise de mauvaise foi ou si, en l'acquérant, il a commis une faute lourde. — *[C. com., art. 120.]*

1. Porteur légitime. Le détenteur n'est pas porteur légitime s'il ne justifie pas de son droit par une suite ininterrompue d'endossements. • Com. 9 déc. 1968 : *D. 1968. Somm. 55* • 9 juin 1970, n° 68-12.153 P : *RTD com. 1971. 402, obs. Cabrillac et Rives-Lange* • 24 nov. 1992, n° 90-

20.891 P : *D. 1993. Somm. 317, obs. Cabrillac* • 4 janv. 1994, n° 92-12.792 : *RJDA 1994, n° 691.* ♦ Comp., pour un endossement de procuration : note 6. ♦ Pour attribuer la qualité de porteur légitime, l'endossement doit être signé avant la rédaction de l'acte de protêt. • Com. 10 janv. 1984, n° 82-10.704 P. ♦ Comp. : notes ss. art. L. 511-9.

2. Erreur manifeste. Lorsqu'une erreur manifeste s'est produite dans la rédaction des endossements, la chaîne n'en est pas interrompue. • Com. 9 mars 1976, n° 74-12.637 P : *RTD com. 1976. 754, obs. Cabrillac et Rives-Lange.* ♦ V. aussi, pour une différence minime (une lettre) entre la désignation du bénéficiaire et celle du premier endosseur : • Com. 30 mai 1995, n° 93-16.603 : *RTD com. 1995. 815, obs. Cabrillac* .

3. Restitution de la lettre. La restitution de la lettre qui n'était pas accompagnée d'un biffage de l'endos, n'enlève pas à son auteur la qualité de porteur légitime. • Com. 5 mars 1956 : *JCP 1956. II. 9369 ; RTD com. 1956. 477, obs. Becqué et Cabrillac.*

4. Endossement biffé. S'agissant d'endossements biffés, les annulations portées sur les originaux des lettres de change ne concernant pas les endos originels, le banquier escompteur doit être considéré comme porteur légitime de ces effets. • Com. 1er oct. 1996, n° 93-21.410 : *RJDA 1997, n° 87.*

5. Remise postérieure. La personne qui n'est pas en possession de la lettre endossée au porteur ou en blanc au moment du protêt ne peut acquérir la qualité de porteur légitime par une remise postérieure. • Req. 28 mars 1944 : *D. 1945. 1, note Percerou ; JCP 1945. II. 2790, note Lescot.*

6. Dépossession. Au cas où une lettre de change tirée sur une personne et acceptée par cette dernière a été dérobée au tireur par un individu qui l'a endossée à l'ordre d'un tiers en contrefaisant la signature du tireur, il convient, pour accueillir ou rejeter l'action en paiement du porteur contre le tiré accepteur, de rechercher si le porteur était ou non de bonne foi. • Com. 21 déc. 1959 : *D. 1960. 262.* – V. Roblot, note ss. • T. com. Seine, 26 janv. 1956 : *JCP 1956. II. 9502* • Com. 13 mars 1957 : *Gaz. Pal. 1957. 2. 93 ; RTD com. 1957. 980, obs. Becqué et Cabrillac* (à propos d'un porteur qui ne peut être de bonne foi si dans la chaîne des endossements s'insère un endossement de procuration). ♦ V. art. L. 511-31 et L. 511-34.

Art. L. 511-12 **Les personnes actionnées en vertu de la lettre de change ne peuvent pas opposer au porteur les exceptions fondées sur leurs rapports personnels avec le tireur ou avec les porteurs antérieurs, à moins que le porteur, en acquérant la lettre, n'ait agi sciemment au détriment du débiteur.** – *[C. com., art. 121.]*

BIBL. ▶ Bouteron, *Gaz. Pal. 1955. 1. Doctr. 1.* – Daigre, *RTD com. 1977. 651.* – Diener, *D. 1977. Chron. 17.* – Duguet et Lamarche, *LPA 1979, nos 123 et 283.* – Fangain, *Gaz. Pal. 1974. 2. Doctr. 601.* – Marin, *Banque 1963. 542.* – Reuter, *RTD com. 1974. 439.*

I. INOPPOSABILITÉ DES EXCEPTIONS

1. Domaine : exclusion des recours non cambiaires. La règle prévue par l'art. 121 [C. com., art. L. 511-42] n'est pas applicable dans le cas où le tireur est actionné par le tiré ou par le bénéficiaire originaire de la lettre de change qu'il a reçue du tireur en échange d'une contrepartie fournie en espèces ou autrement ; dans ces deux cas la dette cambiaire reste conditionnée par le rapport préexistant qui lui sert de cause et si ce rapport se trouve éteint par paiement ou compensation, le rapport cambiaire fondé sur lui disparaît également. • Paris, 16 déc. 1986 : *D. 1987. IR 12.*

A. PERSONNES PROTÉGÉES

2. Bénéficiaire de la traite. La qualité de tiers porteur a été reconnue au bénéficiaire de la traite, qui est le plus souvent le banquier escompteur. • Com. 21 avr. 1970, n° 68-11.769 P : *D. 1970. 612.* ♦ Sur la contre-passation d'un effet par le banquier escompteur, V. • Com. 24 janv. 1967, n° 64-11.449 P • 21 avr. 1970, n° 68-11.769 P : *préc.* ♦ Sur la contre-passation, V. aussi notes 9 s. ss. art. L. 511-45.

3. Transmission successorale. Au cas de transmission successorale d'une lettre de change, l'héritier n'a que les mêmes droits que le *de cujus* à l'égard du débiteur cambiaire. • Com. 5 févr. 1958, n° 1.179 P : *RTD com. 1958. 792, obs. Becqué et Cabrillac.*

4. Garant. Le garant qui a payé la lettre de change peut invoquer le bénéfice de l'art. 121 [C. com., art. L. 511-12]. • Req. 8 févr. 1932 : *S. 1932. 1. 27* • Com. 11 avr. 1962, n° 60-11.741 P : *D. 1962. 366.*

5. Affacturage. La qualité de mandataire du vendeur pour l'émission de la lettre de change, ensuite acceptée, fait, sauf mauvaise foi de sa part, bénéficier une société d'affacturage, en sa qualité de porteur de l'effet, de l'inopposabilité des exceptions ; en revanche, si ladite société était déjà, lors de l'émission, subrogée dans les droits du vendeur, cette qualité serait incompatible avec celle de mandataire de ce dernier pour la mobilisation d'une créance déjà transmise. • Com. 6 avr. 1993, n° 91-15.076 P : *D. 1993. IR 129.*

Sur l'opposabilité des exceptions à un cessionnaire d'une créance professionnelle bénéficiaire d'une lettre de change émise, ultérieurement à la cession, par le cédant sur le débiteur cédé, V. notes 17 s. ss. art. L. 511-7.

6. Injonction de payer exécutoire. Lorsqu'une injonction de payer devenue exécutoire a été prononcée en vertu de lettres de change acceptées, l'autorité de la chose jugée s'oppose à ce que le tiers porteur soit, dans une instance ultérieure, privé du bénéfice de l'inopposabilité des exceptions attaché à l'action cambiaire. • Com. 19 mai 1992, n° 90-17.926 P : *RTD com. 1992. 644, obs. Cabrillac et Teyssié*.

B. EXCEPTIONS INOPPOSABLES

7. Vice touchant l'ordre public. L'inopposabilité des exceptions s'applique même au cas où le vice invoqué touche l'ordre public, telle une clause de garantie de change illicite. • Civ. 1er juill. 1931 : *DP 1932. 1. 12, note Laurent.* ♦ Dans le même sens, pour la nullité d'une convention contraire à l'art. 1840 CGI (dissimulation d'une partie du prix de vente d'un immeuble) : • Com. 31 janv. 1978 : *D. 1978. IR 337, obs. Cabrillac* • 18 mai 1978, n° 76-13.503 P.

8. Modification de l'échéance. Jugé que, lorsque la mauvaise foi, au sens de l'art. 121 [C. com., art. L. 511-12], de la banque endossataire n'est pas établie, il ne saurait lui être fait utilement grief d'avoir modifié unilatéralement la mention de l'échéance par la mention « à vue » ou encore celle du montant par la simple addition de celui des frais de retour, dès lors que ces modifications ont été effectuées après présentation à l'échéance originaire et retour des effets impayés et qu'elles ne modifient pas les rapports juridiques entre les parties, la banque étant libre de présenter à nouveau au paiement les effets en cause, et en droit de réclamer les frais de retour, par application de l'art. 152 [C. com., art. L. 511-45]. • Nancy, 30 oct. 1991 : *JCP 1992. IV. 2480.*

9. Exemples d'exception inopposable. Ont été déclarées inopposables au porteur : l'absence de provision. • Com. 19 déc. 1966 : *Bull. civ. III, n° 489* • 4 nov. 1975, n° 74-10.884 P. ♦ ... L'extinction de la dette. • Aix-en-Provence, 19 janv. 1976 : *D. 1977. IR 191.* – V. aussi, pour des traites dont le montant a été, suite à une erreur informatique, réglé directement par le tireur au bénéficiaire, • Rouen, 18 sept. 1997 : *JCP E 1998, n° 41, p. 1570.* ♦ De même, est inopposable au banquier qui a acquis l'effet, l'exception tirée d'une erreur sur la cause de son acceptation par le tiré. • Com. 2 juill. 1969, n° 67-12.196 : *Banque 1969. 926, obs. Marin ; JCP 1970. II. 16427, note Langlois.* – Comp. : • Civ. 25 mai 1894 : *DP 1894. 1. 447* • Amiens, 7 févr. 1894 : *DP 1895. 2. 437.* ♦ N'est pas recevable la demande du tiré qu'il soit sursis au paiement de la lettre de change jusqu'au résultat d'une plainte par lui déposée contre le tireur pour escroquerie et abus de confiance. • Com. 2 juill. 1991, n° 89-20.467 P. ♦ En revanche, l'incapacité d'un souscripteur peut être invoquée par l'incapable contre tout porteur. • Paris, 17 juill. 1894 : *DP 1895. 2. 25, note Thaller* • 27 avr. 1896 : *DP 1898. 2. 257, note Boistel* • 10 nov. 1925 : *DP 1925. 2. 139, note N. L.* ♦ Sauf convention contraire, le tireur d'une lettre de change acceptée, tenu par sa signature cambiaire d'une obligation indépendante, ne peut opposer au porteur la non exécution du titre obtenu par ce dernier contre le tiré. • Com. 20 févr. 2007, n° 05-21.264 P : *D. 2007. 2646, note Matsopoulou ; RTD com. 2007. 422, obs. Legeais ; JCP E 2007, n° 16, p. 17 ; LPA 25 avr. 2008, note Despaquis ; RJDA 2007, n° 887.*

10. Absence d'avis du défaut de paiement. Sur l'inefficacité d'une exception tirée de l'absence d'avis du défaut de paiement de l'effet, prévu à l'art. L. 511-42, V. note 1 ss. cet art.

II. EXCEPTIONS OPPOSABLES

A. MAUVAISE FOI DU PORTEUR

11. Définition. Par l'expression finale de l'art. 121 [C. com., art. L. 511-12], le législateur a réservé le cas où le porteur a eu conscience, en consentant à l'endossement du titre à son profit, de causer un dommage au débiteur cambiaire par l'impossibilité où il le met de se prévaloir, vis-à-vis du tireur et d'un précédent endosseur, d'un moyen de défense issu de ses relations avec ces derniers. • Com. 26 juin 1956 : *JCP 1956. II. 9600, note Roblot ; RTD com. 1957. 146, obs. Becqué et Cabrillac* • 2 févr. 1976, n° 74-12.711 P : *JCP 1977. II. 18714, note Gavalda* • 9 juill. 1979, n° 78-10.787 P : *D. 1980. 265, note Vasseur.*

12. Personne morale. S'agissant d'une personne morale, la mauvaise foi est appréciée en la personne de ses représentants légaux et non d'un simple préposé. • Com. 15 juill. 1975, n° 74-11.477 P.

13. Date d'appréciation. C'est au moment de l'acquisition du titre par le porteur que la mauvaise foi doit être appréciée. • Req. 11 mars 1935 : *DH 1935. 210* • Com. 22 janv. 1974 : *D. 1974. 408* • 30 janv. 1979, n° 77-14.125 P : *Banque 1979. 1502, obs. Martin* • 30 mai 1983 : *D. 1984. IR 72, obs. Cabrillac* • 31 janv. 1984, n° 82-16.431 P • 13 janv. 1987, n° 85-16.521 P : *D. 1987. Somm. 291, obs. Vasseur* • 8 juill. 1997, n° 95-17.589 P : *D. Affaires 1997. 1120* • Rennes, 8 juill. 1998 : *JCP E 2000, n° 27, p. 1079, obs. Belleil.* ♦ V. aussi • Com. 18 avr. 2000, n° 96-21.266 : *RJDA 2000, n° 796.*

Sur l'obligation, en cas d'escomptes successifs du même titre, de se placer à la date du dernier escompte et non à la date d'acquisition initiale du titre, V. • Paris, 15 févr. 1989 : *cité note 16.*

14. Preuve. La preuve de la mauvaise foi peut être rapportée par tout moyen. • Req. 19 oct. 1938 : *Gaz. Pal. 1938. 2. 897* • Com. 12 juill. 1971 :

ibid. 1971. 2. 759 ; RTD com. 1972. 127, obs. Cabrillac et Rives-Lange • 13 janv. 1982, n° 80-13.889 P • T. com. Paris, 16 déc. 1981 : *D. 1982. IR 410, obs. Vasseur.* ♦ Sur l'obtention d'une expertise, malgré les termes de l'art. 182 [C. com., art. L. 511-81], V. • Com. 2 déc. 1974, n° 73-13.159 P. – *Contra* : • Com. 14 juin 1971, n° 69-10.705 P : *JCP 1973. II. 17310, note Groslière.*

15. Appréciation souveraine des juges du fond. L'appréciation de la mauvaise foi relève du pouvoir souverain des juges du fond. • Req. 29 avr. 1947 : *JCP 1947. II. 3602, note Lescot* • Com. 2 févr. 1976, n° 74-12.711 P : *ibid. 1977. II. 18714, note Gavalda* • 9 juill. 1979, n° 78-10.787 P : *D. 1980. 265, note Vasseur* • 18 janv. 1982, n° 80-15.556 P : *D. 1982. IR 409, obs. Vasseur.* ♦ ... Qui n'ont d'autre obligation que celle d'étayer leur position (rapport d'expertise). • Com. 17 mars 2004, n° 01-15.111 : *RJDA 2004, n° 1035.* ♦ Jugeant que la cour d'appel aurait dû rechercher, ainsi qu'elle y était invitée, si la banque avait rejeté les « paiements fournisseurs » dès le lendemain de la date à laquelle elle a escompté les lettres de change, et si ce fait ne démontrait pas qu'elle savait ou devait savoir, lors de l'escompte, que la société se trouvait dans une situation irrémédiablement compromise, V. • Com. 18 janv. 2011, n° 10-30.027 : *Gaz. Pal. 2011. 469, obs. Houin-Bressand.*

16. Mauvaise foi caractérisée : exemples. La mauvaise foi est caractérisée dès lors que le créancier sait que la provision ne pourra être fournie au tiré. • Com. 9 juill. 1979, n° 78-10.787 P : *préc. note 11* • 4 nov. 1982, n° 80-16.635 P • Paris, 28 janv. 1992 : *D. 1992. IR 130.* – V. aussi • Versailles, 1er mars 1990 : *D. 1991. Somm. 219, obs. Cabrillac.* ♦ Le banquier est de mauvaise foi dès lors que, au moment où il escompte la lettre de change acceptée, il sait qu'existe un litige sérieux et persistant sur la validité de la vente. • Paris, 15 févr. 1989 : *D. 1989. IR 89.* ♦ Il résulte de l'art. L. 511-12 que le banquier escompteur, bénéficiaire d'une lettre de change, peut, en sa qualité de tiers porteur, se voir opposer les exceptions fondées sur les rapports personnels entre tireur et tiré lorsqu'il est établi qu'il savait, au moment de l'escompte, que la provision de la lettre de change ne serait pas constituée à son échéance ou que la situation du tireur était irrémédiablement compromise. • Com. 1er mars 2016, n° 14-25.025 : *cité note 17.* ♦ Lorsque le banquier escompteur avait connaissance d'un dépassement d'objet social réalisé sur la base du rapport fondamental, il doit être considéré comme ayant agi sciemment au *détriment du tiré. • Com. 25 juin 1985,* n° 84-12.902 P : *Rev. sociétés 1985. 829, note Daigre ; D. 1985. IR 419, obs. Cabrillac.* ♦ Dès lors que l'examen des mouvements sur le compte bancaire d'une société en liquidation confirme que l'établissement bancaire ne pouvait ignorer ni l'importance du solde débiteur du compte ni le caractère irrémédiable des difficultés financières de sa cliente, l'établissement bancaire ne peut être considéré comme porteur de bonne foi au sens de l'art. L. 511-12 et ne peut obtenir règlement de la lettre de change qu'il avait escomptée. • Lyon, 19 avr. 2007 : *BICC 15 juill. 2007, n° 1582.*

V. aussi, sur la mauvaise foi résultant de la connaissance : du recours par le tireur à des effets de cavalerie et de la fréquente circulation d'effets sans provision dans le but de masquer des déficits croissants : • Com. 9 avr. 1996, n° 94-17.676 : *D. Affaires 1996. 685.* ♦ ... De la situation désespérée du tireur : • Com. 10 juin 1997, n° 95-12.403 P : *ibid. 1997. 900 ; RTD com. 1997. 485, obs. Cabrillac* • Rennes, 8 juill. 1998 : *JCP E 2000, n° 27, p. 1079, obs. Belleil* • Douai, 6 oct. 2005 : *BICC 2006, n° 124.* ♦ Pour un arrêt se référant au fait que le banquier a déclaré sa créance au redressement judiciaire du remettant, V. • Com. 21 mai 1996, n° 94-13.186 : *RTD com. 1996. 500, obs. Cabrillac.*

17. Mauvaise foi non établie : exemples. La seule négligence ou même l'imprudence d'un créancier cambiaire n'est pas assimilable à la mauvaise foi. • Com. 27 avr. 1985 : *Bull. civ. IV, n° 139* • Caen, 11 juin 1971 : *Banque 1971. 1037* • Orléans, 28 févr. 1979 : *D. 1980. 265, note Vasseur.* – V. aussi • Com. 20 févr. 1990, n° 87-19.839 P • 8 janv. 1991, n° 89-17.295 P : *D. 1991. Somm. 218, obs. Cabrillac* • 20 mai 2003, n° 99-13.541 : *RJDA 2003, n° 1237.* ♦ La simple connaissance par le créancier de la situation financière obérée du débiteur cambiaire ne suffit pas à caractériser la mauvaise foi. • Com. 18 juin 1979, n° 77-15.497 P : *Banque 1979. 1504, obs. Marin* • 1er juill. 1980, n° 79-10.025 P • 24 mars 1992, n° 90-17.457 : *D. 1992. Somm. 340, obs. Cabrillac* (connaissance de l'utilisation par le remettant de traites en blanc préacceptées et des difficultés de celui-ci) • 18 mai 1993, n° 91-11.486 P • 28 nov. 1995, n° 94-12.233 P : *Rev. huiss. 1996. 706, note Courtier ; LPA 24 juill. 1996, note Gibirila* • 16 janv. 1996, n° 94-10.633 : *Rev. huiss. 1996. 710, note Courtier* • T. com. Nantes, 29 sept. 1997 : *JCP E 1999, n° 4, p. 168, obs. Belleil.* ♦ La connaissance de la cessation des paiements du tireur n'implique pas nécessairement que le banquier escompteur était informé au jour de l'escompte que la provision n'était pas et ne serait pas constituée au jour de l'échéance. • Paris, 17 nov. 1992 : *JCP E 1993. Pan. 47.* ♦ La seule mention, inscrite le 1er juill. 2011 au RCS, de la décision de non-dissolution de la société malgré des capitaux propres devenus inférieurs à la moitié du capital social du fait des pertes constatées, ne suffit pas à établir que, lors de l'escompte des lettres de change, en décembre 2011, la banque avait connaissance de la situation irrémédiablement compromise de cette société, dont le redressement judiciaire n'a été ouvert que six mois plus tard. • Com. 1er mars 2016, n° 14-25.025 : *RJDA 2016, n° 814 ; Gaz. Pal. 7 juin 2016, p. 62, obs. Moreil.* ♦ L'obligation prévue à l'art. 11-6 du règlement intérieur national des barreaux, selon laquelle l'avocat ne peut recevoir un paiement par lettre de change que si celle-ci est acceptée par le tiré, client de l'avocat, est une règle de nature déontologique éventuellement passible de sanctions disciplinaires qui ne peut priver le porteur de ses recours cambiaires, dès lors qu'il n'est pas allégué qu'en l'acquérant dans de telles conditions il aurait agi de mauvaise foi. • Com. 6 déc. 2011, n° 10-30.896 P : *D. 2012. 536, note Lasserre Capdeville ; JCP E 2011, n° 1924 ; Gaz. Pal. 2012. 386, obs. Houin-Bressand ; RJ com. mars-avr. 2012. 36, note Deharo.* – Sur cet arrêt, V. aussi Boujeka, *D. 2012. 2103* (droit cambiaire et déontologie des avocats).

La mauvaise foi de la banque n'est pas établie par les remplacements successifs de lettres de change résultant d'une libre négociation entre les parties, ni par la date de l'escompte, opéré quelques jours avant le jugement déclaratif de redressement judiciaire. • Versailles, 16 mars 1994 : *D. 1994. IR 115.* ♦ ... Ni par le seul fait que l'escompte porte sur des effets de commerce à plus de 90 jours. • Paris, 15 févr. 1989 : *préc. note 13.* ♦ La mauvaise foi de la banque ne peut se déduire du seul fait que les lettres de change ont été tirées aussitôt après l'établissement des devis et escomptées très rapidement, dès lors qu'il n'est pas établi que la banque, au moment où elle avait escompté les lettres de change, avait eu conscience de causer un préjudice au tiré et d'empêcher celui-ci de se prévaloir de l'exception de défaut de provision. • Com. 19 févr. 2013, n° 12-12.839 : *Gaz. Pal. 2013. 1163, obs. Houin-Bressand ; Banque et Dr. 5-6/2013. 25, obs. Helleringer.*

18. Conséquences de la mauvaise foi. L'exception de défaut de provision d'une lettre de change peut être invoquée contre un porteur de mauvaise foi, non seulement pour s'opposer à une action en paiement, mais aussi afin de restitution du montant d'un paiement antérieur. • Com. 18 oct. 1994, n° 92-17.309 P : *D. 1994. IR 252 ; RTD com. 1995. 163, obs. Cabrillac.* ♦ La perte des recours cambiaires, en conséquence de la mauvaise foi de la banque, n'est pas exclusive de l'octroi de dommages-intérêts pour réparer le préjudice en découlant dont pourrait justifier le débiteur tiré. • Même arrêt.

B. EXCEPTIONS PERSONNELLES

19. Défaut de provision. Le tiré peut opposer au tireur resté porteur de la lettre de change le défaut de provision. • Req. 13 mai 1942 : *JCP 1942. II. 1935* • 26 mai 1942 : *ibid.* • Com. 3 juin 1966, n° 64-12.204 P : *RTD com. 1967. 205, obs. Cabrillac et Rives-Lange* • 4 juill. 1966 : *ibid.*

20. Signature contrefaite. S'il est établi par l'instruction pénale que la signature du tiré, portée sous les mentions d'acceptation de plusieurs lettres de change, a été imitée et contrefaite, ce dernier n'ayant par conséquent souscrit aucune obligation cambiaire et pouvant à ce titre opposer les exceptions résultant de ses rapports personnels avec le tireur au banquier escompteur, la juridiction civile doit surseoir à statuer sur l'action en recouvrement de la traite. • Com. 2 déc. 1997, n° 96-10.354 P : *D. 1998. IR 13.*

21. Opposabilité d'une clause attributive de compétence résultant du rapport fondamental. Dès lors qu'au tireur resté porteur d'une lettre de change le tiré accepteur peut opposer les exceptions nées du rapport fondamental, le tireur, qui exerce à l'encontre du débiteur l'action cambiaire, est lui-même fondé à se prévaloir d'une clause d'attribution de compétence résultant de ce même rapport. • Com. 5 mars 1991, n° 89-17.360 P : *D. 1991. IR 88 ; RTD com. 1991. 263, obs. Cabrillac et Teyssié.*

Art. L. 511-13 **Lorsque l'endossement contient la mention "valeur en recouvrement", "pour encaissement", "par procuration", ou toute autre mention impliquant un simple mandat, le porteur peut exercer tous les droits dérivant de la lettre de change, mais il ne peut endosser celle-ci qu'à titre de procuration.**

Les obligés ne peuvent, dans ce cas, invoquer contre le porteur que les exceptions qui seraient opposables à l'endosseur.

Le mandat renfermé dans un endossement de procuration ne prend pas fin par le décès du mandant ou la survenance de son incapacité.

Lorsqu'un endossement contient la mention "valeur en garantie", "valeur en gage" ou toute autre mention impliquant un nantissement, le porteur peut exercer tous les droits dérivant de la lettre de change, mais un endossement fait par lui ne vaut que comme un endossement à titre de procuration.

Les obligés ne peuvent invoquer contre le porteur les exceptions fondées sur leurs rapports personnels avec l'endosseur, à moins que le porteur, en recevant la lettre, n'ait agi sciemment au détriment du débiteur. – *[C. com., art. 122.]*

A. ENDOSSEMENT DE PROCURATION

1. Preuve. Malgré l'absence sur le titre d'une clause contraire, l'endosseur d'une traite a la faculté de prouver qu'il n'avait donné qu'un endossement de procuration, une telle preuve pouvant être rapportée, s'agissant des rapports entre l'endosseur et l'endossataire, par tous moyens. • Com. 3 mai 1971, n° 69-12.382 P : *RTD com. 1972. 127, obs. Cabrillac et Rives-Lange* • Aix-en-Provence, 8 juill. 1977 : *JCP 1979. II. 19111, note Stoufflet.* ♦ Mais, une lettre de change ayant été endossée à l'ordre d'une banque sans aucune mention la désignant comme simple mandataire à des fins d'encaissement et son montant ayant été porté au crédit du compte du tireur, d'où il n'avait pas été contrepassé, un arrêt retient justement que la banque est propriétaire de l'effet et accueille sa demande en paiement contre le tiré accepteur. • Com. 25 févr. 1992, n° 90-17.335 P : *RJDA 1992, n° 621.* ♦ Comp., cassant, pour violation des art. 117 et 122 [C. com., art. L. 511-8 et L. 511-13], l'arrêt qui, pour condamner le client d'une banque à payer à celle-ci le montant d'une lettre de change qu'il lui avait remise et qui était restée impayée à son échéance, retient que l'effet litigieux a fait l'objet, le jour de sa remise, d'un bordereau d'escompte, que son montant a été porté au crédit du compte du client, que cette opération figurait sur le relevé de ce compte avec le libellé « escompté », qu'il apparaissait donc que la lettre de change avait été remise pour escompte et non pour encaissement et qu'à tout le moins, le client avait ratifié l'opération d'escompte réalisé, sans rechercher si les mentions portées sur la lettre de change révélaient l'existence d'un endossement ayant transmis à la banque la propriété de l'effet : • Com. 27 févr. 1990, n° 88-15.840 P : *RTD com. 1991. 73, obs. Cabrillac et Teyssié.* ♦ Sur une inscription en compte courant, V. note 3 ss. art. L. 511-10.

2. Portée de la mention « valeur en recouvrement ». Une cour d'appel ne peut condamner le tiré d'une lettre de change acceptée à payer le montant de cet effet sans répondre à ses conclusions soutenant que celui-ci n'avait pu être endossé que par procuration compte tenu de la mention « valeur en recouvrement » qu'il comportait conformément aux règles du droit cambiaire. • Com. 30 janv. 1996, n° 94-12.638 P : *RTD com. 1996. 300, obs. Cabrillac* (tireur ayant endossé l'effet après avoir caché la mention à l'escompte). ♦ Il revient à la cour d'appel de rechercher, comme il lui était demandé, si la mention « valeur en *recouvrement » n'était pas l'un des éléments de* la formule apposée par la banque, endossataire, pour assurer en cas de circulation du titre, le recouvrement à son profit. • Com. 30 oct. 2007, n° 06-10.127 : *RJDA 2008, n° 323.*

3. Durée. Le mandat ne prend pas fin au cas de *liquidation des biens* de l'endosseur. • Civ. 20 avr. 1948 : *D. 1948. 375 ; RTD com. 1948. 698, obs. Houin.*

4. Exceptions opposables. L'endossataire d'une lettre de change à titre de procuration n'acquiert pas la propriété du titre et peut donc se voir opposer par le débiteur cambiaire toutes les exceptions que ce débiteur pourrait faire valoir contre l'endosseur. • Com. 24 sept. 2002, n° 00-10.983 : *RJDA 2003, n° 62.* ♦ Comp., jugeant que le débiteur cambiaire ne peut opposer à l'endossataire les exceptions nées de ses rapports personnels avec ce dernier : • Civ. 8 avr. 1856 : *DP 1856. 1. 201* • Req. 12 janv. 1869 : *DP 1872. 1. 125.*

5. Obligations de l'endossataire. L'endossataire est responsable à l'égard de l'endosseur du préjudice à lui causé par une mauvaise exécution de son mandat. • Com. 21 nov. 1966, n° 63-11.551 P : *Banque 1967. 270* • Paris, 19 févr. 1987 : *D. 1987. IR 57.* ♦ Sur l'exonération par la force majeure, V. • Com. 12 juin 1979, n° 77-14.980 P (grève du personnel). ♦ En l'absence de faute lourde de sa part, l'endossataire peut écarter sa responsabilité par l'effet de clauses exclusives ou limitatives. • Civ. 7 juill. 1864 : *S. 1865. 1. 23* • 4 janv. 1910 : *S. 1911. 1. 521, note Bourcart* • Paris, 9 juill. 1980 : *RJ com. 1981. 301, note Delebecque ; Banque 1981. 1452, obs. Martin* • T. com. Compiègne, 2 juill. 1982 : *ibid. 1982. 1468, obs. Martin.* ♦ Lorsque l'endossataire n'a encaissé qu'une partie des titres remis, il doit restituer les titres impayés, sous peine de dommages-intérêts et il n'a droit qu'aux frais et honoraires concernant les titres encaissés. • Req. 6 déc. 1921 : *DP 1922. 1. 56.* ♦ Sur la limitation des pouvoirs de l'endossataire au cas de perte de l'effet, V. • Com. 13 mars 1957 : *Gaz. Pal. 1957. 2. 93 ; RTD com. 1957. 980, obs. Becqué et Cabrillac.* ♦ Sur la responsabilité du banquier endossataire, V. aussi note 4 ss. art. L. 511-49.

6. Perte ou vol de l'effet. V. note 2 ss. art. L. 511-34.

B. ENDOSSEMENT PIGNORATIF

7. Preuve. V. notes 1 et 2 ss. art. L. 511-9. ♦ Comp., jugeant que la mise en gage d'un effet de commerce peut être établie, conformément à l'art. 91, al. 1er [C. com., art. L. 521-1, al. 1er], par tous moyens, • Com. 20 juin 1972, n° 71-10.789 P : *RTD com. 1972. 966, obs. Cabrillac et Rives-Lange.* – V. aussi art. L. 521-1, al. 2. ♦ La banque qui a reçu des lettres de change du tireur sans qu'elles soient endossées à son profit, mais qui lui en a versé la contrepartie, comme s'il y avait eu escompte, n'est pas en droit d'exercer l'action cambiaire contre le tiré-accepteur et ne saurait non plus exercer une action en enrichissement sans cause contre ce dernier. • Paris, 19 déc. 1984 : *D. 1985. IR 419, obs. Cabrillac.*

8. Validité des endossements pignoratifs successifs. Le tireur qui, ayant été porteur de la lettre de change, l'avait endossée à titre pignoratif et qui en redevient ultérieurement porteur, puisqu'il est demeuré propriétaire de l'effet qui revient entre ses mains et que le précédent endossement en garantie a cessé de produire effet, peut ainsi procéder valablement à un nouvel endossement pignoratif. • Com. 21 avr. 1975, n° 73-14.383 P : *D. 1975. Somm. 86 ; RTD com. 1975. 870, obs. Cabrillac et Rives-Lange.*

9. Transmission des droits incorporés dans le titre. La transmission d'une lettre de change s'effectue pour les effets acceptés comme pour ceux non acceptés, à la date de la remise du titre au preneur ou de son endossement. • Com. 29 nov. 1982, n° 81-14.005 P : *D. 1983. IR 246, obs. Cabrillac.*

10. Droits de l'endossataire. L'endossataire peut, quelle que soit la nature du prêt (dette civile) constituant la cause de l'endossement, exercer tous les droits dérivant de la lettre de change et en poursuivre le recouvrement. • Com. 26 janv. 1971, n° 69-11.101 P : *RTD com. 1971. 1051, obs. Cabrillac et Rives-Lange.* ♦ L'endossataire n'est pas astreint à recourir à la procédure de droit commun de réalisation du gage. • Paris, 4 janv. 1965 : *Banque 1965. 193, obs. Marin* • Chambéry, 6 juin 1966 : *JCP 1967. II. 15174, obs. Lescot.* ♦ Comp., au cas de règlement judiciaire de l'endosseur : • T. com. Nice, 23 nov. 1976 : *D. 1977. 219, note F. D.*

11. Absence de présentation à l'encaissement. La banque n'est pas tenue de présenter à l'encaissement des lettres de change qui lui ont été remises par un client comme garantie supplémentaire du remboursement de l'avance qu'elle lui a consentie en mobilisant ses créances sur un acheteur étranger par l'escompte de billets à ordre, alors qu'il est également constaté que le client devait assurer lui-même le recouvrement de ses factures. • Com. 15 févr. 1994, n° 92-11.877 : *RJDA 1994, n° 827.*

12. Exceptions inopposables. Au cas d'endossement pignoratif, les obligés de la lettre de change ne peuvent invoquer contre le porteur de bonne foi les exceptions fondées sur leurs rapports personnels avec le tireur. • Civ. 13 mars 1933 : *DH 1933. 252* • Com. 20 juin 1972, n° 71-10.789 P : *Banque 1972. 1155* • 31 mai 1976, n° 75-11.683 P : *D. 1976. IR 260* • 29 nov. 1982, n° 81-14.005 P : *préc. note 9* • Chambéry, 6 juin 1966 : *JCP 1967. II. 15174, note Lescot* • T. com. Seine, réf., 14 juin 1966 : *RJ com. 1966. 341.* ♦ Il suffit pour qu'il soit de mauvaise foi, au sens de l'art. 122, al. 5 [C. com., art. L. 511-13, al. 5], que le porteur, en acquérant les effets, ait eu conscience de causer un dommage au débiteur. • Com. 13 mai 1981, n° 79-15.859 P.

Art. L. 511-14 **L'endossement postérieur à l'échéance produit les mêmes effets qu'un endossement antérieur. Toutefois, l'endossement postérieur au protêt faute de paiement, ou fait après l'expiration du délai fixé pour dresser le protêt, ne produit que les effets d'une cession ordinaire.**

Sauf preuve contraire, l'endossement sans date est censé avoir été fait avant l'expiration du délai fixé pour dresser le protêt.

Il est défendu d'antidater les ordres à peine de faux. – *[C. com., art. 123.]*

1. Opposabilité des exceptions. En cas d'endossement consenti après protêt faute de paiement ou après l'expiration du délai pour dresser protêt, la créance est valablement transmise au cessionnaire, mais sans que joue l'inopposabilité des exceptions à l'égard de l'endosseur. • Com. 13 oct. 1970, n° 68-13.551 P • 27 juin 1977, n° 76-10.941 P • Poitiers, 11 déc. 1963 : *Banque 1965. 121, obs. Marin ; JCP 1964. II. 1310, note Lescot* • Paris, 23 avr. 1964 : *Banque 1965. 122, obs. Marin* • 22 juin 1966 : *D. 1967. 95* • Riom, 5 mai 1980 : *Banque 1981. 1047.* ♦ L'endossement transmet cependant à l'endossataire les droits de l'endosseur sans qu'il soit besoin de procéder à la formalité de l'art. 1690 C. civ. • Paris, 22 juin 1966 : *D. 1967. 95.* – Comp. : • Com. 25 juin 1974, n° 73-11.743 P. ♦ L'art. 123 [C. com., art. L. 511-14] n'est pas applicable à un endossement postérieur au protêt pour lequel la remise de l'effet n'est que la conséquence d'un paiement imposé à un garant. • Montpellier, 4 févr. 1982 : *D. 1983. IR 44, obs. Cabrillac.*

2. Preuve de la date. Le débiteur cambiaire peut rapporter la preuve par tout moyen que l'endossement est postérieur à l'expiration du délai de protêt. • T. com. Seine, 19 mars 1959 : *Gaz. Pal. 1959. 2. 36 ; RTD com. 1959. 908, obs. Becqué et Cabrillac ; Banque 1960. 48.* ♦ Au cas où il ne serait pas fait mention dans le protêt de la signature de l'endosseur, celui qui en conteste le contenu ne peut que le faire selon la procédure d'inscription de faux. • Com. 10 janv. 1984, n° 82-10.704 P : *D. 1985. IR 32, obs. Cabrillac ; RTD com. 1984. 491, obs. Cabrillac et Teyssié.* ♦ Comp., pour l'endossement en blanc ou au porteur : note 5 ss. art. L. 511-11.

SECTION IV DE L'ACCEPTATION

Art. L. 511-15 **La lettre de change peut être, jusqu'à l'échéance, présentée à l'acceptation du tiré, au lieu de son domicile, par le porteur ou même par un simple détenteur.**

Dans toute lettre de change, le tireur peut stipuler qu'elle devra être présentée à l'acceptation, avec ou sans fixation de délai.

Il peut interdire dans la lettre la présentation à l'acceptation, à moins qu'il ne s'agisse d'une lettre de change payable chez un tiers ou d'une lettre payable dans une localité autre que celle du domicile du tiré ou d'une lettre tirée à un certain délai de vue.

Il peut aussi stipuler que la présentation à l'acceptation ne pourra avoir lieu avant un terme indiqué.

Tout endosseur peut stipuler que la lettre devra être présentée à l'acceptation, avec ou sans fixation de délai, à moins qu'elle n'ait été déclarée non acceptable par le tireur.

Les lettres de change à un certain délai de vue doivent être présentées à l'acceptation dans le délai d'un an à partir de leur date.

Le tireur peut abréger ce dernier délai ou en stipuler un plus long.

Ces délais peuvent être abrégés par les endosseurs.

Lorsque la lettre de change est créée en exécution d'une convention relative à des fournitures de marchandises et passée entre commerçants, et que le tireur a satisfait aux obligations résultant pour lui du contrat, le tiré ne peut se refuser à donner son acceptation dès l'expiration d'un délai conforme aux usages normaux du commerce en matière de reconnaissance de marchandises.

Le refus d'acceptation entraîne de plein droit la déchéance du terme aux frais et dépens du tiré. – *[C. com., art. 124.]*

BIBL. ▸ Chanteux-Bui, *RTD com. 1978. 707* (refus d'acceptation). – Nguyen Xuan Chanh, *D. 1979. Chron. 77* (déchéance des droits du porteur).

1. Traite non acceptée. Sur la nature de lettre de change d'une traite dite « *pro forma* », stipulée non acceptable, V. • Com. 15 déc. 1986, n° 85-16.166 P : *JCP E 1987. I. 16123 ; RTD com. 1987. 223, obs. Cabrillac et Teyssié.* – Comp. : • Com. 28 juin 1983, n° 82-10.630 P : *D. 1984. 444, note Endréo ; RTD com. 1984. 115, obs. Cabrillac et Teyssié* (jugeant qu'une traite « *pro forma* » non acceptable ne peut garantir à une société son droit sur la provision représenté par un billet à ordre).

2. Refus d'acceptation. Si le refus par le tiré d'accepter une lettre de change rend immédiatement exigible, en vertu de l'art. 124, dern. al. [C. com., art. L. 511-15], la créance que le tireur a contre le tiré, ce refus n'a pas pour effet de modifier l'échéance de la lettre de change. • Com. 1er févr. 1977, n° 75-13.556 P : *D. 1977. IR 398, obs. Vasseur.* – Comp. : • Aix-en-Provence, 7 janv. 1982 : *Banque 1982. 528 ; RTD com. 1982. 268, obs. Cabrillac et Teyssié.*

3. Lettre de change-relevé-papier. Pour un arrêt considérant que la lettre de change-relevé-papier est susceptible d'être acceptée, V. • Com. 30 juin 1998, n° 95-17.785 P : *D. 1999. Somm. 150, obs. Cabrillac ; Gaz. Pal. 20-24 août 1999, p. 14, obs. Guével.*

4. Fourniture de marchandises. Pour un exemple de lettre de change créée en exécution d'une convention portant sur la fourniture de marchandises dans le cadre de relations entre une centrale d'achat et ses fournisseurs, V. • T. com. Lille, 18 nov. 2004 : *Lettre distrib. 6/2006, p. 4.*

5. Négligence du tiré. Il y a lieu de faire droit à la demande de dommages et intérêts formée par une banque contre le tiré non accepteur, tant sur le fondement de l'art. 124, al. 8 [C. com., art. L. 511-15, al. 8], que sur celui de l'art. 1382 [1240] C. civ. lorsque les juges constatent souverainement que si le tiré avait renvoyé les effets aussitôt après leur réception, la banque aurait eu la possibilité d'en contrepasser le montant en temps utile. • Com. 8 janv. 1979 : *D. 1980. IR 135, obs. Cabrillac.* ♦ La passivité ou le retard du tiré dans l'acceptation peut fonder une condamnation à dommages et intérêts, si du moins la causalité est suffisante entre le retard et le préjudice subi par le banquier. • Com. 12 févr. 1974, n° 72-13.885 P : *JCP 1975. II. 17961, note Cabrillac* • 26 mars 1974, n° 72-14.049 P : *D. 1974. Somm. 99* • 12 mai 1976, n° 74-13.635 P : *D. 1976. IR 229* • Amiens, 5 janv. 1976 : *D. 1976. Somm. 56 ; RTD com. 1976. 157* • Aix-en-Provence, 7 janv. 1982 : *Banque 1982. 528, obs. Martin ; RTD com. 1982. 268.*

Art. L. 511-16 Le tiré peut demander qu'une seconde présentation lui soit faite le lendemain de la première. Les intéressés ne sont admis à prétendre qu'il n'a pas été fait droit à cette demande que si celle-ci est mentionnée dans le protêt.

Le porteur n'est pas obligé de se dessaisir, entre les mains du tiré, de la lettre présentée à l'acceptation. – *[C. com., art. 125.]*

1. Restitution de l'effet. Le tiré, non accepteur d'une lettre de change, a l'obligation de restituer au banquier escompteur le titre que celui-ci lui a envoyé pour acceptation. En retournant l'effet au tireur et en payant le montant à celui-ci avant l'échéance prévue, sans en informer la banque, le tiré commet à l'égard de cette dernière, privée ainsi de la possibilité de se faire payer par le tireur, mis entre-temps en redressement judiciaire, une faute de nature à engager sa responsabilité. V. • Com. 13 oct. 1992, ☎ n° 90-20.261 P : *RJDA 1992, n° 1162.*

2. Réexpédition postale. Le tiré qui réexpédie la lettre au porteur par pli non recommandé n'est pas responsable du dommage résultant de la perte de ce pli. • Com. 20 déc. 1954 : *JCP 1955. II. 8551* • 4 mars 1968 : *JCP 1969. II. 15777, note Gavalda.*

Art. L. 511-17 L'acceptation est écrite sur la lettre de change. Elle est exprimée par le mot "accepté" ou tout autre mot équivalent et est signée du tiré. La simple signature du tiré apposée au recto de la lettre vaut acceptation.

Quand la lettre est payable à un certain délai de vue ou lorsqu'elle doit être présentée à l'acceptation dans un délai déterminé en vertu d'une stipulation spéciale, l'acceptation doit être datée du jour où elle a été donnée, à moins que le porteur n'exige qu'elle soit datée du jour de la présentation. A défaut de date, le porteur, pour conserver ses droits de recours contre les endosseurs et contre le tireur, fait constater cette omission par un protêt dressé en temps utile.

L'acceptation est pure et simple, mais le tiré peut la restreindre à une partie de la somme.

Toute autre modification apportée par l'acceptation aux énonciations de la lettre de change équivaut à un refus d'acceptation. Toutefois, l'accepteur est tenu dans les termes de son acceptation. – *[C. com., art. 126.]*

I. CONDITIONS DE L'ACCEPTATION

A. CONDITIONS DE FOND

1. Qualité pour accepter. Ont qualité pour accepter des traites : le dirigeant d'une société commerciale personnalisée et l'employé qui dispose d'un mandat apparent et alors surtout qu'il fait précéder sa signature du cachet de la société. • Paris, 19 janv. 1937 : *Gaz. Pal. 1937. 1. 638* • T. com. Marseille, 29 avr. 1969 : *Banque 1969. 616, obs. Marin ; RTD com. 1969. 772, obs. Cabrillac et Rives-Lange.* ♦ ... Le liquidateur représentant une société dissoute. • Paris, 17 janv. 1931 : *JCP 1931. 834.* ♦ ... Le *syndic de faillite* qui continue l'exploitation. • Lyon, 21 oct. 1932 : *Journ. faillites 1933. 232* • 12 avr. 1933 : *ibid.* ♦ En revanche, la société demeure étrangère à l'acceptation donnée par le frère du gérant qui n'avait pas de pouvoir de représentation, cette société étrangère à l'apparence alléguée ne pouvant être recherchée sur le fondement d'un mandat apparent. • Com. 27 mai 1974, ☎ n° 73-10.536 P : *D. 1977. 421, note Arrighi.* ♦ Comp., pour l'acceptation donnée par un associé sans pouvoir : • Com. 29 mars 1977 : *RTD com. 1977. 555, obs. Cabrillac et Rives-Lange.* ♦ Aucune indication de la lettre de change ne permettant au tireur de considérer que l'acceptation avait été souscrite en représentation d'une personne morale, il ne peut être fait grief à une cour d'appel d'avoir condamné l'accepteur au paiement des effets. • Com. 18 janv. 1994, ☎ n° 92-11.875 : *RJDA 1994, n° 689.*

Sur l'acceptation par intervention, V. art. L. 511-66.

Sur le paiement par le domiciliataire, V. notes 9 et 10 ss. art. L. 511-2.

2. Société en formation. Après avoir constaté que le signataire de l'acceptation d'une lettre de change n'était pas désigné en qualité de tiré et que la banque ne pouvait pas ignorer qu'il avait souscrit la mention d'acceptation en qualité de mandataire, puis considéré que la société tirée avait repris les engagements contractés par celui-ci avant qu'elle n'acquière la personnalité morale, une cour a retenu à bon droit que ledit signataire n'était pas tenu personnellement au paiement de l'effet. • Com. 15 juin 1993, ☎ n° 91-16.518 P : *Dr. sociétés 1993, n° 198, note Bonneau ; Gaz. Pal. 1993. 2. Pan. 267.*

3. Vérifications. Le banquier escompteur qui recueille l'acceptation d'un effet tiré sur une personne morale n'a pas à vérifier les pouvoirs du signataire. • Com. 5 févr. 1985, ☎ n° 83-17.042 P : *Banque 1985. 522, obs. Rives-Lange* • 23 mai 1989 : *D. 1989. IR 183 ; Banque 1989. 1086, obs. Rives-Lange* • 13 déc. 1994, ☎ n° 92-15.091 P : *Rev. dr. bancaire 1995. 101, obs. Crédot et Gérard.* ♦ Comp., sur la mauvaise foi du banquier qui avait connaissance d'un dépassement d'objet social réalisé sur la base du rapport fondamental : • Com. 25 juin 1985, ☎ n° 84-12.902 P : *Rev. sociétés 1985. 829, note Daigre ; D. 1985. IR 419, obs. Cabrillac.*

Dans le cas où une société dénie l'authenticité d'une signature portée sur une lettre de change, aux fins d'acceptation, et entend ainsi exclure qu'elle émane d'un mandataire, même apparent, ce titre doit être soumis à vérification, ce dont résulte une contestation sérieuse, excluant la compétence du juge des référés. • Com. 17 oct. 1995, ☎ n° 93-21.818 : *Rev. huiss. 1996. 465, note Hesbert.*

4. Date. Sauf en ce qui concerne les traites visées à l'al. 2 de l'art. 126 [C. com., art. L. 511-17, al. 2], l'indication de la date n'est pas obligatoire. • Civ. 13 nov. 1895 : *DP 1896. 1. 267* • Req. 2 juin 1930 : *S. 1931. 1. 373.* ♦ Sur l'absence de date de l'acceptation, au cas de conflit avec un cessionnaire de créance professionnelle, V. • T. com. Paris, 13 déc. 1988 : *RTD com. 1990. 230, obs. Cabrillac et Teyssié ; RJ com. 1990. 33, note Gallet.* ♦ V. aussi notes 17 s. ss. art. L. 511-7.

5. Portée. L'acceptation doit être pure et simple, aussi constitue une réserve prohibée, l'acceptation donnée « sans préjudice de la procédure en cours ». • Com. 2 juin 1950 : *D. 1951. 293 ; RTD com. 1951. 550 ; Banque 1951. 703, obs. Marin* • 18 janv. 1955 : *D. 1955. 188, note Goré ; JCP 1955. II. 8602, note Lescot* • 14 oct. 1959 : *Banque 1960. 48, obs. Marin.* ♦ L'accepteur qui modifie les énonciations de la lettre de change lors de son acceptation est tenu dans les termes de son acceptation. • Com. 2 juin 1950 : *préc.* ♦ Au cas d'acceptation moyennant report d'échéance, le recours contre le tireur après le non-paiement à l'échéance reportée, reste possible malgré l'absence d'information du tireur de cette acceptation conditionnelle dans les formes et délais de l'art. 149 [C. com., art. L. 511-42]. • Com. 18 janv. 1955 : *préc.* ♦ En associant son acceptation à une livraison impérative à une certaine date expressément portée sur l'effet, la société tirée n'a pas accepté cet effet, dans la mesure où une acceptation conditionnelle n'existe pas. • Paris, 28 oct. 1999 : *D. 2000. AJ 54*.

B. CONDITIONS DE FORME

6. Recto. La simple signature du tiré apposée au recto de la lettre vaut acceptation, peu important qu'elle ait été apposée en dehors du cadre pré-imprimé destiné à la recevoir. • Com. 3 mai 2006, n° 04-17.139 P : *D. 2007. Pan. 764, obs. D.-R. Martin ; JCP E 2006, n° 51-52, p. 2197, note Zollinger ; Banque et Dr. 9-10/2006. 46, obs. Bonneau ; RJDA 2006, n° 1166.* ♦ Si la signature apposée au recto n'est pas celle de celui que la lettre désigne comme tiré, elle ne peut exprimer qu'un engagement d'aval. • Com. 24 févr. 1965, n° 62-12.258 P : *RTD com. 1965. 437, obs. Becqué et Cabrillac.*

7. Acte séparé. Donnée par acte séparé, l'acceptation est dépourvue de tout effet cambiaire et ne saurait constituer qu'une promesse de paiement obligeant l'accepteur selon le droit commun. • Com. 22 févr. 1954 : *D. 1954. 311 ; Banque 1954. 244, obs. Marin ; RTD com. 1954. 367, obs. Becqué et Cabrillac* • Montpellier, 13 janv. 1950 : *JCP 1950. II. 5624 ; Banque 1950. 301, obs. Marin ; RTD com. 1950. 247, obs. Houin.* ♦ V. art. L. 511-20, al. 2.

II. EFFETS DE COMPLAISANCE

8. Cause licite. Des effets ont une cause licite et valable dès lors que des lettres missives démontrent le caractère réel du crédit qu'une société entendait donner à une autre et qu'elle se préoccupait, avant l'échéance, du règlement des traites à défaut du tiré et prenait des engagements fermes et précis auprès du banquier escompteur. • Com. 27 oct. 1954 : *RTD com. 1955. 105, obs. Becqué et Cabrillac* • 23 juin 1971, n° 68-14.190 P : *D. 1972. 175 ; JCP 1972. II. 17040, note Gavalda* • 25 oct. 1976 : *D. 1977. IR 23* • Aix-en-Provence, 18 févr. 1976 : *D. 1977. IR 192.*

9. Lettre non causée. Le bénéficiaire d'une traite est débouté à bon droit de sa demande en paiement formée contre le tireur lorsque la traite n'a été souscrite par celui-ci que pour faciliter le règlement d'un découvert du tiré vis-à-vis du bénéficiaire et lorsqu'en souscrivant la traite, il n'a nullement entendu garantir la dette d'autrui. • Civ. 16 juill. 1928 : *S. 1929. 1. 57, note Lescot* • 17 mars 1942 : *JCP 1942. II. 1905, note Lescot.* ♦ Dans le même sens, s'agissant de l'émission d'un billet à ordre, V. • Orléans, 7 oct. 1999 : *JCP E 2000, n° 29, p. 1161.* ♦ Dès lors que les sommes demandées par la banque le sont au titre de fausses traites et de lettres de change de complaisance et non causées, faits pour lesquels le dirigeant de la société débitrice a été condamné pénalement, et que le cautionnement n'a pas été consenti en garantie de dettes de nature délictuelle, la demande en paiement dirigée contre la caution doit être rejetée. • Com. 26 juin 2001, n° 97-11.914 P : *D. 2001. AJ 2512 ; RDBF 2001, n° 183, obs. Legeais.*

10. Portée de la nullité de l'effet de complaisance. La nullité de l'effet de complaisance n'est pas opposable au tiers porteur de bonne foi. • Civ. 28 juin 1929 : *S. 1929. 1. 350* • Req. 11 mars 1935 : *DH 1935. 210.* ♦ Mais la simple connaissance par le tiers de la finalité de l'effet suffit à caractériser la mauvaise foi. • Civ. 3 nov. 1932 : *Gaz. Pal. 1932. 1. 40* • Com. 11 mars 1959, n° 1.689 P • 21 juin 1977, n° 75-14.563 P. ♦ V., sur les droits de la *masse des créanciers*, qui n'a pas la qualité de tiers, au cas de *règlement judiciaire* du tireur, • Com. 8 janv. 1979, n° 77-12.547 P : *D. 1979. IR 276, obs. Cabrillac.* – Comp. : art. L. 511-12. ♦ La nullité est une nullité d'ordre public. • Riom, 3 mars 1932 : *DP 1934. 2. 84, note Pic.*

11. Action en répétition. Le tiré accepteur qui a payé le porteur est en droit d'exercer une action *de in rem verso* contre le tireur *in bonis.* • Req. 21 mars 1910 : *DP 1912. 1. 281, note Lacour* • Nancy, 14 mars 1952 : *JCP 1952. II. 7233, note Toujas.* – V. *contra*, • Req. 28 juin 1891 : *DP 1892. 1. 336.* ♦ La nullité d'une convention d'escompte d'effets de complaisance ouvre au profit du banquier escompteur qui n'a pu agir contre le tiré une action en répétition à l'encontre du remetteur. • Com. 21 juin 1977, n° 75-14.563 P : *D. 1978. 113, note Lucas de Leyssac.*

12. Infractions pénales. Sur la qualification d'escroquerie, V. • Crim. 19 juill. 1934 : *Gaz.*

Pal. 1934. 2. 723 • 3 nov. 1983, ☎ n° 83-90.596 P • 20 juin 1983, ☎ n° 82-92.593 P : *RTD com. 1984. 492, obs. Cabrillac et Teyssié.* ♦ Sur la qualification de banqueroute, V. art. L. 654-2. ♦ Pour un arrêt considérant qu'en l'absence de toute autre circonstance, la remise à l'escompte de lettres de change dépourvues de cause et qui n'ont pas été acceptées par les tirés ne constitue pas le délit de faux, ces effets ne revêtant pas la qualité de documents faisant titre, V. • Crim. 5 nov. 1998, ☎ n° 97-83.170 P : *D. 2000. 431, note Djoudi* ✎.

Art. L. 511-18 **Quand le tireur a indiqué dans la lettre de change un lieu de paiement autre que celui du domicile du tiré, sans désigner un tiers chez qui le paiement doit être effectué, le tiré peut l'indiquer lors de l'acceptation. A défaut de cette indication, l'accepteur est réputé s'être obligé à payer lui-même au lieu du paiement.**

Si la lettre est payable au domicile du tiré, celui-ci peut, dans l'acceptation, indiquer une adresse du même lieu où le paiement doit être effectué. – *[C. com., art. 127.]*

1. Domiciliation. V. art. L. 511-1.

2. Paiement par le domiciliataire. V. notes 9 et 10 ss. art. L. 511-2. ♦ V. aussi note 3 ss. art. L. 511-27.

Art. L. 511-19 **Par l'acceptation, le tiré s'oblige à payer la lettre de change à l'échéance.**

A défaut de paiement, le porteur, même s'il est le tireur, a contre l'accepteur une action directe résultant de la lettre de change pour tout ce qui peut être exigé en vertu des articles L. 511-45 et L. 511-46. – *[C. com., art. 128.]*

1. Inopposabilité des exceptions. L'accepteur étant tenu d'un engagement direct, ne peut opposer au porteur les exceptions qu'il pouvait opposer au tireur ou à l'endosseur et la règle de l'inopposabilité peut être invoquée par le premier porteur avant tout endossement du titre. • Com. 7 oct. 1963, n° 61-13.217 P : *RTD com. 1964. 366, obs. Becqué et Cabrillac* • 24 janv. 1967, n° 64-11.449 P • 21 avr. 1970 : *Banque 1971. 94, obs. Marin.* ♦ Par l'acceptation de lettres de change émises sur lui, le tiré s'oblige directement et personnellement à payer les effets à leur échéance à tout porteur légitime, même si la propriété de la provision n'a pas été transmise au porteur. • Com. 13 mai 1986, ☎ n° 84-17.457 P : *JCP 1986. IV. 206* • 24 mai 1994, ☎ n° 92-14.769 : *RJDA 1994, n° 1175.* – V. aussi • Com. 19 mai 1992, ☎ n° 90-17.926 P. ♦ Sur la mauvaise foi, V. art. L. 511-12.

2. Tireur-porteur. L'action cambiaire dirigée par le tireur resté porteur d'une lettre de change contre le tiré accepteur s'efface devant le rapport fondamental extérieur au titre né d'une convention préalable entre les parties, les moyens de défense personnels pouvant alors être opposés par le débiteur cambiaire. • Req. 13 mai 1942 : *JCP 1942. II. 1935, note Lescot* • 26 mai 1942 : *DC 1943. J. 86, note Chéron* • Com. 26 juill. 1948 : *JCP 1948. II. 4536, note Toujas ; Banque 1949. 134, obs. Marin* • 15 juill. 1975, ☎ n° 74-11.112 P : *RTD com. 1976. 161.* ♦ Il y a lieu d'accorder au tireur-porteur le paiement de la lettre de change sans surseoir à statuer en raison d'une demande reconventionnelle. • Com. 14 juin 1971, ☎ n° 69-10.705 P : *JCP 1973. II. 17310, note Groslière ; RTD com. 1972. 128, obs. Cabrillac et Rives-Lange.*

3. Droits du porteur. Sur la créance de provision, V. art. L. 511-7. ♦ Dans l'hypothèse où la propriété de la provision ne serait pas passée au porteur (constitution par le tireur en *faillite* pendant la période suspecte), le porteur n'en a pas moins le droit de réclamer au tiré accepteur l'exécution de son engagement cambiaire envers lui. • Civ. 21 mars 1939 : *DH 1941. 68, note de Lagrange.* – Comp. : • Com. 13 mai 1986, ☎ n° 84-17.457 P : *préc. note 1.*

4. Affacturage. Considérant que le paiement effectué entre les mains du créancier initial par celui qui s'est engagé cambiairement, est opposable à l'affactureur, subrogé dans les droits du créancier initial dès lors que l'engagement cambiaire ou le paiement est intervenu avant la connaissance par le solvens de la subrogation : • Com. 26 avr. 2000, ☎ n° 96-16.412 P : *D. 2000. 290, obs. Faddoul* ✎ *; Defrénois 2001. 47, obs. Dagorne-Labbe.*

Art. L. 511-20 **Si le tiré, qui a revêtu la lettre de change de son acceptation, a biffé celle-ci avant la restitution de la lettre, l'acceptation est censée refusée. Sauf preuve contraire, la radiation est réputée avoir été faite avant la restitution du titre.**

Toutefois, si le tiré a fait connaître son acceptation par écrit au porteur ou à un signataire quelconque, il est tenu envers ceux-ci dans les termes de son acceptation. – *[C. com., art. 129.]*

Irrévocabilité. L'acceptation est considérée comme irrévocable dès lors que le tiré s'est dessaisi du titre régulièrement accepté. • Com. 2 juill. 1969, n° 67-12.196 P : *JCP 1970. II. 16427, note Langlois ; RTD com. 1969. 1051, obs. Cabrillac et Rives-Lange* (rejet du pourvoi contre • Dijon, 16 mars 1967 : *JCP 1968. II. 15426, note Gavalda ; Banque 1967. 412, obs. Marin*).

SECTION V DE L'AVAL

Art. L. 511-21 Le paiement d'une lettre de change peut être garanti pour tout ou partie de son montant par un aval.

Cette garantie est fournie par un tiers ou même par un signataire de la lettre.

L'aval est donné soit sur la lettre de change ou sur une allonge, soit par un acte séparé indiquant le lieu où il est intervenu.

Il est exprimé par les mots "bon pour aval" ou par toute autre formule équivalente ; il est signé par le donneur d'aval.

Il est considéré comme résultant de la seule signature du donneur d'aval apposée au recto de la lettre de change, sauf quand il s'agit de la signature du tiré ou de celle du tireur.

L'aval doit indiquer pour le compte de qui il est donné. A défaut de cette indication, il est réputé donné pour le tireur.

Le donneur d'aval est tenu de la même manière que celui dont il s'est porté garant.

Son engagement est valable, alors même que l'obligation qu'il a garantie serait nulle pour toute cause autre qu'un vice de forme.

Quand il paie la lettre de change, le donneur d'aval acquiert les droits résultant de la lettre de change contre le garanti et contre ceux qui sont tenus envers ce dernier en vertu de la lettre de change. – *[C. com., art. 130.]*

RÉP. COM. v° *Aval*, par Gibirila.

BIBL. ▶ Abrahams, *RTD com. 1960. 493.* – Issa-Sayegh, *JCP 1975. I. 2726.* – Montout-Moussy, *D. 1974. Chron. 197.* – Sigalas, *RTD com. 1964. 489.* – Sinay, *ibid. 1953. 17.* – Filios, *LPA 10 mai 1995* (nature juridique de l'aval). – Courtier, *Rev. huissiers 1998. 132* (même thème).

I. CONDITIONS DE L'AVAL

A. CONDITIONS DE FOND

1. Donneur d'aval. L'aval peut être donné par l'un quelconque des débiteurs cambiaires, par exemple par un autre avaliseur. • Paris, 11 oct. 1967 : *D. 1968. Somm. 65 ; Banque 1968. 297, obs. Marin.* ♦ Le tiers donneur d'aval doit avoir la capacité commerciale, l'obligation cambiaire étant de cette nature. • Civ. 21 avr. 1869 : *DP 1869. 1. 407* • Douai, 31 juill. 1913 : *DP 1914. 2. 1, note Percerou* • Poitiers, 10 oct. 1967 : *Banque 1969. 61, obs. Marin* (sur pourvoi : • Com. 28 oct. 1969, n° 68-10.145 P : *ibid. 1970. 706*). ♦ Il en résulte que le donneur d'aval, même non commerçant, s'oblige commercialement. • Civ. 21 avr. 1869 et • Douai, 31 juill. 1913 : *préc.* • Versailles, 19 nov. 1992 : *D. 1993. IR 24.* ♦ Si l'engagement d'aval sur une lettre de change est de nature commerciale, il est valable même si son souscripteur n'est pas commerçant, dès lors qu'il a la capacité pour l'être, et cet avaliste peut être poursuivi cambiairement sans qu'il y ait à rechercher s'il avait un intérêt patrimonial à l'opération commerciale à l'occasion de laquelle l'effet a été émis. • Com. 1er oct. 1996, n° 94-17.222 P : *D. 1996. IR 241 ; LPA 6 janv. 1997, note Gibirila.* ♦ L'aval donné par un mineur est nul. • Poitiers, 10 oct. 1967 : *JCP 1968. IV. 105* • TGI Saintes, 1er févr. 1966 : *JCP 1967. II. 14984 ; D. 1966. Somm. 73.* ♦ Sur la protection des consommateurs dans les opérations de crédit à la consommation, V. C. consom., art. L. 314-21, ss. art. L. 511-5.

2. Trésor public. Le Trésor public ne peut pratiquer l'aval de lettres de change, ni en tant qu'opération de banque, ni à titre occasionnel, ce dont il résulte que nul ne peut être son mandataire pour un tel engagement. • Com. 24 févr. 1998, n° 95-13.606 P : *D. 1999. 39, note Matsopoulou ; JCP E 1999, n° 17, p. 758, obs. Gavalda et Stoufflet* (V. l'arrêt confirmé : • Paris, 10 févr. 1995 : *JCP E 1995. Pan. 386 ; Gaz. Pal. 1995. 2. Somm. 597*). – V. aussi : • Civ. 1re, 2 avr. 1996, n° 94-14.843 P.

3. Personnes garanties. Ni l'art. 130 [C. com., art. L. 511-21], ni aucun autre texte, n'interdit qu'un aval soit donné pour le compte d'un donneur d'aval antérieur. • Paris, 11 oct. 1967 : *préc. note 1.* ♦ V. aussi note 12. ♦ Sur la limitation de la garantie à un seul bénéficiaire, V. note 4 ss. art. L. 512-4.

4. Époque. L'aval peut être donné après l'échéance et avant le protêt. • Poitiers, 16 déc. 1847 : *DP 1848. 2. 108* • Paris, 3 nov. 1960 : *Gaz. Pal. 1961. 1. 16.*

5. Objet de l'aval. Le donneur d'aval peut restreindre son engagement à une partie de la dette principale (art. L. 511-21, al. 1er). ♦ ... Ou stipuler qu'il s'oblige seulement envers le porteur actuel et non envers les subséquents. • Req. 6 févr. 1905 : *DP 1909. 1. 383.* ♦ ... Ou encore peut affecter son engagement d'une condition. – Comp. : • Req. 26 févr. 1918 : *S. 1918. 1. 156.* ♦ L'aval d'effets à créer est admis dès lors que sont clairement établis la nature de ces effets, les sommes garanties et le temps assigné aux négociations. • Civ. 25 janv. 1847 : *DP 1847. 1. 103* • 7 mars 1944 : *D. 1945. 73, note Hamel* • Com. 16 mars 1970, n° 68-11.382 P • 12 juill. 1971, n° 69-10.457 P.

6. Titre nul : conversion en cautionnement. Ayant relevé la nullité d'une lettre de change au regard du droit cambiaire, une cour d'appel peut décider sans faire application du droit cambiaire, et après avoir souverainement apprécié la portée des éléments de preuve qui lui étaient soumis, que la signature portée par l'avaliste sur le titre litigieux, vaut engagement de caution en faveur du tiré. • Com. 24 avr. 1990, n° 88-15.114 P : *Gaz. Pal. 1990. 2. Somm. 488, obs. Piedelièvre.* – V. aussi • Com. 17 oct. 1995, n° 93-18.642 : *RJDA 1996, n° 95 ; LPA 7 juin 1996, note Gibirila* • Paris, 5 juill. 2001 : *D. 2001. AJ 2672*. – Comp. : • Com. 7 janv. 1970, n° 67-11.115 P : *RTD com. 1971. 147, obs. Cabrillac et Rives-Lange* (rejetant le pourvoi contre • Paris, 10 janv. 1967 : *D. 1967. 272*).

Si une mention d'aval portée sur une lettre de change annulée ne constitue pas, à elle seule, la preuve d'un cautionnement, elle peut être retenue comme commencement de preuve d'une telle garantie, sauf à ce qu'il soit corroboré par des éléments extrinsèques établissant la volonté du souscripteur de la mention de s'engager pour le compte du débiteur principal. • Com. 24 juin 1997, n° 95-18.152 P : *JCP 1998. I. 103, n° 7, obs. Simler ; RJDA 1997, n° 1518* • Paris, 5 juill. 2001 : *préc.*

Mais jugé que la mention d'aval ne saurait, par application de l'art. 2015 [2292] C. civ., valoir comme simple cautionnement de l'obligation d'origine : • Lyon, 22 mars 1954 : *D. 1954. Somm. 58.* – V. Roblot, *JCP 1955. II. 8469.*

B. CONDITIONS DE FORME

7. Langue. Sur la langue employée, V. • T. com. Lyon, 9 févr. 1970 : *Banque 1970. 816, obs. Marin.*

8. Caractères lisibles. Il n'y a lieu d'opérer entre les mentions d'une lettre de change aucune distinction tenant à la dimension des caractères employés pourvu qu'ils soient lisibles. • Com. 5 mai 1987, n° 85-18.351 P : *D. 1987. IR 125.*

9. Formules. En l'absence d'expressions obligatoires, ont été considérées comme formules valables les expressions : « Bon pour garantie » ou « Garantie solidaire ». • Req. 3 mars 1845 : *DP 1845. 1. 192* • Paris, 13 déc. 1813 : *S. 1816. 2. 98.* ♦ ... « Bon pour caution » ou « Pour cautionnement ». • Poitiers, 16 déc. 1847 : *DP 1848. 2. 108* • T. com. Seine, 14 août 1894 : *Gaz. Pal. 1894. 2. 417.* ♦ Il n'est pas exigé que la formule soit écrite par le donneur d'aval lui-même. • T. com. Alger, 5 mai 1958 : *RTD com. 1958. 581, obs. Becqué et Cabrillac.* ♦ La place des mots « Bon pour aval » par rapport à la signature du donneur d'aval importe peu. • Versailles, 19 nov. 1992 : *préc. note 1.* ♦ La mention du « bon pour » n'est pas exigée. • T. com. Paris, 3 mai 1995 : *Gaz. Pal. 1996. 2. Somm. 515.*

10. Date de l'aval. La date n'est pas une mention nécessaire. • Orléans, 7 avr. 1954 : *Gaz. Pal. 1954. 2. 102 ; RTD com. 1954. 843, obs. Becqué et Cabrillac* • Paris, 26 mai 1954 : *Gaz. Pal. 1954. 2. 165.* ♦ L'aval non daté est présumé avoir été donné à la date de souscription de l'effet. • Douai, 31 juill. 1913 : *DP 1914. 2. 1, note Percerou.*

11. Signature de l'aval. L'aval résulte de la seule signature du donneur d'aval apposée au recto de la lettre de change, sauf lorsqu'il s'agit de la signature du tiré ou de celle du tireur. • Com. 24 févr. 1965, n° 62-12.258 P : *Gaz. Pal. 1965. 1. 336 ; Banque 1965. 577.* ♦ Au regard de l'art. 130 [C. com., art. L. 511-21], la signature de l'avaliste ne peut résulter de la mention d'un numéro dans le texte d'un télex, s'agirait-il d'une « clé informatique ». • Com. 26 nov. 1996, n° 94-19.914 P : *D. 1997. Somm. 262, obs. Cabrillac ; RTD com. 1997. 119, obs. Cabrillac ; JCP E 1997. II. 906, note Bonneau ; RJDA 1997, p. 3, concl. Piniot.* ♦ L'art. 130 [C. com., art. L. 511-21] n'impose pas que l'indication de la personne pour le compte de laquelle l'aval est donné soit suivie d'une seconde signature de l'avaliste. • Com. 5 mai 1987, n° 85-18.351 P : *préc. note 8.* ♦ Sur les effets de la signature donnée par le dirigeant social sous le timbre de la société souscriptrice, V. • Com. 15 mai 1984, n° 83-10.458 P : *RTD com. 1985. 125, obs. Cabrillac et Teyssié.* ♦ Comp., considérant qu'en l'absence de tout élément accompagnant la signature du dirigeant social, celui-ci est engagé comme seul avaliste sans qu'il y ait lieu de rechercher s'il avait agi en qualité de mandataire : • Com. 6 oct. 1998, n° 95-13.496 P : *D. Affaires 1998. 1779, obs. X. D. ; RTD com. 1999. 164, obs. Cabrillac ; RJ com. 1999. 231, obs. Gibirila.* – V. aussi • Com. 13 sept. 2011, n° 10-20.504 : *RDBF 2012. Étude 7, par Quiquerez ; Banque et Dr. 11-12/2011. 15, obs. Bonneau* • 14 oct. 2014, n° 13-17.638 : *RJDA 2015, n° 44 ; BJE 2015. 31, obs. Bonhomme.* ♦ La signature d'acceptation du représentant d'une société vaut comme aval personnel si elle est précédée d'une mention indiquant que le signataire agissait à la fois comme représentant de la société accepteur et par lui-même comme avaliseur. • Com. 2 févr. 1981, n° 79-15.144 : *Gaz. Pal. 1981. 2. 423, note Dupichot ; RTD com. 1981. 566, obs. Cabrillac et Teyssié.* ♦ La rubrique « aval ou acceptation » de la lettre de change comportant la mention « Bon pour aval ès qualités de gérant » de la société, il en résulte que le gérant ne s'était pas engagé personnellement comme avaliste. • Com. 9 févr. 2016, n° 14-10.846 : *RJDA 2016, n° 474 ; RDBF 2016, n° 161, obs. Legeais.*

12. Omission du bénéficiaire. BIBL. Goré, *D. 1957. Chron. 105.* – Abrahams, *RTD com. 1958. 493.* – Besson, *ibid. 1960. 493.* – Sigalas, *ibid. 1964. 489.* ♦ L'art. 130, al. 6 [C. com., art. L. 511-21, al. 6], ne formule pas une règle de preuve, mais oblige à préciser, dans la mention d'aval, le nom du garanti, et supplée à l'absence de cette précision, pour écarter toute incertitude sur la portée des engagements cambiaires ; sa disposition finale limite en conséquence, à l'égard de tous, celui du donneur d'aval à la garantie du tireur. • Cass., ch. réun., 8 mars 1960, n° 57-11.088 P : *D. 1961. 209, note Hamel ; JCP 1960. II. 11616, note Roblot ; RTD com. 1960. 366, obs. Becqué et Cabrillac.* ♦ Il suit de là que le tireur avec lequel le donneur d'aval est convenu de garantir le tiré, sans que l'aval ait précisé le nom du garanti, ne peut exercer l'action cambiaire contre le donneur d'aval en invoquant cette convention ; celle-ci peut seulement lui conférer, le cas échéant, l'action prévue par les art. 2011 s. [2288 s.] C. civ. • Même arrêt. – Comp. : • Civ. 23 janv. 1956 : *D. 1956. 304 ; JCP 1956. II. 9166 ; RTD com. 1956. 289, obs. Becqué et Cabrillac* • Com. 25 janv. 1984, n° 82-16.281 P. – V. • Com. 2 mars 1961 : *D. 1965. Somm. 55* • 12 oct. 1966 : *D. 1967. 231* • 6 mai 1968 : *D. 1968. 674* • 13 nov. 1979, n° 78-11.096 P • 11 févr. 1986, n° 84-14.832 P. ♦ La seule mention d'aval portée sur les traites sans indication du débiteur garanti ne peut constituer un commencement de preuve par écrit de l'existence d'un cautionnement contracté en faveur du tireur porteur. • Com. 26 mai 2010, n° 09-66.303 : *RDBF 2011, n° 3, obs. Crédot et Samin.* ♦ Comp., en ce sens que l'aval irréfragablement réputé donné par le tireur, mais nul, peut constituer un commencement de preuve par écrit d'un cautionnement du tiré : • Com. 24 juin 1997, n° 95-18.152 P : *préc. note 6.* ♦ L'aval donné par une personne physique au profit d'un créancier professionnel sur une lettre de change annulée pour vice de forme ne peut constituer un cautionnement valable, faute de comporter les mentions manuscrites prévues par les art. L. 341-2 et L. 341-3 [L. 331-1 et L. 331-2] C. consom. • Com. 27 sept. 2016, n° 14-22.013 P : *D. 2016. Actu. 1996 ; JCP E 2016, n° 1588, note Legeais ; CCC 2016, n° 268, obs. Bernheim-Desvaux ; RJDA 2016, n° 897* • 29 nov. 2017, n° 16-13.597 : *RJDA 2018, n° 168.*

L'art. 130, al. 6 [C. com., art. L. 511-21, al. 6], ne formulant pas une règle de preuve, la présomption qu'il instaure ne peut être contredite par une prestation de serment. • Com. 30 juin 1998, n° 96-15.825 P : *D. 1998. IR 219 ; JCP E 1998, n° 38, p. 1452, obs. Bonneau ; RJDA 1998, n° 1286 ; RTD com. 1998. 896, obs. Cabrillac.*

13. Promesse d'aval. Une promesse d'aval n'étant pas un titre cambiaire, la présomption irréfragable de l'art. 130, al. 6 [C. com., art. L. 511-21, al. 6], ne lui est pas applicable. • Com. 9 avr. 1996, n° 94-11.336 : *RJDA 1996, n° 1081.* ♦ Sur une promesse d'aval, V. • Com. 8 juill. 2003, n° 00-21.837 : *RJDA 2004, n° 94* • Grenoble, 1er avr. 1968 : *JCP 1969. IV. 16.*

14. Aval en faveur du tiré. Un aval par acte séparé suffit à lui seul à retenir l'engagement du donneur d'aval en faveur du tiré s'il y est exprimé, malgré l'absence d'indication sur la traite du bénéficiaire de l'aval. • Versailles, 9 nov. 1989 : *D. 1990. 437, note D. Martin.* ♦ Si la présomption édictée par l'art. 130, al. 6 [C. com., art. L. 511-21, al. 6], ne peut être combattue par la preuve contraire, la circonstance que l'aval est réputé avoir été donné pour le tireur laisse subsister les rapports juridiques préexistants. Et la preuve de l'intention du donneur d'aval de cautionner l'exécution de l'obligation contractée par le tiré en faveur du tireur peut être rapportée par tous moyens, conformément à l'art. 109 [C. com., art. L. 110-3], lorsque les parties sont commerçantes, et que l'émission, l'acceptation et l'aval de la lettre de change ont eu lieu dans le cadre de leurs relations commerciales. • Paris, 11 juin 1993 : *BICC 1993, n° 1118.* ♦ Cette preuve ne saurait résulter du seul fait que l'avaliste a versé un acompte à l'huissier qui avait fait une saisie-exécution à la demande du tireur, ce règlement ayant été opéré sous la menace de la vente de ses meubles. • Versailles, 16 févr. 1995 : *Gaz. Pal. 1996. 1. Somm. 152.*

L'art. L. 511-21, al. 6, n'interdit nullement à l'avaliste de limiter la durée de sa garantie, en dehors des stipulations même du billet à ordre ou de celles de l'aval, lorsqu'il est établi, comme le constate l'arrêt, que le bénéficiaire de l'aval avait connaissance de telles limitations. Après avoir relevé que la banque connaissait les restrictions résultant de la décision de l'assemblée générale des associés du donneur d'aval quant à la durée de la garantie, la cour d'appel a retenu, dans l'exercice de son pouvoir souverain de recherche de la commune intention des parties, qu'étaient seulement garantis par le donneur d'aval les billets à ordre ne dépassant pas une certaine échéance, sauf à ce qu'il sollicite à nouveau l'accord des associés de la société, justifiant ainsi légalement sa décision de rejeter la demande en paiement de la banque. • Com. 24 mars 2021, n° 19-18.614 P : *JCP E 2021, n° 1252, note Legeais ; RJDA 2021, n° 599 ; Banque et Dr. 7-8/2021. 16, obs. Bonneau.*

15. Aval par acte séparé : conditions. L'aval donné par acte séparé ne vaut comme aval que si cet acte indique le lieu où il est intervenu. • Com. 11 janv. 1972, n° 70-10.166 P : *RTD com. 1972. 662, obs. Cabrillac et Rives-Lange.* ♦ Une lettre de change tirée par le prêteur en représentation de la somme due laisse subsister le prêt et un engagement de caution garantissant son remboursement, et ne constitue pas un aval par acte séparé réputé donné par le tireur à défaut d'indication contraire. • Com. 3 nov. 1975, n° 74-12.048 P : *D. 1976. Somm. 25.* ♦ La garantie souscrite par acte séparé, concernant des effets à créer, ne peut être considérée comme un aval qu'à condition que soient clairement précisés la nature des effets, les sommes garanties et le temps assigné aux négociations. • Civ. 27 janv.

1847 : *DP 1847. 1. 103* • 7 mars 1944 : *D. 1945. 73, note Hamel.* – V. Roblot, note au *D. 1974. 246.* – Comp. : • Com. 16 mars 1970, n° 68-11.382 P : *RTD com. 1971. 148, obs. Cabrillac et Rives-Lange.* ♦ Sur l'exclusion des modes de preuve de droit civil, V. • Colmar, 7 juill. 1967 : *JCP 1968. II. 15444, note Lescot.* – *Contra* : • T. com. Lyon, 15 déc. 1967 : *RTD com. 1968. 382.*

16. Personne garantie. Lorsque l'aval est donné par acte séparé, la personne garantie peut être déterminée par toutes les circonstances de la cause. • Com. 14 févr. 1961, n° 59-11.312 P : *RTD com. 1961. 891, obs. Becqué et Cabrillac ; Banque 1961. 677, obs. Marin* • Versailles, 9 nov. 1989 : *préc. note 14.*

17. Report d'échéance. Le donneur d'aval par acte séparé reste tenu lorsque la lettre de change qu'il s'est engagé à payer n'a été remplacée par une autre que pour opérer un report d'échéance. • Com. 12 juin 1978, n° 77-10.643 P : *D. 1978. IR 340, obs. Cabrillac ; RTD com. 1979. 275, obs. Cabrillac et Rives-Lange.*

18. Nature commerciale. Le donneur d'aval par acte séparé contractant une obligation de nature commerciale est soumis à la procédure d'injonction de payer. • Com. 8 mai 1967, n° 65-12.471 P : *Banque 1968. 383, obs. Marin.* – Comp. : • Com. 25 nov. 1974, n° 73-13.731 P : *RTD com. 1975. 564, obs. Cabrillac et Rives-Lange.*

19. Cautionnement. L'existence d'un cautionnement peut être établie par un moyen de preuve extérieur à la lettre de change, notamment grâce à la correspondance échangée par les parties, l'engagement résultant de l'apposition d'une signature sur une lettre de change n'emportant pas novation des rapports juridiques préexistants ; dès lors, malgré l'absence d'indication du bénéficiaire de l'aval, il convient de rechercher si le donneur de l'aval n'a pas entendu cautionner l'obligation contractée par le tiré en faveur du tireur. • Com. 14 mars 1961 : *Bull. civ. III, n° 135* • 1er déc. 1970, n° 69-12.633 P : *D. 1971. Somm. 119 ; RTD com. 1971. 746, obs. Cabrillac et Rives-Lange* • 11 déc. 1984, n° 83-13.023 P. ♦ Toutefois, la seule mention d'aval ou de caution portée sur la traite sans indication du débiteur garanti ne constitue pas un commencement de preuve permettant d'établir l'existence d'un cautionnement donné pour une personne autre que le tireur. • Com. 2 mars 1964, n° 62-10.539 P : *JCP 1964. II. 13686, note Lescot* • 12 oct. 1966 : *D. 1967. 231* • 6 mai 1968 : *D. 1968. 674.* – V. aussi • Com. 8 déc. 1992, n° 91-12.533 P : *D. 1993. IR 2.*

II. EFFETS DE L'AVAL

A. ENGAGEMENT DU DONNEUR D'AVAL

20. Biens communs. Il résulte de l'art. 1415 C. civ., qu'en l'absence de consentement exprès de son conjoint à l'aval qu'il a donné, l'avaliste ne peut engager les biens communs par une telle garantie. • Com. 4 févr. 1997, n° 94-19.908 P : *D. 1997. 478, note S. Piedelièvre.* ♦ V. sur renvoi • Paris, 29 oct. 1998 : *Dr. fam. 2000, n° 25.*

21. Débiteur accessoire. Du principe posé par l'art. 130, al. 7 [C. com., art. L. 511-21, al. 7], suivant lequel le donneur d'aval est un débiteur accessoire « tenu de la même manière que celui dont il s'est porté garant », il résulte que l'obligation imposée au porteur de notifier le défaut de paiement à son endosseur et, le cas échéant, à l'avaliseur de celui-ci, sous peine de dommages et intérêts, ne s'applique ni au tiré, ni à l'avaliseur du tiré. • Com. 4 nov. 1970, n° 69-13.353 P : *D. 1971. 189 ; Banque 1970. 410, obs. Marin ; RTD com. 1971. 402, obs. Cabrillac et Rives-Lange.*

22. Caution solidaire. Le donneur d'aval est tenu comme caution solidaire (art. L. 511-44, al. 1er, C. com.). • Req. 19 déc. 1927 : *DH 1928. 86* • Paris, 4 avr. 1927 : *DP 1929. 2. 89, note Chéron.* ♦ Il ne peut, s'il a cautionné l'accepteur, se prétendre libéré par le défaut de protêt. • Civ. 7 févr. 1934 : *DP 1936. 1. 65, note Chéron* • Com. 2 févr. 1965, n° 63-10.181 P : *D. 1965. 391 ; JCP 1965. II. 14207, note Lescot.* – Comp. : • Com. 29 mai 1980, n° 77-11.465 P • Paris, 3 nov. 1952 : *D. 1953. Somm. 22.* ♦ Il doit supporter la pénalité prévue par une clause pénale dès lors que son montant, joint au principal, n'excède pas la somme pour laquelle il a donné son aval. • Toulouse, 28 janv. 1975 : *JCP 1975. II. 18160, note Guyon.*

23. Bénéfice de discussion. Jugé (à propos d'un billet) que si le bénéfice de discussion ne peut être invoqué par le débiteur solidaire, rien ne s'oppose à ce que le donneur d'aval puisse s'en prévaloir. • Req. 19 déc. 1927 : *préc. note 22.* – *Contra* : • Paris, 9 mars 1926 : *DP 1927. 2. 80.*

24. Inopposabilité des exceptions. Lorsque le donneur d'aval ne peut, par l'effet d'une disposition spéciale au droit cambiaire, opposer au porteur les causes de nullité affectant l'obligation garantie, il peut invoquer tous les autres moyens de défense que pourrait invoquer le débiteur garanti. • Req. 20 mars 1882 : *DP 1882. 1. 244* • 10 janv. 1944 : *JCP 1944. II. 2586, note Lescot* • Com. 9 nov. 1970, n° 68-11.866 P : *D. 1971. Somm. 46.* – *Contra* : • T. com. Seine, 17 juin 1949 : *JCP 1950. II. 5174, note Roblot ; RTD com. 1949. 501, obs. Houin.*

25. Prescription. Le donneur d'aval a le droit d'invoquer à l'encontre du porteur la prescription dont peut profiter le débiteur garanti. • Req. 5 févr. 1892 : *S. 1892. 1. 365* • 2 août 1904 : *S. 1905. 1. 185, note Bernard.* ♦ L'acte interrompant la prescription à l'égard du débiteur garanti a effet à l'égard de l'avaliseur. • Com. 10 janv. 1951 : *D. 1951. 310.*

26. Extinction de la créance non déclarée. Tenu comme caution solidaire, le donneur d'aval peut opposer au créancier l'extinction de la créance en application de l'art. 53, al. 4, de la L. n° 85-98 du 25 janv. 1985 [C. com., anc. art. L. 621-46, al. 4] (défaut de déclaration au passif), qui est une exception inhérente à la dette. • Com. 25 oct. 1994, n° 90-14.030 P : *D. 1995. 590, note Crionnet* • 3 déc. 1996, n° 94-16.745 P : *D. 1997. IR 19*.

27. *Bénéfice de subrogation.* L'art. 2037 [2314] C. civ., suivant lequel la caution est libérée si le créancier a rendu impossible sa subrogation dans les droits de sûreté qui garantissaient le paiement de la dette, est applicable au donneur d'aval, caution solidaire du tiré. • Com. 5 janv. 1957 : *D. 1957. Somm. 69 ; RTD com. 1958. 125, obs. Becqué et Cabrillac.* – V. aussi • Com. 3 nov. 2009, n° 08-19.004 : *RJDA 2010, n° 71.*

28. *Décharge de l'avaliseur.* Comme la caution, le donneur d'aval, pour être déchargé de toute garantie, doit établir que sa subrogation aux droits du créancier a été rendue impossible par un fait positif ou tout au moins par une négligence imputable à ce dernier. • Req. 19 déc. 1927 : *DH 1928. 86* • 30 juin 1942 : *DA 1943. 21.* ♦ V. *contra*, lorsque le porteur n'a pas commis de faute : • Com. 28 oct. 1952 : *JCP 1953. II. 7588, note Lescot* • 8 mai 1967, n° 65-12.471 P. ♦ Il résulte des art. 130, al. 1er, 7 et 9, et 151, al. 1er [C. com., art. L. 511-21, al. 1er, 7 et 9 et L. 511-44, al. 1er], et de l'art. 2037 [2314] C. civ., que si le porteur n'est pas en mesure de subroger le donneur d'aval non seulement dans ses droits tirés du change, mais aussi dans les sûretés figurant sur la lettre de change ou sur l'acte d'aval, sauf à prouver l'absence de préjudice, il perd son recours contre le donneur d'aval, ce dernier ayant précisément donné son aval à une lettre de change pourvue de sûretés spéciales dont l'existence réduisait la portée de son engagement et les risques consentis. • Paris, 5 oct. 1966 : *D. 1967. 115.*

29. *Report d'échéance.* Le donneur d'aval n'est pas déchargé de son obligation envers le porteur par le fait seul que celui-ci aurait accordé une prorogation de délai au débiteur. • Civ. 25 mai 1938 : *DH 1938. 385.* – Comp. : • Paris, 20 nov. 1930 : *Gaz. Pal. 1930. 2. 1042* • 6 oct. 1941 : *ibid. 1941. 2. 453* • 21 oct. 1967 : *Banque 1968. 473, obs. Marin ; RTD com. 1968. 735* • T. com. Marseille, 19 déc. 1955 : *Banque 1956. 712, obs. Marin.* ♦ ... Ni envers le tireur qui a produit à la *faillite* du tiré et voté le *concordat*. • Paris, 3 nov. 1952 : *D. 1953. Somm. 22.* ♦ Sur l'incidence du report d'échéance sur la situation du donneur d'aval, V. • Com. 12 juin 1978, n° 77-10.643 P : *D. 1978. IR 340, obs. Cabrillac.*

30. *Présomption de provision.* Il résulte de *la combinaison des art.* L. 511-7, al. 4, et L. 511-21, al. 7, que l'avaliste d'une lettre de change, tenu de la même manière que celui qu'il garantit, peut se voir opposer la présomption de provision qui s'attache à l'acceptation ; pour combattre cette présomption, il lui incombe, comme au tiré accepteur, d'établir le défaut de provision. • Com. 1er avr. 2014, n° 13-16.902 P : *D. 2014. Chron. C. cass. 1014, obs. Guillou ; ibid. 1253, note Rouaud ; JCP E 2014, n° 1291, note Rodriguez ; RJDA 2014, n° 561 ; Gaz. Pal. 2014. 1666, note Dumont-Lefrand.*

B. RECOURS DU DONNEUR D'AVAL

31. *Action en responsabilité contre le bénéficiaire.* Si le donneur d'aval ne peut invoquer une faute du bénéficiaire de l'effet dans ses rapports avec le souscripteur à titre d'exception pour se soustraire à l'exécution de la garantie qu'il a accordée, il est recevable à rechercher, par voie reconventionnelle, la responsabilité de la banque bénéficiaire par une action en réparation du préjudice personnel dont il se prévaut en raison des conditions dans lesquelles elle a retiré des moyens de financement au souscripteur, débiteur principal de l'effet, provoquant ainsi l'ouverture de la procédure collective de celui-ci et le recours du bénéficiaire contre l'avaliste. • Com. 25 juin 1996, n° 94-20.100 P : *cité note 59 ss. art. L. 313-12 C. mon. fin., App., v° Banque et financement de l'entreprise.* ♦ L'aval, en ce qu'il garantit le paiement d'un titre dont la régularité n'est pas discutée, constitue un engagement cambiaire gouverné par les règles propres du droit du change, de sorte que l'avaliste n'est pas fondé à rechercher la responsabilité de la banque, bénéficiaire du billet à ordre, pour manquement à un devoir d'information. • Com. 20 avr. 2017, n° 15-14.812 P : *D. 2017. 2083, note Ballot-Squirawski ; AJ contrat 2017. 295, obs. de Ravel d'Esclapon ; JCP E 2017, n° 1637, spéc. n° 16, obs. Mathey ; RJDA 2017, n° 494 ; Banque et Dr. 5-6/2017. 68, obs. Netter.*

32. *Recours direct.* Si le donneur d'aval est tenu de la même manière que celui dont il s'est porté garant, il acquiert, lorsqu'il a régulièrement payé contre remise de l'effet, un droit propre et personnel que l'art. 130, al. 9 [C. com., art. L. 511-21, al. 9], définit dans les mêmes termes que celui du tiers porteur de bonne foi. • Com. 23 nov. 1959, n° 1.285 P. ♦ Dès lors, le donneur d'aval pour le compte du tireur qui exerce contre le tiré accepteur l'action directe que lui confère cet art., bénéficie, dans l'exercice de cette action, des dispositions de l'art. 121 [C. com., art. L. 511-12], et ne peut, en conséquence, se voir opposer l'exception de défaut de provision, dont le débiteur tiré aurait pu se prévaloir à l'encontre du tireur. • Même arrêt.

33. *Recours subrogatoire.* En ce qui concerne l'action subrogatoire, lorsqu'elle a cautionné l'un des débiteurs d'une dette solidaire, la caution qui paie le créancier est subrogée à tous les droits qu'avait ce dernier, non seulement contre le débiteur cautionné, mais encore contre les autres débiteurs solidaires. • Com. 26 mai 1961, n° 60-10.207 P. ♦ Par suite, doit être cassé l'arrêt qui, pour rejeter l'action introduite contre le tiré par la caution du tireur qui en a payé le montant au banquier escompteur, énonce que la caution est subrogée seulement dans les droits de la banque contre le tireur, mais non dans ses droits contre le tiré. • Même arrêt.

34. Coavaliseur. Sur le recours de l'avaliste *solvens* contre les coavalistes du même débiteur garanti, dont l'un est insolvable, V. • Besançon, 13 févr. 1974 : *D. 1975. 230, note Crionnet.* ♦ Dès lors que le coavaliseur d'un billet à ordre n'a pas prétendu que l'instance engagée contre l'autre avaliste ait été menée en fraude de ses intérêts, l'autorité de chose jugée résultant de la condamnation à paiement prononcée contre ce codébiteur solidaire doit être retenue contre lui et rendent ainsi inopérantes les conclusions relatives à une prétendue omission de déclaration de créances de la banque bénéficiaire de l'effet dans la procédure collective du souscripteur de l'effet. • Com. 1er juin 1999, n° 96-18.466 P : *D. 1999. IR 182* ; *LPA 17 mars 2000, note Salati ; Banque et Dr. 9-10/1999. 47, obs. Jacob.*

SECTION VI DE L'ÉCHÉANCE

RÉP. COM. v° *Lettre de change*, par Gibirila.

Art. L. 511-22 I. — Une lettre de change peut être tirée :

1° A vue ;

2° A un certain délai de vue ;

3° A un certain délai de date ;

4° A jour fixe.

II. — Les lettres de change, soit à d'autres échéances, soit à échéances successives, sont nulles. — *[C. com., art. 131.]*

Art. L. 511-23 La lettre de change à vue est payable à sa présentation. Elle doit être présentée au paiement dans le délai d'un an à partir de sa date. Le tireur peut abréger ce délai ou en stipuler un plus long. Ces délais peuvent être abrégés par les endosseurs.

Le tireur peut prescrire qu'une lettre de change payable à vue ne doit pas être présentée au paiement avant un terme indiqué. Dans ce cas, le délai de présentation part de ce terme. — *[C. com., art. 132.]*

1. Délai de présentation. Le tireur qui n'a pas stipulé sur la lettre de change un délai plus bref comme il en avait la faculté ne saurait reprocher au porteur de ne pas avoir présenté avant l'expiration du délai d'un an la lettre au paiement du tiré devenu insolvable. • Montpellier, 17 févr. 1949 : *JCP 1949. II. 4805, note Cabrillac ; RTD com. 1949. 345, obs. Houin.* ♦ Comp. notes ss. art. L. 511-26.

2. Lettre de change de garantie. Le bénéficiaire de lettres de change remises à titre de garantie ne commet pas de faute en ne les présentant pas à l'encaissement à leur échéance. • Com. 15 févr. 1994, n° 92-11.877 : *D. 1994. Somm. 183, obs. Cabrillac* .

Art. L. 511-24 L'échéance d'une lettre de change à un certain délai de vue est déterminée, soit par la date de l'acceptation, soit par celle du protêt.

En l'absence du protêt, l'acceptation non datée est réputée, à l'égard de l'accepteur, avoir été donnée le dernier jour du délai prévu pour la présentation à l'acceptation.

L'échéance d'une lettre de change tirée à un ou plusieurs mois de date ou de vue a lieu à la date correspondante du mois où le paiement doit être effectué. A défaut de date correspondante, l'échéance a lieu le dernier jour de ce mois.

Quand une lettre de change est tirée à un ou plusieurs mois et demi de date ou de vue, on compte d'abord les mois entiers.

Si l'échéance est fixée au commencement, au milieu ou à la fin du mois, on entend *par ces termes* le 1er, le 15 ou le dernier jour du mois.

Les expressions "huit jours" ou "quinze jours" s'entendent, non d'une ou deux semaines, mais d'un délai de huit ou quinze jours effectifs.

L'expression "demi-mois" indique un délai de quinze jours. — *[C. com., art. 133.]*

Art. L. 511-25 Quand une lettre de change est payable à jour fixe dans un lieu où le calendrier est différent de celui du lieu de l'émission, la date de l'échéance est considérée comme fixée d'après le calendrier du lieu de paiement.

Quand une lettre de change tirée entre deux places ayant des calendriers différents est payable à un certain délai de date, le jour de l'émission est ramené au jour correspondant du calendrier du lieu de paiement et l'échéance est fixée en conséquence.

Les délais de présentation des lettres de change sont calculés conformément aux règles de l'alinéa précédent.

Ces règles ne sont pas applicables si une clause de la lettre de change, ou même les simples énonciations du titre, indiquent que l'intention a été d'adopter des règles différentes. – *[C. com., art. 134.]*

Prorogations conventionnelles d'échéance. V. note 3 ss. art. L. 511-38.

SECTION VII DU PAIEMENT

RÉP. COM. v° *Lettre de change*, par GIBIRILA.

Art. L. 511-26 **Le porteur d'une lettre de change payable à jour fixe ou à un certain délai de date ou de vue doit présenter la lettre de change au paiement soit le jour où elle est payable, soit l'un des deux jours ouvrables qui suivent.**

La présentation d'une lettre de change à une chambre de compensation équivaut à une présentation au paiement. – *[C. com., art. 135.]*

BIBL. ▶ VASSEUR, *RTD com. 1975. 203* (lettres de change - relevé). – NGUYEN XUAN CHANH, *RJ com. 1980. 253.* – HESBERT, *Rev. huiss. 1994. 505* (fin de la coexistence de la lettre de change et de la lettre de change-relevé).

1. Porteur. Sur la notion de porteur légitime, V. notes 1 s. ss. art. L. 511-11.

2. Domiciliation. Le porteur d'une lettre de change doit, à peine d'encourir les déchéances du porteur négligent, la présenter au lieu indiqué sous la clause de domiciliation qu'il ne peut modifier. • Com. 29 juin 1965, n° 64-11.017 P: *D. 1965. 823.* ♦ Sur un avis de paiement obligatoire, V. notes 9 et 10 ss. art. L. 511-2.

3. Photocopie. La lettre de change doit être présentée matériellement au paiement, la seule production d'une photocopie est insuffisante. • Com. 20 nov. 1974, n° 71-12.283 P • Paris, 31 mai 1983 : *D. 1984. IR 72, obs. Cabrillac.*

4. Accord de compensation. En l'absence d'intervention du porteur dans l'accord de compensation passé entre le tireur et le tiré, et de consentement exprès de sa part quant à la renonciation à son recours cambiaire contre le tiré accepteur, l'accord de compensation n'a pas de caractère novatoire à son égard. • Reims, 24 juin 2002 : *Banque et Dr. 1-2/2004. 62, obs. Guillot.*

5. Chambre de compensation. **BIBL.** Romani, *D. 1993. Chron. 223* (recours du banquier tiré ou domiciliataire en cas de non-respect du règlement des chambres de compensation). – Santacru, *Banque et Dr. 3-4/1997. 8* (règles interbancaires de traitement des LCR). ♦ Le client, qui n'est pas partie à la réglementation interbancaire de nature contractuelle, est en droit de se prévaloir de son existence (à propos d'une lettre de change-relevé). • Com. 28 nov. 1995, n° 93-11.986 P : *D. 1996. IR 2 ; JCP E 1996. II. 814, note Gavalda ; LPA 25 sept. 1996, note Courtier* (V. l'arrêt d'appel : • Paris, 15 janv. 1993 : *D. 1994. Somm. 326, obs. Vasseur ; JCP E 1993. Pan. 423*) • Com. 17 juill. 2001, n° 98-18.614 P : *Banque et Dr. 9-10/2002, p. 53, obs. Guillot.* ♦ En acceptant de recevoir un billet à ordre-relevé, une société est, en l'absence de convention contraire, censée avoir adhéré au règlement de la chambre de compensation et s'être soumise pour le paiement, à la procédure résultant des accords interprofessionnels, dont il n'est pas contesté qu'ils imposent la présentation du titre au paiement six jours au moins avant la date de son échéance. • Com. 17 juill. 2001, n° 98-18.614 P : *D. 2001. AJ 2738, obs. Delpech ; JCP 2003. II. 10004, note Pradel ; RJDA 2002, n° 86 ; RTD com. 2001. 957, obs. Cabrillac ; Banque et Dr. 1-2/2002. 45, obs. Bonneau.* ♦ V. aussi, appliquant à propos d'une lettre de change-relevé (LCR), le délai de restitution au présentateur (6 jours) fixé par la convention interbancaire et, après avoir constaté que ce délai y est énoncé sans limitation dans son application à une partie seulement de l'opération, en déduisant qu'il doit être respecté avant l'achèvement de celle-ci, • Com. 12 mars 1996, n° 94-11.193 P : *D. 1997. Somm. 261, obs. Cabrillac* • 12 mars 2002, n° 00-17.263 P : *D. 2002. AJ 1343 ; RTD com. 2002. 520, obs. Cabrillac ; LPA 23 avr. 2002, obs. E. C.* • Rennes, 25 janv. 2002 : *JCP 2002. IV. 2785.* ♦ Pour un arrêt considérant que la présentation d'une LCR à l'ordinateur de compensation équivaut à une présentation au paiement, les diligences de la banque du tireur et celles du tiré devant alors être appréciées en référence aux délais prévus par la convention interbancaire, V. • Rouen, 12 févr. 1998 : *BRDA 1998, n° 14, p. 9.*

6. Système interbancaire de télécommunication informatique. S'agissant de lettres de change n'ayant pas été émises sous forme de LCR, il apparaît que la banque propriétaire de ces titres devant les présenter au paiement à la date d'échéance, par l'intermédiaire du système interbancaire de télécommunication informatique, comme elle l'a fait, sans être obligée de les présenter en chambre de compensation, utilise un procédé informatique constituant une modalité valable. • Versailles, 19 févr. 1998 : JCP E 1998, *n° 26, p. 1014.* ♦ Il en résulte que le recours à ce type de procédure informatique ne peut entraîner déchéance du recours cambiaire du tireur, dès lors que la présentation au paiement a été faite à la date d'échéance des traites. • Même arrêt.

7. Contre-passation. V. notes 9 s. ss. art. L. 511-45.

*8. **Responsabilité du banquier domiciliataire.*** Commet une faute engageant sa responsabilité civile le banquier domiciliataire qui, ayant déclaré un défaut de règlement des LCR à la Banque de France, n'a pas, par la suite, demandé l'annulation de l'incident du Fichier, alors qu'il avait été informé par le tiré que le refus de paiement était justifié par une erreur dans la date d'échéance commise lors de la transposition des données sur la bande magnétique, et que les lettres de change litigieuses avaient été remplacées par d'autres effets portant la date initialement prévue et payées à cette échéance. • Com. 17 oct. 1995, n° 93-18.543 : *RJDA 1996, n° 97 ; RTD com. 1996. 91, obs. Cabrillac*.

*9. **Responsabilité du banquier présentateur.*** Sur le partage de responsabilité entre le banquier présentateur d'une lettre de change grossièrement falsifiée et la société tirée qui n'ayant formé pendant plusieurs mois aucune opposition malgré la différence entre la somme qu'elle devait réellement et le montant falsifié, V. • Paris, 17 sept. 1999 : *JCP E 1999, n° 43, p. 1702.* ♦ Jugé que la présentation de la traite à la compensation plusieurs jours (14) avant la date de l'échéance ne constitue pas une faute de la part de l'organisme bancaire, cette possibilité n'étant exclue par aucun texte et ne modifiant pas la date d'exigibilité qui reste celle de l'échéance. • Paris, 17 mai 1988 : *RTD com. 1989. 272, obs. Cabrillac et Teyssié.* ♦ Sur l'obligation de célérité à laquelle est tenue une banque envers le client qui lui confie pour recouvrement, une lettre de change à vue, V., considérant que cette obligation ne l'autorise pas à différer la présentation au paiement au-delà d'une durée raisonnable. • Paris, 5 févr. 1999 : *BICC 1999, n° 780.*

Loi du 29 octobre 1940, *relative à la forclusion en matière civile, commerciale et administrative et au délai de présentation et de protêt des effets de commerce.* **Art. 3** Jusqu'à la date qui sera fixée ultérieurement par décret, la présentation et le protêt des effets de commerce seront valablement faits pendant les dix jours ouvrables qui suivent l'échéance.

Prorogation d'échéance. V. art. L. 511-79 s.

Art. L. 511-27 Le tiré peut exiger, en payant la lettre de change, qu'elle lui soit remise acquittée par le porteur.

Le porteur ne peut refuser un paiement partiel.

En cas de paiement partiel, le tiré peut exiger que mention de ce paiement soit faite sur la lettre et que quittance lui en soit donnée.

Les paiements faits à compte sur le montant d'une lettre de change sont à la décharge des tireur et endosseur.

Le porteur est tenu de faire protester la lettre de change pour le surplus. — *[C. com., art. 136.]*

*1. **Portée de la présomption de paiement.*** La remise volontaire au débiteur de la lettre de change fait preuve irréfragablement de sa libération. • Com. 30 juin 1980, n° 78-14.247 P : *D. 1982. 53, note Parléani* • 6 mai 1991, n° 89-19.136 P : *D. 1992. Somm. 339, obs. Cabrillac*. – *Contra* : • Com. 22 juin 1983 : *Gaz. Pal. 1983. 1. Pan. 27, obs. Dupichot ; RTD com. 1984. 305, obs. Cabrillac et Teyssié* • Req. 18 août 1852 : *DP 1853. 1. 111.* ♦ Toutefois, le porteur est admis à prouver que la remise de l'effet n'a pas été volontaire. • Com. 3 déc. 1985, n° 84-16.419 P : *RTD civ. 1986. 603, obs. Mestre.* – Comp. : C. civ., art. 1342-9 et 1378-2. – C. civ.

*2. **Paiement par le domiciliataire.*** V. notes 9 et 10 ss. art. L. 511-2.

*3. **Pluralité de traites.*** Lorsque les fonds sont insuffisants pour payer plusieurs traites présentées simultanément, la banque domiciliataire, en l'absence d'instructions précises de son client, ne peut désintéresser l'un des tireurs des effets au détriment d'un autre. • Paris, 7 juin 1990 : *RTD com. 1990. 612, obs. Cabrillac et Teyssié*.

Art. L. 511-28 Le porteur d'une lettre de change ne peut être contraint d'en recevoir le paiement avant l'échéance.

Le tiré qui paie avant l'échéance le fait à ses risques et périls.

Celui qui paie à l'échéance est valablement libéré, à moins qu'il n'y ait de sa part une fraude ou une faute lourde. Il est obligé de vérifier la régularité de la suite des endossements, mais non la signature des endosseurs. — *[C. com., art. 137.]*

*1. **Droit de rétention.*** Le titulaire d'une créance, ayant acquiescé sans réserve à ce que des lettres de change lui soient remises en vue de son paiement, ne peut prétendre exercer un droit de rétention jusqu'au règlement de ces effets. • Com. 8 juill. 1997, n° 95-14.518 P : *D. 1998.*

Somm. 103, obs. S. Piedelièvre ; RTD com. 1997. 654, obs. Cabrillac ; RDBB 1998. 24, obs. Campana et Calendini.

2. Endossement. Sur la notion de porteur légitime, V. art. L. 511-11 et les notes 1 s.

Art. L. 511-29 Lorsqu'une lettre de change est stipulée payable en une monnaie n'ayant pas cours au lieu du paiement, le montant peut en être payé dans la monnaie du pays, d'après sa valeur au jour de l'échéance. Si le débiteur est en retard, le porteur peut, à son choix, demander que le montant de la lettre de change soit payé dans la monnaie du pays d'après le cours, soit du jour de l'échéance, soit du jour du paiement.

Les usages du lieu de paiement servent à déterminer la valeur de la monnaie étrangère. Toutefois, le tireur peut stipuler que la somme à payer sera calculée d'après un cours déterminé dans la lettre.

Les règles ci-énoncées ne s'appliquent pas au cas où le tireur a stipulé que le paiement devra être fait dans une certaine monnaie indiquée par une clause de paiement effectif en une monnaie étrangère.

Si le montant de la lettre de change est indiqué dans une monnaie ayant la même dénomination, mais une valeur différente, dans le pays d'émission et dans celui du paiement, on est présumé s'être référé à la monnaie du lieu du paiement. – *[C. com., art. 138.]*

1. Monnaie du pays. A défaut de stipulation de paiement effectif en monnaie étrangère, le tiré a la faculté de payer en monnaie locale selon le cours au jour de l'échéance. • Paris, 27 mai 1983 : *D. 1984. IR 72, obs. Cabrillac.*

2. Clause de paiement effectif en une monnaie étrangère. Encourt la cassation, l'arrêt qui, hors de toute référence à l'art. 138 [C. com., art. L. 511-29], condamne la banque débitrice d'une lettre de change, émise dans le cadre d'un crédit documentaire par négociation, à en payer la contre-valeur en francs français sans rechercher si l'indication du montant de l'effet en monnaie étrangère valait ou non stipulation de paiement dans cette monnaie. • Com. 21 avr. 1992, n° 90-17.153 : *RJDA 1992, n° 939.*

3. Transfert d'effets de commerce à l'étranger. Aucune disposition légale n'ayant prévu la déchéance des lettres de change transférées à l'étranger en violation de la réglementation des changes [à propos du régime antérieur aux textes de 1989 rétablissant la liberté des relations financières], sauf intention de fraude, le non-respect des formalités administratives à l'époque nécessaires avant le transfert des effets de commerce à l'étranger n'est pas de nature à affecter la validité et l'exigibilité des engagements y souscrits, ni la régularité des transferts de fonds suivant leur exécution. • Com. 17 oct. 1995, n° 93-18.023 P : *D. 1995. IR 232.*

Art. L. 511-30 A défaut de présentation de la lettre de change au paiement le jour de son échéance, ou l'un des deux jours ouvrables qui suivent, tout débiteur a la faculté d'en remettre le montant en dépôt à la Caisse des dépôts et consignations, aux frais, risques et périls du porteur. – *[C. com., art. 139.] – V. art. R. 511-1.*

Art. L. 511-31 Il n'est admis d'opposition au paiement qu'en cas de perte de la lettre de change ou *(L. n° 2005-845 du 26 juill. 2005, art. 165-II)* « de sauvegarde, » de redressement ou liquidation judiciaire du porteur. – *[C. com., art. 140.]*

BIBL. ▸ THÉRY, Le code de commerce 1807-2007, Livre du bicentenaire, *Dalloz, 2007, p. 329* (un texte pour l'éternité ? à propos de l'art. 149 du code de 1807).

1. Avaliseur. Les dispositions de l'art. 140 [C. com., art. L. 511-31] s'appliquent à l'avaliseur. • Com. 19 avr. 1985, n° 84-10.826 P : *RTD com. 1986. 122, obs. Cabrillac et Teyssié.*

2. Saisie. Les créanciers du tireur ou d'un endosseur sont irrecevables à pratiquer une saisie de la créance cambiaire entre les mains du tiré. • Com. 29 oct. 1982, n° 81-14.005 P : *D. 1983. IR 246, obs. Cabrillac* • Dijon, 23 mai 1973 : *RTD com. 1973. 833, obs. Cabrillac et Rives-Lange.* ♦ Le tiers saisi, souscripteur d'un billet à ordre, dispose d'un intérêt à agir pour s'opposer au paiement d'une créance cambiaire par nature insaisissable et dont il pourrait avoir à répondre. • Com. 27 sept. 2005, n° 02-16.902 P : *D. 2006. 1614, note Boujeka ; RTD com. 2006. 166, obs. Legeais ; JCP 2005. IV. 3309 ; RDBF 2005, n° 215, obs. S. Piedelièvre ; RJDA 2005, n° 1386.* ♦ Le souscripteur d'un billet à ordre ne peut être condamné à en payer le montant au créancier du bénéficiaire, qui avait fait pratiquer une saisie-arrêt entre les mains dudit souscripteur pour toutes les sommes dues ou à devoir au bénéficiaire. • Com. 15 juin 1993, n° 91-14.201 P : *D. 1994. Somm. 181, obs. Cabrillac.* – Comp. : • Req. 20 mai 1885 : *DP 1886. 1. 82* • T. com. Seine, 12 déc. 1952 : *Gaz. Pal. 1953. 1. 97.* ♦ V. cep., en matière d'avis à tiers détenteur : • Com. 6 juin 1984, n° 83-10.597 P : *D. 1985. IR 35, obs. Cabrillac ; RTD com. 1985. 124, obs. Cabrillac et Teyssié.*

3. Séquestre. La séquestration de traites peut être ordonnée au cas où la régularité même de leur détention est contestée. • Com. 9 déc. 1974, n° 73-14.513 P. ♦ La séquestration n'est pas admise lorsque la contestation ne porte que sur l'existence de la provision puisqu'elle ne saurait être prétexte à éluder l'art. 140 [C. com., art. L. 511-31]. • Com. 23 janv. 1963, n° 61-13.131 P • 22 janv. 1969, n° 68-10.141 P : *Banque 1971. 305 ; RTD com. 1969. 776* • Paris, 2 févr. 1960 : *Banque 1961. 536, obs. Marin* • 18 mai 1989 : *D. 1990. Somm. 122, obs. Cabrillac*.

Art. L. 511-32 **En cas de perte d'une lettre de change non acceptée, celui à qui elle appartient peut en poursuivre le paiement sur toute suivante.** — *[C. com., art. 141.]*

Duplicata. Sur le paiement d'un duplicata par le tireur, V. • Com. 11 juill. 1984 : *D. 1985. IR 32.*

Art. L. 511-33 **Si la lettre de change perdue est revêtue de l'acceptation, le paiement ne peut en être exigé sur toute suivante que par ordonnance du juge et en donnant caution.** — *[C. com., art. 142.]*

Art. L. 511-34 **Si celui qui a perdu la lettre de change, qu'elle soit acceptée ou non, ne peut représenter toute suivante, il peut demander le paiement de la lettre de change perdue et l'obtenir par l'ordonnance du juge en justifiant de sa propriété par ses livres et en donnant caution.** — *[C. com., art. 143.]*

1. Rapport fondamental. Les dispositions de l'art. 143 [C. com., art. L. 511-34] sont inapplicables lorsque le porteur dépossédé agit sur la base de la créance née du rapport fondamental. • Com. 13 mars 1957, n° 673 P : *RTD com. 1957. 980, obs. Becqué et Cabrillac.*

2. Banquier mandataire. La banque, porteur d'une lettre de change à la suite d'un endossement contenant la mention « pour encaissement », peut, sur le fondement de l'art. 122 [C. com., art. L. 511-13], exercer les droits dérivant de la lettre de change et prévus par l'art. 143 [C. com., art. L. 511-34] pour le cas de perte ou de vol de l'effet. • Com. 8 juin 1993, n° 91-14.160 P : *D. 1993. Somm. 318, obs. Cabrillac*. ♦ V. aussi cet arrêt pour l'appréciation de la responsabilité du banquier.

3. Preuve. La preuve de la créance cambiaire et de la perte de la lettre peut résulter de l'aveu. • Com. 17 avr. 1969, n° 66-11.503 P : *RTD civ. 1970. 212, obs. Hébraud ; RTD com. 1969. 776, obs. Cabrillac et Rives-Lange.* ♦ … Ou encore d'un écrit émanant du débiteur cambiaire. • Civ. 24 juin 1863 : *DP 1863. 1. 404.*

4. Compétence. Sur la compétence du tribunal de commerce et non pas seulement de son président, V. • Com. 17 avr. 1969, n° 66-11.503 P : *préc. note 3.* – Comp. : • Paris, 13 juill. 1990 : *D. 1991. Somm. 219, obs. Cabrillac*.

5. Ordonnance sur requête. L'ordonnance du juge accueillant, en cas de perte d'une lettre de change, la demande formée sur le fondement de l'art. L. 511-34 a pour objet de se substituer au titre égaré et de permettre à celui qui l'a obtenue de la présenter au paiement, le tiré pouvant refuser de payer dans les mêmes conditions que s'il s'agissait de la lettre de change. Cette ordonnance peut être une ordonnance sur requête, laquelle, tant qu'elle n'est pas rétractée, constitue le titre supplétif remplaçant l'effet perdu. Pour confirmer le jugement qui constatait que les conditions de l'art. L. 511-34 n'étaient pas satisfaites et rejeter la demande de la banque, l'arrêt retient que l'arrêt rendu le 25 févr. 2016 disant n'y avoir lieu à rétractation de l'ordonnance du 25 févr. 2015 a été rendu en référé et qu'il n'est pas assorti de l'autorité de chose jugée relativement à l'existence de la lettre de change, qu'il appartient donc à la banque d'établir. En statuant ainsi, la cour d'appel a violé le texte susvisé. • Com. 16 juin 2021, n° 19-20.175 P : *JCP E 2021, n° 1353 ; Banque et Dr. 11-12/2021. 8, obs. Bonneau.*

Art. L. 511-35 **En cas de refus de paiement, sur la demande formée en vertu des deux articles précédents, le propriétaire de la lettre de change perdue conserve tous ses droits par un acte de protestation. Cet acte doit être fait le lendemain de l'échéance de la lettre de change perdue. Les avis prescrits par l'article L. 511-42 doivent être donnés au tireur et aux endosseurs dans les délais fixés par cet article.** — *[C. com., art. 144.]*

Art. L. 511-36 **Le propriétaire de la lettre de change égarée doit, pour se procurer la suivante, s'adresser à son endosseur immédiat qui est tenu de lui prêter son nom et ses soins pour agir envers son propre endosseur, et ainsi en remontant d'endosseur à endosseur jusqu'au tireur de la lettre. Le propriétaire de la lettre de change égarée supporte les frais.** — *[C. com., art. 145.]*

Copie de la lettre de change originale. Si le propriétaire d'une lettre de change peut, en cas de perte, s'en procurer une seconde conformément aux dispositions de l'art. 145 [C. com., art. L. 511-36], ce deuxième exemplaire ne saurait toutefois en aucun cas constituer une nouvelle lettre de change, mais seulement une copie de la lettre de change originale. • Paris, 13 juill.

1990 : *D. 1991. Somm. 219, obs. Cabrillac* ✐. ♦ Ainsi, une lettre de change reconstituée à la demande du propriétaire portant la date du 26 juillet et payable à vue ne peut constituer un duplicata conforme aux exigences de l'art. 145 [C. com., art. L. 511-36] et se trouve dès lors dépourvue de toute valeur, alors que la lettre de change originale portait une date de création bien antérieure et était à échéance au 30 juin. • Même arrêt.

Art. L. 511-37 L'engagement de la caution mentionné dans les articles L. 511-33 et L. 511-34 est éteint après trois ans, si, pendant ce temps, il n'y a eu ni demandes ni poursuites en justice. – *[C. com., art. 146.]*

SECTION VIII DU RECOURS FAUTE D'ACCEPTATION ET FAUTE DE PAIEMENT

RÉP. COM. v° *Lettre de change*, par GIBIRILA.

Art. L. 511-38 I. – Le porteur peut exercer ses recours contre les endosseurs, le tireur et les autres obligés :

1° A l'échéance, si le paiement n'a pas eu lieu ;

2° Même avant l'échéance :

a) S'il y a eu refus total ou partiel d'acceptation ;

b) Dans les cas *(L. n° 2005-845 du 26 juill. 2005, art. 165-II)* « de sauvegarde, » de redressement ou de liquidation judiciaires du tiré, accepteur ou non, de cessation de ses paiements même non constatée par un jugement, ou de saisie de ses biens demeurée infructueuse ;

c) Dans les cas *(L. n° 2005-845 du 26 juill. 2005, art. 165-II)* « de sauvegarde, » de redressement ou de liquidation judiciaire*[s]* du tireur d'une lettre non acceptable.

II. – Toutefois, les garants contre lesquels un recours est exercé dans les cas prévus par le *b* et le *c* du I peuvent, dans les trois jours de l'exercice de ce recours*[,]* adresser au président du tribunal de commerce de leur domicile une requête pour solliciter des délais. Si la demande est reconnue fondée, l'ordonnance fixe l'époque à laquelle les garants sont tenus de payer les effets de commerce dont il s'agit, sans que les délais ainsi octroyés puissent dépasser la date fixée pour l'échéance. L'ordonnance n'est susceptible ni d'opposition ni d'appel. – *[C. com., art. 147.]*

1. Recours anticipé. Le porteur de la lettre de change peut intenter un recours sans attendre l'échéance au cas de *règlement judiciaire* du tiré. • Com. 16 mai 1984, ⚖ n° 83-11.019 P : *D. 1985. IR 29, obs. Cabrillac.*

2. Prorogation légale d'échéance. V. art. L. 511-79 s.

3. Prorogation conventionnelle. La prorogation d'échéance ne peut être opposée au tiré accepteur que si elle a été acceptée par lui. • Com. 29 mai 1978, ⚖ n° 77-10.220 P • 11 janv. 1972, ⚖ n° 70-10.166 P : *D. 1972. Somm. 207 ; RTD com. 1972. 662, obs. Cabrillac et Rives-Lange* • 17 juill. 1972, ⚖ n° 70-14.488 P • 23 mars 1993, ⚖ n° 90-19.419 P : *D. 1993. Somm. 318, obs. Cabrillac* ✐.

La prorogation d'échéance même acceptée par le tiré est inopposable aux signataires intermédiaires qui y sont étrangers. • Com. 18 janv. 1955 : *D. 1955. 188, note Goré ; JCP 1955. II. 8602, note Lescot ; RTD com. 1955. 353, obs. Becqué et Cabrillac* • Paris, 16 avr. 1969 : *ibid. 1970. 169, obs. Cabrillac et Rives-Lange.* ♦ Sur la privation de recours cambiaire contre le tireur résultant du report d'échéance accordé par le porteur au tiré sans en référer au tireur, V. • Com. 20 nov. 1990, ⚖ n° 89-13.321 P : *Rev. dr. bancaire 1991. 63, obs. Crédot et Gérard ; RTD com. 1991. 72, obs. Cabrillac et Teyssié* ✐. ♦ Sur l'opposabilité d'une prorogation au donneur d'aval, V. note 29 ss. art. L. 511-21.

Art. L. 511-39 Le refus d'acceptation ou de paiement doit être constaté par un acte authentique dénommé protêt faute d'acceptation ou faute de paiement.

Le protêt faute d'acceptation doit être fait dans les délais fixés pour la présentation à l'acceptation. Si, dans le cas prévu au premier alinéa de l'article L. 511-16, la première présentation a eu lieu le dernier jour du délai, le protêt peut encore être dressé le lendemain.

Le protêt faute de paiement d'une lettre de change payable à jour fixe ou à un certain délai de date ou de vue doit être fait l'un des deux jours ouvrables qui suivent le jour où la lettre de change est payable. S'il s'agit d'une lettre payable à vue, le protêt doit être dressé dans les conditions indiquées à l'alinéa précédent pour dresser le protêt faute d'acceptation.

Le protêt faute d'acceptation dispense de la présentation au paiement et du protêt faute de paiement.

En cas de cessation de paiement du tiré, accepteur ou non, ou en cas de saisie de ses biens demeurée infructueuse, le porteur ne peut exercer ses recours qu'après présentation de la lettre au tiré pour le paiement et après confection d'un protêt.

En cas de redressement ou de liquidation judiciaire du tiré accepteur ou non ainsi qu'en cas de redressement ou de liquidation judiciaire du tireur d'une lettre non acceptable, la production du jugement déclaratif suffit pour permettre au porteur d'exercer ses recours. – *[C. com., art. 148 A.]*

1. Protêt tardif. Le défaut de protêt dans le délai légal ne prive ni le tireur d'une lettre de change ni le bénéficiaire d'un chèque des recours cambiaires dont ils disposent respectivement contre le tiré accepteur ou le tireur qui n'a pas fait provision. • Com. 11 mars 2003, n° 00-19.548 : *RJDA 2003, n° 874.*

2. Clauses exclusives du protêt. La clause « sans frais » emporte interdiction pour le porteur de faire établir un protêt dont la violation est susceptible d'engager sa responsabilité à l'égard du tiré. • Poitiers, 6 févr. 1951 : *Banque 1952. 101, obs. Marin ; RTD com. 1952. 374, obs. Becqué et Cabrillac* • Lyon, 18 nov. 1959 : *RTD com. 1962. 449, obs. Cabrillac et Rives-Lange.* ♦ *Contra* : • Paris, 8 juin 1961 : *JCP 1962. II. 12657, note Lescot ; D. 1962. Somm. 46* (qui réserve cependant l'intention de nuire) • T. com. Seine, 10 mai 1962 : *Banque 1963. 45, obs. Marin.* ♦ V. notes ss. art. L. 511-43.

3. Domiciliation. V. notes ss. art. L. 511-52.

Art. L. 511-40 Lorsque le porteur consent à recevoir en paiement, soit un chèque ordinaire, soit un mandat de virement sur la Banque de France, soit un chèque postal, le chèque ou le mandat doit indiquer le nombre et l'échéance des effets ainsi payés. Cette indication n'est toutefois pas imposée pour les chèques ou mandats de virement créés pour le règlement entre banquiers du solde des opérations effectuées entre eux par l'intermédiaire d'une chambre de compensation.

Si le règlement est effectué au moyen d'un chèque ordinaire et si celui-ci n'est pas payé, notification du protêt faute de paiement dudit chèque est faite au domicile de paiement de la lettre de change dans le délai prévu à l'article 41 du décret-loi du 30 octobre 1935 unifiant le droit en matière de chèques et relatif aux cartes de paiement *[C. mon. fin., art. L. 131-48, App., v° Banque et financement de l'entreprise]*. Le protêt faute de paiement du chèque et la notification sont faits par un seul et même exploit, sauf dans le cas où, pour des raisons de compétence territoriale, l'intervention de deux officiers ministériels est nécessaire.

Si le règlement est effectué au moyen d'un mandat de virement et si celui-ci est rejeté par la Banque de France, ou au moyen d'un chèque postal et si celui-ci est rejeté par le centre de chèques postaux détenteur du compte à débiter, la non-exécution fait l'objet d'un acte de notification au domicile de l'émetteur dudit mandat ou dudit chèque postal dans les huit jours à compter de la date de l'émission. Cet acte est dressé par un huissier ou par un notaire. – *[C. com., art. 148 B, al. 1er à 3.]*

Art. L. 511-41 Lorsque le dernier jour du délai accordé pour l'accomplissement de l'acte de notification de la non-exécution du mandat de virement ou du chèque postal est un jour férié légal, ce délai est prorogé jusqu'au premier jour ouvrable qui en suit l'expiration. Les jours fériés intermédiaires sont compris dans la computation du délai. Aux jours fériés légaux sont assimilés les jours où, aux termes des lois en vigueur, aucun paiement ne peut être exigé ni aucun protêt dressé.

Le tiré de la lettre de change qui reçoit la notification doit, s'il ne paie pas la lettre de change ainsi que les frais de notification et, s'il y a lieu, du protêt du chèque, restituer la lettre de change à l'officier ministériel instrumentaire. Celui-ci dresse immédiatement le protêt faute de paiement de la lettre de change.

Si le tiré ne restitue pas la lettre de change, un acte de protestation est aussitôt dressé. Le défaut de restitution y est constaté. Le tiers porteur est, en ce cas, dispensé de se conformer aux dispositions des articles L. 511-33 et L. 511-34.

Le défaut de restitution de la lettre de change constitue un délit passible des peines prévues par les articles 314-1 et 314-10 du code pénal. – *[C. com., art. 148 B, al. 4 à 7.]*

Art. L. 511-42 Le porteur doit donner avis du défaut d'acceptation ou de paiement à son endosseur dans les quatre jours ouvrables qui suivent le jour du protêt ou celui de la présentation en cas de clause de retour sans frais.

Les notaires et les huissiers sont tenus, à peine de dommages-intérêts, lorsque l'effet indique les nom et domicile du tireur de la lettre de change, de prévenir celui-ci dans les quarante-huit heures qui suivent l'enregistrement, par la poste et par lettre recommandée, des motifs du refus de payer. Cette lettre donne lieu, au profit du notaire ou de l'huissier, à un honoraire dont le montant est fixé par voie réglementaire en sus des frais d'affranchissement et de recommandation.

Chaque endosseur doit, dans les deux jours ouvrables qui suivent le jour où il a reçu l'avis, faire connaître à son endosseur l'avis qu'il a reçu, en indiquant les noms et les adresses de ceux qui ont donné les avis précédents, et ainsi de suite, en remontant jusqu'au tireur.

Les délais ci-dessus indiqués courent de la réception de l'avis précédent.

Lorsque, en conformité de l'alinéa précédent, un avis est donné à un signataire de la lettre de change, le même avis doit être donné dans le même délai à son avaliseur.

Dans le cas où un endosseur n'a pas indiqué son adresse ou l'a indiquée d'une façon illisible, il suffit que l'avis soit donné à l'endosseur qui le précède.

Celui qui a un avis à donner peut le faire sous une forme quelconque, même par un simple renvoi de la lettre de change.

Il doit prouver qu'il a donné l'avis dans le délai imparti.

Ce délai est considéré comme observé si une lettre missive donnant l'avis a été mise à la poste dans ledit délai.

Celui qui ne donne pas l'avis dans le délai ci-dessus indiqué n'encourt pas de déchéance ; il est responsable, s'il y a lieu, du préjudice causé par sa négligence, sans que les dommages-intérêts puissent dépasser le montant de la lettre de change. – *[C. com., art. 149.]*

1. Domaine. Le tiré d'une lettre de change acceptée ne peut opposer à la banque porteuse de l'effet régulièrement escompté, revenu impayé lors de sa présentation au paiement, une exception en vertu des dispositions de l'art. 121 [C. com., art. L. 511-12], au motif que la banque aurait méconnu son obligation d'avoir à donner avis du défaut de paiement dans les quatre jours de la présentation au paiement en cas de clause de retour sans frais, conformément à l'art. 149 [C. com., art. L. 511-42], le tiré accepteur n'apparaissant pas visé par ce texte au nombre des personnes devant être avisées, puisqu'il doit payer en sa qualité de débiteur cambiaire tous les autres signataires. • TGI Carpentras, réf., 10 déc. 1997 : *Annonces de la Seine, 9 févr. 1998, p. 15.*

2. Lettres de change-relevé. Pour une application de l'art. 149 [C. com., art. L. 511-42] à une lettre de change-relevé, V. • Com. 24 janv. 1995, ⚖ n° 92-18.948 : *RJDA 1995, n° 613.*

3. Renonciation à l'avis. L'art. 149 [C. com., art. L. 511-42] est inapplicable lorsque les parties sont liées par la seule convention de compte courant, convention comportant expressément renonciation par le client à tout avis de non-paiement de la part du porteur des effets de commerce. • Com. 22 déc. 1981, ⚖ n° 80-13.241 P : *D. 1982. IR 133.*

4. Responsabilité du porteur. Commet une grave négligence le tiers porteur d'une lettre de change qui omet de donner à son endosseur, dans les quatre jours de la présentation des effets stipulés sans frais, l'avis prévu par l'art. 149 [C. com., art. L. 511-42]. L'endosseur est en droit, en réparation du préjudice qu'il a subi, de demander l'octroi de dommages-intérêts du montant des lettres restant dû. • Paris, 21 janv. 1964 : *D. 1964. Somm. 42.* – V. conf. • Douai, 7 oct. 1967 : *RTD com. 1968. 102* • T. com. Marseille, 21 juin 1957 : *Banque 1959. 321* • T. com. Grenoble, 26 janv. 1968 : *Gaz. Pal. 1968. 1. 116.* – V. aussi • Paris, 19 mai 1995 : *Rev. dr. bancaire 1996. 12, obs. Crédot et Gérard.* ♦ Une convention limitative de responsabilité est inopérante au cas de faute lourde. • Paris, 19 juin 1964 : *Banque 1967. 270.*

5. Force majeure. Le défaut d'avis dans le délai, lorsqu'il est sans influence sur l'impossibilité où s'est trouvé le bénéficiaire de récupérer sa créance, ne permet pas de condamner le porteur à lui payer des dommages-intérêts, alors surtout que le retard de l'avis a été provoqué par une grève des banques présentant pour le banquier le caractère de la force majeure. • Com. 21 nov. 1966, n° 63-11.551 P : *RTD com. 1967. 538, obs. Becqué et Cabrillac ; Banque 1967. 270, obs. Marin* • Paris, 21 janv. 1964 : *D. 1964. Somm. 42* • Douai, 7 oct. 1967 : *Banque 1968. 139, obs. Marin.*

Art. L. 511-43 Le tireur, un endosseur ou un avaliseur peut, par la clause "retour sans frais", "sans protêt" ou toute autre clause équivalente inscrite sur le titre et signée, dispenser le porteur de faire dresser, pour exercer ses recours, un protêt faute d'acceptation ou faute de paiement.

Cette clause ne dispense pas le porteur de la présentation de la lettre de change dans les délais prescrits ni des avis à donner.

La preuve de l'inobservation des délais incombe à celui qui s'en prévaut contre le porteur.

Si la clause est inscrite par le tireur, elle produit ses effets à l'égard de tous les signataires ; si elle est inscrite par un endosseur ou un avaliseur, elle produit ses effets seulement à l'égard de celui-ci. Si, malgré la clause inscrite par le tireur, le porteur fait dresser le protêt, les frais en restent à sa charge. Quand la clause émane d'un endosseur, ou d'un avaliseur, les frais du protêt, s'il en est dressé un, peuvent être recouvrés contre tous les signataires. — *[C. com., art. 150.]*

1. Portée des clauses restrictives. La clause sans frais ou sans protêt emporte interdiction pour le porteur de faire dresser un protêt. – V. note 2 ss. art. L. 511-39. – Comp. : • Poitiers, 6 févr. 1951 : *préc. note 2 ss. art. L. 511-39* • Lyon, 18 nov. 1959 : *ibid.* ♦ Il a toutefois été jugé que de telles clauses ne feraient que dispenser le porteur de son obligation. – V. décisions citées ss. art. L. 511-39, notamment • Paris, 8 juin 1961. ♦ Sur la clause de dispense de protêt par acte séparé, V. • Agen, 15 févr. 1967 : *Banque 1967. 800, obs. Marin.*

V. note 3 ss. art. L. 511-45.

2. Preuve de la présentation. Suivant l'art. 150, al. 3 [C. com., art. L. 511-43, al. 3], en cas d'insertion dans la lettre de change d'une clause « sans frais », la preuve de l'inobservation des délais de présentation incombe à celui qui s'en prévaut contre le porteur. Les juges ne sont pas tenus de faire droit à la demande d'expertise du garant qui refuse le paiement. • Com. 4 juin 1955 : *RTD com. 1955. 854, obs. Becqué et Cabrillac.*

3. Signature. Lorsqu'une clause « retour sans frais » ou « sans protêt » est préimprimée sur la lettre de change, la seule signature du tireur portée sur l'effet suffit à la valider, sans qu'il soit nécessaire qu'une seconde signature, distincte de la première, soit apposée spécifiquement sous cette clause. Ayant relevé que l'effet de commerce accepté et signé par la société mentionnait en caractères imprimés : « Contre cette lettre de change stipulée sans frais, veuillez payer la somme indiquée ci-dessous à l'ordre de : », c'est exactement que la cour d'appel a retenu que la clause se trouvait validée par la signature unique du tireur, apposée, selon l'usage, au bas de la lettre de change, et en a déduit que la banque n'avait pas l'obligation de dresser un protêt, pour pouvoir exercer ses droits contre la société, tiré accepteur. • Com. 2 nov. 2016, n° 15-12.399 P : *D. 2016. Actu. 2276 ; JCP E 2016, n° 1646 ; RJDA 2017, n° 111 ; Gaz. Pal. 21 févr. 2017, p. 63, obs. Moreil.*

Art. L. 511-44 **Tous ceux qui ont tiré, accepté, endossé ou avalisé une lettre de change sont tenus solidairement envers le porteur.**

Le porteur a le droit d'agir contre toutes ces personnes, individuellement ou collectivement, sans être astreint à observer l'ordre dans lequel elles se sont obligées.

Le même droit appartient à tout signataire d'une lettre de change qui a remboursé celle-ci.

L'action intentée contre un des obligés n'empêche pas d'agir contre les autres, même postérieurs à celui qui a été d'abord poursuivi. — *[C. com., art. 151.]*

1. Codébiteurs. Le tireur, le tiré accepteur et les endosseurs sont tenus solidairement à titre de débiteurs principaux ; en conséquence, celui d'entre eux qui est poursuivi ne peut opposer le bénéfice de cession d'actions de l'art. 2037 [2314] C. civ. • Civ. 5 août 1889 : *DP 1890. 1. 228* • 28 déc. 1927 : *DP 1929. 1. 13, note Chéron.*

2. Avaliseur. Le donneur d'aval n'est que caution solidaire ; il peut donc invoquer le bénéfice de cession d'actions. • Req. 3 janv. 1888 : *DP 1888. 1. 36* • 19 déc. 1927 : *DH 1928. 86.* ♦ V. notes 28 s. ss. art. L. 511-21.

3. Endosseur. Il résulte de la combinaison des dispositions des art. L. 511-10 et L. 511-44 que le porteur d'une lettre de change bénéficie de la garantie solidaire, notamment du tireur et de l'endosseur, lequel est de surcroît, sauf clause contraire, personnellement garant du paiement du titre. • Versailles, 29 sept. 2005 : *JCP E 2005, n° 48, p. 2031.* ♦ Il suit de là que le tireur et endosseur d'une lettre de change régulièrement acceptée par le tiré et par lui-même en ces deux qualités de tireur et d'endosseur est mal fondé à prétendre que le porteur (sa banque) aurait perdu les droits que la loi attache à cette qualité de porteur, motif pris qu'elle lui aurait notifié l'impossibilité, faute de provision suffisante, de contrepasser l'écriture sur son compte afin de récupérer les sommes avancées dans le cadre de l'opération d'escompte, alors qu'au contraire l'exercice du recours cambiaire a sa cause dans l'échec de la contre-passation d'écriture dont il ne démontre pas qu'elle aurait eu lieu, ni davantage que la banque aurait renoncé à l'exercer. • Même arrêt.

4. Compétence. Le tiré non accepteur peut être assigné, concurremment avec le tireur, devant la même juridiction. • Civ. 3 févr. 1914 : *DP 1914. 1. 312.* – *Contra* : Req. 18 mai 1909 : *DP 1912. 1. 15.* ♦ Sur les clauses attributives de compétence insérées dans l'engagement fondamental, V. • Colmar, 24 févr. 1966 : *D. 1966. 543, note*

P. B. ; JCP 1967. II. 14965, note Lescot ; RTD com. 1966. 971 • Paris, 9 nov. 1965 : *Banque 1966. 357, obs. Marin ; JCP 1966. II. 14819, note Lescot.*

5. Ordre. Les porteurs d'une lettre de change peuvent agir contre les signataires, garants solidaires du paiement, dans l'ordre de leur choix. • Paris, 4 juill. 2013 : *Gaz. Pal. 2013. 3803, obs. Rouaud.*

Art. L. 511-45 **I. – Le porteur peut réclamer à celui contre lequel il exerce son recours :**

1° Le montant de la lettre de change non acceptée ou non payée avec les intérêts, s'il en a été stipulé ;

2° Les intérêts au taux légal à partir de l'échéance ;

3° Les frais du protêt, ceux des avis donnés ainsi que les autres frais.

II. – Si le recours est exercé avant l'échéance, déduction est faite d'un escompte sur le montant de la lettre. Cet escompte est calculé d'après le taux de l'escompte officiel fixé par la Banque de France tel qu'il existe à la date du recours au lieu du domicile du porteur. – *[C. com., art. 152.]*

A. RECOURS DU PORTEUR CONTRE LES GARANTS

1. Ordre public. Les dispositions de l'art. 152 [C. com., art. L. 511-45] ont, par leur origine et par leur finalité, un caractère d'ordre public. • Paris, 28 juin 1985 : *D. 1985. IR 419, obs. Cabrillac.*

2. Tiré accepteur. Le porteur d'une lettre de change peut réclamer au tiré accepteur les intérêts au taux légal, lesquels courent à compter de l'échéance de celle-ci. • Com. 30 juin 2009, n° 08-15.165 P : *D. 2009. AJ 1888, obs. Delpech ; JCP E 2009, n° 35, p. 16 ; RDBF 2009, n° 147, obs. Crédot et Samin ; RJDA 2009, n° 1002.* ♦ L'art. 152 [C. com., art. L. 511-45] concerne l'étendue, quant aux intérêts, du recours cambiaire dont dispose le porteur contre les signataires de l'effet et ce recours, dérogatoire au droit commun, notamment en matière de paiement des intérêts, ne peut donc être dirigé que contre le tiré qui a accepté l'effet. • Paris, 28 juin 1985 : *préc. note 1.*

3. Donneur d'aval. En vertu des dispositions de l'art. 152 (2°) [C. com., art. L. 511-45, I, 2°], auxquelles renvoie l'art. 187 [C. com., art. L. 512-4], le donneur d'aval est personnellement débiteur, de plein droit à partir de l'échéance du billet à ordre, des intérêts moratoires au taux légal de la somme garantie. • Com. 25 juin 1996, n° 94-20.100 P : *D. 1996. IR 184 ; JCP 1996. II. 22687, rapp. Rémery.* ♦ Nonobstant la clause « sans frais », qui se borne à dispenser le porteur du billet à ordre de faire dresser protêt, et la limitation de l'aval à un montant déterminé, l'avaliste reste tenu des intérêts qu'il doit personnellement en vertu de l'art. 152 (2°) [C. com., art. L. 511-45, I, 2°] (à propos de l'art. 55 de la L. n° 85-98 du 25 janv. 1985, *dans sa rédaction antérieure à la réforme du 10 juin 1994*). • Même arrêt. ♦ V. note 9 ss. art. L. 622-28.

4. Recours de droit commun. Le contrat d'escompte d'effets de commerce implique la possibilité pour l'établissement escompteur de demander au crédité, sur la base du recours de droit commun, le remboursement des fonds avancés au cas où le tiré ne paierait pas l'effet à son échéance ou même plus tard. • Fort-de-France, 2 juin 1995 : *Rev. huiss. 1996. 65, note Hesbert.* ♦ Le banquier serait privé de sa demande de remboursement des sommes avancées, s'il était établi que par suite d'un défaut d'avis ou même d'une information tardive au remettant il avait causé un préjudice à ce dernier. Un tel préjudice n'est cependant pas établi, pour que le remettant résiste au recours de la banque en remboursement sur la base du contrat d'escompte ou bien sollicite des dommages et intérêts reconventionnels envers celle-ci, s'il est prouvé que malgré toute la diligence voulue de la part de l'établissement de crédit, l'effet litigieux n'aurait pas été en tout état de cause payé. • Même arrêt.

5. Convention de compte courant. Si, indépendamment de tout recours fondé sur le droit cambiaire et formé dans le délai de prescription prévu par l'art. 179 [C. com., art. L. 511-78], une banque peut prétendre au remboursement de ses avances sur escompte par le bénéficiaire de celles-ci, elle ne peut fonder son action sur une convention de compte courant qu'à la condition d'avoir réinscrit le montant des effets impayés au débit de ce compte par une contre-passation. • Com. 5 mai 1998, n° 95-21.171 : *RJDA 1998, n° 1151 ; RDBB 1998. 172, obs. Crédot et Gérard.*

6. Présentation tardive. Lorsque l'effet est présenté tardivement, les intérêts moratoires ne sont dus qu'à compter du jour de la présentation. • Com. 4 mars 1980, n° 77-15.265 P : *D. 1980. IR 436, obs. Cabrillac ; RTD com. 1980. 576.* – Rappr. : • Com. 19 janv. 1982 : *Gaz. Pal. 1982. 2. Pan. 212, obs. Dupichot.*

7. Mise en demeure d'une SNC. En ce sens que l'art. 152 [C. com., art. L. 511-45] dispenserait le créancier de la lettre de change impayée de la mise en demeure de la société en nom collectif par acte extrajudiciaire, prévue par l'art. 10, al. 2, de la L. du 24 juill. 1966 [C. com., art. L. 221-1, al. 2], V. • Paris, 2 juill. 1993 : *Dr. sociétés 1994, n° 11, note crit. Le Nabasque.*

8. Frais de retour. V. note 8 ss. art. L. 511-12.

B. CONTRE-PASSATION DE L'EFFET

9. Définition. La contre-passation est l'écriture par laquelle le banquier escompteur débite le compte courant de son client remettant de l'effet de commerce escompté dont le montant avait été inscrit au crédit de ce compte, à la suite du non-paiement de cet effet. • Versailles, 1er juill. 1994 : *D. 1994. IR 211.* ♦ La contre-passation ne peut résulter que d'une écriture de la banque portant le montant de l'effet au débit du compte du client ayant remis cet effet à l'escompte. • Com. 3 nov. 1988, n° 87-12.915 P : *D. 1989. Somm. 90, obs. Cabrillac ; RTD com. 1989. 95, obs. Cabrillac et Teyssié.* ♦ Si l'escompte de lettres de change tirées par une société et remises par elle à une banque s'est réalisé par l'inscription de leur montant au crédit du compte courant de la société, la banque est restée propriétaire des effets impayés qu'elle n'avait pas contrepassés. • Com. 9 juill. 1985, n° 84-12.060 P. ♦ Le transfert des effets impayés à un compte spécial affecté aux créances douteuses ou à recouvrer, conformément à une technique bancaire habituelle, n'équivaut pas, par lui-même, à une contre-passation. • Versailles, 1er juill. 1987 : *D. 1988. 238, note Estoup* • Com. 11 juin 1996, n° 94-15.534 P : *RJDA 1996, n° 1507.*

10. Volonté de contrepasser. La banque est présumée avoir procédé volontairement à la contre-passation de l'effet. Pour prouver que cette écriture est le résultat d'une erreur, la banque ne peut se contenter d'invoquer la gestion informatique des comptes pour soutenir qu'elle n'avait pas perdu la propriété de l'effet. • Paris, 27 mars 1992 : *Banque 1992. 841, obs. Rives-Lange* • Versailles, 1er juill. 1994 : *préc. note 9.* ♦ Il ne peut être retenu qu'une banque a eu la volonté de contrepasser une lettre de change impayée, qu'elle avait préalablement escomptée en inscrivant son montant au crédit du compte ordinaire de son client, dès lors que le montant de cet effet, n'a pas été débité de ce compte mais d'un compte spécial ouvert à cet effet, peu important que la banque ait ensuite débité le compte ordinaire du montant des intérêts. • Com. 12 janv. 1999, n° 95-16.526 P : *D. 2000. Somm. 12, obs. Lemée.* ♦ Il n'y a pas contre-passation quand l'écriture automatiquement passée au compte du bénéficiaire de l'escompte pour y inscrire le montant au débit après refus de paiement par le tiré est annulée par l'agent de banque gestionnaire du compte dès qu'il en a pris connaissance et manifeste ainsi que cette écriture ne correspond pas à la volonté de l'établissement. • Com. 23 oct. 2001, n° 99-18.436 : *RJDA 2002, n° 306.* ♦ Lorsque les effets escomptés par une banque font automatiquement, par ordinateur, l'objet d'une écriture en débit au compte du client lorsqu'ils sont impayés, cet automatisme n'implique pas à lui seul la volonté de la banque de contre-passer l'effet ou de le conserver, et qu'il convient d'avoir recours à divers indices, tels que l'inscription de l'effet impayé dans un compte d'attente ou la conservation de l'effet impayé après non-paiement, au-delà d'un délai raisonnable. • Versailles, 10 juin 1994 : *D. 1994. IR 209.* ♦ L'inscription automatique par ordinateur d'une écriture de débit au compte du client en cas de rejet d'un effet escompté n'implique pas que la banque, qui a ensuite recrédité ce compte du montant de l'effet et conservé matériellement celui-ci, ait eu la volonté de contrepasser ledit effet. • Paris, 10 nov. 1995 : *D. Affaires 1996. 44.* ♦ V. encore, pour une rectification d'écriture, par informatique : • Com. 10 janv. 1983, n° 81-15.968 P : *RTD com. 1983. 439, obs. Cabrillac et Teyssié.*

11. Effets d'un paiement. La contre-passation d'un effet escompté en compte courant produit les effets d'un paiement dès lors que le compte fonctionne. • Com. 4 juin 1985, n° 84-11.977 P : *D. 1985. IR 420, obs. Cabrillac* • 1er oct. 1996, n° 93-21.410 : *RJDA 1997, n° 87.* ♦ V. *contra*, en l'absence de compte courant : • Com. 10 janv. 1984, n° 82-12.975 P. ♦ Il appartient à la banque, qui sollicite paiement de la part de l'avaliste de billets à ordre qu'elle a contre-passés au compte courant du débiteur principal, d'établir que cette contre-passation a eu lieu après la clôture du compte et, dès lors, ne vaut pas paiement. • Com. 15 févr. 2011, n° 10-30.102 : *RJDA 2011, n° 448.*

12. Prise d'effet. Serait-elle définitivement décidée, la contre-passation du montant d'une lettre de change prise à l'escompte ne prend effet qu'à compter de son inscription en compte. • Com. 21 juin 1994, n° 92-13.683 P : *RTD com. 1995. 168, obs. Cabrillac* • 4 mai 1999, n° 96-13.149 : *RJDA 1999, n° 716.*

13. Contre-passation d'une écriture en débit du compte du tiré. La seule inscription au débit du compte du tiré, par la banque domiciliataire, ne constitue pas un paiement au profit du tireur et, en conséquence, la contre-passation de cette écriture ne peut constituer une faute au préjudice de celui-ci. • Com. 21 mai 1996, n° 94-12.750 : *D. 1997. 105, note D. Martin ; Rev. dr. bancaire 1996. 191, obs. Crédot et Gérard* • 12 mars 2002, n° 00-17.263 P : *D. 2002. AJ 1343 ; Banque et Dr. 7-8/2002. 44, obs. Bonneau.*

14. Escompte. Dans le cas de deux endossements successifs d'une lettre de change, le premier à titre d'encaissement et le second à titre d'escompte, l'endossement doit être considéré comme ayant été effectué à titre d'escompte, dès lors que, si le simple paiement de la traite par la banque à son client avant la date de l'échéance peut s'analyser en une avance consentie dans le cadre d'un endossement par procuration, il en va autrement lorsque la banque, qui s'est abstenue de contrepasser l'effet au débit du compte courant de son client, a décompté des agios entre la date de la remise de l'effet et celle de son échéance. • Colmar, 20 oct. 1998 : *Gaz. Pal. 12-14 déc. 1999, Somm., p. 36, obs. Vray.*

15. Saisie-attribution. Sur la contre-passation dans le cadre de la procédure de saisie-attribution, V. C. pr. exéc., art. L. 162-1. – **C. pr. civ.**

16. Procédure collective du remettant. BIBL. Nguyen Xuan Chanh, *D. 1971. Chron. 243* ; Gavalda, *JCP 1963. I. 1763.* ♦ Une banque ne peut refuser, à l'administrateur d'une société en redressement judiciaire, la restitution du solde créditeur du compte ouvert au nom de ladite société, en prétendant que ce solde est « *indisponible* », comme étant « *affecté au remboursement de créances* » qu'elle pourrait « *détenir en raison de la réalisation des risques résultant de l'encours d'escompte* », dès lors que les contre-passations des effets escomptés par la banque n'étaient qu'éventuelles et que la banque ne pouvait, pour garantir le paiement des créances incertaines pouvant en résulter ultérieurement, retenir le solde créditeur du compte courant. • Com. 7 avr. 1998, n° 95-16.613 P : *D. 1998. Somm. 376, obs. Piedelièvre* ; *JCP E 1998, n° 28-29, p. 1143, note Auque* ; *RTD com. 1998. 653, obs. Cabrillac*. – Sur cette affaire, V. aussi Stoufflet, *RDBB 1998. 190.*

La contre-passation du montant d'une lettre de change au compte courant du tireur qui l'a remise à l'escompte ne peut valoir paiement dès lors qu'elle est postérieure à l'ouverture du redressement judiciaire de celui-ci. • Com. 5 mai 1998, n° 95-21.106 : *RJDA 1998, n° 1150.* ♦ S'agissant d'une contre-passation portée en compte après le jugement d'ouverture d'une procédure collective à l'encontre du remettant, dès lors que le banquier avait fait savoir à celui-ci avant cette date qu'il lui adresserait une traite revenue impayée, jugé que la contre-passation était intervenue avant ledit jugement et que, par conséquent, le banquier n'avait pu conserver la propriété de l'effet. • Toulouse, 30 janv. 1992 : *RTD com. 1992. 836, obs. Cabrillac et Teyssié*. ♦ V. aussi, pour la contre-passation de chèques impayés : • Paris, 24 mars 1989 : *D. 1989. IR 118.*

Art. L. 511-46 Celui qui a remboursé la lettre de change peut réclamer à ses garants :

1° La somme intégrale qu'il a payée ;

2° Les intérêts de ladite somme, calculés au taux légal, à partir du jour où il l'a déboursée ;

3° Les frais qu'il a faits. – *[C. com., art. 153.]*

Art. L. 511-47 Tout obligé contre lequel un recours est exercé ou qui est exposé à un recours peut exiger, contre remboursement, la remise de la lettre de change avec le protêt et un compte acquitté.

Tout endosseur qui a remboursé la lettre de change peut biffer son endossement et ceux des endosseurs subséquents. – *[C. com., art. 154.]*

1. Droits du garant. Le signataire intermédiaire qui a dû payer sur recours cambiaire redevient automatiquement porteur légitime de la traite et n'agit pas sur la base d'une subrogation dans les droits du créancier désintéressé. • Com. 11 avr. 1962, n° 60-11.741 P : *D. 1962. 366* • Montpellier, 4 févr. 1982 : *D. 1983. IR 44, obs. Cabrillac.*

2. Restitution de l'effet impayé. Par application de l'art. 154 [C. com., art. L. 511-47], l'avaliseur d'une lettre de change, poursuivi en paiement, n'est tenu de payer que contre la remise de la lettre de change avec le protêt et d'un compte acquitté. • Com. 10 juin 1959, n° 1.041 P : *D. 1959. 490.* ♦ Sur la nature de l'obligation de restitution de l'effet impayé et les formes requises pour cette restitution, V. • Com. 7 mars 2000, n° 94-10.369 P : *D. 2000. AJ 208, obs. Daleau* ; *RTD com. 2000. 416, obs. Cabrillac* ; *JCP E 2000, n° 27, p. 1088, obs. Gavalda et Stoufflet.*

Art. L. 511-48 En cas d'exercice d'un recours après une acceptation partielle, celui qui rembourse la somme pour laquelle la lettre n'a pas été acceptée, peut exiger que ce remboursement soit mentionné sur la lettre et qu'il lui en soit donné quittance. Le porteur doit en outre lui remettre une copie certifiée conforme de la lettre et le protêt pour permettre l'exercice des recours ultérieurs. – *[C. com., art. 155.]*

Art. L. 511-49 I. – Après l'expiration des délais fixés :

1° Pour la présentation d'une lettre de change à vue ou à un certain délai de vue ;

2° Pour la confection du protêt faute d'acceptation ou faute de paiement ;

3° Pour la présentation au paiement en cas de clause de retour sans frais,

le porteur est déchu de ses droits contre les endosseurs, contre le tireur et contre les autres obligés, à l'exception de l'accepteur.

II. – Toutefois, la déchéance n'a lieu à l'égard du tireur que s'il justifie qu'il a fait provision à l'échéance. Le porteur, en ce cas, ne conserve d'action que contre celui sur qui la lettre de change était tirée.

III. – A défaut de présentation à l'acceptation dans le délai stipulé par le tireur, le porteur est déchu de ses droits de recours, tant pour défaut de paiement que pour défaut d'acceptation, à moins qu'il ne résulte des termes de la stipulation que le tireur n'a entendu s'exonérer que de la garantie de l'acceptation.

IV. – Si la stipulation d'un délai pour la présentation est contenue dans un endossement, l'endosseur seul peut s'en prévaloir. – *[C. com., art. 156.]*

BIBL. ▶ NGUYEN XUAN CHANH, *D. 1979. Chron. 77* (déchéance des droits du porteur).

1. Tiré accepteur. La déchéance du porteur, en cas de présentation tardive d'une lettre de change à vue, ne peut être invoquée par l'accepteur. • Com. 30 nov. 1981, n° 80-11.415 P : *D. 1982. IR 211.* ♦ Le banquier escompteur ayant perdu, à la suite du retour pour présentation tardive de la première traite, son recours contre les éventuels endosseurs, tireurs ou avalistes, conserve néanmoins son recours contre le tiré accepteur. • Versailles, 13 nov. 1997 : *D. Affaires 1998. 378, obs. X. D.* ♦ V. aussi note ss. art. L. 511-62.

2. Avaliseur. Il y a lieu de condamner solidairement le tiré-accepteur et celui qui l'a avalisé, à payer une lettre de change tirée à vue et non présentée dans le délai d'un an. • Com. 30 nov. 1981, n° 80-11.415 P : *préc. note 1.* ♦ Dès lors qu'une personne était avaliste pour le tireur, la déchéance n'a lieu à son égard, conformément à l'art. 156 [C. com., art. L. 511-49], que s'il est justifié que le tireur avait fait provision à l'échéance, et il appartient en conséquence à l'avaliste de prouver que le tireur était créancier du tiré. • Com. 20 oct. 1998, n° 95-11.800 : *D. Affaires 1998. 1906, obs. X. D. ; RJDA 1998, n° 1410.* ♦ Il en résulte que le porteur n'est pas déchu de ses droits contre l'avaliste, tenu dans les mêmes conditions que le tireur qu'il garantissait, et que cet avaliste ne peut dès lors lui opposer la déchéance résultant de l'absence de protêt. • Même arrêt.

3. Tireur. La déchéance du porteur au cas de présentation tardive ne peut être invoquée par le tireur qui n'a pas fait provision, l'existence de la provision s'appréciant à l'échéance. • Com. 4 mars 1957, n° 1.391 P.

4. Responsabilité du banquier. Le banquier endossataire pour encaissement de trois lettres de change revenues impayées et qui manque à son obligation de faire dresser protêt n'est pas civilement responsable envers le porteur sans que soit expliqué en quoi la perte de chance du porteur d'être payé a pour cause l'absence de protêt. • Com. 17 oct. 1995, n° 92-10.875 : *Rev. huiss. 1996. 218, note Vidal.* – V. aussi : • Paris, 19 févr. 1987 : *D. 1987. IR 57.* ♦ En dehors des trois cas limitativement énumérés par l'art. L. 511-49 où il peut être déchu de ses recours, le tiers porteur n'est tenu de réparer, par des dommages-intérêts, ses négligences éventuelles que s'il est démontré qu'elles ont fait perdre au demandeur une chance sérieuse et réelle de recouvrer sa créance auprès du tiré ou d'un autre garant. • Com. 5 oct. 2004, n° 01-16.456 : *BRDA 2004, n° 21, p. 10.*

Art. L. 511-50 Quand la présentation de la lettre de change ou la confection du protêt dans les délais prescrits est empêchée par un obstacle insurmontable tel que la prescription légale d'un État quelconque ou tout autre cas de force majeure, ces délais sont prolongés.

Le porteur est tenu de donner, sans retard, avis du cas de force majeure à son endosseur et de mentionner cet avis, daté et signé de lui, sur la lettre de change ou sur une allonge. Pour le surplus, les dispositions de l'article L. 511-42 sont applicables.

Après la cessation de la force majeure, le porteur doit, sans retard, présenter la lettre à l'acceptation ou au paiement et, s'il y a lieu, faire dresser le protêt.

Si la force majeure persiste au-delà de trente jours à partir de l'échéance, les recours peuvent être exercés, sans que ni la présentation ni la confection d'un protêt soit nécessaire, à moins que ces recours ne se trouvent suspendus pour une période plus longue, par application de l'article L. 511-61.

Pour les lettres de change à vue ou à un certain délai de vue, le délai de trente jours court de la date à laquelle le porteur a, même avant l'expiration des délais de présentation, donné avis de la force majeure à son endosseur. Pour les lettres de change à un certain délai de vue, le délai de trente jours s'augmente du délai de vue indiqué dans la lettre de change.

Ne sont point considérés comme constituant des cas de force majeure les faits purement personnels au porteur ou à celui qu'il a chargé de la présentation de la lettre ou de la confection du protêt. – *[C. com., art. 157.]*

Art. L. 511-51 Indépendamment des formalités prescrites pour l'exercice de l'action en garantie, le porteur d'une lettre de change protestée faute de paiement peut, en

obtenant la permission du juge, saisir conservatoirement les effets mobiliers des tireurs, accepteurs et endosseurs. — *[C. com., art. 158.]*

L'autorisation judiciaire préalable à la pratique d'une mesure conservatoire (saisie-conservatoire ou sûreté judiciaire) sur les biens du débiteur, exigée par le code des procédures civiles d'exécution, n'est pas nécessaire en cas de défaut de paiement d'une lettre de change acceptée ou d'un billet à ordre (V. C. pr. exéc., art. L. 511-1 s.). — ***C. pr. exéc.***

Le tribunal judiciaire connaît de la saisie conservatoire prévue à l'art. L. 511-51 (COJ, art. L. 215-7). — ***C. pr. civ.***

Sur l'utilisation de la procédure d'injonction de payer pour obtenir le paiement d'une lettre de change ou d'un billet à ordre, V. C. pr. civ., art. 1405 s. — ***C. pr. civ.***

Nécessité d'un protêt. La saisie conservatoire prévue par l'art. 158 [C. com., art. L. 511-51] ne peut être exercée que si un protêt a été dressé au cas de non-paiement, sans que soient exigés ni l'urgence, ni le péril dans le recouvrement de la créance. • TI Metz, 29 oct. 1975 : *RJ com. 1978. 402, note Créhange ; RTD com. 1979. 276, obs. Cabrillac et Rives-Lange* • 2 nov. 1976 : *ibid.*

SECTION IX DES PROTÊTS

RÉP. COM. v° *Protêt*, par MASSOT-DURIN.

SOUS-SECTION 1 DES FORMES

Art. L. 511-52 **Les protêts faute d'acceptation ou de paiement sont faits par un notaire ou par un huissier.**

Le protêt doit être fait par un seul et même acte :

1° Au domicile de celui sur qui la lettre de change était payable, ou à son dernier domicile connu ;

2° Au domicile des personnes indiquées par la lettre de change pour la payer au besoin ;

3° Au domicile du tiers qui a accepté par intervention.

En cas de fausse indication de domicile, le protêt est précédé d'un acte de perquisition. — *[C. com., art. 159.]*

1. Domiciliation. Lorsque la lettre de change est domiciliée, le protêt doit être dressé chez le domiciliataire. • Com. 16 déc. 1975, n° 74-11.856 P : *RTD com. 1976. 379.*

2. Nullité. L'irrégularité du protêt qui n'a pas été dressé au domicile indiqué ne peut conférer à la déchéance encourue par le porteur des effets plus étendus que ceux résultant de l'absence de protêt. • Com. 16 déc. 1975, n° 74-11.856 P : *préc. note 1.* – Rappr. : • Com. 29 juin 1965, n° 64-11.017 P : *D. 1965. 823.*

Sur l'absence de responsabilité de l'huissier instrumentaire envers un garant, V. • Civ. 17 juill. 1837 : *S. 1837. 1. 563.*

Art. L. 511-53 **L'acte de protêt contient la transcription littérale de la lettre de change, de l'acceptation, des endossements et des recommandations qui y sont indiquées, la sommation de payer le montant de la lettre de change. Il énonce la présence ou l'absence de celui qui doit payer, les motifs du refus de payer et l'impuissance ou le refus de signer.** — *[C. com., art. 160.]*

Art. L. 511-54 **Nul acte de la part du porteur de la lettre de change ne peut suppléer l'acte de protêt, hors les cas prévus par les articles L. 511-32 à L. 511-37 et par les articles L. 511-40 et L. 511-41.** — *[C. com., art. 161.]*

Élément extrinsèque. Il résulte des art. L. 511-53 et L. 511-54 que le protêt doit se suffire à lui-même et ne peut être complété ou régularisé par des éléments extrinsèques. • Com. *2 mars 2010,* *n° 09-10.723 P : D. 2010. AJ 705, obs. Delpech ; JCP E 2010, n° 1315 ; Gaz. Pal. 2010. 860, note Lasserre Capdeville ; RDBF 2010, n° 81, obs. Crédot et Samin ; Banque et Dr. 5-6/2010. 16, obs. Bonneau ; RJDA 2010, n° 555.*

Art. L. 511-55 **Les notaires et les huissiers sont tenus, à peine de destitution, dépens, dommages-intérêts envers les parties, de laisser copie exacte des protêts. Sous les mêmes sanctions, ils sont également tenus de remettre contre récépissé au greffier du tribunal de commerce ou du** *(Ord. n° 2019-964 du 18 sept. 2019, art. 35, en vigueur le 1er janv. 2020)* **« tribunal judiciaire** *[ancienne rédaction : tribunal de grande instance]* **» sta-**

tuant commercialement du domicile du débiteur, ou de lui adresser par lettre recommandée avec accusé de réception, une copie exacte des protêts faute de paiement des traites acceptées et des billets à ordre. Cette formalité doit être accomplie dans la quinzaine de l'acte. – *[C. com., art. 162.]*

SOUS-SECTION 2 DE LA PUBLICITÉ

Art. L. 511-56 Le greffier du tribunal de commerce tient régulièrement à jour d'après les dénonciations qui lui sont faites par les notaires et huissiers, un état nominatif et par débiteur des protêts faute de paiement des lettres de change acceptées, des billets à ordre et des chèques ainsi que des certificats de non-paiement des chèques postaux qui lui sont dénoncés par les centres de chèques postaux. Cet état comporte des énonciations dont la liste est fixée par décret. – *[L. n° 49-1093 du 2 août 1949, art. 3, al. 1er.] – V. art. R. 511-7.*

Art. L. 511-57 Après l'expiration d'un délai d'un mois à compter du jour du protêt ou de l'établissement du certificat de non-paiement du chèque postal et pendant un an à compter de la même date, tout requérant peut se faire délivrer, à ses frais, par les greffiers des tribunaux susvisés, un extrait de l'état nominatif prévu à l'article L. 511-56. – *[L. n° 49-1093 du 2 août 1949, art. 4.]*

Art. L. 511-58 Sur dépôt contre récépissé par le débiteur de l'effet et du protêt du chèque postal et du certificat de non-paiement ou d'une quittance constatant le paiement du chèque, le greffier du tribunal de commerce effectue, aux frais du débiteur, sur l'état dressé en application de l'article L. 511-56, la radiation de l'avis de protêt ou du certificat de non-paiement.

Les pièces déposées peuvent être retirées pendant l'année qui suit l'expiration du délai d'un an visé à l'article L. 511-57, après quoi le greffier en est déchargé. – *[L. n° 49-1093 du 2 août 1949, art. 5.]*

Art. L. 511-59 Toute publication, sous quelque forme que ce soit, des états établis en vertu des dispositions de la présente sous-section est interdite sous peine de dommages-intérêts. – *[L. n° 49-1093 du 2 août 1949, art. 6.]*

Art. L. 511-60 Un décret en Conseil d'État détermine les modalités d'application des dispositions de la présente sous-section. Il fixe notamment le montant des rémunérations dues aux notaires ou huissiers ayant dressé les protêts et aux greffiers des tribunaux de commerce pour les différentes formalités dont ils sont chargés. – *[L. n° 49-1093 du 2 août 1949, art. 7.] – V. art. R. 511-2 s.*

SOUS-SECTION 3 DE LA PROROGATION DES DÉLAIS

Art. L. 511-61 Dans le cas de mobilisation de l'armée, de fléau ou de calamité publique, d'interruption des services publics gérés ou soumis au contrôle de l'État ou des collectivités territoriales, des décrets en conseil des ministres peuvent, pour tout ou partie du territoire, proroger les délais dans lesquels doivent être faits les protêts et les autres actes destinés à conserver les recours pour toutes les valeurs négociables.

Dans les mêmes circonstances et sous les mêmes conditions les échéances des valeurs négociables peuvent être prorogées. – *[L. 27 janv. 1910, art. 1er.]*

SECTION X DU RECHANGE

Art. L. 511-62 Toute personne ayant le droit d'exercer un recours peut, sauf stipulation contraire, se rembourser au moyen d'une nouvelle lettre dénommée retraite tirée à vue sur l'un de ses garants et payable au domicile de celui-ci.

La retraite comprend, outre les sommes indiquées dans les articles L. 511-45 et L. 511-46, un droit de courtage et le droit de timbre de la retraite.

Si la retraite est tirée par le porteur, le montant en est fixé d'après le cours d'une lettre de change à vue, tirée du lieu où la lettre primitive était payable sur le lieu du domicile du garant. Si la retraite est tirée par un endosseur, le montant en est fixé d'après le cours d'une lettre à vue tirée du lieu où le tireur de la retraite a son domicile sur le lieu du domicile du garant. – *[C. com., art. 163.]*

Effet de substitution. Le banquier escompteur dont la première traite est revenue impayée pour présentation tardive est en droit de créer un second effet de substitution, sur le tiré-accepteur. • Versailles, 13 nov. 1997 : *D. Affaires 1998. 378, obs. X. D.*

Art. L. 511-63 Le rechange se règle, pour la France continentale, uniformément comme suit : 0,25 % sur les chefs-lieux de départements, 0,50 % sur les chefs-lieux d'arrondissements, 0,75 % sur toute autre place.

En aucun cas, il n'y a lieu à rechange dans le même département. – *[C. com., art. 164.]*

Art. L. 511-64 Les rechanges ne peuvent être cumulés.

Chaque endosseur n'en supporte qu'un seul ainsi que le tireur. – *[C. com., art. 165.]*

SECTION XI DE L'INTERVENTION

RÉP. COM. v° *Lettre de change*, par GIBIRILA.

Art. L. 511-65 Le tireur, un endosseur ou un avaliseur peut indiquer une personne pour accepter ou payer au besoin.

La lettre de change peut être, sous les conditions déterminées ci-après, acceptée ou payée par une personne intervenant pour un débiteur quelconque exposé au recours.

L'intervenant peut être un tiers, même le tiré, ou une personne déjà obligée en vertu de la lettre de change, sauf l'accepteur.

L'intervenant est tenu de donner, dans un délai de deux jours ouvrables, avis de son intervention à celui pour qui il est intervenu. En cas d'inobservation de ce délai, il est responsable, s'il y a lieu, du préjudice causé par sa négligence sans que les dommages-intérêts puissent dépasser le montant de la lettre de change. – *[C. com., art. 166.]*

SOUS-SECTION 1 DE L'ACCEPTATION PAR INTERVENTION

Art. L. 511-66 L'acceptation par intervention peut avoir lieu dans tous les cas où des recours sont ouverts avant l'échéance au porteur d'une lettre de change acceptable.

Lorsqu'il a été indiqué sur la lettre de change une personne pour l'accepter ou la payer au besoin au lieu du paiement, le porteur ne peut exercer avant l'échéance ses droits de recours contre celui qui a apposé l'indication et contre les signataires subséquents à moins qu'il n'ait présenté la lettre de change à la personne désignée et que, celle-ci ayant refusé l'acceptation, ce refus n'ait été constaté par un protêt.

Dans les autres cas d'intervention, le porteur peut refuser l'acceptation par intervention.

Toutefois, s'il l'admet, il perd les recours qui lui appartiennent avant l'échéance contre celui pour qui l'acceptation a été donnée et contre les signataires subséquents.

L'acceptation par intervention est mentionnée sur la lettre de change ; elle est signée par l'intervenant. Elle indique pour le compte de qui elle a lieu ; à défaut de cette indication, l'acceptation est réputée donnée pour le tireur.

L'accepteur par intervention est obligé envers le porteur et envers les endosseurs postérieurs à celui pour le compte duquel il est intervenu, de la même manière que celui-ci.

Malgré l'acceptation par intervention, celui pour lequel elle a été faite et ses garants peuvent exiger du porteur, contre remboursement de la somme indiquée à l'article L. 511-45, la remise de la lettre de change, du protêt et d'un compte acquitté, s'il y a lieu. – *[C. com., art. 167.]*

SOUS-SECTION 2 DU PAIEMENT PAR INTERVENTION

Art. L. 511-67 Le paiement par intervention peut avoir lieu dans tous les cas où, soit à l'échéance, soit avant l'échéance, des recours sont ouverts au porteur.

Le paiement doit comprendre toute la somme qu'aurait à acquitter celui pour lequel il a lieu.

Il doit être fait au plus tard le lendemain du dernier jour admis pour la confection du protêt faute de paiement. – *[C. com., art. 168.]*

Art. L. 511-68 Si la lettre de change a été acceptée par des intervenants ayant leur domicile au lieu du paiement ou si des personnes ayant leur domicile dans ce même lieu ont été indiquées pour payer au besoin, le porteur doit présenter la lettre à toutes ces personnes et faire dresser, s'il y a lieu, un protêt faute de paiement au plus tard le lendemain du dernier jour admis pour la confection du protêt.

A défaut de protêt dressé dans ce délai, celui qui a indiqué le besoin ou pour le compte de qui la lettre a été acceptée et les endosseurs postérieurs cessent d'être obligés. – *[C. com., art. 169.]*

Art. L. 511-69 Le porteur qui refuse le paiement par intervention perd ses recours contre ceux qui auraient été libérés. – *[C. com., art. 170.]*

Art. L. 511-70 Le paiement par intervention doit être constaté par un acquit donné sur la lettre de change, avec indication de celui pour qui il est fait. A défaut de cette indication, le paiement est considéré comme fait pour le tireur.

La lettre de change et le protêt, s'il en a été dressé un, doivent être remis au payeur par intervention. – *[C. com., art. 171.]*

Art. L. 511-71 Le payeur par intervention acquiert les droits résultant de la lettre de change contre celui pour lequel il a payé et contre ceux qui sont tenus vis-à-vis de ce dernier en vertu de la lettre de change. Toutefois, il ne peut endosser la lettre de change à nouveau.

Les endosseurs postérieurs au signataire pour qui le paiement a eu lieu sont libérés.

En cas de concurrence pour le paiement par intervention, celui qui opère le plus de libération est préféré. Celui qui intervient, en connaissance de cause, contrairement à cette règle, perd ses recours contre ceux qui auraient été libérés. – *[C. com., art. 172.]*

SECTION XII DE LA PLURALITÉ D'EXEMPLAIRES ET DE COPIES

RÉP. COM. v° *Lettre de change*, par GIBIRILA.

SOUS-SECTION 1 DE LA PLURALITÉ D'EXEMPLAIRES

Art. L. 511-72 La lettre de change peut être tirée en plusieurs exemplaires identiques.

Ces exemplaires doivent être numérotés dans le texte même du titre ; faute de quoi, chacun d'eux est considéré comme une lettre de change distincte.

Tout porteur d'une lettre n'indiquant pas qu'elle a été tirée en un exemplaire unique peut exiger à ses frais la délivrance de plusieurs exemplaires. A cet effet, il doit s'adresser à son endosseur immédiat qui est tenu de lui prêter ses soins pour agir contre son propre endosseur et ainsi de suite en remontant jusqu'au tireur. Les endosseurs sont tenus de reproduire les endossements sur les nouveaux exemplaires. – *[C. com., art. 173.]*

Art. L. 511-73 Le paiement fait sur un des exemplaires est libératoire, alors même qu'il n'est pas stipulé que ce paiement annule l'effet des autres exemplaires. Toutefois, le tiré reste tenu à raison de chaque exemplaire accepté dont il n'a pas obtenu la restitution.

L'endosseur qui a transféré les exemplaires à différentes personnes, ainsi que les endosseurs subséquents, sont tenus à raison de tous les exemplaires portant leur signature et qui n'ont pas été restitués. – *[C. com., art. 174.]*

Art. L. 511-74 Celui qui a envoyé un des exemplaires à l'acceptation doit indiquer sur les autres exemplaires le nom de la personne entre les mains de laquelle cet exemplaire se trouve. Celle-ci est tenue de le remettre au porteur légitime d'un autre exemplaire. Si elle s'y refuse, le porteur ne peut exercer de recours qu'après avoir fait constater par un protêt :

1° Que l'exemplaire envoyé à l'acceptation ne lui a pas été remis sur sa demande ;

2° Que l'acceptation ou le paiement n'a pu être obtenu sur un autre exemplaire. – *[C. com., art. 175.]*

SOUS-SECTION 2 DES COPIES

Art. L. 511-75 Tout porteur d'une lettre de change a le droit d'en faire des copies.

La copie doit reproduire exactement l'original avec les endossements et toutes les autres mentions qui y figurent. Elle doit indiquer où elle s'arrête.

Elle peut être endossée et avalisée de la même manière et avec les mêmes effets que l'original. – *[C. com., art. 176.]*

Art. L. 511-76 La copie doit désigner le détenteur du titre original. Celui-ci est tenu de remettre ledit titre au porteur légitime de la copie.

S'il s'y refuse, le porteur ne peut exercer le recours contre les personnes qui ont endossé ou avalisé la copie qu'après avoir fait constater par un protêt que l'original ne lui a pas été remis sur sa demande.

Si le titre original, après le dernier endossement survenu avant que la copie ne soit pas faite, porte la clause : "à partir d'ici, l'endossement ne vaut que sur la copie" ou toute autre formule équivalente, un endossement signé ultérieurement sur l'original est nul. – *[C. com., art. 177.]*

SECTION XIII DES ALTÉRATIONS

RÉP. COM. v° *Lettre de change*, par GIBIRILA.

Art. L. 511-77 En cas d'altération du texte d'une lettre de change, les signataires postérieurs à cette altération sont tenus dans les termes du texte altéré ; les signataires antérieurs le sont dans les termes du texte originaire. – *[C. com., art. 178.]*

1. Altération. La modification unilatérale de la clause sans frais constitue une altération au sens de l'art. 178 [C. com., art. L. 511-77]. • Nancy, 30 oct. 1991 : *JCP 1992. IV. 2480.*

2. Signataire antérieur. Le tiré accepteur qui a payé une lettre de change laquelle a été remise en circulation, après que la date d'échéance initiale ait été modifiée par un endosseur n'est tenu que dans la mesure du texte initial, le porteur serait-il de bonne foi. • Com. 11 janv. 1972, n° 70-10.166 P : *D. 1972. Somm. 207* • 12 nov. 1973, n° 72-13.662 P : *D. 1974. Somm. 6.* – V. aussi • Com. 12 oct. 1993, n° 91-19.439 : *JCP 1995. II. 22378, note Bazin ; RJDA 1994, n° 191.*

3. Prorogation conventionnelle. V. note 3 ss. art. L. 511-38.

SECTION XIV DE LA PRESCRIPTION

RÉP. COM. v° *Lettre de change*, par GIBIRILA.

Art. L. 511-78 Toutes actions résultant de la lettre de change contre l'accepteur se prescrivent par trois ans à compter de la date de l'échéance.

Les actions du porteur contre les endosseurs et contre le tireur se prescrivent par un an à partir de la date du protêt dressé en temps utile ou de celle de l'échéance, en cas de clause de retour sans frais.

Les actions des endosseurs les uns contre les autres et contre le tireur se prescrivent par six mois à partir du jour où l'endosseur a remboursé la lettre ou du jour où il a été lui-même actionné.

Les prescriptions, en cas d'action exercée en justice, ne courent que du jour de la dernière poursuite juridique. Elles ne s'appliquent pas s'il y a eu condamnation, ou si la dette a été reconnue par acte séparé.

L'interruption de la prescription n'a d'effet que contre celui à l'égard duquel l'acte interruptif a été fait.

Néanmoins, les prétendus débiteurs sont tenus, s'ils en sont requis, d'affirmer, sous serment, qu'ils ne sont plus redevables, et leur conjoint survivant, leurs héritiers ou ayants cause, qu'ils estiment de bonne foi qu'il n'est plus rien dû. – *[C. com., art. 179.]*

1. Fondement de la prescription. La prescription de l'art. 179 [C. com., art. L. 511-78] repose sur une présomption de paiement qui peut être combattue par l'aveu comme par le serment. • Com. *14 nov. 1961, n° 58-11.881 P : RTD com. 1962. 717, obs. Becqué et Cabrillac* • 3 avr. 1978, n° 76-14.717 P : *Banque 1979. 271, obs. Martin* • 5 nov. 1980, n° 77-13.654 P : *RTD com. 1981. 325, obs. Cabrillac et Teyssié* • 13 janv. 1987, n° 85-14.197 P • Civ. 10 mars 1937 : *DH 1937. 217.* ♦ Ainsi, ne peut invoquer la prescription le tireur qui reconnaît n'avoir pas acquitté la dette faisant l'objet de l'action cambiaire. • Com. 27 juin 1995, n° 91-21.324 P : *D. 1995. IR 180 ; Rev. huiss. 1996. 1128, note Despaquis.* ♦ L'aveu peut s'induire de la motivation de sa défense par le débiteur. • Com. 9 mai 1977, n° 75-12.557 P : *Banque 1978. 254, obs. Martin* • Paris, 26 oct. 1967 : *Banque 1968. 718 ; D. 1968. Somm. 55* • Com. 23 juin 1970, n° 68-12.376 P : *RTD com. 1971. 747, obs. Cabrillac et Rives-Lange* • 24 nov. 1970, n° 69-13.376 P : *ibid.*

2. Domaine de la prescription. La prescription abrégée suppose que l'action oppose deux personnes dont l'une tire directement son droit de créance et l'autre sa dette de l'émission, de la circulation ou du paiement de la lettre de change ; tel n'est pas le cas lorsque les facturations contestées par le demandeur résultent, non des effets litigieux, mais du contrat d'escompte dont la réalité est discutée. • Com. 26 nov. 2003, nº 01-10.787 : *RJDA 2004, nº 505.*

3. Action contre l'avaliseur. L'action du porteur contre l'avaliseur est soumise à la même prescription que l'action exercée contre le débiteur garanti. • T. com. Seine, 6 janv. 1949 : *JCP 1949. II. 4946, note Roblot.* ♦ Les événements interrompant la prescription qui court contre le souscripteur d'un billet à ordre interrompent également celle qui court à l'égard du donneur d'aval cautionnant l'engagement. • Paris, 26 juin 1998 : *D. Affaires 1998. 1486, obs. X. D.*

4. Point de départ de la prescription. Le point de départ est fixé à l'expiration du délai de présentation. • Civ. 1er juill. 1845 : *DP 1845. 1. 286* • Colmar, 18 mars 1937 : *Gaz. Pal. 1937. 2. 81.* – V. aussi • T. com. Paris, 18 sept. 2003 : *Banque et Dr. 3-4/2005. 56, obs. Guillot.*

5. Suspension de la prescription. La prescription est suspendue au profit du créancier qu'un obstacle insurmontable a empêché d'agir contre le débiteur. • Civ. 10 févr. 1966 : *D. 1967. 315, note Prévault.* ♦ Comp., sur l'influence d'une procédure collective : • Com. 31 mai 1976, nº 75-11.064 P : *D. 1976. IR 229.* ♦ Une simple difficulté d'exécution ne saurait être assimilée à la force majeure. • Com. 21 juin 1976, nº 75-10.318 P : *D. 1976. IR 260.*

6. Interruption de la prescription. La prescription est interrompue par : le paiement d'un acompte. • Civ. 18 févr. 1851 : *DP 1851. 1. 17.* ♦ ... Le paiement d'intérêts échus. • Req. 19 mai 1884 : *DP 1884. 1. 286.* ♦ ... La reconnaissance de dettes d'intérêts. • Req. 12 mars 1883 : *DP 1884. 1. 111.* ♦ ... La production à une *faillite*. • Com. 10 janv. 1951 : *D. 1951. 310 ; RTD com. 1951. 594, obs. Houin.* ♦ ... L'admission au passif de la *faillite*. • Civ. 5 janv. 1864 : *DP 1864. 1. 41* • 18 juin 1965, nº 58-50.417 P. ♦ ... Et même une simple demande d'admission. • Com. 10 janv. 1951 : *préc.* ♦ Sur l'aveu ou le serment, V. note 1. ♦ En revanche, le protêt, qui n'est qu'une sommation et non un commandement n'interrompt pas la prescription. • Civ. 16 nov. 1853 : *DP 1854. 1. 326* • Rouen, 3 janv. 1900 : *DP 1900. 2. 502.* ♦ ... Ni l'exception de péremption d'instance sans mention du paiement de la dette. • Com. 5 janv. 1960, nº 57-10.302 P : *D. 1960. Somm. 54.* ♦ L'art. 179, al. 4 [C. com., art. L. 511-78, al. 4], n'exclut pas l'application des causes d'interruption du droit commun. • Dijon, 4 févr. 1994 : *RTD com. 1994. 754, obs. Cabrillac.*

7. Portée de l'interruption. L'effet interruptif de la prescription résultant d'une action en justice se prolonge jusqu'à ce que le litige trouve sa solution, dès lors qu'il n'existe aucune circonstance permettant de regarder l'interruption comme non avenue. • Com. 20 oct. 1998, nº 95-20.837 P : *D. 1998. IR 250 ; RJDA 1999, nº 122.* ♦ Doit être cassé l'arrêt qui, pour retenir que la prescription était intervenue, relève que plus de trois ans s'étaient écoulés depuis le dernier acte de poursuite juridique, sans relever que l'instance engagée avait pris fin. • Même arrêt (V. l'arrêt cassé : • Chambéry, 6 sept. 1995 : *Rev. huiss. 1996. 372*).

Il résulte de l'art. 2247 [2243] C. civ. que l'assignation en référé ne peut avoir d'effet interruptif dès lors que la demande est rejetée en raison de l'existence d'une contestation sérieuse. • Pau, 15 févr. 1995 : *Cah. jurispr. Aquitaine 1995, nº 2, p. 109.*

8. Interversion de la prescription. Seules la condamnation du débiteur cambiaire ou la reconnaissance de sa dette par acte séparé ont pour effet à la fois d'interrompre la prescription cambiaire et de lui substituer la prescription de droit commun. • Com. 21 juin 1976, nº 75-10.318 P : *préc. note 5.* ♦ V., pour un acte séparé : • Civ. 1re, 18 déc. 1978, nº 69-10.705 P : *D. 1979. IR 199.* ♦ ... Et pour l'interversion produite par l'effet novatoire de l'inscription en compte courant : • Civ. 10 janv. 1872 : *DP 1872. 1. 102.*

En revanche la qualification de reconnaissance par acte séparé entraînant interversion a été écartée pour : une demande de délai ou le versement d'un acompte. • Civ. 5 avr. 1892 : *DP 1892. 1. 246* • Reims, 28 févr. 1977 : *D. 1978. IR 342.* ♦ ... Le paiement d'intérêts. • Req. 15 juill. 1875 : *DP 1877. 1. 323.* ♦ ... Un acte confirmatif de la créance cambiaire. • Com. 21 juin 1976, nº 75-10.318 P : *préc. note 5* • 10 juin 1986, nº 84-16.374 P : *Banque 1986. 1134, obs. Rives-Lange ; Gaz. Pal. 1987. 1. Somm. 19, obs. Piedelièvre.* ♦ Comp. notes 6 et 7.

9. Rapport fondamental. La prescription de l'art. 179 [C. com., art. L. 511-78] laisse au créancier le droit d'exercer l'action née des rapports préexistants avec le débiteur, lesquels sont soumis à leur propre régime juridique. • Com. 10 janv. 1972, nº 70-13.184 P : *D. 1972. Somm. 85.* ♦ V., pour l'escompteur, sur la base du crédit consenti et d'un cautionnement : • Paris, 24 févr. 1982 : *D. 1982. 467, note Stoufflet.* ♦ V., au cas de transmission de la provision : • Nîmes, 27 févr. 1979 : *D. 1979. IR 279, obs. Cabrillac.*

SECTION XV DISPOSITIONS GÉNÉRALES

RÉP. COM. v° *Lettre de change*, par GIBIRILA.

Art. L. 511-79 Le paiement d'une lettre de change dont l'échéance est à un jour férié légal ne peut être exigé que le premier jour ouvrable qui suit. De même, tous autres actes relatifs à la lettre de change, notamment la présentation à l'acceptation et le protêt, ne peuvent être faits qu'un jour ouvrable.

Lorsqu'un de ces actes doit être accompli dans un certain délai dont le dernier jour est un jour férié légal, ce délai est prorogé jusqu'au premier jour ouvrable qui en suit l'expiration. Les jours fériés intermédiaires sont compris dans la computation du délai. – *[C. com., art. 180.]*

Art. L. 511-80 Aux jours fériés légaux sont assimilés les jours où, aux termes des lois en vigueur, aucun paiement ne peut être exigé, ni aucun protêt dressé. – *[C. com., art. 181.]*

Art. L. 511-81 Les délais légaux ou conventionnels ne comprennent pas le jour à compter duquel ils commencent à courir.

Aucun jour de grâce ni légal ni judiciaire n'est admis sauf dans les cas prévus par les articles L. 511-38 et L. 511-50. – *[C. com., art. 182.]*

1. Expertise. Doit être cassé l'arrêt qui ordonne une expertise pour évaluer le préjudice invoqué par le tiré dans une demande reconventionnelle alors qu'il ne prononce pas immédiatement la condamnation au paiement de la lettre de change, accordant par là même un délai de grâce. • Com. 14 juin 1971, n° 69-10.705 P : *D. 1971. Somm. 198 ; JCP 1973. II. 17310, note Groslière ; RTD com. 1972. 129, obs. Cabrillac et Rives-Lange.*

2. Sursis à statuer. Le sursis à statuer sur l'action en paiement ne serait fondé qu'au cas où les poursuites pénales et la plainte du débiteur sont dirigées contre le tiers porteur. • Com. 24 juin 1969, n° 67-10.561 P : *RTD com. 1969. 1053, obs. Cabrillac et Rives-Lange* • 13 mars 1972, n° 71-10.687 P : *ibid. 1972. 968, obs. Cabrillac et Rives-Lange.*

3. Exécution provisoire. Accorder la suspension de l'exécution provisoire d'un jugement condamnant le débiteur cambiaire au paiement reviendrait à lui octroyer un délai de grâce en contradiction avec les dispositions de l'art. 182 [C. com., art. L. 511-81]. • Paris, 30 juill. 1986 : *RTD com. 1987. 544, obs. Cabrillac et Teyssié.*

4. Redressement et liquidation judiciaires. Sur la suspension des actions en paiement contre le donneur d'aval en cas d'ouverture d'une procédure collective, V. note 12 ss. art. L. 622-28.

Décret-loi du 31 août 1937, *relatif aux échéances des effets de commerce.*

Art. 1er Aucun payement d'aucune sorte sur effet, mandat, chèque, compte courant, dépôt de fonds ou de titres ou autrement ne peut être exigé ni aucun protêt dressé le samedi et le lundi de chaque semaine, qui, pour ces opérations seulement, sont assimilés aux jours fériés légaux, conformément à l'article 181 du code de commerce *[C. com., art. L. 511-80]* et à l'article 59, paragraphe 3, du décret du 30 octobre 1935 unifiant le droit en matière de chèques *[C. mon. fin., art. R. 131-4]. – V. art. préc., App., v° Banque et financement de l'entreprise.*

Toutefois, les banquiers et autres personnes habilitées à payer des chèques ne pourront se prévaloir de ces dispositions pour refuser le payement des lettres de change, billets à ordre, chèques ou autres dispositions généralement quelconques sur compte courant, dépôt de fonds ou de titres qui leur seront présentés aux jour et heure d'ouverture de leurs établissements, au cas où ceux-ci seraient ouverts les jours visés au premier alinéa.

Art. 2 Les frais résultant de la présentation à l'acceptation d'une lettre de change le jour où l'établissement payeur est fermé du fait de l'application des dispositions de la loi du 21 juin 1936, quand ce jour est ouvrable, ou de la présentation au payement d'un effet de commerce quelconque dont l'échéance a lieu ce même jour, sont à la charge du tiré qui n'a pas indiqué en temps utile au tireur ce jour de fermeture, ou du tireur ou du porteur qui *n'a pas tenu compte* de cette indication.

Est réputé fourni en temps utile l'avis du jour de fermeture donné au tireur par le tiré, au plus tard à l'époque où a été conclue l'opération qui a rendu celui-ci débiteur.

Ordonnance nº 58-896 du 23 septembre 1958, *relative à des dispositions générales d'ordre financier.* **Art. 28** L'interruption des services bancaires est assimilée aux cas où, en vertu de l'article 1er de la loi modifiée du 27 janvier 1910 *[C. com., art. L. 511-61]*, des décrets rendus en conseil des ministres peuvent, pour tout ou partie du territoire, proroger les délais dans lesquels doivent être faits les protêts et les autres actes destinés à conserver les recours pour toutes les valeurs négociables.

CHAPITRE II DU BILLET À ORDRE

RÉP. COM. vº *Billet à ordre*, par GIBIRILA.

Art. L. 512-1 **I. — Le billet à ordre contient :**

1º La clause à ordre ou la dénomination du titre insérée dans le texte même et exprimée dans la langue employée pour la rédaction de ce titre ;

2º La promesse pure et simple de payer une somme déterminée ;

3º L'indication de l'échéance ;

4º Celle du lieu où le paiement doit s'effectuer ;

5º Le nom de celui auquel ou à l'ordre duquel le paiement doit être fait ;

6º L'indication de la date et du lieu où le billet est souscrit ;

7º La signature de celui qui émet le titre dénommé souscripteur.

II. — Le billet à ordre dont l'échéance n'est pas indiquée est considéré comme payable à vue.

III. — A défaut d'indication spéciale le lieu de création du titre est réputé être le lieu de paiement et, en même temps, le lieu du domicile du souscripteur.

IV. — Le billet à ordre n'indiquant pas le lieu de sa création est considéré comme souscrit dans le lieu désigné à côté du nom du souscripteur. — *[C. com., art. 183 et 184, al. 2 à 4.]*

BIBL. ▶ CHVIKA, *D. 2000. Chron. 615* (déclin de la négociabilité des instruments de paiement et de crédit).

1. Nature. Le billet à ordre n'est pas, par sa nature, un acte de commerce. • Paris, 22 déc. 1958 : *D. 1959. Somm. 54.*

2. Signature. L'art. 183 [C. com., art. L. 512-1 (I)] dérogeant à la formalité de l'art. 1326 [1376] C. civ., il en résulte que la mention écrite de la main du souscripteur de la somme ou de la quantité en toutes lettres et en chiffres n'est pas imposée. • Paris, 1er mars 1977 : *D. 1978. IR 337 ; RTD com. 1978. 136.* ♦ V. notes 7, 8 et 10 ss. art. L. 511-5.

3. Billet de fonds. Le privilège du vendeur est reconnu au porteur, dès lors que la création du billet en a été prévue dans l'acte de vente du fonds. • Civ. 19 févr. 1946 : *D. 1946. 184 ; S. 1946. 1. 81 ; JCP 1946. II. 3113, note Toujas* • Com. 10 déc. 1968, nº 67-10.925 P : *RTD com. 1964. 549.*

4. Billet à ordre relevé. Sur les délais de traitement et la responsabilité des banquiers présentateurs, V. • Douai, 11 déc. 1981 : *D. 1982. IR 501.*

Art. L. 512-2 **Le titre dans lequel une des énonciations indiquées au I de l'article L. 512-1 fait défaut ne vaut pas comme billet à ordre, sauf dans les cas déterminés aux II à IV de l'article L. 512-1.** — *[C. com., art. 184, al. 1er.]*

1. Signature du souscripteur. A fait une exacte application des art. 183 et 184 [C. com., art. L. 512-1 et L. 512-2] la cour d'appel qui, ayant constaté qu'un effet comportait toutes les mentions d'un billet à ordre et portait la signature de la personne désignée comme souscripteur, retient que c'est à tort que cette signature a été portée dans la case « aval » et décide que le billet à ordre est valable en la forme. • Com. 18 oct. 1994, nº 92-19.567 : *RJDA 1994, nº 1341.*

2. Régularisation. Celui qui reçoit un billet à ordre pourvu, lors de l'endossement fait à son profit, de toutes les mentions exigées par la loi, est censé ne pas connaître les lacunes que ce titre pouvait présenter lors de sa création par le souscripteur et il appartient à celui-ci, si le billet litigieux comporte, lors de sa présentation au paiement, toutes les mentions obligatoires, d'établir que le tiers porteur, qui prétend avoir reçu un billet régulier, avait participé à sa régularisation. • Com. 5 oct. 2004, nº 01-15.274 : *RJDA 2005, nº 321.* – V. en matière de lettre de change, note 26 ss. art. L. 511-1.

3. Disqualification. L'aval porté sur un billet à ordre irrégulier au sens des art. L. 512-1 et L. 512-2 C. com. peut constituer un cautionnement ; à défaut de répondre aux prescriptions des art. L. 341-2 et L. 341-3 [L. 331-1 et L. 331-2] C. consom., un tel cautionnement est nul. • Com. 5 juin 2012, nº 11-19.627 P : *D. 2012. Chron. C. cass. 2551, obs. Guillou ; RTD com. 2012. 603, obs. Legeais ; JCP E 2012,* *n° 1501, note Piedelièvre ; Gaz. Pal. 2012. 1461, avis Le Mesle ; RJDA 2012, n° 893.* ♦ L'aval d'un effet de commerce irrégulier en raison d'un vice de forme est lui-même nul et ne vaut pas promesse de porte-fort. • Com. 8 sept. 2015, n° 14-14.208 P : *D. 2015. Actu. 1764 ; RTD com. 2015. 729, obs. Legeais ; JCP E 2015, n° 1537, note El Badawi ; RJDA 2015, n° 862 ; Gaz. Pal. 2015. 3691, obs. Moreil.* ♦ Le billet à ordre qui ne contient pas le nom de celui à l'ordre duquel le paiement doit être fait ne vaut pas comme billet à ordre, mais comme promesse ne relevant pas du droit cambiaire. • Com. 17 juill. 1984, n° 83-12.802 P : *D. 1985. IR 29, obs. Cabrillac.* – V. aussi • Com. 3 avr. 1984, n° 83-12.512 P : *D. 1984. IR 402.* ♦ Le signataire est néanmoins sans intérêt à se prévaloir de la nullité de ce billet au regard du droit cambiaire, puisqu'il vaut comme titre au porteur et que son paiement peut être exigé par la personne qui le détient. • Com. 24 nov. 1992, n° 90-20.891 P : *RJDA 1993, n° 150 ; RTD com. 1993. 137, obs. Cabrillac et Teyssié* • 15 janv. 2002, n° 99-15.370 P : *D. 2003. Somm. 341, obs. Martin ; Banque et Dr. 5-6/2002. 49, obs. Bonneau ; RTD com. 2002. 521, obs. Cabrillac.* ♦ Il convient de rechercher si la banque, en sa qualité de porteur d'un billet à ordre sans indication du nom du bénéficiaire, ne justifiait pas d'un droit propre indépendamment de sa qualité de cessionnaire de créances. • Com. 26 nov. 2003, n° 01-11.342 : *Banque et Dr. 7-8/2005. 77, obs. Guillot.*

4. *Transmission par endossement.* Le titre qui comporte la dénomination de billet à ordre dans lequel l'indication de la date et du lieu de souscription fait défaut ne vaut pas comme billet à ordre mais comme promesse ordinaire de paiement transmissible par endossement. • Paris, 30 sept. 1986 : *D. 1987. Somm. 70, obs. Cabrillac.*

5. *Inopposabilité des exceptions.* Le billet sans indication de bénéficiaire revêtant la forme au porteur, ce porteur, investi d'un droit propre, ne peut se voir opposer, s'il est de bonne foi, que les exceptions qui lui sont personnelles ou qui résultent de la teneur de l'acte. • Com. 17 juill. 1984, n° 83-12.802 P : *préc. note 3* • Civ. 31 oct. 1906 : *DP 1908. 1. 497 ; S. 1908. 1. 305, note Lyon-Caen.* – Rappr. • Com. 15 janv. 2002, n° 99-15.370 P : *préc. note 3.*

6. *Interversion des noms du bénéficiaire et du souscripteur.* S'agissant d'un billet à ordre sur lequel le nom du bénéficiaire et celui du souscripteur ont été intervertis, de telle sorte que la signature manuscrite du souscripteur mentionné ne figure pas sur le titre, V., considérant que l'omission de cette formalité obligatoire est sanctionnée par l'art. 184 [C. com., art. L. 512-2] qui énonce que le titre ne vaut pas comme billet à ordre mais comme promesse ne relevant pas du droit cambiaire mais que cette disqualification ne permet cependant pas de le requalifier en titre au porteur puisque le titre comporte la désignation du bénéficiaire même si elle est erronée : • Versailles, 1er avr. 1999 : *D. Affaires 1999. 941, obs. X. D.* ♦ Le donneur d'aval d'un tel titre ne déniant pas sa signature, celle-ci vaut commencement de preuve d'un engagement de caution qu'il est possible de compléter par des mentions extrinsèques. • Même arrêt.

7. *Identité de nom du bénéficiaire et du souscripteur.* Loin de s'être borné à affirmer que l'identité de nom entre le souscripteur et le bénéficiaire n'entraîne pas la nullité du billet à ordre, l'arrêt retient que l'endossement au profit de la banque lui confère la qualité de bénéficiaire du titre, ce dont il résulte que le billet à ordre respectait par suite de l'endossement du titre à un tiers les exigences légales, la cour d'appel a exactement décidé que le billet à ordre n'était pas nul. • Com. 13 sept. 2011, n° 10-19.963 P : *D. 2011. Actu. 2269, obs. Delpech ; RTD com. 2011. 781, obs. Legeais ; JCP 2011, n° 1046, obs. Lasserre Capdeville ; Gaz. Pal. 2011. 3089, obs. Houin-Bressand ; RDBF 2011, n° 187, obs. Crédot et Samin ; Banque et Dr. 11-12/2011. 15, obs. Bonneau.*

Art. L. 512-3 **Sont applicables au billet à ordre, en tant qu'elles ne sont pas incompatibles avec la nature de ce titre, les dispositions des articles L. 511-2 à L. 511-5, L. 511-8 à L. 511-14, L. 511-18, L. 511-22 à L. 511-47, L. 511-49 à L. 511-55, L. 511-62 à L. 511-65, L. 511-67 à L. 511-71, L. 511-75 à L. 511-81, relatives à la lettre de change.** – *[C. com., art. 185 et 186.]*

1. *Provision.* Les textes relatifs à la provision n'étant pas compris dans l'énumération de l'art. 187 ancien (devenu 185 puis L. 512-3 C. com.), sont inapplicables au billet à ordre. • Civ. 15 déc. 1947 : *D. 1948. 127 ; S. 1948. 1. 41, note Lescot ; JCP 1948. II. 4130, note Roblot ; Banque 1948. 314, obs. Marin* • *Com. 29 juin 1948 : Bull. civ. III, n° 170.* ♦ V., cependant, à propos de l'affectation d'une créance : • Com. 3 mars 1987, n° 85-15.564 : *D. 1988. Somm. 6, obs. Derrida.* ♦ V. aussi, énonçant que l'endossement lui ayant transmis tous les droits résultant du billet à ordre, une banque était devenue propriétaire de la créance de l'entrepreneur principal sur le maître de l'ouvrage qui, dès lors, ne devait plus rien à celui-ci : • Com. 5 mars 1991, n° 89-90.252 P : *D. 1992. Somm. 28, obs. Vasseur ; JCP 1992. II. 21888, note Crionnet.*

2. *Endossement pignoratif.* Le billet à ordre peut être endossé à titre pignoratif. • Com. 13 mai 1981, n° 79-15.859 P.

3. *Transmission des sûretés.* Au cas où le billet est assorti d'une sûreté, elle est transmise aux porteurs successifs par l'effet de l'endossement. • Req. 15 mars 1825 : *S. 1825. 1. 76* • Civ.

18 juin 1853 : *DP 1853. 1. 183.*

4. *Exceptions opposables au porteur.* Le souscripteur, lorsque l'exception est personnelle au porteur, peut opposer la non-exécution de l'obligation née du rapport fondamental ou le paiement accompli. • Com. 12 oct. 1966, n° 64-14.134 P : *RTD com. 1967. 539.* ♦ En effet, s'agissant du paiement de billets à ordre au bénéficiaire initial par le souscripteur, celui-ci peut faire valoir toutes les exceptions tirées du rapport fondamental liant les parties, en particulier l'absence de cause. • Paris, 20 janv. 1995 : *D. 1996. Somm. 34, obs. Cabrillac.* ♦ Spécialement, un souscripteur ne saurait soutenir que le billet qu'il a accepté est dépourvu de cause, dès lors qu'il a accepté le billet à titre d'acompte sur une commande annulée postérieurement au motif d'un prétendu non-respect des tarifs, alors qu'il a accepté le montant des prestations conformément à un devis et qu'il lui appartenait donc, ayant eu le temps de la réflexion, de se renseigner avant de contracter, à supposer qu'il n'ait pas été averti techniquement et financièrement des conditions du marché. • Paris, 26 sept. 1997 : *D. 1997. IR 221 ; D. Affaires 1997. 1326.* – V. aussi • Versailles, 16 nov. 1995 : *Rev. huiss. 1996. 626.*

5. *Mauvaise foi du porteur.* Sur le rejet de la demande de paiement d'un porteur de mauvaise foi de billets à ordre avalisés, V. • Civ. 1re, 24 mars 1998, n° 94-15.281 : *D. Affaires 1998. 802, obs. X. D. ; JCP 1998. II. 10144, note Jacob.*

6. *Paiement.* Les délais de grâce sont exclus en matière de billets à ordre. • Com. 27 janv. 1959, n° 57-12.799 P. – Comp. : • Com. 24 juin 1969, n° 68-12.070 P : *D. 1970. 124, note Cabrillac.*

7. *Avis de non-paiement.* L'avis de non-paiement prévu à l'art. 149 [C. com., art. L. 511-42] n'a pas à être donné au souscripteur du billet ou à son avaliseur. • Com. 28 oct. 1952 : *JCP 1953. II. 7588, note Lescot ; Banque 1955. 591* • Paris, 21 janv. 1966 : *ibid. 1966. 502.*

V. aussi note ss. art. L. 512-6.

8. *Absence d'obligation d'information envers l'avaliste.* Aucune obligation d'information n'incombe à la banque, porteur d'un billet à ordre, envers l'avaliste du souscripteur, en conséquence du non-paiement de l'effet. • Com. 1er juin 1999, n° 96-18.466 P : *D. 1999. IR 182 ; D. Affaires 1999. 1114, obs. X. D. ; LPA 17 mars 2000, note Salati ; RDBB sept.-oct. 1999. 47, obs. Jacob ; RTD civ. 1999. 884, obs. Bandrac et Crocq.*

9. *Déchéance des droits du porteur.* Il résulte de la combinaison des art. L. 511-21, L. 511-49, L. 512-3 et L. 512-4 que le porteur d'un billet à ordre payable à vue et présenté après l'expiration des délais fixés par la loi n'est pas déchu de ses droits contre le souscripteur du billet ou contre le donneur d'aval pour le compte du souscripteur, qui est tenu de la même manière que celui dont il s'est porté garant. • Com. 26 janv. 2010, n° 09-65.040 : *Gaz. Pal. 2010. 2305, obs. Houin-Bressand.*

Art. L. 512-4 **Sont également applicables au billet à ordre les dispositions de l'article L. 511-21 relatives à l'aval. Dans le cas prévu au sixième alinéa de cet article, si l'aval n'indique pas pour le compte de qui il a été donné, il est réputé l'avoir été pour le compte du souscripteur du billet à ordre.** – *[C. com., art. 187.]*

1. *Donneur d'aval.* Lorsqu'il a souscrit un billet au nom d'une société, le représentant légal qui appose une seconde signature d'aval est personnellement engagé. • Com. 24 juin 1986, n° 84-17.281 P : *D. 1987. Somm. 69, obs. Cabrillac.* – Comp. : • Com. 15 mars 1984, n° 83-10.458 P. ♦ La même personne, en la même qualité, ne pouvant être à la fois souscripteur d'un billet à ordre et donneur d'aval, il en résulte que le mandataire du représentant légal d'une société qui a souscrit un billet à ordre et également signé sur cet effet une mention d'aval doit être condamné, à la suite de la mise en redressement judiciaire de la personne morale, au paiement du montant du billet dès lors qu'il n'a pas établi avoir souscrit l'aval en tant que mandataire de la société. • Com. 23 mars 1999, n° 96-13.709 : *RJDA 1999, n° 718.* ♦ Le gérant d'une société est seul engagé comme avaliste et ne saurait prétendre être engagé ès qualité de gérant dès lors qu'il apparaît que le billet à ordre souscrit par ladite société porte la mention « bon pour aval » suivie de la signature du dirigeant social, ceci en l'absence de tout élément accompagnant cette signature. • Rennes, 22 juin 2006 : *JCP E 2006, n° 51-52, p. 2200.* ♦ Ayant relevé que le billet à ordre litigieux comportait la mention « bon pour aval le PDG » suivi de la signature de M., c'est dans l'exercice de son pouvoir souverain d'appréciation que la cour d'appel, en procédant à l'interprétation des mentions précédant la signature de M., que l'ambiguïté résultant de l'ajout d'une qualité rendait nécessaire, a retenu que celui-ci ne s'était pas engagé personnellement. • Com. 17 févr. 2021, n° 19-15.246 : *RJDA 2021, n° 509 ; LPA 17 mai 2021, note Gibirila.* ♦ Sur la valeur juridique de l'aval d'un billet à ordre irrégulier, V. note 6 ss. art. L. 512-2.

2. *Société de caution mutuelle.* En ce sens que, s'agissant d'une société de caution mutuelle de négociants en grains chargée d'avaliser les billets à ordre souscrits par ses sociétaires pour leur permettre d'obtenir le financement de stocks de céréales, la date de souscription de ces effets est celle de la décision d'octroi de l'aval signifiée par le conseil d'administration aux sociétaires en début de campagne céréalière et non l'apposition effective de l'aval sur les effets de commerce au fur et à mesure de leur émission, V. • Dijon, 15 mai 1997 : *BICC 1998, n° 74.*

3. Personne garantie. L'aval sans indication de la personne pour laquelle il est donné est irréfragablement réputé avoir été donné pour le souscripteur. • Com. 10 oct. 1962, n° 60-12.827 P : *Banque 1963. 117, obs. Marin.*

4. Bénéficiaire. Sauf indication contraire, l'aval porté sur un billet à ordre profite à tous les porteurs successifs de l'effet. En l'absence d'indication supplémentaire, la seule mention du bénéficiaire de l'aval ne saurait avoir pour effet de limiter la garantie au profit exclusif de celui-ci. Aucun usage n'oblige les banques à s'informer mutuellement de l'existence ou de la circulation d'un effet revêtu d'un aval bancaire. • T. com. Paris, 14 juin 1995 : *RJ com. 1995. 355, note Putman.*

5. Somme garantie. Pour une limitation conventionnelle, V. • Com. 30 nov. 1981, n° 80-13.599 P.

6. Intérêts moratoires. V. note 3 ss. art. L. 511-45.

7. Mesures conservatoires. Il résulte de la combinaison des art. L. 511-1 et L. 511-2 C. pr. exéc., ensemble des art. L. 511-21, al. 7, et L. 512-4 C. com., que le bénéficiaire d'un billet à ordre impayé à son échéance peut, sans avoir à obtenir au préalable l'autorisation d'un juge, pratiquer des mesures conservatoires sur les biens du donneur d'aval pour le compte du souscripteur, tenu de la même manière que celui dont il s'est porté garant. • Com. 19 mai 2015, n° 14-17.401 P : *D. 2015. Actu. 1148 ; JCP E 2015, n° 1286 ; RJDA 2015, n° 600 ; Gaz. Pal. 2015. 2339, obs. Moreil ; Banque et Dr. 7-8/2015. 78, obs. Jacob ; RDBF 2015, n° 131, obs. Piedelièvre.*

Art. L. 512-5 **Les dispositions des articles L. 511-56 à L. 511-61 relatives à la publicité et à la prorogation des délais de protêts sont applicables au protêt dressé faute de paiement d'un billet à ordre.**

Art. L. 512-6 **Le souscripteur d'un billet à ordre est obligé de la même manière que l'accepteur d'une lettre de change.** — *[C. com., art. 188.]*

Porteur négligent. Les dispositions combinées des art. 130, 156 et 188 [C. com., art. L. 511-21, L. 511-49 et L. 512-6] n'autorisent pas le donneur d'aval d'un billet à ordre à invoquer la déchéance du droit du porteur négligent de lui demander paiement. • Paris, 25 oct. 1996 : *D. Affaires 1997. 52.*

Art. L. 512-7 **Les billets à ordre payables à un certain délai de vue doivent être présentés au visa du souscripteur dans les délais fixés à l'article L. 511-15. Le délai de vue court de la date du visa signé du souscripteur sur le billet. Le refus du souscripteur de donner son visa daté est constaté par un protêt, dont la date sert de point de départ au délai de vue.** — *[C. com., art. 189.]*

1. Déchéance. A défaut de protêt faute de paiement dressé dans les délais, le porteur négligent est déchu de ses recours contre les endosseurs. • Com. 14 oct. 1980, n° 79-10.338 P : *D. 1981. IR 301, obs. Cabrillac.* ♦ Mais le souscripteur comme son avaliseur restent engagés à l'égard du porteur. • Com. 29 mai 1980, n° 77-11.465 P : *RTD com. 1981. 109, obs. Cabrillac et Rives-Lange.*

2. Redressement judiciaire. Le *règlement judiciaire* du souscripteur ouvre un recours immédiat au porteur contre les garants, sur la seule production de la décision. • Com. 16 mai 1984, n° 83-11.019 P : *D. 1985. IR 21, obs. Cabrillac.*

Art. L. 512-8 **Le règlement par billet à ordre n'est permis au débiteur que s'il a été expressément prévu par les parties et mentionné sur la facture. Même en ce cas, si le billet à ordre n'est pas parvenu au créancier dans les trente jours qui suivent l'envoi de la facture, le créancier peut émettre une lettre de change que le débiteur est tenu d'accepter selon les conditions prévues aux avant-dernier et dernier alinéas de l'article L. 511-15. Toute stipulation contraire est réputée non écrite.** — *[C. com., art. 189 bis A.]*

BIBL. ► CABRILLAC et TEYSSIÉ, *RTD com. 1985. 788.*

1. Inopposabilité au porteur de bonne foi. L'art. 189 *bis* A [C. com., art. L. 512-8], qui concerne les rapports entre le créancier et le débiteur, ne constitue pas une condition de validité du titre et le souscripteur du billet ne peut l'opposer au tiers-porteur de bonne foi. • Com. 12 févr. 1991, n° 89-15.568 P : *D. 1991. Somm. 216, obs. Cabrillac.*

2. Billet à ordre-relevé. Sur l'opposabilité à un bénéficiaire de billet à ordre-relevé, de la réglementation interbancaire bien qu'il n'ait pas été informé de l'application desdites règles et notamment des délais de paiement inhérents au système de télécompensation par ordinateur, V. • Com. 17 juill. 2001, n° 98-18.614 P : *D. 2001. AJ 2738, obs. Delpech ; JCP 2003. II. 10004, note Pradel.* ♦ V. aussi note 5 ss. art. L. 511-26.

Pour les dispositions relatives aux chèques, V. C. mon. fin., art. L. 112-6 et L. 131-2 s., App., v° Banque et financement de l'entreprise.

TITRE DEUXIÈME DES GARANTIES

Dans toutes les dispositions législatives et réglementaires en vigueur, la référence au gage et au créancier gagiste s'entend de la référence au nantissement et au créancier nanti lorsque la sûreté a pour objet un bien meuble incorporel. Réciproquement, la référence au nantissement et au créancier nanti s'entend de la référence au gage et au créancier gagiste lorsque la sûreté a pour objet un bien meuble corporel (Ord. n° 2006-346 du 23 mars 2006, art. 55).

CHAPITRE PREMIER *[ABROGÉ]* DISPOSITIONS GÉNÉRALES SUR LE GAGE COMMERCIAL

(Abrogé par Ord. n° 2021-1192 du 15 sept. 2021, art. 28, à compter du 1er janv. 2022)

RÉP. COM. v^is *Gage commercial*, par HOUTCIEFF ; *Nantissement*, par ALBIGES et PICOD.

BIBL. GÉN. ▶ DAMMANN, *D. 2005. 2447* (réflexions sur la réforme du droit des sûretés au regard du droit des procédures collectives : pour une attractivité retrouvée du gage). – JULIENNE, *D. 2016. 1266* (les gages spéciaux : modèles pour le droit commun ?). – SÉJEAN-CHAZAL, *JCP 2021, suppl. au n° 43-44, p. 40* (le gage du code civil retrouve ses lettres de noblesse). – PELLIER, *RLDA suppl. nov. 2021. 25* (le gage commercial est mort... Vive le gage professionnel !).

Art. L. 521-1 ***Le gage constitué soit par un commerçant, soit par un individu non commerçant, pour un acte de commerce, se constate à l'égard des tiers, comme à l'égard des parties contractantes, conformément aux dispositions de l'article L. 110-3.***

Le gage, à l'égard des valeurs négociables, peut aussi être établi par un endossement régulier, indiquant que les valeurs ont été remises en garantie.

A l'égard des actions, des parts d'intérêts et des obligations nominatives des sociétés financières, industrielles, commerciales ou civiles, dont la transmission s'opère par un transfert sur les registres de la société, ainsi qu'à l'égard des inscriptions nominatives sur le grand-livre de la dette publique, le gage peut également être établi par un transfert, à titre de garantie, inscrit sur lesdits registres.

(Ord. n° 2006-346 du 23 mars 2006, art. 45) ***« Il n'est pas dérogé aux dispositions des articles 2355 à 2366 du code civil en ce qui concerne les créances mobilières. »***

Les effets de commerce donnés en gage sont recouvrables par le créancier gagiste. — *[C. com., art. 91.]*

V., sur le nantissement du fonds de commerce, art. L. 142-1 s. ; ... sur le nantissement de l'outillage et du matériel d'équipement, art. L. 525-2. — V. aussi C. mon. fin., art. L. 313-23 s., App., v° Banque et financement de l'entreprise.

Sur le nantissement du droit d'exploitation des logiciels, V. CPI., art. L. 132-34 et R. 132-8 s. — Sur le gage de marques, V. CPI, art. L. 714-1. — ***CPI.***

Sur le nantissement des lettres de garantie de prix accordées aux exportateurs, V. Décr. n° 55-619 du 20 mai 1955 (D. 1955. 266 ; BLD 1955. 591).

BIBL. ▶ *RJ com., n° spéc., nov. 1994.* – MESTRE, *D. 1982. Chron. 141* (gage de choses futures). – BAILEY et RAYNOUARD, *Bull. act. Lamy droit économique juin 2003, p. 1* (gage de marques : conseils pratiques). – PHAM et DAVY, *Gaz. Pal. 2005. Doctr. 1535* (les sûretés cinématographiques). – MONNERIE, *CCE 2006. Chron. 12* (nantissement cinématographique).

I. NATURE ET CONSTATATION DU GAGE

1. Critère du gage commercial. La nature civile ou commerciale de la constitution du gage s'apprécie selon la nature civile ou commerciale de la dette garantie, quelle que soit la qualité du constituant. • Com. 11 juin 1974, n° 73-10.597 P : *Banque 1975. 92* • 5 févr. 1962, n° 59-10.113 P • Civ. 9 janv. 1905 : *S. 1907. 1. 115* • Req. 10 mars 1915 : *S. 1916. 1. 5.* ♦ Sur l'opposabilité d'un gage de nature civile, V. • Com. 23 avr. 2003, n° 02-11.015 : *JCP E 2003, n° 30, p. 1245, note Schmidt et Delespaul ; RDBF 2003, n° 190, obs. Cerles.*

2. Spécificité du gage commercial. L'art. 2074 C. civ. n'est pas applicable au gage commercial. • Rouen, 20 déc. 1905 : *DP 1908. 2. 177, note Thaller* • Paris, 29 sept. 1994 : *RJ com. 1996. 100, note Rontchevsky.*

3. Constatation du gage commercial. La constatation du gage commercial se fait conformément aux dispositions de l'art. 109 [C. com., art. L. 110-3], même à l'égard des tiers. • Civ. 9 janv. 1905 : *préc. note 1* • Com. 10 févr. 1964, n° 62-10.486 P. ♦ Au cas d'établissement d'un écrit, il n'est pas soumis aux exigences civiles des actes sous seing privé. • Paris, 4 avr. 1935 : *S. 1935. 2. 124.* ♦ L'art. L. 521-1, al. 1er, C. com., qui n'a pas été modifié par l'Ord. n° 2006-346 du 23 mars 2006, permettant de constater par tous moyens le gage commercial, rend inapplicables à ce dernier les dispositions de l'art. 2336 C. civ. qui subordonne la validité du gage à la rédaction d'un écrit. • Com. 17 févr. 2015, n° 13-27.080 P : *D. 2015. 787, note Borga* ; *AJCA 2015. 176, obs. Albiges* ; *RTD com. 2015. 342, obs. Legeais* ; *Rev. sociétés 2015. 663, note Ansault* ; *RJDA 2015, n° 389.* ♦ Le bordereau d'inscription publié au greffe du tribunal de commerce visant l'intégralité de la production et des matériaux nécessaires à cette production, il en résulte que, ces éléments renseignant utilement et valablement les tiers sur la nature, la qualité et la quantité considérées, le gage était opposable aux tiers. • Même décision.

4. Liberté de la preuve. Il résulte des art. 91 et 109 [C. com., art. L. 521-1 et L. 110-3] que le nantissement constitué en garantie des engagements d'un commerçant envers un autre commerçant peut être prouvé librement, même si les constituants ne sont pas eux-mêmes commerçants. • Com. 2 oct. 2001, n° 98-17.770 : *RTD com. 2002. 33, obs. Saintourens* ; *RJDA 2002, n° 204* ; *JCP 2002. I. 120, n° 8, obs. Delebecque.*

II. OBJET DU GAGE

BIBL. Doise, *RJ com., n° spéc., nov. 1994. 30* (nantissement de monnaie, de comptes et de valeurs mobilières). – Gavanon, *JCP E 1995. I. 472* (nantissement de logiciel).

A. DROITS SOCIAUX

1° VALEURS MOBILIÈRES

BIBL. Le Cannu, *BJS 1993. 1091* (nantissement conventionnel des actions). – Magnier, *RTD com. 2002. 433* (nantissement d'actions indisponibles).
V. art. L. 228-44.

5. Titres au porteur. Pour les *titres au porteur*, la mise en gage se réalise par la transmission de la possession, dont la preuve peut être faite par tout moyen. V. • Com. 25 févr. 1975, n° 73-12.064 P : *JCP 1975. II. 18133 bis, note Bost et Stemmer* ; *RTD com. 1975. 237, obs. Cabrillac et Rives-Lange.*

6. Titres nominatifs. Pour les *titres nominatifs*, la mise en gage se réalise par un transfert mentionné sur le registre social et, s'agissant d'un gage civil, par le respect des formalités de l'art. 2074 C. civ. • Com. 8 déc. 1987, n° 85-15.806 : *Defrénois 1988. 480, note Aynès.* – V. aussi • Com. 14 janv. 1975, n° 73-12.858 P • Paris, 21 déc. 1989 : *D. 1990. IR 25.* ♦ Comp., *admettant la preuve par tous moyens, en application de l'art. 91, al. 1er* [C. com., art. L. 521-1, al. 1er] : • Civ. 14 mars 1910 : *DP 1911. 1. 94.* – V. aussi • Com. 5 nov. 1977 : *RJ com. 1978. 384, note Le Guidec* ; *RTD com. 1979. 259, obs. Houin.*

7. Instruments financiers. Sur la constitution en gage d'instruments financiers, V. C. mon. fin., art. L. 211-20.

8. Durée du nantissement. Sur la durée d'un nantissement de valeurs mobilières garantissant un découvert en compte courant : • Com. 26 nov. 2003, n° 00-18.155 : *RJDA 2004, n° 835.*

9. Droits du créancier. Sur la possibilité pour le créancier gagiste de demander la nomination d'un mandataire de justice chargé de surveiller la gestion de la société : • Lyon, 30 mars 1978 : *D. 1978. IR 417, obs. Vasseur* ; *Rev. sociétés 1979. 320, note Merle.*

10. Valeurs mobilières indisponibles. BIBL. Riassetto, *RLDC juin 2009. 25* (constitution d'une sûreté portant sur un bien indisponible). ♦ L'indisponibilité d'une valeur mobilière, quand elle est simplement temporaire, ne fait pas obstacle à son affectation en nantissement. • Com. 30 sept. 2008, n° 07-12.768 P : *D. 2008. AJ 2596, obs. Delpech* ; *RTD civ. 2008. 706, obs. Crocq* ; *Rev. sociétés 2009. 131, note Reygrobellet* ; *JCP E 2008, n° 45-46, p. 10, note S. Piedelièvre* ; *RJDA 2008, n° 1311.*

2° PARTS SOCIALES

BIBL. Carbonnier, *Rev. sociétés 1937. 187.* – Chassery, *RTD com. 1977. 435.*

11. Opposabilité. Le nantissement de parts sociales d'une société civile, créée avant l'entrée en vigueur de la loi du 4 janv. 1978, consenti par un commerçant, a été jugé opposable à la masse des créanciers de la société en liquidation des biens, par inscription sur le registre social. • Com. 20 juin 1984, n° 83-12.373 P : *RTD com. 1985. 311, obs. Alfandari et Jeantin.* ♦ V., depuis ladite loi de 1978, art. 1866 s. C. civ. et art. 49 s. du Décr. n° 78-704 du 3 juill. 1978. – **C. sociétés.**

12. Distinction entre nantissement et saisie. L'interdiction de donner en nantissement les parts d'une SCP de notaire ou de les vendre aux enchères publiques n'emporte pas, par principe, leur insaisissabilité qui ne pourrait résulter que d'une disposition législative. • Civ. 1re, 4 nov. 2003, n° 99-13.965 P : *D. 2004. 521, note Taormina* ; *JCP E 2004, n° 32-35, p. 1294, obs. Pasqualini et Pasqualini-Salerno* ; *RDBF 2004, n° 40, obs. Delleci* ; *BJS 2004. 282, note Daigre.*

B. CRÉANCES

13. Formalités. L'art. 91, al. 4 [C. com., art. L. 521-1, al. 4], précisant qu'il n'est pas dérogé à l'art. 2075 C. civ., la constitution du gage sur créances à personne dénommée doit être constatée par un acte enregistré. • Civ. 27 nov. 1865 : *DP 1866. 1. 56* ; *S. 1866. 1. 60* • Paris, 3 mars 1910 : *DP 1910. 2. 153.* ♦ Il résulte des dispositions combinées des art. 91 [C. com., art. L. 521-1] et 2075 C. civ. que l'acte qui constate le gage doit être enregistré et signifié au débiteur de la créance donnée en gage, ou accepté par lui dans un acte authentique. • Paris, 29 juin 1993 :

D. 1993. IR 219. ♦ Lorsque ces formalités, qui sont une condition substantielle de la naissance du droit du créancier gagiste, n'ont pas été accomplies, ce dernier ne peut se prévaloir d'un acte de nantissement valable. • Même arrêt. – *Contra* : • Riom, 20 nov. 1913 : *S. 1915. 2. 33, note Wahl.*

14. Créances professionnelles. Sur le nantissement de créances professionnelles, V. C. mon. fin., art. L. 313-23 s., App., v° *Banque et financement de l'entreprise.*

15. Titres de créances négociables. Sur la constitution en gage de titres de créances négociables inscrits en compte, V. C. mon. fin., art. L. 213-2, App., v° *Banque et financement de l'entreprise.*

C. ESPÈCES

BIBL. Cuniberti, *LPA 5 nov. 1999.* – Bureau, *Dr. et patr. 12/1999. 22.* – Stoufflet, *RDBF mars-avr. 2006. 42* (sûretés sur sommes d'argent ?). – Bros, *RLDA mars 2007. 86 ; Dr. et patr. 7-8/2007. 76* (le gage-espèces après l'Ord. du 23 mars 2006). – Legeais, *Dr. et patr. 9/2007. 70* (même thème). – D. R. Martin, *D. 2007. 2556* (du gage-espèces). – Torck, *RDBF 2008. Étude 2* (les sûretés sur sommes d'argent après l'ordonnance sur les sûretés et la loi sur la fiducie). – Legeais, *Dr. et patr. 7-8/2008. 53* (le gage-espèces après la réforme des sûretés).

16. Nature du gage-espèces. Sur la distinction entre gage-espèces et cautionnement, V. • Orléans, 4 oct. 2001 : *JCP 2002. I. 162, n° 17, obs. Delebecque.* ♦ … Entre gage-espèces et crédit documentaire, V. • Com. 14 déc. 2004, n° 02-11.445 : *Banque et Dr. 5-6/2005. 91, obs. Affaki et Stoufflet.*

17. Modes de réalisation du gage-espèces. Sur la compensation, V. • Com. 17 mai 1994, n° 91-20.083 P : *D. 1995. 124, note Larroumet* • 3 juin 1997, n° 95-13.365 P : *D. 1998. 61, note François ; JCP 1997. II. 22891, rapp. Rémery* • 4 févr. 2003, n° 01-11.945 : *D. 2003. AJ 1361 ; Banque et Dr. 5-6/2003. 52, obs. Rontchevsky ; RDBF 2003, n° 142, obs. Legeais.* ♦ Sur le régime de la dépossession réalisée par l'inscription d'un gage-espèces sur un compte spécial, V. • Com. 23 avr. 2003, n° 02-11.015 : *préc. note 1.* – V. aussi • Reims, 5 avr. 2006 : *JCP E 2006, n° 41, p. 1721 ; RDBF 2006, n° 203, obs. Legeais.* ♦ Sur le nantissement d'un plan d'épargne populaire, V. • Civ. 1re, 15 nov. 2005, n° 03-14.208 P : *RTD com. 2006. 654, obs. Bouloc ; JCP E 2006, n° 19, p. 859, obs. Delebecque ; RDBF 2006, n° 20, obs. Legeais ; Banque et Dr. 3-4/2006. 70, obs. Bonneau ; RJDA 2006, n° 333.* ♦ Sur un nantissement portant sur un gage d'espèce et non sur une créance de restitution, V. • Com. 6 févr. 2007, n° 05-16.649 : *D. 2008. Pan. 882, obs. D. R. Martin ; RTD civ. 2007. 373, obs. Crocq ; JCP E 2008, n° 2, p. 19, obs. Delebecque ; RDBF 2007, n° 111, obs. Legeais ; RJDA 2007, n° 780.* ♦ V. note 11 ss. art. L. 521-3.

D. TITRES À ORDRE

18. Constatation. Le gage commercial ayant pour objet un titre à ordre peut être constaté par tout moyen tant à l'égard des parties que des tiers. • Com. 20 juin 1972, n° 71-10.789 P : *RTD com. 1972. 966, obs. Cabrillac et Rives-Lange* • Chambéry, 6 juin 1966 : *JCP 1967. II. 15174, note Lescot ; Banque 1967. 503, obs. Marin* • Civ. 9 janv. 1905 : *DP 1905. 1. 76.* ♦ Les procédés de l'endossement et du transfert, prévus aux al. 2 et 3, ne sont pas obligatoires. • Req. 13 déc. 1899 : *DP 1900. 1. 163* • Civ. 14 mars 1910 : *préc. note 6.*

19. Lettre de change. Sur l'endossement pignoratif des lettres de change, V. art. L. 511-13.

20. Chèque. Sur la remise de chèques en gage, V. • Com. 10 juill. 1989, n° 87-15.603 P : *D. 1990. Somm. 120, obs. Cabrillac* (jugeant que la banque s'était payée non pas à la date de la remise du chèque mais à celle où elle avait réalisé le gage en créditant le compte de sa cliente).

E. ASSURANCE VIE

BIBL. Bouteiller, *JCP E 2001, n° 15-16, p. 646* (utilisation du contrat d'assurance vie comme instrument de crédit).

V. C. assur., art. L. 132-10. – **C. assur.**

21. Nantissement d'assurance vie. V. note 7 ss. art. L. 521-2.

22. Distinction entre nantissement d'assurance vie et cautionnement. Le nantissement d'assurance vie n'étant pas un cautionnement, il en résulte que l'art. 1415 C. civ. ne lui est pas applicable. • Civ. 1re, 28 févr. 2006, n° 02-10.602 P : *JCP E 2006, n° 48, p. 2041, note S. Hovasse ; RDBF 2006, n° 103, obs. Cerles ; RJDA 2006, n° 954* • 20 févr. 2007, n° 06-10.217 P : *D. 2007. Pan. 2128, obs. Revel ; JCP E 2008, n° 3, p. 9, note S. Hovasse ; LPA 6 août 2007, note Houtcieff.*

23. Prérogatives du créancier nanti. V. note 8 ss. art. L. 521-2 et note 12 ss. art. L. 521-3.

F. VÉHICULES

BIBL. Hémard, *D. 1963. Chron. 49.*

V. C. civ., art. 2351 à 2353. – **C. civ.** ♦ V. note ss. art. L. 525-18.

24. Opposabilité. Dans le cadre du régime applicable avant l'entrée en vigueur du nouveau régime des procédures civiles d'exécution (1er janv. 1993), V., sur l'opposabilité aux tiers d'un gage sur véhicule automobile : • Civ. 1re, 20 mars 1990, n° 87-19.162 P : *RTD com. 1990. 634, obs. Bouloc.* ♦ Comp., après l'entrée en vigueur du Décr. du 31 juill. 1992, en ce sens que, bien que non inscrit, le gage produit effet entre les parties, et permet donc au créancier d'exercer une mesure de saisie-appréhension : • Versailles, 20 sept. 1995 : *D. 1997. 16*. – V. Gaubil et Wicker, *D. 1997. Chron. 1*. ♦ ... Sur une vente fictive d'un véhicule automobile acheté à crédit et l'annulation du gage : • Civ. 1re, 31 janv. 1989, nº 87-10.876 P : *RTD com. 1989. 529, obs. Bouloc.*

25. Réalisation. Par suite des dispositions du Décr. nº 92-755 du 31 juill. 1992, notamment des art. 107, 108 et 177 [C. pr. exéc., art. R. 221-30, R. 221-31 et R. 223-13] instaurant avant toute vente forcée une faculté de vente amiable pour le débiteur, l'art. 3 du Décr. nº 53-968 du 30 sept. 1953 relatif à la vente à crédit des véhicules automobiles, qui renvoie, pour la réalisation du gage, à l'art. 93 [C. com., art. L. 521-3], a été tacitement abrogé. • Cass., avis, 5 mai 1995, nº 09-42.941 P : *D. 1995. 618, note Morgan de Rivery-Guillaud*; *RTD civ. 1996. 203, obs. Crocq*. ♦ L'art. 93 [C. com., art. L. 521-3] ne peut plus trouver application à la suite de la L. nº 91-650 du 9 juill. 1991 [codifiée au C. pr. exéc.] qui prévoit une procédure particulière pour l'appréhension d'un véhicule gagé et sa vente pour réaliser le gage. • Paris, 2 avr. 1998 : *D. 1999. Somm. 215, obs. Julien*. – Comp. : • TGI Châteauroux, 9 nov. 1993 : *Rev. huiss. 1994. 1389, note Dahan.* ♦ Si l'art. 93 [C. com., art. L. 521-3], applicable en vertu de l'art. 3 du Décr. nº 53-968 du 30 sept. 1953 [avant l'intervention du Décr. du 31 juill. 1992 préc.], habilitait le créancier-gagiste d'un véhicule automobile à faire vendre son gage sans autorisation de justice, une telle autorisation demeurait nécessaire pour lui permettre d'appréhender matériellement ce véhicule. • Civ. 1re, 24 nov. 1993, nº 91-16.740 P : *D. 1994. IR 5 ; RTD civ. 1994. 174, obs. Perrot*. ♦ Sur l'incompétence du président du tribunal de commerce pour autoriser la vente d'un véhicule à usage privé acquis par un non-commerçant, V. • Même arrêt • Poitiers, 21 mars 1995 : *JCP 1995. IV. 1643.*

Décret nº 59-296 du 13 février 1959, *concernant diverses dispositions relatives aux transferts à titre de garantie intéressant les rentes sur l'État et modifiant certains articles du décret nº 55-1595 du 7 décembre 1955 concernant le régime des titres nominatifs.* **Art. 5** Lorsque les rentes nominatives sur l'État affectées en gage conformément à l'alinéa 3 de l'article 91 du code de commerce *[C. com., art. L. 521-1, al. 3]* font l'objet d'une négociation en bourse, le Trésor n'a à se faire justifier ni de l'accomplissement des formalités prescrites par l'article 93 de ce même code *[C. com., art. L. 521-3]*, ni des pouvoirs du créancier nanti de disposer des titres en cause sans le concours de leur propriétaire et sans autorisation judiciaire.

Art. L. 521-2 *(Abrogé par Ord. nº 2006-346 du 23 mars 2006, art. 56-II)* ***Dans tous les cas, le privilège ne subsiste sur le gage qu'autant que ce gage a été mis et est resté en la possession du créancier ou d'un tiers convenu entre les parties.***

Le créancier est réputé avoir les marchandises en sa possession, lorsqu'elles sont à sa disposition dans ses magasins ou navires, à la douane ou dans un dépôt public, ou si, avant qu'elles soient arrivées, il en est saisi par un connaissement ou par une lettre de voiture. – *[C. com., art. 92.]*

Le fait, par un débiteur, un emprunteur ou un tiers donneur de gage, de détruire ou de détourner l'objet constitué en gage est puni de trois ans d'emprisonnement et de 375 000 € d'amende. – La tentative est punie des mêmes peines (C. pén., art. 314-5). – ***C. pén.***

BIBL. ▶ POURQUIER, *RTD com. 2000. 569* (la rétention du gagiste ou la supériorité du fait sur le droit). – FERREIRA, *Defrénois 2004. 205* (situation du tiers convenu dans le gage).

1. Dépossession apparente. La mise en possession du créancier ou d'un tiers convenu entre les parties n'est efficace qu'autant qu'elle se réalise de manière apparente. • Civ. 3 août 1896 : *DP 1897. 1. 209* • 24 janv. 1905 : *DP 1905. 1. 493* • Com. 5 févr. 1979, nº 77-11.921 P : *D. 1980. IR 55, obs. Vasseur ; RTD com. 1980. 815, obs. Hémard* • 3 nov. 1980, nº 77-14.829 P.

2. Entiercement. Sur la nécessité d'une acceptation du tiers, V. • Civ. 1re, 24 nov. 1976, nº 75-11.696 P. ♦ Sur la nécessité de la perte de la maîtrise de la chose par le débiteur, V. • Com. 13 févr. 1990, nº 87-19.750 P : *D. 1990. IR 60 ; Defrénois 1990. 814, obs. Aynès.* ♦ V. aussi • Com. 7 juill. 1998, nº 96-15.296 P : *D. 1999. Somm. 299, obs. Piedelièvre ; JCP 1998. II. 10206, note Salvat.*

3. Connaissement. Le porteur d'un connaissement qui entend, en l'endossant, ne pas transférer la marchandise à l'endossataire, doit expressément le stipuler. • Rouen, 26 mars 1992 : *RJDA 1992, nº 1059.*

4. Biens fongibles. Lorsque le gage porte non sur des corps certains mais sur des marchandises fongibles et périssables, celles-ci peuvent être aliénées par le créancier et, en vertu de la subrogation réelle, remplacées par d'autres de même nature et quantité, qui restent en la possession du créancier. • Req. 10 mars 1915 : *DP 1916. 1. 242, note L. S.* ; *S. 1916. 1. 5, note Lyon-Caen* • Angers, 26 mars 1985 : *D. 1986. 537, note Contamine-Raynaud* ; *RJ com. 1985. 232, note Crafmeyer.* ♦ Sur la qualification d'abus de confiance, V. • Crim. 9 juill. 1953 : *D. 1953. 556.*

Sur l'application de l'art. 92, al. 1er [C. com., art. L. 521-2, al. 1er], au gage portant sur des cassettes vidéos, V. • Douai, 17 juin 1999 : *JCP 2000. IV. 1613.*

Pour les instruments financiers, V. C. mon. fin., art. L. 211-20.

5. *Réserve de propriété.* Sur le conflit opposant le créancier-gagiste au vendeur sous réserve de propriété, V. note 45 ss. art. L. 624-16. ♦ Sur le conflit entre une clause de réserve de propriété et un gage portant sur les stocks, V. * Rép. min. n° 16491 : *JOAN Q, 29 avr. 2008, p. 3667* ; *D. 2008. 1335* ; *RTD civ. 2008. 519, obs. Crocq* ; *Dr. sociétés 2008. Alerte 32.* – V. aussi note ss. art. L. 527-1.

6. *Nantissement de créances.* V. notes 13 s. ss. art. L. 521-1. ♦ Si le privilège ne subsiste sur la chose qu'autant que celle-ci a été mise et est restée en possession du créancier, cette mise en possession est suffisamment réalisée, au cas où le gage porte sur une créance et où la tradition est matériellement impossible, par la signification au débiteur de la créance donnée en gage. • Civ. 1re, 10 mai 1983, n° 81-12.410 P : *D. 1984. 433, note Légier* ; *Defrénois 1983. 1393, note Piedelièvre.* ♦ Sur la validité de la clause permettant au créancier gagiste de recevoir le paiement de la créance nantie, V. • Civ. 30 mai 1947 : *S. 1947. 1. 140.*

7. *Nantissement d'assurance vie.* BIBL. Leblond, *RCA 2008. Étude 3* (le nantissement d'assurance vie réformé en catimini). ♦ La dépossession, qui fait perdre au constituant une partie de ses prérogatives sur la chose donnée en gage, ne les confère pas pour autant au créancier nanti, qui dispose, en sa qualité de dépositaire de cette chose jusqu'à sa restitution, du seul pouvoir de la garder et conserver sans acquérir celui d'en user ni de l'administrer. • Com. 12 juill. 2005, n° 04-10.214 P : *D. 2006. Pan. 2861, obs. Crocq* ; *RTD com. 2006. 473, obs. Bouloc* ; *JCP E 2005, n° 51-52, p. 2208, obs. Delebecque* ; *LPA 24 janv. 2006, obs. Houtcieff* ; *RJDA 2006, n° 589.* ♦ Ayant relevé que les polices souscrites réservaient au seul souscripteur le choix de la répartition de ses versements entre les différents supports financiers qui lui étaient proposés et que les actes de nantissement ne comportaient à cet égard aucune clause restrictive en faveur du créancier nanti, une cour d'appel a exactement décidé qu'en l'absence de stipulation expresse l'y autorisant, la banque prêteuse s'était fautivement opposée à l'exécution de l'ordre litigieux. • Même arrêt.

8. *Antichrèse-bail.* BIBL. Dupichot, *JCP E 2006, suppl. au n° 20, p. 26* ; *RDBF mai-juin 2006. 70* (l'antichrèse). – Piette, *D. 2006. 1688* (nature de l'antichrèse après l'Ord. n° 2006-346 du 23 mars 2006). – Borga, *ibid. 2090* (autonomie conceptuelle de l'antichrèse). – Andreu, *LPA 4 mars 2009* (faut-il renommer l'antichrèse ?). ♦ Le terme d'antichrèse a été remplacé par les mots « gage immobilier » par la L. n° 2009-526 du 12 mai 2009, art. 10-I. ♦ La possession est la détention ou la jouissance d'une chose ou d'un droit tenu ou exercé par son titulaire ou par un autre qui la tient ou qui l'exerce en son nom. Dès lors une cour d'appel ne peut déclarer les antichrèses éteintes, alors que le constituant, qui avait cessé de régler les indemnités d'occupation, continuait cependant à posséder pour le compte de l'antichrésiste et que l'absence d'action de ce dernier contre lui n'avait pas mis fin à cette possession. • Civ. 3e, 18 déc. 2002, n° 01-12.143 P : *D. 2003. 963, note Delebecque* ; *JCP 2003. II. 10024, avis Guérin* ; *Banque et Dr. 3-4/2003. 54, obs. Rontchevsky* ; *RDBF 2003, n° 104, obs. Legeais* ; *RTD civ. 2003. 319, obs. Revet* ; *RJDA 2003, n° 323.* ♦ Les droits du créancier antichrésiste s'éteignent par l'extinction de l'obligation principale. Le contrat d'antichrèse s'est donc éteint dès lors que le créancier, par la perception des loyers produits par le bien donné en gage, a obtenu le remboursement de l'intégralité de sa créance. • Paris, 24 janv. 2008 : *JCP 2008. IV. 1395.*

Art. L. 521-3 *(Ord. n° 2006-346 du 23 mars 2006, art. 46-I)* ***« A défaut de paiement à l'échéance, le créancier peut faire procéder à la vente publique des objets donnés en gage huit jours après une simple signification faite au débiteur et au tiers bailleur de gage, s'il y en a un, et selon les modalités prévues par le présent article, sans que la convention puisse y déroger. »***

(L. n° 2011-850 du 20 juill. 2011, art. 37-XI, en vigueur le 1er sept. 2011) ***« Les ventes autres que celles dont les prestataires de services d'investissement sont chargés sont faites par les courtiers de marchandises assermentés. Toutefois, sur la requête des parties, le président du tribunal de commerce peut désigner pour y procéder un commissaire-priseur judiciaire, un huissier de justice ou un notaire. »***

Les dispositions des articles L. 322-9 à L. 322-13 sur les ventes publiques sont applicables aux ventes prévues par l'alinéa précédent.

(Ord. n° 2006-346 du 23 mars 2006, art. 46-II) ***« Le créancier peut également demander l'attribution judiciaire du gage ou convenir de son appropriation conformément aux articles 2347 et 2348 du code civil. »*** – *[C. com., art. 93.]*

I. VENTE PUBLIQUE

1. *Absence d'obligation de réalisation.* Le créancier-gagiste n'est pas tenu de demander la réalisation de son gage à échéance. • Com. 10 oct. 2000, n° 97-12.910 P : *JCP 2000. II. 10575, note Piedelièvre.* ♦ En application de l'art. 2073 C. civ., un créancier-gagiste peut refuser de se dessaisir de son gage s'il n'obtient pas préalablement paiement de sa créance à concurrence de la valeur de celui-ci. • Com. 19 nov. 2002, n° 00-20.516 P : *JCP E 2003, n° 12, p. 526, note Bouteiller ; RTD com. 2003. 360, obs. Bouloc ; RDBF 2003, n° 21, obs. Legeais ; RJDA 2003, n° 447.* ♦ Dès lors, une banque gagiste peut refuser au débiteur de procéder au destockage de produits pharmaceutiques périssables. • Même arrêt.

2. *Absence de délai de grâce.* Les prescriptions de l'art. 93, al. 1er [C. com., art. L. 521-3, al. 1er], excluent que le débiteur puisse se prévaloir de l'art. 1244 [1343-5] C. civ. pour contrarier la facilité offerte à son créancier. • Com. 10 déc. 1979, n° 78-12.924 P : *D. 1980. IR 386, obs. Vasseur* • Paris, 10 juin 1971 : *RTD com. 1972. 448, obs. Hémard* • Versailles, 17 nov. 1986 : *D. 1988. 95, note Prévault.*

3. *Signification.* La notification ne peut être valablement faite par lettre recommandée et doit être signifiée par huissier. • Civ. 3 févr. 1937 : *DH 1937. 165.* ♦ Sur l'application de l'art. 2037 [2314] C. civ. lorsque la signification n'a pas été adressée à la caution du débiteur, V. • Com. 1er mars 1971 : *JCP 1971. IV. 98.* ♦ Sur la signification au tiré accepteur et aux donneurs d'aval d'une lettre de change, V. • Paris, 31 oct. 1950 : *D. 1951. Somm. 10.*

4. *Renonciation (jurispr. antérieure).* Jugeant, sur le fondement de l'art. 2078 C. civ., que postérieurement à la constitution du gage, le débiteur renonce au bénéfice des formalités prescrites et donne mandat au créancier-gagiste de procéder pour son compte à la vente de la chose donnée en gage : • Com. 5 oct. 2004, n° 01-00.863 P : *JCP E 2005, n° 5, p. 181, obs. Delebecque ; RTD com. 2005. 408, obs. Bouloc ; RJDA 2005, n° 568 ; BJS 2005. 63, note Constantin ; RDBF 2005, n° 15, obs. Legeais.*

5. *Charge des frais de réalisation.* Les frais faits pour parvenir à la vente d'un gage sont en principe à la charge du débiteur qui les a rendus nécessaires en n'exécutant pas son obligation de payer. • Civ. 31 juill. 1913 : *DP 1915. 1. 65, note de Loynes.*

6. *Gage sur véhicules.* V. notes 24 et 25 ss. *art. L. 521-1.*

II. PACTE COMMISSOIRE

Jurispr. antérieure à l'Ord. n° 2006-346 du 23 mars 2006 ayant autorisé le pacte commissoire en ce qui concerne les gages constitués après son entrée en vigueur. – V. C. civ., art. 2347 et 2348. – C. civ.

A. DOMAINE DE LA PROHIBITION

7. *Dation.* La prohibition du pacte commissoire s'applique à la dation en gage de reconnaissances d'une caisse de crédit municipal. • Paris, 18 avr. 1889 : *DP 1890. 2. 342.*

8. *Autorisation anticipée de vente.* L'autorisation anticipée de vente de gage donnée par la caution, s'analysant en un pacte commissoire prévoyant une dation en paiement, doit être déclarée nulle. • Versailles, 28 oct. 1993 : *BICC 1994, n° 227.*

9. *Cession de parts sociales.* Les juges du fond, procédant à l'interprétation de deux actes que leur rapprochement rend nécessaire, peuvent déclarer qu'une cession de parts sociales et une reconnaissance de dette décidées le même jour forment un tout indivisible et que c'est pour disposer à son gré du gage reçu en garantie du remboursement du prêt que le créancier s'est fait remettre l'acte de cession de parts. • Com. 3 avr. 1978, n° 76-12.814 P. – V. aussi • Civ. 1re, 31 janv. 1989, n° 87-10.876 P : *RTD com. 1989. 529, obs. Bouloc.*

10. *Convention postérieure à la constitution du gage.* La prohibition ne s'étend pas à une convention conclue postérieurement à la constitution du gage. • Com. 12 janv. 1965, n° 63-10.162 P : *Gaz. Pal. 1965. 1. 372.*

11. *Gages-espèces.* N'est pas prohibée par l'art. 2078 C. civ. la stipulation d'attribution d'un gage constitué en espèces par le créancier, à due concurrence du défaut de paiement à échéance : • Com. 9 avr. 1996, n° 93-17.370 P : *D. 1996. 399, note Larroumet ; JCP E 1996. Pan. 583, obs. Bouteiller* (rejetant le pourvoi contre • Paris, 4 mai 1993 : *RTD com. 1993. 554, obs. Cabrillac et Teyssié ; BJS 1993. 861, note Delebecque*). – V. Poullain, *Dr. et patr. 5/1996. 47.* – V. déjà • T. com. Paris, 8 oct. 1990 : *Rev. dr. bancaire 1991. 97, obs. Crédot et Gérard.*

12. *Rachat d'un contrat d'assurance vie.* Le rachat d'un contrat d'assurance vie ainsi que sa réalisation par le créancier gagiste ne peut tomber sous le coup de la prohibition du pacte commissoire. • Paris, 20 mars 2000 : *RJ com. 2001. 180, note Likillimba.*

B. NULLITÉ

13. *Nullité du pacte et maintien du gage.* L'annulation du pacte commissoire n'entraîne pas celle du gage, dès lors que celui-ci a été souscrit pour une cause réelle et licite. • Versailles, 28 oct. 1993 : *préc. note 8.*

14. *Nullité du gage.* Si la nullité du pacte commissoire n'atteint que le pacte lui-même, il en va différemment quand celui-ci constitue la cause déterminante du contrat, sa nullité s'étendant alors au contrat tout entier. • Civ. 1re, 16 mars 1983, n° 82-10.334 P : *Gaz. Pal. 1983. 2. Pan. 88, obs. Piedelièvre ; Defrénois 1984. 373, obs. Aubert.*

III. ATTRIBUTION JUDICIAIRE

BIBL. Neveu, *Banque 1985. 1030.*

15. Bénéfice de l'attribution judiciaire. L'art. 93, al. 1er [C. com., art. L. 521-3, al. 1er], ne vise que l'hypothèse où le créancier procède à la vente du gage et laisse à ce dernier la faculté de faire ordonner en justice que le gage lui demeurera acquis en payement jusqu'à due concurrence, en application de l'art. 2078 C. civ. • Com. 31 mai 1960, n° 58-11.299 P : *D. 1960. 601, note Guyon ; JCP 1960. II. 11676, note Nectoux ; RTD com. 1960. 623, obs. Hémard* • 21 oct. 1980 : *D. 1981. IR 191, obs. Vasseur* • Aix-en-Provence, 2 avr. 1992 : *Dr. sociétés 1992, n° 262.*

16. Caractère facultatif de l'attribution judiciaire et décharge de la caution. En retenant qu'une banque avait renoncé au bénéfice du gage, en ne sollicitant pas son attribution judiciaire, une cour d'appel en a exactement déduit que la caution était déchargée de son obligation. • Cass., ch. mixte, 10 juin 2005, n° 02-21.296 P : *BICC 15 juill. 2005, p. 44, rapp. Cachelot, avis de Gouttes ; D. 2005. 2020, note Piedelièvre ; RTD com. 2005. 582, obs. Legeais ; JCP 2005. II. 10130, note Simler ; RDBF 2005, n° 123, obs. Legeais ; Banque et Dr. 7-8/2005. 63, obs. Jacob ; RJDA 2005, n° 1388.* ♦ Rappr., jugeant que le créancier qui, dans le même temps, se garantit par un cautionnement et constitue une sûreté provisoire s'oblige envers la caution à rendre cette sûreté définitive : • Cass., ch. mixte, 17 nov. 2006, n° 04-19.123 P : *BICC 1er févr. 2007, p. 56, rapp. Cachelot, avis Petit ; D. 2006. AJ 2907, obs. Avena-Robardet ; RTD com. 2007. 215, obs. Legeais ; JCP E 2006, n° 50, p. 2132, note Houtcieff ; LPA 18 juin 2007, note Prigent ; RDBF 2007, n° 5, obs. Cerles ; Banque et Dr. 1-2/2007. 47, obs. Jacob ; RJDA 2007, n° 401* • Com. 30 juin 2009, n° 08-17.789 : *D. 2009. 2325, note Y. Picod.* ♦ ... Mais tel n'est pas le cas du créancier bénéficiaire d'une promesse d'hypothèque ou de nantissement, dès lors que la constitution de la sûreté est au seul pouvoir du promettant. • Civ. 1re, 19 nov. 2009, n° 08-19.173 P : *D. 2010. Chron. C. cass. 529, obs. Creton ; JCP E 2010, n° 1251, note Marty ; RDBF 2010, n° 4, obs. Cerles.* ♦ ... Jugeant que la caution n'a pas l'obligation d'informer la banque sur les risques par elle encourus en cas d'inscription tardive de son nantissement. • Com. 23 nov. 2004, n° 03-16.196 P : *cité note 2 ss. art. L. 142-4.* – V. aussi note 17 ss. art. L. 642-25. ♦ V. aussi, pour l'ommission de l'inscription du privilège de prêteur de deniers : • Civ. 1re, 3 avr. 2007, n° 06-12.531 P : *R. 2007, p. 421 ; D. 2007. Chron. C. cass. 2334, obs. Creton ; RTD com. 2007. 584, obs. Legeais ; JCP E 2007, n° 23, p. 13, note Legeais ; LPA 6 août 2007, obs. Houtcieff ; RDBF 2007, n° 140, obs. Crédot et Samin ; Banque et Dr. 5-6/2007. 60, obs. Rontchevsky ; RJDA 2007, n° 1011.* ♦ *Contra*, jugeant que le créancier-gagiste n'est pas tenu de demander l'attribution judiciaire du gage. Une caution ne saurait donc reprocher au créancier de n'avoir pas usé de cette faculté afin d'éviter la prééminence d'autres privilèges. • Com. 3 nov. 1983 : *JCP 1984. II. 20234, note Mestre.* ♦ Rappr., estimant que le défaut de mise en œuvre d'une sûreté réelle n'est pas nécessairement fautif, V. • Civ. 1re, 21 nov. 2006, n° 05-11.607 P : *D. 2007. AJ 152, obs. Delpech ; JCP 2006. IV. 3485 ; RDBF 2007, n° 13, obs. Legeais.* ♦ V. aussi note 17 ss. art. L. 642-25.

17. Compétence. Sur la compétence du juge des référés, V. • Com. 19 janv. 1988, n° 85-13.198 P : *Rev. dr. bancaire 1988. 139, obs. Dekeuwer-Défossez* • Paris, 12 mars 1993 : *Dr. sociétés 1994, n° 48, note Bonneau.*

CHAPITRE II DES DÉPÔTS EN MAGASINS GÉNÉRAUX

RÉP. COM. v° *Magasins généraux*, par CABRILLAC.

SECTION PREMIÈRE DE L'AGRÉMENT, DE LA CESSION ET DE LA CESSATION D'EXPLOITATION

Art. L. 522-1 **L'exploitant d'un établissement à usage d'entrepôt où des industriels, commerçants, agriculteurs ou artisans déposent des matières premières, des marchandises, des denrées ou des produits fabriqués, ne peut émettre des bulletins de gage négociables** *(L. n° 2019-486 du 22 mai 2019, art. 80)* **« ou des reçus d'entreposage » et qualifier son établissement de magasin général que s'il a obtenu un agrément du préfet.** – *[Ord. n° 45-1744 du 6 août 1945, art. 1er.] – V. art. R. 522-1 s.*

Art. L. 522-2 *(L. n° 2011-525 du 17 mai 2011, art. 48)* **L'arrêté préfectoral statuant sur la demande d'agrément est motivé.** – *[Ord. n° 45-1744 du 6 août 1945, art. 2.]*

Art. L. 522-3 **La cession d'un magasin général est subordonnée à l'agrément du préfet, donné dans les mêmes formes.** – *[Ord. n° 45-1744 du 6 août 1945, art. 3.]*

Art. L. 522-4 Toute cessation d'exploitation non suivie de cession est subordonnée à un préavis de six mois, adressé par l'exploitant au préfet. A l'expiration de ce délai, et si les intérêts généraux du commerce l'exigent, un administrateur provisoire peut être désigné par le président du *(Ord. nº 2019-738 du 17 juill. 2019, art. 3)* « tribunal judiciaire statuant, sur requête ou en référé, *[ancienne rédaction : tribunal de grande instance statuant comme en matière de référé]* » à la demande du ministère public. – *[Ord. nº 45-1744 du 6 août 1945, art. 4.]*

Les dispositions issues de l'Ord. nº 2019-738 du 17 juill. 2019 s'appliquent aux demandes introduites à compter du 1er janv. 2020 (Ord. préc., art. 30).

Art. L. 522-5 Il est interdit aux exploitants des magasins généraux de se livrer, soit directement, soit indirectement, que ce soit pour leur propre compte ou pour le compte d'autrui, à titre de commissionnaire ou à tout autre titre, à aucun commerce ou spéculation ayant pour objet les marchandises pour lesquelles ils sont habilités à délivrer des récépissés-warrants. – *[Ord. nº 45-1744 du 6 août 1945, art. 7.]*

Art. L. 522-6 Sont réputées tomber sous le coup de l'article L. 522-5, les sociétés exploitantes de magasins généraux *(L. nº 2019-486 du 22 mai 2019, art. 80)* « , à l'exception de celles délivrant des reçus d'entreposage, » dont l'un des associés, possédant plus de 10 % du capital social, exerce une activité incompatible avec les dispositions dudit article. – *[Ord. nº 45-1744 du 6 août 1945, art. 8.]*

Art. L. 522-7 Toute société exploitante qui, par suite d'une modification intervenue dans la répartition du capital entre les associés, ne se trouve plus dans les conditions exigées par l'article L. 522-6 doit, dans le mois qui suit cette modification, solliciter le maintien de l'agrément dont elle est bénéficiaire.

L'agrément reste valable jusqu'à ce que le préfet ait statué par arrêté.

Le préfet peut, soit prononcer le maintien de l'agrément dans les conditions prévues à l'article L. 522-11, soit en prononcer le retrait conformément aux dispositions de l'article L. 522-39. – *[Ord. nº 45-1744 du 6 août 1945, art. 37.]*

Art. L. 522-8 Lorsque l'ouverture d'un établissement est subordonnée à l'intervention d'un décret ou d'un arrêté ministériel, l'agrément de cet établissement comme magasin général est accordé par ce décret ou cet arrêté *(Abrogé par L. nº 2011-525 du 17 mai 2011, art. 48)* « *, après consultation des organismes visés à l'article L. 522-2* ». – *[Ord. nº 45-1744 du 6 août 1945, art. 38.]*

Art. L. 522-9 Les exploitants d'établissements agréés n'ont pas à solliciter l'autorisation prévue par les textes réglementant les créations, extensions ou transferts d'établissements. – *[Ord. nº 45-1744 du 6 août 1945, art. 40.]*

Art. L. 522-10 Les décrets ou arrêtés agréant les établissements comme magasins généraux peuvent comporter, pour l'exploitant, l'autorisation d'ouvrir une salle de ventes publiques de marchandises en gros. – *[Ord. nº 45-1744 du 6 août 1945, art. 41.]*

Art. L. 522-11 I. – Les entreprises ne répondant pas aux conditions fixées aux articles L. 522-5 et L. 522-6 peuvent cependant solliciter l'agrément comme magasins généraux des entrepôts qu'elles exploitent ou projettent d'exploiter et obtenir *(Abrogé par L. nº 2011-525 du 17 mai 2011, art. 48)* « *, à titre exceptionnel,* » cet agrément s'il est reconnu que les intérêts du commerce l'exigent.

II. – Dans ce cas :

1º La demande d'agrément fait l'objet à la préfecture et dans la commune du lieu de l'établissement des mesures de publicité qui sont prévues par voie réglementaire ;

2º L'arrêté d'agrément fixe, en sus du cautionnement prévu à l'article L. 522-12, un cautionnement spécial au moins égal à celui-ci. Le cautionnement spécial est fourni soit en numéraire, soit par une caution bancaire *(Abrogé par L. nº 2011-525 du 17 mai 2011, art. 48)* « *agréée par le tribunal de commerce dans le ressort duquel est situé l'établissement* ». – *[Ord. nº 45-1744 du 6 août 1945, art. 9.]* – V. art. R. 522-6.

Art. L. 522-12 L'arrêté préfectoral autorisant l'ouverture du magasin général soumet son exploitant à l'obligation d'un cautionnement.

Sont soumis à la même obligation les établissements visés à l'article L. 522-8.

Le montant de ce cautionnement, proportionnel à la surface affectée au magasinage, est compris entre deux limites fixées par décret en Conseil d'État. – *[Ord. n° 45-1744 du 6 août 1945, art. 10 et 39.]*

Art. L. 522-13 Un ou plusieurs règlements types fixent, dans le cadre des dispositions du présent chapitre et du décret en Conseil d'État pris pour son application, les conditions de fonctionnement des établissements. – *[Ord. n° 45-1744 du 6 août 1945, art. 11.] – V. art. R. 522-13. – V. le règlement type général homologué par Arr. du 20 mars 1947 (JO 28 mars ; Rect., JO 13 avr.), mod. par Arr. du 15 juill. 1947 (JO 22 juill.), Arr. du 30 mai 1951 (JO 7 juin), Arr. du 30 janv. 1953 (JO 24 févr. ; Rect., JO 21 mars).*

SECTION II DES OBLIGATIONS, DES RESPONSABILITÉS ET DES GARANTIES

Art. L. 522-14 Toute personne qui remet une marchandise en dépôt à un magasin général est tenue d'en déclarer la nature et la valeur à l'exploitant. – *[Ord. n° 45-1744 du 6 août 1945, art. 5.]*

Art. L. 522-15 Les exploitants de magasins généraux sont responsables, dans les limites de la valeur déclarée, de la garde et la conservation des dépôts qui leur sont confiés.

Ils ne sont pas responsables des avaries et déchets naturels provenant de la nature et du conditionnement des marchandises ou des cas de force majeure.

Les règlements types et les règlements particuliers prévus aux articles L. 522-13 et L. 522-17 précisent les obligations des exploitants en ce qui concerne la conservation des dépôts.

(L. n° 2019-486 du 22 mai 2019, art. 80) « Le contrat régissant les relations de l'exploitant du magasin général et du gestionnaire de la plateforme de négociation mentionnée au premier alinéa de l'article L. 522-37-1 peut déroger aux dispositions des trois premiers alinéas du présent article. » – *[Ord. n° 45-1744 du 6 août 1945, art. 6.]*

Art. L. 522-16 Les marchandises susceptibles d'être warrantées *(L. n° 2019-486 du 22 mai 2019, art. 80)* « ou représentées par un reçu d'entreposage » sont obligatoirement assurées contre l'incendie par les polices générales du magasin.

Toutefois, pour les exploitants de magasins généraux établis dans les ports maritimes, cette obligation est suspendue à l'égard des marchandises entreposées couvertes par une assurance maritime tant que cette assurance garantit ces risques.

Si, pendant cette période, un sinistre survient, la responsabilité de l'exploitant du magasin général n'est pas engagée vis-à-vis des déposants, des compagnies d'assurances *(L. n° 2019-486 du 22 mai 2019, art. 80)* « , des porteurs de warrants et des titulaires de reçus d'entreposage ».

A l'expiration de ladite période, les marchandises susmentionnées doivent être assurées par les polices générales du magasin. – *[Ord. n° 45-1744 du 6 août 1945, art. 12.]*

Art. L. 522-17 Chaque établissement est doté d'un règlement particulier qui complète les dispositions générales des règlements types en fixant les conditions d'exploitation prenant en compte la nature et la situation du magasin. – *[Ord. n° 45-1744 du 6 août 1945, art. 13.]*

Art. L. 522-18 Au règlement prévu à l'article L. 522-17 sont annexés un tarif général et, éventuellement, des tarifs spéciaux pour la rétribution du magasinage, dans les termes du présent chapitre, et des services rendus à cette occasion aux déposants. La perception des taxes correspondantes a lieu indistinctement et sans aucune faveur. – *[Ord. n° 45-1744 du 6 août 1945, art. 14.]*

Art. L. 522-19 Les tarifs sont communiqués au préfet un mois au moins avant l'ouverture du magasin général.

Toute modification des tarifs existants doit lui être notifiée *(Abrogé par L. n° 2011-525 du 17 mai 2011, art. 48) « , ainsi qu'aux organismes visés à l'article L. 522-2, »* et ne devient exécutoire qu'un mois après cette notification. Toutefois, ce délai n'est pas applicable aux exploitants dont les tarifs sont soumis à une autorisation administrative. – *[Ord. n° 45-1744 du 6 août 1945, art. 15.]*

SECTION III DU FONCTIONNEMENT ET DU CONTRÔLE

Art. L. 522-20 Les exploitants de magasins généraux peuvent prêter sur nantissement des marchandises qu'ils reçoivent en dépôt ou négocier les warrants qui les représentent. – *[Ord. nº 45-1744 du 6 août 1945, art. 16.]*

Art. L. 522-21 Les présidents, gérants, directeurs et le personnel des exploitations de magasins généraux sont, sous les peines prévues à l'article 226-13 du code pénal, tenus au secret professionnel pour tout ce qui regarde les marchandises entreposées. – *[Ord. nº 45-1744 du 6 août 1945, art. 17.]*

Art. L. 522-22 Les magasins généraux sont placés sous le contrôle de l'administration, dans les conditions fixées par décret en Conseil d'État. – *[Ord. nº 45-1744 du 6 août 1945, art. 18.]*

Art. L. 522-23 Les dispositions du présent chapitre, le décret pris pour l'application desdites dispositions, le tarif et les règlements, sont affichés dans la partie des bureaux du magasin où le public a accès. – *[Ord. nº 45-1744 du 6 août 1945, art. 19.]*

SECTION IV DES RÉCÉPISSÉS, DES WARRANTS ET DES REÇUS D'ENTREPOSAGE *(L. nº 2019-486 du 22 mai 2019, art. 80).*

SOUS-SECTION 1 DES RÉCÉPISSÉS ET DES WARRANTS *(L. nº 2019-486 du 22 mai 2019, art. 80).*

RÉP. PÉN. vº *Warrant*, par REDON.

Art. L. 522-24 Il est délivré à chaque déposant un ou plusieurs récépissés. Ces récépissés énoncent les nom, profession et domicile du déposant ainsi que la nature de la marchandise déposée et les indications propres à en établir l'identité et à en déterminer la valeur.

Les marchandises fongibles déposées en magasin général et sur lesquelles il a été délivré un récépissé et un warrant peuvent être remplacées par des marchandises de même nature, de même espèce et de même qualité. La possibilité de cette substitution doit être mentionnée à la fois sur le récépissé et sur le warrant.

Les droits et privilèges du porteur du récépissé et du porteur du warrant sont reportés sur les marchandises substituées.

Il peut être délivré un récépissé et un warrant sur un lot de marchandises fongibles à prendre dans un lot plus important. – *[Ord. nº 45-1744 du 6 août 1945, art. 20.]*

Art. L. 522-25 A chaque récépissé de marchandise est annexé, sous la dénomination de warrant, un bulletin de gage contenant les mêmes mentions que le récépissé.

Les récépissés de marchandises et les warrants y annexés sont extraits d'un registre à souches. – *[Ord. nº 45-1744 du 6 août 1945, art. 21.]*

Art. L. 522-26 Les récépissés et les warrants peuvent être transférés par voie d'endossement, ensemble ou séparément. – *[Ord. nº 45-1744 du 6 août 1945, art. 22.]*

Art. L. 522-27 Tout cessionnaire du récépissé ou du warrant peut exiger la transcription sur les registres à souches dont ils sont extraits de l'endossement fait à son profit, avec indication de son domicile. – *[Ord. nº 45-1744 du 6 août 1945, art. 23.]*

Art. L. 522-28 L'endossement du warrant séparé du récépissé vaut nantissement de la marchandise au profit du cessionnaire du warrant.

L'endossement du récépissé transmet au cessionnaire le droit de disposer de la marchandise, à charge pour lui, lorsque le warrant n'est pas transféré avec le récépissé, de payer la créance garantie par le warrant ou d'en laisser payer le montant sur le prix de la vente de la marchandise. – *[Ord. nº 45-1744 du 6 août 1945, art. 24.]*

Marchandises warrantées. Viole l'art. 24 de l'Ord. du 6 août 1945 [C. com., art. L. 522-28] l'arrêt qui déboute une banque de sa demande tendant à voir juger que les marchandises de son client, objets de warrants, lui seraient attribuées à concurrence du montant de sa créance au motif que la sûreté constituée par les warrants avait disparu par suite de la transformation de la créance garantie en articles de crédit du compte courant, et prononce la mainlevée du gage sur les marchandises warrantées alors que l'écriture passée au crédit du compte courant n'avait pas constaté la créance de la banque et que celle-ci avait conservé contre son client le droit de gage sur les marchandises déposées qui lui avait été conféré par les warrants dont elle était porteur. • Com. 12 janv. 1988, ☎ n° 86-14.886 P.

Art. L. 522-29 L'endossement du récépissé et du warrant, transférés ensemble ou séparément, doit être daté.

L'endossement du warrant séparé du récépissé doit, en outre, énoncer le montant intégral, en capital et intérêts, de la créance garantie, la date de son échéance et les nom, profession et domicile du créancier.

Le premier cessionnaire du warrant doit immédiatement faire transcrire l'endossement sur les registres du magasin, avec les énonciations dont il est accompagné. Il est fait mention de cette transcription sur le warrant. – *[Ord. n° 45-1744 du 6 août 1945, art. 25.]*

Art. L. 522-30 Le porteur du récépissé séparé du warrant peut, même avant l'échéance, payer la créance garantie par le warrant.

Si le porteur du warrant n'est pas connu ou si, étant connu, il n'est pas d'accord avec le débiteur sur les conditions auxquelles aurait lieu l'anticipation de paiement, la somme due, y compris les intérêts jusqu'à l'échéance, est consignée à l'administration du magasin général qui en demeure responsable. Cette consignation libère la marchandise. – *[Ord. n° 45-1744 du 6 août 1945, art. 26.]* – *V. art. R. 522-24.*

Art. L. 522-31 A défaut de paiement à l'échéance, le porteur du warrant séparé du récépissé, peut, huit jours après le protêt, et sans aucune formalité de justice, faire procéder par officiers publics à la vente publique aux enchères et en gros de la marchandise engagée, conformément aux dispositions du livre III relatives aux ventes publiques de marchandises en gros.

Dans le cas où le souscripteur primitif du warrant l'a remboursé, il peut faire procéder à la vente de la marchandise, comme il est dit à l'alinéa précédent, contre le porteur du récépissé, huit jours après l'échéance et sans qu'il soit besoin d'aucune mise en demeure. – *[Ord. n° 45-1744 du 6 août 1945, art. 27.]*

Art. L. 522-32 I. – Le créancier est payé de sa créance sur le prix, directement et sans formalité de justice, par privilège et préférence à tous créanciers, sans autre déduction que celles :

1° Des contributions indirectes, et droits de douane dus par la marchandise ;

2° Des frais de vente, de magasinage et autres frais pour la conservation de la chose.

II. – Si le porteur du récépissé ne se présente pas lors de la vente de la marchandise, la somme excédant celle qui est due au porteur du warrant est consignée à l'administration du magasin général, comme il est dit à l'article L. 522-30. – *[Ord. n° 45-1744 du 6 août 1945, art. 28.]* – *V. art. R. 522-22 s.*

Art. L. 522-33 Le porteur du warrant n'a de recours contre l'emprunteur et les endosseurs qu'après avoir exercé ses droits sur la marchandise et en cas d'insuffisance.

Le délai fixé par l'article L. 511-42 pour l'exercice du recours contre les endosseurs, ne court que du jour où la vente de la marchandise est réalisée.

Le porteur du warrant perd, en tout cas, son recours contre les endosseurs s'il n'a pas fait procéder à la vente dans le mois qui suit la date du protêt. – *[Ord. n° 45-1744 du 6 août 1945, art. 29.]*

Art. L. 522-34 Le porteur du récépissé et du warrant a, sur les indemnités d'assurance dues en cas de sinistre, les mêmes droits et privilèges que sur la marchandise assurée. – *[Ord. n° 45-1744 du 6 août 1945, art. 30.]*

Art. L. 522-35 Les établissements publics *(Ord. n° 2013-544 du 27 juin 2013, art. 7, en vigueur le 1er janv. 2014)* « agréés pour réaliser des opérations de crédit » peuvent recevoir les warrants comme effets de commerce, avec dispense d'une des signatures exigées par leurs statuts. – *[Ord. n° 45-1744 du 6 août 1945, art. 31.]*

Les modifications apportées par l'Ord. n° 2013-544 du 27 juin 2013 à l'art. L. 522-35 sont applicables en Nouvelle-Calédonie et dans les îles Wallis-et-Futuna (Ord. préc., art. 31).

Art. L. 522-36 Celui qui a perdu un récépissé ou un warrant peut demander et obtenir par ordonnance du juge, en justifiant de sa propriété et en donnant caution, un duplicata s'il s'agit du récépissé, le paiement de la créance garantie s'il s'agit du warrant.

Si dans ce cas le souscripteur du warrant ne s'est pas libéré à l'échéance, le tiers porteur dont l'endos aura été transcrit sur les registres du magasin général pourra être autorisé par ordonnance du juge, à charge de fournir caution, à faire procéder à la vente de la marchandise engagée dans les conditions déterminées à l'article L. 522-31.

Le protêt prévu audit article donne copie des mentions telles qu'elles figurent sur le registre du magasin général. – *[Ord. nº 45-1744 du 6 août 1945, art. 32.]*

Art. L. 522-37 En cas de perte du récépissé, la caution prévue à l'article précédent est libérée à l'expiration d'un délai de cinq ans, lorsque les marchandises en faisant l'objet n'ont pas été revendiquées par un tiers au magasin général.

En cas de perte du warrant, la caution est libérée à l'expiration d'un délai de trois ans, à compter de la transcription de l'endos. – *[Ord. nº 45-1744 du 6 août 1945, art. 33.]*

SOUS-SECTION 2 DES REÇUS D'ENTREPOSAGE

(L. nº 2019-486 du 22 mai 2019, art. 80)

BIBL. GÉN. ▶ DE RAVEL D'ESCLAPON, *AJ contrat 2019. 269* (premières vues sur les reçus d'entreposage). – BARBAN, *Banque et Dr. 5-6/2019. 31* (création d'un instrument de crédit sur matières premières sous-jacentes de contrats financiers). – REYGROBELLET, *RTDF 2019, nº 3, p. 39* (les reçus d'entreposage : titres de propriété et non titres financiers). – DELPECH, *AJ contrat 2020. 4* (précisions réglementaires sur les reçus d'entreposage).

Art. L. 522-37-1 Un reçu d'entreposage ne peut être délivré qu'en représentation de matières premières inscrites sur une liste établie par arrêté du ministre chargé de l'économie et qui peuvent faire l'objet d'un contrat négocié sur une plateforme de négociation d'instruments financiers. – *V. Arr. du 20 avr. 2020*.

Ce reçu d'entreposage ne peut être admis aux négociations sur un système multilatéral défini aux articles L. 421-1, L. 424-1 ou L. 425-1 du code monétaire et financier.

Il atteste de la propriété par son titulaire des marchandises déposées au magasin général qui l'a délivré.

Sa délivrance résulte de son inscription sur un registre tenu par le gestionnaire de la plateforme mentionnée au présent article.

Aucun reçu d'entreposage ne peut être délivré pour des marchandises pour lesquelles des sûretés ont été préalablement consenties.

Le gestionnaire de la plateforme est responsable de l'exactitude des informations mentionnées au registre ainsi que de l'intégrité de ce registre. – *V. art. R. 522-24-1 s.*

Art. L. 522-37-2 Le reçu d'entreposage prend la forme d'une inscription dans un registre tenu par le gestionnaire de la plateforme mentionnée au premier alinéa de l'article L. 522-37-1 et sous sa responsabilité. Cette inscription précise les nom, profession et domicile du titulaire du reçu ainsi que la nature des marchandises déposées et les indications propres à en établir l'identité et à en déterminer la valeur de remplacement.

Le transfert de propriété des marchandises représentées par un reçu d'entreposage résulte de l'inscription au registre du nom de l'acquéreur en qualité de titulaire de ce reçu.

Lorsque les marchandises représentées par un reçu d'entreposage sont remises à leur propriétaire, le reçu est radié du registre.

Afin de lui permettre de réaliser les contrôles nécessaires dans le cadre de son activité d'aval accordé aux effets créés par les collecteurs de céréales en application de l'article L. 666-2 du code rural et de la pêche maritime, l'établissement mentionné à l'article L. 621-1 du même code est habilité à recevoir communication des données à caractère personnel collectées par le gestionnaire de la plateforme mentionné*[e]* au premier alinéa de l'article L. 522-37-1 du présent code.

Art. L. 522-37-3 Les marchandises fongibles représentées par un reçu d'entreposage peuvent être remplacées par des marchandises de même nature, de même espèce et de même qualité.

Il peut être délivré un reçu d'entreposage représentant un lot de marchandises fongibles à prendre dans un lot plus important.

L'exploitant de magasin général ne peut utiliser ou disposer pour son propre compte des marchandises représentées par un reçu d'entreposage, sauf avec l'accord préalable de leur propriétaire.

Les mêmes marchandises ne peuvent faire l'objet de la délivrance d'un récépissé-warrant et d'un reçu d'entreposage.

Art. L. 522-37-4 Le gage des marchandises représentées par un reçu d'entreposage constitué par le titulaire de ce titre se constate à l'égard des tiers comme à l'égard des parties contractantes par son inscription au registre mentionné au premier alinéa de l'article L. 522-37-2 dans les conditions fixées par décret en Conseil d'État.

Il ne peut être consenti aucune sûreté autre que le gage constitué en application du premier alinéa du présent article sur des marchandises représentées par un reçu d'entreposage, à peine d'inopposabilité de sa constitution. La réalisation et l'attribution judiciaire du gage de marchandises représentées par un reçu d'entreposage sont régies par *(Ord. nº 2021-1192 du 15 sept. 2021, art. 28, en vigueur le 1er janv. 2022)* « les articles 2346 à 2348 du code civil *[ancienne rédaction : l'article L. 521-3]* ».

Les informations relatives au gage sont consultables gratuitement sur un site d'information accessible en ligne.

Un décret en Conseil d'État définit les conditions d'inscription du gage et les modalités de fonctionnement du registre. — *V. art. R. 522-24-1 s.*

SECTION V DES SANCTIONS

Art. L. 522-38 Il est interdit d'ouvrir et d'exploiter sans l'autorisation prescrite à l'article L. 522-1 un établissement recevant en dépôt des marchandises pour lesquelles sont délivrés aux déposants, sous le nom de warrants, ou tout autre nom, des bulletins de gages négociables *(L. nº 2019-486 du 22 mai 2019, art. 80)* « ou des reçus d'entreposage ».

Toute infraction à cette prohibition est punie d'une amende de 6 000 € et d'un emprisonnement d'un an.

Le tribunal peut ordonner que le jugement de condamnation sera publié intégralement ou par extraits dans les journaux qu'il désigne et affiché dans les lieux qu'il indique, notamment aux portes du domicile et des magasins du condamné, le tout aux frais du condamné, sans toutefois que les frais de cette publication puissent dépasser le maximum de l'amende encourue. — *[Ord. nº 45-1744 du 6 août 1945, art. 34.]*

Art. L. 522-39 En cas d'infraction commise par l'exploitant d'un magasin général aux dispositions du présent chapitre ou des décrets en Conseil d'État pris pour l'application desdites dispositions, le préfet peut, l'exploitant entendu *(Abrogé par L. nº 2011-525 du 17 mai 2011, art. 48) « et après consultation des organismes professionnels et interprofessionnels visés à l'article L. 522-2 »*, prononcer par arrêté, à titre temporaire ou définitif, le retrait de l'agrément.

Dans ce cas, le *(Ord. nº 2019-738 du 17 juill. 2019, art. 3)* « président du tribunal, statuant sur requête ou en référé *[ancienne rédaction : président du tribunal statuant comme en matière de référé]* », désigne, à la demande du ministère public, un administrateur provisoire et détermine les pouvoirs dont il dispose pour l'exploitation de l'établissement.

En cas de retrait d'agrément à titre définitif et lorsque l'intérêt du commerce local exige le maintien du magasin général, les pouvoirs de l'administrateur provisoire peuvent comporter la mise aux enchères publiques du fonds de commerce et du matériel nécessaire à son exploitation. — *V. art. R. 522-25.*

Le retrait d'agrément à titre définitif peut également être prononcé *(Abrogé par L. nº 2011-525 du 17 mai 2011, art. 48)* « *, après consultation des organismes professionnels et interprofessionnels,* » à l'encontre des établissements qui auraient cessé de fonctionner comme magasins généraux ou comme entrepôts pendant au moins deux ans. — *[Ord. nº 45-1744 du 6 août 1945, art. 35.]*

Les dispositions issues de l'Ord. n° 2019-738 du 17 juill. 2019 s'appliquent aux demandes introduites à compter du 1er janv. 2020 (Ord. préc., art. 30).

Art. L. 522-40 **Un décret en Conseil d'État fixe les conditions d'application du présent chapitre.** — *[Ord. n° 45-1744 du 6 août 1945, art. 44.] — V. art. R. 522-1 s.*

CHAPITRE III *[ABROGÉ]* DU WARRANT HÔTELIER

(Abrogé par Ord. n° 2021-1192 du 15 sept. 2021, art. 28, à compter du 1er janv. 2022)

RÉP. COM. v° *Warrant hôtelier*, par M. CABRILLAC.

Art. L. 523-1 *(Abrogé par Ord. n° 2021-1192 du 15 sept. 2021, art. 28, à compter du 1er janv. 2022)* ***Tout exploitant d'hôtel peut emprunter sur le mobilier commercial, le matériel et l'outillage servant à son exploitation, même devenus immeubles par destination, tout en conservant la garde dans les locaux de l'hôtel.***

Les objets servant de garantie à la créance restent, jusqu'au remboursement des sommes empruntées, le gage du prêteur et de ses ayants droit.

L'emprunteur est responsable desdits objets qui demeurent confiés à ses soins, sans aucune indemnité opposable au prêteur et à ses ayants droit. — *[L. 8 août 1913, art. 1er.]*

Art. L. 523-2 *(Abrogé par Ord. n° 2021-1192 du 15 sept. 2021, art. 28, à compter du 1er janv. 2022)* ***L'exploitant d'hôtel, lorsqu'il n'est pas propriétaire ou usufruitier de l'immeuble dans lequel il exerce son industrie, doit, avant tout emprunt, aviser par acte extrajudiciaire le propriétaire ou l'usufruitier du fonds loué ou leur mandataire légal, de la nature, de la quantité et de la valeur des objets constitués en gage, ainsi que du montant des sommes à emprunter. Ce même avis doit être réitéré par lettre, par l'intermédiaire du greffier du*** *(Ord. n° 2019-964 du 18 sept. 2019, art. 35, en vigueur le 1er janv. 2020)* ***« tribunal judiciaire*** *[ancienne rédaction : tribunal d'instance]* ***» compétent au lieu d'exploitation de l'hôtel meublé. La lettre d'avis est remise au greffier qui doit la viser, l'enregistrer et l'envoyer sous forme de pli d'affaire recommandé avec accusé de réception.***

Le propriétaire, l'usufruitier ou leur mandataire légal, dans un délai de quinze jours francs à partir de la notification de l'acte précité, peuvent s'opposer à l'emprunt par acte extrajudiciaire adressé au greffier, lorsque l'emprunteur n'a pas payé les loyers échus, six mois de loyers en cours et six mois à échoir.

L'emprunteur peut obtenir mainlevée de l'opposition moyennant l'acquittement des loyers précités.

Le défaut de réponse de la part du propriétaire, de l'usufruitier, ou de leur mandataire légal, dans le délai ci-dessus fixé, est considéré comme une non-opposition à l'emprunt.

Le privilège du bailleur est réduit, jusqu'à concurrence de la somme prêtée, sur les objets servant de gage à l'emprunt. Il subsiste dans les termes de droit si l'emprunt est réalisé malgré l'opposition du bailleur.

Le bailleur peut toujours renoncer, soit à son opposition, soit au paiement des loyers ci-dessus indiqués, en apposant sa signature sur le registre prévu à l'article L. 523-3.

En cas de conflit entre le privilège du porteur du warrant hôtelier et des créanciers hypothécaires, leur rang est déterminé par les dates respectives de la transcription du premier endossement du warrant et des inscriptions d'hypothèques. — *[L. 8 août 1913, art. 2.]*

Art. L. 523-3 *(Abrogé par Ord. n° 2021-1192 du 15 sept. 2021, art. 28, à compter du 1er janv. 2022)* ***Il est tenu, dans chaque greffe de tribunal de commerce, un registre à souche, coté et paraphé, dont le volant et la souche portent chacun, d'après les déclarations de l'emprunteur, des mentions dont la liste est fixée par décret.*** — *V. art. R. 523-1.*

Le volant contenant ces mentions constitue le warrant hôtelier. — *[L. 8 août 1913, art. 3, al. 1er, 2 (partie) et al. 3.]*

Art. L. 523-4 *(Abrogé par Ord. n° 2021-1192 du 15 sept. 2021, art. 28, à compter du 1er janv. 2022)* ***Le warrant hôtelier est délivré par le greffier du tribunal de commerce dans le ressort duquel est exploité l'hôtel. L'emprunteur qui le reçoit donne décharge de la remise du titre, en apposant sa signature avec la date sur le registre. Il ne peut être délivré qu'un seul warrant pour les mêmes objets. Le warrant est transféré par l'emprunteur au prêteur par voie d'endossement daté et signé.***

Le prêteur doit, dans un délai de cinq jours, faire transcrire sur le registre le premier endossement. Mention de cette transcription est également énoncée sur le warrant. — *[L. 8 août 1913, art. 4.]*

Art. L. 523-5 (*Abrogé par Ord. n° 2021-1192 du 15 sept. 2021, art. 28, à compter du 1er janv. 2022*) *Le warrant est transmissible par voie d'endossement établi suivant les prescriptions de l'article L. 523-4, mais non soumis à la formalité de la transcription comme le premier endossement.*

Tous ceux qui ont signé ou endossé un warrant sont tenus à la garantie solidaire envers le porteur.

L'escompteur et les réescompteurs d'un warrant sont tenus d'aviser, dans les huit jours, le greffier du tribunal de commerce, par pli recommandé, avec accusé de réception, ou verbalement contre récépissé de l'avis.

L'emprunteur peut, par une mention spéciale inscrite sur le warrant, dispenser l'escompteur et les réescompteurs de donner cet avis. En ce cas, il n'y a pas lieu à application des dispositions des deux derniers alinéas de l'article L. 523-8. – [L. 8 août 1913, art. 5.]

Art. L. 523-6 (*Abrogé par Ord. n° 2021-1192 du 15 sept. 2021, art. 28, à compter du 1er janv. 2022*) *Le greffier est tenu de délivrer à tout prêteur qui le requiert, soit un état des warrants, soit un certificat établissant qu'il n'existe pas d'inscription. Il est tenu de faire la même délivrance à tout hôtelier ressortissant de son greffe qui le requiert, mais seulement en ce qui concerne le fonds exploité par lui.*

Cet état ne remonte pas à une période antérieure de cinq années. – [L. 8 août 1913, art. 6.]

Art. L. 523-7 (*Abrogé par Ord. n° 2021-1192 du 15 sept. 2021, art. 28, à compter du 1er janv. 2022*) *La radiation de l'inscription est opérée sur la justification, soit du remboursement de la créance garantie par le warrant, soit d'une mainlevée régulière.*

L'emprunteur qui a remboursé son warrant fait constater le remboursement au greffe du tribunal de commerce et mention du remboursement ou de la mainlevée est faite sur le registre tenu par le greffier qui lui délivre un certificat de radiation de l'inscription.

L'inscription est radiée d'office après cinq ans, si elle n'a pas été renouvelée avant l'expiration de ce délai. Si elle est inscrite à nouveau après la radiation d'office, elle ne vaut, à l'égard des tiers, que du jour de la date. – [L. 8 août 1913, art. 7.]

Art. L. 523-8 (*Abrogé par Ord. n° 2021-1192 du 15 sept. 2021, art. 28, à compter du 1er janv. 2022*) *L'emprunteur conserve le droit de vendre les objets warrantés à l'amiable et avant le paiement de la créance, même sans le concours du prêteur, mais leur tradition à l'acquéreur ne peut être opérée qu'après désintéressement du créancier.*

L'emprunteur, même avant l'échéance, peut rembourser la créance garantie par le warrant ; si le porteur du warrant refuse les offres du débiteur, celui-ci peut, pour se libérer, consigner la somme offerte, en observant les formalités prescrites par les articles 1426 à 1429 du (L. n° 2007-1787 du 20 déc. 2007, art. 26-IV) *« code de procédure civile ». Les offres sont faites au dernier ayant droit connu par les avis donnés au greffier, en conformité de l'article L. 523-5. Sur le vu d'une quittance de consignation régulière et suffisante, le président du tribunal de commerce dans le ressort duquel le warrant est inscrit rend une ordonnance aux termes de laquelle le gage est transporté sur la somme consignée.*

En cas de remboursement anticipé d'un warrant, l'emprunteur bénéficie des intérêts qui restaient à courir jusqu'à l'échéance du warrant, déduction faite d'un délai de dix jours. – [L. 8 août 1913, art. 8.]

Art. L. 523-9 (*Abrogé par Ord. n° 2021-1192 du 15 sept. 2021, art. 28, à compter du 1er janv. 2022*) *Les établissements publics* (Ord. n° 2013-544 du 27 juin 2013, art. 7, en vigueur le 1er janv. 2014) *« agréés pour réaliser des opérations de crédit » peuvent recevoir les warrants hôteliers comme effets de commerce, avec dispense d'une des signatures exigées par leurs statuts.* – [L. 8 août 1913, art. 9.]

Les modifications apportées par l'Ord. n° 2013-544 du 27 juin 2013 à l'art. L. 523-9 sont applicables en Nouvelle-Calédonie et dans les îles Wallis-et-Futuna (Ord. préc., art. 31).

Art. L. 523-10 (*Abrogé par Ord. n° 2021-1192 du 15 sept. 2021, art. 28, à compter du 1er janv. 2022*) *Les porteurs de warrants ont, sur les indemnités d'assurances, en cas de sinistre, les mêmes droits et privilèges que sur les objets assurés.* – [L. 8 août 1913, art. 10.]

Art. L. 523-11 (*Abrogé par Ord. n° 2021-1192 du 15 sept. 2021, art. 28, à compter du 1er janv. 2022*) *Le porteur de warrant doit réclamer à l'emprunteur paiement de sa créance* *échue, et, à défaut de ce paiement, réitérer sa réclamation au débiteur par lettre recommandée avec demande d'avis de réception.*

Faute du paiement du warrant à l'échéance le porteur a pour la réalisation du gage, les droits que confèrent aux créanciers privilégiés ou garantis par un nantissement les dispositions des articles L. 143-5 à L. 143-15.

Toutefois, le bailleur peut toujours exercer son privilège jusqu'à concurrence de six mois de loyers échus, six mois de loyers en cours et six mois de loyers à échoir.

Si le porteur fait procéder à la vente, il ne peut plus exercer son recours contre les endosseurs et même contre l'emprunteur qu'après avoir fait valoir ses droits sur le prix des objets warrantés. En cas d'insuffisance du prix pour le désintéresser, un délai de trois mois lui est imparti, à dater du jour où la vente est réalisée, pour exercer son recours contre les endosseurs. — [L. 8 août 1913, art. 11.]

Art. L. 523-12 (Abrogé par Ord. nº 2021-1192 du 15 sept. 2021, art. 28, à compter du 1er janv. 2022) ***Le porteur du warrant est payé directement de sa créance sur le prix de vente, par privilège et de préférence à tous créanciers, et sans autre déduction que celle des contributions directes et des frais de vente et sans autre formalité qu'une ordonnance du président du tribunal de commerce.*** — [L. 8 août 1913, art. 12.]

Art. L. 523-13 (Abrogé par Ord. nº 2021-1192 du 15 sept. 2021, art. 28, à compter du 1er janv. 2022) ***La fausse déclaration ou le fait pour tout emprunteur de constituer un warrant sur des objets dont il n'est pas propriétaire ou déjà donnés en gage ou en nantissement ainsi que le fait pour tout emprunteur de détourner, dissiper ou volontairement détériorer, au préjudice de son créancier le gage de celui-ci, sont punis, selon les cas, des peines prévues pour l'escroquerie ou l'abus de confiance, aux articles 313-1, 313-7, 313-8 ou 314-1 et 314-10 du code pénal.*** — [L. 8 août 1913, art. 13.]

Art. L. 523-14 (Abrogé par Ord. nº 2021-1192 du 15 sept. 2021, art. 28, à compter du 1er janv. 2022) ***Le montant des droits à percevoir par le greffier est fixé par décret en Conseil d'État.*** — V. art. R. 743-140 s.

Les avis prescrits par les dispositions du présent chapitre sont envoyés en la forme et avec la taxe des papiers d'affaires recommandés. — [L. 8 août 1913, art. 14.]

Art. L. 523-15 (Abrogé par Ord. nº 2021-1192 du 15 sept. 2021, art. 28, à compter du 1er janv. 2022) ***Sont considérées comme nulles et non avenues toutes conventions contraires aux dispositions du présent chapitre, et notamment toutes stipulations qui ont pour effet de porter atteinte au droit des locataires d'instituer le warrant hôtelier.*** — [L. 8 août 1913, art. 16, al. 2.]

CHAPITRE IV *[ABROGÉ]* DU WARRANT PÉTROLIER

(Abrogé par Ord. nº 2021-1192 du 15 sept. 2021, art. 28, à compter du 1er janv. 2022)

RÉP. COM. vº *Warrant pétrolier*, par CABRILLAC.

Art. L. 524-1 (Abrogé par Ord. nº 2021-1192 du 15 sept. 2021, art. 28, à compter du 1er janv. 2022) ***Les opérateurs, détenteurs de stocks de pétrole brut ou de produits pétroliers peuvent warranter des stocks en garantie de leurs emprunts, tout en en conservant la garde dans leurs usines ou dépôts.***

Les produits warrantés restent, jusqu'au remboursement des sommes avancées, le gage du porteur du warrant.

Le warrant est établi sur une certaine quantité de marchandises d'une qualité spécifiée, sans qu'il soit nécessaire de séparer matériellement les produits warrantés des autres produits similaires détenus par l'emprunteur.

L'emprunteur est responsable de la marchandise qui reste confiée à ses soins et à sa garde, et cela sans aucune indemnité opposable au bénéfice du warrant. — [L. 21 avr. 1932, art. 1er.]

Étendue des droits du créancier. La banque ne peut prétendre qu'au prix de vente des produits stockés désignés en quantité dans les warrants et non à une somme égale à celle de l'évaluation figurant dans les warrants en application de l'art. L. 524-2. • Com. 11 janv. 2005, nº 01-15.215 : *Banque et Dr. 5-6/2005. 91, obs. Affaki et Stoufflet.*

Art. L. 524-2 (Abrogé par Ord. nº 2021-1192 du 15 sept. 2021, art. 28, à compter du 1er janv. 2022) ***Pour établir la pièce qui est dénommée "warrant pétrolier", le greffier du tri-***

bunal de commerce de la situation des produits à warranter inscrit, d'après les déclarations de l'emprunteur, la nature, la qualité, la quantité, la valeur, le lieu de situation des produits qui doivent servir de gage pour l'emprunt, le montant des sommes empruntées, ainsi que les clauses et conditions particulières relatives au warrant pétrolier, arrêtées entre les parties. — *V. art. R. 524-1.*

Le warrant est signé par l'emprunteur.

Il n'est valable que pour trois ans au plus, mais peut être renouvelé. — *[L. 21 avr. 1932, art. 2, al. 1er, 3 et 4.]*

Art. L. 524-3 *(Abrogé par Ord. n° 2021-1192 du 15 sept. 2021, art. 28, à compter du 1er janv. 2022)* ***Le warrant indique si le produit warranté est assuré ou non et, en cas d'assurance, le nom et l'adresse de l'assureur.***

Faculté est donnée aux prêteurs de continuer ladite assurance jusqu'à la réalisation du warrant.

Les porteurs de warrants ont, sur les indemnités d'assurances dues en cas de sinistre, les mêmes droits et privilèges que sur les produits assurés. — *[L. 21 avr. 1932, art. 3.]*

Art. L. 524-4 *(Abrogé par Ord. n° 2021-1192 du 15 sept. 2021, art. 28, à compter du 1er janv. 2022)* ***Le greffier du tribunal de commerce délivre, à tout requérant, un état des warrants inscrits depuis moins de cinq ans au nom de l'emprunteur ou un certificat établissant qu'il n'existe pas d'inscription.*** — *[L. 21 avr. 1932, art. 4.]*

Art. L. 524-5 *(Abrogé par Ord. n° 2021-1192 du 15 sept. 2021, art. 28, à compter du 1er janv. 2022)* ***La radiation de l'inscription est opérée sur la justification, soit du remboursement de la créance garantie par le warrant, soit d'une mainlevée régulière.***

L'emprunteur qui a remboursé son warrant fait constater le remboursement par le greffe du tribunal de commerce. Mention du remboursement ou de la mainlevée est faite sur le registre prévu à l'article L. 524-2. Un certificat de radiation de l'inscription lui est délivré.

L'inscription est radiée d'office après cinq ans, si elle n'a pas été renouvelée avant l'expiration du délai. Si elle est inscrite à nouveau après la radiation d'office, elle ne vaut, à l'égard des tiers, que du jour de la nouvelle date. — *[L. 21 avr. 1932, art. 5.]*

Art. L. 524-6 *(Abrogé par Ord. n° 2021-1192 du 15 sept. 2021, art. 28, à compter du 1er janv. 2022)* ***L'emprunteur conserve le droit de vendre les produits warrantés à l'amiable et avant le paiement de la créance, même sans le concours du prêteur. Toutefois, la tradition, à l'acquéreur, ne peut être opérée que lorsque le créancier a été désintéressé.***

L'emprunteur peut, même avant l'échéance, rembourser la créance garantie par le warrant pétrolier. Si le porteur du warrant refuse les offres du débiteur, celui-ci peut, pour se libérer, consigner la somme offerte dans les conditions prévues aux articles 1426 à 1429 du *(L. n° 2007-1787 du 20 déc. 2007, art. 26-IV)* ***« code de procédure civile ». Les offres sont faites au dernier ayant droit connu par les avis donnés au greffe du tribunal de commerce, en conformité de l'article L. 524-8. Au vu d'une quittance de consignation régulière et suffisante, le président du tribunal de commerce compétent à raison du lieu d'inscription du warrant rend une ordonnance aux termes de laquelle le gage est transporté sur la somme consignée.***

En cas de remboursement anticipé d'un warrant pétrolier, l'emprunteur bénéficie des intérêts qui restaient à courir jusqu'à l'échéance du warrant, déduction faite d'un délai de dix jours. — *[L. 21 avr. 1932, art. 6.]*

Art. L. 524-7 *(Abrogé par Ord. n° 2021-1192 du 15 sept. 2021, art. 28, à compter du 1er janv. 2022)* ***Les établissements publics*** *(Ord. n° 2013-544 du 27 juin 2013, art. 7, en vigueur le 1er janv. 2014)* ***« agréés pour réaliser des opérations de crédit » peuvent recevoir les warrants comme effets de commerce, avec dispense d'une des signatures exigées par leurs statuts.*** — *[L. 21 avr. 1932, art. 7.]*

Les modifications apportées par l'Ord. n° 2013-544 du 27 juin 2013 à l'art. L. 524-7 sont applicables en Nouvelle-Calédonie et dans les îles Wallis-et-Futuna (Ord. préc., art. 31).

Art. L. 524-8 *(Abrogé par Ord. n° 2021-1192 du 15 sept. 2021, art. 28, à compter du 1er janv. 2022)* ***Le warrant pétrolier est transmissible par voie d'endossement. L'endossement est daté et signé, il énonce les noms, professions, domiciles des parties.***

Tous ceux qui ont signé ou endossé un warrant sont tenus à la garantie solidaire envers le porteur.

L'escompteur ou le réescompteur d'un warrant sont tenus d'aviser, dans les huit jours, le greffe du tribunal de commerce, par pli recommandé, avec accusé de réception, ou verbalement contre récépissé de l'avis.

L'emprunteur peut, par une mention spéciale inscrite au warrant, dispenser l'escompteur ou les réescompteurs de donner cet avis, mais, dans ce cas, il n'y a pas lieu à application des dispositions du dernier alinéa de l'article L. 524-6. – [L. 21 avr. 1932, art. 8.]

Art. L. 524-9 (Abrogé par Ord. nº 2021-1192 du 15 sept. 2021, art. 28, à compter du 1er janv. 2022) *Le porteur du warrant pétrolier doit réclamer à l'emprunteur paiement de sa créance échue, et, à défaut de ce paiement, constater et réitérer sa réclamation au débiteur par lettre recommandée avec demande d'avis de réception.*

S'il n'est pas payé dans les cinq jours de l'envoi de cette lettre, le porteur du warrant pétrolier est tenu, à peine de perdre ses droits contre les endosseurs, de dénoncer le défaut de paiement, quinze jours francs au plus tard après l'échéance, par avertissement, pour chacun des endosseurs, remis au greffe du tribunal de commerce, qui lui en donne récépissé. Le greffe du tribunal de commerce fait connaître cet avertissement, dans la huitaine qui suit, aux endosseurs, par lettre recommandée avec demande d'avis de réception. – [L. 21 avr. 1932, art. 9, al. 1er et 2.]

Art. L. 524-10 (Abrogé par Ord. nº 2021-1192 du 15 sept. 2021, art. 28, à compter du 1er janv. 2022) *En cas de refus de paiement, le porteur du warrant pétrolier peut, quinze jours après la lettre recommandée adressée à l'emprunteur, comme il est dit ci-dessus, faire procéder par un officier public ou ministériel* (L. nº 2011-850 du 20 juill. 2011, art. 37-XII, en vigueur le 1er sept. 2011) *« ou un courtier de marchandises assermenté » à la vente publique de la marchandise engagée. Il y est procédé en vertu d'une ordonnance rendue sur requête par le président du tribunal de commerce de la situation des marchandises warrantées, fixant les jour, lieu et heure de la vente. Elle est annoncée huit jours au moins à l'avance par affiches apposées dans les lieux indiqués par le président du tribunal de commerce. Le président du tribunal de commerce peut, dans tous les cas, en autoriser l'annonce par la voie des journaux. La publicité donnée est constatée par une mention insérée au procès-verbal de vente.* – [L. 21 avr. 1932, art. 9, al. 3.]

Art. L. 524-11 (Abrogé par Ord. nº 2021-1192 du 15 sept. 2021, art. 28, à compter du 1er janv. 2022) *L'officier public* (L. nº 2011-850 du 20 juill. 2011, art. 37-XII, en vigueur le 1er sept. 2011) *« ou le courtier de marchandises assermenté » chargé de procéder prévient, par lettre recommandée, le débiteur et les endosseurs, huit jours à l'avance, des lieu, jour et heure de la vente.*

L'emprunteur peut toutefois, par une mention spéciale inscrite au warrant pétrolier, accepter qu'il n'y ait pas obligatoirement vente publique, et que la vente puisse être faite à l'amiable. En pareil cas, la vente est toujours faite en vertu d'une ordonnance du président du tribunal de commerce de la situation des marchandises warrantées rendue sur requête. – [L. 21 avr. 1932, art. 9, al. 4 et 6.]

Art. L. 524-12 (Abrogé par Ord. nº 2021-1192 du 15 sept. 2021, art. 28, à compter du 1er janv. 2022) *Les dispositions de l'article* (Ord. nº 2011-1895 du 19 déc. 2011, art. 2, en vigueur le 1er juin 2012) *« **L. 221-4 du code des procédures civiles d'exécution*** [ancienne rédaction : 53 de la loi nº 91-650 du 9 juillet 1991 portant réforme des procédures civiles d'exécution] *» sont applicables aux ventes prévues par les dispositions du présent chapitre.* – [L. 21 avr. 1932, art. 9, al. 5.] – V. **C. pr. exéc.**

Art. L. 524-13 (Abrogé par Ord. nº 2021-1192 du 15 sept. 2021, art. 28, à compter du 1er janv. 2022) *Le porteur du warrant est payé directement de ses créances sur le prix de vente, par privilège et de préférence à tous créanciers, sous déduction des frais de vente, et sans autres formalités qu'une ordonnance du président du tribunal de commerce.* – [L. 21 avr. 1932, art. 10.]

Art. L. 524-14 (Abrogé par Ord. nº 2021-1192 du 15 sept. 2021, art. 28, à compter du 1er janv. 2022) *Si le porteur du warrant pétrolier fait procéder à la vente, conformément aux articles L. 524-9 à L. 524-11, il ne peut plus exercer son recours contre les endosseurs et même contre l'emprunteur, qu'après avoir fait valoir ses droits sur le prix des produits warrantés. En cas d'insuffisance du prix pour le désintéresser, un délai d'un mois lui est imparti, à dater du jour où la vente de la marchandise est réalisée, pour exercer son recours contre les endosseurs.* – [L. 21 avr. 1932, art. 11.]

Art. L. 524-15 *(Abrogé par Ord. nº 2021-1192 du 15 sept. 2021, art. 28, à compter du 1er janv. 2022)* ***En cas de non-conformité, constatée entre les existants et les quantités ou qualités warrantés, les prêteurs peuvent mettre immédiatement, par lettre recommandée avec accusé de réception, le titulaire du warrant pétrolier en demeure soit de rétablir la garantie dans les quarante-huit heures suivant la réception de la lettre recommandée, soit de leur rembourser, dans le même délai, tout ou partie des sommes portées sur le warrant pétrolier. S'il ne leur est pas donné satisfaction, les prêteurs ont le droit d'exiger le remboursement total de la créance en la considérant comme échue.***

En pareil cas, l'emprunteur perd le bénéfice des dispositions du dernier alinéa de l'article L. 524-6, concernant le remboursement des intérêts. *— [L. 21 avr. 1932, art. 12.]*

Art. L. 524-16 *(Abrogé par Ord. nº 2021-1192 du 15 sept. 2021, art. 28, à compter du 1er janv. 2022)* ***En cas de baisse de la valeur des stocks warrantés, dépassant ou égalant 10 %, les prêteurs peuvent mettre, par lettre recommandée avec accusé de réception, les emprunteurs en demeure d'avoir, soit à augmenter le gage, soit à rembourser une partie proportionnelle des sommes prêtées. Dans ce dernier cas, les dispositions du dernier alinéa de l'article L. 524-6 sont applicables.***

S'il n'est pas satisfait à cette demande dans un délai de huit jours francs, les prêteurs ont la faculté d'exiger le remboursement total de leur créance en la considérant comme échue. *— [L. 21 avr. 1932, art. 13.]*

Art. L. 524-17 *(Abrogé par Ord. nº 2021-1192 du 15 sept. 2021, art. 28, à compter du 1er janv. 2022)* ***Le fait pour tout emprunteur d'avoir fait une fausse déclaration, ou d'avoir constitué un warrant pétrolier sur produits déjà warrantés, sans avis préalable donné au nouveau prêteur ou le fait pour tout emprunteur ou dépositaire d'avoir détourné, dissipé ou volontairement détérioré au préjudice de son créancier le gage de celui-ci, est puni selon les cas des peines prévues aux articles 313-1, 313-7 et 313-8 ou 314-1 et 314-10 du code pénal.*** *— [L. 21 avr. 1932, art. 14.]*

Art. L. 524-18 *(Abrogé par Ord. nº 2021-1192 du 15 sept. 2021, art. 28, à compter du 1er janv. 2022)* ***Lorsque, pour l'exécution des dispositions du présent chapitre, il y a lieu à référé, ce référé est porté devant le président du tribunal de commerce de la situation des marchandises warrantées.*** *— [L. 21 avr. 1932, art. 15.]*

Art. L. 524-19 *(Abrogé par Ord. nº 2021-1192 du 15 sept. 2021, art. 28, à compter du 1er janv. 2022)* ***Le montant des droits à percevoir par le greffier du tribunal de commerce à l'occasion des warrants pétroliers est celui fixé par le décret qui régit les warrants agricoles. Ce montant peut toutefois être révisé par un décret spécial aux warrants pétroliers.***

Les avis prescrits par les dispositions du présent chapitre sont envoyés en la forme et avec la taxe des papiers d'affaires recommandés. *— [L. 21 avr. 1932, art. 16.]*

Art. L. 524-20 *(Abrogé par Ord. nº 2021-1192 du 15 sept. 2021, art. 28, à compter du 1er janv. 2022)* ***Les dispositions du présent chapitre sont applicables sous réserve du respect des obligations imposées par la loi nº 92-1443 du 31 décembre 1992 portant réforme du régime pétrolier, en particulier en ce qui concerne la constitution et la répartition des stocks et sans préjudice de la mise en jeu éventuelle de la responsabilité des opérateurs en cas d'infraction à ces obligations.*** *— [L. 21 avr. 1932, art. 19.]*

Art. L. 524-21 *(Abrogé par Ord. nº 2021-1192 du 15 sept. 2021, art. 28, à compter du 1er janv. 2022)* ***Le présent chapitre est applicable dans les départements du Haut-Rhin, du Bas-Rhin et de la Moselle, sous réserve des dispositions spéciales de la loi du 1er juin 1924 portant introduction des lois commerciales françaises dans ces trois départements.***

Les greffes compétents pour l'établissement des warrants pétroliers seront ceux prévus à l'article 35 de ladite loi pour l'établissement des warrants hôteliers. *— [L. 21 avr. 1932, art. 20.]*

Sur les warrants agricoles, V. C. rur., art. L. 342-1 à L. 342-17. — **C. rur.**

CHAPITRE V *[ABROGÉ]* DU NANTISSEMENT DE L'OUTILLAGE ET DU MATÉRIEL D'ÉQUIPEMENT

(Abrogé par Ord. nº 2021-1192 du 15 sept. 2021, art. 28, à compter du 1er janv. 2022)

RÉP. COM. vº *Nantissement de l'outillage et du matériel*, par PICOD.

BIBL. GÉN. ▶ Ripert, *D. 1951. Chron. 41 ; Banque 1951. 397.* – Jauffret, *RTD com. 1951. 201.* – Roblot, *Dr. soc. 1951. 289.* – Cornu, *Journ. sociétés 1962. 65.* – Cohen, *JCP 1951. I. 912.* – Dammann et Podeur, *D. 2008. 2300* (le nouveau paysage du droit des sûretés : première étape de la réforme de la fiducie et du gage sans dépossession).

Art. L. 525-1 *(Abrogé par Ord. n° 2021-1192 du 15 sept. 2021, art. 28, à compter du 1er janv. 2022)* ***Le paiement du prix d'acquisition de l'outillage et du matériel d'équipement professionnel peut être garanti, soit vis-à-vis du vendeur, soit vis-à-vis du prêteur qui avance les fonds nécessaires au paiement du vendeur, par un nantissement restreint à l'outillage ou au matériel ainsi acquis.***

Si l'acquéreur a la qualité de commerçant, ce nantissement est soumis, sous réserve des dispositions ci-après, aux règles édictées par les chapitres II et III du titre IV du livre Ier, sans qu'il soit nécessaire d'y comprendre les éléments essentiels du fonds.

Si l'acquéreur n'a pas la qualité de commerçant, le nantissement est soumis aux dispositions de l'article L. 525-16. *— [L. n° 51-59 du 18 janv. 1951, art. 1er.]*

1. Créance garantie. La constitution du nantissement est possible lorsque l'acquéreur fait achat de l'outillage ou du matériel d'équipement professionnel en vue de la revente. • Com. 15 mars 1971, n° 68-11.893 P : *D. 1971. Somm. 207* • 4 nov. 1970 : *ibid. 44.* ♦ Sur la résolution de la vente, V. • Montpellier, 22 mars 1984 : *JCP 1984. II. 20320, note M. Cabrillac ; RTD com. 1985. 815, obs. Hémard et Bouloc.* ♦ Il peut être consenti à celui qui a prêté les fonds nécessaires au paiement du vendeur même s'il remet directement les fonds à l'acheteur. • Paris, 29 avr. 1977 : *RJ com. 1978. 206, note Chartier* • Caen, 9 avr. 1987 : *Gaz. Pal. 1987. 2. Somm. 385.* ♦ Sur l'exclusion du vendeur du fonds de commerce, V. : * Rép. min. : *JOAN Q, 4 févr. 1980, p. 428 ; RTD com. 1980. 76, obs. Derruppé.* ♦ Pour la reprise d'un nantissement de matériel consenti au nom d'une société en formation par un fondateur agissant pour son compte, V. • Com. 29 mai 1980, n° 78-12.910 P. – Comp. : Derruppé, *RTD com. 1990. 26*.

2. Outillage et matériel. Dans l'outillage et le matériel sont compris les tracteurs achetés par l'entrepreneur de travaux publics, lesquels ne peuvent être qualifiés de matériel agricole et constituent des matériels de chantier susceptibles de nantissement. Un simple gage sur ces engins doit être déclaré nul. • T. com. Montpellier, 8 déc. 1960 : *D. 1961. 52.* ♦ Comp. note 1 ss. art. L. 525-18.

3. Fonds de commerce. Les dispositions de la loi de 1951 [C. com., art. L. 525-1 s.] ne sont pas applicables au nantissement sur le fonds de commerce. • Com. 23 nov. 1999, n° 96-15.228 P : *D. 2000. AJ 23, obs. A. L.-M. D.* ; *JCP 2000. II. 10293, note Kéita ; Banque et Dr. 3-4/2000. 45, obs. Jacob.*

Art. L. 525-2 *(Abrogé par Ord. n° 2021-1192 du 15 sept. 2021, art. 28, à compter du 1er janv. 2022)* ***Le nantissement est consenti par un acte authentique ou sous seing privé enregistré au droit fixe.***

Lorsqu'il est consenti au vendeur, il est donné dans l'acte de vente.

Lorsqu'il est consenti au prêteur qui avance les fonds nécessaires au paiement du vendeur, le nantissement est donné dans l'acte de prêt.

Cet acte doit mentionner, à peine de nullité, que les fonds versés par le prêteur ont pour objet d'assurer le paiement du prix des biens acquis.

Les biens acquis doivent être énumérés dans le corps de l'acte et chacun d'eux doit être décrit d'une façon précise, afin de l'individualiser par rapport aux autres biens de même nature appartenant à l'entreprise. L'acte indique également le lieu où les biens ont leur attache fixe ou mentionne, au cas contraire, qu'ils sont susceptibles d'être déplacés.

Sont assimilés aux prêteurs de fonds les garants qui interviennent en qualité de caution, de donneur d'aval ou d'endosseur dans l'octroi des crédits d'équipements. Ces personnes sont subrogées de plein droit aux créanciers. Il en est de même des personnes qui endossent, escomptent, avalisent ou acceptent les effets créés en représentation desdits crédits. *— [L. n° 51-59 du 18 janv. 1951, art. 2.]*

1. Énumération des biens. Les biens acquis *doivent être énumérés dans* le corps de l'acte et chacun d'eux doit être décrit de façon précise, afin de l'individualiser par rapport aux autres biens de même nature appartenant à l'entreprise. Le juge du fond estime souverainement si la description tendant à l'individualisation du matériel énuméré est suffisante. • Com. 12 nov. 1969, n° 67-12.202 P : *D. 1970. 254 ; JCP 1970. II. 16230, note J. A.* ♦ Une cour d'appel considère, dans l'exercice de son pouvoir souverain, qu'une description est insuffisante pour permettre l'individualisation des biens, dès lors que l'acte de prêt ne mentionne ni la marque des matériels, ni les numéros de série, ni les types de modèle, ni les dimensions des matériels concernés. • Com. 1er oct. 2013, n° 12-

24.558 P : *cité note 2 ss. art. L. 525-3.* ♦ Bien qu'il n'ait pas été possible d'identifier le matériel nanti, l'avaliste des traites destinées à en régler le prix ne saurait s'exonérer de son obligation au prétexte qu'il ne pourra être subrogé dans les droits du créancier, dès lors que les juges du fond ont souverainement apprécié que la description tendant à individualiser le matériel dans l'acte constitutif de nantissement était suffisante et que l'inefficacité de celui-ci n'était pas due à la négligence du créancier. • Com. 12 nov. 1969, n° 67-12.202 P : *préc.* – Comp. : • Riom, 28 avr. 1988 : *BICC 1988, n° 846.*

2. Transfert de la charge du nantissement. Le transfert de la charge d'un nantissement sur un matériel inclus dans un plan de cession se transmet de plein droit au cessionnaire uniquement s'il a été régulièrement inscrit, ce qui n'est pas le cas d'un nantissement de matériel d'équipement lorsque les biens engagés ne sont pas individualisés (description ne mentionnant pas le nombre d'appareils, ni les éléments distincts et individualisables composant l'installation, ni la marque des matériels, ni leurs numéros de série). • Lyon, 16 janv. 2003 : *RDBF 2004, n° 31, obs. Lucas.*

Art. L. 525-3 *(Abrogé par Ord. n° 2021-1192 du 15 sept. 2021, art. 28, à compter du 1er janv. 2022)* ***A peine de nullité, le nantissement doit être conclu au plus tard dans le délai de deux mois à compter du jour de la livraison du matériel d'équipement sur les lieux où il doit être installé.***

A peine de nullité également, le nantissement doit être inscrit dans les conditions requises par les articles L. 142-3 et L. 142-4, et dans un délai de quinze jours à compter de la date de l'acte constitutif du nantissement.

Lorsque la livraison du matériel intervient après la date prévue dans le contrat ou si elle n'est pas faite au lieu primitivement fixé, les créances inscrites deviennent de plein droit exigibles si le débiteur n'a pas fait connaître, dans les quinze jours de cette livraison, au créancier nanti, la date ou le lieu auquel elle est intervenue.

Le nantissement ne peut être opposé aux tiers si, dans la quinzaine de l'avis à lui notifié ou dans la quinzaine du jour où il aura eu connaissance de la date ou du lieu de la livraison, le créancier nanti n'a pas requis du greffier du tribunal où a été prise l'inscription du nantissement, que mention soit faite de cette date ou de ce lieu en marge de ladite inscription. – *[L. n° 51-59 du 18 janv. 1951, art. 3.]*

BIBL. ▶ DELATTRE, *JCP E 2005, n° 50, p. 2152* (opposabilité du nantissement sur outillage et matériel dans le cadre des opérations de vérification du passif).

1. Délais. A peine de nullité, le nantissement doit être constitué par acte authentique ou par acte sous seing privé enregistré au plus tard dans le délai de deux mois à compter de la livraison. • Com. 10 janv. 1983, n° 81-14.445 P : *Gaz. Pal. 1983. 1. Pan. 128, obs. Piedelièvre ; JCP 1984. II. 20231, note Hémard.* ♦ Pour un nantissement consenti dans l'acte de prêt conclus entre la banque et l'emprunteur, acheteur initial du matériel, V. • Dijon, 26 avr. 2005 : *JCP E 2005, n° 30, p. 1279.*

Chaque matériel pris individuellement doit suivre les règles spécifiques au nantissement sur matériel et outillage, notamment le respect du délai de deux mois, et il importe peu à cet égard que les divers matériels aient ensuite été installé en un ensemble industriel homogène, chaque sous-ensemble pouvant être distingué puisque livré séparément par des fournisseurs distincts. • Douai, 30 janv. 2003 : *JCP E 2003, n° 13, p. 569, note Delattre.* ♦ Le délai d'inscription de quinze jours ne se cumule pas avec le délai de deux mois à compter de la livraison imparti pour établir l'acte constitutif. • Montpellier, 2 nov. 1960 : *D. 1964. 256, note M. Cabrillac.*

Jugeant que la nullité du nantissement pour non-respect des délais ne constitue pas une exception inhérente aux dettes cautionnées, de telle sorte qu'une cour d'appel peut en déduire que les cautions ne pouvaient opposer celle-ci au créancier : • Com. 17 déc. 2003, n° 01-12.969 : *RJDA 2004, n° 621.*

2. Compétence territoriale. Dès lors qu'il est constaté que l'inscription du nantissement a été prise au greffe du tribunal de commerce de Paris, lieu du siège social de la société, et non de l'exploitation du fonds auquel le matériel était affecté, il en résulte que la cour d'appel en a exactement déduit que cette inscription était dépourvue de validité, la nullité expressément prévue par un texte d'ordre public étant encourue sans que la démonstration d'un grief soit requise. • Com. 1er oct. 2013, n° 12-24.558 P : *D. 2013. Actu. 2335, obs. Delpech ; RTD com. 2014. 389, obs. Bouloc ; JCP E 2014, n° 1045, note Lebel ; RJDA 2013, n° 1051 ; Gaz. Pal. 2013. 3810, obs. Pailler ; RDBF 2014, n° 52, obs. Cerles.* ♦ Le nantissement est nul s'il est inscrit auprès d'un greffe territorialement incompétent. • Montpellier, 2 nov. 1960 : *préc. note 1.* – V. aussi note 1 ss. art. L. 142-3. ♦ Comp. : note ss. art. L. 525-10.

Sur les conséquences du déplacement du fonds de commerce, V. • Com. 29 janv. 2002, n° 99-18.092 P : *cité note 3 ss. art. L. 143-1.*

3. Date de livraison. Pour le caractère facultatif de la mention de la date de livraison pour une vente au départ de l'usine, V. • Com. 10 janv. 1983, n° 81-14.445 P : *préc. note 1.* ♦ Jugeant qu'il faut entendre par livraison la remise effective du matériel vendu, ce qu'il ne faut pas confondre avec l'installation, peu important que les divers matériels aient ensuite été installés en un ensemble industriel homogène, chaque sous-ensemble pouvant être distingué puisque livré séparément par des fournisseurs distincts. • Douai, 30 janv. 2003 : *préc. note 1.* ♦ Jugeant également que l'installation et la mise au point du matériel n'ont pas à être prises en considération, V. • Com. 7 avr. 2004, n° 00-15.713 : *RJDA 2004, n° 1049.*

Art. L. 525-4 *(Abrogé par Ord. n° 2021-1192 du 15 sept. 2021, art. 28, à compter du 1er janv. 2022)* ***Les biens donnés en nantissement par application du présent chapitre peuvent, en outre, à la requête du bénéficiaire du nantissement, être revêtus sur une pièce essentielle et d'une manière apparente d'une plaque fixée à demeure indiquant le lieu, la date et le numéro d'inscription du privilège dont ils sont grevés.***

Sous peine des sanctions prévues à l'article L. 525-19, le débiteur ne peut faire obstacle à cette apposition, et les marques ainsi apposées ne peuvent être détruites, retirées ou recouvertes avant l'extinction ou la radiation du privilège du créancier nanti. — *[L. n° 51-59 du 18 janv. 1951, art. 4.]*

1. *Apposition facultative.* Sur le caractère facultatif de l'apposition d'une plaque, V. • TGI Seine, 17 juin 1965 : *Gaz. Pal. 1965. 2. 410.* ♦ V. notes ss. art. L. 525-7.

2. *Fixation à demeure.* Une plaque autoadhésive n'est pas conforme aux prescriptions de l'art. 4 [C. com., art. L. 525-4]. • Aix-en-Provence, 22 juin 1993 : *JCP 1992. I. 3765, n° 22, obs. Simler et Delebecque.*

3. *Bénéfice de subrogation.* Sur les conséquences de la non-apposition de la plaque permettant de signaler l'existence de la sûreté sur le bénéfice de subrogation, V. • Civ. 1re, 7 déc. 2004, n° 03-10.631 P : *D. 2005. AJ 705, obs. Avena-Robardet ; JCP E 2005, n° 4, p. 108 ; LPA 28-29 mars 2005, obs. D. H. ; Gaz. Pal. 2005. Somm. 2056, obs. Piedelièvre ; RDBF 2005, n° 42, obs. Legeais ; RJDA 2005, n° 760.* – V. aussi C. civ., art. 2314. – **C. civ.**

Art. L. 525-5 *(Abrogé par Ord. n° 2021-1192 du 15 sept. 2021, art. 28, à compter du 1er janv. 2022)* ***Toute subrogation conventionnelle dans le bénéfice du nantissement doit être mentionnée en marge de l'inscription dans la quinzaine de l'acte authentique ou sous seing privé qui la constate, sur remise au greffier d'une expédition ou d'un original dudit acte.***

Les conflits qui peuvent se produire entre les titulaires d'inscriptions successives sont réglés conformément à *(Ord. n° 2016-131 du 10 févr. 2016, art. 6-III, en vigueur le 1er oct. 2016)* ***« l'article 1346-3*** *[ancienne rédaction : l'article 1252]* ***» du code civil.*** — *[L. n° 51-59 du 18 janv. 1951, art. 5.]*

Les contrats conclus avant le 1er oct. 2016 demeurent soumis à la loi ancienne, y compris pour leurs effets légaux et pour les dispositions d'ordre public. Lorsqu'une instance a été introduite avant l'entrée en vigueur de l'Ord. n° 2016-131 du 10 févr. 2016, l'action est poursuivie et jugée conformément à la loi ancienne. Cette loi s'applique également en appel et en cassation (Ord. préc., art. 9).

Art. L. 525-6 *(Abrogé par Ord. n° 2021-1192 du 15 sept. 2021, art. 28, à compter du 1er janv. 2022)* ***Le bénéfice du nantissement est transmis de plein droit conformément*** *(Ord. n° 2016-131 du 10 févr. 2016, art. 6-III, en vigueur le 1er oct. 2016)* ***« à l'alinéa 3 de l'article 1321*** *[ancienne rédaction : l'article 1692]* ***» du code civil aux porteurs successifs des effets qu'il garantit, soit que ces effets aient été souscrits ou acceptés à l'ordre du vendeur ou du prêteur ayant fourni tout ou partie du prix, soit plus généralement qu'ils représentent la mobilisation d'une créance valablement gagée suivant les dispositions du présent chapitre.***

Si plusieurs effets sont créés pour représenter la créance, le privilège attaché à celle-ci est exercé par le premier poursuivant pour le compte commun et pour le tout. — *[L. n° 51-59 du 18 janv. 1951, art. 6.]*

V. note ss. art. L. 525-5.

Art. L. 525-7 *(Abrogé par Ord. n° 2021-1192 du 15 sept. 2021, art. 28, à compter du 1er janv. 2022)* ***Sous peine des sanctions prévues à l'article L. 525-19, le débiteur qui, avant paiement ou remboursement des sommes garanties conformément au présent chapitre, veut vendre à l'amiable tout ou partie des biens grevés, doit solliciter le consentement préalable du créancier nanti, et à défaut, l'autorisation du juge des référés du tribunal de commerce statuant en dernier ressort.***

Lorsqu'il a été satisfait aux exigences de publicité requises par le présent chapitre et que les biens grevés ont été revêtus d'une plaque conformément à l'article L. 525-4, le créancier

nanti ou ses subrogés disposent pour l'exercice du privilège résultant du nantissement, du droit de suite prévu à l'article L. 143-12. — *[L. nº 51-59 du 18 janv. 1951, art. 7.]*

1. *Publicité : conditions cumulatives.* Les deux conditions posées à l'art. 7, al. 2 [C. com., art. L. 525-7, al. 2], publicité et apposition d'une plaque fixée à demeure sur une pièce essentielle d'une manière apparente indiquant le lieu, la date et le numéro d'inscription du privilège, sont requises simultanément pour que puisse s'exercer le droit de suite, qui n'est pas laissé à l'appréciation des tribunaux. • T. com. Nancy, 13 mars 1962 : *Gaz. Pal. 1962. 2. 20.*

2. *Preuve.* Une banque n'est pas fondée à invoquer l'inopposabilité de la cession du matériel objet du prêt dès lors qu'elle ne dispose pas du droit de suite pour l'exercice de son privilège résultant du nantissement puisqu'elle ne rapporte pas la preuve de la présence d'une plaque sur le matériel. • Dijon, 26 avr. 2005 : *cité note 1 ss. art. L. 525-3.*

3. *Possession.* Si à défaut d'apposition de la plaque, prévue à l'art. 4 [C. com., art. L. 525-4], le créancier nanti ne dispose pas, en vertu de l'art. 7 [C. com., art. L. 525-7], pour l'exercice du privilège résultant du nantissement, du droit de suite prévu à l'art. 22 de la loi du 17 mars 1909 [C. com., art. L. 143-12], le créancier et le possesseur du bien peuvent invoquer les droits qu'ils tiennent des dispositions de l'art. 2279 [2276 nouv.] C. civ. • Com. 9 mai 1990, nº 88-16.753 P : *D. 1990. IR 143.*

Art. L. 525-8 *(Abrogé par Ord. nº 2021-1192 du 15 sept. 2021, art. 28, à compter du 1er janv. 2022)* ***Le privilège du créancier nanti en application des dispositions du présent chapitre subsiste si le bien qui est grevé devient immeuble par destination.***

L'article 2133 du code civil n'est pas applicable aux biens nantis. — *[L. nº 51-59 du 18 janv. 1951, art. 8.]*

Art. L. 525-9 *(Abrogé par Ord. nº 2021-1192 du 15 sept. 2021, art. 28, à compter du 1er janv. 2022)* ***I. — Le privilège du créancier nanti en application des dispositions du présent chapitre s'exerce sur les biens grevés par préférence à tous autres privilèges, à l'exception :***

1º Du privilège des frais de justice ;

2º Du privilège des frais faits pour la conservation de la chose ;

3º Du privilège accordé aux salariés par l'article L. 143-10 *[L. 3253-2 et L. 3253-3 nouv.]* ***du code du travail.***

II. — Il s'exerce, notamment, à l'encontre de tout créancier hypothécaire et par préférence au privilège du Trésor, au privilège visé à l'article L. 243-4 du code de la sécurité sociale, au privilège du vendeur du fonds de commerce à l'exploitation duquel est affecté le bien grevé, ainsi qu'au privilège du créancier nanti sur l'ensemble dudit fonds.

III. — Toutefois, pour que son privilège soit opposable au créancier hypothécaire, au vendeur du fonds de commerce et au créancier nanti sur l'ensemble dudit fonds, préalablement inscrits, le bénéficiaire du nantissement conclu en application du présent chapitre doit signifier auxdits créanciers, par acte extrajudiciaire, une copie de l'acte constatant le nantissement. Cette signification doit, à peine de nullité, être faite dans les deux mois de la conclusion du nantissement. — *[L. nº 51-59 du 18 janv. 1951, art. 9.]*

1. *Absence de signification.* Les juges du fond peuvent décider que la responsabilité d'un notaire n'est pas engagée en raison du défaut de signification aux créanciers hypothécaires de l'acte constatant le nantissement, dès lors qu'ils relèvent que ce notaire n'est pas intervenu en qualité d'officier public, que sa mission était limitée à l'enregistrement de l'acte et à l'inscription du nantissement, sans qu'aucune instruction ne lui ait été donnée pour effectuer la procédure spéciale de l'art. 9 [C. com., art. L. 525-9]. • Civ. 1re, 13 juin 1972, nº 70-10.132 P : *D. 1973. Somm. 15.*

2. *Droit de préférence.* Le nantissement confère au créancier un privilège spécial, primant tout privilège général qui s'exerce sur les biens grevés de préférence à tous autres privilèges, à l'exception du privilège des frais de justice, du privilège des frais exposés pour la conservation de la chose et du privilège accordé aux salariés. • Nancy, 4 mai 1962 : *Gaz. Pal. Tables 1960-1965,* vº *Nantissement,* nos 94 et 95. – Comp. : • Com. 18 juill. 1977, nº 75-13.929 P : *D. 1978. 404, note Mouly ; RTD com. 1978. 598, obs. Hémard ; JCP 1980. II. 19316, note Chartier* • Montpellier, 21 mai 1975 : *Banque 1975. 869 ; JCP 1976. II. 18356, note Revel* • Com. 8 juin 1982, nº 80-16.049 P. ♦ Sur la préférence donnée au nantissement sur le privilège de l'administration fiscale, V. • Com. 15 janv. 1957 : *D. 1957. 267, note Hémard.* ♦ Sur la préférence donnée au réparateur d'un véhicule dont il a conservé la possession : • Com. 11 juin 1969, nº 67-14.683 P : *D. 1970. 244, note Bihr.*

Sur l'influence d'une clause de réserve de propriété, V. • T. com. Roanne, 16 mai 1984 : *Banque 1984. 1091.*

3. *Droit de rétention.* Jugeant que le nantissement sur l'outillage et le matériel ne confère pas de droit de rétention, V. • Com. 4 janv. 2005, nº 02-10.511 P : *D. 2005. 970, note A.*

Aynès ; JCP E 2005, n° 17, p. 709, obs. Cabrillac ; RDBF 2005, n° 91, obs. Legeais ; RTD com. 2005. 408, obs. Bouloc ; RJDA 2005, n° 603.

4. ***Redressement judiciaire.*** BIBL. Soinne, *RPC 1986. 35.* – V. ss. art. L. 642-12. – V. aussi • Riom, 28 avr. 1988 : *Quot. jur. 6 avr. 1989, p. 4.* ♦ Sur l'indemnité d'assurance acquise au créancier nanti et opposable au redressement judiciaire, V. • Com. 4 févr. 1986, n° 84-16.639 P : *D. 1988. Somm. 6, obs. Derrida.* ♦ V. aussi note 81 ss. art. L. 622-24.

Art. L. 525-10 *(Abrogé par Ord. n° 2021-1192 du 15 sept. 2021, art. 28, à compter du 1er janv. 2022)* ***Sous réserve des dérogations prévues par le présent chapitre, le privilège du créancier nanti est régi par les dispositions du livre I, titre IV, chapitre III en ce qui concerne les formalités d'inscription, les droits des créanciers en cas de déplacement du fonds, les droits du bailleur de l'immeuble, la purge desdits privilèges et les formalités de mainlevée.*** *– [L. n° 51-59 du 18 janv. 1951, art. 10.]*

Inscriptions multiples. L'inscription prise au greffe du tribunal de commerce du lieu où la marchandise est livrée et installée dans les locaux d'un tiers, ne dispense pas le vendeur d'inscrire son gage au greffe du tribunal dans le ressort duquel se trouve le siège de l'exploitation de la société débitrice. • Montpellier, 2 nov. 1960 : *préc. note 1 ss. art. L. 525-3.* ♦ Comp. note 2 ss. art. L. 525-3.

Art. L. 525-11 *(Abrogé par Ord. n° 2021-1192 du 15 sept. 2021, art. 28, à compter du 1er janv. 2022)* ***L'inscription conserve le privilège pendant cinq années à compter de sa régularisation définitive.***

Elle garantit, en même temps que le principal, deux années d'intérêts. Elle cesse d'avoir effet si elle n'a pas été renouvelée avant l'expiration du délai ci-dessus ; elle peut être renouvelée deux fois. *– [L. n° 51-59 du 18 janv. 1951, art. 11.]*

Art. L. 525-12 *(Abrogé par Ord. n° 2021-1192 du 15 sept. 2021, art. 28, à compter du 1er janv. 2022)* ***L'état des inscriptions existantes, délivré en application de l'article 32 de la loi du 17 mars 1909 relative à la vente et au nantissement des fonds de commerce*** *[C. com., art. R. 143-16]*, ***doit comprendre les inscriptions prises en vertu des dispositions du présent chapitre. Il peut être également délivré au requérant, sur sa demande, un état attestant l'existence ou l'absence, sur les biens désignés, d'inscriptions prises soit en vertu des dispositions des chapitres Ier et II du titre IV du livre Ier, soit en vertu des dispositions du présent chapitre.*** *– [L. n° 51-59 du 18 janv. 1951, art. 12.]*

Art. L. 525-13 *(Abrogé par Ord. n° 2021-1192 du 15 sept. 2021, art. 28, à compter du 1er janv. 2022)* ***La notification, conformément à l'article L. 143-10, de poursuites engagées en vue de parvenir à la réalisation forcée de certains éléments du fonds auquel appartiennent les biens grevés du privilège du vendeur ou du privilège de nantissement en vertu des dispositions du présent chapitre, rend exigibles les créances garanties par ces privilèges.*** *– [L. n° 51-59 du 18 janv. 1951, art. 13.]*

Art. L. 525-14 *(Abrogé par Ord. n° 2021-1192 du 15 sept. 2021, art. 28, à compter du 1er janv. 2022)* ***En cas de non-paiement à l'échéance, le créancier bénéficiaire du privilège établi par le présent chapitre peut poursuivre la réalisation du bien qui en est grevé dans les conditions prévues à l'article L. 521-3. L'officier public*** *(L. n° 2011-850 du 20 juill. 2011, art. 37-XIV, en vigueur le 1er sept. 2011)* ***« ou le courtier de marchandises assermenté » chargé de la vente est désigné, à sa requête, par le président du tribunal de commerce. Le créancier doit, préalablement à la vente, se conformer aux dispositions de l'article L. 143-10.***

Le créancier nanti a la faculté d'exercer la surenchère du dixième, prévue à l'article L. 143-13. *– [L. n° 51-59 du 18 janv. 1951, art. 14.]*

1. ***Abrogation tacite.*** En ce sens que l'art. 14 [C. com., art. L. 525-14] serait, à l'instar de ce qu'a estimé la Cour de cassation, dans un avis à propos du gage sur véhicule automobile, tacitement abrogé par la réforme des procédures civiles d'exécution, V. note Morgan de Rivery-Guillaud ss. • Cass., avis, 5 mai 1995, n° 09-50.004 P : *D. 1995. 618*

2. ***Vente du fonds.*** Le créancier doit, préalablement à la vente, se conformer à l'art. 20 de la L. du 17 mars 1909 [C. com., art. L. 143-10] permettant aux créanciers inscrits sur le fonds de commerce d'en demander la réalisation globale, lorsqu'ils estiment qu'un prix supérieur à la somme peut provenir de la réalisation séparée des divers éléments du fonds et sera ainsi obtenu. • Com. 3 nov. 1970, n° 68-11.793 P : *D. 1971. Somm. 105 ; RTD com. 1972. 159, obs. Hémard.*

Sur la vente publique du bien nanti, V. • Com.

20 nov. 1968 : *Banque 1969. 615* • Paris, 10 juin 1971 : *RJ com. 1972. 17.* ♦ Sur la responsabilité du créancier en cas de vente malgré l'opposition des fournisseurs, qui n'avaient pas été payés, V. • Com. 13 déc. 1994, n° 92-18.443 : *RJDA 1995, n° 339.*

3. Attribution judiciaire. Le créancier gagiste peut, à défaut de paiement, faire ordonner en justice que le bien grevé lui soit attribué jusqu'à due concurrence et à défaut de disposition contraire cette attribution judiciaire du gage est offerte au créancier titulaire d'un nantissement sur outillage et matériel d'équipement qui ne poursuit pas la réalisation du bien grevé. • Cass., ass. plén., 26 oct. 1984, n° 83-10.055 P : *D. 1985. 33, concl. Cabannes, note Derrida ; JCP 1985. II. 20342, rapp. Viennois, note Corlay ; Gaz. Pal. 1985. 1. 236, note Chartier ; RJ com. 1985. 213, note Gallet* • Com. 12 févr. 1979, n° 77-12.887 : *D. 1979. 354, note Derrida ; RJ com. 1979. 298, note Mestre ; JCP 1980. II. 19316, note Chartier* • 4 mai 1981, n° 79-16.061 P : *D. 1981. 489, note Derrida ; RTD com. 1982. 114, obs. Hémard.* – Comp., s'agissant d'un nantissement sur le fonds de commerce comprenant en annexe un état détaillé et chiffré du matériel : • Paris, 23 avr. 1992 : *D. 1992. IR 195 ; RTD com. 1992. 786, obs. Derruppé*. ♦ Sur l'exclusion des dispositions contraires de la L. du 17 mars 1909 [C. com., art. L. 141-5 s.], V. • Com. 12 nov. 1985, n° 84-15.377 P.

L'attribution judiciaire est, cependant, impossible lorsque le matériel grevé a été échangé contre du matériel identique, sans que n'ait été sollicitée une inscription modificative, alors pourtant que cet état de fait n'est pas imputable au créancier gagiste. • Aix-en-Provence, 2 juill. 1992 : *JCP 1993. I. 3680, n° 25, obs. Simler et Delebecque.*

Sur l'influence des art. L. 620-1 s. anciens, en cas de redressement judiciaire, V. note 3 ss. art. L. 642-25.

Art. L. 525-15 *(Abrogé par Ord. n° 2021-1192 du 15 sept. 2021, art. 28, à compter du 1er janv. 2022)* ***Les biens grevés en vertu du présent chapitre, dont la vente est poursuivie avec d'autres éléments du fonds, sont l'objet d'une mise à prix distincte ou d'un prix distinct si le cahier des charges oblige l'adjudicataire à les prendre à dire d'expert.***

Dans tous les cas, les sommes provenant de la vente de ces biens sont, avant toute distribution, attribuées aux bénéficiaires des inscriptions, à concurrence du montant de leur créance en principal, frais et intérêts conservés par lesdites inscriptions.

La quittance délivrée par le créancier bénéficiaire du privilège n'est soumise qu'au droit fixe. *– [L. n° 51-59 du 18 janv. 1951, art. 15.]*

Exclusion de la ventilation du prix. Si la prescription impérative de l'art. 15, al. 1er [C. com., art. L. 525-15, al. 1er], n'était pas respectée, le créancier nanti averti de l'adjudication se mettrait par son propre fait dans l'impossibilité d'exercer le privilège dont il bénéficie sur le prix du matériel. Une ventilation *a posteriori* de ce prix, qui aurait pour effet de modifier le cahier des charges devenu définitif, ne saurait être ordonnée. • Toulouse, 8 févr. 1971 : *RTD com. 1972. 447, obs. Hémard.*

Art. L. 525-16 *(Abrogé par Ord. n° 2021-1192 du 15 sept. 2021, art. 28, à compter du 1er janv. 2022)* ***Si l'acquéreur n'a pas la qualité de commerçant, le nantissement est soumis aux dispositions des articles L. 525-1 à L. 525-9, L. 525-11 et L. 525-12 et du présent article. L'inscription prévue à l'article L. 525-3 est alors prise au greffe du tribunal de commerce dans le ressort duquel est domicilié l'acquéreur du bien grevé, ou, s'il s'agit*** *(L. n° 2003-7 du 3 janv. 2003)* ***« d'une personne immatriculée au répertoire des métiers », dans le ressort duquel est situé son fonds artisanal.***

A défaut de paiement à l'échéance, le créancier bénéficiaire du privilège établi par le présent chapitre peut faire procéder à la vente publique du bien grevé conformément aux dispositions de l'article L. 521-3.

Les inscriptions sont rayées soit du consentement des parties intéressées, soit en vertu d'un jugement passé en force de chose jugée.

A défaut de jugement, la radiation totale ou partielle ne peut être opérée par le greffier que sur le dépôt d'un acte authentique de consentement donné par le créancier.

Lorsque la radiation non consentie par le créancier est demandée par voie d'action principale, cette action est portée devant le tribunal de commerce du lieu où l'inscription a été prise.

La radiation est opérée au moyen d'une mention faite par le greffier en marge de l'inscription.

Il en est délivré certificat aux parties qui le demandent. *– [L. n° 51-59 du 18 janv. 1951, art. 16.]*

Art. L. 525-17 *(Abrogé par Ord. n° 2021-1192 du 15 sept. 2021, art. 28, à compter du 1er janv. 2022)* ***Pour l'application des dispositions du présent chapitre, les greffiers sont assujettis aux diligences et responsabilités fixées par voie réglementaire pour la tenue du registre des inscriptions et la délivrance des états ou certificats requis.*** *— V. art. R. 143-17.*

Leurs émoluments sont établis comme il est prévu par les textes réglementaires en vigueur. *— [L. n° 51-59 du 18 janv. 1951, art. 18.]*

Art. L. 525-18 *(Abrogé par Ord. n° 2021-1192 du 15 sept. 2021, art. 28, à compter du 1er janv. 2022)* ***Ne sont pas soumis à l'application des dispositions du présent chapitre :***

1° Les véhicules automobiles visés par le décret n° 53-968 du 30 septembre 1953 ;

2° Les navires de mer, ainsi que les bateaux de navigation fluviale visés par les articles *(Ord. n° 2010-1307 du 28 oct. 2010, art. 3)* ***« L. 4111-1 et suivants du code des transports » ;***

3° Les aéronefs visés par les articles *(Ord. n° 2010-1307 du 28 oct. 2010, art. 3)* ***« L. 6100-1 et suivants du code des transports ».*** *— [L. n° 51-59 du 18 janv. 1951, art. 19.]*

A la date qui sera fixée par décret, et qui ne pourra être postérieure au 1er juill. 2008, sera abrogé le Décr. n° 53-968 du 30 sept. 1953. A cette même date, entreront en vigueur les art. 2351 à 2353 C. civ. dans leur rédaction issue de l'art. 11 de l'Ord. n° 2006-346 du 23 mars 2006 (Ord. préc., art. 58).

1. Véhicules automobiles. Sur les véhicules automobiles non soumis à l'application de la loi, V. • T. com. Montpellier, 8 déc. 1960 : *D. 1961. 52 ; Gaz. Pal. 1961. 1. 228.*

2. Navires. Il n'y a pas concours entre l'hypothèque maritime prise par le créancier du propriétaire d'un navire et le privilège d'un nantissement inscrit sur le moteur neuf acquis par le locataire du bateau ; dès lors le créancier de ce dernier est bien fondé dans sa demande de distraction du moteur en cas de saisie-exécution pratiquée sur le navire par le créancier du propriétaire de celui-ci. • Montpellier, 10 févr. 1961 : *D. 1962. 647, note Calais-Auloy.* ♦ Sur l'exclusion du nantissement de l'outillage ou du matériel d'équipement acquis à crédit incorporé à un bâtiment de mer, V. • Com. 1er juin 1970, n° 68-13.620 P : *D. 1970. 681, note Rodière* (sur renvoi : • Rouen, 9 mai 1972 : *D. 1972. 469, note Chauveau*).

Art. L. 525-19 *(Abrogé par Ord. n° 2021-1192 du 15 sept. 2021, art. 28, à compter du 1er janv. 2022)* ***Est puni des peines prévues pour l'abus de confiance par les articles 314-1 et 314-10 du code pénal, le fait, pour tout acquéreur ou détenteur de biens nantis en application du présent chapitre, de les détruire ou tenter de les détruire, les détourner ou tenter de les détourner, ou enfin les altérer ou tenter de les altérer d'une manière quelconque en vue de faire échec aux droits du créancier.***

Sont punies des mêmes peines toutes manœuvres frauduleuses destinées à priver le créancier de son privilège sur les biens nantis ou à le diminuer. *— [L. n° 51-59 du 18 janv. 1951, art. 21.]*

BIBL. ► BÉQUIGNON, *Rev. crit. 1927. 325.*

1. Notion de détournement. Le gérant de société resté débiteur réel et responsable du matériel acquis qui a fait l'objet d'un nantissement, commet le délit de l'art. 21 [C. com., art. L. 525-19] en portant, malgré l'ordre contraire du créancier nanti, ce matériel en un lieu d'où il n'a pu être ramené à son point de départ que plus tard. • Crim. 26 mars 1963, n° 62-91.348 P. ♦ Commet le même délit l'acquéreur d'un instrument qui, ayant consenti sur cet objet un nantissement dans les conditions légales, remet définitivement à un tiers l'outillage nanti à l'insu du créancier et malgré son opposition. • Crim. 14 déc. 1967, n° 67-90.558 P.

2. Preuve du détournement. La preuve de l'identité de l'objet donné en nantissement avec celui qui a été détourné peut résulter, devant la juridiction répressive, de tous les moyens propres à établir le détournement frauduleux et est indépendante des dispositions prescrites pour la validité du contrat de nantissement par l'art. 2 de la L. du 18 janv. 1951 [C. com., art. L. 525-2]. • Crim. 29 mars 1973, n° 72-92.169 P.

Art. L. 525-20 *(Abrogé par Ord. n° 2021-1192 du 15 sept. 2021, art. 28, à compter du 1er janv. 2022)* ***Des décrets en Conseil d'État déterminent les conditions d'application des dispositions du présent chapitre.*** *— [L. n° 51-59 du 18 janv. 1951, art. 20.] — V. art. R. 525-1 s.*

CHAPITRE VI DE LA PROTECTION DE L'ENTREPRENEUR INDIVIDUEL

(L. n° 2022-172 du 14 févr. 2022, art. 1er, en vigueur le 14 mai 2022).

(L. n° 2003-721 du 1er août 2003, art. 8)

Le chapitre VI est applicable en Nouvelle-Calédonie et dans les îles Wallis-et-Futuna (Ord. n° 2011-322 du 24 mars 2011, art. 1er et 2).

BIBL. GÉN. ▶ D'HOIR-LAUPRÊTRE, *Dr. et patr. 4/2006. 30* (patrimoine de l'entrepreneur individuel : outil de crédit... ou de discrédit ?). – SAVARY et DUBUISSON, *Dr. et patr. 7-8/2009. 38* (petit panorama des protections de l'entrepreneur individuel). – VIGUIER, *D. 2009. 175* (la protection du patrimoine personnel du chef d'entreprise). – SAVARY et DUBUISSON, *Dr. et patr. 4/2009. 38* (proposition pour un statut de l'entrepreneur individuel : le concept de « pro-personnalité ») ; *ibid. mai 2009. 30* (... limites et attributs de la « pro-personnalité ») ; *ibid. 34* (... la « pro-personnalité » à l'épreuve de la pratique) ; *ibid. 38* (... le concept de « pro-personnalité » face aux conceptions voisines). – TERRÉ, *JCP 2010, n° 1328* (la personne et ses patrimoines). – ROUSSEL et VAN STEENLANDT, *JCP N 2011, n° 1093* (le chef d'entreprise face au dilemme de la protection de son patrimoine). – BARREAU, *Defrénois 2011. 529* (dispositifs tendant à limiter le risque entrepreneurial). – Colloque, *Gaz. Pal. 2011. 1910* (entreprise et patrimoine, destins croisés). – LEGRAND, *D. 2011. 2485* (déclaration d'insaisissabilité et EIRL : le couple parfait ?). – MEKKI, *JCP 2011, n° 1258* (le patrimoine aujourd'hui). – LEGRAND et VALLANSAN, *JCP N 2012, n° 1015 ; RPC 2011. Étude 30* (déclaration notariée d'insaisissabilité ou/et statut d'EIRL : quelle technique choisir après l'arrêt du 28 juin 2011 ?). – KUHN, *Dr. et patr. 2/2012. 30* (des patrimoines et des hommes). – CROCQ, *Dr. et patr. 3/2012. 26 ; RLDA févr. 2012. 111* (transparence et patrimoines d'affectation). – BEYNEIX, *LPA 3 avr. 2012* (apport et utilité de la notion d'indisponibilité en droit patrimonial français à l'aune du trust anglo-saxon, de la fiducie et de l'EIRL). – DUBUISSON, *D. 2013. 792* (patrimoines affectés, avez-vous donc une âme ? la pro-personnalité au secours de l'entrepreneur individuel). – LAUVERGNAT, *JCP 2013, n° 791* (l'entrepreneur individuel et ses créanciers : existe-t-il un droit à ne pas être saisi ?). – LEGRAND, *JCP 2014, n° 287 ; RPC 2013. Étude 31* (EIRL et déclaration d'insaisissabilité : quel bilan ?). – REVERDY, *LPA 10 et 14 janv. 2014* (protection du patrimoine de l'entrepreneur individuel). – CAYOL, *LPA 3 juin 2014* (le patrimoine d'affectation, technique de protection des biens personnels de l'entrepreneur). – LEGRAND, *ibid.* (le conjoint commun en biens de l'entrepreneur et patrimoine d'affectation) ; *LPA 10 déc. 2014* (patrimoine familial et risque de l'entreprise : stratégies de prévention) ; *RPC 2014. Étude 31* (ingénierie patrimoniale et prévention du risque en entreprise individuelle). – GONCALVES, *LPA 3 févr. 2015* (le risque de défaillance économique et les options juridiques proposées à l'entrepreneur individuel). – Dossier, *Defrénois 2016. 523* (la protection de l'entrepreneur individuel : analyses universitaires et suggestions notariales). – PAILLUSSEAU, *D. 2017. 1004* (comment les activités économiques révolutionnent le droit et les théories juridiques). – LEGRAND, *LPA 14 oct. 2020* (les dispositifs de protection du logement de l'entrepreneur personne physique).

SECTION PREMIÈRE DE L'INSAISISSABILITÉ DE LA RÉSIDENCE PRINCIPALE *(L. n° 2015-990 du 6 août 2015, art. 206-V).*

RÉP. COM. v° *Insaisissabilité des immeubles non professionnels*, par PIEDELIÈVRE.

BIBL. GÉN. ▶ LIENHARD, *D. 2003. 1898* (insaisissabilité de la résidence principale). – MALECKI, *ibid. 2220*. – BOUTEILLER, *JCP E 2003, n° 39, p. 1517*. – LAUGIER, *ibid., n° 43, p. 1706*. – PIEDELIÈVRE, *JCP 2003. I. 165*. – VAUVILLÉ, *APC 31 oct. 2003* (déclaration d'insaisissabilité et procédure collective du déclarant) ; *BJS 2003. 1117* (déclaration notariée d'insaisissabilité). – PECQUEUR, *Dr. et patr. 12/2003. 34*. – Œuvre collective, *RJ com. 2003. 339, spéc. 346*. – SAINTOURENS, *RTD com. 2003. 690*. – DAGOT, *JCP E 2004, n° 4, p. 113* (formules) ; *JCP N 2004, n° 4, p. 98* (conditions de forme). – AUTEM, *Defrénois 2004. 327*. – LE CORRE, *AJDI 2004. 179*. – MONSÈRIÉ-BON, *Dr. et patr. 7-8/2004. 75* (comparaison avec la SCI). – GUILHAUDIS et RAFFRAY, *JCP E 2005, n° 27-28, p. 1182* (pratique de la déclaration notariée d'insaisissabilité). – PRIGENT, *Defrénois 2009. 1809* (protection du patrimoine du commerçant individuel et déclaration d'insaisissabilité). – LAFFLY et MARTIN, *Procédures 2013. Étude 12* (le degré d'efficacité de la déclaration d'insaisissabilité). – Dossier, *LPA 31 oct. 2017* (la protection de la résidence de l'entrepreneur en droit comparé). – CAZAJUS, *Defrénois 2018, n° 5, p. 13* (l'immeuble insaisissable en liquidation judiciaire en dix questions).

▶ L. n° 2008-776 du 4 août 2008 : LEBEL, *JCP E 2008, n° 20, p. 5* (projet de loi : à propos de l'entrepreneur individuel). – Rédaction D. O, *JCP E 2008, n° 38, p. 17* (renforcement de la protection du patrimoine de l'entrepreneur individuel). – DELPECH, *Rép. com. Dalloz, Cah. de l'actualité n° 2008-5, p. 15* (extension du domaine de l'insaisissabilité du domicile de l'entrepreneur individuel). – Rédaction D. O., *JCP N 2008, n° 42, p. 45* (renforcement de la protection du patrimoine de l'entrepreneur individuel). – S. Piedelièvre, *RDBF 2008, n° 145* (déclaration d'insaisissabilité et immeuble). – Salati, *Procédures 2008. Alertes 39* (modifications apportées au dispositif d'insaisissabilité de la résidence principale). – Torck et Hovasse, *Dr. sociétés 2008. Étude 10* (analyse des mesures en faveur des PME). – S. Piedelièvre, *Defrénois 2008. 2245* (le nouveau droit de l'insaisissabilité). – Suquet-Cozic, *BRDA 2008, n° 21, p. 13* (l'insaisissable réforme de la déclaration d'insaisissabilité). – Dupuis, *Cah. dr. entr. 2008, n° 6, p. 35* (l'insaisissabilité des biens que l'entrepreneur individuel n'a pas affectés à son usage professionnel : un miroir aux alouettes ?). – Lauvergnat, *Dr. et pr. 2009. 68* (réflexions sur l'extension du domaine de la déclaration d'insaisissabilité par la LME). – Delmotte, *JCP E 2009, n° 20-21, p. 14 ; RPC 2009. Étude 6* (quelques problématiques nées des effets de la déclaration d'insaisissabilité en matière de procédures collectives). – Bert, *Dr. et patr. 5/2009. 44* (la nouvelle physionomie de la déclaration d'insaisissabilité après la LME). – Lebovici, *Dr. et patr. 3/2010. 49* (la déclaration d'insaisissabilité par l'entrepreneur individuel). – Reverdy, *JCP E 2011, n° 1208* (bilan et perspectives de la déclaration d'insaisissabilité). – Leprovaux et Vallansan, *RPC 2013. Dossier 6* (sort de la résidence de la famille, protégée par la déclaration notariée d'insaisissabilité).

▶ L. n° 2015-990 du 6 août 2015 : Lauvergnat, *Dr. et pr. 2015. 110* (l'insaisissabilité de droit de la résidence principale de l'entrepreneur individuel). – Perruchot-Triboulet, *Journ. sociétés 7/2015. 32* (analyse et mise en perspective du projet de loi Macron). – Roussel Galle, *RPC 2015. Repère 4* (de la DNI à l'insaisissabilité légale). – Legrand, *LPA 8-9 sept. 2015* (insaisissabilité de la résidence principale : le cadeau empoisonné de la loi Macron ?). – Piedelièvre, *RDBF 2015, n° 161* (résidence principale et insaisissabilité de droit). – Borga, *BJE 2015. 429* (insaisissabilité légale de la résidence principale). – Houin-Bressand, *RJ com. 2015. 691* (insaisissabilité automatique de la résidence principale). – Gamaleu Kameni, *Gaz. Pal. 19 janv. 2016, p. 17* (insaisissabilité de plein droit : opportunité ou risque ?). – Firley, *LPA 9 juin 2016* (la résidence principale de l'entrepreneur individuel et la loi Macron : insaisissabilité ou saisissabilité légale ?). – Bert et Kherbouche, *RTD com. 2016. 241* (insaisissabilité de droit de la résidence principal : une réforme insaisissable ?). – Dalmau, *RPC 2016. Étude 18* (l'insaisissabilité : protection du débiteur ou des créanciers auxquels elle est opposable ?).

Art. L. 526-1 *(L. n° 2015-990 du 6 août 2015, art. 206-I)* **Par dérogation aux articles 2284 et 2285 du code civil, les droits d'une personne physique immatriculée** *(Ord. n° 2021-1189 du 15 sept. 2021, art. 11, en vigueur le 1er janv. 2023)* **« au registre national des entreprises** *[ancienne rédaction : à un registre de publicité légale à caractère professionnel ou exerçant une activité professionnelle agricole ou indépendante]* **» sur l'immeuble où est fixée sa résidence principale sont de droit insaisissables par les créanciers dont les droits naissent à l'occasion de l'activité professionnelle de la personne. Lorsque la résidence principale est utilisée en partie pour un usage professionnel, la partie non utilisée pour un usage professionnel est de droit insaisissable, sans qu'un état descriptif de division soit nécessaire. La domiciliation de la personne dans son local d'habitation en application de l'article L. 123-10 du présent code ne fait pas obstacle à ce que ce local soit de droit insaisissable, sans qu'un état descriptif de division soit nécessaire.**

Par dérogation aux articles 2284 et 2285 du code civil, une personne physique immatriculée *(Ord. n° 2021-1189 du 15 sept. 2021, art. 11, en vigueur le 1er janv. 2023)* **« au registre national des entreprises** *[ancienne rédaction : à un registre de publicité légale à caractère professionnel ou exerçant une activité professionnelle agricole ou indépendante]* **» peut déclarer insaisissables ses droits sur tout bien foncier, bâti ou non bâti, qu'elle n'a pas affecté à son usage professionnel. Cette déclaration, publiée au fichier immobilier ou, dans les départements du Bas-Rhin, du Haut-Rhin et de la Moselle, au livre foncier, n'a d'effet qu'à l'égard des créanciers dont les droits naissent, après sa publication, à l'occasion de l'activité professionnelle du déclarant. Lorsque le bien foncier n'est pas utilisé en totalité pour un usage professionnel, la partie non affectée à un usage professionnel ne peut faire l'objet de la déclaration qu'à la condition d'être désignée dans un état descriptif de division.**

L'insaisissabilité mentionnée aux deux premiers alinéas du présent article n'est pas *opposable* à l'administration fiscale lorsque celle-ci relève, à l'encontre de la personne, soit des manœuvres frauduleuses, soit l'inobservation grave et répétée de ses obligations fiscales *(Abrogé par L. n° 2022-172 du 14 févr. 2022, art. 4, à compter du 14 mai 2022)* ***« , au sens de l'article 1729 du code général des impôts ».***

Le 1er al. des art. L. 526-1 et L. 526-3, dans leur rédaction résultant de l'art. 206 de la L. n° 2015-990 du 6 août 2015, n'a d'effet qu'à l'égard des créanciers dont les droits naissent à l'occa-

sion de l'activité professionnelle postérieurement à la publication (JO 7 août) de la loi. Les déclarations et les renonciations portant sur l'insaisissabilité de la résidence principale publiées avant la publication (JO 7 août) de la loi continuent de produire leurs effets (L. préc., art. 206-IV).

Ancien art. L. 526-1 *Par dérogation aux articles (Ord. n° 2006-346 du 23 mars 2006, art. 54)* ***« 2284 et 2285 » du code civil, une personne physique immatriculée à un registre de publicité légale à caractère professionnel ou exerçant une activité professionnelle agricole ou indépendante peut déclarer insaisissables ses droits sur l'immeuble où est fixée sa résidence principale*** *(L. n° 2008-776 du 4 août 2008, art. 14-I)* ***« ainsi que sur tout bien foncier bâti ou non bâti qu'elle n'a pas affecté à son usage professionnel ».*** *(L. n° 2013-1117 du 6 déc. 2013, art. 42)* ***« Toutefois, cette déclaration n'est pas opposable à l'administration fiscale lorsque celle-ci relève, à l'encontre du déclarant, soit des manœuvres frauduleuses, soit l'inobservation grave et répétée de ses obligations fiscales, au sens de l'article 1729 du code général des impôts. » Cette déclaration, publiée*** *(Ord. n° 2010-638 du 10 juin 2010, art. 13-III, en vigueur le 1er janv. 2013)* ***« au fichier immobilier*** *[ancienne rédaction : au bureau des hypothèques]* ***» ou, dans les départements du Bas-Rhin, du Haut-Rhin et de la Moselle, au livre foncier, n'a d'effet qu'à l'égard des créanciers dont les droits naissent, postérieurement à la publication, à l'occasion de l'activité professionnelle du déclarant.***

(L. n° 2008-776 du 4 août 2008, art. 14-I) ***« Lorsque le bien foncier n'est pas utilisé en totalité pour un usage professionnel, la partie non affectée à un usage professionnel ne peut faire l'objet de la déclaration que si elle est désignée dans un état descriptif de division. La domiciliation du déclarant dans son local d'habitation en application de l'article L. 123-10 ne fait pas obstacle à ce que ce local fasse l'objet de la déclaration, sans qu'un état descriptif de division soit nécessaire. »***

Sont applicables en Nouvelle-Calédonie et dans les îles Wallis-et-Futuna les modifications apportées aux art. L. 526-1, L. 526-2 et L. 526-3 par le I de l'art. 14 de la L. n° 2008-776 du 4 août 2008 (Ord. n° 2009-896 du 24 juill. 2009, art. 3).

La déclaration d'insaisissabilité des immeubles non professionnels de l'entrepreneur individuel doit être regardée comme un acte d'administration du patrimoine des personnes placées en curatelle ou en tutelle (Décr. n° 2008-1484 du 22 déc. 2008, annexe I, JO 31 déc.). — **C. civ.**

1. Résidence appartenant à une société. Lorsqu'une personne physique a établi sa résidence principale dans un immeuble appartenant à une société civile et qu'elle n'est titulaire que de parts sociales de cette société, elle ne peut pas bénéficier des dispositions des art. L. 526-1 et L. 526-2 : * Rép. min. n° 52819 : *JOAN Q, 5 avr. 2005, p. 3540 ; D. 2005. 1018 ; Rev. sociétés 2005. 724 ; AJDI 2006. 315, obs. Maublanc ; JCP E 2005, n° 20, p. 813 ; Banque et Dr. 5-6/2005. 55, obs. Storck ; BRDA 2005, n° 8, p. 14 ; BJS 2005. 541 ; Dr. et pr. 2005. 253 ; Defrénois 2005. 1275.* ♦ L'insaisissabilité de la résidence principale de l'entrepreneur ne bénéficie pas à l'associé d'un GAEC : * Rép. min. n° 66042 : *JOAN Q, 2 août 2005, p. 7580 ; JCP N 2005, n° 35, p. 1385.*

2. Local mixte. A partir du moment où l'implantation d'une activité professionnelle dans le local d'habitation du chef d'entreprise (V. art. L. 123-10) n'implique aucun aménagement particulier, et n'a donc pas pour effet de modifier la destination du local, ce dernier peut conserver pour sa totalité la nature d'un immeuble à usage de résidence principale. Il ne s'agit donc pas, à proprement parler, d'un local mixte et, donc, l'art. L. 526-1, al. 2, est implicitement hors de cause dans cette hypothèse. Ce local est donc susceptible d'être déclaré insaisissable dans toutes ses parties sans qu'il y ait lieu de distinguer pour chacune des pièces selon l'usage professionnel ou privé qui en est fait : * Rép. min. n° 85332 : *JOAN Q, 20 juin 2006, p. 6639 ; D. 2006. 1885 ; JCP E 2006, n° 29, p. 1271 ; BJS 2006. 1091 ; Dr. et pr. 2006. 304 ; RLDA sept. 2006. 32 ; Procédures 2006, n° 244, obs. Croze ; Defrénois 2006. 1798.* ♦ V. désormais la rédaction du 2e al. de l'art. L. 526-1, issue de la L. n° 2008-776 du 4 août 2008.

3. Fraude. La seule volonté de rendre insaisissable son habitation principale n'est pas en soi constitutive d'une fraude. • T. com. Pontoise, 12 juill. 2007 : *BRDA 2007, n° 18, p. 10.* ♦ La preuve de la fraude paulienne ne peut résulter du seul fait que le débiteur était en état de cessation des paiements au moment de l'acte, sans établir que celui-ci ne pouvait pas l'ignorer lui-même. • Même jugement.

4. Procédure collective. **BIBL.** Delmotte, *JCP E 2009, n° 20-21, p. 14.* – P. Martin, *Procédures 2010. Étude 1* (déclaration d'insaisissabilité et liquidation judiciaire). – Le Corre, Gaz. *Pal. 2012. 761* (questions soulevées par la déclaration notariée d'insaisissabilité en cas de liquidation judiciaire). – Legrand, *LPA 3 mai 2012* (focus sur la déclaration d'insaisissabilité après les deux arrêts du 13 mars 2012). – Le Normand, *JCP E 2012, n° 1337* (le dessaisissement du débiteur en liquidation judiciaire à l'épreuve des évolutions récentes). – Pérochon, *RPC 2013. Dossier 25* (efficacité de la déclaration d'insaisissabilité... : oui, mais après ?). – Lauvergnat, *Dr. et pr. 2016. 161* (l'immeuble insaisissable et la liquidation judiciaire de l'entrepreneur individuel : question de relativité). ♦ L'art. L. 526-1, issu de la L. n° 2015-990 du 6 août 2015, rendant de droit insaisissables les droits du débiteur sur l'immeuble où est fixée sa résidence principale n'est pas applicable aux procédures collectives ouvertes avant son entrée en vigueur. • Com. 29 mai 2019, n° 18-16.097 : *Rev. sociétés 2019. 557, obs. Henry ; RJDA 2019, n° 580.* ♦ La déclaration d'insaisissabilité n'a pas d'effet à l'égard des créanciers dont les droits sont nés avant sa publication. • Com. 8 janv. 2020, n° 18-20.885 : *Rev. sociétés 2020. 682, note Laher ; RJDA 2020, n° 238 ; LPA 23 mars 2020, note Legrand.* ♦ Le débiteur peut opposer la déclaration d'insaisissabilité qu'il a effectuée en application de l'art. L. 526-1, avant qu'il ne soit mis en liquidation judiciaire, en dépit de la règle du dessaisissement prévue par l'art. L. 641-9. • Com. 28 juin 2011, n° 10-15.482 P : *cité note 10 ss. art. L. 641-9* (cassation de • Aix-en-Provence, 3 déc. 2009 : *JCP N 2010, n° 1315, obs. Garçon ; RPC 2010, n° 140, obs. Lisanti*). ♦ Comp., jugeant qu'en présence de créanciers à qui est inopposable la déclaration notariée d'insaisissabilité de la résidence principale du débiteur en raison de dettes antérieures, le liquidateur peut poursuivre la réalisation de cette dernière, V. • Orléans, 15 mai 2008 : *JCP E 2009, n° 1, p. 28, obs. Cabrillac et Pétel ; RPC 2009, n° 62, obs. Lisanti.* ♦ Sauf à priver l'art. L. 526-1 de toute portée, une déclaration d'insaisissabilité régulièrement publiée ne permet pas aux organes de la procédure collective d'incorporer l'immeuble concerné dans le périmètre de la saisie des biens appartenant au débiteur ; les créanciers antérieurs ou extraprofessionnels ont seuls qualité pour appréhender et réaliser ce bien. • Douai, 23 sept. 2010 : *JCP E 2010, n° 2076, note Lebel.* ♦ La règle de la suspension des poursuites individuelles, visant à interdire aux créanciers les plus diligents, ou les mieux informés, de réaliser certains actifs du débiteur et de s'approprier le produit de leur vente, ne peut leur être opposée dès lors que le bien déclaré insaisissable n'entre pas dans le gage commun de l'ensemble des créanciers de la procédure collective. • Même arrêt. ♦ Le juge-commissaire ne peut, sans excéder ses pouvoirs, autoriser le liquidateur à procéder à la vente d'un immeuble dont l'insaisissabilité lui est opposable. • Com. 24 mars 2015, n° 14-10.175 P : *cité note 10 ss. art. L. 641-9* • 22 mars 2016, n° 14-21.267 P : *eod. loc.* ♦ Si un créancier, titulaire d'une sûreté réelle, à qui la déclaration d'insaisissabilité d'un immeuble appartenant à un débiteur en liquidation judiciaire est inopposable en application de l'art. L. 526-1, peut *faire procéder à sa vente sur saisie, il ne poursuit* pas cette procédure d'exécution dans les conditions prévues par l'art. L. 643-2, lequel concerne le cas où un créancier se substitue au liquidateur n'ayant pas entrepris la liquidation des biens grevés dans les trois mois de la liquidation et non celui où le liquidateur est légalement empêché d'agir par une déclaration d'insaisissabilité qui lui est opposable. • Com. 5 avr. 2016, n° 14-24.640 P : *cité note 11 ss. art. L. 643-2.* ♦ Il résulte de l'art. L. 526-1, dans sa rédaction antérieure à celle issue de la L. du 4 août 2008, que, lorsque la personne physique qui exerce une activité professionnelle indépendante a déclaré insaisissables des droits sur un bien foncier non affecté à son usage professionnel, cette déclaration n'a d'effet que si elle a été publiée antérieurement à l'ouverture de la procédure collective, fût-elle une procédure de sauvegarde, qui réunit les créanciers en une collectivité et emporte, dès ce moment, appréhension de l'immeuble dans leur gage commun. Pour dire la déclaration notariée d'insaisissabilité opposable au liquidateur, l'arrêt relève que la désignation de l'administrateur n'avait pas ôté au débiteur le pouvoir d'exercer sur son patrimoine les actes de disposition et d'administration et retient que, la déclaration d'insaisissabilité n'étant pas un acte de disposition, elle ne fait pas partie des actes énumérés par l'art. L. 622-7-II que le juge-commissaire doit autoriser. En statuant ainsi, après avoir relevé que la déclaration d'insaisissabilité avait été publiée après le jugement d'ouverture de la procédure de sauvegarde, la cour d'appel a violé le texte susvisé. • Com. 10 mars 2021, n° 19-21.971 P : *D. 2021. Actu. 573 ; JCP E 2021, n° 1540, note Lebel ; RJDA 2022, n° 31.*

La déclaration d'insaisissabilité n'étant opposable à la liquidation judiciaire que si elle a fait l'objet d'une publicité régulière, le liquidateur, qui a qualité pour agir au nom et dans l'intérêt collectif des créanciers, est recevable à en contester la régularité à l'appui d'une demande tendant à reconstituer le gage commun des créanciers. • Com. 15 nov. 2016, n° 14-26.287 P : *cité note 7 ss. art. L. 641-4* • 15 nov. 2017, n° 16-19.425 : *D. 2017. Actu. 2366*. ♦ Statuant exclusivement sur la recevabilité de la demande d'un liquidateur, tendant à voir déclarer inopposable à la procédure collective la déclaration d'insaisissabilité du débiteur, sans apprécier l'effet de celle-ci, une cour d'appel qui a constaté l'absence de litige entre les créanciers de la liquidation judiciaire et le débiteur en a souverainement déduit l'absence d'intérêt à agir du liquidateur au sens de l'art. 31 C. pr. civ. • Com. 3 févr. 2009, n° 08-10.303 P : *cité note 7 ss. art. L. 641-4.* ♦ Ont seuls intérêt à voir juger que la déclaration d'insaisissabilité leur est inopposable pour cause de fraude paulienne les créanciers auxquels elle serait opposable par application des dispositions de l'art. L. 526-1, al. 1er, c'est-à-dire les créanciers titulaires de créances nées à l'occasion de l'activité professionnelle de la débitrice. • Com. 23 avr. 2013, n° 12-16.035 P : *eod. loc.* ♦ Selon l'art. L. 526-1, dans sa rédaction antérieure à celle issue de la L. du 6 août 2015, applicable en la cause, la déclaration notariée d'insaisissabilité que peut faire publier la personne physique exerçant une activité professionnelle indépendante n'a d'effet qu'à l'égard des créanciers dont les droits naissent, après sa publication, à l'occasion de l'activité professionnelle du déclarant. Il en résulte que les effets de cette déclaration subsistent aussi longtemps que les droits des créanciers auxquels elle est opposable ne sont pas éteints, sauf renonciation du déclarant lui-même, de sorte que la cessation de son activité professionnelle ne met pas fin, par elle-même, aux effets de la déclaration. • Com. 17 nov. 2021, n° 20-20.821 B : *D. 2021. Actu. 2085 ; JCP E 2021, n° 1543 ; RJDA 2022, n° 167.*

5. Hypothèque judiciaire. **BIBL.** Lauvergnat, *Procédures 2014. Étude 15* (déclaration d'insaisissabilité *versus* hypothèque judiciaire provisoire). ♦ L'art. L. 526-1, d'interprétation stricte, interdit la saisie du bien objet de la déclaration d'insaisissabilité mais non l'inscription d'une hypothèque judiciaire à titre conservatoire sur ce bien. • Com. 11 juin 2014, n° 13-13.643 P : *D. 2014. Pan. 1613, obs. Crocq ; JCP E 2014, n° 1380, note Lebel ; RJDA 2014, n° 867 ; LPA 21-22 août 2014, note Vinckel ; Gaz. Pal. 2014. 2200, note Mignot ; Procédures 2014, n° 232, obs. Perrot* • 13 sept. 2016, n° 15-14.088 : *RJDA 2016, n° 906.*

6. Titre exécutoire. Le créancier auquel la déclaration d'insaisissabilité est inopposable bénéficie, indépendamment de ses droits dans la procédure collective de son débiteur, d'un droit de poursuite sur cet immeuble, qu'il doit être en mesure d'exercer en obtenant, s'il n'en détient pas un auparavant, un titre exécutoire par une action contre le débiteur tendant à voir constater l'existence, le montant et l'exigibilité de sa créance (banque ayant consenti un prêt pour l'acquisition de la résidence). • Com. 13 sept. 2017, n° 16-10.206 P : *D. 2017. Actu. 1759, obs. Lienhard ; RTD com. 2017. 994, obs. Martin-Serf ; Rev. sociétés 2017. 734, obs. Roussel Galle ; JCP E 2017, n° 1561, note Cerati-Gauthier ; RJDA 2018, n° 169 ; LPA 1er-2 janv. 2018, note Legrand.* ♦ Si le créancier auquel la déclaration d'insaisissabilité d'un immeuble est inopposable bénéficie d'un droit de poursuite sur cet immeuble, il n'en demeure pas moins soumis au principe d'ordre public de l'arrêt des poursuites ainsi qu'à l'interdiction de recevoir paiement des créances dont la naissance est antérieure au jugement d'ouverture. Il en résulte que, s'il doit être en mesure d'exercer le droit qu'il détient sur l'immeuble en obtenant un titre exécutoire par une action contre le débiteur tendant à voir constater l'existence, le montant et l'exigibilité de sa créance, cette action ne peut tendre au paiement de celle-ci. • Com. 7 oct. 2020, n° 19-13.560 P : *D. 2020. Actu. 2007 ; RTD com. 2021. 189, obs. Martin-Serf ; Rev. sociétés 2021. 205, obs. Reille ; JCP E 2020, n° 1535, obs. Pétel ; RJDA 2021, n° 49.* ♦ Un créancier auquel une déclaration d'insaisissabilité d'un immeuble est inopposable peut exercer son droit de poursuite sur celui-ci indépendamment de ses droits dans la procédure collective du propriétaire de cet immeuble. Il en résulte que rien ne lui interdit, tant que sa créance n'est pas prescrite, de faire inscrire une hypothèque provisoire sur ce bien dans les conditions du droit commun, lequel s'applique aussi à la demande de mainlevée d'une telle mesure conservatoire. • Même décision.

Un créancier inscrit à qui est inopposable la déclaration d'insaisissabilité d'un immeuble appartenant à son débiteur, et qui peut donc faire procéder à la vente sur saisie de cet immeuble, a également la faculté de déclarer sa créance au passif de la procédure collective du débiteur. S'il fait usage de cette faculté, il bénéficie de l'effet interruptif de prescription attaché à sa déclaration de créance, cet effet interruptif se prolongeant en principe jusqu'à la date de la décision ayant statué sur la demande d'admission, dès lors que ce créancier n'est pas dans l'impossibilité d'agir sur l'immeuble au sens de l'art. 2234 C. civ. Toutefois, lorsque aucune décision n'a statué sur cette demande d'admission, l'effet interruptif de prescription attaché à la déclaration de créance se prolonge jusqu'à la clôture de la procédure collective. • Com. 24 mars 2021, n° 19-23.413 P : *cité note 143 ss. art. L. 622-24.*

7. Partage d'une indivision. Le bien ayant fait l'objet d'une déclaration d'insaisissabilité régulièrement publiée avant le jugement d'ouverture de la liquidation judiciaire du débiteur, il en résulte que les droits indivis de ce dernier n'ont pas été appréhendés par la procédure collective et que le liquidateur n'avait pas qualité pour agir en partage et licitation sur le fondement de l'art. 815 C. civ. (rédaction de l'art. L. 526-1 C. com. antérieure à la L. n° 2015-990 du 6 août 2015). • Com. 14 mars 2018, n° 16-27.302 P : *cité note 10 ss. art. L. 641-9.* ♦ Si le liquidateur ne représente pas le débiteur en ce qui concerne les droits de celui-ci sur l'immeuble qu'il a régulièrement déclaré insaisissable, lequel n'est, dès lors, pas entré dans le gage commun des créanciers, le juge aux affaires familiales, saisi d'une demande d'ouverture des opérations de compte, liquidation et partage de l'indivision, pouvait, en exécution du jugement de divorce et après avoir rejeté la demande d'attribution préférentielle du bien litigieux dont il était également saisi, ordonner sa licitation pour parvenir au partage de l'indivision sans avoir besoin d'une demande à cette fin du liquidateur. • Com. 10 juill. 2019, n° 18-16.867 P : *D. 2019. Actu. 1492 ; JCP E 2019, n° 1393 ; BRDA 2019, n° 19, p. 7.*

Art. L. 526-2 La déclaration (*L. n° 2015-990 du 6 août 2015, art. 206-II*) **« prévue au deuxième alinéa de l'article L. 526-1 », reçue par notaire sous peine de nullité,**

contient la description détaillée *(L. n° 2008-776 du 4 août 2008, art. 14-I-3°)* **« des biens et l'indication de leur caractère propre », commun ou indivis. L'acte est publié** *(Ord. n° 2010-638 du 10 juin 2010, art. 13-III, en vigueur le 1er janv. 2013)* **« au fichier immobilier** *[ancienne rédaction : au bureau des hypothèques]* **» ou, dans les départements du Bas-Rhin, du Haut-Rhin et de la Moselle, au livre foncier, de sa situation.**

Lorsque la personne est immatriculée *(Ord. n° 2021-1189 du 15 sept. 2021, art. 11, en vigueur le 1er janv. 2023)* **« au registre du commerce et des sociétés, au registre spécial des agents commerciaux ou au registre spécial des entreprises à responsabilité limitée** *[ancienne rédaction : dans un registre de publicité légale à caractère professionnel]* **», la déclaration doit y être mentionnée.**

(Ord. n° 2021-1189 du 15 sept. 2021, art. 11, en vigueur le 1er janv. 2023) **« A défaut d'une telle immatriculation, la déclaration est mentionnée au registre national des entreprises** *[ancienne rédaction : Lorsque la personne n'est pas tenue de s'immatriculer dans un registre de publicité légale, un extrait de la déclaration doit être publié sur un support habilité à recevoir des annonces légales dans le département dans lequel est exercée l'activité professionnelle pour que cette personne puisse se prévaloir du bénéfice du deuxième alinéa de l'article L. 526-1]*. **»**

L'établissement de l'acte prévu au premier alinéa et l'accomplissement des formalités donnent lieu au versement aux notaires d'émoluments fixes dans le cadre d'un plafond déterminé par décret. – *V. Décr. n° 2004-303 du 26 mars 2004 (JO 30 mars).*

V. 1re note rédactionnelle ss. art. L. 526-1.

La publication dans un support habilité à recevoir des annonces légales dans le département dans lequel est exercée l'activité professionnelle réalisée par la personne en application de l'art. L. 526-2, dans sa rédaction antérieure à l'entrée en vigueur de l'Ord. n° 2021-1189 du 15 sept. 2021, demeure régulière et continue de produire ses effets liés au bénéfice du 2e al. de l'art. L. 526-1 (Ord. préc., art. 45-I, en vigueur le 1er janv. 2023).

BIBL. ► Vauvillé, *BJS 2003. 1117 ; Defrénois 2003. 1197* (déclaration notariée). – Laugier, *JCP N 2003, n° 45, p. 1594* (déclaration notariée d'insaisissabilité). – Sander, *ibid. 2004, n° 1-2, p. 9* (publicité au livre foncier). – Dagot, *JCP E 2004, n° 4, p. 113* (formules). – Doublon et Gelot, *Defrénois 2004. 865* (commentaires et formules). – Guilhaudis et Raffray, *JCP N 2005, n° 11, p. 605* (pratique de la déclaration notariée d'insaisissabilité). – Monsèrié-Bon, *Mél. Saint-Alary, Éd. Législatives, Presses Univ. Sc. soc. Toulouse, 2006, p. 387* (l'insaisissabilité de la résidence principale : ordre et désordre dans le rôle de la publicité). – Hoonakker, *D. 2013. 318* (double publication de la déclaration d'insaisissabilité). – IEJ du CSN, *JCP N 2015. Actu. 254* (déclaration d'insaisissabilité : un point sur l'obligation d'information du notaire). – Legrand, *D. 2015. 2387* (faut-il supprimer la déclaration notariée d'insaisissabilité ?). – Saintourens, *RTD com. 2021. 767* (publicité de la déclaration d'insaisissabilité de biens immobiliers après l'Ord. du 15 sept. 2021).

1. Registres spéciaux. La mention d'insaisissabilité ainsi que celle, le cas échéant, de remploi des fonds ou de renonciation à la déclaration d'insaisissabilité doit figurer tant au RCS qu'au registre spécial des agents commerciaux ainsi qu'au répertoire des métiers (Avis CCRCS nos 03-63 et 04-49 du 15 déc. 2005 : *Bull. RCS 2005, n° 30-32, p. 13*).

2. Tableau des avocats. Le tableau des avocats inscrits auprès d'un barreau ne constituant pas un registre de publicité légale à caractère professionnel au sens de l'art. L. 526-2, al. 2, la déclaration d'insaisissabilité faite par un avocat, outre les formalités de publicité au bureau des hypothèques, est, en conséquence, subordonnée à une publication dans un journal d'annonces légales. • Civ. 1re, 15 mai 2007, n° 05-19.189 P : *D. 2007. AJ 1511 ; JCP 2007. I. 206, n° 12, obs. Bortoluzzi ; RJDA 2007, n° 1009 ; RDBF 2007, n° 189, obs. Piedelièvre.*

Art. L. 526-3

Art. L. 526-3 *(L. n° 2015-990 du 6 août 2015, art. 206-III)*. **En cas de cession des droits immobiliers sur la résidence principale, le prix obtenu demeure insaisissable, sous la condition du remploi dans le délai d'un an des sommes à l'acquisition par la** ***personne mentionnée*** **au premier alinéa de l'article L. 526-1 d'un immeuble où est fixée sa résidence principale.**

L'insaisissabilité des droits sur la résidence principale et la déclaration d'insaisissabilité portant sur tout bien foncier, bâti ou non bâti, non affecté à l'usage professionnel peuvent, à tout moment, faire l'objet d'une renonciation soumise aux conditions de validité et d'opposabilité prévues à l'article L. 526-2. La renonciation peut porter sur

tout ou partie des biens ; elle peut être faite au bénéfice d'un ou de plusieurs créanciers mentionnés à l'article L. 526-1 désignés par l'acte authentique de renonciation. Lorsque le bénéficiaire de cette renonciation cède sa créance, le cessionnaire peut se prévaloir de celle-ci. La renonciation peut, à tout moment, être révoquée dans les conditions de validité et d'opposabilité prévues à l'article L. 526-2. Cette révocation n'a d'effet qu'à l'égard des créanciers mentionnés à l'article L. 526-1 dont les droits naissent postérieurement à sa publication.

Les effets de l'insaisissabilité et ceux de la déclaration subsistent après la dissolution du régime matrimonial lorsque la personne mentionnée au premier alinéa de l'article L. 526-1 ou le déclarant mentionné au deuxième alinéa du même article L. 526-1 est attributaire du bien. Ils subsistent également en cas de décès de la personne mentionnée au premier alinéa dudit article L. 526-1 ou du déclarant mentionné au deuxième alinéa du même article L. 526-1 jusqu'à la liquidation de la succession.

V. note ss. art. L. 526-1.

Ancien art. L. 526-3 ***En cas de cession des droits immobiliers désignés dans la déclaration initiale, le prix obtenu demeure insaisissable à l'égard des créanciers dont les droits sont nés postérieurement à la publication de cette déclaration à l'occasion de l'activité professionnelle du déclarant, sous la condition du remploi dans le délai d'un an des sommes à l'acquisition par le déclarant d'un immeuble où est fixée sa résidence principale.***

Les droits sur la résidence principale nouvellement acquise restent insaisissables à la hauteur des sommes réemployées à l'égard des créanciers visés au premier alinéa lorsque l'acte d'acquisition contient une déclaration de remploi des fonds.

La déclaration de remploi des fonds est soumise aux conditions de validité et d'opposabilité prévues aux articles L. 526-1 et L. 526-2.

La déclaration peut, à tout moment, faire l'objet d'une renonciation soumise aux mêmes conditions de validité et d'opposabilité. *(L. n° 2008-776 du 4 août 2008, art. 14-I, 4°)* ***« La renonciation peut porter sur tout ou partie des biens ; elle peut être faite au bénéfice d'un ou plusieurs créanciers mentionnés à l'article L. 526-1 désignés par l'acte authentique de renonciation. Lorsque le bénéficiaire de cette renonciation cède sa créance, le cessionnaire peut se prévaloir de celle-ci. »***

Les effets de la déclaration subsistent après la dissolution du régime matrimonial lorsque le déclarant est attributaire du bien. Le décès du déclarant emporte révocation de la déclaration.

V. 1re note rédactionnelle ss. art. L. 526-1.

BIBL. ▶ DAGOT, *JCP N 2004, n° 7, p. 323* (report de l'insaisissabilité initiale). – PÉROCHON, *Mél. Saint-Alary, Éd. Législatives, Presses Univ. Sc. soc. Toulouse, 2006, p. 409* (le créancier et la renonciation à l'insaisissabilité de la résidence). – LEDAN-CABARROQUE et SAINTOURENS, *JCP N 2012, n° 1016* (déclaration notariée d'insaisissabilité : le décès du déclarant au cours de la liquidation judiciaire).

Art. L. 526-4 *(L. n° 2003-721 du 1er août 2003, art. 8)* **Lors de sa demande d'immatriculation** *(Ord. n° 2021-1189 du 15 sept. 2021, art. 11, en vigueur le 1er janv. 2023)* **« au registre du commerce et des sociétés, au registre spécial des agents commerciaux, au registre spécial des entreprises individuelles à responsabilité limitée ou au registre national des entreprises** *[ancienne rédaction : à un registre de publicité légale à caractère professionnel]* **», la personne physique mariée sous un régime de communauté légale ou conventionnelle doit justifier que son conjoint a été informé des conséquences sur les biens communs des dettes contractées dans l'exercice de sa profession.**

Un décret en Conseil d'État précise en tant que de besoin les modalités d'application du présent article. — *V. art. R. 526-1 et R. 526-2.*

BIBL. ▶ SAUVAGE, *JCP N 2004, n° 10, p. 434* (insaisissabilité et régime matrimonial). – DAGOT, *ibid., n° 13, p. 561* (information du conjoint du commerçant). – BOREL et RICHAUD, *Defrénois 2014. 294* (préparation d'un acte de changement de régime matrimonial et d'une déclaration d'insaisissabilité). – SAINTOURENS, *RTD com. 2021. 768* (l'obligation d'information par l'entrepreneur de son conjoint commun en biens après l'Ord. du 15 sept. 2021).

V., relatif au RCS, art. R. 123-37 s. et R. 123-46. — V., relatif au répertoire des métiers, Décr. n° 98-247 du 2 avr. 1998, art. 10 bis, App., v° Artisans.

Information du conjoint. Les dispositions de l'art. L. 526-4 relatives à l'information du conjoint commun en biens ne s'appliquent pas aux associés d'une société civile (Avis CCRCS n° 05-20 du

6 avr. 2005 : *Bull. RCS 2005, n° 30-32, p. 53*). ♦ Le justificatif doit être fourni même si les conjoints vivent séparément, sauf en cas de séparation de biens ou de corps ; il doit également être fourni, à titre déclaratif, lorsque le conjoint vit à l'étranger (Avis CCRCS n° 04-55 : *Bull. RCS 2005, n° 28 ; BRDA 2005, n° 2, p. 15*). ♦ Lorsqu'un commerçant déjà immatriculé au RCS se marie sous le régime de la communauté des biens, il n'est pas tenu de fournir, à l'appui de sa demande d'inscription modificative, une déclaration de son conjoint attestant qu'il a été informé des conséquences sur les biens communs des dettes contractées dans l'exercice de l'activité commerciale (Avis CCRCS n° 05-88 *bis* du 15 déc. 2005 : *Bull. RCS 2005, n° 30-32, p. 57 ; BRDA 2006, n° 6, p. 14*).

Code civil

Art. 1387-1 (*L. n° 2005-882 du 2 août 2005, art. 13*) Lorsque le divorce est prononcé, si des dettes ou sûretés ont été consenties par les époux, solidairement ou séparément, dans le cadre de la gestion d'une entreprise, le tribunal judiciaire peut décider d'en faire supporter la charge exclusive au conjoint qui conserve le patrimoine professionnel ou, à défaut, la qualification professionnelle ayant servi de fondement à l'entreprise.

BIBL. ▶ Brémond, *JCP N 2005. 1497*. – Chazal et Ferré-André, *D. 2006. 316*. – Crocq, *D. 2005. 2025*. – Jacob, *Banque et Dr. 9-10/2005. 62*. – Larribau-Terneyre, *Dr. fam. 2005. Étude 21*. – S. Piedelièvre, *D. 2005. 2138*. – Revet, *Dr. et patr. 11/2005. 91*. – Castagné, *JCP N 2006, n°s 45 et 46, p. 1951 et 1985* (un mariage à trois : le commerçant, son conjoint et le fonds de commerce). – Casey, *Gaz. Pal. 2012. 29* (analyse de la jurisprudence des cours d'appel et bilan quinquennal).

Contribution à la dette. Pour une décision interprétant l'art. 1387-1 comme permettant seulement au TGI de décider, dans le cadre de la liquidation de la communauté ayant existé entre les époux et uniquement dans leurs rapports entre eux, que la contribution finale à la dette sera supportée exclusivement par le conjoint qui conserve le patrimoine professionnel, l'obligation à la dette n'étant nullement affectée par le nouvel article et le créancier gardant donc le droit de poursuivre les deux époux : • TGI Évreux, 17 nov. 2006 : *LPA 15-16 août 2007, note Edel*. ♦ L'art. 1387-1 n'est pas applicable aux dettes contractées avant son entrée en vigueur. • Douai, 20 oct. 2008 : *Dr. fam. 2009, n° 52, obs. Larribau-Terneyre*.

Art. L. 526-5 (*Ord. n° 2006-346 du 23 mars 2006, art. 43*) **Les dispositions des articles L. 313-14 à L. 313-14-2** [*abrogés par L. n° 2014-344 du 17 mars 2014, art. 46-I, à compter du 1er juill. 2014*] **du code de la consommation sont applicables aux opérations de prêt consenties à toute personne physique immatriculée** (*Ord. n° 2021-1189 du 15 sept. 2021, art. 11, en vigueur le 1er janv. 2023*) **« au registre national des entreprises** [*ancienne rédaction : à un registre de publicité légale à caractère professionnel, à toute personne physique exerçant une activité professionnelle agricole ou indépendante*] **» ainsi qu'au gérant associé unique d'une société à responsabilité limitée, et garanties par une hypothèque rechargeable inscrite sur l'immeuble où l'intéressé a fixé sa résidence principale.**

SECTION II DE L'ENTREPRENEUR INDIVIDUEL À RESPONSABILITÉ LIMITÉE

(*L. n° 2010-658 du 15 juin 2010, art. 1er*)

Les art. L. 526-6 à L. 526-21 entrent en vigueur à compter de la publication de l'ordonnance adaptant au patrimoine affecté de l'EIRL les dispositions du livre VI du code de commerce et procédant aux harmonisations nécessaires en matière de droit des sûretés, de droit des procédures civiles d'exécution et de règles applicables au surendettement des particuliers (L. n° 2010-658 du 15 juin 2010, art. 8-1 et 14-I). — V. Ord. n° 2010-1512 du 9 déc. 2010 (JO 10 déc.) et, notamment, art. L. 680-1 s.

A compter de la publication de la L. n° 2022-172 du 14 févr. 2022 (JO 15 févr.), nul ne peut affecter à son activité professionnelle un patrimoine séparé de son patrimoine personnel en application de l'art. L. 526-6. L'affectation à un patrimoine affecté déjà constitué ou le retrait d'éléments de celui-ci demeurent possibles (L. préc., art. 6-II, al. 1er).

Les personnes physiques exerçant leur activité sous le régime de l'EIRL à la date de publication de la L. n° 2022-172 du 14 févr. 2022 (JO 15 févr.) demeurent régies par la section II du chapitre VI du titre II du livre V, dans sa rédaction résultant de ladite loi (L. préc., art. 6-II, al. 2).

RÉP. COM. v° *Entreprise individuelle à responsabilité limitée (EIRL)*, par HOUTCIEFF.

RÉP. SOCIÉTÉS v° *Entrepreneur individuel à responsabilité limitée (EIRL)*, par QUIEVY.

DELMAS EXPRESS *Entreprise individuelle à responsabilité limitée, 2011/2012*, par LEGRAND.

BIBL. GÉN. ▶ Loi n° 2010-658 du 15 juin 2010 : Dossier, *Dr. et patr. 4/2010. 54* (le patrimoine professionnel d'affectation : premières analyses de l'EIRL). – CHAMPAUD et DANET, *RTD com. 2010. 349* (patrimoine affecté à une entreprise individuelle) ; *ibid. 353* (apports en société et affectations patrimoniales entrepreneuriales). – DUBUISSON, *RLDA juin 2010. 15* (EIRL : un tournant du droit en procédure accélérée...). – DONDERO, *JCP 2010, n° 679* (l'EIRL, ou l'entrepreneur fractionné). – MARMOZ, *D. 2010. 1570* (EIRL : nouvelle technique d'organisation de l'entreprise). – PIEDELIÈVRE, *Defrénois 2010. 1417* (l'entreprise individuelle à responsabilité limitée). – SAINTOURENS, *Rev. sociétés 2010. 351* (l'entrepreneur individuel à responsabilité limitée). – NDLR, *JCP N 2010, n° 1261* (constitution et fonctionnement de l'EIRL). – DUBUISSON, *ibid., n° 1263* (angoisse du praticien face à un entrepreneur individuel qui veut s'engager comme EIRL). – LEGRAND, *D. 2010. 1898* (l'auto-entrepreneur à l'ère EIRL). – VIGUIER, *Dr. et patr. 9/2010. 24* (du patrimoine d'affectation et de la loi relative à l'EIRL). – MONSÉRIÉ-BON, *RJ com. 2010. 460* (EIRL, EURL, quelques éléments de réflexion). – VAUVILLÉ, *Defrénois 2010. 1649* (commentaire de la loi du 15 juin 2010 relative à l'EIRL). – LEROYER, *RTD civ. 2010. 632* (EIRL, à la logique économique : technique dérogatoire). – ROUSSEL et VAN STEENLANDT, *JCP N 2010, n° 1327* (le droit français de l'entreprise à l'heure du XXIe siècle). – DINH, *JCP E 2010, n° 1979* (l'EIRL, un hybride en droit français). – DOUAOUI-CHAMSEDDINE, *RDBF 2010. Étude 23* (adaptation et articulation délicates des procédures d'exécution à l'EIRL) ; *RLDA nov. 2010. 53* (les actions en responsabilité pour insuffisance d'actif et en extension s'appliqueront-elles à l'EIRL ?). – Inforeg, *Cah. dr. entr. 11-12/2010* (l'EIRL : un statut hybride entre EI et EURL). – PÉROCHON, *RPC 2010. Dossier 5* (l'efficacité des mécanismes de prévention des risques : l'EIRL). – PRIEUR et COIFFARD, *JCP N 2010, n° 1390* (le patrimoine professionnel affecté : l'EIRL). – SAINTOURENS, *RTD com. 2010. 681* (instauration du statut de l'EIRL). – LEGRAND, *LPA 3 janv. 2011* (composition du patrimoine affecté). – TERRÉ, *JCP E 2011, n° 1011* (la personne et ses patrimoines ou l'EIRL). – D'HOIR-LAUPRÊTRE, *LPA 14 janv. 2011* (l'EIRL, un patrimoine affecté voué à... une désaffection certaine !). – Dossier, *BJS 2011. 227* (EIRL, nouveaux regards). – Dossier, *BJE 2011. 52* (approches critiques de l'EIRL). – Numéro spécial, *DP diff. entr. 2011, Bull. n° 324-1* (nouveau statut de l'EIRL). – LEGRAND, *D. 2011. 966* (l'après EIRL : la mise en société...) ; *LPA 25-26 avr. 2011* (l'auto-entrepreneur EIRL). – Numéro spécial, *Defrénois 2011. 554*. – Dossier, *Dr. et patr. 4/2011. 42* (EIRL : nouvelle donne pour l'entrepreneur). – Actes de colloque, *LPA 28 avr. 2011* (l'EIRL : quel avenir ?). – THOMAT-RAYNAUD, *Dr. fam. 2011. Étude 15* (EIRL : naissance d'une nouvelle catégorie de personne physique ?). – BARRIÈRE et ÉLINEAU, *Dr. sociétés 2011. Étude 8* (l'EIRL ou l'échec du droit des sociétés ?). – CEVAËR et PERROT, *JCP E 2011, n° 1443* (l'EIRL et les sûretés négatives). – NDLR, *BRDA 2011, n° 10, p. 14* (EIRL ou EURL, que choisir ?). – DUBUISSON, *JCP N 2011, n° 1204* (de l'EURL à l'EIRL). – BEYNEIX, *LPA 19 sept. 2011* (le double échec de l'EIRL à l'aune du droit commun et du droit de la défaillance économique). – LEGRAND, *LPA 7 oct. 2011* (l'accès au crédit de l'EIRL ou comment concilier l'inconciliable ?). – A. AYNÈS, *RLDC oct. 2011. 28* (EIRL : la séparation des patrimoines à l'épreuve du droit des sûretés). – LEGRAND, *LPA 2 janv. 2012* (EIRL : saison II) ; *ibid. 20 avr. 2012* (accès au crédit de l'EIRL : retour sur la constitution de sûretés par l'entrepreneur). – MORELL, *Dr. et patr. 6/2012. 30* (sort des contrats entre les différents patrimoines de l'EIRL). – THOMAT-RAUNAUD, *Dr. fam. 2012. Dossier 8* (l'EIRL : une nouvelle personne physique ?). – LEGRAND, *LPA 13 mai 2013* (EIRL : vers une simplification ?). – SALGADO, *JCP E 2014, n° 1024* (EIRL : illusion des uns, désillusion des autres). ▶ Loi n° 2014-626 du 18 juin 2014 : LEGRAND, *LPA 30 avr. 2014* (EIRL : réforme de simplification ou disparition ?) ; *D. 2014. 1458* (l'entreprise à patrimoine affecté sur la sellette ?). – REYGROBELLET, JCP N 2014, *n° 1246* (loi nouvelle sur l'artisanat, le commerce et les TPE). – LEGRAND, *BJS 2014. 432* (quelles simplifications pour les EIRL ?). – DENIZOT, *RTD civ. 2014. 547* (l'étonnant destin de la théorie du patrimoine). – GAUTRON et LEFÉBURE, *RTD com. 2015. 411* (évolution de la nature de l'activité et de la composition du patrimoine de l'EIRL : difficultés pratiques). – MÉSA, *Dr. et patr. 1/2016. 25* (l'EIRL et le droit pénal). ▶ Loi n° 2019-486 du 22 mai 2019 : LEGRAND, *LPA 28 mai 2019* (EIRL : nouvelle réforme par la loi PACTE). – NDLR, *BRDA 2019, n° 10, p. 48* (des mesures pour inciter les entrepreneurs à adopter le statut de l'EIRL). – SAINTOURENS, *RTD com. 2019. 602* (l'attractivité renforcée du statut d'EIRL à la suite de la loi PACTE). – MALLET-BRICOUT, *RTD civ. 2019. 665* (EIRL et loi PACTE, ou l'insoutenable politique des correctifs législatifs). ▶ Loi n° 2022-172 du 14 févr. 2022 : LEGRAND, *LPA 31 janv. 2022* (l'entreprise à patrimoine affecté est morte... vive l'entreprise à patrimoine professionnel !). – NDLR, *BRDA 2022, n° 6, p. 29* (suppression des EIRL pour l'avenir).

▶ Pour une Bibl. relative à l'EIRL en difficulté, V. la Bibl. gén. ss. le livre VI.

▶ Pour une Bibl. antérieure à la L. n° 2010-658 du 15 juin 2010, V. **C. com.**

V. la Charte pour améliorer l'accès au crédit des EIRL du 31 mai 2011.

Art. L. 526-5-1 *(Abrogé par L. n° 2022-172 du 14 févr. 2022, art. 6, à compter du 14 mai 2022) (L. n° 2019-486 du 22 mai 2019, art. 7)* ***Toute personne physique souhaitant exercer une activité professionnelle en nom propre déclare, lors de la création de l'entreprise, si elle souhaite exercer en tant qu'entrepreneur individuel ou sous le régime de l'entrepreneur individuel à responsabilité limitée défini par la présente section.***

L'entrepreneur individuel peut également opter à tout moment pour le régime de l'entrepreneur individuel à responsabilité limitée.

Les personnes physiques exerçant leur activité sous le régime de l'EIRL à la date de publication de la L. n° 2022-172 du 14 févr. 2022 (JO 15 févr.) demeurent régies par la section II du chapitre VI du titre II du livre V, dans sa rédaction résultant de ladite loi (L. préc., art. 6-II, al. 2).

Art. L. 526-6 *(L. n° 2019-486 du 22 mai 2019, art. 7)* **« Pour l'exercice de son activité en tant qu'entrepreneur individuel à responsabilité limitée, l'entrepreneur individuel affecte à son activité professionnelle un patrimoine séparé de son patrimoine personnel, sans création d'une personne morale, dans les conditions prévues à l'article L. 526-7. »**

Ce patrimoine est composé de l'ensemble des biens, droits, obligations ou sûretés dont l'entrepreneur individuel est titulaire, nécessaires à l'exercice de son activité professionnelle. Il peut comprendre également les biens, droits, obligations ou sûretés dont l'entrepreneur individuel est titulaire, utilisés pour l'exercice de son activité professionnelle *(L. n° 2019-486 du 22 mai 2019, art. 7)* **« , qu'il décide d'y affecter et qu'il peut ensuite décider de retirer du patrimoine affecté ». Un même bien, droit, obligation ou sûreté ne peut entrer dans la composition que d'un seul patrimoine affecté.** – *V. art. R. 526-3-1.*

(L. n° 2010-874 du 27 juill. 2010, art. 40-I) **« Par dérogation à l'alinéa précédent, l'entrepreneur individuel exerçant une activité agricole au sens de l'article L. 311-1 du code rural et de la pêche maritime peut ne pas affecter les terres utilisées pour l'exercice de son exploitation** *(L. n° 2011-525 du 17 mai 2011, art. 178-II)* **« à son activité professionnelle ». Cette faculté s'applique à la totalité des terres dont l'exploitant est propriétaire. »** – *V. art. préc., ss. art. L. 110-1.*

Pour l'exercice de l'activité professionnelle à laquelle le patrimoine est affecté, l'entrepreneur individuel utilise une dénomination incorporant son nom, précédé ou suivi immédiatement des mots : "Entrepreneur individuel à responsabilité limitée" ou des initiales : "EIRL".

A compter de la publication de la L. n° 2022-172 du 14 févr. 2022 (JO 15 févr.), nul ne peut affecter à son activité professionnelle un patrimoine séparé de son patrimoine personnel en application de l'art. L. 526-6. L'affectation à un patrimoine affecté déjà constitué ou le retrait d'éléments de celui-ci demeurent possibles (L. préc., art. 6-II, al. 1er).

Un même entrepreneur individuel peut constituer plusieurs patrimoines affectés à compter du 1er janv. 2013 (L. n° 2010-658 du 15 juin 2010, art. 14-II).

BIBL. ▶ VALLANSANS, *Cah. dr. entr. 2011, n° 3, p. 23* (la volonté d'affectation des droits et des biens par l'EIRL). – LEGRAND, *D. 2012. 2402* (l'EIRL à patrimoines multiples). – LAURENT, *Dr. et patr. 11/2012. 40 ; ibid. déc. 2012. 48* (mutations non translatives – à propos de l'EIRL). – LEGRAND, *LPA 1er-2 janv. 2013* (l'avènement des multiples patrimoines de l'EIRL). – PELLIER, *RTD com. 2013. 45* (nature juridique du patrimoine affecté de l'EIRL). – GAZEAU, BLIN et SARDOT, *AJDI 2014. 264* (affectation de l'immeuble professionnel de l'EIRL).

1. *Associé d'une SNC.* La personne qui a choisi d'agir dans le cadre d'une société, notamment l'associé d'une SNC, n'est plus un entrepreneur individuel. Elle ne peut donc pas recourir au statut de l'EIRL ni cumuler les avantages conférés par la société et ceux offerts à l'entrepreneur individuel par le chapitre VI du livre V du code de commerce comprenant la déclaration d'insaisissabilité d'une part, et le statut de l'EIRL d'autre part. * Rép. min. n° 81046 : *JOAN Q, 4 sept. 2010, p. 9981 ; D. actu. 1er oct. 2010, obs. Delpech ; Rev. sociétés 2010. 479, obs. B. François ; BRDA 2010, n° 19, p. 3.*

2. *Personne morale.* Le requérant, qui a adopté le statut d'entrepreneur individuel à responsabilité limitée, n'ayant pas créé une personne morale, le pourvoi de la « société » EIRL, qui n'a aucune existence légale, doit être déclaré irrecevable. • Com. 23 oct. 2019, n° 18-19.952 P : *D. 2019. 2390, note Legrand ; JCP E 2020, n° 1092, note Lebel.*

3. Garantie du patrimoine affecté. La banque d'un EIRL peut bénéficier d'une garantie Oseo pouvant atteindre 70 % des concours consentis lorsqu'elle s'engage à ne prendre de sûretés que sur les actifs spécialement affectés par cet entrepreneur à son activité professionnelle. * Rép. min. n° 80164 : *JOAN Q, 9 oct. 2010, P. 11390 ; D. actu. 26 oct. 2010, obs. Lienhard ; Banque et Dr. 11-12/2010. 48, obs. Jacob ; Defrénois 2011. 15.*

4. Surendettement. Pour déclarer irrecevable la demande de traitement de la situation de surendettement de la débitrice, le jugement retient qu'elle exerce son activité professionnelle sous le statut d'EIRL, ce qui la rend éligible aux procédures collectives. En statuant ainsi, alors que la seule circonstance que le patrimoine affecté de l'EIRL relève de la procédure instituée par les titres II à IV du livre VI du code de commerce relative au traitement des difficultés des entreprises n'est pas de nature à exclure le patrimoine non affecté du débiteur de la procédure de traitement des situations de surendettement, le juge a violé les art. L. 526-6 C. com. et L. 711-7 C. consom. • Civ. 2e, 27 sept. 2018, n° 17-22.013 P : *D. 2018. 2071, note Legrand ; JCP E 2018, n° 1528, note Pellier ; RJDA 2019, n° 33 ; LPA 4 avr. 2019, note Stoffel.*

5. Procédure collective. Sur le défaut de mention de la dénomination sous laquelle le débiteur exerçait son activité d'entrepreneur individuel à responsabilité limitée ni ces derniers mots ou les initiales EIRL, V. • Com. 6 mars 2019, n° 17-26.605 P : *cité ss. art. L. 680-2.*

Art. L. 526-7 *(L. n° 2010-658 du 15 juin 2010, art. 1er)* **La constitution du patrimoine affecté résulte** *(Abrogé par L. n° 2019-486 du 22 mai 2019, art. 7) « du dépôt »* **d'une déclaration** *(L. n° 2019-486 du 22 mai 2019, art. 7)* **« effectuée » :**

(Ord. n° 2021-1189 du 15 sept. 2021, art. 11, en vigueur le 1er janv. 2023) **« 1° Pour une activité commerciale, au registre du commerce et des sociétés auprès duquel le commerçant est tenu de s'immatriculer ;**

« 2° Pour une activité relevant du secteur des métiers et de l'artisanat, au registre national des entreprises auprès duquel le chef d'entreprise est tenu de s'immatriculer en cette qualité ;

« 3° Pour une activité d'agent commercial, au registre spécial des agents commerciaux ;

« 4° Pour les activités ne relevant pas des cas prévus aux 1° à 3°, au registre spécial tenu au greffe du tribunal de commerce ou du tribunal judiciaire statuant commercialement dans le ressort duquel se trouve l'adresse de leur établissement principal.

« Lorsque l'activité exercée par l'entrepreneur individuel est inscrite à la fois au registre du commerce et des sociétés et au registre national des entreprises en tant qu'entreprise du secteur des métiers et de l'artisanat, la déclaration est effectuée auprès du registre du commerce et des sociétés. »

(L. n° 2014-626 du 18 juin 2014, art. 33-I) **« Lorsque l'entrepreneur individuel est transféré dans le ressort d'un autre registre ou rattaché à un autre registre en cours d'activité,** *(Abrogé par L. n° 2019-486 du 22 mai 2019, art. 7) « sa déclaration d'affectation, les autres déclarations prévues à la présente section, »* **les mentions inscrites et l'ensemble des documents publics déposés sont transférés par le précédent organisme teneur de registre à celui nouvellement compétent. Dans ce cas,** *(Abrogé par L. n° 2019-486 du 22 mai 2019, art. 7) « celui-ci est dispensé des vérifications prévues à l'article L. 526-8 et »* **mention du transfert est portée au premier registre. Le transfert s'effectue par voie dématérialisée et ne donne pas lieu à émolument ou redevance. »**

Pour l'application de l'art. L. 526-7, les mentions inscrites et l'ensemble des documents publics déposés avant le 1er janv. 2023 auprès du répertoire des métiers et du registre de l'agriculture, sont transférés dans les conditions prévues au dern. al. de l'art. susvisé, à l'exception de la mention du transfert portée au premier registre, et selon la répartition suivante : 1° Pour une activité relevant du secteur de l'artisanat, au registre mentionné au 2° de l'art. L. 526-7 ; 2° Pour une activité relevant à la fois du secteur de l'artisanat et du commerce, au registre mentionné au 1° de l'art. L. 526-7 ; 3° Pour une activité agricole, au registre mentionné au 4° de l'art. L. 526-7 (Ord. n° 2021-1189 du 15 sept. 2021, art. 45-II).

Ancien art. L. 526-7 ***La constitution du patrimoine affecté résulte*** *(Abrogé par L. n° 2019-486 du 22 mai 2019, art. 7)* ***« du dépôt » d'une déclaration*** *(L. n° 2019-486 du 22 mai 2019, art. 7)* ***« effectuée » :***

1° Soit au registre de publicité légale auquel l'entrepreneur individuel est tenu de s'immatriculer ;

2° Soit au registre de publicité légale choisi par l'entrepreneur individuel en cas de double immatriculation ; dans ce cas, mention en est portée à l'autre registre ;

3° Soit, pour les personnes physiques qui ne sont pas tenues de s'immatriculer à un registre de publicité légale (Abrogé par L. n° 2010-874 du 27 juill. 2010, art. 40-II) « ou pour les exploitants agricoles », à un registre tenu au greffe du tribunal statuant en matière commerciale du lieu de leur établissement principal ; — V. art. R. 526-15 s.

(L. n° 2010-874 du 27 juill. 2010, art. 40-II) « 4° Soit, pour les exploitants agricoles, (L. n° 2014-626 du 18 juin 2014, art. 33-I) « au registre de l'agriculture tenu par » la chambre d'agriculture compétente. »

(L. n° 2014-626 du 18 juin 2014, art. 33-I) « Lorsque l'entrepreneur individuel est transféré dans le ressort d'un autre registre ou rattaché à un autre registre en cours d'activité, (Abrogé par L. n° 2019-486 du 22 mai 2019, art. 7) « sa déclaration d'affectation, les autres déclarations prévues à la présente section, » les mentions inscrites et l'ensemble des documents publics déposés sont transférés par le précédent organisme teneur de registre à celui nouvellement compétent. Dans ce cas, (Abrogé par L. n° 2019-486 du 22 mai 2019, art. 7) « celui-ci est dispensé des vérifications prévues à l'article L. 526-8 et » mention du transfert est portée au premier registre. Le transfert s'effectue par voie dématérialisée et ne donne pas lieu à émolument ou redevance. »

Le dern. al. de l'art. L. 526-7 issu de la L. n° 2014-626 du 18 juin 2014 entre en vigueur à une date fixée par décret et au plus tard douze mois à compter de la promulgation de ladite loi (L. préc., art. 33-IV).

Pour les EIRL mentionnés au second alinéa du VI de l'art. 27 de la L. n° 2014-626 du 18 juin 2014 et qui disposent d'un délai pour s'immatriculer auprès du répertoire compétent, le transfert prévu au 6e al. de l'art. L. 526-7 intervient conjointement à sa demande d'immatriculation. En cas de double immatriculation, il est fait application des dispositions du 2° de l'art. L. 526-7. L'organisme nouvellement compétent demande, dans le délai d'un jour franc ouvrable à compter de la demande d'immatriculation, à l'organisme antérieurement compétent de procéder au transfert dans le délai d'un jour franc ouvrable à compter de la réception de sa demande. L'organisme antérieurement compétent informe, par tous moyens, l'entrepreneur individuel de ce transfert (Décr. n° 2015-913 du 24 juill. 2015, art. 11).

BIBL. ▶ DUBUISSON, *JCP N 2011, n° 1218* (formule : déclaration de patrimoine affecté). – DUBARRY et FLUME, *RLDC sept. 2011. 59* (patrimoine + publicité = responsabilité limitée : une démystification de l'EIRL).

1. Cumul d'activités. Un EIRL exerçant à titre principal une activité libérale (agent d'assurance) et à titre secondaire une activité commerciale (courtier d'assurance) peut constituer un patrimoine d'affectation unique pour ces deux activités en visant dans sa déclaration l'objet suivant : « agent et courtier d'assurance ». Il doit déposer sa déclaration d'affectation au RCS auquel il est tenu de s'immatriculer du fait de l'exercice d'une activité commerciale de courtier d'assurance (Avis CCRCS n° 2013-006 du 14 févr. 2013 : *JCP E 2013. Actu. 293*).

2. Inscription aux RCS et RSEIRL. L'EIRL qui, immatriculé au registre spécial des EIRL (RSEIRL), sollicite son immatriculation au RCS doit se conformer aux règles prévues pour l'immatriculation de toute personne physique, et notamment déclarer les éléments propres à son affectation de patrimoine prévus à l'art. R. 123-37-5° et indiquer le numéro unique d'identification (n° SIREN) qui lui a déjà été attribué lors de sa déclaration d'activité. L'EIRL ne doit pas déposer au RCS une déclaration d'affectation du patrimoine identique à celle qui reste déposée au RSEIRL. Toutefois, afin de préserver l'information des tiers, il est recommandé que le greffier fasse figurer dans l'immatriculation, à chaque fois que cela est possible, une observation indiquant le lieu de dépôt de la déclaration d'affectation du patrimoine (Avis CCRCS n° 2013-026 : *JCP E 2013. Actu. 864*).

Art. L. 526-8 *(L. n° 2019-486 du 22 mai 2019, art. 7)* **I. — Lors de la constitution du patrimoine affecté, l'entrepreneur individuel mentionne la nature, la qualité, la quantité et la valeur des biens, droits, obligations ou sûretés qu'il affecte à son activité professionnelle sur un état descriptif déposé au registre où est effectuée la déclaration prévue à l'article L. 526-7 pour y être annexé.**

En l'absence de bien, droit, obligation ou sûreté affectés en application du deuxième alinéa de l'article L. 526-6, aucun état descriptif n'est établi.

II. — La valeur inscrite est la valeur vénale ou, en l'absence de marché pour le bien *considéré, la valeur d'utilité.*

Sans préjudice du respect des règles d'affectation prévues à la présente section, l'entrepreneur individuel *(Abrogé par L. n° 2022-172 du 14 févr. 2022, art. 6)* ***« qui exerçait son activité professionnelle antérieurement à la déclaration mentionnée à l'article L. 526-7 »*** **peut présenter en qualité d'état descriptif le bilan de son dernier exercice, à condition que celui-ci soit clos depuis moins de quatre mois à la date de la déclaration.**

Dans ce cas, l'ensemble des éléments figurant dans le bilan compose l'état descriptif et les opérations intervenues depuis la date du dernier exercice clos sont comprises dans *(L. n° 2022-172 du 14 févr. 2022, art. 6)* **« l'exercice suivant** *[ancienne rédaction : le premier exercice]* **» de l'entrepreneur individuel à responsabilité limitée.**

Lorsque l'entrepreneur individuel *(L. n° 2022-172 du 14 févr. 2022, art. 6)* **« à responsabilité limitée » n'a pas opté pour l'assimilation à une entreprise unipersonnelle à responsabilité limitée ou à une exploitation agricole à responsabilité limitée au sens de l'article 1655** ***sexies*** **du code général des impôts, la valeur des éléments constitutifs du patrimoine affecté correspond à leur valeur nette comptable telle qu'elle figure dans les comptes du dernier exercice clos à la date de constitution du patrimoine affecté s'il est tenu à une comptabilité commerciale, ou à la valeur d'origine de ces éléments telle qu'elle figure au registre des immobilisations du dernier exercice clos, diminuée des amortissements déjà pratiqués, si l'entrepreneur n'est pas tenu à une telle comptabilité.**

Ancien art. L. 526-8 *Les organismes chargés de la tenue des registres mentionnés à l'article L. 526-7 n'acceptent le dépôt de la déclaration visée au même article qu'après avoir vérifié qu'elle comporte :*

1° Un état descriptif des biens, droits, obligations ou sûretés affectés à l'activité professionnelle, en nature, qualité, quantité et valeur. (L. n° 2016-1691 du 9 déc. 2016, art. 128) *« La valeur déclarée est la valeur vénale ou, en l'absence de marché pour le bien considéré, la valeur d'utilité » ;*

2° La mention de l'objet de l'activité professionnelle à laquelle le patrimoine est affecté. La modification de l'objet donne lieu à mention au registre (L. n° 2014-626 du 18 juin 2014, art. 33-II) *« où est déposée* [ancienne rédaction : auquel a été effectué le dépôt de] *» la déclaration prévue à l'article L. 527-7* [L. 526-7] *;*

3° Le cas échéant, les documents attestant de l'accomplissement des formalités visées aux articles L. 526-9 à L. 526-11.

(L. n° 2014-626 du 18 juin 2014, art. 34) *« Sans préjudice du respect des règles* (Abrogé par L. n° 2016-1691 du 9 déc. 2016, art. 128) *« d'évaluation et » d'affectation prévues à la présente section, l'entrepreneur individuel qui exerçait son activité professionnelle antérieurement au dépôt de la déclaration peut présenter en qualité d'état descriptif le bilan de son dernier exercice, à condition que celui-ci soit clos depuis moins de quatre mois à la date de dépôt de la déclaration. Dans ce cas, l'ensemble des éléments figurant dans le bilan compose l'état descriptif et les opérations intervenues depuis la date du dernier exercice clos sont comprises dans le premier exercice de l'entrepreneur individuel à responsabilité limitée. »* — Sur les informations contenues dans la déclaration d'affectation, V. art. R. 526-3.

(L. n° 2016-1691 du 9 déc. 2016, art. 128) *« Lorsque l'entrepreneur individuel n'a pas opté pour l'assimilation à une entreprise unipersonnelle à responsabilité limitée ou à une exploitation agricole à responsabilité limitée, au sens de l'article 1655 sexies du code général des impôts, il déclare soit la valeur nette comptable des éléments constitutifs du patrimoine affecté telle qu'elle figure dans les comptes du dernier exercice clos à la date de constitution du patrimoine affecté s'il est tenu à une comptabilité commerciale, soit la valeur d'origine de ces éléments telle qu'elle figure au registre des immobilisations du dernier exercice clos, diminuée des amortissements déjà pratiqués, s'il n'est pas tenu à une telle comptabilité. »*

Les modifications issues de l'art. 33 de la L. n° 2014-626 du 18 juin 2014 entrent en vigueur à une date fixée par décret et au plus tard douze mois à compter de la promulgation de ladite loi (L. préc., art. 33-IV).

Sont applicables dans les îles Wallis-et-Futuna les modifications apportées aux art. L. 526-7 à L. 526-11, L. 526-14 à L. 526-17, L. 526-19 par la L. n° 2014-626 du 18 juin 2014 (L. préc., art. 70-I).

Réunion des patrimoines. Il résulte de la combinaison des art. L. 526-6, L. 526-7, L. 526-8 et L. 526-12, ensemble l'art. L. 621-2, al. 3, qu'un EIRL doit affecter à son activité professionnelle un patrimoine séparé de son patrimoine personnel et que la constitution du patrimoine affecté résulte du dépôt d'une déclaration devant comporter un état descriptif des biens, droits, obligations ou sûretés affectés à l'activité professionnelle, en nature, qualité, quantité et valeur. Le dépôt d'une déclaration d'affectation ne mentionnant aucun de ces éléments constitue en conséquence un manquement grave, de nature à justifier la réunion des patrimoines. • Com. 7 févr. 2018, n° 16-24.481 P : *D. 2018. 594, note Tisseyre ; Rev. sociétés 2018. 311, obs. Grundeler ; JCP E 2018, n° 1276, note Lebel ; RJDA 2018, n° 444 ; LPA 15 mai 2018, note Perruchot-Triboulet ; BJS 2018. 226, obs. Saintourens.*

Art. L. 526-8-1 *(L. nº 2019-486 du 22 mai 2019, art. 7)* **Postérieurement à la constitution du patrimoine affecté, l'inscription ou le retrait en comptabilité d'un bien, droit, obligation ou sûreté emporte affectation à l'activité professionnelle ou retrait du patrimoine affecté.**

Sont de plein droit affectés, par l'effet d'une subrogation réelle, les créances et indemnités qui remplacent des biens affectés ainsi que les biens acquis en emploi ou remploi des biens affectés.

La comptabilité régulièrement tenue fait preuve à l'égard des tiers sous réserve des formalités prévues aux articles L. 526-9 et L. 526-11 et du respect des règles prévues au deuxième alinéa de l'article L. 526-6.

Art. L. 526-9 **L'affectation d'un bien immobilier ou d'une partie d'un tel bien est reçue par acte notarié et publiée au bureau des hypothèques** *[fichier immobilier]* **ou, dans les départements du Bas-Rhin, du Haut-Rhin et de la Moselle, au livre foncier de la situation du bien. L'entrepreneur individuel qui n'affecte qu'une partie d'un ou de plusieurs biens immobiliers désigne celle-ci dans un état descriptif de division.**

L'établissement de l'acte notarié et l'accomplissement des formalités de publicité donnent lieu au versement d'émoluments fixes dans le cadre d'un plafond déterminé par décret.

(L. nº 2019-486 du 22 mai 2019, art. 7) **« L'affectation ou le retrait d'un bien immobilier ou d'une partie d'un tel bien intervenant après la constitution du patrimoine affecté donne lieu aux formalités prévues au premier alinéa et au dépôt du document attestant de l'accomplissement de ces formalités au registre dont relève l'entrepreneur individuel à responsabilité limitée en application de l'article L. 526-7. »**

Le non-respect des règles prévues au présent article entraîne l'inopposabilité de l'affectation *(L. nº 2019-486 du 22 mai 2019, art. 7)* **« ou du retrait ».**

Indépendamment des dispositions du code de commerce applicables de plein droit, est applicable à Mayotte, dans sa rédaction issue de la L. nº 2010-658 du 15 juin 2010 et de l'Ord. nº 2010-1512 du 9 déc. 2010, l'art. L. 526-9 (Ord. nº 2011-322 du 24 mars 2011, art. 3).

Il résulterait de l'Ord. nº 2010-638 du 10 juin 2010, notamment de son article 13-III, qu'à compter du 1er janv. 2013 la publication au « bureau des hypothèques » doive s'entendre d'une publication au « fichier immobilier ».

BIBL. ▶ CLERMONT et SOUDÉ, *JCP N 2010, nº 1264* (formules de déclarations du patrimoine affecté).

Art. L. 526-10 *(Abrogé par L. nº 2019-486 du 22 mai 2019, art. 7) (L. nº 2016-1691 du 9 déc. 2016, art. 128)* ***« Sauf dans les cas prévus au dernier alinéa de l'article L. 526-8, » tout élément d'actif du patrimoine affecté, autre que des liquidités, d'une valeur déclarée supérieure à un montant fixé par décret fait l'objet d'une évaluation au vu d'un rapport annexé à la déclaration et établi sous sa responsabilité par un commissaire aux comptes, un expert-comptable, une association de gestion et de comptabilité ou un notaire désigné par l'entrepreneur individuel. L'évaluation par un notaire ne peut concerner qu'un bien immobilier.*** *— V. art. D. 526-5 et R. 526-6.*

Lorsque l'affectation d'un bien visé au premier alinéa est postérieure à la constitution du patrimoine affecté, elle fait l'objet d'une évaluation dans les mêmes formes et donne lieu au dépôt d'une déclaration complémentaire au registre *(L. nº 2014-626 du 18 juin 2014, art. 33-II)* ***« où est déposée*** *[ancienne rédaction : auquel a été effectué le dépôt de]* ***» la déclaration prévue à l'article L. 526-7. L'article L. 526-8 est applicable, à l'exception des 1º et 2º.***

Lorsque la valeur déclarée est supérieure à celle proposée par le commissaire aux comptes, l'expert-comptable, l'association de gestion et de comptabilité ou le notaire, l'entrepreneur individuel est responsable, pendant une durée de cinq ans, à l'égard des tiers sur la totalité de son patrimoine, affecté et non affecté, à hauteur de la différence entre la valeur proposée par le commissaire aux comptes, l'expert-comptable, l'association de gestion et de comptabilité ou le notaire et la valeur déclarée.

En l'absence de recours à un commissaire aux comptes, à un expert-comptable, à une association de gestion et de comptabilité ou à un notaire, l'entrepreneur individuel est responsable, pendant une durée de cinq ans, à l'égard des tiers sur la totalité de son patrimoine,

affecté et non affecté, à hauteur de la différence entre la valeur réelle du bien au moment de l'affectation et la valeur déclarée.

V. notes ss. art. L. 526-8.

Art. L. 526-11 **Lorsque tout ou partie des biens affectés sont des biens communs ou indivis, l'entrepreneur individuel justifie de l'accord exprès de son conjoint ou de ses coïndivisaires et de leur information préalable sur les droits des créanciers mentionnés au 1°** *(L. nº 2019-486 du 22 mai 2019, art. 7)* **« du I » de l'article L. 526-12 sur le patrimoine affecté. Un même bien commun ou indivis ou une même partie d'un bien immobilier commun ou indivis ne peut entrer dans la composition que d'un seul patrimoine affecté.** — *V. art. R. 526-7.*

(L. nº 2019-486 du 22 mai 2019, art. 7) **« Lorsque l'affectation ou le retrait d'un bien commun ou indivis est postérieure** *[postérieur]* **à la constitution du patrimoine affecté, il donne lieu au dépôt au registre dont relève l'entrepreneur individuel à responsabilité limitée en application de l'article L. 526-7 du document attestant de l'accomplissement des formalités mentionnées au premier alinéa du présent article. »**

Le non-respect des règles prévues au présent article entraîne l'inopposabilité de l'affectation.

Indépendamment des dispositions du code de commerce applicables de plein droit, est applicable à Mayotte, dans sa rédaction issue de la L. nº 2010-658 du 15 juin 2010 et de l'Ord. nº 2010-1512 du 9 déc. 2010, l'art. L. 526-11 (Ord. nº 2011-322 du 24 mars 2011, art. 3).

BIBL. ▶ SIMLER, *JCP 2011, nº 4* (EIRL et communauté de biens entre époux). – SÉNÉCHAL, *BJE 2011. 62* (EIRL : affectation de biens communs ou indivis).

Art. L. 526-12 *(L. nº 2019-486 du 22 mai 2019, art. 7)* **I. — La composition du patrimoine affecté est opposable de plein droit aux créanciers dont les droits sont nés postérieurement à la déclaration mentionnée à l'article L. 526-7.**

Par dérogation aux articles 2284 et 2285 du code civil :

1° Les créanciers auxquels la déclaration est opposable et dont les droits sont nés à l'occasion de l'exercice de l'activité professionnelle à laquelle le patrimoine est affecté ont pour seul gage général le patrimoine affecté ;

2° Les autres créanciers auxquels la déclaration est opposable ont pour seul gage général le patrimoine non affecté.

Lorsque l'affectation procède d'une inscription en comptabilité en application de l'article L. 526-8-1 du présent code, elle est opposable aux tiers à compter du dépôt du bilan de l'entrepreneur individuel à responsabilité limitée ou, le cas échéant, du ou des documents résultant des obligations comptables simplifiées prévues au deuxième alinéa de l'article L. 526-13 auprès du registre où est immatriculé l'entrepreneur.

II. — Lorsque la valeur d'un élément d'actif du patrimoine affecté, autre que des liquidités, mentionnée dans l'état descriptif prévu à l'article L. 526-8 ou en comptabilité, est supérieure à sa valeur réelle au moment de son affectation, l'entrepreneur individuel à responsabilité limitée est responsable, pendant une durée de cinq ans, à l'égard des tiers sur la totalité de son patrimoine, affecté et non affecté, à hauteur de la différence entre la valeur réelle du bien au moment de l'affectation et la valeur mentionnée dans l'état descriptif ou en comptabilité.

Il est également responsable sur la totalité de ses biens et droits en cas de fraude ou en cas de manquement grave aux obligations prévues à l'article L. 526-13.

En cas d'insuffisance du patrimoine non affecté, le droit de gage général des créanciers mentionnés au 2° du I du présent article peut s'exercer sur le bénéfice réalisé par l'entrepreneur individuel à responsabilité limitée lors du dernier exercice clos.

Ancien art. L. 526-12 *La déclaration d'affectation mentionnée à l'article L. 526-7 est opposable de plein droit aux créanciers dont les droits sont nés postérieurement à son dépôt.*

(Abrogé par L. nº 2016-1691 du 9 déc. 2016, art. 128) « Elle est opposable aux créanciers dont les droits sont nés antérieurement à son dépôt à la condition que l'entrepreneur individuel à responsabilité limitée le mentionne dans la déclaration d'affectation et en informe les créanciers dans des conditions fixées par voie réglementaire. — V. art. R. 526-8 et D. 526-9.

« Dans ce cas, les créanciers concernés peuvent former opposition à ce que la déclaration leur soit opposable dans un délai fixé par voie réglementaire. Une décision de justice rejette l'opposi-

tion ou ordonne soit le remboursement des créances, soit la constitution de garanties, si l'entrepreneur individuel en offre et si elles sont jugées suffisantes. – V. art. R. 526-10.

« A défaut de remboursement des créances ou de constitution des garanties ordonnées, la déclaration est inopposable aux créanciers dont l'opposition a été admise.

« L'opposition formée par un créancier n'a pas pour effet d'interdire la constitution du patrimoine affecté. »

Par dérogation aux articles 2284 et 2285 du code civil :

1° Les créanciers auxquels la déclaration d'affectation est opposable et dont les droits sont nés à l'occasion de l'exercice de l'activité professionnelle à laquelle le patrimoine est affecté ont pour seul gage général le patrimoine affecté ;

2° Les autres créanciers auxquels la déclaration est opposable ont pour seul gage général le patrimoine non affecté.

Toutefois, l'entrepreneur individuel à responsabilité limitée est responsable sur la totalité de ses biens et droits en cas de fraude ou en cas de manquement grave aux règles prévues au deuxième alinéa de l'article L. 526-6 ou aux obligations prévues à l'article L. 526-13.

En cas d'insuffisance du patrimoine non affecté, le droit de gage général des créanciers mentionnés au 2° du présent article peut s'exercer sur le bénéfice réalisé par l'entrepreneur individuel à responsabilité limitée lors du dernier exercice clos.

BIBL. ▶ Champaud et Danet, *RTD com. 2010. 365* (petites et moyennes sociétés et entrepreneurs à responsabilité limitée au regard des besoins de financements et des pratiques bancaires). – Thomat-Raynaud, *RLDA juin 2010. 51* (redéfinition du droit des créanciers de l'entrepreneur individuel). – Pellizza, *ibid. 54* (redéfinition pratique du droit des créanciers de l'entrepreneur individuel). – Burgard, *LPA 16 juill. 2010* (EIRL : une validation par le Conseil constitutionnel en attente d'une clarification par le gouvernement). – Dubuisson, *RLDA oct. 2010. 47* (l'EIRL et son crédit). – Legrand, *D. 2010. 2385* (l'EIRL pourra-t-il prétendre à une procédure de surendettement ?). – Salati, *Procédures 2010. Étude 8* (l'EIRL et le principe de saisissabilité : une menace de plus sur le droit au recouvrement ?). – S. Piedelièvre, *RDBF 2010, n° 185* (recouvrement des créances et patrimoine d'affectation). – Le Corre, *BJE 2011. 70* (le passif de l'EIRL). – Wicker et Sautonie-Laguionie, *ibid. 224* (la fraude de l'EIRL). – Douaoui-Chamseddine, *RLDA juill.-août 2011. 69* (EIRL : mise en concurrence conflictuelle des procédures civiles et commerciales d'exécution). – Bonnet, *JCP N 2012, n° 1338* (sûretés et EIRL). – Degenhardt, *BJE 2014. 335* (détermination de l'actif du débiteur sollicitant un rétablissement professionnel : faut-il prendre en compte le patrimoine affecté de l'EIRL ?). – Valiergue, *JCP E 2017, n° 1389* (suppression de l'opposabilité de l'affectation aux créanciers antérieurs par la loi Sapin 2).

Opposabilité aux créanciers. En vertu des al. 6 à 8 de l'art. L. 526-12, la déclaration d'affectation du patrimoine soustrait le patrimoine affecté du gage des créanciers personnels de l'entrepreneur et le patrimoine personnel du gage de ses créanciers professionnels ; s'il est loisible au législateur de rendre la déclaration d'affectation opposable aux créanciers dont les droits sont nés antérieurement à son dépôt, c'est à la condition que ces derniers soient personnellement informés de la déclaration d'affectation et de leur droit de former opposition. Sous cette réserve, le 2e al. de l'art. L. 526-12 ne porte pas atteinte aux conditions d'exercice du droit de propriété des créanciers garanti par les art. 2 et 4 DDH. • Cons. const. 10 juin 2010, n° 2010-607 DC : *D. 2010. 2553, note Mouton* ; *JCP E 2010. Actu 333.* ♦ La déclaration d'affectation de patrimoine ne peut pas être modifiée pour prévoir son opposabilité aux créanciers antérieurs, lorsque l'EIRL n'a pas initialement fait usage de cette option conformément aux art. R. 526-8 et D. 526-9 (Avis CCRCS n° 2013-004 du 30 janv. 2013 : *JCP E 2013. Act. 293 ; BRDA 2013, n° 8, p. 13*).

Art. L. 526-13 **L'activité professionnelle à laquelle le patrimoine est affecté fait l'objet d'une comptabilité autonome, établie dans les conditions définies aux articles L. 123-12 à L. 123-23 et L. 123-25 à L. 123-27.**

Par dérogation à l'article L. 123-28 et au premier alinéa du présent article, l'activité professionnelle des personnes bénéficiant des régimes définis aux articles 50-0, *(L. n° 2019-486 du 22 mai 2019, art. 7)* **« 64 *bis* » et 102 *ter* du code général des impôts fait l'objet d'*obligations comptables simplifiées*.**

L'entrepreneur individuel à responsabilité limitée est tenu de faire ouvrir dans un établissement de crédit un ou plusieurs comptes bancaires exclusivement dédiés à l'activité à laquelle le patrimoine a été affecté.

BIBL. ▶ Rochedy, *RLDA juin 2010. 62* (l'EIRL, aspects fiscaux et comptables). – Bonhomme, *BJE 2012. 125* (patrimoine affecté et convention d'unité de compte, quelle compatibilité ?).

Compte bancaire. Jugeant que la déclaration d'affectation doit mentionner le compte bancaire dédié à l'exploitation, quel que soit le solde de ce compte, et qu'à défaut celui-ci n'est pas inclus dans le patrimoine d'affectation : • Paris, 28 févr. 2013 : *APC 2013, n° 284, obs. Legrand.*

Art. L. 526-14 *(L. n° 2014-626 du 18 juin 2014, art. 35-I)* **« Le bilan » de l'entrepreneur individuel à responsabilité limitée ou, le cas échéant, le ou les documents résultant des obligations comptables simplifiées prévues au deuxième alinéa de l'article L. 526-13 sont déposés chaque année au registre** *(L. n° 2019-486 du 22 mai 2019, art. 7)* **« dont relève l'entrepreneur individuel à responsabilité limitée en application de » l'article L. 526-7 pour y être annexés.** *(Abrogé par L. n° 2016-1691 du 9 déc. 2016, art. 128)* ***« Ils sont transmis, pour y être annexés, au registre prévu au 3° de l'article L. 526-7 lorsque le dépôt de la déclaration est effectué au répertoire des métiers dans le cas prévu au 1° du même article, et, s'il y a lieu, au registre du commerce et des sociétés dans le cas prévu au 2° du même article. »*** *(Abrogé par L. n° 2019-486 du 22 mai 2019, art. 7)* ***« A compter de leur dépôt, ils valent actualisation de la composition*** *(Abrogé par L. n° 2014-626 du 18 juin 2014, art. 35-I)* ***« et de la valeur » du patrimoine affecté. »***

En cas de non-respect de l'obligation mentionnée au premier alinéa, le président du tribunal, statuant en référé, peut, à la demande de tout intéressé ou du ministère public, enjoindre sous astreinte à l'entrepreneur individuel à responsabilité limitée de procéder au dépôt de *(L. n° 2014-626 du 18 juin 2014, art. 35-I)* **« son bilan » ou, le cas échéant, du ou des documents résultant des obligations comptables simplifiées prévues au deuxième alinéa de l'article L. 526-13.**

V. notes ss. art. L. 526-8.

Art. L. 526-15 En cas de renonciation de l'entrepreneur individuel à responsabilité limitée à l'affectation ou en cas de décès de celui-ci, la déclaration *(L. n° 2019-486 du 22 mai 2019, art. 7)* **« mentionnée à l'article L. 526-7 » cesse de produire ses effets. Toutefois, en cas de cessation, concomitante à la renonciation, de l'activité professionnelle à laquelle le patrimoine est affecté ou en cas de décès, les créanciers mentionnés aux 1° et 2°** *(L. n° 2019-486 du 22 mai 2019, art. 7)* **« du I » de l'article L. 526-12 conservent pour seul gage général celui qui était le leur au moment de la renonciation ou du décès.**

En cas de renonciation, l'entrepreneur individuel en fait porter la mention au registre *(L. n° 2019-486 du 22 mai 2019, art. 7)* **« dont il relève en application de » l'article L. 526-7. En cas de décès, un héritier, un ayant droit ou toute personne mandatée à cet effet en fait porter la mention au même registre.** — *V. art. R. 526-12.*

BIBL. ▶ SÉNÉCHAL, *BJE 2011. 218* (le décès de l'EIRL et l'obligation de l'héritier aux dettes de la succession).

Art. L. 526-16 *(Abrogé par L. n° 2022-172 du 14 févr. 2022, art. 6)* ***Par dérogation à l'article L. 526-15, l'affectation ne cesse pas dès lors que l'un des héritiers ou ayants droit de l'entrepreneur individuel décédé, sous réserve du respect des dispositions successorales, manifeste son intention de poursuivre l'activité professionnelle à laquelle le patrimoine était affecté. La personne ayant manifesté son intention de poursuivre l'activité professionnelle en fait porter la mention au registre*** *(L. n° 2019-486 du 22 mai 2019, art. 7)* ***« dont relève l'entrepreneur individuel à responsabilité limitée en application de » l'article L. 526-7 dans un délai de trois mois à compter de la date du décès.***

La reprise du patrimoine affecté, le cas échéant après partage et vente de certains des biens affectés pour les besoins de la succession, est subordonnée au dépôt d'une déclaration de reprise au registre *(L. n° 2019-486 du 22 mai 2019, art. 7)* ***« dont relève l'entrepreneur individuel à responsabilité limitée en application de » l'article L. 526-7.*** — *V. art. R. 123-45.*

L'abrogation de l'art. L. 526-16 entre en vigueur à l'expiration d'un délai de six mois à compter de la promulgation de la L. n° 2022-172 du 14 févr. 2022 (L. préc., art. 19-I, al. 4), soit le 15 août 2022 (Décr. n° 2022-709 du 26 avr. 2022, art. 5).

Art. L. 526-17 I. — L'entrepreneur individuel à responsabilité limitée peut céder à titre onéreux, transmettre à titre gratuit entre vifs ou apporter en société l'intégralité de son patrimoine affecté et en transférer la propriété dans les conditions prévues aux II et III du présent article sans procéder à sa liquidation.

II. — La cession à titre onéreux ou la transmission à titre gratuit entre vifs du patrimoine affecté à une personne physique entraîne sa reprise avec maintien de l'affecta-

tion dans le patrimoine du cessionnaire ou du donataire. Elle donne lieu au dépôt par le cédant ou le donateur d'une déclaration de transfert au registre *(L. n° 2019-486 du 22 mai 2019, art. 7)* « dont relève l'entrepreneur individuel à responsabilité limitée en application de » l'article L. 526-7 et fait l'objet d'une publicité. La reprise n'est opposable aux tiers qu'après l'accomplissement de ces formalités.

La cession du patrimoine affecté *(L. n° 2022-172 du 14 févr. 2022, art. 6)* « à un entrepreneur individuel ou » à une personne morale ou son apport en société entraîne transfert de propriété dans le patrimoine du cessionnaire ou de la société, sans maintien de l'affectation. Elle donne lieu à publication d'un avis. Le transfert de propriété n'est opposable aux tiers qu'après l'accomplissement de cette formalité.

III. — La déclaration ou l'avis mentionnés au II sont accompagnés d'un état descriptif des biens, droits, obligations ou sûretés composant le patrimoine affecté.

Les articles *(L. n° 2019-744 du 19 juill. 2019, art. 1er)* « L. 141-2 *[ancienne rédaction : L. 141-1]* » à L. 141-22 ne sont pas applicables à la cession ou à l'apport en société d'un fonds de commerce intervenant par suite de la cession ou de l'apport en société d'un patrimoine affecté.

Le cessionnaire, le donataire ou le bénéficiaire de l'apport est débiteur des créanciers de l'entrepreneur individuel à responsabilité limitée mentionnés au 1° *(L. n° 2019-486 du 22 mai 2019, art. 7)* « du I » de l'article L. 526-12 en lieu et place de celui-ci, sans que cette substitution emporte novation à leur égard.

Les créanciers de l'entrepreneur individuel à responsabilité limitée mentionnés au 1° *(L. n° 2019-486 du 22 mai 2019, art. 7)* « du I » de l'article L. 526-12 dont la créance est antérieure à la date de la publicité mentionnée au II du présent article, ainsi que les créanciers auxquels la déclaration n'est pas opposable et dont les droits sont nés antérieurement *(L. n° 2019-486 du 22 mai 2019, art. 7)* « à » la déclaration *(L. n° 2019-486 du 22 mai 2019, art. 7)* « mentionnée » à l'article L. 526-7 lorsque le patrimoine affecté fait l'objet d'une donation entre vifs, peuvent former opposition à la transmission du patrimoine affecté dans un délai fixé par voie réglementaire. Une décision de justice rejette l'opposition ou ordonne soit le remboursement des créances, soit la constitution de garanties, si le cessionnaire ou le donataire en offre et si elles sont jugées suffisantes. — *V. art. R. 526-14.*

A défaut de remboursement des créances ou de constitution des garanties ordonnées, la transmission du patrimoine affecté est inopposable aux créanciers dont l'opposition a été admise.

L'opposition formée par un créancier n'a pas pour effet d'interdire la transmission du patrimoine affecté.

V. notes ss. art. L. 526-8.

BIBL. ▶ DUBUISSON, *RLDA juin 2010. 64* (EIRL et particularités de transmission). – DAVY, *Defrénois 2010. 2289* (cession isolée d'un bien immobilier d'une EIRL). – SAINTOURENS, *RTD com. 2010. 691* (régime juridique de la cession du fonds de commerce intégré dans le patrimoine affecté d'un EIRL). – DUMOND-LEFRAND, *BJE 2011. 85* (cession à titre onéreux du patrimoine affecté). – MORTIER, *Dr. et patr. 4/2011. 72* (mutations de l'EIRL). – DUBUISSON, *JCP N 2012, n° 1017* (clauses communes des actes de mutation entre vifs ayant pour objet un patrimoine affecté). – LEGRAND, *D. 2012. 375* (EIRL : regain d'intérêt après l'abrogation de l'action en réunion à l'actif ?). – LACROIX-DE SOUSA, *D. 2012. 620* (cession du patrimoine affecté de l'EIRL). – THOMAS, *Rev. sociétés 2013. 673* (transmission entre vifs du patrimoine affecté).

Art. L. 526-18 L'entrepreneur individuel à responsabilité limitée détermine les revenus qu'il verse dans son patrimoine non affecté.

Art. L. 526-19 *(L. n° 2018-1317 du 28 déc. 2018, art. 209, en vigueur le 1er janv. 2020)* « Sous réserve des dispositions » *(Ord. n° 2021-1189 du 15 sept. 2021, art. 11, en vigueur le 1er janv. 2023)* « de l'article L. 123-54 *[ancienne rédaction : de l'article 19-2 de la loi n° 96-603 du 5 juillet 1996 relative au développement et à la promotion du commerce et de l'artisanat]* », le tarif des formalités de dépôt *(L. n° 2014-626 du 18 juin 2014, art. 33-III)* « et de transfert » des déclarations et d'inscription des mentions visées à la présente section ainsi que de dépôt *(L. n° 2014-626 du 18 juin 2014, art. 33-III)* « et de transfert » *(L. n° 2014-626 du 18 juin 2014, art. 35-II)* « du bilan » ou du ou des documents résultant des obligations comptables simplifiées prévues au deuxième alinéa de l'article L. 526-13 est fixé par décret.

(Abrogé par L. nº 2022-172 du 14 févr. 2022, art. 6) *(L. nº 2019-486 du 22 mai 2019, art. 7)* **« La formalité de déclaration mentionnée à l'article L. 526-7 est gratuite lorsque la déclaration est effectuée simultanément à la demande d'immatriculation au** *(Ord. nº 2021-1189 du 15 sept. 2021, art. 11, en vigueur le 1er janv. 2023)* **« registre dont relève l'entrepreneur individuel à responsabilité limitée en application de l'article L. 526-7** *[ancienne rédaction : registre de publicité légale]* **». »**

V. notes ss. art. L. 526-8.

Art. L. 526-20 **Le ministère public ainsi que tout intéressé peuvent demander au président du tribunal statuant en référé d'enjoindre sous astreinte à un entrepreneur individuel à responsabilité limitée de porter sur tous ses actes et documents sa dénomination, précédée ou suivie immédiatement et lisiblement des mots : "Entrepreneur individuel à responsabilité limitée" ou des initiales : "EIRL".**

Art. L. 526-21 **Les conditions d'application de la présente section sont fixées par décret en Conseil d'État.** — *V. art. R. 526-3 s.*

SECTION III DU STATUT DE L'ENTREPRENEUR INDIVIDUEL

(L. nº 2022-172 du 14 févr. 2022, art. 1er, en vigueur le 14 mai 2022)

Les art. L. 526-22 à L. 526-26 s'appliquent aux créances nées après le 14 mai 2022 (L. nº 2022-172 du 14 févr. 2022, art. 19-I).

Le Gouvernement remet au Parlement, avant le 1er mars 2024, un rapport relatif à l'application du statut de l'entrepreneur individuel issu de la L. nº 2022-172 du 14 févr. 2022. Ce rapport fait notamment état des conditions d'accès au crédit des entrepreneurs individuels et propose, le cas échéant, les améliorations législatives nécessaires concernant leurs relations avec les établissements de crédit. Il évalue quantitativement les renonciations accordées par les entrepreneurs individuels, en faveur de leurs créanciers professionnels, au principe de séparation des patrimoines personnel et professionnel ainsi que l'existence de potentiels abus du recours à cette garantie de la part des établissements bancaires (L. préc., art. 20).

BIBL. GÉN. ▶ LEGRAND, *LPA 31 janv. 2022* (l'entreprise à patrimoine affecté est morte… vive l'entreprise à patrimoine professionnel !). – DELPECH, *D. actu. 1er mars 2022* (consécration du patrimoine professionnel de l'entrepreneur individuel). – NDLR, *BRDA 2022, nº 6, p. 25* (un nouveau statut pour l'entrepreneur individuel). – FAVRE-ROCHEX, *JCP E 2022, nº 1136* (le nouveau patrimoine professionnel). – DONDERO, *Rev. sociétés 2022. 199* (place à l'entrepreneur à deux patrimoines [EI2P] !).

Art. L. 526-22 **L'entrepreneur individuel est une personne physique qui exerce en son nom propre une ou plusieurs activités professionnelles indépendantes.**

Les biens, droits, obligations et sûretés dont il est titulaire et qui sont utiles à son activité ou à ses activités professionnelles indépendantes constituent le patrimoine professionnel de l'entrepreneur individuel. Sous réserve du livre VI du présent code, ce patrimoine ne peut être scindé. Les éléments du patrimoine de l'entrepreneur individuel non compris dans le patrimoine professionnel constituent son patrimoine personnel.

La distinction des patrimoines personnel et professionnel de l'entrepreneur individuel ne l'autorise pas à se porter caution en garantie d'une dette dont il est débiteur principal.

Par dérogation aux articles 2284 et 2285 du code civil et sans préjudice des dispositions légales relatives à l'insaisissabilité de certains biens, notamment la section Ire du présent chapitre et l'article L. 526-7 du présent code, l'entrepreneur individuel n'est tenu de remplir son engagement à l'égard de ses créanciers dont les droits sont nés à l'occasion de son exercice professionnel que sur son seul patrimoine professionnel, sauf sûretés conventionnelles ou renonciation dans les conditions prévues à l'article L. 526-25.

Les dettes dont l'entrepreneur individuel est redevable envers les organismes de recouvrement des cotisations et contributions sociales sont nées à l'occasion de son exercice professionnel.

Seul le patrimoine personnel de l'entrepreneur individuel constitue le gage général des créanciers dont les droits ne sont pas nés à l'occasion de son exercice professionnel. Toutefois, si le patrimoine personnel est insuffisant, le droit de gage général des

créanciers peut s'exercer sur le patrimoine professionnel, dans la limite du montant du bénéfice réalisé lors du dernier exercice clos. En outre, les sûretés réelles consenties par l'entrepreneur individuel avant le commencement de son activité ou de ses activités professionnelles indépendantes conservent leur effet, quelle que soit leur assiette.

La charge de la preuve incombe à l'entrepreneur individuel pour toute contestation de mesures d'exécution forcée ou de mesures conservatoires qu'il élève concernant l'inclusion ou non de certains éléments d'actif dans le périmètre du droit de gage général du créancier. Sans préjudice de l'article L. 121-2 du code des procédures civiles d'exécution, la responsabilité du créancier saisissant peut être recherchée pour abus de saisie lorsqu'il a procédé à une mesure d'exécution forcée ou à une mesure conservatoire sur un élément d'actif ne faisant manifestement pas partie de son gage général.

Dans le cas où un entrepreneur individuel cesse toute activité professionnelle indépendante, le patrimoine professionnel et le patrimoine personnel sont réunis. Il en est de même en cas de décès de l'entrepreneur individuel, sous réserve des articles L. 631-3 et L. 640-3 du présent code.

Les conditions d'application du présent article sont définies par décret en Conseil d'État. — *V. art. R. 526-26 et R. 526-27.*

Art. L. 526-23 La dérogation prévue au quatrième alinéa de l'article L. 526-22 ne s'applique qu'aux créances nées à compter de l'immatriculation au registre dont relève l'entrepreneur individuel pour son activité, lorsque celle-ci est prévue. Lorsqu'il relève de plusieurs registres, la dérogation prend effet à compter de la date d'immatriculation la plus ancienne.

Lorsque la date d'immatriculation est postérieure à la date déclarée du début d'activité, la dérogation prend effet à compter de la date déclarée du début d'activité, dans les conditions prévues par décret en Conseil d'État. — *V. art. R. 526-27.*

A défaut d'obligation d'immatriculation, la dérogation court à compter du premier acte qu'il exerce en qualité d'entrepreneur individuel, cette qualité devant apparaître sur les documents et les correspondances à usage professionnel.

Art. L. 526-24 Le droit de gage de l'administration fiscale et des organismes de sécurité sociale porte sur l'ensemble des patrimoines professionnel et personnel de l'entrepreneur individuel en cas de manœuvres frauduleuses ou d'inobservation grave et répétée de ses obligations fiscales, dans les conditions prévues aux I et II de l'article L. 273 B du livre des procédures fiscales, ou d'inobservation grave et répétée dans le recouvrement des cotisations et contributions sociales, dans les conditions prévues à l'article L. 133-4-7 du code de la sécurité sociale. Le droit de gage de l'administration fiscale porte également sur l'ensemble des patrimoines professionnel et personnel de l'entrepreneur individuel pour les impositions mentionnées au III de l'article L. 273 B du livre des procédures fiscales.

Le droit de gage des organismes de recouvrement mentionnés aux articles L. 225-1 et L. 752-4 du code de la sécurité sociale porte également sur l'ensemble des patrimoines professionnel et personnel pour les impositions et contributions mentionnées au deuxième alinéa de l'article L. 133-4-7 du même code.

Les conditions d'application du présent article sont définies par décret en Conseil d'État.

Art. L. 526-25 L'entrepreneur individuel peut, sur demande écrite d'un créancier, renoncer à la dérogation prévue au quatrième alinéa de l'article L. 526-22, pour un engagement spécifique dont il doit rappeler le terme et le montant, qui doit être déterminé ou déterminable. Cette renonciation doit respecter, à peine de nullité, des formes prescrites par décret.

Cette renonciation ne peut intervenir avant l'échéance d'un délai de réflexion de sept jours francs à compter de la réception de la demande de renonciation. Si l'entrepreneur individuel fait précéder sa signature de la mention manuscrite énoncée par décret et uniquement de celle-ci, le délai de réflexion est réduit à trois jours francs.

Art. L. 526-26 La présente section s'entend sans préjudice des pouvoirs reconnus aux époux pour administrer leurs biens communs et en disposer.

SECTION IV DU TRANSFERT DU PATRIMOINE PROFESSIONNEL DE L'ENTREPRENEUR INDIVIDUEL

(L. n° 2022-172 du 14 févr. 2022, art. 1er, en vigueur le 14 mai 2022)

Les art. L. 526-27 à L. 526-31 s'appliquent aux créances nées après le 14 mai 2022 (L. n° 2022-172 du 14 févr. 2022, art. 19-I).

BIBL. GÉN. ► LEGRAND, *LPA 31 janv. 2022* (l'entreprise à patrimoine affecté est morte... vive l'entreprise à patrimoine professionnel !). – DELPECH, *D. actu. 1er mars 2022* (consécration du patrimoine professionnel de l'entrepreneur individuel). – NDLR, *BRDA 2022, n° 6, p. 25* (un nouveau statut pour l'entrepreneur individuel) ; *ibid., p. 28* (la transmission par l'entrepreneur individuel de son patrimoine professionnel). – JULLIAN, *JCP E 2022, n° 1137* (la transmission du patrimoine professionnel, de nouvelles opérations au service des entrepreneurs individuels). – DONDERO, *Rev. sociétés 2022. 199* (place à l'entrepreneur à deux patrimoines [EI2P] !).

Art. L. 526-27 L'entrepreneur individuel peut céder à titre onéreux, transmettre à titre gratuit entre vifs ou apporter en société l'intégralité de son patrimoine professionnel, sans procéder à la liquidation de celui-ci. Le transfert non intégral d'éléments de ce patrimoine demeure soumis aux conditions légales applicables à la nature dudit transfert et, le cas échéant, à celle du ou des éléments transférés.

Le transfert universel du patrimoine professionnel emporte cession des droits, biens, obligations et sûretés dont celui-ci est constitué. Il peut être consenti à titre onéreux ou gratuit. Lorsque le bénéficiaire est une société, le transfert des droits, biens et obligations peut revêtir la forme d'un apport.

Sous réserve de la présente section, les dispositions légales relatives à la vente, à la donation ou à l'apport en société de biens de toute nature sont applicables, selon le cas. Il en est de même des dispositions légales relatives à la cession de créances, de dettes et de contrats.

Dans le cas où le cédant s'est obligé contractuellement à ne pas céder un élément de son patrimoine professionnel ou à ne pas transférer celui-ci à titre universel, l'inexécution de cette obligation engage sa responsabilité sur l'ensemble de ses biens, sans emporter la nullité du transfert.

Le transfert de propriété ainsi opéré n'est opposable aux tiers qu'à compter de sa publicité, dans des conditions prévues par décret.

Art. L. 526-28 Les créanciers de l'entrepreneur individuel dont la créance est née avant la publicité du transfert de propriété peuvent former opposition au transfert du patrimoine professionnel, dans un délai fixé par décret.

L'opposition formée par un créancier n'a pas pour effet d'interdire le transfert du patrimoine professionnel.

La décision de justice statuant sur l'opposition soit rejette celle-ci, soit ordonne le remboursement des créances ou la constitution de garanties, si le cessionnaire, le donataire ou le bénéficiaire en offre et si elles sont jugées suffisantes.

Lorsque la décision de justice lui ordonne le remboursement des créances, l'entrepreneur individuel auteur du transfert est tenu de remplir son engagement dans les conditions prévues à l'article 2284 du code civil, sans préjudice de l'article L. 526-1 du présent code.

Art. L. 526-29 Ne sont pas applicables au transfert universel du patrimoine professionnel d'un entrepreneur individuel, toute clause contraire étant réputée non écrite :

1° L'article 815-14 du code civil ;

2° L'article 1699 du même code ;

3° Les articles L. 141-12 à L. 141-22 du présent code.

Art. L. 526-30 A peine de nullité du transfert prévu à l'article L. 526-27 :

1° Le transfert doit porter sur l'intégralité du patrimoine professionnel de l'entrepreneur individuel, qui ne peut être scindé ;

2° En cas d'apport à une société nouvellement créée, l'actif disponible du patrimoine professionnel doit permettre de faire face au passif exigible sur ce même patrimoine ;

3° Ni l'auteur, ni le bénéficiaire du transfert ne doivent avoir été frappés de faillite personnelle ou d'une peine d'interdiction prévue à l'article L. 653-8 du présent code ou à l'article 131-27 du code pénal, par une décision devenue définitive.

Art. L. 526-31 **Sous réserve des articles L. 223-9, L. 225-8-1 et L. 227-1, lorsque le patrimoine professionnel apporté en société contient des biens constitutifs d'un apport en nature, il est fait recours à un commissaire aux apports.**

CHAPITRE VII *[ABROGÉ]* DU GAGE DES STOCKS

(Abrogé par Ord. n° 2021-1192 du 15 sept. 2021, art. 28, à compter du 1er janv. 2022)
(Ord. n° 2016-56 du 29 janv. 2016, art. 1er, en vigueur le 1er avr. 2016)

Les dispositions de l'Ord. n° 2016-56 du 29 janv. 2016 entrent en vigueur le premier jour du troisième mois suivant sa publication (JO 30 janv.) et ne s'appliquent qu'aux contrats conclus à partir de cette date. Elles sont applicables dans les îles Wallis-et-Futuna (Ord. préc., art. 2 et 3).

BIBL. GÉN. ▶ Ord. n° 2016-56 du 29 janv. 2016 : DONDERO, *JCP 2016, n° 154* (gage des stocks : nouvel arrivage). – NDLR, *BRDA 2016, n° 3, p. 13* (le nouveau régime du gage des stocks est fixé). – ANDREU et QUIÉVY, *LPA 25 févr. 2016* (le nouveau gage des stocks est arrivé). – CHEVALLIER, *RDBF 2016. Étude 5* (un nouveau cadre légal enfin efficace). – PACLOT et GAÈDE, *JCP E 2016, n° 177* (*aggiornamento* salutaire ou « loi inutile » ?). – BOURASSIN, *Gaz. Pal. 8 mars 2016, p. 53* (de l'attraction à l'attractivité). – JUILLET, *D. 2016. 561* (la réforme du gage de stocks). – BRIGNON, *RTDF 2016, n° 1, p. 31* (le nouveau gage des stocks). – CLAVEL-THORAVAL, *RLDA mars 2016* (le régime spécial assure-t-il le financement par le stock sans compromettre la survie de l'entreprise ?). – BENDELAC, *LPA 23 mars 2016* (quelle place l'Ord. du 29 janv. 2016 accorde-t-elle à la liberté contractuelle dans le gage d'un stock ?). – BORGA, *BJE 2016. 128* (réforme du gage des stocks : l'art législatif au plus mal !). – RIFFARD, *RDBF 2016. Étude 15* (l'Ord. du 29 janv. 2016 à l'aune de la nécessaire unification des sûretés mobilières). – ATTARD, *LPA 20 juin 2016* (gage des stocks : un régime plus libéral pour une meilleurs attractivité). – CROCQ, *RTD civ. 2016. 419* (le choix entre droit spécial et droit commun redevient possible !). – BLANDIN, *RDBF 2016. Étude 20* (réforme du gage des stocks par l'Ord. du 29 janv. 2016). – DELEBECQUE, *RLDA suppl. nov. 2021. 21* (le gage des stocks est abrogé).

▶ Ord. n° 2006-346 du 23 mars 2006 : BOUTEILLER, *JCP E 2006, n° 18, p. 808* (gage de stock de biens ou de marchandises). – LEGEAIS, *ibid., suppl. au n° 20, p. 12, spéc. p. 17* (gage de meubles corporels). – DURTESTE, BIAU, GAFTONIUC et GLON, *ibid., n° 22, p. 967* (formule). – TORCK, *RDBF juill.-août 2006. 39, spéc. 42* (garanties réelles mobilières sur biens fongibles). – LEGEAIS, *RTD com. 2006. 639* (gage sur stocks). – Inforeg, *Cah. dr. entr. 2007, n° 2, p. 68* (gage sans dépossession et gage des stocks). – CLAVEL-THORAVAL, *RLDA mars 2013. 61* (gage des stocks et gage de droit commun : concurrence ou exclusivité ?). – BOURASSIN, *D. 2013. 1363* (la force d'attraction du gage des stocks). – ARROYO et TAY-PAMART, *Banque et Dr. 5-6/2013. 18* (gage sans dépossession : quelle efficacité en cas de procédure collective ?). – LE CORRE-BROLY, *D. 2014. 440* (le gage sur véhicule automobile source d'interrogations) ; *JCP E 2014, n° 1538* (le gage sur stocks et le code de commerce : un mariage forcé ?). – DE RAVEL D'ESCLAPON, *AJCA 2015. 462* (gage des stocks : aménagements conventionnels).

Art. L. 527-1 *(Abrogé par Ord. n° 2021-1192 du 15 sept. 2021, art. 28, à compter du 1er janv. 2022)* ***Le gage des stocks est une convention par laquelle une personne morale de droit privé ou une personne physique accorde à un établissement de crédit ou à une société de financement qui lui a consenti un crédit pour l'exercice de son activité professionnelle le droit de se faire payer sur ses stocks par préférence à ses autres créanciers.***

Le gage des stocks peut être constitué avec ou sans dépossession.

Il relève des articles 2286 (alinéas 1 et 4), 2333, 2335, 2337 *(Abrogé par L. n° 2016-1547 du 18 nov. 2016, art. 107-II) « (3e alinéa) »*, ***2339 à 2341, 2343, 2344 (1er alinéa) et 2345 à 2350 du code civil ainsi que des dispositions du présent chapitre.***

Les parties demeurent libres de recourir au gage des stocks prévu au présent chapitre ou au gage de meubles corporels prévu aux articles 2333 et suivants du code civil.

1. Absence d'option (Jurispr. antérieure à l'Ord. du 29 janv. 2016). S'agissant d'un gage portant sur des éléments visés à l'art. L. 527-3 [ancien] C. com., *les parties*, dont l'une est un établissement de crédit, ne peuvent soumettre leur contrat au droit commun du gage de meubles sans dépossession de l'art. 2333 C. civ. mais doivent appliquer l'art. L. 527-1 [ancien] C. com. • Com. 19 févr. 2013, n° 11-21.763 P : *D. 2013. Chron. C. cass. 1176, obs. Guillou ; D. 2014. Pan. 2143, obs. Martin ; RTD com. 2013. 574, obs. Legeais ; JCP 2013, n° 539, note Martial-Braz ; RJDA 2013, n° 454 ; LPA 26 avr. 2013, note Calme* ; Gaz. Pal. 2013. 953, *note Mignot ; Banque et Dr. 3-4/2013. 52, obs. Rontchevsky ; RLDA mai 2013. 30, note Clavel-Thoraval* (cassation de • Paris, 3 mai 2011 : *RTD civ. 2011. 785, obs. Crocq ; JCP 2012, n° 626, spéc. n° 23, obs. Delebecque ; Gaz. Pal. 2011. 3621, obs. Dumont-Lefrand ; RDBF*

2011, n° 166, obs. Cerles). ♦ *Contra*, rendu sur renvoi : • Paris, 27 févr. 2014 : *JCP E 2014, n° 1218, note Paclot ; RJDA 2014, n° 672 ; Gaz. Pal. 2014. 1776, obs. Dumont-Lefrand ; Banque et Dr. 5-6/2014. 58, obs. Rontchevsky ; RDBF 2014. Prat. 4, par Beckers.* ♦ Et en faveur de la décision retenue par la Cour de cassation dans son arrêt du 19 févr. 2013 : • Cass., ass. plén., 7 déc. 2015, n° 14-18.435 P : *D. 2015. Actu. 2556 ; RTD civ. 2016. 416, obs. Crocq ; JCP E 2015, n° 1633, note Brignon ; RJDA 2016, n° 150 ; LPA 28 janv. 2016, note Bendelac-Bedin ; Gaz. Pal. 12 janv. 2016, p. 22, note Piedelièvre ; RLDA févr. 2016. 8, note Clavel-Thoraval ; Banque et Dr. 1-2/2016. 84, obs. Rontchevsky ; RDBF 2016, n° 21, obs. Legeais.* ♦ Les dispositions des art. L. 527-1 s. s'appliquent seulement au gage des stocks sans dépossession et ne font pas obstacle à ce que, pour un gage des stocks avec dépossession, les parties, dont l'une est un établissement de crédit, soumettent leur contrat au droit commun du gage de meubles. • Com. 1er mars 2016, n° 14-14.401 P : *D. 2016. Actu. 596 ; RTD civ. 2016. 422, obs. Crocq ; JCP E 2016, n° 1181 ; RJDA 2016, n° 734 ; Gaz. Pal. 7 juin 2016, p. 72, obs. Bourassin ; BJE 2016. 174, obs. Bonhomme.*

2. Réserve de propriété (Jurispr. antérieure à l'Ord. du 29 janv. 2016). L'Ord. du 23 mars 2006 relative aux sûretés ayant institué un gage des stocks qui, en application de l'art. L. 527-1, est sans dépossession, il en résulte que la constitution d'un tel gage ne devrait plus faire obstacle à l'action en revendication du bénéficiaire d'une clause de réserve de propriété (Rép. min. n° 16491 : *cité note 5 ss. art. L. 521-2*).

Art. L. 527-2 *(Abrogé par Ord. n° 2021-1192 du 15 sept. 2021, art. 28, à compter du 1er janv. 2022)* ***La convention prévue à l'article L. 527-1 est établie par un écrit qui comporte, à peine de nullité, les mentions suivantes :***

1° La désignation des créances garanties ;

2° La description des biens gagés, présents ou futurs, en nature, qualité, quantité et valeur, ainsi que l'indication du lieu de leur conservation ;

3° La durée de l'engagement ; toutefois, lorsque la créance garantie est à durée indéterminée, le gage peut l'être également ;

4° Si le gage est avec dépossession, l'identité du tiers qui a pu être constitué gardien des biens gagés.

Art. L. 527-3 *(Abrogé par Ord. n° 2021-1192 du 15 sept. 2021, art. 28, à compter du 1er janv. 2022)* ***Peuvent être donnés en gage, à l'exclusion des biens soumis à une clause de réserve de propriété, les stocks de matières premières et approvisionnements, les produits intermédiaires, résiduels et finis ainsi que les marchandises appartenant au débiteur et estimés en nature et en valeur à la date du dernier inventaire.***

Art. L. 527-4 *(Abrogé par Ord. n° 2021-1192 du 15 sept. 2021, art. 28, à compter du 1er janv. 2022) (L. n° 2016-1547 du 18 nov. 2016, art. 107-II)* ***Le gage des stocks est opposable aux tiers par la dépossession ou par son inscription sur un registre public tenu au greffe du tribunal dans le ressort duquel le débiteur a son siège ou son domicile.***

Art. L. 527-5 *(Abrogé par Ord. n° 2021-1192 du 15 sept. 2021, art. 28, à compter du 1er janv. 2022)* ***Les stocks restent entièrement gagés jusqu'au complet paiement de la créance garantie, sauf stipulation prévoyant que l'étendue du gage diminue à proportion du paiement de la créance.***

Les biens acquis en remplacement des biens gagés et aliénés sont de plein droit compris dans l'assiette du gage.

Le créancier peut, à tout moment et à ses frais, faire constater l'état des stocks engagés.

Art. L. 527-6 *(Abrogé par Ord. n° 2021-1192 du 15 sept. 2021, art. 28, à compter du 1er janv. 2022)* ***Lorsque le gage est sans dépossession, le débiteur est responsable de la conservation des stocks en quantité et en qualité dans les conditions prévues*** *(Ord. n° 2016-131 du 10 févr. 2016, art. 6-III, en vigueur le 1er oct. 2016)* ***« à l'article 1197*** *[ancienne rédaction : l'article 1137]* ***» du code civil et au présent article.***

Le débiteur s'engage à ne pas diminuer de son fait la valeur des stocks. Il tient à la disposition du créancier un état des stocks engagés ainsi que la comptabilité de toutes les opérations les concernant.

Lorsque l'état des stocks fait apparaître une diminution d'au moins 10 % de leur valeur telle que mentionnée dans l'acte constitutif, le créancier peut exiger, après mise en demeure du débiteur, le rétablissement de la garantie ou le remboursement d'une partie des sommes prêtées en proportion de la diminution constatée.

Lorsque l'état des stocks fait apparaître une diminution d'au moins 20 % de leur valeur, le créancier peut exiger, après mise en demeure du débiteur, le remboursement total de la créance considérée comme échue.

Toutefois, la convention prévue à l'article L. 527-1 peut prévoir des taux supérieurs à ceux fixés aux deux alinéas ci-dessus.

Les contrats conclus avant le 1er oct. 2016 demeurent soumis à la loi ancienne, y compris pour leurs effets légaux et pour les dispositions d'ordre public. Lorsqu'une instance a été introduite avant l'entrée en vigueur de l'Ord. n° 2016-131 du 10 févr. 2016, l'action est poursuivie et jugée conformément à la loi ancienne. Cette loi s'applique également en appel et en cassation (Ord. préc., art. 9).

Détournement de gage (Jurispr. antérieure à l'Ord. du 29 janv. 2016). Écartant l'application des art. L. 527-1 et L. 527-7 [anciens], étrangers à la caractérisation de l'infraction reprochée, V. • Crim. 19 nov. 2014, n° 13-84.841 : *Gaz. Pal. 2015. 517, obs. Detraz ; Dr. pénal 2015, n° 3, obs. Véron.*

Art. L. 527-7 *(Abrogé par Ord. n° 2021-1192 du 15 sept. 2021, art. 28, à compter du 1er janv. 2022)* ***En cas de remboursement anticipé de la créance, le débiteur n'est pas tenu des intérêts restant à courir jusqu'à l'échéance.***

Si le créancier refuse les offres du débiteur, celui-ci peut, pour se libérer, consigner la somme offerte.

Art. L. 527-8 *(Abrogé par Ord. n° 2021-1192 du 15 sept. 2021, art. 28, à compter du 1er janv. 2022)* ***A défaut de paiement de la dette garantie, le créancier peut poursuivre la réalisation de son gage suivant l'une des modalités prévues aux articles 2346 à 2348 du code civil.***

Art. L. 527-9 *(Abrogé par Ord. n° 2021-1192 du 15 sept. 2021, art. 28, à compter du 1er janv. 2022)* ***Les conditions d'application des dispositions du présent chapitre sont fixées par décret en Conseil d'État.*** *— V. art. R. 527-1 s.*

LIVRE SIXIÈME DES DIFFICULTÉS DES ENTREPRISES

(L. n° 2005-845 du 26 juill. 2005)

RÉP. COM. v° *Entreprise en difficulté : avant-propos,* par Mouial-Bassilana.

DALLOZ ACTION *Droit et pratique des procédures collectives 2021/2022,* par Le Corre.

BIBL. GÉN. ▶ Sur la loi du 26 juill. 2005 en général : Le Corre, *D. 2005, Cah. dr. aff., suppl. au n° 33 ; RPC 2006. 336* (créanciers) ; *ibid. 2008. Dossier 14* (clôtures de la procédure). – Vallens, *Bull. d'actualité Lamy droit commercial sept. 2005* (présentation générale) ; *ibid. oct. 2005* (dispositions d'application immédiate) ; *RTD com. 2005. 849* (procédure) ; *ibid. 2007. 604* (« effets pervers » de la loi). – Lagarde, *Gaz. Pal. 2005. Doctr. 3007* (situation du Trésor public). – Soinne, *RPC 2005. 175.* – Gorrias, *ibid. 194* (aspects procéduraux). – Dumont, *ibid. 226* (droit des sociétés). – *Bull. d'actualité DP diff. entr. sept. 2005. - BRDA 2005, n° 18, p. 10.* – Pétel, *JCP E 2005, n° 42, p. 1730.* – Morvan, *ibid., p. 1751* (droit social). – Houlette, *ibid., p. 1772* (rôle du ministère public). – Dammann, *Banque et Dr. 9-10/2005. 16* (situation des banques titulaires de sûretés). – F.-X. Lucas, *BJS 2005. 1181.* – Legeais, *RDBF 2005, n° 162* (incidences en matière de garanties). – Chaput, *JCP 2005. I. 184.* – Deharveng, *Bull. d'actualité Lamy droit commercial nov. 2005 ; RLDA déc. 2005, p. 4* (philosophie de la réforme et présentation du nouveau cadre juridique). – Delfosse et Péniguel, *JCP N 2005, n° 42, p. 1757* (administration de l'entreprise : cession de l'entreprise et des actifs du débiteur). – Léguevaques, *RPC 2005. 296* (situation des cautions) ; *RDBF janv.-févr. 2006. 72* (même thème) ; *LPA, n° spéc., 17 févr. 2006, p. 63* (sort des créanciers). – Saint-Alary-Houin, *RPC 2005. 342* (généralités) ; *ibid. 2007. 13* (de nouvelles procédures pour de nouvelles stratégies). – J.-F. Barbièri, *RPC 2005. 346* (choix des techniques de traitement) ; *LPA 30 sept. 2008* (dirigeants et associés d'une entreprise en difficulté : entre partenaires et débiteurs). – Duval, *RLDA, suppl. au n° 88, déc. 2005, p. 18* (extension des procédures collectives aux professions libérales). – Prigent, *LPA 9 janv. 2006* (cautions, coobligés, garants autonomes et constituants d'une sûreté). – Rontchevsky, *Banque et Dr. 1-2/2006. 17* (les sûretés personnelles à l'épreuve de la loi de sauvegarde). – Souweine, *D. 2006. Chron. 501* (exercice de l'action civile). – Dossier « La loi de sauvegarde article par article », sous la direction de F.-X. Lucas et Lécuyer, *LPA, n° spéc., 8 et 9 févr. 2006.* – Dossier « Regards croisés de praticiens sur la loi de sauvegarde », *LPA, n° spéc., 17 févr. 2006.* – Stoufflet et Mathey, *RDBF janv.-févr. 2006. 54* (dispositions applicables aux concours financiers). – Macorig-Venier et Saint-Alary-Houin, *ibid. 60* (situation des créanciers). – Saintourens, *RPC 2006. 40* (ouverture des procédures : conditions de fond). – Staes, *Dr. et patr. 3/2006. 60* (aspects procéduraux de la réforme). – Crocq, *ibid. 90* (sort des créanciers munis de sûretés) ; *D. 2006. 1306* (réforme des procédures collectives et droit des sûretés). – Rétif, *Dr. et patr. 3/2006. 95 ; RPC 2006. 152* (extension des procédures collectives aux professions libérales). – Martin et Neveu, *JCP E 2006, n° 19, p. 867* (application de la loi de sauvegarde à la profession d'avocat). – Favario, *BJS 2006. 691* (application à l'avocat exerçant en nom). – Vinckel, *LPA 12 juin 2006* (option entre les procédures préventives : analyse des risques) ; *RPC 2007. 6* (droit d'action des créanciers chirographaires). – Colloque organisé par le Centre de recherche en droit privé de l'Université de Caen les 26 et 27 janv. 2006, *RPC 2006. 117.* – Teboul, *LPA 23 juin 2006* (préservation des créances et sort des contrats). – Cerati-Gauthier, *Rev. sociétés 2006. 305* (l'associé dans la loi de sauvegarde des entreprises). – Castagné, *JCP N 2006, n° 25, p. 1208* (conjoint du débiteur). – Verger et Mignone, *D. 2006. 2234* (aspects pratiques de l'application de la loi aux professionnels libéraux). – Dorléac, *LPA 22 sept. 2006* (le banquier et la loi du 26 juill. 2005). – Boulay, *JCP E 2006, n° 39, p. 1621* (créanciers antérieurs). – Colloque du 7 mars 2006, *LPA 21 sept. 2006* (la loi de sauvegarde en pratique). – Cocheteux, *Banque et Dr. 9-10/2006. 9* (commission des chefs des services financiers et loi de sauvegarde des entreprises). – Brocard, *LPA 24 nov. 2006* (sûretés personnelles). – Lécuyer, *RPC 2006. 332* (les nouveaux débiteurs). – Douaoui, *LPA 8 janv. 2007* (difficultés d'application). – Colloque organisé par l'IFPPC le 29 janv. 2007, *DP diff. entr., Bull. 2007, n° 279, p. 4664* (premier bilan). – Colloque des 27 et 28 févr. 2006, *LPA 20 mars 2007.* – Colloque du LDPA de Dijon du 10 mars 2006, *LPA 14 juin 2007* (attraits des nouveaux modes de traitement des entreprises en difficulté). – Colloque du CRAJEFE du 1er avr. 2006, *ibid.* (premières applications). – Valdman, *Gaz. Pal. 2008. Doctr. 73* (loi de sauvegarde : quelle procédure pour quelles difficultés ?). – Urban, *RPC 2008. 35* (implication des institutions représentatives du personnel). – Rossignol, *LPA 1er-2 mai 2008* (règlement des crédits-bailleurs). – Pérochon, *Dr. et patr. 7-8/2008. 77* (procédures collectives et cautionnement). – Vallansan, *RPC 2008. Étude 14* (créanciers antérieurs). – Legrand et Staes, *ibid. Dossier 8* (détermination du patrimoine du débiteur). – Houin-Bressand, *ibid. Dossier 9* (cautions, garants et coobligés). – Bayle, *LPA 23 oct. 2008* (enchaînement des procédures de prévention et de traitement des difficultés). – Beaubrun, *Mél. Tricot, Dalloz-Litec, 2011, p. 395* (interprétation par la Cour de cassation des dispositions transitoires). – Dossier « La loi de sauvegarde a l'âge de raison », *Dr. et patr. 3/2013. 41.*

▶ Sur la réforme résultant de l'Ord. du 18 déc. 2008 : Lienhard, *D. 2009. Chron. 110*. – Dossier spécial, *D. 2009. 639*. – Roussel Galle, *LPA 24 déc. 2008 ; Rev. sociétés 2009. 249* (dispositions concernant les dirigeants sociaux). – Teboul, *Gaz. Pal. 2009. Doctr. 20* (prévention et sauvegarde) ; *ibid. 215* (redressement judiciaire, liquidation judiciaire et sanctions). – Pétel, *JCP E 2009. 1049.* – Saintourens, Dom et Vallansan, *APC 2009, n°s 1 à 28.* – Froehlich, *BJS 2009. 198.* – Texier et Russo, *LPA 2 mars 2009.* – Saint-Alary-Houin, *Dr. et patr. 3/2009. 32.* – Dossier spécial, *RPC 2009. Dossiers 1 à 15.* – Legros, *Dr. sociétés 2009. Études 5 et 8.* – Dossier spécial, *Gaz. Pal. 2009. Doctr. 739.* – Crocq, *JCP E 2009. 1313* (droit des sûretés). – H. Croze et C. Croze, *Procédures 2009. Étude 3* (dispositions procédurales). – S. Piedelièvre, *JCP N 2009. 1119.* – Gibirila, *Banque et Dr. 5-6/2009. 3.* – Borga, *RDBF 2009. Étude 20* (droit des sûretés). – Colloque du 13 mars 2009, *RLDA 2009, n° 39, p. 70.* – Dossier « Sûretés et procédures collectives », *Cah. dr. entr. 7-8/2009.* – Vallens, *RTD com. 2009. 458* (règles de procédure). – Berthelot, *Dr. et patr. 10/2009. 89* (traitement de la fiducie-sûreté). – Macorig-Venier, *ibid. janv. 2010. 26* (apports en matière de sûretés). – Mastrullo, *RPC 2010. Étude 7* (rapports de la saisie immobilière et du droit des procédures collectives depuis la réforme).

▶ Sur les modifications issues de la loi de régulation bancaire et financière du 22 oct. 2010 : Grelon, *Rev. sociétés 2011. 7*. – *BRDA 2010, n° 21, p. 22.* – Besse et Morelli, *RLDA déc. 2010. 23.* – Lebel, *Gaz. Pal. 2011. Doctr. 27* (innovations apportées aux plans de sauvegarde et de redressement).

▶ Sur les modifications issues de l'Ord. d'adaptation du droit des entreprises en difficulté à l'EIRL du 9 déc. 2010 : Le Corre, Legrand et Guesmi, *D. 2011. Dossier. 90.* – Roussel Galle, *DP diff. entr., Bull. n° 321.* – Dammann et Podeur, *Gaz. Pal. 2010. Doctr. 3386.* – Pétel, *JCP E 2011. 1071.* – Lebel, *RLDA févr. 2011. 21.* – S. Piedelièvre, *LPA 4 févr. 2011.* – *BRDA 2011, n° 2, p. 17.* – Dubuisson, *JCP N 2011. 1002.* – Vallansan, *RPC 2011. Étude 2.* – Monsèrié-Bon, *BJS 2011. 270.* – Vauvillé, *Defrénois 2011. 137.* – Dossier spécial, *RPC 2011. Dossiers 15 à 33.* – Saint-Alary-Houin, *Dr. et patr. 4/2011. 63.* – Saint-Alary-Houin et Mercier, *Gaz. Pal. 18-19 mai 2011, p. 33.* – Dossier « EIRL et procédures collectives », *Cah. dr. entr. 5-6/2011.*

▶ Sur la loi du 12 mars 2012 relative aux mesures conservatoires : Le Corre, *Rev. sociétés 2012. 412*. – Roussel Galle, *JCP E 2012. Actu. 192 ; RPC 2012. Étude 16.* – Legros, *Dr. sociétés 2012, n°s 85 à 88.* – S. Piedelièvre, *RDBF 2012, n° 93.* – Demeyere, *RLDA juill.-août 2012. 26.* – Morvan, *JCP E 2013. 1047* (la loi *Petroplus* et les salariés). ▶ Sur le décret d'application : Cagnoli, *APC 2012, n°s 272 et 273.* – Demeyere, *RLDA déc. 2012. 17.* – Roussel Galle, *RPC 2012. Étude 40.* – Rossi, *BJE 2013. 104.*

▶ Sur la réforme issue de l'Ord. du 12 mars 2014 : Lienhard, *D. 2014. Actu. 661* à *664.* – Le Corre, *D. 2014. Chron. 733* (dispositions générales). – Dammann et Podeur, *ibid. 752* (rééquilibrage des pouvoirs au profit des créanciers). – Gailhbaud, *ibid. 755 ; Err. 794* (dispositions concernant les salariés). – Roussel Galle, *Rev. sociétés 2014. 351*. – Martin-Serf, *RTD com. 2014. 409* (effets à l'égard des créanciers). – Vallens, *ibid. 418* (innovations procédurales) ; *ibid. 869* (groupes de sociétés) ; *RLDA mai 2014. 24.* – Pétel, *JCP E 2014. 1223.* – F.-X. Lucas, *BJE 2014. 111 ; BJS 2014. 103* (droit des sociétés). – Teboul, *Gaz. Pal. 26-27 mars 2014, p. 6* (un duel créanciers/débiteurs à armes égales ?). – Dossier spécial, *ibid. 6-8 avr. 2014.* – Rossi, *APC 2014, n°s 86 s.* – Fabre, *RDT 2014. 259* (aspects sociaux). – Numéro spécial, *DP diff. entr., Bull. n° 358-1.* – Dossier spécial, *RPC 2014. Dossiers 13 à 25.* – *BRDA 2014, n° 7, p. 18.* – Dossier spécial, *BJE 2014. 170 ; ibid. 2015. 390.* – Rolland, *Procédures 2014. Étude 7* (aspects procéduraux). – Legros, *Dr. sociétés 2014. Étude 11* (traitement des sociétés) ; *ibid. Étude 18* (traitement « procédural » des sociétés). – Dossier spécial, *Dr. et patr. 7-8/2014. 39.* – Sortais, *BJE 2014. 278* (incidences en matière d'agriculture). – Colloque du CEDAG du 1er juill. 2014, *RPC 2014. Dossiers 26 à 41.* – Jacotot et Gailhbaud, *Gaz. Pal. 5-7 oct. 2014, p. 11* (apports en matière de droit du travail). – Boustani, *BJE 2015. 52* (aspects procéduraux de la contestation de créance). – Colloque du 10 oct. 2014, *Gaz. Pal. 31 déc. 2014-3 janv. 2015.* – Dossier spécial, *Cah. dr. entr. 1-2/2015.* ▶ Sur l'Ord. complémentaire du 26 sept. 2014 : Lienhard, *D. 2014. Actu. 1934.* – Henry, *Rev. sociétés 2014. 748*.

▶ Sur les modifications issues de la L. n° 2014-856 du 31 juill. 2014 : Lebel, *JCP E 2014. 1548.*

▶ Sur les modifications issues de la loi du 6 août 2015 pour la croissance, l'activité et l'égalité des chances économiques : Cerati-Gauthier, *JCP E 2015. Actu. 613.* – Perruchot-Triboulet, *Journ. sociétés 10/2015. 54.* – Le Corre, *Gaz. Pal. 18-20 oct. 2015, p. 7.* – Rossi, *RPC 2015. Étude 15.* – F.-X. Lucas, *BJE 2015. 317.* – Legros, *Dr. sociétés 2015. Étude 17* (sociétés en difficulté). – Dossier spécial, *BJE 2015. 395.*

▶ Sur les modifications issues de la loi du 18 nov. 2016 de modernisation de la justice du XXIe siècle : ROUSSEL GALLE et BONNEAU, *RPC 2016. Étude 21. - BRDA 2017, n° 2, p. 25.* - ROLLAND, *Procédures 2017. Étude 13.* - LEGROS, *Dr. sociétés 2017. Étude 3.*

▶ Sur les modifications issues de la loi relative à la croissance et la transformation des entreprises (PACTE) : ROUSSEL GALLE, *Rev. sociétés 2019. 551* . - ALLAIS et HOUSSIN, *JCP E 2019. 1321.* - LEGROS, *JCP 2019. 819.* - BORGA, *RJ com. 2019. 255.* - MARTINEAU-BOURGNINAUD, *BJE 7-8/2019. 50.* - Dossier spécial, *RPC 2019. Dossiers 23 à 26.* - LEGROS, *Dr. sociétés 2019, n°s 153 à 158.*

▶ Sur les modifications issues de l'Ord. n° 2021-1193 du 15 sept. 2021 et de son décret d'application : BORGA et THÉRON, *D. 2021. Chron. 1773* . - VALLENS, *ibid. 2141* (aspects internationaux). - LEMERCIER et MERCIER, *D. actu. 17 et 28 sept. 2021.* - SAUTONIE-LAGUIONIE, *JCP E 2021. actu. 672.* - FAVRE-ROCHEX, *BJE 9-10/2021. 37.* - DALMAU et VALLENS, *RLDA oct. 2021. 25.* - Numéro spécial, *DP diff. entr., Bull. n° 878-1.* - *BRDA 2021, n° 22, p. 18.* - Dossier spécial, *BJE 11-12/2021. 33.* - Dossier « Temps nouveaux pour l'entreprise en difficulté », *JCP E 2021. 1523 s.* - Dossier « Les procédures collectives après les ordonnances du 15 septembre 2021 », *RPC 2021. Dossiers 5 à 11.* - POUJADE, *RTD com. 2021. 929* (plans de restructuration). - Dossier « Réforme des sûretés », *D. 2022. 303* (classement des sûretés). - Dossier « Regards croisés sur la réforme du droit des entreprises en difficulté », *RPC 2022. Dossiers 1 à 11.*

▶ Pour une bibliographie thématique, V. **C. pr. coll.**

ENTRÉE EN VIGUEUR DE LA LOI DU 26 JUILL. 2005 : *La L. n° 2005-845 du 26 juill. 2005 entre en vigueur le 1er janv. 2006, à l'exception des dispositions suivantes qui sont applicables aux procédures et situations en cours dès sa publication : — Dans toutes les dispositions prévoyant une incapacité, une interdiction ou une déchéance résultant d'une faillite personnelle ou d'une interdiction de gérer, ces mesures doivent être comprises comme ayant une durée maximale de quinze ans à compter du jour où la décision les ayant prononcées est devenue définitive (Pour des applications, V. notes 1 et 2 ss. art. L. 653-11). — Les mesures de faillite personnelle et d'interdiction de gérer ainsi que les déchéances et interdictions qui en ont résulté prennent fin à la date de publication de la présente loi lorsque, à cette date, elles ont été prononcées plus de quinze années auparavant par une décision devenue définitive. Toutefois, les poursuites déjà engagées au jour de la publication de la L. n° 2005-845 du 26 juill. 2005, sur le fondement de l'art. L. 622-32 C. com., ne sont pas, même si le délai de quinze années est expiré, affectées par les dispositions qui précèdent et les sommes perçues par les créanciers leur restent acquises (L. n° 2005-845 du 26 juill. 2005, art. 190, JO 27 juill.). Les procédures ouvertes en vertu des art. L. 621-98, L. 624-1, L. 624-4 et L. 624-5 C. com., dans leur rédaction antérieure à la L. n° 2005-845 du 26 juill. 2005, ne sont pas affectées par son entrée en vigueur (L. n° 2005-845 du 26 juill. 2005, art. 192).*

NDLR : *L'art. 191 donne une liste de dispositions qui, lors de l'entrée en vigueur différée de la loi, soit le 1er janv. 2006, s'appliqueront aux procédures en cours, c'est-à-dire aux procédures ouvertes par un jugement antérieur à cette date. Ces exceptions et dérogations sont mentionnées sous chacun des articles du code qu'elles concernent. — Sur l'entrée en vigueur de la loi du 26 juill. 2005, V. aussi Circ. 22 juill. 2005 (BOMJ 2005, n° 99). — V. encore Circ. 9 janv. 2006 relative aux mesures législatives et réglementaires applicables à la loi de sauvegarde des entreprises applicables aux procédures en cours (BOMJ 2006, n° 101).*

ENTRÉE EN VIGUEUR DE L'ORDONNANCE DU 18 DÉC. 2008 : *L'Ord. n° 2008-1345 du 18 déc. 2008 entre en vigueur le 15 févr. 2009, à l'exception de l'art. 16 [V. C. com., art. L. 621-9], qui entre en vigueur le 1er janv. 2009. Elle n'est pas applicable aux procédures en cours au jour de son entrée en vigueur, sauf en ce qui concerne : — les dispositions de l'art. 16 ; — les dispositions des art. 133 [abrogeant les art. L. 652-1 à L. 652-5 C. com.] et 135 [V. C. com., art. L. 653-4.] Les actions fondées sur l'obligation aux dettes sociales ne peuvent plus être engagées à compter de l'entrée en vigueur de la présente ordonnance. En revanche, les actions déjà engagées au jour de cette entrée en vigueur se poursuivent. Les dispositions du 5e al. de l'art. 63 [V. C. com., art. L. 626-27] sont applicables aux plans de sauvegarde en cours d'exécution au jour de son entrée en vigueur (art. 173).*

ENTRÉE EN VIGUEUR DE L'ORDONNANCE DU 12 MARS 2014 : *L'Ord. n° 2014-326 du 12 mars 2014 entre en vigueur le 1er juill. 2014. Elle n'est pas applicable aux procédures en cours au jour de son entrée en vigueur, à l'exception des dispositions des art. 77 et 80 [V. C. com., art. L. 643-9 et L. 643-13] (Ord. préc., art. 116).*

ENTRÉE EN VIGUEUR DE L'ORDONNANCE DU 15 SEPT. 2021 : *L'Ord. n° 2021-1193 du 15 sept. 2021 entre en vigueur le 1er oct. 2021. Elle n'est pas applicable aux procédures en cours au jour de son entrée en vigueur. Par dérogation à cette date d'entrée en vigueur, l'art. 27 entre en vigueur le 1er janv. 2022 et la référence faite à l'art. L. 624-21 C. com. se lira jusqu'à cette date comme faite à l'art. 2332-4 C. civ. En cas de modification du plan de sauvegarde ou du plan de* *redressement arrêté dans une procédure ouverte avant le 22 mai 2020, les dispositions de l'art. L. 626-26 C. com., dans sa rédaction résultant de l'art. 36 de l'Ord. préc., sont applicables sans que le privilège prévu par ces dispositions n'affecte les droits des créanciers mentionnés aux 9º à 11º de l'art. L. 643-8, dans sa rédaction résultant de l'art. 62 de l'Ord. préc. Il est mis fin à compter du 1er oct. 2021, pour les procédures non encore ouvertes à cette date, à l'application des dispositions de l'art. 3, du IV de l'art. 5 et de l'art. 6 de l'Ord. [nº 2020-596] du 20 mai 2020, prolongées par l'art. 124 de la L. [nº 2020-1525] du 7 déc. 2020 (Ord. nº 2021-1193, art. 73).*

Art. L. 610-1 *(L. nº 2005-845 du 26 juill. 2005, art. 2)* **Un décret en Conseil d'État détermine, dans chaque département, le tribunal ou les tribunaux appelés à connaître des procédures prévues par le présent livre, ainsi que le ressort dans lequel ces tribunaux exercent les attributions qui leur sont dévolues.**

V. art. R. 600-1 s.

TITRE PREMIER DE LA PRÉVENTION DES DIFFICULTÉS DES ENTREPRISES

RÉP. COM. vis *Entreprises en difficulté : détection des difficultés*, par MONSÈRIÉ-BON ; *Entreprises en difficulté : mandat ad hoc, conciliation*, par MONSÈRIÉ-BON.

BIBL. GÉN. ▶ ROUSSEL GALLE, *Dr. et pr. 2005. 260* (conciliation) ; *LPA 12 juill. 2006* (mandat *ad hoc* et conciliation après le décret du 28 déc. 2005). – MONTÉRAN, *Gaz. Pal. 2005. Doctr. 2928* (prévention et conciliation). – VALLIOT, *JCP E 2005, nº 42, p. 1775* (mandat *ad hoc* et conciliation). – CROZE, *Procédures 2005. Étude 12* (même thème). – TEBOUL, *LPA 19 oct. 2005* (prévention). – LEGROS, *Dr. sociétés 2005. Étude 9*. – MACORIG-VENIER, *RTD com. 2005. 829* ; *RPC 2005. 352* (conciliation). – REINS, *RLDA, suppl. au nº 88, déc. 2005, p. 9* (même thème). – HABAUZIT-DETILLEUX et MICHAUD, *Gaz. Pal. 2006. Doctr. 138* (procédure de conciliation applicable à l'avocat en difficulté). – KUNTZ, *LPA, nº spéc., 8 févr. 2006, p. 5* (commentaire article par article). – THÉVENOT, *ibid., 17 févr. 2006, p. 14* (mandat *ad hoc* et conciliation). – SAINT-ALARY-HOUIN, *RPC 2006. 169* (conciliation). – SCHMITT, *ibid. 178* (conciliation : aspects pratiques). – LAFONT DE SENTENAC, *BJS 2006. 1083* (rôle du commissaire aux comptes et de l'expert-comptable dans la détermination du passif du débiteur en conciliation). – GANDIN, *JCP E 2006, nº 43-44, p. 1838* (information et consultation des représentants des salariés). – LAVIGNE, *LPA 20 mars 2007* (conciliation). – VALLANSAN, *LPA 14 juin 2007* (même thème). – DOUHAIRE, *RJ com. 2008. 21* (aspects pratiques de la conciliation). – MACORIG-VENIER et CAVIGLIOLI, *RPC 2008. Dossier 2* (pratique et réforme de la conciliation). DELATTRE, *RPC 2010. Étude 21* (cadre légal). – MODAT, *RPC 2011. Étude 10* (cellules de prévention). ▶ Sur l'ordonnance du 18 déc. 2008 : MONTÉRAN, *D. 2009. 639* . – DELATTRE, *RPC 2009. Dossier 3*. – ROHART-MESSAGER, *Gaz. Pal. 2009. Doctr. 741*. – MACORIG-VENIER, *RTD com. 2009. 436* . ▶ Sur l'ordonnance du 12 mars 2014 : MACORIG-VENIER, *RTD com. 2014. 395* et *855* (dispositions réglementaires). – DELATTRE et ÉTIENNE-MARTIN, *RPC 2014. Dossier 15*. – THULLIER, *BJE 2014. 174*. – MONTÉRAN, *Gaz. Pal. 2014. 1249*. – SAINT-ALARY-HOUIN, *Dr. et patr. 7-8/2014. 40*. – PÉROCHON et ROUSSEL GALLE, *Gaz. Pal. 2015. 655*. – LESAULNIER, *RTD com. 2016. 225* (mandat *ad hoc*). ▶ Sur la loi du 18 nov. 2016 de modernisation de la justice du XXIe siècle : MACORIG-VENIER, *RTD com. 2017. 175* . – MALHERBE, *JCP E 2017. 1300*. ▶ Autre thème : Colloque du 15 nov. 2013, *RPC 2014. Dossiers 1 à 12* (la prévention et le traitement amiable des difficultés à la lumière de la réforme). ▶ Sur l'ordonnance du 15 sept. 2021 : MACORIG-VENIER, *RTD com. 2021. 914* .

CHAPITRE PREMIER DE LA PRÉVENTION DES DIFFICULTÉS DES ENTREPRISES, DU MANDAT *AD HOC* ET DE LA PROCÉDURE DE CONCILIATION

Art. L. 611-1 *(L. nº 2003-721 du 1er août 2003, art. 10)* **« Toute personne immatriculée au registre du commerce et des sociétés ou au »** *(Ord. nº 2021-1189 du 15 sept. 2021, art. 12, en vigueur le 1er janv. 2023)* **« registre national des entreprises en tant qu'entreprise du secteur des métiers et de l'artisanat** *[ancienne rédaction : répertoire des métiers]* **» ainsi que** *(Ord. nº 2010-1512 du 9 déc. 2010, art. 2-1º)* **« tout entrepreneur individuel à responsabilité limitée et » toute personne morale de droit privé peut adhérer à un groupement de prévention agréé par arrêté du représentant de l'État dans la région.**

Ce groupement a pour mission de fournir à ses adhérents, de façon confidentielle, une analyse des informations *(L. nº 2003-721 du 1er août 2003, art. 10)* **« écono-**

miques, comptables et financières » que ceux-ci s'engagent à lui transmettre régulièrement.

Lorsque le groupement relève des indices de difficultés, il en informe le chef d'entreprise et peut lui proposer l'intervention d'un expert.

A la diligence du représentant de l'État, les administrations compétentes prêtent leur concours aux groupements de prévention agréés. Les services de la Banque de France peuvent également, suivant des modalités prévues par convention, être appelés à formuler des avis sur la situation financière des entreprises adhérentes. *(L. n° 2005-845 du 26 juill. 2005, art. 3)* « Les groupements de prévention agréés peuvent aussi bénéficier d'aides des collectivités territoriales. »

Les groupements de prévention agréés sont habilités à conclure, notamment avec les établissements de crédit *(Ord. n° 2013-544 du 27 juin 2013, art. 7-10°, en vigueur le 1er janv. 2014)* « , les sociétés de financement » et les entreprises d'assurance, des conventions au profit de leurs adhérents. – *[L. n° 84-148 du 1er mars 1984, art. 33.]*

V. art. D. 611-1 s.

Sur les avantages fiscaux liés à l'adhésion à un groupement de prévention agréé, V. L. n° 89-549 du 2 août 1989, art. 9 (D. et ALD 1989. 275).

BIBL. ▶ BOUKRIS, *Gaz. Pal. 1984. 2. Doctr. 138.* – CHAPUT, *LPA 1985, n° 143.*

Art. L. 611-2 *(L. n° 2005-845 du 26 juill. 2005, art. 4)* « **I.** » – Lorsqu'il résulte de tout acte, document ou procédure qu'une société commerciale, un groupement d'intérêt économique, ou une entreprise individuelle, commerciale ou artisanale connaît des difficultés de nature à compromettre la continuité de l'exploitation, ses dirigeants peuvent être convoqués par le président du tribunal de commerce pour que soient envisagées les mesures propres à redresser la situation.

(Ord. n° 2021-1193 du 15 sept. 2021, art. 2, en vigueur le 1er oct. 2021) « Dès l'envoi de cette convocation », le président du tribunal peut, nonobstant toute disposition législative ou réglementaire contraire, obtenir communication, par les commissaires aux comptes, les membres *(Ord. n° 2021-1193 du 15 sept. 2021, art. 2, en vigueur le 1er oct. 2021)* « du comité social et économique », les administrations publiques, les organismes de sécurité et de prévoyance sociales ainsi que les services chargés de la centralisation des risques bancaires et des incidents de paiement, des renseignements de nature à lui donner une exacte information sur la situation économique et financière du débiteur. – *[L. n° 84-148 du 1er mars 1984, art. 34.]*

(L. n° 2005-845 du 26 juill. 2005, art. 4) « **II.** – Lorsque les dirigeants d'une société commerciale ne procèdent pas au dépôt des comptes annuels dans les délais prévus par les textes applicables, le président du tribunal peut *(L. n° 2015-1268 du 14 oct. 2015, art. 2)* « , le cas échéant sur demande du président d'un des observatoires mentionnés à l'article L. 910-1 A, » leur adresser une injonction de le faire à bref délai sous astreinte.

« Si cette injonction n'est pas suivie d'effet dans un délai fixé par décret en Conseil d'État, le président du tribunal peut également faire application à leur égard des dispositions du deuxième alinéa du I. »

(Ord. n° 2010-1512 du 9 déc. 2010, art. 2-2°) « Le II est applicable, dans les mêmes conditions, à tout entrepreneur individuel à responsabilité limitée qui ne procède pas au dépôt des comptes annuels ou documents mentionnés au premier alinéa de l'article L. 526-14, lorsque l'activité professionnelle à laquelle le patrimoine est affecté est commerciale ou artisanale. »

Les dispositions de l'Ord. n° 2021-1193 du 15 sept. 2021 ne sont pas applicables aux procédures en cours au jour de son entrée en vigueur (Ord. préc., art. 73-I).

V. art. R. 600-2 et R. 611-10 s.

BIBL. ▶ ROHART-MESSAGER, *Gaz. Pal. 2010. Doctr. 54* (prévention-détection par les présidents des tribunaux de commerce).

1. Art. L. 611-2 (I). Il n'appartient pas au juge saisi en matière de référé de s'attribuer les pouvoirs propres du président de la juridiction et de procéder, quelle qu'en soit l'éventuelle opportunité, à l'entretien prévu par l'art. 34 [C. com., art. L. 611-2]. Il ne peut pas faire convoquer – dans ce but – le représentant légal de la personne morale à une audience publique, l'entretien devant conserver une certaine confidentialité. • Versailles, 26 janv. 1995 : *Gaz. Pal. 1995. 1. Somm.*

71 ; JCP E 1995. Pan. 328 ; RJDA 1995, n° 884.

2. Art. L. 611-2 (II). Pour la conformité à la Constitution des dispositions de l'art. L. 611-2, II, V. • Cons. const. 1er juill. 2016, n° 2016-548 QPC : *D. 2016. Actu. 1428 ; Rev. sociétés 2017. 15, note Reygrobellet ; RTD com. 2017. 170, obs. Macorig-Venier ; JCP E 2016. 1546, n° 3, obs. Navarro ; RJDA 2016, n° 700 ; RPC 2016, n° 156, obs. Delattre.* ♦ ... Et l'absence de contrariété de ces dispositions à l'art. 6 Conv. EDH, V. • CE 22 févr. 2017, n° 396364 : *RPC 2017, n° 120, obs. Delattre.* ♦ S'il résulte de la jurisprudence de la CEDH que les données portant sur le patrimoine d'une personne physique relèvent de sa vie privée, les comptes annuels d'une société par actions simplifiée unipersonnelle ne constituent, toutefois, qu'un des éléments nécessaires à la détermination de la valeur des actions que possède son associé unique, dont le patrimoine, distinct de celui de la société, n'est qu'indirectement et partiellement révélé ; l'atteinte portée au droit à la protection des données à caractère personnel de cet associé pour la publication de ces comptes est donc proportionnée au but légitime de détection et de prévention des difficultés des entreprises poursuivi par les dispositions de l'art. L. 611-2, II. • Com. 24 juin 2020, n° 19-14.098 P : *D. 2020. Chron. C. cass. 2480, obs. de Cabarrus ; Rev. sociétés 2020. 609, note Martial-Braz ; RTD com. 2021. 419, obs. Macorig-Venier ; LEDEN 9/2020. 1, obs. F.-X. Lucas ; Gaz. Pal. 29 sept. 2020, p. 76, obs. Roussille ; RJDA 2020, n° 503 ; Dr. sociétés 2020, n° 118, note Hamelin ; BJS 10/2020. 23, note Périn ; RJ com. 2020. 473, obs. Jambort.*

3. L'ordonnance liquidant l'astreinte et condamnant le représentant légal à payer au Trésor public une certaine somme, rendue par le président du tribunal de commerce sur le fondement de l'art. L. 611-2, II, qui ne comporte ni l'indication du nom ni la signature d'un greffier, est nulle. • Com. 29 sept. 2009, n° 08-14.146 P : *D. 2009. AJ 2422, obs. Lienhard ; Rev. sociétés 2010. 90, note Poracchia ; JCP E 2009. 2067, note Roussel Galle ; DP diff. entr. 2009, Bull. n° 308, obs. Rémery.*

4. Il résulte des art. L. 611-2, II, R. 611-13, R. 611-14 et R. 611-16 que lorsque le président d'un tribunal de commerce, ayant enjoint sous astreinte au représentant légal d'une personne morale de déposer les comptes annuels, constate le défaut d'exécution et liquide l'astreinte, le représentant légal est condamné à titre personnel (déchéance du pourvoi en cassation formé par le dirigeant social contre l'ordonnance l'ayant condamné au titre de la liquidation de l'astreinte, faute de mémoire régulièrement déposé, celui-ci ayant été établi en qualité de représentant légal de la société). • Com. 7 mai 2019, n° 17-21.047 P : *D. 2019. Actu. 988 ; RTD com. 2019. 977, obs. Macorig-Venier ; BJS 7-8/2019. 8, note Laroche ; Dr. sociétés 2019, n° 148, note Hamelin ; Gaz. Pal. 17 déc. 2019, p. 73, obs. Dalion ; RJDA 2020, n° 23 ; RPC 2020, n° 111, obs. Le Gueut.*

Art. L. 611-2-1 *(Ord. n° 2014-326 du 12 mars 2014, art. 2, en vigueur le 1er juill. 2014)* **Les dispositions du I de l'article L. 611-2 sont applicables, dans les mêmes conditions, aux personnes morales de droit privé et aux personnes physiques exerçant une activité professionnelle agricole ou indépendante, y compris une profession libérale soumise à un statut législatif ou réglementaire ou dont le titre est protégé. Pour l'application du présent article, le** *(Ord. n° 2019-964 du 18 sept. 2019, art. 35, en vigueur le 1er janv. 2020)* **« tribunal judiciaire » est compétent et son président exerce les mêmes pouvoirs que ceux conférés au président du tribunal de commerce.**

Par exception, lorsque la personne physique ou morale concernée exerce la profession d'avocat, d'administrateur judiciaire, de mandataire judiciaire ou d'officier public ou ministériel, le président du *(Ord. n° 2019-964 du 18 sept. 2019, art. 35, en vigueur le 1er janv. 2020)* **« tribunal judiciaire » ne procède qu'à l'information de l'ordre professionnel ou de l'autorité compétente dont elle relève, sur les difficultés portées à sa connaissance relativement à la situation économique, sociale, financière et patrimoniale du professionnel.**

V. art. R. 611-10 s.

BIBL. ▸ Favario, *BJE 2014. 172.*

Art. L. 611-2-2 *(Ord. n° 2021-1193 du 15 sept. 2021, art. 3, en vigueur le 1er oct. 2021)* **Lorsqu'il lui apparaît que l'urgence commande l'adoption de mesures immédiates et que le dirigeant s'y refuse ou fait savoir qu'il envisage des mesures que le commissaire aux comptes estime insuffisantes, ce dernier peut en informer le président du tribunal compétent dès la première information faite, en application des articles L. 234 1, L. 234 2, L. 251 15 et L. 612 3, au président du conseil d'administration ou de surveillance ou au dirigeant.**

Dans ce cas, le commissaire aux comptes informe par tout moyen et sans délai le président du tribunal de ses constats et démarches. Il peut lui adresser la copie de tous

les documents utiles à cette information et lui expose les raisons qui l'ont conduit à constater l'insuffisance des décisions prises.

Le commissaire aux comptes peut, à son initiative ou à la demande du président du tribunal, transmettre à ce dernier tout renseignement complémentaire de nature à lui donner une exacte information sur la situation économique et financière de l'entreprise.

Le commissaire aux comptes peut également, à tout moment, demander à être entendu, avec les dirigeants, par le président du tribunal.

Pour les dispositions transitoires de l'Ord. n° 2021-1193 du 15 sept. 2021, V. note ss. art. L. 611-2.

Art. L. 611-3 *(Ord. n° 2008-1345 du 18 déc. 2008, art. 2)* **Le président du tribunal peut, à la demande d'un débiteur, désigner un mandataire *ad hoc* dont il détermine la mission. Le débiteur peut proposer le nom d'un mandataire *ad hoc*.** *(Ord. n° 2014-326 du 12 mars 2014, art. 3, en vigueur le 1er juill. 2014)* **« La décision nommant le mandataire *ad hoc* est communiquée pour information aux commissaires aux comptes lorsqu'il en a été désigné. »**

Le tribunal compétent est le tribunal de commerce si le débiteur exerce une activité commerciale ou artisanale et le *(Ord. n° 2019-964 du 18 sept. 2019, art. 35, en vigueur le 1er janv. 2020)* **« tribunal judiciaire » dans les autres cas.** — *V. art. R. 611-18 s.*

(L. n° 2016-1547 du 18 nov. 2016, art. 99-III-1°) **« Le débiteur n'est pas tenu d'informer le comité** *(Ord. n° 2021-1193 du 15 sept. 2021, art. 4, en vigueur le 1er oct. 2021)* **« social et économique » de la désignation d'un mandataire *ad hoc*. »**

Le III de l'art. 99 de la L. n° 2016-1547 du 18 nov. 2016 n'est pas applicable aux procédures en cours au jour de la publication de cette loi (L. préc., art. 114-XVI, JO 19 nov.).

Pour les dispositions transitoires de l'Ord. n° 2021-1193 du 15 sept. 2021, V. note ss. art. L. 611-2.

Sur la faculté de renvoi de l'affaire devant une autre juridiction, V. art. R. 662-8.

1. La nomination d'un mandataire *ad hoc* ne dispense pas le dirigeant de procéder à la déclaration de la cessation des paiements lorsque ses conditions sont réunies, ni d'être sanctionné pour ne pas y avoir procédé. • Com. 10 mai 2005 : *RJDA 2005, n° 1025 ; Dr. sociétés 2005, n° 174, note Legros.*

2. Un créancier appelé à négocier dans le cadre d'une procédure de mandat *ad hoc* n'est pas tenu d'accepter les propositions du mandataire *ad hoc*. • Com. 22 sept. 2015, n° 14-17.377 P : *D. 2016. Pan. 1894, obs. F.-X. Lucas ; Rev. sociétés 2015. 761, obs. Roussel Galle ; RTD com. 2016. 189, obs. Macorig-Venier ; RTD civ. 2016. 114, obs. Barbier ; JCP E 2016. 1151, note Stefania ; APC 2015, n° 263, obs. Saintourens ; LEDEN 11/2015. 2, obs. Fort et Hart de Keating ; BJE 2015. 360, note Favario ; RPC 2015, n° 174, obs. Delattre ; RJDA 2016, n° 42 ; Gaz. Pal. 19 janv. 2016, p. 57, obs. Montéran.*

Art. L. 611-4 *(L. n° 2005-845 du 26 juill. 2005, art. 5)* **Il est institué, devant le tribunal de commerce, une procédure de conciliation dont peuvent bénéficier** *(Ord. n° 2010-1512 du 9 déc. 2010, art. 2-3°)* **« les débiteurs » exerçant une activité commerciale ou artisanale qui éprouvent une difficulté juridique, économique ou financière, avérée ou prévisible, et ne se trouvent pas en cessation des paiements depuis plus de quarante-cinq jours.**

Sur les mesures d'adaptation liées à l'urgence sanitaire (Covid-19), V. Ord. n° 2020-596 du 20 mai 2020, art. 2, App., v° Sociétés commerciales.

La L. n° 88-1202 du 30 déc. 1988, codifiée partiellement au livre III du code rural et de la pêche maritime, a institué une procédure de règlement amiable destinée aux exploitations agricoles. — Toutefois, les sociétés commerciales exerçant une activité agricole demeurent soumises aux art. L. 611-4 s. — Sur cette procédure, V. C. rur., art. L. 351-1 s. et R. 351-1 s. — ***C. rur.*** *ou* ***C. pr. coll.***

Les dispositions du code de la consommation relatives au règlement des situations de surendettement des particuliers ne s'appliquent pas lorsque le débiteur relève des procédures instituées par le livre VI C. com. (C. consom., art. L. 711-3, al. 1er). — V. ces dispositions au ***C. consom.***

Pour l'ouverture d'une procédure de conciliation à l'égard d'un établissement de crédit, d'une société de financement, d'un établissement de monnaie électronique, d'un établissement de paiement ou d'une entreprise d'investissement, subordonnée à un avis conforme de l'Autorité de contrôle prudentiel et de résolution, V. C. mon. fin., art. L. 613-27. — ***C. mon. fin.***

BIBL. ► Régime issu de la loi du 26 juill. 2005 : V. Bibl. gén. précédant l'art. L. 611-1. ► Régime antérieur à la loi du 26 juill. 2005 (règlement amiable) : Bayle, *RTD com. 1988. 1.* – Chaput, *RJ com., n° spéc., févr. 1986, p. 106 ; JCP E 1988, supplément au n° 18, p. 3.* – Martin, *Gaz. Pal. 1984. 2. Doctr. 328.* – Mathieu, *JCP E 1986. II. 14805.* – Ferrand, *LPA 8 janv. 1996.*

Art. L. 611-5 *(L. n° 2005-845 du 26 juill. 2005, art. 5)* **La procédure de conciliation est applicable, dans les mêmes conditions, aux personnes morales de droit privé et aux personnes physiques exerçant une activité professionnelle indépendante, y compris une profession libérale soumise à un statut législatif ou réglementaire ou dont le titre est protégé. Pour l'application du présent article, le** *(Ord. n° 2019-964 du 18 sept. 2019, art. 35, en vigueur le 1er janv. 2020)* **« tribunal judiciaire » est compétent et son président exerce les mêmes pouvoirs que ceux attribués au président du tribunal de commerce.**

La procédure de conciliation n'est pas applicable aux *(L. n° 2019-486 du 22 mai 2019, art. 67)* **« personnes exerçant une activité agricole définie à l'article L. 311-1 du code rural et de la pêche maritime » qui bénéficient de la procédure prévue aux articles L. 351-1 à L. 351-7 du** *(L. n° 2019-486 du 22 mai 2019, art. 67)* **« même code ».** *— Pour les dispositions transitoires de la L. n° 2019-486 du 22 mai 2019, V. note ss. art. L. 626-12.*

Sur les mesures d'adaptation liées à l'urgence sanitaire (Covid-19), V. Ord. n° 2020-596 du 20 mai 2020, art. 2, App., v° Sociétés commerciales.

Art. L. 611-6 *(Ord. n° 2008-1345 du 18 déc. 2008, art. 3)* **Le président du tribunal est saisi par une requête du débiteur exposant sa situation économique,** *(Ord. n° 2014-326 du 12 mars 2014, art. 4-1°, en vigueur le 1er juill. 2014)* **« financière, sociale et patrimoniale », ses besoins de financement ainsi que, le cas échéant, les moyens d'y faire face. Le débiteur peut proposer le nom d'un conciliateur.**

(Ord. n° 2014-326 du 12 mars 2014, art. 4-2°, en vigueur le 1er juill. 2014) **« La procédure de conciliation est ouverte par le président du tribunal qui désigne un conciliateur pour une période n'excédant pas quatre mois mais qu'il peut, par une décision motivée, proroger à la demande de ce dernier sans que la durée totale de la procédure de conciliation ne puisse excéder cinq mois. Si une demande de constatation ou d'homologation a été formée en application de l'article L. 611-8 avant l'expiration de cette période, la mission du conciliateur et la procédure sont prolongées jusqu'à la décision, selon le cas, du président du tribunal ou du tribunal. » A défaut, elles prennent fin de plein droit et une nouvelle conciliation ne peut être ouverte dans les trois mois qui suivent.**

La décision ouvrant la procédure de conciliation est communiquée au ministère public et, si le débiteur est soumis au contrôle légal de ses comptes, aux commissaires aux comptes. Lorsque le débiteur exerce une profession libérale soumise à un statut législatif ou réglementaire ou dont le titre est protégé, la décision est également communiquée à l'ordre professionnel ou à l'autorité compétente dont, le cas échéant, il relève. Elle est susceptible d'appel de la part du ministère public. *(L. n° 2016-1547 du 18 nov. 2016, art. 99-III-2°)* **« Le débiteur n'est pas tenu d'informer le comité** *(Ord. n° 2021-1193 du 15 sept. 2021, art. 4, en vigueur le 1er oct. 2021)* **« social et économique » de l'ouverture de la procédure. »** *— Sur les dispositions transitoires de la L. n° 2016-1547 du 18 nov. 2016, V. note ss. art. L. 611-3 ; ... les dispositions transitoires de l'Ord. n° 2021-1193 du 15 sept. 2021, V. note ss. art. L. 611-2.*

Le débiteur peut récuser le conciliateur dans des conditions et délais fixés par décret en Conseil d'État.

(Ord. n° 2014-326 du 12 mars 2014, art. 4-3°, en vigueur le 1er juill. 2014) **« Après ouverture de la procédure de conciliation, le président du tribunal peut, nonobstant toute disposition législative ou réglementaire contraire, obtenir communication de tout renseignement lui permettant d'apprécier la situation économique, financière, sociale et patrimoniale du débiteur et ses perspectives de règlement, notamment par les commissaires aux comptes, les experts-comptables, les notaires, les membres et représentants du personnel, les administrations et organismes publics, les organismes de sécurité et de prévoyance sociales, les établissements de crédit, les sociétés de financement, les établissements de monnaie électronique, les établissements de paiement** *(L. n° 2019-486 du 22 mai 2019, art. 68)* **« , les entreprises d'assurance mentionnées à**

l'article L. 310-2 du code des assurances pratiquant des opérations d'assurance-crédit » ainsi que les services chargés de centraliser les risques bancaires et les incidents de paiement. En outre, il peut charger un expert de son choix d'établir un rapport sur la situation économique, financière, sociale et patrimoniale du débiteur. »

V. art. R. 611-22 s.

Sur les mesures d'adaptation liées à l'urgence sanitaire (Covid-19), V. Ord. n° 2020-341 du 27 mars 2020, art. 1er, et Ord. n° 2020-1443 du 25 nov. 2020, art. 1er, App., v° Sociétés commerciales.

Recours des créanciers. Jugé que le droit d'appel du créancier en procédure de conciliation n'est pas reconnu par la loi du 26 juill. 2005, qui a soumis cette procédure au régime du droit commun du titre IV du livre VI C. com., notamment à l'art. L. 661-1 (irrecevabilité de l'appel du créancier contre une ordonnance octroyant des délais de paiement au débiteur sur le fondement des art. L. 611-7, al. 5, C. com. et 1343-5 C. civ.). • Douai, 27 mars 2007 : *BICC 2007, n° 1889 ; JCP E 2008. 1433, note Lebel ; RTD com. 2008. 413, obs. Macorig-Venier ; RPC 2008, n° 104, obs. Delattre. – Contra :* • Rennes, 2 avr. 2013 : *BJE 2013. 214, note Hart de Keating.* ♦ En revanche, la tierce opposition contre la décision de recourir à la conciliation est ouverte aux créanciers qui n'ont pas participé à cette décision d'ouverture. • Douai, 27 mars 2007 : *préc.*

Art. L. 611-7 *(L. n° 2005-845 du 26 juill. 2005, art. 6)* **Le conciliateur a pour mission de favoriser la conclusion entre le débiteur et ses principaux créanciers ainsi que, le cas échéant, ses cocontractants habituels, d'un accord amiable destiné à mettre fin aux difficultés de l'entreprise. Il peut également présenter toute proposition se rapportant à la sauvegarde de l'entreprise, à la poursuite de l'activité économique et au maintien de l'emploi.** *(Ord. n° 2014-326 du 12 mars 2014, art. 5-1°, en vigueur le 1er juill. 2014)* **« Il peut être chargé, à la demande du débiteur et après avis des créanciers participants, d'une mission ayant pour objet l'organisation d'une cession partielle ou totale de l'entreprise qui pourrait être mise en œuvre, le cas échéant, dans le cadre d'une procédure ultérieure de sauvegarde, de redressement judiciaire ou de liquidation judiciaire. »** *– V. art. R. 611-26-2.*

Le conciliateur peut, *(Ord. n° 2014-326 du 12 mars 2014, art. 5-2°, en vigueur le 1er juill. 2014)* **« pour exercer sa mission », obtenir du débiteur tout renseignement utile. Le président du tribunal communique au conciliateur les renseignements dont il dispose et, le cas échéant, les résultats de l'expertise mentionnée au** *(Ord. n° 2008-1345 du 18 déc. 2008, art. 4)* **« cinquième » alinéa de l'article L. 611-6.**

Les administrations financières, les organismes de sécurité sociale, les institutions gérant le régime d'assurance chômage prévu par les articles L. 351-3 *[L. 5422-1]* **et suivants du code du travail et les institutions régies par le livre IX du code de la sécurité sociale peuvent consentir des remises de dettes dans les conditions fixées à l'article L. 626-6 du présent code.** *(L. n° 2008-776 du 4 août 2008, art. 76-I)* **« Des cessions de rang de privilège ou d'hypothèque ou l'abandon de ces sûretés peuvent être consenties dans les mêmes conditions. »**

Le conciliateur rend compte au président du tribunal de l'état d'avancement de sa mission et formule toutes observations utiles sur les diligences du débiteur.

(Ord. n° 2021-1193 du 15 sept. 2021, art. 5, en vigueur le 1er oct. 2021) **« Au cours de la procédure, le débiteur peut demander au juge qui a ouvert celle-ci de faire application de l'article 1343 5 du code civil à l'égard d'un créancier qui l'a mis en demeure ou poursuivi, ou qui n'a pas accepté, dans le délai imparti par le conciliateur, la demande faite par ce dernier de suspendre l'exigibilité de la créance. Dans ce dernier cas, le juge peut, nonobstant les termes du premier alinéa de ce même article, reporter ou échelonner le règlement des créances non échues, dans la limite de la durée de la mission du conciliateur. »** *(Ord. n° 2014-326 du 12 mars 2014, art. 5-3°, en vigueur le 1er juill. 2014)* **« Le juge statue après avoir recueilli les observations du conciliateur. Il peut subordonner la durée des mesures ainsi prises à la conclusion de l'accord prévu au présent article. Dans ce cas, le créancier intéressé est informé de la décision selon des modalités fixées par décret en Conseil d'État. »**

En cas d'impossibilité de parvenir à un accord, le conciliateur présente sans délai un rapport au président du tribunal. Celui-ci met fin à sa mission et à la procédure de conciliation. Sa décision est notifiée au débiteur *(Ord. n° 2014-326 du 12 mars 2014, art. 5-4°, en vigueur le 1er juill. 2014)* **« et communiquée au ministère public ».**

Les contrats conclus avant l'entrée en vigueur de l'Ord. n° 2016-131 du 10 févr. 2016 [1er oct. 2016] demeurent soumis à la loi ancienne. Lorsqu'une instance a été introduite avant l'entrée en vigueur de l'Ord. préc., l'action est poursuivie et jugée conformément à la loi ancienne. Cette loi s'applique également en appel et en cassation (Ord. préc., art. 9).

Pour les dispositions transitoires de l'Ord. n° 2021-1193 du 15 sept. 2021, V. note ss. art. L. 611-2.

Sur les mesures d'adaptation liées à l'urgence sanitaire (Covid-19), V. Ord. n° 2020-596 du 20 mai 2020, art. 2, App., v° Sociétés commerciales.

V. art. R. 611-35 s.

BIBL. ▶ Sur les clauses de retour à meilleure fortune : PLAYOUST, *RPC 1994. 354*. – JACOMET et BÉJINARIU, *BJS 1996. 365*. ▶ Autres thèmes : DOUAOUI-CHAMSEDDINE, *JCP E 2013. 1688* (plaidoyer en faveur d'une conciliation à la majorité) ; *RLDA juin 2014. 69 (prepack cession)*. – VINCENT, *D. 2015. Chron. 577* (la faillite du plan de cession [ou les incidences du *prepack cession*]). – GUYOMARC'H, *BJE 2015. 389* (risques du *prepack cession*). – TEBOUL, *RPC 2016. Étude 23* (*prepack cession* : quoi de neuf ?). – PODEUR, *D. 2017. Chron. 1430* (accords de conciliation et plans de sauvegarde : les restructurations de dettes au confluent du contractuel et du judiciaire). – LOSTE, *BJE 1-2/2022. 4* (modifications issues de l'Ord. du 15 sept. 2021).

1. Étendue de l'accord. La loi du 1er mars 1984 [C. com., art. L. 611-1 s.] n'impose pas que l'ensemble des dettes du débiteur fasse l'objet d'un tel règlement, le créancier restant libre de s'engager dans les liens d'un règlement amiable pour partie seulement de ses créances. • Com. 13 oct. 1998, n° 96-16.577 P : *D. Affaires 1998. 1817, obs. A. L. ; RTD com. 1999. 185, obs. Macorig-Venier ; Dr. sociétés 1999, n° 10, obs. Chaput.*

2. Délais de paiement. **BIBL.** Golshani, Bordes et Cichostepski, *Journ. sociétés 9/2009. 11.* ♦ L'art. L. 611-7, al. 5, n'autorise, au cours de la procédure de conciliation, le juge qui a ouvert celle-ci, à prendre, en faveur du débiteur, les mesures prévues aux art. 1244-1 à 1244-3 [à l'art. 1343-5] C. civ. que dans le seul cas de poursuite du débiteur par un créancier. • Orléans 22 févr. 2007 : *BICC 2007, n° 1107 ; RJDA 2007, n° 636* • 20 déc. 2007 : *RJDA 2008, n° 434.* ♦ Le débiteur ne peut pas demander au président du tribunal l'octroi de délais de grâce sur le fondement de l'art. L. 611-7, al. 5, dès lors que, muni d'un titre exécutoire, le créancier a diligenté ses poursuites la veille de l'ouverture d'une procédure de conciliation, alors que le texte impose que cette demande intervienne en cours de conciliation et que le président du tribunal ait été éclairé par le conciliateur. • Pau, 17 janv. 2008 : *JCP E 2008. 2024 ; RPC 2008, n° 103, obs. Delattre ; RTD com. 2008. 848, obs. Macorig-Venier.* – *Contra* : • Aix-en-Provence, 26 févr. 2015 : *JCP E 2015. Actu. 326.* ♦ La procédure de conciliation instituée par les art. L. 611-4 s. C. com. n'entraîne pas la suspension des poursuites individuelles. • Civ. 3e, 10 déc. 2008, n° 07-19.899 P : *D. 2009. AJ 16, obs. Lienhard ; JCP E 2009. 1229, note P.-H. Brault ; Gaz. Pal. 26-28 avr. 2009, p. 8, note Le Corre ; Defrénois 2009. 1403, obs. Gibirila ; RTD com. 2009. 448, obs. Macorig-Venier ; APC 2009, n° 30, obs. Regnaut-Moutier.* ♦ Pour l'absence de recours du créancier contre la décision octroyant des délais, V. note ss. art. L. 611-6.

3. Condamnation au paiement. La cour d'appel, comme le président du tribunal qui a ouvert la procédure de conciliation, ne peut être saisie, en la forme des référés, que d'une demande de délais à l'occasion de poursuites en paiement exercées par un créancier devant un autre juge et n'a pas le pouvoir de condamner le débiteur en conciliation à payer ses créanciers. • Orléans, 20 déc. 2007 : *préc. note 2.*

4. Action paulienne (jurispr. antérieure à la L. du 26 juill. 2005). Les paiements effectués à l'occasion de la procédure de conciliation, qui ne sont pas intervenus par un moyen inhabituel, ne sont pas attaquables par la voie de l'action paulienne (C. civ., art. 1341-2). • Com. 1er avr. 2008, n° 07-11.911 P : *D. 2008. AJ 1142, obs. Lienhard ; Gaz. Pal. 27-29 juill. 2008, p. 41, obs. Rohart-Messager ; JCP E 2008. 2062, n° 16, obs. Pétel ; RPC 2008, n° 63, obs. Gorrias ; RTD com. 2008. 849, obs. Macorig-Venier.*

Art. L. 611-8 *(L. n° 2005-845 du 26 juill. 2005, art. 7)* **I. — Le président du tribunal, sur la requête conjointe des parties, constate leur accord et donne à celui-ci force exécutoire. Il statue au vu d'une déclaration certifiée du débiteur attestant qu'il ne se trouvait pas en cessation des paiements lors de la conclusion de l'accord, ou que ce dernier y met fin. La décision constatant l'accord n'est pas soumise à publication et n'est pas susceptible de recours. Elle met fin à la procédure de conciliation.**

II. — Toutefois, à la demande du débiteur, le tribunal homologue l'accord obtenu si les conditions suivantes sont réunies :

1° Le débiteur n'est pas en cessation des paiements ou l'accord conclu y met fin ;

2° Les termes de l'accord sont de nature à assurer la pérennité de l'activité de l'entreprise ;

3° L'accord ne porte pas atteinte aux intérêts des créanciers non signataires *(Abrogé par Ord. n° 2008-1345 du 18 déc. 2008, art. 5)* ***« , sans préjudice de l'application qui peut être faite des articles 1244-1 à 1244-3 du code civil ».***

(Ord. n° 2014-326 du 12 mars 2014, art. 6, en vigueur le 1er juill. 2014) **« III. — Lorsque le président du tribunal constate l'accord ou que le tribunal homologue celui-ci, il peut, à la demande du débiteur, désigner le conciliateur en tant que mandataire à l'exécution de l'accord pendant la durée de cette exécution. En cas de difficultés faisant obstacle à l'exécution de sa mission, le mandataire désigné présente sans délai un rapport, selon le cas, au président du tribunal ou au tribunal, qui peut alors mettre fin à sa mission par décision notifiée au débiteur. Ce dernier peut également, à tout moment, solliciter la fin de cette mission. »**

V. art. R. 611-39 et R. 611-40-1.

Sur la rémunération du mandataire à l'exécution de l'accord, V. art. L. 611-14, R. 611-47, R. 611-50 et R. 611-52.

BIBL. ▶ SORTAIS, *RPC 2013. Étude 12* (sort des accords de conciliation en cas de refus d'homologation ou de constatation).

Art. L. 611-8-1 *(Ord. n° 2014-326 du 12 mars 2014, art. 7, en vigueur le 1er juill. 2014)* **Le comité** *(Ord. n° 2021-1193 du 15 sept. 2021, art. 6, en vigueur le 1er oct. 2021)* **« social et économique est informé » par le débiteur du contenu de l'accord lorsque celui-ci demande l'homologation.**

Pour les dispositions transitoires de l'Ord. n° 2021-1193 du 15 sept. 2021, V. note ss. art. L. 611-2.

Art. L. 611-9 *(L. n° 2005-845 du 26 juill. 2005, art. 7)* **Le tribunal statue sur l'homologation après avoir entendu ou dûment appelé en chambre du conseil le débiteur, les créanciers parties à l'accord,** *(Ord. n° 2021-1193 du 15 sept. 2021, art. 6, en vigueur le 1er oct. 2021)* **« la ou les personnes désignées par le comité social et économique », le conciliateur et le ministère public. L'ordre professionnel ou l'autorité compétente dont relève, le cas échéant, le débiteur qui exerce une profession libérale soumise à un statut législatif ou réglementaire ou dont le titre est protégé, est entendu ou appelé dans les mêmes conditions.**

Le tribunal peut entendre toute autre personne dont l'audition lui paraît utile.

Pour les dispositions transitoires de l'Ord. n° 2021-1193 du 15 sept. 2021, V. note ss. art. L. 611-2.

V. art. R. 611-40.

Art. L. 611-10 *(L. n° 2005-845 du 26 juill. 2005, art. 7)* **L'homologation de l'accord met fin à la procédure de conciliation.**

Lorsque le débiteur est soumis au contrôle légal de ses comptes, l'accord homologué est transmis à son commissaire aux comptes. Le jugement d'homologation est déposé au greffe où tout intéressé peut en prendre connaissance et fait l'objet d'une mesure de publicité. *(Ord. n° 2008-1345 du 18 déc. 2008, art. 6)* **« Il est susceptible d'appel de la part du ministère public et, en cas de contestation relative au privilège mentionné à l'article L. 611-11, de la part des parties à l'accord. Il peut également être frappé de tierce opposition. Le jugement rejetant l'homologation ne fait pas l'objet d'une publication. Il est susceptible d'appel. »**

(Abrogé par Ord. n° 2008-1345 du 18 déc. 2008, art. 6) ***« L'accord homologué suspend, pendant la durée de son exécution, toute action en justice et toute poursuite individuelle tant sur les meubles que les immeubles du débiteur dans le but d'obtenir le paiement des créances qui en font l'objet. Il suspend, pour la même durée, les délais impartis aux créanciers parties à l'accord à peine de déchéance ou de résolution des droits afférents aux créances mentionnées par l'accord. Les coobligés et les personnes ayant consenti un cautionnement ou une garantie autonome peuvent se prévaloir des dispositions de l'accord homologué.***

« L'accord homologué entraîne la levée de plein droit de toute interdiction d'émettre des chèques conformément à l'article L. 131-73 du code monétaire et financier, mise en œuvre à l'occasion du rejet d'un chèque émis avant l'ouverture de la procédure de conciliation.

« Saisi par l'une des parties à l'accord homologué, le tribunal, s'il constate l'inexécution des engagements résultant de cet accord, prononce la résolution de celui-ci ainsi que la déchéance de tout délai de paiement accordé. »

V. art. R. 611-41 s.

Situation des cautions. Ayant relevé que le créancier était parfaitement libre, dans le cadre du règlement amiable, de souscrire ou non à l'accord emportant restructuration de la dette, en accordant des remises ou des délais au débiteur et qu'il ne pouvait, sans déséquilibrer gravement l'économie des relations contractuelles et sans s'affranchir de son obligation de se comporter en partenaire loyal, exiger de sa cocontractante, garante, qu'il a exclu de l'élaboration du plan, l'exécution de sa propre obligation, une cour d'appel a fait ressortir à bon droit que les remises ou délais accordés par un créancier dans le cadre d'un règlement amiable bénéficiaient à la caution. • Com. 5 mai 2004, n° 01-03.873 P : *D. 2004. AJ 1594, obs. Lienhard ; APC 2004, n° 132, obs. Vallansan ; Banque et Dr. 7-8/2004. 51, obs. Rontchevsky ; RTD com. 2004. 590, obs. Macorig-Venier*. ♦ Solution confirmée, concernant l'accord homologué, par l'art. L. 611-10, al. 3, dans sa réd. issue de la L. n° 2005-845 du 26 juill. 2005, puis reprise et étendue à l'accord constaté par l'art. L. 611-10-2, issu de l'Ord. n° 2008-1345 du 18 déc. 2008.

Art. L. 611-10-1 *(Ord. n° 2008-1345 du 18 déc. 2008, art. 7)* **Pendant la durée de son exécution, l'accord constaté ou homologué interrompt ou interdit toute action en justice et arrête ou interdit toute poursuite individuelle tant sur les meubles que les immeubles du débiteur dans le but d'obtenir le paiement des créances qui en font l'objet** *(Ord. n° 2014-326 du 12 mars 2014, art. 8-1°, en vigueur le 1er juill. 2014)* **« ; nonobstant les dispositions de** *(Ord. n° 2016-131 du 10 févr. 2016, art. 6-III-8°, en vigueur le 1er oct. 2016)* **« l'article 1343-2 » du code civil, les intérêts échus de ces créances ne peuvent produire des intérêts ». Il interrompt, pour la même durée, les délais impartis aux créanciers parties à l'accord à peine de déchéance ou de résolution des droits afférents aux créances mentionnées par l'accord.**

(Ord. n° 2014-326 du 12 mars 2014, art. 8-2°, en vigueur le 1er juill. 2014) **« Si, au cours de cette même durée, le débiteur est mis en demeure ou poursuivi par l'un des créanciers appelés à la conciliation dans le but d'obtenir le paiement d'une créance qui n'a pas fait l'objet de l'accord, le juge qui a ouvert la procédure de conciliation peut, à la demande du débiteur et après avoir recueilli, le cas échéant, les observations du mandataire à l'exécution de l'accord, faire application des dispositions** *(Ord. n° 2016-131 du 10 févr. 2016, art. 6-III-7°, en vigueur le 1er oct. 2016)* **« de l'article 1343-5 » du code civil, en prenant en compte les conditions d'exécution de l'accord. Les dispositions du présent alinéa ne sont pas applicables aux créanciers mentionnés au troisième alinéa de l'article L. 611-7. »** — *V. art. R. 611-35.*

Sur les dispositions transitoires de l'Ord. n° 2016-131 du 10 févr. 2016, V. note ss. art. L. 611-7.

Art. L. 611-10-2 *(Ord. n° 2008-1345 du 18 déc. 2008, art. 7)* **Les personnes coobligées ou ayant consenti une sûreté personnelle ou ayant affecté ou cédé un bien en garantie peuvent se prévaloir** *(Ord. n° 2014-326 du 12 mars 2014, art. 9, en vigueur le 1er juill. 2014)* **« des mesures accordées au débiteur en application du cinquième alinéa de l'article L. 611-7** *(Ord. n° 2021-1193 du 15 sept. 2021, art. 7, en vigueur le 1er oct. 2021)* **« ou du deuxième alinéa de l'article L. 611-10-1 » ainsi que » des dispositions de l'accord constaté ou homologué.** — *Pour les dispositions transitoires de l'Ord. n° 2021-1193 du 15 sept. 2021, V. note ss. art. L. 611-2.*

L'accord homologué entraîne la levée de plein droit de toute interdiction d'émettre des chèques conformément à l'article L. 131-73 du code monétaire et financier, mise en œuvre à l'occasion du rejet d'un chèque émis avant l'ouverture de la procédure de conciliation. *(Ord. n° 2010-1512 du 9 déc. 2010, art. 2-4°)* **« Lorsque le débiteur est un entrepreneur individuel à responsabilité limitée, cette interdiction est levée sur les comptes afférents au patrimoine visé par la procédure. »** — *V. art. R. 611-45.*

Art. L. 611-10-3 *(Ord. n° 2008-1345 du 18 déc. 2008, art. 7)* **Saisi par l'une des parties à l'accord constaté, le président du tribunal, s'il constate l'inexécution des engagements résultant de cet accord, prononce la résolution de celui-ci.**

Dans les mêmes conditions, le tribunal prononce la résolution de l'accord homologué.

Le président du tribunal ou le tribunal qui décide la résolution de l'accord peut aussi prononcer la déchéance de tout délai de paiement accordé en application du cin-

quième alinéa de l'article L. 611-7 *(Ord. nº 2014-326 du 12 mars 2014, art. 10, en vigueur le 1er juill. 2014)* **« ou du second alinéa de l'article L. 611-10-1 ».**

V. art. R. 611-46.

BIBL. ▶ RAVENNE, *RPC 2009. Étude 30* (résolution de l'accord).

Art. L. 611-10-4 *(Ord. nº 2021-1193 du 15 sept. 2021, art. 8, en vigueur le 1er oct. 2021)* **La caducité ou la résolution de l'accord amiable ne prive pas d'effets les clauses dont l'objet est d'en organiser les conséquences.**

Pour les dispositions transitoires de l'Ord. nº 2021-1193 du 15 sept. 2021, V. note ss. art. L. 611-2.

Art. L. 611-11 *(Ord. nº 2008-1345 du 18 déc. 2008, art. 8)* **« En cas d'ouverture d'une procédure de sauvegarde, de redressement judiciaire ou de liquidation judiciaire, les personnes qui avaient consenti,** *(Ord. nº 2014-326 du 12 mars 2014, art. 11-1º, en vigueur le 1er juill. 2014)* **« dans le cadre d'une procédure de conciliation ayant donné lieu à l'accord homologué » mentionné au II de l'article L. 611-8, un nouvel apport en trésorerie au débiteur en vue d'assurer la poursuite d'activité de l'entreprise et sa pérennité, sont payées, pour le montant de cet apport, par privilège avant toutes les autres créances, selon le rang prévu au II de l'article L. 622-17 et au** *(Ord. nº 2021-1193 du 15 sept. 2021, art. 9, en vigueur le 1er oct. 2021)* **« I de l'article L. 643-8** *[ancienne rédaction : II de l'article L. 641-13]* **». Les personnes qui fournissent,** *(Ord. nº 2014-326 du 12 mars 2014, art. 11-2º, en vigueur le 1er juill. 2014)* **« dans le même cadre », un nouveau bien ou service en vue d'assurer la poursuite d'activité de l'entreprise et sa pérennité bénéficient du même privilège pour le prix de ce bien ou de ce service. »**

(L. nº 2005-845 du 26 juill. 2005, art. 8) **« Cette disposition ne s'applique pas aux apports consentis par les actionnaires et associés du débiteur dans le cadre d'une augmentation de capital.**

« Les créanciers signataires de l'accord ne peuvent bénéficier directement ou indirectement de cette disposition au titre de leurs concours antérieurs à l'ouverture de la conciliation. »

Pour les dispositions transitoires de l'Ord. nº 2021-1193 du 15 sept. 2021, V. note ss. art. L. 611-2.

BIBL. ▶ LE CORRE, *Gaz. Pal. 2005. Doctr. 2966 ; ibid. 2-14 janv. 2014, p. 44* (privilège de la conciliation : questions-réponses). – LAURENT et ASSANT, *JCP 2008. I. 157.* – HENRY, *RPC 2008. Étude 15.* – HAMEAU, *Journ. sociétés 3/2012. 40.*

Art. L. 611-12 *(L. nº 2005-845 du 26 juill. 2005, art. 9)* **L'ouverture d'une procédure de sauvegarde, de redressement judiciaire ou de liquidation judiciaire met fin de plein droit à l'accord constaté ou homologué en application de l'article L. 611-8. En ce cas, les créanciers recouvrent l'intégralité de leurs créances et sûretés, déduction faite des sommes perçues, sans préjudice des dispositions prévues à l'article L. 611-11.**

BIBL. ▶ V. ss. art. L. 611-10-3.

Si, selon l'art. L. 611-12, lorsqu'il est mis fin de plein droit à un accord de conciliation en raison de l'ouverture d'une procédure de sauvegarde, de redressement judiciaire ou de liquidation judiciaire du débiteur, le créancier qui a consenti à celui-ci des délais ou des remises de dettes dans le cadre de l'accord de conciliation recouvre l'intégralité de ses créances et des sûretés qui les garantissaient, il ne conserve pas le bénéfice des nouvelles sûretés obtenues dans le cadre de l'accord. • Com. 25 sept. 2019, nº 18-15.655 P : *D. 2020. Pan. 1857, obs. F.-X. Lucas ; Rev. sociétés 2019. 779, obs. Henry ; AJ contrat 2019. 498, obs. Houtcieff ; RTD com. 2020. 456, obs. Macorig-Venier ; ; JCP E 2019. 1551, nº 5, obs. Pétel ; ibid. 2020. 1022, note Bordais ; DP diff. entr., Bull. nos 417/418, obs. Rémery ; LEDEN 11/2019. 1, obs. F.-X. Lucas ; APC 2019, nº 250, obs. Bennini ; RDBF 2019, nº 189, obs. Legeais ; BJE 1-2/2020. 12, note Bourbouloux, Fort et Fornacciari ; RJDA 2020, nº 106.* ♦ Comp., depuis l'Ord. nº 2021-1193 du 15 sept. 2021 : art. L. 611-10-4.

Art. L. 611-13 *(L. nº 2005-845 du 26 juill. 2005, art. 10)* **Les missions de mandataire** ***ad hoc*** **ou de conciliateur ne peuvent être exercées par une personne ayant, au cours des vingt-quatre mois précédents, perçu, à quelque titre que ce soit, directement ou indirectement, une rémunération ou un paiement de la part du débiteur intéressé, de**

tout créancier du débiteur ou d'une personne qui en détient le contrôle ou est contrôlée par lui au sens de l'article L. 233-16, sauf s'il s'agit d'une rémunération perçue au titre d'un mandat *ad hoc* *(Ord. n° 2014-326 du 12 mars 2014, art. 12, en vigueur le 1er juill. 2014)* **« ou d'un mandat de justice confié dans le cadre d'une procédure de règlement amiable ou d'une procédure de conciliation à l'égard du même débiteur ou du même créancier »** *(L. n° 2016-1547 du 18 nov. 2016, art. 99-III-3°)* **« ou de la rémunération perçue au titre d'un mandat de justice, autre que celui de commissaire à l'exécution du plan, confié dans le cadre d'une procédure de sauvegarde ou de redressement judiciaire ».** *(Ord. n° 2010-1512 du 9 déc. 2010, art. 2-5°)* **« L'existence d'une rémunération ou d'un paiement perçus de la part d'un débiteur entrepreneur individuel à responsabilité limitée** *(L. n° 2022-172 du 14 févr. 2022, art. 5, en vigueur le 14 mai 2022)* **« ou entrepreneur individuel relevant du statut défini à la section III du chapitre VI du titre II du livre V » est appréciée en considération de tous les patrimoines dont ce dernier est titulaire. » La personne ainsi désignée doit attester sur l'honneur, lors de l'acceptation de son mandat, qu'elle se conforme à ces interdictions.**

Les missions de mandataire *ad hoc* ou de conciliateur ne peuvent être confiées à un juge consulaire en fonction ou ayant quitté ses fonctions depuis moins de cinq ans.

Sur les dispositions transitoires de la L. n° 2016-1547 du 18 nov. 2016, V. note ss. art. L. 611-3.

L'art. 5 de la L. n° 2022-172 du 14 févr. 2022 n'est pas applicable aux procédures en cours au jour de son entrée en vigueur (L. préc., art. 19-I).

Art. L. 611-14 *(Ord. n° 2014-326 du 12 mars 2014, art. 13, en vigueur le 1er juill. 2014)* **« Après avoir recueilli l'accord du débiteur et, en cas de recours à la conciliation et au mandat à l'exécution de l'accord, l'avis du ministère public dans les conditions fixées par décret en Conseil d'État, le président du tribunal fixe, au moment de leur désignation, les conditions de la rémunération du mandataire *ad hoc*, du conciliateur, du mandataire à l'exécution de l'accord et, le cas échéant, de l'expert, en fonction des diligences qu'implique l'accomplissement de leur mission. Leur rémunération est arrêtée à l'issue de celle-ci par ordonnance du président du tribunal qui est communiquée au ministère public. La rémunération ne peut être liée au montant des abandons de créances obtenus ni faire l'objet d'un forfait pour ouverture du dossier. »**

(L. n° 2005-845 du 26 juill. 2005, art. 10) **Les recours contre** *(Ord. n° 2008-1345 du 18 déc. 2008, art. 9)* **« la décision arrêtant la rémunération** *[ancienne rédaction : ces décisions]* **» sont portés devant le premier président de la cour d'appel dans un délai fixé par décret en Conseil d'État.**

V. art. R. 611-47 s.

Il résulte de la combinaison des art. L. 611-14 et R. 611-47 à R. 611-49 que le montant maximal de la rémunération du mandataire *ad hoc* ou du conciliateur est compris dans les conditions de celle-ci et doit donc figurer dans les propositions que ces derniers sont tenus d'adresser au débiteur sur leur rémunération ainsi que dans l'ordonnance du président les désignant, à laquelle l'accord du débiteur sur cette rémunération doit être annexé, de nouvelles conditions de rémunération devant être arrêtées en accord avec le débiteur lorsque le mandataire ou le conciliateur estiment que le montant maximal fixé par l'ordonnance est devenu insuffisant ; dès lors, en l'absence d'indication d'un montant maximal, la rémunération du mandataire *ad hoc* ou du conciliateur ne peut être déterminée par référence à leurs propositions et à l'accord du débiteur, mais est arrêtée librement par le juge taxateur, en considération des seules diligences accomplies et des frais engagés. • Com. 3 oct. 2018, n° 17-14.522 P : *D. 2018. Actu. 1966 ; Rev. sociétés 2018. 745, obs. Roussel Galle ; RTD com. 2019. 980, obs. Macorig-Venier ; JCP E 2019. 1034, note Berthelot ; LEDEN 11/2018. 2, obs. Cavelier ; APC 2018, n° 256, obs. Delattre ; RJDA 2019, n° 32 ; Gaz. Pal. 15 janv. 2019, p. 50, obs. Giorgini ; BJE 1-2/2019. 11, note Thullier ; RJ com. 2019. 261, obs. Favario.*

Art. L. 611-15 *(L. n° 2005-845 du 26 juill. 2005, art. 10)* **Toute personne qui est appelée à la *procédure de conciliation* ou à un mandat *ad hoc* ou qui, par ses fonctions, en a connaissance est tenue à la confidentialité.**

BIBL. ▶ DELATTRE, *RPC 2018. Étude 26* (levée de la confidentialité : pour quoi faire ?). – VERMEILLE, *RTDF 2018, n° 4, p. 23* (effets pervers de la confidentialité).

Le caractère confidentiel des procédures de prévention des difficultés des entreprises, imposé par l'art. L. 611-15 pour protéger, notamment, les droits et libertés des entreprises recourant à ces procédures fait obstacle à leur diffusion par voie de presse, à moins qu'elle ne contribue à la nécessité d'informer le public sur une question d'intérêt général. • Com. 15 déc. 2015, n° 14-11.500 P : *D. 2016. Actu. 5, obs. Lienhard ; ibid. Pan. 1895, obs. F.-X. Lucas ; Rev. sociétés 2016. 193, obs. Roussel Galle ; RTD com. 2016. 191, obs. Macorig-Venier ; JCP E 2016. 1085, note Stefania ; DP diff. entr., Bull. n° 377, obs. Roussel Galle ; LEDEN 1/2016. 2, obs. Rubellin ; APC 2016, n° 14, obs. Chaput ; RPC 2016, n° 1, obs. Delattre ; BJE 2016. 92, note Doray ; RJDA 2016, n° 210.* ♦ Dans la même affaire, V. • Com. 13 févr. 2019, n° 17-18.049 P : *D. 2019. Pan. 1903, obs. F.-X. Lucas ; Rev. sociétés 2019. 691, note Reille ; RTD com. 2019. 978, obs. Macorig-Venier ; APC 2019, n° 73, obs. Thullier ; LEDEN 4/2019. 2, obs. Cavelier ; RLDA avr. 2019. 16, obs. Marmoz ; RJDA 2019, n° 351 ; Gaz. Pal. 16 avr. 2019, p. 58, obs. Giorgini ; BJE 5-6/2019. 12, note Monsèrié-Bon ; RJ com. 2019. 262, obs. Rocher ; RPC 2019, n° 157, obs. Delattre.* ♦ Sur la portée de l'obligation de confidentialité, V. aussi • Com. 22 sept. 2015, n° 14-17.377 P : *cité note 2 ss. art. L. 611-3* • Soc. 9 oct. 2019, n° 18-15.305 P : *D. 2019. Actu. 1989 ; Rev. sociétés 2019. 778, obs. Henry ; ibid. 2020. 118, note Vatinet ; RTD com. 2021. 423, obs. Macorig-Venier ; APC 2019, n° 249, obs. Fin-Langer ; BJS 12/2019. 37, note Auzero ; LEDEN 12/2019. 2, obs. Dedessus-Le-Moustier ; RJDA 2020, n° 86.* ♦ Sur la responsabilité civile des sociétés de presse ayant divulgué des informations confidentielles, V. • Com. 13 juin 2019, n° 18-10.688 P : *D. 2019. Actu. 1279, obs. Lienhard ; ibid. Pan. 1903, obs. F.-X. Lucas ; Rev. sociétés 2019. 553, obs. Henry ; RTD com. 2019. 978, obs. Macorig-Venier ; APC 2019, n° 178, obs. Cagnoli ; RJDA 2019, n° 642 ; BJE 9-10/2019. 11, note Monsèrié-Bon ; Gaz. Pal. 15 oct. 2019, p. 50, obs. Giorgini.*

Art. L. 611-16 *(Ord. n° 2014-326 du 12 mars 2014, art. 14, en vigueur le 1er juill. 2014)* **Est réputée non écrite toute clause qui modifie les conditions de poursuite d'un contrat en cours en diminuant les droits ou en aggravant les obligations du débiteur du seul fait de la désignation d'un mandataire *ad hoc* en application de l'article L. 611-3 ou de l'ouverture d'une procédure de conciliation en application de l'article L. 611-6 ou d'une demande formée à cette fin.**

Est réputée non écrite toute clause mettant à la charge du débiteur, du seul fait de la désignation d'un mandataire *ad hoc* en application de l'article L. 611-3 ou de l'ouverture d'une procédure de conciliation en application de l'article L. 611-6, les honoraires du conseil auquel le créancier a fait appel dans le cadre de ces procédures pour la quote-part excédant la proportion fixée par arrêté du garde des sceaux, ministre de la justice. — *V. Arr. du 25 juill. 2014, ci-dessous.*

Arrêté du 25 juillet 2014,

Pris pour la fixation de la quote-part mentionnée à l'article L. 611-16 du code de commerce dans sa rédaction issue de l'ordonnance n° 2014-326 du 12 mars 2014 portant réforme de la prévention des difficultés des entreprises et des procédures collectives.

Art. 1er La quote-part incombant au débiteur au-dessus de laquelle est réputée non écrite pour la proportion l'excédant toute clause visée au deuxième alinéa de l'article L. 611-16 du code de commerce est fixée à trois quarts des honoraires de conseil auquel le créancier a fait appel.

La convention prévoyant cette obligation est portée par le débiteur à la connaissance du juge saisi de la demande de désignation d'un mandataire *ad hoc* ou d'ouverture de la procédure de conciliation.

Les honoraires mis à la charge du débiteur doivent être préalablement visés par le créancier.

Art. L. 611-17 *(L. n° 2022-172 du 14 févr. 2022, art. 5, en vigueur le 14 mai 2022)* **Le présent chapitre s'applique, sous réserve des conditions qu'il énonce, à l'entrepreneur dont le statut est défini à la section III du chapitre VI du titre II du livre V en ce qu'il concerne son patrimoine professionnel.**

Pour les dispositions transitoires de la L. n° 2022-172 du 14 févr. 2022, V. note ss. art. L. 611-13.

CHAPITRE II DES DISPOSITIONS APPLICABLES AUX PERSONNES MORALES DE DROIT PRIVÉ NON COMMERÇANTES AYANT UNE ACTIVITÉ ÉCONOMIQUE

BIBL. GÉN. ▶ F.-X. LUCAS, *LPA, n° spéc., 8 févr. 2006, p. 20* (commentaire article par article).

Art. L. 612-1 Les personnes morales de droit privé non commerçantes ayant une activité économique dont le nombre de salariés, le montant hors taxes du chiffre d'affaires ou les ressources et le total du bilan dépassent, pour deux de ces critères, des seuils fixés par décret en Conseil d'État, doivent établir chaque année un bilan, un compte de résultat et une annexe. Les modalités d'établissement de ces documents sont précisées par décret. — *V. art. R. 612-1 et R. 612-2.*

Ces personnes morales sont tenues de nommer au moins un commissaire aux comptes et *(L. n° 2019-486 du 22 mai 2019, art. 27)* « , lorsque les conditions définies au deuxième alinéa du I de l'article L. 823-1 sont réunies, » un suppléant *(Abrogé par L. n° 2005-845 du 26 juill. 2005, art. 11-I)* ***« choisis sur la liste mentionnée à l'article*** *(L. n° 2003-706 du 1er août 2003)* « L. 822-1 » ***qui exercent leurs fonctions dans les conditions prévues par le livre II, titres Ier et II, sous réserve des règles qui leur sont propres. Les dispositions de l'article L. 242-27 sont applicables ».***

(Ord. n° 2006-1225 du 5 oct. 2006, art. 6-III) « Pour les coopératives agricoles et les sociétés d'intérêt collectif agricole qui n'ont pas la forme commerciale et *(Ord. n° 2009-80 du 22 janv. 2009, art. 9)* « dont les titres financiers ne sont pas admis aux négociations sur un marché réglementé », cette obligation peut être satisfaite, dans les conditions définies à l'article L. 527-1-1 du code rural et de la pêche maritime, par le recours au service d'une fédération agréée pour la révision mentionnée à l'article L. 527-1 du même code. » — *Les dispositions de l'Ord. n° 2009-80 du 22 janv. 2009 entrent en vigueur le 1er avr. 2009 (Ord. préc., art. 31).*

Les peines prévues par l'article L. 242-8 sont applicables aux dirigeants des personnes morales mentionnées au premier alinéa du présent article qui n'auront pas, chaque année, établi un bilan, un compte de résultat et une annexe.

(Abrogé par L. n° 2005-845 du 26 juill. 2005, art. 11-I) ***« Les dispositions des articles L. 242-25 et L. 242-28 sont également applicables à ces dirigeants. »***

Même si les seuils visés au premier alinéa ne sont pas atteints, les personnes morales de droit privé non commerçantes ayant une activité économique peuvent nommer un commissaire aux comptes et un suppléant dans les mêmes conditions que celles prévues au deuxième alinéa. Dans ce cas, le commissaire aux comptes et son suppléant sont soumis aux mêmes obligations, encourent les mêmes responsabilités civile et pénale et exercent les mêmes pouvoirs que s'ils avaient été désignés en application du premier alinéa. — *[L. n° 84-148 du 1er mars 1984, art. 27.]*

BIBL. ▶ BLANC, *JCP E 1984. II. 14304.* – VIDAL, *RF compt. 1984. 474.*

L'incompatibilité entre les fonctions de réviseur et celles de contrôleur s'applique dans les associations et le commissaire qui la méconnaît doit être relevé de ses fonctions par décision de justice. • TGI Paris, réf., 16 févr. 1993 : *Rev. sociétés 1993. 881, obs. Guyon ; BJS 1993. 1003, note J.-F. Barbièri,* conf. par • Paris, 22 nov. 1994 : *ibid. 1994. 111, obs. Guyon.*

Art. L. 612-2 Les personnes morales de droit privé non commerçantes ayant une activité économique dont, soit le nombre de salariés, soit le montant hors taxes du chiffre d'affaires ou les ressources dépassent un seuil défini par décret en Conseil d'État, sont tenues d'établir une situation de l'actif réalisable et disponible, valeurs d'exploitation exclues, et du passif exigible, un compte de résultat prévisionnel, un tableau de financement et un plan de financement. — *V. art. R. 612-3.*

La périodicité, les délais et les modalités d'établissement de ces documents sont précisés par décret.

Ces documents sont analysés dans des rapports écrits sur l'évolution de la personne morale, établis par l'organe chargé de l'administration. Ces documents et rapports sont communiqués simultanément au commissaire aux comptes, au comité *(Ord. n° 2021-1193 du 15 sept. 2021, art. 10, en vigueur le 1er oct. 2021)* « social et économique » et à l'organe chargé de la surveillance, lorsqu'il en existe.

En cas de non-observation des dispositions prévues aux alinéas précédents ou si les informations données dans les rapports visés à l'alinéa précédent appellent des observations de sa part, le commissaire aux comptes le signale dans un rapport écrit qu'il communique à l'organe chargé de l'administration ou de la direction. Ce rapport est communiqué au comité *(Ord. n° 2021-1193 du 15 sept. 2021, art. 10, en vigueur le 1er oct. 2021)* « social et économique ». Il est donné connaissance de ce rapport à la prochaine réunion de l'organe délibérant. – *[L. n° 84-148 du 1er mars 1984, art. 28.]*

Pour les dispositions transitoires de l'Ord. n° 2021-1193 du 15 sept. 2021, V. note ss. art. L. 611-2.

BIBL. ▶ GUYON, *JCP E 1985. II. 14608.*

Art. L. 612-3 Lorsque le commissaire aux comptes d'une personne morale visée *(L. n° 2005-845 du 26 juill. 2005, art. 11-III)* « aux articles L. 612-1 et L. 612-4 » relève, à l'occasion de l'exercice de sa mission, des faits de nature à compromettre la continuité de l'exploitation de cette personne morale, il en informe les dirigeants de la personne morale dans des conditions fixées par décret en Conseil d'État.

(L. n° 2005-845 du 26 juill. 2005, art. 11-III) « A défaut de réponse dans un délai fixé par décret en Conseil d'État, ou si celle-ci ne permet pas d'être assuré de la continuité de l'exploitation, le commissaire aux comptes invite, par un écrit dont la copie est transmise au président du *(Ord. n° 2019-964 du 18 sept. 2019, art. 35, en vigueur le 1er janv. 2020)* « tribunal judiciaire », les dirigeants à faire délibérer l'organe collégial de la personne morale sur les faits relevés. Le commissaire aux comptes est convoqué à cette séance. La délibération de l'organe collégial est communiquée au comité *(Ord. n° 2021-1193 du 15 sept. 2021, art. 10, en vigueur le 1er oct. 2021)* « social et économique » et au président du *(Ord. n° 2019-964 du 18 sept. 2019, art. 35, en vigueur le 1er janv. 2020)* « tribunal judiciaire ». »

(L. n° 2011-525 du 17 mai 2011, art. 62-I-3°) « Lorsque l'organe collégial de la personne morale n'a pas été réuni pour délibérer sur les faits relevés ou lorsque le commissaire aux comptes n'a pas été convoqué à cette séance » *(L. n° 2005-845 du 26 juill. 2005, art. 11-III)* « ou si le commissaire aux comptes constate qu'en dépit des décisions prises la continuité de l'exploitation demeure compromise, une assemblée générale est convoquée dans des conditions et délais fixés par décret en Conseil d'État. Le commissaire aux comptes établit un rapport spécial qui est présenté à cette assemblée. Ce rapport est communiqué au comité *(Ord. n° 2021-1193 du 15 sept. 2021, art. 10, en vigueur le 1er oct. 2021)* « social et économique ». »

Si, à l'issue de la réunion de l'assemblée générale, le commissaire aux comptes constate que les décisions prises ne permettent pas d'assurer la continuité de l'exploitation, il informe de ses démarches le président du tribunal et lui en communique les résultats. – *[L. n° 84-148 du 1er mars 1984, art. 29.]*

(L. n° 2011-525 du 17 mai 2011, art. 62-I-3°) « Dans un délai de six mois à compter du déclenchement de la procédure, le commissaire aux comptes peut en reprendre le cours au point où il avait estimé pouvoir y mettre un terme lorsque, en dépit des éléments ayant motivé son appréciation, la continuité de l'exploitation demeure compromise et que l'urgence commande l'adoption de mesures immédiates. »

(L. n° 2005-845 du 26 juill. 2005, art. 11-III) « Les dispositions du présent article ne sont pas applicables lorsqu'une procédure de conciliation ou de sauvegarde a été engagée *(Ord. n° 2008-1345 du 18 déc. 2008, art. 10)* « par le débiteur » en application des articles L. 611-6 et L. 620-1. »

L'art. 62-I de la L. n° 2011-525 du 17 mai 2011 est applicable aux procédures en cours à la date de la publication de cette loi [JO 18 mai] (L. préc., art. 62-II).

Pour les dispositions transitoires de l'Ord. n° 2021-1193 du 15 sept. 2021, V. note ss. art. L. 611-2.

Sur l'information du président du tribunal par le commissaire aux comptes lorsque l'urgence commande l'adoption de mesures immédiates, V. art. L. 611-2-2.

Sur les mesures d'adaptation liées à l'urgence sanitaire (Covid-19), V. Ord. n° 2020-596 du 20 mai 2020, art. 1er, App., v° Sociétés commerciales.

V. art. R. 612-4.

BIBL. ► Régime antérieur à la loi du 26 juill. 2005 : BLANC, *préc. ss. art. L. 612-1*. – BARBIÈRI, *LPA 14 sept. 1994* (régime issu de la loi du 10 juin 1994).

Art. L. 612-4 *(Ord. nº 2005-856 du 28 juill. 2005, art. 5)* **« Toute association ayant reçu annuellement des autorités administratives, au sens de l'article 1er de la loi du 12 avril 2000, ou des établissements publics à caractère industriel et commercial une ou plusieurs subventions** *(L. nº 2014-856 du 31 juill. 2014, art. 60)* **« en numéraire » dont le montant global dépasse un seuil fixé par décret, doit établir des comptes annuels comprenant un bilan, un compte de résultat et une annexe dont les modalités d'établissement sont fixées par décret. Ces associations doivent assurer, dans des conditions déterminées par décret en Conseil d'État, la publicité de leurs comptes annuels et du rapport du commissaire aux comptes. »** — *V. art. D. 612-5. — Les dispositions de l'Ord. nº 2005-856 du 28 juill. 2005 sont applicables aux exercices comptables des associations ouverts à compter du 1er janv. 2006 (Ord. nº 2005-856 du 28 juill. 2005, art. 9). — Sur les obligations des associations et fondations relatives à la publicité de leurs comptes annuels, V. Décr. nº 2009-540 du 14 mai 2009 au* ***C. assoc.***

Ces mêmes associations sont tenues de nommer au moins un commissaire aux comptes et *(L. nº 2019-486 du 22 mai 2019, art. 27)* **« , lorsque les conditions définies au deuxième alinéa du I de l'article L. 823-1 sont réunies, » un suppléant** *(Abrogé par L. nº 2005-845 du 26 juill. 2005, art. 11-IV)* ***« choisis sur la liste mentionnée à l'article*** *(L. nº 2003-706 du 1er août 2003)* ***« L. 822-1 » qui exercent leurs fonctions dans les conditions prévues par le livre II sous réserve des règles qui leur sont propres. Les dispositions de l'article L. 242-27 sont applicables. »*** — *[L. nº 84-148 du 1er mars 1984, art. 29 bis.]*

Al. 3 à 5 abrogés par L. nº 2005-845 du 26 juill. 2005, art. 11-IV.

(L. nº 2014-856 du 31 juill. 2014, art. 78) **« Les peines prévues à l'article L. 242-8 sont applicables aux dirigeants des associations mentionnées au premier alinéa du présent article qui n'ont pas, chaque année, établi un bilan, un compte de résultat et une annexe** *(L. nº 2021-1109 du 24 août 2021, art. 21)* **« ou assuré la publicité de leurs comptes annuels et du rapport du commissaire aux comptes ».**

« A la demande de tout intéressé *(L. nº 2021-1109 du 24 août 2021, art. 21)* **« ou du représentant de l'État dans le département du siège de l'association », le président du tribunal, statuant en référé, peut enjoindre sous astreinte aux dirigeants de toute association mentionnée au premier alinéa d'assurer la publicité des comptes annuels et du rapport du commissaire aux comptes. Le président peut, dans les mêmes conditions et à cette même fin, désigner un mandataire chargé d'effectuer ces formalités. »**

La loi ne prend en compte ni l'importance du budget de l'association ou de ses membres, ni le mode de gestion des subventions reçues (Rép. min. nº 26160 : *JOAN Q, 8 avr. 1996, p. 1896*). ♦ Sur l'absence de prise en compte, pour l'appréciation du seuil d'un million de francs [153 000 euros] de subventions, de sommes versées à une association, à titre de rémunération pour prestations rendues, par une société anonyme, filiale d'un établissement public local, V. *Bull. CNCC, nº 109, mars 1998, p. 72.*

Art. L. 612-5 *(L. nº 2001-420 du 15 mai 2001)* **Le représentant légal ou, s'il en existe un, le commissaire aux comptes d'une personne morale de droit privé non commerçante ayant une activité économique ou d'une association visée à l'article L. 612-4 présente à l'organe délibérant ou, en l'absence d'organe délibérant, joint aux documents communiqués aux adhérents un rapport sur les conventions passées directement ou par personne interposée entre la personne morale et l'un de ses administrateurs ou l'une des personnes assurant un rôle de mandataire social.**

Il est de même des conventions passées entre cette personne morale et une *(Ord. nº 2008-1345 du 18 déc. 2008, art. 11)* **« autre personne morale » dont un associé indéfiniment responsable, un gérant, un administrateur, le directeur général, un directeur général délégué, un membre du directoire ou du conseil de surveillance, un actionnaire disposant d'une fraction des droits de vote supérieure à 10 % est simultanément administrateur ou assure un rôle de mandataire social de ladite personne morale.**

L'organe délibérant statue sur ce rapport.

Un décret en Conseil d'État précise les conditions dans lesquelles le rapport est établi. — *V. art. R. 612-6 et R. 612-7.*

Une convention non approuvée produit néanmoins ses effets. Les conséquences préjudiciables à la personne morale résultant d'une telle convention peuvent être mises à la charge, individuellement ou solidairement selon le cas, de l'administrateur ou de la personne assurant le rôle de mandataire social.

(L. nº 2003-706 du 1er août 2003) **« Les dispositions du présent article ne sont pas applicables aux conventions courantes conclues à des conditions normales qui, en raison de leur objet ou de leurs implications financières, ne sont significatives pour aucune des parties. »**

BIBL. ▶ CHAMPAUD et DANET, *RTD com. 2002. 100*.

Loi nº 84-148 du 1er mars 1984,

Relative à la prévention et au règlement amiable des difficultés des entreprises.

CHAPITRE VI. *INFORMATION FINANCIÈRE ET CONTRÔLE DES COMPTES DANS CERTAINES ENTREPRISES PUBLIQUES*

Art. 30 *(L. nº 2003-706 du 1er août 2003)* 1. Les établissements publics de l'État non soumis aux règles de la comptabilité publique sont tenus de désigner au moins un commissaire aux comptes et *(L. nº 2019-486 du 22 mai 2019, art. 27)* « , lorsque les conditions définies au deuxième alinéa du I de l'article L. 823-1 du code de commerce sont réunies, » un suppléant. Toutefois, cette obligation ne s'impose pas lorsque le nombre de salariés, le montant hors taxes du chiffre d'affaires ou des ressources ainsi que le total du bilan ne dépassent pas, pour deux de ces critères, des seuils fixés par décret en Conseil d'État.

Les établissements publics de l'État, qu'ils soient ou non soumis aux règles de la comptabilité publique, sont tenus de nommer au moins deux commissaires aux comptes et *(L. nº 2019-486 du 22 mai 2019, art. 27)* « , lorsque les conditions définies au deuxième alinéa du I de l'article L. 823-1 du code de commerce sont réunies, » deux suppléants lorsqu'ils établissent des comptes consolidés en application de l'article 13 de la loi nº 85-11 du 3 janvier 1985 relative aux comptes consolidés de certaines sociétés commerciales et entreprises publiques.

Néanmoins, quand les conditions posées aux premier et deuxième alinéas ne sont pas remplies, les établissements publics de l'État peuvent nommer au moins un commissaire aux comptes et *(L. nº 2019-486 du 22 mai 2019, art. 27)* « , lorsque les conditions définies au deuxième alinéa du I de l'article L. 823-1 du code de commerce sont réunies, » un suppléant. Il en va de même dans les groupements d'intérêt public dont l'État ou un établissement public de l'État est membre.

(L. nº 2014-1545 du 20 déc. 2014, art. 41) « 2. Les commissaires aux comptes des établissements publics de l'État sont désignés dans les conditions prévues à l'article L. 823-1 du code de commerce. Lorsque des titres financiers de l'établissement sont admis aux négociations sur un marché réglementé, cette désignation est effectuée après avis de l'Autorité des marchés financiers, dans des conditions fixées par décret. »

3. *Abrogé par L. nº 2006-387 du 31 mars 2006, art. 26-XIII.*

Les établissements publics de l'État, dès lors qu'ils contrôlent une ou plusieurs personnes morales ou qu'ils exercent une influence notable dans les conditions prévues aux art. L. 233-16 s. C. com., sont tenus d'établir, conformément à ces art., et de publier des comptes consolidés ainsi qu'un rapport sur la gestion du groupe. Toutefois, cette obligation ne s'impose pas lorsque l'ensemble constitué par l'établissement public et les personnes morales qu'il contrôle ne dépasse pas pendant deux exercices successifs sur la base des derniers comptes annuels arrêtés une taille déterminée par référence à deux des trois critères mentionnés à l'art. L. 123-16 dudit code, selon des modalités fixées par décret en Conseil d'État. [L. nº 85-11 du 3 janv. 1985, art. 13, dans sa réd. issue de la L. nº 2003-706 du 1er août 2003.] Le premier exercice d'application de ces dispositions aux établissements publics de l'État soumis aux règles de la comptabilité publique commence au plus tard le 1er janv. 2006 (L. nº 2003-706 du 1er août 2003, art. 136-II). — L'établissement et la publication de comptes consolidés en application de l'art. 13 précité sont obligatoires dès lors que les seuils de deux des trois critères mentionnés à l'art. L. 123-16 C. com. dépassent les chiffres suivants : a) Nombre moyen de salariés permanents : 250 ; b) Montant hors taxes du chiffre d'affaires : 30 000 000 euros ; c) total du bilan : 15 000 000 euros. Ces chiffres sont calculés globalement pour l'ensemble des entités concernées selon la méthode définie aux alinéas 2, 3 et 4 de l'art. R. 123-200 C. com. (Décr. nº 86-221 du 17 févr. 1986, art. 13). — V. l'art. R. 123-200 C. com.

Art. 31 Le commissaire aux comptes exerce ses fonctions dans les conditions prévues par la loi du 24 juillet 1966 précitée *[C. com., art. L. 822-1 s.]*. *(L. nº 85-98 du 25 janv. 1985)*

« Les dispositions de l'article L. 242-27 du code de commerce *[abrogé par L. n° 2001-420 du 15 mai 2001 ; V., désormais, C. com., art. L. 820-7]* sont applicables ».

Les missions temporaires définies à l'article L. 225-224, 4°, du code de commerce *[abrogé par L. n° 2001-420 du 15 mai 2001 ; V., désormais, C. com., art. L. 822-11]* ne peuvent être confiées au commissaire aux comptes par l'établissement ou l'entreprise mentionné à l'article précédent qu'à la demande soit de la Cour des comptes, soit de l'autorité qui a désigné le commissaire aux comptes, soit de *(L. n° 2003-706 du 1er août 2003, art. 46-V)* « l'Autorité des marchés financiers » pour ceux qui font publiquement appel à l'épargne.

Art. 32 Dans les établissements et entreprises mentionnés à l'article 30 qui répondent à l'un des critères définis à l'article L. 232-2 du code de commerce, le conseil d'administration ou le directoire est tenu d'établir les documents mentionnés à cet article. Les dispositions de l'article L. 232-3 du code de commerce sont applicables.

Pour l'application des art. 30 à 32, V. Décr. n° 85-295 du 1er mars 1985, art. 33 et 34, ci-dessous.

Décret n° 85-295 du 1er mars 1985,

Pris pour l'application de la loi n° 84-148 du 1er mars 1984 relative à la prévention et au règlement amiable des difficultés des entreprises.

Art. 33 *(Décr. n° 2005-747 du 1er juill. 2005)* 1. La désignation d'au moins un commissaire aux comptes et d'un suppléant prévue à l'article 30 de la loi n° 84-148 du 1er mars 1984 relative à la prévention et au règlement amiable des difficultés des entreprises est obligatoire dès lors que deux des trois seuils sont franchis :

a) Nombre moyen de salariés permanents : 50 ;

b) Montant hors taxes du chiffre d'affaires et des ressources liées à l'activité courante : 3 100 000 euros ;

c) Total du bilan : 1 550 000 euros.

Le nombre de salariés, le chiffre d'affaires et le total du bilan sont calculés selon la méthode définie aux alinéas 4, 5 et 6 de l'article R. 123-200 du code de commerce. — *V. cet art.*

Le montant des ressources comprend les subventions et produits de toute nature liés à l'activité courante.

Les établissements publics de l'État mentionnés au premier alinéa de l'article 30 de la loi du 1er mars 1984 précitée ne sont plus tenus de recourir à un commissaire aux comptes dès lors qu'ils n'ont pas dépassé les seuils de deux des trois critères fixés aux deuxième, troisième et quatrième alinéas du présent article pendant les deux exercices précédant l'expiration du mandat du commissaire aux comptes.

2. Lorsque *(Décr. n° 2009-557 du 19 mai 2009, art. 11)* « les titres financiers de l'établissement sont admis aux négociations sur un marché réglementé », le ministre chargé de l'économie saisit pour avis l'Autorité des marchés financiers avant de procéder à la nomination des commissaires aux comptes. A défaut de réponse de l'autorité dans un délai d'un mois, l'accord de cette dernière est réputé acquis.

Art. 34 Les établissements publics de l'État et les entreprises nationales mentionnés à l'article 30 de la loi du 1er mars 1984 précitée qui, à la clôture de l'exercice social, comptent *(Décr. n° 87-169 du 13 mars 1987)* « trois cents salariés » ou plus ou dont le montant hors taxes du chiffre d'affaires est supérieur ou égal à *(Décr. n° 2001-373 du 27 avr. 2001)* « dix-huit millions d'euros », sont tenus d'établir les documents mentionnés à l'article 340-1 de la loi sur les sociétés commerciales *[C. com., art. L. 232-2]* et les rapports correspondants. Ces critères sont définis selon les dispositions prévues aux alinéas 3 et 4 de l'article R. 232-2 du code de commerce. — *V. cet art.*

Ils cessent d'être assujettis à cette obligation lorsqu'ils ne dépassent aucun des chiffres fixés pour ces critères pendant deux exercices successifs.

Le conseil d'administration ou l'organe qui en tient lieu établit et analyse ces documents *dans les conditions* prévues aux articles R. 232-3 à R. 232-6 du code de commerce. Il communique ces documents et les rapports correspondants, dans les délais prévus à ces articles, au commissaire aux comptes ainsi qu'au comité d'entreprise *[au comité social et économique]* et à l'organe chargé de la surveillance, lorsqu'il en existe.

Le commissaire aux comptes formule, le cas échéant, dans les conditions prévues à l'article R. 232-7 du code de commerce, ses observations dans un rapport écrit qu'il communique au conseil d'administration ou à l'organe qui en tient lieu et au comité d'entreprise *[au comité social et économique]*.

....

Art. 57 Le présent décret est applicable à Mayotte.

(Décr. n° 98-327 du 27 avr. 1998, art. 1er, en vigueur le 1er sept. 1998) « Les dispositions du présent décret sont également applicables dans les territoires de Nouvelle-Calédonie et des îles Wallis-et-Futuna à l'exception, d'une part, des deuxième et septième alinéas de l'article R. 524-10 du code rural institué par l'article 27, de l'article 31, de l'article R. 531-6 du code rural institué par l'article 32, du chapitre VI et des articles 42, 43, 52 et 53, d'autre part, pour le seul territoire de la Nouvelle-Calédonie, du chapitre V. »

TITRE DEUXIÈME DE LA SAUVEGARDE

BIBL. GÉN. ► VOINOT, *Gaz. Pal. 2005. Doctr. 2943.* – ROUSSEL GALLE, *Dr. et pr. 2005. 260 ; JCP E 2006, n° 40, p. 1679* (quand et pourquoi se mettre sous la protection de la justice ?). – LEBEL, *RPC 2005. 197* (période d'observation). – REY, *JCP E 2005, n° 42, p. 1770.* – TEBOUL, *LPA 24 oct. 2005.* – LEGROS, *Dr. sociétés 2005. Étude 11.* – CROZE, *Procédures 2005. Étude 13.* – DELFOSSE et PÉNIGUEL, *JCP N 2005, n° 40, p. 1626.* – JAZOTTES, *RPC 2005. 358* (innovations de la procédure de sauvegarde). – CHAPUT, *RLDA, suppl. au n° 88, déc. 2005, p. 13.* – LÉCUYER, F.-X. LUCAS, ROUSSEL GALLE, BECQUÉ-ICKOWICZ et BLANC-JOUVAN, *LPA, n° spéc., 8 févr. 2006, p. 23* (commentaire article par article). – CAVIGLIOLI et LÉGUEVACQUES, *ibid., 17 févr. 2006, p. 22* (aperçu de la procédure de sauvegarde à l'usage du chef d'entreprise). – CAYROL, *LPA 19 sept. 2006* (nature de la procédure de sauvegarde). – DEHARVENG, *LPA 16 févr. 2007* (théorie et pratique au terme d'une année d'application). – F. DUMONT, *RPC 2007. 65* (cause économique du licenciement en procédure de sauvegarde). – MONSÈRIÉ-BON, *LPA 14 juin 2007.* – MARTIN-SERF, *ibid., p. 21.* – SAINT-ALARY-HOUIN, *RPC 2008. Dossier 3* (ouverture de la procédure : pratique et projet de réforme). – MONSÈRIÉ-BON et THÉVENOT, *ibid. Dossier 6* (comment améliorer la procédure de sauvegarde ?). – ARSEGUEL et MÉTEYÉ, *ibid. Dossier 10* (aspects sociaux). – BESSE et MORELLI, *JCP E 2009. 1628* (Le *prepackaged plan* à la française : pour une saine utilisation de la procédure de sauvegarde). – ARCELIN LÉCUYER, *D. 2011. Chron. 1441* (procédure de sauvegarde et concurrence : le divorce consommé – à propos de l'affaire « Cœur Défense »).

► Sur l'ordonnance du 18 déc. 2008 : ROUSSEL GALLE, *D. 2009. 644* (ouverture des procédures). – SAINTOURENS, *RPC 2009. Dossier 4* (même thème). – VOINOT, *Gaz. Pal. 2009. Doctr. 746* (même thème). – LEBEL, *RPC 2009. Dossier 6* (mesures conservatoires). – LAUGIER-TAILLARD, *LPA 15 sept. 2009.*

Art. L. 620-1 *(Ord. n° 2008-1345 du 18 déc. 2008, art. 12)* **« Il est institué une procédure de sauvegarde ouverte sur demande d'un débiteur mentionné à l'article L. 620-2 qui, sans être en cessation des paiements, justifie de difficultés qu'il n'est pas en mesure de surmonter. »** *(L. n° 2005-845 du 26 juill. 2005, art. 12)* **Cette procédure est destinée à faciliter la réorganisation de l'entreprise afin de permettre la poursuite de l'activité économique, le maintien de l'emploi et l'apurement du passif.**

La procédure de sauvegarde donne lieu à un plan arrêté par jugement à l'issue d'une période d'observation et, le cas échéant, à la constitution de *(Ord. n° 2021-1193 du 15 sept. 2021, art. 11, en vigueur le 1er oct. 2021)* **« classes de parties affectées** *[ancienne rédaction : deux comités de créanciers]* **», conformément aux dispositions des articles L. 626-29 et L. 626-30.**

Pour les dispositions transitoires de l'Ord. n° 2021-1193 du 15 sept. 2021, V. note ss. art. L. 611-2.

V., écartant l'application des dispositions du livre VI C. com. aux syndicats de copropriétaires, L. n° 65-557 du 10 juill. 1965, art. 29-15. — ***C. copr.***

V. aussi, écartant l'application des dispositions du code de la consommation relatives au règlement des situations de surendettement des particuliers lorsque le débiteur relève des procédures instituées par le livre VI C. com., C. consom., art. L. 711-3, al. 1er. — ***C. consom.*** — *V. notes 13 s. ss. art. L. 620-2.*

Pour l'ouverture d'une procédure collective à l'égard d'un établissement de crédit, d'une société de financement, d'un établissement de monnaie électronique, d'un établissement de paiement ou d'une entreprise d'investissement, subordonnée à un avis conforme de l'Autorité de contrôle prudentiel et de résolution, V. C. mon. fin., art. L. 613-27. — ***C. mon. fin.***

BIBL. ► GRIMONPREZ, *RLDA 2007, n° 21, p. 18* (l'entreprise en difficultés insurmontables).

Ancien art. L. 620-1 *Al. 1er, 1re phrase [réd. issue de L. n° 2005-845 du 26 juill. 2005]* ***Il est institué une procédure de sauvegarde ouverte sur demande d'un débiteur mentionné à l'article L. 620-2 qui justifie de difficultés, qu'il n'est pas en mesure de surmonter, de nature à le conduire à la cessation des paiements.***

1. Conditions d'ouverture. Les conditions d'ouverture de la procédure de sauvegarde doivent être appréciées au jour où il est procédé à cette ouverture. • Com. 26 juin 2007 (2 arrêts), n° 06-17.821 P : *D. 2007. AJ 1864, obs. Lienhard ; ibid. Chron. C. cass. 2764, obs. Bélaval ; D. 2008. Pan. 570, obs. F.-X. Lucas ; JCP E 2007. 2120, note Vallansan ; ibid. 2008. 1207, n° 1, obs. Pétel ; RDBF 2007, n° 158, obs. F.-X. Lucas ; Dr. sociétés 2007, n° 177, note Legros ; Gaz. Pal. 26-27 oct. 2007, p. 20, note Lebel ; BJS 2007. 1167, note Regnaut-Moutier ; RJ com. 2007. 359, note Roussel Galle ; RPC 2007. 222, obs. Saintourens.*

2. Si la procédure de sauvegarde est destinée à faciliter la réorganisation de l'entreprise afin, notamment, de permettre la poursuite de l'activité économique, il ne résulte pas de l'art. L. 620-1, al. 1er, C. com., dans sa rédaction antérieure à l'Ord. du 18 déc. 2008, que l'ouverture de la procédure soit elle-même subordonnée à l'existence d'une difficulté affectant cette activité. • Com. 8 mars 2011, n° 10-13.988 P : *D. 2011. 919, note Le Corre ; ibid. Pan. 2069, obs. F.-X. Lucas ; ibid. Actu. 743, obs. Lienhard ; RTD com. 2011. 420, obs. Vallens ; JCP E 2011. 1215, note Couret et Dondero ; ibid. 1263, n° 1, obs. Pétel ; Gaz. Pal. 1er-2 avr. 2011, p. 7, note Reille ; LEDEN 4/2011. 1, obs. Gorrias et Thévenot ; APC 2011, n° 106, obs. Saintourens ; RJDA 2011, n° 437* (aff. « Cœur Défense »). – V. Rapp. Rémery, *RJDA mai 2011, p. 359.* – V. aussi Grelon, *Rev. sociétés 2011. 404* ; Menjucq, *RPC mars-avr. 2011* ; Gibirila, *Journ. sociétés 6/2011. 73.* ♦ Hors le cas de fraude, l'ouverture de la procédure de sauvegarde ne peut être refusée au débiteur, au motif qu'il chercherait ainsi à échapper à ses obligations contractuelles, dès lors qu'il justifie, par ailleurs, de difficultés qu'il n'est pas en mesure de surmonter et qui sont de nature à le conduire à la cessation des paiements. • Même arrêt. ♦ Si la société débitrice justifie de difficultés qu'elle n'est pas en mesure de surmonter et qui sont de nature à la conduire à la cessation des paiements, l'ouverture d'une procédure de sauvegarde ne peut lui être refusée au motif que ses associés ne seraient pas fondés à éviter, par ce moyen, d'en perdre le contrôle. • Même arrêt. ♦ V. l'arrêt cassé : • Paris, 25 févr. 2010 : *D. 2010. AJ 579, obs. Dammann et Podeur ; JCP E 2010. 1475, note Saintourens ; ibid. 1742, n° 1, obs. Pétel ; LPA 9 mars 2010, obs. Teboul ; DP diff. entr., Bull. n° 313, p. 3957, obs. Roussel Galle ; LEDEN 4/2010. 1, obs. F.-X. Lucas ; Gaz. Pal. 16-17 avr. 2010, obs. Le Corre ; APC 2010, n° 112, obs. Saintourens.* ♦ Sur cet arrêt, V. aussi Menjucq, *RPC 2010. Étude 11.* ♦ Sur renvoi, après cassation, V. • Versailles, 19 janv. 2012 : *D. 2012. Actu. 433, obs. Lienhard ; Rev. sociétés 2012. 523, note Morelli ; JCP E 2012. Actu. 91, obs. Danis et du Bois de Gaudusson ; LEDEN 2/2012. 1, obs. F.-X. Lucas ; RPC 2012, n° 19, obs. Saintourens ; APC 2012, n° 50, obs. Henry ; RJDA 2012, n° 522.* – V. Menjucq, *RPC 2012. Étude 7.*

3. Justifie de difficultés qu'il n'est pas en mesure de surmonter, de nature à le conduire à la cessation des paiements, le débiteur exerçant une activité de développement de photographies argentiques exploitant 280 magasins et employant 2 000 personnes qui, du fait de l'expansion de la photographie numérique et de la diminution corrélative de son chiffre d'affaires, a vu son exploitation devenir largement déficitaire et qui se trouve dans l'obligation de modifier son activité et pour cela de procéder à des investissements importants qu'il n'est pas en mesure d'assumer. • Versailles, 15 juin 2006 : *BICC 2006, n° 2175 ; Gaz. Pal. 9-11 juill. 2006, p. 17 ; RJDA 2006, n° 1152,* conf. par • Com. 26 juin 2007 : *préc. note 1.* – V. aussi Fraimout, *RPC 2006. 225.* ♦ Pour un autre exemple, V. • Colmar, 26 sept. 2006 : *Gaz. Pal. 20-21 juill. 2007, p. 24, obs. Lebel,* conf. par • Com. 26 juin 2007 : *cité note 4.*

4. La situation de la société débitrice doit être appréciée en elle-même, sans que soient prises en compte les capacités financières du groupe auquel elle appartient : • Com. 26 juin 2007, n° 06-20.820 P : *D. 2007. AJ 1864, obs. Lienhard (2e esp.) ; ibid. Chron. C. cass. 2764, obs. Bélaval ; D. 2008. Pan. 570, obs. F.-X. Lucas ; JCP E 2007. 2120, note Vallansan (1re esp.) ; ibid. 2008. 1207, n° 2, obs. Pétel ; Gaz. Pal. 26-27 oct. 2007, p. 21, note Lebel ; BJS 2007. 1165, note Regnaut-Moutier ; RJ com. 2007. 361, note Roussel Galle ; RPC 2007. 223, obs. Saintourens.*

5. Le législateur n'a pas entendu imposer au débiteur de justifier de la réception de mises en demeure, de demandes de moratoires non satisfaites, ni de la mise en œuvre préalable d'une procédure de conciliation. • Lyon, 31 mai 2006 : *RPC 2006. 253, obs. Roussel Galle ; Gaz. Pal. 6-7 oct. 2006, p. 5, note Lebel ; RTD com. 2006. 675, obs. Vallens ; RJ com. 2007. 71, obs. Sortais.* ♦ Il convient à la juridiction saisie de la demande d'un débiteur d'apprécier *in concreto* le caractère insurmontable des difficultés exposées. • Même arrêt.

6. Demandeur. Pour l'irrecevabilité de la demande émanant d'un créancier, V. • Metz, 17 avr. 2007 : *Gaz. Pal. 20-21 juill. 2007, p. 24, obs. Lebel.*

Art. L. 620-2 *(L. nº 2005-845 du 26 juill. 2005, art. 13)* **La procédure de sauvegarde est applicable à** *(Ord. nº 2008-1345 du 18 déc. 2008, art. 164-I)* **« toute personne exerçant une activité commerciale »** *(L. nº 2019-486 du 22 mai 2019, art. 67)* **« , artisanale ou une activité agricole définie à l'article L. 311-1 du code rural et de la pêche maritime et » à toute autre personne physique exerçant une activité professionnelle indépendante, y compris une profession libérale soumise à un statut législatif ou réglementaire ou dont le titre est protégé, ainsi qu'à toute personne morale de droit privé.** — *V. art. L. 311-1 C. rur., ss. art. L. 110-1. — Pour les dispositions transitoires de la L. nº 2019-486 du 22 mai 2019, V. note ss. art. L. 626-12.*

(Ord. nº 2010-1512 du 9 déc. 2010, art. 3-1º) **« A moins qu'il ne s'agisse de patrimoines distincts de l'entrepreneur** *(Abrogé par L. nº 2022-172 du 14 févr. 2022, art. 5, à compter du 14 mai 2022)* ***« individuel à responsabilité limitée »*, » il ne peut être ouvert de nouvelle procédure de sauvegarde à l'égard** *(Ord. nº 2010-1512 du 9 déc. 2010, art. 3-1º)* **« d'un débiteur déjà soumis » à une telle procédure, ou à une procédure de redressement judiciaire ou de liquidation judiciaire, tant qu'il n'a pas été mis fin aux opérations du plan qui en résulte ou que la procédure de liquidation n'a pas été clôturée.**

Pour les dispositions transitoires de la L. nº 2022-172 du 14 févr. 2022, V. note ss. art. L. 611-13.

BIBL. ▶ VALLANSAN, *RLDA, suppl. au nº 80, mars 2005, p. 12* (évolution des personnes assujetties à la procédure collective : 1985-2005). – THOMAS, *D. 2008. 1632* (notaire associé et procédures collectives). – CERATI-GAUTHIER, *JCP E 2008. 2436* (application aux professions libérales). – SDECC, *BICC 1er févr. 2010* (même thème). – GIBIRILA, *Journ. sociétés 12/ 2014. 36* (cas du professionnel libéral exerçant en société). – GJIDARA-DECAIX, *Mél. Serlooten, Dalloz, 2015, p. 201* (éligibilité des personnes physiques aux procédures collectives commerciales et aux procédures de surendettement). – VINCENT, *JCP E 2016. 1340* (qualité du débiteur dépourvu d'entreprise).

I. DOMAINE D'APPLICATION

A. PERSONNES PHYSIQUES

BIBL. Dekeuwer-Défossez, *LPA 16 mai 1986* (concubins coexploitants). – Cabrillac, *Mél. Honorat, Frison-Roche, 2000, p. 81* (extension de la procédure collective du commerçant à son conjoint collaborateur).

1º COMMERÇANTS

1. *Qualité de commerçant.* Sur la notion de commerçant, V. art. L. 121-1 et L. 121-2. ♦ Sur la présomption de commercialité qu'emporte l'immatriculation au registre du commerce et des sociétés, V. art. L. 123-7.

2. Sur la qualité du conjoint du commerçant, V. art. L. 121-3.

3. La procédure peut être ouverte en raison d'une dette civile contractée par le débiteur avant qu'il ne devienne commerçant, dès lors qu'à la date de l'ouverture de la procédure collective le débiteur avait effectivement cette dernière qualité. • Com. 22 juin 1993, nº 90-17.418 P : *D. 1993. Somm. 366, obs. Honorat* • Paris, 4 févr. 2000 : *RPC 2002. 51, obs. Deleneuville.* ♦ De même, en application du principe de l'unité du patrimoine, une dette, de nature civile, contractée par un ancien commerçant, antérieurement à l'exercice de son activité commerciale continue à grever son patrimoine lorsqu'il devient commerçant, et la nature de cette dette importe peu dès lors qu'à la date de l'ouverture de la procédure collective le débiteur est encore susceptible d'être poursuivi en sa qualité de commerçant. • Com. 3 févr. 1998, nº 96-10.158 P : *D. Affaires 1998. 383, obs. V. A.-R. ; LPA 28 juill. 1999, note Teilliais.*

4. Opposabilité de la qualité de commerçant. Une personne physique (ayant géré, en société créée de fait, un fonds de commerce) qui n'a jamais été inscrite au registre du commerce ne peut, sur sa demande, être admise au bénéfice du redressement judiciaire. • Com. 25 mars 1997, nº 95-11.278 P : *D. 1997. Somm. 311, obs. Honorat ; D. Affaires 1997. 541 ; Dr. sociétés 1997, nº 81, obs. Chaput ; BJS 1997. 589, note Vallansan ; Defrénois 1998. 248, obs. Le Cannu ; LPA 14 déc. 1998, note Gioanni.* ♦ Il en va de même du conjoint du commerçant objet de la procédure qui n'est pas immatriculé en qualité de commerçant. • Com. 11 févr. 2004, nº 01-00.430 P : *D. 2004. AJ 565, obs. Lienhard ; JCP E 2004, nº 22, p. 856, obs. Cabrillac ; ibid. nº 48, p. 1886, note Parachkevova ; APC 2004, nº 92, obs. F.-X. Lucas ; RTD com. 2004. 243, obs. Saintourens ; RPC 2004. 210, obs. Lebel ; ibid. 2005. 55, obs. Dumont ; Defrénois 2004. 1654, obs. Gibirila* • Rouen, 3 avr. 1997 : *RPC 2000. 123, obs. Deleneuville.* ♦ La mention de l'épouse du commerçant mis en liquidation judiciaire au RCS en qualité de coexploitante du fonds de commerce ne constitue qu'une présomption simple de commercialité qui peut être combattue par la preuve contraire. • Com. 15 mars 2005 : *cité note 10 ss. art. L. 621-2.*

5. Associés en nom. V. note 3 ss. art. L. 631-2.

2° ARTISANS

6. Peut être mise en liquidation judiciaire la débitrice qui poursuit une activité artisanale sous son nom. • Nancy, 13 mai 1987 : *RPC 1988. 35, obs. Didier.* ♦ Pour la détermination du domaine d'application des procédures collectives, il convient de se référer à la notion d'artisan conformément aux critères traditionnels, sans tenir compte de la définition administrative de cette activité, liée à l'immatriculation au répertoire des métiers. • Rouen, 10 oct. 1991 : *RJDA 1991, n° 960.* ♦ V. notes 28 s. ss. art. L. 110-1.

3° AGRICULTEURS

BIBL. Merle, *RTD com. 1989. 122 et 535.* – Haehl, *ibid. 1989. 128.* – Kerckhove, *RPC 1989. 113.* – Le Cannu, *BJS 1989. 113.* – Mathieu, *JCP E 1989. II. 15649.* – Ourliac et de Juglart, *JCP 1989. I. 3394.* – Hudault, *RPC 1989. 269.*

7. Sur la notion d'agriculteur, V. art. L. 311-1 C. rur., ss. art. L. 110-1 C. com.

8. Le fait pour l'épouse d'un agriculteur d'aider son mari dans ses tâches agricoles, ne lui confère pas la qualité d'agriculteur, d'autant qu'elle ne cotise pas à la Caisse de la mutualité agricole et qu'elle relève de la fonction publique. • Caen, 16 mai 1991 : *JCP 1992. IV. 1303,* conf. par • Com. 5 avr. 1994, n° 91-18.766 P : *D. 1994. IR 109.*

9. Le mari d'une exploitante en difficulté qui, bien qu'officiellement retraité, continuait d'accomplir en permanence des actes de gestion, est fondé à demander l'ouverture à son profit d'une procédure de redressement judiciaire. • Poitiers, 6 juill. 1995 : *Rev. dr. rur. oct. 1995, p. 100.*

10. En ce sens qu'une procédure collective ne peut être ouverte à l'encontre de l'associé d'une société civile d'exploitation agricole sans qu'il soit établi que celui-ci exerçait personnellement et à titre de profession habituelle des activités agricoles au sens de l'art. L. 311-1 C. rur., V. • Com. 3 oct. 2000 : *APC 2000, n° 226, obs. Regnaut-Moutier.*

4° PROFESSIONNELS INDÉPENDANTS (L. DU 26 JUILL. 2005)

11. Le gérant d'une SARL, qui agit au nom de la société qu'il représente et non en son nom personnel, n'exerce pas une activité professionnelle indépendante au sens de l'art. L. 631-2 C. com. ; il s'ensuit que ce gérant ne peut être mis en redressement judiciaire. • Com. 12 nov. 2008, n° 07-16.998 P : *D. 2008. AJ 2929, obs. Lienhard* ; *APC 2008, n° 310, obs. Regnaut-Moutier ; JCP E 2009. 1023, note Lebel ; Dr. sociétés 2009, n° 15, note Legros ; BJS 2009. 278, note Le Corre ; Rev. sociétés 2009. 607, note Roussel Galle* • 15 nov. 2016, n° 14-29.043 P : *D. 2016. Actu. 2396, obs. Lienhard* ; *JCP E 2017. 1032, note Cerati-Gauthier ; BJS 2017. 38, note Saintourens ; Gaz. Pal. 10 janv. 2017, p. 59, obs. Reille ; RJDA 2017, n° 94 ; Dr. sociétés 2017, n° 45, note Coupet ; RPC 2017, n° 55, obs. Lebel ; RJ com. 2017. 353, obs. Roussel Galle.* ♦ De même, la deuxième chambre civile considère-t-elle que la seule qualité de gérante d'une société ne suffit pas à faire relever la personne concernée du régime des procédures collectives et à l'exclure du champ d'application des dispositions du code de la consommation relatives au surendettement des particuliers. • Civ. 2e, 21 janv. 2010, n° 08-19.984 P : *D. 2010. AJ 321, obs. Lienhard* ; *RTD com. 2010. 437, obs. Paisant* ; *JCP E 2010. 1296, n° 2, obs. Pétel ; ibid. 1357, note Lebel ; RPC 2010, n° 38, obs. Gjidara-Decaix ; LEDEN 4/2010. 3, obs. Rubellin ; RJDA 2010, n° 404.* ♦ Dans le même sens, pour l'associé unique gérant d'une entreprise unipersonnelle à responsabilité limitée, V. • Civ. 2e, 13 oct. 2016, n° 15-24.301 P : *D. 2016. 2602, note Borga* ; *JCP E 2016. 1650, note Cerati-Gauthier ; LEDEN 12/2016. 2, obs. Rubellin ; Dr. sociétés 2016, n° 206, note Roussille ; Gaz. Pal. 10 janv. 2017, p. 59, obs. Reille ; BJS 2017. 141, note Pelletier ; RPC 2017, n° 94, obs. Gjidara-Decaix.* ♦ ... L'associé d'une société civile immobilière, V. • Civ. 2e, 16 déc. 2021, n° 20-16.485 B : *D. 2022. Actu. 4* ; *LEDEN 1/2022. 1, obs. F.-X. Lucas ; Dr. sociétés 2022, n° 28, note Jullian ; BJS 3/2022. 33, note T. de Ravel d'Esclapon ; RJDA 2022, n° 208.* ♦ ... Le membre d'un GAEC qui n'exerce pas individuellement une activité agricole distincte de l'exploitation du groupement, V. • Civ. 2e, 16 déc. 2021, n° 20-18.344 B : *ibid. ; LEDEN 1/2022. 2, obs. Rubellin.* ♦ Seul l'exercice effectif par le débiteur d'une activité professionnelle indépendante, distincte de celle exercée pour le compte et au nom de la société dont il est le gérant et associé majoritaire, permet d'ouvrir une procédure de redressement judiciaire à son encontre, lequel exercice ne peut se déduire de la seule inscription de l'intéressé au répertoire des entreprises et de leurs établissements tenu par l'INSEE. • Com. 20 sept. 2017, n° 15-24.644 P : *D. 2017. Actu. 1829, obs. Lienhard* ; *Rev. sociétés 2017. 733, obs. Roussel Galle* ; *APC 2017, n° 269, obs. Petit ; LEDEN 11/2017. 2, obs. Minet ; BJS 2017. 690, note Saintourens ; BJE 2017. 401, note Vincent ; Dr. sociétés 2017, n° 215, note Legros ; RJDA 2018, n° 41 ; Journ. sociétés 12/ 2017. 40, obs. Gibirila ; Gaz. Pal. 16 janv. 2018, p. 61, obs. Lebel ; RPC 2018, n° 90, obs. Gjidara-Decaix.* ♦ L'avocat qui a cessé d'exercer son activité à titre individuel pour devenir associé d'une société civile professionnelle (ou d'une société d'exercice libéral) n'agit plus en son nom propre mais exerce ses fonctions au nom de la société ; il cesse dès lors d'exercer une activité professionnelle indépendante au sens de l'art. L. 631-2. • Com. 9 févr. 2010, n° 08-17.670 P : *D. 2010. Chron. C. cass. 1113, obs. Orsini* ; *ibid. AJ 434, obs. Lienhard* ; *RTD com. 2010. 391, obs.*

Monsèrié-Bon ; JCP E 2010. 1267, note Cerati-Gauthier ; ibid. 1296, n° 1, obs. Pétel ; JCP 2010. 602, note J.-J. Barbièri ; LEDEN 3/2010. 1, obs. F.-X. Lucas ; APC 2010, n° 70, obs. Vallansan ; Dr. sociétés 2010, n° 76, note Legros ; Gaz. Pal. 14-16 mars 2010, p. 8, note Dumont-Lefrand ; RPC 2010, n° 131, obs. Lebel ; BJE 2011. 12, note Martineau-Bourgninaud. – V. concl. Bonhomme, *RPC 2010. Étude 6.* – V. aussi Gibirila, *RJDA juin 2010. 564.* ♦ Dans le même sens : pour un chirurgien-dentiste ayant cessé d'exercer à titre individuel pour devenir associé unique d'une société d'exercice libéral, V. • Com. 16 sept. 2014, n° 13-17.147 P : *D. 2014. Actu. 1869 ; JCP E 2014. 1550, note Cerati-Gauthier ; LEDEN 10/2014. 3, obs. Favario ; BJS 2014. 449, note Malet-Vigneaux ; APC 2014, n° 296, obs. Rétif ; Gaz. Pal. 18-20 janv. 2015, p. 14, obs. Reille ; RJDA 2015, n° 289 ; RPC 2015, n° 27, obs. Lebel.* ♦ ... Pour un orthodontiste exerçant en qualité d'associé d'une société civile professionnelle, V. • Civ. 2e, 1er juin 2017, n° 16-17.077 P : *D. 2017. Actu. 1188 ; RPC 2017, n° 94, obs. Gjidara-Decaix ; ibid. 2018, n° 16, obs. Saintourens ; RJDA 2017, n° 647 ; Journ. sociétés 9/2017. 59, obs. Gibirila ; Gaz. Pal. 10 oct. 2017, p. 62, obs. Lebel ; Dr. et pr. 2017. 193, note Valette-Ercole ; BJS 2017. 618, note Ansault.* ♦ Pour l'ouverture d'une procédure collective à l'encontre d'un officier public ou ministériel auquel un suppléant a été désigné, V. note 1 ss. art. L. 631-1.

V. aussi note 13.

5° AUTO-ENTREPRENEURS

12. Pour l'ouverture d'une procédure collective à l'encontre d'un auto-entrepreneur dont le passif provenait, de façon résiduelle, de son activité professionnelle, V. • T. com. Caen, 12 janv. 2011 : *D. 2011. Actu. 512, obs. Delpech ; Rev. sociétés 2011. 189, obs. Roussel Galle ; LEDEN 4/2011. 2, obs. Rubellin ; BJE 2011. 106, note V. Legrand.*

6° REDRESSEMENT JUDICIAIRE CIVIL

BIBL. Sortais, *Mél. Honorat, Frison-Roche, 2000, p. 227* (« Faillite » et surendettement : quelques éléments pour une comparaison). – Pétel, *Liber amicorum J. Calais-Auloy, Dalloz, 2004, p. 835* (même thème). – Cagnoli ; et Salhi, *RPC 2009. Étude 17* (répartition des procédures de surendettement et des procédures collectives d'entreprises). – Maraud, *ibid. 2021. Étude 16* (surendettement et droit des entreprises en difficulté : une articulation à parfaire).

13. Une personne physique exerçant une activité professionnelle indépendante, y compris une profession libérale soumise à un statut législatif ou réglementaire ou dont le titre est protégé, relève, à compter du 1er janv. 2006, des procédures collectives de la loi du 26 juill. 2005 aux conditions prévues par cette loi ; il en résulte que cette personne se trouve dès lors exclue des dispositions relatives au traitement des situations de surendettement prévues aux art. L. 330-1 [L. 711-1] s. C. consom. • Com. 30 sept. 2008, n° 07-15.446 P : *D. 2008. Chron. C. cass. 2749, obs. Bélaval ; ibid. AJ 2501, obs. Lienhard ; APC 2008, n° 277, obs. Salhi ; JCP E 2009. 1008, n° 1, obs. Pétel ; Gaz. Pal. 21-22 janv. 2009, p. 25, obs. Lebel* • 17 mai 2011, n° 10-13.460 P : *D. 2011. Actu. 1407, obs. Lienhard ; Rev. sociétés 2011. 519, obs. Roussel Galle ; LEDEN 6/2011. 4, obs. Rubellin ; APC 2011, n° 162, obs. Cagnoli ; BJE 2011. 240, note Tagliarino-Vignal ; RPC 2011, n° 124, obs. Gjidara-Decaix ; RJDA 2012, n° 512.* ♦ ... Sans qu'il y ait lieu de distinguer suivant la nature de l'endettement invoqué. • Com. 17 juin 2020, n° 19-10.464 P : *D. 2020. Actu. 1356 ; LEDEN 9/2020. 2, obs. Lafaurie ; APC 2020, n° 199, obs. Bennini ; Gaz. Pal. 13 oct. 2020, p. 60, obs. Reille ; BJE 9-10/2020. 14, note Martineau-Bourgninaud ; RJDA 2020, n° 577 ; RPC 2020, n° 136, obs. Lebel.* ♦ Tel est notamment le cas de l'agent commercial immatriculé au registre des agents commerciaux. • Civ. 2e, 23 juin 2016, n° 15-16.637 P : *D. 2016. Actu. 1428 ; APC 2016, n° 178, obs. Fin-Langer ; LEDEN 10/2016. 2, obs. Rubellin ; RPC 2016, n° 133, obs. Saintourens ; BJE 2016. 402, note Vincent ; RJDA 2017, n° 194.*

14. Ne peut prétendre au bénéfice de la procédure de surendettement des particuliers le débiteur dont le passif est inclus dans la procédure collective de son conjoint, sans qu'il y ait lieu de rechercher si ses dettes présentent un caractère professionnel. • Civ. 2e, 6 janv. 2011, n° 09-72.485 P : *D. 2011. Actu. 158, obs. Lienhard ; LEDEN 2/2011. 2, obs. Mouial-Bassilana ; APC 2011, n° 65, obs. V. Legrand ; RPC 2011, n° 77, obs. Dumont-Lefrand ; RDBF 2011, n° 64, obs. S. Piedelièvre ; BJE 2011. 215, note Becqué-Ickowicz.* ♦ L'époux codébiteur solidaire de dettes incorporées dans le plan de continuation de l'autre époux ne peut bénéficier de la procédure de surendettement des particuliers. • Civ. 1re, 11 oct. 2000, n° 99-04.091 P : *APC 2000, n° 258, obs. crit. Regnaut-Moutier ; RTD com. 2001. 251, obs. Paisant .* ♦ Mais l'épouse d'un commerçant en liquidation judiciaire ne saurait être exclue du bénéfice de la procédure de surendettement des particuliers sans qu'il soit constaté qu'elle était elle-même commerçante ou que l'ensemble de ses dettes avaient été incorporées dans la procédure collective du mari. • Civ. 1re, 22 janv. 2002, n° 01-04.020 P : *RTD com. 2002. 552, obs. Paisant .*

15. Doit être déclarée recevable la demande d'ouverture d'une procédure de règlement amiable formée par le gérant d'une société à responsabilité limitée, même si la société est en cours de liquidation judiciaire, dès lors qu'il n'est pas constaté que le tribunal de commerce a ouvert une procédure de redressement judiciaire à l'égard du gérant ou prononcé sa faillite personnelle. • Civ. 1re, 23 mars 1994, n° 93-04.014 P : *D. 1994. IR 105* ; *JCP E 1994. II. 634, note Lecêne-Marénaud* • 7 nov. 2000, n° 99-04.058 P : *Dr. sociétés 2001, n° 12, obs. Chaput ; Dr. et patr. 6/2001. 113, obs. Monsèrié-Bon* (pour un dirigeant de société anonyme) • Civ. 2e, 8 juill. 2004, n° 02-04.212 P : *D. 2004. 2991, note Hénaff* ; *BJS 2005. 237, note Saintourens ; RPC 2005. 237, obs. Dumont ; RJ com. 2005. 448, obs. Sortais.* ♦ L'action en comblement de passif n'exclut pas, en soi, le bénéfice des mesures de traitement du surendettement. • Civ. 2e, 12 avr. 2012, n° 11-10.228 P : *D. 2012. Actu. 1120, obs. Avena-Robardet* ; *Rev. sociétés 2012. 395, obs. Roussel Galle* ; *JCP E 2012. 1338, note Cerati-Gauthier ; LEDEN 5/2012. 2, obs. Rubellin ; BJE 2012. 208, note Favario ; RPC 2012, n° 119, obs. Gjidara-Decaix ; RDBF 2012, n° 129, obs. S. Piedelièvre ; Gaz. Pal. 3-4 août 2012, p. 22, obs. Reille.*

16. C'est au jour où il statue que le tribunal doit se placer pour apprécier si le débiteur relève des procédures collectives (à propos d'un commerçant radié du registre du commerce depuis moins d'un an lors de la saisine de la commission de surendettement). • Civ. 1re, 30 mai 1995, n° 93-04.192 P. – V. aussi • Civ. 1re, 7 mars 1995, n° 93-04.148 P • Com. 30 sept. 2008 : *préc. note 13.*

7° UNICITÉ DE PROCÉDURE

17. Le principe de l'unité du patrimoine des personnes juridiques interdit l'ouverture de deux procédures collectives contre un seul débiteur, même si celui-ci exerce des activités distinctes ou exploite plusieurs fonds. • Com. 19 févr. 2002, n° 96-22.702 P : *D. 2002. 2523, note Perdriau et Derrida* ; *Dr. et patr. 5/2002. 85, obs. Houtcieff ; Procédures 2002, n° 96, obs. Croze ; RTD com. 2002. 376, obs. Vallens* • 4 févr. 2003 : *APC 2003, n° 79, obs. F.-X. Lucas ; Dr. sociétés 2003, n° 168, note Legros ; LPA 16 févr. 2004, obs. Lécuyer.* – V. aussi • Com. 11 déc. 2001 : *D. 2002. 2523, note Perdriau et Derrida* ; *RPC 2003. 106, obs. Gorrias.* ♦ ... Peu important que la première de ces procédures ait été suspendue. • Com. 7 avr. 2004 : *D. 2004. AJ 1384* ; *Dr. et pr. 2004. 264, obs. Crocq ; Dr. sociétés 2004, n° 189, note Legros.* ♦ Lorsqu'un débiteur déjà mis en redressement judiciaire par jugement d'un tribunal de commerce est mis ultérieurement en redressement judiciaire par jugement d'un tribunal de grande instance, ces deux décisions, dont aucune n'est susceptible d'un recours ordinaire, sont inconciliables au regard du principe de l'unicité des procédures collectives et il y a donc lieu d'annuler la seconde. • Com. 3 nov. 2010 : *D. 2010. Actu. 2768, obs. Lienhard* . ♦ Toutefois, l'existence d'une procédure collective à l'égard d'une personne ne fait pas obstacle au prononcé, à titre de sanction, d'une nouvelle procédure collective à l'égard de la même personne prise en sa qualité de dirigeant d'une personne morale elle-même soumise à une procédure collective. • Com. 4 janv. 2005, n° 03-14.150 P : *D. 2005. AJ 215, obs. Lienhard* ; *ibid. Pan. 2011, obs. F.-X. Lucas* ; *APC 2005, n° 25, obs. Regnaut-Moutier ; JCP E 2005, n° 17, p. 712, obs. Pétel ; Dr. sociétés 2005, n° 69, note Legros ; Dr. et patr. 4/2005. 115, obs. Monsèrié-Bon ; Dr. et pr. 2005. 158, note Le Corre ; Gaz. Pal. 29-30 avr. 2005, p. 26, obs. F.-X. Lucas ; Rev. sociétés 2005. 451, note Bonneau* ; *RPC 2005. 232, obs. Dumont.*

B. PERSONNES MORALES

1° GROUPEMENTS SOUMIS À LA LOI

a. Sociétés

18. Sociétés en formation. Une société en formation ne pouvait être assignée en règlement judiciaire ou en liquidation des biens, et l'acquisition ultérieure de la personnalité morale ne pouvait justifier le prononcé de l'une de ces mesures (loi de 1967). • Com. 10 mars 1987 : *D. 1987. Somm. 355, obs. Honorat ; JCP 1987. II. 20830, note Guyon ; Rev. sociétés 1987. 587, note Sortais.*

19. La demande d'ouverture d'une procédure collective doit être rejetée faute de preuve de la qualité de commerçant ou d'artisan exigée par l'art. 2 [C. com., art. L. 620-2], à l'égard de personnes ayant agi au nom d'une société commerciale en formation. • Paris, 14 janv. 1987 : *D. 1987. IR 38* • Douai, 14 janv. 1993 : *Dr. sociétés 1994, n° 9, obs. Chaput.* ♦ Mais la personne qui a effectué des actes de commerce à titre habituel au nom d'une société en formation qui n'a pas acquis la personnalité morale peut être mise en règlement judiciaire ou en liquidation des biens (loi de 1967). • Com. 15 janv. 1991 : *BJS 1991. 395, note Calendini.* – V. aussi • Com. 14 déc. 1993 : *Dr. sociétés 1994, n° 49, obs. Chaput.* ♦ V. note 20.

20. Sociétés non immatriculées. **BIBL.** Hallouin, *JCP 1989. I. 3414.* ♦ Une société qui n'a jamais été inscrite au registre du commerce et n'a de ce fait jamais acquis la personnalité morale, ne peut être mise en redressement judiciaire. • Paris, 22 sept. 1987 : *D. 1987. IR 212 ; Gaz. Pal. 1988. 1. 86 ; RTD com. 1988. 687, obs. Merle* • 3 déc. 1991 : *Dr. sociétés 1992, n° 49, obs. Chaput.* ♦ Une société créée de fait n'ayant pas la personnalité juridique ne peut être mise en procédure collective. • Com. 23 nov. 2004 : *Dr. sociétés 2005, n° 29, note Legros ; RPC 2005. 203, obs. Lebel.* – Dans le même sens, sur renvoi, V. • Paris, 7 févr. 2008 : *RPC 2008, n° 116, obs. Lebel.*

L'associé d'une société créée de fait ne peut

faire l'objet d'une procédure collective que s'il est démontré qu'il a exercé des actes de commerce et en a fait sa profession habituelle ou qu'il a exploité lui-même l'entreprise commerciale, objet de la société. • Com. 27 avr. 1993, n° 91-14.882 P : *BJS 1993. 776, note Le Nabasque ; Dr. sociétés 1993, n° 135, note Bonneau* • Aix-en-Provence, 22 mai 2001 : *Dr. sociétés 2002, n° 26, obs. Legros ; RDBF 2002, n° 16, obs. F.-X. Lucas ; RJDA 2002, n° 762* • Poitiers, 14 mai 2002 : *Dr. sociétés 2003, n° 45, note F.-X. Lucas.* ♦ La seule signature des statuts portant nomination du gérant ne peut conférer la qualité de commerçant à l'associé d'une SARL même non immatriculée au RCS, en l'absence d'une participation personnelle à l'activité commerciale objet de la société (loi de 1967). • Com. 2 mai 1989 : *D. 1989. Somm. 283, obs. Honorat.*

21. Sociétés de fait. L'associé d'une société de fait ne peut faire l'objet d'une procédure collective que s'il est démontré qu'il a fait des actes de commerce dans le cadre de l'exploitation commune. • Metz, 8 avr. 1997 : *RPC 2000. 123, obs. Deleneuville.*

22. Sociétés absorbées. Une procédure collective ne peut être ouverte à l'encontre d'une société dont la personnalité morale a disparu à la suite de son absorption par une autre société, qui seule a la personnalité morale. • Com. 28 sept. 2004 : *APC 2004, n° 227, obs. Rétif.* – V. déjà, en ce sens, • Chambéry, 22 janv. 1990 : *Dr. sociétés 1992, n° 160, obs. Chaput* • Paris, 17 déc. 1993 : *Rev. sociétés 1994. 106, note Chaput.*

b. Autres groupements

23. Mutuelles. Le redressement judiciaire est applicable à une mutuelle comme à toute personne morale de droit privé. • Paris, 13 janv. 1988 : *Gaz. Pal. 1988. 1. Somm. 92 ; RPC 1988. 345, obs. Didier.*

24. Associations. Les associations sont soumises à la loi du 25 janv. 1985 en tant que personnes morales de droit privé et, spécialement, un tribunal de commerce est compétent pour ouvrir une procédure collective dès lors qu'une association a fait des actes de commerce. • Paris, 13 juin 1990 : *D. 1990. IR 192.* – Dans le même sens : • Paris, 3 févr. 1995 : *Dr. sociétés 1995, n° 74, obs. Chaput ; Rev. sociétés 1995. 367, obs. Guyon.* ♦ V. aussi note 1 ss. art. L. 621-2.

25. Syndicats professionnels. Les syndicats professionnels étant des personnes morales de droit privé, une procédure de liquidation judiciaire peut être ouverte à leur égard. • Com. 16 mars 2010, n° 09-12.539 P : *D. 2010. Actu. 887, obs. Lienhard ; Rev. sociétés 2010. 191, obs. Roussel Galle ; APC 2010, n° 97, obs. Cagnoli ; LEDEN 5/2010. 3, obs. Mouial-Bassilana ; Dr. sociétés 2010, n° 149, note Legros ; RJDA 2010, n° 771.*

26. Personnes de droit public. Les personnes morales de droit public sont exclues du champ d'application de l'art. 2 [C. com., art. L. 620-2], quelle que soit la forme que peut revêtir leur activité. • Paris, 15 févr. 1991 : *D. 1991. IR 104 ; Gaz. Pal. 1991. 1. 365, note Marchi ; BJS 1991. 427, note Auby.*

2° ÉVÉNEMENTS AFFECTANT LA PERSONNALITÉ MORALE

27. Nullité de la personne morale. Le prononcé de la nullité d'un groupement d'intérêt économique ne fait pas obstacle à l'ouverture à son égard d'une procédure de redressement judiciaire. • Com. 5 avr. 1994 : *BJS 1994. 662, note Le Cannu.*

28. Radiation d'office. BIBL. Bonneau, *Dr. sociétés déc. 1994, p. 1.* ♦ La radiation d'office d'une société du RCS étant sans effet sur sa personnalité morale, une procédure de redressement ou de liquidation judiciaire peut être prononcée à son encontre. • Paris, 13 sept. 1994 : *Dr. sociétés déc. 1994, p. 1 ; JCP E 1995. II. 655, note Bonneau* • Besançon, 26 juin 2001 : *APC 2001, n° 215.*

II. FAILLITE INTERNATIONALE

RÉP. COM. v° *Entreprises en difficulté : droit international et européen*, par MASTRULLO.

BIBL. Dammann et Ollivry, *JCP E 2006, n° 46, p. 1938* (réflexions sur l'aménagement du principe d'universalité de la faillite).

29. Sous réserve des traités internationaux ou d'actes communautaires, et dans la mesure de l'acceptation par les ordres juridiques étrangers, le redressement judiciaire prononcé en France produit ses effets partout où le débiteur a des biens. • Civ. 1re, 19 nov. 2002, n° 00-22.334 P : *D. 2002. AJ 3341, obs. Lienhard ; D. 2003. 797, note Khairallah ; ibid. Somm. 1625, obs. Henry ; JCP 2002. II. 10201, concl. Sainte-Rose et note Chaillé de Néré ; JCP E 2003, n° 20, p. 848, obs. Pétel ; ibid., n° 42, p. 1675, note Menjucq ; RTD com. 2003. 169, obs. Vallens.* ♦ Réaffirmant ce principe à propos d'une procédure de liquidation judiciaire, la Chambre commerciale a précisé que l'acceptation par l'ordre juridique étranger des effets de la liquidation judiciaire prononcée par les juridictions françaises ne constitue pas une condition de l'ouverture de la procédure en France. • Com. 21 mars 2006, n° 04-17.869 P : *D. 2006. 1466, note Henry ; ibid. 914, obs. Lienhard ; ibid. Pan. 2251, obs. F.-X. Lucas ; Rev. crit. DIP 2007. 105, note Khairallah ; JCP E 2006, n° 27-28, p. 1227, note Legros ; APC 2006, n° 124, obs. Callé.* ♦ L'art. 6, § 1, Conv. EDH ne saurait faire obstacle au principe d'universalité de la faillite ainsi qu'à celui d'égalité des créanciers chirographaires qui caractérise toute procédure collective et qui postule l'interdiction des poursuites individuelles et la soumission des créanciers aux obligations du plan de redressement. • Civ. 1re, 19 nov. 2002 : *préc.*

♦ La liquidation judiciaire d'une société française ne peut produire ses effets sur le compte de cette société ouvert en Suisse que dans la mesure de l'acceptation de l'ordre juridique suisse. • Versailles, 20 mars 2008 : *BICC 2009, n° 582 ; D. 2008. 1660, note Vallens* ; *Gaz. Pal. 27-29 avr. 2008, p. 8, obs. Mélin.*

30. L'ouverture à l'étranger d'une procédure collective à l'égard d'un débiteur ne met obstacle au prononcé en France du redressement judiciaire de ce même débiteur que si la décision étrangère doit y être reconnue de plein droit en vertu d'un traité ou a déjà reçu l'exequatur. • Com. 11 avr. 1995, n° 92-20.032 P : *D. 1995. 640, note Vasseur* ; *BJS 1995. 696, note Martin-Serf.* – V. déjà • Com. 19 janv. 1988 : *D. 1988. 565, note Rémery ; RPC 1988. 176, obs. Didier.* ♦ De même, en l'absence d'exequatur d'une décision de faillite prononcée en Angleterre, cette décision ne peut produire en France aucun effet de dessaisissement du débiteur, ni de suspension des poursuites individuelles. • Civ. 1re, 24 mars 1998, n° 96-10.171 P : *D. 1998. IR 108* ; *JCP 1998. II. 10155, note Kerckhove.*

L'exequatur d'une décision étrangère ouvrant une procédure collective à l'égard d'un non-commerçant n'est pas contraire à la conception française de l'ordre public international. • Com. 18 janv. 2000, n° 97-11.906 P : *D. 2000. AJ 105, obs. Faddoul* ; *JCP E 2000, n° 14, p. 611, note Chaput ; ibid., n° 17, p. 699, obs. Pétel ; LPA 12 avr. 2000, note Vallens ; Dr. sociétés 2000, n° 73, obs. Chaput.*

Constitue une décision pouvant recevoir exequatur toute intervention du juge qui produit des effets à l'égard des personnes ou sur les biens, droits ou obligations. • Civ. 1re, 17 oct. 2000 : *D. 2001. 688, note Vallens* ; *APC 2001, n° 96, obs. Dom.* ♦ Tel est le cas de l'ordonnance rendue par un tribunal américain, dès lors que l'intervention du juge sur la déclaration de cessation des paiements de la société débitrice a eu pour effet de suspendre toute poursuite des créanciers. • Même arrêt.

L'application concrète d'un jugement espagnol en ce qui concerne la fixation de la période suspecte à une durée de vingt-trois mois avant le jugement d'ouverture entraîne un résultat admissible au regard de la sécurité du commerce et du crédit du débiteur, telle qu'elle est conçue dans l'ordre public international français. • Com. 5 févr. 2002, n° 98-22.683 P : *D. 2002. AJ 957, obs. Lienhard* ; *Procédures 2002, n° 75, obs. Croze ; RJ com. 2002. 162, note Menjucq ; JCP E 2003, n° 23, p. 955, note Raimon.*

L'art. 878 du code de commerce espagnol, selon lequel tous les actes de disposition et d'administration postérieurs à la date à laquelle rétroagissent les effets de la faillite sont atteints de nullité, à l'égard de toute personne même de bonne foi, n'est pas contraire à la conception française de l'ordre public international. • Com. 5 févr. 2002, n° 98-22.682 P : *RJ com. 2002. 162, note Menjucq ; Procédures 2002, n° 75, obs. Croze ; APC 2002, n° 92, obs. Dom ; JCP E 2003, n° 23, p. 955, note Raimon.*

Les liquidateurs d'une banque étrangère ayant des succursales en France ne peuvent être dispensés par une décision étrangère les habilitant à faire une déclaration collective, de respecter les exigences de formes et délais imposées par la loi française. • Com. 14 mai 1996, n° 94-16.186 P : *D. 1996. 586, note Vasseur* ; *D. Affaires 1996. 810 ; BJS 1996. 838, note Martin-Serf.*

31. Si l'art. 1er, al. 2, 2°, de la Convention de Bruxelles du 27 sept. 1968 exclut du champ d'application de celle-ci les faillites, concordats et autres procédures analogues, cette exclusion ne concerne que les actions qui dérivent directement de la faillite et s'insèrent étroitement dans le cadre de la procédure collective ; tel n'est pas le cas de l'action en recouvrement d'une créance de la société en liquidation judiciaire. • Com. 24 mai 2005, n° 03-14.099 P : *D. 2005. 2394, note Kessler* ; *ibid. AJ 1553, obs. Lienhard* ; *JCP E 2005, n° 29, p. 1225, note Mélin ; ibid., n° 36, p. 1422, obs. Pétel ; APC 2005, n° 147, obs. Coquelet ; RPC 2005. 243, obs. Menjucq ; Dr. et pr. 2005. 341, obs. Cuniberti.* ♦ Même solution pour l'application de la convention de Lugano du 16 sept. 1988 : • Com. 18 déc. 2007, n° 06-17.610 P : *D. 2008. AJ 158* ; *JCP E 2008. 1397, note Mairot ; ibid. 1432, n° 3, obs. Pétel ; APC 2008, n° 34, obs. Dom ; Gaz. Pal. 27-29 avr. 2008, p. 8, obs. Mélin ; RJ com. 2008. 215, note Sortais ; Rev. crit. DIP 2008. 338, note Bureau* .

32. Sur l'application de la convention franco-belge du 8 juill. 1899, V. • Civ. 1re, 27 janv. 1998, n° 95-20.181 P : *D. Affaires 1998. 379, obs. V. A.-R.* – V. Cass., rép., *BICC 1er mai 1996, p. 38.* ♦ V. aussi note 7 ss. art. R. 600-1. ♦ Sur l'application de la convention franco-italienne du 3 juin 1930, V. • Civ. 1re, 25 févr. 1997, n° 95-14.074 P : *D. 1997. IR 90* ; *Rev. sociétés 1997. 602, note Beaubrun* • 11 juill. 2019, n° 18-14.186 P : *D. 2019. Actu. 1493* ; *LEDEN 9/2019. 2, obs. Mélin ; APC 2019, n° 230, obs. V. Legrand ; Gaz. Pal. 15 oct. 2019, p. 49, obs. Giorgini* • Paris, 13 févr. 1996 : *JCP E 1996. Pan. 720* • 28 janv. 1998 : *D. Affaires 1998. 379, obs. V. A.-R.* ♦ Sur l'application de la convention franco-monégasque du 13 sept. 1950, V. • Civ. 1re, 24 nov. 1998 : *D. 1999. IR 10* • Soc. 2 oct. 2001, n° 99-44.808 P : *D. 2001. IR 3171* ; *APC 2001, n° 242, obs. Regnaut-Moutier* • 14 oct. 2015, n° 14-17.622 P : *D. 2015. Actu. 2125* ; *LEDEN 12/2015. 6, obs. Mélin ; RPC 2016, n° 178, obs. Mastrullo.*

33. V. Règl. (UE) n° 2015/848 du 20 mai 2015 relatif aux procédures d'insolvabilité.

V. aussi notes 3, 144 ss. art. L. 622-24, 54 ss. art. L. 624-16 C. com. et notes 6 et 7 ss. art. L. 3253-6 C. trav. (ss. art. L. 625-9 C. com.).

CHAPITRE PREMIER DE L'OUVERTURE DE LA PROCÉDURE

Art. L. 621-1 *(L. nº 2005-845 du 26 juill. 2005, art. 14)* **Le tribunal statue sur l'ouverture de la procédure, après avoir entendu ou dûment appelé en chambre du conseil le débiteur et** *(Ord. nº 2021-1193 du 15 sept. 2021, art. 12, en vigueur le 1er oct. 2021)* **« la ou les personnes désignées par le comité social et économique ».** *(Abrogé par Ord. nº 2014-326 du 12 mars 2014, art. 15, à compter du 1er juill. 2014)* ***« Il peut également entendre toute personne dont l'audition lui paraît utile. »*** *— V. l'art. L. 662-3 qui reprend désormais cette dispositon.*

En outre, lorsque le débiteur exerce une profession libérale soumise à un statut législatif ou réglementaire ou dont le titre est protégé, le tribunal statue après avoir entendu ou dûment appelé, dans les mêmes conditions, l'ordre professionnel ou l'autorité compétente dont, le cas échéant, il relève.

(L. nº 2016-1547 du 18 nov. 2016, art. 99-IV-1º) **« Lorsque la situation du débiteur ne fait pas apparaître de difficultés qu'il ne serait pas en mesure de surmonter, le tribunal invite celui-ci à demander l'ouverture d'une procédure de conciliation au président du tribunal. Il statue ensuite sur la seule demande de sauvegarde. »** *— Sur les dispositions transitoires de la L. nº 2016-1547 du 18 nov. 2016 et son application en outre-mer, V. note ss. art. L. 621-3.*

Le tribunal peut, avant de statuer, commettre un juge pour recueillir tous renseignements sur la situation financière, économique et sociale de l'entreprise. Ce juge peut faire application des dispositions prévues à l'article L. 623-2. Il peut se faire assister de tout expert de son choix.

L'ouverture d'une procédure de sauvegarde à l'égard d'un débiteur qui bénéficie ou a bénéficié d'un mandat *ad hoc* ou d'une procédure de conciliation dans les dix-huit mois qui précèdent doit être examinée en présence du ministère public *(Ord. nº 2010-1512 du 9 déc. 2010, art. 3-2º)* **« , à moins qu'il ne s'agisse de patrimoines distincts d'un entrepreneur individuel à responsabilité limitée ».**

Dans ce cas, le tribunal peut, d'office ou à la demande du ministère public, obtenir communication des pièces et actes relatifs au mandat *ad hoc* ou à la conciliation, nonobstant les dispositions de l'article L. 611-15.

Pour les dispositions transitoires de l'Ord. nº 2021-1193 du 15 sept. 2021, V. note ss. art. L. 611-2.

V. art. R. 621-1 à R. 621-5.

1. Audition du débiteur. Le directeur général d'une société anonyme a qualité pour représenter la société devant le tribunal lors de son audition préalable au prononcé de la liquidation judiciaire. • Com. 12 juill. 1993, nº 91-18.786 P : *D. 1993. 549, note Merle ; Rev. sociétés 1993. 803, note Guyon ; LPA 28 juill. 1993, note P. M. ; BJS 1993. 1135, note Le Cannu ; JCP E Pan. 416, obs. de Vendeuil ; Dr. sociétés 1993, nº 227, note Le Nabasque.*

2. Les dispositions de l'art. 6 de la loi du 25 janv. 1985 [C. com., art. L. 621-1], prévoyant l'audition *préalable en chambre du conseil* de la personne à l'égard de laquelle une procédure collective est susceptible d'être ouverte, fût-ce sur le fondement d'une confusion des patrimoines ou en raison de la fictivité d'une personne morale, ne sont pas incompatibles avec l'art. 10 de la Déclaration universelle des droits de l'homme et l'art. 6-1 de la Conv. EDH (principe de publicité des débats). • Com. 26 mai 1998, nº 96-10.582 P : *D. 1998. IR 162 ; D. Affaires 1998, p. 1093, obs. A. L.*

3. Audition des représentants des salariés. Il résulte de l'esprit et de la lettre des dispositions de la loi du 25 janv. 1985 [C. com., art. L. 620-1 s.] et du décret subséquent qu'il n'est pas possible de procéder au redressement ou à la liquidation judiciaire d'une entreprise sans avoir invité les salariés, quel qu'en soit le nombre, à exprimer leur avis. • Versailles, 26 nov. 1986 : *Gaz. Pal. 1987. 1. 332, note de Guillenchmidt.* ♦ Cette disposition s'impose même s'il n'existe, en raison de la faible taille de l'entreprise, ni comité d'entreprise, ni délégués du personnel. • Même arrêt • Versailles, 14 janv. 1987 : *D. 1987. 249, note Derrida.*

4. Il suffit que les représentants des délégués du personnel aient été dûment appelés. • Paris, 20 mai 1986 : *RJ com. 1986. 3.*

5. Le représentant des salariés n'est désigné, dans le régime général ou la procédure simplifiée, qu'après l'ouverture du redressement judiciaire ; il n'a donc pas à être entendu sur ce point. • Com. 23 mai 1995, nº 92-19.088 P.

6. Audition de l'ordre professionnel (L. 26 juill. 2005). Dès lors que l'Observatoire des détectives de France et la Confédération nationale des enquêteurs et détectives professionnels s'apparentent à des syndicats professionnels, ceux-ci ne peuvent recevoir la qualification d'ordre professionnel et n'ont donc pas à être appelés. • Com. 27 mai 2008, n° 07-13.131 P : *D. 2008. AJ 1616, obs. Lienhard ; JCP E 2008. 1870, note Bonhomme ; APC 2008, n° 206, obs. Rétif ; LPA 24 oct. 2008, note Legros.*

7. Les dispositions des art. L. 621-1 et L. 641-1 C. com. relatives à la convocation et à l'audition de l'ordre professionnel dont relève le débiteur qui exerce une profession libérale ne s'appliquent qu'à l'ouverture de la liquidation judiciaire et non à son prononcé au cours de la période d'observation. • Com. 6 juill. 2010, n° 09-67.345 P : *D. 2010. Actu. 1781, obs. Lienhard ; JCP E 2011. 1030, n° 2, obs. Pétel ; LEDEN 9/2010. 2, obs. Couard ; DP diff. entr., bull. n° 318, obs. Rémery ; RPC 2010, n° 198, obs. Lebel ; Gaz. Pal. 15-16 oct. 2010, p. 24, obs. Reille ; BJE 2011. 39, note De Lajarte.*

8. Il résulte des art. L. 621-1, al. 2, et L. 621-2, al. 2, C. com. que le tribunal ne peut se prononcer sur l'extension d'une procédure collective qu'après avoir entendu ou dûment appelé l'ordre professionnel ou l'autorité compétente dont, le cas échéant, relève le débiteur visé par cette extension. • Com. 5 nov. 2013, n° 12-21.799 P : *D. 2013. Actu. 2692 ; ibid. 2014. Pan. 2150, obs. Le Corre ; Rev. sociétés 2013. 724, obs. Roussel Galle ; APC 2013, n° 278, obs. Cagnoli ; LEDEN 12/2013. 3, obs. Parachkévova ; Gaz. Pal. 12-14 janv. 2014, p. 14, obs. Reille ; BJE 2014. 15, note Favario ; RPC 2014, n° 48, obs. Saintourens.* ♦ Solution confirmée par l'art. L. 621-2, dernier al., dans sa réd. issue de l'Ord. n° 2014-326 du 12 mars 2014.

9. Sanction. L'absence d'audition ou de convocation de l'ordre professionnel entraîne la nullité du jugement d'ouverture de la liquidation judiciaire. • Com. 8 avr. 2015, n° 14-10.676 : *RJDA 2015, n° 842.* ♦ Dans ce cas, la cour d'appel, saisie de l'entier litige par l'effet dévolutif de l'appel, peut, sans méconnaître le principe d'impartialité garanti par l'art. 6, § 1, de la Conv. EDH, ouvrir elle-même la liquidation judiciaire, conformément aux dispositions de l'art. R. 640-2, al. 1er. • Même arrêt. ♦ V. déjà, sur le caractère d'ordre public des dispositions de l'art. L. 621-1, al. 1er : • Paris, 13 juin 1989 : *D. 1989. IR 219.*

10. Le débiteur n'a pas qualité pour invoquer le défaut de convocation des représentants du comité d'entreprise ou des délégués du personnel préalablement à la décision du tribunal sur l'ouverture de la procédure de redressement judiciaire. • Com. 24 oct. 1995 : *D. 1995. IR 245 ; D. Affaires 1995. 202.* – V. aussi • Com. 23 mai 1995 : *préc. note 5.*

11. Présence du juge-commissaire. V. note 8 ss. art. R. 651-5.

Art. L. 621-2 **Le tribunal compétent est le tribunal de commerce si le débiteur** *(Ord. n° 2008-1345 du 18 déc. 2008, art. 13)* **« exerce une activité commerciale ou artisanale ». Le** *(Ord. n° 2019-964 du 18 sept. 2019, art. 35, en vigueur le 1er janv. 2020)* **« tribunal judiciaire » est compétent dans les autres cas.** *(Abrogé par L. n° 2005-845 du 26 juill. 2005, art. 15) « **S'il se révèle que la procédure ouverte doit être étendue à une ou plusieurs autres personnes, le tribunal initialement saisi reste compétent.** »*

(Ord. n° 2008-1345 du 18 déc. 2008, art. 13) **« A la demande de l'administrateur, du mandataire judiciaire,** *(Ord. n° 2014-326 du 12 mars 2014, art. 16-1°, en vigueur le 1er juill. 2014)* **« du débiteur ou du ministère public », la procédure ouverte »** *(L. n° 2005-845 du 26 juill. 2005, art. 13)* **« peut être étendue à une ou plusieurs autres personnes en cas de confusion de leur patrimoine avec celui du débiteur ou de fictivité de la personne morale.** *(Abrogé par Ord. n° 2014-326 du 12 mars 2014, art. 16-1°, à compter du 1er juill. 2014) « **A cette fin, le tribunal ayant ouvert la procédure initiale reste compétent.** » — V. art. R. 621-8-1.*

Al. abrogé par L. n° 2005-845 du 26 juill. 2005, art. 15.

(Ord. n° 2010-1512 du 9 déc. 2010, art. 3-3°) **« Dans les mêmes conditions, un ou plusieurs autres patrimoines du débiteur** *(Abrogé par L. n° 2022-172 du 14 févr. 2022, art. 5, à compter du 14 mai 2022) « **entrepreneur individuel à responsabilité limitée** »* **peuvent être réunis au patrimoine visé par la procédure, en cas de confusion avec celui-ci. Il en va de même lorsque le débiteur a commis un manquement grave** *(Abrogé par L. n° 2019-486 du 22 mai 2019, art. 7) « **aux règles prévues au deuxième alinéa de l'article L. 526-6 ou** »* **aux obligations prévues à l'article L. 526-13 ou encore une fraude à l'égard d'un créancier titulaire d'un droit de gage général sur le patrimoine visé par la procédure. »**

(L. n° 2012-346 du 12 mars 2012, art. 1er) **« Pour l'application des deuxième et troisième alinéas du présent article, le président du tribunal peut ordonner toute mesure conservatoire utile à l'égard des biens du défendeur à l'action mentionnée à ces mêmes alinéas, à la demande de l'administrateur, du mandataire judiciaire, du ministère public ou d'office. »** — *La L. n° 2012-346 du 12 mars 2012 est applicable aux procédures de sauvegarde, de redressement judiciaire ou de liquidation judiciaire en cours à la date de sa publication [JO 13 mars] (L. préc., art. 6).*

(Ord. n° 2014-326 du 12 mars 2014, art. 16-2°, en vigueur le 1er juill. 2014) **« Le tribunal ayant ouvert la procédure initiale reste compétent pour ces demandes. Lorsque le débiteur soumis à la procédure initiale ou le débiteur visé par l'extension exerce une profession libérale soumise à un statut législatif ou réglementaire ou dont le titre est protégé, le tribunal statue en chambre du conseil après avoir entendu ou dûment appelé l'ordre professionnel ou l'autorité compétente dont, le cas échéant, il relève. »** — *V. art. L. 663-1-1, R. 621-8-2, R. 662-1-1 et R. 662-1-2.*

Pour les dispositions transitoires de la L. n° 2022-172 du 14 févr. 2022, V. note ss. art. L. 611-13.

Sur les tribunaux compétents, V. art. L. 610-1 et R. 600-1 s.

Sur la faculté de renvoi de l'affaire, V. art. L. 662-2.

Sur la composition du tribunal, V. art. L. 722-2.

Sur les recours contre la décision statuant sur l'extension de la procédure, V. art. L. 661-1, I, 3°.

BIBL. ▶ Compétence : VOINOT, *Procédures 2011. Dossier 12* (quelles compétences pour les tribunaux de commerce en matière de procédures collectives ?). ▶ Extension de procédure : DAIGRE, *LPA 19 févr. 1989*. – DERRIDA, *Mél. Derruppé, p. 29 ; Mél. Cabrillac, Dalloz-Litec, 1999, p. 687*. – SOINNE, *LPA 6 déc. 1995* (identité ou diversité des notions de fictivité et de confusion des patrimoines) ; *RPC 2000. 177* (même thème) ; *LPA 2-3 juill. 1997* (« faillite » de la Banque Pallas-Stern) ; *RPC 2004. 27* (affaires Air Lib et Cocoon). – J.-F. BARBIÈRI, *LPA 25 oct. 1996*. – DELEBECQUE, *RPC 1998. 129* (confusion de patrimoines et responsabilité des membres du groupe). – GISSEROT, *RTD com. 1979. 49*. – DELENEUVILLE, *RPC 1999. 63 ; ibid. 2001. 61* (extension de procédure au sein des groupes de sociétés) ; *ibid. 2002. 157* (critères de la confusion des patrimoines entre sociétés commerciales et personnes physiques). – ROBINE, *Mél. AEDBF-France IV, Revue Banque Édition, 2004, p. 325*. – LE CORRE, *LPA 4 févr. 2005* (voies de recours ouvertes aux tiers à l'encontre du jugement d'extension). – DELMOTTE, *RJDA juin 2006, p. 539* (critères de la confusion des patrimoines dans la jurisprudence de la chambre commerciale de la Cour de cassation). – GRELON et DESSUS-LARRIVÉ, *Rev. sociétés 2006. 281* (confusion des patrimoines au sein d'un groupe). – DEMEYERE, *D. 2009. Chron. 2297* (maintien par l'Ord. du 18 déc. 2008 du dispositif de l'extension de procédure dans la sauvegarde : pour quoi faire ?). – PÉTEL, *Mél. Merle, Dalloz, 2012, p. 577* (la vie après la confusion des patrimoines). – SAINT-ALARY-HOUIN, *ibid., p. 637* (action en extension dans les groupes de sociétés). – FIRLEY, *RPC 2014. Étude 13* (extension de procédure à la demande du débiteur instaurée par l'Ord. du 12 mars 2014). – MORELLI, *Rev. sociétés 2015. 433* (même thème). – REILLE, *Gaz. Pal. 19 janv. 2016, p. 80* (conditions de l'extension : dix questions-réponses) ; *ibid. 18 oct. 2016, p. 71* (régime de l'extension : dix questions-réponses). – VALLENS, *D. 2020. Chron. 2416* (les finalités incertaines de l'extension d'une procédure collective).

I. TRIBUNAL COMPÉTENT

1. *Associations.* Le tribunal de commerce est compétent pour ouvrir un redressement judiciaire à l'égard d'une association exploitant à titre spéculatif une radio locale. • Dijon, 4 nov. 1987 : *D. 1988. Somm. 223, obs. Hassler.* ♦ ... Ou exerçant une activité dominante d'agence de voyages. • Toulouse, 19 déc. 1995 : *RPC 1999. 22, obs. Cadiou.* ♦ V. aussi • Paris, 13 juin 1990 : *D. 1990. IR 192.*

2. *Société civile ayant une activité commerciale.* Nonobstant sa nature civile et son objet social, une société civile immobilière immatriculée au RCS en précisant une activité de marchand de biens et ayant une activité portant sur l'acquisition de biens immobiliers destinés à la revente est justiciable du tribunal de commerce pour l'ouverture d'une procédure collective. • Paris, 5 sept. 2000 : *Dr. sociétés 2000, n° 177, obs. Chaput ; Banque et Dr. 1-2/2001. 37, obs. Storck.*

3. *Sociétés d'exercice libéral.* V. note 1 ss. art. L. 721-5 C. com.

4. *Compétence administrative.* Sur l'articulation des compétences judiciaire et administrative pour le règlement des créances détenues par une personne morale de droit public contre une entreprise en redressement judiciaire, V. • CE 14 juin 2000 : *JCP E 2000, n° 27, p. 1066 ; RTD com. 2000. 1018, obs. Vallens ; ibid. 2001. 761, obs. Martin-Serf ; RJDA 2001, n° 475* • CE, avis, 20 janv. 1992 : *JO 23 févr. ; D. 1992. Somm. 251, obs. Derrida ; RTD com. 1992. 687, obs. Martin-Serf* • T. confl., 23 mai 2005 : *D. 2005. AJ 1696 ; Gaz. Pal. 4-5 nov. 2005, p. 42, obs. Le Corre.*

V. aussi note 6 ss. art. L. 622-23.

5. *Saisine d'une juridiction incompétente : sanction.* Constitue une fin de non-recevoir la saisine d'un tribunal incompétent pour connaître de la demande d'ouverture de la procédure collective formée par un débiteur ; le jugement rendu en méconnaissance de cette règle doit être réputé inexistant. • Douai, 28 mai 2009 : *D. 2009. AJ 1535.*

II. EXTENSION DE LA PROCÉDURE

6. Sur la compétence du tribunal initialement saisi lorsque l'extension de procédure est fondée sur la fictivité des personnes morales ou sur une confusion de patrimoines provenant de l'existence d'une société de façade, V. • Paris, 17 déc. 1986 : *D. 1987. IR 16 ; Gaz. Pal. 1987. 1. 256.* – V. conf. • Com. 8 nov. 1988 : *D. 1989. Somm. 372, obs. Honorat* (extension à une SCI) • 1er déc. 1992, nº 90-20.423 P : *D. 1993. Somm. 192, obs. Honorat ; BJS 1993. 261, note Daigre.* ♦ Sur la portée de la compétence du tribunal initialement saisi, V. • Com. 19 nov. 2013, nº 12-25.290 P : *D. 2013. Actu. 2766, obs. Lienhard ; RTD com. 2014. 193, obs. Vallens ; APC 2014, nº 4, obs. Cagnoli ; Gaz. Pal. 12-14 janv. 2014, p. 16, obs. Reille ; BJE 2014. 76, note Monsèrié-Bon.*

7. Un groupe de sociétés n'ayant ni personnalité morale, ni siège propre, le tribunal de commerce du siège social d'une société en redressement judiciaire est compétent pour étendre par un seul et même jugement cette procédure à d'autres sociétés appartenant au même groupe mais ayant leur siège ailleurs. • Com. 19 oct. 1993, nº 91-13.657 P : *JCP 1993. IV. 2661.*

8. Le tribunal ayant ouvert la procédure initiale reste compétent pour la demande d'extension quelle que soit l'entreprise visée par cette demande (dans le cas où cette dernière relevait de la compétence d'un tribunal de commerce spécialisé, en application de l'art. L. 721-8 C. com.). • Com. 11 mars 2020, nº 18-22.960 P : *D. 2020. Actu. 1458 ; JCP E 2020. 1353, nº 2, obs. Pétel ; LEDEN 4/2020. 2, obs. Bézert ; BJE 5-6/2020. 16, note Laroche ; RJDA 2020, nº 578 ; Dr. sociétés 2020, nº 134, note Legros.*

9. La liquidation judiciaire d'une personne morale ne peut être étendue à une autre qu'en cas de confusion de leurs patrimoines ou de fictivité de l'une d'entre elles. • Com. 20 oct. 1992, nº 90-21.070 P : *D. 1992. IR 265 ; Rev. sociétés 1993. 449 .*

10. En l'absence de confusion des patrimoines, le tribunal doit, après avoir constaté l'état de cessation des paiements de chacune des personnes exploitant en commun un fonds de commerce, ouvrir autant de procédures distinctes que de personnes. • Com. 15 mars 2005, nº 03-19.359 P : *D. 2005. AJ 952, obs. Lienhard ; ibid. Pan. 2013, obs. F.-X. Lucas ; JCP E 2005, nº 49, p. 2098, note Léobon ; APC 2005, nº 81, obs. Vallansan ; Rev. sociétés 2005. 684, note Le Corre .* ♦ *Viole les art.* L. 620-2 et L. 621-5 [L. 621-2] C. com. la cour d'appel qui, après avoir reconnu la qualité de commerçante de l'épouse du commerçant exploitant le fonds de commerce objet de la liquidation judiciaire et avoir écarté l'existence d'une confusion des patrimoines entre les époux, étend à celle-ci la procédure de liquidation judiciaire ouverte à l'encontre de ce dernier. • Même arrêt.

A. CONFUSION DES PATRIMOINES

1º CONDITIONS

BIBL. Vaillant, *D. Affaires 1999. 154.*

11. Imbrication des patrimoines ou flux financiers anormaux. Ne caractérise pas une situation de confusion des patrimoines la cour d'appel qui relève l'existence entre deux sociétés d'une unicité et d'une imbrication d'intérêts résultant de l'interdépendance de leurs engagements financiers. • Com. 20 oct. 1992, nº 90-21.070 P : *D. 1992. IR 265 ; Rev. sociétés 1993. 449 .* ♦ De même, ne suffisent pas à démontrer la confusion des patrimoines de deux sociétés, la présence de dirigeants ou d'associés communs, l'identité d'objets sociaux, la centralisation de la gestion en un même lieu, l'existence de relations commerciales constantes et la communauté de clientèle, dès lors que les sociétés conservaient une activité indépendante, un actif et un passif propres et qu'aucun flux financier anormal n'existait entre elles. • Com. 11 mai 1993, nº 91-10.569 P : *D. 1993. IR 195.* – V. aussi • Com. 16 nov. 1993 : *Rev. huiss. 1994. 226* • 5 avr. 1994 : *Rev. sociétés 1994. 318, note Guyon* • 9 mai 1995 : *Dr. sociétés 1995, nº 137, obs. Chaput* • 16 janv. 2001 : *Dr. et patr. 6/2001. 107, obs. Poracchia* • 16 oct. 2001 : *APC 2001, nº 256* • 8 janv. 2002 : *Dr. sociétés 2002, nº 110, note Legros* • Paris, 20 oct. 2000 : *Dr. sociétés 2001, nº 46, note F.-X. Lucas* (groupe de sociétés) • Versailles, 6 févr. 2003 : *RJDA 2004, nº 335* (même cas de figure). ♦ Comp., à propos de sociétés membres d'un GIE : • Versailles, 16 déc. 1987 : *D. 1988. Somm. 383, obs. Honorat.*

Pour des exemples de désordre généralisé des comptes et d'état d'imbrication inextricable entre deux sociétés caractérisant la confusion des patrimoines, V. • Com. 24 oct. 1995 : *D. 1995. IR 245 ; D. Affaires 1995. 202 ; Dr. sociétés 1995, nº 238, obs. Chaput ; BJS 1996. 158, note Scholer* • 3 avr. 2001 : *RJDA 2001, nº 874.*

Pour une confusion des patrimoines résultant de la mise à disposition de locaux sans contrepartie, V. • Com. 15 févr. 2005 : *RJDA 2005, nº 726.*

12. S'agissant d'un groupe de sociétés, sont impropres à caractériser la confusion des patrimoines des sociétés ou la fictivité de certaines d'entre elles, seules de nature à justifier, par voie d'extension, une procédure unique, l'existence d'une convention de trésorerie, d'activités communes, de contributions financières au profit de la société mère et le fait de présenter une demande de conciliation au niveau du groupe. • Com. 16 déc. 2014 : *D. 2015. Pan. 1970, obs. Le Corre ; Rev. sociétés 2015. 202, obs. Henry ; JCP E 2015. 1122, note Demeyere ; BJS*

2015. 143, note Mouial-Bassilana ; RJDA 2015, n° 201 ; BJE 2015. 83, note Favario. ♦ V. aussi, écartant la confusion des patrimoines d'une société mère et de sa filiale, en présence de conventions de gestion de trésorerie et de change, d'échanges de personnel et d'avances de fonds par la société mère : • Com. 19 avr. 2005, n° 05-10.094 P : *D. 2005. AJ 1225, obs. Lienhard ; ibid. Pan. 2013, obs. F.-X. Lucas ; APC 2005, n° 106, obs. Vallansan et Thiberge ; JCP 2005. II. 10088, note Bouru et Menjucq ; Banque et Dr. 5-6/2005. 56, obs. Urban ; BJS 2005. 690, note Saint-Alary-Houin ; Dr. sociétés 2005, n° 133, note Legros ; RPC 2005. 239, obs. Dumont ; RTD com. 2005. 541, obs. Champaud et Danet ; Rev. sociétés 2005. 897, note Marotte et Robine*. ♦ V., sur renvoi, confirmant cette solution, • Paris, 11 oct. 2005 : *D. 2005. AJ 2943, obs. Lienhard ; BJS 2006. 478, note Scholer.*

Pour l'absence de confusion des patrimoines de deux sociétés appartenant à un groupe, la première ayant fait profiter la seconde d'avances en compte courant par l'intermédiaire de la holding, dans le cadre d'une convention de trésorerie, ces avances n'ayant pas rompu l'équilibre entre les sociétés en cause, ni excédé leurs possibilités financières, V. • Versailles, 2 avr. 2002 : *D. 2002. Somm. 3266, obs. Hallouin ; JCP E 2002, n° 41, p. 1627, note Couret ; BJS 2002. 923, note Le Nabasque ; Dr. sociétés 2002, n° 221, note F.-X. Lucas ; Banque et Dr. 11-12/2002. 53, obs. Urban.* ♦ V. aussi, écartant la confusion des patrimoines d'une filiale et de la société holding qui lui avait consenti un abandon de créance correspondant au solde de son compte, • Paris, 7 sept. 2004 : *D. 2004. AJ 2500, obs. Lienhard ; BJS 2004. 1358, note Souleau-Travers et De Sentenac ; Banque et Dr. 11-12/2004. 44, obs. Urban* (affaire *AOM-Air Liberté* ; pourvoi rejeté par : • Com. 10 janv. 2006 : *RJDA 2006, n° 427 ; Gaz. Pal. 30 avr.-4 mai 2006, p. 21, obs. Lebel ; cité par Teboul, LPA 24 févr. 2006 ; Rev. sociétés 2006. 629, note Roussel Galle*). – V. Soinne, *RPC 2004. 287.*

Comp., pour l'extension de la procédure de liquidation judiciaire d'une société à d'autres sociétés appartenant au même groupe, la confusion de patrimoines étant caractérisée par l'existence de flux financiers anormaux, V. • Com. 15 févr. 2000 : *RJDA 2000, n° 1003.*

13. Pour caractériser des relations financières anormales constitutives d'une confusion de patrimoines, les juges du fond n'ont pas à rechercher si celles-ci ont augmenté, au préjudice de ses créanciers, le passif du débiteur soumis à la procédure collective dont l'extension est demandée. • Com. 16 juin 2015, n° 14-10.187 P : *D. 2015. Actu. 1366, obs. Lienhard ; Rev. sociétés 2015. 545, obs. Roussel Galle ; JCP E 2015. 1422, n° 1, obs. Pétel ; ibid. 1578, note Maraud ; Dr. sociétés 2015, n° 155, note Legros ; RJDA 2015, n° 677 ; BJS 2015. 458, note Mouial-Bassilana ; Gaz. Pal. 18-20 oct. 2015, p. 27, obs. Reille ; BJE 2015. 282, note Le Mesle.*

14. Société commerciale et SCI. Pour l'extension, pour cause de confusion des patrimoines, d'une procédure ouverte à l'égard d'une société commerciale, à l'encontre d'une société civile immobilière, V. • Com. 17 déc. 1991 : *JCP E 1992. I. 166, n° 1, obs. Pétel* • 12 oct. 1993, n° 89-17.509 P : *Rev. sociétés 1994. 326, note Saintourens* • 28 mars 1995, n° 92-20.316 P : *D. 1995. IR 140* • 23 janv. 1996 : *D. 1996. IR 134* • 1er oct. 1997 : *BJS 1997. 1089, note Daigre* • 17 mars 1998 : *D. Affaires 1998. 677* • 26 mai 1998, n° 96-10.528 P : *D. Affaires 1998. 1093, obs. A. L. ; Defrénois 1998. 1292, obs. Hovasse* • 24 nov. 1998 : *RJDA 1999, n° 62 ; RTD com. 1999. 189, obs. Laude* • 16 févr. 1999 : *BJS 1999. 535* • 7 janv. 2003, n° 00-13.192 P : *D. 2003. AJ 347 (3e esp.) ; BJS 2003. 405, note F.-X. Lucas ; Dr. et pr. 2003. 235, note Le Corre ; RPC 2004. 273, obs. Dumont ; Dr. sociétés 2005, n° 7, note Legros (1re esp.)* • 13 janv. 2015, n° 13-27.868 : *Rev. sociétés 2015. 313, note Saintourens* • Paris, 11 janv. 1994 : *BJS 1994. 317, note Pariente* • Versailles, 12 oct. 1995 : *RJDA 1995, n° 1372* • Reims, 27 janv. 1999 : *Dr. sociétés 2000, n° 37, obs. Chaput.* – Comp., en l'absence d'imbrication des éléments d'actif et de passif : • Com. 31 janv. 1995 : *Rev. sociétés 1995. 757, note Randoux* • 14 mars 1995, n° 92-11.470 P : *D. 1995. IR 115* • 25 juin 1996, n° 93-11.264 P : *D. 1996. IR 234 ; D. Affaires 1996. 1134 ; JCP E 1997. I. 623, n° 1, obs. Pétel* • 11 juin 1996 : *BJS 1996. 954* • 6 juill. 1999 : *RJDA 1999, n° 1097 ; JCP E 2000, n° 12, p. 515, note Dias-Bidault* • 10 déc. 2002 : *BJS 2003. 273, note Couret ; Rev. sociétés 2003. 151, note Guyon*. – Sur cette question, V. Hovasse, *Defrénois 1996. 961* ; J.-P. Garçon, *BJS 1996. 901* ; Cutajar, *BJS 1999. 1057* ; Teboul, *Gaz. Pal. 2000. Doctr. 712.*

Pour l'hypothèse inverse (extension à une SARL de la procédure ouverte à l'encontre d'une SCI), V. • Com. 14 janv. 2004 : *Rev. sociétés 2004. 948, note Saintourens ; RJDA 2004, n° 587 ; AJDI 2004. 581, note Le Corre*.

L'établissement d'une comptabilité certifiée et approuvée ne permet pas d'établir l'absence de confusion des patrimoines entre la société bailleresse et la société locataire, dès lors qu'elle révèle l'existence de relations financières incompatibles avec des obligations contractuelles réciproques normales. • Com. 27 sept. 2016, n° 14-29.278 P : *D. 2016. Actu. 1996 ; Rev. sociétés 2017. 106, note Morelli ; APC 2016, n° 213, obs. Vallansan ; LEDEN 11/2016. 2, obs. Mouial-Bassilana ; BJS 2016. 745, note Moulin ; Gaz. Pal. 10 janv. 2017, p. 57, obs. Reille.*

V. aussi note 38.

15. Location-gérance. Pour une confusion des patrimoines, entre une société locataire-gérant d'un fonds artisanal et son fondateur, ancien exploitant de ce fonds, la société ayant réglé les dettes de son fondateur et ne lui ayant versé ni les redevances de location-gérance ni le prix des stocks cédés, V. • Com. 14 mars 2000 : *RJDA 2000, n° 1132.* – V. aussi • Com. 5 févr. 2002 : *Dr. sociétés 2002, n° 132, note Legros.* ♦ Le fait qu'une société prenne en location-gérance un fonds de commerce appartenant à l'un de ses associés et assume la charge des travaux en vue de son développement ne constitue pas, en soi, la source de flux financiers anormaux qui sont de l'essence de la confusion des patrimoines. • Paris, 18 mai 2001 : *BJS 2001. 980, note Saintourens ; RJDA 2002, n° 44.*

16. Personnes physiques. Pour une confusion des patrimoines par l'existence, entre deux personnes physiques, d'une société créée de fait, V. • Paris, 22 janv. 1993 : *D. 1993. IR 117* • Aix-en-Provence, 27 mars 2002 : *Dr. sociétés 2002, n° 150, note crit. F.-X. Lucas.* – Comp. : • Toulouse, 16 nov. 1994 : *Dr. sociétés 1995, n° 117, obs. Chaput* • Paris, 6 avr. 1999 : *Dr. sociétés 2000, n° 107.* ♦ Pour d'autres exemples de confusion des patrimoines de deux personnes physiques (propriétaire et acquéreur d'un fonds de commerce), V. • Com. 28 mai 1996, n° 94-15.740 P • Dijon, 2 juill. 1996 : *JCP 1997. IV. 290* • Douai, 13 mars 1997 : *D. 1997. 433, note Voinot.* – V. aussi • Poitiers, 10 oct. 2000 : *JCP E 2002, n° 7, p. 303* • Angers, 11 mars 2003 : *APC 2003, n° 240, obs. Vallansan ; RDBF 2004, n° 21, obs. F.-X. Lucas* (entre des époux exploitant un fonds de commerce). – Comp. : • Douai, 29 juin 2000 : *APC 2000, n° 255, obs. Regnaut-Moutier.* ♦ Pour un arrêt ayant écarté la possibilité d'une confusion des patrimoines entre deux personnes physiques, V. • Douai, 14 oct. 1999 : *D. 2000. AJ 115 ; APC 2000, n° 59, obs. Regnaut-Moutier.* ♦ Pour une confusion des patrimoines entre des époux, V. • Com. 15 févr. 2000 : *BJS 2000. 611, note Dom ; RJDA 2000, n° 682* (époux mariés sous le régime de la séparation de biens) • 10 juill. 2001 : *RJDA 2001, n° 989 ; RDBF 2001, n° 228, obs. F.-X. Lucas.* – Comp. : • Bourges, 13 déc. 2004 : *JCP E 2005, n° 14, p. 603* (époux mariés sous le régime de la communauté légale). ♦ Pour l'extension de procédure d'une société à un artisan, V. • Paris, 30 mai 1997 : *Dr. sociétés 1998, n° 42, obs. Chaput.* ♦ ... D'une société à son consultant, V. • Com. 7 déc. 2004 : *BJS 2005. 579, note Pétel.*

17. Associés. Le fait que les associés ont participé au financement de l'activité de la société en se portant caution de ses engagements et en effectuant un apport personnel important pour l'acquisition du stock et du petit outillage, le fait que l'un d'eux a personnellement apuré une partie du passif de la société, le fait, enfin, que la société a édifié des constructions sur un terrain, objet d'un bail à construction, appartenant à ces associés sont impropres à établir la confusion des patrimoines de la société et des associés. • Com. 1er oct. 1997 : *RJDA 1998, n° 449 ; BJS 1998. 550, note Daigre.*

18. Associations. Pour la confusion des patrimoines de deux associations, l'une ayant apporté, sans aucune contrepartie financière, une importante créance en compte courant à l'autre, pour lui permettre de réaliser son objet, V. • Com. 5 juill. 2005 : *D. 2005. AJ 2219, obs. Lienhard ; Gaz. Pal. 4-5 nov. 2005, p. 60, obs. Montéran ; Rev. sociétés 2006. 182, note Sortais ; RPC 2006. 298, obs. Lebel.* ♦ V. aussi cet arrêt en ce qu'il juge que la perception de manière illicite des fonds constituant les actifs de l'association par deux de ses membres ne suffit pas à caractériser la confusion de leurs patrimoines.

19. Cessation des paiements. L'extension de la liquidation judiciaire à une société sur le fondement de la confusion des patrimoines n'exige pas que soit démontrée la cessation des paiements de la société à qui cette procédure est étendue. • Paris, 12 févr. 1991 : *D. 1991. IR 84* • Com. 24 oct. 1995 : *RPC 1996. 206, obs. Calendini* • 3 avr. 2001 : *préc. note 11.*

20. Date de la confusion des patrimoines. Seuls des faits antérieurs au jugement d'ouverture de la procédure collective d'une personne morale ou physique peuvent justifier l'extension de cette procédure à l'encontre d'une autre personne morale ou physique. • Com. 28 nov. 2000, n° 98-10.083 P : *D. 2001. AJ 309, obs. Lienhard ; APC 2001, n° 2, obs. Hannoun ; BJS 2001. 249, note Saintourens ; JCP E 2001, n° 18, p. 750, obs. Pétel.*

2° EFFETS

BIBL. Saint-Alary-Houin, *Mél. Jeantin, Dalloz, 1999, p. 453.* – Le Corre, *D. 2002. Chron. 1122* (sort des créances).

21. Option entre redressement et liquidation judiciaires. En cas de confusion des patrimoines, l'extension de la procédure de liquidation judiciaire à une autre société pouvait, déjà avant l'intervention de la loi du 10 juin 1994, être décidée, sans recourir préalablement à la procédure de redressement judiciaire. • Com. 15 janv. 1991, n° 89-13.380 P : *D. 1991. Somm. 240, obs. Honorat ; Rev. sociétés 1991. 386, note Honorat.* ♦ De même, en cas de confusion de patrimoine entre une société commerciale et un de ses dirigeants, la liquidation judiciaire de la société pouvait être étendue à celui-ci sans recourir préalablement à la procédure de redressement judiciaire. • Com. 15 oct. 1991, n° 90-10.930 P • 16 mars 1993, n° 91-12.763 P : *D. 1993. IR 101.* ♦ Pour l'extension de la liquidation judiciaire d'une EURL au maître de l'affaire, V. • Paris, 13 juill. 1993 : *D. 1993. Somm. 368, obs. Honorat ; Rev. sociétés 1993. 874, note Honorat ; BJS 1993. 1250, note Le Nabasque.*

22. Unicité de procédure. Un tribunal de commerce ayant décidé que la procédure de redressement judiciaire ouverte à l'encontre d'une entreprise était étendue à une autre entreprise et que ces deux entreprises formaient une entreprise unique avec un seul patrimoine, une cour d'appel a, à bon droit, prononcé la liquidation judiciaire commune des deux entreprises en retenant que l'unicité de la procédure collective imposait qu'elles fussent mises dans une situation juridique identique. • Com. 17 nov. 1992, n° 90-22.130 P • 22 oct. 1996 : *BJS 1997. 164, note Pétel.*

Après la constatation de la confusion des patrimoines des sociétés d'un groupe et le prononcé de leur redressement judiciaire commun, une procédure unique doit être suivie, interdisant la liquidation judiciaire partielle de l'entreprise. Doit donc être cassé l'arrêt ayant jugé que l'unicité de la procédure collective se justifie essentiellement par l'intérêt commun des créanciers ; qu'elle n'a pas pour effet de faire disparaître la personnalité morale des sociétés concernées ; qu'outre une liquidation judiciaire qui n'est évidemment pas exclue, elle ne fait pas obstacle à des solutions ultérieures différenciées, par cession ou continuation de sociétés ou groupes de sociétés constituant une ou plusieurs entreprises, dès lors que chaque solution respecte la lettre et est conforme à l'esprit de la loi et que, en cas de redressement par continuation, l'entreprise continuée prend en charge l'apurement de tout le passif commun : • Com. 17 févr. 1998, n° 97-13.098 P : *D. Affaires 1998. 426, obs. A. L. ; LPA 12 juin 1998, note Soinne ; BJS 1998. 658, note Pétel.* – Dans le même sens, V. • Com. 7 janv. 2003, n° 99-16.204 P : *D. 2003. AJ 347 (2e esp.) ; APC 2003, n° 31, obs. Vallansan ; JCP E 2003, n° 20, p. 849, obs. Pétel ; RTD com. 2003. 813, obs. Saint-Alary-Houin ; RPC 2004. 273, obs. Dumont.*

L'extension de procédure résultant de la confusion des patrimoines cesse avec le jugement prononçant la résolution du plan. • Com. 29 avr. 2014, n° 12-27.058 P : *D. 2014. Actu. 1038 ; Rev. sociétés 2014. 403, obs. Roussel Galle ; JCP E 2014. 1447, n° 3, obs. Pétel ; LEDEN 6/2014. 3, obs. Mouial-Bassilana ; APC 2014, n° 189, obs. Thiberge ; BJE 2014. 233, note Favario ; Gaz. Pal. 5-7 oct. 2014, p. 26, obs. Reille ; RPC 2014, n° 162, obs. Fraimout.*

La constatation de la confusion des patrimoines emportant unicité de la procédure, le plan de redressement commun (aux trois sociétés, en l'espèce) ne peut être divisément résolu. • Com. 23 juin 1998 : *D. Affaires 1998. 1364, obs. A. L. ; RTD com. 1998. 924, obs. Saint-Alary-Houin .* – Dans le même sens, V. • Montpellier, 5 oct. 2004 : *APC 2005, n° 124, obs. Regnaut-Moutier.*

23. La déclaration de créances faite par un créancier entre les mains du représentant des créanciers d'une société en redressement judiciaire vaut pour n'importe laquelle des sociétés du groupe dont les passifs ont été confondus. • Com. 1er oct. 1997 : *D. Affaires 1997. 1222 ; BJS 1997. 1087, note Daigre.* – Comp. : • Com. 19 févr. 2002, n° 98-22.011 P : *D. 2002. AJ 956, obs. Lienhard ; APC 2002, n° 71, obs. Regnaut-Moutier ; BJS 2002. 782, note Pétel. – Contra,* • Paris, 28 mai 1999 : *RJDA 1999, n° 1226.* ♦ De même, dès lors que le redressement judiciaire d'une société a été étendu à deux autres sociétés, avec unité d'actif et de passif, le caractère privilégié d'une créance doit être retenu à l'égard des trois sociétés. • Com. 5 déc. 1995, n° 93-20.981 P : *D. 1996. IR 55.* ♦ V. aussi, en ce sens que le créancier forclos dans la procédure initiale qui, après extension de cette procédure à un codébiteur, a déclaré sa créance au passif de celui-ci, conserve ses droits dans cette procédure, • Com. 11 déc. 2001 : *cité note 33 ss. ancien art. L. 621-46.* ♦ Comp., • Lyon, 21 mai 1999 : *BICC 1999, n° 1442.*

Le jugement d'ouverture d'une procédure collective à l'encontre de plusieurs sociétés d'un groupe mentionnant que la procédure sera unique n'ayant pas pour effet d'entraîner la confusion des patrimoines, laquelle ne se présume pas, le juge-commissaire ne peut valablement admettre au passif de l'une des sociétés débitrices une déclaration de créance unique recouvrant l'ensemble des dettes des sociétés concernées : • Amiens, 25 mars 2004 : *BICC 2005, n° 439 ; JCP E 2005, n° 13, p. 553 ; RPC 2006. 49, obs. Lebel.*

Sur l'application de l'art. L. 621-32 [ancien] aux créances détenues contre la personne à laquelle la procédure est étendue, V. note 79 ss. cet art., ss. art. L. 622-17.

24. L'unicité de la procédure collective des sociétés dont la confusion est constatée implique que le juge, qui statue sur une demande de report de la date de cessation des paiements des sociétés concernées, détermine cette date à partir de la comparaison entre le passif exigible et l'actif disponible de ces sociétés, lesquelles constituent une même entreprise. • Com. 7 janv. 2003, n° 00-15.316 P : *D. 2003. AJ 347 (1re esp.) ; BJS 2003. 402, note F.-X. Lucas ; Dr. et pr. 2003. 235, note Le Corre ; RTD com. 2003. 813, obs. Saint-Alary-Houin ; RPC 2004. 273, obs. Dumont.* – V. aussi • Bourges, 31 août 2004 : *JCP E 2005, n° 14, p. 604 ; RJDA 2005, n° 1005.* – Comp. : • Com. 8 juin 1999 : *APC 1999, n° 172, obs. Regnaut-Moutier.* ♦ Sur la prise en compte d'une date de cessation des paiements unique pour l'application des nullités de la période suspecte, V. • Com. 16 juin 2004, n° 01-17.234 P : *D. 2004. AJ 1973 ; APC 2004, n° 193, obs. Regnaut-Moutier ; Dr. et patr. 11/2004. 95, obs. Monsèrié-Bon.*

25. L'extension d'une procédure collective d'une société à une autre pour confusion de leurs patrimoines n'emporte pas création d'une indivision. • Civ. 1re, 20 mars 2001 : *Dr. sociétés*

2001, n° 112, obs. Legros ; RTD com. 2001. 919, obs. Champaud et Danet .

26. La garantie accordée par une caution, qui ne portait que sur les dettes propres d'une société mise en redressement judiciaire, ne saurait être étendue à ses filiales, peu important que celles-ci aient ensuite fait l'objet d'une procédure collective commune. • Com. 25 nov. 1997, n° 95-15.496 P : *D. Affaires 1998. 73, obs. J. F. ; BJS 1998. 109, note J.-F. Barbièri ; JCP E 1998, n° 17, p. 652, obs. Pétel.*

27. En cas d'ouverture d'une procédure collective à l'égard de la caution, par extension de la procédure ouverte contre le débiteur principal, l'obligation issue du cautionnement s'éteint par voie de confusion. • Com. 17 févr. 2009, n° 07-16.558 P : *D. 2009. 2207, note Dagorne-Labbe ; ibid. AJ 628 ; APC 2009, n° 96, obs. Cagnoli ; Gaz. Pal. 26-28 avr. 2009, p. 17, obs. Reille ; LEDEN, avr. 2009, p. 4, obs. Mouial-Bassilana ; JCP E 2009. 1814, n° 15, obs. Cabrillac ; RTD com. 2009. 615, obs. Martin-Serf ; RPC 2009, n° 103, obs. Saintourens.*

28. La confusion des patrimoines de plusieurs sociétés et le prononcé de leur redressement puis liquidation judiciaire commun est sans incidence sur l'action en paiement de la fraction non libérée du capital social dirigée par le liquidateur contre les anciens actionnaires d'une des sociétés tenus solidairement au paiement de la fraction non libérée du capital social. • Com. 26 mai 1999, n° 97-14.865 P : *D. 2000. Somm. 97, obs. Honorat ; D. Affaires 1999. 994, obs. A. L. ; APC 1999, n° 148, obs. Regnaut-Moutier ; Dr. sociétés 1999, n° 112, obs. Chaput ; BJS 1999. 971, note Saintourens ; Rev. sociétés 1999. 865, note Honorat* . – V. l'arrêt confirmé : • Paris, 18 mars 1997 : *Dr. sociétés 1997, n° 179, obs. Chaput.*

29. La confusion des patrimoines ayant été constatée, il convient de tenir compte de la « masse active et passive » totale, et dès lors qu'il n'existe pas de plan d'apurement concernant la globalité des personnes physiques et morales mises en cause, une cour d'appel confirme à bon droit le jugement prononçant la liquidation judiciaire des demandeurs. • Com. 11 févr. 1997 : *D. 1997. IR 87* .

30. Sur la condamnation au comblement de passif du dirigeant de la personne morale dont la procédure collective a été étendue à d'autres personnes morales sur le fondement d'une confusion des patrimoines, V. note 69 ss. art. L. 651-2.

31. Pour l'efficacité d'un avis à tiers détenteur portant sur une créance née entre le jugement d'ouverture de la procédure initiale et le jugement prononçant l'extension de la procédure à l'égard de la société débitrice, V. • Com. 16 juin 2004 : *préc. note 24 ; Dr. sociétés 2005, n° 28, note Legros (1re esp.).*

32. Absence d'effet rétroactif du jugement d'extension. Si, lorsque la procédure collective d'une personne physique ou morale a été prononcée par extension de la procédure collective d'une autre en raison de la confusion des patrimoines, il en résulte une procédure unique, le jugement la prononçant ne rétroagit pas au jour du jugement initial d'ouverture. • Com. 28 sept. 2004, n° 02-12.552 P : *D. 2004. AJ 2651, obs. Lienhard ; D. 2005. Pan. 292, obs. Le Corre ; JCP E 2005, n° 1-2, p. 25, obs. Pétel ; Rev. sociétés 2005. 459, note Robine ; RPC 2005. 238, obs. Dumont.*

33. Incidence sur l'action en responsabilité pour soutien abusif. En ce sens que la responsabilité de la banque ayant octroyé un crédit à plusieurs sociétés d'un groupe dont la confusion des patrimoines a été prononcée doit être appréciée au regard de la situation de chacune des sociétés, à la date des décisions d'octroi des crédits, et non en fonction de la situation de l'ensemble du groupe, V. • Com. 30 sept. 2008 : *D. 2008. AJ 2596, obs. Lienhard ; APC 2008, n° 263, obs. Regnaut-Moutier ; JCP E 2009. 1008, n° 17, obs. Pétel ; Gaz. Pal. 21-22 janv. 2009, p. 26, obs. Reille ; Defrénois 2009. 1391, obs. Gibirila.*

B. FICTIVITÉ

1° SPÉCIFICITÉ DE LA NOTION

BIBL. Soinne, *LPA 6 déc. 1995.* – Le Corre, *D. 2002. Chron. 1122* (sort des créances).

34. Pour des arrêts distinguant clairement les notions de fictivité et de confusion des patrimoines, V. • Com. 8 nov. 1988 : *Rev. sociétés 1990. 71, note Honorat* • 8 févr. 1994 : *ibid. 1995. 100, note Honorat et Romain* • 9 avr. 1991, n° 89-17.525 P : *D. 1992. Somm. 3, obs. Derrida* • 21 nov. 1995 : *JCP E 1996. II. 852, note Daigre ; RJDA 1996, n° 118* • Aix-en-Provence, 17 oct. 2001 : *Dr. sociétés 2002, n° 114, note Legros.*

35. En ce sens que l'action en extension de la procédure collective fondée sur la fictivité d'une société n'est pas assimilable à une action en nullité de la société, V. • Com. 19 févr. 2002, n° 98-20.578 P : *D. 2002. AJ 1071 ; JCP E 2002, n° 39, p. 1520, obs. Pétel ; ibid., n° 42, p. 1677, note Legros ; Dr. et patr. 7-8/2002. 104, obs. Poracchia.*

2° EXEMPLES

36. Dès lors qu'une société en sommeil, qui n'a aucun actif, dont l'associé majoritaire est en même temps le président-directeur général d'une société mise en liquidation judiciaire, a été réactivée uniquement pour poursuivre l'activité de la société liquidée en détournant les règles de la procédure collective, cette société est en réalité une société fictive, à laquelle doit être étendue la procédure de liquidation. • Paris, 29 sept. 1995 : *BJS 1995. 1080, note Prieto.*

Dès lors qu'il est établi qu'une société a été créée dans le but d'assurer dans un délai très court le règlement du passif d'une autre société, dont elle a continué l'activité dans les mêmes locaux, avec le même dirigeant, la même clientèle, les mêmes contrats de franchise et de partenariat, permettant ainsi à l'autre société de présenter un aspect de prospérité, de bénéficier de redevances sans assumer les dettes, de conserver son patrimoine immobilier à l'abri d'une éventuelle déconfiture, il y a lieu de prononcer l'extension de la procédure de redressement judiciaire pour fictivité et confusion des patrimoines. • Versailles, 6 mars 1997 : *BJS 1997. 683.* ♦ En revanche, sont impropres à caractériser la fictivité d'une société A, la similitude des sigles et l'identité des dirigeants et de siège avec une autre société (société B), le fait que la société A a pour activité le holding d'entreprises, notamment de la société B, jouant un rôle exclusivement financier et qu'elle a été incapable d'assumer ce rôle, ne présentant aucune utilité pour celle-ci dont elle dépendait totalement. • Com. 27 oct. 1998 : *D. 1998. IR 260 ; D. Affaires 1998. 1910.*

37. Pour l'extension de la procédure de liquidation judiciaire d'une EURL à son unique associé, les apports fictifs ou négatifs effectués par celui-ci démontrant le caractère fictif de la société, V. • Rouen, 16 déc. 1999 : *RJDA 2000, n° 552.*

38. Pour un exemple de fictivité entraînant extension de la procédure, s'agissant d'un montage juridique associant une société commerciale et une société civile immobilière, V. • Versailles, 30 oct. 1990 : *Dr. sociétés 1992, n° 108, obs. Chaput ; BJS 1991. 95, note Pétel.* ♦ Comp., cassant un arrêt ayant déduit la fictivité d'une SCI du seul fait que son actif ne comportait qu'un immeuble qu'elle louait à une SARL : • Com. 25 nov. 1997 : *D. Affaires 1998. 76, obs. Boizard ; Rev. sociétés 1998. 586, note Porteron .* ♦ V. aussi note 14.

39. La communauté de gérant et d'associés et la similitude des activités existant entre deux sociétés liées par un contrat de location-gérance ne suffisent pas à démontrer la fictivité de l'une par rapport à l'autre. • Com. 14 oct. 1997 : *BJS 1998. 56, note Daigre.* ♦ Par ailleurs, le transfert des salariés du fait de la location-gérance ne démontre pas la confusion de patrimoine ni la fictivité de la société, mais constitue un simple effet du contrat de location-gérance. • Même arrêt. ♦ V. aussi, refusant de considérer comme fictive la société constituée par un commerçant pour recevoir le fonds en location-gérance, au motif que le commerçant est resté propriétaire du fonds loué, excluant ainsi l'anormalité des flux financiers, et que les associés ont effectué les apports prévus dans les statuts, ont partagé les bénéfices et les pertes et n'étaient pas dépourvus d'*affectio societatis*, • Com. 3 févr. 1998, n° 95-21.174 P : *D. 1998. IR 61 ; D. Affaires 1998. 476, obs. J. F. ; BJS 1998. 654, note Daigre.* ♦ Comp., lorsque le principal associé continue à encaisser directement le produit de l'activité : • Com. 13 oct. 1998 : *RJDA 1998, n° 1360 ; BJS 1999. 58, note Serlooten ; Banque et Dr. 1-2/1999. 44, obs. Cutajar.*

40. Pour l'impossibilité d'étendre la procédure de liquidation judiciaire d'une société à l'un de ses associés dont il n'est pas établi qu'il a été le maître de l'affaire sous couvert de la personne morale, V. • Com. 19 févr. 2002, n° 98-20.578 P : *D. 2002. AJ 1071 ; APC 2002, n° 82, obs. Gibirila ; JCP 2003. II. 10148, note Ayissi Manga ; RPC 2004. 274, obs. Dumont* • Aix-en-Provence, 6 mars 2002 : *Dr. sociétés 2002, n° 216, note Legros ; RTD com. 2003. 109, obs. Champaud et Danet .*

C. DEMANDE D'EXTENSION

1° MOMENT DE LA DEMANDE

41. Prescription. La prescription de trois ans prévue par les art. 180 et 182 [C. com., art. L. 651-2 et L. 624-5 ancien] concerne les sanctions édictées par ces textes et non l'extension d'une procédure collective à une autre personne en application de l'art. 7 [C. com., art. L. 621-2] qui n'est pas soumise à une prescription spéciale. • Paris, 6 avr. 1999 : *D. Affaires 1999. 907.*

42. Société déjà en redressement. Une procédure de redressement judiciaire peut être étendue, sur le fondement de la confusion des patrimoines ou de la fictivité de la personne morale, à une autre personne morale en redressement judiciaire sauf si un plan de redressement a été arrêté. Une procédure de liquidation judiciaire peut être étendue, sur le même fondement, à une autre personne morale en liquidation judiciaire ou en redressement judiciaire, sauf si un plan de redressement a été arrêté. • Com. 4 janv. 2000, n° 97-11.712 P : *D. 2000. AJ 72, obs. Lienhard ; JCP E 2000, n° 17, p. 698, obs. Pétel ; APC 2000, n° 24, obs. Regnaut-Moutier ; RTD com. 2000. 464, obs. Vallens .* – V. aussi • Com. 28 nov. 2000 : *RJDA 2001, n° 339* • 5 févr. 2002, n° 98-17.846 P : *JCP E 2002, n° 12, p. 501 ; APC 2002, n° 91, obs. Vallansan ; Dr. et patr. 7-8/2002. 107, obs. Monsèrié-Bon.* – V. Delattre, *APC juin 2002.* ♦ Le tribunal initialement saisi reste alors compétent. • Même arrêt. ♦ Rien ne s'oppose à une demande d'extension de procédure collective à l'égard d'une société qui se trouve déjà dans les liens d'une telle procédure. Si le principe de l'unicité de la procédure interdit l'ouverture d'une liquidation judiciaire distincte à l'égard d'une société déjà en liquidation judiciaire, en revanche, lorsque la juridiction saisie de la demande d'extension de liquidation y fait droit, celle-ci demeure compétente à l'égard de la société de laquelle l'extension est ordonnée, peu important que cette société ait précédemment fait l'objet d'un redressement judiciaire dès lors que cette décision n'est pas antérieure au jugement d'ouverture à l'égard de la société dont la liquidation judiciaire est étendue. Le tribunal qui a ouvert la procédure de redressement judiciaire doit alors s'abstenir de statuer sur les suites de sa décision. • Paris, 20 oct. 1995 : *D. 1995. IR 261 ; Dr. sociétés 1996, n° 30, obs. Chaput ; RJDA 1996, n° 274.* ♦ V. aussi note 6.

43. Plan de cession déjà arrêté. BIBL. Reille, *RPC 2021. Étude 11.* ♦ L'adoption d'un plan de cession totale de l'entreprise fait obstacle à l'extension à un tiers, pour confusion des patrimoines, de la procédure collective du débiteur. • Com. 5 avr. 2016, n° 14-19.869 P : *D. 2016. Actu. 838 ; JCP E 2016. 1465, n° 1, obs. Pétel ; APC 2016, n° 114, obs. Robine ; LEDEN 6/2016. 3, obs. Mouial-Bassilana ; Gaz. Pal. 28 juin 2016, p. 45, obs. Reille ; BJE 2016. 310, note Bézert ; RPC 2016, n° 136, obs. Saintourens* • 27 sept. 2017, n° 16-16.670 P : *D. 2017. Actu. 1909, obs. Lienhard ; Rev. sociétés 2017. 735, obs. Henry ; RTD com. 2018. 207, obs. Saint-Alary-Houin ; LEDEN 11/2017. 2, obs. Houssin ; BJS 2017. 693, note Fin-Langer ; Dr. sociétés 2017, n° 214, note Legros ; Gaz. Pal. 16 janv. 2018, p. 62, obs. Reille ; BJE 2018. 23, note Favario ; RJDA 2018, n° 143 ; RPC 2018, n° 8, obs. Cagnoli ; ibid., n° 18, obs. Saintourens.* ♦ Il en va de même de l'adoption d'un plan de cession partielle. • Com. 5 déc. 2018, n° 17-25.664 P : *D. 2018. Actu. 2358, obs. Lienhard ; ibid. 2019. Pan. 1905, obs. F.-X. Lucas ; JCP E 2019. 1120, note Berthelot ; LEDEN 1/2019. 3, obs. Rubellin ; APC 2019, n° 16, obs. Saintourens ; BJS 2/2019. 40, note Fin-Langer ; RJDA 2019, n° 104 ; RPC 2019, n° 1, obs. Cagnoli ; Dr. sociétés 2019, n° 54, note Legros ; BJE 3-4/2019. 18, note Favario ; Gaz. Pal. 16 avr. 2019, p. 60, obs. Reille ; RJ com. 2019. 260, obs. Marmoz.*

44. Résolution du plan. Lorsqu'une procédure de redressement judiciaire a été étendue à d'autres débiteurs en application de l'art. L. 621-2, al. 2, et qu'un même plan a été arrêté en faveur des débiteurs soumis à la procédure unique, l'extension de procédure cesse lorsque ce plan est résolu ; si la jonction des procédures de liquidation judiciaire ouvertes après la résolution du plan peut être prononcée, c'est à la condition de caractériser l'existence d'une confusion des patrimoines par des faits postérieurs au jugement arrêtant le plan. • Com. 8 déc. 2021, n° 20-17.766 B : *D. 2021. Actu. 2228 ; Rev. sociétés 2022. 187, obs. Reille ; JCP E 2022. 1092, note Houssin ; DP diff. entr., Bull. n° 443, obs. Remery ; LEDEN 1/2022. 2, obs. Bézert ; APC 2022, n° 16, obs. Lafaurie ; BJS 2/2022. 33, note Fin-Langer ; RJDA 2022, n° 158.*

45. Procédure déjà clôturée. Une procédure de liquidation judiciaire clôturée pour insuffisance d'actif ne peut, sauf si elle est reprise dans les conditions prévues par l'art. 170 [C. com., art. L. 643-13], être étendue à une autre personne sur le fondement d'une confusion des patrimoines. • Com. 11 juill. 1995, n° 93-15.525 P : *D. 1996. Somm. 84, obs. Honorat ; Dr. sociétés 1995, n° 188, obs. Chaput ; JCP E 1995. I. 513, n° 1, obs. Pétel ; RPC 1996. 48, obs. Calendini.* ♦ En revanche, tant qu'elle n'est pas clôturée, la procédure de liquidation judiciaire d'une société peut être étendue à une autre société, peu important à cet égard que tout ou partie des actifs de la première aient été réalisés. • Com. 13 nov. 2002 : *Dr. sociétés 2003, n° 142, note Legros.*

2° MODE DE SAISINE DU TRIBUNAL

46. En ce sens que l'administrateur devrait agir par voie d'assignation, V. • Com. 30 mars 1999, n° 95-17.707 P : *D. Affaires 1999. 1044 ; RJDA 1999, n° 570.*

3° DEMANDEUR

[Jurispr. antérieure à l'Ord. n° 2018-1345 du 18 déc. 2008.]

47. L'administrateur judiciaire a qualité pour exercer l'action, prévue à l'art. L. 621-2, al. 2, issu de la loi du 26 juill. 2005, aux fins d'extension de la procédure collective d'une personne à une autre sur le fondement de la confusion des patrimoines ou de la fictivité. • Com. 15 déc. 2009, n° 08-20.934 P : *D. 2010. AJ 86, obs. Lienhard ; Dr. sociétés 2010, n° 56, note Legros ; Procédures 2010, n° 41, obs. Rolland ; Gaz. Pal. 16-17 avr. 2010, p. 20, obs. Reille ; Dr. et patr. 10/2010. 88, obs. Saint-Alary-Houin et Monsèrié-Bon.* ♦ Solution confirmée par l'art. L. 621-2, al. 2, dans sa réd. issue de l'Ord. n° 2008-1345 du 18 déc. 2008. ♦ Il en va de même du représentant des créanciers, mais non du commissaire à l'exécution du plan. • Paris, 5 nov. 1993 : *RJ com. 1995. 69, note X. Vincent ; D. 1994. Somm. 41, obs. Derrida .* ♦ *Contra*, admettant l'action du commissaire à l'exécution du plan : • Rouen, 25 janv. 1996 : *RJDA 1996, n° 699.* ♦ V. aussi note 18 ss. art. L. 626-25. ♦ Sur la qualité à agir du liquidateur en cas de liquidation judiciaire ouverte après résolution du plan de redressement, V. • Com. 16 oct. 2012, n° 11-23.086 P : *D. 2012. Actu. 2514, obs. Lienhard ; JCP E 2012. 1757, n° 2, obs. Pétel ; BJE 2012. 356, note Le Mesle ; LEDEN 12/2012. 3, obs. Parachkévova ; APC 2012, n° 279, obs. Blanc ; Gaz. Pal. 18-19 janv. 2013, p. 17, obs. Reille ; RPC 2013, n° 5, obs. Saintourens.*

48. L'action tendant à l'extension de la procédure collective d'une personne à une autre sur le fondement de la confusion des patrimoines ou de la fictivité d'une personne morale n'est pas ouverte aux créanciers. • Com. 15 mai 2001, n° 98-14.560 P : *D. 2001. Somm. 3425, obs. Honorat ; ibid. AJ 1949, obs. Lienhard ; Dr. sociétés 2001, n° 129, note Legros ; BJS 2001. 979,* *note Pételle* • 19 févr. 2002 : *Dr. sociétés 2002, n° 134, note Legros.* – V. déjà • Com. 16 mars 1999, n° 96-19.537 P : *D. 1999. Somm. 349, obs. Honorat* ; *D. Affaires 1999. 635, obs. A. L.* ; *JCP E 1999, n° 39, p. 1529, obs. Cabrillac et Pétel.* ♦ Sur la qualité à agir d'un créancier nommé contrôleur, V. note 2 ss. art. L. 622-20.

49. L'art. 1167 [1341-2] C. civ., relatif à l'action paulienne, ne peut servir de fondement à une action en extension. • Paris, 4 févr. 1994 : *D. 1994. IR 80.*

50. Sur l'irrecevabilité des demandes subsidiaires, tendant au paiement de sommes d'argent, V. note 6 ss. ancien art. 7 du Décr. n° 85-1388 du 27 déc. 1985 ss. art. R. 631-2.

51. Sur les personnes ayant qualité pour agir, V. désormais art. L. 621-2, al. 2, dans sa réd. issue de l'Ord. n° 2008-1345 du 18 déc. 2008.

4° DÉFENDEUR

52. Une demande en justice tendant à la constatation de la confusion des patrimoines doit être dirigée contre les sociétés dont il est prétendu que le patrimoine ne fait qu'un avec la société en redressement judiciaire. La demande est nulle et ne saisit pas le juge lorsqu'elle est dirigée contre le dirigeant des sociétés attraites dans la cause afin de voir prononcer à leur encontre des sanctions patrimoniales et personnelles. • Paris, 8 mars 1994 : *BJS 1994. 681, note Saintourens.* ♦ La réunion de deux procédures collectives exige l'introduction d'une instance dirigée contre les sociétés concernées ; elle ne saurait résulter d'une simple procédure sur requête en jonction de procédures prise à l'initiative du mandataire-liquidateur desdites sociétés. • Paris, 13 sept. 1994 : *D. 1994. IR 238.* – V. aussi • Toulouse, 5 juill. 1995 : *BICC 1996, n° 265* ; *Dr. sociétés 1996, n° 165, obs. Chaput.*

53. Sur le droit d'appel du débiteur, V. note 16 ss. ancien art. L. 661-1.

5° AUDITION DE L'ORDRE PROFESSIONNEL

54. V. note 8 ss. art. L. 621-1.

D. SOCIÉTÉS D'ASSURANCE

55. Sur le régime de l'action en extension de la procédure collective ouverte à l'encontre d'une société d'assurance après clôture de la liquidation spéciale prévue par le code des assurances, V. • Com. 26 janv. 2010, n° 08-70.369 P : *D. 2010. AJ 438* ; *JCP E 2010. 1325, note Royer* ; *LEDEN 3/2010. 3, obs. Parachkévova* ; *Gaz. Pal. 16-17 avr. 2010, p. 18, obs. Reille* ; *RPC 2010, n° 138, obs. Bonneau* ; *Dr. sociétés 2010, n° 148, note Legros* ; *RJDA 2010, n° 768.*

E. RECOURS

56. Sur l'appel et le pourvoi en cassation, V. art. L. 661-1, I, 3°. ♦ Sur le droit des créanciers de former tierce opposition contre le jugement d'extension, V. • Com. 4 juill. 2000 : *cité note 1 quinquies ss. art. L. 661-1.* ♦ Sur le point de départ du délai de la tierce opposition, V. note 5 ss. art. R. 661-2.

F. DROIT TRANSITOIRE

57. En ce sens qu'est soumise au régime antérieur à la loi du 26 juill. 2005 la procédure collective ouverte par extension, sur le fondement de la confusion des patrimoines, de deux procédures collectives, l'une prononcée avant le 1er janv. 2006, date d'entrée en vigueur de la loi du 26 juill. 2005, l'autre prononcée après cette date, la procédure étant désormais commune aux trois débiteurs et soumise aux mêmes dispositions antérieures à la loi du 26 juill. 2005, V. • Com. 21 sept. 2010, n° 09-69.109 P : *D. 2010. Actu. 2288, obs. Lienhard* ; *Rev. sociétés 2010. 537, obs. Roussel Galle* ; *JCP E 2011. 1030, n° 1, obs. Pétel* ; *APC 2010, n° 242, obs. Vallansan* ; *LEDEN 11/2010. 4, obs. Parachkévova* ; *Gaz. Pal. 7-8 janv. 2011, p. 23, obs. Reille* ; *Dr. sociétés 2011, n° 57, note Legros* ; *BJE 2011. 43, note De Lajarte* ; *RJDA 2011, n° 256.* – V. Monsèrié-Bon, *RPC 2011. Étude 3.*

G. PROCÉDURES D'INSOLVABILITÉ

58. Sur les conditions de compétence du tribunal de la procédure d'insolvabilité ouverte en application du Règl. n° 1346-2000 du 29 mai 2000 pour étendre celle-ci, sur le fondement de la confusion des patrimoines, à une société dont le siège statutaire se trouve dans un autre État membre, V. • CJUE 15 déc. 2011 : *D. 2012. 403, note Vallens* ; *ibid. 406, note Dammann et Müller* ; *ibid. Pan. 2197, obs. F.-X. Lucas* ; *Rev. sociétés 2012. 189, obs. Roussel Galle* ; *ibid. 313, note Morelli* ; *JCP E 2012. 1088, note Paclot et Poracchia* ; *ibid. 1227, n° 1, obs. Petel* ; *LEDEN 2/2012. 6, obs. Mélin* ; *BJE 2012. 117, note Henry* ; *RPC 2012, n° 185, obs. Mastrullo* • Com. 10 mai 2012, n° 09-12.642 P : *D. 2012. 1803, note Jault-Seseke* ; *Rev. sociétés 2012. 529, obs. Roussel Galle* ; *LEDEN 6/2012. 7, obs. Mélin* ; *RJDA 2012, n° 705* ; *BJE 2012. 243, note Henry.*

III. RÉUNION DES PATRIMOINES (EIRL)

[Jurispr. antérieure à la L. n° 2019-486 du 22 mai 2019.]

59. Le dépôt d'une déclaration d'affectation n'indiquant aucun des éléments de l'état descriptif des biens, droits, obligations ou sûretés affectés à l'activité professionnelle, mentionné à l'art. L. 526-8 C. com., constitue un manquement grave, de nature à justifier la réunion des patrimoines sur le fondement de l'art. L. 621-2, al. 3. • Com. 7 févr. 2018, ♀ n° 16-24.481 P : *D. 2018. 594, note Tisseyre ; ibid. Pan. 1829, obs. F.-X. Lucas ; Rev. sociétés 2018. 311, note Grundeler ; JCP E 2018. 1159, n° 1, obs. Tehrani ; ibid. 1276, note Lebel ; LEDEN 3/2018. 5, obs. Rubellin ; DP diff. entr., Bull. n° 401, obs. Roussel Galle ; BJS 2018. 226, note Saintourens ; APC 2018, n° 76, obs. V. Legrand ; RJDA 2018, n° 444.*

Art. L. 621-3 *Al. 1er abrogé par L. n° 2005-845 du 26 juill. 2005, art. 16.*

(L. n° 2005-845 du 26 juill. 2005, art. 16) **« Le jugement ouvre une période d'observation d'une durée maximale de six mois qui peut être renouvelée une fois** *(L. n° 2016-1547 du 18 nov. 2016, art. 99-IV-2°)* **« , pour une durée maximale de six mois, » par décision** *(Ord. n° 2021-1193 du 15 sept. 2021, art. 13, en vigueur le 1er oct. 2021)* **« spécialement » motivée à la demande de l'administrateur, du débiteur ou du ministère public. »** *(Abrogé par Ord. n° 2021-1193 du 15 sept. 2021, art. 13, à compter du 1er oct. 2021)* ***« Elle peut en outre être exceptionnellement prolongée à la demande du procureur de la République par décision motivée du tribunal pour une durée*** *(L. n° 2016-1547 du 18 nov. 2016, art. 99-IV-2°)* ***« maximale de six mois. » »*** — *[C. com., anc. art. L. 621-6.]* — *V. art. R. 621-9.*

(L. n° 2005-845 du 26 juill. 2005, art. 16) **« Lorsqu'il s'agit d'une exploitation agricole, le tribunal peut proroger la durée de la période d'observation en fonction de l'année culturale en cours et des usages spécifiques aux productions de l'exploitation. »**

Dernier al. abrogé par L. n° 2005-845 du 26 juill. 2005, art. 16.

Le IV de l'art. 99 de la L. n° 2016-1547 du 18 nov. 2016 n'est pas applicable aux procédures en cours au jour de la publication de cette loi (L. préc., art. 114-XVI, JO 19 nov.).

Pour les dispositions transitoires de l'Ord. n° 2021-1193 du 15 sept. 2021, V. note ss. art. L. 611-2.

Sur les mesures d'adaptation liées à l'urgence sanitaire (Covid-19), V. Ord. n° 2020-341 du 27 mars 2020, art. 2, App., v° Sociétés commerciales.

BIBL. ▶ DELATTRE, *RPC 2013. Étude 30* (dépassement des délais). – BERTHELOT, *ibid. 2015. Étude 9* (la période d'observation, une notion temporelle à l'acception atemporelle).

1. *Dépassement de la période d'observation.* La loi du 26 juill. 2005 et son décret d'application ne sanctionnent ni le dépassement des délais de la période d'observation ni sa prolongation exceptionnelle en l'absence de demande du procureur de la République. • Com. 10 juin 2008, ♀ n° 07-17.043 P : *D. 2008. AJ 1764, obs. Lienhard ; APC 2008, n° 202, obs. Delattre ; JCP E 2008. 2062, n° 3, obs. Cabrillac et Pétel ; RPC 2008, n° 119, obs. Lebel ; RTD com. 2008. 871, obs. Vallens.* – V. Le Corre, *Gaz. Pal. 27-29 juill. 2008, p. 20.* ♦ V. déjà, sous le régime antérieur, • Com. 26 oct. 1999 : ♀ *APC 1999, n° 265.* ♦ V. aussi note 1 ss. art. L. 661-7 et note 8 ss. ancien art. 155 du Décr. du 27 déc. 1985, ss. art. R. 661-1.

2. *Présentation du plan.* Il résulte de l'art. 8 et de l'art. 24 [C. com., art. L. 621-3 et L. 626-5] que le projet de plan de continuation [sauvegarde ou redressement] doit impérativement être présenté avant l'expiration de la période d'observation « de droit commun » (avant prolongation éventuelle, à la requête du procureur) et dans un délai suffisant par rapport à l'expiration de cette période, de façon à permettre la consultation des créanciers sur le règlement des dettes. • Rouen, 19 déc. 1996 : *RJDA 1997, n° 572.* ♦ V. aussi note 1 ss. art. L. 626-5.

3. *Prononcé de la liquidation judiciaire.* Ne viole pas l'art. 8 [C. com., art. L. 621-3], la cour d'appel qui, n'étant pas tenue de prononcer la liquidation judiciaire pour le seul motif de l'expiration de la période d'observation, a justement décidé cette mesure après avoir relevé que, pendant la période d'activité de l'entreprise, le passif s'était aggravé, que la trésorerie n'avait pas permis de régler les charges sociales, et qu'aucun plan de cession, fondé sur des éléments sérieux, n'avait été présenté. • Com. 6 oct. 1992, ♀ n° 89-16.557 P : *JCP 1992. IV. 2982.*

4. *Prolongation de la période d'observation.* La période d'observation qui a été renouvelée une fois ne peut l'être de nouveau qu'à la demande du procureur de la République. • Paris, 5 févr. 2002 : *BICC 2002, n° 910.* ♦ Pour une prolongation en vue de permettre l'élaboration d'un plan par le débiteur, V. les décisions citées par Monsèrié-Bon, *RPC 2000. 8.*

Art. L. 621-4 *(L. n° 2005-845 du 26 juill. 2005, art. 17)* **Dans le jugement d'ouverture, le tribunal désigne le juge-commissaire, dont les fonctions sont définies à l'article L. 621-9. Il peut, en cas de nécessité, en désigner plusieurs.** *(L. n° 2016-1547 du 18 nov. 2016, art. 99-IV-3°)* **« Le président du tribunal, s'il a connu du débiteur en application du titre Ier du présent livre, ne peut être désigné juge-commissaire. »**

Il invite le comité *(Ord. n° 2021-1193 du 15 sept. 2021, art. 14, en vigueur le 1er oct. 2021)* « social et économique » à désigner un représentant parmi les salariés de l'entreprise. En l'absence de comité *(Ord. n° 2021-1193 du 15 sept. 2021, art. 14, en vigueur le 1er oct. 2021)* « social et économique », les salariés élisent leur représentant, qui exerce les fonctions dévolues à ces institutions par les dispositions du présent titre. Les modalités de désignation ou d'élection du représentant des salariés sont précisées par décret en Conseil d'État. Lorsque aucun représentant des salariés ne peut être désigné ou élu, un procès-verbal de carence est établi par le *(Ord. n° 2008-1345 du 18 déc. 2008, art. 163-I)* « débiteur ». — *V. art. R. 621-14 s.*

Dans le même jugement, sans préjudice de la possibilité de nommer un ou plusieurs experts en vue d'une mission qu'il détermine, le tribunal désigne deux mandataires de justice qui sont le mandataire judiciaire et l'administrateur judiciaire, dont les fonctions sont respectivement définies à l'article L. 622-20 et à l'article L. 622-1. Il peut, *(L. n° 2015-990 du 6 août 2015, art. 237-1°)* « d'office ou » à la demande du ministère public *(Ord. n° 2014-326 du 12 mars 2014, art. 17-1°, en vigueur le 1er juill. 2014 ; L. n° 2015-990 du 6 août 2015, art. 237-1°)* « ou du débiteur et après avoir sollicité les observations du débiteur si celui-ci n'a pas formé la demande, » désigner plusieurs mandataires judiciaires ou plusieurs administrateurs judiciaires. *(Abrogé par Ord. n° 2008-1345 du 18 déc. 2008, art. 14)* ***« Dans le cas prévu au quatrième alinéa de l'article L. 621-1, le ministère public peut s'opposer à la désignation de la personne antérieurement désignée en tant que mandataire ad hoc ou conciliateur dans le cadre d'un mandat ou d'une procédure concernant le même débiteur. »***

Toutefois, le tribunal n'est pas tenu de désigner un administrateur judiciaire lorsque la procédure est ouverte au bénéfice *(Ord. n° 2010-1512 du 9 déc. 2010, art. 3-4°)* « d'un débiteur » dont le nombre de salariés et le chiffre d'affaires hors taxes sont inférieurs à des seuils fixés par décret en Conseil d'État. Dans ce cas, les dispositions du chapitre VII du présent titre sont applicables. Jusqu'au jugement arrêtant le plan, le tribunal peut, à la demande du débiteur, du mandataire judiciaire ou du ministère public, décider de nommer un administrateur judiciaire. — *V. art. R. 621-11.*

(Ord. n° 2014-326 du 12 mars 2014, art. 17-2°, en vigueur le 1er juill. 2014) « Le ministère public peut soumettre à la désignation du tribunal le nom d'un ou plusieurs administrateurs et mandataires judiciaires, sur lequel le tribunal sollicite les observations du débiteur. Le rejet de la proposition du ministère public est spécialement motivé. Le débiteur peut proposer le nom d'un ou de plusieurs administrateurs. » *(Ord. n° 2008-1345 du 18 déc. 2008, art. 14)* « Lorsque la procédure est ouverte à l'égard d'un débiteur qui bénéficie ou a bénéficié d'un mandat *ad hoc* ou d'une procédure de conciliation dans les dix-huit mois qui précèdent, le ministère public peut en outre s'opposer à ce que le mandataire *ad hoc* ou le conciliateur soit désigné en qualité d'administrateur ou de mandataire judiciaire. » *(Ord. n° 2014-326 du 12 mars 2014, art. 17-2°, en vigueur le 1er juill. 2014)* « Lorsque la procédure est ouverte à l'égard d'un débiteur dont le nombre de salariés est au moins égal à un seuil fixé par décret en Conseil d'État, le tribunal sollicite les observations des institutions mentionnées à l'article L. 3253-14 du code du travail sur la désignation du mandataire judiciaire » *(L. n° 2016-1547 du 18 nov. 2016, art. 99-IV-3°)* « et de l'administrateur judiciaire ». — *V. art. R. 621-2-1.*

(Ord. n° 2008-1345 du 18 déc. 2008, art. 14) « Si le débiteur en fait la demande, le tribunal désigne, en considération de leurs attributions respectives telles qu'elles résultent des dispositions qui leur sont applicables, *(Ord. n° 2016-728 du 2 juin 2016, art. 23, en vigueur le 1er juill. 2022)* « un commissaire de justice [*ancienne rédaction : un commissaire-priseur judiciaire, un huissier de justice*] », un notaire ou un courtier en marchandises assermenté aux fins de réaliser l'inventaire prévu à l'article L. 622-6. Dans le cas contraire, l'article L. 622-6-1 est applicable. » — *V. art. R. 621-7-1.*

Al. *abrogé par Ord. n° 2009-112 du 30 janv. 2009, art. 11-I, à compter du 15 févr. 2009.*

(Ord. n° 2014-326 du 12 mars 2014, art. 17-3°, en vigueur le 1er juill. 2014) « Les mandataires de justice et les personnes mentionnées à l'alinéa précédent font connaître sans délai au tribunal tout élément qui pourrait justifier leur remplacement. »

Sur les dispositions transitoires de la L. n° 2016-1547 du 18 nov. 2016, V. note ss. art. L. 621-3.

Sur les dispositions transitoires de l'Ord. n° 2021-1193 du 15 sept. 2021, V. note ss. art. L. 611-2.

V. art. R. 621-10.

Sur les mandataires de justice, V. C. com., art. L. 811-1 s.

RÉP. COM. v° *Entreprise en difficulté : procédure et organes*, par CAGNOLI.

BIBL. ► DELATTRE, *RPC 2009. Étude 11* (intervention du ministère public dans la désignation des administrateurs et mandataires judiciaires). – GHALIMI, *ibid. 2011. Étude 13* (désignation des organes de la procédure : portée de la faculté d'opposition du ministère public). Sur la responsabilité civile des mandataires de justice : PERDRIAU, *JCP E 1989. II. 15547*. – SAINT-ALARY-HOUIN, *Mél. Honorat, Frison-Roche, 2000, p. 193*. – F. AUBERT, *Rapport de la Cour de Cassation pour 2002, p. 145*. ► Sur le représentant des salariés : FIN-LANGER, *RPC 2013. Étude 14*.

I. DÉSIGNATION DES ORGANES DE LA PROCÉDURE

1. Liberté de choix des mandataires de justice. V. note 1 ss. l'art. L. 812-1. ♦ L'art. L. 621-4, al. 5, C. com., dans sa rédaction issue de l'Ord. du 18 déc. 2008, n'interdit pas au tribunal de désigner un conciliateur ou un mandataire *ad hoc* en qualité d'administrateur judiciaire au seul motif de l'opposition du ministère public à cette désignation. • Com. 31 janv. 2012, n° 10-24.019 P : *D. 2012. Chron. C. cass. 1224, obs. Arbellot ; ibid. Actu. 431, obs. Lienhard ; JCP E 2012. 1227, n° 2, obs. Pétel ; LEDEN 3/2012. 1, obs. F.-X. Lucas ; RPC 2012, n° 24, obs. Lebel ; APC 2012, n° 83, obs. Delattre ; Gaz. Pal. 27-28 avr. 2012, p. 17, obs. Bidan ; BJE 2012. 166, note Sortais.*

2. Récusation du juge-commissaire. V. • Pau, 17 déc. 1997 : *JCP 1998. IV. 3231 ; RPC 2000. 188, obs. Soinne.* ♦ V. aussi art. 341 s. C. pr. civ. – C. pr. civ.

3. Remplacement du juge-commissaire. En cas de remplacement du juge-commissaire avant que la décision soit rendue, il convient de reprendre les débats devant le nouveau juge-commissaire (art. 444 et 447 C. pr. civ. combinés). • Civ. 2e, 24 sept. 1997, n° 95-17.976 P : *D. Affaires 1997. 1221 ; RPC 2000. 199, obs. Soinne.*

4. Convocation des salariés. Sont nulles et de nul effet les élections du représentant du personnel désigné en vertu de l'art. 10 [C. com., art. L. 621-4], les électeurs n'ayant pas été convoqués à cet effet, seuls ceux qui étaient présents le jour où il a été décidé de les organiser ayant voté, alors qu'il y a été procédé dans le but de faire élire un candidat en particulier. • TI Paris, 28 mars 1986 : *Gaz. Pal. 1986. 1. 329.*

5. Représentant des salariés. V. note 5 ss. art. L. 621-1. ♦ Lorsqu'au sein de la société soumise à une procédure de redressement judiciaire *sont présents un délégué* titulaire et un délégué suppléant du personnel, seuls ceux-ci ont qualité pour procéder à la désignation du représentant des salariés, à l'exclusion de toute élection par l'ensemble du personnel. • TI Mantes-La-Jolie, 13 sept. 1991 : *D. 1992. Somm. 86, obs. Derrida*. ♦ A défaut de possibilité de désignation par les délégués du personnel d'un seul représentant des salariés, cette désignation devra être effectuée par l'ensemble du personnel au sein duquel sera organisée dans les meilleurs délais une élection par vote secret au scrutin uninominal à un tour. • TI Chambéry, 14 mars 1986 : *Gaz. Pal. 1986. 1. Somm. 142.*

6. Un salarié licencié effectuant son préavis dans l'entreprise au jour du redressement judiciaire peut être élu en qualité de représentant des salariés. • Soc. 16 janv. 1991, n° 86-61.542 P : *D. 1991. IR 37 ; JCP E 1991. II. 208, note Serret.*

7. Le représentant des salariés dispose d'attributions limitées aux seuls actes relatifs à la procédure collective ouverte à l'égard de l'entreprise qui l'emploie et ne peut dès lors être considéré comme une institution représentative du personnel au sens du code du travail. • Soc. 4 févr. 2003, n° 00-45.820 P : *APC 2003, n° 109, obs. Lebel.*

8. Sur la question de la validité d'une transaction conclue par le représentant des salariés et homologuée par le tribunal, V. • Soc. 31 mars 2009, n° 06-46.378 P : *D. 2009. AJ 1146 ; APC 2009, n° 145, obs. Fin-Langer ; JCP E 2009. 1814, n° 12, obs. Pétel ; RJ com. 2010. 163, note Boillot.*

9. Le représentant des salariés licencié avec l'autorisation de l'inspecteur du travail n'a plus le pouvoir d'agir en cette qualité après l'expiration du préavis qui met fin au mandat. • Soc. 4 juill. 2007, n° 05-19.112 P : *D. 2007. AJ 2109*. – V. Cerati-Gauthier, *RLDA 2007, n° 20, p. 23.*

II. EXPERTISE

10. L'expertise diligentée en application de l'art. 10 [C. com., art. L. 621-4] n'est pas une mesure d'instruction au sens des art. 232 s. NCPC [C. pr. civ.]. Par suite, les règles de l'expertise judiciaire (et notamment le principe du contradictoire) ne sont pas applicables. • Com. 16 févr. 1999 : *APC 1999, n° 109, obs. Regnaut-Moutier ; RTD com. 1999. 512, obs. Vallens*. ♦ V. note 7 ss. art. L. 621-9, notes 12 s. ss. art. R. 651-5.

11. L'art. L. 621-4, al. 3, C. com. n'a pas pour objet de compléter la liste des personnes habilitées à procéder à l'inventaire et, le cas échéant, à la prisée des actifs du débiteur ; un expert en estimation immobilière ne saurait donc être désigné au lieu et place de celles-ci pour procéder à l'évaluation d'un actif (Rép. min. n° 90-963 : *JOAN Q, 8 mars 2011, p. 2312 ; D. 2011. Actu. 745*).

III. RESPONSABILITÉ DES MANDATAIRES JUDICIAIRES

12. Responsabilité civile de l'administrateur. Avant la modification de l'art. 37 [devenu C. com., art. L. 622-13] par la loi du 10 juin 1994, l'administrateur d'une société en redressement judiciaire ne pouvait être déclaré responsable du non-paiement d'une commande faite postérieurement à l'ouverture de la procédure collective en vue de permettre la poursuite des activités de l'entreprise, dès lors que, d'une part, lors de la conclusion du contrat, il avait conscience que la situation financière de la société n'était pas irrémédiablement compromise, et d'autre part, qu'il n'avait pas cherché à induire en erreur le fournisseur par des assurances imprudemment données. • Com. 20 oct. 1992, n° 90-19.631 P : *D. 1993. Somm. 73, obs. Honorat ; JCP E 1993. II. 472, note Rossi.* – Dans le même sens : • Com. 8 déc. 1998, n° 96-17.731 P : *D. 1999. Somm. 188, obs. Honorat ; D. Affaires 1999. 133 ; Quot. jur. 31 déc. 1998, p. 5, note P. M. ; RPC 2000. 78* • 26 mai 1999 : *RPC 2000. 79, obs. Soinne.* ♦ Sa responsabilité ne pouvait être engagée, sur le fondement de l'art. 1382 [1240] C. civ., qu'à charge pour le créancier d'établir une faute à l'origine du préjudice. • Douai, 11 juill. 1991 : *BICC 1991, n° 1880.* ♦ ... Par exemple, le fait qu'en apposant son visa sur les bons de commande, l'administrateur ne s'était pas assuré que les marchandises pourraient être payées. • Com. 2 févr. 1993, n° 91-10.861 P : *D. 1993. Somm. 193, obs. Honorat* • 5 oct. 1993, n° 91-14.361 P : *D. 1994. Somm. 81, obs. Honorat* • 30 nov. 1993, n° 91-16.735 P : *D. 1994. Somm. 179, obs. Honorat* • 11 juin 1996 : *RPC 1998. 190, obs. Soinne* • Nancy, 30 nov. 1993 : *Dr. sociétés 1994, n° 172, obs. Chaput* • Caen, 3 sept. 1996 : *JCP 1996. IV. 2528.* ♦ Comp., s'agissant de commandes de fournitures et de marchandises constituant des actes de gestion courante échappant normalement au visa du mandataire (loi de 1967) : • Com. 14 mars 1995, n° 92-21.027 P : *D. 1995. Somm. 305, obs. Honorat*. ♦ V. aussi, lorsque la situation financière et comptable de la société ne permettait pas de supposer que les commandes contresignées ne pourraient pas être payées, • Com. 19 mars 1996 : *RPC 1996. 247, obs. Soinne.* ♦ ... Ou que les livraisons non réglées ont été faites postérieurement à la période pour laquelle l'administrateur s'est engagé : • Com. 28 janv. 1997 : *RPC 1998. 190, obs. Soinne.*

L'apposition de la mention « Vu pour assistance » sur des bons de commande adressés à une entreprise en redressement judiciaire ne saurait avoir pour effet de constituer l'administrateur judiciaire caution personnelle de la société qu'il assiste. • Paris, 14 sept. 1995 : *D. 1995. 627, note Jeantin*. ♦ Dans le cadre de sa mission, l'administrateur doit simplement vérifier que les commandes entrent dans les prévisions de la poursuite de l'activité et sont compatibles avec la situation financière de l'entreprise. • Angers, 2 avr. 1997 : *Dr. sociétés 1998, n° 23, obs. Chaput.* ♦ Seule une obligation de moyen pèse sur lui et il ne peut lui être imposé de s'assurer de la disponibilité immédiate des fonds, puis de bloquer ceux-ci jusqu'à la date du paiement. Mais il doit veiller à ce que la situation de la trésorerie permette raisonnablement de considérer que le règlement pourra intervenir normalement et vérifier que les éléments comptables qui lui sont fournis correspondent à la réalité de la situation de l'entreprise. • Dijon, 14 mai 1996 : *Gaz. Pal. 1998. Somm. 277.*

Les créanciers de l'art. 40 [C. com., art. L. 622-17] ne peuvent engager la responsabilité de l'administrateur pour faute, en raison d'une commande impayée, dès lors qu'ils n'ont notamment pas sollicité son visa lors de la conclusion du contrat ou le paiement immédiat de la commande, d'autant que l'administrateur n'a pas été avisé par le débiteur de la conclusion du contrat et n'a donc pu vérifier si la situation de trésorerie permettait le paiement. • Grenoble, 10 oct. 2000 : *JCP E 2001, n° 17, p. 686.* – V. aussi • Paris, 9 oct. 2001 : *JCP E 2002, n° 24, p. 995, obs. Pasqualini et Pasqualini-Salerno.*

L'administrateur qui s'est borné à contresigner un chèque d'acompte (lequel a été honoré), sans être intervenu lors de la passation de la commande, n'engage pas sa responsabilité du fait du défaut de paiement du reliquat du prix. • Com. 6 févr. 2001 : *APC 2001, n° 93.*

La faute de l'administrateur en raison du défaut de paiement de commandes passées par la société en redressement judiciaire doit être appréciée à la date à laquelle a pris naissance la créance du fournisseur, c'est-à-dire à la date de la commande. • Com. 6 févr. 2001, n° 98-10.978 P : *D. 2001. AJ 860 ; RJDA 2001, n° 708* • 15 oct. 2002 : *JCP E 2003, n° 27, p. 1142, obs. Pasqualini et Pasqualini-Salerno.* ♦ L'administrateur, chargé d'une mission d'assistance du débiteur, n'a commis aucune faute en apposant sa signature sur un chèque, qui n'a pas été payé faute de provision, dès lors qu'au jour de l'émission et dans les huit semaines qui ont suivi, le compte bancaire du débiteur offrait une provision suffisante et que la situation du débiteur n'était pas irrémédiablement compromise. • Com. 9 janv. 2001 : *RJDA 2001, n° 604.*

Le comportement de l'administrateur judiciaire s'apprécie au regard de l'ensemble des impératifs de la procédure collective et non seulement au vu de la considération de l'intérêt des créanciers. • TGI Paris, 3 févr. 1999 : *Dr. socié-*

tés 2000, n° 55, obs. Chaput. ♦ Le fait que l'administrateur ait demandé par deux fois la prolongation de la période d'observation et ait conclu, à cette occasion, de nouveaux contrats de location, avant de solliciter la conversion du redressement en liquidation judiciaire, ne suffit pas à caractériser sa faute : • Com. 15 oct. 2002 : *JCP E 2003, n° 27, p. 1142, obs. Pasqualini et Pasqualini-Salerno.* ♦ V. aussi, écartant la responsabilité de l'administrateur, dans l'hypothèse où le créancier avait accordé un moratoire au débiteur, alors même qu'il n'avait reçu aucune assurance de paiement, • Com. 13 mai 2003, n° 01-15.572 P : *D. 2003. AJ 2011.*

L'administrateur judiciaire, qui a opté pour la poursuite d'un contrat en cours en présence d'une trésorerie suffisante, n'engage sa responsabilité que s'il laisse ensuite le contrat se poursuivre en sachant que les factures ne pourront plus être réglées. • Com. 5 avr. 2016, n° 14-21.664 P : *LEDEN 6/2016. 2, obs. Rubellin ; BJE 2016. 263, note Laroche ; RJDA 2016, n° 463 ; Gaz. Pal. 28 juin 2016, p. 58, obs. Bidan.*

Pour la responsabilité d'un administrateur judiciaire qui, sachant qu'à la date de passation des commandes par le débiteur, la situation de la société était irrémédiablement compromise, n'avait pas alerté le fournisseur du risque de ne plus être honoré, V. • Com. 10 mai 2005 : *D. 2005. AJ 1475, obs. Lienhard ; Gaz. Pal. 4-5 nov. 2005, p. 18, obs. Bidan.*

L'administrateur judiciaire ne peut soutenir qu'il a demandé à une banque de maintenir une ligne de crédit à la suite d'un examen approfondi de la situation, dès lors qu'il a fait cette demande à la banque quelques jours après sa désignation, sans avoir disposé d'autres éléments que ceux fournis par le chef d'entreprise ou par la décision qui le désignait. • Versailles, 28 mai 1998 : *D. 1998. IR 997 ; D. Affaires 1998. 1589, obs. A. L.*

La volonté du juge-commissaire et du tribunal de ne pas tenir compte des difficultés de l'entreprise signalées par l'administrateur n'exonère pas celui-ci de la responsabilité qu'il a engagée en ne payant pas un nombre croissant de créances nées de la poursuite d'activité qu'il assumait seul. • Com. 18 janv. 2000 : *Dr. sociétés 2000, n° 55, obs. Chaput ; RPC 2000. 75, obs. Soinne.*

13. Il résulte de la combinaison de l'art. 1382, devenu 1240, C. civ. et des art. L. 620-1, L. 622-1 et L. 622-13 C. com. que l'administrateur qui n'a reçu qu'une mission de surveillance ne peut être tenu pour responsable de l'exécution ou de l'inexécution fautives du bail des locaux d'exploitation de l'entreprise, lequel s'est poursuivi de plein droit, tant qu'il n'a pas pris parti sur sa poursuite, dès lors que sa principale mission est d'établir le bilan économique de l'entreprise et de proposer un plan de sauvegarde. • Com. 7 oct. 2020, n° 19-14.807 P : *D. 2021. 276, note Lledo ; APC 2020, n° 239, obs. Fin-Langer ; LEDEN 11/2020. 6, obs. Maraud ; BJE 1-2/2021. 15, note Favario ; RJDA 2021, n° 35.*

14. Sur la responsabilité civile d'un administrateur judiciaire en raison : de l'acquisition d'un fonds de commerce dépendant de l'actif d'un groupe d'entreprises en liquidation judiciaire et de la poursuite d'une exploitation déficitaire ayant gravement compromis les chances de remboursement des créanciers de l'art. 40 [C. com., anc. art. L. 621-32], V. • Versailles, 6 juin 1991 : *D. 1991. Somm. 332, obs. Honorat ; Gaz. Pal. 1991. 2. 510, concl. Challe.* ♦ ... De la demande de poursuite de la période d'observation, et donc du maintien de l'exploitation de la société, sans s'être personnellement assuré de ce que les redevances dues à un franchiseur sur le fondement de l'art. 40 [C. com., art. L. 622-17] pourront être payées (perte d'une chance), V. • Paris, 12 oct. 1995 : *D. 1995. IR 245.* ♦ ... De l'option pour la poursuite d'un contrat de bail, alors qu'il ne dispose pas des fonds nécessaires pour payer les loyers, V. • Com. 26 mai 1998 : *APC 1998, n° 102 ; RPC 2000. 79, obs. Soinne.* ♦ ... De l'engagement imprudent envers le cocontractant du débiteur à signer les chèques de règlement de marchandises demeurées en définitive impayées, V. • Limoges, 10 mars 1999 : *BICC 1999, n° 1222.* ♦ ... Du non-respect des conditions d'un contrat pour la continuation duquel il a opté, V. • Douai, 23 sept. 1991 : *BICC 1992, n° 430.* ♦ V. aussi notes 40 et 46 ss. art. L. 622-13. ♦ ... Du non-paiement de factures relatives à des commandes passées, pendant la période d'observation, par le gérant de la société administrée avec son autorisation, V. • Com. 11 déc. 2001 : *RJDA 2002, n° 406.* ♦ ... De la résistance aux tentatives d'expulsion et de recouvrement, après résiliation du contrat de crédit-bail immobilier, V. • Aix-en-Provence, 3 oct. 1996 : *BICC 1997, n° 230.* ♦ ... D'une déclaration inexacte faite au tribunal ayant arrêté le plan de redressement quant au montant du passif relevant de l'art. 40 [C. com., art. L. 622-17], V. • Paris, 11 sept. 2001 : *JCP E 2001, n° 40, p. 1554.* ♦ ... De la substitution de cessionnaire de l'entreprise, sans autorisation judiciaire, V. • Paris, 20 juin 1995 : *RPC 1996. 406, obs. Soinne.* ♦ ... De l'omission de répondre à la mise en demeure relative à la poursuite du bail, ayant entraîné sa résiliation de plein droit, préjudiciable au créancier nanti, V. • Nîmes, 2 avr. 1997 : *BICC 1997, n° 1117.* ♦ ... De l'absence de diligence pour restituer les locaux, le contrat de bail étant exclu du plan de cession, V. • Paris, 27 mars 1998 : *Loyers et copr. 1998, n° 218, obs. Brault et Mutelet.* ♦ ... D'un manquement à son obligation de surveillance des actes de gestion courante d'une entreprise de négoce de véhicules, dont certains ont été vendus grâce à des duplicata de cartes grises obtenues frauduleusement alors qu'il était en fonction, V. • Toulouse, 6 mai 1999 : *JCP E 2000, n° 4, p. 108.* ♦ ... Du défaut de paiement des primes dues en vertu d'un contrat d'assurance de groupe imposé par la convention collective, V. • Com. 11 déc. 2001 : *RJDA 2002, n° 408 ; RPC 2003. 134, obs. Soinne.* ♦ ... De la revente d'une marchandise grevée d'une clause de réserve de propriété, V. note 40 ss. art. L. 624-16. ♦ ... De la réformation d'une décision exécutoire de plein droit à titre provisoire, déjà exécutée, V. note 12 ss. ancien art. 155 du Décr. n° 85-1388 du 27 déc. 1985, ss. art. R. 661-1. ♦ ... De la cessation des versements après autorisation de régler la créance d'un vendeur sous réserve de propriété, V. note 50 ss. art. L. 624-16. ♦ ... D'un paiement préférentiel prohibé, V. note 26 ss. art. L. 622-7.

L'administrateur qui, ayant d'abord opté pour la poursuite d'un bail commercial, a pris quatre mois plus tard la décision de mettre un terme à celui-ci n'engage pas sa responsabilité dès lors que, totalement informé de la situation de son administré, il a pris conscience que la poursuite de l'activité, notamment par cession, s'avérait impossible, et que le délai de quatre mois était tout à fait raisonnable puisque le bailleur bénéficiait d'un dépôt de garantie égal à trois mois de loyers et qu'il avait bénéficié sans contrepartie d'investissements faits par le locataire. • Versailles, 18 mars 1999 : *RJDA 1999, n° 802.*

Comp., désormais : art. 37 [C. com., art. L. 622-13], tel que modifié par la L. n° 94-475 du 10 juin 1994.

Sur la responsabilité résultant du défaut de licenciement des salariés non repris dans le cadre du plan de cession, V. • Soc. 14 mars 2000, n° 98-42.446 P : *RPC 2000. 113, obs. Taquet.*

15. Préjudice. Le préjudice du créancier est constitué du seul fait de l'absence de règlement des créances, relevant de l'art. 40 [C. com., art. L. 622-17], aux échéances indiquées par l'administrateur judiciaire. • Com. 25 nov. 1997 : *Dr. sociétés 1998, n° 23, obs. Chaput ; RPC 2000. 76, obs. Soinne.* ♦ L'administrateur judiciaire qui opte pour la continuation du bail alors qu'il ne dispose pas des fonds nécessaires au respect des obligations du preneur envers le propriétaire doit réparer le préjudice subi, qui correspond à la perte d'une chance de relouer les locaux. • Paris, 26 sept. 2001 : *JCP E 2002, n° 24, p. 996, obs. Pasqualini et Pasqualini-Salerno.*

16. Absence de caractère subsidiaire. En ce sens que la responsabilité personnelle du mandataire ne présente pas de caractère subsidiaire par rapport à l'action en paiement formée contre le débiteur et que sa recevabilité n'est pas subordonnée à l'obtention d'un titre exécutoire à son encontre, ni à sa défaillance dans l'exécution de cette condamnation, V. • Com. 6 juin 1995, n° 90-11.853 P : *D. 1996. Somm. 82, obs. Honorat ; RPC 1996. 245, obs. Soinne* (loi de 1967) • Paris, 26 mai 1998 : *Gaz. Pal. 1998. 2. Somm. 705.*

17. Responsabilité civile du représentant des créanciers. V. notes 28 et 29 ss. art. L. 622-20, note 4 ss. art. L. 626-9, note 5 ss. art. L. 624-1 et note 6 ss. ancien art. 66 du Décr. n° 85-1388 du 27 déc. 1985, ss. art. R. 622-21.

18. Exercice de l'action. V. notes 28 et 29 ss. art. L. 622-20.

19. Prescription de l'action. L'action en responsabilité extra-contractuelle engagée par un tiers à l'encontre d'un administrateur judiciaire est soumise à la prescription édictée par l'art. 2270-1 ancien C. civ. [devenu l'art. 2224]. • Com. 15 févr. 2011 : *Gaz. Pal. 1er-2 avr. 2011, p. 18, obs. Bidan.*

20. Responsabilité pénale de l'administrateur judiciaire. BIBL. Ruellan, *Dr. pénal 2000. Chron. 25 et 28.* – Bouloc, *Mél. Sortais, Bruylant, 2002, p. 21.* – V. aussi note 7 ss. art. L. 631-12.

21. Délit de malversation. V. art. L. 654-12.

22. Prise illégale d'intérêts. Les mandataires judiciaires sont des personnes chargées d'une mission de service public entrant dans les prévisions de l'art. 432-12 C. pén., qui n'exige pas que les personnes chargées d'une mission de service public qu'il vise disposent d'un pouvoir de décision au nom de la puissance publique. • Crim. 26 sept. 2001, n° 01-84.565 P : *D. 2002. Somm. 1800, obs. Segonds ; Rev. sociétés 2002. 342, note Bouloc ; APC 2001, n° 267, obs. Regnaut-Moutier ; Dr. pénal 2002, n° 34, note J.-H. Robert.*

Art. L. 621-4-1 *(L. n° 2015-990 du 6 août 2015, art. 235-I-1°)* **Le tribunal désigne au moins un deuxième administrateur judiciaire et un deuxième mandataire judiciaire dans le jugement d'ouverture de la procédure à l'encontre d'un débiteur lorsque ce dernier :**

1° Possède un nombre d'établissements secondaires situés dans le ressort d'un tribunal où il n'est pas immatriculé au moins égal à un seuil fixé par voie réglementaire ;

2° Ou détient ou contrôle, au sens des articles L. 233-1 ou L. 233-3, au moins deux sociétés à l'encontre desquelles est ouverte une procédure de sauvegarde, de redressement ou de liquidation judiciaire ;

3° Ou est détenu ou contrôlé, au sens des mêmes articles L. 233-1 ou L. 233-3, par une société à l'encontre de laquelle est ouverte une procédure de sauvegarde, de redressement ou de liquidation judiciaire, cette société détenant ou contrôlant elle-même au moins une autre société à l'encontre de laquelle est ouverte une telle procédure,

et lorsque le chiffre d'affaires du débiteur ou de l'une des sociétés mentionnées aux 2° ou 3° dépasse un seuil défini par voie réglementaire.

Ce deuxième administrateur et ce deuxième mandataire sont, chacun en ce qui le concerne, communs au débiteur et aux sociétés mentionnées aux mêmes 2° et 3°.

Les seuils mentionnés au 1° et au cinquième alinéa, ainsi que les conditions d'expérience et de moyens que doivent remplir le deuxième administrateur et le deuxième mandataire au regard de la complexité de la procédure ou de la taille des entreprises concernées sont précisés par décret en Conseil d'État. — *V. art. R. 621-11-1.*

Art. L. 621-5 *(L. n° 2005-845 du 26 juill. 2005, art. 17)* Aucun parent ou allié, jusqu'au quatrième degré inclusivement, du *(Ord. n° 2008-1345 du 18 déc. 2008, art. 163-II)* « débiteur personne physique » ou des dirigeants, s'il s'agit d'une personne morale, ne peut être désigné à l'une des fonctions prévues à l'article L. 621-4 sauf dans les cas où cette disposition empêche la désignation d'un représentant des salariés.

Art. L. 621-6 Le représentant des salariés ainsi que les salariés participant à sa désignation ne doivent avoir encouru aucune des condamnations prévues par *(L. n° 2005-845 du 26 juill. 2005, art. 18)* « l'article L. 6 » du code électoral. Le représentant des salariés doit être âgé de dix-huit ans accomplis.

Les contestations relatives à la désignation du représentant des salariés sont de la compétence du *(Ord. n° 2019-964 du 18 sept. 2019, art. 35, en vigueur le 1er janv. 2020)* « tribunal judiciaire » qui statue en dernier ressort. — *[C. com., anc. art. L. 621-9.] — V. art. R. 621-15.*

Art. L. 621-7 *(Ord. n° 2008-1345 du 18 déc. 2008, art. 15)* Le tribunal peut, soit d'office, soit sur proposition du juge-commissaire ou à la demande du ministère public, procéder au remplacement de l'administrateur, de l'expert ou du mandataire judiciaire ou encore adjoindre un ou plusieurs administrateurs ou mandataires judiciaires à ceux déjà nommés.

L'administrateur, le mandataire judiciaire ou un créancier nommé contrôleur peut demander au juge-commissaire de saisir à cette fin le tribunal.

Lorsque le débiteur exerce une profession libérale soumise à un statut législatif ou réglementaire ou dont le titre est protégé, l'ordre professionnel ou l'autorité compétente dont, le cas échéant, il relève peut saisir le ministère public à cette même fin.

(Ord. n° 2014-326 du 12 mars 2014, art. 18, en vigueur le 1er juill. 2014) « Le débiteur peut demander au juge-commissaire de saisir le tribunal aux fins de remplacer l'administrateur, le mandataire judiciaire ou l'expert. Dans les mêmes conditions, tout créancier peut demander le remplacement de l'administrateur ou du mandataire judiciaire.

« Le juge-commissaire statue par ordonnance, dans les meilleurs délais, sur la demande de remplacement qui lui est adressée de saisir le tribunal à cette fin. »

Par dérogation aux alinéas qui précèdent, lorsque l'administrateur ou le mandataire judiciaire demande son remplacement, le président du tribunal, saisi à cette fin par le juge-commissaire, est compétent pour y procéder. Il statue par ordonnance sur requête.

Le comité *(Ord. n° 2021-1193 du 15 sept. 2021, art. 14, en vigueur le 1er oct. 2021)* « social et économique » ou, à défaut, les salariés de l'entreprise peuvent seuls procéder au remplacement du représentant des salariés. — *Pour les dispositions transitoires de l'Ord. n° 2021-1193 du 15 sept. 2021, V. note ss. art. L. 611-2.*

V. art. R. 621-17 et R. 621-18.

BIBL. ▶ BOLARD, *D. 1988. Chron. 261* (déontologie des mandataires).

Respect des droits de la défense. V. notes ss. art. R. 621-17.

Art. L. 621-8 L'administrateur et le mandataire judiciaire tiennent informés le juge-commissaire et le *(L. n° 2005-845 du 26 juill. 2005, art. 20)* « ministère public » du déroulement de la procédure. Ceux-ci peuvent à toute époque requérir communication de tous actes ou documents relatifs à la procédure.

Le *(L. n° 2005-845 du 26 juill. 2005, art. 20)* « ministère public » communique au juge-commissaire sur la demande de celui-ci ou d'office, nonobstant toute disposition

législative contraire, tous les renseignements qu'il détient et qui peuvent être utiles à la procédure. – *[C. com., anc. art. L. 621-11.]*

V. art. R. 621-19 et R. 621-20.

Les experts commis par le tribunal pour rechercher des faits pouvant entraîner la mise en cause des dirigeants de la société débitrice dans le cadre des sanctions de la procédure collective peuvent, sans violer le secret de l'instruction, avoir accès à des renseignements tirés de la procédure pénale en cours contre deux dirigeants de cette société, puisqu'il s'agit de renseignements utiles à la procédure collective au sens de l'art. 13 [C. com., art. L. 621-8]. • Paris, 30 juin 2000 : *JCP E 2000, n° 45, p. 1738.*

Art. L. 621-9 Le juge-commissaire est chargé de veiller au déroulement rapide de la procédure et à la protection des intérêts en présence. – *[C. com., anc. art. L. 621-12.]*

(L. n° 2005-845 du 26 juill. 2005, art. 21) **« Lorsque la désignation d'un technicien est nécessaire, seul le juge-commissaire peut y procéder en vue d'une mission qu'il détermine, sans préjudice de la faculté pour le tribunal prévue à l'article L. 621-4 de désigner un ou plusieurs experts. Les conditions de la rémunération de ce technicien sont fixées par un décret en Conseil d'État. »** – *V. art. R. 621-23.*

(Ord. n° 2008-1345 du 18 déc. 2008, art. 16) **« Le président du tribunal est compétent pour remplacer le juge-commissaire empêché ou ayant cessé ses fonctions. L'ordonnance par laquelle il est pourvu au remplacement est une mesure d'administration judiciaire. »** – *Cette disposition entre en vigueur le 1er janv. 2009. Elle est applicable aux procédures en cours au jour de l'entrée en vigueur de l'Ord. n° 2008-1345 du 18 déc. 2008 [15 févr. 2009] (Ord. préc., art. 173).*

BIBL. ► Dossier « Le juge-commissaire : un juge atypique », *RPC 2019. Dossiers 38 à 46.*

1. Continuation des contrats. Sur la compétence du juge-commissaire, V. notes 67 s. ss. art. L. 622-13.

2. Action en revendication. Sur la compétence du juge-commissaire, V. art. L. 624-17 et note 41 ss. art. L. 624-9.

3. Compétence concurrente du juge de l'exécution. **BIBL.** Liénard, *RPC 1995. 15.* ♦ Est de la compétence du juge de l'exécution, en application de l'art. L. 311-12-1 [L. 213-6] COJ, la demande qui ne porte pas sur le rang des créanciers entre eux, selon la valeur de leur opposition ou de leur privilège, mais sur la validité des mesures conservatoires ou des mesures d'exécution faites sur le prix de vente, d'un fonds de commerce. • TGI Paris, JEX, 12 janv. 1995 : *RPC 1996. 217, obs. Canet.* ♦ En revanche, le juge-commissaire est compétent pour la vente aux enchères publiques de meubles du locataire mis en liquidation judiciaire après son expulsion. • Bordeaux, 14 sept. 1995 : *RPC 1997. 34, obs. Canet.* ♦ ... De même, la collocation des créanciers et la répartition entre eux du prix provenant de la vente des biens exclus du plan de cession relève de la seule compétence du juge-commissaire. • Douai, 28 mars 1996 : *RPC 2000. 208, obs. Soinne.* ♦ Ne ressortit pas à la compétence du jex, mais à celle du tribunal de commerce, l'action en nullité, sur le fondement de l'art. 108 [C. com., art. L. 632-2], à l'égard du débiteur ayant fait l'objet d'une saisie-attribution avant le jugement d'ouverture. • Limoges, 20 févr. 1996 : *RPC 1997. 35, obs. Canet.*

Seul le juge de l'exécution est compétent pour assortir d'une astreinte une décision rendue par le juge-commissaire. • Com. 28 avr. 1998, n° 95-18.132 P : *D. 1998. IR 158 ; D. Affaires 1998. 956, obs. S. P. ; Defrénois 1998. 953, obs. Sénéchal ; JCP E 1998, n° 36, p. 1356, obs. Pétel ; RTD com. 1998. 690, obs. Vallens .*

En ce sens que le juge de l'exécution n'est pas compétent pour fixer le montant de la valeur représentative des marchandises dont la reprise a été autorisée par une ordonnance du juge-commissaire, V. • Civ. 2e, 11 juin 1997, n° 94-18.263 P : *D. Affaires 1997. 1122 ; RPC 2000. 208, obs. Soinne.*

4. Règlement des salaires. Sur la compétence du juge-commissaire, V. note 6 ss. art. L. 3253-21 C. trav., ss. art. L. 625-9.

5. Rémunération des mandataires judiciaires. Sur l'absence de compétence du juge-commissaire pour fixer la rémunération des mandataires judiciaires, V. • TGI Montbéliard, 26 juill. 2005 : *BICC 2005, n° 2072.*

6. Dépassement d'attributions. V. note 4 ss. art. L. 621-7, note 71 ss. art. L. 622-7 et note 9 ss. l'anc. art. L. 623-4, reproduit ss. art. L. 661-4.

7. Expertises. Les dispositions de l'art. L. 621-9, al. 2, qui se bornent à conférer compétence au juge-commissaire pour désigner un technicien en vue d'une mission ne méconnaissent pas, par elles-mêmes, les droits de la défense, le principe de la contradiction ou celui de l'égalité des armes (non-renvoi de la QPC). • Com., QPC, 1er févr. 2011 : *D. 2011. Actu. 513, obs. Lienhard ; Rev. sociétés 2011. 193, obs. Roussel Galle ; DP diff. entr., Bull. n° 323, obs. Henry ; APC 2011, n° 95, obs. Delattre ; Dr. et pr. mai 2011. Chron. 6, obs. Reille ; BJE 2011. 204, note Rohart-Messager.*

Le juge-commissaire trouve dans l'art. 14 [C. com., art. L. 621-9] tous pouvoirs pour désigner une personne qualifiée afin de mener des investigations en vue de rechercher des faits susceptibles d'établir la qualité de dirigeant et de révéler des fautes de gestion. • Com. 15 mai 2001, n° 98-15.002 P : *D. 2002. Somm. 83, obs. Derrida ; D. 2001. AJ 2031, obs. Lienhard ; Dr. sociétés 2001, n° 127, note Legros ; RPC 2001. 262, obs. Martin-Serf* (V. l'arrêt cassé : • Paris, 6 mars 1998 : *D. Affaires 1998. 913, obs. A. L.*). ♦ L'exercice par le liquidateur d'une action en responsabilité civile pour insuffisance d'actif ne prive pas le juge-commissaire de son pouvoir de désigner à tout moment un technicien en vue d'une mission qu'il détermine. • Com. 13 sept. 2016, n° 15-11.174 P : *D. 2016. Actu. 1814, obs. Lienhard ; Rev. sociétés 2016. 765, obs. Henry ; LEDEN 10/2016. 1, obs. F.-X. Lucas ; APC 2016, n° 216, obs. Vallansan ; BJS 2016. 675, note Couturier ; RJDA 2016, n° 891 ; Journ. sociétés 11/2016. 45, obs. Brignon ; Dr. sociétés 2016, n° 214, note Legros ; RPC 2017, n° 88, obs. Martin-Serf.* ♦ Sur le pouvoir de désigner un « expert » pour l'application des dispositions relatives aux sanctions, V. aussi notes 12 à 7 ss. art. R. 651-5.

Sur l'incompétence du juge des référés pour ordonner, sur le fondement de l'art. 145 C. pr. civ. (expertise *in futurum*), une mesure d'instruction liée à la procédure collective, V. • Com. 17 sept. 2013, n° 12-17.741 P : *D. 2013. Actu. 2221, obs. Lienhard ; Rev. sociétés 2013. 731, obs. Henry ; JCP E 2014. 1020, n° 2, obs. Pétel ; LEDEN 11/2013. 6, obs. Roussel ; BJS 2013. 750, note Couturier ; APC 2013, n° 243, obs. Rolland ; RJDA 2013, n° 1031 ; BJE 2013. 391, note de Lajarte-Moukoko ; Dr. sociétés 2014, n° 33, note Legros ; RPC 2014, n° 2, obs. Cagnoli.*

8. La mission que le juge-commissaire peut, en application de l'art. L. 621-9, al. 2, confier à un technicien n'est pas une mission d'expertise judiciaire soumise aux règles prévues par le code de procédure civile pour une telle expertise ; le technicien n'est pas tenu de procéder à un échange contradictoire sur les éléments qu'il a réunis, ni de communiquer ses conclusions avant le dépôt de son rapport. • Com. 22 mars 2016, n° 14-19.915 P : *D. 2016. Actu. 701 ; RTD com. 2016. 337, obs. Vallens ; DP diff. entr., Bull. n° 380, obs. Rémery ; LEDEN 5/2016. 4, obs. Berthelot ; BJE 2016. 330, note Hugon.*

9. V. aussi note 1 ss. art. L. 811-1.

Art. L. 621-10 *(L. n° 2005-845 du 26 juill. 2005, art. 22)* **Le juge-commissaire désigne un à cinq contrôleurs parmi les créanciers qui lui en font la demande. Lorsqu'il désigne plusieurs contrôleurs, il veille à ce qu'au moins l'un d'entre eux soit choisi parmi les créanciers titulaires de sûretés et qu'un autre soit choisi parmi les créanciers chirographaires.**

(Ord. n° 2014-326 du 12 mars 2014, art. 19, en vigueur le 1er juill. 2014) **« Les administrations financières, les organismes et les institutions mentionnées** *[mentionnés]* **au premier alinéa de l'article L. 626-6 sont désignés contrôleurs s'ils en font la demande ; s'il est saisi de plusieurs demandes à ce titre, le juge-commissaire désigne un seul contrôleur parmi eux. Sont également désignées contrôleur, si elles en font la demande, les institutions mentionnées à l'article L. 3253-14 du code du travail. »**

Aucun parent ou allié jusqu'au quatrième degré inclusivement du *(Ord. n° 2008-1345 du 18 déc. 2008, art. 163-II)* **« débiteur personne physique » ou des dirigeants de la personne morale, ni aucune personne détenant directement ou indirectement tout ou partie du capital de la personne morale débitrice ou dont le capital est détenu en tout ou partie par cette même personne, ne peut être nommé contrôleur ou représentant d'une personne morale désignée comme contrôleur.**

Lorsque le débiteur exerce une profession libérale soumise à un statut législatif ou réglementaire ou dont le titre est protégé, l'ordre professionnel ou l'autorité compétente dont, le cas échéant, il relève est d'office contrôleur. Dans ce cas, le juge-commissaire ne peut désigner plus de quatre contrôleurs.

La responsabilité du contrôleur n'est engagée qu'en cas de faute lourde. Il peut se faire représenter par l'un de ses préposés ou par ministère d'avocat. Tout créancier nommé contrôleur peut être révoqué par le tribunal à la demande du ministère public.

V. art. R. 621-17, R. 621-24 et R. 621-25.

BIBL. ▶ ROUSSEL GALLE, *Gaz. Pal. 2005. Doctr. 2984.* – GANAYE, *Bull. act. Lamy droit commercial déc. 2005.* – STEFANIA, *JCP E 2013. 1471* (révocation des contrôleurs).

1. Ordre professionnel. Les dispositions relatives à la désignation de l'ordre professionnel en qualité de contrôleur sont d'ordre public et cette désignation s'impose lors de la conversion du redressement en liquidation judiciaire. • Bordeaux, 27 juin 2007 : *APC 2007, n° 203, obs. Rétif.*

2. Créanciers pouvant être désignés. Il résulte de l'art. L. 621-10 que, si le juge-commissaire désigne un à cinq contrôleurs parmi les créanciers qui lui en font la demande, il n'est pas tenu de désigner tous ceux qui forment une telle demande, même s'ils ne sont pas plus de cinq ; le refus de nomination d'une société en qualité de contrôleur ne caractérise donc pas un excès de pouvoir rendant recevable l'appel-nullité. • Com. 29 sept. 2015, n° 14-15.619 P : *D. 2015. Actu. 2007 ; Rev. sociétés 2015. 762, obs. Roussel Galle ; JCP E 2015. 1596, note Stefania ; LEDEN 11/2015. 4, obs. Cagnoli.* ♦ Le juge-commissaire dispose d'un pouvoir d'appréciation discrétionnaire sur le choix à exercer. • T. com. Nanterre, 11 mai 1999 : *Gaz. Pal. 1999. 2. Somm. 776.* ♦ Les fonctions de contrôleur sont compatibles avec celle de créancier principal et privilégié et de banquier actuel du débiteur ainsi que celle de partie aux instances introduites devant diverses juridictions et tendant à appréhender les fonds provenant de la vente du fonds de commerce. • Reims, 12 févr. 1997 : *JCP E 1998, n° 17, p. 636.* ♦ V. aussi pour la nomination d'un créancier en procès contre le débiteur, • T. com. Paris, 7 nov. 1995 : *Banque et Dr. 5-6/1996. 37 ; RJ com. 1996. 291, obs. Gallet* • 26 mars 1996 : *RPC 1996. 330, obs. Soinne.* ♦ Pour un jugement ayant, au contraire, écarté la nomination d'un créancier en raison d'un contentieux important entre celui-ci et la société en redressement judiciaire, V. • T. com. Nanterre, 11 mai 1999 : *préc.*

Un salarié, titulaire d'une créance salariale, peut être nommé comme contrôleur, mais sa mission de contrôleur prend fin avec la perte de la qualité de créancier, c'est-à-dire à la date du paiement des salaires ou à celle du transfert de leur charge à l'AGS. • T. com. Paris, 7 juin 1996 : *JCP E 1996. Pan. 1081.* ♦ La désignation comme contrôleur d'un salarié à titre individuel, en raison de sa qualité de créancier ne peut donc être conçue comme un substitut à la représentation du personnel ou un palliatif de l'absence de tout représentant des salariés en tant que tel. • TGI Metz, 26 mars 1997 : *Gaz. Pal. 1998. 2. Somm. 571.*

Sur l'obligation de choisir au moins un contrôleur parmi les créanciers chirographaires, V. • T. com. Paris, 26 mars 1996 : *préc.*

Celui qui sollicite sa désignation en tant que contrôleur doit faire valoir une créance paraissant fondée en son principe telle celle qui lui permettrait de recourir à des mesures conservatoires. • TGI Metz, 26 mars 1997 : *préc.*

3. Révocation. Pour un exemple de révocation motivée par la mauvaise foi du contrôleur qui avait caché, lors de sa requête de candidature, qu'il avait intenté avant l'ouverture de la liquidation une action en résolution d'un fonds de commerce qu'il avait acquis du débiteur et que cette affaire faisait l'objet d'un appel, V. • T. com. Paris, 7 oct. 1994 : *RPC 1995. 292, obs. Dureuil.*

Art. L. 621-11 *(L. n° 2005-845 du 26 juill. 2005, art. 22)* **Les contrôleurs assistent le mandataire judiciaire dans ses fonctions et le juge-commissaire dans sa mission de surveillance de l'administration de l'entreprise. Ils peuvent prendre connaissance de tous les documents transmis à l'administrateur et au mandataire judiciaire. Ils sont tenus à la confidentialité. Les fonctions de contrôleur sont gratuites.**

Sur la suppléance du mandataire judiciaire, en cas de carence, V. art. L. 622-20.

1. Mission. En ce sens que l'intervention volontaire d'un contrôleur dans l'instance, au soutien des prétentions de créanciers, n'entre pas dans la mission définie par l'art. 15 [C. com., art. L. 621-11], V. • Com. 16 janv. 1996, n° 93-21.335 P : *D. 1996. IR 162 .* – V. aussi • Toulouse, 29 mars 1999 (2e esp.) : *RJ com. 2000. 179, note Monsèrié-Bon* • Paris, 10 mai 2005 : *RTD com. 2005. 609, obs. Vallens .*

2. Accès à l'information. L'art. 15, al. 3 [C. com., art. L. 621-11], qui permet aux contrôleurs de « prendre connaissance de tous les documents transmis à l'administrateur et au représentant des créanciers », ne signifie pas que tous ces documents leur sont soumis. • T. com. Paris, 20 sept. 1996 : *LPA 6 juin 1997, note Leguevaques.*

3. Qualité et exercice des recours. V. note 2 ss. art. L. 621-4, notes 9, 17, 29 et 31 ss. art. L. 661-6.

Art. L. 621-12 *(L. n° 2005-845 du 26 juill. 2005, art. 22)* **S'il apparaît, après l'ouverture de la procédure, que le débiteur était déjà en cessation des paiements au moment du prononcé du jugement,** *(Ord. n° 2008-1345 du 18 déc. 2008, art. 17)* **« le tribunal le constate et fixe la date de la cessation des paiements dans les conditions prévues à l'article L. 631-8 ». Il convertit la procédure de sauvegarde en une procédure de redressement judiciaire. Si nécessaire, il peut modifier la durée de la période d'observation restant à courir** *(L. n° 2016-1547 du 18 nov. 2016, art. 99-IV-4°)* **« ou la prolonger pour une durée maximale de six mois ».** *(Ord. n° 2008-1345 du 18 déc. 2008, art. 17)* **« Aux fins de réaliser la prisée des actifs du débiteur au vu de l'inventaire établi pendant la procédure de sauvegarde, il désigne, en considération de leurs attributions respectives telles qu'elles résultent des dispositions qui leur sont applicables,**

(Ord. n° 2016-728 du 2 juin 2016, art. 23, en vigueur le 1er juill. 2022) **« un commissaire de justice** *[ancienne rédaction : un commissaire-priseur judiciaire, un huissier de justice]* **», un notaire ou un courtier en marchandises assermenté. »**

Le tribunal est saisi par *(Ord. n° 2014-326 du 12 mars 2014, art. 20, en vigueur le 1er juill. 2014)* **« le débiteur, » l'administrateur, le mandataire judiciaire ou le ministère public.** *(Abrogé par Ord. n° 2014-1088 du 26 sept. 2014, art. 2, à compter du 28 sept. 2014)* **« *Il peut également se saisir d'office.* » Il se prononce après avoir entendu ou dûment appelé le débiteur.**

Les modifications issues de l'art. 2 de l'Ord. n° 2014-1088 du 26 sept. 2014 s'appliquent aux procédures de sauvegarde, de redressement judiciaire ou de liquidation judiciaire en cours au jour de son entrée en vigueur (Ord. préc., art. 13).

Sur les dispositions transitoires de la L. n° 2016-1547 du 18 nov. 2016, V. note ss. art. L. 621-3.

V. art. R. 621-26.

BIBL. ► MASTRULLO, *RPC 2008. Étude 19.*

Pour la conformité à la Constitution de la saisine d'office prévue par l'art. L. 621-12 dans sa rédaction antérieure à l'Ord. n° 2014-1088 du 26 sept. 2014, V. • Cons. const. 16 janv. 2015, n° 2014-438 QPC : *D. 2015. Actu. 156 ; Rev. sociétés 2015. 201, obs. Henry ; JCP E 2015. 1067, note Brignon ; BJE 2015. 108, note Favario ; Procédures 2015, n° 131, note Rolland ; RPC 2015, n° 22, obs. Lebel.*

CHAPITRE II DE L'ENTREPRISE AU COURS DE LA PÉRIODE D'OBSERVATION

RÉP. COM. vis *Entreprise en difficulté : période d'observation,* par MONSÈRIÉ-BON ; *Entreprise en difficulté : situation des créanciers,* par MACORIG-VENIER.

Art. L. 622-1 *(L. n° 2005-845 du 26 juill. 2005, art. 23)* **« I. — L'administration de l'entreprise est assurée par son dirigeant.**

« II. — Lorsque le tribunal, en application des dispositions de l'article L. 621-4, désigne un ou plusieurs administrateurs, il les charge ensemble ou séparément de surveiller le débiteur dans sa gestion ou de l'assister pour tous les actes de gestion ou pour certains d'entre eux. »

III. — Dans sa mission *(Ord. n° 2008-1345 du 18 déc. 2008, art. 18)* **« d'assistance », l'administrateur est tenu au respect des obligations légales et conventionnelles incombant au chef d'entreprise.**

IV. — *(L. n° 2005-845 du 26 juill. 2005, art. 23)* **« A tout moment, le tribunal peut modifier la mission de l'administrateur sur la demande de celui-ci, du mandataire judiciaire ou du ministère public. »** — *V. art. R. 622-1.*

V. — L'administrateur peut faire fonctionner sous sa signature les comptes bancaires ou postaux dont le débiteur est titulaire si ce dernier a fait l'objet des interdictions prévues aux articles 65-2 et 68, troisième alinéa, du décret *[décret-loi]* **du 30 octobre 1935 unifiant le droit en matière de chèques** *[V. C. mon. fin., art. L. 131-72 et L. 163-6, al. 3, App., v° Banque et financement de l'entreprise]. — [C. com., anc. art. L. 621-22.]*

*Pour une dérogation à l'art. L. 622-1 (II) ci-dessus lorsqu'un administrateur provisoire a été désigné par l'Autorité de contrôle prudentiel et de résolution en application de l'art. L. 613-18 C. mon. fin., V. C. mon. fin., art. L. 613-28. — **C. mon. fin.***

1. Mission d'assistance. En application des art. L. 622-1 C. com. et 974, 975 et 976 C. pr. civ., le pourvoi formé contre une société mise en procédure de sauvegarde est irrecevable dès lors que la *déclaration de pourvoi* déposée au greffe de la Cour de cassation n'est pas aussi dirigée contre l'administrateur désigné par le jugement d'ouverture avec la mission d'assister le débiteur pour tous les actes de gestion. • Civ. 1re, 5 juin 2008 : *Dr. sociétés 2008, n° 181, note Legros.* ♦ Lorsqu'un administrateur a été désigné pour assister le débiteur, à l'égard duquel une procédure de sauvegarde a été ouverte, pour tous les actes de gestion, le pourvoi en cassation formé par le débiteur seul n'est pas recevable, à moins que l'administrateur n'intervienne pour régulariser la procédure dans le délai ouvert pour le dépôt du mémoire en demande. • Com. 5 avr. 2016, n° 14-13.247 P : *cité note 3 ss. art. L. 624-17 ; Procédures 2016, n° 235, note Rolland ; RPC 2016, n° 110, obs. Lebel.* ♦ V. aussi note 13 ss. art. L. 621-4, note 6 ss. art. L. 624-3 et notes 1 et 2 ss. art. L. 631-12.

2. Respect des obligations légales. V. note 7 ss. art. L. 631-12.

3. Exercice des voies de recours. V. note 8 ss. art. L. 631-12 et note 5 ss. art. R. 624-7.

4. Interdiction d'émettre des chèques. V. art. L. 626-13.

Art. L. 622-2 *Abrogé par Ord. nº 2008-1345 du 18 déc. 2008, art. 19.*

Art. L. 622-3 **Le débiteur continue à exercer sur son patrimoine les actes de disposition et d'administration, ainsi que les droits et actions qui ne sont pas compris dans la mission de l'administrateur.**

En outre, sous réserve des dispositions des articles L. 622-7 et L. 622-13, les actes de gestion courante qu'accomplit seul le débiteur sont réputés valables à l'égard des tiers de bonne foi. – *[C. com., anc. art. L. 621-23.]*

BIBL. ▶ MATSOPOULOU, *JCP 1998. I. 164* (incidence d'une procédure collective sur l'exercice de l'action civile). – MONSÈRIÉ-BON, *RPC 2003. 168* (pouvoirs de gestion dans le redressement judiciaire).

1. Droits et actions non compris dans la mission de l'administrateur. V. note 8 ss. art. L. 631-12.

2. Activité professionnelle. En vertu du principe de l'unicité du patrimoine, les effets du jugement d'ouverture de la procédure collective s'étendent à l'intégralité du patrimoine du débiteur, patrimoine professionnel et patrimoine personnel • Versailles, 15 janv. 1998 : *D. Affaires 1998. 915.* ♦ Comp. : • T. com. Antibes, 19 déc. 1986 : *D. 1987. 372, note Derrida.*

3. Acte de gestion courante. Constitue un acte de gestion courante, au sens de l'art. 32, al. 2 [C. com., art. L. 622-3], la commande de marchandises destinées à être vendues dans une boutique, cette commande ayant été effectuée par le commerçant pour les besoins de son activité commerciale. • Com. 11 juin 1996 : *BRDA 1996, nº 15/16, p. 7.* ♦ ... Les contrats de vente passés à des acheteurs par l'intermédiaire d'un agent commercial. • Versailles, 28 nov. 1996 : *D. Affaires 1997. 222 ; RJDA 1997, nº 555.* ♦ ... La conclusion d'un contrat de transport, dès lors que l'acheminement de marchandises fabriquées auprès de sa clientèle constitue une activité quotidienne de la société débitrice. • Com. 9 janv. 2001 : *RPC 2002. 90, obs. Lebel.* ♦ ... La vente d'appartements, compte tenu de l'activité de construction-vente de la société débitrice. • Com. 27 nov. 2001, nº 99-10.378 P : *D. 2002. AJ 401, obs. Lienhard ; APC 2002, nº 2, obs. Vallansan ; Dr sociétés 2002, nº 40, note Legros ; Dr. et patr. 4/2002. 99, obs. Monsèrié-Bon ; JCP E 2002, nº 20, p. 805, obs. Cabrillac ; RPC 2003. 11, obs. Lebel.* ♦ ... La vente d'un véhicule utilitaire par une société exploitant un garage et un atelier de réparation automobile. • Com. 28 mai 2002 : *Dr. sociétés 2002, nº 218, note Legros ; RPC 2003. 15, obs. Lebel.* ♦ ... La souscription d'un contrat d'assurance. • Civ. 1re, 23 sept. 2003 : *APC 2003, nº 241.* ♦ ... La cession de créances professionnelles dans les formes prévues par la L. nº 81-1 du 2 janv. 1981 [désormais codifiée au C. mon. fin.]. • Versailles, 13 juin 1996 : *D. Affaires 1996. 1103.* ♦ ... La réception de la mise en demeure préalable notifiée par un organisme social qui, à la différence de la contrainte qui lui fait éventuellement suite, n'est pas de nature contentieuse. • Com. 12 janv. 2010, nº 08-20.659 P : *D. 2010. Chron. C. cass. 1110, obs. Bélaval ; ibid. AJ 264 ; JCP E 2010. 1296, nº 4, obs. Cabrillac ; RPC 2010, nº 54, obs. Lebel.*

4. Il ne peut être sérieusement soutenu que l'action en justice, fût-ce pour recouvrer une créance, constitue un acte de gestion courante, c'est-à-dire une opération de type courant, habituellement pratiquée et d'un montant peu élevé, tel que visé à l'art. 32 [C. com., art. L. 622-3]. • Paris, 4 oct. 1996 : *D. Affaires 1996. 1395.* ♦ L'irrégularité de fond résultant de la délivrance d'une assignation par le président-directeur général d'une société en redressement judiciaire sans être assisté des administrateurs judiciaires auxquels le jugement d'ouverture avait confié une mission d'assistance, dans la mesure où la régularisation n'est pas intervenue avant que le juge des référés ait statué, ne peut être couverte par la reprise d'instance, en cause d'appel, des commissaires à l'exécution du plan dont le pouvoir est limité, par application des dispositions impératives de l'al. 2 de l'art. 67 [C. com., art. L. 626-25], à la poursuite, avant le jugement qui arrête le plan, de l'action introduite par l'administrateur ou le représentant des créanciers. • Même arrêt.

La réception de la notification d'un acte de procédure (en l'espèce, de la dénonciation d'une saisie-attribution) ne peut être considérée comme un acte de gestion courante au sens de l'art. 32 [C. com., art. L. 622-3]. • Grenoble, 13 nov. 2001 : *Rev. huiss. 2002. 121, obs. Putman.* ♦ V. aussi note 1 ss. art. L. 631-12.

5. Ne constitue pas un acte de gestion courante le mandat donné par le dirigeant d'une société en redressement judiciaire à un avocat de représenter la société dans des procédures opposant celle-ci à des créanciers, et la convention d'honoraires subséquentes, dès lors que les frais et honoraires dont le paiement est réclamé par l'avocat sont d'une « particulière importance » et sont de nature à grever d'autant la situation de la société au détriment des autres parties prenantes au nombre desquelles se trouvent les créanciers de celle-ci. • Civ. 1re, 13 nov. 1997 : *RJDA 1998, n° 456.*

6. La conclusion d'un contrat de travail n'est pas un acte de gestion courante. • Soc. 30 mai 2001 : *APC 2001, n° 203, obs. Regnaut-Moutier.* ♦ Un contrat de travail à durée déterminée, quoique conclu sans l'assistance de l'administrateur judiciaire, est opposable à la procédure collective dès lors qu'il a été ratifié par celui-ci. • Soc. 17 oct. 2006 : *RJDA 2006, n° 176 ; APC 2007, n° 9, obs. Fin-Langer.* ♦ Mais le règlement d'un salaire ne constitue pas de la part de l'administrateur judiciaire une approbation non équivoque de l'acte établi sans son assistance. • Soc. 7 nov. 2007 : *RJDA 2008, n° 436.*

7. Action en responsabilité contractuelle. Le débiteur en redressement judiciaire a qualité pour exercer seul ou, lorsqu'il en a été désigné un, représenté ou assisté de son administrateur, une action en responsabilité civile contractuelle. • Com. 4 mars 2003 : *RPC 2004. 46, obs. Lebel.*

8. Patrimoine personnel. Il avait été jugé qu'en application des art. 31 et 32 [C. com., art. L. 622-2 et L. 622-3], il doit être considéré que le débiteur a le pouvoir d'exercer les actions en justice relatives à son patrimoine personnel, distingué de son patrimoine professionnel. • Poitiers, 10 nov. 1987 : *RPC 1988. 367, obs. Mestre et Delebecque.* ♦ Pour interjeter appel d'une décision autorisant la saisie immobilière d'un de ses immeubles personnels le débiteur n'a pas à requérir l'assistance de l'administrateur judiciaire. • Paris, 12 nov. 1987 : *DP diff. entr., Bull. 1988, n° 47, p. 8877.* ♦ De même, la demande du débiteur qui tend à ce qu'il soit sursis durant un an à son expulsion d'un immeuble dont il avait été propriétaire et qui avait été adjugé ne concerne pas l'administration et la disposition de ses biens. • Com. 22 févr. 1994, n° 91-20.652 P : *D. 1994. IR 79.*

9. Sanction. Les actes juridiques accomplis par le débiteur au cours de la période d'observation du redressement judiciaire, n'étant pas frappés de nullité mais simplement d'inopposabilité à la procédure collective, il s'ensuit que l'employeur, qui succède à l'employeur en redressement judiciaire, ne peut opposer au salarié la méconnaissance de la règle de dessaisissement. • Soc. 5 nov. 2014 : *D. 2014. Actu. 2294 ; LEDEN 12/2014. 7, obs. Dedessus-Le-Moustier ; APC 2015, n° 4, obs. Pédemons ; Gaz. Pal. 18-20 janv. 2015, p. 32, obs. Gailhbaud ; RPC 2015, n° 1, obs. Fin-Langer ; RJDA 2015, n° 291.* ♦ Le licenciement pour faute lourde décidé par le débiteur seul, sans le concours de l'administrateur chargé de l'assister, n'est pas nul mais simplement inopposable à la procédure et conserve tous ses effets entre les parties. • Soc. 28 juin 2001 : *RPC 2002. 59, obs. Tacquet.* ♦ V. aussi, pour l'inopposabilité d'un bail conclu par le débiteur seul, • Versailles, 9 avr. 1998 : *D. Affaires 1998. 1051, obs. A. L.*

10. Information du cocontractant. Aucun texte n'oblige une entreprise à informer son cocontractant du fait qu'elle fait l'objet d'un redressement judiciaire. • Com. 24 sept. 2003 : *RJDA 2004, n° 189 ; RPC 2004. 220, obs. Lebel.*

11. Responsabilité civile de l'administrateur. V. note 12 ss. art. L. 621-4.

Art. L. 622-4 **Dès son entrée en fonction, l'administrateur est tenu de requérir du** *(Ord. n° 2008-1345 du 18 déc. 2008, art. 163-I)* **« débiteur » ou, selon le cas, de faire lui-même tous actes nécessaires à la conservation des droits de l'entreprise contre les débiteurs de celle-ci et à la préservation des capacités de production.**

L'administrateur a qualité pour inscrire au nom de l'entreprise tous hypothèques, nantissements, gages ou privilèges que le *(Ord. n° 2008-1345 du 18 déc. 2008, art. 163-I)* **« débiteur » aurait négligé de prendre ou de renouveler.** — *[C. com., anc. art. L. 621-16.]*

L'appel interjeté par l'administrateur du jugement qui l'a déclaré irrecevable en sa constitution de partie civile du chef d'abus de biens sociaux au nom de la société en redressement judiciaire, faute d'avoir été investi du pouvoir de représenter cette société, l'est valablement, celui-ci tenant de l'art. L. 621-16 [L. 622-4] la possibilité de faire tous actes nécessaires à la conservation des droits de l'entreprise contre les débiteurs de celle-ci. • Crim. 27 févr. 2002, n° 01-82.594 P : *D. 2002. AJ 2258 ; RJDA 2002, n° 776 ; BJS 2002. 777, note F.-X. Lucas.*

Art. L. 622-5 **Dès le jugement d'ouverture, tout tiers détenteur est tenu de remettre à l'administrateur ou, à défaut, au mandataire judiciaire, à la demande de celui-ci, les documents et livres comptables en vue de leur examen.** — *[C. com., anc. art. L. 621-17.]*

V. art. R. 622-3.

[Jurispr. relative à l'art. 46, al. 2, du Décr. n° 85-1388 du 27 déc. 1985].

Droit de rétention du dépositaire. L'art. 46, al. 2, imposant la remise de la comptabilité à l'administrateur par le tiers détenteur, qui n'a qu'une valeur réglementaire et n'est assorti d'aucune sanction, ne saurait faire échec au droit réel opposable à tous conféré à une société d'expertise comptable par l'art. 1948 C. civ. et son application jurisprudentielle constante laquelle a consacré le droit à rétention de l'expert-comptable des documents qui lui ont été volontairement remis pour l'accomplissement de sa mission tant qu'il n'a pas été payé. • Versailles, 27 févr. 1997 : *D. 1998. Somm. 101, obs. S. Piedelièvre* ; *RPC 1998. 165, obs. Soinne* ; *JCP 1998. II. 10134, note Gorchs.* ♦ Par ailleurs l'art. 46, al. 2 [C. com., art. L. 622-5] ne déroge pas aux dispositions de l'art. 33, al. 2, de la loi du 25 janv. 1985 [C. com., art. L. 622-7, al. 3] qui, dans l'hypothèse où le créancier exerce son droit de rétention, ce qui pourrait gêner la poursuite de l'activité, permet à l'administrateur de dégager la chose légitimement retenue en sollicitant du juge-commissaire l'autorisation de payer ce créancier, la loi n'ayant pas distingué entre les différents créanciers, la seule condition étant celle d'une rétention légitime pour une créance non contestée. • Même arrêt. – V. aussi • Com. 22 janv. 2002 : *JCP E 2004, n° 8-9, p. 317, obs. Navarro* • Amiens, 20 oct. 2003 : *JCP E 2004, n° 23, p. 889.* ♦ Comp., en ce sens que l'expert-comptable doit remettre les documents comptables au mandataire, même s'il n'a pas été payé : • T. com. Lille, 23 oct. 1995 : *RPC 1998. 165, obs. Soinne.*

Art. L. 622-6 *(L. n° 2005-845 du 26 juill. 2005, art. 24)* **Dès l'ouverture de la procédure, il est dressé un inventaire** *(Abrogé par Ord. n° 2008-1345 du 18 déc. 2008, art. 20)* **« *et réalisé une prisée* » du patrimoine du débiteur** *(L. n° 2022-172 du 14 févr. 2022, art. 5, en vigueur le 14 mai 2022)* **« qui constitue le gage de ses créanciers professionnels » ainsi que des garanties qui le grèvent. Cet inventaire, remis à l'administrateur et au mandataire judiciaire, est complété par le débiteur par la mention des biens qu'il détient susceptibles d'être revendiqués par un tiers.** *(Ord. n° 2010-1512 du 9 déc. 2010, art. 3-5°)* **« Le débiteur entrepreneur** *(Abrogé par L. n° 2022-172 du 14 févr. 2022, art. 5, à compter du 14 mai 2022)* **« *individuel à responsabilité limitée* » y fait en outre figurer les biens détenus dans le cadre de l'activité à raison de laquelle la procédure a été ouverte qui sont compris dans un autre de ses patrimoines et dont il est susceptible de demander la reprise dans les conditions prévues par l'article L. 624-19. »**

Le débiteur remet à l'administrateur et au mandataire judiciaire *(L. n° 2022-172 du 14 févr. 2022, art. 5, en vigueur le 14 mai 2022)* **« , pour les besoins de l'exercice de leur mandat, » la liste de ses créanciers, du montant de ses dettes et des principaux contrats en cours. Il les informe des instances en cours auxquelles il est partie.**

L'administrateur ou, s'il n'en a pas été nommé, le mandataire judiciaire peut, nonobstant toute disposition législative ou réglementaire contraire, obtenir communication par les administrations et organismes publics, les organismes de prévoyance et de sécurité sociale, les établissements de crédit *(Ord. n° 2013-544 du 27 juin 2013, art. 7-11°, en vigueur le 1er janv. 2014)* **« , les sociétés de financement »** *(L. n° 2013-100 du 28 janv. 2013, art. 22)* **« , les établissements de monnaie électronique, les établissements de paiement » ainsi que les services chargés de centraliser les risques bancaires et les incidents de paiement, des renseignements de nature à lui donner une exacte information sur la situation patrimoniale du débiteur.**

Lorsque le débiteur exerce une profession libérale soumise à un statut législatif ou réglementaire ou dont le titre est protégé, l'inventaire est dressé en présence d'un représentant de l'ordre professionnel ou de l'autorité compétente dont, le cas échéant, il relève. En aucun cas l'inventaire ne peut porter atteinte au secret professionnel si le débiteur y est soumis.

L'absence d'inventaire ne fait pas obstacle à l'exercice des actions en revendication ou en restitution.

Un décret en Conseil d'État fixe les conditions d'application du présent article. – *V. art. R. 622-4 s.*

Pour les dispositions transitoires de la L. n° 2022-172 du 14 févr. 2022, V. note ss. art. L. 611-13.

Sur la sanction, V. art. L. 653-8, al. 2.

Sur le relevé de forclusion des créanciers, en cas d'omission volontaire du débiteur lors de l'établissement de la liste prévue à l'art. L. 622-6, al. 2, V. art. L. 622-26.

BIBL. ▶ Delattre, *RPC 2018. Étude 7* (contour de l'obligation de coopération).

I. INVENTAIRE

1. *Défaut d'inventaire.* La charge de prouver que les biens revendiqués, restés en la possession du débiteur lors du redressement judiciaire et de l'exécution du plan de continuation, n'existaient plus en nature au jour du prononcé de la liquidation judiciaire, incombe au liquidateur, représentant la société débitrice, en l'absence de réalisation de la formalité obligatoire de l'inventaire. • Com. 1er déc. 2009, n° 08-13.187 P : *D. 2010. AJ 12, obs. Lienhard* ; *RTD com. 2010. 424, obs. Martin-Serf* ; *JCP E 2010. 1296, n° 12, obs. Cabrillac ; LEDEN, janv. 2010, p. 2, obs. Rubellin ; Gaz. Pal. 16-17 avr. 2010, p. 42, obs. Pérochon ; RJDA 2010, n° 541 ; RTD civ. 2010. 361, obs. Crocq* . – Dans le même sens, sur renvoi, V. • Toulouse, 8 nov. 2011 : *RJDA 2012, n° 317 ; BJE 2012. 93, note Laroche.* ♦ De même, en présence d'un inventaire incomplet, sommaire ou inexploitable, qui équivaut à l'absence d'inventaire obligatoire prévu par l'art. L. 622-6, la preuve que le bien revendiqué, précédemment détenu par le débiteur, n'existe plus en nature au jour du jugement d'ouverture, incombe au liquidateur. • Com. 25 oct. 2017, n° 16-22.083 P : *D. 2017. Actu. 2149* ; *Rev. sociétés 2017. 737, obs. Henry* ; *JCP E 2017. 1688, n° 9, obs. Pétel ; LEDEN 12/2017. 5, obs. Houssin ; APC 2017, n° 297, obs. Laroche ; Gaz. Pal. 16 janv. 2018, p. 77, obs. Le Corre-Broly ; BJE 2018. 38, note Macorig-Venier ; RJDA 2018, n° 157 ; RPC 2018, n° 25, obs. Aynès.*

2. Régime antérieur à 1994. Sur le caractère facultatif de l'inventaire dans le régime antérieur à la loi du 10 juin 1994, V. • Com. 9 avr. 1991, n° 89-19.641 P : *D. 1992. Somm. 94, obs. Derrida* • 1er oct. 1991, n° 89-16.559 P : *D. 1991. IR 257 ; RTD com. 1992. 248, obs. Martin-Serf* • 15 déc. 1992, n° 90-19.980 P : *D. 1993. Somm. 289, obs. Pérochon* • 8 juin 1993, n° 90-21.928 P : *D. 1993, préc.* ♦ Pour l'application des dispositions issues de la loi du 10 juin 1994 aux procédures ouvertes à compter du 1er oct. 1994, V. • Com. 15 févr. 2000, n° 97-11.670 P : *D. 2000. AJ 127, obs. Lienhard* .

II. LISTE DES CRÉANCIERS

[Jurispr. antérieure à la loi du 26 juill. 2005.]

3. Effets de l'omission sur la forclusion. L'omission de la créance sur la liste dressée par le débiteur en vertu de l'art. 52 [C. com., ancien art. L. 621-45] n'a pas pour effet, en l'absence de disposition particulière, de déroger à l'application de la règle d'ordre public de l'art. 53, al. 1er [C. com., ancien art. L. 621-46, al. 1er]. • Com. 19 janv. 1993, n° 91-11.462 P : *D. 1993. IR 55* • 2 mars 1999 : *Dr. sociétés 1999, n° 130, obs. Chaput ; RPC 1999. 213, obs. Larrieu* • 30 juin 2004, n° 03-11.046 P : *D. 2004. AJ 2044* ; *RDBF 2004, n° 208, obs. F.-X. Lucas* • 19 déc. 2006, n° 05-19.257 P : *D. 2007. AJ 228, obs. Lienhard* ; *Gaz. Pal. 13-14 avr. 2007, p. 47, obs. Le Corre-Broly.* ♦ Cette solution s'applique nonobstant les dispositions de l'art. 192 [C. com., ancien art. L. 625-8, devenu L. 653-8], al. 2, qui prévoient, dans ce cas de figure, la faculté de prononcer une interdiction de gérer à l'encontre du débiteur de mauvaise foi. • Com. 7 déc. 1999, n° 97-15.709 P : *D. 2000. AJ 33* ; *APC 2000, n° 4, obs. Vallansan ; JCP E 2000, nos 18-19, p. 753, obs. Cabrillac et Pétel.*

4. Pour des décisions accordant le relevé de forclusion en raison du caractère intentionnel de l'omission, V. • Douai, 30 janv. 1997 : *RPC 1999. 213, obs. Larrieu* • Pau, 22 mars 1999 : *APC 1999, n° 202, obs. Vallansan.*

5. Pour une décision relevant de forclusion un créancier ayant déclaré sa créance hors délai, au motif, notamment, que le débiteur n'avait pas remis la liste de ses créances, V. • T. com. Nantes, ord., 16 févr. 1994 : *RJ com. 1995. 79, obs. Gallet.*

Comp., désormais : art. L. 622-26, al. 1er, dans sa réd. issue de L. n° 2005-845 du 26 juill. 2005, qui permet au créancier omis de la liste des créanciers mentionnée à l'art. L. 622-6 d'être relevé de sa forclusion.

6. Effets de l'omission sur la responsabilité du représentant des créanciers. **BIBL.** Le Corre, *Banque et Dr. 3-4/1998. 20.* ♦ Le représentant des créanciers n'ayant pas l'obligation de pallier la carence du débiteur dans l'établissement et le dépôt de la liste des créanciers, en recherchant lui-même ceux d'entre eux bénéficiant d'une sûreté ayant fait l'objet d'une publication, sa responsabilité ne peut être retenue dans l'extinction de la créance d'un créancier ayant privilège et hypothèque inscrits sur les immeubles du débiteur pour ne pas l'avoir averti d'avoir à la déclarer, sans que soient relevées de circonstances propres à établir que le représentant des créanciers avait failli à son obligation d'avertir un créancier connu. • Com. 9 mai 1995 : *RJDA 1995, n° 1274.* ♦ Comp., dans la même affaire, sur deuxième pourvoi, admettant un partage de responsabilité entre le créancier qui a omis de prendre connaissance de la publication du jugement d'ouverture au BODACC et le représentant des créanciers qui s'est abstenu de rechercher auprès de l'administrateur des informations tirées des charges de remboursement des crédits, d'utiliser les déclarations de créances hypothécaires pour connaître les éléments du patrimoine immobilier et d'interroger la conservation des hypothèques sur d'éventuelles sûretés grevant l'immeuble d'habitation du débiteur : • Com. 23 mai 2000, n° 97-21.493 P : *D. 2000. AJ 309, obs. Lienhard* ; *JCP E 2000, n° 28, p. 1140, note Le Corre ; APC 2000, n° 131, obs. Vallansan.* ♦ Comp. également : • Com. 18 janv. 2000 : *RPC 2000. 85, obs. Soinne ; RDBF 2000, n° 120, obs. F.-X. Lucas ; APC 2000, n° 171, obs. Regnaut-Moutier* • 29 oct. 2002 : *RJDA 2003, n° 276 (2 arrêts)* • Toulouse, 21 févr. 2001 : *Gaz. Pal. 2001. Somm. 1728.* ♦ Sur l'obligation faite aux juges du fond de retenir des faits circonstanciés, V. • Com. 20 juin 2000, n° 96-20.806 P : *D. 2000. AJ 337, obs. Lienhard* ; *APC 2000, n° 171, obs. Regnaut-Moutier ; RDBF 2000, n° 157, obs. F.-X. Lucas.* ♦ V. désormais, sur l'avertissement des créanciers titulaires d'une sûreté publiée, art. L. 622-24, al. 1er.

7. Effets de l'omission sur la responsabilité du débiteur. Dès lors que n'est pas constatée une fraude commise par le débiteur, le créancier qui n'a pas été mentionné sur la liste des créanciers et qui n'a pas déclaré sa créance n'est pas recevable à agir en réparation, sur le fondement de l'art. 1382 [1240] C. civ., du préjudice lié à l'extinction de sa créance. • Com. 2 mai 2001, n° 98-16.146 P : *D. 2001. AJ 1725, obs. Lienhard* ; *APC 2001, n° 119, obs. Regnaut-Moutier* ; *JCP E 2001, n° 38, p. 1470, obs. Pétel.* ♦ Pour un arrêt optant en faveur d'un partage de responsabilité entre le débiteur et le créancier défaillant, V. • Angers, 10 mai 2005 : *RDBF 2006, n° 23, obs. F.-X. Lucas.* ♦ Pour un cas de fraude, V. • TGI Auxerre, 14 oct. 2002 : *Banque et Dr. 5-6/2004. 53, obs. Guillot.* ♦ V. aussi note 12 ss. art. L. 643-11.

8. Effets de l'omission sur la reprise des poursuites individuelles après clôture de la liquidation. V. note 12 ss. art. L. 643-11.

Art. L. 622-6-1 *(Ord. n° 2008-1345 du 18 déc. 2008, art. 21)* **Sauf s'il a été procédé, dans le jugement d'ouverture de la procédure, à la désignation d'un officier public** *(L. n° 2011-850 du 20 juill. 2011, art. 37-XV, en vigueur le 1er sept. 2011)* **« ou d'un courtier de marchandises assermenté » chargé de dresser l'inventaire, celui-ci est établi par le débiteur et certifié par un commissaire aux comptes ou attesté par un expert-comptable. Les dispositions du quatrième alinéa de l'article L. 622-6 ne sont, en ce cas, pas applicables.**

Si le débiteur n'engage pas les opérations d'inventaire dans un délai de huit jours à compter du jugement d'ouverture ou ne les achève pas dans un délai fixé par ce jugement, le juge-commissaire désigne pour y procéder ou les achever *(Ord. n° 2016-728 du 2 juin 2016, art. 23, en vigueur le 1er juill. 2022)* **« un commissaire de justice** *[ancienne rédaction : un commissaire-priseur judiciaire, un huissier de justice]* **», un notaire ou un courtier en marchandises assermenté en considération de leurs attributions respectives telles qu'elles résultent des dispositions qui leur sont applicables.** *(Ord. n° 2009-112 du 30 janv. 2009, art. 11-1, en vigueur le 15 févr. 2009)* **« Il est saisi par l'administrateur, le mandataire judiciaire ou le ministère public. Il peut également se saisir d'office. Le délai fixé pour achever les opérations d'inventaire peut être prorogé par le juge-commissaire. »**

V. art. R. 622-4-1.

Art. L. 622-7 *(Ord. n° 2008-1345 du 18 déc. 2008, art. 22)* **I. — Le jugement ouvrant la procédure emporte, de plein droit, interdiction de payer toute créance née antérieurement au jugement d'ouverture, à l'exception du paiement par compensation de créances connexes. Il emporte également, de plein droit, interdiction de payer toute créance née après le jugement d'ouverture, non mentionnée au I de l'article L. 622-17. Ces interdictions ne sont pas applicables au paiement des créances alimentaires.**

De même, il emporte, de plein droit, inopposabilité du droit de rétention conféré par le 4° de l'article 2286 du code civil pendant la période d'observation et l'exécution du plan, sauf si le bien objet du gage est compris dans une cession d'activité décidée en application de l'article L. 626-1.

Il fait enfin obstacle à la conclusion et à la réalisation d'un pacte commissoire.

II. — *(Ord. n° 2021-1193 du 15 sept. 2021, art. 15, en vigueur le 1er oct. 2021)* **« Le juge-commissaire peut autoriser le débiteur à faire un acte de disposition étranger à la gestion courante de l'entreprise, à consentir une sûreté réelle conventionnelle en garantie d'une créance postérieure à l'ouverture de la procédure, à payer le transporteur exerçant une action au titre de l'article L. 132-8 du code de commerce ou à compromettre ou transiger. Néanmoins, si l'un de ces actes est susceptible d'avoir une incidence déterminante sur l'issue de la procédure, le juge-commissaire ne peut statuer qu'après avoir recueilli l'avis du ministère public.**

« Après avoir recueilli les observations du ministère public, le juge commissaire peut autoriser le débiteur à exercer le droit prévu à l'article 1699 du code civil. Il » peut aussi l'autoriser à payer des créances antérieures au jugement, pour retirer le gage ou une chose légitimement retenue ou encore pour obtenir le retour de biens et droits transférés à titre de garantie dans un patrimoine fiduciaire, lorsque ce retrait ou ce retour est justifié par la poursuite de l'activité. Ce paiement peut en outre être autorisé pour lever l'option d'achat d'un contrat de crédit-bail, lorsque cette levée d'option est justifiée par la poursuite de l'activité *(Abrogé par Ord. n° 2014-326 du 12 mars*

2014, art. 21-2°, à compter du 1er juill. 2014) **« *et que le paiement à intervenir est d'un montant inférieur à la valeur vénale du bien objet du contrat.* »** — *V. art. R. 622-6.*

III. — Tout acte ou tout paiement passé en violation des dispositions du présent article est annulé à la demande de tout intéressé ou du ministère public, présentée dans un délai de trois ans à compter de la conclusion de l'acte ou du paiement de la créance. Lorsque l'acte est soumis à publicité, le délai court à compter de celle-ci.

Pour les dispositions transitoires de l'Ord. n° 2021-1193 du 15 sept. 2021, V. note ss. art. L. 611-2.

RÉP. COM. v° *Entreprises en difficulté : situation des créanciers*, par MACORIG-VENIER.

BIBL. ▶ Régime issu de l'ordonnance du 18 déc. 2008 : PÉROCHON, *D. 2009. 651* (interdictions de paiement et traitement des sûretés réelles). – LE CORRE, *Gaz. Pal. 2009. Doctr. 810* (l'interdiction des paiements après l'Ord. du 18 déc. 2008) ; *JCP E 2009. 1204* (efficacité des gages sans dépossession dans les procédures collectives). – A. AYNÈS, *JCP 2009. I. 119* (même thème). – BARAT, *RDBF 2010. Dossier 13* (levée d'option d'achat du crédit-bail). ▶ Régime antérieur : DEVÈZE, *RPC 1992. 119* (créanciers titulaires d'un gage, d'un nantissement ou d'un droit de rétention). – DERRIDA, *Defrénois 1995. 1073* (réalisation des immeubles). – POURQUIER, *D. Affaires 1998. 936 ; RTD com. 2000. 569* (droit de rétention). – CAMPANA et CALENDINI, *JCP E 1998, n° 27, p. 1082* (droit de rétention). – POLLAUD-DULIAN, *JCP 1998. I. 138* (principe d'égalité). – LE CORRE-BROLY, *D. Affaires 1998. 1802 et 1838* (droit de rétention sur documents d'immatriculation). – COURTIER, *RPC 1999. 210* (pouvoirs donnés au juge-commissaire par l'art. 33, al. 3). – PÉROCHON, *Mél. Cabrillac, Dalloz-Litec, 1999, p. 379* (droit de rétention). – LE CORRE, *D. 2001. Chron. 2815* (invincibilité du droit de rétention).

I. INTERDICTION DE PAYER LES CRÉANCES ANTÉRIEURES

A. DOMAINE D'APPLICATION DE L'INTERDICTION

1° PAIEMENTS INTERDITS

1. *Créances visées (L. 26 juill. 2005).* Un virement porté au débit du compte du débiteur après le jugement d'ouverture de la procédure collective ne saurait être annulé sur le fondement de l'art. L. 622-7 sans qu'il soit constaté qu'il a permis le paiement, soit d'une créance née antérieurement au jugement d'ouverture, soit d'une créance née après le jugement d'ouverture, non mentionnée au I de l'art. L. 622-17, à l'exception de celles liées aux besoins de la vie courante du débiteur, et des créances alimentaires. • Com. 3 nov. 2010, n° 09-69.533 P : *D. 2010. Actu. 2644, obs. Lienhard ; RTD com. 2011. 638, obs. Martin-Serf ; JCP E 2011. 1002, note Lebel ; LEDEN 1/2011. 2, obs. Parachkévova ; Gaz. Pal. 7-8 janv. 2011, p. 35, obs. Roussel Galle ; RPC 2011, n° 76, obs. Dumont-Lefrand.*

2. *Cotisations sociales.* Le jugement ouvrant la procédure collective emporte de plein droit interdiction de payer toute créance née antérieurement et l'absence de règlement intégral des cotisations antérieures ne prive pas l'assuré ou ses ayants droit de tout droit aux prestations, mais a seulement pour effet d'exclure la période pen*dant laquelle les cotisations n'ont pas été payées* du calcul du montant des prestations. • Com. 13 mars 2007, n° 05-20.396 P : *D. 2007. AJ 1083, obs. Lienhard ; APC 2007, n° 84, obs. Regnaut-Moutier, JCP E 2007. 2119, n° 6, obs. Pétel.* – Dans le même sens, V. • Com. 5 avr. 2016, n° 14-21.277 P : *D. 2016. Actu. 836, obs. Lienhard ; RTD com. 2016. 551, obs. Martin-Serf ; JCP E 2016. 1378, note Stefania ; APC 2016, n° 100, obs. Vallansan ; LEDEN 6/2016. 5, obs. Camensuli-Feuillard ; RJDA 2016, n° 460 ; Gaz. Pal. 28 juin 2016, p. 68, obs. Le Corre ; BJE 2016. 250, note Benilsi.* ♦ V. aussi note 13 ss. ancien art. L. 621-32 ss. art. L. 622-17, et note 9 ss. art. L. 643-11.

En ce sens que l'interdiction des paiements justifie la rétention par le débiteur des cotisations ouvrières précomptées, V. • Crim. 24 janv. 2006 : *D. 2006. AJ 861, obs. Lienhard ; APC 2006, n° 77, obs. Fraimout ; Gaz. Pal. 30 avr.-4 mai 2006, p. 54, obs. Robaczewski ; RJ com. 2006. 235, note Sortais.*

3. *Primes d'assurance.* Le liquidateur ayant réglé la fraction de primes relative à la période postérieure au jugement d'ouverture, la mise en demeure adressée par la société d'assurance postérieurement au jugement ayant prononcé la liquidation judiciaire pour le paiement de primes échues pour partie antérieurement à ce jugement est sans effet sur la résiliation du contrat. • Com. 17 nov. 2009, n° 08-19.537 P : *D. 2009. AJ 2862 ; Gaz. Pal. 8-9 janv. 2010, p. 20, obs. Kendérian ; RPC 2010, n° 59, obs. Roussel Galle ; RJDA 2010, n° 540.* ♦ V. déjà, pour l'absence d'effet d'une mise en demeure de payer les primes échues avant le jugement d'ouverture sous peine de déchéance de la garantie, • Com. 8 juin 1993, n° 90-13.821 P : *Rev. huiss. 1993. 1431, note Vidal.*

4. *Paiement par chèque postdaté.* Il résulte de la combinaison des art. L. 131-31 C. mon. fin. et L. 622-7 C. com. que la provision d'un chèque émis par un tireur avant d'être mis en redressement judiciaire n'est transférée au profit du bénéficiaire qu'autant qu'elle ait existé au jour du jugement d'ouverture. • Com. 12 janv. 2010, n° 08-20.241 P : *D. 2010. AJ 264* ; *JCP E 2010. 1296, n° 3, obs. Cabrillac* ; *LEDEN 3/2010. 2, obs. Parachkévova* ; *APC 2010, n° 73, obs. Regnaut-Moutier* ; *Gaz. Pal. 16-17 avr. 2010, p. 36, obs. Bonhomme.*

5. Fourniture de la provision de la lettre de change. L'exécution par le tireur de lettres de change, de l'obligation de fournir la provision en délivrant au tiré les choses vendues, n'est pas soumise aux dispositions de l'art. 33 [C. com., art. L. 622-7]. • Com. 5 oct. 1993 : *RJDA 1994, n° 206.*

6. Mandat de payer irrévocable antérieur à l'ouverture de la procédure. Est nul le paiement, après le jugement d'ouverture, d'une créance antérieure, fût-elle garantie par un nantissement, effectué en exécution d'un mandat irrévocable donné par le débiteur. • Com. 11 avr. 1995, n° 93-16.969 P : *JCP E 1995. I. 513, n° 4, obs. Pétel.* – Rappr. : • Com. 26 juin 2001 : *APC 2001, n° 205, obs. Regnaut-Moutier.* – *Contra* : • Com. 7 janv. 2003 : *JCP N 2003, n° 47, p. 1696, obs. Vauvillé* ; *JCP 2004. II. 10079, note Kéita* ; *RPC 2004. 214, obs. Lebel* ; *LPA 12 avr. 2005, note M. Sénéchal.*

7. Gage-espèces. Le gage-espèces constitué postérieurement à l'ouverture de la procédure collective ne peut avoir pour objet de garantir, au mépris de l'égalité entre créanciers, une créance antérieure. • Com. 3 avr. 2019, n° 18-11.281 P : *D. 2019. Actu. 757* ; *RTD com. 2019. 990, obs. Martin-Serf* ; *JCP E 2019. 1375, n° 5, obs. Tehrani* ; *LEDEN 6/2019. 2, obs. Andreu* ; *RJDA 2019, n° 448* ; *BJE 7-8/2019. 23, note Borga* ; *RDBF 2019, n° 138, obs. Houin-Bressand.*

8. Paiement par un tiers en vertu d'une délégation. Pour l'inapplicabilité des dispositions de l'art. L. 622-7 C. com. aux paiements faits par le délégué au délégataire, en cas de redressement judiciaire du délégant, V. • Com. 30 mars 2005 : *D. 2005. Pan. 2015, obs. F.-X. Lucas* ; *APC 2005, n° 98, obs. Regnaut-Moutier* ; *Banque et Dr. 7-8/2005. 64, obs. Rontchevsky.*

9. Paiement par le débiteur en qualité de mandataire. S'agissant d'un débiteur disposant d'une procuration sur le compte bancaire d'un tiers qui avait, après ouverture de son redressement judiciaire, émis, en paiement de fournitures, un chèque s'étant révélé sans provision, le tiers titulaire du compte, personnellement engagé par l'émission du chèque en application des règles du mandat, aucun dépassement de ses pouvoirs par le mandataire n'étant allégué et un concert frauduleux entre celui-ci et son bénéficiaire n'étant pas démontré, ne peut, bien que la cause du chèque réside dans l'activité commerciale du mandataire, invoquer à son profit les dispositions de l'art. 33 [C. com., art. L. 622-7] applicables à ce dernier qui faisait seul l'objet de la procédure collective. • Com. 5 oct. 1993 : *RJDA 1994, n° 331.*

10. Avis à tiers détenteur. Il résulte de l'art. L. 263 LPF [dans sa réd. antérieure à la L. n° 2017-1775 du 27 déc. 2017] que l'avis à tiers détenteur, portant sur une créance à exécution successive, pratiqué à l'encontre de son titulaire avant la survenance d'un jugement portant ouverture d'un redressement judiciaire ou d'une liquidation judiciaire de celui-ci, poursuit ses effets sur les sommes échues en vertu de cette créance, après ledit jugement. • Com. 8 juill. 2003, n° 00-13.309 P : *D. 2003. AJ 2094, obs. Lienhard* ; *APC 2003, n° 185, obs. Regnaut-Moutier* ; *RDBF 2003, n° 234, obs. F.-X. Lucas* ; *JCP E 2004, n° 6, p. 229, obs. Cabrillac* ; *RTD com. 2004. 371, obs. Martin-Serf*. ♦ *Contra*, auparavant, pour un avis à tiers détenteur notifié avant le 1er janv. 1993, date d'entrée en vigueur de la L. n° 91-650 du 9 juill. 1991 : • Com. 24 oct. 1995, n° 93-10.351 P : *D. 1996. 155, note Derrida* ; *JCP 1996. II. 22578, note Putman* ; *Defrénois 1996. 256, obs. Sénéchal* ; *RTD com. 1996. 526, obs. Martin-Serf*. ♦ V. aussi et comp. notes 73 et 74 ss. art. L. 622-21.

11. Action directe du sous-traitant. Le paiement direct du maître de l'ouvrage au sous-traitant, en vertu de l'art. 12 de la loi du 31 déc. 1975, ne saurait constituer un paiement préférentiel prohibé. • Paris, 29 sept. 1992 : *D. 1993. IR 39.*

12. Restitution d'un paiement indu. Le droit à restitution d'une somme versée par un créancier, au titre de la liquidation d'une astreinte, naît avec l'arrêt infirmant l'ordonnance de référé qui avait condamné le créancier à payer. • Com. 8 déc. 1998, n° 96-21.540 P : *D. Affaires 1999. 133* ; *JCP E 1999, n° 18-19, p. 814, obs. Cabrillac et Pétel* ; *APC 1999, n° 4, obs. Regnaut-Moutier* ; *RTD com. 1999. 975, obs. Martin-Serf*. ♦ Comp., considérant que l'origine de la créance d'indu étant le fait juridique du paiement, dès lors qu'une somme a été versée en exécution d'une ordonnance antérieure au jugement d'ouverture, mais postérieurement, le débiteur et le représentant des créanciers doivent restituer cette somme à l'assureur de la société à l'origine du sinistre : • Com. 24 nov. 1998, n° 96-17.100 P : *D. 1999. IR 15* ; *D. Affaires 1999. 82, obs. P. P.* ; *JCP E 1999, n° 18-19, p. 814, obs. Cabrillac et Pétel* ; *RTD com. 1999. 975, obs. Martin-Serf*. ♦ Comp. aussi : note 37 ss. ancien art. L. 621-32, ss. art. L. 622-17.

13. Droit de rétention. V. note 69.

14. Redevances de crédit-bail. V. note 61 ss. art. L. 622-13.

15. Attribution judiciaire du gage. Sur l'exclusion de l'attribution judiciaire du gage avant tout jugement de liquidation judiciaire, V. • Com. 6 mars 1990 : *D. 1990. 311, note Derrida*. ♦ V. note 3 ss. art. L. 642-25.

16. *Intérêts d'une créance en compte courant.* Dès lors que la créance d'intérêts est relative à une créance en compte courant antérieure au jugement d'ouverture, de sorte qu'elle a elle-même, par voie d'accessoire, la nature de créance antérieure, peu important qu'il s'agisse d'intérêts dont le cours n'a pas été arrêté postérieurement au jugement d'ouverture, son règlement se heurte à la règle de l'interdiction des paiements. • Com. 27 sept. 2017, n° 16-19.394 P : *D. 2017. Actu. 1972 ; Rev. sociétés 2017. 740, obs. Roussel Galle ; RTD com. 2017. 991, obs. Martin-Serf ; ibid. 2018. 205, obs. Poujade ; BJS 2017. 749, note Heinich ; RJDA 2018, n° 44 ; LEDEN 1/2018. 4, obs. Parachkévova ; Gaz. Pal. 16 janv. 2018, p. 73, obs. Boustani ; Dr. sociétés 2018, n° 14, note Legros.*

17. *Contre-passation de factures en compte courant.* Ayant été effectuée après la mise en liquidation judiciaire de la société, la contre-passation sur le compte courant de celle-ci des factures litigieuses, dont il n'est pas soutenu que le montant a été absorbé par le solde créditeur du compte, ne vaut pas paiement et, par voie de conséquence, n'a pas fait perdre la propriété des créances correspondantes à l'affactureur, qui avait seul le droit d'en poursuivre le recouvrement, tout en les déclarant à la procédure collective de la société. • Com. 29 avr. 2014, n° 13-13.630 P : *D. 2014. Actu. 1038 ; LEDEN 6/2014. 4, obs. Borga ; Gaz. Pal. 29 juin-1er juill. 2014, p. 34, obs. Bonhomme ; APC 2014, n° 198, obs. Petit.* – V. Zinty, *RPC 2014. Étude 24.*

18. *Arrêté de compte.* BIBL. Gavalda, *JCP E 1988, n° spéc., 5 mai.* – Soinne, *LPA 10 janv. 1997.* ♦ Il n'y a pas infraction à l'art. 33 [C. com., art. L. 622-7] dès lors que la banque procède à un arrêté de compte dès le prononcé du redressement judiciaire permettant l'expression de la physionomie du compte à une date donnée et la séparation à cette date entre les opérations antérieures et postérieures, puis fait une déclaration de créance au représentant des créanciers, en maintenant en activité ce compte courant postérieurement. • T. com. Soissons, 7 sept. 1986 : *D. 1987. Somm. 95, obs. Derrida* • Limoges, 17 avr. 1986 : *Banque 1986. 713, obs. Rives-Lange* • 8 oct. 1986 : *ibid. 1986. 1134, obs. Rives-Lange.*

19. *Retrait litigieux.* BIBL. Lebel, *D. 2008. Chron. 2455*. – Durand, *LPA 10 nov. 2008.* ♦ Le jugement de redressement judiciaire proscrit l'exercice du retrait litigieux par le débiteur soumis à la procédure collective. • Com. 12 oct. 2004, n° 03-11.615 P : *D. 2004. AJ 2790 ; APC 2004, n° 218, obs. Regnaut-Moutier ; JCP E 2005, n° 1-2, p. 32, obs. Cabrillac et Pétel ; LPA 11 avr. 2005, note Lécuyer.* ♦ Même solution en cas de liquidation judiciaire : • Com. 14 févr. 2006 : *D. 2006. AJ 916, obs. Lienhard* • 9 mai 2007, n° 06-11.275 P : *D. 2007. AJ 1509 ; RTD civ. 2007. 583, obs. P.-Y. Gautier*. ♦ Jurisprudence infirmée par l'art. L. 622-7, II, al. 2, dans sa réd. issue de l'Ord. n° 2021-1193 du 15 sept. 2021.

20. *Rente viagère.* Pour l'application de l'art. L. 621-24 [L. 622-7] C. com. aux arrérages de la rente viagère réglés par l'épouse – mariée sous le régime de la communauté – après l'ouverture de la procédure collective de son mari, V. • Civ. 1re, 10 mai 2006 : *D. 2006. AJ 1452, obs. Lienhard ; ibid. Pan. 2254, obs. F.-X. Lucas ; APC 2006, n° 116, obs. Regnaut-Moutier ; LPA 22 juin 2007, note Antippas.*

21. *Principe d'égalité des créanciers.* Le paiement effectué par les anciens dirigeants d'une société qui a fait l'objet d'une procédure collective ne porte pas atteinte au principe de l'égalité des créanciers. • Com. 3 oct. 2006 : *D. 2006. AJ 2735, obs. Lienhard*.

22. *Clause pénale.* V. note 43 ss. art. L. 622-13.

2° CRÉANCES ALIMENTAIRES

23. Les créances alimentaires soustraites à l'interdiction des paiements par l'art. L. 622-7, I, al. 1er, sont celles qui sont issues d'une obligation alimentaire ; les créances salariales, qui ne sont pas fondées sur une telle obligation de l'employeur, ne sont pas assimilables à des créances alimentaires au sens du texte précité. • Com. 3 mai 2016, n° 14-24.855 P : *D. 2016. Actu. 997 ; RTD com. 2016. 552, obs. Martin-Serf ; JCP E 2016. 1387, note Ronet-Yague ; ibid. 1465, n° 12, obs. Pétel ; APC 2016, n° 121, obs. Fin-Langer ; LEDEN 7/2016. 7, obs. Dedessus-Le-Moustier ; BJE 2016. 262, note Le Mesle ; RJDA 2016, n° 707 ; Gaz. Pal. 18 oct. 2016, p. 53, obs. Boustani.*

24. La créance née d'une prestation compensatoire, qui présente, pour partie, un caractère alimentaire, si elle échappe à la règle de l'interdiction des paiements, demeure soumise à celle de l'interdiction des poursuites. Dès lors, en cas de liquidation judiciaire de son débiteur, elle doit, en principe, être payée hors procédure collective, c'est-à-dire sur les revenus dont celui-ci conserve la libre disposition, ou être recouvrée par la voie de la procédure de paiement direct ou de recouvrement public des pensions alimentaires, sans que son règlement puisse intervenir sur les fonds disponibles dans la procédure. Le créancier d'une prestation compensatoire peut cependant, et en outre, être admis aux répartitions, mais à la condition qu'il ait déclaré sa créance, comme il en a la faculté, la participation d'un créancier à la distribution de sommes par le liquidateur étant subordonnée à la déclaration de sa créance, sauf dérogation légale expresse, laquelle ne résulte pas de la simple absence de soumission des créances alimentaires aux dispositions de l'art. L. 622-24 prévue par le dernier al. de ce texte, ce dernier n'ayant ni pour objet ni pour effet de permettre à leur titulaire de concourir aux répartitions sans déclaration de créance. • Com. 13 juin 2019, n° 17-24.587 P : *D. 2019. Actu. 1278, obs. Lienhard ; ibid. Pan. 1907, obs. F.-X. Lucas ; Rev. sociétés 2019. 555, obs. Reille ; RTD com. 2019. 985, obs. Martin-Serf ; JCP E 2019. 1551, n° 11, obs. Tehrani ; LEDEN 7/2019. 3, obs. Rubellin ; RJDA 2019, n° 575 ; APC 2019, n° 206, obs. Vauvillé ; BJE 9-10/2019. 30, note Martineau-Bourgninaud ; Gaz. Pal. 15 oct. 2019, p. 66, obs. Siew-Guillemin ; RLDA oct. 2019. 49, obs. Alvarez Elorza ; RPC 2020, n° 83, obs. Dumont.*

3° RÉTRACTATION DU JUGEMENT D'OUVERTURE

25. L'art. 33 [C. com., art. L. 622-7] n'est pas applicable aux remises portées au crédit du compte de la société antérieurement à la date à laquelle le tribunal a rétracté, à la suite d'une tierce opposition, le jugement ouvrant la procédure de liquidation judiciaire de la société et ouvert à son égard une procédure de redressement judiciaire. • Com. 14 mai 2002, n° 99-12.449 P : *D. 2002. AJ 1904 .*

B. RESPONSABILITÉ DU MANDATAIRE DE JUSTICE

26. Sur l'absence d'exonération de responsabilité personnelle encourue en cas de paiement préférentiel, du fait que les mandataires avaient sollicité l'autorisation du tribunal et du juge-commissaire, V. (loi de 1967) • Com. 20 févr. 1996, n° 92-20.852 P : *D. 1996. Somm. 337, obs. Honorat ; Dr. sociétés 1996, n° 77, obs. Chaput ; RPC 1996. 243, obs. Soinne.*

C. VALIDITÉ DES PAIEMENTS PAR COMPENSATION

BIBL. Martin-Serf, *RTD com. 1995. 196* . – Bac, *JCP E 1999, n° 7, p. 308* (compte courant). – Gallet, *Rev. loyers 1999. 138* (compensation entre loyers arriérés et dépôt de garantie). – Reifegerste, *LPA 4 avr. 2000* (connexité). – Toledo, *RTD civ. 2000. 265* (compensation conventionnelle). – Lutun, *JCP E 2003, n° 6, p. 260*. – Le Corre, *AJDI 2003. 657* (compensation entre dépôt de garantie et loyers impayés). – Kuntz et Nurit, *BJE 2011. 160* (paiement de dettes connexes et principe d'égalité des créanciers : l'éternelle incompatibilité). – Pelletier et Aymami, *JCP E 2012. 1289* (compensation des créances de loyers et de restitution du dépôt de garantie). – Houssin, *RTD com. 2021. 231* (analyse de la compensation de créances en procédure collective).

Par une modification de l'art. 33, al. 1er, de la loi du 25 janv. 1985 [devenu C. com., art. L. 621-24, puis art. L. 622-7, al. 1er], la L. n° 94-475 du 10 juin 1994 est venue confirmer la jurisprudence de la Cour de cassation en précisant que l'interdiction de paiement prévue par ce texte ne fait pas obstacle au paiement par compensation de créances connexes.

27. Créance postérieure. L'interdiction du paiement des créances nées avant le jugement d'ouverture de la procédure collective ne fait pas obstacle à la compensation d'une telle créance avec une créance connexe du débiteur née postérieurement. • Com. 21 févr. 2012, n° 11-18.027 P : *D. 2012. Actu. 678, obs. Lienhard ; RTD com. 2012. 613, obs. Martin-Serf ; LEDEN 4/2012. 3, obs. Mouial-Bassilana ; Gaz. Pal. 27-28 avr. 2012, p. 28, obs. Roussel Galle.*

28. Il résulte de la combinaison des art. L. 641-13 et L. 622-7 C. com., ce dernier rendu applicable à la liquidation judiciaire par l'art. L. 641-3 du même code, et de l'art. 1290 C. civ. dans sa rédaction antérieure à celle issue de l'Ord. du 10 févr. 2016, que des créances nées régulièrement après l'ouverture de la procédure de liquidation judiciaire et payables à leur échéance, si elles remplissent les conditions du premier des textes préc., peuvent faire l'objet d'une compensation légale. • Com. 1er juill. 2020, n° 18-25.487 P : *D. 2020. Actu. 1458 ; Rev. sociétés 2020. 510, obs. Reille ; RTD com. 2020. 953, obs. Martin-Serf ; APC 2020, n° 200, obs. Fin-Langer ; Gaz. Pal. 13 oct. 2020, p. 64, obs. Boustani-Aufan ; BJE 9-10/2020. 31, note Lafaurie ; RJDA 2020, n° 583 ; RPC 2020, n° 154, obs. Saint-Alary-Houin ; RDBF 2020, n° 112, obs. Houin-Bressand.*

29. Nécessité de créances connexes et réciproques. La Cour de cassation avait déjà, avant l'intervention de la loi du 10 juin 1994, jugé qu'il résultait des dispositions combinées des art. 33 et 37, al. 4, de la loi du 25 janv. 1985, que l'interdiction de payer toute créance née antérieurement au jugement d'ouverture du redressement judiciaire ne faisait pas obstacle, même pendant la période d'observation, à ce que la compensation opérât entre dettes connexes. • Com. 2 mars 1993, n° 91-10.187 P : *D. 1993. 426, note Pédamon ; JCP 1993. II. 22169, note Montredon.* ♦ Un lien de connexité, issu d'un contrat de production de porcs charcutiers liant un agriculteur et une coopérative, existant entre la créance du débiteur au titre de livraisons d'animaux effectuées après le jugement d'ouverture du redressement judiciaire et la créance de la coopérative au titre de ses livraisons d'aliments pour animaux antérieures à cette décision, la compensation doit s'opérer entre ces deux sommes qui étaient l'une et l'autre exigibles. • Com. 19 mars 1991, n° 89-17.083 P : *D. 1991. 542, note Duboc ; D. 1992. Somm. 257 , et 1993. Somm. 11, obs. Derrida ; JCP 1991. II. 21726, note Montredon ; JCP E 1991. II. 174, note Legeais ; RTD com. 1991. 454, obs. Martin-Serf ; RJ com. 1992. 24, note Pédamon.* ♦ Par ailleurs, les dispositions légales prévoyant un ordre de paiement entre les créances nées régulièrement après le jugement d'ouverture de la procédure collective ne pouvaient mettre obstacle au jeu de la compensation entre les sommes, non sujettes à discussion quant à leur exigibilité et à leur montant, dont le producteur et la coopérative étaient débiteurs l'un envers l'autre au titre des livraisons réciproques d'animaux et d'aliments qui avaient eu lieu durant la poursuite d'activité. • Même arrêt.

30. A défaut d'obligations réciproques dérivant d'un même contrat, le lien de connexité entre les créances et dettes du débiteur et du créancier ne peut exister qu'entre des créances et dettes nées de ventes et achats conclus en exécution d'une convention ayant défini entre eux le cadre du développement de leurs affaires, ou constituant les éléments d'un ensemble contractuel unique servant de cadre général à ces relations. • Com. 5 avr. 1994, n° 92-13.989 P : *D. 1995. Somm. 215, obs. Honorat ; RJ com. 1995. 113, note Honorat ; JCP E 1994. I. 397, n° 20, obs. Cabrillac et Pétel.* – V. aussi • Com. 9 mai 1995, n° 93-11.724 P : *D. 1996. 322, note Loiseau ; JCP 1995. II. 22448, rapp. Rémery ; Dr. sociétés 1995, n° 137, obs. Chaput ; Rev. dr. bancaire 1995. 221, obs. Campana et Calendini* • 12 déc. 1995, n° 93-20.620 P : *Rev. dr. bancaire 1996. 64, obs. Campana et Calendini* • 1er avr. 1997 : *D. Affaires 1997. 663.* (contrat liant une centrale de référencement à ses adhérents) • 31 mars 1998 : *BRDA 1998, n° 8, p. 10* (diverses missions données à un expert-comptable) • 18 févr. 2003 : *RJDA 2003, n° 849* (contrat-cadre entre une centrale d'achat et l'un de ses fournisseurs) • 15 mars 2005, n° 02-19.129 P : *D. 2005. AJ 1025, obs. Lienhard ; APC 2005, n° 107, obs. Pétel ; Gaz. Pal. 6-7 juill. 2005, p. 21, obs. Le Corre ; ibid., p. 38, obs. Bonhomme ; RTD com. 2005. 843, obs. Martin-Serf* (contrat de collecte de lait).

31. Sur les conditions de validité des clauses conventionnelles de compensation entre les créances issues d'un prêt et celles issues d'une convention, V., en ce sens que serait inefficace la seule clause de compensation, • Com. 9 déc. 1997, n° 95-14.504 P : *D. 1998. Somm. 325, obs. Honorat ; D. Affaires 1998. 111, obs. A. L. ; JCP E 1998, n° 17, p. 657, obs. Cabrillac ; Rev. dr. bancaire 1998. 74, obs. Campana et Calendini.* ♦ Comp., sur l'efficacité de l'affectation spéciale en garantie d'un solde d'un compte particulier (la clause ayant été convenu et ayant commencé à fonctionner avant la période suspecte) : • Com. 9 déc. 1997, n° 95-12.651 P : *ibid.*

32. La créance d'une société correspondant, en partie à un dépôt de garantie, en partie à un excédent de cotisations et de ristournes sur les frais de fonctionnement d'une coopérative, qui s'inscrit dans le cadre de la convention liant la coopérative à ses adhérents en vue de centraliser les achats et règlements effectués auprès des fournisseurs attitrés, est connexe avec la créance de cette coopérative représentée par le montant de fournitures, de frais de fonctionnement et de publicité réglée par celle-ci pour le compte de la société adhérente. • Com. 23 nov. 1999 : *Dr. sociétés 2000, n° 24, obs. Chaput.*

33. En revanche, l'appartenance à un même groupe de sociétés est insuffisante à établir la connexité entre deux contrats distincts. • Paris, 17 mars 1994 : *Dr. sociétés 1994, n° 136, obs. Chaput.* ♦ De même, le fait que deux sociétés aient été en relations d'affaires, même importantes, et se soient mutuellement vendu des marchandises est insuffisant à caractériser une connexité entre leurs créances réciproques, en l'absence de circonstances établissant que les ventes et achats conclus entre les parties résultaient de la mise en œuvre d'une convention ayant défini entre elles le cadre du développement de leurs affaires. • Lyon, 13 oct. 1995 : *D. 1995. IR 257.*

34. Si le jugement d'ouverture de la procédure de redressement judiciaire du tireur d'une lettre de change non acceptée n'a pas pour effet de consolider les droits du tiers porteur de celle-ci sur la provision, et n'empêche pas le tiré, pour la partie non acceptée de la créance, d'opposer la compensation jusqu'à l'échéance, il ne le peut que si les conditions de la compensation légale ont été réunies avant l'ouverture de la procédure collective ou, à défaut, s'il existe entre les dettes respectives du tireur et du tiré un lien de connexité et si le tiré a déclaré au passif du redressement judiciaire du tireur sa créance d'origine antérieure. • Com. 22 févr. 1994, n° 92-14.438 P : *D. 1995. 27, note Honorat et Romani ; JCP 1994. II. 22267, rapp. Rémery.*

35. Un solde débiteur correspondant à des pertes sur des opérations boursières et l'indemnisation due au client par le banquier intermédiaire pour lesdites pertes sont des créances connexes susceptibles de compensation. • Com. 6 janv. 1998 : *D. Affaires 1998. 382, obs. J. F. ; Rev. dr. bancaire 1998. 74, obs. Campana et Calendini.*

36. Les créances réciproques de loyers et de restitution du dépôt de garantie sont connexes comme ayant pris naissance à l'occasion du même contrat de bail. A défaut de compensation légale, les conditions de la compensation judiciaire sont réunies et le bailleur peut à bon droit imputer sa dette en restitution du dépôt de garantie due en raison de la résiliation du bail après le jugement d'ouverture sur sa créance de loyers, fût-elle antérieure au jugement d'ouverture, dès lors que cette créance a été régulièrement déclarée au passif de la procédure. • Versailles, 24 févr. 1995 : *RJDA 1995, n° 889* • Paris, 12 déc. 1996 : *Gaz. Pal. 1997. 2. 555, note Brault* • 14 janv. 1997 : *Loyers et copr. 1997, n° 201, obs. Brault et Mutelet* • 24 nov. 2000 : *Gaz. Pal. 2001. Somm. 1251, obs. Brault* • 17 oct. 2001 : *Loyers et copr. 2002, n° 66, obs. Brault et Pereira.* ♦ ... Peu important que le bailleur n'ait pas mentionné dans sa déclaration de créance l'existence du dépôt de garantie. • Com. 18 janv. 2005, n° 02-12.324 P : *D. 2005. 782, note Le Corre ;*

ibid. AJ 431, obs. Lienhard ; ibid. Pan. 2016, obs. F.-X. Lucas ; JCP E 2005, n° 17, p. 712, obs. Cabrillac ; RTD com. 2005. 413, obs. Martin-Serf ; RJ com. 2006. 49, note Sortais ; Gaz. Pal. 21-22 juin 2006, p. 41, obs. Robine.

V., cassant un arrêt qui avait prononcé la compensation judiciaire entre une créance de restitution du dépôt de garantie et une créance de loyers impayés, à concurrence en priorité des loyers impayés avant le redressement judiciaire, alors que la compensation légale de la créance de restitution du dépôt de garantie et de la créance de loyers dus postérieurement au jugement d'ouverture s'était opérée de plein droit, • Com. 20 mars 2001, n° 98-14.124 P : *D. 2001. AJ 1391, obs. Lienhard ; JCP E 2001, n° 37, p. 1423, obs. Cabrillac et Pétel ; ibid. 2002, n° 5, p. 226, note Kéita ; RTD com. 2001. 765, obs. Martin-Serf .*

Sur la question de l'imputation du dépôt de garantie, V. aussi : • Com. 24 juin 2003 : *JCP E 2003, n° 48, p. 1915, obs. Kendérian ; ibid. 2004, n° 12, p. 469, note Kéita* • Paris, 16 mai 2001 : *RTD com. 2001. 765, obs. Martin-Serf .*

37. Pour la compensation entre la dette du bailleur correspondant à l'avance de travaux et sa créance de loyers sur la société bénéficiaire du plan de continuation, V. • Civ. 3e, 13 févr. 2002, n° 00-19.943 P : *D. 2002. AJ 887 .*

38. Pour la connexité entre une créance d'astreinte relative à l'obligation mise à la charge du bailleur de réaliser des travaux et une créance de loyers, V. • Com. 27 sept. 2016, n° 15-10.393 P : *D. 2016. Actu. 1997 ; RTD civ. 2016. 861, obs. Barbier ; RTD com. 2017. 183, obs. Martin-Serf ; JCP E 2016. 1661, n° 2, obs. Pétel ; APC 2016, n° 234, obs. Cagnoli ; LEDEN 12/2016. 4, obs. Camensuli-Feuillard ; Gaz. Pal. 10 janv. 2017, p. 63, obs. Kendérian ; BJE 2017. 30, note Benilsi.*

39. L'indemnité d'éviction due par le bailleur et l'indemnité d'occupation due par le preneur, nées de la situation constituée par la résiliation du bail commercial, sont connexes. • Civ. 1re, 9 mai 2001, n° 98-22.664 P : *APC 2001, n° 138, obs. Vallansan.*

40. La déductibilité de la TVA prévue aux art. 271 s. CGI, qui n'établit aucun lien de connexité entre une dette de TVA antérieure au jugement d'ouverture et un crédit de TVA afférent à des opérations postérieures à ce jugement, ne permet pas la compensation entre eux. • Com. 19 janv. 1999, n° 95-22.136 P : *D. 1999. IR 49 ; D. Affaires 1999. 296, obs. A. L. ; JCP E 1999, n° 18-19, p. 815, obs. Cabrillac ; APC 1999, n° 36, obs. Vallansan ; RTD com. 1999. 746, obs. Martin-Serf* (V. l'arrêt cassé : • Paris, 28 sept. 1995 : *D. 1995. IR 243 ; RJDA 1996, n° 261*).

41. Le solde débiteur du compte courant au jour du jugement d'ouverture et les sommes résultant de l'encaissement d'effets de commerce postérieurement à ce jugement ne sont pas connexes dès lors que celles-ci, qui ne pouvaient être inscrites par la banque au crédit du compte avant leur encaissement, n'étaient pas entrées en compte avant le jugement d'ouverture. • Com. 28 sept. 2004 : *RDBF 2005, n° 80, obs. Crédot.* ♦ Sur la possibilité de compenser des encours avec le solde d'un compte courant, V. • Com. 17 oct. 1995 : *RJDA 1996, n° 119 ; Rev. huiss. 1996. 306, note Hesbert.* ♦ V. aussi note 50.

42. Le caractère autonome d'une garantie exclut la connexité entre la créance du garant à l'encontre du débiteur et toute créance de celui-ci à l'encontre du garant. • Com. 19 déc. 2006 : *cité note 60 ss. art. L. 622-24 ; RTD com. 2007. 450, obs. Martin-Serf .* ♦ V. déjà, s'agissant d'une contre-garantie à première demande, • Com. 6 mars 2001, n° 98-15.239 P : *D. 2001. AJ 1173, obs. Lienhard ; Banque et Dr. 5-6/2001. 51, obs. Prüm ; RDBF 2001, n° 116, obs. Cerles ; RTD com. 2001. 764, obs. Martin-Serf .*

43. La créance de l'actionnaire contre la société constituée par le solde créditeur du compte ouvert à son nom dans les livres de la société (compte courant) est née du prêt consenti à celle-ci, tandis que la dette de l'actionnaire envers ladite société, au titre de l'obligation de libérer l'intégralité du capital social, dérive du contrat de société. A défaut de connexité, la compensation n'est pas possible. • Com. 20 mai 1997, n° 95-15.298 P : *D. Affaires 1997. 762 ; BJS 1997. 804, note Calendini* • 18 janv. 2000 : *RPC 2002. 179, obs. Lebel* • Paris, 3e ch. C, 30 avr. 1998 : *Dr. sociétés 1999, n° 12* • 25 janv. 2000 : *Dr. sociétés 2000, n° 74, obs. Chaput* • Versailles, 8 juin 2000 : *RTD com. 2000. 934, obs. Champaud et Danet ; ibid. 956, obs. Chazal et Reinhard* • Lyon, 11 févr. 2000 : *RTD com. 2001. 145, obs. Champaud et Danet .* – V., déjà en ce sens, • Paris, 30 sept. 1991 : *D. 1992. 140, note Derrida ; BJS 1991. 1021, note Pételm* • Versailles, 6 juin 1996 : *BICC 1996, n° 1273 ; RJDA 1997, n° 221.* – *Contra* : • Paris, 5e ch. B, 5 nov. 1998 : *D. Affaires 1999. 36.* ♦ V. aussi, pour l'absence de connexité entre la créance d'un actionnaire née d'un mandat et sa dette de libération du solde du capital social, • Com. 17 juill. 2001, n° 98-19.603 P : *D. 2001. AJ 2515, obs. Lienhard ; BJS 2001. 1089, note Dom ; JCP E 2002, n° 4, p. 175, obs. Cabrillac ; Dr. sociétés 2002, n° 25, note Legros ; Rev. sociétés 2002. 336, note P. Didier ; RPC 2002. 179, obs. Lebel.* ♦ Sur la compensation de plein droit, avant le jugement d'ouverture, entre la créance de libération du capital social et la créance d'avance en compte courant, V. • Com. 8 janv. 2002, n° 98-22.976 P : *D. 2002. AJ 485, obs. Lienhard ; APC 2002, n° 59, obs. Boulay ; BJS 2002. 477, note F.-X. Lucas ; Dr. sociétés 2002, n° 112, note Legros ; RTD com. 2002. 371, obs. Martin-Serf .*

44. Une créance résultant d'une surfacturation, procédant d'une exécution défectueuse du contrat, est connexe avec une créance née du même contrat. • Com. 27 janv. 2015 : *D. 2015. Actu. 318 ; RTD com. 2015. 372, obs. Martin-Serf ; LEDEN 3/2015. 2, obs. Aynès ; Gaz. Pal. 1er-5 mai 2015, p. 30, obs. Roussel Galle ; BJE 2015. 149, note Delrieu.* ♦ Comp., jugeant que la condition de connexité supposant que les créances aient un fondement contractuel, la compensation ne peut être retenue dès lors que l'une d'elles procède d'une escroquerie : • Com. 14 mai 1996, nº 94-15.919 P : *D. 1996. 502, rapp. Le Dauphin ; D. 1996. Somm. 332, obs. Delebecque ; D. 1996. Somm. 340, obs. Honorat ; RTD com. 1997. 680, obs. Martin-Serf .* ♦ Dans le même sens, pour une créance de loyer et une créance résultant d'un abus de contestation du droit au bail, V. • Com. 22 avr. 1997, nº 95-17.600 P : *D. Affaires 1997. 864 ; Rev. dr. bancaire 1997. 129, obs. Campana et Calendini ; JCP E 1997. I. 681, nº 18, obs. Pétel.* ♦ V. encore • Com. 18 sept. 2007 : *D. 2007. AJ 2476 ; JCP E 2008. 1207, nº 16, obs. Pétel* • 18 déc. 2012, nº 11-17.872 P : *D. 2013. Actu. 78 ; LEDEN 2/2013. 2, obs. Audras ; CCC 2013, nº 56, note Mathey.*

45. Sur l'impossibilité, pour un vendeur, de refuser de livrer à son acheteur en liquidation judiciaire des marchandises acquises et payées avant le jugement d'ouverture pour compenser d'autres commandes non payées, V. • Com. 7 juill. 1998 : *D. Affaires 1998. 1444, obs. V. A.-R. ; APC 1998, nº 92, obs. Regnaut-Moutier.*

46. Pour l'opposabilité à la procédure collective de l'adhérent à un contrat d'affacturage de la clause permettant à l'affactureur de porter au débit du compte courant ouvert par son client des créances acquises sur un autre adhérent, fournisseur du débiteur, cette entrée en compte courant réalisant la condition de connexité prévue à l'art. L. 621-24 [L. 622-7] C. com., V. • Com. 1er mars 2005 : *JCP E 2005, nº 23, p. 952, note Scholastique ; Gaz. Pal. 6-7 juill. 2005, p. 37, obs. Bonhomme ; RTD com. 2005. 841, obs. Martin-Serf .* – *Contra* : • Versailles, 13 févr. 2003 : *Gaz. Pal. 2003. Somm. 2589 ; LPA 17 mai 2004, note Sortais* • 18 déc. 2003 : *BICC 2004, nº 1466 ; JCP E 2005, nº 21, p. 870, obs. Dumoulin.*

47. Sur l'appréciation de la condition de réciprocité des obligations, V. encore • Com. 5 févr. 2013, nº 12-12.808 P : *D. 2013. Actu. 431 ; Rev. sociétés 2013. 181, obs. Roussel Galle ; JCP E 2013. 1259, note Lebel ; APC 2013, nº 47, obs. Cagnoli ; LEDEN 3/2013. 2, obs. Mouial-Bassilana ; Gaz. Pal. 1er-4 mai 2013, p. 5, obs. Reille ; BJE 2013. 153, note Saint-Alary-Houin ; Dr. sociétés 2013, nº 108, note Legros.*

48. Connexité « provoquée » par les parties. Si l'interdiction de payer toute créance née antérieurement au jugement d'ouverture du redressement judiciaire ne fait pas obstacle à ce que la compensation opère entre des dettes connexes, encore faut-il que les parties n'aient pas délibérément provoqué cette connexité. • Com. 26 oct. 1999 : *RJDA 2000, nº 46* • Versailles, 14 févr. 2002 : *D. 2002. AJ 1486 ; RJDA 2003, nº 153.*

49. Compensation de créances avant l'ouverture de la procédure. La compensation s'opère de plein droit, même en l'absence de lien de connexité, entre les dettes réciproques des parties, dès lors qu'elles sont certaines liquides et exigibles, avant le prononcé du jugement d'ouverture de la procédure collective de l'une ou l'autre des parties, peu important le moment où elle est invoquée. • Com. 27 sept. 2011, nº 10-24.793 P : *D. 2011. Actu. 2466, obs. Lienhard ; RTD com. 2012. 614, obs. Martin-Serf ; LEDEN 11/2011. 2, obs. Rubellin ; RJDA 2012, nº 69 ; Gaz. Pal. 20-21 janv. 2012, p. 32, obs. Roussel Galle.*

50. Certitude, liquidité et exigibilité de la créance. La compensation fondée sur la connexité des créances, si elle requiert que la créance opposée au débiteur en procédure collective ou à son ayant droit soit certaine dans son principe et ne soit pas éteinte, n'exige pas la réunion des conditions de liquidité et d'exigibilité de cette créance. • Com. 28 avr. 2009 : *D. 2009. AJ 1353 ; Dr. sociétés 2009, nº 124, note Legros ; LEDEN, juill. 2009, p. 2, obs. Mouial-Bassilana ; RTD com. 2009. 805, obs. Martin-Serf .* ♦ Pour le caractère incertain d'une créance de pénalité, subordonnée à une déclaration de responsabilité, V. • Com. 21 janv. 1992, nº 90-13.548 P. ♦ V. aussi • Com. 6 févr. 1996, nº 93-15.736 P. (créances incertaines faute d'être entrées en compte courant). ♦ Comp., à propos de la créance, certaine bien que non encore exigible, d'une banque sur le débiteur, créance connexe de celles devant être inscrites en compte courant, du fait que les parties avaient fait de celui-ci le cadre de règlement de leurs créances réciproques : • Com. 6 févr. 1996, nº 93-19.601 P : *D. 1997. 353, note Boccara ; Banque mai 1996. 94, obs. Guillot ; Rev. dr. bancaire 1996. 62, obs. Campana et Calendini ; RTD com. 1996. 529, obs. Martin-Serf .* ♦ Sur l'incidence de la date d'entrée en compte de la somme (jour du règlement à la banque, et non date postérieure de régularisation comptable), V. • Com. 22 oct. 1996, nº 93-15.787 P : *D. Affaires 1997. 22 ; Rev. dr. bancaire 1996. 244, obs. Campana et Calendini.* – V. Soinne, *LPA 10 janv. 1997.*

51. Renonciation. Le paiement par un créancier d'une créance née après le jugement d'ouverture prouve la renonciation de ce créancier à la garantie attachée au caractère connexe de cette créance avec une créance née avant l'ouverture de la procédure. • Com. 17 juin 1997 : *D. Affaires 1997. 1155.*

52. Créances soumises aux délais fixés par un plan de continuation. Même dans le cas où, un plan de continuation de l'entreprise ayant été arrêté, la créance est soumise aux délais fixés par le plan, le débiteur d'une entreprise en redressement judiciaire est en droit d'opposer à cette dernière, pour résister à une demande en paiement, le principe de la compensation entre sa dette et une créance connexe déclarée au passif du redressement judiciaire. • Com. 24 oct. 1995, n° 93-13.229 P : *D. 1995. IR 244* ; *D. Affaires 1995. 201* ; *BJS 1996. 154, note Monsèrié.* (V. l'arrêt cassé : • Amiens, 22 janv. 1993 : *D. 1993. 254, note Derrida*). ♦ Dans le même sens, alors même que la dette du bénéficiaire du plan n'était pas définitivement fixée, V. • Com. 25 mars 1997 : *Rev. dr. bancaire 1997. 130, obs. Campana et Calendini.*

53. Obligation de déclaration au passif. Les règles fixées par la loi de 1985 et son décret d'application pour faire vérifier l'existence et le montant d'une créance, si elle n'est pas liquide à la date du jugement d'ouverture du redressement judiciaire, n'interdisent pas d'invoquer le principe de la compensation devant la juridiction saisie, en attendant qu'il soit statué sur la déclaration de créance faite au passif du redressement judiciaire. • Com. 27 avr. 1993, n° 91-13.267 P : *D. 1993. 426, note Pédamon* • 6 juin 1995 : *RJDA 1995, n° 1263.* ♦ Dans le même sens, pour une créance contestée : • Com. 25 mai 1993, n° 91-13.844 P : *D. 1993. IR 165.* ♦ Lorsque un créancier invoque la compensation d'une créance antérieure connexe déclarée pour s'opposer à la demande en paiement formée contre lui par un débiteur en procédure collective, le juge du fond saisi de cette demande doit d'abord se prononcer sur le caractère vraisemblable ou non de la créance ainsi invoquée, et, dans l'affirmative, ne peut qu'admettre le principe de la compensation et ordonner celle-ci à concurrence du montant de la créance à fixer par le juge-commissaire, sans que le créancier n'ait à prouver que sa créance a été admise à ce stade. • Com. 3 avr. 2019, n° 17-28.463 P : *D. 2019. Actu. 757* ; *RTD com. 2019. 488, obs. Martin-Serf* ; *JCP E 2019. 1375, n° 4, obs. Tehrani* ; *LEDEN 6/2019. 5, obs. McGarvie-Munn* ; *RJDA 2019, n° 442* ; *BJE 7-8/2019. 36, note Lafaurie* ; *RDBF 2019, n° 138, obs. Houin-Bressand.* – V. déjà • Com. 30 juin 2009, n° 08-15.631 P : *D. 2009. AJ 1892* ; *RJDA 2009, n° 983* ; *Gaz. Pal. 1er-3 nov. 2009, p. 24, obs. Roussel Galle* ; *RTD com. 2009. 805, obs. Martin-Serf* ; *RTD civ. 2009. 721, obs. Fages* ; *JCP E 2010. 1011, n° 9, obs. Cabrillac* ; *LPA 8 janv. 2010, note Tricoire.* ♦ L'admission définitive d'une créance au passif d'une société en redressement judiciaire ne fait pas obstacle à la possibilité d'une compensation pour connexité. Celle-ci peut être ordonnée dès lors que le droit au paiement des dettes réciproques est né pour chacune des parties avant la décision d'ouverture de la procédure collective, peu important que la liquidation des créances n'ait pu être effectuée qu'à une date postérieure à cette décision. • Paris, 31 oct. 1997 : *BICC 1998, n° 532.* ♦ La compensation pour dettes connexes ne peut être prononcée dès lors que le créancier n'a pas déclaré sa créance. • Com. 3 mai 2011, n° 10-16.758 P : *D. 2011. Actu. 1215, obs. Lienhard* ; *ibid. Pan. 2076, obs. F.-X. Lucas* ; *RTD com. 2011. 635, obs. Martin-Serf* ; *JCP E 2011. 1656, note Lebel* ; *ibid. 1596, n° 11, obs. Pétel* ; *APC 2011, n° 160, obs. Coquelet* ; *BJE 2011. 258, note Brena* ; *RPC 2012, n° 10, obs. F. Legrand* et *M.-N. Legrand* • 19 juin 2012, n° 10-21.641 P : *D. 2012. Actu. 1669, obs. Lienhard* ; *Rev. sociétés 2012. 534, obs. Henry* ; *LEDEN 9/2012. 2, obs. Mouial-Bassilana* (décisions rendues sous l'empire de la L. du 26 juill. 2005). – V. déjà • Com. 15 oct. 1991, n° 89-20.605 P • 14 mars 1995, n° 91-20.806 P : *D. 1996. Somm. 82, obs. Honorat* • 4 févr. 1997 : *D. 1997. IR 66* . ♦ Dans la mesure de cette déclaration, l'exception de compensation est opposable au détenteur de la créance du cocontractant, que celui-ci ait été subrogé dans les droits de ce dernier ou qu'il en ait été cessionnaire, en l'absence d'acceptation de la cession. • Com. 1er déc. 1992, n° 90-19.343 P : *D. 1993. 513, note Sortais* . – V. aussi • Paris, 12 nov. 1997 : *JCP E 1997. Pan. 1309.* ♦ Il appartient au créancier de déclarer l'intégralité de sa créance au jour du jugement d'ouverture. • Com. 20 mars 2001, n° 98-16.256 P : *D. 2001. AJ 1468, obs. Lienhard* ; *ibid. 2002. Somm. 1482, obs. Honorat* ; *Procédures 2001, n° 127, obs. Laporte.*

Le débiteur cédé ne peut opposer au cessionnaire de créances professionnelles l'exception de compensation entre les créances cédées et une créance de dommages-intérêts détenue contre le cédant, dès lors que cette créance de dommages-intérêts n'a fait l'objet d'aucune déclaration au passif de la procédure collective du cédant. • Com. 21 nov. 2000 : *APC 2001, n° 7, obs. Vallansan.* – V. aussi • Com. 9 oct. 2001 : *RJDA 2002, n° 174.*

54. Caution. En application des art. 1294, al. 1er, et 2036 [2298] C. civ., la caution, même solidaire, peut opposer au créancier la compensation de ce qu'il doit au débiteur principal, même si celui-ci renonce à l'invoquer. • Com. 26 oct. 1999 : *JCP E 1999, n° 49, p. 1941* ; *APC 1999, n° 241.*

55. Compensation sollicitée par voie d'action. L'art. L. 621-24 [L. 622-7] C. com. ne fait pas obstacle à ce que le créancier de l'entreprise en redressement judiciaire sollicite, par voie d'action, la compensation de sa créance née antérieurement au jugement d'ouverture avec sa propre dette née postérieurement à ce jugement à l'occasion de la poursuite de l'activité autorisée par le tribunal, sous réserve de la connexité de ces créances réciproques. • Com. 7 mars 2006 : *RJDA 2006, n° 805.*

56. Juridiction compétente. Il n'appartient qu'à la juridiction judiciaire de se prononcer sur l'existence d'une connexité existant éventuellement entre une créance née antérieurement au jugement ouvrant une procédure de redressement judiciaire et une créance née postérieurement à ce jugement ; il en va ainsi même si les créances dont il s'agit sont de nature fiscale et concernent un impôt dont le contentieux relève de la compétence de la juridiction administrative. • T. confl., 22 janv. 2001 : *Bull. civ. n° 1 ; RTD com. 2001. 511, obs. Martin-Serf ; RPC 2003. 105, obs. Gorrias.* – V. Lagarde, *LPA 24 juill. 2001.*

57. En l'absence d'une décision ayant déjà statué sur la compensation judiciaire, le juge de l'exécution est compétent pour se prononcer sur l'exception de compensation présentée à l'appui d'une demande de mainlevée de saisie. • Com. 21 févr. 2012 : *préc. note 27 ; APC 2012, n° 86, obs. Cagnoli ; RJDA 2012, n° 515.*

58. V. aussi note 41 ss. art. L. 622-13, note 10 ss. art. L. 622-22, note 86 ss. art. L. 622-24, et notes 49 et 50 ss. ancien art. L. 621-46 ss. art. L. 622-26.

II. ACTE DE DISPOSITION ÉTRANGER À LA GESTION COURANTE

BIBL. Félix, *Defrénois 1990. 424* (actes de cession).

59. Notion. L'autorisation du juge-commissaire, prévue à l'art. 33, al. 2 [C. com., art. L. 622-7, al. 2], est requise, que les biens dont le débiteur entend disposer soient ou non attachés à l'exploitation. • Com. 9 juin 1992 : *RJDA 1992, n° 950.*

60. Constituent des actes étrangers à la gestion courante au sens de l'art. L. 622-7, al. 2, C. com. : l'affectation de fonds pour l'acquisition d'un immeuble. • Civ. 1re, 27 janv. 2004 : *APC 2004, n° 90.* ♦ ... La réalisation d'une maison d'habitation appartenant à la société débitrice. • T. com. Melun, 27 mars 2001 : *RPC 2002. 90, obs. Lebel.* ♦ ... La cession d'actions. • Lyon, 30 juin 1995 : *Dr. sociétés 1996, n° 100, obs. Chaput.* ♦ ... Un engagement de caution. • Douai, 15 oct. 1998 : *RPC 1999. 219, obs. Saint-Alary-Houin.* ♦ ... La conclusion d'un contrat d'agent commercial exclusif prévoyant, en outre, un taux progressif de commissions, alors que l'entreprise n'a jamais recouru auparavant à ce mode de distribution de ses produits. • Orléans, 24 mars 2005 : *RJDA 2005, n° 844.* ♦ ... La résiliation du *bail des locaux affectés à* l'exploitation du fonds de commerce du débiteur. • Com. 8 sept. 2021, n° 20-12.340 : *RJDA 2022, n° 97.* ♦ En revanche, dès lors que le bail conclu par la société débitrice ne fait que constater la demande du bénéficiaire de la promesse de bail de bénéficier de celle-ci, il constitue un acte d'administration, et non un acte de disposition supposant l'autorisation du juge-commissaire. • Versailles, 9 avr. 1998 : *D. Affaires 1998. 1051, obs. A. L.* ♦ L'action en résolution d'une vente ne constitue pas un acte de disposition ou de cession. • Com. 3 févr. 1998 : *D. Affaires 1998. 538.*

61. La vente du fonds de commerce ne saurait être autorisée pendant la période d'observation, en ce qu'elle constitue une cession d'entreprise. • Toulouse, 13 mai 1987 : *Rev. dr. bancaire 1988. 136, obs. Dekeuwer-Défossez.*

62. Pour un arrêt qualifiant d'acte de gestion courante la conclusion d'un contrat de travail (contrat de chauffeur-livreur conclu par une entreprise de transport routier, pour une courte durée afin de faire face à un surcroît d'activité), V. • Soc. 21 sept. 2005, n° 03-41.598 P : *D. 2005. AJ 2446, obs. Lienhard ; D. 2006. Pan. 79, obs. Le Corre ; JCP E 2006, n° 2, p. 71, obs. Pétel.* – Comp. : • Soc. 17 oct. 2006 : *cité note 6 ss. art. L. 622-3.*

63. Compromis et transaction. L'art. 33 [C. com., art. L. 622-7], qui soumet le compromis et la transaction à l'autorisation du juge-commissaire et qui dispose que tout acte passé en violation de ses dispositions est annulé à la demande de tout intéressé, ne distingue pas selon l'objet de la transaction. • Com. 5 janv. 1999, n° 96-20.561 P : *D. 1999. Somm. 350, obs. Honorat ; D. Affaires 1999. 174, obs. A. L. ; JCP E 1999, n° 18-19, p. 809, obs. Cabrillac ; APC 1999, n° 31, obs. Dom ; RPC 1999. 176, obs. Canet.*

Pour l'irrecevabilité de la demande d'homologation d'une transaction présentée par l'administrateur seul, dès lors que celui-ci est investi d'une mission d'assistance et non de représentation, V. • Com. 23 sept. 2014 : *D. 2014. Actu. 1937 ; LEDEN 11/2014. 3, obs. Staes ; Gaz. Pal. 18-20 janv. 2015, p. 18, obs. Bidan ; RJDA 2015, n° 120.* – Rappr. : • Paris, 10 févr. 1994 : *D. 1994. IR 79.*

Pour l'efficacité de la rétractation de la proposition du bailleur de la société débitrice, portant sur une résiliation amiable du bail commercial, dès lors que cette rétractation est intervenue avant que le juge-commissaire n'autorise l'administrateur judiciaire et la société débitrice à accepter l'offre par voie de transaction, V. • Com. 20 janv. 2021, n° 19-20.076 P : *D. 2021. Actu. 285 ; Rev. sociétés 2021. 203, obs. Henry ; JCP E 2021, 1191, n° 5, obs. Tehrani ; APC 2021, n° 43, obs. Fin-Langer ; LEDEN 3/2021. 2, obs. Andreu ; BJE 5-6/2021. 20, note Lafaurie ; RJ com. 2021. 285, obs. André.*

64. Forme de l'autorisation du juge-commissaire. Le juge-commissaire ne peut, sauf à méconnaître ses pouvoirs, délivrer par lettre simple l'autorisation de faire un acte de disposition étranger à la gestion courante de l'entreprise. • Civ. 1re, 27 janv. 2004 : *préc. note 60.*

III. RETRAIT ET SUBSTITUTION DE MARCHANDISES

65. Le juge-commissaire ne peut, en application de l'art. 33 [C. com., art. L. 622-7], et sous peine de nullité, autoriser le paiement d'une créance née antérieurement à l'ouverture de la procédure collective qu'à la demande du chef d'entreprise ou de l'administrateur, et non d'un créancier. • Dijon, 23 mai 1995 : *Gaz. Pal. 1998. 1. Somm. 380.* ♦ Le représentant des créanciers n'a pas non plus qualité pour agir. • Com. 2 mars 1999 : *APC 1999, n° 90.* ♦ Par suite, le commissaire à l'exécution du plan ne peut poursuivre l'action en retrait du gage. • Même arrêt.

66. Sur la possibilité, pour le juge-commissaire, d'autoriser le paiement partiel d'une créance antérieure pour retirer les marchandises gagées, à condition d'y substituer d'autres marchandises, V. • T. com. Nancy, 22 mai 1986 : *RPC 1986, n° 4, p. 59, obs. Mestre et Delebecque.*

67. Méconnaît l'étendue de ses pouvoirs le juge-commissaire qui autorise l'administrateur judiciaire à vendre un bon de caisse détenu à titre de gage par un établissement de crédit, le prix devant être bloqué à la Caisse des dépôts et consignations, sans avoir au préalable autorisé le retrait du gage dans les conditions prévues à l'art. 33, al. 3 [C. com., art. L. 622-7, al. 3]. • Com. 11 mai 1999, n° 96-11.280 P : *D. 1999. IR 160 ; D. Affaires 1999. 943, obs. A. L. ; JCP E 1999, n° 39, p. 1532, obs. Cabrillac ; JCP 2000. II. 10278, note Le Maigat ; RTD com. 2000. 174, obs. Martin-Serf .*

68. Une société qui détient une machine appartenant à l'un de ses clients en vue de la réparer peut se prévaloir de son droit de rétention pour obtenir paiement du montant des réparations effectuées antérieurement au profit de ce même client et non payées dès lors qu'il existe un lien de connexité entre cette créance et le dépôt ; il en est ainsi lorsque la société a effectué les travaux pour le compte de son client en vertu d'un contrat global. • Rouen, 12 mars 1992 : *RJDA 1992, n° 391.* ♦ Le client ayant été mis en redressement puis en liquidation judiciaire, le liquidateur ne peut pas, en conséquence, revendiquer le matériel ainsi retenu sans payer la créance en vertu de laquelle le droit de rétention est exercé. • Même arrêt.

69. Le droit de rétention est opposable à la procédure (à propos d'un prêteur qui, au lieu de prendre l'inscription du gage spécifique aux véhicules automobiles, s'est fait remettre la carte grise). • Com. 31 mai 1994, n° 91-20.677 P : *JCP E 1995. I. 417, n° 18, obs. Cabrillac.* ♦ Le droit de rétention confère à son titulaire le droit de refuser la restitution de la chose légitimement retenue jusqu'à complet paiement de sa créance, même en cas de redressement ou de liquidation judiciaire du débiteur, et la perte de ce droit nuit aux cautions (qui peuvent donc invoquer le bénéfice de l'art. 2037 [2314] C. civ.). • Com. 25 nov. 1997, n° 95-16.091 P : *D. 1998. 232, note François ; D. Affaires 1998. 78, obs. A. L. ; JCP E 1998, n° 17, p. 657, obs. Cabrillac ; RTD com. 1999. 192, obs. Martin-Serf .* ♦ La rétention, qui confère au créancier une situation privilégiée, ne peut s'analyser ni comme une action ni comme une voie d'exécution (interrompues ou interdites par l'art. L. 622-21) et n'entre pas dans le domaine de l'art. 57 [C. com., art. L. 622-30]. • Toulouse, 3 nov. 1999 : *RJDA 2000, n° 1170 ; RPC 2001. 248.* ♦ Le droit de rétention ne peut être limité par le pouvoir conféré au juge-commissaire par l'art. 34, al. 3 [C. com., art. L. 622-8, al. 3], d'imposer une substitution de garantie. • Com. 4 juill. 2000, n° 98-11.803 P : *D. 2001. 465, note Piedelièvre ; ibid. 2000. AJ 361, obs. Lienhard ; APC 2000, n° 176, obs. Legeais ; JCP E 2001, n° 4, p. 174, obs. Cabrillac ; RTD com. 2000. 1009, obs. Martin-Serf .* – V. l'arrêt confirmé : • Toulouse, 1er déc. 1997 : *D. Affaires 1998. 1246, note Le Corre ; JCP 1998. IV. 2042.* ♦ V. aussi note ss. art. L. 622-5. ♦ Sur la neutralisation du droit de rétention « fictif », V. art. L. 622-7, al. 2, dans sa réd. issue de l'Ord. n° 2008-1345 du 18 déc. 2008. ♦ Sur l'absence de nécessité de déclarer le droit de rétention, V. note 10 ss. art. L. 622-25. ♦ Sur l'efficacité du droit de rétention en cas de plan de cession, V. note 8 ss. art. L. 642-12.

70. Dès lors qu'en application de l'art. 33, al. 1er, devenu l'art. L. 622-7, al. 1er, C. com., le paiement d'une créance antérieure au jugement d'ouverture est interdit et frappé de nullité, le commissionnaire ne peut valablement exercer son droit de rétention sur des marchandises confiées après le jugement d'ouverture pour obtenir le paiement de créances antérieures. • Com. 13 nov. 2001, n° 98-20.207 P : *D. 2001. AJ 3533, obs. Lienhard ; APC 2002, n° 3, obs. Vallansan ; Banque et Dr. 1-2/2002. 42, obs. Rontchevsky ; JCP E 2002, nos 8-9, p. 373, note Piedelièvre ; RTD com. 2002. 373, obs. Martin-Serf ; RPC 2002. 177, obs. Lebel ; ibid. 183, obs. Macorig-Venier.* ♦ Comp., pour la possibilité d'exercer le droit de rétention sur des marchandises confiées avant et après l'ouverture : • Toulouse, 3 nov. 1999 : *préc. note 69* • Besançon, 8 mars 2000 : *RPC 2001. 248, obs. Macorig-Venier.*

71. L'appréciation de la régularité du droit de rétention invoqué par un créancier n'entre pas dans les attributions du juge-commissaire, qui ne peut donc ordonner la restitution de documents (à propos de certificats d'immatriculation retenus par une banque en garantie d'un prêt pour l'achat de véhicules). • Com. 6 juin 1995, n° 93-14.702 P : *D. 1996. Somm. 86, obs. Honorat ; JCP E 1995. I. 513, n° 2, obs. Cabrillac ; RPC 1995. 291, obs. Dureuil.*

IV. SANCTIONS

72. Nature de la nullité. La sanction de l'excès de pouvoir du dirigeant, qui intervient quel que soit l'auteur de l'acte incriminé dans un délai préfix de trois ans, est la nullité absolue de l'acte. • Paris, 10 févr. 1994 : *préc. note 63* • Versailles, 15 janv. 1998 : *D. Affaires 1998. 915 ; RJDA 1998, n° 457.* ♦ Tout intéressé peut s'en prévaloir. • Bordeaux, 20 mai 1997 : *Banque et Dr. 9-10/1997. 40, obs. Guillot ; RJDA 1998, n° 308.*

73. Qualité pour agir. Le commissaire à l'exécution du plan est en droit de faire constater la nullité du paiement fait par l'administrateur d'une créance née antérieurement au jugement d'ouverture. • Com. 28 mai 2002 : *cité note 31 ss. ancien art. L. 621-32 ss. art. L. 622-17.*

74. Prescription. L'action tendant à l'annulation d'un paiement prohibé et à la restitution des fonds, qui ne constitue pas une action à laquelle peut donner lieu le contrat de transport au sens de l'art. L. 133-6 C. transp., est soumise, non à la prescription annale prévue par ce texte, mais à la prescription triennale prévue par l'art. L. 622-7 C. com. • Com. 20 oct. 2021, n° 20-16.231 B : *D. 2021. Actu. 1916 ; LEDEN 12/2021. 4, obs. J.-B. Barbièri ; APC 2021, n° 273, obs. Fin-Langer ; RJDA 2022, n° 26 ; JCP E 2022. 1010, n° 4, obs. Pételi ; BJE 1-2/2022. 25, note Lafaurie.*

75. Effets de la nullité. Sur l'effet rétroactif du jugement prononçant l'annulation de l'ordonnance du juge-commissaire ayant autorisé un paiement prohibé, V. • Com. 20 oct. 2021, n° 20-16.231 B : *préc. note 74.*

La nullité des paiements effectués par le débiteur après l'ouverture de son redressement judiciaire, au moyen des fonds que son fournisseur lui avait versés par chèque à titre d'avance sur ristournes, ne peut entraîner la restitution au profit de ce dernier de la somme correspondant au montant de la provision, la propriété de celle-ci ayant été transférée au bénéficiaire du chèque dès l'émission de l'effet. • Com. 4 févr. 1992 : *RJDA 1992, n° 284.*

L'exigence d'une société d'assurance de ne maintenir la couverture de prestations sociales légales ou conventionnelles, pour le débiteur, que contre paiement de sa créance de cotisations échues se heurtant à la règle de l'interdiction du paiement préférentiel, le représentant des créanciers est, *ès qualités,* fondé à solliciter le remboursement de la somme indûment versée avec intérêts au taux légal à compter de la date de son recours et avec capitalisation dans les conditions de l'art. 1154 [1343-2] C. civ. • Paris, 18 juin 1999 : *D. 1999. AJ 21.*

Dès lors qu'elle ne tend pas à obtenir la réintégration des sommes payées dans le patrimoine du débiteur, mais dans son patrimoine propre, l'action exercée par la banque, qui a procédé, postérieurement à l'ouverture de la procédure collective, au paiement d'une lettre de change, ne peut être accueillie. • Com. 3 oct. 2000 : *RJDA 2001, n° 185 ; RTD com. 2001. 513, obs. Martin-Serf ; RPC 2002. 91, obs. Lebel.*

76. Effets de l'absence d'annulation. Un acte de disposition étranger à la gestion courante n'en produit pas moins ses effets dès lors qu'il n'a pas fait l'objet de l'action en annulation ouverte par l'art. L. 622-7, al. 4, C. com. • Orléans, 24 mars 2005 : *préc. note 60.*

77. Responsabilité civile. Dès lors que le jugement ouvrant la procédure de redressement judiciaire n'a pas été publié et que la banque du débiteur n'a pas eu connaissance de la mise en redressement judiciaire de ce dernier, aucune faute ne peut être retenue à son encontre pour avoir, en qualité de mandataire du débiteur, effectué un paiement le jour même du prononcé du redressement judiciaire. • Com. 3 mars 1998, n° 95-20.917 P : *D. 1998. IR 90 ; D. Affaires 1998. 536, obs. A. L. ; Gaz. Pal. 2000. 1872, note Danièlou.*

78. Sanctions pénales. V. art. L. 654-8.

Art. L. 622-8 En cas de vente d'un bien grevé *(Ord. n° 2021-1193 du 15 sept. 2021, art. 16, en vigueur le 1er oct. 2021)* « d'une sûreté réelle spéciale ou d'une hypothèque légale », la quote-part du prix correspondant aux créances garanties par ces sûretés est versée en compte de dépôt à la Caisse des dépôts et consignations. Après l'adoption du plan *(Abrogé par L. n° 2005-845 du 26 juill. 2005, art. 26) « de redressement ou en cas de liquidation »*, les créanciers bénéficiaires de ces sûretés ou titulaires d'un privilège général sont payés sur le prix suivant l'ordre de préférence existant entre eux et conformément à l'article L. 626-22 lorsqu'ils sont soumis aux délais du plan *(Abrogé par L. n° 2005-845 du 26 juill. 2005, art. 26) « de continuation ».*

Le juge-commissaire peut ordonner le paiement provisionnel de tout ou partie de leur créance aux créanciers titulaires de sûretés sur le bien. Sauf décision spécialement motivée du juge-commissaire ou lorsqu'il intervient au bénéfice du Trésor ou des organismes sociaux ou organismes assimilés, ce paiement provisionnel est subordonné à la présentation par son bénéficiaire d'une garantie émanant d'un établissement de crédit *(Ord. n° 2013-544 du 27 juin 2013, art. 7-12°, en vigueur le 1er janv. 2014)* « ou d'une société de financement ».

Le débiteur *(Abrogé par Ord. n° 2008-1345 du 18 déc. 2008, art. 23) « ou l'administrateur »* peut proposer aux créanciers, la substitution aux garanties qu'ils détiennent de

garanties équivalentes. En l'absence d'accord, le juge-commissaire peut ordonner cette substitution. Le recours contre cette ordonnance est porté devant la cour d'appel. – *[C. com., anc. art. L. 621-25.]*

Pour les dispositions transitoires de l'Ord. n° 2021-1193 du 15 sept. 2021, V. note ss. art. L. 611-2.

V. art. R. 622-7, R. 622-8 et R. 661-1.

BIBL. ▶ KORNMANN, *JCP N 1988. Prat. 726.* – D. MARTIN, *D. 1986. Chron. 325.* – DEVÈZE, *RPC 1992. 10 7.* – POHÉ, *ibid. 1992. 245* (substitution judiciaire de garanties). – HUILLE, *Gaz. Pal. 2001. Doctr. 298* (répartitions provisionnelles). – LE CORRE, *Gaz. Pal. 12 avr. 2016, p. 80.*

1. Gage. V. notes 15 et 65 s. ss. art. L. 622-7.

2. Warrant agricole. Les dispositions de l'art. 8 de la loi du 30 avr. 1906, permettant à l'emprunteur, sous certaines conditions, de vendre les objets warrantés, ne peuvent prévaloir sur celles des art. 33, al. 1er, et 34, al. 1er, de la loi du 25 janv. 1985 [C. com., art. L. 622-7 et L. 622-8]. • Com. 9 avr. 1991, n° 89-19.642 P : *D. 1992. Somm. 256, obs. Derrida ; JCP E 1991. II. 232, note Le Corre.* ♦ Aussi, la quote-part du prix de vente d'une récolte correspondant à la créance garantie par le warrant agricole doit être versée en compte de dépôt à la Caisse des dépôts et consignations jusqu'à l'adoption du plan de redressement ou à la liquidation. • Même arrêt.

3. Dividendes à échoir. Pour un arrêt faisant application de l'art. 78, al. 2 [C. com., art. L. 626-22], en fixant les dividendes à échoir au profit du créancier en fonction des paiements anticipés qu'il avait reçus, V. • Com. 20 janv. 1998, n° 94-16.821 P.

Art. L. 622-9 **L'activité de l'entreprise est poursuivie pendant la période d'observation, sous réserve des dispositions des articles** *(L. n° 2005-845 du 26 juill. 2005, art. 27)* **« L. 622-10 à L. 622-16 ».** – *[C. com., anc. art. L. 621-26.]*

V. art. R. 622-9.

Art. L. 622-10 *(L. n° 2005-845 du 26 juill. 2005, art. 28)* **A tout moment de la période d'observation, le tribunal, à la demande du débiteur,** *(Abrogé par Ord. n° 2008-1345 du 18 déc. 2008, art. 24)* ***« de l'administrateur, du mandataire judiciaire, d'un contrôleur, du ministère public ou d'office, »*** **peut ordonner la cessation partielle de l'activité.**

Dans les mêmes conditions, *(Ord. n° 2008-1345 du 18 déc. 2008, art. 24)* **« à la demande du débiteur, de l'administrateur, du mandataire judiciaire, du ministère public ou d'office, » il convertit la procédure en un redressement judiciaire, si les conditions de l'article L. 631-1, sont réunies ou prononce la liquidation judiciaire, si les conditions de l'article L. 640-1 sont réunies.**

(Ord. n° 2008-1345 du 18 déc. 2008, art. 24) **« A la demande du débiteur** *(Ord. n° 2014-326 du 12 mars 2014, art. 22, en vigueur le 1er juill. 2014)* **« ou, à la demande de l'administrateur, du mandataire judiciaire ou du ministère public, lorsqu'***[lorsque]* **aucun plan n'a été adopté conformément aux dispositions de l'article L. 626-30-2 et, le cas échéant, de l'article L. 626-32 par les** *(Ord. n° 2021-1193 du 15 sept. 2021, art. 17, en vigueur le 1er oct. 2021)* **« classes mentionnées » à la section III du chapitre VI du présent titre », il décide également la conversion en redressement judiciaire si l'adoption d'un plan de sauvegarde est manifestement impossible et si la clôture de la procédure conduirait, de manière certaine et à bref délai, à la cessation des paiements. »**

Il statue après avoir entendu ou dûment appelé le débiteur, l'administrateur, le mandataire judiciaire, les contrôleurs et *(Ord. n° 2021-1193 du 15 sept. 2021, art. 17, en vigueur le 1er oct. 2021)* **« la ou les personnes désignées par le comité social et économique », et avoir recueilli l'avis du ministère public.**

Lorsqu'il convertit la procédure de sauvegarde en procédure de redressement judiciaire, le tribunal peut, si nécessaire, modifier la durée de la période d'observation restant à courir *(L. n° 2016-1547 du 18 nov. 2016, art. 99-IV-5°)* **« ou la prolonger pour une durée maximale de six mois ».**

(Ord. n° 2021-1193 du 15 sept. 2021, art. 17, en vigueur le 1er oct. 2021) **« Les classes déjà constituées avant cette conversion, conformément à la section III du chapitre VI du présent titre, sont conservées avec les mêmes modalités de répartition et de calcul des voix, sans préjudice des recours pendants. Les opérations de constitution des classes se poursuivent nonobstant la conversion. »** – *Sur les dispositions transitoires de la L. n° 2016-1547 du 18 nov. 2016, V. note ss. art. L. 621-3.*

(Ord. n° 2008-1345 du 18 déc. 2008, art. 24) **« Aux fins de réaliser la prisée des actifs du débiteur au vu de l'inventaire établi pendant la procédure de sauvegarde, il désigne, en considération de leurs attributions respectives telles qu'elles résultent des dispositions qui leur sont applicables,** *(Ord. n° 2016-728 du 2 juin 2016, art. 23, en vigueur le 1er juill. 2022)* **« un commissaire de justice** *[ancienne rédaction : un commissaire-priseur judiciaire, un huissier de justice]* **», un notaire ou un courtier en marchandises assermenté. »**

Pour les dispositions transitoires de l'Ord. n° 2021-1193 du 15 sept. 2021, V. note ss. art. L. 611-2.

V. art. R. 622-10 et R. 622-11.

BIBL. ▶ MASTRULLO, *RPC 2008. Étude 19.*

Audition de l'ordre professionnel. Les dispositions des art. L. 622-10 et L. 631-15 relatives à la convocation et à l'audition de l'organisme professionnel désigné en qualité de contrôleur, préalablement au prononcé de la liquidation judiciaire, ne s'appliquent qu'à la procédure de première instance et ne concernent pas la procédure devant la cour d'appel. • Com. 6 juill. 2010 : *cité note 7 ss. art. L. 621-1.*

Code de commerce

Ancien art. L. 621-27 *A tout moment, le tribunal, à la demande de l'administrateur, du représentant des créanciers, d'un contrôleur, du débiteur, du procureur de la République ou d'office et sur rapport du juge-commissaire, peut ordonner la cessation totale ou partielle de l'activité ou la liquidation judiciaire.*

Le tribunal statue après avoir entendu ou dûment appelé en chambre du conseil, le débiteur, l'administrateur, le représentant des créanciers, un contrôleur et les représentants du comité d'entreprise ou, à défaut, des délégués du personnel.

Lorsque le tribunal prononce la liquidation, il met fin à la période d'observation et à la mission de l'administrateur. – [L. n° 85-98 du 25 janv. 1985, art. 36.]

1. *Conditions.* La liquidation judiciaire peut être prononcée à tout moment, sans attendre l'issue de la procédure de vérification des créances. • Com. 30 oct. 2000 : *APC 2000, n° 246.*

2. Est irrégulière la saisine du tribunal par voie de requête de l'administrateur en vue du prononcé d'un jugement de redressement judiciaire par voie d'extension d'une procédure de redressement judiciaire antérieurement ouverte, aucun texte de la loi de 1985 n'autorisant à déroger à la règle de droit commun de la saisine par voie d'assignation. • Montpellier, 31 juill. 1991 : *D. 1991. 474, note Derrida.* ♦ Comp., sur la régularité de la saisine lorsque, bien que l'administrateur eût saisi le tribunal par requête, le débiteur avait été convoqué par lettre recommandée émanant du greffier, en application de l'art. 86 du décret de 1985 : • Aix-en-Provence, 26 sept. 1990 : *ibid.*

3. *Rapport du juge-commissaire.* A défaut du rapport prévu par l'art. 36 [C. com., ancien art. L. 621-27], le jugement doit être annulé, l'omission de la formalité, s'agissant d'une disposition d'ordre public, ne pouvant être réparée en cause d'appel. • Besançon, 22 mars 1995 : *RPC 1996. 52, obs. Dureuil.*

4. *Convocation du débiteur.* Lorsque la lettre recommandée portant convocation à l'audience destinée à statuer sur la conversion du redressement judiciaire en liquidation n'a pas atteint le débiteur, il appartient au greffier, à peine de nullité du jugement pour non-respect du contradictoire, de faire convoquer le débiteur par voie de signification d'huissier en application de l'art. 670-1 NCPC [C. pr. civ.]. • Besançon, 6 déc. 1996 : *RJ com. 1999. 80, note Haennig* • 20 déc. 1996 : *ibid.*

5. *Audition du débiteur.* Le directeur général d'une société anonyme a qualité pour représenter la société devant le tribunal lors de son audition préalable au prononcé de la liquidation judiciaire. • Com. 12 juill. 1993, n° 91-18.786 P : *D. 1993. 549, note Merle ; Rev. sociétés 1993. 803, note Guyon ; BJS 1993. 1135, note Le Cannu.*

6. *Fin des fonctions de l'administrateur.* Sauf à méconnaître la distinction entre les fonctions d'administrateur et de liquidateur et les règles d'ordre public qui s'y attachent, l'administrateur ne peut, postérieurement au jugement de liquidation judiciaire, gérer le compte bancaire du débiteur et effectuer des règlements sans avoir reçu, préalablement, l'autorisation expresse du liquidateur. • Amiens, 25 oct. 2001 : *RPC 2003. 131, obs. Soinne.*

Art. L. 622-11 *(L. n° 2005-845 du 26 juill. 2005, art. 28)* **Lorsque le tribunal prononce la liquidation, il met fin à la période d'observation et, sous réserve des dispo-**

sitions de l'article L. 641-10, à la mission de l'administrateur. *(Ord. n° 2008-1345 du 18 déc. 2008, art. 25)* **« Dans les conditions prévues au dernier alinéa de l'article L. 622-10, il désigne une personne chargée de réaliser la prisée des actifs du débiteur. »**

Le licenciement prononcé par l'administrateur dont la mission a pris fin avec le prononcé de la liquidation judiciaire est dépourvu de cause réelle et sérieuse. • Soc. 15 nov. 2011, n° 10-17.015 P : *D. 2011. Actu. 2863, obs. Lienhard ; LEDEN 1/2012. 7, obs. G. Dedessus-le-Moustier ; BJE 2012. 103, note Jacotot ; RPC 2012, n° 27, obs. Lebel.*

Art. L. 622-12 *(L. n° 2005-845 du 26 juill. 2005, art. 28)* **Lorsque les difficultés qui ont justifié l'ouverture de la procédure ont disparu, le tribunal y met fin à la demande du débiteur. Il statue dans les conditions prévues au** *(Ord. n° 2008-1345 du 18 déc. 2008, art. 26)* **« quatrième » alinéa de l'article L. 622-10.** — *V. art. R. 622-12.*

BIBL. ▶ LE CORRE, *LPA 25 mars 2009.*

Art. L. 622-13 *(Ord. n° 2008-1345 du 18 déc. 2008, art. 27)* **I. — Nonobstant toute disposition légale ou toute clause contractuelle, aucune indivisibilité, résiliation ou résolution d'un contrat en cours ne peut résulter du seul fait de l'ouverture d'une procédure de sauvegarde.**

Le cocontractant doit remplir ses obligations malgré le défaut d'exécution par le débiteur d'engagements antérieurs au jugement d'ouverture. Le défaut d'exécution de ces engagements n'ouvre droit au profit des créanciers qu'à déclaration au passif.

II. — L'administrateur a seul la faculté d'exiger l'exécution des contrats en cours en fournissant la prestation promise au cocontractant du débiteur.

(Ord. n° 2014-326 du 12 mars 2014, art. 23, en vigueur le 1er juill. 2014) **« Au vu des documents prévisionnels dont il dispose, l'administrateur s'assure, au moment où il demande l'exécution du contrat, qu'il disposera des fonds nécessaires pour assurer le paiement en résultant. » S'il s'agit d'un contrat à exécution ou paiement échelonnés dans le temps, l'administrateur y met fin s'il lui apparaît qu'il ne disposera pas des fonds nécessaires pour remplir les obligations du terme suivant.**

III. — Le contrat en cours est résilié de plein droit :

1° Après une mise en demeure de prendre parti sur la poursuite du contrat adressée par le cocontractant à l'administrateur et restée plus d'un mois sans réponse. Avant l'expiration de ce délai, le juge-commissaire peut impartir à l'administrateur un délai plus court ou lui accorder une prolongation, qui ne peut excéder deux mois, pour se prononcer ;

2° A défaut de paiement dans les conditions définies au II et d'accord du cocontractant pour poursuivre les relations contractuelles. En ce cas, le ministère public, l'administrateur, le mandataire judiciaire ou un contrôleur peut saisir le tribunal aux fins de mettre fin à la période d'observation.

IV. — A la demande de l'administrateur, la résiliation est prononcée par le juge-commissaire si elle est nécessaire à la sauvegarde du débiteur et ne porte pas une atteinte excessive aux intérêts du cocontractant.

V. — Si l'administrateur n'use pas de la faculté de poursuivre le contrat ou y met fin dans les conditions du II ou encore si la résiliation est prononcée en application du IV, l'inexécution peut donner lieu à des dommages et intérêts au profit du cocontractant, dont le montant doit être déclaré au passif. Le cocontractant peut néanmoins différer la restitution des sommes versées en excédent par le débiteur en exécution du contrat jusqu'à ce qu'il ait été statué sur les dommages et intérêts.

VI. — Les dispositions du présent article ne concernent pas les contrats de travail. Elles ne concernent pas non plus le contrat de fiducie, à l'exception de la convention en exécution de laquelle le débiteur conserve l'usage ou la jouissance de biens ou droits transférés dans un patrimoine fiduciaire.

V. art. R. 622-13.

Sur la continuation des contrats d'édition et de production audiovisuelle, V. CPI, art. L. 132-15 et L. 132-30, ***CPI*** *ou* ***C. pr. coll.*** *— ... Des garanties collectives de prévoyance à adhésion obligatoire, V. CSS, art. L. 932-10. —* ***CSS.***

Pour une dérogation à l'art. L. 622-13 ci-dessus, s'agissant des contrats qui prévoient la gestion ou le recouvrement, pour le compte d'une société de crédit foncier, des prêts, créances assimilées, titres et dépôts, obligations ou autres ressources prévues à l'art. L. 513-2 C. mon. fin., V. C. mon. fin., art. L. 513-21. – ***C. mon. fin.***

Lorsque les créances cédées à une société de crédit foncier résultent d'un contrat de crédit-bail, la survenance d'une procédure collective du crédit-bailleur cédant en cours de contrat ne peut remettre en cause la poursuite du contrat de crédit-bail (C. mon. fin., art. L. 513-13, al. 2). – V. ***C. mon. fin.***

BIBL. ▸ Régime issu de l'ordonnance du 18 déc. 2008 : Le Corre-Broly, *D. 2009. 663*. – Roussel Galle, *RPC 2009. Dossier 7*. – Le Corre, *Gaz. Pal. 2014. 2470* (droit commun de la résiliation des contrats en cours : questions-réponses). – Dossier « Contrat(s) et entreprises en difficulté », *BJE 2019. 37*. – Dossier « La continuation des concours bancaires en droit des entreprises en difficulté », *RDBF 2021. Dossiers 27 à 30*. ▸ Modifications issues de l'ordonnance du 12 mars 2014 : Benilsi, *BJE 2014. 183*.

Ancien art. L. 622-13 ***L'administrateur a seul la faculté d'exiger l'exécution des contrats en cours en fournissant la prestation promise au cocontractant du débiteur. Le contrat est résilié de plein droit après une mise en demeure adressée à l'administrateur restée plus d'un mois sans réponse. Avant l'expiration de ce délai, le juge-commissaire peut impartir à l'administrateur un délai plus court ou lui accorder une prolongation, qui ne peut excéder deux mois, pour prendre parti.***

Lorsque la prestation porte sur le paiement d'une somme d'argent, celui-ci doit se faire au comptant, sauf pour l'administrateur à obtenir l'acceptation, par le cocontractant du débiteur, de délais de paiement. Au vu des documents prévisionnels dont il dispose, l'administrateur s'assure, au moment où il demande l'exécution, qu'il disposera des fonds nécessaires à cet effet. S'il s'agit d'un contrat à exécution ou paiement échelonnés dans le temps, l'administrateur y met fin s'il lui apparaît qu'il ne disposera pas des fonds nécessaires pour remplir les obligations du terme suivant.

A défaut de paiement dans les conditions définies à l'alinéa précédent et d'accord du cocontractant pour poursuivre les relations contractuelles, le contrat est résilié de plein droit et le parquet, l'administrateur, le mandataire judiciaire ou un contrôleur peut saisir le tribunal aux fins de mettre fin à la période d'observation.

Le cocontractant doit remplir ses obligations malgré le défaut d'exécution par le débiteur d'engagements antérieurs au jugement d'ouverture. Le défaut d'exécution de ces engagements n'ouvre droit au profit des créanciers qu'à déclaration au passif.

(L. nº 2005-845 du 26 juill. 2005, art. 29) ***« Si l'administrateur n'use pas de la faculté de poursuivre le contrat ou y met fin dans les conditions du deuxième alinéa, l'inexécution peut donner lieu à des dommages et intérêts dont le montant doit être déclaré au passif au profit de l'autre partie contractante. » Celle-ci peut néanmoins différer la restitution des sommes versées en excédent par le débiteur en exécution du contrat jusqu'à ce qu'il ait été statué sur les*** *(L. nº 2005-845 du 26 juill. 2005, art. 29)* ***« dommages et intérêts ».***

Nonobstant toute disposition légale ou toute clause contractuelle, aucune indivisibilité, résiliation ou résolution du contrat ne peut résulter du seul fait de l'ouverture d'une *(L. nº 2005-845 du 26 juill. 2005, art. 29)* ***« procédure de sauvegarde ».***

Les dispositions du présent article ne concernent pas les contrats de travail. *– [C. com., anc. art. L. 621-28.]*

BIBL. ▸ Régime issu de la loi du 26 juill. 2005 : Roussel Galle, *RPC 2005. 204*. ▸ Régime issu de la loi du 10 juin 1994 : Boccara, *JCP E 1994. I. 385*. – Lemistre et Mercier, *LPA 14 sept. 1994*. – Macorig-Venier, *LPA 6 sept. 2000*, (rupture des contrats). – Brunetti-Pons, *RTD com. 2000. 783* (spécificité du régime des contrats en cours). – Le Corre-Broly, *JCP E 2002, nº 40, p. 1565* (résiliation de plein droit des contrats du fait de la liquidation judiciaire non assortie d'une période de poursuite provisoire d'activité). – Montéran, *Gaz. Pal. 2003. Doctr. 2716* (influence des procédures collectives sur la poursuite et la fin des contrats). – Teboul, *Gaz. Pal. 2004. Doctr. 938* (le sort des contrats pendant les procédures collectives : quels choix opérer ?).

Sur les baux commerciaux, V. Bibl. ss. art. L. 622-14.

I. DOMAINE D'APPLICATION

A. CONTRATS CONCERNÉS

1. Notion de « contrats en cours ». **BIBL.** Derrida, *RJDA 1993, nº 6, p. 399*. – Bac, *JCP E 2000, nº 1-2, p. 22*. ♦ Le prêt consenti par un professionnel du crédit avant l'ouverture du redressement judiciaire de l'emprunteur n'est pas un contrat en cours au sens de l'art. L. 622-13 et ne peut donc être cédé au titre des contrats visés à l'art. L. 642-7. • Com. 9 févr. 2016, nº 14-23.219 P : *D. 2016. Actu. 423, obs. Lienhard ; RTD com. 2016. 554, obs. Martin-Serf ; JCP E 2016. 1280, note Stefania ; LEDEN 3/2016. 4, obs. Rubellin ; RJDA 2016, nº 379 ; RDBF 2016, nº 88, obs. Houin-Bressand ; BJE 2016. 175, note Reille ; RPC 2016, nº 85, obs. Fraimout.* ♦ Auparavant, la jurisprudence considérait qu'un contrat de prêt n'était pas un contrat en cours lorsque les fonds avaient été remis à l'emprunteur avant l'ouverture de son redressement judiciaire. • Com. 14 déc. 1993, n° 92-11.647 P • 13 avr. 1999, n° 97-11.383 P : *D. 2000. 257, note Lipinski* ; *D. Affaires 1999. 801, obs. A. L.* • Versailles, 28 févr. 2013 : *D. 2013. Actu. 638* . – V. aussi • Com. 2 mars 1993, n° 90-21.353 P : *D. 1993. 572, note Devésa* ; *Rev. huiss. 1993. 1434, note Vidal* • 3 mars 1992, n° 90-12.304 P : *D. 1992. Somm. 260, obs. Derrida* ; *Defrénois 1992. 1371, obs. Le Cannu* ; *JCP E 1992. I. 192, n° 2, obs. crit. Pétel.*

2. Le contrat de vente d'un immeuble dont l'une des clauses subordonne le transfert de propriété au paiement intégral du prix est un contrat de vente à terme n'incluant pas un prêt. Ce contrat est en cours lors de l'ouverture de la procédure collective dès lors qu'une partie du prix reste à payer. • Com. 1er févr. 2000, n° 97-15.263 P : *D. 2000. AJ 144, obs. Lienhard* ; *RTD com. 2000. 444, obs. Laude* ; *RPC 2002. 182, obs. Macorig-Venier.* ♦ Comp., pour la vente de biens mobiliers sous réserve de propriété : note 30 ss. art. L. 624-9.

Un contrat de vente en viager ne cesse pas d'être un contrat à exécution instantanée par le simple fait que les parties sont convenues d'un échelonnement partiel du prix, le transfert de propriété ayant eu lieu le jour de la vente, et il ne peut donc s'analyser comme un contrat en cours au sens de l'art. 37 [C. com., art. L. 622-13]. • Paris, 14 oct. 1997 : *D. Affaires 1997. 1427.* – V. aussi : • Com. 2 mars 1999 : *APC 1999, n° 91, obs. Vallansan* ; *LPA 1er févr. 2000, note Gallet* • Dijon, 3 déc. 1998 : *JCP E 1999, n° 49, p. 1944* • Paris, 9 mars 2000 : *D. 2000. AJ 202, obs. Pisoni* • Aix-en-Provence, 23 mai 2001 : *RPC 2002. 189, obs. Roussel Galle.* – V. Delattre, *Ann. loyers 2002. 137.* – *Contra* : • Agen, 5 sept. 1995 : *Cah. jurispr. Aquitaine 1995, n° 2, p. 89.* ♦ Dans le même sens, à propos d'une donation partage stipulant le versement par le donataire d'une rente viagère, V. • Agen, 8 mars 2004 : *RPC 2004. 223, obs. Roussel Galle.*

Pour un arrêt ayant jugé que la vente d'un terrain dont le paiement est assuré par une dation en paiement dont la réalisation est fixée dans le temps, étant un acte ponctuel détaché de toute connexité, ne peut constituer un contrat en cours, V. • Civ. 3e, 18 juill. 1995 : *D. 1996. 70, note crit. Derrida* ; *RTD com. 1996. 343, obs. Martin-Serf* .

En ce sens qu'une promesse unilatérale de vente d'immeuble est un contrat en cours lorsque le bénéficiaire de la promesse est mis en redressement judiciaire avant l'expiration du délai d'option, V. • Com. 1er févr. 2000 : *RPC 2003. 18, obs. Roussel Galle.*

3. Le bail commercial renouvelé après délivrance d'un congé est un nouveau bail, le précédent cessant par l'effet du congé, ce dont il résulte qu'il ne constitue pas un contrat en cours dont l'administrateur du redressement judiciaire du preneur peut exiger l'exécution (s'agissant d'un bail en cours à la date de l'ouverture de la procédure collective, mais arrivé à son terme par l'effet du congé au jour de la mise en demeure adressée par le bailleur à l'administrateur judiciaire pour qu'il exerce son option). • Cass. ass. plén. 7 mai 2004, n° 02-13.225 P : *BICC 15 juill. 2004, rapp. Gillet et avis de Gouttes* ; *D. 2004. AJ 1451, avis de Gouttes et obs. Lienhard* ; *ibid. Somm. 2142, obs. Le Corre* ; *JCP E 2004, n° 28-29, p. 1156, note Dumoustier* ; *APC 2004, n° 121, obs. Regnaut-Moutier* ; *RPC 2004. 222, obs. Roussel Galle* (V. déjà, dans la même affaire, • Com. 17 févr. 1998, n° 95-13.296 P : *D. 1998. IR 82* ; *D. Affaires 1998. 582, obs. A. L.* ; *JCP E 1998, n° 36, p. 1361, note Brault* ; *AJPI 1998. 1064, note Gallet*). – V. Pizon, *JCP E 2004, n° 51, p. 2008.*

Pour une promesse de bail constitutive d'un contrat en cours d'exécution, dès lors que le contrat de bail devait seulement recevoir sa formulation définitive par l'adjonction des clauses usuelles, V. • Com. 6 févr. 1996, n° 92-16.886 P : *D. 1996. IR 73* ; *D. Affaires 1996. 422* ; *Gaz. Pal. 1996. 1. Somm. 225, obs. Brault* ; *RPC 1996. 209, obs. Mestre et Laude.*

4. Dès lors que le transfert de propriété des parts d'une société civile immobilière que les porteurs se sont engagés à céder à une société mise en liquidation judiciaire ne s'est pas réalisé avant l'ouverture de la procédure collective le contrat de vente est en cours. • Com. 22 oct. 1996, n° 94-12.546 P : *D. 1996. IR 263* ; *Defrénois 1997. 467, obs. Le Cannu* ; *RPC 1998. 290, obs. Macorig-Venier.* – V. aussi • Rouen, 6 mars 1997 : *RJDA 1997, n° 837.*

Le contrat par lequel une personne commet un commissionnaire en marchandises pour effectuer pour son compte une opération à terme ne s'achevant que par l'exécution, au terme prévu, de cette opération, ce contrat est soumis aux dispositions de l'art. 37 [C. com., art. L. 622-13] s'il est en cours lors de l'ouverture de la procédure collective du commissionnaire. • Com. 26 mai 1998 : *RJDA 1998, n° 1132* ; *RPC 1999. 116, obs. Laude.*

Un contrat d'entreprise est un contrat en cours d'exécution dès lors qu'au jour du jugement d'ouverture subsiste notamment à la charge du cocontractant une obligation de fabrication et de livraison. • Reims, 14 févr. 2001 : *RPC 2002. 190, obs. Roussel Galle.*

En ce sens que le contrat de sous-traitance n'est pas un contrat en cours lorsque les travaux sous-traités ont été achevés avant l'ouverture de la procédure collective, peu important que la garantie ait été mise en jeu postérieurement à cette date, V. • Com. 19 janv. 1999 : *RJDA 1999, n° 307.*

Sur la notion de « contrats en cours », V. également note 60 ss. art. L. 622-21.

5. Dès lors qu'un concessionnaire avait, contrairement à la convention conclue avec le concédant, revendu les véhicules que ce dernier lui livrait à un revendeur étranger à son réseau, qui les commercialisait, doit être rejetée la demande de ce concessionnaire tendant à la poursuite des livraisons. • Com. 11 oct. 1994, n° 92-17.599 P : *D. 1994. IR 242* ; *JCP E 1995. II. 749, note J.-C. Fourgoux.* ♦ V. aussi note 49.

6. Bail commercial. V. note 3. ♦ Sur l'articulation des art. L. 622-13 et L. 622-14 dans le régime issu de la loi du 26 juill. 2005, V. note 1 ss. art. L. 622-14.

7. Concours bancaires. L'administrateur d'un redressement judiciaire a la faculté d'exiger l'exécution des contrats en cours lors du prononcé de ce redressement judiciaire sans qu'il puisse être fait de distinction selon que les contrats ont été ou non conclus en considération de la personne. • Com. 8 déc. 1987, n° 87-11.501 P : *D. 1988. 52, note Derrida ; JCP 1988. II. 20927, note Jeantin.* ♦ Il en résulte que l'administrateur doit, lorsqu'il le demande, obtenir la continuation, pendant la période d'observation, des conventions de compte courant, d'ouverture de crédits, de découvert ou d'autorisation d'escomptes en cours au jour du jugement de redressement judiciaire, sauf pour l'établissement financier à bénéficier des dispositions de l'art. 40 de la loi du 25 janv. 1985 [C. com., art. L. 622-17] et, s'il y a lieu, de celles de l'art. 60, al. 2, de la loi du 24 janv. 1984 [C. mon. fin., art. L. 313-12, App., v° *Banque et financement de l'entreprise*]. • Même arrêt. – V., sur renvoi, • Lyon, 5 déc. 1988 : *Banque 1989. 213, obs. Rives-Lange.* ♦ En effet, la continuation des concours bancaires, par application de l'art. 37 ci-dessus [C. com., art. L. 622-13], n'interdit pas que ces concours soient interrompus pendant la période d'observation si les conditions fixées par l'art. 60, al. 1er ou 2, de la loi du 24 janv. 1984 [C. mon. fin., art. L. 313-12] sont réalisées. • Com. 1er oct. 1991, n° 89-13.127 P : *D. 1992. Somm. 261* , *et 1993. Somm. 10, obs. Derrida* ; *JCP 1992. II. 21854, note Jeantin* • 2 mars 1993, n° 91-10.181 P : *D. 1993. IR 91 ; Rev. dr. bancaire 1993. 228, note Gavalda ; RPC 1993. 532, obs. Mestre et Laude.* ♦ Mais, en présence d'une résiliation avec préavis, décidée par la banque le jour du jugement d'ouverture, et en l'absence de notification de la décision de résiliation à l'administrateur judiciaire, l'ordonnance du juge-commissaire enjoignant à la banque de poursuivre ses concours pendant la période d'observation doit recevoir son entier effet. • Com. 28 juin 1994, n° 92-10.830 P: *D. 1994. IR 205* ; *Dr. sociétés 1994, n° 189, obs. Chaput ; Rev. dr. bancaire 1995. 83, obs. Campana et Calendini.* ♦ Sur l'application de l'art. 60 de la loi du 24 janv. 1984 [C. mon. fin., art. L. 313-12], V. aussi • TGI Laon, 9 mars 1988 : *JCP 1989. II. 21243, note Gavalda ; D. 1990. Somm. 11, obs. Derrida* .

Sur le contrôle exercé par la Cour de cassation, V. • Com. 1er juill. 1997, n° 95-15.440 P : *RTD com. 1997. 660, obs. Cabrillac* ; *RJDA 1997, n° 1540 ; RDBB 1998. 24, obs. Campana et Calendini.*

8. En ce sens que la continuité du compte courant après l'ouverture du redressement judiciaire n'empêche pas la banque d'établir un solde provisoire et d'en demander paiement aux cautions, V. • Com. 9 juin 1992 : *D. 1994. Somm. 323, obs. Vasseur* ; *Banque 1992. 950, obs. Rives-Lange.* – V. aussi • Versailles, 29 sept. 1988 : *D. 1989. 132, note Martin.* ♦ *Contra*, jugeant que l'ouverture du redressement judiciaire ne rend pas exigible le solde débiteur existant à cette date en l'absence de clôture du compte courant et que la caution peut opposer au créancier toutes les exceptions qui appartiennent au débiteur principal : • Com. 3 janv. 1995 : *D. 1995. IR 51 ; JCP E 1995. I. 405, n° 16, obs. Cabrillac ; Rev. dr. bancaire 1995. 115, obs. Contamine-Raynaud.* ♦ Dans le même sens, jugeant que la caution ne peut être condamnée au paiement du solde débiteur existant à la date du jugement d'ouverture si celui-ci a été ultérieurement apuré par la remise de chèques ou par des virements, V. • Com. 2 mars 1999 : *APC 1999, n° 103, obs. Regnaut-Moutier ; RPC 2000. 55, obs. Kerckhove.* ♦ Comp., désormais, art. L. 622-28, al. 2.

9. Le changement de régime juridique de la procédure de redressement judiciaire passant de la période d'observation à la phase d'exécution du plan de continuation de l'entreprise ne suffit pas à légitimer la rupture brutale des concours bancaires précédemment accordés. • Agen, 2 avr. 1987 : *D. 1987. 592, note Derrida.* ♦ En ne donnant pas à l'entreprise le préavis raisonnable lui ménageant une transition indispensable entre les deux régimes, les banques ne peuvent ignorer les conséquences de la brusque rupture de leur soutien financier sur la survie de l'entreprise ; elles ne peuvent soutenir qu'est survenu l'un des événements mentionnés à l'al. 2 de l'art. 60 de la loi du 24 janv. 1984 [C. mon. fin., art. L. 313-12]. • Même arrêt. – Arrêt conf. par • Com. 14 févr. 1989 : *D. 1991. Somm. 11, obs. Derrida* . ♦ Les conventions en cours lors de l'homologation du plan de continuation de l'entreprise doivent être appliquées par les banques jusqu'à leur échéance, en vertu des dispositions de l'art. 64, al. 1er, de la loi du 25 janv. 1985 [C. com., art. L. 626-11]. • T. com. Antibes, 2 juin 1987 : *D. 1987, préc.*

10. Assurance-maladie. Le régime d'assurance maladie et maternité des travailleurs non salariés des professions non agricoles est un statut légal obligatoire, peu important que les assurés puissent choisir, pour y adhérer, entre différents organismes conventionnés ; l'affiliation du commerçant et la perception de prestations qui en découle ne procèdent pas d'un contrat mais de l'application de ce statut (non-application de l'art. 37 [C. com., art. L. 622-13]). • Soc. 13 mars 1997 : *D. 1997. IR 83* ; *D. Affaires 1997. 540.*

11. Protection sociale complémentaire. Pour l'application du régime général des contrats en cours, sous réserve de la mise en œuvre du régime spécial de résiliation prévu par l'art. L. 932-10 CSS, V. • Com. 28 juin 2011, n° 09-16.646 P : *D. 2011. Actu. 1814* ; *JCP E 2011. 1596, n° 9, obs. Pétel ; BJE 2011. 340, note Donnette ; BJS 2011. 1001, note Kessler ; RJDA 2011, n° 939.*

12. Garantie financière d'un agent immobilier. La finalité première de la loi du 25 janv. 1985 étant la survie de l'entreprise, la garantie financière fournie par une société d'assurance mutuelle à un de ses sociétaires, agent immobilier mis en redressement judiciaire, doit être maintenue à la demande de l'administrateur, nonobstant la clause des statuts de la société selon laquelle le jugement d'ouverture entraîne la perte de la qualité de sociétaire, clause qui tombe sous le coup de l'art. 37, al. 5 [7] [C. com., art. L. 622-13]. • T. com. Nice, 23 août 1991 : *D. 1992. Somm. 260, obs. Derrida*. – Comp. : • T. com. Antibes, 2 oct. 1992 : *Gaz. Pal. 1994. 1. Somm. 220, obs. Nakam.*

13. Crédit-bail. **BIBL.** *Sur le crédit-bail immobilier* : Marion-Fondaneche, *Gaz. Pal. 1986. 2. Doctr. 571.* – Sentex, *RJ com. 1986. 121.* – V. aussi • Versailles, 19 mars 1992 : *D. 1992. Somm. 259, obs. Derrida*. ♦ Sur l'incidence de l'application au crédit-bail mobilier du délai de revendication des meubles, avant l'intervention de la loi du 10 juin 1994, V. note 58, et notes 9 s. ss. art. L. 624-9.

14. Contrat de société. Le contrat de société liant un associé mis en procédure collective n'est pas un contrat en cours au sens de l'art. L. 621-28 [L. 622-13] C. com. • Com. 10 juill. 2007, n° 06-11.680 P : *D. 2007. AJ 2107, obs. Lienhard* ; *APC 2007, n° 163, obs. Regnaut-Moutier ; Gaz. Pal. 26-27 oct. 2007, p. 38, obs. Reille ; JCP E 2007. 2474, note Legros ; ibid. 2008. 1207, n° 12, obs. Pétel ; BJS 2008. 46, note F.-X. Lucas ; RPC 2008. 76, obs. Roussel Galle.*

15. Contrat d'apport. Le contrat d'apport [engagement d'apporter sa production souscrit par l'adhérent d'une coopérative agricole], fût-il lié au contrat de société, constitue un contrat en cours dont l'administrateur peut exiger la continuation ou la résiliation. • Com. 19 févr. 2013 : *D. 2013. 1600, note Buchberger* ; *Rev. sociétés 2013. 629, note Parleani* ; *JCP E 2013. 1216, n° 8, obs. Pétel ; ibid. 1277, note Legros ; BJE 2013. 138, note Monsèrié-Bon ; RJDA 2013, n° 534.*

16. Contrats administratifs. Pour l'application de l'art. L. 622-13 C. com. à ces contrats, V. • Com. 16 juin 2004 : *RPC 2004. 224, obs. Roussel Galle.*

17. Marchés publics. **BIBL.** Terneyre, *Cah. dr. entr. 1992, n° 4.* – Comp. : • CAA Nantes, 10 juin 1993 : *JCP E 1993. Pan. 1004.*

18. Adhésion à une association. L'adhésion à une association antérieurement au jugement d'ouverture, en vue d'assurer un revenu de substitution à un dirigeant de l'entreprise, constitue un contrat en cours au sens de l'art. L. 621-28 [L. 622-13] C. com., qui n'opère aucune distinction entre les contrats nécessaires à la poursuite de l'activité et les autres. • Com. 19 mai 2004 : *RPC 2004. 224, obs. Roussel Galle.*

B. PROCÉDURES CONCERNÉES

19. Déjà avant la loi du 10 juin 1994, la Cour de cassation avait jugé que les art. 37 et 38 [devenus C. com., art. L. 622-13 et L. 622-14] étaient applicables en cas de liquidation judiciaire. • Com. 17 oct. 1989 : *Bull. civ. IV, n° 251 ; D. 1990. Somm. 2, obs. Derrida* ; *RTD com. 1990. 101, obs. Martin-Serf*. ♦ V. désormais art. L. 641-11 et L. 641-12.

II. OPTION DE L'ADMINISTRATEUR

BIBL. Haehl, *LPA 8 juill. 1996.* – Monsèrié, *ibid.* (continuation du contrat de bail).

A. CONTINUATION DU CONTRAT

20. Légitimité de la demande. Il incombe au mandataire de justice de s'assurer, lorsqu'il décide la poursuite d'un contrat, des possibilités financières immédiates et prévisibles de l'entreprise, pour en garantir l'exécution. • Versailles, 18 mars 1999 : *RJDA 1999, n° 802.* ♦ Dès lors que le liquidateur n'est plus en mesure de fournir la prestation promise, il y a lieu de rejeter la demande en continuation d'un contrat de concession exclusive en cours. • Com. 16 nov. 1993 : *RPC 1994. 45, obs. Mestre et Laude.* ♦ V. aussi note 3. ♦ D'autre part, dans le cas d'une action en résiliation engagée avant le jugement d'ouverture par le cocontractant, dès lors que la résiliation était demandée pour inexécution d'obligations de faire et non d'une obligation de payer une somme d'argent, le cours de l'instance ne peut en être arrêté ni par l'ouverture du redressement judiciaire du débiteur, ni par l'exercice de la faculté ouverte à l'administrateur par l'art. 37 [C. com., art. L. 622-13]. • Com. 28 mai 1996, n° 93-16.125 P : *JCP E 1996. I. 584, n° 13, obs. Pétel* • 26 oct. 1999, n° 96-21.745 P : *D. 1999. AJ 79* ; *APC 1999, n° 249, obs. Vallansan ; Loyers et copr. 1999, n° 295, obs. Brault.* – V. A. Pimbert, *RPC 2000. 41.* ♦ L'art. 37 [C. com., art. L. 622-13] ne fait pas obstacle à la poursuite de l'action en résiliation du bail pour une cause antérieure au jugement de redressement judiciaire, autre que le défaut de paiement d'une somme d'argent. • Civ. 3e, 21 juill. 1999 : *D. 1999. IR 229 ; D. Affaires 1999. 1443, obs.*

V. A.-R. ; JCP E 2000, n° 4, p. 126, obs. Pétel ; JCP 2000. II. 10391, note Roussel. ♦ V. notes 56 s. ss. art. L. 622-21.

21. Modalités de la demande. Un contrat en cours au jour du jugement d'ouverture peut être continué sans que le contractant ait adressé la mise en demeure prévue par l'art. 37 [C. com., art. L. 622-13]. • Com. 20 juin 2000, n° 97-18.204 P : *D. 2000. AJ 343, obs. Pisoni ; Dr. et patr. 1/2001. 97, obs. Monsèrié-Bon ; RTD com. 2000. 1007, obs. Laude.* ♦ En réglant postérieurement au jugement d'ouverture une partie des échéances échues après cette date afin de pouvoir utiliser le matériel donné en location, l'administrateur exprime de façon non équivoque sa volonté de continuer le contrat. • Caen, 11 mars 1993 : *JCP 1993. IV. 1127.* ♦ En ce sens que le paiement d'un seul loyer par l'administrateur établit suffisamment sa volonté, V. • Com. 3 déc. 1996, n° 94-20.669 P : *RJDA 1997, n° 411.* ♦ V. aussi note 25.

V. encore, jugeant que le liquidateur du bailleur manifeste sa volonté de poursuivre le bail en demandant au notaire qui a encaissé les loyers de lui adresser le compte et en s'opposant à la consignation des loyers. • Com. 29 avr. 2002 : *cité note 37 ss. art. L. 622-21.*

Comp., en ce sens que la poursuite du contrat a lieu de plein droit : • Versailles, 28 nov. 1996 : *D. 1997. 508, note Pérochon ; D. Affaires 1997. 222.* ♦ V. aussi note 52.

V. aussi, sur la règle selon laquelle il y a continuation de tous les contrats qui n'ont pas été expressément dénoncés, • Com. 28 janv. 1997 : *RPC 1998. 276, obs. Mestre et Laude.*

B. RENONCIATION À LA CONTINUATION

Jurisprudence antérieure à la loi du 10 juin 1994.

BIBL. Martin-Serf, *RJ com. nov. 1992. 8* (contrats en cours avant l'option). – Darrousez, *ibid. nov. 1992. 20* (option de l'administrateur).

22. Nécessité d'une mise en demeure. La renonciation présumée [ou, depuis la loi du 10 juin 1994, la résiliation de plein droit] ne peut résulter que d'une mise en demeure qui, si elle n'est soumise à aucune forme, doit être dépourvue de toute équivoque. • Paris, 26 févr. 1993 : *Loyers et copr. 1993, n° 268, obs. Brault ; RPC 1993. 531, obs. Mestre et Laude.* ♦ Ne saurait être assimilée à la mise en demeure exigée par la loi la déclaration unilatérale par laquelle le cocontractant annonce qu'il ne tient pas à poursuivre ses relations commerciales avec le débiteur. • Paris, 9 nov. 1994 : *D. 1995. IR 18.*

23. La lettre de mise en demeure adressée, non à l'administrateur, mais au juge-commissaire, qui n'a aucune compétence pour y répondre, ne peut faire courir le délai d'un mois de l'art. 37 [C. com., art. L. 622-13], al. 1er. • Versailles, 28 sept. 2000 : *RJDA 2001, n° 46 ; RPC 2002. 191, obs. Roussel Galle.*

24. En revanche, répond aux exigences de l'art. 37 [C. com., art. L. 622-13], la mise en demeure adressée au débiteur par lettre recommandée avec demande d'avis de réception. • Rouen, 3 déc. 1992 : *RJDA 1993, n° 60.* ♦ Il importe peu que, par le même courrier, ait été effectuée une déclaration de créance. • Aix-en-Provence, 29 févr. 1996 : *Gaz. Pal. 1996. 1. 262.*

25. Le liquidateur qui n'avait pas reçu du bailleur la mise en demeure prévue à l'art. 37 [C. com., art. L. 622-13] ne pouvait être présumé avoir renoncé à la poursuite du bail. S'il n'a jamais été sommé de prendre parti sur la continuation de la location, la demande de prorogation de délais qu'il a pu former devant le juge-commissaire, manifestant ainsi clairement sa volonté de poursuivre la convention, n'était pas indispensable, et c'est le premier alinéa dudit art. 37 qui lui donne la faculté de poursuivre seul l'exécution du contrat en cours, peu important, par conséquent, que l'ordonnance du magistrat lui accordant l'autorisation sollicitée ait été annulée. • Com. 19 oct. 1993, n° 91-15.310 P : *Rev. loyers 1995. 111, note Gallet.*

26. Modalités de la renonciation. V., sur l'insuffisance d'une simple déclaration d'intention de ne pas poursuivre les contrats de crédit-bail, de la part de l'administrateur, dès lors qu'il n'avait pas restitué les véhicules et qu'il avait obtenu une nouvelle prolongation de son délai d'option, • Com. 9 avr. 1991, n° 89-16.742 P : *D. 1993. Somm. 10, obs. Derrida ; JCP E 1992. I. 100, note Le Corre.* ♦ En revanche, la renonciation au contrat de bail peut être déduite de la remise volontaire des clés et des locaux par le mandataire-liquidateur. • Civ. 3e, 4 mars 1998 : *RJDA 1998, n° 759.*

27. Rôle du juge-commissaire dans la procédure simplifiée (jurispr. antérieure à la L. du 26 juill. 2005). Dans la procédure simplifiée, en l'absence d'administrateur, l'autorisation du juge-commissaire n'est requise par l'art. 141 [C. com., ancien art. L. 621-137] que pour l'exercice par le débiteur de la faculté d'exiger l'exécution des contrats en cours et non pour renoncer à leur poursuite. • Com. 9 janv. 1996, n° 93-21.719 P : *D. 1996. IR 50 ; Quot. jur. 13 févr. 1996, p. 5, note P. M. ; JCP E 1996. I. 554, n° 21, obs. Cabrillac ; RPC 1996. 214, obs. Mestre et Laude* • 22 oct. 1996 : *RJDA 1997, n° 265 ; Loyers et copr. 1997, n° 114, note Brault.*

28. A défaut de l'autorisation prévue par l'art. 141 [C. com., ancien art. L. 621-137], la décision prise par le débiteur de continuer un contrat est nulle. • Com. 6 mai 1997, n° 95-10.933 P : *Quot. jur. 19 juin 1997, p. 8, note P. M. ; JCP E 1997. I. 681, n° 13, obs. Pétel ; Rev proc. coll. 1997. 444, obs. Mestre et Laude* • 6 juill. 1999 : *RJDA 1999, n° 1099.* – Comp. : • Com. 28 janv. 2004 : *APC 2004, n° 85, obs. Vallansan.* ♦ V. aussi note 58, *in fine* (Com. 11 juill. 1995 et 22 avr. 1997).

Comp., désormais, sur la poursuite des contrats en cours dans la procédure sans administrateur : art. L. 627-2 dans sa réd. issue de L. n° 2005-845 du 26 juill. 2005.

29. Conflit d'intérêts. Sur le conflit d'intérêts entre le droit du liquidateur d'une société bailleresse de renoncer à la continuation du bail et le droit du preneur de bénéficier de son bail commercial, V., donnant la préférence à ce dernier, • Paris, 24 avr. 1992 : *D. 1993. Somm. 4, obs. crit. Derrida*, conf. par • Com. 6 févr. 1996 : *préc. note 3* • Caen, 11 mai 2001 : *APC 2001, n° 176, obs. Regnault-Moutier ; RJDA 2002, n° 171 ; Gaz. Pal. 2002. 68, note Brault ; RPC 2002. 192, obs. Roussel Galle* • Dijon, 13 févr. 2003 : *RPC 2004. 66, obs. Roussel Galle.*

30. Présomption de renonciation. La présomption de renonciation édictée par l'ancien art. 37, al. 3, avait un caractère irréfragable. • Com. 11 déc. 1990, n° 89-16.225 P : *D. 1991. IR 11 ; RTD com. 1991. 103, obs. Chaput* (confirmant • Aix-en-Provence, 3 févr. 1989 : *D. 1990. Somm. 10, obs. Derrida)* • 15 oct. 1991, n° 90-10.904 P : *Defrénois 1992. 581, obs. Le Cannu et Sénéchal ; D. 1992. Somm. 260, obs. Derrida* • 4 févr. 1992, n° 90-16.399 P : *D. 1993. Somm. 2, obs. Derrida* • 3 mars 1992 : *préc. note 1.* ♦ Pour la reconduction de cette jurisprudence après la loi du 10 juin 1994, V. • Paris, 26 sept. 2001 : *Loyers et copr. 2002, n° 118, note Brault.* ♦ Les juges du fond ne pouvaient mettre en échec ce caractère irréfragable en retenant que, pour être recevable, la demande tendant à faire prononcer la résiliation judiciaire du contrat ne devait pas être entachée d'abus de droit. • Com. 18 janv. 2000 : *RPC 2003. 18, obs. Roussel Galle.* ♦ *Contra*, concluant à la présomption simple réservant droit à la preuve contraire, V. • TI Angers, 25 juin 1986 : *D. 1987. Somm. 98, obs. Derrida* • TGI Tours, 20 janv. 1987 : *D. 1990. Somm. 10, obs. Derrida* • Paris, 14 janv. 1988 : *ibid.* • Caen, 27 mai 1993 : *JCP 1993. IV. 2476 ; RJ com. 1993. 100, note crit. Lévy.*

31. Notification aux créanciers inscrits. En cas de mise en demeure par le bailleur à l'administrateur, d'exercer son option, l'art. 14 de la loi du 17 mars 1909 [C. com., art. L. 143-2] n'est pas applicable. • Com. 11 déc. 1990, n° 89-16.225 P : *JCP E 1991. I. 46, n° 20, obs. Cabrillac.* • Paris, 28 juin 1991 : *D. 1992. Somm. 261, obs. Derrida*. ♦ En revanche, en cas de demande de résiliation judiciaire du bail, au vu de la renonciation du liquidateur à sa poursuite, le bailleur devait notifier sa demande aux créanciers inscrits. • Douai, 3 oct. 1991 : *BICC 1992, n° 328* • Com. 13 oct. 1998 : *D. 1999. Somm. 297, obs. Piedelièvre ; D. Affaires 1998. 1846, obs. A.-L. M.-D. ; APC 1998, n° 145 ; Gaz. Pal. 1999. 1. 167, note Brault ; LPA 20 mai 1999, note Jouffin ; JCP E 1999, n° 48, p. 1918, obs. Monéger.* ♦ De même, la notification aux créanciers nantis est obligatoire en cas de saisine du juge-commissaire pour lui faire constater la résiliation de plein droit du bail (dans le régime issu de la loi du 10 juin 1994). • TGI Béthune, 11 août 2004 : *D. 2004. AJ 2376 ; RJDA 2005, n° 418.* ♦ V. aussi note 4 ss. art. L. 622-14.

32. Prolongation du délai. Il appartient à l'administrateur de prouver que la prolongation de délai pour prendre parti a été demandée et obtenue du juge-commissaire dans le mois de la mise en demeure. • Com. 4 févr. 1992 : *préc. note 30.*

33. Le délai d'un mois n'est ni suspendu ni interrompu par le jugement qui, rendu avant son expiration, prononce la liquidation judiciaire et met fin aux fonctions de l'administrateur. Il continue à courir sans que le cocontractant ait à adresser au liquidateur une nouvelle mise en demeure. • Com. 23 mai 1995, n° 92-20.405 P : *D. 1995. Somm. 308, obs. Honorat ; JCP E 1995. I. 513, n° 15, obs. Cabrillac ; Gaz. Pal. 1996. 1. 132,* (confirmation de • Paris, 8 oct. 1992 : *D. 1993. Somm. 2, obs. Derrida*). ♦ Il appartient à l'administrateur, dont les fonctions prennent fin, d'informer le liquidateur de l'état des actions que l'entreprise débitrice a engagées ou dont elle a fait l'objet. • TGI Paris, réf., 13 juin 1994 : *Rev. loyers 1995. 420, note Gallet,* conf. par • Paris, 5 mai 1995 : *ibid. 1996. 182, note Gallet.* ♦ V. art. L. 641-5.

34. Sort du contrat pendant le délai d'option. Le défaut de règlement des loyers postérieurement au jugement d'ouverture, malgré la mise en demeure, autorise le crédit-bailleur à faire prononcer la résiliation et à faire valoir son droit de propriété sur les biens objet du contrat par une action en revendication. • Com. 30 mars 1999 : *APC 1999, n° 134.* – V. aussi • TGI Paris, 10 sept. 1992 : *D. 1993. Somm. 3, obs. crit. Derrida*.

35. Résiliation de l'art. L. 622-13, IV. Le souhait de l'administrateur judiciaire de faire réaliser une meilleure opération financière à son administrée, par rapport à celle qu'elle avait initialement souscrite avant de bénéficier d'une mesure de sauvegarde, comme celui de valoriser ses actifs immobiliers au meilleur prix, ne constituent pas des nécessités au sens de l'art. L. 622-13, IV. • Paris, 22 sept. 2011 : *RJDA 2012, n° 309.* ♦ V. aussi cet arrêt en ce qu'il retient par ailleurs l'existence d'une atteinte excessive aux intérêts du cocontractant au sens des mêmes dispositions précitées.

III. EFFETS DE L'OPTION

A. NON-CONTINUATION

BIBL. Campana, *LPA 8 juill. 1996* (résiliation de plein droit des contrats en cours).

36. Résiliation des contrats non poursuivis (jurisprudence antérieure à la loi du 10 juin 1994). Avant l'intervention de la loi du

10 juin 1994, lorsque l'administrateur renonçait à la continuation du bail, le bailleur acquérait du fait de cette renonciation, le droit de faire prononcer en justice la résiliation du contrat et ce droit ne pouvait être remis en cause par les dispositions du jugement arrêtant le plan de redressement de l'entreprise. • Com. 11 déc. 1990 : *préc. note 30* • 25 janv. 1994, nº 91-16.776 P : *D. 1994. IR 88 ; JCP 1994. II. 22290, note Lévy ; Loyers et copr. 1994, nº 196, note Brault* • 9 janv. 1996 : *préc. note 27* • 17 déc. 1996, nº 93-18.677 P : *Defrénois 1997. 936, obs. Sénéchal* • 28 avr. 1998, nº 95-21.865 P : *D. 1998. IR 163* • 13 oct. 1998, nº 96-15.062 P. – En ce sens déjà : • Com. 7 févr. 1989, nº 86-18 ;269 P : *D. 1989. IR 67.* ♦ Le mandataire ne pouvait pas s'y opposer. • Com. 13 oct. 1998 : *préc.* ♦ V. aussi : sur la possibilité pour le cocontractant de se prévaloir de la clause prévoyant la résiliation de plein droit du contrat, sans que ce droit pût être remis en cause par une décision du juge-commissaire postérieure à l'expiration du délai prévu à l'ancien art. 37, al. 3, accordant à l'administrateur une prolongation dudit délai pour prendre parti, • Com. 3 mars 1992 : *préc. note 1.* ♦ ... Et, pour une résiliation amiable, • Com. 3 mai 1994 : *RJDA 1994, nº 1072.* ♦ V. note 21 ss. art. L. 642-7.

37. La Cour de cassation avait d'abord décidé que la demande en résiliation, qui ne relevait pas de la compétence du juge-commissaire, dès lors qu'étaient en cause, non l'exercice de l'option réservée à l'administrateur par l'art. 37, al. 1er [C. com., art. L. 622-13], mais ses conséquences, pouvait être soumise au juge des référés. • Com. 25 janv. 1994 : *préc. note 36* • 20 févr. 1996, nº 93-18.713 P : *D. 1996. IR 90 ; D. Affaires 1996. 488 ; AJPI 1996. 305, note Blatter* • 26 mai 1998 : *Loyers et copr. 1998, nº 303, obs. Brault.* ♦ Puis, la Chambre commerciale a considéré que le juge des référés, s'il pouvait ordonner toutes les mesures qui ne se heurtaient à aucune contestation sérieuse ou que justifiait l'existence d'un différend, comme la restitution des clefs, ne pouvait ni prononcer la résiliation d'un contrat en raison de l'art. 484 NCPC [C. pr. civ.], ni constater la résiliation d'un bail non encore prononcée par le juge du fond. • Com. 13 oct. 1998 : *D. Affaires 1998. 1818 ; Procédures 1999, nº 35, obs. Laporte.*

Sur la notification aux créanciers inscrits, V. note 31.

38. La présomption de renonciation à la continuation rendait le débiteur sans droit ni titre à se maintenir dans les lieux par lui-même ou par des occupants de son chef. • Com. 31 mai 1994 : *Loyers et copr. 1995, nº 217.*

L'art. 37, al. 1er, de la loi du 25 janv. 1985, tel que modifié par la L. nº 94-475 du 10 juin 1994 [désormais, C. com., art. L. 622-13, III, 1º], a prévu la résiliation de plein droit du contrat, à défaut d'option pour la continuation ; V. aussi, art. R. 622-13, qui donne compétence au juge-commissaire pour constater la résiliation.

39. Résiliation de plein droit (jurisprudence postérieure à la loi du 10 juin 1994). L'administrateur ayant été mis en demeure de se prononcer sur la poursuite d'un contrat en cours, son refus exprès de poursuivre le contrat entraîne la résiliation de plein droit de celui-ci, à la date de réception par le cocontractant de ce refus, si celle-ci intervient dans le délai d'un mois prévu à l'art. 37 devenu l'art. L. 621-28 [L. 622-13] C. com. • Com. 18 mars 2003, nº 00-12.693 P : *D. 2003. AJ 972, obs. Lienhard ; APC 2003, nº 96, obs. Regnaut-Moutier ; JCP E 2003, nº 40, p. 1573, obs. Cabrillac ; RPC 2003. 234, obs. Roussel Galle ; RTD com. 2004. 152, obs. Martin-Serf.* ♦ Il n'y a pas lieu de faire nécessairement constater cette résiliation par le juge-commissaire. • Même arrêt. ♦ En revanche, en l'absence de mise en demeure par le cocontractant, la renonciation de l'administrateur à la poursuite du contrat n'entraîne pas la résiliation de plein droit de la convention à son initiative mais confère au seul cocontractant le droit de la faire prononcer en justice ; une telle demande n'entre pas dans les attributions du juge-commissaire. • Com. 19 mai 2004, nº 01-13.542 P : *D. 2004. AJ 1668, obs. Lienhard ; APC 2004, nº 146, obs. Regnaut-Moutier ; JCP E 2004, nº 37, p. 1388, obs. Pétel ; LPA 6 août 2004, note Le Corre ; RPC 2004. 227, obs. Roussel Galle* • 5 juill. 2005 : *D. 2005. AJ 2147, obs. Lienhard ; D. 2006. Pan. 80, obs. Le Corre ; Gaz. Pal. 4-5 nov. 2005, p. 24, obs. Dumont* (dans l'hypothèse d'une liquidation judiciaire) • 1er mars 2016, nº 14-19.875 P : *D. 2016. Actu. 599, obs. Lienhard ; Rev. sociétés 2016. 397, obs. Henry ; LEDEN 4/2016. 2, obs. Rubellin ; RPC 2016, nº 44, obs. Roussel Galle ; BJE 2016. 167, note Benilsi* (sol. reconduite sous le régime issu de l'Ord. du 18 déc. 2008). ♦ Sur la faculté, pour l'administrateur, de demander la résiliation du contrat, V., désormais, art. L. 622-13, IV, dans sa réd. issue de l'Ord. nº 2008-1345 du 18 déc. 2008. ♦ Sur la portée de la renonciation spontanée, V. note 40. ♦ V. aussi note 10 ss. ancien art. 66 du Décr. nº 85-1388 du 27 déc. 1985, ss. art. R. 622-21.

La seule mention de l'indemnité de résiliation dans la déclaration de créance, qui peut avoir été faite à titre conservatoire, ne vaut pas résiliation du contrat. • Versailles, 28 sept. 2000 : *préc. note 23.*

40. Loyers échus entre la renonciation et la résiliation. Le liquidateur ne peut être tenu de payer que les loyers afférents à la période comprise entre l'ouverture de la procédure et la date d'expiration du délai d'option, qui entrent seuls dans les prévisions de l'art. 40 [C. com., art. L. 622-17], dès lors que n'est pas relevée l'existence d'une faute commise par le liquidateur, d'un préjudice subi par le bailleur et d'un lien de causalité entre ces éléments. • Com. 2 févr. 1993, n° 91-10.463 P : *Gaz. Pal. 1993. 2. 570, note Brault ; JCP 1994. II. 22212, note Lévy ; Rev. loyers 1994. 157, note Gallet* • 20 janv. 1998 : *RJDA 1998, n° 617.* ♦ La renonciation du liquidateur à la poursuite du contrat de bail n'entraînant pas, par elle-même, la résiliation de la convention à son initiative, le mandataire ne peut être condamné, *ès qualités*, au paiement d'une certaine somme, au titre des loyers et indemnité d'occupation dus à compter de la date de sa réponse à la mise en demeure du bailleur. • Civ. 3e, 16 juill. 1998 : *Rev. loyers 1999. 228, note Gallet.* ♦ De même, lorsque l'administrateur a renoncé à la poursuite des contrats de crédit-bail sans avoir été mis en demeure, il ne peut être condamné au paiement au titre des loyers échus postérieurement à l'ouverture du redressement judiciaire, à l'exception de ceux afférents à la période comprise entre cette ouverture et la date de la renonciation, qui entrent seuls dans les prévisions de l'art. L. 621-32 C. com. dans sa rédaction antérieure à la loi du 26 juill. 2005, et non ceux échus postérieurement, sauf à relever à l'encontre du débiteur une faute ayant causé un préjudice aux bailleurs. • Com. 18 sept. 2007, n° 06-13.824 P : *D. 2007. AJ 2393, obs. Lienhard ; ibid. Chron. C. cass. 2767, obs. Orsini ; APC 2007, n° 197, obs. Regnaut-Moutier ; JCP E 2008. 1207, n° 13, obs. Pétel ; Gaz. Pal. 23-24 janv. 2008, p. 42, obs. Reille ; RPC 2008. 74, obs. Roussel-Galle.* ♦ Sur la responsabilité du mandataire liée à la continuation, ou non, du bail, V. Soinne, *RPC 1996. 353 ; ibid. 1998. 188.* ♦ V. aussi note 32, ss. ancien art. L. 621-32, ss. art. L. 622-17.

41. Dommages-intérêts. A défaut de poursuite du contrat, il appartient au créancier de déclarer dans le délai légal la créance dont il s'estime titulaire au titre de l'indemnité de résiliation d'une location-gérance et, en l'absence d'une telle déclaration, il ne peut invoquer le bénéfice de la compensation entre sa créance de dommages et intérêts et la dette de restitution du dépôt de garantie. • Com. 23 janv. 1990, n° 88-16.172 P : *D. 1990. IR 86.* ♦ Dans le même sens, pour une créance d'indemnité résultant de la résiliation de plein droit d'un contrat de bail non poursuivi, V. • Paris, 24 nov. 2000 : *Gaz. Pal. 2001. Somm. 1251, obs. Brault.*

Sur la possibilité, pour le cocontractant, soit de déclarer sa créance immédiatement, sans attendre la décision de l'administrateur, soit d'attendre cette décision, qui a pour effet de prolonger le délai de déclaration, V. note 10 ss. ancien art. 66 du Décr. n° 85-1388 du 27 déc. 1985, ss. art. R. 622-21.

42. La créance fondée sur le manque à gagner résultant de la renonciation par le mandataire judiciaire à la poursuite de contrats de crédit-bail équivaut à une créance au titre de la résiliation de ces contrats, exclue de la priorité de paiement instituée par l'art. L. 621-32 C. com. dans sa rédaction antérieure à la loi du 26 juill. 2005, et doit être déclarée au passif de la procédure collective. • Com. 18 sept. 2007 : *préc. note 40.*

V. aussi notes 29 s. ss. ancien art. L. 621-32, ss. art. L. 622-17.

43. Clauses pénales. Le principe d'égalité des créanciers ne s'oppose à la validité au regard de la procédure collective d'une clause pénale convenue entre un créancier et le débiteur antérieurement à l'ouverture de la procédure collective que lorsqu'il résulte de cette clause une majoration des obligations du débiteur envers le créancier en cas de prononcé de son redressement judiciaire. • Com. 11 mai 1993, n° 91-11.379 P : *D. 1993. Somm. 368, obs. Honorat* • 5 janv. 1999 : *APC 1999, n° 47, obs. Fraimout.* ♦ De même, l'art. 37, al. 4 [6] [C. com., art. L. 622-13], ne prévoit pas que la clause déterminant le montant de l'indemnité destinée à réparer le préjudice causé au bailleur en cas de résiliation de la convention serait réputée non écrite après le prononcé du redressement judiciaire du locataire. Une telle clause, dont les parties peuvent librement convenir lors de la signature du contrat, sous réserve du pouvoir reconnu au juge par l'art. 1152 [1231-5], al. 2, C. civ., n'est pas contraire à l'égalité des créanciers. • Com. 10 déc. 1991, n° 90-11.145 P : *JCP E 1992. I. 138, n° 24, obs. Pétel ; RTD com. 1992. 686, obs. Martin-Serf* (V. l'arrêt cassé : • Angers, 27 nov. 1989 : *RTD com. 1991. 104, obs. Martin-Serf ; RJ com. 1990. 344, note Calendini*) • Com. 3 mai 1994 : *D. 1994. IR 153. – Contra :* • Rennes, 22 juill. 1987 : *RTD com. 1989. 317, obs. Martin-Serf* • Grenoble, 23 mai 1990 : *RPC 1991. 351, obs. Dureuil.* ♦ V. aussi, sur la validité des clauses d'indemnisation pour rupture anticipée. • Com. 11 juill. 2000 : *APC 2000, n° 205, obs. Vallansan* • 15 mai 2019, n° 18-14.352 : *BJE 9-10/2019. 15, note Lafaurie ; Gaz. Pal. 15 oct. 2019, p. 54, obs. Kendérian.* ♦ Comp. note 30 ss. ancien art. L. 621-32, ss. art. L. 622-17.

44. Autres clauses contractuelles. Les clauses contractuelles sont opposables aux mandataires judiciaires qui renoncent aux contrats qu'ils ont poursuivis et ceux-ci sont tenus de restituer les biens en bon état ; la créance de réparation étant née postérieurement au jugement d'ouverture, elle constitue une créance de l'art. L. 621-32 C. com. dans sa rédaction antérieure à la loi du 26 juill. 2005. • Com. 18 sept. 2007 : *préc. note 40.*

45. Paiement du solde d'une commande. Le contrat ayant été résilié, le liquidateur de l'entrepreneur ne peut plus demander au cocontractant le paiement du solde de la commande correspondant aux travaux inexécutés. • Com. 24 sept. 2003, n° 01-00.572 P : *D. 2003. AJ 2503 ; JCP E 2003, n° 50, p. 2018, note Kéita ; ibid. 2004, n° 6, p. 226, obs. Pétel ; APC 2003, n° 244, obs. Boulay ; RPC 2004. 67, obs. Roussel Galle.*

46. Responsabilité de l'administrateur. Manque à son obligation de moyens l'administrateur qui, après avoir reçu la mise en demeure prévue par l'art. 37 [C. com., art. L. 622-13], ne s'est entouré d'aucun avis, n'a pas demandé une prolongation des délais impartis, n'a pas mené une véritable étude sur la réponse à fournir et a laissé s'éteindre les effets du contrat qui revêtait pour l'entreprise une importance primordiale puisqu'il lui permettait de vendre en exclusivité un produit recherché. • Com. 9 juin 1998, n° 95-12.338 P : *D. 1998. Somm. 329, obs. Honorat ; D. Affaires 1998. 1177, obs. A. L. ; RTD com. 1999. 190, obs. Laude ; RPC 2000. 78, obs. Soinne.*

B. CONTINUATION DU CONTRAT

47. Maintien des stipulations initiales. BIBL. Campana, *RJ com. nov. 1992. 55* (effets de la poursuite des contrats). ♦ Sur l'obligation faite au liquidateur du bailleur d'exécuter les réparations nécessaires autres que locatives, V. • Com. 29 avr. 2002 : *cité note 37 ss. art. L. 622-21.*

48. Les clauses résolutoires expresses fondées sur l'inexécution du contrat et qui auraient produit leurs effets avant l'ouverture de la procédure privent l'administrateur de sa faculté. • T. com. Paris, 11 déc. 1986 : *Gaz. Pal. 1987. 1. 376 ; Rev. dr. bancaire 1987. 100, obs. Dekeuwer-Defossez.* ♦ En revanche, le crédit-bailleur renonce implicitement au bénéfice d'une clause de résiliation de plein droit en mettant l'administrateur en demeure de se prononcer sur la poursuite du contrat. • Com. 21 janv. 1992, n° 90-11.510 P : *D. 1992. Somm. 259, obs. Derrida ; Defrénois 1992. 1375, obs. Le Cannu.* ♦ V. aussi note 3 ss. art. L. 622-14.

49. Dès lors que la radiation des dépôts de marques effectués par la société concessionnaire en violation de ses obligations contractuelles n'est intervenue que postérieurement à la date où l'administrateur a exigé l'exécution du contrat de concession, à défaut de fournir la prestation promise au cocontractant du débiteur, l'administrateur ne peut user de la faculté prévue par l'art. 37, al. 1er [C. com., art. L. 622-13]. • Com. 3 avr. 1990, n° 88-16.653 P : *D. 1991. Somm. 1, obs. Derrida .* ♦ V. aussi note 3.

La modification d'un élément du contrat tenant aux modalités de règlement du cocontractant est antinomique avec la continuation, prévue par la loi du 25 janv. 1985, d'un contrat en cours à l'ouverture du redressement judiciaire de l'autre partie. Le cocontractant est dès lors fondé à opposer l'exception d'inexécution. • Com. 17 févr. 1998 : *RJDA 1998, n° 758.*

50. Sur le maintien du dépôt de garantie, V. • Versailles, 25 oct. 2001 : *BICC 2002, n° 166.*

51. Paiement comptant. Il résultait de l'art. L. 622-13, II, al. 2, C. com., dans sa rédaction antérieure à l'Ord. n° 2014-326 du 12 mars 2014, que lorsque la prestation que doit le débiteur dans le cadre de l'exécution d'un contrat en cours porte sur le paiement d'une somme d'argent, celui-ci doit se faire au comptant ; la seule exception à cette règle consiste dans l'acceptation, par le cocontractant du débiteur, de délais de paiement, ce qui exclut, en cas de refus du cocontractant, toute survivance de tels délais convenus entre les parties dans le contrat en cours dont l'exécution est exigée. • Com. 20 sept. 2017, n° 14-17.225 P : *D. 2017. Actu. 1830, obs. Lienhard ; AJ contrat 2017. 498, obs. Mouial-Bassilana ; RTD com. 2018. 157, obs. Hiez ; JCP E 2017. 1688, n° 10, obs. Tehrani ; APC 2017, n° 267, obs. Roussel Galle ; LEDEN 11/2017. 5, obs. Rubellin ; BJE 2017. 407, note Benilsi ; RJDA 2018, n° 45 ; Gaz. Pal. 16 janv. 2018, p. 63, obs. Kendérian.*

52. Résiliation de plein droit pour défaut de paiement. La résiliation de plein droit prévue à l'art. L. 621-28, al. 3 [L. 622-13, III, 2°], C. com. en cas de non-paiement d'une somme d'argent, qui doit nécessairement être constatée par le juge-commissaire, suppose que l'administrateur ait opté expressément ou tacitement pour la continuation du contrat ; il s'ensuit qu'en l'absence d'option expresse ou tacite de la part de l'administrateur pour la continuation, le contrat non exécuté par celui-ci n'est pas résilié de plein droit. • Com. 7 nov. 2006, n° 05-17.112 P : *D. 2006. AJ 2846, obs. Lienhard ; D. 2007. Pan. 48, obs. Le Corre ; APC 2006, n° 236, obs. Roussel Galle ; JCP E 2007, n° 1, p. 25, obs. Cabrillac ; Gaz. Pal. 19-20 janv. 2007, p. 45, obs. Pérochon ; Defrénois 2007. 873, obs. Gibirila ; RTD com. 2007. 239, obs. Vallens ; RPC 2007. 225, obs. Monsèrié-Bon.* – V. Le Corre-Broly, *JCP E 2007, n° 1, p. 15.* ♦ Il résulte de l'art. L. 622-13, III, 2°, C. com., dans sa rédaction issue de l'Ord. n° 2008-1345 du 18 déc. 2008, et de l'art. R. 622-13 du même code, dans sa rédaction issue du Décr. n° 2009-160 du 12 févr. 2009, que lorsque ne sont pas payées à leur échéance, au cours de la période d'observation, des sommes dues en vertu d'un contrat de crédit-bail que l'administrateur a décidé de continuer, et à défaut d'accord du cocontractant pour poursuivre les relations contractuelles, la résiliation de plein droit de ce contrat doit, à la demande de tout intéressé, et peu important l'existence d'une clause résolutoire, être constatée par le juge-commissaire qui en fixe la date. • Com. 20 sept. 2017, n° 16-14.065 P : *D. 2017. Actu. 1831 ; JCP E 2018. 1000, note Brignon ; ibid. 1688, n° 11, obs. Pétel ; Journ. sociétés 11/2017. 60, obs. Cerati-Gauthier ; RDBF 2017, n° 264, obs. Houin-Bressand ; BJE 2018. 30, note Benilsi ; RJDA 2018, n° 147 ; RPC 2018, n° 64, obs. Roussel Galle* • 4 juill. 2018, n° 17-15.038 P : *D. 2018. Actu. 1487 ; Rev. sociétés 2018. 537, obs. Reille ; JCP E 2019. 1000, n° 13, obs. Pétel ; LEDEN 10/2018. 3, obs. Rubellin ; APC 2018, n° 227, obs. Houin-Bressand ; RJDA 2018, n° 851 ; Gaz. Pal. 9 oct.*

2018, p. 68, obs. Kendérian ; BJE 2018. 425, note Monsèrié-Bon.

53. Résiliation du bail. Rien n'oblige le mandataire liquidateur qui a opté pour la continuation du bail à le poursuivre jusqu'à son échéance contractuelle ou jusqu'à la prochaine échéance triennale, et ce, peu important qu'il ait opté pour la poursuite du bail avec ou sans réserve quant à la durée de celle-ci. • Paris, 16 mai 2001 : *Loyers et copr. 2002, n° 39, obs. Brault et Pereira.*

54. Rupture des concours bancaires. Les dispositions des art. L. 622-13 et L. 631-14 C. com. interdisent à la banque d'opposer à l'administrateur, qui entend poursuivre la convention d'ouverture de compte, des prétextes tirés d'une impossibilité organisationnelle, prétextes dissimulant la volonté de la banque de cesser tout concours avec une entreprise placée en redressement judiciaire. • Com. 4 juin 2013 : *cité note 1 ss. art. L. 631-12 ; Rev. sociétés 2013. 523, obs. Henry ; JCP E 2013. 1434, n° 8, obs. Pétel ; LEDEN 7/2013. 2, obs. Mouial-Bassilana ; Gaz. Pal. 29 sept.-1er oct. 2013, p. 18, obs. Bidan.*

55. Résiliation du contrat d'assurance. L'art. L. 622-13, al. 3, C. com., dans sa rédaction antérieure à l'Ord. n° 2008-1345 du 18 déc. 2008, n'exclut pas l'application de l'art. L. 113-3 C. assur. (relatif à la mise en demeure avant suspension de la garantie en cas de défaut de paiement d'une prime d'assurance) en cas de procédure collective de l'assuré. • Com. 15 nov. 2016, n° 14-27.045 P : *D. 2016. Actu. 2396 ; JCP E 2017. 1164, n° 14, obs. Pétel ; ibid. 1235, note Stefania ; LEDEN 1/2017. 4, obs. Couturier ; APC 2017, n° 1, obs. Roussel Galle ; Gaz. Pal. 10 janv. 2017, p. 66, obs. Kendérian.*

56. Aggravation des charges du débiteur. Est interdite toute clause qui modifie les conditions de poursuite d'un contrat en cours en diminuant les droits ou en aggravant les obligations du débiteur du seul fait de sa mise en redressement judiciaire. • Com. 14 janv. 2014, n° 12-22.909 P : *D. 2014. Actu. 206, obs. Lienhard ; ibid. Pan. 2150, obs. Le Corre ; Rev. sociétés 2014. 200, obs. Henry ; AJCA 2014. 34, obs. Delpech ; JCP E 2014. 1173, n° 7, obs. Pétel ; APC 2014, n° 53, obs. Roussel Galle ; LEDEN 3/2014. 2, obs. Mouial-Bassilana ; BJE 2014. 81, note Le Mesle ; Gaz. Pal. 29 juin-1er juill. 2014, p. 23, obs. Kendérian ; Dr. et patr. 9/2014. 97, obs. Monsèrié-Bon.* ♦ Pour une application, à propos d'une clause stipulant le paiement d'une indemnité de recouvrement si le créancier était tenu de produire à un ordre de distribution quelconque, notamment en cas de redressement judiciaire, V. • Com. 22 févr. 2017, n° 15-15.942 P : *D. 2017. Pan. 1944, obs. Le Corre ; AJ contrat 2017. 234, obs. Mouial-Bassilana ; RTD com. 2017. 692, obs. Martin-Serf ; JCP E 2017. 1460, n° 18, obs. Tehrani ; JCP 2017. 279, obs. Dumery ; APC 2017, n° 103, obs. Gohlen ; LEDEN 4/2017. 2, obs. Andreu ; Journ. sociétés 4/2017. 69, obs. Perruchot-Triboulet ; BJE 2017. 190, note Voinot ; RJDA 2017, n° 478 ; RDBF 2017, n° 132, obs. Houin-Bressand ; RJ com. 2017. 358, obs. Lebel.*

57. Avis à tiers détenteur. Sur l'absence de transfert au Trésor d'une créance née de la continuation d'un contrat de location-gérance, malgré un avis à tiers détenteur, V. • Com. 26 juin 1990, n° 88-18.935 P : *D. 1991. Somm. 3, obs. Derrida .*

58. Reconnaissance du droit de propriété du crédit-bailleur. En ce sens qu'en exécutant les prestations du contrat de crédit-bail, l'administrateur optait pour la poursuite du contrat, et que cette continuation impliquait reconnaissance du droit de propriété du crédit-bailleur sur le matériel loué sans que celui-ci eût [avant l'intervention de la loi du 10 juin 1994] à exercer l'action en revendication prévue à l'art. 115 [devenu C. com., art. L. 624-9] : • Com. 6 déc. 1994, n° 92-18.722 P : *D. 1995. IR 18 ; LPA 23 janv. 1995, note Soinne ; Rev. huiss. 1995. 449, note Courtier ; JCP E 1995. II. 698, note Leveneur ; ibid. 1995. I. 457, n° 14, obs. Pétel.* – Dans le même sens : • Com. 9 janv. 1996, n° 93-16.113 P : *D. 1996. Somm. 213, obs. Pérochon .* ♦ V. aussi, en cas de reconnaissance non équivoque du droit de propriété du crédit-bailleur résultant d'une lettre de renonciation à la poursuite du contrat, • Com. 25 juin 1996 : *D. 1996. IR 186 ; D. Affaires 1996. 1102.* – Rappr. : • Com. 25 mars 1997 : *RPC 1997. 337, obs. Soinne.* ♦ Il en allait de même lorsque le liquidateur, après avoir renoncé à la faculté de poursuivre l'exécution du contrat, avait conclu un nouveau contrat de location du matériel objet de la convention initiale. • Com. 25 juin 1996, n° 94-19.846 P : *D. 1997. Somm. 255, obs. S. Piedelièvre ; D. Affaires 1996. 1102.* – V. aussi • Com. 11 févr. 1997 : *D. Affaires 1997. 347.* ♦ Sur le pouvoir souverain des juges du fond pour apprécier la reconnaissance non équivoque du droit de propriété par le preneur, V. • Com. 28 janv. 1997, n° 94-11.072 P : *D. Affaires 1997. 347.* ♦ Toutefois, en cas de procédure suivant le régime simplifié, la continuation pour laquelle avait opté le débiteur n'était opposable à la procédure qu'à condition qu'il eût obtenu l'autorisation du juge-commissaire. • Com. 11 juill. 1995 : *RPC 1995. 480, obs. Soinne* • 22 avr. 1997, n° 94-20.216 P : *D. 1997. IR 126 .* ♦ V. désormais art. L. 624-10. ♦ V. aussi note 17 ss. art. L. 624-9.

59. Responsabilité de l'administrateur. V. notes 12 et 14 ss. art. L. 621-4.

60. Défaut d'exécution par le débiteur d'engagements antérieurs au jugement d'ouverture. Il résulte de l'art. L. 622-13, al. 4, C. com., dans sa rédaction antérieure à l'Ord. du 18 déc. 2008, rendu applicable au redressement judiciaire par l'art. L. 631-14-I, que le cocontractant du débiteur doit remplir ses obligations malgré le défaut d'exécution par celui-ci d'engagements antérieurs au jugement d'ouverture (exclusion de l'exception d'inexécution). • Com. 28 juin 2011, n° 10-19.463 P : *D. 2011. Actu. 1813 ; JCP E 2011. 1713, note Lebel ; Gaz. Pal. 7-8 oct. 2011, p. 24, obs. Kendérian ; RJDA 2011, n° 942 ; RPC 2012, n° 129, obs. Roussel Galle.* ♦ V. aussi • Com. 28 mai 2002 : *cité note 31 ss. ancien art. L. 621-32 ss. art. L. 622-17.* ♦ V. encore note 20.

61. Pour un arrêt ayant jugé que le crédit-bailleur peut subordonner l'exercice de l'option d'achat par le preneur en liquidation judiciaire au règlement intégral des sommes dues (comme le prévoient les dispositions du contrat), y compris les loyers antérieurs au jugement d'ouverture, dès lors que cette option n'est pas inhérente à la continuation du contrat, V. • Com. 26 nov. 2002 : *D. 2003. 122, note Le Corre ; APC 2003, n° 14, obs. Boulay ; JCP E 2003, n° 20, p. 853, obs. Cabrillac ; RPC 2003. 236, obs. Roussel Galle.*

62. Créances nées de l'exécution des contrats. V. art. L. 622-17 et notes 29 s. ss. ancien art. L. 621-32.

IV. PARALYSIE DES CLAUSES RÉSOLUTOIRES

BIBL. Sexer, *Dr. et patr. 9/1994. 20.*

63. Selon l'art. 37, devenu l'art. L. 621-28 [L. 622-13] C. com., aucune résiliation du contrat ne peut résulter du seul fait de l'ouverture d'une procédure de redressement judiciaire, à laquelle il y a lieu d'assimiler celle d'une procédure de liquidation judiciaire. • Com. 22 janv. 2002 : *APC 2002, n° 102.* ♦ Les dispositions de l'art. 37, al. 5 [6] [C. com., art. L. 622-13], excluent la validité d'une clause résolutoire fondée sur l'état de cessation des paiements du cocontractant dès lors que la constatation d'un tel état par le tribunal, saisi par la déclaration du débiteur ou par l'assignation du créancier ou encore par le procureur de la République ou sur saisine d'office, le conduit nécessairement à ouvrir la procédure de redressement judiciaire. • Com. 2 mars 1993, n° 90-21.849 P : *D. 1993. IR 77 ; Rev. huiss. 1993. 866, note Vidal.* ♦ Pour un autre exemple de clause nulle, V. • Paris, 21 mars 1997 : *D. 1997. IR 134 ; D. Affaires 1997. 702 ; RPC 1997. 447, obs. Mestre et Laude.* ♦ V. note 70.

64. L'impossibilité de mettre en œuvre, du seul fait de l'ouverture d'une procédure de redressement judiciaire, la clause de résolution d'un contrat, n'a été édictée que dans l'intérêt de l'entreprise en redressement ou en liquidation judiciaires pour permettre au débiteur autorisé par le juge-commissaire, à l'administrateur ou au liquidateur, d'exercer la faculté d'exiger l'exécution des contrats en cours. Le coassuré d'un débiteur en liquidation judiciaire ne peut se prévaloir, au lieu et place du liquidateur, de cette disposition. • Com. 19 déc. 1995, n° 93-20.398 P : *D. 1996. Somm. 283, obs. Honorat ; D. Affaires 1996. 181.* ♦ Dans le même sens, s'agissant d'un codébiteur solidaire du débiteur en liquidation judiciaire, V. • Com. 13 mars 2001 : *RJDA 2001, n° 877 ; RPC 2002. 189, obs. Roussel Galle.*

65. La résiliation du contrat de concession notifiée par le concédant quelques jours avant la mise en redressement judiciaire du concessionnaire, mais après que celui-ci a déclaré son état de cessation des paiements, n'est pas nulle dès lors que, fondée sur une autre cause que le dépôt de bilan, elle n'est pas entachée de mauvaise foi ou de fraude de la part du concédant, dont il n'est pas établi qu'il connaissait l'état de cessation des paiements ou sa déclaration au moment où il a mis en œuvre la clause résolutoire. • Com. 19 mars 2002 : *RJDA 2002, n° 908.*

66. La clause qui permet à l'organisme prêteur de « séquestrer » les fonds figurant sur les comptes de l'emprunteur aboutit à l'autoriser, alors même qu'il n'existe encore aucune mensualité impayée ni même aucune créance exigible en raison du différé prévu pour les remboursements, à prélever sur les comptes une partie du capital prêté par voie de compensation et opère comme une résiliation unilatérale du contrat de prêt en contrariété avec les dispositions de l'art. L. 622-13 ; est ainsi justifiée l'intervention du juge des référés afin de prendre les mesures propres à faire cesser un trouble manifestement illicite et à prévenir un dommage imminent, qui n'est autre que la liquidation judiciaire à venir en cas d'impossibilité pour l'entreprise de fonctionner faute de fonds disponibles. • Com. 22 janv. 2020, n° 18-21.647 P : *D. 2020. Pan. 1859, obs. F.-X. Lucas ; RTD civ. 2020. 164, obs. Gijsbers ; JCP E 2020. 1119, note Favre-Rochex ; LEDEN 3/2020. 2, obs. Andreu ; APC 2020, n° 61, obs. Borga ; RJDA 2020, n° 244 ; Banque et Dr. 3-4/2020. 35, obs. Kilgus ; RJ com. 2020. 263, obs. Granier ; RPC 2020, n° 80, obs. Martin-Serf ; BJE 7-8/2020. 15, note Le Gueut.*

V. COMPÉTENCE JURIDICTIONNELLE

67. Compétence du juge-commissaire. La connaissance de la demande de l'administrateur tendant à obtenir la continuation d'une ouverture de crédit et d'un compte courant en cours au prononcé du jugement relève de la compétence exclusive du juge-commissaire. • Com. 8 déc. 1987, n° 87-10.716 P : *D. 1988. 52, note Derrida ; JCP 1988. II. 20927, note Jeantin* • 21 déc. 1987 : *D. 1988. IR 13* • Versailles, 9 oct. 1992 : *RPC 1993. 457, obs. Dureuil.* ♦ V. cependant, admettant la compétence du juge des référés, • Agen, 2 avr. 1987 : *préc. note 9* • T. com. Antibes, 2 juin 1987 : *préc. note 9.*

68. De même, le juge-commissaire est compétent pour connaître de la demande de l'administrateur d'enjoindre à la banque de fournir ses prestations et de continuer ses concours bancaires dans les termes de l'ordonnance du juge-commissaire qui avait autorisé l'ouverture de nouveaux comptes. • Com. 1er oct. 1991 : *préc. note 7.*

69. Compétence du juge des référés. Dès lors que la créance litigieuse est relative aux redevances impayées d'un contrat de crédit-bail échues postérieurement au jugement d'ouverture et que ce contrat a été poursuivi, le juge des référés de droit commun est compétent pour connaître de la demande des crédits-bailleurs tendant à l'acquisition de la clause résolutoire et au paiement d'une provision. • Com. 17 sept. 2013, nº 12-21.659 P : *D. 2013. Actu. 2221 ; LEDEN 11/2013. 5, obs. Kenderian ; RJDA 2013, nº 1032 ; BJE 2013. 376, note Le Corre-Broly.* – V. déjà • Com. 9 avr. 1991 : *préc. note 26* • 6 juin 1995, nº 93-14.356 P : *D. 1995. Somm. 307, obs. Honorat .*

70. Le juge des référés est également compétent pour annuler une résiliation unilatérale de contrat, dès lors que l'application de l'art. 37, al. 5 [7] [C. com., art. L. 622-13], n'est pas susceptible d'une contestation sérieuse lorsque le juge se borne à retenir que, nonobstant toute disposition légale ou clause contractuelle, aucune résiliation du contrat ne peut résulter du seul fait de l'ouverture d'une procédure de redressement judiciaire. • Com. 26 mai 1992, nº 90-13.008 P : *D. 1993. Somm. 2, obs. Derrida .*

71. Régime procédural. S'agissant d'une exception de procédure, l'incompétence du juge des référés doit, en vertu de l'art. 74 NCPC [C. pr. civ.] être soulevée, à peine d'irrecevabilité, avant toute défense au fond ; cette incompétence ne peut être relevée d'office en application de l'art. 92 NCPC [C. pr. civ.]. V. • Com. 26 mai 1992 : *préc. note 70.*

72. Recours. Sur la compétence du tribunal de commerce pour statuer sur les recours contre les ordonnances du juge-commissaire, V. note 1 ss. ancien art. 25 du Décr. nº 85-1388 du 27 déc. 1985, ss. art. R. 621-21.

Art. L. 622-14 *(Ord. nº 2008-1345 du 18 déc. 2008, art. 28)* **« Sans préjudice de l'application du I et du II de l'article L. 622-13, la résiliation du bail des immeubles donnés à bail au débiteur et** *(Ord. nº 2010-1512 du 9 déc. 2010, art. 3-6º)* **« utilisés pour » l'activité de l'entreprise intervient dans les conditions suivantes :**

« 1º Au jour où le bailleur est informé de la décision de l'administrateur de ne pas continuer le bail. Dans ce cas, l'inexécution peut donner lieu à des dommages et intérêts au profit du cocontractant, dont le montant doit être déclaré au passif. Le cocontractant peut néanmoins différer la restitution des sommes versées en excédent par le débiteur en exécution du contrat jusqu'à ce qu'il ait été statué sur les dommages et intérêts ; »

(L. nº 2005-845 du 26 juill. 2005, art. 30) **2º Lorsque le bailleur demande la résiliation ou fait constater la résiliation du bail pour défaut de paiement des loyers et charges afférents à une occupation postérieure au jugement d'ouverture, le bailleur ne pouvant agir qu'au terme d'un délai de trois mois à compter dudit jugement.**

Si le paiement des sommes dues intervient avant l'expiration de ce délai, il n'y a pas lieu à résiliation.

Nonobstant toute clause contraire, le défaut d'exploitation pendant la période d'observation dans un ou plusieurs immeubles loués par l'entreprise n'entraîne pas résiliation du bail.

V. art. R. 622-13.

BIBL. ▶ Régime issu de l'ordonnance du 18 déc. 2008 : ROUSSEL GALLE, *RPC 2009. Dossier 7.* – KENDÉRIAN, *Gaz. Pal. 2009. Doctr. 765.* – FRADIN et MARTIN, *Procédures, juin 2009, p. 3* (l'Ord. du 18 déc. 2008 et la mise en demeure d'opter sur le sort du bail des immeubles affectés à l'activité de l'entreprise). – GALL-HENG, *Gaz. Pal. 2009. Doctr. 2391.* – CASTEL et ROMAIN-HUTTIN, *RLDA avr. 2010. 65.* – KUNTZ et NURIT, *BJE 2012. 187* (sort du bail pendant la période d'observation et le plan). – MACORIG-VENIER et MONSÈRIÉ-BON, *Dr. et patr. 6/2012. 81* (bail commercial et procédures collectives : questions d'actualités). – LE CORRE, *Gaz. Pal. 18-19 janv. 2013, p. 43* (questions-réponses sur la résiliation du bail commercial). – CERATI, *JCP E 2020. 1302* (locataire en liquidation judiciaire : dernières évolutions jurisprudentielles). ▶ Régime issu de la loi du 26 juill. 2005 : SAINTOURENS, *Loyers et copr. 2005. Étude 11.* – AUQUE, *RJ com. 2005. 478.* – LE CORRE, *AJDI 2006. 175* . – V. aussi ss. art. L. 622-13.

1. Articulation avec l'art. L. 622-13 (régime issu de la loi du 26 juill. 2005). Il résulte des art. L. 622-13, L. 622-14 et L. 631-14 dans leur rédaction antérieure à l'Ord. nº 2008-1345 du 18 déc. 2008 qu'en cas de redressement judiciaire du locataire, l'envoi par le bailleur d'un immeuble affecté à l'activité de l'entreprise à l'administrateur judiciaire d'une mise en demeure de prendre parti sur la poursuite du bail est sans effet et que le bail n'est pas de plein droit résilié par l'absence de réponse à cette mise en demeure. • Com. 2 mars 2010, nº 09-10.410 P : *D. 2010. AJ 649, obs. Lienhard ; RPC 2010, nº 61, obs. Roussel Galle ; Gaz. Pal. 2-3 juill. 2010,* *p. 24, obs. Kendérian ; APC 2010, n° 95, obs. Blanc ; JCP E 2010. 1553, note Brault.* ♦ Comp., désormais : art. L. 622-14, al. 1er, dans sa réd. issue de l'Ord. n° 2008-1345 du 18 déc. 2008, rendant applicables les I et II de l'art. L. 622-13. ♦ Dans le régime antérieur à la loi du 26 juill. 2005, la jurisprudence avait admis que l'action en résiliation du bail prévue à l'ancien art. L. 621-29 C. com. n'était pas exclusive de la possibilité, appartenant à tout cocontractant du débiteur, de faire constater la résiliation de plein droit d'un contrat en cours dans les conditions prévues par l'ancien art. L. 621-28 C. com. • Com. 16 mai 2006 : *Gaz. Pal. 14-18 juill. 2006, p. 22, obs. Dumont ; RPC 2006. 266, obs. Roussel Galle.*

2. Bail des immeubles affectés à l'activité de l'entreprise. Dès lors que le contrat en cause n'est pas le bail des immeubles affectés à l'activité de l'entreprise, l'art. 38 [C. com., art. L. 622-14] ne s'applique pas. • Com. 9 mai 1995, n° 93-10.549 P : *D. 1995. IR 148.* ♦ Un contrat de crédit-bail ne pouvant être assimilé à un contrat de bail, il s'ensuit que l'art. 25 du Décr. du 30 sept. 1953 relatif aux baux commerciaux [C. com., art. L. 145-41] et l'art. 38 [C. com., art. L. 622-14] ci-dessus ne le concernent pas. • Com. 11 mars 1997 : *Dr. sociétés 1997, n° 82, obs. Chaput ; RJDA 1997, n° 953* • Dijon, 15 nov. 1994 : *BICC 1995, n° 976.* – V. aussi • Versailles, 19 mars 1992 : *D. 1992. Somm. 259, obs. Derrida.*

3. Résiliation conventionnelle acquise. Le locataire et son administrateur judiciaire ne sauraient invoquer les art. 38 et 47 [C. com., art. L. 622-14 et L. 622-21] pour s'opposer à une expulsion en cours, dès lors que la clause résolutoire prévue au bail avait produit son effet avant l'intervention de la procédure collective et que l'expulsion ne constituait pas une voie d'exécution sur les meubles et les immeubles. • Civ. 3e, 21 févr. 1990, n° 88-13.644 P : *D. 1990. IR 73 ; RTD com. 1990. 478, obs. Chaput.* ♦ V., dans le même sens, • Aix-en-Provence, 22 déc. 1987 : *D. 1989. 45, note Putman* • Com. 12 mai 1992, n° 90-17.755 P : *D. 1992. IR 195 ; Rev. loyers 1993. 423, note Gallet* • Aix-en-Provence, 28 avr. 2000 : *APC 2001, n° 8.* ♦ Comp., classant les mesures d'expulsion parmi les procédures civiles d'exécution : L. n° 91-650 du 9 juill. 1991 (art. 61 s.), applicable depuis le 1er janv. 1993, et codifiée, à partir du 1er juin 2012, au C. pr. exéc. (art. L. 431-1 s.), **C. pr. civ.** (V. note Gallet, ss. • Paris, 19 mai 1992 : *Rev. loyers 1994. 27*). ♦ En ce sens qu'il n'y a pas lieu à suspendre les effets du commandement d'avoir à libérer les lieux, dès lors que l'expulsion a été ordonnée par une décision devenue exécutoire antérieurement au jugement de redressement judiciaire, V. • Civ. 2e, 10 déc. 1998 : *AJDI 1999. 794, obs. Gallet.* ♦ Dès lors qu'à la date du jugement d'ouverture, la décision ordonnant la résiliation du bail n'est pas encore passée en force de chose jugée, et qu'en application de la règle de l'arrêt des poursuites individuelles, édictée à l'art. 47 [C. com., art. L. 622-21], l'action tendant à la constatation de la résiliation ne peut plus être poursuivie, la demande introduite par le bailleur ne peut plus être accueillie au motif que cette action a pour cause des loyers échus antérieurement au jugement d'ouverture. • Com. 12 juin 1990, n° 88-19.808 P : *D. 1990. 450, note Derrida* • 14 mai 1991, n° 89-16.924 P : *Rev. loyers 1993. 397, note Gallet ; D. 1991. IR 165* • Civ. 3e, 26 juin 1991, n° 90-11.948 P : *D. 1991. IR 220* • 13 mai 1992, n° 90-18.399 P • 13 oct. 1993 : *Rev. huiss. 1994. 185, note Vidal* • 9 déc. 1997 : *Loyers et copr. 1998, n° 129, obs. Brault et Mutelet ; Rev. loyers 1999. 243, note Gallet* • 9 janv. 2008, n° 06-21.499 P : *D. 2008. AJ 291 ; APC 2008, n° 22, obs. Regnaut-Moutier ; Gaz. Pal. 27-29 avr. 2008, p. 20, obs. Reille ; Dr. et patr. 7-8/2008. 106, obs. Monsèrié-Bon ; RPC 2008, n° 126, obs. Macorig-Venier.* ♦ En revanche, la demande en constatation de l'acquisition de la clause résolutoire est recevable lorsque la clause était acquise avant l'ouverture de la procédure, faute pour le locataire d'avoir, à cette date, exécuté les obligations mises à sa charge par la décision ayant suspendu les effets de la clause. • Civ. 3e, 4 nov. 1998 : *RJDA 1998, n° 1385 ; Gaz. Pal. 30 juin-1er juill. 1999, p. 23, note Brault ; LPA 9 déc. 1999, note Gallet.* ♦ V. aussi, jugeant que le locataire qui n'a pas respecté les premières échéances fixées par l'ordonnance de référé ayant suspendu les effets de la clause résolutoire sous la condition du paiement aux dates prévues, ne peut invoquer utilement l'effet suspensif résultant du jugement d'ouverture de la procédure collective, rendu postérieurement à la date à laquelle la clause résolutoire a produit ses effets (soit un mois après la signification au locataire de l'ordonnance de référé), • Civ. 3e, 8 déc. 1999 : *D. 2000. AJ 99, obs. Lienhard ; APC 2000, n° 6, obs. Vallansan ; AJDI 2000. 819, note Gallet.* – Comp. : • Civ. 3e, 10 déc. 1997 : *Rev. loyers 1999. 248, note Gallet.*

La règle selon laquelle a force de chose jugée le jugement qui n'est susceptible d'aucun recours suspensif d'exécution tandis que le jugement susceptible d'un tel recours acquiert la même force à l'expiration du délai de recours si celui-ci n'a pas été exercé dans le délai s'applique à l'ordonnance de référé, peu important l'absence au principal d'autorité de la chose jugée de cette ordonnance. • Com. 24 oct. 1995, n° 93-17.051 P • 11 janv. 1994, n° 92-11.288 P. ♦ Dès lors qu'au jour de l'ouverture du redressement judiciaire de la société, l'ordonnance de référé constatant l'acquisition de la clause résolutoire était frappée d'appel, l'acquisition de la clause résolutoire, pour défaut de paiement des loyers antérieurs à l'ouverture de la procédure soumise aux dispositions de la loi du 26 juill. 2005, n'a pas encore été constatée par une décision passée en force de chose jugée, de sorte que le bailleur ne peut plus poursuivre l'action antérieurement engagée, peu important à cet effet que l'ordonnance de référé soit exécutoire à titre provisoire. • Com. 28 oct. 2008, n° 07-17.662 P : *D. 2008. AJ 2865, obs. Lienhard ; Loyers et copr. 2008, n° 280, obs. P.-H. Brault ; Gaz. Pal. 21-22 janv. 2009, p. 32, obs. Kendérian ; ibid. 6-7 févr. 2009, p. 32, note C.-E. Brault ; JCP E 2009. 1382, note Bourgeois.*

4. La demande de constatation de l'acquisition de la clause résolutoire avant l'ouverture de la procédure doit être notifiée aux créanciers inscrits sur le fonds, en application de l'art. 14 de la loi du 17 mars 1909 [C. com., art. L. 143-2]. • Civ. 3e, 22 janv. 1997 : *Rev. loyers 1997. 254, note Gallet.*

5. Défaut de paiement des loyers. L'application des dispositions de l'art. 38 [C. com., art. L. 622-13] n'est pas subordonnée à l'absence de paiement partiel effectué par les preneurs sur les loyers dus. • Com. 11 juin 1996 : *D. 1996. IR 186.*

6. Commandement de payer. Les dispositions de l'art. L. 622-14 C. com. ne dérogent pas aux dispositions de l'art. L. 145-41 prévoyant, en cas de clause résolutoire, la délivrance préalable d'un commandement (lorsque le bailleur se fonde sur une clause résolutoire, devant le juge des référés, selon la procédure de droit commun). • Com. 28 juin 2011 : *D. 2011. Actu. 1895 ; Gaz. Pal. 7-8 oct. 2011, p. 26, obs. Kendérian ; RJDA 2011, n° 1057.* ♦ En revanche, lorsque le juge-commissaire est saisi d'une demande de constat de la résiliation de plein droit du bail d'un immeuble utilisé pour l'activité de l'entreprise, en raison d'un défaut de paiement des loyers et charges afférents à une occupation postérieure au jugement de liquidation judiciaire du preneur, cette procédure, qui obéit à des conditions spécifiques, est distincte de celle qui tend, en application de l'art. L. 145-41 C. com., à faire constater l'acquisition de la clause résolutoire stipulée au contrat de bail, de sorte que le bailleur est dispensé de la délivrance d'un commandement de payer. • Com. 9 oct. 2019, n° 18-17.563 P : *cité note 5 ss. art. L. 641-12.* ♦ Toutefois, aucune disposition légale n'impose au bailleur de notifier au mandataire judiciaire un commandement de payer visant des loyers échus après le jugement d'ouverture du redressement judiciaire du preneur (dans le cas où un commandement de payer avait été signifié au gérant de la société débitrice au cours de la période d'observation). • Com. 15 nov. 2017, n° 16-13.219 P : *D. 2017. Actu. 2365, obs. Lienhard ; JCP E 2018. 1035, note Cerati-Gauthier ; APC 2017, n° 301, obs. Vallansan ; Gaz. Pal. 16 janv. 2018, p. 66, obs. Kendérian ; LEDEN 3/2018. 4, obs. Andreu ; RJDA 2018, n° 264 ; RPC 2018, n° 66, obs. Roussel Galle.* – V. Rémery, *RJDA 2018. 235.*

7. Délais de paiement. L'art. L. 622-14 C. com. n'interdit pas au liquidateur de se prévaloir des dispositions de l'article L. 145-41 et de solliciter des délais de paiement ainsi que la suspension des effets de la clause résolutoire tant que la résiliation du bail n'est pas constatée par une décision passée en force de chose jugée. • Com. 6 déc. 2011, n° 10-25.689 P : *D. 2012. Actu. 6, obs. Lienhard ; JCP E 2012. 1209, note Kendérian ; ibid. 1227, n° 11, obs. Pétel ; APC 2012, n° 10, obs. Vallansan ; BJE 2012. 155, note Benilsi ; LPA 12 juill. 2012, note Kuntz et Nurit ; RPC 2012, n° 130, obs. Roussel Galle.*

8. Ancien délai de trois mois (jurisprudence antérieure à la loi du 10 juin 1994). Avant la loi du 10 juin 1994, le bailleur pouvait, à l'expiration du délai de trois mois suivant le jugement qui a ouvert le redressement judiciaire, agir en résiliation du bail pour défaut de paiement des loyers qui étaient échus postérieurement à l'ouverture de la procédure collective. • Com. 17 oct. 1989, n° 88-12.261 P : *Defrénois 1990. 731, obs. Bihr* • 2 févr. 1993, n° 91-10.463 P • 2 févr. 1999, n° 96-19. 996 : *APC 1999, n° 77 ; Dr. sociétés 1999, n° 57, obs. Chaput* • 2 févr. 1999, n° 95-21. 625 : *AJDI 2000. 232, note Gallet.* ♦ Dès lors, ne constituait pas une contestation sérieuse de l'action en résiliation engagée par le bailleur le fait que la date d'exigibilité des loyers se situât dans le délai précité. • Com. 17 oct. 1989 : *préc.*

9. Le défaut de paiement des loyers échus depuis plus de trois mois après le jugement d'ouverture du redressement judiciaire devait être établi au jour de l'introduction ou de la poursuite de l'action en résiliation du bail des immeubles affectés à l'activité de l'entreprise ; il constituait une condition de fond de la résiliation et non de recevabilité de l'action. • Com. 2 nov. 1993, n° 91-14.669 P : *D. 1993. IR 261.*

10. C'est à bon droit qu'une cour d'appel avait constaté la résiliation d'un bail par acquisition de la clause résolutoire, à la suite de la délivrance par le bailleur d'un commandement de payer, dès lors, d'une part, que le bailleur pouvait, à l'expiration du délai de trois mois suivant le jugement d'ouverture du redressement judiciaire, agir en résiliation du bail pour défaut de paiement des loyers échus postérieurement à l'ouverture de la procédure collective, et, d'autre part, que l'arrêt attaqué, qui avait retenu que le commandement de payer invoquant la clause résolutoire avait été signifié au liquidateur plus de sept mois après la date de l'ouverture de la procédure collective pour défaut de paiement de loyers échus postérieurement à cette date, avait fait l'exacte application des dispositions de l'art. 38 de la loi du 25 janv. 1985 [C. com., ancien art. L. 621-29], en constatant que la résiliation du bail s'était réalisée un mois après le commandement de payer demeuré infructueux. • Com. 11 oct. 1994 : *Rev. loyers 1995. 520, note Gallet.*

Comp., désormais : art. L. 622-14, 2°, dans sa réd. issue de L. n° 2005-845 du 26 juill. 2005.

11. Loyers antérieurs (jurisprudence antérieure à la loi du 10 juin 1994). Le non-paiement des loyers antérieurs au jugement d'ouverture n'ouvre droit au profit des créanciers qu'à déclaration au passif. • Com. 3 nov. 1992, n° 90-18.698 P : *D. 1992. IR 277 ; JCP 1993. II. 22117, note crit. Boccara ; Rev. loyers 1993. 407, note Gallet.* ♦ Comp., en ce sens que le bailleur pouvait agir en résiliation pour défaut de paiement de loyers à l'expiration du délai de trois mois suivant le jugement d'ouverture, dès lors que les loyers impayés correspondaient, pour partie, à une période de jouissance postérieure à ce jugement, même si, à la date de celui-ci, le loyer d'un trimestre était déjà échu : • Com. 14 juin 1994, n° 92-13.204 P : *D. 1995. 105, rapp. Rémery, note crit. Derrida ; Rev. loyers 1995. 355, note Gallet.* – V. aussi • Civ. 3e, 9 oct. 1996 : *Gaz. Pal. 1997. 1. 214, note Brault ; Rev. huiss. 1997. 497, note R. Martin ; AJPI 1997. 935, note Gallet.*

Pour la validité d'un commandement dont les causes portaient à la fois sur des loyers et charges dus postérieurement à l'ouverture de la procédure collective et sur des sommes dues antérieurement, V. • Civ. 3e, 16 juin 2004 : *AJDI 2005. 132, obs. Le Corre* .

12. Faculté de résiliation à tout moment. Si l'art. L. 622-13, II, C. com. fait obligation à l'administrateur de résilier un contrat à exécution successive à défaut de fonds suffisants pour acquitter le terme suivant, cette obligation ne lui interdit pas de mettre un terme à tout moment à des contrats de bail, même si les loyers peuvent être payés à l'échéance. • Com. 24 janv. 2018, n° 16-13.333 P : *D. 2018. Pan. 1835, obs. Cagnoli ; AJDI 2018. 518, obs. Blatter ; JCP E 2018. 1159, n° 17, obs. Pétel ; LEDEN 4/2018. 5, obs. Rubellin ; APC 2018, n° 63, obs. Thiberge ; RJDA 2018, n° 386.* ♦ La résiliation étant, par application de la loi, effective dès le jour où le bailleur en est informé, le fait que l'administrateur lui ait indiqué que la résiliation n'interviendrait qu'à une date ultérieure n'a pas eu pour effet de la rendre irrégulière ni d'en différer la date. • Même arrêt.

13. Compétence juridictionnelle. Sur le régime antérieur à la réforme de 1994, V. Gallet, *Rev. loyers 1996. 71.* ♦ V. désormais art. R. 622-13. ♦ V. aussi note 14 ss. art. R. 662-3.

14. Application à la liquidation judiciaire (jurisprudence antérieure à la loi du 10 juin 1994). V. • Com. 12 févr. 1991, n° 89-16.860 P : *D. 1991. Somm. 241, obs. Honorat* • 5 déc. 1995 : *Rev. loyers 1996. 295, note Gallet ; Loyers et copr. 1996, n° 352, obs. Brault et Mutelet.* ♦ V. aussi note 19 ss. art. L. 622-13. ♦ Comp., désormais : art. L. 641-12.

15. Congé avec refus de renouvellement. V. note 66 ss. art. L. 622-21.

16. Résiliation pour défaut d'entretien. L'art. 38, al. 2 [C. com., art. L. 622-14, al. 5], ne fait pas obstacle à l'action en résiliation du bail pour un défaut d'entretien constaté antérieurement au jugement de redressement judiciaire. • Civ. 3e, 21 juill. 1999 : *D. 1999. IR 229 ; D. Affaires 1999. 1443, obs. V. A.-R ; JCP E 2000, n° 4, p. 126, obs. Pétel ; JCP 2000. II. 10391, note Roussel ; RPC 2000. 128, obs. Macorig-Venier.*

Art. L. 622-15 **En cas de cession du bail, toute clause imposant au cédant des dispositions solidaires avec le cessionnaire est** *(L. n° 2005-845 du 26 juill. 2005, art. 31)* **« réputée non écrite ».** – *[C. com., anc. art. L. 621-30.]*

Art. L. 622-16 **En cas de** *(L. n° 2005-845 du 26 juill. 2005, art. 32)* **« procédure de sauvegarde », le bailleur n'a privilège que pour les deux dernières années de loyers avant le jugement d'ouverture de la procédure.**

Si le bail est résilié, le bailleur a, en outre, privilège pour l'année courante, pour tout ce qui concerne l'exécution du bail et pour les *(L. n° 2005-845 du 26 juill. 2005, art. 32)* **« dommages et intérêts » qui pourront lui être alloués par les tribunaux.**

Si le bail n'est pas résilié, le bailleur ne peut exiger le paiement des loyers à échoir lorsque les sûretés qui lui ont été données lors du contrat sont maintenues ou lorsque celles qui ont été fournies depuis le jugement d'ouverture sont jugées suffisantes. – *[C. com., anc. art. L. 621-31.]*

Le juge-commissaire peut autoriser le débiteur ou l'administrateur, selon le cas, à vendre des meubles garnissant les lieux loués soumis à dépérissement prochain, à dépréciation imminente ou dispendieux à conserver, ou dont la réalisation ne met pas en cause, soit l'existence du fonds, soit le maintien de garanties suffisantes pour le bailleur.

1. Application à la liquidation judiciaire. V. art. L. 641-12, al. 5.

2. Créances garanties. Le privilège du bailleur d'immeuble s'applique à toute créance résultant de l'occupation des lieux à quelque titre que ce soit (à propos d'une créance d'indemnités d'occupation). • Com. 25 oct. 2011, n° 10-25.257 P : *D. 2011. Actu. 2653, obs. Lienhard ; JCP E 2012. 1000, n° 13, obs. Pétel ; LEDEN 12/2011. 5, obs. Berthelot ; BJE 2012. 92,* *note Macorig-Venier ; RPC 2012, n° 132, obs. Roussel Galle.*

3. Délai de deux ans. L'art. 39 [C. com., art. L. 622-16] donne au bailleur privilège pour les deux années de loyers antérieurs au jugement d'ouverture de la procédure collective et, en outre, en cas de résiliation, privilège pour l'année de loyers en cours et pour les dommages-intérêts qui peuvent lui être alloués. • Civ. 3e, 10 févr. 1999 : *Rev. loyers 1999. 294, note Gallet.*

4. Il résulte de l'art. 39 [C. com., art. L. 622-16] ci-dessus et de l'art. 1256 [1342-10] C. civ. que, lorsque la quittance ne porte aucune imputation et que les dettes sont d'égale nature, il y a lieu de considérer que le dernier versement effectué par le preneur durant le délai de deux ans doit s'imputer sur les sommes dues à la date d'expiration de ce délai. Et le solde de la créance du bailleur afférente à cette période doit être admis au passif du preneur à titre privilégié. • Rouen, 29 mars 1990 : *Rev. loyers 1994. 291, note Gallet.*

5. Saisie-attribution. Dès lors qu'il résulte de l'art. 43 de la loi du 9 juill. 1991 [C. pr. exéc., art. L. 211-2, à compter du 1er juin 2012] que l'acte de saisie emporte attribution immédiate au saisissant de la créance saisie « ainsi que de tous ses accessoires », y compris les garanties qui lui sont attachées, la créance de loyers attribuée par l'effet de la saisie a vocation, en cas d'ouverture d'une procédure collective à l'égard du locataire, tiers saisi, à bénéficier du privilège du bailleur dans la limite de deux ans fixée à l'art. 39 [C. com., art. L. 622-16]. • Orléans, 25 mai 2000 : *RJDA 2000, n° 1138.*

6. Déclaration de créance. Sur la nécessité pour le bailleur de mentionner son privilège dans sa déclaration de créance, V. • Com. 10 juill. 2001 : *RPC 2002. 94, obs. Legrand* • 7 déc. 2004 : *RJDA 2005, n° 426.*

Art. L. 622-17 *(L. n° 2005-845 du 26 juill. 2005, art. 33)* **« I. — Les créances nées régulièrement après le jugement d'ouverture pour les besoins du déroulement de la procédure ou de la période d'observation, ou en contrepartie d'une prestation fournie au débiteur** *(Abrogé par Ord. n° 2008-1345 du 18 déc. 2008, art. 29)* **« ,** ***pour son activité professionnelle,*** **» pendant cette période, sont payées à leur échéance.**

« II. — Lorsqu'elles ne sont pas payées à l'échéance, ces créances sont payées par privilège avant toutes les autres créances, assorties ou non de privilèges ou sûretés, à l'exception de celles garanties par le privilège établi aux articles L. 143-10 *[L. 3253-2 et L. 3253-3]*, **L. 143-11** *[L. 3253-4]*, **L. 742-6 et L. 751-15** *[L. 7313-8]* **du code du travail,** *(Ord. n° 2008-1345 du 18 déc. 2008, art. 29)* **« des frais de justice nés régulièrement après le jugement d'ouverture pour les besoins du déroulement de la procédure » et de celles garanties par le privilège établi par l'article L. 611-11 du présent code. »**

III. — Leur paiement se fait dans l'ordre suivant :

1° Les créances de salaires dont le montant n'a pas été avancé en application des articles L. 143-11-1 à L. 143-11-3 *[L. 3253-6 et L. 3253-8 à L. 3253-13]* **du code du travail ;**

(Ord. n° 2021-1193 du 15 sept. 2021, art. 18, en vigueur le 1er oct. 2021) **« 2° Les créances résultant d'un nouvel apport de trésorerie consenti en vue d'assurer la poursuite de l'activité pour la durée de la procédure ;**

« 3° Les créances résultant de l'exécution des contrats poursuivis conformément aux dispositions de l'article L. 622-13 et dont le cocontractant accepte de recevoir un paiement différé ; — *V. art. R. 622-14.*

« 4° Les autres créances, selon leur rang.

« Les apports de trésorerie mentionnés au 2° et les délais de paiement mentionnés au 3° sont autorisés par le juge-commissaire dans la limite nécessaire à la poursuite de l'activité pendant la période d'observation et font l'objet d'une publicité. En cas de résiliation d'un contrat régulièrement poursuivi, les indemnités et pénalités sont exclues du bénéfice du présent article. »

(L. n° 2005-845 du 26 juill. 2005, art. 33) **« IV. — Les créances impayées perdent le privilège que leur confère le** *(Ord. n° 2008-1345 du 18 déc. 2008, art. 29)* **« II du » présent article si elles n'ont pas été portées à la connaissance** *(Ord. n° 2008-1345 du 18 déc. 2008, art. 29)* **« de l'administrateur et, à défaut, du mandataire judiciaire » ou, lorsque ces organes ont cessé leurs fonctions, du commissaire à l'exécution du plan ou du liquidateur, dans le délai d'un an à compter de la fin de la période d'observation. »** *(Ord. n° 2014-326 du 12 mars 2014, art. 24, en vigueur le 1er juill. 2014)* **« Lorsque cette information porte sur une créance déclarée pour le compte du créancier en application de l'article L. 622-24, elle rend caduque cette déclaration si le juge n'a pas statué sur l'admission de la créance. »** — *V. art. R. 622-15.*

Pour les dispositions transitoires de l'Ord. n° 2021-1193 du 15 sept. 2021, V. note ss. art. L. 611-2.

RÉP. COM. v° *Entreprise en difficulté : situation des créanciers*, par MACORIG-VENIER.

BIBL. ▶ Régime issu de la loi du 26 juill. 2005 : PÉROCHON, *Gaz. Pal. 2005. Doctr. 2972.* – SAINT-ALARY-HOUIN, *RPC 2005. 221 ; LPA 14 juin 2007.* – PÉTEL, *RPC 2006. 142.* – LIENHARD, *Mél. Simler, Litec-Dalloz, 2006, p. 475.* – GRÉAU, *LPA 12 juin 2008.* – HENRY, *RPC 2008. Étude 15.* – PÉTEL et BRÉNAC, *ibid. Dossier 4.* – LE CORRE, *D. 2009. Chron. 2172* (continuation des contrats en cours, date de naissance des créances et mandat). ▶ Régime issu de l'ordonnance du 18 déc. 2008 : REILLE, *Gaz. Pal. 2009. Doctr. 772.* – LE CORRE, *ibid. 2010. Doctr. 2770* (la taxe foncière, une créance postérieure méritante ?) ; *RPC 2012. Dossier 10* (coordination des art. L. 622-17 et L. 625-8) ; *Gaz. Pal. 16 avr. 2019, p. 49* (discussion sur la nature de créance postérieure éligible au traitement préférentiel). – BERTHELOT, *RPC 2011. Dossiers 35 et 36* (créanciers postérieurs méritants). – TEBOUL, *Gaz. Pal. 2011. Doctr. 2571* (créances utiles méritantes : tentative d'éclaircissement). – BOUSTANI, *LPA 11 févr. 2011, p. 15* (conservation du privilège). – DONNETTE, *BJE 2012. 385* (notion de « créances de salaires »). ▶ Régime issu de l'ordonnance du 12 mars 2014 : BOUSTANI, *Gaz. Pal. 2014. 1284 ; JCP E 2015. 1029* (paiement des créances fiscales). – LE CORRE, *BJE 2014. 191.* ▶ Modifications issues de l'ordonnance du 15 sept. 2021 : LASSERRE CAPDEVILLE, *BJE 1-2/2022. 35.*

1. Notion de créance postérieure privilégiée. Ayant relevé que la créance litigieuse était liée à la révocation de l'intéressé de ses fonctions de directeur général de la société débitrice, ce dont il résultait qu'il s'agissait d'une créance d'indemnité de résiliation d'un contrat en cours, une cour d'appel, qui n'avait pas à rechercher si cette résiliation était nécessaire à la poursuite de l'activité de la société, en a exactement déduit que cette créance étant exclue, par l'art. L. 622-17, III, 2°, du bénéfice des dispositions de ce texte, devait être déclarée en application des art. L. 622-24 et L. 631-14 : • Com. 12 juill. 2016, n° 14-23.668 P : *D. 2016. Actu.1644 ; Rev. sociétés 2016. 549, obs. Henry ; RTD com. 2016. 849, obs. Martin-Serf ; APC 2016, n° 219, obs. Pagnucco ; RJDA 2016, n° 708 ; Gaz. Pal. 18 oct. 2016, p. 54, obs. Boustani ; BJE 2016. 423, note Cerati-Gauthier ; RPC 2017, n° 144, obs. Houin-Bressand.* ♦ Comp., ayant retenu que la créance d'indemnités de rupture d'un contrat n'étant pas née pour les besoins du déroulement de la procédure ou en contrepartie d'une prestation, elle est soumise aux dispositions de l'art. L. 622-24. • Com. 5 oct. 2010 : *D. 2010. Actu. 2428, obs. Lienhard ; D. 2011. Pan. 2081, obs. Le Corre ; RTD com. 2011. 173, obs. Martin-Serf ; Gaz. Pal. 7-8 janv. 2011, p. 28, obs. Henry ; RPC 2011, n° 7, obs. Roussel Galle ; BJE 2011. 25, note Macorig-Venier ; RJDA 2011, n° 257.*

2. Lorsque leur fait générateur se situe après le jugement d'ouverture de la procédure collective, la taxe d'apprentissage et la participation des employeurs à la formation professionnelle entrent dans les prévisions de l'art. L. 622-17. • Com. 22 févr. 2017, n° 15-17.166 P : *D. 2017. Actu. 452 ; RTD com. 2017. 995, obs. Martin-Serf ; JCP E 2017. 1341, note Lebel ; APC 2017, n° 99, obs. Vabres ; LEDEN 4/2017. 3, obs. Berthelot ; RJDA 2017, n° 352 ; Journ. sociétés 4/2017. 68, obs. Cerati-Gauthier ; BJE 2017. 204, note Dedeurwaerder ; Gaz. Pal. 27 juin 2017, p. 47, obs. Boustani ; RPC 2017, n° 146, obs. Saint-Alary-Houin.* ♦ Le fait générateur de ces créances fiscales se situe à la date à laquelle expire le délai qui est imparti aux employeurs pour procéder aux dépenses et investissements libératoires prévus par la loi, soit le 31 déc. de l'année considérée. • Même arrêt.

3. La cotisation foncière des entreprises constitue, pour les entreprises qui y sont assujetties, une obligation légale et est inhérente à l'activité poursuivie après le jugement d'ouverture et entre, en conséquence, dans les prévisions de l'art. L. 622-17. • Com. 24 mars 2021, n° 20-13.832 P : *D. 2021. Pan. 1741, obs. F.-X. Lucas ; Rev. sociétés 2021. 403, obs. Reille ; RTD com. 2021. 434, obs. Martin-Serf ; JCP E 2021. 1424, n° 22, obs. Tehrani ; APC 2021, n° 100, obs. Petit ; LEDEN 5/2021. 6, obs. Sahel ; BJE 7-8/2021. 25, note Dedeurwaerder ; RPC 2021, n° 107, obs. Vabres ; RJDA 2021, n° 678.*

4. La contribution sociale de solidarité et la contribution additionnelle constituent pour les sociétés assujetties une obligation légale prévue par les art. L. 651-1 et L. 245-13 CSS et les créances en résultant, qui sont inhérentes à l'activité de la société, entrent dans les prévisions de l'art. L. 622-17 C. com. pour l'activité poursuivie postérieurement à l'ouverture de la procédure collective. • Com. 15 juin 2011, n° 10-18.726 P : *D. 2011. Chron. C. cass. 2691, obs. Guillou ; ibid. Actu. 1677, obs. Lienhard ; RTD com. 2011. 640, obs. Martin-Serf ; JCP E 2011. 1596, n° 12, obs. Pétel ; LEDEN 7/2011. 4, obs. Mouial-Bassilana ; APC 2011, n° 209, obs. Monsèrié-Bon ; Gaz. Pal. 7-8 oct. 2011, p. 23, obs. Henry ; BJE 2011. 312, note Benilsi ; RJDA 2011, n° 941.*

5. Le fait générateur de la créance des cotisations perçues par la Caisse nationale des barreaux français est l'existence de l'inscription de l'avocat à une date donnée, de sorte que, pour ceux d'entre eux qui étaient inscrits au 1er janv., la créance naît à cette date pour l'année entière, sans avoir à distinguer entre les périodes antérieure et postérieure à l'ouverture de leur procédure collective. • Com. 3 juill. 2012, n° 11-22.922 P : *D. 2012. Pan. 2205, obs. Le Corre ; RTD com. 2013. 139, obs. Martin-Serf ; BJE 2012. 290, note Favario ; RJDA 2012, n° 875.*

6. La créance du bailleur relative aux travaux de remise en état n'est la contrepartie d'une prestation fournie au débiteur pendant la période d'observation, au sens des dispositions de l'art. L. 622-17, que si les dégradations qui lui sont reprochées ont été commises pendant cette période. • Com. 2 déc. 2014 : *D. 2014. Actu. 2518 ; RTD com. 2015. 154, obs. Martin-Serf ; JCP E 2015. 1031, note Cerati-Gauthier ; APC 2015, n° 9, obs. Petit ; LEDEN 2/2015. 4, obs. Pelletier ; RJDA 2015, n° 203 ; BJE 2015. 101, note Rohart-Messager ; Gaz. Pal. 1er-5 mai 2015, p. 25, obs. Boustani ; RPC 2015, n° 115, obs. Saint-Alary-Houin.*

7. La créance relative au coût des travaux de reprise de malfaçons et de non-façons et à des pénalités de retard dues en application du contrat de construction exécuté par le débiteur après le jugement d'ouverture ne correspond pas à une contrepartie fournie au débiteur et ne peut donner lieu à condamnation en paiement. • Com. 18 juin 2013, n° 12-18.420 P : *D. 2013. Actu. 1617 ; RTD com. 2013. 813, obs. Martin-Serf ; Rev. sociétés 2013. 524, obs. Henry ; JCP E 2013. 1434, n° 13, obs. Pétel ; RJDA 2013, n° 1034 ; BJE 2013. 381, note Reille ; RPC 2015, n° 117, obs. Saint-Alary-Houin.*

8. Une cour d'appel ne peut retenir que la créance née d'un sinistre survenu au cours de la période d'observation n'est pas une créance antérieure au sens de l'art. L. 622-24 et n'a pas à être déclarée, sans préciser si cette créance postérieure réunit ou non les conditions de son paiement à l'échéance. • Com. 17 oct. 2018, n° 17-17.672 P : *D. 2018. Actu. 2086 ; RTD com. 2019. 215, obs. Martin-Serf ; RJDA 2018, n° 924 ; Gaz. Pal. 15 janv. 2019, p. 63, obs. Vallens ; BJE 3-4/2019. 53, note Houssin ; RJ com. 2019. 275, obs. Garreau.*

9. Pour relever du traitement préférentiel prévu à l'art. L. 622-17, une créance de frais irrépétibles doit non seulement être postérieure au jugement d'ouverture, mais aussi respecter les autres critères fixés par ce texte. • Com. 2 déc. 2014 : *D. 2014. Actu. 2518 ; RTD com. 2015. 155, obs. Martin-Serf ; RJDA 2015, n° 292.*

10. Viole l'art. L. 622-17 la cour d'appel qui exclut par principe que la créance d'honoraires de l'avocat du débiteur assistant celui-ci dans l'exercice de ses droits propres puisse naître pour les besoins du déroulement de la procédure. • Com. 1er déc. 2015, n° 14-20.668 P : *D. 2015. Actu. 2558, obs. Lienhard ; D. 2016. Pan. 1899, obs. F.-X. Lucas ; Rev. sociétés 2016. 396, obs. Roussel Galle ; RTD com. 2016. 203, obs. Martin-Serf ; JCP E 2016. 1058, note Stefania ; LEDEN 1/2016. 3, obs. Favario ; BJE 2016. 102, note Benilsi ; Gaz. Pal. 12 avr. 2016, p. 63, obs. Boustani.* ♦ L'exercice du droit propre du débiteur à relever appel du jugement arrêtant le plan de cession de son entreprise échappe, par principe, puisqu'il peut exercer seul un tel droit, à la répartition des pouvoirs entre le débiteur et les organes de sa procédure collective ; il en résulte que la créance d'honoraires de l'avocat du débiteur assistant celui-ci dans l'exercice de ses droits propres est toujours née régulièrement. • Com. 7 oct. 2020, n° 19-12.996 P : *D. 2021. Pan. 1741, obs. F.-X. Lucas ; Rev. sociétés 2020. 714, obs. Reille ; RTD com. 2021. 196, obs. Martin-Serf ; JCP E 2020. 1535, n° 19, obs. Tehrani ; LEDEN 11/2020. 4, obs. Minet ; RPC 2020, n° 146, obs. Saint-Alary-Houin ; RJDA 2021, n° 36 ; BJE 3-4/2021. 29, note Jazottes.* ♦ La cour d'appel, qui a indiqué précisément le montant des honoraires correspondant à chacune des procédures menées par la société débitrice dans l'exercice de ses droits propres, a souverainement apprécié le caractère proportionné de la créance et sa conformité aux besoins de la procédure. • Même arrêt.

11. L'appréciation du caractère utile d'une créance doit se faire en considération de l'utilité potentielle de l'opération et non de son utilité réelle appréciée *a posteriori*. • Com. 9 mai 2018, n° 16-24.065 P : *cité note 13 ; RTD com. 2018. 1019, obs. Martin-Serf ; JCP E 2018. 1429, n° 15, obs. Tehrani ; RPC 2020, n° 150, obs. Saint-Alary-Houin.*

12. V. aussi notes ss. art. L. 641-13.

13. Droit de poursuite individuelle. Un créancier dont la créance bénéficie du traitement préférentiel prévu à l'art. L. 622-17, I, qui a le droit d'être payé à l'échéance, peut, à défaut, dans l'exercice de son droit de poursuite individuelle, obtenir un titre exécutoire et le faire exécuter indépendamment de l'ordre dans lequel s'exercent les privilèges. • Com. 9 mai 2018, n° 16-24.065 P : *D. 2018. Actu. 1005 RTD com. 2018. 777, obs. Martin-Serf ; JCP E 2018. 1544, note Lebel ; LEDEN 7/2018. 3, obs. Andreu ; Gaz. Pal. 10 juill. 2018, p. 55, obs. Vallens ; BJE 2018. 253, note Bonhomme ; RJDA 2018, n° 657 ; APC 2018, n° 155, obs. Petit ; RDBF 2018, n° 135, obs. Houin-Bressand.* ♦ Jurisprudence confirmée par l'art. L. 622-21, II, dans sa réd. issue de l'Ord. n° 2021-1193 du 15 sept. 2021.

Code de commerce

Ancien art. L. 621-32 *I. — Les créances nées régulièrement après le jugement d'ouverture sont payées à leur échéance lorsque l'activité est poursuivie. En cas de cession totale ou lorsqu'elles ne sont pas payées à l'échéance en cas de continuation, elles sont payées par priorité à toutes les autres créances, assorties ou non de privilèges ou sûretés, à l'exception des créances garanties par le privilège établi aux articles L. 143-10, L. 143-11, L. 742-6 et L. 751-15 du code du travail.*

II. — En cas de liquidation judiciaire, elles sont payées par priorité à toutes les autres créances, à l'exception de celles qui sont garanties par le privilège établi aux articles L. 143-10, L. 143-11, L. 742-6 et L. 751-15 du code du travail, des frais de justice, de celles qui sont garanties par des sûretés immobilières ou mobilières spéciales assorties d'un droit de rétention ou constituées en application du chapitre V du titre II du livre V.

III. — Leur paiement se fait dans l'ordre suivant :

1° Les créances de salaires dont le montant n'a pas été avancé en application des articles L. 143-11-1 à L. 143-11-3 du code du travail ;

2° Les frais de justice ;

3° Les prêts consentis par les établissements de crédit ainsi que les créances résultant de l'exécution des contrats poursuivis conformément aux dispositions de l'article L. 621-28 et dont le cocontractant accepte de recevoir un paiement différé ; ces prêts et délais de paiement sont autorisés par le juge-commissaire dans la limite nécessaire à la poursuite de l'activité pendant la période d'observation et font l'objet d'une publicité. En cas de résiliation d'un contrat régulièrement poursuivi, les indemnités et pénalités sont exclues du bénéfice de la présente disposition ;

4° Les sommes dont le montant a été avancé en application du 3° de l'article L. 143-11-1 du code du travail ;

5° Les autres créances, selon leur rang. — [L. n° 85-98 du 25 janv. 1985, art. 40.]

Sur la rédaction de l'art. 40 de la L. n° 85-98 du 25 janv. 1985 (désormais codifié à l'anc. art. L. 621-32) antérieure à la L. n° 94-475 du 10 juin 1994, V. éd. 1993-1994 et antérieures du ***C. com.***

BIBL. ▸ Régime issu de la loi du 10 juin 1994 : CABRILLAC et PÉTEL, *D. 1994. 243* ; *LPA 14 sept. 1994*. – CAMPANA et LEGEAIS, *ibid. 14 sept. 1994, p. 49*. – CAMPANA, *RPC 1994. 489 et 491*. – CALENDINI, *Banque oct. 1994. 54* ; *RPC 1994. 497*. – D. MARTIN, *LPA 14 sept. 1994*. – BAC, *RPC 1994. 515*. – SOINNE, *ibid. 1997. 249* (répartitions). – DYMANT et LE CORRE, *JCP E 2000, n° 23, p. 884* (droit de poursuite individuelle). – JAZOTTES, *LPA 6 sept. 2000* ; *RLDA, suppl. au n° 80, mars 2005, p. 132 (périmètre du privilège de l'art. L. 621-32)*. – DESPRAT, *Gaz. Pal. 2001. Doctr. 322*. – BARON, *RTD com. 2001. 1* (date de naissance des créances contractuelles). – DERRIDA, *D. 2002. 800* (même thème). – PÉTEL, *Mél. Guyon, Dalloz, 2003, p. 917* (pour une relecture de l'art. L. 621-32). – SAINT-ALARY-HOUIN, *LPA 9 nov. 2004* (date de naissance des créances).

I. NATURE DE LA PRIORITÉ DE PAIEMENT

1. La priorité de paiement instituée par l'art. 40, dans sa rédaction antérieure à la L. n° 94-475 du 10 juin 1994, qui ne dépend pas de la qualité de la créance, ne constitue pas un privilège au sens de l'art. 2095 [2324] C. civ. • Com. 5 févr. 2002, n° 98-18.018 P : *D. 2002. AJ 805, obs. Lienhard* ; *APC 2002, n° 100, obs. Piedelièvre* ; *JCP E 2002, n° 21, p. 854, obs. Cabrillac et Pétel* ; *RTD civ. 2002. 337, obs. Crocq* ; *RTD com. 2002. 542, obs. Martin-Serf* ; *RPC 2003. 144, obs. Saint-Alary-Houin.*

II. DOMAINE D'APPLICATION

A. PROCÉDURE EN COURS

2. Plan de continuation. Ne sont pas soumises aux dispositions de l'art. 40 [C. com., ancien art. L. 621-32] les créances nées après le jugement arrêtant le plan de continuation de l'entreprise. • Com. 3 avr. 1990, n° 88-19.807 P : *D. 1990. 385, note Jeantin* ; *RTD com. 1990. 497, obs. Martin-Serf* (V. l'arrêt cassé, rendu à propos d'un plan de continuation ultérieurement résolu : • Versailles, 6 oct. 1988 : *D. 1989. 155, note Jeantin*). ♦ V. note 62.

3. Plan de cession. Le jugement qui arrête le plan de cession d'une entreprise en redressement judiciaire, s'il met fin à la période d'observation, et, sauf disposition contraire, fait recouvrer au débiteur tous ses pouvoirs, n'entraîne pas la clôture de la procédure collective, laquelle est prononcée après l'accomplissement de tous les actes nécessaires à la réalisation de la cession. Aussi, ces actes n'ayant pas été passés, la créance d'une banque, résultant de la poursuite de l'activité, bénéficie de l'art. 40 [C. com., ancien art. L. 621-32]. • Com. 6 déc. 1994, n° 92-10.008 P : *Quot. jur. 19 janv. 1995, p. 2* ; *RTD com. 1996. 128, obs. Martin-Serf*. – V. aussi • Montpellier, 9 févr. 1993 : *RPC 1993. 524, obs. Soinne.* ♦ Les créances afférentes à des contrats qui n'ont pas été transmis par le plan de cession relèvent des dispositions de l'art. 40, devenu l'art. L. 621-32 [ancien] C. com., jusqu'à l'achèvement ou la résiliation de ces contrats, peu important la date de clôture de la procédure. • Com. 15 oct. 2002 : *RJDA 2003, n° 278.*

Comp., en cas d'annulation du plan de cession : note 12 ss. art. L. 642-8.

Sur la recevabilité de l'action en paiement, V. note 75.

4. Liquidation judiciaire (jurisprudence antérieure à la loi du 10 juin 1994). L'art. 40 [C. com., ancien art. L. 621-32] étant applicable aux créances nées régulièrement après l'ouverture du redressement judiciaire, doit en bénéficier la créance de cotisations de l'URSSAF relative aux indemnités de congés payés et de préavis consécutives aux licenciements opérés après le prononcé de la liquidation judiciaire. • Com. 20 févr. 1990, n° 88-17.200 P : *D. 1991. Somm. 3, obs. Derrida* (V. l'arrêt cassé : • Agen, 16 juin 1988 : *Gaz. Pal. 1988. 2. 689, note Soinne)* • 10 juill. 1990, n° 88-20.493 P : *D. 1990. IR 192 ; RTD com. 1991. 294, obs. Martin-Serf* .

5. Liquidation judiciaire immédiate (loi du 10 juin 1994). Si l'art. 40 [C. com., ancien art. L. 621-32] se trouve inséré au chapitre Ier du titre Ier de la loi de 1985 traitant du régime général du redressement judiciaire, dans les dispositions relatives à la poursuite de l'activité pendant la période d'observation, l'ordre de priorité qu'il édicte pour le règlement des dettes antérieures au jugement d'ouverture par rapport à celles nées postérieurement, doit être appliqué, même en cas de liquidation judiciaire immédiate, le texte n'opérant, en effet, aucune distinction suivant que la liquidation est prononcée en cours de période d'observation ou directement. • Montpellier, 26 janv. 1999 : *RPC 1999. 221, obs. Saint-Alary-Houin.*

6. Condition de poursuite de l'activité. Le bénéfice de l'art. 40 [C. com., ancien art. L. 621-32] n'est pas limité aux créances relatives à la poursuite de l'activité ou à la liquidation elle-même : V. • Com. 22 juin 1999 : *APC 1999, n° 213* • 27 oct. 1998 : *cité note 29* • 8 déc. 1998 : *cité note 43* • 17 janv. 1995, n° 92-16.941 P : *D. 1995. Somm. 216, obs. Honorat* • 2 avr. 1996, n° 94-14.651 P : *D. 1996. IR 123 ; RPC 1997. 68, obs. Saint-Alary-Houin.* – Comp. : • Com. 23 oct. 1990 : *D. 1993. Somm. 6* . – *Contra* : • Paris, 11 mai 1989 : *D. 1989. IR 184* • Versailles, 18 févr. 1988 : *D. 1988. IR 103* • Dijon, 21 mars 1991 : *RPC 1993. 66, obs. Saint-Alary-Houin* • Lyon, 21 mars 1991 : *ibid. 1994. 40, obs. Saint-Alary-Houin* • Aix-en-Provence, 13 nov. 1997 : *BICC 1998, n° 661 ; Gaz. Pal. 1998. 2. Somm. 705 ; RPC 1999. 158, obs. Monsèrié.* ♦ V., désormais, art. L. 641-10.

B. CRÉANCES NÉES RÉGULIÈREMENT

7. Pour l'exclusion d'une créance n'étant pas née régulièrement, le débiteur ne pouvant pas s'engager sans l'assistance de l'administrateur, V. • Com. 4 févr. 1992 : *D. 1993. Somm. 5, obs. Derrida* • 31 mars 1998 : *APC 1998, n° 22 ; RPC 1999. 157, obs. Monsèrié ; RJ com. 2000. 37, obs. Teilliais* • 29 févr. 2000 : *RJDA 2000, n° 556.* ♦ Pour l'exclusion du bénéfice de l'art. 40 [C. com., ancien art. L. 621-32] des honoraires d'avocats relatifs à une mission d'assistance d'une société en liquidation judiciaire, V. • Com. 19 mai 2004, n° 01-13.515 P : *D. 2004. AJ 2045 ; JCP E 2004, n° 37, p. 1391, obs. Pétel ; LPA 12 avr. 2005, note Zattara.* – V. aussi • Com. 30 mars 2010, n° 09-10.729 P : *D. 2010. Chron. C. cass. 1110, obs. Bélaval ; ibid. Actu. 958 ; RTD com. 2010. 612, obs. Martin-Serf ; JCP E 2010. 1742, n° 5, obs. Cabrillac ; APC 2010, n° 143, obs. Regnaut-Moutier ; LEDEN 6/2010. 2, obs. Parachkévova ; RPC 2010, n° 156, obs. Lebel.* ♦ L'engagement de caution solidaire signé sans autorisation du juge-commissaire ne peut donner naissance à une dette régulière bénéficiant de la priorité de paiement prévue par l'art. 40 [C. com., ancien art. L. 621-32]. • Douai, 15 oct. 1998 : *RPC 1999. 219, obs. Saint-Alary-Houin.* ♦ Il en va de même du soutien financier accordé à la société débitrice sans autorisation du juge-commissaire. • T. com. Paris, 20 mai 1997 : *RPC 1999. 219, obs. Saint-Alary-Houin.*

8. L'art. 40 [C. com., ancien art. L. 621-32] étant applicable aux créances nées après le jugement d'ouverture conformément aux règles gouvernant les pouvoirs du débiteur ou de l'administrateur s'il en est désigné un, la créance née du chef du débiteur après l'ouverture à son égard d'une procédure simplifiée de redressement judiciaire sans désignation d'un administrateur, entre dans les prévisions de ce texte, même si le tribunal, à l'issue de la période d'enquête, n'a pris aucune décision pour exercer l'option prévue à l'art. 142 [C. com., ancien art. L. 621-138]. • Com. 9 juin 1992, n° 90-16.915 P : *D. 1993. Somm. 5, obs. Derrida ; RTD com. 1993. 382, obs. Martin-Serf* . ♦ Il appartient aux juges du fond de rechercher si une créance délictuelle postérieure est née régulièrement, c'est-à-dire conformément aux règles gouvernant les pouvoirs du débiteur ou, le cas échéant, de l'administrateur. • Com. 13 oct. 1998, n° 95-21.988 P : *D. Affaires 1998. 1816, obs. A. L. ; APC 1998, n° 139, obs. Pétel ; JCP E 1998, n° 52, p. 2069, obs. Cabrillac et Pétel ; ibid. 1999, n° 24, p. 1060, note Rossi ; RPC 1999. 157, obs. Monsèrié ; RTD com. 1999. 979, obs. Martin-Serf* .

9. Sauf en cas de fraude, est opposable à la procédure collective la créance du salarié née de la poursuite illicite de l'activité par l'employeur en liquidation judiciaire, sans que puissent être opposés l'usage irrégulier de ses pouvoirs par le débiteur et la méconnaissance de son dessaisissement. • Com. 13 juill. 2010 : *D. 2010. Actu. 1935, obs. Lienhard* ; *LEDEN 10/2010. 4, obs. Camensuli-Feuillard* ; *RPC 2012, n° 41, obs. Saint-Alary-Houin. – Contra* : • Com. 27 mars 2007 : *RPC 2007. 143, obs. Saint-Alary-Houin.*

10. Les créances quasi délictuelles nées postérieurement au jugement d'ouverture entrent dans les prévisions de l'art. 40 [C. com., ancien art. L. 621-32]. • Com. 31 mars 1992 : *RPC 1993. 66, obs. Saint-Alary-Houin.*

11. La créance de l'ASSEDIC se rapportant à des allocations chômage versées au débiteur pour une période postérieure au jugement d'ouverture ne rentre pas dans les prévisions de l'art. 40 [C. com., ancien art. L. 621-32] ; en effet, si elle est née postérieurement au jugement d'ouverture de la procédure collective, cette créance n'est pas née régulièrement dans la mesure où le débiteur, en déposant une demande d'allocations auprès de l'ASSEDIC, n'a pas agi dans l'exercice de son activité commerciale et a de plus fait preuve d'un comportement fautif, qui lui est seul imputable, en se faisant consentir deux fois les mêmes droits par deux ASSEDIC différentes. • Paris, 31 mars 2000 : *D. 2000. AJ 251* ; *RPC 2002. 99, obs. Saint-Alary-Houin.*

12. Les créances nées irrégulièrement après le jugement d'ouverture sont hors procédure, ce dont il résulte que leurs titulaires ne peuvent être payés qu'après désintéressement des créanciers de la procédure. • Com. 5 juill. 2005 : *D. 2005. AJ 2146, obs. Lienhard* ; *Gaz. Pal. 4-5 nov. 2005, p. 26, obs. Henry* ; *ibid., p. 30, obs. Voinot.*

C. CRÉANCES NÉES APRÈS LE JUGEMENT D'OUVERTURE

13. Cotisations sociales. BIBL. Diesbecq, *Gaz. Pal. 1991. 1. 223.* ♦ Les dispositions relatives à l'exigibilité des cotisations de sécurité sociale ne peuvent prévaloir sur celles de la loi du 25 janv. 1985 [du code de commerce] qui interdisent de payer toute créance née antérieurement au jugement d'ouverture du redressement judiciaire. • Com. 8 nov. 1988, n° 87-11.158 P : *D. 1989. 36, note Honorat.* ♦ Dès lors que les cotisations se rapportent à des salaires perçus pour une période de travail antérieure à l'ouverture de la procédure collective, la créance de cotisations est née antérieurement au jugement d'ouverture et, par suite, peu important l'époque à laquelle les salaires correspondants ont été payés, l'acte tendant à obtenir paiement de cette créance doit être annulé. • *Même arrêt.* • *Com. 18 juill. 1989,* n° 88-13.922 P : *D. 1989. Somm. 288, obs. Honorat* • 20 févr. 1990 : *préc. note 4* • 19 mars 1991, n° 89-20.572 P • 19 mai 1992, n° 90-17.425 P : *D. 1992. IR 220* ; *JCP E 1992. I. 168, n° 19, obs. Pételm* (indemnités de congés payés effectivement pris) • 5 avr. 1994, n° 90-17.597 P : *RPC 1995. 303, obs. Saint-Alary-Houin* • 14 nov. 1995 : *RPC 1997. 70, obs. Monsèrié.*

14. En revanche, entre dans le champ d'application de l'art. 40 [C. com., ancien art. L. 621-32], la créance de cotisation sociale annuelle du régime d'assurance-maladie des travailleurs non salariés des professions non agricoles, dès lors qu'elle est due en raison de l'activité exercée après le jugement d'ouverture, même si elle est calculée d'après les revenus professionnels nets de l'année précédente. • Com. 15 déc. 1992, n° 89-14.493 P : *JCP 1993. IV. 544.*

15. Sont admises au bénéfice de l'art. 40 [C. com., ancien art. L. 621-32] des créances de cotisations sociales relatives aux indemnités consécutives aux licenciements opérés après la liquidation judiciaire. V. note 4. ♦ ... Aux licenciements opérés durant la période d'observation. • Com. 2 mai 1990, n° 88-17.099 P : *D. 1991. 241, note Pagès* • 19 mai 1992, n° 90-16.962 P : *D. 1992. IR 220* ; *JCP E 1992. I. 168, n° 19, obs. crit. Pétel* • 20 oct. 1992, n° 89-18.523 P : *D. 1993. Somm. 7, obs. Derrida*. ♦ ... Même si le Fonds national de garantie des salaires a réglé les indemnités en question au lieu et place de l'employeur. • Soc. 9 oct. 1997, n° 95-11.201 P • Paris, 16 sept. 1992 : *D. 1992. IR 255.*

Sur la compétence juridictionnelle, V. note 19 ss. art. R. 662-3.

16. Créances salariales. BIBL. *Cah. dr. social, JCP E 1992. I. 198.* – Cardi-Broda, *Gaz. Pal. 1986. 2. Doctr. 425.* – Ramackers, *D. 1989. Chron. 301.* ♦ V. aussi obs. Honorat, ss. • Paris, 14 mars 1989 : *D. 1989. Somm. 286.* ♦ Pour des créances salariales relatives au paiement d'un treizième mois, V. • Soc. 23 oct. 1991, n° 88-41.624 P : *D. 1993. Somm. 8, obs. Derrida* ; *JCP E 1992. I. 168, n° 20, obs. Pétel.*

La créance d'indemnité de congés payés née après le jugement d'ouverture du redressement judiciaire entre dans les prévisions de l'art. 40 [C. com., ancien art. L. 621-32], peu important qu'elle soit ou non garantie par l'AGS. • Soc. 30 mars 1999 : *APC 1999, n° 136.* ♦ Dès lors qu'un licenciement a été prononcé conformément au plan de cession de l'entreprise, en sorte que les créances indemnitaires résultant de la rupture du contrat de travail sont nées régulièrement après le jugement d'ouverture, ces créances relèvent de l'art. 40, devenu l'art. L. 621-32 [ancien] C. com., peu important la date de conclusion du contrat de travail. • Soc. 2 oct. 2001, n° 97-21.827 P : *D. 2001. AJ 3122*. ♦ Dans le même sens, pour des créances nées de licenciements décidés après le jugement arrêtant le plan de cession et avant la clôture de la procédure collective, V. • Paris, 20 oct. 1999 : *D. 2001. Somm. 116, obs. Derrida* ; *RPC 2002. 102, obs. Saint-Alary-Houin.* ♦ En revanche, l'indemnité de préavis, l'indemnité de congés payés sur préavis, l'indemnité de licenciement et l'indemnité pour licenciement sans cause réelle et sérieuse dont le fait générateur, à savoir la rupture abusive du contrat de travail, est antérieur au prononcé du redressement judiciaire, ne peuvent être qualifiées de créances de l'art. 40 [C. com., ancien art. L. 621-32], peu important que ces créances n'aient été liquidées dans leur quantum que postérieurement au jugement d'ouverture de la procédure collective. • TGI Castres, JEX, 12 mars 1998 : *LPA 2 juill. 1999, note Devésa.*

V. aussi note 4.

17. Créances fiscales. BIBL. Soinne, *RPC 1987, n° 2, p. 1* (fait générateur). – Deleneuville, *ibid. 1998. 20* (fait générateur des taxes assises sur les salaires). – Guillou, *ibid. 1999. 57* (fait générateur, origine, exigibilité de l'impôt). ♦ Si une créance d'impôt née régulièrement après le jugement d'ouverture du redressement judiciaire n'est pas payée à l'échéance lorsque l'activité est poursuivie, les dispositions des art. 40, 47 et 49 de la loi [C. com., anciens art. L. 621-32, L. 621-40 et L. 621-42] et 61 [dans sa rédaction antérieure au Décr. du 21 oct. 1994], et 62 du décret n'interdisent pas au comptable du Trésor chargé du recouvrement d'exercer son droit de poursuite individuelle, le cas échéant, par voie d'avis à tiers détenteur notifié conformément aux règles fiscales applicables. • Com. 20 juin 1989, n° 87-19.594 P : *RTD com. 1990. 106, obs. Martin-Serf* • Poitiers, 14 sept. 1994 : *RPC 1995. 304, obs. Dureuil.* ♦ V. notes 62 et 71 s.

18. Le fait générateur de l'impôt sur les revenus résulte, non pas de leur perception, mais de l'expiration de l'année au cours de laquelle ils ont été perçus. • Com. 12 juill. 1994, n° 90-18.265 P : *D. 1995. Somm. 9, obs. Derrida ; JCP E 1995. I. 417, n° 19, obs. crit. Pétel ; LPA 2 déc. 1994, note Brandeau ; Dr. sociétés 1994, n° 156, obs. Chaput* • 14 janv. 2004 : *RJDA 2004, n° 856 (3ᵉ esp.) ; RPC 2004. 244, obs. Saint-Alary-Houin* • Rennes, 25 avr. 2001 : *RPC 2002. 102, obs. Saint-Alary-Houin ; ibid. 210, obs. Neau-Leduc.*

19. Le fait générateur de l'impôt sur les sociétés et la taxe y afférente résulte, en application des art. 36, 38 et 209 CGI, de la clôture de l'exercice comptable et non pas de la perception des impôts. • Com. 16 déc. 2008, n° 08-12.142 P : *D. 2009. AJ 164, obs. Lienhard (1ʳᵉ esp.) ; APC 2009, n° 75, obs. Serlooten ; JCP E 2009. 1347, n° 9, obs. Pétel ; Gaz. Pal. 26-28 avr. 2009, p. 22, obs. Henry ; RTD com. 2009. 618, obs. Martin-Serf ; RPC 2009, n° 120, obs. Saint-Alary-Houin.*

20. Le fait générateur de la créance de l'administration fiscale relative à la taxe sur la valeur ajoutée grevant l'acquisition d'un immeuble est l'expiration du délai de cinq ans prévu par l'art. 257, 7°, CGI (cette taxe étant regardée comme déductible tant que cet immeuble demeure, pendant la durée de cinq ans, destiné à la vente). • Com. 16 déc. 2008, n° 07-13.081 P : *D. 2009. AJ 164, obs. Lienhard (2ᵉ esp.) ; APC 2009, n° 75, obs. Serlooten ; Gaz. Pal. 26-28 avr. 2009, p. 22, obs. Henry ; RTD com. 2009. 619, obs. Martin-Serf ; RPC 2009, n° 120, obs. Saint-Alary-Houin.*

21. Entre dans les prévisions de l'art. 40 [C. com., ancien art. L. 621-32] la créance du percepteur relative à la taxe foncière, née régulièrement au cours des opérations de liquidation. • Com. 17 janv. 1995 : *préc. note 6.* ♦ ... Peu important l'absence de poursuite d'activité. • Com. 14 nov. 2000 : *RPC 2002. 210, obs. Neau-Leduc.* ♦ V. aussi • TGI Paris, 18 juin 1998 : *RJ com. 1999. 426, obs. Legrand.*

22. Il résulte de la combinaison des art. L. 313-1 CCH et 235 *bis* CGI que le fait générateur de la créance fiscale afférente à la cotisation due au titre de la participation des employeurs à l'effort de construction, et donc sa naissance régulière, se situe à la date à laquelle expire le délai imparti à l'employeur pour investir. • Com. 7 juill. 1998, n° 96-12.014 P : *D. 1998. IR 207 ; D. Affaires 1998. 1400, obs. A. L. ; RTD com. 1999. 509, obs. Martin-Serf* (V. l'arrêt confirmé : • Angers, 10 sept. 1996 : *BICC 1996, n° 1187 ; RPC 1997. 455, obs. Saint-Alary-Houin*). – Dans le même sens : • Douai, 16 déc. 1999 : *D. 2000. AJ 116* • 11 janv. 2001 : *RPC 2002. 102, obs. Saint-Alary-Houin.* ♦ V. aussi, pour la taxe d'apprentissage, • Douai, 16 déc. 1999 : *préc.*

23. Est une créance antérieure, la créance de TVA, dès lors qu'il résulte des comptes de la société en redressement judiciaire que des travaux avaient été réalisés et facturés avant l'ouverture de la procédure. • TGI Béthune, ord., 20 juin 1996 : *RPC 1997. 455, obs. Saint-Alary-Houin.*

24. La créance du Trésor public au titre des droits d'enregistrement d'un jugement d'adjudication, qui naît de la formalité de l'enregistrement, n'a pas à être déclarée lorsque celle-ci est postérieure au jugement d'ouverture de la procédure collective. • Com. 10 mars 2004, n° 00-22.783 P : *APC 2004, n° 113, obs. Béhar-Touchais ; JCP E 2004, n° 37, p. 1390, obs. Cabrillac ; ibid., n° 47, p. 1839, note Kéita.*

25. Contribution sociale de solidarité. Cette contribution, mise à la charge de certaines sociétés par les art. L. 651-1 s. CSS, dont l'assiette est le chiffre d'affaires de l'année précédente, a pour fait générateur l'existence de l'entreprise débitrice au 1ᵉʳ janv. de l'année au titre de laquelle elle est due. • Com. 28 juin 1994, n° 92-16.407 P : *D. 1994. IR 198 ; JCP E 1995. I. 417, n° 19, obs. Pétel.*

26. Charges de copropriété. V. • Com. 3 déc. 1996, n° 93-21.323 P : *D. 1997. IR 18 ; RPC 1997. 457, obs. Saint-Alary-Houin* (dettes de la masse, à propos de la loi de 1967).

27. Crédits. BIBL. Calendini, *Cah. dr. entr. 1988, n° 1, p. 22.*

28. Intérêts à échoir. Les intérêts résultant de contrats de prêt conclus pour une durée égale ou supérieure à un an, à échoir au moment du prononcé du redressement judiciaire, ne peuvent bénéficier de la priorité de paiement édictée par l'art. 40 [C. com., ancien art. L. 621-32]. • Dijon, 15 juin 1993 : *RPC 1999. 220, obs. Saint-Alary-Houin.* ♦ V. aussi note 6 ss. art. L. 622-28.

29. Contrats poursuivis. Bénéficient de l'art. 40 [C. com., ancien art. L. 621-32] des créances nées pendant la période d'observation et relatives à des contrats en cours au jour du jugement d'ouverture, pour lesquels l'administrateur n'a pas encore exercé son option (à propos de contrats de location de voitures) : V. • Com. 16 oct. 1990, n° 89-12.930 P : *JCP E 1992. II. 300, note Le Corre ; D. 1990. IR 261 ; RTD com. 1991. 461, obs. Martin-Serf*. – V. aussi • Com. 10 juill. 1990 : *cité note 67* • 15 oct. 1991 : *D. 1992. Somm. 260, obs. Derrida* • 12 juill. 1994 : *RPC 1995. 299, obs. Saint-Alary-Houin* • 20 janv. 1998 : *AJDI 1998. 927, note Gallet*. ♦ La créance pour loyers dus postérieurement au jugement d'ouverture de la procédure collective du preneur est née régulièrement après cette décision et entre dans les prévisions de l'art. 40 [C. com., ancien art. L. 621-32], peu important l'absence de poursuite de l'activité et de délivrance à l'administrateur d'une mise en demeure d'opter sur la continuation du bail. • Com. 27 oct. 1998, n° 95-21.286 P : *D. Affaires 1999. 33, obs. A. L. ; RPC 1999. 157, obs. Monsèrié ; AJDI 1999. 696, note Gallet*. – V. déjà • Com. 2 avr. 1996 : *préc. note 6*. – V. aussi • Orléans, 25 mai 2000 : *Procédures 2000, n° 163, obs. Croze.*

30. De même, avant l'intervention de la loi du 10 juin 1994, l'indemnité contractuelle de résiliation relevait de l'art. 40 [devenu C. com., ancien art. L. 621-32], et non de l'art. 37, al. 4 [5] [C. com., ancien art. L. 621-28], qui ne concerne que les dommages-intérêts dus par l'entreprise lorsque l'administrateur n'use pas de la faculté de poursuivre le contrat. • Com. 3 mai 1994, n° 91-20.479 P : *D. 1994. IR 157 ; JCP E 1994. I. 397, n° 15, obs. Pétel ; RTD com. 1995. 487, obs. Martin-Serf*. – V. aussi • Paris, 12 janv. 1990 : *D. 1993. Somm. 6, obs. Derrida* • Com. 9 juill. 1996, n° 94-11.856 P : *D. Affaires 1996. 1039 ; RPC 1997. 456, obs. Saint-Alary-Houin* (créance contractuelle d'indemnité de préavis). ♦ La clause pénale figurant dans un contrat de location de matériel et consistant en une majoration du loyer non payé à son échéance doit suivre le sort de celui-ci. Par suite, s'agissant de créances échues postérieurement au jugement d'ouverture du redressement judiciaire, elles bénéficiaient de l'art. 40 [*C. com., ancien art. L. 621-32*] et l'art. 55 [C. com., ancien art. L. 621-48] n'était pas applicable. • Com. 25 nov. 1997 : *RJDA 1998, n° 462 ; RPC 1998. 295, obs. Saint-Alary-Houin.* ♦ Comp., désormais : art. L. 621-32, III (3°), excluant du bénéfice de l'art. L. 621-32 les indemnités de résiliation des contrats régulièrement poursuivis. ♦ La modification apportée par la loi du 10 juin 1994 n'ayant pas de caractère interprétatif n'est pas applicable aux procédures ouvertes avant le 1er oct. 1994. • Paris, 7 oct. 1998 : *D. 1998. IR 246 ; D. Affaires 1998. 1956, obs. A. L.* ♦ Les créances d'indemnités et pénalités subséquentes à la résiliation d'un contrat régulièrement poursuivi sont exclues de la priorité de paiement instituée par l'art. 40, devenu l'art. L. 621-32 [ancien] C. com., et soumises à déclaration au passif de la procédure collective comme les créances antérieures au jugement d'ouverture. • Com. 15 oct. 2002, n° 00-10.898 P : *D. 2002. AJ 2942, obs. Lienhard ; APC 2002, n° 248, obs. Roussel Galle ; JCP E 2003, n° 5, p. 218, obs. Cabrillac ; RTD com. 2003. 166, obs. Martin-Serf* • 29 oct. 2002 : *RPC 2003. 236, obs. Roussel Galle* • Paris, 21 sept. 2000 : *D. 2000. AJ 421, obs. Lienhard*.

31. La redevance prévue par un contrat à exécution successive poursuivi par l'administrateur est une créance de la procédure pour la prestation afférente à la période postérieure au jugement d'ouverture et constitue une créance née antérieurement au jugement d'ouverture pour la prestation afférente à la période antérieure à ce jugement et soumise à déclaration au passif, peu important la date à laquelle la redevance est devenue exigible. • Com. 28 mai 2002, n° 99-12.275 P : *2002. AJ 2124, obs. Lienhard ; APC 2002, n° 172, obs. Vallansan et Golhen ; JCP E 2003, n° 6, p. 269, obs. Pétel ; RTD com. 2002. 726, obs. Martin-Serf ; RPC 2003. 146, obs. Saint-Alary-Houin.* ♦ La créance relative aux loyers du crédit-bail dus pour la période de jouissance suivant l'ouverture du redressement judiciaire constitue une créance née régulièrement après le jugement d'ouverture, qui n'est pas soumise à l'obligation de déclaration, et ne peut donc être éteinte en raison de l'irrégularité de cette dernière. • Com. 12 janv. 2010, n° 08-21.456 P : *D. 2010. Pan. 1826, obs. Le Corre ; ibid. AJ 203, obs. Lienhard ; RJDA 2010, n° 651 ; RPC 2010, n° 160, obs. Pérochon.*

32. Dès lors qu'il avait fait savoir qu'il n'entendait pas poursuivre le bail commercial consenti au débiteur avant sa mise en liquidation judiciaire, un liquidateur ne peut sérieusement contester avoir l'obligation personnelle de libérer les lieux et à défaut, il est redevable au propriétaire d'une indemnité d'occupation pour la période postérieure à la résiliation du contrat et jusqu'à remise à disposition effective des lieux concernés. • Com. 31 mars 1992, n° 90-13.942 P : *D. 1993. Somm. 8, obs. Derrida ; JCP E 1992. I. 166, n° 9, obs. Cabrillac.* ♦ Le fait générateur de l'indemnité est l'occupation sans droit ni titre des locaux par la société postérieurement au jugement d'ouverture de la procédure collective et la créance du bailleur, née postérieurement à ce jugement, n'est pas soumise à déclaration et bénéficie de la priorité de paiement instaurée par l'art. 40 [C. com., ancien art. L. 621-32]. • Com. 25 janv. 1994, n° 91-20.603 P : *D. 1994. IR 88 ; JCP E 1994. II. 629, note Rossi ; RTD com. 1995. 489, obs. Martin-Serf* • 9 mai 1995 : *RPC 1996. 76, obs. Saint-Alary-Houin.* – V. aussi • Com. 12 oct. 1999 : *AJDI 2000. 927, note Gallet* • Poitiers, 1er déc. 1997 : *RPC 1999. 219, obs. Saint-Alary-Houin* • Paris, 24 nov. 2000 : *Gaz. Pal. 2001. Somm. 1251, obs. Brault ; RPC 2002. 101, obs. Saint-Alary-Houin.* ♦ L'indemnité d'occupation en cas de défaut de restitution des locaux, du fait de la nature quasi délictuelle de la faute du liquidateur, ne constitue pas une indemnité ou pénalité contractuelle visée par l'art. 40 (3°) [C. com., ancien art. L. 621-32]. • Paris, 17 oct. 1997 : *Loyers et copr. 1998, n° 14, obs. Brault.* ♦ V. aussi note 40 ss. art. L. 622-13.

V. aussi, en ce sens que la créance de restitution des lieux loués a pour fait générateur la résiliation du bail, • Com. 6 mars 2001, n° 98-12.835 P : *D. 2001. AJ 1469 ; APC 2001, n° 89, obs. Vallansan.*

La créance de remise en état des lieux ne peut bénéficier de l'art. 40 [C. com., ancien art. L. 621-32], dès lors que le bailleur avait, antérieurement à l'ouverture de la procédure collective du preneur, délivré congé à celui-ci sans offre d'indemnité d'éviction en invoquant les fautes commises par lui et notamment le défaut d'entretien. • Com. 26 mai 1998, n° 95-19.615 P : *D. Affaires 1998. 1132, obs. A. L. ; Gaz. PaL. 1998. 2. 807, note Brault ; AJPI 1998. 1059, note Gallet ; RTD com. 1999. 510, obs. Martin-Serf* . ♦ Comp., dans le cas d'un bail commercial poursuivi après l'ouverture de la procédure collective, fixant le fait générateur de la créance de remise en état des lieux à la date de commission des dégradations : • Com. 13 mars 2007 : *Gaz. Pal. 20-21 juill. 2007, p. 37, obs. Henry.* – V. aussi, à propos de cet arrêt, Bouru et Menjucq, *RLDA 2007, n° 20, p. 20.*

V. aussi note 44 ss. art. L. 622-13.

33. Le fait générateur d'une créance de matériel étant la remise de celui-ci, si le matériel est livré au commissaire à l'exécution du plan postérieurement au jugement d'ouverture, la créance entre dans les prévisions de l'art. 40 [C. com., ancien art. L. 621-32] sans qu'il y ait lieu de prendre en considération la date mentionnée sur les factures. • Com. 22 nov. 1994, n° 91-18.981 P : *D. 1995. IR 7.* ♦ V. aussi, en ce sens que la créance d'une société correspondant à une commande passée avant le redressement judiciaire de la société débitrice et livrée à celle-ci postérieurement au jugement d'ouverture bénéficie de l'art. 40 [C. com., ancien art. L. 621-32], • Com. 15 févr. 2000, n° 96-17.884 P : *D. 2000. AJ 160, obs. Lienhard ; RJ com. 2001. 83, note Courtier.*

34. Bénéficient de l'art. 40 [C. com., ancien art. L. 621-32] : l'indemnité de retard de livraison d'un immeuble vendu en l'état futur d'achèvement. • Versailles, 27 janv. 1995 : *Rev. loyers 1995. 522, note Gallet ; RPC 1995. 70, obs. Saint-Alary-Houin.* ♦ ... L'indemnité de retard due par une entreprise de déménagement, née à compter de la livraison, postérieure au jugement déclaratif. • Paris, 12 nov. 1993 : *RPC 1995. 301, obs. Saint-Alary-Houin.*

35. Les créances de réparation nées régulièrement après le jugement d'ouverture bénéficient de l'art. 40 [C. com., ancien art. L. 621-32] (à propos de désordres se rapportant à des travaux exécutés dans le cadre de la poursuite d'un contrat de construction en cours). • Com. 23 juin 1998 : *D. Affaires 1998. 1273.* ♦ Dès lors que l'exécution d'un contrat conclu avant la mise en redressement judiciaire a été poursuivie par l'administrateur judiciaire, les pénalités dues en raison du retard apporté par le débiteur à l'achèvement des prestations à sa charge et le coût de réparations de malfaçons afférentes à la poursuite du contrat constituent des créances de l'art. 40 [C. com., ancien art. L. 621-32]. • Com. 26 oct. 1999 : *APC 1999, n° 267, obs. Blanc.* ♦ En revanche, est exclue du bénéfice de l'art. 40 [C. com., ancien art. L. 621-32] la créance résultant de l'application d'une clause pénale, qui est née de l'inexécution, constatée avant le jugement d'ouverture, de l'obligation de construire mise à la charge du débiteur. • Civ. 3e, 13 oct. 1999, n° 97-15.994 P : *RJDA 1999, n° 1353 ; APC 1999, n° 268, obs. Blanc ; Gaz. Pal. 2000. 602, note Courtier ; AJDI 2000. 611, note Gallet* .

36. En l'état d'un contrat stipulant une pénalité par jour calendaire de retard, due de plein droit sans l'accomplissement d'aucune formalité dès que le retard serait dûment contrôlé, seule la partie de la créance constituée par les indemnités de retard acquises à compter du jugement d'ouverture n'est pas soumise à déclaration. • Com. 26 avr. 2000, n° 97-21.001 P : *D. 2000. AJ 293, obs. Lienhard ; RTD com. 2001. 233, obs. Martin-Serf* .

37. Entrent dans le champ d'application de l'art. 40 [C. com., ancien art. L. 621-32] : la créance de restitution d'un commerçant née de l'annulation d'un contrat passé antérieurement à la mise en redressement judiciaire du cocontractant. • Com. 5 déc. 1995, n° 93-21.172 P : *D. 1996. IR 43 ; D. Affaires 1996. 183 ; JCP E 1996. I. 554, n° 3, obs. Cabrillac* • 20 juin 2000, n° 97-11.422 P : *D. 2000. AJ 368, obs. Pisoni ; JCP E 2001, n° 5, p. 221, obs. Cabrillac ; RTD com. 2000. 1010, obs. Martin-Serf* • 23 nov. 2004 : *D. 2005. Pan. 293, obs. Le Corre* . ♦ ... La créance de restitution du prix née de l'annulation de la vente d'un immeuble prononcée après le jugement d'ouverture de la procédure collective. • Com. 12 oct. 2004 : *RJDA 2005, n° 291* • Civ. 3e, 28 mars 2007, n° 05-21.679 P : *D. 2007. AJ 1082, obs. Lienhard ; Gaz. Pal. 20-21 juill. 2007, p. 36, obs. Henry ; JCP E 2007. 2119, n° 12, obs. Cabrillac ; RPC 2007. 168, obs. Lebel.* – V. l'arrêt rectificatif : • Civ. 3e, 26 juin 2007 :

D. 2007. AJ 2036. ♦ ... La créance de restitution d'acomptes versés sur le prix d'actions devant être cédées, née à la date – postérieure au jugement d'ouverture – de la caducité de la vente. • Com. 15 nov. 2005, n° 04-16.416 P : *D. 2005. AJ 3012, obs. Lienhard ; APC 2005, n° 253, obs. Regnaut-Moutier ; Gaz. Pal. 10-11 févr. 2006, p. 23, obs. Henry ; ibid. 21-22 juin 2006, p. 44, obs. Robine ; LPA 24 févr. 2006, p. 6, note Vinckel ; RTD com. 2006. 204, obs. Martin-Serf*. ♦ ... La créance de restitution d'un acompte sur une subvention accordée par l'ANAH, née de la décision de retrait de la subvention prise postérieurement à l'ouverture de la procédure collective pour sanctionner l'absence de respect des conditions d'attribution de l'aide. • Com. 13 mai 2003, n° 99-16.156 P : *D. 2003. AJ 1764 ; APC 2003, n° 143, obs. Vallansan ; JCP E 2003, n° 40, p. 1575, obs. Cabrillac et Pétel ; RTD com. 2003. 821, obs. Martin-Serf ; RPC 2004. 244, obs. Saint-Alary-Houin.* ♦ ... La créance de restitution générée par la résiliation, prononcée en cours de procédure collective, d'un contrat de crédit. • Com. 20 mai 1997, n° 93-20.819 P : *D. Affaires 1997. 863 ; RTD com. 1998. 420, obs. Martin-Serf*. ♦ ... La garantie de remboursement du prêt prévue par l'art. L. 311-22 [L. 312-56] C. consom., dès lors qu'elle trouve son origine, non pas dans la conclusion des contrats, mais dans la résolution du contrat de vente par le fait du vendeur et la résiliation consécutive du contrat de crédit prononcées postérieurement au jugement d'ouverture de la procédure collective de celui-ci, de telle sorte qu'une telle créance n'a pas à être déclarée. • Com. 3 févr. 1998, n° 95-19.203 P : *D. 1998. IR 61 ; D. Affaires 1998. 477, obs. V. A.-R. ; JCP 1998. II. 10042, rapp. Rémery ; JCP E 1998, n° 17, p. 658, obs. Cabrillac et Pétel* • Toulouse, 7 sept. 1999 : *BICC 2000, n° 439.* ♦ ... La créance de restitution née de l'infirmation, postérieurement à l'ouverture de la procédure collective, d'un jugement de condamnation, • Com. 21 janv. 2003 : *RJDA 2003, n° 617 (1re esp.).* ♦ V. aussi note 36 ss. art. L. 622-24.

38. Créance d'indu. L'origine de la créance d'indu étant le fait juridique du paiement, la créance d'indu contre le bénéficiaire d'un chèque trouve son origine non dans l'émission du chèque mais dans son encaissement. • Com. 5 juin 2007, n° 06-14.863 P : *D. 2007. AJ 1730, obs. Lienhard ; JCP E 2007. 2119, n° 13, obs. Cabrillac ; Gaz. Pal. 26-27 oct. 2007, p. 52, obs. Bonhomme ; RTD com. 2007. 840, obs. Martin-Serf ; RPC 2009, n° 118, obs. Saint-Alary-Houin.*

39. Recours de la caution. La créance de la caution qui a payé la dette [postérieurement à l'ouverture de la procédure collective] et qui agit contre le débiteur principal sur le fondement de l'art. 2305 C. civ. prend naissance à la date de l'engagement de caution. • Com. 30 sept. 2008 : *LPA 21 sept. 2009, note Sortais.* ♦ V. aussi, à propos du recours de la caution contre un cofidéjusseur en redressement judiciaire, • Com. 16 juin 2004 : *cité note 59 ss. art. L. 622-24.*

40. Contrats conclus postérieurement. Les ristournes nées de trois ventes effectuées à une société après le jugement d'ouverture sont des créances de l'art. 40 [C. com., ancien art. L. 621-32]. • Lyon, 3 déc. 1993 : *RPC 1995. 301, obs. Saint-Alary-Houin.*

41. Promesse unilatérale d'achat. La créance du prix de vente convenu dans une promesse unilatérale d'achat souscrite par le débiteur mis ultérieurement en redressement judiciaire naît postérieurement au jugement d'ouverture si son bénéficiaire lève l'option après celui-ci. • Com. 3 mai 2011, n° 10-18.031 P : *D. 2011. Actu. 1279, obs. Lienhard ; ibid. Pan. 2077, obs. Le Corre ; RTD com. 2011. 798, obs. Martin-Serf ; JCP E 2011. 1596, n° 8, obs. Pétel ; APC 2011, n° 148, obs. Fin-Langer ; LEDEN 6/2011. 3, obs. Borga ; RJDA 2011, n° 833 ; BJE 2011. 250, note Bénilsi.*

42. Cessions de marchandises couvertes par une clause de réserve de propriété. BIBL. Soinne, *RPC 1995. 202.* ♦ Les commissaires à l'exécution du plan ne pouvant, fût-ce en vertu de ce plan, procéder à la cession de matériels vendus avec clause de réserve de propriété, un arrêt décide à bon droit, après avoir ordonné leur restitution, qu'à défaut, lesdits commissaires seraient débiteurs de leur valeur au titre des sommes visées par l'art. 40, al. 2 [3], 5° [C. com., ancien art. L. 621-32]. • Com. 8 juin 1993, n° 90-21.928 P : *D. 1993. Somm. 296, obs. Pérochon* • 6 juin 1995 : *RPC 1995. 486, obs. Soinne* • 10 oct. 1995 : *RJDA 1996, n° 122* • 5 mars 1996 : *BRDA 1996, n° 7, p. 12.* – V. déjà • Com. 9 juin 1992, n° 90-16.804 P : *D. 1993. Somm. 6, obs. Derrida*.

La revendication ne rend pas les marchandises vendues avec clause de réserve de propriété indisponibles tandis que l'activité de l'entreprise est poursuivie ; mais la créance du vendeur sous réserve de propriété, dont la marchandise a été revendue par le liquidateur, née régulièrement après le jugement d'ouverture, entre dans les prévisions de l'art. 40 [C. com., ancien art. L. 621-32]. • Com. 11 mars 1997, n° 94-20.069 P : *D. 2000. Somm. 77, obs. Pérochon et Mainguy ; D. Affaires 1997. 510 ; JCP E 1997. I. 681, n° 11, obs. Cabrillac* • 17 févr. 1998 : *D. Affaires 1998. 626* • 26 juin 2001 : *APC 2001, n° 183 ; RJDA 2001, n° 1234 ; RTD civ. 2001. 932, obs. Crocq*. ♦ Viole, par conséquent, l'art. 40 [C. com., ancien art. L. 621-32] l'arrêt qui décide que la créance du vendeur sous réserve de propriété n'entre pas dans le champ d'application de l'art. 40 [C. com., ancien art. L. 621-32] mais bénéficie des art. 121 et 122 [C. com., ancien art. L. 621-122 et L. 621-124, devenus art. L. 624-16 et L. 624-18] et doit donc être déclarée payable par priorité aux autres créances. • Com. 20 févr.

1996 : *D. 1996. IR 101 ; D. Affaires 1996. 422* (cassant • Amiens, 24 févr. 1994 : *JCP 1994. II. 22355, note Massot-Durin*). – V. déjà • Com. 17 mai 1994, n° 92-13.216 P : *D. 1996. Somm. 221, obs. Pérochon ; RTD com. 1996. 130, obs. Martin-Serf* . – Dans le même sens que l'arrêt cassé : • Besançon, 10 juin 1992 : *RPC 1993. 123, obs. Soinne* • Dijon, 26 nov. 1992 : *D. 1993. Somm. 296, obs. Pérochon* • Paris, 8 juill. 1994 : *D. 1994. IR 238.*

V. aussi, désormais, art. L. 624-16, al. 4.

Sur la responsabilité civile du mandataire judiciaire, V. note 40 ss. art. L. 624-16.

43. Astreinte. La liquidation d'une astreinte provisoire, assortissant une condamnation du liquidateur à restituer un bien et prononcée après le jugement d'ouverture, fait naître à la charge de la procédure une dette relevant de l'art. 40 [C. com., ancien art. L. 621-32]. • Com. 8 déc. 1998, n° 96-17.793 P : *D. 1999. Somm. 190, obs. Honorat ; D. Affaires 1999. 133 ; APC 1999, n° 10, obs. Regnaut-Moutier ; RTD com. 1999. 978, obs. Martin-Serf* .

V. aussi note 34 ss. art. L. 622-21.

44. Frais de justice. Pour la primauté des créances garanties par des sûretés immobilières ou mobilières spéciales sur les frais de justice postérieurs au jugement d'ouverture, V. note 60.

45. Sur la créance d'honoraires de l'avocat du débiteur, V. note 61 ss. art. L. 622-24.

Sur la créance d'émoluments du liquidateur, V. Courtier, *RPC 1999. 8.*

46. Créance de dépens. BIBL. Cunha, *Gaz. Pal. 2004. Doctr. 1794.* ♦ La créance des dépens et des frais résultant de l'application de l'art. 700 NCPC [C. pr. civ.], mise à la charge du débiteur, trouve son origine dans la décision qui statue sur ces dépens et frais et entre dans les prévisions de l'art. L. 621-32 [ancien] C. com. lorsque cette décision est postérieure au jugement d'ouverture de la procédure collective. • Com. 11 juin 2002, n° 00-12.289 P : *D. 2002. AJ 2121, obs. Lienhard ; ibid. Somm. 2642, obs. Fricero ; JCP E 2003, n° 6, p. 271, obs. Cabrillac et Pétel ; RTD com. 2002. 724, obs. Martin-Serf* • Civ. 3e, 12 juin 2002, n° 00-19.038 P : *Loyers et copr. 2003, n° 12, note Brault* • Com. 10 déc. 2002 : *RPC 2003. 146, obs. Saint-Alary-Houin* • Soc. 12 févr. 2003 : *D. 2003. AJ 768 ; RTD com. 2003. 371, obs. Martin-Serf ; Procédures 2003, n° 145, obs. Laporte.* ♦ Pour un arrêt reconduisant cette solution sous l'empire de la loi du 26 juill. 2005, V. • Civ. 3e, 7 oct. 2009, n° 08-12.920 P : *D. 2009. AJ 2548, obs. Lienhard ; RTD com. 2010. 199, obs. Martin-Serf ; APC 2009, n° 287, obs. Vallansan ; Gaz. Pal. 8-9 janv. 2010, p. 18, obs. Henry.* – V. Berthelot, *RPC 2010. Étude 18.*

47. Créance pour procédure abusive. La créance de dommages-intérêts pour procédure abusive trouve son origine dans la décision qui prononce la condamnation et entre dans les prévisions de l'art. L. 621-32 [ancien] C. com. lorsque cette décision est postérieure au jugement d'ouverture de la procédure collective. • Com. 11 juin 2003, n° 00-21.775 P : *D. 2003. AJ 2174 ; APC 2003, n° 196, obs. Vallansan ; RTD com. 2004. 158, obs. Martin-Serf* .

48. Créance de l'adjudicataire. La créance due à l'adjudicataire d'un immeuble, née de l'occupation sans droit ni titre de cet immeuble par le débiteur en liquidation judiciaire postérieurement à la signification du jugement d'adjudication, entre dans les prévisions de l'art. L. 621-32 [ancien] C. com., sans que la clause du cahier des charges mentionnant la présence du débiteur saisi dans les lieux puisse exonérer le vendeur de l'immeuble de son obligation de délivrance et dispenser en conséquence le liquidateur de prendre, de sa propre initiative, les mesures nécessaires à la libération des lieux. • Com. 30 mars 2005, n° 01-11.620 P : *D. 2005. AJ 1083, obs. Lienhard ; RTD com. 2006. 478, obs. Martin-Serf* .

49. Créance née du manquement d'un dépositaire. Dès lors qu'elle résulte, non de la résiliation d'un contrat de dépôt-vente, mais du non-respect par le dépositaire de ses obligations après le jugement d'ouverture du redressement judiciaire, consistant à apporter tous les soins nécessaires, la créance est née postérieurement à la procédure collective, et relève donc de l'art. L. 621-32 [ancien] C. com. • Aix-en-Provence, 10 sept. 2003 : *D. 2003. AJ 2767* .

50. Créance de soulte. Sur le fait générateur de la créance de soulte de l'art. 826 C. civ., fixé par ce texte à la date du partage, V. • Com. 3 nov. 2010, n° 09-14.600 P : *D. 2010. Actu. 2700, obs. Lienhard ; RTD com. 2011. 639, obs. Martin-Serf ; JCP E 2011. 1263, n° 10, obs. Pétel ; APC 2010, n° 278, obs. Leprovaux ; LEDEN 1/2011. 3, obs. J.-P. Sénéchal ; RPC 2011, n° 75, obs. Dumont-Lefrand ; BJE 2011. 153, note Becqué-Ickowicz ; RJDA 2011, n° 558.*

51. Créance d'un expert judiciaire. En ce sens que cette créance naît le jour du dépôt du rapport d'expertise, V., à propos de la loi de 1967, • Com. 14 mars 1995, n° 92-20.228 P : *D. 1996. Somm. 81, obs. crit. Honorat ; Quot. jur. 30 mai 1995, p. 3, note P. M.*

52. Créance du commissaire aux comptes. En ce sens que, lorsque la mission de certification des comptes du commissaire aux comptes se poursuit après le jugement d'ouverture de la procédure collective, seuls les honoraires correspondant à des prestations accomplies postérieurement à ce jugement bénéficient de l'art. 40 [C. com., ancien art. L. 621-32], V. • Com. 2 oct. 2001, n° 98-22.493 P : *D. 2001. AJ 3118, obs. Lienhard ; APC 2001, n° 231, obs. Regnaut-Moutier ; JCP E 2002, n° 4, p. 181, note Pasqualini ; RPC 2002. 264, obs. Dumont.* (V. l'arrêt cassé : • Paris, 23 oct. 1998 : *D. 1998. IR 259 ; D. Affaires 1998. 1908, obs. A. L. ; BJS 1999. 345, note Pasqualini ; Rev. sociétés 1999. 195, obs. Guyon*).

53. Créance environnementale. BIBL. Voinot, *RTD com. 2001. 581*. – Lavoillotte, *RPC 2003. 100*. – Colloque « droit des entreprises en difficulté et protection de l'environnement » du 24 oct. 2003, *ibid. 2004. 140*. – Pelletreau, *LPA 1er avr. 2005*. ♦ La créance résultant de l'application de l'art. 23 de la L. n° 76-663 du 19 juill. 1976 [C. envir., art. L. 514-1], qui prévoit les sanctions administratives à l'inobservation des conditions imposées à l'exploitant d'une installation classée qui n'a pas déféré à une injonction de faire des travaux, a pour fait générateur l'arrêté préfectoral ordonnant au débiteur la consignation des sommes répondant du montant des travaux à réaliser. • Com. 17 sept. 2002, n° 99-16.507 P : *D. 2002. AJ 2735, obs. Lienhard ; APC 2002, n° 221, obs. Vallansan ; JCP E 2003, n° 5, p. 230, note Voinot ; RTD com. 2003. 167, obs. Martin-Serf ; Gaz. Pal. 2003. 501, note Lavoillotte ; RPC 2003. 147, obs. Saint-Alary-Houin* • Versailles, 21 déc. 2000 : *Gaz. Pal. 2001. Somm. 605 ; RPC 2002. 100, obs. Saint-Alary-Houin*. – Comp. : • TGI Béthune, 13 mai 1998 : *APC 1999, n° 95, obs. Voinot ; RPC 1999. 220, obs. Saint-Alary-Houin*.

54. Créance pénale. Si les amendes et confiscations douanières ont un caractère pénal, les agissements qu'elles sanctionnent et qui constituent le fait générateur de la créance sont antérieurs à l'ouverture de la procédure collective ; elles ne peuvent donc être recouvrées à leur échéance, en vertu de l'art. 40 [C. com., art. L. 621-32]. • Crim. 5 févr. 1998, n° 96-85.596 P : *D. 1998. IR 127 ; D. Affaires 1998. 912, obs. A. L. ; Rev. sociétés 1998. 421, note Bouloc ; JCP E 1998, n° 37, p. 1400, obs. Cabrillac et Pétel ; RTD com. 1998. 945, obs. Martin-Serf ; RPC 1999. 221, obs. Saint-Alary-Houin*. ♦ En revanche, la Chambre commerciale considère que les sanctions pécuniaires répressives naissent avec la décision constitutive qui les prononce, de sorte que les créances du Trésor public relatives à des amendes prononcées en cours de procédure collective pour des faits délictuels antérieurs au jugement d'ouverture relèvent de l'art. 40, devenu l'ancien art. L. 621-32 C. com. • Com. 14 janv. 2004 : *RJDA 2004, n° 856 (1re esp.) ; RPC 2004. 243, obs. Saint-Alary-Houin*. ♦ V. aussi note 37 ss. art. L. 622-24.

55. Cotisations dues à une association. En ce sens qu'est exclue du bénéfice de l'art. 40 [C. com., ancien art. L. 621-32] *la créance de cotisations annuelles d'amortissement de l'investissement réalisé par une association pour le compte de ses membres, qui trouve son origine dans l'adhésion à l'association, antérieure à l'ouverture de la procédure collective*, V. • Com. 22 juin 1999 : *APC 1999, n° 214* • 8 juill. 2003 : *RPC 2004. 243, obs. Saint-Alary-Houin*. ♦ En revanche, dès lors que le contrat d'adhésion à l'association s'est poursuivi après le jugement d'ouverture du redressement judiciaire de l'adhérent, les cotisations réclamées à celui-ci, qui ont eu comme contrepartie les prestations fournies par l'association, constituent une créance née régulièrement après le jugement d'ouverture et relèvent, à ce titre, de l'art. 40 [C. com., ancien art. L. 621-32]. • Com. 30 oct. 2000 : *RJDA 2001, n° 187* • 9 nov. 2004 : *Dr. sociétés 2005, n° 64, note F.-X. Lucas*.

56. Créance de garantie d'un maître de l'ouvrage. La créance de garantie d'un maître de l'ouvrage contre un entrepreneur principal, ayant dû payer à la place de ce dernier les sous-traitants, qui est la conséquence d'une faute commise par ce maître de l'ouvrage avant le jugement d'ouverture de la procédure collective de l'entrepreneur principal (non-respect des obligations découlant de l'art. 14-1 de la L. n° 75-1334 du 31 déc. 1975), ne saurait bénéficier du régime prévu par l'art. 40 [C. com., ancien art. L. 621-32], mais doit être déclarée à la procédure. • Paris, 12 sept. 2000 : *D. 2000. AJ 405*.

D. PRIMAUTÉ DES SÛRETÉS SPÉCIALES ANTÉRIEURES (L. n° 94-475 du 10 juin 1994)

57. L'expression « sûretés immobilières ou mobilières spéciales assorties d'un droit de rétention », prévue à l'art. 40, al. 2 [C. com., ancien art. L. 621-32], doit être interprétée comme n'appliquant l'exigence d'un droit de rétention qu'aux seules sûretés mobilières : * Rép. min. n° 35796 : *JOAN Q, 22 juill. 1996, p. 4005 ; JCP 1997. I. 4033, n° 15, obs. Delebecque ; RTD com. 1997. 330, obs. Martin-Serf*. ♦ V. aussi note 60.

III. CLASSEMENT DES CRÉANCIERS

58. La circonstance qu'un découvert accordé par un établissement de crédit à une société en redressement judiciaire n'ait pas été autorisé par le juge-commissaire n'a pas pour effet de faire perdre à la banque sa qualité de créancier de la procédure, mais seulement de la priver du droit de revendiquer le rang plus favorable reconnu par l'art. 40, al. 3, 3° [C. com., ancien art. L. 621-32, III-3°], aux créances nées d'un crédit autorisé par le juge-commissaire et publié, pour ne pouvoir bénéficier du paiement prioritaire du cinquième et dernier rang, en application de l'art. 40, al. 3, 5° [C. com., ancien art. L. 621-32, III-5°]. • Paris, 26 oct. 1999 : *D. 1999. AJ 79 ; LPA 25 avr. 2000, p. 11, note Courtier*.

59. La collocation d'un syndicat de copropriétaires, en raison des créances garanties en vertu de l'art. 2103-1° *bis* [2374] C. civ. dont il est titulaire à l'encontre d'un copropriétaire mis en liquidation judiciaire, est soumise, s'agissant de créances nées postérieurement au jugement d'ouverture, aux dispositions de l'art. 40, 5°, devenu l'art. L. 621-32, III, 5°, [ancien] C. com. • Cass., avis, 21 janv. 2002, n° 01-00.009 P : *D. 2003. Somm. 1334, obs. Giverdon* ; *JCP E 2002, n° 20, p. 812, note Fraimout* ; *RTD com. 2002. 727, obs. Martin-Serf* . – V. Fosset-Lefebvre, *RPC 2002. 4* ; Giverdon, *Loyers et copr. 2003. Chron. 1.*

60. Il résulte de l'art. L. 621-32, II et III, C. com. qu'en cas de liquidation judiciaire, les créances nées régulièrement après le jugement d'ouverture sont payées par priorité à toutes les autres créances à l'exception de celles qui sont garanties par le super-privilège des salaires, des frais de justice antérieurs au jugement d'ouverture et de celles qui sont garanties par des sûretés immobilières ou mobilières spéciales et que les frais de justice postérieurs au jugement d'ouverture, notamment la rémunération des mandataires de justice, sont réglés dans l'ordre prévu pour les créances nées régulièrement après le jugement d'ouverture. • Com. 21 sept. 2010, n° 09-68.604 P : *D. 2010. Actu. 2223, obs. Lienhard* ; *JCP E 2011. 1030, n° 12, obs. Cabrillac* ; *APC 2010, n° 257, obs. Regnaut-Moutier* ; *LEDEN 11/2010. 1, obs. F.-X. Lucas et M. Sénéchal* ; *BJE 2011. 22, note Macorig-Venier* ; *RJDA 2011, n° 444* ; *RPC 2012, n° 53, obs. Saint-Alary-Houin.* ♦ *Contra*, dans le régime antérieur à la loi du 10 juin 1994 : • Com. 31 mars 1998, n° 95-18.008 P : *D. 1998. Somm. 327, obs. Honorat* ; *D. 1998. Somm. 382, obs. S. Piedelièvre* ; *D. Affaires 1998. 763, obs. A. L.* ; *JCP 1998. II. 10105, rapp. Rémery* ; *RTD com. 1998. 941, obs. Martin-Serf* ; *RPC 2000. 217, obs. Soinne.*

61. Dès lors que le liquidateur, qui a mentionné la TVA sur la facture de vente du stock, en était redevable et que cette taxe ainsi mise à la charge de l'acquéreur était acquise de plein droit au trésor public, l'UNEDIC-AGS ne peut faire valoir son privilège que sur le prix de vente hors taxe (application de l'art. 283 (3) CGI). • Com. 2 juin 2004, n° 01-11.757 P : *D. 2004. AJ 2046* ; *LPA 26 oct. 2004, p. 11, note Brandeau.*

IV. EXERCICE DU DROIT

62. Superprivilège des salariés. **BIBL.** V. note 16. ♦ Si l'art. 40, al. 1er [C. com., ancien art. L. 621-32], énonce que les créances nées régulièrement après le jugement d'ouverture du redressement judiciaire doivent être payées avant les créances nées antérieurement, il réserve cependant le cas des créances superprivilégiées de salaires qui l'emportent sur toutes les autres, mêmes postérieures au jugement d'ouverture. • Com. 6 juill. 1993, n° 91-14.269 P : *D. 1993. 530, note Ramackers* ; *Dr. sociétés 1993, n° 181, obs. Chaput.* ♦ Applique donc exactement ce texte l'arrêt conférant la priorité de paiement à l'Assedic, subrogée dans les droits des créanciers superprivilégiés. • Même arrêt. (V. aussi l'arrêt confirmé : • Besançon, 30 janv. 1991 : *D. 1991. 490, note Saint-Alary-Houin)* . – Dans le même sens : • Aix-en-Provence, 21 mars 1989 : *ibid.* • T. com. Rouen, 24 juin 1988 : *ibid.* • Colmar, 11 juill. 1995 : *BICC 1995, n° 194.* – V. aussi : • TGI Béthune, 13 mai 1998 : *préc. note 53.* ♦ Comp., en ce qui concerne le produit de l'action en complément de passif : note 86 ss. art. L. 651-2. ♦ Toutefois, l'avis à tiers détenteur délivré par le Trésor public pour assurer le recouvrement d'une créance fiscale née après le jugement d'ouverture ayant produit, en application de l'art. 43 de la L. n° 91-650 du 9 juill. 1991 [C. pr. exéc., art. L. 211-2, à compter du 1er juin 2012], l'effet d'attribution immédiate que lui confère l'art. 86 de la même loi, cette attribution immédiate ne peut être remise en cause par l'existence de créances garanties par le privilège établi aux art. L. 143-10, L. 143-11 [L. 3253-2 à L. 3253-4], L. 742-6 et L. 751-15 [L. 7313-8] C. trav. • Com. 13 nov. 2002, n° 00-11.200 P : *D. 2002. AJ 3206, obs. Lienhard* ; *JCP E 2003, n° 20, p. 848, obs. Cabrillac* ; *RDBF 2003, n° 86, obs. Delleci.* – V. aussi • Com. 13 mai 2003 : *D. 2003. AJ 1763* . – V. déjà • Poitiers, 8 mars 1995 : *D. 1996. 256, note Derrida* . ♦ V. note 71.

63. Compensation. V. notes 29 s. ss. art. L. 622-7 et note 41 ss. art. L. 622-13.

64. Attribution judiciaire d'un gage. **BIBL.** Courtier, *Rev. huiss. 1998. 193.* ♦ Le créancier nanti peut demander l'attribution judiciaire de son gage, au cas de liquidation judiciaire, sans que des créanciers puissent se prévaloir pour s'y opposer des droits qu'ils tiennent de l'art. 40 [C. com., ancien art. L. 621-32]. • Com. 6 mars 1990, n° 88-16.036 P : *D. 1990. 311, note Derrida* ; *JCP E 1990. II. 15815, note Amlon.* ♦ V. note 3 ss. art. L. 642-25. ♦ Mais l'art. 159 [C. com., ancien art. L. 622-21] ne constitue une dérogation à l'art. 40 [C. com., art. L. 642-25] que dans le cas où ce dernier texte s'applique dans le cadre d'une liquidation judiciaire, et non en cas de cession totale. • Paris, 18 févr. 1994 : *D. 1994. IR 95.*

65. Aliénation d'un bien grevé. Le versement du prix d'adjudication entre les mains du Crédit foncier ne vaut paiement qu'à l'égard de l'adjudicataire libéré par la consignation des fonds, et l'affectation particulière aux créanciers hypothécaires ne prive pas les créanciers privilégiés de leur droit d'être payés par préférence sur le prix qui demeure jusqu'à sa distribution dans le patrimoine du débiteur. • Com. 22 févr. 1994, n° 91-21.202 P : *D. 1995. Somm. 24, obs. Honorat* .

66. Délais de grâce. Les dispositions d'ordre public relatives au règlement prioritaire des créances visées à l'art. 40 [C. com., ancien art. L. 621-32] dérogent au texte général de l'art. 1244-1 [1343-5] C. civ. et s'opposent à l'octroi de délais judiciaires de paiement aux loyers échus d'un bail commercial depuis le jugement d'ouverture. • Dijon, 13 sept. 1994 : *D. 1995. IR 29.* – *Contra* • TGI Paris, réf., 23 mai 1997 : *RJ* *com. 1998. 79, obs. Gallet.*

67. Poursuites individuelles. V. note 17. ♦ Justifie sa décision de condamner le liquidateur ès qualités à payer à un créancier une certaine somme, la cour d'appel qui relève que cette créance, née régulièrement après le jugement d'ouverture du redressement judiciaire, devait, conformément à l'art. 40 [C. com., ancien art. L. 621-32], être payée à son échéance, le moyen tiré de l'existence nécessaire de fonds suffisants pour régler cette dette n'étant pas fondé. • Com. 10 juill. 1990, n° 88-19.810 P : *D. 1990. 468, note Derrida ; RTD com. 1991. 110, obs. Martin-Serf* • Paris, 16 juin 1992 : *D. 1993. Somm. 11, obs. Derrida* • Versailles, 1er oct. 1992 : *ibid.* – Comp. : • Toulouse, 12 févr. 1991 : *RPC 1991. 217, obs. Saint-Alary-Houin.*

68. Sur la question de l'applicabilité des art. 2104 et 2105 [2375 et 2376] C. civ. au paiement des créanciers postérieurs, V. • Toulouse, 9 juin 1993 : *RPC 1994. 42, obs. Saint-Alary-Houin.*

69. Les dispositions de l'art. 61 du Décr. du 27 déc. 1985, dans sa rédaction résultant du Décr. du 29 mai 1989 [mais antérieure au Décr. du 21 oct. 1994], et l'art. 122 du même texte, n'avaient pas pour effet de subordonner à l'établissement de la « liste des créances mentionnées à l'art. 40 [C. com., ancien art. L. 621-32] qui n'ont pas été payées » [que prévoyait ledit art. 61], ni à l'inscription sur cette liste, l'exercice du droit de poursuite individuelle dont dispose tout créancier dont la créance née régulièrement après le jugement d'ouverture du redressement judiciaire n'a pas été payée à son échéance. • Com. 8 févr. 1994, n° 91-22.168 P : *D. 1994. 609, note Derrida ; Gaz. Pal. 1994. 2. 427, note Massoni* • 26 mars 1996 : *LPA 7 août 1996, p. 40, note Brandeau ; RPC 1996. 346, obs. Canet ; RTD com. 1997. 151, obs. Martin-Serf* • 22 avr. 1997, n° 94-21.412 P. – V. Soinne, *RPC 1994. 15.* – V. déjà • Com. 20 oct. 1992, n° 89-18.523 P : *D. 1993. Somm. 10, obs. Derrida.*

70. Référé. Sur la compétence du juge des référés pour connaître des demandes de paiement de créances échues postérieurement au jugement d'ouverture, V. note 69 ss. art. L. 622-13.

Le juge des référés est compétent pour connaître de la demande d'un salarié tendant au paiement de sommes dues au titre de la poursuite et de la rupture de son contrat de travail postérieurement au redressement judiciaire de l'employeur et relevant des dispositions de l'art. 40 [C. com., ancien art. L. 621-32]. • Soc. 7 oct. 1998, n° 97-45.769 P : *Procédures 1999, n° 37, obs. Laporte.*

71. Voies d'exécution. BIBL. Ghelfi-Tastevin, *LPA 18 oct. 1999 ; ibid., 20 oct. 1999.* – Martin-Serf, *RPC 2000. 172* (avis à tiers détenteur). – Kéita, *LPA 7 oct. 2004* (évolutions récentes). ♦ Le titulaire d'une créance de l'art. 40 [C. com., ancien art. L. 621-32], demeurée impayée, peut exercer librement son droit de poursuite individuelle. Dès lors que le droit d'être payé à l'échéance de la créance est indissociable du droit d'exercer des poursuites, une cour d'appel n'a violé ni les art. 148 s. de la loi de 1985 [C. com., anciens art. L. 622-1 s.], ni les art. 86 et 43 de la L. n° 91-650 du 9 juill. 1991 [C. pr. exéc., art. L. 211-2 ; LPF, art. L. 263, dans sa réd. antérieure à la L. n° 2017-1775 du 27 déc. 2017], en refusant d'annuler l'avis à tiers détenteur délivré au liquidateur par le receveur en vue d'obtenir le recouvrement d'une créance née régulièrement après le jugement d'ouverture du redressement judiciaire et venue à échéance. • Com. 25 juin 1996 : *D. 1996. 615, note Derrida ; RPC 1997. 45, obs. Canet.* – V. aussi • CE 9 févr. 2000 : *D. 2000. AJ 136, obs. Lienhard ; RTD com. 2000. 724, obs. Martin-Serf ; JCP 2000. II. 10314, note Croze et Moussa.* ♦ Les sommes saisies par un percepteur suite à la notification d'un avis à tiers détenteur, doivent être remises à celui-ci, peu important l'existence, éventuellement, d'autres créances bénéficiant d'un rang préférable dans l'ordre de classement établi par l'art. 40 [C. com., ancien art. L. 621-32]. • Com. 11 févr. 1997, n° 94-21.784 P : *D. 1997. IR 93 ; D. Affaires 1997. 350 ; JCP E 1997. I. 651, n° 1, obs. Cabrillac ; RPC 1997. 312, obs. Canet* • 22 avr. 1997 : *préc. note 69* • 3 juin 1997 : *D. Affaires 1997. 1082 ; RPC 1997. 458, obs. Saint-Alary-Houin ; ibid. 1999. 112, obs. Canet* • 13 nov. 2001 : *RJDA 2002, n° 309.* ♦ Dans l'exercice de son droit de poursuite individuelle, et sans porter atteinte à l'ordre des paiements fixé par l'art. 40 [C. com., ancien art. L. 621-32], le créancier dont la créance est née régulièrement après le jugement d'ouverture peut obtenir un titre exécutoire (peu important les conséquences du concours entre ce créancier et l'Assedic agissant au titre du superprivilège des salariés). • Com. 13 oct. 1998, n° 94-19.892 P : *D. 2001. Somm. 116, obs. Derrida ; D. Affaires 1998. 1780, obs. A. L. ; JCP E 1998, n° 52, p. 2063, obs. Cabrillac ; LPA 19 nov. 1999, p. 18, note Teilliais ; RPC 1999. 112, obs. Canet.* – Comp. : • Com. 12 nov. 1997, n° 95-16.758 P : *D. Affaires 1998. 30, obs. A. L. ; RTD com. 1998. 419, obs. Martin-Serf ; RPC 1998. 300, obs. Saint-Alary-Houin ; ibid. 1999. 113, obs. Canet.* – V. aussi • Paris, 10 mars 1989 : *JCP E 1989. II. 15591, n° 4, obs. Cabrillac* • 25 nov. 1999 : *D. 2000. AJ 33* • TGI Grenoble, 27 juin 1994 : *JCP E 1995. II. 687, note R. Martin* (saisie-attribution) • TGI Montluçon, 29 juin 1994 : *RPC 1995. 304, obs. Saint-Alary-Houin* (saisie-attribution).

Pour des arrêts ayant jugé, tout en admettant la validité de la délivrance d'un avis à tiers détenteur, que l'ordre prévu par l'art. 40, al. 3 [C. com., ancien art. L. 621-32], doit tout de même être respecté (hypothèses de liquidation judiciaire), V. • Montpellier, 2 mai 1995 : *RPC 1996. 79, obs. Saint-Alary-Houin* • Douai, 9 nov. 1995 : *ibid.*

1996. 64, obs. Canet. – En sens contraire, V. • Poitiers, 8 mars 1995 : *préc. note 62* • Dijon, 6 juin 1995 : *RPC 1996. 346, obs. Canet* • Toulouse, 27 févr. 1996 : *ibid.*

72. La nécessité de régler l'ordre entre les créanciers et de procéder à la distribution du prix de vente d'un immeuble ne faisant pas obstacle à la mesure d'exécution d'un créancier de la procédure sur le prix de vente, le titulaire d'une créance de l'art. 40 [C. com., ancien art. L. 621-32] peut exercer librement son droit de poursuite individuelle. • Com. 26 avr. 2000, n° 97-16.953 P : *D. 2000. AJ 247, obs. Lienhard* ; *JCP E 2000, n° 40, p. 1565, obs. Pétel ; APC 2000, n° 120, obs. Regnaut-Moutier.* ♦ De même, les dispositions de l'art. 92 [C. com., ancien art. L. 621-95] ne font pas obstacle à l'exercice par un créancier de son droit de poursuite individuelle afin d'obtenir un titre exécutoire pour le recouvrement d'une créance de loyer née après le jugement d'ouverture de la procédure collective et non réglée à son échéance. • Com. 20 mars 2001, n° 98-15.784 P : *D. 2001. AJ 1319, obs. Lienhard* ; *RTD com. 2001. 768, obs. Martin-Serf*. ♦ La cour d'appel de Paris a toutefois considéré que le prix de cession étant indisponible pour le temps de sa répartition, un créancier, fût-il titulaire d'une créance relevant de l'art. 40 [C. com., ancien art. L. 621-32], ne peut, par une saisie-attribution à l'effet attributif immédiat, prétendre se faire payer au détriment de l'ordre des créanciers et de leurs droits respectifs. • Paris, 4 févr. 1999 : *D. Affaires 1999. 520, obs. A. L. ; RJDA 1999, n° 960.* ♦ La saisie-attribution ne peut avoir effet que sur le solde de la somme restant après que la répartition du prix aura été faite selon les droits des créanciers d'après les règles de la procédure collective. • Même arrêt.

73. L'administrateur judiciaire du débiteur est un tiers saisi qui peut être condamné personnellement, à la demande du créancier, à payer les sommes dues à celui-ci, dès lors qu'il n'a pas rempli les obligations prévues aux art. 44 de la loi du 9 juill. 1991 et 59 du Décr. du 31 juill. 1992 [C. pr. exéc., art. L. 211-3 et R. 211-4, à compter du 1er juin 2012]. • Com. 1er avr. 2003, n° 99-18.063 P : *D. 2003. AJ 1093, obs. Lienhard* ; *ibid. Somm. 1624, obs. F.-X. Lucas* ; *APC 2003, n° 108, obs. Vallansan ; JCP E 2003, n° 40, p. 1576, obs. Pétel.* ♦ V. aussi, jugeant : que le liquidateur judiciaire doit être considéré comme dépositaire ou détenteur de fonds appartenant ou devant appartenir au débiteur au sens de l'art. L. 262 LPF : • Com. 20 févr. 2001, n° 98-13.049 P : *D. 2001. AJ 921, obs. Lienhard* • 13 mai 2003 : *préc. note 62 ; Procédures 2003, n° 168, obs. Perrot ; RDBF 2003, n° 156, obs. Delleci.* ♦ ... Qu'un commissaire à l'exécution du plan de cession d'une entreprise est un « tiers détenteur » des sommes appartenant au redevable, au sens de l'art. L. 262 LPF, dès lors qu'il détient les fonds provenant notamment du prix de vente des biens de celui-ci jusqu'à leur répartition aux créanciers. • Rouen, 10 juin 1998 : *Gaz. Pal. 1998. 2. Somm. 707.* ♦ V. encore, pour un arrêt de la 2e Chambre civile de la Cour de cassation ayant admis, de façon incidente, la qualité de tiers saisi du liquidateur, • Civ. 2e, 5 avr. 2001 : *cité note 46 ss. art. L. 641-9.* ♦ Auparavant, la jurisprudence considérait que le liquidateur ne détenant pas en son nom personnel mais en qualité d'organe de la procédure les sommes d'argent appartenant au débiteur qui lui étaient remises dans l'exercice de ses fonctions, il ne pouvait être pratiqué de saisie-attribution entre ses mains. • Com. 3 févr. 1998, n° 96-15.773 P : *D. 1998. IR 62* ; *D. Affaires 1998. 338, obs. A. L. ; JCP E 1998, n° 17, p. 654, obs. Cabrillac et Pétel ; RPC 1999. 111, obs. Canet.*

Sur l'insaisissabilité des sommes déposées à la Caisse des dépôts et consignations, V. art. L. 662-1.

74. Résiliation du contrat. Le non-paiement des sommes dues, en vertu de l'art. 40 [C. com., ancien art. L. 621-32], à l'échéance contractuelle, autorise le cocontractant à résilier le contrat. • T. com. Paris, 10 févr. 1997 : *Gaz. Pal. 1998. 1. Somm. 216.*

75. Recevabilité de l'action en paiement. La demande en paiement d'une créance postérieure, après l'arrêt d'un plan de cession, ne peut être dirigée contre le seul commissaire à l'exécution du plan, hors la présence du débiteur. • Besançon, 25 avr. 1997 : *RPC 1998. 299, obs. Saint-Alary-Houin.*

76. Créances à déclarer. Les créances liées à une précédente procédure collective clôturée par un plan de continuation de l'entreprise, qui ont leur origine antérieurement au jugement d'ouverture de la seconde procédure collective, doivent, à l'exception des créances des salariés, être déclarées au représentant des créanciers de cette seconde procédure ; il n'y a donc pas lieu de rechercher si les créances, nées lors de la première procédure, relèvent ou non de l'art. 40 [C. com., ancien art. L. 621-32]. • Com. 28 juin 1994, n° 91-16.090 P : *D. 1994. IR 198 ; RTD com. 1995. 486, obs. Martin-Serf* • 10 oct. 1995 : *Dr. sociétés 1995, n° 241, obs. Chaput* • 28 mars 2000 : *RJDA 2000, n° 779.* ♦ Lorsque le plan de redressement adopté au profit d'un débiteur reste inexécuté et que le tribunal en prononce la résolution, il s'ouvre une nouvelle procédure de redressement [liquidation] judiciaire, en application de l'art. 80 [C. com., ancien art. L. 621-82] et, dans ce cas, la loi ne distingue pas entre les créanciers dont la créance est antérieure à l'ouverture de la première procédure, et ceux dont la créance est née entre le jugement arrêtant le plan et sa résolution ; aussi la priorité de paiement doit-elle être écartée pour les créances nées pendant la première période d'observation écoulée. • Com. 12 juill. 1994 : *préc. note 18.*

77. A défaut de déclaration, les créances dont l'origine est antérieure au jugement d'ouverture de la procédure collective consécutif à la résolution du plan de continuation sont éteintes. • Com. 6 déc. 1994, n° 93-12.321 P : *D. 1995. IR 18.* ♦ Le créancier ne peut se prévaloir utilement de la déclaration de créance opérée dans le cadre de la liquidation judiciaire résultant de la conversion de la seconde procédure de redressement ouverte après résolution du plan de continuation, dès lors que cette dernière déclaration n'a pu emporter régularisation de l'omission de la déclaration qui aurait dû être accomplie dans le cadre de la seconde procédure collective. • Versailles, 3 déc. 1998 : *préc. note 76.* ♦ Sur l'opposabilité de l'extinction de la créance par la caution, V. notes 23 s. ss. ancien art. L. 621-46 ss. art. L. 622-26.

78. En revanche, les créances nées régulièrement après le jugement d'ouverture de la nouvelle procédure ne sont pas soumises à déclaration. • Com. 20 juin 1995 : *RPC 1996. 78, obs. Saint-Alary-Houin.*

79. La créance détenue contre un tiers, qui est née avant le jugement d'ouverture de la procédure collective de ce tiers par extension, en raison de la confusion des patrimoines, de celle précédemment ouverte à l'égard de la société débitrice, n'entre pas dans le champ d'application de l'art. 40 [C. com., ancien art. L. 621-32]. • Com. 20 févr. 2001 : *RJDA 2001, n° 709* • 15 mars 2005 : *Gaz. Pal. 6-7 juill. 2005, p. 15, obs. Le Corre ; RTD com. 2006. 480, obs. Martin-Serf*.

V. aussi notes 35 s. ss. art. L. 622-24.

80. Responsabilité de l'administrateur. V. art. L. 622-13 et note 14 ss. art. L. 621-4.

Art. L. 622-18 **Toute somme perçue par l'administrateur ou le mandataire judiciaire qui n'est pas portée sur les comptes bancaires ou postaux du débiteur, pour les besoins de la poursuite d'activité, doit être versée immédiatement en compte de dépôt à la Caisse des dépôts et consignations.**

En cas de retard, l'administrateur ou le mandataire judiciaire doit, pour les sommes qu'il n'a pas versées, un intérêt dont le taux est égal au taux de l'intérêt légal majoré de cinq points. — *[C. com., anc. art. L. 621-33.]*

V. art. R. 622-16.

Pour l'insaisissabilité des sommes déposées à la Caisse des dépôts et consignations, V. art. L. 662-1.

Art. L. 622-19 **Toute somme versée par l'association mentionnée à l'article L. 143-11-4** *[L. 3253-14]* **du code du travail en application des articles L. 143-11-1 à L. 143-11-3** *[L. 3253-6 et L. 3253-8 à L. 3253-13]* **du même code donne lieu à déclaration à l'administration fiscale.** — *V. ces textes ss. art. L. 625-9.* — *[C. com., anc. art. L. 621-38.]* — *V. art. R. 622-17.*

Art. L. 622-20 *(L. n° 2005-845 du 26 juill. 2005, art. 34)* **« Le mandataire judiciaire désigné par le tribunal a seul qualité pour agir au nom et dans l'intérêt collectif des créanciers. Toutefois, en cas de carence du mandataire judiciaire, tout créancier nommé contrôleur peut agir dans cet intérêt dans des conditions fixées par décret en Conseil d'État. »** — *V. art. R. 622-18.*

(Ord. n° 2014-326 du 12 mars 2014, art. 25, en vigueur le 1er juill. 2014) **« Le mandataire judiciaire a qualité pour mettre en demeure un associé ou un actionnaire de verser les sommes restant dues sur le montant des parts et actions souscrites par lui. »** — *V. art. R. 624-17 et R. 624-18.*

Le mandataire judiciaire communique au juge-commissaire et au *(L. n° 2005-845 du 26 juill. 2005, art. 34)* **« ministère public » les observations qui lui sont transmises à tout moment de la procédure par les contrôleurs.**

Les sommes recouvrées *(L. n° 2005-845 du 26 juill. 2005, art. 34)* **« à l'issue des actions introduites par le mandataire judiciaire ou, à défaut, par le ou les créanciers nommés contrôleurs, » entrent dans le patrimoine du débiteur et sont affectées en cas de continuation de l'entreprise selon les modalités prévues pour l'apurement du passif.** — *[C. com., anc. art. L. 621-39.]*

BIBL. ► L.-M. Martin, *Rev. dr. bancaire 1990. 64.* – Saint-Alary-Houin, *RPC 1991. 129.* – Daigre, *LPA 1er juin 1990.* – Rakotovahiny, *LPA 27 déc. 1999.* – Gorrias, *Gaz. Pal. 2009. Doctr. 755* (le mandataire judiciaire après l'Ord. du 18 déc. 2008 et le Décr. du 12 févr. 2009). – Maréchal, *RPC 2014. Étude 10* (intérêt collectif des créanciers).

1. Monopole. Seul le représentant des créanciers, dont les attributions sont ensuite dévolues au liquidateur, ayant qualité pour agir au nom et dans l'intérêt collectif des créanciers, un associé ou un créancier ne sont pas recevables à agir au nom des créanciers (s'agissant de la réparation du préjudice résultant de l'aggravation du passif). • Com. 3 juin 1997, n° 95-15.681 P : *D. 1997. 517, note Derrida ; D. Affaires 1997. 833 ; JCP E 1997. II. 988, note Béhar-Touchais ; JCP E 1998. n° 1-2, p. 33, obs. Cabrillac ; RPC 1998. 113, obs. Martin-Serf.* ♦ Il ne saurait être soutenu que tout créancier peut exercer « *ut singuli* » cette action dès lors que le représentant des créanciers n'a pas exercé les pouvoirs qu'il tient de l'art. 46 [C. com., art. L. 622-20]. • Même arrêt. ♦ Sur l'exercice de l'action en responsabilité pour crédits abusifs, une fois la mission du représentant des créanciers achevée, par le commissaire à l'exécution du plan, V. note 18 ss. art. L. 626-25. ♦ ... Par le liquidateur, V. note 1 ss. art. L. 641-4. ♦ Sur cette action, V. notes 31 s. ss. C. mon. fin., art. L. 313-12, App., v° *Banque et financement de l'entreprise.*

Sur la fin de non-recevoir d'ordre public tirée du défaut de qualité pour agir des créanciers, V. note 3 ss. art. L. 641-4. ♦ Comp., désormais, sur l'action des contrôleurs en cas de carence du mandataire judiciaire : art. L. 622-20, dans sa réd. issue de L. n° 2005-845 du 26 juill. 2005, et note 2 ci-dessous.

Sur le rôle des contrôleurs dans le régime intérieur, V. note 28 ; V. aussi note 31 ss. art. L. 661-6.

Sur la répartition des tâches entre plusieurs représentants des créanciers, V. note 91 ss. art. L. 622-24.

2. Qualité à agir du contrôleur. L'art. L. 622-20 confère au créancier nommé contrôleur, en cas de carence du mandataire judiciaire, qualité pour agir en extension d'une procédure collective sur le fondement de la confusion des patrimoines ou de la fictivité de la personne morale. • Cass., avis, 3 juin 2013, n° 13-70.003 P : *BICC 1er oct. 2013, rapp. Texier et concl. Bonhomme ; D. 2013. Pan. 2366, obs. F.-X. Lucas ; Rev. sociétés 2013. 520, obs. Roussel Galle ; APC 2013, n° 167, obs. Cagnoli ; Gaz. Pal. 29 sept.-1er oct. 2013, p. 7, note Reille ; RPC 2013, n° 117, obs. Saintourens.* – V. concl. Bonhomme, *RPC 2013. Étude 18.*

3. Le créancier nommé contrôleur ne pouvant agir dans l'intérêt collectif des créanciers qu'en cas de carence du mandataire judiciaire ou du liquidateur, il en résulte qu'il n'a pas qualité pour former, sur le fondement de l'art. R. 621-21, un recours contre une ordonnance rendue, à la demande du mandataire ou du liquidateur, par le juge-commissaire. • Com. 30 janv. 2019, n° 17-20.793 P : *D. 2019. Actu. 253 ; Rev. sociétés 2019. 216, obs. Roussel Galle ; JCP E 2019. 1206, n° 3, obs. Pétel ; ibid. 1225, note Berthelot ; LEDEN 3/2019. 2, obs. Cavelier ; RJDA 2019, n° 284 ; BJE 5-6/2019. 38, note Houssin ; Dr. sociétés 2019, n° 95, note Legros ; RPC 2019, n° 57, obs. Vallansan.*

4. Intérêt des créanciers. Le représentant des créanciers dispose du droit général d'agir au nom et dans l'intérêt des créanciers en vue notamment de la réparation du préjudice subi par eux collectivement et l'exercice de ce droit n'est pas enfermé dans la période d'observation. • Paris, 3 mai 1994 : *D. 1994. IR 157.*

5. Seul le représentant des créanciers, dont les attributions sont ensuite dévolues au liquidateur, a qualité pour agir au nom et dans l'intérêt des créanciers et, tenant de la loi le pouvoir de représenter l'ensemble de ceux-ci pour la défense de leur intérêt collectif, il n'a pas à indiquer au nom de quels créanciers il se présente dès lors qu'il ne peut légalement agir que dans l'intérêt de tous et non dans l'intérêt personnel d'un créancier ou d'un groupe de créanciers. • Com. 16 mars 1993, n° 90-20.188 P : *D. 1993. 583, note Derrida ; Rect. 612.* – V. aussi note 8 et • Com. 7 janv. 2003 : *cité note 5 ss. art. L. 624-1.* ♦ Il s'ensuit que le crédit-bailleur ne peut invoquer le bénéfice de l'exception prévue à l'art. 8 du Décr. n° 72-665 du 4 juill. 1972 qu'à la condition d'établir que chacun des créanciers du preneur a eu connaissance de l'existence de ses droits. • Com. 29 avr. 1997, n° 95-15.099 P : *D. 1997. IR 13 ; D. Affaires 1997. 835.*

Dès lors que le soutien abusif accordé par la banque à la société débitrice a porté préjudice aux seuls créanciers, l'action en réparation engagée par la société en redressement judiciaire assistée de son administrateur est irrecevable. • Com. 5 janv. 1999, n° 96-20.591 P : *D. Affaires 1999. 219, obs. A. L. ; LPA 20 janv. 1999, p. 8, note P. M. ; RJ com. 1999. 414, note Courtier.*

6. Sur la recevabilité de l'action en responsabilité pour contribution à la diminution de l'actif ou à l'aggravation du passif, exercée par le représentant des créanciers ou le liquidateur contre un des créanciers, V. note 1 ss. art. L. 641-4.

7. Sur l'exercice de l'action en extension de la procédure de redressement ou de liquidation judiciaire, V. note 47 ss. art. L. 621-2. ♦ Sur la constitution de partie civile pour banqueroute, V. art. L. 654-17. ♦ Sur l'appel-nullité, V. note 32 ss. art. L. 661-6.

8. Le représentant des créanciers ne pouvant légalement agir que dans l'intérêt de tous les créanciers et non dans l'intérêt personnel d'un créancier ou d'un groupe de créanciers, il n'est pas recevable à exercer à l'encontre du loueur une action sur le fondement de l'art. 8 de la loi du 20 mars 1956 devenu l'art. L. 144-7 C. com., instituée dans le seul intérêt des créanciers disposant d'une créance nécessaire à l'exploitation du fonds de commerce. • Com. 9 nov. 2004, n° 02-13.685 P : *D. 2004. AJ 3069, obs. Lienhard ; D. 2005. Pan. 296, obs. Le Corre ; APC 2004, n° 245, obs. Regnaut-Moutier ; LPA 13 avr. 2005, p. 4, note F.-X. Lucas ; Dr. et patr. 4/2005. 115, obs. Monsèrié-Bon ; Defrénois 2005. 993, obs. Gibirila.* – *Contra*, auparavant : • Com. 8 juill. 2003 : *LPA 18 févr. 2004, note F.-X. Lucas.*

9. Est irrecevable la tierce opposition à un jugement arrêtant un plan de cession totale d'une entreprise en liquidation judiciaire, formée par un créancier, dès lors que les critiques formulées à l'encontre du jugement se bornent à invoquer l'atteinte portée, en violation des dispositions légales, à l'intérêt collectif des créanciers dont le représentant des créanciers, partie au jugement frappé de tierce opposition, a seul la charge. • Com. 9 juill. 1996 : *D. 1996. IR 188 ; D. Affaires 1996. 1008.* ♦ Dans le même sens, pour une tierce opposition à un jugement prononcant la liquidation judiciaire, V. • Com. 18 janv. 2000 : *RPC 2000. 222, obs. Soinne.*

En revanche, le représentant des créanciers ne pouvant agir que dans l'intérêt collectif des créanciers, le créancier qui invoque un droit qui lui est propre ne peut être représenté par lui et est ainsi recevable à former tierce opposition. • Com. 14 nov. 2000 : *RJDA 2001, n° 183.* ♦ Ainsi, le créancier nanti sur fonds de commerce, qui dispose d'un droit propre pour s'opposer à la résiliation du bail en invoquant l'inobservation des formalités prévues par l'art. 14 de la loi du 17 mars 1909, devenu l'art. L. 143-2 C. com., est recevable en sa tierce opposition à l'ordonnance constatant la résiliation du bail commercial : • Com. 19 mai 2004 : *Loyers et copr. 2004, n° 188, note Brault.*

10. En application de l'art. 46, devenu l'art. L. 621-39 [L. 622-20] C. com., le droit conféré aux créanciers par l'art. 1167 [1341-2] C. civ. (action paulienne) peut également être exercé, en leur nom et dans leur intérêt collectif, par le représentant des créanciers. • Com. 13 nov. 2001 : *cité note 18 ss. art. L. 626-25.* ♦ Le droit exclusif que l'art. 46 [C. com., art. L. 622-20] confère au représentant des créanciers pour agir au nom et dans l'intérêt de ceux-ci ne fait pas obstacle à ce qu'un créancier exerce l'action de l'art. 1167 [1341-2] C. civ. contre tous les actes faits en fraude de ses droits par le débiteur. • Com. 8 oct. 1996, n° 93-14.068 P : *D. 1997. 87, note Derrida ; D. Affaires 1996. 1294. Rev. dr. bancaire 1996. 245, obs. Campana et Calendini ; JCP E 1997. II. 914, note Guyon.* (V. l'arrêt d'appel : • Versailles, 28 janv. 1993 : *D. 1993. IR 95).* ♦ Le représentant des créanciers ne peut avoir plus de droits que les créanciers eux-mêmes. • Com. 30 nov. 1993, n° 91-16.992 P : *D. 1994. 175, note Derrida et Sortais ; JCP 1994. IV. 359 ; Rev. huiss. 1995. 457, note Vidal.* ♦ Ainsi, lorsque les seuls créanciers invoqués, qui avaient introduit une instance en annulation d'une donation faite frauduleusement à leur égard, ont renoncé à leur droit d'agir par un désistement accepté, leur représentant, intervenant volontaire, ne peut prétendre exercer l'action paulienne en leur lieu et place. • Même arrêt. ♦ Sur l'action paulienne, V. Courtier, *LPA 3 mars 1995* ; Pizzio-Delaporte, *RTD com. 1995. 715* .

Nonobstant l'art. 46, al. 1er [C. com., art. L. 622-20], un des créanciers peut agir par la voie oblique (C. civ., art. 1341-1) s'il justifie d'un intérêt personnel à ce que les créances pour lesquelles il agit réintègrent le patrimoine de son débiteur. • Paris, 13 mars 1998 : *D. Affaires 1998. 673, obs. A. L. ; JCP E 1999, n° 14, p. 621, note Dubœuf-Hild.* ♦ Si ce créancier est titulaire de créances visées à l'art. 40 [C. com., art. L. 622-17], et qu'il entend obtenir paiement des sommes, réintégrées par la voie oblique dans le patrimoine de son débiteur, il doit appeler à la cause ce débiteur, sur la créance duquel il prétend se payer par l'action oblique exercée contre le sous-débiteur. • Même arrêt. ♦ Sur l'irrecevabilité de l'action oblique en cas de liquidation judiciaire, V. note 39 ss. art. L. 641-9.

11. Viole l'art. 46 [C. com., art. L. 622-20] l'arrêt qui condamne le débiteur, l'administrateur judiciaire ès qualités et aussi le représentant des créanciers ès qualités à payer au bailleur les loyers échus au créancier, alors que le représentant des créanciers, qui a pour mission de défendre l'intérêt collectif des créanciers, ne peut, en cette qualité, être condamné au paiement d'une telle somme. • Com. 31 mai 1994, n° 91-16.016 P : *D. 1994. IR 180.*

12. Compétence territoriale. Le tribunal de commerce saisi est territorialement compétent pour connaître de l'action en responsabilité délictuelle dirigée contre une banque, dès lors que ce tribunal est celui qui a ouvert le redressement judiciaire de sociétés et que c'est dans son ressort que le dommage invoqué, consistant en l'ouverture même de la procédure collective de ces sociétés à la suite de la rupture des concours de la banque, a été subi par la collectivité des créanciers au nom et dans l'intérêt de laquelle l'action a été engagée par le représentant des créanciers. • Com. 3 juin 1997, n° 95-13.981 P : *D. 1997. 517, note Derrida ; D. Affaires 1997. 834 ; RPC 1998. 115, obs. Martin-Serf.*

13. Étendue de la réparation pour crédits abusifs. La banque, responsable du préjudice collectif subi par les créanciers de la société en liquidation, est tenue de le réparer en totalité sauf son recours contre le créancier à qui elle impute une part de responsabilité dans la survenance de ce préjudice. • Com. 5 mars 1996, n° 94-13.583 P : *D. 1996. IR 105 ; D. Affaires 1996. 525.*

14. Sort des sommes recouvrées. Les sommes recouvrées par le représentant des créanciers à la suite des actions qu'il engage entrent dans le patrimoine du débiteur pour être affectées, en cas de continuation de l'entreprise, selon les modalités prévues pour l'apurement du passif et pour être réparties en cas de cession de l'entreprise ou de liquidation, entre tous les créanciers, au marc le franc. • Com. 28 mars 1995, n° 93-13.937 P : *D. 1995. 410, note Derrida ; Rev. dr. bancaire 1995. 118, obs. Campana et Calendini ; RTD com. 1996. 127, obs.*

Martin-Serf . ♦ Ces règles faisant obstacle à ce que la compensation ait lieu entre la dette mise à la charge du créancier à la suite de l'action engagée par le représentant des créanciers du débiteur et la dette de ce dernier envers le créancier, un arrêt retient à bon droit la responsabilité du créancier et le condamne à ce titre au paiement d'une indemnité au représentant des créanciers, et condamne solidairement les cautions du débiteur, en cette qualité, à payer au créancier le reliquat de sa créance sur le débiteur, après distribution de la créance d'indemnité aux créanciers. • Même arrêt. – Dans le même sens, V. • Com. 6 mai 1997, n° 94-20.855 P : *D. Affaires 1997. 865 ; RPC 1997. 491, obs. Martin-Serf.* ♦ Confirmant cette solution sous l'empire de la loi du 26 juillet 2005, la Cour de cassation a précisé qu'il importe peu que l'instance ait été engagée par le créancier dès lors que le liquidateur a repris la demande reconventionnelle formulée par le débiteur. • Com. 7 avr. 2009 : *D. 2009. AJ 1203 ; Gaz. Pal. 26-28 juill. 2009, p. 26, obs. Rohart-Messager ; JCP E 2009. 1814, n° 14, obs. Cabrillac ; RJDA 2009, n° 874 ; RTD com. 2009. 809, obs. Martin-Serf* . ♦ Comp., désormais, pour la nécessité de tenir compte, lors de la répartition des sommes recouvrées, du rang des créanciers : note ss. art. L. 643-8.

15. Plan d'apurement du passif. Sur l'absence d'intérêt du représentant des créanciers à agir en nullité de la vente d'un bien du débiteur conclue après l'ouverture du redressement judiciaire, alors qu'il a été mis fin à cette procédure par un plan d'apurement du passif, V. • Com. 29 oct. 1991, n° 90-11.354 P.

16. Fin des fonctions. V. art. L. 626-24, al. 2.

17. Liquidation judiciaire. V. notes 1 s. ss. art. L. 641-4.

18. Intérêt distinct et préjudice individuel. A subi un préjudice individuel fondé sur un intérêt distinct de celui des autres créanciers, l'entreprise qui a procédé à des travaux dans les locaux sinistrés par un incendie d'une société depuis en redressement judiciaire, dès lors que l'assureur de celle-ci, en ne remettant pas l'indemnité destinée en priorité au paiement de ces ouvrages, à la bénéficiaire de l'assurance ou à un mandataire dûment habilité, et le gestionnaire de la police, en détournant le montant de ce dédommagement par son affectation à un autre usage, ont privé la société en cause des fonds nécessaires pour régler l'entreprise avant l'ouverture du redressement judiciaire et ont fait perdre à cette créancière toute chance d'être intégralement désintéressée. • Com. 11 oct. 1994, n° 90-16.309 P : *Rev. huiss. 1995. 335, note Courtier ; JCP 1994. IV. 2491.* ♦ En revanche, doivent être déclarées irrecevables les actions individuelles en indemnisation engagées par des créanciers au titre de préjudices tenant à des pertes de rémunération, de valeur de leurs parts sociales ou actions, ainsi que des fonds de commerce et autres biens mis à la disposition des sociétés débitrices, dès lors que les préjudices énoncés sont subis indistinctement et collectivement par tous les créanciers ayant déclaré leurs créances. • Com. 14 déc. 1999, n° 97-14.500 P : *D. 2000. AJ 90, obs. Faddoul ; RPC 2000. 222, obs. Soinne ; ibid. 2002. 119, obs. Martin-Serf.* – Rappr. : • Com. 28 janv. 2014, n° 12-27.901 P : *D. 2014. Actu. 367 ; APC 2014, n° 83, obs. Regnaut-Moutier ; LEDEN 4/2014. 5, obs. Rubellin ; BJS 2014. 261, note Parachkévova ; RJDA 2014, n° 461 ; RPC 2015, n° 44, obs. Reille.* ♦ V. déjà, sous l'empire de la loi de 1967, en ce sens qu'aucun créancier n'est recevable à agir lui-même contre un tiers pour demander réparation du préjudice constitué par l'immobilisation de sa créance et notamment par la perte des intérêts : • Cass., ass. plén., 9 juill. 1993, n° 89-19.211 P : *BICC 15 sept. 1993, concl. Jéol ; D. 1993. 469, concl. Jéol, note Derrida ; JCP 1993. II. 22122, concl. Jéol, note Pollaud-Dulian ; Dr. sociétés 1994, n° 26, obs. Chaput* • Com. 25 nov. 1986 : *D. 1987. Somm. 279, obs. Vasseur ; RTD com. 1987. 230, obs. Cabrillac et Teyssié.* (même affaire). – *Contra*, sur renvoi : • Toulouse, 26 juin 1989 : *D. 1989. 530, note Derrida ; RTD com. 1990. 71, obs. Cabrillac et Teyssié* . ♦ V. aussi : • Com. 19 déc. 1995, n° 93-19.854 P : *D. 1996. IR 48* • Paris, 20 juin 2000 : *D. 2000. AJ 382, obs. Pisoni* .

19. La recevabilité de l'action engagée par un créancier d'un débiteur en procédure collective contre un tiers dépend seulement du point de savoir s'il justifie d'un préjudice spécial et distinct de celui évoqué par les autres créanciers. • Soc. 14 nov. 2007, n° 05-21.239 P : *D. 2007. AJ 3075 ; JCP 2008. II. 10038, note Dumont ; BJS 2008. 223, note Saintourens ; RJ com. 2008. 225, note Sortais.* • Même arrêt.

20. L'action en réparation des préjudices invoqués par les salariés licenciés, étrangère à la protection et à la reconstitution du gage commun des créanciers, ne relève pas du monopole du commissaire à l'exécution du plan. • Com. 2 juin 2015, n° 13-24.714 P : *D. 2015. Chron. C. cass. 2207, obs. Tréard ; ibid. Actu. 1205, obs. Lienhard ; ibid. Pan. 1974, obs. Le Corre ; JCP E 2015. 1422, n° 7, obs. Pétel ; ibid. 1522, note Le Gac-Pech ; Gaz. Pal. 19-21 juill. 2015, p. 28, obs. Gailhbaud ; RJDA 2015, n° 678 ; Gaz. Pal. 18-20 oct. 2015, p. 29, obs. Rohart-Messager ; BJE 2015. 313, note Donnette-Boissière.* ♦ V. déjà, ayant jugé que le préjudice invoqué par les salariés résultant, à la suite de la cession de la filiale, de la perte de leur emploi ainsi que de la diminution de leur droit à participation dans la société et de la perte d'une chance de bénéficier des dispositions du plan social du groupe constitue un préjudice particulier et distinct de celui éprouvé par l'ensemble des créanciers de la procédure collective de la société cessionnaire, • Soc. 14 nov. 2007 : *préc. note 19.*

21. Le préjudice dont il est demandé réparation, consistant dans la perte de valeur vénale de l'immeuble fondée sur le défaut de restitution des lieux et la dégradation de l'immeuble après la décision de ne pas poursuivre le crédit-bail, est un préjudice personnel de la société demanderesse, seule propriétaire de l'immeuble, dont la réparation est, dès lors, étrangère à la reconstitution du gage commun, de sorte que cette société est recevable à en rechercher l'indemnisation auprès du liquidateur, en invoquant une faute personnelle de celui-ci, sans être tenue de déclarer la créance de dommages-intérêts correspondante. • Com. 6 mars 2019, nº 17-20.545 P : *D. 2019. Actu. 532 ; RTD com. 2019. 480, obs. Martin-Serf ; APC 2019, nº 84, obs. Petit ; RJDA 2019, nº 359 ; LEDEN 5/2019. 6, obs. Lafaurie ; RJ com. 2019. 271, obs. Dols-Magneville.* ♦ En revanche, le préjudice dont la société bailleresse demande réparation ne consistant que dans la perte d'une chance de recouvrer, grâce à l'extension aux cogérants de la liquidation judiciaire de la société, tout ou partie de sa créance sur cette société, cette action en réparation tend à la reconstitution du gage commun des créanciers et relève par conséquent du monopole du liquidateur. • Com. 28 juin 2016, nº 14-20.118 P : *D. 2016. Actu. 1495 ; LEDEN 9/2016. 2, obs. Camensuli-Feuillard ; RJDA 2016, nº 706 ; Dr. sociétés 2016, nº 196, note Legros ; BJE 2016. 431, note Favario ; RPC 2017, nº 41, obs. Reille.*

22. Préjudice personnel distinct. S'agissant de la demande de réparation de son préjudice financier formée par le dirigeant et principal actionnaire de la société débitrice contre une société tierce (à laquelle étaient imputés des actes de concurrence déloyale), il y a lieu de distinguer entre la perte du capital social qu'il a apporté, qui n'est qu'une fraction du préjudice collectif subi par l'ensemble des créanciers, et la perte pour l'avenir des rémunérations qu'il aurait pu percevoir en tant que dirigeant social, à l'origine d'un préjudice distinct qui lui est personnel. • Com. 29 sept. 2015, nº 13-27.587 P : *D. 2015. Chron. C. cass. 2207, obs. Tréard ; ibid. Actu. 2005, obs. Lienhard ; Rev. sociétés 2016. 287, note Schlumberger ; APC 2015, nº 287, obs. Pagnucco ; LEDEN 11/2015. 3, obs. Mouial-Bassilana ; BJE 2016. 38, note Perruchot-Triboulet ; RJDA 2016, nº 132 ; RPC 2016, nº 15, obs. Reille.* – Rappr. : • Civ. 1re, 3 févr. 2016, nº 14-25.695 P : *D. 2016. Actu. 374 ; BJS 2016. 222, note Mouial-Bassilana ; APC 2016, nº 67, obs. Vallansan ; RJDA 2016, nº 382* • Com. 14 juin 2017, nº 15-26.953 P : *D. 2017. Pan. 1950, obs. F.-X. Lucas ; JCP E 2017. 1460, nº 22, obs. Tehrani ; ibid. 1581, note Lebel ; RLDA oct. 2017. 11, obs. Cerati-Gauthier ; RJ com. 2017. 504, obs. Nabet ; BJS 2017. 745, note Schlumberger ; RJDA 2018, nº 43 ; RPC 2018, nº 130, obs. Martin-Serf.*

23. Le principe de l'égalité des créanciers ne s'oppose pas à leur action individuelle contre les complices du banqueroutier qui ne font pas eux-mêmes l'objet d'une procédure collective et dont le patrimoine n'est pas en conséquence le gage de l'ensemble des créanciers. • Crim. 11 oct. 1993, nº 92-81.260 P : *D. 1994. IR 18 ; Rev. sociétés 1994. 303, note Bouloc .*

24. Constitue un préjudice subi personnellement par une banque celui résultant du non-respect par un tiers d'une promesse d'apporter les fonds nécessaires au redressement financier d'une entreprise, dès lors que cette promesse, faite personnellement à la banque, l'a conduite à accorder des crédits supplémentaires à l'entreprise mise par la suite en redressement judiciaire. • Versailles, 9 mai 1996 : *RJDA 1996, nº 1392.* ♦ De même, un créancier peut être admis à poursuivre contre le commissaire aux comptes de la société en redressement judiciaire la réparation d'un préjudice personnel, distinct de celui des autres créanciers, qui découlerait d'une faute commise dans l'exercice de sa mission. • T. com. Paris, 20 févr. 1995 : *Gaz. Pal. 1996. 1. Somm. 53.*

25. Lorsque le créancier agit pour la défense de ses intérêts particuliers, aucun texte n'exige qu'il sollicite l'intervention du représentant des créanciers. • Paris, 8 déc. 1995 : *RPC 1998. 158, obs. Soinne.*

26. Action des créanciers d'une société civile. Les associés d'une société civile demeurent tenus personnellement à l'égard des créanciers sociaux même en cas de procédure collective de cette société ; dès lors, ni le représentant des créanciers [mandataire judiciaire] de la société, ni, en cas de liquidation judiciaire, le liquidateur n'ont qualité pour exercer l'action ouverte par l'art. 1857 à chacun des créanciers contre les associés. • Com. 24 janv. 2006, nº 04-19.061 P : *D. 2006. AJ 445, obs. Lienhard ; JCP E 2006, nos 14-15, p. 672, obs. Cabrillac et Pétel ; APC 2006, nº 40, obs. Regnaut-Moutier ; Rev. sociétés 2006. 410, note J.-F. Barbièri ; RTD com. 2006. 435, obs. Monsèrié-Bon ; ibid. 916, obs. Martin-Serf ; Rev. sociétés 2006. 637, note Bonneau .* – V. aussi F.-X. Lucas, *Dr. sociétés 2006. Étude 10.*

27. Responsabilité personnelle du dirigeant à l'égard des créanciers. La recevabilité d'une action en responsabilité personnelle engagée par un créancier à l'encontre du dirigeant d'une société mise en procédure collective, pour des faits antérieurs au jugement d'ouverture, est subordonnée à l'allégation d'un préjudice personnel distinct de celui des autres créanciers résultant d'une faute du dirigeant séparable de ses fonctions. • Com. 7 mars 2006, nº 04-16.536 P : *D. 2006. AJ 857, obs. Lienhard ; APC 2006, nº 102, obs. Vallansan ; JCP E 2006, nº 26, p. 1171, obs. Caussain, Deboissy et Wicker ; RTD com. 2006. 431, obs. Le Cannu ; Gaz. Pal. 14-18 juill. 2006, p. 31, obs. Roussel Galle ; Rev. sociétés 2006. 644, note J.-F.*

Barbièri ✎. – V. Jambort, *JCP E 2006, n° 51-52, p. 2204.* ♦ Tel n'est pas le cas lorsque le créancier sollicite le paiement du montant non recouvré de sa créance en réparation de la privation de la possibilité d'exercer son action en revendication des marchandises vendues sous réserve de propriété. • Même arrêt.

28. Responsabilité civile du représentant des créanciers. Le représentant des créanciers agit au nom et dans l'intérêt des créanciers, avec l'assistance d'un contrôleur lorsqu'il en est désigné un ; dès lors, il commet une faute dont il doit réparation en n'engageant pas contre le dirigeant social, comme le lui demandait le contrôleur, une action à l'égard du dirigeant contre lequel, par la suite, ont été prononcé des condamnations judiciaires notamment pour présentation de bilan inexact. • Paris, 3 févr. 1998 : *D. 1998. IR 78 ; D. Affaires 1998. 478 ; RPC 2000. 83, obs. Soinne.*

29. Sur la prescription de l'action en responsabilité, V. note 16 ss. art. L. 641-4.

30. V. aussi note 53 ss. ancien art. L. 621-46 ss. art. L. 622-26, note 3 ss. art. L. 626-9, note 5 ss. art. L. 624-1 et note 6 ss. ancien art. 66 du Décr. n° 85-1388 du 27 déc. 1985, ss. art. R. 622-21.

Art. L. 622-21 **I. — Le jugement d'ouverture** *(L. n° 2005-845 du 26 juill. 2005, art. 35)* **« interrompt » ou interdit toute action en justice de la part de tous les créanciers dont la créance** *(L. n° 2005-845 du 26 juill. 2005, art. 35)* **« n'est pas mentionnée au I de l'article L. 622-17 » et tendant :**

1° A la condamnation du débiteur au paiement d'une somme d'argent ;

2° A la résolution d'un contrat pour défaut de paiement d'une somme d'argent.

(Ord. n° 2021-1193 du 15 sept. 2021, art. 19, en vigueur le 1er oct. 2021) **« II. — Sans préjudice des droits des créanciers dont la créance est mentionnée au I de l'article L. 622-17, le jugement d'ouverture arrête ou interdit toute procédure d'exécution tant sur les meubles que sur les immeubles ainsi que toute procédure de distribution n'ayant pas produit un effet attributif avant le jugement d'ouverture. »** — *V. art. R. 622-19.*

III. — Les délais impartis à peine de déchéance ou de résolution des droits sont en conséquence *(Ord. n° 2008-1345 du 18 déc. 2008, art. 30)* **« interrompus ».** — *[C. com., anc. art. L. 621-40.]*

(Ord. n° 2021-1193 du 15 sept. 2021, art. 19, en vigueur le 1er oct. 2021) **« IV. — Le même jugement interdit également de plein droit, tout accroissement de l'assiette d'une sûreté réelle conventionnelle ou d'un droit de rétention conventionnel, quelle qu'en soit la modalité, par ajout ou complément de biens ou droits, notamment par inscription de titres ou de fruits et produits venant compléter les titres figurant au compte mentionné à l'article L. 211-20 du code monétaire et financier, ou par transfert de biens ou droits du débiteur.**

« Toute disposition contraire, portant notamment sur un transfert de biens ou droits du débiteur non encore nés à la date du jugement d'ouverture, est inapplicable à compter du jour du prononcé du jugement d'ouverture.

« Toutefois, l'accroissement de l'assiette peut valablement résulter d'une cession de créance prévue à l'article L. 313-23 du code monétaire et financier lorsqu'elle est intervenue en exécution d'un contrat-cadre conclu antérieurement à l'ouverture de la procédure. Cet accroissement peut également résulter d'une disposition contraire du présent livre ou d'une dérogation expresse à son application prévue par le code monétaire et financier ou le code des assurances. »

Pour les dispositions transitoires de l'Ord. n° 2021-1193 du 15 sept. 2021, V. note ss. art. L. 611-2.

RÉP. COM. v° *Entreprise en difficulté : situation des créanciers*, par MACORIG-VENIER.

BIBL. ▶ VALLENS, *RTD com. 1991. 529* ✎. – ALIX, *Gaz. Pal. 1996. 1. Doctr. 412.* – F. AUBERT, *Dr. et patr. 2/1998. 46.* – POLLAUD-DULIAN, *JCP 1998. I. 138* (principe d'égalité). – GARÇON, *JCP N 1998, n° 26, p. 998* (la détention d'un prix de vente en présence de voies d'exécution mobilières diligentées à l'encontre du vendeur objet d'une procédure collective). – MACORIG-VENIER, *LPA 6 sept. 2000* (rupture des contrats). – ROUSSEL GALLE, *Gaz. Pal. 2009. Doctr. 806* (Ord. du 18 déc. 2008). – RAKOTOVAHINY, *Dr. et patr. 5/2013. 34* (action directe en paiement et procédures collectives).

I. GÉNÉRALITÉS

1. Ordre public. Le principe de suspension des poursuites individuelles en matière de faillite est à la fois d'ordre public interne et international. • Civ. 1re, 6 mai 2009, n° 08-10.281 P : *D. 2009. AJ 1422, obs. Delpech* ✎ *; RTD com. 2009. 546, obs. Loquin* ✎ *; APC 2009, n° 182, obs. Mastrullo ; Procédures 2009, n° 236, obs. Rolland ; LEDEN 7/2009. 5, obs. Mélin ; JCP E 2009.*

1814, n° 2, obs. Pétel ; RPC 2010, n° 9, obs. Staes. – V. déjà • Civ. 1re, 19 déc. 1995 : *D. Affaires 1996. 241.* ♦ Le principe de l'arrêt des poursuites individuelles des créanciers étant à la fois d'ordre public interne et international, l'*exequatur* d'une sentence arbitrale revêtue de l'autorité de chose jugée ne saurait, sans méconnaître le principe précité, rendre exécutoire une condamnation du débiteur à paiement de sommes d'argent. • Com. 12 nov. 2020, n° 19-18.849 P : *D. 2021. Pan. 1738, obs. Cagnoli ; RTD com. 2021. 192, obs. Martin-Serf ; DP diff. entr., Bull. n° 431, obs. Vallens ; JCP E 2021. 1191, n° 10, obs. Tehrani ; APC 2021, n° 5, obs. Fin-Langer ; RJDA 2021, n° 105 ; BJE 3-4/2021. 17, note Henry ; LEDEN 4/2021. 2, obs. Marchadier ; RPC 2021, n° 119, obs. Menjucq.*

2. La règle de l'arrêt des poursuites individuelles, consécutive à l'ouverture d'une procédure collective, constitue une fin de non-recevoir pouvant être proposée en tout état de cause dont le caractère d'ordre public impose au juge de la relever d'office. • Com. 12 janv. 2010 : *D. 2010. AJ 263, obs. Lienhard ; LEDEN 3/2010. 6, obs. Staes ; RJDA 2010, n° 544.*

3. Application à la liquidation judiciaire. V. art. L. 641-3. ♦ V. déjà, avant la L. n° 94-475 du 10 juin 1994, dont était issu l'ancien art. L. 622-3 : • Com. 19 déc. 1995, n° 92-19.525 P : *D. 1996. 145, note Campana ; D. 1996. Somm. 390, obs. S. Piedelièvre ; JCP E 1996. I. 554, n° 21, obs. Cabrillac ; Defrénois 1996. 937, obs. Sénéchal ; RTD com. 1996. 533, obs. Martin-Serf ; RPC 1997. 51, obs. Macorig-Venier.*

4. Plan de redressement. La décision arrêtant le plan de redressement ne met pas fin à la suspension des poursuites individuelles. • Com. 29 avr. 2014 : *D. 2014. Actu. 1094.* ♦ En revanche, lorsque le plan de continuation est arrivé à son terme sans avoir fait l'objet d'une décision de résolution, le créancier recouvre son droit de poursuite individuelle contre le débiteur. • Com. 8 avr. 2015, n° 13-28.061 P : *D. 2015. Actu. 801, obs. Lienhard ; RTD com. 2015. 380, obs. Vallens ; JCP E 2015. 1422, n° 3, obs. Pétel ; JCP 2015. 625, note J.-J. Barbièri ; APC 2015, n° 131, obs. Jazottes ; LEDEN 5/2015. 4, obs. Mouial-Bassilana ; RJDA 2015, n° 445 ; RPC 2015, n° 106, obs. Macorig-Venier.* ♦ V. aussi note 5 ss. art. L. 625-6.

5. Nécessité d'un jugement d'ouverture. La suspension de l'action en justice des créanciers visée à l'art. 47 [C. com., art. L. 622-21] procède de la seule autorité du jugement d'ouverture de la procédure de redressement judiciaire. • Com. 27 avr. 1993, n° 91-15.372 P.

6. Existence d'une procédure antérieure. L'art. 47 [C. com., art. L. 622-21], qui ne fait aucune distinction selon qu'il existe ou non une procédure antérieure, interdit toute voie d'exécution en vue du recouvrement des créances antérieures à cette nouvelle procédure collective (s'agissant de l'inexécution d'un plan de continuation ayant entraîné sa résolution et l'ouverture d'une nouvelle procédure). • Com. 10 oct. 1995 : *Dr. sociétés 1995, n° 241, obs. Chaput ; RPC 1996. 88, obs. Soinne.* ♦ V. aussi note 8 ss. ancien art. L. 621-82, ss. art. L. 626-27.

7. Invocation devant la Cour de cassation. Faute d'avoir informé la cour d'appel, par des conclusions antérieures à l'ordonnance de clôture, de sa mise en redressement judiciaire postérieurement à la naissance de la créance invoquée contre lui, le débiteur est irrecevable à présenter pour la première fois devant la Cour de cassation le moyen tiré du principe de la suspension des poursuites. • Com. 22 oct. 1996, n° 93-12.291 P.

8. Délais de prescription. Le délai de prescription qui court contre un débiteur n'est pas suspendu par sa mise en redressement ou liquidation judiciaires. • Com. 20 sept. 2005, n° 03-17.137 P : *D. 2005. AJ 2445, obs. Lienhard ; JCP E 2006, n° 2, p. 71, obs. Cabrillac ; BJS 2006. 202, note F.-X. Lucas ; Gaz. Pal. 10-11 févr. 2006, p. 28, obs. Roussel Galle.*

9. Fraude du débiteur. La prétendue faute ou fraude commise par le débiteur, qui aurait sciemment omis d'alerter ses créanciers de sa mise en redressement judiciaire, à la supposer établie, n'est pas de nature à faire échec à la règle de l'interdiction des poursuites individuelles. • Com. 6 juin 2018, n° 16-23.996 P : *D. 2018. Actu. 1254 ; RTD com. 2018. 771, obs. Martin-Serf ; RJDA 2018, n° 658 ; LEDEN 10/2018. 3, obs. Minet ; RDBF 2018, n° 133, obs. Houin-Bressand ; RPC 2018, n° 149, obs. Macorig-Venier ; Gaz. Pal. 9 oct. 2018, p. 76, obs. Le Corre.*

10. Procédure ouverte à l'étranger. Il résulte de l'art. 509 C. pr. civ. que, en l'absence d'exequatur, une décision de mise en liquidation judiciaire prononcée à l'étranger ne peut produire, en France, aucun effet de suspension des poursuites individuelles. • Civ. 1re, 28 mars 2012 : *D. 2012. Actu. 942 ; Rev. sociétés 2012. 400, obs. Roussel Galle ; LEDEN 5/2012. 7, obs. Mélin ; APC 2012, n° 131, obs. V. Legrand ; RPC 2012, n° 192, obs. Menjucq.*

II. NATURE DES ACTIONS VISÉES

A. EXCLUSION DES ACTIONS CONTRE LES TIERS

11. Actions contre les dirigeants sociaux. L'action fondée sur l'art. 52 de la loi du 24 juill. 1966 [C. com., art. L. 223-22], exercée non contre la société mais contre le gérant à raison de ses fautes personnelles, ne se trouve pas soumise à la suspension des poursuites individuelles. • Paris, 8 mars 1991 : *D. 1991. IR 134.* ♦ Comp. note 8 ss. art. L. 651-2. ♦ De même, les dispositions des art. 47 et 49 [C. com., art. L. 622-21 et L. 621-23], invoquées par un dirigeant social d'une société mise en liquidation judiciaire, ne sauraient faire obstacle à l'application de l'action engagée par le receveur principal sur le fondement de l'art. L. 267 LPF. • Versailles, 26 mars 1992 : *D. 1992. IR 165* • Com. 21 juin 1994 : *RJDA 1994, n° 1208.*

12. Constitution de partie civile. Est recevable l'action engagée par le créancier d'une société en redressement judiciaire contre l'un des dirigeants de celle-ci, complice d'escroquerie, dès lors que cette action est dirigée contre une personne étrangère à la procédure collective et dont le patrimoine n'est pas le gage des créanciers. • Crim. 24 janv. 1994 : *RJDA 1994, n° 590* • 3 avr. 1995 : *Dr. sociétés 1996, n° 57, obs. Chaput* • 23 mai 1995 : *RJDA 1996, n° 67.* – Rappr. : • Crim. 26 févr. 1998 : *Rev. sociétés 1998. 604, note Bouloc* • 27 avr. 2000 : *RJDA 2000, n° 1013.* ♦ V. note 30 et notes ss. art. L. 654-17.

13. Actions contre les cautions (jurisprudence antérieure à la loi du 10 juin 1994). BIBL. Campana, *Gaz. Pal. 1986. 2. Doctr. 717.* – Liénard, *RPC 1988. 121.* – Soinne, *ALD 1985. 99.* ♦ Avant la modification de l'art. 55 de la loi du 25 janv. 1985 [devenu C. com., art. L. 622-28] par la loi du 10 juin 1994, le redressement judiciaire du débiteur n'avait pas pour effet de suspendre les poursuites dirigées contre la caution solidaire. • Com. 16 févr. 1993, n° 90-19.979 P : *D. 1993. Somm. 310, obs. Aynès* • Civ. 1re, 31 mars 1998, n° 96-16.637 P : *D. 1998. IR 119 ; D. Affaires 1998. 805* • Com. 22 juin 1999, n° 97-11.772 P : *D. 1999. IR 194 ; APC 1999, n° 173, obs. Regnaut-Moutier ; RTD com. 1999. 984, obs. Vallens ; RPC 2000. 12, obs. Macorig-Venier* • Civ. 1re, 14 juin 2000, n° 98-10.577 P : *D. 2001. Somm. 696, obs. Aynès ; D. 2000. AJ 318, obs. Lienhard ; APC 2000, n° 165, obs. Regnaut-Moutier* • Versailles, 4 oct. 1990 : *Gaz. Pal. 1991. 1. Somm. 226.* ♦ La caution, condamnée « *in solidum* » avec le débiteur principal, n'avait pas qualité pour critiquer la condamnation prononcée à l'égard de ce dernier en tant que cette condamnation serait contraire à la règle de l'arrêt des poursuites individuelles, applicable au seul débiteur principal. • Com. 11 mai 1993, n° 91-22.232 P. ♦ Comp., désormais : art. L. 622-28, al. 2, suspendant toute action contre les cautions personnes physiques jusqu'au jugement arrêtant le plan ou prononçant la liquidation.

14. Actions contre le conjoint. Le prêteur de deniers ne peut exercer des poursuites sur les biens communs, en sa qualité de créancier privilégié de l'épouse, en dehors des cas où les créanciers du mari peuvent eux-mêmes agir. • Com. 17 juin 1997 : *D. 1998. Somm. 107, obs. S. Piedelièvre ; D. Affaires 1997. 901 ; RTD civ. 1997. 709, obs. Bandrac et Crocq.* – V. Soinne, *LPA 8 août 1997.* ♦ V. déjà • Cass., ass. plén., 23 déc. 1994 : *cité note 15 ss. art. L. 641-9.*

V., estimant qu'une saisie-attribution des créances à exécution successive pratiquée à l'encontre de deux époux, communs en biens et codébiteurs solidaires, antérieurement à la mise en liquidation judiciaire de l'un d'eux sur les loyers d'un immeuble dépendant de la communauté poursuit ses effets sur les loyers échus après le jugement de liquidation : • Cass., avis, 16 déc. 1994 : *D. 1995. 166, note Derrida ; JCP 1995. II. 22409, note Grafmeyer ; JCP E 1995. II. 686, note R. Martin.* – V. Soinne, *LPA 1er nov. 1996.* ♦ Comp. note 10 ss. art. L. 622-7.

15. Bien qu'il ait déclaré sa créance à la procédure de l'époux en liquidation judiciaire, le créancier de l'époux *in bonis* ne peut exercer un droit de poursuite individuelle sur les biens communs qu'en démontrant qu'il est titulaire d'un privilège spécial, d'un nantissement ou d'une hypothèque. • Com. 2 févr. 1999 : *APC 1999, n° 80, obs. Vallansan ; RPC 2000. 11, obs. Macorig-Venier.* – V. Robinne, *Dr. et patr. 4/2000. 38.* ♦ Les salaires d'un époux marié sous un régime de communauté sont des biens communs frappés par la saisie collective au profit des créanciers de l'époux mis en procédure collective qui ne peuvent être saisis, pendant la durée de celle-ci, au profit d'un créancier de l'époux maître de ses biens. • Com. 16 nov. 2010, n° 09-68.459 P : *D. 2010. Actu. 2904, obs. Lienhard ; LEDEN 1/2011. 4, obs. M. Sénéchal ; Gaz. Pal. 7-8 janv. 2011, p. 43, obs. Antonini-Cochin ; RPC 2011, n° 70, obs. Dumont-Lefrand ; BJE 2011. 150, note S. Cabrillac.*

16. La règle de l'interdiction des poursuites individuelles fait obstacle à ce qu'un créancier exerce contre le conjoint *in bonis* une action tendant à la résolution de la vente de biens communs, formant le gage de l'ensemble des créanciers. • Com. 16 déc. 2014 : *LEDEN 3/2015. 3, obs. Rubellin ; BJE 2015. 94, note Becqué-Ickowicz et Cabrillac.*

17. Actions contre l'ex-conjoint. L'interdiction des voies d'exécution à l'encontre de la personne en procédure collective est sans application à l'égard de l'ex-conjoint, maître de ses biens. • Com. 6 juill. 1999, n° 97-14.096 P : *D. 2000. Somm. 395, obs. Piedelièvre ; D. Affaires 1999. 1217, obs. A. L. ; APC 1999, n° 183, obs. Vallansan ; Procédures 1999, n° 251, obs. Laporte ; RPC 2001. 8, obs. Macorig-Venier ; RTD com. 2001. 230, obs. Martin-Serf.*

18. Actions contre les héritiers. En ce sens que les héritiers bénéficient de l'arrêt des poursuites individuelles de la part des créanciers antérieurs à l'ouverture de la procédure collective de leur auteur, V. • Com. 4 janv. 2000, n° 96-12.981 P : *APC 2000, n° 21, obs. Regnaut-Moutier.*

19. Actions contre des associés. La suspension des instances ne fait pas obstacle à ce qu'un créancier poursuive à l'encontre d'associés d'un

GAEC en redressement judiciaire le recouvrement de sa créance. • Com. 9 nov. 1993 : *Rev. huiss. 1993. 1442.*

20. Pour l'application de la règle de l'arrêt des poursuites individuelles au créancier d'une EURL en liquidation judiciaire et l'absence d'action directe du créancier contre l'associé unique, V. • T. com. Paris, 6 janv. 1998 : *Gaz. Pal. 1999. 2. Somm. 617.*

21. Un arrêt ne peut déclarer tenus solidairement les associés d'une société en participation du fait de malfaçons ou non-façons, alors que l'action dirigée contre l'associé en liquidation judiciaire est irrecevable. • Com. 14 mai 1996, n° 94-11.469 P : *Dr. sociétés 1996, n° 168, obs. Chaput.*

22. L'ouverture d'une procédure de redressement judiciaire à l'égard d'une société civile professionnelle d'avocats est sans incidence sur l'obligation de l'associé au paiement de ses cotisations, dès lors qu'il résulte des art. L. 613-1 et R. 241-2 CSS, dans leur rédaction alors applicable, que l'avocat, qui exerce son activité au sein d'une SCP, et qui relève, au titre de cette activité, du régime des travailleurs non-salariés des professions non agricoles, est seul redevable des cotisations sociales afférentes à cette activité. • Com. 21 nov. 2018, n° 17-18.306 P : *D. 2018. Actu. 2303 ; JCP E 2019. 1016, note Brignon ; BJS 2/2019. 43, note Rubellin ; RJDA 2019, n° 101 ; RPC 2019, n° 17, obs. Taquet.*

23. Indivision. Les créanciers de l'indivision préexistante à l'ouverture de la procédure collective de l'un des indivisaires, qui auraient pu agir sur les biens indivis avant qu'il y eût indivision, conservent leur droit de poursuivre la saisie de ces biens, malgré l'ouverture de cette procédure. • Civ. 1re, 13 déc. 2005, n° 02-17.778 P : *D. 2006. AJ 302, obs. Lienhard* • Com. 7 févr. 2012, n° 11-12.787 P : *D. 2012. Actu. 499 ; Gaz. Pal. 27-28 avr. 2012, p. 24, obs. Voinot ; RPC 2012, n° 110, obs. Dumont-Lefrand ; LPA 15 juin 2012, p. 4, obs. Henry.* – Rappr. : • Civ. 2e, 16 mai 2013, n° 12-16.216 P : *D. 2013. Actu. 1268 ; LEDEN 7/2013. 5, obs. Rubellin ; Gaz. Pal. 12-13 juill. 2013, p. 29, obs. Antonini-Cochin ; RJDA 2013, n° 926.* ♦ Dès lors que l'hypothèque a été constituée par tous les coïndivisaires sur un bien dont le caractère indivis préexistait à l'ouverture de la procédure collective de l'un d'eux, le créancier hypothécaire, fût-il créancier de l'un seulement des coïndivisaires, peut poursuivre la saisie et la vente de ce bien avant le partage de l'indivision en application des dispositions de l'art. 2125 [2412] C. civ., l'interdiction des voies d'exécution à l'encontre de la personne en procédure collective étant sans effet à l'égard du coïndivisaire, maître de ses biens. • Com. 19 déc. 2000, n° 97-17.728 P : *D. 2001. AJ 379 ; RPC 2001. 8, obs. Macorig-Venier ; Defrénois 2001. 943, obs. Théry.* – Dans le même sens : • Civ. 1re, 14 juin 2000 : *préc. note 13* • 28 juin 2005 : *RJDA 2005, n° 1294* • Toulouse, 1er déc. 1997 : *D. 1999. Somm. 243, obs. Revel .*

B. INTERRUPTION ET INTERDICTION DES ACTIONS EN JUSTICE

1° ACTIONS EN PAIEMENT

24. Référé-provision. L'instance en référé tendant à la condamnation du débiteur au paiement d'une provision n'est pas une instance en cours interrompue par l'ouverture de la procédure collective du débiteur, de sorte que la cour d'appel, statuant sur l'appel formé par ce dernier contre l'ordonnance l'ayant condamné au paiement d'une provision, doit infirmer cette ordonnance et dire n'y avoir lieu à référé, la demande en paiement étant devenue irrecevable en vertu de la règle de l'interdiction des poursuites édictée par l'art. L. 622-21 C. com. • Com. 19 sept. 2018, n° 17-13.210 P : *D. 2018. Actu. 1862 ; RTD com. 2019. 213, obs. Martin-Serf ; LEDEN 11/2018. 3, obs. Mélin ; RJDA 2018, n° 926 ; Gaz. Pal. 15 janv. 2019, p. 70, obs. Boustani ; BJE 1/2019. 21, note Houssin.*

25. Demande d'expertise d'un créancier. Pour l'inapplicabilité de l'art. L. 622-21 C. com., V. • Com. 2 déc. 2014 : *D. 2014. Actu. 2519 ; RTD com. 2015. 151, obs. Martin-Serf ; Gaz. Pal. 1er-5 mai 2015, p. 28, obs. Rohart-Messager ; RJ com. 2015. 340, obs. Lebel ; RPC 2015, n° 102, obs. Macorig-Venier ; RJDA 2015, n° 769.*

26. Dommages-intérêts. Pour des exemples de demande en paiement de dommages-intérêts suspendue en vertu de l'art. 47 [C. com., art. L. 622-21], V. • Com. 12 févr. 1991, n° 89-15.165 P • 26 oct. 1999 : *RJDA 1999, n° 1351* • Crim. 29 avr. 1996, n° 93-85.169 P (condamnation du paiement de droits fraudés au détriment du Trésor public).

S'agissant de l'action en comblement du passif engagée à l'encontre d'un dirigeant soumis à une procédure collective, V. note ss. art. R. 651-6.

27. Créances salariales. Il résulte de la combinaison des art. L. 622-21, II, L. 622-24, al. 1er, et L. 625-1 que, si les créances salariales ne doivent pas être déclarées au passif de la procédure collective, elles sont toutefois soumises à l'arrêt des poursuites individuelles et des procédures civiles d'exécution. • Com. 30 juin 2021, n° 20-15.690 B : *D. 2021. Pan. 1737, obs. Cagnoli ; RTD com. 2021. 924, obs. Martin-Serf ; JCP E 2021. 1432, note Donnette-Boissière ; LEDEN 9/2021. 4, obs. Ollu ; Dr. sociétés 2021, n° 111, note Legros ; APC 2021, n° 188, obs. Ghandour ; RJDA 2021, n° 679 ; Gaz. Pal. 26 oct. 2021, p. 72, obs. Lafaurie ; RPC 2021, n° 129, obs. Macorig-Venier.*

28. Cautionnement pénal. Si l'ouverture d'une procédure collective à l'encontre d'une personne mise en examen ne fait pas obstacle à l'application des art. 137 et 138-11° C. pr. pén., le cautionnement au versement duquel a été obligé un débiteur placé sous contrôle judiciaire par le juge d'instruction doit, après condamnation définitive, être versé, par application des art. 33, 47 et 48 de la loi du 25 janv. 1985 [C. com., art. L. 622-7, L. 622-21 et L. 622-22], entre les mains de l'administrateur ou du liquidateur judiciaire. • Crim. 29 avr. 1996, n° 95-85.159 P : *D. Affaires 1996. 1006.* ♦ V. aussi note 67 ss. art. L. 641-9.

29. Frais non recouvrables. Les sommes allouées à la partie civile au titre de l'art. 475-1 C. pr. pén. ne sont pas des dommages-intérêts et ne sont donc pas soumises aux dispositions des art. 47 et 50 de la loi de 1985 [C. com., art. L. 622-21 et L. 622-24]. • Crim. 15 janv. 1998, n° 96-85.526 P • 24 févr. 1999, n° 98-81.945 P : *D. Affaires 1999. 764, obs. P. P.; RPC 2000. 15, obs. Macorig-Venier.*

30. Constitution de partie civile. En cas de redressement ou de liquidation judiciaire de la personne poursuivie, la constitution de partie civile demeure recevable en ce qu'elle tend seulement à ce que soit fixé le montant du préjudice découlant des infractions poursuivies pour lequel le créancier doit déclarer. • Crim. 31 janv. 1996 : *D. Affaires 1996. 558.* – V. aussi • Crim. 20 mars 2001 : *APC 2001, n° 121.*

31. Pénalités fiscales. En matière de contributions indirectes, la mise en redressement judiciaire de la personne poursuivie ne fait pas obstacle à ce qu'elle puisse être condamnée, à la suite de poursuites de l'Administration, aux amende, pénalité proportionnelle et confiscation prévues par l'art. 1791 CGI. • Crim. 28 avr. 1997 : *D. Affaires 1997. 1008; RPC 2000. 16, obs. Macorig-Venier.* ♦ Les amendes et les pénalités fiscales prévues par l'art. 1791, qui ont le double caractère d'une peine et d'une réparation civile, ne sont pas soumises aux dispositions des art. 47 et 48 de la loi du 25 janv. 1985 [C. com., art. L. 622-21 et L. 622-22]. • Même arrêt.

V. aussi, pour des sanctions douanières, note 38 ss. art. L. 622-24.

32. Solidarité fiscale et contrainte par corps. La mise en liquidation judiciaire d'un prévenu ne s'oppose ni au prononcé de la solidarité prévue par l'art. 1745 CGI, mesure à caractère pénal, qui est sans incidence sur la détermination des droits dus et sur l'obligation pour l'Administration de déclarer sa créance, ni au prononcé de la contrainte par corps, cette mesure étant suspendue jusqu'à la clôture de la procédure collective. • Crim. 10 nov. 1999 : *Dr. sociétés 2000, n° 91, obs. Chaput.*

33. Action en recouvrement de l'impôt. En ce sens que l'ouverture d'une procédure collective à l'encontre du redevable principal de l'impôt suspend le cours de la prescription de l'action en recouvrement et que cette action, non prescrite à l'égard du débiteur, ne l'est pas davantage à l'égard de la caution solidaire de la dette fiscale, V. • Com. 12 oct. 1999 : *JCP E 2000, n° 41, p. 1626, note D. F.*

34. Astreinte. L'action en liquidation d'une astreinte prononcée par une décision antérieure au jugement d'ouverture de la procédure de redressement judiciaire qui a suivi la résolution du plan de continuation et en condamnation au paiement de l'astreinte liquidée est soumise à la suspension des poursuites individuelles sans distinguer selon la période, antérieure ou postérieure à ce jugement, pendant laquelle l'astreinte a couru. • Com. 21 janv. 2003, n° 01-01.761 P : *D. 2003. AJ 421, obs. Lienhard; APC 2003, n° 55, obs. Voinot; JCP E 2003, n° 20, p. 855, obs. Cabrillac; RTD com. 2003. 371, obs. Martin-Serf; RPC 2003. 145, obs. Saint-Alary-Houin; ibid. 2004. 229, obs. Macorig-Venier.* – Dans le même sens, V. • Civ. 2e, 11 mai 2006, n° 04-15.918 P : *D. 2006. AJ 1530, obs. Lienhard.* ♦ La fixation d'une astreinte définitive pour contraindre à l'exécution d'une obligation de faire née antérieurement au jugement d'ouverture de la procédure collective du débiteur entraîne pour celui-ci le paiement d'une somme d'argent. • Même arrêt. ♦ Jugé, en revanche, que l'ouverture du redressement judiciaire n'interdit pas à un conseil de prud'hommes d'ordonner au liquidateur judiciaire de l'employeur de remettre à un salarié une attestation destinée aux Assedic, sous astreinte provisoire, la demande du travailleur et l'astreinte ne tendant pas au paiement. • Soc. 17 oct. 1989, n° 87-45.033 P • 12 juin 1991 : *RPC 1992. 107, obs. Dureuil.* ♦ Dans le même sens : pour des documents à remettre à un organisme de sécurité sociale : • Com. 12 juill. 1994, n° 92-19.745 P : *D. 1994. IR 253.* ♦ ... Pour la délivrance de lots gagnés par tirage au sort : • Com. 28 mars 1995, n° 92-17.805 P : *D. 1995. IR 107; RTD com. 1996. 338, obs. Martin-Serf.*

35. Contrainte. Si une contrainte peut être délivrée et validée postérieurement à l'ouverture de la procédure collective, en ce qu'elle constitue le titre exécutoire nécessaire à l'établissement définitif de la créance antérieure de la caisse de sécurité sociale, sa validation ne peut conduire à la condamnation du débiteur à paiement. • Com. 17 févr. 2015 : *D. 2015. Actu. 486; LEDEN 4/2015. 2, obs. Mouial-Bassilana; Gaz. Pal. 1er-5 mai 2015, p. 35, obs. Le Corre; RJDA 2015, n° 509; RPC 2015, n° 105, obs. Macorig-Venier.*

36. Action en restitution d'une somme séquestrée. Le séquestre conventionnel oblige le dépositaire, même en liquidation judiciaire, à rendre la chose contentieuse déposée entre ses mains à la personne qui sera jugée devoir l'obtenir, sans qu'il y ait lieu à concours sur cette somme entre les créanciers de ce dépositaire, de sorte que la demande de restitution de la somme séquestrée ne se heurte pas à l'interdiction de payer une créance antérieure, ni à l'interdiction de toute procédure de distribution n'ayant pas produit un effet attributif avant le jugement d'ouverture. • Com. 23 sept. 2020, n° 19-15.122 P : *D. 2020. Actu. 1886* ; *Rev. sociétés 2020. 712, obs. Henry* ; *AJ contrat 2020. 569, obs. Lebel* ; *JCP E 2020. 1535, n° 3, obs. Pétel* ; *LEDEN 10/2020. 4, obs. Rubellin* ; *BJE 11-12/2020. 29, note Touzain* ; *RJDA 2020, n° 655* ; *RDBF 2020, n° 140, obs. Houin-Bressand* ; *RJ com. 2021. 287, obs. Cazajus* ; *RPC 2021, n° 126, obs. Macorig-Venier.* ♦ V. déjà • Com. 20 juin 1995, n° 92-16.647 P : *D. 1995. IR 214* ; *JCP E 1995. I. 513, n° 3, obs. Pétel* ; *Rev. dr. bancaire 1996. 61, obs. Campana et Calendini* ; *Defrénois 1996. 655, obs. J. Honorat* • 24 avr. 2007, n° 06-16.215 P : *D. 2007. AJ 1275, obs. Lienhard* ; *D. 2008. Pan. 573, obs. F.-X. Lucas* ; *APC 2007, n° 111, obs. Lebel* ; *JCP E 2007. 2119, n° 15, obs. Pétel* ; *RPC 2007. 125, obs. Lebel.* ♦ V. aussi notes 86 et 53 ss. art. L. 622-24. ♦ Comp. note 6 ss. art. L. 622-7. ♦ Comp. également : art. R. 622-19 C. com., dans sa réd. issue du Décr. n° 2006-936 du 27 juill. 2006.

37. Autres actions en exécution d'une obligation de faire. L'action exercée en vue de contraindre une personne mise en redressement judiciaire à exécuter l'obligation, qu'elle avait antérieurement contractée, de se substituer à une caution tend, sous couvert de l'exécution d'une obligation de faire, à obtenir la souscription par le débiteur en redressement judiciaire d'un engagement de payer une somme d'argent, et se trouve donc soumise à la règle de l'arrêt des poursuites individuelles. • Com. 6 juin 1995, n° 93-11.482 P : *D. 1995. IR 170* ; *JCP E 1995. I. 513, n° 16, obs. Pétel* ; *RTD com. 1996. 336, obs. crit. Martin-Serf* .

De même, l'obligation de remise en état inhérente à la résolution du contrat ne saurait s'analyser en une prestation en nature de démolition et retrait des ouvrages édifiés ne tombant pas sous le coup de l'art. 47 [C. com., art. L. 622-21], alors que, sous couvert de la condamnation de la société à procéder à la démolition et à l'enlèvement d'une construction, la demande ne tend qu'au paiement d'une somme d'argent pour une cause antérieure à l'ouverture de la procédure collective. • Com. 9 juill. 1996, n° 94-18.676 P : *D. 1996. IR 203* ; *D. 1997. IR 168* ; *D. Affaires 1996. 1037* ; *JCP E 1997. I. 623, n° 2, obs. Cabrillac.* ♦ Même solution pour la condamnation à réaliser un mur : • Com. 17 juin 1997, n° 94-14.109 P : *D. 1997. IR 168* ; *D. 1997. Somm. 311, obs. Honorat* ; *D. Affaires 1997. 902* ; *Quot. jur. 24 juill. 1997, p. 3, note P. M.* ; *RTD com. 1997. 684, obs. Martin-Serf* ; *RPC 1998. 282, obs. Macorig-Venier.* ♦ ... Pour la mise en œuvre de la garantie d'achèvement d'une maison, V. • Com. 8 janv. 2002 : *RPC 2002. 268, obs. Staes.* ♦ ... Pour la condamnation à exécuter une obligation de nettoiement des lieux : • Paris, 4 déc. 1998 : *RPC 2000. 13, obs. Macorig-Venier.* ♦ ... Pour la condamnation à remplacer un moteur pour défaut de conformité : • Com. 23 janv. 2001 : *Dr. sociétés 2001, n° 62, obs. Chaput* ; *RPC 2001. 247, obs. Macorig-Venier* ; *RTD com. 2002. 540, obs. Martin-Serf* . – V. Viala, *RPC 2002. 43.* ♦ ... Pour l'action en fixation d'une astreinte, V. note 34. ♦ V. aussi, sur l'obligation de déclarer la créance résultant de l'inexécution d'une obligation de faire du débiteur, • Com. 12 nov. 1996 : *RJDA 1997, n° 267.* ♦ *Contra*, accueillant des actions tendant à l'exécution d'une obligation de faire : • Angers, 10 févr. 1997 : *RPC 1999. 121, obs. Macorig-Venier* • Rennes, 9 oct. 1997 : *ibid.*

En revanche, l'action tendant à l'exécution de travaux par le bailleur ou le liquidateur qui le représente ne tombe par sous le coup de l'art. 47 [C. com., art. L. 622-21], dès lors que celui-ci doit pendant toute la durée du bail en cours toutes les réparations nécessaires autres que locatives, peu important que les preneurs aient déclaré leur créance au titre des travaux, cette déclaration ne valant pas abandon pour l'avenir de leur droit d'obtenir que le bailleur remplisse une de ses obligations résultant de la poursuite du contrat. • Com. 29 avr. 2002, n° 99-16.602 P : *D. 2002. AJ 1674, obs. Lienhard* ; *APC 2002, n° 141, obs. Vallansan* ; *RPC 2002. 193, obs. Roussel Galle.*

38. Remise en état d'une installation classée. Sur la possibilité pour l'Administration, nonobstant les dispositions des art. L. 621-40 [L. 622-21] s. C. com., d'imposer au liquidateur de l'exploitant d'une installation classée la consignation d'une somme en vue de la dépollution du site d'exploitation, V. • CE 29 sept. 2003 : *D. 2003. AJ 2574* ; *APC 2003, n° 257, obs. Trébulle* ; *JCP E 2004, n° 5, p. 174, obs. Pétel.* – V. Saint-Alary-Houin, *RPC 2004. 146.*

39. Actions en répétition de l'indu. L'action en répétition de l'indu est soumise à l'art. 47 [C. com., art. L. 622-21]. • Soc. 7 mars 1996 : *RPC 1997. 49, obs. Macorig-Venier.*

40. Procédure d'arbitrage. Le principe d'ordre public de l'arrêt des poursuites individuelles interdit, après l'ouverture de la procédure collective, la saisine du tribunal arbitral par un créancier dont la créance a son origine antérieurement au jugement d'ouverture, sans qu'il se soit soumis au préalable à la procédure de vérification des créances. • Com. 2 juin 2004, n° 02-13.940 P : *D. 2004. AJ 1732, obs. Lienhard* ; *ibid. Somm. 3184, obs. Clay* ; *JCP E 2004, n° 26, p. 1053, note N. S.* ; *APC 2004, n° 158, obs. Vallansan* ; *RPC 2004. 235, obs. Staes* ; *RTD com. 2004. 439, obs. Loquin* ; *RTD com. 2004. 808, obs. Martin-Serf* (V. l'arrêt cassé : • Paris, 13 févr. 2002 : *BICC 2003, n° 63* ; *RJDA 2002, n° 658* ; *JCP E 2003, n° 12, p. 518, note P. M.* ; *RPC 2003. 310, obs. Staes*). – V. déjà, en ce sens • Paris, 3 mars 1998 : *D. 1998. IR 103* ; *D. Affaires 1998. 846, obs. A. L.* • 8 sept. 1998 : *D. 1998. IR 235* ; *D. Affaires 1998. 1646* • 30 mars 1999 :

D. 1999. IR 125. ♦ V. aussi • Paris, 16 mars 1995 : *D. 1995. IR 103.* ♦ V. note 19 ss. art. L. 622-22.

41. Action en paiement de créances cédées. Il résulte des art. L. 313-23, L. 313-24 et L. 313-27 C. mon. fin. [relatifs à la cession de créances professionnelles] que, même si son exigibilité n'est pas encore déterminée, une créance peut être cédée et que, sortie du patrimoine du cédant, son paiement n'est pas affecté par l'ouverture de la procédure collective de ce dernier postérieurement à cette date. • Com. 7 déc. 2004, nº 02-20.732 P : *D. 2005. 230, note Larroumet (Rect. ibid. 376) ; ibid. AJ 77, obs. Lienhard ; ibid. Pan. 1426, obs. Boujeka, et 2014, obs. F.-X. Lucas ; JCP E 2005, nº 6, p. 231, note Raby ; APC 2005, nº 17, obs. Regnaut-Moutier ; Defrénois 2005. 997, obs. Gibirila ; RTD com. 2005. 415, obs. Martin-Serf .* – Dans le même sens, V. • Com. 22 nov. 2005, nº 03-15.669 P : *D. 2005. AJ 3081, obs. Delpech ; APC 2006, nº 13, obs. Bonhomme ; JCP E 2006, nº 14-15, p. 673, obs. Cabrillac.* – V. Tchotourian, *RJDA avr. 2006, p. 33.* ♦ Solution confirmée, pour les cessions de créances effectuées par un organisme de financement : V. art. L. 214-169 C. mon. fin. – ***C. mon. fin.*** ♦ V. aussi • Versailles, 28 févr. 2013 : *D. 2013. Actu. 829, obs. Dammann .* ♦ Auparavant, la Chambre commerciale avait au contraire considéré que le jugement d'ouverture de la procédure collective à l'égard du cédant faisait obstacle aux droits de la banque cessionnaire sur les créances nées de la poursuite d'un contrat à exécution successive postérieurement à ce jugement. • Com. 26 avr. 2000, nº 97-10.415 P : *D. 2000. 717, note Larroumet ; ibid., AJ 265, obs. Pisoni ; JCP E 2000, nº 28, p. 1134, note Legeais ; ibid., nº 40, p. 1560, obs. Pétel ; APC 2000, nº 146, obs. Regnaut-Moutier.* – V. Likillimba, *RJDA 2001. 663 ;* Soinne, *RPC 2000. 179.*

42. Sommation de payer préalable à la vente forcée d'un fonds de commerce. L'exigence de la délivrance d'une sommation de payer à l'encontre du débiteur en liquidation judiciaire, dans le cadre d'une interprétation purement littérale des dispositions de l'art. 16 de la loi du 17 mars 1909 [C. com., art. L. 143-5] (qui permet aux créanciers inscrits de demander la vente aux enchères publiques du fonds à défaut de paiement), serait contraire aux dispositions d'ordre public des art. 47 et 48 de la loi du 25 janv. 1985 [C. com., art. L. 622-21 et L. 622-22]. • Paris, 21 avr. 2000 : *D. 2000. AJ 313, obs. Monéger-Dupuis et Pisoni .*

43. Action en réduction du prix de vente d'un fonds de commerce. L'action en réduction du prix de vente d'un fonds de commerce pour inexactitude des mentions obligatoires n'entre pas dans le champ d'application de l'art. 47 [C. com., art. L. 622-21]. • Paris, 17 janv. 1994 : *RJDA 1994, nº 333.*

44. Attribution judiciaire d'un immeuble hypothéqué. La demande d'un créancier hypothécaire impayé tendant à ce que l'immeuble grevé lui demeure en paiement, par application de l'art. 2458 [2451] C. civ., tend au paiement d'une somme d'argent, au sens de l'art. L. 622-21 C. com., et, à défaut de disposition autorisant, par dérogation au principe de l'interdiction des poursuites posé par ce texte, la présentation d'une telle demande en cas de procédure collective, comme il en existe pour l'attribution judiciaire du gage, la demande d'attribution judiciaire de l'immeuble hypothéqué est irrecevable. • Com. 28 juin 2017, nº 16-10.591 P : *D. 2017. Actu. 1356, obs. Lienhard ; ibid. Pan. 1948, obs. Le Corre ; AJ contrat 2017. 397, obs. A. Lecourt ; RTD civ. 2017. 707, obs. Crocq ; RTD com. 2017. 993, obs. Martin-Serf ; JCP E 2017. 1460, nº 23, obs. Pétel ; ibid. 1656, note Lebel ; LEDEN 9/2017. 2, obs. Camensuli-Feuillard ; APC 2017, nº 236, obs. Alleaume ; Gaz. Pal. 10 oct. 2017, p. 51, obs. Boustani ; RPC 2017, nº 102, obs. Macorig-Venier ; RJDA 2017, nº 748 ; BJE 2017. 418, note Dols-Magneville.*

45. Garantie des vices cachés. Échappe à la suspension des poursuites individuelles l'obligation de remplacer le matériel litigieux, invoquée par l'acheteur ayant introduit une instance sur le fondement de l'art. 1648 C. civ. à l'encontre du débiteur en redressement judiciaire dont l'entreprise a fait l'objet d'une cession. • Com. 28 mars 1995, nº 92-18.917 P : *D. 1995. IR 107.* ♦ En revanche, dès lors que le contrat de vente a été conclu avant le jugement d'ouverture de la liquidation judiciaire du vendeur, la demande de dommages-intérêts formée par l'acquéreur contre ce dernier, sur le fondement de l'action estimatoire, tout comme sa demande de dommages-intérêts pour perte de jouissance, sont irrecevables. • Com. 18 févr. 2003 : *RPC 2003. 312, obs. Staes.*

46. Action en nullité d'un contrat. N'est pas soumise à la suspension des poursuites prévue par l'art. 47 [C. com., art. L. 622-21], une action en nullité d'une vente fondée sur le dol constitué par une publicité mensongère. • Dijon, 25 nov. 1994 : *BICC 1995, nº 841 ; Rev. huiss. 1995. 1263.* ♦ Pour une autre application, V. • Grenoble, 12 janv. 2005 : *RPC 2005. 211, obs. Macorig-Venier.*

47. Action paulienne. **BIBL.** Courtier, *LPA 3 mars 1995.* – Pizzio-Delaporte, *RTD com. 1995. 715 .* ♦ L'action fondée sur l'art. 1167 [1341-2] C. civ. qu'un créancier peut exercer contre tous les actes faits en fraude de ses droits par le débiteur n'est pas soumise aux dispositions de l'art. L. 621-40 [L. 622-21] C. com. • Com. 2 nov. 2005, nº 04-16.232 P : *D. 2005. AJ 2872, obs. Lienhard ; D. 2006. Pan. 83, obs. Le Corre ; APC 2005, nº 237, obs. Vallansan ; Gaz. Pal. 10-11 févr. 2006, p. 27, obs. Roussel Galle ; JCP E 2006, nº 14-15, p. 673, obs. Pétel ; RPC 2006. 276, obs. Blanc.* ♦ L'inopposabilité de l'acte, résultant de l'admission de l'action paulienne exercée contre lui par un créancier, n'a d'effet qu'à l'égard de celui-ci. • Même arrêt. – V. déjà, en ce sens, • Paris, 4 févr. 1994 : *D. 1994. IR 80* • Lyon, 3 avr. 2003 : *BICC 2004, n° 1362.* ♦ V. encore note 49 ss. art. L. 621-2, note 10 ss. art. L. 622-20, note 14 ss. art. L. 632-4 et note 22 ss. art. L. 642-18.

48. *Action oblique.* Une telle action n'a pas pour objet principal d'obtenir le paiement du sous-débiteur par le créancier qui l'exerce mais seulement la réintégration dans le patrimoine du débiteur de celui-ci des créances que ce dernier néglige de recouvrer. • Paris, 13 mars 1998 : *D. Affaires. 1998. 673, obs. A. L. ; RPC 1999. 120, obs. Macorig-Venier.* ♦ Sur l'exercice de cette action, V. note 10 ss. art. L. 622-20 et note 39 ss. art. L. 641-9.

49. *Action en dissolution d'une société.* L'action en dissolution d'une société suite à la réunion de toutes les parts sociales en une seule main (art. 1844-5 C. civ.), ne tendant pas au paiement d'une somme d'argent, n'est pas paralysée par l'art. 47 [C. com., art. L. 622-21]. • Paris, 27 sept. 1996 : *Dr. sociétés 1996, n° 234, obs. Chaput.*

50. *Créances d'aliments.* BIBL. M. Storck, *RPC 1989. 1.* ♦ Échappe à la règle d'arrêt des poursuites individuelles prévue par l'art. 47 [C. com., art. L. 622-21], en vertu des art. 1er et 2 de la loi du 2 janv. 1973, l'action directe dont dispose le créancier d'aliments contre les tiers débiteurs de sommes liquides et exigibles envers la personne tenue au paiement de la pension. • Nancy, 30 avr. 1999 : *BICC 1999, n° 1302.* ♦ V. L. n° 73-5 du 2 janv. 1973. – **C. civ.** ♦ En revanche, l'action dirigée contre le débiteur et tendant à la condamnation de ce dernier au paiement des arriérés d'une pension alimentaire est irrecevable. • Paris, 4 sept. 2000 : *RTD com. 2001. 234, obs. Martin-Serf* . ♦ Comp. note 69 ss. art. L. 622-24.

51. *Cotisations dues aux caisses de congés payés.* Sur la portée de l'art. L. 143-8 [L. 3253-23], 4°, C. trav. (privilège des caisses de congés payés pour le paiement des cotisations qui leur sont dues) au regard de la suspension des poursuites instituée par l'art. L. 621-40 [L. 622-21] C. com., V. • Com. 13 déc. 2005, n° 04-17.502 P : *D. 2006. AJ 227, obs. Lienhard ; JCP E 2006, n° 14-15, p. 674, obs. Cabrillac ; Gaz. Pal. 30 avr.-4 mai 2006, p. 40, obs. Roussel Galle.*

52. *Fixation des honoraires d'avocat.* En ce sens que le principe de l'arrêt des poursuites individuelles n'interdit pas au bâtonnier de statuer sur les contestations émises par le débiteur en ce qui concerne le montant des honoraires de son avocat, V. • Com. 24 janv. 2006, n° 02-20.095 P : *D. 2006. AJ 499, obs. Lienhard ; ibid. Pan. 2254, obs. F.-X. Lucas ; APC 2006, n° 57, obs. Le Corre ; Gaz. Pal. 30 avr.-4 mai 2006, p. 38, obs. Roussel Galle ; RPC 2007. 133, obs. Macorig-Venier.*

53. *Contre-passation d'effets de commerce.* La contre-passation d'un effet de commerce après l'ouverture de la procédure collective du tireur ne vaut pas paiement et n'en fait pas perdre la propriété au banquier escompteur. • Com. 11 juin 2014 : *D. 2014. Actu. 1325 ; Gaz. Pal. 5-7 oct. 2014, p. 41, obs. Bonhomme.*

54. *Remise des fonds au nouveau syndic de copropriété.* Lorsque le nouveau syndic demande à l'ancien syndic en liquidation judiciaire la remise des fonds, documents et archives du syndicat ainsi que l'état des comptes de ce dernier et de celui des copropriétaires, l'action qu'il exerce à cette fin en application de l'art. 18-2 de la L. n° 65-557 du 10 juill. 1965, échappe à l'interdiction des poursuites de l'art. L. 622-21, I, C. com., dès lors qu'elle tend au respect d'une obligation légale, inhérente à la profession de syndic, et non au paiement d'une somme d'argent. • Com. 20 mars 2019, n° 17-22.417 P : *D. 2019. Actu. 636 ; Rev. sociétés 2019. 427, obs. Roussel Galle ; RTD com. 2019. 763, obs. Martin-Serf ; JCP E 2019. 1375, n° 3, obs. Pétel ; LEDEN 5/2019. 3, obs. Roux ; APC 2019, n° 116, obs. Pétel ; RJDA 2019, n° 444 ; BJE 7-8/2019. 40, note Thullier ; RPC 2019, n° 119, obs. Lebel.*

55. *Action en garantie dans le cadre d'un divorce.* La demande de l'ex-épouse visant à être relevée et garantie par le débiteur en liquidation de sommes pouvant être mises à sa charge au titre de crédits et emprunts, fondée sur l'engagement pris par son ex-époux lors de son divorce, tend à la condamnation de ce dernier au paiement de sommes d'argent pour une cause antérieure à l'ouverture de la procédure collective, de sorte qu'elle est soumise à l'interdiction des poursuites. • Com. 29 mai 2019, n° 16-26.989 P : *D. 2019. Actu. 1166 ; Rev. sociétés 2019. 555, obs. Reille ; RTD com. 2019. 765, obs. Martin-Serf ; ibid. 771, obs. Vallens ; APC 2019, n° 170, obs. Petit ; LEDEN 7/2019. 4, obs. Lafaurie ; RJDA 2019, n° 573 ; Gaz. Pal. 15 oct. 2019, p. 59, obs. Boustani.*

2° ACTION EN RÉSOLUTION

56. *Résolution pour défaut de paiement d'une somme d'argent.* L'action en résolution d'un contrat pour défaut de paiement d'une somme d'argent à son échéance est une action fondée sur le défaut de paiement d'une somme d'argent au sens de l'art. L. 622-21 C. com., dans sa rédaction issue de l'Ord. du 18 déc. 2008 (irrecevabilité de la demande du bailleur tendant à la résiliation du contrat de bail pour paiement tardif des loyers antérieurs au jugement d'ouverture). • Com. 15 nov. 2016, n° 14-25.767 P : *D. 2016. Actu. 2334 ; RTD com. 2017. 185, obs. Martin-Serf ; JCP E 2017. 1164, n° 3, obs. Pétel ; Gaz. Pal. 10 janv. 2017, p. 65, obs. Kendérian ; RJDA 2017, n° 97 ; RPC 2017, n° 100, obs. Macorig-Venier.* ♦ De même, sont irrecevables : l'action en résolution d'un contrat de vente pour défaut de paiement du prix. • Com. 31 mars 1992, n° 90-11.741 P : *D. 1992. IR 142.* ♦ ... La demande tendant à faire constater l'acquisition de la clause résolutoire d'un bail commercial pour non-payement d'un loyer antérieur au jugement d'ouverture : V. note 3 ss. art. L. 622-14. ♦ En revanche, l'art. L. 622-21 C. com. ne fait pas obstacle à l'action aux fins de constat de la résolution d'un contrat de crédit-bail immobilier par application d'une clause résolutoire de plein droit qui a produit ses effets avant le jugement d'ouverture de la liquidation judiciaire du crédit-preneur. • Com. 18 nov. 2014 : *D. 2014. Actu. 2405 ; LEDEN 1/2015. 2, obs. Le Corre-Broly ; RJDA 2015, n° 122 ; RPC 2015, n° 103, obs. Macorig-Venier.* – V. déjà, en ce sens, • Com. 9 mai 1995, n° 93-10.549 P : *D. 1995. IR 148* • Civ. 3e, 11 juin 1997, n° 95-14.355 P : *AJPI 1998. 47, note Gallet.* ♦ Dans le même sens, pour la résolution de plein droit d'un bail à construction, V. • Civ. 3e, 28 janv. 2004, n° 01-00.893 P : *D. 2004. AJ 502 ; APC 2004, n° 56, obs. Vallansan ; RPC 2004. 233, obs. Macorig-Venier.* ♦ ... D'une vente de fonds de commerce, V. • Com. 25 nov. 1997, n° 95-15.885 P : *D. 1998. IR 8 ; Rev. loyers 1998. 190, note Gallet.* ♦ Ni l'art. L. 622-21 C. com., ni l'art. 24 de la L. n° 89-462 du 6 juill. 1989 tendant à améliorer les rapports locatifs, ne font obstacle à l'action aux fins de constat de la résolution d'un contrat de bail d'habitation par application d'une clause résolutoire de plein droit qui a produit ses effets avant le jugement de liquidation judiciaire, dès lors que le locataire n'a pas demandé de délais de paiement, cette circonstance permettant seule de suspendre les effets de la clause. • Com. 23 oct. 2019, n° 18-14.823 P : *D. 2019. Actu. 2086 ; RTD com. 2020. 466, obs. Martin-Serf ; APC 2019, n° 262, obs. Petit ; LEDEN 12/2019. 4, obs. Lafaurie.*

57. L'art. L. 622-21, I, 2°, s'applique au contrat de vente assortie d'un paiement sous forme d'une rente viagère. • Com. 4 juill. 2018, n° 17-10.208 : *RTD com. 2019. 211, obs. Martin-Serf .* ♦ En revanche, la règle de la suspension des poursuites individuelles n'empêche pas la constatation de l'acquisition de la clause résolutoire du contrat au jour du jugement d'ouverture. • Com. 8 déc. 1998 : *APC 1999, n° 19.* – V. aussi note 60. ♦ Comp. : • Com. 2 mars 1999 : *APC 1999, n° 91, obs. Vallansan ; LPA 1er févr. 2000, p. 21, note Gallet ; RPC 2000. 13, obs. Macorig-Venier.* ♦ V. égal. Vauvillé, *Dr. et patr. 4/2001. 45* ; Delattre, *Ann. loyers 2002. 137.*

58. Pour la renonciation implicite d'un crédit-bailleur à se prévaloir d'une clause de résiliation de plein droit avant l'ouverture de la procédure, V. • Com. 21 janv. 1992, n° 90-11.510 P : *D. 1992. Somm. 259, obs. Derrida ; Defrénois 1992. 1375, obs. Sénéchal.*

59. Aucun texte, et spécialement l'art. 47 [C. com., art. L. 622-21], ne s'oppose à ce qu'un tribunal constate, après le jugement d'ouverture d'une procédure collective à l'encontre de l'acheteur, l'acquisition, pour défaut de paiement d'une fraction du prix, de la clause résolutoire insérée dans l'acte de vente de biens immobiliers, dès lors que n'est pas en cause la résiliation du bail d'un immeuble affecté à l'activité de l'entreprise en liquidation judiciaire. • Com. 5 avr. 1994 : *D. 1994. IR 174.* – Dans le même sens, V. • Paris, 24 mars 1998 : *D. Affaires 1998. 847 ; RPC 1999. 119, obs. Macorig-Venier.*

60. L'art. 47 [C. com., art. L. 622-21] interdit l'action résolutoire engagée par un vendeur dont les créances pour les sommes échues après le jugement d'ouverture avaient leur origine dans le contrat de vente et le contrat de prêt conclus antérieurement, et que ces contrats n'étaient plus en cours au sens de l'art. 37 [C. com., art. L. 622-13], le transfert de propriété des immeubles vendus s'étant réalisé dès la signature de l'acte de vente et le montant du prêt ayant été versé par le prêteur. • Com. 9 avr. 1991, n° 89-18.817 P : *D. 1992. Somm. 257, obs. Derrida ; RPC 1992. 165, obs. Saint-Alary-Houin.* ♦ Dans le même sens, pour une vente contre paiement d'une rente viagère, V. • Com. 28 févr. 1995, n° 94-12.108 P : *D. 1995. IR 89 ; Quot. jur. 21 mars 1995, p. 2* • Paris, 9 mars 2000 : *D. 2000. AJ 201, obs. Pisoni.*

61. Dès lors que les emprunteurs fondent leur demande d'annulation du contrat de vente sur la violation de l'art. L. 121-23 C. consom., dans sa rédaction antérieure à celle issue de l'Ord. n° 2016-301 du 14 mars 2016, et leur demande subsidiaire de résolution sur l'inexécution de prestations, sans demander de condamnation du vendeur au paiement d'une somme d'argent ni invoquer le défaut de paiement d'une telle somme, ni même réclamer la restitution du prix de vente, leurs demandes ne se heurtent pas à l'interdiction des poursuites. • Com. 7 oct. 2020, n° 19-14.422 P : *D. 2020. Actu. 2006 ; Rev. sociétés 2020. 710, obs. Henry ; RTD com. 2021. 187, obs. Martin-Serf ; JCP E 2020. 1535, n° 5, obs. Tehrani ; LEDEN 11/2020. 3, obs. Lafaurie ; BJE 1-2/2021. 28, note J.-B. Barbièri ; RPC 2021, n° 125, obs. Macorig-Venier.*

62. Sur l'inapplicabilité de l'art. 47 [C. com., art. L. 622-21] à la résiliation d'un contrat d'assurance pour non-paiement d'une prime échue antérieurement à la mise en redressement judiciaire du souscripteur, le défaut de paiement de la prime constituant, en vertu de l'art. L. 132-20 C. assur., une cause de résiliation n'ayant pas à être constatée judiciairement, V. • Com. 26 mai 1999 : *D. 1999. IR 161 ; JCP E 1999, n° 39, p. 1532, obs. Pétel ; APC 1999, n° 144, obs. Regnaut-Moutier ; RPC 2000. 14, obs. Macorig-Venier.* ♦ V. aussi note 52 ss. art. L. 622-24.

63. La caution est déchargée, par application de l'art. 2037 [2314] C. civ., lorsque le bailleur n'a pas exercé en temps utile l'action résolutoire contre le preneur, de sorte que, par l'effet du redressement judiciaire du débiteur principal, la caution ne peut plus être subrogée dans ladite action résolutoire. • Civ. 1re, 17 févr. 1993, n° 90-12.916 P : *D. 1993. IR 65.*

64. Résolution pour inexécution d'une obligation de faire. N'est pas visée par l'art. 47 [C. com., art. L. 622-21] l'action en résolution consécutive à l'inexécution d'une obligation de faire. • Com. 12 mai 1992, n° 90-13.945 P : *JCP 1993. II. 21999, note Lévy ; D. 1992. IR 195* • Chambéry, 9 sept. 1992 : *Rev. loyers 1995. 105, note Gallet ; JCP E 1992. Pan. 1117.* ♦ Il en va ainsi, par exemple, en cas de mise en œuvre de la clause résolutoire d'un bail commercial en raison du non-respect : de l'obligation du preneur d'utiliser les lieux pour l'exercice de son commerce et de les tenir constamment garnis. • Com. 11 avr. 1995 : *RPC 1995. 295, obs. Mestre et Laude.* ♦ ... De la destination contractuelle. • Paris, 24 mai 1995 : *Loyers et copr. 1995, n° 425, note Brault et Mutelet.* ♦ ... Ou des formalités d'autorisation et de concours du bailleur à l'acte de sous-location. • Paris, 14 janv. 1993 : *Juris-Data n° 010306.* ♦ V. aussi, admettant l'action en constatation du jeu de la clause résolutoire d'un bail commercial pour non-respect de l'obligation d'assurance, • Paris, 21 janv. 1997 : *RPC 1999. 118, obs. Macorig-Venier.* ♦ V. encore note 20 ss. art. L. 622-13.

Sur le délai imparti au bailleur pour introduire sa demande en cas de liquidation judiciaire, V. art. L. 641-12, al. 4.

La demande tendant à la résolution d'une vente, en application de l'art. 1610 C. civ. (obligation de délivrance), à l'exclusion du remboursement du prix versé, est recevable ; les acquéreurs n'ont pas l'obligation de déclarer leur créance résultant du défaut d'achèvement de l'immeuble. • Civ. 1re, 26 nov. 1996, n° 94-13.989 P : *D. Affaires 1997. 160.* ♦ Est également recevable la demande en résolution de contrats de vente pour défaut de conformité et existence de vices cachés. • Com. 2 mars 1999 : *RJDA 1999, n° 573 ; RPC 2000. 14, obs. Macorig-Venier.*

V. aussi, pour la résolution d'un contrat de cession de clientèle consécutivement à l'inexécution d'une obligation de faire, • Paris, 26 janv. 1996 : *D. 1996. IR 62.*

65. Comp. note 37.

66. Congé avec refus de renouvellement du bail. La suspension des poursuites prévue par l'art. 47 [C. com., art. L. 622-21] n'est pas applicable *à l'action en déclaration de validité de* congé avec refus de renouvellement pour retards dans les paiements. • Com. 3 juin 1992, n° 90-14.124 P : *Defrénois 1993. 796, obs. Vermelle ; ibid. 1993. 1215, obs. Sénéchal.* – Dans le même sens, V. • Civ. 3e, 14 mai 1997 : *D. 1997. Somm. 305, obs. Rozès ; D. Affaires 1997. 866 ; RJDA 1997, n° 954 ; Rev. loyers 1999. 240, note Gallet* • Lyon, 29 mars 1995 : *RPC 1998. 286, obs. Macorig-Venier* • Paris, 12 sept. 2005 : *RJDA 2006, n° 394.*

67. Résiliation du bail mis à disposition. Lorsqu'un fermier met ses terres à disposition d'une exploitation agricole à responsabilité limitée [en application de l'art. L. 411-37 C. rur.], il reste seul titulaire du bail et la procédure collective suivie contre l'EARL, même si elle débouche sur un plan de continuation, ne fait pas obstacle à l'action en résiliation du bailleur dont les droits n'ont pas été modifiés. • Civ. 3e, 6 janv. 2010, n° 08-21.536 P : *D. 2010. AJ 205 ; APC 2010, n° 53, obs. Lebel ; RJ com. 2010. 490, note Sortais ; Dr. sociétés 2011, n° 15, note Legros.*

68. Résolution du plan de cession. Dans la procédure de redressement judiciaire du cessionnaire, l'art. 47 [C. com., art. L. 622-21] ne fait pas obstacle au prononcé de la résolution du plan de cession, compte tenu de sa nature et de l'action en résolution ouverte au procureur de la République et au tribunal, distincte de l'action interdite par l'art. 47 aux seuls créanciers. • TGI Metz, 3 août 1988 : *D. 1991. Somm. 17, obs. Derrida.* ♦ En revanche, la résolution des actes de cession ne saurait être sollicitée par le commissaire à l'exécution du plan dans la mesure où les cessionnaires étant eux-mêmes soumis à une procédure de redressement judiciaire, s'appliquent les dispositions de l'art. 47 [C. com., art. L. 622-21] interdisant toute action en résolution pour défaut de paiement d'une somme d'argent. • Orléans, 23 oct. 1997 : *RPC 1999. 120, obs. Macorig-Venier.*

69. Résolution d'une adjudication. Un mandataire à la liquidation judiciaire d'une société ayant fait procéder à la vente d'un immeuble dépendant de l'actif social au bénéfice d'une autre société, qui n'en a pas payé le prix, peut être déclaré irrecevable à poursuivre la revente de ce bien sur folle enchère en raison de la procédure de liquidation judiciaire dont a fait l'objet à son tour l'adjudicataire. Les dispositions de l'art. 47 [C. com., art. L. 622-21] sont, en effet, applicables, dès lors qu'aux termes du cahier des charges, l'adjudicataire devenait propriétaire du seul fait de l'adjudication, en sorte que la procédure de folle enchère tendait à la résolution de la première adjudication. • Civ. 2e, 19 mai 1998 : *D. 2000. Somm. 67, obs. Pérochon et Mainguy ; D. Affaires 1998. 1325, obs. V. A.-R.* – Dans le même sens, V. • Com. 13 oct. 1998 : *Dr. sociétés 1998, n° 158, obs. Chaput ; RTD com. 1999. 504, obs. Martin-Serf* • Civ. 2e, 11 mars 2010, n° 09-13.360 P : *D. 2010. AJ 763 ; LEDEN 5/2010. 4, obs. M. Sénéchal ; APC 2010, n° 136, obs. Salvat ; RJDA 2010, n° 648 ; RDBF 2010, n° 105, obs. S. Piedelièvre.*

70. Résolution d'un concordat. Jugé que la demande de résolution d'un concordat dont le débiteur avait bénéficié, fondée sur l'inexécution des engagements concordataires, ne tombe pas sous le coup de l'art. 47 [C. com., art. L. 622-21]. • Aix-en-Provence, 13 déc. 1989 : *D. 1991. Somm. 2, obs. crit. Derrida*.

C. ARRÊT DES PROCÉDURES D'EXÉCUTION

1° PROCÉDURES D'EXÉCUTION VISÉES

BIBL. Théry, *Rev. huiss. 2002. 140.*

71. Jurisprudence antérieure à la L. n° 91-650 du 9 juill. 1991. V. éditions 2012 et antérieures du **C. com.**

72. Saisie-attribution. BIBL. Derrida, *LPA 6 janv. 1993.* – Canet, *RPC 1995. 265.* – Ghelfi-Tastevin, *LPA 18 oct. 1999 ; ibid. 20 oct. 1999.* – F. Aubert, *Rapp. C. cass. pour 1999, p. 83.* – Rezek, *JCP N 2001, n° 37, p. 1349.* – Spinelli, *Dr. et pr. 2002. 273* (dénonciation de la saisie-attribution). – Lefort, *ibid. 2003. 204 et 272* (saisie conservatoire pratiquée antérieurement au jugement d'ouverture). – Garreau, *RTD com. 2004. 413* (saisie-attribution sur des créances à exécution successive). ♦ L'acte de saisie emporte, à concurrence des sommes pour lesquelles elle est pratiquée, attribution immédiate au profit du saisissant de la créance saisie disponible entre les mains du tiers ainsi que de tous ses accessoires [...]. – La [...] survenance d'un jugement portant ouverture d'un redressement ou d'une liquidation judiciaires ne remet pas en cause cette attribution [...], (C. pr. exéc., art. L. 211-2).

La saisie administrative à tiers détenteur emporte l'effet d'attribution immédiate prévu à l'art. L. 211-2 C. pr. exéc. (LPF, art. L. 262, al. 4).

La survenance d'un redressement judiciaire ne peut, par application de l'art. 43 de la loi du 9 juill. 1991 [C. pr. exéc., art. L. 211-2, à compter du 1er juin 2012], remettre en cause l'attribution que réalise l'acte de saisie-attribution, la créance entrant par l'effet de la saisie dans le patrimoine du saisissant et n'ayant pas à être déclarée. • Com. 13 oct. 1998, n° 96-14.295 P : *D. Affaires 1998. 2018, obs. A. L.* ♦ En effet, la règle de la suspension des poursuites individuelles édictée par l'art. 47 [C. com., art. L. 622-21] ne fait pas obstacle à l'effet attributif immédiat de la saisie-attribution dès lors qu'elle a été pratiquée à une date antérieure au redressement judiciaire, quand bien même le tribunal ferait-il remonter la date de cessation des paiements à une date antérieure à celle de la saisie. • TGI Carpentras, JEX, 22 juill. 1999 : *Annonces de la Seine, suppl. au n° 16 du 28 févr. 2000, p. 4.*

73. Il résulte des art. 13 et 43 de la loi du 9 juill. 1991 préc. et des art. 69 s. de son décret d'application n° 92-755 du 31 juill. 1992 [C. pr. exéc., art. L. 112-1, L. 211-2 et R. 211-14 s., à compter du 1er juin 2012] que la saisie-attribution d'une créance à exécution successive pratiquée à l'encontre de son titulaire avant la survenance d'un jugement portant ouverture d'un redressement ou d'une liquidation judiciaires de celui-ci poursuit ses effets sur les sommes échues en vertu de cette créance après ledit jugement. • Cass., ch. mixte, 22 nov. 2002, n° 99-13.935 P : *BICC janv. 2003, p. 11, avis Viricelle et rapp. Foulon ; D. 2002. AJ 3270, obs. Lienhard ; D. 2003. 445, note Larroumet ; ibid. Somm. 1472, obs. Taormina ; APC 2002, n° 262, obs. Regnaut-Moutier ; JCP 2003. II. 10033, note Houtcieff ; JCP E 2003, n° 11, p. 469, note Legeais ; RTD com. 2003. 367, obs. Martin-Serf* • Com. 5 nov. 2003, n° 99-20.223 P : *D. 2003. AJ 2964 ; Dr. et pr. 2004. 108, note Putman* • 3 déc. 2003 : *D. 2004. Somm. 1489, obs. Taormina*. ♦ V. déjà • Civ. 2e, 10 juill. 1996 : *D. 1996. 625, note Ancel ; JCP 1996. II. 22723, note Putman ; RPC 1997. 42, obs. Canet* • 8 mars 2001 : *APC 2001, n° 98, obs. Regnaut-Moutier.* – V. Soinne, *LPA 1er nov. 1996 ; RPC 2000. 179.* ♦ Sur la notion de « créance à exécution successive », V. • Civ. 2e, 17 mai 2001 : *APC 2001, n° 191, obs. Soinne.* ♦ V. aussi note 15. ♦ Pour l'application de cette solution à un avis à tiers détenteur pratiqué sur une créance à exécution successive, V. note 10 ss. art. L. 622-7.

La dénonciation au débiteur saisi de la saisie-attribution pratiquée à son encontre ne constitue pas une voie d'exécution et n'est donc pas concernée par l'interdiction de toute voie d'exécution prévue par l'art. 47 [C. com., art. L. 622-21]. • Paris, 2 sept. 1999 : *Banque et Dr. 3-4/2000. 53, obs. Guillot* • TGI Lyon, JEX, 23 avr. 1996 : *D. 1997. 43, note Prévault*.

74. Le jugement d'ouverture de la procédure collective interdit toute conversion en saisie-attribution de la saisie conservatoire pratiquée antérieurement. • Com. 22 avr. 1997, n° 94-19.420 P : *D. 1997. IR 127 ; D. Affaires 1997. 673 ; RDBB 1997. 134, obs. Campana et Calendini ; JCP E 1997. II. 1013, note Grellière ; ibid. 1997. I. 681, n° 16, obs. Cabrillac ; RPC 1997. 316, obs. Canet ; RTD com. 1998. 208, obs. Martin-Serf*. ♦ Il résulte de la combinaison de l'art. 47 de la loi du 25 janv. 1985 [C. com., art. L. 622-21] et des art. 240 à 242 du Décr. n° 92-755 du 31 juill. 1992 [C. pr. exéc., art. R. 523-7 à R. 523-9], qu'une saisie conservatoire signifiée au tiers saisi avant la date de cessation des paiements qui n'a pas été convertie en saisie-attribution avant la date du jugement d'ouverture n'emporte plus, dès lors, affectation spéciale et privilège au profit du créancier saisissant. • Com. 22 avr. 1997 : *préc.* • 6 mars 2001, n° 98-12.266 P : *D. 2001. AJ 1102, obs. Lienhard ; APC 2001, n° 88, obs. Vallansan ; Procédures 2001, n° 126, obs. Laporte ; RDBF 2001, n° 129, obs. Delleci* • Paris, 19 mars 1998 : *D. Affaires 1998. 720, obs. A. L.* – V. aussi • Douai, 19 juill. 1994 : *D. 1995. 479, note Prévault ; JCP E 1995. I. 513, n° 17, obs. Cabrillac ; Rev. huiss. 1995. 838, note Dahan* • Montpellier, 20 avr. 2004 : *RDBF 2005, n° 59, obs. F.-X. Lucas* (à propos d'une conversion en saisie-attribution intervenue le jour même du jugement d'ouverture). ♦ En effet, aux termes mêmes de cet art. 240 et de l'art. 76, al. 2, de la loi du 9 juill. 1991 [C. pr. exéc., art. L. 523-2 et R. 523-7, à compter du 1er juin 2012], c'est la demande de paiement contenue dans l'acte de conversion qui emporte attribution immédiate, au profit du créancier, de la créance saisie conservatoirement et non la saisie conservatoire elle-même. • TGI Lyon, JEX, 26 sept. 1995 : *BICC 1996, n° 193 ; RPC 1996. 343, obs. Canet. – Contra* : • TGI Lyon, JEX, 20 févr. 1996 : *D. 1996. IR 188* • TGI Le Mans, JEX, 12 avr. 1994 : *Gaz. Pal. 1996. 2. Somm. 436, obs. Vray.* ♦ Dès lors, même en présence d'un jugement définitif consacrant sa créance, le créancier qui n'a pas signifié d'acte de conversion de la saisie conservatoire en saisie-attribution, avant l'ouverture de la procédure collective, ne peut se prévaloir d'un droit acquis avant le jugement d'ouverture. • Civ. 2e, 19 mai 1999, n° 97-13.672 P : *D. 1999. 549, note Prévault* ; *RJDA 2000, n° 184.* ♦ V. art. L. 632-1, I (7°). ♦ Sur cette question, V. Vaccaro, *D. Affaires 1997. 1409.*

Une saisie conservatoire non convertie en saisie-attribution à la date du jugement d'ouverture doit faire l'objet d'une mainlevée. • Com. 31 mars 1998 : *Procédures 1998, n° 139, obs. Perrot ; ibid. n° 144, obs. Croze* • Paris, 16 juin 1998 : *D. Affaires 1998. 1450, obs. A. L.* ♦ V. aussi, s'agissant d'une saisie conservatoire pratiquée en garantie d'une créance de condamnation au paiement de l'insuffisance d'actif non convertie en saisie-attribution avant le jugement d'ouverture de la liquidation judiciaire du dirigeant : note 2 ss. art. R. 651-6. ♦ De même, doit être ordonnée la mainlevée de la consignation des sommes entre les mains d'un séquestre, comme modalité de substitution à la saisie conservatoire, et leur reversement dans l'actif de la société en redressement judiciaire. • Lyon, 17 juin 1998 : *JCP 2000. IV. 1389.* ♦ En effet, la substitution d'un séquestre judiciaire à une saisie conservatoire n'a pas pour conséquence de faire échapper la créance séquestrée au régime juridique de la saisie conservatoire dont les effets sont maintenus. • Com. 6 mars 2001 : *préc.* – V. C. pr. exéc., art. L. 512-1 et R. 523-2. – **C. pr. civ.**

Une saisie conservatoire, qui n'a pas été convertie en saisie-attribution lors du jugement d'ouverture du redressement judiciaire du saisi, ne peut plus produire ses effets et s'oppose à ce que le créancier poursuivant puisse faire condamner le tiers saisi qui ne fournit pas les renseignements prévus [par l'art. 44 de la L. n° 91-650 du 9 juill. *1991, devenant l'art. L. 211-3 C. pr. exéc. à compter du 1er juin 2012*]. • Civ. 2e, 20 oct. 2005, n° 04-10.870 : *D. 2005. AJ 2804, obs. Lienhard* ; *D. 2006. Pan. 83, obs. Le Corre* ; *APC 2005, n° 255, obs. Salvat ; Gaz. Pal. 10-11 févr. 2006, p. 29, obs. Roussel Galle* • 14 sept. 2006 : *APC 2006, n° 212, obs. Vallansan ; Gaz. Pal. 19-20 janv. 2007, p. 37, obs. Roussel Galle.*

En revanche, dès lors que la saisie conservatoire a été régulièrement convertie en saisie-attribution avant l'ouverture du redressement judiciaire, le débiteur n'est plus recevable à la contester et sa demande de nullité ou de caducité du procès-verbal de saisie-attribution doit être rejetée. • Com. 2 mars 2010, n° 08-19.898 P : *D. 2010. AJ 706* ; *APC 2010, n° 118, obs. Salvat ; RJDA 2010, n° 677 ; RDBF 2010, n° 103, obs. S. Piedelièvre ; Gaz. Pal. 20-22 juin 2010, p. 19, note Lefort ; JCP E 2010. 1716, note Lauvergnat.*

75. Si l'attribution immédiate de la créance saisie reconnue au profit du saisissant par l'art. 43 de la loi du 9 juill. 1991 [C. pr. exéc., art. L. 211-2, à compter du 1er juin 2012] fait obstacle à l'interruption de la procédure de saisie-attribution pratiquée antérieurement au jugement d'ouverture de la procédure collective, ce même effet d'exception au regard de la règle posée par l'art. 47 de la loi du 25 janv. 1985 [C. com., art. L. 622-21] ne peut être reconnu à la saisie des rémunérations. • TI Brumath, 2 juin 1999 : *BICC 1999, n° 1441.* ♦ Doit être ordonnée la mainlevée de la saisie des rémunérations de l'épouse du débiteur, codébiteur à l'égard du même créancier, postérieurement à l'extension à son encontre de la procédure collective. • Toulouse, 14 oct. 1997 : *RPC 1999. 107, obs. Canet.*

76. Le créancier saisissant, devenu par l'effet attributif immédiat de la saisie-attribution créancier du tiers saisi, est soumis au principe de la suspension des poursuites individuelles, en cas de survenance d'un jugement portant ouverture du redressement ou de la liquidation judiciaire du tiers saisi. • Com. 11 juin 2002, n° 99-17.163 P : *D. 2002. AJ 2256, obs. Lienhard* ; *APC 2002, n° 161, obs. Vallansan ; JCP E 2003, n° 6, p. 272, obs. Cabrillac ; Dr. et patr. 10/2002. 114, obs. Monsèrié-Bon ; Dr. et pr. 2002. 372, note Putman* • 8 juill. 2003 : *APC 2003, n° 229, obs. Regnaut-Moutier ; RDBF 2004, n° 22, obs. F.-X. Lucas.*

77. Saisie-vente. L'arrêt des voies d'exécution implique la mainlevée d'une procédure de saisie-vente lorsque, à la date du jugement d'ouverture, cette procédure d'exécution n'a pas, par la vente, produit ses effets. • Com. 27 mars 2012, n° 11-18.585 P : *D. 2012. Actu. 942, obs. Lienhard* ; *JCP E 2012. 1508, n° 2, obs. Pétel ; DP diff. entr., Bull. n° 336, obs. Rémery ; LEDEN 5/2012. 4, obs. Mouial-Bassilana ; APC 2012, n° 141, obs. Cagnoli ; BJE 2012. 221, note Camensuli-Feuillard* • Civ. 2e, 28 janv. 2016, n° 15-13.222 P : *D. 2016. Actu. 309* ; *Rev. sociétés 2016. 196, obs. Roussel Galle* ; *RTD com. 2016. 847, obs. Martin-Serf* ; *APC 2016, n° 48, obs. Cagnoli ; LEDEN 3/2016. 2, obs. Camensuli-Feuillard ; RJDA 2016, n° 380 ; BJS 2016. 361, note Ansault.*

78. Saisie-revendication. En application de l'art. 47 [C. com., art. L. 622-21], le jugement d'ouverture de la procédure collective interdit toute saisie-revendication. • Civ. 2e, 18 févr. 1999 : *APC 1999, n° 96, obs. Vallansan.*

79. Saisie immobilière. En l'absence d'adjudication définitive de l'immeuble avant le jugement d'ouverture du redressement judiciaire du saisi, la procédure de saisie immobilière en cours à son encontre est arrêtée (dans l'hypothèse d'une surenchère formée avant l'ouverture du redressement judiciaire). • Com. 4 mars 2014, n° 13-10.534 P : *D. 2014. Actu. 717 ; APC 2014, n° 133, obs. Cagnoli ; LEDEN 5/2014. 3, obs. Camensuli-Feuillard ; BJE 2014. 155, note Le Mesle ; RDBF 2014, n° 110, obs. S. Piedelièvre ; RJDA 2014, n° 546 ; Gaz. Pal. 29 juin-1er juill. 2014, p. 28, obs. Rohart-Messager.* ♦ La procédure de saisie immobilière étant arrêtée en application de l'art. L. 622-21, II, une cour d'appel ne peut se prononcer sur les contestations concernant sa régularité. • Com. 17 nov. 2015, n° 14-18.345 P : *D. 2015. Actu. 2439 ; Rev. sociétés 2016. 197, obs. Roussel Galle ; LEDEN 1/2016. 3, obs. Camensuli-Feuillard ; APC 2016, n° 4, obs. Salvat ; RPC 2016, n° 30, obs. Cagnoli ; RDBF 2016, n° 29, obs. S. Piedelièvre.* ♦ Il résulte des dispositions combinées de l'art. L. 622-21, II, dans sa rédaction issue de l'Ord. du 18 déc. 2008, et de l'art. R. 621-19 qu'une procédure de distribution du prix de vente d'un immeuble vendu par adjudication n'ayant pas produit un effet attributif à l'égard des créanciers avant le jugement d'ouverture de la procédure collective du débiteur saisi est caduque. • Com. 17 avr. 2019, n° 17-15.960 P : *D. 2019. Actu. 885 ; RTD com. 2019. 991, obs. Martin-Serf ; JCP E 2019. 1375, n° 7, obs. Pétel ; APC 2019, n° 138, obs. Cagnoli ; RJDA 2019, n° 520 ; LEDEN 7/2019. 6, obs. Croze ; RDBF 2019, n° 132, obs. S. Piedelièvre ; Gaz. Pal. 15 oct. 2019, p. 43, obs. Guastella.* ♦ Le prix de vente n'ayant pas été réparti entre les créanciers avant l'ouverture du redressement judiciaire, la procédure de distribution est caduque et les fonds séquestrés doivent être remis au mandataire judiciaire pour être répartis conformément aux règles de la procédure collective. • Même arrêt.

80. Une sûreté réelle, consentie pour garantir la dette d'un tiers, n'impliquant aucun engagement personnel du constituant de cette sûreté à satisfaire à l'obligation d'autrui, le bénéficiaire d'une telle sûreté ne peut agir en paiement contre le constituant, qui n'est pas son débiteur, et, n'ayant pas acquis la qualité de créancier, il n'est pas soumis à l'arrêt ou à l'interdiction des voies d'exécution qui, en application de l'art. L. 621-40 [L. 622-21] C. com., résultent de l'ouverture de la procédure collective du constituant ; par conséquent, il peut poursuivre ou engager une procédure de saisie immobilière contre le constituant, après avoir mis en cause l'administrateur et le représentant des créanciers [mandataire judiciaire]. • Com. 25 nov. 2020, n° 19-11.525 P : *D. 2021. 555, note Robine ; RTD com. 2021. 194, obs. Martin-Serf ; RTD civ. 2021. 183, obs. Gijsbers ; JCP E 2021. 1191, n° 3, obs. Pétel ; LEDEN 1/2021. 2, obs. Lafaurie ; APC 2021, n° 36, obs. Cagnoli ; Gaz. Pal. 13 avr. 2021, p. 47, obs. Boustani-Aufan ; RJ com. 2021. 282, obs. Atsarias-Dumas ; RPC 2021, n° 69, obs. Aynès.* ♦ Jurisprudence infirmée par l'art. L. 622-21, II, dans sa réd. issue de l'Ord. n° 2021-1193 du 15 sept. 2021, qui ne limite plus l'arrêt des procédures d'exécution aux créanciers du débiteur.

81. Avis à tiers détenteur. Si le tiers détenteur n'est tenu au versement des sommes saisies qu'au terme du délai d'opposition, l'avis qu'il reçoit emporte attribution immédiate de la créance saisie disponible entre ses mains au comptable public qui l'a émis ; dès lors, des avis à tiers détenteur ne peuvent être déclarés sans effet aux motifs que n'ayant pas fait l'objet d'un acquiescement et étant toujours susceptibles d'opposition, ils n'étaient définitifs et n'avaient donc pas pu attribuer les créances saisies au comptable public quand le jugement d'ouverture du redressement judiciaire a été prononcé. • Com. 16 juin 1998 : *cité note 50 ss. art. L. 631-1.* ♦ S'agissant d'un avis à tiers détenteur pratiqué sur une créance à exécution successive, V. note 10 ss. art. L. 622-7.

82. Attribution judiciaire du gage. L'action afin d'attribution judiciaire du gage doit être considérée comme une voie d'exécution au sens de l'art. 47 [C. com., art. L. 622-21]. • Chambéry, 26 sept. 1994 : *Gaz. Pal. 1995. 1. Somm. 195.*

83. Restitution du montant d'un chèque impayé. L'action en restitution du montant d'un chèque encaissé constitue une voie d'exécution interdite par l'art. 47 [C. com., art. L. 622-21] dès lors que la créance avait son origine antérieurement au jugement d'ouverture de la procédure collective. • Com. 23 juin 1998 : *APC 1998, n° 147, note Bonhomme ; RPC 1999. 107, obs. Canet.*

84. Expulsion. La clause résolutoire prévue au bail ayant produit ses effets avant l'ouverture de la procédure collective, l'expulsion ne constitue pas une voie d'exécution au sens de l'art. 47 [C. com., art. L. 622-21]. • Civ. 3e, 21 févr. 1990, n° 88-13.644 P : *D. 1990. IR 73 ; RTD com. 1990. 478, obs. Chaput .* – V. aussi • Com. 3 déc. 2003 : *APC 2004, n° 16.* ♦ Dans le même sens, à propos d'un crédit-bail : • Com. 17 mai 1994, n° 91-21.609 P : *Gaz. Pal. 1995. 1. 6, note Massoni ; JCP N 1995. I. 651, note Garçon ; D. 1994. IR 180 .* ♦ Comp., classant les mesures d'expulsion parmi les procédures civiles d'exécution : L. n° 91-650 du 9 juill. 1991 (art. 61 s.), applicable depuis le 1er janv. 1993, et codifiée, à partir du 1er juin 2012, au C. pr. exéc. (art. L. 431-1 s.), **C. pr. civ.** (V. note Gallet, ss. • Paris, 19 mai 1992 : *Rev. loyers 1994. 27*). ♦ V. aussi notes 3 s. ss. art. L. 622-14.

85. Fusion-absorption. En cas de fusion-absorption, un créancier titulaire sur la société absorbée d'une créance antérieure à cette opération et qui bénéficie, en application de l'art. L. 236-14, d'une décision exécutoire lui déclarant la fusion inopposable, conserve le droit de recouvrer sa créance sur le patrimoine de la société absorbée dissoute, et ne peut donc se voir opposer l'arrêt ou l'interdiction des procédures d'exécution, prévus par l'art. L. 622-21, II, résultant de l'ouverture de la procédure collective de la société absorbante. • Com. 7 oct. 2020, n° 19-14.755 P : *D. 2021. 458, note Sebban ; Rev. sociétés 2020. 709, obs. Reille ; RTD com. 2021. 150, obs. A. Lecourt ; JCP E 2020. 1535, n° 6, obs. Pétel ; LEDEN 11/2020. 1, obs. F.-X. Lucas ; BJS 12/2020. 48, note Poracchia ; Procédures 2020, n° 222, obs. Laher ; APC 2020, n° 250, obs. Saintourens ; Dr. sociétés 2020, n° 144, note Hamelin ; BJE 1-2/2021. 35, note Coquelet ; RJDA 2021, n° 24 ; RDBF 2021, n° 14, obs. S. Piedelièvre.*

2° VALIDITÉ DES MESURES CONSERVATOIRES

86. Les mesures conservatoires, qui ne peuvent être assimilées aux voies d'exécution, échappent à l'interdiction prévue par l'art. 47 [C. com., art. L. 622-21]. Tel est le cas : de l'opposition au paiement du prix de vente d'un fonds de commerce formée par un créancier. • Montpellier, 5 mars 1997 : *RPC 1999. 120, obs. Macorig-Venier.* ♦ ... De la surenchère du sixième formée par un créancier du vendeur de fonds de commerce. • Com. 21 juill. 1987 : *RPC 1997, n° 4, p. 37, obs. Campana.* ♦ ... De la délivrance du commandement préalable à la saisie exécution qu'exigeait l'art. 583 C. pr. civ. [ancien ; abrogé depuis le 1er janv. 1993]. • Com. 14 mars 1995, n° 93-10.297 P : *D. 1995. IR 112.* ♦ ... De la prorogation d'un commandement de saisie immobilière, publié antérieurement au jugement d'ouverture de la procédure collective dont fait l'objet le saisi, cette prorogation ayant été sollicitée dans le but de faire obstacle à la péremption de l'art. 694, al. 3, C. pr. civ. [ancien]. • Civ. 2e, 23 oct. 1991, n° 90-12.457 P : *D. 1992. Somm. 184, obs. crit. Honorat ; Defrénois 1992. 592, obs. Sénéchal.* ♦ ... De la procédure gracieuse en vertu de laquelle un créancier qui justifie d'une créance paraissant fondée en son principe sollicite du président du tribunal de grande instance l'autorisation de prendre sur les immeubles du débiteur une inscription provisoire d'hypothèque judiciaire. • Paris, 20 oct. 1987 : *D. 1987. IR 240.* ♦ ... De la saisie pénale destinée à garantir l'exécution de la peine complémentaire de confiscation (C. pén., art. 131-21). • Civ. 2e, 5 déc. 2019, n° 17-23.576 P : *D. 2019. Actu. 2412 ; LEDEN 2/2020. 3, obs. Ollu.* ♦ ... De l'exequatur d'un jugement étranger portant condamnation à un paiement. • Paris, 4 juill. 1991 : *RPC 1994. 34, obs. Saint-Alary-Houin ; JDI 1991. 405, note Kahn.* ♦ ... De la mesure conservatoire de séquestre. • Paris, 26 janv. 1996 : *D. 1996. IR 62.* – V. aussi note 36, et note 53 ss. art. L. 622-24. ♦ Comp., pour un séquestre comme substitut à une saisie conservatoire : • Lyon, 17 juin 1998 : *préc. note 74.* ♦ ... De la mise en demeure de l'entrepreneur principal, dans le cadre de la mise en œuvre de l'action directe du sous-traitant contre le maître de l'ouvrage (Rép. min. n° 51711 : *JOAN Q, 25 mai 1992, p. 2356).*

III. ACTION EN RESTITUTION

87. L'action tendant à voir déclarer de nul effet les poursuites engagées en violation de l'interdiction de toute voie d'exécution prévue à l'art. L. 621-40 C. com. et à obtenir restitution des sommes indûment versées par le tiers détenteur n'est pas soumise aux dispositions de l'art. L. 621-24 C. com. [inapplicabilité de la prescription de trois ans prévue par ce texte]. • Com. 2 oct. 2007 : *Gaz. Pal. 23-24 janv. 2008, p. 48, obs. Rohart-Messager ; RPC 2008. 71, obs. Lebel.*

IV. RECOURS

88. Le débiteur a le droit propre, lorsqu'était en cours à la date du jugement d'ouverture de son redressement judiciaire une instance tendant à sa condamnation au paiement d'une somme d'argent pour une cause antérieure à ce jugement, d'exercer les voies de recours prévues par la loi contre la décision statuant sur l'existence et le montant de la créance. • Com. 11 mai 1993 : *préc. note 13.*

Art. L. 622-22 Sous réserve des dispositions de l'article L. 625-3, les instances en cours sont *(L. n° 2005-845 du 26 juill. 2005, art. 36)* **« interrompues » jusqu'à ce que le créancier poursuivant ait procédé à la déclaration de sa créance. Elles sont alors reprises de plein droit, le mandataire judiciaire et, le cas échéant, l'administrateur** *(L. n° 2005-845 du 26 juill. 2005, art. 36)* **« ou le commissaire à l'exécution du plan nommé en application de l'article L. 626-25 » dûment appelés, mais tendent uniquement à la constatation des créances et à la fixation de leur montant.** — *[C. com., anc. art. L. 621-41.] — V. art. R. 622-20.*

(Ord. n° 2014-326 du 12 mars 2014, art. 26, en vigueur le 1er juill. 2014) **« Le débiteur, partie à l'instance, informe le créancier poursuivant de l'ouverture de la procédure dans les dix jours de celle-ci. »** — *Pour la sanction, V. art. L. 653-8.*

BIBL. ▶ Régime issu de la loi du 26 juill. 2005 : STAES, *RPC 2005. 215 ; ibid. 2006. 269.* ▶ Régime antérieur à la loi du 26 juill. 2005 : VALLENS, *RTD com. 1991. 529 .*

1. Suspension des instances en cours. Le créancier ne justifiant pas de la déclaration de sa créance entre les mains du représentant des créanciers, la cour doit, dès lors, constater la suspension de l'instance en impartissant aux créanciers un délai en vue de la régularisation de la procédure. • Paris, 2 déc. 1986 : *D. 1987. Somm. 238, obs. Honorat.*

2. La déclaration de la créance ne peut, toutefois, mettre fin, dans les conditions prévues par l'art. 48 [C. com., art. L. 622-22], à la suspension de l'instance, que si elle a été faite dans le délai légal ou si le créancier retardataire a obtenu d'être relevé de la forclusion encourue. • Paris, 24 mars 1987 : *D. 1987. IR 113* • 23 sept. 1987 : *D. 1989. Somm. 14, obs. Derrida* • 28 janv. 1988 : *D. 1988. Somm. 385, obs. Honorat.*

3. Sur le rattachement de la suspension des instances en cours à l'interruption de l'instance édictée par les art. 369 s. NCPC [C. pr. civ.], V. déjà, avant la loi du 26 juill. 2005 : • Paris, 28 juill. 1986 : *D. 1987. Somm. 94, obs. Derrida* • Civ. 2e, 6 mars 1991, n° 89-15.540 P : *D. 1992. Somm. 88, obs. Derrida* • Com. 29 oct. 1991, n° 90-11.297 P : *D. 1992. 293, note Rossi* , *et Somm. 254, obs. Derrida* • 22 juin 1993, n° 87-19.183 P : *D. 1993. Somm. 365, obs. Honorat* • Civ. 3e, 19 mars 1997 : *RJDA 1997, n° 955 ; RPC 1999. 33, obs. Monsèrié.*

Une société ayant été mise en redressement judiciaire par un jugement survenu postérieurement à l'ouverture des débats devant la cour d'appel, l'instance n'a pas été interrompue par l'effet de cette décision. • Com. 14 févr. 1995, n° 93-14.198 P : *D. 1995. Somm. 217, obs. Honorat* • 6 févr. 2001 : *RPC 2002. 269, obs. Staes.* ♦ V. art. 371 **C. pr. civ.**

La copie de l'assignation délivrée au débiteur antérieurement à l'ouverture de la procédure collective n'ayant été remise au greffe du tribunal que le lendemain de cette ouverture, il n'existe pas d'instance en cours susceptible d'enlever au juge-commissaire le pouvoir de statuer sur la créance déclarée. • Com. 12 janv. 2010 : *cité note 2 ss. art. L. 622-21 ; Gaz. Pal. 16-17 avr. 2010, p. 30, obs. Rohart-Messager ; RPC 2011, n° 29, obs. Staes.*

Sur la radiation de l'affaire, en application de l'art. 376 NCPC [C. pr. civ.], V. • Paris, 16 mars 1995 : *D. 1995. IR 103.*

4. Actions visées. L'art. 48 [C. com., art. L. 622-22] ne s'applique pas à l'action en résiliation des baux pour défaut d'entretien. • Civ. 3e, 21 juill. 1999 : *D. 1999. IR 229 ; D. Affaires 1999. 1443, obs. V. A.-R.*

5. La demande reconventionnelle en fixation d'une créance formée après le jugement d'ouverture de la procédure collective du demandeur initial n'est pas une instance en cours au sens de l'art. 48, devenu l'art. L. 621-41 [L. 622-22] C. com. • Com. 17 juill. 2001, n° 98-19.258 P : *RJDA 2002, n° 34 ; Procédures 2002, n° 7, note Laporte ; JCP E 2002, n° 13, p. 569, note Kandem ; RPC 2002. 268, obs. Staes* • Angers, 3 juin 2002 : *RPC 2003. 313, obs. Staes.* ♦ En revanche, les dispositions de l'art. 48 [C. com., art. L. 622-22] s'appliquent à la demande reconventionnelle en paiement de dommages-intérêts introduite avant l'ouverture de la procédure collective. • Paris, 14 mars 2000 : *RPC 2001. 251, obs. Staes.*

6. Le jugement d'ouverture de la liquidation judiciaire interrompt la saisie immobilière en cours, qui doit être reprise aux formes et conditions des art. L. 622-16 [642-18] C. com. et 125 à 131 du Décr. du 27 déc. 1985 [C. com., art. R. 642-22 s.]. • Com. 3 avr. 2002 : *RJDA 2002, n° 1054.*

7. L'instance tendant au rapport à une succession par un débiteur mis en liquidation judiciaire ne s'analyse pas en une instance en cours au sens de l'art. L. 622-22. • Com. 21 nov. 2018, n° 17-12.761 : *D. 2018. Actu. 2302 ; AJ fam. 2019. 165, obs. Casey ; RTD com. 2019. 214, obs. Martin-Serf ; JCP E 2019. 1206, n° 5, obs. Pétel ; LEDEN 2/2019. 2, obs. Rubellin ; RJDA 2019, n° 108 ; BJE 3-4/2019. 36, note Le Mesle ; RPC 2019, n° 55, obs. Lisanti ; Gaz. Pal. 16 avr. 2019, p. 71, obs. Antonini-Cochin.*

8. L'instance en cours, suspendue jusqu'à ce que le créancier poursuivant ait procédé à la déclaration de sa créance est celle qui tend à obtenir, de la juridiction saisie du principal, une décision définitive sur l'existence et le montant de cette créance ; tel n'est pas le cas de l'instance en référé qui tend à obtenir une condamnation provisionnelle. • Com. 12 juill. 1994, n° 91-20.843 P : *D. 1994. 520 ; D. 1995. Somm. 28, obs. Honorat ; RTD com. 1995. 482, obs. Martin-Serf ; Justices 1995. 241, obs. Héron ; JCP E 1995. II. 640, note Gallet* • 3 déc. 1996 : *RPC 1999. 33, obs. Monsèrié* • 23 mai 2000 : *RJDA 2000, n° 1018 ; RPC 2001. 251, obs. Staes* • Paris, 24 avr. 1998 : *D. 1998. IR 141* • Dijon, 18 nov. 2003 : *RPC 2004. 237, obs. Staes.* ♦ Par conséquent, la créance faisant l'objet d'une telle instance doit être soumise à la procédure normale de vérification et à la décision du juge-commissaire. • Mêmes arrêts. ♦ Solution reconduite sous l'empire de la loi du 26 juill. 2005 : V. • Com. 6 oct. 2009, n° 08-12.416 P : *D. 2009. AJ 2485, obs. Lienhard ; RTD com. 2010. 198, obs. Martin-Serf ; Procédures 2009, n° 409, obs. Rolland ; RPC 2010, n° 6, obs. Staes.* ♦ V. aussi note 15 ss. art. L. 624-2.

9. Méconnaît l'art. 48 [C. com., art. L. 622-22] la cour d'appel qui fixe le montant des dommages-intérêts dus par un prévenu personnellement en liquidation judiciaire à chacune des parties civiles, alors que le liquidateur n'a pas été mis en cause. • Crim. 24 févr. 1999 : *D. 1999. IR 98 ; Rev. sociétés 1999. 408, note Bouloc .*

10. La mise en cause du représentant des créanciers, prévue par l'art. 48 [C. com., art. L. 622-22], n'est pas exigée lorsque, dans l'instance en paiement dirigée contre le débiteur du débiteur soumis à la procédure collective, le juge, saisi d'une demande de compensation, doit statuer sur le point de savoir si la créance invoquée à ce titre a été déclarée au passif dans le délai légal. • Com. 6 févr. 1996, n° 93-10.525 P : *D. 1997. Somm. 77, obs. Honorat ; D. Affaires 1996. 459.*

11. Sur l'exclusion des instances en cours devant la juridiction prud'homale, V. art. L. 625-3.

12. Effets de la suspension. L'ouverture d'une procédure de redressement judiciaire n'interrompt l'instance qu'au profit de la personne qui y est soumise ; l'interruption de l'instance ne dessaisit pas le juge. • Civ. 3e, 12 mai 1999, n° 97-20.646 P : *D. 1999. IR 152.* – Dans le même sens : • Paris, 2 mai 1990 : *D. 1990. Somm. 219, obs. Honorat.*

13. A compter de l'ouverture de la procédure de redressement judiciaire d'une SCI, l'instance en cours tendant à la résolution de la vente en l'état futur d'achèvement et à la restitution du prix étant suspendue et ne pouvant reprendre, après déclaration des créances, qu'en vue de leur constatation et de la fixation de leur montant, aucune condamnation ne peut être prononcée. • Civ. 3e, 17 mars 1999 : *JCP E 1999, n° 21, p. 885.* V. aussi • Com. 10 oct. 2018, n° 17-18.547 P : *D. 2018. Actu. 2021.*

14. Sur l'impossibilité, pour le juge des référés, lorsqu'une demande de provision est soumise à la suspension des poursuites individuelles, d'évaluer le montant de la créance, V. • Paris, 14 oct. 1987 : *D. 1988. Somm. 146, obs. Honorat ; Gaz. Pal. 1988. 1. 91.* – V. aussi • Paris, 27 sept. 1989 : *Gaz. Pal. 1990. 1. Somm. 187* • 19 mai 1992 : *Rev. loyers 1994. 27, note Gallet* • 24 avr. 1998 : *préc. note 8.*

15. Reprise de l'instance. L'instance suspendue ne peut être reprise qu'en vue de la constatation de la créance et de la fixation de son montant, à l'exclusion de la condamnation du débiteur. • Com. 11 mai 1993, n° 91-11.951 P. – Dans le même sens : • Com. 8 mars 1994, n° 92-10.557 P • 20 juin 2000 : *Dr. sociétés 2000, n° 140, obs. Chaput ; RPC 2001. 253, obs. Staes* • 15 oct. 2002 : *RPC 2003. 314, obs. Staes* (en cas de plan de continuation du débiteur). V. aussi, dans le cas de poursuites dirigées contre les héritiers, après décès du débiteur, • Com. 4 janv. 2000, n° 96-12.981 P : *JCP E 2000, n° 17, p. 700, obs. Pételן; APC 2000, n° 21, obs. Regnaut-Moutier.* Dès lors que le liquidateur judiciaire du débiteur est dans la cause et que le créancier a déclaré sa créance, il appartient à la juridiction saisie de se prononcer d'office sur l'existence et le montant de celle-ci, peu important que les conclusions du créancier tendent à une condamnation au paiement. • Com. 4 avr. 2006, n° 05-10.416 P : *D. 2006. AJ 1107, obs. Lienhard ; APC 2006, n° 99, obs. Vallansan ; RDBF 2006, n° 109, obs. F.-X. Lucas ; Gaz. Pal. 14-18 juill. 2006, p. 38, obs. Le Corre ; JCP E 2006, n° 37, p. 1532, obs. Pétel ; RPC 2006. 272, obs. Staes ; RTD com. 2006. 666, obs. Martin-Serf ; ibid. 670, obs. Vallens.* Pour la reprise de cette solution, sous l'empire de la loi du 26 juill. 2005, V. • Com. 3 nov. 2009, n° 08-20.490 P : *D. 2009. AJ 2747 ; DP diff. entr., Bull. n° 309, p. 4025, obs. Rémery ; Procédures 2010, n° 17, obs. Rolland ; RPC 2010, n° 8, obs. Staes ; RJDA 2010, n° 263 ; Gaz. Pal. 16-17 avr. 2010, p. 29, obs. Rohart-Messager.*

La juridiction saisie doit rechercher, au besoin d'office, si le créancier a procédé à la déclaration de sa créance auprès du représentant des créanciers et si l'instance a été valablement reprise. • Com. 12 févr. 1991, n° 89-15.165 P : *JCP E 1991. I. 100, n° 7, obs. Cabrillac* • 6 oct. 1992, n° 90-18.622 P • 3 déc. 2003 : *APC 2003, n° 17, obs. Regnaut-Moutier ; RPC 2004. 240, obs. Staes.* – Dans le même sens, V. • Com. 7 janv. 1992, n° 89-15.819 P : *D. 1992. Somm. 255, obs. Derrida* • 22 juin 1993 : *préc. note 3* • 1er juill. 1997 : *RPC 1999. 33, obs. Monsèrié* • 23 nov. 2004 : *ibid. 2005. 130, obs. Gorrias.* Elle ne peut se prononcer que dans les limites de cette déclaration. • Com. 20 mars 2001, n° 98-16.256 P : *D. 2001. AJ 1468 ; RPC 2001. 253, obs. Staes.* S'agissant d'une procédure soumise à la loi du 26 juill. 2005, en l'absence de déclaration de créance, les conditions de la reprise d'instance ne sont pas réunies, même si la créance du créancier forclos n'est pas éteinte ; en l'espèce, l'instance demeure donc interrompue jusqu'à la clôture de la liquidation judiciaire. • Cass., avis, 8 juin 2009, n° 00900002P P : *BICC 15 oct. 2009, rapp. Delmotte et obs. Petit ; D. 2009. AJ 1603, obs. Lienhard ; RTD com. 2010. 199, obs. Martin-Serf ; JCP E 2009. 1814, n° 3, obs. Cabrillac et Pétel ; Dr. et pr. 2009. 338, obs. Le Corre ; Gaz. Pal. 1er-3 nov. 2009, p. 23, obs. Rohart-Messager ; RJDA 2009, n° 1106 ; RPC 2010, n° 10, obs. Staes.*

Les conditions de la reprise devant elle de l'instance en cours en vue de la constatation de la créance et de la fixation de son montant n'étant pas réunies en l'absence de déclaration de créance, la cour d'appel doit se borner à constater l'interruption de l'instance l'empêchant de statuer, sans pouvoir, par conséquent, déclarer les demandes irrecevables. • Com. 20 oct. 2021, n° 20-13.829 B : *D. 2021. Actu. 1917 ; Rev. sociétés 2021. 733, obs. Henry ; RPC 2021, n° 154, obs. Lebel ; RJDA 2022, n° 99.*

Le débiteur ne s'étant pas prévalu, au cours de la procédure ayant abouti à l'arrêt le condamnant au paiement d'une certaine somme, de l'absence de mise en cause du représentant des créanciers, seul celui-ci, dont les attributions sont ensuite dévolues au liquidateur ou au commissaire à l'exécution du plan, serait recevable à se prévaloir de l'inopposabilité à la procédure collective de la décision statuant, dans une instance en cours au jour du jugement d'ouverture, sur une créance à l'encontre du débiteur. • Com. 27 févr. 2007, n° 05-19.585 P : *D. 2007. AJ 1082* ; *RPC 2007. 141, obs. Staes* ; *APC 2007, n° 76, obs. Vallansan.*

Dans le cadre d'une action dirigée contre une société placée en liquidation judiciaire par un tribunal de commerce ayant désigné deux coliquidateurs, l'instance d'appel, interrompue jusqu'à la déclaration de créance de l'appelante, a été valablement reprise par l'assignation de l'un seulement des deux coliquidateurs, chacun d'entre eux disposant de l'entier pouvoir d'exercer des droits et actions de la société en liquidation. • Bordeaux, 6 déc. 1994 : *BICC 1995, n° 253* ; *Rev. huiss. 1995. 485,* conf. par • Civ. 2e, 8 janv. 1997, n° 95-11.954 P : *D. Affaires 1997. 256* ; *JCP E 1997. I. 651, n° 5, obs. Pétel.*

Si la juridiction devant laquelle est reprise l'instance n'est pas liée par la déclaration de créance effectuée par le créancier, le représentant des créanciers ne peut, au cours de cette instance, contester cette créance et discuter son inscription au passif. • Paris, 4 juill. 1997 : *RPC 1999. 157, obs. Monsèrié.*

Bien que l'art. 48 [C. com., art. L. 622-22] ne le précise pas formellement, le tribunal, en considération du fait que le caractère privilégié ou chirographaire de la créance constitue un élément indissociable de la créance elle-même, peut statuer sur ce point. • T. com. Paris, 7 nov. 1986 : *Gaz. Pal. 1987. 1. 68, note de Granvilliers* • Lyon, 7 mai 1992 : *BICC 1993, n° 79* ; *RPC 1994. 29, obs. Dureuil.*

Le juge du fond, qui statue dans une instance en cours reprise conformément à l'art. L. 622-22, ne fait pas application de l'art. L. 624-2 ; il en résulte que la décision par laquelle ce juge déclare irrecevable la demande d'un créancier tendant à la fixation du montant de sa créance ne constitue pas une décision de rejet de cette créance entraînant, dès lors, l'extinction de celle-ci. • Com. 10 mars 2021, n° 19-22.395 P : *D. 2021. Chron. C. cass. 996, obs. Barbot* ; *RTD com. 2021. 653, obs. Martin-Serf* ; *JCP E 2021. 1424, n° 12, obs. Pétel* ; *APC 2021, n° 104, obs. Salhi* ; *LEDEN 5/2021. 3, obs. J.-B. Barbièri* ; *BJE 5-6/2021. 36, note Cerati* ; *Dr. sociétés 2021, n° 82, note Legros* ; *RJDA 2021, n° 411* ; *RDBF 2021, n° 72, obs. Houin-Bressand* ; *RPC 2021, n° 55, obs. Borga.*

16. Défaut de reprise régulière. A défaut de reprise de l'instance conformément à l'art. L. 622-22, les jugements, même passés en force de chose jugée, sont réputés non avenus, à moins qu'ils ne soient expressément ou tacitement confirmés par la partie au profit de laquelle l'interruption est prévue (à propos d'une procédure de sauvegarde). • Com. 26 janv. 2010, n° 09-11.288 P : *D. 2010. AJ 380* ; *APC 2010, n° 74, obs. Vallansan* ; *RJDA 2010, n° 650* ; *Gaz. Pal. 2-3 juill. 2010, p. 29, obs. Rohart-Messager* ; *RJ com. 2010. 488, note Sortais* ; *RPC 2011, n° 34, obs. Staes.* ♦ Dans le même sens, V. • Com. 9 sept. 2020, n° 18-25.365 P : *D. 2020. Chron. C. cass. 2475, obs. Barbot* ; *RTD com. 2020. 952, obs. Martin-Serf* ; *APC 2020, n° 231, obs. Cagnoli* ; *BJE 11-12/2020. 19, note Houssin* ; *RJDA 2020, n° 656* ; *Dr. sociétés 2021, n° 27, note Legros.*

17. Plan de cession. Si le jugement arrêtant le plan de cession de l'entreprise met fin, en tout état de cause, à l'interruption de l'instance provoquée par l'ouverture de la procédure de redressement judiciaire, il n'en suit pas que les dispositions de l'art. 48 [C. com., art. L. 622-22], qui ne fait aucune distinction selon qu'un plan de cession a été ou non arrêté, ne soient pas applicables. • Paris, 18 janv. 2002 : *RPC 2003. 314, obs. Staes.*

18. Application à la liquidation judiciaire. V. art. L. 641-3.

19. Arbitrage. Lorsque l'instance arbitrale formée contre le débiteur a été commencée avant l'ouverture de la procédure, l'instance arbitrale est, en application de l'art. 48 [C. com., art. L. 622-22] suspendue jusqu'à ce que le créancier ait déclaré sa créance. • Paris, 3 mars 1998 : *D. 1998. IR 102* ; *D. Affaires 1998. 846, obs. A. L.* • 8 sept. 1998 : *D. 1998. IR 235* ; *D. Affaires 1998. 1646* ; *JCP E 1998, n° 40, p. 1525* ; *RPC 1999. 156, obs. Monsèrié* • 30 mars 1999 : *D. 1999. IR 125.* ♦ L'instance arbitrale est en cours à partir du jour où le tribunal arbitral est définitivement constitué et peut donc être saisi du litige, c'est-à-dire à partir de l'acceptation par tous les arbitres de leur mission. • Civ. 1re, 30 mars 2004, n° 01-11.951 P : *D. 2004. Somm. 3183, obs. Clay* ; *APC 2004, n° 112, obs. Vallansan* ; *RPC 2004. 236, obs. Staes.* ♦ V. note 40 ss. art. L. 622-21.

Art. L. 622-23 *(Ord. n° 2008-1345 du 18 déc. 2008, art. 31)* **Les actions en justice et les procédures d'exécution autres que celles visées à l'article L. 622-21 sont poursuivies au cours de la période d'observation à l'encontre du débiteur, après mise en cause du mandataire judiciaire et de l'administrateur lorsqu'il a une mission d'assistance ou après une reprise d'instance à leur initiative.**

1. Ordre public. L'art. 49 [C. com., art. L. 622-23] est d'ordre public. • Bordeaux, 9 juill. 1987 : *Gaz. Pal. 1987. 2. 535, note Brault.* ♦ Toutefois, la mise en cause n'a été édictée que dans l'intérêt des créanciers, si bien que seul le représentant des créanciers, à l'exclusion de l'administrateur judiciaire, peut s'en prévaloir pour exciper d'une irrégularité de la procédure suivie par un tribunal administratif au cas où il n'aurait pas été appelé à l'instance à l'occasion d'une action introduite par l'administrateur judiciaire ou par un éventuel créancier. • CAA Nantes, 12 juin 1997 : *RJDA 1998, n° 761.*

2. *Saisie-arrêt ou saisie-attribution.* La saisie-arrêt, s'analysant comme une voie d'exécution portant sur un meuble, ne constitue pas une des exceptions prévues par l'art. 49 [C. com., art. L. 622-23]. • Paris, 12 oct. 1988 : *D. 1988. IR 279.* ♦ L'acte de saisie emportant, à concurrence des sommes pour lesquelles elle est pratiquée, attribution immédiate au profit du saisissant de la créance disponible entre les mains du tiers et la survenance d'un jugement de redressement ou de liquidation judiciaire ne remettant pas en cause cette attribution, la dérogation ainsi apportée au principe de la suspension des poursuites individuelles de la part des créanciers visés à l'art. 47 [C. com., art. L. 622-21] n'a pas pour conséquence de soumettre aux dispositions de l'art. 49 [C. com., art. L. 622-23] la saisie-attribution pratiquée. • Com. 16 févr. 1999 : *Procédures 1999, n° 274, obs. Laporte.*

3. L'administrateur à qui a été confiée la mission d'assister le débiteur, conformément à l'art. 31 [C. com., art. L. 622-1], doit être considéré comme étant le débiteur auquel la saisie-attribution doit être dénoncée, à peine de caducité, dans les huit jours, en vertu de l'art. 58 du Décr. n° 92-755 du 31 juill. 1992 [C. pr. exéc., art. R. 211-3, à compter du 1er juin 2012]. Il doit donc être mis en cause. • Paris, 14 sept. 1995 : *RPC 1996. 219, obs. Canet.* ♦ De même, la saisie-attribution doit être dénoncée au représentant des créanciers. • TGI Grenoble, JEX, 27 juin 1994 : *JCP 1995. II. 22417, note R. Martin ; RPC 1996. 219, obs. Canet.* ♦ V. aussi, sur la nullité d'une contrainte délivrée par l'URSSAF à la seule entreprise en redressement judiciaire, • TASS Paris, 15 mai 1995 : *RPC 1998. 90, obs. Canet.*

4. *Résolution d'un bail commercial.* Après l'ouverture de la procédure de redressement judiciaire du preneur et l'exercice de l'option par l'administrateur, la résiliation du bail pour une cause autre que le défaut de paiement d'une somme d'argent est valablement poursuivie contre le preneur, après mise en cause de l'administrateur et du représentant des créanciers. • Com. 6 janv. 1998 : *AJPI 1998. 844, note Gallet.* ♦ Cependant, l'art. 49 [C. com., art. L. 622-23] ne s'applique pas lorsque la clause résolutoire d'un bail commercial avait produit ses effets avant l'ouverture de la procédure collective et que le juge des référés n'était pas saisi d'une action à l'encontre du débiteur, mais d'une demande de ce dernier. • Com. 19 déc. 1989 : *Bull. civ. IV, n° 320 ; D. 1990. 450, note Derrida.* ♦ Dès lors que le commandement de payer et l'assignation en référé visent des loyers échus après le jugement d'ouverture de la procédure de redressement judiciaire, les dispositions de l'art. L. 622-23 C. com. ne sont pas applicables. • Civ. 3e, 16 mars 2017, n° 15-29.206 P : *D. 2017. Actu. 365 ; LEDEN 6/2017. 4, obs. Camensuli-Feuillard ; BJE 2017. 274, note Benilsi.* ♦ V. aussi note 3 ss. art. L. 622-14.

5. *Action en revendication.* V. note 4 ss. art. L. 624-9.

6. *Action devant le juge administratif.* L'art. 49 [C. com., art. L. 622-23] ne comporte aucune dérogation aux dispositions régissant les compétences respectives des juridictions administratives et judiciaires ; par suite, la circonstance que la SNCF, dont l'action devant le juge administratif tend à obtenir l'expulsion d'un occupant – en redressement judiciaire – sans titre du domaine public, n'a pas mis en cause, devant le tribunal, l'administrateur et représentant des créanciers, est sans influence sur la compétence du juge administratif pour se prononcer sur ces conclusions. • CAA Lyon, 20 oct. 1993 : *JCP E 1994. Pan. 394.* ♦ De même, il appartient au juge administratif, s'agissant des créances qui par leur nature relèvent de sa compétence, d'examiner si la personne publique demanderesse a droit à réparation, de fixer le montant des sommes qui lui sont dues à ce titre, et de prononcer ainsi une condamnation, sans préjudice des suites que la procédure judiciaire est susceptible d'avoir sur le recouvrement de ses créances. • CAA Nantes, 12 juin 1997 : *préc. note 1.*

7. *Procédure simplifiée.* En cas de régime simplifié sans administrateur, la mise en cause du représentant des créanciers est nécessaire. • Com. 26 mai 1999 : *RPC 2000. 130, obs. Monsèrié-Bon.*

8. *Régularisation.* Si la mise en cause de l'assuré responsable, à laquelle est subordonnée la recevabilité de l'action directe exercée à l'encontre de son assureur, doit avoir lieu dans le délai de prescription de l'action ouverte contre l'assuré et si la régularité de la mise en cause de celui-ci, lorsqu'il a été mis en redressement judiciaire, suppose, par application de l'art. 49 [C. com., art. L. 622-23], que soient appelés à l'instance l'administrateur de la procédure collective, s'il a reçu une mission de représentation ou d'assistance du débiteur, et le représentant des créanciers, la situation résultant de la seule mise en cause du débiteur avant l'expiration du délai peut être régularisée, après cette date, par l'intervention de ces mandataires de justice jusqu'au moment où le juge statue. • Com. 25 juin 1996, n° 94-19.108 P : *D. 1996. 481, rapp. Rémery ; D. Affaires 1996. 1131.*

Art. L. 622-23-1 *(Ord. n° 2008-1345 du 18 déc. 2008, art. 32)* **Lorsque des biens ou droits présents dans un patrimoine fiduciaire font l'objet d'une convention en exécution de laquelle le débiteur constituant en conserve l'usage ou la jouissance, aucune cession ou aucun transfert de ces biens ou droits ne peut intervenir au profit du fidu-**

ciaire ou d'un tiers du seul fait de l'ouverture de la procédure, de l'arrêté du plan ou encore d'un défaut de paiement d'une créance née antérieurement au jugement d'ouverture. Cette interdiction est prévue à peine de nullité de la cession ou du transfert.

Art. L. 622-24 A partir de la publication du jugement, tous les créanciers dont la créance *(L. n° 2005-845 du 26 juill. 2005, art. 37)* « est née » antérieurement au jugement d'ouverture, à l'exception des salariés, adressent la déclaration de leurs créances au mandataire judiciaire *(Ord. n° 2008-1345 du 18 déc. 2008, art. 33)* « dans des délais fixés par décret en Conseil d'État ». *(Ord. n° 2014-326 du 12 mars 2014, art. 27-1°, en vigueur le 1er juill. 2014)* « Lorsque le créancier a été relevé de forclusion conformément à l'article L. 622-26, les délais ne courent qu'à compter de la notification de cette décision ; ils sont alors réduits de moitié. » *(L. n° 2005-845 du 26 juill. 2005, art. 37)* « Les créanciers titulaires d'une sûreté publiée ou liés au débiteur par un contrat publié sont avertis personnellement ou, s'il y a lieu, à domicile élu. Le délai de déclaration court à l'égard de ceux-ci à compter de la notification de cet avertissement. » — *V. art. R. 622-21.*

La déclaration des créances peut être faite par le créancier ou par tout préposé ou mandataire de son choix. *(Ord. n° 2014-326 du 12 mars 2014, art. 27-2° et 3°, en vigueur le 1er juill. 2014)* « Le créancier peut ratifier la déclaration faite en son nom jusqu'à ce que le juge statue sur l'admission de la créance.

« Lorsque le débiteur a porté une créance à la connaissance du mandataire judiciaire, il est présumé avoir agi pour le compte du créancier tant que celui-ci n'a pas adressé la déclaration de créance prévue au premier alinéa. » — *V. art. R. 622-5, al. 3, et R. 622-24.*

La déclaration des créances doit être faite alors même qu'elles ne sont pas établies par un titre. *(L. n° 2005-845 du 26 juill. 2005, art. 37)* « Celles dont le montant n'est pas encore définitivement fixé sont déclarées sur la base d'une évaluation. » Les créances du Trésor public et des organismes de prévoyance et de sécurité *(L. n° 2003-7 du 3 janv. 2003, art. 50-II)* « sociale » ainsi que les créances recouvrées par les organismes visés à l'article L. 351-21 *[L. 5427-1]* du code du travail qui n'ont pas fait l'objet d'un titre exécutoire au moment de leur déclaration sont admises à titre provisionnel pour leur montant déclaré. En tout état de cause, les déclarations du Trésor et de la sécurité sociale sont toujours faites sous réserve des impôts et autres créances non établis à la date de la déclaration. Sous réserve des procédures judiciaires ou administratives en cours, leur établissement définitif doit, à peine de forclusion, être effectué dans le délai prévu à l'article L. 624-1. *(L. n° 2019-486 du 22 mai 2019, art. 63)* « Si la détermination de l'assiette et du calcul de l'impôt est en cours, l'établissement définitif des créances admises à titre provisionnel doit être effectué par l'émission du titre exécutoire dans un délai de douze mois à compter de la publication du jugement d'ouverture. » *(Ord. n° 2014-326 du 12 mars 2014, art. 27-4°, en vigueur le 1er juill. 2014)* « Toutefois, si une procédure *(L. n° 2019-486 du 22 mai 2019, art. 63)* « de contrôle ou de rectification de l'impôt a été engagée », l'établissement définitif des créances qui en font l'objet doit être *(L. n° 2019-486 du 22 mai 2019, art. 63)* « réalisé » avant le dépôt au greffe du compte rendu de fin de mission par le mandataire judiciaire. Le délai de cet établissement définitif est suspendu par la saisine de l'une des commissions mentionnées à l'article L. 59 du livre des procédures fiscales jusqu'à la date de réception par le contribuable ou son représentant de l'avis de cette commission ou celle d'un désistement. »

Les institutions mentionnées à l'article L. 143-11-4 *[L. 3253-14]* du code du travail sont soumises aux dispositions du présent article pour les sommes qu'elles ont avancées et qui leur sont remboursées dans les conditions prévues pour les créances nées antérieurement au jugement ouvrant la procédure. — *[C. com., anc. art. L. 621-43.] — V. art. R. 622-21.*

(L. n° 2005-845 du 26 juill. 2005, art. 37) « Les créances nées régulièrement après le jugement d'ouverture, autres que celles mentionnées au I de l'article L. 622-17 *(Abrogé par Ord. n° 2008-1345 du 18 déc. 2008, art. 33)* « *et les créances alimentaires* », sont soumises aux dispositions du présent article. Les délais courent à compter de la date d'exigibilité de la créance. Toutefois, les créanciers dont les créances résultent d'un

contrat à exécution successive déclarent l'intégralité des sommes qui leur sont dues dans des conditions prévues par décret en Conseil d'État. » — *V. art. R. 622-22.*

(Ord. n° 2008-1345 du 18 déc. 2008, art. 33) **« Le délai de déclaration, par une partie civile, des créances nées d'une infraction pénale court dans les conditions prévues au premier alinéa ou à compter de la date de la décision définitive qui en fixe le montant, lorsque cette décision intervient après la publication du jugement d'ouverture.**

« Les créances alimentaires ne sont pas soumises aux dispositions du présent article. »

L'art. 63 de la L. n° 2019-486 du 22 mai 2019 s'applique aux procédures collectives ouvertes à compter du 1er janv. de l'année suivant la publication de cette loi (L. préc., art. 63-III, JO 23 mai).

Pour l'application au redressement judiciaire, V. art. L. 631-14 ; ... à la liquidation judiciaire, V. art. L. 641-3.

Sur la dispense de déclaration des créances accordée au Fonds de garantie des dépôts et de résolution et aux déposants, instituée par la L. n° 99-532 du 25 juin 1999, en cas d'ouverture d'une procédure collective à l'égard d'un établissement de crédit ou d'une entreprise d'investissement, V. C. mon. fin., art. L. 613-30. — ***C. mon. fin.***

Sur la dispense de déclaration des créances accordée aux titulaires de droits sur les titres financiers inscrits en compte, en cas d'ouverture d'une procédure collective à l'égard de l'établissement teneur des comptes, V. C. mon. fin., art. L. 211-10, App., v° Banque et financement de l'entreprise.

Sur la dispense de déclaration des créances accordée : aux assurés, souscripteurs, adhérents et bénéficiaires de contrats d'assurance, ainsi qu'au fonds de garantie mentionné à l'art. L. 423-1 C. assur., en cas d'ouverture d'une procédure de liquidation judiciaire à l'égard d'une entreprise d'assurance, V. C. assur., art. L. 326-4. — ***C. assur.*** *— ... aux membres participants, bénéficiaires et ayants droit de règlements ou de contrats, ainsi qu'au fonds paritaire de garantie institué par les art. L. 931-5 s. CSS, en cas d'ouverture d'une procédure collective à l'égard d'une institution de prévoyance ou d'une union d'institutions de prévoyance, V. CSS, art. L. 931-21-1. —* ***CSS.*** *... aux membres participants et aux bénéficiaires de garanties, ainsi qu'au fonds de garantie mentionné à l'art. L. 431-1 C. mut., en cas d'ouverture d'une procédure collective à l'égard d'une mutuelle ou d'une union, V. C. mut., art. L. 212-18. —* ***CSS.***

Sur la production des créances dans les procédures d'insolvabilité ayant des effets transfrontaliers, V. art. L. 693-1 et Régl. (UE) 2015/848 du 20 mai 2015, art. 53 s.

L'agent des sûretés peut, sans avoir à justifier d'un mandat spécial, exercer toute action pour défendre les intérêts des créanciers de l'obligation garantie et procéder à toute déclaration de créance (C. civ., art. 2488-9, en vigueur le 1er oct. 2017).

RÉP. COM. v° *Entreprise en difficulté : situation des créanciers*, par MACORIG-VENIER.

BIBL. ▶ LE CORRE, *Gaz. Pal. 2005. Doctr. 2997* (nouvelles règles de fixation du passif du débiteur) ; *LPA 14 juin 2007* (déclaration de créance) ; *JCP E 2011. 1318* (la créance non déclarée et la clôture de la liquidation judiciaire pour extinction du passif) ; *Gaz. Pal. 6-8 avr. 2014, p. 47* (Ord. du 12 mars 2014). – BRANDEAU, *LPA 5 mai 2006* (déclaration et admission des créances du Trésor public). – LEGRAND, *RPC 2007. 181* (sort des créances déclarées sur la base d'une évaluation). – HENRY, *Gaz. Pal. 2009. Doctr. 817* (Ord. du 18 déc. 2008). – LEBEL, *RPC 2011. Formule 2* (délégation de pouvoir en vue de déclarer une créance). – GALOKHO, *RPC 2012. Étude 36* (responsabilité civile des professionnels du droit dans la déclaration de créance). – DE BOYSSON, *RTD com. 2013. 191* (de la faculté de déclarer sa créance alimentaire et de ses conséquences). – MARTIN-SERF, *RTD com. 2014. 409* (Ord. du 12 mars 2014). – ROSSI et F. LEGRAND, *RPC 2014. Dossier 33* (même thème). – Dossier « Le traitement des créances : pratique et actualités », *BJE 2017. 50.* – BÉLAVAL, *RJDA 2018. 339* (détermination de la date de naissance des créances contractuelles : panorama de jurisprudence de la Cour de cassation).

I. GÉNÉRALITÉS

1. *Ordre public.* Les juges doivent appliquer *d'office les dispositions d'ordre public des art. 47* et 50 [C. com., art. L. 622-21 et L. 622-24] qui obligent le créancier d'un débiteur en redressement judiciaire à se soumettre, concernant les demandes tendant au paiement d'une somme d'argent pour une cause antérieure à l'ouverture de la procédure collective, à la procédure de vérification des créances. • Com. 6 déc. 1994, n° 90-15.109 P : *Quot. jur. 12 janv. 1995, p. 4.*

2. Une cour d'appel saisie d'une action en paiement contre les cautions n'est pas tenue de rechercher d'office si le créancier a déclaré sa créance au passif de la société débitrice principale en liquidation judiciaire, mais doit rechercher d'office si le créancier a déclaré sa créance au passif du redressement judiciaire de la caution. • Com. 23 juin 1998, n° 95-15.456 P : *D.*

Affaires 1998. 1590, obs. V. A.-R.

3. Une décision de reconnaissance en France d'un jugement étranger ne conférant pas à celui-ci plus de droits que n'en aurait une décision nationale, elle ne saurait tenir en échec le principe d'ordre public interne et international selon lequel, en cas de procédure collective, tout créancier doit déclarer sa créance. • Civ. 1re, 29 sept. 2004, n° 02-16.754 P : *D. 2005. 2159, note Henry ; ibid. Pan. 1266, obs. Courbe et Chanteloup ; APC 2004, n° 221, obs. Péroz ; LPA 11 avr. 2005, p. 19, note Roussel Galle ; RTD com. 2005. 172, obs. Vallens ; RPC 2005. 242, obs. Menjucq.*

4. L'obligation de déclarer les créances antérieures au jugement d'ouverture de la procédure collective n'est pas limitée aux créances liées à l'activité professionnelle du débiteur : • Com. 23 mai 2000 : *APC 2000, n° 163* • 13 mai 2003 : *ibid. 2003, n° 170.*

5. *Compétence administrative.* V. note 4 ss. art. L. 621-2.

6. *Conversion en liquidation judiciaire.* Le créancier, qui a régulièrement déclaré sa créance au passif du débiteur en redressement judiciaire, n'est pas tenu de procéder à une nouvelle déclaration de créance lorsqu'à l'issue de la période d'observation, la liquidation judiciaire est prononcée. • Com. 16 janv. 2007, n° 05-16.927 P : *D. 2007. AJ 311, obs. Lienhard ; Gaz. Pal. 13-14 avr. 2007, p. 45, obs. Le Corre-Broly* • 10 juill. 2012, n° 11-20.367 : *BJE 2012. 286, note Le Mesle.* ♦ Dans le même sens, dans l'hypothèse d'un redressement judiciaire ouvert en cours d'exécution d'un plan de continuation, V. • Com. 5 juin 2007, n° 06-14.847 P : *D. 2007. AJ 1787, obs. Lienhard ; APC 2007, n° 139, obs. Rétif ; Gaz. Pal. 26-27 oct. 2007, p. 49, obs. Le Corre-Broly ; RTD com. 2008. 855, obs. Saint-Alary-Houin .*

7. *Infirmation du jugement d'ouverture.* En cas d'infirmation par la cour d'appel du jugement de liquidation judiciaire et d'ouverture d'une procédure de redressement judiciaire, la déclaration de créance n'est en rien affectée par l'arrêt infirmatif et le juge-commissaire demeure régulièrement saisi par cette déclaration. • Com. 22 janv. 2013, n° 11-25.310 P : *D. 2013. Actu. 302, obs. Lienhard ; RTD com. 2013. 339, obs. Martin-Serf ; APC 2013, n° 44, obs. Blanc ; LEDEN 3/2013. 2, obs. Mouial-Bassilana ; Gaz. Pal. 1er-4 mai 2013, p. 29, obs. Le Corre ; BJE 2013. 168, note Rolland.* ♦ Si, dans ce cas de figure, le créancier n'est pas tenu de déclarer à nouveau sa créance, il lui est loisible de le faire, cette seconde déclaration devant alors seule être prise en considération. • Com. 24 juin 2014, n° 13-21.074 P : *D. 2014. Actu. 1446 ; RTD com. 2014. 861, obs. Martin-Serf ; BJS 2014. 519, note J.-F. Barbièri ; Gaz. Pal. 5-7 oct. 2014, p. 39, obs. Le Corre ; RJDA 2014, n° 785.*

8. *Jonction de procédures.* La jonction de procédures collectives, simple mesure d'administration judiciaire, n'entraînant pas la poursuite des procédures sous patrimoine commun, la déclaration de créance faite dans une procédure ne vaut pas déclaration au passif de l'autre. • Com. 14 janv. 2004 : *RJDA 2004, n° 855.*

9. *Péremption d'instance.* La péremption de l'instance en paiement engagée par le créancier est sans effet sur la déclaration de créance elle-même. • Com. 3 déc. 2013, n° 12-20.985 P : *D. 2013. Actu. 2912 ; LEDEN 2/2014. 2, obs. Mouial-Bassilana ; Procédures 2014, n° 38, note Perrot ; RJDA 2014, n° 364 ; RPC 2014, n° 63, obs. Staes.* ♦ V. aussi note 40 ss. art. L. 624-2.

10. *Portée de la déclaration.* En ce sens que dès lors que le crédit-bailleur a déclaré sa créance, le contrat de crédit-bail immobilier, même non publié, est opposable à la procédure collective, V. • Com. 15 mai 2001, n° 98-14.965 P : *D. 2001. Somm. 3429, obs. Honorat ; ibid. AJ 1873, obs. Lienhard ; APC 2001, n° 154, obs. Regnaut-Moutier ; JCP E 2001, n° 38, p. 1473, obs. Cabrillac et Pétel ; Defrénois 2002. 836, obs. Piedelièvre.*

11. La déclaration de créance ne constitue pas une action exercée devant une juridiction civile au sens de l'art. 5 C. pr. pén. • Crim. 30 janv. 2019, n° 18-81.460 P : *D. 2019. Actu. 259 ; Gaz. Pal. 5 mars 2019, p. 22, concl. R. Salomon et note Saenko ; APC 2019, n° 174, obs. Cerf-Hollender ; RPC 2019, n° 133, obs. Borga.*

II. AVERTISSEMENT DES CRÉANCIERS CONNUS

12. V. art. R. 622-21.

III. AVERTISSEMENT PERSONNEL DES CRÉANCIERS PRIVILÉGIÉS

[La jurisprudence reproduite ci-dessous a été partiellement rendue sous l'empire des anciens art. L. 621-43 et L. 621-46 C. com., de la combinaison desquels il résultait que la forclusion n'était pas opposable aux créanciers titulaires d'une sûreté publiée ou liés au débiteur par un contrat de crédit-bail publié en l'absence d'avertissement personnel de la part du représentant des créanciers. – Comp., désormais : art. L. 622-24, al. 1er in fine, aux termes duquel le délai de déclaration ne court, à l'égard de ces créanciers, qu'à compter de la notification de l'avertissement.]

13. *Créanciers titulaires d'une sûreté publiée.* Le représentant des créanciers [mandataire judiciaire] a l'obligation d'adresser l'avertissement d'avoir à déclarer leur créance à tous « les créanciers titulaires d'une sûreté ayant fait l'objet d'une publication ». La loi ne distingue pas entre titulaire d'un privilège spécial et titulaire d'un privilège général. • Com. 9 janv. 2001, n° 98-

15.102 P : *D. 2001. AJ 479* ; *JCP E 2001, n° 18, p. 152, obs. Cabrillac* • Versailles, 25 mars 1999 : *D. Affaires 1999. 834* ; *RJDA 1999, n° 805*.

Le privilège mobilier accordé à l'administration fiscale par l'art. 1926 CGI, pour le recouvrement des taxes sur le chiffre d'affaires et des taxes assimilées, est une sûreté au sens de l'art. 50, al. 1er, de la loi du 25 janv. 1985 [C. com., art. L. 622-24]. • Com. 4 juill. 2000, n° 97-22.414 P : *D. 2001. Somm. 617, obs. Honorat* ; *ibid., 2000. AJ 353, obs. Pisoni* ; *RDBF 2000, n° 200, obs. F.-X. Lucas* ; *Dr. et patr. 1/2001. 99, obs. Monsèrié-Bon* ; *JCP E 2001, n° 5, p. 219, obs. Pétel* ; *RTD com. 2001. 228, obs. Martin-Serf*.

Doit être averti personnellement le créancier qui a fait procéder à l'inscription d'un gage automobile au registre public de la préfecture, dans le respect de la réglementation du décret n° 53-968 du 30 sept. 1953. • Douai, 19 sept. 2000 : *RTD com. 2001. 228, obs. Martin-Serf*.

Dès lors qu'en application des art. 2103 et 2107 [2402 et 2418] C. civ., les syndicats de copropriétaires sont dispensés de la formalité d'inscription du privilège dont ils bénéficient pour garantir le paiement de leurs créances de charges et travaux mentionnés aux art. 10 et 30 de la loi n° 65-557 du 10 juill. 1965, le syndicat créancier ne peut être assimilé à un créancier titulaire d'une sûreté ayant fait l'objet d'une publication. • Com. 4 mars 2003, n° 00-11.952 P : *D. 2003. AJ 909* ; *JCP E 2003, n° 40, p. 1571, obs. Cabrillac* ; *RTD com. 2003. 566, obs. Martin-Serf* ; *AJDI 2003. 514, note Giverdon*.

L'inopposabilité de la forclusion ne peut être invoquée par les créanciers titulaires d'une sûreté ayant fait l'objet d'une publication sur un bien n'appartenant pas à leur débiteur en procédure collective (à propos d'une hypothèque consentie par un dirigeant de la société en procédure collective). • Com. 21 juin 2005, n° 04-10.383 P : *D. 2005. AJ 1851, obs. Lienhard* ; *RTD com. 2006. 914, obs. Martin-Serf* ; *JCP E 2005, nos 51-52, p. 2203, obs. Delebecque* ; *Gaz. Pal. 4-5 nov. 2005, p. 39, obs. Le Corre*.

Si le nantissement des parts sociales s'est valablement opéré dès la signification à la société exigée par l'art. 253 du Décr. n° 92-755 du 31 juill. 1992 [C. pr. exéc., art. R. 532-3, depuis le 1er juin 2012], cette signification ne constitue pas une publication au sens de l'art. L. 621-43 [L. 622-24] C. com., de sorte que le créancier ne peut se prévaloir de l'inopposabilité de la forclusion. • Com. 16 mai 2006, n° 05-12.400 P : *D. 2006. AJ 1528, obs. Lienhard* ; *JCP E 2006, n° 35, p. 1429, note Vallansan* ; *RDBF 2006, n° 163, obs. F.-X. Lucas* ; *RTD com. 2006. 912, obs. Martin-Serf*.

Une banque qui a inscrit un privilège de prêteur de deniers sur un bien immobilier acquis par une société civile immobilière n'a pas à être avertie personnellement de l'ouverture d'une procédure collective à l'encontre de la caution solidaire du remboursement du prêt souscrit pour l'acquisition de cet immeuble. • Com. 16 oct. 2001 : *RPC 2002. 93, obs. Legrand*.

Le représentant des créanciers est tenu d'avertir personnellement les créanciers titulaires d'une sûreté ayant fait l'objet d'une publication au jour du jugement d'ouverture de la procédure collective (rejet de la requête en inopposabilité de la forclusion formée par la caution qui avait déclaré – hors délai – sa créance au titre des arrérages de rente réglés par elle après l'ouverture du redressement judiciaire des débirentiers). • Com. 5 déc. 2006, n° 05-17.580 P : *D. 2007. AJ 23, obs. Lienhard* ; *JCP E 2007. 1321, note Vallansan* ; *Gaz. Pal. 13-14 avr. 2007, p. 46, obs. Le Corre-Broly* ; *RTD com. 2007. 593, obs. Martin-Serf*. ♦ La qualité de créancier titulaire d'une sûreté publiée, au sens de l'art. L. 621-43 [L. 622-24] C. com., s'appréciant à la date du jugement d'ouverture de la procédure collective, le créancier titulaire d'un nantissement inscrit sur le fonds de commerce de la société au jour de l'ouverture de la liquidation judiciaire de cette dernière doit être personnellement averti d'avoir à déclarer sa créance, peu important que la validité de la publicité de la sûreté puisse être ultérieurement contestée. • Com. 15 avr. 2008, n° 07-10.174 P : *D. 2008. AJ 1344, obs. Lienhard* ; *APC 2008, n° 125, obs. Regnaut-Moutier* ; *Gaz. Pal. 27-29 juill. 2008, p. 45, obs. Le Corre-Broly* ; *JCP E 2008. 2062, n° 9, obs. Cabrillac* ; *RTD com. 2008. 621, obs. Martin-Serf* ; *ibid. 630, obs. Vallens*. – Dans le même sens, V. • Com. 6 déc. 2011, n° 10-24.968 P : *D. 2012. Actu. 7* ; *Gaz. Pal. 28-29 mars 2012, p. 23, obs. Dumont-Lefrand* ; *BJE 2012. 160, note Macorig-Venier*. ♦ V. aussi, à propos d'un créancier hypothécaire radié par erreur avant le jugement d'ouverture puis réinscrit après, • Com. 12 juill. 2004, n° 00-17.120 P : *D. 2004. AJ 2156* ; *RDBF 2004, n° 246, obs. F.-X. Lucas* ; *Defrénois 2005. 525, obs. S. Piedelièvre*.

Dès lors que la société absorbante n'a pas fait procéder à la mise à jour du livre foncier, lequel ne mentionnait comme créancier hypothécaire que la société absorbée, elle ne peut prétendre qu'elle devait être avertie personnellement en qualité de créancier inscrit. • Com. 17 avr. 2019, n° 17-27.058 P : *D. 2019. Actu. 886* ; *Rev. sociétés 2019. 425, obs. Henry* ; *RTD com. 2019. 759, obs. Martin-Serf* ; *JCP E 2019. 1413, note Lamy* ; *DP diff. entr., Bull. n° 414, obs. Rémery* ; *LEDEN 6/2019. 4, obs. Lafaurie* ; *BJE 7-8/2019. 31, note Favario* ; *RJDA 2019, n° 574* ; *RDBF 2019, n° 137, obs. Houin-Bressand*.

L'art. 50 [C. com., art. L. 622-24] n'impose nullement à l'organe compétent de la procédure collective d'adresser au créancier autant d'avertissements d'avoir à déclarer ses créances que ce créancier possède de sûretés, surtout lorsque ces sûretés garantissent en réalité le remboursement de la même créance. • Rennes, 9 juin 1999 : *BICC 2000, n° 356*.

14. Créanciers titulaires d'un contrat publié. L'art. L. 622-24, al. 1er, ne distingue pas selon la finalité de la publication et la nature de la créance concernée (s'agissant, en l'espèce, d'un contrat de vente en l'état futur d'achèvement publié à la Conservation des hypothèques). • Com. 16 sept. 2014, n° 13-20.392 P : *D. 2014. Actu. 1870* ; *Rev. sociétés 2014. 756, obs. Roussel Galle* ; *RTD com. 2014. 864, obs. Martin-Serf* ; *JCP E 2014. 1637, n° 6, obs. Pétel ; APC 2014, n° 294, obs. Favario ; LEDEN 12/2014. 2, obs. Rubellin ; BJE 2014. 370, note Sortais ; RJDA 2015, n° 33 ; Gaz. Pal. 18-20 janv. 2015, p. 25, obs. Le Corre ; RPC 2015, n° 37, obs. F. et M.-N. Legrand.*

Le caractère obligatoire, en application d'un texte légal publié, de l'affiliation, par voie de déclaration, de tout professionnel libéral à la section de la Caisse nationale d'assurance vieillesse des professions libérales dont il relève, telle la CARPIMKO, n'a pas pour effet de lier les parties par un contrat publié au sens de l'art. L. 622-24, al. 1er, C. com., de sorte que la CARPIMKO n'a pas à être avertie personnellement d'avoir à déclarer sa créance. • Com. 31 janv. 2012, n° 11-11.940 P : *D. 2012. Actu. 432, obs. Lienhard* ; *RTD com. 2012. 401, obs. Martin-Serf* ; *LEDEN 3/2012. 2, obs. Couard ; RJDA 2012, n° 420 ; Gaz. Pal. 27-28 avr. 2012, p. 29, obs. Le Corre ; RPC 2012, n° 159, obs. Lebel.*

Dès lors que le contrat de crédit-bail qui fonde les droits du créancier contre le débiteur dans les liens de la procédure collective a été régulièrement publié, il importe peu que la cession de ce contrat n'ait pas été elle-même publiée puisque le changement de crédit-preneur a laissé subsister le contrat dans ses éléments essentiels et que, conformément aux dispositions de l'art. 11 du décret n° 72-665 du 4 juill. 1972, seuls les tiers au contrat peuvent se prévaloir d'une inopposabilité par suite du défaut de publicité. • Paris, 30 oct. 1998 : *D. 1998. IR 263 ; D. Affaires 1998. 1954, obs. A. L.*

15. Élection de domicile. Lorsque le créancier hypothécaire a été averti personnellement, il ne peut prétendre, en outre, être averti à domicile élu. • Com. 25 févr. 2004 : *D. 2004. AJ 952* . ♦ Pour la validité de l'avertissement notifié au seul domicile élu, V. • Com. 5 mars 2002, n° 98-17.491 P : *D. 2002. AJ 1202, obs. Lienhard* ; *APC 2002, n° 95, obs. Boulay ; JCP E 2002, n° 39, p. 1523, obs. Cabrillac et Pétel ; RDBF 2002, n° 97, obs. F.-X. Lucas.* ♦ Solution confirmée par l'art. L. 622-24 dans sa réd. issue de L. n° 2005-845 du 26 juill. 2005.

16. Créancier personne morale. Pour la validité de l'avertissement adressé à l'adresse mentionnée sur la déclaration de créance, et non au siège social de la société créancière, V. • Com. 1er févr. 2005, n° 03-18.325 P : *D. 2005. AJ 640, obs. Lienhard* ; *ibid. Pan. 2015, obs. F.-X. Lucas* ; *APC 2005, n° 40, obs. Regnaut-Moutier ; Gaz. Pal. 29-30 avr. 2005, p. 37, obs. Le Corre.*

17. Créancier sous tutelle. Lorsque le créancier est mis sous tutelle, l'avertissement doit être adressé à son tuteur. • Com. 6 déc. 2011, n° 10-19.959 P : *D. 2012. Actu. 7, obs. Lienhard* ; *RTD com. 2012. 402, obs. Martin-Serf* ; *DP diff. entr., Bull. n° 332, obs. Rémery ; LEDEN 2/2012. 2, obs. Laroche ; RJDA 2012, n° 310 ; BJE 2012. 162, note Houin-Bressand ; RPC 2012, n° 74, obs. F. et M.-N. Legrand.*

18. Créancier en liquidation judiciaire. Lorsque le créancier titulaire d'une sûreté publiée est en liquidation judiciaire et donc frappé de dessaisissement par l'effet de l'art. L. 622-9 [L. 641-9], l'avertissement, pour être opérant, doit être adressé au liquidateur judiciaire de ce créancier. • Aix-en-Provence, 16 mai 2001 : *RDBF 2001, n° 235, obs. F.-X. Lucas.*

19. Créancier de codébiteurs solidaires. V. note 1 ss. art. R. 622-24.

20. Formalisme de l'avertissement. Ne saurait être considéré comme satisfaisant aux prescriptions légales l'envoi par le représentant des créanciers [mandataire judiciaire] de la lettre simple adressée aux créanciers connus en application de l'art. 66, al. 1er [C. com., art. R. 622-21]. • Com. 14 mars 2000, n° 97-14.912 P : *D. 2000. AJ 169, obs. Lienhard* ; *RTD com. 2000. 717, obs. Martin-Serf* ; *JCP E 2000, n° 40, p. 1571, note Le Corre ; ibid., p. 1563, obs. Pétel ; APC 2000, n° 88, obs. Regnaut-Moutier ; RDBF 2000, n° 69, obs. F.-X. Lucas.* ♦ En effet, l'envoi d'une lettre recommandée constitue une formalité substantielle. • Rennes, 1er oct. 1997 : *RTD com. 1998. 934, obs. Martin-Serf* ; *JCP E 1998, n° 25, p. 993, note F.-X. Lucas ; RJDA 1998, n° 1134.*

21. Seul l'avertissement conforme aux dispositions prévues par l'art. 66 du décret [C. com., art. R. 622-21] fait courir le délai de deux mois à l'expiration duquel les créanciers encourent la forclusion (dans l'hypothèse où l'avertissement adressé par le représentant des créanciers à un créancier hypothécaire concernait la société débitrice, et non le débiteur personne physique ayant consenti l'hypothèque, auquel la procédure collective avait été étendue). • Com. 15 mai 2001, n° 98-16.306 P : *D. 2001. AJ 1872, obs. Lienhard* ; *APC 2001, n° 137, obs. Vallansan ; Procédures 2001, n° 152, note Laporte ; JCP E 2001, n° 38, p. 1470, obs. Cabrillac.* ♦ Dès lors que l'avertissement adressé au créancier hypothécaire ne reproduit pas, contrairement aux prescriptions de l'art. R. 622-21 C. com., les dispositions de l'art. R. 621-19 du même code, cet avertissement, insuffisant à informer le créancier de tous ses droits et obligations, ne peut faire courir le délai de déclaration de la créance. • Com. 22 mars 2017, n° 15-19.317 P : *D. 2017. Actu. 758, obs. Lienhard* ; *RTD com. 2017. 685, obs. Martin-Serf* ; *JCP E 2017. 1355, note Stefania ; ibid. 1460, n° 11, obs. Tehrani ; APC 2017, n° 116, obs. Vallansan ; LEDEN 6/2017. 3, obs. Staes ; Procédures 2017, n° 130, note*

Rolland ; RDBF 2017, n° 131, obs. Houin-Bressand ; RJ com. 2017. 355, obs. Roussel Galle ; Gaz. Pal. 27 juin 2017, p. 56, obs. Le Corre ; RJDA 2017, n° 737.

22. Pour la censure d'un arrêt ayant validé l'avertissement d'un créancier domicilié à l'étranger alors que cet avertissement n'avait pas été adressé au moyen d'un formulaire [prévu par le Règl. n° 1346-2000 du 29 mai 2000] portant dans toutes les langues officielles des institutions de l'Union européenne le titre « Invitation à produire une créance. Délais à respecter », qu'il indiquait un délai de déclaration erroné et ne reproduisait pas les dispositions de l'art. L. 621-43 [L. 622-24] C. com. ni celles des art. 31-1 et 66 du Décr. n° 85-1388 du 27 déc. 1985 [C. com., art. R. 621-24, R. 622-21 et R. 622-24], V. • Com. 7 juill. 2009 : *D. 2009. AJ 1965 ; RTD com. 2009. 804, obs. Martin-Serf ; LEDEN, oct. 2009, p. 2, obs. Blanc ; Gaz. Pal. 30-31 oct. 2009, p. 32, note Henry ; RPC 2009, n° 149, obs. Menjucq ; JCP E 2010. 1011, n° 8, obs. Pétel.*

23. Sur le formalisme de l'avertissement, V. aussi • Com. 4 juin 2013, n° 12-15.097 P : *D. 2013. Actu. 1469, obs. Lienhard ; RTD com. 2013. 594, obs. Vallens ; APC 2013, n° 148, obs. Vallansan ; Gaz. Pal. 29 sept.-1er oct. 2013, p. 31, obs. Le Corre ; LEDEN 10/2013. 3, obs. Mouial-Bassilana ; RDBF 2013, n° 165, obs. Houin-Bressand ; RJDA 2013, n° 1038 ; RPC 2014, n° 15, obs. F. et M.-N. Legrand* • 17 févr. 2015, n° 13-24.403 P : *D. 2015. Actu. 486 ; Rev. sociétés 2015. 409, obs. Roussel Galle ; RTD com. 2015. 367, obs. Martin-Serf ; APC 2015, n° 68, obs. Cagnoli ; LEDEN 4/2015. 5, obs. Mouial-Bassilana ; Gaz. Pal. 1er-5 mai 2015, p. 33, obs. Le Corre ; BJE 2015. 151, note Thullier ; RPC 2015, n° 38, obs. F. et M.-N. Legrand ; RJDA 2015, n° 510.*

24. Seule la réception de l'avertissement fait courir le délai de deux mois à l'expiration duquel les créanciers encourent la forclusion (dans le cas d'un avertissement adressé à l'ancienne adresse du créancier). • Com. 27 févr. 2007, n° 06-12.033 P : *D. 2007. AJ 946, obs. Lienhard ; RDBF 2007, n° 69, obs. F.-X. Lucas ; Gaz. Pal. 20-21 juill. 2007, p. 44, obs. Le Corre-Broly.*

25. Reprise d'une procédure clôturée. La reprise d'une liquidation judiciaire clôturée pour insuffisance d'actif, qui n'entraîne pas l'ouverture d'une nouvelle procédure, n'interdit pas au liquidateur d'adresser à un créancier titulaire d'une sûreté publiée l'avertissement d'avoir à déclarer sa créance prévu par l'art. 66 du décret du 27 déc. 1985 [C. com., art. L. 622-24], lorsque cet avertissement n'a pas été envoyé avant la clôture. • Com. 22 mars 2016, n° 14-18.873 P : *D. 2016. Actu. 702 ; RTD com. 2016. 545, obs. Martin-Serf ; LEDEN 5/2016. 3, obs. Pelletier ; APC 2016, n° 89, obs. Cagnoli ; Procédures 2016, n° 205, note Rolland ; RDBF 2016, n° 176, obs. Houin-Bressand.* ♦ Est irrégulier l'avertissement qui fait état de l'ouverture d'une procédure de liquidation judiciaire quand il s'agit de la reprise des opérations de liquidation. • Même arrêt.

IV. CRÉANCES À DÉCLARER

A. CRÉANCES SUR LA PERSONNE OBJET DE LA PROCÉDURE

26. Cautionnement réel. V. note 58.

27. Cotisations sociales. Les cotisations d'allocations familiales et vieillesse dues au titre de l'activité de gérant non salarié d'une société agricole mise en redressement judiciaire, qui présentent un caractère personnel, ne peuvent faire l'objet d'une production au redressement judiciaire de la société. • Soc. 19 juill. 2001, n° 00-11.255 P : *APC 2001, n° 204, obs. Vachet.*

28. Exercice du droit de suite. Le créancier bénéficiaire d'un nantissement sur un fonds de commerce, revendu par son débiteur à un tiers ultérieurement mis en redressement judiciaire, n'est pas créancier de ce tiers et n'est donc pas tenu de déclarer sa créance pour exercer son droit de suite conféré par l'art. 22 de la loi du 17 mars 1909 devenu l'art. L. 143-12 C. com. • Com. 17 déc. 2002, n° 99-20.928 P : *JCP E 2003, n° 37, p. 1440, note Kéita ; RTD com. 2003. 365, obs. Martin-Serf ; Dr. et patr. 6/2003. 99, obs. Monsèrié-Bon.*

V. aussi note 1 ss. art. R. 643-6.

B. CRÉANCES ANTÉRIEURES

29. Tous les créanciers dont la créance, fût-elle constatée par un jugement passé en force de chose jugée, a son origine antérieurement au jugement d'ouverture, à l'exception des salariés, sont tenus d'adresser la déclaration de leur créance au représentant des créanciers [mandataire judiciaire]. • Com. 6 févr. 1996, n° 93-10.525 P : *D. 1997. Somm. 77, obs. Honorat .*

30. L'origine et la naissance d'une créance de remboursement d'un crédit immobilier dont l'offre a été acceptée se situent à la même date, de sorte qu'il est sans incidence sur la solution du litige que la cour d'appel se soit déterminée en considération de l'origine plutôt que de la naissance des créances de la caisse. • Com. 23 avr. 2013, n° 12-14.906 P : *D. 2013. Actu. 1128, obs. Lienhard ; ibid. Pan. 2370, obs. Le Corre ; RTD com. 2013. 588, obs. Martin-Serf ; Rev. sociétés 2013. 379, obs. Roussel Galle ; APC 2013, n° 118, obs. Fin-Langer ; Gaz. Pal. 12-13 juill. 2013, p. 15, obs. Henry ; BJE 2013. 240, note Benilsi ; RJDA 2013, n° 736 ; LEDEN 9/2013. 3, obs. Rubellin.*

1° EXCLUSION DES CRÉANCES ÉTEINTES

31. Le paiement effectué avant l'ouverture de la procédure collective en vertu d'une décision statuant sur le fond, exécutoire par provision, ayant éteint la créance de la partie bénéficiaire d'une telle décision, cette partie n'est pas soumise à l'obligation de la déclarer au passif de la procédure collective de l'autre partie. • Com. 14 juin 1994, n° 92-16.322 P : *D. 1994. 520* ; *D. 1995. Somm. 28, obs. Honorat* ; *RTD com. 1995. 482, obs. Martin-Serf* • 28 mai 1996 : *D. 1996. IR 161* ; *RPC 1996. 491, obs. Soinne* • 15 févr. 2011, n° 09-71.487 : *APC 2011, n° 101, obs. Cagnoli.*

32. En revanche, jugé qu'un créancier, payé au titre de l'exécution provisoire d'un jugement de condamnation dont le débiteur a fait appel, doit se soumettre à la procédure de déclaration des créances de la procédure de redressement judiciaire ouverte à l'encontre du débiteur au cours de l'instance d'appel. • Aix-en-Provence, 12 juin 1991 : *D. 1992. Somm. 248, obs. crit. Derrida* ; *Dr. sociétés 1992, n° 181, obs. Chaput.*

33. Sur la nécessité, pour le créancier ayant reçu un paiement provisionnel avant l'ouverture de la procédure collective, de déclarer l'intégralité de sa créance, dès lors qu'un tel paiement n'éteint pas la créance à concurrence du montant versé, V. • Civ. 2e, 7 mars 2002, n° 00-21.959 P : *D. 2002. AJ 1203* ; *APC 2002, n° 110, obs. Salvat.*

V. aussi note 89.

34. L'attribution du gage ordonnée avant l'ouverture de la procédure collective, par une décision statuant sur le fond, exécutoire par provision, transfère la propriété au créancier et éteint la créance de celui-ci à concurrence de sa valeur ; il en résulte que la banque, qui est devenue propriétaire des marchandises nanties avant le jugement d'ouverture, n'est pas soumise à l'obligation de déclarer sa créance pour la partie correspondant à leur valeur. • Com. 24 janv. 2006, n° 02-11.989 P : *D. 2006. AJ 499, obs. Lienhard* .

2° EXEMPLES DE CRÉANCES ANTÉRIEURES

35. Vices et malfaçons. La créance née de la garantie des vices cachés ayant son origine au jour de la conclusion du contrat de vente et non pas au jour de la révélation du vice, dès lors que la vente de la chose viciée est antérieure à l'ouverture du redressement judiciaire à l'encontre du vendeur, l'obligation de déclaration de sa créance s'impose à l'acheteur, même si son préjudice ne s'est réalisé que postérieurement au jugement d'ouverture. • Com. 7 juill. 1992 : *RJDA 1992, n° 1172.* – Dans le même sens, V. • Com. 8 juin 1999, n° 96-18.840 P : *D. 2000. Somm. 95, obs. Honorat* ; *D. Affaires 1999. 1116, obs. A. L.* ; *JCP E 2000, n° 4, p. 131, obs. Cabrillac.* ♦ V. aussi pour une créance née d'un défaut de conformité : • Com. 2 oct. 2012, n° 10-25.633 P : *D. 2012. Actu. 2387, obs. Lienhard* ; *RTD com. 2013. 341, obs. Martin-Serf* ; *LEDEN 11/2012. 2, obs. Rubellin* ; *BJE 2012. 360, note Reille* ; *RJDA 2013, n° 55* ; *Gaz. Pal. 18-19 janv. 2013, p. 26, obs. Henry.*

36. Créances de restitution. Le fait générateur de la créance de restitution de droits de douane est le fait juridique à l'origine de l'obligation de restitution de ces droits par l'administration et non la restitution elle-même. • Com. 23 janv. 2007, n° 05-13.995 P : *D. 2007. AJ 448, obs. Lienhard* ; *Gaz. Pal. 13-14 avr. 2007, p. 33, obs. Henry* ; *RPC 2007. 144, obs. Saint-Alary-Houin* ; *RTD com. 2007. 599, obs. Martin-Serf* . ♦ V. aussi cet arrêt sur la date de naissance de la créance de restitution du dépôt de garantie versé au bailleur. ♦ V. aussi note 37 ss. ancien art. L. 621-32, ss. art. L. 622-17, et note 19 ss. art. L. 632-4.

37. Créances du Trésor nées d'une décision de justice. Aux termes de l'art. 13 de l'Ord. n° 86-1243 du 1er déc. 1986 [C. com., art. L. 464-2], les condamnations prononcées par le Conseil [l'Autorité] de la concurrence étant des « sanctions pécuniaires », la créance du Trésor public n'existe que depuis la décision du Conseil [de l'Autorité], de sorte que cette créance, qui n'a pas son origine antérieurement au jugement d'ouverture, n'est pas soumise aux dispositions des art. 47 et 50 [C. com., art. L. 622-21 et L. 622-24]. • Com. 4 mars 1997, n° 92-21.785 P : *D. 1998. 264, note Souweine* ; *D. Affaires 1997. 443* ; *RDBB 1997. 132, obs. Campana et Calendini* ; *JCP E 1997. I. 681, n° 17, obs. Cabrillac* ; *RTD com. 1998. 944, obs. Martin-Serf* . – Dans le même sens, V. • Cons. conc. n° 04-D-03 18 févr. 2004 : *D. 2004. AJ 877* ; *RTD com. 2004. 598, obs. Martin-Serf* . – V. aussi et Comp. note 54 ss. ancien art. L. 621-32, ss. art. L. 622-17.

38. Créances douanières. L'administration des Douanes, qui exerce à titre principal l'action pour l'application des sanctions fiscales, en vertu de l'art. 343-2 du code des douanes, est recevable à réclamer, devant la juridiction répressive, la condamnation solidaire aux amendes et confiscations douanières du débiteur en redressement judiciaire, sans avoir à produire sa créance entre les mains du représentant des créanciers ; elle n'a cette obligation que pour obtenir la condamnation au paiement des droits fraudés qui n'ont pas le caractère de pénalités. • Crim. 13 déc. 2000, n° 99-83.580 P : *D. 2001. AJ 925* .

39. Cotisations sociales. Si les cotisations des professionnels libéraux ne peuvent être dues qu'à compter du premier jour du trimestre civil qui suit le début d'activité, elles sont, à partir de cette date, exigibles annuellement et d'avance, de sorte que la créance de la CARPIMKO pour 2010 est nécessairement née le 1er janv. de cette année et pour l'année entière, sauf radiation en cours d'année. • Com. 9 juill. 2013, n° 12-20.649 P : *D. 2013. Actu. 1830, obs. Lienhard* ; *Rev. sociétés 2013. 525, obs. Henry* ; *JCP E 2014. 1020, n° 11, obs. Pétel* ; *Gaz. Pal. 29 sept.-1er oct. 2013, p. 34, obs. Gailhbaud* ; *RJDA 2013, n° 923* ;

RPC 2014, n° 132, obs. Lebel. ♦ Selon l'art. L. 131-6 CSS, dans sa rédaction applicable au litige, les cotisations d'assurance maladie et maternité, d'allocations familiales et d'assurance vieillesse des travailleurs indépendants non agricoles, dues annuellement en application de l'art. L. 131-6-2 du même code, dans sa rédaction applicable au litige, sont assises sur le revenu d'activité non salariée ; il en résulte que la créance de cotisations afférente à une période d'activité antérieure au jugement d'ouverture de la procédure collective doit être déclarée dans les conditions prévues par l'art. L. 622-24 C. com. • Civ. 2e, 14 févr. 2019, n° 18-12.146 P : *D. 2019. Actu. 380 ; RTD com. 2020. 471, obs. Martin-Serf ; LEDEN 4/2019. 4, obs. Urbain.*

40. Porteurs de lettres de change. Fait une exacte application des art. 116 [L. 511-7], 131 s. [L. 511-22 s.] C. com., et 33, 47 et 109 de la loi du 25 janv. 1985 [C. com., art. L. 622-7, L. 622-21 et L. 632-3], l'arrêt qui, relevant que la créance du banquier escompteur de lettres de change acceptées sur la société tirée était née antérieurement au jugement d'ouverture de la procédure de redressement judiciaire, décide qu'elle doit être déclarée dans les conditions prévues aux art. 50 s. de ladite loi [C. com., art. L. 622-24 s.], la consignation par le tiré avec affectation spéciale n'étant pas susceptible de valoir paiement. • Com. 8 janv. 1991, n° 89-17.199 P : *D. 1992. Somm. 248, obs. Derrida ibid. 282, obs. Honorat ; Rev. dr. bancaire 1991. 155, obs. Campana et Calendini.*

V. aussi note 34 ss. art. L. 622-7.

41. Créance d'apport des associés. Les associés, ne pouvant reprendre leur apport qu'après paiement de l'intégralité du passif social, ne peuvent déclarer cette créance. • Aix-en-Provence, 23 juin 1994 : *Dr. sociétés 1995, n° 53, obs. Chaput ; RPC 1995. 307, obs. Dureuil.*

42. Créance de recours de l'associé d'une société en participation. V. • Com. 8 juill. 2014, n° 13-19.010 P : *D. 2014. Actu. 1543 ; Rev. sociétés 2014. 531, obs. Henry ; LEDEN 9/2014. 2, obs. Mouial-Bassilana ; Gaz. Pal. 5-7 oct. 2014, p. 31, obs. Boustani ; APC 2014, n° 269, obs. Thiberge ; RJDA 2014, n° 780 ; BJS 2014. 400, note Borga ; Dr. sociétés 2014, n° 172, note Legros ; BJE 2014. 368, note Monsèrié-Bon.*

43. Créance d'un syndicat de copropriétaires. Lorsqu'un syndic est en procédure collective, le syndicat de copropriétaires, auquel les sommes ou valeurs reçues à son nom ou pour son compte par le syndic n'ont pas été restituées, peut déclarer sa créance de restitution au passif du syndic et en demander l'admission, sans préjudice de la mise en œuvre de la garantie financière. • Com. 17 avr. 2019, n° 18-11.766 P : *D. 2019. Actu. 886 RTD com. 2019. 757, obs. Martin-Serf ; RJDA 2019, n° 521 ; BJE 7-8/2019. 25, note Cabrillac.* ♦ V. aussi note 45 ci-dessous et note 21 ss. art. L. 624-9.

44. Créance de garantie de loyers. V. • Civ. 3e, 4 juill. 2001 : *RPC 2002. 265, obs. Dumont.*

45. Commission d'agent immobilier ou d'agent commercial. La créance de commission d'un agent immobilier (au sens de l'art. 6 de la loi du 2 janv. 1970), chargé de conduire les négociations dans le cadre de la vente d'un immeuble trouve son origine dans le mandat qui lui est délivré. • Com. 17 févr. 1998, n° 95-15.409 P : *D. Affaires 1998. 478 ; JCP 1998. II. 10053, rapp. Sargos ; RPC 1998. 293, obs. Saint-Alary-Houin ; JCP E 1998, n° 37, p. 1400, obs. Cabrillac et Pétel ; RTD com. 1998. 938, obs. Martin-Serf* ♦ De même, le fait générateur de la créance de commissions de l'agent commercial se situe au moment où le cocontractant se trouve lié au mandant, conformément à l'art. L. 134-6 C. com., de sorte qu'il doit déclarer ses créances de commissions, même non exigibles au jour de l'ouverture de la procédure collective du mandant dès lors que les ventes ont été conclues antérieurement. • Com. 7 mars 2018, n° 16-24.657 P : *D. 2018. Actu. 557 ; AJ contrat 2018. 189, obs. Ancelin et Laventurier ; RTD com. 2018. 474, obs. Martin-Serf ; APC 2018, n° 96, obs. Cagnoli ; RJDA 2018, n° 441.* – V. déjà • Com. 15 nov. 2005, n° 03-13.261 P : *D. 2005. AJ 3086, obs. Lienhard ; Gaz. Pal. 10-11 févr. 2006, p. 22, obs. Henry.*

46. Créance du mandant d'une agence immobilière. Le mandant d'une agence immobilière en liquidation judiciaire n'a pas à déclarer sa créance de restitution résultant des dispositions de la loi du 2 janv. 1970 au passif de la procédure, celle-ci échappant par sa nature aux dispositions de la procédure collective obligeant les créanciers dont la créance est née antérieurement au jugement d'ouverture à déclarer leurs créances au liquidateur. • Com. 15 févr. 2011, n° 10-10.056 P : *D. 2011. 988, note D. R. Martin ; RTD com. 2011. 634, obs. Martin-Serf ; RTD civ. 2011. 376, obs. Crocq ; JCP E 2011. 1263, n° 8, obs. Pétel ; Gaz. Pal. 1er-2 avr. 2011, p. 30, obs. Henry ; LEDEN 4/2011. 4, obs. Mouial-Bassilana ; APC 2011, n° 109, obs. Bazin-Beust ; RJDA 2011, n° 556 ; BJE 2011. 196, note Le Corre-Broly ; RPC 2011, n° 82, obs. F. et M.-N. Legrand.* ♦ Lorsque l'administrateur de biens est en procédure collective, le mandant, auquel les versements effectués entre les mains de celui-ci pour son compte à l'occasion d'une opération mentionnée à l'art. 1er de la L. n° 70-9 du 2 janv. 1970 n'ont pas été restitués, peut déclarer sa créance de restitution au passif de l'administrateur de biens et en demander l'admission, l'exercice de cette faculté ne remettant pas en cause l'affectation spéciale au remboursement des fonds, effets ou valeurs déposés de la garantie financière prévue par l'art. 3, al. 2, 2°, de la L. préc. • Com. 18 janv. 2017, n° 15-16.531 P : *D. 2017. Actu. 213, obs. Lienhard ;*

ibid. Chron. C. cass. 1079, obs. Barbot ; RTD com. 2017. 691, obs. Martin-Serf ; RTD civ. 2017. 450, obs. Crocq ; JCP E 2017. 1164, n° 9, obs. Pétel ; APC 2017, n° 52, obs. Reille ; LEDEN 2/2017. 1, obs. F.-X. Lucas ; Gaz. Pal. 28 mars 2017, p. 54, obs. Le Corre ; RJDA 2017, n° 267 ; RPC 2017, n° 53, obs. Lebel. ♦ V. aussi note 49 ss. anc. art. L. 621-46, ss. art. L. 622-26.

47. Créance de remboursement d'un prêt. La créance relative à l'indemnité de remboursement anticipé d'un prêt contracté avant le jugement d'ouverture étant née le jour où le prêt a été contracté, elle doit être déclarée à la procédure collective, peu important que son montant ne puisse pas encore être déterminé à la date de la déclaration. • Com. 27 juin 2006 : *D. 2007. Pan. 44, obs. Le Corre .*

48. La créance de remboursement d'un crédit immobilier dont l'offre a été acceptée avant l'ouverture de la procédure collective a son origine antérieurement au jugement d'ouverture et doit dès lors être déclarée. • Com. 11 févr. 2004, n° 01-11.654 P : *D. 2004. AJ 567 ; JCP E 2004, n° 22, p. 862, obs. Pétel ; RTD com. 2005. 171, obs. Martin-Serf .*

49. Créance de remboursement d'un coobligé solidaire ou in solidum. V., fixant l'origine de la créance de remboursement d'un coobligé solidaire à l'égard d'un codébiteur au jour de l'engagement solidaire : • Com. 30 juin 2004, n° 01-14.086 P : *D. 2004. AJ 2156 ; RTD com. 2005. 171, obs. Martin-Serf ; RPC 2005. 53, obs. Dumont.* ♦ C'est au jour où le codébiteur d'une obligation *in solidum* a été assigné en réparation du dommage que naît sa créance indemnitaire contre son coresponsable. • Com. 13 oct. 2015, n° 14-10.664 P : *D. 2015. Actu. 2125, obs. Lienhard ; Rev. sociétés 2015. 764, obs. Henry ; RTD com. 2016. 202, obs. Martin-Serf ; AJCA 2015. 519, obs. Dubarry ; JCP E 2016. 1120, note Docq ; APC 2015, n° 292, obs. Saint-Alary-Houin ; LEDEN 12/2015. 2, obs. Rubellin ; RJDA 2016, n° 44 ; Gaz. Pal. 19 janv. 2016, p. 62, obs. Boustani ; RPC 2016, n° 215, obs. Rolland.*

50. Créance contre un associé de société civile. Le créancier de la personne morale détenant à l'encontre des associés tenus indéfiniment du passif social à raison de leur part une créance éventuelle dont la mise en jeu est subordonnée à une préalable et vaine poursuite de la personne morale, cette créance née du contrat de prêt consenti à la société doit être déclarée au passif du redressement judiciaire des associés, peu important l'antériorité de l'ouverture de cette procédure collective par rapport à celle de la société civile professionnelle. • Com. 30 juin 2004, n° 02-15.345 P : *D. 2004. AJ 2155 ; Rev. sociétés 2004. 952, note J.-F. Barbièri ; APC 2004, n° 189, obs. Boulay ; RPC 2004. 259, obs. Lebel ; BJS 2005. 231, note F.-X. Lucas ; RTD com. 2005. 171, obs. Martin-Serf .* ♦ Pour une autre application, V. • Civ. 3e, 23 mai 2007, n° 06-14.988 P : *D. 2007. AJ 1513 ; RDBF 2007, n° 112, obs. F.-X. Lucas ; APC 2007, n° 129, obs. Legros ; Gaz. Pal. 20-21 juill. 2007, p. 35, obs. Henry ; ibid., p. 52, obs. Le Corre, RPC 2007. 169, obs. Lebel ; BJS 2007. 1062, note Pétel.*

51. Créance de franchise contractuelle de l'assureur. La créance de l'assureur au titre du paiement de la franchise contractuelle trouve son origine dans le contrat d'assurance. • Com. 5 juill. 2005, n° 04-12.185 P : *D. 2005. AJ 2280, obs. Lienhard ; APC 2005, n° 203, obs. Regnaut-Moutier ; Gaz. Pal. 4-5 nov. 2005, p. 25, obs. Henry.*

52. Prime d'assurance vie. Il résulte de l'art. L. 132-20 C. assur. que le défaut de paiement de la prime n'ouvre pas à l'entreprise d'assurance une action pour en exiger le paiement ; celle-ci n'a donc aucune créance à déclarer au passif de la procédure collective du souscripteur, de sorte que la règle de l'extinction de la créance à raison du défaut de déclaration n'a pas à s'appliquer. • Com. 6 oct. 2009, n° 07-15.325 P : *D. 2009. AJ 2484 ; APC 2009, n° 278, obs. Cagnoli.* ♦ V. aussi note 60 ss. art. L. 622-21.

53. Fonds séquestrés. En cas de mise en redressement judiciaire d'un banquier, les droits des parties l'ayant constitué séquestre conventionnel à recouvrer la somme remise ou à la transférer chez un tiers, ne peuvent être exercés qu'aux mêmes conditions que celles s'imposant à d'autres déposants. • Com. 4 mars 1997, n° 94-13.170 P : *D. 1997. IR 120 ; D. Affaires 1997. 672 ; BJS 1997. 590, note Bonneau ; Rev. dr. bancaire 1997. 129, obs. Campana et Calendini ; RTD com. 1998. 415, obs. Martin-Serf ; RPC 1998. 288, obs. Macorig-Venier* (cassant • Paris, 14 janv. 1994 : *D. 1994. IR 61*). ♦ Un arrêt ne peut donc, sans violer les art. 1956 C. civ. et 47 et 50 de la loi de 1985 [C. com., art. L. 622-21 et L. 622-24], décharger la banque de sa mission de séquestre et ordonner le placement des sommes dans un autre établissement, au motif que l'obligation d'un séquestre, serait-il en redressement judiciaire, est de rendre les sommes indépendamment de toute déclaration de créance à la procédure collective. • Même arrêt. ♦ V. désormais, sur le fonds de garantie des dépôts et de résolution, C. mon. fin., art. L. 312-4, App., v° *Banque et financement de l'entreprise.* ♦ V. aussi notes 35 et 84 ss. art. L. 622-21 et note 23 ss. art. L. 624-9.

54. Créanciers concordataires. Le jugement de redressement judiciaire ayant rendu caduc le concordat antérieur non entièrement exécuté, le créancier concordataire est soumis, comme tout créancier dont la créance a son origine antérieurement au jugement d'ouverture de la procédure collective, à l'obligation de déclarer au passif du redressement judiciaire sa créance de dividendes impayés. • Com. 23 mai 1995, n° 92-19.197 P : *D. 1996. Somm. 82, obs. Honorat .*

55. Créanciers nantis. Les échéances de remboursement des prêts, postérieures à la cession des matériels nantis, sont des créances nées avant l'ouverture de la procédure collective, soumises comme telles à l'obligation de déclaration, bien que le cessionnaire soit tenu de les payer. • Com. 20 juin 1995, n° 93-13.802 P : *D. 1999. Somm. 4, obs. Derrida ; JCP E 1995. I. 513, n° 6, obs. Pétel ; Dr. sociétés 1995, n° 163, obs. Chaput ; RTD com. 1996. 339, obs. Martin-Serf .*

56. Créanciers du conjoint. V. note 21 ss. ancien art. L. 621-46, ss. art. L. 622-26.

57. Créances à l'encontre d'une caution. Sur l'obligation de déclarer au passif du redressement judiciaire d'une caution, la créance née d'un engagement de celle-ci antérieur au jugement d'ouverture, V. • Com. 19 janv. 1993, n° 90-22.126 P : *Dr. sociétés 1994, n° 92, obs. Chaput.*

58. Une sûreté réelle consentie pour garantir la dette d'un tiers n'impliquant aucun engagement personnel du constituant de cette sûreté à satisfaire à l'obligation d'autrui, le créancier bénéficiaire de la sûreté ne peut agir en paiement contre le constituant, qui n'est pas son débiteur, et n'a donc pas à déclarer sa créance à la procédure ouverte à l'égard de ce dernier. • Com. 17 juin 2020, n° 19-13.153 P : *D. 2020. Pan. 1863, obs. Cagnoli ; RTD com. 2020. 951, obs. Martin-Serf ; RTD civ. 2020. 671, obs. Gijsbers ; JCP E 2020. 1353, n° 18, obs. Pétel ; APC 2020, n° 177, obs. Borga ; RJDA 2020, n° 535 ; Gaz. Pal. 13 oct. 2020, p. 81, obs. Guastella ; BJS 10/2020. 45, note Ansault ; BJE 9-10/2020. 24, note Favre-Rochex ; Banque et Dr. 7-8/2020. 35, obs. Jacob ; RDBF 2020, n° 113, obs. Houin-Bressand ; RJ com. 2020. 489, obs. Atsarias-Dumas.* ♦ Jurisprudence infirmée par l'art. L. 622-25, dans sa réd. issue de l'Ord. n° 2021-1193 du 15 sept. 2021.

Les juges doivent, au besoin d'office, vérifier si la créance a été déclarée au passif du redressement judiciaire de la caution. • Civ. 1re, 22 janv. 2002, n° 98-21.614 P : *JCP E 2002, n° 10, p. 401 ; RJDA 2002, n° 521.*

59. Créances de la caution du débiteur. La créance de la caution qui agit avant paiement contre le débiteur principal, sur le fondement de l'art. 2309 C. civ. [abrogé à compter du 1er janv. 2022], prend naissance à la date de l'engagement de caution. • Com. 3 févr. 2009, n° 06-20.070 P : *D. 2009. AJ 428, obs. Lienhard ; JCP E 2009. 1347, n° 12, obs. Cabrillac ; LEDEN, avr. 2009, p. 4, obs. Rubellin ; RTD com. 2009. 612, obs. Martin-Serf ; RPC 2009, n° 113, obs. Macorig-Venier.* ♦ La caution qui, avant même d'avoir payé, agit contre le débiteur en redressement judiciaire dispose d'une créance personnelle d'indemnité qu'elle peut déclarer, même si la créance du créancier principal a été admise. • Com. 29 oct. 1991, n° 89-19.542 P : *D. 1991. IR 280 ; RTD com. 1993. 178, obs. Martin-Serf* • 17 déc. 1996, n° 94-19.489 P : *D. 1997. IR 31 ; D. Affaires 1997. 252 ; JCP 1997. II. 22837, rapp. Rémery ; JCP E 1997. II. 941, note Béhar-Touchais.* ♦ La banque agissant en sa qualité de caution contre le débiteur soumis à une procédure collective avant d'avoir payé a le droit de déclarer sa créance au passif de cette procédure mais ne peut obtenir le paiement de celle-ci par une inscription au compte courant dont le débiteur est titulaire sans que soit démontrée la compensation. • Com. 3 mars 1998, n° 95-20.917 P : *D. Affaires 1998. 536, obs. A. L.* ♦ V. aussi note 29 ss. ancien art. L. 621-46, ss. art. L. 622-26.

La caution qui, avant l'ouverture de la procédure collective du débiteur, a payé la dette en tout ou partie et se trouve, par l'effet subrogatoire du paiement [prévu par l'art. 2309 C. civ.], investie des droits et actions du subrogeant, à due concurrence du paiement effectué, a seule qualité pour déclarer sa créance, sauf convention habilitant le créancier subrogeant à agir en ses lieu et place et sans préjudice des règles propres à la déclaration de créance par un tiers. • Com. 1er déc. 2009, n° 08-12.806 P : *D. 2009. AJ 2928, obs. Lienhard ; D. 2010. Pan. 1830, obs. Le Corre ; RTD com. 2010. 420, obs. Martin-Serf ; JCP E 2010. 1296, n° 8, obs. Cabrillac ; LEDEN, févr. 2010, p. 3, obs. Mouial-Bassilana ; APC 2010, n° 37, obs. Le Corre ; RJDA 2010, n° 285 ; RPC 2010, n° 98, obs. F. Legrand et M.-N. Legrand ; Defrénois 2010. 1476, obs. Gibirila.*

Pour conserver ses droits contre ses cofidéjusseurs, la caution qui a régulièrement payé n'est pas tenue de déclarer sa créance au passif de la procédure collective ouverte contre le débiteur principal, les autres cautions ayant elles-mêmes la faculté d'effectuer une telle déclaration, même avant d'avoir payé, en vertu de l'art. 2032 [abrogé] C. civ. • Com. 5 nov. 2003, n° 00-17.442 P : *D. 2003. AJ 3050 ; RDBF 2004, n° 12, obs. Legeais.* ♦ La créance de la caution qui a payé la dette et qui agit contre son cofidéjusseur sur le fondement de l'art. 2033 [2312] C. civ. prend naissance à la date de naissance de l'engagement de caution. • Com. 16 juin 2004, n° 01-17.199 P : *D. 2004. AJ 2046 ; Gaz. Pal. 2004. 2531, note Le Corre ; APC 2004, n° 185, obs. Legeais ; Banque et Dr. 9-10/2004. 76, obs. Jacob ; RTD com. 2004. 811, obs. Martin-Serf ; JCP E 2005, n° 1-2, p. 32, obs. Cabrillac ; RPC 2005. 53, obs. Dumont.*

60. Créance de recours du garant autonome. La créance de recours du garant contre le donneur d'ordre prend naissance à la date à laquelle l'engagement à première demande autonome a été souscrit. • Com. 19 déc. 2006, n° 05-13.461 P : *D. 2007. AJ 158, obs. Lienhard ; Banque et Dr. 1-2/2007. 49, obs. Jacob ; JCP E 2007. 1450, n° 12, obs. Cabrillac ; Gaz. Pal. 13-14 avr. 2007, p. 32, obs. Henry ; RDBF 2007,* *n° 53, obs. Crédot et Samin ; RPC 2007. 145, obs. Saint-Alary-Houin ; RTD com. 2007. 837, obs. Martin-Serf* .

61. *Créances d'honoraires de l'avocat du débiteur.* Pour fixer la date à laquelle est née la créance d'honoraires d'un avocat, il y a lieu de distinguer les prestations accomplies antérieurement au jugement d'ouverture de la procédure collective de celles accomplies postérieurement. • Com. 19 juin 2007, n° 05-17.074 P : *D. 2007. AJ 1878, obs. Lienhard* ; *Gaz. Pal. 26-27 oct. 2007, p. 39, obs. Henry ; Procédures 2007, n° 254, obs. Croze ; RTD com. 2007. 837, obs. Martin-Serf* . ♦ La créance d'honoraires d'un avocat, se rapportant à la période postérieure à l'ouverture du redressement judiciaire, n'est pas soumise à déclaration. • Com. 8 déc. 1998 : *D. Affaires 1999. 220.* ♦ Pour l'obligation de déclarer la créance d'honoraires antérieure au jugement d'ouverture, V. • Civ. 1re, 30 janv. 1996, n° 94-12.455 P : *D. Affaires 1996. 325.* ♦ V. aussi note 45 ss. ancien art. L. 621-32, ss. art. L. 622-17.

62. *Créances d'indemnité d'éviction.* Doit être déclarée la créance de l'indemnité d'éviction due au locataire, ayant son origine dans le congé qui lui a été délivré par le bailleur avant sa mise en redressement judiciaire. • Com. 19 mars 1996, n° 94-13.630 P : *D. 1996. IR 101 ; D. Affaires 1996. 557* • Civ. 3e, 28 juin 2000, n° 98-20.228 P : *D. 2000. AJ 387, obs. Rouquet* ; *RDBF 2000, n° 159, obs. F.-X. Lucas ; Rev. loyers 2000. 434, obs. Teilliais ; LPA 25-26 oct. 2000, p. 43, note Barbier ; Loyers et copr. 2000, n° 226, obs. Brault et Pereira ; JCP E 2001, n° 5, p. 219, obs. Cabrillac ; RTD com. 2001. 516, obs. Martin-Serf* (V. l'arrêt d'appel : • Paris, 17 juin 1998 : *APC 1998, n° 106 ; Gaz. Pal. 1999. 1. 174, note Brault*). – V. Brault, *JCP E 1997. I. 618* ; Martin, *Ann. loyers 1996. 733.*

63. *Créance du bailleur au titre du « pas-de-porte ».* V. note 35 ss. art. L. 642-7.

64. *Créances du cocontractant.* V. art. L. 622-13 (V) et notes 41 et 42 ss. cet art.

65. *Modalités d'exécution des contrats continués.* L'administrateur ayant opté pour la poursuite d'un contrat de sous-traitance, l'imputation des acomptes payés, avant le jugement d'ouverture du sous-traitant, sur des factures émises postérieurement, constitue une modalité d'exécution du contrat continué, de sorte que les créances correspondant au versement de ces acomptes ne sont pas soumises à déclaration. • Com. 28 janv. 1997, n° 93-21.857 P : *D. 1997. IR 65* ; *D. Affaires 1997. 419 ; Rev. dr. bancaire 1997. 131, obs. Campana et Calendini.*

Sur la notion de « contrats en cours », V. aussi notes 1 s. ss. art. L. 622-13.

66. *Indemnité contractuelle de résiliation.* Pour l'obligation de déclarer cette créance, lorsque le contrat a été résilié avant l'ouverture de la procédure collective, V. • Com. 9 juill. 2002 : *RPC 2003. 140, obs. Legrand.* ♦ V. aussi, s'agissant de l'indemnité de résiliation d'un contrat poursuivi, note 30 ss. ancien art. L. 621-32, ss. art. L. 622-17.

67. *Créance d'astreinte.* V. note 33 ss. art. L. 622-21.

68. *Accident du travail.* La créance de restitution de l'indemnisation complémentaire versée par la caisse primaire d'assurance maladie à la victime d'un accident du travail en cas de faute inexcusable de son employeur, qui a pour origine la faute de celui-ci, est soumise à déclaration à son passif dès lors que l'accident est antérieur à l'ouverture de la procédure collective de l'employeur. • Com. 18 juin 2013 : *D. 2013. Actu. 1618* ; *RJDA 2013, n° 735 ; APC 2013, n° 183, obs. Cagnoli ; Procédures 2013, n° 290, obs. Rolland ; Gaz. Pal. 29 sept.-1er oct. 2013, p. 28, obs. Rohart-Messager ; LEDEN 10/2013. 7, obs. G. Dedessus-Le-Moustier ; BJE 2013. 292, note Donnette ; RPC 2014, n° 14, obs. F. et M.-N. Legrand* • Civ. 2e, 14 mars 2013, n° 12-13.611 P : *D. 2013. Actu. 767* ; *LEDEN 4/2013. 3, obs. Mouial-Bassilana ; RJDA 2013, n° 651.*

69. *Créances nées de prestations compensatoires ou de pensions alimentaires (régime antérieur à l'Ord. du 18 déc. 2018).* BIBL. Théry, *Mél. Buffet, LPA, 2004, p. 433* (sort de la créance d'aliments dans les procédures collectives). – Chendeb, *RPC 2009. Étude 21* (même thème). ♦ La créance née de la prestation compensatoire, qui présente pour partie un caractère alimentaire, n'a pas à être déclarée au passif du débiteur soumis à la procédure collective et échappe ainsi à l'extinction faute de déclaration. • Com. 8 oct. 2003, n° 99-21.682 P : *D. 2003. AJ 2637, obs. Lienhard* ; *D. 2004. Somm. 54, obs. F.-X. Lucas* ; *ibid. 1965, obs. Danis-Fatôme* ; *APC 2003, n° 230, obs. M. Storck ; JCP E 2004, n° 6, p. 227, obs. Cabrillac et Pétel ; ibid., n° 10, p. 376, note Becqué-Ickowicz ; JCP 2004. I. 109, n° 1, obs. Bosse-Platière ; RTD com. 2004. 368, obs. Martin-Serf* ; *Dr. et pr. 2004. 87, note Crocq (1re esp.).* – V. Fosset-Lefebvre, *RPC 2004. 22.* – Dans le même sens, V. • Com. 1er févr. 2005 : *cité note 100* • 4 avr. 2006, n° 04-16.672 P : *D. 2006. AJ 1166, obs. Lienhard* ; *RTD. com. 2006. 662, obs. Martin-Serf* . ♦ La créance née de la pension alimentaire peut être payée sans avoir été déclarée au passif du débiteur soumis à la procédure collective. • Com. 8 oct. 2003, n° 00-14.760 P : *ibid. (2e esp.) ; Gaz. Pal. 2003. 3756, note Le Corre ; LPA 7 juill. 2004, p. 15, note Flasaquier (1re esp.)* • 4 avr. 2006 : *préc.* ♦ La créance d'aliments, qui est une dette personnelle du débiteur soumis à la procédure collective, doit être payée sur les revenus dont il conserve la disposition, ou bien être recouvrée par la voie de la procédure de paiement direct ou de recouvrement public des pensions alimentaires. • Même arrêt. – Dans le même sens, V. • Crim. 7 janv. 2004, n° 03-82.337 P : *D. 2004. AJ 419, obs. Lienhard* ; *AJ pénal 2004. 114, obs. Bicheron* ; *APC 2004, n° 62, obs. Mascala ; JCP E 2004, n° 22, p. 861, obs. Pétel ; JCP 2004. II. 10060, note Pomart ; RPC 2005. 50, obs. Dumont* • 9 juin 2004, n° 03-84.029 P : *D. 2004. AJ 2157* ; *Dr. pénal 2004, n° 154, obs. Véron ; RJ com. 2005. 437, note Sortais.* ♦ Toutefois, lorsque le créancier déclare aussi ses créances d'aliments en vue de leur admission au passif de la procédure collective, les règles relatives à la procédure de déclaration et de vérification des créances et à l'admission dans les répartitions et dividendes leur sont applicables, sans pour autant que la non-admission à ce passif affecte ses droits de créancier d'aliments. • Com. 13 juin 2006, n° 05-17.081 P : *D. 2006. 1969, note Vincent* ; *ibid. AJ 1681, obs. Lienhard* ; *D. 2007. Pan. 45, obs. Le Corre* ; *APC 2006, n° 154, obs. Vallansan ; RTD. com. 2006. 662, obs. Martin-Serf* .

V., désormais, excluant les créances alimentaires de l'obligation de déclaration, art. L. 622-24, dernier al., dans sa réd. issue de l'Ord. n° 2008-1345 du 18 déc. 2008.

70. Créances alimentaires (Ord. du 18 déc. 2008). V. note 24 ss. art. L. 622-7.

71. Créance issue de la liquidation du régime matrimonial. Pour l'obligation faite au conjoint divorcé d'un débiteur en redressement judiciaire de déclarer sa créance issue de la liquidation du régime matrimonial dès lors que celle-ci est née antérieurement au jugement d'ouverture, V. • Civ. 1re, 25 oct. 2005 : *D. 2005. AJ 2873, obs. Lienhard* ; *D. 2006. Pan. 87, obs. Le Corre* ; *APC 2005, n° 256, obs. Deboissy et Wicker.* ♦ V. aussi • Civ. 1re, 23 mai 2006, n° 03-16.300 P : *D. 2006. AJ 1684, obs. Lienhard* ; *Gaz. Pal. 6-7 oct. 2006, p. 33, obs. Vauvillé.*

72. Créance au titre du paiement de l'insuffisance d'actif. V. note 1 ss. art. R. 651-6.

73. Clause de retour à meilleure fortune. V. • Com. 12 oct. 2004, n° 02-13.230 P : *D. 2004. AJ 2791* ; *APC 2004, n° 228, obs. Blanc ; RJ com. 2005. 65, note Sortais.*

74. Exception d'inexécution. Sur la déclaration de créance incombant à celui qui invoque l'exception d'inexécution face au débiteur soumis à une procédure collective, V. • Com. 17 mai 2011 : *BJE 2011. 321, note Reille.*

75. Créance née d'un trouble de voisinage. En ce sens qu'est soumise à déclaration la créance de bailleurs assignés, antérieurement à la mise en redressement judiciaire de la société locataire, par les victimes d'un trouble de voisinage causé par cette société, la persistance du trouble étant sans effet sur la date à laquelle se situe l'origine de la créance, V. • Com. 7 déc. 2004, n° 02-13.804 P : *D. 2005. AJ 358, obs. Lienhard* ; *APC 2005, n° 18, obs. Trébulle ; JCP E 2005, n° 17, p. 711, obs. Cabrillac.*

76. Pour des exemples de créances antérieures ou postérieures au jugement d'ouverture, V. aussi notes 13 s. ss. ancien art. L. 621-32, ss. art. L. 622-17.

C. CESSION DE CRÉANCE

77. Dès lors que, dans les rapports entre le cédant et le cessionnaire, le transfert de la créance s'opère indépendamment de sa signification au débiteur cédé, le cessionnaire n'a pas à déclarer sa créance au passif du cédant. • Com. 9 juill. 2013, n° 11-27.417 P : *D. 2013. Actu. 1834* ; *RJDA 2014, n° 25.* ♦ En ce sens que lorsque la cession de créances professionnelles est réalisée à titre de garantie, le cessionnaire ne peut effectuer, en cas de procédure collective du cédant, une déclaration au titre des créances objet de la garantie et une autre au titre des créances cédées, V. • Com. 30 juin 2015, n° 14-13.784 P : *RTD com. 2015. 754, obs. Martin-Serf* ; *JCP E 2016. 1000, n° 6, obs. Pétel ; APC 2015, n° 216, obs. Legeais ; LEDEN 9/2015. 2, obs. Borga ; RDBF 2015, n° 184, obs. Crédot et Samin ; Banque et Dr. 11-12/2015. 25, obs. Bonneau ; RPC 2016, n° 6, obs. F. et M.-N. Legrand.* – Rappr. : • Com. 17 juin 2020, n° 19-13.153 P : *cité note 58.*

D. CRÉANCES SALARIALES

78. Les créances salariales ne sont pas soumises à l'art. 50 [C. com., art. L. 622-24]. Spécialement, tel est le cas de demandes de salariés licenciés pour faute lourde antérieurement au jugement d'ouverture. • Soc. 19 juin 1991, n° 88-40.476 P : *D. 1991. IR 199.* ♦ La dispense de l'obligation de déclarer les créances salariales s'attache à la nature de la créance et non à la qualité du créancier. • Versailles, 11 mars 1993 : *D. 1993. IR 102.*

E. CRÉANCE D'UNE PARTIE CIVILE (ART. L. 622-24, AL. 7)

79. S'il résulte de l'art. L. 622-24, al. 6 [7], dans sa rédaction issue de l'Ord. n° 2008-1345 du 18 déc. 2008, que lorsqu'une infraction pénale a été commise avant le jugement d'ouverture de la procédure collective de l'auteur, le délai de déclaration, par une partie civile, des créances nées de cette infraction court à compter de la date de la décision définitive qui en fixe le montant, si cette décision intervient après la publication du jugement d'ouverture, la créance de dommages-intérêts d'une partie civile destinée à réparer le préjudice causé par une infraction pénale naît à la date de la réalisation du dommage. • Com. 3 avr. 2019, n° 18-10.645 P : *D. 2019. Actu. 757* ; *RTD com. 2019. 760, obs. Martin-Serf* ; *JCP E 2019. 1375, n° 6, obs. Tehrani ; ibid. 1421, note Lebel ; APC 2019, n° 121, obs. Petit ; RJDA 2019, n° 445 ; BJE 7-8/2019. 33, note Jazottes.* ♦ Cette possibilité du report du point de départ du délai de déclaration des créances n'autorise pas la partie civile, dont la créance de dommages-intérêts est née à la date de la réalisation du dommage, à prendre une inscription d'hypothèque postérieurement au jugement d'ouverture, par exception à l'interdiction posée à l'art. L. 622-30. • Com. 27 nov. 2019, n° 13-21.068 P : *D. 2020. Pan. 1863, obs. Cagnoli ; RTD com. 2020. 167, obs. Martin-Serf ; JCP E 2020. 1204, n° 3, obs. Tehrani ; LEDEN 1/2020. 5, obs. Ollu ; APC 2020, n° 4, obs. Fin-Langer ; RJDA 2020, n° 89 ; RDBF 2020, n° 37, obs. Houin-Bressand ; RPC 2021, n° 130, obs. Macorig-Venier.*

F. ACTIONS DIRECTES

80. Assurance. Il résulte de l'art. L. 124-3 C. assur. que la victime d'un dommage a un droit exclusif sur l'indemnité due par l'assureur de l'auteur responsable de ce dommage. Par suite, si la victime doit établir la responsabilité de l'assuré, qui doit être mis en cause, elle n'est pas tenue, lorsque celui-ci est en état de redressement ou de liquidation judiciaire, de se soumettre à la procédure de vérification des créances prévue aux art. 50 ci-dessus [C. com., art. L. 622-24] et 65 à 75 du Décr. du 27 déc. 1985 [C. com., art. R. 624-1 s.], sauf dans la mesure où elle prétendrait faire valoir une créance de somme d'argent à l'encontre de l'assuré. • Civ. 1re, 25 mars 1991, n° 89-14.645 P. • Com. 25 mars 1997 : *D. 1998. Somm. 142, obs. Bonnard ; D. Affaires 1997. 612 ; Dr. sociétés 1997, n° 83, obs. Chaput* • Civ. 3e, 12 mai 2004 : *D. 2004. AJ 1904 ; APC 2004, n° 134, obs. Vallansan.* ♦ V. aussi note 8 ss. art. L. 622-23.

81. Selon l'art. L. 121-13 C. assur., les indemnités dues par suite d'assurance contre l'incendie sont attribuées, sans qu'il y ait besoin de délégation expresse, aux créanciers priviligiés ou hypothécaires, suivant leur rang ; l'indemnité d'assurance n'étant pas tombée dans le patrimoine du débiteur soumis à une procédure de redressement judiciaire, cette procédure collective est sans effet sur l'attribution de l'indemnité à une banque ayant consenti un prêt pour l'acquisition de l'hôtel-restaurant du débiteur, créancière privilégiée et hypothécaire inscrite sur l'immeuble sinistré (inapplicabilité des art. 47, 50 et 161 [C. com., art. L. 622-21, L. 622-24 et L. 643-2]). • Civ. 1re, 28 oct. 1997 : *D. 1998. Somm. 142, obs. Bonnard ; D. Affaires 1997. 1426 ; LPA 20 août 1999, p. 20, note Teilliais.*

82. Accident du travail. L'indemnisation complémentaire allouée à la victime d'une faute inexcusable de l'employeur (CSS, art. L. 452-1 s.) est versée directement aux bénéficiaires par la caisse primaire d'assurance maladie, qui en récupère le montant auprès de l'employeur, de sorte que le salarié, qui ne demande pas la condamnation de son employeur au paiement d'une somme d'argent, n'a pas à déclarer sa créance. • Soc. 11 juin 1998 : *D. 1998. IR 175 .* ♦ Sur le fait générateur de la créance en remboursement de la caisse primaire d'assurance maladie, V. note 71.

83. Action directe du transporteur. L'action directe du transporteur n'est pas subordonnée à la déclaration de sa créance au passif du donneur d'ordre. • Com. 17 déc. 2003, n° 02-12.891 P : *D. 2004. AJ 212 ; APC 2004, n° 29, obs. Vallansan et Petit ; Procédures 2004, n° 80, obs. Laporte.*

84. Sous-traitance. Il doit être déduit de l'art. 12, al. 3, de la loi du 31 déc. 1975 qu'un sous-traitant, pour intenter son action directe contre le maître de l'ouvrage, n'est pas tenu de produire au passif de la procédure collective dont l'entrepreneur principal est l'objet. • Paris, 27 nov. 1990 : *JCP 1992. II. 21782, note Dubois* • 29 sept. 1992 : *D. 1993. IR 39.* ♦ V. ce texte, 2e partie, *Traitement des difficultés des entreprises.* ♦ Sur la possibilité, cependant, de produire concomitamment à titre conservatoire, V. • Versailles, 29 sept. 1988 : *D. 1988. IR 262.* ♦ V. aussi note 46 ss. ancien art. L. 621-46, ss. art. L. 622-26.

G. SAISIE-ATTRIBUTION

85. En ce sens que le créancier saisissant, devenu, par l'effet attributif immédiat de la saisie, créancier du tiers saisi, doit, lorsque celui-ci fait l'objet d'une procédure collective, déclarer sa créance entre les mains du représentant des créanciers, V. • Com. 11 juin 2002 : *cité note 76 ss. art. L. 622-21* • 8 juill. 2003 : *ibid.* ♦ V. note 74 ss. art. L. 622-21.

H. COMPENSATION

86. Une partie n'a pas à déclarer au passif d'une société une créance éteinte par une compensation qui s'est opérée de plein droit entre leurs dettes réciproques avant l'ouverture de la procédure collective. • Com. 29 nov. 1994 : *RJDA 1995, n° 349* • 5 déc. 1995 : *D. Affaires 1996. 211* (remises réciproques en compte courant). ♦ V. aussi, pour la réalisation antérieure d'un gage-espèces : • Com. 3 juin 1997, n° 95-13.365 P : *D. 1998. 61, note François ; D. 1998. Somm. 104, obs. S. Piedelièvre ; D. Affaires 1997. 864 ; JCP 1997. II. 22891, rapp. Rémery ; RTD com. 1997. 663, obs. Cabrillac ; ibid. 1997. 686, obs. Martin-Serf ; RDBB 1998. 22, obs. Campana et Calendini.* ♦ La compensation de créances réciproques non sujettes à discussion quant à leur exigibilité et à leur montant s'opère de plein droit, à concurrence de la plus faible, à l'instant où la seconde vient à échéance. • Com. 17 mai 1994, n° 91-20.083 P : *D. 1995. 124, note Larroumet ; RTD com. 1996. 531, obs. Martin-Serf .* ♦ Sur l'obligation de déclarer la créance lorsque la compensation a opéré après le jugement d'ouverture, V. note 53 ss. art. L. 622-7.

I. REVENDICATION

87. Une demande de restitution de fonds ne peut être formée par voie de revendication, la seule voie ouverte au créancier d'une somme d'argent étant de déclarer sa créance à la procédure collective de son débiteur. • Com. 4 févr. 2003 : *D. 2003. AJ 1230, obs. Lienhard ; JCP E 2003, n° 39, p. 1536, note Robine ; APC 2003, n° 128, obs. Regnaut-Moutier ; RTD com. 2003. 572, obs. Martin-Serf ; RDBF 2003, n° 154, obs. F.-X. Lucas ; Dr. et pr. 2003. 292, note Le Corre ; Defrénois 2003. 1163, obs. Libchaber* • 22 mai 2013, n° 11-23.961 P : *D. 2013. 1594, note Danos ; ibid., Pan. 2368, obs. F.-X. Lucas ; ibid., Chron. C. cass. 2555, obs. Guillou ; RTD com. 2013. 591, obs. Martin-Serf ; Rev. sociétés 2013. 526, obs. Roussel Galle ; RTD civ. 2013. 649, obs. Dross ; JCP E 2013. 1434, n° 5, obs. Pétel ; APC 2013, n° 133, obs. Cagnoli ; Gaz. Pal. 12-13 juill. 2013, p. 27, obs. Le Corre-Broly ; BJE 2013. 226, note Laroche ; LEDEN 9/2013. 3, obs. Borga ; RPC 2013, n° 130, obs. Monsèrié-Bon.* ♦ Comp., auparavant, sur la possibilité de revendiquer une somme d'argent à condition que celle-ci ait été soustraite à toute confusion avec les autres valeurs composant le patrimoine du débiteur : • Com. 25 mars 1997, n° 94-18.337 P : *D. 1997. 481, note D. Martin ; ibid. 2000. Somm. 70, obs. Pérochon et Mainguy ; D. Affaires 1997. 639 ; Rev. dr. bancaire 1997. 127, obs. Campana et Calendini ; JCP E 1997. II. 991, note Pétel* • Paris, 14 oct. 1997 : *D. 1998. 91, note Larroumet ; ibid. 2000. Somm. 70, obs. Pérochon et Mainguy ; D. Affaires 1997. 1394 ; RTD com. 1998. 423, obs. Martin-Serf* • 12 mai 1998 : *Gaz. Pal. 1998. 2. Somm. 707 ; RTD com. 2000. 180, obs. Martin-Serf.* – Comp. également, écartant l'action en revendication de sommes d'argent exercée par une société, aux motifs que celle-ci n'était pas propriétaire de ces sommes (recettes perçues par un magasin, pour être reversées, après déduction d'une redevance, à la société exploitant le rayon boucherie-charcuterie), mais créancière à l'égard du débiteur en redressement judiciaire, ces créances étant soumises à déclaration : • Com. 10 mai 2000, n° 97-16.726 P : *D. 2000. AJ 277, obs. Lienhard ; JCP E 2000, n° 40, p. 1566, obs. Pétel ; Dr. sociétés 2000, n° 105, obs. Chaput ; RDBF 2000, n° 161, obs. F.-X. Lucas ; RTD com. 2000. 1012, obs. Martin-Serf ; JCP E 2001, n° 12, p. 521, note Courtot et Marmoz ; RPC 2001. 21, obs. Soinne.* ♦ Sur la revendication de sommes d'argent, V. R. Martin, *D. 2002. Chron. 3279* ; J. François, *D. 2012. Chron. 1493* ; *Mastrullo et Menjucq, RPC 2016. Étude 11* (procédure collective du mandataire et revendication des sommes d'argent spécialement affectées au paiement du mandant).

Sur la revendication de bons de caisse, V. note 22 ss. art. L. 624-9.

J. ANNULATION DU JUGEMENT D'OUVERTURE

88. L'annulation, par un arrêt rendu sur contredit statuant sur la compétence territoriale, du jugement d'ouverture d'une procédure collective ne s'étend pas à la déclaration de créance effectuée sur le fondement de ce jugement, dès lors que le tribunal jugé compétent, après que le dossier lui a été retourné par la cour d'appel, a ouvert une procédure collective. • Com. 10 mai 2005, n° 04-10.523 P : *D. 2005. AJ 1414, obs. Lienhard ; JCP E 2005, n° 36, p. 1422, obs. Pétel ; Gaz. Pal. 6-7 juill. 2005, p. 24, obs. Le Corre ; RTD com. 2006. 199, obs. Martin-Serf ; Banque et Dr. 7-8/2006. 66, obs. Guillot.* ♦ V. note 4 ss. art. R. 631-6.

V. MODALITÉS DE LA DÉCLARATION

BIBL. Lienhard, *D. 2001. Chron. 1011*. – Desprat, *RPC 2001. 199.*

89. Déclaration par le débiteur au nom du créancier (art. L. 622-24, al. 3). Selon l'art. L. 622-24, al. 3, dans sa rédaction issue de l'Ord. n° 2014-326 du 12 mars 2014, les créances portées à la connaissance du mandataire judiciaire dans le délai fixé à l'art. R. 622-24 font présumer de la déclaration de sa créance par son titulaire, mais seulement dans la limite du contenu de l'information fournie au mandataire judiciaire. • Com. 5 sept. 2018, n° 17-18.516 P : *D. 2018. 2067, note Levy et T. de Ravel d'Esclapon ; D. 2019. Pan. 1908, obs. Cagnoli ; Rev. sociétés 2018. 747, obs. Henry ; RTD com. 2018. 1016, obs. Martin-Serf ; JCP E 2018. 1563, note Stefania ; LEDEN 10/2018. 4, obs. Rubellin ; DP diff. entr., Bull. n° 406/407, obs. Dizel ; APC 2018, n° 251, obs. Vallansan ; RJDA 2018, n° 853 ; BJE 2018. 432, note Jazottes ; RDBF 2018, n° 169, obs. Houin-Bressand ; Gaz. Pal. 15 janv. 2019, p. 44, obs. Le Corre ; RJ com. 2019. 264, obs. André ; RPC 2019, n° 138, obs. F. Legrand.* ♦ Par application de l'art. L. 622-24, al. 3, le débiteur qui porte à la connaissance du mandataire judiciaire une créance est présumé avoir agi pour le compte du créancier ; il en résulte que ce dernier n'est pas forclos même s'il n'a pas établi de déclaration dans le délai de deux mois de la publication du jugement d'ouverture. • TGI Bordeaux, 16 oct. 2015, n° 14/06636 : *RPC 2017. Chron. 1, n° 8, obs. Lafaurie.*

A. DESTINATAIRE DE LA DÉCLARATION

90. Monopole du représentant des créanciers. L'administrateur, dont les fonctions sont distinctes de celles du représentant des créanciers, n'est pas habilité à recevoir une déclaration de créance. • Com. 22 juin 1993, n° 87-19.183 P : *D. 1993. Somm. 365, obs. Honorat* (V. aussi l'arrêt d'appel : • Paris, 23 sept. 1987 : *D. 1989. Somm. 13, obs. Derrida*) • 14 févr. 1995, n° 92-17.395 P. ♦ Mais, dès lors que la déclaration est parvenue au représentant des créanciers avant l'expiration du délai, il importe peu que la transmission de cette déclaration ait été matériellement effectuée par un tiers ou par l'administrateur judiciaire. • Com. 8 oct. 1996 : *Dr. sociétés 1996, n° 210, obs. Chaput ; Rev. dr. bancaire 1996. 241, obs. Campana et Calendini* • 6 janv. 1998, n° 95-11.894 P : *D. 1998. IR 39* ; *JCP E 1998, n° 17, p. 656, obs. Pétel; Rev. dr. bancaire 1998. 70, obs. Campana et Calendini.* ♦ L'administrateur n'a nullement l'obligation de transmettre les déclarations de créances reçues par lui par erreur au représentant des créanciers. Le fait que l'administrateur ait reçu, par erreur, une première déclaration de créance du créancier et ait transmis celle-ci dans le délai de déclaration des créances au représentant des créanciers, ce qui a permis de régulariser la situation pour cette première déclaration, ne permet pas de soutenir que l'administrateur ait accepté un « mandat de centralisation contractuelle et de transmission des déclarations », ce qui de toute façon serait contraire aux règles d'ordre public relatives à la procédure de vérification et d'admission des créances et porterait atteinte à la compétence exclusive du représentant des créanciers en ce qui concerne la réception des déclarations de créances. • Versailles, 27 janv. 2000 : *D. 2000. AJ 172* ; *RTD com. 2000. 718, obs. Martin-Serf*. – V. aussi • Rennes, 20 juin 2001 : *RPC 2002. 93, obs. Legrand.*

En ce sens que la validité de la déclaration de créance adressée au représentant des créanciers n'est pas affectée par l'erreur d'indication sur la qualité de ce mandataire, V. • Com. 7 déc. 1999, n° 97-12.488 P : *D. 2000. AJ 48, obs. A. L.* ; *JCP E 2000, n°s 18-19, p. 751, obs. Pétel; RTD com. 2000. 718, obs. Martin-Serf*.

Sur la responsabilité de La Poste pour n'avoir pas remis à son destinataire une lettre recommandée portant déclaration de créance libellée au nom du représentant des créanciers, mais adressée par erreur à la société débitrice, qui l'avait réceptionnée, V. • Civ. 1re, 12 avr. 2005, n° 02-21.223 P : *D. 2005. AJ 1352, obs. Lienhard* ; *Gaz. Pal. 6-7 juill. 2005, p. 23, obs. Le Corre.*

91. Le représentant des créanciers ayant seul qualité pour recevoir les déclarations de créances, la désignation par le tribunal de deux représentants des créanciers en précisant la mission plus particulièrement confiée à chacun d'eux est sans incidence sur la fonction dont est légalement investi cet organe de la procédure. • Com. 30 mai 2006, n° 05-14.248 P : *D. 2006. 1683, obs. Lienhard* ; *JCP E 2006, n° 37, p. 1534, obs. Cabrillac ; RTD com. 2006. 910, obs. Martin-Serf*. ♦ Par suite, dès lors que la déclaration de créance a été adressée dans le délai légal à un des représentants des créanciers, la créance doit être admise. • Même arrêt.

92. Conflit d'intérêts. Si un même mandataire de justice ne peut occuper, dans la procédure de vérification des créances, à la fois la position de créancier déclarant et de représentant des créanciers du débiteur, l'éventuelle irrégularité n'affecte pas la validité de la déclaration de créance mais seulement la régularité de la procédure de vérification de cette créance. • Com. 7 févr. 2006, n° 04-14.912 P : *D. 2006. AJ 577, obs. Lienhard* ; *RDBF 2006, n° 71, obs. F.-X. Lucas ; Gaz. Pal. 30 avr.-4 mai 2006, p. 44, obs. Le Corre.*

B. DÉCLARATION PAR MANDATAIRE

[La jurisprudence reproduite ci-dessous a été partiellement rendue avant la L. n° 94-475 du 10 juin 1994, qui l'a confirmée.]

BIBL. Campana et Calendini, *JCP E 1993. I. 230.* – Soinne, *Banque 1993. 94 ; RPC 1993. 21 ; LPA 29 juin 2000* – Coffy de Boisdeffre, *Gaz. Pal. 1993. 2. Doctr. 918.* – Canac, Grisoni et Teitgen, *ibid. 1993. 2. Doctr. 1325.* – Le Cannu, *BJS 1997. 628.* – Rémery, *JCP 1999. I. 113.*

93. Mandataire ou préposé d'une personne morale. La déclaration des créances au passif du redressement judiciaire du débiteur équivaut à une demande en justice que le créancier peut, selon les art. 853, al. 1er, NCPC [C. pr. civ.] et 175 du Décr. n° 85-1388 du 27 déc. 1985 [C. com., art. R. 662-2], former lui-même. • Com. 14 déc. 1993 (2 arrêts), n° 90-10.696 P : *D. 1994. IR 31 ; JCP 1994. II. 22200, rapp. Rémery ; RJDA 1994, n° 95, concl. Piniot (p. 12) ; Gaz. Pal. 1994. 1. 137, note Vatier ; RJ com. 1994. 49, rapp. Rémery ; BJS 1994. 196, note Jeantin ; JCP E 1994. II. 573, note Campana et Calendini ; Rev. sociétés 1994. 100, note Chartier* ; *RTD com. 1994. 364, obs. Martin-Serf* • 14 févr. 1995 (4 arrêts), n° 93-12.064 P : *D. 1995. IR 89 ; Rev. sociétés 1995. 331, note Alix* ; *BJS 1995. 442, note Daigre.* ♦ Dans le cas où le créancier est une personne morale, cette déclaration faite à titre personnel, si elle n'émane pas des organes habilités par la loi à la représenter, peut encore être effectuée par tout préposé titulaire d'une délégation de pouvoirs lui permettant d'accomplir un tel acte, sans que ce pouvoir soit soumis aux règles applicables au mandat de représentation en justice dont un tiers peut être investi. • Mêmes arrêts. – V. aussi • Com. 17 déc. 1996 : *préc. note 61* • 30 mars 1999, n° 96-15.144 P : *D. 1999. IR 117* ; *D. Affaires 1999. 763, obs. A. L. ; APC 1999, n° 101, obs. Legros ; BJS 1999. 764, note Daigre ; RTD com. 1999. 732, obs. Cabrillac* • 3 juin 2009 : *D. 2009. AJ 1691* *(1er arrêt)* • Paris, 3e ch. A, 25 janv. 1994 : *D. 1994. IR 75* ♦ ... Que la personne à laquelle il est opposé soit, ou non, commerçante. • Com. 23 nov. 1999 : *D. 2000. AJ 15*. ♦ Il n'y a pas lieu de distinguer selon la nature de la procédure collective au passif de laquelle est faite la déclaration. • Com. 14 janv.

2014, n° 12-29.749 : *D. 2014. Actu. 206* ; *RJDA 2014, n° 456.* ♦ Pour l'application de ces règles à une procédure d'insolvabilité ouverte en France, V. • Com. 15 déc. 2009 : *D. 2010. AJ 86, obs. Lienhard* ; *APC 2010, n° 22, obs. Vallansan* ; *LEDEN, févr. 2010, p. 7, obs. Mélin.*

Le droit local alsacien-mosellan ne déroge pas, sur ce point, à l'application de la loi de 1985. • Com. 28 nov. 2000, n° 98-18.298 P : *D. 2001. AJ 307, obs. Pisoni* • 11 juin 2003 : *cité note 47 ss. ancien art. L. 621-32, ss. art. L. 622-17.*

En ce sens que la délégation de pouvoirs doit autoriser expressément le délégataire à agir en justice ou à effectuer des déclarations de créances, V. • Com. 9 juin 1998, n° 96-13.675 P : *D. Affaires 1998. 1216, obs. A. L.* ; *LPA 14 avr. 1999, p. 10, note Paulet* • 24 nov. 1998 : *D. Affaires 1999. 133.*

Sur la précision requise, pour la délégation, V. aussi • Com. 3 juin 1997 : *cité note 44 ss. art. L. 624-9.*

94. La charge de la preuve de l'identité du signataire de la déclaration pèse sur le créancier, dès lors que celle-ci est contestée : V. • Com. 17 juin 1997, n° 95-12.415 P : *D. Affaires 1997. 904* ; *BJS 1997. 896, note J.-F. Barbièri* ; *JCP E 1998, n° 1-2, obs. Pétel* • 17 mars 1998 : *D. Affaires 1998. 677* • 29 avr. 2002, n° 99-16.247 P : *D. 2002. AJ 1755, obs. Lienhard (2ᵉ esp.)* ; *RTD com. 2002. 538, obs. Martin-Serf* ; *BJS 2002. 894, note Le Cannu* ; *RDBF 2002, n° 188, obs. F.-X. Lucas* • 3 juin 2009 : *D. 2009. AJ 1691 (2ᵉ arrêt)* ; *RTD com. 2010. 196, obs. Martin-Serf* ; *Gaz. Pal. 26-28 juill. 2009, p. 35, obs. Le Corre-Broly.* ♦ Les juges du fond doivent rechercher si le signataire de la déclaration dont l'identité est contestée est le préposé bénéficiant de la délégation de pouvoirs. • Com. 6 mars 2001 : *APC 2001, n° 108.* ♦ V. aussi, dans le cas d'une signature précédée de la mention P/O (pour ordre), • Civ. 1ʳᵉ, 1ᵉʳ avr. 2003, n° 00-12.413 P : *D. 2003. AJ 1292* ; *RDBF 2003, n° 116, obs. F.-X. Lucas* ; *BJS 2003. 773, note Scholer.* ♦ La preuve de l'identité du déclarant peut être faite, même en l'absence de signature de la déclaration, par tous moyens, jusqu'au jour où le juge statue. • Com. 21 nov. 2006 (2 arrêts), n° 05-19.298 P : *D. 2006. AJ 2983, obs. Lienhard* ; *RDBF 2007, n° 19, obs. F.-X. Lucas* ; *RJ com. 2007. 67, obs. Sortais* ; *Gaz. Pal. 13-14 avr. 2007, p. 43, obs. Le Corre-Broly* ; *Defrénois 2007. 887, obs. Gibirila* ; *RTD com. 2007. 446, obs. Martin-Serf* . ♦ La contestation par le débiteur de l'identité du signataire ne s'analyse pas en une dénégation ou un refus de reconnaissance de signature au sens de l'art. 287 C. pr. civ., de sorte qu'elle n'est pas soumise aux dispositions relatives à la vérification d'écriture. • Com. 1ᵉʳ oct. 2013, n° 12-22.122 P : *D. 2013. Actu. 2335* ; *LEDEN 11/2013. 2, obs. Mouial-Bassilana* ; *RDBF 2013, n° 206, obs. Houin-Bressand* ; *RJDA 2014, n° 252.*

95. Sur la possibilité de subdéléguer, V. • Com. 14 févr. 1995 (2 arrêts), n° 93-12.299 P : *Rev. sociétés 1995. 331, note Alix* ; *BJS 1995. 442, note Daigre.* ♦ Ayant constaté que la délégation de pouvoirs dont bénéficiait le délégataire avait été annulée dans un acte du 17 févr. 2004 qui avait reporté les effets de l'annulation au 1ᵉʳ sept. 2003, une cour d'appel retient à bon droit que le subdélégataire, dont le pouvoir procédait d'une délégation principale annulée, n'était pas habilité à effectuer une déclaration de créance le 30 sept. 2003. • Com. 5 févr. 2008, n° 06-21.879 P : *D. 2008. AJ 611, obs. Lienhard* ; *JCP E 2008. 1432, n° 10, obs. Pétel* ; *APC 2008, n° 59, obs. Vallansan* ; *Gaz. Pal. 27-29 avr. 2008, p. 26, obs. Le Corre-Broly* ; *BJS 2008. 426, note Ferrier* ; *RTD com. 2008. 417, obs. Martin-Serf* .

Comp. note 21 ss. art. L. 622-26.

96. Est régulière la déclaration de créance effectuée par le préposé d'une banque dès lors que le président du conseil d'administration a donné aux mandataires généraux de l'établissement le pouvoir d'agir en justice dans toutes les procédures civiles ainsi que d'intervenir dans toutes procédures de règlement judiciaire, liquidation des biens ou autres, et que le préposé, qui a déclaré la créance le 7 oct. 1993, a été désigné mandataire général le 27 janv. 1986 par le directeur des ressources humaines délégué à cet effet par le président. • Com. 29 avr. 2002, n° 99-19.903 P : *D. 2002. AJ 1755, obs. Lienhard (1ʳᵉ esp.)* ; *RTD com. 2002. 537, obs. Martin-Serf* ; *BJS 2002. 895, note Scholer.*

97. Le conseil d'administration a le pouvoir de nommer un préposé de la société pour déclarer les créances avec ou sans faculté de délégation. • Com. 28 sept. 2004, n° 03-12.023 P : *D. 2004. AJ 2653* ; *APC 2004, n° 207, obs. Vallansan* ; *BJS 2005. 37, note Le Cannu.* ♦ Il en va de même du directoire. • Com. 22 janv. 2008, n° 06-20.379 P : *D. 2008. AJ 413, obs. Lienhard* ; *Rev. sociétés 2008. 179, note J.-F. Barbièri* ; *BJS 2008. 419, note Nurit-Pontier* ; *Defrénois 2008. 1237, obs. Gibirila* ; *RTD com. 2009. 204, obs. Martin-Serf* . ♦ Pour la régularité de la déclaration de créance du représentant légal d'une société dont la nomination n'a pas été publiée au RCS, V. • Com. 12 juill. 2004, n° 02-17.255 P : *D. 2004. AJ 2153* ; *JCP E 2005, n° 1-2, p. 29, obs. Pétel* ; *APC 2004, n° 170, obs. Regnaut-Moutier* ; *Dr. sociétés 2004, n° 183, note Trébulle (1ʳᵉ esp.)* ; *RDBF 2004, n° 243, obs. F.-X. Lucas* ; *BJS 2004. 1525, note Bahans et Le Cannu* ; *Rev. sociétés 2005. 216, note Chartier* ; *RTD com. 2005. 168, obs. Martin-Serf* (pour un président du conseil d'administration) • 12 juill. 2004, n° 03-14.557 P : *ibid. (2ᵉ esp.)* ; *RDBF 2004, n° 242, obs. F.-X. Lucas* ; *BJS 2004. 1477, note Bahans et Le Cannu* (pour un liquidateur amiable). ♦ Sur le pouvoir du directeur général d'une société anonyme de déclarer une créance de la société ou de donner mandat spécial à un tiers à cette fin, V. • Com. 12 juill. 1993, n° 91-18.786 P : *D. 1993. 549, note Merle* ; *Rev. sociétés 1993. 803, note Guyon* ; *BJS 1993. 1135, note Le Cannu* • 9 mai 1995, n° 93-16.976 P : *D. 1995. IR 155* ; *BJS 1995. 765, note Le Cannu* • 10 févr. 2009 : *D. 2009. AJ 627, obs. Lienhard* ; *RJDA 2009, n° 449* ; *Gaz. Pal. 26-28 avr. 2009, p. 32, obs. Le Corre-Broly* ; *LEDEN, avr. 2009, p. 6, obs. F.-X. Lucas* ; *Rev. sociétés 2009. 417, note J.-F. Barbièri* ; *BJS 2009. 590, note Ferrier* ; *RTD com. 2010. 193, obs. Martin-Serf* . ♦ V. aussi, s'agissant d'un pouvoir donné par le directeur général à un préposé de la société, • Versailles, 29 nov. 2001 : *BJS 2002. 384*. ♦ Pour la validité de la déclaration de créance émanant du directeur général délégué d'une société par actions simplifiée, ce dernier ayant, conformément aux statuts, été nommé à ces fonctions par le conseil d'administration et chargé par cet organe social « du recouvrement et du contentieux, [...] avec le pouvoir de procéder aux déclarations de créances », V. • Com. 21 juin 2011, n° 10-20.878 P : *D. 2011. Actu. 1753, obs. Lienhard* ; *RTD com. 2012. 193, obs. Martin-Serf* ; *Rev. sociétés 2012. 169, note Godon* ; *JCP E 2011. 1826, n° 6, obs. Deboissy et Wicker* ; *LEDEN 9/2011. 2, obs. Berthelot* ; *Dr. sociétés 2011, n° 174, note Gallois-Cochet* ; *RJDA 2011, n° 823* ; *APC 2011, n° 227, obs. Regnaut-Moutier* ; *Gaz. Pal. 7-8 oct. 2011, p. 30, obs. Le Corre-Broly* ; *BJS 2011. 867, note Legros et Roussel Galle*.

98. La délégation donnée par un dirigeant (en l'occurrence, un P-DG de SA) ayant été faite par le dirigeant au nom et pour le compte de la société, et non en son nom personnel, reste valable, malgré le changement de dirigeant, tant qu'elle n'a pas été révoquée. • Com. 4 févr. 1997, n° 94-20.681 P : *D. Affaires 1997. 354* ; *Dr. sociétés 1997, n° 56, note Bonneau* ; *Defrénois 1997. 663, obs. Hovasse* • 15 mars 2005, n° 03-13.032 P : *D. 2005. AJ 957, obs. Lienhard* ; *JCP E 2005, n° 27-28, p. 1165, obs. Caussain, Deboissy et Wicker* ; *Dr. sociétés 2005, n° 119, note Hovasse*. ♦ Dans le même sens, en présence de délégations en cascade, validant la déclaration de créance du préposé ayant cessé ses fonctions, dès lors qu'il est justifié d'une chaîne ininterrompue de délégations de pouvoirs régulières, V. • Com. 8 juill. 2008, n° 07-13.868 P : *D. 2008. AJ 2072, obs. Lienhard* ; *BJS 2008. 1011, note Ferrier* ; *JCP E 2009. 1008, n° 12, obs. Pétel* ; *RTD com. 2009. 206, obs. Martin-Serf* . ♦ Les modifications apportées par la loi du 15 mai 2001, relative aux nouvelles régulations économiques, aux règles de représentation de la société anonyme sont sans incidence sur la validité d'une délégation de pouvoirs valablement consentie à une époque où le président tenait de la loi le pouvoir de représenter la société et d'agir en son nom. • Com. 3 juin 2009, n° 08-13.355 P : *D. 2009. AJ 1603, obs. Lienhard* ; *Rev. sociétés 2009. 865, note Sortais* ; *ibid. 868, note J.-F. Barbièri* ; *RTD com. 2010. 195, obs. Martin-Serf* ; *Gaz. Pal. 26-28 juill. 2009, p. 34, obs. Le Corre-Broly* ; *JCP E 2009. 1926, note Hovasse* ; *BJS 2010. 172, note Nurit-Pontier*.

99. Pour la validité de la déclaration de créance d'un préposé de deux co-employeurs, investi d'une délégation régulière l'autorisant à effectuer des déclarations de créances pour la société créancière, V. • Com. 17 nov. 2009, n° 07-21.257 P : *D. 2009 AJ 2862* ; *RTD com. 2010. 419, obs. Martin-Serf* ; *JCP E 2010. 1296, n° 9, obs. Pétel* ; *APC 2010, n° 16, obs. Coquelet* ; *BJS 2010. 246, note Ferrier* ; *RJDA 2010, n° 543*.

100. Preuve de la délégation de pouvoirs. Il appartient à la société créancière de justifier que son responsable du service contentieux, qui a signé la déclaration de créances, dispose d'un pouvoir émanant d'un organe habilité par la loi à représenter la personne morale créancière et comportant, par les termes employés, le pouvoir de déclarer les créances ou encore d'un pouvoir émanant d'un préposé de la société ayant lui-même reçu d'un organe habilité par la loi à la représenter, le pouvoir de déclarer les créances ainsi que la faculté de subdéléguer, dans l'exercice de ce pouvoir, un autre préposé de la société. • Com. 5 mars 1996 : *D. Affaires 1996. 523*.

Le seul fait, pour l'auteur de la déclaration, d'occuper un emploi défini par la convention collective de travail applicable comme comportant délégation de pouvoirs de déclarer les créances ne suffit pas à établir que ce préposé tenait son pouvoir des organes habilités par la loi à représenter la personne morale. • Com. 22 oct. 1996, n° 94-18.456 P : *D. Affaires 1997. 78* ; *Rev. dr. bancaire 1996. 241, obs. Campana et Calendini* ; *BJS 1997. 160, note Le Cannu*.

101. Il peut être justifié de l'existence de la délégation de pouvoirs, jusqu'à ce que le juge statue sur l'admission de la créance, par la production des documents établissant la délégation, ayant ou non acquis date certaine. • Com. 14 déc. 1993 (2 arrêts) : *préc. note 97* • 14 févr. 1995 : *ibid.* • 28 janv. 1997, n° 94-19.405 P : *D. 1997. IR 66* ; *JCP E 1997. I. 651, n° 10, obs. Pétel* • 27 oct. 1998 : *APC 1998, n° 169* ; *RJDA 1998, n° 1387* • 19 déc. 2000 : *RJDA 2001, n° 472* • Reims, 26 janv. 2000 : *RPC 2002. 185, obs. Legrand*. ♦ L'expression « jusqu'à ce que le juge statue » s'entend du juge de première instance comme du juge d'appel. • Versailles, 7 nov. 2002 : *RJDA 2003, n° 282*.

Si une attestation, fût-elle établie postérieurement à l'expiration du délai de déclaration des créances, peut justifier de la préexistence, au moment de la déclaration, de la délégation de pouvoir du déclarant, une déclaration irrégulière, faute d'habilitation de celui-ci, est insusceptible de ratification. • Com. 28 mai 1996, n° 94-13.304 P : *D. Affaires 1996. 812* ; *BJS 1996. 951, note J.-F. Barbièri.* – V. aussi • Com. 17 déc. 1996 : *préc. note 61* • 26 mai 1998, n° 95-19.996 P. • 7 déc. 1999 : *RJDA 2000, n° 311* • 28 mai 2002 : *ibid. 2002, n° 1058.* – Comp. : • Com. 9 déc. 1997 : *Rev. dr. bancaire 1998. 69, obs. Campana et Calendini.*

L'attestation de l'existence d'une délégation de pouvoir au profit d'un préposé de la personne morale pour déclarer les créances de celle-ci doit émaner d'un représentant légal de la personne morale ou d'une personne qui a reçu délégation régulière de pouvoir avec faculté de subdélégation. • Com. 26 mai 1999, n° 95-21.101 P : *RJDA 1999, n° 803* • 10 mai 2005, n° 04-12.214 P : *D. 2005. AJ 1476, obs. Lienhard ; APC 2005, n° 130, obs. Vallansan ; Gaz. Pal. 6-7 juill. 2005, p. 22, obs. Le Corre ; BJS 2005. 1405, note M. Sénéchal.* ♦ Une attestation par laquelle celui ou ceux qui exerçaient les fonctions d'organe habilité par la loi à représenter la personne morale créancière certifient que le préposé déclarant bénéficiait, à la date de la déclaration, d'une délégation de pouvoirs à cette fin suffit à établir que celle-ci émanait d'un organe ayant qualité pour la donner. • Com. 8 nov. 2011, n° 10-23.336 P : *D. 2011. Actu. 2790, obs. Lienhard ; RTD com. 2012. 194, obs. Martin-Serf ; Rev. sociétés 2012. 194, obs. Roussel Galle ; APC 2012, n° 1, obs. Blanc ; LEDEN 1/2012. 2, obs. Mouial-Bassilana ; RJDA 2012, n° 182 ; RPC 2012, n° 10, obs. F. Legrand et M.-N. Legrand.*

La preuve de l'existence de la délégation ne peut résulter des conclusions de la personne morale, quel que soit leur contenu. • Com. 3 déc. 1996, n° 94-16.745 P. – Dans le même sens, V. • Com. 29 avr. 2002 : *préc. note 100.*

102. Sur la délégation de signature du receveur principal des impôts à un contrôleur des impôts pour déclarer des créances fiscales, V. • Com. 9 déc. 1997, n° 95-12.239 P.

103. La preuve de la déclaration de créance par un créancier à une procédure collective et de la délégation de pouvoir qu'il a consentie à un préposé pour y procéder n'est pas soumise aux dispositions de l'art. 1334 [anc.] C. civ. • Com. 4 oct. 2005, n° 04-16.791 P : *D. 2005. AJ 2874, obs. Lienhard.*

104. Nécessité d'un pouvoir spécial en cas de déclaration par un tiers. La déclaration des créances équivaut à une demande en justice. Par suite, la personne qui déclare la créance d'un tiers doit, si elle n'est pas avocat, être munie d'un pouvoir spécial donné par écrit (à propos de la déclaration des créances effectuée par le chef de file d'un pool bancaire au nom de chacun des membres du pool). • *Cass., ass. plén.*, 26 janv. 2001, n° 99-15.153 P : *D. 2001. AJ 631 ; BICC 1er mars 2001, p. 17, concl. Feuillard et note Bouret ; JCP E 2001, n° 14, p. 617, note Béhar-Touchais ; JCP 2001. II. 10552, note Lochouarn ; RTD com. 2001. 507, obs. Martin-Serf ; RDBF 2001, n° 66, obs. F.-X. Lucas ; APC 2001, n° 61, obs. Boulay ; Banque et Dr. 9-10/2001. 48, obs. Guillot.* – V. déjà • Com. 17 déc. 1996 : *préc. note 61* (même affaire) • 30 mars 1999 : *préc. note 97* (même cas de figure). – Dans le même sens, V. • Com. 16 oct. 2001 : *D. 2001. AJ 3275, obs. Lienhard* • 30 janv. 2007, n° 05-17.141 P : *D. 2007. AJ 508, obs. Lienhard ; APC 2007, n° 35, obs. Vallansan ; Gaz. Pal. 13-14 avr. 2007, p. 45, obs. Le Corre-Broly ; RJ com. 2007. 224, note Sortais ; RTD com. 2007. 444, obs. Martin-Serf .* ♦ La recherche d'éléments de preuve d'un mandat tirés des circonstances de la cause ne peut suppléer l'absence de production d'un pouvoir spécial et écrit. • Cass., ass. plén., 26 janv. 2001 : *préc.* ♦ Ne constitue un tel pouvoir ni la lettre par laquelle une société gérant des locaux commerciaux charge un huissier de justice de délivrer à certains locataires un commandement de payer les arriérés de loyer ainsi qu'une assignation en résiliation du bail, cette lettre ne confiant à l'huissier qu'une mission générale, ni la lettre par laquelle la société, après avoir transmis à l'huissier l'ordonnance d'expulsion d'un locataire mis en redressement judiciaire et l'avis du représentant des créanciers l'invitant à déclarer sa créance, prie l'huissier de lui faire savoir si les éléments qu'il détient lui permettent d'effectuer la déclaration de créances. • Civ. 1re, 13 juin 1995 : *RJDA 1996, n° 126.* – V. aussi • Com. 11 juin 1996 : *Dr. sociétés 1996, n° 210, obs. Chaput.* ♦ Dans le même sens, pour une « mission de recouvrement de créances », V. • Com. 13 avr. 1999 : *RJDA 1999, n° 1227* • 3 oct. 2000 : *RJDA 2001, n° 190* • Paris, 29 sept. 1995 : *Dr. sociétés 1996, n° 8, obs. Chaput.*

En ce sens que le préposé d'une société appartenant au même groupe que la société créancière doit justifier d'un pouvoir spécial, c'est-à-dire du pouvoir de déclarer les créances de cette société dans la procédure collective de la société en cause, V. • Com. 1er févr. 2000, n° 96-18.186 P : *D. 2000. AJ 128 ; APC 2000, n° 46, obs. Vallansan ; Dr. sociétés 2000, n° 57, obs. Chaput ; Banque et Dr. 5-6/2000. 43, obs. Storck.*

Une caisse fédérale de crédit, personne morale distincte des caisses locales adhérentes, doit justifier d'un pouvoir spécial pour déclarer par l'intermédiaire d'un préposé les créances d'une caisse locale. • Com. 30 oct. 2000 : *APC 2000, n° 257.* ♦ Pour une autre application, V. • Com. 5 nov. 2003, n° 00-18.497 P : *D. 2003. AJ 3048 ; BJS 2004. 228, note F.-X. Lucas ; RDBF 2004, n° 11, obs. Legeais ; RTD com. 2004. 597, obs. Martin-Serf ; RPC 2004. 275, obs. Dumont.*

Une cour d'appel doit rechercher, comme il lui est demandé, s'il résulte de la délégation de pouvoir consentie à un fondé de pouvoir principal, que celui-ci a reçu d'un organe habilité à représenter l'établissement de crédit créancier, le pouvoir de donner mandat spécial à un tiers de déclarer les créances. • Com. 28 janv. 2004, nº 02-15.611 P : *D. 2004. AJ 503* ; *Procédures 2004, nº 78, obs. Laporte.* ♦ V. aussi cet arrêt à propos des délégations en séries consenties au sein de la société mandataire.

Sur le pouvoir spécial d'un huissier, V. • Com. 11 oct. 1994, nº 92-10.909 P. • 13 nov. 2002, nº 99-19.421 P : *D. 2003. AJ 204* ; *Dr. et pr. 2003. 90, note Le Corre ; RDBF 2003, nº 28, obs. F.-X. Lucas ; RTD com. 2003. 563, obs. Martin-Serf* ; *Dr. et patr. 3/2003. 95, obs. Monsèrié-Bon ; Procédures 2003, nº 147, note Laporte.* ♦ ... D'un notaire, V. • Com. 27 mai 2008 : *Gaz. Pal. 27-29 juill. 2008, p. 44, obs. Le Corre-Broly ; JCP N 2009. 1279, obs. Vauvillé.* ♦ ... D'un avoué, V. • Com. 28 juin 2005, nº 04-14.651 P : *D. 2005. AJ 1940, obs. Lienhard* ; *JCP E 2005, nº 46, p. 1933, note Rémery ; RTD com. 2005. 840, obs. Martin-Serf* ; *Procédures 2005, nº 232, obs. Junillon ; BJS 2006. 188, note J.-J. Barbièri* • 29 nov. 2005, nº 04-16.362 P : *D. 2006. AJ 65, obs. Lienhard* ; *BJS 2006. 189, note J.-J. Barbièri ; Gaz. Pal. 10-11 févr. 2006, p. 32, obs. Le Corre.*

Si un tiers n'ayant pas la qualité d'avocat ne peut déclarer une créance au passif du redressement judiciaire d'un débiteur ouvert par un tribunal de commerce qu'en vertu du pouvoir spécial de représentation en justice dont le créancier l'a investi, il est loisible à ce tiers mandataire, lorsqu'il s'agit d'une personne morale, de déléguer ensuite le pouvoir d'effectuer la déclaration à l'un de ses préposés, sans qu'il soit exigé que ce dernier reçoive un mandat *ad litem* du créancier lui-même ou que sa délégation de pouvoir revête un caractère spécial. • Com. 14 janv. 1997, nº 94-18.033 P : *D. 1997. IR 39 ; JCP 1997. II. 22837, rapp. Rémery.* ♦ ... Ou encore qu'elle soit postérieure au mandat reçu du tiers par le commettant. • Com. 30 janv. 2007 : *préc.*

En cas de contestation, il peut être justifié de l'existence d'un pouvoir spécial jusqu'au jour où le juge statue. • Cass., ass. plén., 4 févr. 2011, nº 09-14.619 P : *BICC 15 mars 2011, rapp. Lambremon et avis Le Mesle ; D. 2011. Actu. 439, obs. Lienhard* ; *ibid. Pan. 2074, obs. F.-X. Lucas* ; *RTD com. 2011. 412, obs. Martin-Serf* ; *JCP E 2011. 1263, nº 7, obs. Pétel ; ibid. 1264, note Roussel Galle ; Gaz. Pal. 9-10 mars 2011, p. 13, obs. Antonini-Cochin ; LEDEN 3/2011. 2, obs. F. Legrand ; APC 2011, nº 80, obs. Roussel Galle ; RPC 2011, nº 23, obs. Cagnoli ; Dr. et pr. 2011. 117, note Vinckel ; Procédures 2011, nº 177, note Rolland ; BJE 2011. 130, note Le Corre ; RJDA 2011, nº 557.* ♦ Solution confirmée par l'art. L. 622-24, al. 2, dans sa réd. issue de l'Ord. nº 2014-326 du 12 mars 2014. ♦ Jusqu'à cette décision de l'assemblée plénière, la Cour de cassation exigeait que le pouvoir donné au mandataire *ad litem* accompagne la déclaration de créance ou soit produit dans le délai de celle-ci : • Com. 19 nov. 1996, nº 94-19.842 P : *D. 1997. IR 19* ; *JCP E 1997. II. 932, note Pétel* • 13 nov. 2002 : *préc.* ♦ Aucun texte n'exige que le pouvoir spécial donné par écrit ait date certaine. • Com. 17 juin 1997, nº 95-11.957 P : *D. Affaires 1997. 904 ; BJS 1997. 995, note P. S.*

Le défaut de pouvoir spécial constitue une irrégularité de fond affectant la validité de l'acte qui doit, en conséquence, être annulé. • Com. 19 mars 1996 : *D. Affaires 1996. 653 ; RTD com. 1996. 713, obs. Martin-Serf* . ♦ La caution assignée en paiement, par la banque créancier à la procédure, ne peut opposer à cette demande de paiement, le défaut d'habilitation du préposé ayant produit au passif de la société, du fait qu'elle n'allègue pas avoir contesté la créance de la banque dans le cadre de la procédure de vérification et qu'elle ne prétend pas celle-ci éteinte. • Com. 14 janv. 1997 : *D. 1997. IR 52* . ♦ Comp., jugeant que la caution du débiteur peut opposer au créancier l'exception tirée du défaut de pouvoir du signataire de la déclaration : • Paris, 19 janv. 1996 : *RJDA 1996, nº 677.*

105. Sans avoir à justifier d'un pouvoir, l'avocat du créancier a qualité pour déclarer, au nom de son client, une créance au passif du redressement ou de la liquidation judiciaires du débiteur. • Com. 3 juin 1997 : *Dr. sociétés 1997, nº 157, obs. Chaput ; RJDA 1997, nº 1404.* ♦ Sur la responsabilité professionnelle de l'avocat qui s'est abstenu de déclarer la créance de son client, V. • Civ. 1re, 22 sept. 2011, nº 10-23.503 P : *D. 2011. Actu. 2336* ; *RJDA 2011, nº 1059* • Paris, 15 févr. 2011 : *Gaz. Pal. 1er-2 avr. 2011, p. 39, obs. Routier.*

106. La déclaration de créance faite par un avocat associé appartenant à une société d'avocats mandatée par le créancier, dès lors qu'elle n'a pas été signée pour ordre mais au nom de l'avocat associé, est régulière comme émanant d'une personne dispensée de justifier d'un pouvoir. • Com. 31 mai 2011 : *D. 2011. Actu. 1614, obs. Lienhard* ; *RJDA 2011, nº 830 ; RTD com. 2012. 403, obs. Martin-Serf* . ♦ L'avocat collaborateur de celui du créancier peut déclarer les créances, sans être tenu de justifier de son pouvoir. • Com. 25 oct. 2011, nº 10-24.658 P : *D. 2011. Actu. 2653, obs. Lienhard* ; *Rev. sociétés 2011. 731, obs. Roussel Galle* ; *RTD com. 2012. 403, obs. Martin-Serf* ; *LEDEN 12/2011. 2, obs. F. Legrand ; Gaz. Pal. 20-21 janv. 2012, p. 33, obs. Le Corre ; RJDA 2012, nº 72.* ♦ Pour l'irrégularité de la déclaration de créance signée par la secrétaire de l'avocat du créancier qui n'était pas elle-même munie d'un pouvoir spécial et écrit émanant de ce créancier, V. • Com. 17 févr. 2009, nº 08-13.728 P : *D. 2009. Chron. C. cass. 1240, obs. Bélaval* ; *ibid. AJ 627* ; *APC 2009, nº 77, obs. Regnaut-Moutier ; JCP E 2009. 1347, nº 7, obs. Pétel ; Gaz. Pal. 26-28 avr. 2009, p. 31, obs. Le Corre-Broly ; LEDEN, avr. 2009, p. 6, obs. F.-X. Lucas ; RTD com. 2009. 450, obs. Martin-Serf* ; *RPC 2010, nº 12, obs. F. Legrand et M.-N. Legrand.*

107. Les caisses de mutualité sociale agricole,

qui tiennent de la loi la possibilité de conclure des conventions avec des organismes administrés paritairement par les organisations professionnelles et syndicales de l'agriculture en vue du recouvrement, pour le compte de ces organismes, des cotisations qui leur sont dues, sont, sous réserve de la conclusion des conventions précitées, légalement habilitées à déclarer les créances correspondantes sans être tenues de justifier d'un pouvoir spécial. • Com. 21 févr. 2006, n° 04-20.211 P : *D. 2006. AJ 718, obs. Lienhard ; JCP E 2006, n° 14-15, p. 671, obs. Pétel ; RJ com. 2006. 232, note Sortais ; Gaz. Pal. 14-18 juill. 2006, p. 33, obs. Le Corre ; RTD com. 2006. 659, obs. Martin-Serf*. – Dans la même affaire, V. • Cass., Ass. plén., 26 mars 2010, n° 09-12.843 P : *D. 2010. Actu. 887, obs. Lienhard ; RTD com. 2010. 610, obs. Martin-Serf ; JCP E 2010. 1742, n° 10, obs. Pétel ; JCP 2010. 383, obs. Roussel Galle ; APC 2010, n° 116, obs. Vallansan ; LEDEN 5/2010. 2, obs. Rubellin ; DP diff. entr., Bull. n° 314, p. 3, obs. Rémery ; RJDA 2010, n° 770 ; RPC 2011, n° 36, obs. F. Legrand et M.-N. Legrand.*

108. Sur les modalités de la déclaration de créance par le créancier mandataire, V. note 13 ss. art. L. 622-25.

109. Ratification par le créancier (Ord. du 12 mars 2014). Selon l'art. L. 622-24, al. 2, dans sa rédaction issue de l'Ord. n° 2014-326 du 12 mars 2014, le créancier peut ratifier la déclaration faite en son nom jusqu'à ce que le juge statue sur l'admission de la créance et aucune forme particulière n'est prévue pour cette ratification, qui peut être implicite. • Com. 10 mars 2021, n° 19-22.385 P : *D. 2021. Chron. C. cass. 995, obs. Barbot ; Rev. sociétés 2021. 400, obs. Henry ; RTD com. 2021. 430, obs. Martin-Serf ; JCP E 2021. 1424, n° 11, obs. Pétel ; DP diff. entr., Bull. n° 435, obs. Rémery ; LEDEN 5/2021. 5, obs. Ollu ; BJE 5-6/2021. 34, note Jazottes ; RJDA 2021, n° 413 ; Dr. sociétés 2021, n° 95, note Legros ; RDBF 2021, n° 73, obs. Houin-Bressand ; RPC 2021, n° 65, obs. Borga.* ♦ En demandant, dans ses conclusions d'appel signées et notifiées par son avocat, l'admission de sa créance, la société créancière a nécessairement ratifié la déclaration de créance faite en son nom. • Com. 29 sept. 2021, n° 20-12.291 B : *D. 2021. Actu. 1765 ; Rev. sociétés 2021. 726, obs. Henry ; LEDEN 11/2021. 5, obs. Rubellin ; RJDA 2022, n° 28 ; Dr. sociétés 2022, n° 6, note Legros.*

110. Déclaration d'une personne morale de droit public. L'agent comptable, qui est, par détermination de la loi et décision du gouvernement, le représentant organique de la personne morale de droit public pour le recouvrement de toutes les sommes qui lui sont dues, détient par ses fonctions le pouvoir de déclarer. • Com. 31 janv. 2017, n° 15-15.983 P : *D. 2017. Actu. 294 ; Rev. sociétés 2017. 181, obs. Henry ; RTD com. 2017. 428, obs. Martin-Serf ; JCP E 2017. 1164, n° 10, obs. Pétel ; DP diff. entr., Bull. n° 389, obs. Rémery ; APC 2017, n° 67, obs. Amlon ; LEDEN 3/2017. 3, obs. Berthelot ; RJDA 2017, n° 268 ; Procédures 2017, n° 69, note Rolland.* ♦ Le comptable d'une commune tient de la loi [art. L. 2343-1 CGCT] le pouvoir de poursuivre la rentrée de tous les revenus de la commune et de toutes les sommes qui lui sont dues, et dès lors celui de déclarer les créances correspondantes (cassation de l'arrêt qui avait déclaré irrecevable la déclaration de créance en raison de l'absence de délégation de pouvoirs au comptable). • Com. 12 juin 2001, n° 98-17.961 P : *D. 2001. AJ 2199, obs. Lienhard ; APC 2001, n° 163, obs. F.-X. Lucas ; JCP E 2001, n° 45, p. 1774, note Rémery ; Procédures 2001, n° 197, obs. Laporte ; RTD com. 2001. 972, obs. Martin-Serf.* ♦ S'il appartient à l'ordonnateur de liquider les créances, seul le comptable de la commune, qui tient de la loi le pouvoir de poursuivre la rentrée de tous les revenus de la commune et de toutes les sommes qui lui sont dues, peut les déclarer au passif du débiteur. • Com. 29 avr. 2003, n° 00-14.142 P : *D. 2003. AJ 1365 ; JCP E 2003, n° 30, p. 1247, note Rémery ; APC 2003, n° 140, obs. Léfondré ; RTD com. 2003. 819, obs. Martin-Serf.* ♦ V. aussi note 11 ss. art. L. 622-27.

111. Déclaration d'un syndic de copropriété. Le syndic, représentant légal du syndicat, exerce une mesure conservatoire au sens de l'art. 55, al. 2, du Décr. du 17 mars 1967 en déclarant la créance du syndicat au passif de la procédure collective de l'ancien syndic et n'a donc pas à justifier d'une autorisation préalable de l'assemblée générale des copropriétaires. • Civ. 3e, 29 janv. 2003, n° 00-21.945 P : *JCP E 2003, n° 27, p. 1150, note Djigo ; APC 2003, n° 112, obs. Vallansan ; RTD com. 2003. 566, obs. Martin-Serf ; Procédures 2003, n° 146, note Laporte ; RPC 2003. 347, obs. Lebel.* – Dans le même sens, V. • Com. 19 mai 2004, n° 02-14.805 P : *D. 2004. IR 1709 ; JCP E 2004, n° 32-35, p. 1303, note Djigo ; RPC 2004. 258, obs. Lebel ; AJDI 2005. 37, obs. Capoulade.*

C. SOLIDARITÉ ACTIVE OU SUBROGATION CONVENTIONNELLE

112. Déclaration par le créancier solidaire. L'obligation solidaire entre plusieurs créanciers donne à chacun d'eux, en application de l'art. 1197 [1311] C. civ., le droit de demander le paiement total de la créance et, en conséquence, de la déclarer en totalité au passif de la procédure collective du débiteur. • Com. 20 mars 2001, n° 98-13.961 P : *D. 2001. AJ 1245, obs. Lienhard ; APC 2001, n° 97, obs. Regnaut-Moutier ; RDBF 2001, n° 117, obs. F.-X. Lucas ; JCP E 2001, n° 42, p. 1674, note Béhar-Touchais ; Dr. et patr. 11/2001. 112, obs. Monsèrié-Bon ; Banque et Dr. 1-2/2002. 39, obs. Jacob.*

113. Déclaration par le créancier subrogeant. En ce sens que le créancier ayant délivré quittance subrogative contre paiement a qualité pour déclarer la créance dont il demeure titulaire dans ses rapports avec le débiteur en redressement judiciaire, V. • Com. 23 janv. 2001, n° 97-21.311 P : *D. 2001. AJ 858, obs. Lienhard ; APC 2001, n° 48, obs. Regnaut-Moutier ; JCP E 2001, n° 18, p. 753, obs. Cabrillac ; ibid., n° 42, p. 1674, note Béhar-Touchais ; RTD com. 2001. 970, obs. Martin-Serf*. – Dans le même sens, V. • Com. 16 oct. 2001 : *RPC 2002. 94, obs. Legrand.* ♦ *Contra*, s'agissant de la subrogation dont bénéficie la caution après paiement, en vertu de l'art. 2306 [2309] C. civ. : • Com. 1er déc. 2009 : *préc. note 61.*

D. INDIVISION

114. Déclaration par un indivisaire. Il résulte des art. 815 s. C. civ. que tout indivisaire peut déclarer une créance de l'indivision à la procédure collective du débiteur de l'indivision. • Com. 11 juin 2003, n° 00-11.913 P : *APC 2003, n° 171, obs. Vallansan ; BJS 2003. 1024, note J.-J. Barbièri ; JCP E 2004, n° 6, p. 225, obs. Pétel ; RTD com. 2004. 595, obs. Martin-Serf ; RPC 2005. 51, obs. Dumont* • Civ. 1re, 14 mars 2012, n° 10-10.006 P : *D. 2012. Actu. 813 ; RTD com. 2012. 845, obs. Martin-Serf ; LEDEN 5/2012. 2, obs. Parachkévova ; APC 2012, n° 113, obs. Leprovaux ; RPC 2012, n° 116, obs. Dumont-Lefrand ; RJDA 2012, n° 786.*

115. Partage d'une indivision post-communautaire. Préalablement aux opérations de partage de l'indivision post-communautaire, l'ex-épouse, en sa qualité d'indivisaire, doit déclarer la créance de l'indivision, au titre des loyers échus antérieurement au jugement d'ouverture de la liquidation judiciaire de l'ex-mari et perçus par ce dernier, à la procédure collective du débiteur de l'indivision. • Com. 1er févr. 2005, n° 01-13.943 P : *D. 2005. AJ 489, obs. Lienhard ; APC 2005, n° 44, obs. Henry.* – V. aussi, sur renvoi, • Paris, 13 mars 2008 : *RJDA 2008, n° 828.*

116. Les créances au titre des dommages-intérêts alloués au conjoint divorcé du débiteur et celles résultant de l'occupation par ce dernier d'un immeuble indivis après dissolution du mariage, tant au titre de l'indemnité d'occupation due à l'indivision que des charges de copropriété acquittées par elle, ne naissent pas du partage mais, respectivement, du jugement de divorce et du fait de l'occupation. • Com. 10 févr. 2015 : *D. 2015. Actu. 429 ; JCP E 2015. 1176, note Brignon ; RLDA avr. 2015. 17, obs. Lebel ; Gaz. Pal. 1er-5 mai 2015, p. 44, obs. Antonini-Cochin ; RJDA 2015, n° 443 ; RPC 2015, n° 77, obs. Dumont-Lefrand ; ibid., n° 110, obs. Saint-Alary-Houin.*

117. Créance d'un indivisaire sur un autre. L'indivisaire dont la créance résulte de la conservation ou de la gestion des biens indivis peut faire valoir les droits qu'il tient de l'art. 815-17, al. 1er, C. civ. après l'ouverture de la procédure collective de l'un des indivisaires, sans avoir à déclarer sa créance à celle-ci. • Com. 2 juin 2015, n° 12-29.405 P : *D. 2015. Actu. 1270 ; RTD com. 2015. 747, obs. Martin-Serf ; RTD civ. 2015. 905, obs. Dross ; AJ fam. 2015. 546, obs. Casey ; APC 2015, n° 167, obs. Vallansan ; Journ. sociétés 7/2015. 46, obs. Brignon ; RJDA 2015, n° 680 ; RDBF 2015, n° 163, obs. Houin-Bressand ; BJE 2015. 295, note Benilsi.*

E. FORME DE LA DÉCLARATION

118. Les art. L. 622-24 et R. 622-23 ne prévoient pas la forme précise que doit revêtir l'écrit par lequel le créancier fait sa déclaration de créance ; le juge apprécie souverainement si l'écrit envoyé au mandataire judiciaire exprime de façon non équivoque la volonté du créancier de réclamer dans la procédure collective le paiement de sa créance. • Com. 15 févr. 2011, n° 10-12.149 P : *D. 2011. Actu. 673, obs. Lienhard , ibid. Pan. 2073, obs. F.-X. Lucas ; RTD com. 2011. 793, obs. Martin-Serf ; Rev. sociétés 2011. 387, obs. Roussel Galle ; Gaz. Pal. 1er-2 avr. 2011, p. 32, obs. Le Corre-Broly ; LEDEN 4/2011. 2, obs. Berthelot ; BJE 2011. 133, note Brignon ; RJDA 2011, n° 643 ; RPC 2011, n° 81, obs. F. et M.-N. Legrand.* ♦ La déclaration de créance doit être accompagnée des éléments justificatifs de nature à en prouver l'existence et le montant. • Versailles, 21 mars 1996 : *RJDA 1996, n° 1258 ; JCP E 1996. Pan. 656.* ♦ V. aussi notes 6 s. ss. art. R. 622-23.

119. Il suffit, pour que la déclaration de créance soit régulière, et de ce fait valable, que le signataire soit identifié. • Paris, 23 nov. 1995 : *D. 1996. IR 74 ; D. Affaires 1996. 182.* ♦ La preuve de l'identité du déclarant peut être faite, même en l'absence de signature de la déclaration, par tous moyens, jusqu'au jour où le juge statue. • Com. 21 nov. 2006 (2 arrêts) : *D. 2006. AJ 2983, obs. Lienhard ; Gaz. Pal. 13-14 avr. 2007, p. 45, obs. Le Corre-Broly.* ♦ L'auteur d'une déclaration de créance non signée, établie sur du papier à en-tête, peut être identifié par la lettre de transmission de la déclaration, rédigée sur papier à même en-tête et signée : • Com. 1er mars 2005 : *RJDA 2005, n° 849.*

120. Une déclaration de créance, qui équivaut à une demande en justice, doit être rédigée en langue française. • Lyon, 15 mars 2001 : *Procédures 2001, n° 153, note Laporte.* ♦ Cependant, une déclaration rédigée en langue étrangère mais accompagnée d'une traduction en français est régulière. Cette traduction peut être produite jusqu'à ce que le juge-commissaire statue sur l'admission de la créance. • Lyon, 7 sept. 2001 : *BICC 2001, n° 1214 ; RTD com. 2002. 167,* *obs. Vallens* . ♦ V. égal. Règl. (UE) 2015/848 du 20 mai 2015 relatif aux procédures d'insolvabilité, art. 55.

121. Le recours à un coursier est valable, dès lors que le cachet apposé par le représentant des créanciers sur la déclaration atteste que celle-ci a été faite dans le délai légal. • Versailles, 2 mai 1996 : *D. Affaires 1996. 1038.*

122. La déclaration faite par télécopie n'est pas, en soi, irrégulière. • Com. 17 déc. 2003, nº 01-10.692 P : *D. 2004. AJ 137, obs. Lienhard* ; *JCP E 2004, nº 22, p. 858, obs. Pétel ; Procédures 2004, nº 77, obs. Laporte.* ♦ Toutefois, le rapport d'émission de la télécopie ne constitue qu'un commencement de preuve par écrit de la réception qui doit être corroboré par d'autres éléments. • Com. 6 oct. 2009 : *LEDEN, déc. 2009, p. 2, obs. Legrand ; Gaz. Pal. 8-9 janv. 2010, p. 29, obs. Le Corre-Broly* • Paris, 2 avr. 2002 : *D. 2002. AJ 1840* ; *RDBF 2002, nº 95, obs. F.-X. Lucas ; RTD com. 2002. 547, obs. Vallens* .

123. En revanche, l'assignation en intervention forcée délivrée au liquidateur ne vaut pas déclaration de la créance. • Com. 22 mars 1994, nº 92-10.663 P. – V. aussi • Versailles, 5 mai 2003 : *RJDA 2003, nº 980.* ♦ Il en va de même de conclusions reconventionnelles notifiées au liquidateur ou au représentant des créanciers dans le cadre d'une instance en cours. • Com. 8 déc. 1998 : *APC 1999, nº 16.* ♦ ... De la lettre par laquelle le créancier invoque la compensation et invite le liquidateur à mettre en œuvre une expertise, la créance de dommages-intérêts n'ayant été ni chiffrée, ni évaluée à titre provisionnel dans la lettre. • Paris, 27 mars 1996 : *RJDA 1996, nº 1259.* ♦ ... De la lettre d'un avocat fournissant des précisions sur une créance. • Com. 17 juin 1997 : *Dr. sociétés 1997, nº 157, obs. Chaput* • 20 févr. 2001 : *RPC 2001. 75, obs. Soinne.* ♦ ... De la lettre adressée au représentant des créanciers faisant référence à l'existence d'un prêt consenti par la banque créancière au débiteur et divers autres éléments extrinsèques à ce document. • Com. 17 févr. 1998 : *D. Affaires 1998. 765.* ♦ ... De la remise de pièces comptables et de documents valant abandon de créance. • Versailles, 30 oct. 1997 : *D. Affaires 1998, p. 206, obs. V. A.-R.* ♦ ... Du courrier accompagné d'une mise en demeure de régler des loyers sous peine de résiliation de plein droit et comportant le décompte de la créance après résiliation, qui a pour objet exclusif la revendication du matériel confié au débiteur, V. • Aix-en-Provence, 11 sept. 2001 : *APC 2002, nº 39.*

124. Pour la validité d'une déclaration unique en cas de pluralité de procédures, lorsque chacun des débiteurs est clairement identifié et individualisé et est tenu au même titre au paiement de la dette, V. • Com. 17 déc. 2003 : *RJDA 2004, nº 593 ; RDBF 2004, nº 132, obs. F.-X. Lucas.*

F. DÉLAI DE DÉCLARATION

125. V. art. R. 622-24.

G. PREUVE DE LA DÉCLARATION

126. Il appartient au créancier d'établir que la lettre contenant la déclaration a été reçue par son destinataire. • Civ. 1re, 7 oct. 1998 : *D. Affaires 1998. 1862, obs. A. L. ; Procédures 1999, nº 10, obs. Laporte ; RPC 2001. 75, obs. Soinne.* ♦ Le créancier qui produit le récépissé postal du dépôt de la lettre qu'il prétend avoir adressée au représentant des créanciers ne rapporte pas la preuve de la réception de cette déclaration. • Com. 26 oct. 1999 : *RJDA 1999, nº 1357.* ♦ De même, la lettre adressée par le représentant des créanciers au créancier pour recueillir son accord sur la proposition de règlement des dettes, conformément à l'art. 24, ne vaut pas preuve de la déclaration de créance. • Com. 18 janv. 2000 : *RDBF 2000, nº 121, obs. F.-X. Lucas ; RPC 2001. 75, obs. Soinne.*

H. OMISSION DE DÉCLARER : RESPONSABILITÉ

127. Pour la responsabilité personnelle du gérant d'une société mère (dont le redressement judiciaire avait abouti à un plan de redressement) qui, en s'abstenant de mentionner la créance de la société filiale (dont il était aussi gérant, et dont le redressement judiciaire avait été converti en liquidation judiciaire) sur la liste des dettes de la société mère remise au mandataire judiciaire de celle-ci et en ne la déclarant pas, avait sciemment voulu avantager la société mère au détriment de la filiale et de ses créanciers, les privant de la possibilité d'obtenir un règlement dans le cadre du plan de redressement, V. • Com. 27 mai 2014, nº 12-28.657 P : *D. 2014. Actu. 1197* ; *Rev. sociétés 2014. 529, obs. Roussel Galle* ; *RTD com. 2014. 687, obs. Martin-Serf* ; *JCP E 2014. 1397, note Cerati-Gauthier ; LEDEN 7/2014. 5, obs. Parachkévova ; BJS 2014. 467, note Mouial-Bassilana ; APC 2014, nº 212, obs. Pagnucco ; RJDA 2014, nº 703 ; BJE 2014. 317, note Favario ; Banque et Dr. 9-10/2014. 56, obs. Urban.*

VI. EFFETS DE LA DÉCLARATION

A. ADMISSIONS PROVISIONNELLES

BIBL. Deleneuville, *RPC 1997. 137* (créances fiscales) ; *D. 2001. Chron. 1156* (admission définitive des créances fiscales). – Brandeau, *LPA 12 janv. 1999 ; ibid. 12 nov. 2002.* – Amlon, *LPA 25 janv. 2001 ; RPC 2000. 163.* – Baujet, *Gaz. Pal. 2001. Doctr. 339.*

128. ***Domaine d'application.*** Le juge-commissaire ne peut prononcer l'admission provisionnelle d'une autre créance que celles prévues à l'art. 50, al. 2 [C. com., art. L. 622-24, al. 4] ; il ne peut que l'admettre à titre définitif ou la rejeter en tout ou en partie, en se conformant aux règles de procédure fixées par l'art. 101 [C. com., art. L. 624-2]. • Grenoble, 26 avr. 1988 : *D. 1989. Somm. 13, obs. Derrida* • Paris, 27 sept. 1989 : *Gaz. Pal. 1990. 1. Somm. 187* • 13 sept. 1994 : *RJDA 1995, n° 68* • Com. 2 févr. 1993, n° 91-13.558 P. • 16 mars 1999 : *APC 1999, n° 119.* ♦ Ainsi, le juge-commissaire ne peut prononcer l'admission à titre provisionnel d'une créance ayant fait l'objet d'un titre exécutoire au sens du droit fiscal et qui est contestée. • Com. 29 mai 2001 : *RJDA 2001, n° 998.* ♦ Dans ce cas, dès lors que la demande d'admission définitive a été formée dans le délai de l'art. 100, devenu l'art. L. 621-103 [L. 624-1] C. com., le juge-commissaire doit seulement constater qu'une réclamation ou une instance est en cours. • Com. 11 déc. 2001, n° 99-10.795 P : *D. 2002. AJ 326, obs. Lienhard ; APC 2002, n° 18, obs. Regnaut-Moutier ; LPA 1er mars 2002, p. 16, note Brandeau ; JCP E 2002, n° 20, p. 807, obs. Cabrillac ; RPC 2002. 187, obs. Legrand.*

Les créances du Trésor public qui ont fait l'objet d'un titre exécutoire postérieurement à leur déclaration à titre provisionnel et d'une demande d'admission définitive dans le délai de l'art. L. 621-103 [L. 624-1] C. com., sont admises définitivement par le juge-commissaire, sans attendre l'expiration du délai de réclamation contentieuse. • Com. 8 janv. 2002, n° 99-20.167 P : *D. 2002. AJ 486, obs. Lienhard ; APC 2002, n° 60, obs. Neau-Leduc ; JCP E 2002, n° 20, p. 807, obs. Cabrillac ; RPC 2002. 187, obs. Legrand.*

129. Le Trésor public est défini comme l'ensemble des services dépendant du ministère des Finances et dépourvu de personnalité juridique distincte de celle de l'État (tel n'est pas le cas d'une agence de l'eau). • Bordeaux, 23 juin 1997 : *JCP E 1997. Pan. 1129.*

130. La déclaration des créances des organismes de prévoyance et de sécurité sociale qui ne sont pas habilités à se délivrer des titres exécutoires ne relève pas des dispositions de l'al. 3 de l'art. L. 621-43 [L. 622-24, al. 4] C. com. • Com. 5 juill. 2005, n° 03-18.947 P : *D. 2005. AJ 1998, obs. Lienhard ; APC 2005, n° 204, obs. Regnaut-Moutier ; Gaz. Pal. 4-5 nov. 2005, p. 41, obs. Le Corre ; JCP E 2006, n° 2, p. 76, obs. Pétel ; RJ com. 2006. 46, note Sortais ; RTD com. 2006. 475, obs. Martin-Serf.* ♦ Le GARP est un organisme de prévoyance sociale au sens de l'art. 50 [C. com., art. L. 622-24]. • Versailles, 6 mai 1999 : *D. 1999. IR 172.* ♦ En revanche, les Caisses de congés payés du bâtiment ne sont ni des organismes de sécurité sociale ni des organismes visés à l'art. L. 351-21 [désormais, art. L. 5427-1 s.] C. trav. • Com. 12 avr. 2005, n° 02-13.053 P : *D. 2005. AJ 1228, obs. Lienhard ; APC 2005, n° 112, obs. Vallansan ; RTD com. 2006. 475, obs. Martin-Serf.*

131. Les déclarations de créances du Trésor public ou des organismes de prévoyance et de sécurité sociale sont toujours faites sous réserve des impôts et autres créances non encore établis à leur date, de sorte que l'autorité de la chose jugée résultant d'une admission provisionnelle pour le montant déclaré ne peut leur être opposée et que la décision du juge-commissaire n'est pas de nature à faire obstacle à une déclaration complémentaire de la part de l'organisme de prévoyance de ses créances non éteintes. • Com. 14 janv. 1997 : *D. 1997. IR 59 ; RJDA 1997, n° 1264.*

132. La créance déclarée par la SACEM qui n'est ni un organisme de sécurité sociale, ni un organisme visé à l'art. L. 351-21 [désormais, art. L. 5427-1 s.] C. trav., ne relève pas des dispositions de l'art. L. 621-43, al. 3, [L. 622-24, al. 4] C. com. et ne peut se trouver atteinte par la forclusion qu'il édicte, dès lors qu'en dépit de la mention de son admission à titre provisionnel sur l'état des créances, dépourvue de portée juridique au regard de ce texte, aucune obligation d'établir sa créance de manière définitive ne pèse sur ce créancier. • Com. 3 oct. 2006, n° 05-11.340 P : *D. 2006. AJ 2601, obs. Lienhard ; Gaz. Pal. 19-20 janv. 2007, p. 40, obs. Le Corre ; RJ com. 2007. 62, obs. Sortais.*

133. Déclarations complémentaires. Les déclarations complémentaires doivent être effectuées, sous peine de forclusion, dans les délais prévus par les art. 53 de la loi [C. com., art. L. 622-26] et 66 du décret [C. com., art. R. 622-24] ; à défaut, la créance n'est admise que pour la somme déclarée à titre provisionnel. • Com. 3 mai 1994, n° 92-12.797 P : *RTD com. 1994. 787, obs. Martin-Serf ; JCP E 1994. I. 397, n° 9, obs. Cabrillac et Pétel ; D. 1994. IR 156* • 29 avr. 2003, n° 00-13.678 P : *D. 2003. AJ 1565 ; APC 2003, n° 127, obs. Regnaut-Moutier ; JCP E 2003, n° 40, p. 1571, obs. Cabrillac ; JCP 2004. II. 10020, note Galliard (1er arrêt).* ♦ En effet, l'art. 50 [C. com., art. L. 622-24] ne déroge pas aux dispositions de l'art. 53 [C. com., art. L. 622-26]. • Com. 8 oct. 1996 : *JCP E 1997. II. 954, note Brandeau* • Paris, 27 juin 1997 : *D. Affaires 1997. 1083.*

134. Établissement définitif. Les créanciers visés à l'art. L. 621-43, al. 3 [L. 622-24, al. 4], C. com. peuvent, personnellement, demander l'admission à titre définitif de leur créance, déclarée à titre provisionnel (à propos du régime d'Alsace-Moselle). • Com. 27 févr. 2007, n° 05-10.226 P : *D. 2007. AJ 947, obs. Lienhard.*

Il résulte de l'art. 50 de la loi [C. com., art. L. 622-24] et de l'art. 74 du décret de 1985 [C. com., art. R. 624-6], d'abord, que la notion d'« établissement définitif », qui s'oppose à celle de déclaration à « titre provisionnel » renvoie à la notion de « titre exécutoire non contesté » ; ensuite, que toute « procédure judiciaire ou administrative en cours » qui a pour effet nécessaire de retarder ou d'interdire l'émission d'un titre exécutoire ou de suspendre son exécution exclut la constatation de la forclusion ; enfin, que le cours du délai de forclusion est interrompu dès l'introduction d'une procédure de cette nature et demeure suspendu pendant la durée de cette procédure. • Paris, 12 sept. 1997 : *D. Affaires 1997. 1257.*

L'établissement définitif de la créance doit s'entendre de la production d'un titre exécutoire, la réserve tenant à l'existence d'une procédure judiciaire ou administrative n'ayant d'incidence qu'au regard du délai prévu à l'art. L. 621-103 [L. 624-1]. • Toulouse, 14 oct. 2004 : *JCP E 2005, n° 24, p. 1026.*

135. Sauf à priver de toute portée les dispositions nouvellement instituées par la loi du 10 juin 1994 tendant à limiter dans le temps l'établissement définitif par l'administration fiscale de ses créances, le processus de mise en recouvrement de la taxe professionnelle ne saurait être assimilé à une « procédure administrative en cours », qui suppose que la créance, préalablement arrêtée par le créancier, fait l'objet d'une réclamation de la part du débiteur. • Com. 18 janv. 2000, n° 97-18.874 P : *D. 2000. AJ 82, obs. Lienhard ; JCP E 2000, n°s 18-19, p. 752, obs. Pétel ; ibid., n° 35, p. 1330, note Casey ; APC 2000, n° 37, obs. Regnaut-Moutier ; RTD com. 2000. 463, obs. Vallens ; ibid., 721, obs. Martin-Serf .* – V. Deleneuville, *RPC 2000. 91.* ♦ De même, une taxation d'office, une notification de redressement et un avis de recouvrement ne constituent pas une procédure administrative en cours, mais des formalités internes à l'administration des impôts. • Versailles, 13 nov. 1997 : *BICC 1998, n° 776 ; JCP E 1998, n° 13, p. 490.* ♦ *A fortiori,* un contrôle fiscal n'est pas une procédure administrative en cours au sens de l'art. 50, al. 3 [C. com., art. L. 622-24, al. 4]. • Com. 9 janv. 2001, n° 98-11.609 P : *D. 2001. AJ 478, obs. Lienhard ; APC 2001, n° 51, obs. Amlon ; JCP E 2001, n° 18, p. 754, obs. Pétel ; RTD com. 2001. 510, obs. Martin-Serf* • 15 oct. 2002 : *RJDA 2003, n° 158* • Paris, 9 févr. 2001 : *D. 2001. AJ 1174 .*

En revanche, la demande de dégrèvement présentée en application de l'art. 1647 *bis* CGI constitue une réclamation contentieuse, telle que prévue par l'art. L. 190 LPF, et ouvre dès lors une procédure administrative. • Com. 10 déc. 2003, n° 00-21.849 P : *D. 2004. AJ 142 .*

Sur les effets d'une réclamation contentieuse formée par le débiteur postérieurement à l'ordonnance d'admission définitive de la créance du Trésor public, V. • Com. 18 janv. 2005, n° 02-20.931 P : *D. 2005. AJ 356, obs. Lienhard (2e esp.) ; JCP E 2005, n° 17, p. 710, obs. Cabrillac ; APC 2005, n° 57, obs. Boulay.*

A défaut d'avoir fait l'objet d'un titre exécutoire au moment de sa déclaration, la créance de l'URSSAF ne peut être admise qu'à titre provisionnel pour son montant déclaré, son établissement définitif devant, à peine de forclusion, être effectué dans le délai prévu à l'art. L. 621-103 [L. 624-1] C. com. • Com. 27 mars 2007, n° 05-21.177 P : *D. 2007. AJ 1144, obs. Lienhard ; Gaz. Pal. 20-21 juill. 2007, p. 43, obs. Le Corre-Broly ; JCP E 2007. 2119, n° 9, obs. Cabrillac.*

Si, en principe, seules les créances des organismes de sécurité sociale n'ayant pas fait l'objet d'un titre exécutoire au moment de leur déclaration sont admises à titre provisionnel, leur établissement définitif devant ensuite intervenir par la production de ce titre dans le délai imparti au mandataire judiciaire pour la vérification du passif, le fait qu'en l'espèce l'URSSAF ait déclaré ses créances à titre provisionnel, bien qu'elle eût déjà décerné des contraintes, n'est pas de nature à entraîner le rejet de ces créances qui, par hypothèse, étaient définitivement établies par des titres exécutoires avant l'expiration du délai précité. • Com. 11 déc. 2019, n° 18-18.665 P : *D. 2020. Actu. 7 ; RTD com. 2020. 169, obs. Martin-Serf ; JCP E 2020. 1204, n° 13, obs. Tehrani ; APC 2020, n° 32, obs. Vabres ; LEDEN 2/2020. 4, obs. Cavelier ; RJDA 2020, n° 162 ; BJE 3-4/2020. 34, note Houssin ; RPC 2020, n° 50, obs. F. Legrand.*

Pour parvenir à l'établissement définitif de ses créances dans le délai prévu par l'art. L. 624-1 C. com., le Trésor public peut émettre et notifier des titres exécutoires postérieurement au jugement d'ouverture de la procédure collective du redevable. • Com. 12 juin 2019, n° 17-25.753 P : *D. 2019. Actu. 1280 ; RJDA 2019, n° 577.*

La forclusion prévue à l'art. 50, al. 3, devenu l'art. L. 621-43 [L. 622-24, al. 4] C. com., n'est attachée qu'au défaut d'établissement définitif par un titre exécutoire au sens du droit fiscal, de la créance du Trésor public déclarée à titre provisionnel. • Com. 3 avr. 2002, n° 99-12.413 P : *D. 2002. AJ 1421, obs. Lienhard ; JCP E 2002, n° 39, p. 1524, obs. Cabrillac ; APC 2002, n° 111, obs. Vallansan ; LPA 5 juill. 2002, p. 26, note Brandeau ; RTD com. 2002. 539, obs. Martin-Serf .* ♦ Le receveur qui a adressé au liquidateur, dans le délai fixé en application de l'art. 100 de la loi du 25 janv. 1985, devenu l'art. L. 621-103 [L. 624-1] C. com., le titre établissant définitivement la créance en vue de son admission définitive ne s'expose pas à la forclusion, alors même que le juge-commissaire n'a pas été saisi, à l'intérieur du même délai, d'une requête visant à l'admission définitive de la créance. • Même arrêt. – V. aussi • Com. 3 mai 2006, n° 05-13.336 P : *D. 2006. AJ 1452, obs. Lienhard ; Gaz. Pal. 14-18 juill. 2006, p. 36, obs. Le Corre ; RTD. com. 2006. 665, obs. Martin-Serf ; RPC 2007. 49, obs. Legrand ; ibid. 152, obs. Neau-Leduc et Hubert.* ♦ Dès lors que la déclaration modificative a été effectuée dans le délai imparti par le tribunal pour l'établissement de l'état des créances et pour une somme inférieure à la déclaration à titre provisionnel, aucune forclusion n'est encourue. • Com. 5 oct. 2010, n° 09-16.558 P :

D. 2010. Actu. 2429, obs. Lienhard ; RTD com. 2011. 796, obs. Martin-Serf ; LEDEN 12/2010. 2, obs. Gorrias ; LPA 20 déc. 2010, obs. Zattara-Gros ; Gaz. Pal. 7-8 janv. 2011, p. 38, obs. Le Corre-Broly ; RJDA 2011, n° 259 ; RPC 2011, n° 35, obs. F. Legrand et M.-N. Legrand.

Le représentant des créanciers n'a pas l'obligation de rappeler au créancier la nécessité de demander l'admission définitive de sa créance. • Com. 7 janv. 2003 : *RPC 2003. 321, obs. Legrand.*

136. Les organismes de prévoyance sont soumis à l'obligation d'établir définitivement leurs créances déclarées, à titre provisionnel, dans le délai de l'art. 100 [C. com., art. L. 624-1]. • Versailles, 8 oct. 1998 : *D. Affaires 1998. 1863* • 6 mai 1999 : *préc. note 138.* ♦ Il en va de même des organismes visés à l'art. L. 351-21 [désormais, art. L. 5427-1 s.] C. trav., et donc de l'ASSEDIC. • Com. 27 mai 2003, n° 00-15.738 P : *D. 2003. AJ 1694* .

La contrainte décernée par le directeur d'un organisme de sécurité sociale pour le recouvrement des cotisations et majorations de retard constitue, dès sa délivrance, le titre exécutoire cité par l'art. 50, devenu l'art. L. 621-43 [L. 622-24] C. com., et, tout en permettant à cet organisme de demander l'admission définitive de sa créance dans le délai cité par l'art. 100, devenu l'art. L. 621-103 [L. 624-1] C. com., elle met le débiteur en mesure de saisir le tribunal des affaires de sécurité sociale à seule fin de constater la créance et d'en fixer le montant. • Com. 17 sept. 2002, n° 99-16.840 P : *D. 2002. AJ 2805, obs. Lienhard ; APC 2002, n° 218, obs. Le Corre ; JCP E 2003, n° 6, p. 268, obs. Pétel ; Dr. et patr. 3/2003. 96, obs. Monsèrié-Bon.* ♦ Le juge-commissaire n'est valablement saisi, dans le délai fixé par le tribunal de la procédure collective, aux fins d'admission définitive de la créance déclarée à titre provisionnel, qu'après la délivrance d'une contrainte. • Même arrêt.

Si la créance d'un organisme de sécurité sociale ne peut être admise lorsque ce dernier n'a pas émis le titre exécutoire constatant cette créance dans le délai fixé par le tribunal dans le jugement d'ouverture pour l'établissement par le mandataire judiciaire de la liste des créances, ce créancier peut produire le titre devant la cour d'appel, statuant en matière de vérification et d'admission des créances. • Com. 31 janv. 2017, n° 15-17.296 P : *cité note 1 ss. art. L. 622-27 ; Rev. sociétés 2017. 182, obs. Henry ; APC 2017, n° 53, obs. Cagnoli ; Procédures 2017, n° 70, note Rolland.*

137. Conformément à l'art. L. 622-24, al. 4, C. com., le délai dans lequel les créances des organismes de sécurité sociale doivent être définitivement établies par la production d'un titre exécutoire n'est autre que celui, prévu par l'art. L. 624-1 du même code, dans lequel le mandataire judiciaire ou le liquidateur doit vérifier le passif ; étant fixé par le jugement ouvrant la procédure collective, la publication de ce jugement suffit à l'indiquer. • Com. 25 oct. 2017, n° 16-15.784 P : *D. 2017. Actu. 2150 ; RTD com. 2018. 189, obs. Martin-Serf ; JCP E 2018. 1046, note Rolland ; DP diff. entr., Bull. n° 397, obs. Roussel Galle ; LEDEN 12/2017. 4, obs. Pelletier ; APC 2017, n° 287, obs. Cagnoli ; Dr. et pr. 2018. 11, note Salati ; RJDA 2018, n° 152.*

138. Procédure administrative d'établissement de l'impôt. Le nouveau délai introduit à l'al. 4 de l'art. L. 622-24 C. com. par l'Ord. du 12 mars 2014, autorisant l'établissement définitif des créances fiscales jusqu'au dépôt au greffe du compte rendu de fin de mission du mandataire judiciaire, lorsqu'une procédure administrative d'établissement de l'impôt a été mise en œuvre, a pour finalité de prolonger le délai de déclaration définitive de la créance fiscale dans le seul cas d'engagement d'une procédure de contrôle ou de rectification de l'impôt. • Com. 25 oct. 2017, n° 16-18.938 P : *D. 2017. Actu. 2150 ; RTD com. 2018. 190, obs. Martin-Serf ; DP diff. entr., Bull. n° 397, obs. Roussel Galle ; Rev. sociétés 2017. 738, obs. Henry ; LEDEN 12/2017. 5, obs. Pelletier ; APC 2017, n° 299, obs. Lamulle ; Gaz. Pal. 16 janv. 2018, p. 74, obs. Le Corre ; BJE 2018. 51, note Dedeurwaerder ; RJDA 2018, n° 151 ; RPC 2018, n° 167, obs. Vabres.* ♦ Jurisprudence conf. par l'art. L. 622-24, al. 4, dans sa rédaction issue de la L. n° 2019-486 du 22 mai 2019. ♦ L'art. R. 626-39, al. 2, qui a pour finalité de porter à la connaissance du comptable public la date de l'expiration du délai qui lui est imparti, dont il ne pourrait être autrement informé, rend inopposable le délai de forclusion de l'art. L. 622-24, al. 4, lorsque le mandataire judiciaire n'a pas accompli cette diligence. • Com. 2 févr. 2022, n° 20-16.985 B : *D. 2022. Actu. 213 ; APC 2022, n° 47, obs. Ghandour ; LEDEN 3/2022. 4, obs. Jazottes.*

139. Motif de relevé de forclusion. Une caisse de retraite, excipant d'un défaut de réponse du représentant des créanciers l'ayant empêché de fixer définitivement sa créance, ne peut être relevée de forclusion, dès lors que son règlement intérieur lui permettait de fixer définitivement le montant de sa créance par référence aux cotisations dues au cours du précédent exercice. • Versailles, 13 nov. 1997 : *BICC 1998, n° 774.* ♦ V. aussi, pour un arrêt écartant le relevé de forclusion au motif d'une carence manifeste du service des impôts à arrêter sa créance, • Bourges, 21 févr. 2001 : *APC 2002, n° 38.* ♦ Pour un exemple de relevé de forclusion dans le cas d'une sous-évaluation de la déclaration provisionnelle, V. • Versailles, 3 mars 2005 : *BICC 2005, n° 983 ; D. 2005. AJ 1228, obs. Lienhard ; RTD com. 2006. 476, obs. Martin-Serf .*

140. Poursuite de l'instance. L'admission provisionnelle, par le juge-commissaire, des créances des organismes de prévoyance et de sécurité sociale ainsi que des organismes visés à l'art. L. 351-21 C. trav. [désormais, art. L. 5427-1 s.], prévue par l'art. 50 de la loi du 25 janv. 1985 [C. com., art. L. 622-24], ne dessaisit pas le juge. • Cass., avis, 18 mai 1998, n° 09-80.002 P : *D. 1998. IR 157 ; D. Affaires 1998. 1133.* ♦ La poursuite de l'instance, à fin d'admission définitive, est régie, s'agissant de créances du Trésor public, par les dispositions de l'art. 74 du Décr. n° 85-1388 du 27 déc. 1985 [C. com., art. R. 624-6]. S'agissant des autres créances, la situation est soumise, en l'absence de dispositions spécifiques dans la loi du 25 janv. 1985 ou son décret d'application, aux dispositions générales de l'art. 379, al. 1er, NCPC (devenu art. 379 C. pr. civ., relatif au sursis à statuer). • Même avis.

B. INTERRUPTION DE LA PRESCRIPTION

141. La déclaration de créances interrompt la prescription et l'effet interruptif se prolonge jusqu'à la clôture de la procédure collective. • Com. 12 déc. 1995, n° 94-12.793 P : *JCP E 1996. II. 829, note Brandeau* • 15 mars 2005, n° 03-17.783 P : *D. 2005. AJ 1286, obs. Lienhard.* ♦ La décision qui annule l'ouverture d'une liquidation judiciaire ne prive pas la déclaration de créance de son effet interruptif de prescription, qui se prolonge jusqu'à cette décision. • Com. 27 janv. 2015 : *D. 2015. Actu. 317, obs. Lienhard ; JCP E 2015. 1135, note Brignon ; APC 2015, n° 69, obs. Cagnoli ; LEDEN 4/2015. 2, obs. Rubellin ; Gaz. Pal. 1er-5 mai 2015, p. 32, obs. Le Corre ; RPC 2015, n° 40, obs. F. et M.-N. Legrand.* ♦ Jurisprudence confirmée par l'art. L. 622-25-1, issu de l'Ord. n° 2014-326 du 12 mars 2014. ♦ L'effet interruptif de prescription d'une déclaration de créance au passif d'une procédure collective ouverte à l'encontre de l'un des débiteurs solidaires s'étend aux autres débiteurs solidaires, pour les impositions au paiement desquelles ils sont solidairement tenus. • CE 10 oct. 2014, n° 364344 : *BJE 2015. 40, note Dedeurwaerder.* ♦ La déclaration de créance interrompt la prescription à l'égard de la caution sans qu'il soit besoin d'une notification. • Com. 26 sept. 2006, n° 04-19.751 P : *D. 2006. AJ 2460, obs. Lienhard ; APC 2006, n° 207, obs. Le Corre ; JCP E 2007, n° 1, p. 23, obs. Cabrillac.* ♦ Cette interruption de la prescription à l'égard de la caution se prolonge jusqu'à la clôture de la procédure collective (excluant une violation de l'art. 6, § 1er, Conv. EDH, dès lors que cette interruption n'empêche pas la caution de prescrire définitivement ni ne la menace d'une durée de prescription excessive). • Com. 23 oct. 2019, n° 18-16.515 P : *D. 2019. Actu. 2085 ; Rev. sociétés 2019. 781, obs. Reille ; RTD com. 2020. 173, obs. Martin-Serf ; AJ contrat 2020. 42, obs. Lebel ; JCP E 2019. 1551, n° 12, obs. Tehrani ; APC 2019, n° 251, obs. Fin-Langer ; RJDA 2020, n° 29 ; BJE 1-2/2020. 17, note Atsarias* (en cas de clôture d'un redressement judiciaire) • 23 oct. 2019, n° 17-25.656 P : *ibid. ; LEDEN 12/2019. 5, obs. Pelletier ; RJ com. 2020. 261, obs. Atsarias* (en cas de clôture d'une liquidation judiciaire). ♦ La L. n° 68-1250 du 31 déc. 1968, qui institue un régime spécifique de prescription au profit des personnes publiques, fût-elle d'ordre public, ne peut faire échec au caractère interruptif de la prescription à l'égard de la caution de la déclaration de créance au passif du débiteur principal. • Com. 27 févr. 2007 : *D. 2007. AJ 948.* ♦ L'interruption de la prescription résultant de la déclaration de créance est opposable au tiers constituant d'une sûreté réelle en garantie de la dette du débiteur. • Com. 17 nov. 2009, n° 08-16.605 P : *D. 2009. AJ 2805, obs. Lienhard ; JCP E 2010. 1296, n° 11, obs. Cabrillac ; Gaz. Pal. 8-9 janv. 2010, p. 39, obs. Le Corre ; APC 2010, n° 9, obs. Cagnoli.* ♦ Ainsi, la déclaration de créance au passif du débiteur principal en liquidation judiciaire interrompt la prescription à l'égard du garant hypothécaire, sans qu'il y ait lieu à notification de la déclaration à l'égard de ce dernier, et cet effet interruptif se prolonge jusqu'au jugement prononçant la clôture de la procédure. • Com. 1er juill. 2020, n° 18-24.979 P : *D. 2020. Pan. 1864, obs. Cagnoli ; RTD com. 2020. 945, obs. Martin-Serf ; JCP E 2020. 1353, n° 19, obs. Tehrani ; LEDEN 9/2020. 4, obs. Urbain ; RJDA 2020, n° 508 ; Gaz. Pal. 13 oct. 2020, p. 82, obs. Le Corre-Broly ; BJE 9-10/2020. 26, note Houssin ; RJ com. 2020. 492, obs. Borga ; RDBF 2020, n° 114, obs. Houin-Bressand.*

142. Le nouveau délai de prescription court à compter du jugement de clôture. L'absence de mise en œuvre de la faculté ouverte au Trésor public par l'art. 161 [C. com., art. L. 643-2] est sans influence sur la prescription. • Com. 12 déc. 1995, n° 94-12.793 P : *préc. note 141.*

143. Un créancier inscrit, à qui est inopposable la déclaration d'insaisissabilité d'un immeuble, peut faire procéder à la vente sur saisie de cet immeuble ; lorsqu'il a déclaré sa créance, ce créancier ne peut, dès lors qu'il n'est pas dans l'impossibilité d'agir sur l'immeuble, au sens de l'art. 2234 C. civ., bénéficier de la prolongation de l'effet interruptif de prescription de sa déclaration jusqu'à la clôture de la procédure collective, cet effet prenant fin à la date de la décision ayant statué sur la demande d'admission. • Com. 12 juill. 2016, n° 15-17.321 P : *D. 2016. Actu. 1558, obs. Lienhard ; ibid. Pan. 1896, obs. Le Corre ; Rev. sociétés 2016. 547, obs. Roussel Galle ; JCP E 2016. 1661, n° 10, obs. Pétel ; LEDEN 9/2016. 2, obs. Rubellin ; APC 2016, n° 203, obs. Camensuli-Feuillard ; RJDA 2016, n° 710 ; BJE 2016. 413, note Dols-Magneville ; RPC 2016, n° 187, obs. Reille.* ♦ Dans le même sens, V. • Cass., avis, 12 sept. 2016 : *RTD com. 2016. 845, obs. Martin-Serf ; RJ com. 2016. 652, obs. Roussel Galle* • Com. 24 mars 2021, n° 19-23.413 P : *D. 2021. Pan. 1737, obs. Cagnoli ; RTD com. 2021. 432, obs. Martin-Serf ; JCP E 2021. 1424,* *n° 20, obs. Pétel ; APC 2021, n° 99, obs. Petit ; RDBF 2021, n° 74, obs. Houin-Bressand ; LEDEN 7/2021. 5, obs. Rubellin ; RJDA 2021, n° 497 ; BJE 7-8/2021. 29, note Dols-Magneville.*

VII. DROIT INTERNATIONAL

144. Sur l'application de la loi de la source de la créance pour définir la qualité de créancier, V., • Com. 13 sept. 2011, n° 10-25.533 P : *D. 2011. 2518, note D'Avout et Borga ; RTD com. 2011. 801, obs. Vallens ; ibid. 2012. 190, obs. Martin-Serf ; RTD civ. 2012. 116, obs. Fages ; Rev. crit. DIP 2011. 870, rapp. Rémery ; LEDEN 10/2011. 1, obs. F.-X. Lucas ; APC 2011, n° 259, obs. Jault-Seseke et Robine ; BJE 2011. 305, note Henry et Houin-Bressand ; RJDA 2011, n° 943 ; RPC 2011, n° 173, obs. Menjucq et Mastrullo ; Gaz. Pal. 20-21 janv. 2012, p. 12, obs. Mélin.* – V. Rapp. Rémery, *RJDA 2011. 827.* – V. aussi Dammann et Albertini, *JCP E 2011. 1803* ; Fiszelson, *RDBF 2011. Étude 32* ; Dammann, *Dr. et patr. 4/2012. 91* ; Garcia et Bebe Epale, *Banque et Dr. 3-4/2012. 14.*

Art. L. 622-25 La déclaration porte le montant de la créance due au jour du jugement d'ouverture avec indication des sommes à échoir et de la date de leurs échéances. Elle précise la nature *(Ord. n° 2021-1193 du 15 sept. 2021, art. 20, en vigueur le 1er oct. 2021)* **« et l'assiette » de la sûreté dont la créance est éventuellement assortie** *(Ord. n° 2021-1193 du 15 sept. 2021, art. 20, en vigueur le 1er oct. 2021)* **« et, le cas échéant, si la sûreté réelle conventionnelle a été constituée sur les biens du débiteur en garantie de la dette d'un tiers ».** — *Pour les dispositions transitoires de l'Ord. n° 2021-1193 du 15 sept. 2021, V. note ss. art. L. 611-2.*

Lorsqu'il s'agit de créances en monnaie étrangère, la conversion *(L. n° 2003-7 du 3 janv. 2003, art. 50-II)* **« en euros » a lieu selon le cours du change à la date du jugement d'ouverture.**

Sauf si elle résulte d'un titre exécutoire, la créance déclarée est certifiée sincère par le créancier. Le visa du commissaire aux comptes ou, à défaut, de l'expert-comptable sur la déclaration de créance peut être demandé par le juge-commissaire. Le refus de visa est motivé. — *[C. com., anc. art. L. 621-44.]*

V. art. R. 622-23.

BIBL. ► Le Corre-Broly, *Banque et Dr. 1-2/1998. 3* (contenu de la déclaration de créance du crédit-bailleur). – Roussel Galle, *LPA 11 févr. 2011, p. 37* (déclaration de créance et sûretés réelles). – Le Corre, *BJE 2015. 335* (déclaration de créance du prêteur bénéficiant de la continuation du cours des intérêts).

1. Créances à échoir. Un créancier en vertu d'un contrat de prêt conclu pour une période supérieure à un an et dont la créance n'est pas échue, doit la déclarer en précisant le montant de chacune des échéances, leur date, les modalités de calcul des intérêts et le taux de ces derniers en cas de déchéance du terme, le juge-commissaire ne pouvant pas se contenter, à peine de nullité, d'indiquer le seul montant de la créance déclarée. • Douai, 26 nov. 1987 : *RPC 1988. 92, obs. Dureuil* • Versailles, 23 janv. 1992 : *ibid. 1992. 427, obs. Dureuil* • Metz, 10 déc. 1997 : *JCP 1998. IV. 3303.* ♦ La déclaration de créance du crédirentier qui se borne à demander le paiement d'une mensualité sans indiquer les sommes à échoir et la date de leurs échéances n'exprime pas, de façon non équivoque, la volonté de réclamer les arrérages à échoir de la rente. • Com. 28 févr. 1995, n° 94-12.108 P : *D. 1995. IR 89 ; Quot. jur. 21 mars 1995, p. 2.* – V. aussi • Com. 4 mars 2003 : *RPC 2003. 237, obs. Roussel Galle* • Paris, 9 mars 2000 : *D. 2000. AJ 201, obs. Pisoni.*

Il résulte des art. 51, al. 1er, ci-dessus [C. com., art. L. 622-25], et 67, al. 1er (2°) du Décr. du 27 déc. 1985 [C. com., art. R. 622-23] que le juge-commissaire doit, en ce qui concerne les intérêts d'une créance continuant à courir après le jugement d'ouverture, se borner à indiquer les modalités de calcul retenues sans en fixer le montant, sa décision valant admission, dans les limites de ces modalités, de la créance d'intérêts telle qu'arrêtée ultérieurement. • Com. 22 nov. 1994, n° 92-20.115 P : *D. 1995. IR 7 ; JCP E 1995. I. 457, n° 12, obs. Cabrillac.* ♦ Comp. note 5 ss. art. R. 622-23.

Si aucun texte n'oblige le créancier à distinguer, dans la déclaration de créance, le montant des intérêts à échoir du montant du capital restant dû, il est loisible au juge-commissaire d'admettre la créance d'intérêts de manière distincte et de substituer à leur montant déclaré les modalités de calcul qui résultent du contrat de prêt. • Com. 28 févr. 2018, n° 16-24.867 P : *D. 2018. Pan. 1832, obs. F.-X. Lucas ; RTD com. 2018. 465, obs. Martin-Serf ; JCP E 2018. 1429, n° 12, obs. Tehrani ; LEDEN 4/2018. 4, obs. Jazottes ; APC 2018, n° 100, obs. Rubellin ; RJDA 2018, n° 442 ; RDBF 2018, n° 79, obs. Houin-Bressand.*

2. Créances conditionnelles. Ne commet pas de faute le créancier qui déclare au passif du redressement judiciaire de son débiteur le montant total d'une créance conditionnelle. • Com. 2 nov. 1993, n° 91-13.767 P.

3. Montant à parfaire. Hors les cas prévus par la loi, aucune créance ne peut être déclarée à titre provisionnel, ou sous réserve, ou pour un montant à parfaire. • Paris, 30 nov. 2001 : *Loyers et copr. 2002, n° 119, note Brault ; RPC 2002. 184, obs. Legrand.* – Comp. : • Reims, 3 juill. 2001 : *JCP E 2002, n° 27, p. 1120.* ♦ V. aussi note 2 ss. art. R. 622-23. ♦ Sur l'obligation faite aux juges du fond de rechercher si le créancier, en déclarant « à titre provisionnel », n'a pas entendu réclamer à titre définitif la somme indiquée, V. • Com. 28 juin 2005, n° 04-14.578 P : *D. 2005. AJ 1939, obs. Lienhard ; D. 2006. Pan. 85, obs. Le Corre ; RDBF 2005, n° 177, obs. F.-X. Lucas* • 30 nov. 2010, n° 09-69.257 P : *D. 2011. Chron. C. cass. 1178, obs. Arbelot ; ibid. 2010. Actu. 2904, obs. Lienhard ; Rev. sociétés 2011. 195, obs. Roussel Galle ; RTD com. 2011. 416, obs. Martin-Serf ; LEDEN 2/2011. 2, obs. Gorrias ; APC 2011, n° 47, obs. Pagnucco ; Gaz. Pal. 1er-2 avr. 2011, p. 33, obs. Le Corre-Broly* (loi du 26 juill. 2005).

4. Créances équivoques. Est inopérante la déclaration d'une créance d'un montant mentionné « à titre indicatif », lorsque le relevé de compte joint ne concorde pas avec cette déclaration quant à l'existence d'un solde débiteur au jour du jugement d'ouverture. • Com. 12 févr. 1991, n° 89-19.698 P : *D. 1992. Somm. 249, obs. Derrida ; JCP E 1991. I. 73, n° 14, obs. Pétel et Cabrillac.* ♦ La déclaration doit être accompagnée des éléments justificatifs de nature à prouver l'existence et le montant de la créance. • Versailles, 21 mars 1996 : *D. Affaires 1996. 654.*

5. Déclaration irrégulière. Dans le cas où la créance n'a pas fait l'objet d'une déclaration régulière, le représentant des créanciers n'a pas l'obligation d'aviser le créancier de cette irrégularité. • Com. 6 févr. 2001, n° 98-11.112 P : *D. 2001. AJ 1027, obs. Lienhard ; APC 2001, n° 59, obs. Vallansan ; RDBF 2001, n° 67, obs. F.-X. Lucas ; RTD com. 2002. 536, obs. Martin-Serf.*

6. Rectification d'erreur matérielle. Lorsqu'une erreur matérielle est évidente, les juges peuvent considérer que la demande du créancier tendant à sa rectification ne constitue pas une déclaration nouvelle atteinte de forclusion et admettre la créance pour le montant rectifié. • Com. 26 mai 1998, n° 96-12.207 P : *D. Affaires 1998. 1176 ; JCP E 1998, n° 37, p. 1398, obs. Pétel.* ♦ En revanche, une déclaration rectificative doit, à peine de forclusion, être effectuée dans les délais réglementaires. • Com. 26 mai 1996, n° 95-19.996 P. ♦ Par ailleurs, la déclaration de créance modificative incluant des intérêts échus depuis le jugement d'ouverture ne peut être admise dès lors que la déclaration de créance initiale ne portait pas sur les intérêts à échoir. • Com. 24 nov. 1998, n° 96-13.552 P : *D. 1999. Somm. 189, obs. Honorat.* – V. Courtier, *Dr. sociétés 1999. Chron. 9.*

Il ne peut y avoir lieu à relevé de forclusion du créancier qui a déclaré sa créance dans les délais prescrits, le caractère d'immutabilité de la déclaration s'opposant au droit de solliciter le relevé de forclusion pour procéder à sa modification au motif d'une erreur affectant la déclaration. • Versailles, 20 mai 1999 : *RJDA 1999, n° 1228 ; RTD com. 2003. 567, obs. Martin-Serf.*

V. aussi • Com. 10 juill. 2001 : *RTD com. 2001. 982, obs. Vallens ; RPC 2002. 96, obs. Legrand* • 19 nov. 2003 : *RTD com. 2004. 161, obs. Vallens.*

7. Montant critiquable. Le seul fait de réclamer dans une déclaration de créance des sommes dont le montant est calculé dans des conditions critiquables n'est pas de nature à faire perdre à l'acte sa valeur juridique. Par suite, en cas de discussion par le débiteur du montant de la créance déclarée, le créancier qui a fourni au liquidateur judiciaire ses explications dans le délai de l'art. 54 [C. com., art. L. 622-27] n'est pas tenu d'adresser une déclaration de créance rectificative conforme aux souhaits du débiteur et la circonstance que la créance ne figure pas sur l'état des créances est sans incidence sur l'obligation qui incombe au juge-commissaire de statuer ultérieurement sur le mérite de la déclaration régulièrement enregistrée. • Com. 17 mars 1998 : *RJDA 1998, n° 890.*

Pour la condamnation d'un créancier à verser des dommages-intérêts au débiteur au motif qu'il avait déclaré un montant sans commune mesure possible avec l'étendue de son préjudice et que cette faute avait augmenté inutilement les émoluments du représentant des créanciers, V. • Com. 8 janv. 2002 : *RJDA 2002, n° 524 ; RDBF 2002, n° 59, obs. F.-X. Lucas ; RPC 2002. 186, obs. Legrand.*

Sur l'appréciation du caractère abusif de la déclaration de créance dans le cadre de la procédure de vérification des créances, V. note 8 ss. art. L. 624-2.

8. Créances d'un EPIC. Sur les conditions de justification de l'existence et du montant des créances d'un établissement public à caractère industriel et commercial, V. • Com. 1er févr. 2011, n° 10-11.484 P : *D. 2011. Actu. 514, obs. Lienhard ; RTD com. 2011. 795, obs. Martin-Serf ; RJDA 2011, n° 335 ; RPC 2011, n° 83, obs. F. Legrand et M.-N. Legrand.*

9. Créances privilégiées. Le délai de déclaration étant expiré à la date de nouvelles déclarations, un crédit-bailleur ne peut plus invoquer, dans celles-ci, un privilège dont il n'a pas fait état dans sa déclaration de créance initiale effectuée dans le délai légal. • Com. 4 févr. 1992, n° 90-13.962 P : *D. 1992. Somm. 250, obs. Derrida.* – V. aussi • Com. 25 janv. 1994 : *Rev. huiss. 1994. 477* • 11 juin 2002 : *Procédures 2002, n° 229, note Laporte* • Orléans, 10 janv. 2002 : *RPC 2002. 184, obs. Legrand.* ♦ En effet, un créancier ne peut invoquer le privilège garantissant sa créance que dans le délai de déclaration des créances prévu à l'art. 66 du Décr. du 27 déc. 1985 [désormais, C. com., art. R. 622-24] (à propos d'un gage). • Com. 23 janv. 2001, n° 98-10.974 P : *D. 2001. AJ 779, obs. Lienhard*.

Dès lors que la créance d'un contribuable contre le débiteur en redressement judiciaire n'avait qu'un caractère chirographaire, cette créance conserve ce caractère à l'égard du Trésor public, l'avis à tiers détenteur, notifié au débiteur, ayant pour effet de transporter la créance du contribuable contre son débiteur dans le patrimoine du Trésor et non de conférer à celui-ci une créance d'impôts sur ce tiers. • Com. 16 juin 1998 : *D. 1998. IR 209*.

V. aussi note 10, note 6 ss. art. L. 622-16 et note 17 ss. ancien art. L. 621-46, ss. art. L. 622-26.

10. Droit de rétention. BIBL. Pourquier, *D. Affaires 1998. 936*. – Campana et Calendini, *JCP E 1998, n° 27, p. 1082*. – Le Corre-Broly, *D. Affaires 1998. 1802 et 1838* (droit de rétention sur documents d'immatriculation). – Pérochon, *Mél. Cabrillac, Dalloz-Litec, 1999, p. 379*. ♦ Le droit de rétention n'est pas une sûreté et n'est pas assimilable au gage. • Com. 20 mai 1997, n° 95-11.915 P : *D. 1998. 479, note Kenderian ; D. 1998. Somm. 102, obs. S. Piedelièvre ; D. 1998. Somm. 115, obs. Libchaber ; D. Affaires 1997. 763 ; JCP E 1997. I. 681, n° 10, obs. Cabrillac ; RTD civ. 1997. 707, obs. Bandrac et Crocq ; RTD com. 1998. 202, obs. Martin-Serf*. – V. aussi • Com. 3 mars 1998 : *Dr. sociétés 1998, n° 76, obs. Chaput ; RJDA 1998, n° 887* • T. com. Paris, 13 sept. 1999 : *APC 2000, n° 217, obs. Regnaut-Moutier* (droit de rétention issu d'un gage sur titres). ♦ V. note 4 ss. art. L. 642-25. ♦ *Contra*, jugeant qu'un droit de rétention sur des documents administratifs (cartes grises) constitue une sûreté mobilière qui doit être précisée dans la déclaration de la créance : • Aix-en-Provence, 2 mars 1995 : *JCP 1995. IV. 1977*. ♦ Dans le même sens, s'agissant d'une rétention conventionnelle : • Angers, 3 févr. 1997 : *BICC 1997, n° 1055* • Besançon, 6 juin 1997 : *RJ com. 2000. 69, note Haennig*.

Le droit de rétention dont bénéficie le commissionnaire de transport sur les marchandises qui lui ont été confiées pour expédition étant la conséquence du privilège institué au profit de tout commissionnaire par l'art. 95 [L. 132-2] C. com., le commissionnaire qui n'a demandé son admission au passif de la procédure collective du commettant débiteur qu'à titre chirographaire, perdant ainsi son privilège, ne peut, non plus, retenir les marchandises. • Com. 8 juin 1999, n° 97-12.233 P : *D. 2000. Somm. 297, obs. Mercadal ; ibid. 388, obs. Piedelièvre ; JCP 1999. II. 10121, rapp. Rémery ; JCP E 2000, n° 4, p. 130, obs. Cabrillac ; APC 1999, n° 160, obs. Vallansan ; Banque et Dr. 9-10/1999. 50, obs. Rontchevsky ; RTD com. 1999. 968, obs. Martin-Serf*.

11. Créancier consignataire. La créance chirographaire de la société au bénéfice de laquelle le débiteur objet de la procédure collective a consigné une somme d'argent, régulièrement déclarée, et judiciairement reconnue, doit être payée sur les sommes consignées antérieurement au jugement d'ouverture, spécialement affectées au paiement de cette créance, peu important que le créancier n'ait pas mentionné cette affectation spéciale dans sa déclaration. • Com. 21 mars 2006, n° 04-17.643 P : *BICC 2006, n° 1395 ; D. 2006. AJ 982, obs. Lienhard ; APC 2006, n° 89, obs. Regnaut-Moutier ; Gaz. Pal. 14-18 juill. 2006, p. 36, obs. Le Corre ; JCP E 2006, n° 37, p. 1533, obs. Cabrillac*.

12. Créancier mandataire. Si lorsqu'un créancier non solidaire reçoit mandat d'un autre créancier de déclarer sa créance, la déclaration doit distinguer les créances respectives des deux déclarants, le non-respect de cette exigence n'entraîne pas la nullité de la déclaration de créance et le déclarant conserve la faculté d'individualiser les créances jusqu'à ce que le juge statue. • Com. 30 janv. 2007 : *cité note 104 ss. art. L. 622-24*.

13. Créances professionnelles. Si une cession de créance professionnelle à titre de garantie attribue au cessionnaire un droit exclusif sur cette créance afin de garantir le recouvrement du concours consenti, elle ne saurait conférer au concours déclaré au passif du cédant un privilège dont il serait assorti lui donnant le droit d'être préféré aux autres créanciers sur un élément du patrimoine de son débiteur. • Com. 20 févr. 2007 : *D. 2007. AJ 793, obs. Delpech ; JCP E 2007. 2119, n° 7, obs. Cabrillac ; APC 2007, n° 73, obs. Bonhomme*.

14. Réserve de propriété. En ce sens que le bénéficiaire d'une clause de réserve de propriété n'est pas tenu de signaler l'existence de celle-ci au moment où il déclare sa créance, V. • Montpellier, 15 mai 1990 : *RPC 1992. 425, obs. crit. Soinne*. ♦ V. note 26 ss. art. L. 624-9.

15. Cautionnement. Le cautionnement, mesure de garantie personnelle, n'a pas à être précisé dans la déclaration de créance, son existence ou son absence étant sans incidence sur la régularité de celle-ci. • Civ. 1re, 1er févr. 2000 : *RJDA 2000, n° 585*. ♦ V. aussi, jugeant que la déclaration de créance mentionnant deux prêts consentis au débiteur et indiquant que ces créances sont assorties de cautions répond aux exigences de l'art. 51 [C. com., art. L. 622-25]. • Com. 4 janv. 2000 : *RJDA 2000, n° 313*.

16. Assurance vie. Une banque, bénéficiaire alternatif d'un contrat d'assurance sur la vie, ne s'étant pas vu céder le bénéfice du contrat par le souscripteur et n'ayant pas reçu celui-ci en gage, est réputée avoir droit, à partir du jour du contrat, au capital qui n'est jamais entré dans le patrimoine du souscripteur, en sorte qu'elle n'a pas à faire état de cet acte dans sa déclaration de créance à la procédure collective de ce dernier. • Com. 12 juin 2001, n° 98-19.873 P : *D. 2001. AJ 2034, obs. Lienhard ; APC 2001, n° 162, obs. Vallansan ; JCP E 2002, n° 4, p. 172, obs. Cabrillac.*

17. Créances en monnaie étrangère. Si les créances en monnaie étrangère sont échues au jour du jugement d'ouverture de la procédure de redressement judiciaire, leur conversion en euros a lieu selon le cours du change à la date de ce jugement (dans le cas d'une conversion du redressement judiciaire en liquidation judiciaire). • Com. 5 juin 2007, n° 05-21.767 P : *D. 2007. AJ 1788, obs. Lienhard ; JCP E 2007. 2119, n° 14, obs. Cabrillac ; Gaz. Pal. 26-27 oct. 2007, p. 45, obs. Rohart-Messager.*

N'est pas entachée d'irrégularité la déclaration de créances exprimées en droits de tirage spéciaux, unité de compte du Fonds monétaire international dont le cours est fixé quotidiennement. • Com. 8 juill. 2003 : *D. 2003. AJ 2238* .

18. Forme de la déclaration. V. notes 118 ss. art. L. 622-24.

19. Déclaration complémentaire. Pour l'irrégularité d'une déclaration complémentaire portant sur les intérêts à échoir, déclarés initialement « pour mémoire », le créancier n'apportant pas la preuve que cette déclaration avait été adressée au représentant des créanciers dans les deux mois de la publication du jugement d'ouverture au BODACC, V. • Com. 15 mars 2005, n° 03-18.607 P : *D. 2005. AJ 953, obs. Lienhard ; RDBF 2005, n° 93, obs. F.-X. Lucas ; Gaz. Pal. 6-7 juill. 2005, p. 23 et 26, obs. Le Corre.*

20. Sanction. Il ne résulte pas de l'art. 51 ci-dessus [C. com., art. L. 622-25] que la méconnaissance de ses dispositions et de celles des art. 67 [C. com., art. R. 622-23] et 68 [ancien] du Décr. du 27 déc. 1985, pris pour son application, soit sanctionnée par la nullité de la déclaration de créance. • Com. 1er déc. 1992, n° 90-21.526 P • 8 mars 1994 : *ibid. IV, n° 97 ; D. 1994. IR 104* . – Dans le même sens : • Com. 17 déc. 1996 : *D. 1997. IR 31 ; D. Affaires 1997. 252 ; JCP E 1997. II. 941, note Béhar-Touchais* • 17 déc. 2003 : *cité note 122 ss. art. L. 622-24.* ♦ L'irrégularité de la déclaration de créance tenant à la présentation des sommes déclarées comme échues alors qu'elles étaient à échoir n'est pas sanctionnée par l'extinction de la créance. • Com. 28 sept. 2004 : *cité note 97 ss. art. L. 622-24.* ♦ V. aussi note 12 ci-dessus, et note 8 ss. art. R. 622-23.

21. Visa du commissaire aux comptes. Si les documents émanant du commissaire aux comptes ou de l'expert comptable du créancier, qui se bornent à attester du montant des créances comptabilisées par ce dernier, peuvent faire foi des constatations faites par leur auteur à partir des pièces auxquelles il avait eu accès, de tels documents ne peuvent à eux seuls constituer la preuve de la réalité et de l'étendue des engagements contractés. • Com. 11 oct. 1994, n° 92-10.909 P.

Art. L. 622-25-1 *(Ord. n° 2014-326 du 12 mars 2014, art. 28, en vigueur le 1er juill. 2014)* **La déclaration de créance interrompt la prescription jusqu'à la clôture de la procédure ; elle dispense de toute mise en demeure et vaut acte de poursuites.**

Sur l'effet interruptif de la prescription de la déclaration de créance, V. notes 141 s. ss. art. L. 622-24.

Art. L. 622-26 *(L. n° 2005-845 du 26 juill. 2005, art. 38)* **A défaut de déclaration dans** *(L. n° 2009-526 du 12 mai 2009, art. 138-IX, 1°)* **« les délais prévus à l'article L. 622-24 », les créanciers ne sont pas admis dans les répartitions et les dividendes à moins que le juge-commissaire ne les relève de leur forclusion s'ils établissent que leur défaillance n'est pas due à leur fait ou qu'elle est due à une omission** *(Abrogé par Ord. n° 2014-326 du 12 mars 2014, art. 29-1°, à compter du 1er juill. 2014) « volontaire »* **du débiteur lors de l'établissement de la liste prévue au deuxième alinéa de l'article L. 622-6. Ils ne peuvent alors concourir que pour les distributions postérieures à leur demande.** — *V. art. R. 622-24.*

(Ord. n° 2008-1345 du 18 déc. 2008, art. 34) **« Les créances** *(Ord. n° 2021-1193 du 15 sept. 2021, art. 21, en vigueur le 1er oct. 2021)* **« et les sûretés » non déclarées régulièrement dans ces délais sont inopposables au débiteur pendant l'exécution du plan et après cette exécution lorsque les engagements énoncés dans le plan ou décidés par le tribunal ont été tenus.** *(Ord. n° 2021-1193 du 15 sept. 2021, art. 21, en vigueur le 1er oct. 2021)* **« Dans les mêmes conditions », elles sont également inopposables aux personnes physiques coobligées ou ayant consenti une sûreté personnelle ou ayant affecté ou cédé un bien en garantie. »**

L'action en relevé de forclusion ne peut être exercée que dans le délai de six mois. Ce délai court à compter de la publication du jugement d'ouverture ou, pour les institutions mentionnées à l'article L. 143-11-4 *[L. 3253-14]* **du code du travail, de l'expiration du délai pendant lequel les créances résultant du contrat de travail sont garanties par ces institutions. Pour les** *(Abrogé par Ord. n° 2021-1193 du 15 sept. 2021,* *art. 21, à compter du 1er oct. 2021)* **« créanciers » titulaires d'une sûreté publiée ou liés au débiteur par un contrat publié, il court à compter de la réception de l'avis qui leur est donné.** *(Ord. n° 2014-326 du 12 mars 2014, art. 29-2°, en vigueur le 1er juill. 2014)* **« Par exception, si le créancier justifie avoir été placé dans l'impossibilité de connaître l'obligation du débiteur avant l'expiration du délai de six mois, le délai court à compter de la date à laquelle il est établi qu'il ne pouvait ignorer l'existence de sa créance. »** – *V. art. R. 622-25.*

Pour les dispositions transitoires de l'Ord. n° 2021-1193 du 15 sept. 2021, V. note ss. art. L. 611-2.

Pour une dérogation à l'art. L. 622-26 ci-dessus, s'agissant du droit à répartition conféré au Fonds de garantie des dépôts et de résolution pour les sommes versées par le mécanisme de garantie des cautions institué par la L. n° 99-532 du 25 juin 1999 (désormais codifiée au C. mon. fin.), V. C. mon. fin., art. L. 313-51. – ***C. mon. fin.***

BIBL. ▶ DERRIDA et SORTAIS, *LPA 22 mars 2006* (situation des créanciers forclos). – MONSÈRIÉ-BON, *D. 2006. 1282* (effets inattendus de l'absence d'extinction des créances non déclarées). – BRENA, *BJE 2012. 131* (influence de l'inopposabilité des créances non déclarées sur le bénéfice de subrogation). – ROBINE, *Journ. sociétés 3/2012. 22* (conséquences du défaut de déclaration sur les garanties du créancier). – LE CORRE, *Gaz. Pal. 2013. 3404* (le débiteur et la créance non déclarée : questions-réponses) ; *Gaz. Pal. 18-20 janv. 2015, p. 39* (le relevé de forclusion après l'ordonnance du 12 mars 2014 et le décret du 30 juin 2014). – PELLETIER et MADARIAGA, *RPC 2014. Étude 19* (sort des créances non déclarées).

I. INOPPOSABILITÉ DES CRÉANCES NON DÉCLARÉES

1. Il résulte de l'art. L. 622-26 dans sa rédaction antérieure à l'Ord. du 18 déc. 2008 que, si les créanciers qui n'ont pas déclaré leur créance ne sont pas, sauf à être relevés de la forclusion encourue, admis dans les répartitions et les dividendes, cette créance n'est pas éteinte ; elle est inopposable à la liquidation judiciaire. • Com. 3 nov. 2010, n° 09-70.312 P : *D. 2010. Actu. 2645, obs. Lienhard ; D. 2011. Pan. 2075, obs. F.-X. Lucas ; Rev. sociétés 2011. 194, obs. Roussel Galle ; RTD com. 2011. 413, obs. Martin-Serf ; JCP E 2011. 1030, n° 10, obs. Cabrillac ; Gaz. Pal. 7-8 janv. 2011, p. 18, note Le Corre-Broly ; RJDA 2011, n° 64 ; BJE 2011. 186, note Saint-Alary-Houin.* ♦ Une créance qui n'a pas été déclarée au passif du débiteur n'est pas éteinte mais inopposable à la procédure collective, de sorte que le défaut de déclaration de la créance, en recouvrement de laquelle le créancier a fait pratiquer une saisie-attribution avant le jugement d'ouverture de son débiteur, ne prive pas ce créancier de son intérêt à agir contre le tiers saisi sur le fondement de l'art. R. 211-5, al. 2, C. pr. civ. • *Com. 8 sept. 2015,* n° 14-15.831 P : *D. 2015. Actu. 1839 ; RTD com. 2016. 197, obs. Martin-Serf ; LEDEN 10/2015. 3, obs. Camensuli-Feuillard ; Gaz. Pal. 19 janv. 2016, p. 70, obs. Rohart-Messager ; RJDA 2016, n° 304.* ♦ Faute d'avoir été déclarée dans les délais, la créance est inopposable au débiteur pendant l'exécution du plan, de sorte que la demande en paiement formée par le créancier est irrecevable. • Com. 6 juin 2018, n° 16-23.996 P : *cité note 11 ss. art. L. 622-21.* ♦ La créance étant inopposable au débiteur pendant l'exécution du plan de redressement et après si les engagements pris ont été tenus, le créancier ne pourra recouvrer son droit de poursuite individuelle qu'en cas de résolution du plan ; dans ce cas, il pourra agir contre le débiteur, sans que puisse lui être opposée la prescription de son action, dès lors que, jusqu'à la clôture de la procédure collective, cette prescription aura été suspendue ; il en résulte que le créancier est sans intérêt à demander qu'il soit statué par anticipation au cours de l'exécution du plan sur le principe et le montant de sa créance. • Com. 9 sept. 2020, n° 19-10.206 P : *D. 2020. 2228, note Ferrari ; RTD com. 2020. 950, obs. Martin-Serf ; JCP E 2020. 1535, n° 18, obs. Tehrani ; ; LEDEN 10/2020. 4, obs. Ollu ; APC 2020, n° 225, obs. Cagnoli ; BJE 11-12/2020. 21, note Lafaurie ; RJDA 2020, n° 657 ; RDBF 2020, n° 141, obs. Houin-Bressand ; RJ com. 2021. 271, obs. Borga.*

II. RELEVÉ DE FORCLUSION

2. Créance postérieure non privilégiée. Il résulte de la combinaison des art. L. 622-24, al. 6, et L. 622-17, I, que les créances postérieures au jugement d'ouverture et qui ne sont pas nées pour les besoins du déroulement de la procédure ou de la période d'observation, ou en contrepartie d'une prestation fournie au débiteur pendant cette période et qui, ainsi, n'ont pas vocation à être payées à leur échéance, peuvent donner lieu au relevé de la forclusion prévu par l'art. L. 622-26. • Com. 9 déc. 2020, n° 19-17.579 P : *D. 2021. Pan. 1743, obs. F.-X. Lucas ; RTD com. 2021. 198, obs. Martin-Serf ; JCP E 2021. 1191, n° 4, obs. Tehrani ; LEDEN 2/2021. 3, obs. Sahel ; APC 2021, n° 35, obs. Cagnoli ; BJE 3-4/2021. 32, note Saintourens ; RJDA 2021, n° 329 ; RJ com. 2021. 279, obs. Macorig-Venier.*

3. Motifs de relevé de forclusion. Sur le pouvoir souverain des juges du fond pour apprécier les circonstances motivant le relevé de forclusion, V. • Com. 27 mars 1990, n° 88-19.152 P • 30 mai 2006, n° 05-11.742 : *RTD com. 2006. 672, obs. Vallens*. ♦ Les juges ne peuvent, toutefois, se borner à retenir, à l'appui de leur décision de relevé de forclusion, que la créance résulte d'un titre authentique. • Com. 22 oct. 1996, n° 93-20.537 : *RJDA 1997, n° 122.*

4. Sur un relevé de forclusion motivé par le fait que le créancier a donné mandat à un tiers de procéder à la déclaration de créances, V. • Com. 16 oct. 2001, n° 98-19.335 : *RPC 2002. 97, obs. Legrand.* ♦ ... Par l'altération des fonctions cérébrales du créancier pendant la période au cours de laquelle il aurait dû déclarer, V. • Toulouse, 21 nov. 2001 : *RDBF 2002, n° 100, obs. F.-X. Lucas.* ♦ V. aussi • Colmar, 20 janv. 2004 : *RDBF 2004, n° 170, obs. F.-X. Lucas ; RPC 2005. 52, obs. Dumont ; ibid. 57, obs Rubellin* (détresse psychologique de l'épouse du débiteur, qui subissait la violence de celui-ci). – Comp. : • Metz, 28 janv. 2003 : *RDBF 2003, n° 149, obs. F.-X. Lucas.* ♦ ... Par l'éloignement du créancier, domicilié à l'étranger, V. • Aix-en-Provence, 7 mai 1998 : *APC 1998, n° 93, obs. Vallansan.* ♦ ... Par le fait que le créancier, non initié aux procédures collectives, n'a pas été informé de l'ouverture de la procédure collective de son débiteur, V. • Orléans, 4 févr. 1999 : *APC 1999, n° 202, obs. Vallansan* (client consommateur). ♦ ... Par l'indication au BODACC d'un faux délai de déclaration, V. • T. com. Paris, 12 janv. 1994 : *RJDA 1994, n° 583.* ♦ ... Par le fait que le BODACC ne mentionnait que le lieu d'activité du débiteur personne physique, et non son domicile, V. • Douai, 2 juill. 1998 : *RPC 1999. 215, obs. Larrieu.* ♦ ... Par l'absence de mention, dans le jugement d'ouverture et l'avis publié au BODACC, de l'existence des établissements secondaires du débiteur, V. • Paris, 9 oct. 1998 : *D. 1998. IR 246.* ♦ V. aussi, jugeant que la lecture du BODACC ne saurait être exigée d'un créancier que pour les dettes professionnelles, • T. com. Paris, 31 mai 1991 : *Gaz. Pal. 1992. 2. Somm. 333.*

5. Sur un relevé de forclusion motivé par la fraude du débiteur, qui a dissimulé à son créancier (une banque), dans le cadre d'une instance qui l'opposait à celui-ci, la procédure collective dont il faisait l'objet, V. • Com. 2 mai 2001, n° 98-14.135 : *RJDA 2001, n° 788.* ♦ V. et Comp. note 8.

6. En ce sens que ne peuvent justifier un relevé de forclusion : l'existence de perturbations dans l'acheminement du courrier, V. • Paris, 29 mai 1998 : *APC 1998, n° 117* • Nancy, 21 sept. 1998 : *RPC 1999. 213, obs. Larrieu.* ♦ ... Des difficultés liées à une restructuration, V. • Paris, 6 juin 2001 : *RPC 2002. 96, obs. Legrand.* – Rappr. : • Paris, 11 oct. 2002 : *RTD com. 2003. 567, obs. Martin-Serf*. ♦ Dans le même sens, refusant de relever de sa forclusion un créancier (France Télécom) qui alléguait l'impossibilité, en raison du grand nombre de ses abonnés, de suivre au jour le jour la situation de ceux-ci, à défaut d'outils propres à assurer une surveillance, V. • Paris, 30 sept. 1999 : *D. 1999. AJ 53* ♦ *Contra* : • Douai, 19 oct. 1989 : *Banque 1990. 196, obs. Rives-Lange ; RTD com. 1990. 262, obs. Martin-Serf* • Amiens, 24 sept. 1998 : *RPC 1999. 215, obs. Larrieu.* ♦ V. aussi, refusant de relever de sa forclusion une banque, plaideur institutionnel disposant d'un service juridique et contentieux, • Nîmes, 8 mars 2001 : *RDBF 2001, n° 234, obs. F.-X. Lucas.* ♦ ... Un créancier dont le conseil avait été informé en temps utile de l'ouverture de la procédure collective, V. • Douai, 7 avr. 2005 : *JCP E 2005, n° 36, p. 1428, note Delattre.* ♦ ... Un créancier contrôleur, V. • Lyon, 8 juin 2006 : *BICC 2006, n° 1769.* ♦ ... Le défaut d'information du créancier quant à l'irrégularité de sa déclaration : V. note 6 ss. art. L. 622-25. ♦ A propos de la rectification d'une erreur contenue dans la déclaration de créance, V. note 7 ss. art. L. 622-25.

7. Pour un arrêt refusant de relever de sa forclusion un mandataire judiciaire, par définition professionnel des procédures collectives, V. • Amiens, 17 déc. 1998 : *RPC 1999. 215, obs. Larrieu.*

8. Pour des décisions relevant de forclusion le Trésor public, V. • T. com. Nanterre, 31 mars 1995 : *Gaz. Pal. 1996. 1. Somm. 278* • Pau, 23 sept. 1997 : *APC 1998, n° 35* • Dijon, 2 juill. 1998 : *APC 1999, n° 202, obs. Vallansan ; RPC 1999. 217, obs. Larrieu* • Paris, 9 oct. 1998 : *préc. note 3.* ♦ Pour des arrêts refusant le relevé de forclusion, V. • Paris, 29 janv. 1999 : *D. 1999. IR 77 ; RPC 1999. 215, obs. Larrieu* (publicité faite dans un autre département) • Besançon, 12 mai 1999 : *APC 1999, n° 202, obs. Vallansan.*

9. Omission de la liste des créanciers. Il résulte de l'art. L. 622-26, al. 1er, dans sa rédaction issue de l'Ord. n° 2014-326 du 12 mars 2014, que lorsqu'un débiteur s'est abstenu d'établir la liste prévue au deuxième al. de l'art. L. 622-6 ou que, l'ayant établie, il a omis d'y mentionner un créancier, le créancier omis, qui sollicite un relevé de forclusion, n'est pas tenu d'établir l'existence d'un lien de causalité entre cette omission et la tardiveté de sa déclaration de créance. • Com. 16 juin 2021, n° 19-17.186 P : *D. 2021. Pan. 1740, obs. Cagnoli ; ibid. Chron. C. cass. 2264, obs. Barbot ; Rev. sociétés 2021. 551, obs. Reille ; RTD com. 2021. 919, obs. Martin-Serf ; JCP E 2021. 1424, n° 13, obs. Pétel ; DP diff. entr., Bull. n° 438, obs. Rémery ; APC 2021, n° 173, obs. Roussel Galle ; BJE 9-10/2021. 26,* note Jazottes ; Gaz. Pal. 26 oct. *2021, p. 75, obs. Lafaurie ; RDBF 2021, n° 136, obs. Houin-Bressand ; RJDA 2021, n° 784 ; Dr. sociétés 2021, n° 151, note Legros.* ♦ De même, avant la modification de l'art. L. 622-26 par l'Ord. préc. du 12 mars 2014, si le caractère volontaire de l'omission d'une créance était démontré, le créancier qui sollicitait un relevé de forclusion n'était pas tenu d'établir l'existence d'un lien de causalité entre son omission de la liste et la tardiveté de sa déclaration de créance. • Com. 10 janv. 2012, n° 10-28.501 P : *D. 2012. Actu. 216, obs. Lienhard ; RTD com. 2012. 404, obs. Martin-Serf ; Rev. sociétés 2012. 195, obs. Roussel Galle ; JCP E 2012. 1123, note Cerati-Gauthier ; APC 2012, n° 24, obs. Fin-Langer ; LEDEN 3/2012. 2, obs. Rubellin ; Gaz. Pal. 27-28 avr. 2012, p. 30, obs. Le Corre ; RPC 2012, n° 75, obs. F. et M.-N. Legrand ; RJDA 2012, n° 876.* – V. encore : • Com. 12 juill. 2011 : *D. 2011. Actu. 2031, obs. Lienhard ; LEDEN 10/2011. 3, obs. Rubellin ; RJ com. janv.-févr. 2012. 70, note Sortais.* ♦ Il n'appartient pas au juge-commissaire de vérifier, avant de statuer sur la demande de relevé de forclusion fondée sur une omission volontaire du débiteur lors de l'établissement de la liste de ses créanciers, du montant de ses dettes et des principaux contrats en cours, l'existence de la créance si elle est contestée par le débiteur. • Com. 12 janv. 2010, n° 09-12.133 P : *D. 2010. AJ 264 ; Rev. sociétés 2010. 196, obs. Roussel Galle ; RTD com. 2010. 606, obs. Martin-Serf ; APC 2010, n° 69, obs. Staes ; RJDA 2010, n° 408 ; Gaz. Pal. 16-17 avr. 2010, p. 35, obs. Le Corre-Broly ; RJDA 2010, n° 702.* ♦ L'information dans la demande d'ouverture d'une procédure de sauvegarde, selon laquelle des cotisations sociales sont dues pour le troisième trimestre 2008, ne remplace pas l'indication de l'organisme social sur la liste des créanciers, mais démontre que le débiteur avait connaissance de l'existence de ce créancier, de sorte que l'omission de son nom sur la liste des créanciers a été volontaire. • Com. 10 janv. 2012 : *préc.* ♦ Pour d'autres exemples d'omission volontaire, V. • Com. 16 mars 2010 : *RTD com. 2010. 606, obs. Martin-Serf ; Gaz. Pal. 2-3 juill. 2010, p. 34, obs. Le Corre-Broly* • 12 juill. 2011 : *Gaz. Pal. 7-8 oct. 2011, p. 30, obs. Le Corre-Broly ; RJ com. janv.-févr. 2012. 70, note Sortais.* ♦ Comp., désormais : art. L. 622-26, al. 1er, dans sa réd. issue de l'Ord. n° 2014-326 du 12 mars 2014, qui n'exige plus que l'omission du débiteur ait été « volontaire ».

10. *Déclaration de créance.* Si aucun texte n'oblige le créancier défaillant à déclarer sa créance avant de saisir le juge-commissaire de sa demande de relevé de forclusion, il est néanmoins tenu de la déclarer dans le délai préfix de cette action, même s'il n'a pas été statué sur sa demande de relevé de forclusion à l'intérieur de ce délai. • Com. 23 avr. 2013, n° 11-25.963 P : *D. 2013. Actu. 1129, obs. Lienhard ; ibid. Pan. 2372, obs. Le Corre ; RTD com. 2013. 583, obs. Martin-Serf ; ibid. 595, obs. Vallens ; Rev. sociétés 2013. 381, obs. Roussel Galle ; LEDEN 6/2013. 6, obs. Staes ; APC 2013, n° 133, obs. Cagnoli ; Gaz. Pal. 12-13 juill. 2013, p. 22, obs. Le Corre ; RJDA 2013, n° 821 ; RPC 2013, n° 129, obs. F. et M.-N. Legrand.* ♦ V. déjà, dans le régime antérieur à la loi du 26 juill. 2005 : • Com. 4 oct. 2005, n° 04-15.535 P : *D. 2005. AJ 2742, obs. Lienhard ; JCP E 2006, n° 2, p. 76, obs. Cabrillac ; RTD com. 2006. 201, obs. Martin-Serf ; RDBF 2006, n° 26, obs. F.-X. Lucas* • 9 mai 2007, n° 05-21.357 P : *D. 2007. AJ 1424, obs. Lienhard ; D. 2008. Pan. 577, obs. Le Corre ; RDBF 2007, n° 113, obs. F.-X. Lucas ; JCP E 2007. 2119, n° 8, obs. Cabrillac ; RJ com. 2007. 367, note Roussel Galle ; Defrénois 2007. 1568, obs. Gibirila ; RTD com. 2008. 176, obs. Martin-Serf.* ♦ Comp., désormais : art. L. 622-24, al. 1er, dans sa réd. issue de l'Ord. n° 2014-326 du 12 mars 2014. ♦ Le créancier qui a déclaré tardivement sa créance n'est pas tenu, après avoir été relevé de la forclusion, de procéder à une seconde déclaration de créance. • Com. 24 sept. 2003, n° 01-00.504 : *RJDA 2004, n° 192.*

11. *Délai d'action.* Le délai d'un an [six mois], fixé par l'art. 53 [C. com., art. L. 622-26], est un délai préfix. • Com. 1er juill. 1997, n° 95-13.602 P : *D. 1998. Somm. 96, obs. Honorat ; D. Affaires 1997. 934 ; RTD com. 1998. 417, obs. Martin-Serf ; JCP E 1998, n° 1-2, p. 32, obs. Cabrillac ; RDBB 1998. 21, obs. Campana et Calendini.*

12. Les dispositions des art. L. 622-24 et L. 622-26 ne portent pas une atteinte substantielle au droit à un recours juridictionnel effectif en ce qu'elles ne font pas obstacle à la recevabilité d'une action en relevé de forclusion exercée après l'expiration du délai maximal d'un an prévu par l'art. L. 622-26 par un créancier placé dans l'impossibilité d'agir pendant ce délai (non-renvoi de la QPC). • Com., QPC, 5 sept. 2013, n° 13-40.034 P : *D. 2013. Actu. 2100, obs. Lienhard ; ibid., Chron. C. cass. 2558, obs. Lecaroz ; D. 2014. 244, note Hontebeyrie ; ibid., Pan. 2147, obs. Le Corre ; RTD com. 2013. 597, obs. Vallens ; ibid. 807, obs. Martin-Serf ; Rev. sociétés 2013. 726, obs. Henry ; JCP E 2014. 1020, n° 7, obs. Pétel ; LEDEN 10/2013. 2, obs. Favario ; APC 2013, n° 228, obs. Le Corre ; RJDA 2013, n° 921 ; BJE 2013. 366, note Le Mesle ; RPC 2014, n° 18, obs. F. et M.-N. Legrand.* ♦ V., désormais, art. L. 622-26, dernier al., dans sa réd. issue de l'Ord. n° 2014-326 du 12 mars 2014.

13. Sur les conditions du relevé de forclusion en cas de défaut d'avertissement du créancier d'avoir à déclarer sa créance, V. note 1 ss. art. R. 622-21.

14. Pour l'application des dispositions de l'art. L. 622-26 à l'action en relevé de forclusion présentée par l'État, agissant aux fins de restitution d'aides illégalement versées, V. • Com. 11 déc. 2012, n° 11-28.053 P : *D. 2013. Actu. 8 ; Rev. sociétés 2013. 182, obs. Roussel Galle ; RTD com. 2013. 344, obs. Martin-Serf ; LEDEN 1/2013. 5, obs. Favario ; BJE 2013. 43, note Vallens ; APC 2013, n° 32, obs. Petit ; RJDA 2013,* *n° 247 ; RPC 2013, n° 75, obs. Vabres* • 23 avr. 2013, n° 12-19.184 P : *D. 2013. Actu. 1128* ; *RTD com. 2013. 586, obs. Martin-Serf* ; *Rev. sociétés 2013. 383, obs. Henry* ; *LEDEN 6/2013. 7, obs. Mélin ; RJDA 2013, n° 652 ; RPC 2013, n° 128, obs. F. et M.-N. Legrand ; RJ com. 2013. 425, note Sortais ; RPC 2014, n° 9, obs. Mastrullo.*

15. La prorogation de délai par l'art. 66 du décret du 27 déc. 1985 [C. com., art. R. 622-24], pour les créanciers résidant « hors de la France métropolitaine », expressément prévue au titre de la déclaration de créance, ne s'applique pas au délai dans lequel la requête en relevé de forclusion doit être formalisée. En revanche, un tel créancier est, en application de l'art. 645 NCPC (désormais, art. 645 C. pr. civ., relatif à la prorogation des délais de comparution, d'appel, d'opposition, de recours en révision et de pourvoi en cassation), parfaitement fondé à prétendre qu'il convient d'augmenter de deux mois le délai d'un an [six mois] prévu à l'art. 53 [C. com., art. L. 622-26], al. 3. • Paris, 17 déc. 1999 : *D. 2000. AJ 116* .

16. Les juges doivent relever d'office la fin de non-recevoir d'ordre public tirée de l'expiration du délai d'un an [de six mois], à défaut de quoi est ouverte la voie de l'appel-nullité. • Com. 16 nov. 1993, n° 91-15.143 P : *Gaz. Pal. 1995. 1. 7, note Latil* • 26 oct. 1999, n° 97-13.238 P : *D. 1999. AJ 95* ; *RTD com. 2000. 188, obs. Vallens* ; *RDBF 2000, n° 20, obs. F.-X. Lucas.*

17. Qualité pour agir. Seul le comptable de la commune, qui tient de la loi le pouvoir de poursuivre la rentrée de tous les revenus de la commune et de toutes les sommes qui lui sont dues, peut agir en relevé de forclusion. • Com. 13 sept. 2017, n° 16-11.531 P : *D. 2017. Actu. 1760, obs. Lienhard* ; *RTD com. 2017. 988, obs. Martin-Serf* ; *LEDEN 11/2017. 4, obs. Camensuli-Feuillard ; BJE 2017. 420, note Perruchot-Triboulet ; RJDA 2017, n° 823.* ♦ La désignation du comptable public, son visa et sa signature, sans date, au bas de la requête présentée par la commune, prise en la personne de son maire, ne peuvent suppléer l'irrégularité affectant ladite requête. • Même arrêt.

18. Procédure d'insolvabilité. V. note 2 ss. art. 4 du Règl. CE n° 1346-2000 du 29 mai 2000.

19. Validité de la requête en relevé de forclusion. La demande en relevé de forclusion peut être formée par requête adressée au greffe (s'agissant, en l'espèce, d'une requête adressée au juge-commissaire par lettre recommandée avec accusé de réception et par télécopie le jour même de l'expiration du délai pour agir). • Com. 28 janv. 2014, n° 12-27.728 P : *D. 2014. Chron. C. cass. 1016, obs. Guillou* ; *ibid. Actu. 369, obs. Lienhard* ; *JCP E 2014. 1173, n° 2, obs. Pétel ; LEDEN 3/2014. 5, obs. Staes ; Procédures 2014, n° 114, note Rolland ; RJDA 2014, n° 549.*

20. Pour un arrêt ayant jugé, s'agissant d'une requête présentée par un préposé d'une caisse d'épargne, que la mention selon laquelle celui-ci déclarait agir « pour le responsable contentieux » et invoquait un pouvoir de « représenter la caisse devant les instances judiciaires » était insuffisante à établir la validité de la subdélégation, V. • Com. 5 déc. 1995, n° 94-11.831 P. ♦ Comp. notes 97 s. ss. art. L. 622-24.

21. Pour l'obligation de la représentation par avocat en Alsace-Moselle, V. • Com. 19 juin 2007, n° 06-12.150 P : *D. 2007. AJ 2036* ; *Gaz. Pal. 26-27 oct. 2007, p. 50, obs. Le Corre-Broly.*

22. La requête en relevé de forclusion, contrairement à la déclaration de créance dont il est acquis qu'elle a simplement les caractères d'une demande en justice, est présentée directement à une juridiction, le juge-commissaire ; il s'ensuit que le requérant doit justifier d'un intérêt à agir au sens des art. 30 à 32 C. pr. civ. • Douai, 13 nov. 2008 : *D. 2008. AJ 2933* .

23. Sursis à statuer sur l'admission de la créance. V. note 19 ss. art. L. 624-2.

24. Principe du contradictoire. Le juge-commissaire ne peut statuer sur la demande d'un créancier tendant à être relevé de forclusion, qui est de nature contentieuse, qu'après avoir entendu ou dûment appelé le représentant des créanciers [mandataire judiciaire] et les parties intéressées. • Com. 13 déc. 2005, n° 04-18.391 P : *D. 2006. AJ 228, obs. Lienhard* ; *Gaz. Pal. 30 avr.-4 mai 2006, p. 43, obs. Le Corre.* ♦ Dès lors que l'irrégularité affectant l'ordonnance porte sur l'absence de débat contradictoire, la cour d'appel se trouve, par l'effet dévolutif de l'appel, saisie du litige en son entier et doit statuer sur le fond du droit, même si elle déclare l'ordonnance nulle. • Même arrêt.

25. Date de l'ordonnance. N'est pas entachée de nullité pour dépassement de ses pouvoirs par le juge-commissaire l'ordonnance ayant relevé un créancier de la forclusion postérieurement au prononcé de la clôture pour insuffisance d'actif d'une liquidation judiciaire. • Paris, 24 avr. 1992 : *D. 1992. IR 212.*

26. Frais de l'instance. V. art. R. 622-25.

27. Voies de recours. V. art. R. 621-21. ♦ Depuis l'entrée en vigueur de la L. du 26 juill. 2005, aucun texte n'interdit ou ne limite l'appel contre les jugements statuant sur le recours formé contre les décisions du juge-commissaire accueillant ou rejetant une requête en relevé de forclusion, même si la valeur de la créance en cause n'excède pas le taux de compétence en dernier ressort du tribunal de la procédure collective, la demande en relevé de forclusion, qui n'est pas une demande d'admission de la créance, étant indéterminée (irrecevabilité, en application de l'art. 605 C. pr. civ., du pourvoi en cassation contre le jugement statuant sur le recours contre la décision du juge-commissaire). • Com. 12 janv. 2016, n° 14-18.936 P : *D. 2016. Actu. 125, obs. Lienhard ; RTD com. 2016. 858, obs. Vallens ; JCP E 2016. 1101, note Brignon ; LEDEN 2/2016. 4, obs. Staes ; APC 2016, n° 29, obs. Rolland ; RJDA 2016, n° 311 ; RDBF 2016, n° 85, obs. Houin-Bressand ; RJ com. 2016. 270, obs. Roussel Galle.* ♦ Selon l'art. R. 621-21 C. com., seul applicable, le recours contre l'ordonnance du juge-commissaire statuant sur une requête en relevé de forclusion, qui n'est soumis à aucun régime dérogatoire, est exercé devant le tribunal ayant ouvert la procédure collective, le jugement rendu sur ce recours étant seul susceptible d'appel ; il en résulte que la société débitrice et le mandataire judiciaire, qui doivent d'abord exercer un recours devant le tribunal, sont irrecevables à former un appel direct contre l'ordonnance du juge-commissaire, celui-ci aurait-il à tort, dans la même décision, prononcé le relevé de forclusion et admis la créance. • Com. 5 févr. 2020, n° 18-21.754 P : *D. 2020. Actu. 333 ; Rev. sociétés 2020. 385, obs. Reille ; RTD com. 2020. 464, obs. Martin-Serf ; JCP E 2020. 1204, n° 15, obs. Pétel ; APC 2020, n° 69, obs. Cagnoli ; RJDA 2020, n° 226 ; BJE 5-6/2020. 37, note Henry ; RPC 2020, n° 55, obs. Borga.* ♦ Pour un arrêt jugeant que le débiteur doit, en sa qualité de partie à la procédure, être intimé par le créancier interjetant appel de l'ordonnance ayant rejeté sa requête en relevé de forclusion, V. • Toulouse, 10 oct. 2001 : *RTD com. 2003. 567, obs. Martin-Serf*. ♦ V. aussi notes 15 et 24.

III. SORT DE LA CAUTION EN CAS DE FORCLUSION

28. Il résulte des dispositions de l'art. L. 622-26 que la défaillance du créancier ayant pour effet, non d'éteindre la créance, mais d'exclure son titulaire des répartitions et dividendes, cette sanction ne constitue pas une exception inhérente à la dette, susceptible d'être opposée par la caution, pour se soustraire à son engagement. • Com. 12 juill. 2011, n° 09-71.113 P : *D. 2011. Actu. 1894, obs. Lienhard ; RTD civ. 2011. 782, obs. Crocq ; RTD com. 2012. 405, obs. Martin-Serf ; JCP E 2011. 1628, note Dissaux ; LEDEN 9/2011. 3, obs. Borga ; APC 2011, n° 219, obs. Cagnoli ; BJE 2011. 258, note Brena ; Gaz. Pal. 7-8 oct. 2011, p. 15, note Le Corre ; Banque et Dr. 9-10/2011. 42, obs. Jacob ; RLDA oct. 2011. 25, obs. Vallens ; RJDA 2012, n° 184 ; RJ com. mai-juin 2012. 45, note Macorig-Venier.* – V. aussi Brignon, *RPC 2011. Étude 25* ; J.-F. Barbièri, *BJS 2011. 935* ; Picod, *RLDA janv. 2012. 71.* ♦ Il résulte de la combinaison de l'art. 2314 C. civ. et de l'art. L. 622-26, al. 1er, C. com., dans sa rédaction antérieure à l'Ord. du 18 déc. 2008, que, lorsque le créancier a omis de déclarer sa créance, peu important la nature de celle-ci, la caution est déchargée de son obligation si cette dernière avait pu tirer un avantage effectif du droit d'être admise dans les répartitions et dividendes, susceptible de lui être transmis par subrogation. • Com. 19 févr. 2013, n° 11-28.423 P : *D. 2013. Actu. 565, obs. Lienhard ; RTD com. 2013. 346, obs. Martin-Serf ; RTD civ. 2013. 416, obs. Crocq ; JCP E 2013. 1216, n° 7, obs. Pétel ; APC 2013, n° 76, obs. Alleaume ; LEDEN 4/2013. 2, obs. Borga ; Gaz. Pal. 1er-4 mai 2013, p. 36, obs. Le Corre-Broly ; RJDA 2013, n° 436 ; BJE 2013. 151, note Le Mesle.* – V. Théry, *RJDA 2013. 531.* ♦ C'est au créancier de prouver que la perte du droit préférentiel dont se plaint la caution n'a causé aucun préjudice à celle-ci. • Com. 8 avr. 2015, n° 13-22.969 P : *D. 2015. Actu. 863 ; RTD com. 2015. 586, obs. Martin-Serf ; LEDEN 5/2015. 5, obs. Rubellin ; Gaz. Pal. 19-21 juill. 2015, p. 29, obs. Le Corre-Broly.* – Rappr. • Civ. 1re, 3 juill. 2013, n° 12-21.126 P : *D. 2013. Actu. 1741 ; RTD com. 2013. 809, obs. Martin-Serf ; JCP E 2014. 1020, n° 9, obs. Pétel ; LEDEN 9/2013. 5, obs. Rubellin ; Gaz. Pal. 29 sept.-1er oct. 2013, p. 35, obs. Le Corre-Broly ; APC 2013, n° 212, obs. Dumont-Lefrand ; Banque et Dr. 9-10/2013. 51, obs. Jacob ; RJDA 2013, n° 922.*

Code de commerce

Ancien art. L. 621-46 *A défaut de déclaration dans des délais fixés par décret en Conseil d'État, les créanciers ne sont pas admis dans les répartitions et dividendes à moins que le juge-commissaire ne les relève de leur forclusion s'ils établissent que leur défaillance n'est pas due à leur fait. En ce cas, ils ne peuvent concourir que pour la distribution des répartitions postérieures à leur demande.*

La forclusion n'est pas opposable aux créanciers mentionnés dans la seconde phrase du premier alinéa de l'article L. 621-43, dès lors qu'ils n'ont pas été avisés personnellement.

L'action en relevé de forclusion ne peut être exercée que dans le délai d'un an à compter de la décision d'ouverture ou, pour les institutions mentionnées à l'article L. 143-11-4 du code du travail, de l'expiration du délai pendant lequel les créances résultant du contrat de travail sont garanties par ces institutions. L'appel de la décision du juge-commissaire statuant sur le relevé de forclusion est porté devant la cour d'appel.

Les créances qui n'ont pas été déclarées et n'ont pas donné lieu à relevé de forclusion sont éteintes.

Cette extinction vaut régularisation de l'incident de paiement au sens de l'article 65-3 du décret du 30 octobre 1935 unifiant le droit en matière de chèques et relatif aux cartes de paiement [C. mon. fin., art. L. 131-73]. – [L. n° 85-98 du 25 janv. 1985, art. 53.] – V. C.

mon. fin., art. L. 131-73, App., v° Banque et financement de l'entreprise. — Cette disposition est applicable aux seules procédures ouvertes après l'entrée en vigueur de la L. n° 98-657 du 29 juill. 1998 (L. n° 98-657 du 29 juill. 1998, art. 112, III).

BIBL. ▶ Neveu, *Banque et Dr. 1988. 10.* – Vallansan, *RJ com. 2000. 50* (le créancier oublié). – Houtcieff, *Bull. act. Lamy droit commercial juill. 2002* (indemnisation du créancier forclos en cas de fraude du débiteur). – Delattre, *RJDA août-sept. 2002, p. 720* (incidence de la fraude du débiteur sur la demande en relevé de forclusion). – Sexer et Martial, *RPC 2004. 117* (moyens de surmonter la forclusion). ▶ Modification apportée par la loi du 10 juin 1994 : Calendini, *LPA 31 janv. 1996.* – Le Corre, *LPA 29 juill. 1998.*

I. AVERTISSEMENT AUX CRÉANCIERS CONNUS

1. *Avis du représentant des créanciers.* V. art. 66 du décret du 27 déc. 1985.

II. AVERTISSEMENT PERSONNEL DES CRÉANCIERS PRIVILÉGIÉS (ART. L. 621-46, AL. 2)

2. *Application de la loi dans le temps.* L'application de l'art. 53, al. 2 [devenu C. com., art. L. 621-46, al. 2], issu de la loi du 10 juin 1994, n'était pas subordonnée à la parution du décret d'application du 21 oct. 1994 (le 22 oct.), puisque ce texte ne nécessite pas de mesures réglementaires. • Paris, 22 nov. 1996 : *D. Affaires 1997. 159 ; RJDA 1997, n° 430.* ♦ Ce texte s'applique donc aux procédures ouvertes après le 1er oct. 1994. • Paris, 28 févr. 1997 : *D. 1997. IR 109* • 25 sept. 1998 : *D. Affaires 1998. 1746, obs. A. L.* ♦ Il s'ensuit qu'à l'occasion de ces procédures les dispositions réglementaires antérieures à l'entrée en vigueur du décret du 21 oct. 1994 doivent recevoir application dès lors qu'elles sont compatibles avec les nouvelles dispositions législatives. • Paris, 26 sept. 1997 : *D. 1997. IR 236 ; D. Affaires 1997. 128.* ♦ Comp., pour une application rétroactive de cette disposition : • T. com. Nanterre, 29 sept. 1995 : *Banque et Dr. 9-10/1996. 34, obs. Guillot.*

3. Dès lors que la procédure collective a été ouverte antérieurement à l'entrée en vigueur de la loi du 10 juin 1994, la disposition introduite par cette loi concern49ant l'inopposabilité de la forclusion au créancier titulaire d'une sûreté qui n'a pas été avisé personnellement ne peut recevoir application. • Com. 11 juin 2002 : *APC 2002, n° 202.*

4. La procédure collective ouverte postérieurement à l'entrée en vigueur de la loi du 10 juin 1994, à la suite de la résolution, pour inexécution des engagements, du plan de continuation antérieurement arrêté, reste soumise aux dispositions de l'art. 53 de la loi du 25 janv. 1985, dans *sa rédaction initiale, de sorte que* le défaut de l'avertissement prévu à l'art. 66 du décret du 27 déc. 1985 n'a pas pour effet de dispenser le créancier retardataire d'établir que sa défaillance n'est pas due à son fait. • Com. 20 juin 2000 : *APC 2000, n° 177.*

5. *Avertissement tardif.* En ce sens que le créancier n'encourt pas de forclusion lorsque, averti par le représentant des créanciers après l'expiration du délai légal de déclaration, il déclare sa créance dans le délai de deux mois à compter de la réception de cet avertissement, V. • Com. 14 mars 2000, n° 97-20.715 P : *D. 2000. AJ 167, obs. Lienhard ; JCP E 2000, n° 40, p. 1571, note Le Corre ; JCP 2001. II. 10460, note Rivière ; APC 2000, n° 88, obs. Regnaut-Moutier ; RDBF 2000, n° 69, obs. F.-X. Lucas ; RTD com. 2000. 716, obs. Martin-Serf.* ♦ A l'expiration de ce délai de deux mois, le créancier peut se faire relever de la forclusion s'il présente sa demande dans le délai d'un an à compter du jugement d'ouverture de la procédure. • Com. 26 nov. 2002, n° 99-16.504 P : *D. 2003. AJ 66, obs. Lienhard ; JCP E 2003, n° 20, p. 852, obs. Pétel; APC 2003, n° 2, obs. Vallansan ; RDBF 2003, n° 29, obs. F.-X. Lucas ; RTD com. 2003. 366, obs. Martin-Serf.*

6. *Défaut d'avertissement.* Le créancier privilégié n'ayant pas été averti personnellement, sa requête en relevé de forclusion ne peut être rejetée. • Amiens, 20 mars 1997 : *Gaz. Pal. 1998. 2. Somm. 409.* ♦ Si le juge-commissaire, saisi d'une requête en relèvement de la forclusion, peut constater qu'il n'y a pas lieu à relèvement en raison de l'inopposabilité de la forclusion au créancier, non avisé personnellement et bénéficiant d'une sûreté ayant fait l'objet d'une publication ou d'un crédit-bail publié, la requête qui a pour seul objet de faire juger que la forclusion est inopposable au créancier requérant n'autorise pas le juge-commissaire à accorder un relèvement qui n'est pas sollicité. • Paris, 30 oct. 1998 : *D. 1998. IR 263 ; D. Affaires 1998. 1954, obs. A. L.* ♦ V. aussi, pour des applications distributives du relevé de forclusion et de l'inopposabilité de forclusion à l'égard de créanciers dont la créance est, pour partie privilégiée, pour partie chirographaire, • Paris, 18 nov. 1997 : *RTD com. 1998. 934, obs. Martin-Serf* • 16 juin 1998 : *ibid.*

Comp., en ce sens que le créancier doit exercer une action en déclaration d'inopposabilité de la forclusion et non pas une action en relevé de forclusion. • Rennes, 18 févr. 1998 : *JCP E 1998, n° 25, p. 993, note F.-X. Lucas ; RJDA 1998, n° 1134* • Douai, 9 sept. 1999 : *BICC 2000, n° 871.* ♦ S'agissant d'une action en inopposabilité de forclusion et non d'une action en relevé de forclusion, le délai d'un an prévu par l'art. 53, al. 3 [C. com., art. L. 621-46], n'est pas applicable. • Paris, 21 nov. 1997 : *RTD com. 1998. 934, obs. Martin-Serf* • 22 janv. 1999 : *D. Affaires 1999. 342.* ♦ En ce sens que le créancier débouté de son action en relevé de forclusion en première instance peut invoquer l'inopposabilité de la forclusion en appel, V. • Douai, 9 sept. 1999 : *APC 2000, n° 237.* ♦ L'action en inopposabilité étant distincte de l'action en fixation et admission de créance, les parties sont invitées à se conformer à la procédure particulière de vérification des créances. • Paris, 21 nov. 1997 : *préc.*

7. Portée de l'inopposabilité prévue par l'art. L. 621-46, al. 2. Si la forclusion n'est pas opposable au créancier titulaire d'un contrat de crédit-bail publié dès lors qu'il n'a pas été averti personnellement d'avoir à déclarer sa créance, celui-ci reste néanmoins tenu de le faire pour agir contre la caution. • Com. 30 janv. 2007, n° 05-13.751 P : *D. 2007. AJ 508, obs. Lienhard ; D. 2008. Pan. 578, obs. Le Corre ; APC 2007, n° 47, obs. Salvat ; JCP E 2007. 1450, n° 10, obs. Cabrillac ; Gaz. Pal. 13-14 avr. 2007, p. 54, obs. Le Corre ; RJ com. 2007. 228, note Sortais ; RTD com. 2007. 449, obs. Martin-Serf ; RTD civ. 2007. 597, obs. Crocq .*

8. Recours. V. note 54.

III. FORCLUSION

9. Caractère de la sanction. La créance qui n'a pas été déclarée dans le délai réglementaire est éteinte de plein droit, sauf relevé de forclusion. • Com. 16 févr. 1999, n° 95-22.324 P : *D. Affaires 1999. 523, obs. P. P.* ♦ Sur le caractère de sanction impérative de la forclusion, V. aussi obs. Martin-Serf ss. • Versailles, 21 mai 1991 : *RTD com. 1991. 664 .* ♦ La forclusion ne suppose pas qu'une faute du créancier ait été constatée. • Com. 23 oct. 1990, n° 88-19.257 P : *D. 1992. Somm. 250, obs. Derrida .* ♦ V. aussi notes 5 et 6 ss. anc. art. 66 du décret du 27 déc. 1985.

10. Le créancier dont la créance est éteinte pour n'avoir pas été déclarée au redressement judiciaire de son débiteur dans les délais prévus, ne saurait arguer, pour poursuivre la vente sur saisie immobilière des biens de celui-ci, d'une convention prise par conversion d'une obligation naturelle en obligation civile. • Com. 31 mai 1994, n° 91-16.016 P : *D. 1995. Somm. 25, obs. Honorat ; D. 1995. Somm. 90, obs. Delebecque ; RTD com. 1994. 785, obs. Martin-Serf .* – Dans le même sens, V. • Com. 1er oct. 2002 : *RJDA 2003, n° 159 ; RDBF 2003, n° 74, obs. F.-X. Lucas.* ♦ Comp. • Paris, 29 juin 2000 : *D. 2000. AJ 360, obs. Lienhard ; Banque et Dr. 5-6/2001. 57, obs. Guillot ; RPC 2001. 80, obs. Soinne.*

Comp., désormais : art. L. 622-26, dans sa réd. issue de L. n° 2005-845 du 26 juill. 2005, qui ne prévoit plus l'extinction des créances non déclarées.

11. Sur la conformité de la sanction à la DDH (non-renvoi d'une QPC), V. • Com. 22 mai 2013 : *D. 2013. Actu. 1269 ; RTD com. 2013. 584, obs. Martin-Serf ; RJDA 2013, n° 653 ; RPC 2014, n° 18, obs. F. et M.-N. Legrand.*

12. Portée de la sanction. L'art. 53, al. 3 [4] [C. com., art. L. 621-46], ne vise que les créances soumises à déclaration. • Com. 3 déc. 1996 : *Rev. dr. bancaire 1997. 36, obs. Campana et Calendini ; RJDA 1997, n° 417.*

13. L'absence de déclaration de leur créance par des banques bénéficiaires d'une hypothèque conventionnelle inscrite sur un immeuble commun au débiteur en liquidation judiciaire et à son épouse n'affecte que l'exercice dans le cadre de la procédure collective des droits hypothécaires des banques, mais non leur existence et la radiation de l'hypothèque ne peut, en l'état, être ordonnée du chef de l'épouse, alors que la créance litigieuse, éteinte à l'égard du mari, ne l'était pas à l'égard de la femme en raison de la solidarité des dettes. • Com. 14 mai 1996, n° 94-11.366 P : *D. 1996. 460, note Derrida ; D. 1996. Somm. 387, obs. S. Piedelièvre ; D. Affaires 1996. 811 ; JCP E 1996. I. 584, n° 9, obs. Pétel ; LPA 19 juill. 1996, p. 23, note Soinne.* – V. aussi Martin-Serf, *RJ com. 1996. 337 ;* Derrida, *D. 1997. Chron. 117 ;* Comanzo, *JCP N 1998, n° 8, p. 279.* ♦ Il résulte des art. 1413 C. civ. et 53 de la loi du 25 janv. 1985 [C. com., art. L. 621-46] que le créancier au profit duquel des époux communs en biens se sont solidairement engagés en constituant des sûretés réelles sur un immeuble commun ne peut, s'il n'a pas déclaré sa créance au passif de la liquidation judiciaire ouverte ultérieurement à l'égard de l'un des conjoints, prétendre participer aux répartitions faites dans le cadre de cette procédure collective mais, demeurant créancier de l'autre conjoint, peut faire valoir ses sûretés sur le produit de la vente de l'immeuble grevé, une fois désintéressés tous les créanciers admis. • Com. 26 oct. 1999 : *RJDA 2000, n° 70* • 1er févr. 2000 : *RJDA 2000, n° 692* • 2 mai 2001, n° 98-13.039 P : *D. 2001. AJ 2030, obs. Lienhard ; APC 2001, n° 141, obs. Vallansan ; JCP E 2001, n° 47, p. 1857, obs. Delebecque.*

14. L'extinction de la créance, faute de déclaration au passif de l'indivisaire soumis à la procédure collective, est sans incidence sur le droit de poursuivre les biens indivis que le créancier tient de l'art. 815-17, al. 1er, C. civ., dès lors que les créanciers de l'indivision préexistante à l'ouverture de la procédure collective de l'un des indivisaires, qui auraient pu agir sur les biens indivis avant qu'il y eût indivision, conservent leur droit de poursuivre la saisie de ces biens, malgré l'ouverture de cette procédure. • Civ. 1re, 13 déc. 2005 : *cité note 21 ss. art. L. 622-21.*

15. L'absence de déclaration de créance du porteur de la lettre de change au passif du redressement judiciaire du tiré est sans incidence sur l'action en responsabilité quasi délictuelle formée par le porteur à l'encontre de la banque ayant refusé de régler l'effet. • Com. 23 nov. 1999, n° 96-17.278 P.

16. Suite à l'extinction de la créance d'indemnité d'éviction non déclarée au passif du bailleur, le preneur, déchu de son droit de recevoir cette indemnité, ne peut plus se prévaloir du droit au maintien dans les lieux. • Com. 4 janv. 2005, n° 03-10.284 P : *APC 2005, n° 27, obs. Vallansan ; Loyers et copr. 2005, n° 96, obs. Brault ; RJDA 2005, n° 593.*

17. En l'absence de déclaration de créance à la procédure collective d'un des époux qui se sont portés cautions solidaires et ont hypothéqué deux immeubles dépendant de leur communauté en garantie de crédits consentis à une société, la créance étant éteinte à l'égard de cet époux, il en résulte que le commandement aux fins de saisie immobilière ne doit être signifié qu'à son épouse, qui demeure la seule débitrice. • Com. 3 mai 2006 : *D. 2006. AJ 1451, obs. Lienhard ; APC 2006, n° 130, obs. Henry.*

18. La sentence d'un tribunal arbitral qui s'est prononcé, en retenant l'existence d'un préjudice fondé sur l'insuffisance de bonne foi du débiteur, sur une demande n'ayant pas fait l'objet d'une déclaration de créance doit être annulée dès lors que la règle de l'extinction des créances non déclarées est d'ordre public. • Civ. 1re, 28 sept. 2011 : *D. 2011. Actu. 2410, obs. Delpech ; Rev. sociétés 2011. 732, obs. Roussel Galle ; RTD com. 2012. 189, obs. Martin-Serf ; JCP E 2011. 1738, obs. Béguin ; Procédures 2011, n° 339, note Weiller ; LEDEN 11/2011. 5, obs. Mélin ; BJE 2012. 27, note Vidal.*

19. La décision de relevé de forclusion du juge-commissaire de la seconde procédure collective [ouverte après résolution du plan de continuation] est dénuée de tout effet lorsque la créance est déjà éteinte par suite de la forclusion intervenue dans la première procédure collective. • Com. 21 juin 2005, n° 04-13.892 P : *D. 2005. AJ 1939, obs. Lienhard ; D. 2006. Pan. 84, obs. Le Corre ; APC 2005, n° 221, obs. Cagnoli ; RJ com. 2005. 450, note Sortais ; RTD com. 2006. 201, obs. Martin-Serf .*

20. Un créancier n'est pas recevable à se prévaloir de l'extinction de la créance d'un autre créancier pour défaut de déclaration dans le délai légal après que ce créancier a été irrévocablement relevé de la forclusion encourue. • Com. 19 févr. 2002 : *RDBF 2002, n° 99, obs. F.-X. Lucas.*

21. *L'extinction de la créance,* conséquence de l'irrégularité de la déclaration à la procédure collective du débiteur, survenue postérieurement à l'ouverture de la procédure collective, ne constitue pas une circonstance nouvelle, au sens de l'art. 488, al. 2, C. pr. civ., permettant de rapporter ou de modifier en référé une ordonnance de référé. • Com. 8 janv. 2008, n° 06-13.746 P : *D. 2008. AJ 290 ; JCP E 2008. 1432, n° 12, obs. Pétel ; APC 2008, n° 60, obs. Bléry.*

22. Caution. BIBL. Courtier, *LPA 23 sept. 1992.*

♦ L'extinction de la créance en application de l'art. 53, al. 3 [4] [C. com., art. L. 621-46], est une exception inhérente à la dette et, conformément à l'art. 2036 [2313] C. civ., la caution peut l'opposer au créancier. • Com. 17 juill. 1990, n° 88-16.630 P : *D. 1990. 494, note Honorat ; D. 1991. Somm. 12, obs. Derrida ; Gaz. Pal. 1990. 2. 678, note Piedelièvre ; JCP E 1991. II. 101, note Amlon* • 23 oct. 1990, n° 88-19.257 P : *D. 1990. IR 267* • 30 mars 1993, n° 91-15.351 P : *D. 1993. IR 131* • 6 juill. 1993 : *Rev. huiss. 1994. 93, note Vidal.* ♦ V., dans le même sens, pour un avaliste, • Com. 25 oct. 1994, n° 90-14.030 P : *D. 1995. 590, note Crionnet ; D. 1995. Somm. 306, obs. Honorat ; RTD com. 1996. 124, obs. Martin-Serf ; Rev. huiss. 1995. 57, note Vidal* • 3 déc. 1996, n° 94-16.745 P : *D. 1997. IR 19* (avaliste d'un billet à ordre). – *Contra* : • Lyon, 18 nov. 1988 : *D. 1989. 71, note Derrida* • Bordeaux, 16 mars 1989 : *D. 1989. 473, note Derrida* • CE 14 juin 2000 : *RJDA 2001, n° 475* (engagement de caution en remplacement d'une retenue de garantie, dans un marché de travaux publics). – Rappr. : • Versailles, 21 mai 1991 : *D. 1992. Somm. 251, obs. Derrida .* ♦ La solution est évidemment différente lorsque le prétendu cautionnement s'analyse, en réalité, en garantie à première demande. • TGI Paris, 8 mars 1995 : *Rev. dr. bancaire 1995. 191, obs. Contamine-Raynaud.*

23. La créance étant éteinte par application de l'art. 53 [C. com., art. L. 621-46], peu important la clôture de la liquidation judiciaire du débiteur principal pour insuffisance d'actif, aucune action ne peut plus être engagée contre la caution. • Com. 11 juin 1996, n° 93-16.058 P : *Rev. dr. bancaire 1996. 213, obs. Campana et Calendini.* ♦ De même, la décision, prise en application de l'art. 71 du décret du 27 déc. 1985 (et de l'art. 99 de la loi [C. com., art. L. 621-102]), de ne pas engager ou poursuivre la vérification des créances, est sans influence sur l'extinction de la créance. • Com. 23 nov. 1999, n° 97-16.870 P : *D. 2000. AJ 13, obs. A. L. ; RTD com. 2000. 188, obs. Vallens .* – *Contra* : • Versailles, 21 mai 1991 : *D. 1992. Somm. 251, obs. Derrida ; RTD com. 1991. 664, obs. Martin-Serf .*

24. Dès lors que la caution a seule fait une déclaration de créance, le créancier ne peut invoquer, pour remédier à sa propre carence, les dispositions de l'art. 2032 [2309] C. civ., lesquelles, en vue d'accroître les garanties de la caution, l'autorisent à agir contre le débiteur principal avant même d'avoir payé et retourner ainsi contre la caution, en le détournant de sa finalité, un texte destiné à faciliter l'exercice de son action récursoire. • Com. 23 oct. 1990 : *préc. note 12* • 17 juill. 1990, n° 89-13.138 P

• 12 juill. 1994, n° 92-41.483 P : *D. 1994. IR 207* • 3 janv. 1996 : *Rev. dr. bancaire 1996. 210, obs. Campana et Calendini.* ♦ Pas plus, à l'inverse, le fait par un créancier d'avoir déclaré sa créance, ne peut dispenser la caution entendant se prévaloir des dispositions de l'art. 2032 [2309] C. civ., de déclarer également sa propre créance contre le débiteur principal, à défaut de quoi cette créance est éteinte. • Com. 2 mars 1993, n° 90-21.025 P : *D. 1993. Somm. 310, obs. Aynès* • Civ. 1re, 25 oct. 1994, n° 91-16.729 P : *D. 1994. IR 255*.

25. De même, il importe peu, dès lors que la créance est éteinte, que la caution ait été mise en demeure de payer antérieurement à la mise en redressement judiciaire du débiteur principal. • Rennes, 1er déc. 1994 : *Dr. sociétés 1995, n° 213.*

26. Le prononcé à l'encontre de la caution d'un jugement la condamnant à exécuter son engagement ne fait pas non plus obstacle à ce qu'elle oppose au créancier l'extinction de sa créance pour une cause postérieure audit jugement, celui-ci serait-il passé en force de chose jugée. • Com. 5 déc. 1995, n° 94-14.793 P : *Quot. jur. 1er févr. 1996, p. 6, note P. M. ; JCP E 1996. I. 554, n° 18, obs. Cabrillac ; RTD com. 1997. 326, obs. Martin-Serf* • 6 juin 2000 : *APC 2000, n° 181, obs. Vallansan ; RDBF 2000, n° 201, obs. F.-X. Lucas.* ♦ Ainsi, la caution, condamnée à exécuter son engagement pour une créance ayant été déclarée, peut demander la mainlevée de la saisie-exécution lorsque le plan de continuation dont avait bénéficié le débiteur avait été résolu, et la liquidation judiciaire prononcée alors que le créancier n'avait pas à nouveau déclaré sa créance à la nouvelle procédure collective. • Com. 23 juin 1998 : *APC 1998, n° 121 ; RTD com. 1999. 502, obs. Martin-Serf*.

Sur la décharge de la caution lorsque le créancier omet de déclarer sa créance dans le cadre de la seconde procédure collective ouverte après résolution du plan de continuation, V. aussi • Com. 10 déc. 2002 : *RJDA 2003, n° 518* • Versailles, 3 déc. 1998 : *Gaz. Pal. 1999. 2. Somm. 615.*

En revanche, l'extinction de la créance ne peut plus être opposée par la caution à la société créancière dès lors qu'elle était acquise au jour du jugement de condamnation de la caution, prononcé après l'expiration du délai de déclaration et en l'absence de demande de relevé de forclusion de la part du créancier. • Com. 4 oct. 2005, n° 04-13.679 P : *D. 2005. AJ 2805, obs. Lienhard ; Gaz. Pal. 10-11 févr. 2006, p. 41, obs. Le Corre ; RDBF 2006, n° 21, obs. F.-X. Lucas.*

27. Pour la nullité, faute d'objet, d'une transaction conclue entre une banque et les cautions de la société débitrice, la créance de la banque étant éteinte au jour de la transaction, pour n'avoir pas été déclarée à la procédure collective de la société, V. • Civ. 1re, 29 mai 2001, n° 99-16.753 P : *D. 2001. AJ 1944, obs. Avena-Robardet ; Banque et Dr. 7-8/2001. 55, obs. Jacob ; JCP E 2001, n° 46, p. 1815, obs. Simler.* ♦ *Contra*, s'agissant d'une transaction conclue après condamnation définitive de la caution au paiement : • Civ 1re, 19 déc. 2000, n° 98-12.015 P : *D. 2001. AJ 629, obs. Avena-Robardet ; APC 2001, n° 19, obs. Regnaut-Moutier ; JCP E 2001, n° 18, p. 753, obs. Pétel ; Banque et Dr. 5-6/2001. 46, obs. Jacob ; RTD com. 2001. 976, obs. Martin-Serf*.

28. En l'absence de décision d'admission de la créance garantie opposable à la caution, une cour d'appel, saisie par celle-ci d'une exception tenant au caractère tardif de la déclaration de créance à la procédure collective du débiteur principal, peut, elle-même, après avoir constaté que la créance garantie a été déclarée hors délai, en déduire qu'elle est éteinte, à moins que le créancier ne justifie avoir demandé au juge-commissaire à être relevé de la forclusion encourue. • Com. 17 mars 1998, n° 95-20.027 P : *JCP E 1998, n° 10, obs. Cabrillac.* ♦ Dès lors que la banque ne prétend pas, en l'espèce, avoir saisi le juge-commissaire d'une demande en relevé de forclusion, la cour d'appel, sans être tenue de surseoir à statuer, peut se prononcer sur le caractère tardif de la déclaration litigieuse. • Même arrêt.

29. Sur la possibilité, par ailleurs, pour une caution solidaire, d'invoquer la décharge édictée par l'art. 2037 [2314] C. civ., en raison de l'omission du créancier de déclarer sa créance au redressement judiciaire d'un cofidéjusseur, V. • Aix-en-Provence, 19 janv. 1995 : *Bull. Aix 1995. 116.* ♦ V. aussi, déchargeant la caution du fait de l'omission par une banque de déclarer au passif du tiré accepteur un effet impayé, • Com. 6 févr. 1996, n° 94-13.622 P : *D. 1996. IR 82 ; D. Affaires 1996. 391.*

30. Subrogée dans les droits du créancier, la caution qui a payé celui-ci et qui ne prétend pas l'avoir fait après l'extinction des droits du créancier principal pour défaut de déclaration ne peut lui reprocher de n'avoir pas déclaré une créance éteinte. • Com. 6 juin 2000 : *APC 2000, n° 181, obs. Vallansan ; RJDA 2000, n° 1047 ; JCP 2002. II. 10008, note Boronad-Lesoin ; RTD com. 2002. 369, obs. Martin-Serf*.

31. A défaut de déclaration de la créance de la banque caution, celle-ci est éteinte à l'égard des sous-cautions qui garantissent non la créance de la société bénéficiaire du cautionnement à l'égard du débiteur principal en liquidation judiciaire, mais celle de la banque caution à l'égard du débiteur principal, lequel n'étant titulaire d'aucun droit à l'égard des sous-cautions n'a pu en transmettre le bénéfice par l'effet de la subrogation. • Civ. 1re, 7 mai 2002, n° 99-21.088 P : *D. 2002. AJ 1902, obs. Lienhard ; JCP E 2002, n° 39, p. 1523, obs. Cabrillac ; Dr. et pr. 2002. 286, obs. Courtier ; RDBF 2002, n° 132, obs. Legeais ; RTD com. 2003. 165, obs. Martin-Serf* • Com. 30 mars 2005, n° 00-20.733 P : *D. 2005. AJ*

1151, obs. Lienhard ; APC 2005, n° 118, obs. Legeais ; JCP E 2005, n° 36, p. 1426, obs. Cabrillac ; Gaz. Pal. 6-7 juill. 2005, p. 41, obs. Le Corre • 17 mai 2017, n° 15-18.460 P : *D. 2017. Actu. 1117 ; RTD com. 2017. 693, obs. Martin-Serf ; APC 2017, n° 201, obs. Mauger-Vielpeau et Vallansan ; LEDEN 7/2017. 5, obs. Pelletier ; Gaz. Pal. 10 oct. 2017, p. 78, obs. Le Corre-Broly ; RJDA 2017, n° 759 ; RDBF 2017, n° 220, obs. Houin-Bressand ; BJE 2017. 428, note Atsarias.* ♦ Le défaut de déclaration de sa créance par le créancier initial ne fait pas obstacle au recours de la caution qui a déclaré sa créance au passif de la société cautionnée contre la sous-caution. • Com. 11 févr. 2004 : *RJDA 2004, n° 1017 ; JCP 2004. I. 188, n° 9, obs. Simler.* – Dans le même sens, V. • Com. 21 févr. 2006 : *Gaz. Pal. 14-18 juill. 2006, p. 39, obs. Le Corre.* ♦ La caution qui a déclaré sa créance avant paiement au redressement judiciaire du débiteur principal peut se retourner contre la sous-caution après le paiement effectué par elle au créancier, sans avoir à procéder à une nouvelle déclaration de créance. • Com. 17 déc. 2003, n° 00-19.993 P. ♦ Sauf en cas d'admission de la créance de la caution au passif du débiteur principal, la sous-caution est fondée à contester, à l'égard de la caution, la réalité et le montant de la créance de celle-ci contre le débiteur principal. • Com. 17 sept. 2002, n° 00-14.190 P : *D. 2002. Somm. 3336, obs. Aynès ; APC 2002, n° 208, obs. Regnaut-Moutier ; JCP E 2003, n° 6, p. 272, obs. Cabrillac ; RDBF 2002, n° 235, obs. F.-X. Lucas ; RTD com. 2003. 370, obs. Martin-Serf ; LPA 30 juin 2003, p. 10, note Houtcieff.*

32. Garantie autonome. Une garantie autonome n'est pas éteinte lorsqu'en cas de redressement ou de liquidation judiciaire du donneur d'ordre, le créancier bénéficiaire de la garantie ne déclare pas au passif sa créance ; en conséquence, celui-ci peut assigner directement le garant. • Com. 30 janv. 2001 : *D. 2001. Somm. 3426, obs. Honorat ; JCP E 2001, n° 13, p. 568, note Legeais ; ibid., n° 20-21, p. 850, note Rémery ; Banque et Dr. 5-6/2001. 50, obs. Prüm ; RTD com. 2001. 763, obs. Martin-Serf .* ♦ En raison du caractère autonome de son engagement, le garant ne peut ni imputer à faute au bénéficiaire de la garantie la non-déclaration de sa créance au titre du contrat de base au passif du redressement judiciaire des sociétés garanties, ni prétendre avoir de ce fait subi un préjudice. • Com. 9 juin 2004, n° 02-12.115 P : *Rev. sociétés 2004. 894, note Pariente ; Banque et Dr. 9-10/2004. 77, obs. Rontchevsky.*

33. Codébiteurs solidaires. L'extinction, en vertu de l'art. 53, al. 3 [4] [C. com., art. L. 621-46], de la créance à l'égard du débiteur faisant l'objet d'une procédure collective, laisse subsister l'obligation distincte contractée par son codébiteur solidaire. • Com. 19 janv. 1993, n° 89-16.518 P : *D. 1993. 331, note Honorat et Patarin ; JCP 1993. II. 22056, note Pétel ; Defrénois 1993. 1045, note Derrida ; ibid. 1993. 1220, obs. Sénéchal* • Civ. 1re, 17 nov. 1993, n° 92-11.348 P : *D. 1994. Somm. 214, obs. Delebecque ; Defrénois 1994. 1121, obs. D. Mazeaud* • 2 avr. 1996 : *RJDA 1996, n° 971* • Civ. 3e, 8 oct. 1997 : *RJDA 1997, n° 1543* • Com. 14 mars 2000 : *RDBF 2000, n° 68, obs. F.-X. Lucas ; RJDA 2000, n° 691* • Paris, 22 juin 2001 : *D. 2002. Somm. 638, obs. R. Martin .* ♦ Ainsi, l'extinction de la créance à l'égard du mari faisant l'objet d'une procédure collective laisse subsister l'obligation distincte contractée par son épouse, codébiteur solidaire, et n'affecte pas l'existence des droits hypothécaires du créancier sur les biens communs. • Com. 11 déc. 2001, n° 98-22.643 P : *D. 2002. AJ 402, obs. Lienhard ; APC 2002, n° 23, obs. Regnaut-Moutier ; Procédures 2002, n° 52, note Croze ; RDBF 2002, n° 60, obs. F.-X. Lucas ; JCP E 2002, n° 20, p. 807, obs. Pétel ; RJ com. 2002. 229, note Courtier ; Dr. et patr. 7-8/2002. 106, obs. Monsèrié-Bon ; RTD com. 2002. 363, obs. Martin-Serf .* ♦ Il en résulte que le créancier qui, après l'extension de la procédure collective à l'épouse, a régulièrement déclaré sa créance au passif de celle-ci, conserve ses droits dans cette procédure. • Même arrêt. ♦ L'extinction de la créance du bailleur à l'égard du locataire, objet d'une procédure collective, faute de déclaration à celle-ci, laisse subsister l'obligation personnelle de son épouse, cotitulaire du bail, en vertu de l'art. 1751 C. civ. • Civ. 3e, 23 mars 2005 : *D. 2005. AJ 1084, obs. Lienhard ; Gaz. Pal. 6-7 juill. 2005, p. 43, obs. Le Corre.* ♦ La négligence imputable au créancier pour avoir omis de déclarer sa créance en temps utile au passif de la liquidation judiciaire du codébiteur ne révèle de sa part, ni un manquement à son obligation de bonne foi, ni une manifestation de déloyauté à l'égard de ses cocontractants, susceptible d'engager sa responsabilité civile. • Com. 23 oct. 2001, n° 99-12.504 P : *D. 2001. AJ 3433, obs. Lienhard ; D. 2003. Somm. 1284, obs. Brémond ; LPA 4 déc. 2001, p. 14, note E. C. ; JCP 2002. II 10103, note de Gentili-Picard.*

V. aussi note 16.

34. En application des dispositions de l'art. 1208 C. civ., si l'extinction de la créance à l'égard du débiteur faisant l'objet d'une procédure collective en raison du défaut de déclaration laisse subsister l'obligation distincte contractée par son codébiteur solidaire, en revanche, ce dernier peut opposer au créancier la chose jugée résultant de l'admission irrévocable de la créance dans la procédure collective ouverte à l'égard de l'autre codébiteur solidaire. • Com. 25 nov. 2008, n° 07-14.583 P : *D. 2008. AJ 3008, obs. Lienhard ; APC 2009, n° 51, obs. Cagnoli ; Gaz. Pal. 21-22 janv. 2009, p. 51, obs. Le Corre ; JCP E 2009. 1347, n° 8, obs. Cabrillac ; Defrénois 2009.*

1400, obs. Gibirila ; RJDA 2009, n° 869 (2e esp.).

35. L'extinction de la créance à l'égard du locataire-gérant, résultant du défaut de déclaration, ne profite pas au loueur solidairement responsable en application de l'art. 8 de la loi du 20 mars 1956 [C. com., art. L. 144-7]. • Com. 27 mai 1997 : *D. Affaires 1997. 1042* • Montpellier, 18 janv. 1990 : *RPC 1990. 413, obs. Dureuil ; RTD com. 1991. 292, obs. crit. Martin-Serf.*

36. Lorsque la cession de créance professionnelle est effectuée à titre de garantie d'un crédit, le cédant reste tenu, en sa qualité de débiteur principal, vis-à-vis de l'établissement cessionnaire lui ayant accordé le crédit, peu important que la créance cédée n'ait pas été déclarée au passif du débiteur cédé. • Com. 20 oct. 2009, n° 08-18.233 P : *D. 2009. AJ 2611 ; RTD com. 2010. 422, obs. Martin-Serf ; APC 2009, n° 303, obs. F. Petit ; Gaz. Pal. 8-9 janv. 2010, p. 31, obs. Bonhomme ; LEDEN 1/2010. 4, obs. Mouial-Bassilana ; Banque et Dr. 1-2/2010. 18, obs. Bonneau ; RPC 2010, n° 63, obs. Pérochon ; RDBF 2010, n° 39, obs. Crédot et Samin.*

37. Pluralité de débiteurs. L'extinction de la créance, à défaut de déclaration, laissant subsister l'éventuelle obligation distincte susceptible de peser sur un autre débiteur, c'est à tort que le crédit-bailleur, propriétaire d'un véhicule loué à une entreprise en redressement judiciaire et détenu par un garagiste qui avait effectué des travaux de réparation, prétend que la demande en paiement des réparations formée à son encontre est irrecevable en raison de l'absence de déclaration par le garagiste de sa créance au passif de l'entreprise utilisatrice. • Versailles, 21 sept. 1994 : *RJDA 1994, n° 1366.*

38. Cofidéjusseurs. BIBL. J. Mestre, *Dr. et patr. 1/1998. 66 ; avr. 1998. 64.* ♦ Il résulte de l'art. 2025 [2302] C. civ. que l'extinction de la dette de la caution en liquidation judiciaire est sans effet sur l'obligation de l'autre caution à toute la dette. • Com. 28 janv. 1997, n° 94-21.702 P : *D. 1997. Somm. 167, obs. Aynès ; D. 1997. Somm. 213, obs. Honorat ; D. Affaires 1997. 276 ; JCP 1997. II. 22946, note Dagorne-Labbe ; LPA 3 oct. 1997, p. 28, note D. Boccara.*

39. Co-avalistes. En ce sens que la condamnation à paiement prononcée contre un avaliste, nonobstant le défaut de déclaration de créance du bénéficiaire d'un billet à ordre à la procédure collective du souscripteur, a autorité de la chose jugée contre l'autre avaliste, dès lors que celui-ci ne prétend pas que l'instance engagée contre le co-avaliste a été menée en fraude des intérêts, V. • Com. 1er juin 1999, n° 96-18.466 P : *D. Affaires 1999. 1114, obs. X. D. ; APC 1999, n° 174, obs. Cabrillac ; Banque et Dr. 9-10/1999. 47, obs. Jacob.*

40. Indivisaire post-communautaire. Une personne qui n'est pas recherchée comme caution mais comme indivisaire d'un bien dépendant de l'indivision post-communautaire, pour une dette née du chef de l'ex-époux pendant la communauté, ne peut se prévaloir de l'extinction de la créance non déclarée au passif du débiteur. • Com. 10 mai 2012, n° 10-20.974 P : *D. 2012. Actu. 1326 ; APC 2012, n° 157, obs. Leprovaux ; BJE 2012. 248, note Cabrillac ; LEDEN 9/2012. 3, obs. Rubellin ; RJDA 2012, n° 878 ; RPC 2013, n° 100, obs. Dumont-Lefrand.*

41. Associés tenus du passif social. L'extinction de la créance d'un créancier contre une SCI fait disparaître l'obligation des associés, qui ne sont tenus que du passif social. • Civ. 3e, 22 mars 1995, n° 92-20.048 P : *Rev. sociétés 1995. 559, note Barbièri ; Dr. sociétés 1995, n° 96, obs. Chaput ; BJS 1995. 551, note Jeantin* • 10 juill. 1996 : *D. 1997. Somm. 80, obs. Honorat ; Dr. sociétés 1996, n° 169, obs. Chaput ; BJS 1996. 958, note Calendini* • Douai, 6 févr. 1995 : *BICC 1995, n° 854.* ♦ De même, l'extinction de la créance d'un créancier contre une société en nom collectif emporte, si elle est établie, la disparition de l'obligation des associés qui ne sont tenus que du passif social. • Com. 25 nov. 1997, n° 95-10.942 P : *D. Affaires 1998. 27, obs. A. L. ; BJS 1998. 156, note Le Cannu.*

42. Délégation. L'obligation du délégué est une obligation personnelle, indépendante de l'obligation du délégant, de sorte que l'extinction de la créance du délégataire contre le délégant pour défaut de déclaration au passif de sa liquidation judiciaire laisse subsister l'obligation distincte du délégué. • Com. 7 déc. 2004 : *D. 2005. AJ 79, obs. Lienhard ; ibid. Pan. 1427, obs. Boujeka ; APC 2005, n° 31, obs. Saint-Alary-Houin ; JCP E 2005, n° 17, p. 711, obs. Pétel ; Banque et Dr. 3-4/2005. 39, obs. Rontchevsky ; Dr. et patr. 4/2005. 116, obs. Monsèrié-Bon ; Gaz. Pal. 29-30 avr. 2005, p. 33, obs. Le Corre.*

43. Garantie financière professionnelle. En raison de son autonomie, la garantie financière exigée des personnes exerçant des activités relatives à certaines opérations portant sur les immeubles et les fonds de commerce et affectée au remboursement des fonds, effets ou valeurs qu'elles ont reçus n'est pas éteinte lorsqu'en cas de redressement ou de liquidation judiciaire de l'agent immobilier, le client ne déclare pas au passif sa créance de restitution de la somme versée. • Cass., Ass. plén., 4 juin 1999, n° 96-18.094 P : *D. 2000. Somm. 140, obs. Capoulade ; D. Affaires 1999. 1082, obs. A. L. ; JCP E 1999, n° 30-34, p. 1294, note Béhar-Touchais ; RTD civ. 1999. 665, obs. Crocq ; Banque et Dr. sept-oct. 1999. 46, obs. Rontchevsky ; RTD com. 2000. 175, obs. Martin-Serf* • Com. 15 févr. 2000 : *RPC 2002. 174, obs. Lebel* (pour la garantie financière d'un syndic de copropriété) • 23 mai 2000 : *APC 2000, n° 147* • Civ. 1re, 12 déc. 2000 : *APC 2001, n° 50 ; RDBF 2001, n° 113, obs. Cerles*

• 25 juin 2002 : *AJDI 2003. 529, note Thioye* ; *RPC 2003. 347, obs. Lebel.* ♦ Comp., pour la position de la première Chambre civile antérieure à l'arrêt d'Assemblée plénière du 4 juin 1999 : • Civ. 1re, 10 janv. 1995, nº 93-10.140 P : *D. 1995. 178, note Aynès* ; *JCP 1995. II. 22489, note Béhar-Touchais* • 27 juin 1995, nº 92-16.233 P : *D. 1995. IR 165* . ♦ De même, la garantie imposée par la loi nº 71-1130 du 31 déc. 1971 [dans sa rédaction initiale], et spécialement affectée au remboursement des fonds, effets ou valeurs reçus par les conseils juridiques, ne s'éteint que pour l'une des causes énumérées de manière limitative par l'art. 20 du décret nº 72-671 du 13 juill. 1972 et seulement dans les conditions fixées par les art. 21, 22 et 23 de ce décret ; cette garantie ne cesse pas, en cas d'ouverture du redressement judiciaire du conseil juridique, si le client omet de déclarer au passif sa créance de restitution des sommes versées. • Com. 5 oct. 1993, nº 91-13.948 P : *D. 1994. 267, note Sortais et Derrida* ; *RTD com. 1994. 122, obs. Martin-Serf* ; *JCP 1994. II. 22225, note Béhar-Touchais* (V. l'arrêt cassé : • Paris, 28 févr. 1991 : *JCP 1992. II. 21911, note Ginestet* ; et l'arrêt de renvoi : • Versailles, 14 nov. 1996 : *D. Affaires 1997. 223*). ♦ *Contra* : • Com. 1er oct. 1991 : *JCP 1993. II. 21990, note Béhar-Touchais.*

44. *Garantie d'achèvement.* La garantie d'achèvement des travaux prévue à l'art. R. 315-34 C. urb. possédant un caractère spécifique et ne s'assimilant pas à un cautionnement prévu par les art. 2011 [2288] s. C. civ., sa mise en œuvre n'est pas soumise à une déclaration préalable de créance en cas de redressement ou de liquidation judiciaires du lotisseur : • Civ. 3e, 14 janv. 1998 : *D. 1998. IR 54* ; *D. Affaires 1998. 257, obs. J. F.* ; *JCP E 1998, nº 9, p. 298, obs. Morvan* • 28 nov. 2001, nº 00-12.947 P : *D. 2002. AJ 213* ; *JCP 2003. I. 124, nº 10, obs. Delebecque* • Com. 25 févr. 2004 : *RDBF 2004, nº 206, obs. Cerles.*

45. *Caution de retenue de garantie.* Le cautionnement solidaire substitué à la retenue de garantie [souscrit en application de la loi nº 71-584 du 16 juill. 1971] possédant un caractère spécifique et ne s'assimilant pas au cautionnement prévu par les art. 2011 [2288] s. C. civ., sa mise en œuvre n'est pas soumise à une déclaration préalable de créance en cas de redressement ou de liquidation judiciaire de l'entrepreneur. • Civ. 3e, 3 oct. 2001, nº 99-18.080 P : *D. 2001. AJ 3121, obs. Lienhard* ; *APC 2001, nº 260, obs. Le Corre* ; *JCP E 2002, nº 3, p. 132, note F.-X. Lucas* ; *ibid., nº 4, p. 172, nº 10, obs. Pétel* ; *RDBF 2002, nº 15, obs. Cerles* ; *Banque et Dr. 3-4/2002. 49, obs. Jacob* ; *RTD com. 2002. 368, obs. Martin-Serf* . – *Contra* : • Paris, 28 mai 1999 : *Banque et Dr. 1-2/2000. 68, obs. Guillot.* ♦ Dans le même sens que l'arrêt de la Cour de cassation, pour une caution de retenue de garantie consentie dans les conditions de l'art. 322 (anc.) C. marchés publ., V. • CE 14 juin 2000 : *D. 2001. 2117, note Ancel* ; *RJDA 2001, nº 475* ; *JCP 2001. I. 356, nº 10, obs. Simler* ; *RDBF 2001, nº 225, obs. Cerles.*

46. *Action directe du sous-traitant.* En ce sens que l'extinction de la créance du sous-traitant faute de déclaration au passif de la procédure collective dont est l'objet l'entrepreneur principal, ne préjudicie pas à l'exercice de l'action directe du sous-traitant contre le maître de l'ouvrage, en vertu de l'art. 12, al. 3, de la loi du 31 déc. 1975, V. • Paris, 27 nov. 1990 : *JCP 1992. II. 21782, note Dubois* • Versailles, 4 juill. 1991 : *D. 1992. Somm. 116, obs. Bénabent* ; *RTD com. 1991. 664, obs. Martin-Serf* . ♦ V. ce texte, 2e partie.

47. *Vente à terme.* Même si elle libère l'acquéreur de l'obligation de payer la partie du prix restant due, l'extinction de la créance par application de l'art. 53 [C. com., art. L. 621-46] ne constitue pas le terme contractuellement fixé pour le transfert de propriété. • Com. 9 janv. 1996, nº 93-12.667 P : *D. 1996. 184, note Derrida* ; *Dr. sociétés 1996, nº 58, obs. Chaput* ; *JCP E 1996. I. 554, nº 19, obs. Cabrillac.* – V. Larroumet, *D. Affaires 1996. 603* ; Charlery, *JCP 1997. I. 4013.*

48. *Salariés.* V. art. L. 621-125.

49. *Compensation.* La créance qui n'a pas été déclarée et n'a pas donné lieu à un relevé de forclusion est éteinte, ce qui exclut la compensation judiciaire entre créance et dette respectives. • Com. 8 juin 1999 : *Dr. sociétés 1999, nº 148, obs. Chaput* • Grenoble, 28 janv. 1988 : *LPA 31 août 1988, note Gallet.*

50. En l'absence de déclaration d'une créance d'indemnités contractuelles, le créancier, assigné en paiement après que la banque cessionnaire lui a notifié une cession de créance par le débiteur en liquidation judiciaire, ne peut ensuite invoquer cette créance comme un élément d'une compensation, y compris dans les relations avec la banque cessionnaire, en l'absence de toute dette personnelle de celle-ci. • Com. 18 juin 1996 : *D. 1996. IR 186* .

51. *Partie civile.* L'extinction de la créance de la victime en application de l'art. L. 621-46 C. com. ne saurait la priver de son droit de se constituer partie civile pour corroborer l'action publique. • Crim. 23 janv. 2008 : *APC 2008, nº 122, obs. Cerf-Hollender* ; *JCP E 2008. 2062, nº 15, obs. Cabrillac* ; *RPC 2008, nº 136, obs. Legrand.* ♦ Dès lors que les juges ont constaté l'extinction de la créance de la partie civile, pour défaut de déclaration dans la liquidation judiciaire du prévenu, celui-ci ne peut être placé sous le régime du sursis avec mise à l'épreuve comportant l'obligation spéciale de réparer les dommages causés par l'infraction. • Crim. 11 juin 1998 : *Rev. sociétés 1998. 814, note Bouloc* .

52. *Action paulienne.* Le créancier qui n'a pas déclaré sa créance dans les délais et qui n'a pas été relevé de sa forclusion est irrecevable, même après la clôture de la liquidation de son débiteur, à exercer l'action paulienne. • Com. 2 févr. 1999, n° 96-18.450 P : *D. 1999. Somm. 351, obs. Honorat* ; *APC 1999, n° 49, obs. Vallansan* ; *RTD com. 1999. 745, obs. Martin-Serf*. – Rappr. : • Com. 10 juin 2008 : *RTD com. 2008. 861, obs. Martin-Serf*.

53. *Action en responsabilité engagée par le créancier forclos.* La société qui n'a pas déclaré sa créance devant, comme tout créancier, veiller à la sauvegarde de ses droits, le dirigeant de la société débitrice qui n'avait pas l'obligation d'informer le créancier du prononcé du redressement judiciaire n'a pas commis de faute engageant sa responsabilité en raison de l'extinction de la créance. • Com. 16 févr. 1993 : *Dr. sociétés 1993, n° 75, obs. Chaput*. ♦ En effet, l'extinction de la créance résulte du défaut de déclaration par le créancier et non pas du silence conservé par le débiteur. • Com. 20 janv. 1998 : *D. Affaires 1998. 336, obs. X. D.* ; *JCP 1998. II. 10121, note Dagorne-Labbe* ; *Defrénois 1998. 952, obs. Le Cannu* ; *RTD com. 2000. 172, obs. Martin-Serf* • 14 mai 1996 : *D. 1996. IR 174*. ♦ V. aussi • Com. 13 avr. 1999 : *RJDA 1999, n° 698* ; *APC 1999, n° 130, obs. Vallansan* • 14 mai 2002 : *RJDA 2002, n° 1061*. ♦ Comp., pour une condamnation du débiteur, fondée sur l'art. 123 NCPC (désormais, art. 123 C. pr. civ., relatif à l'abstention de soulever une fin de non-recevoir à des fins dilatoires) : • Aix-en-Provence, 31 mai 1996 : *Gaz. Pal. 1997. 1. 55, note Latil*. ♦ De même, l'administrateur et le commissaire à l'exécution du plan n'ont aucune obligation d'informer les créanciers de l'ouverture d'une procédure collective. • Com. 14 mai 2002 : *préc.* ♦ Sur la responsabilité du représentant des créanciers pour défaut d'avertissement d'un créancier, V. note 6 ss. art. 66 du décret du 27 déc. 1985. ♦ Dans le cas où la créance a fait l'objet d'une déclaration tardive, le représentant des créanciers n'a pas l'obligation d'aviser le créancier de la tardiveté de sa déclaration. • Com. 18 févr. 2003 : *RPC 2003. 320, obs. Legrand*.

IV. RECOURS

54. *Décisions relatives à l'inopposabilité de la forclusion.* Il résulte de l'art. 53, devenu l'art. L. 621-46 C. com., que lorsque le juge-commissaire statue sur la demande en inopposabilité de la forclusion au créancier titulaire d'une sûreté ou d'un contrat de crédit-bail publiés qui n'a pas été avisé personnellement, l'appel de sa décision est porté devant la cour d'appel. • Com. 14 janv. 2004, n° 00-19.555 P : *D. 2004. AJ 279, obs. Lienhard* ; *JCP E 2004, n° 22, p. 858, obs. Pétel* ; *APC 2004, n° 59, obs. Vallansan* ; *Dr. et patr. 6/2004. 101, obs. Monsèrié-Bon*.

55. *Décisions statuant en matière de relevé de forclusion.* V. art. L. 621-46, al. 3, et notes ss. art. 25 du décret du 27 déc. 1985. ♦ V. aussi notes 2 et 16 ss. anc. art. L. 623-4, ss. art. L. 661-4. ♦ En ce sens que les dispositions de l'art. 53, al. 3 [C. com., art. L. 621-46, al. 3], issues de la loi du 10 juin 1994, ne sont pas applicables aux procédures ouvertes avant le 1er oct. 1994, V. • Com. 10 mai 2000 : *APC 2000, n° 158*.

V. ORDRE PUBLIC INTERNATIONAL

56. L'absence d'extinction de la créance pour défaut de déclaration à la procédure collective du débiteur principal n'est pas contraire à la conception française de l'ordre public international. • Com. 16 oct. 2007, n° 06-14.681 P : *D. 2007. AJ 2734, obs. Lienhard* ; *Gaz. Pal. 23-24 janv. 2008, p. 27, obs. Mélin* ; *RJDA 2008, n° 175* ; *RJ com. 2008. 221, note Sortais* ; *Rev. crit. DIP 2008. 289, note Bureau*.

Art. L. 622-27 **S'il y a discussion sur tout ou partie d'une créance autre que celles mentionnées à l'article L. 625-1, le mandataire judiciaire en avise le créancier intéressé en l'invitant à faire connaître ses explications. Le défaut de réponse dans le délai de trente jours interdit toute contestation ultérieure de la proposition du mandataire judiciaire** *(Ord. n° 2014-326 du 12 mars 2014, art. 30, en vigueur le 1er juill. 2014)* **« , à moins que la discussion ne porte sur la régularité de la déclaration de créances ».**— *[C. com., anc. art. L. 621-47.] — V. art. R. 624-1.*

1. *Conditions d'application.* Il résulte des dispositions des art. L. 622-27 et R. 624-1, al. 2, que la lettre du mandataire ou du liquidateur judiciaires prévue par ces textes doit préciser l'objet de la discussion. • Com. 13 mai 2014, n° 13-14.357 P : *D. 2014. Actu. 1148, obs. Lienhard* ; *ibid. Pan. 2148, obs. Le Corre* ; *JCP E 2014. 1447, n° 5, obs. Pétel* ; *APC 2014, n° 185, obs. Cagnoli* ; *LEDEN 7/2014. 3, obs. F. Legrand* ; *RJDA 2014, n° 655* ; *RDBF 2014, n° 147, obs. Houin-Bressand* ; *Gaz. Pal. 5-7 oct. 2014, p. 38, obs. Le Corre*. ♦ Il n'y a discussion de la créance, au sens de l'art. L. 622-27, que lorsque la créance déclarée est contestée dans son existence, son montant ou sa nature, appréciés au jour du jugement d'ouverture. • Com. 29 mai 2019, n° 18-14.911 P : *D. 2019. Pan. 1909, obs. Cagnoli* ; *Rev. sociétés 2019. 558, obs. Reille* ; *RTD com. 2019. 989, obs. Martin-Serf* ; *JCP E 2019. 1375, n° 16, obs. Pétel* ; *RJDA 2019, n° 576* ; *RPC 2019, n° 140, obs. F. Legrand* ; *RDBF 2019, n° 174, obs. Houin-Bressand*. ♦ Une lettre qui se borne à solliciter une déclaration de créance rectificative tenant compte des encaissements réalisés ne discute pas la créance au sens des textes précités. • Même arrêt. ♦ La sanction prévue par les art. L. 621-47 [L. 622-27] et L. 621-105 [L. 624-3], al. 2, C. com., en cas de défaut de réponse dans le délai de trente jours, n'est pas applicable lorsque le représentant des créanciers avise le créancier de l'existence d'une instance en cours. • Com. 15 mars 2005, n° 00-19.918 P : *D. 2005. AJ 889, obs. Lienhard ; RDBF 2005, n° 102, obs. F.-X. Lucas ; Gaz. Pal. 6-7 juill. 2005, p. 28, obs. Le Corre.* ♦ Cette sanction n'est applicable que s'il y a discussion sur tout ou partie d'une créance autre que celles mentionnées aux art. 106 [abrogé par L. n° 94-475 du 10 juin 1994] et 123 [C. com., art. L. 625-1] ; elle ne peut être étendue lorsque la discussion porte sur la régularité de la déclaration de créance. • Com. 7 juill. 1998, n° 95-18.984 P : *D. 1998. IR 209 ; D. Affaires 1998. 1322, obs. A. L. ; Quot. jur. 11 août 1998, p. 5, note P. M. ; BJS 1998. 1290, note Courtier ; JCP E 1998, n° 52, p. 2066, obs. Pétel.* ♦ Solution confirmée par l'art. L. 622-27 dans sa réd. issue de l'Ord. n° 2014-326 du 12 mars 2014. ♦ L'art. L. 622-27 n'exige pas que la discussion porte exclusivement sur la régularité de la déclaration de créance pour autoriser le créancier, qui n'a pas répondu à la lettre de contestation du mandataire judiciaire, à exercer un recours contre l'ordonnance du juge-commissaire confirmant la proposition du mandataire. • Com. 28 juin 2017, n° 16-12.382 P : *D. 2017. Actu. 1357, obs. Lienhard ; Rev. sociétés 2017. 525, obs. Henry ; RTD com. 2017. 990, obs. Martin-Serf ; JCP E 2017. 1460, n° 13, obs. Pétel ; LEDEN 9/2017. 3, obs. Staes ; APC 2017, n° 231, obs. Cagnoli ; RDBF 2017, n° 222, obs. Houin-Bressand ; RJDA 2017, n° 825.* ♦ La lettre par laquelle un mandataire judiciaire invite un organisme de sécurité sociale à produire le titre exécutoire constatant sa créance et lui précisant qu'à défaut, il proposera son rejet, n'est pas une lettre de contestation au sens de l'art. L. 622-27 C. com., de sorte que le défaut de réponse à cette lettre n'interdit pas à la cour d'appel de prononcer l'admission de la créance. • Com. 31 janv. 2017, n° 15-17.296 P : *D. 2017. Actu. 294 ; RTD com. 2017. 689, obs. Martin-Serf ; JCP E 2017. 1164, n° 11, obs. Pétel ; RJDA 2017, n° 269.*

2. La contestation du montant de la créance à admettre ne peut porter que sur celui existant au jour de l'ouverture de la procédure collective. • Com. 13 mai 2014 : *préc. note 1.*

3. Aucune disposition ne contraint le créancier, qui, ayant répondu à une première lettre de contestation de sa créance dans le délai imparti, *ne peut être exclu du débat sur cette créance* et doit être convoqué devant le juge-commissaire appelé à statuer sur la contestation, à répondre à une nouvelle lettre de discussion de la même déclaration de créance. • Com. 28 juin 2017, n° 16-16.614 P : *D. 2017. Actu. 1357 ; Rev. sociétés 2017. 526, obs. Henry ; RTD com. 2017. 990, obs. Martin-Serf ; JCP E 2017. 1460, n° 14, obs. Tehrani ; ibid. 2018. 1097, note Lebel ; APC 2017, n° 231, obs. Cagnoli ; RJDA 2017, n° 741 ; RDBF 2017, n° 222, obs. Houin-Bressand.*

4. Créances fiscales. Les créances fiscales ne peuvent être contestées, en cas d'ouverture d'une procédure de redressement judiciaire, que dans les conditions prévues par le LPF ; doivent donc être admises les créances fiscales qui n'ont pas donné lieu à une réclamation contentieuse adressée à l'administration, conformément aux dispositions de ce livre. • Com. 3 févr. 2021, n° 19-20.683 P : *D. 2021. Actu. 284 ; RTD com. 2021. 425, obs. Martin-Serf ; JCP E 2021. 1191, n° 12, obs. Tehrani ; LEDEN 3/2021. 3, obs. Ollu ; APC 2021, n° 67, obs. Dedeurwaerder ; RPC 2021, n° 61, obs. Borga.*

5. Principe du contradictoire. Sur l'obligation de respecter le principe du contradictoire, V. • Rennes, 23 janv. 1990 : *RPC 1991. 352, obs. Dureuil* • Bordeaux, 14 mars 1991 : *ibid.* • Com. 22 nov. 1994 : *RPC 1995. 311, obs. Dureuil.* ♦ V. aussi note 9.

6. Défaut de réponse. BIBL. Soinne, *Mél. Honorat, Frison-Roche, 2000, p. 209.* ♦ A défaut de réponse dans le délai de trente jours, le créancier s'exclut lui-même du débat sur la créance, de sorte qu'il n'a pas à être convoqué pour être entendu par le juge-commissaire et ne peut pas non plus exercer de recours contre la décision de ce magistrat confirmant la proposition du représentant des créanciers. • Com. 30 mars 1993, n° 91-16.393 P : *D. 1993. IR 130* • 28 mars 2000 : *APC 2000, n° 132.* – V. aussi • Com. 30 mars 1993, n° 90-21.980 P : *D. 1993. IR 130* • Paris, 28 mai 1999 : *D. 1999. IR 217.*

Le caractère insuffisant ou incomplet de la réponse du créancier à la décision de rejet d'une créance ne peut être assimilé à un défaut de réponse. • Com. 11 déc. 2001 : *RPC 2002. 185, obs. Legrand* • Chambéry, 24 sept. 1996 : *RPC 1997. 463, obs. Blanchard.* ♦ L'appréciation du contenu de la réponse du créancier fait partie de la discussion elle-même et ne relève pas de la sanction édictée pour défaut de réponse. • Com. 15 oct. 2002 : *RJDA 2003, n° 160 ; RDBF 2003, n° 32, obs. F.-X. Lucas.*

7. Le créancier ne se trouve pas privé de ses droits, et le juge commissaire qui n'est pas tenu de suivre la proposition du représentant des créanciers, a la faculté d'ordonner son inscription sur l'état des créances, pour le montant qu'il estime justifié. • Versailles, 9 janv. 1997 : *Gaz. Pal. 1997. 2. Somm. 351.* ♦ V. aussi note 1 ss. art. L. 624-3.

8. L'art. L. 622-27, qui interdit au créancier qui n'a pas répondu à l'avis du mandataire judiciaire dans le délai de trente jours de contester ultérieurement la proposition de ce dernier, n'a pas vocation à s'appliquer lorsqu'une instance au fond était en cours au jour de l'ouverture de la procédure collective du débiteur. • Com. 5 sept. 2018, n° 17-14.960 P : *D. 2019. Pan. 1909, obs. Cagnoli ; RTD com. 2018. 1015, obs. Martin-Serf ; JCP E 2018. 1589, note Berthelot ; LEDEN 10/2018. 4, obs. Urbain ; RDBF 2018, n° 170, obs. Houin-Bressand ; Gaz. Pal. 15 janv. 2019, p. 73, obs. Le Corre* • 13 févr. 2019, n° 17-28.749 P : *D. 2019. Actu. 380 ; RTD com. 2019. 761, obs. Martin-Serf ; JCP E 2019. 1264, note Houssin ; DP diff. entr., Bull. n° 412, obs. Rémery ; RJDA 2019, n° 278.*

9. Dès lors que le créancier a été convoqué devant le juge-commissaire dans le délai de trente jours ouvert par l'art. L. 621-47 [L. 622-27] C. com. et a comparu devant lui, la sanction prévue par l'art. précité ne lui est pas applicable, peu important l'absence de réponse à la lettre de contestation du représentant des créanciers. • Com. 7 déc. 2004, n° 03-16.321 P : *D. 2005. AJ 80, obs. Lienhard ; APC 30 janv. 2005, obs. Voinot ; RDBF 2005, n° 19, obs. F.-X. Lucas ; RTD com. 2005. 175, obs. Vallens ; RPC 2005. 129, obs. Gorrias.*

10. Lettre adressée au mandataire du créancier. Lorsqu'un créancier déclare sa créance par l'intermédiaire d'un mandataire, la lettre par laquelle le représentant des créanciers avise que la créance déclarée fait l'objet d'une contestation peut être adressée soit au mandataire qui a déclaré la créance soit au créancier lui-même. • Com. 19 déc. 2006, n° 05-19.115 P : *D. 2007. AJ 229 ; APC 2007, n° 36, obs. Fricero ; RDBF 2007, n° 23, obs. F.-X. Lucas ; Gaz. Pal. 13-14 avr. 2007, p. 47, obs. Le Corre-Broly.* – V. déjà : • Com. 12 nov. 1997, n° 95-14.225 P : *D. 1997. IR 258 ; D. Affaires 1997. 1425.*

11. Personne morale de droit public. Il résulte de la combinaison des dispositions de l'art. L. 621-47 C. com. et de celles de l'art. L. 2343-1, al. 1er, CGCT que, s'il appartient à l'ordonnateur de liquider les créances, seul le comptable de la commune, qui tient de la loi le pouvoir de poursuivre la rentrée de tous les revenus de la commune et de toutes les sommes qui lui sont dues, peut les déclarer au passif du débiteur. • Com. 23 oct. 2007, n° 06-19.069 P : *D. 2007. AJ 2810 ; JCP E 2008. 1207, n° 10, obs. Pétel ; Gaz. Pal. 23-24 janv. 2008, p. 53, obs. Le Corre-Broly.* ♦ Seul le trésorier, qui a procédé à la déclaration de créance, a qualité pour faire connaître ses explications. • Même arrêt. ♦ L'envoi de la lettre de contestation au siège de l'Opérateur du patrimoine et des projets immobiliers de la culture (Oppic) vaut avis à celui-ci de l'existence de la contestation au sens de l'art. R. 624-1, al. 2, C. com., peu important que la lettre n'ait pas été adressée personnellement à l'agent comptable. • Com. 10 janv. 2018, n° 16-20.764 P : *D. 2018. Actu. 69 ; Rev. sociétés 2018. 201, obs. Henry ; RTD com. 2018. 192, obs. Martin-Serf ; JCP E 2018. 1159, n° 13, obs. Pétel ; APC 2018, n° 47, obs. Amlon ; LEDEN 2/2018. 2, obs. Camensuli-Feuillard ; BJE 2018. 101, note Houssin ; RJDA 2018, n° 258.*

12. Lettre adressée à l'ancien syndic de copropriété. L'envoi par le représentant des créanciers à l'ancien syndic de copropriété, avant qu'il ne soit informé de son remplacement, d'une lettre mentionnant l'objet de la contestation de la créance et l'invitant à faire connaître ses explications dans le délai de trente jours, satisfait aux exigences des art. L. 621-47 [L. 622-27] C. com. et 72, al. 3, du décret du 27 déc. 1985 [C. com., art. R. 624-1] ; le représentant des créanciers n'ayant pas à renouveler sa contestation auprès du nouveau syndic peut, sans y être tenu, lui adresser une copie pour information de la lettre envoyée à son prédécesseur. • Com. 8 juin 2010, n° 09-68.121 P : *D. 2010. Actu. 1477, obs. Lienhard ; RJDA 2010, n° 1094.*

13. Réponse par un préposé du créancier. La personne morale créancière peut répondre à la lettre du liquidateur, l'avisant de l'existence d'une discussion sur tout ou partie de la créance déclarée, par tout préposé de son choix sans que ce préposé soit tenu de justifier qu'il est titulaire d'une délégation de pouvoir à cette fin émanant des organes habilités par la loi à représenter la personne morale. • Com. 16 sept. 2008, n° 07-17.273 P : *D. 2008. AJ 2345, obs. Lienhard ; JCP E 2009. 1008, n° 13, obs. Pétel ; RTD com. 2008. 873, obs. Vallens ; ibid. 207, obs. Martin-Serf .*

14. Délai de trente jours. Il résulte de la combinaison des art. L. 621-47 [L. 622-27] C. com. et 72, al. 3, du Décr. du 27 déc. 1985 [C. com., art. R. 624-1] que le délai de trente jours dans lequel le créancier doit répondre à la lettre du représentant des créanciers court à compter de la réception de la lettre par le créancier. • Com. 21 janv. 2003 : *RJDA 2003, n° 860.* ♦ Dès lors que le créancier n'a pas reçu la lettre recommandée l'avisant de la contestation de sa créance, celle-ci ayant été retournée à l'envoyeur faute d'avoir été réclamée, le délai de trente jours n'a pas couru. • Com. 5 nov. 2003, n° 01-00.881 P : *D. 2003. AJ 2963, obs. Lienhard ; Procédures 2004, n° 22, note Perrot.* ♦ Il en va de même lorsque la lettre revient au représentant des créanciers avec la mention « n'habite plus à l'adresse indiquée ». • Orléans, 3 mars 2005 : *RJDA 2005, n° 731.* ♦ Il appartient au représentant des créanciers d'établir la date de réception de la lettre de contestation par le créancier. • Paris, 4 févr. 1997 : *RPC 1997. 462, obs. Blanchard.*

15. Créancier domicilié à l'étranger. Le créancier domicilié à l'étranger ne bénéficie pas d'une augmentation du délai de trente jours. • Paris, 16 mars 1993 : *RJDA 1993, n° 563.* ♦ Il ne peut non plus invoquer le défaut de traduction de la lettre dans sa langue, aucun texte ne prévoyant une telle obligation. • Paris, 29 juin 1993 : *RJDA 1993, n° 837* • Douai, 25 avr. 2002 : *D. 2002. AJ 2604 .*

Art. L. 622-28 *(L. n° 2005-845 du 26 juill. 2005, art. 39)* « Le jugement d'ouverture arrête le cours des intérêts légaux et conventionnels, ainsi que de tous intérêts de retard et majorations, à moins qu'il ne s'agisse des intérêts résultant de contrats de prêt conclus pour une durée égale ou supérieure à un an ou de contrats assortis d'un paiement différé d'un an ou plus. *(Ord. n° 2008-1345 du 18 déc. 2008, art. 166-I)* « Les personnes physiques coobligées ou ayant consenti une sûreté personnelle ou ayant affecté ou cédé un bien en garantie » peuvent se prévaloir des dispositions du présent alinéa. *(Ord. n° 2014-326 du 12 mars 2014, art. 31, en vigueur le 1er juill. 2014)* « Nonobstant les dispositions de *(Ord. n° 2016-131 du 10 févr. 2016, art. 6-III-8°, en vigueur le 1er oct. 2016)* « l'article 1343-2 » du code civil, les intérêts échus de ces créances ne peuvent produire des intérêts. »

« Le jugement d'ouverture suspend jusqu'au jugement arrêtant le plan ou prononçant la liquidation toute action contre les personnes physiques coobligées ou ayant consenti » *(Ord. n° 2008-1345 du 18 déc. 2008, art. 166-II)* « une sûreté personnelle ou ayant affecté ou cédé un bien en garantie ». Le tribunal peut ensuite leur accorder des délais ou un différé de paiement dans la limite de deux ans.

Les créanciers bénéficiaires de ces *(L. n° 2005-845 du 26 juill. 2005, art. 39)* « garanties » peuvent prendre des mesures conservatoires. – *[C. com., anc. art. L. 621-48.]*

Sur les dispositions transitoires de l'Ord. n° 2016-131 du 10 févr. 2016, V. note ss. art. L. 611-7.

V. art. R. 622-26.

BIBL. ► Macorig-Venier, *RPC 2005. 210.* – Neveu et Guéry, *ibid. 2012. Étude 44* (situation des cautions, coobligés et garants).

1. Caractère définitif de l'arrêt. Le jugement d'ouverture du redressement judiciaire arrêtant définitivement le cours des intérêts des créances nées antérieurement, une cour d'appel ne peut faire reprendre le cours des intérêts à compter de la date du jugement adoptant le plan de continuation. • Soc. 10 déc. 1996, n° 94-40.485 P : *Dr. sociétés 1997, n° 7, obs. Chaput* • Com. 10 déc. 2002 : *RJDA 2003, n° 615.* ♦ Solution étendue au plan de cession : • Com. 5 févr. 2020, n° 18-19.044 : *RJDA 2020, n° 317.*

2. Application à la liquidation judiciaire. V. déjà, avant la L. n° 94-475 du 10 juin 1994, qui a rendu l'art. L. 621-48 [devenu L. 622-28] applicable à la procédure de liquidation judiciaire, • Com. 7 févr. 1989 : *D. 1989. Somm. 214, obs. Honorat ; Bull. civ. IV, n° 50.* ♦ V., désormais, art. L. 641-3.

3. Créances garanties par l'AGS. Le jugement d'ouverture arrêtant définitivement le cours des intérêts des créances, y compris salariales, nées antérieurement, les juges du fond doivent se borner, sans mettre hors de cause l'AGS, à déterminer le montant des sommes à inscrire sur l'état des créances, toute condamnation de l'employeur à payer directement ces sommes à l'intéressé étant exclue. • Soc. 13 janv. 1999 : *APC 1999, n° 57.* ♦ Sur l'application de l'art. 55 [C. com., art. L. 622-28] aux créances salariales, V. aussi • Soc. 23 nov. 1999 : *D. 2001. Somm. 116, obs. Derrida.*

4. Exclusion des créances postérieures au jugement d'ouverture. L'art. 55 [C. com., art. L. 622-28] ne s'applique qu'aux intérêts des créances dont l'origine est antérieure au jugement d'ouverture de la procédure collective. • Com. 11 juill. 1995, n° 93-10.385 P : *D. 1996. Somm. 222, obs. Pérochon ; D. Affaires 1995. 69.* – Dans le même sens : • Com. 20 juin 2000, n° 97-11.422 P : *D. 2000. AJ 368, obs. Pisoni ; JCP E 2001, n° 5, p. 221, obs. Cabrillac.* ♦ Tel n'est pas le cas de la créance du vendeur, titulaire d'une clause de réserve de propriété, lorsque les marchandises, qui existaient en nature à la date du jugement d'ouverture, ont été revendues par la suite. • Com. 11 juill. 1995 : *préc.*

5. Notion de prêt. L'art. 55 [C. com., art. L. 622-28] n'est pas applicable à un contrat de crédit-bail. • Com. 29 mai 2001, n° 97-11.151 P : *D. 2001. AJ 2122, obs. Avena-Robardet ; JCP E 2001, n° 37, p. 1423, obs. Cabrillac* • Paris, 9 oct. 1997 : *RJDA 1998, n° 72.*

6. Durée supérieure à un an. La dérogation à la règle de l'arrêt du cours des intérêts n'est pas limitée aux seuls contrats en cours à l'ouverture de la procédure, mais s'applique aussi aux contrats déjà dénoncés ou résiliés avant. • Colmar, 10 janv. 1990 : *D. 1991. Somm. 111, obs. Derrida* • Com. 16 avr. 1991, n° 89-19.868 P : *D. 1991. 362, note Gavalda* • 27 nov. 1991, n° 90-10.869 P : *D. 1993. 229, note Sortais* • 11 mai 1993, n° 91-11.379 P : *Rev. sociétés 1993. 652, note Chaput* • 6 juill. 1993 : *Rev. huiss. 1993. 190, note Vidal.*

La circonstance que trois prolongations successives aient été accordées ne saurait conférer au prêt [conclu à l'origine pour six mois], au regard des dispositions de l'art. 55 [C. com., art. L. 622-28], le caractère d'un prêt conclu pour une durée égale ou supérieure à un an. • Com. 29 avr. 2003, n° 99-15.544 P : *D. 2003. AJ 1436 ; JCP E 2003, n° 40, p. 1569, obs. Cabrillac ; RDBF 2003, n° 235, obs. F.-X. Lucas ; RTD com. 2003. 820, obs. Martin-Serf.*

Dès lors que la convention de compte courant ne précise ni la durée pendant laquelle la mise à disposition des fonds est accordée, ni les modalités de son remboursement, le compte courant ne saurait constituer un prêt à plus d'un an, les modalités de remboursement accordées lors de la cession des titres ne lui conférant pas cette qualité. • Com. 23 avr. 2013, n° 12-14.283 P : *D. 2013. Actu. 1128 ; RTD com. 2013. 590, obs. Martin-Serf ; JCP E 2013. 1434, n° 1, obs. Pétel ; RJDA 2013, n° 650 ; Gaz. Pal. 12-13 juill. 2013, p. 21, obs. Roussel Galle ; ibid. 17-19 nov. 2013, p. 20, obs. Auclair ; BJE 2013. 241, note Cerati-Gauthier.*

Pour l'application de l'art. 55 [C. com., art. L. 622-28] à une ouverture de crédit, V. • Com. 19 mars 1996 : *D. 1996. IR 111 ; Rev. dr. bancaire 1996. 127, obs. Campana et Calendini ; RPC 1996. 490, obs. Kerckhove ; RTD com. 1996. 720, obs. Martin-Serf* • 9 janv. 2001, n° 97-13.236 P : *D. 2001. AJ 923, obs. Avena-Robardet ; RDBF 2001, n° 119, obs. F.-X. Lucas ; Dr. et patr. 11/2001. 113, obs. Monsèrié-Bon ; RTD com. 2001. 975, obs. Martin-Serf*. ♦ Comp., s'agissant d'une ouverture de crédit à durée indéterminée dont l'exécution s'est poursuivie pendant plus d'un an : • Com. 6 mai 1997, n° 94-13.772 P : *Rev. dr. bancaire 1997. 174, obs. Campana et Calendini ; JCP E 1997. II. 996, note Legeais.*

L'exception à la règle de l'arrêt du cours des intérêts, édictée à l'art. L. 622-28, al. 1er, C. com. en faveur de ceux résultant de contrats de prêts conclus pour une durée égale ou supérieure à un an, vise, aux termes mêmes de ce texte, tous intérêts, sans en exclure les intérêts de retard prévus par ces conventions. • Com. 2 juill. 2013, n° 12-22.284 P : *D. 2013. Actu. 1740, obs. Lienhard ; ibid. 2014. Pan. 2151, obs. Le Corre ; JCP E 2014. 1020, n° 3, obs. Pétel ; APC 2013, n° 202, obs. Vallansan ; DP diff. entr., Bull. n° 351, obs. Rémery ; LEDEN 9/2013. 2, obs. Rubellin ; Gaz. Pal. 29 sept.-1er oct. 2013, p. 30, obs. Roussel Galle.* ♦ La clause pénale prévoyant leur calcul à un taux supérieur à celui du prêt s'applique, sous réserve de l'exercice du pouvoir de modération du juge, même en cas d'ouverture d'une procédure de sauvegarde à l'égard de l'emprunteur, à moins que cette clause de majoration n'aggrave sa situation qu'en cas d'ouverture d'une procédure collective. • Même arrêt. ♦ Jurisprudence infirmée par l'art. L. 622-28 dans sa réd. issue de l'Ord. n° 2014-326 du 12 mars 2014.

Le jugement d'ouverture du redressement judiciaire de la caution arrête le cours des intérêts de la somme due par celle-ci, conformément à la règle de l'art. 55 [C. com., art. L. 622-28], peu important, au regard de cet arrêt, intervenu du chef de la caution, la durée supérieure à un an du contrat de prêt initialement conclu entre le créancier et le débiteur principal, objet d'une autre procédure collective. • Com. 3 mai 1994, n° 92-14.395 P : *D. 1994. IR 156.* ♦ Il n'est pas dérogé à cette règle en présence d'une décision de condamnation du débiteur à payer la créance assortie des intérêts au taux contractuel. • Com. 16 nov. 2010, n° 09-71.935 P : *D. 2010. Actu. 2902, obs. Lienhard ; Rev. sociétés 2011. 194, obs. Roussel Galle ; RTD com. 2011. 637, obs. Martin-Serf ; JCP E 2011. 1263, n° 3, obs. Pétel ; LEDEN 1/2011. 6, obs. Couard ; BJE 2011. 37, note Brena ; RJDA 2011, n° 372 ; Gaz. Pal. 30-31 mars 2011, p. 18, obs. Dumont-Lefrand ; LPA 29 avr. 2011, obs. Reille.*

Un créancier en vertu d'un contrat de prêt conclu pour une période supérieure à un an et dont la créance n'est pas échue, doit la déclarer en précisant le montant de chacune des échéances, leur date, les modalités de calcul des intérêts et le taux de ces derniers en cas de déchéance de terme. • Douai, 26 nov. 1987 : *RPC 1988. 92, obs. Dureuil* • Rennes, 22 juill. 1987 : *RTD com. 1989. 317, obs. Martin-Serf ; Gaz. Pal. 1987. 2. 615, note Massart ; Rev. dr. bancaire 1988. 30, obs. Dekeuwer-Défossez* • Aix-en-Provence, 21 mai 1992 : *RJDA 1992, n° 759.*

En ce sens que, s'agissant de contrats de prêt conclus pour une durée égale ou supérieure à un an, la caution, quelle que soit la date à laquelle le cautionnement a été souscrit, est tenue des intérêts au-delà du jugement d'ouverture, V. • Com. 4 avr. 2006, n° 04-20.430 P : *D. 2006. AJ 1231, obs. Lienhard ; JCP E 2006, n° 37, p. 1535, obs. Cabrillac.*

7. Plan de continuation. Lorsque les retards de remboursement des prêts sont la conséquence des délais imposés par le tribunal dans le jugement arrêtant le plan de continuation, la créance d'intérêts moratoires conventionnels doit être admise au passif, en l'absence de faute du créancier. • Com. 2 févr. 1993, n° 91-13.558 P : *D. 1995. Somm. 7, obs. Derrida ; RJDA 1993, n° 560.* ♦ Le créancier qui a consenti au débiteur, avant son redressement judiciaire, un prêt pour une durée d'au moins un an et auquel sont imposés par le plan de continuation des délais de remboursement plus longs que ceux contractuellement prévus, a droit au paiement des intérêts prévus par le contrat à raison de l'allongement de ces délais. • Com. 14 oct. 1997, n° 95-14.824 P : *D. 1997. IR 237 ; D. Affaires 1997. 1358* ; Defrénois 1998. 257, obs. Le Cannu ; *RDBB 1998. 26, obs. Campana et Calendini* ; RPC 1998. *362, obs. Soinne* • 3 déc. 2003 : *RJDA 2004, n° 598.*

8. Capitalisation. Il ne résulte ni de l'art. 55 de la loi du 25 janv. 1985 [C. com., art. L. 622-28] ni d'aucune autre disposition législative que l'application de l'art. 1154 [1343-2] C. civ. serait exclue à propos des intérêts dont le cours n'a pas été arrêté par le jugement d'ouverture de la procédure collective. • Paris, 27 févr. 1998 : *D. Affaires 1998. 583.* – Comp. : • Versailles, 20 sept. 1990 : *BICC 1991, n° 333.*

9. Cautions (jurispr. antérieure à la loi du 10 juin 1994). Avant la loi du 10 juin 1994, une caution n'était pas tenue des intérêts au-delà de la date du jugement prononçant le redressement judiciaire du débiteur dès lors que l'art. 55 n'opérait aucune distinction pour l'arrêt du cours des intérêts légaux et conventionnels et que l'obligation de la caution ne peut excéder ce qui est dû par le débiteur principal. • Com. 13 nov. 1990, n° 88-17.734 P : *D. 1991. Somm. 112, obs. Derrida ; JCP E 1991. II. 114, note Pétel* • Paris, 15 oct. 1991 : *D. 1991. IR 267* • Chambéry, 27 oct. 1993 : *BICC 1993, n° 1363.* ♦ Même solution pour le donneur d'aval : • Com. 25 juin 1996, n° 94-20.100 P : *D. 1996. IR 184 ; D. Affaires 1996. 1101 ; JCP 1996. II. 22687, rapp. Rémery* • 21 oct. 1997 : *RJDA 1998, n° 209.* ♦ En revanche, les cautions étaient tenues à titre personnel, à compter de leur mise en demeure, sur le fondement de l'art. 1153, al. 3 [devenu l'art. 1231-6], C. civ., des intérêts au taux légal de la dette garantie. • Com. 7 janv. 1992, n° 89-17.717 P : *Defrénois 1992. 1573, obs. J. Honorat* • 11 mai 1993, n° 91-11.951 P : *Banque oct. 1993. 100, obs. Guillot ; RTD com. 1995. 202, obs. Martin-Serf* • 12 oct. 1993 : *Banque janv. 1994. 91* • 14 déc. 1993 : *JCP 1994. IV. 467* • 22 févr. 1994 : *Rev. huiss. 1994. 473* • 22 mars 1994, n° 92-11.064 P : *D. 1995. 139, note Vernet .* ♦ Cette jurisprudence avait été infirmée par la nouvelle réd. de l'art. 55, al. 1er, de la loi du 25 janv. 1985 [devenu art. L. 621-48 C. com.], issue de la L. n° 94-475 du 10 juin 1994. ♦ Comp., désormais : art. L. 622-28, al. 1er, dans sa réd. issue de L. n° 2005-845 du 26 juill. 2005, qui fait bénéficier les personnes physiques cautions de l'arrêt du cours des intérêts.

S'agissant d'une caution en redressement judiciaire, V. note 6.

10. Recours de la caution contre un créancier. V. notes 54 s. ss. art. L. 313-12 C. mon. fin. App., v° *Banque et financement de l'entreprise.*

11. Application dans le temps de la loi du 10 juin 1994. Les dispositions de l'art. 55, al. 2, devenu l'art. L. 621-48, al. 2, C. com., dans sa rédaction issue de la loi du 10 juin 1994, ne peuvent concerner les cautionnements souscrits avant la publication de cette loi. • Com. 10 mars 2004, n° 01-13.508 P : *D. 2004. AJ 1020, obs. Lienhard ; Rect. ibid. 1087 ; Banque et Dr. 5-6/2004. 42, obs. Rontchevsky ; RPC 2004. 231, obs. Macorig-Venier.* ♦ V. aussi, en ce sens que l'art. 55, al. 1er [devenu C. com., art. L. 621-48, al. 1er], dans sa rédaction issue de la loi du 10 juin 1994, ne s'applique que dans les procédures ouvertes après le 1er oct. 1994 et seulement aux cautionnements souscrits après le 11 juin 1994, V. • Paris, 17 mars 1995 : *RPC 1995. 454, obs. Kerckhove* • Grenoble, 26 mars 1997 : *ibid. 1998. 291, obs. Macorig-Venier.* ♦ Comp., appliquant le nouvel art. 55, al. 2 [devenu C. com., art. L. 621-48, al. 2], s'agissant d'une procédure soumise à la loi du 10 juin 1994, et nonobstant le fait que l'engagement de la caution ait été souscrit avant la publication de la loi : • T. com. Menton, 4 avr. 1996 : *D. 1996. 387, note Derrida ; Banque sept. 1996. 91, obs. Guillot.* – V. aussi • Aix-en-Provence, 27 juin 2000 : *RPC 2001. 11, obs. Macorig-Venier.* ♦ Comp., aussi : appliquant la disposition nouvelle à toutes les procédures, quelle que soit la date de leur ouverture, à condition que les cautionnements aient été souscrits après la promulgation de la loi : • Paris, 7 mai 1996 : *RTD com. 1997. 514, obs. Martin-Serf* • T. com. Nice, 5 juin 1996 : *ibid.*

12. Interdiction d'agir contre la caution. L'art. L. 621-48 [L. 622-28], al. 2, C. com. édicte, dans le seul intérêt de la caution, une fin de non-recevoir dont celle-ci ne peut se prévaloir pour la première fois devant la Cour de cassation. • Cass., ch. mixte, 16 nov. 2007, n° 03-14.409 P : *D. 2007. AJ 3009, obs. Lienhard ; JCP E 2008. 1377, note Salati ; ibid. 1432, n° 4, obs. Cabrillac ; APC 2008, n° 25, obs. Fricero ; RPC 2008, n° 128, obs. Macorig-Venier ; RTD civ. 2008. 716, obs. Théry .* ♦ Comp. note 2 ss. art. L. 622-21.

Le donneur d'aval étant tenu comme une caution solidaire, l'art. 55, al. 2 [C. com., art. L. 622-28], lui est applicable si les conditions de sa mise en œuvre sont réunies. • Paris, 11 juin 1999 : *D. Affaires 1999. 1218 ; Dr. sociétés 1999, n° 147, obs. Chaput ; JCP 2000. I. 209, n° 5, obs. Simler et Delebecque ; RPC 2000. 12, obs. Macorig-Venier ; RTD com. 2000. 723, obs. Martin-Serf .* ♦ *Contra,* jugeant que l'art. 182 [L. 511-81] C. com., qui est d'application générale en matière d'effets de commerce, déroge aux dispositions de l'art. 55 [C. com., art. L. 622-28] : • T. com. Paris, 19 oct. 1998 : *Gaz. Pal. 1999. 2. Somm. 537.*

La suspension des poursuites invoquées par la caution constitue une contestation de fond portant sur l'exigibilité de la créance et n'entre pas dans le champ d'application de l'art. 703 C. pr. civ. ; la décision du tribunal est donc susceptible d'appel et, par conséquent, le pourvoi est irrecevable. • Com. 24 mai 2005, n° 03-16.338 P : *cité par Lienhard, D. 2005. AJ 1632 ; RDBF 2005, n° 145, obs. S. Piedelièvre ; Gaz. Pal. 4-5 nov. 2005, p. 51, obs. Le Corre ; Procédures 2005, n° 233, obs. Junillon.*

13. Obtention d'un titre exécutoire. Selon l'art. L. 622-28, qui est applicable à la procédure de redressement judiciaire, le créancier bénéficiaire d'un cautionnement consenti par une personne physique, en garantie de la dette d'un débiteur principal mis ensuite en redressement judiciaire, peut prendre des mesures conservatoires sur les biens de la caution et doit, en application des art. R. 511-4 et R. 511-7 C. pr. exéc., introduire dans le mois de leur exécution une procédure ou accomplir les formalités nécessaires à l'obtention d'un titre exécutoire, à peine de caducité de ces mesures ; il en résulte que l'obtention d'un tel titre ne peut être subordonnée à l'exigibilité de la créance contre la caution. • Com. 1er mars 2016, n° 14-20.553 P : *D. 2016. Pan. 1283, obs. Leborgne ; Rev. sociétés 2016. 398, obs. Roussel Galle ; RTD com. 2016. 330, obs. Martin-Serf ; JCP E 2016. 1465, n° 15, obs. Pétel ; LEDEN 4/2016. 4, obs. Camensuli-Feuillard ; APC 2016, n° 91, obs. Cagnoli ; BJE 2016. 162, note Borga ; RPC 2016, n° 118, obs. Macorig-Venier.* ♦ V. aussi note 9 ss. art. L. 626-11.

14. Reprise des poursuites contre la caution. L'action régulièrement engagée par le créancier contre la caution et suspendue par l'effet du jugement d'ouverture du redressement judiciaire du débiteur principal peut être reprise sans nouvelle assignation après le jugement arrêtant le plan de redressement ou prononçant la liquidation judiciaire. • Com. 24 mai 2005 : *préc. note 13* • 7 juin 2005 : *D. 2006. Pan. 85, obs. Le Corre*. ♦ ... Et sans qu'il soit nécessaire de notifier préalablement ce jugement à la caution. • Com. 27 févr. 2007, n° 05-20.522 P : *D. 2007. AJ 947, obs. Lienhard ; Gaz. Pal. 13-14 avr. 2007, p. 56, obs. Le Corre ; JCP E 2007. 2119, n° 11, obs. Cabrillac ; RPC 2007. 135, obs. Macorig-Venier.*

15. Rétractation du jugement d'ouverture. La rétractation du jugement ouvrant la procédure de sauvegarde met fin à l'arrêt du cours des intérêts résultant de plein droit du jugement d'ouverture, en application de l'art. L. 622-28. • Com. 17 oct. 2018, n° 17-17.635 P : *D. 2018. Actu. 2086 ; RTD com. 2019. 210, obs. Martin-Serf ; JCP E 2019. 1040, note Lebel ; DP diff. entr., Bull. n° 408, obs. Rémery ; LEDEN 12/2018. 2, obs. Camensuli-Feuillard ; Gaz. Pal. 15 janv. 2019, p. 71, obs. Boustani ; RJDA 2019, n° 107 ; BJE 3-4/2019. 60, note Staes ; RDBF 2019, n° 60, obs. Houin-Bressand.*

16. Résolution du plan de continuation. V. note 8 ss. anc. art. L. 621-82, ss. art. L. 626-27.

Art. L. 622-29 **Le jugement d'ouverture** *(Abrogé par L. n° 2005-845 du 26 juill. 2005, art. 40) « du redressement judiciaire »* **ne rend pas exigibles les créances non échues à la date de son prononcé. Toute clause contraire est réputée non écrite.** – *[C. com., anc. art. L. 621-49.]*

1. Clause de déchéance du terme. Le jugement d'ouverture de la procédure de redressement judiciaire ne rend pas exigibles les créances non échues à la date de son prononcé, et toute clause liant directement ou indirectement la déchéance du terme d'une créance à l'ouverture d'une procédure de redressement judiciaire est réputée non écrite. • Com. 21 févr. 2012, n° 11-30.077 P : *D. 2012. Actu. 607, obs. Lienhard ; ibid. Pan. 2196, obs. F.-X. Lucas ; Rev. sociétés 2012. 399, obs. Henry ; LEDEN 4/2012. 4, obs. Parachkévova ; APC 2012, n° 85, obs. Cagnoli.*

2. Cautions. La déchéance du terme n'étant pas encourue par le débiteur principal, elle ne peut être invoquée contre la caution. • Com. 14 nov. 1989, n° 88-12.411 P : *RTD com. 1990. 494, obs. Martin-Serf* • 2 mars 1993, n° 90-19.551 P : *D. 1993. Somm. 309, obs. Aynès* • 3 janv. 1995, n° 90-19.832 P : *D. 1995. IR 51 ; Rev. dr. bancaire 1995. 117, obs. Campana et Calendini* • 16 avr. 1996, n° 94-14.250 P. ♦ ... Même si l'acte de cautionnement prévoyait que le créancier pouvait se prévaloir de la procédure collective ouverte à l'encontre du débiteur principal pour exiger de la caution le paiement du solde du compte courant. • Com. 8 juin 1993 : *Rev. huiss. 1993. 990* • 20 juin 1995, n° 93-13.523 P : *D. 1996. 426, note Bazin ; Rev. dr. bancaire 1995. 219, obs. Campana et Calendini ; JCP E 1996. II. 807, note S. Piedelièvre.* – V. aussi • Civ. 1re, 24 janv. 1995, n° 92-21.436 P : *D. 1995. IR 46 ; Defrénois 1995. 417, obs. Aynès ; Rev. dr. bancaire 1995. 117, obs. Campana et Calendini ; JCP E 1996. II. 807, note S. Piedelièvre* • Orléans, 19 janv. 2006 : *BICC 2006, n° 704 ; RJDA 2006, n° 435.* ♦ Comp., pour les créances exigibles après le jugement d'ouverture : • Com. 12 juin 2001 : *RJDA 2002, n° 69.* ♦ Comp. également : note 11 ss. art. L. 626-11 et note 1 ss. art. L. 643-1.

V. aussi, pour la suspension des poursuites contre les cautions personnes physiques, art. L. 622-28, al. 2.

Art. L. 622-30 *(L. n° 2005-845 du 26 juill. 2005, art. 41)* **« Les hypothèques,** *(Ord. n° 2008-1345 du 18 déc. 2008, art. 35)* **« gages, » nantissements et privilèges ne peuvent plus être inscrits postérieurement au jugement d'ouverture. Il en va de même des actes et des décisions judiciaires translatifs ou constitutifs de droits réels, à moins que ces actes n'aient acquis date certaine ou que ces décisions ne soient devenues exécutoires avant le jugement d'ouverture. »**

Toutefois, le Trésor public conserve son privilège pour les créances qu'il n'était pas tenu d'inscrire à la date du jugement d'ouverture et pour les créances mises en recouvrement après cette date si ces créances sont déclarées dans les conditions prévues à l'article L. 622-24.

Le vendeur du fonds de commerce, par dérogation aux dispositions du premier alinéa, peut inscrire son privilège. – *[C. com., anc. art. L. 621-50.]*

BIBL. ▶ BIGUENET-MAUREL, *JCP E 2005, n° 41, p. 1692* (publication des actes translatifs postérieurement au jugement d'ouverture). ▶ Régime antérieur à la loi du 26 juill. 2005 : DAGOT, *JCP 1986. I. 3262* (publicité foncière). – DAUBLON, *Defrénois 1986. 817*. – HONORAT, *Defrénois 1991. 1153* (clause de retour dans une donation immobilière). – GROSJEAN, *Defrénois 1998. 1345* (sort des inscriptions hypothécaires sur les immeubles appartenant concurremment au débiteur et à d'autres personnes). – CORDIER, *RJDA 1999, p. 939* (publication du crédit-bail après l'ouverture de la procédure collective du preneur).

A. INTERDICTION DES INSCRIPTIONS DE SÛRETÉS

1. Limitation aux sûretés antérieures. Sur l'articulation entre l'art. 57 [C. com., art. L. 622-30], interdisant seulement l'inscription des sûretés antérieures au jugement d'ouverture lorsqu'elles n'ont pas été inscrites à cette date, et l'art. 107 [C. com., art. L. 632-1], permettant l'annulation des sûretés constituées sur les biens du débiteur, pour dettes antérieurement contractées, postérieurement à la date de cessation des paiements, V. • Com. 6 déc. 1994 : *AJPI 1995. 692, note Gallet.*

2. Privilège du vendeur d'immeuble. Pour l'inopposabilité à la procédure collective de l'inscription effectuée après le jugement d'ouverture et l'impossibilité, pour le vendeur d'immeuble, d'exercer l'action résolutoire, V. • T. com. Paris, 2 avr. 1998 : *RPC 2000. 15, obs. Macorig-Venier.*

3. Exclusion des inscriptions complémentaires. L'ouverture d'une procédure de liquidation judiciaire ne prive pas d'effet une hypothèque judiciaire provisoire régulièrement inscrite sur un immeuble du débiteur avant le jugement d'ouverture et n'interdit pas au créancier de procéder, dans le délai de deux mois courant à compter du jour où la décision d'admission ou de fixation de sa créance est passée en force de chose jugée, à l'inscription définitive qui, confirmant l'inscription provisoire, donne rang à l'hypothèque à la date de la formalité initiale. • Com. 3 mai 2016, n° 14-21.556 P : *D. 2016. Actu. 996 ; RTD com. 2016. 550, obs. Martin-Serf ; JCP E 2016. 1466, note Lebel ; APC 2016, n° 136, obs. Pedemons ; LEDEN 7/2016. 5, obs. Camensuli-Feuillard ; RPC 2016, n° 122, obs. Macorig-Venier ; BJE 2016. 317, note Le Mesle ; Gaz. Pal. 18 oct. 2016, p. 60, obs. Roussel Galle.* – V. déjà • Com. 17 nov. 1992, n° 92-22.058 P : *D. 1993. 96, note Derrida* • 11 avr. 1995 : *RJDA 1995, n° 1162.*

4. De même, un créancier ayant pris une inscription provisoire d'un nantissement de fonds de commerce avant le jugement d'ouverture, peut en effectuer l'inscription définitive après, dès lors que, prise dans le délai légal, elle rétroagit au jour de l'inscription provisoire. • Toulouse, 10 févr. 1994 : *RPC 1996. 76, obs. Macorig-Venier* • Aix-en-Provence, 23 juin 1994 : *ibid.*

5. Rétablissement d'une inscription provisoire précédemment radiée. Il résulte des art. 48 et 57, al. 1er [C. com., art. L. 622-22 et L. 622-30], que ni l'infirmation de l'ordonnance de référé ayant rétracté l'autorisation de prendre l'inscription provisoire, ni le rétablissement consécutif de celle-ci ne sont possibles après l'ouverture de la procédure collective du débiteur prétendu, dès lors que le nantissement d'un fonds de commerce ne peut plus être inscrit postérieurement au jugement d'ouverture, sauf s'il s'agit de l'inscription complémentaire se substituant à une inscription provisoire prise antérieurement et hors période suspecte. • Com. 9 mai 1995 : *RJDA 1995, n° 1283.*

6. Hypothèque sur bien commun ou indivis. La communauté répond des dettes de chacun des époux et pendant sa durée, les droits de l'un ou l'autre des époux ne peuvent être individualisés sur tout ou partie des biens communs ou sur l'un d'entre eux, de sorte que l'hypothèque constitué sur un immeuble commun ne peut plus faire l'objet d'une inscription postérieurement au jugement d'ouverture du redressement judiciaire de l'un des époux. • Com. 20 mai 1997 : *D. 1998. Somm. 107, obs. S. Piedelièvre ; D. 1998. Somm. 134, obs. Revel ; D. Affaires 1997. 1042 ; LPA 8 août 1997, p. 4, obs. Soinne* • 3 févr. 1998 : *RJDA 1998, n° 768 ; RPC 2000. 10, obs. Macorig-Venier* • Colmar, 16 mars 1998 : *RPC 2001. 249, obs. Macorig-Venier.* ♦ L'hypothèque consentie sur un bien indivis par un seul des indivisaires est reportée, en cas de vente de l'immeuble grevé, sur la fraction du prix qui est attribuée au constituant. En conséquence, l'hypothèque constituée par des époux sur un immeuble indivis propre pour moitié à chacun d'eux est valable jusqu'à concurrence de la part de l'époux maître de ses biens, peu important l'interdiction d'inscrire l'hypothèque du chef de l'autre époux en redressement puis en liquidation judiciaires, en vertu de l'art. 57, al. 1er [C. com., art. L. 622-30]. • Com. 20 juin 1995, n° 93-10.331 P : *D. 1997. 1, rapp. Rémery ; D. 1996. Somm. 207, obs. S. Piedelièvre ; LPA 17 avr. 1996, p. 11, note Honorat et Henry.* – V. déjà • Agen, 9 févr. 1988 : *RPC 1991. 211, obs. Saint-Alary-Houin* • Amiens, 15 oct. 1992 : *ibid. 1994. 36, obs. Saint-Alary-Houin.* – Comp. : • Limoges, 30 mai 1994 : *BICC 1994, n° 854.*

V. aussi note 5 ss. art. L. 641-9.

7. Contestation de la validité d'une inscription postérieure au jugement d'ouverture. Jugé que l'art. 30 (5) du Décr. n° 55-22 du 4 janv. 1955 relatif à la publicité foncière, qui soumet à publicité les demandes tendant à faire prononcer la résolution, la révocation, l'annulation ou la rescision de droits résultant d'actes soumis à publicité, s'applique aux demandes en justice en contestation de validité d'inscriptions d'hypothèques conventionnelles au motif qu'elles auraient été prises en violation de l'art. 57, al. 1er [C. com., art. L. 622-30] : • Paris, 28 mai 1999 : *D. Affaires 1999. 1118.*

8. Privilège du Trésor public. Pour une application de l'art. L. 621-50 [L. 622-30], al. 2, C. com., s'agissant de créances mises en recouvrement après le jugement d'ouverture, V. • Com. 18 févr. 2003, n° 00-12.974 P : *D. 2003. AJ 1294.* ♦ ... S'agissant de créances que le Trésor public n'était pas tenu d'inscrire à la date jugement d'ouverture, V. • Com. 24 juin 2003, n° 00-18.828 P : *D. 2003. AJ 2012 ; APC 2003, n° 220, obs. Regnaut-Moutier.*

B. INTERDICTION DES INSCRIPTIONS D'ACTES ET DE DÉCISIONS JUDICIAIRES TRANSLATIFS OU CONSTITUTIFS DE DROITS RÉELS

9. Régime de l'interdiction, prévue avant la loi du 10 juin 1994. Pour l'inopposabilité au débiteur et à son administrateur, puis au liquidateur, des adjudications prononcées mais non publiées à la date du jugement d'ouverture, V. • Com. 7 juill. 1992, n° 90-17.756 P : *D. 1992. 433, note Derrida ; Defrénois 1993. 514, obs. Sénéchal.* ♦ Comp., désormais, pour les adjudications sur saisies immobilières : art. L. 642-18, al. 2, dans sa réd. issue de L. n° 2005-845 du 26 juill. 2005.

10. La décision judiciaire qui constatait la validité d'une vente immobilière non réitérée par acte authentique survenue antérieurement à l'ouverture de la procédure collective de la société venderesse était soumise à l'ancien art. 57, al. 1er. • Rennes, 14 sept. 1993 : *Dr. sociétés 1994, n° 134, obs. Chaput.*

11. L'art. 57 faisait obstacle à la publication de l'assignation en constatation de l'acquisition d'une clause résolutoire prescrite par l'art. 28-4° c) du Décr. du 4 janv. 1955 relatif à la publicité foncière. • Besançon, 19 sept. 1997 : *RPC 1999. 117, obs. Macorig-Venier,* conf. par : • Com. 10 mai 2000 : *RPC 2001. 249, obs. Macorig-Venier.*

12. Le jugement prononçant l'annulation d'une vente immobilière n'ayant ni effet translatif, ni effet constitutif de droits réels, sa publication ne tombait pas sous le coup de l'interdiction édictée par l'ancien art. 57. • TGI Saintes, 5 oct. 1993 : *BICC 1994, n° 308.*

13. La publication d'une vente postérieurement au jugement d'ouverture était nulle et non avenue. • TGI Arras, 1er août 1995 : *RPC 1997. 64, obs. Macorig-Venier.* ♦ Comp. note 15.

14. Une cour d'appel ne pouvait, sans méconnaître l'art. 57, ordonner la reprise de véhicules par une société de crédit-bail à un débiteur mis en redressement judiciaire, après avoir relevé que la publicité des contrats de crédit-bail avait été effectuée postérieurement à l'ouverture de la procédure collective, alors qu'à la date du jugement d'ouverture le droit de propriété du crédit-bailleur n'était pas opposable aux créanciers du preneur faute qu'ait été accomplie la publicité prévue par le Décr. du 4 juill. 1972. • Com. 11 mai 1999, n° 96-22.763 P : *D. 2000. Somm. 95, obs. Honorat ; D. Affaires 1999. 1042, obs. A. L. ; JCP E 1999, n° 39, p. 1535, obs. Cabrillac ; APC 1999, n° 149, obs. Crocq ; Dr. sociétés 1999, n° 113, obs. Chaput ; LPA 14 sept. 1999, p. 13, note Courtier ; RPC 2001. 13, obs. Soinne.* ♦ Comp. note 16.

15. Lorsqu'il n'avait été publié que postérieurement au jugement d'ouverture, le jugement d'adjudication antérieur était inopposable à la procédure collective. • Com. 22 janv. 2002, n° 97-17.430 P : *D. 2002. AJ 722, obs. Lienhard ; JCP E 2002, n° 20, p. 804, obs. Pétel.* ♦ Cette inopposabilité n'affectait pas la validité de l'adjudication qui avait fait sortir l'immeuble du patrimoine du débiteur et n'avait d'effet que sur la répartition du prix de vente, qui relevait alors de la compétence du liquidateur. • Même arrêt. – Dans le même sens, V. • Com. 10 mai 2005 : *Gaz. Pal. 4-5 nov. 2005, p. 37, obs. Roussel Galle.*

La L. n° 2005-845 du 26 juill. 2005 a réintroduit l'interdiction des inscriptions d'actes et de décisions judiciaires translatifs ou constitutifs de droits réels, qui avait été supprimée par la L. n° 94-475 du 10 juin 1994 (pour l'entrée en vigueur de ce texte, V. note précédant l'art. L. 610-1).

16. Levée de l'interdiction par la loi du 10 juin 1994. **BIBL.** Derrida, *D. 1995. Chron. 257 ; Defrénois 1995. 1425.* – Sénéchal, *LPA 28 oct. 1998.* ♦ Pour un arrêt écartant, sous l'empire de l'art. 57 dans sa rédaction issue de la loi du 10 juin 1994 [C. com., ancien art. L. 621-50], la possibilité de publier un contrat de crédit-bail mobilier postérieurement à l'ouverture de la procédure collective du crédit-preneur, et rejetant la demande en revendication du crédit-bailleur, V. • Douai, 22 avr. 1999 : *JCP E 2000, n° 11, p. 465, note Laugier ; RPC 2001. 13, obs. Soinne,* conf. par • Com. 4 déc. 2001 : *APC 2002, n° 62, obs. Vallansan. – Contra :* • Montpellier, 2 oct. 2001 : *ibid.* ♦ V. note 10 ss. art. L. 622-24.

C. APPLICATION AU REDRESSEMENT ET À LA LIQUIDATION JUDICIAIRES

17. V. art. L. 631-14 et L. 641-3.

Art. L. 622-31 **Le créancier, porteur d'engagements souscrits, endossés ou garantis solidairement par deux ou plusieurs coobligés soumis à une procédure** *(L. n° 2005-845 du 26 juill. 2005, art. 42-I)* **« de sauvegarde », peut déclarer sa créance pour la valeur nominale de son titre, dans chaque procédure.** – *[C. com., anc. art. L. 621-51.]*

BIBL. ▸ Situation des cautions et coobligés avant la loi du 26 juill. 2005 : SOINNE, *ALD 1985. 99*. – CAMPANA, *Gaz. Pal. 1986. 2. Doctr. 717*. – LIÉNART, *RPC 1988. 121*. – BÉHAR-TOUCHAIS, *RTD civ. 1993. 737* (banquier et caution face à la défaillance du débiteur). – PUYGAUTHIER, *JCP N 1995. I. 1259*. – COURTIER, *Rev. huiss. 1995. 1287*. – FRAIMOUT, *Gaz. Pal. 2000. Doctr. 1598* (la caution exerçant ses recours). – LE CORRE, *RPC 2004. 181* (cautions, coobligés et garants). ▸ Sur la responsabilité du banquier vis-à-vis de la caution pour l'octroi abusif de crédits à un débiteur en difficulté : obs. HAEHL, *RTD com. 1990. 275* .

Art. L. 622-32 **Aucun recours pour les paiements effectués n'est ouvert aux coobligés soumis à une procédure** *(L. n° 2005-845 du 26 juill. 2005, art. 42-I)* **« de sauvegarde » les uns contre les autres à moins que la réunion des sommes versées en vertu de chaque procédure n'excède le montant total de la créance, en principal et accessoire ; en ce cas, cet excédent est dévolu, suivant l'ordre des engagements, à ceux des coobligés qui auraient les autres pour garants.** – *[C. com., anc. art. L. 621-52.]*

Art. L. 622-33 *(Ord. n° 2021-1193 du 15 sept. 2021, art. 22, en vigueur le 1er oct. 2021)* **Si le créancier porteur d'engagements, solidairement souscrits par le débiteur soumis à une procédure de sauvegarde et d'autres coobligés, a reçu un acompte sur sa créance avant le jugement d'ouverture, il ne peut déclarer sa créance que sous déduction de cet acompte et conserve, sur ce qui lui reste dû, ses droits contre les personnes coobligées ou ayant consenti une sûreté personnelle ou ayant affecté ou cédé un bien en garantie.**

Les personnes coobligées ou ayant consenti une sûreté personnelle ou ayant affecté ou cédé un bien en garantie qui ont fait le paiement partiel peuvent déclarer leur créance pour tout ce qu'elles ont payé à la décharge du débiteur.

Pour les dispositions transitoires de l'Ord. n° 2021-1193 du 15 sept. 2021, V. note ss. art. L. 611-2.

Il résulte de l'art. 60, al. 2 [C. com., art. L. 622-33], que la caution qui a fait le paiement peut déclarer sa créance pour tout ce qu'elle a payé à la décharge du débiteur et que le paiement intégral du créancier principal par la caution après le jugement d'ouverture prive ce dernier de l'exercice de ses droits, lesquels sont exercés, au titre de la subrogation légale, par la caution. • Com. 13 avr. 1999, n° 96-18.183 P : *D. 2000. Somm. 99, obs. Honorat* ; *D. Affaires 1999. 906, obs. V. A.-R.* ; *JCP E 1999, n° 39, p. 1534, obs. Cabrillac* ; *RTD com. 1999. 973, obs. Martin-Serf* ; *RPC 2000. 56, obs. Kerckhove* • 12 oct. 1999 : *APC 1999, n° 250* ; *Procédures 2000, n° 214, obs. Laporte* • 20 juin 2000 : *JCP E 2000, n° 35, p. 1308.*

Art. L. 622-34 *(Ord. n° 2021-1193 du 15 sept. 2021, art. 23, en vigueur le 1er oct. 2021)* **Même avant paiement, les personnes coobligées ou ayant consenti une sûreté personnelle ou ayant affecté ou cédé un bien en garantie peuvent procéder à la déclaration de leur créance pour la sauvegarde de leur recours personnel.**

Pour les dispositions transitoires de l'Ord. n° 2021-1193 du 15 sept. 2021, V. note ss. art. L. 611-2.

CHAPITRE III DE L'ÉLABORATION DU BILAN ÉCONOMIQUE, SOCIAL ET ENVIRONNEMENTAL

Art. L. 623-1 **L'administrateur, avec le concours du débiteur et l'assistance éventuelle d'un ou plusieurs experts, est chargé de dresser dans un rapport le bilan économique et social de l'entreprise.** *(Abrogé par L. n° 2005-845 du 26 juill. 2005, art. 43)* ***« Au vu de ce bilan, l'administrateur propose soit un plan de redressement, soit la liquidation judiciaire. »***

Le bilan économique et social précise l'origine, l'importance et la nature des difficultés de l'entreprise.

(L. n° 2003-699 du 30 juill. 2003, art. 24-I) **« Dans le cas où l'entreprise exploite une ou des installations classées au sens du titre Ier du livre V du code de l'environnement,** ***le bilan économique et social*** **est complété par un bilan environnemental que l'administrateur fait réaliser dans des conditions prévues par décret en conseil d'État. »** – *[C. com., anc. art. L. 621-54, al. 1er à 3.]*

(Abrogé par Ord. n° 2008-1345 du 18 déc. 2008, art. 36) (L. n° 2005-845 du 26 juill. 2005, art. 43) ***« Au vu de ce bilan, l'administrateur propose un plan de sauvegarde, sans préjudice de l'application des dispositions de l'article L. 622-10. »***

Al. 4 à 7 abrogés par L. nº 2005-845 du 26 juill. 2005, art. 43.

V. art. R. 623-1 et R. 623-2.

BIBL. ▸ ROLLAND, *JCP E 2004, nº 10, p. 369* (loi du 30 juill. 2003).

1. Concours du débiteur. Lorsque le débiteur a comparu devant les premiers juges avec l'assistance d'un avocat, lequel n'avait pas demandé le renvoi de l'affaire, ainsi qu'il lui appartenait de le faire s'il avait estimé ne pas avoir eu le temps de consulter le rapport et le bilan économique et social, la cour d'appel n'a pas méconnu le principe du contradictoire. • Com. 9 janv. 1990, nº 88-14.194 P : *D. 1991. Somm. 8, obs. Derrida*.

2. L'absence de consultation du débiteur n'est assortie d'aucune sanction. • Chambéry, 23 oct. 1989 : *D. 1991. Somm. 8, obs. Derrida*. ♦ La loi n'exige nullement que ce bilan ait été approuvé et signé par le débiteur. • Même arrêt.

V. aussi, en cas d'examen contradictoire approfondi pendant l'instance d'appel, • Colmar, 9 févr. 1993 : *D. 1994. Somm. 1, obs. Derrida*.

3. Principe du contradictoire. L'expert, désigné pour assister l'administrateur chargé de dresser le bilan économique et social de l'entreprise, n'est pas tenu de communiquer à chacune des parties les observations formulées par les autres avant de donner son avis ; il suffit que le rapport de l'expert, comme les observations écrites de l'administrateur, aient fait l'objet, devant la juridiction, d'un débat contradictoire. • Com. 28 mars 1995 : *RPC 1995. 133, obs. Soinne*.

4. Proposition de continuation. Sur la validité d'une proposition présentée par l'associé majoritaire de la société soumise à la procédure, V. • Com. 22 mai 1990 : *D. 1990. 415, note Derrida*.

Art. L. 623-2 **Le juge-commissaire peut, nonobstant toute disposition législative ou réglementaire contraire, obtenir communication par les commissaires aux comptes,** *(L. nº 2005-845 du 26 juill. 2005, art. 44)* **« les experts-comptables, »** *(Ord. nº 2014-326 du 12 mars 2014, art. 32, en vigueur le 1er juill. 2014)* **« les notaires, » les membres et représentants du personnel, par les administrations et organismes publics, les organismes de prévoyance et de sécurité sociale, les établissements de crédit** *(Ord. nº 2013-544 du 27 juin 2013, art. 7-13º, en vigueur le 1er janv. 2014)* **« , les sociétés de financement »** *(Ord. nº 2009-866 du 15 juill. 2009, art. 17-2º, en vigueur le 1er nov. 2009 ; L. nº 2013-100 du 28 janv. 2013, art. 22)* **« , les établissements de monnaie électronique, les établissements de paiement » ainsi que les services chargés de centraliser les risques bancaires et les incidents de paiement des renseignements de nature à lui donner une exacte information sur la** *(L. nº 2005-845 du 26 juill. 2005, art. 44)* **« situation économique, financière, sociale et patrimoniale du débiteur ».** – *[C. com., anc. art. L. 621-55.]*

Exception au secret bancaire. Le refus d'une banque de communiquer l'historique et la position actuelle d'un compte bancaire n'est pas justifié par l'absence d'actif. L'ordonnance organisant la mesure d'information est exécutoire, quant à l'obligation d'en communiquer l'historique, quel que soit le solde du compte. • Poitiers, 12 mai 1993 : *JCP 1993. IV. 2697*. ♦ La banque ne saurait davantage invoquer le secret professionnel, l'art. 19 [C. com., art. L. 623-2] disposant que tous renseignements doivent être donnés, « nonobstant toutes dispositions législatives ou réglementaires contraires ». • Même arrêt. ♦ De même, les exceptions soulevées par des agences bancaires, tenant notamment à leur devoir de non-immixtion ou aux contraintes techniques de gestion des comptes, ne sont pas recevables. • Reims, 27 janv. 1999 : *JCP E 1999, nº 50, p. 1992*.

Art. L. 623-3 **L'administrateur reçoit du juge-commissaire tous renseignements et documents utiles à l'accomplissement de sa mission et de celle des experts.**

Lorsque la procédure est ouverte *(L. nº 2005-845 du 26 juill. 2005, art. 45)* **« à l'égard d'une entreprise qui bénéficie de l'accord amiable homologué prévu à l'article L. 611-8 du présent code ou à l'article L. 351-6 du code rural et de la pêche maritime », l'administrateur reçoit communication du rapport d'expertise mentionné à l'article** *(L. nº 2005-845 du 26 juill. 2005, art. 45)* **« L. 611-6 » ou, le cas échéant, du rapport d'expertise et du compte rendu mentionnés aux articles L. 351-3 et L. 351-6 du code rural et de la pêche maritime.**

L'administrateur consulte *(Abrogé par L. nº 2005-845 du 26 juill. 2005, art. 45) « le débiteur et »* **le mandataire judiciaire et entend toute personne susceptible de l'informer sur la situation et les perspectives de redressement de l'entreprise, les modalités de règlement du passif et conditions sociales de la poursuite de l'activité.** *(L. nº 2005-845* *du 26 juill. 2005, art. 45)* « Il en informe le débiteur et recueille ses observations *(Abrogé par Ord. n° 2008-1345 du 18 déc. 2008, art. 37)* « *et propositions* ».

Il informe de l'avancement de ses travaux *(Abrogé par L. n° 2005-845 du 26 juill. 2005, art. 45)* « *le débiteur,* » le mandataire judiciaire ainsi que le comité *(Ord. n° 2021-1193 du 15 sept. 2021, art. 24, en vigueur le 1er oct. 2021)* « social et économique ». *(Abrogé par Ord. n° 2008-1345 du 18 déc. 2008, art. 37)* « *Il les consulte* *(L. n° 2005-845 du 26 juill. 2005, art. 45)* « *, ainsi que le débiteur,* » *sur les mesures qu'il envisage de proposer au vu des informations et offres reçues.* » — *[C. com., anc. art. L. 621-56.]*

(L. n° 2005-845 du 26 juill. 2005, art. 45) « Lorsque le débiteur exerce une profession libérale soumise à un statut législatif ou réglementaire ou dont le titre est protégé, l'administrateur consulte l'ordre professionnel ou l'autorité compétente dont, le cas échéant, relève le débiteur. »

Pour les dispositions transitoires de l'Ord. n° 2021-1193 du 15 sept. 2021, V. note ss. art. L. 611-2.

CHAPITRE IV DE LA DÉTERMINATION DU PATRIMOINE DU DÉBITEUR

SECTION PREMIÈRE DE LA VÉRIFICATION ET DE L'ADMISSION DES CRÉANCES

Art. L. 624-1 Dans le délai fixé par le tribunal, le mandataire judiciaire établit, après avoir sollicité les observations du débiteur, la liste des créances déclarées avec ses propositions d'admission, de rejet ou de renvoi devant la juridiction compétente. Il transmet cette liste au juge-commissaire.

(Ord. n° 2014-326 du 12 mars 2014, art. 33, en vigueur le 1er juill. 2014) « Les observations du débiteur sont faites dans un délai fixé par décret en Conseil d'État. Le débiteur qui ne formule pas d'observations dans ce délai ne peut émettre aucune contestation ultérieure sur la proposition du mandataire judiciaire. »

Le mandataire judiciaire ne peut être rémunéré au titre des créances déclarées ne figurant pas sur la liste établie dans le délai mentionné ci-dessus *(L. n° 2005-845 du 26 juill. 2005, art. 46)* « , sauf pour des créances déclarées après ce délai, en application des deux derniers alinéas de l'article L. 622-24. » — *[C. com., anc. art. L. 621-103.]*

V. art. R. 624-1 et R. 624-2.

1. Établissement de la liste des créanciers. Aucune disposition de la loi du 25 janv. 1985 et de son décret d'application n'interdit au débiteur de mettre en œuvre, à l'appui de sa contestation, un moyen qu'il n'aurait pas invoqué dans les observations formulées par lui lors de la vérification des créances effectuées par le représentant des créanciers (à propos d'une demande de rejet pour forclusion d'une créance). • Com. 19 janv. 1993, n° 91-11.462 P : *D. 1993. IR 55.*

2. Quoique l'art. 100, al. 1er [C. com., art. L. 624-1], fasse obligation au représentant des créanciers qui établit la liste des créances déclarées de solliciter les observations du débiteur, il ne résulte d'aucune disposition de cette loi ou du Décr. du 27 déc. 1985 que l'éventuelle absence d'invitation du débiteur, par le représentant des créanciers, à être présent à la vérification du passif, trouverait sa sanction dans la nullité de la décision d'admission prise par le juge-commissaire. • Paris, 30 janv. 1998 : *APC 1998, n° 36.*

3. Le débiteur ayant omis de soumettre au représentant des créanciers sa demande de rejet de la créance afin que le juge-commissaire en soit saisi et statue sur cette demande conformément aux règles prévues par l'art. 101 [C. com., art. L. 624-2], cette demande présentée pour la première fois en appel, sans respecter le double degré de juridiction, n'est pas recevable. • Paris, 12 juin 1990 : *Gaz. Pal. 1991. 2. 505,* conf. par • Com. 4 févr. 1992, n° 90-12.674 P : *D. 1992. IR 118.*

4. L'omission d'une créance dans l'insertion au BODACC qui a été régulièrement déclarée au représentant des créanciers est sans incidence puisqu'une telle obligation ne constitue qu'une mesure de publicité pouvant être réparée par une déclaration, même tardive, du représentant des créanciers au juge-commissaire et par le dépôt d'un état complémentaire. • Rouen, 18 août 1993 : *JCP 1994. IV. 380.*

5. Responsabilité du représentant des créanciers. Engage sa responsabilité personnelle envers la caution du débiteur le représentant des créanciers qui manque aux obligations de sa mission en proposant au juge-commissaire l'admission d'une créance bien que la déclaration de celle-ci ait été manifestement tardive et que le délai pour agir en relevé de forclusion ait été expiré. • Com. 7 janv. 2003, n° 99-10.781 P : *D. 2003. AJ 274, obs. Lienhard* ; *APC 2003, n° 35, obs. Vallansan ; JCP E 2003, n° 20, p. 853, obs. Cabrillac et Pétel ; RTD com. 2003. 564, obs. Martin-Serf* ; *Dr. et patr. 6/2003. 101, obs. Monsèrié-Bon.* – V. aussi • Com. 30 juin 2004 : *RDBF 2004, n° 252, obs. F.-X. Lucas ; RJDA 2005, n° 63.* ♦ Sur la responsabilité d'un mandataire de justice qui a proposé au juge-commissaire d'admettre à titre privilégié un créancier pour une créance chirographaire, privant un créancier nanti de son droit de préférence, V., à propos de la loi de 1967, • Com. 5 déc. 1995, n° 92-21.828 P : *D. 1996. IR 35 ; Quot. jur. 30 janv. 1996, p. 4 ; JCP 1996. IV. 253.* ♦ Comp., à défaut de préjudice : • TGI Paris, 15 sept. 1993 : *RPC 1996. 413, obs. Soinne.*

Art. L. 624-2 **Au vu des propositions du mandataire judiciaire, le juge-commissaire** *(Ord. n° 2021-1193 du 15 sept. 2021, art. 25, en vigueur le 1er oct. 2021)* **« , si la demande d'admission est recevable, » décide de l'admission ou du rejet des créances ou constate soit qu'une instance est en cours, soit que la contestation ne relève pas de sa compétence.** *(Ord. n° 2014-326 du 12 mars 2014, art. 34, en vigueur le 1er juill. 2014)* **« En l'absence de contestation sérieuse, le juge-commissaire a également compétence, dans les limites de la compétence matérielle de la juridiction qui l'a désigné, pour statuer sur tout moyen opposé à la demande d'admission. »** – *[C. com., anc. art. L. 621-104.]*

Pour les dispositions transitoires de l'Ord. n° 2021-1193 du 15 sept. 2021, V. note ss. art. L. 611-2.

V. art. R. 624-3 s.

BIBL. ▶ DELENEUVILLE, *RPC 1995. 391* (compétence du juge-commissaire). – CAGNOLI, *ibid. 2009. Étude 23* (réflexions critiques sur les restrictions jurisprudentielles au pouvoir juridictionnel du juge-commissaire en matière de vérification des créances). – THÉRON, *RTD com. 2010. 635* (réflexions sur la nature et l'autorité des décisions rendues en matière d'admission de créances). – VALLANSAN, *RPC 2012. Étude 9* (exception d'incompétence ou fin de non-recevoir pour absence de pouvoir ?). – LE CORRE, *Gaz. Pal. 10 janv. 2017, p. 81* (office juridictionnel du juge-commissaire et vérification des créances : dix questions-réponses).

1. Pouvoir et compétence du juge-commissaire. A l'exception des créances des salariés, le juge-commissaire est seul compétent pour statuer sur la déclaration de créance, y compris sur l'existence même de celle-ci. • Com. 27 oct. 1998 : *D. Affaires 1998. 1910 ; RTD com. 2000. 191, obs. Vallens* . – V. aussi, à propos d'une créance fiscale, • Com. 28 avr. 2004, n° 01-01.649 P : *D. 2004. AJ 1735* ; *APC 2004, n° 131, obs. Regnaut-Moutier ; JCP E 2004, n° 37, p. 1387, obs. Pétel.* ♦ Sauf constat de l'existence d'une instance en cours, le juge-commissaire a une compétence exclusive pour décider de l'admission ou du rejet des créances déclarées et après une décision d'incompétence du juge-commissaire pour trancher une contestation, les pouvoirs du juge compétent régulièrement saisi se limitent à l'examen de cette contestation. • Com. 19 déc. 2018, n° 17-15.883 P : *D. 2019. Actu. 4* ; *JCP E 2019. 1206, n° 13, obs. Tehrani ; LEDEN 2/2019. 3, obs. Rubellin ; APC 2019, n° 30, obs. Staes ; RJDA 2019, n° 210 ; RDBF 2019, n° 58, obs. Houin-Bressand ; RPC 2019, n° 63, obs. Cagnoli.* ♦ Le juge-commissaire, lorsqu'il statue sur une créance, n'est pas tenu de suivre la proposition du représentant des créanciers. • Com. 8 mars 1994, n° 91-20.379 P : *D. 1994. IR 79* . ♦ ... Ainsi, peut-il décider d'admettre la créance à titre chirographaire, quand bien même le représentant des créanciers n'aurait, avant la saisine du magistrat, élevé aucune discussion sur le privilège invoqué dans la déclaration de créance. • Com. 19 mai 1998, n° 96-13.958 P : *D. 1998. IR 157 ; D. Affaires 1998. 1036, obs. A.-L. M.-D. et P. P.* ♦ En revanche, encourt l'annulation la décision du juge-commissaire statuant sur l'admission d'une créance, alors qu'il n'a été préalablement saisi d'aucune proposition d'admission par le représentant des créanciers. • Grenoble, 29 mars 1990 : *RPC 1990. 401, obs. Dureuil.*

Le juge-commissaire ne peut, sans excéder ses pouvoirs, prononcer l'admission ou le rejet de la créance dans des termes différents de ceux qui ont été notifiés au créancier par la lettre de contestation. • Paris, 28 mai 1999 : *D. 1999. IR 217.* ♦ A supposer qu'il estime ne pas devoir, en l'absence de réponse du créancier à la lettre de contestation, suivre la proposition du représentant des créanciers, le juge-commissaire ne peut, à peine de nullité de sa décision qui serait rendue en violation du principe de la contradiction, consacré en la matière par l'art. 101, al. 2 [Décr. n° 2007-431 du 25 mars 2007, art. 4], admettre ou rejeter la créance dans des termes autres que ceux de la contestation sans avoir entendu ou dûment appelé le créancier et le débiteur qui doivent être mis à même de faire valoir leurs observations. • Même arrêt.

2. L'art. 101 [C. com., art. L. 624-2] exclut toute décision conditionnelle de la part du juge-commissaire, à moins que ne soient en cause les créances visées à l'art. 50 [C. com., art. L. 622-

24], al. 2 [3]. • Com. 9 mai 1995, n° 93-12.202 P : *D. 1995. IR 153* • 19 déc. 2000, n° 98-21.308 P : *D. 2001. AJ 631* • 20 févr. 2001, n° 98-12.640 P : *D. 2001. AJ 926*.

3. Une créance ne peut être admise pour un montant supérieur à celui qui a été déclaré. • Com. 22 janv. 2008 : *RJDA 2008, n° 303.*

4. La clause majorant le taux des intérêts contractuels en cas de défaillance de l'emprunteur s'analyse en une clause pénale que le juge-commissaire peut réduire, lors de l'admission au passif de la créance du prêteur, si elle est manifestement excessive. • Com. 5 avr. 2016, n° 14-20.169 P : *D. 2016. Chron. C. cass. 2244, obs. Arbellot ; RTD com. 2016. 547, obs. Martin-Serf ; JCP E 2016. 1465, n° 8, obs. Pétel ; LEDEN 6/2016. 2, obs. Couturier ; RJDA 2016, n° 461 ; BJE 2016. 266, note Perruchot-Triboulet ; RDBF 2016, n° 177, obs. Houin-Bressand.*

5. Le juge-commissaire doit indiquer la raison pour laquelle il a décidé de rejeter partiellement une déclaration de créance, l'art. 101 [C. com., art. L. 624-2] ne le dispensant aucunement de motiver ses décisions. • Douai, 17 juin 1993 : *RPC 1996. 54, obs. Dureuil.* ♦ Méconnaît les exigences de l'art. 455 NCPC [C. pr. civ.] le juge-commissaire qui, par une ordonnance rendue en dernier ressort, rejette une créance déclarée sans motiver sa décision. • Com. 25 févr. 1997 : *D. Affaires 1997. 418.* ♦ V. art. 455 C. pr. civ. – **C. pr. civ.** ♦ Sur la motivation des décisions d'admission, V. • Com. 11 févr. 2004 : *RTD com. 2004. 376, obs. Vallens*.

6. La cour d'appel ne peut déclarer les demandes du débiteur irrecevables et confirmer l'ordonnance d'admission sans se prononcer au préalable sur le caractère sérieux de la contestation du débiteur et son incidence sur l'existence ou le montant de la créance déclarée. • Com. 21 nov. 2018, n° 17-18.978 P : *D. 2018. Actu. 2302 ; RTD com. 2019. 205, obs. Martin-Serf ; JCP E 2019. 1206, n° 12, obs. Tehrani ; RJDA 2019, n° 111 ; BJE 3-4/2019. 49, note Staes ; RDBF 2019, n° 58, obs. Houin-Bressand ; RPC 2019. Étude 16, obs. Neveu et Bottin.*

7. Le juge-commissaire doit, en ce qui concerne les intérêts restant à courir après le jugement d'ouverture, indiquer les modalités de calcul retenues sans en fixer le montant, sa décision valant admission, dans la limite de ces modalités, de la créance d'intérêts telle qu'arrêtée ultérieurement. • Com. 26 oct. 1999 : *RJDA 2000, n° 58.* ♦ Pour apprécier si la créance d'intérêts a été admise au passif, il convient de se référer exclusivement à la décision d'admission du juge-commissaire devenue irrévocable dont la mention « intérêts mémoire » ne vaut pas admission de la créance d'intérêts. • Com. 13 nov. 2007, n° 06-16.696 P : *D. 2007. AJ 3012 ; JCP E 2008. 1432, n° 11, obs. Cabrillac ; RTD com. 2008. 179, obs. Martin-Serf*. ♦ V. art. R. 622-23 et notes ss. cet art.

8. La procédure de vérification des créances n'a pour objet que de déterminer l'existence, le montant, ou la nature de la créance déclarée (la faute d'une banque bénéficiaire d'un cautionnement ne peut être prise en compte). • Com. 22 avr. 1997 : *RPC 1997. 463, obs. Blanchard.* ♦ Il en résulte que le débiteur en redressement ou en liquidation judiciaire ne peut pas former une demande reconventionnelle en paiement devant le juge-commissaire. • Versailles, 8 oct. 1998 : *Gaz. Pal. 2000. Somm. 353.* ♦ Toutefois, la déclaration de créance faisant partie intégrante de la procédure de vérification des créances, l'appréciation du caractère abusif de cette déclaration relève de cette procédure, et la demande en paiement de dommages-intérêts réparant le préjudice en résultant, est recevable devant le juge-commissaire. • Même arrêt.

9. Il n'entre pas dans les attributions du juge-commissaire, et partant de la cour statuant en matière d'admission des créances, de se prononcer sur les demandes présentées par un syndicat de copropriétaires (admission à titre privilégié, pour la totalité, sans aucune concurrence, y compris avec le prêteur de deniers, s'agissant de charges dues pour l'année en cours et les deux années antérieures aux dates du jugement d'ouverture et de la déclaration de créance) qui relèvent de la procédure d'ordre. • Paris, 22 juin 2001 : *D. 2001. AJ 2890, obs. Lienhard ; RTD civ. 2001. 926, obs. Croq*.

10. La cour d'appel qui, sans remettre en cause l'admission des créances d'une société, se borne à retenir que, cette société ayant admis une réduction de 40 % des sommes lui restant dues après le versement des fonds provenant de cessions partielles d'actifs, cette réduction devait s'appliquer non pas sur l'ensemble des créances de cette société mais uniquement sur le solde constaté après déduction de ces versements, ne viole pas les art. 101 de la loi du 25 janv. 1985 [C. com., art. L. 624-2] et 1351 [1355] C. civ. • Com. 20 janv. 1998, n° 94-16.821 P.

11. La cour d'appel, juge de la vérification des créances, excède les pouvoirs qu'elle tient de l'art. 101, devenu l'art. L. 621-104 [L. 624-2] C. com., en statuant sur la rupture d'un contrat. • Com. 18 févr. 2003, n° 00-12.666 P : *D. 2003. AJ 1095 ; APC 2003, n° 84, obs. Vallansan ; RDBF 2003, n° 75, obs. F.-X. Lucas.* ♦ De même, il n'entre pas dans les attributions du juge de la vérification des créances de se prononcer sur la responsabilité encourue par le créancier à l'occasion de l'exécution du contrat. • Com. 21 sept. 2004 : *D. 2005. Pan. 297, obs. Le Corre*. ♦ ... De prononcer la nullité d'un acte intervenu en période suspecte : V. note 15 ss. art. L. 632-4. ♦ ... Ou de statuer à propos d'un contrat administratif (contrat de concession conclu entre une société d'économie mixte et une commune). • Com. 1er mars 2005, n° 02-

16.769 P : *D. 2005. AJ 1026, obs. Lienhard* ; *ibid. Pan. 2016, obs. F.-X. Lucas* . ♦ V. aussi • Aix-en-Provence, 29 juin 2004 : *RDBF 2005, n° 61, obs. F.-X. Lucas.*

12. S'il est vrai que le juge du cautionnement est tenu de respecter la décision du juge-commissaire, ce dernier, statuant directement dans les seuls rapports entre le créancier et le débiteur principal, n'est pas tenu de ventiler la part des intérêts et du principal de la créance si cette ventilation ne présente pas d'intérêt pour les parties directement en cause. • Com. 26 oct. 1999, n° 96-12.958 P : *JCP E 2000, n° 4, p. 130, obs. Cabrillac ; RDBF 2000, n° 11, obs. Legeais ; LPA 7 juin 2000, p. 24, note Courtier.*

13. Il résulte des dispositions combinées des art. 101 et 102, al. 3 [Décr. n° 2007-431 du 25 mars 2007, art. 4], que le juge-commissaire est compétent pour statuer sur l'admission ou le rejet des créances lorsque la matière est de la compétence du tribunal qui a ouvert la procédure collective. Le juge-commissaire est donc compétent pour se prononcer sur la validité du nantissement invoqué par une société créancière et rétablir ainsi la véritable nature de la créance litigieuse. • Com. 19 mai 1998 : *préc. note 1.* ♦ En revanche, le juge-commissaire n'est pas compétent pour se prononcer sur la nullité du contrat ayant donné naissance à la créance. • Com. 19 mai 2004 : *APC 2004, n° 148, obs. Regnaut-Moutier.*

14. Lorsque l'instance arbitrale n'est pas en cours au jour du jugement d'ouverture, le juge-commissaire, saisi d'une contestation et devant lequel est invoquée une clause compromissoire, doit, après avoir, le cas échéant, vérifié la régularité de la déclaration de créance, se déclarer incompétent à moins que la convention d'arbitrage ne soit manifestement nulle ou inapplicable. • Com. 2 juin 2004, n° 02-18.700 P : *D. 2004. AJ 1732, obs. Lienhard* ; *ibid. Somm. 3184, obs. Clay* ; *JCP E 2004, n° 26, p. 1053, note N. S. ; APC 2004, n° 158, obs. Vallansan ; RPC 2004. 235, obs. Staes ; RTD com. 2004. 439, obs. Loquin* ; *RTD com. 2004. 808, obs. Martin-Serf* .

V. et comp., désormais : art. L. 624-2 dans sa réd. issue de l'Ord. n° 2014-326 du 12 mars 2014.

15. Instance en cours. L'instance en cours qui enlève au juge-commissaire le pouvoir de décider de l'admission ou du rejet de la créance s'entend d'une instance engagée à l'encontre du débiteur et non d'une instance introduite par ce dernier. • Com. 27 mai 2008 : *APC 2008, n° 176, obs. Regnaut-Moutier ; Gaz. Pal. 27-29 juill. 2008, p. 41, obs. Rohart-Messager ; RJDA 2008, n° 1044.* ♦ ... Ou intentée contre le gérant de la société soumise à la procédure collective. • Com. 10 mai 2005 : *RJDA 2005, n° 1014.*

Doit être déclarée nulle l'ordonnance rendue par le juge-commissaire statuant sur le sort d'une créance salariale en l'état d'une procédure prud'homale en cours pour déterminer son montant. • Douai, 19 nov. 1987 : *RPC 1988. 85, obs. Dureuil.*

Une instance d'appel en cours au jour du jugement d'ouverture de la procédure collective, seulement suspendue par une mesure de radiation, ôte au juge-commissaire le pouvoir de prononcer l'admission ou le rejet de la créance, peu important que le jugement attaqué soit exécutoire. • Com. 8 avr. 2015 : *D. 2015. Actu. 862* ; *JCP E 2015. 1422, n° 4, obs. Pétel ; APC 2015, n° 144, obs. Cagnoli ; LEDEN 5/2015. 2, obs. Pelletier ; BJE 2015. 243, note Sortais ; Gaz. Pal. 19-21 juill. 2015, p. 15, obs. Fricero ; RJDA 2015, n° 766 ; RPC 2015, n° 185, obs. Staes.*

Lorsqu'un créancier a formé un pourvoi en cassation contre l'arrêt qui a rejeté sa demande en paiement contre le débiteur, l'instance n'est pas en cours au sens de l'art. 101 [C. com., art. L. 624-2], et, passée en force de chose jugée, la décision rendue doit recevoir exécution. • Com. 14 juin 1994, n° 92-15.217 P : *D. 1995. Somm. 26, obs. Honorat* ; *RTD com. 1995. 482, obs. Martin-Serf* .

Le juge-commissaire saisi par le Trésor public d'une demande d'admission définitive, formée dans le délai de l'art. L. 624-1 C. com., d'une créance déclarée à titre provisionnel et ayant postérieurement fait l'objet d'un titre exécutoire contre lequel le redevable a formé une réclamation doit seulement constater qu'une réclamation ou une instance est en cours. • Com. 11 févr. 2014, n° 13-10.554 P : *D. 2014. Actu. 477* ; *LEDEN 4/2014. 2, obs. Mouial-Bassilana.*

Il résulte des art. 47 et 48 [C. com., art. L. 622-21 et L. 622-22] que seule une instance en cours devant un juge du fond au jour du jugement d'ouverture enlève au juge-commissaire le pouvoir de décider de l'admission ou du rejet de la créance. • Com. 14 mars 1995, n° 93-12.489 P : *D. 1995. IR 98* . ♦ ... De sorte qu'il ne peut admettre une telle créance, même à titre provisionnel, dans un état de collocation. • Com. 7 févr. 2012, n° 10-25.930 P : *D. 2012. Actu. 493* ; *APC 2012, n° 66, obs. Le Corre.*

En l'absence d'instance en cours à la date du jugement d'ouverture de la procédure collective du débiteur, le créancier, après avoir déclaré sa créance, ne peut en faire constater le principe et fixer le montant qu'en suivant la procédure de vérification du passif. • Com. 4 janv. 2000 : *RJDA 2000, n° 314 ; Rev. loyers 2000. 304, note Gallet.* – Dans le même sens, V. • Com. 8 janv. 2002, n° 98-17.373 P : *D. 2002. AJ 487* ; *RPC 2003. 141, obs. Legrand.*

L'ordonnance constatant qu'une instance est en cours, contre laquelle aucun recours n'est exercé, dessaisit le juge-commissaire et rend irrecevable toute nouvelle demande formée devant lui pour les mêmes créances. • Com. 8 juill. 2008, n° 07-16.563 P : *D. 2008. AJ 2073* ; *JCP E*

2009. 1008, n° 14, obs. Pételì. ♦ ... Cette constatation fût-elle intervenue à tort. • Com. 18 nov. 2014 : *D. 2014. Actu. 2406 ; LEDEN 1/2015. 5, obs. Théron ; RPC 2015, n° 183, obs. Staes.*

16. Après rejet de la demande de décharge ou de réduction formée par la société débitrice, qui mettait fin à l'instance en cours que celle-ci avait introduite et dont il résultait l'admission de la créance du comptable public, c'est à bon droit que la cour d'appel, sans avoir à procéder à d'autres vérifications que celle du caractère définitif de la décision de la cour administrative d'appel, a fait compléter l'état des créances par la mention de cette décision. • Com. 24 mars 2015 : *D. 2015. Actu. 800 ; DP diff. entr., Bull. n° 369, obs. Rémery ; LEDEN 5/2015. 3, obs. Pelletier.*

17. Les cautions n'ont pas qualité pour critiquer la décision d'admission des créances prise par le juge-commissaire en ce que celui-ci aurait dû constater qu'une instance était en cours au sens de l'art. 101 devenu l'art. L. 621-104 [L. 624-2] C. com. • Com. 4 mars 2003 : *RJDA 2003, n° 852 ; RPC 2004. 238, obs. Staes.*

18. Sursis à statuer. Le juge de la vérification des créances qui est saisi d'une contestation ne relevant pas de son pouvoir juridictionnel et susceptible d'avoir une incidence sur l'existence, le montant ou la nature de la créance déclarée est tenu de surseoir à statuer sur l'admission de celle-ci, après avoir invité les parties à saisir le juge compétent. • Com. 27 janv. 2015 : *cité note 141 ss. art. L. 622-24 ; JCP E 2015. 1204, n° 9, obs. Pétel ; APC 2015, n° 66, obs. Théron ; BJE 2015. 154, note Rolland.* – Rappr. : • Com. 27 sept. 2017, n° 16-16.414 P : *D. 2017. Actu. 1972 ; RTD com. 2019. 205, obs. Martin-Serf ; JCP E 2017. 1688, n° 8, obs. Tehrani ; LEDEN 12/2017. 3, obs. Staes ; APC 2017, n° 289, obs. Cagnoli ; RJDA 2018, n° 49 ; RDBF 2018, n° 50, obs. Houin-Bressand.* – V. déjà : • Com. 7 févr. 2006, n° 04-19.087 P : *D. 2006. AJ 578, obs. Lienhard ; APC 2006, n° 45, obs. Vallansan ; Gaz. Pal. 30 avr.-4 mai 2006, p. 45, obs. Le Corre* • 9 avr. 2013, n° 12-15.414 P : *D. 2013. Actu. 990 ; ibid. Pan. 2373, obs. Le Corre ; LEDEN 5/2013. 3, obs. Rubellin ; APC 2013, n° 114, obs. Théron ; JCP E 2013. 1434, n° 3, obs. Pétel ; BJE 2013. 221, note Le Corre ; RPC 2013, n° 108, obs. Cagnoli* • 28 janv. 2014, n° 12-35.048 P : *D. 2014. Actu. 368, obs. Lienhard ; RTD com. 2014. 863, obs. Martin-Serf ; JCP E 2014. 1173, n° 6, obs. Pétel ; LEDEN 3/2014. 3, obs. Le Corre.* ♦ V. aussi note ss. art. R. 624-5.

Il appartient à la cour d'appel saisie d'une *contestation soulevée par la société* débitrice de rechercher si celle-ci est dépourvue de sérieux et n'est pas susceptible d'exercer une influence sur l'existence ou le montant de la créance, conditions auxquelles est subordonné l'exercice par le juge-commissaire et la cour d'appel à sa suite de leur pouvoir de statuer sur la demande d'admission de la créance sans surseoir à statuer et renvoyer l'examen de la contestation devant le juge du fond. • Com. 15 nov. 2017, n° 16-18.144 P : *D. 2017. Actu. 2365 ; BJE 2018. 41, note Staes ; RJDA 2018, n° 153 ; RDBF 2018, n° 50, obs. Houin-Bressand.*

Il résulte de l'art. 53 [C. com., anc. art. L. 621-46], al. 4, selon lequel les créances qui n'ont pas été déclarées et n'ont pas donné lieu à relevé de forclusion sont éteintes, qu'il ne peut être statué sur l'admission d'une créance tant qu'il n'a pas été irrévocablement statué sur le relevé de forclusion. • Com. 14 janv. 1997, n° 95-12.159 P : *D. 1997. Somm. 215, obs. Honorat ; D. Affaires 1997. 256 ; JCP E 1997. I. 651, n° 14, obs. Cabrillac et Pétel ; RTD com. 1998. 937, obs. Martin-Serf* • 1er oct. 1997 : *D. Affaires 1997. 1394.*

Le juge-commissaire, seul compétent pour statuer sur l'admission de la créance au passif du débiteur principal, n'est pas tenu de surseoir à statuer dans l'attente de la décision du juge du cautionnement, saisi d'une action en paiement par le créancier contre la caution, cette décision ne s'imposant que dans les rapports entre le créancier et la caution, fût-elle solidaire. • Com. 11 févr. 2004, n° 01-01.602 P : *D. 2004. AJ 638 ; JCP E 2004, n° 22, p. 859, obs. Pétel ; APC 2004, n° 82, obs. Vallansan ; RTD com. 2004. 810, obs. Martin-Serf.*

Comp., désormais : art. L. 624-2 dans sa réd. issue de l'Ord. n° 2014-326 du 12 mars 2014.

19. Compétence territoriale. V. art. R. 662-3-1.

20. Auditions individuelles. Est nulle l'ordonnance rendue par le juge-commissaire qui rejette une créance en tout ou en partie sans avoir au préalable entendu ou dûment appelé le créancier, le débiteur, l'administrateur et le représentant des créanciers. • Rouen, 22 oct. 1987 : *RPC 1988. 87, obs. Dureuil* • Nancy, 20 févr. 1989 : *Banque et Dr. 1989. 184.*

21. Il résulte de l'art. 101 que la convocation préalable du créancier déclarant est nécessaire lorsque le liquidateur s'oppose à une déclaration de créance qui ne revêt pas le caractère privilégié dont fait état ce créancier. • Chambéry, 25 févr. 1992 : *BICC 1992, n° 1497.*

22. Le juge-commissaire n'a pas à entendre ou appeler le débiteur lorsqu'il prononce l'admission d'une créance non contestée. • Com. 3 oct. 2000, n° 97-21.584 P : *APC 2000, n° 224.*

23. Sur l'obligation faite au juge-commissaire d'entendre le débiteur et le créancier lorsqu'il décide d'admettre ou de rejeter la créance dans des termes autres que ceux de la contestation du représentant des créanciers, V. • Paris, 28 mai 1999 : *préc. note 1.*

24. Dans le cas où le juge-commissaire n'a pas convoqué l'administrateur avant de statuer sur le sort de la créance, le débiteur, qui a le droit propre d'exercer des voies de recours prévues par la loi contre la décision statuant sur l'admission de la créance, est sans qualité à invoquer un grief dont seul l'administrateur de la procédure collective, s'il avait reçu la mission d'assurer l'administration, serait fondé à se prévaloir. • Com. 9 mai 1995 : *RPC 1995. 291, obs. Dureuil.*

25. Défaut de comparution du créancier déclarant. Les créanciers du débiteur en redressement judiciaire n'ayant aucune diligence à accomplir une fois effectuées leurs déclarations de créances, les opérations de vérification des créances incombant au mandataire judiciaire, agissant comme représentant des créanciers, et la direction de la procédure de contestation de créance leur échappant, la caducité de la citation prévue par ce texte n'est pas applicable en cas de défaut de comparution du créancier déclarant à l'audience du juge-commissaire, saisi par le mandataire judiciaire de la contestation de sa créance. • Com. 20 avr. 2017, n° 15-18.598 P : *D. 2017. Actu. 917 ; JCP E 2017. 1460, n° 15, obs. Tehrani ; APC 2017, n° 150, obs. Staes ; RJDA 2017, n° 479 ; Gaz. Pal. 27 juin 2017, p. 58, obs. Le Corre ; LEDEN 7/2017. 5, obs. Camensuli-Feuillard ; BJE 2017. 333, note de Lajarte-Moukoko.*

26. Contestations successives. Aucune disposition de la loi du 25 janv. 1985 ou du Décr. du 27 déc. 1985 n'interdit au liquidateur de formuler plusieurs contestations successives de la déclaration de créance. • Com. 22 oct. 1996, n° 94-19.912 P.

27. Procédure orale. Devant le juge-commissaire, la procédure étant orale, les prétentions des parties peuvent être formulées au cours de l'audience et elles sont présumées avoir été contradictoirement débattues. • Com. 31 janv. 1995, n° 92-21.743 P : *D. 1995. IR 51.*

28. Notion de décision d'admission. Ayant relevé que le juge-commissaire a signé la liste des créances déclarées établie par le représentant des créanciers et contenant ses propositions d'admission des créances non contestées, une cour d'appel en déduit exactement que le juge-commissaire a décidé d'admettre ces créances. • Com. 23 nov. 2004, n° 03-14.810 P : *D. 2004. AJ 3222 ; D. 2005. Pan. 298, obs. Le Corre ; APC 2005, n° 5, obs. Vallansan ; RDBF 2005, n° 16, obs. F.-X. Lucas ; JCP E 2005, n° 17, p. 710, obs. Pétel ; RTD com. 2005. 173, obs. Vallens .* – Rappr. : • Lyon, 14 oct. 2004 : *BICC 2005, n° 440.*

29. Instance en paiement contre la caution. Le juge du fond, qui statue dans l'instance en paiement opposant le créancier à la caution du débiteur principal à l'égard duquel a été ouverte une procédure collective, ne fait pas application de l'art. L. 624-2 ; il en résulte que la décision par laquelle le juge du cautionnement retient que la déclaration de la créance est irrégulière ne constitue pas une décision de rejet de cette créance, entraînant, dès lors, l'extinction de celle-ci. • Com. 5 mai 2021, n° 19-17.736 P : *D. 2021. Actu. 901 ; Rev. sociétés 2021. 404, obs. Reille ; RTD com. 2021. 654, obs. Martin-Serf ; LEDEN 6/2021. 3, obs. Cavelier ; APC 2021, n° 146, obs. Pétel ; BJE 7-8/2021. 32, note Saint-Alary-Houin ; RDBF 2021, n° 95, obs. Legeais ; RJDA 2021, n° 586 ; Dr. sociétés 2021, n° 136, note Legros.*

30. Autorité de la chose jugée. BIBL. Lebois, *RPC 2002. 234.* ♦ L'autorité de la chose jugée s'étend à la nature de la garantie et, faute d'avoir été admise, la créance hypothécaire ne peut être opposée aux autres créanciers hypothécaires inscrits sur l'état des créances. • Com. 6 juill. 1999, n° 96-21.684 P : *D. 2000. Somm. 327, obs. Honorat .* ♦ V. aussi, s'agissant d'une clause de réserve de propriété, • Com. 28 juin 2011 : *D. 2011. Actu. 1895 ; RJDA 2011, n° 947.*

31. Le créancier qui n'a pas invoqué devant les juges du fond l'autorité de chose jugée attachée à la décision d'admission de sa créance n'est pas recevable à l'invoquer pour la première fois devant la Cour de cassation. • Com. 20 juin 1995 : *RJDA 1995, n° 1447.*

32. La procédure de vérification et d'admission des créances ne tend qu'à vérifier l'existence, le montant et la nature des créances détenues sur le débiteur, de sorte que lorsqu'une créance a été constatée par une décision ayant autorité de la chose jugée, cette décision est opposable au liquidateur judiciaire qui ne peut que vérifier que la créance déclarée est conforme au titre qui l'a constatée mais ne peut en contester ni le principe ni le montant. • Com. 13 sept. 2017, n° 15-28.833 P : *D. 2017. Actu. 1829 ; APC 2017, n° 260, obs. Cagnoli ; LEDEN 11/2017. 3, obs. Staes ; RDBF 2017, n° 263, obs. Houin-Bressand.*

33. Pour l'annulation d'une sentence prononcée par un tribunal arbitral, qui, en statuant sur l'existence et le montant d'une créance ayant fait l'objet d'une décision d'admission devenue irrévocable, avait violé les règles d'ordre public des procédures collectives, V. • Civ. 1re, 11 sept. 2013, n° 11-17.201 P : *D. 2013. 2891, note Borga et Daniel ; RTD com. 2014. 192, obs. Vallens ; JCP E 2013. Actu. 701, obs. Courdier-Cuisinier ; JCP E 2013. 1692, note Mouralis ; LEDEN 10/2013. 4, obs. F.-X. Lucas ; RDBF 2013, n° 207, obs. Houin-Bressand ; BJE 2013. 387, note Sortais ; RPC 2014, n° 17, obs. F. et M.-N. Legrand.*

34. L'admission par le juge-commissaire d'une créance au passif du débiteur acquiert, quant à son existence et à son montant, l'autorité de la chose jugée à l'égard de la caution, sauf contestation par celle-ci de l'état des créances déposé au greffe dans les conditions prévues par les art. 103 de la loi et 83 du décret. • Com. 22 oct. 1996 : *D. 1997. IR 2 ; Quot. jur. 19 nov. 1996, p. 12.* ♦ V. aussi note 1 ss. art. L. 632-4 et note 7 ss. art. R. 624-3 ; note 41 ss. art. L. 313-22 C. mon.

fin., App., v° *Banque et financement de l'entreprise.*

La caution solidaire peut se prévaloir, dès lors qu'il est définitif, du rejet de la créance garantie prononcé dans la procédure collective de son cofidéjusseur, à moins qu'il ne soit dû à une cause personnelle à celui-ci. • Com. 18 nov. 2014 : *D. 2014. Actu. 2405 ; RTD com. 2015. 152, obs. Martin-Serf ; LEDEN 12/2014. 5, obs. Rubellin ; APC 2014, n° 350, obs. Cagnoli ; Gaz. Pal. 18-20 janv. 2015, p. 33, obs. Le Corre-Broly.*

35. La contestation d'une créance, au cours de la procédure de vérification du passif, n'a pas le même objet que la demande en paiement d'une somme d'argent formée contre le créancier déclarant ; dès lors qu'à l'occasion de la contestation de la créance de la société créancière, la société débitrice ne s'est pas prévalue de la compensation avec ses propres créances, ce qu'elle n'avait pas à faire, la demande en paiement de celles-ci, qui ne se heurte pas à l'autorité de la chose jugée dans le cadre de la vérification des créances, est recevable. • Com. 9 oct. 2019, n° 18-17.730 P : *D. 2019. Actu. 1989 ; Rev. sociétés 2019. 783, obs. Reille ; RTD com. 2020. 170, obs. Martin-Serf ; LEDEN 11/2019. 3, obs. Ollu ; RJDA 2020, n° 91 ; JCP E 2020. 1074, note Houssin ; BJE 3-4/2020. 41, note Jazottes.*

36. Rejet d'une créance garantie par une sûreté. L'art. L. 624-2 C. com. ne distingue pas entre les différents motifs de rejet d'une créance déclarée, de sorte que la décision par laquelle le juge-commissaire retient qu'une créance a été irrégulièrement déclarée et ne peut être admise au passif est, au sens du texte précité, une décision de rejet de la créance, qui entraîne, par voie de conséquence, l'extinction de la sûreté qui la garantissait. • Com. 4 mai 2017, n° 15-24.854 P : *D. 2017. Pan. 1941, obs. Le Corre ; RTD com. 2017. 687, obs. Martin-Serf ; ibid. 704, obs. Vallens ; JCP E 2017. 1434, note Stefania ; APC 2017, n° 167, obs. Le Bars ; RJDA 2017, n° 477 ; RDBF 2017, n° 180, obs. Houin-Bressand ; BJE 2017. 268, note Degenhardt ; Banque et Dr. 7-8/2017. 64, obs. Rontchevsky ; RJ com. 2017. 496, obs. Macorig-Venier ; RPC 2018, n° 100, obs. Cagnoli.* ♦ *Contra*, sur renvoi : • Montpellier, 6 oct. 2020, n° 17/03582 : *JCP E 2020. 1535, n° 12, obs. Pétel ; LEDEN 11/2020. 5, obs. Rubellin.* ♦ Il résulte de l'art. 2036, devenu 2313, C. civ. que la décision de condamnation de la caution à exécuter son engagement, serait-elle passée en force de chose jugée, ne fait pas obstacle à ce que la caution puisse opposer l'extinction de la créance garantie pour une cause postérieure à cette décision. • Com. 22 janv. 2020, n° 18-19.526 P : *D. 2020. 855, note Pellier ; Rev. sociétés 2020. 193, obs. Reille ; RTD com. 2020. 465, obs. Martin-Serf ; RTD civ. 2020. 692, obs. Théry ; JCP E 2020. 1204, n° 14, obs. Pétel ; APC 2020, n° 39, obs. Cagnoli ; LEDEN 3/2020. 3, obs. Lafaurie ; RJDA 2020, n° 229 ; BJE 3-4/2020. 37, note Houssin ; Banque et Dr. 3-4/2020. 32, obs. Jacob ; RPC 2020, n° 52, obs. Borga.* ♦ Comp., désormais : art. L. 624-2 et L. 624-3-1, dans leur réd. issue de l'Ord. n° 2021-1193 du 15 sept. 2021.

37. Subrogation. La créance dont la caution dispose par subrogation contre le débiteur principal est celle du subrogeant et peut donner lieu à une autre admission au passif du débiteur principal au profit de cette caution en sa qualité de subrogée dans les droits du créancier garanti. • Com. 4 oct. 2005, n° 04-11.390 P : *D. 2005. AJ 2874, obs. Lienhard ; Banque et Dr. 11-12/2005. 74, obs. Jacob ; JCP E 2006, n° 2, p. 76, obs. Cabrillac ; LPA 23 janv. 2006, p. 13, note Houtcieff.*

38. L'assuré, qui, après avoir été indemnisé, n'a plus qualité pour agir contre le débiteur, ne peut, sauf convention expresse ou tacite l'y habilitant, agir en justice dans l'intérêt de l'assureur, subrogé dans ses droits (rejet de la demande d'admission de l'assuré pour une somme incluant le montant de l'indemnité versée par l'assureur). • Com. 1er déc. 2009 : *D. 2009. AJ 2929 ; LEDEN, févr. 2010, p. 3, obs. Camensuli-Feuillard.*

39. Preuve de l'admission. Il appartient au créancier, dont l'existence de la créance est contestée, de rapporter la preuve de son admission au passif de son débiteur. • Com. 13 avr. 1999 : *Procédures 1999, n° 202, obs. Laporte.*

40. Péremption d'instance. La péremption d'instance ayant pour objet de sanctionner le défaut de diligence des parties, le débiteur ne peut invoquer une extinction du passif en raison de la péremption d'instance dès lors que les créanciers n'ont aucune diligence à accomplir une fois effectuées les déclarations de créances. • Com. 9 nov. 2004, n° 01-16.726 P : *D. 2004. AJ 3070 ; D. 2005. Pan. 297, obs. Le Corre ; RPC 2005. 130, obs. Gorrias* • 7 juill. 2009 : *D. 2009. AJ 2035 ; Procédures 2009, n° 324, note Rolland ; RJDA 2009, n° 1023 ; Gaz. Pal. 1er-3 nov. 2009, p. 29, obs. Le Corre-Broly* • 8 janv. 2020, n° 18-22.606 P : *D. 2020. Actu. 76 ; JCP E 2020. 1331, note Houssin ; LEDEN 2/2020. 2, obs. Camensuli-Feuillard ; APC 2020, n° 46, obs. Staes ; RJDA 2020, n° 161.* ♦ V. aussi note 9 ss. art. L. 622-24, et note 11 ss. anc. art. L. 622-30, ss. art. L. 643-9.

41. Prescription opposable à la caution solidaire. Le délai pour agir du créancier contre la caution solidaire, sur le fondement d'un acte notarié revêtu de la formule exécutoire, est déterminé par la nature de la créance détenue sur la caution, le délai de prescription étant néanmoins interrompu pendant la durée de la procédure collective du débiteur principal jusqu'à la date de sa clôture. • Com. 3 oct. 2018, n° 16-26.985 P : *D. 2018. Actu. 1965, obs. Lienhard ; AJ contrat 2018. 545, obs. Mouial-Bassilana ; LEDEN 11/2018. 3, obs. Lafaurie ; RJDA 2018, n° 927* • 16 janv. 2019, n° 17-14.002 P : *D. 2019. Actu. 124 ; RTD com. 2019. 484, obs.*

Martin-Serf ; *JCP E 2019. 1108, note Pellier* ; *APC 2019, n° 50, obs. Cagnoli* ; *DP diff. entr., Bull. n° 411, obs. Reille* ; *RJDA 2019, n° 222* ; *BJE 5-6/2019. 36, note Cabrillac* ; *RDBF 2019, n° 101, obs. Houin-Bressand* ; *RPC 2019, n° 68, obs. Aynès*. – V. Biguenet-Maurel, *RJDA 2019. 207*.

Art. L. 624-3 **Le recours contre les décisions du juge commissaire prises en application** *(L. n° 2005-845 du 26 juill. 2005, art. 47-I)* **« de la présente section » est ouvert au créancier, au débiteur** *(Abrogé par L. n° 2005-845 du 26 juill. 2005, art. 47-I)* **« , *à l'administrateur lorsqu'il a pour mission d'assurer l'administration* » ou au mandataire judiciaire.**

Toutefois, le créancier dont la créance est discutée en tout ou en partie et qui n'a pas répondu au mandataire judiciaire dans le délai mentionné à l'article L. 622-27 ne peut pas exercer de recours contre la décision du juge-commissaire lorsque celle-ci confirme la proposition du mandataire judiciaire.

Les conditions et les formes du recours prévu au premier alinéa sont fixées par décret en Conseil d'État. — *[C. com., anc. art. L. 621-105.]* — *V. art. R. 624-7.*

1. Défaut de réponse du créancier. Aux termes de l'art. L. 624-3, al. 2, le créancier dont la créance est discutée en tout ou en partie et qui n'a pas répondu au mandataire judiciaire dans le délai mentionné à l'art. L. 622-27 ne peut pas exercer de recours contre la décision du juge-commissaire lorsque celle-ci confirme la proposition du représentant des créanciers ; il en résulte, *a contrario*, que le créancier recouvre le droit d'exercer un recours lorsque le juge-commissaire n'a pas entériné la proposition du mandataire judiciaire. • Com. 16 juin 2015, n° 14-11.190 P : *D. 2015. Actu. 1366, obs. Lienhard* ; *JCP E 2015. 1422, n° 6, obs. Pétel* ; *RJDA 2015, n° 684* ; *RDBF 2015, n° 166, obs. Houin-Bressand* ; *BJE 2015. 300, note Le Mesle* ; *RPC 2016, n° 8, obs. F. et M.-N. Legrand.* ♦ Sur le domaine d'application de l'art. L. 624-3, al. 2, C. com., V. aussi notes 1 à 3 ss. art. L. 622-27.

2. Forme du recours. Il résulte des dispositions de l'art. 102, al. 1er [C. com., art. L. 624-3], que le recours ouvert à l'encontre des décisions du juge-commissaire statuant sur l'admission des créances, y compris lorsque ce magistrat se déclare incompétent, est l'appel. • Com. 10 oct. 1995, n° 93-21.794 P : *D. 1996. Somm. 87, obs. Honorat* ; *D. Affaires 1995. 161* ; *JCP E 1996. I. 554, n° 17, obs. Pétel.* ♦ Dans le même sens, en présence d'une clause compromissoire, V. • Com. 22 janv. 2008, n° 06-18.703 P : *D. 2008. AJ 478, obs. Lienhard* ; *RPC 2008, n° 61, obs. Gorrias.* ♦ L'opposition formée devant le tribunal de la procédure collective et l'appel formé contre le jugement ainsi rendu sont, par conséquent, irrecevables. • Com. 15 févr. 2000 : *JCP E 2000, n° 17, p. 680, note Cagnoli* ; *APC 2000, n° 85, obs. Vallansan.* ♦ Comp., désormais, pour les recours formés contre une décision d'incompétence : art. R. 624-5.

3. L'indication erronée d'une voie de recours dans la notification n'a pas pour effet d'ouvrir cette voie de recours lorsque celle-ci est interdite par la loi. • Paris, 5 mars 1991 : *Gaz. Pal. 1991. 2. Somm. 428.* ♦ Sur la nullité de la notification n'indiquant pas le délai et les modalités des voies de recours, V. note 8 s. ss. art. R. 661-3.

4. Recours du débiteur. Il résulte de l'art. 102 [C. com., art. L. 624-3] que le débiteur en redressement judiciaire peut exercer un recours contre la décision du juge-commissaire statuant sur une créance qu'il a contestée. • Com. 22 juin 1999, n° 96-20.787 P : *D. 1999. Somm. 351, obs. Honorat* ; *RTD com. 1999. 986, obs. Vallens* ; *JCP E 2000, n° 4, p. 131, obs. Pétel.* ♦ ... Peu important l'objet de cette contestation. • Com. 4 févr. 2003, n° 99-17.859 P : *D. 2003. AJ 556* • 19 mai 2015, n° 14-14.395 P : *D. 2015. Actu. 1152* ; *RTD com. 2015. 748, obs. Martin-Serf* ; *APC 2015, n° 164, obs. Vallansan* ; *DP diff. entr., Bull. n° 371, obs. Rémery* ; *LEDEN 7/2015. 5, obs. Rolland* ; *Gaz. Pal. 19-21 juill. 2015, p. 10, obs. Le Corre.* ♦ En revanche, est irrecevable l'appel contre une décision d'admission d'une créance formé par un débiteur, celui-ci n'ayant pas soumis au représentant des créanciers sa contestation relative à ladite créance et le juge-commissaire n'en ayant donc pas été saisi et n'ayant pu statuer sur elle. • Com. 4 févr. 1992, n° 90-12.674 P : *D. 1992. 264, note Derrida*. – Rappr. : • Com. 8 janv. 2013, n° 11-22.796 P : *D. 2013. Actu. 173* ; *RTD com. 2013. 152, obs. Vallens* ; *JCP E 2013. 1216, n° 6, obs. Pétel* ; *Gaz. Pal. 1er-4 mai 2013, p. 32, obs. Le Corre* ; *RPC 2013, n° 126, obs. F. et M.-N. Legrand.* ♦ V. aussi, désormais, art. L. 624-1, al. 2, dans sa réd. issue de l'Ord. n° 2014-326 du 12 mars 2014.

5. Seules les décisions du juge-commissaire rendues sur contestation pouvant faire l'objet d'un appel en vertu de l'art. 102 [C. com., art. L. 624-3], le débiteur qui a participé à la vérification des créances effectuée conformément aux dispositions de l'art. 72 du Décr. du 27 déc. 1985 [C. com., art. R. 624-1] sans élever aucune contestation, n'est pas recevable à former un appel-nullité contre la décision du juge-commissaire rendue au vu de la proposition du représentant des créanciers, quand bien même ce dernier aurait omis de faire état de la forclusion d'une déclaration de créance. • Com. 14 janv. 1997, n° 93-19.381 P : *D. 1997. IR 39* ; *D. Affaires 1997. 278.*

6. En vertu de l'art. L. 624-3 C. com., le débiteur peut exercer seul, sans l'assistance de l'administrateur judiciaire désigné par le jugement d'ouverture de la procédure de sauvegarde, fût-il investi d'une mission d'assistance pour tous les actes de gestion, le recours contre la décision du juge-commissaire statuant en matière de vérification et d'admission des créances ; il en résulte que, lorsqu'à la date du jugement d'ouverture de la procédure de sauvegarde, une instance était en cours au sens de l'art. L. 622-22, le débiteur a également, dans ce cas, le droit d'exercer seul le recours prévu par la loi contre la décision fixant la créance, après la reprise de l'instance. • Com. 24 janv. 2018, n° 16-21.701 : *D. 2018. Pan. 1836, obs. F.-X. Lucas ; RTD com. 2018. 468, obs. Martin-Serf ; JCP E 2018. 1159, n° 14, obs. Tehrani ; ibid. 1251, note Rolland ; LEDEN 3/2018. 3, obs. Staes ; RJDA 2018, n° 334 ; RPC 2018, n° 57, obs. Lebel ; BJE 2018. 208, note Houssin.*

7. Lorsque l'appel contre une décision d'admission du juge-commissaire est formé par le débiteur seul, il lui appartient d'intimer, non seulement le créancier, mais aussi le mandataire judiciaire, sans pouvoir s'en dispenser en invoquant une prétendue communauté d'intérêts qui l'unirait à ce dernier (application de l'art. 553 C. pr. civ.). • Com. 29 sept. 2015, n° 14-13.257 P : *D. 2015. Actu. 2007 ; LEDEN 11/2015. 5, obs. Staes ; Dr. sociétés 2015, n° 220, note Legros ; Gaz. Pal. 19 janv. 2016, p. 58, obs. Fricero ; RPC 2016, n° 33, obs. Cagnoli.* ♦ Le lien d'indivisibilité existant en matière d'admission des créances entre le créancier, le débiteur et le liquidateur implique que la personne intéressée, appelante de l'ordonnance du juge-commissaire ayant rejeté sa réclamation contre une décision d'admission portée sur l'état des créances, appelle à l'instance l'ensemble de ces parties. • Com. 28 mars 2018, n° 16-26.453 P : *D. 2018. Actu. 717 ; RTD com. 2018. 478, obs. Vallens ; JCP E 2018. 1429, n° 3, obs. Tehrani ; LEDEN 5/2018. 2, obs. Staes ; RJDA 2018, n° 518 ; Procédures 2018, n° 220, note Rolland.* ♦ Si l'administrateur judiciaire n'a pas, dans une procédure de sauvegarde, à être intimé sur l'appel du débiteur contestant l'admission d'une créance déclarée, le lien d'indivisibilité qui unit le mandataire judiciaire au débiteur et au créancier dans l'instance relative à l'admission des créances impose, en revanche, au débiteur appelant, d'intimer le mandataire judiciaire et, si ce dernier n'a pas constitué avocat, de lui signifier ses conclusions d'appel dans le délai prévu par l'art. 911 C. pr. civ. ; en sa qualité d'intimé, le mandataire judiciaire ne peut renoncer à la caducité de la déclaration d'appel. • Com. 13 déc. 2017, n° 16-17.975 P : *D. 2018. Actu. 5 ; JCP E 2018. 1159, n° 3, obs. Tehrani ; LEDEN 2/2018. 2, obs. Staes ; RJDA 2018, n° 259 ; RPC 2018, n° 56, obs. Lebel.*

8. Recours du mandataire judiciaire. Pour l'ouverture de l'appel, V. • Com. 16 oct. 1990, n° 88-17.103 P : *D. 1991. Somm. 333, obs. Honorat .*

9. Recours du cessionnaire de l'actif. Le recours prévu par l'art. 102 [C. com., art. L. 624-3] n'est pas ouvert au cessionnaire de tout ou partie de l'actif, lequel peut, comme toute personne intéressée, à l'exclusion de celles mentionnées audit art. 102, contester l'état des créances déposé au greffe dans les conditions prévues par les art. 103 de la loi et 83 du décret [désormais, C. com., art. R. 624-8]. • Com. 30 mars 1993, n° 91-17.732 P : *D. 1993. Somm. 321, obs. Honorat ; JCP E 1993. I. 277, n° 14, obs. Pétel.*

10. Pouvoirs de la cour d'appel. Pour fixer à une certaine somme la créance d'une société contre un débiteur en liquidation judiciaire, une cour d'appel ne peut se borner à retenir que cette créance n'était pas contestée par le liquidateur, sans examiner les conclusions du débiteur qui contestait certains éléments de la créance déclarée par la société. • Com. 27 oct. 1992, n° 90-19.104 P.

11. La cour saisie de l'appel de l'ordonnance du juge-commissaire ne peut statuer que dans les limites des attributions de celui-ci (irrecevabilité d'une demande reconventionnelle du débiteur). • Com. 6 févr. 2001, n° 98-19.267 P : *D. 2001. AJ 1175 ; APC 2001, n° 74, obs. Regnaut-Moutier.*

12. Il résulte des art. L. 624-3, al. 3, et R. 624-7 C. com. que, lorsque la cour d'appel infirme une décision du juge-commissaire rejetant une créance et prononce elle-même le sursis à statuer sur l'admission de celle-ci, il lui appartient, après l'expiration du sursis, de statuer sur l'admission avec les pouvoirs du juge-commissaire, qui lui sont dévolus par le recours dont elle est saisie. • Com. 10 mai 2012, n° 11-15.491 P : *D. 2012. Actu. 1327 ; JCP E 2012. 1508, n° 4, obs. Pétel ; LEDEN 6/2012. 5, obs. Staes ; APC 2012, n° 143, obs. Vallansan ; RJDA 2012, n° 698 ; Gaz. Pal. 3-4 août 2012, p. 30, obs. Le Corre.*

13. Pourvoi en cassation. En cas d'indivisibilité à l'égard de plusieurs parties, le pourvoi formé contre l'une n'est recevable que si toutes sont appelées à l'instance ; il existe un tel lien d'indivisibilité en matière d'admission des créances entre le créancier, le débiteur et le mandataire judiciaire. • Com. 31 janv. 2018, n° 16-20.080 P : *D. 2018. Actu. 293 ; RDBF 2018, n° 49, obs. Houin-Bressand.*

Art. L. 624-3-1 *(Ord. n° 2008-1345 du 18 déc. 2008, art. 38)* **Les décisions d'admission ou de rejet des créances ou d'incompétence prononcées par le juge-commissaire sont portées sur un état qui est déposé au greffe du tribunal. Toute personne intéressée, à l'exclusion de celles mentionnées à l'article L. 624-3, peut former une réclamation devant le juge-commissaire dans des conditions fixées par décret en Conseil d'État.**

(Ord. n° 2021-1193 du 15 sept. 2021, art. 26, en vigueur le 1er oct. 2021) **« Les personnes coobligées ou ayant consenti une sûreté personnelle ou ayant affecté ou cédé un bien en garantie, lorsqu'elles sont poursuivies, ne peuvent se voir opposer l'état des créances lorsque la décision d'admission prévue à l'article L. 624-2 ne leur a pas été notifiée. »** — *Pour les dispositions transitoires de l'Ord. n° 2021-1193 du 15 sept. 2021, V. note ss. art. L. 611-2.*

V. art. R. 624-8.

Art. L. 624-4 **Le juge-commissaire statue en dernier ressort dans les cas prévus** *(L. n° 2005-845 du 26 juill. 2005, art. 47-II)* **« à la présente section » lorsque la valeur de la créance en principal n'excède pas le taux de compétence en dernier ressort du tribunal qui a ouvert la procédure.** — *[C. com., anc. art. L. 621-106.]*

La valeur d'une créance en principal n'excédant pas le taux de compétence en dernier ressort du tribunal ayant ouvert la procédure tel qu'il résulte de l'art. 639 [R. 721-6] C. com., il s'ensuit, en application de l'art. 105 [C. com., art. L. 624-4], que le juge-commissaire avait statué en dernier ressort sur la contestation élevée par le débiteur à l'encontre de cette créance ; le pourvoi en cassation est donc recevable, en vertu de l'art. 605 NCPC [C. pr. civ.]. • Com. 19 janv. 1993, n° 91-11.462 P : *D. 1993. IR 55.*

Loi n° 85-98 du 25 janvier 1985,

Relative au redressement et à la liquidation judiciaires des entreprises.

Art. 106 *(Abrogé par L. n° 94-475 du 10 juin 1994) Les créances visées au code général des impôts ou au code des douanes ne peuvent être contestées que dans les conditions prévues auxdits codes. Elles sont, dans ce cas, admises par provision de plein droit.* — *Pour la date d'effet de l'abrogation, V. note précédant l'art. L. 610-1.*

1. Admission par provision. Viole les art. 50, al. 2 [C. com., art. L. 622-24, al. 3], et 106 l'arrêt qui, pour confirmer l'ordonnance du juge-commissaire rejetant des créances au titre de la taxe professionnelle, énonce que celles-ci ne pouvaient être retenues, le trésorier principal ayant lui-même, par ses déclarations ultérieures, définitivement arrêté les impositions litigieuses, alors que le débat portait sur l'existence des créances fiscales en cause. • Com. 11 déc. 1990, n° 89-16.108 P : *D. 1991. IR 19.*

2. Une créance visée au CGI admise provisionnellement par ordonnance du juge-commissaire ayant fait l'objet d'une réclamation adressée à l'administration fiscale qui l'a rejetée, une cour d'appel ne donne pas de base légale à sa décision de prononcer l'admission définitive de cette créance en ne recherchant pas si la décision de rejet n'avait pas fait l'objet d'un recours toujours pendant devant la juridiction administrative, comme le soutenait le liquidateur, et si, en conséquence, la créance pouvait être considérée comme n'étant plus contestée au sens de l'art. 74, al. 1er, du Décr. du 27 déc. 1985, peu important que la réclamation du débiteur eût été présentée postérieurement à l'ordonnance du juge-commissaire. • Com. 2 mars 1993, n° 90-20.931 P : *D. 1993. IR 83 ; RTD com. 1994. 788, obs. Martin-Serf.*

3. Les dispositions de l'art. 106 ayant une portée générale, sans qu'il y ait lieu de distinguer selon qu'il s'agit de créances antérieures au jugement d'ouverture ou nées régulièrement après celui-ci, les créances contestées dans les conditions prévues au code général des impôts sont admises par provision de plein droit ou inscrites de même sur la liste des créances mentionnées à l'art. 40 [C. com., ancien art. L. 621-32] qui n'ont pas été payées. • Com. 6 juin 1995, n° 93-13.236 P : *D. 1995. IR 221.*

V., depuis l'abrogation de l'art. 106, note 128 ss. art. L. 622-24.

4. Admission définitive. A défaut de contestation au sens fiscal du terme, ou lorsque la créance de l'Administration a donné lieu à l'établissement d'un titre exécutoire, son admission à titre définitif dans les termes de la déclaration s'impose au juge-commissaire. • Paris, 10 sept. 1993 : *D. 1993. IR 245.* ♦ Spécialement, le liquidateur ne peut s'opposer à l'admission définitive de la créance du Trésor représentative d'un redressement opéré suivant la procédure de taxation d'office, dès lors qu'il n'a pas contesté ce redressement dans le délai de trente jours prévu par l'art. L. 76 LPF à compter de la notification qui lui en a été faite. • Même arrêt. ♦ Dès lors qu'aucune procédure de contestation suivant les modalités prévues au CGI n'a été engagée par le débiteur et qu'aucune violation des art. 106 et 50 [C. com., art. L. 622-24] n'est alléguée, l'appel contre le jugement ayant admis à titre définitif le receveur principal des impôts au passif est irrecevable. • Com. 17 oct. 2000, n° 97-17.940 P : *D. 2000. AJ 414 ; APC 2000, n° 241, obs. Serlooten.*

V. aussi • Com. 8 mars 1994, n° 91-17.383 P : *D. 1994. IR 95* • Paris, 11 déc. 2001 : *BICC 2002, n° 714.*

5. Recours. Si le débat porte sur leur existence, les créances visées au CGI ne peuvent être contestées que dans les conditions prévues audit code et la décision prononçant leur admission définitive n'est pas susceptible d'appel lorsque aucune procédure de contestation suivant les modalités prévues au CGI n'a été engagée et qu'aucune violation des art. 50 et 106 de la loi du 25 janv. 1985 n'a été alléguée. • Com. 24 sept. 2003, n° 01-00.472 P : *D. 2003. AJ 2502*. ♦ Si, au contraire, le débat porte sur la régularité de la déclaration de créance, l'ordonnance du juge-commissaire est susceptible de recours, dans les conditions de l'art. 102 de la loi du 25 janv. 1985, et le débiteur doit être entendu ou dûment appelé devant le juge-commissaire. • Même arrêt.

SECTION II DES DROITS DU CONJOINT

Art. L. 624-5 **Le conjoint du débiteur soumis à une procédure** *(L. n° 2005-845 du 26 juill. 2005, art. 48)* **« de sauvegarde » établit la consistance de ses biens personnels conformément aux règles des régimes matrimoniaux** *(L. n° 2005-845 du 26 juill. 2005, art. 48)* **« et dans les conditions prévues par »** *(Ord. n° 2008-1345 du 18 déc. 2008, art. 39)* **« les articles L. 624-9 et L. 624-10 ».** – *[C. com., anc. art. L. 621-111.]*

Art. L. 624-6 *(Abrogé par Cons. const. n° 2011-212 QPC, du 20 janv. 2012, à compter du 21 janv. 2012)* ***Le mandataire judiciaire ou l'administrateur peut, en prouvant par tous les moyens que les biens acquis par le conjoint du débiteur l'ont été avec des valeurs fournies par celui-ci, demander que les acquisitions ainsi faites soient réunies à l'actif.*** – *[C. com., anc. art. L. 621-112.]*

BIBL. ▶ BRÉMOND, *JCP N 2006, n° 17, p. 825* (moyens de défense de l'époux faisant l'objet d'une action en « réunion d'actif »).

I. INCONSTITUTIONNALITÉ DE L'ART. L. 624-6

1. V., déclarant l'art. L. 624-6 contraire à la Constitution, • Cons. const. 20 janv. 2012, n° 2011-212 QPC : *D. 2012. Pan. 2199, obs. F.-X. Lucas ; RTD com. 2012. 198, obs. Martin-Serf ; Rev. sociétés 2012. 192, obs. Roussel Galle ; JCP E 2012. 1194, note Lebel ; ibid. 1227, n° 6, obs. Pételi ; LEDEN 3/2012. 3, obs. Rubellin ; BJE 2012. 120, concl. Bonhomme, note Becqué-Ickowicz et S. Cabrillac ; APC 2012, n° 38, obs. V. Legrand ; Gaz. Pal. 27-28 avr. 2012, p. 41, obs. Le Corre-Broly ; RJDA 2012, n° 516.* ♦ ... Et, tirant les conséquences de cette déclaration d'inconstitutionnalité, • Com. 11 avr. 2012, n° 10-25.570 P : *D. 2012. Actu. 1122, obs. Lienhard ; JCP E 2012. 1508, n° 3, obs. Pétel ; LEDEN 5/2012. 4, obs. Rubellin ; RJDA 2012, n° 605 (1re esp.) ; APC 2012, n° 148, obs. Leprovaux ; BJE 2012. 250, note Becqué-Ickowicz ; RPC 2013, n° 94, obs. Lisanti.*

II. JURISPRUDENCE ANTÉRIEURE À LA DÉCLARATION D'INCONSTITUTIONNALITÉ

2. Inapplicabilité aux biens propres. L'immeuble bâti sur le terrain propre de l'épouse, *pendant la durée du mariage et à l'aide de fonds* provenant de la communauté, constituant lui-même un propre, sauf récompense, les dispositions de l'art. L. 621-112 [L. 624-6] C. com. ne sont pas applicables. • Com. 24 juin 2003, n° 00-14.645 P : *D. 2003. 2167, note Delmotte ; D. 2004. Somm. 51, obs. Le Corre ; RPC 2003. 359, obs. Rubellin ; RJPF 2003, n° 12, p. 18, obs. Vauvillé ; JCP E 2004, n° 6, p. 225, obs. Pétel.* – V. Brémond, *Dr. et patr. 6/2004. 36.*

3. Parts sociales. Les parts sociales ne peuvent être réunies à l'actif que proportionnellement au montant des valeurs fournies par le débiteur à son conjoint pour les acquérir. • Com. 11 avr. 2012, n° 10-27.235 P : *D. 2012. Actu. 1122, obs. Lienhard ; Rev. sociétés 2012. 397, obs. Roussel Galle ; BJS 2012. 497, note Parachkévova ; RJDA 2012, n° 605 (2e esp.) ; APC 2012, n° 148, obs. Leprovaux ; Gaz. Pal. 3-4 août 2012, p. 35, obs. Antonini-Cochin.*

4. Conditions d'application. L'application de l'art. 112 [C. com., art. L. 624-6] n'est pas subordonnée à la condition de paiement intégral du prix des biens acquis. • Com. 23 janv. 1996, n° 92-19.826 P : *D. 1999. Somm. 19, obs. Brémond ; D. Affaires 1996. 298 ; Defrénois 1996. 944, obs. Sénéchal ; JCP E 1996. I. 554, n° 15, obs. Pétel.*

5. L'application de l'art. L. 621-112 [L. 624-6] C. com. n'est pas subordonnée à la condition que le mariage soit en cours à la date d'ouverture de la procédure collective du débiteur. • Com. 16 janv. 2007, n° 04-14.592 P : *D. 2007. AJ 378, obs. Lienhard ; APC 2007, n° 28, obs. Cagnoli ; Defrénois 2007. 894, obs. Gibirila ; RPC 2007. 124, obs. Lebel.* – V. aussi Obellianne, *RPC 2008. 40.*

6. Preuve. La simple preuve de ce que le conjoint, au moment de l'acquisition, ne disposait pas de ressources ou de capitaux personnels pour en payer le prix, est suffisante, puisqu'il en résulte que ce n'est en fait que grâce aux revenus du débiteur que les acquisitions ont été réalisées. • Besançon, 21 nov. 1997 : *APC 1998, n° 40.* ♦ Pour d'autres exemples de présomption suffisante pour l'application de l'art. 112 [C. com., art. L. 624-6], V. • Com. 10 janv. 2006, n° 04-18.817 P : *D. 2006. AJ 302, obs. Lienhard* ; *RDBF 2006, n° 110, obs. F.-X. Lucas* • 22 sept. 2009 : *RJDA 2009, n° 984 ; Gaz. Pal. 8-9 janv. 2010, p. 43, obs. Antonini-Cochin ; RPC 2010, n° 142, obs. Lisanti* • Metz, 14 déc. 1995 : *RPC 2001. 18, obs. Soinne* • Poitiers, 2 juin 1998 : *ibid.*

Art. L. 624-7 **Les reprises faites en application de l'article L. 624-5 ne sont exercées qu'à charge des dettes et hypothèques dont ces biens sont légalement grevés.** – *[C. com., anc. art. L. 621-113.]*

Art. L. 624-8 *(L. n° 2005-845 du 26 juill. 2005, art. 49)* **Le conjoint du débiteur qui, lors de son mariage, dans l'année de celui-ci ou dans l'année suivante, était** *(Ord. n° 2008-1345 du 18 déc. 2008, art. 40)* **« agriculteur ou exerçait une activité commerciale, artisanale ou » toute autre activité professionnelle indépendante, ne peut exercer dans la procédure de sauvegarde aucune action à raison des avantages faits par l'un des époux à l'autre, dans le contrat de mariage ou pendant le mariage. Les créanciers ne peuvent, de leur côté, se prévaloir des avantages faits par l'un des époux à l'autre.**

Sur l'inapplicabilité de l'art. L. 624-8 au cas de l'assurance vie, V. C. assur., art. L. 132-17. – ***C. assur.*** *ou* ***C. pr. coll.***

BIBL. ► SAINT-ALARY-HOUIN, *Mél. Le Cannu, Dalloz-LGDJ, 2014, p. 781.*

SECTION III DES DROITS DU VENDEUR DE MEUBLES, DES REVENDICATIONS ET DES RESTITUTIONS

RÉP. COM. v° *Entreprise en difficulté : situation des créanciers,* par MACORIG-VENIER.

BIBL. GÉN. ► FAVAREL-VEIDIG, *LPA, n° spéc., 17 févr. 2006, p. 53.* – LE CORRE-BROLY, *Gaz. Pal. 2009. Doctr. 832* (modifications apportées par l'Ord. du 18 déc. 2008) ; *BJE 2011. 68* (actions en revendication ou en reprise et EIRL). – DROSS, *Dr. et patr. 2/2011. 30* (la revendication dans les procédures collectives : une imposture ?). – Dossier « La revendication en droit des entreprises en difficulté », *RLDA juin 2017. 24.* – THÉRON, *D. 2018. Chron. 2424* (combattre un monstre juridique : « la propriété inopposable » des biens non revendiqués).

Art. L. 624-9 **La revendication des meubles ne peut être exercée que dans le délai de trois mois suivant la publication du jugement ouvrant la procédure** *(Abrogé par L. n° 2005-845 du 26 juill. 2005, art. 50)* ***« de redressement judiciaire ou de liquidation judiciaire immédiate ».***

(Abrogé par Ord. n° 2008-1345 du 18 déc. 2008, art. 41) ***« Pour les biens faisant l'objet d'un contrat en cours au jour de l'ouverture de la procédure, le délai court à partir de la résiliation ou du terme du contrat. »*** – *[C. com., anc. art. L. 621-115.]*

V. art. R. 624-13.

BIBL. ► LE CORRE-BROLY, *Gaz. Pal. 12 avr. 2016, p. 51* (sanction du défaut de revendication).

► Régime issu de la loi du 10 juin 1994 : PÉROCHON, *D. 1994. Chron. 251* ; *Cah. dr. entr. 1995, n° 5, p. 25.* – SOINNE, *LPA 14 sept. 1994.* – BENEZERA, *Gaz. Pal. 1994. 2. Doctr. 1289.* – SOINNE, *RPC 1994. 471 ; ibid. 1997. 199* (nouvel art. 121, al. 2). – MARTIN-SERF, *LPA 28 oct. 1998* (questions procédurales). – COURTIER, *Dr. sociétés 2000. Chron. 8* (requête en revendication). – DEVÉSA, *Gaz. Pal. 2002. Doctr. 156* (de l'alternative : action en revendication de l'objet ou action en résolution du contrat de vente). – PÉROCHON, *LPA 13 févr. 2002 ; RPC 2002. 123* (dernières évolutions jurisprudentielles) ; *RLDA, suppl. au n° 80, mars 2005, p. 105* (difficultés génératrices de contentieux). – LE CORRE-BROLY et LE CORRE, *D. 2002. Chron. 948* (analyse jurisprudentielle de la demande en acquiescement de revendication). – DELENEUVILLE, *RPC 2004. 199* (modalités procédurales et voies de recours : actualité jurisprudentielle).

I. CONFORMITÉ À LA CONSTITUTION ET À LA CONV. EDH

1. Les restrictions aux conditions d'exercice du droit de propriété qui peuvent résulter de l'art. L. 624-9 C. com. dans sa rédaction issue de l'Ord. du 18 déc. 2008 répondent à un motif d'intérêt général et n'ont ni pour objet, ni pour effet d'entraîner la privation du droit de propriété ou d'en dénaturer la portée (non-renvoi de la QPC au Conseil constitutionnel). • Com., QPC, 15 mars 2011, n° 10-40.073 P : *D. 2011. Chron. C. cass. 2689, obs. Arbellot* ; *ibid. Actu. 815, obs. Lienhard* ; *Rev. sociétés 2011. 387, obs. Roussel Galle* ; *RTD com. 2011. 642, obs. Martin-Serf* ; *BJE 2011. 194, note Laroche ; RJDA 2011, n° 645.* – Dans le même sens, V. • Com. 3 avr. 2019, n° 18-11.247 P : *D. 2019. Pan. 1910, obs.*

F.-X. Lucas ; RTD com. 2019. 490, obs. Martin-Serf ; RTD civ. 2019. 617, obs. Dross ; JCP E 2019. 1375, n° 17, obs. Pétel ; APC 2019, n° 114, obs. Fin-Langer ; LEDEN 5/2019. 1, obs. F.-X. Lucas ; BJE 7-8/2019. 38, note Laroche ; RJDA 2019, n° 582 ; RDBF 2019, n° 139, obs. Houin-Bressand. ♦ V. aussi, pour la conformité du délai de forclusion de trois mois à la Conv. EDH, • Com. 1er avr. 2014, n° 13-13.574 P : *D. 2014. Chron. C. cass. 1015, obs. Guillou ; ibid. Actu. 870, obs. Lienhard ; RTD com. 2014. 692, obs. Martin-Serf ; RTD civ. 2014. 680, obs. Dross ; APC 2014, n° 159, obs. Cagnoli ; RJDA 2014, n° 553 ; BJE 2014. 241, note Laroche.* ♦ V. déjà • 5 déc. 1995, n° 94-10.385 P : *D. 1996. Somm. 215, obs. Pérochon*.

II. DOMAINE D'APPLICATION

Jurisprudence antérieure à la loi du 10 juin 1994.

BIBL. Rives-Lange et Rachez, *D. 1991. Chron. 270*. – B. S., *Gaz. Pal. 1989. 2. Doctr. 333*. – Amiot, *Rev. dr. bancaire 1988. 182*. – Le Corre, *RPC 1992. 1*.

A. PROCÉDURES CONCERNÉES

2. Pour l'application de l'art. L. 624-9 au redressement judiciaire, V. art. L. 631-18, al. 1er, et pour l'application à la liquidation judiciaire, V. art. L. 641-14, al. 1er.

3. Sur la revendication de marchandises acquises sous réserve de propriété postérieurement au redressement judiciaire de l'acheteur, V. • Versailles, 22 févr. 1990 : *D. 1991. Somm. 43, obs. Pérochon*.

4. L'action en revendication qui a été engagée avant l'ouverture de la procédure collective du débiteur n'est pas soumise aux dispositions de l'art. 115 [C. com., art. L. 624-9]. Elle doit être seulement, en application de l'art. 49 [C. com., art. L. 622-23], poursuivie contre le liquidateur judiciaire sans que la mise en cause de celui-ci soit enfermée dans le délai de trois mois. • Com. 9 juill. 1996, n° 94-16.708 P : *D. 1996. IR 193 ; D. Affaires 1996. 1069 ; RPC 2001. 26, obs. Soinne.* ♦ Même solution pour l'action en restitution : • Com. 3 déc. 2003 : *RJDA 2004, n° 591* • 30 juin 2004, n° 02-17.771 P : *D. 2004. AJ 2302 ; JCP E 2005, n° 1-2, p. 30, obs. Cabrillac.*

B. MEUBLES SOUMIS À REVENDICATION

5. Exclusion des meubles détenus en vertu du droit de rétention. Le dépositaire d'un meuble, qui dispose du droit de rétention, n'est pas soumis, pour revenir en possession du meuble dont il s'est trouvé dessaisi par la fraude ou la violence, aux dispositions de l'art. 115 [C. com., art. L. 624-9]. • Com. 3 janv. 1995 : *D. 1995. IR 75 ; RPC 1995. 482, obs. Soinne ; JCP E 1995. I. 487, n° 13, obs. Cabrillac.* ♦ Le droit de rétention du garagiste impayé est opposable à tous les créanciers tant chirographaires que privilégiés. • Pau, 13 oct. 1994 : *JCP 1995. IV. 1566.* (V. l'arrêt rejetant le pourvoi : • Com. 20 mai 1997 : *cité note 10 ss. art. L. 622-25*).

6. Reconnaissance par le liquidateur du droit de propriété. La reconnaissance par le liquidateur du droit de propriété ne dispense pas le propriétaire du bien détenu par le débiteur d'agir en revendication. • Com. 5 nov. 2013, n° 12-25.765 P : *D. 2013. Actu. 2638, obs. Lienhard ; RTD com. 2014. 694, obs. Martin-Serf ; JCP E 2014. 1020, n° 10, obs. Pétel ; JCP 2014. 18, note J.-J. Barbièri ; LEDEN 12/2013. 2, obs. Aynès ; Gaz. Pal. 12-14 janv. 2014, p. 7, obs. Le Corre-Broly ; RJDA 2014, n° 146.*

7. Poursuite d'un contrat en cours. La décision de l'administrateur judiciaire de poursuivre un contrat en cours portant sur des biens faisant l'objet d'une requête en revendication ne vaut pas acquiescement à celle-ci. • Com. 12 janv. 2016, n° 14-11.943 P : *D. 2016. Actu. 198, obs. Lienhard ; ibid. Pan. 1898, obs. F.-X. Lucas ; Rev. sociétés 2016. 198, obs. Henry ; RTD com. 2016. 331, obs. Martin-Serf ; JCP E 2016. 1198, n° 10, obs. Pétel ; APC 2016, n° 20, obs. Vallansan ; LEDEN 2/2016. 2, obs. Rubellin ; BJE 2016. 108, note Laroche ; RJDA 2016, n° 307 ; Gaz. Pal. 12 avr. 2016, p. 70, obs. Le Corre-Broly ; RDBF 2016, n° 86, obs. Houin-Bressand.*

8. Clause de réserve de propriété. En application des dispositions combinées des art. 2329 C. civ. et L. 624-9 C. com., si la clause de réserve de propriété constitue une sûreté réelle, elle ne confère à son bénéficiaire aucun droit de préférence dans les répartitions. • Com. 15 oct. 2013, n° 13-10.463 P : *D. 2013. Actu. 2462, obs. Lienhard ; D. 2014. 187, note Saenko ; Rev. sociétés 2013. 729, obs. Henry ; JCP E 2014. 1020, n° 12, obs. Pétel ; APC 2013, n° 268, obs. Vallansan ; Gaz. Pal. 4-5 déc. 2013, p. 21, obs. Dumont-Lefrand ; ibid. 12-14 janv. 2014, p. 28, obs. Le Corre ; BJE 2013. 373, note Laroche.*

9. Crédit-bail (jurisprudence antérieure à la loi du 10 juin 1994). BIBL. Le Corre, *RPC 1992. 1*. – Cordier, *RJDA 1999, p. 939* (incidence de la publicité des contrats de crédit-bail mobilier). ♦ Avant la loi du 10 juin 1994, qui a modifié l'art. 115 et ajouté l'art. 115-1 [devenus C. com., art. L. 624-9 et L. 624-10], les dispositions de l'ancien art. 115 étaient applicables quels que soient la cause juridique ou le titre invoqué à l'appui de la revendication, le crédit-bailleur ne pouvant, dès lors, faire valoir son droit de propriété sur les biens objet du contrat qu'en les revendiquant dans le délai de trois mois à partir du prononcé du jugement ouvrant la procédure de redressement judiciaire. • Com. 15 oct. 1991, n° 90-10.978 P : *D. 1991. 632 (1re esp.), note F. D. ; D. 1993. Somm. 285, obs. Pérochon ; JCP 1992.*

Pan. 1898, obs. F.-X. Lucas ; Rev. sociétés 2016. 199, obs. Henry ; RTD com. 2016. 204, obs. Martin-Serf ; JCP E 2016. 1198, n° 11, obs. Pétel ; LEDEN 2/2016. 2, obs. Rubellin ; BJE 2016. 112, note Laroche ; RJDA 2016, n° 309 ; Gaz. Pal. 12 avr. 2016, p. 69, obs. Le Corre-Broly ; RDBF 2016, n° 87, obs. Houin-Bressand. ♦ L'absence de revendication n'entraînant pas l'extinction du droit de propriété ni le transfert de la propriété au débiteur, il en résulte que, dans les rapports entre le débiteur et le bailleur, l'absence de revendication est sans incidence (dans l'hypothèse où le débiteur avait fait l'objet d'un plan de continuation). • Com. 4 janv. 2000 : *D. 2000. 533, note Le Corre-Broly ; APC 2000, n° 40, obs. Regnaut-Moutier ; RJ com. 2000. 266, note Dumesnil-Rossi et Santana ; RTD com. 2002. 160, obs. Martin-Serf.* – V. aussi • Com. 24 mars 2004, n° 02-18.048 P : *D. 2004. AJ 1084, obs. Lienhard ; APC 2004, n° 105, obs. Regnaut-Moutier ; JCP E 2004, n° 37, p. 1384, obs. Cabrillac ; RPC 2004. 378, obs. Monsèrié-Bon.*

28. Revendication en nature suivie d'une revendication du prix. V. note 13 ss. art. L. 624-18.

29. Computation. **BIBL.** Diesbecq et Laverrière, *JCP E 2005, n° 25, p. 1053* (prorogation des délais à raison de la distance et computation). ♦ Le prononcé ultérieur de la liquidation judiciaire demeure sans effet sur les conditions d'exercice de l'action. • Com. 27 nov. 1991 : *RJDA 1992, n° 200.*

30. Un contrat de vente de biens mobiliers dont la propriété est réservée et dont le prix n'est pas payé lors de l'ouverture de la procédure collective n'est pas un contrat en cours au sens de l'art. L. 621-28 [L. 622-13] C. com. et le délai de revendication a pour point de départ la publication du jugement d'ouverture de la procédure collective. • Com. 5 mai 2004, n° 01-17.201 P : *D. 2004. AJ 1525, obs. Lienhard ; ibid. Somm. 2144, obs. F.-X. Lucas ; APC 2004, n° 139, obs. Pérochon ; JCP E 2004, n° 37, p. 1387, obs. Cabrillac ; ibid., p. 1394, note Reifegerste ; RPC 2004. 225, obs. Roussel Galle ; RTD civ. 2004. 760, obs. Crocq.* ♦ V. déjà • Com. 3 avr. 2001, n° 98-11.169 P : *D. 2001. AJ 1621, obs. Avena-Robardet ; APC 2001, n° 110, obs. Vallansan ; JCP E 2001, n° 38, p. 1472, obs. Cabrillac et Pétel ; RTD civ. 2001. 631, obs. Crocq ; RTD com. 2002. 160, obs. Martin-Serf.* ♦ En ce sens que le délai de revendication ne saurait courir du seul fait du prononcé de la liquidation judiciaire, dès lors que celle-ci n'a pas pour effet d'entraîner la résiliation des contrats en cours, V. • Com. 15 févr. 2005 : *cité note 2 ss. art. L. 641-10 ; Gaz. Pal. 29-30 avr. 2005, p. 47, obs. Le Corre-Broly ; RPC 2005. 376, obs. Monsèrié-Bon ; RTD com. 2006. 206, obs. Martin-Serf.*

Comp., désormais : art. L. 624-9, dans sa réd. issue de l'Ord. n° 2008-1345 du 18 déc. 2008. ♦ Sur la restitution consécutive à la revendication des biens faisant l'objet d'un contrat en cours, V. art. L. 624-10-1, issu de l'Ord. n° 2008-1345 du 18 déc. 2008.

31. Dès lors que, si des marchandises restent entreposées dans les locaux de la société objet de la procédure collective, il n'est justifié d'aucune commande en cours d'exécution au moment de l'ouverture de la procédure, ni d'aucune commande postérieure, qui seules seraient de nature à démontrer la poursuite du contrat, le délai de trois mois de l'action en revendication commence à courir, conformément à l'art. L. 621-115 [L. 624-9], al. 1er, du jour de la publication du jugement d'ouverture du redressement judiciaire. • Paris, 10 sept. 2001 : *D. 2001. AJ 2973 ; APC 2002, n° 80, obs. Pérochon.*

32. En cas de requête adressée au juge-commissaire par voie postale, il a été jugé qu'il suffit que le pli soit expédié avant la date d'expiration du délai de trois mois sans qu'il soit nécessaire qu'il ait atteint le destinataire avant cette date. • Com. 1er oct. 1991 : *JCP E 1992. II. 136, n° 15, obs. Cabrillac* • Paris, 19 mai 1995 : *RPC 1995. 483, obs. crit. Soinne.* ♦ V. art. 668 C. pr. civ. – **C. pr. civ.** ♦ Comp., décidant qu'il ne suffit pas que la revendication ait été émise en temps utile, qu'il faut que la juridiction compétente ait été saisie dans le délai : • Com. 11 févr. 1997 : *D. 1997. IR 82.*

V. désormais art. L. 624-17.

33. La prorogation de délai prévue par l'art. 643 NCPC [C. pr. civ.] ne s'applique pas au délai de trois mois imparti par l'art. L. 621-115 [L. 624-9] C. com. pour saisir le mandataire de justice d'une demande en revendication d'un bien. • Com. 7 févr. 2006, n° 04-19.342 P : *D. 2006. 1547, note Marotte ; ibid. AJ 576, obs. Lienhard (2e esp.) ; Gaz. Pal. 30 avr.-4 mai 2006, p. 51, obs. Le Corre-Broly ; RTD. com. 2006. 668, obs. Vallens ; RJ com. 2006. 400, note Sortais ; RPC 2006. 361, obs. Monsèrié-Bon.* ♦ En faveur de l'application des art. 641 et 642 NCPC [C. pr. civ.], V. • T. com. Lille, 25 juin 1996 : *RPC 1997. 326, obs. Soinne.*

34. Caractère préfix. Le délai est un délai préfix. • Com. 13 févr. 1990, n° 88-13.546 P : *D. 1991. Somm. 42, obs. Pérochon* • 20 oct. 1992 : *préc. note 11.* ♦ Il ne saurait donc être interrompu par la saisine d'une juridiction incompétente. • TGI Béthune, 26 oct. 1988 : *Gaz. Pal. 1989. 2. 534.* ♦ ... Ni par une action en saisie-revendication. • Versailles, 16 juin 1992 : *RJDA 1993, n° 744.* ♦ V. note 42. ♦ ... Et il ne peut donner lieu à un relevé de forclusion. • Dijon, 4 mai 1993 : *RJ com. 1994. 67.* ♦ V. aussi note 32.

35. En ce sens que la règle *Contra non valentem...* pourrait être invoquée si l'action en revendication n'avait pu être exercée dans le délai légal en raison d'une impossibilité absolue d'agir, V., à propos de la loi de 1967, art. 59, rédaction antérieure à la loi du 12 mai 1980 : • Com.

28 juin 1994, n° 92-17.310 P : *D. 1996. Somm. 216, obs. Pérochon ; RTD com. 1995. 178, obs. Bouloc*. ♦ L'ignorance du crédit-bailleur, quant au prononcé de la liquidation judiciaire du réparateur auquel le matériel loué a été confié et à la mise en vente autorisée de ses actifs, ne constitue pas une impossibilité absolue d'exercer l'action en revendication dans le délai préfix imparti par l'art. 115 [C. com., art. L. 624-9]. • Com. 2 mars 1999 : *RJDA 1999, n° 578 ; RDBF 2000, n° 20, obs. F.-X. Lucas ; RPC 2001. 32, obs. Soinne.*

36. V. aussi notes 11 s. et 37.

C. PARTIES À L'ACTION EN REVENDICATION

37. Qui peut revendiquer ? L'action en revendication, régie par les art. 115 à 122 [C. com., art. L. 624-9 à L. 624-18], étant réservée au propriétaire d'une chose détenue par le débiteur en redressement ou en liquidation judiciaire, le crédit-preneur d'un bien sous-loué à un utilisateur ultérieurement mis en liquidation judiciaire n'a pas qualité pour l'exercer. • Com. 13 juin 1995, n° 93-18.375 P : *D. 1996. Somm. 211, obs. Pérochon ; JCP E 1995. I. 513, n° 11, obs. Cabrillac.*

En l'absence de poursuite d'un contrat de sous-location (portant sur des biens crédits baillés), l'action en revendication en vue de la restitution de la chose sous-louée, qui est nécessaire, est réservée à son propriétaire et ne peut être exercée par le locataire principal. • Com. 20 mai 1997, n° 95-13.957 P : *D. 2000. Somm. 66, obs. Pérochon et Mainguy ; D. Affaires 1997. 862.*

Le dépositaire ayant la charge, par application de l'art. 1915 C. civ., de restituer en nature la chose remise, le droit de revendiquer le bien entre les mains du sous-dépositaire lui est ouvert. • Com. 14 nov. 2000, n° 97-21.523 P : *D. 2001. AJ 233, obs. Pisoni ; APC 2000, n° 262, obs. F.-X. Lucas ; JCP E 2001, n° 18, p. 755, obs. Pétel ; RTD civ. 2001. 387, obs. Revet*. ♦ Cette action en revendication doit être exercée dans le délai préfix imparti par l'art. 115 [C. com., art. L. 624-9]. • Même arrêt.

Pour l'irrecevabilité de l'action en revendication exercée au nom d'une société par actions simplifiée par son directeur général, le président de la société ayant seul le pouvoir de la représenter à l'égard des tiers, V. • Com. 2 juill. 2002, n° 98-23.324 P : *D. 2002. AJ 2263, obs. Lienhard ; JCP E 2002, n° 51-52, p. 2069, note Dondero ; APC 2002, n° 187, obs. Regnaut-Moutier ; RDBF 2002, n° 190, obs. F.-X. Lucas ; RTD com. 2002. 688, obs. Chazal et Reinhard ; ibid. 2003. 374, obs. Martin-Serf*. ♦ Comp., désormais : art. L. 227-6, al. 3, C. com., dans sa réd. issue de L. n° 2003-706 du 1er août 2003.

En l'état d'une action en revendication intentée par le président du conseil d'administration d'une société alors gérée par un administrateur judiciaire provisoire, puis mise elle-même en liquidation judiciaire, il y a lieu de rejeter l'opposition formée par le liquidateur de la société contre l'ordonnance du juge-commissaire qui a rejeté cette action en revendication, dès lors que, le recours formé par le liquidateur judiciaire étant intervenu après l'expiration du délai de trois mois ouvert en application de l'art. 115 [C. com., art. L. 624-9], la nullité pour irrégularité de fond de la demande formée par le président du conseil d'administration n'a pas été couverte dans le délai de la revendication. • Com. 8 juin 1999, n° 94-20.999 P : *D. 1999. IR 178 ; D. Affaires 1999. 1332, obs. V. A.-R. ; RPC 2001. 32, obs. Soinne.* – V. aussi J.-L. Courtier, *Dr. sociétés 2000. Chron. 8.*

38. Contre qui revendiquer ? L'action en revendication peut parfaitement être présentée auprès du détenteur des matériels même si celui-ci n'est pas le débiteur du crédit-bailleur. • Com. 24 oct. 1995 : *RPC 1997. 324, obs. Soinne.* ♦ V. aussi, pour une revendication entre les mains d'un cessionnaire, • Paris, 26 mars 1996 : *ibid.*

D. PREUVE

39. Lorsqu'une société créancière prouve être propriétaire des biens remis à bail à la société en liquidation, il convient de considérer que le revendiquant n'a pas à faire la preuve de l'existence en nature des appareils entre les mains du débiteur au moment de sa revendication, dans la mesure où les biens n'ont pas été consignés au débiteur ni à titre de dépôt, ni pour être vendus pour le compte du propriétaire, ni cédés avec clause de réserve de propriété. • Caen, 16 mars 1995 : *JCP 1995. IV. 2674.*

E. CAUTIONS

40. La caution est fondée à se prévaloir de la décharge édictée par l'art. 2037 [2314] C. civ., dès lors que le créancier n'a pas exercé la revendication dans le délai légal, privant ainsi la caution d'un droit qui pouvait lui profiter. • Com. 14 févr. 1995, n° 93-13.848 P : *D. 1996. Somm. 218, obs. Pérochon* (loi de 1967) • 11 juill. 1988 : *Bull. civ. IV, n° 237 ; Gaz. Pal. 1988. 2. 672* • Versailles, 1er déc. 1995 : *D. Affaires 1996. 263* • Paris, 3 juin 2003 : *RDBF 2003, n° 193, obs. F.-X. Lucas.* ♦ Comp., énonçant que, dans le cas où un vendeur bénéficie à la fois d'un cautionnement solidaire garantissant le paiement du prix de vente et d'une clause de réserve de propriété, aucun texte ne subordonne l'exercice de son recours contre la caution à la revendication préalable du bien vendu : • Com. 14 juin 1994, n° 91-21.315 P : *Defrénois 1995. 96, note S. Piedelièvre.* – Comp., également : • Paris, 19 sept. 2003 : *RTD com. 2004. 157, obs. Martin-Serf*. ♦ L'absence de revendication dans le délai de l'art. 115 [C. com., art. L. 624-9] a pour effet, non pas de rendre la demande irrecevable, mais de décharger la caution de tout ou partie de son obligation dans la limite des droits dont elle est privée, faute de subrogation. • Com. 20 mai 1997 : *RJDA 1997, n° 1244 ; RPC 2001. 33, obs. Soinne.*

IV. COMPÉTENCE

Jurisprudence antérieure à la loi du 10 juin 1994.

41. Avant la loi du 10 juin 1994, qui a ajouté l'art. 121-1 [devenu C. com., art. L. 624-17], aucune disposition de la loi du 25 janv. 1985 et de son décret d'application n'interdisait au demandeur, bénéficiaire d'une clause de réserve de propriété, de soumettre sa revendication au tribunal ayant ouvert la procédure de redressement judiciaire dont la compétence était ainsi concurrente de celle, non exclusive, du juge-commissaire. • Paris, 27 janv. 1988 : *Gaz. Pal. 1988. 1. Somm. 91.* – V., aussi en ce sens, • Com. 10 juill. 1990, n° 88-20.505 P : *D. 1990. IR 188* • 1er oct. 1991 : *D. 1992. Somm. 6, obs. Derrida ; D. 1993. Somm. 294, obs. Pérochon.* ♦ Sur l'incompétence du juge des référés, V. • Com. 9 juill. 1991, n° 89-18.254 P : *D. 1993. Somm. 294, obs. Pérochon ; JCP E 1991. I. 102, n° 9, obs. Pétel ; RTD com. 1992. 469, obs. Martin-Serf.* ♦ Comp., désormais : art. L. 624-17.

42. V. aussi note 14 ss. art. L. 624-18.

Jugé qu'aucune disposition n'interdit au bénéficiaire d'une clause de réserve de propriété de solliciter du président du tribunal de grande instance, à titre conservatoire, une saisie-revendication conformément aux art. 826 s. C. pr. civ. [abrogés par L. n° 91-650 du 9 juill. 1991]. • Paris, 12 déc. 1991 : *D. 1992. IR 47.* ♦ V. aussi note 34 et Comp. note 53 ss. art. L. 624-16.

V. MODALITÉS

43. Forme de la requête. Est recevable la revendication opérée par voie de requête notifiée au juge-commissaire par voie postale le dernier jour du délai de trois mois. • Paris, 5 janv. 1990 : *RJ com. 1991. 225, note Gallet.* ♦ En revanche, n'a pas été saisi d'une instance en revendication, le juge-commissaire à qui a été adressée, par lettre recommandée, copie d'une demande amiable en revendication formée auprès du représentant des créanciers, dès lors que cette lettre ne contient aucune demande, même implicite, et ne sollicite aucune décision de ce magistrat, qui n'est tenu de statuer que sur ce qui lui est demandé. • Com. 21 janv. 1992, n° 90-12.965 P : *D. 1992. Somm. 246, obs. Derrida ; D. 1993. Somm. 295, obs. Pérochon ; RJDA 1992, n° 403.* ♦ V. et comp., après le Décr. n° 94-910 du 21 oct. 1994 : art. R. 624-13.

N'entre pas dans les irrégularités de fond, limitativement énumérées par l'art. 117 NCPC, le défaut de signature de la requête unilatérale présentée au juge-commissaire. • Civ. 2e, 3 juin 1999, n° 97-14.159 P : *D. Affaires 1999. 1332, obs. V. A.-R. ; RPC 2001. 32, obs. Soinne.* – V. aussi J.-L. Courtier, *Dr. sociétés 2000. Chron. 8.*

44. Délégation de pouvoirs. La requête en revendication est une demande en justice que le propriétaire du bien peut former lui-même (V. C. pr. civ., art. 853. – **C. pr. civ.**). • Com. 9 mai 1995 : *RJDA 1995, n° 1163.* ♦ Dans le cas où le propriétaire est une personne morale, cette requête, si elle n'émane pas des organes habilités par la loi à la représenter, peut encore être adressée au juge-commissaire [Comp., désormais : art. L. 624-17 et R. 624-13 C. com.] par tout préposé titulaire d'une délégation de pouvoirs lui permettant d'accomplir un tel acte, sans que ce pouvoir soit soumis aux règles applicables au mandat de représentation en justice dont un tiers peut être investi. • Même arrêt. ♦ V. aussi cet arrêt sur la faculté de subdéléguer du directeur adjoint d'une société anonyme. ♦ La délégation doit cependant être suffisamment précise (tel n'est pas le cas de la délégation pour « rédiger et signer tous les actes afférents à [la] fonction »). • Com. 3 juin 1997, n° 94-12.450 P : *D. 2000. Somm. 73, obs. Pérochon et Mainguy ; D. Affaires 1997. 861 ; RJDA 1997, n° 1413 ; RTD com. 1998. 686, obs. Martin-Serf ; RPC 2001. 32, obs. Soinne.* ♦ Comp., désormais, pour la demande en revendication adressée au mandataire de justice : note 4 ss. art. R. 624-13.

45. La société qui a constitué avocat hors le délai légal de l'action en revendication ne peut se prévaloir de l'intervention de cet avocat pour couvrir la requête en revendication et le recours affectés d'une irrégularité de fond touchant le pouvoir de la personne, non avocat, ayant introduit l'action (nullité de la requête et du recours). • Com. 14 janv. 1997, n° 93-18.596 P : *D. 1997. IR 53* (arrêt rendu dans le cadre du régime local d'Alsace-Moselle).

VI. ACTION EN DISTRACTION

46. L'absence de revendication n'interdit pas au tiers qui se prétend propriétaire d'un bien saisi entre les mains du débiteur d'en demander la distraction, pour s'opposer au droit du créancier saisissant sans préjudicier au droit de gage général des créanciers antérieurs au jugement d'ouverture. • Com. 26 nov. 2002, n° 01-03.980 P : *D. 2003. AJ 67 ; RTD com. 2003. 570, obs. Martin-Serf ; Gaz. Pal. 2003. Somm. 3246, obs. Brenner ; RPC 2003. 309, obs. Monsèrié-Bon.*

Art. L. 624-10 **Le propriétaire d'un bien est dispensé de faire reconnaître son droit de propriété lorsque le contrat portant sur ce bien a fait l'objet d'une publicité.** *(L. n° 2005-845 du 26 juill. 2005, art. 51)* **« Il peut réclamer la restitution de son bien dans des conditions fixées par décret en Conseil d'État. »** — *[C. com., anc. art. L. 621-116.] — V. art. R. 624-14 et R. 624-15.*

L'art. L. 624-10 est applicable aux procédures et situations en cours dès la publication de la L. n° 2005-845 du 26 juill. 2005 (l. préc., art. 190, JO 27 juill.).

1. Position de la jurisprudence avant la loi du 10 juin 1994. V. notes 9 s. ss. art. L. 624-9.

2. Application de la loi dans le temps. Un crédit-bailleur ne saurait arguer en sa faveur des dispositions introduites par la L. n° 94-475 du 10 juin 1994, excluant l'application de l'art. 115 [devenu C. com., art. L. 624-9] aux propriétaires d'un bien lorsque le contrat portant sur ce bien a été publié, dès lors que les dispositions nouvelles ne sont pas applicables à une procédure entamée avant leur entrée en vigueur. • Paris, 10 nov. 1995 : *D. Affaires 1996. 24* • 3 févr. 1995 : *RPC 1995. 464, obs. Soinne* • Com. 28 janv. 1997 : *D. Affaires 1997. 347 ; RTD com. 1998. 684, obs. Martin-Serf*. ♦ Sur l'entrée en vigueur de la loi du 10 juin 1994, V. note précédant l'art. L. 610-1.

3. Contrats publiés. La dispense de revendication bénéficie à tous les propriétaires de biens mobiliers qui se trouvent confiés au débiteur en procédure collective, par suite d'un contrat publié ayant fait l'objet d'une publicité. • Com. 15 mars 2005, n° 00-18.550 P : *D. 2005. AJ 890, obs. Lienhard ; APC 2005, n° 102, obs. Pérochon ; JCP E 2005, n° 36, p. 1426, obs. Cabrillac ; Gaz. Pal. 6-7 juill. 2005, p. 48, obs. Le Corre-Broly ; RTD com. 2005. 603, obs. Martin-Serf ; RPC 2005. 375, obs. Monsèrié-Bon.* ♦ Il en résulte que le locataire-gérant d'un fonds de commerce qui a régulièrement publié le contrat de location-gérance [conformément au Décr. n° 86-465 du 14 mars 1986] est dispensé de revendiquer le fonds de commerce sans avoir à recourir à une seconde publicité dans les formes requises par l'art. 85-5, al. 1er, du Décr. du 27 déc. 1985. • Même arrêt. – Dans le même sens, V. • Com. 18 sept. 2012, n° 11-21.744 P : *D. 2012. Actu. 2240, obs. Lienhard ; JCP E 2012. 1757, n° 17, obs. Pétel ; APC 2012, n° 241, obs. Vallansan ; BJE 2012. 372, note Laroche ; Gaz. Pal. 18-19 janv. 2013, p. 32, obs. Le Corre-Broly ; RJDA 2013, n° 349.* ♦ Solution confirmée par l'art. R. 624-15 C. com.

4. Pour l'inopposabilité aux créanciers du preneur ainsi qu'au mandataire judiciaire d'un contrat de crédit-bail ayant fait l'objet d'une publicité affectée de plusieurs erreurs sur l'identité du contractant, V. • Com. 11 mai 2010, n° 09-14.048 P : *D. 2010. Actu. 1276, obs. Lienhard ; Rev. sociétés 2010. 409, obs. Roussel Galle ; RTD com. 2011. 174, obs. Martin-Serf ; LEDEN 7/2010. 5, obs. Legrand ; Gaz. Pal. 2-3 juill. 2010, p. 40, obs. Le Corre-Broly ; APC 2010, n° 177, obs. Petit ; RJDA 2010, n° 983.*

5. Sur l'indifférence de la reconnaissance par le liquidateur du droit de propriété dès lors que le contrat n'a pas fait l'objet d'une publicité valable, V. note 6 ss. art. L. 624-9.

6. V. aussi note ss. art. R. 624-15.

7. Bien détenu par un tiers. Dès lors que le droit du crédit-bailleur à obtenir la restitution du bien dans le cadre de la procédure collective est définitivement acquis, ce droit n'étant plus lui-même en cause, le juge-commissaire n'est pas compétent pour ordonner l'appréhension de ce bien entre les mains d'un tiers détenteur. • Com. 21 nov. 2018, n° 17-18.094 P : *D. 2018. Actu. 2303 ; RTD com. 2019. 994, obs. Martin-Serf ; DP diff. entr., Bull. n° 409, obs. Rémery ; LEDEN 1/2019. 3, obs. Staes ; RJDA 2019, n° 114 ; BJE 3-4/2019. 57, note Laroche ; Gaz. Pal. 16 avr. 2019, p. 75, obs. Le Corre-Broly ; RDBF 2019, n° 62, obs. Houin-Bressand.*

8. Fusion-absorption. Pour la recevabilité de la demande en restitution d'un bien objet d'un contrat de crédit-bail publié, formée par une banque ayant absorbé la société de crédit-bail, l'absorbante étant, du fait de la publicité de la fusion-absorption, substituée de plein droit dans le bénéfice des publicités effectuées au nom de la société absorbée à la date d'ouverture de la procédure collective, V. • Douai, 6 nov. 2003 : *Gaz. Pal. 2004. 488, note Le Corre-Broly,* conf. par • Com. 5 juill. 2005 : *cité note 2 ss. art. L. 624-17.*

9. Action en restitution antérieure au jugement d'ouverture. V. note 4 ss. art. L. 624-9.

10. Paiement pour éviter la restitution. Pour l'inapplicabilité des dispositions de l'art. L. 624-16, al. 4, V. note 50 ss. cet art.

11. Recours. V. note 14 ss. anc. art. L. 623-4, ss. art. L. 661-4.

Art. L. 624-10-1 *(Ord. n° 2008-1345 du 18 déc. 2008, art. 42)* **Lorsque le droit à restitution a été reconnu dans les conditions prévues aux articles L. 624-9 ou L. 624-10 et que le bien fait l'objet d'un contrat en cours au jour de l'ouverture de la procédure, la restitution effective intervient au jour de la résiliation ou du terme du contrat.**

Art. L. 624-11 *(L. n° 2005-845 du 26 juill. 2005, art. 52)* **Le privilège** *(Ord. n° 2021-1192 du 15 sept. 2021, art. 34, en vigueur le 1er janv. 2022)* **« établi par le 3°** *[ancienne rédaction : et le droit de revendication établis par le 4°]* **» de l'article 2332 du code civil au** ***profit du*** **vendeur de meubles ainsi que l'action résolutoire ne peuvent être exercés que dans la limite des dispositions des articles L. 624-12 à L. 624-18 du présent code.** – *[C. com., anc. art. L. 621-117.]*

Sur l'inapplicabilité des art. L. 624-11 à L. 624-18 au vendeur de fonds de commerce, V. art. L. 141-11.

Art. L. 624-12 **Peuvent être revendiquées, si elles existent en nature, en tout ou partie, les marchandises dont la vente a été résolue antérieurement au jugement ouvrant** *(L. nº 2005-845 du 26 juill. 2005, art. 53)* **« la procédure » soit par décision de justice, soit par le jeu d'une condition résolutoire acquise.**

La revendication doit pareillement être admise bien que la résolution de la vente ait été prononcée ou constatée par décision de justice postérieurement au jugement ouvrant *(L. nº 2005-845 du 26 juill. 2005, art. 53)* **« la procédure » lorsque l'action en revendication ou en résolution a été intentée antérieurement au jugement d'ouverture par le vendeur pour une cause autre que le défaut de paiement du prix.** – *[C. com., anc. art. L. 621-118.]*

V. note ss. art. L. 624-11.

1. Clause résolutoire. Le pacte commissoire n'étant stipulé qu'au profit du vendeur qui peut y renoncer, la clause résolutoire n'est acquise que lorsque son bénéficiaire a manifesté son intention de s'en prévaloir. • Com. 3 juin 1997, nº 93-21.322 P.

2. Preuve de l'existence des biens en nature. Il n'y a pas lieu de suppléer à la carence du revendiquant qui se borne à solliciter à titre conservatoire la désignation d'un mandataire dont la mission serait d'établir que, à la date du jugement d'ouverture les marchandises litigieuses remplissaient les conditions exigées par l'art. 117 [C. com., art. L. 624-12]. • Paris, 17 mars 1998 : *RPC 2001. 22, obs. Soinne.*

Art. L. 624-13 **Peuvent être revendiquées les marchandises expédiées au débiteur tant que la tradition n'en a point été effectuée dans ses magasins ou dans ceux du commissionnaire chargé de les vendre pour son compte.**

Néanmoins, la revendication n'est pas recevable si, avant leur arrivée, les marchandises ont été revendues sans fraude, sur factures ou titres de transport réguliers. – *[C. com., anc. art. L. 621-119.]*

V. note ss. art. L. 624-11.

Art. L. 624-14 **Peuvent être retenues par le vendeur les marchandises qui ne sont pas délivrées ou expédiées au débiteur ou à un tiers agissant pour son compte.** – *[C. com., anc. art. L. 621-120.]*

V. note ss. art. L. 624-11.

1. Le vendeur de meuble, bénéficiant d'une clause de réserve de propriété et n'ayant pas livré le bien à l'acquéreur en raison du défaut de paiement intégral de la créance, est en droit d'opposer au sous-acquéreur du bien son droit de rétention en application de l'art. L. 621-20 [L. 624-14] C. com. • Toulouse, 25 oct. 2001 : *Cah. jurispr. Aquitaine 2002, nº 1, p. 181.*

2. Jugé que les biens entreposés dans les locaux d'une société qui fait l'objet d'une procédure collective, n'étant jamais entrés dans son patrimoine, n'ont pas à faire l'objet d'une revendication au titre du droit de vendeur de meubles et que l'action n'est donc pas enfermée dans le délai de trois mois de l'art. 115 [C. com., art. L. 624-9]. • Metz, 20 oct. 1994 : *RPC 1995. 469, obs. crit. Soinne.*

Art. L. 624-15 **Peuvent être revendiqués, s'ils se trouvent encore dans le portefeuille du débiteur, les effets de commerce ou autres titres non payés, remis par leur propriétaire pour être recouvrés ou pour être spécialement affectés à des paiements déterminés.** – *[C. com., anc. art. L. 621-121.]*

V. note ss. art. L. 624-11.

Affectation spéciale. L'affectation spéciale visée par l'art. 120 [C. com., art. L. 624-15] doit émaner du propriétaire de l'effet qui le revendique. • Versailles, 8 juin 1989 : *D. 1989. IR 226 ; JCP E 1990. II. 15668, nº 16, obs. Cabrillac.* ♦ Il en résulte que le vendeur originaire ne peut revendiquer l'effet accepté par le sous-acquéreur et qui se trouve encore entre les mains de l'acheteur. • Même arrêt.

Art. L. 624-16 *(Ord. nº 2008-1345 du 18 déc. 2008, art. 43)* **« Peuvent être revendiqués, à condition qu'ils se retrouvent en nature, les biens meubles remis à titre précaire au débiteur ou ceux transférés dans un patrimoine fiduciaire dont le débiteur conserve l'usage ou la jouissance en qualité de constituant. »**

(Ord. n° 2006-346 du 23 mars 2006, art. 48-I) **« Peuvent également être revendiqués, s'ils se retrouvent en nature au moment de l'ouverture de la procédure, les biens vendus avec une clause de réserve de propriété. Cette clause doit avoir été convenue entre les parties dans un écrit au plus tard au moment de la livraison. Elle peut l'être dans un écrit régissant un ensemble d'opérations commerciales convenues entre les parties.**

« La revendication en nature peut s'exercer dans les mêmes conditions sur les biens mobiliers incorporés dans un autre bien lorsque la séparation de ces biens peut être effectuée sans qu'ils en subissent un dommage. La revendication en nature peut également s'exercer sur des biens fongibles lorsque des biens de même nature et de même qualité se trouvent entre les mains du débiteur ou de toute personne les détenant pour son compte. »

(L. n° 2005-845 du 26 juill. 2005, art. 54) **« Dans tous les cas, il n'y a pas lieu à revendication si, sur décision du juge-commissaire, le prix est payé immédiatement. Le juge-commissaire peut également, avec le consentement du créancier requérant, accorder un délai de règlement. Le paiement du prix est alors assimilé à celui des créances mentionnées au I de l'article L. 622-17. »** – [C. com., anc. art. L. 621-122.]

V. note ss. art. L. 624-11.

Sur la clause de réserve de propriété, V. C. civ., art. 2367 s. – **C. civ.**

BIBL. ▶ CROCQ, *JCP E 2006, suppl. au n° 20-21, p. 23* (Ord. du 23 mars 2006).

▶ BENEZERA, *Gaz. Pal. 1989. 1. Doctr. 1 ; ibid. 1989. 2. 650* (procédure de référé). – CHAPUT, *JCP 1981. I. 3017 ; Rev. huiss. 1986. 790*. – COFFY DE BOISDEFFRE, *Banque et Dr. 1991, n° 15, p. 23*. – DERRIDA, *D. 1980. Chron. 293*. – GHESTIN, *D. 1981. Chron. 1*. – GHESTIN et JAMIN, *RPC 1989. 291*. – GHOZI, *D. 1986. Chron. 317*. – HOUIN, *JCP 1980. I. 2978*. – MERLE, *Banque 1986. 644*. – PONCEBLANC et MONOD, *Gaz. Pal. 1992. 2. Doctr. 594*. – DE CANDÉ, *RJ com. 1993. 133*. – M. STORCK, *D. 1988. Chron. 131* (sort du contrat de vente). – BRETZNER, *RPC 1991. 377* (nullités de la période suspecte). – JACOMET, *BJS 1991. 977* (vente d'actions avec réserve de propriété). – DEMOURES, *Gaz. Pal. 1993. 2. Doctr. 1337* (triple méprise de la clause de réserve de propriété). – COURTIER, *LPA 18 avr. 1994*. – OPHELE-ROSSETO, *RTD com. 1995. 87* (protection pénale des biens). – DELEBECQUE, *RJ com. 1994. 385*. – DUCOULOUX-FAVARD, KOPP et PERNAZZA, *LPA 14 sept. 1994* (droit comparé, allemand, français et italien). – Colloque de Montpellier du 28 avr. 1995 (faut-il retarder le transfert de propriété ?), *Cah. dr. entr. 1995, n° 5*. – LAVABRE, *RJDA 1998, p. 83* (actualité de la clause de réserve de propriété). – BAC, *JCP E 1998, n° 32135, p. 1294* (obstacles de la dernière heure, parades possibles). – VITERBO, *Banque et Dr. 1999, n° 65, p. 3* (réserve de propriété en période de règlement amiable). – HOUTMANN, *LPA 18 juin 1999*. – RIBADEAU DUMAS, *D. 2008. Chron. 2190* (saisie-revendication).

▶ Régime issu de la loi du 10 juin 1994. – *V. BIBL. ss. art. L. 624-9.*

Ancien art. L. 624-16 ***(Al. 1 à 3) Peuvent être revendiquées, à condition qu'elles se retrouvent en nature, les marchandises consignées au débiteur, soit à titre de dépôt, soit pour être vendues pour le compte du propriétaire.***

Peuvent également être revendiqués, s'ils se retrouvent en nature au moment de l'ouverture de la procédure, les biens vendus avec une clause de réserve de propriété subordonnant le transfert de propriété au paiement intégral du prix. Cette clause, qui peut figurer dans un écrit régissant un ensemble d'opérations commerciales convenues entre les parties, doit avoir été convenue entre les parties dans un écrit établi, au plus tard, au moment de la livraison. Nonobstant toute clause contraire, la clause de réserve de propriété est opposable à l'acheteur et aux autres créanciers, à moins que les parties n'aient convenu par écrit de l'écarter ou de la modifier.

La revendication en nature peut s'exercer dans les mêmes conditions sur les biens mobiliers incorporés dans un autre bien mobilier lorsque leur récupération peut être effectuée sans dommage pour les biens eux-mêmes et le bien dans lequel ils sont incorporés. La revendication en nature peut également s'exercer sur des biens fongibles lorsque se trouvent entre les mains de l'acheteur des biens de même espèce et de même qualité.

I. DOMAINE DE L'ART. L. 624-16, AL. 1er

BIBL. Brill-Venkatasamy, *RPC 1997. 397* (contrat de confié).

1. Jurisprudence antérieure à l'Ord. du 18 déc. 2008. Jugé que les dispositions prévues par l'art. 121 [C. com., art. L. 624-16], dérogatoires à celles de l'art. 115 [C. com., art. L. 624-9], propres aux marchandises consignées au débiteur soit à titre de dépôt, soit pour être vendues pour le compte du propriétaire, ou à celles vendues avec clause de réserve de propriété, ne peuvent être étendues à d'autres contrats (à propos d'un contrat de location). ● Paris, 6 janv. 1995 :

D. 1996. Somm. 217, obs. crit. Pérochon . ♦ Dans le même sens, pour un contrat d'entreprise, V. • Rouen, 8 juin 1995 : *RJDA 1996, n° 131.* ♦ V. aussi • Caen, 16 mars 1995 : *D. 1996. Somm. 220, obs. crit. Pérochon* (crédit-bail). ♦ Comp. : • Com. 2 mars 1999 : *cité note 8* (contrat d'entreprise). ♦ Comp. aussi, s'agissant de la revendication du prix de revente : note 1 ss. art. L. 624-18.

Sur l'action en revendication exercée par le dépositaire contre le sous-dépositaire, V. note 37 ss. art. L. 624-9.

Sur la revendication de pierres précieuses ouvrées, remises au débiteur en redressement judiciaire aux termes de « contrats de confiés », V. • Com. 6 juill. 1999, n° 97-10.302 P : *D. Affaires 1999. 1255, obs. A. L. ; LPA 6 janv. 2000, p. 12, note P. M. ; RTD com. 2000. 453, obs. Martin-Serf* . – Dans la même affaire, V. • Com. 28 sept. 2004 : *APC 2004, n° 232, obs. Vallansan* • 20 oct. 2009 : *RTD com. 2010. 425, obs. Martin-Serf* ; *RJDA 2010, n° 64 ; Gaz. Pal. 8-9 janv. 2010, p. 44, obs. Le Corre-Broly.*

Comp., visant désormais, de façon plus générale, « les biens meubles remis à titre précaire au débiteur » : art. L. 624-16, al. 1er, dans sa réd. issue de l'Ord. n° 2008-1345 du 18 déc. 2008.

2. La revendication ne pouvant s'exercer que sur des marchandises existant en nature, le prêt d'un stock d'or, qui porte sur des choses fongibles, ne peut donner lieu à revendication. • T. com. Paris, 7 déc. 1993 : *RJ com. 1995. 122, note X. Vincent.* ♦ En ce sens que si le prêteur qui s'est réservé la propriété des marchandises prêtées bénéficie d'un droit préférentiel au sens de l'art. 2037 [2314] C. civ., il ne commet aucune faute portant préjudice à la caution en s'abstenant d'exercer un recours contre la décision du juge-commissaire ayant rejeté sa requête en revendication en raison de l'impossibilité d'établir l'origine de propriété des marchandises retrouvées, V. • Com. 26 mai 1999, n° 96-14.371 P : *D. 1999. IR 161* ; *D. Affaires 1999. 1077, obs. J. F.*

3. Créance de somme d'argent. Une demande de restitution de fonds ne peut être formée par voie de revendication, la seule voie ouverte au créancier d'une somme d'argent étant de déclarer sa créance à la procédure collective de son débiteur. • Com. 22 mai 2013, n° 11-23.961 P : *D. 2013. 1594, note Danos* ; *ibid. Actu. 1342, obs. Lienhard* ; *ibid. Pan. 2368, obs. F.-X. Lucas ; ibid. Chron. C. cass. 2555, obs. Guillou ; RTD com. 2013. 591, obs. Martin-Serf* ; *Rev. sociétés 2013. 526, obs. Roussel Galle* ; *RTD civ. 2013. 649, obs. Dross* ; *JCP E 2013. 1434, n° 5, obs. Pétel ; APC 2013, n° 133, obs. Cagnoli ; Gaz. Pal. 12-13 juill. 2013, p. 27, obs. Le Corre-Broly ; BJE 2013. 226, note Laroche ; LEDEN 9/2013. 3, obs. Borga ; RPC 2013, n° 130, obs. Monsèrié-Bon.* ♦ V. aussi note 87 ss. art. L. 622-24.

4. Droit commun. Saisie, en raison de la revente des marchandises par la société acquéreur, d'une demande de revendication en nature fondée sur les dispositions de droit commun de l'art. 2276 C. civ. et non sur celles de l'art. L. 624-16 C. com., la cour d'appel doit rechercher, non pas si les marchandises se retrouvent en nature dans le patrimoine de la société sous-acquéreur, lors de l'ouverture de sa procédure collective, mais si cette société est entrée en leur possession de mauvaise foi. • Com. 17 nov. 2021, n° 20-14.420 B : *D. 2021. Actu. 2084* ; *LEDEN 12/2021. 5, obs. Houssin ; BJE 1-2/2022. 23, note Laroche ; APC 2022, n° 28, obs. Pérochon ; RJDA 2022, n° 101.*

II. CLAUSES DE RÉSERVE DE PROPRIÉTÉ

5. Nature de la clause de réserve de propriété. V. note 8 ss. art. L. 624-9.

A. BIENS POUVANT ÊTRE REVENDIQUÉS

BIBL. Pérochon, *LPA 14 sept. 1994* (biens fongibles). – Jenselme, *ibid., 14 sept. 1994, p. 98* (logiciels). – Vérignon, *JCP N 1995. I. 1037* (fonds de commerce). – Baudran, *RPC 2004. 5* (biens fongibles). – Pételm, *Mél. Tricot, Dalloz-Litec, 2011, p. 571* (choses fongibles). – Le Corre-Broly, *Gaz. Pal. 10 janv. 2017, p. 49* (biens fongibles).

6. Notion de marchandises. En ce sens que le texte ne distingue pas entre les biens d'équipement et les marchandises, V. déjà, sous l'empire de la loi de 1967, • Com. 13 mars 1985 : *JCP 1985. II. 20843, note Joly* • Aix-en-Provence, 13 oct. 1983 : *JCP E 1984. II. 14271, note Chaput.* – *Contra* : • Douai, 24 sept. 1987 : *Gaz. Pal. 1988. 1. 415, note Prouvost* • T. com. Grenoble, 15 janv. 1990 : *RPC 1991. 221, obs. Soinne.* ♦ Sur la revendication d'une plate-forme posée au sol, V. • Versailles, 10 nov. 1988 : *RPC 1989. 217, obs. Soinne.* ♦ ... D'une installation frigorifique, V. • T. com. Chartres, 16 oct. 1990 : *JCP E 1990. I. 20473.* ♦ ... D'une licence de débits de boisson, V. • Chambéry, 27 mai 1997 : *JCP 1998. IV. 2822.*

7. En ce sens que l'existence de droits incorporels sur les biens dont la propriété est réservée ne fait pas obstacle à leur revendication, V. • Com. 19 nov. 2003 : *cité note 17.* ♦ Il n'y a pas lieu d'exclure d'une demande en revendication des logiciels et progiciels, biens incorporels dont le support est un bien corporel. • Versailles, 30 juin 1994 : *D. 1994. IR 216 ; Gaz. Pal. 1995. 1. 44, note Breban.* ♦ V. aussi • Paris, 26 févr. 1999 : *Gaz. Pal. 2000. Somm. 905, obs. Sauvage.*

Dans sa rédaction issue de la L. n° 94-475 du 10 juin 1994, l'art. L. 621-122, al. 2, C. com. [et désormais l'art. L. 624-16, al. 2] vise la revendication des biens, et non plus des marchandises.

8. Individualisation (jurisprudence antérieure à la loi du 10 juin 1994). Sur le rejet de la revendication avant la modification de l'art. 121 de la loi du 25 janv. 1985 par la L. n° 94-475 du 10 juin 1994, au motif que les matériels avaient été incorporés au fonds immobilier et qu'ils n'existaient plus en nature, V. • Com. 6 janv. 1987, n° 85-16.577 P : *D. 1987. 242, note Prévault ; D. 1988. Somm. 10, obs. Derrida* (loi de 1967) • 2 mars 1999, n° 95-18.643 P : *D. 2000. Somm. 69, obs. Pérochon et Mainguy ; D. Affaires 1999. 597, obs. A. L. ; JCP 1999. II. 10180, note Cutajar ; JCP E 1999, n° 39, p. 1535, obs. Pétel ; RTD com. 1999. 751, obs. Martin-Serf ; RTD civ. 1999. 442, obs. Crocq ; APC 1999, n° 82, obs. Vallansan ; RTD civ. 2000. 866, obs. Revet ; RPC 2001. 24, obs. Soinne.* ♦ V. aussi, pour des matériels incorporés à une chaîne de montage de voitures, • Com. 6 juill. 1993, n° 90-21.711 P : *D. 1993. Somm. 293, obs. Pérochon .* ♦ ... Pour des commandes numériques intégrées à une machine, • Com. 24 mars 2004 : *JCP 2005. II. 10039, note De Badts.* – *Contra* : • Com. 4 janv. 2005 : *LPA 16 févr. 2006, p. 7, note Voisin.*

Dès lors que les éléments livrés étaient aisément démontables dans l'immeuble auquel ils n'avaient été fixés que pour remplir leur fonction industrielle ou commerciale et sans que leur adjonction ou suppression entraînât la dépréciation de cet immeuble, il pouvait être jugé que le matériel se retrouvait en nature. • Com. 17 mars 1998, n° 95-11.209 P : *D. Affaires 1998. 803, obs. V. A.-R.*

Sur le caractère fongible, mais toujours individualisé, de fuel, V. • Com. 3 juin 1986, n° 85-14.213 P : *D. 1988. Somm. 10, obs. Derrida* (loi de 1967). ♦ Pour des pneumatiques montés sur des véhicules, V. • Com. 18 juill. 1989, n° 88-13.395 P : *D. 1991. Somm. 45, obs. Pérochon* (loi de 1967). ♦ ... Pour un moteur de navire, V. • Com. 15 mars 1994, n° 91-14.375 P : *D. 1996. Somm. 219, obs. Pérochon ; JCP 1994. II. 22277, note Larroumet* • 11 mars 1997, n° 94-20.069 P : *D. 2000. Somm. 72, obs. Pérochon et Mainguy ; D. Affaires 1997. 510.* ♦ ... Pour du vin, V. • Bordeaux, 16 déc. 1993 : *JCP 1994. IV. 1424.* ♦ ... Pour une machine-outil incorporée à une chaîne d'assemblage automatique, V. • Com. 3 janv. 1995, n° 93-11.093 P : *D. 1996. Somm. 219, obs. Pérochon ; Rev. huiss. 1995. 452, note Courtier.* ♦ ... Pour un bras hydraulique vissé au châssis d'un camion, V. • Montpellier, 14 janv. 1997 : *RTD com. 2001. 24, obs. Soinne.*

Pouvait être revendiquée une marchandise qui, bien qu'incorporée à d'autres, restait néanmoins identifiable et dissociable de l'ensemble auquel elle avait été intégrée. • Com. 15 juill. 1987, n° 86-11.509 P : *JCP 1987. IV. 342* (loi de 1967) • Rennes, 12 févr. 1992 : *RPC 1993. 127, obs. Soinne* (immobilisation par nature). – V. aussi • Com. 6 mars 1990 : *D. 1991. Somm. 46, obs. Pérochon* • 10 juill. 1990, n° 89-13.091 P • 5 oct. 1993, n° 91-18.362 P • Paris, 30 avr. 1993 : *D. 1993. Somm. 291, obs. Pérochon* • Limoges, 13 déc. 1993 : *BICC 1994, n° 609* (installations téléphoniques). ♦ Ne se retrouvaient pas en nature des animaux de boucherie après abattage. • Com. 22 mars 1994, n° 92-11.223 P : *D. 1996. Somm. 219, obs. Pérochon* • 11 oct. 1994 : *RPC 1995. 206, obs. Soinne.* – Comp. : • Versailles, 7 juin 1990 : *D. 1991. Somm. 46, obs. Pérochon .* ♦ L'art. 121, al. 3, dans sa rédaction issue de la loi du 10 juin 1994, est applicable aux procédures ouvertes à compter du 1er oct. 1994. • Com. 15 févr. 2000, n° 97-11.670 P : *D. 2000. AJ 127, obs. Lienhard .*

V., désormais, art. L. 624-16, al. 3, et note 13 ci-dessous.

9. Lorsque des ventes successives de marchandises identiques ont été conclues entre les mêmes parties, fût-ce en exécution d'une convention exclusive d'approvisionnement, dont la violation n'est pas alléguée, et que l'acheteur est mis en redressement judiciaire sans avoir réglé la totalité des sommes dues au vendeur, la revendication exercée par celui-ci ne peut être accueillie que s'il est établi que les fournitures retrouvées en possession du débiteur sont celles dont il n'a pas réglé le prix. • Com. 5 oct. 1993, n° 91-18.179 P : *D. 1993. IR 234 ; CCC 1993, n° 208, note Leveneur.*

10. Il appartient au propriétaire revendiquant d'établir que la marchandise revendiquée se trouve, à l'ouverture de la procédure collective, en nature entre les mains du débiteur ; la condition d'existence en nature s'entend de la conservation de la marchandise dans son état initial. • Com. 11 juin 2014, n° 13-14.844 P : *D. 2014. Chron. C. cass. 2205, obs. Arbellot ; AJCA 2014. 230, obs. Voinot ; RTD com. 2014. 867, obs. Martin-Serf ; Gaz. Pal. 5-7 oct. 2014, p. 40, obs. Le Corre-Broly ; JCP E 2014. 1562, note Dammann et Gallo ; RPC 2014, n° 135, obs. Lebel ; RJDA 2014, n° 854 ; BJE 2014. 364, note Laroche.* ♦ Sur la charge de la preuve, V. déjà, en ce sens qu'elle pèse sur le revendiquant, • 15 déc. 1992, n° 90-19.980 P : *D. 1993. Somm. 289, obs. Pérochon* • 25 juin 2002 : *APC 2002, n° 195, obs. Vallansan* • Dijon, 8 févr. 1990 : *D. 1991. Somm. 46, obs. Pérochon .*

La preuve peut être rapportée par tous moyens, notamment par la production d'un état des stocks établi postérieurement au jugement d'ouverture. • Paris, 18 mars 1994 : *RJDA 1994, n° 863.* ♦ De même, l'absence d'un inventaire des marchandises établi par le commissaire-priseur désigné par l'administrateur ne fait pas obstacle à l'exercice de l'action en restitution dès lors que preuve est rapportée que les marchandises revendiquées avaient été livrées au débiteur très peu de temps avant le jugement d'ouverture et qu'il est constant que le débiteur a fait obstruction à l'accomplissement de la mission du commissaire-priseur. • Versailles, 17 sept. 1998 : *D. Affaires 1998. 1781 ; RTD civ. 1999. 885, obs. Crocq* . ♦ V. aussi • Com. 13 avr. 1999, n° 96-19.428 P : *D. 2000. Somm. 72, obs. Pérochon et Mainguy* ; *D. Affaires 1999. 833, obs. P. P.* ; *JCP E 1999, n° 39, p. 1534, obs. Cabrillac* ; *APC 1999, n° 135, obs. Monsèrié-Bon* ; *RPC 2001. 23, obs. Soinne* • 26 juin 2001 : *RJDA 2001, n° 1234.*

11. Pour la revendication, par des viticulteurs, de stocks de vins conservés par une coopérative, V. • Com. 11 juill. 2006, n° 05-13.103 P : *D. 2006. AJ 2462* ; *APC 2006, n° 198, obs. Pérochon* ; *JCP E 2007, n° 1, p. 24, obs. Cabrillac* ; *Gaz. Pal. 5-6 janv. 2007, p. 26, note Goni* ; *RPC 2006. 362, obs. Monsèrié-Bon* ; *RTD com. 2007. 453, obs. Martin-Serf* .

12. N'est pas valable la convention instituant une présomption d'identité entre marchandises impayées et marchandises en stock (loi de 1967). • Com. 9 janv. 1990, n° 88-13.511 P : *D. 1991. 130, note Virassamy* .

13. Biens mobiliers incorporés (art. L. 624-16, al. 3). Le champ d'application de la revendication en cas de procédure collective est défini par l'art. L. 624-16, qui ne se réfère pas à la notion d'immobilisation par destination. • Com. 10 mars 2015 : *D. 2015. Actu. 677, obs. Lienhard* ; *Rev. sociétés 2015. 410, obs. Roussel Galle* ; *AJCA 2015. 222, obs. Voinot* ; *RTD com. 2015. 375, obs. Martin-Serf* ; *RTD civ. 2015. 443, obs. Crocq* ; *ibid. 648, obs. Dross* ; *APC 2015, n° 100, obs. Vallansan* ; *Gaz. Pal. 1er-5 mai 2015, p. 40, obs. Le Corre-Broly* ; *LEDEN 5/2015. 3, obs. Rubellin* ; *BJE 2015. 230, note Laroche.* ♦ Il appartient au revendiquant d'établir l'existence en nature des biens revendiqués dans le patrimoine du débiteur au jour de l'ouverture de la procédure collective et, par conséquent, que la séparation des biens mobiliers incorporés dans un autre bien peut s'effectuer sans dommage. • Même arrêt. ♦ Dès lors que le matériel revendiqué est identifiable et dissociable du plancher en béton sur lequel il a été fixé, que son démontage ne nécessite qu'une éventuelle remise en état de celui-ci, sans risque de dégradation pour les biens du débiteur, la séparation des biens peut s'effectuer sans qu'ils en subissent un dommage au sens de l'art. L. 624-16, al. 3. • Com. 2 nov. 2016, n° 14-18.898 P : *cité note 4 ss. art. R. 624-13* ; *APC 2016, n° 289, obs. Vallansan* ; *LEDEN 12/2016. 4, obs. Rubellin* ; *Gaz. Pal. 10 janv. 2017, p. 74, obs. Le Corre-Broly* ; *Dr. et patr. 5/2017. 94, obs. Aynès.*

14. Biens fongibles. L'art. 121, al. 3 *in fine*, devenu l'art. L. 621-122 [L. 624-16], al. 3 *in fine*, C. com. énonce une règle de fond, attribuant au revendiquant la propriété des biens fongibles qui se trouvent entre les mains de l'acheteur dès lors que ceux-ci sont de même espèce et de même qualité que ceux qu'il a livrés. • Com. 5 mars 2002, n° 98-17.585 P : *D. 2002. AJ 1139, obs. Lienhard* ; *JCP E 2002, n° 39, p. 1525, obs. Cabrillac et Pétel* ; *APC 2002, n° 115, obs. Mainguy* ; *Banque et Dr. 5-6/2002. 44, obs. Jacob* ; *RTD civ. 2002. 327, obs. Revet* ; *ibid. 339, obs. Crocq* ; *RTD com. 2002. 544, obs. Martin-Serf* . – Dans le même sens, V. • Com. 13 nov. 2002 : *JCP E 2003, n° 17-18, p. 764, note Forgues* ; *RTD com. 2003. 571, obs. Martin-Serf* . ♦ En ce sens que l'appréciation du caractère fongible des biens revendiqués relève du pouvoir souverain des juges du fond, V. • Com. 15 févr. 2000, n° 97-11.670 P : *D. 2000. AJ 127, obs. Lienhard* ; *RPC 2001. 21, obs. Soinne* • 5 mars 2002 : *préc.* • 15 mars 2005 : *D. 2005. AJ 1083, obs. Lienhard* ; *ibid. Pan. 2019, obs. F.-X. Lucas* ; *JCP E 2005, n° 36, p. 1426, obs. Cabrillac* ; *RTD com. 2005. 605, obs. Martin-Serf* . ♦ Des produits pharmaceutiques trouvés en nature dans les stocks d'une entreprise en redressement judiciaire constituent des biens fongibles dès lors qu'ils apparaissent interchangeables en raison notamment de leur identité, nature, origine, conditionnement et marque (recevabilité de l'action en revendication du vendeur de ces produits, bien qu'il ne fût pas le seul fournisseur de l'entreprise, l'autre fournisseur ayant été réglé et ne revendiquant pas la marchandise livrée). • Rouen, 4 avr. 1996 : *RJDA 1996, n° 1543.* – Dans le même sens, V. • Paris, 3e ch. B, 26 juin 1998 : *D. 2000. Somm. 69, obs. Pérochon et Mainguy* ; *D. Affaires 1998. 1401, obs. A. L.* ; *RTD com. 2000. 180, obs. Martin-Serf* ; *RPC 2001. 21, obs. Soinne* • Lyon, 5 nov. 1999 : *JCP E 2001, n° 5, p. 221, obs. Pétel* ; *RTD com. 2000. 1014, obs. Martin-Serf* (à propos de médicaments) • Paris, 3e ch. A, 22 mars 2005 : *Gaz. Pal. 6-7 juill. 2005, p. 45, obs. Le Corre-Broly* ; *RTD com. 2005. 605, obs. Martin-Serf* . ♦ Dès lors que le caractère fongible des biens revendiqués (médicaments et produits pharmaceutiques) n'est pas contesté, il n'y a pas lieu de prendre en considération l'argument selon lequel la rotation rapide des stocks exclurait que les marchandises retrouvées en nature chez le débiteur soient celles mêmes vendues avec une clause de réserve de propriété. • Paris, 3e ch. C, 3 avr. 1998 : *D. 2000. Somm. 69, obs. Pérochon et Mainguy* ; *D. Affaires 1998, p. 845, obs. A. L.* ; *RJDA 1998, n° 1017* ; *RTD civ. 1998. 709, obs. Bandrac et Crocq* ; *RTD com. 2000. 180, obs. Martin-Serf* , conf. par • Com. 5 mars 2002 : *préc.* – V. aussi • Paris, 3e ch. B, 22 janv. 1999 : *D. Affaires 1999. 340, obs. A. L.* ♦ *Contra*, jugeant que les biens fongibles, au sens de l'art. 121, al. 3 [C. com., art. L. 624-16], étant ceux qui sont juridiquement considérés comme interchangeables, identiques les uns aux autres, et non individualisés, des médicaments ou des produits pharmaceutiques conditionnés sous emballages portant une ou plusieurs indications permettant de les individualiser et n'étant pas interchangeables ne sont donc pas des biens fongibles : • Paris, 3e ch. C, 12 mai 2000 : *D. 2000. AJ 329, obs. Lienhard* ; *JCP E 2001, n° 5, p. 221, obs. Pétel* ; *RTD com. 2000. 1014, obs. Martin-Serf* ; *RPC 2001. 21,* *obs. Soinne.* ♦ Sur la question de la fongibilité des produits pharmaceutiques, V. aussi Marly, note ss. • Com. 15 mars 2005 : *D. 2005. 1718*. ♦ En ce sens que des bijoux de fantaisie fabriqués en série n'ont pas le caractère de biens fongibles, V. • Com. 15 févr. 2000 : *préc.* ♦ Constituent des biens fongibles des petits moteurs destinés, non à un seul usage, mais à équiper différents systèmes de fermeture de bâtiment, l'indication d'un numéro de série ne leur ayant pas fait perdre leur caractère fongible par famille. • Orléans, 11 mars 2004 : *RJDA 2004, n° 867.*

Sur le caractère fongible de l'électroménager et de la hi-fi vidéo (dans l'hypothèse où le revendiquant établissait qu'il était le distributeur exclusif des marques des marchandises revendiquées), V. • Douai, 16 déc. 1999 : *RPC 2001. 21, obs. Soinne.*

15. Biens détenus par un tiers. Le bien revendiqué doit exister en nature dans le patrimoine de la personne morale débitrice, qu'elle le détienne dans ses locaux ou qu'il soit détenu par son représentant légal dans d'autres lieux. • Com. 10 mai 2012, n° 11-17.626 : *D. 2012. Chron. C. cass. 2553, obs. Guillou ; ibid. Actu. 1326, obs. Lienhard ; RTD com. 2013. 143, obs. Martin-Serf ; JCP E 2012. 1508, n° 6, obs. Pétel ; LEDEN 6/2012. 2, obs. Borga ; BJE 2012. 216, note Le Mesle ; Gaz. Pal. 3-4 août 2012, p. 32, obs. Le Corre-Broly ; RPC 2013, n° 133, obs. Monsèrié-Bon.* ♦ V. déjà, en ce sens, • Com. 3 déc. 1996, n° 94-21.227 P : *Rev. dr. bancaire 1997. 37, obs. Campana et Calendini ; JCP E 1997. I. 651, n° 16, obs. Cabrillac.* ♦ Pour l'impossibilité de revendiquer des marchandises ayant fait l'objet d'une revente, dès lors qu'elles ne se trouvent plus, du seul fait de cette revente, en nature dans le patrimoine du débiteur, V. • Com. 3 nov. 2015, n° 13-26.811 P : *cité note 6 ss. art. L. 624-18.*

16. Marchandises sinistrées. En cas de perte des biens livrés sous le bénéfice d'une clause de réserve de propriété, l'indemnité d'assurance, subrogée aux biens dont le vendeur était demeuré propriétaire, n'entre pas dans le patrimoine de l'acheteur, de sorte que l'action engagée contre l'assureur rend sans objet une revendication dans les conditions de l'art. 115 [C. com., art. L. 624-9]. • Com. 22 avr. 1997, n° 93-10.114 P : *D. 1997. IR 126 ; D. Affaires 1997. 736 ; JCP E 1997. I. 681, n° 12, obs. Cabrillac ; RTD com. 1998. 421, obs. Martin-Serf ; RPC 2001. 29, obs. Soinne.* ♦ Sur la revendication de l'indemnité d'assurance, V. art. L. 624-18.

B. CLAUSE STIPULÉE DANS UN CONTRAT D'ENTREPRISE

17. L'action en revendication des biens dont la propriété est réservée en application d'une clause contractuelle peut être exercée quelle que soit la nature juridique du contrat dans lequel elle figure. • Com. 19 nov. 2003, n° 01-01.137 P : *D. 2003. AJ 3049, obs. Lienhard ; D. 2004. 801, note A. Lucas et F.-X. Lucas ; JCP E 2004, n° 22, p. 860, obs. Cabrillac ; APC 2004, n° 20, obs. Alleaume ; RTD com. 2004. 599, obs. Martin-Serf ; RPC 2004. 379, obs. Monsèrié-Bon.* ♦ V. déjà, pour un arrêt admettant implicitement l'application des dispositions de l'art. 121 [C. com., art. L. 624-16] à la clause de réserve de propriété stipulée dans un contrat d'entreprise, • Com. 2 mars 1999 : *préc. note 8.*

C. ACCEPTATION DE LA CLAUSE

1° NÉCESSITÉ D'UNE ADHÉSION NON ÉQUIVOQUE

18. Critères de l'adhésion. S'il n'est pas nécessaire qu'un écrit soit spécialement établi pour constater une clause de réserve de propriété, et s'il n'est pas davantage exigé que l'acceptation de celle-ci soit également donnée par écrit, il faut néanmoins que l'adhésion de l'acheteur à cette clause soit certaine et non équivoque. • Paris, 18 déc. 1990 : *D. 1991. IR 18.*

19. Il résulte des dispositions de l'art. L. 624-16, al. 2, C. com. rendues applicables à la liquidation judiciaire par l'art. L. 641-14, al. 1er, du même code, que, à défaut d'écrit régissant un ensemble d'opérations commerciales convenues entre les parties, l'acceptation par le débiteur de la clause de réserve de propriété s'apprécie pour chaque vente objet de celle-ci au plus tard à la date de la livraison, cette acceptation pouvant, suivant les circonstances, être déduite de l'existence de relations d'affaires et de la réception par le débiteur, dans le courant de ces relations, de factures antérieures comportant la clause litigieuse, sans protestation de sa part. • Com. 31 janv. 2012, n° 10-28.407 P : *D. 2012. Actu. 432, obs. Lienhard ; ibid. Pan. 2200, obs. F.-X. Lucas ; RTD com. 2012. 617, obs. Martin-Serf ; LEDEN 3/2012. 4, obs. Juillet ; RJDA 2012, n° 423 ; APC 2012, n° 75, obs. Thiberge ; Gaz. Pal. 27-28 avr. 2012, p. 35, obs. Pérochon ; BJE 2012. 158, note Laroche ; RPC 2013, n° 132, obs. Monsèrié-Bon.*

20. Le débiteur en liquidation judiciaire ayant accepté le devis établi par le fournisseur faisant expressément référence à une clause de réserve de propriété, la clause remplit les conditions pour être opposable à la procédure collective, dès lors que, stipulée par écrit par le vendeur et adressée à l'acheteur, elle a été acceptée par ce dernier par l'exécution du contrat en connaissance de cause. • Com. 6 juin 1989, n° 87-19.659 P • 13 juin 1989 : *ibid. IV, n° 186* (clause figurant au recto et au verso des accusés de réception de la commande) • Paris, 30 avr. 1998 : *RPC 2001. 15, obs. Soinne* (clause figurant dans tous les documents contractuels, en bas de page) • 11 janv. 2000 : *RJDA 2000, n° 575* (clause figurant au recto des confirmations de commandes et des factures). ♦ Comp. : • Com. 17 janv. 1995 : *Rev. huiss. 1995. 484 ; RPC 1995. 194, obs. Soinne* (clause figurant exclusivement au verso des bons de commande, considérée comme valable) • 17 mars 1998 : *préc. note 8* (même cas de figure). ♦ Comp. aussi, décidant que la mention au verso n'implique pas que la clause ait été ignorée de l'acquéreur : • Com. 13 oct. 1998 : *D. 2000. Somm. 65, obs. Pérochon et Mainguy ; APC 1998, n° 151 ; RJDA 1998, n° 1391 ; RPC 2001. 16, obs. Soinne.*

21. N'a pas été acceptée tacitement, malgré l'absence de réaction de l'acheteur, une clause rédigée en petits caractères sans intervalles significatifs. • Rennes, 2 nov. 1988 : *RPC 1989. 215, obs. Soinne.* ♦ V. aussi • Com. 14 juin 1994 : *Rev. huiss. 1994. 1287* (clause noyée au milieu des autres conditions générales, au verso des bons de livraison et factures, sans mention en caractères gras au recto) • 11 juill. 1995 : *RPC 1995. 470, obs. Soinne* (même solution) • Paris, 12 sept. 1997 : *D. 2000. Somm. 65, obs. Pérochon et Mainguy ; D. Affaires 1997. 1260 ; RPC 2001. 15, obs. Soinne* (clause peu lisible mais figurant au recto) • Versailles, 20 nov. 1997 : *RJDA 1998, n° 196* • Pau, 29 juill. 1999 : *Cah. jurispr. Aquitaine 2000. 95* (mention « réserve de propriété » figurant sur un bon de livraison non signé par l'acheteur ou l'un de ses préposés) • Versailles, 20 janv. 2000 : *RJDA 2000, n° 575* (clause figurant sur une facture non visée par l'acheteur, immédiatement à la suite de la liste des marchandises vendues, en bas de page et en caractères identiques à ceux utilisés pour désigner ces marchandises).

22. Sur l'inopposabilité d'une clause rédigée en langue étrangère, V. • Douai, 4 mars 1999 : *RPC 2001. 15, obs. Soinne.* ♦ Comp., en cas de relations suivies avec un fournisseur étranger : • Metz, 30 mai 1996 : *ibid.* ♦ Sur l'opposabilité d'une clause rédigée en langue étrangère, en vertu de la circ. du 19 mars 1996 portant application de la loi du 4 août 1994, V. Soinne, *RPC 1997. 206.*

23. Acceptation par la signature d'un préposé. L'opposabilité à l'acheteur d'une clause de réserve de propriété n'étant pas subordonnée à l'existence d'une acceptation écrite de sa part, dès lors que cette clause, stipulée par écrit par le vendeur et adressée à l'acheteur, avait été acceptée par celui-ci par l'exécution du contrat en connaissance de cause, il n'est pas nécessaire de rechercher si tel salarié de l'acheteur avait qualité pour apposer sa signature sous la clause de réserve de propriété. • Com. 11 juill. 1995, n° 93-10.385 P : *D. 1996. Somm. 211, obs. Pérochon ; JCP E 1995. I. 513, n° 13, obs. Pétel.*

24. Clause contenue dans un contrat-cadre. Avant la loi du 10 juin 1994, en cas de ventes de marchandises effectuées en application d'un contrat d'approvisionnement, il fallait que, pour chacune des ventes prises isolément, la clause de réserve de propriété fût convenue entre les parties dans un écrit adressé à l'acheteur au plus tard au moment de la livraison. • Com. 17 mars 1992 : *D. 1993. Somm. 290, obs. Pérochon ; RJDA 1992, n° 517.* – V. aussi • Com. 13 avr. 1999, n° 96-19.428 P : *D. 2000. Somm. 65, obs. Pérochon et Mainguy ; D. Affaires 1999. 833, obs. P. P. ; APC 1999, n° 135, obs. Monsérié-Bon.* ♦ De même, lors de ventes successives et autonomes de marchandises, la clause de réserve de propriété n'était opposable à la procédure que si, pour chacune de ces ventes prises isolément, la clause, stipulée par écrit et adressée à l'acheteur, avait été acceptée par ce dernier par l'exécution du contrat en connaissance de cause. • Com. 3 nov. 1992 (2 arrêts), n° 90-17.949 P : *D. 1993. Somm. 287* et *290, obs. Pérochon* • 29 mai 2001 : *D. 2001. AJ 2032* . ♦ Cette acceptation ne pouvait être déduite, par conséquent, ni de l'insertion de la clause dans les conditions générales de vente jointes aux catalogues envoyés à l'acheteur, ou de la production d'une lettre-circulaire, ni de l'existence entre l'acheteur et le vendeur de ventes antérieures avec réserve de propriété. • Mêmes arrêts.

25. Dans sa rédaction issue de la L. n° 94-475 du 10 juin 1994, l'art. L. 621-122, al. 2, [et désormais l'art. L. 624-16, al. 2] dispose que la clause de réserve de propriété peut figurer dans un écrit régissant un ensemble d'opérations commerciales convenues entre les parties. ♦ V. aussi note 19.

26. Preuve de l'acceptation. L'appréciation de la preuve de l'acceptation ressortit au pouvoir souverain des juges du fond. V. • Com. 6 mars 1990, n° 88-20.409 P.

27. L'ordonnance du juge-commissaire qui autorise le liquidateur à vendre des marchandises de gré à gré à condition que soit stipulée une clause de réserve de propriété ne dispense pas le liquidateur d'établir l'écrit exigé par l'art. 121 [C. com., art. L. 624-16]. • Com. 16 oct. 1990, n° 89-14.189 P : *JCP E 1991. I. 44, n° 5, obs. Pétel.*

2° PORTÉE DU REFUS DE LA CLAUSE PAR L'ACHETEUR

BIBL. D. Boccara, *D. Affaires 1997. 1101.* – Voinot, *D. 1997. Chron. 312* .

Jurisprudence antérieure à la loi du 1er juill. 1996.

28. Avant la loi du 1er juill. 1996, si une clause de réserve de propriété pouvait être acceptée tacitement, un refus formel de l'application de la clause par l'acheteur dès avant la livraison excluait une telle acceptation, et le juge n'avait pas, dès lors, à rechercher les circonstances postérieures à l'exécution du contrat qui n'emportaient pas rétractation de ce refus. • Com. 11 mai

1993, n° 90-19.283 P : *D. 1993. Somm. 287, obs. Pérochon*. – V. aussi • Com. 10 déc. 1991, n° 90-11.608 P : *D. 1993, préc.*

L'exécution de la vente par l'acheteur n'impliquait pas l'abandon de ses conditions générales d'achat, de sorte qu'en cas de cessions successives, ne pouvait lui être opposée une clause de réserve de propriété figurant sur les seuls documents d'accusé de réception du vendeur, alors que la vente faite purement et simplement opérait transfert immédiat et inconditionnel de la propriété. • Com. 12 juill. 1994, n° 92-11.338 P : *D. 1996. Somm. 212, obs. Pérochon ; JCP E 1994. Pan. 1220.* De même, les conditions générales de vente et les conditions générales d'achat de sociétés étant contradictoires, et le vendeur ayant signé un document matérialisant son adhésion aux conditions financières de l'acheteur, la signature par ce dernier des bons de livraison ou l'apposition sur ces bons de son cachet ne pouvait valoir acceptation tacite et univoque de la clause de réserve de propriété invoquée par le vendeur, le refus antérieurement exprimé ne pouvant être rétracté que par une acceptation expresse. • Com. 25 oct. 1994, n° 92-21.807 P : *D. 1996. Somm. 212, obs. Pérochon ; JCP E 1996. II. 779, note Vallansan.* – V. aussi • Paris, 20 juin 1990 : *D. 1991. Somm. 41, obs. Pérochon*, conf. par • Com. 11 mai 1993 : *cité note 43* • 3 déc. 1996, n° 94-21.796 P : *Dr. sociétés 1997, n° 10, obs. Chaput ; Rev. dr. bancaire 1997. 37, obs. Campana et Calendini.*

L'acceptation par le fournisseur du refus par l'acheteur de toute réserve de propriété n'était pas nécessaire pour donner effet à ce refus. • Com. 11 juill. 1995, n° 93-10.102 P : *D. 1996. Somm. 212, obs. Pérochon ; JCP 1996. II. 22583, note Mainguy ; JCP E 1996. II. 779, note Vallansan ; Rev. huiss. 1995. 1217, note Vidal.* La clause par laquelle l'acheteur refusait toute réserve de propriété s'imposant au fournisseur du seul fait qu'elle était portée à sa connaissance, ce fournisseur ne pouvait invoquer le bénéfice d'une clause de réserve de propriété, dans les conditions énoncées par l'art. 121, qu'en démontrant que l'acheteur avait renoncé à ce refus avant la livraison. • Com. 11 juill. 1995, n° 93-10.570 P : *D. 1996. Somm. 212, obs. Pérochon ; D. Affaires 1995. 68 ; JCP, préc. ; JCP E, préc. ; Rev. huiss. 1995. 1219, note Vidal.*

La L. n° 96-588 du 1er juill. 1996 (art. 19) a modifié l'art. 121, al. 2, devenu l'art. L. 621-122, al. 2, C. com., en rendant, nonobstant toute clause contraire, la clause de réserve de propriété *opposable à l'acheteur et aux autres créanciers*, à moins que les parties n'aient convenu par écrit de l'écarter ou de la modifier. L'art. 19 de la L. n° 96-588 du 1er juill. 1996, qui n'a pas de caractère interprétatif, n'est pas applicable à la revendication introduite dans une procédure ouverte avant l'entrée en vigueur de ce texte. • Com. 2 oct. 2001, n° 98-19.681 P : *D. 2001. AJ 3044, obs. Lienhard ; APC 2001, n° 249, obs. Vallansan ; RTD com. 2002. 162, obs. Martin-Serf* • 11 déc. 2001 : *APC 2002, n° 48, obs. Regnaut-Moutier.*

En vertu de l'art. L. 621-122 C. com., dans sa réd. issue de la loi du 1er juill. 1996, la clause d'exclusion de réserve de propriété étant privée d'effet dès lors qu'elle n'est pas formellement acceptée par le vendeur, la seule mention de cette clause d'exclusion dans les conditions générales d'achat ne fait pas obstacle à ce que la preuve de l'acceptation de la clause de réserve de propriété par l'acheteur résulte de l'exécution du contrat en connaissance de cause. • Versailles, 28 oct. 2004 : *D. 2005. AJ 79*.

Comp., désormais : art. L. 624-16, al. 2, dans sa réd. issue de l'Ord. n° 2006-346 du 23 mars 2006.

D. EFFICACITÉ DE LA CLAUSE

29. Conflit entre vendeurs sous réserve de propriété. Lorsque plusieurs vendeurs avec réserve de propriété revendiquent, dans le délai de trois mois prévu par l'art. L. 624-9 C. com., les mêmes biens, ceux-ci doivent leur être restitués à proportion de la quantité livrée par chacun d'eux et restant impayée à la date de l'ouverture ; il en résulte que, si l'administrateur judiciaire peut, conformément à l'art. L. 624-17 C. com., acquiescer à de telles demandes de revendication, il ne peut procéder à la restitution des biens avant l'expiration du délai de revendication. • Com. 29 nov. 2016, n° 15-12.350 P : *D. 2016. Actu. 2462, obs. Lienhard ; D. 2017. Pan. 1798, obs. Reboul-Maupin ; Rev. sociétés 2017. 180, obs. Roussel Galle ; AJ contrat 2017. 90, obs. Kilgus ; RTD civ. 2017. 200, obs. Crocq ; RTD com. 2017. 192, obs. Martin-Serf ; JCP E 2017. 1134, note Lebel ; LEDEN 1/2017. 1, obs. F.-X. Lucas ; APC 2017, n° 19, obs. Pérochon ; Gaz. Pal. 10 janv. 2017, p. 75, obs. Le Corre-Broly ; BJE 2017. 110, note Laroche ; Dr. et patr. 5/2017. 94, obs. Aynès.*

30. Conflit avec un créancier hypothécaire. Un moteur de navire, dont la vente a été assortie d'une clause de réserve de propriété, peut, dès lors qu'il se retrouve en nature sur le navire et qu'il demeure identifiable et dissociable, être revendiqué par le vendeur impayé, malgré la constitution régulière d'une hypothèque maritime sur le navire, et quoique cette hypothèque, en application de l'art. 46 de la L. n° 67-5 du 3 janv. 1967, s'étende à tous les accessoires, machine, agrès et apparaux, dès lors que, n'ayant pas cessé d'être propriété d'un tiers, ce bien n'est pas juridiquement de nature à entrer dans le champ de l'hypothèque. • Com. 15 mars 1994 : *préc. note 8.*

31. Cumul d'une sûreté et d'une clause de réserve de propriété. Les dispositions des art. 121 et 122 [C. com., art. L. 624-16 et L. 624-

18] ne distinguent pas selon que le vendeur ou celui qui lui est subrogé, peut, ou non, bénéficier de sûretés spéciales et n'excluent pas le droit pour celui-ci d'invoquer une clause de réserve de propriété plutôt qu'un droit de gage. • Com. 5 oct. 1993, n° 91-14.194 P : *D. 1993. IR 234.* ♦ La subrogation conventionnelle du prêteur dans les droits et actions du vendeur titulaire d'une clause de réserve entraîne le transfert de cette clause au profit du subrogé qui peut la mettre en œuvre nonobstant l'existence d'un gage souscrit à son profit. • Limoges, 27 févr. 1995 : *RPC 1997. 202, obs. Soinne.*

De même, l'existence du privilège de vendeur d'immeuble n'exclut pas le droit pour le vendeur d'invoquer la clause de réserve de propriété stipulée dans l'acte de vente, même si ce privilège a été publié. • Com. 28 sept. 2004, n° 03-10.332 P : *D. 2005. Pan. 299, obs. Le Corre ; ibid. 2081, obs. Crocq ; JCP E 2005, n° 1-2, p. 31, obs. Cabrillac ; Defrénois 2005. 517, obs. S. Piedelièvre.*

32. Bien déjà en possession de l'acquéreur. Il résulte de l'art. L. 624-16 C. com., ensemble l'art. 1606 C. civ., que la délivrance d'un meuble s'opère par le seul consentement des parties, si l'acheteur l'avait déjà en son pouvoir à un autre titre ; qu'en ce cas, la clause de réserve de propriété affectant ce bien doit, pour être opposable aux tiers, avoir été convenue dans le contrat de vente. • Com. 3 juill. 2012, n° 11-20.425 P : *D. 2012. Chron. C. cass. 2553, obs. Guillou ; ibid. Actu. 1815, obs. Lienhard ; RTD civ. 2012. 557, obs. Crocq ; RTD com. 2013. 143, obs. Martin-Serf ; JCP E 2012. 1757, n° 16, obs. Pétel ; BJE 2012. 291, note Laroche ; APC 2012, n° 212, obs. Petit ; Gaz. Pal. 12-13 oct. 2012, p. 31, obs. Pérochon ; RPC 2013, n° 132, obs. Monsèrié-Bon.*

33. Restitutions. La créance du vendeur, qui a revendiqué dans la procédure collective des marchandises vendues avec clause de réserve de propriété et retrouvé le droit d'en disposer, est éteinte à concurrence de la valeur des marchandises reprises. Si cette valeur excède le solde du prix resté dû lors de l'exercice de l'action, le vendeur doit restituer à l'acheteur la somme reçue en excédent. • Com. 5 mars 1996, n° 93-12.818 P : *D. 1996. Somm. 222, obs. Pérochon ; D. Affaires 1996. 487 ; JCP E 1996. I. 584, n° 11, obs. Cabrillac.* – V. aussi • Bordeaux, 27 févr. 1990 : *D. 1991. 191, note Pérochon* • Rennes, 17 mars 1999 : *JCP 2000. IV. 2344.* ♦ Dès lors que la valeur des biens restitués n'excède pas le solde du prix restant dû, lequel doit s'entendre de la fraction du prix convenu entre les parties demeurée impayée, indépendamment d'une déclaration de créance y correspondant totalement ou partiellement, aucune somme n'est due par la société bénéficiaire de la clause de réserve de propriété. • Com. 1er avr. 2008, n° 07-11.726 P : *D. 2008. AJ 1142 ; ibid. Pan. 2110, obs. Crocq ; APC 2008, n° 140, obs. Blanc ; JCP E 2008. 2062, n° 12, obs. Cabrillac ; Gaz. Pal. 27-29 juill. 2008, p. 61, obs. Pérochon ; RTD com. 2008. 623, obs. Martin-Serf.* ♦ Lorsque le vendeur réservataire de la propriété a pu, après sa revendication, revendre les marchandises, le montant de sa créance résulte de la différence entre le prix de la vente initiale et le prix de revente qu'il a obtenu d'un nouvel acquéreur. • Paris, 11 janv. 1994 : *D. 1996. Somm. 222, obs. Pérochon ; RJ com. 1995. 205, obs. X. Vincent.*

L'action en revendication d'un bien vendu avec clause de réserve de propriété n'est pas une action en résolution de la vente et le prêteur, subrogé dans la sûreté que constitue la propriété réservée, n'est tenu de restituer les sommes qu'il a reçues en exécution du contrat de prêt que dans la mesure où la valeur du bien restitué excède le montant des sommes qui lui restent dues. • Com. 23 janv. 2001, n° 97-21.660 P : *D. 2001. AJ 702, obs. Lienhard ; APC 2001, n° 52, obs. Regnaut-Moutier ; JCP E 2001, n° 18, p. 755, obs. Cabrillac ; Dr. sociétés 2001, n° 63, obs. Chaput ; RTD com. 2001. 518, obs. Martin-Serf* • 8 janv. 2002 : *RJDA 2002, n° 549.*

Sur la question de la personne (acheteur ou prêteur) à qui le vendeur doit restitution, V. • Bordeaux, 27 févr. 1990 : *préc.*

34. En cas de transmission de la créance par subrogation dans les droits du vendeur, le créancier subrogeant n'a pas l'obligation de restituer les acomptes perçus par le vendeur. • Com. 9 mai 1995 : *RPC 1995. 487, obs. Soinne.* – V. aussi : • Douai, 12 oct. 1995 : *RPC 1997. 343, obs. Soinne.* – *Contra* : • Rennes, 26 avr. 1995 : *ibid.*

35. Effets de la déclaration de créance. V. note 26 ss. art. L. 624-9. ♦ Le vendeur conserve la faculté de produire au passif de la procédure collective pour être rempli de l'intégralité de ses droits. • Com. 1er oct. 1985, n° 84-12.015 P : *D. 1986. IR 48* (loi de 1967). ♦ Le fait, pour le vendeur, de demander à l'acheteur le paiement de la marchandise ne constitue pas une renonciation au bénéfice de la clause de réserve de propriété, laquelle ne peut jouer que dans la mesure où le paiement n'est pas effectué par l'acheteur. • Versailles, 22 févr. 1990 : *D. 1991. Somm. 43, obs. Pérochon.*

36. Le vendeur qui a déclaré sa créance de dommages-intérêts peut demander au juge-commissaire de la compenser avec sa dette de restitution d'acomptes. • T. com. Senlis, 4 févr. 1988 : *RPC 1988. 303, obs. Soinne* • Rennes, 21 juin 1989 : *ibid. 1991. 238, obs. Soinne.*

37. Exception de non-conformité. Sur l'inopposabilité par l'acheteur d'une exception fondée sur la non-conformité de la marchandise, V. • Com. 12 févr. 1991, n° 89-19.314 P : *D. 1993. Somm. 288, obs. Pérochon ; Gaz. Pal. 1992. 1. 86, note Cressard.*

38. Marchandises sinistrées. V. note 16.

39. Vente des marchandises couvertes par une clause. BIBL. Crocq, *Mél. AEDBF-France III, Banque éditeur, 2001, p. 109.* ♦ Sur la créance du vendeur résultant de la non-restitution des marchandises, V. note 42 ss. ancien art. L. 621-32, ss. art. L. 622-17. ♦ Sur les intérêts de cette créance, V. note 4 ss. art. L. 622-28.

40. Tant que le délai de revendication n'est pas expiré, le liquidateur ne peut procéder à des réalisations d'actifs portant sur des biens objets d'une clause de réserve de propriété dont il connaît l'existence sans l'accord du vendeur. Par conséquent, doit être accueillie l'action en responsabilité contre le liquidateur, formée par le créancier qui n'avait reçu du fait de la revente prématurée des biens, qu'un prix moindre que le solde restant dû. • Com. 5 déc. 1995, n° 93-21.339 P : *D. 1996. Somm. 224, obs. Pérochon ; D. Affaires 1996. 179 ; Quot. jur. 2 avr. 1996, p. 5, note P. M. ; RPC 1998. 186, obs. Soinne.* – V. aussi • Com. 6 juill. 1999, n° 97-12.613 P : *D. 1999. IR 209 ; D. Affaires 1999. 1366, obs. A. L. ; Gaz. Pal. 1999. 2. 807, note De Gaulle ; RJDA 1999, n° 1238 ; RTD civ. 1999. 885, obs. Crocq ; RPC 2000. 80, obs. Soinne* (absence d'inventaire révélant l'existence de la clause de réserve de propriété) • Bordeaux, 7 nov. 1993 : *RPC 1995. 202, obs. Soinne* • TGI Foix, 10 avr. 1991 : *BICC 1991, n° 1471.* – Comp. : • Paris, 8 juill. 1994 : *D. 1994. IR 238.* ♦ La responsabilité éventuelle, vis-à-vis du vendeur initial, du liquidateur judiciaire qui a cédé des marchandises faisant l'objet d'une clause de réserve de propriété, postérieurement à l'ouverture de la procédure collective et de l'exercice de l'action en revendication, ne libère pas le sous-acquéreur de son obligation de payer le prix convenu dans l'acte de cession. • Com. 17 mars 1998 : *D. 2000. Somm. 77, obs. Pérochon et Mainguy ; D. Affaires 1998. 846.* ♦ V. également note 50.

Si l'administrateur peut vendre les marchandises objets d'une clause de réserve de propriété, il lui appartient d'affecter les fonds, provenant de cette revente, au règlement de la créance de la société revendiquante dès l'issue de la revendication. Par suite, l'administrateur judiciaire qui n'a pas pris les mesures conservatoires qui auraient permis la restitution éventuelle à l'issue de la procédure de revendication doit être condamné personnellement à indemniser le vendeur. • Com. 4 janv. 2000, n° 96-18.638 P : *D. 2000. AJ 56, obs. Lienhard ; JCP E 2000, n° 17, p. 701, obs. Cabrillac ; APC 2000, n° 29, obs. Crocq ; RPC 2000. 80, obs. Soinne ; RTD com. 2000. 457, obs. Martin-Serf.* – V. aussi • Com. 11 déc. 2001 : *RJDA 2002, n° 407.* ♦ Sur la possibilité de condamner le représentant des créanciers *in solidum*, pour avoir utilisé des fonds provenant de la vente pour le paiement des créanciers privilégiés, V. • Com. 11 juill. 1995 : *D. 1996. Somm. 223, obs. Pérochon ; JCP E 1995. Pan. 1141 ; RPC 1995. 475, obs. Soinne.*

Sur cette question, V. obs. Soinne, *RPC 1993. 603 ; ibid. 1995. 202.*

41. Plan de continuation. L'adoption d'un plan de continuation n'a pas pour effet de priver le créancier revendiquant de son action lorsqu'elle a été introduite dans les délais légaux et n'a pas fait l'objet d'une renonciation expresse. • Versailles, 8 nov. 1990 : *préc. note 30.*

Sur l'exercice de l'action en revendication en cas de résolution du plan de redressement entraînant l'ouverture d'une nouvelle procédure, V. note 14 ss. art. L. 624-9.

Sur l'opposabilité du droit de propriété au débiteur faisant l'objet d'un plan de continuation, en l'absence de revendication dans le délai prescrit, V. note 27 ss. art. L. 624-9.

42. Plan de cession. Lorsque les biens vendus sous réserve de propriété sont compris dans les actifs cédés en vertu d'un plan de cession, le vendeur impayé ne peut exercer l'action en revendication à l'encontre du cessionnaire, tiers de bonne foi. • Rennes, 15 oct. 1998 : *RPC 2001. 19, obs. Soinne.* ♦ Mais le cessionnaire peut prendre l'engagement, par une clause spéciale de l'acte de cession, de payer la dette du cédant. • Com. 17 mai 1994, n° 92-13.216 P : *D. 1996. Somm. 221, obs. Pérochon ; RTD com. 1996. 130, obs. Martin-Serf.* ♦ V. aussi note 22 ss. art. L. 624-18.

43. Opposabilité de la clause au sous-acquéreur. L'opposabilité de la clause de réserve de propriété aux tiers n'est pas subordonnée à une formalité de publicité. • Com. 11 mai 1993, n° 90-21.903 P : *D. 1993. IR 145 ; JCP E 1993. I. 277, n° 15, obs. Cabrillac et Pétel.* – Comp. : • Com. 5 mars 1996 : *cité note 45.*

44. Mais le vendeur d'une marchandise avec clause de réserve de propriété ne peut revendiquer la marchandise litigieuse à l'encontre d'un sous-acquéreur sans démontrer que celui-ci n'était pas possesseur de bonne foi de cette marchandise • Com. 1er oct. 1985, n° 84-14.111 P. (loi de 1967) • Com. 19 mai 1987, n° 85-18.384 P : *D. 1988. Somm. 12, obs. Derrida.* (loi de 1967) • 5 oct. 1993 : *ibid. IV, n° 317 ; Rev. huiss. 1994. 187, note Vidal* • Versailles, 8 juill. 1993 : *RJDA 1993, n° 1089.*

45. Les dispositions de l'art. 65 [C. com., art. L. 624-16] ne dérogent pas à celles prévues en faveur du possesseur de bonne foi par l'art. 2279 [devenu l'art. 2276] C. civ. • Com. 14 nov. 1989, n° 88-11.790 P : *D. 1991. Somm. 43, obs. Pérochon.* (loi de 1967). ♦ Il s'ensuit qu'une banque – à qui ont été données en gage des marchandises vendues sous réserve de propriété, livrées et entreposées dans les locaux d'un tiers, sans que le prix en ait été payé –, possesseur de bonne foi, bénéficie de la présomption édictée par ledit art. 2279 [2276], peu important que la possession de son auteur soit entachée d'un vice, et que la banque, qui n'a pas effectué des vérifications ou des recherches que ni la loi ni les usages du commerce ne lui imposent, peut opposer son nantissement à la revendication du vendeur. • Même arrêt. ♦ Cependant, seule une possession exempte de vices par le sous-acquéreur lui-même ou par autrui pour lui confère à celui-ci un titre faisant obstacle à toute revendication. • Com. 11 mai 1993 : *préc. note 43* • 5 mars 1996, n° 93-21.541 P : *D. 2000. Somm. 74, obs. Pérochon et Mainguy ; D. Affaires 1996. 523 ; JCP E 1996. I. 584, n° 12, obs. Cabrillac* (cession de matériel, par un contrat de cession-bail, à une société de crédit-bail, qui a laissé le débiteur en possession comme locataire, ladite société ne pouvant ignorer qu'elle tenait le bien de quelqu'un qui n'en était pas propriétaire). ♦ Pour une détention de mauvaise foi, V. • Rennes, 13 nov. 1991 : *RJDA 1992, n° 518 ; D. 1993. Somm. 293, obs. Pérochon*. ♦ V., à propos de la loi de 1967, • Com. 28 nov. 1989, n° 87-19.626 P : *D. 1991. Somm. 43, obs. Pérochon*. ♦ Et, affirmant que le commissionnaire de transport qui n'a pas eu connaissance de la clause de réserve de propriété grevant les marchandises, est fondé à invoquer un droit de rétention de créancier gagiste à l'égard du vendeur : • Com. 3 oct. 1989, n° 87-15.725 P : *D. 1991. Somm. 44, obs. Pérochon ; JCP 1990. II. 21454, note Béhar-Touchais.* (loi de 1967). ♦ Comp., sur l'absence de perte de maîtrise de la chose par le vendeur : • Com. 13 févr. 1990, n° 87-19.750 P : *D. 1990. Somm. 388, obs. Aynès*.

46. Conflit avec le bailleur propriétaire des locaux. Le bailleur, qui n'avait pas été informé par le liquidateur de l'existence d'une clause de réserve de propriété portant sur des cloisons démontables, est entré de bonne foi en possession de celles-ci lors de la remise des clés après la résiliation du bail ; le vendeur, qui a été, de la sorte, empêché d'exercer utilement l'action en revendication, peut actionner le liquidateur en responsabilité civile pour faute. • Com. 22 févr. 1994, n° 92-13.647 P : *D. 1995. Somm. 26, obs. Honorat*.

E. TRANSMISSION DE LA CLAUSE

BIBL. Cabrillac, *D. 1988. Chron. 225.* – Ghozi, *D. 1986. Chron. 317.* – Soinne, *Gaz. Pal. 1985. 1. Doctr. 287.*

47. Pour l'application d'une clause de réserve de propriété, lorsque l'acheteur a été soumis à une procédure collective, il n'y a pas lieu de distinguer selon que la revendication est exercée par le vendeur ou par un tiers subrogé dans ses droits. • Com. 15 mars 1988 (2 arrêts), n° 85-18.623 P : *D. 1988. 330, note Pérochon ; Gaz. Pal. 1988. 1. 244, note Soinne ; JCP 1989. II. 21348, note Morançais-Demeester ; RTD com. 1988. 287, obs. Hémard et Bouloc ; Banque 1988. 700, obs. Rives-Lange* (loi de 1967) • 11 juill. 1988, n° 87-10.834 P : *RTD com. 1988. 656, obs. Cabrillac et Teyssié ; D. 1988. IR 240 ; Banque 1988. 932, obs. Rives-Lange.* ♦ Si le paiement avec subrogation a pour effet d'éteindre la créance à l'égard du créancier, il la laisse subsister au profit du subrogé, qui dispose de toutes les actions qui appartenaient au créancier qui se rattachaient à cette créance avant le paiement. • Mêmes arrêts.

48. La réserve de propriété constitue l'accessoire de la créance du vendeur en lui garantissant le paiement du prix, et l'endossement d'une lettre de change transmet au porteur la propriété de la provision avec ses accessoires. • Com. 11 juill. 1988 : *préc. note 47.*

49. Un contrat de concession, comportant une clause de réserve de propriété en faveur du concédant sur les marchandises livrées par lui au concessionnaire et stipulant que leur prix sera payable par l'intermédiaire d'un organisme de financement agréé par le concédant, forme, avec le contrat de financement, conclu entre le concessionnaire et l'organisme de financement et qui prévoit que ce dernier sera subrogé dans les droits du concédant après paiement, un ensemble indivisible dans la commune intention de toutes les parties ; dès lors est irrecevable la demande en revendication de marchandises présentée par le concédant, cette action ayant été transmise à l'organisme de financement par la subrogation qui est opposable au concédant. • Com. 2 févr. 1993, n° 91-11.569 P.

V. aussi note 34.

F. PAIEMENT DU PRIX POUR ÉVITER LA REVENDICATION

50. La faculté prévue à l'art. L. 621-122 [L. 624-16], al. 4, d'interprétation stricte en ce qu'il déroge à l'interdiction de payer les créances antérieures au jugement d'ouverture, ne permet pas de s'opposer à la restitution du bien, objet d'un contrat de crédit-bail, en payant les échéances antérieures au jugement d'ouverture restées impayées. • Com. 19 juin 2007, n° 06-15.447 P :*D. 2007. 2363, note Le Corre-Broly ; ibid. AJ 1878, obs. Lienhard ; D. 2008. Pan. 576, obs. Le Corre ; APC 2007, n° 151, obs. Vallansan ; Gaz. Pal. 26-27 oct. 2007, p. 46, obs. Roussel Galle ; JCP E 2008. 1207, n° 6, obs. Cabrillac ; RTD com. 2008. 182, obs. Martin-Serf*. ♦ Comp., désormais : art. L. 622-7, dans sa réd. issue de l'Ord. n° 2008-1345 du 18 déc. 2008.

51. Le vendeur de meubles, titulaire d'une clause de réserve de propriété, est recevable à mettre en cause la responsabilité délictuelle de l'administrateur judiciaire de l'acheteur qui, ayant obtenu l'autorisation du juge-commissaire de régler la créance pour conserver les marchandises, s'opposant ainsi à la revendication, a cessé les versements. • Paris, 20 sept. 1996 : *JCP E 1996. Pan. 1147 ; RPC 1998. 188, obs. Soinne.*

G. PROCÉDURE

52. Modalités de la revendication. V. art. L. 624-17 et notes ss. art. L. 624-9. ♦ V. aussi art. R. 624-13 s.

53. Saisie conservatoire. La saisie conservatoire n'est pas ouverte à celui qui revendique des marchandises en vertu d'une clause de réserve de propriété. • Com. 9 janv. 1990, n° 88-13.061 P : *D. 1991. Somm. 42, obs. Pérochon* (loi de 1967). ♦ Comp. note 42 ss. art. L. 624-9.

H. DROIT INTERNATIONAL PRIVÉ

BIBL. Scarano, *RTD com. 1990. 535* (droit comparé et droit international privé).

54. Les conditions auxquelles peuvent être revendiquées des marchandises vendues avec réserve de propriété sont, en cas de redressement judiciaire de l'acheteur, déterminées par la loi de la procédure collective, quelle que soit la loi régissant la validité et l'opposabilité, en général, de la clause de propriété réservée. • Civ. 1re, 8 janv. 1991, n° 89-16.741 P : *D. 1991. 276, note Rémery* ; *D. 1993. Somm. 286, obs. Pérochon*. ♦ Il résulte de l'art. 7, al. 2, de la Convention de Rome du 19 juin 1980, aux termes duquel les dispositions de celle-ci ne pourront porter atteinte à l'application des règles de la loi du pays du juge qui régissent impérativement la situation quelle que soit la loi applicable au contrat, que doit être écartée l'application du droit italien à l'action en revendication exercée à l'encontre d'une société soumise à une procédure collective portée devant un juge français. • Com. 8 janv. 2002 : *Rev. crit. DIP 2002. 328, note Bureau* ; *RTD com. 2002. 729, obs. Martin-Serf*.

I. APPLICATION AU REDRESSEMENT ET À LA LIQUIDATION JUDICIAIRES

55. V. art. L. 631-18, al. 1er, et L. 641-14, al. 1er.

Art. L. 624-17 *(L. n° 2005-845 du 26 juill. 2005, art. 55-I ; Ord. n° 2006-346 du 23 mars 2006, art. 48-II)* **L'administrateur avec l'accord du débiteur ou à défaut le débiteur après accord du mandataire judiciaire peut acquiescer à la demande en revendication ou en restitution d'un bien visé à la présente section. A défaut d'accord ou en cas de contestation, la demande est portée devant le juge-commissaire qui statue sur le sort du contrat, au vu des observations du créancier, du débiteur et du mandataire de justice saisi.** — *[C. com., anc. art. L. 621-123.]*

V. note ss. art. L. 624-11.

BIBL. ► Le Corre-Broly et Le Corre, *D. 2002. Chron. 948* (analyse jurisprudentielle de la demande en acquiescement de revendication). – Maréchal, *RPC 2017. Étude 12.*

1. Portée de la procédure préalable. L'art. 121-1 [C. com., art. L. 624-17], tel qu'il résulte de la loi du 10 juin 1994, institue en matière de revendication une procédure préliminaire devant l'administrateur ou, à défaut, devant le représentant des créanciers ou le liquidateur [le débiteur, depuis la loi du 26 juill. 2005], constituant un préalable obligatoire à l'engagement de l'action en revendication qui relève désormais de la seule compétence du juge-commissaire, de sorte que l'action en revendication est irrecevable lorsque cette procédure n'a pas été respectée. • Com. 2 oct. 2001, n° 98-22.304 P : *D. 2001. AJ 3043, obs. Lienhard* ; *APC 2001, n° 250, obs. Pérochon* ; *JCP E 2002, n° 4, p. 173, obs. Cabrillac et Pétel* ; *RTD com. 2002. 159, obs. Martin-Serf* • Aix-en-Provence, 18 sept. 2002 : *BICC 2002, n° 1109* ; *RPC 2003. 308, obs. Monsérié-Bon.* ♦ Si le juge-commissaire ne peut accueillir la requête en revendication lorsque le délai prévu à l'art. 85-1 du Décr. du 27 déc. 1985 [C. com., art. R. 624-13] dont dispose le mandataire pour répondre à la demande présentée devant lui n'est pas expiré, il peut, cependant, en application des dispositions de l'art. 126 NCPC [C. pr. civ.], statuer sur la requête dès lors que la cause d'irrecevabilité a disparu à la date où il statue. • Com. 11 juill. 2006, n° 05-13.659 P : *D. 2006. AJ 2100, obs. Lienhard* ; *D. 2007. Pan. 49, obs. Le Corre* ; *Gaz. Pal. 6-7 oct. 2006, p. 35, obs. Le Corre-Broly* ; *JCP E 2007, n° 1, p. 24, obs. Cabrillac* ; *RPC 2006. 363, obs. Monsérié-Bon* ; *APC 2006, n° 177, obs. Vallansan* ; *RTD com. 2007. 231, obs. Martin-Serf*. ♦ V. art. R. 624-13.

2. Dans le cas où le demandeur en restitution avait ignoré la désignation de l'administrateur en adressant sa demande au représentant des créanciers, qui était devenu le mandataire de justice compétent dans le délai d'un mois imparti pour répondre à cette demande, l'irrégularité qui entachait la procédure préliminaire ayant disparu avant que n'expire le délai accordé au mandataire de justice compétent pour répondre, une cour d'appel a pu en déduire que la procédure prévue par les art. L. 621-123 [L. 624-17] C. com. et 85-4 du Décr. du 27 déc. 1985 [C. com., art. R. 624-14] n'avait pas été méconnue. • Com. 5 juill. 2005, n° 04-11.320 P : *D. 2005. 2165, note Le Corre-Broly* ; *ibid. AJ 1999, obs. Lienhard* ; *Gaz. Pal. 4-5 nov. 2005, p. 55, obs. Pérochon* ; *RTD com. 2006. 208, obs. Martin-Serf*.

3. Défaut d'acquiescement. L'acquiescement par l'administrateur à une demande de revendication n'étant qu'une faculté dont l'exercice est laissé à sa discrétion, le défaut d'acquiescement à une telle demande ne peut constituer une faute. • Com. 5 avr. 2016, n° 14-13.247 P : *D. 2016. Actu. 838 ; RTD com. 2016. 557, obs. Martin-Serf ; LEDEN 6/2016. 3, obs. Laroche ; RJDA 2016, n° 460 ; Gaz. Pal. 28 juin 2016, p. 59, obs. Bidan ; BJE 2016. 269, note Laroche.*

4. Compétence du juge-commissaire. Il résulte de l'art. 121-1 [C. com., art. L. 624-17] que l'action en revendication relève désormais de la seule compétence du juge-commissaire. • Com. 2 oct. 2001 : *préc. note 1.* ♦ Le juge-commissaire ne statue sur l'action en revendication qu'en cas de refus ou d'absence de réponse du mandataire de justice. • Com. 22 mai 2007, n° 06-11.861 P : *D. 2007. AJ 1600 ; Gaz. Pal. 20-21 juill. 2007, p. 53, obs. Pérochon ; RPC 2007. 225, obs. Monsèrié-Bon.* ♦ Pour la possibilité de saisir le tribunal lorsque le juge-commissaire ne s'est pas prononcé dans un délai raisonnable (application de l'art. 25, al. 2, du Décr. du 27 déc. 1985, devenu l'art. R. 621-21, al. 2, C. com.), V. • Com. 5 juill. 2005 : *préc. note 2.*

5. Saisine du juge-commissaire. A défaut d'acquiescement à la demande par l'administrateur ou en cas de contestation de l'acquiescement donné par ce dernier, le juge-commissaire ne peut être saisi que par le revendiquant, le débiteur ou le mandataire de justice, à l'exclusion de toute autre personne, que ce soit par la voie d'une intervention volontaire à l'instance ainsi ouverte ou d'une réclamation contre l'acte d'acquiescement, l'art. L. 621-9 C. com. ne pouvant, dans ce cas, recevoir application. • Com. 24 janv. 2018, n° 16-20.589 P : *D. 2018. Actu. 166 ; RTD com. 2018. 477, obs. Martin-Serf ; LEDEN 4/2018. 3, obs. Staes ; BJE 2018. 108, note Laroche ; APC 2018, n° 62, obs. Andreu ; RJDA 2018, n° 338.*

6. Revendication du prix. Les dispositions de l'art. 121-1 [C. com., art. L. 624-17] sont applicables aussi bien à la revendication du bien lui-même qu'à celle de son prix. • Com. 2 oct. 2001 : *préc. note 1.* ♦ ... Peu important que cette demande soit faite contre un sous-acquéreur. • Com. 24 mai 2005, n° 04-13.464 P : *D. 2005. AJ 1633, obs. Lienhard ; Gaz. Pal. 4-5 nov. 2005, p. 57, obs. Pérochon ; RPC 2005. 374, obs. Monsèrié-Bon.* ♦ La forclusion résultant du défaut de saisine du juge-commissaire dans le délai légal a vocation à s'appliquer dans le cadre de l'action en revendication du prix exercée par le vendeur contre l'affactureur. • Com. 15 mars 2005, n° 00-12.563 P : *D. 2005. AJ 1351, obs. Lienhard ; APC 2005, n° 103, obs. Regnaut-Moutier ; Gaz. Pal. 6-7 juill. 2005, p. 46, obs. Le Corre-Broly ; RPC 2005. 374, obs. Monsèrié-Bon ; RTD com. 2007. 235, obs. Martin-Serf.* ♦ ... Ou contre le banquier cessionnaire de la créance du prix de revente. • Com. 12 avr. 2005 : *Gaz. Pal. 6-7 juill. 2005, p. 46, obs. Le Corre-Broly.*

7. Conflit entre vendeurs sous réserve de propriété. V. note 29 ss. art. L. 624-16.

8. Situation antérieure à la loi du 10 juin 1994. V. notamment notes 29 s. et 41 ss. art. L. 624-9.

Art. L. 624-18 **Peut être revendiqué le prix ou la partie du prix des biens visés à l'article L. 624-16 qui n'a été ni payé, ni réglé en valeur, ni compensé** *(Abrogé par Ord. n° 2008-1345 du 18 déc. 2008, art. 44)* ***« en compte courant »*** **entre le débiteur et l'acheteur à la date du jugement ouvrant la procédure** *(Abrogé par L. n° 2005-845 du 26 juill. 2005, art. 55-II)* ***« de redressement judiciaire ».*** *(Ord. n° 2006-346 du 23 mars 2006, art. 48-III)* **« Peut être revendiquée dans les mêmes conditions l'indemnité d'assurance subrogée au bien. »** — *[C. com., anc. art. L. 621-124.]*

V. art. R. 624-16.

V. note ss. art. L. 624-11.

BIBL. ▸ Souweine, *D. 2011. Chron. 2617*. ▸ Sur le régime antérieur à la loi du 26 juill. 2005 : Cabrillac, *D. 1988. Chron. 225.* – Chaput, *RPC 1989. 363.* – Schmidt, Hemmele et Chopard, *JCP E 1988. II. 15309.* – D. Martin, *D. 1986.* Chron. 323. – Pérochon, *D. Affaires 1996. 1402.* – Le Corre-Broly, *Gaz. Pal. 2007. Doctr. 3161* (jurisprudence récente).

1. Contrat d'entreprise. Le vendeur d'un bien dont la propriété lui est réservée peut revendiquer le prix impayé par le sous-acquéreur, si ce dernier a reçu le bien dans son état initial, fût-ce en exécution d'un contrat d'entreprise. • Com. 5 nov. 2003, n° 00-21.357 P : *D. 2003. AJ 2965 ; APC 2004, n° 7, obs. Jacquemont ; JCP E 2004, n° 22, p. 861, obs. Cabrillac ; RDBF 2004, n° 20, obs. Legeais ; RTD com. 2004. 600, obs. Martin-Serf.* – V. déjà • Com. 17 mars 1998, n° 95-11.209 P : *D. 1999. Somm. 72, obs. Honorat ; ibid. 2000. Somm. 75, obs. Pérochon et Mainguy ; D. Affaires 1998. 803, obs. V. A.-R. ; JCP E 1998, n° 37, p. 1398, obs. Pétel.*

2. Revendication du prix. Le vendeur dont la propriété est réservée peut revendiquer le prix impayé par le sous-acquéreur dès lors que ce dernier a reçu le matériel dans son état initial. • Com. 17 mars 1998 : *préc. note 1.* – V. aussi • Com. 27 oct. 1998 : *D. 2000. Somm. 75, obs. Pérochon et Mainguy ; RJDA 1998, n° 1271, et* *p. 887, rapp. Rémery.* ♦ La revente, avant le jugement d'ouverture, de certaines marchandises demeurées en leur état initial ne fait pas obstacle, sous réserve de leur identification, à la revendication qui porte alors sur la créance du prix dû par les sous-acquéreurs. • Com. 15 déc. 1992, n° 90-19.980 P : *D. 1993. Somm. 293, obs. Pérochon* • Paris, 22 févr. 1989 : *D. 1989. IR 90.* ♦ Dès lors que l'ouverture de la procédure emporte subrogation de la créance du prix à la chose, le vendeur est fondé à revendiquer, entre les mains du sous-acquéreur, la partie du prix encore impayée. • Com. 3 janv. 1995, n° 93-11.093 P : *D. 1996. Somm. 221, obs. Pérochon ; RPC 1995. 198, obs. Soinne ; JCP E 1995. I. 457, n° 13, obs. Cabrillac et Pételৎ.* ♦ En effet, le paiement fait par le sous-acquéreur postérieurement à l'exercice de l'action en revendication ne fait pas obstacle à celle-ci, à due concurrence de la partie du prix ainsi payée. • Com. 27 oct. 1998 : *préc.* ♦ V. et Comp. note 18.

3. Il résulte de la combinaison des art. L. 624-18, R. 624-16 et R. 641-31, II, C. com., ensemble l'art. 2372 C. civ., que le droit de propriété du vendeur sous réserve de propriété, dont le bien a été revendu et n'a pas été payé à la date du jugement d'ouverture de la procédure collective, se reporte sur la créance du débiteur à l'égard du sous-acquéreur, de sorte que le mandataire judiciaire ou le liquidateur ne doit remettre au revendiquant subrogé que le montant qui lui a été versé après l'ouverture de la procédure par le sous-acquéreur ou un tiers subrogé dans les droits du débiteur contre le sous-acquéreur. • Com. 24 janv. 2018, n° 16-20.589 P : *cité note 5 ss. art. L. 624-17 ; RTD civ. 2018. 466, obs. Crocq ; RDBF 2018, n° 136, obs. Houin-Bressand.*

4. Lorsque l'acquéreur d'un bien vendu avec réserve de propriété le revend sans avoir payé l'intégralité du prix, la revente opère, par l'effet de la subrogation réelle, transport dans le patrimoine du vendeur initial du prix ou de la partie du prix impayé par le sous-acquéreur au jour de l'ouverture de la procédure collective du débiteur, sans que le sous-acquéreur puisse opposer au vendeur initial les exceptions [en l'espèce, l'exception d'inexécution] qu'il pourrait faire valoir contre son propre vendeur. • Com. 5 juin 2007, n° 05-21.349 P : *D. 2007. AJ 1729, obs. Lienhard ; APC 2007, n° 153, obs. Le Corre-Broly ; Gaz. Pal. 20-21 juill. 2007, p. 54, obs. Pérochon ; RPC 2007. 224, obs. Monsèrié-Bon ; JCP E 2008. 1207, n° 11, obs. Cabrillac et Pétel ; RTD com. 2008. 622, obs. Martin-Serf* • *18 janv. 2011 : D. 2011. Actu. 368, obs. Lienhard ; RTD civ. 2011. 378, obs. Crocq ; RTD com. 2012. 616, obs. Martin-Serf ; Gaz. Pal. 1er-2 avr. 2011, p. 36, obs. Pérochon ; BJE 2011. 198, note Torck.*

5. Revendiquant entre les mains du débiteur non les marchandises vendues avec réserve de propriété elles-mêmes mais leur prix, le vendeur doit prouver que ce prix a été payé par le sous-acquéreur au débiteur après le jugement d'ouverture de la procédure collective. • Com. 2 nov. 1993, n° 91-16.297 P : *D. 1994. IR 7.* ♦ Solution confirmée par l'art. L. 621-124 [L. 624-18], dans sa rédaction issue de la L. n° 94-475 du 10 juin 1994. – Pour une application, V. • Com. 7 avr. 2009 : *Gaz. Pal. 1er-3 nov. 2009, p. 40, obs. Le Corre-Broly.*

6. Il résulte de l'art. L. 624-18 que, si les marchandises revendues n'ont fait l'objet d'aucun règlement entre le sous-acquéreur et le débiteur avant ou après l'ouverture de la procédure collective, la revendication est possible. • Com. 3 nov. 2015, n° 13-26.811 P : *D. 2015. Actu. 2317 ; RTD com. 2016. 206, obs. Martin-Serf ; JCP E 2016. 1169, note Pelletier et Lauthier ; ibid. 1198, n° 12, obs. Pétel ; LEDEN 12/2015. 5, obs. Pérochon ; APC 2015, n° 307, obs. Laroche ; Gaz. Pal. 19 janv. 2016, p. 72, obs. Le Corre-Broly ; BJE 2016. 34, note Macorig-Venier ; RJDA 2016, n° 136.* ♦ Le prix du bien livré qui n'a pas été payé par le sous-acquéreur avant la date du jugement d'ouverture de la procédure peut être revendiqué par le vendeur entre les mains du débiteur sans qu'il y ait lieu de distinguer si le prix a été ou non payé avant la demande en revendication. • Com. 3 déc. 2003, n° 00-15.929 P : *D. 2004. AJ 140, obs. Lienhard ; APC 2004, n° 21, obs. Pérochon ; JCP E 2004, n° 22, p. 860, obs. Cabrillac ; RDBF 2004, n° 71, obs. Legeais ; RPC 2004. 380, obs. Monsèrié-Bon ; RTD civ. 2004. 761, obs. Crocq.*

7. Le vendeur d'un bien dont la propriété lui est réservée peut revendiquer le prix impayé par le sous-acquéreur en redressement ou en liquidation judiciaires, peu important que la créance détenue par l'acquéreur initial à l'encontre du sous-acquéreur soit éteinte pour n'avoir pas été déclarée au passif de ce dernier. • Com. 21 févr. 2006, n° 04-19.672 P : *D. 2006. AJ 718, obs. Lienhard ; ibid. Pan. 2255, obs. F.-X. Lucas ; JCP E 2006, n° 14-15, p. 672, obs. Cabrillac ; APC 2006, n° 81, obs. Vallansan ; Gaz. Pal. 30 avr.-4 mai 2006, p. 49, obs. Le Corre-Broly ; RPC 2006. 361, obs. Monsèrié-Bon ; RTD com. 2007. 233, obs. Martin-Serf.* ♦ V. note 21.

8. Justifie sa décision rejetant la demande en revendication du prix la cour d'appel qui, après avoir constaté qu'avant le jugement d'ouverture de la procédure collective le prix du véhicule affecté de la clause de réserve de propriété avait été réglé par le sous-acquéreur entre les mains de l'affactureur, retient qu'il est indifférent qu'une somme d'argent, sans rapport avec la convention conclue avec l'acquéreur originaire, ait été versée postérieurement au jugement d'ouverture par le sous-acquéreur entre les mains de l'affactureur, faisant ainsi ressortir que la somme restant due par le sous-acquéreur correspondait à une créance distincte de celle du prix de revente du bien affecté de la clause de réserve de propriété. • Com. 16 juin 2009, n° 08-15.753 P : *D. 2009. 1752, obs. Lienhard* (*1er arrêt*) ; *JCP E 2009. 1814, n° 11, obs. Cabrillac ; JCP 2009. 385, obs. J.-J. Barbièri ; APC 2009, n° 210, obs. Pérochon ; RPC 2009, n° 170, obs. Monsèrié-Bon ; RTD com. 2009. 810, obs. Martin-Serf* .

9. Il résulte de l'art. L. 624-18 que la revendication qu'il permet du prix ou de la partie du prix des biens vendus avec réserve de propriété, qui n'a été ni payé, ni réglé en valeur ni compensé entre le sous-acquéreur et le débiteur à la date du jugement ouvrant la procédure collective de ce dernier, tend seulement à rendre opposable à cette procédure le report du droit de propriété du vendeur initial sur la créance du prix de revente ; il s'ensuit que l'autorité de la chose jugée attachée à la décision statuant sur cette revendication ne prive pas l'affactureur, se prétendant subrogé dans les droits du débiteur au titre de la créance du prix de revente, de la possibilité de faire trancher, en vue d'obtenir à son profit le paiement de cette créance, le conflit qui l'oppose au vendeur bénéficiaire de la clause de réserve de propriété, la décision s'étant prononcée sur la revendication de celui-ci n'ayant pas eu pour objet de résoudre un tel conflit. • Com. 9 déc. 2020, n° 19-16.542 P : *D. 2021. Actu. 4* ; *Rev. sociétés 2021. 208, obs. Reille* ; *RTD com. 2021. 435, obs. Martin-Serf* ; *APC 2021, n° 24, obs. Petit ; LEDEN 2/2021. 4, obs. Lafaurie ; RJDA 2021, n° 180 ; BJE 3-4/2021. 37, note Vallansan ; Gaz. Pal. 13 avr. 2021, p. 73, obs. Le Corre-Broly.*

10. La revendication du prix s'exerce sur le solde du prix de revente du bien affecté de la clause de réserve de propriété restant dû au jour de l'ouverture de la procédure collective du débiteur, à concurrence du prix tel que fixé lors de la convention conclue avec le vendeur initial. • Com. 16 juin 2009, n° 08-10.241 P : *D. 2009. AJ 1752, obs. Lienhard* (*2e arrêt*) ; *JCP E 2009. 1814, n° 10, obs. Cabrillac ; APC 2009, n° 210, obs. Pérochon ; RLDA 2009, n° 42, p. 30, obs. Marpeau ; RJDA 2009, n° 989 (1re esp.) ; RPC 2009, n° 170, obs. Monsèrié-Bon ; RTD civ. 2009. 751, obs. Revet* ; *ibid. 760, obs. Crocq* . ♦ Le prix revenant au créancier ne peut inclure la marge bénéficiaire que l'acheteur avait fait supporter à ses clients. • Com. 15 janv. 1991, n° 89-12.884 P : *JCP E 1991. I. 102, n° 11, obs. Cabrillac et Pétel* (loi de 1967) • Lyon, 11 juill. 1997 : *RPC 2001. 19, obs. Soinne* • Versailles, 23 sept. 1999 : *ibid.* ♦ Par ailleurs, le vendeur sous réserve de propriété n'est fondé à revendiquer que le prix de vente moins les frais. • Paris, 8 juill. 1994 : *D. 1994. IR 238.*

Lorsque le vendeur réservataire de la propriété a pu, après revendication, revendre les marchandises, le montant de sa créance résulte de la différence entre le prix de la vente initiale et le prix de revente. Dans la mesure où elle ne lui est pas imputable, la diminution du prix ne doit pas être supportée par le revendiquant. • Paris, 11 janv. 1994 : *RJ com. 1995. 205, note X. Vincent.*

11. En vertu de l'art. 1315 [1353], al. 2, C. civ., celui qui se prétend libéré doit justifier le paiement ou le fait qui a produit l'extinction de son obligation ; dès lors, pour être déchargé de tout ou partie de son obligation vis-à-vis du vendeur dont la propriété est réservée, le sous-acquéreur recherché en revendication sur le fondement de l'art. 122 [C. com., art. L. 624-18], doit prouver qu'il a payé, ou réglé en valeur, ou opéré une compensation en compte courant. • Com. 17 mars 1998 : *préc. note 1.*

12. Maintien du bien dans son état initial. La revendication de la créance du prix subrogée au bien, lorsque celui-ci a été revendu par le débiteur, suppose non la preuve de l'existence en nature du bien à la date d'ouverture de la procédure collective du débiteur, mais la preuve du maintien du bien dans son état initial à la date de sa délivrance au sous-acquéreur. • Com. 14 juin 2017, n° 16-11.004 : *D. 2017. Actu. 1301* ; *RJDA 2017, n° 571 ; RDBF 2017, n° 181, obs. Houin-Bressand.* – V. déjà • Com. 3 janv. 1995 : *préc. note 2* • 14 janv. 1997 : *D. 1997. IR 52* • 5 nov. 2003 : *préc. note 1.* ♦ La revendication du prix de revente des marchandises vendues avec réserve de propriété est soumise aux conditions de l'art. 121, al. 3, dans sa réd. issue de la loi du 10 juin 1994 [désormais, art. L. 624-16, al. 3], qui autorise la revendication des biens mobiliers incorporés dans un autre bien mobilier lorsque leur récupération peut être effectuée sans dommage pour les biens eux-mêmes et le bien dans lequel ils sont incorporés. • Versailles, 24 juin 1999 : *RJDA 1999, n° 1110.*

13. Délais d'action. Il résulte des art. 115 et 122 [C. com., art. L. 624-9 et L. 624-18] que dès lors que l'action en revendication en nature a été exercée dans le délai légal, la forclusion ne peut être opposée à l'action en revendication du prix exercée ultérieurement, à l'encontre du sous-acquéreur. • Com. 24 nov. 1998, n° 98-13.841 P : *D. 2000. Somm. 75, obs. Pérochon et Mainguy* ; *D. Affaires 1999. 522, obs. A. L. ; JCP E 1999, n° 18-19, p. 811, obs. Cabrillac ; RTD com. 1999. 754, obs. Martin-Serf* ; *RPC 2001. 19, obs. Soinne.* ♦ L'action en paiement exercée contre les détenteurs des marchandises vendues avec clause de réserve de propriété, à la suite de l'ordonnance du juge-commissaire autorisant le vendeur à revendiquer le prix impayé, qui découle de l'action en revendication mais ne se confond pas avec celle-ci, n'est pas soumise au délai de l'art. 115 [C. com., art. L. 624-9]. • Com. 15 févr. 2000 : *RJDA 2000, n° 573 ; APC 2000, n° 75 ; RTD com. 2001. 517, obs. Martin-Serf* .

14. Compétence. Dès lors qu'elle ne conduit à mettre en cause ni la validité ni l'exécution du contrat administratif, l'action en revendication du prix de marchandises revendues à un établissement public a un caractère purement commercial, et il appartient ainsi à la juridiction judiciaire de connaître du litige. • T. confl., 13 nov. 2000, n° 3189 P : *D. 2001. AJ 236*.

15. Règlement en valeur. Ayant relevé que le sous-acquéreur de marchandises initialement grevées de réserve de propriété avait, en paiement du prix, remis à l'acheteur-revendeur des lettres de change acceptées, une cour d'appel en a exactement déduit que, par suite du règlement en valeur auquel il avait été ainsi procédé, conformément à l'art. 66 [C. com., art. L. 624-18], le vendeur originaire ne pouvait plus exercer l'action en revendication du prix à l'encontre du sous-acquéreur de la marchandise. • Com. 9 janv. 1990, n° 88-14.966 P : *D. 1990. Somm. 121, obs. Cabrillac* ; *D. 1991. Somm. 48, obs. Pérochon* ; *Banque 1990. 428, obs. Rives-Lange* (loi de 1967) • 2 nov. 1993 : *préc. note 5*. – V. déjà • Paris, 14 mai 1985 : *D. 1988. Somm. 64, obs. Derrida* (loi de 1967) • 2 oct. 1987 : *D. 1988. Somm. 51, obs. Cabrillac* (loi de 1967).

La remise à l'escompte par le débiteur en redressement judiciaire d'une lettre de change tirée sur les acheteurs mais non acceptée par eux ne peut, en l'absence d'engagement cambiaire de ce dernier, constituer le règlement en valeur entre le débiteur et l'acheteur qui, aux termes de l'art. 122 [C. com., art. L. 624-18], fait obstacle à la revendication du prix des marchandises par le propriétaire. • Com. 6 mai 1997, n° 93-13.261 P : *D. 2000. Somm. 75, obs. Pérochon et Mainguy* ; *D. Affaires 1997. 798* ; *JCP 1997. II. 22910, rapp. Rémery* ; *RTD com. 1997. 485, obs. Cabrillac* ; *RPC 2001. 20, obs. Soinne*.

16. Compensation (jurisprudence antérieure à l'Ord. du 18 déc. 2008). Un paiement par compensation, autre que par compte courant, avant l'ouverture de la procédure collective ne constitue pas l'un des modes de paiement mettant obstacle à la revendication du vendeur. • Com. 8 janv. 2002, n° 99-11.079 P : *D. 2002. AJ 573, obs. Lienhard* ; *APC 2002, n° 49, obs. Regnaut-Moutier* ; *JCP E 2002, n° 20, p. 808, obs. Cabrillac et Pétel* ; *Dr. et patr. 7-8/2002. 105, obs. Monsèrié-Bon* ; *RTD com. 2002. 374, obs. Martin-Serf*. ♦ *Contra*, désormais : art. L. 624-18, dans sa réd. issue de l'Ord. n° 2008-1345 du 18 déc. 2008.

17. Dation en paiement. La dation en paiement ne constitue pas un mode de paiement mettant obstacle à la revendication du vendeur sous réserve de propriété. • Com. 14 mai 2008, n° 06-21.532 P : *D. 2008. 2253, note Aubry* ; *ibid. AJ 1477, obs. Lienhard* ; *APC 2008, n° 168, obs. Macorig-Venier* ; *Gaz. Pal. 27-29 juill. 2008, p. 62, obs. Pérochon* ; *JCP E 2008. 2062, n° 13, obs. Cabrillac* ; *RTD civ. 2008. 520, obs. Crocq* ; *RJ com. 2008. 386, obs. Sortais* ; *RPC 2008, n° 151, obs. Monsèrié-Bon* ; *RTD com. 2008. 866, obs. Martin-Serf*.

18. Cession de créance. Si la créance du prix a été cédée à un tiers, le règlement du prix par le sous-acquéreur entre les mains de ce dernier après le jugement d'ouverture ne prive pas le vendeur initial de son droit de revendiquer la créance du prix de revente entre les mains du débiteur. • Com. 7 nov. 2018, n° 17-20.478 : *Rev. sociétés 2018. 751, obs. Reille*. ♦ V. déjà, à propos d'une cession de créance selon bordereau Dailly : • Com. 20 juin 1989, n° 88-11.720 P : *D. 1989. 431, note Pérochon* ; *RTD com. 1989. 745, obs. Martin-Serf, et 1990. 445, obs. Bouloc* ; *Banque 1989. 760, obs. Rives-Lange* (loi de 1967). ♦ Comp., écartant la faute d'une commune, qui, bien qu'ayant eu connaissance de la réserve de propriété frappant les biens qu'elle avait acquis, avait payé le cessionnaire de la créance, et non le vendeur initial : • CAA Douai, 29 juin 2000 : *D. 2001. 537, note Laugier*.

19. Si la subrogation investit le subrogé de la créance primitive avec tous ses avantages et accessoires, le subrogé n'a pas plus de droits que son subrogeant au lieu et place duquel il agit. • Com. 26 avr. 2000, n° 97-21.486 P : *D. 2000. AJ 278, obs. Pisoni* ; *APC 2000, n° 122, obs. Dom*. ♦ Ayant retenu que le vendeur était fondé à se prévaloir de sa réserve de propriété à l'égard des matériels litigieux, et que ceux-ci ayant été revendus par le débiteur, le prix dû à ce dernier se trouvait par là même subrogé aux marchandises dont le vendeur était demeuré propriétaire, c'est à bon droit que les juges ont décidé que la créance invoquée par l'affactureur du débiteur ne pouvait faire échec à la revendication du vendeur. • Même arrêt. – V. déjà : • Com. 27 juin 1989, n° 87-15.847 P : *JCP E 1990. II. 15668, n° 15, obs. Cabrillac* ; *RTD com. 1990. 269, obs. Martin-Serf* (loi de 1967) (V. l'arrêt confirmé : • Versailles, 13 mai 1987 : *D. 1988. Somm. 64, obs. Derrida*) • Riom, 28 avr. 1999 : *JCP E 2000, n° 17, p. 680*. ♦ Mais le vendeur réservataire ne peut se prévaloir des dispositions de l'art. 122 [C. com., art. L. 624-18] qu'à la condition qu'au jour de l'exercice de l'action en revendication, le prix de revente des marchandises n'ait pas été payé par les sous-acquéreurs entre les mains du tiers subrogé dans les droits de la société débitrice ayant revendu les marchandises. • Com. 10 juill. 2001, n° 98-19.331 P : *D. 2001. AJ 2597, obs. Lienhard* ; *APC 2001, n° 181, obs. Mainguy* ; *RTD com. 2001. 962, obs. Cabrillac* ; *ibid. 2002. 163, obs. Martin-Serf* ; *RTD civ. 2001. 927, obs. Croq* • Paris, 5 oct. 1996 : *D. Affaires 1996. 1418* ; *RPC 2001. 20, obs. Soinne*. ♦ V. déjà, sous l'empire de la loi du 13 juill. 1967 : • Com. 11 déc. 1990, n° 89-17.454 P : *JCP E 1991. I. 102, n° 10, obs. Cabrillac*.

20. Dès lors que le débiteur-acheteur du matériel couvert par une clause de réserve de propriété a cédé sa créance du prix de revente le 18 août 2006, la subrogation n'a pu s'opérer sur cette créance, sortie du patrimoine de ce débi-

Moutier ; RPC 2006. 70, obs. Taquet.

5. Lorsque, invoquant le caractère privilégié d'une créance salariale, un salarié conteste l'admission de cette créance faite à titre chirographaire sur le relevé établi par le représentant des créanciers, le juge-commissaire, dont la fonction est de viser les relevés des créances salariales, n'est pas compétent pour statuer sur les contestations relatives à ces créances à la demande du salarié et la décision par laquelle il refuse de reconnaître le caractère privilégié de la créance figurant sur le relevé doit être infirmée, alors que les contestations relatives à l'admission des créances doivent, conformément à l'art. 123 [C. com., art. L. 625-1], al. 2, être portées devant le conseil de prud'hommes dans le délai de deux mois à compter de la publication du relevé. • Paris, 2 juin 1993 : *D. 1993. IR 245.*

6. Relevé de forclusion. La saisine du conseil de prud'hommes par le salarié, qui conteste la décision du représentant des créanciers, emporte nécessairement demande de relevé de forclusion lorsqu'il introduit la procédure après l'expiration du délai de deux mois de l'art. L. 621-125 [L. 625-1] C. com., mais conformément aux art. L. 621-46 [L. 622-26] C. com. et 78 du Décr. du 27 déc. 1985 [C. com., art. R. 625-3], moins d'un an [six mois] après le jugement d'ouverture de la procédure collective, sans qu'il soit besoin que cette demande soit formulée expressément. • Soc. 26 mars 2003, n° 01-41.747 P : *APC 2003, n° 165, obs. Cagnoli ; JCP E 2003, n° 40, p. 1574, obs. Pétel ; RPC 2003. 251, obs. Taquet. – Contra,* auparavant : • Soc. 22 juin 1993, n° 91-41.387 P : *D. 1993. IR 195 ; Dr. sociétés 1994, n° 71, obs. Chaput* • 26 nov. 1996 : *RPC 1997. 472, obs. Taquet ; RJ com. 1998. 108, note Haennig.*

7. Le délai de l'action en relevé de forclusion ne peut courir à l'encontre du salarié dès lors que le représentant des créanciers a déposé le relevé des créances résultant d'un contrat de travail non dans les trois mois suivant le prononcé du jugement d'ouverture, mais postérieurement à l'expiration du délai prévu à l'art. 53 [C. com., art. L. 622-26]. • Soc. 8 janv. 2002, n° 99-41.520 P : *RPC 2002. 110, obs. Taquet ; RTD com. 2003. 568, obs. Martin-Serf.*

8. Contestation postérieure à la condamnation de l'employeur au paiement. En ce sens qu'un salarié peut saisir le conseil de prud'hommes d'une action tendant à contester le refus du représentant des créanciers de faire figurer sa créance sur un relevé des créances résultant d'un contrat de travail, même lorsqu'une précédente décision prud'homale a condamné l'employeur à payer les sommes réclamées, V. • Soc. 16 déc. 1998, n° 96-43.794 P : *D. 2001. Somm. 115, obs. Derrida ; JCP E 1999, n° 18-19, p. 812, obs. Pétel.*

9. Défendeur à l'action. L'action relative à l'inscription sur le relevé des créances des diverses indemnités consécutives à la rupture du contrat de travail est formée à titre principal contre le représentant des créanciers de l'employeur en redressement judiciaire. • Soc. 16 janv. 1991, n° 87-42.899 P : *D. 1991. IR 48* • 16 déc. 1992, n° 89-43.900 P.

10. Intéressement des salariés. La juridiction prud'homale est compétente pour statuer sur la demande du salarié tendant à l'inscription sur le relevé des créances relatives à l'intéressement et mettant en jeu la garantie de l'AGS. • Soc. 19 mars 1997 : *D. 1997. IR 94.*

11. Accident du travail. Les dispositions relatives au règlement des créances résultant de l'art. 123 [C. com., art. L. 625-1] ne sont pas applicables à la créance du salarié victime d'un accident du travail, consécutive à la reconnaissance de la faute inexcusable de l'employeur, cette créance ne constituant pas une créance salariale résultant d'un contrat de travail mais une créance dont le fait générateur est né du fait ou à l'occasion du travail, selon la définition de l'art. L. 411-1 CSS. • Dijon, 21 oct. 1997 : *JCP 1998. IV. 3147.*

12. Défaut d'établissement des relevés des créances salariales. Lorsque les délais imposés au représentant des créanciers pour établir les relevés des créances résultant d'un contrat de travail sont dépassés, sans que ces relevés aient été établis, les salariés peuvent saisir directement le conseil de prud'hommes pour faire reconnaître leurs créances salariales, notamment celles qui sont nées après l'ouverture de la procédure collective. • Soc. 26 févr. 2003, n° 00-46.174 P.

13. Portée de l'état des créances. Il résulte de l'art. 123, alors applicable [devenu C. com., art. L. 625-1], que le représentant des créanciers n'a pas à se prononcer sur la garantie de l'AGS lors de l'établissement du relevé des créances résultant d'un contrat de travail, l'art. 77 du Décr. du 27 déc. 1985 [C. com., art. R. 625-2] ne prévoyant pas la mention de la garantie de l'AGS sur ce relevé ; il ne peut en conséquence exister d'indivisibilité entre l'état des créances déposé au greffe du tribunal de la procédure collective, comportant les relevés des créances résultant d'un contrat de travail, et une décision de justice déterminant l'étendue de la garantie de l'AGS. • Soc. 7 juill. 2021, n° 18-18.943 B : *cité note 3 ss. art. L. 625-4.*

14. Voies de recours. La demande par laquelle le salarié conteste devant le bureau de jugement du conseil de prud'hommes, conformément aux dispositions des art. L. 621-125 et L. 621-128 [L. 625-1 et L. 625-5] C. com., la décision du représentant des créanciers de ne pas faire figurer tout ou partie de sa créance sur les relevés des créances résultant d'un contrat de travail, présente un caractère indéterminé en sorte que le jugement du conseil de prud'hommes est susceptible d'appel. • Soc. 18 févr. 2004 : *RPC 2004. 254, obs. Taquet.*

Art. L. 625-2 *(L. n° 2005-845 du 26 juill. 2005, art. 57)* **« Les relevés des créances résultant des contrats de travail sont » soumis pour vérification par le mandataire judiciaire au représentant des salariés mentionné à l'article** *(L. n° 2005-845 du 26 juill. 2005, art. 57)* **« L. 621-4 ». Le mandataire judiciaire doit lui communiquer tous documents et informations utiles. En cas de difficultés, le représentant des salariés peut s'adresser à l'administrateur et, le cas échéant, saisir le juge-commissaire. Il est tenu à l'obligation de discrétion mentionnée à l'article L. 432-7** *[L. 2325-5]* **du code du travail. Le temps passé à l'exercice de sa mission tel qu'il est fixé par le juge-commissaire est considéré de plein droit comme temps de travail et payé** *(Abrogé par Ord. n° 2008-1345 du 18 déc. 2008, art. 46)* ***« par l'employeur, l'administrateur ou le liquidateur, selon le cas, »*** **à l'échéance normale.** — *[C. com., anc. art. L. 621-36.]*

Sur les mesures d'adaptation liées à l'urgence sanitaire (Covid-19), V. Ord. n° 2020-341 du 27 mars 2020, art. 1er, App., v° Sociétés commerciales.

BIBL. ▶ HENRY, *Dr. soc. 1986. 678 ; ibid. 1987. 799.* – LANGLOIS, *RTD com. 1987, n° spéc., p. 11.*

S'il n'est pas contesté que le représentant des salariés a consacré tout son temps à l'accomplissement de sa mission, le montant intégral de son salaire doit lui être versé. • Soc. 2 juin 1992 : *JCP 1992. IV. 2231.*

Art. L. 625-3 *(Ord. n° 2008-1345 du 18 déc. 2008, art. 47)* **« Les instances en cours devant la juridiction prud'homale à la date du jugement d'ouverture sont poursuivies en présence du mandataire judiciaire et de l'administrateur lorsqu'il a une mission d'assistance ou ceux-ci dûment appelés. »**

Le mandataire judiciaire informe dans les dix jours la juridiction saisie et les salariés parties à l'instance de l'ouverture de la procédure *(Abrogé par L. n° 2005-845 du 26 juill. 2005, art. 58-I)* ***« de redressement judiciaire ».*** — *[C. com., anc. art. L. 621-126.]*

Dernier al. abrogé par L. n° 2005-845 du 26 juill. 2005, art. 58-I.

V. art. R. 625-5.

1. Les dispositions des art. 369 et 372 NCPC [C. pr. civ.] ne sont pas applicables aux instances visées à l'art. L. 621-126 [L. 625-3] C. com., qui ne sont ni suspendues ni interrompues. • Soc. 17 sept. 2003, n° 01-41.255 P : *D. 2003. AJ 2376 ; APC 2003, n° 210, obs. Blanc ; JCP E 2004, n° 13, p. 517, obs. Morvan* • 24 nov. 2004, n° 02-45.126 P : *RTD com. 2005. 174, obs. Vallens ; RPC 2005. 217, obs. Staes.*

2. Sur la poursuite d'une instance en référé, après mise en cause du GARP, dans le régime antérieur à la loi du 26 juill. 2005, V. • Paris, 22 oct. 1993 : *BICC 1994, n° 82.*

3. La juridiction prud'homale, informée de l'ouverture d'une procédure collective, est tenue d'appliquer les dispositions d'ordre public des art. L. 625-3, L. 641-4 et L. 641-14 C. com. et de convoquer les organes de la procédure ainsi que l'AGS, selon les modalités prévues aux art. R. 1454-19 C. trav. ou 937 C. pr. civ. • Soc. 9 mars 2011 : *D. 2011. Actu. 885 ; JCP E 2011. 1596, n° 3, obs. Pétel ; APC 2011, n° 110, obs. Fin-Langer ; LEDEN 5/2011. 7, obs. G. Dedessus-Le-Moustier ; RJDA 2011, n° 642 ; BJE 281, note Neau-Leduc.*

4. Est irrecevable, en raison de l'indivisibilité de la procédure collective, le pourvoi formé par une société mise en redressement judiciaire entre la date de la décision attaquée et la date du pourvoi, dès lors que le représentant des créanciers ne s'est pas joint à la déclaration de pourvoi et n'a pas non plus été désigné comme défendeur dans cette déclaration, de telle sorte que les organes de la procédure collective n'ont pas été mis en cause devant la Cour de cassation. • Soc. 12 juill. 1994, n° 92-41.557 P : *D. 1994. IR 221.*

5. Le tribunal de commerce ayant mis fin à la mission du représentant des créanciers de l'ancien employeur, le commissaire à l'exécution du plan peut, valablement au regard de l'art. 124 [C. com., art. L. 625-3], intervenir à l'instance. • Soc. 30 sept. 1997, n° 94-44.943 P : *D. 1997. IR 219 ; RPC 1999. 156, obs. Monsèrié.*

6. L'instance introduite par le salarié, qui était en cours à la date du jugement d'ouverture, recommence à la suite de l'opposition formée par les parties défaillantes contre l'arrêt de défaut. C'est la même instance qui se poursuit en présence de l'employeur et des organes de la procédure, aucune forclusion n'étant encourue par le salarié. • Soc. 16 mars 1999 : *JCP E 1999, n° 20, p. 841.*

7. La radiation d'une procédure introduite devant la juridiction prud'homale, avant que l'employeur ne soit placé en liquidation judiciaire, ne constitue qu'une simple mesure d'administration judiciaire qui laisse subsister l'instance, laquelle se poursuit après l'ouverture de la procédure collective et le rétablissement de l'affaire. • Soc. 14 mai 2003, n° 01-40.110 P : *D. 2003. IR 1735 .*

8. Il résulte de l'art. L. 625-3 que les instances en cours devant la juridiction prud'homale à la date du jugement d'ouverture de la procédure collective étant poursuivies en présence des organes de la procédure ou ceux-ci dûment appelés, la demande en paiement d'une créance résultant d'un contrat de travail, antérieure au jugement d'ouverture, est recevable dès lors que la juridiction prud'homale en est saisie avant l'ouverture de la procédure, et qu'après celle-ci, elle doit, après mise en cause des organes de la procédure, statuer sur son bien-fondé et, le cas échéant, constater l'existence de la créance et en fixer le montant au passif de la procédure collective. • Soc. 10 nov. 2021, n° 20-14.529 B : *D. 2021. Actu. 2084 ; LEDEN 12/2021. 7, obs. Joly ; APC 2021, n° 278, obs. Fin-Langer ; RPC 2022, n° 11, obs. Taquet.*

9. La cour d'appel n'ayant pas été informée par le mandataire judiciaire de la société de l'ouverture d'une procédure collective, sa décision condamnant celle-ci à payer des sommes à un salarié à titre de dommages-intérêts et de rappel de salaire sur préavis échappe aux critiques. • Soc. 28 févr. 2018, n° 15-24.856 P : *D. 2018. Actu. 509 ; LEDEN 5/2018. 7, obs. de Frémont.* ♦ Le mandataire judiciaire qui n'a pas informé de l'ouverture de la procédure de redressement judiciaire les salariés et la juridiction saisie ne peut valablement se prévaloir d'une inopposabilité de la décision rendue au terme de l'instance prud'homale. • Soc. 17 sept. 2003 : *préc. note 1.*

Art. L. 625-4 Lorsque les institutions mentionnées à l'article L. 143-11-4 *[L. 3253-14]* **du code du travail refusent pour quelque cause que ce soit de régler une créance figurant sur un relevé des créances résultant d'un contrat de travail, elles font connaître leur refus au mandataire judiciaire qui en informe immédiatement le représentant des salariés et le salarié concerné.**

Ce dernier peut saisir du litige le conseil de prud'hommes. Le mandataire judiciaire, le *(Ord. n° 2008-1345 du 18 déc. 2008, art. 48 et 163-I)* **« débiteur et l'administrateur lorsqu'il a une mission d'assistance » sont mis en cause.**

Le salarié peut demander au représentant des salariés de l'assister ou de le représenter devant la juridiction prud'homale. – *[C. com., anc. art. L. 621-127.]*

V. art. R. 625-6.

1. *Contestation de la garantie.* Sur le droit de l'AGS de contester l'étendue de sa garantie, V. • Soc. 5 janv. 1995 : *RPC 1995. 497, obs. Taquet* • 14 mars 2000, n° 97-45.335 P : *RPC 2000. 108, obs. Taquet* • 1er févr. 2001, n° 97-45.009 P : *RPC 2001. 154, obs. Taquet.* ♦ V. aussi notes 48 et 49 ss. art. L. 3253-8 C. trav., ss. art. L. 625-9.

2. *Caractère facultatif de la saisine.* Le verbe « peut » figurant à l'al. 2 signifie à l'évidence que la voie de recours ouverte au salarié est facultative, mais non pas qu'il aurait la possibilité de soumettre sa contestation à une juridiction autre que le conseil des prud'hommes, seul compétent en la matière. • TGI Paris, 7 juill. 1986 : *Gaz. Pal. 1986. 2. 563, note Marchi.*

3. *Absence de forclusion.* Aucune forclusion n'est opposable à l'exercice de l'action prévue à l'art. 125 de la L. du 25 janv. 1985, devenu l'art. L. 625-4 C. com., et tendant à contester le refus de l'AGS de régler tout ou partie d'une créance figurant sur un relevé des créances résultant d'un contrat de travail ; il en résulte que l'action du salarié est recevable malgré la clôture de la procédure collective et que l'AGS, condamnée à garantir la créance salariale litigieuse, doit, en raison de la cessation des fonctions des organes de la procédure collective, et en application de l'art. L. 3253-15 C. trav., en verser le montant entre les mains du greffier du TGI [tribunal judiciaire]. • Soc. 7 juill. 2021, n° 18-18.943 B : *D. 2021. Actu. 1333 ; APC 2021, n° 202, obs. Fin-Langer ; RPC 2021, n° 137, obs. Taquet.*

4. *Mise en cause du commissaire à l'exécution du plan.* L'action prévue par l'art. L. 621-127 [L. 625-4] C. com. étant principalement dirigée contre l'AGS, la seule absence de mise en cause de l'administrateur judiciaire ou, après la fin de ses fonctions, du commissaire à l'exécution du plan, ne peut affecter la recevabilité de cette action, lorsque le représentant des créanciers encore en fonction est appelé à la procédure, avec un mandataire *ad hoc* désigné pour représenter le débiteur. • Soc. 21 déc. 2006, n° 04-45.720 P : *D. 2007. AJ 313 ; APC 2007, n° 30, obs. Neau-Leduc (2e esp.).*

5. *Autorité de la chose jugée.* Une décision du conseil de prud'hommes, fixant une créance salariale ayant acquis autorité de la chose jugée entre le salarié et le liquidateur, n'empêche pas un recours du salarié contre l'AGS, qui refuse de régler ladite créance, devant le conseil de prud'hommes, conformément à l'art. 125 [C. com., art. L. 625-4]. • Soc. 22 juin 1993, n° 91-40.448 P : *D. 1993. IR 186.*

6. *Litige relatif aux Assedic.* Il résulte de l'art. 125 [C. com., art. L. 625-4] qu'un litige relatif au refus d'une Assedic de régler des créances nées de la rupture de contrats de travail, est de la compétence exclusive du conseil de prud'hommes et que les salariés concernés sont seuls recevables à agir. • Soc. 21 mars 1989, n° 87-19.377 P : *D. 1991. Somm. 108, obs. Derrida*

7. Les instances introduites par un salarié sur le fondement de l'art. 125 [C. com., art. L. 625-4] ayant pour objet de faire déclarer mal fondé le refus opposé par l'Assedic au paiement de ses créances salariales, l'Assedic, partie principale, peut être condamnée aux dépens avec le mandataire-liquidateur, ès-qualité. • Paris, 21 mai 1993 : *BICC 1993, n° 1216.*

8. Recours. Le jugement du conseil de prud'hommes qui, par l'instance introduite par le salarié en vertu des art. L. 625-4 et L. 625-5, est saisi du refus de l'AGS, quelle qu'en soit la cause, de régler une créance figurant sur un relevé des créances résultant du contrat de travail, ne peut être attaqué que par la voie de l'appel. • Soc. 26 mars 2014, n° 12-27.138 P : *D. 2014. Actu. 822* ; *LEDEN 5/2014. 7, obs. G. Dedessus-Le-Moustier ; APC 2014, n° 163, obs. Fin-Langer.*

Art. L. 625-5 **Les litiges soumis au conseil de prud'hommes en application des articles L. 625-1 et L. 625-4 sont portés directement devant le bureau de jugement.** – [*C. com., anc. art. L. 621-128.*]

1. Compétence exclusive. Le bureau de jugement est seul compétent, par application de l'art. L. 621-128 [L. 625-5] C. com., pour connaître des litiges relatifs aux créances qui doivent figurer sur un relevé de créances résultant d'un contrat de travail et opposant le salarié au représentant des créanciers, dès lors que le salarié entend obtenir la mise en œuvre de la garantie de l'AGS. • Soc. 4 juin 2003, n° 01-41.791 P : *D. 2003. IR 1603* ; *RPC 2003. 343, obs. Taquet.* ♦ ... Peu important qu'il ait appelé en garantie une partie étrangère à la procédure collective de l'employeur. • Soc. 21 juin 2005, n° 02-42.499 P : *D. 2005. IR 2039* . ♦ Par suite, est exclue, non seulement la compétence du bureau de conciliation, mais aussi celle de la formation en référé. • Paris, 22 janv. 1987 : *D. 1987. Somm. 239, obs. Honorat ; RPC 1988. 371, obs. Langlois* • Montpellier, 5 nov. 1987 : *D. 1989. Somm. 79, obs. Honorat.* ♦ La saisine directe du bureau de jugement prévue par l'art. 126 [C. com., art. L. 625-5] exclut toute possibilité de s'adresser au juge des référés pour obtenir une provision. • Soc. 17 juin 1992, n° 89-43.338 P : *D. 1992. IR 212* • 14 déc. 1993 : *Gaz. Pal. 1994. 1. Pan. 30.* ♦ En revanche, dès lors qu'il est saisi, non d'un litige relatif au refus des institutions mentionnées à l'art. L. 143-11-4 [L. 3253-14] C. trav. de régler une créance figurant sur un relevé des créances résultant d'un contrat de travail, mais de la demande de salariés tendant au paiement de la fraction non garantie par les institutions des sommes dues aux titres de la poursuite et de la rupture de leur contrat de travail postérieurement au prononcé du redressement judiciaire de l'employeur, le juge des référés est compétent pour en connaître. • Soc. 7 oct. 1998, n° 97-44.552 P : *D. 1998. IR 235 ; JCP E 1998, n° 52, p. 2068, obs. Pétel ; Procédures 1999, n° 38, obs. Laporte.*

2. Viole les art. 123 et 126 [C. com., art. L. 625-1 et L. 625-5] l'arrêt qui, pour renvoyer des salariés licenciés pour motif économique à se pourvoir devant le bureau de conciliation, ces salariés ayant saisi directement le bureau de jugement du conseil de prud'hommes afin d'obtenir des indemnités pour rupture abusive du contrat de travail, retient « qu'il s'agit, en la cause, de différends nés à l'occasion du contrat de travail et qui, comme tels, sont régis par les dispositions de l'art. L. 511-1 [L. 1411-1] C. trav. qui imposent d'interpréter restrictivement les textes d'exception que constituent les art. 123 et 125 de la loi du 25 janv. 1985 [C. com., art. L. 625-1 et L. 625-4] », alors que l'arrêt constate que les salariés ont saisi la juridiction prud'homale d'un litige concernant des créances résultant d'un contrat de travail qui ne figurent pas sur les relevés établis par le représentant des créanciers. • Soc. 4 déc. 1991, n° 89-42.970 P : *D. 1992. IR 31.* – Rappr. : • Soc. 23 oct. 2012, n° 11-12.530 P : *D. 2012. Actu. 2594* ; *Gaz. Pal. 18-19 janv. 2013, p. 36, obs. Gailhbaud ; LPA 15 avr. 2013, p. 14, obs. Jacotot.*

3. La dispense du préliminaire de conciliation prévue par l'art. L. 621-128 [L. 625-5] C. com. s'applique aussi à la demande en paiement formée contre la société cessionnaire dans la même instance et pour la même créance indemnitaire, dont l'inscription sur un relevé de créances résultant d'un contrat de travail de la société cédante est demandée. • Soc. 5 déc. 2006, n° 05-45.697 P : *D. 2007. AJ 229* ; *APC 2007, n° 30, obs. Neau-Leduc (1re esp.).*

Art. L. 625-6 **Les relevés des créances résultant d'un contrat de travail, visés par le juge-commissaire, ainsi que les décisions rendues par la juridiction prud'homale sont portés sur l'état des créances déposé au greffe. Toute personne intéressée, à l'exclusion de celles visées aux articles L. 625-1 à L. 625-4, peut former une réclamation ou une tierce opposition dans des conditions prévues par décret en Conseil d'État.** – [*C. com., art. L. 621-129.*] – *V. art. R. 625-7.*

1. Pouvoirs du conseil de prud'hommes. Le conseil de prud'hommes doit se borner à déterminer le montant des sommes à inscrire sur l'état des créances déposé au greffe du tribunal, sans pouvoir condamner le liquidateur de l'employeur à payer celles-ci à l'intéressé. • Soc. 6 juin 1989, n° 87-45.172 P • 15 juin 1995 : *RPC 1996. 121, obs. Taquet.* – V. aussi • Soc. 27 oct. 1998 : *D. 2001. Somm. 114, obs. Derrida* ; *JCP 1999. I. 183, n° 20, obs. Morvan.* ♦ Le conseil de prud'hommes ne peut porter condamnation du représentant des créanciers, à payer des sommes dues aux salariés. Cette juridiction doit se borner, pour les créances nées antérieurement à l'ouverture de la procédure de redressement judiciaire, à déterminer le montant des sommes à inscrire sur l'état des créances déposé au greffe du tribunal. Le représentant des créanciers ne peut être condamné à payer les créances nées après l'ouverture de la procédure collective. • Soc. 8 avr. 1992, n° 89-43.284 P : *D. 1992. IR 187.*

2. Le conseil de prud'hommes qui juge que les intérêts légaux des sommes dues aux salariés courent à partir de la date de la saisine de la juridiction prud'homale, alors qu'il constate que certaines créances ont pris naissance avant le jugement d'ouverture du redressement judiciaire, viole l'art. 55 [C. com., art. L. 622-28]. • Soc. 8 avr. 1992 : *préc. note 1.*

3. Réclamation. Le salarié dont la créance n'a pas été incluse dans celle de l'AGS admise au passif, s'il est sans intérêt à relever appel de l'ordonnance d'admission, dès lors que selon l'art. L. 143-11-7 [L. 3253-19 s.] C. trav., ses droits à l'égard de cet organisme sont indépendants de la déclaration que ce dernier fait dans les conditions des art. L. 621-43 [L. 622-24] s. C. com., peut toutefois agir par voie de réclamation conformément aux art. L. 621-129 [L. 625-6] C. com., 83 et 84 du Décr. du 27 déc. 1985 [C. com., art. R. 624-8 à R. 624-10]. • Aix-en-Provence, 4 févr. 2004 : *BICC 2005, n° 2161.*

4. Le dirigeant d'une société, dont la responsabilité personnelle est recherchée à raison de l'insuffisance d'actif de la liquidation judiciaire de cette société, qui a intérêt à contester le principe et le montant du passif salarial, est une personne intéressée au sens de l'art. L. 625-6 C. com. ; il peut en conséquence former tierce opposition à l'arrêt d'une cour d'appel, statuant en matière prud'homale, ayant reconnu la qualité de salarié de la société à un tiers et fixé la créance salariale de ce dernier au passif de la liquidation judiciaire, dans le délai d'un mois courant à compter de la publication au BODACC de l'insertion indiquant que l'état des créances salariales a été déposé au greffe du tribunal de commerce par application des art. R. 624-8 et R. 625-7. • Soc. 17 mai 2017, n° 14-28.820 P : *D. 2017. Actu. 1117 ; APC 2017, n° 187, obs. Fin-Langer ; LEDEN 9/2017. 7, obs. Dedessus-Le-Moustier ; BJS 2017. 547, note Saintourens ; Dr. sociétés 2017, n° 171, note Legros ; Journ. sociétés 12/ 2017. 34, obs. Gibirila.*

5. Plan de redressement. Les sommes dues par l'employeur en exécution du contrat de travail antérieurement au jugement ouvrant la procédure de redressement judiciaire restent soumises, même après l'adoption d'un plan de redressement, qu'il soit par cession ou par continuation, au régime de la procédure collective. • Soc. 27 oct. 1998 : *D. 1998. IR 259 ; JCP E 1999, n° 17, p. 774, note Serret* • 10 mai 2006, n° 04-42.076 P : *D. 2006. AJ 1529, obs. Lienhard ; Gaz. Pal. 6-7 oct. 2006, p. 24, obs. Roussel Galle.* ♦ Doit être cassé, pour violation des art. 76 et 127 [C. com., art. L. 626-20 et L. 625-4], l'arrêt qui, pour condamner un employeur en redressement judiciaire à payer une indemnité pour licenciement sans cause réelle et sérieuse à un salarié licencié antérieurement à la procédure, énonce que l'employeur, qui a bénéficié d'un plan de redressement, est tenu de réparer l'entier préjudice causé aux salariés par application de l'art. 76 [C. com., art. L. 626-20] (2°), alors que les juges du fond constatent que les créances du salarié sont nées antérieurement au jugement d'ouverture du redressement judiciaire de l'employeur et qu'ils devaient donc se borner à déterminer le montant des sommes à inscrire sur l'état des créances déposé au greffe du tribunal sans pouvoir condamner le débiteur à payer celles-ci au salarié. • Soc. 27 oct. 1998 : *préc.* ♦ V. aussi note 44 ss. art. L. 3253-8 C. trav., ss. art. L. 625-9.

6. Portée de l'état des créances salariales. Il résulte de l'art. 127 [C. com., art. L. 625-6] qu'outre les relevés des créances visés par le juge-commissaire, seules les décisions rendues par la juridiction prud'homale doivent être portées sur l'état des créances salariales et, par voie de conséquence, ouvrent aux salariés les droits à l'assurance contre le risque de non-paiement des sommes qui leur sont dues en exécution du contrat de travail. • Soc. 14 mars 2000, n° 97-45.335 P.

7. Prescription. Dès lors que le relevé des créances salariales, qui n'a fait l'objet d'aucune contestation en ce qui concerne les salariés en cause, est porté sur l'état des créances déposé au greffe du tribunal de commerce et que cette admission au passif de la procédure collective revêt un caractère irrévocable, il en résulte qu'elle entraîne la substitution de la prescription trentenaire à la prescription quinquennale. • Soc. 21 nov. 2012, n° 11-18.923 P : *D. 2012. Actu. 2798 ; APC 2012, n° 300, obs. Fin-Langer ; LEDEN 1/2013. 5, obs. G. Dedessus-Le-Moustier ; Gaz. Pal. 18-19 janv. 2013, p. 35, obs. Gailhbaud ; BJE 2013. 111, note Donnette.*

SECTION II DU PRIVILÈGE DES SALARIÉS

Art. L. 625-7 **Les créances résultant d'un contrat de travail sont garanties en cas d'ouverture d'une procédure** *(L. n° 2005-845 du 26 juill. 2005, art. 58-II)* **« de sauvegarde » :**

1° Par le privilège établi par les articles L. 143-10 *[L. 3253-2 et L. 3253-3]*, **L. 143-11** *[L. 3253-4]*, **L. 742-6 et L. 751-15** *[L. 7313-8]* **du code du travail, pour les causes et montants définis auxdits articles ;**

2° Par le privilège du *(Ord. n° 2021-1192 du 15 sept. 2021, art. 34, en vigueur le 1er janv. 2022)* **« 3°** *[ancienne rédaction : 4°]* **» de l'article** *(Ord. n° 2006-346 du 23 mars 2006, art. 54)* **« 2331 » et du 2° de l'article** *(Ord. n° 2021-1192 du 15 sept. 2021, art. 34, en vigueur le 1er janv. 2022)* **« 2377** *[ancienne rédaction : 2104]* **» du code civil.** – *[C. com., anc. art. L. 621-130.]*

1. L'entreprise de travail temporaire ne peut invoquer, en déclarant au passif du redressement judiciaire de l'entreprise utilisatrice sa créance pour le prix de ses prestations de services, les privilèges afférents aux créances des salariés. • Com. 12 juill. 1993, n° 89-21.255 P : *D. 1993. Somm. 369, obs. Honorat* (V. l'arrêt d'appel : • Versailles, 21 sept. 1989 : *D. 1990. Somm. 74, obs. Honorat*).

Pour une autre application, V. • Soc. 29 oct. 2003, n° 01-12.129 P.

2. Pour déterminer si une créance peut bénéficier du privilège des salaires, il convient de rechercher non pas si elle est de nature salariale, mais si elle résulte d'un contrat de travail conclu avec la personne faisant l'objet de la procédure collective. • Rouen, 5 avr. 2001 : *RJDA 2002, n° 282.*

3. Selon les art. 2101 et 2104 [2331 et 2377] C. civ. auxquels renvoie l'art. 128 [C. com., art. L. 625-7], ont un caractère privilégié les rémunérations des six derniers mois, l'indemnité compensatrice de congés payés et l'indemnité de licenciement. La notion de rémunération au sens desdits art. 2101 et 2104 [2331 et 2377] englobe non seulement le salaire proprement dit, mais aussi ses accessoires ; les gratifications contractuelles, en l'espèce la gratification conventionnelle d'un montant déterminé régulièrement versée au salarié, les primes de treizième mois et de bilan liquidées à la date de la rupture du contrat de travail, présentent le caractère d'un complément de rémunération ; par suite, les règles protectrices du salaire leur sont applicables. • Paris, 28 mai 1993 : *JCP E 1993. Pan. 1006.*

V. notes ss. art. L. 3253-6 et L. 3253-8 C. trav., ss. art. L. 625-9.

Art. L. 625-8 Nonobstant l'existence de toute autre créance, les créances que garantit le privilège établi aux articles L. 143-10 *[L. 3253-2 et L. 3253-3]*, **L. 143-11** *[L. 3253-4]*, **L. 742-6 et L. 751-15***[L. 7313-8]* **du code du travail doivent** *(Ord. n° 2008-1345 du 18 déc. 2008, art. 49)* **« , sur ordonnance du juge-commissaire, être payées dans les dix jours du prononcé du jugement ouvrant la procédure par le débiteur ou, lorsqu'il a une mission d'assistance, par l'administrateur, si le débiteur ou l'administrateur » dispose des fonds nécessaires.**

Toutefois, avant tout établissement du montant de ces créances, *(Ord. n° 2008-1345 du 18 déc. 2008, art. 49)* **« le débiteur ou l'administrateur s'il a une mission d'assistance » doit, avec l'autorisation du juge-commissaire et dans la mesure des fonds disponibles, verser immédiatement aux salariés, à titre provisionnel, une somme égale à un mois de salaire impayé, sur la base du dernier bulletin de salaire, et sans pouvoir dépasser le plafond visé à l'article L. 143-10** *[L. 3253-2 et L. 3253-3]* **du code du travail.**

A défaut de disponibilités, les sommes dues en vertu des deux alinéas précédents doivent être acquittées sur les premières rentrées de fonds. – *[C. com., anc. art. L. 621-131.]*

BIBL. ▶ CALOMILI, *LPA 11 févr. 2011, p. 20* (efficacité du superprivilège des salaires).

1. Si l'article L. 625-8, al. 1er, prévoit le paiement, sur les fonds disponibles ou les premières rentrées de fonds, de certaines créances salariales dans les dix jours du prononcé du jugement d'ouverture de la procédure collective, un versement provisionnel immédiat d'un mois de salaire étant même prévu par l'al. 2 du texte avant tout établissement du montant des créances visées à l'al. 1er, ces différents paiements n'interviennent que sur décision du juge-commissaire. • Com. 3 mai 2016, n° 14-24.855 P : *cité note 23 ss. art. L. 622-7.*

2. La subrogation de l'AGS dans les droits des salariés (après avance des fonds) ne peut être exigée durant la période d'observation, selon les dispositions de l'art. L. 621-131 [L. 625-8], que dans la mesure où l'entreprise détient les fonds lui permettant d'y faire droit sans compromettre son fonctionnement normal et donc ses possibilités de redressement. • T. com. Lyon, 28 déc. 2000 : *APC 2001, n° 35, obs. Étienne-Martin et Nanterme.* – V. Soinne, *RPC 2001. 59.*

SECTION III DE LA GARANTIE DU PAIEMENT DES CRÉANCES RÉSULTANT DU CONTRAT DE TRAVAIL

BIBL. GÉN. ▶ TAQUET, *RPC 2005. 295* (nouveau champ d'application de l'AGS – Art. 177 de la loi du 26 juill. 2005). – PÉTEL, *RJ com. 2006. 174* (l'AGS et la réforme des procédures collectives). – MÉTEYÉ, *Gaz. Pal. 2006. Doctr. 2226* (intervention de l'AGS dans les procédures de sauvegarde) ; *ibid. 2018. 104* (l'AGS et les actes passés en période suspecte et/ou en période d'observation). – Auzero, *RDT 2009. 358* (détermination des créances garanties par l'AGS en matière d'épargne salariale). – Henry, *D. 2013. Chron. 2410* (la réforme oubliée, la protection des salariés face à l'insolvabilité de l'employeur). – Jacotot, *RPC 2013. Étude 24* (apports de la loi du 14 juin 2013 de sécurisation de l'emploi). – Roussel Galle, *ibid. 2014. Étude 5* (vers une redéfinition du rôle de l'AGS ?). – Dossier « L'AGS au cœur du traitement des difficultés des entreprises », *RPC 2019. Dossiers 3 à 9.*

Art. L. 625-9 *(Ord. nº 2008-1345 du 18 déc. 2008, art. 50)* **Sans préjudice des règles fixées aux articles L. 625-7 et L. 625-8, les créances résultant du contrat de travail ou du contrat d'apprentissage sont garanties dans les conditions fixées aux articles L. 3253-2 à L. 3253-4, L. 3253-6 à L. 3253-21 et L. 8252-3 du code du travail.**

Code du travail

PARTIE LÉGISLATIVE (DE LA PARTIE III)

(Ord. nº 2007-329 du 12 mars 2007, ratifiée par L. nº 2008-67 du 21 janv. 2008)

*[Les dispositions des art. L. 143-10 à L. 143-11-9 et L. 143-13-1 C. trav., abrogés par l'Ord. nº 2007-329 du 12 mars 2007 relative à la partie législative du code du travail, sont reprises aux nouveaux art. L. 3253-2 à L. 3253-4, L. 3253-6 à L. 3253-21 et L. 8252-3 (reproduits ci-après). Les dispositions de l'Ord. préc. entrent en vigueur le 1er mai 2008 (Ord. préc., art. 14, mod. par L. nº 2008-67 du 21 janv. 2008, art. 2-X). Demeurent en vigueur, dans leur rédaction en vigueur à la date du publication de l'Ord. du 12 mars 2007 préc., les dispositions des art. L. 143-11-7 et L. 143-11-9, en tant qu'elles s'appliquent aux marins mentionnés à l'art. L. 742-6 C. trav. (Ord. nº 2007-329 du 12 mars 2007, art. 13, JO 13 mars). — V. lesdits art. L. 143-11-7 et L. 143-11-9 aux éd. 2009 et antérieures du **C. com.**]*

CHAPITRE III (DU TITRE V DU LIVRE II). *PRIVILÈGES ET ASSURANCES*

....

SECTION II. *Privilèges et assurances en cas de procédure de sauvegarde, de redressement ou de liquidation judiciaire*

SOUS-SECTION 1. *Privilèges*

Art. L. 3253-2 Lorsqu'une procédure de sauvegarde, de redressement ou de liquidation judiciaire est ouverte, les rémunérations de toute nature dues aux salariés pour les soixante derniers jours de travail sont, déduction faite des acomptes déjà perçus, payées, nonobstant l'existence de toute autre créance privilégiée, jusqu'à concurrence d'un plafond mensuel identique pour toutes les catégories de bénéficiaires.

Ce plafond est fixé par voie réglementaire sans pouvoir être inférieur à deux fois le plafond retenu pour le calcul des cotisations de sécurité sociale. — *[Anc. art. L. 143-10, al. 1er et 2.] — V. art. D. 3253-1, fixant ce plafond à deux fois le plafond retenu, par mois, pour le calcul des cotisations de sécurité sociale. —* ***C. trav.***

1. Il résulte de l'art. L. 3253-2 C. trav. qu'est seule garantie par le superprivilège institué par ce texte la créance résultant du contrat de travail pesant sur un employeur faisant l'objet d'une procédure collective (dans l'hypothèse où, avant l'ouverture de la procédure collective, les salariés avaient été repris par une société nouvelle, qui avait réglé les indemnités de congés payés). • Com. 3 nov. 2010, nº 09-14.744 P : *D. 2010. Actu. 2701, obs. Lienhard ; JCP E 2011. 1263, nº 11, obs. Pételsup; APC 2010, nº 279, obs. Fin-Langer ; LEDEN 1/2011. 6, obs. G. Dedessus-Le-Moustier ; Gaz. Pal. 7-8 janv. 2011, p. 41, obs. Gailhbaud ; BJE 2011. 23, note Macorig-Venier ; LPA 29 avr. 2011, obs. Jacotot.*

2. L'indemnité de clientèle ne bénéficie pas du superprivilège. • Rouen, 10 janv. 1990 : *JCP E 1991. I. 102, nº 15, obs. Pételsup.*

Art. L. 3253-3 Les rémunérations prévues au premier alinéa de l'article L. 3253-2 comprennent :

1º Les salaires, appointements ou commissions proprement dites ;

2º Les accessoires et notamment l'indemnité compensatrice prévue à l'article L. 1226-14, l'indemnité compensatrice de préavis prévue à l'article L. 1234-5, l'indemnité de fin de contrat prévue à l'article L. 1243-8 et l'indemnité de fin de mission prévue à l'article L. 1251-32. — *[Anc. art. L. 143-10, al. 3.]*

Art. L. 3253-4 Les indemnités de congés payés sont, nonobstant l'existence de toute créance privilégiée, payées jusqu'à concurrence d'un plafond identique à celui établi pour une période de trente jours de rémunération par l'article L. 3253-1. — *[Anc. art. L. 143-11.]*

Art. L. 3253-5 Les sommes dues aux façonniers par leurs donneurs d'ordres sont payées, lorsque ces derniers font l'objet d'une procédure de sauvegarde, de redressement ou de liquidation judiciaire, nonobstant l'existence de toute autre créance privilégiée à l'exception de celles garanties par l'article L. 3253-2, à due concurrence du montant total des rémunérations de toute nature dues aux salariés de ces façonniers, au titre des soixante derniers jours de travail ou d'apprentissage précédant l'ouverture de la procédure. — *[Anc. art. L. 786-1.]*

SOUS-SECTION 2. *Assurance contre le risque de non-paiement*

§ 1er. *Principes*

Art. L. 3253-6 Tout employeur de droit privé assure ses salariés, y compris ceux détachés à l'étranger ou expatriés mentionnés à l'article L. 5422-13, contre le risque de non-paiement des sommes qui leur sont dues en exécution du contrat de travail, en cas de procédure de sauvegarde, de redressement ou de liquidation judiciaire. — *[Anc. art. L. 143-11-1, al. 1er.]*

1. *Employeurs visés.* L'assujettissement de l'employeur à l'obligation d'assurance des salariés résulte de sa seule qualité de personne morale de droit privé, sans qu'il y ait lieu de tenir compte de son statut particulier, et notamment de l'origine de son capital, de la nature de ses ressources, du contrôle économique et financier de l'État auquel il est soumis, du mode de désignation de ses administrateurs et de la mission de service public dont il est investi (assujettissement à l'AGS des sociétés France 2, RFO et Radio France). • Soc. 2 juill. 2014 (2 arrêts), n° 13-15.605 P : *D. 2014. Actu. 1492 ; JCP E 2014. 1582, note Fin-Langer ; RPC 2014, n° 127, obs. Taquet.* – V. déjà • Soc. 29 févr. 2000, n° 98-13.264 P : *D. 2001. Somm. 117, obs. Derrida ; RPC 2000. 107, obs. Taquet.*

Sur l'application du texte aux URSSAF, V. • Soc. 21 avr. 1988 : *Bull. civ. V, n° 258.* ♦ ... Aux sociétés d'assurances dont le retrait d'agrément entraîne, en application de l'art. L. 326-2 C. assur., l'ouverture d'une procédure de liquidation judiciaire, V. • Soc. 15 juin 2010, n° 08-70.391 P : *APC 2010, n° 219, obs. Fin-Langer.*

Pour l'application à la société France Télécom, V. • Soc. 7 sept. 2004 : *D. 2004. IR 2691* .

Depuis le 26 juill. 1994 (date d'entrée en vigueur de la L. n° 94-624 du 21 juill. 1994), les syndicats de copropriété sont exclus du champ d'application de la garantie des salaires (Instr. UNEDIC n° 11-96 du 21 févr. 1996, *JCP E 1996. Pan. 338*).

2. Est recevable la demande en répétition de l'indu en cas de paiement, par erreur, de cotisations au GARP par une société non soumise aux procédures collectives d'apurement du passif. • Soc. 3 mai 1995, n° 92-20.372 P : *RPC 1996. 119, obs. Taquet* (cassant • Versailles, 10 juill. 1992 : *JCP E 1993. Pan. 494*).

3. *Société in bonis.* Dès lors que la liquidation de la société résulte d'une décision judiciaire ayant ordonné sa dissolution sur le fondement des dispositions de l'art. 1844-7, 5°, C. civ. et que celle-ci est toujours *in bonis*, la garantie de l'AGS est exclue. • Soc. 16 mai 2018, n° 16-25.898 P : *D. 2018. Actu. 1070 ; LEDEN 7/2018. 7, obs. Dedessus-Le-Moustier ; APC 2018, n° 192, obs. Fin-Langer ; RJDA 2018, n° 732.*

4. *Apprentis.* Pour l'application de la garantie de l'AGS aux apprentis, V. • Soc. 23 mai 2000, n° 97-40.631 P : *D. 2001. Somm. 118, obs. Derrida ; APC 2000, n° 153, obs. Vallansan ; ibid., n° 167, obs. Taquet* • 6 juin 2000, n° 98-42.083 P.

5. *Alsace-Moselle.* Il résulte de l'art. 22 de la loi du 1er juin 1924 [C. com., art. L. 670-1] que bénéficient de la garantie de l'AGS les sommes dues, en exécution du contrat de travail, aux salariés des personnes physiques domiciliées dans les départements du Haut-Rhin, Bas-Rhin et Moselle, qui ne sont ni des commerçants, ni des artisans, ni des agriculteurs, lorsqu'elles sont en état d'insolvabilité notoire. • Soc. 12 janv. 1999, n° 96-42.585 P : *D. 2001. Somm. 117, obs. Derrida* .

6. *Faillite internationale.* La garantie de l'AGS est due dans les conditions prévues par les art. L. 143-11-1 [L. 3253-6] s. dès lors, d'une part, que les salariés exercent ou exerçaient habituellement leur travail en France et, d'autre part, qu'une procédure collective d'apurement du passif de l'employeur est ouverte en France ou, lorsqu'elle est ouverte dans un pays extérieur à l'Union européenne, a fait l'objet d'une décision d'*exequatur*. • Soc. 3 juin 2003, n° 00-45.948 P : *D. 2004. Somm. 58, obs. Henry ; APC 2003, n° 216, obs. Dom ; RPC 2003. 342, obs. Taquet ; JCP E 2004, n° 5, p. 180, note Mélin (2e arrêt).* ♦ Si sont inclus dans la protection légale les salariés détachés à l'étranger ainsi que les travailleurs français expatriés, le régime d'assurance ne s'étend, en revanche, pas aux salariés engagés à l'étranger et y travaillant. • Paris, 26 nov. 1986 : *D. 1988. Somm. 41, obs. Honorat.*

7. Lorsque l'employeur est établi dans un autre État membre que celui sur le territoire duquel le travailleur réside et exerçait son activité salariée, l'institution de garantie compétente, au titre de l'art. 3 de la Dir. CEE n° 80-987 du 20 oct. 1980 (concernant le rapprochement des législations des États membres relatives à la protection des travailleurs salariés en cas d'insolvabilité de l'employeur, abrogée et remplacée par la Dir. 2008/94/CE du 22 oct. 2008), pour le paiement des créances de ce travailleur en cas d'insolvabilité de son employeur, est l'institution de l'État sur le territoire duquel, selon les termes de l'art. 2, § 1, de la directive, soit l'ouverture de la procédure de désintéressement collectif est décidée, soit la fermeture de l'entreprise ou de l'établissement de l'employeur est constatée. • CJCE 17 sept. 1997 : *D. 1997. IR 206.* ♦ Ainsi, la garantie prévue par l'art. L. 143-11-1 [L. 3253-6 s.] ne s'applique pas dès lors que la société, qui employait un salarié exerçant son activité en France et y résidant, était établie en Allemagne et que la procédure de liquidation des biens de cette société avait été ouverte sur le territoire de cet État membre de l'Union européenne. • Soc. 20 janv. 1998, n° 93-43.577 P : *D. 1998. IR 53 ; JCP 1998. II. 10086, note Kerckhove ; LPA 8 juin 1997, p. 17, note Vallens ; JCP E 1998, n° 12, p. 449, obs. Taquet.* ♦ Pour une autre application de l'art. 3 de la Dir. CE n° 80-987, V. • Soc. 21 sept. 2011, n° 08-41.512 P : *D. 2011. Actu. 2400 ; JCP E 2012. 1000, n° 12, obs. Pétel ; APC 2011, n° 250, obs. Fin-Langer ; LEDEN 11/2011. 7, obs. G. Dedessus-Le-Moustier ; RPC 2011, n° 171, obs. Menjucq ; ibid., n° 198, obs. Taquet ; BJE 2012. 29, note Donnette ; Gaz. Pal. 20-21 janv. 2012, p. 41, obs. Gailhbaud.* ♦ En revanche, lorsque les travailleurs victimes de l'insolvabilité de leur employeur exerçaient leur activité dans un État membre pour le compte de la succursale d'une société constituée selon le droit d'un autre État membre, dans lequel cette société a son siège social et y est mise en liquidation, l'institution compétente, au regard de l'art. 3 de la Dir. CEE n° 80-987, pour le paiement des créances de ces travailleurs, est celle de l'État sur le territoire duquel ils exerçaient leur activité salariée. • CJCE 16 déc. 1999 : *D. 2000. IR 25.* – Dans le même sens, V. • Soc. 2 juill. 2002, n° 99-46.140 P : *D. 2002. IR 2778 ; APC 2002, n° 196, obs. Vachet ; JCP E 2003, n° 6, p. 270, obs. Pétel* • 3 juin 2003, n° 01-41.697 P : *RPC 2003. 343, obs. Taquet ; JCP E 2004, n° 5, p. 180, note Mélin (1er arrêt)* • 26 avr. 2006, n° 03-47.334 P : *D. 2006. IR 1335 ; APC 2006, n° 159, obs. Fin-Langer.* ♦ Comp., retenant la compétence de l'institution de l'État d'ouverture de la procédure, dans l'hypothèse où celle-ci avait été étendue à un établissement situé dans un autre État : • Soc. 2 oct. 2001, n° 99-44.808 P : *D. 2001. IR 3171 ; APC 2001, n° 242, obs. Regnaut-Moutier ; RPC 2002. 62, obs. Taquet.* ♦ La Dir. n° 80/987/CEE ne s'oppose pas à ce qu'une législation nationale prévoie qu'un travailleur puisse se prévaloir de la garantie salariale de l'institution nationale, conformément au droit de cet État membre, à titre complémentaire ou substitutif par rapport à celle offerte par l'institution désignée comme étant compétente en application de cette directive, pour autant, toutefois, que ladite garantie donne lieu à un niveau supérieur de protection du travailleur. • Soc. 11 avr. 2012, n° 09-68.553 P : *D. 2012. Actu. 1123 ; JCP E 2012. 1508, n° 7, obs. Pétel ; LEDEN 6/2012. 5, obs. G. Dedessus-Le-Moustier ; APC 2012, n° 140, obs. Jacotot ; BJE 2012. 233, note Tagliarino-Vignal ; Gaz. Pal. 3-4 août 2012, p. 34, obs. Duprat, RPC 2012, n° 188, obs. Menjucq.* ♦ Dans le même sens, à propos de l'art. 8 *bis* de la Dir. n° 2002/74/CE du 23 sept. 2002, devenu l'art. 9 de la Dir. n° 2008/94/CE du 22 oct. 2008. V. • Soc. 4 déc. 2012, n° 11-22.166 P : *D. 2013. 691, note Dammann et Thillaye ; Rev. crit. DIP 2013. 518, note Jacotot ; JCP E 2013. 1216, n° 10, obs. Pétel ; LEDEN 1/2013. 7, obs. Mélin ; Gaz. Pal. 1er-4 mai 2013, p. 5, obs. Gailhbaud ; RPC 2013, n° 31, obs. Menjucq ; BJE 2013. 179, note Donnette.* ♦ Si l'art. 8 *bis* de la Dir. 2002/74/CE du 23 sept. 2002, devenu l'art. 9 de la Dir. 2008/94/CE du 22 oct. 2008, ne s'oppose pas, eu égard à l'art. 11 de cette dernière, à ce qu'une législation nationale prévoie qu'un travailleur puisse se prévaloir de la garantie salariale, plus favorable, de l'institution nationale, conformément au droit de cet État membre, l'art. L. 3253-6 C. trav. se borne à imposer à tout employeur de droit privé d'assurer ses salariés, y compris ceux détachés à l'étranger ou expatriés, contre le risque de non-paiement des sommes qui leur sont dues en cas de liquidation judiciaire. • Soc. 28 mars 2018, n° 16-19.086 P : *D. 2018. Actu. 718 ; LEDEN 5/2018. 6, obs. Dedessus-Le-Moustier ; APC 2018, n° 123, obs. Fin-Langer ; BJS 2018. 354, note Dammann et Guermonprez.* ♦ Sur l'effet direct de l'art. 3 la Dir. n° 80/987/CEE du 20 oct. 1980, telle que modifiée par la Dir. 2002/74/CE du 23 sept. 2002, V. • CJCE 17 janv. 2008 : *D. 2008. AJ 413.*

Comp., désormais : C. trav., art. L. 3253-18-1 à L. 3253-18-9, issus de L. n° 2008-89 du 30 janv. 2008 et reproduits ci-après.

Art. L. 3253-7 Le droit du salarié est garanti indépendamment de l'observation par l'employeur tant des prescriptions de la présente section que des obligations dont il est tenu à l'égard des institutions prévues à l'article L. 3253-14. – *[Anc. art. L. 143-11-5.]*

§ 2. *Créances couvertes par l'assurance*

Art. L. 3253-8 L'assurance mentionnée à l'article L. 3253-6 couvre :

1° Les sommes dues aux salariés à la date du jugement d'ouverture de toute procédure de redressement ou de liquidation judiciaire, ainsi que les contributions dues par l'employeur dans le cadre *(L. nº 2011-893 du 28 juill. 2011, art. 44-I-2º)* « du contrat de sécurisation professionnelle » ;

2º Les créances résultant de la rupture des contrats de travail intervenant :

a) Pendant la période d'observation ;

b) Dans le mois suivant le jugement qui arrête le plan de sauvegarde, de redressement ou de cession ;

c) Dans les quinze jours *(L. nº 2013-504 du 14 juin 2013, art. 18-XXI-1º)* « , ou vingt et un jours lorsqu'un plan de sauvegarde de l'emploi est élaboré, » suivant le jugement de liquidation ;

d) Pendant le maintien provisoire de l'activité autorisé par le jugement de liquidation judiciaire *(Ord. nº 2008-1345 du 18 déc. 2008, art. 167)* « et dans les quinze jours *(L. nº 2013-504 du 14 juin 2013, art. 18-XXI-1º)* « , ou vingt et un jours lorsqu'un plan de sauvegarde de l'emploi est élaboré, » suivant la fin de ce maintien de l'activité » ;

3º Les créances résultant de la rupture du contrat de travail des salariés auxquels a été *(L. nº 2011-893 du 28 juill. 2011, art. 44-I-3º)* « proposé le contrat de sécurisation professionnelle », sous réserve que l'administrateur, l'employeur ou le liquidateur, selon le cas, ait proposé *(L. nº 2011-893 du 28 juill. 2011, art. 44-I-3º)* « ce contrat » aux intéressés au cours de l'une des périodes indiquées au 2º, y compris les contributions dues par l'employeur dans le cadre de *(L. nº 2011-893 du 28 juill. 2011, art. 44-I-3º)* « ce contrat » et les salaires dus pendant le délai de réponse du salarié ;

(L. nº 2013-504 du 14 juin 2013, art. 18-XXI-2º et 3º) « 4º Les mesures d'accompagnement résultant d'un plan de sauvegarde de l'emploi déterminé par un accord collectif majoritaire ou par un document élaboré par l'employeur, conformément aux articles L. 1233-24-1 à L. 1233-24-4, dès lors qu'il a été validé ou homologué dans les conditions prévues à l'article L. 1233-58 avant ou après l'ouverture de la procédure de redressement ou de liquidation judiciaire ;

« 5º » Lorsque le tribunal prononce la liquidation judiciaire, dans la limite d'un montant maximal correspondant à un mois et demi de travail, les sommes dues :

a) Au cours de la période d'observation ;

b) Au cours des quinze jours *(L. nº 2013-504 du 14 juin 2013, art. 18-XXI-3º)* « , ou vingt et un jours lorsqu'un plan de sauvegarde de l'emploi est élaboré, » suivant le jugement de liquidation ;

c) Au cours du mois suivant le jugement de liquidation pour les représentants des salariés prévus par les articles L. 621-4 et L. 631-9 du code de commerce ;

d) Pendant le maintien provisoire de l'activité autorisé par le jugement de liquidation *(Ord. nº 2008-1345 du 18 déc. 2008, art. 167)* « et au cours des quinze jours *(L. nº 2013-504 du 14 juin 2013, art. 18-XXI-3º)* « , ou vingt et un jours lorsqu'un plan de sauvegarde de l'emploi est élaboré, » suivant la fin de ce maintien de l'activité ».

La garantie des sommes et créances mentionnées aux 1º, 2º et *(L. nº 2013-504 du 14 juin 2013, art. 18-XXI-4º)* « 5º » inclut les cotisations et contributions sociales et salariales d'origine légale, ou d'origine conventionnelle imposée par la loi *(L. nº 2016-1917 du 29 déc. 2016, art. 60-I-E-2º)* « , ainsi que la retenue à la source prévue à l'article 204 A du code général des impôts ». — *[Anc. art. L. 143-11-1, al. 2 à 7.]*

Jusqu'à l'entrée en vigueur des dispositions conventionnelles et réglementaires d'application de l'art. 41 de la L. nº 2011-893 du 28 juill. 2011, relatif au contrat de sécurisation professionnelle, la convention de reclassement personnalisé reste applicable selon les modalités en vigueur à la date de promulgation de la L. préc., sous réserve des stipulations des accords collectifs conclus en application de l'art. L. 1233-68 C. trav. dans sa rédaction antérieure à cette loi (L. préc., art. 44-IV, JO 29 juill.). — L'art. 44 de la L. nº 2011-893 du 28 juill. 2011 ne s'applique pas à Mayotte (L. préc., art. 44-VI).

Les modifications issues de la L. nº 2013-504 du 14 juin 2013 sont applicables aux procédures de licenciement collectif engagées à compter du 1er juill. 2013. Pour l'application de la disposition qui précède, une procédure de licenciement collectif est réputée engagée à compter de la date d'envoi de la convocation à la première réunion du comité d'entreprise mentionnée à l'art. L. 1233-30 C. trav. (L. préc., art. 18-XXXIII).

Les dispositions de la L. nº 2016-1917 du 29 déc. 2016 s'appliquent aux revenus perçus ou réalisés à compter du 1er janv. 2018 (L. préc., art. 60-I-G).

Sur les mesures d'adaptation liées à l'urgence sanitaire (Covid-19), V. Ord. nº 2020-341 du 27 mars 2020, art. 2, App., vº Sociétés commerciales.

1. Critère de la garantie. La protection est accordée indépendamment de la qualification de salaire de la somme en cause, le critère n'étant pas la nature salariale de la créance, mais son rattachement au contrat de travail (à propos de frais professionnels). • Soc. 17 déc. 1991, n° 88-40.638 P : *D. 1992. IR 47.*

Sur l'exclusion du bénéfice de l'AGS : des dirigeants de fait, V. • Soc. 25 oct. 2000 : *RPC 2001. 102, obs. Taquet* • Douai, 27 sept. 1996 : *RPC 1997. 227, obs. Taquet* • 30 juin 1999 : *RPC 2000. 61, obs. Taquet.* ♦ ... Des sommes dues à un dirigeant dont le contrat de travail est nul, V. • Paris, 29 mai 1997 : *Rev. sociétés 1997. 625, obs. Guyon.* – Comp. : • Versailles, 16 oct. 1997 : *Rev. sociétés 1998. 159, obs. Guyon.* ♦ Des sommes dues au représentant des salariés à la procédure collective dont le contrat de travail est fictif, V. • Soc. 30 nov. 2004 : *APC 2005, n° 32, obs. Vallansan.*

2. Exemples de créances garanties. Bénéficient de la garantie de l'AGS, comme se rattachant à l'exécution du contrat de travail : l'indemnité compensatrice des salaires. • Soc. 16 nov. 1999, n° 97-42.069 P : *RPC 2000. 62, obs. Taquet.* – Dans le même sens : • Soc. 18 juill. 2000 : *APC 2000, n° 211, obs. Vallansan* • 29 janv. 2003, n° 00-46.048 P. ♦ ... L'indemnité compensatrice de congés payés. • Soc. 2 juin 1992, n° 89-44.415 P. ♦ Comp., limitant la garantie à l'indemnité due pour la période antérieure à l'ouverture de la procédure collective : • Soc. 21 nov. 1989 : *Bull. civ. V, n° 673.* ♦ ... L'indemnité correspondant aux repos compensateurs dont le salarié n'a pu bénéficier. • Soc. 1er avr. 1997 : *RPC 1997. 353, obs. Taquet.* ♦ ... Une prime de treizième mois devenue obligatoire par voie d'usage dans l'entreprise. • Soc. 23 sept. 1992 : *Gaz. Pal. 1992. 2. Pan. 265.* ♦ ... Les créances de complément de salaires et de remboursement de frais médicaux, dès lors que ces sommes sont versées par l'employeur en application de la convention collective. • Soc. 28 oct. 1997, n° 94-42.272 P : *D. 1998. IR 16*. ♦ ... La prime d'objectifs et l'indemnité de rupture prévues par une transaction, dès lors que ces créances ne constituent pas un nouvel engagement de l'employeur se substituant à ses obligations anciennes mais résultent, tant dans leur principe que dans leur montant, des stipulations du contrat de travail. • Soc. 3 avr. 2001, n° 99-42.183 P : *D. 2001. IR 1852*. ♦ ... La somme allouée au salarié à la suite de la requalification de son contrat de travail à temps partiel en contrat de travail à temps complet. • Soc. 12 juin 2002 : *APC 2002, n° 210.* ♦ ... L'indemnité forfaitaire versée au salarié embauché sans déclaration préalable à l'embauche. • Soc. 12 févr. 2003 : *RPC 2003. 250, obs. Taquet.* ♦ ... La créance résultant de l'inexécution de l'engagement pris par l'employeur d'étendre le bénéfice d'un contrat de solidarité à une nouvelle période. • Soc. 9 oct. 1990, n° 88-42.395 P : *D. 1990. IR 245.* ♦ ... La créance de rémunération avant amortissement d'un film due à un comédien. • Soc. 17 mai 2005, n° 02-47.541 P : *D. 2005. IR 1506* ; *APC 2005, n° 145, obs. Fin-Langer.*

3. Sont également garantis par l'AGS : les dommages-intérêts alloués au salarié en réparation du retard apporté par le représentant des créanciers à lui transmettre les documents nécessaires à l'adhésion à la convention de conversion. • Soc. 2 mars 1999 : *D. 2001. Somm. 119, obs. Derrida* ; *RPC 1999. 226, obs. Taquet.* ♦ ... Les dommages-intérêts alloués aux salariés en raison du retard de l'employeur dans le paiement des indemnités de rupture des contrats de travail. • Soc. 10 juill. 2001, n° 99-43.912 P : *D. 2001. IR 2461* ; *RPC 2001. 259, obs. Taquet.* ♦ ... Les dommages-intérêts dus au salarié à raison de la méconnaissance par l'employeur de l'obligation du repos dominical. • Soc. 8 juin 1999, n° 97-40.648 P : *RPC 1999. 227, obs. Taquet.* ♦ ... Les dommages-intérêts dus à raison de l'inexécution par l'employeur de son obligation d'information des salariés de leurs droits en matière de repos compensateur. • Soc. 16 mars 1999, n° 96-45.812 P : *RPC 1999. 161, obs. Taquet.* ♦ ... Les dommages-intérêts alloués au salarié pour non-respect par l'employeur de ses obligations vis-à-vis de la sécurité sociale et des organismes de retraite. • Soc. 17 oct. 2000 : *JCP 2001. II. 10532, note Colonna* • 8 janv. 2002, n° 99-44.220 P : *RPC 2002. 108, obs. Taquet.* ♦ ... Les dommages-intérêts dus à raison des retards de paiement des salaires et de la non-régularisation des documents relatifs aux congés payés. • Soc. 27 juin 2001 : *APC 2001, n° 208.* ♦ ... Les dommages-intérêts accordés aux salariés au titre de l'inexécution, par l'employeur, de ses obligations de délivrer des bulletins de paie, certificats de travail et attestations Assedic. • Soc. 4 déc. 2002, n° 00-44.303 P. – *Contra* : • Soc. 13 janv. 1999 : *RPC 1999. 162, obs. Taquet.* ♦ ... Les dommages-intérêts alloués en raison de la rupture du contrat de travail avant la prise de fonctions. • Soc. 22 mars 1995 : *Gaz. Pal. 1995. 1. Pan. 106* ; *RPC 1995. 496, obs. Taquet.* ♦ Comp. note 9. ♦ ... Les dommages-intérêts alloués en réparation de la rupture d'un contrat de travail à durée déterminée conclu en méconnaissance des dispositions des art. L. 122-1 [L. 1242-1] s. C. trav. • Soc. 18 oct. 2007, n° 06-43.848 P : *D. 2007. AJ 2733, obs. Perrin* ; *APC 2007, n° 229, obs. Fin-Langer* ; *Gaz. Pal. 23-24 janv. 2008, p. 61, obs. Saintourens.* ♦ ... Les dommages-intérêts alloués en réparation du préjudice résultant d'un prêt illicite de main-d'œuvre. • Soc. 9 nov. 2004, n° 02-45.048 P : *D. 2004. IR 3116*. ♦ ... Les dommages-intérêts alloués au salarié victime du harcèlement moral de son employeur. • Soc. 8 févr. 2005 : *APC 2005, n° 69.*

4. L'AGS doit garantir une partie de salaire

retenue par l'employeur en raison d'une saisie-arrêt et non déposée au greffe du tribunal d'instance avant l'ouverture de la procédure collective à l'encontre de l'employeur. • Soc. 14 mai 1997 : *JCP 1997. IV. 1410.*

5. La garantie de l'AGS s'étend aux sommes prévues par les plans de sauvegarde de l'emploi pour favoriser le reclassement des salariés, y compris à l'extérieur de l'entreprise ou du groupe auquel elle appartient, ainsi qu'aux dommages et intérêts réparant l'inexécution d'un engagement tendant à ces reclassements. • Soc. 8 févr. 2012, n° 10-12.906 P : *D. 2012. Actu. 550 ; LEDEN 4/2012. 7, obs. G. Dedessus-Le-Moustier ; APC 2012, n° 74, obs. Fin-Langer ; Gaz. Pal. 27-28 avr. 2012, p. 38, obs. Duprat ; BJE 2012. 179, note Driguez.* ♦ La prime de création d'entreprise prévue au plan social et destinée à aider les salariés licenciés pendant la période d'observation à se reclasser relève de la garantie de l'AGS. • Soc. 30 avr. 2003, n° 00-46.820 P : *D. 2003. IR 1339 ; APC 2003, n° 178, obs. Fin-Langer.*

6. Le paiement des cotisations sociales obligatoires afférentes à la rémunération des salariés, qui constitue pour l'employeur une obligation résultant du contrat de travail, est garanti par l'AGS. • Soc. 24 oct. 2006, n° 04-46.622 P : *D. 2006. AJ 2790, obs. Lienhard .*

7. Capital-décès. En ce sens que le capital-décès, étant directement rattaché au contrat de travail, la protection de l'art. L. 143-11-1 [L. 3253-8] doit bénéficier aux ayants droit de salariés cadres, V. • Soc. 4 févr. 1987, n° 84-14.883 P : *D. 1987. Somm. 211, obs. Langlois, et 236, obs. Honorat* • 8 nov. 1994, n° 93-11.239 P : *D. 1995. 143, note Honorat ; JCP 1995. II. 22383, note Saint-Jours* • 8 juill. 1997, n° 94-42.555 P : *D. 1997. IR 200 .* ♦ *Contra*, au motif que la créance résulte d'une action en responsabilité contre l'employeur : • Soc. 6 avr. 1994, n° 91-43.912 P : *D. 1995. Somm. 24, obs. Honorat ; JCP 1994. II. 22335, note Saint-Jours.*

8. Préjudice d'anxiété. Sur la garantie, par l'AGS, des sommes dues à d'anciens salariés en réparation du préjudice d'anxiété lié à une exposition à l'amiante, V. • Soc. 2 juill. 2014, n° 12-29.788 P : *D. 2014. Actu. 149 ; LEDEN 10/2014. 7, obs. G. Dedessus-Le-Moustier ; RPC 2014, n° 128, obs. Fin-Langer.*

9. Exemples de créances non garanties. L'AGS ne garantit pas : les sommes dues en application de l'art. 700 NCPC [C. pr. civ.], qui sont nées d'une procédure judiciaire. • Soc. 2 mars 1999, n° 97-40.044 P : *RPC 1999. 161, obs. Taquet.* ♦ ... La créance d'un salarié démissionnaire correspondant à des dommages-intérêts du fait de l'illégalité d'une clause de non-concurrence qui figurait dans le contrat de travail et dont l'employeur avait exigé l'application. • Soc. 16 déc. 1992, n° 91-41.550 P : *D. 1993. Somm. 193, obs. Honorat .* ♦ ... Les dommages-intérêts dus pour rupture d'une promesse d'embauche, V. • Soc. 19 janv. 1999 : *RPC 2000. 19, obs. Taquet* • Versailles, 28 sept. 1993 : *D. 1994. Somm. 180, obs. Honorat* • 2 déc. 1994 : *D. 1996. Somm. 87, obs. Honorat .* ♦ ... Les sommes dues par l'employeur en redressement judiciaire en réparation des souffrances et du préjudice esthétique causés au salarié victime d'un accident du travail dû à la faute inexcusable dudit employeur. • Soc. 21 oct. 1998, n° 96-20.978 P. ♦ ... Les sommes allouées à des salariés par décision de justice à titre de dommages-intérêts pour résistance abusive à leur demande. • Soc. 26 janv. 2000, n° 98-44.177 P. ♦ ... Les dommages-intérêts en raison des carences de l'employeur, lequel a payé certains salaires avec retard, dès lors qu'il n'est pas constaté, pour le salarié, l'existence d'un préjudice indépendant de ce retard et causé par la mauvaise foi de l'employeur. • Soc. 26 janv. 2000, n° 96-42.376 P. ♦ ... La créance relevant d'une action en responsabilité contre le représentant des créanciers et le représentant des salariés ayant omis de mentionner le salarié sur la liste des salariés. • Soc. 12 févr. 1992, n° 89-42.055 P : *D. 1993. Somm. 75, obs. Honorat .* ♦ ... La somme résultant de la liquidation de l'astreinte, prononcée à la suite de la condamnation d'un employeur à remettre à son ancien salarié des bulletins de salaire. • Soc. 7 nov. 1990, n° 88-44.098 P : *D. 1990. IR 285* • 30 mars 1993 : *Gaz. Pal. 1993. 1. Pan. 125.*

10. De même, sont exclus de la garantie de l'AGS : les sommes dues au titre des frais d'huissier de justice dues à la suite de la résistance opposée par le débiteur à l'exécution d'une décision de justice. • Soc. 12 janv. 1999 : *D. 1999. IR 50.* ♦ ... L'indemnité de préavis due à l'Assedic en cas d'adhésion d'un salarié à une convention de conversion. • Soc. 18 juill. 2000 : *RPC 2001. 42, obs. Taquet.* ♦ ... Les agios engendrés par le défaut de provision de chèques émis par l'employeur en règlement de créances salariales. • Paris, 13 mai 1993 : *BICC 1993, n° 1273.* ♦ ... L'indemnité de stage ainsi que les frais de déplacement du stagiaire dus en exécution de contrats ayant pour objet des stages d'initiation à la vie professionnelle des jeunes. • Soc. 25 oct. 1990, n° 88-14.699 P : *D. 1991. Somm. 238, obs. Honorat .* ♦ ... Le paiement d'une somme qui avait été retenue sur le salaire d'un salarié et qui n'avait pas été versée à la caisse de retraite par son employeur en liquidation judiciaire, la créance litigieuse ne résultant pas de l'exécution du contrat de travail mais d'une action en responsabilité dirigée contre l'employeur. • Soc. 10 juill. 1991, n° 88-41.704 P : *D. 1992. Somm. 186, obs. crit. Honorat* • 12 janv. 1993 : *Gaz. Pal. 1993. 1. Pan. 48.* – Comp. note 3. – V. aussi • Soc. 21 févr. 1995 : *D. 1995. Somm. 305, obs. crit. Honorat* • Versailles, 15 mars 1996 : *BICC 1996, n° 795* • Paris, 7 avr. 1998 : *D. 1998. IR 135.* ♦ ... L'aide individuelle de réinsertion des travailleurs immigrés dans leur pays d'origine. • Soc. 24 févr. 1993, n° 89-42.863 P : *D. 1993. Somm. 322, obs. Honorat*.

11. La demande de régularisation du paiement des *cotisations dues à une caisse complémentaire de prévoyance* ne constitue pas une créance du salarié, mais une dette de l'entreprise, dont l'AGS n'a pas à garantir le paiement. • Soc. 31 mars 1998 : *D. 1998. IR 125*. ♦ Dans le même sens, pour des cotisations à un régime de retraite complémentaire, V. • Soc. 28 mars 2000 : *D. 2001. Somm. 119, obs. Derrida ; RPC 2001. 103, obs. Taquet.* ♦ En revanche, doit être garantie par l'AGS l'indemnité due en réparation du préjudice subi par le salarié du fait du non-paiement par l'employeur des cotisations à une caisse de retraite complémentaire prévue par la convention collective. • Soc. 25 janv. 2005, n° 03-40.195 P : *D. 2005. IR 597 ; APC 2005, n° 68, obs. Rétif.*

12. Si les sommes représentant les arrérages de rentes résultant de la souscription par l'employeur de *contrats d'assurance collective* pour obtenir le versement d'une rente viagère au profit du conjoint d'un salarié décédé et des salariés victimes d'invalidité permanente ou d'incapacité de longue durée, sont dues en exécution du contrat de travail, le bénéficiaire n'en devient créancier qu'au fur et à mesure des échéances ; elles sont, dès lors, exclues du régime d'assurance de l'art. L. 143-11-1 [L. 3253-8] si cette échéance est postérieure à la date d'ouverture de la procédure collective. • Soc. 2 juin 1992, n° 90-15.370 P.

13. En ce sens que les *indemnités journalières* dues par l'employeur pour non-respect du contrat souscrit auprès de l'organisme de prévoyance ne sont garanties par l'AGS que s'il existe un accord collectif imposant la souscription d'un contrat d'assurance au profit des salariés, V. • Soc. 14 avr. 1999 : *APC 1999, n° 138.*

14. Lorsque l'*avantage conféré au titre d'un plan social* ne constitue pas une indemnisation effective des dommages consécutifs au licenciement économique, mais un revenu de remplacement du salarié en fin de droit, une prestation sociale, cet avantage ne relève d'aucune des créances privilégiées visées aux art. 2101 [2331] (4°) et 2104 [2377] (2°) C. civ. et, s'agissant d'une somme qui n'est pas due en exécution du contrat de travail, la créance ne relève pas du régime d'assurance des créances des salariés. • Soc. 25 mai 1993 : *D. 1994. Somm. 80, obs. Honorat*. ♦ Comp. note 5.

15. Une cour d'appel qui, ayant relevé qu'un salarié, actionnaire d'une société, après accord du conseil d'administration de celle-ci, a accepté avec les administrateurs de laisser le montant de ses *créances salariales sur un compte dénommé « compte courant »* et ayant fait ressortir l'importance des sommes dues et l'étroite imbrication des intérêts du salarié et de la société, estime souverainement que les parties ont eu la commune intention de modifier la nature de la créance, peut en déduire que les éléments constitutifs d'une novation de la créance sont réunis pour rejeter la demande du salarié tendant à ce que ces sommes soient portées sur le relevé des créances salariales et garanties par l'AGS après mise en liquidation judiciaire de la société. • Soc. 22 juin 1993, n° 90-46.005 P : *D. 1994. Somm. 80, obs. Honorat ; BJS 1993. 1237, note Couret.* – Dans le même sens, V. • Chambéry, 2 déc. 2003 : *RJDA 2004, n° 1217.*

16. *Le versement de fonds en vue de l'acquisition de parts sociales* ne constitue pas une créance résultant de l'exécution du contrat de travail. • Soc. 7 juill. 1998, n° 96-40.249 P : *D. 1998. IR 209*.

17. L'AGS ne doit pas garantir le paiement à un *fonctionnaire communal détaché auprès d'une société d'économie mixte* d'aménagement, au titre de sa rémunération due à la date de la mise en liquidation judiciaire de cette société jusqu'à la date à laquelle le détachement devait prendre fin et celle due à titre de dommages-intérêts, dès lors que ces créances ne résultent pas du contrat de travail liant le salarié à l'organisme de détachement, mais de l'application de la loi du 26 janv. 1984 portant dispositions statutaires relatives à la fonction publique territoriale. • Soc. 7 juill. 1998, n° 95-43.419 P : *D. 1998. IR 198*.

18. Existence d'un autre garant. L'AGS intervient pour garantir le règlement des créances dues au salarié en exécution du contrat de travail, dès lors que le représentant des créanciers ne dispose pas des sommes nécessaires à ce règlement, peu important qu'un tiers, en l'occurrence la commune qui s'était engagée, en cas de dissolution d'une association, à prendre en charge les contrats de travail du personnel, soit susceptible de garantir également tout ou partie de ces créances. • Soc. 1er déc. 1993, n° 91-40.761 P : *D. 1994. IR 20.*

19. Si les associés d'un groupement d'employeurs, auquel les salariés sont liés par des contrats de travail, sont solidairement responsables du passif salarial, en application de l'art. L. 127-1 [L. 1253-8] C. trav., cette circonstance n'est cependant pas de nature à empêcher la mise en œuvre de la garantie de l'AGS, à la suite de la liquidation judiciaire du groupement. • Soc. 9 mars 2004, n° 02-41.851 P : *D. 2004. Somm. 2191, obs. Giraudet ; APC 2004, n° 124, obs. Fin-Langer.*

20. Sommes dues à la date du jugement d'ouverture. L'AGS doit garantir le paiement des dommages-intérêts alloués à un salarié sur le fondement de l'art. L. 122-14-5 [L. 1235-5], en réparation du préjudice subi du fait de son licenciement sans cause réelle et sérieuse, prononcé avant le jugement d'ouverture de la procédure collective de l'employeur. • Soc. 8 juin 1999, n° 97-40.659 P : *D. 2001. Somm. 120, obs. Derrida* • 29 janv. 2003, n° 00-42.630 P. ♦ Dans le même sens, s'agissant de dommages-intérêts alloués en raison de la rupture illicite d'un contrat à durée déterminée, V. • Soc. 12 mars 2002, n° 99-44.222 P. ♦ ... De dommages-intérêts alloués en raison de la rupture d'un contrat de travail en violation de l'art. L. 122-12 [L. 1224-1] C. trav., V. • Soc. 28 janv. 2004, n° 01-47.356 P : *APC 2004, n° 73, obs. Fin-Langer.*

L'indemnité de départ à la retraite ne relève pas de la garantie de l'AGS, au titre de l'art. L. 143-11-1, al. 2, 1° [L. 3253-8, 1°], dès lors que le salarié ne justifie pas avoir informé son employeur de son intention de partir à la retraite avant le jugement d'ouverture de la procédure. • Soc. 20 avr. 2005, n° 02-47.063 P : *JCP E 2005, n° 25, p. 1057 ; APC 2005, n° 145, obs. Fin-Langer.*

Sur la date de naissance de la créance, V., pour une indemnité conventionnelle de départ à la retraite (absence de garantie pour les salariés n'ayant pas atteint l'âge prévu par l'accord à la date d'ouverture), • Soc. 12 avr. 1995, n° 92-18.005 P : *D. 1995. Somm. 307, obs. Honorat ; RPC 1995. 499, obs. Taquet.* ♦ ... Pour une indemnité conventionnelle de rupture amiable payable par mensualités (créance naissant au jour de la conclusion de l'accord), • Soc. 23 nov. 2004, n° 02-41.836 P : *D. 2005. IR 18 ; APC 2005, n° 8, obs. Vallansan ; JCP E 2005, n° 17, p. 711, obs. Pételю.* ♦ ... Pour une prime de 13e mois (naissant le 31 déc. de l'année concernée), • Soc. 14 mai 1997, n° 95-43.735 P : *D. 1997. IR 145.*

21. La garantie de l'AGS ne saurait être exclue au motif que la créance litigieuse peut être couverte par les fonds disponibles de l'entreprise. • Soc. 10 déc. 1996, n° 94-40.487 P.

22. Les sommes dues par l'employeur en exécution du contrat de travail antérieurement au jugement ouvrant le redressement judiciaire restant soumises, même après un plan de redressement par cession ou par continuation, au régime de la procédure collective, la garantie de l'AGS doit intervenir selon les principes énoncés par les art. L. 143-11-1 [L. 3253-8] s. • Soc. 27 oct. 1998, n° 95-45.354 P : *RPC 1999. 162, obs. Taquet.*

23. Pour la garantie des sommes dues à la date d'ouverture de la seconde procédure collective, consécutive à la résolution du plan de cession, V. • Soc. 14 déc. 1999, n° 97-43.346 P : *D. 2001. Somm. 121, obs. Derrida.*

24. Procédure de sauvegarde (L. 26 juill. 2005). Il résulte de l'art. L. 143-11-1, al. 2, C. trav., en sa rédaction issue de la loi du 26 juill. 2005, devenu L. 3253-8 C. trav., qu'en cas d'ouverture d'une procédure de sauvegarde de l'entreprise, laquelle n'est pas en état de cessation des paiements, seules sont garanties les créances résultant de ruptures intervenues pendant la période d'observation et dans le mois suivant le jugement qui a arrêté le plan de sauvegarde. • Soc. 10 mars 2009, n° 07-45.326 P : *D. 2009. AJ 807, obs. Lienhard ; JCP E 2009. 1549, note Beyneix ; APC 2009, n° 136, obs. Jacotot ; LEDEN, mai 2009, p. 1, obs. F.-X. Lucas.*

25. Conversion en redressement ou en liquidation judiciaire. La garantie prévue par le 1° de l'art. L. 3253-8 C. trav. ne dépend que de la seule ouverture d'une procédure de redressement ou de liquidation judiciaire, sans qu'il y ait lieu d'établir de distinction entre les diverses causes d'ouverture de cette procédure (application de la garantie de l'AGS à une créance née avant l'ouverture de la procédure de sauvegarde, dans l'hypothèse d'une conversion de celle-ci en redressement judiciaire). • Soc. 21 janv. 2014, n° 12-18.421 P : *D. 2014. Actu. 270, obs. Lienhard ; ibid. Pan. 2152, obs. F.-X. Lucas ; JCP E 2014. 1173, n° 8, obs. Pétel ; APC 2014, n° 45, obs. Fin-Langer ; LEDEN 4/2014. 7, obs. G. Dedessus-Le-Moustier ; RPC 2014, n° 55, obs. Jacotot ; BJE 2014. 165, note Driguez ; Gaz. Pal. 29 juin-1er juill. 2014, p. 36, obs. Gailhbaud.* ♦ Dans le même sens, pour l'application de la garantie de l'AGS à une créance née au cours de la période d'observation de la procédure de sauvegarde, dans l'hypothèse de l'ouverture d'une procédure de liquidation judiciaire consécutive à la résolution du plan de sauvegarde, V. • Soc. 22 sept. 2015, n° 14-17.837 P : *D. 2015. Actu. 1950 ; APC 2015, n° 273, obs. Fin-Langer ; LEDEN 11/2015. 7, obs. Dedessus-Le-Moustier ; Gaz. Pal. 19 janv. 2016, p. 75, obs. Gailhbaud ; BJE 2016. 51, note Driguez.* ♦ Sur la dispense de déclaration de créance bénéficiant à l'AGS dans la seconde procédure collective ouverte après résolution du plan, V. note 11 ss. anc. art. L. 621-82 C. com., ss. art. L. 626-27 C. com.

26. Licenciement après jugement de plan de redressement. La garantie de l'AGS s'applique aux créances résultant de la rupture des contrats de travail intervenue dans le mois suivant le jugement qui a modifié le plan de redressement, lequel fait corps avec le jugement arrêtant ce plan. • Soc. 3 avr. 1991, n° 90-41.566 P : *D. 1994. Somm. 44, obs. Derrida ; JCP E 1991. I. 102, n° 16, obs. Pétel.*

27. Viole l'art. L. 143-11-1 [L. 3253-8], 1° et 2°, la cour d'appel qui, pour exclure la garantie de l'AGS en ce qui concerne le paiement de rappels de salaire et de dommages et intérêts pour rupture abusive du contrat de travail à un certain nombre de joueurs de football, licenciés par un club sportif à la suite de sa mise en redressement judiciaire, retient qu'en application de l'art. 64 de la loi du 25 janv. 1985 [C. com., art. L. 626-11] les dispositions du plan de redressement sont opposables aux joueurs en sorte que l'AGS doit être mise hors de cause, le club étant désormais *in bonis*, alors que les créances dont elle a fixé le montant concernent, d'une part, des rappels de salaires dus à la date de l'ouverture de la procédure collective et, d'autre part, des indemnités résultant de la rupture du contrat de travail intervenue pendant la période d'observation. • Soc. 20 mai 1992, n° 90-43.286 P : *D. 1992. IR 187.* – V. aussi • Soc. 20 mai 1992, n° 91-41.516 P : *D. 1992. IR 188* . ♦ En revanche, en l'absence de prononcé de liquidation judiciaire, ne peut être mise à la charge de l'AGS, la garantie du paiement de créances nées après l'ouverture du redressement judiciaire et résultant de la poursuite des contrats de travail des salariés pendant la période d'observation (s'agissant d'une prime annuelle de 13e mois pour la période antérieure à la cession). • Soc. 12 nov. 1997, n° 94-43.354 P. ♦ De même, ne peuvent être garantis au titre de l'art. L. 143-11-1, al. 2 [L. 3253-8], 1° et 2°, des salaires postérieurs au jugement d'ouverture du redressement judiciaire et des créances résultant de la rupture du contrat de travail intervenue plus d'un mois après le jugement arrêtant le plan de redressement par continuation. • Soc. 13 janv. 1999 : *RPC 2001. 103, obs. Taquet.* – V. aussi • Soc. 29 avr. 1998 : *RPC 1999. 35, obs. Taquet.* ♦ En ce sens que la date du jugement autorisant les licenciements constitue le point de départ du délai d'un mois prévu par l'art. L. 143-11-1 [L. 3253-8], V. • Soc. 13 févr. 2001 : *APC 2001, n° 92 ; RPC 2001. 258, obs. Taquet.* ♦ La contrepartie pécuniaire à la clause de non-concurrence étant une créance due mois par mois pendant un an, dès lors qu'aucune mensualité n'est due à l'intéressé pendant la période d'observation et dans le mois suivant l'adoption du plan de redressement, l'AGS n'a pas à en garantir le paiement. • Soc. 27 oct. 1999, n° 96-43.941 P : *RPC 2000. 62, obs. Taquet.*

28. En négligeant de licencier, dans le délai d'un mois prévu par l'art. L. 143-11-1 [L. 3253-8], qui constitue l'une des conditions d'application de la garantie de l'AGS, un salarié non repris par le cessionnaire, l'administrateur judiciaire commet une faute et engage sa responsabilité professionnelle dans les termes de l'art. 1383 [1241] C. civ. • Paris, 11 oct. 1999 : *JCP E 1999, n° 46, p. 1806.*

29. Rupture du contrat de travail. La garantie de l'AGS ne pouvant être mise en œuvre sur le fondement de l'art. L. 143-11-1 [L. 3253-8], al. 2, 2°, qu'à la condition que le contrat ait été rompu par l'administrateur, l'employeur ou le liquidateur, selon le cas, au cours de l'une des périodes visées par ce texte, il en résulte que la créance indemnitaire résultant du seul départ à la retraite du salarié après le jugement d'ouverture et au cours de la période d'observation ne bénéficie pas de cette garantie. • Soc. 20 avr. 2005 : *préc. note 20.*

30. Les créances résultant de la rupture du contrat de travail visées par l'art. L. 3253-8, 2°, s'entendent d'une rupture à l'initiative de l'administrateur judiciaire ou du mandataire liquidateur ; dès lors que le salarié a pris acte de la rupture du contrat de travail aux torts de l'employeur, la garantie de l'AGS n'est pas due pour l'indemnité pour travail dissimulé allouée au salarié. • Soc. 20 déc. 2017, n° 16-19.517 P : *D. 2018. Actu. 6 ; JCP E 2018. 1159, n° 20, obs. Pétel ; LEDEN 3/2018. 7, obs. de Frémont ; BJE 2018. 126, note Jacotot.*

31. Les dispositions de l'art. L. 3253-8, 2°, excluant la garantie de l'AGS pour les ruptures de contrat ne découlant pas de l'initiative de l'administrateur judiciaire ou du mandataire liquidateur ou de l'employeur, ne sont pas contraires au principe d'égalité des citoyens devant la loi garanti par l'art. 6 DDH. • Soc., QPC, 10 juill. 2019, n° 19-40.019 P : *RPC 2019, n° 169, obs. Jacotot.*

32. Infirmation du jugement d'extension de la procédure. L'infirmation du jugement d'extension de la procédure de redressement judiciaire entraîne l'annulation par voie de conséquence de la décision d'autorisation de licencier prise par le juge-commissaire dans le cadre de cette procédure, ce dont il résulte que les licenciements sont dépourvus de cause réelle et sérieuse, de sorte que l'AGS doit sa garantie. • Soc. 24 juin 2008, n° 07-41.972 P : *D. 2008. AJ 1897 ; Gaz. Pal. 21-22 janv. 2009, p. 49, obs. Duprat.*

33. Licenciement après jugement de liquidation. Ne sont pas garanties les créances résultant de la rupture de contrats de travail intervenue plus de quinze jours après la liquidation judiciaire de l'employeur. • Soc. 21 nov. 1989 : *Bull. civ. V, n° 672 ; D. 1990. Somm. 217, obs. Honorat* • 24 janv. 1990, n° 89-40.868 P : *D. 1990, préc.* • 5 avr. 1995 : *RPC 1996. 120, obs. Taquet* • 1er déc. 1999 : *RPC 2000. 107, obs. Taquet.* ♦ La liquidation judiciaire n'entraîne pas en soi la rupture des contrats de travail, au sens de l'art. L. 143-11-1 [L. 3253-8]. • Soc. 18 nov. 1992, n° 91-43.960 P • 24 mai 2000 : *RPC 2001. 103, obs. Taquet* • 3 avr. 2002, n° 99-43.492 P : *D. 2002. Somm. 2095, obs. Escande-Varniol ; APC 2002, n° 114, obs. Vallansan ; RPC 2002. 202, obs. Taquet.*

La créance indemnitaire consécutive à l'arrêt de maladie puis à l'invalidité du salarié due plus de quinze jours après le prononcé de la liquidation judiciaire ne peut être garantie par l'AGS. • Soc. 31 mars 1998 : *préc. note 11.*

34. Dès lors que les contrats de travail ont été rompus pendant le maintien provisoire de l'activité autorisé par le jugement de liquidation judiciaire de l'employeur et que la créance au titre de la contrepartie financière à la clause de non-concurrence résulte de la rupture des contrats de travail, l'AGS doit en garantir le paiement, peu important que toutes les échéances ne soient pas encore exigibles. • Soc. 20 juin 2006, n° 04-48.493 P : *D. 2006. AJ 1889, obs. Lienhard ; JCP*

E 2007, n° 1, p. 25, obs. Pételð. ♦ Comp., auparavant : • Soc. 6 mai 1997, n° 94-42.699 P : *D. 1998. Somm. 221, obs. Serra* ; *JCP 1997. II. 22936, note Serret.*

35. Viole l'art. L. 143-11-1 [L. 3253-8] (2°), la cour d'appel qui, pour retenir la garantie de l'AGS, estime que, si le jugement de liquidation judiciaire n'a pas autorisé expressément la poursuite d'activité, celle-ci a eu lieu, en fait, jusqu'à la date des licenciements, alors qu'elle a constaté, d'une part, que les licenciements sont intervenus plus de quinze jours après le jugement de liquidation judiciaire et, d'autre part, que ce jugement n'a pas autorisé le maintien provisoire de l'activité de l'entreprise. • Soc. 20 mai 1992, n° 91-41.822 P : *D. 1992. IR 187.* – V. aussi • Soc. 18 févr. 1998 : *RPC 1998. 500, obs. Taquet.*

36. Doit être cassé, pour violation de l'art. L. 143-11-1 [L. 3253-8] (2°), l'arrêt qui, pour dire que la garantie est due au salarié qui a demandé la requalification de son contrat de travail à durée déterminée renouvelé de façon ininterrompue pendant une longue période, énonce que la rupture du contrat requalifié en contrat à durée indéterminée a eu lieu à la date fixée lors de la conclusion du contrat, dans le délai légal de quinze jours et produit les effets d'un licenciement, alors que le contrat de travail à durée indéterminée, auquel il ne peut être mis fin à une date fixée à l'avance, n'a pas été rompu dans le délai de quinze jours suivant le prononcé de la liquidation judiciaire. • Soc. 8 janv. 1997 : *D. 1997. IR 40.*

37. La remise d'un reçu pour solde de tout compte et d'une attestation ASSEDIC aux salariés sous contrats à durée déterminée vaut rupture de leur contrat de travail, et dès lors que ces documents ont été remis dans les quinze jours suivant le jugement de liquidation judiciaire, l'AGS doit prendre en charge les dommages-intérêts qui leur sont dus. • Soc. 13 juin 2001 : *RPC 2002. 60, obs. Taquet.*

38. En ce sens que l'AGS n'a pas à garantir les indemnités résultant de la résiliation judiciaire d'un contrat de travail prononcée plus de quinze jours après le jugement de liquidation judiciaire, V. • Soc. 14 oct. 2009, n° 07-45.257 P : *D. 2009. AJ 2554, obs. Maillard* ; *APC 2009, n° 291, obs. Fin-Langer* ; *Gaz. Pal. 8-9 janv. 2010, p. 36, obs. Gailhbaut.* – V. Jacotot, *RPC 2010. Étude 14.*

39. Le liquidateur, qui exerce les droits et actions du débiteur concernant le patrimoine de celui-ci, doit effectuer les démarches nécessaires pour obtenir le nombre et les noms des salariés du débiteur, afin que leur licenciement intervienne dans le délai prévu par l'art. L. 143-11-1 [L. 3253-8], pour leur permettre de recevoir de l'AGS le paiement des indemnités consécutives à la rupture du contrat de travail. • Com. 6 juill. 1993, n° 91-14.707 P : *D. 1993. IR 211.*

40. Mesures d'accompagnement résultant d'un PSE. Une indemnité supralégale de licenciement n'est pas une mesure d'accompagnement résultant d'un plan de sauvegarde de l'emploi au sens de l'art. L. 3253-8, 4°, mais une somme concourant à l'indemnisation du préjudice causé par la rupture du contrat de travail au sens de l'art. L. 3253-13. • Soc. 16 déc. 2020, n° 18-15.532 P : *APC 2021, n° 46, obs. Fin-Langer* ; *LEDEN 3/2021. 7, obs. Dedessus-Le-Moustier* ; *RPC 2021, n° 41, obs. Jacotot.*

41. Sommes dues au cours de la période d'observation. Il résulte de l'art. L. 143-11-1 (3°) [L. 3253-8, 5°] que l'assurance contre le risque de non-paiement, en cas de procédure de redressement judiciaire, des sommes dues en exécution du contrat de travail, ne couvre les sommes dues à ce titre au cours de la période d'observation que lorsque le tribunal prononce la liquidation judiciaire. • Soc. 7 févr. 1990, n° 87-40.780 P : *D. 1990. Somm. 217, obs. Honorat* • 6 juill. 1999 : *D. 2001. Somm. 120, obs. Derrida* ; *APC 1999, n° 222, obs. Gherari.* ♦ La garantie ne peut donc jouer lorsque la société intéressée a fait l'objet d'un plan de cession. • Soc. 3 oct. 1995 : *JCP E 1996. Pan. 24* • 7 juin 2000 : *RPC 2001. 43, obs. Taquet.*

V. aussi, pour une prime de treizième mois, • Soc. 17 mars 1998 : *APC 1998, n° 43.*

42. Il résulte de l'art. L. 143-11-1 (3°) [L. 3253-8, 5°] que l'AGS ne doit garantir le paiement que d'une somme correspondant à un mois et demi de travail. • Soc. 24 juin 1998 : *RPC 1999. 163, obs. Taquet* • 10 oct. 2000 : *APC 2000, n° 259.*

43. Sommes dues au cours des quinze jours suivant le jugement de liquidation. En ce sens que la garantie de l'AGS s'applique aux sommes dues au cours des quinze jours suivant le jugement de liquidation judiciaire, quand bien même le liquidateur n'aurait pas procédé au licenciement du salarié dans les quinze jours de ce jugement, V. • Soc. 8 oct. 2003, n° 01-43.951 P : *APC 2003, n° 261, obs. Taquet.*

44. Plan de redressement. Les sommes dues par l'employeur en exécution du contrat de travail antérieurement au jugement ouvrant le redressement judiciaire restant soumises, même après un plan de redressement par cession ou par continuation, au régime de la procédure collective, la garantie de l'AGS doit intervenir selon les principes énoncés par les art. L. 143-11-1 [L. 3253-8] s. • Soc. 27 oct. 1998, n° 95-45.354 P : *APC 1998, n° 175* ; *JCP E 1998, n° 52, p. 2067, obs. Pétel.* ♦ V. aussi note 1 ss. art. L. 626-20 et note 5 ss. art. L. 625-6.

45. Le plan de cession n'ayant prévu aucun licenciement pour motif économique, le contrat de travail s'est poursuivi de plein droit avec le cessionnaire, nonobstant la carence de l'employeur soumis à la procédure collective qui, dès l'arrêté du plan, a cessé d'exécuter ses obligations en ne versant plus son salaire au salarié. Dès lors, à défaut de rupture du contrat de travail, l'AGS ne doit aucune garantie. • Soc. 6 juill. 1999, n° 97-42.231 P : *D. 2000. Somm. 2, obs. Derrida*.

46. Cession d'unités de production. En ce sens que les contrats de travail étant poursuivis en application de l'art. L. 122-12 [L. 1224-1] C. trav., la garantie de l'AGS n'est pas due, V. • Agen, 5 juin 1990 : *Gaz. Pal. 1991. 2. 341, note Lagraula.* ♦ En revanche, s'agissant de salariés licenciés dans le cadre d'une cession d'actif et non repris, l'AGS est tenue de garantir les indemnités pour méconnaissance de l'ordre des licenciements et de la priorité de réembauchage mise à la charge du cédant. • Soc. 27 nov. 2001, n° 99-43.380 P : *D. 2002. Somm. 2094, obs. Giraudet*; *RPC 2002. 109, obs. Taquet.*

47. Répétition de l'indu. V. note 2 ss. art. L. 3253-6.

48. Contestations de l'AGS. L'AGS n'est pas recevable, sauf fraude qu'il lui appartient de démontrer, à demander la requalification d'un contrat de travail à durée déterminée en contrat à durée indéterminée. • Soc. 4 déc. 2002, n° 00-43.750 P : *D. 2003. 373, note Karaquillo*; *JCP E 2003, n° 4, p. 156, obs. Taquet*; *ibid., n° 26, p. 1087, obs. Bousez* • 26 mars 2003 : *RPC 2003. 249, obs. Taquet.* – Rappr. : • Soc. 23 oct. 2001, n° 00-40.190 P : *RPC 2002. 61, obs. Taquet.* – *Contra*, auparavant : • Soc. 1er déc. 1993 : *D. 1994. 577, note Roy-Loustaunau*; *Gaz. Pal. 1994. 1. Pan. 15*; *RPC 1995. 240, obs. Taquet* • 1er mars 1994 : *D. 1994, préc.* • 12 avr. 1995, n° 91-41.170 P : *D. 1995. 461, note Roy-Loustaunau*.

49. L'AGS n'est recevable à contester l'accord transactionnel conclu au cours d'une procédure de médiation et homologué par le juge prud'homal qu'à la condition d'établir que cet accord procédait d'une fraude. • Soc. 25 janv. 2006, n° 03-45.444 P.

50. En l'absence de fraude du salarié, l'AGS ne dispose d'aucun droit propre en reconnaissance d'un transfert des contrats de travail. • Soc. 8 déc. 2016, n° 14-28.401 P : *D. 2016. Actu. 2577*; *APC 2017, n° 46, obs. Fin-Langer*; *LEDEN 3/2017. 7, obs. Dedessus-Le-Moustier*; *BJE 2017. 232, note Donnette-Boissière.*

Art. L. 3253-9 Sont également couvertes les créances résultant du licenciement des salariés bénéficiaires d'une protection particulière relative au licenciement dès lors que l'administrateur, l'employeur ou le liquidateur, selon le cas, a manifesté, au cours des périodes mentionnées au 2° de l'article L. 3253-8, son intention de rompre le contrat de travail. – *[Anc. art. L. 143-11-2.]*

1. L'AGS ne garantit les créances résultant de la rupture du contrat de travail d'un salarié bénéficiaire d'une protection particulière au sens de l'art. L. 143-11-2 [L. 3253-9] que si le mandataire-liquidateur a manifesté son intention de rompre le contrat de travail dans les quinze jours qui suivent le jugement de liquidation judiciaire. • Soc. 18 déc. 1991, n° 89-42.188 P : *D. 1992. IR 47* • 4 janv. 2000 : *RPC 2000. 108, obs. Taquet.*

2. L'AGS doit garantir l'indemnité de licenciement allouée au salarié bénéficiant d'une protection particulière lorsque l'administrateur a indiqué par écrit à l'intéressé qu'une procédure de licenciement allait être engagée à son égard, manifestant ainsi son intention de rompre le contrat de travail dans le mois suivant le jugement arrêtant le plan de redressement, peu important qu'un délai de plus d'un mois se soit écoulé entre la date de ce jugement et la rupture effective du contrat de travail. • Soc. 2 oct. 2001, n° 99-45.346 P : *D. 2001. IR 3089*; *RPC 2002. 62, obs. Taquet.*

3. Dès lors que le liquidateur a manifesté son intention de rompre les contrats de travail des salariés protégés, le 25 juin 1996, dans le délai de quinze jours suivant le jugement de liquidation judiciaire, les contrats de travail des intéressés, qui n'avaient plus ni travail ni salaire, ont été effectivement rompus à cette date, et l'AGS doit garantir le paiement des créances indemnitaires résultant de la rupture des contrats de travail des salariés, peu important le fait qu'aucune lettre de licenciement ne leur ait été notifiée. • Soc. 6 juin 2007, n° 05-40.892 P : *D. 2007. AJ 1789*.

4. Dès lors que l'administrateur judiciaire a, dans les quinze jours de la liquidation judiciaire, manifesté son intention de rompre le contrat de travail du salarié protégé, l'AGS doit sa garantie, peu important le refus de l'inspecteur du travail d'autoriser son licenciement. • Soc. 13 déc. 2017, n° 16-21.773 P : *D. 2018. Actu. 6*; *APC 2018, n° 11, obs. Fin-Langer*; *LEDEN 3/2018. 7, obs. Dedessus-Le-Moustier.* ♦ Dès lors que les salariés protégés ont été convoqués à un entretien préalable au licenciement dans le mois suivant le jugement arrêtant le plan de cession, l'AGS doit garantie, peu important, s'agissant d'un salarié en particulier, qu'à la suite d'un refus de l'inspecteur du travail, la demande d'autorisation de licenciement, dont il n'est pas allégué qu'elle portait sur des motifs différents, ait été réitérée. • Soc. 8 févr. 2012 : *cité note 5 ss. art. L. 3253-8.*

5. Les créances dues à un salarié bénéficiant d'une protection particulière relatives au licenciement, qui ne résultent pas de la rupture de son contrat de travail mais concernent des salaires pour une période postérieure à l'expiration du délai de 15 jours suivant la liquidation judiciaire, ne sont pas garanties par l'AGS. • Soc. 2 juin 1992, n° 89-44.415 P : *D. 1993. Somm. 75, obs. Honorat*.

Art. L. 3253-10 Sont également couvertes, lorsqu'elles revêtent la forme d'un droit de créance sur l'entreprise, les sommes dues aux titres de l'intéressement, de la participation des salariés aux fruits de l'expansion ou d'un fonds salarial. – *[Anc. art. L. 143-11-3, al. 1er.]*

1. La garantie de l'AGS s'applique aux versements volontaires effectués par les salariés sur le plan d'épargne d'entreprise, ces sommes revêtant la forme d'un droit de créance sur l'entreprise. • Soc. 17 mai 1995 : *RPC 1996. 272, obs. Taquet.* ♦ L'art. L. 143-11-3 [L. 3253-10] ne prévoit pas que la garantie de l'AGS s'applique aux versements de sommes effectués par les salariés sur le plan d'épargne d'entreprise du seul fait de l'affectation de ces sommes à ce plan, et il ne fait bénéficier de cette garantie les sommes dues au titre de la participation des salariés aux fruits de l'expansion que si elles revêtent la forme d'un droit de créance sur l'entreprise, ce qui n'est pas le cas de celles qui, en application d'un accord de participation, ont été employées à l'acquisition d'un fonds commun de placement institué dans le cadre d'un plan d'épargne d'entreprise. • Soc. 28 nov. 2007, n° 05-45.354 P. – Rappr. : • Soc. 30 sept. 2004, n° 02-16.439 P.

2. L'interdiction prévue par l'art. L. 442-13 [L. 3326-1] de remettre en cause, à l'occasion de litiges nés de l'application des dispositions relatives à la participation des salariés, le montant du bénéfice net et celui des capitaux propres est limitée aux litiges opposant le salarié à son employeur ; l'AGS, tiers au contrat de travail, dispose d'un droit propre de contester le principe et l'étendue du bénéfice net et de celui des capitaux propres. • Soc. 10 févr. 1999, n° 96-22.157 P : *D. Affaires 1999. 398, obs. Guiomard ; RPC 1999. 163, obs. Taquet.*

3. V. aussi note 10 ss. art. L. 625-1 C. com.

Art. L. 3253-11 Sont également couverts les arrérages de préretraite dus à un salarié ou à un ancien salarié en application d'un accord professionnel ou interprofessionnel, d'une convention collective ou d'un accord d'entreprise.

Ces dispositions s'appliquent lorsque l'accord ou la convention prévoit le départ en préretraite à cinquante-cinq ans au plus tôt.

La garantie prévue par le présent article est limitée dans des conditions déterminées par décret. – *[Anc. art. L. 143-11-3, al. 2.] – V. art. D. 3253-3. –* ***C. trav.***

En ce sens que des arrérages versés en application d'une note et d'un procès-verbal de réunion du comité d'entreprise, qui ne constituent pas un accord collectif d'entreprise au sens des art. L. 131-1 [L. 2221-1] s. C. trav., ne peuvent bénéficier de la garantie de l'AGS, V. • Soc. 10 avr. 1991, n° 88-45.688 P : *D. 1993. Somm. 75, obs. Honorat* .

Art. L. 3253-12 Les créances mentionnées aux articles L. 3253-10 et L. 3253-11 sont garanties :

1° Lorsqu'elles sont exigibles à la date du jugement d'ouverture de la procédure ;

2° Lorsque, si un plan organisant la sauvegarde ou le redressement judiciaire de l'entreprise intervient à l'issue de la procédure, elles deviennent exigibles du fait de la rupture du contrat de travail, dans les délais prévus au 2° de l'article L. 3253-8 ;

3° Lorsque intervient un jugement de liquidation judiciaire ou un jugement arrêtant le plan de cession totale de l'entreprise. – *[Anc. art. L. 143-11-3, al. 3 à 6.]*

Art. L. 3253-13 L'assurance prévue à l'article L. 3253-6 ne couvre pas les sommes qui concourent à l'indemnisation du préjudice causé par la rupture du contrat de travail dans le cadre d'un licenciement pour motif économique, en application d'un accord d'entreprise ou d'établissement ou de groupe *(L. n° 2013-504 du 14 juin 2013, art. 18-XXII-1°)* « , d'un accord collectif validé » ou d'une décision unilatérale de l'employeur *(L. n° 2013-504 du 14 juin 2013, art. 18-XXII-2°)* « homologuée conformément à l'article L. 1233-57-3 », lorsque l'accord a été conclu et déposé ou la décision notifiée moins de dix-huit mois avant la date du jugement d'ouverture de la procédure de sauvegarde, de redressement ou de liquidation judiciaire *(L. n° 2013-504 du 14 juin 2013, art. 18-XXII-3°)* « , ou l'accord conclu ou la décision notifiée postérieurement à l'ouverture de la procédure de sauvegarde, de redressement ou de liquidation judiciaire ». – *[Anc. art. L. 143-11-3, al. 7.]*

Pour l'entrée en vigueur des modifications issues de la L. n° 2013-504 du 14 juin 2013, V. 2e note ss. art. L. 3253-8.

Il résulte des dispositions de l'art. L. 143-11-3, al. 7, C. trav., dans leur rédaction issue de la loi n° 2004-391 du 4 mai 2004 [devenu art. L. 3253-13], que seules les créances salariales résultant d'une décision prise unilatéralement par l'employeur ou d'un accord d'entreprise conclu moins de dix-huit mois avant le jugement d'ouverture de la procédure de redressement ou de liquidation judiciaires sont exclues de la garantie de l'AGS. • Soc. 30 sept. 2009, n° 08-42.076 P :

D. 2009. AJ 2423 ; *LEDEN, nov. 2009, p. 4, obs. Gorrias* ; *Gaz. Pal. 8-9 janv. 2010, p. 38, obs. Gailhbaut.* ♦ Dès lors que la créance du salarié résulte d'un accord d'entreprise conclu postérieurement au jugement arrêtant le plan de cession, l'AGS doit sa garantie. • Même arrêt.

§ 3. *Institutions de garantie contre le risque de non-paiement*

Art. L. 3253-14 L'assurance prévue à l'article L. 3253-6 est mise en œuvre par une association créée par les organisations nationales professionnelles d'employeurs représentatives et agréée par l'autorité administrative. — *Cette association a pris le nom d'Association pour la gestion du régime d'assurance des créances des salariés (AGS). — L'autorité administrative sus-mentionnée est le ministre chargé du travail (C. trav., art. R. 3253-4).*

Cette association conclut une convention de gestion avec *(L. n° 2008-126 du 13 févr. 2008, art. 16-II-10°)* « l'organisme gestionnaire » du régime d'assurance chômage *(L. n° 2008-126 du 13 févr. 2008, art. 17-1°)* « et avec l'Agence centrale des organismes de sécurité sociale pour le recouvrement des cotisations mentionnées à l'article L. 3253-18.

« En cas de dissolution de cette association, l'autorité administrative confie à l'organisme prévu à l'article L. 5427-1 la gestion du régime d'assurance institué à l'article L. 3253-6, à l'exception du recouvrement des cotisations mentionnées à l'article L. 3253-18 confié aux organismes mentionnés à l'article L. 5422-16. »

Cette association et *(L. n° 2008-126 du 13 févr. 2008, art. 16-II-10°)* « l'organisme précité » constituent les institutions de garantie contre le risque de non-paiement. — *[Anc. art. L. 143-11-4.] — V. C. com., art. L. 622-19.*

Cette écriture de l'art. L. 3253-14 est en vigueur à compter d'une date fixée par décret et au plus tard le 1er janv. 2012 et au plus tôt le 1er mai 2008 (L. n° 2008-126 du 13 févr. 2008, art. 17-1°).

La date du transfert du recouvrement des cotisations et contributions aux organismes mentionnés à l'art. L. 5427-1 C. trav. a été fixée au 1er janv. 2011 (V. Décr. n° 2009-1708 du 30 déc. 2009, mod. par Décr. n° 2010-1736 du 30 déc. 2010).

1. Capacité juridique de l'AGS. Aucun texte légal, réglementaire d'ordre public ou conventionnel ne limite la capacité et les pouvoirs de l'AGS et partant ceux de son mandataire par l'intermédiaire des instituts de gestion, qui sont des parties à l'instance prud'homale. Il ne leur est donc pas interdit, dans le cadre de litiges individuels, de transiger ainsi que le droit commun du statut des associations relevant du droit privé le permet. • Paris, 22 janv. 1999 : *Gaz. Pal. 1999. 1. Somm. 52.*

2. Appel en garantie. Le salarié auquel est reconnu le droit d'agir contre les institutions mentionnées à l'art. L. 143-11-4 [L. 3253-14] lorsque celles-ci refusent de régler une créance figurant sur le relevé des créances salariales, est recevable à appeler en cause ces mêmes institutions pour les entendre condamner à garantir la créance, qui, sur sa réclamation, serait jugée devoir figurer sur ledit relevé. • Soc. 30 mai 1990, n° 87-43.422 P.

3. Déclaration des créances. V. C. com., art. L. 622-24, al. 5.

4. Déclaration à l'administration fiscale. V. C. com., art. L. 622-19.

Art. L. 3253-15 *(L. n° 2008-67 du 21 janv. 2008)* « Les institutions de garantie mentionnées à l'article L. 3253-14 » avancent les sommes comprises dans le relevé établi par le mandataire judiciaire, même en cas de contestation par un tiers.

Elles avancent également les sommes correspondant à des créances établies par décision de justice exécutoire, même si les délais de garantie sont expirés.

Les décisions de justice sont de plein droit opposables à l'association prévue à l'article L. 3253-14.

Lorsque le mandataire judiciaire a cessé ses fonctions, le greffier du tribunal ou le commissaire à l'exécution du plan, selon le cas, adresse un relevé complémentaire aux *(L. n° 2008-67 du 21 janv. 2008)* « institutions de garantie mentionnées à l'article L. 3253-14 », à charge pour lui de reverser les sommes aux salariés et organismes créanciers. — *[Anc. art. L. 143-11-7, al. 13 et 14.]*

Les paiements effectués par les administrateurs judiciaires et les mandataires judiciaires au profit des institutions mentionnées à l'art. L. 3253-14 C. trav. en application des art. L. 3253-15, L. 3253-16 et L. 3253-18-1 sont assurés par virement. Cette disposition s'applique également aux administrateurs judiciaires et aux mandataires judiciaires désignés en application du deuxième al. de l'art. L. 811-2 C. com. et du premier al. du II de l'art. L. 812-2 du même code (C. mon. fin., art. L. 112-6-2, al. 1er et 3). — Pour la sanction, V. C. mon. fin., art. L. 112-7. — ***C. mon. fin.***

Art. L. 3253-16 *(L. n° 2008-67 du 21 janv. 2008)* « Les institutions de garantie mentionnées à l'article L. 3253-14 » sont subrogées dans les droits des salariés pour lesquels elles ont réalisé des avances :

1° Pour l'ensemble des créances, lors d'une procédure de sauvegarde ;

2° Pour les créances garanties par le privilège prévu aux articles L. 3253-2, L. 3253-4 et L. 7313-8 et les créances avancées au titre du 3° de l'article L. 3253-8, lors d'une procédure de redressement ou de liquidation judiciaire. Les autres sommes avancées dans le cadre de ces procédures leur sont remboursées dans les conditions prévues par les dispositions du livre VI du code de commerce pour le règlement des créances nées antérieurement au jugement d'ouverture de la procédure. Elles bénéficient alors des privilèges attachés à celle-ci. – *[Anc. art. L. 143-11-9.]*

V. note ss. art. L. 3253-15.

1. Portée de la subrogation. Il résulte de l'art. L. 3253-16, 2°, que les créances correspondant aux sommes dont l'AGS a fait l'avance sont légalement réputées être des créances antérieures, sans distinction de date de naissance, et, lorsqu'elles bénéficient du privilège général des salaires, priment, en application de l'art. 2376 [2378] C. civ., les créances hypothécaires. • Com. 11 juin 2014 : *cité ss. art. L. 643-8 C. com. ; RTD civ. 2014. 696, obs. Crocq ; JCP E 2014. 1447, n° 9, obs. Pétel ; LEDEN 9/2014. 2, obs. Le Corre ; RPC 2014, n° 130, obs. Fin-Langer.* ♦ V. note 62 ss. anc. art. L. 621-32 C. com. ss. art. L. 622-17, et note 11 ss. anc. art. L. 621-82 C. com., ss. art. L. 626-27.

2. Tierce opposition. Les art. L. 143-1-1 s. [L. 3253-14] C. trav. ont institué un régime spécial de garantie de salaire qui obéit à des règles propres tant en ce qui concerne la procédure à suivre que l'étendue éventuelle de la garantie qui est due, ce qui exclut que les organismes chargés de sa gestion puissent être considérés comme représentés à l'instance par l'employeur ou le salarié ou comme ayant la qualité de créancier ou ayant droit de l'employeur dans l'instance en cause ; aussi l'ASSEDIC et l'AGS sont-elles recevables à former tierce opposition à un jugement ayant condamné une société mise par la suite en liquidation judiciaire à verser diverses sommes représentant des créances salariales. • Soc. 2 juill. 1992, n° 90-40.581 P : *D. 1992. IR 246.*

3. De même, les institutions mentionnées à l'art. L. 143-11-4 [L. 3253-14] peuvent être recevables à former tierce opposition, dans les conditions prévues par les art. 582 à 592 NCPC [C. pr. civ.], aux décisions de justice définitives intervenues avant l'ouverture de la procédure collective entre un employeur et son salarié, lorsque ces décisions sont susceptibles d'entraîner la garantie prévue. • Paris, 3 juill. 1992 : *BICC 1992, n° 1885.*

Art. L. 3253-17 La garantie des *(L. n° 2008-67 du 21 janv. 2008)* « institutions de garantie mentionnées à l'article L. 3253-14 » est limitée, toutes *(L. n° 2016-1547 du 18 nov. 2016, art. 99-XIII-1°)* « sommes et créances avancées » confondues, à un ou des montants déterminés par décret, en référence au plafond mensuel retenu pour le calcul des contributions du régime d'assurance chômage *(L. n° 2016-1547 du 18 nov. 2016, art. 99-XIII-2°)* « , et inclut les cotisations et contributions sociales et salariales d'origine légale, ou d'origine conventionnelle imposée par la loi ». *(L. n° 2016-1917 du 29 déc. 2016, art. 60-I-E-2°)* « , ainsi que la retenue à la source prévue à l'article 204 A du code général des impôts ». – *[Anc. art. L. 143-11-8.] – V. art. D. 3253-5.*– ***C. trav.***

Le XIII de l'art. 99 de la L. n° 2016-1547 du 18 nov. 2016 n'est pas applicable aux procédures en cours au jour de la publication de cette loi (L. préc., art. 114-XVI, JO 19 nov.).

Les dispositions de la L. n° 2016-1917 du 29 déc. 2016 s'appliquent aux revenus perçus ou réalisés à compter du 1er janv. 2018 (L. préc., art. 60-I-G).

BIBL. ► Arlie, *JCP E 2015. 1384.*

1. Pour le refus de renvoyer au Conseil constitutionnel une QPC relative à la conformité à la Constitution du plafonnement de la garantie de l'AGS prévu par l'art. L. 3253-17 C. trav., V. • Soc. 18 déc. 2014 : *LEDEN 2/2015. 6, obs. G. Dedessus-Le-Moustier ; APC 2015, n° 34, obs. Méteyé.*

2. Le plafond de garantie des salaires de l'AGS s'entend de la totalité des créances salariales, en ce compris le précompte effectué par l'employeur en vertu de l'art. L. 242-3 CSS au profit des organismes sociaux. • Soc. 8 mars 2017, n° 15-29.392 P : *D. 2017. Actu. 645 ; JCP E 2017. 1460, n° 21, obs. Pétel ; LEDEN 4/2017. 6, obs. de Frémont ; APC 2017, n° 138, obs. Fin-Langer ; BJE 2017. 231, note Donnette-Boissière ; Gaz. Pal. 27 juin 2017, p. 67, obs. Gailhbaud.* ♦ *Contra*, pour la position antérieure de la Cour de cassation, qui considérait que la garantie de l'AGS étant limitée à un montant fixé par décret, toutes créances du salarié confondues, les créances des organismes sociaux, qui n'étaient pas des créances du salarié, ne pouvaient être prises en compte pour apprécier le montant maximal de la garantie de l'AGS : • Soc. 2 juill. 2014, n° 13-11.948 P : *D. 2014. Actu. 1493 ; Rev. sociétés 2014. 533, obs. Henry ; JCP E 2015. 1011, note Roussel Galle et Jacotot ; APC 2014, n° 260, obs. Fin-Langer ; LEDEN 10/2014. 6, obs. G. Dedessus-Le-Moustier.*

3. La contribution due par l'employeur à l'institution mentionnée à l'art. L. 5312-1 C. trav., qui équivaut au salaire auquel le salarié aurait eu droit au titre du préavis et participe au financement de l'allocation servie au bénéficiaire d'une convention de reclassement personnalisée, est une créance du salarié au sens de l'art. L. 3253-17 du même code, et entre dans le calcul des créances garanties par l'AGS. • Soc. 10 févr. 2021, n° 19-13.225 P : *D. 2021. Actu. 348 ; LEDEN 4/2021. 7, obs. Joly ; APC 2021, n° 87, obs. Fin-Langer.*

4. Sur l'articulation entre l'ancien plafond 13 et le nouveau plafond 6, fixé par l'art. D. 3253-5 C. trav., V. • Soc. 31 mars 2015 : *D. 2015. Actu. 798 ; APC 2015, n° 125, obs. Fin-Langer ; LEDEN 6/2015. 7, obs. G. Dedessus-Le-Moustier ; BJE 255, note Donnette-Boissière ; Gaz. Pal. 19-21 juill. 2015, p. 27, obs. Duprat.*

§ 4. *Financement*

Art. L. 3253-18 L'assurance est financée par des cotisations des employeurs assises sur les rémunérations servant de base au calcul des contributions au régime d'assurance-chômage.

(L. n° 2008-126 du 13 févr. 2008, art. 17-2°) « Le recouvrement, le contrôle de ces cotisations et leur contentieux suivent les règles prévues à l'article L. 5422-16. » — *[Anc. art. L. 143-11-6.]*

Les dispositions de la L. n° 2008-126 du 13 févr. 2008 entrent en vigueur le 1er janv. 2011 pour les contributions et cotisations mentionnées à l'art. L. 3253-18 ci-dessus (Décr. n° 2009-1708 du 30 déc. 2009, mod. par Décr. n° 2010-1736 du 30 déc. 2010).

§ 5. *Dispositions applicables dans le cas où l'employeur est établi dans un autre État membre de la Communauté européenne ou de l'Espace économique européen*

(L. n° 2008-89 du 30 janv. 2008, art. 11)

Les dispositions ci-dessous entrent en vigueur en même temps que celles de l'Ord. n° 2007-329 du 12 mars 2007 relative à la partie législative du code du travail [1er mai 2008] (L. n° 2008-89 du 30 janv. 2008, art. 12).

Art. L. 3253-18-1 *(L. n° 2008-89 du 30 janv. 2008)* Les institutions de garantie mentionnées à l'article L. 3253-14 assurent le règlement des créances impayées des salariés qui exercent ou exerçaient habituellement leur activité sur le territoire français, pour le compte d'un employeur dont le siège social, s'il s'agit d'une personne morale, ou, s'il s'agit d'une personne physique, l'activité ou l'adresse de l'entreprise est situé dans un autre État membre de la Communauté européenne ou de l'Espace économique européen, lorsque cet employeur se trouve en état d'insolvabilité.

V. note ss. art. L. 3253-15.

Art. L. 3253-18-2 *(L. n° 2008-89 du 30 janv. 2008)* Un employeur est considéré comme se trouvant en état d'insolvabilité au sens de l'article L. 3253-18-1 lorsqu'a été demandée l'ouverture d'une procédure collective fondée sur son insolvabilité, prévue par les dispositions législatives, réglementaires et administratives d'un État membre de la Communauté européenne ou de l'Espace économique européen, qui entraîne le dessaisissement partiel ou total de cet employeur ainsi que la désignation d'un syndic ou de toute personne exerçant une fonction similaire à celle du mandataire judiciaire, de l'administrateur judiciaire ou du liquidateur, et que l'autorité compétente en application de ces dispositions a :

1° Soit décidé l'ouverture de la procédure ;

2° Soit constaté la fermeture de l'entreprise ou de l'établissement de l'employeur ainsi que l'insuffisance de l'actif disponible pour justifier l'ouverture de la procédure.

Art. L. 3253-18-3 *(L. n° 2008-89 du 30 janv. 2008)* La garantie due en application de l'article L. 3253-18-1 porte sur les créances impayées mentionnées à l'article L. 3253-8.

Toutefois, les délais prévus aux 2° et 3° de l'article L. 3253-8 sont portés à trois mois à compter de toute décision équivalente à une décision de liquidation ou arrêtant un plan de redressement.

Art. L. 3253-18-4 *(L. n° 2008-89 du 30 janv. 2008)* Si les créances ne peuvent être payées en tout ou partie sur les fonds disponibles, les institutions de garantie mentionnées à l'article L. 3253-14 procèdent au versement des fonds sur présentation par le syndic étranger ou par toute autre personne exerçant une fonction similaire à celle du mandataire judiciaire, de l'administrateur judiciaire ou du liquidateur, des relevés des créances impayées.

Le dernier alinéa de l'article L. 3253-19 est applicable.

Art. L. 3253-18-5 *(L. nº 2008-89 du 30 janv. 2008)* Les sommes figurant sur ces relevés et restées impayées sont directement versées au salarié dans les huit jours suivant la réception des relevés des créances.

Par dérogation au premier alinéa, l'avance des contributions dues par l'employeur dans le cadre *(L. nº 2011-893 du 28 juill. 2011, art. 44-I-2º)* « du contrat de sécurisation professionnelle » mentionnées au 1º de l'article L. 3253-8 est versée aux *[à l']* *(L. nº 2008-126 du 13 févr. 2008)* « organisme gestionnaire du régime d'assurance chômage ». — *Sur l'entrée en vigueur de la L. nº 2011-893 du 28 juill. 2011, V. ss. art. L. 3253-8.*

Art. L. 3253-18-6 *(L. nº 2008-89 du 30 janv. 2008)* L'article L. 3253-15 est applicable à l'exception du dernier alinéa.

Lorsque le mandataire judiciaire, l'administrateur judiciaire ou le liquidateur reçoit d'une institution située dans un autre État membre équivalente aux institutions de garantie mentionnées à l'article L. 3253-14 les sommes dues aux salariés, il reverse immédiatement ces sommes aux salariés concernés.

Le mandataire judiciaire ou le liquidateur transmet à toute institution située dans un autre État membre équivalente aux institutions de garantie mentionnées à l'article L. 3253-14 les relevés des créances impayées.

Art. L. 3253-18-7 *(L. nº 2008-89 du 30 janv. 2008)* Les articles L. 3253-7, L. 3253-10 à L. 3253-13 et L. 3253-17 sont applicables aux procédures définies aux articles L. 3253-18-1 et L. 3253-18-2. Les jugements mentionnés à l'article L. 3253-12 s'entendent de toute décision équivalente prise par l'autorité étrangère compétente.

Les institutions mentionnées à l'article L. 3253-14 sont subrogées dans les droits des salariés pour lesquels elles ont réalisé des avances.

Art. L. 3253-18-8 *(L. nº 2008-89 du 30 janv. 2008)* Lorsque le syndic étranger ou toute personne exerçant une fonction similaire à celle du mandataire judiciaire, de l'administrateur judiciaire ou du liquidateur a cessé ses fonctions ou dans le cas mentionné au 2º de l'article L. 3253-18-2, les institutions de garantie versent les sommes dues au salarié sur présentation, par celui-ci, des pièces justifiant du montant de sa créance. Dans ce cas, les dispositions relatives aux relevés des créances ne sont pas applicables.

Art. L. 3253-18-9 *(L. nº 2008-89 du 30 janv. 2008)* Les institutions mentionnées à l'article L. 3253-14 informent, en cas de demande, toutes autres institutions de garantie des États membres de la Communauté européenne ou de l'Espace économique européen sur la législation et la réglementation nationales applicables en cas de mise en œuvre d'une procédure d'insolvabilité définie aux articles L. 3253-18-1 et L. 3253-18-2.

SOUS-SECTION 3. *Établissement et liquidation des créances*

Art. L. 3253-19 Le mandataire judiciaire établit les relevés des créances dans les conditions suivantes :

1º Pour les créances mentionnées aux articles L. 3253-2 et L. 3253-4, dans les dix jours suivant le prononcé du jugement d'ouverture de la procédure ;

2º Pour les autres créances également exigibles à la date du jugement d'ouverture de la procédure, dans les trois mois suivant le prononcé du jugement ;

3º Pour les salaires et les indemnités de congés payés couvertes en application du 3º de l'article L. 3253-8 et les salaires couverts en application du dernier alinéa de ce même article, dans les dix jours suivant l'expiration des périodes de garantie prévues à ce 3º et ce, jusqu'à concurrence du plafond mentionné aux articles L. 3253-2, L. 3253-4 et L. 7313-8 ;

4º Pour les autres créances, dans les trois mois suivant l'expiration de la période de garantie.

Les relevés des créances précisent le montant des cotisations et contributions mentionnées au dernier alinéa de l'article L. 3253-8 dues au titre de chacun des salariés intéressés. — *[Anc. art. L. 143-11-7, al. 1er à 6.]*

Art. L. 3253-20 Si les créances ne peuvent être payées en tout ou partie sur les fonds disponibles avant l'expiration des délais prévus par l'article L. 3253-19, le mandataire judiciaire demande, sur présentation des relevés, l'avance des fonds nécessaires aux *(L. nº 2008-67 du 21 janv. 2008)* « institutions de garantie mentionnées à l'article L. 3253-14 ».

Dans le cas d'une procédure de sauvegarde, le mandataire judiciaire justifie à ces *(L. n° 2008-67 du 21 janv. 2008)* « institutions », lors de sa demande, que l'insuffisance des fonds disponibles est caractérisée. Ces *(L. n° 2008-67 du 21 janv. 2008)* « institutions » peuvent contester, dans un délai déterminé par décret en Conseil d'État, la réalité de cette insuffisance devant le juge-commissaire. Dans ce cas, l'avance des fonds est soumise à l'autorisation du juge-commissaire. — *[Anc. art. L. 143-11-7, al. 7.] — Le délai de contestation prévu à l'art. L. 3253-20, al. 2, est de dix jours à compter de la réception par l'organisme gestionnaire du régime d'assurance chômage de la demande de fonds par le mandataire judiciaire (art. R. 3253-6).*

V. notes ss. art. L. 3253-21.

Art. L. 3253-21 *(L. n° 2008-67 du 21 janv. 2008)* « Les institutions de garantie mentionnées à l'article L. 3253-14 » versent au mandataire judiciaire les sommes figurant sur les relevés et restées impayées :

1° Dans les cinq jours suivant la réception des relevés mentionnés aux 1° et 3° de l'article L. 3253-19 ;

2° Dans les huit jours suivant la réception des relevés mentionnés aux 2° et 4° du même article.

Par dérogation, l'avance des contributions de l'employeur au financement *(L. n° 2011-893 du 28 juill. 2011, art. 44-I-2°)* « du contrat de sécurisation professionnelle » est versée directement *(L. n° 2008-126 du 13 févr. 2008)* « aux organismes chargés du recouvrement mentionnés à l'article L. 5427-1 ». — *Sur l'entrée en vigueur de la L. n° 2011-893 du 28 juill. 2011, V. ss. art. L. 3253-8.*

Le mandataire judiciaire reverse immédiatement les sommes qu'il a reçues aux salariés et organismes créanciers, à l'exclusion des créanciers subrogés, et en informe le représentant des salariés. — *[Anc. art. L. 143-11-7, al. 8 à 12.]*

1. Avances de l'AGS. Les art. L. 3253-20 et L. 3253-21 excluent pour le salarié le droit d'agir directement contre les institutions de garantie mentionnées à l'art. L. 3253-14 et lui permettent seulement de demander que les créances litigieuses soient inscrites sur le relevé dressé par le mandataire judiciaire afin d'entraîner l'obligation pour lesdites institutions de verser, selon la procédure légale, les sommes litigieuses entre les mains de celui-ci. • Soc. 18 nov. 2020, n° 19-15.795 P : *D. 2020. Actu. 2341 ; LEDEN 1/2021. 7, obs. Joly ; APC 2021, n° 8, obs. Fin-Langer ; BJE 3-4/2021. 55, note Donnette-Boissière ; Gaz. Pal. 13 avr. 2021, p. 76, obs. Ben Cheikh-Vecchioni ; RPC 2021, n° 39, obs. Jacotot.* ♦ Viole l'art. L. 143-11-7 [l. 3253-20 ET l. 3253-21] le conseil des prud'hommes qui condamne l'AGS et les ASSEDIC à verser directement à un salarié les sommes dues au titre de salaires, alors qu'il ne peut condamner ces institutions qu'à faire entre les mains du représentant des créanciers [mandataire judiciaire] l'avance des fonds nécessaires au règlement de cette créance dans les conditions prévues audit art.. • Soc. 30 mai 1990 : *D. 1990. IR 162* • 21 mars 1990, n° 87-41.404 P • 11 juin 1992 : *ibid. V, n° 384.* ♦ La fin de non-recevoir à opposer aux demandes de salariés dirigées contre l'ASSEDIC a un caractère d'ordre public et doit être relevée d'office. • Soc. 12 févr. 1991 : *D. 1991. IR 68.*

2. L'AGS intervient pour garantir le règlement des créances dues au salarié en exécution du contrat de travail dès lors que le représentant des créanciers [mandataire judiciaire] ne dispose pas des sommes nécessaires à ce règlement, peu important qu'un tiers soit susceptible de garantir également tout ou partie des créances. • Soc. 1er déc. 1993, n° 91-40.763 P : *RPC 1995. 242, obs. Taquet.*

3. La preuve de l'absence ou de l'insuffisance des fonds n'incombe pas au salarié. • Soc. 21 oct. 1998, n° 96-19.865 P.

4. Refus de paiement. Si le GARP est tenu de verser au représentant des créanciers [mandataire judiciaire] ou au mandataire-liquidateur les sommes figurant sur les relevés des créances salariales dans les délais fixés par l'art. L. 143-11-7 [L. 3253-21], aucune disposition ne prévoit que son refus de payer doive être formulé dans ces délais. • Soc. 20 mai 1992, n° 90-44.061 P : *D. 1993. Somm. 367, obs. crit. Honorat* .

5. Sauf admission définitive antérieure d'une créance au passif salarial, la décision qui, à la suite d'un refus de garantie opposé à l'AGS, écarte l'existence d'un contrat de travail produit tous ses effets dans la procédure collective. • Soc. 27 janv. 2010, n° 08-45.131 P : *D. 2010. AJ 438* .

6. Compétence du juge-commissaire. Si le paiement par le représentant des créanciers [mandataire judiciaire] n'intervient pas dans un délai convenable, le salarié doit saisir le juge-commissaire de la difficulté, le juge des référés du tribunal de grande instance n'étant pas compétent pour donner injonction au représentant des créanciers dans le cadre de la mission qui lui a été donnée par le tribunal de commerce. • Versailles, 10 janv. 1992 : *Gaz. Pal. 1992. 1. Somm. 237.*

*V. art. L. 1226-17 et L. 1226-22 C. trav. qui déclarent applicables, en cas de sauvegarde, de redressement ou de liquidation judiciaires, les art. L. 3253-15 et L. 3253-19 à L. 3253-21 au paiement des indemnités prévues aux art. L. 1226-14, L. 1226-15, L. 1226-20 et L. 1226-21 du même code (rupture du contrat de travail des salariés victimes d'un accident du travail ou d'une maladie professionnelle). — **C. trav.***

Le salarié étranger mentionné à l'art. L. 8252-1 [étranger non muni du titre l'autorisant à exercer une activité salariée en France] bénéficie des dispositions du chapitre III du titre V du livre II de la troisième partie du C. trav. relatives aux assurances et privilèges de salaire pour les sommes qui lui sont dues en application de cet art. (C. trav., art. L. 8252-3).

CHAPITRE VI DU PLAN DE SAUVEGARDE

RÉP. COM. v° *Entreprise en difficulté : plan de sauvegarde et de redressement,* par G. Blanc.

BIBL. ► F.-X. Lucas, *RLDA, suppl. au n° 80, mars 2005, p. 35* (du plan de continuation au plan de sauvegarde). – Béhar-Touchais, *RPC 2005. 363* (plans de sauvegarde et de continuation). – F.-X. Lucas, *LPA, n° spéc., 8 févr. 2006, p. 74* (commentaire article par article). – Pérot-Reboul, *ibid., 17 févr. 2006, p. 30* (les plans dans la loi de sauvegarde). – Monsèrié-Bon, *Dr. et patr. 3/2006. 73.* – Blanc, *RPC 2006. 182.* – Brenac, *Gaz. Pal. 2007. Doctr. 863* (sort des contrats de prêts dans les plans de continuation, de sauvegarde ou de redressement). – Dammann et Podeur, *D. 2008. 928* (les sûretés-propriété face au plan de sauvegarde). – Fraimout, *RPC 2009. Dossier 11* (réforme issue de l'Ord. du 18 déc. 2008). – Lebel, *Gaz. Pal. 2009. Doctr. 779* (même thème) ; *ibid. 2011. Doctr. 27* (innovations issues de la loi du 22 oct. 2010) ; *ibid. 2014. 1261* (modifications issues de l'Ord. du 12 mars 2014). – Pérochon et F.-X. Lucas, *Mél. Le Cannu, Dalloz-LGDJ, 2014, p. 611* (délais du plan de sauvegarde ou de redressement). – Cerati-Gauthier, *JCP E 2014. 1435* (promotion de la « reprise interne » dans l'Ord. du 12 mars 2014). – Pétel, *RPC 2014. Dossier 34* (amélioration du rôle des créanciers dans le cadre de l'adoption du plan – point de vue de l'universitaire). – Morelli, *ibid. Dossier 35* (amélioration du rôle des créanciers dans le cadre de l'adoption du plan – point de vue du praticien). – Ghalimi, *LPA 19 déc. 2014* (traitement différencié des créanciers dans les plans de sauvegarde et de redressement). – Dossier « Les plans », *RPC 2015. Dossiers 36 à 49.* – Graff-Daudret, *RJDA 2020. 857* (sort de la caution en cas de plan de sauvegarde ou de plan de redressement).

Art. L. 626-1 *(L. n° 2005-845 du 26 juill. 2005, art. 59)* **Lorsqu'il existe une possibilité sérieuse pour l'entreprise d'être sauvegardée, le tribunal arrête dans ce but un plan qui met fin à la période d'observation.**

(Ord. n° 2014-326 du 12 mars 2014, art. 36, en vigueur le 1er juill. 2014) **« Le plan de sauvegarde comporte, s'il y a lieu, l'arrêt, l'adjonction ou la cession d'une ou de plusieurs activités.**

« Les cessions faites en application du présent article sont soumises aux dispositions de la section I du chapitre II du titre IV et à celles de l'article L. 642-22. Toutefois, le mandataire judiciaire exerce les missions confiées au liquidateur. En outre, le tribunal peut, par un jugement spécialement motivé, après avoir recueilli l'avis du ministère public et demandé celui des contrôleurs, déroger aux interdictions prévues au premier alinéa de l'article L. 642-3 et autoriser la cession à l'une des personnes mentionnées à cet alinéa, à l'exception des contrôleurs et du débiteur au titre de l'un quelconque de ses patrimoines.

« Lorsqu'un plan de sauvegarde de l'emploi doit être élaboré, il est fait application des dispositions du III de l'article L. 1233-58 du code du travail. »

(Ord. n° 2008-1345 du 18 déc. 2008, art. 51) **« Les droits de préemption institués par le code rural et de la pêche maritime ou le code de l'urbanisme ne peuvent s'exercer sur un bien compris dans une cession d'une ou de plusieurs activités décidée en application du présent article. »**

1. Sur la notion de « possibilité sérieuse pour l'entreprise d'être sauvegardée », V. • Com. 18 mars 2014, n° 13-10.859 P : *D. 2014. Actu. 774 ; LEDEN 5/2014. 4, obs. Parachkévova ; BJS 2014. 410, note J.-F. Barbièri ; RJDA 2014, n° 551 ; Gaz. Pal. 5-7 oct. 2014, p. 35, obs. Lebel.*

2. Après l'adoption d'un plan de redressement, les contrats en cours se poursuivent conformément aux règles qui leur sont applicables de sorte que le bailleur peut, au cours de l'exécution de ce plan, exercer son droit de refuser, pour le motif prévu à l'art. L. 411-64 C. rur., le renouvellement du bail rural consenti au débiteur. • Com. 19 mai 2015, n° 14-10.366 P : *D. 2015. Actu. 1151* ; *JCP E 2015. 1490, note Cerati-Gauthier* ; *BJE 2015. 285, note Poujade* ; *RPC 2016, n° 46, obs. Roussel Galle.*

SECTION PREMIÈRE DE L'ÉLABORATION DU PROJET DE PLAN

Art. L. 626-2 *(Ord. n° 2008-1345 du 18 déc. 2008, art. 52)* **« Au vu du bilan économique, social et, le cas échéant, environnemental, le débiteur, avec le concours de l'administrateur, propose un plan, sans préjudice de l'application des dispositions de l'article L. 622-10. »**

(Ord. n° 2021-1193 du 15 sept. 2021, art. 28, en vigueur le 1er oct. 2021) **« Le projet de plan mentionne les engagements d'effectuer des apports de trésorerie pris pour l'exécution du plan. »** — *Pour les dispositions transitoires de l'Ord. n° 2021-1193 du 15 sept. 2021, V. note ss. art. L. 611-2.*

(L. n° 2005-845 du 26 juill. 2005, art. 60) **Le projet de plan détermine les perspectives de redressement en fonction des possibilités et des modalités d'activités, de l'état du marché et des moyens de financement disponibles.**

Il définit les modalités de règlement du passif et les garanties éventuelles que le *(Ord. n° 2008-1345 du 18 déc. 2008, art. 163-I)* **« débiteur » doit souscrire pour en assurer l'exécution.**

Ce projet expose et justifie le niveau et les perspectives d'emploi ainsi que les conditions sociales envisagées pour la poursuite d'activité. Lorsque le projet prévoit des licenciements pour motif économique, il rappelle les mesures déjà intervenues et définit les actions à entreprendre en vue de faciliter le reclassement et l'indemnisation des salariés dont l'emploi est menacé. Le projet tient compte des travaux recensés par le bilan environnemental.

Il recense, annexe et analyse les offres d'acquisition portant sur une ou plusieurs activités, présentées par des tiers. Il indique la ou les activités dont sont proposés l'arrêt ou l'adjonction.

Règlement du passif. Dans le projet de plan qu'il doit élaborer, l'administrateur a l'obligation de prévoir les modalités d'apurement de la totalité du passif admis ; il ne peut se contenter de proposer un plan permettant l'apurement d'une partie du passif et de renvoyer le paiement du solde après le plan. • Versailles, 28 févr. 2013 : *cité note 1 ss. art. L. 622-13* ; *D. 2013. 2895, note Dammann et Boché-Robinet* ; *LEDEN 4/2013. 5, obs. F.-X. Lucas.*

Art. L. 626-2-1 *(L. n° 2014-856 du 31 juill. 2014, art. 73-1°)* **Lorsque le débiteur exerce une activité, bénéficiant d'une autorisation administrative, d'un agrément, d'un conventionnement ou d'une habilitation, mentionnée au II de l'article 1er de la loi n° 2014-856 du 31 juillet 2014 relative à l'économie sociale et solidaire, il consulte l'autorité administrative ou l'autorité de contrôle et de tarification pour l'élaboration du projet de plan.** *(Abrogé par Ord. n° 2021-1193 du 15 sept. 2021, art. 29, à compter du 1er oct. 2021)* ***« Lorsqu'un créancier soumet un projet de plan en application de l'article L. 626-30-2, il consulte également cette autorité. »*** **L'administrateur, lorsqu'il en a été désigné, s'assure qu'il a été procédé à ces consultations. Le débiteur ou, s'il y a lieu, l'administrateur fait connaître au tribunal les diligences effectuées ainsi que l'avis de l'autorité administrative ou de l'autorité de contrôle et de tarification. L'autorité administrative ou l'autorité de contrôle et de tarification rend son avis dans le délai d'un mois, en tenant compte du *b* du 3° du I de l'article 1er de la loi n° 2014-856 du 31 juillet 2014 précitée. L'absence d'avis dans ce délai ne peut faire obstacle au jugement du tribunal.**

Pour les dispositions transitoires de l'Ord. n° 2021-1193 du 15 sept. 2021, V. note ss. art. L. 611-2.

Art. L. 626-3 *(L. n° 2005-845 du 26 juill. 2005, art. 61)* **« Lorsque le projet de plan prévoit une modification du capital** *(L. n° 2016-1547 du 18 nov. 2016, art. 99-IV-6°)* **« ou des statuts », l'assemblée générale extraordinaire ou l'assemblée des associés ainsi que, lorsque leur approbation est nécessaire, les assemblées spéciales mentionnées aux articles L. 225-99 et L. 228-35-6 ou les assemblées générales des masses visées à l'article L. 228-103 sont convoquées dans des conditions définies par décret en Conseil d'État. »** *(L. n° 2016-1547 du 18 nov. 2016, art. 99-IV-6°)* **« Le tribunal peut décider**

que l'assemblée compétente statuera sur les modifications statutaires, sur première convocation, à la majorité des voix dont disposent les associés ou actionnaires présents ou représentés dès lors que ceux-ci possèdent au moins la moitié des parts ou actions ayant le droit de vote. Sur deuxième convocation, il est fait application des dispositions de droit commun relatives au quorum et à la majorité. » — *V. art. R. 626-1 à R. 626-3.*

Si, du fait des pertes constatées dans les documents comptables, les capitaux propres sont inférieurs à la moitié du capital social, l'assemblée est d'abord appelée à reconstituer ces capitaux à concurrence du montant proposé par l'administrateur et qui ne peut être inférieur à la moitié du capital social. Elle peut également être appelée à décider la réduction et l'augmentation du capital en faveur d'une ou plusieurs personnes qui s'engagent à exécuter le plan.

Les engagements pris par les actionnaires ou associés ou par de nouveaux souscripteurs sont subordonnés dans leur exécution à l'acceptation du plan par le tribunal.

(Ord. nº 2014-326 du 12 mars 2014, art. 37, en vigueur le 1er juill. 2014) « En cas d'augmentation du capital social prévu par le projet de plan, les associés ou actionnaires peuvent bénéficier de la compensation à concurrence du montant de leurs créances admises et dans la limite de la réduction dont elles sont l'objet dans le projet de plan. » — *[C. com., anc. art. L. 621-58.]*

Sur les dispositions transitoires de la L. nº 2016-1547 du 18 nov. 2016, V. note ss. art. L. 621-3.

Sur la modification des statuts des coopératives faisant l'objet d'une procédure collective, V. L. nº 47-1775 du 10 sept. 1947, art. 25. — ***C. sociétés.***

BIBL. ▶ FEUGÈRE, *Gaz. Pal. 1988. 1. Doctr. 251.* – LE CANNU, *LPA 16 juin 1993.*

1. *Cession de parts sociales.* La cession de leurs parts par les associés au candidat à la reprise n'implique pas les modifications du capital au sens de l'art. 22 [C. com., art. L. 626-3] et n'impose donc pas l'application de ce texte. • Paris, 17 janv. 1989 : *Gaz. Pal. 1989. 1. 471, note Marchi.* ♦ Dans le même sens, à propos d'une cession d'actions intervenue au bénéfice de certains actionnaires, en application d'une clause de préemption contenue dans un pacte d'actionnaires extra-statutaire, V. • Aix-en-Provence, 5 déc. 2003 : *BJS 2004. 1077, note Cerati-Gauthier ; RJDA 2005, nº 276.*

2. *Reconstitution des capitaux propres.* En ce sens qu'il ne peut y avoir de plan de continuation au cas où les capitaux propres sont devenus inférieurs à la moitié du capital social s'il n'y a pas eu de reconstitution de ces fonds propres sous condition suspensive de l'acceptation du plan par le tribunal, V. • T. com. Béthune, 26 sept. 1986 : *RPC 1987, nº 2, p. 51, obs. Soinne.* – V. aussi • T. com. Nanterre, 8 déc. 1987 : *JCP 1988. II. 21019, note Viandier ; RPC 1988. 313, obs. Soinne.* ♦ Jugeant que ces mesures doivent au plus tard être décidées lors de l'adoption du plan. • Paris, 2 déc. 1987 : *DP diff. entr. : Bull. 1988, nº 42, p. 8929.* ♦ *Contra*, au motif que les fonds propres devraient redevenir positifs en application du plan, V. • Douai, 21 avr. 1988 : *RPC 1988. 313, obs. Soinne.*

Comp., décidant que, dès lors que l'administrateur ne propose pas un plan de continuation prévoyant une modification du capital social, la reconstitution des fonds propres, qui n'a aucun caractère obligatoire en vertu de l'art. 241, dernier al., de la loi du 24 juill. 1966 [C. com., art. L. 225-248], ne constitue pas une condition juridique à l'admissibilité d'un plan de cession : • Bordeaux, 25 nov. 1993 : *BJS 1994. 1345, note Baraderie.* – V. aussi • Com. 6 mars 1990, nº 88-11.500 P : *D. 1990. 218, note Derrida.*

3. *Modifications statutaires.* Le tribunal ne peut imposer l'adoption de modifications statutaires, dès lors que celles-ci sont subordonnées au vote favorable des associés (augmentation de capital) : V. • Com. 15 janv. 1991, nº 89-15.822 P : *D. 1991. IR 47 ; Rev. sociétés 1991. 383, note Guyon ; BJS 1991. 425, note Le Cannu ; RJ com. 1991. 385, note Merle.*

4. Une société à responsabilité limitée qui, dans le cadre d'un plan de continuation d'une société anonyme en état de redressement judiciaire, acquiert la majorité du capital de celle-ci et en devient administrateur, commet une faute de gestion en ne souscrivant pas à l'augmentation de capital prévue par le plan que le redressement de la société exigeait et qui devait restaurer la confiance des banques, des fournisseurs et des clients. • Paris, 19 mars 1996 : *RJDA 1996, nº 709 ; BJS 1996. 608, note Le Cannu.*

5. V. encore, sur la portée du jugement arrêtant le plan, • Com. 2 juill. 2013 : *D. 2013. Actu. 1741 ; APC 2013, nº 206, obs. Vallansan ; Gaz. Pal. 29 sept.-1er oct. 2013, p. 25, obs. Lebel ; BJS 2013. 752, note Pailler ; BJE 2013. 356, note Monsèrié-Bon ; RPC 2014, nº 6, obs. Cagnoli.*

6. *Droit des sociétés.* L'obligation de reconstitution des capitaux propres prévue à l'art. 241 de la loi du 24 juill. 1966 [C. com., art. L. 225-248] est écartée lorsque l'entreprise est en redressement judiciaire. • Crim. 27 avr. 1987 : *RPC 1988, nº 3, p. 314, obs. Soinne.*

Art. L. 626-4 *Abrogé par Ord. n° 2008-1345 du 18 déc. 2008, art. 53.*

Art. L. 626-5 *(L. n° 2005-845 du 26 juill. 2005, art. 63)* **Les propositions pour le règlement des dettes** *(L. n° 2010-1249 du 22 oct. 2010, art. 58-I-1°)* **« peuvent porter sur des délais, remises et conversions en titres donnant ou pouvant donner accès au capital. Elles » sont, au fur et à mesure de leur élaboration et sous surveillance du juge-commissaire, communiquées par l'administrateur au mandataire judiciaire, aux contrôleurs ainsi qu'au comité** *(Ord. n° 2021-1193 du 15 sept. 2021, art. 30, en vigueur le 1er oct. 2021)* **« social et économique ».**

(L. n° 2010-1249 du 22 oct. 2010, art. 58-I-1°) **« Lorsque la proposition porte sur des délais et remises, le mandataire judiciaire recueille, individuellement ou collectivement, l'accord de chaque créancier qui a déclaré sa créance conformément à l'article L. 622-24. » En cas de consultation par écrit, le défaut de réponse, dans le délai de trente jours à compter de la réception de la lettre du mandataire judiciaire, vaut acceptation. Ces dispositions sont applicables aux institutions visées à l'article L. 143-11-4** *[L. 3253-14]* **du code du travail pour les sommes mentionnées au quatrième alinéa de l'article L. 622-24, même si leurs créances ne sont pas encore déclarées.** *(Ord. n° 2008-1345 du 18 déc. 2008, art. 54)* **« Elles le sont également aux créanciers mentionnés au premier alinéa de l'article L. 626-6 lorsque la proposition qui leur est soumise porte exclusivement sur des délais de paiement. »**

(L. n° 2010-1249 du 22 oct. 2010, art. 58-I-1°) **« Lorsque la proposition porte sur une conversion en titres donnant ou pouvant donner accès au capital, le mandataire judiciaire recueille, individuellement et par écrit, l'accord de chaque créancier qui a déclaré sa créance conformément à l'article L. 622-24. Le défaut de réponse, dans le délai de trente jours à compter de la réception de la lettre du mandataire judiciaire, vaut refus.**

« Le mandataire judiciaire n'est pas tenu de consulter les créanciers pour lesquels le projet de plan ne modifie pas les modalités de paiement ou prévoit un paiement intégral en numéraire dès l'arrêté du plan ou dès l'admission de leurs créances. » — *V. art. R. 626-7 et R. 626-8.*

La L. n° 2010-1249 du 22 oct. 2010 est applicable aux procédures de sauvegarde et de redressement judiciaire ouvertes à compter du premier jour du cinquième mois suivant sa publication (L. préc., art. 58-II, JO 23 oct.), soit à compter du 1er mars 2011.

Pour les dispositions transitoires de l'Ord. n° 2021-1193 du 15 sept. 2021, V. note ss. art. L. 611-2.

Sur les mesures d'adaptation liées à l'urgence sanitaire (Covid-19), V. Ord. n° 2020-596 du 20 mai 2020, art. 4, App., v° Sociétés commerciales.

Ancien art. L. 626-5 ***(al. 2, 1re phr.)*** *[réd. issue de L. n° 2005-845 du 26 juill. 2005]* ***Le mandataire judiciaire recueille individuellement ou collectivement l'accord de chaque créancier qui a déclaré sa créance conformément à l'article L. 622-24, sur les délais et remises qui lui sont proposés.***

1. Consultation des créanciers. Le représentant des créanciers doit, conformément à l'art. 24, al. 2 [C. com., art. L. 626-5], recueillir l'accord des créanciers ; il ne peut, en aucun cas, apprécier en opportunité s'il y a lieu de procéder, ou non, à une telle formalité. • Besançon, 9 déc. 1993 : *RPC 1995. 119, obs. Soinne.*

Le tribunal ne peut statuer sur un plan de continuation que si tous les créanciers ont répondu dans le délai de trente jours ou si ce délai est expiré. Si le tribunal a arrêté ledit plan avant l'expiration de ce délai, il y a lieu de prononcer la nullité du jugement. • Paris, 10 juin 1987 : *D. 1987. 546, note Derrida* • Lyon, 17 juin 1987 : *ibid.* • Paris, 24 oct. 1995 : *RPC 1996. 372, obs. Soinne.* ♦ Comp., sur le défaut de respect du délai de trente jours : • T. com. Paris, 21 mai 1987 : *RPC 1988. 311, obs. Soinne.* ♦ V. note 2 ss. art. L. 621-3.

V. aussi, prévoyant une possibilité de régularisation, • Paris, 22 mars 1988 : *Gaz. Pal. 1988. 2. Somm. 377.* ♦ Et sur les conséquences du principe de l'effet dévolutif de l'appel, V. • Paris, 10 juin 1987 : *préc.* ♦ Comp., renvoyant l'affaire devant le tribunal : • Lyon, 17 juin 1987 : *préc.* • Paris, 8 oct. 1991 : *D. 1992. Somm. 87, obs. Derrida* .

Sur les recours en cas de non-respect de l'art. 24, al. 2 [C. com., art. L. 626-5], V. note 32 ss. ancien art. L. 661-6.

2. La consultation des créanciers n'est indispensable que lorsque l'adoption du plan de continuation est envisagée par le tribunal et elle s'avère inutile lorsque le plan de continuation est écarté d'emblée par celui-ci. • Versailles, 20 janv. 1994 : *D. 1995. Somm. 3, obs. Derrida* ; *RPC 1996. 372, obs. Soinne,* conf. par • Com. 25 mars 1997, n° 94-13.003 P : *D. Affaires 1997. 705 ; JCP E 1997. I. 681, n° 4, obs. Pételle.* ♦ Le tribunal ayant disposé du choix de la solution sans être lié par le projet de l'administrateur et du débiteur, c'est aux juges qu'il appartient d'apprécier la fiabilité et les possibilités de bonne fin de la proposition et de prolonger, s'ils l'estiment nécessaire, la période d'observation pour que la consultation des créanciers puisse avoir lieu. • Même arrêt. – Dans le même sens : • Com. 17 mars 1998 : *D. 1999. 236, note Picod* ; *JCP 1998. II. 10080, rapp. Rémery* ; *D. Affaires 1998. 624, obs. A. L.* ; *RTD com. 1998. 676, obs. Saint-Alary-Houin* • 4 janv. 2000 : *RPC 2001. 74, obs. Soinne.*

3. Après avoir relevé qu'en vue du plan de continuation, il avait été proposé à chaque créancier chirographaire un règlement à concurrence de 30 % du montant de sa créance sur 10 ans, porté ensuite à 40 % sur initiative du débiteur, une cour d'appel a pu décider que l'offre relative aux délais de paiement et remises de dettes avait été soumise à chacun, conformément à l'art. 24 [C. com., art. L. 626-5], et qu'il était inutile de procéder à une nouvelle consultation après la proposition du débiteur ou d'entendre les créanciers réfractaires à qui seul le tribunal pouvait, en vertu de l'art. 74 [C. com., art. L. 626-18], imposer des délais et remises. • Com. 6 févr. 1996, n° 92-19.032 P : *D. 1996. IR 111.*

4. Sur l'application des dispositions de l'art. L. 626-5, al. 2, interdisant d'imposer des remises de dettes à l'URSSAF, V. • Com. 26 mars 2013, n° 12-16.622 P : *D. 2013. Actu. 904* ; *Rev. sociétés 2013. 382, obs. Henry* ; *APC 2013, n° 109, obs. Vallansan* ; *LEDEN 5/2013. 5, obs. Favario* ; *RJDA 2013, n° 539* ; *Gaz. Pal. 12-13 juill. 2013, p. 17, obs. Lebel.*

5. Délai de réponse de trente jours. Le délai de trente jours dont dispose le créancier pour répondre à la consultation sur les remises et délais adressée par lettre recommandée avec demande d'avis de réception par le représentant des créanciers commence à courir à compter de la réception de cette lettre par le créancier ; la réponse est effectuée dans le délai légal dès lors qu'elle est expédiée par lettre recommandée avec demande d'avis de réception avant l'expiration du délai de trente jours, peu important que le représentant des créanciers la reçoive après l'expiration de ce délai (application des art. 668 et 669 C. pr. civ.). • Com. 28 oct. 2008, n° 07-17.472 P : *D. 2008. AJ 2866* ; *APC 2008, n° 299, obs. Vallansan.*

6. La notification au créancier d'une lettre de consultation à laquelle n'est pas joint l'un des documents exigés par l'art. R. 626-7, II, ne fait pas courir le délai de réponse prévu par l'art. L. 626-5, al. 2. • Com. 14 nov. 2019, n° 18-20.408 P : *D. 2020. Pan. 1866, obs. Cagnoli* ; *RTD com. 2020. 179, obs. Poujade* ; *JCP E 2020. 1047, note Zinty* ; *LEDEN 1/2020. 4, obs. Lafaurie* ; *APC 2020, n° 17, obs. Jazottes* ; *RJDA 2020, n° 92* ; *Dr. sociétés 2020, n° 42, note Legros* ; *BJE 3-4/2020. 30, note Coquelet* ; *RDBF 2020, n° 39, obs. Houin-Bressand.*

7. Application en appel. Les créanciers n'ont pas à être consultés à nouveau à la suite des propositions formulées par le débiteur dans ses conclusions d'appel. • Com. 10 juill. 1990, n° 88-18.941 P • 2 avr. 1996 : *Quot. jur. 2 juill. 1996, p. 6, note P. M.*

8. Cautions et coobligés. V. art. L. 626-11.

9. Acceptation conditionnelle. Sur cette question, V. *RPC 1991. 289, obs. Soinne.* ♦ Dès lors que le créancier figure sur la liste des créanciers ayant accepté un abattement de leur créance de 50 % telle qu'établie par le représentant des créanciers, le caractère définitif à son égard du jugement arrêtant le plan s'oppose à ce qu'il fasse valoir que sa réponse à la proposition de remises et délais adressée par le représentant des créanciers devait être considérée comme négative, la condition subordonnant son acceptation d'une remise de 50 % à l'obtention de garanties n'ayant pas été remplie : • Com. 28 oct. 2008 : *préc. note 5.* ♦ V., dans la même affaire, • Com. 25 oct. 2011 : *RJ com. janv.-févr. 2012. 76, note Sortais* ; *BJE 2012. 80, note Bourbouloux et Couturier.*

10. Clause de retour à meilleure fortune. **BIBL.** Playoust, *RPC 1994. 349.* – Jacomet et Béjinariu, *BJS 1996. 365.*

Art. L. 626-6 *(L. n° 2005-845 du 26 juill. 2005, art. 63)* **Les administrations financières, les organismes de sécurité sociale, les institutions gérant le régime d'assurance chômage prévu par les articles L. 351-3** *[L. 5422-1]* **et suivants du code du travail et les institutions régies par le livre IX du code de la sécurité sociale peuvent accepter** *(Abrogé par L. n° 2009-179 du 17 févr. 2009, art. 20-I)* « *, concomitamment à l'effort consenti par d'autres créanciers,* » **de remettre tout ou partie de ses dettes au débiteur dans des conditions similaires à celles que lui octroierait, dans des conditions normales de marché, un opérateur économique privé placé dans la même situation.** – *La L. n° 2009-179 du 17 févr. 2009 s'applique à toutes les demandes de remise de dettes en cours d'instruction à la date de son entrée en vigueur (L. préc., art. 20-II, JO 18 févr.).*

Dans ce cadre, les administrations financières peuvent remettre l'ensemble des impôts directs perçus au profit de l'État et des collectivités territoriales ainsi que des produits divers du budget de l'État dus par le débiteur. S'agissant des impôts indirects perçus au profit de l'État et des collectivités territoriales, seuls les intérêts de retard, majorations, pénalités ou amendes peuvent faire l'objet d'une remise.

Les conditions de la remise de la dette sont fixées par décret *(Abrogé par L. nº 2009-179 du 17 févr. 2009, art. 20-I)* **« en Conseil d'État ».** *— V. art. D. 626-9 s. et Décr. nº 2007-154 du 5 févr. 2007, ss. art. D. 626-15 ; V. aussi CSS, art. R. 243-20-2. —* ***CSS*** *ou* ***C. pr. coll.***

Les créanciers visés au premier alinéa peuvent également décider des cessions de rang de privilège ou d'hypothèque ou de l'abandon de ces sûretés. *— V. CSS, art. R. 243-20-3. —* ***CSS*** *ou* ***C. pr. coll.***

BIBL. ► TEBOUL, *LPA 30 mars 2009* (loi du 17 févr. 2009).

Art. L. 626-7 *(L. nº 2005-845 du 26 juill. 2005, art. 63)* **Le mandataire judiciaire dresse un état des réponses faites par les créanciers. Cet état est adressé au débiteur et à l'administrateur** *(Abrogé par Ord. nº 2008-1345 du 18 déc. 2008, art. 55)* ***« en vue de l'établissement de son rapport, »*** **ainsi qu'aux contrôleurs.**

Art. L. 626-8 *(Ord. nº 2008-1345 du 18 déc. 2008, art. 56)* **« Le comité** *(Ord. nº 2021-1193 du 15 sept. 2021, art. 30, en vigueur le 1er oct. 2021)* **« social et économique » et le mandataire judiciaire sont informés et consultés sur les mesures que le débiteur envisage de proposer dans le projet de plan au vu des informations et offres reçues.**

« Ils le sont également, ainsi que le ou les contrôleurs, sur le bilan économique et social et sur le projet de plan, qui leur sont communiqués par l'administrateur et complétés, le cas échéant, de ses observations.

« Les documents mentionnés au deuxième alinéa sont simultanément adressés » à l'autorité administrative compétente en matière de droit du travail. Le procès-verbal de la réunion à l'ordre du jour de laquelle a été inscrite la consultation *(Ord. nº 2021-1193 du 15 sept. 2021, art. 30, en vigueur le 1er oct. 2021)* **« du comité social et économique » est transmis au tribunal ainsi qu'à l'autorité administrative mentionnée ci-dessus.**

(Ord. nº 2008-1345 du 18 déc. 2008, art. 56) **« Le ministère public en reçoit communication. »** *— [C. com., anc. art. L. 621-61.]*

Pour les dispositions transitoires de l'Ord. nº 2021-1193 du 15 sept. 2021, V. note ss. art. L. 611-2.

SECTION II DU JUGEMENT ARRÊTANT LE PLAN ET DE L'EXÉCUTION DU PLAN

Art. L. 626-9 *(L. nº 2005-845 du 26 juill. 2005, art. 65)* **Après avoir entendu ou dûment appelé le débiteur, l'administrateur, le mandataire judiciaire, les contrôleurs ainsi que les représentants du comité d'entreprise ou, à défaut, des délégués du personnel, le tribunal statue au vu** *(Ord. nº 2008-1345 du 18 déc. 2008, art. 57)* **« des documents prévus à l'article L. 626-8 », après avoir recueilli l'avis du ministère public. Lorsque la procédure est ouverte au bénéfice d'un débiteur qui emploie un nombre de salariés ou qui justifie d'un chiffre d'affaires hors taxes supérieurs à des seuils fixés par décret en Conseil d'État, les débats doivent avoir lieu en présence du ministère public.**

V. art. R. 626-17 s.

1. Délai de présentation. V. art. R. 626-18.

2. Convocations. En l'absence de convocation du débiteur par le tribunal avant qu'il ne statue, le jugement arrêtant le plan doit être annulé. • Nancy, 13 janv. 1988 : *RPC 1988. 386, obs. Soinne.* ♦ En revanche, le tribunal n'est pas tenu de procéder à l'audition d'un repreneur éventuel. • Com. 22 mars 1988, ☎ nº 87-15.901 P : *D. 1988. 375, note Derrida et Julien.* • 8 nov. 1988 : *ibid.*

3. Engage sa responsabilité le représentant des créanciers qui méconnaît les obligations qui lui incombent en application de l'art. 46 [C. com., art. L. 622-20] en ne comparaissant pas à l'audience et en ne présentant pas à la juridiction les observations qu'appelait ce projet de plan et le sort réservé à un créancier hypothécaire. • Paris, 12 oct. 1995 : *RPC 1996. 407, obs. Soinne ; Gaz. Pal. 1997. 1. Somm. 153.*

La consultation des créanciers n'est indispensable que lorsque l'adoption du plan de continuation est envisagée par le tribunal, et elle s'avère inutile lorsque le plan de continuation est écarté d'emblée par celui-ci. • Versailles, 20 janv. 1994 : *D. 1994. IR 79.*

4. Les prérogatives que l'Association française des banques tient de la loi bancaire nº 84-46 du 24 févr. 1984 [désormais codifiée au C. mon. fin.] et de ses statuts n'ont pas pour objet et ne peuvent avoir pour effet de lui conférer un droit d'action, direct et privilégié, devant le tribunal de commerce statuant sur les propositions de cession ou de continuation de l'activité d'une entreprise, même si celle-ci est un établissement financier ou de crédit. • Paris, 5 avr. 1996 : *D. 1996. IR 139.*

5. Présence du juge-commissaire. V. art. L. 662-7.

6. Voies de recours. V. art. L. 661-1 et L. 661-3.

7. Responsabilité de l'administrateur. La compétence exercée par le tribunal qui arrête le plan de redressement ne dégage pas l'administrateur de la responsabilité qu'il encourt sur le fondement de l'art. 1382 [1240] C. civ. (dans l'hypothèse où les fautes de l'administrateur ont été à l'origine de l'adoption du plan de redressement et du préjudice subi par les fournisseurs amenés à traiter en confiance avec le repreneur). • Com. 11 mai 1999 : *Dr. sociétés 1999, n° 116, obs. Chaput.* ♦ Sur la responsabilité de l'administrateur judiciaire qui a recommandé au tribunal l'adoption d'un plan de continuation dont le succès était aléatoire, sans le mettre en garde sur les risques encourus en cas de continuation de l'activité du fait de la contestation par le bailleur de la qualité de propriétaire des locaux du preneur, V. • TGI Paris, 4 nov. 1998 : *AJDI 1999. 795, obs. Gallet.*

Art. L. 626-10 **Le plan désigne les personnes tenues de l'exécuter et mentionne l'ensemble des engagements qui ont été souscrits par elles et qui sont nécessaires** *(L. n° 2005-845 du 26 juill. 2005, art. 66)* **« à la sauvegarde » de l'entreprise.** *(Ord. n° 2021-1193 du 15 sept. 2021, art. 31, en vigueur le 1er oct. 2021)* **« Il mentionne de manière distincte les apports de trésorerie des personnes qui se sont engagées à les effectuer pour l'exécution du plan de sauvegarde arrêté par le tribunal. » Ces engagements portent sur l'avenir de l'activité, les modalités du maintien et du financement de l'entreprise,** *(Ord. n° 2008-1345 du 18 déc. 2008, art. 58)* **« le règlement du passif soumis à déclaration » ainsi que, s'il y a lieu, les garanties fournies pour en assurer l'exécution.**

(Ord. n° 2021-1193 du 15 sept. 2021, art. 31, en vigueur le 1er oct. 2021) **« Lorsque les engagements pour le règlement du passif peuvent être établis sur la base d'une attestation de l'expert-comptable ou du commissaire aux comptes, ils portent sur les créances déclarées admises ou non contestées, ainsi que sur les créances identifiables, notamment celles dont le délai de déclaration n'est pas expiré. »**

Le plan expose et justifie le niveau et les perspectives d'emploi ainsi que les conditions sociales envisagées pour la poursuite d'activité.

Les personnes qui exécuteront le plan, même à titre d'associés, ne peuvent pas se voir imposer des charges autres que les engagements qu'elles ont souscrits au cours de sa préparation, sous réserve des dispositions prévues *(L. n° 2016-1547 du 18 nov. 2016, art. 99-IV-7°)* **« à l'article L. 626-3 ».** — *[C. com., anc. art. L. 621-63.]*

(Ord. n° 2021-1193 du 15 sept. 2021, art. 31, en vigueur le 1er oct. 2021) **« Les créances résultant des apports de trésorerie mentionnés au premier alinéa bénéficient du privilège prévu au 2° du III de l'article L. 622-17. Cette disposition ne s'applique pas aux apports consentis par les actionnaires et associés du débiteur dans le cadre d'une augmentation de capital. Elle ne peut bénéficier, directement ou indirectement, aux créanciers au titre de leurs concours antérieurs à l'ouverture de la procédure. »**

Pour les dispositions transitoires de la L. n° 2016-1547 du 18 nov. 2016, V. note ss. art. L. 621-3.

Pour les dispositions transitoires de l'Ord. n° 2021-1193 du 15 sept. 2021, V. note ss. art. L. 611-2.

Sur les mesures d'adaptation liées à l'urgence sanitaire (Covid-19), V. Ord. n° 2020-596 du 20 mai 2020, art. 4, App., v° Sociétés commerciales.

BIBL. ▸ LASSERRE CAPDEVILLE, *BJE 1-2/2022. 35.*

1. Sort des créances contestées. Il résulte de l'art. L. 626-10, al. 1er, que le plan de redressement doit prévoir le règlement de toutes les créances déclarées, même si elles sont contestées, l'inscription au plan d'une créance contestée ne préjugeant pas de son admission définitive au passif, laquelle conditionne les répartitions correspondant à cette créance, en application de l'art. L. 626-21, al. 1er et 3. • Com. 20 mars 2019, n° 17-27.527 P : *D. 2019. Pan. 1912, obs. F.-X. Lucas ; RTD com. 2019. 762, obs. Martin-Serf ; Rev. sociétés 2019. 426, obs. Roussel Galle ; JCP E 2019. 1242, note Zinty ; APC 2019, n° 90, obs. Cagnoli ; LEDEN 6/2019. 6, obs. André ; RJDA 2019, n° 449 ; RPC 2019, n° 72, obs. Monsèrie-Bon ; BJE 7-8/2019. 21, note Poujade.* ♦ Il s'ensuit que le juge saisi d'une demande d'arrêté de plan ne peut, même s'il y est invité, ni apprécier le caractère sérieux ou abusif d'une déclaration de créance, seul le juge-commissaire ayant le pouvoir de statuer en matière d'admission de créances, ni différer sa décision jusqu'au jour où le juge-commissaire aura statué sur les créances contestées. • Même arrêt. ♦ Comp., désormais : art. L. 626-10, al. 2, dans sa réd. issue de l'Ord. n° 2021-1193 du 15 sept. 2021.

2. Interdiction d'aggravation des charges. La notion de charge nouvelle est une notion de fait qui relève de l'appréciation souveraine des juges du fond : V. • Com. 14 janv. 1997 : *RPC 1997. 436, obs. Cadiou.*

3. Cautionnement par le dirigeant social. Le dirigeant de la société en redressement judiciaire s'étant, dans le cadre du plan de continuation de celle-ci, porté « caution solidaire du passif réellement dû par la société pendant le redressement judiciaire », c'est souverainement qu'une cour d'appel retient que ce passif est celui révélé par les opérations de vérification des créances et non couvert par les actifs de la personne morale. • Com. 2 nov. 1993, n° 91-17.534 P.

4. Recours. Sur la recevabilité de l'appel-nullité d'un associé tenu d'exécuter le plan, en cas de méconnaissance de l'art. 62 [C. com., art. L. 626-10], al. 3, V. • Com. 27 avr. 1993, n° 91-10.867 P : *D. 1994. Somm. 45, obs. Derrida* ; *Rev. sociétés 1993. 648, note Chaput* • 28 févr. 1995, n° 92-15.259 P : *D. 1995. 562, note Bolard* ; *RPC 1995. 135, obs. Soinne.*

Art. L. 626-11 *(L. n° 2005-845 du 26 juill. 2005, art. 67)* **Le jugement qui arrête le plan en rend les dispositions opposables à tous.**

A l'exception des personnes morales, les coobligés et les personnes ayant consenti *(Ord. n° 2008-1345 du 18 déc. 2008, art. 166-II)* **« une sûreté personnelle ou ayant affecté ou cédé un bien en garantie » peuvent s'en prévaloir.** – *[C. com., anc. art. L. 621-65.]*

BIBL. ▶ Régime antérieur à la loi du 26 juill. 2005 : CAMPANA, *Gaz. Pal. 1986. 2. Doctr. 317.* – LIÉNART, *RPC 1988. 121.* – FRÉMEAUX, *LPA 29 déc. 1997* (remises de dettes et plans de règlement). – NSIE, *RPC 1998. 138* (remises de dettes consenties aux débiteurs en difficulté).

1. Dividende fixé par le plan. Le jugement qui arrête le plan autorise tout créancier à exercer, après l'échéance, une action en paiement du dividende fixé par le plan dès lors que sa créance a été définitivement admise au passif (recevabilité de la demande, en référé, d'une provision). • Com. 14 mars 1995, n° 91-22.186 P : *D. 1995. Somm. 306, obs. Honorat* ; *Rev. huiss. 1995. 1214, note Courtier.* – V. déjà • T. com. Paris, 21 mars 1989 : *D. 1991. Somm. 11, obs. Derrida* ; *Gaz. Pal. 1989. 2. 828, note Marchi.* ♦ Comp., désormais, sur l'action en paiement des dividendes : art. L. 626-27.

2. Mesure d'exécution forcée. Jugeant que le plan, étant opposable à tous en vertu de l'art. 64 [C. com., art. L. 626-11] et plus spécialement aux créanciers dont la créance est antérieure au redressement judiciaire et ayant la valeur d'un « contrat judiciaire », un créancier ne saurait y contrevenir de manière unilatérale par le biais d'une mesure d'exécution forcée qui a pour effet de remettre en cause une condition essentielle dudit plan, V. • TGI Castres, JEX, 12 mars 1998 : *LPA 2 juill. 1999, p. 20, note Devésa.*

3. Résiliation du bail. Le plan de continuation, qui prévoit la poursuite de l'activité de l'entreprise et le règlement du passif de celle-ci, est opposable aux créanciers dont la créance a une origine antérieurement au jugement de redressement judiciaire et aux personnes qui ont pris un engagement dans le plan mais ne fait pas obstacle à la poursuite après le jugement d'ouverture du redressement judiciaire d'une action en résiliation du bail pour une cause autre que le défaut de paiement d'une somme d'argent (défaut d'entretien et d'exploitation de domaines viticoles). • Civ. 3e, 21 juill. 1999 : *D. 1999. IR 229* ; *D. Affaires 1999. 1443, obs. V. A.-R* ; *JCP E 2000, n° 4, p. 126, obs. Pétel.*

4. Biens communs. Sur l'exercice des poursuites du chef de l'époux *in bonis,* V. • Com. 8 juill. 2003 : *RJPF 2003, n° 12, p. 18, obs. Vauvillé.* – V. aussi • TGI Lyon, JEX, 15 juin 1993 : *D. 1995. Somm. 8, obs. Derrida* • Paris, 24 janv. 1997 : *D. Affaires 1997. 444* • Aix-en-Provence, 9 avr. 1997 : *JCP E 1997. Pan. 905* • Agen, 11 sept. 1995 : *JCP 1996. IV. 569* ; *Cah. jurispr. Aquitaine 1996, n° 1, p. 112, note Saintourens* ; *RPC 1998. 266, obs. Soinne* • Toulouse, 3 juin 2004 : *RPC 2005. 60, obs. Rubellin.* ♦ V. et Comp. notes 14 s. ss. art. L. 622-21 et 16 ss. ancien art. L. 621-46, ss. art. L. 622-26.

5. Concours bancaires. V. note 9 ss. art. L. 622-13.

6. Cautions (régime de la L. 26 juill. 2005). Il résulte de l'art. L. 626-11 que le jugement qui arrête le plan de sauvegarde d'un débiteur en rend les dispositions opposables à tous, et qu'à l'exception des personnes morales, les cautions de ce débiteur peuvent s'en prévaloir, même si leur engagement est antérieur à l'entrée en vigueur de la L. du 26 juill. 2005 qui a introduit ce bénéfice à leur égard, dès lors que la procédure a été ouverte postérieurement. • Com. 10 mars 2021, n° 19-16.816 P : *D. 2021. Actu. 572* ; *RTD com. 2021. 437, obs. Poujade* ; *JCP E 2021. 1386, note Jazottes* ; *LEDEN 4/2021. 3, obs. Lafaurie* ; *BJE 5-6/2021. 18, note Dumont* ; *RJDA 2021, n° 415* ; *RJ com. 2021. 284, obs. Dols-

Magneville ; RPC 2021, n° 67, obs. Aynès ; Gaz. Pal. 26 oct. 2021, p. 79, obs. Boustani-Aufan.

7. Il résulte de l'art. L. 626-11, al. 2, selon lequel la caution personne morale ne peut se prévaloir des dispositions du plan de sauvegarde, que si la déchéance du terme non encourue par le débiteur principal ne peut être invoquée contre une telle caution, celle-ci est tenue de la partie exigible de la dette cautionnée, conformément au terme convenu dans son engagement, jusqu'à extinction de la dette garantie par le cautionnement, sous déduction des sommes payées en exécution du plan. • Com. 30 janv. 2019, n° 16-18.468 P : *D. 2019. 1435, note Bleusez ; RTD com. 2019. 486, obs. Martin-Serf ; RJDA 2019, n° 357 ; RDBF 2019, n° 103, obs. Houin-Bressand ; RPC 2019, n° 67, obs. Aynès ; RJ com. 2019. 274, obs. Atsarias.*

8. En application de l'art. R. 622-26 C. com., les instances engagées par le créancier contre les coobligés et les personnes physiques ayant consenti un cautionnement ou une garantie autonome à une société bénéficiant d'un plan de sauvegarde, qui peuvent se prévaloir des dispositions de ce plan en application de l'art. L. 626-11, suspendues en application de l'art. L. 622-28, sont poursuivies à l'initiative des créanciers bénéficiaires de garanties selon les dispositions applicables à l'opposabilité de ce plan à l'égard des garants. • Com. 10 janv. 2012, n° 11-11.482 P : *D. 2012. Chron. C. cass. 1220, obs. Guillou ; ibid. Actu. 215, obs. Lienhard ; JCP E 2012. 1227, n° 4, obs. Pétel ; Gaz. Pal. 28-29 mars 2012, p. 20, obs. Dumont-Lefrand ; RPC 2012, n° 54, obs. Patureau et Perot-Reboul ; APC 2012, n° 46, obs. Cagnoli ; Gaz. Pal. 27-28 avr. 2012, p. 40, obs. Le Corre-Broly ; BJE 2012. 144, note Borga ; RPC 2012, n° 77, obs. Fraimout.* ♦ En application de l'art. 215 du Décr. n° 92-755 du 31 juill. 1992, devenu l'art. R. 511-7 C. pr. exéc., sauf le cas où la mesure est pratiquée avec un titre exécutoire, le créancier qui a été autorisé à pratiquer une mesure conservatoire contre une caution personnelle, personne physique, doit, dans le mois qui suit l'exécution de la mesure, à peine de caducité, introduire une procédure ou accomplir les formalités nécessaires à l'obtention d'un titre exécutoire, même si le débiteur principal bénéficie d'un plan de sauvegarde. • Com. 27 mai 2014, n° 13-18.018 P : *D. 2014. Actu. 1197, obs. Lienhard ; JCP E 2014. 1447, n° 2, obs. Pétel ; APC 2014, n° 188, obs. Cagnoli ; LEDEN 7/2014. 4, obs. Camensuli-Feuillard ; Gaz. Pal. 5-7 oct. 2014, p. 42, obs. Le Corre-Broly ; BJE 2014. 294, note Reille ; RPC 2014, n° 160, obs. Fraimout.* – V. déjà, en ce sens, • Com. 24 mai 2005, n° 03-21.043 P : *D. 2005. AJ 1632, obs. Lienhard ; APC 2005, n° 132, obs. Vallansan ; JCP E 2005, n° 36, p. 1423, obs. Pétel ; RPC 2005. 212, obs. Macorig-Venier ; Gaz. Pal. 4-5 nov. 2005, p. 49, obs. Le Corre* • Civ. 2e, 30 avr. 2002 (2 arrêts), n° 00-20.372 P : *D. 2002. AJ 2260 ; JCP E 2002, n° 39, p. 1521, obs. Pétel ; RDBF 2002, n° 131, obs. Legeais ; Dr. et patr. 10/2002. 113, obs. Monsèrié-Bon ; RTD com. 2003. 163, obs. Martin-Serf ; RPC 2004. 230, obs. Macorig-Venier.* ♦ L'exécution forcée de ce titre exécutoire ne peut être mise en œuvre tant que le plan de sauvegarde est respecté. • Com. 2 juin 2015, n° 14-10.673 P : *D. 2015. Chron. C. cass. 2210, obs. Arbellot ; ibid. Actu. 1270, obs. Lienhard ; ibid. Pan. 1975, obs. Le Corre ; Rev. sociétés 2015. 548, obs. Roussel Galle ; RTD com. 2015. 752, obs. Martin-Serf ; JCP E 2016. 1000, n° 8, obs. Pétel ; APC 2015, n° 176, obs. Vallansan ; RJDA 2015, n° 591 ; LEDEN 10/2015. 6, obs. Rubellin ; RJ com. 2015. 521, obs. Marcorig-Vernier ; Gaz. Pal. 18-20 oct. 2015, p. 34, obs. Le Corre-Broly ; BJE 2015. 284, note Borga.* ♦ Comp., ayant jugé que l'exécution du titre exécutoire est suspendue pendant la durée du plan ou jusqu'à sa résolution : • Com. 27 mai 2014 : *préc.*

9. Cautions solidaires (jurisprudence antérieure à L. 26 juill. 2005). BIBL. Boulez, *Gaz. Pal. 1994. 1. Doctr. 46.* ♦ Malgré leur caractère volontaire, les remises, pouvant, le cas échéant, être réduites par le tribunal, ces réductions de créances participent de la nature judiciaire des dispositions du plan arrêté pour permettre la continuation de l'entreprise ; en conséquence, elles ne peuvent être assimilées aux remises conventionnelles de dette prévues par l'art. 1287 [1350-2] C. civ., et en vertu de l'art. 64 [C. com., ancien art. L. 621-65], al. 2, les cautions solidaires ne peuvent s'en prévaloir. • Com. 17 nov. 1992, n° 89-14.997 P : *D. 1993. 41, note Vidal ; Defrénois 1993. 527, obs. Sénéchal* • 17 mai 1994, n° 92-22.064 P : *D. 1994. IR 156* • 17 janv. 1995 : *Rev. huiss. 1995. 466, note R. Martin* • 26 mai 1999 : *RPC 2000. 57, obs. Kerckhove.* – V. déjà • Com. 28 mai 1991, n° 89-15.951 P : *D. 1991. IR 176 ; RTD com. 1992. 690, obs. Martin-Serf* • Paris, 22 févr. 1989 : *D. 1991. Somm. 12, obs. Derrida.*

L'acceptation expresse ou tacite, par le créancier, de la proposition de remise de dette qui lui est faite en vue de l'élaboration du plan de continuation du débiteur n'est pas constitutive d'une faute, pour avoir privé la caution de son recours subrogatoire à due concurrence, sauf fraude aux droits de celle-ci. • Com. 22 oct. 1996, n° 94-20.431 P : *D. 1996. IR 261 ; D. Affaires 1996. 1411 ; Quot. jur. 21 nov. 1996, p. 6, note P. M. ; Rev. dr. bancaire 1996. 242, obs. Campana et Calendini.* – V. aussi • Com. 14 mai 2008 : *RTD com. 2008. 851, obs. Saint-Alary-Houin.*

10. Cautions simples. Il résulte de l'art. L. 621-65 [ancien] C. com. que les cautions non solidaires peuvent se prévaloir des dispositions du plan de redressement judiciaire. • Com. 23 nov. 2004, n° 03-17.235 P : *D. 2004. AJ 3220, obs. Lienhard ; D. 2005. 653, note Lisanti ; Banque et Dr. 1-2/2005. 60, obs. Rontchevsky ; JCP E 2005, n° 17, p. 708, obs. Cabrillac ; LPA 19 avr.*

2005, p. 12, note Souhami ; RTD com. 2005. 594, obs. Saint-Alary-Houin. ♦ Solution confirmée par le nouvel art. L. 626-11, al. 2, en ce qui concerne les cautions personnes physiques.

11. Héritiers du débiteur. En ce sens que les héritiers du débiteur au profit duquel a été arrêté un plan de continuation peuvent se prévaloir des dispositions de ce plan, V. • Com. 4 janv. 2000, n° 96-12.981 P : *APC 2000, n° 21, obs. Regnaut-Moutier ; RTD com. 2001. 218, obs. Saint-Alary-Houin.*

12. Salariés. L'autorité du jugement qui arrête le plan ne saurait s'étendre à la question du paiement des créances privilégiées dues aux salariés à la date du jugement d'ouverture. • Soc. 19 févr. 2002, n° 99-14.882 P : *D. 2002. AJ 1141 ; APC 2002, n° 81, obs. Cagnoli ; JCP E 2002, n° 28, p. 1192, obs. Morvan ; ibid., n° 39, p. 1521, obs. Cabrillac.*

13. Garantie de l'AGS. V. note 27 ss. art. L. 3253-8 C. trav., ss. art. L. 625-9.

14. Associés d'une société civile. Un créancier ne peut poursuivre un associé de sociétés civiles d'exploitation agricole en paiement des dettes de ces sociétés, dès lors que celles-ci ont bénéficié d'un plan de redressement dont elles respectent les dispositions d'apurement du passif et que les associés des sociétés civiles, qui sont débiteurs subsidiaires du passif social envers les tiers, peuvent, par application de l'art. 64, al. 1er [C. com., art. L. 621-65, al. 1er], se prévaloir des plans de continuation. • Com. 23 janv. 2001, n° 98-10.668 P : *D. 2001. Somm. 3427, obs. Honorat ; ibid. AJ 781, obs. Lienhard ; JCP E 2001, n° 18, p. 751, obs. Pétel ; ibid., n° 20-21, p. 850, note Rémery ; APC 2001, n° 65, obs. Vallansan ; RJ com. 2001. 189, note Courtier ; RTD com. 2001. 472, obs. Monsèrié-Bon ; Rev. sociétés 2001. 847, obs. Dom.*

15. GAEC. La procédure de redressement judiciaire et le plan de continuation concernant uniquement le groupement agricole d'exploitation en commun et non les époux preneurs, seuls titulaires du bail, la procédure collective poursuivie contre le GAEC, même si les biens loués avaient été mis à sa disposition par les preneurs, ne peut faire obstacle à l'action en résiliation du bailleur dont les droits ne sont pas modifiés. • Civ. 3e, 8 oct. 1997, n° 95-21.199 P : *D. Affaires 1997. 1256.*

16. Aide personnalisée au logement. En ce sens qu'il ne peut être déduit du plan d'apurement du passif aucune obligation, pour le prêteur, de restituer au débiteur le montant de l'APL reçu, V. • Com. 26 nov. 1998, n° 96-12.129 P : *D. 1999. IR 11 ; D. Affaires 1999. 175, obs. V. A.-R. ; LPA 9 avr. 1999, p. 11, note Courtier.*

Art. L. 626-12 *(L. n° 2005-845 du 26 juill. 2005, art. 68)* **Sans préjudice de l'application des dispositions de l'article L. 626-18, la durée du plan est fixée par le tribunal. Elle ne peut excéder dix ans. Lorsque le débiteur est** *(L. n° 2019-486 du 22 mai 2019, art. 67)* **« une personne exerçant une activité agricole définie à l'article L. 311-1 du code rural et de la pêche maritime », elle ne peut excéder quinze ans.**

Les dispositions de l'art. 67 de la L. n° 2019-486 du 22 mai 2019 sont applicables aux procédures en cours au jour de la publication de cette loi lorsque le débiteur est en période d'observation et qu'il sollicite une modification du plan sur le fondement de l'art. L. 626-26 C. com. (L. préc., art. 67-III, JO 23 mai).

Sur les mesures d'adaptation liées à l'urgence sanitaire (Covid-19), V. Ord. n° 2020-341 du 27 mars 2020, art. 1er, et Ord. n° 2020-596 du 20 mai 2020, art. 5, App., vo Sociétés commerciales.

1. Prorogation. Le tribunal peut proroger la durée du plan, dès lors qu'elle n'excède pas dix ans, si cette prorogation permet d'atteindre les objectifs du plan, peu important qu'aucune modification substantielle dans les objectifs et les moyens du plan ne soit parallèlement décidée. • Paris, 19 juin 2001 : *D. 2001. AJ 2892 ; RJDA 2002, n° 70.* ♦ N'excède pas ses pouvoirs la juridiction qui proroge, avant qu'elles n'aient pris fin, la durée du plan [de cession, en l'espèce] et la mission du commissaire à l'exécution du plan, déjà prorogées par des décisions devenues irrévocables. • Com. 19 juin 2007 : *cité note 20 ss. ancien art. L. 661-6 ; RTD com. 2008. 858, obs. Saint-Alary-Houin.* ♦ La durée du plan ayant été fixée à deux ans sauf prolongation, un tribunal ne commet pas d'excès de pouvoir en statuant postérieurement à l'expiration du délai de deux ans initialement fixé dès lors que le commissaire à l'exécution du plan l'a saisi avant l'expiration de sa mission. • Com. 13 nov. 2007 : *cité note 2 ss. art. L. 626-26.*

2. Agriculteurs. Il résulte des dispositions combinées des art. L. 621-66, devenu L. 626-12, C. com. et L. 351-8 C. rur. que le bénéfice d'un plan d'une durée de quinze ans est réservé aux agriculteurs personnes physiques, de sorte que les personnes morales, telle une exploitation agricole à responsabilité limitée, ne peuvent se voir accorder un plan dont la durée excède dix ans. • Com. 29 nov. 2017, n° 16-21.032 P : *D. 2017. Actu. 2421 ; RTD com. 2018. 203, obs. Poujade ; JCP E 2018. 1159, n° 8, obs. Pétel ; ibid. 1186, note Lebel ; DP diff. entr., Bull. n° 399, obs. Roussel Galle ; BJS 2018. 54, note Brignon ; LEDEN 1/2018. 4, obs. Rubellin ; BJE 2018. 25, note Le Mesle ; APC 2018, n° 18, obs. Lebel ; RJDA 2018, n° 156 ; Dr. sociétés 2018,* *nº 33, note Legros.* ♦ V., dans la même affaire, la décision du Conseil constitutionnel rendue sur une QPC portant sur la définition de l'agriculteur résultant de l'art. L. 351-8 C. rur. : • Cons. const. 28 avr. 2017, nº 2017-626-QPC : *D. 2017. Actu. 975* ; *JCP E 2017. 1342, note Cerati-Gauthier ; ibid. 1460, nº 1, obs. Pétel.* ♦ Jurisprudence infirmée par la nouvelle rédaction de l'art. L. 626-12, issue de la L. nº 2019-486 du 22 mai 2019.

Art. L. 626-13 *(L. nº 2005-845 du 26 juill. 2005, art. 69)* **L'arrêt du plan par le tribunal entraîne la levée de plein droit de toute interdiction d'émettre des chèques conformément à l'article L. 131-73 du code monétaire et financier, mise en œuvre à l'occasion du rejet d'un chèque émis avant le jugement d'ouverture de la procédure.** *(L. nº 2022-172 du 14 févr. 2022, art. 5, en vigueur le 14 mai 2022)* **« L'interdiction est levée sur les seuls comptes afférents au patrimoine concerné par le plan. »** – *[C. com., anc. art. L. 621-71.] – V. art. L. 131-73 C. mon. fin., App., vº Banque et financement de l'entreprise.*

Pour les dispositions transitoires de la L. nº 2022-172 du 14 févr. 2022, V. note ss. art. L. 611-13.

V. art. R. 626-24.

Art. L. 626-14 **Dans le jugement arrêtant le plan ou le modifiant, le tribunal peut décider que les biens qu'il estime indispensables à la continuation de l'entreprise ne pourront être aliénés, pour une durée qu'il fixe, sans son autorisation.** *(L. nº 2005-845 du 26 juill. 2005, art. 70)* **« La durée de l'inaliénabilité ne peut excéder celle du plan. »**

(Ord. nº 2008-1345 du 18 déc. 2008, art. 59) **« Lorsque le tribunal est saisi d'une demande d'autorisation d'aliéner un bien rendu inaliénable en application du premier alinéa, il statue, à peine de nullité, après avoir recueilli l'avis du ministère public. »**

La publicité de l'inaliénabilité temporaire est assurée *(L. nº 2005-845 du 26 juill. 2005, art. 70)* **« dans des conditions fixées par décret en Conseil d'État ».**

Tout acte passé en violation des dispositions du premier alinéa est annulé à la demande de tout intéressé *(L. nº 2005-845 du 26 juill. 2005, art. 70)* **« ou du ministère public », présentée dans le délai de trois ans à compter de la conclusion de l'acte. Lorsque l'acte est soumis à publicité, le délai court à compter de celle-ci.** – *[C. com., anc. art. L. 621-72.]*

V. art. R. 626-25 et R. 626-31.

1. Biens inaliénables. L'inaliénabilité n'atteint que les biens dont la propriété est celle du débiteur et non ceux dont il n'est que locataire. • Colmar, 25 mars 1987 : *JCP E 1988. II. 15114, nº 9, obs. Cabrillac et Vivant.* ♦ Sur l'inaliénabilité d'un fonds de commerce, V. • T. com. Paris, 2 mars 1987 : *Gaz. Pal. 1987. 2. 482, note Marchi* • T. com. Dunkerque, 1er avr. 2003 : *Gaz. Pal. 2003. Somm. 3256, obs. Delattre* (fonds exploité dans un bâtiment dépendant du domaine public maritime).

2. Indivision. Les créanciers de l'indivision préexistante à l'ouverture de la procédure collective de l'un des indivisaires ne peuvent, indépendamment de la publicité foncière de l'inaliénabilité temporaire décidée par le tribunal arrêtant le plan de continuation de cet indivisaire, se voir opposer cette disposition du plan qui fait obstacle au droit de poursuite qu'ils tiennent de l'art. 815-17, al. 1er, C. civ. ; l'inaliénabilité ne revêt pas le caractère d'une insaisissabilité s'imposant aux créanciers de l'indivision. • Com. 7 févr. 2012 : *D. 2012. Actu. 499* . ♦ V. aussi note 23 ss. art. L. 622-21.

Art. L. 626-15 à L. 626-17 *Abrogés par L. nº 2016-1547 du 18 nov. 2016, art. 99-IV.*

Art. L. 626-18 *(L. nº 2010-1249 du 22 oct. 2010, art. 58-I-2º)* **Le tribunal donne acte des délais et remises acceptés par les créanciers dans les conditions prévues au deuxième alinéa de l'article L. 626-5 et à l'article L. 626-6. Ces délais et remises peuvent, le cas échéant, être réduits par le tribunal.**

Le tribunal homologue les accords de conversion en titres acceptés par les créanciers dans les conditions prévues au troisième alinéa de l'article L. 626-5, sauf s'ils portent atteinte aux intérêts des autres créanciers. Il s'assure également, s'il y a lieu, de l'approbation des assemblées mentionnées à l'article L. 626-3.

Pour les créanciers autres que ceux visés aux premier et deuxième alinéas du présent article, lorsque les délais de paiement stipulés par les parties avant l'ouverture de la procédure sont supérieurs à la durée du plan, le tribunal ordonne le maintien de ces délais.

Dans les autres cas, le tribunal impose des délais uniformes de paiement, sous réserve du cinquième alinéa du présent article. Le premier paiement ne peut intervenir au-delà d'un délai d'un an. Le montant de chacune des annuités prévues par le plan, à compter de la troisième, ne peut être inférieur à 5 % de chacune des créances admises, *(Ord. n° 2021-1193 du 15 sept. 2021, art. 32, en vigueur le 1er oct. 2021)* **« et, à compter de la sixième année, à 10 %, » sauf dans le cas d'une exploitation agricole.** — *V. art. R. 626-33.*

Lorsque le principal d'une créance reste à échoir en totalité au jour du premier paiement prévu par le plan, son remboursement commence à la date de l'annuité prévue par le plan qui suit l'échéance stipulée par les parties avant l'ouverture de la procédure. A cette date, le principal est payé à concurrence du montant qui aurait été perçu par le créancier s'il avait été soumis depuis le début du plan aux délais uniformes de paiement imposés par le tribunal aux autres créanciers. Le montant versé au titre des annuités suivantes est déterminé conformément aux délais uniformes de paiement imposés aux autres créanciers. Si aucun créancier n'a été soumis à des délais uniformes de paiement, le montant versé au titre des annuités suivantes correspond à des fractions annuelles égales du montant du principal restant dû.

Les délais de paiement imposés en application des quatrième et cinquième alinéas ne peuvent excéder la durée du plan.

(Ord. n° 2014-326 du 12 mars 2014, art. 39, en vigueur le 1er juill. 2014) **« Le crédit preneur peut, à l'échéance, lever l'option d'achat avant l'expiration des délais prévus au présent article. Il doit alors payer l'intégralité des sommes dues dans la limite de la réduction dont elles font l'objet dans le plan sous forme de remises** *(Abrogé par L. n° 2016-1547 du 18 nov. 2016, art. 99-IV-10°)* ***« ou de délais »*. — *Sur les dispositions transitoires de la L. n° 2016-1547 du 18 nov. 2016, V. note ss. art. L. 621-3.***

Pour les dispositions transitoires de l'Ord. n° 2021-1193 du 15 sept. 2021, V. note ss. art. L. 611-2.

Sur les mesures d'adaptation liées à l'urgence sanitaire (Covid-19), V. Ord. n° 2020-596 du 20 mai 2020, art. 5, App., v° Sociétés commerciales.

BIBL. ▶ LE CORRE, *Gaz. Pal. 2012. Doctr. 2040* (délais de remboursement d'un plan supérieurs à dix ans). – PODEUR, *D. 2017. Chron. 1430* (accords de conciliation et plans de sauvegarde : les restructurations de dettes au confluent du contractuel et du judiciaire).

La L. n° 2010-1249 du 22 oct. 2010 est applicable aux procédures de sauvegarde et de redressement judiciaire ouvertes à compter du premier jour du cinquième mois suivant sa publication (L. préc., art. 58-II, JO 23 oct.), soit à compter du 1er mars 2011.

Ancien art. L. 626-18 *[réd. antérieure à L. n° 2010-1249 du 22 oct. 2010]* ***Le tribunal donne acte des délais et remises acceptés par les créanciers dans les conditions prévues*** *(L. n° 2005-845 du 26 juill. 2005, art. 73)* ***« au deuxième alinéa de l'article L. 626-5 et à l'article L. 626-6 ». Ces délais et remises peuvent, le cas échéant, être réduits par le tribunal. Pour les autres créanciers, le tribunal impose des délais uniformes de paiement, sous réserve, en ce qui concerne les créances à terme, des délais supérieurs stipulés par les parties avant l'ouverture de la procédure*** *(L. n° 2005-845 du 26 juill. 2005, art. 73)* ***« qui peuvent excéder la durée du plan.***

« Le premier paiement ne peut intervenir au-delà d'un délai d'un an. — *V. art. R. 626-33.*

« Au-delà de la deuxième année, le montant de chacune des annuités prévues par le plan ne peut, sauf dans le cas d'une exploitation agricole, être inférieur à 5 % du passif admis. »

Pour les contrats de crédit-bail, ces délais prennent fin si, avant leur expiration, le crédit preneur lève l'option d'achat. Celle-ci ne peut être levée si, sous déduction des remises acceptées, l'intégralité des sommes dues en vertu du contrat n'a pas été réglée. — *[C. com., anc. art. L. 621-76.]*

1. Remises imposées. A violé l'art. 74 [C. com., art. L. 626-18], le tribunal qui a imposé aux créanciers chirographaires ayant rejeté les propositions visées à l'art. 24 [C. com., art. L. 626-5], une réduction de leurs créances. • Versailles, 5 janv. 1988 : *JCP 1988. II. 21002, note Martin-Serf* • Nancy, 10 juin 1987 : *RPC 1988. 316, obs. Soinne.* ♦ V. aussi note 3 ss. art. L. 626-5.

2. Délais de paiement uniformes. Viole l'art. 74 [C. com., art. L. 626-18] le tribunal imposant aux créanciers privilégiés et chirographaires réfractaires aux propositions des délais différents de paiement. • Versailles, 3 mars 1988 : *D. 1988. IR 103.* ♦ Cependant, le sort des créanciers privilégiés réfractaires est nécessairement moins favorable que celui des créanciers privilégiés acceptants, puisque la loi contraint les juges à aligner leur sort sur celui des créanciers chirographaires réfractaires. • Versailles, 19 mai 1988 : *D. 1988. 562, concl. Challe ; JCP E 1988. II. 15300 et 15301 ; Gaz. Pal. 1988. 2. 590, note de Guillenchmidt.*

V. aussi • Com. 16 nov. 1993, n° 91-17.154 P : *D. 1995. Somm. 7, obs. Derrida*.

3. Modification du plan. En ce sens que les dispositions de l'art. 24 [C. com., art. L. 626-5], al. 2, visant l'acceptation tacite dans le cadre du plan de redressement ne doivent pas être étendues à une proposition de modification du plan car la stipulation d'une acceptation tacite constituerait une violation de l'art. 74 [C. com., art. L. 626-18] qui interdit d'imposer une réduction de créance, V. • Reims, 9 sept. 1998 : *JCP E 1999, n° 23, p. 987.*

4. Paiement annuel. Aucune disposition n'interdit au tribunal, qui décide des modalités d'apurement du passif en cas de continuation, de prévoir un paiement annuel de dividende aux créanciers tout en obligeant le débiteur à provisionner mensuellement le montant de celui-ci entre les mains du commissaire à l'exécution du plan. • Orléans, 23 nov. 2000 : *RJDA 2001, n° 478.*

5. Prêts participatifs. V. note 1 ss. C. mon. fin., art. L. 313-16, App., v° *Banque et financement de l'entreprise.*

6. Cautions. V. art. L. 626-11, al. 2.

7. Intérêts moratoires. V. note 7 ss. art. L. 622-28.

8. Crédit-bail. Pour l'inapplicabilité de l'art. 74 [C. com., art. L. 626-18] lorsque le contrat est venu à expiration pendant la période d'observation et que la levée d'option est intervenue pendant cette période, V. • T. com. Nice, 4 nov. 1997 : *D. 1998. IR 15.*

Art. L. 626-19 **Le plan peut prévoir un choix pour les créanciers comportant un paiement dans des délais uniformes plus brefs mais assorti d'une réduction proportionnelle du montant de la créance.**

(Abrogé par L. n° 2005-845 du 26 juill. 2005, art. 74) ***« Dans ce cas, les délais ne peuvent excéder la durée du plan. »***

La réduction de créance n'est définitivement acquise qu'après versement, au terme fixé, de la dernière échéance prévue par le plan *(Ord. n° 2008-1345 du 18 déc. 2008, art. 60)* **« pour son paiement ».** — *[C. com., anc. art. L. 621-77.]*

Sur les mesures d'adaptation liées à l'urgence sanitaire (Covid-19), V. Ord. n° 2020-596 du 20 mai 2020, art. 5, App., v° Sociétés commerciales.

1. Si un choix est proposé aux créanciers consultés individuellement par lettre recommandée, cette lettre doit préciser le terme du choix qu'ils seront censés accepter à défaut de réponse dans les délais légaux. • T. com. Marseille, 16 mai 1991 : *D. 1995. Somm. 4, obs. Derrida ; RPC 1996. 447, obs. Soinne.*

2. Il résulte de l'art. L. 621-77 [L. 626-19] C. com. que la créance ayant fait l'objet d'une réduction dans le cadre du plan n'est éteinte que lorsque le débiteur a exécuté ses engagements. • Com. 3 oct. 2006, n° 04-30.779 P : *D. 2006. AJ 2734, obs. Lienhard ; D. 2007. Pan. 42, obs. Le Corre ; APC 2006, n° 237, obs. Boulay ; Gaz. Pal. 19-20 janv. 2007, p. 31, obs. Voinot.* ♦ Pour une application de l'art. L. 626-19, al. 2, dans sa rédaction issue de l'Ord. du 18 déc. 2008, fixant la date d'acquisition de la réduction de créance au terme de la dernière échéance prévue par le plan pour le paiement de la créance considérée, V. • Com. 22 sept. 2015, n° 14-16.920 P : *D. 2015. Actu. 1949 ; JCP E 2016. 1000, n° 5, obs. Pétel ; APC 2015, n° 274, obs. Thiberge ; LEDEN 11/2015. 3, obs. Couturier ; RJDA 2015, n° 844 ; Gaz. Pal. 19 janv. 2016, p. 64, obs. Lebel ; BJE 2016. 22, note Picod ; RJ com. 2016. 270, obs. Roussel Galle ; RPC 2016, n° 80, obs. Fraimout.* ♦ La résolution du plan a pour effet d'anéantir rétroactivement les délais et remises acceptés lors de son adoption, de sorte que de telles remises, accordées au débiteur en dehors de toute négociation contractuelle étrangère au plan, ne sont définitivement acquises au débiteur qu'après versement, au terme fixé de la dernière échéance prévue par le plan. • Com. 9 mai 2007, n° 06-12.111 P : *D. 2007. AJ 1509, obs. Lienhard ; APC 2007, n° 118, obs. Vallansan ; RPC 2007. 131, obs. Lebel.*

Art. L. 626-20 **I. — Par dérogation aux dispositions des articles L. 626-18 et L. 626-19, ne peuvent faire l'objet de remises ou de délais** *(Ord. n° 2014-326 du 12 mars 2014, art. 40-1°, en vigueur le 1er juill. 2014)* **« qui n'auraient pas été acceptés par les créanciers » :**

1° Les créances garanties par le privilège établi aux articles L. 143-10 *[L. 3253-2 et L. 3253-3]*, **L. 143-11** *[L. 3253-4]*, **L. 742-6 et L. 751-15** *[L. 7313-8]* **du code du travail ;**

2° Les créances résultant d'un contrat de travail garanties par les privilèges prévus au 4° de l'article 2101 *[2331]* **et au 2° de l'article 2104** *[2375]* **du code civil lorsque le**

montant de celles-ci n'a pas été avancé par les institutions mentionnées à l'article L. 143-11-4 *[L. 3253-14]* **du code du travail ou n'a pas fait l'objet d'une subrogation ;**

(Ord. n° 2014-326 du 12 mars 2014, art. 40-2°, en vigueur le 1er juill. 2014) **« 3° Les créances garanties par le privilège établi au premier alinéa de l'article L. 611-11 ; »**

(Ord. n° 2021-1193 du 15 sept. 2021, art. 33, en vigueur le 1er oct. 2021) **« 4° Les créances garanties par le privilège établi au 2° du III de l'article L. 622-17 et à l'article L. 626-10. »** — *Pour les dispositions transitoires de l'Ord. n° 2021-1193 du 15 sept. 2021, V. note ss. art. L. 611-2.*

II. — Dans la limite de 5 % du passif estimé, les créances les plus faibles prises dans l'ordre croissant de leur montant et sans que chacune puisse excéder un montant fixé par décret, sont remboursées sans remise ni délai. Cette disposition ne s'applique pas lorsque le montant des créances détenues par une même personne excède un dixième du pourcentage ci-dessus fixé ou lorsqu'une subrogation a été consentie ou un paiement effectué pour autrui. — *[C. com., anc. art. L. 621-78.] — V. art. R. 626-33-1 et R. 626-34.*

1. Créances salariales. La créance de l'AGS correspondant au montant des créances salariales garanties par le superprivilège des salariés entre dans les prévisions de l'art. 76, 1°, devenu l'art. L. 621-78, 1°, [L. 626-20] C. com. ; cette disposition, au contraire de celle du 2° du même art., ne profite, en effet, pas seulement aux salariés mais aussi à ceux qui ont acquis leur créance, dont l'AGS subrogée dans leurs droits. • Orléans, 22 févr. 2001 : *APC 2001, n° 102, obs. Soinne.* ♦ V. aussi note 13 ss. art. L. 626-11 et note 5 ss. art. L. 625-6.

2. Entrepreneurs de travaux publics. Le bénéficiaire du privilège spécial mobilier, prévu par l'art. L. 143-6 [L. 3253-22] C. trav. auquel ne s'appliquent pas les dérogations énumérées par l'art. 76 de la loi du 25 janv. 1985 [C. com., art. L. 626-20], est soumis, comme les autres créanciers privilégiés, aux modalités d'apurement du passif décidées par le jugement arrêtant le plan de continuation. • Com. 17 févr. 1998, n° 95-17.490 P : *D. Affaires 1998. 538 ; JCP E 1998, n° 36, p. 1357, obs. Cabrillac.*

Art. L. 626-21 **L'inscription d'une créance au plan et** *(L. n° 2010-1249 du 22 oct. 2010, art. 58-I-3°)* **« l'acceptation par le créancier de délais, remises ou conversions en titres donnant ou pouvant donner accès au capital** *[ancienne rédaction : l'octroi de délais ou remises par le créancier]* **» ne préjugent pas l'admission définitive de la créance au passif.**

(L. n° 2010-1249 du 22 oct. 2010, art. 58-I-3°) **« Lorsque le mandataire judiciaire a proposé l'admission d'une créance et que le juge-commissaire n'a été saisi d'aucune contestation sur tout ou partie de cette créance, les versements y afférents sont effectués à titre provisionnel dès que la décision arrêtant le plan est devenue définitive, à condition que cette décision le prévoie. »**

Les sommes à répartir correspondant aux créances litigieuses ne sont versées qu'à compter de l'admission définitive de ces créances au passif. Toutefois, la juridiction saisie du litige peut décider que le créancier participera à titre provisionnel, en tout ou partie, aux répartitions faites avant l'admission définitive.

Sauf disposition législative contraire *(Abrogé par L. n° 2005-845 du 26 juill. 2005, art. 75) « **ou si le plan n'en dispose autrement** »*, **les paiements prévus par le plan sont portables.** — *[C. com., anc. art. L. 621-79.]*

(L. n° 2005-845 du 26 juill. 2005, art. 75) **« Le tribunal fixe les modalités du paiement des dividendes arrêtés par le plan. Les dividendes sont payés entre les mains du commissaire à l'exécution du plan, qui procède à leur répartition. »** *(L. n° 2010-1249 du 22 oct. 2010, art. 58-I-3°)* **« Lorsque la bonne exécution du plan le requiert au regard de la nature particulière des paiements à effectuer, le tribunal peut, par décision spécialement motivée et après avis du ministère public, autoriser le commissaire à l'exécution du plan, sous sa responsabilité, à régler les créanciers par l'intermédiaire d'un établissement de crédit spécialement organisé pour effectuer des paiements de masse en numéraire ou en valeurs mobilières. »**

La L. n° 2010-1249 du 22 oct. 2010 est applicable aux procédures de sauvegarde et de redressement judiciaire ouvertes à compter du premier jour du cinquième mois suivant sa publication (L. préc., art. 58-II, JO 23 oct.), soit à compter du 1er mars 2011.

A. PORTÉE DE L'INSCRIPTION D'UNE CRÉANCE AU PLAN

1. Le plan de continuation doit prévoir le règlement de toutes les créances déclarées, même si elles sont contestées. • Com. 6 janv. 1998, n° 95-20.588 P : *D. 1998. IR 39 ; D. Affaires 1998, p. 205, obs. V. A.-R. ; Quot. jur. 10 févr. 1998, p. 6, note P. M. ; JCP E 1998, n° 17, p. 654, obs. Cabrillac ; Rev. dr. bancaire 1998. 72, obs. Campana et Calendini* • 3 oct. 2006 : *APC 2006, n° 232, obs. Vallansan.* ♦ Le créancier qui n'a pas reçu les dividendes fixés par le plan qui n'incluait pas sa créance peut en demander la résolution, en vertu de l'art. 80 [C. com., art. L. 626-27]. • Com. 6 janv. 1998 : *préc.* – V. aussi : • Com. 9 déc. 1997 : *JCP E 1998, n° 6, p. 205.*

Sur la responsabilité civile du représentant des créanciers, V. note 4 ss. art. L. 624-1.

2. Viole l'art. 77 [C. com., art. L. 626-27], al. 1er, l'arrêt qui, pour admettre une créance à un montant inférieur à celui déclaré, énonce que les personnes exécutant le plan de redressement d'une entreprise ne peuvent se voir imposer des charges autres que les engagements souscrits par elles au cours de sa préparation et relève que le débiteur s'est engagé dans le projet de plan à régler cette somme en dix ans, alors que l'inscription au plan de la créance ne fait pas obstacle à son admission, pour la somme déclarée, et alors que la cour d'appel constate que cette créance est pleinement justifiée par les factures produites. • Com. 14 juin 1994, n° 92-16.420 P : *D. 1995. Somm. 6, obs. Derrida ; RTD com. 1995. 481, obs. Martin-Serf .*

3. Le juge-commissaire ayant admis la créance d'une banque pour son seul montant en principal, hors intérêts, et le plan de continuation ayant prévu le règlement des créances déclarées pour leur seul montant en capital, il en résulte que le débiteur n'est pas tenu de régler les intérêts de la créance de la banque. • Com. 23 nov. 2004 : *RTD com. 2005. 595, obs. Saint-Alary-Houin .*

B. PAIEMENTS PRÉVUS PAR LE PLAN

4. Le jugement qui arrête le plan de continuation autorise tout créancier à exercer après l'échéance, y compris en référé, une action de droit commun en paiement du dividende fixé par le plan, dès lors que sa créance a été définitivement admise au passif. • Paris, 6 févr. 2002 : *BICC 2002, n° 1283.* ♦ En conséquence, n'est pas fondée l'exception d'incompétence au profit du tribunal de la procédure collective soulevée par le débiteur. • Même arrêt. ♦ V. aussi, pour l'engagement d'une mesure d'exécution forcée, • Com. 15 oct. 2002 : *RTD com. 2003. 168, obs. Vallens .* ♦ V. aussi note 1 ss. art. L. 626-11. ♦ Comp., désormais, sur l'action en paiement des dividendes : art. L. 626-27.

5. La loi ne prévoit aucune déchéance ou forclusion relative aux demandes tardives de paiement de dividendes échus et seules les règles de la prescription font obstacle à de telles demandes. • Com. 22 oct. 1996, n° 94-10.771 P : *D. Affaires 1997. 27 ; Rev. dr. bancaire 1996. 243, obs. Campana et Calendini.*

6. Sur le droit du créancier d'obtenir le paiement des annuités échues antérieurement à l'admission définitive de sa créance, V. • Com. 22 nov. 2011, n° 10-24.129 P : *D. 2011. Actu. 2927 ; Rev. sociétés 2012. 196, obs. Roussel Galle ; JCP E 2012. 1227, n° 5, obs. Pétel ; LEDEN 1/2012. 3, obs. Staes ; RJDA 2012, n° 314 ; Gaz. Pal. 27-28 avr. 2012, p. 22, obs. Lebel.*

Art. L. 626-22 **En cas de vente d'un bien grevé** *(Ord. n° 2021-1193 du 15 sept. 2021, art. 34, en vigueur le 1er oct. 2021)* **« d'une sûreté réelle spéciale ou d'une hypothèque légale »,** *(L. n° 2005-845 du 26 juill. 2005, art. 76)* **« la quote-part du prix correspondant aux créances garanties par ces sûretés est versée en compte de dépôt à la Caisse des dépôts et consignations et » les créanciers bénéficiaires de ces sûretés ou titulaires d'un privilège général sont payés sur le prix après le paiement des créances garanties par le privilège établi aux articles L. 143-10** *[L. 3253-2 et L. 3253-3]*, **L. 143-11** *[L. 3253-4]*, **L. 742-6 et L. 751-15** *[L. 7313-8]* **du code du travail.**

Ils reçoivent les dividendes à échoir d'après le plan, réduits en fonction du paiement anticipé, suivant l'ordre de préférence existant entre eux.

Si un bien est grevé *(Ord. n° 2021-1193 du 15 sept. 2021, art. 34, en vigueur le 1er oct. 2021)* **« d'une sûreté réelle spéciale ou d'une hypothèque légale », une autre garantie peut lui être substituée en cas de besoin, si elle présente des avantages équivalents. En l'absence d'accord, le tribunal peut ordonner cette substitution.** – *[C. com., anc. art. L. 621-80.]*

Pour les dispositions transitoires de l'Ord. n° 2021-1193 du 15 sept. 2021, V. note ss. art. L. 611-2.

V. art. R. 626-35, R. 626-36 et R. 661-1.

1. Paiement des créanciers privilégiés. Pour l'inapplicabilité de l'art. L. 621-80 [L. 626-22] dans le cas où la vente du bien grevé n'a pas été prévue par le plan, mais est intervenue après l'arrêté de celui-ci, V. • Com. 21 févr. 2006 : *cité note 2 ss. art. L. 626-25.* ♦ Sur les modalités d'application de l'art. L. 621-80 [L. 626-22], al. 1er et 2, V. • Douai, 11 mars 1993 : *RPC 1993. 490, obs. Soinne.*

2. Substitution de garanties. BIBL. Pohé, *RPC 1992. 45.* ♦ L'art. 78 [C. com., art. L. 626-22], al. 3, n'autorise pas le juge à substituer une caution bancaire à l'immeuble dont la réalisation est envisagée et qui doit sortir du patrimoine gage des créanciers soumis au plan de continuation. • Paris, 29 juin 1993 : *D. 1995. Somm. 5, obs. Derrida.* ♦ Par suite, le juge, statuant sur une demande de modification du plan de continuation qui prévoyait qu'un immeuble ne pourrait être cédé sans son autorisation, subordonne à bon droit cette autorisation au règlement du passif, tant des créanciers titulaires de sûretés sur l'immeuble que des créanciers chirographaires. • Même arrêt.

Art. L. 626-23 **En cas de cession partielle d'actifs, le prix est versé** *(L. no 2005-845 du 26 juill. 2005, art. 77)* **« au débiteur » sous réserve de l'application de l'article L. 626-22.** – *[C. com., anc. art. L. 621-81.]*

BIBL. ▶ Dorléac, *BJE 2011. 293.*

Art. L. 626-24 *(L. no 2005-845 du 26 juill. 2005, art. 78)* **« Le tribunal peut charger l'administrateur d'effectuer les actes, nécessaires à la mise en œuvre du plan, qu'il détermine. »**

Le mandataire judiciaire demeure en fonction pendant le temps nécessaire *(L. no 2005-845 du 26 juill. 2005, art. 78)* **« à la vérification et à l'établissement définitif de l'état des créances ».** – *[C. com., anc. art. L. 621-67.]*

(Ord. no 2008-1345 du 18 déc. 2008, art. 61) **« Lorsque la mission de l'administrateur et du mandataire judiciaire est achevée, il est mis fin à la procédure dans des conditions fixées par décret en Conseil d'État. »**

V. art. R. 626-38 s.

1. Délimitation des pouvoirs. BIBL. Soinne, *RPC 2001. 163.* ♦ En vertu des art. 46, 63, al. 2, 66, 67 et 147 [C. com., art. L. 622-20, ancien art. L. 621-64, art. L. 626-24, L. 626-25 et ancien art. L. 621-143], le représentant des créanciers, qui demeure en fonction pendant le temps nécessaire à la vérification des créances, agit au nom et dans l'intérêt des créanciers ; le commissaire à l'exécution du plan de redressement de l'entreprise est chargé de veiller à l'exécution de celui-ci, tandis que les pouvoirs nécessaires à la mise en œuvre du plan, spécialement en ce qui concerne les licenciements prévus, sont attribués à l'administrateur ; en cas d'ouverture d'une procédure simplifiée de redressement judiciaire sans administrateur, le commissaire à l'exécution du plan assiste le débiteur dans l'accomplissement des actes nécessaires à la mise en œuvre du plan. • Soc. 8 avr. 1992, no 89-43.288 P : *D. 1992. IR 187.* ♦ Cassation, pour violation de ces textes, de l'arrêt qui condamne *in solidum* le commissaire à l'exécution du plan, le représentant des créanciers et le débiteur à payer des dommages et intérêts à un salarié irrégulièrement licencié pour motif économique en application d'un plan de cession, alors que la cour d'appel ne peut condamner que l'administrateur ès qualités et le débiteur, ou, en cas de procédure simplifiée et en l'absence de désignation d'un administrateur, que le débiteur assisté du commissaire à l'exécution du plan. • Même arrêt. ♦ V. aussi notes 9 s. ss. art. L. 626-25.

2. Fin des fonctions du représentant des créanciers. Le représentant des créanciers, demeurant en fonction pendant le temps nécessaire à la vérification des créances, est recevable à faire appel d'un jugement ayant reconnu l'existence de cette créance. • Com. 11 avr. 1995 : *JCP 1995. IV. 1478.* ♦ Mais, le représentant des créanciers ne demeure en fonction que pour achever la vérification du passif et n'a plus qualité pour exercer, après le jugement arrêtant le plan, une action en paiement de dommages-intérêts contre une personne à qui il est reproché d'avoir contribué, par des agissements fautifs, à la diminution de l'actif ou à l'aggravation du passif. • Com. 12 juill. 1994, no 92-14.349 P : *D. 1995. Somm. 1, obs. Derrida* • 3 janv. 1995 : *BJS 1995. 266, note Couret.* ♦ Dans le même sens, pour des actions en comblement de passif et en prononcé de faillite personnelle, V. • Com. 24 sept. 2003, no 00-11.010 P : *D. 2003. AJ 2438, obs. Lienhard ; BJS 2003. 1265, note Cagnoli ; JCP E 2004, no 5, p. 174, obs. Pétel ; Rev. sociétés 2004. 412, note F.-X. Lucas ; RPC 2005. 150, obs. Martin-Serf.* ♦ V. note 18 ss. art. L. 626-25. ♦ De même, après l'adoption d'un plan de redressement, le représentant des créanciers n'a plus qualité pour demander en référé la désignation d'un expert en vue de rechercher les éléments relatifs à la responsabilité d'une banque pour soutien abusif. • Com. 8 janv. 2002 : *APC 2002, no 72.* ♦ V. aussi, sur le défaut de qualité pour agir en rapport du montant d'un chèque, sur le fondement de l'art. L. 621-109 [L. 632-3] C. com., • Com. 23 nov. 2004, no 03-17.141 P : *D. 2004. AJ 3218, obs. Lienhard ; RDBF 2005, no 18, obs. F.-X. Lucas ; Dr. et patr. 4/2005. 114, obs. Monsèrié-Bon ; RTD com. 2005. 590, obs. Saint-Alary-Houin.* ♦ ... Pour poursuivre une action en nullité de la période suspecte, note 6 ss. art. L. 632-4. ♦ La fin de non-recevoir tirée du défaut de qualité du représentant des créanciers pour agir en paiement des dettes sociales n'est pas susceptible d'être régularisée par la nomination d'un mandataire *ad hoc*. • Com. 28 mars 2000, n° 97-12.243 P : *D. 2000. AJ 212 ; JCP E 2000, n° 40, p. 1561, obs. Pétel.*

3. Sur l'absence d'intérêt du représentant des créanciers pour agir en nullité d'une vente conclue durant la période suspecte, dès lors que la liquidation judiciaire de la société a été clôturée pour extinction du passif et qu'il a été mis fin au redressement judiciaire du dirigeant après adoption du plan d'apurement de son passif, l'intégralité des sommes destinées à couvrir ce passif ayant été consignée entre les mains du représentant des créanciers avant la date de l'assignation en nullité, V. • Com. 29 oct. 1991 : *D. 1992. 424, note Sortais.*

Art. L. 626-25 *(L. n° 2005-845 du 26 juill. 2005, art. 79)* **« Le tribunal nomme, pour la durée fixée à l'article L. 626-12, l'administrateur ou le mandataire judiciaire en qualité de commissaire chargé de veiller à l'exécution du plan. Le tribunal peut, en cas de nécessité, nommer plusieurs commissaires.** *(Abrogé par Ord. n° 2009-112 du 30 janv. 2009, art. 11-I, à compter du 15 févr. 2009) (Ord. n° 2008-1345 du 18 déc. 2008, art. 62) « Les dispositions de l'article L. 621-4-1 sont applicables au commissaire à l'exécution du plan. »*

(L. n° 2016-1547 du 18 nov. 2016, art. 99-IV-11°) **« A la demande du débiteur, le tribunal peut confier à l'administrateur ou au mandataire judiciaire qui n'ont pas été nommés en qualité de commissaire à l'exécution du plan une mission subséquente rémunérée, d'une durée maximale de vingt-quatre mois, dans les conditions prévues par décret en Conseil d'État. »** — *Sur les dispositions transitoires de la L. n° 2016-1547 du 18 nov. 2016, V. note ss. art. L. 621-3.*

« Les actions introduites avant le jugement qui arrête le plan et auxquelles l'administrateur ou le mandataire judiciaire est partie sont poursuivies par le commissaire à l'exécution du plan ou, si celui-ci n'est plus en fonction, par un mandataire de justice désigné spécialement à cet effet par le tribunal.

« Le commissaire à l'exécution du plan est également habilité à engager des actions dans l'intérêt collectif des créanciers. »

Le commissaire à l'exécution du plan peut se faire communiquer tous les documents et informations utiles à sa mission.

Il rend compte au président du tribunal et au *(L. n° 2005-845 du 26 juill. 2005, art. 79)* **« ministère public » du défaut d'exécution du plan. Il en informe le comité** *(Ord. n° 2021-1193 du 15 sept. 2021, art. 35, en vigueur le 1er oct. 2021)* **« social et économique ».** — *V. art. R. 626-43 et R. 626-47. — Pour les dispositions transitoires de l'Ord. n° 2021-1193 du 15 sept. 2021, V. note ss. art. L. 611-2.*

(L. n° 2003-7 du 3 janv. 2003, art. 43) **« Toute somme perçue par le commissaire à l'exécution du plan est immédiatement versée en compte de dépôt à la Caisse des dépôts et consignations. En cas de retard, le commissaire à l'exécution du plan doit, pour les sommes qu'il n'a pas versées, un intérêt dont le taux est égal au taux de l'intérêt légal majoré de cinq points. »** — *[C. com., anc. art. L. 621-68.] — Pour l'insaisissabilité des sommes versées à la Caisse des dépôts et consignations, V. art. L. 662-1.*

(L. n° 2005-845 du 26 juill. 2005, art. 79) **« Le commissaire à l'exécution du plan peut être remplacé par le tribunal, soit d'office, soit à la demande du ministère public. »** *(Ord. n° 2008-1345 du 18 déc. 2008, art. 62)* **« Lorsque le remplacement est demandé par le commissaire à l'exécution du plan, le président du tribunal statue par ordonnance. »** — *V. art. R. 626-44.*

BIBL. ▸ GOMEZ, *RPC 2008. 28* (durée de la mission du commissaire à l'exécution du plan).

▸ Régime antérieur à la loi du 26 juill. 2005 : BOLARD, *Mél. Honorat, Frison-Roche, 2000, p. 27.* – BRILL-VENKATASAMY, *RJ com. 1994. 1* (sort des actions en responsabilité à l'encontre des tiers non dirigeants après l'adoption d'un plan de redressement). – SOINNE, *RPC 2001. 163 ; ibid. 2003. 3 ; LPA 15 janv. 2002 ; ibid. 16 janv. 2002, p. 8 ; ibid. 17 janv. 2002* (répartition des pouvoirs entre les organes de la procédure). – MONTÉRAN et LE BOURGEOIS, *RPC 2003. 294* (pouvoirs du commissaire à l'exécution du plan). – LE CORRE, *Gaz. Pal. 2004. Doctr. 3708* (durée des fonctions du commissaire à l'exécution du plan).

A. EFFETS DU JUGEMENT ARRÊTANT LE PLAN

1. Le jugement arrêtant le plan de cession [de sauvegarde ou de redressement] de l'entreprise mettant fin, dès son prononcé, à la période d'observation, le débiteur retrouve la totalité de ses pouvoirs, sous réserve de ceux qui sont attribués à l'administrateur pour la mise en œuvre du plan et au commissaire à l'exécution du plan pour veiller à l'exécution de celui-ci. • Soc. 20 janv. 1993, n° 88-42.702 P : *D. 1994. Somm. 40, obs. Derrida* • 3 mars 1994 : *RPC 1994. 232, obs. Soinne* • 13 juin 2001 : *APC 2001, n° 199*. – V. aussi • Civ. 3e, 7 juin 2001 : *APC 2001, n° 212, obs. Regnaut-Moutier.*

2. Après l'arrêté du plan de continuation [de redressement] et sauf disposition contraire de celui-ci, le débiteur, redevenu maître de ses biens, peut disposer de ceux-ci ainsi que de leur prix, sans avoir à solliciter l'autorisation du tribunal ou du juge-commissaire, ses créanciers étant réglés selon les modalités du plan. • Com. 21 févr. 2006, n° 04-10.187 P : *D. 2006. AJ 719, obs. Lienhard ; ibid. Pan. 2253, obs. F.-X. Lucas ; JCP E 2006, n° 14-15, p. 670, obs. Cabrillac ; Gaz. Pal. 30 avr.-4 mai 2006, p. 32, obs. Voinot ; APC 2006, n° 91, obs. Boulay ; RTD com. 2006. 482, obs. Vallens*. ♦ De même, le débiteur redevenu maître de ses biens est recevable à exercer une action en résolution d'un contrat, peu important l'inaction de l'administrateur pendant la période d'observation. • Com. 16 sept. 2008, n° 07-13.713 P : *D. 2008. AJ 2425, obs. Lienhard ; APC 2008, n° 269, obs. Regnaut-Moutier ; JCP E 2009. 1008, n° 5, obs. Pétel ; LPA 25 mars 2009, note Rakotovahiny.*

3. Pour la recevabilité de l'action contractuelle de la société débitrice contre un établissement de crédit ayant rompu abusivement son concours antérieurement au jugement d'ouverture, dès lors qu'il s'agit d'obtenir réparation d'un préjudice distinct de celui subi par les créanciers de la procédure collective, V. • Com. 13 mars 2007, n° 06-13.325 P : *D. 2007. AJ 1020, obs. Lienhard ; APC 2007, n° 107, obs. Legeais ; BJS 2007. 839, note F.-X. Lucas ; Gaz. Pal. 20-21 juill. 2007, p. 49, obs. Routier ; RPC 2007. 238, obs. Martin-Serf.*

4. La mission d'assistance confiée à l'administrateur prend fin à la date du jugement arrêtant le plan de continuation [de sauvegarde ou de redressement] et, dès lors, le débiteur est apte à former seul un recours en cassation ; il ne peut donc être soutenu que le pourvoi est irrecevable faute pour le commissaire à l'exécution du plan d'y figurer au lieu et place de l'administrateur chargé d'assister le débiteur. • Com. 30 mars 1993 : *D. 1995. Somm. 6, obs. Derrida*. – Dans le même sens, V. • Com. 15 oct. 2002 : *RDBF 2003, n° 81, obs. F.-X. Lucas.*

5. Lorsqu'une procédure portant sur des créances nées après le jugement d'ouverture est en cours, au jour du jugement arrêtant le plan, le débiteur doit y être appelé, afin d'y défendre ses intérêts, nul ne pouvant être condamné sans avoir été entendu ou appelé. • Soc. 27 nov. 2001, n° 00-40.771 P : *JCP E 2002, n° 3, p. 112 ; RTD com. 2002. 154, obs. Saint-Alary-Houin*.

B. COMMISSAIRE À L'EXÉCUTION DU PLAN

6. Nomination. Aucune disposition n'interdit au tribunal de désigner plusieurs commissaires à l'exécution du plan lorsque la situation du débiteur rend ces désignations nécessaires. • Com. 11 déc. 2001 : *RJDA 2002, n° 412*. ♦ Solution confirmée par l'art. L. 626-25, al. 1er, dans sa réd. issue de L. n° 2005-845 du 26 juill. 2005. ♦ Lorsque le tribunal qui a arrêté le plan désigne plusieurs commissaires à l'exécution du plan, chacun d'eux se trouve investi de la totalité des pouvoirs dévolus par la loi à cet organe, lequel ne représente pas le débiteur, et a la capacité de les exercer seul, de sorte que la notification du jugement faite à l'un d'eux ne fait pas courir le délai d'appel à l'égard de l'autre (cassation pour violation de l'art. 529 C. pr. civ.). • Com. 9 mai 2007, n° 05-19.320 P : *D. 2007. AJ 1426 ; Defrénois 2007. 1565, obs. Gibirila.*

7. Désignation d'office. En ce sens que constitue une mesure d'administration provisoire non susceptible de recours la désignation d'office par le tribunal, en qualité de commissaire à l'exécution du plan, en lieu et place du mandataire désigné, d'une société d'exercice libéral prise en la personne de ce mandataire, en raison du constat que ce dernier n'exerçait plus son activité professionnelle à titre individuel mais en société, V. • Com. 16 juin 2009, n° 08-10.584 P : *D. 2009. AJ 1822 ; RJDA 2009, n° 993 ; Gaz. Pal. 1er-3 nov. 2009, p. 12, obs. Bidan.*

8. Qualité. La révision d'une décision ne pouvant être demandée que par les personnes qui y ont été parties ou représentées, le commissaire à l'exécution du plan ne peut pas demander la révision de l'arrêt auquel a été partie le débiteur mis ensuite en redressement judiciaire. • Com. 16 mars 1999, n° 96-18.933 P : *D. 1999. Somm. 349, obs. Honorat ; D. Affaires 1999. 718, obs. A. L.*

9. Pouvoirs. Lorsque la mission de l'administrateur a pris fin, l'action en paiement d'une créance née régulièrement après le jugement d'ouverture doit, conformément aux art. 67 [C. com., art. L. 626-25], al. 1er, ci-dessus et 90 du Décr. du 27 déc. 1985 [abrogé], être dirigée contre le commissaire à l'exécution du plan, désigné pour la durée de ce plan, avec mission de veiller à son exécution. • Soc. 20 janv. 1993 : *préc. note 1.*

10. Les dispositions de l'art. L. 626-25, al. 3, suivant lesquelles les actions introduites avant le jugement qui arrête le plan et auxquelles l'administrateur ou le mandataire judiciaire est partie sont poursuivies par le commissaire à l'exécution du plan, ne concernent pas les instances qui étaient en cours à la date du jugement d'ouverture du redressement judiciaire ; il en résulte qu'après le jugement arrêtant le plan de redressement, l'action en paiement engagée contre le débiteur avant le jugement d'ouverture de son redressement judiciaire est poursuivie contre ce dernier redevenu maître de ses biens, le commissaire à l'exécution du plan n'ayant pas qualité pour poursuivre l'instance. • Soc. 22 janv. 2020, n° 17-25.744 P : *D. 2020. Actu. 213* ; *RTD com. 2020. 486, obs. Poujade* ; *LEDEN 3/2020. 2, obs. Dedessus-Le-Moustier ; DP diff. entr., Bull. n° 423, obs. Henry ; APC 2020, n° 95, obs. Fin-Langer ; RPC 2020, n° 58, obs. Jacotot.* – V. aussi • Cass., avis, 25 sept. 2019, n° 17-25.744 : *JCP E 2020. 1048, note Lebel.* – V. déjà • Com. 22 juin 1993, n° 91-14.858 P : *D. 1994. Somm. 39, obs. Derrida*.

11. Il résulte de l'art. L. 626-25, al. 3, que le commissaire à l'exécution du plan n'a qualité pour poursuivre ni une action exercée par le débiteur avant l'ouverture de sa procédure collective ni une action exercée pendant la période d'observation à laquelle le mandataire judiciaire n'avait pas à être appelé. • Com. 5 mai 2021, n° 20-13.227 P : *D. 2021. Actu. 900* ; *Rev. sociétés 2021. 407, obs. Henry* ; *JCP E 2021. 1424, n° 6, obs. Tehrani ; APC 2021, n° 150, obs. Cagnoli ; RJDA 2021, n° 499 ; BJE 7-8/2021. 17, note Houin-Bressand.*

12. Après l'adoption d'un plan de cession, les opérations de la procédure collective ne se poursuivent que pour leur achèvement, qu'il s'agisse de la vérification des créances, ou des instances en cours, ou encore de l'exécution du plan. • Montpellier, 19 mars 1996 : *D. 1996. IR 134 ; JCP E 1996. I. 584, n° 15, obs. Pétel ; RPC 1996. 375, obs. Soinne,* conf. par • Com. 9 juin 1998 : *D. 1998. IR 197* ; *D. Affaires 1998. 1218 ; RTD com. 1998. 931, obs. Saint-Alary-Houin*.

13. Lorsque la mission du représentant des créanciers a pris fin dans les conditions prévues à l'art. 88, al. 2, du Décr. du 27 déc. 1985 [C. com., art. R. 626-38, al. 2], la procédure de vérification et d'admission ouverte par la déclaration de créance est poursuivie par le commissaire à l'exécution du plan ou, si ce dernier n'est plus en fonction, par le mandataire *ad hoc* désigné par le tribunal de la procédure collective. • Com. 25 oct. 1994, n° 92-15.654 P.

14. Dès lors que les organes de la procédure n'ont pas usé des pouvoirs qui leur ont été conférés par la loi, aucun mandataire, même spécialement nommé (désignation d'un mandataire *ad hoc* pour engager une nouvelle procédure), ne peut recevoir pour mission d'exercer ces pouvoirs, définitivement révolus. • Montpellier, 19 mars 1996 : *préc. note 12.*

15. Il résulte de l'art. 67 [C. com., art. L. 626-25], al. 2, qu'après le jugement arrêtant le plan de redressement, seul le commissaire à l'exécution du plan a qualité pour poursuivre les actions introduites auparavant. • Com. 30 mai 1989, n° 87-19.668 P : *D. 1991. Somm. 9, obs. Derrida*. ♦ En conséquence, est sans qualité à se pourvoir en cassation l'administrateur du redressement judiciaire, agissant comme tel, dans un litige opposant le débiteur à un tiers, faute pour le commissaire de s'être substitué à l'administrateur dans le délai prévu à l'art. 978 NCPC [C. pr. civ.]. • Même arrêt. ♦ Cette fin de non-recevoir est d'ordre public et peut être relevée d'office. • Même arrêt. – Dans le même sens : • Com. 14 avr. 1992, n° 90-15.741 P : *D. 1992. Somm. 374, obs. Honorat*. ♦ De même, la personne agissant en qualité d'administrateur judiciaire est sans qualité pour former appel d'un jugement relatif au licenciement d'un salarié auquel elle avait procédé. • Soc. 2 avr. 1996, n° 91-42.864 P : *D. 1996. IR 123.* ♦ ... Ou pour déposer un mémoire ampliatif. • Soc. 6 nov. 2001 : *APC 2002, n° 10.* ♦ En revanche, l'administrateur a qualité pour défendre aux actions nées après le jugement arrêtant le plan et destinées à faire obstacle à son exécution. • Paris, 15 janv. 1991 : *D. 1991. IR 54.*

16. Sur les modalités de la poursuite par le commissaire à l'exécution du plan d'une procédure d'appel initiée par le mandataire judiciaire, V. • Com. 16 déc. 2014 : *D. 2015. Actu. 70* ; *Rev. sociétés 2015. 204, obs. Henry* ; *JCP E 2015. 1204, n° 4, obs. Pétel ; LEDEN 2/2015. 4, obs. Pelletier ; APC 2015, n° 50, obs. Rolland ; Gaz. Pal. 1er-5 mai 2015, p. 27, obs. Lebel.*

17. Le commissaire à l'exécution du plan, qui n'a pas engagé en cette qualité une action en responsabilité à l'encontre d'une banque et qui n'a fait que poursuivre en cette qualité l'action introduite par l'administrateur, qui n'avait pas qualité pour l'engager, n'est pas habilité à demander une condamnation sur le fondement de cette action. • Com. 5 janv. 1999 : *D. Affaires 1999. 219, obs. A. L. ; LPA 26 janv. 1999, p. 8, note P. M. ; RJ com. 1999. 414, note Courtier ; RPC 2002. 118, obs. Martin-Serf.*

18. Le commissaire à l'exécution du plan trouve dans les pouvoirs qui lui sont conférés par l'art. 67 [C. com., art. L. 626-25], al. 2, en vue de poursuivre les actions exercées avant le jugement arrêtant le plan, par le représentant des créanciers, pour la défense de leur intérêt collectif, qualité pour engager également en leur nom une action tendant aux mêmes fins. • Com. 12 juill. 1994, n° 92-14.349 P : *D. 1995. Somm. 1, obs. Derrida* ; *LPA 16 juin 1995, p. 22* (cassant • Lyon, 21 févr. 1992 : *D. 1994. Somm. 41, obs. Derrida*). ♦ ... Alors même que le représentant des créanciers aurait été maintenu en fonction pour les seuls besoins de la vérification du passif. • Lyon, 26 févr. 1999 : *BICC 1999,* *n° 1443 ; RTD com. 2001. 215, obs. Saint-Alary-Houin*. ♦ Par conséquent, le commissaire à l'exécution du plan est compétent, après le jugement ayant arrêté le plan de cession de l'entreprise, pour exercer une action en paiement de dommages-intérêts contre toute personne, fût-elle titulaire d'une créance ayant son origine antérieurement au jugement d'ouverture de la procédure collective, à qui il est reproché d'avoir contribué, par des agissements fautifs, à la diminution de l'actif ou à l'aggravation du passif. • Com. 12 juill. 1994 : *préc.* (comp., sur renvoi : • Chambéry, 21 mai 1996 : *Rev. dr. bancaire 1997. 38, obs. Campana et Calendini)* • 15 févr. 2000 : *RJDA 2000, n° 567*. ♦ Le commissaire à l'exécution du plan est compétent pour exercer une action en responsabilité tendant à la défense de l'intérêt collectif des créanciers (s'agissant d'une action en réparation du préjudice causé aux créanciers par la rupture abusive d'un contrat de concession). • Com. 23 nov. 1999 : *Procédures 2000, n° 65, obs. Laporte ; RTD com. 2001. 217, obs. Saint-Alary-Houin*. ♦ Dès lors que la procédure collective n'est pas clôturée, le commissaire à l'exécution du plan demeure investi de sa mission et est recevable à saisir le tribunal pour demander le paiement des dettes sociales par les dirigeants en application de l'art. 180 [C. com., art. L. 651-2]. • Com. 3 janv. 1995 : *BJS 1995. 266, note Couret ; Dr. sociétés 1995, n° 55, obs. Chaput* (V. l'arrêt d'appel : • Paris, 18 juin 1991 : *Gaz. Pal. 1992. 1. 148, note Marchi ; Dr. sociétés 1992, n° 27, obs. Chaput ; RPC 1991. 304, obs. Soinne)*. ♦ De même, le commissaire a qualité pour engager au nom des créanciers une action en recouvrement d'une créance antérieure au jugement d'ouverture de la procédure collective. • Com. 20 mai 1997, n° 93-20.861 P : *D. 1998. Somm. 11, obs. Derrida ; D. 1998. Somm. 100 ; D. Affaires 1997. 765* • 29 févr. 2000 : *RJDA 2000, n° 695 ; RTD com. 2001. 217, obs. Saint-Alary-Houin*. ♦ ... Pour déclarer une créance au passif de la caution du débiteur. • Paris, 13 avr. 1999 : *RTD com. 1999. 957, obs. Saint-Alary-Houin*. ♦ ... Pour engager l'action en rapport prévue par l'art. L. 621-109 [L. 632-3] C. com. • Com. 23 nov. 2004 : *cité note 2 ss. art. L. 626-24*. ♦ ... Ou pour se constituer partie civile des chefs de présentation et de publication de comptes annuels infidèles contre les dirigeants de la société faisant l'objet de la procédure et de confirmation de comptes inexacts contre le commissaire aux comptes. • Crim. 27 nov. 1997, n° 96-85.520 P : *Rev. sociétés 1998. 596, note Bouloc* • 17 nov. 2004, n° 03-82.657 P : *D. 2005. AJ 566, obs. Lienhard ; Dr. sociétés 2005, n° 58, note R. Salomon ; RJDA 2005, n° 403 ; Rev. sociétés 2005. 433, note Bouloc*. ♦ Le commissaire à l'exécution du plan est également recevable à exercer contre un tiers une action fondée sur l'art. 1167 [1341-2] C. civ. (action paulienne). • Com. 13 nov. 2001, n° 98-18.292 P : *D. 2001. AJ 3617, obs. Lienhard ; JCP E 2002, n°s 18-19, p. 765, note Blanc ; RTD com. 2002. 151, obs. Saint-Alary-Houin* • 9 juill. 2002 : *RJDA 2002, n° 1299 ; RPC 2004. 69, obs. Blanc.*

Pour la compétence du commissaire à l'exécution du plan s'agissant de confirmer une décision non avenue faute de reprise de l'instance interrompue par le jugement d'ouverture en présence du représentant des créanciers, V. • Com. 2 juin 2004, n° 01-13.078 P : *D. 2004. AJ 1974 ; RPC 2005. 219, obs. Staes.*

V., désormais, confirmant ces solutions : art. L. 626-25, al. 3, dans sa réd. issue de L. n° 2005-845 du 26 juill. 2005.

Comp., concernant l'action en extension de la procédure collective : note 47 ss. art. L. 621-2.

19. L'action *ut singuli*, réservée par les art. L. 225-252 et L. 227-8 aux associés, qui tend à la réparation du préjudice subi par la société, échappe au monopole du commissaire à l'exécution du plan de sauvegarde, lequel n'a qualité à agir, en application de l'art. L. 626-25, al. 3, qu'au nom et dans l'intérêt collectif des créanciers, qui est satisfait par l'adoption de ce plan. • Com. 12 nov. 2020, n° 19-11.972 P : *D. 2021. Pan. 1744, obs. F.-X. Lucas ; Rev. sociétés 2021. 322, note Ansault ; RTD com. 2021. 154, obs. A. Lecourt ; JCP E 2021. 1191, n° 17, obs. Pétel ; LEDEN 12/2020. 1, obs. F.-X. Lucas ; BJS 1/2021. 49, note Parachkévova-Racine ; BJE 1-2/2021. 17, note Houin-Bressand ; APC 2021, n° 6, obs. Pagnucco ; RJDA 2021, n° 94 ; Gaz. Pal. 13 avr. 2021, p. 65, obs. Ferrari ; Dr. sociétés 2021, n° 65, note Legros.*

20. Le commissaire à l'exécution du plan, qui a qualité pour intenter des actions en responsabilité délictuelle afin d'obtenir le paiement de sommes réparant le préjudice collectif des créanciers résultant d'une diminution ou d'une aggravation du passif, ne peut agir contre un cocontractant du débiteur qu'il ne représente pas. • Com. 4 juin 2013, n° 12-16.366 P : *D. 2013. Actu. 1470, obs. Lienhard ; ibid. Pan. 2367, obs. F.-X. Lucas ; LEDEN 7/2013. 4, obs. Camensuli-Feuillard ; APC 2013, n° 155, obs. Vallansan ; Gaz. Pal. 29 sept.-1er oct. 2013, p. 24, obs. Lebel ; RJDA 2013, n° 824*. ♦ Ainsi, le commissaire à l'exécution du plan n'a pas qualité pour engager, au lieu et place du débiteur, une action tendant à l'indemnisation du préjudice résultant pour le débiteur d'un abus dans la fixation des prix par son cocontractant. • Com. 18 janv. 2000, n° 97-16.224 P : *D. 2000. AJ 86 ; JCP E 2000, n° 17, p. 701, obs. Cabrillac ; APC 2000, n° 32, obs. Vallansan*. ♦ V. déjà, jugeant : que le commissaire à l'exécution du plan n'a pas qualité pour exercer une action totalement étrangère à l'exécution du plan de cession, notamment une action relative à la réparation du préjudice subi par un club de football à la suite de sa rétrogradation : • Paris, 7 juill. 1992 : *D. 1994. Somm. 41, obs. Derrida ; JCP 1992. IV. 2913*. ♦ ... Que les attributions du commissaire à l'exécution du plan, s'exerçant dans un cadre légal strictement défini, ne lui permettent pas de représenter le débiteur et d'exécuter à sa place l'arrêt condamnant le débiteur à verser à un salarié une certaine somme : • Aix-en-Provence, 10 nov. 1992 : *D. 1994. Somm. 41, obs. Derrida* .

21. Le commissaire à l'exécution du plan, qui ne représente pas le débiteur, ne peut pas se substituer aux organes légaux de la société pour exiger d'un associé qu'il libère ses apports. • Com. 12 oct. 2004, n° 03-11.615 P : *D. 2004. AJ 2790* ; *D. 2005. Pan. 295, obs. Le Corre* ; *Dr. sociétés 2004, n° 210, note F.-X. Lucas* ; *JCP E 2005, n° 1-2, p. 27, obs. Cabrillac et Pétel* ; *BJS 2005. 27, note Cérati-Gauthier* ; *Rev. sociétés 2005. 219, note Poracchia* ; *RPC 2005. 230, obs. Dumont* ; *RTD com. 2005. 592, obs. Saint-Alary-Houin* . ♦ En cas de cession totale des actifs de la société, cette demande incombe à son liquidateur amiable ou à un mandataire *ad hoc*. • Même arrêt.

22. Le commissaire à l'exécution du plan ne peut engager que les actions qui lui sont propres dans l'intérêt collectif des créanciers, au titre desquelles ne figure pas le droit d'interjeter appel à l'encontre d'une décision statuant sur une demande de résiliation d'un bail commercial concédé au débiteur en vue du recouvrement d'une créance postérieure à son redressement judiciaire. • Com. 27 mars 2012, n° 10-28.125 P : *D. 2012. Actu. 942, obs. Lienhard* ; *APC 2012, n° 121, obs. Fin-Langer* ; *Gaz. Pal. 3-4 août 2012, p. 24, obs. Lebel* ; *RJDA 2012, n° 880.*

23. Le commissaire à l'exécution du plan ne représente pas le débiteur, qui doit seul être mis en cause dans les instances concernant son patrimoine, ce qui est le cas s'agissant d'une demande de constatation de la résolution du bail par l'effet de la clause résolutoire, d'expulsion et de paiements provisionnels au titre de loyers et indemnités d'occupation postérieurs au jugement arrêtant le plan. • Douai, 1er avr. 2021, n° 20/03106 : *APC 2021, n° 111, obs. Cagnoli.*

24. Le commissaire à l'exécution du plan, chargé de veiller à l'exécution de celui-ci, dispose du pouvoir de saisir le tribunal de tout fait de nature à empêcher cette exécution. • Com. 23 janv. 1996, n° 93-20.329 P : *D. 1996. Somm. 282, obs. Honorat* ; *JCP E 1996. I. 554, n° 5, obs. Cabrillac* (V. l'arrêt cassé : • Paris, 14 sept. 1993 : *D. 1994. Somm. 41, obs. crit. Derrida* ; *Gaz. Pal. 1994. 1. 23, note Marchi* ; *LPA 20 avr. 1994, note Calendini*). ♦ Il résulte de la combinaison des art. 67 et 80, al. 2 [C. com., art. L. 626-25 et L. 626-27], qu'il peut saisir le tribunal aux fins de résolution d'un plan de continuation sans mise en demeure préalable. • Com. 9 déc. 1997 : *RPC 1998. 348, obs. Soinne.*

25. Le commissaire à l'exécution du plan, qu'il ait poursuivi l'action introduite avant sa nomination ou l'ait introduite lui-même, n'a plus qualité, après expiration de ses fonctions et sauf nouvelle habilitation judiciaire, pour suivre l'instance en cours, qui ne peut être poursuivie que par un mandataire de justice spécialement désigné. • Crim. 29 nov. 2000, n° 00-80.451 P. ♦ Il n'est pas fait exception à cette règle lorsque les débiteurs étaient eux-mêmes parties à l'instance. • Com. 13 oct. 2015, n° 14-14.327 P : *D. 2015. Actu. 2124* ; *Gaz. Pal. 19 janv. 2016, p. 67, obs. Lebel* ; *RJDA 2016, n° 310.* ♦ La décision du tribunal qui n'a d'autre objet que de rétablir rétroactivement le commissaire à l'exécution du plan, qui après l'expiration du plan a initié des procédures aux fins de rechercher la responsabilité de diverses sociétés de crédit, est dénuée de tout fondement juridique. • Paris, 18 juin 2002 : *D. 2002. AJ 2331, obs. Lienhard* ; *RTD com. 2003. 811, obs. Saint-Alary-Houin* . ♦ V. aussi cet arrêt sur la recevabilité et les modalités procédurales de la tierce opposition formée contre le jugement de prorogation.

Le commissaire à l'exécution du plan de cession n'a pas qualité pour engager, aux lieu et place du débiteur, une action tendant au recouvrement d'une créance postérieure au jugement d'ouverture. • Com. 3 oct. 2006, n° 05-16.281 P : *D. 2006. AJ 2601, obs. Lienhard* ; *JCP E 2007, n° 1, p. 21, obs. Cabrillac* ; *Gaz. Pal. 19-20 janv. 2007, p. 31, obs. Voinot.*

26. Interruption et reprise de l'instance. Viole les art. 67 [C. com., art. L. 626-25] de la loi et 90 [abrogé] du décret ainsi que l'art. 370 NCPC [C. pr. civ.], l'arrêt qui retient que l'instance, introduite par le représentant des créanciers, s'est valablement poursuivie, alors qu'elle avait été interrompue et n'avait pas été valablement reprise par le commissaire à l'exécution du plan qui « s'en rapportant à la justice » avait contesté la recevabilité et le mérite de l'appel. • Com. 20 janv. 1998, n° 95-13.565 P : *Quot. jur. 19 mars 1998, p. 6, note P. M.*

27. Prorogation de la mission. V. note 1 ss. art. L. 626-12, note 2 ss. art. L. 626-26, note 3 ss. art. L. 661-3 et note 20 ss. ancien art. L. 661-6.

28. Responsabilité. Sur la responsabilité, à l'égard du propriétaire du local, du commissaire qui a admis l'installation sur place du cessionnaire, alors que le locataire en redressement judiciaire avait reçu congé avec refus de renouvellement et offre d'indemnité d'éviction avant le jugement d'ouverture, que le repreneur s'est établi dans les lieux et ne les a libérés que trois ans plus tard, et que la cession excluait les baux, V. • Civ. 3e, 28 mai 1997 : *D. 1997. IR 141* ; *D. Affaires 1997. 786.* ♦ Pour la responsabilité du commissaire à l'exécution du plan à l'égard d'un créancier ayant été privé du bénéfice des dividendes du plan de continuation, V. • Com. 13 juin 2006 : *D. 2007. Pan. 43, obs. Le Corre* .

Sur la responsabilité disciplinaire, V. note 28, et note 2 ss. art. L. 812-9.

29. Information relative à l'inexécution du plan. Caractérise la faute disciplinaire l'arrêt qui retient que le dépôt des états trimestriels prévus par les art. 150 de la loi du 25 janv. 1985, devenu l'art. L. 622-7 [L. 641-7] C. com., et 123 du Décr. du 27 déc. 1985 [C. com., art. R. 641-38] ne dispense pas le commissaire à l'exécution du plan de respecter, outre les obligations mises à sa charge par le jugement arrêtant le plan de cession, celles prévues par l'art. 67, al. 4, de la loi du 25 janv. 1985, devenu l'art. L. 621-68, al. 4, [L. 626-25, al. 5] C. com. • Com. 8 juill. 2003, n° 00-21.473 P : *JCP E 2004, n° 5, p. 175, obs. Cabrillac ; RTD com. 2003. 812, obs. Saint-Alary-Houin*.

30. Secret bancaire. Pour l'opposabilité du secret bancaire au commissaire à l'exécution du plan, V. • Com. 10 déc. 2002, n° 00-10.824 P : *D. 2003. AJ 134 ; RDBF 2003, n° 36, obs. F.-X. Lucas ; JCP E 2003, n° 20, p. 849, obs. Cabrillac ; RTD com. 2003. 147, obs. Legeais ; ibid. 810, obs. Saint-Alary-Houin ; Banque et Dr. 3-4/2003. 58, obs. Bonneau.*

C. MANDATAIRE AD HOC

31. Désignation. L'art. 90 du Décr. du 27 déc. 1985 [désormais, l'art. L. 626-25] n'exclut pas la possibilité de désigner un mandataire *ad hoc* pour poursuivre les actions engagées par le seul commissaire à l'exécution du plan. • Montpellier, 19 mars 1996 : *D. 1996. IR 134 ; RPC 1996. 377, obs. Soinne*, conf. par • Com. 9 juin 1998, n° 96-16.465 P : *D. 1998. IR 197 ; D. Affaires 1998. 1218 ; RTD com. 1998. 931, obs. Saint-Alary-Houin ; RPC 1999. 187, obs. Martin-Serf.*

32. Recours. La décision désignant sur requête un mandataire de justice à l'effet de poursuivre les instances en cours lorsque les organes de la procédure ont cessé leurs fonctions ne peut être attaquée, s'agissant d'un intéressé, que par le recours en rétractation institué par l'art. 496 NCPC [C. pr. civ.], qui relève de la compétence exclusive du juge qui a désigné ce mandataire. • Com. 30 oct. 2007, n° 06-16.129 P : *D. 2007. AJ 2878, obs. Lienhard ; D. 2008. Pan. 574, obs. F.-X. Lucas ; JCP E 2008. 1207, n° 14, obs. Cabrillac ; Gaz. Pal. 23-24 janv. 2008, p. 58, obs. Routier ; RTD com. 2008. 191, obs. Vallens ; Defrénois 2008. 1219, obs. Gibirila.* ♦ Les établissements de crédit, qui, comme tout intéressé, pouvaient en référer au tribunal qui avait désigné l'ancien représentant des créanciers puis commissaire à l'exécution du plan en qualité de « mandataire *ad hoc* », ne sont pas recevables à contester cette désignation devant le juge saisi de l'action en soutien abusif engagée contre eux par le représentant des créanciers, puis poursuivie par le commissaire à l'exécution du plan et enfin par le « mandataire *ad hoc* » après que les organes de la procédure collective ont cessé leurs fonctions. • Même arrêt.

D. RÉSOLUTION DU PLAN

Jurisprudence antérieure à la loi du 10 juin 1994.

33. Pour la résolution d'un plan de continuation, sur initiative du commissaire à l'exécution, V. • Com. 15 janv. 1991, n° 89-15.822 P : *Rev. sociétés 1991. 383, note Guyon ; BJS 1991. 425, note Le Cannu ; RJ com. 1991. 385, note Merle ; D. 1991. IR 47.* ♦ V. désormais, sur la résolution du plan de sauvegarde ou de redressement, art. L. 626-27.

Art. L. 626-26 *(L. n° 2005-845 du 26 juill. 2005, art. 80)* **Une modification substantielle dans les objectifs ou les moyens du plan ne peut être décidée que par le tribunal, à la demande du débiteur et sur le rapport du commissaire à l'exécution du plan.** *(Ord. n° 2014-326 du 12 mars 2014, art. 41, en vigueur le 1er juill. 2014)* **« Lorsque la situation du débiteur permet une modification substantielle du plan au profit des créanciers, la saisine du tribunal peut émaner du commissaire à l'exécution du plan. »**

(Ord. n° 2021-1193 du 15 sept. 2021, art. 36, en vigueur le 1er oct. 2021) **« Lorsque la demande de modification substantielle du plan porte sur les modalités d'apurement du passif, les créanciers intéressés sont consultés. Le défaut de réponse vaut acceptation des modifications proposées, sauf s'il s'agit de remises de dettes ou de conversions en titres donnant ou pouvant donner accès au capital. Un décret en Conseil d'État détermine les modalités de cette consultation. »**

(L. n° 2008-776 du 4 août 2008, art. 76-II) **« L'article L. 626-6 est applicable. »** *(Ord. n° 2021-1193 du 15 sept. 2021, art. 36, en vigueur le 1er oct. 2021)* **« Le privilège prévu au 2° du III de l'article L. 622-17 bénéficie aux apports de trésorerie des personnes qui se sont engagées à les effectuer pour l'exécution du plan modifié par le tribunal dans les mêmes conditions que celles prévues au dernier alinéa de l'article L. 626-10. »**

Le tribunal statue après avoir recueilli l'avis du ministère public et avoir entendu ou dûment appelé le débiteur, le commissaire à l'exécution du plan, les contrôleurs, les représentants du *(Ord. n° 2021-1193 du 15 sept. 2021, art. 36, en vigueur le 1er oct. 2021)* **« comité social et économique » et toute personne intéressée.** – *[C. com., anc. art. L. 621-69.]*

En cas de modification du plan de sauvegarde ou du plan de redressement arrêté dans une procédure ouverte avant le 22 mai 2020, les dispositions de l'art. L. 626-26, dans sa rédaction résultant de l'art. 36 de l'Ord. n° 2021-1193 du 15 sept. 2021, sont applicables sans que le privilège prévu par ces dispositions n'affecte les droits des créanciers mentionnés aux 9° à 11° de l'art. L. 643-8, dans sa rédaction résultant de l'art. 62 de l'Ord. préc. (Ord. préc., art. 73-III). Pour les autres dispositions transitoires de l'Ord. n° 2021-1193 du 15 sept. 2021, V. note ss. art. L. 611-2.

Sur les mesures d'adaptation liées à l'urgence sanitaire (Covid-19), V. Ord. n° 2020-596 du 20 mai 2020, art. 5, App., v° Sociétés commerciales.

V. art. R. 626-45 et R. 626-46.

1. Champ d'application. L'art. 68 [C. com., art. L. 626-26] ne s'applique pas aux relations contractuelles entre le bailleur et le preneur en redressement judiciaire, qui sont étrangères au plan de continuation. • Civ. 3e, 21 juill. 1999 : *D. 1999. IR 229 ; D. Affaires 1999. 1443, obs. V. A.-R.*

2. La prorogation du plan ne constitue pas une modification substantielle de ses objectifs ou de ses moyens, au sens de l'art. L. 621-69 [L. 626-26] C. com. • Com. 23 nov. 2004 : *RJDA 2005, n° 430.* ♦ Cet art. ne prive pas le tribunal du pouvoir d'ordonner la prorogation de la mission du commissaire à l'exécution du plan pour lui permettre de rechercher d'éventuelles responsabilités dans la défaillance de l'entreprise. • Com. 13 nov. 2007, n° 06-10.914 P : *D. 2007. AJ 3010, obs. Lienhard ; D. 2008. Pan. 574, obs. F.-X. Lucas ; JCP E 2008. 1046, note Regnaut-Moutier (1re esp.) ; ibid. 1432, n° 5, obs. Cabrillac ; RTD com. 2008. 859, obs. Saint-Alary-Houin.* ♦ V. aussi note 1 ss. art. L. 626-12.

3. Résolution du plan. V. art. L. 626-27.

4. Notion de modification substantielle. BIBL. Haehl, *JCP E 1989. II. 15642.* ♦ Le licenciement, moins de trois mois après l'arrêté du plan, de quatre salariés sur treize, constitue, compte tenu de l'objectif général de la loi en matière de maintien de l'emploi, une modification substantielle relevant de l'art. 68. • Nancy, 3 avr. 1996 : *JCP E 1998, n° 78, p. 250.*

La demande formée par le dirigeant d'une association en ce qu'elle tend à obtenir de s'acquitter par anticipation de l'intégralité du passif restant dû au moyen d'un dividende unique et exceptionnel financé par le prix de cession de la totalité de ses actifs à une société commerciale à créer constitue une modification substantielle dans les objectifs ou les modalités du plan de continuation, au sens de l'art. L. 621-69 [L. 626-26] C. com. • Aix-en-Provence, 14 déc. 2006 : *JCP E 2007. 1497, note Cerati-Gauthier.*

En revanche, le changement dans la personne du dirigeant, lequel n'avait pas souscrit de garantie personnelle et s'était seulement engagé à l'exécution du plan de continuation, ne constitue pas une modification substantielle du plan homologué par le tribunal. • Paris, 5 oct. 1999 : *Dr. sociétés 2000, n° 41, obs. Chaput.*

5. Demande de modification. La demande de modification, prévue par l'art. 68 [C. com., art. L. 626-26], suppose, sauf à ôter toute portée au droit d'appel, qu'un élément nouveau soit intervenu depuis l'arrêté du plan susceptible de remettre en cause ses dispositions. • Paris, 10 mai 1995 : *D. 1995. IR 162.*

6. Voies de recours. V. art. L. 661-1 (appel et pourvoi en cassation) et L. 661-3 (tierce opposition). ♦ Pour l'irrecevabilité du recours-nullité des créanciers, V. note 32 ss. art. L. 661-1.

Art. L. 626-27 *(Ord. n° 2008-1345 du 18 déc. 2008, art. 63)* **« I. — En cas de défaut de paiement des dividendes par le débiteur, le commissaire à l'exécution du plan procède à leur recouvrement conformément aux dispositions arrêtées. Il y est seul habilité.** *(Ord. n° 2014-326 du 12 mars 2014, art. 42-1°, en vigueur le 1er juill. 2014)* **« Lorsque le commissaire à l'exécution du plan a cessé ses fonctions, tout intéressé peut demander au tribunal la désignation d'un mandataire *ad hoc* chargé de procéder à ce recouvrement. »**

« Le tribunal qui a arrêté le plan peut, après avis du ministère public, en décider la résolution si le débiteur n'exécute pas ses engagements dans les délais fixés par le plan.

« Lorsque la cessation des paiements du débiteur est constatée au cours de l'exécution du plan, le tribunal qui a arrêté ce dernier décide, après avis du ministère public, sa résolution et ouvre une procédure de redressement judiciaire ou, si le redressement est manifestement impossible, une procédure de liquidation judiciaire. *(L. n° 2019-486 du 22 mai 2019, art. 57)* **« Avant de statuer, le tribunal examine si la situation du débiteur répond aux conditions posées aux articles L. 645-1 et L. 645-2 et ouvre, le cas échéant, avec son accord, une procédure de rétablissement professionnel. »**

« Le jugement qui prononce la résolution du plan met fin aux opérations et à la procédure lorsque celle-ci est toujours en cours. Sous réserve des dispositions du deuxième

alinéa de l'article L. 626-19, il fait recouvrer aux créanciers l'intégralité de leurs créances et sûretés, déduction faite des sommes perçues, et emporte déchéance de tout délai de paiement accordé. »

(L. nº 2005-845 du 26 juill. 2005, art. 81) **« II. — Dans les cas mentionnés** *(Ord. nº 2008-1345 du 18 déc. 2008, art. 63)* **« aux deuxième et troisième alinéas du I », le tribunal est saisi par un créancier, le commissaire à l'exécution du plan ou le ministère public.** *(Abrogé par Cons. const. nº 2013-372 QPC du 7 mars 2014, à compter du 9 mars 2014)* ***« Il peut également se saisir d'office. »***

(Ord. nº 2014-326 du 12 mars 2014, art. 42-2º, en vigueur le 1er juill. 2014) **« III. — Après résolution du plan et ouverture d'une nouvelle procédure par le même jugement ou par une décision ultérieure constatant que cette résolution a provoqué l'état de cessation des paiements, les créanciers soumis à ce plan ou admis au passif de la première procédure sont dispensés de déclarer leurs créances et sûretés. Les créances inscrites à ce plan sont admises de plein droit, déduction faite des sommes déjà perçues. Bénéficient également de la dispense de déclaration les créances portées à la connaissance de l'une des personnes mentionnées au IV de l'article L. 622-17 dans les conditions prévues par ce texte. »**

L'art. L. 626-27 est applicable aux procédures de redressement judiciaire en cours au jour de l'entrée en vigueur [1er janv. 2006] de la L. nº 2005-845 du 26 juill. 2005 (L. préc., art. 191).

L'al. 3 de l'art. L. 626-27 dans sa rédaction issue de l'Ord. nº 2008-1345 du 18 déc. 2008 est applicable aux plans de sauvegarde en cours d'exécution au jour de l'entrée en vigueur de cette ordonnance [15 févr. 2009] (Ord. préc., art. 173).

Les dispositions de l'art. 57 de la L. nº 2019-486 du 22 mai 2019 ne sont pas applicables aux procédures en cours au jour de la publication de cette loi (L. préc., art. 57-II, JO 23 mai).

La déclaration d'inconstitutionnalité du 7 mars 2014 est applicable à tous les jugements statuant sur la résolution d'un plan de sauvegarde ou de redressement judiciaire rendus postérieurement à sa date de publication (Cons. const. nº 2013-372 QPC du 7 mars 2014, JO 9 mars).

V. art. R. 626-47 à R. 626-49.

BIBL. ► RÉMERY, *JCP 2009. 406* (résolution du plan). – LE CORRE, *Gaz. Pal. 19-21 juill. 2015, p. 32* (résolution du plan de sauvegarde et du plan de redressement).

Ancien art. L. 626-27 (I) *[réd. issue de L. nº 2005-845 du 26 juill. 2005]* ***Le tribunal qui a arrêté le plan peut, après avis du ministère public, en décider la résolution si le débiteur n'exécute pas ses engagements dans les délais fixés par le plan. Lorsque l'inexécution résulte d'un défaut de paiement des dividendes par le débiteur et que le tribunal n'a pas prononcé la résolution du plan, le commissaire à l'exécution du plan procède, conformément aux dispositions arrêtées, à leur recouvrement.***

Lorsque la cessation des paiements du débiteur est constatée au cours de l'exécution du plan, le tribunal qui a arrêté ce dernier décide, après avis du ministère public, sa résolution et prononce la liquidation judiciaire.

Le jugement qui prononce la résolution du plan met fin aux opérations et emporte déchéance de tout délai de paiement accordé. *— L'art. L. 626-27, dans sa réd. issue de la L. nº 2005-845 du 26 juill. 2005, est applicable aux procédures de redressement judiciare en cours au jour de l'entrée en vigueur de ce texte [1er janv. 2006] (L. préc., art. 191).*

1. *Droit transitoire.* Selon l'art. 191, 2º, de la loi du 26 juill. 2005, l'art. L. 626-27 C. com. est applicable aux procédures de redressement judiciaire en cours au 1er janv. 2006 ; il en résulte que les dispositions de cet art. régissent la résolution des plans de redressement par voie de continuation lorsque celle-ci n'a pas été prononcée avant cette date. • Com. 18 mars 2008, nº 06-21.306 P : *D. 2008. AJ 977, obs. Lienhard ; ibid. Chron. C. cass. 1234, obs. Orsini ; APC 2008, nº 114, obs. Vallansan ; Dr. sociétés 2008, nº 100, note Legros ; Dr. et pr. 2008. 209, obs. Le Corre ; JCP E 2008. 2062, nº 5, obs. Pétel ; RTD com. 2008. 628, obs. Vallens ; RPC 2009, nº 9, obs. Fraimout.* ♦ V. aussi note 6.

2. La liquidation judiciaire concomitante à la résolution du plan de redressement décidée, après constatation de la cessation des paiements du débiteur au cours de ce plan, en application des dispositions de l'art. L. 626-27, I, al. 2, qui sont applicables aux procédures de redressement judiciaire en cours au 1er janv. 2006, est régie par les dispositions de cette loi. • Com. 16 juin 2009, nº 08-10.232 P : *D. 2009. AJ 1821, obs. Lienhard ; Rev. sociétés 2010. 58, note Roussel Galle ; RTD com. 2010. 187, obs. Saint-Alary-Houin ; APC 2009, nº 204, obs. Vallansan ; RJDA 2009, nº 987 ; Gaz. Pal. 1er-3 nov. 2009, p. 19, obs. Lebel ; RPC 2010, nº 47, obs. Saintourens.* • 20 oct. 2009 : *cité note 1* *ss. art. L. 640-5.* ♦ Il en résulte que l'application de l'art. L. 624-1 C. com. dans sa rédaction antérieure à la loi du 26 juill. 2005 doit être écartée et que la liquidation judiciaire de la société ne produit pas ses effets à l'égard de ses associés, fussent-ils indéfiniment et solidairement responsables du passif social. • Com. 16 juin 2009 : *préc.*

3. *Recouvrement des dividendes.* BIBL. Vinckel, *RPC 2009. Étude 13.* ♦ Le recouvrement forcé des dividendes est inapplicable lorsqu'un défaut de paiement des dividendes a été suivi d'une résolution du plan (Rép. min. n° 98727 : *JOAN Q, 3 oct. 2006, p. 10404*). ♦ Solution confirmée par l'art. L. 626-27 dans sa réd. issue de l'Ord. n° 2008-1345 du 18 déc. 2008. ♦ Le commissaire à l'exécution du plan a le choix d'agir en recouvrement forcé des dividendes ou en résolution du plan pour non-paiement de ceux-ci, sans que la recevabilité de l'action en résolution soit subordonnée à une mise en demeure préalable. • Com. 18 mai 2016, n° 14-23.859 : *Gaz. Pal. 18 oct. 2016, p. 57, obs. Lebel.*

4. *Inexécution des engagements.* Il résulte des art. L. 626-27 et L. 631-19 qu'un plan de sauvegarde ou de redressement ne peut être résolu qu'en cas de cessation des paiements constatée au cours de l'exécution du plan ou d'inexécution, par le débiteur, de ses engagements dans les délais fixés par le plan ; la disparition du fonds de commerce d'un débiteur, qui entraîne la cessation de l'activité de celui-ci, ne fait pas nécessairement obstacle à l'exécution du plan dès lors que le débiteur est à jour du paiement des dividendes. • Com. 2 févr. 2022, n° 20-20.199 B : *D. 2022. Actu. 277 ; Rev. sociétés 2022. 189, obs. Reille ; LEDEN 3/2022. 1, obs. F.-X. Lucas.*

5. *Ouverture d'une procédure collective.* Il résulte de l'art. L. 626-27 que l'ouverture d'une procédure collective pendant l'exécution d'un plan de sauvegarde ou de redressement emporte la résolution du plan. • Com. 29 nov. 2017, n° 16-18.138 P : *cité note 3 ss. art. L. 661-1.*

6. *Cessation des paiements.* Lorsque la résolution d'un plan de redressement par voie de continuation arrêté en faveur d'un débiteur n'a pas été prononcée avant le 1er janv. 2006, sa mise en liquidation judiciaire concomitante suppose que soit constatée la cessation de ses paiements au cours de l'exécution du plan. • Com. 16 déc. 2008, n° 07-17.130 P : *D. 2009. AJ 94, obs. Lienhard ; Gaz. Pal. 26-28 avr. 2009, p. 26, obs. Voinot ; RJ com. 2009. 234, note Sortais ; Dr. et patr. 9/2009. 113, obs. Monsèrié-Bon.* – Rappr. : • Com. 24 juin 2008 : *JCP E 2008. 2207, note Roussel Galle ; RJDA 2008, n° 1160.* ♦ L'état de cessation des paiements ne peut résulter du non-paiement d'une créance, qui a une origine antérieure au jugement de redressement judiciaire, mais qui, par l'effet de la loi, n'a pu être initialement intégrée au plan de redressement. • Grenoble, 17 janv. 2007 : *JCP E 2007. 1905.*

7. Le créancier qui demande la résolution du plan de sauvegarde de son débiteur pour cessation des paiements doit, à peine d'irrecevabilité de sa demande, justifier d'une créance certaine, liquide et exigible, dès lors que la cessation des paiements conduit à la résolution du plan et à l'ouverture d'une procédure de redressement ou de liquidation judiciaire du débiteur. • Com. 26 févr. 2020, n° 18-18.680 P : *D. 2020. Chron. C. cass. 1261, obs. Barbot ; Rev. sociétés 2020. 382, obs. Reille ; RTD com. 2020. 488, obs. Poujade ; LEDEN 4/2020. 6, obs. Rubellin ; APC 2020, n° 120, obs. Bennini ; RJDA 2020, n° 279 ; Dr. sociétés 2020, n° 71, note Legros ; BJE 5-6/2020. 19, note Vincent ; Gaz. Pal. 13 oct. 2020, p. 67, obs. Giorgini ; RJ com. 2020. 496, obs. Fournier.*

8. *Inconstitutionnalité de la saisine d'office.* Les dispositions confiant au tribunal la faculté de se saisir d'office aux fins de prononcer la résolution du plan de sauvegarde ou de redressement judiciaire méconnaissent les exigences découlant de l'art. 16 de la Déclaration de 1789 ; dès lors, la seconde phrase du paragraphe II de l'art. L. 626-27 doit être déclarée contraire à la Constitution. • Cons. const. 7 mars 2014, n° 2013-372 QPC : *D. 2014. Actu. 605 ; RPC 2014, n° 94, obs. Cagnoli.*

9. *Avis du ministère public.* Il résulte de la combinaison des art. L. 626-27, I, al. 2, et L. 631-19 que le tribunal, qui a arrêté le plan de redressement par voie de continuation, ne peut prononcer la résolution de ce plan et ouvrir une procédure de liquidation judiciaire qu'après avis du ministère public. • Com. 11 déc. 2012, n° 11-26.555 P : *D. 2013. Actu. 8, obs. Lienhard ; Rev. sociétés 2013. 180, obs. Roussel Galle ; LEDEN 1/2013. 3, obs. Delattre ; BJE 2013. 98, note Le Mesle ; Gaz. Pal. 1er-4 mai 2013, p. 21, obs. Lebel.* ♦ V. aussi, pour l'application devant la cour d'appel, • Com. 3 mai 2011, n° 10-14.558 P : *D. 2011. Actu. 1278, obs. Lienhard ; LEDEN 6/2011. 5, obs. Delattre ; RJ com. 2011. 500, note Sortais ; BJE 2011. 330, note de Lajarte ; RJDA 2011, n° 948 ; RPC 2011, n° 183, obs. Fraimout.*

10. *Déclaration et admission des créances.* Tout créancier qui a déclaré sa créance et qui est soumis à un plan de sauvegarde ou de redressement peut bénéficier de la dispense de déclaration prévue à l'art. L. 626-27, III, C. com., peu important que sa créance n'ait pas encore été définitivement admise au passif de la procédure à la date de la résolution du plan. • Cass., avis, 17 sept. 2012, n° 01200007 P : *D. 2012. 2355, concl. Le Mesle ; ibid. 2360, note Le Corre ; D. 2013. Chron. C. cass. 1178, obs. Arbellot ; Rev. sociétés 2012. 731, obs. Henry ; RTD com. 2012. 846, obs. Martin-Serf ; JCP E 2012. 1757, n° 14, obs. Pétel ; LEDEN 10/2012. 4, obs. Borga ; BJE 2013. 24, obs. Le Corre-Broly ; RPC 2013, n° 50, obs. Staes.* ♦ Les créances déclarées au passif de la première procédure collective mais non encore admises avant la résolution du plan sont soumises à la procédure de vérification et d'admission propre à la seconde procédure collective. • Même avis. ♦ De même, la créance supplémentaire non déclarée au passif de la première procédure collective est soumise à la procédure de vérification et d'admission des créances propre à la seconde procédure collective. • Com. 16 sept. 2014, n° 13-16.803 P : *D. 2014. Actu. 1870 ; RTD com. 2014. 865, obs. Martin-Serf ; LEDEN 10/2014. 4, obs. Couard ; RPC 2014, n° 161, obs. Fraimout ; Gaz. Pal. 18-20 janv. 2015, p. 26, obs. Le Corre ; RJDA 2015, n° 124.* ♦ V. désormais, dans le sens de l'avis précité du 17 sept. 2012 : art. L. 626-27, III, dans sa réd. issue de l'Ord. n° 2014-326 du 12 mars 2014. ♦ Il résulte de l'art. L. 626-27, III, C. com., dans sa rédaction issue de la loi du 26 juill. 2005, que la dispense du créancier, soumis au plan ou admis au passif de la première procédure, d'avoir à déclarer sa créance dans la seconde procédure ouverte à la suite de la résolution de ce plan, ne lui interdit pas, s'il le souhaite, de déclarer à nouveau sa créance dans la nouvelle procédure pour obtenir son admission au passif à concurrence du montant actualisé de celle-ci. • Com. 4 mai 2017, n° 15-15.390 P : *D. 2017. Actu. 975 ; RTD com. 2017. 688, obs. Martin-Serf ; JCP E 2017. 1460, n° 12, obs. Pétel ; LEDEN 6/2017. 4, obs. Andreu ; APC 2017, n° 168, obs. Cagnoli ; RJDA 2017, n° 481 ; Gaz. Pal. 27 juin 2017, p. 58, obs. Le Corre ; RDBF 2017, n° 179, obs. Houin-Bressand.* ♦ Dans le même sens, V. • Com. 30 janv. 2019, n° 17-31.060 P : *D. 2019. Actu. 253 ; Rev. sociétés 2019. 214, obs. Roussel Galle ; RTD com. 2019. 482, obs. Martin-Serf ; ibid. 499, obs. Poujade ; LEDEN 3/2019. 4, obs. Mouial-Bassilana ; RJDA 2019, n° 279 ; Gaz. Pal. 16 avr. 2019, p. 70, obs. Voinot ; BJE 5-6/2019. 42, note Benilsi ; RJ com. 2019. 266, obs. Théron ; RPC 2019, n° 134, obs. Borga.* ♦ L'autorité de la chose jugée attachée à l'admission à titre privilégié n'a pas d'effet conservatoire pour l'avenir des sûretés qui ne sont pas renouvelées, et cet effet ne résulte pas davantage de l'existence d'un plan de sauvegarde ou de la faculté offerte par l'art. L. 626-27 au créancier, en cas de résolution de celui-ci et d'ouverture consécutive d'une nouvelle procédure collective, de ne pas y déclarer à nouveau ses sûretés, ce texte ne dérogeant nullement à l'obligation de procéder, le cas échéant, à leur renouvellement. • Com. 17 févr. 2021, n° 19-20.738 P : *D. 2021. 835, note Ferrari ; RTD com. 2021. 427, obs. Martin-Serf ; LEDEN 3/2021. 2, obs. Andreu ; APC 2021, n° 62, obs. Petit ; Gaz. Pal. 13 avr. 2021, p. 54, obs. Guastella ; BJE 5-6/2021. 26, note Poujade ; RJ com. 2021. 280, obs. Macorig-Venier ; RDBF 2021, n° 75, obs. Houin-Bressand ; RPC 2021, n° 56, obs. Borga ; RJDA 2021, n° 500.*

11. Pouvoirs du liquidateur. Le liquidateur désigné dans la nouvelle procédure collective ouverte après résolution du plan de redressement n'a pas qualité pour se pourvoir en cassation contre un arrêt rendu, sur une demande de report de la date de cessation des paiements formée dans le cadre de la précédente procédure collective, dont les opérations ont pris fin et qui a été clôturée. • Com. 15 mai 2019, n° 18-12.441 P : *D. 2019. Actu. 1100 ; RTD com. 2019. 766, obs. Martin-Serf ; LEDEN 7/2019. 2, obs. Camensuli-Feuillard ; RJDA 2019, n° 578 ; RPC 2019, n° 130, obs. Cagnoli.*

12. Recours. V. art. L. 661-1, I, 8°. ♦ Sur l'arrêt de l'exécution provisoire, V. note 1 ss. art. R. 661-1.

13. Extension de procédure. V. note 47 ss. art. L. 621-2.

Code de commerce

Ancien art. L. 621-82 *Si le débiteur n'exécute pas ses engagements dans les délais fixés par le plan, le tribunal peut, d'office ou à la demande d'un créancier, le commissaire à l'exécution du plan entendu, prononcer la résolution du plan et l'ouverture d'une procédure de liquidation judiciaire.*

Le tribunal peut également être saisi à la demande du commissaire à l'exécution du plan ou du procureur de la République.

Les créanciers soumis au plan déclarent l'intégralité de leurs créances et sûretés, déduction faite des sommes perçues. — [L. n° 85-98 du 25 janv. 1985, art. 80.]

BIBL. ▶ VALLENS, *JCP E 1987. II. 14979.* – PONCEBLANC, *Gaz. Pal. 1991. 1. Doctr. 135.* – HAEHL, *LPA 16 juin 1993.* – FRISON-ROCHE, *RPC 1994. 339* (sort des engagements non financiers). – SEUBE, *JCP E 1999, n° 13, p. 564* (effets de la résolution). – FEUGÈRE, *JCP E 2001, n° 26, p. 1078* (le plan de continuation : de la résolution à la caducité).

1. Décision judiciaire. L'inexécution du plan de redressement par le débiteur n'entraîne pas de plein droit à l'échéance la résolution de ce plan, laquelle doit être judiciairement prononcée, peu important que la durée du plan soit expirée. • Com. 15 févr. 2005 : *RJDA 2005, n° 733.*

2. Domaine d'application. La résolution du plan de continuation doit être prononcée en l'absence de règlement du passif à l'échéance fixée, sans qu'il soit nécessaire qu'il y ait eu mise en demeure du débiteur. • Com. 9 déc. 1997, n° 95-14.082 P. ♦ Constitue une inexécution du plan de continuation de l'entreprise, justifiant sa résolution, le défaut de paiement à l'échéance d'une créance fiscale visée au CGI qui, n'étant pas quérable selon l'art. 1680 de ce code, dont l'ancien art. 77, al. 3, de la loi du 25 janv. 1985 réservait l'application, n'avait pas à faire l'objet, avant la demande de résolution du plan, d'une réclamation de la part du comptable du Trésor. • Com. 2 févr. 1993, n° 89-14.999 P.

3. Sur la recevabilité d'une demande de résolution du plan motivée par le refus de l'assemblée des associés de voter les modifications de statuts prévues par le plan, V. • Com. 15 janv. 1991 : *préc. note 33 ss. art. L. 626-25.*

4. Avant la loi du 10 juin 1994, l'art. 80, dans sa rédaction alors applicable, ne pouvait jouer qu'en cas d'inexécution des engagements financiers pris dans les délais fixés par le plan de redressement et il en résultait qu'il n'y avait pas lieu à résolution dès lors que le débiteur justifiait avoir effectué trois versements au commissaire à l'exécution du plan et que le retard apporté au règlement par rapport au délai prévu était le résultat de la défaillance de ses propres clients dont les factures représentaient un volume important. • Dijon, 14 sept. 1993 : *RPC 1995. 144, obs. Soinne.* ♦ Sur l'irrecevabilité de la demande d'un créancier représentant moins de 15 % des créances, V. • Com. 6 févr. 1996, n° 93-16.544 P : *D. 1996. IR 91 ; D. Affaires 1996. 461.* ♦ Comp., désormais, art. L. 621-82, al. 1er, dans sa réd. issue de la L. n° 94-475 du 10 juin 1994 et art. L. 626-27, al. 1er, dans sa réd. issue de L. n° 2005-845 du 26 juill. 2005.

5. Pour l'application de l'art. 80 [C. com., art. L. 621-82] à la résolution du plan de continuation consécutive à la cessation des paiements du bénéficiaire du plan, V. • Com. 4 janv. 2000 : *cité note 15* • 10 mai 2005, n° 03-18.797 P : *Dr. sociétés 2005, n° 215, note Legros ; D. 2005. AJ 1413, obs. Lienhard ; APC 2005, n° 123, obs. Regnaut-Moutier ; JCP E 2005, n° 36, p. 1423, obs. Cabrillac ; Gaz. Pal. 6-7 juill. 2005, p. 17, obs. Voinot.* – V. déjà • Paris, 19 févr. 1991 : *D. 1995. Somm. 8, obs. crit. Derrida*. – V. aussi • Com. 27 oct. 1998 : *cité note 15* • Cass., avis, 10 juill. 2000, n° 02-02.000 P : *D. 2000. AJ 404, note Lienhard ; APC 2000, n° 225, obs. Regnaut-Moutier ; JCP E 2001, n° 4, p. 175, obs. Cabrillac et Pétel ; RTD com. 2001. 219, obs. Saint-Alary-Houin* • T. com. Lille, 27 sept. 2005 : *cité par Soinne, RPC 2006. 16.* ♦ V., désormais, art. L. 626-27, al. 2, dans sa réd. issue de L. n° 2005-845 du 26 juill. 2005.

6. Juridiction compétente. Sur la compétence du tribunal qui a ouvert la procédure pour prononcer la résolution du plan, V. • Paris, 26 janv. 1989 : *D. 1989. Somm. 215, obs. Honorat* • Poitiers, 2 avr. 1996 : *BICC 1996, n° 900 ; JCP E 1996. II. 857, note Daigre ; RPC 1996. 450, obs. Soinne.*

7. Ouverture d'une nouvelle procédure. La constatation de l'état de cessation des paiements n'est pas une condition nécessaire de l'ouverture d'une nouvelle procédure de redressement judiciaire [de liquidation judiciaire, depuis la loi du 10 juin 1994] consécutive à la résolution du plan de continuation. • Com. 23 mai 1995, n° 92-19.088 P • 27 oct. 1998 : *Dr. sociétés 1999, n° 9, obs. Chaput.* ♦ Sur la fixation de la date de cessation des paiements dans le cadre de la nouvelle procédure, V. • Colmar, 22 nov. 1989 : *RPC 1991. 314, obs. Soinne.*

L'ouverture d'une nouvelle procédure, en application de l'art. 80 [C. com., ancien art. L. 621-82], est une sanction dont la mise en œuvre n'est pas soumise aux conditions prévues par l'art. 17 [C. com., ancien art. L. 621-15]. • Aix-en-Provence, 16 oct. 1997 : *BICC 1998, n° 392.* – Dans le même sens, V. • Toulouse, 24 avr. 2002 : *RDBF 2003, n° 146, obs. F.-X. Lucas.*

8. Lorsqu'à la suite de la résolution du plan de continuation, le tribunal ouvre, en application de l'art. 80 [C. com., ancien art. L. 621-82], une nouvelle procédure de redressement judiciaire [de liquidation judiciaire, depuis la loi du 10 juin 1994], il n'y a pas lieu de distinguer entre les créanciers dont la créance est antérieure à l'ouverture de la première procédure et ceux dont la créance est née entre le jugement arrêtant le plan et le jugement prononçant sa résolution, • Com. 2 avr. 1996, n° 93-11.058 P : *D. 1997. Somm. 77, obs. Honorat* • Dijon, 17 nov. 1998 : *Gaz. Pal. 2000. Somm. 352.* ♦ Aussi, dès lors qu'un commandement de payer avait été délivré avant la résolution du plan de redressement, et qu'à la date du jugement d'ouverture de la seconde procédure collective, l'acquisition de la clause résolutoire pour défaut de paiement des loyers antérieurs n'avait encore été constatée par aucune décision passée en force de chose jugée, il en résulte qu'en vertu de l'art. 47 [C. com., ancien art. L. 621-40, devenu art. L. 622-21], le jugement d'ouverture de la seconde procédure avait suspendu l'action tendant à la résiliation du contrat de bail pour défaut de paiement des loyers échus avant son prononcé. • Com. 2 avr. 1996 : *préc.* ♦ V. aussi note 6 ss. art. L. 622-21.

9. Sous réserve de la décision concernant la régularité de la déclaration dans la première procédure collective, l'admission ou le rejet de la créance dans cette procédure collective n'a pas autorité de la chose jugée dans la seconde procédure collective ouverte à l'encontre du même débiteur suite à la résolution du plan de continuation. • Com. 3 déc. 2003, n° 02-14.474 P : *D. 2004. AJ 62 ; APC 2004, n° 15, obs. Regnaut-Moutier ; Gaz. Pal. 2003. 480, note Le Corre ; JCP E 2004, n° 22, p. 858, obs. Pétel ; RTD com. 2004. 373, obs. Martin-Serf*. – Dans la même affaire, V. • Cass., ass. plén., 10 avr. 2009, n° 08-10.154 P : *BICC 15 juin 2009, rapp. Crédeville et* *avis Bornet ; D. 2009. AJ 1138 ; RTD com. 2010. 423, obs. Martin-Serf ; APC 2009, n° 141, obs. Cagnoli ; Procédures 2009, n° 197, obs. Rolland ; LEDEN, juin 2009, p. 3, obs. Staes ; JCP E 2009. 1814, n° 9, obs. Pétel ; RPC 2010, n° 1, obs. Gorrias et Manie ; ibid. n° 73, obs. Fraimout.* ♦ Les créances déclarées au passif de la liquidation judiciaire ouverte après résolution du plan de continuation sont soumises à la procédure de vérification et d'admission des créances propre à cette nouvelle procédure, distincte de la procédure de redressement judiciaire initiale. • Com. 27 mars 2007, n° 06-10.267 P : *D. 2007. AJ 1145, obs. Lienhard ; APC 2007, n° 86, obs. Regnaut-Moutier ; RPC 2007. 138, obs. Staes.*

10. En l'absence de décision du juge de la première procédure collective sur la créance déclarée dans cette procédure, le juge de la seconde procédure collective ouverte à l'encontre du même débiteur après résolution du plan doit statuer sur la régularité de la déclaration de créance effectuée dans la première procédure collective, et, le cas échéant, constater l'extinction de la créance [dans le régime antérieur à la loi du 26 juill. 2005]. • Com. 13 févr. 2007, n° 05-17.676 P : *D. 2007. AJ 661, obs. Lienhard ; JCP E 2007. 1450, n° 11, obs. Pétel ; Gaz. Pal. 13-14 avr. 2007, p. 48, obs. Le Corre-Broly ; RDBF 2007, n° 69, obs. F.-X. Lucas ; RTD com. 2007. 448, obs. Martin-Serf .*

11. L'AGS, légalement subrogée dans les droits des salariés au titre des avances effectuées pour leurs créances superprivilégiées dans le cadre de la première procédure, ne perd pas le bénéfice de cette subrogation du fait de l'ouverture de la seconde procédure et demeure en conséquence dispensée de l'obligation de déclarer cette créance. • Com. 3 févr. 2009, n° 07-19.631 P : *D. 2009. AJ 495 ; RTD com. 2010. 189, obs. Saint-Alary-Houin ; JCP E 2009. 1347, n° 3, obs. Pétel ; Gaz. Pal. 26-28 avr. 2009, p. 39, obs. Duprat ; RJDA 2009, n° 763 ; Dr. et patr. 9/2009. 111, obs. Monsèrié-Bon.* ♦ V. aussi • Poitiers, 23 avr. 1996 : *D. 1996. Somm. 284, obs. Honorat .*

12. Sur le sort : des créances nées entre l'ouverture de la première procédure et la date à laquelle le plan de continuation a été arrêté, V. aussi notes 76 et 77 ss. ancien art. L. 621-32, ss. art. L. 622-17, et note 27 ss. ancien art. L. 621-46, ss. art. L. 622-26. ♦ ... Des réductions de créances consenties dans le cadre du plan, V. notes 2 ss. art. L. 626-19. ♦ Sur les effets du défaut de déclaration dans la première procédure collective, V. note 19 ss. ancien art. L. 621-46, ss. art. L. 622-26.

13. Sur l'incidence sur l'exercice du droit de revendication, V. note 14 ss. art. L. 624-9. ♦ ... De prononcer la faillite personnelle du dirigeant ou une mesure d'interdiction, V. note 11 ss. art. L. 653-1, note 1 ss. art. L. 653-3, note 7 ss. art. L. 653-5 et note 4 ss. art. L. 653-8.

Sur la date de la faute de gestion et sur le point de départ de la prescription de l'action en comblement de passif, V. notes 38 et 57 ss. art. L. 651-2.

14. Sur la fin de la suspension des effets d'une éventuelle interdiction d'émettre des chèques, V. art. L. 626-13.

15. Application dans le temps des dispositions modifiées par la loi du 10 juin 1994. La procédure collective, ouverte postérieurement à l'entrée en vigueur de la loi du 10 juin 1994 [V. note précédant l'art. L. 610-1], à la suite de la résolution du plan de continuation pour inexécution des engagements contenus dans le plan, reste soumise aux dispositions de l'art. 80, dans sa rédaction initiale. • Com. 4 janv. 2000, n° 97-10.011 P : *D. 2000. AJ 71, obs. Avena-Robardet ; APC 2000, n° 22, obs. Regnaut-Moutier ; JCP E 2000, n°s 21-22, p. 849, note Le Corre ; RTD com. 2000. 450, obs. Saint-Alary-Houin ; LPA 9 août 2000, p. 15, note Gallet ; ibid., 30 oct. 2000, p. 12, note Courtier* • 2 mai 2001 : *D. 2001. AJ 1727, obs. Lienhard .* ♦ Par suite, seul un créancier ou un groupe de créanciers représentant au moins quinze pour cent des créances peut saisir le tribunal aux fins de résolution du plan et le tribunal ne peut prononcer la liquidation judiciaire qu'après avoir ouvert une procédure de redressement judiciaire. • Mêmes arrêts.

En revanche, lorsque c'est sur la déclaration de l'état de cessation des paiements du débiteur, en cours d'exécution du plan de continuation, que le tribunal prononce la résolution du plan et ouvre une nouvelle procédure collective, cette procédure doit être soumise aux dispositions de la loi du 10 juin 1994. • Com. 4 janv. 2000, n° 96-17.802 P : *D. 2000. AJ 71, obs. Avena-Robardet ; APC 2000, n° 22, obs. Regnaut-Moutier ; JCP E 2000, n° 17, p. 699, obs. Cabrillac et Pétel ; RTD com. 2000. 450, obs. Saint-Alary-Houin .* – V. déjà • Com. 27 oct. 1998, n° 96-20.325 P : *D. 2000. Somm. 67, obs. Pérochon et Mainguy ; D. Affaires 1998. 2019, obs. A. L. ; APC 1998, n° 162 ; Dr. sociétés 1999, n° 40, obs. Chaput ; RTD com. 1999. 958, obs. Saint-Alary-Houin .*

16. Effets à l'égard de la caution. Sur l'exécution de l'engagement de caution après résolution du plan et ouverture d'une nouvelle procédure collective, V. • Com. 8 juill. 2008, n° 07-13.274 P : *D. 2008. Chron. C. cass. 2750, obs. Bélaval ; ibid. AJ 1991, obs. Lienhard ; Dr. sociétés 2008, n° 227, note Legros ; JCP E 2008. 2493, n° 6, obs. Simler ; RTD com. 2008. 864, obs. Martin-Serf ; RPC 2009, n° 6, obs. Fraimout* • Paris, 9 avr. 2002 : *BICC 2003, n° 182.*

Art. L. 626-28 *(L. n° 2005-845 du 26 juill. 2005, art. 82)* **Quand il est établi que les engagements énoncés dans le plan ou décidés par le tribunal ont été tenus, celui-ci, à la requête du commissaire à l'exécution du plan, du débiteur ou de tout intéressé, constate que l'exécution du plan est achevée.**

V. art. R. 626-50 et R. 626-51.

La décision par laquelle le tribunal constate la bonne exécution par le débiteur d'un plan de redressement judiciaire [dans le régime antérieur à la L. du 26 juill. 2005], qui est susceptible d'affecter les droits des créanciers, n'est pas une mesure d'administration judiciaire. • Com. 8 sept. 2015, n° 14-11.393 P : *D. 2016. Pan. 1904, obs. F.-X. Lucas ; JCP 2015. 1065, obs. Théron ; JCP E 2016. 1000, n° 4, obs. Pétel ; LEDEN 10/2015. 7, obs. Staes ; APC 2015, n° 262, obs. Cagnoli ; RJDA 2015, n° 845 ; Gaz. Pal. 19 janv. 2016, p. 63, obs. Lebel.*

SECTION III DES CLASSES DE PARTIES AFFECTÉES

(Ord. n° 2021-1193 du 15 sept. 2021, art. 37, en vigueur le 1er oct. 2021)

Pour les dispositions transitoires de l'Ord. n° 2021-1193 du 15 sept. 2021, V. note ss. art. L. 611-2.

BIBL. GÉN. ▶ LEMERCIER et MERCIER, *D. actu. 20 sept. 2021.* – DAMMANN et BOS, *D. 2021. Chron. 1931* . – POUJADE, *RTD com. 2021. 929* . – BUISINE, *BJE 11-12/2021. 44.* – ABITBOL, LELOUP-THOMAS, PARTOUCHE et ROBINE, *JCP E 2021. 1527.* – F.-X. LUCAS, *BJE 1-2/2022. 45.*

Art. L. 626-29 **Les dispositions de la présente section sont applicables aux entreprises qui atteignent des seuils fixés par décret en Conseil d'État.**

Elles s'appliquent également aux sociétés qui détiennent ou contrôlent une autre société, au sens des articles L. 233-1 et L. 233-3, dès lors que l'ensemble des sociétés concernées atteignent des seuils fixés par décret en Conseil d'État.

Les seuils prévus aux deux alinéas précédents sont définis par référence soit au nombre de salariés et au montant net du chiffre d'affaires de ces entreprises ou sociétés soit au montant net de leur chiffre d'affaires.

A la demande du débiteur, le juge-commissaire peut autoriser qu'il en soit également fait application en deçà de ce seuil.

Les dispositions de la présente section ne font pas obstacle à l'application des dispositions du présent chapitre qui ne leur sont pas contraires.

V. art. R. 626-52.

Art. L. 626-30 **I. – Sont des parties affectées :**

1° Les créanciers dont les droits sont directement affectés par le projet de plan ;

2° Les membres de l'assemblée générale extraordinaire ou de l'assemblée des associés, des assemblées spéciales mentionnées aux articles L. 225-99 et L. 228-35-6 et des assemblées générales des masses visées à l'article L. 228-103, si leur participation au capital du débiteur, les statuts ou leurs droits sont modifiés par le projet de plan. Pour l'application du présent livre, ils sont nommés "détenteurs de capital".

Seules les parties affectées se prononcent sur le projet de plan.

II. – Les parties affectées portent à la connaissance de l'administrateur, au plus tard dans un délai fixé par décret en Conseil d'État, les accords de subordination conclus avant l'ouverture de la procédure. A défaut, ces accords de subordination sont inopposables à la procédure.

III. – La composition des classes de parties affectées est déterminée au vu des créances et droits nés antérieurement à la date du jugement d'ouverture de la procédure. L'administrateur répartit, sur la base de critères objectifs vérifiables, les parties affectées en classes représentatives d'une communauté d'intérêt économique suffisante en respectant les conditions suivantes :

1° Les créanciers titulaires de sûretés réelles portant sur les biens du débiteur, pour leurs créances garanties, et les autres créanciers sont répartis en classes distinctes ;

2° La répartition en classes respecte les accords de subordination conclus avant l'ouverture de la procédure ;

3° Les détenteurs de capital forment une ou plusieurs classes.

IV. – Les créances résultant du contrat de travail, les droits à pension acquis au titre d'un régime de retraite professionnelle et les créances alimentaires ne sont pas affectées par le plan.

V. – L'administrateur soumet à chaque partie affectée les modalités de répartition en classes et de calcul des voix correspondant aux créances ou aux droits affectés leur permettant d'exprimer un vote. Le montant des créances pris en compte est celui indiqué par le débiteur et certifié par son ou ses commissaires aux comptes ou, lorsqu'il n'en a pas été désigné, établi par son expert-comptable. Pour les parties affectées bénéficiaires d'une fiducie constituée à titre de garantie par le débiteur, sont seuls pris en compte les montants de leurs créances non assorties d'une telle sûreté. Ces modalités sont également notifiées au mandataire judiciaire. En cas de désaccord, chaque partie affectée, le débiteur, le ministère public, le mandataire judiciaire ou l'administrateur peut saisir le juge-commissaire suivant des modalités prévues par décret en Conseil d'État. – *Sur l'interdiction de la tierce opposition et du recours en cassation contre les décisions rendues en application du V de l'art. L. 626-30, V. art. L. 661-7.*

V. art. R. 626-55 et R. 626-58 s.

Art. L. 626-30-1 Le droit d'une partie affectée de voter dans une classe constitue un accessoire de la créance née antérieurement au jugement d'ouverture de la procédure et se transmet de plein droit à ses titulaires successifs nonobstant toute clause contraire.

Le titulaire de la créance transférée n'est informé des propositions du débiteur et admis à exprimer un vote qu'à compter du jour où le transfert a été porté à la connaissance de l'administrateur selon des modalités prévues par décret en Conseil d'État. – *V. art. R. 626-57.*

Le créancier dont la créance est éteinte ou transmise perd la qualité de partie affectée.

Art. L. 626-30-2 Le débiteur, avec le concours de l'administrateur, présente aux classes de parties affectées des propositions en vue d'élaborer le projet de plan. En deçà des seuils prévus par l'article L. 721-8, les détenteurs de capital du débiteur, s'ils sont affectés par le projet de plan, peuvent apporter une contribution non monétaire à la restructuration, notamment en mettant à profit leur expérience, leur réputation ou leurs contacts professionnels.

Le projet de plan est transmis aux classes pour être soumis à leur vote. Il ne relève ni des dispositions de l'article L. 626-12 ni de celles de l'article L. 626-18, à l'exception de son dernier alinéa. Le projet peut notamment prévoir des délais de paiement, des remises et, lorsque le débiteur est une société par actions dont tous les actionnaires ne supportent les pertes qu'à concurrence de leurs apports, des conversions de créances en titres donnant ou pouvant donner accès au capital. Ne peuvent faire l'objet de remises ou de délais, qui n'auraient pas été acceptés par leurs titulaires, les créances garanties par le privilège établi au premier alinéa de l'article L. 611-11, ni, le cas échéant les créances garanties par le privilège établi au 2° du III de l'article L. 622-17 et à l'article L. 626-10 nées au cours d'une procédure antérieure. L'article L. 626-6 et le II de l'article L. 626-20 sont applicables.

Un décret précise les informations que le projet de plan doit nécessairement comporter. – *V. art. D. 626-65.*

Les classes de parties affectées sont convoquées dans les conditions définies par décret en Conseil d'État. Elles se prononcent sur ce projet, le cas échéant modifié, dans un délai de vingt à trente jours suivant la transmission du projet de plan. A la demande du débiteur ou de l'administrateur, le juge-commissaire peut augmenter ou réduire ce délai, qui ne peut toutefois être inférieur à quinze jours.

La décision est prise par chaque classe à la majorité des deux tiers des voix détenues par les membres ayant exprimé un vote.

Sous réserve des dispositions des deux alinéas précédents, la ou les classes de détenteurs de capital statuent conformément, selon le cas, aux dispositions applicables aux assemblées générales extraordinaires, aux assemblées des associés ainsi qu'aux assemblées spéciales mentionnées aux articles L. 225-99 et L. 228-35-6 ou aux assemblées générales des masses visées à l'article L. 228-103. Les dispositions des premier et deuxième alinéas de l'article L. 626-3 et du deuxième alinéa de l'article L. 626-18 sont inapplicables.

Au sein d'une classe, le vote sur l'adoption du plan peut être remplacé par un accord ayant recueilli, après consultation de ses membres, l'approbation des deux tiers des voix détenues par ceux-ci.

V. art. R. 626-60 s.

Art. L. 626-31 Lorsque le projet de plan a été adopté par chacune des classes conformément aux dispositions de l'article L. 626-30-2, le tribunal statue sur celui-ci selon les modalités prévues à la section II du présent chapitre et vérifie que les conditions suivantes sont réunies :

1° Le plan a été adopté conformément à l'article L. 626-30 ;

2° Les parties affectées, partageant une communauté d'intérêt suffisante au sein de la même classe, bénéficient d'une égalité de traitement et sont traitées de manière proportionnelle à leur créance ou à leur droit ;

3° La notification du plan a été régulièrement effectuée à toutes les parties affectées ;

4° Lorsque des parties affectées ont voté contre le projet de plan, aucune de ces parties affectées ne se trouve dans une situation moins favorable, du fait du plan, que celle qu'elle connaîtrait s'il était fait application soit de l'ordre de priorité pour la répartition des actifs en liquidation judiciaire ou du prix de cession de l'entreprise en application de l'article L. 642-1, soit d'une meilleure solution alternative si le plan n'était pas validé ;

5° Le cas échéant, tout nouveau financement est nécessaire pour mettre en œuvre le plan et ne porte pas une atteinte excessive aux intérêts des parties affectées.

Le tribunal peut refuser d'arrêter le plan si celui-ci n'offre pas une perspective raisonnable d'éviter la cessation des paiements du débiteur ou de garantir la viabilité de l'entreprise.

Le tribunal s'assure que les intérêts de toutes les parties affectées sont suffisamment protégés. Le jugement qui arrête le plan en rend les dispositions opposables à tous.

Art. L. 626-31-1 La mission du commissaire à l'exécution du plan ne prend fin qu'au paiement de la dernière échéance prévue par le plan si celle-ci est postérieure à l'échéance stipulée par les parties avant l'ouverture de la procédure.

Par dérogation aux dispositions de l'article L. 626-26, une modification substantielle dans les objectifs ou les moyens du plan arrêté par le tribunal en application de l'article L. 626-31 ou de l'article L. 626-32 ne peut intervenir que selon les modalités prévues par la présente section. Dans ce cas, le commissaire à l'exécution du plan exerce les pouvoirs dévolus à l'administrateur judiciaire. Sauf si les circonstances le justifient, la répartition en classes et le calcul des voix arrêtés dans le cadre du plan s'appliquent pour sa modification substantielle. La dernière phrase du V de l'article L. 626-30 n'est pas applicable.

Art. L. 626-32 I. – Lorsque le plan n'est pas approuvé conformément aux dispositions de l'article L. 626-30-2, il peut être arrêté par le tribunal sur demande du débiteur ou de l'administrateur judiciaire avec l'accord du débiteur et être imposé aux classes qui ont voté contre le projet de plan, lorsque ce plan remplit les conditions suivantes :

1° Le plan respecte les conditions posées par les deuxième à septième alinéas de l'article L. 626-31 ;

2° Le plan a été approuvé par :

a) Une majorité de classes de parties affectées autorisées à voter, à condition qu'au moins une de ces classes soit une classe de créanciers titulaires de sûretés réelles ou ait un rang supérieur à celui de la classe des créanciers chirographaires ;

b) A défaut, par au moins une des classes de parties affectées autorisée à voter, autre qu'une classe de détenteurs de capital ou toute autre classe dont on peut raisonnablement supposer, après détermination de la valeur du débiteur en tant qu'entreprise en activité, qu'elle n'aurait droit à aucun paiement, si l'ordre de priorité des créanciers pour la répartition des actifs en liquidation judiciaire ou du prix de cession de l'entreprise en application de l'article L. 642-1, était appliqué ;

3° Les créances des créanciers affectés d'une classe qui a voté contre le plan sont intégralement désintéressées par des moyens identiques ou équivalents lorsqu'une classe de rang inférieur a droit à un paiement ou conserve un intéressement dans le cadre du plan ;

4° Aucune classe de parties affectées ne peut, dans le cadre du plan, recevoir ou conserver plus que le montant total de ses créances ou intérêts ;

5° Lorsqu'une ou plusieurs classes de détenteurs de capital ont été constituées et n'ont pas approuvé le plan :

a) L'effectif de l'entreprise atteint un seuil défini par décret en Conseil d'État, qui ne peut être inférieur à 150 salariés, ou son chiffre d'affaires est égal ou supérieur à un seuil défini par décret en Conseil d'État, qui ne peut être inférieur à 20 millions d'euros ; lorsque le débiteur est une société qui détient ou contrôle une autre société, au sens des articles L. 233-1 et L. 233-3, ces seuils sont appréciés au niveau de l'ensemble des sociétés concernées ; – *V. art. R. 626-63.*

b) On peut raisonnablement supposer, après détermination de la valeur du débiteur en tant qu'entreprise en activité, que les détenteurs de capital de la ou des classes dissidentes n'auraient droit à aucun paiement ou à ne conserver aucun intéressement si l'ordre de priorité des créanciers pour la répartition des actifs en liquidation judiciaire ou du prix de cession de l'entreprise en application de l'article L. 642-1 était appliqué ;

c) Si le projet de plan prévoit une augmentation de capital souscrite par apport en numéraire, les actions émises sont offertes par préférence aux actionnaires, proportionnellement à la partie du capital représentée par leurs actions ;

d) Le plan ne prévoit pas la cession de tout ou partie des droits de la ou des classes de détenteurs capital qui n'ont pas approuvé le projet de plan.

La décision du tribunal vaut approbation des modifications de la participation au capital ou des droits des détenteurs de capital ou des statuts prévues par le plan. Le tribunal peut désigner un mandataire de justice chargé de passer les actes nécessaires à la réalisation de ces modifications.

II. – Sur demande du débiteur ou de l'administrateur judiciaire avec l'accord du débiteur, le tribunal peut décider de déroger au 3° du I, lorsque ces dérogations sont nécessaires afin d'atteindre les objectifs du plan et si le plan ne porte pas une atteinte excessive aux droits ou intérêts de parties affectées. Les créances des fournisseurs de biens ou de services du débiteur, les détenteurs de capital et les créances nées de la responsabilité délictuelle du débiteur, notamment, peuvent bénéficier d'un traitement particulier.

BIBL. ▶ DEBEINE et ROSIER, *RPC 2021. Étude 20* (règle de priorité absolue).

Art. L. 626-33 I. – Lorsque la contestation par une partie affectée, qui a voté contre le plan, porte sur le non-respect de la condition prévue au 4° de l'article L. 626-31 ou du cinquième ou du dixième alinéa de l'article L. 626-32, la valeur de l'entreprise du débiteur est déterminée suivant des modalités prévues par décret en Conseil d'État.

II. – La décision prise par le tribunal en application de l'article L. 626-31 ou de l'article L. 626-32 et le cas échéant du I du présent article, est susceptible de recours suivant des modalités prévues par décret en Conseil d'État.

V. art. R. 626-64.

Art. L. 626-34 Un décret en Conseil d'État détermine les conditions d'application de la présente section. – *V. art. R. 626-52 s.*

CHAPITRE VII DISPOSITIONS PARTICULIÈRES EN L'ABSENCE D'ADMINISTRATEUR JUDICIAIRE

BIBL. GÉN. ▶ BOURGNINAUD, *LPA, n° spéc., 8 févr. 2006, p. 85* (commentaire article par article).

Art. L. 627-1 *(L. n° 2005-845 du 26 juill. 2005, art. 84)* Les dispositions du présent chapitre sont applicables lorsqu'il n'a pas été désigné d'administrateur judiciaire en application *(Ord. n° 2008-1345 du 18 déc. 2008, art. 72)* « du quatrième » alinéa de l'article L. 621-4. Les autres dispositions du présent titre sont applicables dans la mesure où elles ne sont pas contraires à celles du présent chapitre.

Art. L. 627-2 *(L. n° 2005-845 du 26 juill. 2005, art. 85)* Le débiteur exerce, après avis conforme du mandataire judiciaire, la faculté ouverte à l'administrateur de poursuivre des contrats en cours *(Ord. n° 2008-1345 du 18 déc. 2008, art. 73)* « et de demander la résiliation du bail en application des articles L. 622-13 et L. 622-14 ». En cas de désaccord, le juge-commissaire est saisi par tout intéressé.

V. art. R. 627-1.

BIBL. ► ROUSSEL GALLE, *RPC 2006. 264.*

1. En application de l'art. L. 627-2, c'est, en l'absence d'administrateur, au débiteur lui-même qu'il appartient, sur avis conforme du mandataire judiciaire, d'exercer la faculté de poursuivre les contrats en cours et de demander la résiliation du bail en application des art. L. 622-13 et L. 622-14, ce dont il résulte que le mandataire qui n'a pas été consulté par le débiteur ne peut être tenu pour responsable de la poursuite d'un contrat, au demeurant irrégulière, ni de l'absence de sa résiliation. • Com. 5 févr. 2020, n° 18-21.529 P : *D. 2020. Actu. 334 ; LEDEN 3/2020. 5, obs. Rubellin ; APC 2020, n° 81, obs. Diesbecq ; RJDA 2020, n° 276 ; BJE 7-8/2020. 12, note Lafaurie ; RJ com. 2020. 495, obs. André.*

2. V., à propos du rôle du juge-commissaire dans la procédure simplifiée sans nomination d'un administrateur (régime antérieur à la loi du 26 juill. 2005), notes 27 et 28 ss. art. L. 622-13.

Art. L. 627-3 *(L. n° 2005-845 du 26 juill. 2005, art. 86)* Pendant la période d'observation, le débiteur établit un projet de plan avec l'assistance éventuelle d'un expert nommé par le tribunal. *(Ord. n° 2008-1345 du 18 déc. 2008, art. 74)* « Il n'est pas dressé de bilan économique, social et environnemental. »

Le débiteur communique au mandataire judiciaire et au juge-commissaire les propositions de règlement du passif prévues à l'article L. 626-5 et procède aux informations. *(Ord. n° 2008-1345 du 18 déc. 2008, art. 74)* « , consultations et communications prévues à l'article L. 626-8 ».

Pour l'application de l'article L. 626-3, l'assemblée générale extraordinaire ou l'assemblée des associés ainsi que, lorsque leur approbation est nécessaire, les assemblées spéciales mentionnées aux articles L. 225-99 et L. 228-35-6 ou les assemblées générales des masses visées à l'article L. 228-103 sont convoquées dans des conditions fixées par décret en Conseil d'État. Le juge-commissaire fixe le montant de l'augmentation du capital proposée à l'assemblée pour reconstituer les capitaux propres. – *[C. com., anc. art. L. 621-139.]*

Art. L. 627-4 *(L. n° 2005-845 du 26 juill. 2005, art. 87)* Après le dépôt au greffe du projet de plan par le débiteur, le tribunal statue au vu du rapport du juge-commissaire.

CHAPITRE VIII DE LA SAUVEGARDE ACCÉLÉRÉE

(Ord. n° 2021-1193 du 15 sept. 2021, art. 38, en vigueur le 1er oct. 2021)

Pour les dispositions transitoires de l'Ord. n° 2021-1193 du 15 sept. 2021, V. note ss. art. L. 611-2.

SECTION PREMIÈRE DE L'OUVERTURE DE LA PROCÉDURE

Art. L. 628-1 Il est institué une procédure de sauvegarde accélérée soumise aux règles du présent titre sous réserve des dispositions du présent chapitre. N'y sont pas applicables les dispositions du III et du IV de l'article L. 622-13 et celles des sections III et IV du chapitre IV.

La procédure de sauvegarde accélérée est ouverte à la demande d'un débiteur engagé dans une procédure de conciliation qui justifie avoir élaboré un projet de plan tendant à assurer la pérennité de l'entreprise. Ce projet doit être susceptible de recueillir, de la part des parties affectées à l'égard desquelles l'ouverture de la procédure produira effet, un soutien suffisamment large pour rendre vraisemblable son adoption dans le délai prévu au premier alinéa de l'article L. 628-8.

Sans préjudice de l'article L. 628-6, lorsque les comptes du débiteur font apparaître que la nature de l'endettement rend vraisemblable l'adoption d'un plan par les seuls créanciers ayant la qualité de sociétés de financement, d'établissements de crédit et assimilés, tel que définis par décret en Conseil d'État, ainsi que par tous les titulaires d'une créance acquise auprès de ceux-ci ou d'un fournisseur de biens ou de services et s'il y a lieu des obligataires, le débiteur peut demander l'ouverture d'une procédure de sauvegarde dont les effets sont limités à ces créanciers.

La procédure ne peut être ouverte qu'à l'égard d'un débiteur dont les comptes ont été certifiés par un commissaire aux comptes ou établis par un expert-comptable.

La circonstance que le débiteur soit en cessation des paiements ne fait pas obstacle à l'ouverture de la procédure de sauvegarde accélérée si cette situation ne précède pas depuis plus de quarante-cinq jours la date de la demande d'ouverture de la procédure de conciliation préalable.

V. art. R. 628-2.

Art. L. 628-2 Le tribunal statue sur l'ouverture de la procédure après un rapport du conciliateur sur le déroulement de la conciliation et les perspectives d'adoption du projet de plan par les parties affectées concernées. Il peut obtenir communication des pièces et actes relatifs à la conciliation et, le cas échéant, au mandat *ad hoc* nonobstant les dispositions de l'article L. 611-15.

L'ouverture de la procédure est examinée en présence du ministère public.

V. art. R. 628-4 s.

Art. L. 628-3 Le tribunal désigne un ou plusieurs administrateurs judiciaires. Lorsque le conciliateur est inscrit sur la liste prévue à l'article L. 811-2 ou sur celle prévue à l'article L. 812-2, le tribunal le désigne soit comme administrateur judiciaire, soit comme mandataire judiciaire, selon la profession qu'il exerce. Par décision spécialement motivée, il peut désigner une autre personne dans les conditions prévues à ces mêmes articles.

A sa demande, le tribunal peut dispenser le débiteur de procéder à l'inventaire prévu par l'article L. 622-6.

Art. L. 628-4 Lorsque le débiteur n'est pas soumis à l'obligation de constituer des classes de parties affectées prévue à l'article L. 626-29, l'ouverture de la procédure de sauvegarde accélérée est subordonnée à cette constitution. A cette fin, le tribunal ordonne leur constitution dans le jugement d'ouverture.

Art. L. 628-5 Le ministère public saisit le tribunal à l'effet de mettre fin à la procédure de sauvegarde accélérée s'il est établi que le débiteur se trouvait en cessation des paiements depuis plus de quarante-cinq jours lorsqu'il a adressé ou remis la requête mentionnée à l'article L. 611-6.

SECTION II DES EFFETS DE LA SAUVEGARDE ACCÉLÉREE

Art. L. 628-6 L'ouverture d'une procédure de sauvegarde accélérée ne produit d'effet qu'à l'égard des parties mentionnées à l'article L. 626-30 directement affectées par le projet de plan mentionné au deuxième alinéa de l'article L. 628-1.

Art. L. 628-7 Sans préjudice de l'article L. 622-6, le débiteur établit la liste des créances de chaque partie affectée ayant participé à la conciliation qui doivent faire l'objet de la déclaration prévue par le premier alinéa de l'article L. 622-24. Cette liste comporte les indications prévues aux deux premiers alinéas de l'article L. 622-25 et, le cas échéant, les accords de subordination portés à la connaissance du débiteur par les créanciers avant l'ouverture de la procédure. Elle est certifiée par le commissaire aux comptes ou, à défaut, fait l'objet d'une attestation de l'expert-comptable. Elle est déposée au greffe du tribunal par le débiteur.

Le mandataire judiciaire transmet à chaque partie affectée figurant sur la liste l'extrait de la liste déposée concernant sa créance.

Le dépôt de la liste au greffe du tribunal vaut déclaration au nom des parties affectées si celles-ci n'adressent pas la déclaration de leurs créances dans les conditions prévues aux articles L. 622-24 à L. 622-26.

L'actualisation des créances mentionnées sur la liste déposée est faite dans le délai prévu par le premier alinéa de l'article L. 622-24.

Un décret en Conseil d'État précise les modalités d'application du présent article. – *V. art. R. 628-8 et R. 628-9.*

Art. L. 628-8 Le tribunal arrête le plan dans les conditions prévues aux articles L. 626-31 et L. 626-32 dans un délai de deux mois à compter du jugement d'ouver-

ture. A la demande du débiteur et de l'administrateur judiciaire, le tribunal peut proroger ce délai sans que la durée totale de la procédure ne puisse excéder quatre mois.

A défaut d'arrêté de plan dans ce délai, le tribunal met fin à la procédure.

Les dispositions du quatrième alinéa de l'article L. 626-18 ne sont pas applicables.

V. art. R. 628-10 s.

TITRE TROISIÈME DU REDRESSEMENT JUDICIAIRE

BIBL. GÉN. ▶ TEBOUL, *LPA 27 oct. 2005.* – LEGROS, *Dr. sociétés 2005. Étude 16.* – DELFOSSE et PÉNIGUEL, *JCP N 2005, n° 41, p. 1667.* – JAZOTTES, *RPC 2005. 358* (innovations de la procédure de redressement judiciaire). – CROZE, *Procédures 2006. Étude 1 ; ibid. mars 2006, p. 4.* – MARLY, *LPA, n° spéc., 8 févr. 2006, p. 94* (commentaire article par article). ▶ Sur l'ordonnance du 18 déc. 2008 : ROUSSEL GALLE, *D. 2009. 644* (ouverture des procédures). – VOINOT, *Gaz. Pal. 2009. Doctr. 746* (même thème). – SAINTOURENS, *RPC 2009. Dossier 4.*

CHAPITRE PREMIER DE L'OUVERTURE ET DU DÉROULEMENT DU REDRESSEMENT JUDICIAIRE

Art. L. 631-1 *(L. n° 2005-845 du 26 juill. 2005, art. 88)* **Il est institué une procédure de redressement judiciaire ouverte à tout débiteur mentionné aux articles L. 631-2 ou L. 631-3 qui, dans l'impossibilité de faire face au passif exigible avec son actif disponible, est en cessation des paiements.** *(Ord. n° 2008-1345 du 18 déc. 2008, art. 75)* **« Le débiteur qui établit que les réserves de crédit ou les moratoires dont il bénéficie de la part de ses créanciers lui permettent de faire face au passif exigible avec son actif disponible n'est pas en cessation des paiements. »**

(L. n° 2022-172 du 14 févr. 2022, art. 5, en vigueur le 14 mai 2022) **« Cette condition s'apprécie, s'il y a lieu, pour le seul patrimoine engagé par l'activité ou les activités professionnelles. »** — *Pour les dispositions transitoires de la L. n° 2022-172 du 14 févr. 2022, V. note ss. art. L. 611-13.*

La procédure de redressement judiciaire est destinée à permettre la poursuite de l'activité de l'entreprise, le maintien de l'emploi et l'apurement du passif. Elle donne lieu à un plan arrêté par jugement à l'issue d'une période d'observation et, le cas échéant, à la constitution de *(Ord. n° 2021-1193 du 15 sept. 2021, art. 39, en vigueur le 1er oct. 2021)* **« classes de parties affectées** *[ancienne rédaction : deux comités de créanciers]* **», conformément aux dispositions des articles L. 626-29 et L. 626-30.** *(Ord. n° 2021-1193 du 15 sept. 2021, art. 39, en vigueur le 1er oct. 2021)* **« La demande prévue au quatrième alinéa de l'article L. 626-29 peut être formée par le débiteur ou l'administrateur judiciaire. »**

Pour les dispositions transitoires de l'Ord. n° 2021-1193 du 15 sept. 2021, V. note ss. art. L. 611-2.

Pour une dérogation à l'art. L. 631-1 ci-dessus, s'agissant de la définition de l'état de cessation des paiements applicable aux établissements de crédit, V. C. mon. fin., art. L. 613-26. — ***C. mon. fin.***

BIBL. ▶ CHAPUT, *RTD com. 1986, n° spéc., p. 17.* – DELESALLE, *RPC 1987, n° 4, p. 1.* – NANTERME et PONCEBLANC, *Gaz. Pal. 1986. 2. Doctr. 661.* – NUSSENBAUM, *Rev. dr. bancaire mai-juin 1996. 79* (cessation des paiements des banques). – MONTÉRAN, *RPC 2001. 1.* – DELATTRE, *Gaz. Pal. 2002. Doctr. 152* (notion de cessation des paiements : passif exigible ou passif exigé ?). – LAFORTUNE, *ibid.* (périmètre de l'état de cessation des paiements dans l'actualité jurisprudentielle). – MARTINEAU-BOURGNINAUD, *RTD com. 2002. 245* (la cessation des paiements, notion fonctionnelle). – DERRIDA, *Mél. Sortais, Bruylant, 2002, p. 73* (notion de cessation des paiements). – TRICOT, *Gaz. Pal. 2005. Doctr. 1009* (la cessation des paiements : une notion stable). ▶ Après la loi du 26 juill. 2005 : – LEBEL, *Gaz. Pal. 2005. Doctr. 2934.* – FAURY, *ibid. 2007. Doctr. 85.* – TEBOUL, *Gaz. Pal. 2008. Doctr. 1703* (la cessation des paiements, point de convergence des intérêts contraire ?) ; *RPC 2015. Étude 6* (la cessation des paiements : un critère malmené mais vivace). – VALLENS, *JCP 2008. I. 148* (de la cessation des paiements à l'insolvabilité) ; *RPC 2009, Étude 25* (preuve de la cessation des paiements). – BERTHELOT, *JCP E 2008. 2232.* – GRELON, *Mél. Tricot, Dalloz-Litec, 2011, p. 423* (prévention et cessation des paiements). – BUCHBERGER, *BJE 2011. 286* (avances de trésorerie, avances en compte courant et cessation des paiements). – ARBELLOT, *JCP E 2012. 1102* (notion de « réserves de crédit »). – ZINTY, *RPC 2012. Étude 27* (notion d'actif disponible). – GIBIRILA, *LPA 31 juill. 2018* (notion de cessation des paiements).

1. *Notion de « débiteur ».* Il résulte de la combinaison de l'art. L. 631-1 C. com., ensemble les art. 3, 4 et 9 du Décr. n° 56-221 du 29 févr. 1956, que si tout officier public ou ministériel auquel un suppléant a été désigné doit s'abstenir de tout acte professionnel dès l'entrée en fonction de ce dernier, il demeure titulaire de l'office et peut à ce titre faire l'objet d'un redressement ou d'une liquidation judiciaires, dès lors que se trouve constaté l'état de cessation des paiements. • Com. 3 mai 2011, n° 10-14.806 P : *D. 2011. Actu. 1343, obs. Lienhard ; Rev. sociétés 2011. 385, obs. Roussel Galle ; JCP E 2011. 1596, n° 1, obs. Pétel ; LEDEN 6/2011. 2, obs. Couard ; RPC 2011, n° 118, obs. Lebel ; RJDA 2011, n° 717 ; BJE 2011. 308, note Favario ; RPC 2012, n° 16, obs. Saintourens.*

2. *Notion de « cessation des paiements ».* L'état de cessation des paiements ne se déduit pas de la seule constatation de l'existence d'un résultat déficitaire. • Com. 3 nov. 1992, n° 90-16.555 P • Nancy, 28 avr. 1998 : *RPC 2000. 53, obs. Deleneuville* • Chambéry, 18 janv. 1999 : *ibid.* ♦ ... Ou d'une perte d'exploitation et du non-paiement des salaires. • Com. 9 janv. 1996 : *D. 1996. IR 43 ; D. Affaires 1996. 273.* ♦ V. aussi • Com. 9 juill. 2002 : *RDBF 2002, n° 233, obs. F.-X. Lucas.* ♦ La cessation des paiements est distincte du refus de paiement et doit être prouvée par celui qui demande l'ouverture d'un redressement judiciaire. • Com. 27 avr. 1993, n° 91-16.470 P • 25 févr. 1997 : *D. 1997. IR 127 ; D. Affaires 1997. 484 ; LPA 11 mai 1998, p. 11, obs. Gibirila* • 23 nov. 1999 : *Procédures 2000, n° 215, obs. Laporte* • 23 janv. 2001 : *RPC 2002. 55, obs. Deleneuville* • Aix-en-Provence, 6 juin 2000 : *RDBF 2000, n° 228, obs. F.-X. Lucas* • Besançon, 11 sept. 2001 : *RJ com. 2002. 124, note Haennig.* ♦ V. aussi note 17. ♦ Il n'y a cessation des paiements que si le débiteur est dans l'impossibilité de faire face à son passif exigible, c'est-à-dire échu, avec son actif disponible. • T. com. Lille, 5 mai 1987 : *RJ com. 1987. 255, note Derrida ; RTD com. 1988. 688, obs. Merle* • 30 avr. 1987 : *RPC 1987, n° 3, p. 11, obs. Didier ; Rev. dr. bancaire 1988. 29, obs. Dekeuwer-Defossez.* ♦ Cette condition étant suffisante, il n'y a pas lieu de rejeter une demande d'ouverture de procédure, dès lors qu'il est constaté que le débiteur n'est pas en mesure de se libérer du passif échu. • Douai, 24 mars 1986 : *RPC 1987, n° 1, p. 27, obs. Didier.* ♦ L'actif d'une société, constitué de deux immeubles non encore vendus, n'est pas disponible. • Com. 27 févr. 2007, n° 06-10.170 P : *D. 2007. AJ 872, obs. Lienhard ; JCP E 2007. 1833, note Roussel Galle ; ibid. 2119, n° 1, obs. Pétel ; Gaz. Pal. 13-14 avr. 2007, p. 21, obs. Lebel ; RDBF 2007, n° 71, obs. F.-X. Lucas ; APC 2007, n° 71, obs. Vallansan ; RPC 2007. 221, obs. Saintourens ; Defrénois 2007. 1557, obs. Gibirila.* – V. aussi Delattre, *RPC 2007. 109.* ♦ Dans le même sens, V. • Com. 17 juin 2020, n° 18-22.747 P : *D. 2020. Actu. 1356 ; Rev. sociétés 2020. 507, obs. Roussel Galle ; LEDEN 7/2020. 2, obs. Rubellin ; RJDA 2020, n° 441 ; BJE 9-10/2020. 16, note Martineau-Bourgninaud ; JCP E 2021. 1043, note Stefania.* ♦ De même, pour la détermination de l'actif disponible ne peuvent être pris en compte ni le prix d'acquisition du fonds de commerce, ni le montant des travaux réalisés dans les lieux, ni la valeur du stock de marchandises. • Com. 17 mai 1989, n° 87-17.930 P : *D. 1989. IR 177 ; JCP 1990. II. 21464, note Beaubrun.* ♦ ... Non plus que des participations dans des filiales et des créances sur celles-ci. • Com. 20 juin 1995 : *Dr. sociétés 1995, n° 162, obs. Chaput.* ♦ ... Ni un terrain à exproprier. • Com. 25 nov. 1997, n° 95-17.443 P : *D. Affaires 1998. 300, obs. A. L.* ♦ V. aussi, sur l'exclusion des stocks, à moins qu'ils ne soient en cours de réalisation, • Versailles, 6 mars 1997 : *RPC 1998. 33, obs. Calendini* • Amiens, 11 mars 1999 : *RPC 2000. 49, obs. Deleneuville* • Besançon, 20 nov. 2001 : *RJ com. 2002. 127, note Haennig.* ♦ ... Et des créances, sauf celles qui arrivent immédiatement à terme, • Versailles, 22 mai 1997 : *RPC 1998. 33, obs. Calendini.* – V. aussi • Paris, 25 sept. 1998 : *RPC 2000. 49, obs. Deleneuville.* ♦ Le capital social non libéré ne peut être assimilé à un actif disponible ou à une réserve de crédit au sens de l'art. L. 631-1 C. com. • Com. 23 avr. 2013, n° 12-18.453 P : *D. 2013. Actu. 1130, obs. Lienhard ; LEDEN 6/2013. 2, obs. F.-X. Lucas ; BJS 2013. 414, note Mouial-Bassilana ; APC 2013, n° 130, obs. Pagnucco ; RJDA 2013, n° 648 ; Gaz. Pal. 12-13 juill. 2013, p. 11, obs. Reille ; BJE 2013. 225, note Borga ; RPC 2013, n° 122, obs. Saintourens.*

En revanche, il y a lieu de prendre en compte le produit de la vente d'un fonds de commerce consigné entre les mains d'un notaire, de nature à permettre de désintéresser les créanciers qui ont fait opposition. • Aix-en-Provence, 19 nov. 1998 : *RPC 2000. 49, obs. Deleneuville.*

L'action du porteur d'un chèque de banque contre le tiré se prescrivant par un an à partir de l'expiration du délai de présentation, la provision correspondante qui existe au profit du porteur durant le délai de prescription de cette action constitue un actif disponible. • Com. 18 déc. 2007, n° 06-16.350 P : *D. 2008. AJ 83, obs. Lienhard ; JCP E 2008. 1358, note Grimonprez ; ibid. 1432, n° 1, obs. Cabrillac ; APC 2008, n° 39, obs. Bonneau ; Gaz. Pal. 27-29 avr. 2008, p. 14, obs. Lebel ; RPC 2008, n° 113, obs. Saintourens.*

La comparaison des éléments du bilan n'est pas de nature à établir l'existence de la cessation des paiements. • Com. 2 févr. 1999 : *RJDA 1999, n° 438 ; APC 1999, n° 76 ; RPC 1999. 235, obs. Bach* • Paris, 18 févr. 2000 : *D. 2000. AJ 170, obs. Pisoni.*

Sur le rejet d'une analyse purement comptable et l'intégration des éléments dynamiques de la vie de l'entreprise, V. • Aix-en-Provence, 5 juin

1987 : *D. 1988. Somm. 41, obs. Honorat* • Rouen, 17 sept. 1992 : *RJDA 1993, n° 251.* ♦ Sur la prise en compte des concours financiers accordés par une banque, V. • Com. 23 mai 1995 : *RJDA 1995, n° 1272* • 5 mars 1996 : *RPC 1996. 202, obs. Calendini* • 8 janv. 2002 : *APC 2002, n° 69.* ♦ ... Des liquidités apportées par le dirigeant, V. • Com. 24 mars 2004, n° 01-10.927 P : *D. 2004. AJ 1022, obs. Lienhard ; ibid. Somm. 2143, obs. F.-X. Lucas ; APC 2004, n° 110, obs. Vallansan ; JCP E 2004, n° 37, p. 1383, obs. Pétel ; LPA 4 juin 2004, note Reifegerste ; Defrénois 2004. 1659, obs. Gibirila.* ♦ ... D'un moratoire accordé par les créanciers, V. • Com. 18 mars 2008 : *D. 2008. AJ 982, obs. Lienhard ; Gaz. Pal. 27-29 juill. 2008, p. 31, obs. Lebel ; RPC 2008, n° 114, obs. Saintourens* • 27 févr. 2007 : *préc. ; RPC 2007. 222, obs. Saintourens* • 14 mai 2002 : *cité note 7 ss. art. L. 631-8* (dans le cadre d'une procédure de règlement amiable) • 15 févr. 2011, n° 10-13.625 P : *D. 2011. Actu. 591, obs. Lienhard ; JCP E 2011. 1280, note Lebel ; LEDEN 4/2011. 3, obs. Delattre ; RJDA 2011, n° 436 ; BJE 2011. 176, note Martineau-Bourgninaud* (ss. l'empire de la L. du 26 juill. 2005). ♦ Jurisprudence confirmée par l'art. L. 631-1 dans sa réd. issue de l'Ord. n° 2008-1345 du 18 déc. 2008. ♦ Pour une première application, jugeant qu'une avance de trésorerie qui n'est pas bloquée ou dont le remboursement n'a pas été demandé constitue un actif disponible, V. • Com. 16 nov. 2010 : *D. 2010. Actu. 2830, obs. Lienhard ; D. 2011. Pan. 2072, obs. F.-X. Lucas ; LEDEN 1/2011. 2, obs. Rubellin ; Gaz. Pal. 7-8 janv. 2011, p. 25, obs. Reille ; Dr. sociétés 2011, n° 37, note Legros ; BJS 2011. 207, note Mouial-Bassilana.*

Sur l'exclusion des créances litigieuses pour la détermination du passif exigible (à propos de créances constatées par décisions de référé provisoires), • Com. 25 nov. 2008 : *D. 2009. AJ 17 ; Gaz. Pal. 26-28 avr. 2009, p. 15, obs. Lebel* • Chambéry, 9 déc. 1991 : *BICC 1992, n° 644*, conf. par • Com. 22 févr. 1994, n° 92-11.634 P : *JCP 1995. II. 22447, note Lévy ; JCP E 1994. I. 394, n° 1, obs. Pétel* • TGI Metz, 5 juin 1997 : *BICC 1998, n° 205.* ♦ Comp. note 13.

Ne peut être incluse dans le passif exigible une dette incertaine, comme faisant l'objet d'un recours. • Com. 9 déc. 2020, n° 19-14.437 P : *cité note 6 ss. art. L. 631-8.* ♦ Sur la notion de passif exigible, s'agissant de créances fiscales, V. • Com. 12 nov. 1997, n° 94-15.829 P : *D. Affaires 1997. 1468 ; RPC 1998. 38, obs. Calendini* • 7 mars 2006 : *Gaz. Pal. 14-18 juill. 2006, p. 13, obs. Lebel.* ♦ V. aussi les arrêts cités par J.-M. Deleneuville, *RPC 2000. 50.*

Sur la distinction des notions de « cessation des paiements » et de « situation irrémédiablement compromise » (art. L. 313-12 C. mon. fin.), V. • Com. 31 mars 2004 : *D. 2004. AJ 1231, obs. Avena-Robardet .*

3. *Créances fiscales.* Il ne relève pas de la compétence du juge saisi de la demande d'ouverture d'une procédure collective formée contre un redevable de se prononcer sur l'existence ou le montant des créances fiscales à inclure dans le passif exigible afin d'apprécier la cessation des paiements de ce redevable. • Com. 11 avr. 2018, n° 16-23.019 P : *D. 2018. Actu. 797 ; JCP E 2018. 1429, n° 2, obs. Tehrani ; LEDEN 5/2018. 3, obs. Minet ; APC 2018, n° 120, obs. Fin-Langer ; Gaz. Pal. 10 juill. 2018, p. 53, obs. Reille ; BJE 2018. 268, note Dedeurwaerder ; RJDA 2018, n° 655 ; RPC 2018, n° 134, obs. Saintourens.*

4. *Séquestre.* En revanche, la cessation des paiements n'est pas constituée lorsque le débiteur a déposé la somme réclamée entre les mains d'un séquestre, car même si la somme n'est pas disponible pour le créancier, elle a été disponible pour le débiteur, fût-ce pour l'immobiliser temporairement par une mesure de sûreté. • TGI Évry, 20 mai 1988 : *D. 1989. Somm. 285, obs. Honorat.*

5. *Groupe de sociétés.* L'état de cessation des paiements est caractérisé objectivement, pour chaque société d'un groupe, par l'impossibilité pour elle de faire face à son passif exigible avec son actif disponible. • Com. 3 juill. 2012, n° 11-18.026 P : *D. 2012. 2212, note Dammann et François ; ibid. Chron. C. cass. 2548, obs. Lecaroz ; ibid. Actu. 1814, obs. Lienhard ; Rev. sociétés 2012. 527, obs. Henry ; JCP E 2012. 1509, note Cerati-Gauthier ; ibid. 1757, n° 1, obs. Pétel ; Gaz. Pal. 5-6 sept. 2012, p. 5, obs. Demeyere ; BJS 2012. 631, note Pelletier ; BJE 2012. 279, concl. Bonhomme et note Neau-Leduc ; LEDEN 9/2012. 2, obs. Delattre ; APC 2012, n° 206, obs. Fin-Langer ; DP diff. entr., Bull. n° 340, obs. Roussel Galle ; RJDA 2012, n° 872 ; Dr. sociétés 2012, n° 189, note Legros ; RPC 2013, n° 6, obs. Saintourens.* ♦ Ainsi, l'état de cessation des paiements d'une filiale doit être caractérisé objectivement et de manière autonome, sans prendre en considération les capacités financières de la société mère. • Com. 15 nov. 2017, n° 16-19.690 P : *D. 2017. Actu. 2301 ; LEDEN 1/2018. 5, obs. Parachkévova ; BJS 2018. 115, note Mouial-Bassilana ; RJDA 2018, n° 144 ; RPC 2018, n° 55, obs. Saintourens ; Dr. sociétés 2018, n° 92, note Legros.* ♦ Une cour d'appel ne peut prononcer le redressement judiciaire de toutes les sociétés d'un groupe sans constater que le montant des actifs disponibles à la date retenue comme étant celle de la cessation des paiements ne permettait pas à chacune des sociétés de faire face à son passif exigible : • Com. 8 juin 1999, n° 95-14.723 P : *APC 1999, n° 155, obs. Vallansan ; LPA 8 juill. 1999, p. 5 ; Dr. sociétés 1999, n° 166, obs. Chaput* • 20 févr. 2001 : *Dr. sociétés 2001, n° 113, obs. Legros ; RTD com. 2001. 921, obs. Champaud et Danet .*

6. *Confusion des patrimoines.* V. note 19 ss. art. L. 621-2.

7. Liquidation judiciaire immédiate. V. note 7 ss. art. L. 640-1.

8. Indifférence des mobiles du débiteur. Lorsque l'état de cessation des paiements est avéré, le juge saisi d'une demande d'ouverture d'une procédure collective ne peut la rejeter en raison des mobiles du débiteur, qui est légalement tenu de déclarer cet état. • Com. 3 juill. 2012 : *préc. note 5* • Com. 15 nov. 2017, n° 16-19.690 : *préc. note 5.*

9. Délais de paiement. Le tribunal saisi d'une demande d'ouverture d'un redressement judiciaire statue *ultra petita* s'il accorde des délais de paiement au débiteur qu'il condamne au paiement. • Paris, 22 mars 1988 : *Gaz. Pal. 1988. 2. Somm. 376.*

10. Date de cessation des paiements. Sur la nécessité, pour les tribunaux, de retenir une date précise comme date de la cessation des paiements, V. • Com. 20 mai 1997, n° 95-10.185 P : *D. 1997. IR 144 ; D. Affaires 1997. 767 ; BJS 1997. 801, note Saintourens.*

11. Date d'appréciation. La cessation des paiements est appréciée au jour où statue la juridiction, même en cause d'appel. • Com. 9 mai 1987 : *RPC 1987, n° 4, p. 29, obs. Didier* • 7 nov. 1989, n° 88-13.155 P : *Gaz. Pal. 1990. 1. Pan. 44* • 6 oct. 1992, n° 90-18.992 P : *Dr. sociétés 1992, n° 249, obs. Chaput.* – Dans le même sens : • Com. 14 nov. 2000 : *Procédures 2001, n° 63, obs. Laporte ; RPC 2002. 56, obs. Deleneuville* • 3 avr. 2001 : *ibid.* • Paris, 19 oct. 2004 : *RJ com. 2005. 74, note Sortais.* ♦ Pour apprécier l'état de cessation de paiement au jour où elle statue, la cour d'appel peut tenir compte des créances devenues exigibles par l'effet du jugement arrêtant le plan de cession, dès lors qu'il n'est pas allégué que les créanciers de ces sommes auraient perdu l'exercice individuel de leurs actions contre le débiteur dans les conditions prévues par les art. 92 et 169 [C. com., anciens art. L. 621-95 et L. 622-32]. • Com. 14 déc. 1993, n° 91-18.635 P : *D. 1994. IR 43.*

V. aussi, en cas de transaction intervenue depuis le jugement d'ouverture, • Aix-en-Provence, 2 avr. 1992 : *RJDA 1992, n° 751.*

12. Expertise. Pour fixer la date de cessation des paiements d'une société à l'égard de deux sociétés actionnaires, il est loisible aux juges du fond de puiser dans le rapport de l'expert, bien qu'il ne vale pas comme rapport d'expertise judiciaire, au sens des art. 263 s. NCPC [C. pr. civ.], à l'égard de ces deux sociétés, tous renseignements, dès lors que ce document a été régulièrement versé aux débats et soumis à leur discussion contradictoire. • Com. 15 févr. 2000 : *JCP E 2000, n° 14, p. 587 ; RJDA 2000, n° 440 ; RTD com. 2000. 443, obs. Laude ; RJ com. 2000. 285, obs. Teboul.*

Sur la possibilité de désigner un expert pour se prononcer sur la permanence de l'état de cessation des paiements, V. • TGI Béthune, 17 sept. 1993 : *RPC 1993. 445, obs. Calendini.*

13. Sursis à statuer. Lorsqu'une société est en cessation de paiement, une cour d'appel ne peut surseoir à statuer sur une demande de mise en redressement judiciaire, au motif de l'existence d'une garantie à première demande et d'un accord du garant pour différer l'exigibilité à son égard de la dette résultant d'une éventuelle mise en œuvre de la garantie. • Com. 26 juin 1990, n° 89-10.373 P : *D. 1991. 574, note Morvan ; D. 1992. Somm. 2, obs. Derrida ; JCP E 1991. I. 44, n° 1, obs. Pétel.*

14. Force de chose jugée. La force de chose jugée attachée à un précédent arrêt ayant refusé d'ouvrir une procédure collective à l'égard d'un débiteur, après avoir retenu qu'il n'était pas en état de cessation des paiements, s'oppose à ce que lors de l'ouverture ultérieure d'une procédure de redressement judiciaire à l'égard de ce même débiteur la date légale de cessation des paiements puisse être fixée à une date antérieure à celle du premier arrêt. • Com. 20 juin 1995, n° 93-17.818 P : *RPC 1996. 43, obs. Calendini.* – Comp. : • Com. 19 nov. 1996 : *cité note 6 ss. art. L. 653-5.* ♦ Sur la force de chose jugée attachée au jugement ayant ouvert une procédure de redressement judiciaire alors que le débiteur n'était pas en cessation des paiements, V. • Com. 19 nov. 2003 : *RDBF 2004, n° 73, obs. F.-X. Lucas.*

V. aussi note 17 ss. art. L. 632-4.

15. Sur la portée de la date de cessation des paiements retenue par le jugement d'ouverture dans une instance ultérieure en résolution d'une cession de parts sociales de la société en redressement judiciaire, V. • Com. 19 juin 2001 : *D. 2001. AJ 2599, obs. Lienhard ; ibid. 2002. Somm. 1480, obs. Honorat ; BJS 2001. 1241, note Couret.*

16. Report de la date. V. art. L. 631-8.

17. Preuve. La charge de prouver que le débiteur est dans l'impossibilité de faire face au passif exigible avec son actif disponible incombe au créancier qui demande l'ouverture d'une procédure de redressement judiciaire à son égard. • Com. 23 sept. 2020, n° 18-26.143 : *Rev. sociétés 2020. 636, obs. Pisoni ; LEDEN 11/2020. 2, obs. Lafaurie.* ♦ Il n'appartient donc pas au débiteur de rapporter la preuve qu'il est en mesure de faire face au passif exigible avec son actif disponible et qu'il possède les fonds nécessaires pour désintéresser immédiatement son créancier. • Com. 2 avr. 1996, n° 93-21.861 P : *D. 1996. IR 123.* – Dans le même sens, V. • Com. 24 mai 2005 : *Gaz. Pal. 4-5 nov. 2005, p. 12, obs. Lebel.* ♦ Comp. : • Com. 25 nov. 1997 : *préc. note 2.*

La cour d'appel qui prononce l'ouverture du redressement judiciaire d'une partie au vu d'un acte d'huissier non sérieusement contesté, selon lequel aucun actif immobilier ou matériel apparent n'est saisissable, n'est pas tenue d'effectuer d'autres recherches, notamment quant à la situation bancaire du débiteur. • Com. 2 nov. 1993, n° 91-20.790 P : *JCP 1994. IV. 36.* – Rappr. : • Com. 17 juin 1997, n° 95-13.056 P : *D. Affaires 1997. 903 ; JCP E 1998, n° 1-2, p. 28, obs. Pételn; RPC 1998. 38, obs. Calendini ; ibid. 2000. 48, obs. Deleneuville.*

18. En ce sens que c'est au débiteur assigné en redressement judiciaire qu'il incombe d'établir qu'il bénéficie d'un moratoire de la part de ses créanciers, V. • Com. 27 févr. 2007 : *préc. note 2.*

19. Responsabilité pour crédit abusif. V. notes 31 s. ss. art. L. 313-12 C. mon. fin., App., v° *Banque et financement de l'entreprise.*

20. Déclaration d'état de cessation des paiements. V. note 1 ss. art. R. 631-1. ♦ Sur la sanction de l'omission, V. art. L. 653-1.

21. Voies de recours. V. notes 1 et 2 ss. anc. art. L. 661-1.

22. Finalités du redressement judiciaire. La cessation d'activité d'une personne physique ne fait pas obstacle à l'adoption d'un plan de redressement ayant pour seul objet l'apurement de son passif. • Com. 4 mai 2017, n° 15-25.046 P : *D. 2017. Actu. 974, obs. Lienhard ; ibid. Pan. 1945, obs. F.-X. Lucas ; Rev. sociétés 2017. 385, obs. Roussel Galle ; RTD com. 2017. 702, obs. Vallens ; ibid. 2018. 202, obs. Saint-Alary-Houin ; JCP E 2017. 1374, note Ghandour ; ibid. 1460, n° 4, obs. Tehrani ; APC 2017, n° 179, obs. Macorig-Venier ; RJDA 2017, n° 482 ; Gaz. Pal. 27 juin 2017, p. 53, obs. Lebel ; Journ. sociétés 7/2017. 62, obs. Cerati-Gauthier ; BJE 2017. 258, note Poujade.*

Art. L. 631-2 *(L. n° 2005-845 du 26 juill. 2005, art. 88)* **La procédure de redressement judiciaire est applicable à** *(Ord. n° 2008-1345 du 18 déc. 2008, art. 164-I)* **« toute personne exerçant une activité commerciale »** *(L. n° 2019-486 du 22 mai 2019, art. 67)* **«, artisanale ou une activité agricole définie à l'article L. 311-1 du code rural et de la pêche maritime et » à toute autre personne physique exerçant une activité professionnelle indépendante y compris une profession libérale soumise à un statut législatif ou réglementaire ou dont le titre est protégé, ainsi qu'à toute personne morale de droit privé.**

(Ord. n° 2010-1512 du 9 déc. 2010, art. 4-1°) **« A moins qu'il ne s'agisse de patrimoines distincts d'un entrepreneur** *(Abrogé par L. n° 2022-172 du 14 févr. 2022, art. 5, à compter du 14 mai 2022) « individuel à responsabilité limitée »*, **» il ne peut être ouvert de nouvelle procédure de redressement judiciaire à l'égard** *(Ord. n° 2010-1512 du 9 déc. 2010, art. 4-1°)* **« d'un débiteur soumis » à une telle procédure** *(Ord. n° 2008-1345 du 18 déc. 2008, art. 76)* **« , à une procédure de sauvegarde » ou à une procédure de liquidation judiciaire, tant qu'il n'a pas été mis fin aux opérations du plan qui en résulte ou que la procédure de liquidation n'a pas été clôturée.**

Pour les dispositions transitoires de la L. n° 2019-486 du 22 mai 2019, V. note ss. art. L. 626-12.

Pour les dispositions transitoires de la L. n° 2022-172 du 14 févr. 2022, V. note ss. art. L. 611-13.

1. Professionnels indépendants. Pour le refus de transmettre au Conseil constitutionnel la question prioritaire de constitutionnalité relative à l'extension du champ d'application de la procédure de redressement judiciaire aux personnes physiques exerçant une activité professionnelle indépendante, V. • Cass., QPC, 19 oct. 2010 : *D. 2010. Actu. 2511, obs. Lienhard ; Rev. sociétés 2011. 190, obs. Roussel Galle ; LPA 20 déc. 2010, obs. Henry ; BJE 2011. 8, note Bonhomme.*

2. Il résulte des dispositions des art. L. 631-2, L. 640-2 C. com. et 190 de la loi du 26 juill. 2005 qu'à compter du 1er janv. 2006, une procédure collective de redressement ou de liquidation judiciaire peut être ouverte à l'encontre d'une personne physique exerçant une activité professionnelle indépendante, dès lors qu'elle est en état de cessation des paiements à la date à laquelle le juge statue, peu important que son passif ait été exigible avant le 1er janv. 2006 (à propos d'un détective privé). • Com. 27 mai 2008 : *cité note 6 ss. art. L. 621-1.*

3. Associés en nom. Les associés gérants d'une société en nom collectif, qui ont de droit la qualité de commerçants, sont réputés exercer une activité commerciale au sens des art. L. 631-2 et L. 640-2 C. com., dans leur rédaction issue de l'Ord. du 18 déc. 2008, et sont donc exclus du bénéfice des dispositions relatives au surendettement des particuliers. • Civ. 2e, 5 déc. 2013, n° 11-28.092 P : *D. 2013. Actu. 2911, obs. Lienhard ; Rev. sociétés 2014. 199, obs. Henry ; ibid. 443, note Quiquerez ; JCP E 2014. 1021, note Cerati-Gauthier ; LEDEN 1/2014. 2, obs. Parachkévova ; APC 2014, n° 20, obs. Borga ; BJS 2014. 184, note F.-X. Lucas ; BJE 2014. 78, note Sortais ; RJDA 2014, n° 358 ; Dr. sociétés 2014, n° 89, note Legros ; RPC 2014, n° 42, obs. Gjidara-Decaix.*

4. Sur les personnes éligibles au redressement judiciaire, V. aussi notes ss. art. L. 620-2.

Art. L. 631-3 *(L. nº 2005-845 du 26 juill. 2005, art. 88)* **La procédure de redressement judiciaire est également applicable aux personnes mentionnées au premier alinéa de l'article L. 631-2 après la cessation de leur activité professionnelle si tout ou partie de leur passif provient de cette dernière.**

(Ord. nº 2008-1345 du 18 déc. 2008, art. 164-II ; Ord. nº 2009-112 du 30 janv. 2009, art. 11-I) **« Lorsqu'une personne exerçant une activité commerciale ou artisanale », un agriculteur ou toute autre personne physique exerçant une activité professionnelle indépendante, y compris une profession libérale soumise à un statut législatif ou réglementaire ou dont le titre est protégé, est décédé** *(L. nº 2022-172 du 14 févr. 2022, art. 5, en vigueur le 14 mai 2022)* **« alors que le patrimoine engagé par l'activité ou les activités professionnelles était en situation de » cessation des paiements, le tribunal peut être saisi, dans le délai d'un an à compter de la date du décès, sur l'assignation d'un créancier, quelle que soit la nature de sa créance, ou sur requête du ministère public. Le tribunal** *(Abrogé par Ord. nº 2014-326 du 12 mars 2014, art. 49-I, à compter du 1er juill. 2014)* ***« peut également se saisir d'office dans le même délai et »*** **peut être saisi sans condition de délai par tout héritier du débiteur.** — *V. art. R. 631-5.*

Pour les dispositions transitoires de la L. nº 2022-172 du 14 févr. 2022, V. note ss. art. L. 611-13.

BIBL. ▶ ARTEIL, *Defrénois 2008. 145* (redressement ou liquidation judiciaire du débiteur décédé : quel intérêt pour les héritiers ?). ▶ Régime antérieur à la loi du 26 juill. 2005 : ROBINNE, *LPA 5 juill. 1999* (commerçant décédé). – J.-P. SÉNÉCHAL, *LPA 24 avr. 2003* (décès du débiteur).

1. A compter du 1er janv. 2006, une procédure collective de redressement judiciaire ou de liquidation judiciaire peut être ouverte, sur le fondement de la loi du 26 juill. 2005, à la demande d'un professionnel ayant cessé son activité et qui n'est pas déjà soumis à une procédure collective, dès lors qu'il se trouve en état de cessation des paiements et que tout ou partie de son passif provient de son activité professionnelle, peu important la date à laquelle il a cessé son activité. • Cass., avis, 17 sept. 2007 : *Bull. civ. nº 6 ; BICC 15 déc. 2007, p. 21, rapp. Orsini et obs. Bonhomme ; D. 2007. AJ 2475, obs. Lienhard ; Gaz. Pal. 26-27 oct. 2007, p. 31, note Lebel ; APC 2007, nº 212, obs. Jacquemont ; JCP E 2008. 1207, nº 3, obs. Pétel ; RJ com. 2008. 234, note Roussel Galle ; RPC 2008, nº 112, obs. Saintourens.* – V. aussi • Civ. 2e, 2 juill. 2009 : *D. 2009. AJ 1965 ; RJDA 2009, nº 1103 ; RPC 2010, nº 46, obs. Saintourens.*

2. Selon les art. L. 631-3, al. 1er, ou L. 640-3, al. 1er, C. com., l'ouverture d'une procédure de redressement ou de liquidation judiciaires à l'égard d'un commerçant radié du registre du commerce n'est plus soumise, depuis l'entrée en vigueur de la loi du 26 juill. 2005, à la condition que soit établi un état de cessation des paiements antérieur à la radiation, dès lors qu'existe, lors de l'examen de la demande d'ouverture de la procédure, un passif résiduel exigible à caractère professionnel auquel l'ancien commerçant est dans l'impossibilité de faire face avec son actif disponible. • Com. 4 juill. 2018, nº 17-16.056 P : *D. 2018. Actu. 1487 ; Rev. sociétés 2018. 534, obs. Roussel Galle ; JCP E 2019. 1000, nº 1, obs. Tehrani ; LEDEN 9/2018. 2, obs. Mélin ; APC 2018, nº 229, obs. Bennini ; RJDA 2018, nº 849 ; Gaz. Pal. 9 oct. 2018, p. 64, obs. Reille ; BJE 2018. 422, note Ghandour ; RPC 2019, nº 27, obs. Saintourens.*

3. Le tribunal peut ouvrir à l'égard de l'avocat qui a cessé d'exercer son activité à titre individuel pour devenir associé d'une société civile professionnelle (ou d'une société d'exercice libéral) une procédure de redressement judiciaire après cette cessation d'activité, lorsque tout ou partie du passif provient de l'activité professionnelle antérieure ; toutefois, si la procédure est ouverte sur l'assignation d'un créancier, cette dernière doit intervenir dans le délai d'un an à compter de la cessation de l'activité individuelle. • Com. 9 févr. 2010 : *cité note 11 ss. art. L. 620-2.*

Art. L. 631-3-1 *(Ord. nº 2014-326 du 12 mars 2014, art. 49-II, en vigueur le 1er juill. 2014)* **Lorsqu'il est porté à la connaissance du président du tribunal des éléments faisant apparaître que le débiteur est en état de cessation des paiements, le président en informe le ministère public par une note exposant les faits de nature à motiver la saisine du tribunal. Le président ne peut siéger, à peine de nullité du jugement, dans la formation de jugement ni participer aux délibérés si le ministère public demande l'ouverture d'une procédure de redressement judiciaire ou de liquidation judiciaire à l'égard de ce débiteur.** — *V. art. R. 631-3 et R. 662-12-1.*

Art. L. 631-4 *(L. nº 2005-845 du 26 juill. 2005, art. 89)* **L'ouverture** *(Ord. nº 2014-326 du 12 mars 2014, art. 49-III-1º, en vigueur le 1er juill. 2014)* **« d'une procédure de redressement judiciaire » doit être demandée par le débiteur au plus tard dans les**

quarante-cinq jours qui suivent la cessation des paiements s'il n'a pas, dans ce délai, demandé l'ouverture d'une procédure de conciliation.

(Abrogé par Ord. n° 2014-326 du 12 mars 2014, art. 49-III-2°, à compter du 1er juill. 2014) ***« En cas d'échec de la procédure de conciliation, lorsqu'il ressort du rapport du conciliateur que le débiteur est en cessation des paiements, le tribunal, d'office, se saisit afin de statuer sur l'ouverture d'une procédure de redressement judiciaire. »***

V. art. R. 631-1.

Pour la sanction, V. art. L. 653-8.

Art. L. 631-5 *(L. n° 2005-845 du 26 juill. 2005, art. 89)* **Lorsqu'il n'y a pas de procédure de conciliation en cours, le tribunal peut également** *(Abrogé par Cons. const. n° 2012-286 QPC du 7 déc. 2012, à compter du 8 déc. 2012)* ***« se saisir d'office ou »*** **être saisi sur requête du ministère public aux fins d'ouverture de la procédure de redressement judiciaire.**

Sous cette même réserve, la procédure peut aussi être ouverte sur l'assignation d'un créancier, quelle que soit la nature de sa créance. Toutefois, lorsque le débiteur a cessé son activité professionnelle, cette assignation doit intervenir dans le délai d'un an à compter de :

1° La radiation du registre du commerce et des sociétés. S'il s'agit d'une personne morale, le délai court à compter de la radiation consécutive à la publication de la clôture des opérations de liquidation ;

2° La cessation de l'activité, s'il s'agit d'une personne *(Ord. n° 2008-1345 du 18 déc. 2008, art. 164-III)* **« exerçant une activité artisanale », d'un agriculteur ou d'une personne physique exerçant une activité professionnelle indépendante, y compris une profession libérale soumise à un statut législatif ou réglementaire ou dont le titre est protégé ;**

3° La publication de l'achèvement de la liquidation, s'il s'agit d'une personne morale non soumise à l'immatriculation.

En outre, la procédure ne peut être ouverte à l'égard d'un débiteur exerçant une activité agricole qui n'est pas constitué sous la forme d'une société commerciale que si le président du *(Ord. n° 2019-964 du 18 sept. 2019, art. 35, en vigueur le 1er janv. 2020)* **« tribunal judiciaire » a été saisi, préalablement à l'assignation, d'une demande tendant à la désignation d'un conciliateur présentée en application de l'article L. 351-2 du code rural et de la pêche maritime.**

La déclaration d'inconstitutionnalité du 7 déc. 2012 est applicable à tous les jugements d'ouverture d'une procédure de redressement judiciaire rendus postérieurement à sa date de publication (Cons. const. n° 2012-286 QPC du 7 déc. 2012, JO 8 déc.).

V. art. R. 631-2 s.

I. SAISINE DU TRIBUNAL

A. ASSIGNATION D'UN CRÉANCIER

V. art. R. 631-2.

1. Nature de la créance. La qualité de créancier requise par l'art. L. 621-2 [L. 631-5] C. com. n'implique pas la présentation d'un titre exécutoire ; dès lors, des salariés sont recevables à agir. • Lyon, 22 avr. 2004 : *BICC 2005, n° 1764.* ♦ V. note 3 ss. art. L. 620-2.

2. Créance fiscale. Le comptable public chargé du recouvrement d'une créance fiscale, qui, aux termes de l'art. L. 252, al. 2, LPF, exerce les actions liées indirectement à ce recouvrement, a qualité pour demander l'ouverture d'une procédure collective à l'égard d'un redevable. • Com. 7 févr. 2012 : *cité note 4 ss. art. L. 641-1.*

3. Exploitation agricole. En ce sens que le président du tribunal de grande instance doit être préalablement saisi en vue de la désignation d'un conciliateur même lorsque l'assignation tend à l'ouverture d'une nouvelle procédure collective après infirmation par la cour d'appel de la précédente procédure collective, V. • Com. 26 avr. 2000, n° 96-22.510 P : *D. 2000. AJ 312 ; Procédures 2000, n° 216, obs. Laporte ; RTD com. 2000. 1006, obs. Laude.*

4. Sur la portée de l'obligation faite au créancier de demander la désignation d'un conciliateur préalablement à toute assignation, V. • Com. 15 mars 2005, n° 03-17.229 P : *D. 2005. AJ 954, obs. Lienhard ; Procédures 2005, n° 156, obs. Laporte* • Aix-en-Provence, 14 mai 2002 : *RPC 2003. 349, obs. Lebel* • Grenoble, 22 janv. 2003 : *ibid. 2004. 262, obs. Lebel.*

5. Interruption de la prescription. L'assignation signifiée au débiteur par le créancier aux fins d'ouverture d'une procédure collective, qui contient implicitement une demande de reconnaissance du droit de ce créancier, constitue une citation en justice au sens de l'art. 2244 C. civ. [devenu l'art. 2241] et interrompt la prescription ; si la demande du créancier est rejetée ou déclarée irrecevable, l'interruption de la prescription doit être regardée comme non avenue. • Com. 26 mai 2010, n° 09-10.852 P : *D. 2010. Actu. 1414, obs. Lienhard ; JCP E 2010. 1742, n° 2, obs. Cabrillac ; LEDEN 7/2010. 6, obs. Camensuli-Feuillard ; Gaz. Pal. 2-3 juill. 2010, p. 32, obs. Le Corre-Broly ; APC 2010, n° 189, obs. Cagnoli ; BJE 2011. 41, note Hugon.*

B. AUTRES MODES DE SAISINE

6. Saisine par requête. V. note 2 ss. ancien art. L. 621-27, ss. art. L. 622-10.

7. Saisine d'office. Ni l'art. L. 631-5 ni aucune autre disposition ne fixant les garanties légales ayant pour objet d'assurer qu'en se saisissant d'office, le tribunal ne préjuge pas de sa position lorsque, à l'issue de la procédure contradictoire, il sera appelé à statuer sur le fond du dossier, les dispositions de l'art. L. 631-5 confiant au tribunal la faculté de se saisir d'office aux fins d'ouverture de la procédure de redressement judiciaire méconnaissent les exigences découlant de l'art. 16 de la DDH et doivent donc être déclarées contraires à la Constitution. • Cons. const. 7 déc. 2012, n° 2012-286 QPC : *D. 2012. Actu. 2886, obs. Lienhard ; D. 2013. 338, note Vallens ; Rev. sociétés 2013. 177, obs. Henry ; RTD civ. 2013. 889, obs. Théry ; JCP E 2013. 1048, note Fricero ; ibid. 1216, n° 1, obs. Pétel ; JCP 2013. 50, note Gerbay ; DP diff. entr., Bull. n° 343, obs. Roussel Galle ; Gaz. Pal. 23-27 déc. 2012, p. 14, obs. L. Robert ; LEDEN 1/2013. 2, obs. Mouial-Bassilana ; BJE 2013. 10, note Favario.* – V. Frison-Roche, *D. 2013. Chron. 28*. ♦ V. aussi note 18.

8. Pour l'inconstitutionnalité de la saisine d'office aux fins d'ouverture d'une procédure de redressement judiciaire prévue par l'anc. art. L. 621-2, al. 2 (réd. antérieure à la L. du 26 juill. 2005), dans sa version applicable à la Polynésie française, V. • Cons. const. 15 nov. 2013, n° 2013-352 QPC : *JO 17 nov. ; D. 2013. Actu. 2640 ; LEDEN 1/2014. 5, obs. Favario.*

II. DÉBITEUR AYANT CESSÉ SON ACTIVITÉ

9. Délai d'un an. Le délai d'un an est un délai préfix. • Com. 10 oct. 1995, n° 93-11.441 P : *D. 1996. Somm. 86, obs. Honorat ; D. Affaires 1995. 180 ; BJS 1996. 60, note Jeantin ; RPC 1996. 46, obs. Calendini.* ♦ V. aussi note 3 ss. art. L. 631-3.

10. Cessation des paiements (L. 26 juill. 2005). Selon l'art. L. 631-5, issu de la loi du 26 juill. 2005, la saisine du tribunal, par un créancier, à l'encontre d'un débiteur qui a cessé son activité n'est plus soumise à l'exigence d'un état de cessation des paiements préalable à la cessation d'activité. • Montpellier, 24 avr. 2007 : *Gaz. Pal. 23-24 janv. 2008, p. 31, obs. Lebel.*

11. Radiation du registre du commerce. Il résulte de l'art. 17 [C. com., art. L. 631-5] une présomption irréfragable de commercialité à l'égard de ceux qui, se trouvant en état de cessation des paiements, ont négligé de se faire radier du registre du commerce ou n'ont fait procéder à cette radiation que dans l'année ayant précédé le jugement d'ouverture. • Paris, 2 févr. 1988 : *D. 1988. Somm. 340, obs. Honorat* • 22 janv. 1993 : *RJDA 1993, n° 438* • 8 mars 2000 : *RPC 2002. 51, obs. Deleneuville.* – Comp. : • Com. 6 janv. 1987, n° 85-16.524 P : *Rev. sociétés 1987. 411, note Chaput* • Orléans, 10 sept. 1998 : *RPC 2002. 52, obs. Deleneuville.* ♦ V. aussi art. L. 123-7 s.

S'agissant du défaut de radiation du répertoire des métiers, V. note 15.

12. La procédure de redressement judiciaire peut être ouverte contre le commerçant, personne physique, radié du RCS, qui était en fait en état de cessation des paiements antérieurement à la radiation. • Com. 14 févr. 1995, n° 92-19.556 P : *D. 1995. Somm. 217, obs. Honorat*. ♦ Néanmoins, la date légale de cessation des paiements ne peut être fixée plus de dix-huit mois avant celle du jugement d'ouverture. • Même arrêt.

13. Le commerçant radié du registre du commerce ne pouvant demander lui-même sa mise en redressement judiciaire, celle-ci ne peut être prononcée sur la déclaration de son état de cessation des paiements. • Com. 10 oct. 1995 : *préc. note 4.*

14. Défaut d'inscription au registre du commerce. Dès lors qu'elles visent la situation d'un débiteur ayant fait l'objet d'une radiation au RCS, les dispositions de l'art. 17 [C. com., art. L. 631-5] ne peuvent s'appliquer à une personne physique qui n'a jamais été inscrite sur ce registre. Il en résulte que la preuve de la qualité de commerçant, qui doit être appréciée selon les règles du droit commun, au jour de la vérification de l'état de cessation des paiements, incombe aux créanciers qui l'invoquent. • Limoges, 11 févr. 1991 : *D. 1992. Somm. 284, obs. Honorat*.

15. Cessation d'activité d'un artisan. La disposition de l'art. 17 [C. com., ancien art. L. 621-15] n'est applicable que si l'arrêt de l'activité est postérieur à la cessation des paiements de l'artisan. • Com. 26 oct. 1999, n° 95-21.913 P : *D. 2000. Somm. 330, obs. Honorat ; JCP E 2000, n° 4, p. 124, obs. Pétel ; RPC 2000. 46, obs. Deleneuville ; Defrénois 2000. 995, obs. Gibirila.* ♦ Comp., désormais, la nouvelle rédaction de l'art. L. 631-5, issue de la L. n° 2005-845 du 26 juill. 2005, qui ne mentionne plus la condition d'antériorité de la cessation des paiements à l'arrêt de l'activité. ♦ V., à ce propos, note 10. ♦ Sur le caractère de présomption simple du défaut de radiation du répertoire des métiers, V. • Nancy, 21 mai 1987 : *D. 1989. Somm. 3, obs. Derrida.*

16. Cessation d'activité d'un agriculteur. La qualité d'exploitant agricole au regard de la législation sociale applicable est indifférente pour apprécier en fait la notion de cessation d'activité. • Com. 1er juill. 1997, n° 95-15.116 P : *D. 1997. IR 200 ; D. Affaires 1997. 964.* ♦ La preuve de la cessation d'activité peut être rapportée par tous moyens, la radiation de la caisse de mutualité sociale agricole n'en constituant qu'un indice. • TGI Angoulême, 13 févr. 1992 : *JCP N 1994. Prat. 2991.*

17. Liquidation de la personne morale. Le délai d'un an à compter de la radiation, ouvert par l'art. L. 621-15, dans sa rédaction antérieure à la L. du 26 juill. 2005 [désormais, art. L. 631-5], à tout créancier pour assigner en redressement ou liquidation judiciaires une personne morale radiée du registre du commerce et des sociétés, ne court que si cette radiation est consécutive à la publication de la clôture des opérations de liquidation amiable. • Com. 12 juill. 2016, n° 14-19.694 P : *D. 2016. Actu. 1645 ; LEDEN 10/2016. 3, obs. Rubellin ; Gaz. Pal. 18 oct. 2016, p. 48, obs. Reille ; RJDA 2016, n° 801 ; Dr. sociétés 2016, n° 195, note Legros ; RJ com. 2016. 653, obs. Lebel.* ♦ Ainsi, ce texte n'est pas applicable en cas de dissolution d'une société après réunion de toutes les parts sociales dans la même main, une telle dissolution entraînant la transmission universelle du patrimoine de la société à l'associé unique, sans qu'il y ait lieu à liquidation, la personne morale disparaissant à l'issue du délai d'opposition. • Com. 4 janv. 2000 : *APC 2000, n° 35, obs. Regnaut-Moutier ; Dr. sociétés 2000, n° 39, obs. Chaput.* ♦ Il en va de même en cas de fusion, celle-ci entraînant la dissolution sans liquidation de la société qui disparaît et la transmission universelle de son patrimoine à la société bénéficiaire à la date de réalisation définitive de l'opération. • Paris, 17 déc. 1993 : *Rev. sociétés 1994. 106, note Chaput .* ♦ Comp. : • T. com. Nanterre, 28 mars 1996 : *Dr. sociétés 1997. Chron. 10, par Laubie.*

18. Saisine d'office. Avant la décision du Conseil constitutionnel du 7 déc. 2012 [V. note 7 ci-dessus], la Cour de cassation avait admis que, lorsqu'il n'y avait pas de procédure de conciliation en cours et que le débiteur, radié du registre du commerce et des sociétés ou du répertoire des métiers ou ayant cessé son activité, était dans l'impossibilité de faire face à un passif professionnel résiduel et exigible, le tribunal pouvait, à tout moment, se saisir d'office aux fins d'ouverture d'une procédure de redressement judiciaire ou, si le redressement est manifestement impossible, de liquidation judiciaire. • Com. 15 févr. 2011, n° 10-13.751 P : *D. 2011. Actu. 672, obs. Lienhard ; JCP E 2011. 1238, note Lebel ; Gaz. Pal. 1er-2 avr. 2011, p. 16, obs. Reille ; APC 2011, n° 99, obs. Cagnoli ; LEDEN 4/2011. 5, obs. Parachkévova ; BJE 2011. 108, note Tagliarino-Vignal ; RJDA 2011, n° 554.*

19. Conversion du redressement judiciaire en liquidation. L'art. 17 [C. com., art. L. 631-5] n'est pas applicable au jugement convertissant le redressement judiciaire en liquidation judiciaire. • Com. 9 janv. 2001, n° 97-18.325 P : *D. 2001. AJ 548, obs. Lienhard ; Procédures 2001, n° 61, obs. Laporte ; RJ com. 2001. 318, note Courtier.*

20. Résolution du plan de continuation. L'art. 17 [C. com., art. L. 631-5] n'est pas applicable à la procédure collective qui sanctionne la résolution du plan de continuation. • Com. 2 mai 2001, n° 98-11.346 P : *D. 2001. AJ 1727, obs. Lienhard ; APC 2001, n° 127, obs. Regnaut-Moutier ; JCP E 2001, n° 37, p. 1424, obs. Pétel.*

Art. L. 631-6 *(L. n° 2005-845 du 26 juill. 2005, art. 89) (Ord. n° 2021-1193 du 15 sept. 2021, art. 40, en vigueur le 1er oct. 2021)* **« Les membres du comité social et économique » peuvent communiquer au président du tribunal ou au ministère public tout fait révélant la cessation des paiements du débiteur.** — *Pour les dispositions transitoires de l'Ord. n° 2021-1193 du 15 sept. 2021, V. note ss. art. L. 611-2.*

Art. L. 631-7 *(L. n° 2005-845 du 26 juill. 2005, art. 89)* **Les articles L. 621-1, L. 621-2 et L. 621-3 sont applicables à la procédure de redressement judiciaire.**

(Ord. n° 2021-1193 du 15 sept. 2021, art. 41, en vigueur le 1er oct. 2021) **« La durée maximale de la période d'observation mentionnée au premier alinéa de l'article L. 621-3 peut être exceptionnellement prolongée à la demande du procureur de la République par décision spécialement motivée du tribunal pour une durée maximale de six mois. »** — *Pour les dispositions transitoires de l'Ord. n° 2021-1193 du 15 sept. 2021, V. note ss. art. L. 611-2.*

(Ord. n° 2014-1088 du 26 sept. 2014, art. 5, en vigueur le 28 sept. 2014) **« Lorsque la situation du débiteur qui a déclaré être en état de cessation des paiements apparaît manifestement insusceptible de redressement, le tribunal invite celui-ci, en l'absence de demande subsidiaire aux fins d'ouverture d'une procédure de liquidation judiciaire, à présenter ses observations sur l'existence des conditions de l'article L. 640-1. Il statue ensuite, dans la même décision, sur la demande de redressement judiciaire et, le cas échéant, sur l'ouverture d'une procédure de liquidation judiciaire. »**

(L. nº 2019-486 du 22 mai 2019, art. 57) **« Avant de statuer, le tribunal examine si la situation du débiteur répond aux conditions posées aux articles L. 645-1 et L. 645-2 et ouvre, le cas échéant, avec son accord, une procédure de rétablissement professionnel. »** — *Pour les dispositions transitoires de la L. nº 2019-486 du 22 mai 2019, V. 3e note ss. art. L. 626-27.*

Les modifications issues de l'Ord. nº 2014-1088 du 26 sept. 2014 s'appliquent aux procédures de sauvegarde, de redressement judiciaire ou de liquidation judiciaire en cours au jour de son entrée en vigueur. Elles sont applicables dans les îles Wallis-et-Futuna (Ord. préc., art. 12 et 13).

Art. L. 631-8 *(L. nº 2005-845 du 26 juill. 2005, art. 89)* **Le tribunal fixe la date de cessation des paiements** *(Ord. nº 2014-326 du 12 mars 2014, art. 50-1º, en vigueur le 1er juill. 2014)* **« après avoir sollicité les observations du débiteur ». A défaut de détermination de cette date, la cessation des paiements est réputée être intervenue à la date du jugement** *(Ord. nº 2008-1345 du 18 déc. 2008, art. 77)* **« d'ouverture de la procédure ».**

Elle peut être reportée une ou plusieurs fois, sans pouvoir être antérieure de plus de dix-huit mois à la date du jugement *(Ord. nº 2008-1345 du 18 déc. 2008, art. 77)* **« d'ouverture de la procédure ». Sauf cas de fraude, elle ne peut être reportée à une date antérieure à la décision définitive ayant homologué un accord amiable en application du II de l'article L. 611-8.** *(Ord. nº 2014-326 du 12 mars 2014, art. 50-2º, en vigueur le 1er juill. 2014)* **« L'ouverture d'une procédure mentionnée à l'article L. 628-1 ne fait pas obstacle à l'application de ces dispositions. »**

Le tribunal est saisi par l'administrateur, le mandataire judiciaire ou le ministère public. Il se prononce après avoir entendu ou dûment appelé le débiteur.

La demande de modification de date doit être présentée au tribunal dans le délai d'un an *(Ord. nº 2008-1345 du 18 déc. 2008, art. 77)* **« à compter du » jugement d'ouverture de la procédure.**

(Ord. nº 2008-1345 du 18 déc. 2008, art. 77) **« Lorsqu'il a été fait application de l'article L. 621-12, le jugement d'ouverture mentionné aux premier et deuxième alinéas est celui de la procédure de sauvegarde et le point de départ du délai mentionné au quatrième alinéa est le jour du jugement ayant converti la procédure de sauvegarde. »**

V. art. R. 631-13.

Sur les mesures d'adaptation liées à l'urgence sanitaire (Covid-19), V. Ord. nº 2020-341 du 27 mars 2020, art. 1er, App., vº Sociétés commerciales.

BIBL. ▶ VINCKEL, *JCP E 2006, nº 3, p. 129* (régime de la période suspecte dans la loi du 26 juill. 2005 et le décret du 28 déc. 2005). – WICKER, *RPC 2006. 12* (même thème). – MOUIAL-BASSILANA, *D. 2006. Chron. 1959, Err. 2108* (articulation de la période suspecte et des différentes procédures).

1. La décision ouvrant la procédure de conciliation n'a pas, en cas d'échec, autorité de chose jugée quant à la date de cessation des paiements. • Com. 22 mai 2013, nº 12-18.509 P : *D. 2013. Actu. 1343, obs. Lienhard ; RTD com. 2013. 803, obs. Macorig-Venier ; Rev. sociétés 2013. 519, obs. Henry ; LEDEN 7/2013. 2, obs. F.-X. Lucas ; Gaz. Pal. 12-13 juill. 2013, p. 12, obs. Reille ; Dr. sociétés 2013, nº 146, note Legros ; RPC 2013, nº 109, obs. Cagnoli ; RJDA 2013, nº 817 ; BJE 2013. 272, note Sortais.*

2. La recevabilité de l'action en report de la date de cessation des paiements n'est pas subordonnée à la vérification préalable des créances. • Com. 3 oct. 2018, nº 17-14.579 P : *D. 2018. Actu. 1966 ; Rev. sociétés 2018. 749, obs. Roussel Galle ; RTD com. 2018. 1021, obs. Martin-Serf ; APC 2018, nº 248, obs. Petit ; LEDEN 12/2018. 5, obs. François ; BJS 2018. 703, note Camensuli-Feuillard ; RJDA 2019, nº 34 ; Gaz. Pal. 15 janv. 2019, p. 55, obs. Reille ; BJE 1/2019. 14, note Martineau-Bourgninaud.*

3. L'art. L. 631-8, al. 2, disposant que la date de cessation des paiements peut être reportée une ou plusieurs fois, il s'en déduit que l'existence d'une décision d'irrecevabilité ou de rejet d'une demande de report de la date de cessation des paiements ne fait pas obstacle à l'introduction d'une nouvelle demande fondée sur la disposition préc. • Com. 29 sept. 2021, nº 20-10.105 B : *D. 2021. Actu. 1765 ; JCP E 2021. 1539, note Houssin ; LEDEN 11/2021. 3, obs. Rubellin ; Dr. sociétés 2022, nº 19, note Legros.*

4. La date mentionnée dans l'assignation en report peut être modifiée par l'auteur de la saisine, par voie de demande additionnelle, jusqu'à ce que la juridiction saisie se prononce, l'effet interruptif du délai pour agir attaché à l'assignation s'étendant à la demande additionnelle en modification de la date qui tend aux mêmes fins.

• Com. 28 janv. 2014, n° 13-11.509 P : *D. 2014. Chron. C. cass. 1016, obs. Guillou ; ibid. Actu. 367, obs. Lienhard ; Rev. sociétés 2014. 203, obs. Henry ; JCP E 2014. 1119, note Lebel ; ibid. 1173, n° 3, obs. Pétel ; APC 2014, n° 70, obs. Martineau-Bourgninaud ; RJDA 2014, n° 360 ; Gaz. Pal. 29 juin-1er juill. 2014, p. 21, obs. Reille ; RPC 2014, n° 93, obs. Cagnoli.*

5. Dès lors qu'à la date de son ordonnance ayant déclaré recevable l'appel formé par le dirigeant, à titre personnel, contre le jugement ayant accueilli la demande de report de la date de cessation des paiements et ordonnant la mise en cause de la société débitrice « prise en la personne de son représentant légal », le délai d'un an fixé par l'art. L. 631-8 pour agir en report de la date de cessation des paiements était déjà expiré et qu'aucune régularisation de la procédure n'était donc plus possible, le conseiller de la mise en état a violé les art. L. 631-8 C. com. et 126 C. pr. civ. • Com. 27 nov. 2019, n° 18-18.194 P : *D. 2019. Actu. 2348 ; RTD com. 2020. 177, obs. Martin-Serf ; DP diff. entr., Bull. n° 420, obs. Rémery ; LEDEN 2/2020. 2, obs. Maréchal Pollaud-Dulian ; RPC 2020, n° 8, obs. Saintourens ; RLDA févr. 2020. 52, obs. Gibirila ; Dr. sociétés 2020, n° 41, note Legros.* ♦ Sur l'intérêt personnel du dirigeant à contester la décision de report de la date de cessation des paiements, V. note 5 ss. art. L. 653-8 et note 4 ss. art. R. 661-2.

6. Il résulte des art. L. 631-1 et L. 631-8 que la date de cessation des paiements ne peut être reportée qu'au jour où le débiteur était déjà dans l'impossibilité de faire face à son passif exigible avec son actif disponible ; le juge saisi d'une demande de report doit donc, pour apprécier cette situation, se placer, non au jour où il statue, mais à celui auquel est envisagé le report de la date de cessation des paiements. • Com. 9 déc. 2020, n° 19-14.437 P : *D. 2021. Actu. 5 ; RTD com. 2021. 200, obs. Martin-Serf ; LEDEN 2/2021. 2, obs. Maréchal Pollaud-Dulian ; RJDA 2021, n° 178 ; BJE 3-4/2021. 12, note Martineau-Bourgninaud ; Gaz. Pal. 13 avr. 2021, p. 63, obs. Reille ; RJ com. 2021. 269, obs. Bézert.*

7. En cas d'appel par le ministère public d'un jugement ayant ouvert la liquidation judiciaire d'un débiteur, lequel est suspensif en application de l'art. L. 661-1, II, et de réformation de ce jugement par un arrêt ouvrant le redressement judiciaire de ce débiteur, la cour d'appel ne peut fixer une date de cessation des paiements antérieure de plus de dix-huit mois à la date de son arrêt, qui constitue la seule décision d'ouverture. • Com. 12 janv. 2022, n° 20-16.394 B : *D. 2022. Actu. 69 ; Rev. sociétés 2022. 186, obs. Roussel Galle ; LEDEN 2/2022. 2, obs. Favre-Rochex ; APC 2022, n° 44, obs. Salhi ; RJDA 2022, n° 209.*

Code de commerce

Ancien art. L. 621-7 *Le tribunal fixe, s'il y a lieu, la date de cessation des paiements. A défaut de détermination de cette date, la cessation des paiements est réputée être intervenue à la date du jugement qui la constate. Elle peut être reportée une ou plusieurs fois, sans pouvoir être antérieure de plus de dix-huit mois à la date du jugement d'ouverture.*

Il se prononce d'office ou à la demande de l'administrateur, du représentant des créanciers, du liquidateur ou du procureur de la République. La demande de modification de date doit être présentée au tribunal avant l'expiration du délai de quinze jours qui suit le dépôt du rapport prévu à l'article L. 621-54 ou du projet de plan prévu à l'article L. 621-141 ou du dépôt de l'état des créances si la liquidation est prononcée. — [L. n° 85-98 du 25 janv. 1985, art. 9.]

BIBL. ▸ DIENER, *D. 1993. Chron. 255*. – TEBOUL, *RJ com. 2000. 204.*

1. Fixation de la date. V. notes 10 s. ss. art. L. 631-1.

2. Demande de report de la date. La place de l'art. 9 [C. com., ancien art. L. 621-7] au sein du chapitre « La procédure d'observation » n'en limite cependant pas l'application à la période d'observation puisque le liquidateur peut présenter une demande de report de la date de cessation des paiements jusqu'à la date du dépôt de l'état des créances. • Paris, 3 mai 1994 : *D. 1994. IR 157 ; RJ com. 1995. 272, note X. Vincent ; RPC 1996. 198, obs. Calendini.* ♦ Est recevable, dès lors que la liquidation judiciaire est prononcée par le tribunal, la demande en report de la date de cessation des paiements présentée avant l'expiration du délai de quinze jours qui a suivi le dépôt de l'état des créances (bien qu'à ce moment là, la liquidation n'eût pas encore été prononcée). • Com. 27 juin 1989, n° 87-19.994 P : *JCP E 1990. II. 15668, n° 12, obs. Cabrillac.*

3. En disposant que la date de cessation des paiements peut être reportée une ou plusieurs fois et en prescrivant la présentation au tribunal de la demande de modification de date avant l'expiration du délai de quinze jours qui suit chacun des rapports, l'art. 9 [C. com., ancien art. L. 621-7] impose des délais uniformes d'action courant à compter de chacun des dépôts qui en marque le point de départ, ces délais étant cumulatifs. • Com. 26 oct. 1999, n° 97-13.542 P : *JCP E 2000, n° 4, p. 129, obs. Cabrillac et Pétel ; RTD com. 2000. 186, obs. Vallens.* ♦ Une cour d'appel fait une exacte application des art. 9, al. 2

[C. com., ancien art. L. 621-7], et 103 de la loi du 25 janv. 1985, 82 et 83 du Décr. du 27 déc. 1985, en retenant que le point de départ de l'action en report de la date de cessation des paiements est la date du dépôt au greffe du tribunal de l'état des créances (et non la date de publication au BODACC de l'insertion par laquelle le greffier indique que l'état des créances est constitué et déposé au greffe). • Com. 26 mai 1998, n° 96-17.465 P : *D. 1998. IR 164* ; *D. Affaires 1998. 1131, obs. A. L.* ♦ ... Peu important que celui-ci soit complété par l'adjonction de décisions ultérieures du juge-commissaire. • Com. 16 mars 1999 : *APC 1999, n° 115.* – Dans le même sens, en cas d'extension de la procédure à un autre débiteur, V. • Com. 17 déc. 2003 : *RJDA 2004, n° 589 ; RPC 2004. 212, obs. Lebel.* ♦ ... Ou qu'il ait été déposé antérieurement au prononcé de la liquidation judiciaire. • Com. 7 déc. 1999, n° 97-16.491 P : *D. 2000. AJ 58, obs. Lienhard* ; *JCP E 2000, n° 17, p. 699, obs. Cabrillac ; RTD com. 2000. 186, obs. Vallens* ; *LPA 27 juill. 2000, p. 29, note Courtier ; Defrénois 2000. 999, obs. Gibirila.* ♦ Pour un arrêt décidant qu'en l'absence de dépôt de l'état des créances prévu à l'art. 103 de la loi du 25 janv. 1985 (en cas de demande de dispense de vérification des créances, en vertu de l'art. 99 [C. com., ancien art. L. 621-102]), le délai de quinze jours ne peut commencer à courir : • Com. 13 avr. 1999, n° 97-12.087 P : *D. 1999. 490, note Derrida* ; *D. Affaires 1999. 834 ; JCP E 1999, n° 39, p. 1530, obs. Cabrillac et Pétel ; RTD com. 1999. 758, obs. Vallens* ; *ibid. 951, obs. Laude* ; *APC 1999, n° 114, obs. Macorig-Venier ; Procédures 2000, n° 11, obs. Laporte.* ♦ *Contra,* jugeant, dans cette hypothèse, que le délai court à compter du jour où la décision du juge-commissaire est devenue définitive, soit, en l'absence d'opposition et conformément à l'art. 25 du Décr. du 27 déc. 1985, à compter du neuvième jour suivant son dépôt au greffe pour ce qui concerne le mandataire-liquidateur : • Lyon, 16 nov. 2001 : *D. 2002. AJ 92* ; *JCP E. 2002, n° 20, p. 804, obs. Cabrillac et Pétel ; Procédures 2002, n° 31, note Laporte.*

4. Le tribunal étant saisi, conformément à l'art. 857 NCPC [C. pr. civ.], par la remise au greffe d'une copie de l'assignation, il convient de se référer à la date de cette remise, et non à la date de délivrance de l'assignation. • Com. 22 nov. 1994, n° 92-17.868 P : *D. 1995. IR 19* (V. l'arrêt cassé : • Rouen, 21 mai 1992 : *RJDA 1992, n° 752*).

5. En ce sens que le tribunal est valablement saisi par voie de requête du représentant des créanciers lorsque le débiteur est présent à l'audience fixée pour l'examen de cette requête, V. • Com. 16 févr. 1999, n° 96-16.858 P : *D. 1999. 276, note Derrida* ; *D. Affaires 1999. 477, obs. A. L. ; JCP E 1999, n° 39, p. 1530, obs. Cabrillac ; RTD com. 1999. 511, obs. Vallens*. – V. Courtier, *RPC 1999. 139 ; ibid. 755, obs. Martin-Serf.*

6. L'existence d'une décision d'irrecevabilité ou de rejet d'une demande de report de la date de cessation des paiements, fût-elle revêtue de la force de chose jugée, ne fait pas obstacle à l'introduction d'une nouvelle demande fondée sur l'art. L. 621-7, al. 1er, C. com. • Com. 8 juill. 2003 : *RDBF 2004, n° 28, obs. F.-X. Lucas.*

7. Fixation de la date reportée. En ce sens que l'impossibilité de faire face au passif exigible avec l'actif disponible doit être caractérisée à la date à laquelle il est décidé de reporter la cessation des paiements, V. • Com. 2 mars 1999 : *APC 1999, n° 113* • 26 oct. 1999 : *préc. note 3* • 29 mai 2001 : *RJDA 2001, n° 1126.*

Une amélioration de la situation déficitaire d'une entreprise n'interdit pas le report de la date de cessation de ses paiements à l'époque où l'état de cessation des paiements était avéré. • Paris, 22 mars 1996 : *D. 1996. IR 111.*

Dès lors que ni l'ordonnance ouvrant le règlement amiable, ni l'ordonnance suspendant les poursuites, ni l'ordonnance homologuant l'accord n'ont l'autorité de la chose jugée quant à la date de cessation des paiements, l'ouverture de la procédure de règlement amiable n'empêche pas le report de la date de cessation des paiements. • Com. 14 mai 2002, n° 98-22.446 P : *D. 2002. AJ 1837, obs. Lienhard* ; *D. 2003. 615, note Martineau-Bourgninaud* ; *APC 2002, n° 149, obs. Regnaut-Moutier ; JCP E 2002, n° 39, p. 1520, obs. Pétel ; RTD com. 2002. 532, obs. Macorig-Venier* . ♦ Comp., désormais, concernant la procédure de conciliation : art. L. 631-8, al. 2, dans sa réd. issue de L. n° 2005-845 du 26 juill. 2005.

En ce sens que la date de cessation des paiements ne peut être antérieure à l'immatriculation de la société au RCS, V. • Com. 1er févr. 2000 : *RJDA 2000, n° 553 ; JCP E 2000, n° 48, p. 1909, note Besnard-Goudet ; Dr. sociétés 2000, n° 125, obs. Chaput ; ibid. 2001, n° 82, obs. Legros.* ♦ ... A la création de la société, sauf à démontrer que cette société était créée de fait avant son immatriculation au RCS et qu'elle était déjà en cessation des paiements, • Versailles, 16 janv. 1997 : *RPC 1998. 35, obs. Calendini.* ♦ Comp., en cas d'extension de la procédure sur le fondement de la confusion des patrimoines : • Bourges, 31 août 2004 : *BRDA 2005, n° 11, p. 6.*

En tout état de cause, la date de cessation des paiements ne peut être antérieure de plus de dix-huit mois à la date du jugement d'ouverture, V. • Com. 17 janv. 1995 : *RPC 1996. 199, obs. Calendini.*

8. Saisine d'office du tribunal. Il résulte de l'art. 9 [C. com., ancien art. L. 621-7] que le tribunal ne peut prononcer d'office le report de la date de cessation des paiements que s'il se saisit avant l'expiration du délai de 15 jours qui suit le dépôt du rapport prévu à l'art. 18 [C. com., ancien art. L. 621-54] ou du projet de plan prévu à l'art. 145 [C. com., ancien art. L. 621-141] ou du dépôt de l'état des créances prévu à l'art. 103 de la loi du 25 janv. 1985 si la liquidation est prononcée. • Com. 11 juin 1991, n° 90-14.552 P : *D. 1992. Somm. 3, obs. Derrida* • Cass., ass. plén., 31 mars 1995, n° 92-15.077 P : *D. 1995. 321, concl. Jéol et note Derrida ; Quot. jur. 2 mai 1995, p. 3, note P. M. ; BICC 15 mai 1995, p. 7, concl. Jéol et note Borra ; Gaz. Pal. 1995. 2. 410, concl. Jéol ; BJS 1995. 780, note Jeantin* (dans la même affaire, sur deuxième pourvoi). • Com. 4 oct. 2005 : *cité note 9.*

9. Qualité pour agir. Il résulte de l'art. 9 [C. com., ancien art. L. 621-7] que le représentant des créanciers peut demander le report de la date de cessation des paiements dans les quinze jours suivant le dépôt du rapport de l'administrateur (bien qu'il ne soit pas l'auteur du rapport établi en application de l'art. 18 [C. com., ancien art. L. 621-54]). • Com. 16 févr. 1999 : *préc. note 5.*

Si le commissaire à l'exécution du plan peut demander l'annulation d'un acte accompli pendant la période suspecte, il n'a pas qualité pour agir en report de la date de cessation des paiements lorsque l'action n'a pas été préalablement introduite par l'administrateur ou le représentant des créanciers. • Com. 4 oct. 2005, n° 04-10.445 P : *D. 2005. AJ 2679, obs. Lienhard ; JCP E 2006, n° 2, p. 75, obs. Cabrillac ; Gaz. Pal. 10-11 févr. 2006, p. 12, obs. Lebel ; RTD com. 2007. 600, obs. Martin-Serf.* ♦ Comp. : art. L. 626-25, al. 3, dans sa réd. issue de L. n° 2005-845 du 26 juill. 2005. ♦ V. aussi, pour l'irrecevabilité de la demande introduite par l'administrateur ou le représentant des créanciers après le jugement arrêtant le plan de cession, • Com. 9 juill. 2002 : *APC 2002, n° 232.*

Sur l'irrecevabilité de la demande émanant d'un créancier, V. • Paris, 27 juin 2003 : *RTD com. 2003. 826, obs. Vallens.*

Le débiteur ne peut agir à titre principal pour faire fixer la date de cessation des paiements à une date autre que celle qui résulte du jugement d'ouverture de la procédure collective ou d'un jugement postérieur. • Com. 7 déc. 1999, n° 96-20.168 P.

10. Principe du contradictoire. Le débiteur soumis à une procédure collective dispose d'un droit propre à se défendre à l'action tendant au report de la date de cessation des paiements dont la nature est contentieuse, et à cette fin, à défaut de la remise au greffe d'une requête conjointe et de la présentation volontaire des parties constatées par la signature d'un procès-verbal, une assignation doit lui être délivrée (irrecevabilité de l'assignation délivrée à l'ancien dirigeant de la société en liquidation judiciaire, sans qualité pour la représenter). • Com. 1er mars 2005, n° 03-19.956 P : *D. 2005. AJ 953, obs. Lienhard ; APC 2005, n° 75, obs. Regnaut-Moutier ; Dr. et pr. 2005. 277, obs. Le Corre ; RDBF 2005, n° 139, obs. F.-X. Lucas ; BJS 2005. 942, note M. Sénéchal ; RPC 2006. 49, obs. Lebel.* ♦ V. aussi note 5 ss. art. L. 631-12.

11. Notification du jugement. En l'absence de dispositions dérogatoires dans la loi du 25 janv. 1985 et le Décr. du 27 déc. 1985, le jugement ayant statué sur la demande de report de la date de cessation des paiements doit être notifié par voie de signification conformément à l'art. 675 NCPC [C. pr. civ.], • Com. 15 déc. 1992, n° 90-20.480 P.

12. Exécution provisoire. V. notes ss. ancien art. 155 du Décr. n° 85-1388 du 27 déc. 1985 ss. art. R. 661-1.

13. Voies de recours. V. notes 1, 2, 6 et 20 ss. art. L. 661-1 et note ss. art. L. 662-2.

14. Action en comblement de passif, faillite personnelle et banqueroute. Sur le pouvoir du juge de retenir une autre date de cessation des paiements, V. note 42 ss. art. L. 651-2, note 6 ss. art. L. 653-5 et note 10 ss. art. L. 654-2.

15. Ordre public international. V. note 30 ss. art. L. 620-2.

Art. L. 631-9 *(Ord. n° 2008-1345 du 18 déc. 2008, art. 78)* **L'article L. 621-4, à l'exception** *(Ord. n° 2014-326 du 12 mars 2014, art. 51-1°, en vigueur le 1er juill. 2014) (Abrogé par L. n° 2019-486 du 22 mai 2019, art. 58)* **« *de la troisième phrase du cinquième alinéa et* » de la première phrase du sixième alinéa », ainsi que les articles** *(L. n° 2015-990 du 6 août 2015, art. 235-I-2°)* **« L. 621-4-1 » à L. 621-11 sont applicables à la procédure de redressement judiciaire.** *(L. n° 2015-990 du 6 août 2015, art. 237-2°)* **« Le tribunal peut se saisir d'office ou à la demande du créancier poursuivant aux fins mentionnées au troisième alinéa de l'article L. 621-4. Il peut se saisir d'office aux fins mentionnées au quatrième alinéa du même article L. 621-4. »**

(Ord. n° 2014-326 du 12 mars 2014, art. 51-2°, en vigueur le 1er juill. 2014) **« Le tribunal sollicite les observations du créancier poursuivant sur la désignation du mandataire judiciaire et celles du débiteur sur la désignation de l'administrateur judiciaire. »**

Aux fins de réaliser l'inventaire prévu à l'article L. 622-6 et la prisée des actifs du débiteur, le tribunal désigne, en considération de leurs attributions respectives telles qu'elles résultent des dispositions qui leur sont applicables, *(Ord. n° 2016-728 du 2 juin 2016, art. 23, en vigueur le 1er juill. 2022)* **« un commissaire de justice** *[ancienne rédac-*

tion : un commissaire-priseur judiciaire, un huissier de justice] **», un notaire ou un courtier en marchandises assermenté.**

V. art. R. 631-16.

Inventaire et prisée des actifs. V. note 11 ss. art. L. 621-4.

Art. L. 631-9-1 *(Ord. n° 2014-326 du 12 mars 2014, art. 52, en vigueur le 1er juill. 2014)* **Si les capitaux propres n'ont pas été reconstitués dans les conditions prévues par l'article L. 626-3, l'administrateur a qualité pour demander la désignation d'un mandataire en justice chargé de convoquer l'assemblée compétente et de voter** *(Abrogé par L. n° 2016-1547 du 18 nov. 2016, art. 99-V-1°)* **«** *sur* **» la reconstitution du capital à** *(L. n° 2016-1547 du 18 nov. 2016, art. 99-V-2°)* **« concurrence du montant proposé par l'administrateur », à la place du ou des associés ou actionnaires opposants lorsque le projet de plan prévoit une modification du capital en faveur d'une ou plusieurs personnes qui s'engagent à** *(L. n° 2016-1547 du 18 nov. 2016, art. 99-V-3°)* **« exécuter » le plan.** – *V. art. R. 631-34-5 s.*

Le V de l'art. 99 de la L. n° 2016-1547 du 18 nov. 2016 n'est pas applicable aux procédures en cours au jour de la publication de cette loi (L. préc., art. 114-XVI, JO 19 nov.).

Art. L. 631-10 *(Ord. n° 2008-1345 du 18 déc. 2008, art. 79)* **« A compter du jugement d'ouverture, les parts sociales, titres de capital ou valeurs mobilières donnant accès au capital de la personne morale qui a fait l'objet du jugement d'ouverture et qui sont détenus, directement ou indirectement par les dirigeants de droit ou de fait, rémunérés ou non, ne peuvent être cédés, à peine de nullité, que dans les conditions fixées par le tribunal. »**

Les *(L. n° 2005-845 du 26 juill. 2005, art. 90)* **« titres de capital ou valeurs mobilières donnant accès au capital » sont virés à un compte spécial bloqué, ouvert par l'administrateur au nom du titulaire et tenu par la société ou l'intermédiaire financier selon le cas. Aucun mouvement ne peut être effectué sur ce compte sans l'autorisation du juge-commissaire.**

L'administrateur fait, le cas échéant, mentionner sur les registres de la personne morale l'incessibilité des parts *(Ord. n° 2008-1345 du 18 déc. 2008, art. 79)* **« détenues directement ou indirectement par les dirigeants ».** – *[C. com., anc. art. L. 621-19.]*

V. art. R. 631-14.

BIBL. ▶ De Bermond de Vaulx, *Rev. sociétés 1990. 221.*

1. Dirigeants visés. Une société, membre du conseil d'administration d'une société anonyme, et un particulier, représentant permanent de cette dernière, ont la qualité de dirigeant de droit et relèvent des dispositions de l'art. L. 621-19 [L. 631-10] C. com. • Com. 20 oct. 2009 : *Gaz. Pal. 8-9 janv. 2010, p. 22, obs. Lebel ; RJDA 2010, n° 166 ; BJS 2010. 282, note Pétel ; Dr. sociétés 2010, n° 100, note Legros.*

2. Accord antérieur au jugement d'ouverture. Les dispositions de l'art. 28 [C. com., art. L. 631-10] ne font pas obstacle à l'action tendant à faire exécuter par les dirigeants de droit ou de fait d'une société ayant fait l'objet d'une procédure collective une cession de parts sociales représentant leurs droits sociaux dans cette société, dès lors que l'accord entre les parties sur les termes d'une telle cession est intervenu antérieurement au jugement d'ouverture. • Com. 10 mars 1992, n° 90-14.456 P : *JCP E 1992. I. 168, n° 22, obs. Cabrillac et Pétel.* ♦ En revanche, les dirigeants bénéficiaires d'une promesse unilatérale d'achat de leurs actions ne peuvent lever l'option d'achat au cours de la période d'observation, quand bien même la promesse aurait été conclue avant l'ouverture de la procédure collective : • Com. 20 oct. 2009 : *préc. note 1.*

3. Cessation de l'activité de l'entreprise. L'art. 28 [C. com., art. L. 631-10] n'a pour but que de faciliter la poursuite de l'entreprise et cesse de recevoir application lorsque l'entreprise a cessé son activité. • T. com. Paris, 6 févr. 1995 : *Gaz. Pal. 1995. 1. Somm. 215.*

4. Plan de redressement. Sauf décision contraire du tribunal, l'interdiction, pour les dirigeants, de céder librement leurs parts sociales à compter du jugement d'ouverture, édictée par l'art. L. 621-19 C. com., dans sa rédaction antérieure à la loi du 26 juill. 2005 [devenu l'art. L. 631-10], cesse avec le jugement qui arrête le plan de continuation [de redressement]. • Com. 17 nov. 2015, n° 14-12.372 P : *D. 2015. Actu. 2438, obs. Lienhard ; Rev. sociétés 2016. 194, obs. Henry ; ibid. 253, note Reygrobellet ; JCP E 2015. 1624, note Cerati-Gauthier ; LEDEN 12/2015. 4, obs. Rubellin ; APC 2015, n° 317, obs. Vallansan ; BJS 2016. 48, note Laroche ; BJE 2016. 19, note Monsèrié-Bon ; Gaz. Pal. 2 févr. 2016, p. 68, obs. Zattara-Gros ; RJDA 2016, n° 215 ; RPC 2016, n° 40, obs. Lebel.*

Art. L. 631-10-1 *(L. n° 2012-346 du 12 mars 2012, art. 2)* **A la demande de l'administrateur ou du mandataire judiciaire, le président du tribunal saisi peut ordonner toute mesure conservatoire utile à l'égard des biens du dirigeant de droit ou de fait à l'encontre duquel l'administrateur ou le mandataire judiciaire a introduit une action en responsabilité fondée sur une faute ayant contribué à la cessation des paiements du débiteur.** – *La L. n° 2012-346 du 12 mars 2012 est applicable aux procédures de sauvegarde, de redressement judiciaire ou de liquidation judiciaire en cours à la date de sa publication [JO 13 mars] (L. préc., art. 6).*

V. art. L. 663-1-1, R. 631-7-1, R. 631-14-1, R. 662-1-1 et R. 662-1-2.

Art. L. 631-10-2 *(L. n° 2012-346 du 12 mars 2012, art. 2) (Ord. n° 2021-1193 du 15 sept. 2021, art. 42, en vigueur le 1er oct. 2021)* **« La ou les personnes désignées par le comité social et économique » sont informé***[e]***s par l'administrateur ou, à défaut, le mandataire judiciaire des modalités de mise en œuvre des mesures conservatoires prises en application de l'article L. 621-2.** – *Pour les dispositions transitoires de l'Ord. n° 2021-1193 du 15 sept. 2021, V. note ss. art. L. 611-2.*

Pour l'entrée en vigueur et l'application à l'outre-mer, V. note ss. art. L. 631-10-1.

Art. L. 631-11 *(L. n° 2019-486 du 22 mai 2019, art. 56)* **« La rémunération afférente aux fonctions exercées par le débiteur, s'il est une personne physique, ou les dirigeants de la personne morale est maintenue en l'état, au jour de l'ouverture de la procédure, sauf décision contraire du juge-commissaire saisi sur demande de l'administrateur judiciaire, du mandataire judiciaire ou du ministère public. »**

En l'absence de rémunération, les personnes mentionnées à l'alinéa précédent peuvent obtenir sur l'actif, pour eux et leur famille, des subsides fixés par le juge-commissaire. *(L. n° 2022-172 du 14 févr. 2022, art. 5, en vigueur le 14 mai 2022)* **« Le juge-commissaire tient compte des revenus éventuellement perçus au titre du ou des patrimoines non visés par la procédure. »** – *[C. com., anc. art. L. 621-21.]*

Pour les dispositions transitoires de la L. n° 2022-172 du 14 févr. 2022, V. note ss. art. L. 611-13.

V. art. R. 631-15.

1. Consultations nécessaires. V. art. R. 631-15.

2. Dirigeant de fait. Le juge-commissaire n'a compétence pour fixer la rémunération d'un dirigeant de personne morale que s'il s'agit d'un dirigeant de droit et non pas de fait. • TGI Douai, 28 avr. 1989 : *RPC 1990. 381, obs. Dureuil* • Versailles, 3 nov. 1994 : *D. 1995. IR 29 ; LPA 23 août 1995, p. 13, note Moulai ; RPC 1996. 67, obs. Dureuil* • Paris, 23 nov. 2004 : *RPC 2006. 47, obs. Lebel.*

3. Dirigeant salarié. L'art. 30 [C. com., art. L. 631-11] ne concerne que la rémunération en qualité de dirigeant et non le salaire octroyé au titre d'un contrat de travail. • T. com. Cambrai, 5 déc. 1995 : *RPC 1996. 268, obs. Taquet.*

4. Conditions liées à la période. Il a été jugé que l'allocation de subsides ne serait possible que durant la période d'observation, à la condition que le chef d'entreprise ne perçoive aucune rémunération en considération des fonctions exercées pendant la période d'activité. • TGI Metz, 27 janv. 1988 : *RPC 1988. 289, obs. crit. Dureuil.*

5. En ce sens que le dirigeant ne peut plus percevoir de subsides au titre de l'art. 30 [C. com., art. L. 631-11] après le jugement arrêtant le plan de cession, V. • Aix-en-Provence, 13 nov. 1997 : *Gaz. Pal. 1998. 2. Somm. 705.* ♦ ... Ni après transformation du redressement judiciaire en liquidation judiciaire, V. • Reims, 29 juin 1994 : *RPC 1996. 68, obs. Dureuil. – Contra :* • Paris, 4 juill. 2000 : *cité note 8 ss. art. L. 641-9* • TGI Béthune, 27 févr. 2004 : *D. 2004. AJ 700.*

6. Notion de rémunération et subsides. Le mode de fixation de la rémunération versée au dirigeant de personne morale soumise à un redressement judiciaire n'a pas pour effet de changer la nature de cette rémunération, qui demeure à la charge de la société (saisissabilité de la rémunération allouée au gérant salarié d'une SARL en redressement judiciaire). • Paris, 27 mars 2001 : *RPC 2004. 49, obs. Lebel.* ♦ V. aussi note 46 ss. ancien art. L. 621-32, ss. art. L. 622-17.

7. Opposition. L'ordonnance du juge-commissaire est susceptible d'opposition devant le tribunal qui, à la demande du dirigeant, peut donner à sa décision un effet rétroactif (Rép. min. n° 57511 : *JOAN Q, 13 juill. 1992, p. 3205*). ♦ Sur les pouvoirs du tribunal, V. aussi • Com. 17 déc. 2003 : *RPC 2004. 217, obs. Lebel.*

Art. L. 631-12 *(L. n° 2005-845 du 26 juill. 2005, art. 92)* **Outre les pouvoirs qui leur sont conférés par le présent titre, la mission du ou des administrateurs est fixée par le tribunal.**

Ce dernier les charge ensemble ou séparément d'assister le débiteur pour tous les actes relatifs à la gestion ou certains d'entre eux, ou d'assurer seuls, entièrement ou en partie, l'administration de l'entreprise. Lorsque le ou les administrateurs sont chargés d'assurer seuls et entièrement l'administration de l'entreprise et que chacun des seuils mentionnés au quatrième alinéa de l'article L. 621-4 est atteint, le tribunal désigne un ou plusieurs experts aux fins de les assister dans leur mission de gestion. Dans les autres cas, il a la faculté de les désigner. Le président du tribunal arrête la rémunération de ces experts, mise à la charge de la procédure.

Dans sa mission, l'administrateur est tenu au respect des obligations légales et conventionnelles incombant au débiteur.

A tout moment, le tribunal peut modifier la mission de l'administrateur sur la demande de celui-ci, du mandataire judiciaire, du ministère public ou d'office. — *V. art. R. 631-17.*

L'administrateur fait fonctionner, sous sa signature, les comptes bancaires ou postaux dont le débiteur est titulaire quand ce dernier a fait l'objet des interdictions prévues aux articles L. 131-72 ou L. 163-6 du code monétaire et financier.

1. Mission d'assistance. Une mission d'assistance sans aucune restriction emporte obligation pour l'administrateur d'assister le débiteur dans tous les actes de gestion au nombre desquels figure le fonctionnement des comptes bancaires sous leur double signature. • Com. 4 juin 2013, n° 12-17.203 P : *D. 2013. Actu. 1470 ; JCP E 2013. 1662, n° 16, obs. Salgueiro ; APC 2013, n° 163, obs. Jazottes ; RJDA 2013, n° 818 ; BJE 2013. 278, note Benilsi ; RPC 2014, n° 57, obs. Lebel.*

Il appartient à l'administrateur judiciaire, chargé d'une mission de surveillance [d'assistance], de s'assurer de l'efficacité de l'assurance de responsabilité décennale souscrite par le débiteur en vérifiant que le risque a été exactement déclaré. • Civ. 3e, 22 oct. 2014, n° 13-25.430 P : *D. 2014. Actu. 2172 ; LEDEN 12/2014. 4, obs. Pelletier ; APC 2014, n° 356, obs. Raschel ; Gaz. Pal. 18-20 janv. 2015, p. 19, obs. Bidan ; RJDA 2015, n° 121 ; RPC 2015, n° 19, obs. Lebel ; Dr. sociétés 2015, n° 97, note Legros.*

Lorsqu'un administrateur a été désigné avec mission d'assistance, il appartient au débiteur en redressement judiciaire de déclarer ses créances avec son contreseing, cet administrateur n'ayant ni le pouvoir de les déclarer seul, ni l'obligation de demander que sa mission soit, à cette fin, étendue à l'administration de l'entreprise • Com. 27 mai 2014 : *cité note 25 ss. art. L. 622-24 ; DP diff. entr., Bull. n° 360, obs. Rémery ; RDBF 2014, n° 180, obs. Houin-Bressand.*

La contrainte signifiée par l'URSSAF à une société en redressement judiciaire doit également être signifiée à l'administrateur ayant reçu mission d'assister le débiteur pour tous les actes de gestion et de disposition : • Com. 3 mars 1992 : *RJDA 1992, n° 503* • 30 mars 1993, n° 90-21.486 P : *D. 1993. IR 131.*

En application de l'art. 369 NCPC [C. pr. civ.], la nomination d'un administrateur avec une mission d'assistance implique l'interruption des actions introduites par la société objet du jugement d'ouverture de la procédure collective. • Versailles, 20 janv. 2005 : *Gaz. Pal. 2005. Somm. 2216 ; Rev. sociétés 2006. 173, note Sortais.*

La mission d'assistance pour tous les actes de gestion implique que l'administrateur soit présent aux côtés du débiteur pour relever appel d'une décision rendue contre son administré. • Riom, 23 oct. 2002 : *Dr. sociétés 2004, n° 10, note Legros.*

L'administrateur judiciaire, dès lors qu'il est investi d'une mission d'assistance sans restriction, doit assister le débiteur pour tous les actes d'administration, comme les mesures d'exécution dont font partie les saisies-attributions. • Com. 31 mai 2016, n° 14-28.056 P : *D. 2016. Actu. 1253 ; APC 2016, n° 148, obs. Cagnoli ; BJE 2016. 312, note Camensuli-Feuillard ; Gaz. Pal. 18 oct. 2016, p. 51, obs. Bidan ; RDBF 2016, n° 210, obs. S. Piedelièvre.* ♦ Pour la caducité d'une saisie-attribution dénoncée au seul débiteur soumis à la procédure collective, V. • Com. 19 févr. 2002, n° 98-22.727 P : *D. 2002. AJ 1070, obs. Avena-Robardet ; Dr. sociétés 2002, n° 176, note Legros* • Paris, 24 oct. 2002 : *JCP 2003. IV. 1479.* ♦ V. note 4 ss. art. L. 622-3.

La notification d'un redressement fiscal d'un débiteur en redressement judiciaire pour lequel un administrateur a été désigné avec une mission générale d'assistance doit être faite au mandataire de justice pour être juridiquement valable et ainsi permettre la fixation définitive de la créance concernée. • Douai, 17 janv. 2002 : *RPC 2004. 45, obs. Lebel.*

2. L'initiative de la demande de prorogation du permis de construire n'entre pas dans la mission d'assistance de l'administrateur du redressement judiciaire de la société venderesse d'un immeuble en l'état futur d'achèvement, par ailleurs dépourvu du pouvoir de se substituer aux acquéreurs pour mettre en œuvre, à leur profit, la garantie d'achèvement. • Com. 13 nov. 2002, n° 98-11.366 P : *D. 2003. AJ 204* ; *RPC 2004. 44, obs. Lebel.*

3. Mission d'administration. La mission d'assurer seul la gestion de l'entreprise exige de la part de l'administrateur judiciaire une attention particulièrement soutenue dans le contrôle effectif des actes accomplis, avec ou sans son autorisation, par le débiteur dans le cadre de la poursuite d'activité, spécialement lorsque la période d'observation est d'une durée exceptionnellement longue (deux ans) et alors qu'il appartient à ce mandataire de saisir le tribunal, conformément à l'art. 36 de la loi [C. com., ancien art. L. 621-27], d'une demande de conversion du redressement en liquidation judiciaire dès le moment où il apparaît que tout projet de plan de continuation ou de cession est exclu. • Paris, 16 avr. 1999 : *D. 1999. IR 153.*

4. Le directeur général unique d'une société à directoire et conseil de surveillance ayant la capacité d'assurer la publicité de sa nomination, doit être cassé l'arrêt qui retient qu'un administrateur judiciaire ayant été nommé avec mission d'assurer seul et entièrement l'administration de l'entreprise, le directeur général unique ne peut demander seul l'inscription modificative au RCS relative à sa nomination. • Com. 7 févr. 1995, n° 93-10.126 P : *D. 1995. IR 75 ; BJS 1995. 419, note Le Cannu ; Defrénois 1995. 698, obs. Hovasse ; Dr. sociétés 1995, n° 95, obs. Chaput.*

5. Même si l'administrateur a été chargé, conformément aux dispositions de l'art. L. 621-22, II-3°, [L. 631-12] C. com. d'assurer seul et entièrement l'administration de l'entreprise, le droit d'être appelé et entendu sur une demande de report de la date de cessation des paiements est, malgré le dessaisissement, propre au débiteur et n'est pas compris dans la mission de l'administrateur, spécialement lorsque celui-ci figure au nombre des auteurs de la demande de report. • Orléans, 2 mai 2002 : *RJDA 2002, n° 766.*

6. Modification de la mission. V. note 8.

7. Respect des obligations légales. Aux termes de l'art. 31 [C. com., art. L. 631-12], l'administrateur est tenu, dans sa mission, au respect des obligations légales et conventionnelles incombant au chef d'entreprise ; ce texte n'apporte aucune restriction à l'étendue de ces obligations. • Crim. 21 juin 2000 : *D. 2000. AJ 352, obs. Lienhard* ; *D. 2002. Somm. 207, obs. Derrida* ; *APC 2000, n° 199, obs. Legros ; JCP E 2000, n° 46, p. 1815, note Couret ; BJS 2000. 1121, note Vallansan ; RSC 2000. 843, obs. Renucci* ; *RPC 2000. 209, obs. Soinne ; Rev. sociétés 2000. 753, note Bouloc* ; *RTD com. 2001. 159, obs. Chazal et Reinhard* . ♦ Poursuivi, sur le fondement de l'art. 441 de la loi du 24 juill. 1966 [C. com., art. L. 242-10], pour avoir omis de réunir l'assemblée générale ordinaire des actionnaires dans les six mois de la clôture de l'exercice, aux fins d'approbation des comptes, l'administrateur judiciaire ne peut être relaxé, alors qu'avant l'expiration du délai de six mois précité, étant seul investi des obligations incombant au chef d'entreprise, il devait convoquer cette assemblée. • Même arrêt (V. l'arrêt cassé : • Metz, 21 juill. 1999 : *D. 1999. AJ 8, obs. A. L.* ; *JCP E 2000, n° 4, p. 125, obs. Cabrillac et Pétel ; BJS 2000. 145, note Vallansan).*

L'administrateur judiciaire ayant reçu mission d'exercer seul l'administration de l'entreprise, le président du directoire de la société ne peut être déclaré coupable du délit d'infraction à la réglementation relative à la sécurité du travail et de blessures involontaires, alors que, à la date de l'accident, l'administrateur était seul investi des obligations incombant au chef d'entreprise. • Crim. 3 mars 1998, n° 95-85.808 P : *D. 1998. IR 120* ; *D. Affaires 1998. 804 ; RPC 2000. 69, obs. Soinne.* ♦ Mais lorsque le débiteur dessaisi effectue, sans l'accord de l'administrateur investi d'une mission de représentation, des actes étrangers aux pouvoirs propres qui lui sont attribués par la loi, il reste tenu au respect des obligations légales et conventionnelles incombant au chef d'entreprise et sa responsabilité pénale peut être engagée. • Crim. 12 juin 1996, n° 94-85.598 P : *D. 1997. IR 25* . ♦ La mission d'assistance de l'administrateur judiciaire ne retire pas au dirigeant sa qualité de représentant de celle-ci et de responsable pénal. • Crim. 3 déc. 2003 : *Dr. pénal 2004, n° 54, note J.-H. Robert.*

Poursuivi pour avoir fait obstacle à l'exercice régulier des fonctions des délégués du personnel, l'administrateur judiciaire ne peut invoquer, pour s'exonérer de sa responsabilité pénale, une délégation de ses pouvoirs au président de la société en redressement judiciaire, les relations existant entre l'administrateur et le chef d'entreprise, qui ne sont pas des relations d'employeur à préposé, excluant toute possibilité de délégation de pouvoirs du premier au profit du second. • Crim. 30 janv. 1996, n° 94-83.505 P : *Dr. sociétés 1996, n° 130, obs. Chaput ; RPC 1996. 260, obs. Soinne.*

8. Voies de recours. L'appel formalisé par un débiteur en redressement judiciaire, sans l'assistance de l'administrateur désigné avec une mission d'assistance pour les actes de gestion, ne peut être régularisé par l'intervention de cet administrateur qu'avant l'expiration du délai prescrit pour exercer le recours que la signification du jugement à ce mandataire a fait courir. • Com. 12 juin 2001, n° 97-20.623 P : *D. 2001. AJ 2301, obs. Lienhard* ; *RTD com. 2001. 775, obs. Vallens* ; *Procédures 2001, n° 196, obs. Laporte ; JCP E 2002, n° 20, p. 127, obs. Pétel ; RTD civ. 2001. 956, obs. Perrot* • Montpellier, 24 juin 2003 : *BICC 2003, n° 1110.* ♦ Il résulte de l'art. 32 [C. com., art. L. 622-3] que l'exercice d'une voie de recours, tel l'appel d'une ordonnance de relevé de forclusion, acte conservatoire, peut valablement être intenté par le débiteur. • Versailles, 3 déc. 1998 : *D. Affaires 1999. 380.* ♦ V. aussi, pour la recevabilité de l'appel du débiteur contre un jugement ayant fixé une créance, • Com. 14 mars 2000 : *RPC 2002. 92, obs. Lebel.* ♦ V. encore note 25 ss. art. L. 661-1.

Le débiteur dispose d'un droit propre de former un recours contre le jugement modifiant la mission de l'administrateur. • Com. 17 juill. 2001, n° 98-18.768 P : *D. 2001. AJ 2677, obs. Lienhard ; ibid. 2002. Somm. 1479, obs. Honorat ; Procédures 2001, n° 198, obs. Laporte ; JCP E 2002, n° 3, p. 126, obs. Cabrillac ; Dr. sociétés 2002, n° 8, note Legros ; RJ com. 2002. 185, note Courtier.*

9. Effets du jugement arrêtant le plan sur les pouvoirs du débiteur. V. notes 1 s. ss. art. L. 626-25.

Art. L. 631-13 *(L. n° 2005-845 du 26 juill. 2005, art. 92)* **Dès l'ouverture de la procédure, les tiers sont admis à soumettre à l'administrateur des offres tendant au maintien de l'activité de l'entreprise, par une cession totale ou partielle de celle-ci selon les dispositions de la section I du chapitre II du titre IV.** *— V. art. L. 642-1 s.*

(L. n° 2014-384 du 29 mars 2014, art. 4) **« L'administrateur informe** *(Ord. n° 2021-1193 du 15 sept. 2021, art. 42, en vigueur le 1er oct. 2021)* **« la ou les personnes désignées par le comité social et économique » ou le représentant des salariés de la possibilité qu'ont les salariés de soumettre une ou plusieurs offres. »** *— Pour les dispositions transitoires de l'Ord. n° 2021-1193 du 15 sept. 2021, V. note ss. art. L. 611-2.*

Art. L. 631-14 *(Ord. n° 2008-1345 du 18 déc. 2008, art. 80)* **Les articles L. 622-3 à L. 622-9, à l'exception de l'article L. 622-6-1, et L. 622-13 à L. 622-33 sont applicables à la procédure de redressement judiciaire, sous réserve des dispositions qui suivent.**

Il est réalisé une prisée des actifs du débiteur concomitamment à l'inventaire prévu à l'article L. 622-6.

Lorsque l'administrateur a une mission de représentation, il exerce les prérogatives conférées au débiteur par le II de l'article L. 622-7 et par le *(L. n° 2009-526 du 12 mai 2009, art. 138-IX, 3°)* **« troisième » alinéa de l'article L. 622-8. En cas de mission d'assistance, il les exerce concurremment avec le débiteur.**

(Ord. n° 2014-326 du 12 mars 2014, art. 53, en vigueur le 1er juill. 2014) **« Lorsqu'***[Lorsque]* **est exercée la faculté prévue par le II de l'article L. 622-13 et que la prestation porte sur le paiement d'une somme d'argent, celui-ci doit se faire au comptant, sauf pour l'administrateur à obtenir l'acceptation de délais de paiement par le cocontractant du débiteur. Au vu des documents prévisionnels dont il dispose, l'administrateur s'assure, au moment où il demande l'exécution, qu'il disposera des fonds nécessaires à cet effet. »**

Lorsque la procédure de redressement judiciaire a été ouverte en application du *(L. n° 2009-526 du 12 mai 2009, art. 138-IX, 3°)* **« troisième » alinéa de l'article L. 626-27 et que le débiteur a transféré des biens ou droits dans un patrimoine fiduciaire avant l'ouverture de la procédure de sauvegarde ayant donné lieu au plan résolu, la convention en exécution de laquelle celui-ci conserve l'usage ou la jouissance de ces biens ou droits n'est pas soumise aux dispositions de l'article L. 622-13 et les dispositions de l'article L. 622-23-1 ne sont pas applicables.**

Pour l'application de l'article L. 622-23, l'administrateur doit également être mis en cause lorsqu'il a une mission de représentation.

(Abrogé par Ord. n° 2021-1193 du 15 sept. 2021, art. 43, à compter 1er oct. 2021) ***« Les personnes coobligées ou ayant consenti une sûreté personnelle ou ayant affecté ou cédé un bien en garantie ne bénéficient pas de l'inopposabilité prévue au deuxième alinéa de l'article L. 622-26 et ne peuvent se prévaloir des dispositions prévues au premier alinéa de l'article L. 622-28. »*** *— Pour les dispositions transitoires de l'Ord. n° 2021-1193 du 15 sept. 2021, V. note ss. art. L. 611-2.*

V. art. R. 631-18 s. et R. 631-27.

Clause de déchéance du terme. V. note 1 ss. art. L. 622-29.

Art. L. 631-15 *(L. n° 2005-845 du 26 juill. 2005, art. 92)* **I. — Au plus tard au terme d'un délai de deux mois à compter du jugement d'ouverture, le tribunal ordonne la poursuite de la période d'observation s'il lui apparaît que** *(Ord. n° 2008-1345 du 18 déc. 2008, art. 81)* **« le débiteur » dispose à cette fin de capacités de financement suffi-**

santes. Toutefois, lorsque le débiteur exerce une activité agricole, ce délai peut être modifié en fonction de l'année culturale en cours et des usages spécifiques aux productions de cette exploitation.

Le tribunal se prononce au vu d'un rapport, établi par l'administrateur ou, lorsqu'il n'en a pas été désigné, par le débiteur.

II. — A tout moment de la période d'observation, le tribunal, à la demande du débiteur, de l'administrateur, du mandataire judiciaire, d'un contrôleur, du ministère public ou d'office, peut ordonner la cessation partielle de l'activité ou prononce la liquidation judiciaire si *(Ord. n° 2008-1345 du 18 déc. 2008, art. 81)* **« le redressement est manifestement impossible ».**

Il statue après avoir entendu ou dûment appelé le débiteur, l'administrateur, le mandataire judiciaire, les contrôleurs et *(Ord. n° 2021-1193 du 15 sept. 2021, art. 44, en vigueur le 1er oct. 2021)* **« la ou les personnes désignées par le comité social et économique », et avoir recueilli l'avis du ministère public.** — *Pour les dispositions transitoires de l'Ord. n° 2021-1193 du 15 sept. 2021, V. note ss. art. L. 611-2.*

Lorsque le tribunal prononce la liquidation, il met fin à la période d'observation et, sous réserve des dispositions de l'article L. 641-10, à la mission de l'administrateur.

V. art. R. 631-23 et R. 631-24.

Sur les mesures d'adaptation liées à l'urgence sanitaire (Covid-19), V. Ord. n° 2020-341 du 27 mars 2020, art. 2, App., v° Sociétés commerciales.

BIBL. ► DELATTRE, *RPC 2018. Étude 20* (conversion du redressement judiciaire en liquidation judiciaire).

1. Conversion en liquidation judiciaire. La cessation des paiements étant déjà constatée lors de l'ouverture du redressement judiciaire, le renvoi opéré par l'art. L. 631-15, II, dans sa rédaction antérieure à l'Ord. du 18 déc. 2008, à l'art. L. 640-1 ne peut viser que la condition relative à l'impossibilité manifeste du redressement ; dès lors, la cour d'appel n'a pas à se prononcer sur la cessation des paiements. • Com. 23 avr. 2013, n° 12-17.189 P : *D. 2013. Actu. 1130, obs. Lienhard ; ibid. Chron. C. cass. 2557, obs. Arbellot ; DP diff. entr., Bull. n° 348, obs. Rémery ; LEDEN 6/2013. 3, obs. Camensuli-Feuillard ; Gaz. Pal. 12-13 juill. 2013, p. 19, obs. Voinot ; RJDA 2013, n° 925.* ♦ ... Cela quelles que soient les conditions dans lesquelles est intervenue l'ouverture de la procédure de redressement judiciaire. • Com. 28 févr. 2018, n° 16-19.422 P : *D. 2018. 987, note Ballot-Squirawski ; Rev. sociétés 2018. 408, obs. Henry ; JCP E 2018. 1250, note Zinty ; ; LEDEN 4/2018. 6, obs. Minet ; APC 2018, n° 98, obs. Cagnoli ; BJE 2018. 193, avis Le Mesle ; RJDA 2018, n° 521 ; Gaz. Pal. 10 juill. 2018, p. 59, obs. Voinot ; RPC 2018, n° 135, obs. Saintourens.* ♦ Les chances de redressement d'une société doivent s'apprécier au regard de ses capacités et non de celles du groupe auquel elle peut appartenir, en l'absence d'engagement de la société mère ou d'une autre filiale en sa faveur. • Com. 17 nov. 2015, n° 14-19.504 P : *cité note 4 ss. art. R. 622-19.* ♦ Si le principe de l'autonomie de la personne morale impose d'apprécier séparément les conditions d'ouverture d'une procédure collective à l'égard de chacune des sociétés d'un groupe, rien n'interdit au tribunal, lors de l'examen de la solution proposée pour chacune d'elles, de tenir compte, par une approche globale, de la cohérence du projet au regard des solutions envisagées pour les autres sociétés du groupe. • Com. 19 déc. 2018, n° 17-27.947 P : *D. 2019. Pan. 1912, obs. F.-X. Lucas ; Rev. sociétés 2019. 222, obs. Henry ; RTD com. 2019. 492, obs. Poujade ; JCP E 2019. 1131, note Cerati-Gauthier ; LEDEN 2/2019. 2, obs. Pelletier ; BJS 2/2019. 38, note Mouial-Bassilana ; APC 2019, n° 37, obs. Pagnucco ; RJDA 2019, n° 211 ; Dr. sociétés 2019, n° 55, note Legros ; BJE 3-4/2019. 27, note Saintourens ; Gaz. Pal. 16 avr. 2019, p. 68, obs. Giorgini ; RPC 2019, n° 71, obs. Monsèrié-Bon.* ♦ Sur la notion de « redressement manifestement impossible », soumise à l'appréciation souveraine des juges du fond, V. • Com. 6 juill. 2010 : *Gaz. Pal. 15-16 oct. 2010, p. 29, obs. Lebel ; RPC 2010, n° 235, obs. Fraimout.* ♦ Aucun plan de cession n'ayant été présenté par le débiteur en redressement judiciaire, c'est à bon droit qu'après avoir retenu que le plan de continuation proposé n'était pas sérieux et l'avoir écarté, la cour d'appel, qui n'avait pas à rechercher d'office si un plan de cession était possible, a prononcé la liquidation judiciaire. • Com. 25 juin 1991, n° 90-14.404 P.

2. Saisine d'office. Pour la conformité à la Constitution des dispositions de l'art. L. 631-15, II, permettant au tribunal d'ordonner la cessation partielle de l'activité ou de prononcer d'office la liquidation judiciaire à tout moment de la période d'observation lorsque le redressement est manifestement impossible, V. • Cons. const. 6 juin 2014, n° 2014-399 QPC : *D. 2014. Actu. 1271, obs. Lienhard ; Rev. sociétés 2014. 527, obs. Henry ; APC 2014, n° 210, obs. Cagnoli ; BJE 2014. 312, note Favario ; BJS 2014. 402, note Mouial-Bassilana.*

3. Convocation du débiteur. Aux termes de l'art. L. 631-15, II, le tribunal ne peut statuer sur l'ouverture de la liquidation judiciaire d'un débiteur qu'après avoir entendu ou dûment appelé celui-ci à cette fin ; si, aux termes de l'art. 562 C. pr. civ., la dévolution s'opère pour le tout lorsque l'appel tend à l'annulation du jugement, il en va différemment lorsque le premier juge a statué en l'absence de convocation régulière du défendeur non comparant et que celui-ci n'a pas conclu à titre principal au fond en appel. • Com. 26 juin 2019, n° 17-27.498 P : *D. 2019. Actu. 1388 ; Rev. sociétés 2019. 554, obs. Henry ; JCP E 2019. 1551, n° 2, obs. Tehrani ; RPC 2019, n° 128, obs. Cagnoli ; Dr. sociétés 2019, n° 193, note Legros ; RJDA 2020, n° 34.*

4. Avis du ministère public. Il résulte de l'art. L. 631-15, II, que le tribunal ne peut convertir le redressement judiciaire en liquidation judiciaire qu'après avoir recueilli l'avis du ministère public. • Com. 24 juin 2014, n° 13-14.690 P : *D. 2014. Actu. 1445 ; LEDEN 9/2014. 4, obs. Favario ; RJDA 2014, n° 924.*

5. Audition de l'ordre professionnel. V. note ss. art. L. 622-10.

Art. L. 631-16 *(L. n° 2005-845 du 26 juill. 2005, art. 92)* **S'il apparaît, au cours de la période d'observation, que le débiteur dispose des sommes suffisantes pour désintéresser les créanciers et acquitter les frais et les dettes afférents à la procédure, le tribunal peut mettre fin à celle-ci.**

Il statue à la demande du débiteur, dans les conditions prévues au deuxième alinéa du II de l'article L. 631-15.

V. art. R. 631-25.

BIBL. ▶ LE CORRE, *LPA 25 mars 2009.*

Sur le pouvoir souverain des juges du fond, ayant, en l'espèce, refusé de mettre fin au redressement judiciaire, aux motifs que la possibilité, pour l'entreprise, de régler le passif échu n'avait été concrétisée qu'en cause d'appel, après plusieurs promesses en ce sens et au prix d'un nouvel emprunt auprès d'une banque et de nouvelles dettes à l'égard des associés, de sorte que la possibilité d'assurer la pérennité de l'entreprise n'était pas démontrée, V. • Com. 16 déc. 2008, n° 07-22.033 P : *D. 2009. AJ 94, obs. Lienhard ; JCP E 2009. 1347, n° 2, obs. Cabrillac ; APC 2009, n° 32, obs. Regnaut-Moutier ; Defrénois 2009. 1405, obs. Gibirila ; RJDA 2009, n° 873.*

Art. L. 631-17 *(L. n° 2005-845 du 26 juill. 2005, art. 92)* **Lorsque des licenciements pour motif économique présentent un caractère urgent, inévitable et indispensable pendant la période d'observation, l'administrateur peut être autorisé par le juge-commissaire à procéder à ces licenciements.**

Préalablement à la saisine du juge-commissaire, *(L. n° 2013-504 du 14 juin 2013, art. 18-XXIII-1°)* **« l'administrateur met en œuvre le plan de licenciement dans les conditions prévues à l'article L. 1233-58 du code du travail ». Il joint, à l'appui de la demande qu'il adresse au juge-commissaire, l'avis recueilli et les justifications de ses diligences en vue de faciliter l'indemnisation et le reclassement des salariés** *(L. n° 2013-504 du 14 juin 2013, art. 18-XXIII-1°)* **« , ainsi que la décision de l'autorité administrative prévue à l'article L. 1233-57-4 du code du travail ».**

Les modifications issues de la L. n° 2013-504 du 14 juin 2013 sont applicables aux procédures de licenciement collectif engagées à compter du 1er juill. 2013. Pour l'application de la disposition qui précède, une procédure de licenciement collectif est réputée engagée à compter de la date d'envoi de la convocation à la première réunion du comité d'entreprise mentionnée à l'art. L. 1233-30 C. trav. (L. préc., art. 18-XXXIII).

V. art. R. 631-26.

BIBL. ▶ TILLIÉ, *Dr. ouvrier 1985. 167.* – GRELON, *Gaz. Pal. 1984. 1. Doctr. 101.* – LANGLOIS, *Mél. Jeantin, Dalloz, 1999, p. 419* (divorce du droit social et du droit du redressement judiciaire). – SAVENIER, *RPC 2001. 224* (obligation de reclassement) ; *ibid. 227* (plan social). – PEZZINO, *ibid. 230* (licenciements). – BECQUET, *ibid. 237* (décision du juge-commissaire). – MORAND, *Cah. dr. entr. 2002, n° 2, p. 21* (particularités des licenciements économiques).

1. Autorisation de licencier. L'autorisation du juge-commissaire n'interdit pas à la juridiction prud'homale de statuer sur les demandes des salariés licenciés au regard de leur situation individuelle. • Soc. 5 mai 1993, n° 92-40.835 P : *D. 1993. IR 138.* ♦ Ainsi, l'autorité de l'ordonnance du juge-commissaire autorisant les licenciements ne s'étend pas à la situation individuelle des salariés au regard de l'obligation de reclassement de l'employeur, qui relève de la compétence du juge prud'homal. • Soc. 22 nov. 2000 : *APC 2001, n° 64.* ♦ V. aussi note 11.

2. Dès lors que la lettre de licenciement n'a été adressée au salarié qu'après l'obtention par l'administrateur judiciaire de l'autorisation du juge-commissaire, peu importe que la procédure ait été engagée auparavant. • Soc. 18 juin 1997, n° 96-40.279 P : *D. 1997. IR 162* ; *RPC 1997. 352, obs. Taquet.*

3. Le prononcé du jugement de redressement judiciaire entraîne l'ouverture de la période d'observation dès la première heure du jour de son prononcé, et, dès l'instant que la période d'observation est ouverte, il appartient au juge-commissaire d'autoriser le licenciement, en vérifiant la cause économique du licenciement et son caractère urgent, inévitable et indispensable. • Soc. 12 mai 1998, n° 96-40.606 P : *D. 1998. IR 148* ; *RPC 1999. 39, obs. Taquet.* – V. aussi • Soc. 11 juill. 2000 : *APC 2000, n° 213* • 3 mai 2001, n° 99-41.813 P : *JCP E 2001, n° 26, p. 1075.*

4. Motifs de licenciement. L'économie fondée sur les congédiements répond aux exigences de l'art. 45 [C. com., art. L. 631-17] lorsque l'opération de compression des effectifs peut être une composante de la mise en place et de la réussite d'un plan de redressement. • T. com. Versailles, 17 nov. 1986 : *RPC 1987, n° 3, p. 33, obs. Langlois.* – Comp. : • T. com. Melun, 7 mai 1987 : *Gaz. Pal. 1987. 2. Somm. 313.*

5. La lettre de licenciement que l'administrateur est tenu d'adresser au salarié doit comporter le visa de l'ordonnance du juge-commissaire autorisant les licenciements économiques. À défaut, le licenciement est réputé sans cause réelle et sérieuse. • Cass., ass. plén., 24 janv. 2003, n° 00-41.741 P : *BICC 15 mars 2003, p. 95, concl. de Gouttes et rapp. Mazars* ; *D. 2003. IR 465* ; *Gaz. Pal. 2002. 502, note Pansier* ; *APC 2003, n° 47, obs. Taquet* ; *RJ com. 2003. 374, note Courtier* • Soc. 19 mars 2003, n° 01-44.376 P. ♦ La seule référence à la procédure de redressement judiciaire ne constitue donc pas une motivation suffisante. • Soc. 5 oct. 1999, n° 96-40.746 P : *D. 2000. Somm. 6, obs. Derrida* .

6. Notification du licenciement. Si, en application de l'art. L. 621-37 [L. 631-17] C. com., après autorisation donnée par ordonnance du juge-commissaire, il appartient à l'administrateur judiciaire de procéder aux licenciements pour motif économique présentant un caractère urgent, inévitable et indispensable, la circonstance que le licenciement prononcé au visa de cette ordonnance ait été notifié par le débiteur, au lieu de l'administrateur, ne suffit pas à le priver de cause réelle et sérieuse mais ouvre droit à indemnisation pour inobservation de la procédure. • Soc. 11 juin 2008, n° 07-40.352 P : *D. 2008. AJ 1834* ; *APC 2008, n° 224, obs. Fin-Langer* ; *Gaz. Pal. 21-22 janv. 2009, p. 48, obs. Duprat.*

7. Consultation du comité d'entreprise. Ni l'avis donné dans le cadre distinct de la procédure de sauvegarde, les conditions des licenciements étant différentes, ni l'audition du représentant des salariés lors de la conversion en redressement judiciaire ne peuvent tenir lieu de l'avis exigé par l'art. L. 631-17 dans sa rédaction antérieure à la L. n° 2013-504 du 14 juin 2013. • Com. 5 nov. 2013, n° 12-25.362 P : *D. 2013. Actu. 2642* ; *Rev. sociétés 2013. 732, obs. Roussel Galle* ; *LEDEN 12/2013. 3, obs. Mouial-Bassilana* ; *APC 2013, n° 294, obs. Fin-Langer* ; *Gaz. Pal. 12-14 janv. 2014, p. 36, obs. Gailhbaud* ; *BJE 2014. 21, note Jacotot* ; *RPC 2014, n° 36, obs. Taquet.* ♦ Le renvoi à l'art. L. 321-9 [L. 1233-58] C. trav. ne comporte aucune réserve dont pourrait se déduire une dispense d'observer les règles applicables d'ordinaire aux réunions du comité, lesquelles comprennent la convocation obligée de tous ses membres et le respect du délai préalable. • Versailles, 19 sept. 1989 : *D. 1991. Somm. 107, obs. Derrida* .

8. Dispense de préavis. Il entre dans les pouvoirs que l'administrateur judiciaire tient de l'art. L. 621-37 [L. 631-17] C. com. de dispenser le salarié de l'exécution de son préavis. • Soc. 22 oct. 2008, n° 07-42.140 P.

9. Salariés protégés. Si, en l'état d'une autorisation administrative de licencier un salarié protégé accordée à l'employeur par l'inspecteur du travail, le juge judiciaire ne peut, sans violer le principe de la séparation des pouvoirs, se prononcer sur le caractère réel et sérieux de la cause de licenciement, il résulte de l'art. L. 631-17 que lorsqu'un licenciement a été autorisé par une ordonnance du juge-commissaire, le caractère économique du licenciement et la régularité de l'ordonnance du juge-commissaire ne peuvent être discutés devant l'administration ; dès lors, le juge judiciaire est compétent pour apprécier la régularité de l'ordonnance du juge-commissaire. • Soc. 23 mars 2016, n° 14-22.950 P : *D. 2016. Actu. 701* ; *LEDEN 5/2016. 5, obs. de Frémont* ; *APC 2016, n° 124, obs. Fin-Langer* ; *Gaz. Pal. 28 juin 2016, p. 49, obs. Gailhbaud* ; *RPC 2016, n° 124, obs. Taquet.*

10. Recours. Est recevable le recours formé par le représentant des salariés contre une décision du juge-commissaire autorisant des licenciements pendant la période d'observation. • T. com. Paris, 14 janv. 1988 : *Gaz. Pal. 1989. 1. 354, note Marchi.* ♦ Sur l'absence de qualité de parties des organisations syndicales, V. • T. com. Lille, 30 janv. 1989 : *LPA 29 mars 1989.*

Le salarié licencié en vertu d'une autorisation par ordonnance du juge-commissaire est recevable à contester la cause économique de son licenciement lorsqu'il prouve que cette autorisation résulte d'une fraude. • Soc. 4 juill. 2018, n° 16-27.922 P : *D. 2018. Actu. 1487* ; *APC 2018, n° 237, obs. Fin-Langer* ; *BJE 2018. 452, note Donnette-Boissière.*

Lorsque l'ordonnance du juge-commissaire est devenue définitive, le caractère économique du motif du licenciement ne peut plus être contesté. • Soc. 9 juill. 1996, n° 93-41.877 P : *D. 1997. 60, note Bailly* ; *JCP E 1997. II. 915, note Ser-*

ret. ♦ Dans le même sens, V. • CE 3 juill. 2013 : *RPC 2014, n° 54, obs. Jacotot.*

11. Compétence du conseil de prud'hommes. BIBL. Maggi-Germain, *LPA 12 août 1998.* – Dechristé, *D. Affaires 1999. 358.* ♦ Si, conformément à l'art. 45 [C. com., art. L. 631-17], le juge-commissaire a autorisé l'administrateur à procéder au licenciement présentant un caractère urgent, inévitable et indispensable, la juridiction prud'homale est demeurée compétente pour en apprécier le caractère réel et sérieux qui fait défaut dès lors que la lettre de licenciement ne contient aucune motivation sur les causes économiques ayant justifié le licenciement. • Soc. 21 févr. 1996 : *D. 1997. 60, note Bailly ; JCP E 1996. II. 862, note Serret.* ♦ Le salarié qui a adhéré à une convention de conversion gardant la possibilité, malgré son acceptation, de contester le caractère réel et sérieux de son licenciement, une cour d'appel, qui constate que l'employeur ne justifie d'aucune recherche au sein de la société et du groupe auquel elle appartient, ni d'aucune proposition en vue du reclassement des salariés peut décider que les licenciements prononcés sont sans cause réelle et sérieuse. • Soc. 3 mars 1998, n° 95-45.201 P : *D. 1998. 418, note Bailly.* ♦ V. aussi note 1 et note 3 s. ss. art. R. 631-26.

12. Compétence du TGI. V. note 15 ss. art. R. 662-3.

Art. L. 631-18 *(Ord. n° 2008-1345 du 18 déc. 2008, art. 82)* **Les dispositions des chapitres III, IV et V du titre II du présent livre sont applicables à la procédure de redressement judiciaire, sous réserve des dispositions qui suivent.** – *V. art. L. 623-1 s., L. 624-1 s. et L. 625-1 s.*

Pour l'application du quatrième alinéa de l'article L. 623-3, la consultation porte sur les mesures que l'administrateur envisage de proposer et le débiteur est également consulté.

Le recours prévu au premier alinéa de l'article L. 624-3 est également ouvert à l'administrateur, lorsque celui-ci a pour mission d'assurer l'administration de l'entreprise.

Pour l'application de l'article L. 625-1, le mandataire judiciaire cité devant le conseil de prud'hommes ou, à défaut, le demandeur appelle devant la juridiction prud'homale les institutions mentionnées à l'article L. 3253-14 du code du travail. L'administrateur est seul mis en cause lorsqu'il a pour mission d'assurer l'administration de l'entreprise.

Pour l'application de l'article L. 625-3, les institutions mentionnées à l'article L. 3253-14 du code du travail sont mises en cause par le mandataire judiciaire ou, à défaut, par les salariés requérants, dans les dix jours du jugement d'ouverture de la procédure de redressement judiciaire ou du jugement convertissant une procédure de sauvegarde en procédure de redressement. Les instances en cours devant la juridiction prud'homale à la date du jugement d'ouverture sont poursuivies en présence du mandataire judiciaire et de l'administrateur ou ceux-ci dûment appelés.

Pour l'application de l'article L. 625-4, outre le mandataire judiciaire, l'administrateur est seul mis en cause lorsqu'il a pour mission d'assurer l'administration de l'entreprise.

L'administrateur est seul tenu des obligations prévues à l'article L. 625-8 lorsqu'il a pour mission d'assurer l'administration de l'entreprise.

V. art. R. 631-28 s.

Art. L. 631-19 *(Ord. n° 2021-1193 du 15 sept. 2021, art. 45, en vigueur le 1er oct. 2021)* **I. — Les dispositions du chapitre VI du titre II, à l'exception des troisième et quatrième alinéas de l'article L. 626-1, sont applicables au plan de redressement, sous réserve des dispositions qui suivent.**

Il incombe à l'administrateur, avec le concours du débiteur, d'élaborer le projet de plan et, le cas échéant, de présenter aux classes de parties affectées les propositions prévues au premier alinéa de l'article L. 626-30-2. Pour l'application de l'article L. 626-2-1, la consultation est faite par l'administrateur, lorsqu'il en a été désigné un. Les classes se prononcent sur chacune des propositions faites. Pour l'application du premier alinéa de l'article L. 626-8, l'information et la consultation portent sur les mesures qui sont soumises au vote des classes de parties affectées.

Toute partie affectée peut soumettre un projet de plan qui fera l'objet d'un rapport de l'administrateur et sera soumis, ainsi que celui proposé par le débiteur, au vote des classes conformément aux conditions de délai et aux modalités fixées par décret en Conseil d'État. – *V. art. R. 631-34.*

Lorsque le projet de plan adopté conformément aux dispositions de l'article L. 626-30-2 et, le cas échéant, de l'article L. 626-32, n'est pas celui proposé par le débiteur, il donne lieu aux communications prévues à l'article L. 626-8.

Lorsque le plan n'est pas approuvé conformément aux dispositions de l'article L. 626-30-2, il peut être arrêté par le tribunal sur demande du débiteur, de l'administrateur judiciaire avec l'accord du débiteur ou d'une partie affectée. Il peut être imposé aux classes qui ont voté contre le projet de plan dans les conditions prévues au I, à l'exclusion de son premier alinéa, et au II l'article L. 626-32.

Les dispositions des articles L. 631-19-1 et L. 631-19-2 sont inapplicables au plan ainsi adopté ou arrêté.

En l'absence d'adoption du projet de plan conformément aux dispositions de l'article L. 626-31 ou de l'article L. 626-32 et du présent article, les dispositions de la section III du chapitre VI du titre II ne sont plus applicables et un nouveau projet de plan est élaboré dans les conditions prévues au présent titre.

II. — En cas de modification du capital social ou de cession des droits sociaux prévue dans le projet de plan ou dans le plan, les clauses d'agrément sont réputées non écrites.

III. — Le plan est arrêté par le tribunal après que l'administrateur a mis en œuvre la procédure prévue au I de l'article L. 1233-58 du code du travail. Le comité social et économique rend son avis au plus tard le jour ouvré avant l'audience du tribunal qui statue sur le plan. L'absence de remise du rapport de l'expert mentionné aux articles L. 1233-34, L. 1233-35, L. 2325-35 ou L. 4614-12-1 du code du travail ne peut avoir pour effet de reporter ce délai.

Le plan précise notamment les licenciements qui doivent intervenir dans le délai d'un mois après le jugement, sur simple notification de l'administrateur, sous réserve des droits de préavis prévus par la loi, les conventions ou accords collectifs du travail.

Lorsqu'un plan de sauvegarde de l'emploi doit être élaboré, l'administrateur met en œuvre la procédure prévue au II de l'article L. 1233-58 du code du travail dans le délai d'un mois après le jugement. Le délai de huit jours mentionné au II du même article court à compter de la date de la réception de la demande qui est postérieure au jugement arrêtant le plan.

Lorsque le licenciement concerne un salarié bénéficiant d'une protection particulière en matière de licenciement, l'intention de rompre doit être manifestée dans le délai d'un mois prévu à l'alinéa précédent.

Pour les dispositions transitoires de l'Ord. n° 2021-1193 du 15 sept. 2021, V. note ss. art. L. 611-2.

Ancien art. L. 631-19 *(Ord. n° 2014-326 du 12 mars 2014, art. 54, en vigueur le 1er juill. 2014) I. — Les dispositions du chapitre VI du titre II, à l'exception des troisième et quatrième alinéas de l'article L. 626-1, sont applicables au plan de redressement, sous réserve des dispositions qui suivent.*

Il incombe à l'administrateur, avec le concours du débiteur, d'élaborer le projet de plan et, le cas échéant, de présenter aux comités de créanciers les propositions prévues au premier alinéa de l'article L. 626-30-2. (L. n° 2014-856 du 31 juill. 2014, art. 73-2°) « Pour l'application de l'article L. 626-2-1, la consultation est faite par l'administrateur, lorsqu'il en a été désigné un. » Les comités se prononcent sur chacune des propositions faites. Pour l'application du premier alinéa de l'article L. 626-8, l'information et la consultation portent sur les mesures qui sont soumises au vote des comités de créanciers.

Lorsqu'une ou plusieurs personnes autres que les associés ou actionnaires s'engagent à exécuter le plan de redressement, sous la condition d'une participation au capital de la société à l'égard de laquelle la procédure a été ouverte, le projet de plan voté par les comités prévus à l'article L. 626-30 et, s'il y a lieu, par l'assemblée prévue par l'article L. 626-32 est soumis aux assemblées mentionnées à l'article L. 626-3.

Les assemblées sont appelées à délibérer sur chacun des projets de plan arrêtés.

II. — En cas de modification du capital social ou de cession des droits sociaux prévue dans le projet de plan ou dans le plan, les clauses d'agrément sont réputées non écrites.

III. — Le plan est arrêté par le tribunal après que la procédure prévue au I de l'article L. 1233-58 du code du travail a été mise en œuvre par l'administrateur. L'avis du comité d'entreprise et, le cas échéant, celui du comité d'hygiène et de sécurité des conditions de travail et de l'instance de coordination sont rendus au plus tard le jour ouvré avant l'audience du tribunal

qui statue sur le plan. L'absence de remise du rapport de l'expert mentionné aux articles L. 1233-34, L. 1233-35, L. 2325-35 ou L. 4614-12-1 du code du travail ne peut avoir pour effet de reporter ce délai.

Le plan précise notamment les licenciements qui doivent intervenir dans le délai d'un mois après le jugement, sur simple notification de l'administrateur, sous réserve des droits de préavis prévus par la loi, les conventions ou accords collectifs du travail.

Lorsqu'un plan de sauvegarde de l'emploi doit être élaboré, l'administrateur met en œuvre la procédure prévue au II de l'article L. 1233-58 dans le délai d'un mois après le jugement. Le délai de huit jours mentionné au II du même article court à compter de la date de la réception de la demande qui est postérieure au jugement arrêtant le plan.

Lorsque le licenciement concerne un salarié bénéficiant d'une protection particulière en matière de licenciement, l'intention de rompre doit être manifestée dans le délai d'un mois prévu à l'alinéa précédent.

V. art. R. 631-34 s.

Sur les mesures d'adaptation liées à l'urgence sanitaire (Covid-19), V. Ord. n° 2020-341 du 27 mars 2020, art. 1er, et Ord. n° 2020-596 du 20 mai 2020, art. 5, App., v° Sociétés commerciales.

1. Consultation des représentants du personnel. Lorsque, dans le cadre d'une procédure de redressement judiciaire, l'administrateur élabore un plan de cession de l'entreprise, ce plan ne peut être arrêté qu'après la consultation des institutions représentatives du personnel dans les conditions prévues par l'art. L. 1233-58 C. trav. dès lors qu'il prévoit des licenciements pour motif économique et que c'est à la date à laquelle est établi le projet de plan que doit s'apprécier l'effectif de l'entreprise. • Soc. 19 mai 2015, n° 13-26.669 P : *D. 2015. Actu. 1152* ; *Gaz. Pal. 18-20 oct. 2015, p. 32, obs. Gailhbaud.* ♦ L'administrateur judiciaire n'ayant tenu qu'une seule réunion des délégués du personnel après avoir déposé son rapport portant projet de plan au greffe du tribunal de commerce et celle-ci s'étant tenue la veille de l'audience du tribunal à l'expiration de la période d'observation de vingt mois, il en résulte que les délégués du personnel n'ont pas été mis en mesure de faire valoir utilement leurs observations et que la procédure de consultation prévue par les art. L. 621-56 [désormais, art. L. 631-19] C. com. et L. 321-9 [L. 1233-58] C. trav., interprétés à la lumière de la directive n° 2002/14/CE du 11 mars 2002, n'a pas été valablement conduite. • Soc. 12 sept. 2007, n° 06-13.667 P : *D. 2007. AJ 2308, obs. Lienhard* ; *APC 2007, n° 202, obs. Fin-Langer* ; *Gaz. Pal. 23-24 janv. 2008, p. 61, obs. Saintourens.*

2. Licenciements prévus dans le plan. En application de l'art. 63 [C. com., art. L. 631-19], le plan de cession ne devant prévoir que le nombre des licenciements à intervenir avant la cession et les licenciements ne pouvant concerner que des salariés non repris par le cessionnaire, c'est à tort qu'un plan prévoit le licenciement de tous les salariés et la reprise ultérieure de trente-deux salariés d'une entreprise en redressement judiciaire ; les contrats de travail des salariés repris subsistant par le seul effet de l'art. L. 122-12, al. 2, [L. 1224-1] C. trav., les licenciements antérieurement prononcés sont de nul effet. • Soc. 30 juin 1992, n° 90-44.057 P. ♦ En application des dispositions combinées des art. L. 122-12 [L. 1224-1] C. trav. et 63 de la loi du 25 janv. 1985 [C. com., art. L. 631-19], le licenciement prononcé par l'administrateur judiciaire dans le cadre du plan de cession, qui ne doit prévoir que le nombre des licenciements à intervenir, est privé d'effet, lorsque le salarié, même après une suspension d'activité, est repris par l'entreprise cessionnaire à l'égard de laquelle le contrat de travail se poursuit. • Soc. 14 déc. 1999, n° 98-41.520 P : *RPC 2001. 47, obs. Taquet.* ♦ V. aussi notes 17 s. ss. art. L. 642-7 et note 16 ss. ancien art. L. 622-17, ss. art. L. 642-19.

3. Lorsque le plan de cession approuvé par le tribunal de commerce autorise un certain nombre de licenciements pour motif économique, seuls ces licenciements peuvent être prononcés. • Soc. 3 févr. 1998, n° 95-44.921 P.

4. Ne satisfait pas aux exigences de l'art. 63, devenu l'art. L. 621-64 [L. 631-19] C. com., le jugement arrêtant le plan de cession partielle qui se borne à prévoir le nombre des contrats de travail dont le maintien a été proposé au repreneur sans indiquer le nombre de licenciements autorisés, ni les activités et catégories professionnelles concernées. • Soc. 10 juill. 2001, n° 99-44.466 P : *D. 2001. IR 2458* ; *APC 2001, n° 193, obs. Vallansan.*

5. Liste nominative. Une liste nominative des salariés licenciés n'a pas à être dressée et serait en toute hypothèse dépourvue d'effet. • Soc. 26 juin 1991, n° 90-46.055 P : *JCP E 1992. II. 274, note Serret* • 27 oct. 1998 : *D. 1998. IR 247* • 16 mars 1999, n° 96-44.843 P. ♦ Dès lors, le licenciement, sans autorisation de l'inspecteur du travail, d'un salarié protégé, en raison du seul fait qu'il ne figurait pas sur la liste arrêtée par le tribunal de commerce, est constitutif du délit d'entrave aux fonctions de délégué du personnel. • Crim. 17 mars 1992, n° 91-81.360 P : *D. 1992. IR 241.* ♦ De même, une cour d'appel peut décider que le licenciement du directeur général d'une société en redressement judiciaire est dépourvu de cause réelle et sérieuse, dès lors qu'elle constate que le salarié a été remplacé immédiatement après son licenciement, faisant ainsi ressortir que l'ordonnance du juge-commissaire a été obtenue par fraude. • Soc. 27 oct. 1998 : *préc.* – V. aussi • Soc. 30 mars 1993 : *RPC 1993. 311, obs. Soinne.*

6. Ordre des licenciements. Cependant, si le plan de cession de l'entreprise peut prévoir des licenciements économiques, sans liste nominative de salariés, la juridiction prud'homale est seule compétente pour vérifier le respect, par l'employeur, des critères qui doivent être définis pour fixer l'ordre des licenciements. • Soc. 8 avr. 1992, n° 89-43.288 P. ♦ A défaut de convention ou d'accord collectif applicable sur ce point, l'employeur doit définir, après consultation du comité d'entreprise ou, à défaut, des délégués du personnel, pour chaque licenciement collectif, les critères retenus pour fixer l'ordre des licenciements. • Même arrêt.

7. Notification des licenciements. La méconnaissance par l'administrateur du délai d'un mois pour notifier aux salariés concernés la rupture de leur contrat de travail constitue une irrégularité de forme du licenciement de nature à causer un préjudice aux intéressés, qui peuvent en demander réparation. • Soc. 10 juill. 2002, n° 00-42.340 P : *D. 2002. AJ 2678, obs. Lienhard ; APC 2002, n° 182, obs. Regnaut-Moutier ; JCP E 2003, n° 5, p. 219, obs. Pétel.* ♦ ... Mais n'a pas pour conséquence de priver d'effet l'autorisation de licenciement contenue dans le jugement. • Soc. 21 sept. 2005, n° 04-40.529 P : *D. 2005. AJ 2446, obs. Lienhard ; D. 2006. Pan. 81, obs. Le Corre ; APC 2005, n° 217, obs. Vallansan.*

8. Seule une ordonnance du premier président arrêtant l'exécution provisoire du jugement qui adopte le plan de redressement peut avoir pour effet de prolonger la durée de la période d'observation et, par là, de différer la notification des licenciements prévus dans le jugement (application de l'art. 155 du Décr. du 27 déc. 1985). • Soc. 21 sept. 2005 : *préc. note 7.*

9. Le tribunal ayant, pendant la période d'observation du redressement judiciaire, arrêté un plan de cession prévoyant des licenciements et ordonné qu'ils soient notifiés par l'administrateur judiciaire, il appartenait à celui-ci de procéder à cette notification, peu important que, le même jour, le tribunal ait ensuite prononcé la liquidation judiciaire et mis fin à la mission de l'administrateur, cette décision n'ayant pas eu pour effet, à défaut d'une disposition expresse du jugement de liquidation judiciaire, de lui retirer le pouvoir de notifier les licenciements. • Soc. 12 janv. 2016, n° 14-13.414 P : *D. 2016. Actu. 198 ; JCP E 2016. 1198, n° 6, obs. Pétel ; APC 2016, n° 35, obs. Fin-Langer ; LEDEN 3/2016. 6, obs. de Frémont ; Gaz. Pal. 12 avr. 2016, p. 71, obs. Gailhbaud ; RJDA 2016, n° 556.*

10. Motivation de la lettre de licenciement. La lettre de licenciement est suffisamment motivée lorsqu'elle fait référence au jugement qui arrête le plan et autorise des licenciements. • Soc. 21 sept. 2005 : *préc. note 7.*

11. Modification des contrats de travail. La proposition de modification des contrats de travail faite par l'administrateur judiciaire est soumise aux dispositions de l'art. L. 321-1-2 [1222-6] C. trav. (relatif à la procédure de modification du contrat de travail consécutive à des difficultés économiques). • Soc. 28 nov. 2000, n° 98-42.852 P : *APC 2001, n° 22, obs. Taquet.*

12. Licenciements disciplinaires. La clause du plan de cession, par laquelle le cessionnaire s'est engagé, pour la durée du plan, à ne procéder à aucun licenciement sans l'autorisation préalable du tribunal de commerce, ne peut concerner que les licenciements prononcés pour motif économique et ne prive pas l'employeur de son pouvoir disciplinaire exercé sous le contrôle du juge prud'homal. • Soc. 16 mai 2007 : *D. 2007. AJ 1601* .

Art. L. 631-19-1 *(Ord. n° 2008-1345 du 18 déc. 2008, art. 84)* **Lorsque le redressement de l'entreprise le requiert, le tribunal, sur la demande du ministère public, peut subordonner l'adoption du plan au remplacement d'un ou plusieurs dirigeants de l'entreprise.**

A cette fin et dans les mêmes conditions, le tribunal peut prononcer l'incessibilité des parts sociales, titres de capital ou valeurs mobilières donnant accès au capital, détenus par un ou plusieurs dirigeants de droit ou de fait et décider que le droit de vote y attaché sera exercé, pour une durée qu'il fixe, par un mandataire de justice désigné à cet effet. De même, il peut ordonner la cession de ces parts sociales, titres de capital ou valeurs mobilières donnant accès au capital détenu par ces mêmes personnes, le prix de cession étant fixé à dire d'expert.

Le tribunal statue après avoir entendu ou dûment appelé les dirigeants et *(Ord. n° 2021-1193 du 15 sept. 2021, art. 46, en vigueur le 1er oct. 2021)* **« la ou les personnes désignées par le comité social et économique ».** — *Pour les dispositions transitoires de l'Ord. n° 2021-1193 du 15 sept. 2021, V. note ss. art. L. 611-2.*

Les dispositions du présent article ne sont pas applicables lorsque le débiteur exerce une activité professionnelle libérale soumise à un statut législatif ou réglementaire.

V. art. R. 631-34-1 s.

BIBL. ▶ Diesbecq, *Gaz. Pal. 2009. Doctr. 97* (cession interne de l'entreprise en difficulté). – Gibirila, *Journ. sociétés 5/2012. 45* (sort des droits sociaux des dirigeants d'entreprises en difficulté). – Brocard, *Rev. sociétés 2015. 217* (la cession des droits sociaux et l'entreprise en difficulté). – Maury, *LPA 31 juill. 2018* (incessibilité et cession forcée des droits sociaux du dirigeant).

Jurisprudence relative à l'ancien art. L. 621-59 C. com. [réd. antérieure à L. 26 juill. 2005]

A. REMPLACEMENT DU DIRIGEANT

1. Sur la prise en considération de l'intérêt de l'entreprise, V. • Colmar, 12 sept. 1990 : *RPC 1991. 293, obs. Soinne.*

B. INCESSIBILITÉ ET CESSION FORCÉE DES PARTS SOCIALES

2. Conformité à la Constitution. V., déclarant conformes à la Constitution les dispositions de l'art. L. 631-19-1 : • Cons. const. 7 oct. 2015, n° 2015-486 QPC : *D. 2015. Actu. 2006 ; JCP E 2015. 1562, note Cerati-Gauthier ; ibid. 2016. 1217, n° 8, obs. Caffin-Moi ; JCP 2015. 1390, note Brignon ; APC 2015, n° 278, obs. Monsèrié-Bon ; BJS 2015. 658, note Mélin ; BJE 2015. 362, note Favario ; Dr. sociétés 2015, n° 218, note Legros ; LEDEN 12/2015. 3, obs. Ruffin ; RJDA 2016, n° 632.*

3. Intérêt général. Pour la conformité des dispositions de l'art. L. 621-59 [ancien] C. com. à la Conv. EDH, à la Déclaration des droits de l'homme et du citoyen et à l'art. 544 C. civ. (droit de propriété), en ce qu'elles sont justifiées par l'intérêt général, V. • Com. 12 juill. 2005, n° 03-14.045 P : *D. 2005. AJ 2071, obs. Lienhard ; APC 2005, n° 193, obs. Regnaut-Moutier ; Gaz. Pal. 4-5 nov. 2005, p. 28, obs. Voinot ; BJS 2006. 22, avis Lafortune et note Saintourens ; RPC 2006. 52, obs. Lebel ; Rev. sociétés 2006. 162, note F.-X. Lucas .*

4. Dirigeants visés. Il résulte des art. L. 621-59 [ancien] C. com. et 41, al. 1er, du décret du 27 déc. 1985 que la qualité de dirigeant, de droit ou de fait, du détenteur des actions ou des parts sociales dont le tribunal peut ordonner la cession lorsque la survie de l'entreprise le requiert, s'apprécie à la date du jugement qui ordonne cette cession. • Com. 19 févr. 2008 : *APC 2008, n° 98, obs. Pagnucco ; RJDA 2008, n° 555 ; Gaz. Pal. 27-29 avr. 2008, p. 22, obs. Voinot ; Dr. sociétés 2008, n° 126, note Legros ; JCP E 2008. 2062, n° 14, obs. Pétel ; RPC 2008, n° 117, obs. Lebel ; ibid. 2009, n° 3, obs. Fraimout ; RTD com. 2008. 852, obs. Saint-Alary-Houin* . – V. Cerati-Gauthier, *JCP E 2008. 1716.* ♦ Il s'ensuit que le tribunal ne peut ordonner la cession des actions détenues par un dirigeant dont la démission est effective à la date à laquelle il statue, peu important que celle-ci n'ait pas été publiée. • Même arrêt.

Pour le refus d'appliquer l'art. L. 651-59 [ancien] C. com. à des actionnaires disposant de la majorité du capital et des voix au conseil de surveillance, en l'absence d'éléments propres à établir, en dehors de l'exercice de leur mission de membres du conseil de surveillance, l'exercice, en toute indépendance, d'une activité positive de direction dans la société, V. • Com. 12 juill. 2005 : *préc. note 3 ; Dr. sociétés 2005, n° 175, note Legros ; JCP E 2005, n° 50, p. 2163, obs. Caussain, Deboissy et Wicker ; ibid. 2006, n° 2, p. 77, obs. Pétel ; RPC 2006. 290, obs. Martin-Serf* (V. l'arrêt cassé : • Nancy, 18 déc. 2002 : *Dr. sociétés 2003, n° 211, note Legros (1re esp.) ; RTD com. 2004. 94, obs. Champaud et Danet)* ♦ Sur la notion de dirigeant de fait, V. • Montpellier, 5 nov. 2002 : *Dr. sociétés 2003, n° 211, note Legros (2e esp.).*

5. Droit d'agir. Ni la société soumise à la procédure collective, ni le gérant n'ont le droit d'agir en vue de la cession forcée des parts d'un associé. • Com. 4 févr. 2003 : *RJDA 2003, n° 745 ; RDBF 2003, n° 153, obs. F.-X. Lucas ; Dr. sociétés 2003, n° 144, note Legros ; RPC 2004. 218, obs. Lebel.*

6. Choix du cessionnaire. Les cédants n'ont pas qualité pour critiquer le choix de la personne au profit de laquelle a lieu la cession forcée des titres. • Versailles, 21 févr. 2002 : *Dr. sociétés 2004, n° 8, note Legros ; RPC 2004. 49, obs. Lebel.*

7. Droit de préemption. Le tribunal n'est pas tenu de prendre en compte les statuts réservant aux actionnaires un droit de préemption des actions des dirigeants. • Nancy, 9 juin 1992 : *RJDA 1993, n° 164.*

8. Expertise. Les dispositions de l'art. 23, al. 2, de la loi du 25 janv. 1985 sont d'ordre public, et, quelle que soit la valeur présumée des actions d'un administrateur, le tribunal ne peut se dispenser de recourir à une expertise. • Grenoble, 16 juin 1988 : *RJ com. 1990. 228, note Gallet.* ♦ Sur le rôle de l'expert, V. • Com. 1er oct. 2002 : *RJDA 2003, n° 163.*

9. Réalisation de la procédure d'éviction. L'art. L. 631-19-1, qui permet de subordonner l'adoption d'un plan de redressement à la cession des parts sociales d'un dirigeant, n'exige pas qu'à la date de l'adoption du plan le dirigeant ait été définitivement évincé après le paiement de la valeur de ses droits sociaux ; une cour d'appel peut donc surseoir à statuer sur l'adoption du plan et ne renvoyer au tribunal que l'examen de la question de la cession forcée des parts sociales. • Com. 26 janv. 2016, n° 14-14.742 P : *D. 2016. Actu. 309 ; Rev. sociétés 2016. 195, obs. Henry ; JCP E 2016. 1150, note Cerati-*

Gauthier ; LEDEN 3/2016. 2, obs. Parachkévova ; APC 2016, n° 59, obs. Schultz ; Gaz. Pal. 12 avr. 2016, p. 65, obs. Lebel ; BJS 2016. 287, note Dom ; BJE 2016. 164, note Favario ; RPC 2016, n° 79, obs. Fraimout.

10. L'art. L. 631-19-1 n'interdit pas au tribunal, qui a décidé la cession forcée des droits sociaux des dirigeants dans le cadre de la préparation d'un plan de redressement, de désigner, dans l'attente de la réalisation de cette cession, un mandataire de justice chargé d'exercer le droit de vote attaché à ces droits. • Com. 26 janv. 2016, n° 14-14.742 P : *préc. note 9.*

11. Créance résultant de la cession forcée. En l'absence, dans l'art. 23 de la loi du 25 janv. 1985, de dispositions régissant la date d'exigibilité du paiement du prix de cession des actions et les intérêts, la somme due doit être réglée sans délai et avec intérêts à compter du jour du transfert. • Com. 1er juill. 1997, n° 95-16.927 P : *D. 1997. IR 177 ; D. Affaires 1997. 934 ; JCP E 1998, n° 1-2, p. 29, obs. Pétel ; RPC 1998. 265, obs. Soinne* (V. l'arrêt d'appel : • Versailles, 4 mai 1995 : *RPC 1995. 409, obs. Soinne*).

12. Voies de recours. La disposition du jugement qui ordonne la cession des actions détenues par un ou plusieurs dirigeants sociaux est susceptible d'appel de la part de ces dirigeants. • Com. 26 juin 2001, n° 98-19.665 P : *D. 2001. AJ 2299, obs. Lienhard ; ibid. 2002. 1482, obs. Honorat ; APC 2001, n° 186, obs. Regnaut-Moutier ; RTD com. 2001. 778, obs. Vallens ; JCP E 2002, n° 3, p. 127, obs. Pétel ; RPC 2002. 166, obs. Gorrias.* – Dans le même sens, V. • Versailles, 21 févr. 2002 : *BICC 2002, n° 1237 ; Dr. sociétés 2004, n° 8, note Legros.* ♦ V. déjà, pour la recevabilité de l'appel du dirigeant limité aux dispositions du jugement fixant les modalités de paiement du prix, • Com. 1er juill. 1997 : *préc. note 11.* ♦ V. aussi • Grenoble, 12 janv. 1988 : *RJ com. 1988. 189, note Gallet* • Paris, 16 juin 1995 : *préc. note 4.* ♦ *Contra* : • Bourges, 8 févr. 1989 : *RPC 1989. 510, obs. Soinne.* ♦ Sur l'irrecevabilité de l'appel du cessionnaire, V. • Fort-de-France, 29 avr. 1989 : *ibid. 1989. 515, obs. Soinne.*

13. Est entaché d'excès de pouvoir l'arrêt décidant qu'un associé, qui n'était plus gérant, évincé en application de l'art. 23 [C. com., art. L. 631-19-1], sans qu'il fût établi que la survie de l'entreprise requérait cette mesure, était privé du droit de faire appel du jugement arrêtant le plan de continuation, et que ce jugement ne présentait pas de vice suffisamment grave pour justifier la formation d'un appel-nullité. • Com. 27 avr. 1993, n° 91-11.867 P : *D. 1994. Somm. 45, obs. Derrida ; D. 1995. Somm. 3, obs. Derrida ; Rev. sociétés 1993. 648, note Chaput ; RPC 1994. 154, obs. Liénard.*

14. Aucun accord de cession amiable des actions d'un dirigeant d'une société en redressement judiciaire n'ayant été conclu avant le jugement d'ouverture au profit d'autres dirigeants sociaux, ces derniers sont irrecevables, faute d'intérêt, à reprocher à une cour d'appel d'ordonner la cession forcée des actions appartenant au premier dirigeant au profit d'un tiers qui a présenté un plan de continuation par voie de reprise interne. • Com. 12 juill. 1994 : *D. 1995. Somm. 2, obs. Derrida ; RPC 1995. 149, obs. Soinne.*

15. Opposabilité du jugement. Lorsque le tribunal adopte un plan de continuation [redressement] en prononçant l'incessibilité des actions des dirigeants, cette décision, qui a l'autorité de la chose jugée, est, en application de l'art. 64, al. 1er, de la loi du 25 janv. 1985 [V., désormais, art. L. 626-11], « opposable à tous », y compris à la banque bénéficiaire d'un engagement de caution, qui ne peut donc pratiquer une saisie-arrêt sur ces actions, dès lors qu'elle aboutirait à la vente forcée de celles-ci. • TGI Grenoble, 26 mai 1989 : *D. 1991. Somm. 11, obs. Derrida.*

16. Transaction. Viole l'art. 2051 C. civ. l'arrêt qui déclare irrecevable la demande, formée par le dirigeant d'une société en redressement judiciaire, tendant à l'annulation de l'expertise ordonnée en vue de fixer le prix d'un certain nombre d'actions de la société cédées à un organisme bancaire, au motif que la transaction intervenue antérieurement, sur la fixation du prix des actions, entre ledit dirigeant et un autre cessionnaire avait autorité de la chose jugée à l'égard de la banque. • Com. 14 avr. 1992, n° 90-12.359 P : *JCP 1992. IV. 1797.*

Art. L. 631-19-2 *(L. n° 2015-990 du 6 août 2015, art. 238-I)* **Lorsque la cessation d'activité d'une entreprise d'au moins cent cinquante salariés ou constituant, au sens de l'article L. 2331-1 du code du travail, une entreprise dominante d'une ou de plusieurs entreprises dont l'effectif total est d'au moins cent cinquante salariés est de nature à causer un trouble grave à l'économie nationale ou régionale et au bassin d'emploi et si la modification du capital apparaît comme la seule solution sérieuse permettant d'éviter ce trouble et de permettre la poursuite de l'activité, après examen des possibilités de cession totale ou partielle de l'entreprise, le tribunal peut, à la demande de l'administrateur judiciaire ou du ministère public et à l'issue d'un délai de trois mois après le jugement d'ouverture, en cas de refus par les assemblées mentionnées au I de l'article L. 631-19 d'adopter la modification du capital prévue par le projet de plan de redressement en faveur d'une ou de plusieurs personnes qui se sont engagées à exécuter celui-ci :**

1° Désigner un mandataire chargé de convoquer l'assemblée compétente et de voter l'augmentation de capital en lieu et place des associés ou actionnaires ayant refusé la modification de capital, à hauteur du montant prévu par le plan.

L'augmentation de capital doit être réalisée dans le délai maximal de trente jours à compter de la délibération. Elle peut être libérée par les personnes qui se sont engagées à exécuter le plan de redressement, par compensation à raison du montant des créances sur la société qui ont été admises et dans la limite de la réduction dont elles sont l'objet dans le plan.

Si l'augmentation de capital est souscrite par apports en numéraires, les actions émises sont offertes par préférence aux actionnaires, proportionnellement à la partie du capital représentée par leurs actions ;

2° Ou ordonner, au profit des personnes qui se sont engagées à exécuter le projet de plan, la cession de tout ou partie de la participation détenue dans le capital par les associés ou actionnaires ayant refusé la modification de capital et qui détiennent, directement ou indirectement, une fraction du capital leur conférant une majorité des droits de vote ou une minorité de blocage dans les assemblées générales de cette société ou qui disposent seuls de la majorité des droits de vote dans cette société en application d'un accord conclu avec d'autres associés ou actionnaires, non contraire à l'intérêt de la société. Toute clause d'agrément est réputée non écrite.

Les associés ou actionnaires autres que ceux mentionnés au 2° disposent du droit de se retirer de la société et de demander simultanément le rachat de leurs droits sociaux par les cessionnaires.

Lorsque le tribunal est saisi de la demande de cession, en l'absence d'accord entre les intéressés sur la valeur des droits des associés ou actionnaires cédants et de ceux qui ont fait valoir leur volonté de se retirer de la société, cette valeur est déterminée à la date la plus proche de la cession par un expert désigné, à la demande de la partie la plus diligente, de l'administrateur ou du ministère public, par le président du tribunal *(Ord. n° 2019-738 du 17 juill. 2019, art. 3)* « statuant selon la procédure accélérée au fond ». *(Abrogé par Ord. n° 2019-738 du 17 juill. 2019, art. 3) « **Le président statue en la forme des référés.** » (Ord. n° 2019-738 du 17 juill. 2019, art. 3)* « Le jugement désignant l'expert » n'est pas susceptible de recours. L'expert est tenu de respecter le principe du contradictoire. — *Les dispositions de l'Ord. n° 2019-738 du 17 juill. 2019 s'appliquent aux demandes introduites à compter du 1er janv. 2020 (Ord. préc., art. 30).*

Lorsque le tribunal statue sur la demande prévue aux 1° ou 2°, les débats ont lieu en présence du ministère public. Le tribunal entend les associés ou actionnaires concernés, les associés ou actionnaires dirigeants, les créanciers ou tiers qui se sont engagés à exécuter le plan et *(Ord. n° 2021-1193 du 15 sept. 2021, art. 47, en vigueur le 1er oct. 2021)* « la ou les personnes désignées par le comité social et économique. A défaut de comité social et économique », le tribunal entend le représentant des salariés élu mentionné à l'article L. 621-4.

Le tribunal ne peut statuer sur la demande tendant à la cession qu'après avoir consulté l'Autorité des marchés financiers si les titres concernés sont cotés sur un marché réglementé ou sur un système multilatéral de négociation *(L. n° 2016-1691 du 9 déc. 2016, art. 42-II-7°)* « soumis aux dispositions du II de l'article L. 433-3 du code monétaire et financier ». Il est fait application, pour les actionnaires, des articles L. 433-1 et suivants du *(L. n° 2016-1691 du 9 déc. 2016, art. 42-II-7°)* « même code ».

Le tribunal statue par un seul et même jugement sur la cession et sur la valeur des droits sociaux cédés. Il désigne, dans ce jugement, un mandataire de justice chargé de passer les actes nécessaires à la réalisation de la cession ordonnée et d'en verser le prix aux associés ou actionnaires cédants.

Le tribunal subordonne l'adoption du plan à l'engagement du souscripteur ou du cessionnaire des parts sociales, titres de capital ou valeurs mobilières donnant accès au capital de conserver ses droits pendant une durée qui ne peut excéder celle du plan.

Le tribunal peut subordonner l'adoption du plan à la présentation, par les associés ou actionnaires souscripteurs ou cessionnaires, d'une garantie par un organisme de crédit, d'un montant égal à leurs engagements, figurant dans le plan de redressement. Il peut également subordonner cette conversion de créances en parts sociales, titres de capital ou valeurs mobilières donnant accès au capital de l'entreprise.

Le plan est arrêté sous la condition du paiement comptant du prix par les associés ou actionnaires souscripteurs ou cessionnaires. A défaut, le tribunal prononce, à la demande d'un associé cédant, du débiteur, du commissaire à l'exécution du plan, du mandataire de justice ou du ministère public, la résolution de la souscription ou de la cession des parts sociales, titres de capital ou valeurs mobilières donnant accès au capital.

Le commissaire à l'exécution du plan vérifie que les associés ou actionnaires souscripteurs ou cessionnaires respectent leurs obligations. Il a qualité pour agir à l'encontre des souscripteurs ou cessionnaires pour obtenir l'exécution de leurs engagements financiers. Il informe le comité *(Ord. n° 2021-1193 du 15 sept. 2021, art. 47, en vigueur le 1er oct. 2021)* **« social et économique » de l'exécution du plan de redressement, ainsi que du respect de leurs engagements par les associés souscripteurs ou cessionnaires.**

Le tribunal peut modifier le plan en application de l'article L. 626-26 *(Abrogé par Ord. n° 2021-1193 du 15 sept. 2021, art. 47, à compter du 1er oct. 2021)* ***« et du dernier alinéa de l'article L. 626-31 du présent code ».***

En cas de défaillance d'un associé ou actionnaire souscripteur ou cessionnaire, le tribunal, saisi par le commissaire à l'exécution du plan ou par le ministère public, par le comité *(Ord. n° 2021-1193 du 15 sept. 2021, art. 47, en vigueur le 1er oct. 2021)* **« social et économique ou, dans les entreprises de moins de cinquante salariés, par des membres de sa délégation du personnel », peut prononcer la résolution du plan de redressement, sans préjudice de la réparation du préjudice subi. Il statue en présence du ministère public. Le prix payé par le souscripteur ou le cessionnaire reste acquis.**

Le présent article n'est pas applicable lorsque le débiteur exerce une activité professionnelle libérale soumise à un statut législatif ou réglementaire.

L'art. L. 631-19-2 est applicable aux procédures de redressement judiciaire ouvertes à compter de la publication de la L. n° 2015-990 du 6 août 2015 (L. préc., art. 238-IV, JO 7 août).

Pour la conformité à la Constitution de l'art. 238-I de la L. n° 2015-990 du 6 août 2015, dont est issu l'art. L. 631-19-2, V. Cons. const. 5 août 2015, n° 2015-715 DC (JO 7 août).

Pour les dispositions transitoires de l'Ord. n° 2021-1193 du 15 sept. 2021, V. note ss. art. L. 611-2.

Pour les voies de recours, V. art. L. 661-1 (I-6 bis).

BIBL. ▶ BLANC, *D. 2015. Chron. 2460*. – ROUSSEL GALLE, *Rev. sociétés 2015. 636*. – CERATI-GAUTHIER, *JCP E 2015. 1461* (conformité à la Constitution). – DAMMANN et F.-X. LUCAS, *BJS 2015. 521*. – PARACHKÉVOVA, *ibid. 529* (augmentation de capital forcée). – TEBOUL, *LPA 22 oct. 2015*. – DEGENHARDT, *BJE 2015. 432*. – BOURBOULOUX et FORT, *ibid. 2016. 287*. – FARHI, *RPC 2019. Étude 3* (conversion de créances en titres de capital).

Art. L. 631-20 *(Ord. n° 2021-1193 du 15 sept. 2021, art. 48, en vigueur le 1er oct. 2021)* **Par dérogation aux dispositions du troisième alinéa de l'article L. 626-27, lorsque la cessation des paiements du débiteur est constatée au cours de l'exécution du plan, le tribunal qui a arrêté ce dernier décide, après avis du ministère public, sa résolution et ouvre une procédure de liquidation judiciaire. Avant de statuer, le tribunal examine si la situation du débiteur répond aux conditions posées aux articles L. 645-1 et L. 645-2 et ouvre, le cas échéant, avec son accord, une procédure de rétablissement professionnel.** — *Pour les dispositions transitoires de l'Ord. n° 2021-1193 du 15 sept. 2021, V. note ss. art. L. 611-2.*

Ancien art. L. 631-20 *(L. n° 2005-845 du 26 juill. 2005, art. 92)* ***Par dérogation aux dispositions de l'article L. 626-11, les coobligés et les personnes ayant consenti*** *(Ord. n° 2008-1345 du 18 déc. 2008, art. 166-II)* ***« une sûreté personnelle ou ayant affecté ou cédé un bien en garantie » ne peuvent se prévaloir des dispositions du plan.***

BIBL. ▶ LE CORRE, *Gaz. Pal. 12-13 oct. 2012, p. 7* (poursuite de la caution personne physique d'un débiteur ayant obtenu un plan de redressement).

1. Sur la situation du conjoint commun en biens, V. * Rép. min. n° 104335 : *JOAN Q, 11 oct. 2011 ; D. 2011. Actu. 2591 ; JCP E 2011. 1872, obs. Lebel ; RPC 2012, n° 118, obs. Lisanti.*

2. Sur la situation des cautions dans le régime antérieur à la loi du 26 juill. 2005, V. notes 10 s. ss. art. L. 626-11.

Art. L. 631-20-1 *(Abrogé par Ord. n° 2021-1193 du 15 sept. 2021, art. 48, à compter du 1er oct. 2021) (Ord. n° 2008-1345 du 18 déc. 2008, art. 85)* ***Par dérogation aux dispositions du troisième alinéa de l'article L. 626-27, lorsque la cessation des paiements du débiteur est constatée au cours de l'exécution du plan, le tribunal qui a arrêté ce dernier décide, après avis du ministère public, sa résolution et ouvre une procédure de liquidation judiciaire.*** *(L. n° 2019-486 du 22 mai 2019, art. 57)* ***« Avant de statuer, le tribunal examine si la situation du débiteur répond aux conditions posées aux articles L. 645-1 et L. 645-2 et ouvre, le cas échéant, avec son accord, une procédure de rétablissement professionnel. »*** *— Pour les dispositions transitoires de la L. n° 2019-486 du 22 mai 2019, V. 3e note ss. art. L. 626-27 ; ... de l'Ord. n° 2021-1193 du 15 sept. 2021, V. note ss. art. L. 611-2.*

V., désormais, art. L. 631-20.

La distinction opérée par les art. L. 626-27, I, al. 3, et L. 631-20-1 entre les effets de la résolution d'un plan, selon qu'elle met fin à un plan de sauvegarde ou à un plan de redressement, est fondée sur la différence de situation des débiteurs concernés et il n'en résulte aucune atteinte au droit à un procès équitable (non-renvoi de la QPC). • Com., QPC, 13 déc. 2011 : *D. 2012. Actu. 87, obs. Lienhard ; Rev. sociétés 2012. 193, obs. Roussel Galle ; RJDA 2012, n° 180 ; BJE 2012. 146, note Tagliarino-Vignal.*

Art. L. 631-21 *(L. n° 2005-845 du 26 juill. 2005, art. 92)* **Les dispositions du chapitre VII du titre II sont applicables au plan de redressement.** *— V. art. L. 627-1 s.*

Pendant la période d'observation, l'activité est poursuivie par le débiteur qui exerce les prérogatives dévolues à l'administrateur par l'article L. 631-17 et procède aux notifications prévues au second alinéa du II de l'article L. 631-19.

Le mandataire judiciaire exerce les fonctions dévolues à l'administrateur par les deuxième et troisième alinéas de l'article L. 631-10.

V. art. R. 631-38.

Art. L. 631-21-1 *(Ord. n° 2008-1345 du 18 déc. 2008, art. 86)* **Lorsque le tribunal estime que la cession totale ou partielle de l'entreprise est envisageable, il désigne un administrateur, s'il n'en a pas déjà été nommé un, aux fins de procéder à tous les actes nécessaires à la préparation de cette cession et, le cas échéant, à sa réalisation.**

Art. L. 631-22 *(Ord. n° 2008-1345 du 18 déc. 2008, art. 87) (Ord. n° 2014-326 du 12 mars 2014, art. 55, en vigueur le 1er juill. 2014)* **« A la demande de l'administrateur, le tribunal peut ordonner la cession totale ou partielle de l'entreprise si le ou les plans proposés apparaissent manifestement insusceptibles de permettre le redressement de l'entreprise ou en l'absence de tels plans. » Les dispositions de la section Ire du chapitre II du titre IV, à l'exception du I de l'article L. 642-2, et l'article L. 642-22 sont applicables à cette cession. Le mandataire judiciaire exerce les missions dévolues au liquidateur.** *— V. art. L. 642-1 s.*

L'administrateur reste en fonction pour passer tous les actes nécessaires à la réalisation de la cession.

Lorsque la cession totale ou partielle a été ordonnée en application du premier alinéa, la procédure est poursuivie dans les limites prévues par l'article *(Ord. n° 2021-1193 du 15 sept. 2021, art. 49, en vigueur le 1er oct. 2021)* **« L. 631-7 ». Si l'arrêté d'un plan de redressement ne peut être obtenu, le tribunal prononce la liquidation judiciaire et met fin à la période d'observation ainsi qu'à la mission de l'administrateur, sous réserve des dispositions de l'article L. 641-10. Les biens non compris dans le plan de cession sont alors cédés dans les conditions de la section II du chapitre II du** *(Ord. n° 2014-1088 du 26 sept. 2014, art. 6, en vigueur le 28 sept. 2014)* **« titre » IV.** *— V. art. L. 642-18 s.*

Les modifications issues de l'Ord. n° 2014-1088 du 26 sept. 2014 s'appliquent aux procédures de sauvegarde, de redressement judiciaire ou de liquidation judiciaire en cours au jour de son entrée en vigueur (Ord. préc., art. 13).

Pour les dispositions transitoires de l'Ord. n° 2021-1193 du 15 sept. 2021, V. note ss. art. L. 611-2.

V. art. R. 631-39 s.

BIBL. ▶ Lebel, *JCP E 2016. 1582* (consécration législative de la primauté du plan sur la cession de l'entreprise).

1. Choix de la solution. En application de l'art. L. 631-22 C. com., les juges du fond ne peuvent examiner les offres de reprise dans le cadre d'un plan de cession qu'après avoir rejeté le plan de redressement. • Com. 4 nov. 2014 : *D. 2014. Actu. 2294 ; APC 2014, n° 337, obs. Vallansan ; LEDEN 12/2014. 2, obs. Mouial-Bassilana ; Gaz. Pal. 18-20 janv. 2015, p. 23, obs. Lebel ; BJE 2015. 15, note Gorins ; RJDA 2015, n° 297.* ♦ L'option entre plan de continuation et plan de cession est du domaine du pouvoir souverain des juges du fond. • Com. 10 juill. 1990, n° 88-18.941 P • 21 janv. 1992 : *ibid. IV, n° 28 ; D. 1994. Somm. 6, obs. Derrida* • 9 juin 1998 : *RTD com. 1998. 927, obs. Saint-Alary-Houin*. ♦ ... De même que l'option entre la cession et la liquidation judiciaire. V. • Com. 2 févr. 1993, n° 91-10.915 P : *D. 1994. Somm. 6, obs. Derrida*. ♦ Sur les critères de choix de la juridiction entre un projet de cession et un projet de continuation, V. • Com. 19 déc. 2000 : *RJDA 2001, n° 477 ; RJ com. 2002. 133, note Merven* • T. com. Lyon, 21 mai 1987 : *Gaz. Pal. 1987. 2. 680, note de Guillenchmidt et Marchi* • 30 juill. 1986 : *JCP E 1986. II. 14786, note Haehl* • Limoges, 21 sept. 1993 : *BICC 1993, n° 1276.* ♦ Comp., préférant la cession en se fondant sur la situation des créanciers : • Aix-en-Provence, 19 nov. 1991 : *D. 1994. Somm. 6, obs. Derrida*.

Aucun plan de cession de l'entreprise n'ayant été présenté par le débiteur, c'est à bon droit qu'une cour d'appel, après avoir retenu que le plan de continuation proposé n'était pas sérieux et l'avoir écarté, prononce la liquidation judiciaire, sans avoir à rechercher d'office si un plan de cession était possible. • Com. 25 juin 1991, n° 90-14.404 P : *D. 1992. Somm. 87, obs. Derrida*. ♦ Sous le régime antérieur à la loi du 26 juill. 2005, il était considéré qu'un plan de redressement, par voie de continuation ou de cession, ne pouvait avoir pour seul objet l'apurement du passif du débiteur mais devait tendre également à la sauvegarde de l'entreprise et au maintien de l'activité et de l'emploi. • Com. 24 oct. 1995 : *RPC 1995. 410, obs. Soinne.* ♦ Dans le même sens, V. • Com. 17 févr. 1998, n° 95-14.237 P : *D. 1998. IR 82 ; D. Affaires 1998. 583 ; JCP E 1998, n° 36, p. 1357, obs. Cabrillac et Pétel ; RTD com. 1998. 675, obs. Saint-Alary-Houin*. ♦ Sur le contrôle du sérieux du plan de continuation rejeté, en cas d'appel, V. note 24 ss. art. L. 661-1.

2. Sur la possibilité d'ordonner la cession de l'entreprise avant la fin de la période d'observation, V. note 2 ss. art. L. 661-7.

3. Lorsque, pour donner une solution à la procédure collective, *au vu* des propositions de l'administrateur ou du débiteur, le tribunal arrête un plan de redressement ou prononce la liquidation judiciaire, il ne statue pas sur une demande au sens des art. 463 et 464 NCPC [C. pr. civ.], qui sont, dès lors, inapplicables à une telle décision. • Com. 12 oct. 1993, n° 89-17.509 P : *D. 1994. Somm. 7, obs. Derrida ; Rev. sociétés 1994. 326, note Saintourens* • 1er oct. 1997 : *RPC 1998. 340, obs. Soinne.*

4. Si, en vertu des art. 61, al. 3, et 94 [C. com., anciens art. L. 621-62 et L. 621-97], un contrat de location-gérance du fonds de commerce du débiteur en redressement judiciaire ne peut être conclu, après la période d'observation, que sur l'autorisation du tribunal donnée par le jugement arrêtant le plan de cession de l'entreprise, le propriétaire d'un fonds de commerce qui a été mis en redressement judiciaire, tandis qu'était en cours un contrat de location-gérance de ce fonds, peut proposer un plan de continuation de son entreprise prévoyant la poursuite de ce contrat. • Com. 11 avr. 1995, n° 93-12.549 P : *JCP E 1995. I. 487, n° 3, obs. Cabrillac ; Defrénois 1995. 969, obs. Le Cannu ; Rev. huiss. 1996. 345, note Vidal ; Quot. jur. 9 mai 1995, p. 5, note P. M.*

5. Biens non compris dans le plan. Il n'y a pas lieu de procéder à la réalisation des biens non compris dans le plan de cession lorsqu'il n'existe plus de passif exigible ou que les sommes dont dispose le commissaire à l'exécution du plan [mandataire judiciaire] sont suffisantes pour désintéresser les créanciers. • Com. 22 avr. 1997 : *D. 1998. Somm. 11, obs. Derrida ; RPC 1998. 373 et 396, obs. Soinne.*

6. Lorsque le juge-commissaire autorise, en l'absence de plan de continuation de l'entreprise, la vente de biens non compris dans le plan de cession et correspondant à un ensemble d'éléments corporels et incorporels permettant l'exercice d'une activité qui poursuit un objectif propre, cette cession emporte de plein droit le transfert des contrats de travail des salariés affectés à cette entité économique autonome ; il en résulte que les licenciements du personnel affecté à cette entité prononcés par l'administrateur sont sans effet, peu important qu'ils aient été autorisés antérieurement par le jugement arrêtant le plan de cession partielle de l'entreprise (application de l'art. L. 122-12, al. 2, devenu l'art. L. 1224-1, C. trav.). • Soc. 24 oct. 2006, n° 04-45.673 P : *D. 2006. AJ 2789, obs. Lienhard ; APC 2007, n° 6, obs. Fin-Langer.*

7. Voies de recours. V. art. L. 661-1, L. 661-6 et L. 661-7.

8. Effets du jugement arrêtant le plan. Il résulte de l'art. L. 631-22, al. 2, qu'en cas d'adoption d'un plan de cession, l'administrateur ne reste en fonction que pour passer les actes nécessaires à la réalisation de la cession, cette mission ne permettant pas à l'administrateur de discuter du périmètre de la cession, tel qu'arrêté par la cour d'appel. • Com. 5 févr. 2020, n° 18-19.576 P : *D. 2020. Actu. 334 ; RTD com. 2020. 721, obs. Saint-Alary-Houin ; RJDA 2020, n° 222 ; BJS 3/2020. 26, note Parachkévova-Racine ; BJE 5-6/2020. 42, note Favario ; RPC 2020, n° 110, obs. Dumont.* ♦ V. notes 1 s. ss. art. L. 626-25.

CHAPITRE II DE LA NULLITÉ DE CERTAINS ACTES

RÉP. COM. v° *Entreprise en difficulté : nullités de la période suspecte*, par MARTIN-SERF.

Art. L. 632-1 I. — Sont nuls, lorsqu'ils *(L. n° 2005-845 du 26 juill. 2005, art. 93)* « sont intervenus » depuis la date de cessation des paiements, les actes suivants :

1° Tous les actes à titre gratuit translatifs de propriété mobilière ou immobilière ;

2° Tout contrat commutatif dans lequel les obligations du débiteur excèdent notablement celles de l'autre partie ;

3° Tout paiement, quel qu'en ait été le mode, pour dettes non échues au jour du paiement ;

4° Tout paiement pour dettes échues, fait autrement qu'en espèces, effets de commerce, virements, bordereaux de cession visés par *(Ord. n° 2021-1193 du 15 sept. 2021, art. 50, en vigueur le 1er oct. 2021)* « l'article L. 313-23 du code monétaire et financier » ou tout autre mode de paiement communément admis dans les relations d'affaires ;

5° Tout dépôt et toute consignation de sommes effectués en application de l'article *(Ord. n° 2021-1193 du 15 sept. 2021, art. 50, en vigueur le 1er oct. 2021)* « 2350 » du code civil, à défaut d'une décision de justice ayant acquis force de chose jugée ;

(Ord. n° 2021-1193 du 15 sept. 2021, art. 50, en vigueur le 1er oct. 2021) « 6° Toute sûreté réelle conventionnelle ou droit de rétention conventionnel constitués sur les biens ou droits du débiteur pour dettes antérieurement contractées, à moins qu'ils ne remplacent une sûreté antérieure d'une nature et d'une assiette au moins équivalente et à l'exception de la cession de créance prévue à l'article L. 313-23 du code monétaire et financier, intervenue en exécution d'un contrat-cadre conclu antérieurement à la date de cessation des paiements ;

« 7° Toute hypothèque légale attachée aux jugements de condamnation constituée sur les biens du débiteur pour dettes antérieurement contractées ;

« 8° » Toute mesure conservatoire, à moins que l'inscription ou l'acte de saisie ne soit antérieur à la date de cessation de paiement ;

(L. n° 2005-845 du 26 juill. 2005, art. 94 ; Ord. n° 2021-1193 du 15 sept. 2021, art. 50, en vigueur le 1er oct. 2021) « 9° Toute autorisation *(Ord. n° 2008-1345 du 18 déc. 2008, art. 88)* « et levée » d'options définies aux articles L. 225-177 et suivants *(Ord. n° 2020-1142 du 16 sept. 2020, art. 8, en vigueur le 1er janv. 2021)* « et L. 22-10-56 et suivants » du présent code ; »

(L. n° 2007-211 du 19 févr. 2007, art. 18 ; Ord. n° 2021-1193 du 15 sept. 2021, art. 50, en vigueur le 1er oct. 2021) « 10° Tout transfert de biens ou de droits dans un patrimoine fiduciaire » *(Ord. n° 2008-1345 du 18 déc. 2008, art. 88)* « , à moins que ce transfert ne soit intervenu à titre de garantie d'une dette concomitamment contractée ;

« 11° Tout avenant à un contrat de fiducie affectant des droits ou biens déjà transférés dans un patrimoine fiduciaire à la garantie de dettes contractées antérieurement à cet avenant ; »

(L. n° 2022-172 du 14 févr. 2022, art. 5, en vigueur le 14 mai 2022) « 12° Toute affectation ou modification dans l'affectation d'un bien, sous réserve du versement des revenus que l'entrepreneur a déterminés, dont il est résulté un appauvrissement du patrimoine visé par la procédure au bénéfice d'un autre patrimoine de cet entrepreneur ; » — *Pour les dispositions transitoires de la L. n° 2022-172 du 14 févr. 2022, V. note ss. art. L. 611-13.*

(Ord. n° 2014-326 du 12 mars 2014, art. 56-1°, en vigueur le 1er juill. 2014 ; Ord. n° 2021-1193 du 15 sept. 2021, art. 50, en vigueur le 1er oct. 2021) « 13° La déclaration d'insaisissabilité faite par le débiteur en application de l'article L. 526-1. »

II. — Le tribunal peut, en outre, annuler les actes à titre gratuit visés *(L. n° 2003-7 du 3 janv. 2003, art. 50-II)* « au 1° du I » *(Ord. n° 2014-326 du 12 mars 2014, art. 56-2°, en vigueur le 1er juill. 2014)* « et la déclaration visée au » *(Ord. n° 2021-1193 du 15 sept. 2021, art. 50, en vigueur le 1er oct. 2021)* « 13° *[du I]* » faits dans les six mois précédant la date de cessation des paiements. — *[C. com., anc. art. L. 621-107.]*

Pour les dispositions transitoires de l'Ord. n° 2021-1193 du 15 sept. 2021, V. note ss. art. L. 611-2.

Sur le cas de l'assurance vie, V. C. assur., art. L. 132-14, — ***C. assur.*** *ou* ***C. pr. coll.***

BIBL. ▶ Arrighi, *Gaz. Pal. 2005. Doctr. 2990* (nouveaux cas de nullité). – Vinckel, *JCP E 2006, n° 3, p. 129* (régime de la période suspecte dans la loi du 26 juill. 2005 et le décret du 28 déc. 2005). – Wicker, *RPC 2006. 12* (même thème). – Blanc, *ibid. 66* (nullités de la période suspecte). – Mouial-Bassilana, *D. 2006. Chron. 1959* ; *Err. 2108* (articulation de la période suspecte et des différentes procédures). – Sautonie-Laguionie, *BJE 2011. 82* (EIRL et nullités de la période suspecte). – Martin-Serf, *RTD com. 2011. 417* (Ord. du 9 déc. 2010). ▶ Régime antérieur à la loi du 26 juill. 2005 : Martin-Serf, *RPC 2000. 167* (les nullités de la période suspecte, l'avis à tiers détenteur et la loi Dailly). – Teboul, *Gaz. Pal. 2001. Doctr. 1525* (actes à titre gratuit). – Feugère, *JCP E 2002, n° 27, p. 1128* (sort d'une remise de dette consentie au cours de la période suspecte du créancier). – Bonneau, *APC 18 oct. 2002* (contrats de garantie financière). – Briand-Méledo, *Mél. Paillusseau, Dalloz, 2003, p. 385* (quelques repères sur les nullités de la période suspecte).

A. ACTES FAITS PAR LE DÉBITEUR

1. La nullité des actes faits pendant la période suspecte, édictée par l'art. 107 [C. com., art. L. 632-1], ne vise que ceux accomplis par le débiteur en redressement judiciaire, et non par son épouse. • Com. 30 nov. 1993, n° 90-10.121 P : *JCP 1994. IV. 329.* ♦ V. aussi note 41. ♦ S'agissant d'un acte accompli à la fois par le débiteur et son conjoint commun en biens, en ce sens que la nullité de l'acte peut être prononcée, sur le fondement de l'art. 107 [C. com., art. L. 632-1], du chef du débiteur et que l'acte peut être déclaré inopposable aux créanciers de la procédure, par application de l'art. 1167 [1341-2] C. civ. (action paulienne), du chef du conjoint *in bonis*, V. • Rennes, 1er déc. 1998 : *APC 1999, n° 228, obs. Vallansan.*

Échappent à la nullité : le paiement fait par le bénéficiaire d'une promesse de cession des parts de la société débitrice. • Com. 11 oct. 1994 : *RPC 1995. 447, obs. Lemistre ; RJDA 1995, n° 209.* ♦ ... Le paiement fait par un tiers en exécution d'une garantie à première demande garantissant les engagements du débiteur. • Com. 26 sept. 2006 : *RJDA 2006, n° 1247 ; RPC 2007. 226, obs. Blanc.* ♦ ... Les paiements forcés accomplis par un créancier tiers, en raison d'une procédure de saisie-attribution. • Rouen, 26 juin 1996 : *RJDA 1997, n° 704 ; RPC 1998. 87, obs. Canet.*

Pour une application de l'art. 107 [C. com., art. L. 632-1] aux actes faits par un créancier, s'agissant de l'inscription d'une hypothèque judiciaire sur les biens du débiteur, V. note 34.

La cession d'un fonds de commerce indivis accomplie par trois coïndivisaires dont un seulement est en redressement judiciaire ne peut être annulée sur le fondement des art. 107 et 108 [C. com., art. L. 632-1 et L. 632-2]. La circonstance que le débiteur exploitait seul le fonds de commerce indivis ne saurait être d'aucune incidence dès lors que les autres coïndivisaires se trouvent *in bonis*. • Aix-en-Provence, 22 janv. 1999 : *JCP E 1999, n° 51-52, p. 2043 ; RPC 2004. 384, obs. Blanc.*

Comp., désormais : art. L. 632-1, dans sa réd. issue de L. n° 2005-845 du 26 juill. 2005, qui vise les actes « intervenus depuis la date de cessation des paiements » et non plus les actes « faits par le débiteur ».

B. PÉRIODE SUSPECTE

2. La période suspecte débute la première heure du jour fixé pour la date de cessation des paiements. • Com. 28 sept. 2004, n° 03-10.332 P : *D. 2004. AJ 2716 ; D. 2005. Pan. 296, obs. Le Corre.* ♦ Sur la date de la cessation des paiements, V. art. L. 631-8.

C. ACTES À TITRE GRATUIT

3. Changement de régime matrimonial. L'inopposabilité [la nullité] de la période suspecte ne peut atteindre que l'état liquidatif dressé en exécution du jugement homologuant la convention portant changement de régime matrimonial, non cette convention ou le jugement (loi de 1967). • Com. 28 mars 1995, n° 91-18.721 P : *D. 1996. Somm. 81, obs. Honorat ; Defrénois 1995. 970, obs. Sénéchal.*

4. État liquidatif compris dans une convention de divorce. L'état liquidatif de communauté compris dans la convention définitive réglant les effets du divorce ou de la séparation de corps sur demande conjointe, conclue après la date de cessation des paiements, n'échappe pas aux nullités des actes accomplis pendant la période suspecte, même si cet acte contient des dispositions relatives aux créances alimentaires ou de prestations compensatoires. • Com. 7 nov. 2006, n° 04-18.650 P : *D. 2006. AJ 2911, obs. Lienhard ; JCP E 2007. 1450, n° 7, obs. Cabrillac ; JCP 2007. II. 10017, note Blanc ; Gaz. Pal. 19-20 janv. 2007, p. 38, obs. Roussel Galle ; Defrénois 2007. 870, obs. Gibirila ; RPC 2007. 123, obs. Lebel ; RTD com. 2008. 183, obs. Martin-Serf.* – V. déjà • Civ. 1re, 25 janv. 2000, n° 97-21.119 P : *D. 2000. Somm. 333, obs. Revel ; ibid. AJ 103, obs. Lienhard ; APC 2000, n° 68, obs. F.-X. Lucas ; RTD com. 2000. 460, obs. Martin-Serf ; RTD civ. 2000. 553, obs. Hauser ; RPC 2002. 276, obs. Blanc.* – V. aussi note 11.

5. Renonciation à une succession. V. • Lyon, 17 févr. 2000 : *JCP E 2001, n° 2, p. 61 ; Gaz. Pal. 2002. 1023, note Goaziou-Huet.*

6. Donation. Pour la nullité d'une donation de divers biens immobiliers faite à leur fils par des époux, V. • Com. 1er févr. 2000 : *RJDA 2000,* *n° 570.* – V. aussi • Com. 24 sept. 2003 : *RPC 2004. 386, obs. Blanc* • Paris, 4 déc. 2001 : *ibid. 2003. 357, obs. Rubellin* • TGI Dunkerque, 18 déc. 2002 : *Dr. et pr. 2003. 233, note Delattre ; RPC 2003. 151, obs. Blanc.*

7. Assurance vie. V. C. assur., art. L. 132-14. – C. assur. ou C. pr. coll.

8. Transaction. Pour la nullité d'une transaction fondée sur l'art. L. 621-107 [L. 632-1] (II), V. • Aix-en-Provence, 19 févr. 2002 : *APC 2002, n° 224.* ♦ V. aussi note 11.

9. Acte portant sur un bien commun. Lorsque le débiteur, époux commun en biens, a passé avec son conjoint un acte à titre gratuit portant sur un bien commun qui fait partie du gage des créanciers, la nullité de cet acte, fait depuis la date de cessation des paiements ou dans les six mois précédant cette date, atteint l'acte en son entier. • Com. 7 avr. 2009, n° 06-19.538 P : *D. 2009. Chron. C. cass. 1242, obs. Bélaval ; ibid. AJ 1085, obs. Lienhard ; APC 2009, n° 158, obs. Leprovaux ; LEDEN, juin 2009, p. 6, obs. Rubellin ; Gaz. Pal. 26-28 juill. 2009, p. 32, obs. Roussel Galle ; JCP E 2009. 1814, n° 7, obs. Cabrillac ; RJDA 2009, n° 768 ; RTD com. 2009. 811, obs. Martin-Serf ; RPC 2010, n° 143, obs. Lisanti.* ♦ V. aussi note 11 *in fine* et 41.

10. Cautionnement. Dès lors que deux sociétés forment un groupe, que la société cautionnée est l'associée majoritaire de la société caution, que celle-ci, en tant que filiale, a un intérêt à favoriser le financement de sa société mère, laquelle pourra ainsi participer à son propre développement, le cautionnement a une contrepartie et ne constitue donc pas un acte à titre gratuit au sens de l'art. L. 632-1, I, 1°, C. com. • Com. 19 nov. 2013, n° 12-23.020 P : *D. 2013. Actu. 2766, obs. Lienhard ; Rev. sociétés 2014. 203, obs. Henry ; RTD com. 2014. 697, obs. Martin-Serf ; LEDEN 1/2014. 4, obs. Favario ; BJS 2014. 44, note Mouial-Bassilana ; Gaz. Pal. 12-14 janv. 2014, p. 32, obs. Roussel Galle ; BJE 2014. 97, note Benilsi ; RPC 2015, n° 124, obs. Blanc.*

D. CONTRATS COMMUTATIFS

11. BIBL. Neuville, *D. 2000. Chron. 571* (transaction). ♦ Est nul tout contrat commutatif dans lequel les obligations du débiteur, résultant de ce seul contrat et appréciées à la date de sa conclusion, excèdent notablement celles de l'autre partie. • Com. 10 déc. 2002 : *RJDA 2003, n° 521 ; RPC 2004. 71, obs. Blanc ; RTD com. 2004. 813, obs. Martin-Serf .* ♦ V., pour la nullité : de la cession d'actions intervenue pour un prix excessif en raison de la surévaluation des titres, • Versailles, 30 sept. 1993 : *Dr. sociétés 1994, n° 29, obs. Chaput.* ♦ ... De l'apport en société d'un immeuble moyennant l'attribution d'un faible pourcentage de parts sociales, • Grenoble, 8 avr. 2003 : *Dr. sociétés 2004, n° 75, note F.-X. Lucas.* ♦ ... D'une vente de fonds de commerce à vil prix, • Paris, 19 mai 1992 : *RJDA 1993, n° 764.* ♦ ... De la cession, la veille du prononcé de la liquidation judiciaire, d'une licence IV à un prix très inférieur à sa valeur de marché, • Orléans, 28 avr. 2005 : *RJDA 2005, n° 1132 (1re esp.).* ♦ ... D'une transaction conclue avec un salarié à la suite de son licenciement, • Com. 27 nov. 2001 : *RJDA 2002, n° 666 ; RPC 2002. 275, obs. Blanc ; ibid. 287, obs. Canet.* ♦ ... D'un contrat de travail aux prestations déséquilibrées, • Soc. 20 mai 1992, n° 90-44.061 P • 21 nov. 2000 : *RJDA 2001, n° 790* • 29 oct. 2002, n° 00-45.612 P : *JCP E 2003, n° 40, p. 1583, note Finlanger* • 15 juin 2004 : *D. 2004. AJ 2158 ; JCP E 2004, n° 44, p. 1743, note Louit-Martinod ; RTD com. 2005. 416, obs. Martin-Serf* (à propos d'un contrat de qualification) • Paris, 12 févr. 1999 : *D. 1999. IR 90 ; D. Affaires 1999. 675* ♦ ... De l'acte de partage de la communauté auquel des ex-époux ont procédé à la suite de leur divorce pour faute, • Civ. 1re, 3 juin 2003, n° 01-17.971 P : *D. 2003. 2655, note Marly ; D. 2004. Somm. 2266, obs. Revel ; APC 2003, n° 179, obs. Vallansan ; RTD com. 2004. 814, obs. Martin-Serf ; JCP N 2005, n° 12, p. 644, note Vauvillé.* – V. aussi note 4. ♦ ... D'un bail comportant des clauses régissant le loyer dont le caractère inhabituel ne peut être justifié par la précarité de la convention, • Pau, 10 nov. 1992 : *RPC 1995. 448, obs. Lemistre.*

Comp., pour la validité : d'une opération de cession-bail, • Com. 11 mars 1997 : *RJDA 1997, n° 961.* ♦ ... D'une transaction moyennant remise de dette en contrepartie de laquelle la société objet de la procédure collective a fait l'économie d'une procédure judiciaire, dont l'issue était aléatoire, • Com. 2 oct. 2001, n° 98-19.694 P : *D. 2001. AJ 3119, obs. Lienhard ; APC 2001, n° 237, obs. Regnaut-Moutier ; RTD com. 2002. 164, obs. Martin-Serf .*

Il résulte des dispositions de l'art. L. 632-1-I-1° et II C. com. que les seuls actes annulables antérieurs à la date de cessation des paiements sont ceux faits à titre gratuit, c'est-à-dire ne comportant pas de contrepartie, et non les contrats commutatifs dans lesquels les obligations du débiteur excèdent notablement celles de l'autre partie. • Com. 16 déc. 2014 : *D. 2015. Actu. 71 ; AJ fam. 2015. 102, obs. Casey ; RTD com. 2015. 591, obs. Martin-Serf ; JCP E 2015. 1051, note Brignon ; LEDEN 1/2015. 4, obs. Rubellin ; BJE 2015. 112, note Benilsi ; Gaz. Pal. 1er-5 mai 2015, p. 37, obs. Roussel Galle ; RJDA 2015, n° 446 ; RPC 2015, n° 124, obs. Blanc.*

Lorsque le débiteur, époux commun en biens, a passé, avec son conjoint, un contrat commutatif portant sur un bien commun, faisant partie du gage des créanciers, et dans lequel ses obligations excèdent notablement celles de l'autre partie, la nullité de cette convention, faite depuis la date de cessation des paiements, atteint l'acte en son entier. • Com. 3 mai 2011, n° 10-17.011 P : *D. 2011. Actu. 1343, obs. Lienhard ; RTD com. 2012. 619, obs. Martin-Serf ; JCP E 2011. 1598, note Legros ; LEDEN 6/2011. 4, obs. Rubellin ; RJDA 2011, n° 722 ; BJE 2011. 332, note Sautonie-Laguionie ; BJS 2012. 56, note Le Cannu.*

E. PAIEMENT DE DETTES NON ÉCHUES

12. Remboursement d'un compte courant d'associé. En l'absence de conditions particulières, notamment au regard de l'exigibilité, précisées dans les statuts ou dans une convention passée entre l'associé prêteur et la société, quant au remboursement des avances consenties en compte courant, le solde créditeur d'un compte courant d'associé constitue une dette échue, dont le titulaire du compte est, à tout moment, en droit de demander le remboursement. • Paris, 17 sept. 1999 : *D. 1999. AJ 31, obs. A. L.*

13. Abandon d'un bien au titre d'un devoir de secours. L'abandon de la quote-part d'un bien immobilier, au titre de l'accomplissement d'un devoir de secours, ne constitue pas le paiement d'une dette non échue au jour du paiement, au sens de l'art. L. 621-107, 3°, [L. 632-1, I, 3°] C. com. • Com. 7 nov. 2006 : *préc. note 4.*

14. Cession de créances. Est nulle la cession de créance intervenue au cours de la période suspecte, fût-elle consentie en exécution d'une convention-cadre signée antérieurement à la date de cessation des paiements, dès lors qu'elle a pour objet d'éteindre une dette non échue. • Com. 19 mai 2015, n° 14-11.215 P : *D. 2015. Actu. 1152 ; RTD com. 2015. 588, obs. Martin-Serf ; JCP E 2015. 1504, note Moreil ; Gaz. Pal. 19-21 juill. 2015, p. 23, obs. Roussel Galle ; RJDA 2015, n° 686 ; LEDEN 10/2015. 2, obs. Couard ; BJE 2015. 378, note Lisanti.* ♦ Pour la nullité de cessions de créances professionnelles, V. • Com. 22 janv. 2002, n° 99-10. 895 : *RPC 2002. 276, obs. Blanc* • 2 nov. 2005 : *Gaz. Pal. 10-11 févr. 2006, p. 30, obs. Roussel Galle ; RDBF 2006, n° 16, obs. Cerles.* ♦ En revanche, la cession de créances professionnelles faite à titre de garantie impliquant la restitution du droit cédé au cas où la créance garantie viendrait à être payée et n'opérant qu'un transfert provisoire de la titularité de ce droit, elle ne constitue pas le paiement de la créance garantie. • Com. 22 mars 2017, n° 15-15.361 P : *D. 2017. Pan. 2181, obs. Martin ; AJ contrat 2017. 236, obs. Reygrobellet ; RTD com. 2017. 434, obs. Martin-Serf ; RTD civ. 2017. 455, obs. Crocq ; JCP E 2017. 1301, note Zinty ; APC 2017, n° 123, obs. Vallansan ; BJE 2017. 201, note Bonhomme ; LEDEN 6/2017. 5, obs. Pelletier ; RDBF 2017, n° 133, obs. Houin-Bressand ; Gaz. Pal. 27 juin 2017, p. 62, obs. Roussel Galle ; RPC 2018, n° 36, obs. Blanc.*

F. MODES DE PAIEMENT

BIBL. Martin-Serf, *RPC 2000. 167.*

15. Compensation. Qu'elle soit qualifiée de légale ou de conventionnelle, la compensation, renforcée par la connexité expressément créée par l'accord des parties avant la date de la cessation des paiements, résultant de la clôture des comptes courants, l'un débiteur, l'autre créditeur, ouverts au nom du même client mis en liquidation judiciaire, ne tombe pas sous le coup des dispositions de l'art. 107, 4° [C. com., art. L. 632-1], pour avoir joué le jour même de la date fixée pour la cessation des paiements. • Paris, 28 mars 1989 : *D. 1991. Somm. 31, obs. Vasseur .* ♦ Cette compensation n'est pas davantage annulable par application de l'art. 108 [C. com., art. L. 632-2] puisqu'elle n'est pas intervenue après la date de cessation des paiements et que la banque n'avait pas connaissance de cet état, l'acte n'ayant pas porté préjudice à l'ensemble des créanciers. • Même arrêt. – V. aussi • Com. 17 mai 1994, n° 91-20.083 P : *D. 1994. IR 148 ; Rev. dr. bancaire 1995. 85, obs. Campana et Calendini* • Colmar, 6 nov. 2002 : *BICC 2004, n° 620.* ♦ Sur l'exigence d'une créance à caractère certain, V. • Com. 21 janv. 1992, n° 90-13.548 P.

En revanche, le remboursement d'un prêt par une compensation provoquée avec une partie du prix de la vente d'une maison appartenant au débiteur ne constitue pas un mode de paiement admis par l'art. 107 (4°) [C. com., art. L. 632-1]. • Com. 19 déc. 2000, n° 98-11.093 P : *D. 2001. Somm. 3426, obs. Honorat ; ibid. AJ 306, obs. Lienhard ; APC 2001, n° 26, obs. Regnaut-Moutier ; RTD com. 2002. 165, obs. Martin-Serf .* ♦ Pour un autre exemple de compensation « provoquée », V. • Com. 13 févr. 2007 : *D. 2007. AJ 583, obs. Lienhard ; APC 2007, n° 49, obs. Regnaut-Moutier ; JCP E 2007. 1450, n° 6, obs. Cabrillac ; Gaz. Pal. 13-14 avr. 2007, p. 40, obs. Roussel Galle ; RPC 2007. 128, obs. Lebel ; ibid. 227, obs. Blanc ; RTD com. 2008. 624, obs. Martin-Serf .* ♦ Est nul le paiement du prix de vente du fonds de commerce du débiteur par compensation avec le solde créditeur d'un compte courant d'associés dès lors que ce mode de paiement n'est pas courant pour l'acquisition d'un fonds de commerce, le prix étant habituellement séquestré jusqu'à l'expiration du délai d'opposition reconnu aux créanciers du vendeur. • Com. 19 janv. 1999 : *RJDA 1999, n° 446.* – V. aussi • Limoges, 11 mars 1991 : *D. 1992. Somm. 183, obs. Honorat .*

16. En ce sens que la compensation de la part non libérée du capital social d'un actionnaire avec une créance en compte courant, certaine, liquide et exigible, n'est pas nulle comme intervenue en période suspecte, V. • Paris, 10 juin 1994 : *D. 1994. IR 188 ; BJS 1994. 1224.* ♦ V. aussi note 19 ss. art. L. 632-2.

17. Bordereaux de cession de créances. BIBL. Cerles, *Rev. dr. bancaire 1993. 200* (cession de flux de créances). ♦ Il résulte des dispositions de l'art. 107, 4° [C. com., art. L. 632-1], que le paiement pour dettes échues fait par bordereaux de cession tels que visés par la L. n° 81-1 du 2 janv. 1981 est expressément réputé normal. • Rennes, 16 sept. 1992 : *D. 1994. Somm. 82, obs. Honorat* • Paris, 26 mai 1994 : *D. 1994. IR 207.*

18. Cession de créance. BIBL. Jeantin, *D. 1980. Chron. 309.* – Cassandra-Sulpasso, *RTD com. 1986. 49.* ♦ Un arrêt ne peut, pour déclarer nulles des cessions de créances consenties, depuis la date de cessation des paiements, par un entrepreneur d'étanchéité, mis en redressement judiciaire, retenir que ce mode de paiement, utilisé par l'entrepreneur à l'égard de ses fournisseurs depuis quelques années en raison de ses difficultés financières, n'est pas communément admis dans les relations d'affaires, sans rechercher si le fournisseur établit que, dans les relations d'affaires du secteur professionnel de la construction considéré, le paiement des fournisseurs par la cession de créances que l'entrepreneur détient sur les maîtres d'ouvrages est communément admis. • Com. 30 mars 1993, n° 91-15.931 P : *D. 1993. Somm. 320, obs. Honorat* ; *JCP E 1993. II. 453, note Guyon.* – V., sur renvoi, • Rouen, 11 oct. 1994 : *RJDA 1995, n° 357.* ♦ Comp., jugeant que la cession de créance, hormis le cas où il s'agit de la cession de créances professionnelles à un établissement de crédit qui finance l'entreprise cédante, ne constitue pas un mode de paiement communément admis dans les relations d'affaires et est nulle lorsqu'elle est consentie dans la période suspecte : • Paris, 28 mars 1989 : *Gaz. Pal. 1990. 1. Somm. 186.*

19. Les relations entre l'URSSAF et les assujettis n'étant pas des relations d'affaires, au sens de l'art. 107, al. 1er (4°) [C. com., art. L. 632-1], la cession de créances de cotisations sociales qu'une société en liquidation judiciaire a consentie à cet organisme n'est pas valable. • Com. 14 déc. 1993, n° 92-10.858 P : *D. 1994. Somm. 178, obs. Honorat* ; *JCP E 1994. II. 546, note Guyon.*

20. En ce sens que la cession de créances peut constituer un mode de paiement communément admis dans les relations d'affaires du secteur considéré même si la pratique est limitée à un secteur géographique restreint, V. • Com. 24 sept. 2003 : *RJDA 2004, n° 195 ; RPC 2004. 385, obs. Blanc.*

21. V. encore, sur la nécessité d'établir l'existence d'un usage professionnel ou d'une pratique générale et habituelle dans la branche d'activité considérée, • Paris, 21 déc. 2001 : *D. 2002. AJ 724* .

22. Délégation. Doit être annulée la délégation faite, par une société de commerce de viande en cessation des paiements, d'une créance qu'elle détient sur une compagnie d'assurance, au profit du propriétaire des marchandises sinistrées, dès lors que le bénéficiaire de la délégation ne peut sérieusement soutenir qu'un tel mode de paiement ponctuel, issu d'un événement inhabituel, est normal, compte tenu des usages de la profession, et qu'il ressort ainsi que la délégation de créance n'est pas communément admise dans les relations d'affaires considérées relatives au commerce des viandes. • Com. 30 nov. 1993, n° 91-13.881 P : *D. 1994. Somm. 178, obs. Honorat* . – Dans le même sens : • Com. 14 juin 1994 : *D. 1994. IR 221* • 26 oct. 1999 : *RJDA 2000, n° 63.* ♦ Un mode de paiement communément admis dans les relations d'affaires ne résulte pas forcément d'un usage. • Com. 23 janv. 2001, n° 98-10.975 P : *D. 2001. 2509, note Bimes-Arbus* ; *ibid. AJ 701, obs. Lienhard* ; *APC 2001, n° 66, obs. Vallansan ; JCP E 2001, n° 18, p. 752, obs. Cabrillac ; RDBF 2001, n° 63, obs. Cerles ; RTD com. 2001. 977, obs. Martin-Serf* ; *RJ com. 2001. 311, note Courtier.* ♦ Justifie sa décision la cour d'appel qui se réfère aux relations entre l'établissement de crédit ayant financé le prêt et l'emprunteur pour déterminer si la délégation de créance faite par ce dernier constitue une pratique générale et habituelle dans les relations d'affaires du secteur bancaire pour la mise en place d'un prêt immobilier. • Même arrêt. ♦ La délégation de paiement constitue un mode de paiement communément admis dans le secteur du bâtiment. • Paris, 17 sept. 2003 : *RDBF 2004, n° 136, obs. F.-X. Lucas.* ♦ ... Mais non dans celui du commerce de véhicules automobiles. • Paris, 27 janv. 2004 : *ibid.* ♦ V. aussi, validant un tel mode de paiement, • Aix-en-Provence, 16 avr. 1992 : *RPC 1993. 111, obs. Auque-Warembourg et Lemistre* • 25 janv. 1995 : *Bull. Aix-en-Provence 1995, n° 2, p. 319.* ♦ *Contra* : • Com. 28 mai 2002 : *RPC 2003. 152, obs. Blanc.*

L'acte prévoyant une délégation de loyers ne peut être jugé nul pour être intervenu en période suspecte dès lors qu'il a été conclu avant la date de l'insolvabilité notoire [dans le régime d'Alsace-Moselle], peu important que son exécution ait été postérieure à cette date : • Com. 4 oct. 2005, n° 04-14.722 P : *D. 2005. AJ 2591, obs. Lienhard* ; *JCP E 2006, n° 2, p. 75, obs. Cabrillac ; APC 2005, n° 243, obs. Lécuyer ; Gaz. Pal. 10-11 févr. 2005, p. 31, obs. Roussel Galle ; RTD com. 2006. 481, obs. Martin-Serf* ; *RPC 2006. 276, obs. Blanc.* – V. Albrieux, *JCP E 2006, n° 9, p. 414.*

23. Remise en compte courant. Doit être annulée la remise en compte courant par la société débitrice au cours de la période suspecte ayant eu pour effet de réduire le montant du solde débiteur du compte et de rompre ainsi l'égalité des créanciers soumis à la procédure collective. • Com. 19 janv. 1999 : *APC 1999, n° 70, obs. Regnaut-Moutier.* – Comp. : • Besançon, 18 juin 2002 : *ibid. 2002, n° 267.*

24. Prélèvement bancaire. Pour un arrêt validant ce mode de paiement, prévu par les actes de prêt liant les parties, V. • Angers, 24 mai 2005 : *RDBF 2006, n° 24, obs. F.-X. Lucas.*

25. Subrogation de l'indemnité d'assurance. En cas de perte de biens livrés sous le bénéfice d'une clause de réserve de propriété (mais avec transfert des risques à l'acheteur), l'indemnité d'assurance, subrogée aux biens dont le vendeur était demeuré propriétaire n'entre pas dans le patrimoine de l'acheteur ; le versement de cette indemnité au vendeur n'est pas soumis aux nullités de la période suspecte. • Com. 6 juill. 1993, n° 91-12.723 P : *D. 1994. Somm. 81, obs. Honorat ; JCP 1993. II. 22153, note Larroumet.* ♦ V. aussi note 16 ss. art. L. 624-16.

26. Dation en paiement. La livraison par la société débitrice d'un matériel autre que celui prévu contractuellement, soit des équipements nautiques divers au lieu d'un bateau, constitue une dation en paiement prohibée par l'art. 107 [C. com., art. L. 632-1]. • Com. 1er févr. 2000 : *RJDA 2000, n° 571.* ♦ Est nulle la dation en paiement résultant de la reprise, par le vendeur, de marchandises qui a entraîné la résolution amiable de la vente et a donné lieu à l'émission d'un avoir correspondant à la valeur des marchandises reprises, ce qui a eu pour effet de réduire dans une proportion très importante la créance du vendeur à l'égard de la société en redressement judiciaire. • Paris, 7 janv. 1992 : *D. 1992. IR 111 ; RPC 1993. 111, obs. crit. Auque-Warembourg et Lemistre.* – Dans le même sens : • Aix-en-Provence, 18 mars 1999 : *RPC 2003. 151, obs. Blanc.* ♦ Pour la nullité d'une dation en paiement conduisant à une compensation, dans l'hypothèse d'un créancier achetant au débiteur des biens à seule fin de compenser sa créance préexistante avec sa dette nouvelle, V. • Com. 5 avr. 1994, n° 91-21.840 P : *RPC 1995. 448, obs. Lemistre* • 2 févr. 1999, n° 96-14.467 P : *D. 1999. IR 77 ; D. Affaires 1999. 379, obs. A. L. ; RTD com. 1999. 757, obs. Martin-Serf ; APC 1999, n° 60, obs. Vallansan ; RTD civ. 2000. 115, obs. Mestre et Fages.* – Comp. : • Rennes, 23 mars 1994 : *JCP 1995. IV. 1148 ; RPC 1997. 79, obs. Lemistre,* conf. par • Com. 20 mai 1997 : *RPC 1998. 205, obs. Lemistre.*

De même, est nulle la reprise, par la société de crédit d'un constructeur automobile, ayant financé le stock d'un concessionnaire, de véhicules impayés, pendant la période suspecte. • Douai, 6 févr. 1997 : *RPC 1998. 205, obs. Lemistre,* conf. par • Com. 11 juill. 2000, n° 97-12.374 P : *D. 2000. IR 251 ; JCP 2000. I. 259, n° 16, obs. Pétel ; RJDA 2000, p. 751, concl. Piniot ; RPC 2002. 277, obs. Blanc.* – Rappr. : • Com. 18 févr. 2003 : *APC 2003, n° 118, obs. Boulay ; JCP 2003. I. 176, n° 21, obs. Delebecque ; RJDA 2003, n° 746 ; RPC 2004. 71, obs. Blanc.*

Est nulle la dation en paiement d'une licence IV de débit de boissons pour solder le prix d'achat d'un fonds de commerce quelques jours avant l'ouverture de la procédure collective de l'acquéreur. • Lyon, 22 mars 2002 : *BICC 2004, n° 621.*

Pour un autre exemple de dation en paiement tombant sous le coup de la nullité, V. • Com. 20 févr. 1996, n° 94-10.866 P.

27. Résiliation d'un contrat. Des ventes de marchandises ayant été faites purement et simplement, ne peut être écartée la demande d'annulation, sur le fondement de l'art. 107, 4° [C. com., art. L. 632-1], d'une convention analysée comme une résolution amiable, en période suspecte, desdites ventes, sans que soit constaté que cette opération constituait, telle quelle, un mode de paiement communément admis dans les relations d'affaires considérées. • Com. 12 juill. 1994, n° 92-11.338 P : *D. 1996. Somm. 212, obs. Pérochon.* ♦ V. aussi, pour la résiliation amiable d'un bail, • T. com. Paris, 30 juin 1995 : *Gaz. Pal. 1996. 2. somm. 541.*

En revanche, la résiliation d'un contrat de financement qui, conformément aux conditions contractuelles, intervient, en considération d'impayés, antérieurement à l'ouverture de la procédure de redressement judiciaire, pendant la période suspecte, demeure étrangère et n'entre pas dans les prévisions des art. 107 à 110 [C. com., art. L. 632-1 à L. 632-4]. • Versailles, 10 sept. 1998 : *Gaz. Pal. 1999. 2. Somm. 616.*

28. Clause de réserve de propriété. La restitution au vendeur de marchandises impayées vendues sous clause de réserve de propriété ne peut s'analyser comme un procédé anormal de paiement soumis aux nullités de la période suspecte, en dépit de l'établissement d'un avoir pour régularisation comptable de l'opération. • Com. 16 déc. 2008 : *RJDA 2009, n° 375 ; Gaz. Pal. 26-28 avr. 2009, p. 30, obs. Roussel Galle ; RPC 2009, n° 84, obs. Blanc.* ♦ V. aussi note 25.

29. Portée de la nullité. La nullité prévue par l'art. 107 (4°) [C. com., art. L. 632-1] porte uniquement sur le paiement anormal et ne s'étend pas à la convention valablement conclue en vertu de laquelle le paiement est intervenu. • Versailles, 19 oct. 1995 : *RJDA 1996, n° 422.*

30. Preuve. Tout recours à la notion d'usage professionnel est exclu lorsqu'il est prouvé que le mode anormal de paiement (en l'espèce, une dation en paiement) a été proposé par le débiteur. • Colmar, 26 mars 1997 : *RPC 1998. 206, obs. Lemistre.*

V., jugeant que c'est par référence aux usages en vigueur dans le secteur professionnel du créancier qui a accepté le paiement qu'il convient de déterminer si le mode de paiement est ou non communément admis, • Grenoble, 30 oct. 2003 : *RDBF 2004, n° 135, obs. F.-X. Lucas.*

G. DÉPÔTS ET CONSIGNATIONS

31. Consignation. Il résulte de l'art. L. 632-1, I, 5°, C. com. qu'il est fait exception à la nullité de la consignation effectuée en période suspecte si elle a été ordonnée judiciairement par une décision ayant acquis force de chose jugée antérieurement à l'ouverture de la procédure collective. • Com. 11 févr. 2014, n° 12-16.938 P : *D. 2014. Actu. 478* ; *JCP E 2014. 1173, n° 4, obs. Pétel ; APC 2014, n° 60, obs. Vallansan ; LEDEN 4/2014. 2, obs. Mouial-Bassilana ; RJDA 2014, n° 552 ; Gaz. Pal. 29 juin-1er juill. 2014, p. 30, obs. Roussel-Galle ; RDBF 2014, n° 145, obs. Houin-Bressand.* ♦ La consignation ayant été ordonnée judiciairement à titre de garantie par application des dispositions de l'art. 2350 C. civ., par suite de la rétractation de l'ordonnance ayant ordonné la saisie conservatoire, il s'en déduit que la nullité de la consignation effectuée pendant la période suspecte est nécessairement régie par le 5° du I de l'art. L. 632-1, et que le 7° [8°] de ce même art., qui régit la nullité de la saisie conservatoire, ne lui est pas applicable. • Même arrêt.

32. Doit être déclarée valable la consignation sur saisie-arrêt, effectuée avant la date de cessation des paiements, alors même que cet acte aurait été validé après cette date. • Dijon, 15 oct. 1987 : *RPC 1988. 411, obs. Guyon.*

33. La consignation, en cours d'instruction pénale, d'une somme d'argent afin de garantir la réparation du dommage de la partie civile n'est pas visée par l'art. 107 (5°) [C. com., art. L. 632-1]. • Crim. 22 mai 1995 : *RPC 1996. 114, obs. Dureuil.*

H. SÛRETÉS POUR DETTES ANTÉRIEURES

BIBL. Devèze, *RPC 1992. 119* (gage, nantissement). – Canet, *RPC 1995. 265* (voies d'exécution issues de la loi du 9 juill. 1991). – Martin-Serf, *RPC 2000. 167.*

34. Sûretés prises par un créancier. Une hypothèque judiciaire ne peut, par hypothèse, avoir été inscrite par le débiteur. Ainsi, en dépit de sa formulation, l'art. 107 [C. com., art. L. 621-107] qui, en son 6°, vise aussi « tout nantissement constitué sur les biens du débiteur pour dettes antérieurement contractées » concerne tant les actes faits par le créancier que ceux faits par le débiteur. • Paris, 11 juin 1999 : *RJDA 1999, n° 1361 ; APC 1999, n° 204.* ♦ Solution confirmée par l'art. L. 632-1, dans sa réd. issue de la L. n° 2005-845 du 26 juill. 2005.

35. Garantie de dettes antérieures. Une sûreté constituée en période suspecte, en garantie du solde débiteur d'un compte courant, n'est valable que si une dette concomitante ou postérieure à la constitution de la sûreté a pris naissance avant la clôture du compte. • Com. 2 mai 1990 : *RPC 1991. 475, obs. Guyon.*

36. Bien que l'hypothèque ait été consentie durant la période suspecte, dès lors que le droit de créance de la banque à l'égard de la société qui a pris l'engagement de caution hypothécaire trouve son origine dans le cautionnement souscrit à la même date, la naissance de la créance est concomitante de la constitution de l'hypothèque, et celle-ci n'encourt donc pas la nullité en vertu de l'art. L. 621-107 [L. 632-1], 6°. • Paris, 6 juill. 2001 : *D. 2001. AJ 2832* .

37. Substitution de garantie. Dès lors qu'aux termes de l'acte de « translation d'hypothèque », il n'y a pas eu constitution d'une sûreté nouvelle mais substitution au privilège du prêteur de deniers et à l'hypothèque inscrits sur l'immeuble vendu, d'une hypothèque sur l'immeuble acquis pour garantir le remboursement du solde du prêt, cette sûreté, qui n'est supérieure, ni dans sa nature, ni dans son étendue, aux sûretés auxquelles elle avait été substituée, a été valablement inscrite pendant la période suspecte. • Com. 20 janv. 1998, n° 95-16.402 P : *D. 1998. IR 60 ; D. Affaires 1998. 254, obs. A. L. ; JCP E 1998, n° 17, p. 655, obs. Cabrillac ; Rev. dr. bancaire 1998. 73, obs. Campana et Calendini ; RTD com. 1998. 396, obs. Cabrillac* ; *ibid. 1999. 194, obs. Martin-Serf* (V. l'arrêt confirmé • Dijon, 28 mars 1995 : *Rev. dr. bancaire 1995. 218, obs. Campana et Calendini ; RPC 1997. 80, obs. Mestre et Laude*) • Paris, 23 oct. 1998 : *D. Affaires 1998. 1959.* ♦ Rappr., s'agissant de la modification par avenant d'un gage : • Com. 27 sept. 2016, n° 15-10.421 P : *D. 2016. Actu. 1997* ; *RTD civ. 2016. 864, obs. Barbier* ; *RTD com. 2017. 433, obs. Martin-Serf* ; *DP diff. entr., Bull. nos 384/385, obs. Rémery ; APC 2016, n° 240, obs. Cagnoli ; LEDEN 11/2016. 3, obs. Pelletier ; RJDA 2016, n° 882 ; RDBF 2016, n° 256, obs. Houin-Bressand ; BJE 2017. 40, note Macorig-Venier ; RPC 2017, n° 31, obs. Aynès.* ♦ V. désormais, sur la possibilité de substituer une sûreté à une autre : art. L. 632-1 (6°) dans sa rédaction issue de l'Ord. n° 2021-1193 du 15 sept. 2021.

38. Droit de nantissement. L'art. 107, 6° [C. com., art. L. 632-1], vise toutes sûretés, y compris « tout droit de nantissement », sans établir aucune distinction ; il s'applique donc à un nantissement judiciaire sur fonds de commerce. • Paris, 18 févr. 1992 : *D. 1992. IR 142.*

39. Cession de créances à titre de garantie. **BIBL.** Raynaud-Contamine, *Mél. Jeantin, Dalloz, 1999, p. 443.* ♦ La cession de créance consentie dans les formes de la loi du 2 janv. 1981 transfère au cessionnaire la propriété de la créance cédée, même lorsqu'elle est effectuée en vue de garantir le paiement du solde d'un compte courant et sans stipulation d'un prix, de sorte qu'une telle cession n'est pas une constitution d'un droit de nantissement sur un bien du débiteur. • Com. 28 mai 1996, n° 94-10.361 P : *D. 1996. Somm. 390, obs. S. Piedelièvre* ; *D. Affaires 1996. 842 ; RTD com. 1996. 508, obs. Cabrillac* ; *RTD civ. 1996. 671, obs. Bandrac et Crocq* ; *Rev. dr. bancaire 1996. 207, obs. Campana et Calendini.* ♦ Comp., désormais : art. L. 632-1, I, 6°, dans sa réd. issue de l'Ord. n° 2021-

1193 du 15 sept. 2021, qui vise toute sûreté réelle conventionnelle.

40. *Date de constitution de la sûreté.* Pour prononcer la nullité d'une hypothèque judiciaire, au regard de l'art. 107, 6° [C. com., art. L. 632-1], il y a lieu de rechercher si sa constitution sur les biens du débiteur, qui résulte non de son inscription mais du jugement de condamnation, est postérieure à la date de cessation des paiements. • Com. 25 oct. 1994, n° 91-14.539 P. – V. aussi • Com. 1er juill. 1997, n° 95-11.375 P : *JCP E 1998, n° 1-2, p. 31, obs. Cabrillac ; RTD com. 1999. 197, obs. Martin-Serf* • Paris, 8 avr. 1999 : *D. 1999. Somm. 302, obs. Piedelièvre* . ♦ De même, pour un nantissement sur fonds de commerce, c'est à la date de constitution qu'il convient de se référer, et non à celle de son inscription. • Com. 22 nov. 1994 : *Rev. loyers 1995. 529, note Gallet.* ♦ Dans le même sens, pour une hypothèque conventionnelle, V. • Com. 18 févr. 2003 : *préc. note 26.* ♦ L'hypothèque constituée sur les biens du débiteur depuis la date de cessation des paiements pour une dette antérieurement contractée est nulle, peu important qu'une promesse d'hypothèque ait été consentie avant cette date. • Com. 12 nov. 1997, n° 95-14.900 P : *D. 1998. Somm. 325, obs. Honorat ; D. 1998. Somm. 106, obs. Piedelièvre ; D. Affaires 1997. 1470 ; RTD com. 1999. 196, obs. Martin-Serf* . ♦ Doit être considérée comme une hypothèque régulièrement constituée avant la date de cessation des paiements, et non comme une simple promesse d'hypothèque, la convention conclue avant la date de cessation des paiements qui oblige le débiteur à ne pas consentir d'autre sûreté sur un immeuble et qui permet au créancier de faire inscrire l'hypothèque sans nouvelle manifestation de volonté du débiteur. • Chambéry, 28 mai 2002 : *BICC 2004, n° 975.*

Il résulte des dispositions de l'art. 2075 [anc.] C. civ. que le gage qui porte sur des meubles incorporels ne confère de droit réel au créancier gagiste et n'est ainsi constitué au sens de l'art. 107 (6°) [C. com., art. L. 632-1] qu'autant que l'acte conclu entre les parties a été enregistré puis signifié au débiteur de la créance gagée, ou accepté par lui dans un acte authentique. • Com. 28 janv. 1997, n° 94-20.554 P : *D. 1997. Somm. 214, obs. Honorat ; D. 1998. Somm. 140, obs. Jobard-Bachellier ; D. Affaires 1997. 372 ; JCP 1997. II. 22791, rapp. Rémery ; Quot. jur. 6 mars 1997, p. 5, note P. M.*

41. *Hypothèque sur immeuble commun.* La communauté répondant des dettes du mari, en vertu de l'art. 1413 C. civ., et, durant celle-ci, les droits de l'un ou l'autre des époux ne pouvant être individualisés sur tout ou partie des biens communs ou sur l'un d'entre eux, l'hypothèque grevant un immeuble commun, constituée depuis la date de cessation des paiements du mari pour sûreté d'une dette antérieurement contractée, est nulle pour le tout. • Com. 2 avr. 1996, n° 93-20.562 P : *D. 1996. Somm. 340, obs. Honorat ; JCP E 1996. I. 584, n° 7, obs. Pétel.* ♦ Comp., limitant les effets de la nullité à la part de la sûreté garantissant la dette du seul époux en redressement judiciaire : • Paris, 16 mai 1990 : *RPC 1991. 473, obs. Guyon.* ♦ V. aussi note 9.

42. *Hypothèque judiciaire inscrite par une association syndicale.* Pour l'application de l'art. L. 621-107 [L. 632-1] C. com., V. • Com. 9 juill. 2002, n° 99-16.473 P : *D. 2002. AJ 2471* .

43. *Purge des sûretés.* La circonstance que l'acquéreur du fonds de commerce nanti ait, en application de l'art. 22 de la loi du 17 mars 1909 [C. com., art. L. 143-12], engagé la procédure de purge des privilèges et nantissement avant l'ouverture de la procédure collective ne s'oppose pas à l'exercice par le liquidateur de l'action en nullité de l'art. 107 (6°) [C. com., art. L. 632-1]. • Com. 20 nov. 2001 : *RPC 2002. 279, obs. Blanc.*

44. *Clause de réserve de propriété.* BIBL. Bretzner, *RPC 1991. 377.*

45. *Prêt.* Les dispositions de l'art. 107 (6°) [C. com., art. L. 632-1] ne s'appliquent pas à la demande en annulation d'un acte de prêt. • Com. 23 mai 2000 : *RPC 2002. 279, obs. Blanc.*

46. *Publicité foncière.* La demande en justice tendant à l'annulation d'une hypothèque inscrite durant la période suspecte doit, en vertu de l'art. 30 (5°) du Décr. n° 55-22 du 4 janv. 1955, à peine d'irrecevabilité, être publiée au bureau des hypothèques : • Com. 12 avr. 2005 : *D. 2005. AJ 1151, obs. Lienhard ; APC 2005, n° 122, obs. Le Bars ; JCP E 2005, n° 36, p. 1425, obs. Cabrillac ; JCP 2005. II. 10147, note Le Bars ; Gaz. Pal. 6-7 juill. 2005, p. 21, obs. Le Corre ; RTD com. 2005. 848, obs. Martin-Serf* • Paris, 25 sept. 1998 : *D. 1999. Somm. 305, obs. Piedelièvre ; D. Affaires 1998. 1698, obs. A. L. ; RTD com. 2000. 182, obs. Martin-Serf* .

47. *Paiement préférentiel subséquent.* Est nul de droit le paiement reçu par préférence sur le prix de l'immeuble grevé en vertu d'une hypothèque elle-même nulle de droit pour avoir été consentie au cours de la période suspecte pour dettes antérieurement contractées. • Com. 10 juill. 2019, n° 18-17.820 P : *D. 2019. Actu. 1493 ; Rev. sociétés 2019. 560, obs. Roussel Galle ; RTD com. 2019. 998, obs. Martin-Serf ; JCP E 2019. 1551, n° 10, obs. Tehrani ; APC 2019, n° 227, obs. Petit ; Gaz. Pal. 15 oct. 2019, p. 61, obs. Luciano ; BJE 11-12/2019. 38, note Macorig-Venier ; Dr. sociétés 2019, n° 206, note Legros ; RDBF 2019, n° 208, obs. Houin-Bressand ; RPC 2020, n° 33, obs. Blanc.*

I. MESURES CONSERVATOIRES

BIBL. V. bibl. précédant note 34.

48. *Signification de l'art. L. 632-1, I, 8°.* Sont nulles les mesures conservatoires dont l'acte de saisie est postérieur à la date de cessation des paiements. • Rouen, 7 févr. 1996 : *RJDA 1996, n° 834 ; RPC 1996. 343, obs. Canet* • Versailles, 28 sept. 2000 : *RJDA 2001, n° 199.*

49. Saisie conservatoire. BIBL. Lefort, *Dr. et pr. 2003. 204 et 272* (saisie conservatoire pratiquée antérieurement au jugement d'ouverture). ♦ Pour la validité de la saisie conservatoire pratiquée en période suspecte et convertie en saisie-attribution avant le jugement d'ouverture, V. • Com. 10 déc. 2002, n° 99-16.603 P : *D. 2003. AJ 68, obs. Lienhard ; ibid. Somm. 1473, obs. Taormina ; JCP E 2003, n° 20, p. 852, obs. Cabrillac ; APC 2003, n° 20, obs. Regnaut-Moutier ; Procédures 2003, n° 41, note Laporte ; RDBF 2003, n° 40, obs. Delleci ; Gaz. Pal. 2003. Somm. 3247, obs. Brenner* • 29 avr. 2003, n° 00-11.912 P : *D. 2003. AJ 1364, obs. Lienhard ; RDBF 2003, n° 158, obs. Delleci ; LPA 6 oct. 2003, p. 15, note Kéita.* ♦ *Contra*, auparavant : • Com. 12 oct. 1999, n° 96-13.133 P : *D. 1999. AJ 45, obs. A. L. ; APC 1999, n° 243, obs. Regnaut-Moutier ; JCP E 2000, n° 4, p. 129, obs. Cabrillac ; Procédures 2000, n° 3, obs. Perrot ; ibid., n° 14, obs. Laporte ; LPA 8 févr. 2000, p. 20, note Courtier ; RDBF 2000, n° 76, obs. Delleci ; RTD com. 2000. 459, obs. Martin-Serf.* ♦ V. note 74 ss. art. L. 622-21.

50. Saisie-attribution et avis à tiers détenteur. L'avis à tiers détenteur, qui emporte attribution immédiate de la créance saisie disponible entre les mains du tiers au comptable public qui l'a émis, est une mesure d'exécution forcée, qui ne peut être assimilée à une mesure conservatoire visée par l'art. 107 (7°) [C. com., art. L. 632-1, I, 8°], • Com. 16 juin 1998, n° 96-17.050 P : *D. 1998. IR 214 ; D. Affaires 1998. 1272, obs. A. L. ; JCP E 1998, n° 52, p. 2065, obs. Cabrillac ; RTD com. 1999. 199, obs. Martin-Serf* (cassant • Rouen, 23 mars 1996 : *LPA 31 oct. 1997, p. 19, note Soinne*) • TGI Lyon, 2 avr. 1996 : *D. 1997. 43, note Prévault.* ♦ V. aussi art. L. 632-2, al. 2, et note 14 ss. cet art.

51. Saisie-revendication. Sur la compétence pour annuler une saisie-revendication, V. note 5 ss. art. R. 662-3.

J. ORDRE PUBLIC INTERNATIONAL

52. V. note 30 ss. art. L. 620-2.

Art. L. 632-2 **Les paiements pour dettes échues effectués** *(Ord. n° 2008-1345 du 18 déc. 2008, art. 89)* **« à compter de » la date de cessation des paiements et les actes à titre onéreux accomplis** *(Ord. n° 2008-1345 du 18 déc. 2008, art. 89)* **« à compter de » cette même date peuvent être annulés si ceux qui ont traité avec le débiteur ont eu connaissance de la cessation des paiements.** — *[C. com., anc. art. L. 621-108.]*

(L. n° 2017-1775 du 28 déc. 2017, art. 73-II) **« Toute saisie administrative, toute saisie attribution ou toute opposition peut également être annulée lorsqu'elle a été délivrée ou pratiquée »** *(L. n° 2005-845 du 26 juill. 2005, art. 95)* **« par un créancier »** *(Ord. n° 2008-1345 du 18 déc. 2008, art. 89)* **« à compter de » la date de cessation des paiements et en connaissance de celle-ci. »** — *Le II de l'art. 73 de la L. n° 2017-1775 du 28 déc. 2017 entre en vigueur à une date fixée par décret, et au plus tard le 1er janv. 2019 (L. préc., art. 73-XVII).*

Pour l'inapplicabilité de l'art. L. 632-2 : aux contrats conclus par ou avec une société de crédit foncier et aux actes juridiques accomplis par une société de crédit foncier ou à son profit dès lors qu'ils entrent dans son objet, V. C. mon. fin., art. L. 513-18 ; ... Aux contrats conclus par une société de financement de l'habitat et aux actes juridiques accomplis par une société de financement de l'habitat ou à son profit dès lors qu'ils entrent dans son objet, V. C. mon. fin., art. L. 513-31. — ***C. mon. fin.***

BIBL. ► LAUVERGNAT, *Dr. et pr. 2007. 254* (art. L. 632-2, al. 2). – BRANDEAU, *LPA 15 mai 2008* (avis à tiers détenteur délivré après la cessation des paiements). – V. aussi ss. art. L. 632-1.

1. Nécessité d'un préjudice ? Pour prononcer la nullité prévue à l'art. 108 [C. com., art. L. 632-2], les juges du fond ne sont pas tenus de constater l'existence d'un préjudice subi par le débiteur ou par ses créanciers. • Com. 16 févr. 1993, n° 91-11.235 P : *D. 1993. IR 77 ; JCP E 1993. I. 273, n° 9, obs. Cabrillac et Pétel* • 5 avr. 1994, n° 91-21.840 P : *D. 1994. IR 117* • 17 janv. 1995 : *Rev. huiss. 1995. 486* • 24 oct. 1995, n° 94-10.399 P : *D. 1996. 86, note Derrida ; D. Affaires 1995. 200 ; RJ com. 1996. 204, note D. Martin* • 9 janv. 1996, n° 93-14.933 P : *D. 1996. IR 42 ; D. Affaires 1996. 272* • 29 mai 2001 : *RJDA 2001, n° 1002 ; Dr. sociétés 2001, n° 161, note Legros ; RDBF 2001, n° 237, obs. F.-X. Lucas* • Versailles, 30 sept. 1993 : *Dr. sociétés 1994, n° 29, obs. Chaput.*

2. Actes visés. En cas de conversion d'une procédure de sauvegarde en redressement puis en liquidation judiciaires, la période suspecte ne peut comprendre la période d'observation de la procédure de sauvegarde. • Com. 18 mai 2016, n° 14-24.910 P : *cité note 8.*

Les paiements effectués par le débiteur après la date de cessation des paiements au titre des cotisations sociales incluant celles précomptées sur les salaires peuvent être annulés ou rapportés, dès lors qu'il est établi que le créancier avait connaissance de l'état de cessation des paiements. • Com. 21 juin 2005, n° 03-21.163 P : *D. 2005. AJ 1850, obs. Lienhard ; APC 2005, n° 154, obs. Vallansan ; Gaz. Pal. 4-5 nov. 2005, p. 37, obs. Roussel Galle ; RTD com. 2005. 847, obs. Martin-Serf* .

3. Paiements et actes à titre onéreux prohibés. BIBL. Martin-Serf, *RPC 2000. 167* (cession Dailly). ♦ Il résulte de la combinaison des art. 108 et 109 [C. com., art. L. 632-2 et L. 632-3] que le paiement par chèque échappe à l'action en nullité de l'art. 108 [C. com., art. L. 632-2] et se trouve soumis à l'action en rapport. • Com. 14 mars 2000, n° 97-15.136 P : *D. 2000. AJ 186, obs. Lienhard ; APC 2000, n° 93, obs. Regnaut-Moutier ; RPC 2002. 282, obs. Blanc.* ♦ V. note 4 ss. art. L. 632-3.

4. Le paiement d'un compte courant d'associé, lorsqu'il constitue un paiement de dette échue, n'est soumis à nullité de la période suspecte que si l'associé avait conscience de la situation réelle de la société, de sa cessation des paiements. • Metz, 4 avr. 1991 : *Dr. sociétés 1992, n° 80, obs. Chaput.* ♦ Ainsi, doit être annulé le remboursement par la société anonyme du compte courant d'associés présentant un solde créditeur au profit des actionnaires, dès lors qu'il est intervenu au cours de la période suspecte et que la connaissance de l'état de cessation des paiements par les intéressés résulte suffisamment de leur qualité soit de dirigeants sociaux, soit d'actionnaires ayant des liens de parenté avec les premiers. • Versailles, 30 sept. 1993 : *préc. note 1.* – V. aussi • Com. 29 mai 2001 : *préc. note 1* • Rennes, 17 nov. 1993 : *RJ com. 1994. 242, note Grua ; Rev. proc. 1995. 450, obs. Lemistre,* conf. par • Com. 24 oct. 1995 : *préc. note 1* • Versailles, 24 mars 1994 : *RPC 1995. 450, obs. Lemistre* (banquier acceptant les remises, mais rejetant les chèques tirés sur le compte) • Paris, 17 mai 1994 : *D. 1994. IR 179 ; BJS 1994. 849 ; Dr. sociétés 1995, n° 54, obs. Chaput* (compensation par le président du conseil d'administration entre sa quote-part de capital non libérée et son avance en compte courant). ♦ V. aussi note 19.

5. Les conventions de cession de créances professionnelles ou de remise à l'escompte d'effets de commerce ne peuvent tomber sous le coup d'une nullité facultative que si elles ont été conclues après la date de cessation des paiements. • Com. 19 janv. 1999 : *APC 1999, n° 71 ; Dr. sociétés 1999, n° 52, obs. Chaput.*

6. L'avantage consenti au créancier par la L. n° 81-1 du 2 janv. 1981 [désormais codifiée au C. mon. fin.] ne saurait lui être retiré même en cas d'ouverture d'une procédure collective à l'encontre de son débiteur, sans que soit rapportée la preuve de la connaissance qu'il avait de la situation irrémédiablement obérée de ce dernier ou à tout le moins de la fraude résultant de l'opération envers ledit débiteur ou les autres créanciers ; la cession litigieuse ne constituant pas une opération isolée, mais s'inscrivant dans le cadre d'une « convention de cession de créances en garantie de concours » conclue antérieurement à la date de cessation des paiements, il n'y a pas lieu d'annuler les cessions de créances au profit de la banque. • Rennes, 16 sept. 1992 : *D. 1994. Somm. 82, obs. Honorat* . – Dans le même sens : • Com. 20 févr. 1996, n° 94-10.156 P : *D. 1996. Somm. 283, obs. Honorat ; Banque mai 1996. 97, obs. Guillot ; RTD com. 1996. 309, obs. Cabrillac* • Paris, 18 juin 2002 : *BICC 2004, n° 976.* – V. Raynaud-Contamine, *Mél. Jeantin, Dalloz, 1999, p. 443.* – Comp. : • T. com. Paris, 13 nov. 2001 : *RDBF 2002, n° 184, obs. Cerles.*

7. L'art. 108 [C. com., art. L. 632-2] est inapplicable à des opérations de crédit, notamment résultant de cessions de créances, faites au cours du fonctionnement d'un compte courant lesquelles ne peuvent s'analyser comme des paiements, de telles cessions de créances n'étant effectivement consenties qu'en vue de garantir le paiement du solde débiteur qui, lors de la clôture, constitue, s'il est négatif, la créance exigée de la banque, les différents articles d'un compte courant étant indivisibles. • Paris, 15 juin 1993 : *D. 1993. IR 252* , conf. par • Com. 28 mai 1996 : *cité note 39 ss. art. L. 632-1.* – V. aussi : • Com. 20 janv. 1998 : *Banque mars 1998. 89, obs. Guillot ; Rev. dr. bancaire 1998. 73, obs. Campana et Calendini ; RJDA 1998, n° 626* • 26 juin 2001 : *APC 2001, n° 216, obs. Bonhomme* • Paris, 24 févr. 1998 : *D. 1998. IR 89* • 25 févr. 2000 : *D. 2000. AJ 226* . ♦ Comp. note 15.

8. Les remises de chèques effectuées par la société débitrice sur son compte courant après la date de cessation des paiements et avant l'ouverture de la sauvegarde ne peuvent valoir paiement d'une dette échue au sens de l'art. L. 632-2 C. com. que si elles ont eu lieu dans le cadre d'un fonctionnement anormal du compte n'enregistrant que les remises à son crédit. • Com. 18 mai 2016, n° 14-24.910 P : *D. 2016. Actu. 1132 ; RTD com. 2016. 852, obs. Martin-Serf ; JCP E 2016. 1465, n° 7, obs. Pétel ; APC 2016, n° 142, obs. Monsèrié-Bon ; LEDEN 7/2016. 2, obs. Mouial-Bassilana ; BJE 2016. 274, note Bonhomme ; RJDA 2016, n° 635 ; RDBF 2016, n° 178, obs. Houin-Bressand ; Gaz. Pal. 18 oct. 2016, p. 62, obs. Roussel Galle.* ♦ L'annulation d'un prélèvement et le rejet d'un chèque ne constituent pas des paiements pour dettes échues ou des actes à titre onéreux au sens de l'art. L. 621-108 [L. 632-2] C. com. • Com. 2 oct. 2007, n° 05-20.324 P : *D. 2007. AJ 2611 ; JCP E 2008. 1207, n° 9, obs. Cabrillac ; Gaz. Pal. 23-24 janv. 2008, p. 51, obs. Roussel Galle ; RTD com. 2008. 184, obs. Martin-Serf ; RPC 2008, n° 71, obs. Blanc.*

9. Constitue un paiement anormal la reprise d'un stock de marchandises au cours de la période suspecte, avec émission d'avoirs correspondant à la valeur des marchandises reprises et inscription de cette opération au crédit du compte courant du débiteur. • Nîmes, 26 févr. 2004 : *RDBF 2004, n° 210, obs. F.-X. Lucas.*

10. Sur l'exclusion, du champ d'application de l'art. 108 [C. com., art. L. 632-2], des paiements effectués par une personne autre que le débiteur, V. • Com. 20 mai 1997 : *RJDA 1997, n° 1274 ; RPC 1998. 88, obs. Canet* • 1er avr. 2008 : *RTD com. 2008. 869, obs. Martin-Serf.* ♦ De même, le paiement effectué par le séquestre étant un paiement de sommes qui n'appartenaient plus au vendeur dès la constitution du séquestre, les conditions d'application de l'art. 108 [C. com., art. L. 632-2] ne peuvent être réunies, ce texte n'intéressant que les paiements effectués à partir du patrimoine du débiteur. • Paris, 25 nov. 1997 : *RJ com. 1999. 23, note Convert.*

11. L'acte de partage de la communauté auquel ont procédé des ex-époux à la suite de leur divorce pour faute constitue un acte à titre onéreux. • Civ. 1re, 3 juin 2003 : *cité note 11 ss. art. L. 632-1.*

12. Saisie-attribution et avis à tiers détenteur (jurisprudence issue de L. 26 juill. 2005). Pour des exemples d'application de l'art. L. 632-2, al. 2, V. • Toulouse, 10 mai 2007 : *JCP E 2008. 1643, note Lebel ; RPC 2008, n° 72, obs. Blanc* • Paris, 29 mai 2007 : *RPC 2008, n° 72, obs. Blanc.* ♦ V. aussi note 15.

13. Après avoir constaté que les conditions pour prononcer la nullité [d'un avis à tiers détenteur délivré en période suspecte] sont réunies, le juge, saisi d'une action en nullité fondée sur l'art. L. 632-2 C. com., dans sa rédaction issue de la loi du 26 juill. 2005, jouit de la faculté de prononcer ou non cette mesure. • Com. 12 janv. 2010, n° 09-11.119 P : *D. 2010. Pan. 1820, obs. F.-X. Lucas ; ibid. AJ 204, obs. Lienhard ; RTD com. 2010. 426, obs. Martin-Serf ; JCP E 2010. 1296, n° 7, obs. Cabrillac ; APC 2010, n° 61, obs. Cagnoli ; RJDA 2010, n° 270 ; LEDEN 3/2010. 3, obs. Rubellin ; Dr. et pr. 2010. 129, note Lauvergnat ; RDBF 2010, n° 67, obs. S. Piedelièvre ; Gaz. Pal. 16-17 avr. 2010, p. 32, obs. Roussel Galle ; RTD civ. 2010. 102, obs. Fages ; ibid. 376, obs. Perrot ; Defrénois 2010. 1478, obs. Gibirila ; RJ com. 2010. 301, note Sortais ; RPC 2010, n° 232, obs. Blanc.* – V. Rapp. Delmotte, *RJDA 2010. 215.*

14. Saisie-attribution et avis à tiers détenteur (jurisprudence antérieure à L. 26 juill. 2005). BIBL. Martin-Serf, *RPC 2000. 167* (avis à tiers détenteur). ♦ V. notes 72 s. ss. art. L. 622-21. ♦ Avant la loi du 26 juill. 2005, les mesures d'exécution forcée n'entraient pas dans le champ d'application de l'art. 108. • Com. 16 juin 1998, n° 96-17.050 P : *D. 1998. IR 216 ; D. Affaires 1998. 1272, obs. A. L. ; JCP E 1998, n° 52, p. 2065, obs. Cabrillac* (pour un avis à tiers détenteur) • 26 oct. 1999 : *RJDA 2000, n° 65* (pour une saisie-exécution). ♦ L'art. 108, devenu l'art. L. 621-108 C. com., n'était pas applicable à la saisie-attribution, qui constitue une mesure d'exécution forcée et non un paiement volontaire. • Com. 29 avr. 2003 : *cité note 49 ss. art. L. 632-1.*

En revanche, étaient privées de fondement les saisies-attributions pratiquées en exécution d'une reconnaissance de dette tombant sous le coup de l'art. L. 621-108 C. com. • Com. 1er oct. 2002, n° 01-03.216 P : *D. 2002. AJ 2869, obs. Lienhard ; APC 2002, n° 238, obs. Boulay ; JCP E 2003, n° 6, p. 268, obs. Cabrillac ; Dr. et pr. 2003. 108, note Delattre ; RDBF 2003, n° 82, obs. F.-X. Lucas.*

Comp., désormais : art. L. 632-2, al. 2, dans sa réd. issue de L. n° 2005-845 du 26 juill. 2005.

15. Connaissance de la cessation des paiements. Les juges du fond disposent d'un pouvoir souverain d'appréciation des preuves qui leur sont soumises pour admettre, ou non, que le créancier connaissait l'état de cessation des paiements. • Com. 2 févr. 1999 : *D. 1999. IR 77 ; D. Affaires 1999. 379, obs. A. L. ; APC 1999, n° 60, obs. Vallansan.* ♦ La connaissance personnelle, par le bénéficiaire d'un paiement pour dettes échues, de la cessation des paiements du débiteur ne résulte pas nécessairement, lorsque celui-ci est une personne morale, de la qualité de dirigeant du bénéficiaire. • Com. 19 nov. 2013, n° 12-25.925 P : *D. 2013. Actu. 2767, obs. Lienhard ; Rev. sociétés 2014. 203, obs. Henry ; RTD com. 2014. 698, obs. Martin-Serf ; LEDEN 1/2014. 2, obs. Favario ; Gaz. Pal. 12-14 janv. 2014, p. 33, obs. Roussel Galle ; BJS 2014. 106, note Mouial-Bassilana ; RJDA 2014, n° 255 ; BJE 2014. 102, note Benilsi ; Dr. sociétés 2014, n° 107, note Legros.* ♦ La connaissance de l'état de cessation des paiements exigée par l'art. L. 632-2 C. com. est personnelle à chaque bénéficiaire d'un paiement annulable. • Même arrêt. ♦ La connaissance qu'un huissier de justice [qui, en sa qualité de mandataire de plusieurs créanciers, a pratiqué des saisies-attributions au cours de la période suspecte] a de la cessation des paiements du débiteur n'implique pas celle de son mandant. • Com. 2 déc. 2014 : *D. 2014. Actu. 2519 ; RTD com. 2015. 590, obs. Martin-Serf ; JCP E 2015. 1204, n° 7, obs. Pétel ; LEDEN 1/2015. 3, obs. Camensuli-Feuillard ; APC 2015, n° 10, obs. Vallansan ; BJE 2015. 115, note Lisanti ; Gaz. Pal. 1er-5 mai 2015, p. 36, obs. Roussel Galle ; RPC 2015, n° 131, obs. Blanc.* ♦ Avait connaissance de la cessation des paiements la banque dont le créancier cédé par bordereau était le client, qui avait conclu avec cette banque une convention de compte courant ; la banque, qui avait des relations d'affaires permanentes et suivies avec son client, ne pouvait ignorer sa situation financière. • Paris, 26 mai 1994 : *D. 1994. IR 207 ; RPC 1995. 450, obs. Lemistre.* ♦ En revanche, le rejet de chèques et la notification d'une interdiction d'émettre des chèques ne caractérisent pas la connaissance de l'état de cessation des paiements. • Besançon, 10 avr. 1998 : *APC 1998, n° 98.* ♦ V. aussi, sur l'insuffisance d'éléments tels que la connaissance de l'existence d'une saisie-arrêt, et les mises en demeure déjà adressées par le créancier au débiteur, • Com. 31 mars 1998 : *RJDA 1998, n° 1015.*

16. Le créancier qui assigne son débiteur en redressement judiciaire a connaissance de l'état de cessation des paiements de ce dernier. • Paris, 13 sept. 1994 : *RJDA 1994, n° 1370 ; D. 1994. IR 237.*

17. Mais la preuve de la connaissance de la cessation des paiements ne résulte pas de la seule proximité de la date de l'opération critiquée et de celle du jugement d'ouverture. • Com. 25 oct. 1994 : *RPC 1995. 449, obs. Lemistre.*

18. Le créancier qui consent le moratoire crée les conditions de l'absence de cessation de paiements, de sorte que les règlements qu'il reçoit en exécution de la convention ne peuvent être annulés. • Aix-en-Provence, 25 janv. 1996 : *RPC 1998. 208, obs. Lemistre.* ♦ Cependant, si, malgré le moratoire, les retards de paiements continuent à s'accumuler envers le même créancier, celui-ci s'expose à ce que tous les paiements qu'il reçoit soient immanquablement annulés. • Paris, 24 janv. 1997 : *RPC 1998. 208, obs. Lemistre.*

19. Pour une opération de compensation entre la fraction non libérée du capital social due par le dirigeant d'une SA en liquidation judiciaire et sa créance de rémunération, V. • Com. 28 mai 1996, n° 94-10.688 P : *Defrénois 1997. 470, obs. Le Cannu ; BJS 1996. 948, note Calendini* • Rennes, 11 janv. 1995 : *RPC 1997. 79, obs. Mestre et Laude.*

20. La connaissance par le créancier de la cessation des paiements de son débiteur doit s'apprécier, non au jour des reconnaissances de dettes signées par le débiteur, mais au jour des paiements effectués par celui-ci. • Com. 17 juill. 2001 : *RPC 2002. 280, obs. Blanc.*

21. Sur la charge de la preuve, V. en ce sens qu'elle pèse sur le demandeur à l'action, • Paris, 13 déc. 2007 : *D. 2008. AJ 221, obs. Lienhard.*

22. *Mauvaise foi.* L'art. 108, devenu l'art. L. 621-108 [L. 632-2] C. com., n'exige pas la preuve de la mauvaise foi de ceux qui ont traité avec le débiteur, mais seulement la connaissance de la cessation des paiements. • Com. 29 mai 2001 : *préc. note 1.*

Art. L. 632-3 **Les dispositions des articles L. 632-1 et L. 632-2 ne portent pas atteinte à la validité du paiement d'une lettre de change, d'un billet à ordre ou d'un chèque.**

Toutefois, l'administrateur ou le mandataire judiciaire peut exercer une action en rapport contre le tireur de la lettre de change ou, dans le cas de tirage pour compte, contre le donneur d'ordre, ainsi que contre le bénéficiaire d'un chèque et le premier endosseur d'un billet à ordre, s'il est établi qu'ils avaient connaissance de la cessation des paiements. – *[C. com., anc. art. L. 621-109.]*

BIBL. ► SORTAIS, *Mél. Tricot, Dalloz-Litec, 2011, p. 593* (l'action en rapport et le chèque).

1. Il résulte de l'art. 109, al. 1er [C. com., art. L. 632-3], que le paiement des billets à ordre émis par le débiteur soumis à une procédure collective ne peut être attaqué par la voie de l'action ou de l'exception en nullité de la période suspecte. • Com. 25 nov. 1997, n° 95-18.692 P : *D. 1998. IR 22 ; D. Affaires 1998. 115, obs. V. A.-R.*

2. Il résulte de l'art. L. 621-109 [L. 632-3], al. 1er, C. com. que les dispositions des art. L. 621-107 et L. 621-108 [L. 632-1 et L. 632-2] ne portent pas atteinte à la validité du paiement d'une lettre de change, peu important que celle-ci n'ait pas circulé. • Com. 28 janv. 2004, n° 01-00.741 P : *D. 2004. AJ 501, obs. Lienhard ; JCP E 2004, n° 24, p. 962, note S. Piedelièvre ; APC 2004, n° 89, obs. Boulay ; Defrénois 2004. 1651, obs. Gibirila ; RTD com. 2005. 147, obs. Martin-Serf.*

3. La souscription d'effets (billets à ordre) demeurés impayés n'est pas susceptible d'être attaquée sur le fondement de l'art. 109, al. 2 [C. com., art. L. 632-3]. • Com. 17 déc. 1996 : *D. 1997. IR 31 ; D. Affaires 1997. 252.*

4. Il résulte des dispositions des art. L. 632-1, I, al. 1er, et L. 632-3, al. 2, C. com. que le paiement par chèque de banque intervenu depuis la date de cessation des paiements est soumis à l'action en rapport, dès lors que le débiteur a fourni la contrepartie à l'établissement de crédit émetteur du chèque. • Com. 3 juill. 2012, n° 11-22.974 P : *D. 2012. Chron. C. cass. 2552, obs. Guillou ; ibid. Actu. 1813, obs. Lienhard ; RTD com. 2012. 595, obs. Legeais ; ibid. 2013. 146, obs. Martin-Serf ; JCP E 2012. 1757, n° 11, obs. Pétel ; DP diff. entr., Bull. n° 339, obs. Rémery ; APC 2012, n° 202, obs. S. Piedelièvre ; BJE 2012. 300, note Bonhomme ; RJDA 2012, n° 881 ; LEDEN 10/2012. 3, obs. Rubellin ; Gaz. Pal. 12-13 oct. 2012, p. 33, obs. Bonhomme ; RPC 2013, n° 17, obs. Blanc.* – V. Zinty, *RPC 2012. Étude 43.*

5. Pour un arrêt considérant que c'est à la date de l'émission du billet à ordre que doit s'apprécier la connaissance par la banque bénéficiaire de l'état de cessation des paiements, V. • Com. 5 mai 2004 : *RPC 2004. 388, obs. Blanc.*

6. Le commissaire à l'exécution du plan a qualité pour engager l'action en rapport prévue par l'art. L. 621-109 [L. 632-3]. • Com. 23 nov. 2004 : *cité note 2 ss. art. L. 626-24 ; D. 2005. Pan. 296, obs. Le Corre*.

7. Sur la compensation opposée par le tiré en cas de redressement judiciaire du tireur, V. note 34 ss. art. L. 622-7.

8. En cas de redressement judiciaire du tiré, V. note 40 ss. art. L. 622-24.

Art. L. 632-4 *(L. nº 2005-845 du 26 juill. 2005, art. 96)* **« L'action en nullité est exercée par l'administrateur, le mandataire judiciaire, le commissaire à l'exécution du plan** *(Abrogé par Ord. nº 2008-1345 du 18 déc. 2008, art. 89)* **« , *le liquidateur* » ou le ministère public. » Elle a pour effet de reconstituer l'actif du débiteur.** – *[C. com., anc. art. L. 621-110.]*

1. Délai pour agir. Il ne peut être soutenu que l'action en nullité d'un droit de nantissement constitué sur les biens du débiteur pour dettes antérieurement contractées, qui a pour effet de reconstituer l'actif du débiteur, n'est enfermée dans aucun délai, a un caractère autonome et est susceptible d'être exercée tant antérieurement que postérieurement au dépôt de l'état des créances et de remettre en cause des décisions préalablement arrêtées par le juge-commissaire quant à l'admission des créances, alors que l'autorité de la chose jugée attachée à la décision d'admission de la créance par le juge-commissaire, dont le caractère irrévocable n'est pas contesté, est générale et peut être invoquée même en cas de report de la date de cessation des paiements. • Com. 12 nov. 1991, nº 89-19.454 P : *D. 1992. Somm. 183, obs. Honorat* (V. l'arrêt cassé : • Douai, 8 juin 1989 : *D. 1989. Somm. 371, obs. crit. Honorat*). ♦ Comp., jugeant que l'action en nullité prévue par l'art. 107 [C. com., art. L. 632-1] n'est soumise à aucun délai de rigueur : • Paris, 18 févr. 1992 : *D. 1992. IR 142.*

L'autorité de la chose jugée attachée à la décision d'admission d'une créance prononcée à titre privilégié, à raison de l'inscription d'une hypothèque judiciaire, fait obstacle à l'action en nullité de cette inscription sur le fondement de l'art. L. 632-1, I, 6º, même en cas de report de la date de la cessation des paiements. • Com. 19 déc. 2018, nº 17-19.309 P : *D. 2019. Actu. 4 ; RTD com. 2019. 216, obs. Martin-Serf ; JCP E 2019. 1161, note Marquet ; APC 2019, nº 20, obs. Cagnoli ; DP diff. entr., Bull. nº 410, obs. Rémery ; LEDEN 2/2019. 4, obs. Croze ; RJDA 2019, nº 212 ; BJE 3-4/2019. 66, note Saint-Alary-Houin ; RDBF 2019, nº 59, obs. Houin-Bressand.*

Si l'admission d'une créance d'une banque rend irrecevable, comme contraire à l'autorité de la chose jugée, toute contestation du solde débiteur d'un compte courant, rien ne s'oppose, en revanche, à ce que des remises opérées de façon anormale par le débiteur pendant la période suspecte soient annulées par application de l'art. 108 [C. com., art. L. 632-2], la décision d'admission n'ayant pas pour effet de réputer réguliers les paiements qui, effectués en période suspecte, auraient diminué le solde débiteur à une date où la banque avait connaissance de la cessation des paiements. • Com. 24 oct. 1995, nº 94-10.399 P : *D. 1996. 86, note crit. Derrida ; D. Affaires 1995. 200 ; RTD com. 1996. 344, obs. Martin-Serf* • 9 juill. 1996 : *D. 1996. IR 185 ; D. Affaires 1996. 1170 ; RPC 1998. 208, obs. Lemistre.*

La décision de rejet de la créance ne rend pas irrecevable, comme contraire à l'autorité de la chose jugée, l'action en nullité de la cession des créances professionnelles faite par le débiteur au cours de la période suspecte. • Com. 8 juin 1999, nº 96-22.071 P : *D. 1999. Somm. 352, obs. Honorat ; D. Affaires 1999. 1117, obs. V. A.-R. ; LPA 8 juill. 1999, p. 9, note P. M. ; RTD com. 2000. 183, obs. Martin-Serf ; RPC 2002. 274, obs. Blanc.* ♦ De même, l'admission d'un créancier pour la partie impayée de sa créance ne met pas obstacle à l'action en nullité des paiements partiels reçus en période suspecte. • Com. 7 déc. 1999, nº 96-18.141 P : *D. 2000. AJ 32, obs. A. L. ; JCP E 2000, nºs 18-19, p. 751, obs. Cabrillac ; LPA 3 juill. 2000, p. 24, note Courtier ; RTD com. 2000. 1016, obs. Martin-Serf* • 25 févr. 2004 : *RPC 2004. 384, obs. Blanc.*

Les actions en nullité des actes visés par les art. L. 621-107 et L. 621-108 [L. 632-1 et L. 632-2] C. com. ne relèvent pas de la prescription décennale [quinquennale, depuis la loi du 17 juin 2008] édictée par l'art. L. 110-4 C. com. • Com. 30 mars 2010 : *D. 2010. Actu. 1017, obs. Lienhard ; RTD com. 2010. 433, obs. Vallens ; ibid. 614, obs. Martin-Serf ; LEDEN 6/2010. 6, obs. Camensuli-Feuillard ; Gaz. Pal. 2-3 juill. 2010, p. 31, obs. Roussel Galle ; RPC 2010, nº 225, obs. Blanc.* ♦ Elles ne sont pas non plus soumises au délai quinquennal de l'art. 1304 [2224] C. civ., applicable aux seules conventions. • Paris, 20 déc. 2007 : *JCP 2008. IV. 1230 ; LPA 9 avr. 2008, note Sortais ; RJDA 2008, nº 557.* ♦ L'action en nullité prévue à l'art. L. 621-107 C. com. dans sa rédaction antérieure à la loi du 26 juill. 2005 peut être exercée par ses titulaires, notamment le liquidateur judiciaire, aussi longtemps que ces derniers restent en fonction. • Com. 21 sept. 2010, nº 08-21.030 P : *D. 2010. Actu. 2221, obs. Lienhard ; RTD com. 2010. 797, obs. Vallens ; ibid. 2011. 419, obs. Martin-Serf ; Rev. sociétés 2011. 311, note Boillot ; JCP E 2010. 1946, note Reifegerste ; LEDEN 11/2010. 2, obs. Rubellin ; APC 2010, nº 261, obs. Reille ; Gaz. Pal. 7-8 janv. 2011, p. 37, obs. Roussel Galle ; RJDA 2011, nº 190 ; BJE 2011. 136, note Delattre.* ♦ Solution transposable sous le régime issu de la loi du 26 juill. 2005.

Il résulte des art. 3 et 2221 C. civ. que, en droit international privé commun, l'action qu'exercent les organes d'une procédure collective en annulation, révocation ou inopposabilité d'actes passés par le débiteur avant l'ouverture de celle-ci et estimés préjudiciables aux créanciers est, en raison de son lien avec la procédure, soumise au droit applicable à celle-ci, y compris en ce qui concerne les délais pour agir. • Com. 2 oct. 2012, n° 10-18.005 P : *D. 2013. 62, note Jault-Seseke et Robine* (1re esp.) ; *D. 2012. Actu. 2386, obs. Lienhard* ; *D. 2013. Pan. 2303, obs. d'Avout* ; *RTD com. 2013. 149, obs. Martin-Serf* ; *Rev. crit. DIP 2013. 201, note Bureau* ; *JCP E 2012. 1757, n° 12, obs. Pétel ; APC 2012, n° 274, obs. V. Legrand ; RJDA 2012, n° 1121 ; RPC 2012, n° 191, obs. Menjucq ; BJE 2013. 36, note Henry.*

2. Qualité pour agir. Le débiteur, n'étant pas autorisé par l'art. L. 632-4 C. com. à agir en annulation d'actes accomplis pendant la période suspecte, ne l'est pas davantage à former appel de la décision qui a statué sur une demande d'annulation. • Com. 8 mars 2017, n° 15-18.495 P : *D. 2017. Actu. 566* ; *RTD com. 2017. 696, obs. Martin-Serf* ; *JCP E 2017. 1450, note Lebel ; APC 2017, n° 114, obs. Cagnoli ; LEDEN 5/2017. 2, obs. Staes ; BJE 2017. 223, note Favario ; Dr. sociétés 2017, n° 110, note Legros ; Gaz. Pal. 27 juin 2017, p. 61, obs. Roussel Galle.* ♦ Pour l'absence de qualité du débiteur à former un pourvoi en cassation contre une telle décision, la société serait-elle redevenue maîtresse de ses biens par suite de l'arrêté d'un plan de redressement, V. • Com. 2 déc. 2014, n° 13-24.308 P : *D. 2014. Actu. 2518* ; *RTD com. 2015. 159, obs. Martin-Serf* ; *ibid. 160, obs. Vallens* ; *RJDA 2015, n° 205 ; Gaz. Pal. 1er-5 mai 2015, p. 37, obs. Roussel Galle ; RJ com. 2015. 339, obs. Sortais ; RPC 2015, n° 121, obs. Blanc.* – V. déjà • 12 juin 2001, n° 98-19.873 P : *D. 2001. AJ 2034, obs. Lienhard* . ♦ Un créancier n'a pas qualité pour invoquer personnellement la nullité d'un paiement, fût-ce par voie d'exception. • Com. 6 mai 1997, n° 94-16.133 P : *D. 1997. Somm. 313, obs. Honorat* ; *D. Affaires 1997. 735 ; RTD com. 1999. 201, obs. Martin-Serf* . ♦ V. aussi note 16. ♦ De même, la caution n'est pas fondée à se prévaloir de cette nullité. • Com. 25 févr. 2004 : *RJDA 2004, n° 1021 ; RPC 2004. 382, obs. Blanc.* ♦ Toutefois, les tiers peuvent se prévaloir de la nullité dès lors que celle-ci a été prononcée (débiteur cédé se prévalant de la nullité d'une cession de créance). • Com. 3 juin 1997 : *D. Affaires 1997. 860 ; RTD com. 1999. 202, obs. Martin-Serf* . ♦ V. aussi notes 13 et 26.

3. Seuls ont qualité pour demander, par voie d'action ou d'exception, la nullité d'actes accomplis en période suspecte par le débiteur soumis à une procédure collective, les mandataires de justice désignés dans cette procédure collective (et non ceux désignés dans celle ouverte à l'encontre du donneur d'aval de billets à ordre émis par le débiteur). • Com. 25 nov. 1997, n° 95-18.692 P : *D. 1998. IR 22* ; *D. Affaires 1998. 115, obs. V. A.-R. ; RTD com. 1999. 201, obs. Martin-Serf* .

4. Le liquidateur, qui exerce les fonctions dévolues au mandataire judiciaire, a qualité pour agir en nullité d'un acte accompli en période suspecte. • Com. 1er avr. 2014, n° 13-14.086 P : *D. 2014. Actu. 869, obs. Lienhard* ; *RTD com. 2014. 695, obs. Martin-Serf* ; *JCP E 2014. 1346, note Lebel ; DP diff. entr., Bull. n° 358, obs. Rémery ; LEDEN 5/2014. 2, obs. Mouial-Bassilana ; Gaz. Pal. 29 juin-1er juill. 2014, p. 31, obs. Roussel Galle ; RJDA 2014, n° 711 ; RPC 2015, n° 121, obs. Blanc.* ♦ Le liquidateur qui demande à titre principal la nullité d'un acte sur le fondement des dispositions de l'art. L. 632-1, I, 2°, ne se substitue pas au débiteur dessaisi pour agir en son nom mais exerce une action au nom et dans l'intérêt collectif des créanciers. • Soc. 12 juin 2019, n° 17-26.197 P : *D. 2019. Actu. 1277* ; *RTD com. 2019. 996, obs. Martin-Serf* ; *JCP E 2019. 1446, note Jacotot ; LEDEN 9/2019. 4, obs. Joly ; APC 2019, n° 211, obs. Fin-Langer ; RPC 2019, n° 127, obs. Cagnoli.*

5. Le jugement qui a arrêté le plan de cession ayant mis fin aux fonctions de l'administrateur même en ce qui concerne les pouvoirs nécessaires à la mise en œuvre du plan, celui-ci, ayant perdu la qualité d'administrateur du redressement judiciaire, est irrecevable à agir en nullité des actes faits durant la période suspecte. • Com. 1er févr. 2000 : *RJDA 2000, n° 566 ; RTD com. 2001. 215, obs. Saint-Alary-Houin* .

6. Si le représentant des créanciers demeure en fonction pendant le temps nécessaire à la vérification des créances, cette fonction n'implique pas qu'il puisse poursuivre une action en nullité de la période suspecte. • Com. 17 déc. 2003 : *RPC 2004. 382, obs. Blanc.*

7. Le commissaire à l'exécution du plan de cession, nommé après la résolution d'un précédent plan de redressement [dans le régime antérieur à la loi du 26 juill. 2005], n'a pas qualité pour engager une action en nullité des paiements ou des actes faits durant la période suspecte antérieure à l'ouverture de la procédure initiale. • Com. 13 nov. 2007, n° 05-13.248 P : *D. 2007. AJ 3010, obs. Lienhard (2e esp.)* ; *D. 2008. Pan. 573, obs. F.-X. Lucas* ; *JCP E 2008. 1155, note Cholet ; ibid. 1432, n° 8, obs. Pétel ; RPC 2008, n° 65, obs. Blanc ; RTD com. 2008. 868, obs. Martin-Serf* .

8. Lorsque l'action en nullité de la période suspecte a été engagée par le commissaire à l'exécution du plan et que la mission de celui-ci a pris fin, seul un mandataire *ad hoc* désigné par le tribunal devant lequel s'est déroulée la procédure de redressement judiciaire peut poursuivre l'instance. • Com. 12 juin 2001 : *RPC 2002. 272, obs. Blanc ; RDBF 2002, n° 19, obs. F.-X. Lucas.*

9. Sur le défaut de qualité pour agir de l'AGS, V. • Soc. 13 févr. 2008 : *Gaz. Pal. 27-29 avr. 2008, p. 36, obs. Duprat.* ♦ Toutefois, bien que ce soit l'AGS qui ait invoqué la nullité du contrat de travail, lorsque le liquidateur, en cause d'appel, demande également l'infirmation du jugement et l'annulation du contrat de travail, cet appel provoqué permet à la cour d'appel de statuer sur le fondement de l'art. L. 621-110 C. com. • Soc. 2 déc. 2009 : *D. 2010. AJ 13 ; LEDEN, févr. 2010, p. 4, obs. F.-X. Lucas ; APC 2010, n° 46, obs. Fin-Langer ; RLDA avr. 2010. 20, obs. Gibirila.*

10. Intérêt à agir. Sur le défaut d'intérêt à agir du représentant des créanciers, dès lors que la liquidation judiciaire de la société avait été clôturée pour extinction du passif et qu'il avait été mis fin au redressement judiciaire de son dirigeant après adoption du plan d'apurement de son passif, l'intégralité des sommes destinées à couvrir ce passif ayant été consignée entre les mains du représentant des créanciers avant la date de l'assignation en nullité, V. • Com. 29 oct. 1991, n° 90-11.354 P.

11. Nécessité d'un préjudice. V. note 1 ss. art. L. 632-2.

12. Autonomie de l'action. V. note 1, et note 82 ss. art. L. 651-2.

13. Nature de la nullité. La nullité des actes faits par le débiteur depuis la cessation des paiements, telle que prévue par l'art. 107 [C. com., art. L. 632-1], est une nullité relative, qui ne peut notamment être invoquée par le propre débiteur de la personne débitrice. • Com. 1er avr. 1997 : *D. Affaires 1997. 611.*

Cependant, les dispositions de l'art. 107 [C. com., art. L. 632-1] étant d'ordre public, le mandataire liquidateur ne peut librement renoncer à la nullité des actes mentionnés au 6° de ce texte. • Paris, 25 sept. 1998 : *D. Affaires 1998. 1698, obs. A.L.*

14. Action paulienne. **BIBL.** Courtier, *LPA 3 mars 1995.* – Pizzio-Delaporte, *RTD com. 1995. 715*. ♦ Sur l'ouverture aux créanciers de l'action paulienne fondée sur l'art. 1167 [1341-2] C. civ. lorsque l'inaction des mandataires de justice les contraint à agir, V. • Versailles, 28 janv. 1993 : *D. 1993. IR 95*, conf. sur ce point par • Com. 8 oct. 1996, n° 93-14.068 P : *D. 1997. 87, note Derrida ; D. Affaires 1996. 1294 ; JCP E 1997. II. 914, note Guyon.*

V. aussi note 49 ss. art. L. 621-2, note 10 ss. art. L. 622-20 et note 47 ss. art. L. 622-21.

15. Compétence. V. note 5 ss. art. R. 662-3. ♦ Le liquidateur qui demande, à titre principal, la nullité d'un acte sur le fondement des dispositions de l'art. L. 632-1, I, 2° C. com. ne se substitue pas au débiteur dessaisi pour agir en son nom mais exerce une action au nom et dans l'intérêt collectif des créanciers, de sorte qu'une clause compromissoire stipulée à l'acte litigieux est manifestement inapplicable au litige. • Com. 17 nov. 2015, n° 14-16.012 P : *D. 2015. Actu. 2439, obs. Lienhard ; Rev. sociétés 2016. 198, obs. Roussel Galle ; RTD com. 2016. 334, obs. Martin-Serf ; AJCA 2016. 43, obs. de Fontmichel ; JCP E 2016. 1135, note Lebel ; LEDEN 12/2015. 3, obs. Favario ; APC 2015, n° 319, obs. Fin-Langer ; Dr. sociétés 2016, n° 38, obs. Legros ; RJDA 2016, n° 135 ; BJE 2016. 121, note Vidal ; RPC 2016, n° 47, obs. Reille.*

16. Mesure d'instruction in futurum. En sa qualité de créancier de l'entreprise en redressement judiciaire, non habilité à exercer les actions spécifiques des art. 107 et 108 [C. com., art. L. 632-1 et L. 632-2], une société ne justifie pas d'un motif légitime pour demander l'institution d'une mesure d'instruction destinée à établir l'irrégularité alléguée d'actes préjudiciables aux créanciers accomplis par le débiteur au cours de la période suspecte et la connaissance de son état de cessation des paiements par ses cocontractants. • Com. 26 avr. 2000, n° 97-20.656 P : *D. 2001. Somm. 621, obs. Honorat ; ibid. 2000. AJ 267, obs. Lienhard ; RTD com. 2000. 728, obs. Vallens ; ibid. 2001. 235, obs. Martin-Serf ; BJS 2000. 793, note Menjucq.* ♦ V. note 2.

17. Contestation de la date de cessation des paiements. Le défendeur à l'action en nullité formée en vertu des art. L. 621-107 et L. 621-108 [L. 632-1 et L. 632-2] C. com., qui n'a pas exercé de tierce opposition dans les forme et délai de l'art. 156 du Décr. du 27 déc. 1985 [C. com., art. R. 661-2] contre la décision fixant ou reportant la date de cessation des paiements, ne peut plus la contester. • Com. 13 févr. 2007, n° 05-13.526 P : *RDBF 2007, n° 70, obs. F.-X. Lucas ; Gaz. Pal. 13-14 avr. 2007, p. 22, obs. Lebel ; ibid., p. 40, obs. Roussel Galle ; Defrénois 2007. 1553, obs. Gibirila.*

18. Restitution. En ce sens que le point de départ des intérêts légaux est la date où le paiement annulé a été reçu, V. • Com. 22 nov. 1994 : *RPC 1995. 450, obs. Lemistre.*

19. La créance résultant d'une obligation de rembourser un prêt à la suite de l'annulation, en application de l'art. 107 (3°) [C. com., art. L. 632-1], d'un paiement effectué avant le jugement d'ouverture a son origine antérieurement à ce jugement et doit être déclarée à la procédure collective. • Com. 30 oct. 2000, n° 97-21.077 P : *D. 2001. Somm. 618, obs. Honorat ; ibid. 2000. AJ 427, obs. Lienhard ; APC 2000, n° 239, obs. Vallansan ; JCP E 2001, n° 5, p. 219, obs. Pétel ; RTD com. 2001. 236, obs. Martin-Serf*. ♦ Dans le même sens, pour la créance de restitution du prix d'une vente annulée, V. • Com. 28 janv. 2004 : *D. 2005. Pan. 293, obs. Le Corre ; RJDA 2004, n° 856 (2e esp.) ; RPC 2004. 389, obs. Blanc* • 20 janv. 2009, n° 08-11.098 P :

D. 2009. AJ 425, obs. Lienhard ; *APC 2009, n° 65, obs. Vallansan* ; *RLDA 2009, n° 36, p. 23, obs. Guyader* ; *JCP E 2009. 1347, n° 6, obs. Cabrillac* ; *Gaz. Pal. 26-28 avr. 2009, p. 21, obs. Henry* ; *LEDEN, avr. 2009, p. 7, obs. Feuillard* ; *RPC 2009, n° 87, obs. Blanc* ; *ibid. n° 116, obs. Saint-Alary-Houin* ; *RTD com. 2009. 616, obs. Martin-Serf* ; *Defrénois 2010. 469, obs. Gibirila.*

20. La nullité du paiement prononcée en application de l'art. 108 [C. com., art. L. 632-2] ayant pour effet, en vertu de l'art. 110 [C. com., art. L. 632-4] de reconstituer l'actif du débiteur, toute compensation est exclue entre la dette de restitution consécutive au prononcé de la nullité de remises en compte courant effectuées après la date de cessation des paiements et une créance admise au passif de la procédure collective. • Com. 24 oct. 1995 : *préc. note 1* • 31 mars 1998 : *RJDA 1998, n° 1016* • Versailles, 6 mars 1997 : *JCP E 1997. Pan. 435.*

21. Sur la mise à l'écart des dispositions de l'anc. art. 1240 C. civ. (validité du paiement fait de bonne foi à celui qui est en possession de la créance, encore que le possesseur en soit par la suite évincé) en cas d'annulation d'une cession de créance consentie au cours de la période suspecte, V. • Com. 11 oct. 2011 : *D. 2011. Actu. 2534* ; *LEDEN 11/2011. 2, obs. Borga* ; *Gaz. Pal. 20-21 janv. 2012, p. 34, obs. Roussel Galle* ; *RPC 2013, n° 18, obs. Blanc.*

22. La restitution amiable par le créancier du débiteur des sommes reçues en vertu d'un paiement que la loi déclare nul de droit est opposable à la caution. • Com. 22 oct. 1996 : *D. 1997. IR 2* ; *Quot. jur. 19 nov. 1996, p. 12* ; *Rev. sociétés 1997. 596, note Didier* .

23. Sous-acquéreurs. Ni l'erreur commune, ni l'apparence ne peuvent faire obstacle aux conséquences, vis-à-vis des tiers sous-acquéreurs, même de bonne foi, de la nullité édictée par les art. 107 et 108 [C. com., art. L. 632-1 et L. 632-2]. • Com. 3 févr. 1998, n° 95-20.389 P : *D. 1999. 185, note Bénabent* ; *D. 1999. Somm. 70, obs. Honorat* ; *D. Affaires 1998. 339, obs. A. L.* ; *JCP E 1998, n° 17, p. 655, obs. Cabrillac* ; *RTD com. 1999. 201, obs. Martin-Serf* • 30 juin 2004, n° 02-13.465 P : *D. 2004. AJ 2301* ; *APC 2004, n° 191, obs. Vallansan.*

24. Nullité d'un contrat de travail. Si en cas de nullité du contrat de travail le travailleur doit être indemnisé pour les prestations qu'il a fournies, il ne peut prétendre au paiement de salaires. • Soc. 21 nov. 2018, n° 17-26.810 P : *D. 2018. Actu. 2303* ; *LEDEN 1/2019. 6, obs. Dedessus-Le-Moustier* ; *RPC 2019, n° 25, obs. Jacotot* ; *Gaz. Pal. 16 avr. 2019, p. 74, obs. Ben Cheikh-Vecchioni.*

25. Publicité foncière. **BIBL.** Dagot, *JCP 1986. I. 3262.* ♦ V. note 46 ss. art. L. 632-1.

26. Recours. La tierce opposition n'est pas ouverte, faute de qualité à agir, au débiteur cédé qui prétend critiquer le jugement ayant rejeté la demande du liquidateur judiciaire du cédant tendant à l'annulation de la cession de créance et rendu à la suite d'une action dont l'art. L. 621-110 [L. 632-4] C. com. réserve l'exercice à certaines personnes et dont il n'est pas titulaire. • Com. 18 janv. 2011, n° 09-71.071 P : *D. 2011. Actu. 302, obs. Lienhard* ; *RTD com. 2012. 619, obs. Martin-Serf* ; *APC 2011, n° 64, obs. Fricero* ; *LEDEN 3/2011. 4, obs. Parachkévova* ; *Gaz. Pal. 1er-2 avr. 2011, p. 34, obs. Roussel Galle* ; *RJDA 2011, n° 442* ; *BJE 2011. 210, note Sautonie-Laguionie* ; *RPC 2011, n° 130, obs. Blanc.*

TITRE QUATRIÈME DE LA LIQUIDATION JUDICIAIRE ET DU RÉTABLISSEMENT PROFESSIONNEL (*Ord. n° 2014-326 du 12 mars 2014, art. 57, en vigueur le 1er juill. 2014*).

RÉP. COM. v° *Entreprise en difficulté : liquidation judiciaire*, par Mouial-Bassilana.

BIBL. GÉN. ► Teboul, *LPA 27 oct. 2005.* – Legros, *Dr. sociétés 2005. Étude 16.* – Delfosse et Péniguel, *JCP N 2005, n° 41, p. 1712.* – Monsèrié-Bon, *RPC 2005. 367.* – Froehlich, *RLDA, suppl. au n° 88, déc. 2005, p. 28.* – Froehlich et M. Sénéchal, *LPA, n° spéc., 9 févr. 2006, p. 4* (commentaire article par article). – Gorrias, *ibid., 17 févr. 2006, p. 96.* – Roussel Galle, *LPA 14 juin 2007.* ► Sur l'ordonnance du 18 déc. 2008 : Canet, *RPC 2009. Dossier 12.* – Pérochon, *Gaz. Pal. 2009. Doctr. 788.* – Berthelot, *JCP E 2009. 1312.* ► Sur l'ordonnance du 12 mars 2014 : Berthelot, *RPC 2014. Dossier 21.* – Macorig-Venier et Vallansan, *ibid. Dossier 32.* – Voinot, *Gaz. Pal. 6-8 avr. 2014, p. 23.*

CHAPITRE PRÉLIMINAIRE DES CONDITIONS D'OUVERTURE DE LA LIQUIDATION JUDICIAIRE (*Ord. n° 2008-1345 du 18 déc. 2008, art. 91*).

Art. L. 640-1 (*L. n° 2005-845 du 26 juill. 2005, art. 97*) **Il est institué une procédure de liquidation judiciaire ouverte à tout débiteur mentionné à l'article L. 640-2 en cessation des paiements et dont le redressement est manifestement impossible.**

La procédure de liquidation judiciaire est destinée à mettre fin à l'activité de l'entreprise ou à réaliser le patrimoine du débiteur par une cession globale ou séparée de ses droits et de ses biens.

Pour l'ouverture d'une procédure de liquidation judiciaire à l'égard des établissements de crédit qui ont fait l'objet d'une mesure de radiation prononcée par l'Autorité de contrôle prudentiel et de résolution, V. C. mon. fin., art. L. 613-26. — ***C. mon. fin.*** *— Pour un commentaire de cette disposition, V. Bonneau, JCP E 1999, n° 36, p. 1378.*

1. Liquidation judiciaire immédiate. Avant la L. n° 94-475 du 10 juin 1994, la juridiction saisie ne pouvait prononcer une liquidation judiciaire sans avoir par une première décision ouvert une procédure de redressement judiciaire destinée à apprécier les chances de sauvegarde de l'entreprise. • Com. 4 nov. 1986, n° 86-15.712 P : *D. 1986. 579, note Derrida ; JCP 1987. II. 20737, note Bousquet.* ♦ Les deux décisions pouvaient être prononcées le même jour, dès lors que le tribunal avait constaté que les conditions d'ouverture d'une liquidation judiciaire étaient réunies. • Com. 17 mai 1989 : *D. 1989. IR 177 ; JCP 1990. II. 21464, note Beaubrun ; ibid. éd. E 1990. II. 15658, n° 4, obs. Pétel.*

2. Pour des décisions postérieures à l'entrée en vigueur de la loi de 1994, refusant de prononcer la liquidation judiciaire immédiate, V. • T. com. Paris, 30 nov. 1994 : *Dr. sociétés 1995, n° 118, obs. Chaput* (au motif de l'intérêt du groupe) • Paris, 7 juill. 1995 : *Dr. sociétés 1995, n° 239, obs. Chaput* (au motif que la cessation d'activité pourrait n'être que temporaire, au vu du bilan prévisionnel).

3. Pour une décision, postérieure à l'entrée en vigueur de la loi du 26 juill. 2005, refusant de prononcer la liquidation judiciaire d'une société assignée par l'un de ses créanciers auquel elle devait 12 500 €, au motif que l'existence de commandes fermes pour un montant de 72 000 € environ permettait d'envisager sérieusement un plan de redressement, V. • Orléans, 19 oct. 2006 : *RJDA 2007, n° 69.*

4. Pour le prononcé de la liquidation judiciaire immédiate d'une entreprise : dont l'exploitation avait cessé depuis plusieurs mois et pour laquelle il n'existait aucune perspective de reprise de l'activité, V. • Com. 29 mai 2001 : *RJDA 2001, n° 1126.* ♦ ... En raison de la faillite personnelle frappant la personne physique l'exploitant en son nom personnel, V. • Com. 2 mai 2001 : *RJDA 2001, n° 882 ; RPC 2001. 275, obs. Barret.*

5. Cessation des paiements. V. art. L. 631-1 et notes ss. cet art.

6. Pouvoirs de la cour d'appel. Dès lors que le débiteur reconnaît être en cessation des paiements, la cour d'appel, après avoir infirmé le jugement rendu sur l'assignation du créancier, peut prononcer d'office la liquidation judiciaire. • Com. 12 mai 1998, n° 96-10.256 P : *D. Affaires 1998. 1006 ; RJ com. 2000. 40, obs. Teilliais.*

7. En ce sens qu'une cour d'appel ne peut confirmer l'ouverture immédiate d'une procédure de liquidation judiciaire, sans faire de distinction entre le passif exigible à la date du jugement ouvrant la liquidation et le passif rendu exigible par l'effet du jugement de liquidation et sans examiner si l'entreprise disposait d'un actif, V. • Com. 26 mai 1999, n° 96-22.635 P : *D. 1999. IR 165 ; D. Affaires 1999. 1175, obs. A. L. ; APC 1999, n° 168, obs. Vallansan ; RTD com. 1999. 953, obs. Laude ; LPA 4 janv. 2000, p. 20, note Courtier ; RPC 2000. 46, obs. Deleneuville* • 8 juill. 2003, n° 00-13.627 P : *D. 2003. AJ 2174 ; RDBF 2003, n° 230, obs. F.-X. Lucas ; JCP E 2004, n° 5, p. 173, obs. Pétel ; LPA 17 févr. 2004, p. 3, note Zattara ; Defrénois 2004. 578, obs. Gibirila ; RPC 2004. 210, obs. Lebel.*

8. Portée de la cessation d'activité. Dès lors que l'arrêt de travail, fait générateur des prestations dues en application du contrat de prévoyance, est antérieur à la cessation d'activité provoquée par la liquidation judiciaire, cette dernière est sans effet sur le versement de ces prestations. • Com. 14 juin 2017, n° 15-24.188 P : *D. 2017. Actu. 1300*

Art. L. 640-2 *(L. n° 2005-845 du 26 juill. 2005, art. 97)* **La procédure de liquidation judiciaire est applicable à** *(Ord. n° 2008-1345 du 18 déc. 2008, art. 164-I)* **« toute personne exerçant une activité commerciale »** *(L. n° 2019-486 du 22 mai 2019, art. 67)* **« , artisanale ou une activité agricole définie à l'article L. 311-1 du code rural et de la pêche maritime et » à toute autre personne physique exerçant une activité professionnelle indépendante y compris une profession libérale soumise à un statut législatif ou réglementaire ou dont le titre est protégé, ainsi qu'à toute personne morale de droit privé.**

(Ord. n° 2010-1512 du 9 déc. 2010, art. 5-1°) **« A moins qu'il ne s'agisse de patrimoines distincts d'un entrepreneur** *(Abrogé par L. n° 2022-172 du 14 févr. 2022, art. 5, à compter du 14 mai 2022)* ***« individuel à responsabilité limitée »***, **» il ne peut être ouvert de nouvelle procédure de liquidation judiciaire à l'égard** *(Ord. n° 2010-1512 du 9 déc. 2010, art. 5-1°)* **« d'un débiteur soumis » à une telle procédure tant que celle-ci n'a pas été clôturée** *(Ord. n° 2008-1345 du 18 déc. 2008, art. 92)* **« ou à une procédure de**

sauvegarde ou de redressement judiciaire, tant qu'il n'a pas été mis fin aux opérations du plan qui en résulte ».

Pour les dispositions transitoires de la L. n° 2019-486 du 22 mai 2019, V. note ss. art. L. 626-12.

Pour les dispositions transitoires de la L. n° 2022-172 du 14 févr. 2022, V. note ss. art. L. 611-13.

Sur les personnes éligibles à la liquidation judiciaire, V. notes ss. art. L. 620-2 et L. 631-2.

Art. L. 640-3 *(L. n° 2005-845 du 26 juill. 2005, art. 97)* **La procédure de liquidation judiciaire est également ouverte aux personnes mentionnées au premier alinéa de l'article L. 640-2 après la cessation de leur activité professionnelle, si tout ou partie de leur passif provient de cette dernière.**

(Ord. n° 2008-1345 du 18 déc. 2008, art. 164-II ; Ord. n° 2009-112 du 30 janv. 2009, art. 11-I) **« Lorsqu'une personne exerçant une activité commerciale ou artisanale », un agriculteur ou toute autre personne physique exerçant une activité professionnelle indépendante, y compris une profession libérale soumise à un statut législatif ou réglementaire ou dont le titre est protégé, est décédé** *(L. n° 2022-172 du 14 févr. 2022, art. 5, en vigueur le 14 mai 2022)* **« alors que le patrimoine engagé par l'activité ou les activités professionnelles était en situation de » cessation des paiements, le tribunal peut être saisi, dans le délai d'un an à compter de la date du décès, sur l'assignation d'un créancier, quelle que soit la nature de sa créance, ou sur requête du ministère public.** *(Abrogé par Ord. n° 2014-326 du 12 mars 2014, art. 58-I, à compter du 1er juill. 2014)* ***« Le tribunal peut également se saisir d'office dans le même délai. »*** **Il peut être saisi sans condition de délai par tout héritier du débiteur.**

Pour les dispositions transitoires de la L. n° 2022-172 du 14 févr. 2022, V. note ss. art. L. 611-13.

V. la jurisprudence reproduite ss. l'art. L. 631-3.

Art. L. 640-3-1 *(Ord. n° 2014-326 du 12 mars 2014, art. 58-II, en vigueur le 1er juill. 2014)* **Lorsqu'il est porté à la connaissance du président du tribunal, des éléments faisant apparaître que les conditions de l'article L. 640-1 sont remplies, il en informe le ministère public par une note exposant les faits de nature à motiver la saisine du tribunal. Le président ne peut siéger, à peine de nullité du jugement, dans la formation de jugement ni participer aux délibérés si le ministère public demande l'ouverture d'une procédure de liquidation judiciaire à l'égard du débiteur concerné.** — *V. art. R. 662-12-1.*

Art. L. 640-4 *(L. n° 2005-845 du 26 juill. 2005, art. 97)* **L'ouverture de cette procédure doit être demandée par le débiteur au plus tard dans les quarante-cinq jours qui suivent la cessation des paiements, s'il n'a pas dans ce délai demandé l'ouverture d'une procédure de conciliation.**

(Abrogé par Ord. n° 2014-326 du 12 mars 2014, art. 59, à compter du 1er juill. 2014) ***« En cas d'échec de la procédure de conciliation, si le tribunal, statuant en application du second alinéa de l'article L. 631-4, constate que les conditions mentionnées à l'article L. 640-1 sont réunies, il ouvre une procédure de liquidation judiciaire. »***
V. art. R. 640-1.

Cessation des paiements. V. art. L. 631-1 et notes ss. cet art.

Art. L. 640-5 *(L. n° 2005-845 du 26 juill. 2005, art. 97)* **Lorsqu'il n'y a pas de procédure de conciliation en cours, le tribunal peut également** *(Abrogé par Ord. n° 2014-326 du 12 mars 2014, art. 60-1°, à compter du 1er juill. 2014)* ***« se saisir d'office ou »*** **être saisi sur requête du ministère public aux fins d'ouverture de la procédure de liquidation judiciaire.** — *Par une décision du 7 mars 2014, le Conseil constitutionnel a jugé contraires à la Constitution les mots « se saisir d'office ou » au premier al. de l'art. L. 640-5. Cette déclaration d'inconstitutionnalité, qui a pris effet le 9 mars 2014, est applicable à tous les jugements d'ouverture d'une procédure de liquidation judiciaire rendus postérieurement à sa date de publication (Cons. const. n° 2013-368 QPC du 7 mars 2014, JO 9 mars).*

Sous cette même réserve, la procédure peut aussi être ouverte sur l'assignation d'un créancier, quelle que soit la nature de sa créance. Toutefois, lorsque le débiteur a cessé son activité professionnelle, cette assignation doit intervenir dans le délai d'un an à compter de :

1° La radiation du registre du commerce et des sociétés. S'il s'agit d'une personne morale, le délai court à compter de la radiation consécutive à la publication de la clôture des opérations de liquidation ;

2° La cessation de l'activité, s'il s'agit d'une personne *(Ord. n° 2008-1345 du 18 déc. 2008, art. 164-III)* **« exerçant une activité artisanale », d'un agriculteur ou d'une personne physique exerçant une activité professionnelle indépendante, y compris une profession libérale soumise à un statut législatif ou réglementaire ou dont le titre est protégé ;**

3° La publication de l'achèvement de la liquidation, s'il s'agit d'une personne morale non soumise à l'immatriculation.

(Ord. n° 2014-326 du 12 mars 2014, art. 60-2°, en vigueur le 1er juill. 2014) **« Lorsque sont applicables les dispositions relatives à la procédure prévue à l'article L. 351-1 du code rural et de la pêche maritime, le président du** *(Ord. n° 2019-964 du 18 sept. 2019, art. 35, en vigueur le 1er janv. 2020)* **« tribunal judiciaire » doit être saisi, préalablement à l'assignation, d'une demande tendant à la désignation d'un conciliateur présentée en application de l'article L. 351-2 de ce code, sauf si la procédure de rétablissement professionnel prévue au chapitre V du présent titre est en cours. »**

V. art. R. 640-1.

BIBL. ▶ COCHETEUX, *RPC 2008. 60* (assignation en liquidation judiciaire des professionnels libéraux par les comptables publics). – GOURDAIN, *D. 2008. 2606* (portée de l'autonomie des demandes de redressement et de liquidation judiciaires).

1. Agriculteurs. Les dispositions de l'art. L. 640-5, al. 3 [6], dans leur rédaction issue de la loi du 26 juill. 2005 ne s'appliquent qu'à l'ouverture d'une procédure de liquidation judiciaire et non à son prononcé concomitant à la résolution d'un plan. • Com. 20 oct. 2009, n° 08-18.321 P : *D. 2009. AJ 2609, obs. Lienhard ; RTD com. 2010. 188, obs. Saint-Alary-Houin ; APC 2009, n° 279, obs. Cagnoli ; JCP E 2010. 1011, n° 1, obs. Pétel ; DP diff. entr., bull. n° 309, p. 4027, obs. Roussel Galle ; Gaz. Pal. 8-9 janv. 2010, p. 15, obs. Reille ; LEDEN, janv. 2010, p. 6, obs. Legrand ; RJDA 2010, n° 655 ; Defrénois 2010. 1470, obs. Gibirila.*

2. Inconstitutionnalité de la saisine d'office. Les dispositions confiant au tribunal la faculté de se saisir d'office aux fins d'ouverture de la procédure de liquidation judiciaire méconnaissent les exigences découlant de l'art. 16 de la Déclaration de 1789 ; dès lors, les mots : « se saisir d'office ou » figurant au premier al. de l'art. L. 640-5 doivent être déclarés contraires à la Constitution. • Cons. const. 7 mars 2014, n° 2013-368 QPC : *D. 2014. Actu. 604 ; Procédures 2014, n° 115, note Rolland ; LEDEN 4/2014. 3, obs. Favario ; RPC 2014, n° 94, obs. Cagnoli.* ♦ Cette déclaration d'inconstitutionnalité ne prenant effet qu'à compter de sa publication au *Journal officiel*, le 9 mars 2014, et n'étant applicable qu'aux jugements d'ouverture d'une procédure de liquidation judiciaire rendus postérieurement à cette date, il en résulte qu'elle est sans effet sur une procédure de liquidation judiciaire ouverte par jugement du 4 juill. 2012, peu important que la cour d'appel, saisie d'un recours à l'encontre du jugement, ne se soit prononcée qu'après le 9 mars 2014, dès lors qu'elle ne l'a pas annulé. • Com. 18 nov. 2014 : *D. 2014. Actu. 2405 ; RJ com. 2015. 335, obs. Legros.*

3. V. aussi notes ss. art. L. 631-5.

Art. L. 640-6 *(L. n° 2005-845 du 26 juill. 2005, art. 97) (Ord. n° 2021-1193 du 15 sept. 2021, art. 51, en vigueur le 1er oct. 2021)* **« Les membres du comité social et économique » peuvent communiquer au président du tribunal ou au ministère public tout fait révélant la cessation des paiements du débiteur.** – *Pour les dispositions transitoires de l'Ord. n° 2021-1193 du 15 sept. 2021, V. note ss. art. L. 611-2.*

CHAPITRE PREMIER DU JUGEMENT DE LIQUIDATION JUDICIAIRE

Art. L. 641-1 *(Ord. n° 2014-326 du 12 mars 2014, art. 61-1°, en vigueur le 1er juill. 2014)* **« I. — Les dispositions des articles L. 621-1 et L. 621-2 ainsi que celles de l'article L. 622-6 relatives aux obligations incombant au débiteur sont applicables à la procédure de liquidation judiciaire. »**

(Ord. n° 2014-1088 du 26 sept. 2014, art. 7, en vigueur le 28 sept. 2014) **« Lorsque la situation du débiteur qui a déclaré être en état de cessation des paiements n'apparaît**

pas manifestement insusceptible de redressement, le tribunal invite celui-ci, en l'absence de demande subsidiaire aux fins d'ouverture d'une procédure de redressement judiciaire, à présenter ses observations sur l'existence des conditions de l'article L. 631-1. Il statue ensuite, dans la même décision, sur la demande de liquidation judiciaire et, le cas échéant, sur l'ouverture d'une procédure de redressement judiciaire*[.]* »

(L. n° 2019-486 du 22 mai 2019, art. 57) « Avant de statuer, le tribunal examine si la situation du débiteur répond aux conditions posées aux articles L. 645-1 et L. 645-2 et ouvre, le cas échéant, avec son accord, une procédure de rétablissement professionnel. » — *Pour les dispositions transitoires de la L. n° 2019-486 du 22 mai 2019, V. 3e note ss. art. L. 626-27.*

(Ord. n° 2008-1345 du 18 déc. 2008, art. 93) « II. — Dans le jugement qui ouvre la liquidation judiciaire, le tribunal désigne le juge-commissaire. Il peut, en cas de nécessité, en désigner plusieurs. *(L. n° 2016-1547 du 18 nov. 2016, art. 99-VI-1°)* « Le président du tribunal, s'il a connu du débiteur en application du titre Ier du présent livre, ne peut être désigné juge-commissaire. »

« Dans le même jugement, sans préjudice de la possibilité de nommer un ou plusieurs experts en vue d'une mission qu'il détermine, le tribunal désigne, en qualité de liquidateur, un mandataire judiciaire inscrit ou une personne choisie sur le fondement du premier alinéa du II de l'article L. 812-2 *(Ord. n° 2016-727 du 2 juin 2016, art. 2, en vigueur le 1er janv. 2017)* « ou, pour les procédures mentionnées au III de ce même article, » *(Ord. n° 2016-728 du 2 juin 2016, art. 23, en vigueur le 1er juill. 2022)* « un commissaire de justice *[ancienne rédaction : un huissier de justice ou un commissaire-priseur judiciaire]* ». Il peut, à la demande du ministère public *(L. n° 2015-990 du 6 août 2015, art. 237-3°)* « , du débiteur ou du créancier poursuivant » ou d'office, en désigner plusieurs.

« Le ministère public peut proposer un liquidateur à la désignation du tribunal. Le rejet de cette proposition doit être spécialement motivé. Lorsque la procédure est ouverte à l'égard d'un débiteur qui bénéficie ou a bénéficié d'un mandat *ad hoc* ou d'une procédure de conciliation dans les dix-huit mois qui précèdent, le ministère public peut en outre s'opposer à ce que le mandataire *ad hoc* ou le conciliateur soit désigné en qualité de liquidateur. »

(Ord. n° 2014-326 du 12 mars 2014, art. 61-2°, en vigueur le 1er juill. 2014) « Lorsque la procédure est ouverte à l'égard d'un débiteur dont le nombre de salariés est au moins égal à un seuil fixé par décret en Conseil d'État, le tribunal sollicite les observations des institutions mentionnées à l'article L. 3253-14 du code de travail sur la désignation du liquidateur.

« Un représentant des salariés est désigné dans les conditions prévues au deuxième alinéa de l'article L. 621-4 et à l'article L. 621-6. Il exerce la mission prévue à l'article L. 625-2. En l'absence de comité *(Ord. n° 2021-1193 du 15 sept. 2021, art. 51, en vigueur le 1er oct. 2021)* « social et économique », le représentant des salariés exerce les fonctions dévolues à *(Ord. n° 2021-1193 du 15 sept. 2021, art. 51, en vigueur le 1er oct. 2021)* « cette institution » par les dispositions du présent titre. — *Pour les dispositions transitoires de l'Ord. n° 2021-1193 du 15 sept. 2021, V. note ss. art. L. 611-2.*

« Les contrôleurs sont désignés et exercent leurs attributions dans les conditions prévues au titre II.

« Sans préjudice de l'application de l'article L. 641-2, le tribunal désigne, aux fins de réaliser *(L. n° 2016-1547 du 18 nov. 2016, art. 99-VI-1°)* « , s'il y a lieu, » l'inventaire prévu par l'article L. 622-6 et la prisée de l'actif du débiteur, *(Ord. n° 2016-728 du 2 juin 2016, art. 23, en vigueur le 1er juill. 2022)* « un commissaire de justice *[ancienne rédaction : un commissaire-priseur judiciaire, un huissier de justice]* », un notaire ou un courtier en marchandises assermenté, en considération des attributions respectives qui leur sont conférées par les dispositions qui leur sont applicables. »

(Ord. n° 2014-1088 du 26 sept. 2014, art. 7, en vigueur le 28 sept. 2014) « Les mandataires de justice et les personnes désignées à l'alinéa précédent font connaître sans délai tout élément qui pourrait justifier leur remplacement. »

(L. n° 2005-845 du 26 juill. 2005, art. 98) « III. — Lorsque la liquidation judiciaire est prononcée au cours de la période d'observation d'une procédure de sauvegarde ou de redressement judiciaire, le tribunal nomme le mandataire judiciaire en qualité de liquidateur. Toutefois, le tribunal peut, par décision motivée, à la demande de l'administra-

teur, d'un créancier, du débiteur *(Ord. n° 2014-326 du 12 mars 2014, art. 61-3°, en vigueur le 1er juill. 2014)* **« , des institutions mentionnées à l'article L. 3253-14 du code du travail » ou du ministère public, désigner en qualité de liquidateur une autre personne dans les conditions prévues à l'article L. 812-2. »**

(Ord. n° 2008-1345 du 18 déc. 2008, art. 93) **« Lorsque le débiteur exerce une profession libérale soumise à un statut législatif ou réglementaire ou dont le titre est protégé, la demande peut aussi être faite au tribunal par l'ordre professionnel ou l'autorité compétente dont, le cas échéant, il relève. »**

(L. n° 2005-845 du 26 juill. 2006, art. 98) **« IV. — La date de cessation des paiements est fixée dans les conditions prévues à l'article L. 631-8. »**

Les modifications issues de l'Ord. n° 2014-1088 du 26 sept. 2014 s'appliquent aux procédures de sauvegarde, de redressement judiciaire ou de liquidation judiciaire en cours au jour de son entrée en vigueur (Ord. préc., art. 13).

L'Ord. n° 2016-727 du 2 juin 2016 est applicable aux procédures ouvertes après son entrée en vigueur (Ord. préc., art. 25, al. 2).

Le VI de l'art. 99 de la L. n° 2016-1547 du 18 nov. 2016 n'est pas applicable aux procédures en cours au jour de la publication de cette loi (L. préc., art. 114-XVI, JO 19 nov.).

V. art. R. 641-1 s. et R. 641-36.

1. Désignation du liquidateur. Sur la liberté de choix du tribunal, V. note 1 ss. art. L. 812-1.

2. Audition de l'ordre professionnel. V. notes 6 à 8 ss. art. L. 621-1.

3. Inventaire et prisée des actifs. V. note 11 ss. art. L. 621-4.

4. Date de cessation des paiements. Il résulte de la combinaison des art. L. 631-1, al. 1er, L. 631-8 et L. 641-1, IV, que la date de cessation des paiements est, en cas de liquidation judiciaire, fixée, comme en matière de redressement judiciaire, au jour où le débiteur a été placé dans l'impossibilité de faire face à son passif exigible avec son actif disponible. • Com. 7 févr. 2012, n° 11-11.347 P : *D. 2012. Actu. 496 ; JCP E 2012. 1414, note Lebel.*

Art. L. 641-1-1 *(Ord. n° 2008-1345 du 18 déc. 2008, art. 94)* **Le tribunal peut, soit d'office, soit sur proposition du juge-commissaire ou à la demande du ministère public, procéder au remplacement du liquidateur, de l'expert ou de l'administrateur s'il en a été désigné en application de l'article L. 641-10 ou encore adjoindre un ou plusieurs liquidateurs ou administrateurs à ceux déjà nommés.**

Le liquidateur, l'administrateur ou un créancier nommé contrôleur peut demander au juge-commissaire de saisir à cette fin le tribunal.

Lorsque le débiteur exerce une profession libérale soumise à un statut législatif ou réglementaire ou dont le titre est protégé, l'ordre professionnel ou l'autorité compétente dont, le cas échéant, il relève peut saisir le ministère public à cette même fin.

Le débiteur peut demander au juge-commissaire de saisir le tribunal aux fins de remplacer l'expert. Dans les mêmes conditions, tout créancier peut demander le remplacement du liquidateur.

Par dérogation aux alinéas qui précèdent, lorsque le liquidateur ou l'administrateur demande son remplacement, le président du tribunal, saisi à cette fin par le juge-commissaire, est compétent pour y procéder. Il statue par ordonnance.

(Ord. n° 2014-326 du 12 mars 2014, art. 62, en vigueur le 1er juill. 2014) **« Le juge-commissaire statue par ordonnance, dans les meilleurs délais, sur les demandes de saisine du tribunal aux fins de remplacement qui lui sont adressées en application du présent article. »**

Le comité *(Ord. n° 2021-1193 du 15 sept. 2021, art. 51, en vigueur le 1er oct. 2021)* **« social et économique » ou, à défaut, les salariés de l'entreprise peuvent seuls procéder au remplacement du représentant des salariés.** — *Pour les dispositions transitoires de l'Ord. n° 2021-1193 du 15 sept. 2021, V. note ss. art. L. 611-2.*

V. art. R. 641-12.

1. Remplacement du liquidateur. Le tribunal ayant ouvert la procédure collective est seul compétent pour connaître d'une demande de remplacement d'un mandataire judiciaire qu'il a désigné. L'auxiliaire de justice dont s'agit n'étant pas attrait en son nom personnel et lui-même directement partie à l'instance qui concerne exclusivement son administré, mais mis en cause à raison des conditions dans lesquelles il exerce le mandat qui lui a été confié par le tribunal, l'art. 47 NCPC [C. pr. civ.], qui prévoit, lorsqu'un auxiliaire de justice est partie à un litige qui relève de la juridiction dans le ressort de laquelle il exerce ses fonctions, un renvoi de droit au profit de la juridiction limitrophe, est inapplicable. • Versailles, 25 févr. 1999 : *RJ com. 1999. 449, note Fricero.*

2. Le nouveau liquidateur doit être mis en cause dans une instance en cours ayant pour objet la constatation du principe et la fixation du montant d'une créance, même si, à cet égard, le débiteur dispose du droit propre d'exercer les voies de recours. • Orléans, 17 févr. 2000 : *RJDA 2000, n° 450 ; Procédures 2000, n° 146, obs. Laporte.*

3. Sur le pouvoir discrétionnaire des juges du fond pour procéder au remplacement du liquidateur, V. note 6 ss. art. L. 661-7.

Art. L. 641-1-2 *(L. n° 2015-990 du 6 août 2015, art. 235-I-3°)* **Lorsque sont réunies les conditions prévues à l'article L. 621-4-1, le tribunal désigne en qualité de liquidateur au moins deux mandataires judiciaires, dont un commun au débiteur et aux sociétés mentionnées aux 2° et 3° du même article.** — *V. art. R. 641-3.*

Art. L. 641-2 *(Ord. n° 2008-1345 du 18 déc. 2008, art. 95)* **Il est fait application de la procédure simplifiée prévue au chapitre IV du présent titre si l'actif du débiteur ne comprend pas de bien immobilier et si le nombre de ses salariés au cours des six mois précédant l'ouverture de la procédure ainsi que son chiffre d'affaires hors taxes sont égaux ou inférieurs à des seuils fixés par décret.** *(Ord. n° 2021-1193 du 15 sept. 2021, art. 51, en vigueur le 1er oct. 2021)* **« Lorsque le débiteur est une personne physique, seule la première condition est requise. »** *(L. n° 2022-172 du 14 févr. 2022, art. 5, en vigueur le 14 mai 2022)* **« Toutefois, les droits mentionnés au premier alinéa de l'article L. 526-1 ne peuvent faire obstacle à l'ouverture d'une procédure de liquidation judiciaire simplifiée. »** — *V. art. D. 641-10.*

Si le tribunal dispose des éléments lui permettant de vérifier que les conditions mentionnées au premier alinéa sont réunies, il statue sur cette application dans le jugement de liquidation judiciaire *(Ord. n° 2014-326 du 12 mars 2014, art. 63, en vigueur le 1er juill. 2014)* **« et peut confier au liquidateur la mission de réaliser** *(L. n° 2016-1547 du 18 nov. 2016, art. 99-VI-1°)* **« , s'il y a lieu, » l'inventaire dans cette procédure ». Dans le cas contraire, le président du tribunal statue au vu d'un rapport sur la situation du débiteur établi par le liquidateur dans le mois de sa désignation.** — *Sur la rémunération du liquidateur, V. art. R. 663-27-1.*

Pour les dispositions transitoires de l'Ord. n° 2021-1193 du 15 sept. 2021, V. note ss. art. L. 611-2.

Pour les dispositions transitoires de la L. n° 2016-1547 du 18 nov. 2016, V. note ss. art. L. 641-1.

Pour les dispositions transitoires de la L. n° 2022-172 du 14 févr. 2022, V. note ss. art. L. 611-13.

Liquidation judiciaire simplifiée (régime de la loi du 26 juill. 2005). L'application de la liquidation judiciaire simplifiée prévue par l'art. L. 641-2, al. 2, est une faculté dont le tribunal peut faire usage dès l'ouverture de la procédure. • Cass., avis, 10 juill. 2006, n° 06-00.008 P : *D. 2006. AJ 2032, obs. Lienhard ; D. 2007. Pan. 43, obs. Le Corre ; RPC 2006. 254, obs. Roussel Galle ; Gaz. Pal. 6-7 oct. 2006, p. 22, obs. M. Sénéchal ; JCP E 2007, n° 1, p. 21, obs. Pétel.* ♦ Solution infirmée par l'art. R. 644-1, dans sa réd. issue du Décr. n° 2006-1709 du 23 déc. 2006, imposant au tribunal de statuer au vu du rapport du liquidateur. ♦ Comp., désormais : art. L. 641-2, al. 2 (réd. issue de l'Ord. n° 2008-1345 du 18 déc. 2008) et R. 644-1 (réd. issue du Décr. n° 2009-160 du 12 févr. 2009).

Art. L. 641-2-1 *(Abrogé par L. n° 2019-486 du 22 mai 2019, art. 57) (Ord. n° 2008-1345 du 18 déc. 2008, art. 96)* ***En l'absence de bien immobilier et si le nombre des salariés du débiteur ainsi que son chiffre d'affaires hors taxes sont supérieurs aux seuils fixés en application de l'article L. 641-2 sans excéder des seuils fixés par décret, la procédure simplifiée prévue au chapitre IV du présent titre peut être ordonnée.***

Si la liquidation judiciaire est prononcée au cours d'une période d'observation, le tribunal statue sur cette application dans le jugement de liquidation judiciaire. Dans le cas contraire, la décision est prise par le président du tribunal au vu d'un rapport sur la situation du débiteur établi par le liquidateur dans le mois de sa désignation.

Pour les dispositions transitoires de la L. n° 2019-486 du 22 mai 2019, V. 3e note ss. art. L. 626-27.

Art. L. 641-3 *(L. n° 2005-845 du 26 juill. 2005, art. 100)* **Le jugement qui ouvre la liquidation judiciaire a les mêmes effets que ceux qui sont prévus en cas de sauvegarde**

par les premier et *(Ord. nº 2008-1345 du 18 déc. 2008, art. 97)* **« troisième alinéas du I et par le III de l'article L. 622-7, par les articles L. 622-21 et L. 622-22, par la première phrase de l'article L. 622-28 et par l'article L. 622-30.**

« Le juge-commissaire peut autoriser le liquidateur ou l'administrateur lorsqu'il en a été désigné à payer des créances antérieures au jugement, pour retirer le gage ou la chose légitimement retenue ou encore *(Abrogé par Ord. nº 2014-326 du 12 mars 2014, art. 64-1º)* ***«, lorsque le paiement à intervenir est d'un montant inférieur à la valeur vénale du bien objet du contrat, »*** **pour lever l'option d'achat d'un contrat de crédit-bail. »**

(Ord. nº 2014-1088 du 26 sept. 2014, art. 8) **« Lorsque les dirigeants de la personne morale débitrice ne respectent pas leurs obligations en matière d'arrêté et d'approbation des comptes annuels, le liquidateur peut saisir le président du tribunal aux fins de désignation d'un mandataire *ad hoc*. »** — *Les modifications issues de l'Ord. nº 2014-1088 du 26 sept. 2014 s'appliquent aux procédures ouvertes à compter du 1er juill. 2014 (Ord. préc., art. 13).*

Les créanciers déclarent leurs créances au liquidateur selon les modalités prévues aux articles L. 622-24 à L. 622-27 et L. 622-31 à L. 622-33. *(L. nº 2019-486 du 22 mai 2019, art. 63)* **« Si la détermination de l'assiette et du calcul de l'impôt est en cours, l'établissement définitif des créances du Trésor public admises à titre provisionnel doit être effectué par l'émission du titre exécutoire dans le délai prévu à l'article L. 624-1. Toutefois, si une procédure de contrôle ou de rectification de l'impôt a été engagée, l'établissement définitif** *[ancienne rédaction : Si une procédure administrative d'établissement de l'impôt a été mise en œuvre, l'établissement définitif]* **»** *(Ord. nº 2014-326 du 12 mars 2014, art. 64-2º, en vigueur le 1er juill. 2014)* **« des créances qui en font l'objet doit être** *(L. nº 2019-486 du 22 mai 2019, art. 63)* **« réalisé** *[ancienne rédaction : effectué]* **» avant le dépôt au greffe du compte rendu de fin de mission par le liquidateur. Le délai de cet établissement définitif est suspendu par la saisine de l'une des commissions** *(L. nº 2015-1786 du 29 déc. 2015, art. 46-III)* **« ou du comité mentionnés » à l'article L. 59 du livre des procédures fiscales jusqu'à la date de réception par le contribuable ou son représentant de l'avis de cette commission ou celle d'un désistement. »**

Pour les dispositions transitoires de la L. nº 2019-486 du 22 mai 2019, V. 1re note ss. art. L. 622-24.

V. art. R. 641-23 s.

Crédit-bail. Les dispositions de l'art. L. 641-3, al. 2, ne permettent pas de déroger à la clause du contrat de crédit-bail fixant la durée de location à l'expiration de laquelle le preneur a la faculté d'exercer l'option d'achat. • Com. 18 mars 2014, nº 12-27.297 P : *D. 2014. Actu. 773, obs. Lienhard ; Rev. sociétés 2014. 406, obs. Roussel Galle ; JCP E 2014. 1447, nº 1, obs. Pétel ; LEDEN 5/2014. 6, obs. Le Corre ; APC 2014, nº 157, obs. Petit ; BJE 2014. 243, note Le Corre-Broly ; RJDA 2014, nº 786.*

Art. L. 641-4 *(L. nº 2005-845 du 26 juill. 2005, art. 101)* **Le liquidateur procède aux opérations de liquidation en même temps qu'à la vérification des créances. Il peut introduire ou poursuivre les actions qui relèvent de la compétence du mandataire judiciaire.**

Il n'est pas procédé à la vérification des créances chirographaires s'il apparaît que le produit de la réalisation de l'actif sera entièrement absorbé par les frais de justice et les créances privilégiées, à moins *(L. nº 2022-172 du 14 févr. 2022, art. 5, en vigueur le 14 mai 2022)* **« qu' » il n'y ait lieu de mettre à la charge des dirigeants sociaux de droit ou de fait** *(Ord. nº 2010-1512 du 9 déc. 2010, art. 5-2º)* **« ou de cet entrepreneur » tout ou partie du passif conformément** *(Ord. nº 2008-1345 du 18 déc. 2008, art. 98)* **« à l'article L. 651-2 ».**

(Ord. nº 2014-326 du 12 mars 2014, art. 65-1º, en vigueur le 1er juill. 2014) **« Lorsqu'il apparaît nécessaire de reprendre la vérification des créances, le juge-commissaire fixe pour y procéder un délai supplémentaire qui ne peut excéder six mois. La fixation de ce délai supplémentaire a les mêmes conséquences que celle du délai prévu à l'article L. 624-1. »**

Le liquidateur exerce les missions dévolues à l'administrateur et au mandataire judiciaire par les articles L. 622-6, L. 622-20, L. 622-22, L. 622-23 *(Abrogé par Ord. nº 2014-326 du 12 mars 2014, art. 65-2º, à compter du 1er juill. 2014)* **«, L. 624-17 », L. 625-3, L. 625-4 et L. 625-8.**

(Abrogé par Ord. n° 2008-1345 du 18 déc. 2008, art. 98) ***« Aux fins de réaliser l'inventaire prévu à l'article L. 622-6, le tribunal désigne un commissaire-priseur judiciaire, un huissier, un notaire ou un courtier en marchandises assermenté.***

« Une prisée des actifs du débiteur est effectuée par les personnes visées au quatrième alinéa. »

Les licenciements auxquels procède le liquidateur en application de la décision *(Ord. n° 2008-1345 du 18 déc. 2008, art. 98)* **« ouvrant ou prononçant la liquidation, le cas échéant au terme du maintien provisoire de l'activité autorisé par le tribunal, » sont soumis aux dispositions** *(L. n° 2013-504 du 14 juin 2013, art. 18-XXIII-3°)* **« de l'article L. 1233-58 » du code du travail.** *(Ord. n° 2014-326 du 12 mars 2014, art. 65-3°, en vigueur le 1er juill. 2014)* **« L'avis du comité** *(Ord. n° 2021-1193 du 15 sept. 2021, art. 51, en vigueur le 1er oct. 2021)* **« social et économique est rendu » au plus tard dans les douze jours de la décision prononçant la liquidation, ou, si le maintien provisoire de l'activité a été autorisé par le tribunal, dans les douze jours suivant le terme de cette autorisation. L'absence de remise du rapport de l'expert mentionné aux articles L. 1233-34, L. 1233-35, L. 2325-35 ou L. 4614-12-1 du code du travail ne peut avoir pour effet de reporter ce délai. »** — *Pour l'entrée en vigueur des modifications issues de la L. n° 2013-504 du 14 juin 2013, V. note ss. art. L. 631-17 ; … les dispositions transitoires de l'Ord. n° 2021-1193 du 15 sept. 2021, V. note ss. art. L. 611-2.*

Pour les dispositions transitoires de la L. n° 2022-172 du 14 févr. 2022, V. note ss. art. L. 611-13.

V. art. R. 641-14 s.

Sur la mission du liquidateur en cas d'ouverture d'une procédure de liquidation judiciaire à l'égard d'un établissement de crédit ou d'une entreprise d'investissement, V. C. mon. fin., art. L. 613-29. — ***C. mon. fin.***

I. POUVOIRS DU LIQUIDATEUR

BIBL. Vallens, *RTD com. 2001. 979* (double rôle du liquidateur).

1. Étendue des pouvoirs. Le liquidateur trouve dans les pouvoirs qui lui sont conférés par la loi en vue de la défense de l'intérêt collectif des créanciers qualité pour exercer une action en paiement de dommages-intérêts contre toute personne, fût-elle titulaire d'une créance ayant son origine antérieurement au jugement d'ouverture de la procédure collective, coupable d'avoir contribué par des agissements fautifs à la diminution de l'actif ou à l'aggravation du passif (à propos d'une action contre une banque). • Com. 16 nov. 1993, n° 91-19.570 P : *D. 1994. 57, concl. Régis de Gouttes, rapp. Pasturel, note Derrida et Sortais* • 11 oct. 1994, n° 90-12.129 P : *D. 1994. IR 240 ; BJS 1994. 1342, note Le Cannu ; LPA 16 juin 1995, p. 22, note Courtier.*

2. Le liquidateur désigné dans la nouvelle procédure collective ouverte après résolution du plan de continuation trouve, dans les pouvoirs qui lui sont dévolus par la loi en vue de la défense de l'intérêt collectif des créanciers, qualité pour poursuivre les actions reprises ou engagées aux mêmes fins, avant la résolution du plan, par le commissaire à l'exécution du plan. • Com. 24 mars 2004, n° 01-15.388 P : *D. 2004. Somm. 2148, obs. F.-X. Lucas ; JCP E 2004, n° 37, p. 1384, obs. Pétel ; Gaz. Pal. 2004. 1903, note Le Corre.*

3. Selon les dispositions des art. 46, al. 1er [C. com., art. L. 622-20, al. 1er], et 148, al. 3 [C. com., art. L. 641-4, al. 1er], qui sont d'ordre public, le représentant des créanciers [mandataire judiciaire], dont les attributions sont ensuite dévolues au liquidateur, a seul qualité pour agir au nom et dans l'intérêt collectif des créanciers ; l'action individuelle introduite par un créancier, pour demander la réparation d'un préjudice qui n'est pas distinct de celui causé aux autres créanciers, est irrecevable. • Com. 4 oct. 2005, n° 04-16.329 P : *D. 2005. AJ 2805, obs. Lienhard.* ♦ Cette fin de non-recevoir doit être relevée d'office. • Même arrêt.

Dès lors que le préjudice subi par l'associé résulte, non d'une faute délictuelle du prêteur, mais directement de la défaillance de la société dans le remboursement du prêt et de son obligation corrélative de supporter les pertes sociales en sa qualité d'associé, il ne présente pas le caractère personnel de nature à justifier de sa part une action en responsabilité contre le prêteur. • Com. 13 oct. 2015, n° 11-20.746 P : *D. 2015. Actu. 2125 ; Rev. sociétés 2016. 298, note J.-F. Barbièri ; Dr. sociétés 2015, n° 211, note Hovasse ; BJS 2015. 664, note Borga ; LEDEN 12/2015. 2, obs. Rubellin ; RJDA 2016, n° 207.*

Le représentant des créanciers d'une société, désigné en qualité de liquidateur judiciaire de celle-ci, à la suite d'une conversion de procédure, est recevable à se constituer partie civile dans les poursuites exercées contre le dirigeant de l'entreprise pour abus des biens sociaux. • Crim. 12 oct. 1995, n° 95-80.730 P : *RJDA 1996, n° 65.*

4. Le liquidateur judiciaire est recevable à invo-

lectif des créanciers ne peut être exercée que par un nouveau liquidateur, désigné dans les conditions fixées par l'art. L. 622-5, al. 2, [L. 641-1] C. com. • Com. 4 mars 2003, n° 99-11.836 P: *D. 2003. AJ 1166*.

16. Prescription de l'action en responsabilité. L'action en responsabilité engagée par un tiers à l'encontre d'un mandataire judiciaire à la liquidation des entreprises est soumise à la prescription édictée par l'art. 2270-1 [2224] C. civ. • Com. 3 juill. 2007, n° 05-21.884 P: *D. 2007. AJ 2108, obs. Lienhard ; APC 2007, n° 170, obs. Regnaut-Moutier ; Gaz. Pal. 26-27 oct. 2007, p. 36, obs. Gorrias ; Procédures 2007, n° 253, obs. Croze.*

III. DISPENSE DE VÉRIFICATION DES CRÉANCES CHIROGRAPHAIRES

BIBL. Le Corre, *D. 2000. Chron. 275*.

17. La dispense de vérification des créances chirographaires ne fait pas obstacle à l'action en responsabilité pour insuffisance d'actif dès lors que celle-ci est établie. • Com. 5 nov. 2013, n° 12-22.510 P: *D. 2013. Actu. 2640, obs. Lienhard ; Rev. sociétés 2013. 730, obs. Roussel Galle ; RTD com. 2014. 188, obs. Martin-Serf ; LEDEN 1/2014. 4, obs. Adkar ; Dr. sociétés 2014, n° 12, note Legros ; RJDA 2014, n° 148 ; BJE 2014. 99, note Favario ; RJ com. 2014. 201, note Sortais.*

18. Le défaut de vérification des créances, fussent-elles privilégiées, par le mandataire-liquidateur, en cas de clôture de la liquidation pour insuffisance d'actif n'emporte pas leur extinction, dès lors qu'elles ont été régulièrement déclarées (recevabilité de l'action du créancier contre la caution). • Paris, 15 nov. 2002: *RDBF 2003, n° 76, obs. F.-X. Lucas.*

19. En raison du caractère accessoire du cautionnement, le juge du cautionnement, saisi d'une action en paiement par le créancier contre la caution, est tenu, en l'absence de vérification et d'admission des créances chirographaires, de statuer sur toutes les exceptions inhérentes à la dette invoquée par la caution, sa décision ne s'imposant que dans les rapports entre le créancier et la caution. • Com. 18 févr. 2003: *JCP E 2003, n° 25, p. 1053, note Le Corre ; RTD com. 2003. 815, obs. Martin-Serf*. ♦ En l'absence de vérification et d'admission des créances chirographaires, la cour d'appel, saisie par la caution d'une exception tenant au caractère tardif de la déclaration de créance à la procédure collective du débiteur principal, est tenue de se prononcer sur la régularité de la déclaration litigieuse. • Même arrêt.

20. Sur l'incidence sur le point de départ du délai pour demander le report de la date de cessation des paiements, V. • Com. 13 avr. 1999: *cité note 3 ss. art. L. 631-8.*

21. V. aussi note ss. art. R. 641-27.

Art. L. 641-5 *(L. n° 2005-845 du 26 juill. 2005, art. 102)* **Lorsque la liquidation judiciaire est prononcée au cours de la période d'observation d'une procédure de sauvegarde ou de redressement judiciaire, le liquidateur procède aux opérations de liquidation en même temps qu'il achève éventuellement la vérification des créances et qu'il établit l'ordre des créanciers. Il poursuit les actions introduites avant le jugement de liquidation, soit par l'administrateur, soit par le mandataire judiciaire, et peut introduire les actions qui relèvent de la compétence du mandataire judiciaire.** — *[C. com., anc. art. L. 622-5.]*

Art. L. 641-6 *(Ord. n° 2008-1345 du 18 déc. 2008, art. 99)* **Aucun conjoint ou partenaire lié par un pacte civil de solidarité, aucun parent ou allié jusqu'au quatrième degré inclusivement, du débiteur personne physique ou des dirigeants, s'il s'agit d'une personne morale, ne peut être désigné à l'une des fonctions prévues à l'article L. 641-1 ou L. 641-10, sauf dans les cas où cette disposition empêche la désignation d'un représentant des salariés.**

Art. L. 641-7 *(L. n° 2005-845 du 26 juill. 2005, art. 103)* **Le liquidateur tient informés, au moins tous les trois mois, le juge-commissaire, le débiteur et le ministère public du déroulement des opérations.**

(Ord. n° 2008-1345 du 18 déc. 2008, art. 100) **« Le juge-commissaire et le ministère public peuvent à toute époque requérir communication de tous actes ou documents relatifs à la procédure. »** — *V. art. R. 641-38.*

Art. L. 641-8 **Toute somme reçue par le liquidateur dans l'exercice de ses fonctions est immédiatement versée en compte de dépôt à la Caisse des dépôts et consignations. En cas de retard, le liquidateur doit, pour les sommes qu'il n'a pas versées, un intérêt dont le taux est égal au taux de l'intérêt légal majoré de cinq points.** — *[C. com., anc. art. L. 622-8.]*

(Ord. n° 2008-1345 du 18 déc. 2008, art. 101) **« Toute somme versée par l'association mentionnée à l'article L. 3253-14 du code du travail en application des articles**

L. 3253-8 à L. 3253-13 du même code donne lieu à déclaration à l'administration fiscale par le liquidateur. »

Pour l'insaisissabilité des sommes déposées à la Caisse des dépôts et consignations, V. art. L. 662-1.

BIBL. ▶ Tudela, *Gaz. Pal. 1999. 2. Doctr. 1223.*

S'il est vrai que l'art. L. 622-8 [L. 641-8] C. com. fait obligation au liquidateur de verser en compte de dépôt à la caisse des dépôts et consignations toute somme reçue, aucune disposition légale ne fait obstacle à une utilisation à sa guise desdits fonds dans l'accomplissement de la mission de liquidation à lui confiée, la non-représentation des fonds ne pouvant être sanctionnée que sur un fondement quasi délictuel. • Versailles, réf., 4 août 2004 : *JCP E 2004, n° 48, p. 1885, note Merrien et Sitterlé.*

Art. L. 641-9 *(L. n° 2005-845 du 26 juill. 2005, art. 104)* **« I. » — Le jugement qui ouvre ou prononce la liquidation judiciaire emporte de plein droit, à partir de sa date, dessaisissement pour le débiteur de l'administration et de la disposition de ses biens** *(L. n° 2022-172 du 14 févr. 2022, art. 5, en vigueur le 14 mai 2022)* **« composant le patrimoine engagé par l'activité professionnelle, » même de ceux qu'il a acquis à quelque titre que ce soit tant que la liquidation judiciaire n'est pas clôturée. Les droits et actions du débiteur concernant son patrimoine sont exercés pendant toute la durée de la liquidation judiciaire par le liquidateur.**

Toutefois, le débiteur peut se constituer partie civile dans le but d'établir la culpabilité de l'auteur d'un crime ou d'un délit dont il serait victime *(Abrogé par L. n° 2005-845 du 26 juill. 2005, art. 104)* « *, **s'il limite son action à la poursuite de l'action publique sans solliciter de réparation civile** ».* — *[C. com., anc. art. L. 622-9.]*

(L. n° 2005-845 du 26 juill. 2005, art. 104) **« Le débiteur accomplit également les actes et exerce les droits et actions qui ne sont pas compris dans la mission du liquidateur ou de l'administrateur lorsqu'il en a été désigné.**

« *(Ord. n° 2014-326 du 12 mars 2014, art. 66-1°, en vigueur le 1er juill. 2014)* **« II. — Lorsque le débiteur est une personne morale, un mandataire peut être désigné, en cas de nécessité, au lieu et place des dirigeants sociaux par ordonnance du président du tribunal sur requête de tout intéressé, du liquidateur ou du ministère public. »**

« III. — Lorsque le débiteur est une personne physique, il ne peut exercer, au cours de la liquidation judiciaire, aucune des activités mentionnées au premier alinéa de l'article L. 640-2. » *(Ord. n° 2010-1512 du 9 déc. 2010, art. 5-3°)* **« Toutefois, le débiteur entrepreneur individuel à responsabilité limitée peut poursuivre l'exercice d'une ou de plusieurs de ces activités, si celles-ci engagent un patrimoine autre que celui visé par la procédure. »**

(L. n° 2022-172 du 14 févr. 2022, art. 5, en vigueur le 14 mai 2022) **« IV. — Lorsque le débiteur relève du statut défini à la section III du chapitre VI du titre II du livre V, les conditions d'exercice d'une nouvelle activité mentionnée au premier alinéa de l'article L. 640-2 sont définies au titre VIII *bis* du présent livre. »**

Pour les dispositions transitoires de la L. n° 2022-172 du 14 févr. 2022, V. note ss. art. L. 611-13.

BIBL. ▶ Deleneuville, *D. 2006. Chron. 1233* (constitution de partie civile de la victime en liquidation judiciaire). - Lebel, *Mél. Dugas de la Boissonny, P.U.N., 2009, p. 128* (dessaisissement du débiteur). - Vallansan, *Mél. Tricot, Dalloz-Litec, 2011, p. 599* (dessaisissement de la personne physique en liquidation judiciaire). - Cantin, *RPC 2008. 21* (représentation d'une société en liquidation judiciaire). - Théron, *RPC 2013. Dossier 3* (contours du dessaisissement). - Brémond, *D. 2014. Pan. 1912* (pouvoirs de l'héritier faisant l'objet d'une procédure de liquidation judiciaire - art. L. 641-9, IV). ▶ Régime antérieur à la loi du 26 juill. 2005 : Teboul, *RJ com. 2002. 360* (effets du dessaisissement). - Saint-Alary-Houin, *RPC 2003. 173.* - Monsèrié-Bon, *RLDA, suppl. au n° 80, mars 2005, p. 53* (dessaisissement et avènement des droits propres). - Boutron-Collinot, *RTD com. 2020. 759* (droits échappant au dessaisissement du débiteur personne physique : pour une légalisation d'une jurisprudence équitable).

Ancien art. L. 641-9 ***II. — Lorsque le débiteur est une personne morale, les dirigeants sociaux en fonction lors du prononcé du jugement de liquidation judiciaire le demeurent, sauf disposition contraire des statuts ou décision de l'assemblée générale. En cas de nécessité, un mandataire peut être désigné en leur lieu et place par ordonnance du président du tribunal sur requête de tout intéressé, du liquidateur ou du ministère public.***

Le siège social est réputé fixé au domicile du représentant légal de l'entreprise ou du mandataire désigné.

A. GÉNÉRALITÉS

1. Portée du dessaisissement. V. note 12. ♦ Sur la sanction, V. notes 72 s.

Le dessaisissement atteint aussi bien les revenus que le débiteur a pu se procurer à raison d'une activité professionnelle nouvelle postérieure à sa mise en liquidation, dès lors que ces revenus ou tous autres biens ont été acquis avant la clôture de la liquidation. • Metz, 6 mars 1997 : *JCP 1998. IV. 1412.*

Le dessaisissement s'étend à toute opération ou à tout acte ayant un caractère patrimonial et atteint l'ensemble des biens du débiteur qu'ils soient affectés ou non à l'exploitation. • Caen, 25 nov. 1997 : *BICC 1998, n° 608 ; RJDA 1998, n° 1018.*

Le jugement de liquidation judiciaire d'une personne physique emporte dessaisissement pour le débiteur de l'administration et de la disposition de ses biens, notamment des parts dans le capital d'une société mais ne le dessaisit pas de ses fonctions de représentant légal de cette société. • Com. 27 nov. 2001, n° 97-22.086 P : *D. 2002. AJ 92, obs. Lienhard ; APC 2002, n° 12, obs. Vallansan ; Dr. sociétés 2002, n° 24, note Legros ; BJS 2002. 212, note M. Sénéchal ; RDBF 2002, n° 65, obs. F.-X. Lucas ; JCP E 2002, n° 20, p. 805, obs. Pétel ; RJ com. 2002. 462, note Haennig.* ♦ Il en résulte que le liquidateur, qui ne peut agir qu'au nom du débiteur actionnaire de la société, n'est pas recevable à demander la désignation d'un administrateur provisoire de la société au motif que son représentant légal est soumis à une procédure de liquidation judiciaire. • Même arrêt. ♦ En cas de mise en liquidation judiciaire de l'associé d'une société civile, le liquidateur n'a pas qualité pour exercer les actions liées à sa qualité d'associé ou de gérant et concernant le patrimoine de la personne morale, non plus que son droit de participer aux décisions collectives. • Com. 18 oct. 2011, n° 10-19.647 P : *D. 2011. Actu. 2592, obs. Lienhard ; D. 2012. 593, note Dondero ; Rev. sociétés 2012. 249, note Saintourens et Duprat ; JCP E 2012. 1018, note Lebel ; APC 2011, n° 277, obs. Vallansan ; Dr. sociétés 2011, n° 213, note Hovasse ; BJS 2011. 994, note F.-X. Lucas ; RJDA 2012, n° 76 ; Gaz. Pal. 20-21 janv. 2012, p. 27, obs. Voinot ; BJE 2012. 82, note Coquelet.* – V. aussi • Civ. 3e, 19 déc. 2007 : *D. 2008. AJ 159 ; Dr. sociétés 2008, n° 75, note Legros ; BJS 2008. 321, note Voinot* • Com. 19 juin 2012, n° 11-19.775 P : *D. 2012. Actu. 1671 ; Rev. sociétés 2012. 532, obs. Henry ; LEDEN 7/2012. 3, obs. Pelletier ; APC 2012, n° 194, obs. Regnaut-Moutier ; Dr. sociétés 2012, n° 171, note Legros ; BJS 2012. 731, note F.-X. Lucas ; Gaz. Pal. 12-13 oct. 2012, p. 28, obs. Voinot.* ♦ L'action en paiement du solde d'un compte courant d'associé n'est pas une action liée à la qualité d'associé concernant le patrimoine de la personne morale mais tend au recouvrement de la créance dont dispose l'associé contre la personne morale et doit, dès lors, être exercée par son liquidateur. • Com. 23 sept. 2014, n° 12-29.262 P : *D. 2014. Actu. 1937 ; Rev. sociétés 2014. 754, obs. Henry ; ibid. 2015. 124, note Saintourens ; RTD com. 2015. 125, obs. Monsèrié-Bon ; JCP E 2014. 1605, note Lebel ; ibid. 1637, n° 5, obs. Pétel ; JCP 2015. 182, note Dondero ; LEDEN 11/2014. 2, obs. Parachkévova ; APC 2014, n° 319, obs. Pagnucco ; BJS 2014. 712, note Mouial-Bassilana ; RJDA 2014, n° 925 ; Dr. sociétés 2015, n° 35, note Legros ; RPC 2015, n° 43, obs. Reille.* ♦ Sur le monopole d'action du liquidateur contre les associés de la société en liquidation judiciaire pour voir fixer leur contribution aux pertes sociales, V. • Com. 20 sept. 2011, n° 10-24.888 P : *D. 2011. 2970, note Marmoz ; ibid. Actu. 2334, obs. Lienhard ; Rev. sociétés 2011. 691, obs. Prévost ; RTD com. 2011. 771, obs. Le Cannu et Dondero ; JCP E 2011. 1804, note Mortier ; BJS 2011. 902, note F.-X. Lucas ; Dr. sociétés 2011, n° 212, note Hovasse ; LEDEN 10/2011. 5, obs. Borga ; APC 2011, n° 278, obs. Pagnucco ; RJDA 2011, n° 1033 ; RLDA nov. 2011. 10, obs. Demeyere ; Banque et Dr. 11-12/2011. 59, obs. Riassetto* • 3 mai 2018, n° 15-20.348 P : *D. 2018. Actu. 1007 ; Rev. sociétés 2018. 414, obs. Roussel Galle ; ibid. 2019. 271, note Deckert ; RTD com. 2018. 705, obs. A. Lecourt ; JCP E 2018. 1340, note Lebel ; LEDEN 6/2018. 6, obs. Mouial-Bassilana ; RJDA 2018, n° 576 ; BJS 2018. 433, note Laroche ; Gaz. Pal. 25 sept. 2018, p. 71, obs. Barrillon ; APC 2018, n° 166, obs. Coquelet ; Dr. sociétés 2018, n° 186, note Hovasse ; RPC 2018, n° 187, obs. Vallansan.* ♦ Comp., depuis la modification de l'art. 1844-7, 7°, C. civ. par l'Ord. du 12 mars 2014, pour l'irrecevabilité du liquidateur à agir sur le fondement de la contribution aux pertes, dès lors que la liquidation judiciaire n'entraîne plus la dissolution de la société : • Rouen, 15 oct. 2019, n° 19/00855 : *LEDEN 12/2019. 1, obs. F.-X. Lucas.*

Le dessaisissement d'un débiteur ne l'empêche pas d'exercer une activité professionnelle. • Com. 5 juill. 2005, n° 04-13.255 P : *D. 2005. AJ 2146, obs. Lienhard ; RDBF 2005, n° 178, obs. F.-X. Lucas ; Gaz. Pal. 4-5 nov. 2005, p. 30, obs. Voinot ; ibid. 21-22 juin 2006, p. 42, obs. Robine ; JCP E 2006, n° 2, p. 72, obs. Pétel.* ♦ Comp., désormais : art. L. 641-9, III, issu de la L. n° 2005-845 du 26 juill. 2005.

Le dessaisissement du débiteur n'emporte pas changement de capacité au sens de l'art. 531 C. pr. civ. • Com. 18 mai 2016, n° 14-25.997 P : *D. 2016. Actu. 1133 ; RTD com. 2016. 857, obs. Vallens ; JCP E 2016. 1465, n° 3, obs. Pétel ; APC 2016, n° 149, obs. Le Bars ; DP diff. entr., Bull. n° 382, obs. Rémery ; RJDA 2016, n° 636 ; LEDEN*

9/2016. 5, obs. Staes ; Dr. sociétés 2016, n° 170, note Legros. ♦ Par ailleurs, il ne résulte d'aucun texte que l'ouverture de la procédure de liquidation judiciaire interrompe le délai ouvert au débiteur pour interjeter appel d'une décision qui lui a été régulièrement signifiée avant le jugement d'ouverture. • Même arrêt. ♦ Le dessaisissement du débiteur par l'effet de sa mise en liquidation judiciaire, qui ne porte que sur ses droits patrimoniaux, et auquel échappent ses droits propres, n'emporte pas changement de capacité au sens de l'art. 370 C. pr. civ., de sorte que l'infirmation d'un jugement ayant mis une partie en liquidation judiciaire n'emporte pas recouvrement, par cette partie, de sa capacité et ne constitue donc pas une cause d'interruption d'instance au sens du texte précité. • Com. 26 févr. 2020, n° 18-18.283 P : *D. 2020. Chron. C. cass. 1260, obs. Barbot ; RJDA 2020, n° 282 ; APC 2020, n° 87, obs. Ferrari ; LEDEN 5/2020. 4, obs. Pollaud-Dulian ; BJE 5-6/2020. 27, note Théron ; RPC 2021, n° 12, obs. Reille.*

Les dispositions relatives au dessaisissement du débiteur en liquidation judiciaire n'entraînent pas une privation de propriété. • Com., QPC, 18 déc. 2012 : *D. 2013. Actu. 77 ; Rev. sociétés 2013. 179, obs. Henry ; APC 2013, n° 20, obs. Vallansan ; BJE 2013. 82, note Benilsi ; LEDEN 4/2013. 4, obs. Favario.* ♦ Le dessaisissement de plein droit du débiteur en application des dispositions de l'art. L. 622-9 [L. 641-9] C. com. n'entraîne pas la disparition de son droit de propriété sur l'immeuble indivis litigieux, de sorte que le liquidateur n'a pas qualité pour poursuivre l'expulsion de ce dernier avant la réalisation définitive de la cession de cet immeuble. • Com. 25 oct. 2011, n° 10-21.146 P : *D. 2011. Actu. 2724, obs. Lienhard ; D. 2012. 479, note Albiges ; JCP E 2012. 1000, n° 5, obs. Pétel ; ibid. 1138, note Lebel ; LEDEN 12/2011. 2, obs. Berthelot ; APC 2011, n° 302, obs. Roussel Galle ; Gaz. Pal. 20-21 janv. 2012, p. 29, obs. Théron ; RJDA 2012, n° 318.* ♦ De même, le dessaisissement de la société en liquidation judiciaire n'entraîne pas au préjudice de cette société, dont la personnalité morale demeure pour les besoins de sa liquidation en vertu des art. 1844-8 C. civ. et L. 237-2, al. 2, C. com., la disparition de son droit de propriété sur l'immeuble litigieux ; la société en liquidation reste en conséquence redevable de la taxe annuelle prévue par l'art. 990 D CGI. • Com. 8 avr. 2008, n° 06-16.343 P : *D. 2008. AJ 1204 ; APC 2008, n° 153, obs. Serlooten.*

Sur la question de savoir si, par application de l'art. L. 641-9, le liquidateur peut être considéré comme un tiers par rapport au débiteur, V. note 73 ss. ancien art. L. 621-32, ss. art. L. 622-17.

2. Un débiteur en liquidation judiciaire, fût-ce une société, peut subir un préjudice dont il appartient au liquidateur judiciaire ou, lorsque l'action est dirigée contre ce dernier, à un mandataire *ad hoc* de poursuivre la réparation. • Com. 24 mai 2005, n° 03-17.481 P : *D. 2005. AJ 1695, obs. Lienhard ; JCP E 2005, n° 36, p. 1424, obs. Cabrillac et Pétel ; Gaz. Pal. 4-5 nov. 2005, p. 35, obs. Roussel Galle ; Dr. sociétés 2005, n° 216, note Legros.* ♦ Sur le tribunal compétent pour désigner un mandataire *ad hoc*, V. • Com. 21 mars 2006, n° 04-17.995 P : *D. 2006. AJ 1043, obs. Lienhard ; Rev. sociétés 2006. 912, note Roussel Galle ; JCP E 2006, n° 19, p. 873 ; RDBF 2006, n° 110, obs. Lucas.*

3. *Point de départ.* Par l'effet de la loi, le dessaisissement du débiteur part de la première heure du jour où est prononcée la liquidation judiciaire. • Com. 17 mai 1989, n° 87-17.930 P : *D. 1989. IR 177 ; JCP 1990. II. 21464, note Beaubrun.*

4. *Fin du dessaisissement.* La clôture de la liquidation judiciaire pour insuffisance d'actif, qui met fin au dessaisissement du débiteur, lui permet d'engager une action en paiement d'une créance née antérieurement à l'ouverture de la procédure collective et non recouvrée par le liquidateur. • Com. 17 oct. 2000, n° 98-10.955 P : *D. 2001. Somm. 619, obs. Honorat ; ibid. 2000. AJ 411, obs. Lienhard ; APC 2000, n° 232, obs. Bonneau ; JCP E 2001, n° 4, p. 176, obs. Pétel ; RTD com. 2001. 243, obs. Vallens .*

La remise des parties dans leur état antérieur à la suite de l'annulation du jugement d'adjudication d'un bien immobilier [elle-même consécutive à l'annulation du jugement d'extension d'une procédure de liquidation judiciaire à la SCI qui était propriétaire du bien objet de l'adjudication] commande que soit mise à la charge du propriétaire qui, dans la procédure de saisie immobilière, avait été représenté par le liquidateur pour le temps de son dessaisissement, et qui a été remis à la tête de ses biens, la restitution du prix en contrepartie de celle du bien. • Com. 7 févr. 2006, n° 05-13.467 P : *D. 2006. AJ 578, obs. Lienhard ; Gaz. Pal. 30 avr.-4 mai 2006, p. 33, obs. Voinot ; RJ com. 2006. 239, note Sortais.*

5. *Rétractation du jugement prononçant la liquidation.* Le jugement rétractant la décision de liquidation judiciaire du débiteur ne fait pas disparaître rétroactivement les effets du dessaisissement du débiteur lorsqu'il était en état de liquidation judiciaire. • Com. 2 avr. 1996, n° 93-13.776 P : *D. 1996. IR 122 ; JCP E 1996. I. 584, n° 6, obs. Cabrillac.* ♦ Par conséquent, des chèques ayant été émis par le dirigeant d'une société postérieurement au jugement ayant prononcé sa liquidation judiciaire, ces opérations sont inopposables à la procédure judiciaire, et la banque n'a commis aucune faute en rejetant, par deux fois, les chèques présentés par le créancier bénéficiaire, même si la seconde présentation des chèques litigieux a été effectuée après rétractation du jugement de liquidation judiciaire. • Même arrêt.

6. Cassation de l'arrêt confirmant le jugement prononçant la liquidation judiciaire. V. • Com. 1er avr. 2003 : *Dr. sociétés 2004, n° 43, note Legros.*

7. Bonne foi des tiers. Les dispositions de l'art. 152 [C. com., art. L. 641-9] ne font pas d'exception en faveur des tiers de bonne foi. • Com. 2 avr. 1996, n° 92-19.912 P : *D. 1996. Somm. 338, obs. Honorat ; JCP E 1996. I. 584, n° 5, obs. Cabrillac* • 19 mai 2004, n° 02-18.570 P : *D. 2004. AJ 1813, obs. Lienhard (2e esp.) ; APC 2004, n° 163, obs. Boulay ; RPC 2006. 55, obs. Lebel.* ♦ V. aussi note 75.

8. Créancier de pension alimentaire. Si l'art. 30 de la loi du 25 janv. 1985 [C. com., art. L. 631-11] permet à la personne mise en liquidation judiciaire d'obtenir de l'actif, pour sa famille, des subsides fixés par le juge-commissaire, son dessaisissement, résultant de l'application des dispositions d'ordre public de l'art. 152 [C. com., art. L. 641-9], est général et embrasse l'intégralité de son patrimoine, aucune exception n'étant légalement prévue en faveur des créanciers auxquels serait due une pension alimentaire. • Paris, 4 juill. 2000 : *D. 2000. AJ 398 ; RPC 2002. 260, obs. Lebel.*

9. Dissolution des sociétés en liquidation judiciaire. V. C. civ., art. 1844-7 (7°), App., v° *Sociétés commerciales.*

B. EFFETS DU DESSAISISSEMENT QUANT AUX BIENS

10. Biens insaisissables. Si sont exclues du dessaisissement du débiteur en liquidation judiciaire la fraction insaisissable des salaires ou les prestations assimilées, cette exception, édictée dans le seul intérêt du débiteur, ne peut pas être invoquée par un tiers, dès lors que les conditions d'application de l'art. 1166 [1341-1] C. civ. (action oblique) ne sont pas réunies. • Com. 11 juill. 1995, n° 93-13.195 P : *D. 1996. Somm. 83, obs. Honorat ; RJDA 1995, n° 132.*

En ce sens que les juges ne peuvent faire échapper au dessaisissement les indemnités allouées au débiteur à la suite d'un accident de la circulation, sans rechercher si celles-ci ont, en tout ou en partie, un caractère alimentaire au regard de l'art. 14 de la L. n° 91-650 du 9 juill. 1991 [C. pr. exéc., art. L. 112-2, à compter du 1er juin 2012], V. • Com. 5 févr. 2002, n° 99-11.903 P : *D. 2002. AJ 887 ; APC 2002, n° 88, obs. Vallansan ; Procédures 2002, n° 98, obs. Laporte ; Dr. et patr. 7-8/2002. 107, obs. Monsèrié-Bon ; RPC 2002. 257, obs. Lebel ; RJ com. 2003. 415, note Sortais.*

Le débiteur peut opposer la déclaration d'insaisissabilité qu'il a effectuée en application de l'art. L. 526-1 C. com., avant qu'il ne soit mis en liquidation judiciaire, en dépit de la règle du dessaisissement prévue par l'art. L. 641-9. • Com. 28 juin 2011, n° 10-15.482 P : *D. 2011. Actu. 1751, obs. Lienhard ; D. 2012. Pan. 2201, obs. Le Corre ; Rev. sociétés 2011. 526, obs. Roussel Galle ; JCP E 2011. 1551, note Pérochon ; LEDEN 7/2011. 1, obs. F.-X. Lucas ; DP diff. entr., Bull. n° 328, obs. Rémery ; APC 2011, n° 203, obs. Fin-Langer ; BJE 2011. 242, note Camensuli-Feuillard ; RDBF 2011, n° 171, obs. S. Piedelièvre ; Gaz. Pal. 7-8 oct. 2011, p. 11, note Antonini-Cochin ; RPC 2012, n° 111, obs. Lisanti.* – V. aussi Legrand et Vallansan, *RPC 2011. Étude 30.* ♦ Dès lors que l'immeuble appartenant au débiteur et à son conjoint commun en biens a fait l'objet d'une déclaration d'insaisissabilité publiée avant l'ouverture de la liquidation judiciaire, le juge-commissaire ne peut autoriser, sous peine de commettre un excès de pouvoir, le liquidateur à procéder à la vente aux enchères publiques de cet immeuble dont l'insaisissabilité lui est opposable. • Même arrêt. – Dans le même sens, V. • Com. 24 mars 2015 : *D. 2015. 1302, note Borga ; ibid. Actu. 799, obs. Lienhard ; Rev. sociétés 2015. 404, obs. Henry ; JCP E 2015. 1245, note Cerati-Gauthier ; APC 2015, n° 119, obs. V. Legrand ; LEDEN 5/2015. 4, obs. Yaboue ; RJDA 2015, n° 451 ; RPC 2015, n° 79, obs. Dumont-Lefrand ; BJE 2015. 224, note Le Mesle ; Gaz. Pal. 19-21 juill. 2015, p. 19, obs. Théron* • 22 mars 2016, n° 14-21.267 P : *D. 2016. Actu. 702 ; Rev. sociétés 2016. 393, obs. Henry ; LEDEN 5/2016. 3, obs. Rubellin ; RPC 2016, n° 185, obs. Reille.* ♦ De même, dès lors que l'immeuble a fait l'objet d'une déclaration d'insaisissabilité régulièrement publiée avant le jugement d'ouverture de la liquidation judiciaire du débiteur, les droits indivis de ce dernier n'ont pu être appréhendés par la procédure collective, de sorte que le liquidateur n'a pas qualité pour agir en partage et licitation sur le fondement de l'art. 815 C. civ. • Com. 14 mars 2018, n° 16-27.302 P : *D. 2018. 1240, note Rabreau ; AJ fam. 2018. 299, obs. Casey ; RTD civ. 2018. 447, obs. Dross ; JCP E 2018. 1429, n° 14, obs. Pétel ; LEDEN 4/2018. 6, obs. Rubellin ; APC 2018, n° 118, obs. Leprovaux ; RJDA 2018, n° 446 ; BJE 2018. 201, note V. Legrand ; ; RPC 2019, n° 52, obs. Lisanti.* ♦ V. aussi note 11 ss. art. L. 643-2.

11. Salaires. La saisie des rémunérations dues par un employeur est soumise aux dispositions du code du travail ; si le liquidateur d'un salarié en liquidation judiciaire est fondé à demander à l'employeur le versement entre ses mains des salaires du débiteur qui, à l'exclusion de leur fraction insaisissable, sont appréhendés par l'effet réel de la procédure collective, il doit mettre en œuvre la procédure de saisie des rémunérations ressortissant à la compétence exclusive du tribunal d'instance. • Com. 13 avr. 2010, n° 08-19.074 P : *D. 2010. Actu. 1072 ; JCP E 2010. 1534, note Lebel ; ibid. 1742, n° 7, obs. Pétel ; APC 2010, n° 137, obs. Fin-Langer ; LEDEN 6/2010. 4, obs. Rubellin ; RJDA 2010, n° 644 ; Procédures 2010, n° 236, obs. Rolland ; Gaz. Pal. 2-3 juill.*

2010, p. 27, obs. Voinot ; RPC 2012, n° 33, obs. Canet.

12. Débiteur marié. Il résulte de la combinaison des art. 1413 C. civ. et L. 622-9 [L. 641-9] C. com. qu'en cas de liquidation judiciaire d'un débiteur marié sous le régime de la communauté, les biens communs inclus dans l'actif de la procédure collective sont administrés par le seul liquidateur qui exerce pendant toute la durée de la liquidation judiciaire les droits et actions du débiteur dessaisi concernant son patrimoine. • Com. 4 oct. 2005, n° 04-12.610 P : *D. 2005. AJ 2592, obs. Lienhard ; D. 2006. Pan. 86, obs. Le Corre ; ibid. 1382, obs. Danis-Fatôme ; APC 2005, n° 230, obs. Regnaut-Moutier ; JCP E 2006, n° 2, p. 73, obs. Pétel ; ibid., n° 6-7, p. 293, note Beigner ; Gaz. Pal. 10-11 févr. 2006, p. 42, obs. Vauvillé.* ♦ Il s'ensuit que les pouvoirs de gestion des biens communs normalement dévolus au conjoint *in bonis* en vertu des art. 1421 s. C. civ. ne peuvent plus s'appliquer. • Même arrêt. ♦ Le dessaisissement du débiteur porte aussi sur les biens de communauté quand le jugement de divorce est postérieur à l'ouverture de la procédure collective. • Paris, 9 févr. 1990 : *JCP E 1990. I. 20009* • 6 nov. 1992 : *RJDA 1993, n° 450* • Reims, 14 févr. 1996 : *JCP 1997. IV. 852.* ♦ Chacun des époux, ayant le pouvoir d'administrer seul les biens communs et d'en disposer, a qualité pour exercer seul, en défense ou en demande, les actions relatives aux biens communs ; il s'en déduit que les décisions rendues à l'encontre du seul époux en liquidation judiciaire, représenté par son liquidateur, relativement à la vente d'un bien commun, étant opposables au conjoint maître de ses biens, la tierce opposition formée par ce dernier à leur encontre n'est pas recevable. • Com. 28 avr. 2009, n° 08-10.368 P : *D. 2009. 2143, note Souhami ; ibid. AJ 1353 ; LEDEN, juin 2009, p. 5, obs. Rubellin ; APC 2009, n° 176, obs. Leprovaux ; Gaz. Pal. 26-28 juill. 2009, p. 46, obs. Antonini-Cochin ; RJDA 2009, n° 878 ; RPC 2010, n° 3, obs. Gorrias et Manie.*

13. Pour l'inopposabilité à la procédure collective de l'acte de cession compris dans une convention définitive de divorce homologuée par le juge, prévoyant l'abandon par le mari, soumis à une procédure de liquidation judiciaire, de sa part sur l'immeuble commun au titre de la pension alimentaire, V. • Com. 26 avr. 2000, n° 97-10.335 P : *D. 2000. AJ 264, obs. Lienhard ; JCP E 2000, n° 40, p. 1562, obs. Pétel ; Procédures 2000, n° 164, obs. Laporte ; LPA 28 févr. 2001, p. 16, note Paquette-Dessaigne.*

14. La liquidation judiciaire du mari ne peut faire obstacle à la demande de séparation de biens présentée par son épouse. • Civ. 1re, 3 mai 2000, n° 98-10.727 P : *D. 2000. AJ 294 ; JCP 2000. II. 10389, note Casey ; ibid. 2001. I. 309, obs. Tisserand ; Defrénois 2000. 855, obs. Sénéchal.* ♦ ... Mais elle n'établit cependant pas à elle seule la mise en péril des intérêts de l'épouse. • Civ. 1re, 19 oct. 2004, n° 02-13.659 P : *D. 2004. AJ 2855 ; D. 2005. Pan. 298, obs. Le Corre ; APC 2004, n° 233, obs. Vallansan et Leprovaux ; JCP E 2005, n° 6, p. 239, obs. Leprovaux ; AJ fam. 2005. 28, obs. Hilt ; RPC 2005. 56, obs. Dumont ; Defrénois 2005. 990, obs. Gibirila.*

15. Si la liquidation judiciaire d'une personne mariée sous le régime de la communauté de biens ne modifie pas les droits que les créanciers de son conjoint tiennent du régime matrimonial, le dessaisissement de la personne leur interdit d'exercer des poursuites sur les biens communs en dehors des cas où les créanciers du débiteur soumis à la liquidation judiciaire peuvent eux-mêmes agir. • Cass., ass. plén., 23 déc. 1994, n° 90-15.305 P : *BICC 1er févr. 1995, p. 1, concl. Roehrich, rapp. Chartier ; D. 1995. 145, rapp. Chartier, note Derrida ; RJ com. 1995. 55, note M. Storck ; JCP 1995. II. 22401, note Randoux ; JCP E 1995. II. 660, note Pétel ; Gaz. Pal. 1995. 2. 407, note de La Marnierre.* ♦ V. aussi Sénéchal, *BJS 1995. 229* ; Vauville, *RPC 1995. 23* ; Courtier, *Rev. huiss. 1995. 961.* ♦ Les juges doivent rechercher, au besoin d'office, si le créancier avait déclaré sa créance au passif de la procédure collective du débiteur, dès lors qu'en l'absence d'une telle déclaration, le créancier ne peut faire valoir son hypothèque, sauf, le cas échéant, sur le solde du prix de l'immeuble grevé substituant après règlement des créanciers admis. • Com. 14 oct. 1997, n° 96-12.853 P : *D. 1998. Somm. 134, obs. Revel ; D. Affaires 1997. 1327 ; JCP 1998. II. 10003, note Beignier* • 16 mars 1999 : *APC 1999, n° 165.* ♦ V. aussi • Com. 25 févr. 2004 : *D. 2004. AJ 2147, obs. Le Corre ; RPC 2005. 58, obs. Rubellin.* ♦ Sur l'obligation de déclarer la créance, V. aussi note 17 ss. ancien art. L. 621-46, ss. art. L. 622-26.

16. L'inopposabilité à la liquidation judiciaire du mari, en raison de son dessaisissement, du prêt contracté par les époux n'affecte ni la validité de l'emprunt à l'égard de la femme *in bonis* ni l'engagement de ses biens propres. • Com. 20 juin 1995, n° 93-10.331 P : *JCP E 1995. I. 513, n° 8, obs. Cabrillac* (V. l'arrêt confirmé : • Amiens, 27 nov. 1992 : *RPC 1994. 36, obs. Saint-Alary-Houin*).

17. L'inopposabilité à la masse de l'hypothèque consentie, postérieurement au jugement de liquidation des biens de l'un des époux, sur un immeuble commun, pour sûreté d'une dette que ceux-ci ont contractée, produit effet à l'égard de chacun des époux. • Com. 14 oct. 1997, n° 95-10.512 P : *D. 1998. Somm. 99, obs. Honorat* (loi de 1967).

18. Lorsque l'ordonnance du juge-commissaire fixant la mise à prix, précisant les conditions essentielles de la vente et déterminant les modalités de publicité est passée en force de chose jugée à l'égard du débiteur qui dispose à son encontre d'un recours devant le tribunal de la procédure collective, le liquidateur, qui exerce le pouvoir exclusif d'agir au nom du débiteur dans la procédure de saisie immobilière, se trouve dispensé de délivrer au débiteur saisi la sommation prévue à l'art. 689 C. pr. civ. [ancien]. • Cass., ch. mixte, 5 déc. 1997, n° 94-17.189 P : *D. 1998. IR 22* ; *D. Affaires 1998. 28, obs. A. L.* ; *Quot. Jur. 20 janv. 1998, p. 10, note P. M.* ; *BICC 15 févr. 1998, p. 8, concl. Monnet* ; *JCP E 1998, n° 9, p. 328, note Croze* • Com. 11 avr. 1995, n° 91-21.534 P : *D. 1995. IR 153* ; *Defrénois 1995. 973, obs. Sénéchal*. – V. Cass., rép., *BICC 1er mai 1996, p. 36*. ♦ Dans le cas où un immeuble appartenant à deux époux, dont l'un est en liquidation judiciaire, fait l'objet d'une procédure de saisie immobilière, la sommation prévue audit art. doit être faite au conjoint du débiteur en liquidation judiciaire. • Com. 11 avr. 1995 : *préc.*

19. Il résulte de l'art. 2217, al. 1er, C. civ. qu'un commandement de payer doit être délivré à l'épouse du débiteur, qui demeure maître de ses biens, s'agissant d'une saisie portant sur un immeuble acquis en indivision par des époux séparés de biens. • Com. 28 janv. 1997 : *D. 1997. IR 72* (loi de 1967). ♦ V. aussi note 9 ss. art. L. 643-2.

20. Le jugement d'adjudication d'un immeuble faisant partie de l'actif d'une liquidation judiciaire doit être signifié au débiteur en état de liquidation et à son épouse occupant avec lui l'immeuble avant que l'adjudicataire ne puisse demander la libération des lieux et l'expulsion des occupants. • Civ 2e, 5 juin 1996 : *Rev. huiss. 1998. 294, note R. Martin.*

C. EFFETS QUANT AUX ACTIONS EN JUSTICE

BIBL. Matsopoulou, *JCP 1998. I. 164* (exercice de l'action civile).

21. Actions interdites. Il résulte de l'art. 152 [C. com., art. L. 641-9], texte d'ordre public, que le débiteur seul ne peut exercer une voie de recours. • Paris, 12 juill. 1988 : *D. 1989. Somm. 10, obs. Derrida.* ♦ S'il peut cependant faire appel d'un jugement défavorable à la masse *[sic]* pour empêcher cette décision d'acquérir l'autorité de la chose jugée, c'est seulement à titre purement conservatoire et sous réserve qu'ultérieurement le mandataire-liquidateur s'associe à cet appel. • Même arrêt.

22. Du fait de son dessaisissement résultant du jugement de liquidation judiciaire, le pourvoi formé par le débiteur, qui n'exerce pas de droit propre, n'est pas recevable. • Com. 30 janv. 2007, n° 04-19.208 P : *D. 2007. AJ 509* ; *Gaz. Pal. 13-14 avr. 2007, p. 25, obs. Rohart-Messager.*

23. Aucun droit propre ne fait échec au dessaisissement du débiteur pour l'exercice des actions tendant au recouvrement de ses créances. • Com. 18 sept. 2012, n° 11-17.546 P : *D. 2012. Actu. 2240, obs. Lienhard* ; *JCP E 2012. 1757, n° 5, obs. Pétel* ; *LEDEN 10/2012. 3, obs. Mouial-Bassilana* ; *APC 2012, n° 244, obs. Vallansan* ; *RJDA 2012, n° 986* ; *BJE 2012. 367, note Sautonie-Laguionie* ; *Gaz. Pal. 18-19 janv. 2013, p. 29, obs. Voinot.*

24. L'action en responsabilité civile contre le liquidateur est de nature patrimoniale et ne peut être exercée par le débiteur en liquidation judiciaire avant la clôture des opérations de liquidation. • Com. 6 févr. 2001, n° 98-10.117 P : *D. 2001. AJ 859, obs. Lienhard* ; *RTD com. 2001. 770, obs. Vallens* . – V. déjà • Paris, 13 sept. 1999 : *D. 1999. AJ 21, obs. A. L.* ♦ Par suite, si le débiteur peut faire appel à titre conservatoire du jugement rejetant sa demande, il n'a pas qualité pour suivre l'instance d'appel sans intervention d'un administrateur *ad hoc*. • Com. 6 févr. 2001 : *préc.*

25. Il résulte de la combinaison de l'art. 152 [C. com., art. L. 641-9] et de l'art. 66 du Décr. n° 92-755 du 31 juill. 1992 [C. pr. exéc., art. R. 211-11, à compter du 1er juin 2012] que, lorsque le jugement de liquidation judiciaire est prononcé au cours du délai ouvert pour contester la saisie-attribution, il interrompt le délai et un nouveau délai commence à courir à compter de la dénonciation faite au liquidateur. • Com. 19 janv. 1999, n° 96-18.256 P : *D. 1999. 245, note Derrida* ; *D. Affaires 1999. 478* ; *JCP E 1999, n° 18-19, p. 815, obs. Pétel* ; *LPA 9 mars 1999, p. 8, note P. M.* ; *Defrénois 2000. 45, obs. Sénéchal* ; *RJ com. 2000. 29, note Courtier.* ♦ A la suite du prononcé de la liquidation judiciaire, le liquidateur a seul qualité pour élever une contestation relative à la saisie-attribution. • Même arrêt. ♦ Le débiteur en liquidation judiciaire est irrecevable à demander la mainlevée d'une saisie-vente pratiquée par un créancier. • Com. 1er oct. 2002 : *APC 2002, n° 251.*

26. L'action en paiement du montant non libéré du capital d'une société anonyme fait partie des droits et actions du débiteur concernant son patrimoine que le liquidateur exerce en application de l'art. 152 [C. com., art. L. 641-9]. • Com. 26 mai 1999, n° 97-14.865 P : *D. 2000 Somm. 97, obs. Honorat* ; *D. Affaires 1999. 994, obs. A. L.* ; *APC 1999, n° 148, obs. Regnaut-Moutier* ; *BJS 1999. 971, note Saintourens* ; *Rev. sociétés 1999. 865, note Honorat* .

27. Dès lors que l'action en responsabilité dirigée par le débiteur en liquidation judiciaire ne vise pas à sanctionner une atteinte personnelle à ses droits mais tend à obtenir la réparation d'un préjudice résultant d'une faute lourde commise par l'État, sur le fondement de l'art. L. 781-1 COJ, elle revêt un caractère patrimonial et, étant susceptible d'affecter les droits de ses créanciers, entre dans les prévisions de l'art. L. 622-9 [L. 641-9] C. com. • Com. 12 juill. 2004, n° 03-12.634 P : *D. 2004. AJ 2157* ; *RPC 2006. 56, obs. Lebel.* ♦ *Contra*, désormais : V. note 6 ss. art. L. 643-9.

28. Le dessaisissement du débiteur s'étend à

l'exercice de ses droits dans l'indivision dont il est membre. • Com. 21 janv. 2003 : *RJDA 2003, n° 625.* ♦ Le liquidateur, qui exerce les droits et actions du débiteur dessaisi, peut agir sur le fondement de l'art. 815 C. civ. qui dispose que nul n'est contraint de demeurer dans l'indivision. • Com. 3 déc. 2003, n° 01-01.390 P : *D. 2004. AJ 141 ; AJ fam. 2004. 67, obs. Deis-Beauquesne ; RJPF 2004, n° 4, p. 18, obs. Vauvillé* • Civ. 1re, 29 juin 2011, n° 10-25.098 P : *D. 2011. Actu. 1970 ; JCP E 2012. 1000, n° 3, obs. Pétel ; APC 2011, n° 225, obs. Delrieu ; Gaz. Pal. 7-8 oct. 2011, p. 37, obs. Antonini-Cochin ; BJE 2011. 346, note Rubellin ; RPC 2012, n° 2, obs. Cagnoli ; ibid., n° 115, obs. Dumont-Lefrand.*

29. Pour l'irrecevabilité : d'un dire déposé par le débiteur dans le cadre de la vente aux enchères publiques autorisée par le juge-commissaire, V. • Com. 2 avr. 1996, n° 93-10.453 P : *D. 1996. IR 123.* ♦ ... D'un incident de saisie immobilière formé par le débiteur dessaisi dans le cadre d'une telle vente, V. • Com. 18 janv. 2011 : *D. 2011. Actu. 368, obs. Lienhard ; LEDEN 3/2011. 6, obs. M. Sénéchal ; Procédures 2011, n° 102, obs. Rolland ; RJDA 2011, n° 445.*

30. Il résulte de l'art. 152 [C. com., art. L. 641-9], al. 1er, que le débiteur mis en liquidation judiciaire n'a plus qualité, non seulement pour agir, mais encore pour défendre en justice. Par suite, l'appel d'un jugement formé seulement à son encontre est irrecevable. • Versailles, 4 juin 1998 : *RJ com. 2000. 35, obs. Legrand.* ♦ En effet, le liquidateur, seul habilité à défendre au nom du débiteur, doit être attrait devant la cour dans le délai d'appel. • Même arrêt.

31. S'agissant d'un appel interjeté par la société en liquidation judiciaire seule, l'intervention du liquidateur, par conclusions postérieures à l'expiration du délai d'appel, ne peut régulariser la procédure. • Com. 10 déc. 2003, n° 00-19.230 P : *D. 2004. AJ 142 ; APC 2004, n° 52, obs. Legros ; BJS 2004. 357, note Scholer.* – Rappr. : • Versailles, 27 mai 2003 : *BICC 2004, n° 250.*

32. Actions ouvertes. Un débiteur en liquidation judiciaire peut toujours exercer seul, pourvu qu'il le fasse contre le liquidateur judiciaire ou en sa présence, un pourvoi contre la décision qui l'a déclaré irrecevable à agir, s'il prétend que la nature ou la portée des règles du dessaisissement ont été violées. • Com. 2 avr. 1996 : *préc. note 29.* • Soc. 1er févr. 2001 : *APC 2001, n° 130.* ♦ De même, le dessaisissement ne saurait priver le débiteur de son droit propre de faire appel. • Versailles, 6 mars 1997 : *Gaz. Pal. 1997. 2. Somm. 352.*

33. Le débiteur en liquidation judiciaire est recevable à interjeter appel de l'ordonnance du juge-commissaire ayant relevé un créancier de sa forclusion. • Com. 15 févr. 2000, n° 97-21.102 : *D. 2000. AJ 161 ; RJDA 2000, n° 451* • 15 févr. 2000, n° 97-20. 749 : *APC 2000, n° 84, obs. Vallansan* • 8 juill. 2003, n° 01-02.050 P : *D. 2003. AJ 2173 ; Dr. sociétés 2003, n° 187, note F.-X. Lucas ; Procédures 2003, n° 260, obs. Croze ; BJS 2004. 103, note Neau-Leduc* (s'agissant d'une association en liquidation judiciaire). ♦ Il dispose également d'un droit propre de former un pourvoi contre l'arrêt qui a rejeté l'appel-nullité interjeté par lui, à l'encontre d'un jugement ayant confirmé le relevé de forclusion d'un créancier prononcé par le juge-commissaire. • Com. 26 oct. 1999, n° 97-13.238 P : *JCP 1999. IV. 3076.* ♦ Quelles que soient les voies de recours engagées, la décision de liquidation judiciaire est exécutoire par provision et l'art. 152 [C. com., art. L. 641-9] est applicable, étant observé que le débiteur conserve évidemment le droit de former des recours notamment contre la décision de liquidation, celle fixant la date de cessation des paiements et celles statuant sur les admissions de créances. • Versailles, 14 déc. 1995 : *D. 1996. IR 56.* ♦ Comp., lorsqu'un administrateur provisoire a été désigné : • Paris, 15 janv. 2002 : *BICC 2002, n° 771.* ♦ Pour la recevabilité de l'appel-nullité du débiteur contre la décision de vente d'un immeuble prise par le juge-commissaire, V. • Com. 5 oct. 2010 : *cité note 16 ss. ancien art. L. 623-4, ss. art. L. 661-4.*

34. Un débiteur en liquidation judiciaire peut toujours, en vertu de son droit propre, défendre seul à une action exercée contre lui par le liquidateur. • Com. 8 juill. 2003, n° 00-12.744 P : *D. 2004. Somm. 56, obs. F.-X. Lucas ; APC 2003, n° 213, obs. Vallansan ; Dr. sociétés 2004, n° 80, note Legros.*

35. Après l'appel relevé par le débiteur, avant sa mise en liquidation judiciaire, contre une décision statuant sur l'existence et le montant d'une créance, le désistement d'appel du liquidateur est impropre à dessaisir les juges d'appel, faute pour eux d'avoir constaté le désistement du débiteur dans l'exercice de son droit propre. • Com. 1er oct. 2002, n° 99-21.143 P : *D. 2002. AJ 3013 ; APC 2002, n° 240, obs. Fricero ; Dr. et patr. 3/2003. 94, obs. Monsèrié-Bon ; Dr. sociétés 2003, n° 70, note Legros.*

36. Le recours formé contre une décision du Conseil [de l'Autorité] de la concurrence déclarant sa saisine irrecevable n'est pas une action patrimoniale au sens de l'art. 152 [C. com., art. L. 641-9]. • Paris, 12 sept. 1991 : *Gaz. Pal. 1992. 1. 58, concl. Jobard et note Marchi.*

37. Sur l'exercice des actions exclusivement attachées à la personne du débiteur, V. notes 52 s.

38. Le débiteur, exerçant un droit qui lui est propre, peut demander lui-même au tribunal la clôture de sa liquidation judiciaire. • Com. 5 mars 2002, n° 98-22.646 P : *D. 2002. AJ 1422 ; JCP*

E 2002, n° 39, p. 1523, obs. Cabrillac ; Procédures 2002, n° 122, note Laporte ; RDBF 2002, n° 104, obs. F.-X. Lucas ; RTD com. 2002. 378, obs. Vallens ; Dr. et patr. 10/2002. 112, obs. Monsèrié-Bon. ♦ V., désormais, en ce sens : art. L. 643-9.

39. Action oblique. Pendant toute la durée de la liquidation judiciaire, les droits et actions du débiteur concernant son patrimoine sont exercés par le liquidateur auquel aucun créancier ne peut se substituer pour recouvrer, fût-ce par voie oblique, une créance de la personne soumise à cette procédure collective. • Com. 3 avr. 2001, n° 98-14.191 P : *D. 2001. AJ 1728 ; RDBF 2001, n° 118, obs. F.-X. Lucas ; JCP E 2001, n° 38, p. 1473, obs. Pétel ; RTD com. 2001. 771, obs. Vallens ; Dr. et patr. 11/2001. 110, obs. Monsèrié-Bon ; RTD civ. 2001. 882, obs. Mestre et Fages .* ♦ Si le liquidateur ne fait pas diligence, il appartient au créancier d'en demander le remplacement dans les conditions prévues par l'art. 148-4 [C. com., art. L. 641-1], al. 2, de la loi et l'art. 30 du décret. • Paris, 13 mars 1998 : *D. Affaires 1998. 673, obs. A. L. ; JCP E 1999, n° 14, p. 621, note Dubœuf-Hild.*

40. Interruption des instances en cours. L'instance étant interrompue par l'effet du jugement de liquidation judiciaire, celle-ci doit être reprise par le liquidateur ou à son encontre, celui-ci étant seul habilité à poursuivre les instances introduites avant le jugement de liquidation, soit par l'administrateur, soit par le représentant des créanciers. • Civ. 2e, 6 mars 1991, n° 89-15.540 P : *D. 1992. Somm. 88, obs. Derrida .* ♦ A défaut, les jugements, même passés en force de chose jugée, obtenus après l'interruption de l'instance, sont réputés non avenus, à moins qu'ils ne soient expressément ou tacitement confirmés par la partie au profit de laquelle l'interruption est prévue. • Même arrêt. – Dans le même sens, V. • Nîmes, 7 déc. 2004 : *D. 2005. 1034, note Souweine .*

V. note 15 ss. art. L. 622-22 (Civ. 2e, 8 janv. 1997).

41. Opposabilité de la prescription au liquidateur. A l'égard du liquidateur qui exerce les droits et actions du débiteur, concernant son patrimoine, à la suite de son dessaisissement, la prescription commence à courir à compter de la même date qu'à l'égard de ce dernier. • Com. 7 déc. 2004 : *RJDA 2005, n° 354 ; RPC 2006. 58, obs. Lebel.*

D. EFFETS QUANT AUX ACTES JURIDIQUES

42. Chèques et virements. Sont inopposables à la procédure collective d'un débiteur dessaisi du droit de disposer de ses biens en raison de sa mise en liquidation judiciaire les émissions de chèques ainsi que les virements effectués à partir d'un compte bancaire personnel ou joint. • Com. 3 nov. 2010, n° 09-15.546 P : *D. 2010. Actu. 2701, obs. Lienhard ; APC 2010, n° 270, obs. Cagnoli ; LEDEN 1/2011. 4, obs. Berthelot ; RJDA 2011, n° 262 ; Gaz. Pal. 1er-2 avr. 2011, p. 37, obs. Bonhomme ; RPC 2011, n° 74, obs. Dumont-Lefrand ; LPA 15-17 août 2011, note Bénilsi.* ♦ V. aussi note 5. ♦ Pour la validité d'une opération de virement en cours auprès de la banque du débiteur la veille du jugement prononçant la liquidation judiciaire, V. • Com. 30 juin 2021, n° 20-18.759 B : *D. 2021. Actu. 1332 ; JCP E 2021. 1424, n° 3, obs. Tehrani ; LEDEN 9/2021. 3, obs. Houssin ; APC 2021, n° 185, obs. Bonneau ; BJE 9-10/2021. 11, note Martineau-Bourgninaud ; Gaz. Pal. 26 oct. 2021, p. 69, obs. Ferrari ; RJDA 2021, n° 788.*

43. Compte courant. Sont inopposables à la procédure collective les opérations de débit du compte courant effectuées postérieurement au jugement de liquidation judiciaire. • Com. 19 mai 2004 : *préc. note 7 ; JCP E 2004, n° 37, p. 1385, obs. Cabrillac.*

44. Obligations de l'employeur. Il ne saurait être reproché à un conseil de prud'hommes d'avoir condamné un liquidateur à délivrer, en cette qualité, à des salariés, des certificats de travail, des bulletins de paie et des attestations ASSEDIC. • Soc. 24 janv. 1989 : *Bull. civ. V, n° 53.* ♦ Sur la possibilité d'ordonner au liquidateur, sous astreinte, la remise à un salarié d'une attestation destinée aux ASSEDIC, V. • Soc. 17 oct. 1989 : *Bull. civ. V, n° 594.* ♦ V. aussi • Soc. 23 sept. 2009 : *D. 2009. AJ 2341 ; APC 2009, n° 256, obs. Taquet ; Gaz. Pal. 8-9 janv. 2010, p. 9, obs. Gailhbaud ; RPC 2010, n° 81, obs. Berthelot.*

45. Partage successoral. La signature d'un acte de partage successoral relève du seul pouvoir du liquidateur. • Com. 13 janv. 2015 : *D. 2015. Actu. 204 ; JCP E 2015. 1148, note Lebel ; LEDEN 2/2015. 2, obs. F. Legrand ; BJE 2015. 95, note Benilsi ; RJDA 2015, n° 299 ; Gaz. Pal. 1er-5 mai 2015, p. 28, obs. Voinot ; RPC 2015, n° 78, obs. Dumont-Lefrand.*

46. Actes conservatoires et notifications au débiteur. L'inscription au RCS, en raison des conséquences qui s'y attachent, ne constitue pas un simple acte conservatoire que peut accomplir un débiteur en liquidation des biens [liquidation judiciaire]. • Com. 3 mai 1994, n° 92-10.401 P (loi de 1967).

De même, la mise en demeure de l'entrepreneur principal prévue par l'art. 12 de la L. n° 75-1334 du 31 déc. 1975, ne constituant pas, en raison des circonstances qui s'y rattachent, un simple acte conservatoire, est inopérante une mise en demeure adressée par le sous-traitant à un entrepreneur principal dessaisi. • Civ. 3e, 3 juill. 1996, n° 94-18.325 P : *D. Affaires 1996. 1123 ; LPA 25 oct. 1996, p. 19, note Coffy de Boisdeffre* (loi de 1967).

Le procès-verbal de réception de travaux ne constituant pas, en raison des conséquences qui s'y attachent, un simple acte conservatoire, seul le liquidateur est recevable à se prévaloir de l'inopposabilité du procès-verbal signé par le débiteur, dessaisi par l'effet de sa mise en liquidation judiciaire. • Civ. 3e, 2 mars 2022, n° 20-16.787 B : *D. 2022. Actu. 460*.

Dès lors que l'arrêté de fermeture du site emportant obligation de dépolluer, intervenu postérieurement au jugement de liquidation judiciaire, n'a pas été notifié au liquidateur, l'obligation de faire résultant de cet arrêté lui est inopposable. • Com. 19 nov. 2003 : *D. 2004. 629, note Voinot*.

Il résulte des dispositions de l'art. 152 de la loi du 25 janv. 1985, qui sont désormais reprises à l'art. L. 641-9 C. com., que les droits et actions du débiteur qu'elles visent incluent ceux qui se rapportent, le cas échéant, aux dettes fiscales de celui-ci, et, par suite, aux actes de la procédure d'imposition le concernant, tels que les notifications de redressements, qui sont susceptibles d'avoir une incidence sur son patrimoine ; dès lors, c'est au liquidateur judiciaire que doit être adressée la notification des redressements envisagés par l'administration. • CE 14 mars 2008 : *D. 2008. AJ 916 ; JCP E 2008. 1729, note D. F. ; Gaz. Pal. 8-10 juin 2008, p. 8, note Lagarde ; LPA 25 juin 2008, note Dieu ; RPC 2009, n° 53, obs. Dumont-Lefrand.* ♦ Dans le même sens, à propos d'une proposition de rectification établie en application de l'art. 55 LPF, V. • Com. 21 févr. 2012, n° 11-12.138 P : *D. 2012. Actu. 606 ; Gaz. Pal. 27-28 avr. 2012, p. 25, obs. Voinot ; LEDEN 5/2012. 3, obs. F. Blanc ; RJDA 2012, n° 610 ; BJE 2012. 234, note Dedeurwaerder.* ♦ En revanche, l'avis exigé par l'art. 47 LPF ne doit être notifié qu'à la personne du contribuable, personnellement tenu, fût-il en redressement ou liquidation judiciaire, de l'obligation fiscale de déclarer annuellement l'ensemble de ses revenus. • Crim. 11 mars 2009 : *D. 2009. AJ 1534*.

Le liquidateur est habilité à recevoir l'acte par lequel lui est, à la fois, signifiée la saisie-attribution en sa qualité de tiers saisi et lui est dénoncée en sa qualité de représentant du débiteur. • Civ. 2e, 5 avr. 2001, n° 98-14.107 P : *D. 2001. AJ 1467, obs. Lienhard ; JCP E 2001, n° 38, p. 1474, obs. Cabrillac ; Dr. et patr. 11/2001. 110, obs. Monsèrié-Bon.* ♦ La saisie-attribution doit être dénoncée au liquidateur dans le délai de huit jours, à peine de caducité. • Com. 4 mars 2003, n° 00-13.020 P : *D. 2003. AJ 907, obs. Lienhard ; ibid. Somm. 1623, obs. F.-X. Lucas ; JCP E 2003, n° 19, p. 814, note Delattre ; Procédures 2003, n° 167, obs. Perrot ; Dr. et pr. 2003. 306, note Putman ; Gaz. Pal. 5-6 sept. 2003, p. 7, obs. Brenner.* ♦ Lorsque le débiteur n'a pas été mis en liquidation judiciaire dans le délai de huit jours dans lequel la saisie-attribution doit lui être dénoncée, cette saisie, si elle lui a été régulièrement dénoncée dans ce délai, ne peut plus encourir la caducité prévue par l'art. 58 du Décr. du 31 juill. 1992, devenu l'art. R. 211-3 C. pr. exéc. • Com. 2 oct. 2012, n° 11-22.387 P : *D. 2012. Actu. 2385, obs. Lienhard ; JCP E 2013. 1001, note Lebel ; APC 2012, n° 255, obs. Cagnoli ; LEDEN 11/2012. 5, obs. Camensuli-Feuillard ; BJE 2012. 377, note Hugon ; RDBF 2013, n° 26, obs. S. Piedelièvre ; JCP N 2014. 1129, obs. Garçon.*

Est nul le commandement de payer délivré au débiteur dessaisi de l'administration et de la disposition de ses biens par l'effet du jugement de liquidation judiciaire. • Com. 1er oct. 2002 : *RDBF 2003, n° 78, obs. F.-X. Lucas.*

E. DROITS ET ACTIONS ATTACHÉS À LA PERSONNE DU DÉBITEUR

V., désormais, art. L. 641-9, I, *in fine*, dans sa réd. issue de L. n° 2005-845 du 26 juill. 2005.

47. Droits attachés à la personne. Si, une fois réglée au souscripteur lui-même, la valeur de rachat d'un contrat d'assurance sur la vie fait partie de son patrimoine, et, par conséquent, de l'actif de sa liquidation judiciaire, lui seul peut, s'agissant d'un droit exclusivement attaché à sa personne, exercer la faculté de rachat qui met fin au contrat, de sorte que le paiement effectué sur sa demande et entre ses mains est, malgré son dessaisissement, libératoire pour l'assureur. • Com. 11 déc. 2012, n° 11-27.437 P : *D. 2013. Actu. 8 ; JCP E 2013. 1216, n° 4, obs. Pétel ; LEDEN 1/2013. 4, obs. Rubellin ; RJDA 2013, n° 146 ; APC 2013, n° 30, obs. Borga ; BJE 2013. 85, note Lisanti ; Gaz. Pal. 1er-4 mai 2013, p. 22, obs. Voinot ; RPC 2013, n° 95, obs. Dumont-Lefrand.*

48. Pour le courrier du débiteur, V. art. L. 641-15.

49. L'action en reconnaissance d'un bail rural échappe au dessaisissement du débiteur en liquidation judiciaire. • Civ. 3e, 7 avr. 2004, n° 02-19.519 P : *D. 2004. AJ 1236, obs. Lienhard ; Dr. et patr. 7-8/2004. 100, obs. J.-J. Barbièri* (1re esp.). ♦ De même, le droit de préemption portant sur un fonds faisant l'objet d'un bail rural ne peut être mis en œuvre que par l'exploitant preneur en place, même s'il est en liquidation judiciaire. • Civ. 3e, 7 avr. 2004 : *ibid. (2e esp.) ; APC 2004, n° 127, obs. Roussel Galle.*

50. La faculté d'accepter une succession ou d'y renoncer étant un droit attaché à la personne, le débiteur en liquidation judiciaire l'exerce seul, sans préjudice de la mise en œuvre éventuelle par le liquidateur, en sa qualité de représentant des créanciers, de l'action prévue par l'art. 788 C. civ. • Com. 3 mai 2006, n° 04-10.115 P : *D. 2006. AJ 1369, obs. Lienhard ; ibid. Pan. 2253, obs. F.-X. Lucas ; APC 2006, n° 118, obs. Regnaut-Moutier ; Gaz. Pal. 14-18 juill. 2006, p. 27, obs. Voinot ; JCP E 2006, n° 37, p. 1533, obs. Cabrillac ; RPC 2006. 357, obs. Lebel.*

51. Sur le droit de l'associé en liquidation judiciaire de participer aux décisions collectives, V. note 1.

52. Actions attachées à la personne. L'action tendant à être autorisé à disposer d'un bien donné avec clause d'inaliénabilité, qui est subordonnée à des considérations personnelles d'ordre moral et familial, est exclusivement attachée à la personne du donataire et ne peut être exercée par le liquidateur. • Civ. 1re, 29 mai 2001, no 99-15.776 P : *D. 2001. IR 1997* ; *JCP E 2001, no 37, p. 1424, obs. Cabrillac ; RTD civ. 2001. 882, obs. Mestre et Fages* ; *RPC 2002. 257, obs. Lebel* • 3 avr. 2002 : *RJDA 2002, no 996 ; RJ com. 2003. 414, note Sortais* • 8 mars 2005 : *Gaz. Pal. 6-7 juill. 2005, p. 18, obs. Voinot* • Com. 9 nov. 2004, no 02-18.617 P : *D. 2004. AJ 3068, obs. Lienhard* ; *D. 2005. Pan. 295, obs. Le Corre* ; *APC 2004, no 244, obs. Regnaut-Moutier ; JCP E 2005, no 17, p. 707, obs. Cabrillac ; RPC 2005. 54, obs. Dumont.* – Comp. • Civ. 1re, 4 juill. 2006, no 04-12.825 P : *D. 2006. IR 2275* ; *APC 2006, no 183, obs. Vallansan ; JCP E 2007, no 1, p. 22, obs. Cabrillac ; RPC 2006. 358, obs. Lebel.*

53. L'action en réduction d'une donation-partage, prévue par l'art. 1077-1 C. civ., est attachée à la personne du débiteur et, malgré son incidence patrimoniale, échappe au dessaisissement prévu par l'art. L. 641-9 C. com. • Com. 2 mars 2022, no 20-20.173 B : *D. 2022. 460* .

54. Il résulte de l'art. L. 641-9, I, que lorsqu'une instance tendant à la condamnation du débiteur au paiement d'une somme d'argent pour une cause antérieure au jugement d'ouverture de sa liquidation judiciaire est en cours à la date de ce jugement, le débiteur a, dans ce cas, le droit propre d'exercer les voies de recours prévues par la loi contre la décision statuant sur la demande de condamnation. • Com. 8 sept. 2015, no 14-14.192 P : *D. 2015. Actu. 1839* ; *APC 2015, no 256, obs. Cagnoli ; LEDEN 11/2015. 5, obs. Staes ; RJDA 2016, no 47 ; Gaz. Pal. 19 janv. 2016, p. 68, obs. Voinot ; RPC 2016, no 52, obs. Reille.* ♦ Le débiteur en liquidation judiciaire conserve le droit propre d'exercer un recours contre les décisions fixant, après reprise d'une instance en cours lors du jugement d'ouverture, une créance à son passif ou le condamnant à payer un créancier. • Com. 1er juill. 2020, no 19-11.134 P : *D. 2020. Actu. 1458* ; *RJDA 2020, no 511 ; Gaz. Pal. 13 oct. 2020, p. 70, obs. Ferrari ; BJE 9-10/2020. 20, note Théron.*

55. Le dessaisissement ne concernant que l'administration et la disposition des biens du débiteur, ce dernier a qualité pour intenter seul une action en divorce ou y défendre, action attachée à sa personne, qui inclut la fixation de la prestation compensatoire mise à sa charge, sans préjudice de l'exercice par le liquidateur, qui entend rendre inopposable à la procédure collective l'abandon en pleine propriété d'un bien propre appartenant au débiteur décidé par le juge du divorce à titre de prestation compensatoire, d'une tierce opposition contre cette disposition du jugement de divorce. • Com. 16 janv. 2019, no 17-16.334 P : *D. 2019. 980, note Hartman* ; *JCP E 2019. 1206, no 7, obs. Pételk ; APC 2019, no 35, obs. Petit ; RPC 2019, no 55, obs. Lisanti ; RJDA 2019, no 281 ; BJE 5-6/2019. 25, note Rubellin ; RLDA oct. 2019. 49, obs. Alvarez Elorza* • 20 oct. 2021, no 20-10.710 B : *D. 2021. Actu. 1917* ; *LEDEN 12/2021. 3, obs. Lafaurie ; RJDA 2022, no 32 ; JCP E 2022. 1010, no 5, obs. Tehrani ; APC 2022, no 7, obs. Leprovaux ; BJE 1-2/2022. 9, note Rubellin.* ♦ Seuls les époux ayant qualité pour intenter une action en divorce ou y défendre, l'intervention à l'instance du mandataire liquidateur de la société propriétaire de l'immeuble ayant constitué le domicile conjugal n'est pas recevable. • Civ. 1re, 4 juin 2007 : *D. 2007. AJ 1794* ; *APC 2007, no 154, obs. Leprovaux ; Defrénois 2007. 1575, obs. Gibirila.*

56. Seul le débiteur peut exercer l'action tendant à obtenir réparation de ses préjudices résultant du déficit fonctionnel temporaire, des souffrances endurées, du déficit fonctionnel permanent et de son préjudice d'agrément. • Com. 17 avr. 2019, no 17-18.688 P : *D. 2019. Actu. 886* ; *JCP E 2019. 1375, no 11, obs. Pétel ; APC 2019, no 155, obs. Vallansan ; LEDEN 7/2019. 6, obs. Houssin ; RJDA 2019, no 771 ; RPC 2020, no 84, obs. Dumont.* – V. Brahic Lambrey, *RJDA 2019. 891.*

57. De même, une personne en liquidation judiciaire peut : relever seule appel du jugement ayant prononcé son expulsion des lieux où elle loge avec sa famille. • Paris, 22 févr. 1995 : *RJDA 1995, no 899.* ♦ … Demander seule en justice des délais pour libérer le logement familial dont elle est expulsée. • Rouen, 3 avr. 2001 : *RJDA 2002, no 74.* ♦ … Ou exercer seule l'action en nullité fondée sur l'insanité d'esprit (C. civ., art. 414-2). • Com. 16 déc. 2014 : *D. 2015. Chron. C. cass. 1002, obs. Arbellot* ; *ibid. Actu. 71* ; *RTD com. 2015. 160, obs. Vallens* ; *JCP E 2015. 1068, note Lebel ; APC 2015, no 48, obs. Fin-Langer ; LEDEN 3/2015. 4, obs. Théron ; BJE 2015. 92, note Mathieu.*

Le débiteur en liquidation judiciaire qui, au titre de ses droits propres, a formé un recours contre l'ordonnance du juge-commissaire ayant autorisé la vente de l'un de ses immeubles, est irrecevable, en cas de rejet de ce recours, à soulever ultérieurement un incident de saisie immobilière, quel qu'en soit le motif, pour s'opposer à la vente. • Com. 11 oct. 2016, no 14-22.796 P : *D. 2016. Actu. 2118* ; *LEDEN 12/2016. 3, obs. Staes ; BJE 2017. 104, note Camensuli-Feuillard.*

58. Il résulte des dispositions combinées des art. 1166 [1341-1] C. civ., L. 511-1 [L. 1411-1 s.] C. trav. et L. 622-9 [L. 641-9] que l'instance introduite par le salarié devant la juridiction prud'homale à l'encontre de son employeur ou de ses représentants à l'occasion de son contrat de travail est exclusivement attachée à la personne de l'intéressé, même s'il est en liquidation judiciaire, et ne peut être exercée ni par ses créanciers ni par ses représentants légaux. • Soc. 31 janv. 2001, n° 98-44.877 P : *D. 2001. 2404, note Lacamp-Leplaë ; APC 2001, n° 80, obs. Saintourens ; RJDA 2001, n° 715.* ♦ La condamnation à l'astreinte prononcée contre le salarié pour qu'il cesse son activité concurrente ne peut être mise à la charge de la liquidation judiciaire, dès lors que la demande du salarié tendant à la constatation de la nullité de la clause de non-concurrence insérée à son contrat de travail est une action strictement personnelle qui échappe au dessaisissement. • Même arrêt. ♦ De même, la reconnaissance de l'existence d'un contrat de travail est un droit exclusivement attaché à la personne de celui qui se prétend salarié. • Soc. 13 juill. 2004, n° 02-43.444 P : *D. 2004. AJ 2157 ; RPC 2006. 56, obs. Lebel.* ♦ En revanche, l'action tendant à faire reconnaître que les dispositions de l'art. L. 7321-2 C. trav. [statut de gérant non salarié de succursale] sont applicables à un rapport contractuel n'est pas une action exclusivement attachée à la personne. • Soc. 9 mars 2011 : *D. 2011. Actu. 888 ; RJDA 2011, n° 561.*

59. Si le débiteur peut continuer à exercer l'action en diffamation introduite avant sa mise en liquidation judiciaire, les organes de la procédure collective sont recevables à prétendre que, dans la mesure où cette action tend également à obtenir une réparation matérielle, les condamnations pécuniaires qui viendraient à être prononcées en sa faveur resteront acquises à la liquidation judiciaire. • Paris, 16 oct. 2000 : *D. 2001. 1167, note Ravanas ; JCP E 2000, n° 46, p. 1789 ; RPC 2003. 14, obs. Lebel.*

60. Le caractère personnel attaché aux sanctions pécuniaires prononcées par la COB implique que leur contestation soit réservée à la personne qui en fait l'objet, même si elle se trouve en liquidation judiciaire, qu'un créancier individuel ne puisse se substituer à cette personne et que, par exception au principe du dessaisissement prévu par l'art. L. 622-9 [L. 641-9] C. com., le représentant des créanciers ne soit pas autorisé à agir sans que le débiteur soit partie au recours. • Paris, 8 juin 2004 : *JCP E 2004, n° 40, p. 1521 ; APC 2004, n° 202, obs. Regnault-Moutier ; Banque et Dr. 11-12/2004. 36, obs. de Vauplane et Daigre ; RDBF 2004, n° 274, obs. Pietrancosta,* conf. par • Com. 11 juill. 2006, n° 05-13.047 P : *D. 2006. AJ 2036, obs. Lienhard ; Dr. sociétés 2006, n° 166, note Bonneau ; RPC 2006. 358, obs. Lebel.*

61. Bien qu'il soit dessaisi de ses droits et actions par l'effet du jugement ayant prononcé sa liquidation judiciaire, le débiteur dispose d'un droit propre à former un recours contre l'ordonnance autorisant le liquidateur à signer une transaction, dès lors que cette dernière a, notamment, pour objet la cession d'un actif dépendant de la liquidation judiciaire. • Com. 24 janv. 2018, n° 16-50.033 P : *D. 2018. Pan. 1836, obs. F.-X. Lucas ; JCP E 2018. 1142, note Lambrey de Souza ; APC 2018, n° 55, obs. Vallansan ; LEDEN 3/2018. 3, obs. Staes ; BJS 2018. 224, note Brocard ; RJDA 2018, n° 341 ; RPC 2018, n° 73, obs. Berthelot ; BJE 2018. 196, note Théron ;* ♦ En revanche, la transaction qui fixe, pour solde de tout compte, le montant de la dette d'un tiers envers la société en liquidation a pour objet le recouvrement des créances de celle-ci, pour lequel aucun droit propre ne fait échec au dessaisissement ; il en résulte que le représentant légal de cette société n'est pas recevable à contester l'autorisation de transiger délivrée par le juge-commissaire au liquidateur, lequel a le monopole du recouvrement des créances. • Com. 9 oct. 2019, n° 18-12.162 P : *D. 2019. Actu. 1990 ; JCP E 2019. 1551, n° 4, obs. Pétel ; LEDEN 11/2019. 2, obs. Camensuli-Feuillard ; RJDA 2020, n° 33 ; BJE 1-2/2020. 35, note Théron ; Dr. sociétés 2020, n° 11, note Legros ; RPC 2020, n° 37, obs. Cerati-Gauthier.*

62. L'action concernant la détermination de la nature du régime matrimonial des époux ne concerne en rien leurs rapports familiaux et conjugaux et a un caractère purement patrimonial, de sorte que le liquidateur n'a pas à attraire le débiteur dans la procédure. • Com. 12 oct. 2004 : *LPA 12 avr. 2005, note Lécuyer ; RPC 2006. 55, obs. Lebel.*

63. Aucun droit propre faisant échec au dessaisissement n'autorise le débiteur en liquidation judiciaire à contester seul l'attribution à un créancier du prix d'adjudication d'un immeuble et à relever, en conséquence, appel des décisions relatives à cette attribution. • Com. 13 nov. 2013, n° 12-28.572 P : *D. 2013. Actu. 2692 ; JCP E 2014. 1001, note Lebel ; ibid. 1020, n° 5, obs. Pétel ; RJDA 2014, n° 53 ; APC 2014, n° 1, obs. Staes ; Procédures 2014, n° 14, note Rolland ; Gaz. Pal. 12-14 janv. 2014, p. 25, obs. Voinot ; RPC 2014, n° 5, obs. Cagnoli.*

64. La demande de reconnaissance d'une créance de salaire différé à l'égard de la succession n'entre pas dans la catégorie des droits propres du débiteur. • Com. 11 juin 2014, n° 12-28.769 P : *D. 2014. 1860, note J.-J. Barbièri et Roussel ; JCP E 2014. 1500, note Lebel ; RJDA 2014, n° 789 ; BJE 2014. 299, note Le Mesle ; Defrénois 2015. 244, obs. Vauvillé ; RPC 2015, n° 23, note Berthelot.*

65. Lorsque est pendante, à la date du jugement d'ouverture de sa liquidation judiciaire, une instance relative aux opérations de compte, liquidation et partage d'une indivision successorale dans laquelle il a des droits à faire valoir en qualité d'héritier, le débiteur dispose d'un droit propre pour continuer à défendre seul dans cette instance et n'est donc pas dessaisi de l'administration et de la disposition de ses biens et de ses droits relativement à une telle action. • Com. 21 nov. 2018, n° 17-12.761 P : *cité note 7 ss. art. L. 622-22.* ♦ Le liquidateur n'en doit pas moins être mis en cause dans une telle instance, en raison de l'indivisibilité de son objet entre le débiteur et son liquidateur, dès lors qu'elle a une incidence patrimoniale, le jugement obtenu en l'absence d'une telle mise en cause pouvant néanmoins être régularisé si, en cause d'appel, le liquidateur devient partie à l'instance. • Même arrêt.

F. POURSUITES PÉNALES

66. Le liquidateur ne représentant le débiteur que pour les actions à caractère patrimonial, il y a lieu, lorsque l'action publique est exercée contre la personne morale en liquidation judiciaire, de désigner, en vertu de l'art. 706-43 C. pr. pén., un mandataire de justice pour la représenter. • Crim. 10 févr. 2010, n° 08-87.357 P : *D. 2010. AJ 651 ; Rev. sociétés 2010. 193, obs. Roussel Galle ; JCP E 2010. 1742, n° 8, obs. Cabrillac ; LEDEN 4/2010. 4, obs. Parachkévova ; APC 2010, n° 99, obs. Cagnoli ; Gaz. Pal. 2-3 juill. 2010, p. 46, obs. Robaczewski ; BJS 2010. 670, note Mouial-Bassilana ; RPC 2010, n° 181, obs. Berthelot ; Dr. sociétés 2010, n° 211, note Legros.*

67. Le dessaisissement du débiteur prévu par l'art. 152 [C. com., art. L. 641-9] ne saurait faire obstacle à l'application des art. 137 et 138 (11°) C. pr. pén. (placement et obligations du contrôle judiciaire). • Crim. 29 juin 1994, n° 94-81.946 P : *D. 1995. Somm. 27, obs. crit. Honorat ; BJS 1994. 847, note Jeantin.* ♦ V. aussi note 28 ss. art. L. 622-21.

68. Le dirigeant d'une société commerciale en liquidation judiciaire, qui n'est pas lui-même l'objet d'une procédure collective, doit répondre sur son patrimoine personnel des conséquences dommageables de ses agissements délictueux, eussent-ils été commis pour le compte de la société. La cour d'appel a donc légalement justifié sa décision de condamnation du gérant de la société à réparer le préjudice subi par la victime du fait du délit de tromperie. • Crim. 23 mai 1995, n° 94-83.601 P : *JCP E 1995. Pan. 1038.*

G. CONSTITUTION DE PARTIE CIVILE

69. En ce sens que l'art. 152 [C. com., art. L. 641-9], al. 2, vise aussi bien la constitution de partie civile du débiteur que celle de son représentant légal, lorsqu'il s'agit d'une personne morale, V. • Crim. 29 juin 1994 : *préc. note 67* • 21 mars 2000 : *D. 2000. AJ 280, obs. Lienhard ; RTD com. 2000. 729, obs. Vallens ; Rev. sociétés 2000. 751, note Bouloc.*

70. Pour l'irrecevabilité de la constitution de partie civile du mandataire-liquidateur d'une société victime de contrefaçon de marque, V. • Crim. 31 janv. 2006, n° 05-83.050 P : *D. 2006. AJ 982, obs. Lienhard ; APC 2006, n° 83, obs. Alleaume ; Gaz. Pal. 30 avr.-4 mai 2006, p. 54, obs. Robaczewski.* ♦ ... D'abus de biens sociaux, V. • Douai, 2 mars 2006 : *D. 2006. AJ 981, obs. Lienhard.*

71. Selon l'art. L. 641-9, I, le débiteur en liquidation judiciaire ne peut se constituer partie civile que dans le but d'établir la culpabilité de l'auteur du crime ou du délit dont il serait victime, ses droits et actions de nature patrimoniale étant exercés, pendant toute la durée de la liquidation judiciaire, par le liquidateur ; par conséquent, est irrecevable le pourvoi formé, sans le concours du liquidateur, par la partie civile placée en liquidation judiciaire lorsque ne sont plus en cause que les intérêts civils. • Crim. 9 mars 2016, n° 14-86.631 P : *D. 2016. Chron. C. cass. 1606, obs. Pichon.* ♦ Ce principe s'applique lorsque sont en cause les seuls intérêts civils, mais également lorsque la constitution de partie civile est associée à l'action publique ; ainsi, il se déduit de l'art. L. 641-9, I, dans sa version issue de la L. du 26 juill. 2005, que ni le représentant statutaire de la personne morale mise en liquidation judiciaire, ni son mandataire, désigné en lieu et place des dirigeants sociaux, n'est recevable à solliciter la réparation du préjudice subi par le débiteur. • Crim. 24 juin 2020, n° 18-85.540 P : *D. 2020. 1930, avis R. Salomon et note Ferrari ; AJ pénal 2020. 474, obs. Sordino ; JCP E 2020. 1301, n° 7, obs. R. Salomon ; RJDA 2020, n° 512 ; APC 2020, n° 228, obs. Besse.*

H. SANCTIONS

72. Les actes juridiques accomplis par le débiteur en liquidation judiciaire, dessaisi de l'administration et de la disposition de ses biens, ne sont pas frappés de nullité mais simplement d'inopposabilité à la procédure collective. • Com. 23 mai 1995, n° 93-16.930 P : *D. 1995. 413, note Derrida ; Dr. sociétés 1995, n° 165, obs. Chaput ; RPC 1995. 345, obs. Dureuil* • 12 juin 1997 : *Dr. sociétés 1997, n° 159, obs. Chaput ; RPC 1997. 476, obs. Canet* • 23 juin 1998 : *D. Affaires 1998. 1451 ; RJDA 1998, n° 1273.* ♦ Ces actes peuvent être ratifiés par le liquidateur dans l'intérêt des créanciers qu'il représente. • Com. 20 févr. 2001 : *RJDA 2001, n° 883.* ♦ Sur les conditions de la ratification, V. • Com. 2 juin 2004 : *RJDA 2004, n° 1358* • 17 févr. 2009, n° 08-10.384 P : *D. 2009. AJ 728 ; JCP E 2009. 1347, n° 4, obs. Cabrillac ; LEDEN, avr. 2009, p. 3, obs. Staes ; RJDA 2009, n° 876.* ♦ L'acte accompli par le débiteur en liquidation judiciaire, preneur d'un bail rural, en méconnaissance des règles du dessaisissement, est inopposable aux créanciers de la procédure, ce dont il résulte que les bailleurs ne peuvent l'invoquer pour fonder une demande de résiliation du bail rural, suite à la mise à disposition d'une société (en vertu de l'art. L. 411-37 C. rur.) de la parcelle donnée à bail. • Com. 9 janv. 2001, n° 96-20.161 P : *D. 2001. AJ 630, obs. Lienhard ; APC 2001, n° 39, obs. Vallansan ; JCP E 2001, n° 18, p. 750, obs. Cabrillac ; Ann. loyers 2002. 565, obs. Delattre.* ♦ L'inopposabilité des actes accomplis en méconnaissance du dessaisissement est encourue même si l'acte irrégulier a été accompli sans intention de dissimulation et concerne un bien ne figurant pas sur l'inventaire dressé pour les besoins de la liquidation judiciaire (Rép. min. n° 95073 : *JOAN Q, 6 déc. 2011, p. 12854*). ♦ V. aussi notes 5 et 16.

73. La signification d'un jugement faite par le débiteur dessaisi est nulle et ne peut avoir pour effet de faire courir le délai d'appel à l'encontre du destinataire de l'acte. • Com. 28 juin 1994, n° 92-14.960 P : *D. 1994. IR 198.*

74. La réalisation d'un actif [immeuble acquis par le débiteur au cours de la procédure, en infraction à la règle du dessaisissement] en vue de permettre le paiement des créanciers dont les droits sont reconnus n'implique ni la ratification par le liquidateur de l'acquisition faite par le débiteur, ni celle du prêt assorti d'une sûreté ayant permis cette acquisition, qui sont inopposables à la procédure : • Com. 19 mai 2004, n° 01-13.596 P : *D. 2004. AJ 1813, obs. Lienhard (1re esp.) ; JCP E 2004, n° 37, p. 1385, obs. Pétel ; APC 2004, n° 174, obs. Modi Koko Bebey.*

75. L'art. L. 622-9 [L. 641-9] C. com. entraîne l'inopposabilité à la procédure collective de l'acte conclu en méconnaissance du dessaisissement du débiteur sans qu'il y ait lieu de rechercher si le ou les tiers concernés sont de bonne foi, ce dont il résulte que les dividendes encaissés par le cessionnaire des parts doivent réintégrer l'actif du cédant. • Com. 16 sept. 2014, n° 13-11.737 P : *D. 2014. Actu. 1870 ; Rev. sociétés 2014. 754, obs. Roussel Galle ; LEDEN 10/2014. 2, obs. Parachkévova ; APC 2014, n° 280, obs. Robine ; BJE 2014. 362, note Benilsi ; RJDA 2015, n° 34 ; Gaz. Pal. 18-20 janv. 2015, p. 25, obs. Voinot ; Dr. sociétés 2015, n° 34, note Legros.*

76. L'action fondée sur l'enrichissement sans cause ne peut être introduite pour suppléer une autre action qui se heurte à un obstacle de droit ; l'inopposabilité à la masse des créanciers [aux créanciers] des actes accomplis par le débiteur dessaisi à la suite de sa liquidation des biens [liquidation judiciaire] faisant obstacle à l'exercice de l'action en remboursement des prêts consentis au débiteur pour l'acquisition d'un immeuble, il en résulte que l'action introduite par les prêteurs fondée sur l'enrichissement sans cause ne peut y suppléer. • Com. 2 nov. 2005, n° 04-11.946 P : *D. 2005. AJ 2943, obs. Lienhard .*

77. Les intimés sont recevables à invoquer le défaut de qualité du débiteur à interjeter appel seul d'une décision concernant son patrimoine. • Com. 13 nov. 2013 : *préc. note 63.*

78. Pour la régularisation d'une procédure d'injonction de payer initiée par le seul débiteur dessaisi, V. • Com. 14 déc. 2010, n° 10-10.792 P : *D. 2011. Actu. 69, obs. Lienhard ; APC 2011, n° 41, obs. Cagnoli ; LEDEN 2/2011. 5, obs. Camensuli-Feuillard ; RJDA 2011, n° 173 (2e esp.) ; RPC 2011, n° 24, obs. Cagnoli ; RJ com. 2011. 339, note Sortais.*

I. MAINTIEN EN FONCTION DU DIRIGEANT (ANC. ART. L. 641-9, II, ISSU DE LA L. DU 26 JUILL. 2005)

79. Pour la recevabilité du pourvoi en cassation formé par le dirigeant de la personne morale débitrice, pour le compte de celle-ci, contre la décision prononçant la liquidation judiciaire, V. • Com. 16 mars 2010 : *cité note 25 ss. art. L. 620-2.*

80. Les dispositions de l'art. L. 641-9, II, ne font pas obstacle à l'exercice, par le liquidateur, des actions qui tendent à l'allocation de dommages-intérêts en réparation du préjudice résultant des infractions commises par les dirigeants de la personne morale en liquidation judiciaire. • Crim. 5 déc. 2012, n° 11-85.838 P : *D. 2012. Actu. 2958 ; Rev. sociétés 2013. 305, note Bouloc ; RSC 2013. 358, obs. Matsopoulou ; LEDEN 1/2013. 7, obs. Lasserre Capdeville ; Dr. sociétés 2013, n° 36, note R. Salomon ; APC 2013, n° 28, obs. Cerf-Hollender ; Gaz. Pal. 1er-4 mai 2013, p. 46, obs. Robaczewski ; Dr. pénal 2013, n° 60, note J.-H. Robert.*

81. Pour l'inapplicabilité des dispositions de la loi du 26 juill. 2005 prévoyant le maintien en fonction des dirigeants sociaux aux procédures collectives ouvertes avant le 1er janv. 2006, V. • Com. 19 oct. 2010 : *Dr. sociétés 2011, n° 78, note Legros* • Lyon, 7 févr. 2008 : *BICC 2008, n° 1590 ; JCP E 2008. 1910 ; Dr. sociétés 2008, n° 182, note Legros.*

J. INTERDICTION D'EXERCER (ART. L. 641-9, III)

82. L'interdiction édictée par l'art. L. 641-9 (III), qui empêche seulement l'avocat, pendant le cours de sa liquidation judiciaire, d'exercer sa profession à titre individuel, ne porte pas une atteinte disproportionnée à son droit d'obtenir un emploi, tel qu'il est garanti par l'art. 5 du Préambule de la Constitution du 27 oct. 1946, et elle est justifiée par l'intérêt général (non-renvoi de la QPC). • Com., QPC, 31 mai 2012 : *D. 2012. Actu. 1542, obs. Lienhard ; Rev. sociétés 2012. 530, obs. Roussel Galle ; DP diff. entr., Bull. n° 338, obs. Rémery ; LEDEN 7/2012. 4, obs. Favario ; APC 2012, n° 180, obs. Rétif ; RJDA 2012, n° 789 ; Gaz. Pal. 3-4 août 2012, p. 26, obs. Voinot ; RPC 2012, n° 157, obs. Lebel.*

83. La décision d'omettre un avocat du tableau ne peut être prise par le conseil de l'ordre que dans les conditions des art. 104 et 105 du

Décr. n° 91-1197 du 27 nov. 1991, qui ne visent pas la privation temporaire d'exercice de la profession d'avocat prévue par l'art. L. 641-9 C. com. • Com. 5 avr. 2011, n° 10-30.232 P : *D. 2011. Actu. 1071, obs. Lienhard ; Rev. sociétés 2011. 386, obs. Roussel Galle ; JCP E 2011. 1383, note Cerati-Gauthier ; LEDEN 5/2011. 6, obs. Rubellin ; APC 2011, n° 147, obs. Rétif ; BJS 2011. 577, note Saintourens ; Gaz. Pal. 17-19 juill. 2011, p. 15, obs. Montéran ; RJDA 2011, n° 723 ; BJE 2011. 247, note Martineau-Bourgninaud ; RPC 2011, n° 214, obs. Lebel.*

84. L'ordonnance de référé arrêtant l'exécution provisoire du jugement de liquidation judiciaire suspend l'interdiction faite au débiteur d'exercer son activité professionnelle indépendante jusqu'à l'arrêt confirmant le jugement de liquidation judiciaire. • Com. 14 juin 2017, n° 15-24.188 P : *LEDEN 9/2017. 5, obs. Reille ; Gaz. Pal. 10 oct. 2017, p. 69, obs. Ronet-Yague ; RJDA 2017, n° 745.*

Art. L. 641-10 *(L. n° 2005-845 du 26 juill. 2005, art. 105)* **« Si la cession totale ou partielle de l'entreprise est envisageable ou si l'intérêt public » ou celui des créanciers l'exige, le maintien de l'activité peut être autorisé par le tribunal pour une durée maximale fixée par décret en Conseil d'État. Elle peut être prolongée à la demande du** *(L. n° 2005-845 du 26 juill. 2005, art. 105)* **« ministère public » pour une durée fixée par la même voie. Lorsqu'il s'agit d'une exploitation agricole, ce délai est fixé par le tribunal en fonction de l'année culturale en cours et des usages spécifiques aux productions concernées.** *(Abrogé par Ord. n° 2008-1345 du 18 déc. 2008, art. 102)* ***« Les dispositions de l'article*** *(L. n° 2005-845 du 26 juill. 2005, art. 105)* ***« L. 641-13 » sont applicables aux créances nées pendant cette période. »*** *— V. art. R. 641-18.*

(L. n° 2005-845 du 26 juill. 2005, art. 105) **« Le liquidateur administre l'entreprise.** *(Abrogé par Ord. n° 2008-1345 du 18 déc. 2008, art. 102)* ***« Il a la faculté d'exiger l'exécution des contrats en cours et exerce les prérogatives conférées à l'administrateur judiciaire par l'article L. 622-13. »***

« Dans les conditions prévues à l'article L. 631-17, il peut procéder aux licenciements.

« Le cas échéant, il prépare un plan de cession, passe les actes nécessaires à sa réalisation, en reçoit et en distribue le prix.

« Toutefois, lorsque le nombre des salariés ou le chiffre d'affaires est supérieur *(Ord. n° 2008-1345 du 18 déc. 2008, art. 102)* **« ou égal » à des seuils fixés par décret en Conseil d'État ou, en cas de nécessité, le tribunal désigne un administrateur judiciaire pour administrer l'entreprise.** *(Ord. n° 2008-1345 du 18 déc. 2008, art. 102)* **« Dans ce cas, l'administrateur exerce les prérogatives conférées au liquidateur par les articles L. 641-11-1 et L. 641-12. » Il prépare le plan de cession, passe les actes nécessaires à sa réalisation et, dans les conditions prévues à l'article L. 631-17, peut procéder aux licenciements.** *(Ord. n° 2014-326 du 12 mars 2014, art. 67, en vigueur le 1er juill. 2014)* **« Le ministère public peut proposer le nom d'un administrateur judiciaire à la désignation du tribunal qui ne peut le rejeter que par décision spécialement motivée. »** *— V. art. R. 641-19.*

« Lorsque l'administrateur ne dispose pas des sommes nécessaires à la poursuite de l'activité, il peut, sur autorisation du juge-commissaire, se les faire remettre par le liquidateur.

« Le liquidateur ou l'administrateur, lorsqu'il en a été désigné, exerce les fonctions conférées, selon le cas, à l'administrateur ou au mandataire judiciaire par les articles L. 622-4 et L. 624-6. » *— [C. com., anc. art. L. 622-10.]*

(Ord. n° 2008-1345 du 18 déc. 2008, art. 102) **« L'arrêté d'un plan de cession totale ou l'expiration du délai fixé en application du premier alinéa met fin au maintien de l'activité. Le tribunal peut également décider d'y mettre fin à tout moment si celui-ci n'est plus justifié. »**

V. art. R. 641-20.

Sur les mesures d'adaptation liées à l'urgence sanitaire (Covid-19), V. Ord. n° 2020-341 du 27 mars 2020, art. 2, App., v° Sociétés commerciales.

1. Remise à l'administrateur des fonds non affectés. Peuvent faire l'objet de l'autorisation de remise à l'administrateur judiciaire prévue par l'art. L. 641-10 [al. 6] tout ou partie des fonds non affectés du débiteur en liquidation judiciaire ; tel est le cas des sommes versées par le débiteur au titre des dividendes prévus par le plan de continuation auquel il était soumis, non encore réparties par le commissaire à l'exécution du plan au jour de la résolution de ce plan et dont le dépôt a été judiciairement ordonné. • Com. 14 oct. 2014, n° 13-13.994 P : *D. 2014. Actu. 2110* ; *JCP E 2014. 1637, n° 4, obs. Pétel ; APC 2014, n° 321, obs. Vallansan ; LEDEN 12/2014. 4, obs. Mouial-Bassilana ; Gaz. Pal. 18-20 janv. 2015, p. 22, obs. Lebel ; BJE 2015. 19, note Bourbouloux, Fort et Ruaud ; RPC 2015, n° 25, note Berthelot ; RJDA 2015, n° 366.*

2. Contrats en cours (jurisprudence antérieure à la L. du 26 juill. 2005). Dans le régime antérieur à la loi du 26 juill. 2005, il était admis que le prononcé de la liquidation judiciaire n'avait pas pour effet d'entraîner la résiliation des contrats en cours. • Com. 15 févr. 2005, n° 03-17.604 P : *D. 2005. AJ 641, obs. Lienhard* ; *Gaz. Pal. 4-5 nov. 2005, p. 24, obs. Dumont ; APC 2005, n° 56, obs. Vallansan ; JCP E 2005, n° 36, p. 1424, obs. Pétel* • 5 juill. 2005, n° 04-13.834 P : *D. 2005. AJ 2147, obs. Lienhard* ; *Gaz. Pal. 4-5 nov. 2005, p. 24, obs. Dumont.* ♦ Toutefois, le compte courant d'un débiteur mis en liquidation judiciaire était clôturé par l'effet de cette mesure. • Com. 14 mai 2002, n° 98-21.521 P : *APC 2002, n° 155, obs. Boulay.* ♦ Sur la poursuite des contrats en cours, V., désormais, art. L. 641-11-1, dans sa réd. issue de l'Ord. n° 2008-1345 du 28 déc. 2008.

Art. L. 641-11 *(Ord. n° 2008-1345 du 18 déc. 2008, art. 103)* **« Le juge-commissaire exerce les compétences qui lui sont dévolues par les articles L. 621-9** *(L. n° 2019-486 du 22 mai 2019, art. 56)* **« et L. 623-2 » et par le quatrième alinéa de l'article L. 622-16.** *(L. n° 2019-486 du 22 mai 2019, art. 56)* **« Il fixe la rémunération afférente aux fonctions exercées par le débiteur s'il est une personne physique ou les dirigeants de la personne morale et exerce les compétences qui lui sont dévolues par le second alinéa de l'article L. 631-11. » Lorsqu'il est empêché ou a cessé ses fonctions, il est remplacé dans les conditions prévues au troisième alinéa de l'article L. 621-9. »** — *V. art. R. 641-21.*

(L. n° 2005-845 du 26 juill. 2005, art. 106) **« Les renseignements détenus par le ministère public lui sont communiqués selon les règles prévues au deuxième alinéa de l'article L. 621-8.**

« Le liquidateur et l'administrateur, lorsqu'il en a été désigné, reçoivent du juge-commissaire tous les renseignements utiles à l'accomplissement de leur mission. »

Art. L. 641-11-1 *(Ord. n° 2008-1345 du 18 déc. 2008, art. 104)* **I. — Nonobstant toute disposition légale ou toute clause contractuelle, aucune indivisibilité, résiliation ou résolution d'un contrat en cours ne peut résulter du seul fait de l'ouverture ou du prononcé d'une liquidation judiciaire.**

Le cocontractant doit remplir ses obligations malgré le défaut d'exécution par le débiteur d'engagements antérieurs au jugement d'ouverture. Le défaut d'exécution de ces engagements n'ouvre droit au profit des créanciers qu'à déclaration au passif.

II. — Le liquidateur a seul la faculté d'exiger l'exécution des contrats en cours en fournissant la prestation promise au cocontractant du débiteur.

Lorsque la prestation porte sur le paiement d'une somme d'argent, celui-ci doit se faire au comptant, sauf pour le liquidateur à obtenir l'acceptation, par le cocontractant du débiteur, de délais de paiement. Au vu des documents prévisionnels dont il dispose, le liquidateur s'assure, au moment où il demande l'exécution, qu'il disposera des fonds nécessaires à cet effet. S'il s'agit d'un contrat à exécution ou paiement échelonnés dans le temps, le liquidateur y met fin s'il lui apparaît qu'il ne disposera pas des fonds nécessaires pour remplir les obligations du terme suivant.

III. — Le contrat en cours est résilié de plein droit :

1° Après une mise en demeure de prendre parti sur la poursuite du contrat adressée par le cocontractant au liquidateur et restée plus d'un mois sans réponse. Avant l'expiration de ce délai, le juge-commissaire peut impartir au liquidateur un délai plus court ou lui accorder une prolongation, qui ne peut excéder deux mois, pour se prononcer ;

2° A défaut de paiement dans les conditions définies au II et d'accord du cocontractant pour poursuivre les relations contractuelles ;

3° Lorsque la prestation du débiteur porte sur le paiement d'une somme d'argent, au jour où le cocontractant est informé de la décision du liquidateur de ne pas poursuivre le contrat.

IV. — A la demande du liquidateur, lorsque la prestation du débiteur ne porte pas sur le paiement d'une somme d'argent, la résiliation est prononcée par le juge-commissaire si elle est nécessaire aux opérations de liquidation et ne porte pas une atteinte excessive aux intérêts du cocontractant.

V. – Si le liquidateur n'use pas de la faculté de poursuivre le contrat ou y met fin dans les conditions du II ou encore si la résiliation du contrat est prononcée en application du IV, l'inexécution peut donner lieu à des dommages et intérêts au profit du cocontractant, dont le montant doit être déclaré au passif. Le cocontractant peut néanmoins différer la restitution des sommes versées en excédent par le débiteur en exécution du contrat jusqu'à ce qu'il ait été statué sur les dommages et intérêts.

VI. – Les dispositions du présent article ne concernent pas les contrats de travail. Elles sont également inapplicables au contrat de fiducie et à la convention en exécution de laquelle le débiteur constituant conserve l'usage ou la jouissance de biens ou droits transférés dans un patrimoine fiduciaire.

V. art. R. 641-21.

BIBL. ▶ LE CORRE-BROLY, *D. 2009. 663* . – ROUSSEL GALLE, *RPC 2009. Dossier 7.*

1. Monopole du liquidateur. Il résulte des dispositions des art. L. 641-10 et L. 641-11-1 que le sort des contrats en cours relève des prérogatives du liquidateur ; dès lors, le tribunal ne peut dans le jugement d'ouverture de la liquidation judiciaire, où il désigne le liquidateur, statuer sur le sort du contrat de location-gérance du fonds de commerce au terme de la période d'activité. • Com. 7 févr. 2012, n° 10-26.626 P : *D. 2012. Actu. 494, obs. Lienhard ; RPC 2012, n° 128, obs. Roussel Galle ; RJDA 2012, n° 886.*

2. Contrat de mandat. Il résulte de l'art. L. 641-11-1, I, que, par dérogation à l'art. 2003 C. civ., aux termes duquel la déconfiture du mandataire met fin au mandat, la fin du mandat ne résulte pas de la liquidation judiciaire du mandataire mais obéit au régime des contrats en cours lorsqu'il a été conclu et n'a pas été exécuté avant le jugement de liquidation judiciaire, le mandat ne pouvant alors être résilié que selon les modalités de l'art. L. 641-11-1, III et IV. • Com. 28 juin 2017, n° 15-17.394 P : *D. 2017. Pan. 1947, obs. F.-X. Lucas ; Rev. sociétés 2017. 521, obs. Henry ; AJ contrat 2017. 444, obs. T. de Ravel d'Esclapon ; JCP E 2017. 1460, n° 19, obs. Tehrani ; ibid. 1461, note Brignon ; APC 2017, n° 216, obs. Petit ; LEDEN 10/2017. 4, obs. Andreu ; RJ com. 2017. 505, obs. Nabet ; RJDA 2017, n° 747 ; RPC 2018, n° 63, obs. Roussel Galle.*

3. Clause compromissoire. L'usage par le liquidateur de la faculté de poursuivre l'exécution des contrats avec tous les droits et obligations qui s'y rattachent implique l'observation de la clause compromissoire qui y est stipulée. • Civ. 1re, 1er avr. 2015 : *D. 2015. Actu. 800 ; JCP E 2015. 1273, note Lebel ; LEDEN 5/2015. 1, obs. F.-X. Lucas ; Procédures 2015, n° 195, note Weiller.*

4. Résiliation de plein droit. En ce sens que le commandement délivré au liquidateur par le crédit-bailleur de payer l'arriéré locatif et l'avertissant, ainsi que la société qui s'était engagée à devenir cessionnaire du contrat de crédit-bail en cas de carence du débiteur, qu'il entend se prévaloir de la clause de cession du contrat, ne saurait constituer la mise en demeure de prendre parti sur la poursuite du contrat prévue par l'art. L. 641-11-1, III-1°, V. • Com. 17 févr. 2015 : *D. 2015. Actu. 565 ; RTD com. 2015. 381, obs. Vallens ; JCP E 2015. 1204, n° 11, obs. Pétel ; ibid. 1235, note Brignon ; APC 2015, n° 95, obs. Reille ; Gaz. Pal. 1er-5 mai 2015, p. 22, obs. Kendérian ; RJDA 2015, n° 450 ; BJE 2015. 218, note Monsèrié-Bon ; RPC 2016, n° 45, obs. Roussel Galle.*

5. La résiliation de plein droit d'un contrat à la suite de l'option expresse du liquidateur – ayant été mis en demeure de se prononcer – pour sa non-poursuite est opposable à celui contre lequel est invoquée la caducité d'un contrat, par voie de conséquence à l'anéantissement préalable d'un contrat interdépendant, et ce, sans qu'il soit nécessaire que la décision de résiliation du liquidateur lui soit notifiée. • Com. 20 oct. 2021, n° 19-24.796 B : *D. 2021. 2172, note Belrhali Debeaudouin ; RJDA 2021, n° 783 ; JCP E 2022. 1010, n° 13, obs. Tehrani ; APC 2022, n° 15, obs. Saint-Alary-Houin.*

6. Sur le partage de compétence entre le juge administratif et le juge judiciaire s'agissant de la résiliation de plein droit d'un contrat administratif sur le fondement de l'art. L. 641-11-1, III-1°, V. • T. confl. 24 avr. 2017, n° 4078 : *BJE 2017. 433, note Lombard ; RJDA 2017, n° 821.* ♦ V., dans la même affaire, • Com. 12 juill. 2017, n° 15-13.466 : *LEDEN 10/2017. 3, obs. Staes ; Gaz. Pal. 10 oct. 2017, p. 64, obs. Kendérian.*

7. La résiliation de plein droit prévue à l'art. L. 641-11-1, III-2°, pour défaut de paiement dans les conditions définies au II du même art., suppose que le liquidateur ait opté, expressément ou tacitement, pour la continuation du contrat, sans que soit exigée la délivrance à ce dernier par le cocontractant du débiteur d'une mise en demeure préalable d'exercer cette option. • Com. 8 mars 2017, n° 15-21.397 P : *D. 2017. Actu. 566 ; JCP E 2017. 1271, note Brignon ; APC 2017, n° 107, obs. Cagnoli ; LEDEN 4/2017. 3, obs. Rubellin ; RJDA 2017, n° 358 ; Gaz. Pal. 27 juin 2017, p. 45, obs. Kendérian ; BJE 2017. 272, note Benilsi.* ♦ Seul un contrat en cours pouvant être cédé, l'intention du cocontractant de poursuivre la relation contractuelle avec le cessionnaire implique celle de maintenir cette relation avec le cédant jusqu'à la cession (écartant la résiliation de plein droit du contrat en application de l'art.

L. 641-11-1, III-2°). • Com. 17 févr. 2015 : *préc. note 4.*

8. La résiliation de plein droit du contrat en cours prévue par l'art. L. 641-11-1, III-3°, qui intervient au jour où le cocontractant est informé de la décision du liquidateur de ne pas poursuivre le contrat, suppose une manifestation expresse de volonté de la part de ce dernier. • Com. 17 févr. 2015 : *préc. note 4.*

9. Résiliation judiciaire. Il résulte de l'art. L. 641-11-1, IV, que la résiliation d'un contrat en cours à la date du jugement ouvrant la liquidation judiciaire peut être demandée par le liquidateur, lorsque la prestation du débiteur ne porte pas sur le paiement d'une somme d'argent, au juge-commissaire qui ne peut prononcer la résiliation que si deux conditions cumulatives sont réunies : cette résiliation est nécessaire aux opérations de liquidation et ne porte pas une atteinte excessive aux intérêts du cocontractant. • Com. 7 oct. 2020, n° 19-10.685 P : *D. 2020. Chron. C. cass. 2478, obs. Barbot ; JCP E 2020. 1535, n° 14, obs. Pétel ; APC 2020, n° 251, obs. Petit ; BJE 1-2/2021. 22, note Lafaurie ; RJDA 2021, n° 41.* ♦ L'art. L. 641-11-1, IV, n'excluant pas l'application de l'art. 15, I et II, de la L. n° 89-462 du 6 juill. 1989 en cas de liquidation judiciaire, il s'ensuit que, lorsque le bailleur est mis en liquidation judiciaire, le liquidateur qui entend céder de gré à gré et libre d'occupation le logement donné à bail est tenu de délivrer au locataire un congé pour vendre, en se conformant aux dispositions de l'art. 15 préc. • Même arrêt. ♦ Dans le même sens, à propos de l'art. 25-8 de la L. préc. du 6 juill. 1989 (résiliation du bail d'un logement meublé), V. • Com. 7 oct. 2020, n° 19-14.388 P : *ibid. ; LEDEN 11/2020. 5, obs. Rubellin ; APC 2020, n° 252, obs. Petit ; RPC 2022, n° 9, obs. Cerati.*

10. Opposabilité aux tiers. Si l'ordonnance du juge-commissaire constatant ou prononçant la résiliation d'un contrat en cours, en application de l'art. L. 641-11-1, est dépourvue de l'autorité de la chose jugée à l'égard des tiers, elle leur est cependant opposable en ce qu'elle constate ou prononce cette résiliation, de sorte que la résiliation du contrat de maintenance, prononcée contradictoirement, par l'ordonnance du juge-commissaire, entraîne, à la date de la résiliation, la caducité par voie de conséquence du contrat de location financière interdépendant. • Com. 11 sept. 2019, n° 18-11.401 P : *D. 2019. Chron. C. cass. 2210, obs. Barbot ; RTD civ. 2019. 863, obs. Barbier ; JCP E 2019. 1551, n° 14, obs. Tehrani ; APC 2019, n° 224, obs. Petit ; RJDA 2019, n° 700 ; BJE 11-12/2019. 19, note Lafaurie.*

Art. L. 641-12 *(Ord. n° 2008-1345 du 18 déc. 2008, art. 105)* **Sans préjudice de l'application du I et du II de l'article L. 641-11-1, la résiliation du bail des immeubles** *(Ord. n° 2010-1512 du 9 déc. 2010, art. 5-4°)* **« utilisés pour » l'activité de l'entreprise intervient dans les conditions suivantes :**

1° Au jour où le bailleur est informé de la décision du liquidateur de ne pas continuer le bail ;

2° Lorsque le bailleur demande la résiliation judiciaire ou fait constater la résiliation de plein droit du bail pour des causes antérieures au jugement de liquidation judiciaire ou, lorsque ce dernier a été prononcé après une procédure de sauvegarde ou de redressement judiciaire, au jugement d'ouverture de la procédure qui l'a précédée. Il doit, s'il ne l'a déjà fait, introduire sa demande dans les trois mois de la publication du jugement de liquidation judiciaire ;

3° Le bailleur peut également demander la résiliation judiciaire ou faire constater la résiliation de plein droit du bail pour défaut de paiement des loyers et charges afférents à une occupation postérieure au jugement de liquidation judiciaire, dans les conditions prévues aux troisième à cinquième alinéas de l'article L. 622-14.

Le liquidateur peut céder le bail dans les conditions prévues au contrat conclu avec le bailleur avec tous les droits et obligations qui s'y rattachent. En ce cas, toute clause imposant au cédant des dispositions solidaires avec le cessionnaire est réputée non écrite.

Le privilège du bailleur est déterminé conformément aux trois premiers alinéas de l'article L. 622-16.

V. art. R. 641-21.

BIBL. ▸ Régime de l'ordonnance du 18 déc. 2008 : KUNTZ et NURIT, *BJE 2012. 263.* – V. aussi ss. art. L. 622-14.

▸ Régime de la loi du 26 juill. 2005 : LE CORRE, *AJDI 2006. 175.* – AUQUE, *RPC 2006. 341.* – FRADIN et MARTIN, *Procédures 2007. Étude 7* (mise en demeure d'opter sur le sort du bail).

1. Causes antérieures au jugement de liquidation. L'art. L. 622-13 [L. 641-12] C. com. ne dérogeant pas à l'art. L. 621-40 [L. 622-21], les causes antérieures au jugement de liquidation judiciaire mentionnées au premier de ces textes ne peuvent concerner que des obligations autres que le paiement d'une somme d'argent. • Com. 28 mai 2002, n° 98-14.259 P : *D. 2002. AJ 1980, obs. Lienhard ; RPC 2002. 181, obs. Macorig-Venier ; AJDI 2002. 686, obs. Le Corre ; Loyers et copr. 2002, n° 231, obs. Brault et Pereira-Osouf ; JCP E 2003, n° 5, p. 220, obs. Pétel* • 30 mars 2005 : *RPC 2005. 214, obs. Macorig-Venier.*

2. Défaut de paiement des loyers postérieurs à la liquidation. Le jugement ordonnant la vente du fonds de commerce, qui n'a pas eu d'effet translatif de la propriété de ce fonds, ne peut pas avoir pour effet de priver les bailleurs de leur droit de poursuivre la résiliation du bail pour défaut de paiement des loyers échus après l'ouverture de la procédure. • Com. 21 févr. 2012, n° 11-11.512 P : *D. 2012. Actu. 607, obs. Lienhard ; JCP E 2012. 1227, n° 10, obs. Pétel ; ibid. 1252, note Brault ; LEDEN 4/2012. 4, obs. Dumont-Lefrand ; APC 2012, n° 99, obs. Vallansan ; Gaz. Pal. 27-28 avr. 2012, p. 20, obs. Kendérian ; BJE 2012. 155, note Benilsi ; RPC 2012, n° 131, obs. Roussel Galle.*

3. Le point de départ du délai de trois mois prévu à l'art. L. 641-12, 3°, C. com. est soit la date du jugement d'ouverture de la liquidation judiciaire lorsque celle-ci est prononcée immédiatement, soit celle du jugement d'ouverture de sauvegarde ou de redressement judiciaire en cas de conversion de la procédure en liquidation judiciaire. • Com. 19 févr. 2013, n° 12-13.662 P : *D. 2013. Actu. 566, obs. Lienhard ; RTD com. 2013. 594, obs. Vallens ; JCP E 2013. 1216, n° 9, obs. Pétel ; ibid. 1276, note Cerati-Gauthier ; DP diff. entr., Bull. n° 346, obs. Roussel Galle ; APC 2013, n° 64, obs. Vallansan ; LEDEN 4/2013. 3, obs. Borga ; Gaz. Pal. 1er-4 mai 2013, p. 19, obs. Kendérian ; BJE 2013. 147, note Le Mesle ; RJDA 2013, n° 542 ; Dr. et patr. 9/2013. 51, obs. Monsèrié-Bon ; JCP N 2014. 1130, obs. Garçon.*

4. Cession du droit au bail. Il résulte de la combinaison des art. L. 622-13 [L. 641-12] et L. 622-18 [L. 642-19] C. com. qu'en cas de cession du droit au bail d'un immeuble affecté à l'activité de l'entreprise dont un débiteur en liquidation judiciaire est titulaire, dans les conditions prévues au contrat conclu avec le bailleur, le liquidateur doit obtenir l'autorisation préalable du juge-commissaire suivant les modalités prévues par le second de ces textes. • Com. 9 mai 2007, n° 06-10.064 P : *D. 2007. AJ 1508, obs. Lienhard ; APC 2007, n° 119, obs. Vallansan ; JCP E 2007. 2119, n° 5, obs. Pétel.*

5. Dispense de commandement de payer. Lorsque le juge-commissaire est saisi, sur le fondement de l'art. L. 641-12, 3°, d'une demande de constat de la résiliation de plein droit du bail d'un immeuble utilisé pour l'activité de l'entreprise, en raison d'un défaut de paiement des loyers et charges afférents à une occupation postérieure au jugement de liquidation judiciaire du preneur, cette procédure, qui obéit à des conditions spécifiques, est distincte de celle qui tend, en application de l'art. L. 145-41, à faire constater l'acquisition de la clause résolutoire stipulée au contrat de bail. • Com. 9 oct. 2019, n° 18-17.563 P : *D. 2019. Actu. 1933, obs. Lienhard ; ibid. Chron. C. cass. 2208, obs. Barbot ; D. 2020. Pan. 1550, obs. Dumont ; Rev. sociétés 2019. 784, obs. Reille ; AJ contrat 2020. 45, obs. Tirel ; JCP E 2019. 1532, note Cerati-Gauthier ; LEDEN 11/2019. 3, obs. Rubellin ; APC 2019, n° 258, obs. Kendérian ; RLDA déc. 2019. 33, obs. Vallens ; RJDA 2020, n° 27 ; BJE 1-2/2020. 28, note Monsèrié-Bon et Ghozi ; RJ com. 2020. 265, obs. Théron.*

6. Il résulte de la combinaison des art. L. 641-12 et L. 642-19 C. com., dans leur rédaction antérieure à l'Ord. du 18 déc. 2008, et 1134 [1103] C. civ., qu'en cas de liquidation judiciaire, la cession du droit au bail se fait aux conditions prévues par le contrat à la date du jugement d'ouverture, à l'exception de la clause imposant au cédant des obligations solidaires avec le cessionnaire. • Com. 27 sept. 2011, n° 10-23.539 P : *D. 2011. Actu. 2399, obs. Lienhard ; JCP E 2011. 1795, note P.-H. Brault ; LEDEN 10/2011. 4, obs. Rubellin ; BJE 2012. 14, note Camensuli-Feuillard ; Gaz. Pal. 20-21 janv. 2012, p. 19, obs. Kendérian ; RJDA 2012, n° 186.* ♦ Ainsi, le bailleur est autorisé à se prévaloir de la clause des baux annexés à l'acte de cession du fonds de commerce prévoyant que « le cessionnaire sera dans tous les cas, du seul fait de la cession, garant du paiement par le preneur de la totalité des sommes dues au titre du présent bail par ledit preneur à la date de la cession », peu important que ces stipulations contractuelles n'aient pas été reproduites dans l'ordonnance du juge-commissaire autorisant la cession. • Même arrêt. ♦ Si l'art. L. 641-12, al. 2, C. com. répute non écrite toute clause imposant au cédant des dispositions solidaires avec le cessionnaire, cette règle ne profite qu'au preneur en liquidation judiciaire, de sorte qu'une telle clause retrouve son plein effet au profit du bailleur en cas de nouvelle cession du bail selon les modalités de droit commun. • Com. 15 nov. 2017, n° 16-19.131 P : *D. 2017. Actu. 2365 ; DP diff. entr., Bull. n° 398, obs. Rémery ; JCP E 2018. 1035, note Cerati-Gauthier ; LEDEN 1/2018. 5, obs. Andreu ; Gaz. Pal. 16 janv. 2018, p. 64, obs. Kendérian ; APC 2018, n° 4, obs. Thiberge ; RJDA 2018, n° 158 ; RPC 2018, n° 65, obs. Roussel Galle.*

7. Déclaration de créance. V. note 14 ss. art. L. 622-24.

8. Responsabilité du liquidateur. La cour d'appel qui a retenu la responsabilité du liquidateur judiciaire pour avoir choisi de ne pas résilier le bail et tenté de vendre un fonds de commerce quasi inexistant au détriment du bailleur, qui ne pouvait pas récupérer son bien, sans rechercher, ainsi qu'elle y était invitée, si le bailleur avait mis le liquidateur en demeure de payer les loyers échus pendant la liquidation, et s'il avait demandé la résiliation judiciaire ou fait constater la résiliation de plein droit du bail comme l'y autorise l'art. L. 641-12, 3°, C. com., a privé sa décision de base légale au regard des art. L. 641-12 préc. et 1382, devenu 1240, C. civ. • Com. 5 févr. 2020, n° 18-21.529 P : *cité note 1 ss. art. L. 627-2.*

Ancien art. L. 641-12 *La liquidation judiciaire n'entraîne pas de plein droit la résiliation du bail des immeubles affectés à l'activité de l'entreprise.*

Le liquidateur ou l'administrateur peut continuer le bail ou le céder dans les conditions prévues au contrat conclu avec le bailleur avec tous les droits et obligations qui s'y rattachent. (L. n° 2005-845 du 26 juill. 2005, art. 107) « En cas de cession du bail, les dispositions de l'article L. 622-15 sont applicables. »

Si le liquidateur ou l'administrateur décide de ne pas continuer le bail, celui-ci est résilié sur sa simple demande. La résiliation prend effet au jour de cette demande.

(L. n° 2005-845 du 26 juill. 2005, art. 107) « Le bailleur peut demander la résiliation judiciaire ou faire constater la résiliation de plein droit du bail pour des causes antérieures au jugement de liquidation judiciaire ou, lorsque ce dernier a été prononcé après une procédure de sauvegarde ou de redressement judiciaire, au jugement d'ouverture de la procédure qui l'a précédé. Il doit, s'il ne l'a déjà fait, introduire sa demande dans les trois mois de la publication du jugement de liquidation judiciaire.

« Le bailleur peut également demander la résiliation judiciaire ou faire constater la résiliation de plein droit du bail pour défaut de paiement des loyers et charges afférents à une occupation postérieure au jugement de liquidation judiciaire, dans les conditions prévues aux troisième à cinquième alinéas de l'article L. 622-14. »

Le privilège du bailleur est déterminé conformément aux trois premiers alinéas de l'article L. 622-16. — [C. com., anc. art. L. 622-13.]

Art. L. 641-12-1 *(Ord. n° 2008-1345 du 18 déc. 2008, art. 106)* **Si le débiteur est constituant et seul bénéficiaire d'un contrat de fiducie, l'ouverture ou le prononcé d'une liquidation judiciaire à son égard entraîne la résiliation de plein droit de ce contrat et le retour dans son patrimoine des droits, biens ou sûretés présents dans le patrimoine fiduciaire.**

Art. L. 641-13 **I.** — *(Ord. n° 2014-326 du 12 mars 2014, art. 68-1°, en vigueur le 1er juill. 2014)* **« Sont payées à leur échéance les créances nées régulièrement après le jugement qui ouvre ou prononce la liquidation judiciaire :**

« — si elles sont nées pour les besoins du déroulement de la procédure ou du maintien provisoire de l'activité autorisé en application de l'article L. 641-10 ;

« — si elles sont nées en contrepartie d'une prestation fournie au débiteur pendant le maintien de l'activité ou en exécution d'un contrat en cours *(L. n° 2016-1547 du 18 nov. 2016, art. 99-VI-1°)* **« régulièrement décidée après le jugement d'ouverture de la procédure de sauvegarde ou de redressement judiciaire, s'il y a lieu, et après le jugement d'ouverture de la procédure de liquidation judiciaire » ;** — *Sur les dispositions transitoires de la L. n° 2016-1547 du 18 nov. 2016 et son application en outre-mer, V. note ss. art. L. 641-1.*

« — ou si elles sont nées des besoins de la vie courante du débiteur, personne physique. »

(Ord. n° 2008-1345 du 18 déc. 2008, art. 107) **« En cas de prononcé de la liquidation judiciaire, sont également payées à leur échéance, les créances nées régulièrement après le jugement d'ouverture de la procédure de sauvegarde ou de redressement judiciaire mentionnées au I de l'article L. 622-17. »**

(Ord. n° 2021-1193 du 15 sept. 2021, art. 54, en vigueur le 1er oct. 2021) **« II. — Lorsqu'elles ne sont pas payées à l'échéance, ces créances sont payées par privilège conformément à l'ordre prévu par l'article L. 643-8. »**

(Abrogé par Ord. n° 2021-1193 du 15 sept. 2021, art. 54, à compter du 1er oct. 2021) « (L. n° 2005-845 du 26 juill. 2005, art. 108) « III. — Leur paiement se fait dans l'ordre suivant :

« 1° Les créances de salaires dont le montant n'a pas été avancé en application des articles L. 143-11-1 à L. 143-11-3 [L. 3253-6 et L. 3253-8 à L. 3253-13] du code du travail ;

« (Ord. n° 2008-1345 du 18 déc. 2008, art. 107) « 2° » Les prêts consentis ainsi que les créances résultant de la poursuite d'exécution des contrats en cours conformément aux dispositions de l'article L. 622-13 du présent code et dont le cocontractant accepte de recevoir un

paiement différé ; ces prêts et délais de paiement sont autorisés par le juge-commissaire dans la limite nécessaire à la poursuite de l'activité et font l'objet d'une publicité. En cas de résiliation d'un contrat régulièrement poursuivi, les indemnités et pénalités sont exclues du bénéfice du présent article ; *— V. art. R. 641-22.*

« (Ord. n° 2008-1345 du 18 déc. 2008, art. 107) ***« 3° » Les sommes dont le montant a été avancé en application du 3° de l'article L. 143-11-1*** *[L. 3253-8, 5°]* ***du code du travail ;***

« (Ord. n° 2008-1345 du 18 déc. 2008, art. 107) ***« 4° » Les autres créances, selon leur rang. » »***

(Ord. n° 2021-1193 du 15 sept. 2021, art. 54, en vigueur le 1er oct. 2021) **« III. — A l'exception des frais et dépens de la procédure, »** *(L. n° 2005-845 du 26 juill. 2005, art. 108)* **« les créances impayées perdent le privilège que leur confère le** *(Ord. n° 2008-1345 du 18 déc. 2008, art. 107)* **« II du » présent article si elles n'ont pas été portées à la connaissance du mandataire judiciaire, de l'administrateur lorsqu'il en est désigné ou du liquidateur,** *(Ord. n° 2008-1345 du 18 déc. 2008, art. 107)* **« au plus tard » dans le délai de six mois à compter de la publication du jugement ouvrant ou prononçant la liquidation ou, à défaut, dans le délai d'un an à compter de celle du jugement arrêtant le plan de cession. »** *(Ord. n° 2014-326 du 12 mars 2014, art. 68-3°, en vigueur le 1er juill. 2014)* **« Lorsque cette information porte sur une créance déclarée pour le compte du créancier en application de l'article L. 622-24, elle rend caduque cette déclaration si le juge n'a pas statué sur l'admission de la créance. » »**

Pour les dispositions transitoires de l'Ord. n° 2021-1193 du 15 sept. 2021, V. note ss. art. L. 611-2.

V. art. R. 641-39.

BIBL. ▶ V. ss. art. L. 622-17.

Ancien art. L. 641-13 (II) *[réd. issue de Ord. n° 2014-326 du 12 mars 2014] (L. n° 2005-845 du 26 juill. 2005, art. 108)* ***« II. —*** *(Ord. n° 2008-1345 du 18 déc. 2008, art. 107)* ***« Lorsqu'elles ne sont pas payées à l'échéance, ces créances » sont payées par privilège avant toutes les autres créances*** *(Ord. n° 2014-326 du 12 mars 2014, art. 68-2°, en vigueur le 1er juill. 2014)* ***« , sans préjudice des droits de rétention opposables à la procédure collective, » à l'exception de celles qui sont garanties par le privilège établi aux articles L. 143-10*** *[L. 3253-2 et L. 3253-3]*, ***L. 143-11*** *[L. 3253-4]*, ***L. 742-6 et L. 751-15*** *[L. 7313-8]* ***du code du travail,*** *(Ord. n° 2008-1345 du 18 déc. 2008, art. 107)* ***« des frais de justice nés régulièrement après le jugement d'ouverture pour les besoins du déroulement de la procédure », de celles qui sont garanties par le privilège établi par l'article L. 611-11 du présent code et de celles qui sont garanties par des sûretés immobilières*** *(Abrogé par Ord. n° 2014-326 du 12 mars 2014, art. 68-2°, à compter du 1er juill. 2014)* ***« ou par des sûretés mobilières spéciales assorties d'un droit de rétention ou constituées en application du chapitre V du titre II du livre V ».***

Ancien art. L. 641-13 (I, al. 1er) *[réd. issue de Ord. n° 2008-1345 du 18 déc. 2008]* ***Sont payées à leur échéance les créances nées régulièrement après le jugement qui ouvre ou prononce la liquidation judiciaire pour les besoins du déroulement de la procédure ou du maintien provisoire de l'activité autorisé en application de l'article L. 641-10 ou en contrepartie d'une prestation fournie au débiteur pendant ce maintien de l'activité.***

Ancien art. L. 641-13 (I et II) *[réd. issue de L. n° 2005-845 du 26 juill. 2005]* ***I. — Les créances nées régulièrement après le jugement qui ouvre ou prononce la liquidation judiciaire ou, dans ce dernier cas, après le jugement d'ouverture de la procédure de sauvegarde ou de redressement judiciaire qui l'a précédée, pour les besoins du déroulement de la procédure, pour les besoins, le cas échéant, de la période d'observation antérieure, ou en raison d'une prestation fournie au débiteur, pour son activité professionnelle postérieure à l'un de ces jugements, sont payées à leur échéance.***

II. — Si elles ne sont pas payées à l'échéance, elles sont payées par privilège avant toutes les autres créances à l'exception de celles qui sont garanties par le privilège établi aux articles L. 143-10 *[L. 3253-2 et L. 3253-3]*, ***L. 143-11*** *[L. 3253-4]*, ***L. 742-6 et L. 751-15*** *[L. 7313-8]* ***du code du travail, de celles qui sont garanties par le privilège des frais de justice, de celles qui sont garanties par le privilège établi par l'article L. 611-11 du présent code et de celles qui sont garanties par des sûretés immobilières ou par des sûretés mobilières spéciales assorties d'un droit de rétention ou constituées en application du chapitre V du titre II du livre V.***

1. Créances indemnitaires résultant d'un licenciement. Relèvent notamment du privilège institué par l'art. L. 641-13-I, dans sa rédaction en vigueur au jour du licenciement, les créances nées régulièrement après le jugement qui ouvre ou prononce la liquidation judiciaire, pour les besoins du déroulement de la procédure. • Soc. 16 juin 2010, n° 08-19.351 P : *D. 2010. Actu. 1550, obs. Lienhard ; D. 2011. Pan. 2080, obs. Le Corre ; RTD com. 2011. 173, obs. Martin-Serf ; Gaz. Pal. 15-16 oct. 2010, p. 27, obs. Henry ; RPC 2010, n° 245, obs. Berthelot.* ♦ Dès lors que le licenciement a été prononcé par le liquidateur conformément à ses obligations dans le cadre de la procédure collective en cours, les créances indemnitaires résultant de la rupture du contrat de travail sont nées régulièrement après le jugement prononçant la liquidation judiciaire pour les besoins du déroulement de cette procédure et, en conséquence, elles relèvent de l'art. L. 641-13-I, peu important que l'activité ait cessé immédiatement. • Même arrêt.

2. Créance de loyer d'habitation. La créance de loyer d'habitation du débiteur, échue postérieurement au jugement d'ouverture de la liquidation judiciaire de ce dernier, n'est pas une créance née pour les besoins du déroulement de la procédure. • Com. 12 mars 2013, n° 11-24.365 P : *D. 2013. Actu. 702, obs. Lienhard ; ibid. Pan. 2374, obs. Le Corre ; RTD com. 2013. 349, obs. Martin-Serf ; JCP E 2013. 1341, note Lebel ; APC 2013, n° 74, obs. Fin-Langer ; LEDEN 4/2013. 2, obs. Favario ; RJDA 2013, n° 535 ; RJ com. 2013. 251, note Sortais ; Gaz. Pal. 12-13 juill. 2013, p. 15, obs. Henry ; BJE 2013. 285, note Le Mesle.* ♦ Comp., désormais : art. L. 641-13, I, dans sa réd. issue de l'Ord. n° 2014-326 du 12 mars 2014, qui prévoit le paiement à l'échéance des créances postérieures qui sont nées pour les besoins de la vie courante du débiteur personne physique.

3. Créance d'honoraires de résultat. La date d'exigibilité de la commission ne se confond pas avec la date du fait générateur de la créance ; en conséquence, la créance d'honoraires de résultat [trouvant sa cause dans un contrat de mandat] ne naît pas à la date du paiement, mais à celle de l'exécution de la prestation caractéristique. • Com. 27 sept. 2011 : *D. 2011. Actu. 2398, obs. Lienhard ; Rev. sociétés 2011. 730, obs. Roussel Galle ; APC 2011, n° 264, obs. Cagnoli ; LEDEN 10/2011. 2, obs. Rubellin ; RJDA 2012, n° 71 ; BJE 2012. 17, note Le Corre-Broly ; Gaz. Pal. 20-21 janv. 2012, p. 18, obs. Henry.* – Dans le même sens, V. • Com. 24 mars 2015, n° 14-15.139 P : *D. 2015. Actu. 800, obs. Lienhard ; Rev. sociétés 2015. 408, obs. Roussel Galle ; RTD com. 2015. 587, obs. Martin-Serf ; APC 2015, n° 116, obs. Martineau-Bourgninaud ; LEDEN 5/2015. 2, obs. Le Corre ; BJE 2015. 229, note Le Mesle ; Gaz. Pal. 19-21 juill. 2015, p. 16, obs. Boustani ; RPC 2015, n° 116, obs. Saint-Alary-Houin ; RJDA 2015, n° 763.*

4. Créance de dépens. V., s'agissant d'une créance de dépens exposés par le débiteur à l'occasion de son appel du jugement arrêtant le plan de cession, considérant, au regard de la finalité et du résultat de cet appel, qu'il s'agit d'une créance utile née pour les besoins de la procédure et, partant, éligible au privilège légal assorti du rang attribué aux frais de justice, • Com. 15 oct. 2013, n° 12-23.830 P : *D. 2013. Actu. 2461, obs. Lienhard, Rect. 2693 ; Rev. sociétés 2013. 728, obs. Roussel Galle ; RTD com. 2014. 190, obs. Martin-Serf ; JCP E 2014. 1020, n° 13, obs. Pétel ; APC 2013, n° 266, obs. Vallansan ; LEDEN 12/2013. 5, obs. Berthelot ; Gaz. Pal. 12-14 janv. 2014, p. 23, obs. Boustani ; RJDA 2014, n° 362 ; RPC 2015, n° 113, obs. Saint-Alary-Houin.*

5. Frais de justice. Il résulte de l'art. L. 641-13 que les créances hypothécaires priment les frais de justice postérieurs au jugement d'ouverture de la procédure collective. • Com. 11 juin 2014 : *cité ss. art. L. 643-8.* ♦ Comp., désormais : art. L. 641-13, II, dans sa réd. issue de l'Ord. n° 2008-1345 du 18 déc. 2008.

6. Créance de taxe foncière. La créance de taxe foncière n'est pas née pour les besoins du déroulement de la procédure au sens de l'art. L. 641-13, I, dans sa rédaction antérieure à l'Ord. n° 2008-1345 du 18 déc. 2008. • Com. 14 oct. 2014, n° 13-24.555 P : *D. 2014. Actu. 2109, obs. Lienhard ; D. 2015. Pan. 1973, obs. F.-X. Lucas ; Rev. sociétés 2014. 755, obs. Roussel Galle ; RTD com. 2015. 157, obs. Martin-Serf ; JCP E 2014. 1637, n° 11, obs. Pétel ; APC 2014, n° 325, obs. Le Corre ; LEDEN 12/2014. 5, obs. Berthelot ; Gaz. Pal. 18-20 janv. 2015, p. 20, obs. Boustani ; BJE 2015. 23, note Macorig-Venier ; RPC 2015, n° 17, obs. Vabres ; ibid., n° 42, obs. Reille.*

7. Créances d'avances de l'AGS. V. note 1 ss. art. L. 3253-16 C. trav., ss. art. L. 625-9 C. com.

8. Créance de dépollution. A supposer que la créance résultant de l'obligation du preneur de prendre en charge les frais de dépollution du site soit née de la cessation définitive de l'exploitation, postérieure à la liquidation judiciaire, cette créance n'est pas née pour les besoins du déroulement de la procédure. • Com. 5 févr. 2020, n° 18-23.961 P : *D. 2020. Pan. 1865, obs. F.-X. Lucas ; Rev. sociétés 2020. 191, obs. Henry ; RTD com. 2020. 470, obs. Martin-Serf ; JCP E 2020. 1204, n° 5, obs. Tehrani ; LEDEN 3/2020. 6, obs. Cavelier ; BJE 3-4/2020. 43, note Voinot ; RJDA 2020, n° 277 ; RPC 2020. Étude 13, obs. Rolland ; RPC 2020, n° 96, obs. Cerati ; RJ com. 2020. 487, obs. Théron.*

9. Compensation légale. V. note 28 ss. art. L. 622-7.

Art. L. 641-14 *(L. n° 2005-845 du 26 juill. 2005, art. 109)* Les dispositions *(Ord. n° 2021-1193 du 15 sept. 2021, art. 55, en vigueur le 1er oct. 2021)* « des 2° et 3° du III de l'article L. 622-17, celles » des chapitres IV *(Ord. n° 2014-326 du 12 mars 2014,* *art. 69-I, en vigueur le 1er juill. 2014)* « , à l'exception de celles de l'article L. 624-17, » et V du titre II du présent livre relatives à la détermination du patrimoine du débiteur et au règlement des créances résultant du contrat de travail ainsi que les dispositions du chapitre II du titre III du présent livre relatives aux nullités de certains actes s'appliquent à la procédure de liquidation judiciaire. — *V. art. L. 624-1 s., L. 625-1 s. et L. 632-1 s.*

Toutefois, pour l'application de l'article L. 625-1, le liquidateur cité devant le conseil de prud'hommes ou, à défaut, le demandeur appelle devant la juridiction prud'homale les institutions visées à l'article L. 143-11-4 *[L. 3253-14]* du code du travail.

Pour l'application de l'article L. 625-3 du présent code, les institutions mentionnées à l'article L. 143-11-4 *[L. 3253-14]* du code du travail sont mises en cause par le liquidateur ou, à défaut, par les salariés requérants, dans les dix jours du jugement d'ouverture de la procédure de liquidation judiciaire ou du jugement la prononçant. *(Abrogé par Ord. n° 2008-1345 du 18 déc. 2008, art. 108)* ***« De même, les instances en cours devant la juridiction prud'homale à la date du jugement d'ouverture sont poursuivies en présence de l'administrateur, lorsqu'il en a été désigné, ou celui-ci dûment appelé. »***

Pour les dispositions transitoires de l'Ord. n° 2021-1193 du 15 sept. 2021, V. note ss. art. L. 611-2.

V. art. R. 641-27 s.

Art. L. 641-14-1 *(Ord. n° 2014-326 du 12 mars 2014, art. 69-II, en vigueur le 1er juill. 2014)* Le liquidateur, avec l'accord de l'administrateur, s'il en a été désigné, peut acquiescer à la demande en revendication ou en restitution d'un bien mentionné à la section III du chapitre IV du titre II du présent livre. A défaut d'accord entre eux ou en cas de contestation, la demande est portée devant le juge-commissaire qui statue au vu des observations du demandeur, du débiteur, du liquidateur et, le cas échéant, de l'administrateur.

Art. L. 641-15 *(L. n° 2005-845 du 26 juill. 2005, art. 110)* Pendant la procédure de liquidation judiciaire, le juge-commissaire peut ordonner que le liquidateur ou l'administrateur, lorsqu'il en a été désigné, soit le destinataire du courrier adressé au débiteur.

Le débiteur, préalablement informé, peut assister à l'ouverture du courrier. Toutefois, une convocation devant une juridiction, une notification de décisions ou tout autre courrier ayant un caractère personnel doit être immédiatement remis ou restitué au débiteur. *(L. n° 2022-172 du 14 févr. 2022, art. 5, en vigueur le 14 mai 2022)* « Il y a également lieu à remise ou à restitution immédiate du courrier intéressant un patrimoine du débiteur autre que celui visé par la procédure. » — *Pour les dispositions transitoires de la L. n° 2022-172 du 14 févr. 2022, V. note ss. art. L. 611-13.*

Le juge-commissaire peut autoriser l'accès du liquidateur *(Ord. n° 2008-1345 du 18 déc. 2008, art. 109)* « et de l'administrateur, lorsqu'il en a été désigné, » au courrier électronique reçu par le débiteur dans des conditions déterminées par décret en Conseil d'État. — *V. art. R. 641-40.*

Lorsque le débiteur exerce une activité pour laquelle il est soumis au secret professionnel, les dispositions du présent article ne sont pas applicables.

1. Si le liquidateur, pour se faire remettre le courrier adressé au débiteur, utilise des ordres de réexpédition, cette prestation est assurée par La Poste à titre onéreux. • Com. 28 sept. 2004, n° 02-18.014 P : *D. 2004. AJ 2714, obs. Lienhard ; JCP E 2005, n° 1-2, p. 26, obs. Pétel ; RPC 2005. 202, obs. Lebel.*

2. Il appartient au liquidateur d'établir qu'il a effectivement remis au débiteur le courrier ayant un caractère personnel. • Com. 25 oct. 2011 : *cité note 1 ss. art. L. 641-9.*

CHAPITRE II DE LA RÉALISATION DE L'ACTIF

SECTION PREMIÈRE DE LA CESSION DE L'ENTREPRISE

RÉP. COM. v° *Entreprise en difficulté : cession de l'entreprise,* par G. Blanc.

BIBL. GÉN. ▶ Froehlich, *D. 2005. Chron. 2878* (ambivalence du plan de cession totale) ; *LPA 14 juin 2007* (nouvelle répartition des rôles entre administrateurs et mandataires judiciaires). – Couret, *RLDA, suppl. au n° 80, mars 2005, p. 42* (le plan de cession, mesure de redressement ou de liquidation ?). – Henry, *Gaz. Pal. 2005. Doctr. 2956*. – Géniteau, *RLDA, suppl. au n° 88, déc. 2005, p. 23*. – A. Mazeaud, *Dr. soc. 2006. 12* (sort des contrats de travail). – Pérot-Reboul, *LPA, n° spéc., 17 févr. 2006, p. 30* (les plans dans la loi de sauvegarde). – Deharveng, *D. 2006. Chron. 1047*. – Croze, *Procédures 2006. Étude 5*. – Coquelet, *RPC 2006. 188* (le plan de cession a-t-il changé ?) ; *ibid. 2008. Dossier 12* (faut-il déjà réformer ?). – Rétif, *ibid. 232* (plan de cession de l'entreprise libérale individuelle). – Soinne, *ibid. 313* (problématique de la nouvelle cession d'entreprise). – Sortais, *LPA 14 juin 2007* (attraits de la liquidation-cession). – Couturier, *BJS 2008. 142* (le plan de cession, instrument de restructuration des entreprises défaillantes). – Luciano, *RPC 2011. Étude 9* (fiducie-sûreté et plan de cession). – Vincent, *BJE 2014. 331* (adoption d'un plan de cession sans poursuite d'activité). – Dossier « Les plans », *RPC 2015. Dossiers 36 à 49*. – Dossier « La reprise d'entreprises en difficulté », *ibid. Dossiers 50 à 60*.

▸ Régime antérieur à la loi du 26 juill. 2005 : Chaput, *RJ com. 1987. 52*. – Couret, *BJS 1986. 289*. – Lagraula, Guérin et Audinet, *Gaz. Pal. 1986. 2. Doctr. 759*. – Le Nabasque, *JCP E 1990. II. 15770*. – Pérochon, *D. 1990. Chron. 252*. – Boivin, *JCP N 1991. I. 382*. – Pirovano, *D. 1988. Chron. 273* (contestation du plan de cession). – Soinne, *RPC 1989. 463*. – Saint-Alary-Houin, *Mél. Champaud, Dalloz, p. 539*. – Serlooten, *RPC 1998. 415* (fiscalité). – Cordier, *RJDA 1999, p. 103* (le plan de cession devant la Cour de cassation). – Garçon, *JCP E 1999, n° 13, p. 561* (pacte de préférence). – H. Bureau, *JCP E 1999, n° 27-28, p. 1182* (période intermédiaire entre l'adoption et la réalisation du plan de cession). – Monsèrié-Bon, *LPA 6 sept. 2000*. – Feugère, *Gaz. Pal. 2000. Doctr. 2162* (devoir de loyauté). – Dureuil, *Mél. Honorat, Frison-Roche, 2000, p. 99* (représentation des sociétés frappées d'un plan de cession totale). – Vauvillé, *RPC 2006. 345* (responsabilités et sanctions).

Art. L. 642-1 *(L. n° 2005-845 du 26 juill. 2005, art. 111)* **La cession de l'entreprise a pour but d'assurer le maintien d'activités susceptibles d'exploitation autonome, de tout ou partie des emplois qui y sont attachés et d'apurer le passif.**

Elle peut être totale ou partielle. Dans ce dernier cas, elle porte sur un ensemble d'éléments d'exploitation qui forment une ou plusieurs branches complètes et autonomes d'activités.

Lorsqu'un ensemble est essentiellement constitué du droit à un bail rural, le tribunal peut, sous réserve des droits à indemnité du preneur sortant et nonobstant les autres dispositions du statut du fermage, soit autoriser le bailleur, son conjoint ou l'un de ses descendants à reprendre le fonds pour l'exploiter, soit attribuer le bail rural à un autre preneur proposé par le bailleur ou, à défaut, à tout repreneur dont l'offre a été recueillie dans les conditions fixées aux articles L. 642-2, L. 642-4 et L. 642-5. Les dispositions relatives au contrôle des structures des exploitations agricoles ne sont pas applicables. Toutefois, lorsque plusieurs offres ont été recueillies, le tribunal tient compte des *(L. n° 2014-1170 du 13 oct. 2014, art. 32-IV)* **« priorités du schéma directeur régional des exploitations agricoles mentionné à l'article L. 312-1 » du code rural et de la pêche maritime.** – *V. art. R. 661-3.*

(Ord. n° 2008-1345 du 18 déc. 2008, art. 110) **« Lorsque le débiteur est un officier public ou ministériel, le liquidateur peut exercer le droit du débiteur de présenter son successeur au garde des sceaux, ministre de la justice. »**

1. Offres de reprise. V. notes ss. art. L. 642-2.

2. Inutilité d'un débat contradictoire. Il n'est nulle part prévu dans la loi que la décision d'arrêt du plan doit être précédée d'un débat contradictoire entre les candidats repreneurs alors que leur audition n'est pas prévue et qu'ils ne sont pas parties à un débat judiciaire. • Limoges, 13 août 1986 : *D. 1987. 44, note Derrida.* ♦ V. aussi note 2 ss. art. L. 626-9.

3. Apurement du passif. Le tribunal peut arrêter un plan de cession qui ne permet d'apurer que partiellement le passif. • Com. 26 juin 1990, n° 89-12.496 P : *D. 1991. IR 192* • T. com. Paris, 16 avr. 1986 : *Gaz. Pal. 1986. 1. Somm. 221, obs. Annichiarico* • Versailles, 9 juill. 1986 : *ibid. 1986. 2. 570, note J.-F. Martin.* ♦ Sur un prix de caractère symbolique, V. • Paris, 6 févr. 1987 : *D. 1987. IR 42.* – Comp. : • T. com. Paris, 20 mai 1986 : *JCP 1986. II. 20658, note Chaput.* ♦ Les créanciers ne doivent cependant pas être sacrifiés par la fixation d'un prix sans rapport avec la valeur des biens cédés. • Versailles, 23 juill. 1986 : *Gaz. Pal. 1986. 2. 781* • T. com. Bordeaux, 27 juin 1986 : *ibid. 1986. 2. 770.* ♦ Ainsi, un tribunal ne saurait admettre, au seul motif de la sauvegarde de moins de la moitié des emplois, que les actifs de la société soient cédés à un prix qui représente 10 à 15 % de la valeur liquidative de ces biens, tant immobiliers que mobiliers. • T. com. Abbeville, 17 janv. 2001 : *RPC 2001. 79, obs. Soinne.*

Sur la nécessité de respecter le principe d'égalité des créanciers dans le choix du repreneur, V.

• Aix-en-Provence, 30 oct. 1997 : *D. 1999. Somm. 2, obs. Derrida* ✐.

V. aussi note 1 ss. art. L. 631-22.

4. Maintien de l'activité et des emplois. Le redressement judiciaire par la voie de la cession instauré par la loi du 25 janv. 1985 a essentiellement pour but d'assurer la survie de l'entreprise cédée par la poursuite de l'activité du débiteur à laquelle le cessionnaire doit se livrer à l'aide des biens affectés à cette activité. • Paris, 23 juill. 1992 : *D. 1992. 491* ✐. – V. Derrida, *D. 1992. Chron. 301* ✐. ♦ Une société cessionnaire ne peut donc reprendre et poursuivre elle-même l'activité de la société cédée lorsqu'elle n'exerce pas cette activité à laquelle elle est étrangère. Lorsqu'il apparaît que la finalité de la cession est la réalisation d'une opération immobilière à laquelle est liée, accessoirement, la reprise d'une société en difficulté, il s'agit d'un dévoiement de procédure. • Même arrêt. ♦ Dans le même sens : • Paris, 21 févr. 1995 : *RPC 1995. 156, obs. Soinne* • Pau, 29 juin 1994 : *ibid.* ♦ V. aussi, rejetant une offre de reprise partielle portant sur des actifs immobiliers d'une société marchand de biens, dès lors que celle-ci n'a plus de salariés, • Paris, 7 juill. 1995 : *Dr. sociétés 1995, n° 240, obs. Chaput ; RPC 1996. 467, obs. Soinne.* ♦ ... Une offre spéculative de reprise de biens immobiliers nullement nécessaires à l'exploitation d'un pôle hôtelier, seule branche d'activité cessible, au sens de l'art. 81 [C. com., art. L. 642-1], • Paris, 3 avr. 1998 : *D. Affaires 1998. 847.* ♦ V. désormais art. L. 642-10.

Sur le pouvoir souverain des juges du fond, V. • Com. 2 févr. 1993, ⚖ n° 91-10.915 P : *D. 1994. Somm. 6, obs. Derrida* ✐.

5. Cession partielle. Une offre de cession peut être accueillie même si elle ne permet que le maintien d'une branche d'activité et que celui d'une partie des emplois. • Aix-en-Provence, 2 oct. 1986 : *D. 1987. Somm. 9, obs. Derrida.* ♦ La qualification de cession partielle d'entreprise n'est remise en cause que si les biens non compris dans la cession sont indifférents à la poursuite de l'activité. • Com. 11 juin 1996, ⚖ n° 94-15.295 P : *D. 1997. Somm. 2, obs. Derrida* ✐ ; *D. Affaires 1996. 877 ; Quot. jur. 9 juill. 1996, p. 13, note P. M. ; RPC 1996. 457, obs. Soinne.* ♦ Les cessions arrêtées par le tribunal de la totalité des éléments d'exploitation de sociétés formant plusieurs branches complètes et autonomes d'activité constituent des cessions partielles n'interdisant pas l'inclusion des éléments cédés dans un plan ultérieur de continuation. • Com. 17 févr. 1998, ⚖ n° 97-13.098 P : *D. Affaires 1998. 426, obs. A. L. ; LPA 12 juin 1998, p. 22, note Soinne ; BJS 1998. 658, note Pétel.* – V., dans la même affaire, • Com. 7 janv. 2003 : ⚖ *JCP E 2003, n° 20, p. 850, obs. Pétel.* ♦ La cession ne peut être qualifiée de totale dès lors que le jugement d'arrêté de plan précise lui-même qu'il statue sur une offre présentée globalement par plusieurs repreneurs permettant de réaliser la cession de la plus grande partie des actifs de la société. • Com. 24 nov. 1998 : ⚖ *RPC 2001. 87, obs. Soinne.*

6. Branche d'activité. BIBL. Sénéchal, *LPA 2 avr. 1990.* ♦ Un droit au bail, s'il est un élément essentiel du fonds de commerce, ne saurait être assimilé à l'entreprise elle-même, ni constituer à lui seul un ensemble d'éléments d'exploitation formant une branche complète et autonome d'activité. • Metz, 13 févr. 1990 : *D. 1991. Somm. 13, obs. Derrida* ✐. ♦ V. aussi, rejetant la seule offre d'acquisition du fonds de commerce présentée par son locataire-gérant, • Paris, 19 avr. 1988 : *D. 1991. Somm. 5, obs. Derrida* ✐. ♦ ... Refusant de considérer comme une cession d'entreprise la vente portant exclusivement sur des immeubles, des meubles meublants et des véhicules automobiles, • Paris, 14 déc. 1993 : *D. 1996. Somm. 5, obs. Derrida* ✐. ♦ Comp. note 20.

7. Jugé qu'une banque étant devenue, du fait de son retrait d'agrément, une « entreprise de recouvrement de créances », l'actif a pu être cédé en tant que branche complète et autonome d'activité au sens de l'art. 81 [C. com., art. L. 642-1]. • T. com. Paris, 22 janv. 1991 : *D. 1992. Somm. 355, obs. Vasseur* ✐ ; *JCP E 1991. II. 207, note Peltier.* – V. Derrida, *D. 1996. Chron. 7* ✐.

8. Bail rural. BIBL. Masson, *Rev. dr. rur. 1994. 125.* – Delattre, *Ann. loyers 2002. 565.* ♦ Le bail rural qui ne constitue pas l'essentiel d'un ensemble agricole demeure incessible. • Com. 28 avr. 1998, ⚖ n° 95-20.682 P : *D. 1998. IR 163* ✐ ; *D. Affaires 1998. 960, obs. V. A.-R. ; Quot. jur. 18 juin 1998, p. 8, note P. M. ; JCP 1998. II. 10128, note Ourliac ; RPC 1998. 375, obs. Soinne ; RTD com. 1998. 678, obs. Saint-Alary-Houin* ✐ • Paris, 2 nov. 1993 : *Rev. dr. rur. janv. 1994, p. 3.* – V. aussi • Dijon, 18 mai 1995 : *RPC 1996. 466, obs. Soinne.* ♦ Sur le contrôle de la qualification du caractère essentiel quant à l'équilibre économique de l'exploitation, du droit au bail rural, par la Cour de cassation, V. • Com. 28 avr. 1998 : ⚖ *préc.*

9. L'art. 82 [C. com., art. L. 642-1], al. 3, qui permet au tribunal d'attribuer le bail rural à un autre preneur proposé par le bailleur, étant applicable même lorsque les biens de l'exploitation agricole font l'objet de plusieurs baux fussent-ils consentis par plusieurs propriétaires, l'attribution, aux divers preneurs respectivement proposés par chaque bailleur, de ces baux, dès lors qu'ils constituent l'essentiel de l'exploitation agricole objet de la cession, répond aux exigences de l'al. 1er. • Com. 9 juin 1998, ⚖ n° 96-11.717 P : *D. 1998. IR 197* ✐ ; *D. Affaires 1998. 1217, obs. V. A.-R.* – V. déjà • Paris, 2 nov. 1993 : *préc. note 8.*

10. Le tribunal ne peut attribuer un bail rural à un repreneur dont l'offre a été recueillie dans les conditions fixées aux art. 83, 84 et 85 [C. com., art. L. 642-1, L. 642-2 et L. 642-5] qu'à défaut pour le bailleur de demander l'attribution du bail au preneur qu'il propose, et ce, quel que puisse être l'intérêt pour le débiteur, les créanciers et le repreneur, de la cession arrêtée. • Com. 30 nov. 1993, n° 91-20.358 P : *D. 1996. Somm. 2, obs. Derrida* ; *JCP 1994. II. 22248, note Ourliac* ; *Defrénois 1994. 1239, obs. Sénéchal* ; *RPC 1994. 229, obs. Soinne*. – Dans le même sens, V. • Douai, 21 juill. 1998 : *RPC 2001. 82, obs. Soinne*.

En ce sens que les offres émanant du bailleur n'ont pas à être recueillies sous les mêmes conditions que celles faites par des tiers, V. • Paris, 16 janv. 1998 : *RPC 2001. 82, obs. Soinne*.

Sur l'attribution du bail en cas de désaccord entre les différents propriétaires de l'exploitation, V. • Douai, 12 sept. 1995 : *RPC 1996. 100, obs. Soinne*.

Sur l'interprétation de l'art. 82 [C. com., art. L. 642-1], al. 3, V. aussi • Rennes, 31 oct. 1990 : *RPC 1991. 329, obs. Soinne*.

11. Aucune disposition de la loi du 25 janv. 1985 ne donne le pouvoir au juge d'imposer au propriétaire de concéder un bail rural sur ses terres. • Com. 14 mars 2000, n° 97-15.924 P : *D. 2000. AJ 189* ; *RTD com. 2001. 220, obs. Saint-Alary-Houin* ; *RPC 2001. 84, obs. Soinne* ; *Dr. et patr., janv. 2002. 93, obs. Roussel*.

12. Si le tribunal peut, sous réserve de certaines conditions, attribuer le droit à un bail rural à un repreneur sans tenir compte des dispositions relatives au contrôle des structures, une telle cession suppose que le preneur qui a fait l'objet d'une procédure de redressement judiciaire soit titulaire de ce droit (dans le cas où le bail avait été déclaré nul, faute, pour le preneur, d'avoir obtenu l'autorisation administrative d'exploiter). • Com. 28 oct. 2008, n° 06-20.584 P : *D. 2008. AJ 2932* ; *Gaz. Pal. 21-22 janv. 2009, p. 34, obs. Voinot* ; *RPC 2009, n° 36, obs. Lebel*.

13. Adoption tardive du plan de cession. Aucune disposition de la loi ne sanctionne de nullité le jugement qui a arrêté un plan de cession après l'expiration de la période d'observation. • Paris, 14 oct. 1988 : *D. 1988. IR 266*.

14. Biens compris dans le plan. Le plan de cession d'une entreprise ne peut être arrêté lorsque les éléments qui la composent ne sont plus dans le patrimoine du débiteur en redressement judiciaire pour avoir été cédés à un tiers avant le jugement d'ouverture de la procédure collective. • Com. 2 févr. 1993, n° 91-14.270 P : *D. 1996. Somm. 5, obs. Derrida* ; *RJDA 1993, n° 959*. ♦ D'autre part, en vertu de l'art. 81 [C. com., art. L. 642-1], ne peuvent être compris dans le plan de cession de l'entreprise les biens qui ne sont pas affectés à l'activité de celle-ci : V. • Com. 3 mars 1992, n° 90-12.602 P : *D. 1992. IR 104*.

15. La cession partielle d'une entreprise présentant le caractère d'une vente, le transfert de propriété se limite aux biens compris dans le plan, le cessionnaire étant l'ayant cause à titre particulier du débiteur cédant. • Aix-en-Provence, 23 févr. 1993 : *BICC 1993, n° 778*. ♦ Dès lors que le transfert de tous les droits de propriété industrielle existant à la date de la cession dans le patrimoine du cédant n'implique pas celui des brevets d'invention déposés au nom d'un tiers dans les formes légales et à défaut de toute réserve relative à leur revendication, le cessionnaire a implicitement admis que le débiteur cédant n'était pas propriétaire des brevets litigieux ; l'action en revendication de brevets, qui ne peut être considérée comme l'accessoire normal de leur licence d'exploitation seule cédée antérieurement par l'inventeur, doit donc être déclarée irrecevable. • Même arrêt.

16. La cession des biens hypothéqués compris dans le plan de redressement n'est pas une vente consentie par le propriétaire. Dès lors, il ne peut être reproché à celui-ci (le débiteur en redressement judiciaire) de n'avoir pas respecté son engagement de ne pas aliéner ces biens. • Com. 12 oct. 1999 : *RJDA 1999, n° 1360* ; *RTD com. 2000. 451, obs. Saint-Alary-Houin*.

17. La cession d'une branche d'activité représentée par un réseau de franchise entre dans les prévisions de l'art. 81 [C. com., art. L. 642-1] mais ne peut être imposée aux franchisés qui sont libres de ne pas poursuivre leur collaboration avec le nouveau franchiseur. • Paris, 15 déc. 1992 : *D. 1993. IR 45* ; *RJ com. 1993. 151, note Martin-Serf* ; *JCP 1994. II. 22205, note Jamin*.

18. Dès lors qu'aux termes de l'art. 220 *quinquies* CGI, la créance de report en arrière des déficits est inaliénable et incessible, cette créance ne peut pas faire partie de l'actif cédé. • Com. 15 déc. 2009, n° 08-13.419 P : *D. 2010. AJ 87, obs. Lienhard* ; *JCP E 2010. 1296, n° 5, obs. Pétel* ; *LEDEN, févr. 2010, p. 5, obs. Parachkévova* ; *APC 2010, n° 47, obs. Lamulle* ; *RPC 2010, n° 80, obs. Fraimout* ; *RJDA 2010, n° 410*.

19. Sur le sort des valeurs acquises sur les contrats d'assurance souscrits par la société débitrice en vue de garantir à ses salariés le paiement d'indemnités de fin de carrière, V. • Com. 18 janv. 2011, n° 10-12.005 P : *D. 2011. Actu. 370* ; *JCP E 2011. 1263, n° 4, obs. Pétel* ; *Gaz. Pal. 1er-2 avr. 2011, p. 40, obs. Gailhbaud* ; *APC 2011, n° 75, obs. Fin-Langer* ; *RJDA 2011, n° 260* ; *RPC 2011, n° 51, obs. Fraimout*. – V. Rapp. Rémery, *RJDA mars 2011. 195*.

20. Cessions d'immeubles et de fonds de commerce. BIBL. Jaffrain, *JCP E 1992. I. 205* (vente d'un fonds de commerce dans le cadre d'une liquidation judiciaire). – Derrida, *Defrénois 1995. 1073* (réalisation des immeubles). – Garçon, *JCP E 2001, n° 13, p. 548* (droit de préemption urbain après la loi SRU du 13 déc. 2000). – Saint-Alary-Houin, *RTD com. 2001. 221* (même thème). ♦ Dès lors qu'est en cause non une vente de droit commun mais un plan de redressement par voie de cession de l'entreprise du débiteur en redressement judiciaire, opération dont le caractère forfaitaire implique l'existence d'un aléa exclusif de l'application des garanties prévues dans le droit commun de la vente et obéissant à des règles propres édictées, en vue du maintien au moins partiel de l'activité, par une loi d'ordre public, les juges n'ont pas à effectuer de recherches inopérantes telles celles relatives à la consistance de la clientèle (à propos d'un plan de cession portant sur un fonds de commerce). • Com. 22 oct. 1996 : *D. 1997. Somm. 3, obs. Derrida*. ♦ Le cessionnaire ne saurait invoquer ni l'exécution de l'obligation de délivrance, ni la garantie d'éviction, ni la rescision du prix pour cause de lésion. Il ne peut pas non plus invoquer un vice du consentement, que ce soit une erreur substantielle excusable ou une réticence dolosive du mandataire-liquidateur dès lors qu'il avait nécessairement connaissance du caractère aléatoire de la convention. • Paris, 13 sept. 1994 : *RPC 1996. 89, obs. Soinne*. – Dans le même sens, V. • Com. 23 nov. 1999 : *RJDA 2000, n° 196* • Bordeaux, 16 mai 1995 : *ibid.* ♦ En revanche, le fondateur, dirigeant et principal animateur d'une société, est sans conteste possible tenu d'une obligation de loyauté à l'égard du repreneur de la société que sa gestion a conduite au redressement judiciaire ; il doit s'abstenir, nonobstant l'absence de toute clause de non-concurrence ou de non-rétablissement, de développer une activité concurrente dans des conditions susceptibles de détourner la clientèle régulièrement cédée. • Paris, 25 sept. 1996 : *D. Affaires 1996. 1282.*

21. Dès lors qu'une cession est intervenue dans le cadre de la reprise globale des actifs d'une société en redressement et d'un engagement de maintenir un certain nombre d'emplois salariés, conformément à un plan de cession homologué par jugement du tribunal de commerce, opération dont le caractère forfaitaire implique l'existence d'un aléa, il en résulte une réduction de la valeur des biens cédés. • Com. 16 juin 1998 : *D. 1999. Somm. 1, obs. Derrida ; D. Affaires 1998. 1215, obs. A. L. ; Defrénois 1998. 1458, obs. Bénabent ; JCP E 1998, n° 52, p. 2064, obs. Pétel.* ♦ Viole les art. L. 17 LPF et 81 de la loi du 25 janv. 1985 [C. com., art. L. 642-1], le jugement qui, pour rejeter la demande de la société repreneuse, faisant valoir que le prix énoncé dans l'acte de cession correspondait à la valeur réelle des immeubles qui aurait pu être obtenue par le jeu de l'offre et de la demande dans un marché réel, a estimé que les deux termes de comparaison produits par l'Administration des impôts présentaient des analogies suffisantes pour refléter le marché local de biens équivalents et justifier un redressement de valeur. • Même arrêt. – V. Piniot, *RJDA 1998, p. 684.* ♦ Sur l'impossibilité, pour le tribunal, d'imposer aux dirigeants de la personne morale débitrice une obligation de non-concurrence, V. note 5 ss. art. L. 642-5.

22. Pour la paralysie des droits de préemption institués par le code rural ou le code de l'urbanisme pour les biens compris dans un plan de cession, V. art. L. 642-5, al. 4, dans sa réd. issue de l'Ord. n° 2008-1345 du 18 déc. 2008, et note 4 ss. cet art.

23. Sur l'exclusion de la surenchère, lorsque la cession comprend un fonds de commerce, V. art. L. 642-8, al. 2.

24. Reprise d'un prêt. L'engagement pris par le cessionnaire de payer, après arrêté du plan de cession de l'emprunteur, les mensualités à échoir d'un prêt consenti au débiteur avant l'ouverture du redressement judiciaire ne vaut pas, sauf accord exprès du prêteur, novation par substitution de débiteur, de sorte que la caution solidaire des engagements de l'emprunteur demeure tenue de garantir l'exécution de ce prêt. • Com. 9 févr. 2016, n° 14-23.219 P : *cité note 1 ss. art. L. 622-13 ; RTD civ. 2016. 369, obs. Barbier ; Gaz. Pal. 12 avr. 2016, p. 72, obs. Le Corre-Broly ; RDBF 2016, n° 67, obs. Legeais ; RJ com. 2016. 259, obs. Macorig-Venier.*

Art. L. 642-2 *(L. n° 2005-845 du 26 juill. 2005, art. 111)* **I. — Lorsque le tribunal estime que la cession totale ou partielle de l'entreprise est envisageable, il autorise la poursuite de l'activité et il fixe le délai dans lequel les offres de reprise doivent parvenir au liquidateur et à l'administrateur lorsqu'il en a été désigné.**

Toutefois, si les offres reçues en application de l'article L. 631-13 *(Ord. n° 2014-326 du 12 mars 2014, art. 70-1°, en vigueur le 1er juill. 2014)* **« ou formulées dans le cadre des démarches effectuées par le mandataire *ad hoc* ou le conciliateur désigné en application des articles L. 611-3 ou L. 611-6 » remplissent les conditions prévues au II du présent article et sont satisfaisantes, le tribunal peut décider de ne pas faire application de l'alinéa précédent.** *(L. n° 2016-1547 du 18 nov. 2016, art. 99-VI-2°)* **« Lorsque la mission du mandataire *ad hoc* ou du conciliateur avait pour objet l'organisation d'une cession partielle ou totale de l'entreprise, ceux-ci rendent compte au tribunal des démarches effectuées en vue de recevoir des offres de reprise, nonobstant l'article L. 611-15. »** *(Ord. n° 2014-326 du 12 mars 2014, art. 70-2°, en vigueur le 1er juill. 2014)* **« L'avis du ministère public est recueilli lorsque l'offre a été reçue par le mandataire *ad hoc* ou le conciliateur. »** — *V. art. R. 642-40, al. 4.*

II. — Toute offre doit être écrite et comporter l'indication :

1° De la désignation précise des biens, des droits et des contrats inclus dans l'offre ;

2° Des prévisions d'activité et de financement ;
3° Du prix offert, des modalités de règlement, de la qualité des apporteurs de capitaux et, le cas échéant, de leurs garants. Si l'offre propose un recours à l'emprunt, elle doit en préciser les conditions, en particulier de durée ;
4° De la date de réalisation de la cession ;
5° Du niveau et des perspectives d'emploi justifiés par l'activité considérée ;
6° Des garanties souscrites en vue d'assurer l'exécution de l'offre ;
7° Des prévisions de cession d'actifs au cours des deux années suivant la cession ;
8° De la durée de chacun des engagements pris par l'auteur de l'offre ;
(L. n° 2016-1087 du 8 août 2016, art. 128-II) « 9° Des modalités de financement des garanties financières envisagées lorsqu'elles sont requises au titre des articles L. 516-1 et L. 516-2 du code de l'environnement. »

III. — Lorsque le débiteur exerce une profession libérale soumise à un statut législatif ou réglementaire ou dont le titre est protégé, l'offre doit en outre comporter l'indication de la qualification professionnelle du cessionnaire.

IV. — Le liquidateur ou l'administrateur lorsqu'il en a été désigné informe le débiteur, le représentant des salariés et les contrôleurs du contenu des offres reçues. Il les dépose au greffe où tout intéressé peut en prendre connaissance.

Elles sont notifiées, le cas échéant, à l'ordre professionnel ou à l'autorité compétente dont le débiteur relève.

V. — L'offre ne peut être ni modifiée, sauf dans un sens plus favorable aux objectifs mentionnés au premier alinéa de l'article L. 642-1, ni retirée. Elle lie son auteur jusqu'à la décision du tribunal arrêtant le plan.

En cas d'appel de la décision arrêtant le plan, seul le cessionnaire reste lié par son offre.

Sur les dispositions transitoires de la L. n° 2016-1547 du 18 nov. 2016 et son application en outre-mer, V. note ss. art. L. 641-1.

V. art. R. 642-1.

I. PRÉSENTATION DE L'OFFRE

A. AUTEUR DE L'OFFRE

1. V. art. L. 642-3.

B. DÉLAI DE PRÉSENTATION

2. La loi n'impose aucun délai minimum pour la présentation des offres, et s'il peut être reproché à l'administrateur d'avoir prévu un délai de présentation trop bref, encore faut-il que cette décision soit préjudiciable. • Rennes, 18 nov. 1998 : *RPC 2001. 73, obs. Soinne.* ♦ Aucun texte ne sanctionne par la nullité ou l'irrecevabilité le dépôt d'une offre au-delà du délai fixé par l'administrateur. • Paris, 2 juill. 1999 : *RPC 2001. 73, obs. Soinne.* ♦ Il suffit que les offres aient été reçues par l'administrateur et déposées par lui au greffe avant la date d'audience fixée pour qu'il soit statué sur son rapport, • Aix-en-Provence, 2 juin 1988 : *D. 1991. Somm. 5, obs. Derrida* . ♦ Également en ce sens qu'un débat contradictoire n'est pas indispensable, V. • Amiens, 9 févr. 1989 : *D. 1991. Somm. 6, obs. Derrida* . ♦ Le délai de présentation des offres est désormais fixé par le tribunal : art. L. 642-2 (I).

C. FORME DE L'OFFRE

3. Il a été jugé que l'offre doit être écrite et signée à peine d'irrecevabilité par le ou les candidats à la reprise. • T. com. Paris, 19 nov. 1986 : *LPA 10 déc. 1986.*

D. CONTENU DE L'OFFRE

4. Pour des offres jugées insuffisamment sérieuses, V. • Paris, 29 avr. 1988 : *D. 1988. IR 160 ; Gaz. Pal. 1988. 2. 783* • Dijon, 18 janv. 1994 : *JCP 1994. IV. 1707.* ♦ V. aussi notes 3 à 5 ss. art. L. 642-1.

Sur la validité d'une offre conditionnelle, V. • Com. 24 oct. 1995 : *D. Affaires 1995. 226 ; RJDA 1996, n° 129* • 14 mai 1996 : *RPC 1996. 369, obs. Soinne.*

5. Pour un arrêt retenant, en l'absence de la mention « hors taxes » ou « toutes taxes » dans l'offre de cession, que, selon un usage constant entre commerçants, les prix s'entendent hors taxes, sauf convention contraire, V. • Com. 9 janv. 2001 : *D. 2001. AJ 550, obs. Lienhard ; LPA 13 juin 2001, p. 11, note Lagarde ; CCC 2001, n° 70, note Leveneur ; RTD civ. 2001. 870, obs. Mestre et Fages* .

II. PORTÉE DE L'OFFRE

***6.* Irrévocabilité des offres.** Sur l'irrecevabilité des demandes de diminution des charges résultant d'une offre de reprise, V. • T. com. Antibes, 5 août 1988 : *D. 1991. Somm. 5 et 6, obs. Derrida* • Aix-en-Provence, 25 oct. 1989 : *ibid.*

7. Cependant, l'irrévocabilité des offres ne vise que la procédure préalable au prononcé du jugement statuant sur le plan ; par la suite, les cessionnaires éventuels ne demeurent liés que s'ils y consentent. • Paris, 4 janv. 1989 : *D. 1991. Somm. 6, obs. Derrida* • Com. 26 juin 1990, n° 89-12.496 P. ♦ En cas d'appel, un candidat peut retirer son offre, tandis qu'un autre peut maintenir la sienne, en la modifiant dans le sens d'une amélioration. • Mêmes arrêts. ♦ Mais, le repreneur dont l'offre a été retenue par le jugement arrêtant le plan de cession étant tenu d'exécuter ce plan, en vertu de l'art. 62, al. 1er [C. com., ancien art. L. 621-63], ne peut, en cas d'appel interjeté par l'une des personnes mentionnées à l'art. 174, al. 2 [C. com., ancien art. L. 623-6], se prétendre délié de son offre, en vertu des dispositions de l'art. 21, al. 2 [C. com., ancien art. L. 621-57], qui lui sont, sur ce point, inapplicables. • Com. 9 juin 1992, n° 90-13.400 P : *D. 1994. Somm. 4, obs. Derrida ; Defrénois 1993. 521, obs. Sénéchal ; JCP E 1993. II. 479, note Blanc.* ♦ V. désormais, art. L. 642-2, V, al. 2.

8. Lorsque l'auteur de l'offre a modifié son offre en violation de l'art. 21 [C. com., art. L. 642-2], le tribunal ne saurait prendre en considération la nouvelle offre, ni procéder lui-même à la modification de l'offre initiale (annulation du jugement, sur appel-nullité du débiteur). • Paris, 4 févr. 1997 : *D. 1998. Somm. 3, obs. Derrida ; RPC 1997. 433, obs. Cadiou.*

9. Le candidat à la reprise d'une entreprise en redressement judiciaire, par voie de continuation ou de cession, n'est tenu à aucune obligation tant que ses propositions de redressement ne sont pas arrêtées par le tribunal. Cependant, le candidat repreneur, qui a, dans le cadre de l'élaboration du plan, souscrit des obligations en faveur du dirigeant de l'entreprise, engage sa responsabilité à l'égard de ce dirigeant, à moins qu'il justifie d'un motif légitime, lorsque les parties, qui ont négocié directement, sont allées au-delà de simples pourparlers, l'accord de principe étant acquis de présenter un plan de redressement et le candidat repreneur s'étant engagé, de manière précise, ferme et définitive, à l'égard du dirigeant personnellement, sous la seule condition de l'homologation du plan par le tribunal, et que le candidat à la reprise s'abstient de soumettre son offre au tribunal aux fins d'homologation ou la retire, même dans le cas où il ne serait pas tenu de la maintenir en application de l'art. 21, al. 2 [C. com., art. L. 642-2]. • Paris, 20 nov. 1992 : *JCP E 1993. I. 236, n° 5, obs. Pétel.*

V. aussi, pour la responsabilité, en raison de l'aggravation du passif causée par son attitude, du cessionnaire qui, après avoir tardé à présenter son offre, a refusé de poursuivre l'exécution du plan, portant ainsi préjudice aux créanciers postérieurs à l'ouverture de la procédure, • Paris, 4 févr. 1992 : *D. 1995. Somm. 10, obs. Derrida*, conf. par • Com. 28 juin 1994, n° 92-13.135 P : *D. 1994. IR 216 ; Dr. sociétés 1994, n° 188, obs. Chaput ; JCP E 1995. I. 417, n° 4, obs. Cabrillac.* – V. également • Nancy, 3 juin 1994 : *RPC 1995. 404, obs. Soinne.*

10. Amélioration de l'offre. Les dispositions de l'art. 21, al. 2 [C. com., art. L. 642-2], ne lient pas le tribunal, qui peut exiger, sous peine de caducité, une amélioration des garanties offertes pour l'exécution du plan. • Paris, 14 oct. 1988 : *D. 1991. Somm. 6, obs. Derrida*. ♦ Le candidat repreneur qui ne satisfait pas aux obligations supplémentaires qu'il se voit ainsi imposer, est en droit de retirer son offre. • Com. 2 oct. 1990, n° 88-19.963 P. ♦ ... La loi n'imposant pas au candidat repreneur de se conformer à la demande, même si les modifications désirées sont mineures ou ne paraissent changer l'équilibre de l'offre. • Paris, 12 mai 1995 : *D. 1995. IR 148 ; RPC 1995. 404, obs. Soinne.*

11. L'appel du parquet fondé sur une prétendue violation de l'art. 21 [C. com., art. L. 642-2] concernant l'intangibilité des offres doit être rejeté, dès lors que les modifications aboutissent à une amélioration des conditions sociales prévues dans l'offre initiale et qu'elles ont été présentées à la demande du tribunal, les autres candidats ayant eux aussi modifié leurs offres initiales. • Limoges, 13 août 1986 : *D. 1987. 44, note Derrida ; JCP 1986. II. 20693, note Cabrillac ; Gaz. Pal. 1986. 2. 722, note J.-F. Martin.* – V. aussi • Paris, 29 juill. 1987 : *Gaz. Pal. 1987. 2. 677, note de Guillenchmidt et Marchi* • Amiens, 9 févr. 1989 : *préc. note 2.*

12. Si l'art. 21 [C. com., art. L. 642-2] peut s'interpréter en ce sens que le repreneur ne peut qu'améliorer son offre, encore faut-il que l'amélioration proposée présente un caractère incontestable, susceptible de recueillir, sinon l'assentiment, du moins la compréhension des autres personnes associées à la procédure. • Rennes, 7 juill. 1993 : *D. 1996. Somm. 7, obs. Derrida*.

13. Vices du consentement. BIBL. Amalvy et Derrida, *D. 1988. Chron. 208.* ♦ Pour un arrêt prononçant l'annulation d'un plan de cession pour erreur du repreneur, V. • Bordeaux, 27 févr. 1990 : *D. 1994. Somm. 5, obs. Derrida ; JCP 1991. I. 44, n° 8, obs. Pétel.*

14. Perte de la chose. La perte de valeur du fonds cédé, due à la faute du cessionnaire, ne pouvant constituer « la perte de la chose », prévue à l'art. 1234 C. civ., ne le dispense pas d'exécuter ses obligations. • Com. 31 mars 1998 : *RTD com. 1998. 679, obs. Saint-Alary-Houin*.

III. SANCTION

15. Sanction. L'adoption d'un plan de cession postérieurement à l'expiration de l'autorisation provisoire de la poursuite de l'activité donnée par le tribunal en application de l'art. L. 642-2, I, ne constitue pas un excès de pouvoir rendant recevable le pourvoi en cassation de la société débitrice. • Com. 19 déc. 2018, n° 17-22.004 P : *cité note 2 ss. art. L. 661-7.* ♦ V. déjà, ayant jugé que la violation des prescriptions des art. 83 de la loi [C. com., art. L. 642-2] et 32 du décret [C. com., art. R. 642-1, al. 1er], pour impératives qu'elles soient, ne peut suffire à justifier l'annulation du jugement : • Paris, 14 oct. 1988 : *D. 1988. IR 266.* ♦ Par ailleurs, l'absence des indications énumérées audit art. 83 [C. com., art. L. 642-2] ne saurait être invoquée par l'auteur de l'offre pour se soustraire à ses engagements. • Com. 26 janv. 1993 : *RPC 1993. 87, obs. Soinne.*

Art. L. 642-3 *(L. nº 2005-845 du 26 juill. 2005, art. 111)* **Ni le débiteur,** *(Ord. nº 2010-1512 du 9 déc. 2010, art. 5-6º)* **« au titre de l'un quelconque de ses patrimoines, » ni les dirigeants de droit ou de fait de la personne morale en liquidation judiciaire, ni les parents ou alliés jusqu'au deuxième degré inclusivement de ces dirigeants ou du débiteur personne physique, ni les personnes ayant ou ayant eu la qualité de contrôleur au cours de la procédure ne sont admis, directement ou par personne interposée, à présenter une offre. De même, il est fait interdiction à ces personnes d'acquérir, dans les cinq années suivant la cession, tout ou partie des biens** *(Ord. nº 2008-1345 du 18 déc. 2008, art. 111)* **« compris dans cette cession** *[ancienne rédaction : dépendant de la liquidation]* **», directement ou indirectement, ainsi que d'acquérir des parts ou titres de capital de toute société ayant dans son patrimoine, directement ou indirectement, tout ou partie de ces biens, ainsi que des valeurs mobilières donnant accès, dans le même délai, au capital de cette société.**

Toutefois, lorsqu'il s'agit d'une exploitation agricole, le tribunal peut déroger à ces interdictions et autoriser la cession à l'une des personnes visées au premier alinéa, à l'exception des contrôleurs *(Ord. nº 2010-1512 du 9 déc. 2010, art. 5-6º)* **« et du débiteur au titre de l'un quelconque de ses patrimoines. Dans les autres cas et sous réserve des mêmes exceptions, le tribunal, sur requête du ministère public, peut autoriser la cession à l'une des personnes visées au premier alinéa par un jugement spécialement motivé, après avoir demandé l'avis des contrôleurs. »**

Tout acte passé en violation du présent article est annulé à la demande de tout intéressé ou du ministère public, présentée dans un délai de trois ans à compter de la conclusion de l'acte. Lorsque l'acte est soumis à publicité, le délai court à compter de celle-ci.

Sur les mesures d'adaptation liées à l'urgence sanitaire (Covid-19), V. Ord. nº 2020-596 du 20 mai 2020, art. 7, App., vº Sociétés commerciales.

BIBL. ▶ Régime antérieur à la loi du 26 juill. 2005 : COURET, *Dr. et patr. 11/1995. 41* (modifications apportées par la loi du 10 juin 1994). – TEBOUL, *RJ com. 1999. 103* (notion de tiers acquéreur). – CARAMALLI, *D. 2005. 2210* (qualité de tiers repreneur : la candidature des actionnaires).

1. Constitutionnalité des art. L. 642-3 et L. 642-20. Les interdictions prévues par les art. L. 642-3 et L. 642-20 n'ont ni pour objet ni pour effet d'entraîner une privation de propriété au sens de l'art. 17 de la DDH (non-renvoi de la QPC). • Com., QPC, 18 févr. 2014 : *D. 2014. Actu. 478 ; DP diff. entr., Bull. nº 357, obs. Roussel Galle ; LEDEN 4/2014. 4, obs. Favario ; BJE 2014. 237, note Benilsi.*

2. Domaine d'application. L'interposition de personnes au sens de l'art. L. 642-3 C. com. s'entend de l'intervention d'une personne morale qui masque, de quelque manière que ce soit, la participation des dirigeants de la société débitrice à l'opération d'acquisition. • Com. 8 mars 2017, nº 15-22.987 P : *D. 2017. Actu. 566 ; Rev. sociétés 2017. 386, obs. Roussel Galle ; JCP E 2017. 1375, note Legros ; APC 2017, nº 128, obs. Thiberge ; RJDA 2017, nº 359 ; Dr. sociétés 2017, nº 77, note Hovasse ; BJS 2017. 400, note Parachkévova ; RPC 2017, nº 65, obs. Berthelot ; BJE 2017. 263, note Théron.* ♦ Il ne résulte pas de l'art. L. 642-3, al. 1er, C. com., rendu applicable, par l'art. L. 631-22, al. 1er, du même code, à la cession de l'entreprise en redressement judiciaire, que l'ancien dirigeant de droit de la personne morale débitrice serait frappé d'une interdiction de présenter une offre d'acquisition de l'entreprise, sauf en cas de fraude. • Com. 23 sept. 2014, nº 13-19.713 P : *D. 2014. Actu. 1935, obs. Lienhard ; Rev. sociétés 2014. 750, obs. Roussel Galle ; JCP E 2014. 1637, nº 2, obs. Pétel ; DP diff. entr., Bull. nos 362/363, obs. Rémery ; APC 2014, nº 290, obs. Fin-Langer ; Gaz. Pal. 26-27 nov. 2014, p. 12, obs. Lecea ; LEDEN 12/2014. 3, obs. Rubellin ; RJDA 2014, nº 920 ; RPC 2014, nº 164, obs. Fraimout.* ♦ Un repreneur qui a des participations dans le capital de la société en redressement ne peut, pour cette seule raison, être considéré comme une personne interposée au sens de l'art. 21, al. 4 [C. com., art. L. 642-3, al. 1er]. • Paris, 4 juin 1996 : *RJ com. 1996. 314, note Heit ; Rev. sociétés 1996. 851, obs. Guyon ; Dr. sociétés 1997, nº 89, obs. Chaput.* ♦ En revanche, doit être écartée l'offre présentée par un associé de la société débitrice, lorsqu'il existe de fortes présomptions que celui-ci est également cogérant de fait de la société. • TGI Annecy,

11 sept. 1998 : *Rec. proc. coll. 2001. 70, obs. Soinne.* – Dans le même sens, V. • Poitiers, 5 juill. 2001 : *Dr. sociétés 2003, n° 49, note Legros ; RJDA 2004, n° 445.* ♦ V. aussi, pour le rejet d'une offre présentée par un associé majoritaire, • Aix-en-Provence, 14 févr. 2001 : *JCP 2001. IV. 3007 ; RJ com. 2002. 168, note Auger et Morelli.* ♦ Comp. : • Montpellier, 10 avr. 2002 : *JCP E 2002, n° 39, p. 1522, obs. Pétel.* ♦ L'interdiction de la cession des actifs, par quelque voie que ce soit, aux parents, jusqu'au deuxième degré, des dirigeants de la personne morale débitrice, que pose l'art. L. 642-3, auquel renvoie l'art. L. 642-20, est applicable aux parents du dirigeant, à l'exclusion des dispositions des art. L. 322-7 et R. 322-39 C. pr. exéc. (relatives à la possibilité de se porter enchérisseur dans le cadre d'une vente par adjudication). • Com. 3 févr. 2021, n° 19-20.616 P : *D. 2021. Actu. 285 ; LEDEN 3/2021. 5, obs. Rubellin ; Gaz. Pal. 13 avr. 2021, p. 67, obs. Ferrari ; Dr. sociétés 2021, n° 64, note Legros ; BJE 5-6/2021. 29, note J.-B. Barbièri ; RJDA 2021, n° 731.*

3. Le fait d'avoir été nommé par l'autorité judiciaire et d'avoir agi sous le contrôle des instances professionnelles ne fait pas échapper l'administrateur provisoire d'une société civile professionnelle d'huissiers à l'exclusion résultant de l'art. 21 [C. com., art. L. 642-3] puisque, ayant recueilli les pouvoirs légaux dont les organes de cette société étaient investis et effectué tous les actes de gestion et d'administration nécessaires au fonctionnement de l'étude, il a eu les prérogatives de dirigeant de celle-ci. • Com. 13 nov. 2002, n° 99-10.631 P : *D. 2003. 269, note Derrida ; Rev. sociétés 2003. 366, note Bouloc ; JCP E 2003, n° 20, p. 850, obs. Pétel ; BJS 2003. 396, note F.-X. Lucas ; RPC 2004. 272, obs. Dumont.* – Dans le même sens, V. • Com. 4 oct. 2005, n° 04-15.060 P : *D. 2005. AJ 2679, obs. Lienhard ; D. 2006. Pan. 81, obs. Le Corre ; Dr. sociétés 2005, n° 215, note Legros ; RDBF 2006, n° 25, obs. F.-X. Lucas.*

4. V. déjà, avant la loi du 10 juin 1994, pour l'interdiction des offres présentées par les dirigeants de la personne morale débitrice : • Com. 26 mai 1998, n° 96-11.106 P : *D. 1998. IR 179 ; D. Affaires 1998. 1047, obs. A. L. ; Quot. jur. 2 juill. 1998, p. 5, note P. M.* ♦ Sur la fraude que constituait une reprise par le débiteur agissant par personne interposée, V. • Douai, 31 mars 1988 : *Gaz. Pal. 1988. 2. 584, note Soinne ; D. 1990. Somm. 3, obs. Derrida.* ♦ V. aussi, excluant la reprise d'une société par une autre filiale du même groupe, • Papeete, 14 févr. 1991 : *BICC 1991, n° 1191.* – Comp. : • T. com. Lyon, 23 sept. 1993 : *RPC 1995. 402, obs. Soinne* (offre présentée par la société même).

Art. L. 642-4 *(L. n° 2005-845 du 26 juill. 2005, art. 111)* **Le liquidateur ou l'administrateur lorsqu'il en a été désigné donne au tribunal tous éléments permettant de vérifier le caractère sérieux de l'offre ainsi que la qualité de tiers de son auteur au sens des dispositions de l'article L. 642-3.**

Il donne également au tribunal tous éléments permettant d'apprécier les conditions d'apurement du passif, notamment au regard du prix offert, des actifs résiduels à recouvrer ou à réaliser, des dettes de la période de poursuite d'activité et, le cas échéant, des autres dettes restant à la charge du débiteur.

Art. L. 642-4-1 *(L. n° 2014-856 du 31 juill. 2014, art. 73-3°)* **Lorsque le débiteur exerce une activité, bénéficiant d'une autorisation administrative, d'un agrément, d'un conventionnement ou d'une habilitation, mentionnée au 1° ou 2° du II de l'article 1er de la loi n° 2014-856 du 31 juillet 2014 relative à l'économie sociale et solidaire, l'auteur de l'offre consulte l'autorité administrative ou l'autorité de contrôle et de tarification. Le liquidateur ou l'administrateur, lorsqu'il en a été désigné un, s'assure qu'il a été procédé à cette consultation. L'auteur de l'offre ou, s'il y a lieu, le liquidateur ou l'administrateur fait connaître au tribunal les diligences effectuées ainsi que l'avis de l'autorité administrative ou de l'autorité de contrôle et de tarification. L'autorité administrative ou l'autorité de contrôle et de tarification rend son avis dans le délai d'un mois, en tenant compte du *b* du 3° du I du même article 1er. L'absence d'avis dans ce délai ne peut faire obstacle au jugement du tribunal.**

Art. L. 642-5 *(L. n° 2005-845 du 26 juill. 2005, art. 111)* **Après avoir recueilli l'avis du ministère public et entendu ou dûment appelé le débiteur, le liquidateur, l'administrateur lorsqu'il en a été désigné,** *(Ord. n° 2021-1193 du 15 sept. 2021, art. 56, en vigueur le 1er oct. 2021)* **« la ou les personnes désignées par le comité social et économique » et les contrôleurs, le tribunal retient l'offre qui permet dans les meilleures conditions d'assurer le plus durablement l'emploi attaché à l'ensemble cédé, le paiement des créanciers et qui présente les meilleures garanties d'exécution. Il arrête un ou plusieurs plans de cession.**

Les débats doivent avoir lieu en présence du ministère public lorsque la procédure est ouverte au bénéfice *(Ord. n° 2010-1512 du 9 déc. 2010, art. 5-7°)* **« d'un débiteur »**

dont le nombre de salariés ou le chiffre d'affaires hors taxes est supérieur à un seuil fixé par décret en Conseil d'État. – *V. art. R. 642-2.*

Le jugement qui arrête le plan en rend les dispositions applicables à tous.

(Ord. nº 2008-1345 du 18 déc. 2008, art. 112) **« Les droits de préemption institués par le code rural et de la pêche maritime ou le code de l'urbanisme ne peuvent s'exercer sur un bien compris dans ce plan. »**

(Ord. nº 2014-326 du 12 mars 2014, art. 71, en vigueur le 1er juill. 2014) **« Lorsque le plan prévoit des licenciements pour motif économique, il ne peut être arrêté par le tribunal qu'après que la procédure prévue au I de l'article L. 1233-58 du code du travail a été mise en œuvre. L'avis du comité** *(Ord. nº 2021-1193 du 15 sept. 2021, art. 56, en vigueur le 1er oct. 2021)* **« social et économique est rendu » au plus tard le jour ouvré avant l'audience du tribunal qui statue sur le plan. L'absence de remise du rapport de l'expert mentionné aux articles L. 1233-34, L. 1233-35, L. 2325-35 ou L. 4614-12-1 du code du travail ne peut avoir pour effet de reporter ce délai. Le plan précise notamment les licenciements qui doivent intervenir dans le délai d'un mois après le jugement sur simple notification du liquidateur ou de l'administrateur lorsqu'il en a été désigné, sous réserve des droits de préavis prévus par la loi, les conventions ou les accords collectifs du travail. Lorsqu'un plan de sauvegarde de l'emploi doit être élaboré, le liquidateur ou l'administrateur met en œuvre la procédure prévue au II de l'article L. 1233-58 du même code dans le délai d'un mois après le jugement. Le délai de quatre jours mentionné au II du même article court à compter de la date de la réception de la demande, qui est postérieure au jugement arrêtant le plan. »**

(Ord. nº 2008-1345 du 18 déc. 2008, art. 112) **« Lorsque le licenciement concerne un salarié bénéficiant d'une protection particulière en matière de licenciement, ce délai d'un mois après le jugement est celui dans lequel l'intention de rompre le contrat de travail doit être manifestée. »**

Pour les dispositions transitoires de l'Ord. nº 2021-1193 du 15 sept. 2021, V. note ss. art. L. 611-2.

V. art. R. 642-3 s.

1. Maintien de l'emploi. V. notes 4 et 5 ss. art. L. 642-1.

2. Paiement des créanciers. V. note 3 ss. art. L. 642-1. ♦ En l'absence de disposition contraire du plan, le cessionnaire désigné par le plan de cession n'est pas tenu du passif de l'entreprise antérieur à la cession. • Com. 11 oct. 1994 : *BJS 1994. 1340, note Le Cannu.* ♦ V., toutefois, sur l'application des art. 372-1 et 387 de la loi du 24 juill. 1966 [C. com., art. L. 236-3 et L. 236-22], relatifs à la transmission universelle du patrimoine du débiteur, lorsque le repreneur bénéficie d'une fusion ou d'un apport partiel d'actif soumis au régime des scissions, • Com. 30 mars 1993, nº 91-12.274 P : *D. 1993. 384, note Le Cannu ; Defrénois 1993. 1229, obs. Sénéchal.*

3. Licenciements économiques. V., par analogie, notes ss. art. L. 631-19.

4. Droits de préemption. Il résulte des art. L. 143-4, 7º, C. rur., 165-IV de la loi du 26 juill. 2005 et L. 642-5 C. com. qu'une SAFER ne peut se prévaloir d'un droit de préemption sur les biens compris dans le plan de cession totale ou partielle d'une entreprise ordonnée par le tribunal, que celle-ci soit en redressement ou en liquidation judiciaire. • Civ. 3e, 19 mai 2010, nº 09-14.167 P : *D. 2010. Actu. 1342, obs. Lienhard ; LEDEN 7/2010. 4, obs. M. Sénéchal ; DP diff. entr., Bull. nº 316, obs. Roussel Galle ; RPC 2010, nº 196, obs. Lebel.* ♦ V. déjà, sous le régime antérieur à la loi du 26 juill. 2005, • Civ. 3e, 1er avr. 1998, nº 96-14.393 P : *D. 1998. IR 119 ; D. Affaires 1998. 805, obs. A. L. ; RTD com. 1998. 929, obs. Saint-Alary-Houin.*

5. Obligation de non-concurrence. Si l'auteur d'une offre de cession totale des actifs d'une entreprise en redressement judiciaire peut l'assortir de la condition suspensive que le ou les dirigeants de la personne morale débitrice souscrivent personnellement tel engagement de non-concurrence à son égard, il n'entre pas dans les pouvoirs du tribunal, lorsqu'il arrête le plan de cession, d'imposer à ce ou ces dirigeants une obligation de non-concurrence qu'ils n'ont pas acceptée. • Com. 17 mars 1998, nº 95-21.179 P : *D. 1999. 236, note Picod ; D. 1999. Somm. 105, obs. Serra ; D. Affaires 1998. 624, obs. A. L. ; JCP 1998. II. 10080, rapp. Rémery ; BJS 1998. 660 ; JCP E 1998, nº 36, p. 1358, obs. Cabrillac et Pétel ; RTD com. 1998. 676, obs. Saint-Alary-Houin ; Dr. sociétés 1998, nº 124, obs. Chaput.*

6. Opposabilité du crédit-bail. Pour l'opposabilité aux créanciers du repreneur des droits du crédit-bailleur sur le matériel objet du contrat de crédit-bail, en cas de cession de ce contrat dans le cadre d'un plan de cession, V. • Com. 28 oct. 2008, nº 07-16.443 P : *D. 2008. AJ 2866, obs. Lienhard ; APC 2008, nº 309, obs. Pérochon ; JCP E 2009. 1008, nº 7, obs. Cabrillac ; RTD com. 2009. 457, obs. Martin-Serf.*

7. Sanction. L'art. 85 [C. com., art. L. 642-5] n'est pas susceptible d'entraîner la nullité du jugement, en l'absence d'erreur manifeste particulièrement grave. • Paris, 14 oct. 1988 : *D. 1988. IR 266.*

Art. L. 642-6 *(L. n° 2005-845 du 26 juill. 2005, art. 111)* **Une modification substantielle dans les objectifs et les moyens du plan ne peut être décidée que par le tribunal, à la demande du cessionnaire.**

Le tribunal statue après avoir entendu ou dûment appelé le liquidateur, l'administrateur judiciaire lorsqu'il en a été désigné, les contrôleurs, *(Ord. n° 2021-1193 du 15 sept. 2021, art. 56, en vigueur le 1er oct. 2021)* **« la ou les personnes désignées par le comité social et économique » et toute personne intéressée et après avoir recueilli l'avis du ministère public.**

Toutefois, le montant du prix de cession tel qu'il a été fixé dans le jugement arrêtant le plan ne peut être modifié.

Pour les dispositions transitoires de l'Ord. n° 2021-1193 du 15 sept. 2021, V. note ss. art. L. 611-2.

V. art. R. 642-5 et R. 642-6.

1. Champ d'application. V. notes 1 et 2 ss. art. L. 626-26.

2. Résolution du plan. V. art. L. 642-11.

Sur la résolution d'une location-gérance, V. art. L. 642-17.

3. Notion de modification substantielle. **BIBL.** Haehl, *JCP E 1989. II. 15642.* ♦ Un jugement organisant une cession portant sur des éléments non compris dans le plan initial arrêté par un premier jugement et permettant au cessionnaire d'acquérir l'ensemble de l'actif industriel de l'entreprise en redressement judiciaire tout en augmentant le nombre d'emplois maintenus, une cour d'appel en a exactement déduit que le second jugement arrêtait, conformément à l'art. 68 [C. com., art. L. 642-6], une modification substantielle dans les objectifs et les moyens du plan de cession. • Com. 8 juin 1993, ☎ n° 89-17.147 P : *D. 1994. Somm. 42, obs. Derrida* ✎ *; Rev. huiss. 1994. 196, note Vidal.*

V. aussi note 4 ss. art. L. 626-26.

Sur la substitution de cessionnaire, V. art. L. 642-9 et notes 3 s. ss. cet art.

4. Demande de modification. V. note 5 ss. art. L. 626-26.

5. Intangibilité du prix. L'action du cessionnaire qui, invoquant que sur 907 contrats dont la cession avait été ordonnée, 285 ne lui ont pas été transmis, tend à obtenir une modification du prix de cession et se heurte à l'interdiction d'une telle modification prévue par l'art. L. 621-69 [L. 642-6], al. 3, C. com. • Com. 15 mars 2005 : ☎ *RJDA 2005, n° 856.*

6. Voies de recours. V. art. L. 661-6 (IV). ♦ Pour la recevabilité de l'appel du cessionnaire contre le jugement ayant rejeté sa demande de modification du plan de cession, V. note 3 ss. ancien art. L. 661-6. ♦ ... L'irrecevabilité de la tierce opposition contre le jugement modifiant le plan de cession, V. note 15 ss. art. L. 661-7.

Art. L. 642-7 *(L. n° 2005-845 du 26 juill. 2005, art. 111)* **Le tribunal détermine les contrats de crédit-bail, de location ou de fourniture de biens ou services nécessaires au maintien de l'activité au vu des observations des cocontractants du débiteur transmises au liquidateur ou à l'administrateur lorsqu'il en a été désigné.**

Le jugement qui arrête le plan emporte cession de ces contrats, même lorsque la cession est précédée de la location-gérance prévue à l'article L. 642-13.

Ces contrats doivent être exécutés aux conditions en vigueur au jour de l'ouverture de la procédure, nonobstant toute clause contraire. *(L. n° 2019-486 du 22 mai 2019, art. 64)* **« Par dérogation, toute clause imposant au cessionnaire d'un bail des dispositions solidaires avec le cédant est réputée non écrite. »** — *Les dispositions de l'art. 64 de la L. n° 2019-486 du 22 mai 2019 ne sont pas applicables aux procédures en cours au jour de la publication de cette loi (L. préc., art. 64-II, JO 23 mai).*

(L. n° 2014-626 du 18 juin 2014, art. 15-I) **« Le tribunal peut, si un contrat de bail soumis au chapitre V du titre IV du livre Ier portant sur un ou plusieurs immeubles ou locaux utilisés pour l'activité de l'entreprise figure dans le plan de cession, autoriser dans le jugement arrêtant le plan le repreneur à adjoindre à l'activité prévue au contrat des activités connexes ou complémentaires. Le tribunal statue après avoir entendu ou dûment appelé le bailleur. »** — *La procédure mentionnée à l'art. L. 642-7, al. 4, n'est pas applicable aux procédures de liquidation judiciaire en cours à la date d'entrée en vigueur de la L. n° 2014-626 du 18 juin 2014 (L. préc., art. 15-II).*

En cas de cession d'un contrat de crédit-bail, le crédit-preneur ne peut lever l'option d'achat qu'en cas de paiement des sommes restant dues dans la limite de la valeur du bien fixée d'un commun accord entre les parties ou, à défaut, par le tribunal à la date de la cession.

(Ord. nº 2008-1345 du 18 déc. 2008, art. 113) **« La convention en exécution de laquelle le débiteur constituant conserve l'usage ou la jouissance de biens ou droits transférés à titre de garantie dans un patrimoine fiduciaire ne peut être cédée au cessionnaire, sauf accord des bénéficiaires du contrat de fiducie. »**

(Ord. nº 2014-326 du 12 mars 2014, art. 72, en vigueur le 1er juill. 2014) **« Le cocontractant dont le contrat n'a pas fait l'objet de la cession prévue par le deuxième alinéa peut demander au juge-commissaire qu'il en prononce la résiliation si la poursuite de son exécution n'en est pas demandée par le liquidateur. »**

V. art. R. 642-7, R. 642-8 et R. 661-3.

Sur la cession des contrats d'édition et de production audiovisuelle, V. CPI, art. L. 132-15 et L. 132-30. — **CPI** *ou* **C. pr. coll.**

BIBL. ▸ THULLIER, *D. 2006. 130*. – LE CORRE, *JCP E 2006, nº 47, p. 1987* (sort du contrat non cédé) ; *Gaz. Pal. 10 juill. 2018, p. 65* (cession judiciaire des contrats : dix questions-réponses). – ROHART-MESSAGER, *BJE 2014. 339* (loi du 18 juin 2014). – KENDÉRIAN, *RPC 2014. Étude 25* (même thème) ; *AJDI 2017. 187* (cession du bail) ; *RTD com. 2019. 611* (loi PACTE du 22 mai 2019). – VERCKEN, *RLDA nov. 2014. 25* (loi du 18 juin 2014). – DE SAINT-POL, *JCP E 2014. 1561* (procédure collective du franchiseur et cession forcée du réseau). – JAMET, *RPC 2015. Étude 8* (loi du 18 juin 2014). – SAINT-ALARY-HOUIN, *RTD com. 2019. 1005* (loi PACTE du 22 mai 2019).

I. CONTRATS CÉDÉS

A. DÉTERMINATION DES CONTRATS

1. Le tribunal ne peut imposer au repreneur la cession d'un des contrats mentionnés par l'art. L. 642-7 dont l'exécution aggraverait les engagements qu'il a souscrits au cours de la préparation de son offre qui ne mentionnait pas la reprise de ce contrat. • Com. 15 déc. 2009 : *cité note 4 ss. art. L. 661-7 ; RPC 2010, nº 60, obs. Roussel Galle et Pérochon.* ♦ Au contraire, dans le régime antérieur à la loi du 26 juill. 2005, la cession de contrats n'exigeait pas le consentement des cocontractants concernés. • Paris, 17 mars 2000 : *D. 2000. AJ 249, obs. Pisoni*. ♦ La prétention, exprimée dans son offre par le cessionnaire de l'entreprise, de choisir les contrats qu'il souhaitait reprendre, était contraire à l'art. 86, al. 1er, de la loi de 1985 qui donnait au tribunal seul le pouvoir de déterminer les contrats nécessaires au maintien de l'activité. • Aix-en-Provence, 9 déc. 1988 : *D. 1990. Somm. 3, obs. Derrida*.

2. Sont exclus du domaine de l'art. L. 621-88 [L. 642-7] C. com. les contrats qui n'apparaissent pas nécessaires à la poursuite de l'activité et ceux qui sont transmis en même temps que les actifs cédés dont ils constituent l'accessoire, tels les baux. • Com. 4 janv. 2005 : *RJDA 2005, nº 597.* ♦ Même solution pour le contrat d'assurance, l'art. L. 121-10 C. assur. prévoyant la transmission de plein droit du contrat en cas d'aliénation de la chose assurée : • Civ. 2e, 13 juill. 2005 : *APC 2005, nº 218, obs. Monsèrié-Bon ; RJDA 2005, nº 1369 ; JCP E 2006, nº 2, p. 72, obs. Pétel.* – V. Asselain, *RCA 2006. Étude 1.*

3. Les contrats dont l'exécution représente l'activité ordinaire sont cédés en dehors de tout formalisme judiciaire dans le seul but de satisfaire les clients en terminant les travaux, en vue d'en percevoir le prix dans l'intérêt commun du débiteur et du cocontractant. • Douai, 8 févr. 2007 : *D. 2007. AJ 732*.

4. Sur la nécessité d'une mention expresse des contrats cédés dans le jugement arrêtant le plan, V. • Com. 16 oct. 1990, nº 89-13.367 P • 17 déc. 1996 : *cité note 7* • Orléans, 27 avr. 2000 : *Loyers et copr. 2000, nº 275, obs. Brault et Pereira.*

5. Un jugement prononçant la cession d'une entreprise mise en redressement judiciaire peut être interprété comme emportant cession d'un contrat de fourniture exclusive d'électricité, de manière indivisible, avec un bail à construction, dès lors que les deux contrats passés entre une société et l'entreprise cédée aménagent une indivisibilité conventionnelle au sens de l'art. 1217 [1320] C. civ., l'indivisibilité découlant de l'objet économique de ces conventions qui faisait dépendre l'amortissement des investissements réalisés par la société de la fourniture d'électricité fournie à l'entreprise cédée. • Com. 12 mai 1998 : *D. Affaires 1998. 1123, obs. J. F.*

B. DOMAINE D'APPLICATION DE L'ART. L. 642-7

1º CONTRATS VISÉS PAR L'ART. L. 642-7

6. Crédit-bail. **BIBL.** Bey, *RJDA 1992. 651.* ♦ Lorsque la fragilité du fonds de commerce cédé (commissionnaire agréé en douane) impose l'absence de toute solution de continuité dans la fourniture des services à la clientèle et exclut l'abandon des locaux habituels d'exploitation, le contrat de crédit-bail en vertu duquel l'immeuble est occupé doit être transmis au cessionnaire conformément aux dispositions de l'art. 86 [C. com., art. L. 642-7]. • Paris, 11 juill. 1986 : *D. 1987. 55, note Fabiani ; Gaz. Pal. 1988. 1. 87, note Bey ; RTD com. 1987. 539, obs. Mestre.* ♦ V. aussi notes 27 et 28.

7. Location. La cession d'un fonds de commerce n'inclut pas nécessairement celle du bail et des locaux dans lesquels ce fonds est exploité et il en est de même lorsque cette cession intervient dans le cadre d'un plan arrêté par le tribunal, à moins que celui-ci, par une disposition expresse, ne décide, en vertu de l'art. 86 [C. com., art. L. 642-7], que le contrat de bail est nécessaire au maintien de l'activité de l'entreprise, ce qui emporte alors sa cession. • Com. 17 déc. 1996 : *D. 1997. 387, note Monsèrié* ; *D. Affaires 1997. 188 ; RPC 1998. 381, obs. Soinne.* – V. déjà • Metz, 13 févr. 1990 : *D. 1991. Somm. 13, obs. Derrida*. ♦ V. aussi note 33. ♦ Comp., jugeant que le bail commercial qui est un des éléments constitutifs du fonds et qui est cessible en vertu des dispositions de l'art. 35-1 du Décr. du 30 sept. 1953 [C. com., art. L. 145-16], n'entre pas dans l'énumération limitative de l'art. 86 ci-dessus [C. com., art. L. 642-7] : • Paris, 19 janv. 1993 : *D. 1993. IR 102 ; RPC 1993. 519, obs. Soinne.* – Comp. aussi : • Versailles, 6 juin 1991 : *RPC 1991. 331, obs. Soinne.*

8. Sur le respect des dispositions conventionnelles relatives à la cession des baux commerciaux, V. notes 33 s.

9. S'agissant du bail rural, un mode particulier de dévolution ayant été prévu par l'art. 82 [C. com., art. L. 642-1], al. 3, les contrats de ce type ne sauraient valablement être transmis par une autre voie. • Paris, 2 nov. 1993 : *Rev. dr. rur. 1994, p. 3.* ♦ V. aussi notes 8 et 11 ss. art. L. 642-1.

10. Sous-location. Un contrat de sous-location commerciale n'est pas nécessaire au maintien de l'activité du locataire principal qui fait l'objet d'un plan de cession dès lors que ce dernier n'occupait pas le local et que le prix de la sous-location était reversé au bailleur. • Paris, 24 mars 1992 : *RPC 1993. 98, obs. Soinne.*

11. Contrats intuitu personae. La nécessité du contrat pour le maintien de l'activité est la seule condition posée à la cession forcée, indépendamment de l'*intuitus personae*, qui ne peut exclure l'application de l'art. 86 [C. com., art. L. 642-7], ce texte ne distinguant pas selon que le contrat revêt ou non un caractère personnel. • Douai, 8 mars 1990 : *D. 1990. IR 87.*

12. Ainsi a-t-il été jugé que l'*intuitus personae* n'était pas un obstacle à la cession : d'un contrat de franchise. • Versailles, 23 juin 1988 : *Gaz. Pal. 1989. 1. Somm. 112* (*Contra*, en cas de procédure collective du franchiseur : • Paris, 15 déc. 1992 : *D. 1993. IR 45 ; RJ com. 1993. 151, note Martin-Serf ; JCP 1994. II. 22205, note Jamin ; JCP E 1993. I. 275, n° 6, obs. Pétel* • Versailles, 28 mars 1996 : *RJDA 1996, n° 973 ; RPC 1998. 379, obs. Soinne*). ♦ ... De licence d'exploitation de brevets. • Colmar, 13 juin 1990 : *préc. note 1.* ♦ ... De concession. • Douai, 8 mars 1990 : *préc. note 11.* ♦ ... De sponsoring sportif. • Poitiers, 20 avr. 1988 : *Gaz. Pal. 1989. 1. Somm. 111.* ♦ ... De praticien avec un établissement de soins. • Com. 17 mars 1992, n° 90-17.364 P.

De même, pour cette raison, le cocontractant ne peut pas utilement s'opposer à la cession d'un contrat de crédit-bail conclu avec le débiteur en invoquant un conflit avec le cessionnaire dans une autre affaire. • Paris, 22 nov. 1996 : *RJDA 1997, n° 418.*

13. Concessions sur marchés nationaux. V. note 5 ss. ancien art. L. 621-89, ss. art. L. 642-8.

2° CONTRATS EXCLUS

14. Contrats de prêt. Le prêt consenti par un professionnel du crédit avant l'ouverture du redressement judiciaire de l'emprunteur n'est pas un contrat en cours au sens de l'art. L. 622-13 et ne peut donc être cédé au titre des contrats visés à l'art. L. 642-7. • Com. 9 févr. 2016, n° 14-23.219 P : *cité note 1 ss. art. L. 622-13.* ♦ V. déjà, pour l'exclusion du domaine de l'art. 86 [C. com., art. L. 642-7] du contrat de prêt lorsque les fonds ont été intégralement remis à l'emprunteur avant l'ouverture de la procédure collective : • Com. 13 avr. 1999, n° 97-11.383 P : *D. 2000. 257, note Lipinski* ; *D. Affaires 1999. 801, obs. A. L. ; LPA 25 mai 1999, p. 10, note P. M. ; Defrénois 1999. 870, obs. Sénéchal.* – V. Mahinga, *RPC 2000. 96.*

15. Contrat de GIE. Les rapports établis entre les membres d'un groupement d'intérêt économique n'entrent pas dans le champ d'application de l'art. 86 [C. com., art. L. 642-7]. • Lyon, 13 mars 1992 : *BJS 1992. 1306, note Le Cannu ; RPC 1993. 517, obs. Soinne ; Dr. sociétés 1993, n° 7, obs. Chaput.*

16. Sociétés en participation. En ce sens que l'absence de personnalité morale des sociétés en participation ne peut avoir pour conséquence de les réduire à des contrats ordinaires auxquels s'appliquerait l'art. 86 [C. com., art. L. 642-7], V. • Douai, 12 oct. 1995 : *RPC 1996. 98, obs. crit. Soinne.* – Comp. : • Paris, 30 janv. 1997 : *Dr. sociétés 1997, n° 109, obs. Chaput.*

17. Contrats de travail. BIBL. Bailly, *Gaz. Pal. 2002. Chron. 1359* (contrat de travail et transfert de l'entreprise en difficulté). ♦ Les contrats de travail ne sont pas compris au nombre des contrats faisant l'objet d'une cession judiciaire conformément à l'art. 86 [C. com., art. L. 642-7], dès lors que les contrats de travail en cours lors de la cession d'entreprise subsistent en application de l'art. L. 122-12 [L. 1224-1] C. trav. entre le nouvel employeur et le personnel non licencié selon l'art. 63 [C. com., art. L. 642-5]. • Paris, 6 févr. 1987 : *D. 1987. IR 42* • Soc. 26 juin 1991, n° 90-46.055 P : *D. 1991. IR 213 ; JCP E 1992. II. 274, note Serret* • 30 juin 1992, n° 90-44.057 P. – V. aussi • Com. 8 nov. 1988 : *D. 1991. Somm. 107, obs. Derrida* • Soc. 14 mai 1997, n° 94-40.227 P : *D. 1997. IR 193*. ♦ La décision du juge-commissaire d'ordonner la cession d'éléments d'actif n'est pas de nature à faire échec à l'application de l'art. L. 122-12, al. 2, [L. 1224-1] C. trav. • Soc. 31 mars 1998 : *D. 1998. IR 122*. ♦ Il en est ainsi, notamment, en cas de reprise postérieure à la liquidation judiciaire, même si l'exploitation a été interrompue durant un certain temps. • Paris, 3 déc. 1996 : *D. 1997. IR 29.*

18. L'employeur peut s'engager à prendre en charge dans le cadre d'un plan de cession adopté par le tribunal de commerce, dont les salariés peuvent se prévaloir, les droits attachés aux contrats de travail transférés. • Soc. 30 juin 2016, n° 14-26.172 P : *D. 2016. Actu. 1495 ; LEDEN 9/2016. 4, obs. Pelletier ; APC 2016, n° 209, obs. Fin-Langer ; Gaz. Pal. 18 oct. 2016, p. 65, obs. Gailhbaud ; RPC 2016, n° 149, obs. Fin-Langer.*

19. L'obligation de non-concurrence, à laquelle est assortie une indemnité compensatrice, souscrite par des salariés compris dans un licenciement collectif pour motif économique mis en œuvre dans le cadre d'un plan de cession, se transmet à la société cessionnaire. • Soc. 6 déc. 1994, n° 91-42.173 P • Com. 21 oct. 1998 : *Dr. sociétés 1999, n° 8.*

20. Cautionnement. Le cautionnement est conclu entre le créancier et la caution de sorte qu'il ne peut être cédé parmi les contrats de la société débitrice, par application de l'art. 86 [C. com., art. L. 642-7]. • Com. 10 juill. 2001, n° 98-14.462 P : *D. 2001. AJ 2595, obs. Lienhard ; APC 2001, n° 201, obs. Vallansan ; JCP E 2002, n° 3, p. 128, obs. Cabrillac.*

3° CONTRATS NON CONTINUÉS

21. Avant la modification de l'art. 37 de la loi du 25 janv. 1985 par la loi du 10 juin 1994, un contrat non continué à la suite de l'option de l'administrateur pouvait malgré tout faire l'objet d'une cession reposant sur l'art. 86 de cette loi, si, à la date de la décision, aucune action en résiliation n'avait été introduite par le bailleur. • Paris, 21 nov. 1989 : *JCP E 1990. II. 15886, note Vallansan ; Rev. dr. bancaire 1990. 87, obs. Campana et Calendini.* – V. conf., sur pourvoi, • Com. 21 janv. 1992, n° 90-11.509 P : *D. 1992. IR 78.* ♦ La L. n° 94-475 du 10 juin 1994 a modifié l'art. 37, al. 1er [devenu C. com., art. L. 622-13], qui prévoit désormais la résiliation de plein droit des contrats non continués.

4° INAPPLICABILITÉ DE L'ART. L. 642-7 AUX CESSIONS D'ACTIFS

22. V. note 14 ss. art. L. 642-19.

C. CONTRATS NON REPRIS PAR LE PLAN DE CESSION

23. Les contrats non repris dans le plan de cession totale ne se trouvent pas résiliés par l'effet du jugement arrêtant ce plan. • Com. 6 oct. 2009, n° 07-15.325 P : *D. 2009. AJ 2484, obs. Lienhard ; RTD com. 2010. 191, obs. Saint-Alary-Houin ; LEDEN, nov. 2009, p. 4, obs. Rubellin ; RPC 2009, n° 161, obs. Roussel Galle ; JCP E 2010. 1011, n° 6, obs. Pétel ; Gaz. Pal. 8-9 janv. 2010, p. 24, obs. Voinot.* – Dans le même sens, sur renvoi, V. • Paris, 15 nov. 2012 : *BJE 2013. 80, note Lisanti.* ♦ V., désormais, sur la faculté pour le cocontractant de demander la résiliation du contrat, art. L. 642-7, dernier al., dans sa réd. issue de l'Ord. n° 2014-326 du 12 mars 2014.

II. POUVOIRS DU TRIBUNAL

24. Créances antérieures. Il ne résulte pas de l'art. 86 [C. com., art. L. 642-7] que le transfert des contrats (crédit-bail) puisse être subordonné à l'obligation imposée au cessionnaire de payer au cocontractant les prestations fournies avant le jugement d'ouverture. • Paris, 11 juill. 1986 : *préc. note 6.* ♦ Elles doivent faire l'objet d'une déclaration au passif. • Même arrêt.

25. Délais de paiement (jurisprudence antérieure à la loi du 10 juin 1994). Si le tribunal a le pouvoir d'imposer des délais de paiement au cocontractant, il ne saurait fixer une échéance supérieure au terme du contrat (crédit-bail). • Aix-en-Provence, 13 janv. 1988 : *D. 1988. 283, note Fabiani ; Gaz. Pal. 1988. 1. 248, note Bey ; Rev. dr. bancaire 1988. 208, obs. Dekeuwer-Defossez ; RPC 1988. 392, obs. Soinne* • Versailles, 27 mai 1987 : *JCP E 1987. I. 16790.*

26. L'art. 86 [C. com., ancien art. L. 621-88], al. 3, lui permettant d'« imposer » des délais de paiement, le tribunal peut y soumettre le cocontractant, sans qu'il soit nécessaire que le repreneur en fasse la demande. • Montpellier, 7 mai 1991 : *D. 1991. 557, note Derrida ; JCP 1991. II. 21717, note J.-H. Robert ; JCP E 1991. II. 224, note Bey ; Dr. sociétés 1992, n° 79, obs. Chaput.* ♦ Les délais de paiement s'analysant en un report d'exigibilité, le tribunal peut décider en conséquence que les intérêts moratoires ne courront pas pendant ces délais. • Même arrêt. ♦ L'avantage financier procuré au repreneur par ce report peut se traduire par une majoration du prix de chacune des cessions concernées. • Même arrêt.

L'art. L. 642-7 C. com., dans sa réd. issue de la L. n° 2005-845 du 26 juill. 2005, ne permet plus au tribunal d'accorder des délais de paiements au cessionnaire.

27. Levée de l'option d'achat du crédit-bail cédé. Le plafonnement prévu par l'art. L. 621-88 [L. 642-7], al. 4, C. com. (« dans la limite de la valeur du bien »), ne s'applique qu'aux sommes demeurées impayées du chef du précédent crédit-preneur en procédure collective, le cessionnaire n'étant pas dispensé du paiement de l'intégralité des sommes qui lui incombe personnellement au titre du contrat cédé. • Com. 23 nov. 2004, n° 03-13.035 P : *D. 2005. 510, note Le Corre-Broly ; ibid. Pan. 294, obs. Le Corre ; APC 2005, n° 12, obs. Vallansan ; JCP E 2005, n° 17, p. 708, obs. Pétel ; RTD com. 2005. 598, obs. Saint-Alary-Houin .*

28. Le crédit-bailleur, avant l'intervention de la loi du 10 juin 1994, était tenu d'accepter la continuation du contrat et la cession, même si celle-ci ne portait que sur la levée de l'option, l'ensemble des loyers étant arrivé à échéance au jour de l'ouverture de la procédure collective, sans pouvoir se prévaloir, pour demander que cette cession fût subordonnée au paiement des loyers antérieurs non réglés, de la clause du contrat prévoyant l'exercice de la levée d'option sous la condition suspensive du paiement préalable des loyers échus. • Paris, 7 mars 1995 : *RPC 1996. 102, obs. Soinne.* ♦ Comp., désormais : art. L. 642-7, al. 4.

III. RÉGIME DES CONTRATS CÉDÉS

A. DATE DE TRANSFERT

29. Si le jugement arrêtant le plan de cession de l'entreprise emporte cession des contrats que le tribunal détermine, le transfert des droits et obligations résultant de ceux-ci ne prend effet qu'à la date de la conclusion des actes de cession ou de la prise de possession par le cessionnaire en vertu des dispositions du jugement ou de l'autorisation de l'administrateur lorsqu'elle intervient antérieurement à ces actes. • Com. 6 janv. 1998, n° 95-15.407 P : *D. 1998. IR 39 ; D. Affaires 1998. 254, obs. A. L. ; Quot. jur. 17 févr. 1998, p. 6, note P. M. ; Rev. huiss. 1998. 1191, note Courtier.* – V. aussi • Com. 26 mai 1999 : *RPC 2001. 93, obs. Soinne.* ♦ V. encore note 8 ss. ancien art. L. 621-89, ss. art. L. 642-8.

En cas de cession de contrats à exécution successive, le cessionnaire est tenu des créances correspondant à la période de jouissance postérieure à la date ainsi fixée, peu important l'exigibilité de ces créances, antérieure à cette date. • Même arrêt. ♦ *Contra*, en ce sens que la cession des contrats est effective dès le prononcé du jugement : • Paris, 18 oct. 1991 : *D. 1992. IR 19.*

B. PRINCIPE DU MAINTIEN DES STIPULATIONS

30. Lorsque le contrat a été conclu à durée indéterminée, chacun des cocontractants dispose à tout moment, sauf abus, de la faculté de subordonner la poursuite de la convention à une modification des obligations qu'elle comporte. • Com. 21 janv. 1992, n° 90-16.342 P : *JCP E 1992. I. 166, n° 6, obs. Cabrillac.*

31. Il résulte de l'art. 86 [C. com., art. L. 642-7], al. 3, que la cession des contrats intervenant en vertu d'une décision du tribunal et non de la volonté des parties n'emporte pas extinction de l'obligation préexistante et remplacement de celle-ci par une obligation nouvelle substituée à l'ancienne, aucun effet novatoire n'étant ainsi attaché à l'opération. • Com. 12 oct. 1993, n° 91-17.128 P : *D. 1994. 353, note Playoust ; Banque janv. 1994. 91, obs. Guillot ; RPC 1993. 512, obs. Soinne ; Dr. sociétés 1994, n° 6, obs. Chaput ; JCP E 1994. I. 348, n° 2, obs. Cabrillac et Pétel ; Defrénois 1994. 1237, obs. Sénéchal.* ♦ Dès lors, le contrat dans l'exécution duquel le repreneur succède au débiteur en redressement judiciaire étant celui-là même qui liait le cocontractant cédé au débiteur, il en résulte que ce dernier n'est pas déchargé du passif contractuel afférent à sa propre gestion et que, si la caution n'a pas à garantir les créances nouvelles nées du chef du repreneur depuis la cession, elle demeure tenue au titre des créances nées du chef du débiteur antérieurement à la cession. • Même arrêt. – Dans le même sens : • Com. 14 juin 1994 : *RJDA 1995, n° 71* • 14 oct. 1997 : *RJDA 1998, n° 193* • Agen, 23 oct. 1995 : *Cah. jurispr. Aquitaine 1996, n° 2, p. 920, note Saintourens* • Caen, 10 oct. 1995 : *LPA 7 févr. 1997, p. 23, note Gallet.* ♦ V. aussi notes 14 et 23 ss. art. L. 642-12. ♦ La novation par changement de débiteur ne peut résulter de la cession du contrat, ni de l'acceptation par le créancier des délais et remises tels qu'ils ont été repris par le plan. • Com. 14 févr. 1995 : *Banque 1995. 92, obs. Guillot ; RPC 1995. 171, obs. Soinne.*

Lorsqu'un contrat de crédit-bail, dont l'exécution est garantie par une caution, est cédé par application de l'art. 86 [C. com., art. L. 642-7], si la caution reste garante des loyers échus antérieurement à la cession, nés du chef du débiteur cédé, elle ne garantit pas les loyers postérieurs dus par le cessionnaire, dont elle n'a pas garanti les obligations, à moins que, par un nouvel engagement, elle ait donné sa garantie au cessionnaire pour le paiement de ces loyers. • Com. 21 nov. 1995, n° 93-20.387 P : *D. 1996. Somm. 336, obs. Aynès ; D. 1997. Somm. 5, obs. Derrida ; JCP 1996. II. 22635, note Jamin et Billiau ; Rev. dr. bancaire 1996. 36, obs. Campana et Calendini ; Rev. huiss. 1996. 460, note Courtier* • 6 juill. 1999 : *RJDA 1999, n° 1234 ; APC 1999, n° 203, obs. Legeais* • 26 oct. 1999 : *RJDA 2000, n° 92.*

32. La clause de résiliation de plein droit d'un contrat de franchise en cas de procédure collective est inopposable au cessionnaire. • Versailles, 13 mai 1993 : *RPC 1995. 172, obs. Soinne.*

C. CESSION DU BAIL COMMERCIAL

33. La clause contractuelle stipulant que la cession du bail est subordonnée à l'accord écrit du bailleur se trouve privée d'effet. • Com. 6 déc. 1994, n° 91-17.927 P : *D. 1997. Somm. 4, obs. Derrida ; Defrénois 1995. 964, obs. Sénéchal.* – Comp. : • Paris, 4 févr. 1993 : *RPC 1993. 520, obs. Soinne.*

34. Sauf disposition contraire du jugement arrêtant le plan de cession, la cession judiciaire forcée du bail commercial en exécution de ce plan n'est pas soumise aux exigences de forme prévues par ce contrat. • Com. 1er mars 2016, n° 14-14.716 P : *D. 2016. Actu. 597 ; JCP E 2016. 1465, n° 5, obs. Pétel ; LEDEN 4/2016. 2, obs. Kenderian ; RJDA 2016, n° 384 ; BJE 2016. 169, note Rohart-Messager.*

35. Ayant retenu que, selon les termes d'un contrat de bail de locaux commerciaux, les sommes dues au bailleur à titre de « droit d'entrée » avaient le caractère d'une indemnité destinée à compenser la dépréciation de l'immeuble résultant de l'octroi au preneur de la propriété commerciale, et que l'étalement des échéances de cette indemnité n'en modifiait pas la nature, une cour d'appel en a exactement déduit que la créance du bailleur était née dès la conclusion du contrat, antérieurement au jugement d'ouverture du redressement judiciaire du preneur, que, par suite, l'art. 86 [C. com., art. L. 642-7] n'imposait pas au cessionnaire du contrat de bail de le payer, et qu'elle devait faire l'objet d'une déclaration entre les mains du représentant des créanciers de la société débitrice. • Com. 14 avr. 1992, n° 89-18.486 P : *D. 1994. Somm. 47, obs. Rozès ; JCP 1992. II. 21957, note Lévy.*

36. Le pacte de préférence constituant une créance de nature personnelle, la cession du contrat de bail ordonnée par le jugement arrêtant le plan de cession du preneur mis en redressement judiciaire n'emporte pas transmission au profit du cessionnaire du pacte de préférence inclus dans ce bail. • Com. 13 févr. 2007, n° 05-17.296 P : *D. 2007. AJ 648, obs. Lienhard (1re esp.) ; JCP E 2007. 1450, n° 2, obs. Pétel ; APC 2007, n° 66, obs. Monsèrié-Bon ; Gaz. Pal. 13-14 avr. 2007, p. 35, obs. Voinot ; ibid. 20-22 mai 2007, p. 23, note Brault ; RTD civ. 2007. 367, obs. P.-Y. Gautier ; RTD com. 2008. 856, obs. Saint-Alary-Houin*

37. Pour l'obligation du repreneur de reconstituer le dépôt de garantie prévu par le bail, V. • Com. 16 sept. 2008, n° 06-17.809 P : *D. 2008. AJ 2345, obs. Lienhard ; APC 2008, n° 261, obs. Le Corre-Broly ; JCP E 2008. 2465, note Brault ; ibid. 2009. 1008, n° 6, obs. Cabrillac ; RPC 2009, n° 15, obs. Fraimout.*

38. Sur l'application d'une clause résolutoire et d'une clause pénale contenues dans un bail, V. • Paris, 22 nov. 1990 : *Rev. loyers 1991. 153, note Gallet.*

IV. VOIES DE RECOURS DU COCONTRACTANT

39. V. art. L. 661-6 (III).

Art. L. 642-8 *(L. n° 2005-845 du 26 juill. 2005, art. 111)* **En exécution du plan arrêté par le tribunal, le liquidateur ou l'administrateur lorsqu'il en a été désigné passe tous les actes nécessaires à la réalisation de la cession. Dans l'attente de l'accomplissement de ces actes et sur justification de la consignation du prix de cession ou d'une garantie équivalente, le tribunal peut confier au cessionnaire, à sa demande et sous sa responsabilité, la gestion de l'entreprise cédée.** – *Sur la déclaration au registre du commerce et des sociétés incombant au cessionnaire, V. art. R. 123-39.*

Lorsque la cession comprend un fonds de commerce, aucune surenchère n'est admise.

V. art. R. 642-9 à R. 642-11.

Les actes nécessaires à la réalisation d'un plan de cession ne pouvant avoir pour effet de modifier le contenu du plan homologué [prévoyant, en l'espèce, la reprise du bail de sous-location en cours avec le crédit-preneur], la condition suspensive [de l'accord du crédit-bailleur] insérée à l'acte de cession est dépourvue de tout effet juridique en ce qu'elle contredit les termes du jugement arrêtant le plan de cession. • Civ. 3e, 7 déc. 2011 : *D. 2012. Actu. 88 ; Gaz. Pal. 27-28 avr. 2012, p. 24, obs. Voinot ; RJDA 2012, n° 567 (1re esp.).*

Code de commerce

Ancien art. L. 621-89 *En exécution du plan arrêté par le tribunal, l'administrateur passe tous les actes nécessaires à la réalisation de la cession.*

Dans l'attente de l'accomplissement de ces actes, l'administrateur peut, sous sa responsabilité, confier au cessionnaire la gestion de l'entreprise cédée. – [L. n° 85-98 du 25 janv. 1985, art. 87.]

BIBL. ► H. Bureau, *JCP E 1999, n° 27-28, p. 1182.*

1. Transfert de propriété. S'il n'en est autrement décidé par le jugement arrêtant le plan, le transfert des biens et droits compris dans le plan s'opère à la date de passation des actes nécessaires à la réalisation de la cession, la modification qui en résulte dans la situation juridique de l'employeur se produisant également à cette date. • Com. 26 janv. 1993, n° 91-40.308 P : *D. 1993. 205, note F. D.* ; *Defrénois 1994. 564, obs. Sénéchal* • 25 mai 1993 : *RPC 1994. 234, obs. Soinne* • Soc. 19 oct. 1993 : *RJDA 1994, n° 336* • 10 janv. 1995 : *RPC 1996. 104, obs. Soinne.* – Dans le même sens, V. • Com. 3 mai 1994 : *RJDA 1994, n° 1214* • 6 déc. 1994, n° 91-17.684 P : *BJS 1995. 187* ; *LPA 12 janv. 1995, p. 2.* ♦ V., aussi, sur l'évolution ultérieure de la jurisprudence de la chambre sociale, note 7. ♦ Sur la date de transfert des contrats cédés, V. note 29 ss. art. L. 642-7.

2. Transfert des risques. Dès lors qu'un plan de redressement organisant la cession totale d'une entreprise a été arrêté et que, par ailleurs, les dispositions relatives à la cession n'ont été assorties d'aucune restriction, elles impliquent, avec le transfert de l'unité de production, le transfert des risques et des charges de l'exploitation au cessionnaire. • Basse-Terre, 18 janv. 1999 : *BICC 1999, n° 1377.*

3. Pouvoirs de l'administrateur et du tribunal. L'administrateur n'ayant aucun pouvoir de négociation puisqu'il ne peut agir qu'en exécution du plan arrêté par le tribunal, la mise en œuvre d'une cession ne peut être soumise à aucune condition, et une réserve portée à l'acte par les bailleurs est dépourvue de tout effet juridique. • Paris, 18 oct. 1991 : *cité note 29 ss. art. L. 642-7.*

4. A défaut de paiement du prix arrêté par le tribunal, l'administrateur peut légitimement refuser de signer l'acte de cession. • Douai, 11 oct. 1990 : *D. 1991. 526, note Derrida* . ♦ Il peut donc revendiquer les biens compris dans le plan et en reprendre possession ; à défaut de restitution, le prix de ces biens doit lui être versé. • Même arrêt.

En cas de refus du cessionnaire de signer les actes nécessaires à la réalisation de la cession, les juges peuvent prononcer la résolution du plan. • Com. 5 déc. 1995 : *RPC 1996. 471, obs. Soinne.* ♦ Ils peuvent également condamner le cessionnaire désigné à régulariser les actes sous astreinte. • Toulouse, 11 mai 1998 : *RPC 2001. 97, obs. Soinne.* ♦ Il a encore été jugé que si, hors le cas où son consentement a été vicié, le repreneur refuse de signer l'acte de cession, celle-ci peut être judiciairement constatée. • Aix-en-Provence, 23 oct. 1997 : *BICC 1998, n° 391* ; *Gaz. Pal. 1998. 2. Somm. 573.* ♦ Sur la responsabilité, V. notes 9, et note 9 ss. art. L. 642-11.

Sur l'obligation faite au débiteur de signer les actes de cession, V. • Angers, 3 nov. 1998 : *RPC 2001. 97, obs. Soinne.*

5. Il appartient à l'administrateur, investi du pouvoir de passer tous les actes nécessaires à la réalisation de la cession en exécution du plan arrêté, de veiller à la stricte conformité desdits actes à ce plan et au commissaire chargé de veiller à l'exécution du plan d'attaquer les actes passés, opposables aux seules parties, notamment les contrats de vente, qui ne respecteraient pas le contenu, opposable à tous, de la décision judiciaire irrévocable arrêtant ou modifiant le plan. • Com. 8 juin 1999 : *RJDA 1999, n° 968.* ♦ S'agissant de la cession de contrats de concession sur les marchés nationaux, il appartient à l'administrateur de veiller à ce que le cessionnaire obtienne l'autorisation préfectorale nécessaire, la cession ordonnée par le tribunal n'étant pas inconciliable avec cette exigence. • Paris, 17 oct. 1991 : *D. 1991. IR 275.*

6. Gestion de l'entreprise cédée. Sauf disposition du jugement arrêtant le plan de cession qui aurait prévu la prise de possession immédiate de l'entreprise cédée par le cessionnaire sous sa responsabilité, la gestion par celui-ci de l'entreprise, dans l'attente de l'accomplissement des actes nécessaires à la réalisation de la cession, s'effectue, selon l'art. 87 [C. com., ancien art. L. 621-89], al. 2, sous la responsabilité de l'administrateur. • Com. 9 juin 1992, n° 90-13.400 P : *D. 1992. IR 221* ; *Defrénois 1993. 521, obs. Sénéchal* ; *JCP E 1993. II. 479, note Blanc.* ♦ Comp., désormais : art. L. 642-8, dans sa réd. issue de L. n° 2005-845 du 26 juill. 2005.

Dès lors qu'un plan de cession prévoit la poursuite de l'ensemble des contrats de travail en cours et comporte la mention que le projet de reprise est d'effet immédiat, l'URSSAF ne bénéficie pas des dispositions de l'art. 40 [C. com., ancien art. L. 621-32] pour le paiement des cotisations sociales postérieures au jugement ayant arrêté le plan (le cessionnaire se trouvait, en effet, autorisé, dès le prononcé de la décision, à poursuivre l'activité de l'entreprise sous sa propre responsabilité avec l'obligation corrélative d'assumer, notamment, le paiement des cotisations sociales liées aux contrats de travail maintenus en exécution de ce plan). • Com. 31 mars 1998, n° 95-21.740 P : *D. 1998. IR 119* ; *D. Affaires 1998. 764, obs. P. P.* ; *JCP E 1998, n° 36, p. 1357, obs. Cabrillac* ; *RPC 1998. 384, obs. Soinne* ; *RTD com. 1998. 942, obs. Martin-Serf* .

V. aussi note 12.

En sa qualité d'exploitant effectif, le cessionnaire de l'entreprise a qualité pour agir en contrefaçon. • Com. 11 févr. 1997 : *D. 1998. Somm. 8, obs. Derrida* .

7. L'administrateur, en confiant, sous sa responsabilité, la gestion de l'entreprise au cessionnaire, lui a transféré une entité économique ayant conservé son identité et dont l'activité est poursuivie, d'où il suit que le cessionnaire est devenu l'employeur ; ne sont donc pas nulles les transactions intervenues entre des salariés et le cessionnaire. • Soc. 26 nov. 1996, n° 95-42.006 P : *D. 1998. Somm. 8, obs. Derrida* ; *Rev. sociétés 1997. 883, note Caronna*. ♦ Comp., pour la position antérieure de la chambre sociale : note 1.

8. Il s'infère de l'art. 87, al. 2, [désormais, C. com., art. L. 642-8, al. 1er] que le transfert des droits et obligations résultant des contrats cédés peut, par exception au principe général, prendre effet dès la prise de possession du cessionnaire et non pas seulement à la date de régularisation des actes de cession par l'administrateur. • Versailles, 23 mars 2000 : *RJ com. 2000. 273, note Martin-Serf*. ♦ V. aussi note 29 ss. art. L. 642-7.

9. Sur la responsabilité du cessionnaire pour refus de réalisation de la cession aux conditions de son offre, V., en ce sens que la prise de possession, prévue à l'art. 87, al. 2 [C. com., art. L. 642-8, al. 1er], n'équivaut pas à l'exécution de l'obligation de délivrance, • Com. 14 oct. 1997, n° 95-13.143 P : *D. 1998. Somm. 9, obs. Derrida* ; *Rev. huiss. 1998. 679, note Courtier* ; *RPC 1998. 384, obs. Soinne*.

10. Modalités des actes nécessaires à la réalisation. Les modalités des actes nécessaires à la réalisation d'un plan de cession ne peuvent avoir pour effet de modifier le contenu et les objectifs du plan homologué. • Com. 9 janv. 1996, n° 94-11.321 P : *D. 1998. Somm. 11, obs. Derrida* ; *JCP E 1996. I. 554, n° 8, obs. Cabrillac* ; *LPA 22 janv. 1997, p. 31, note Courtier* ; *RPC 1998. 374, obs. Soinne*.

11. Clause d'agrément. L'administrateur, chargé de passer tous les actes nécessaires à la réalisation de la cession est tenu, pour la vente des actions en cause, de respecter la clause des statuts de la société imposant l'agrément préalable du conseil d'administration. • Com. 31 janv. 1995, n° 91-20.735 P : *D. 1995. 426, note Parléani* ; *Rev. sociétés 1995. 320, note Le Nabasque* ; *JCP 1995. II. 22460, note Guyon* ; *BJS 1995. 342, note Couret* ; *Defrénois 1995. 696, obs. Hovasse* ; *RPC 1995. 163, obs. Soinne* ; *LPA 2 août 1995, p. 24, note Courtier.* ♦ De même, doit être respectée la procédure d'agrément des cessions de parts de SARL, prévue par l'art. 45 de la loi du 24 juill. 1966 [C. com., art. L. 223-14]. • Versailles, 28 mars 1996 : *RJDA 1996, n° 796*. ♦ V. aussi note 5 ss. ancien art. L. 622-17, ss. art. L. 642-19.

12. Effets de l'annulation du plan de cession. En cas d'annulation du plan de cession, les créances découlant de commandes passées entre la date du jugement arrêtant le plan et la date d'annulation de ce plan, par le cessionnaire, qui avait pris possession de l'entreprise en vertu d'une disposition expresse dudit jugement, ne peuvent bénéficier de l'art. 40 [C. com., ancien art. L. 621-32]. • Com. 28 janv. 1997, n° 94-21.401 P : *D. 1998. Somm. 10, obs. Derrida* ; *D. Affaires 1997. 277* ; *JCP E 1997. I. 651, n° 3, obs. Cabrillac* ; *Rev. dr. bancaire 1997. 79, obs. Campana et Calendini* ; *RTD com. 1997. 688, obs. Martin-Serf*.

Art. L. 642-9 *(L. n° 2005-845 du 26 juill. 2005, art. 111)* **Tant que le prix de cession n'est pas intégralement payé, le cessionnaire ne peut, à l'exception des stocks, aliéner ou donner en location-gérance les biens corporels ou incorporels qu'il a acquis.**

Toutefois, leur aliénation totale ou partielle, leur affectation à titre de sûreté, leur location ou leur location-gérance peut être autorisée par le tribunal après rapport du liquidateur qui doit préalablement consulter le comité *(Ord. n° 2021-1193 du 15 sept. 2021, art. 56, en vigueur le 1er oct. 2021)* **« social et économique ». Le tribunal doit tenir compte des garanties offertes par le cessionnaire.** — *Pour les dispositions transitoires de l'Ord. n° 2021-1193 du 15 sept. 2021, V. note ss. art. L. 611-2.*

Toute substitution de cessionnaire doit être autorisée par le tribunal dans le jugement arrêtant le plan de cession, sans préjudice de la mise en œuvre des dispositions de l'article L. 642-6. L'auteur de l'offre retenue par le tribunal reste garant solidairement de l'exécution des engagements qu'il a souscrits.

Tout acte passé en violation des alinéas qui précèdent est annulé à la demande de tout intéressé ou du ministère public, présentée dans le délai de trois ans à compter de la conclusion de l'acte. Lorsque l'acte est soumis à publicité, le délai court à compter de celle-ci.

1. Interdiction d'aliéner. La résiliation d'un contrat de bail n'entre pas dans les prévisions de l'art. 89 [C. com., art. L. 642-9], al. 1er. • Com. 8 juin 1999, n° 96-19.437 P : *D. 1999. IR 186* ; *D. Affaires 1999. 1041, obs. A. L.* ; *RTD com. 1999. 962, obs. Saint-Alary-Houin* ; *JCP E 2000, n° 4, p. 125, obs. Cabrillac* ; *RPC 2001. 88, obs. Soinne*.

2. Substitution de cessionnaire (jurispr. issue de la L. du 26 juill. 2005). Il résulte de l'art. L. 642-9, al. 3, que l'auteur de l'offre retenue par le tribunal, autorisé à se substituer un tiers cessionnaire, reste garant solidairement de l'exécution des engagements qu'il a souscrits dans sa proposition de reprise, parmi lesquels ceux relatifs à la poursuite des contrats qui y figurent en application de l'art. L. 642-2, II, 1°, et dont la cession a été ordonnée par le jugement arrêtant le plan ; l'engagement de poursuivre ces contrats résultant du plan arrêté par le tribunal ne s'étend pas à la garantie, envers les cocontractants cédés, de la bonne exécution des obligations en résultant par le cessionnaire substitué. • Com. 12 juill. 2016, n° 15-16.389 P : *D. 2016. Actu. 1559, obs. Lienhard ; Rev. sociétés 2016. 554, obs. Henry ; JCP E 2016. 1519, note Brignon ; LEDEN 10/2016. 4, obs. Pelletier ; Gaz. Pal. 18 oct. 2016, p. 59, obs. Voinot ; RJDA 2016, n° 802 ; BJE 2016. 405, note Vincent.* ♦ Dans le même sens, V. • Com. 20 sept. 2017, n° 16-14.065 P : *cité note 52 ss. art. L. 622-13.* ♦ V. déjà, en ce sens, avant la L. du 26 juill. 2005 : • Com. 7 janv. 2003 et 27 sept. 2011 *(cités note 3).* ♦ Ainsi, l'auteur de l'offre ne garantit pas l'exécution de l'obligation légale qui pèse sur le cessionnaire de s'acquitter des échéances du prêt transféré, sauf engagement personnel de sa part. • Com. 30 janv. 2019, n° 17-15.036 P : *D. 2019. Actu. 253 ; Rev. sociétés 2019. 221, obs. Roussel Galle ; RTD com. 2019. 500, obs. Saint-Alary-Houin ; RJDA 2019, n° 280 ; LEDEN 5/2019. 6, obs. François ; BJE 5-6/2019. 23, note Favario ; RPC 2019, n° 74, obs. Monsèrié-Bon ; RJ com. 2019. 281, obs. Debost.* ♦ Dès lors que l'auteur de l'offre n'a pas soumis la clause de substitution au profit d'une société en cours de création à la condition que l'éventuelle substitution s'opérerait sans garantie de l'acquéreur substitué, il reste tenu, aux termes de son offre, du paiement du prix de cession. • Com. 14 nov. 2019, n° 18-18.833 P : *D. 2019. Actu. 2244 ; JCP E 2020. 1204, n° 8, obs. Pétel ; LEDEN 1/2020. 3, obs. Rubellin ; BJE 1-2/2020. 31, note Lafaurie ; RJDA 2020, n° 96 ; RPC 2020, n° 36, obs. Cerati-Gauthier.*

3. Substitution de cessionnaire (jurispr. antérieure à la L. du 26 juill. 2005). BIBL. Robinot et Lafortune, *Gaz. Pal. 1990. 1. Doctr. 221.* – C. Vincent, *LPA 25 nov. 1998 ; D. 2004. Chron. 686* (portée de la garantie de l'auteur de l'offre de reprise). ♦ Dès lors que, en application de l'art. 62 [C. com., ancien art. L. 621-63], le tribunal a arrêté le plan de cession proposé par une société et qu'il a désigné cette société comme étant tenue d'exécuter ce plan, cette société se trouve seule tenue de son exécution. • Com. 12 févr. 1991, n° 89-15.845 P : *BJS 1991. 633, note Pétel.* ♦ Il résulte de l'art. 62 [C. com., ancien art. L. 621-63] que, si l'offre de cession est assortie d'une faculté de substitution, celle-ci, qui ne peut être exercée qu'en cas d'accord du tribunal, ne décharge pas son auteur de ses obligations. Ce dernier demeure donc personnellement engagé par le plan de cession adopté. • Com. 8 déc. 1998, n° 95-16.503 P : *D. Affaires 1999. 80, obs. A. L. ; JCP E 1999, n° 18-19, p. 809, obs. Cabrillac et Pétel ; LPA 11 mars 1999, p. 10, note P. M. ; JCP 2000. II. 10234, note Brocard et Jeuland ; RJ com. 2000. 214, note Courtier.* ♦ Toutefois, cette garantie ne s'étend pas à l'exécution des engagements résultant des contrats cédés par le plan. • Com. 7 janv. 2003, n° 00-14.120 P : *D. 2003. AJ 276 ; JCP E 2003, n° 20, p. 851, obs. Pétel ; Dr. et patr. 6/2003. 100, obs. Monsèrié-Bon* • 27 sept. 2011, n° 10-24.836 P : *D. 2011. 2852, note Juillet ; APC 2011, n° 267, obs. Cagnoli, RJDA 2011, n° 1061 ; BJE 2012. 15, note Vincent ; Gaz. Pal. 20-21 janv. 2012, p. 25, obs. Voinot.* ♦ ... Ou au paiement, au prêteur, en application de l'art. L. 621-96, al. 3 [L. 642-12, al. 4], C. com., des échéances du crédit dues à compter du transfert de la propriété du bien financé inclu dans le plan. • Com. 16 sept. 2014, n° 13-17.189 P : *D. 2014. Actu. 1869 ; JCP E 2014. 1637, n° 3, obs. Pétel ; LEDEN 10/2014. 5, obs. Le Corre ; APC 2014, n° 273, obs. Vallansan ; BJS 2014. 452, note Pailler ; LEDEN 12/2014. 3, obs. Rubellin ; RJDA 2014, n° 921 ; RPC 2014, n° 165, obs. Fraimout ; BJE 2015. 21, note Vincent.* ♦ Est inopérante et de nul effet la substitution du cessionnaire désigné dans le plan de redressement, même si le débiteur a agi avec l'assistance de l'administrateur, une telle substitution ne pouvant pas être réalisée par le seul consentement des parties. • Paris, 31 oct. 1989 : *D. 1991. Somm. 14, obs. Derrida .*

4. Si le jugement arrêtant un plan de cession autorise le cessionnaire à se substituer toute personne physique ou morale sous la condition expresse de solidarité du paiement du prix et de maintien des contrats de travail, le tribunal, en organisant la cession de la totalité des actifs, sans régler la composition des ensembles des éléments d'exploitation, qui pouvait seule permettre le fractionnement de l'entreprise, interdit de la sorte au cessionnaire de recourir, le cas échéant, à une substitution autre que totale. • Com. 16 juill. 1991, n° 90-13.220 P : *D. 1996. Somm. 4, obs. Derrida ; Dr. sociétés 1991, n° 377 ; JCP E 1991. I. 100, n° 5, obs. Pétel et Cabrillac.*

5. Il y a lieu de faire droit à la demande de modification d'un plan de cession, dès lors que, d'une part, elle est motivée par la restructuration de l'entreprise et la procédure pénale qui s'en est suivie, événements survenus après l'adoption du plan et créant une situation nouvelle que rien ne laissait prévoir et que, d'autre part, elle tend au remplacement du cessionnaire par une société financière nouvellement créée afin de soustraire le plan de cession à une possible remise en cause sur le fondement de l'art. 207, al. 3 [C. com., art. L. 654-12], ce qui permettra d'assurer une meilleure sauvegarde de l'entreprise et de l'emploi. • Paris, 11 mai 1993 : *D. 1994. Somm. 43, obs. Derrida .*

6. Comp., désormais : art. L. 642-9, al. 3, dans sa réd. issue de L. n° 2005-845 du 26 juill. 2005.

Art. L. 642-10 *(Ord. nº 2008-1345 du 18 déc. 2008, art. 114)* « Le tribunal peut prévoir dans le jugement arrêtant le plan de cession que tout ou partie des biens cédés ne pourront être aliénés, pour une durée qu'il fixe, sans son autorisation.

« La publicité de l'inaliénabilité temporaire est assurée dans des conditions fixées par un décret en Conseil d'État. – *V. art. R. 642-12 s.*

« Lorsque le tribunal est saisi d'une demande d'autorisation d'aliéner un bien rendu inaliénable en application du premier alinéa, il statue, à peine de nullité, après avoir recueilli l'avis du ministère public. »

(L. nº 2005-845 du 26 juill. 2005, art. 111) « Tout acte passé en violation des dispositions du premier alinéa est annulé à la demande de tout intéressé ou du ministère public, présentée dans le délai de trois ans à compter de la conclusion de l'acte. Lorsque l'acte est soumis à publicité, le délai court à compter de celle-ci. »

Art. L. 642-11 *(L. nº 2005-845 du 26 juill. 2005, art. 111)* Le cessionnaire rend compte au liquidateur de l'application des dispositions prévues par le plan de cession.

Si le cessionnaire n'exécute pas ses engagements, le tribunal peut, à la demande du ministère public d'une part, du liquidateur, d'un créancier, de tout intéressé ou d'office, après avoir recueilli l'avis du ministère public, d'autre part, prononcer la résolution du plan sans préjudice de dommages et intérêts.

Le tribunal peut prononcer la résolution ou la résiliation des actes passés en exécution du plan résolu. Le prix payé par le cessionnaire reste acquis.

V. art. R. 642-18.

BIBL. ► Le Corre, *Gaz. Pal. 2-3 juill. 2010, p. 9* (résolution du plan de cession et adoption d'un second plan de cession).

1. Responsabilité fiscale du cessionnaire. **BIBL.** Jadaud, *LPA 16 juin 1993.* ♦ Sur l'application de l'art. 1684-1 CGI, V. Soinne, *RPC 1992. 412.*

2. Absence de garantie de passif légale. Dans le cadre de la cession d'entreprise prévue par les art. 81 s. [C. com., art. L. 642-1 s.], le cessionnaire n'a aucune obligation envers les créanciers réunis dans la procédure collective de leur débiteur. A l'exception de certains biens grevés d'une sûreté, il n'est tenu en aucune façon des dettes du cédant, seules pesant sur lui l'obligation de paiement du prix et les contraintes instituées par la loi pour assurer le maintien de l'activité. • Versailles, 17 mars 1994 : *Dr. sociétés 1994, nº 174, obs. Chaput.* ♦ La caution d'un prêt non compris dans le plan de cession n'est pas déchargée, le cessionnaire ne se substituant pas au débiteur dans ses obligations à l'égard de ses créanciers. • Com. 3 mai 1994 : *Rev. dr. bancaire 1995. 42, obs. Campana et Calendini.*

3. Cautionnement des engagements souscrits. V. obs. Soinne, *RPC 1998. 254 ; ibid. 2001. 72.*

4. Engagement conventionnel. **BIBL.** Calendini, *BJS 1995. 733* (à propos de Com. 3 janv. 1995). ♦ Le cessionnaire peut, par une clause spéciale de l'acte de cession, prendre l'engagement de régler, outre le prix de cession, une dette antérieure du cédant. • Com. 30 nov. 1993 : *Rev. huiss. 1994. 225 ; Dr. sociétés 1994, nº 28, obs. Chaput* • 17 mai 1994, nº 92-13.216 P : *D. 1996. Somm. 221, obs. Pérochon ; RTD com. 1996. 130, obs. Martin-Serf.* ♦ Il contracte alors, en tant que tiers, une obligation personnelle envers le créancier concerné qui résulte directement du jugement arrêtant le plan de cession, opposable à tous. • Com. 3 janv. 1995, nº 92-22.004 P : *D. 1995. IR 39 ; RJ com. 1995. 198, rapp. Rémery ; JCP E 1995. I. 455, nº 4, obs. Pétel et Cabrillac ; RPC 1995. 137, obs. Soinne.* ♦ Dans le silence de l'acte de cession, l'action en exécution de cette obligation n'est pas soumise à la procédure de déclaration des créances. • Com. 3 janv. 1995 : *préc.*

5. Responsabilité à l'égard des tiers du cessionnaire n'ayant pas respecté ses engagements. Toute personne qui a intérêt au respect de l'engagement unilatéralement pris peut faire valoir la faute du cessionnaire qui se délie abusivement d'une obligation destinée par la nature de son contenu à se prolonger dans le temps (recevabilité de l'action en responsabilité civile engagée par une commune sur le site de laquelle le cessionnaire s'était engagé à maintenir l'activité). • Com. 28 mars 2000, nº 98-12.074 P : *D. 2000. AJ 210, obs. Lienhard ; JCP E 2000, nº 40, p. 1561, obs. Pétel ; APC 2000, nº 108, obs. Vallansan ; RDBF 2000, nº 72, obs. F.-X. Lucas ; RTD com. 2000. 727, obs. Vallens ; ibid. 2001. 222, obs. Saint-Alary-Houin.* – V. concl. Piniot, *RJDA 2000, p. 594.* ♦ V. désormais, sur la possibilité de condamner le cessionnaire à des dommages-intérêts : art. L. 642-11, al. 2.

6. Résolution du plan de cession (jurisprudence antérieure à la loi du 10 juin 1994). Aucune disposition de la loi du 25 janv. 1985, dans sa rédaction antérieure à la L. nº 94-475 du 10 juin 1994, n'interdisait de prononcer la résolution d'un plan de cession pour défaut de paiement du prix par le cessionnaire, conformément aux principes généraux du droit. • Com. 9 juin 1998, nº 96-12.750 P : *D. 1998. Somm.*

328, obs. Honorat ; D. Affaires 1998. 1133 ; RTD com. 1998. 933, obs. Saint-Alary-Houin . – V. déjà • Com. 6 mai 1997, n° 94-19.017 P : *D. 1998. Somm. 6, obs. Derrida ; D. Affaires 1997. 766.*

V. aussi note 8 ss. art. L. 642-11.

7. Résolution du plan de cession (L. n° 94-475 du 10 juin 1994). A la différence des plans de continuation dont l'art. 80 [C. com., ancien art. L. 621-82] dispose, dans sa rédaction de la loi du 10 juin 1994, que la résolution entraîne l'ouverture d'une procédure de liquidation judiciaire dans le cadre de laquelle « les créanciers soumis au plan déclarent l'intégralité de leurs créances et sûretés, déduction faite des sommes perçues » (ce qui constitue donc une seconde procédure collective), l'art. 89 [C. com., ancien art. L. 621-91], al. 4, qui prévoit la résolution des plans de cession n'impose aucune nouvelle déclaration. • Paris, 9 févr. 2000 : *D. 2000. AJ 200, obs. Lienhard .* ♦ Pour l'irrecevabilité d'une déclaration de créance faite dans la seconde procédure, ouverte après résolution du plan de cession, lorsque le créancier n'a pas déclaré dans la première procédure et n'a pas été relevé de sa forclusion, V. • Civ. 3e, 7 nov. 2001, n° 99-15.739 P : *D. 2001. AJ 3619, obs. Lienhard ; APC 2001, n° 257, obs. Regnaut-Moutier ; Rev. huiss. 2002. 94, obs. Crocq.*

8. La résolution du plan de cession n'a pas pour effet d'entraîner de plein droit la résolution d'une convention de vente conclue, pour son exécution, par l'administrateur judiciaire. • Com. 22 juin 1993, n° 91-13.307 P : *D. 1993. IR 186 ; RPC 1993. 506, obs. Soinne ; Dr. sociétés 1993, n° 183, obs. Chaput.* ♦ Le jugement ayant prononcé la résolution du plan de cession n'ayant pas décidé la résolution de la vente du fonds de commerce, acte distinct du jugement arrêtant le plan, et cette résolution n'ayant pas été demandée dans l'instance introduite par la banque, la convention subsiste en l'état. • Même arrêt. ♦ Même si la promesse de garantie donnée par la banque a disparu à la suite de la résolution du plan, l'obligation de cautionnement que la banque a contractée dans l'acte de vente du fonds de commerce, distinct de cette promesse, subsiste en garantie des engagements résultant pour l'acquéreur du contrat de vente, demeuré valide. • Même arrêt.

9. En présence de l'inexécution de l'engagement pris par la société cessionnaire (n'ayant pas signé les actes de cession avant d'être mise en liquidation judiciaire), la responsabilité de celle-ci ne peut être écartée, sans que soit retenue une cause d'exonération de sa responsabilité. • Com. 26 oct. 1999, n° 96-19.156 P : *D. 1999. AJ 67, obs. A. L. ; ibid. 2000. 383, note Pélissier ; ibid. Somm. 328, obs. Honorat ; RTD com. 2000. 452, obs. Saint-Alary-Houin ; RTD civ. 2000. 835, obs. Mestre et Fages ; APC 1999, n° 254, obs. Saintourens ; JCP E 2000, n° 4, p. 127, obs. Cabrillac et Pétel.* – V. aussi Courtier, *Dr. sociétés 2000. Chron. 26* ; Asfar, *Dr. et patr. 5/2002. 28.*

10. Si l'administrateur [le tribunal], en confiant la gestion de l'entreprise au cessionnaire, lui a transféré une entité économique dont l'activité est poursuivie, alors même que les actes nécessaires à la réalisation de la cession n'ont pas été signés, la résolution du plan de cession emporte retour de l'entité transférée et des contrats de travail y afférents au cédant (application de l'art. L. 122-12, al. 2, devenu l'art. L. 1224-1 C. trav.). • Soc. 8 juin 1999, n° 97-12.731 P : *D. 2000. Somm. 4, obs. Derrida ; RTD com. 1999. 966, obs. Saint-Alary-Houin ; JCP E 2000, n° 4, p. 127, obs. Pétel.* ♦ Par suite, les licenciements postérieurs à la date de résolution du plan de cession sont à la charge du cédant. • Même arrêt. ♦ En revanche, les obligations du cessionnaire à l'égard des salariés passés à son service demeurent à sa charge jusqu'au jour de la résolution du plan ; la modification dans la situation juridique de l'employeur étant intervenue dans le cadre d'une procédure de redressement judiciaire, le cédant ne peut être tenu des obligations qui incombaient au cessionnaire, à l'égard du personnel repris, avant la résolution du plan de cession. • Soc. 4 juill. 2018, n° 17-14.587 P : *D. 2018. Actu. 1488 ; RTD com. 2018. 1027, obs. Saint-Alary-Houin ; JCP E 2018. 1526, note Finlanger ; LEDEN 10/2018. 7, obs. de Frémont ; Gaz. Pal. 9 oct. 2018, p. 81, obs. Gailhbaud ; BJE 2018. 453, note Donnette-Boissière.* – V. déjà • Soc. 8 juin 1999, n° 96-43.933 P : *D. 2000. Somm. 4, obs. Derrida ; JCP E 2000, n° 4, p. 127, obs. Pétel.*

Sur l'exercice de l'appel, V. note 19 ss. ancien art. L. 661-6.

11. Responsabilité du cessionnaire pour dévaluation de l'actif. Le cessionnaire doit être tenu de réparer le préjudice né de la dévaluation de l'actif si celle-ci trouve son origine, soit directement dans les effets de la gestion du repreneur, soit encore dans le temps perdu pour parvenir à la réalisation effective par suite de l'abandon fautif du plan de poursuite des activités de l'entreprise. • Basse-Terre, 18 janv. 1999 : *préc. note 7.*

Code de commerce

Ancien art. L. 621-93 *En cas de défaut de paiement du prix de cession, le tribunal peut, d'office, à la demande du commissaire à l'exécution du plan, du procureur de la République ou de tout intéressé, nommer un administrateur ad hoc dont il détermine la mission. – [L. nº 85-98 du 25 janv. 1985, art. 90.]*

BIBL. ▶ Haehl, *LPA 16 juin 1993.*

1. Défaut de paiement du prix. Sur la possibilité, pour le cessionnaire, de soulever l'exception d'inexécution, V. • Com. 24 oct. 1995, nº 92-17.066 P : *D. Affaires 1995. 226 ; RJDA 1996, nº 129.*

2. Le cessionnaire défaillant peut être mis personnellement en redressement judiciaire. • T. com. Orléans, 1er avr. 1988 : *RPC 1988. 401, obs. Soinne.* ♦ Le tribunal compétent pour décider l'ouverture de cette procédure peut être, en application de l'art. 7, al. 3, de la loi du 25 janv. 1985, celui qui avait prononcé le jugement arrêtant le plan. • Douai, 13 déc. 1994 : *RPC 1996. 109, obs. Soinne.*

3. Action en recouvrement. Le commissaire à l'exécution du plan ayant le pouvoir, en vertu de l'art. 88 [C. com., ancien art. L. 621-90], de percevoir le prix de cession et, en vertu de l'art. 92 [C. com., ancien art. L. 621-95], al. 2, celui de le distribuer, il a aussi qualité pour agir en justice afin de le recouvrer. • Com. 24 oct. 1995, nº 92-17.066 P : *D. 1995. IR 244 ; D. Affaires 1995. 226 ; BJS 1996. 151, note Sénéchal ; Defrénois 1996. 253, obs. Le Cannu.* ♦ Le commissaire à l'exécution du plan ayant seul qualité pour recouvrer le prix de cession, la société débitrice ne peut se substituer à ce mandataire de justice pour prétendre que ce prix n'a pas été réglé et en poursuivre le paiement à son seul profit et non en vue de sa distribution, et elle n'est pas davantage recevable en sa demande subsidiaire en paiement de cette même somme, à titre de dommages-intérêts, formée à l'encontre du cessionnaire. • Com. 19 oct. 2010, nº 09-67.180 P : *D. 2010. Actu. 2573, obs. Lienhard ; APC 2010, nº 268, obs. Pagnucco ; RPC 2011, nº 53, obs. Fraimout ; RJDA 2011, nº 440.*

4. Nomination de l'administrateur. Aucune disposition n'interdit de désigner l'administrateur du redressement judiciaire comme administrateur *ad hoc* dans le cadre d'un plan de cession. • Com. 28 févr. 1995, nº 92-18.197 P : *BJS 1995. 541, note Le Cannu ; D. 1995. IR 89.*

5. Mission de l'administrateur. La mission devant être limitée à l'entreprise cédée, l'administrateur *ad hoc* ne peut être chargé de procéder à la déclaration de la cessation des paiements du cessionnaire et de prendre des mesures provisoires concernant son entreprise. • Com. 28 févr. 1995 : *préc. note 4.* ♦ *Contra*, en ce sens que l'administrateur *ad hoc* peut avoir pour mission de vérifier les causes de l'inexécution des obligations du cessionnaire et d'en tirer les conséquences, soit en payant le prix de cession, soit en déposant le bilan : • Toulouse, 11 mars 1991 : *BICC 1991, nº 1190.*

6. Autres manquements. **BIBL.** Martin-Serf, note ss. Besançon, 24 mars 1989 : *Gaz. Pal. 1989. 2. 799.* – Vachet, *LPA 16 juin 1993* (non-respect des engagements sociaux). – Frison-Roche, *RPC 1994. 339* (engagements non financiers). ♦ Le licenciement de personnels, repris dans le cadre d'un plan de cession, ne saurait en aucune manière être constitutif du défaut de paiement du prix de cession visé par l'art. 90 [C. com., ancien art. L. 621-93]. • T. com. Paris, 19 déc. 1988 : *Gaz. Pal. 1989. 1. 358, note Marchi.*

7. Un repreneur s'étant engagé, lors de la cession, à conserver cent salariés pour une durée de deux ans minimum, et à réaliser certains investissements nécessaires, il y a lieu de déclarer justifiée en son principe la demande de dommages-intérêts des salariés licenciés, alors que si la situation économique invoquée pour justifier les licenciements est conforme à la réalité, elle ne peut pour autant être considérée comme une cause sérieuse de licenciement, en ce qu'elle procède d'une attitude intentionnelle, et quasi frauduleuse, du repreneur, celui-ci désirant s'abstenir d'effectuer les investissements indispensables dans le but de transférer sa production à l'étranger. • Aix-en-Provence, 29 oct. 1991 : *D. 1992. 130, note Derrida*, conf. par • Soc. 13 janv. 1993 : *RJDA 1993, nº 568.* – V. aussi • Soc. 30 janv. 1991, nº 88-40.936 P : *D. 1991. IR 55 ; JCP E 1991. I. 73, nº 21, obs. Pétel et Cabrillac.*

Art. L. 642-12 *(L. nº 2005-845 du 26 juill. 2005, art. 111) (Ord. nº 2014-326 du 12 mars 2014, art. 73, en vigueur le 1er juill. 2014)* **« Lorsque la cession porte sur des biens grevés d'un privilège spécial, d'un gage, d'un nantissement ou d'une hypothèque, le tribunal affecte à chacun de ces biens, pour la répartition du prix et l'exercice du droit de préférence, la quote-part du prix, déterminée au vu de l'inventaire et de la prisée des actifs et correspondant au rapport entre la valeur de ce bien et la valeur totale des actifs cédés. »**

Le paiement du prix de cession fait obstacle à l'exercice à l'encontre du cessionnaire des droits des créanciers inscrits sur ces biens.

Jusqu'au paiement complet du prix qui emporte purge des inscriptions grevant les biens compris dans la cession, les créanciers bénéficiant d'un droit de suite ne peuvent l'exercer qu'en cas d'aliénation du bien cédé par le cessionnaire.

(Ord. n° 2021-1193 du 15 sept. 2021, art. 57, en vigueur le 1er oct. 2021) **« Toutefois, la charge des sûretés réelles spéciales, garantissant le remboursement d'un crédit consenti à l'entreprise pour lui permettre le financement d'un bien sur lequel portent ces sûretés est transmise au cessionnaire. Celui-ci est alors tenu d'acquitter entre les mains du créancier, qui a régulièrement déclaré sa créance dans les délais prévus à l'article L. 622-24, les échéances convenues avec lui et qui restent dues à compter du transfert de la propriété ou, en cas de location-gérance, de la jouissance du bien sur lequel porte la garantie. Le débiteur est libéré de ces échéances. Il peut être dérogé aux dispositions du présent alinéa par accord entre le cessionnaire et les créanciers titulaires des sûretés. »** — *Pour les dispositions transitoires de l'Ord. n° 2021-1193 du 15 sept. 2021, V. note ss. art. L. 611-2.*

(Ord. n° 2008-1345 du 18 déc. 2008, art. 115) **« Les dispositions du présent article n'affectent pas le droit de rétention acquis par un créancier sur des biens compris dans la cession. »**

V. art. R. 642-19 et R. 642-20.

BIBL. ▶ Régime issu de la loi du 26 juill. 2005 : LE CORRE, *Gaz. Pal. 2011. Doctr. 31* (le créancier titulaire d'une sûreté spéciale victime de l'absence d'affectation d'une quote-part du prix de cession) ; *Gaz. Pal. 12-13 juill. 2013, p. 33* (cautionnement et transfert de la charge de la sûreté en plan de cession : questions-réponses). – BUISINE, *RPC 2011. Étude 31* (opposabilité du droit de rétention « fictif »). – LANZARA, *BJE 2016. 448* (nature juridique du transfert de la charge de la sûreté).

▶ Sur le droit de rétention dans le régime antérieur à la loi du 26 juill. 2005 : POURQUIER, *D. Affaires 1998. 936.* – CAMPANA et CALENDINI, *JCP E 1998, n° 27, p. 1083.* – PÉROCHON, *Mél. Cabrillac, Dalloz-Litec, 1999, p. 379.* – LE CORRE, *D. 2001. Chron. 2815*.

1. Ordre public. La charge du nantissement est imposée au cessionnaire sans que celui-ci puisse instaurer une discussion sur le point de savoir si les biens grevés sont ou non utiles ou nécessaires à l'exploitation au moment de la cession. • Riom, 28 avr. 1988 : *D. 1991. Somm. 15, obs. Derrida* ; *RPC 1988. 395, obs. Soinne.*

Sur le caractère facultatif de l'inclusion des biens grevés de sûretés dans le plan de cession, V. note 10 ss. ancien art. L. 661-6.

2. Affectation du prix. L'art. 93 [C. com., art. L. 642-12] ne déroge pas à l'ordre des privilèges et sûretés et n'autorise pas qu'une partie du prix de cession soit réservée aux créanciers chirographaires. • Paris, 8 juin 1993 : *D. 1996. Somm. 5, obs. Derrida* ; *Gaz. Pal. 1994. 1. 20, note Marchi ; JCP E 1993. I. 295, n° 8, obs. Pétel ; Rev. dr. bancaire 1994. 136, obs. Campana et Calendini.* ♦ La transmission de la charge du gage ou de l'hypothèque s'opère nonobstant l'existence d'autres créanciers même privilégiés, mais c'est au tribunal qu'il appartient de procéder à l'affectation d'une partie du prix de cession aux gagistes en respectant le principe d'égalité. • TGI Béthune, 27 nov. 1987 : *RPC 1988. 70, obs. Soinne.* ♦ Le créancier gagiste peut recouvrer sa créance échue antérieurement au jugement sur la fraction du prix affecté. • Même jugement. ♦ Mais le créancier gagiste ne saurait requérir la mise aux enchères du bien. • Orléans, 19 févr. 1988 : *Gaz. Pal. 1988. 2. Somm. 380.*

S'il appartient au tribunal d'affecter à chacun des biens grevés d'hypothèques une quote-part du prix, aucune disposition de la loi du 25 janv. 1985 n'interdit aux repreneurs de soumettre au tribunal la répartition qu'ils souhaiteraient voir adopter et il n'est pas interdit au juge d'adopter cette répartition si elle lui apparaît opportune au regard de l'économie générale du plan qui lui est soumis ; le tribunal peut, si la répartition proposée ne recueille pas son agrément, écarter le plan soumis à une telle condition. • Com. 14 janv. 1997 : *D. 1999. Somm. 3, obs. Derrida* ; *RPC 1997. 440, obs. Cadiou ; ibid. 1998. 331, obs. Soinne.* ♦ Comp., désormais : art. L. 642-12, al. 1er, dans sa réd. issue de l'Ord. n° 2014-326 du 12 mars 2014.

3. L'art. 93 [C. com., art. L. 642-12], al. 1er, ne dérogeant pas aux dispositions de l'art. 524 C. civ., ni à l'ordre des privilèges et des sûretés, dès lors qu'il n'est pas contesté que le matériel et l'outillage figurant dans le plan de cession constituent des immeubles par destination, un créancier hypothécaire peut exercer son droit de préférence sur la part du prix affectée à ces matériel et outillage. • Com. 24 oct. 1995 : *RJDA 1996, n° 128 ; RPC 1996. 481, obs. Soinne* (V. l'arrêt cassé : • Paris, 14 mai 1993 : *RPC 1995. 180, obs. Soinne*).

4. L'affectation spéciale aux droits des créanciers inscrits d'une quote-part du prix résultant de la loi elle-même, le dépôt des fonds à la Caisse des dépôts et consignations équivaut à une consignation, ce qui dispense les créanciers, à partir de cette date, de procéder au renouvellement des inscriptions. • Com. 1er févr. 2000, n° 96-18.383 P : *D. 2000. Somm. 331, obs. Honorat ; ibid. 396, obs. Piedelièvre ; ibid. AJ 139 ; APC 2000, n° 50, obs. Vallansan ; JCP E 2000, n° 17, p. 702, note Rémery ; RPC 2001. 89, obs. Soinne.*

5. Biens gagés (jurisprudence antérieure à la loi du 10 juin 1994). Avant la loi du 10 juin 1994, la transmission concernait exclusivement l'outillage et le matériel d'équipement, à l'exclusion d'une sûreté garantissant le paiement du prix d'un fonds de commerce. • Riom, 28 avr. 1988 : *préc. note 1* • Com. 11 juin 1996 : *JCP 1996. IV. 1786.*

6. A fait l'exacte application de l'ancien art. 93, al. 2, l'arrêt qui après avoir constaté que le prêteur du prix d'acquisition d'un matériel d'équipement professionnel justifiait que sa créance était garantie par un nantissement sur ce matériel, inclus dans le plan de cession d'une entreprise en redressement judiciaire, a condamné le cessionnaire à payer entre les mains du prêteur les échéances restant dues à compter de l'entrée en jouissance des biens nantis, sans qu'il y ait ventilation de ces sommes qui, mises à la charge du cessionnaire, s'ajoutent au prix de cession. • Com. 23 nov. 1993, n° 91-16.846 P : *D. 1994. IR 18 ; JCP E 1994. I. 348, n° 3, obs. Cabrillac ; Defrénois 1994. 1240, obs. Sénéchal.*

7. Le transfert de la charge des sûretés dans les conditions de l'art. 93, al. 3, [C. com., art. L. 642-12, al. 4] lorsqu'il n'est pas écarté par le plan et l'offre d'acquisition, résulte de plein droit du jugement qui arrête le plan (condamnation sous astreinte du repreneur, qui invoquait son ignorance du nantissement grevant le matériel acquis, à régulariser l'acte de cession). • Aix-en-Provence, 20 juin 2000 : *APC 2000, n° 220, obs. Regnaut-Moutier.* ♦ Comp., ordonnant l'exclusion du bien gagé du plan de cession, dans l'hypothèse où le repreneur avait précisé dans son offre qu'aucun contrat de prêt, leasing ou crédit-bail ne serait repris ou poursuivi et qu'une somme forfaitaire serait versée aux créanciers pour solde des prêts en capital moyennant mainlevée de leur gage commun sur le bien à reprendre : • Aix-en-Provence, 4 avr. 2000 : *ibid.* ♦ *Contra*, jugeant que le cessionnaire n'a pas à assumer la charge des sûretés dont il n'a pas eu connaissance et dont l'existence ne lui a pas été notifiée : • Douai, 2 sept. 1999 : *RPC 2001. 90, obs. Soinne.*

8. La cession de l'entreprise, par suite de l'adoption d'un plan de redressement, ne peut porter atteinte au droit de rétention issu du gage avec dépossession qu'un créancier a régulièrement acquis sur des éléments compris dans l'actif cédé. • Com. 20 mai 1997, n° 95-12.925 P : *D. 1997. Somm. 312, obs. Honorat ; D. 1998. Somm. 102, obs. S. Piedelièvre ; D. 1999. Somm. 5, obs. Derrida ; D. Affaires 1997. 763 ; Quot. jur. 15 juill. 1997, p. 8 note P. M. ; LPA 28 juill. 1997, p. 24, note Crédot ; JCP E 1997. I. 681, n° 5, obs. Cabrillac ; RJ com. 1997. 308, rapp. Rémery, note Saint-Alary-Houin.* ♦ En l'absence de disposition légale en ce sens, le créancier rétenteur ne peut être contraint de se dessaisir du bien qu'il retient légitimement que par le paiement du montant de la créance qu'il a déclarée, et non par celui d'une quote-part du prix de cession qui serait affectée à ce bien pour l'exercice du droit de préférence. • Même arrêt. – V. l'arrêt cassé : • Nancy, 12 janv. 1995 : *RPC 1996. 107, obs. crit. Soinne.* – V. aussi Le Corre, *LPA 22 oct. 1997.* ♦ Sur deuxième pourvoi, la Cour de cassation a confirmé cette solution, en écartant l'argument tiré de la force de chose jugée attachée au jugement arrêtant le plan : • Com. 12 avr. 2005 : *RJDA 2005, n° 1260.* ♦ V., désormais, consacrant cette solution, art. L. 642-12, dernier al., issu de l'Ord. n° 2008-1345 du 18 déc. 2008.

9. Sûretés visées par la loi de 1994. L'art. 93 [C. com., art. L. 642-12] n'est applicable qu'au profit des créanciers titulaires d'un privilège spécial ou d'une hypothèque sur les biens cédés, ce qui n'est pas le cas du privilège général des salaires. • TGI Castres, JEX, 12 mars 1998 : *LPA 2 juill. 1999, p. 20, note Devésa.*

Pour l'application de l'art. 93, al. 3 [C. com., art. L. 642-12, al. 4] au nantissement garantissant un prêt finançant l'acquisition de certains matériels, mais portant sur l'ensemble du fonds de commerce, y compris le matériel antérieurement ou même postérieurement acquis, V. • Metz, 4 juill. 1996 : *RPC 1998. 402, obs. Soinne.* – V. aussi • T. com. Paris, 9 févr. 2001 : *RJ com. 2002. 318, note Merven ; Banque et Dr. 5-6/2002. 53, obs. Guillot.*

10. Le transfert de la charge d'une sûreté mobilière spéciale, en application de l'art. L. 621-96, al. 3, [L. 642-12, al. 4] C. com. suppose que celle-ci ait été régulièrement inscrite, ce qui n'est pas le cas d'un nantissement de matériel d'équipement lorsque les biens engagés ne sont pas précisément individualisés : • Lyon, 16 janv. 2003 : *RDBF 2004, n° 31, obs. F.-X. Lucas.*

11. Affectation du crédit. Il résulte de l'art. L. 621-96, al. 3, [L. 642-12, al. 4] C. com. que le crédit devant être affecté, l'acte par lequel il est accordé doit préciser sa destination et prévoir la sûreté qui en garantira le remboursement. • Com. 23 nov. 2004, n° 02-12.982 P : *D. 2005. AJ 142, obs. Lienhard ; ibid. Pan. 2017, obs. F.-X. Lucas ; JCP E 2005, n° 10, p. 433, note Le Corre ; ibid., n° 17, p. 709, obs. Cabrillac ; RTD com. 2005. 596, obs. Saint-Alary-Houin.*

12. Échéances à la charge du cessionnaire. Il résulte de l'art. L. 642-12, al. 4, C. com. que, sauf accord avec le créancier, le cessionnaire d'un bien financé par un crédit garanti par une sûreté portant sur ce bien ne doit s'acquitter que du montant des échéances qui n'étaient pas encore exigibles à la date du transfert de propriété. • Com. 29 nov. 2016, n° 15-11.016 P : *D. 2016. Actu. 2516, obs. Lienhard ; AJ contrat 2017. 144, obs. Piette ; RTD com. 2018. 208, obs. Saint-Alary-Houin ; JCP E 2017. 1164, n° 5, obs. Pétel ; LEDEN 1/2017. 5, obs. Pelletier ; APC 2017, n° 11, obs. Fin-Langer ; Gaz. Pal. 28 mars 2017, p. 60, obs. Voinot ; RPC 2017, n° 42, obs. Reille.*

13. Déclaration des échéances. Sur l'obligation de déclarer les échéances de remboursement postérieures à la cession, V. note 55 ss. art. L. 622-24.

14. Caution (jurispr. antérieure à l'Ord. du 15 sept. 2021). **BIBL.** Berger, *D. 2003. Chron. 1682* . ♦ Bien que le cessionnaire soit tenu, en application de l'art. 93 [C. com., art. L. 642-12], de payer les échéances de remboursement du prêt postérieures à la cession du matériel nanti, la caution solidaire des engagements de l'emprunteur demeure tenue, dans les mêmes conditions que celui-ci, de rembourser, sous déduction des sommes versées par le cessionnaire, l'intégralité de l'emprunt dont les échéances constituent des créances nées avant l'ouverture de la procédure collective. • Com. 13 avr. 1999, n° 97-11.383 P : *D. 2000. 257, note Lipinski ; D. Affaires 1999. 801, obs. A. L. ; JCP E 1999, n° 39, p. 1533, obs. Cabrillac ; LPA 25 mai 1999, p. 10, note P. M. ; APC 1999, n° 141 ; Defrénois 1999. 870, obs. Sénéchal ; RTD com. 1999. 964, obs. Saint-Alary-Houin ; ibid. 2000. 177, obs. Martin-Serf* . – Dans le même sens, V. • Com. 3 avr. 2002 : *RPC 2003. 332, obs. Léguevaques.* – *Contra* : • Caen, 16 mai 2002 : *APC 2002, n° 209, obs. Parot.* ♦ La caution ne peut agir avant paiement, sur le fondement de l'art. 2032 C. civ., devenu l'art. 2309 C. civ. [abrogé à compter du 1er janv. 2022], qu'à l'encontre du débiteur par elle cautionné et non contre le cessionnaire, codébiteur de celui-ci. • Com. 27 févr. 2007 : *D. 2007. AJ 1021 ; JCP E 2007. 2119, n° 4, obs. Cabrillac.*

La cession du fonds de commerce grevé d'un nantissement garantissant le remboursement d'un crédit consenti à l'entreprise pour en permettre le financement, ordonnée par le jugement ayant arrêté le plan de cession, opère transmission de plein droit au cessionnaire de la charge de la sûreté qui n'est pas perdue et le privilège du créancier gagiste suit le fonds de commerce en quelques mains qu'il passe. • Com. 7 juill. 2009, n° 08-17.275 P : *D. 2009. AJ 1891 ; RTD com. 2010. 787, obs. Martin-Serf ; APC 2009, n° 231, obs. Salvat ; RDBF 2009, n° 157, obs. Cerles ; Gaz. Pal. 1er-3 nov. 2009, p. 38, obs. Le Corre ; JCP E 2010. 1011, n° 4, obs. Cabrillac et Pétel ; RPC 2010, n° 66, obs. Pérochon.* ♦ Viole l'art. 2314 C. civ., l'art. L. 621-96 C. com., dans sa rédaction antérieure à la loi du 26 juill. 2005, et l'art. L. 143-12 du même code la cour d'appel qui, pour décharger la caution de ses engagements de caution, retient qu'à défaut d'accomplissement par la banque d'une inscription modificative de son privilège postérieurement à la cession du fonds de commerce nanti dans le cadre du plan de cession de la société emprunteuse la garantie est perdue et la caution ne peut plus être subrogée dans les droits du créancier gagiste par le fait de la banque. • Même arrêt. ♦ Comp., pour un arrêt antérieur ayant jugé, à propos du nantissement sur matériel et outillage, que la caution est déchargée lorsque la banque créancière n'a pas fait procéder à l'inscription modificative de son privilège sur le compte de l'entreprise cessionnaire : • Com. 3 févr. 1998, n° 95-13.853 P : *D. 1998. 583, note Chazal ; D. 1999. Somm. 7, obs. Derrida ; D. Affaires 1998. 478, obs. A. L. ; JCP E 1998, n° 36, p. 1358, obs. Cabrillac ; Rev. huiss. 1998. 1186, note Courtier ; Defrénois 1999. 246, obs. Sénéchal ; RPC 2001. 89, obs. Soinne.*

Selon l'art. 93, al. 3, devenu l'art. L. 621-96, al. 3, [L. 642-12, al. 4] C. com., la transmission au cessionnaire de la charge des sûretés s'opère de plein droit, sauf accord entre le cessionnaire et le créancier titulaire d'une sûreté mentionnée par ce texte ; le tribunal n'ayant pas constaté un tel accord, la perte du nantissement résultant du jugement arrêtant le plan de cession n'est pas imputable exclusivement au créancier et la caution ne saurait donc être déchargée sur le fondement de l'art. 2037 [2314] C. civ. (dans l'hypothèse où l'offre de reprise du cessionnaire excluait l'application de l'art. L. 621-96, al. 3). • Com. 13 mai 2003, n° 99-21.551 P : *D. 2003. AJ 1629, obs. Avena-Robardet ; JCP E 2003, n° 40, p. 1569, obs. Cabrillac ; RTD com. 2004. 155, obs. Martin-Serf ; Defrénois 2004. 884, obs. J. Honorat.* – Dans le même sens, V. • Com. 4 janv. 2005 : *Gaz. Pal. 29-30 avr. 2005, p. 44, obs. Le Corre.* ♦ Pour la décharge de la caution en cas d'accord entre le cessionnaire et le créancier titulaire de la sûreté, V. • Com. 20 oct. 2021, n° 20-16.980 B : *D. 2021. 2124, note Sebban ; JCP E 2021. 1549, note Legeais ; LEDEN 12/2021. 2, obs. Favre-Rochex ; RJDA 2022, n° 169* • Aix-en-Provence, 12 avr. 2007 : *D. 2007. AJ 1276* .

V. aussi note 18.

Comp., désormais : art. L. 642-12, al. 4, dans sa réd. issue de l'Ord. n° 2021-1193 du 15 sept. 2021, aux termes duquel le débiteur est libéré des échéances restant dues.

15. Substitution de cessionnaire. V. note 3 ss. art. L. 642-9.

16. Purge des inscriptions. Il résulte des dispositions de l'art. 93 [C. com., art. L. 642-12], al. 1er et 3, que lorsqu'un immeuble grevé d'hypothèques est inclus dans le plan de cession d'une entreprise, les créanciers hypothécaires inscrits perdent leur droit de suite à partir du paiement complet du prix qui emporte purge des inscriptions grevant les biens compris dans la cession, mais conservent l'exercice de leur droit de préférence sur la quote-part du prix de cession affectée à l'immeuble par le tribunal. • Com. 17 janv. 1995, n° 91-21.671 P : *D. 1995. Somm. 216, obs. Honorat* ; *D. 1996. Somm. 206, obs. S. Piedelièvre* ; *JCP N 1995. II. 935, note Frémont* ; *Defrénois 1995. 967, obs. Sénéchal* ; *Rev. huiss. 1996. 57, note Courtier.* – V. aussi • Com. 30 mars 2010, n° 09-13.101 P : *D. 2010. Actu. 958* ; *LEDEN 6/2010. 3, obs. J.-P. Sénéchal* ; *Gaz. Pal. 2-3 juill. 2010, p. 28, obs. Voinot* ; *RPC 2010, n° 174, obs. Fraimout* ; *ibid., n° 177, obs. Pérochon* ; *Defrénois 2010. 1485, obs. Gibirila.*

17. Avant la loi du 10 juin 1994, le paiement complet du prix de cession, indépendamment du règlement des échéances restant dues à compter de l'entrée en jouissance des biens nantis, était sans influence sur le droit, pour le créancier bénéficiaire d'un nantissement sur le matériel d'équipement professionnel, de poursuivre le recouvrement de sa créance contre le cessionnaire. • Com. 23 nov. 1993 : *préc. note 6.* ♦ Comp., désormais : art. L. 642-12, al. 2.

18. Le paiement complet du prix emportant purge des inscriptions grevant les biens compris dans la cession, ce dont il résulte que le créancier nanti perd son droit de suite, l'omission de faire apposer des plaques mentionnant l'inscription sur le matériel nanti est sans incidence sur l'étendue des droits du créancier susceptibles de bénéficier à la caution qui ne subit, de ce fait, aucun préjudice consécutif à cette négligence. • Com. 26 mai 1999, n° 96-14.675 P : *D. 1999. IR 162* ; *RTD com. 1999. 962, obs. Saint-Alary-Houin* ; *RPC 2000. 58, obs. Kerckhove.*

19. Droit de suite contre le cessionnaire. Si, en application de l'art. L. 642-12, al. 4, la cession des biens grevés d'une hypothèque garantissant le remboursement de prêts consentis au débiteur pour financer l'acquisition de ces biens transfère au cessionnaire la charge de l'hypothèque et l'oblige au paiement des échéances dues à compter du transfert de propriété convenues avec le créancier, elle n'emporte pas novation par substitution de débiteur de sorte que ce dernier restant débiteur des mensualités mises à la charge du cessionnaire, le créancier hypothécaire, qui a conservé le bénéfice de sa sûreté garantissant cette créance et le droit de suite en résultant, peut exercer ce droit contre le cessionnaire défaillant, dans la limite des échéances impayées postérieurement à la cession. • Com. 20 mars 2019, n° 17-29.009 P : *D. 2019. Actu. 637* ; *RTD com. 2019. 503, obs. Saint-Alary-Houin* ; *RTD civ. 2020. 181, obs. Théry* ; *JCP E 2019. 1312, note Legeais* ; *ibid. 1375, n° 10, obs. Tehrani* ; *APC 2019, n° 91, obs. Cagnoli* ; *LEDEN 5/2019. 5, obs. Cavelier* ; *RJDA 2019, n° 450* ; *RDBF 2019, n° 104, obs. Houin-Bressand* ; *RPC 2019, n° 69, obs. Gijsbers* ; *BJE 7-8/2019. 29, note Dols-Magneville.*

20. Dérogation à l'art. L. 642-12, al. 3, par accord entre le cessionnaire et le créancier titulaire d'une sûreté. Un tel accord ne résulte pas du fait que le créancier et le cessionnaire sont convenus du montant dû par ce dernier au titre des échéances futures du prêt garanti par la sûreté. • Com. 19 oct. 2010, n° 09-68.377 P : *D. 2010. Actu. 2510, obs. Lienhard* ; *D. 2011. Pan. 408, obs. Crocq* ; *RTD com. 2011. 170, obs. Martin-Serf* ; *JCP E 2011. 1030, n° 4, obs. Cabrillac* ; *LEDEN 12/2010. 3, obs. Borga* ; *APC 2010, n° 277, obs. Amlon* ; *LPA 20 déc. 2010, obs. Nabet* ; *RJDA 2011, n° 65* ; *Gaz. Pal. 7-8 janv. 2011, p. 42, obs. Le Corre* ; *RPC 2011, n° 9, obs. Patureau et Perot-Reboul* ; *BJE 2011. 30, note Lisanti.*

21. Radiation des inscriptions. Conformément à l'art. 2157 [2435] C. civ., en l'absence de consentement des parties intéressées, la radiation des inscriptions ne peut se faire que sur décision judiciaire. • Com. 17 janv. 1995 : *préc. note 16.* ♦ Sur la compétence, V. art. R. 642-10, al. 2.

22. Réserve de propriété. V. note 42 ss. ancien art. L. 621-32, ss. art. L. 622-17.

23. Maintien de l'obligation du débiteur. De la combinaison de l'art. 93 et de l'art. 86 [C. com., art. L. 642-12 et L. 642-7], il résulte que la cession du contrat intervenue en vertu de la décision du tribunal, et non pas de la volonté des parties, n'emporte pas extinction de l'obligation originelle et remplacement de celle-ci par une obligation nouvelle qui lui serait substituée mais que, s'agissant d'un seul et même contrat dans l'exécution duquel le cessionnaire succède au débiteur originel en redressement judiciaire et se trouve tenu des obligations de paiement de celui-ci à la date du transfert, soit de la jouissance du bien nanti, en cas de location-gérance, soit de la propriété de celui-ci, le débiteur en redressement demeure seulement tenu du passif créé pendant sa propre exécution du contrat (transmise en application de l'art. 93 [C. com., art. L. 642-12]) qui a pris fin au moment où le cessionnaire lui a succédé dans l'exécution de celui-ci. • Bordeaux, 22 mars 1995 : *RPC 1996. 105, obs. crit. Soinne.* ♦ V. aussi • Douai, 12 nov. 1998 : *RPC 2001. 91, obs. Soinne.*

V. aussi note 31 ss. art. L. 642-7.

24. Attribution de l'indemnité d'assurance. Le créancier gagiste titulaire d'un droit direct sur l'indemnité d'assurance, en vertu de l'art. L. 121-13 C. assur., dispose seul du pouvoir de décider de l'affectation de ladite indemnité, et il ne peut lui être imposé de recevoir le prix de cession du véhicule réparé (cédé dans le cadre du plan de cession) au lieu et place de l'indemnité. • Com. 12 mai 1998, n° 95-17.755 P : *D. 1999. Somm. 6, obs. Derrida* ; *D. Affaires 1998. 1005, obs. A. L.* ; *JCP E 1998, n° 36, p. 1359, obs. Cabrillac* ; *RTD com. 1999. 748, obs.*

Martin-Serf ✍. ♦ V. aussi note 81 ss. art. L. 622-24.

25. Droit transitoire. En ce sens que les modifications issues de la loi du 10 juin 1994 ne peuvent être appliquées aux affaires en cours, V. • Chambéry, 3 mars 1997 : *RPC 2001. 89, obs. Soinne.*

26. Voies de recours. V. note 10 ss. ancien art. L. 661-6.

Art. L. 642-13 *(L. n° 2005-845 du 26 juill. 2005, art. 111)* **Par le jugement qui arrête le plan de cession, le tribunal peut autoriser la conclusion d'un contrat de location-gérance, même en présence de toute clause contraire, notamment dans le bail de l'immeuble, au profit de la personne qui a présenté l'offre d'acquisition permettant dans les meilleures conditions d'assurer le plus durablement l'emploi et le paiement des créanciers.**

Le tribunal statue après avoir entendu ou dûment appelé le liquidateur, l'administrateur judiciaire lorsqu'il en a été désigné, les contrôleurs, *(Ord. n° 2021-1193 du 15 sept. 2021, art. 58, en vigueur le 1er oct. 2021)* **« la ou les personnes désignées par le comité social et économique » et toute personne intéressée et après avoir recueilli l'avis du ministère public.** — *Pour les dispositions transitoires de l'Ord. n° 2021-1193 du 15 sept. 2021, V. note ss. art. L. 611-2.*

Sur la location-gérance des entreprises titulaires d'une autorisation relative à un service de communication audiovisuelle, V. L. n° 86-1067 du 30 sept. 1986, art. 42-12. — ***C. communic.*** *ou* ***C. pr. coll.***

Art. L. 642-14 *(L. n° 2019-744 du 19 juill. 2019, art. 2)* **L'article L. 144-7 n'est pas applicable.**

Art. L. 642-15 *(L. n° 2005-845 du 26 juill. 2005, art. 111)* **En cas de location-gérance, l'entreprise doit être effectivement cédée dans les deux ans du jugement qui arrête le plan.**

Durée maximale. L'art. 97 [C. com., art. L. 642-15] étant d'ordre public, le plan de redressement ne saurait prévoir une location-gérance excédant une durée de deux ans. • Versailles, 16 déc. 1987 : *RPC 1988. 317, obs. Soinne ; RJ com. 1988. 232, note Martin-Serf.*

Art. L. 642-16 *(L. n° 2005-845 du 26 juill. 2005, art. 111)* **Le liquidateur peut se faire communiquer par le locataire-gérant tous les documents et informations utiles à sa mission. Il rend compte au tribunal de toute atteinte aux éléments pris en location-gérance ainsi que de l'inexécution des obligations incombant au locataire-gérant.**

Le tribunal, d'office ou à la demande du liquidateur ou du ministère public, peut ordonner la résiliation du contrat de location-gérance et la résolution du plan.

V. art. R. 642-21.

Les procédures ouvertes en vertu de l'anc. art. L. 621-98 [V. éd. 2007 et antérieures du ***C. com.*** *] ne sont pas affectées par l'entrée en vigueur de la L. n° 2005-845 du 26 juill. 2005 (L. préc., art. 192).*

1. Défaillance du locataire-gérant. Au cas où le locataire-gérant n'a pas exécuté ses engagements, le tribunal prononce la résiliation du contrat de location, puis la résolution du plan de cession et [avant la loi du 26 juill. 2005] l'ouverture d'un nouveau redressement judiciaire à l'égard du loueur, qui doit être convoqué ainsi que le locataire-gérant devant le tribunal. • Nancy, 1er avr. 1988 : *RPC 1989. 172, obs. Soinne.*

2. Résiliation. Le débiteur ne figure pas parmi les personnes pouvant saisir le tribunal d'une demande de résiliation du contrat de location-gérance que comporte le plan de cession, susceptible d'avoir pour conséquence la résolution du plan. • Paris, 2 mars 1990 : *D. 1991. Somm. 16, obs. Derrida* ✍.

Art. L. 642-17 *(L. n° 2005-845 du 26 juill. 2005, art. 111)* **Si le locataire-gérant n'exécute pas son obligation d'acquérir dans les conditions et délais fixés par le plan, le tribunal, d'office ou à la demande du liquidateur ou du ministère public, ordonne la résiliation du contrat de location-gérance et la résolution du plan sans préjudice de tous dommages et intérêts.**

Toutefois, lorsque le locataire-gérant justifie qu'il ne peut acquérir aux conditions initialement prévues pour une cause qui ne lui est pas imputable, il peut demander au tribunal de modifier ces conditions, sauf en ce qui concerne le montant du prix et le

délai prévu à l'article L. 642-15. Le tribunal statue avant l'expiration du contrat de location et après avoir recueilli l'avis du ministère public et entendu ou dûment appelé le liquidateur, l'administrateur lorsqu'il en est désigné, les contrôleurs, *(Ord. n° 2021-1193 du 15 sept. 2021, art. 58, en vigueur le 1er oct. 2021)* « la ou les personnes désignées par le comité social et économique » et toute personne intéressée. – *Pour les dispositions transitoires de l'Ord. n° 2021-1193 du 15 sept. 2021, V. note ss. art. L. 611-2.*

1. Interprétation stricte. La sanction de l'art. 98 [C. com., art. L. 642-17] ne peut intervenir lorsque le locataire-gérant n'a pas payé le dépôt de garantie et certaines redevances mensuelles. • Dijon, 2 avr. 1996 : *RPC 1998. 374, obs. Soinne.* ♦ Le défaut de paiement peut seulement entraîner la résolution du contrat de gérance et du plan. • Même arrêt.

2. Délais de paiement. Pour l'octroi de délais de paiement dans le règlement du prix de cession, afin d'assurer la poursuite de l'activité, V. • T. com. Paris, 7 nov. 1988 : *RPC 1989. 173, obs. Soinne* • 31 oct. 1988 : *Gaz. Pal. 1989. 1. 355, note Marchi.*

3. Causes non imputables au gérant. Ne peuvent être considérées comme « causes non imputables au locataire-gérant », les difficultés de gestion, financières ou commerciales, qu'il pourrait rencontrer, lesquelles existent dans la conduite de toute entreprise. • T. com. Paris, 31 oct. 1988 : *préc. note 2.* ♦ Parmi ces difficultés sont à classer la non-poursuite de contrats en cours, le départ des salariés, en particulier lorsque la preuve d'une concurrence déloyale ne peut être apportée, ou des difficultés de règlement de la part des fournisseurs. • Même jugement. – Comp. : • T. com. Marseille, 4 déc. 1989 : *D. 1991. Somm. 17, obs. Derrida.*

SECTION II DE LA CESSION DES ACTIFS DU DÉBITEUR

BIBL. GÉN. ► Théron, *D. 2006. 570* (moment de perfection des transferts « autorisés » en période de liquidation) ; *RPC 2008. Dossier 13* (vente du fonds de commerce) ; *BJE 2012. 253* (obstacles à contourner et modalités de la cession isolée des biens du débiteur). – Vauvillé, *Dr. et patr. 3/2006. 80.* – Brignon, *RPC 2012. Étude 22* (date de transfert de propriété des actifs). – Lienhard, *Mél. Merle, Dalloz, 2012, p. 477* (cession du fonds de commerce en tant qu'actif isolé). – Dossier « Les cessions isolées d'actifs », *RPC 2015. Dossiers 18 à 35.*

Art. L. 642-18 *(Ord. n° 2008-1345 du 18 déc. 2008, art. 116)* « **Les ventes d'immeubles ont lieu conformément aux articles** *(Ord. n° 2011-1895 du 19 déc. 2011, art. 2 et 4, en vigueur le 1er juin 2012)* « **L. 322-5 à L. 322-13 du code des procédures civiles d'exécution** », **à l'exception des articles** *(Ord. n° 2011-1895 du 19 déc. 2011, art. 2 et 4, en vigueur le 1er juin 2012)* « **L. 322-6 et L. 322-9** », **sous réserve que ces dispositions ne soient pas contraires à celles du présent code. Le juge-commissaire fixe la mise à prix et les conditions essentielles de la vente.** »

Lorsqu'une procédure de saisie immobilière engagée avant l'ouverture *(L. n° 2005-845 du 26 juill. 2005, art. 112)* « **de la procédure de sauvegarde, de redressement ou de** » **liquidation judiciaires a été suspendue par l'effet de cette dernière, le liquidateur peut être subrogé dans les droits du créancier saisissant pour les actes que celui-ci a effectués, lesquels sont réputés accomplis pour le compte du liquidateur qui procède à la vente des immeubles. La saisie immobilière peut alors reprendre son cours au stade où le jugement d'ouverture l'avait suspendue.**

(Ord. n° 2008-1345 du 18 déc. 2008, art. 116) « **Le** » **juge-commissaire peut, si la consistance des biens, leur emplacement ou les offres reçues sont de nature à permettre une cession amiable dans de meilleures conditions,** *(L. n° 2005-845 du 26 juill. 2005, art. 112)* « **ordonner la vente par adjudication amiable sur la mise à prix qu'il fixe ou autoriser la vente de gré à gré** » **aux prix et conditions qu'il détermine.** *(Ord. n° 2008-1345 du 18 déc. 2008, art. 116)* « **En cas d'adjudication amiable, les articles** *(Ord. n° 2011-1895 du 19 déc. 2011, art. 2 et 4, en vigueur le 1er juin 2012)* « **L. 322-7, L. 322-8 et L. 322-10 à L. 322-12 du code des procédures civiles d'exécution** » **sont applicables, sous la réserve prévue au premier alinéa, et il peut toujours être fait surenchère.**

« **Pour les adjudications réalisées en application des alinéas qui précèdent, le paiement du prix au liquidateur et des frais de la vente emportent purge des hypothèques et de tout privilège du chef du débiteur. L'adjudicataire ne peut, avant d'avoir procédé à ces paiements, accomplir un acte de disposition sur le bien à l'exception de la constitution d'une hypothèque accessoire à un contrat de prêt destiné à l'acquisition de ce bien.** »

Le liquidateur répartit le produit des ventes et règle l'ordre entre les créanciers, sous réserve des contestations qui sont portées devant le *(Ord. n° 2006-461 du 21 avr. 2006, art. 14)* **« juge de l'exécution ».** *— L'Ord. n° 2006-461 du 21 avr. 2006 entrera en vigueur à la date de l'entrée en vigueur du décret en Conseil d'État prévu à son art. 23 et, au plus tard, le 1er janv. 2007 (Ord. préc., art. 25). — Le Décr. n° 2006-936 du 27 juill. 2006 est entré en vigueur le 1er janv. 2007 (Décr. préc., art. 168).*

En cas de liquidation judiciaire d'un *(Ord. n° 2014-326 du 12 mars 2014, art. 74, en vigueur le 1er juill. 2014)* **« débiteur, personne physique** *[ancienne rédaction : agriculteur]* **», le tribunal peut, en considération de** *(Ord. n° 2014-326 du 12 mars 2014, art. 74, en vigueur le 1er juill. 2014)* **« sa situation personnelle et familiale », lui accorder des délais de grâce dont il détermine la durée pour quitter sa maison d'habitation principale.**

Les modalités d'application du présent article sont fixées par décret en Conseil d'État. *— [C. com., anc. art. L. 622-16.] — V. art. R. 642-22 s.*

Sur les ventes d'immeubles dans les départements du Bas-Rhin, du Haut-Rhin et de la Moselle, V. art. L. 670-8.

BIBL. ▶ GAZEAU, BLIN et SARDOT, *JCP N 2014. 1189* (le notaire et la réalisation des actifs en liquidation judiciaire – la vente des immeubles). ▶ Régime antérieur à la loi du 26 juill. 2005 : DAUBLON, *Defrénois 1986. 817.* – FRÉMONT, *JCP N 1987. I. 1.* – PROVANCAL, *RPC 1987, n° 2, p. 11* (distribution du prix). – SÉNÉCHAL, *Defrénois 1993. 817* (détention et distribution du prix) ; *LPA 28 oct. 1998* (vente des immeubles et distribution de leur prix). – GALLET, *Gaz. Pal. 1990. 2. Doctr. 595* (vente à la requête d'un créancier). – P. RIEG, *JCP N 1995. Prat. 3391.* – DERRIDA, *Defrénois 1995. 1073.* – VAUVILLÉ, *Dr. et patr. 10/1997. 33* (purge des inscriptions). – FERNANDEZ, *LPA 17 déc. 1997* (même thème). – GARÇON, *JCP E 1999, n° 13, p. 561* (pacte de préférence) ; *JCP E 2001, n° 13, p. 548* (droit de préemption urbain après la loi SRU du 13 déc. 2000). – Colloque organisé par le Crajefe le 29 mai 1999, *LPA 12 janv. 2000.* – NAVARRE-LAROCHE, *Gaz. Pal. 2000. Doctr. 718* (sort de l'immeuble indivis hypothéqué). – Journée d'études organisée par l'IFPPC le 4 mai 1999, *LPA 18 juill. 2000 et 19 juill. 2000.* – MACORIG-VENIER, *JCP N 2004, n° 27, p. 1070* (ventes de gré à gré dans la liquidation judiciaire : actualité et perspectives). – M. SÉNÉCHAL, *D. 2004. Chron. 2845* (réalisation des droits du créancier hypothécaire).

1. Saisie immobilière. L'autorisation de vendre un immeuble du débiteur en liquidation judiciaire autrement que par voie de saisie immobilière étant donnée par le juge-commissaire dans les conditions prévues à l'art. 154 [C. com., art. L. 642-18], al. 2 [3], il en résulte que si ce magistrat a autorisé le liquidateur à vendre l'immeuble par voie de saisie immobilière, il ne peut être demandé au tribunal de grande instance de convertir cette vente en vente volontaire sur le fondement des art. 744 et 745 C. pr. civ. ancien. • Com. 11 avr. 1995, n° 92-12.254 P : *D. 1995. 333, rapp. Rémery, note Honorat.*

Sur les effets du dessaisissement, V. note 18 ss. art. L. 641-9.

2. Cession amiable. L'art. 154 [C. com., art. L. 642-18] laisse au juge-commissaire toute latitude pour choisir entre la vente par adjudication et le gré à gré sans établir de hiérarchie, ni conférer à la vente de gré à gré le caractère d'une exception. • Paris, 27 févr. 1990 : *Gaz. Pal. 1991. 1. 314, note Marchi ; RTD com. 1990. 479, obs. Haehl.* – V. aussi • Paris, 22 févr. 1991 : *D. 1992. Somm. 89, obs. Derrida.*

3. L'autorisation de vendre de gré à gré un bien immobilier dépendant de la liquidation judiciaire suppose qu'une ou plusieurs offres d'achat aient été préalablement présentées ; le bien n'ayant fait l'objet d'aucune proposition d'achat consentie par une personne déterminée pour un prix défini et la vente par adjudication amiable n'ayant pas été demandée ni ses conditions réunies, c'est à bon droit que le juge-commissaire a ordonné la vente par voie d'adjudication judiciaire. • Com. 15 mai 2019, n° 17-23.753 P : *D. 2019. Actu. 1101 ; RTD com. 2019. 769, obs. Vallens ; JCP E 2019. 1375, n° 13, obs. Tehrani ; APC 2019, n° 157, obs. Fin-Langer ; RJDA 2019, n° 579 ; BJE 9-10/2019. 20, note Hugon.*

4. L'autorisation du juge-commissaire de vendre un immeuble de gré à gré aux conditions d'une offre déterminée ne vaut qu'au profit de l'auteur de celle-ci, peu important que son nom ne figure pas dans le dispositif. • Com. 3 mai 2006, n° 04-20.397 P : *D. 2006. AJ 1453, obs. Lienhard ; Gaz. Pal. 14-18 juill. 2006, p. 30, obs. M. Sénéchal ; JCP E 2006, n° 37, p. 1533, obs. Cabrillac ; RDBF 2006, n° 165, obs. F.-X. Lucas ; RJ com. 2006. 403, note Sortais.*

5. Il résulte de l'art. L. 213-1 C. urb. que ne sont exclus de l'exercice du droit de préemption que les immeubles compris dans un plan de cession arrêté en application de l'art. L. 631-22 ou des art. L. 642-1 s. C. com. ; l'ordonnance autorisant le liquidateur judiciaire de la société propriétaire de l'immeuble litigieux à accepter l'offre d'acquisition, ayant été prise en application de l'art. L. 642-18 C. com., la vente n'a pas été mise en œuvre dans le cadre d'un plan de cession de la société et la commune pouvait donc exercer son droit de préemption sur cet immeuble. • CE 17 déc. 2008 : *D. 2009. AJ 102, obs. Vincent ;*

JCP N 2009. 1232, note Lebel.

La SAFER peut exercer son droit de préemption sur les biens d'un débiteur en liquidation judiciaire dont le juge-commissaire autorise la vente de gré à gré. • Com. 15 oct. 2002, n° 98-21.669 P : *D. 2002. AJ 3012, obs. Lienhard ; JCP E 2003, n° 5, p. 220, obs. Pétel ; Gaz. Pal. 2003. 1805, obs. Lachaud ; LPA 14 juill. 2003, p. 8, note Roussel Galle.* ♦ V. note 6 ss. ancien art. L. 622-17 ss. art. L. 642-19. ♦ Dans le même sens, pour le droit de préemption du preneur d'un bien rural (C. rur., art. L. 412-1), V. • Civ. 3e, 5 févr. 2003, n° 01-17.145 P : *D. 2003. AJ 696 ; APC 2003, n° 75, obs. Regnaut-Moutier ; LPA 14 juill. 2003, p. 8, note Roussel Galle.* ♦ Toutefois, l'exercice du droit de préemption par la SAFER ne peut avoir pour effet de modifier les conditions de la vente autorisée par le juge-commissaire. • Civ. 3e, 19 sept. 2012, n° 10-21.858 P : *D. 2012. Actu. 2164, obs. Lienhard ; JCP E 2012. 1757, n° 10, obs. Pétel ; LEDEN 10/2012. 5, obs. J.-P. Sénéchal ; APC 2012, n° 249, obs. Lebel ; BJE 2012. 364, note Saint-Alary-Houin.*

6. La vente de gré à gré d'un actif immobilier dépendant d'une liquidation judiciaire est une vente faite d'autorité de justice ; il en résulte que les dispositions de l'art. L. 145-46-1 C. com., qui concernent le cas où le propriétaire d'un local commercial ou artisanal envisage de le vendre, ne sont pas applicables et qu'une telle vente ne peut donner lieu à l'exercice d'un droit de préemption par le locataire commercial. • Com. 23 mars 2022, n° 20-19.174 B : *D. 2022. Actu. 605.*

7. Lorsque le juge-commissaire autorise, en application de l'art. 154, al. 3, devenu l'art. L. 622-16 [L. 642-18], al. 3, C. com., la cession amiable de biens immobiliers compris dans l'actif de la procédure collective, il résulte de l'art. 138, al. 3, du Décr. du 27 déc. 1985 [C. com., art. R. 642-36, al. 3] que le liquidateur passe les actes nécessaires à la réalisation de la vente ; dès lors, s'il n'en est autrement décidé par l'ordonnance du juge-commissaire, le transfert de la propriété des biens s'opère à la date de passation des actes précités. • Com. 16 oct. 2001, n° 98-12.216 P : *D. 2001. AJ 3349, obs. Lienhard ; ibid. 2002. Somm. 1479, obs. Honorat ; APC 2001, n° 251, obs. Vallansan ; JCP E 2002, n° 3, p. 129, obs. Cabrillac.* – Dans le même sens, V. • Com. 13 mars 2012, n° 10-24.192 P : *D. 2012. Actu. 806, obs. Lienhard ; RJDA 2012, n° 702 ; Gaz. Pal. 3-4 août 2012, p. 27, obs. Théron.*

8. Si la vente de gré à gré d'un immeuble compris dans l'actif du débiteur en liquidation judiciaire n'est réalisée que par l'accomplissement d'actes postérieurs à la décision du juge-commissaire qui autorise, sur le fondement de l'art. L. 622-16 [L. 642-18], al. 3, C. com., la cession de ce bien, celle-ci n'en est pas moins parfaite dès l'ordonnance, sous la condition suspensive que la décision acquière force de chose jugée. • Com. 4 oct. 2005, n° 04-15.062 P : *D. 2005. AJ 2593, obs. Lienhard ; JCP E 2005, n° 50, p. 2154, note Rakotovahiny ; ibid. 2006, n° 2, p. 74, obs. Cabrillac et Pétel ; APC 2005, n° 233, obs. Roussel Galle ; Gaz. Pal. 10-11 févr. 2006, p. 25, obs. M. Sénéchal* • 11 juin 2014, n° 13-16.194 P : *D. 2014. Actu. 1325 ; JCP E 2014. 1448, note Lebel ; JCP 2014. 1017, note Brignon ; APC 2014, n° 223, obs. Vallansan ; RJDA 2014, n° 856 ; Defrénois 2015. 245, obs. Vauvillé ; RPC 2015, n° 24, note Berthelot.*

9. L'acquéreur peut invoquer la condition suspensive dont il a assorti son offre d'achat, peu important que l'ordonnance du juge-commissaire autorisant la vente à son profit ne la mentionne pas expressément. • Com. 27 sept. 2016, n° 14-22.372 P : *D. 2016. Actu. 1998 ; Rev. sociétés 2016. 771, obs. Roussel Galle ; JCP E 2016. 1583, note Brignon ; ibid. 1661, n° 4, obs. Pétel ; RJDA 2016, n° 884 ; BJE 2017. 25, note Théron ; RPC 2017, n° 43, obs. Reille.*

10. Lors de la vente de gré à gré de l'immeuble d'un débiteur en liquidation judiciaire, le liquidateur n'est pas tenu d'une obligation d'information et de conseil à l'égard de l'acquéreur. • Civ. 3e, 21 déc. 2017, n° 16-20.675 P : *D. 2018. Actu. 5, obs. Lienhard ; JCP E 2018. 1159, n° 10, obs. Tehrani ; ibid. 1176, note Lebel ; APC 2018, n° 39, obs. Mauger-Vielpeau ; LEDEN 3/2018. 5, obs. Houssin ; RPC 2018, n° 75, obs. Berthelot ; RJDA 2018, n° 445 ; BJE 2018. 198, note Théron.* – V. Rolland, *RPC 2018. Étude 12.*

11. L'ordonnance qui, dans le cadre de la réalisation des actifs d'une liquidation judiciaire, autorise la cession de gré à gré d'un bien conformément aux conditions et modalités d'une offre déterminée rend impossible la rétractation de son consentement par l'auteur de l'offre. • Com. 14 nov. 2019, n° 18-15.871 P : *D. 2020. Pan. 1867, obs. Cagnoli ; JCP E 2020. 1204, n° 9, obs. Tehrani ; LEDEN 1/2020. 6, obs. Lafaurie ; APC 2020, n° 11, obs. Vallansan ; BJE 1-2/2020. 38, note Favre Rochex ; RJDA 2020, n° 97.*

12. *Biens communs.* L'art. L. 642-18, en se bornant à préciser que le juge-commissaire fixe la mise à prix et les conditions essentielles de la vente des immeubles appartenant au débiteur en liquidation judiciaire, ne porte, par lui-même, aucune atteinte au droit de propriété de son conjoint commun en biens, dont les droits ne sont affectés que par l'effet de la règle énoncée à l'art. 1413 C. civ. (non-renvoi de la QPC). • Com. 10 juill. 2014 : *Rev. sociétés 2014. 529, obs. Roussel Galle ; LEDEN 9/2014. 3, obs. Favario ; Gaz. Pal. 5-7 oct. 2014, p. 43, obs. Antonini-Cochin ; RJDA 2015, n° 35 ; RPC 2015, n° 75, obs. Lisanti.*

Lorsque des époux mariés sous le régime de la communauté légale ont été, par des décisions successives, mis, chacun, en liquidation judiciaire, la vente de gré à gré des biens communs, soumis dès son prononcé à l'effet réel de la procédure collective première ouverte, ne peut être autorisée que par le juge-commissaire de cette procédure. • Com. 16 mars 2010, n° 08-13.147 P : *D. 2010. Chron. C. cass. 1112, obs. Bélaval ; ibid. Pan. 1828, obs. Le Corre ; ibid. AJ 825, obs. Lienhard ; JCP E 2010. 1742, n° 6, obs. Cabrillac ; APC 2010, n° 122, obs. Vallansan ; LEDEN 5/2010. 1, obs. F.-X. Lucas ; Gaz. Pal. 2-3 juill. 2010, p. 13, note Antonini-Cochin ; RPC 2010, n° 248, obs. Berthelot.*

Dès lors que le jugement de divorce, qui a été retranscrit sur les actes d'état civil après l'ouverture de la procédure de redressement judiciaire du mari, n'a été rendu opposable aux tiers en ce qui concerne les biens des époux que postérieurement à l'ouverture de la procédure collective, l'immeuble dépendant de la communauté est entré dans le gage commun des créanciers de celle-ci avant qu'il ne devienne indivis, de sorte que le liquidateur judiciaire peut procéder à sa réalisation dans les conditions prévues à l'art. L. 642-18 C. com. • Com. 27 sept. 2016, n° 15-10.428 P : *D. 2016. Actu. 1998 ; AJ fam. 2016. 541, obs. Casey ; JCP E 2016. 1661, n° 3, obs. Pétel ; LEDEN 11/2016. 4, obs. Rubellin ; RJDA 2016, n° 885 ; RDBF 2016, n° 249, obs. S. Piedelièvre ; RPC 2017, n° 1, obs. Reille.*

V. aussi note 19.

13. Logement familial. BIBL. Vauvillé, *JCP N 1993. I. 79.* ♦ L'art. 215, al. 3, C. civ. (prévoyant, à peine de nullité, que les époux ne peuvent l'un sans l'autre disposer des droits par lesquels est assuré le logement de la famille) est inapplicable en cas de vente forcée. • Civ. 1re, 21 mai 1997 : *D. Affaires 1997. 905 ; JCP E 1997. I. 681, n° 14, obs. Pétel* • Paris, 9 mars 1992 : *D. 1992. IR 49.* ♦ En conséquence, lorsque des époux sont propriétaires indivis de leur logement familial et que l'un d'eux a été mis en liquidation judiciaire, le liquidateur, qui a été autorisé par le juge-commissaire à procéder à la vente judiciaire du logement, peut provoquer par la voie de l'action oblique le partage de l'indivision conventionnelle des époux portant sur ce logement et solliciter la licitation dès lors que le partage ne peut être réalisé en nature. • Paris, 2 déc. 1995 : *RJDA 1996, n° 706.*

Comp., désormais : C. pr. exéc., art. L. 311-7.

Sur les effets de la déclaration d'insaisissabilité effectuée par le débiteur en application de l'art. L. 526-1 C. com., V. note 10 ss. art. L. 641-9.

14. Indivision. Une banque ne peut être condamnée à restituer au liquidateur la partie du prix de vente résultant de l'adjudication d'un immeuble indivis, aux motifs qu'il a été procédé à l'adjudication au mépris de l'art. L. 622-16 [L. 642-18], al. 2, C. com., et qu'il appartenait au seul liquidateur de percevoir la totalité du prix de vente et de procéder à sa répartition suivant l'ordre des créanciers, alors que, créancière de l'indivision qui préexistait à l'ouverture de la procédure collective de l'ex-époux, elle pouvait poursuivre la saisie et la vente de l'immeuble indivis avant tout partage, tandis que le partage auquel aurait été contraint le liquidateur pour déterminer le sort du bien serait demeuré sans effet sur les droits des créanciers de l'indivision. • Com. 18 févr. 2003, n° 00-11. 008 : *D. 2003. AJ 766, obs. Lienhard ; ibid. Somm. 1620, obs. Le Corre ; APC 2003, n° 91, obs. Vallansan ; Procédures 2003, n° 150, note Laporte ; JCP N 2003, n° 47, p. 1701, obs. Vauvillé ; RPC 2003. 356, obs. Dumont ; RJ com. 2004. 31, note Sortais.* – Rappr. : • Com. 20 sept. 2005 : *D. 2006. Pan. 82, obs. Le Corre .* ♦ La liquidation judiciaire étant antérieure au décès du débiteur, le liquidateur, qui représente les créanciers, aurait pu agir avant la création de l'indivision successorale et est donc recevable en application de l'art. 815-17, al. 1er, C. civ., à poursuivre la vente forcée de l'immeuble tombé dans l'indivision successorale. • Com. 18 févr. 2003, n° 00-13. 100 : *Procédures 2003, n° 149, note Laporte ; Dr. et patr. 6/2003. 98, obs. Monsèrié-Bon.* ♦ Dès lors que l'immeuble en cause dépend d'une indivision qui préexistait à l'ouverture de la procédure collective des époux, le liquidateur, représentant les intérêts des créanciers personnels de l'indivisaire en liquidation judiciaire, est fondé à solliciter la licitation de l'immeuble indivis en vertu de l'art. 815-17, al. 3, C. civ. sans avoir à demander l'autorisation préalable du juge-commissaire. • Com. 3 oct. 2006, n° 05-16.463 P : *D. 2006. AJ 2602, obs. Lienhard ; Gaz. Pal. 19-20 janv. 2007, p. 44, obs. Vauvillé.* ♦ La licitation de l'immeuble indivis, qui est l'une des opérations de liquidation et partage de l'indivision préexistante au jugement d'ouverture de la liquidation judiciaire du propriétaire indivis, échappe aux règles applicables en matière de réalisation des actifs de la procédure collective et ne peut être ordonnée qu'après examen des demandes formées par le coindivisaire tendant au maintien dans l'indivision et à l'attribution préférentielle de l'immeuble. • Com. 20 sept. 2017, n° 16-14.295 P : *D. 2017. Actu. 1831 ; RTD civ. 2017. 898, obs. Dross ; JCP E 2017. 1688, n° 3, obs. Tehrani ; APC 2017, n° 281, obs. Leprovaux ; LEDEN 11/2017. 6, obs. Rubellin ; RJDA 2018, n° 88 ; Gaz. Pal. 16 janv. 2018, p. 79, obs. Antonini-Cochin ; BJE 2018. 28, note Benilsi ; RPC 2018, n° 74, obs. Reille.*

V. aussi note 12 ss. art. 4 du Décr. n° 2007-431 du 25 mars 2007, ss. art. R. 624-7.

15. Purge des hypothèques. Le fait que l'immeuble vendu soit la propriété d'un débiteur en liquidation judiciaire n'est pas de nature à exclure le droit de surenchère prévu par l'art. 2185 [devenu l'art. 2465] C. civ. • Civ. 3e, 17 janv. 2007 : *D. 2007. AJ 379 ; JCP E 2007. 1450, n° 4, obs. Cabrillac ; Gaz. Pal. 13-14 avr. 2007, p. 37, obs. M. Sénéchal.* – V. Vauvillé, *APC 20 mars 2007 ; JCP N 2007. 1264.*

16. Compétence du TGI et du juge-commissaire. Si l'art. 174 du Décr. du 27 déc. 1985 [C. com., art. R. 662-3] dispose que le tribunal saisi d'une procédure de redressement judiciaire connaît de tout ce qui concerne le redressement et la liquidation judiciaires, les contestations en matière de règlement d'ordre entre les créanciers relèvent, par application de l'art. 154 [C. com., art. L. 642-18], al. 4 [5], ci-dessus, de la compétence exclusive du tribunal de grande instance. • Com. 19 oct. 1993, n° 91-11.385 P : *D. 1993. IR 252.* ♦ Comp., désormais : art. L. 642-18, al. 5, dans sa réd. issue de l'Ord. n° 2006-461 du 21 avr. 2006, qui donne compétence au juge de l'exécution.

17. Le juge-commissaire fixe les conditions essentielles de la vente par adjudication amiable au cours de la liquidation judiciaire, dont font partie les modalités de paiement du prix d'adjudication, et le tribunal de grande instance [juge de l'éxécution] ne connaît de la distribution du prix que les contestations formées contre l'état de collocation dressé par le liquidateur de la procédure collective, lesquelles ne peuvent porter que sur le montant de la somme à distribuer, l'ordre de préférence entre créanciers et le montant des collocations. • Com. 28 juin 1994, n° 90-14.828 P : *D. 1994. 477, rapp. Rémery, note Honorat* .

18. Compétence du juge de l'exécution. La vente sur adjudication d'un bien immobilier et ses modalités ayant été fixées par une ordonnance du juge-commissaire, laquelle a été confirmée par un jugement définitif du tribunal de grande instance, il en résulte que cette décision ne peut être remise en cause à l'audience d'orientation devant le juge de l'exécution compétent pour statuer sur les seules contestations postérieures à l'ordonnance du juge-commissaire et fixer la date de l'adjudication. • Civ. 2e, 6 juin 2013, n° 12-18.481 P : *D. 2013. Actu. 1470* ; *RTD civ. 2013. 670, obs. Perrot* ; *JCP E 2013. 1452, note Lebel ; LEDEN 7/2013. 5, obs. Rubellin ; APC 2013, n° 208, obs. Salvat ; RDBF 2013, n° 160, obs. S. Piedelièvre ; BJE 2013. 362, note Hugon ; RPC 2014, n° 29, obs. Reille.*

19. Procédure d'ordre. Il résulte de l'article 154 de la loi du 25 janv. 1985, devenu l'art. L. 622-16 [L. 642-18] C. com., que le liquidateur est chargé de répartir le prix de vente des immeubles inclus dans l'actif de la liquidation judiciaire, fussent-ils des biens communs, et que les droits de chaque époux sur l'actif de la communauté ne peuvent être individualisés durant celle-ci. • Com. 22 mai 2012, n° 11-17.391 P : *D. 2012. Actu. 1399, obs. Lienhard* ; *LEDEN 7/2012. 3, obs. Rubellin ; APC 2012, n° 172, obs. Vauvillé ; RJDA 2012, n° 884 ; RPC 2013, n° 97, obs. Lisanti.* – V. déjà • Cass., avis, 7 déc. 1992, n° 92-09.000 P : *Defrénois 1993. 1045, note Derrida.* ♦ V., pour l'illicéité d'une clause contraire à la règle d'ordre public de répartition du prix de vente : • Com. 26 janv. 2016, n° 14-13.851 P : *D. 2016. Pan. 1039, obs. Arbellot* ; *ibid. 1895, obs. F.-X. Lucas ; LEDEN 3/2016. 3, obs. Rubellin ; BJE 2016. 100, note Sénéchal ; APC 2016, n° 65, obs. Pedemons ; Gaz. Pal. 12 avr. 2016, p. 74, obs. Antonini-Cochin ; RPC 2016, n° 48, obs. Berthelot.*

L'art. 154 [C. com., art. L. 642-18], ni aucun autre texte, ne faisant un sort particulier au créancier bénéficiant d'un privilège spécial sur les immeubles, il en résulte que ce créancier ne peut prétendre obtenir le paiement de sa créance que dans le cadre de la procédure d'ordre. • Amiens, 28 oct. 1997 : *Gaz. Pal. 1998. 2. Somm. 705.*

20. Rescision pour lésion. La vente des immeubles d'un débiteur en liquidation judiciaire par le liquidateur, fût-elle de gré à gré, est une vente qui, d'après l'art. 154, al. 1er et 2, devenu l'art. L. 622-16 [L. 642-18], al. 1er et 3, C. com., ne peut être faite que d'autorité de justice et n'est, en conséquence, pas susceptible de rescision pour lésion. • Com. 16 juin 2004, n° 01-17.185 P : *D. 2004. AJ 2045* ; *JCP E 2004, n° 49, p. 1931, note Rakotovahiny ; ibid. 2005, n° 1-2, p. 28, obs. Cabrillac ; JCP N 2004, n° 41, p. 1518, note Garçon ; Defrénois 2005. 695, note Roussel Galle* • Civ. 3e, 6 oct. 2010, n° 09-66.683 P : *D. 2010. Actu. 2429* ; *JCP E 2011. 1030, n° 7, obs. Cabrillac ; APC 2010, n° 248, obs. Vallansan ; LEDEN 12/2010. 5, obs. Borga ; RJDA 2010, n° 1179.*

21. Les dispositions de l'art. L. 622-16 [L. 642-18] C. com. ne s'appliquant pas à la rescision puisqu'il s'agit non d'une vente mais de la mise à néant d'une vente antérieurement réalisée, il en résulte que l'option prise par le liquidateur en application de l'art. 1681 C. civ. ne requiert pas l'autorisation préalable du juge-commissaire. • Civ. 3e, 8 nov. 2006, n° 05-17.773 P : *D. 2006. AJ 2912, obs. Lienhard* .

22. Action paulienne. L'autorité de l'ordonnance du juge-commissaire qui autorise la vente ne pouvant se trouver affectée par la décision d'inopposabilité que prononce le juge saisi de l'action paulienne, cette action peut être accueillie. • Com. 14 mai 1996, n° 94-11.124 P : *D. 1996. IR 141 ; D. Affaires 1996. 808* (loi de 1967).

23. Suspension d'une procédure de saisie immobilière. Quel que soit le régime applicable à la procédure de saisie immobilière en cours, lorsqu'un jugement de liquidation judiciaire suspend le cours d'une procédure engagée antérieurement, cette procédure peut être reprise par le liquidateur ou par le créancier poursuivant, sur autorisation du juge-commissaire, dans l'état où elle se trouvait au jour du jugement d'ouverture de la procédure collective, de sorte que les actes et formalités antérieurement effectués bénéficient au liquidateur judiciaire comme au créancier poursuivant dispensés de les accomplir, la vente forcée du bien étant, alors, ordonnée par le juge-commissaire qui en fixe la mise à prix et les conditions essentielles. • Civ. 2e, 7 juin 2012, n° 11-18.426 P : *D. 2012. Actu. 1542* ; *LEDEN 7/2012. 2, obs. Camensuli-Feuillard ; APC 2012, n° 186, obs. Hoonakker ; RDBF 2012, n° 162, obs. S. Piedelièvre.*

24. Saisie pénale. Le juge-commissaire et la cour d'appel statuant à sa suite, qui n'ont pas compétence pour se prononcer sur la validité de la saisie pénale et sur la régularité des notifications de l'ordonnance du juge d'instruction l'ayant instituée, ne peuvent que rejeter la requête du liquidateur tendant à voir ordonner la vente aux enchères publiques de biens rendus indisponibles par la saisie pénale. • Com. 15 nov. 2017, n° 16-17.868 P : *D. 2017. Actu. 2366* ; *LEDEN 12/2017. 1, obs. F.-X. Lucas ; Gaz. Pal. 16 janv. 2018, p. 70, obs. Boustani ; BJE 2018. 92, note Sautel ; RJDA 2018, n° 265.*

25. Recours. V. art. L. 642-19-1 ♦ Sur le régime antérieur à la réforme de 2008, V. art. L. 661-5, désormais abrogé. ♦ V. aussi note 4 ss. ancien art. L. 623-4, ss. art. L. 661-4, et ancien art. 25 du Décr. n° 85-1388 du 27 déc. 1985, ss. art. R. 621-21.

Art. L. 642-19 *(Ord. n° 2008-1345 du 18 déc. 2008, art. 117)* **« Le juge-commissaire soit ordonne la vente aux enchères publiques, soit autorise, aux prix et conditions qu'il détermine, la vente de gré à gré des autres biens du débiteur »** *(L. n° 2016-1547 du 18 nov. 2016, art. 100)* **« lorsqu'elle est de nature à garantir les intérêts de celui-ci ».** *(L. n° 2005-845 du 26 juill. 2005, art. 113)* **« Lorsque la vente a lieu aux enchères publiques, il y est procédé dans les conditions prévues, selon le cas, au second alinéa de l'article L. 322-2 ou aux articles L. 322-4 ou L. 322-7. »**

Le juge-commissaire peut demander que le projet de vente amiable lui soit soumis afin de vérifier si les conditions qu'il a fixées ont été respectées. — *[C. com., anc. art. L. 622-18.]*

V. art. R. 642-37-2 s.

Pour les contrats d'édition, V. CPI, art. L. 132-15. — ***CPI*** *ou* ***C. pr. coll.***

Jusqu'au 31 déc. 2020, en cas de vente d'un fonds de commerce réalisée en application de l'art. L. 642-19 C. com., l'art. L. 1224-1 C. trav. n'est pas applicable aux contrats de travail rompus en application de la décision ouvrant ou prononçant la liquidation (L. n° 2020-734 du 17 juin 2020, art. 40, applicable aux procédures en cours à la date du 18 juin 2020).

BIBL. ► Régime antérieur à la loi du 26 juill. 2005 : SOINNE, *RPC 1988. 1.* – GARÇON, *JCP E 1999, n° 13, p. 561* (pacte de préférence). – RAKOTOVAHINY, *D. 2000. Chron. 51* (vente de gré à gré du fonds de commerce) ; *LPA 31 janv. 2000.* – MACORIG-VENIER, *JCP N 2004, n° 27, p. 1070* (ventes de gré à gré dans la liquidation judiciaire : actualité et perspectives).

1. Biens concernés. Lorsque les biens cédés (fonds de commerce, stock de marchandises, matériel divers) n'englobent aucun outil de production propre à l'activité de l'entreprise soumise à la procédure de liquidation judiciaire et ne s'accompagnent de la reprise d'aucun salarié, ni de projet de création immédiate d'emplois, c'est avec pertinence et dans les pleines limites de ses attributions que le juge-commissaire a fondé son ordonnance sur l'art. 156 [C. com., art. L. 642-19], seul applicable en l'espèce, et non sur l'art. 155 [C. com., ancien art. L. 622-17]. • T. com. Lyon, 29 juill. 1986 : *D. 1987. Somm. 93, obs. Derrida.* ♦ Dans le même sens, pour la vente d'une simple marque de fabrique : • Aix-en-Provence, 3 juin 1993 : *RPC 1995. 77, obs. Dureuil.*

2. La liquidation judiciaire du promettant est sans effet sur la promesse de vente qu'il a consentie alors qu'il était maître de ses biens et ne prive pas le bénéficiaire de son droit de lever l'option d'achat ; dès lors, en autorisant la cession du fonds de commerce à un tiers après la levée de l'option d'achat par le bénéficiaire de la promesse, le juge-commissaire excède ses pouvoirs, ce qui rend l'appel du jugement recevable. • Com. 7 mars 2006, n° 05-10.371 P : *D. 2006. AJ 859, obs. Lienhard* ; *ibid. Pan. 2255, obs. F.-X. Lucas* ; *APC 2006, n° 93, obs. Monsèrié-Bon ; JCP E 2006, n° 37, p. 1534, obs. Cabrillac et Pétel ; RTD com. 2006. 669, obs. Vallens* . – V. Coutant-Lapalus, *JCP N 2007. 1044* ; Vauvillé, *ibid. 1266.*

3. Le juge-commissaire ne peut autoriser la cession au profit d'un tiers de biens qui ont été rendus indisponibles par l'effet d'une saisie-vente pratiquée par un créancier. • Com. 2 juin 2015, n° 14-12.230 P : *D. 2015. Actu. 1269* ; *JCP E 2015. 1449, note Lebel ; Journ. sociétés 7/2015, p. 46, obs. Brignon ; BJE 2015. 365, note Camensuli-Feuillard.*

4. Sur une autorisation donnée sous condition de stipuler une clause de réserve de propriété, V. note 27 ss. art. L. 624-16.

5. Offres d'achat. **BIBL.** Delattre, *RJDA 2003, p. 323* (réalisation des actifs d'une entreprise en liquidation judiciaire : ordonnance du juge-commissaire et rétractation). ♦ Les dispositions de l'art. 156 [C. com., art. L. 642-19] font échapper, par leur caractère d'ordre public, l'offre d'achat de gré à gré d'un élément de l'actif mobilier d'un débiteur en liquidation judiciaire aux dispositions d'ordre privé du code civil régissant la nature et la forme de la vente. • Com. 14 juin 1994, n° 92-14.721 P : *D. 1994. IR 205 ; RPC 1995. 343, obs. Dureuil.* ♦ Aussi, s'agissant de l'auteur d'une offre d'achat de fonds de commerce n'ayant pas rétracté celle-ci avant l'ordonnance du juge-commissaire autorisant le liquidateur à céder le bien à l'amiable, ni formé de recours contre ladite ordonnance qui lui avait été régulièrement notifiée, une cour d'appel a pu décider qu'en refusant, sans justifier d'aucun motif légitime tiré de la non-réalisation des conditions suspensives dont l'offre était assortie, de procéder à la vente ordonnée par le juge-commissaire, l'auteur de l'offre avait commis une faute engageant sa responsabilité. • Même arrêt. ♦ Dès lors qu'une société n'allègue pas qu'une ordonnance aurait retenu une offre d'achat différente de celle, non conditionnelle, qu'elle avait formulée, c'est à bon droit qu'une cour d'appel, sans énoncer que l'ordonnance de ce magistrat valait vente par elle-même, retient que la cession du fonds était parfaite et en déduit que la créance déclarée au titre du prix de vente convenu devait être admise au passif du redressement judiciaire de l'acquéreur. • Com. 11 mars 1997, n° 94–19.207 P :*D. 1997. IR 87 ; D. Affaires 1997. 482 ; Defrénois 1997. 941, obs. Sénéchal ; JCP E 1997. I. 681, n° 8, obs. Pétel ; Rev. huiss. 1998. 351, note Courtier.* – V. Garçon, *JCP N 1997. I. 1283.* ♦ De même, le cessionnaire, qui ne peut refuser de régulariser la vente en retirant son offre, est tenu, pour obtenir la restitution de l'acompte, d'agir en résolution de la cession devant le tribunal de la procédure collective. • Com. 3 oct. 2000, n° 98-10.672 P : *D. 2000. AJ 397, obs. Lienhard ; RJDA 2000, n° 1143 ; JCP E 2001, n° 4, p. 175, obs. Cabrillac ; RTD com. 2001. 224, obs. Saint-Alary-Houin ; Dr. et patr. 6/2001. 111, obs. Monsèrié-Bon.* ♦ V. aussi note 9.

V. aussi, sur la sanction du refus d'acquérir, • Com. 19 déc. 2000 : *APC 2001, n° 68 ; RJDA 2001, n° 617* • Riom, 22 mai 2003 : *RDBF 2004, n° 83, obs. F.-X. Lucas.*

Sur l'application du principe d'interdiction d'aggravation des charges, prévu à l'ancien art. L. 621-63, al. 3, V. • Paris, 19 mai 1995 : *D. 1996. Somm. 87, obs. Honorat .*

6. Autorisation du juge-commissaire. Les ventes des biens de l'entreprise en liquidation judiciaire ont lieu suivant les formes prescrites par la loi du 25 janv. 1985. Cette règle est d'ordre public. La nullité absolue résultant de la violation des formes prescrites par l'art. 156 de cette loi [C. com., art. L. 642-19] peut être invoquée par tout intéressé, sans qu'il soit tenu de justifier d'un grief et l'autorisation donnée postérieurement par le juge-commissaire ne peut faire obstacle à l'action en nullité du cessionnaire et de son liquidateur. • Com. 27 oct. 1998, n° 95-17.463 P : *D. 1998. IR 256 ; D. Affaires 1998. 1861, obs. A. L. ; Quot. jur. 26 nov. 1998, p. 8, note P. M. ; JCP E 1998, n° 52, p. 2064, obs. Pétel* (V. l'arrêt confirmé • Paris, 19 mai 1995 : *D. 1995. Somm. 309, obs. Honorat*). – V. Garçon, *JCP N 1999, n° 26, p. 1051.*

Pour la nullité d'une cession d'actifs autorisée au mépris du principe du contradictoire, V. • Paris, 11 janv. 2005 : *RDBF 2005, n° 54, obs. F.-X. Lucas ; RPC 2006. 59, obs. Lebel.*

7. Prix de cession. Pour la nécessité de fixer un prix réel, V. • Com. 8 juill. 2014 : *cité ss. art. R. 642-37-3 ; APC 2014, n° 254, obs. Cagnoli ; BJE 2014. 296, note Théron ; RJ com. 2014. 342, obs. Lebel.* – V. aussi • Com. 28 sept. 2004 : *cité note 9 ss. art. L. 661-4.*

8. Recours. V. art. L. 642-19-1.

9. Réalisation de la vente. La vente de gré à gré d'un élément de l'actif mobilier du débiteur en liquidation judiciaire est parfaite dès l'ordonnance du juge-commissaire qui l'autorise, sous la condition suspensive que la décision acquière force de chose jugée ; la vente n'est réalisée que par l'accomplissement d'actes postérieurs à la décision du juge-commissaire. • Com. 7 sept. 2010, n° 09-66.284 P : *D. 2010. Actu. 2060, obs. Lienhard ; RTD com. 2010. 796, obs. Vallens ; JCP E 2010. 1910, note Brignon ; APC 2010, n° 252, obs. Jazottes ; LEDEN 10/2010. 5, obs. M. Sénéchal ; RPC 2010, n° 249, obs. Berthelot ; RJDA 2011, n° 68 ; BJE 2011. 18, note Théron* (décision rendue au visa de l'art. L. 642-19 C. com. dans sa rédaction issue de la loi du 26 juill. 2005). ♦ V. aussi note 5. ♦ Le transfert de propriété est subordonné à l'établissement de ces actes. • Com. 8 janv. 2002 : *RJDA 2002, n° 669.* ♦ Les conditions de la cession étant, en raison de la disparition d'une partie du matériel cédé, antérieurement au paiement du prix par le cessionnaire et à l'autorisation du commissaire-priseur de procéder à l'enlèvement du matériel, différentes de celles arrêtées par le juge-commissaire dans son ordonnance, la société cessionnaire a un motif légitime de refuser de poursuivre la vente. • Paris, 19 oct. 1999 : *APC 2000, n° 33, obs. Vallansan ; LPA 2 août 2000, p. 23, note Rakotovahiny.* ♦ V. aussi, en cas de péremption d'une partie des marchandises objet de la cession, • Com. 16 mai 2006 : *D. 2006. AJ 1683, obs. Lienhard ; JCP E 2006, n° 37, p. 1537, note Vallansan.*

10. Le juge-commissaire, en autorisant la prise de possession d'un fonds de commerce, dépendant de l'actif d'une liquidation judiciaire, cédé dans le cadre d'une vente de gré à gré, en violation des clauses du bail, sans l'agrément du propriétaire et en l'absence d'autorisation des tribunaux, fût-ce à titre précaire, a excédé ses pouvoirs, ce qui rend l'appel du jugement recevable en application de l'art. 173 [C. com., art. L. 623-4] (2). • Com. 14 oct. 1997 : *D. Affaires 1997. 1469 ; LPA 15 juill. 1998, p. 18, note Tulliars.* ♦ Sur la responsabilité du mandataire n'ayant pas respecté l'obligation contractuelle de céder le bail par acte authentique, V. • Civ. 1re, 13 févr. 1996, n° 94-11.473 P.

11. La prise de possession effective du fonds de commerce dont le juge-commissaire a ordonné la cession oblige son bénéficiaire à exécuter les obligations nées des contrats dont il n'est pas contesté qu'ils ont été transférés comme accessoires du fonds. • Com. 15 mai 2019, n° 15-17.435 P : *D. 2019. Actu. 1101* ; *RTD com. 2019. 867, obs. Saintourens* ; *JCP E 2019. 1375, n° 12, obs. Pétel ; APC 2019, n° 162, obs. Le Corre ; LEDEN 7/2019. 5, obs. Cavelier ; RJDA 2019, n° 651 ; BJE 9-10/2019. 18, note Théron.* ♦ La personne physique qui, désignée par une ordonnance du juge-commissaire pour acquérir un fonds de commerce avec faculté de substitution par une société qu'elle se propose de créer et de diriger, prend elle-même immédiatement possession du fonds sans passer les actes nécessaires à la réalisation de la cession ni les faire passer par la société, ne peut prétendre, en se fondant sur son abstention, échapper personnellement aux obligations nées de son entrée en jouissance. • Même arrêt.

12. Cession du droit au bail. V. note 4 ss. art. L. 641-12.

13. Clause de non-concurrence. Viole la clause de non-concurrence contenue dans le contrat de vente du fonds de commerce, l'exploitant individuel qui se rétablit et crée une confusion dans l'esprit de la clientèle. • Bourges, 10 sept. 1996 : *Dr. sociétés 1997, n° 87, obs. Chaput.* ♦ En revanche, il ne peut être reproché à l'ancien associé d'une société l'exercice d'une activité interdite par une clause de non-concurrence insérée dans la vente du fonds, dès lors que cette clause n'engage que la société débitrice représentée par le liquidateur et non les associés de la société dont le liquidateur n'est pas mandataire. • Nancy, 16 mars 1994 : *Dr. sociétés 1994, obs. Chaput.* – V. aussi • Paris, 5 juill. 1996 : *Dr. sociétés 1997, n° 27, obs. Chaput.*

14. Inapplicabilité de l'art. L. 642-7. Le juge-commissaire qui ordonne la cession forcée d'un contrat accessoirement à la vente de gré à gré d'un bien visé à l'art. 156, devenu l'art. L. 622-18 [L. 642-19] C. com., excède ses pouvoirs. • Com. 26 juin 2001 : *JCP E 2002, n° 28, p. 1199, note Perdriau (3e esp.) ; RDBF 2002, n° 20, obs. F.-X. Lucas.* ♦ V. aussi note 18 ss. anc. art. L. 622-17.

15. Surenchère du dixième. La loi du 25 janv. 1985 ne contenant aucune disposition régissant la procédure de surenchère du créancier inscrit en cas de cession amiable du fonds de commerce autorisée par le juge-commissaire, les formalités prévues par l'art. 23 de la loi du 17 mars 1909, devenu les art. L. 143-13 et L. 143-15 C. com., doivent être respectées par le créancier surenchérisseur. • Com. 10 janv. 2006, n° 03-19.519 P : *D. 2006. AJ 368, obs. Lienhard* ; *ibid. Pan. 2254, obs. F.-X. Lucas* ; *JCP E 2006, n° 14-15, p. 670, obs. Cabrillac ; APC 2006, n° 30, obs. Vallansan ; Gaz. Pal. 30 avr.-4 mai 2006, p. 35, obs. M. Sénéchal ; JCP N 2006, n° 49, p. 2142, obs. Vauvillé.* – V. déjà, en ce sens, • Com. 20 oct. 1998, n° 96-15.107 P : *D. Affaires 1998. 1946, obs. A.-L. M.-D.* • Paris, 28 nov. 1997 : *D. Affaires 1998. 138, obs. A.-L. M.-D. et P. P. ; RTD com. 1998. 325, obs. Derruppé* • Douai, 24 juill. 2001 : *RTD com. 2003. 59, obs. Saintourens*. ♦ Sur le respect des formalités de publicité prévues par la loi de 1909, V. aussi Vauvillé, *Dr. et patr. 1999. 51* ; Rakotovahiny, *D. 2000. Chron. 51* .

16. Action en nullité pour dol. La cession de gré à gré des actifs du débiteur en liquidation judiciaire est une vente faite d'autorité de justice qui ne peut être annulée pour dol ; il en résulte que si le cessionnaire qui se prétend victime d'un dol commis par le liquidateur peut rechercher la responsabilité personnelle de ce dernier, il ne peut pas, sur le fondement de ce vice du consentement, agir en nullité de la cession ainsi autorisée. • Com. 4 mai 2017, n° 15-27.899 P : *D. 2017. Pan. 1947, obs. F.-X. Lucas* ; *RTD com. 2017. 441, obs. Vallens* ; *AJ contrat 2017. 347, obs. A. Lecourt* ; *JCP E 2017. 1411, note Brignon ; ibid. 1460, n° 8, obs. Tehrani ; APC 2017, n° 163, obs. Petit ; LEDEN 6/2017. 5, obs. Andreu ; RJDA 2017, n° 485 ; Journ. sociétés 7/2017. 64, obs. Cerati-Gauthier ; BJE 2017. 261, note Théron ; RPC 2017, n° 105, obs. Berthelot.*

Code de commerce

Ancien art. L. 622-17 *Des unités de production composées de tout ou partie de l'actif mobilier ou immobilier peuvent faire l'objet d'une cession globale.*

Le liquidateur suscite des offres d'acquisition et fixe le délai pendant lequel elles seront reçues. Toute personne intéressée peut soumettre son offre au liquidateur.

Toutefois, ni le débiteur, ni les dirigeants de droit ou de fait de la personne morale en liquidation judiciaire, ni aucun parent, ni allié de ceux-ci jusqu'au deuxième degré inclusivement ne peuvent se porter acquéreur.

Toute offre doit être écrite et comprendre les indications prévues aux 1° à 5° du I de l'article L. 621-85. Elle est déposée au greffe du tribunal où tout intéressé peut en prendre connaissance. Elle est communiquée au juge-commissaire.

Le juge-commissaire, après avoir entendu ou dûment convoqué le débiteur, le comité d'entreprise ou à défaut les délégués du personnel, les contrôleurs et, le cas échéant, le propriétaire des locaux dans lesquels l'unité de production est exploitée, le ministère public dûment avisé, choisit l'offre qui lui paraît la plus sérieuse et qui permet dans les meilleures conditions d'assurer durablement l'emploi et le paiement des créanciers.

Le liquidateur rend compte de l'exécution des actes de cession.

Une quote-part du prix de cession est affectée à chacun des biens cédés pour la répartition du prix et l'exercice du droit de préférence. – *[L. n° 85-98 du 25 janv. 1985, art. 155.]*

BIBL. ▶ LAGRAULA, GUÉRIN et AUDINET, *Gaz. Pal. 1986. 2. Doctr. 759*. – HAEHL, *RTD com. 1989. 310*. – PÉROCHON, *D. 1990. Chron. 252*. – GARÇON, *JCP N 1994. I. 177 ; JCP E 1999, n° 13, p. 561* (pacte de préférence) ; *JCP E 2001, n° 13, p. 548* (droit de préemption urbain après la loi SRU du 13 déc. 2000). – SAINT-ALARY-HOUIN, *RTD com. 2001. 221* (même thème). – CANET, *RJDA 1997, p. 587* (liquidation judiciaire et sauvegarde de l'emploi). – RAKOTOVAHINY, *LPA 31 janv. 2000*.

1. Unité de production. L'unité de production correspond à un ensemble de biens de production (matériels) qui nécessairement associés à une force humaine de travail, concourt par elle-même soit à transformer de la matière première en produit fini ou semi-fini, soit plus généralement à générer de la valeur ajoutée hors le seul profit de vente. • T. com. Lyon, 29 juill. 1986 : *D. 1987. Somm. 93, obs. Derrida ; RTD com. 1989. 310, obs. Haehl.* ♦ L'unité de production suppose un ensemble de moyens matériels et humains permettant la poursuite ou la naissance d'une activité économique. • Paris, 27 févr. 1990 : *Gaz. Pal. 1991. 1. 314, note Marchi ; RTD com. 1990. 479, obs. Haehl* • 8 oct. 1999 : *APC 1999, n° 257.* ♦ L'unité de production suppose le maintien d'une activité minimale. • Lyon, 6 sept. 1996 : *JCP E 1997. I. 623, n° 4, obs. Cabrillac.* ♦ Une entreprise ayant cessé toute activité, depuis un certain temps, peut uniquement être vendue comme « les autres biens » et dans les formes prescrites par l'art. 156. • T. com. Paris, 27 sept. 1994 : *RPC 1995. 351, obs. Dureuil.*

2. La cession autorisée par le juge-commissaire n'étant pas limitée au bail mais comprenant le fonds de commerce y inclus les baux, et le bailleur ne démontrant pas que cette cession serait une cession « camouflée » du seul droit au bail, une cour d'appel a pu en déduire que l'opération constituait une cession globale d'unité de production au sens de l'art. 155 [C. com., ancien art. L. 622-17]. • Com. 19 oct. 1993, n° 91-15.310 P : *Dr. sociétés 1994, n° 7, obs. Chaput ; Rev. loyers 1995. 111, note Gallet.* ♦ Comp. : • Com. 9 mai 2007 : *cité note 4 ss. art. L. 641-12.*

3. Nature de la cession globale. S'agissant non d'une vente de droit commun librement contractée entre les parties mais d'une cession globale d'unité de production, opération dont le caractère forfaitaire implique l'existence d'un aléa exclusif de l'application des garanties prévues dans le droit commun de la vente et obéissant à des règles propres édictées en vue du maintien au moins partiel de l'activité, par une loi d'ordre public, le cessionnaire ne peut se prévaloir des dispositions légales relatives à la garantie d'éviction et demander sur ce fondement la résolution de la cession d'un portefeuille d'assurance sur lequel des salariés de l'entreprise liquidée font valoir des droits concurrents. • Com. 12 oct. 1993, n° 91-18.505 P : *D. 1993. IR 245 ; RPC 1993. 496, obs. Soinne ; Defrénois 1994. 565, obs. Sénéchal ; RTD com. 1994. 559, obs. Haehl* • Paris, 13 sept. 1994 : *RJDA 1995, n° 213 ; RPC 1995. 402, obs. Soinne.* ♦ V., dans le même sens, pour une cession à forfait soumise à la loi du 13 juill. 1967, • Com. 3 mars 1998, n° 95-18.409 P : *D. 1998. IR 94 ; D. Affaires 1998. 583 ; Defrénois 1998. 1458, obs. Bénabent.*

4. Réalisation de la cession. La décision du juge-commissaire, rendue sur le fondement de l'art. 155 [ancien art. L. 621-17] pour ordonner soit la cession globale d'une unité de production, soit la cession de gré à gré d'un élément de l'actif mobilier d'un débiteur en liquidation judiciaire ne vaut pas vente par elle-même. La cession ainsi ordonnée n'est réalisée que par les actes que doit passer le liquidateur après l'ordonnance, d'où il résulte que l'exigibilité du prix est subordonnée à l'établissement des actes nécessaires à la réalisation de la cession. • Com. 5 déc. 1995, n° 93-17.793 P : *D. 1996. IR 35 ; Quot. jur. 30 janv. 1996, p. 2.* ♦ Ainsi, le notaire qui s'abstient, bien qu'il en ait été requis, de dresser ces actes, commet une faute à l'origine de la perte de la chance éprouvée par le liquidateur de percevoir le prix de cession avant la mise en redressement judiciaire de l'acquéreur. • Même arrêt. ♦ Comp., en ce sens que si la vente de gré à gré d'un fonds de commerce du débiteur en liquidation judiciaire n'est réalisée que par l'accomplissement d'actes postérieurs à la décision du juge-commissaire qui ordonne, sur le fondement de l'art. 155 [C. com., art. L. 622-17], la cession du fonds, celle-ci n'en est pas moins parfaite dès l'ordonnance, sous la condition suspensive que la décision acquière force de chose jugée : • Com. 6 juin 2000 : *RJDA 2000, n° 1142 ; RTD com. 2001. 224, obs. Saint-Alary-Houin.* – V. l'arrêt confirmé : • Paris, 28 oct. 1997 : *D. Affaires 1997. 1471.* ♦ V. aussi notes 5 et 9 ss. art. L. 642-19.

5. Le liquidateur, autorisé par le juge-commissaire à céder des biens du débiteur, doit respecter le pacte de préférence stipulé au profit d'un tiers. • Com. 13 févr. 2007, n° 06-11.289 P : *D. 2007. AJ 648, obs. Lienhard (2e esp.) ; APC 2007, n° 51, obs. Regnaut-Moutier ; JCP E 2007. 1450, n° 3, obs. Pétel ; Gaz. Pal. 13-14 avr. 2007, p. 38, obs. M. Sénéchal ; ibid. 20-22 mai 2007,* *p. 22, note Brault ; RTD civ. 2007. 367, obs. P.-Y. Gautier* . ♦ V. déjà, dans le cadre de la cession des parts d'une SCI dont la société en liquidation judiciaire était titulaire, pour l'obligation faite au liquidateur de respecter la clause statutaire de la SCI relative au droit de préemption des associés, nonobstant l'autorité de la chose jugée de l'ordonnance ayant décidé la cession globale des actifs, y compris les parts de la SCI, • Com. 23 janv. 1996, n° 92-18.874 P : *D. 1996. 310, note Derrida* ; *D. Affaires 1996. 327 ; Dr. sociétés 1996, n° 56, obs. Chaput ; JCP E 1996. I. 554, n° 10, obs. Pétel ; BJS 1996. 488, note Calendini.* ♦ V. aussi note 11 ss. ancien art. L. 621-89, ss. art. L. 642-8.

6. La SAFER peut exercer son droit de préemption sur les biens composant une unité de production dont le juge-commissaire a ordonné la cession globale dans le cadre de la liquidation judiciaire. • Com. 15 oct. 2002, n° 99-17.765 P : *D. 2002. AJ 3012, obs. Lienhard* ; *JCP E 2003, n° 5, p. 220, obs. Pétel ; LPA 14 juill. 2003, p. 8, note Roussel Galle.* – Dans le même sens, V. • Civ. 3e, 30 avr. 2003, n° 02-10.368 P : *D. 2003. AJ 1365* ; *LPA 10 déc. 2003, p. 17, note Roussel Galle ; ibid. 9 avr. 2004, p. 10, note Sortais ; JCP N 2004, n° 46-47, p. 1737, obs. Vauvillé.* ♦ V. aussi note 5 ss. art. L. 642-18.

7. Parents et alliés. V. • T. com. Lyon, 29 juill. 1986 : *préc. note 1.*

8. Transmission de l'offre. Jugé qu'il ne résulte nullement de l'art. 155 [C. com., ancien art. L. 622-17] qu'il serait fait obligation au greffier de transmettre au juge-commissaire les offres reçues par lui en application de ce texte ; c'est au candidat acquéreur qu'il appartient de faire parvenir son offre au juge-commissaire. • T. com. Nanterre, 4 sept. 1997 : *RPC 1998. 259, obs. Soinne.*

9. Portée de l'offre. Sur la possibilité pour un repreneur de rétracter une offre faite sous une condition suspensive dont la réalisation n'est pas établie, V. • Com. 25 mai 1993, n° 91-12.773 P : *D. 1994. Somm. 3, obs. Derrida* ; *RPC 1993. 466, obs. Soinne ; JCP E 1993. I. 295, n° 8, obs. Cabrillac et Pétel ; RTD com. 1994. 563, obs. Haehl* .

10. Choix de l'offre. L'intérêt relatif des différentes offres ne peut être apprécié qu'en l'état où elles se trouvaient au terme du délai fixé par le liquidateur pour leur réception. • T. com. Paris, 17 mars 1989 : *Gaz. Pal. 1990. 1. Somm. 190.* – V. conf. • T. com. Bobigny, 23 mars 1988 : *ibid.*

11. En application de l'art. 155 [C. com., ancien art. L. 622-17], le débiteur est appelé à donner un simple avis sur les offres reçues, il n'est pas partie et n'a pas vocation à faire opposition, même s'il n'a pas déféré à la convocation du juge-commissaire, seul le défaillant à une instance à laquelle il est partie pouvant exercer cette voie de recours. • Versailles, 14 déc. 1995 : *D. 1996. IR 56.*

12. Le tribunal saisi sur une opposition à l'ordonnance du juge-commissaire qui a rejeté les offres d'acquisition d'unités de production ne saurait déclarer irrecevables les améliorations à celles-ci sans organiser un débat unique respectant le principe de la contradiction. • Paris, 10 mai 1996 : *RJ com. 1996. 275, note L. R.*

13. Sur le pouvoir souverain des juges du fond de retenir, ou non, une proposition de cession globale d'une unité de production, V. • Com. 16 mars 1993, n° 91-11.358 P : *D. 1993. IR 101.*

Sur le pouvoir de la cour d'appel saisie par le ministère public, V. note 1 ss. art. L. 661-5.

14. Faculté de substitution. En ce sens que cette faculté doit être expressément prévue par l'ordonnance du juge-commissaire, V. • Civ 3e, 11 juin 1997 : *RJDA 1997, n° 1417 ; JCP E 1997. Pan. 896.*

En autorisant une cession au profit d'un tiers, ou, à défaut, de « toute personne physique ou morale pouvant s'y substituer », l'ordonnance du magistrat institue, pour le cas où le cessionnaire désigné ne donnerait pas suite à son offre, une faculté de substitution à l'usage du seul liquidateur et, dès lors, les règles de la subrogation conventionnelle ne sont pas applicables. • Com. 19 oct. 1993, n° 91-15.310 P : *JCP E 1993. Pan. 1409.*

15. Ordre de préférence. Le juge-commissaire statue en dehors des limites de ses attributions en établissant un ordre de préférence entre les créanciers, peu important que l'attribution prioritaire du prix aux créanciers hypothécaires inscrits et aux créanciers titulaires d'un nantissement sur matériel soit apparue, en l'espèce, comme une condition nécessaire de la cession. • Com. 16 mars 1993, n° 90-20.161 P.

16. Poursuite des contrats de travail. BIBL. Bailly, *Gaz. Pal. 2002. Doctr. 1359.* – Béraud, *RPC 2003. 91.* – Bret, *SSL 6 oct. 2003, n° 1138, p. 38.* – Przemyski, *Dr. et pr. 2004. 197.* – Moreuil et Morvan, *JCP E 2004, n° 52-53, p. 2060.* ♦ La clause de la convention de cession d'une entité économique autonome, qui ne prévoit que la reprise d'une partie des salariés, contraire aux dispositions d'ordre public de l'art. L. 122-12, al. 2, [L. 1224-1] C. trav., doit être réputée non écrite, sans qu'en soit affectée entre les parties la validité de la convention de cession. • Cass., ch. mixte, 7 juill. 2006, n° 04-14.788 P : *BICC 1er nov. 2006, p. 51, rapp. Guirimand et avis de Gouttes ; D. 2006. AJ 1954, obs. Lienhard* ; *APC 2006, n° 171, obs. Regnaut-Moutier ; Gaz. Pal. 6-7 oct. 2006, p. 20, obs. Voinot ; JCP E 2007, n° 1, p. 22, obs. Pétel.* ♦ Cet arrêt confirme la jurisprudence de la Chambre sociale, qui avait déjà admis que le fait, pour le juge-commissaire, d'accepter une offre d'acquisition en vertu de l'art. 155 [C. com., ancien art. L. 622-17] et d'ordonner en conséquence la cession, n'était pas de nature à faire échec à l'application de l'art. L. 122-12, al. 2, [L. 1224-1] C. trav. • Soc. 8 juill. 1992, n° 90-42.590 P • 21 oct. 1998 : *D. 2000. Somm. 3, obs. Derrida* • 16 mars 1999 : *APC 1999, n° 122 ; Dr. sociétés 1999, n° 94, obs. Chaput* • 27 oct. 1999, n° 97-43.194 P : *JCP 2000. I. 247, p. 1423, obs. Morvan ; RPC 2000. 65, obs. Taquet.* ♦ La cession d'unités de production entraîne de plein droit le transfert d'une entité économique autonome et, par voie de conséquence, la poursuite avec le cessionnaire des contrats de travail des salariés des unités transférées, peu important qu'ils aient été licenciés par le mandataire-liquidateur avant la cession ainsi que l'interruption de courte durée de l'activité cédée. • Soc. 19 avr. 2005, n° 03-43.240 P : *D. 2005. AJ 1352, obs. Lienhard ; ibid. Pan. 2017, obs. F.-X. Lucas*. – V. déjà, en ce sens, • Soc. 16 mars 1999 : *D. 2000. Somm. 2, obs. Derrida* • 3 avr. 2001, n° 98-44.778 P : *D. 2001. AJ 1618, obs. Lienhard ; APC 2001, n° 128, obs. Masquefa.*

17. Résiliation du bail. La cession ordonnée, en application de l'art. 155 [C. com., ancien art. L. 622-17], ne saurait priver le propriétaire de l'immeuble dans lequel le fonds de commerce est exploité du droit de poursuivre la résiliation judiciaire du bail pour une cause antérieure à l'ordonnance rendue par le juge-commissaire. • Com. 22 oct. 1996 : *RJDA 1997, n° 265 ; Loyers et copr. 1997, n° 114, note Brault.*

18. Inapplicabilité de l'ancien art. L. 621-88. Les cessions opérées au cours des opérations de liquidation judiciaire n'entraînent pas transmission forcée des contrats de fourniture de biens ou services concernant les biens cédés. • Com. 19 déc. 1995, n° 93-13.927 P : *D. 1997. Somm. 3, obs. Derrida ; D. Affaires 1996. 180* • 4 févr. 2003 : *RJDA 2003, n° 747 ; RDBF 2003, n° 151, obs. F.-X. Lucas ; RPC 2003. 243, obs. Roussel Galle* • 13 mai 2003 : *LPA 8 déc. 2003, obs. Mottet.* ♦ V. aussi, pour l'incessibilité du contrat de franchise, en cas de liquidation judiciaire du franchiseur, • Orléans, 14 sept. 2000 : *D. 2001. 1017, note Marot*.

19. Inapplicabilité de l'ancien art. L. 621-84, al. 3. Si dans les conditions et suivant les modalités prévues à l'art. 82 [C. com., ancien art. L. 621-84], al. 3, il est possible de céder un bail rural en vue du redressement de l'entreprise par la voie d'un plan de cession, cette faculté est exclue au cours des opérations de liquidation judiciaire, fût-ce à l'occasion de la cession globale d'une unité de production, dès lors que, dans ce cas, les contrats ne peuvent être cédés qu'aux conditions qui leur sont applicables et qu'il n'existe aucune dérogation aux dispositions d'ordre public de l'art. L. 411-35 C. rur. qui interdisent la cession d'un bail rural. • Com. 1er oct. 1997, n° 94-15.084 P : *D. Affaires 1997. 1224 ; JCP 1997. II. 22941, rapp. Rémery.*

20. Recours. V. note 4 ss. ancien art. L. 623-4, ss. art. L. 661-4 et ancien art. 25 du Décr. n° 85-1388 du 27 déc. 1985, ss. art. R. 621-21.

Art. L. 642-19-1 *(Ord. n° 2008-1345 du 18 déc. 2008, art. 118)* **Les conditions et formes du recours contre les décisions du juge-commissaire prises en application des articles L. 642-18 et L. 642-19 sont fixées par décret en Conseil d'État.** – *V. art. R. 642-37-1 et R. 647-37-3.*

BIBL. ▶ ARBELLOT, *Dr. et pr. 2016. 85.*

La vente aux enchères publiques ordonnée par le juge-commissaire ne constitue pas une mesure d'exécution forcée dont les contestations relèvent de la compétence du juge de l'exécution, mais une opération de liquidation des biens du débiteur, prise en application de l'art. L. 642-19, dans sa rédaction issue de l'Ord. du 18 déc. 2008 ; les recours contre les ordonnances du juge-commissaire prises en application de ce texte doivent être formés conformément à l'art. R. 642-37-3. • Com. 11 févr. 2014, n° 12-26.208 P : *D. 2014. Actu. 477 ; LEDEN 4/2014. 6, obs. Staes ; APC 2014, n° 131, obs. Hoonakker ; RJDA 2014, n° 463 ; Gaz. Pal. 29 juin-1er juill. 2014, p. 27, obs. Théron ; RDBF 2014, n° 140, obs. S. Piedelièvre.* ♦ Sur le régime antérieur à la réforme de 2008, V. art. L. 661-5, désormais abrogé.

Art. L. 642-20 *(Ord. n° 2014-326 du 12 mars 2014, art. 75, en vigueur le 1er juill. 2014)* **Les cessions d'actifs réalisées en application des articles L. 642-18 et L. 642-19 sont soumises aux interdictions prévues au premier alinéa de l'article L. 642-3. Toutefois, le juge-commissaire peut, sur requête du ministère public, y déroger et autoriser la cession à l'une des personnes visées à ce texte à l'exception des contrôleurs et du** ***débiteur au titre de l'un quelconque de ses patrimoines.***

Le juge-commissaire peut être saisi, dans des conditions fixées par décret en Conseil d'État, aux fins d'accorder la même dérogation pour les cessions d'actifs mobiliers de faible valeur nécessaires aux besoins de la vie courante et de biens faisant partie d'une exploitation agricole ainsi que pour la vente aux enchères publiques ou par adjudication amiable des autres actifs mobiliers. – *V. art. R. 642-39.*

Le juge-commissaire statue par ordonnance spécialement motivée après avoir recueilli l'avis du ministère public lorsque celui-ci n'est pas l'auteur de la requête.

1. Constitutionnalité de l'art. L. 642-20. V. note 1 ss. art. L. 642-3.

2. Dirigeants de fait. Il résulte de la combinaison des art. L. 642-20 et L. 642-3 que le dirigeant de fait de la personne morale débitrice mise en liquidation judiciaire ne peut acquérir les biens de celle-ci. • Com. 8 janv. 2020, n° 18-20.270 P : *D. 2020. Actu. 77 ; Rev. sociétés 2020. 425, note Watrin ; JCP E 2020. 1262, note Jazottes ; BJS 3/2020. 40, note Cerati-Gauthier ; RJDA 2020, n° 147 ; Dr. sociétés 2020, n° 55, note Legros ; BJE 5-6/2020. 24, note Saintourens ; LPA 27 avr. 2020, obs. Gibirila.*

3. Parents du dirigeant. V. note 2 ss. art. L. 642-3.

Art. L. 642-20-1 *(Ord. n° 2008-1345 du 18 déc. 2008, art. 120)* **A défaut de retrait du gage ou de la chose légitimement retenue dans les conditions prévues par le deuxième alinéa de l'article L. 641-3, le liquidateur doit, dans les six mois du jugement de liquidation judiciaire, demander au juge-commissaire l'autorisation de procéder à la réalisation. Le liquidateur notifie l'autorisation au créancier quinze jours avant la réalisation.**

Le créancier gagiste, même s'il n'est pas encore admis, peut demander au juge-commissaire, avant la réalisation, l'attribution judiciaire. Si la créance est rejetée en tout ou en partie, il restitue au liquidateur le bien ou sa valeur, sous réserve du montant admis de sa créance.

En cas de vente par le liquidateur, le droit de rétention est de plein droit reporté sur le prix. L'inscription éventuellement prise pour la conservation du gage est radiée à la diligence du liquidateur.

V. art. R. 661-1.

1. Nantissement sur compte bancaire. L'affectation des sommes sur lesquelles portaient les saisies conservatoires sur un compte spécialement ouvert par la banque à cet effet étant une simple opération comptable destinée à les isoler dans l'attente du sort qui leur serait réservé, sans incidence sur les droits des parties, il en résulte qu'en l'absence de conversion des saisies conservatoires avant l'ouverture de la procédure collective, ces sommes sont réputées figurer sur le compte nanti au jour du jugement ayant mis la société en liquidation judiciaire. • Com. 25 sept. 2019, n° 18-16.178 P : *D. 2020. Pan. 1859, obs. F.-X. Lucas ; RTD com. 2019. 993, obs. Martin-Serf ; JCP E 2019. 1551, n° 19, obs. Pétel ; APC 2019, n° 241, obs. Cagnoli ; LEDEN 11/2019. 5, obs. Urbain ; RJDA 2019, n° 788 ; Banque et Dr. 11-12/2019. 20, obs. Bonneau ; BJE 3-4/2020. 39, note Hugon.*

2. Droit de rétention. Le droit de rétention du prêteur sur les documents administratifs relatifs à des véhicules ne s'étend pas aux véhicules eux-mêmes et il n'en résulte pas un droit pour le prêteur de se faire attribuer le produit de la vente de ces véhicules. • Com. 23 avr. 2013, n° 12-13.690 P : *D. 2013. Actu. 1129 ; RTD com. 2013. 575, obs. Legeais ; RJ com. 2014. 56, note Sortais.*

3. L'exercice d'un droit de rétention sur un immeuble ne fait pas obstacle à la vente de celui-ci, le droit de rétention étant alors de plein droit reporté sur le prix. • Com. 30 janv. 2019, n° 17-22.223 P : *D. 2019. 927, note Aynès ; JCP E 2019. 1219, note Lebel ; APC 2019, n° 47, obs. Cagnoli ; LEDEN 3/2019. 4, obs. Borga ; RJDA 2019, n° 379 ; Gaz. Pal. 16 avr. 2019, p. 73, obs. Guastella ; BJE 5-6/2019. 44, note Macorig-Venier ; RPC 2019, n° 70, obs. Gijsbers ; ibid., n° 79, obs. Reille ; RJ com. 2019. 277, obs. Fournier.*

4. V. aussi la jurisprudence reproduite ss. l'art. L. 642-25 abrogé.

Art. L. 642-21 *Abrogé par Ord. n° 2008-1345 du 18 déc. 2008, art. 121.*

SECTION III DISPOSITIONS COMMUNES

Art. L. 642-22 *(L. n° 2022-172 du 14 févr. 2022, art. 5, en vigueur le 14 mai 2022)* **I. — Le liquidateur ne peut, sauf accord du débiteur, réaliser les biens ou droits acquis au titre d'une succession ouverte après l'ouverture ou le prononcé de la liquidation judiciaire, ni provoquer le partage de l'indivision pouvant en résulter.**

II. — Sur la demande du débiteur et avec l'autorisation du juge-commissaire ou du tribunal, le liquidateur peut réaliser des biens ou droits composant un autre patrimoine de l'entrepreneur ou insaisissables par les créanciers dont les droits naissent à l'occasion de l'activité professionnelle de celui-ci, lorsque cette cession facilite la réa-

lisation des actifs du patrimoine saisi par l'effet de l'ouverture de la liquidation judiciaire.

III. – La contrepartie de la valeur de ces biens ou droits s'y substitue dans le patrimoine dont ils sont issus.

Pour les dispositions transitoires de la L. n° 2022-172 du 14 févr. 2022, V. note ss. art. L. 611-13.

Art. L. 642-22-1 *(L. n° 2022-172 du 14 févr. 2022, art. 5, en vigueur le 14 mai 2022)* **Toute cession d'entreprise et toute réalisation d'actif doivent être précédées d'une publicité, dont les modalités sont déterminées par décret en Conseil d'État en fonction de la taille de l'entreprise et de la nature des actifs à vendre.** — *V. art. R. 642-40.*

L'art. L. 642-22-1 reprend les dispositions de l'ancien art. L. 642-22 dans sa rédaction issue de la L. n° 2005-845 du 26 juill. 2005.

Pour les dispositions transitoires de la L. n° 2022-172 du 14 févr. 2022, V. note ss. art. L. 611-13.

Art. L. 642-23 **Avant toute vente ou toute destruction des archives du débiteur, le liquidateur en informe l'autorité administrative compétente pour la conservation des archives. Cette autorité dispose d'un droit de préemption.** — *[C. com., anc. art. L. 622-19.]*

(L. n° 2005-845 du 26 juill. 2005, art. 116) **« La destination des archives du débiteur soumis au secret professionnel est déterminée par le liquidateur en accord avec l'ordre professionnel ou l'autorité compétente dont il relève. »**

Art. L. 642-24 **Le liquidateur peut, avec l'autorisation du juge-commissaire et le débiteur entendu ou dûment appelé, compromettre et transiger sur toutes les contestations qui intéressent collectivement les créanciers même sur celles qui sont relatives à des droits et actions immobiliers.**

Si l'objet du compromis ou de la transaction est d'une valeur indéterminée ou excède la compétence en dernier ressort du tribunal, le compromis ou la transaction est soumis à l'homologation du tribunal. — *[C. com., anc. art. L. 622-20.]*

V. art. R. 642-41.

1. Domaine d'application. L'art. 158 [C. com., art. L. 642-24] ne s'applique pas aux actions engagées sur le fondement de l'art. 180 [C. com., art. L. 651-2], qui sont fondées sur une disposition d'ordre public. • Versailles, 15 juin 1995 : *RPC 1999. 178, obs. Canet.* ♦ V. aussi note 72 ss. art. L. 651-2.

Sur la validité d'une transaction relative à la responsabilité d'une banque, V. • Toulouse, 29 mars 1999 (2e esp.) : *RJ com. 2000. 179, note Monsèrié-Bon.* ♦ Sur l'appréciation par le juge de l'économie de l'accord, V. • Rouen, 2 mai 1996 : *RPC 1999. 179, obs. Canet* • Paris, 21 juin 1994 : *ibid.* • 28 mars 1997 : *ibid.*

2. L'art. 158 [C. com., art. L. 642-24] ne confère pas au liquidateur, même autorisé par le juge-commissaire, le pouvoir de renoncer à l'extinction d'une créance par application de l'art. 53 [C. com., ancien art. L. 621-46]. • Com. 23 nov. 1999 : *D. 2000. AJ 13, obs. A. L.* ; *JCP E 2000, nos 18-19, p. 752, obs. Pétel ; LPA 11 juill. 2000, p. 27, note Courtier ; RTD com. 2000. 719, obs. Martin-Serf* ; *RPC 2002. 283, obs. Canet.*

3. Il résulte de l'art. 2093 [2285] C. civ., selon lequel les biens du débiteur sont le gage commun de ses créanciers qui s'en distribuent le prix entre eux à moins qu'il n'y ait des causes légitimes de préférence, qu'aux termes d'une transaction, des créanciers n'ayant aucune garantie ne peuvent se voir accorder plus de droits qu'un créancier nanti. • Com. 10 déc. 2002, n° 99-21.411 P : *D. 2003. AJ 134, obs. Lienhard* ; *JCP E 2003, n° 20, p. 851, obs. Pétel.*

4. Le plan d'apurement d'une créance bancaire passé dans l'intérêt exclusif et indistinct du débiteur et de son épouse, afin d'éviter la réalisation de l'immeuble commun, et sans atteinte aux droits des autres créanciers, ne constitue pas une transaction au sens de l'art. 158 [C. com., art. L. 642-24]. • Com. 4 oct. 2005 : *D. 2005. AJ 2806, obs. Lienhard* ; *Gaz. Pal. 30 avr.-4 mai 2006, p. 36, obs. M. Sénéchal.*

5. Homologation. Dès lors que l'objet de la transaction excède la compétence en dernier ressort du tribunal, l'homologation de la transaction doit être soumise au tribunal de la procédure collective. • Com. 2 mars 1999 : *RPC 1999. 176, obs. Canet ; LPA 24 avr. 2000, p. 9, note Gallet.* ♦ En procédant lui-même à l'homologation de la transaction, le juge-commissaire excède les limites de ses attributions. • Même arrêt. ♦ Sur le caractère obligatoire de la double formalité de l'autorisation préalable du juge-commissaire et de l'homologation du tribunal, pour les actes visés à l'art. L. 622-20 [L. 642-24], al. 2, C. com., V. • Paris, 31 mai 2002 : *D. 2002.*

AJ 2533 ✎. – Comp. : • Orléans, 17 févr. 2000 : *RPC 2002. 286, obs. Canet.* ♦ L'ordonnance par laquelle le juge-commissaire autorise le liquidateur à transiger n'a pas elle-même à être homologuée par le tribunal. • Reims, 5 juin 1996 : *RPC 1999. 176, obs. Canet.*

En ce sens que le jugement homologuant la transaction est revêtu de l'autorité de la chose jugée et a pour effet d'interdire toute appréciation de la validité de la transaction, V. • Com. 19 oct. 1993 : *RPC 1999. 178, obs. Canet* (loi de 1967).

6. Ordre public. Les règles de ce texte étant d'ordre public, les transactions intervenues en violation des formes prescrites par la loi sont nulles d'une nullité absolue (loi de 1967). • Com. 6 déc. 1994, n° 92-20.269 P : *D. 1995. Somm. 215, obs. Honorat* ✎. ♦ V. aussi note 7.

7. Voies de recours. Une banque qui est intervenue à l'instance, en sa qualité de créancière munie d'une sûreté spéciale portant sur un actif, objet de la transaction, justifie d'un intérêt personnel, distinct de celui de la collectivité des créanciers, et est donc recevable à interjeter appel du jugement autorisant la transaction. • Com. 10 déc. 2002 : *préc. note 3.* ♦ En revanche, la qualité de bailleur et de créanciers du débiteur en liquidation judiciaire ne permet pas de critiquer les motifs par lesquels une cour d'appel a rejeté une demande de transaction présentée par le liquidateur, seul habilité à élever une contestation dans l'intérêt collectif des créanciers. • Même arrêt. L'appel du liquidateur contre le jugement d'homologation d'une transaction non autorisée ne peut être déclaré irrecevable, le liquidateur ayant intérêt à demander la nullité d'une transaction entachée d'une nullité absolue. • Com. 29 avr. 2002 : *RJDA 2002, n° 1065.* ♦ Le débiteur, même s'il a le droit d'être entendu par le tribunal en application de l'art. L. 622-20 [L. 642-24] C. com., n'est pas partie à la transaction, de sorte que son appel contre le jugement d'homologation est irrecevable dès lors que l'accord conclu par le liquidateur n'est pas relatif à des droits extrapatrimoniaux ou à des droits propres exclus du dessaisissement. • Amiens, 3 juin 2004 : *RPC 2005. 54, obs. Dumont.* – V. aussi • Paris, 21 juin 1994 : *RPC 1999. 177, obs. Canet* • Versailles, 12 oct. 1995 : *ibid.* • Chambéry, 4 déc. 2001 : *RPC 2003. 9, obs. Lebel.* ♦ Pour l'irrecevabilité de l'appel formé par les associés de la société en liquidation judiciaire, V. • Com. 16 oct. 2001 : *APC 2001, n° 266 ; Dr. sociétés 2002, n° 41, note Legros.* ♦ En ce sens qu'un contrôleur ne peut interjeter appel du jugement d'homologation, V. • Com. 9 déc. 1997 : *RPC 1999. 177, obs. Canet* • Paris, 19 déc. 1995 : *ibid.* ♦ Pour l'irrecevabilité de l'appel formé par un cosignataire de la transaction à l'encontre du jugement d'homologation, V. • Toulouse, 29 mars 1999 : *préc. note 1.*

Art. L. 642-25 *(Abrogé par Ord. n° 2008-1345 du 18 déc. 2008, art. 121)* ***Le liquidateur autorisé par le juge-commissaire peut, en payant la dette, retirer les biens constitués en gage par le débiteur ou la chose retenue.***

A défaut de retrait, le liquidateur doit, dans les six mois du jugement de liquidation judiciaire, demander au juge-commissaire l'autorisation de procéder à la réalisation. Le liquidateur notifie l'autorisation au créancier quinze jours avant la réalisation.

Le créancier gagiste, même s'il n'est pas encore admis, peut demander *(L. n° 2005-845 du 26 juill. 2005, art. 117)* ***« au juge-commissaire », avant la réalisation, l'attribution judiciaire. Si la créance est rejetée en tout ou en partie, il restitue au liquidateur le bien ou sa valeur, sous réserve du montant admis de sa créance.***

En cas de vente par le liquidateur, le droit de rétention est de plein droit reporté sur le prix. L'inscription éventuellement prise pour la conservation du gage est radiée à la diligence du liquidateur. – *[C. com., anc. art. L. 622-21.]*

BIBL. ► MARTIN-SERF, *RTD com. 1988. 692.* – NEVEU, *Banque 1985. 1030 ; RJ com. nov. 1994, n° spéc., p. 149.* – DEVÈZE, *RPC 1992. 119.* – POURQUIER, *D. Affaires 1998. 936 ; RTD com. 2000. 569* ✎. – CAMPANA et CALENDINI, *JCP E 1998, n° 27, p. 1083.* – LE CORRE-BROLY, *D. Affaires 1998. 1802 et 1838* (droit de rétention sur documents d'immatriculation). – PÉROCHON, *Mél. Cabrillac, Dalloz-Litec, 1999, p. 379.*

1. Biens constitués en gage. La consignation auprès du comptable du Trésor d'une somme pour assurer le recouvrement de la créance du Trésor public ne constitue pas un contrat de gage. Aussi, une cour d'appel ne peut, sans violer les art. L. 277, R. 277-1 LPF et 159 de la loi de 1985 [C. com., art. L. 642-25], pour ordonner la compensation entre la garantie détenue par la recette des finances et la créance du Trésor public, énoncer que les sommes déposées sur un compte à terme de la recette des finances constituent une sûreté assimilable au gage. • Com. 27 oct. 1998 : *D. 1999. Somm. 244, obs. Jobard-Bachellier* ✎ ; *D. Affaires 1999. 170, obs. V. A.-R. ; JCP 1999. I. 158, n° 13, obs. Delebecque ; RTD com. 1999. 749, obs. Martin-Serf* ✎ ; *Quot. jur. 17 nov. 1998, p. 7, note P. M. ; RJ com. 2000. 325, note Courtier.*

L'art. 159, al. 1er, devenu l'art. L. 622-21 [L. 642-25], al. 1er, C. com., est inapplicable aux immeubles. • Civ. 3e, 23 oct. 2002, n° 98-18.109 P : *D. 2002. AJ 3144* ✎ ; *APC 2002, n° 269, obs. Saintourens ; JCP E 2003, n° 5, p. 221, obs. Cabrillac ; ibid., n° 43, p. 1720, note Kéita ; JCP 2003. II. 10182, note Dreuille ; RDBF 2003, n° 24, obs. Legeais.* ♦ *Contra* : V. note 3 ss. art. L. 642-20-1.

2. Gage sans droit de rétention. Le juge-commissaire ne statue pas dans la limite de ses attributions lorsque, au mépris de l'ordre des créanciers, il autorise le liquidateur à retirer le bien nanti, en payant la dette du créancier titulaire d'un nantissement sur l'outillage et le matériel qui ne confère pas de droit de rétention. • Com. 4 janv. 2005, n° 02-10.511 P : *D. 2005. 970, note A. Aynès ; ibid. Pan. 2018, obs. F.-X. Lucas ; JCP E 2005, n° 17, p. 709, obs. Cabrillac ; Gaz. Pal. 29-30 avr. 2005, p. 31, obs. Voinot ; RPC 2005. 133, obs. Gorrias.*

3. Attribution judiciaire. Le créancier gagiste peut, à défaut de paiement, demander l'attribution judiciaire de son gage et, si le débiteur est soumis à une procédure de redressement judiciaire, il dispose à nouveau de cette faculté après le jugement prononçant la liquidation judiciaire. • Com. 28 mai 1996, n° 94-16.269 P : *D. 1996. Somm. 385, obs. S. Piedelièvre ; Rev. dr. bancaire 1996. 211, obs. Campana et Calendini.* ♦ L'art. 40 [C. com., art. L. 622-17] n'exclut pas l'application de l'art. 159 [C. com., art. L. 642-25], al. 3, et de l'art. 2078 C. civ., l'attribution judiciaire du gage étant, à défaut de disposition contraire, offerte au créancier, titulaire d'un nantissement sur outillage et matériel d'équipement, qui ne poursuit pas la réalisation du bien grevé. • Com. 6 mars 1990, n° 88-16.036 P : *D. 1990. 311, note Derrida ; JCP E 1990. II. 15815, note Amlon* (V. l'arrêt cassé : • Bastia, 21 avr. 1988 : *D. 1988. Somm. 384, obs. Honorat*). ♦ Tout créancier nanti peut demander l'attribution judiciaire du gage même non assorti d'un droit de rétention et le superprivilège des salaires ne peut faire obstacle à cette attribution. • Com. 6 janv. 1998, n° 95-17.399 P : *D. 1998. IR 39 ; D. Affaires 1998. 157, obs. A. L. ; LPA 8 févr. 1999, p. 15, note Teilliais.* ♦ V. aussi, en ce sens que l'attribution judiciaire ne suppose pas que le gage soit affecté d'un droit de rétention, • Aix-en-Provence, 21 mai 1987 : *Gaz. Pal. 1989. 1. 211, note Putman* • Lyon, 26 mars 1993 : *Gaz. Pal. 1995. 2. Somm. 606* • Colmar, 19 nov. 1997 : *Gaz. Pal. 1999. 2. 803.* ♦ Comp., affirmant que le fait d'engager des procédures visant à ordonner l'attribution ou la vente des objets gagés est le prolongement normal de l'exercice du droit de rétention et ne saurait s'analyser comme une renonciation à celui-ci : • Com. 18 déc. 1990 : *RTD com. 1992. 465, obs. Martin-Serf .* – *Contra* : • Limoges, 6 janv. 1987 : *JCP E 1988. II. 15346, note Garçon.*

4. Le créancier qui a omis de déclarer la sûreté dont il était titulaire ne peut ultérieurement faire état de son droit de rétention, conséquence de cette sûreté, pour demander l'attribution judiciaire du gage. • Com. 1er févr. 2000 : *RJDA 2000, n° 562.*

Le droit de rétention qui n'est pas une sûreté et qui n'est pas assimilable au gage ne permet pas l'attribution en pleine propriété de la chose retenue. • Com. 9 juin 1998, n° 96-12.719 P : *D. 1999. Somm. 300, obs. Piedelièvre ; D. Affaires 1998. 1323, obs. A. L. ; RTD com. 1999. 751, obs. Martin-Serf ; Banque et Dr. 11-12/1998. 38, obs. Rontchevsky ; Gaz. Pal. 1999. 2. Somm. 451, obs. Guével.*

Le titulaire du droit de rétention peut refuser la restitution des marchandises sur lesquelles il exerce son droit mais n'a nullement vocation à se voir attribuer la propriété de ces marchandises et seul le liquidateur est habilité à procéder à la vente des marchandises, le droit de rétention étant reporté sur le prix de vente dans les limites du montant de l'admission de la créance du rétenteur. • Même arrêt. ♦ V. aussi note 10 ss. art. L. 622-25.

5. Est recevable la demande d'attribution judiciaire d'un gage sur valeurs mobilières. • Aix-en-Provence, 2 avr. 1992 : *Dr. sociétés 1992, n° 262, obs. Chaput ; RPC 1993. 156, obs. Dureuil.*

6. La banque bénéficiaire d'un warrant agricole n'a pas à revendiquer les marchandises remises en gage et dispose des droits qui lui sont reconnus par l'art. 159, devenu l'art. L. 622-21 [L. 642-25] C. com. • Com. 4 mars 2003 : *D. 2003. Somm. 1627, obs. Le Corre ; JCP E 2003, n° 40, p. 1573, obs. Cabrillac ; RJDA 2003, n° 865.*

7. L'absence de vérification des créances ne fait pas obstacle à la recevabilité de l'action en attribution du gage, laquelle suppose seulement l'existence d'une créance du bénéficiaire du gage à l'égard du constituant. • Versailles, 30 janv. 1997 : *D. 1997. IR 124 ; D. Affaires 1997. 577.* – V. déjà • Chambéry, 26 sept. 1994 : *Gaz. Pal. 1995. 1. Somm. 195.*

8. Dès lors qu'en exécution de deux ordonnances les matériels nantis ont été restitués aux vendeurs impayés, bénéficiaires d'une clause de réserve de propriété, le créancier gagiste ne peut plus, en vertu de l'art. 159 [C. com., art. L. 642-25], al. 3, demander l'attribution de ces matériels revenus en la possession des vendeurs propriétaires. • Com. 5 avr. 1994, n° 90-11.559 P : *D. 1994. IR 117 ; JCP E 1995. I. 417, n° 13, obs. Cabrillac ; Rev. huiss. 1995. 720, note Bazin.*

9. N'a pas dépassé la limite de ses attributions le juge-commissaire qui n'a pas dans son ordonnance attribué judiciairement le matériel nanti, ni fait application de l'art. 159 [C. com., art. L. 642-25], al. 4, mais qui a seulement affecté une quote-part du prix de cession à chacun des biens cédés pour la répartition du prix et l'exercice du droit de préférence, conformément à l'art. 155 [C. com., ancien art. L. 622-17], dernier al. (à propos d'une demande d'attribution faite, par un créancier n'ayant pas fait opposition à l'ordonnance, avant la réalisation de l'acte de vente). • Com. 16 avr. 1996, n° 93-20.886 P : *D. 1996.*

IR 139 ; JCP E 1996. I. 584, n° 16, obs. Cabrillac ; Rev. huiss. 1998. 287, note Courtier. ♦ Dès lors que l'ordonnance autorisant la vente est passée en force de chose jugée, l'attribution judiciaire du matériel ne peut plus être demandée. • Même arrêt.

10. Le créancier gagiste, recouvrant, en vertu de l'art. 159 [C. com., art. L. 642-25], la faculté de demander l'attribution judiciaire du gage après le jugement prononçant la liquidation judiciaire, doit former une demande nouvelle devant le juge-commissaire. • Com. 14 oct. 1997, n° 95-10.423 P : *D. 1998. Somm. 105, obs. S. Piedelièvre ; D. Affaires 1997. 1360 ; RTD com. 1999. 747, obs. Martin-Serf ; RDBB 1998. 25, obs. Campana et Calendini.*

11. L'attribution judiciaire ne peut être demandée durant la phase de redressement judiciaire. • Chambéry, 26 sept. 1994 : *préc. note 7.* ♦ V. note 82 ss. art. L. 622-21.

12. Lorsque le créancier gagiste demande l'attribution judiciaire du gage, en application de l'art. 159 [C. com., art. L. 642-25], al. 3, il n'agit pas en revendication. • Com. 28 janv. 1997, n° 93-21.662 P : *Dr. sociétés 1997, n° 42, obs. Chaput.*

13. Vente par le liquidateur. Une banque, titulaire d'un droit de rétention fictif sur un véhicule automobile, est fondée, en cas de vente aux enchères publiques de ce véhicule à l'initiative du liquidateur, à suspendre la mainlevée du gage à l'attribution à son profit du produit de la vente, peu important l'existence de créances superprivilégiées de salaires qui ne peuvent faire échec au report du droit de rétention sur le prix. • Com. 15 oct. 1991, n° 90-10.784 P : *D. 1991. IR 249 ; RTD com. 1992. 464, obs. Martin-Serf.* – V. aussi • TGI Vesoul, 17 juin 1988 : *Gaz. Pal. 1988. 2. 838, note Pinon* • Aix-en-Provence, 21 juin 1991 : *RJDA 1991, n° 1076.* ♦ En revanche, le droit de rétention du prêteur sur les documents administratifs relatifs à des véhicules ne s'étend pas aux véhicules eux-mêmes et il n'en résulte pas un droit pour le prêteur de se faire attribuer le prix de vente des véhicules concernés par ces documents. • Com. 8 juill. 2003 : *D. 2004. Somm. 55, obs. Le Corre ; RJDA 2004, n° 101.* – V. Le Corre-Broly, *Gaz. Pal. 26-28 sept. 2004, p. 5.*

14. L'art. 159 [C. com., art. L. 642-25], al. 4, est inapplicable au nantissement d'un fonds de commerce car ce dernier ne confère aucun droit de rétention réel ou fictif au créancier. • Bordeaux, 20 déc. 1995 : *Cah. jurispr. Aquitaine 1996, n° 2, p. 94* • Orléans, 19 janv. 2006 : *RJDA 2006, n° 459.*

15. Sanction du délai de six mois. Dès lors que le liquidateur ne demande pas l'autorisation de procéder à la réalisation du bien gagé dans le délai de six mois, le créancier, dont le droit de rétention n'est pas contesté et à l'encontre de qui une demande de restitution n'est plus recevable, n'a pas d'autre possibilité que de demander au tribunal l'autorisation de réaliser la chose qu'il retient et il y a donc lieu de faire droit à cette demande. • Limoges, 23 févr. 1993 : *D. 1993. IR 77 ; JCP E 1993. I. 275, n° 7, obs. Cabrillac.*

16. Responsabilité civile du liquidateur. V., en cas de retard pour procéder à la réalisation du bien engagé (loi de 1967), • Com. 11 mai 1993, n° 91-12.622 P : *JCP E 1993. I. 295, n° 9, obs. Cabrillac.*

17. Situation de la caution. Si l'attribution judiciaire du gage prévue par l'art. 159, al. 3, devenu l'art. L. 622-21 [L. 642-25], al. 3, C. com., ne constitue qu'une faculté pour le créancier, ce dernier, lorsqu'il est par ailleurs garanti par un cautionnement, commet une faute au sens de l'art. 2037 [2314] C. civ. si, en s'abstenant de demander cette attribution, il prive la caution d'un droit qui pouvait lui profiter. • Com. 13 mai 2003, n° 00-15.404 P : *D. 2003. AJ 1629, obs. Avena-Robardet ; D. 2004. Somm. 52, obs. Le Corre ; APC 2003, n° 173, obs. Legeais ; JCP E 2003, n° 40, p. 1575, obs. Cabrillac ; RDBF 2003, n° 192, obs. F.-X. Lucas ; RTD com. 2004. 156, obs. Martin-Serf* • 3 déc. 2003 : *RDBF 2004, n° 79, obs. F.-X. Lucas ; RJDA 2004, n° 626.* – *Contra* : • Civ. 1re, 8 juill. 2003 : *D. 2004. Somm. 52, obs. Le Corre.* ♦ Dans le même sens, la Chambre mixte de la Cour de cassation a considéré que la caution est déchargée de son obligation lorsque la banque, en accordant au liquidateur la mainlevée de son nantissement, renonce au bénéfice du gage. • Cass., ch. mixte, 10 juin 2005, n° 02-21.296 P : *D. 2005. AJ 1773, obs. Delpech ; ibid. 2020, note Piedelièvre ; JCP E 2005, n° 29, p. 1218, note Legeais ; APC 2005, n° 142, obs. Regnaut-Moutier ; RTD com. 2005. 844, obs. Martin-Serf.* ♦ C'est au créancier qui, en s'abstenant de demander l'attribution judiciaire du gage, a privé la caution d'un droit qui pouvait lui profiter, de prouver que la perte de ce droit n'a causé aucun préjudice à celle-ci. • Com. 30 juin 2009 : *D. 2009. 2325, note Picod ; RTD civ. 2009. 555, obs. Crocq ; RTD com. 2011. 168, obs. Martin-Serf.* ♦ Sur la date d'appréciation du préjudice subi par la caution, V. • Com. 17 févr. 2009, n° 07-20.458 P : *D. 2009. AJ 625 ; APC 2009, n° 103, obs. Legeais ; Banque et Dr. 3-4/2009. 52, obs. Jacob ; Gaz. Pal. 26-28 avr. 2009, p. 43, obs. Le Corre ; RTD civ. 2009. 555, obs. Crocq.*

CHAPITRE III DE L'APUREMENT DU PASSIF

SECTION PREMIÈRE DU RÈGLEMENT DE CERTAINES CRÉANCES *(Ord. n° 2021-1193 du 15 sept. 2021, art. 59, en vigueur le 1er oct. 2021).*

Art. L. 643-1 Le jugement qui ouvre ou prononce la liquidation judiciaire rend exigibles les créances non échues *(L. n° 2022-172 du 14 févr. 2022, art. 5, en vigueur le 14 mai 2022)* **« dont le patrimoine saisi par l'effet de la procédure constitue le gage ».** *(L. n° 2005-845 du 26 juill. 2005, art. 118)* **« Toutefois, lorsque le tribunal autorise la poursuite de l'activité au motif que la cession totale ou partielle de l'entreprise est envisageable, les créances non échues sont exigibles à la date du jugement »** *(Ord. n° 2008-1345 du 18 déc. 2008, art. 122)* **« statuant sur la cession ou, à défaut, à la date à laquelle le maintien de l'activité prend fin. »**

Lorsque ces créances sont exprimées dans une monnaie autre que celle du lieu où a été prononcée la liquidation judiciaire, elles sont converties en la monnaie de ce lieu, selon le cours du change à la date du jugement – *[C. com., anc. art. L. 622-22.]*

Pour les dispositions transitoires de la L. n° 2022-172 du 14 févr. 2022, V. note ss. art. L. 611-13.

1. Caution. La déchéance du terme convenu, résultant du prononcé de la liquidation judiciaire du débiteur principal, n'a d'effet qu'à l'égard de celui-ci et ne peut pas être étendue à la caution, à défaut de clause contraire. • Com. 8 mars 1994, n° 92-11.854 P : *D. 1994. 557, note Bazin* • 13 oct. 1999 : *RPC 2000. 55, obs. Kerckhove* • 26 oct. 1999 : *JCP E 1999, n° 49, p. 1941* • 7 déc. 1999 : *RPC 2000. 132, obs. Kerckhove* • 18 janv. 2000 : *RJDA 2000, n° 477.* ♦ *Contra*, dans le cas d'un cautionnement hypothécaire, assimilé à une sûreté réelle : • Civ. 1re, 4 mai 1999 : *D. 1999. IR 168 ; D. Affaires 1999. 899, obs. A. L.* ♦ V. aussi, désormais, en ce sens qu'une sûreté réelle consentie pour garantir la dette d'un tiers ne constitue pas un cautionnement, • Cass., ch. mixte, 2 déc. 2005 : *D. 2005. 729, concl. Sainte-Rose et note Aynès.*

Le compte courant d'une société étant clôturé par l'effet de sa liquidation judiciaire, il en résulte que le solde de ce compte est immédiatement exigible de la caution. • Com. 13 déc. 2016, n° 14-16.037 P : *D. 2017. Actu. 5 ; RTD civ. 2017. 196, obs. Crocq ; LEDEN 1/2017. 2, obs. Rubellin ; APC 2017, n° 30, obs. Petit ; DP diff. entr., Bull. n° 388, obs. Rémery ; RJDA 2017, n° 197 ; BJE 2017. 105, obs. Borga ; RPC 2017, n° 27, obs. Gijsbers ; Banque et Dr. 3-4/2017. 33, obs. Bonneau ; RPC 2017, n° 64, obs. Reille ; RJ com. 2017. 356, obs. Lebel.*

2. Coobligés. La déchéance du terme résultant de la liquidation judiciaire du débiteur principal n'a d'effet qu'à l'égard de celui-ci et reste sans incidence sur la situation de ses coobligés solidaires poursuivis en paiement. • Com. 15 juin 2011, n° 10-18.850 P : *D. 2011. Actu. 1752, obs. Lienhard ; LEDEN 7/2011. 3, obs. Couard ; APC 2011, n° 220, obs. Salhi ; RJDA 2011, n° 832 ; Gaz. Pal. 7-8 oct. 2011, p. 36, obs. Le Corre ; BJE 2011. 314, note Brena.*

3. Libération des actions. Si l'art. 75 de la loi du 24 juill. 1966 [C. com., art. L. 225-3] fixe un délai maximal de cinq ans à compter de l'immatriculation de la société pour la libération des actions de numéraire, l'art. 160 ci-dessus [C. com., art. L. 643-1] prévoit que la liquidation judiciaire rend exigibles les créances non échues à la date du jugement d'ouverture de la procédure. Par suite, le mandataire-liquidateur peut à tout moment exiger des actionnaires le versement de la fraction du capital non libéré correspondant à leurs apports sans avoir à justifier que celui-ci est nécessaire pour apurer le passif. • Paris, 16 janv. 1992 : *RJDA 1992, n° 869.* ♦ V. aussi, s'agissant de la libération du solde du capital d'une SARL à capital variable, • Rennes, 17 janv. 2001 : *BJS 2001. 163, note Legrand ; Dr. sociétés 2001, n° 160, obs. Legros* • Paris, 6 mars 2001 : *D. 2001. AJ 1543, obs. Lienhard ; BJS 2001. 787, note Dom ; Dr. sociétés 2001, n° 116, obs. F.-X. Lucas ; RPC 2002. 176, obs. Lebel.* ♦ Comp., jugeant que l'art. 160 [C. com., art. L. 643-1] ne vise que les créances sur le débiteur et non les créances du débiteur : • Versailles, 3 avr. 1997 : *D. Affaires 1997. 1084 ; BJS 1997. 861, note Dom* • Lyon, 11 févr. 2000 : *RTD com. 2001. 145, obs. Champaud et Danet.* ♦ La dette de l'actionnaire au titre de la libération du capital souscrit ne devient exigible que sur décision du conseil d'administration ou du directoire ; l'expiration du délai dans lequel la libération du capital aurait dû intervenir ne suffit pas à rendre cette créance exigible. • Même arrêt. ♦ Une société ayant été mise en liquidation judiciaire, le liquidateur, substitué aux organes légaux de celle-ci, est en droit d'exiger de certains souscripteurs qu'ils libèrent totalement leurs actions, dès lors qu'aucune échéance n'a été fixée par les dirigeants, sans avoir à justifier de l'appel des fonds auprès de tous les actionnaires. • Com. 9 mai 1995, n° 92-14.195 P : *D. 1995. IR 148 ; Rev. sociétés 1995. 753, note Jeantin ; Defrénois 1995. 961, obs. Le Cannu ; BJS 1995. 775, note Calendini.* ♦ Sur cette question, V. aussi F.-X. Lucas, *LPA 9 janv. 2002.*

4. Indemnité contractuelle. Aucun texte, et spécialement l'art. 160 [C. com., art. L. 643-1], ne dispose que la clause, déterminant le montant de l'indemnité destinée à réparer le préjudice causé au prêteur au cas d'exigibilité anticipée du prêt, serait réputée non écrite, après le prononcé de la liquidation judiciaire. Une telle clause, dont les parties peuvent librement convenir lors de la signature du contrat, sous réserve du pouvoir reconnu au juge par l'art. 1152, [1231-5] al. 2, C. civ., n'est pas contraire à la règle d'égalité des créanciers. • Com. 9 mai 1995, n° 93-12.202 P : *D. 1995. IR 153.*

Art. L. 643-2 **Les créanciers titulaires d'un privilège spécial,** *(Ord. n° 2008-1345 du 18 déc. 2008, art. 165)* **« d'un gage, » d'un nantissement ou d'une hypothèque et le Trésor public pour ses créances privilégiées peuvent, dès lors qu'ils ont déclaré leurs créances même s'ils ne sont pas encore admis, exercer leur droit de poursuite individuelle si le liquidateur n'a pas entrepris la liquidation des biens grevés dans le délai de trois mois à compter du jugement qui ouvre ou prononce la liquidation judiciaire.**

(L. n° 2005-845 du 26 juill. 2005, art. 119) **« Lorsque le tribunal a fixé un délai en application de l'article L. 642-2, ces créanciers peuvent exercer leur droit de poursuite individuelle à l'expiration de ce délai, si aucune offre incluant ce bien n'a été présentée. »**

En cas de vente d'immeubles, les dispositions des premier, troisième et cinquième alinéas de l'article L. 642-18 sont applicables. Lorsqu'une procédure de saisie immobilière a été engagée avant le jugement d'ouverture, le créancier titulaire d'une hypothèque est dispensé, lors de la reprise des poursuites individuelles, des actes et formalités effectués avant ce jugement. – *[C. com., anc. art. L. 622-23.]*

V. art. R. 643-1 et, sur la procédure d'ordre, art. R. 643-3 s.

BIBL. ▶ Régime antérieur à la loi du 10 juin 1994 : DEVÈZE, *RPC 1992. 119.*

1. Créanciers visés. En accordant à quelques créanciers le droit d'exercer, sous certaines conditions, leurs droits de poursuites individuelles, le législateur a implicitement mais nécessairement décidé que l'exercice d'un tel droit était en principe suspendu ou interdit à tous les créanciers conformément aux dispositions de l'art. 47 [C. com., art. L. 622-21]. • TGI Chalon-sur-Saône, 11 mars 1986 : *Gaz. Pal. 1986. 2. 614, note Brault.* ♦ Dans ces conditions, la demande de bailleurs, alors que le tribunal de commerce a prononcé la liquidation judiciaire du preneur, et tendant à la résiliation d'un contrat de bail pour défaut de paiement des loyers est irrecevable. • Même jugement.

2. Inaction du liquidateur. Si l'art. 161 [C. com., art. L. 643-2] n'exige pas que le liquidateur ait réalisé les ventes dans les trois mois du jugement [ouvrant ou] prononçant la liquidation judiciaire, il est cependant nécessaire qu'un commencement d'exécution soit intervenu dans ce même délai. • Com. 28 mai 1991, n° 89-20.532 P : *D. 1991. Somm. 333, obs. Honorat.* ♦ Le liquidateur ne justifiant pas avoir, à la suite d'une ordonnance par laquelle le juge-commissaire, statuant à sa requête, l'avait autorisé à procéder à toute expertise et à toute recherche à l'effet de déterminer avec précision la consistance et l'évaluation des immeubles du débiteur ainsi qu'à « poursuivre les ventes d'ores et déjà entreprises dans les formes prescrites par la loi du 25 janv. 1985 et le Décr. du 27 déc. 1985 », procédé à des recherches effectives ou saisi un expert, il peut en être déduit que la décision du juge-commissaire avait constitué une simple mesure préparatoire ouvrant la possibilité de passer à l'exécution des opérations de liquidation et que, dès lors, la liquidation des biens grevés n'avait pas été entreprise dans le délai légal. • Même arrêt. – V. aussi • Bourges, 26 oct. 1987 : *RPC 1988. 324, obs. Dureuil.*

3. Constitue une démarche nécessaire et préalable à la vente des meubles saisis, l'intervention volontaire des liquidateurs à une audience du juge de l'exécution, tenue quelques semaines après le prononcé de la liquidation judiciaire et relative à une instance engagée par les débiteurs avant l'ouverture de la procédure collective, tendant à voir déclarer nulles les saisies conservatoires et à faire ordonner la restitution des meubles objets de la saisie conservatoire et de la saisie-vente engagées par le Trésor public. • Paris, 12 déc. 1995 : *RPC 1996. 221, obs. Canet.*

4. Le droit de poursuite individuelle des créanciers, qui ne peut avoir pour effet de modifier l'ordre des paiements, autorise seulement la poursuite ou l'engagement des voies d'exécution. Aussi, une société subrogée dans les droits du vendeur d'un ensemble immobilier est irrecevable à exercer l'action résolutoire du contrat de vente, bien que le liquidateur judiciaire n'ait pas entrepris la liquidation des biens grevés dans le délai de trois mois à compter du jugement de liquidation judiciaire. • Com. 19 déc. 1995, n° 92-19.525 P : *D. 1996. 145, note Campana ; D. 1996. Somm. 390, obs. S. Piedelièvre ; D. Affaires 1996. 213 ; Defrénois 1996. 937, obs. Sénéchal ; RTD com. 1996. 533, obs. Martin-Serf ; JCP E 1996. I. 554, n° 13, obs. Pétel* • 19 janv. 1999 : *APC 1999, n° 73*

• 13 nov. 2001 : *RJDA 2002, n° 285.* – V. Soinne, *RPC 1996. 145.* ♦ V. aussi • Lyon, 21 avr. 1989 : *D. 1991. Somm. 110, obs. Derrida.* ♦ *Contra* : V. • Limoges, 6 avr. 1987 : *JCP E 1988. II. 15346, note Garçon* • Toulouse, 21 juin 1988 : *RPC 1990. 170, obs. Dureuil.*

5. Le créancier hypothécaire d'un époux *in bonis* ne peut exercer des poursuites sur l'immeuble commun qu'après justification de ce que le liquidateur de l'autre époux n'a pas entrepris la liquidation du bien grevé dans les trois mois du jugement de liquidation judiciaire. • Cass., ass. plén., 23 déc. 1994, n° 90-15.305 P : *BICC 1er févr. 1995, p. 1, concl. Roehrich, rapp. Chartier ; D. 1995. 145, rapp. Chartier, note Derrida ; RJ com. 1995. 55, note M. Storck ; JCP 1995. II. 22401, note Randoux ; JCP E 1995. II. 660, note Pétel ; Gaz. Pal. 1995. 2. 407, note de La Marnierre.* ♦ V. note 16 ss. art. L. 622-21. ♦ Sur le sort des biens communs lorsque les époux sont successivement mis en liquidation judiciaire, V. Rubellin, *Defrénois 2001. 492.*

6. Le créancier hypothécaire du coïndivisaire, maître de ses biens, peut poursuivre la saisie immobilière du bien grevé dès lors que le liquidateur de l'indivisaire en procédure collective n'a pas entrepris la liquidation du bien dans les trois mois à compter du jugement ayant prononcé la liquidation judiciaire. • Com. 6 juill. 1999, n° 97-14.096 P : *D. 2000. Somm. 395, obs. Piedelièvre ; D. Affaires 1999. 1217, obs. A. L. ; APC 1999, n° 183, obs. Vallansan ; Procédures 1999, n° 251, obs. Laporte.*

7. Déclaration de créance. Sur la nécessité de déclarer sa créance, V. • TGI Fontainebleau, 8 avr. 1987 : *D. 1988. Somm. 145, obs. Honorat.* ♦ Le tiers détenteur d'un immeuble grevé d'une hypothèque ne peut opposer au créancier qui exerce son droit de suite que l'extinction de la créance résultant du défaut de déclaration et non le fait qu'elle n'ait pas encore été admise par le juge-commissaire. • Com. 17 déc. 2003, n° 01-10.719 P : *D. 2004. AJ 137, obs. Lienhard ; JCP E 2004, n° 22, p. 862, obs. Pétel.*

8. Absence d'influence de l'inaction du Trésor public sur la prescription. V. note 142 ss. art. L. 622-24.

9. Ventes d'immeubles. Les dispositions des art. 154 et 161 de la loi du 25 janv. 1985 [C. com., art. L. 642-18 et L. 643-2] n'étant pas applicables au créancier hypothécaire de l'indivision, préexistante à l'ouverture de la procédure collective d'un indivisaire, ce créancier, qui entend poursuivre la saisie immobilière du bien indivis en vertu du droit qu'il tient de l'art. 815-17, al. 1er, C. civ., n'est pas tenu de saisir le juge-commissaire. • Cass., avis, 7 févr. 2018, n° 16-26.378 : *BJE 2018. 203, note Macorig-Venier.* ♦ *Contra*, pour la position antérieure de la Cour de cassation, qui avait jugé que le créancier hypothécaire, qui exerce des poursuites de saisie immobilière sur un bien indivis sur lequel une personne soumise à une procédure collective a des droits, est tenu, sans préjudice de la délivrance d'un commandement aux indivisaires maîtres de leurs droits, fût-il titulaire d'une hypothèque consentie par tous les indivisaires et lui permettant dès lors de poursuivre pour la saisie et la vente de ce bien avant le partage de l'indivision, de présenter requête au juge-commissaire dont l'ordonnance se substitue au commandement de droit commun : • Com. 22 avr. 1997, n° 94-19.420 P : *D. 1998. Somm. 106, obs. Piedelièvre ; D. Affaires 1997. 703 ; JCP E 1997. I. 681, n° 15, obs. Pétel ; Defrénois 1998. 254, obs. Sénéchal.*

10. Lorsque la vente est poursuivie par un créancier, en application de l'art. 161 [C. com., art. L. 643-2], la mise à prix n'est pas déterminée par le juge-commissaire seul, mais par celui-ci en accord avec le créancier poursuivant. • Com. 6 janv. 1998, n° 95-12.258 P.

11. Déclaration d'insaisissabilité. Si un créancier, titulaire d'une sûreté réelle, à qui la déclaration d'insaisissabilité d'un immeuble appartenant à un débiteur en liquidation judiciaire est inopposable en application de l'art. L. 526-1 C. com., peut faire procéder à sa vente sur saisie, il ne poursuit pas cette procédure d'exécution dans les conditions prévues par l'art. L. 643-2 C. com., lequel concerne le cas où un créancier se substitue au liquidateur n'ayant pas entrepris la liquidation des biens grevés dans les trois mois de la liquidation et non celui où le liquidateur est légalement empêché d'agir par une déclaration d'insaisissabilité qui lui est opposable ; il en résulte que ce créancier n'a pas à être autorisé par le juge-commissaire pour faire procéder à la saisie de l'immeuble qui n'est pas, en ce cas, une opération de liquidation judiciaire. • Com. 5 avr. 2016, n° 14-24.640 : *D. 2016. 1296, note Borga ; ibid. Actu. 837, obs. Lienhard ; ibid. Pan. 1896, obs. Le Corre ; Rev. sociétés 2016. 393, obs. Henry ; RTD com. 2016. 548, obs. Martin-Serf ; JCP E 2016. 1442, note Lebel ; APC 2016, n° 120, obs. Leprovaux ; RJ com. 2016. 268, obs. Roussel Galle ; Gaz. Pal. 28 juin 2016, p. 54, obs. Le Corre ; BJE 2016. 257, note V. Legrand ; RPC 2016, n° 119, obs. Macorig-Venier ; RDBF 2016, n° 251, obs. S. Piedelièvre.* – Rappr. : • Com. 12 juill. 2016, n° 15-17.321 P : *cité note 143 ss. art. L. 622-24.* ♦ Sur le régime de la saisie, V. note 6 ss. art. L. 526-1.

12. Clôture de la liquidation judiciaire. En ce sens que l'art. L. 622-23 [L. 643-2] ne saurait servir de fondement à des poursuites diligentées postérieurement à la clôture de la procédure de liquidation judiciaire, V. • Com. 16 nov. 2010 : *cité note 9 ss. art. L. 643-11.*

Art. L. 643-3 *(L. n° 2005-845 du 26 juill. 2005, art. 120)* **« Le juge-commissaire peut, d'office ou à la demande du liquidateur ou d'un créancier, ordonner le paiement à titre provisionnel » d'une quote-part d'une créance définitivement admise.**

Ce paiement provisionnel peut être subordonné à la présentation par son bénéficiaire d'une garantie émanant d'un établissement de crédit *(Ord. n° 2013-544 du 27 juin 2013, art. 7-15°, en vigueur le 1er janv. 2014)* **« ou d'une société de financement ».**

(L. n° 2005-845 du 26 juill. 2005, art. 120) **« Dans le cas où la demande de provision porte sur une créance privilégiée des administrations financières, des organismes de sécurité sociale, des institutions gérant le régime d'assurance chômage prévu par les articles** *(Ord. n° 2021-1193 du 15 sept. 2021, art. 60, en vigueur le 1er oct. 2021)* **« L. 5422-1 » et suivants du code du travail et des institutions régies par le livre IX du code de la sécurité sociale, la garantie prévue au deuxième alinéa n'est pas due. »**

Pour les dispositions transitoires de l'Ord. n° 2021-1193 du 15 sept. 2021, V. note ss. art. L. 611-2.

V. art. R. 643-2.

BIBL. ▶ HUILLE, *Gaz. Pal. 2001. Doctr. 298.*

Art. L. 643-4 **Si une ou plusieurs distributions de sommes précèdent la répartition du prix des immeubles, les créanciers privilégiés et hypothécaires admis concourent aux répartitions dans la proportion de leurs créances totales.**

Après la vente des immeubles et le règlement définitif de l'ordre entre les créanciers hypothécaires et privilégiés, ceux d'entre eux qui viennent en rang utile sur le prix des immeubles pour la totalité de leur créance ne perçoivent le montant de leur collocation hypothécaire que sous la déduction des sommes par eux reçues.

Les sommes ainsi déduites profitent aux créanciers chirographaires. – *[C. com., anc. art. L. 622-25.]*

BIBL. ▶ SOINNE, *RPC 1997. 249* (répartitions). – PIERRE, *RPC 2000. 1* (l'indu et les erreurs de répartition). – CANET, *Gaz. Pal. 2001. Doctr. 292* (compétence pour prescrire les répartitions et statuer sur les conflits de privilèges). – ROUGER, *ibid. p. 303* (distribution du prix de vente des immeubles). – CABRILLAC, *Mél. Breton-Derrida, p. 31* (égalité entre les créanciers). – MONTÉRAN et BOURGOIN, *Gaz. Pal. 27-29 juill. 2008, p. 3* (répartitions).

1. Règle de l'égalité des créanciers. **BIBL.** Pollaud-Dulian, *JCP 1998. I. 138.* ♦ Un créancier, admis à titre chirographaire, ne peut conserver les sommes à lui payées en violation de la règle de l'égalité des créanciers chirographaires, le paiement eût-il été fait en connaissance de cette violation. • Com. 17 nov. 1992, n° 90-19.013 P : *D. 1993. 341, note Sortais ; et Somm. 191, obs. Honorat ; JCP 1993. II. 22140, note Dagorne-Labbe ; Defrénois 1994. 575. obs. Sénéchal* • 11 févr. 2004, n° 02-17.520 P : *D. 2004. AJ 701 ; JCP E 2004, n° 24, p. 963, note Millet ; ibid., n° 37, p. 1391, obs. Cabrillac ; APC 2004, n° 72, obs. Regnaut-Moutier ; RTD com. 2005. 165, obs. Martin-Serf .* ♦ A défaut d'accomplissement de la publicité définitive de l'hypothèque judiciaire par le créancier dans le délai prévu, la publicité provisoire étant caduque à la date du paiement, le créancier ne peut conserver les sommes à lui payées en violation de la règle de l'égalité des créanciers chirographaires. • Com. 12 mai 2009, n° 08-11.421 P : *D. 2009. AJ 1414 ; APC 2009, n° 180, obs. Regnaut-Moutier ; LEDEN, juill. 2009, p. 3, obs. M. Sénéchal ; Gaz. Pal. 26-28 juill. 2009, p. 30, obs. Roussel Galle ; JCP E 2009. 1814, n° 8, obs. Cabrillac ; RDBF 2009, n° 131, obs. S. Piedelièvre.*

2. En revanche, avant l'ordonnance du 12 mars 2014, le paiement fait par une erreur sur l'ordre des privilèges n'ouvrait pas droit à répétition, dès lors qu'il était intervenu sans atteinte au principe de l'égalité des créanciers, inapplicable aux créanciers privilégiés, et que l'accipiens n'avait reçu que ce que lui devait son débiteur. • Com. 30 oct. 2000, n° 98-10.688 P : *D. 2001. 1527, note S. Pierre ; ibid. Somm. 620, obs. Honorat ; ibid. 1612, obs. Brémond ; D. 2000. AJ 430, obs. Pisoni ; APC 2000, n° 242, obs. Vallansan ; JCP E 2001, n° 4, p. 176, obs. Cabrillac ; Defrénois 2001. 364, obs. Sénéchal ; Dr. et patr. 6/2001. 114, obs. Monsèrié-Bon.* ♦ Solution infirmée par l'art. L. 643-7-1, issu de l'Ord. n° 2014-326 du 12 mars 2014.

3. Efficacité d'une saisie-attribution. Un créancier ne pouvant, en procédant par voie de saisie-attribution, que saisir la créance disponible, au sens de l'art. 43 de la loi du 9 juill. 1991 [C. pr. exéc., art. L. 211-2, à compter du 1er juin 2012], une saisie pratiquée sur des sommes issues de la réalisation judiciaire de l'actif de liquidation d'une société est inutile, dès lors que ces sommes se trouvent affectées au désintéressement des créanciers de cette société, selon les règles d'ordre public de la procédure collective. • TGI Caen, JEX, 21 mai 1996 : *BICC 1996, n° 1025 ; RJDA 1997, n° 424.* ♦ Le créancier recourant à la saisie-attribution ne saurait primer par sa diligence dans l'exercice de cette voie d'exécution et par l'effet attributif subséquent, que les créanciers de même rang. Et dès lors que le superprivilège des salariés absorbe l'intégralité du produit de la vente, la mainlevée de cette saisie ne peut qu'être ordonnée. • Même ordonnance.

Art. L. 643-5 **Les droits des créanciers hypothécaires qui sont colloqués partiellement sur la distribution du prix des immeubles sont réglés d'après le montant qui leur reste dû après la collocation immobilière. L'excédent des dividendes qu'ils ont touchés dans des distributions antérieures par rapport au dividende calculé après collocation est retenu sur le montant de leur collocation hypothécaire et est inclus dans les sommes à répartir aux créanciers chirographaires.** – *[C. com., anc. art. L. 622-26.]*

Art. L. 643-6 **Les créanciers privilégiés ou hypothécaires, non remplis sur le prix des immeubles, concourent avec les créanciers chirographaires pour ce qui leur reste dû.** – *[C. com., anc. art. L. 622-27.]*

Art. L. 643-7 **Sous réserve du** *(Ord. nº 2008-1345 du 18 déc. 2008, art. 123)* **« deuxième alinéa de l'article L. 642-20-1 », les dispositions des articles L. 643-4 à L. 643-6 s'appliquent aux créanciers bénéficiaires d'une sûreté mobilière spéciale.** – *[C. com., anc. art. L. 622-28.]*

SECTION II **DU RANG DES CRÉANCES** *(Ord. nº 2021-1193 du 15 sept. 2021, art. 61, en vigueur le 1er oct. 2021).*

Art. L. 643-7-1 *(Ord. nº 2014-326 du 12 mars 2014, art. 76, en vigueur le 1er juill. 2014)* **Le créancier qui a reçu un paiement en violation de la règle de l'égalité des créanciers chirographaires ou par suite d'une erreur sur l'ordre des privilèges doit restituer les sommes ainsi versées.**

Art. L. 643-8 *(Ord. nº 2021-1193 du 15 sept. 2021, art. 62, en vigueur le 1er oct. 2021)* **I. – Sans préjudice du droit de propriété ou de rétention opposable à la procédure collective et des dispositions des articles L. 622-17 et L. 641-13, le montant de l'actif distribuable est réparti dans l'ordre suivant :**

1º Les subsides prévus à l'article L. 631-11 restés impayés ;

2º Les créances garanties par le privilège établi aux articles L. 3253-2, L. 3253-4 et L. 7313-8 du code du travail ;

3º Les frais de justice nés régulièrement après le jugement d'ouverture pour les besoins du déroulement de la procédure restés impayés à l'échéance ;

4º Les créances garanties par le privilège prévu par l'article L. 624-21 ;

5º Les créances garanties par le privilège de conciliation établi par l'article L. 611-11 ;

6º Les créances garanties par des sûretés immobilières classées entre elles dans l'ordre prévu au code civil ;

7º Les créances de salaires restées impayées à l'échéance dont le montant n'a pas été avancé en application des articles L. 3253-6, L. 3253-8 à L. 3253-12 du code du travail, dans les conditions prévues à l'article L. 641-13 ;

8º Les créances garanties par le privilège établi au 2º du III de l'article L. 622-17 restées impayées à l'échéance et par le privilège établi à l'article L. 626-10 ;

9º Les créances résultant de l'exécution des contrats mentionnées au 3º du III de l'article L. 622-17 restées impayées à l'échéance ;

10º Les sommes dont le montant a été avancé en application du 5º de l'article L. 3253-8 du code du travail, dans les conditions prévues à l'article L. 641-13 ;

11º Les autres créances non soumises à l'interdiction énoncée au premier alinéa de l'article L. 622-7, restées impayées, selon leur rang ;

(L. nº 2021-1900 du 30 déc. 2021, art. 130-I-E, en vigueur le 1er janv. 2022) **« 12º Les créances garanties par le privilège du Trésor établi à l'article 1920 du code général des impôts, à l'exception des créances de toutes natures en matière de contributions indirectes et de celles mentionnées à l'article 379 du code des douanes ; »**

13º Les créances garanties par un nantissement, par le privilège du bailleur prévu à l'article 2332 du code civil dans la limite de six mois de loyers et celles garanties par le privilège prévu aux article L. 141-5 et suivants ;

son droit d'administrer ses biens et d'en disposer, n'est pas sanctionnée par la clôture de la procédure de liquidation des biens mais lui ouvre l'action en réparation prévue à l'art. L. 141-1 COJ, qu'il peut exercer au titre de ses droits propres. • Com. 16 déc. 2014 : *D. 2015. Actu. 6, obs. Lienhard ; RTD com. 2015. 161, obs. Vallens ; JCP E 2015. 1010, note Lebel ; LEDEN 1/2015. 1, obs. F.-X. Lucas ; APC 2015, n° 1, obs. Pérochon ; Journ. sociétés 2/2015. 48, obs. Brignon ; BJE 2015. 90, note Delattre ; Gaz. Pal. 1er-5 mai 2015, p. 13, obs. Voinot.* ♦ V., depuis cet arrêt, pour l'irrecevabilité d'une requête devant la CEDH fondée sur l'art. 6, § 1, de la Conv. EDH, du fait du non-épuisement des voies de recours internes : • CEDH 13 avr. 2017, n° 16470/15 : *D. 2017. Actu. 868 ; APC 2017, n° 142, obs. Vallansan ; Journ. sociétés 7/2017. 63, obs. Cerati-Gauthier ; BJE 2017. 287, note Hugon ; RJ com. 2017. 507, obs. Roussel Galle.*

Code de commerce

Ancien art. L. 622-30 *A tout moment, le tribunal peut prononcer, même d'office, le débiteur entendu ou dûment appelé et sur rapport du juge-commissaire, la clôture de la liquidation judiciaire :*

1° Lorsqu'il n'existe plus de passif exigible ou que le liquidateur dispose des sommes suffisantes pour désintéresser les créanciers ;

2° Lorsque la poursuite des opérations de liquidation judiciaire est rendue impossible en raison de l'insuffisance de l'actif. — [L. n° 85-98 du 25 janv. 1985, art. 167.]

BIBL. ▶ VALLENS, *LPA 19 sept. 1997.*

1. Application au redressement judiciaire. Les art. 167 et 8, devenus les art. L. 622-30 (1°) et L. 621-6 [anciens] C. com., n'interdisent pas de prononcer la clôture de la procédure de redressement judiciaire lorsqu'au cours de la période d'observation il est constaté que le débiteur met à la disposition de ses créanciers des sommes suffisantes pour payer les dettes exigibles. • Com. 8 juill. 2003, n° 00-19.236 P : *D. 2003. AJ 2008, obs. Lienhard ; D. 2004. Somm. 57, obs. Le Corre ; APC 2003, n° 212, obs. Vallansan ; JCP E 2004, n° 5, p. 173, obs. Cabrillac ; RTD com. 2003. 814, obs. Saint-Alary-Houin ; Dr. sociétés 2004, n° 26, note Legros ; RPC 2004. 74, obs. Canet.* ♦ V., désormais, sur la clôture de la procédure de redressement judiciaire : art. L. 631-16, dans sa réd. issue de L. n° 2005-845 du 26 juill. 2005.

2. Demande du débiteur. V. note 38 ss. art. L. 641-9.

3. Notion d'insuffisance d'actif. V. note ss. art. R. 643-16.

4. Effets du jugement de clôture pour extinction du passif. V. note 11 ss. art. L. 653-11. ♦ Si le jugement de clôture pour extinction du passif n'a pas autorité de chose jugée quant à l'extinction des créances et si, dès lors, il ne rend pas irrecevable la demande en paiement formée par un créancier prétendant n'avoir pas été désintéressé, il appartient à celui-ci de rapporter la preuve de ce fait, lorsque le jugement de clôture a été prononcé au motif que le passif avait été réglé. • Com. 16 nov. 2010, n° 09-69.495 P : *D. 2010. Actu. 2831, obs. Lienhard ; JCP E 2011. 1263, n° 5, obs. Pétel ; APC 2010, n° 289, obs. Fin-Langer ; LEDEN 1/2011. 5, obs. Mouial-Bassilana ; Gaz. Pal. 7-8 janv. 2011, p. 30, obs. Voinot ; JCP E 2011. 1105, note J.-J. Barbièri.* ♦ V. déjà, pour un arrêt reconnaissant au créancier n'ayant pas été désintéressé le droit de poursuivre le débiteur nonobstant le jugement de clôture de la procédure, • Com. 4 oct. 2005, n° 03-17.619 P : *D. 2005. AJ 2806, obs. Lienhard ; D. 2006. Pan. 82, obs. Le Corre ; JCP E 2006, n° 2, p. 74, obs. Cabrillac ; Gaz. Pal. 30 avr.-4 mai 2006, p. 36, obs. M. Sénéchal.*

5. Après clôture de sa liquidation judiciaire pour extinction du passif, une société dont la personnalité morale subsiste pour les besoins de sa liquidation et qui n'est plus dessaisie peut exercer, par l'organe de son liquidateur amiable, une action nouvelle tendant à augmenter l'actif à partager. • Com. 8 juin 2010, n° 09-15.550 P : *D. 2010. Actu. 1621, obs. Lienhard ; Rev. sociétés 2010. 408, obs. Roussel Galle ; JCP E 2010. 1664, note Legros ; APC 2010, n° 193, obs. Cagnoli ; Procédures 2010, n° 319, obs. Rolland ; RJDA 2010, n° 961 ; RLDA oct. 2010. 17, obs. Lebel ; BJS 2010. 903, note F.-X. Lucas.*

6. Une association ne prend pas fin par l'effet du jugement ordonnant sa liquidation judiciaire et, après la décision de clôture de cette procédure pour extinction du passif, elle redevient maîtresse de ses biens. • Com. 19 oct. 2010 : *D. 2010. Actu. 2574, obs. Lienhard ; Rev. sociétés 2011. 191, obs. Roussel Galle ; LEDEN 12/2010. 5, obs. Rubellin ; RJDA 2011, n° 67 ; BJS 2011. 118, note F.-X. Lucas ; LPA 8 mars 2011, obs. Gibirila ; RPC 2011, n° 113, obs. Lebel.*

7. Effets du jugement de clôture pour insuffisance d'actif. La clôture des opérations de liquidation pour insuffisance d'actif prive le mandataire judiciaire du droit de représenter la personne morale. • Civ. 2e, 17 oct. 2002, n° 01-13.553 P : *D. 2002. AJ 3143 ; BJS 2003. 125, note Pétel ; Rev. sociétés 2003. 154, note Le Corre ; Dr. sociétés 2003, n° 129, note Legros ; RJ com. 2004. 388, note Sortais.* ♦ V. aussi note 4 ss. art. L. 641-9.

8. En ce sens que, le jugement de clôture de la

liquidation judiciaire mettant fin aux fonctions du liquidateur, celui-ci, partie en première instance, ne peut plus être intimé et la procédure d'appel doit donc être régularisée par la nomination d'un mandataire *ad hoc*, V. • Com. 5 nov. 2003, n° 00-10.239 P : *D. 2003. AJ 2965 ; APC 2004, n° 9, obs. Cagnoli ; JCP E 2004, n° 31, p. 1254, note Legros ; RPC 2004. 271, obs. Dumont ; RJ com. 2004. 389, note Sortais.*

9. Sur les conséquences de la clôture de la liquidation judiciaire pour insuffisance d'actif et de l'absence de vérification de l'état des créances, V. note 23 ss. ancien art. L. 621-46, ss. art. L. 622-26.

10. Durée excessive de la procédure. Pour une condamnation de la France sur le fondement de l'art. 6 (1) Conv. EDH (« délai raisonnable » des procédures), V. • CEDH 17 janv. 2002 : *D. 2002. AJ 807 ; RJ com. 2002. 272, note Sortais.*

11. Péremption d'instance. La péremption d'instance a pour objet de sanctionner le défaut de diligence des parties ; la procédure collective, dont l'ouverture est imposée par la loi dans certaines conditions, ne constitue pas une instance au sens de l'art. 386 NCPC [C. pr. civ.] • Com. 10 janv. 2006, n° 03-14.923 P : *D. 2006. AJ 443, obs. Lienhard ; ibid. Pan. 2251, obs. F.-X. Lucas ; JCP E 2006, n° 24, p. 1068, note Cholet ; RTD com. 2006. 484, obs. Vallens.* ♦ V. aussi note 40 ss. art. L. 624-2.

Ancien art. L. 621-95 *En cas de cession totale de l'entreprise, le tribunal prononce la clôture des opérations après régularisation des actes nécessaires à la cession, paiement du prix et réalisation des actifs non compris dans le plan.*

Le prix de cession est réparti par le commissaire à l'exécution du plan entre les créanciers suivant leur rang.

Les créanciers recouvrent, après le jugement de clôture, leur droit de poursuite individuelle dans les limites fixées par l'article L. 622-32. — [L. n° 85-98 du 25 janv. 1985, art. 92.] — V. l'anc. art. L. 622-32 C. com. ss. art. L. 643-11.

BIBL. ▶ SOINNE, *RPC 1997. 249* (répartitions). – CANET, *Gaz. Pal. 2001. Doctr. 292* (même thème). – ROUGER, *ibid. 303* (distribution du prix de vente des immeubles). – M. SÉNÉCHAL, *LPA 12 mai 2004* (distribution du prix de vente d'un immeuble grevé de sûretés).

1. Clôture des opérations. L'accomplissement de tous les actes nécessaires à la réalisation de la cession n'entraîne pas par lui-même la clôture des opérations, en l'absence d'un jugement le prononçant. • Com. 27 avr. 1993, n° 91-14.203 P : *RPC 1993. 478, obs. Soinne.* ♦ V., désormais, sur la clôture de la procédure en cas de plan de cession, art. L. 643-9, dernier al., dans sa réd. issue de L. n° 2005-845 du 26 juill. 2005.

Sur le sort des créances nées après le jugement qui arrête le plan de cession, V. note 3 ss. ancien art. L. 621-32, ss. art. L. 622-17.

2. Dissolution de société. V. C. civ., art. 1844-7 (7°), App., v° *Sociétés commerciales*.

3. Reprise des poursuites individuelles. L'arrêt du plan de cession ne met pas fin à la suspension des poursuites individuelles visées à l'art. 47 [C. com., ancien art. L. 621-40, devenu art. L. 622-21]. • Com. 14 mars 2000 : *RJDA 2000, n° 687.* ♦ En effet, le droit de poursuite individuelle des créanciers n'est pas susceptible d'être recouvré tant que le tribunal de commerce n'a pas prononcé la clôture des opérations. • Civ. 2e, 5 févr. 1997 : *D. 1997. IR 114.*

4. L'art. 33 [C. com., ancien art. L. 621-24, devenu art. L. 622-7] emportant interdiction de payer toute créance née antérieurement au jugement d'ouverture, dès lors qu'il n'est fait état d'aucun jugement de clôture des opérations de cession, il résulte de l'art. 92 [C. com., ancien art. L. 621-95], al. 3, que les créanciers n'ont pas recouvré leur droit de poursuites individuelles. • Com. 11 avr. 1995, n° 93-16.969 P : *D. 1999. Somm. 7, obs. Derrida.*

V., désormais, sur la reprise des poursuites individuelles après clôture de la procédure, art. L. 643-11, dans sa réd. issue de L. n° 2005-845 du 26 juill. 2005.

Art. L. 643-10 **Le liquidateur procède à la reddition des comptes. Il est responsable des documents qui lui ont été remis au cours de la procédure pendant cinq ans à compter de cette reddition.** — *[C. com., anc. art. L. 622-31.]*

V. art. R. 643-19.

Art. L. 643-11 *(Ord. n° 2014-326 du 12 mars 2014, art. 78-1°, en vigueur le 1er juill. 2014)* **« I. — Le jugement de clôture de liquidation judiciaire pour insuffisance d'actif ne fait pas recouvrer aux créanciers l'exercice individuel de leurs actions contre le débiteur. Il est fait exception à cette règle :**

« 1° Pour les actions portant sur des biens acquis au titre d'une succession ouverte pendant la procédure de liquidation judiciaire ;

« 2° Lorsque la créance trouve son origine dans une infraction pour laquelle la culpabilité du débiteur a été établie ou lorsqu'elle porte sur des droits attachés à la personne du créancier ; »

(L. nº 2015-1702 du 21 déc. 2015, art. 93-1º) « 3° Lorsque la créance a pour origine des manœuvres frauduleuses commises au préjudice des organismes de protection sociale mentionnés à l'article L. 114-12 du code de la sécurité sociale. L'origine frauduleuse de la créance est établie soit par une décision de justice, soit par une sanction prononcée par un organisme de sécurité sociale dans les conditions prévues aux articles L. 114-17 et L. 114-17-1 du même code. »

(Ord. nº 2014-326 du 12 mars 2014, art. 78-1º, en vigueur le 1er juill. 2014) « II. – Les coobligés et les personnes ayant consenti une sûreté personnelle ou ayant affecté ou cédé un bien en garantie peuvent poursuivre le débiteur s'ils ont payé à la place de celui-ci. »

(L. nº 2005-845 du 26 juill. 2005, art. 122) « III. – Les créanciers recouvrent leur droit de poursuite individuelle dans les cas suivants :

« 1° La faillite personnelle du débiteur a été prononcée ;

« 2° Le débiteur a été reconnu coupable de banqueroute ;

« 3° Le débiteur *(Ord. nº 2010-1512 du 9 déc. 2010, art. 5-8º)* « , au titre de l'un quelconque de ses patrimoines, » ou une personne morale dont il a été le dirigeant a été soumis à une procédure de liquidation judiciaire antérieure clôturée pour insuffisance d'actif moins de cinq ans avant l'ouverture de celle à laquelle il est soumis *(Ord. nº 2014-326 du 12 mars 2014, art. 78-2º, en vigueur le 1er juill. 2014)* « ainsi que le débiteur qui, au cours des cinq années précédant cette date, a bénéficié des dispositions de l'article L. 645-11 » ;

« 4° La procédure a été ouverte en tant que procédure territoriale au sens du paragraphe 2 de l'article 3 du règlement (CE) nº 1346/2000 du Conseil du 29 mai 2000 relatif aux procédures d'insolvabilité *(Ord. nº 2017-1519 du 2 nov. 2017, art. 1er)* « ou au sens du paragraphe 2 de l'article 3 du règlement (UE) nº 2015/848 du Parlement européen et du Conseil du 20 mai 2015 relatif aux procédures d'insolvabilité ».

« IV. – En outre, en cas de fraude à l'égard d'un ou de plusieurs créanciers, le tribunal autorise la reprise des actions individuelles de tout créancier à l'encontre du débiteur. Le tribunal statue lors de la clôture de la procédure après avoir entendu ou dûment appelé le débiteur, le liquidateur et les contrôleurs. Il peut statuer postérieurement à celle-ci, à la demande de tout intéressé, dans les mêmes conditions. » – *Sur la publicité du jugement autorisant la reprise des poursuites, V. art. R. 643-18, al. 3 et 4.*

(Ord. nº 2008-1345 du 18 déc. 2008, art. 124) « V. – Les créanciers qui recouvrent leur droit de poursuite individuelle et dont les créances ont été admises ne peuvent exercer ce droit sans avoir obtenu un titre exécutoire ou, lorsqu'ils disposent déjà d'un tel titre, sans avoir fait constater qu'ils remplissent les conditions prévues au présent article. Le président du tribunal, saisi à cette fin, statue par ordonnance.

« Les créanciers qui recouvrent l'exercice individuel de leurs actions et dont les créances n'ont pas été vérifiées peuvent le mettre en œuvre dans les conditions du droit commun. »

(Ord. nº 2010-1512 du 9 déc. 2010, art. 5-8º) « VI. – Lorsque la clôture de liquidation judiciaire pour insuffisance d'actif est prononcée à l'issue d'une procédure ouverte *(L. nº 2022-172 du 14 févr. 2022, art. 5, en vigueur le 14 mai 2022)* « à l'égard d'un débiteur relevant du statut défini à la section III du chapitre VI du titre II du livre V ou » à raison de l'activité d'un débiteur entrepreneur individuel à responsabilité limitée à laquelle ,un patrimoine est affecté, le tribunal, en cas de fraude à l'égard d'un ou de plusieurs créanciers, autorise les actions individuelles de tout créancier sur les biens compris dans *(L. nº 2022-172 du 14 févr. 2022, art. 5, en vigueur le 14 mai 2022)* « le patrimoine personnel ou » le patrimoine non affecté de cet entrepreneur. Il statue dans les conditions prévues au IV. Les créanciers exercent les droits qui leur sont conférés par les présentes dispositions dans les conditions prévues au V. »

(Ord. nº 2014-326 du 12 mars 2014, art. 78-3º, en vigueur le 1er juill. 2014) « VII. – Lorsque la clôture de liquidation judiciaire pour insuffisance d'actif est prononcée à l'issue d'une procédure ouverte à raison de l'activité d'un débiteur, personne physique, à laquelle *(L. nº 2022-172 du 14 févr. 2022, art. 5, en vigueur le 14 mai 2022)* « il n'avait pas affecté volontairement un patrimoine distinct », le tribunal peut imposer des délais uniformes de paiement des créances mentionnées au I de l'article L. 641-13

à l'exception de celles des administrations financières, des organismes de sécurité sociale, des institutions gérant le régime d'assurance chômage prévu par les articles L. 5422-1 et suivants du code du travail et des institutions régies par le livre IX du code de la sécurité sociale. Ces délais ne peuvent excéder deux ans. »

V. art. R. 643-20.

L'art. L. 643-11 est applicable aux procédures de redressement ou de liquidation judiciaire en cours au jour de l'entrée en vigueur de la loi nº 2005-845 du 26 juill. 2005 [1er janv. 2006.] Toutefois, les poursuites déjà engagées au jour de l'entrée en vigueur de cet article à l'égard de débiteurs ayant fait l'objet d'une interdiction de diriger ou de contrôler une entreprise commerciale ou une personne morale ne sont pas affectées et les sommes perçues par leurs créanciers restent acquises à ces derniers. L'art. L. 643-11 est également applicable aux procédures de règlement judiciaire ou de liquidation des biens en cours. Toutefois, les sommes perçues par les créanciers leur restent acquises (L. préc., art. 191).

L'art. L. 643-11 est applicable aux situations en cours, résultant d'une procédure de liquidation de biens dont les opérations ont été closes antérieurement au jour de l'entrée en vigueur de la loi nº 2005-845 du 26 juill. 2005 [1er janv. 2006.] Toutefois, les sommes perçues par les créanciers leur restent acquises (L. nº 2008-776 du 4 août 2008, art. 77-I).

Pour les dispositions transitoires de la L. nº 2022-172 du 14 févr. 2022, V. note ss. art. L. 611-13.

V. art. R. 643-20.

BIBL. ▶ PELLIER, *D. 2014. Chron. 1054* (art. L. 643-11, II, dans sa rédaction issue de l'Ord. du 12 mars 2014). – MARTIN-SERF, *RTD com. 2016. 199* (même thème).

1. Droit transitoire. Ayant relevé que les requêtes de l'administration fiscale tendant à l'obtention du titre exécutoire ou de l'autorisation spécifiques nécessaires à la reprise des poursuites individuelles avaient été déposées avant le 1er janv. 2006, jour de l'entrée en vigueur de la L. du 26 juill. 2005, une cour d'appel en a déduit, à bon droit, qu'au sens de l'art. 191, 3°, de la loi précitée [en note ci-dessus], les poursuites étaient engagées dès ce dépôt et que le dirigeant ayant fait l'objet d'une mesure d'interdiction de gérer ne pouvait se prévaloir des dispositions nouvelles de l'art. L. 643-11 C. com., lesquelles ne prévoient la reprise du droit de poursuite individuelle des créanciers qu'en cas de faillite personnelle du débiteur, et non plus d'interdiction de diriger. • Com. 21 sept. 2010, nº 09-69.435 P : *D. 2010. Actu. 2286, obs. Lienhard ; RTD com. 2010. 798, obs. Vallens ; Rev. sociétés 2010. 539, obs. Roussel Galle ; LEDEN 11/2010. 4, obs. Camensuli-Feuillard ; DP diff. entr., Bull. nº 319, obs. Rémery ; RJDA 2010, nº 1180 ; RPC 2010, nº 250, obs. Berthelot ; Gaz. Pal. 7-8 janv. 2011, p. 47, obs. Montéran.* ♦ Il résulte de l'art. 191, 3°, de la L. du 26 juill. 2005 que l'art. L. 643-11 C. com. n'est pas applicable aux procédures de redressement ou de liquidation judiciaires clôturées avant le 1er janv. 2006. • Com. 3 déc. 2013, nº 12-23.050 : *D. 2013. Actu. 2910, obs. Lienhard ; Rev. sociétés 2014. 202, obs. Roussel Galle ; RJDA 2014, nº 366 ; RPC 2014, nº 88, obs. Martin-Serf.*

2. Débiteur cautionné. Les dispositions de l'art. L. 643-11-II, en ce qu'elles dérogent à la règle de la libération du débiteur, ne portent pas atteinte à l'égalité entre débiteurs cautionnés, dont la situation, distincte de celle des débiteurs non cautionnés peut justifier une différence de traitement dans l'intérêt des cautions, lesquelles, en l'absence de ce texte, supporteraient définitivement une dette dont le débiteur principal serait lui-même déchargé (non-lieu à QPC). • Com., QPC, 21 juin 2011, nº 11-40.015 : *D. 2011. Actu. 1815, obs. Lienhard ; RTD com. 2012. 196, obs. Martin-Serf .* ♦ V. aussi cet arrêt en ce qu'il déclare l'art. L. 643-11, II, applicable en Alsace-Moselle. ♦ L'art. L. 643-11, II, ne distingue pas selon que le paiement fait par la caution à la place du débiteur est antérieur ou postérieur à l'ouverture de la procédure collective, ni suivant la nature, subrogatoire ou personnelle, du recours exercé par la caution. • Com. 28 juin 2016, nº 14-21.810 P : *D. 2016. Actu. 1494 ; RTD com. 2016. 848, obs. Martin-Serf ; JCP E 2016. 1661, nº 5, obs. Pétel ; DP diff. entr., Bull. nº 383, obs. Rémery ; APC 2016, nº 194, obs. Petit ; LEDEN 9/2016. 3, obs. Pelletier ; RJDA 2016, nº 714 ; Gaz. Pal. 18 oct. 2016, p. 66, obs. Le Corre-Broly ; RPC 2017, nº 4, obs. Reille.*

V. déjà et comp., ayant jugé, sous le régime antérieur à la loi du 26 juill. 2005, que la caution qui a payé au lieu et place du débiteur peut poursuivre celui-ci soit en exerçant un recours subrogatoire sous réserve que le créancier ait déclaré sa créance soit en exerçant un recours personnel dès lors qu'elle a elle-même déclaré sa créance : • Com. 12 mai 2009, nº 08-13.430 P : *D. 2009. 2459, note Brocard ; ibid. Chron. C. cass. 2581, obs. Bélaval ; D. 2009. AJ 1472, obs. Lienhard ; JCP E 2009. 1777, note Simler ; APC 2009, nº 189, obs. Cagnoli ; LEDEN, juill. 2009, p. 4, obs. Camensuli-Feuillard ; Gaz. Pal. 12-16 juill. 2009, p. 7, note S. Piedelièvre ; RTD com. 2009. 613, obs. Martin-Serf ; RTD civ. 2009. 554, obs. Crocq ; RPC 2009, nº 112, obs. Macorig-*

Venier. ♦ ... La créance de recours personnel de la caution prenant naissance à la date de l'engagement de caution. • Com. 1er mars 2005 : *D. 2005. 1365, note Le Corre ; RPC 2005. 212, obs. Macorig-Venier.* ♦ Dans le même sens, pour la créance de la caution qui agit avant paiement contre le débiteur principal, sur le fondement de l'ancien art. 2309 C. civ., V. • Com. 3 févr. 2009 : *cité note 59 ss. art. L. 622-24.*

L'art. L. 643-11, II, ne permet pas à la caution qui a acquitté la dette principale d'exercer dans les conditions prévues par ce texte un recours contre un cofidéjusseur, en application de l'art. 2310 C. civ., à moins que le patrimoine de celui-ci soit confondu avec celui du débiteur principal. • Com. 5 mai 2021, n° 20-14.672 P : *D. 2021. 1612, note Houtcieff ; Rev. sociétés 2021. 406, obs. Henry ; RTD com. 2021. 656, obs. Martin-Serf ; LEDEN 6/2021. 4, obs. Favre Rochex ; APC 2021, n° 152, obs. Revel Pedemons ; BJE 7-8/2021. 22, note Dumont ; BJS 10/2021. 50, note Borga ; RJDA 2021, n° 590 ; Dr. sociétés 2021, n° 125, note Legros.*

3. Codébiteurs solidaires. Si le jugement de clôture de la liquidation judiciaire ne fait pas recouvrer aux créanciers l'exercice de leurs actions contre le débiteur, cette exception purement personnelle à ce dernier ne peut pas être opposée par le codébiteur solidaire. • Com. 24 mars 2004 : *D. 2004. AJ 1593 ; RPC 2004. 232, obs. Macorig-Venier.* ♦ L'époux commun en biens, codébiteur solidaire d'un emprunteur objet d'une liquidation judiciaire clôturée pour insuffisance d'actif, ne peut invoquer l'interdiction de reprendre les poursuites contre son conjoint prévue par l'art. L. 643-11, qui ne lui profite pas en raison de sa qualité de débiteur tenu d'une obligation distincte. • Com. 2 févr. 2022, n° 20-18.791 B : *D. 2022. Actu. 278 ; DP diff. entr., Bull. n° 444, obs. Rémery.*

4. Créances postérieures au jugement d'ouverture. Les créanciers dont la créance est née régulièrement après l'ouverture de la procédure collective peuvent poursuivre le recouvrement de leurs créances après la clôture de la liquidation judiciaire pour insuffisance d'actif. • Com. 30 oct. 2000 : *APC 2000, n° 248 ; RJDA 2001, n° 203.*

5. Action en revendication. Les dispositions de l'art. 169, devenu l'art. L. 622-32 [L. 643-11] C. com., ne font pas obstacle à l'exécution, postérieurement au jugement de clôture de la liquidation judiciaire pour insuffisance d'actif, d'une décision du juge-commissaire autorisant, à la suite d'une requête en revendication, la restitution du bien. • Com. 4 janv. 2005 : *Gaz. Pal. 29-30 avr. 2005, p. 45, obs. Le Corre-Broly ; RTD com. 2006. 207, obs. Martin-Serf .*

6. Action paulienne. L'action fondée sur l'art. 1167 [1341-2] C. civ. qu'un créancier peut exercer contre tous les actes faits en fraude de ses droits par le débiteur n'est pas soumise aux dispositions de l'art. L. 622-32 [L. 643-11] C. com. • Com. 2 nov. 2005 : *cité note 47 ss. art. L. 622-21.*

7. Créances éteintes (jurisprudence antérieure à L. 26 juill. 2005). La renaissance du droit de poursuite individuelle d'un créancier pour le recouvrement d'une créance ayant son origine antérieurement au jugement d'ouverture est subordonnée à la non-extinction de cette créance sur laquelle la poursuite est fondée. • Com. 14 nov. 2000, n° 97-11.985 P : *D. 2001. AJ 125, obs. Lienhard ; APC 2001, n° 14, obs. Vallansan ; RTD com. 2001. 226, obs. Martin-Serf* • 25 juin 2002 : *RDBF 2002, n° 191, obs. F.-X. Lucas ; RPC 2004. 231, obs. Macorig-Venier.* ♦ Sans préjudice de l'éventuelle application des dispositions de l'art. 1382 [1240] C. civ. en raison de la fraude commise par le débiteur, la créance étant éteinte faute d'avoir été déclarée à la procédure collective et d'avoir donné lieu à relevé de forclusion, le créancier est irrecevable à invoquer les dispositions de l'art. 169, al. 2 [C. com., ancien art. L. 622-32, III]. • Mêmes arrêts. ♦ Comp., désormais : art. L. 622-26, dans sa réd. issue de L. n° 2005-845 du 26 juill. 2005, qui ne prévoit plus l'extinction des créances non déclarées.

8. Créance résultant d'une infraction pénale. La créance résultant d'une condamnation, par le juge pénal, à payer des intérêts civils, est une créance résultant d'une condamnation pénale au sens de l'art. L. 622-32 [L. 643-11] C. com. • Civ. 2e, 13 juill. 2006, n° 05-11.574 P : *D. 2006. AJ 2101, obs. Lienhard*

9. Droits attachés à la personne. Si l'art. L. 643-11, I, 2°, autorise un créancier, dont les opérations de la liquidation judiciaire de son débiteur n'ont pas, en raison de l'insuffisance d'actif, permis de régler la créance, à recouvrer l'exercice individuel de son action contre lui, c'est à la condition que la créance porte sur des droits attachés à la personne du créancier ; n'entre pas dans cette catégorie le droit d'un créancier de saisir un immeuble objet d'une déclaration d'insaisissabilité qui lui est inopposable. • Com. 13 déc. 2017, n° 15-28.357 P : *D. 2018. Pan. 1831, obs. Cagnoli ; RTD com. 2018. 473, obs. Martin-Serf ; JCP E 2018. 1159, n° 21, obs. Pétel ; ibid. 1160, note Lebel ; APC 2018, n° 14, obs. Fin-Langer ; LEDEN 2/2018. 5, obs. Rubellin ; BJE 2018. 103, note Lisanti ; RJDA 2018, n° 266 ; RPC 2018, n° 78, obs. Reille.* ♦ Déjà avant la loi du 10 juin 1994 [dont les dispositions ont été reprises à l'art. L. 643-11, I, 2°], la Cour de cassation avait jugé que l'art. 169 vise les droits attachés non à la personne du débiteur mais à celle du créancier. • Com. 31 mars 1992, n° 89-18.114 P : *D. 1992. Somm. 373, obs. Derrida ; Defrénois 1992. 1384, obs. Le Cannu* • Soc. 11 mars 1993, n° 90-11.304 P : *D. 1993. IR 101* • 11 janv. 1994 : *Rev. huiss. 1994. 477.*

♦ A défaut de résulter de tels droits, la créance de cotisations d'une caisse régionale d'assurance maladie ne peut ouvrir à celle-ci droit à la reprise des poursuites individuelles contre son assuré. • Com. 31 mars 1992 : *préc.* ♦ L'art. L. 622-32, al. 1er, dans sa rédaction issue de la L. n° 94-475 du 10 juin 1994 [dont les dispositions ont été reprises à l'art. L. 643-11, I, 2°], confirme cette jurisprudence. Dès lors que l'accident du travail d'un salarié était dû à la faute inexcusable de l'employeur, la demande de ce salarié en paiement, par l'employeur d'une indemnité réparant son préjudice professionnel est recevable, s'agissant d'un droit attaché à la personne. • Soc. 23 mai 1996, n° 93-11.621 P : *D. 1996. IR 157 ; RPC 1997. 93, obs. Taquet.*

La créance de remboursement d'un prêt ne résulte pas de droits attachés à la personne du créancier. • Com. 29 mai 2001, n° 98-18.918 P : *D. 2001. AJ 1950*. ♦ ... Le prêt fût-il assorti du privilège de prêteur de deniers. • Com. 16 nov. 2010, n° 09-71.160 P : *D. 2010. Actu. 2831, obs. Lienhard ; LEDEN 2/2011. 5, obs. Camensuli-Feuillard ; BJE 2011. 114, note Coquelet.*

10. Non-extinction des dettes. Si le jugement de clôture pour insuffisance d'actif n'entraîne pas l'extinction des dettes, il interdit aux créanciers l'exercice individuel de leurs actions contre le débiteur, de sorte que l'absence de règlement intégral des cotisations antérieures ne prive pas l'assuré ou ses ayants droit de tout droit aux prestations, mais a seulement pour effet d'exclure la période pendant laquelle les cotisations n'ont pas été payées du calcul du montant des prestations. • Civ. 2e, 17 janv. 2007 : *D. 2007. AJ 449 ; D. 2008. Pan. 575, obs. Le Corre ; APC 2007, n° 84, obs. Regnaut-Moutier ; RTD com. 2007. 452, obs. Martin-Serf ; JCP E 2007. 2119, n° 6, obs. Pétel.* – Comp. : • Soc. 8 juin 1995, n° 93-14.157 P : *RPC 1996. 131, obs. Dureuil.*

11. Compensation. Sauf exceptions limitativement énumérées, les dispositions d'ordre public de l'art. L. 622-32 [L. 643-11] C. com. font obstacle, postérieurement au jugement de clôture de la liquidation judiciaire pour insuffisance d'actif, à l'application de l'art. L. 725-1, al. 1er, C. rur., de sorte que la caisse de mutualité sociale agricole ne saurait prélever sur le montant des prestations dues à son adhérent le solde impayé de sa créance de cotisations admise au passif de la procédure collective. • Com. 8 juill. 2008, n° 05-20.497 P : *D. 2008. AJ 2072, obs. Lienhard ; APC 2008, n° 216, obs. Vallansan ; JCP E 2009. 1008, n° 11, obs. Pétel ; RPC 2009, n° 111, obs. Macorig-Venier.*

12. Fraude. BIBL. Pérochon, *Mél. Honorat, Frison-Roche, 2000, p. 161.* ♦ L'art. 169 [C. com., art. L. 643-11] ne distingue pas selon que la fraude a été commise avant ou après l'ouverture de la procédure collective. • Com. 15 févr. 2005, n° 03-14.547 P : *D. 2005. AJ 711, obs. Lienhard ; ibid. Pan. 2018, obs. F.-X. Lucas ; APC 2005, n° 71, obs. Blanc ; Gaz. Pal. 29-30 avr. 2005, p. 31, obs. Voinot.* ♦ La fraude prévue à l'art. L. 643-11, IV, n'impose pas que soit établie l'intention du débiteur de nuire au créancier. • Com. 26 juin 2019, n° 17-31.236 P : *D. 2019. Actu. 1388 ; RTD com. 2020. 171, obs. Martin-Serf ; JCP E 2019. 1538, note Stefania ; LEDEN 9/2019. 5, obs. Rubellin ; BJE 9-10/2019. 28, note Favario ; APC 2019, n° 235, obs. Thullier ; RDBF 2019, n° 173, obs. Houin-Bressand ; RJDA 2020, n° 32 ; RPC 2020, n° 38, obs. Reille.* ♦ Sur la condition de recevabilité tenant à la qualité de créancier, V. • Com. 2 févr. 1999 : *cité note 52 ss. ancien art. L. 621-46.* ♦ ... A la clôture de la procédure pour insuffisance d'actif, V. • Paris, 5 janv. 2005 : *Gaz. Pal. 3-5 avr. 2005, p. 20, obs. Vray.* ♦ Pour une fraude, au sens de l'art. L. 643-11, IV, résultant de la dissimulation par le débiteur d'un important passif fiscal lié à une activité exercée en Allemagne, afin de bénéficier du droit français des procédures collectives, V. • Com. 27 mai 2014, n° 13-14.425 : *Rev. sociétés 2014. 535, obs. Roussel Galle ; RJDA 2014, n° 716 ; Gaz. Pal. 5-7 oct. 2014, p. 25, obs. Henry ; RPC 2015, n° 143, obs. Menjucq.* ♦ Une simple faute de gestion est insuffisante pour caractériser la fraude. • Amiens, 16 déc. 1988 : *JCP E 1990. II. 15658, n° 11, obs. Cabrillac et Pétel.*

Sur la fraude résultant, avant la L. du 26 juill. 2015, de la dissimulation par le débiteur, dans la liste des créanciers remise au mandataire judiciaire, de sommes dont il était redevable, V. • Com. 16 nov. 1993, n° 91-18.576 P : *D. 1994. 157, note Amalvy et Derrida* • 17 nov. 2009, n° 08-11.198 P : *D. 2009. AJ 2861, obs. Lienhard ; Gaz. Pal. 8-9 janv. 2010, p. 28, obs. Le Corre-Broly ; LEDEN, janv. 2010, p. 5, obs. Rubellin ; APC 2010, n° 4, obs. Cagnoli ; RPC 2010, n° 14, obs. F. Legrand et M.-N. Legrand ; BJS 2010. 259, note Reille.* ♦ Sur la preuve, incombant au créancier, du caractère intentionnel de la dissimulation, V. • Com. 13 nov. 2007, n° 06-14.372 P : *D. 2007. AJ 3011 ; Defrénois 2008. 1226, obs. Gibirila.* ♦ Comp., désormais : art. L. 622-26, al. 1er, dans sa réd. issue de L. n° 2005-845 du 26 juill. 2005, qui permet au créancier omis de la liste des créanciers mentionnée à l'art. L. 622-6 d'être relevé de sa forclusion. ♦ V. aussi art. L. 653-8, al. 2.

13. En ce sens que commet une fraude le débiteur qui accomplit, après la date de cessation des paiements, un acte visé aux art. 107 et 108 [C. com., art. L. 632-1 et L. 632-2], V. • Rouen, 20 nov. 1996 : *BRDA 1997, n° 5, p. 9.*

14. La fraude peut consister dans le non-respect des mesures de publicité de la vente d'un fonds de commerce imposées par l'art. 3 de la loi du 17 mars 1909 [C. com., art. L. 141-12 s.]. • Montpellier, 5 mars 1997 : *RPC 1999. 120, obs. Macorig-Venier.*

15. La soustraction d'un bien par le dirigeant

d'une personne morale en liquidation judiciaire pour insuffisance d'actif constitue une fraude, permettant aux créanciers de recouvrer leur droit de poursuite individuelle, sans qu'il soit nécessaire de reprendre la procédure, clôturée. • Paris, 9 oct. 2001 : *BICC 2002, n° 164.* ♦ Comp. note 5 ss. art. L. 643-13.

16. Il n'est pas nécessaire que la fraude concerne l'ensemble des créanciers. • Crim. 7 nov. 1994, n° 93-83.951 P : *JCP 1995. IV. 551.* ♦ Solution confirmée par l'art. L. 643-11, IV, dans sa réd. issue de L. n° 2005-845 du 26 juill. 2005.

17. Responsabilité fiscale. La clôture pour insuffisance d'actifs, malgré les conséquences qui s'y attachent à l'égard du débiteur en application de l'art. 169 [C. com., art. L. 643-11], ne fait pas obstacle à l'exercice par l'administration fiscale, à l'encontre du dirigeant de la société en liquidation, de l'action instituée à l'art. 267 LPF. • Com. 30 mai 2000 : *D. 2000. AJ 302, obs. Lienhard ; RDBF 2000, n° 163, obs. F.-X. Lucas ; BJS 2000. 903, note Serlooten* • 28 nov. 2000, n° 98-10.927 P : *D. 2001. AJ 235, obs. Lienhard ; JCP E 2001, n° 18, p. 752, obs. Pételʼ.* ♦ V. art. L. 267 LPF. – **C. sociétés** ou **C. pr. fisc.**

18. Dirigeant de personne morale (jurispr. antérieure à L. 26 juill. 2005). Il résulte de la combinaison des art. L. 622-32, III, et L. 624-5, II, C. com., dans leur rédaction antérieure à la loi du 26 juill. 2005, que les créanciers recouvrent leur droit de poursuite individuelle contre le débiteur, ancien dirigeant d'une personne morale, tenu personnellement du passif de celle-ci par l'effet de la liquidation judiciaire prononcée contre lui à titre de sanction et clôturée pour insuffisance d'actif, lorsque ce dirigeant a également fait l'objet d'une mesure de faillite personnelle ou d'interdiction de gérer ou a été condamné pour banqueroute. • Com. 16 janv. 2007, n° 05-16.235 P : *D. 2007. AJ 312, obs. Lienhard ; Dr. sociétés 2007, n° 135, note Legros ; RTD com. 2007. 451, obs. Martin-Serf ; RPC 2007. 135, obs. Macorig-Venier ; Rev. sociétés 2007. 893, note Roussel Galle .*

19. Ouverture antérieure d'une procédure clôturée pour insuffisance d'actif. Les créanciers ne recouvrent pas leur droit de poursuite individuelle à l'égard du dirigeant d'une personne morale dont la liquidation judiciaire a été clôturée pour insuffisance d'actif lorsque ce dirigeant n'avait pas lui-même antérieurement fait l'objet d'une procédure de liquidation judiciaire avec clôture pour insuffisance d'actif ou été le dirigeant d'une personne morale dont la liquidation judiciaire avait connu la même issue. • Com. 9 juin 1998, n° 95-21.620 P : *D. Affaires 1998. 1129, obs. A. L. ; APC 1998, n° 76, obs. Béhar-Touchais ; Procédures 1998, n° 200, obs. Croze ; JCP E 1998, n° 52, p. 2068, obs. Cabrillac.*

20. Admission au passif (jurispr. antérieure à L. 26 juill. 2005). Sous l'empire des textes antérieurs à la loi du 26 juill. 2005, les créanciers recouvrant leur droit de poursuite individuelle ne pouvaient l'exercer qu'à la condition que leur créance ait été admise au passif de la liquidation judiciaire. • Paris, 26 févr. 1999 : *Dr. sociétés 1999, n° 165, obs. Chaput.* ♦ Comp., désormais : art. L. 643-11, V, dans sa réd. issue de la L. n° 2005-845 du 26 juill. 2005, puis de l'Ord. n° 2008-1345 du 18 déc. 2008.

21. Obtention d'un titre exécutoire (jurispr. antérieure à Ord. 18 déc. 2008). Les créanciers qui recouvrent leur droit de poursuite individuelle après la clôture de la liquidation judiciaire pour insuffisance d'actif ne peuvent l'exercer qu'en obtenant un titre exécutoire délivré par le président du tribunal de la procédure collective. • Com. 14 janv. 2004 : *D. 2003. AJ 348, obs. Lienhard ; JCP E 2004, n° 22, p. 857, obs. Cabrillac ; RTD com. 2004. 375, obs. Vallens .* – Dans le même sens, V. • Com. 16 juin 2004, n° 03-10.544 P : *D. 2004. AJ 1902, obs. Lienhard (1re esp.) ; APC 2004, n° 205, obs. Cagnoli ; RPC 2005. 213, obs. Macorig-Venier.* ♦ Toutefois, s'agissant de l'administration fiscale, celle-ci doit simplement faire constater par ce magistrat qu'elle remplit les conditions légales pour reprendre l'exercice de son droit de poursuite individuelle. • Com. 24 mars 2004, n° 00-18.532 P : *BRDA 2004, n° 7, p. 6* (rectifiant l'arrêt du 14 janv. 2004 préc.). ♦ Dans le même sens, V. • Com. 7 déc. 2004 : *RPC 2006. 73, obs. Neau-Leduc et Hubert* • 18 janv. 2005 : *ibid.* • Amiens, 9 mai 2005 : *JCP E 2006, n° 3, p. 134* (rendu sur renvoi de • Com. 24 mars 2004 : *préc.*). ♦ V. aussi, sur les conditions de recouvrement des créances fiscales : • CE 14 oct. 2015, n° 375592 : *JCP E 2016. 1083, note Vabres.* ♦ Comp., désormais, distinguant entre les créanciers dont les créances ont été admises et ceux dont les créances n'ont pas été vérifiées : art. L. 643-11-V, dans sa réd. issue de l'Ord. n° 2008-1345 du 18 déc. 2008.

22. Reprise des poursuites en cas d'instance en cours. Tout créancier qui, invoquant une fraude commise à son égard, souhaite reprendre ses actions individuelles contre son débiteur après clôture de la liquidation judiciaire de celui-ci pour insuffisance d'actif, doit y être autorisé par le tribunal de la procédure collective si celui-ci n'a pas donné cette autorisation lors de la clôture ; le juge saisi d'une instance en cours au sens de l'art. L. 622-21 ne peut, en cas d'ouverture, pendant l'instance, d'une liquidation judiciaire contre le débiteur suivie d'une clôture pour insuffisance d'actif, condamner celui-ci au paiement d'une somme d'argent sans constater au préalable que le créancier a obtenu l'autorisation de reprendre ses actions individuelles. • Com. 5 févr. 2020, n° 18-22.569 P : *D. 2020. Actu. 334 ; Rev. sociétés 2020. 196, obs. Roussel Galle ; RTD com. 2020. 468, obs. Martin-Serf ; JCP E 2020. 1204, n° 10, obs. Pételʼ; LEDEN 3/2020. 3, obs. Ollu ; APC 2020,* *n° 71, obs. Petit ; RJDA 2020, n° 383 ; BJE 5-6/2020. 29, note Perruchot-Triboulet.*

23. Recours contre l'ordonnance du président du tribunal. L'ordonnance rendue par le président du tribunal de commerce en application de l'art. 169, dernier al., devenu l'art. L. 622-32-IV [L. 643-11-V] C. com., ne relève pas du régime prévu par les art. 1405 s. NCPC [désormais, art. 1405 s. C. pr. civ., relatifs à l'ordonnance d'injonction de payer] ; cette ordonnance est susceptible d'appel de la part du débiteur dans les conditions de forme et de délai de droit commun. • Com. 16 juin 2004, n° 01-12.480 P : *D. 2004. AJ 1902, obs. Lienhard (2e esp.)*.

Art. L. 643-12 **La clôture de la liquidation judiciaire** *(Ord. n° 2014-326 du 12 mars 2014, art. 79, en vigueur le 1er juill. 2014)* **« ou de la procédure prévue à l'article L. 645-1 » suspend les effets de la mesure d'interdiction d'émettre des chèques, dont le débiteur fait l'objet au titre de l'article 65-3 du décret du 30 octobre 1935 unifiant le droit en matière de chèques et relatif aux cartes de paiement** *[C. mon. fin., art. L. 131-73]*, **mise en œuvre à l'occasion du rejet d'un chèque émis avant le jugement d'ouverture de la procédure.** *(Ord. n° 2010-1512 du 9 déc. 2010, art. 5-9°)* **« Toutefois, lorsque le débiteur est un entrepreneur individuel à responsabilité limitée, cette suspension est limitée aux comptes afférents au patrimoine visé par la procédure. »** *(L. n° 2022-172 du 14 févr. 2022, art. 5, en vigueur le 14 mai 2022)* **« En présence d'un débiteur entrepreneur individuel relevant du statut défini à la section III du chapitre VI du titre II du livre V, elle est limitée aux comptes afférents à son patrimoine professionnel, sauf en cas de clôture de la procédure prévue à l'article L. 645-1. »** — *Pour les dispositions transitoires de la L. n° 2022-172 du 14 févr. 2022, V. note ss. art. L. 611-13.*

Si les créanciers recouvrent leur droit de poursuite individuelle, la mesure d'interdiction reprend effet, à compter de la délivrance du titre exécutoire *(Ord. n° 2008-1345 du 18 déc. 2008, art. 125)* **« mentionné au V » de l'article** *(L. n° 2005-845 du 26 juill. 2005, art. 123)* **« L. 643-11 ».** — *[C. com., anc. art. L. 622-33.]*

V. art. R. 643-21 à R. 643-23.

Art. L. 643-13 *(L. n° 2005-845 du 26 juill. 2005, art. 124)* **Si la clôture de la liquidation judiciaire est prononcée pour insuffisance d'actif et qu'il apparaît que des actifs n'ont pas été réalisés ou que des actions dans l'intérêt des créanciers n'ont pas été engagées pendant le cours de la procédure, celle-ci peut être reprise.**

Le tribunal est saisi par le liquidateur précédemment désigné, par le ministère public ou par tout créancier intéressé. *(Abrogé par Ord. n° 2014-1088 du 26 sept. 2014, art. 9, à compter du 28 sept. 2014)* *« **Il peut également se saisir d'office.** »* **S'il est saisi par un créancier, ce dernier doit justifier avoir consigné au greffe du tribunal les fonds nécessaires aux frais des opérations. Le montant des frais consignés lui est remboursé par priorité sur les sommes recouvrées à la suite de la reprise de la procédure.**

(Ord. n° 2014-326 du 12 mars 2014, art. 80, en vigueur le 1er juill. 2014) **« La reprise de la procédure produit ses effets rétroactivement pour tous les actifs du débiteur que le liquidateur aurait dû réaliser avant la clôture de la procédure de liquidation judiciaire. »** — *Cette disposition est applicable aux procédures en cours au jour de l'entrée en vigueur de l'Ord. n° 2014-326 du 12 mars 2014 (Ord. préc., art. 116, al. 2).*

Si les actifs du débiteur consistent en une somme d'argent, la procédure prévue au chapitre IV du présent titre est de droit applicable.

L'art. L. 643-13 est applicable aux procédures en cours au jour de l'entrée en vigueur de la L. n° 2005-845 du 26 juill. 2005 [1er janv. 2006] (L. préc., art. 191).

Les modifications issues de l'Ord. n° 2014-1088 du 26 sept. 2014 s'appliquent aux procédures de sauvegarde, de redressement judiciaire ou de liquidation judiciaire en cours au jour de son entrée en vigueur (Ord. préc., art. 13).

V. art. R. 643-24.

BIBL. ▶ Le Corre, *Gaz. Pal. 27 juin 2017, p. 75* (questions-réponses).

1. Confusion des patrimoines. V. note 45 ss. art. L. 621-2.

2. Qualité pour agir. En cas de clôture d'une liquidation judiciaire pour insuffisance d'actif, et s'il apparaît que des actifs ont été dissimulés ou, plus généralement, en cas de fraude commise par le chef d'entreprise ou les dirigeants sociaux, le liquidateur, dont la mission a pris fin, n'est pas recevable, faute d'intérêt, à demander la reprise de la procédure. • Com. 5 avr. 1994, n° 91-20.987 P : *D. 1994. IR 117 ; JCP E 1994. I. 394, n° 8, obs. Cabrillac* • 29 oct. 2002 : *APC 2003,* n° 22. ♦ Solution infirmée par l'art. L. 643-13, al. 2, dans sa réd. issue de L. n° 2005-845 du 26 juill. 2005.

3. Motifs de réouverture. Il se déduit de l'art. L. 643-13 qu'une liquidation judiciaire, clôturée pour insuffisance d'actif, peut être reprise afin de poursuivre une procédure déjà engagée dans l'intérêt de l'entreprise, en vue de l'allocation de dommages-intérêts. • Crim. 27 janv. 2010, n° 09-87.361 P : *D. 2010. AJ 706 ; Rev. sociétés 2010. 193, obs. Roussel Galle ; Dr. sociétés 2010, n° 102, note R. Salomon ; RJDA 2010, n° 869 ; RPC 2010, n° 180, obs. Berthelot.* ♦ La notion d'actions non engagées en faveur des créanciers ne peut correspondre qu'à celles qui ont pour objet de reconstituer l'actif du débiteur concerné aux fins de répartition de cet actif omis entre les créanciers, et non à celles qui ont au contraire pour objet d'alourdir le passif du débiteur, telle l'action d'un créancier d'une société dont la liquidation judiciaire a été clôturée pour insuffisance d'actif, en sa qualité d'assureur condamné à avancer une provision pour la réalisation de travaux de reprise de désordres imputables à cette société. • Rennes, 21 mars 2001 : *BICC 2001, n° 899 ; RJDA 2002, n° 183.* ♦ La réouverture de la liquidation judiciaire ne peut concerner que les actifs qui se trouvaient encore dans le patrimoine du débiteur au moment de l'ouverture de la procédure collective et dont l'existence n'aurait pas été connue du liquidateur. • Aix-en-Provence, 22 juin 2006 : *JCP 2006. IV. 3223.* ♦ Pour une réouverture justifiée par l'existence de deux biens immobiliers dissimulés par le débiteur, constamment défaillant durant les opérations de liquidation judiciaire, V. • T. com. Paris, 27 sept. 1995 : *RJ com. 1996. 272, note Gallet.* – Comp. note 15 ss. art. L. 643-11.

4. En ce sens qu'une action en responsabilité civile contre le liquidateur, mise en œuvre, après clôture de la liquidation judiciaire pour insuffisance d'actif, par l'ancien dirigeant désigné mandataire *ad hoc* à cet effet, suppose, pour être recevable, la reprise de la procédure dans les conditions de l'art. L. 643-13, V. • Com. 10 mai 2012, n° 10-28.217 P : *D. 2012. Actu. 1325, obs. Lienhard ; JCP E 2012. 1479, note Lebel ; LEDEN 6/2012. 3, obs. Mouial-Bassilana ; APC 2012, n° 153, obs. Vallansan ; Gaz. Pal. 3-4 août 2012, p. 29, obs. Rohart-Messager ; BJS 2012. 641, note Staes ; RJDA 2013, n° 350.*

5. Sur le pouvoir souverain d'appréciation des juges du fond, V. • Com. 2 nov. 2005, n° 04-16.738 P : *D. 2005. AJ 2873, obs. Lienhard.*

6. Effet rétroactif. Si la reprise de la liquidation judiciaire a un effet rétroactif, cet effet est limité à la saisie et la réalisation des actifs et l'exercice des actions qui ont été omis dans la procédure clôturée ; la reprise de la procédure n'emporte donc pas à nouveau le dessaisissement général du débiteur, qui reste libre de contracter et d'engager des biens qui n'avaient jamais été compris dans la liquidation. • Com. 22 mars 2017, n° 15-21.146 P : *D. 2017. Actu. 702 ; Rev. sociétés 2017. 387, obs. Henry ; RTD com. 2017. 438, obs. Vallens ; JCP E 2017. 1327, note Cerati-Gauthier ; ibid. 1460, n° 9, obs. Pétel ; DP diff. entr., Bull. n° 391, obs. Roussel Galle ; LEDEN 5/2017. 4, obs. Andreu ; APC 2017, n° 132, obs. Ghandour ; BJE 2017. 193, note Vallansan ; BJS 2017. 403, note Rubellin ; RJDA 2017, n° 422 ; Dr. sociétés 2017, n° 111, obs. Legros ; RPC 2017, n° 69, obs. Berthelot ; RJ com. 2017. 354, obs. Lebel ; Gaz. Pal. 10 oct. 2017, p. 55, obs. Ferrari.*

7. Exécution forcée d'une décision. Il résulte de l'art. L. 643-13, al. 1er, dans sa rédaction antérieure à celle issue de l'Ord. n° 2014-326 du 12 mars 2014, que le droit d'agir reconnu au liquidateur emporte, pour celui-ci, la faculté de poursuivre l'exécution forcée d'une décision obtenue pendant la liquidation judiciaire au bénéfice des créanciers et qu'il n'avait pu ramener à exécution. • Com. 21 oct. 2020, n° 19-14.894 P : *D. 2020. Actu. 2117 ; Rev. sociétés 2021. 464, note Laroche ; DP diff. entr., Bull. n° 430, obs. Rémery ; JCP E 2020. 1535, n° 10, obs. Tehrani ; APC 2020, n° 272, obs. Cagnoli ; LEDEN 12/2020. 3, obs. Lafaurie ; Dr. sociétés 2020, n° 148, note Legros ; RJDA 2021, n° 43 ; BJS 2/2021. 51, note Fin-Langer ; RPC 2021, n° 13, obs. Reille.*

8. Recours. La tierce opposition formée par un créancier contre le jugement prononçant la réouverture des opérations de liquidation judiciaire est recevable, dès lors que l'art. 585 NCPC [C. pr. civ.] dispose que tout jugement est susceptible de tierce opposition si la loi n'en dispose autrement. • T. com. Paris, 27 sept. 1995 : *préc. note 3.*

9. Droit transitoire. L'application de l'art. L. 643-13 supposant que la procédure soit en cours au 1er janv. 2006, il en résulte que ce texte n'est pas applicable à une procédure de liquidation judiciaire clôturée en dernier lieu en 2004. • Orléans, 22 févr. 2007 : *BICC 2007, n° 1888 ; RTD com. 2007. 460, obs. Vallens.*

CHAPITRE IV DE LA LIQUIDATION JUDICIAIRE SIMPLIFIÉE

Le chapitre IV du titre IV du livre VI du code de commerce est applicable aux procédures en cours au jour de l'entrée en vigueur de la L. n° 2005-845 du 26 juill. 2005 [1er janv. 2006] (L. préc., art. 191).

BIBL. GÉN. ▸ M. Sénéchal, *Gaz. Pal. 2005. Doctr. 2962.* – Pérochon, *RPC 2006. 191.* – Theetten, *D. 2007. Chron. 394* (après le décret du 23 déc. 2006). ▸ Sur l'ordonnance du 18 déc. 2008 : Le Corre, *D. 2009. 677.* – Pérochon, *Gaz. Pal. 8-10 mars 2009, p. 3.* – Berthelot, *JCP E*

2009. 1312. ▸ Sur l'ordonnance du 12 mars 2014 : MARTIN-SERF, *Gaz. Pal. 31 déc. 2014-3 janv. 2015, p. 23.*

Art. L. 644-1 *(L. nº 2005-845 du 26 juill. 2005, art. 125)* **La procédure de liquidation judiciaire simplifiée est soumise aux règles de la liquidation judiciaire, sous réserve des dispositions du présent chapitre.**

Sur les mesures d'adaptation liées à l'urgence sanitaire (Covid-19), V. Ord. nº 2020-596 du 20 mai 2020, art. 6, App., vº Sociétés commerciales.

V. art. R. 644-1 s.

Art. L. 644-1-1 *(Ord. nº 2014-326 du 12 mars 2014, art. 81, en vigueur le 1er juill. 2014)* **Lorsque le liquidateur réalise l'inventaire en application de l'article L. 641-2 et si la valeur des biens le justifie, le juge-commissaire désigne, aux fins de réaliser la prisée de l'actif, l'une des personnes mentionnées au dernier alinéa du II de l'article L. 641-1.**

Art. L. 644-2 *(Ord. nº 2008-1345 du 18 déc. 2008, art. 126)* **« Par dérogation aux dispositions de l'article L. 642-19, lorsque la procédure simplifiée est décidée en application de l'article L. 641-2** *(Abrogé par L. nº 2019-486 du 22 mai 2019, art. 57) (Ord. nº 2014-326 du 12 mars 2014, art. 82-1º, en vigueur le 1er juill. 2014)* ***« ou de l'article L. 641-2-1 »*, le liquidateur procède à la vente des biens mobiliers de gré à gré ou aux enchères publiques dans les »** *(Ord. nº 2014-326 du 12 mars 2014, art. 82-1º, en vigueur le 1er juill. 2014)* **« quatre mois suivant la décision ordonnant la procédure simplifiée ».**

(L. nº 2005-845 du 26 juill. 2005, art. 125) **« A l'issue de cette période, il est procédé à la vente aux enchères publiques des biens subsistants. »**

Dernier al. abrogé par Ord. nº 2014-326 du 12 mars 2014, art. 82-2º, à compter du 1er juill. 2014.

Pour les dispositions transitoires de la L. nº 2019-486 du 22 mai 2019, V. 3e note ss. art. L. 626-27.

Art. L. 644-3 *(L. nº 2005-845 du 26 juill. 2005, art. 125)* **Par dérogation aux dispositions de l'article L. 641-4, il est procédé à la vérification des seules créances susceptibles de venir en rang utile dans les répartitions et des créances résultant d'un contrat de travail.**

Pour l'entrée en vigueur, V. note précédant l'art. L. 644-1.

Art. L. 644-4 *(Ord. nº 2008-1345 du 18 déc. 2008, art. 127)* **A l'issue de la procédure de vérification et d'admission des créances telle que prévue à l'article L. 644-3 et de la réalisation des biens, le liquidateur fait figurer ses propositions de répartition sur l'état des créances.** *(Ord. nº 2021-1193 du 15 sept. 2021, art. 63, en vigueur le 1er oct. 2021)* **« Il évalue le montant des frais de justice mentionnés au 3º du I de l'article L. 643-8 prévisibles. » Cet état ainsi complété est déposé au greffe et fait l'objet d'une mesure de publicité.** *(Ord. nº 2014-326 du 12 mars 2014, art. 83, en vigueur le 1er juill. 2014)* **« Toutefois, s'il apparaît que les sommes à répartir ne permettent que le paiement des créanciers mentionnés** *(Ord. nº 2021-1193 du 15 sept. 2021, art. 63, en vigueur le 1er oct. 2021)* **« aux 1º à 6º du I de l'article L. 643-8** *[ancienne rédaction : au II de l'article L. 641-13]* **», l'état complété ne fait l'objet que d'un dépôt au greffe. »**

Tout intéressé peut en prendre connaissance et, à l'exclusion du liquidateur, former réclamation devant le juge-commissaire dans des conditions fixées par décret en Conseil d'État. Les réclamations du débiteur ne peuvent concerner que les propositions de répartition. Celles des créanciers ne peuvent pas être formées contre les décisions du juge-commissaire portées sur l'état des créances auxquelles ils ont été partie.

Le juge-commissaire statue sur les contestations par une décision qui peut faire l'objet d'un recours dans un délai fixé par décret en Conseil d'État.

Le liquidateur procède à la répartition conformément à ses propositions ou à la décision rendue.

Pour les dispositions transitoires de l'Ord. nº 2021-1193 du 15 sept. 2021, V. note ss. art. L. 611-2.

V. art. R. 644-2 et R. 644-3.

Art. L. 644-5 *(L. nº 2019-486 du 22 mai 2019, art. 57)* **« Le tribunal prononce la clôture de la liquidation judiciaire au plus tard dans le délai de six mois à compter de la décision ayant ordonné ou décidé l'application de la procédure simplifiée, le débiteur entendu ou dûment appelé. Ce délai est porté à un an lorsque le nombre des salariés du débiteur ainsi que son chiffre d'affaires hors taxes sont supérieurs à des seuils fixés par décret. »** — *V. art. D. 641-10.*

(Ord. nº 2014-326 du 12 mars 2014, art. 84, en vigueur le 1er juill. 2014) **« Le tribunal »** *(L. nº 2005-845 du 26 juill. 2005, art. 125)* **« peut, par un jugement spécialement motivé, proroger la procédure pour une durée qui ne peut excéder trois mois. »**

Pour l'entrée en vigueur, V. note précédant l'art. L. 644-1.

Pour les dispositions transitoires de la L. nº 2019-486 du 22 mai 2019, V. 3e note ss. art. L. 626-27.

Sur les mesures d'adaptation liées à l'urgence sanitaire (Covid-19), V. Ord. nº 2020-341 du 27 mars 2020, art. 2, App., vº Sociétés commerciales.

Le débiteur peut à tout moment saisir le tribunal d'une requête tendant à ce qu'il soit statué sur la clôture de la procédure de liquidation judiciaire simplifiée (non-renvoi d'une QPC relative à l'absence de disposition permettant au débiteur, en cas de dépassement du délai légal, de faire prononcer la clôture de la procédure). • Com., QPC, 8 avr. 2014 : *D. 2014. Actu. 925* ; *LEDEN 5/2014. 5, obs. Favario.*

Art. L. 644-6 *(L. nº 2005-845 du 26 juill. 2005, art. 125)* **A tout moment, le tribunal peut décider, par un jugement spécialement motivé, de ne plus faire application des dérogations prévues au présent chapitre.** — *V. art. R. 644-4.*

Pour l'entrée en vigueur, V. note précédant l'art. L. 644-1.

CHAPITRE V DU RÉTABLISSEMENT PROFESSIONNEL

(Ord. nº 2014-326 du 12 mars 2014, art. 85, en vigueur le 1er juill. 2014)

BIBL. GÉN. ▶ REILLE, *RPC 2014. Dossier 22.* – CANET, *ibid. 23* (point de vue d'un praticien). – ROUSSEL GALLE, *Gaz. Pal. 2014. 1273 ; Mél. Serlooten, Dalloz, 2015, p. 233.* – M. SÉNÉCHAL, *BJE 2014. 196.* – STEFANIA, *JCP E 2014. 1345.* – BERGER-TARARE, *RPC 2014. Étude 12* (concurrence entre la liquidation judiciaire et le rétablissement professionnel). – MACORIG-VENIER, *Dr. et patr. 7-8/2014. 52.* – HENRY et ANDRÉ, *RPC 2014. Dossier 31.* – JAKOULOFF, *RLDA sept. 2014. 73.* – V. LEGRAND, *LPA 19 nov. 2014* (difficultés de mise en pratique). – VALLENS et FROEHLICH, *Gaz. Pal. 2015. 669.* – PUYGAUTHIER, *JCP N 2015. 1117* (conséquences pour le notaire). – LE CORRE, *Gaz. Pal. 28 juin 2016, p. 73* (questions-réponses).

Art. L. 645-1 **Il est institué une procédure de rétablissement professionnel sans liquidation ouverte à tout débiteur, personne physique, mentionné au premier alinéa de l'article L. 640-2** *(L. nº 2016-1547 du 18 nov. 2016, art. 99-VI-3º)* **« , en cessation des paiements et dont le redressement est manifestement impossible »,** *(Abrogé par L. nº 2019-486 du 22 mai 2019, art. 57) « qui ne fait l'objet d'aucune procédure collective en cours, »* *(L. nº 2016-1547 du 18 nov. 2016, art. 99-VI-3º)* **« n'a pas cessé son activité depuis plus d'un an, » n'a employé aucun salarié au cours des six derniers mois et dont l'actif déclaré a une valeur inférieure à un montant fixé par décret en Conseil d'État.** *(Ord. nº 2021-1193 du 15 sept. 2021, art. 64, en vigueur le 1er oct. 2021)* **« Les biens que la loi déclare insaisissables de droit ne sont pas pris en compte pour déterminer la valeur de l'actif. »**

(L. nº 2022-172 du 14 févr. 2022, art. 5, en vigueur le 14 mai 2022) **« La procédure de rétablissement professionnel a pour objet le traitement simplifié du passif grevant le ou les patrimoines du débiteur personne physique. Lorsque le débiteur est titulaire de plusieurs patrimoines, le seuil mentionné au premier alinéa du présent article est déterminé en prenant en compte l'ensemble de ses patrimoines.**

« La procédure ne peut être ouverte en cas d'instance prud'homale en cours impliquant le débiteur au titre de l'un quelconque de ses patrimoines. »

Pour les dispositions transitoires de la L. nº 2016-1547 du 18 nov. 2016, V. note ss. art. L. 641-1.

Pour les dispositions transitoires de la L. nº 2019-486 du 22 mai 2019, V. 3e note ss. art. L. 626-27.

Pour les dispositions transitoires de l'Ord. nº 2021-1193 du 15 sept. 2021, V. note ss. art. L. 611-2.

Pour les dispositions transitoires de la L. nº 2022-172 du 14 févr. 2022, V. note ss. art. L. 611-13.

Sur les mesures d'adaptation liées à l'urgence sanitaire (Covid-19), V. Ord. nº 2020-596 du 20 mai 2020, art. 6, App., vº Sociétés commerciales.

V. art. R. 645-1 s.

Art. L. 645-2 **La procédure de rétablissement ne peut être ouverte à l'égard d'un débiteur qui a fait l'objet, depuis moins de cinq ans, au titre de l'un quelconque de ses patrimoines, d'une procédure de liquidation judiciaire clôturée pour insuffisance d'actif ou d'une décision de clôture d'une procédure de rétablissement professionnel.**

Art. L. 645-3 *(Abrogé par L. nº 2019-486 du 22 mai 2019, art. 57)* ***« Le débiteur qui demande l'ouverture d'une procédure de liquidation judiciaire peut, par le même acte, solliciter l'ouverture de la procédure de rétablissement professionnel. »*** *— Pour les dispositions transitoires de la L. nº 2019-486 du 22 mai 2019, V. 3e note ss. art. L. 626-27.*

Le tribunal n'ouvre la procédure de rétablissement professionnel qu'après s'être assuré que les conditions légales en sont remplies.

L'avis du ministère public est requis préalablement à l'ouverture de la procédure.

Art. L. 645-4 **Le tribunal qui ouvre une procédure de rétablissement professionnel désigne un juge commis chargé de recueillir tous renseignements sur la situation patrimoniale du débiteur, notamment le montant de son passif et la valeur de ses actifs.**

Il nomme, pour assister le juge commis, un mandataire judiciaire *(Ord. nº 2016-727 du 2 juin 2016, art. 3, en vigueur le 1er janv. 2017)* **« ou une personne choisie sur le fondement du premier alinéa du II de l'article L. 812-2 ou sur le fondement du III de ce même article.**

« Le mandataire judiciaire ou la personne choisie sur le fondement du premier alinéa du II de l'article L. 812-2 ou sur le fondement du III de ce même article fait connaître sans délai tout élément qui pourrait justifier son remplacement. Le tribunal peut soit d'office, soit sur proposition du juge commis ou à la demande du ministère public, procéder à son remplacement. » *— Sur la rémunération du mandataire, V. art. L. 663-3-1.*

La procédure est ouverte pour une période de quatre mois.

L'Ord. nº 2016-727 du 2 juin 2016 est applicable aux procédures ouvertes après son entrée en vigueur (Ord. préc., art. 25, al. 2).

Pour les voies de recours, V. art. L. 661-11.

Art. L. 645-5 **Le juge commis dispose des pouvoirs prévus à l'article L. 623-2. Il communique sans délai au mandataire qui l'assiste tous renseignements et documents utiles à l'accomplissement de sa mission.** *— V. art. R. 645-12.*

Art. L. 645-6 **Si le débiteur est mis en demeure ou poursuivi par un créancier au cours de la procédure, le juge commis peut, à la demande du débiteur, reporter le paiement des sommes dues dans la limite de quatre mois et ordonner, pour cette même durée, la suspension des procédures d'exécution qui auraient été engagées par le créancier.** *— V. art. R. 645-7.*

Toute stipulation contraire est réputée non écrite.

Art. L. 645-7 **Le mandataire judiciaire** *(Ord. nº 2016-727 du 2 juin 2016, art. 4-1º, en vigueur le 1er janv. 2017)* **« ou la personne choisie sur le fondement du premier alinéa du II de l'article L. 812-2 ou sur le fondement du III de ce même article » peut faire tous les actes nécessaires à la conservation des droits du débiteur.** *(Ord. nº 2016-727 du 2 juin 2016, art. 4-2º, en vigueur le 1er janv. 2017)* **« Ils en rendent » compte sans délai au juge commis.**

L'Ord. nº 2016-727 du 2 juin 2016 est applicable aux procédures ouvertes après son entrée en vigueur (Ord. préc., art. 25, al. 2).

Art. L. 645-8 **Le mandataire judiciaire** *(Ord. nº 2016-727 du 2 juin 2016, art. 5, en vigueur le 1er janv. 2017)* **« ou la personne choisie sur le fondement du premier alinéa du II de l'article L. 812-2 ou sur le fondement du III de ce même article » informe**

sans délai les créanciers connus de l'ouverture de la procédure et les invite à lui communiquer, dans un délai de deux mois à compter de la réception de cet avis, le montant de leur créance avec indication des sommes à échoir et de la date des échéances ainsi que toute information utile relative aux droits patrimoniaux dont ils indiquent être titulaires à l'égard du débiteur. – *V. art. R. 645-10.*

L'Ord. nº 2016-727 du 2 juin 2016 est applicable aux procédures ouvertes après son entrée en vigueur (Ord. préc., art. 25, al. 2).

Art. L. 645-9 **A tout moment de la procédure de rétablissement professionnel, le tribunal peut, sur rapport du juge commis, ouvrir la procédure de liquidation judiciaire** *(L. nº 2019-486 du 22 mai 2019, art. 57)* **« sur laquelle il a été sursis à statuer » s'il est établi que le débiteur** *(Abrogé par L. nº 2019-486 du 22 mai 2019, art. 57)* ***« qui en a sollicité le bénéfice »*** **n'est pas de bonne foi ou si l'instruction a fait apparaître l'existence d'éléments susceptibles de donner lieu aux sanctions prévues par le titre V du présent livre ou à l'application des dispositions des articles L. 632-1 à L. 632-3.**

La procédure de liquidation judiciaire est également ouverte s'il apparaît que les conditions d'ouverture de la procédure de rétablissement professionnel n'étaient pas réunies à la date à laquelle le tribunal a statué sur son ouverture ou ne le sont plus depuis.

Le tribunal peut également être saisi en ouverture de la procédure de liquidation judiciaire sur requête du ministère public ou par assignation d'un créancier ou, dans le cas prévu au deuxième alinéa, par le débiteur.

Pour les dispositions transitoires de la L. nº 2019-486 du 22 mai 2019, V. 3e note ss. art. L. 626-27.

V. art. R. 645-15 et R. 645-22.

Art. L. 645-10 **Après avoir recueilli l'avis du ministère public et sur le rapport du mandataire judiciaire** *(Ord. nº 2016-727 du 2 juin 2016, art. 6, en vigueur le 1er janv. 2017)* **« ou de la personne choisie sur le fondement du premier alinéa du II de l'article L. 812-2 ou sur le fondement du III de ce même article », le juge commis renvoie l'affaire devant le tribunal aux fins d'application des dispositions de l'article L. 645-9 ou aux fins de voir prononcer la clôture de la procédure de rétablissement professionnel, sans qu'il y ait lieu à liquidation. Le jugement de clôture peut faire l'objet d'un recours dans les conditions fixées par décret en Conseil d'État.** – *V. art. R. 645-15 s.*

L'Ord. nº 2016-727 du 2 juin 2016 est applicable aux procédures ouvertes après son entrée en vigueur (Ord. préc., art. 25, al. 2).

Art. L. 645-11 **La clôture de la procédure de rétablissement professionnel entraîne** *[l']* **effacement des dettes à l'égard des créanciers dont la créance est née antérieurement au jugement d'ouverture de la procédure, a été portée à la connaissance du juge commis par le débiteur et a fait l'objet de l'information prévue à l'article L. 645-8. Ne peuvent être effacées les** *(L. nº 2016-1547 du 18 nov. 2016, art. 99-VI-3º)* **« dettes correspondant aux créances des salariés, aux créances alimentaires et aux » créances mentionnées aux 1º** *(L. nº 2015-1702 du 21 déc. 2015, art. 93-2º)* **« à 3º » du I et au II de l'article L. 643-11. Les dettes effacées sont mentionnées dans** *(Ord. nº 2014-1088 du 26 sept. 2014, art. 10)* **« le jugement » de clôture.**

(L. nº 2022-172 du 14 févr. 2022, art. 5, en vigueur le 14 mai 2022) **« Ne peuvent être effacées les dettes grevant un patrimoine dont la situation n'est pas irrémédiablement compromise.**

« Aucune dette ne peut être effacée lorsqu'il apparaît que le montant du passif total est disproportionné au regard de la valeur de l'actif, biens insaisissables de droit non compris. »

Les modifications issues de l'Ord. nº 2014-1088 du 26 sept. 2014 s'appliquent aux procédures ouvertes à compter du 1er juill. 2014 (Ord. préc., art. 13).

Pour les dispositions transitoires de la L. nº 2016-1547 du 18 nov. 2016, V. note ss. art. L. 641-1.

Pour les dispositions transitoires de la L. nº 2022-172 du 14 févr. 2022, V. note ss. art. L. 611-13.

Art. L. 645-12 **Lorsqu'***[Lorsque]* **après le prononcé de la clôture de la procédure de rétablissement professionnel en application de l'article L. 645-10, il apparaît que le débiteur a obtenu le bénéfice de cette procédure par une description incomplète de son actif ou de son passif, le tribunal, s'il est saisi aux fins d'ouverture d'une procédure de liquidation judiciaire, peut fixer, dans son jugement, la date de cessation des paiements à la date d'ouverture de la procédure de rétablissement professionnel sans qu'elle puisse être antérieure de plus de dix-huit mois à la date de ce jugement. La décision du tribunal fait recouvrer leurs droits aux créanciers dont les créances avaient fait l'objet de l'effacement prévu par l'article L. 645-11 ; ils sont dispensés de déclarer ces créances à la procédure de liquidation judiciaire.**

TITRE CINQUIÈME DES RESPONSABILITÉS ET DES SANCTIONS

RÉP. COM. v° *Entreprise en difficulté : responsabilités et sanctions*, par MOUIAL-BASSILANA.

BIBL. GÉN. ▶ Régime de l'ordonnance du 18 déc. 2008 : MARTIN-SERF, *RPC 2009. Dossier 14.* – MONTÉRAN, *Gaz. Pal. 8-10 mars 2009, p. 57.* ▶ Modifications issues de l'ordonnance du 12 mars 2014 : LASSERRE CAPDEVILLE, *BJE 2014. 206.*

▶ Régime de la loi du 26 juill. 2005 : MONTÉRAN, *Gaz. Pal. 2005. Doctr. 3016* (sanctions pécuniaires et personnelles). – MASCALA, *RLDA, suppl. au n° 80, mars 2005, p. 71* (le comportement fautif du chef d'entreprise : de la sanction à la réparation ?) ; *RPC 2005. 370* (amélioration de la situation du chef d'entreprise) ; *RTD com. 2006. 209* (nouveau régime des sanctions) ; *RPC 2008. Dossier 11* (faut-il réformer les sanctions ?). – ROUSSEL GALLE, *JCP E 2005, n° 42, p. 1761* (responsabilités et sanctions). – TEBOUL, *LPA 1er-2 nov. 2005* (même thème). – MARTIN-SERF, *RPC 2005. 382* (sanctions pécuniaires). – VALLENS, *RLDA, suppl. au n° 88, déc. 2005, p. 32.* – LE CANNU, *Rev. sociétés 2005. 743* (responsabilité civile des dirigeants de personne morale). – LEGROS, *Dr. sociétés 2006. Étude 2* (sort des membres et dirigeants de personnes morales). – ZATTARA-GROS, *LPA, n° spéc., 9 févr. 2006, p. 52* (commentaire article par article). – REGNAUT-MOUTIER, *RPC 2006. 159* (dirigeants de société). – CROZE, *Procédures 2006. Étude 8* (procédures contre les dirigeants, associés ou membres d'une personne morale). – LÈGUEVAQUES, *RPC 2006. 246* (sanctions civiles et pénales). – PARACHKÉVOVA, *LPA 19 déc. 2006* (nouvelle responsabilité des dirigeants dans les procédures collectives : révolution ou évolution ?). – VAUVILLÉ, *RPC 2006. 345* (responsabilités et sanctions). – GUYADER, *RLDA 2007, n° 18, p. 69* (application des dispositions transitoires). – MODAT, *ibid., p. 75* (sanctions commerciales). – FOSSIER, *RPC 2008. 18* (sanction et responsabilité du dirigeant : critères d'appréciation au fond).

Art. L. 650-1 *(Ord. n° 2008-1345 du 18 déc. 2008, art. 129)* **« Lorsqu'une procédure de sauvegarde, de redressement judiciaire ou de liquidation judiciaire est ouverte, »** *(L. n° 2005-845 du 26 juill. 2005, art. 126)* **les créanciers ne peuvent être tenus pour responsables des préjudices subis du fait des concours consentis, sauf les cas de fraude, d'immixtion caractérisée dans la gestion du débiteur ou si les garanties prises en contrepartie de ces concours sont disproportionnées à ceux-ci.**

Pour le cas où la responsabilité d'un créancier est reconnue, les garanties prises en contrepartie de ses concours *(Ord. n° 2008-1345 du 18 déc. 2008, art. 129)* **« peuvent être annulées ou réduites par le juge** *[ancienne rédaction : sont nulles]*. **»**

BIBL. ▶ ROUTIER, *D. 2006. Chron. 2916* ; *Gaz. Pal. 2005. Doctr. 3012.* – LEGEAIS, *RTD com. 2005. 818*. – CRÉDOT et GÉRARD, *RDBF 2005, n° 154.* – MARTIN-SERF, *RPC 2005. 386.* – ROBINE, *D. 2006. Chron. 69*. – HOANG, *ibid. 1458*. – MOURY, *ibid. 1743*. – BONNEAU, *Banque et Dr. 1-2/2006. 61.* – FORRAY, *RTD com. 2008. 661*. – CARAMALLI, *JCP E 2009. 1363* (responsabilité du banquier pour soutien abusif dans un contexte de LBO en difficulté). ▶ Après l'ordonnance du 18 déc. 2008 : ROUTIER, *Gaz. Pal. 2009. Doctr. 837.* – LAISNEY, *RLDA avr. 2010. 60.* – KENSICHER, *Journ. sociétés 3/2012. 29.* – CRÉDOT, *ibid. avr. 2012. 71.* – DEMEYÈRE, *RPC 2012. Étude 25.* – HOANG, *D. 2012. Chron. 2034*. – LEGEAIS, *RPC 2013. Dossier 27.* – GAMALEU KAMENI, *RLDA juill.-août 2014. 61* (garanties excessives). – ROBINE, *Mél. Le Cannu, Dalloz-LGDJ, 2014, p. 621.* – ETTER et GOBIN, *RDBF 2015. Étude 15* (sûretés consenties en garantie d'un crédit et proportionnalité).

1. Il résulte de l'art. 190 de la loi du 26 juill. 2005 que l'art. L. 650-1 n'est applicable qu'aux seules procédures ouvertes après le 1er janv. 2006, date de son entrée en vigueur. • Com. 19 juin 2012, n° 11-18.940 P : *D. 2012. Actu. 1670, obs. Lienhard ; ibid. Pan. 2204, obs. Le Corre ; JCP E 2012. 1508, n° 10, obs. Pétel ; Rev. sociétés 2012. 535, obs. Roussel Galle ; LEDEN 9/2012. 4, obs. Parachkévova ; Banque et Dr. 9-10/2012. 57, obs. Rontchevsky ; RJDA 2012, n° 1098 ; LPA 15 avr. 2013, p. 13, obs. Zattara-Gros.*

2. Les termes génériques de « concours consentis » et de « créancier » de l'art. L. 650-1 conduisent à ne pas limiter son application aux seuls établissements de crédit. • Com. 16 oct. 2012, n° 11-22.993 P : *D. 2012. Actu. 2513, obs. Lienhard ; Rev. sociétés 2012. 730, obs. Roussel Galle ; JCP E 2012. 1735, note Legeais ; BJE 2012. 379, note Le Mesle ; LEDEN 12/2012. 4, obs. Borga ; APC 2012, n° 293, obs. Regnaut-Moutier ; Gaz. Pal. 18-19 janv. 2013, p. 34, obs. Routier ; RJDA 2013, n° 143 ; RPC 2013, n° 93, obs. Martin-Serf.* ♦ Des délais de paiement accordés par un cocontractant au débiteur constituent des concours au sens de l'art. L. 650-1. • Même arrêt.

3. La garantie financière accordée aux personnes physiques ou morales qui, d'une manière habituelle, se livrent ou prêtent leur concours, même à titre accessoire, aux opérations mentionnées à l'art. 1er de la L. n° 70-9 du 2 janv. 1970 n'est pas, en l'absence de fourniture d'un crédit, un concours au sens de l'art. L. 650-1, de sorte que ce texte ne trouve pas à s'appliquer lorsque la responsabilité du garant est recherchée par la personne garantie ou son liquidateur. • Com. 24 mai 2018, n° 16-26.387 P : *D. 2018. Actu. 1151 ; Rev. sociétés 2018. 540, obs. Roussel Galle ; LEDEN 7/2018. 5, obs. Mouial-Bassilana ; RJDA 2018, n° 660 ; BJS 2018. 529, note Pelletier ; BJE 2018. 361, note Cabrillac ; Gaz. Pal. 9 oct. 2018, p. 79, obs. Lasserre Capdeville ; RPC 2018, n° 212, obs. Martin-Serf.*

4. Les dispositions de l'art. L. 650-1 ne concernant que la responsabilité du créancier lorsqu'elle est recherchée du fait des concours qu'il a consentis, seul l'octroi estimé fautif de ceux-ci, et non leur retrait, peut donner lieu à l'application de ce texte. • Com. 23 sept. 2020, n° 18-23.221 P : *D. 2021. Pan. 1745, obs. F.-X. Lucas ; Rev. sociétés 2020. 713, obs. Reille ; DP diff. entr., Bull. nos 428/429, obs. Rémery ; JCP E 2020. 1535, n° 21, obs. Tehrani ; LEDEN 10/2020. 5, obs. Rubellin ; APC 2020, n° 236, obs. Ghandour ; RPC 2020, n° 166, obs. Martin-Serf ; BJS 1/2021. 58, note Pagnucco ; RJDA 2021, n° 109* • 23 sept. 2020, n° 19-12.542 P : *RTD com. 2020. 932, obs. Legeais ; JCP E 2020. 1535, n° 21, obs. Tehrani ; BJE 11-12/2020. 39, note Robine ; RPC 2020, n° 166, obs. Martin-Serf ; BJS 1/2021. 58, note Pagnucco ; RJDA 2021, n° 109.*

5. Les dispositions de l'art. L. 650-1 ne s'appliquent pas à l'action en responsabilité engagée contre une banque par une caution non avertie qui lui reproche de ne pas l'avoir mise en garde contre les risques de l'endettement né de l'octroi du prêt qu'elle cautionne, cette action tendant à obtenir, non la réparation d'un préjudice subi du fait du prêt consenti, lequel n'est pas nécessairement fautif, mais celle d'un préjudice de perte de chance de ne pas souscrire ledit cautionnement. • Com. 12 juill. 2017, n° 16-10.793 P : *D. 2017. 2020, note Lasserre Capdeville ; ibid. Chron. C. cass. 2329, obs. Jollec ; Rev. sociétés 2017. 527, obs. Roussel Galle ; AJ contrat 2017. 433, obs. Houtcieff ; RTD com. 2017. 669, obs. Legeais ; JCP E 2017. 1603, note Zinty ; ibid. 1688, n° 12, obs. Tehrani ; APC 2017, n° 217, obs. Petit ; LEDEN 10/2017. 5, obs. Favario ; Banque et Dr. 9-10/2017. 68, obs. Rontchevsky ; RJDA 2017, n° 751 ; BJS 2017. 695, note Roussille ; RDBF 2017. Étude 20, obs. Robine ; RPC 2017, n° 156, obs. Martin-Serf.*

6. Pour l'application de l'art. L. 650-1 à l'action en responsabilité engagée par le coemprunteur (conjoint *in bonis*) du débiteur en liquidation judiciaire, V. • Com. 17 sept. 2013 : *BJE 2013. 364, avis Bonhomme.* ♦ Sur cette question, V. Hoang, *RPC 2014. Étude 7.*

7. L'art. L. 650-1 limitant la mise en œuvre de la responsabilité du créancier à raison des concours qu'il a consentis, sans distinguer selon que ce créancier a déclaré ou non une créance au passif du débiteur mis en procédure collective, il en résulte que ce texte ne permet pas d'exclure du bénéfice de son application un créancier qui ne le serait plus au jour de l'ouverture de la procédure collective du bénéficiaire des concours. • Com. 19 sept. 2018, n° 17-12.596 P : *D. 2018. Actu. 1862 ; JCP E 2018. 1649, note Le Noach ; LEDEN 11/2018. 2, obs. Mélin ; BJS 2018. 705, note Lasserre Capdeville ; BJE 1-2/2019. 34, note Favario ; RJDA 2019, n° 277 ; RPC 2019, n° 89, obs. Martin-Serf.*

8. S'il résulte de l'art. L. 650-1 que les établissements bancaires créanciers d'une entreprise en sauvegarde, en redressement ou en liquidation judiciaires ne peuvent être tenus pour responsables des préjudices subis du fait des concours consentis, sauf les cas de fraude, d'immixtion caractérisée dans la gestion du débiteur ou si les garanties prises sont disproportionnées aux concours, ces mêmes établissements peuvent être responsables des manquements à leur obligation de mise en garde du bénéficiaire des concours lorsqu'ils y sont soumis. • Com. 20 juin 2018, n° 16-27.693 P : *D. 2018. Actu. 1380 ; Rev. sociétés 2018. 541, obs. Reille ; AJ contrat 2018. 429, obs. Marain ; BJS 2018. 526, note Lasserre Capdeville ; RJDA 2018, n° 759 ; LEDEN 10/2018. 6, obs. Camensuli-Feuillard ; BJE 2018. 359, note Favario ; RPC 2018, n° 213, obs. Martin-Serf.*

9. Lorsqu'une procédure de sauvegarde, de redressement judiciaire ou de liquidation judiciaire est ouverte, les créanciers ne peuvent être tenus pour responsables des préjudices subis du fait des concours consentis, sauf les cas de fraude, d'immixtion caractérisée dans la gestion du débiteur ou de disproportion des garanties prises, que si les concours consentis sont en eux-mêmes fautifs. • Com. 27 mars 2012, n° 10-20.077 P : *D. 2012. 1455, note Dammann et Rapp ; ibid. Actu. 870, obs. Lienhard ; ibid. Pan. 2204, obs. Le Corre ; Rev. sociétés 2012. 398, obs. Roussel Galle ; ibid. 2013. 91, note Riassetto ; JCP E*

2012. 1274, note Legeais (1re esp.) ; DP diff. entr., Bull. n° 336, obs. Henry ; LEDEN 5/2012. 5, obs. Borga ; APC 2012, n° 125, obs. Routier ; BJE 2012. 176, note Favario ; BJS 2012. 493, note Pétel ; Banque et Dr. 5-6/2012. 22, obs. Bonneau ; Gaz. Pal. 3-4 août 2012, p. 16, obs. Routier ; RJDA 2012, n° 1098 ; RPC 2012, n° 215, obs. Martin-Serf • Com. 19 juin 2012 : *préc. note 1.*

10. Si, par l'octroi d'un prêt, assorti de la constitution d'une garantie, la banque a cherché à préserver ses propres intérêts, ce seul fait ne suffit pas à caractériser la fraude en l'absence de manœuvres, de tromperie ou de contravention à la loi ou aux règlements, l'octroi d'un crédit en contrepartie d'une sûreté étant un procédé licite et la banque n'ayant pu méconnaître le principe d'égalité des créanciers qui ne s'applique qu'à compter de l'ouverture de la procédure collective. • Com. 8 mars 2017, n° 15-20.288 : *LEDEN 4/2017. 1, obs. F.-X. Lucas ; RJDA 2017, n° 354 ; Gaz. Pal. 27 juin 2017, p. 64, obs. Lasserre Capdeville.* ♦ Sur les conditions d'application de l'art. L. 650-1, V. aussi • Com. 27 mars 2012 : *D. 2012. Pan. 2204, obs. Le Corre ; JCP E 2012. 1274, note Legeais (2e esp.) ; JCP 2012. 636, note Boucard ; LEDEN 5/2012. 5, obs. Favario ; Banque et Dr. 5-6/2012. 22, obs. Bonneau ; Gaz. Pal. 3-4 août 2012, p. 16, obs. Routier ; RPC 2012, n° 216, obs. Martin-Serf* • Paris, 3 juill. 2008 : *Gaz. Pal. 21-22 janv. 2009, p. 22, obs. Routier* • 17 sept. 2010 : *LEDEN 11/2010. 5, obs. Petavy* • Versailles, 20 janv. 2011 : *RDBF 2011, n° 130, obs. Crédot et Samin ; JCP E 2011. 1882, n° 10, obs. Dumoulin.*

11. Sur la compétence juridictionnelle, V. note 21 ss. art. R. 662-3.

CHAPITRE PREMIER DE LA RESPONSABILITÉ POUR INSUFFISANCE D'ACTIF

Le chapitre Ier du titre V du livre VI du code de commerce est applicable aux procédures en cours au jour de l'entrée en vigueur de la L. n° 2005-845 du 26 juill. 2005 [1er janv. 2006], à l'exception de l'art. L. 651-2 (L. préc., art. 191).

Art. L. 651-1 *(L. n° 2005-845 du 26 juill. 2005, art. 127)* **Les dispositions du présent chapitre** *(Abrogé par Ord. n° 2008-1345 du 18 déc. 2008, art. 130)* ***« et du chapitre II du présent titre »*** **sont applicables aux dirigeants d'une personne morale de droit privé soumise à une procédure collective, ainsi qu'aux personnes physiques représentants permanents de ces dirigeants personnes morales** *(L. n° 2022-172 du 14 févr. 2022, art. 5, en vigueur le 14 mai 2022)* **« , aux entrepreneurs individuels à responsabilité limitée et aux entrepreneurs individuels relevant du statut défini à la section III du chapitre VI du titre II du livre V ».** – *[C. com., anc. art. L. 624-2.]*

Pour les dispositions transitoires de la L. n° 2022-172 du 14 févr. 2022, V. note ss. art. L. 611-13.

L'action en comblement de passif est applicable aux dirigeants d'une association loi de 1901, peu important la nature de sa mission. • Com. 27 juin 2006 : *RJDA 2007, n° 49.*

Art. L. 651-2 *(Ord. n° 2008-1345 du 18 déc. 2008, art. 131)* **Lorsque la liquidation judiciaire d'une personne morale fait apparaître une insuffisance d'actif, le tribunal peut, en cas de faute de gestion ayant contribué à cette insuffisance d'actif, décider que le montant de cette insuffisance d'actif sera supporté, en tout ou en partie, par tous les dirigeants de droit ou de fait, ou par certains d'entre eux, ayant contribué à la faute de gestion. En cas de pluralité de dirigeants, le tribunal peut, par décision motivée, les déclarer solidairement responsables.** *(L. n° 2016-1691 du 9 déc. 2016, art. 146)* **« Toutefois, en cas de simple négligence du dirigeant de droit ou de fait dans la gestion de la** *(L. n° 2021-874 du 1er juill. 2021, art. 1er)* **« personne morale », sa responsabilité au titre de l'insuffisance d'actif ne peut être engagée. »** *(L. n° 2021-874 du 1er juill. 2021, art. 1er)* **« Lorsque la liquidation judiciaire concerne une association régie par la loi du 1er juillet 1901 relative au contrat d'association ou, le cas échéant, par le code civil applicable dans les départements du Bas-Rhin, du Haut-Rhin et de la Moselle et non assujettie à l'impôt sur les sociétés dans les conditions prévues au 1 *bis* de l'article 206 du code général des impôts, le tribunal apprécie l'existence d'une faute de gestion au regard de la qualité de bénévole du dirigeant. »**

(Ord. n° 2010-1512 du 9 déc. 2010, art. 6-2°) **« Lorsque la liquidation judiciaire a été ouverte ou prononcée à raison de l'activité d'un entrepreneur individuel à responsabilité limitée à laquelle un patrimoine est affecté, le tribunal peut, dans les mêmes conditions, condamner cet entrepreneur à payer tout ou partie de l'insuffisance d'actif. La somme mise à sa charge s'impute sur son patrimoine non affecté. »**

(L. nº 2022-172 du 14 févr. 2022, art. 5, en vigueur le 14 mai 2022) **« Lorsque la liquidation judiciaire a été ouverte ou prononcée à l'égard d'un entrepreneur individuel relevant du statut défini à la section III du chapitre VI du titre II du livre V du présent code, le tribunal peut également, dans les mêmes conditions, condamner cet entrepreneur à payer tout ou partie de l'insuffisance d'actif. La somme mise à sa charge s'impute sur son patrimoine personnel. »** — *Pour les dispositions transitoires de la L. nº 2022-172 du 14 févr. 2022, V. note ss. art. L. 611-13.*

L'action se prescrit par trois ans à compter du jugement qui prononce la liquidation judiciaire.

Les sommes versées par les dirigeants *(Ord. nº 2010-1512 du 9 déc. 2010, art. 6-2º)* **« ou l'entrepreneur individuel à responsabilité limitée » entrent dans le patrimoine du débiteur. Elles sont réparties au marc le franc entre tous les créanciers. Les dirigeants** *(Ord. nº 2010-1512 du 9 déc. 2010, art. 6-2º)* **« ou l'entrepreneur individuel à responsabilité limitée » ne peuvent pas participer aux répartitions à concurrence des sommes au versement desquelles ils ont été condamnés.**

Ndlr : *Aux termes de l'art. 65 de l'Ord. nº 2021-1193 du 15 sept. 2021, « A la dernière phrase du premier alinéa de l'article L. 651-2, le mot : "société" est remplacé par les mots : "personne morale" ». Cette modification avait déjà été apportée au texte de l'art. L. 651-2 par la L. nº 2021-874 du 1er juill. 2021 (V. ci-dessus).*

V. art. R. 651-1 à R. 651-3, R. 651-6 et R. 661-1.

BIBL. ▶ ARNAUD-GROSSI et PORACCHIA, *Journ. sociétés 2/2010. 32.* – PARACHKÉVOVA-RACINE, *BJS 2018. 600* (écueils de l'action en responsabilité pour insuffisance d'actif). – IDA, *D. 2020. Chron. 1005* (application dans le temps de la loi du 9 déc. 2016). ▶ Régime antérieur à la loi du 26 juill. 2005 : ROSENFELD et SEXER, *D. Affaires 1995. 145.* – POLLAUD-DULIAN, *RTD com. 1997. 349* (avatars de l'action en responsabilité civile dans le droit des affaires). – Y. COLIN, *Dr. sociétés 1998. Chron. 5.* – FEUGÈRE, *RJ com. 1999. 333.* – DERRIDA, *D. 2001. Chron. 1377*. – SAINT-ALARY-HOUIN, *Cah. dr. entr. 2001, nº 3, p. 30 ; RPC 2001. 145.* – DELENEUVILLE, *RPC 2002. 76.* – SORTAIS, *Mél. Bézard, Montchrestien, 2002, p. 321.* – DESCORPS DECLÈRE, *RTD com. 2003. 25* (pour une réhabilitation de la responsabilité civile des dirigeants sociaux). – ROUVIÈRE, *ibid. 2006. 529* (concours de l'action en comblement de passif et de l'action civile exercée devant la juridiction répressive).

A. CONSTITUTIONNALITÉ DE L'ART. L. 651-2

1. Pour la conformité à la Constitution des dispositions de l'art. L. 651-2, V. • Cons. const. 26 sept. 2014, nº 2014-415 QPC : *D. 2014. Actu. 1871 ; Rev. sociétés 2014. 753, obs. Roussel Galle ; LEDEN 10/2014. 1, obs. F.-X. Lucas ; BJS 2014. 444, note Parachkévova ; BJE 2014. 377, note Favario ; APC 2014, nº 311, obs. Saintourens ; Dr. sociétés 2014, nº 192, note Legros ; RPC 2014, nº 172, obs. Martin-Serf ; RJDA 2015, nº 207.*

B. DROIT TRANSITOIRE

2. Il résulte de l'art. 191, 5º, de la L. du 26 juill. 2005, que les dispositions nouvelles du chapitre Ier du titre V du livre VI C. com., relatives à la responsabilité pour insuffisance d'actif, s'appliquent aux procédures en cours au 1er janv. 2006, à l'exception de l'art. L. 651-2 ; il s'ensuit que l'art. L. 624-3 C. com., dans sa rédaction antérieure à la loi précitée, demeure applicable pour condamner les dirigeants au paiement de l'insuffisance d'actif d'une personne morale de droit privé soumise à une procédure collective ouverte antérieurement au 1er janv. 2006. • Com. 19 déc. 2006, nº 05-19.186 P : *D. 2007. AJ 86, obs. Lienhard ; JCP E 2007. 1450, nº 13, obs. Pétel; RPC 2007. 82, obs. Martin-Serf ; Rev. sociétés 2007. 416, note Saintourens ; APC 2007, nº 20, obs. Regnaut-Moutier.* ♦ V. aussi note 1 ss. art. L. 652-1 abrogé.

3. En l'absence de disposition contraire prévue par elle, la L. nº 2016-1691 du 9 déc. 2016, qui écarte, en cas de simple négligence dans la gestion de la société, la responsabilité du dirigeant au titre de l'insuffisance d'actif, est applicable immédiatement aux procédures collectives en cours et aux instances en responsabilité en cours. • Com. 5 sept. 2018, nº 17-15.031 P : *D. 2018. Actu. 1693, obs. Lienhard ; D. 2019. Pan. 1913, obs. Cagnoli ; Rev. sociétés 2019. 543, note Dodou ; JCP E 2018. 1510, note Cerati-Gauthier ; BJE 2018. 450, note Favario ; RPC 2018, nº 204, obs. Martin-Serf ; ibid. 2019, nº 96, obs. Lisanti ; Gaz. Pal. 15 janv. 2019, p. 46, obs. Montéran et Brillatz ; Dr. sociétés 2019, nº 13, note Legros ; RJ com. 2019. 290, obs. Flandrois.* ♦ Sur la notion de « simple négligence », V. note 50.

C. CONDITIONS D'APPLICATION

4. Nature juridique. Sur l'absence de caractère répressif, V. note 46.

5. L'obligation en comblement de l'insuffisance d'actif prévue à l'art. 180 [C. com., art. L. 651-2] ayant un caractère patrimonial et indemnitaire, les dispositions de ce texte ne font pas obstacle à ce que les dirigeants de droit ou de fait des sociétés débitrices participent volontairement à l'apurement du passif même s'ils ne reconnaissent pas leur responsabilité et sans que celle-ci soit constatée. • T. com. Paris, 7 sept. 1998 : *Gaz. Pal. 1999. 2. Somm. 612.* – V. aussi : • Pau, 23 mars 2004 : *RDBF 2004, n° 214, obs. F.-X. Lucas ; RPC 2005. 233, obs. Dumont.*

6. Cette action est d'ordre patrimonial et la charge qui en résulte est transmissible par succession (loi de 1967). • Com. 9 févr. 1979 : *D. 1980. 459, note Burst.* – Dans le même sens, V. • Amiens, 23 janv. 2003 : *JCP 2003. IV. 2612 ; RJDA 2004, n° 208 ; RPC 2005. 153, obs. A. Barret.* ♦ Les héritiers ayant accepté sous bénéfice d'inventaire sont tenus du paiement des dettes de la succession (dont la dette au titre du comblement de passif) à concurrence de la valeur des biens recueillis. • Versailles, 27 févr. 1997 : *BICC 1997, n° 1053 ; JCP E 1997. Pan. 468 ; Gaz. Pal. 1997. 2. Somm. 351.*

7. L'auteur du dommage qui était sous l'empire d'un trouble mental n'en est pas moins obligé à réparation, selon l'art. 489-2 C. civ. V. (loi de 1967) • Civ. 1re, 9 nov. 1983 : *Bull. civ. I, n° 263 ; JCP 1984. II. 20316, note Jourdain* • Aix-en-Provence, 13 janv. 1988 : *RPC 1989. 248, obs. Chaput.*

8. Non-cumul d'actions en responsabilité. **BIBL.** Daigre, *BJS 1995. 953 ; Rev. sociétés 1988. 199.* – Brunet et Germain, *LPA 23 juill. 1986.* – Soinne, *RPC 1995. 249.* – Piniot, *RJDA 1995, p. 639.* – Vidal, *Dr. sociétés déc. 2000. 3* (tiers victime d'une faute du dirigeant détachable de ses fonctions). – Danis-Fatôme, *RTD com. 2018. 23* (regards d'une civiliste sur l'articulation entre le droit spécial de la responsabilité pour insuffisance d'actif et le droit commun de la responsabilité civile). – Jambort, *LPA 31 juill. 2018.* ♦ Lorsque le redressement ou la liquidation judiciaire d'une société fait apparaître une insuffisance d'actif, les dispositions des art. L. 651-2 et L. 651-3 C. com., qui ouvrent, aux conditions qu'ils prévoient, une action en responsabilité pour insuffisance d'actif, ne se cumulent pas avec celles de l'art. L. 225-251 C. com., ni avec celles de l'art. 1382 [1240] C. civ. • Com. 19 nov. 2013, n° 12-16.099 P : *D. 2013. Actu. 2767 ; RJDA 2014, n° 261.* ♦ Pour des arrêts ayant déjà retenu cette solution sous le régime antérieur à la L. du 26 juill. 2005, V. • Com. 28 févr. 1995, n° 92-17.329 P : *D. 1995. 390, note Derrida ; Rev. sociétés 1995. 555, note Derrida ; RTD com. 1995. 663, obs. Haehl ; LPA 11 août 1995, p. 37, note Chartier ; Quot. jur. 21 mars 1995, p. 7, note P. M.* • 20 juin 1995, n° 92-16.647 P : *D. 1995. 448 ; BJS 1995. 988, note Saintourens ; Rev. sociétés 1995. 766.* ♦ Il s'ensuit qu'un créancier est irrecevable à exercer contre le dirigeant, à qui il impute des fautes de gestion, l'action en réparation du préjudice résultant du non-paiement de sa créance. • Mêmes arrêts. – Comp. : • Com. 28 avr. 1998 : *D. 1998. IR 136 ; D. Affaires 1998. 1008, obs. A. L. ; BJS 1998. 808, note Le Cannu ; JCP E 1998, n° 31, p. 1258, note Guyon ; Dr. sociétés 1998, n° 115, note Vidal ; JCP 1998. II. 10177, note Ohl ; Rev. sociétés 1998. 767, note Saintourens.* ♦ ... Peu important le fait que le dirigeant n'ait pas été poursuivi en paiement des dettes sociales sur le fondement de l'art. 180 [C. com., art. L. 651-2]. • Com. 11 avr. 1995 : *BJS 1995. 684, note Daigre.* ♦ V. aussi, pour l'irrecevabilité de l'action sociale en responsabilité contre les dirigeants, • Com. 26 mai 1999 : *BJS 1999. 962, note Menjucq ; RJDA 2000, n° 321* • 3 oct. 2000 : *BJS 2001. 24, note Le Cannu ; LPA 30 mai 2001, p. 21, note Gibirila.* ♦ Est irrecevable l'action subsidiaire formée par le liquidateur, sur le fondement des art. 1382 et 1383 [1240 et 1241] C. civ., en réparation du préjudice global des créanciers résultant de l'insuffisance d'actif. • Com. 20 juin 1995 : *préc.* ♦ Sur la recevabilité de l'action civile en cas d'abus de biens sociaux, V. note 76.

S'il est vrai que les dispositions de l'art. 180 [C. com., art. L. 651-2] excluent toute action concurrente du liquidateur fondée sur l'art. 1382 [1240] C. civ., cette exclusion ne trouve toutefois à s'appliquer qu'à la condition que les fautes imputées au dirigeant social aient contribué à une insuffisance d'actif, laquelle s'apprécie en fonction du passif existant au jour de l'ouverture de la procédure. • Lyon, 30 avr. 1999 : *D. 1999. IR 217 ; D. Affaires 1999. 1256, obs. A. L ; Gaz. Pal. 2000. 539, note Guével.* ♦ Pour la recevabilité de l'action fondée sur l'art. 52 de la loi du 24 juill. 1966 [C. com., art. L. 223-22], lorsque l'insuffisance d'actif n'est pas alléguée, V. • Com. 28 mars 2000, n° 97-11.533 P : *D. 2000. AJ 227 ; JCP E 2000, n° 40, p. 1566, obs. Pétel ; RPC 2000. 135, obs. Martin-Serf ; APC 2000, n° 113, obs. Saintourens ; RDBF 2000, n° 73, obs. F.-X. Lucas ; BJS 2000. 606, note Daigre ; RTD com. 2001. 452, obs. Champaud et Danet* • 28 mai 2002 : *RJDA 2002, n° 1176 ; Dr. sociétés 2003, n° 105, note Legros.* ♦ ... Ou lorsque le redressement ou la liquidation judiciaire ne fait pas apparaître d'insuffisance d'actif, V. • Com. 27 juin 2006, n° 05-14.271 P : *D. 2006. AJ 1891, obs. Lienhard ; APC 2006, n° 172, obs. Regnaut-Moutier ; Gaz. Pal. 6-7 oct. 2006, p. 38, obs. Montéran ; Dr. sociétés 2007, n° 6, note Legros.*

Pour la recevabilité de l'action individuelle en responsabilité exercée par un associé [sur le fondement de l'art. L. 225-252 C. com.] à l'encontre des dirigeants d'une société faisant l'objet d'une procédure collective, pour des faits antérieurs au jugement d'ouverture, dès lors qu'est établi un préjudice personnel, distinct de celui subi par la personne morale, peu important que la procédure collective fasse apparaître une insuffisance d'actif, V. • Com. 9 mars 2010, n° 08-21.547 P : *D. 2010. AJ 761, obs. Lienhard ; LEDEN 5/2010.*

6, obs. Parachkévova ; RJDA 2010, n° 637 ; BJS 2010. 537, note Schmidt ; RPC 2011, n° 16, obs. Martin-Serf. ♦ Sur l'action personnelle des créanciers, V. note 27 ss. art. L. 622-20.

Sur la responsabilité fiscale, V. note 46.

9. Seule la gestion du dirigeant social antérieure au jugement d'ouverture pouvant ouvrir l'action en paiement des dettes sociales prévue par l'art. 180 [C. com., art. L. 651-2], l'action d'un créancier relevant de l'art. 40 [C. com., art. L. 622-17], fondée sur l'art. 244 de la loi du 24 juill. 1966 [C. com., art. L. 225-251] et tendant à la mise en jeu de la responsabilité du dirigeant pour des faits postérieurs au jugement d'ouverture, est recevable. • Com. 14 mars 2000, n° 97-17.753 P : *D. 2000. AJ 187, obs. Lienhard ; JCP E 2000, n° 39, p. 1527, note Poracchia ; RPC 2000. 135, obs. Martin-Serf ; Gaz. Pal. 2000. Somm. 2770, obs. Guével ; Dr. sociétés 2000, n° 75, obs. Chaput ; RDBF 2000, n° 73, obs. F.-X. Lucas ; BJS 2000. 602, note Daigre.*

10. Entreprise individuelle. L'action en responsabilité pour insuffisance d'actif prévue par l'art. L. 651-2 ne peut être intentée par le liquidateur que contre les dirigeants de droit ou de fait d'une personne morale de droit privé ; il en résulte que, dès lors que la liquidation judiciaire concerne un artisan exerçant à titre individuel, et non une personne morale, l'art. L. 651-2 est inapplicable. • Com. 30 juin 2015, n° 14-15.984 P : *D. 2015. Chron. C. cass. 2211, obs. Arbellot ; Rev. sociétés 2015. 546, obs. Roussel Galle ; LEDEN 9/2015. 4, obs. Borga ; Gaz. Pal. 18-20 oct. 2015, p. 35, obs. Montéran ; BJS 2015. 598, note Mouial-Bassilana ; BJE 2015. 307, note Favario ; RPC 2015, n° 186, obs. Martin-Serf.*

11. Dirigeants de droit. N'ont pas la qualité de dirigeants de droit : les membres des organes légaux de surveillance. • Com. 9 mai 1978 : *D. 1978. 419.* ♦ ... Les directeurs salariés. • Com. 20 févr. 1979 : *Gaz. Pal. 1979. 2. 539, note Fagain.*

12. Le directeur général délégué d'une société anonyme a la qualité de dirigeant de droit au sens de l'art. L. 651-2, de sorte qu'il engage sa responsabilité pour les fautes de gestion commises dans l'exercice des pouvoirs qui lui ont été délégués. • Com. 5 mai 2021, n° 19-23.575 P : *D. 2021. Pan. 1746, obs. F.-X. Lucas ; JCP E 2021. 1397, note Cerati ; LEDEN 6/2021. 4, obs. Maréchal Pollaud-Dulian ; RJDA 2021, n° 502 ; BJE 7-8/2021. 45, note Favario ; Gaz. Pal. 28 sept. 2021, p. 74, obs. Roussille ; Dr. sociétés 2021, n° 123, note Legros ; RPC 2021, n° 158, obs. Martin-Serf.*

13. Bien qu'ils n'assument pas la direction générale de la société, les administrateurs ont la qualité de dirigeants de droit au sens de l'art. L. 624-3 [L. 651-2] C. com. (condamnation au comblement du passif des administrateurs d'une société anonyme en raison de fautes d'abstention). • Com. 31 mai 2011, n° 09-13.975 P : *D. 2011. Actu. 1551, obs. Lienhard ; Rev. sociétés 2011. 521, obs. Roussel Galle ; JCP E 2011. 1655, note Couret et Dondero ; LEDEN 7/2011. 5, obs. Parachkévova ; APC 2011, n° 207, obs. Pagnucco ; RJDA 2011, n° 725 ; BJE 2011. 268, note Dammann et Boché-Robinet ; Gaz. Pal. 7-8 oct. 2011, p. 39, obs. Montéran RPC 2011, n° 199, obs. Martin-Serf.*

14. Le défaut de publicité de la désignation d'un dirigeant ne peut pas avoir pour effet de soustraire celui-ci aux responsabilités attachées aux fonctions qu'il a acceptées et exercées. • Com. 8 juill. 2003 : *RJDA 2004, n° 76.* – V. déjà, sous l'empire de la loi de 1967 : • Com. 26 janv. 1988 : *Bull. civ. IV, n° 52 ; D. 1988. Somm. 377, obs. Honorat ; Rev. sociétés 1988. 284, note Chaput.*

Si, aux termes de l'art. 66 du Décr. du 30 mai 1984 [C. com., art. L. 123-9], la personne assujettie à immatriculation au RCS, ne peut dans l'exercice de son activité, opposer aux tiers les faits et actes sujets à mention que si ces derniers ont été publiés au registre, l'inopposabilité ne concerne pas les faits et actes qui mettent en jeu sa responsabilité personnelle sur le fondement de l'art. 180 [C. com., art. L. 651-2] (à propos d'un dirigeant dont la démission n'a pas été publiée). • Com. 14 oct. 1997, n° 95-15.384 P : *D. 1997. IR 243 ; D. Affaires 1997. 1290 ; BJS 1997. 1083, note Calendini ; Defrénois 1998. 671, obs. J. Honorat et Hovasse ; Rev. sociétés 1998. 380, note Randaux* • Versailles, 2 déc. 1999 : *BJS 2000. 382 ; RJDA 2000, n° 456.*

V. aussi notes 2 et 3 ss. art. L. 653-5.

15. L'existence d'un contrat de travail ne suffit pas à établir que le dirigeant de droit n'est que le prête-nom d'un dirigeant de fait. • Paris, 15 janv. 1999 : *BJS 1999. 627, note Saintourens.* ♦ Pour l'absence de condamnation d'un dirigeant de droit, simple prête-nom sans réel pouvoir, V. • Metz, 29 juin 1993 : *Dr. sociétés 1994, n° 114, obs. Chaput.* ♦ Comp. note 42

16. Dirigeants de fait. BIBL. Rives-Lange, *D. 1975. Chron. 41.* – Notté, *JCP E 1980. II. 8560.* – J.-F. Martin, *Gaz. Pal. 1991. 1. Doctr. 24.* – Champaud et Danet, *RTD com. 1994. 279.* – Tricot, *Dr. et patr. 1/1996. 24.* – Le Cannu, *BJS 1998. 5* (contrat avec la société dirigée). – Gimalac, *RTD com. 1999. 601* (distribution intégrée). – Delattre, *JCP E 2007. 1872.* – Heinich, *RJ com. 2018. 373.* ♦ A la qualité de dirigeant de fait celui qui exerce une activité positive et indépendante dans l'administration générale d'une société (loi de 1967). • Com. 9 mai 1978 : *D. 1979. 419, note Vasseur* • 20 déc. 1988 : *RPC 1989. 244, obs. Chaput* (loi de 1967, à propos d'un président de conseil de surveillance) • 20 janv. 1998 : *RTD com. 1998. 357, obs. Champaud et Danet* • 3 févr. 1998 : *RTD com. 1998. 614, obs. Champaud et Danet.* ♦ Pour des exemples du contrôle exercé par la Cour de cassation sur la motivation par les juges du fond, V. • Com. 28 janv. 1997 : *D. 1997. IR 72* • 16 mars 1999, n° 95-17.420 P : *D. 1999. IR 103* • 18 janv. 2000 : *RPC 2001. 262, obs. Martin-Serf* • 17 déc. 2003 : *Dr. sociétés 2005, n° 46, note Legros* • 12 oct. 2004 : *ibid.*

17. L'immixtion dans la gestion d'une entreprise devant se traduire par des actes positifs en toute indépendance, la preuve de tels actes ne peut résulter de l'exécution d'un contrat de partenariat interne qui implique une collaboration sous la surveillance et le contrôle des dirigeants de droit. • Rennes, 11 juill. 1990 : *Dr. sociétés 1993, n° 184, obs. Chaput.* ♦ En revanche, la personne qui, sous couvert d'un « contrat de partenariat interne », se charge d'organiser la gestion financière de la société et de négocier avec ses différents partenaires financiers, administratifs et commerciaux, s'immisce dans la gestion et doit être qualifiée de dirigeant de fait. • Com. 6 oct. 1992, n° 90-19.823 P : *D. 1992. IR 255 ; BJS 1992. 1288, note Daigre.*

Pour la qualité de dirigeant de fait d'un donneur d'ordre qui s'était immiscé dans la gestion des sous-traitants, V. • Com. 12 mai 1998 : *RTD com. 1998. 862, obs. Champaud et Danet ; RPC 2001. 263, obs. Martin-Serf ; BJS 2006. 469, note F.-X. Lucas.*

18. Le fait, pour une banque, d'exercer un contrôle sur l'utilisation des fonds prêtés, de « suivre » un dossier et même d'intervenir au besoin auprès des dirigeants de l'entreprise est un acte légitime de défense de ses intérêts propres, lequel ne lui confère pas systématiquement la qualité de dirigeant de fait. • Paris, 15 déc. 1995 : *D. 1996. IR 74 ; RJDA 1996, n° 432.*

19. Pour un arrêt qualifiant une banque d'administrateur de fait par personnes interposées (deux de ses cadres, qu'elle avait fait nommer au conseil d'administration de la société débitrice), V. • Com. 27 juin 2006, n° 04-15.831 P : *D. 2006. 2534, note Dammann et Paszkudzki ; ibid. AJ 1892, obs. Lienhard ; APC 2006, n° 161, obs. Vallansan ; JCP E 2006, n° 39, p. 1629, note Reinhard ; Dr. sociétés 2006, n° 160, note Legros ; BJS 2006. 1372, note F.-X. Lucas ; Rev. sociétés 2006. 900, note Poracchia ; RPC 2007. 85, obs. Martin-Serf* (V. l'arrêt confirmé : • Versailles, 29 avr. 2004 : *BJS 2004. 1201, note Constantin et Lévy ; Dr. sociétés 2004, n° 188, note Legros ; JCP E 2005, n° 1-2, p. 34, note Campana ; RPC 2005. 235, obs. Dumont.* – V. aussi F.-X. Lucas, *RDBF 2004 juill.-août 2004. 271 ; Dr. sociétés 2004. Étude 14 ;* Delebecque, *JCP E 2005, n° 6, p. 220 ;* Amigues, *Banque et Dr. 3-4/2005. 7*). ♦ Pour un exemple de direction de fait par société interposée, V. • Com. 2 nov. 2005 : *BRDA 2005, n° 23, p. 5 ; BJS 2006. 469, note F.-X. Lucas ; Rev. sociétés 2006. 398, note Poracchia ; Banque et Dr. 5-6/2006. 68, obs. Urban ; RPC 2007. 84, obs. Martin-Serf.*

20. La direction de fait ne peut pas être déduite de la seule existence d'un contrat de franchise, mais doit être vérifiée au cas par cas au vu des circonstances de la cause et ne peut être retenue que s'il en résulte un dépassement des obligations inhérentes à la nécessaire collaboration des parties par laquelle se définit ce type de contrat. • Orléans, 8 mars 2001 : *RJDA 2001, n° 589.* ♦ S'est livré à une immixtion dans la gestion de la société franchisée dépassant les obligations à sa charge résultant du contrat de franchise, et en était en réalité le dirigeant de fait, le franchiseur qui détenait les documents comptables, sociaux et bancaires nécessaires pour gérer cette entreprise, conservait la signature bancaire, préparait tous les documents administratifs et les titres de paiement signés ensuite par la personne morale, établissait les déclarations fiscales et sociales, contrôlait l'embauche du personnel et a participé à la poursuite d'une activité déficitaire pendant plusieurs mois bien qu'il connût l'insuffisance de la trésorerie. • Com. 9 nov. 1993, n° 91-18.351 P : *D. 1995. Somm. 79, obs. Ferrier ; JCP 1994. II. 22304, note Virassamy ; Rev. sociétés 1994. 321, note le Tourneau .* – V. aussi • Rouen, 14 mars 1992 : *RJDA 1992, n° 870.* – Comp. : • Com. 27 mai 2003 : *RJDA 2003, n° 960 (3ᵉ esp.),* cassant • Pau, 29 févr. 2000 : *Dr. sociétés 2000, n° 100, obs. Chaput ; RPC 2001. 263, obs. Martin-Serf.* (V. l'arrêt rendu sur renvoi : • Toulouse, 4 mai 2005 : *RJDA 2006, n° 650*). – Comp. également : • Montpellier, 10 sept. 1996 : *LPA 20 févr. 1998, p. 21, note Likillimba.*

La société qui s'est réservé les domaines de l'embauche et des licenciements, la mise en place de l'organisation administrative et financière d'un hôtel, la définition de la politique des prix, la négociation des contrats et la politique commerciale, assure, en fait, la direction de l'hôtel, le propriétaire des lieux n'ayant que le rôle d'un simple bailleur de fonds. • Com. 19 déc. 1995, n° 92-20.116 P : *D. Affaires 1996. 153 ; Rev. sociétés 1996. 347, note le Tourneau ; Dr. sociétés 1996, n° 33, obs. Chaput.*

21. Dès lors qu'il est établi que le gérant de droit, frappé d'une interdiction de gérer, a continué, postérieurement à sa démission, à intervenir dans la gestion de la société, il doit être regardé comme étant un dirigeant de fait. • Paris, 10 oct. 2000 : *BJS 2001. 33 ; Dr. sociétés 2001, n° 6, obs. Chaput.* ♦ En revanche, le fait que la concubine de ce gérant ait été propriétaire de plus de la moitié du capital social et qu'elle ait bénéficié d'un bail sur des locaux de la société pour lesquels aucun loyer n'a été payé ne sont pas de nature à établir sa qualité de gérante de fait. • Même arrêt. ♦ V. aussi • Paris, 15 déc. 1999 : *RTD com. 2001. 241, obs. Mascala .*

22. A été considéré comme un dirigeant de fait le directeur d'un cabinet de conseil juridique, qui avait organisé les études de marché d'une société, recherché les investisseurs, organisé les contacts avec les organismes financiers, avait manifesté des signes extérieurs d'autorité et un intérêt propre concrétisé par des engagements de caution. • Toulouse, 25 janv. 1993 : *JCP E 1993. Pan. 1412.*

23. Doivent être qualifiés de dirigeants de fait, un architecte et un expert-comptable liés à la société débitrice par un contrat de maîtrise d'ouvrage déléguée, dès lors qu'il apparaît qu'ils se sont passés, à de multiples reprises, de la signature du gérant pour procéder à des règlements bancaires, faire intervenir des entreprises sur le chantier, embaucher du personnel ou se consentir des avantages financiers réciproques. • Com. 4 juill. 2000 : *RJDA 2001, n° 30 ; LPA 30 mai 2001, p. 24, note Gibirila ; RPC 2001. 263, obs. Martin-Serf.*

24. Sur la qualité de dirigeants de fait de directeurs techniques salariés, V. • Versailles, 21 déc. 2000 : *RJDA 2001, n° 487.*

25. Pour un arrêt écartant la qualité de dirigeant de fait d'un salarié détenant la moitié des parts sociales de la société débitrice, en l'absence d'activité positive et indépendante dans l'administration de cette société, V. • Com. 26 juin 2001 : *APC 2001, n° 202 ; Dr. sociétés 2001, n° 140, note Legros.* ♦ V. aussi, s'agissant de salariés dont l'immixtion dans la gestion sociale n'était pas suffisamment caractérisée, • Paris, 1er févr. 2002 : *RJDA 2002, n° 673.* ♦ En sens contraire, pour des arrêts retenant la qualité de dirigeant de fait de salariés. : • Com. 19 févr. 2002 : *RJDA 2002, n° 791* • Grenoble, 5 nov. 1998 : *RPC 2001. 266, obs. Martin-Serf* • Aix-en-Provence, 28 janv. 1999 : *ibid.*

26. La preuve de l'immixtion d'une société détenant une participation dans le capital de la société débitrice en liquidation judiciaire et de son représentant légal ne peut résulter de l'exécution du contrat de prestations administratives conclu entre ces deux sociétés, lequel impliquait la fourniture de différentes prestations d'assistance moyennant une rémunération qui ne paraît pas excessive, sous le contrôle du gérant de droit. • Paris, 14 oct. 1997 : *Dr. sociétés 1998, n° 90, obs. Chaput.* ♦ Comp. : • Com. 22 juin 1999 : *RPC 2001. 263, obs. Martin-Serf.*

Ne peut être qualifié de dirigeant de fait celui à l'encontre duquel il est simplement relevé qu'il a été porteur de parts au sein d'une SARL, dont il a par la suite été désigné liquidateur amiable. • Paris, 13 juin 2000 : *RPC 2001. 110, obs. Barret.*

V. aussi : pour un associé majoritaire de SARL, • Com. 25 janv. 1994 : *RJDA 1994, n° 457* • Toulouse, 9 janv. 1997 : *RPC 2001. 264, obs. Martin-Serf* • Paris, 23 oct. 1998 : *ibid.* – Comp. : • Paris, 19 sept. 1995 : *RJDA 1995, n° 1368.* ♦ ... Pour un associé unique d'EURL, • Paris, 15 janv. 1999 : *préc. note 15.* ♦ ... Pour une société holding et une société fondatrice, • Paris, 7 févr. 1997 : *BJS 1997. 480, note Daigre ; RPC 2001. 265, obs. Martin-Serf.* ♦ ... Pour une société mère elle-même filiale à 99 % d'une holding, • Paris, 23 mai 1997 : *JCP E 1997. Pan. 764 ; RJDA 1997, n° 1277.* ♦ ... Pour une société mère, seule maîtresse de la politique économique et financière de sa filiale, • Com. 6 juin 2000 : *RJDA 2000, n° 896 ; RPC 2001. 265, obs. Martin-Serf.*

27. En ce sens que la délégation de signature dont dispose un associé, alors qu'elle constitue le seul signe de sa participation à la gestion de la société, ne permet pas de déduire que celui-ci détient le pouvoir dans l'entreprise, V. • Paris, 9 sept. 1992 : *BJS 1992. 1219.* – V. aussi • Com. 9 juill. 2002 : *RJDA 2002, n° 1274.* – Comp. : • Paris, 20 déc. 1996 : *Rev. sociétés 1997. 392, obs. Guyon.* ♦ En revanche, le fait de détenir seul l'exploitation et la signature bancaire d'une société dont le siège ne correspond qu'à une simple domiciliation commerciale suffit à caractériser la gestion de fait. • Paris, 25 janv. 2000 : *RPC 2001. 110, obs. Barret.*

28. Pour un arrêt ayant refusé de reconnaître au maire d'une commune la qualité de dirigeant de fait d'un club de football professionnel, au motif qu'il n'exerçait qu'un contrôle de l'utilisation des concours financiers municipaux, V. • CAA Bordeaux, 11 mai 1998 : *D. 1999. Somm. 92, obs. Karaquillo.*

29. Sur la compétence du tribunal de la procédure collective pour apprécier la qualité de dirigeant de fait, V. note 1 ss. art. R. 651-1. ♦ S'agissant de poursuites exercées contre un dirigeant personne publique, V. note 30.

30. Dirigeants personnes publiques. La responsabilité qui peut incomber à l'État ou aux autres personnes morales de droit public en raison des dommages imputés à leurs services publics administratifs est soumise à un régime de droit public ; il n'en va autrement que si la loi, par une disposition expresse, a dérogé à ce principe. • T. confl., 15 nov. 1999 : *D. 2000. AJ 11, obs. A. L. ; LPA 17 avr. 2000, p. 11, note Courtier ; JCP E 2000, nos 18-19, p. 755, obs. Pétel ; Dr. sociétés 2000, n° 54, obs. Chaput ; RPC 2000. 136, obs. Martin-Serf.* ♦ Il ne résulte pas de l'art. 180 [C. com., art. L. 651-2] que le législateur ait entendu, par dérogation aux principes gouvernant la responsabilité des personnes publiques, faire relever de la compétence des tribunaux de l'ordre judiciaire, la recherche de la responsabilité civile de l'État ou d'autres personnes morales de droit public au titre de l'exercice d'une mission de service public administratif. • Même arrêt. – Rappr. • CE 1er oct. 2013 : *RJDA 2014, n° 792.* ♦ Si la recherche de la responsabilité civile de l'État ou d'autres personnes morales de droit public au titre de l'exercice d'une mission de service administratif relève de la compétence des tribunaux de l'ordre administratif, une telle action relève de la compétence des tribunaux de l'ordre judiciaire lorsque cette responsabilité est recherchée au titre d'une activité à caractère industriel et commercial, sans qu'il y ait lieu de distinguer si la collectivité publique concernée a agi en qualité de dirigeant de fait ou de droit. • T. confl., 20 nov. 2006 : *Bull. civ. n° 31 ; RJDA 2007, n° 183 ; Dr. sociétés 2007, n° 112, note Legros ; Defrénois 2007. 884, obs. Gibirila.* – V. concl. Chauvaux, *RJDA 2007. 119.* – V. déjà, en ce sens, • Com. 6 févr. 2001, n° 98-15.129 P : *D. 2002. Somm. 81, obs. Derrida ; BJS 2001. 593, note Barbièri ; RPC 2001. 267, obs. Martin-Serf.*

Pour la cassation d'un arrêt ayant reconnu compétence à la juridiction administrative pour connaître de l'action en comblement de passif contre une commune dirigeant une association, qui avait en charge la gestion d'une piscine et d'une patinoire, sans rechercher si la commune était dirigeante de droit ou de fait de l'association et si le service géré par cette association était administratif ou industriel et commercial, V. • Civ. 1re, 11 févr. 2003, n° 00-12.857 P *D. 2003. AJ 623, obs. Lienhard ; APC 2003, n° 107, obs. Regnaut-Moutier ; BJS 2003. 557, note Pézard ; RPC 2005. 150, obs. Martin-Serf* (V. l'arrêt cassé : • Versailles, 9 déc. 1999 : *D. 2000. AJ 145 ; RPC 2000. 136, obs. Martin-Serf*).

Sur la compétence des tribunaux judiciaires pour connaître de l'action en comblement du passif dirigée à l'encontre d'un syndicat intercommunal, dirigeant de droit d'une société d'économie mixte locale, V. • Com. 26 oct. 1999 : *D. 1999. AJ 80 ; APC 1999, n° 246, obs. Regnaut-Moutier ; JCP E 2000, nos 1-2, p. 34, rapp. Rémery ; LPA 3 févr. 2000, p. 13, note P. M. ; RPC 2000. 136, obs. Martin-Serf.* ♦ Dans le même sens, pour une action dirigée contre une commune, V. • Com. 8 janv. 2002, n° 98-17.439 P : *D. 2002. AJ 570, obs. Lienhard ; Dr. sociétés 2002, n° 71, note Vidal ; ibid. 2003, n° 30, note Legros ; Rev. sociétés 2003. 308, note F.-X. Lucas ; RPC 2003. 161, obs. Martin-Serf* • 7 mars 2006 : *Dr. sociétés 2006, n° 122, note Legros.*

31. Pour un arrêt reconnaissant à une commune la qualité de dirigeant de fait d'une association sportive, V. • Com. 13 mai 2003 : *D. 2003. Somm. 2537, obs. Karaquillo .* – Comp. • Grenoble, 31 janv. 2002 : *RPC 2003. 346, obs. Lebel.*

32. Si une collectivité territoriale actionnaire d'une société d'économie mixte locale peut être appelée, en application de l'art. 180 [C. com., art. L. 651-2], à supporter tout ou partie de l'insuffisance d'actif de cette société lors de sa liquidation, ces dispositions, qui sont applicables au seul cas de liquidation judiciaire, n'ont pas pour objet et ne sauraient avoir pour effet d'autoriser une collectivité locale à déroger aux dispositions législatives relatives aux aides directes aux entreprises lorsqu'elle décide la dissolution amiable d'une société d'économie mixte. • CE 15 mars 2000 : *JCP E 2000, nos 15-16, p. 630.*

33. Représentants d'une personne morale. En vertu de l'art. L. 225-20, al. 1er, C. com., applicable aux sociétés anonymes, lorsqu'une personne morale est nommée administrateur, celle-ci est tenue de désigner un représentant permanent qui est soumis aux mêmes conditions et obligations et qui encourt les mêmes responsabilités civile et pénale que s'il était administrateur en son nom propre, sans préjudice de la responsabilité solidaire de la société qu'il représente ; il s'ensuit que, lorsqu'une société anonyme débitrice est dirigée par une personne morale qui a désigné un représentant permanent, la faute de gestion susceptible d'engager la responsabilité pour insuffisance d'actif de ce dirigeant peut être caractérisée indifféremment à l'égard de celui-ci ou à l'égard de son représentant permanent. • Com. 8 janv. 2020, n° 18-15.027 P : *D. 2020. Actu. 77 ; JCP E 2020. 1216, note Gibirila ; ; APC 2020, n° 56, obs. Lafaurie ; BJS 3/2020. 29, note Grundeler ; RJDA 2020, n° 232 ; BJE 3-4/2020. 48, note Favario ; Dr. sociétés 2020, n° 54, note Legros ; RJ com. 2020. 237, obs. Serlooten ; RLDA juill. 2020. 17, obs. Merabet ; RPC 2020, n° 75, obs. Martin-Serf.* ♦ L'art. L. 651-1 C. com. ne subordonne pas la condamnation [au paiement de l'insuffisance d'actif] du représentant permanent de la personne morale à la condamnation de celle-ci. • Com. 19 nov. 2013, n° 12-16.099 P : *préc. note 8 ; APC 2014, n° 15, obs. Pagnucco ; BJS 2014. 101, note Monsèrié-Bon ; Gaz. Pal. 2-4 févr. 2014, p. 22, obs. Dondero ; Dr. sociétés 2014, n° 68, note Legros ; BJE 2014. 95, note Favario ; RPC 2014, n° 80, obs. Martin-Serf.*

34. Une commune, membre du conseil d'administration d'une association, a la qualité de dirigeant de droit de cette personne morale et peut, en cette qualité, être condamnée à supporter partie des dettes de celle-ci (loi de 1967). • Com. 16 févr. 1993, n° 90-18.389 P : *Rev. sociétés 1993. 644, note Guyon ; BJS 1993. 678, note Jeantin.*

V. aussi notes 30 et 74.

35. Dirigeant soumis à une procédure collective. V. note ss. art. R. 651-6.

36. Indifférence du mandat gratuit. L'art. 1992, al. 2, C. civ., selon lequel la responsabilité générale du mandataire est appliquée moins rigoureusement à celui dont le mandat est gratuit, ne concerne pas la situation du dirigeant d'une personne morale en liquidation judiciaire poursuivi en paiement de l'insuffisance d'actif de celle-ci sur le fondement de l'art. L. 651-2 C. com., la responsabilité de ce dirigeant s'appréciant, sur le fondement de ce texte spécial, de la même manière, qu'il soit rémunéré ou non. • Com. 9 déc. 2020, n° 18-24.730 P : *D. 2021. Pan. 1746, obs. F.-X. Lucas ; Rev. sociétés 2021. 536, note Gibirila ; JCP E 2021. 1070,* *n° 5, obs. Deboissy et Wicker ; LEDEN 1/2021. 4, obs. Azevedo ; BJS 2/2021. 49, note Poracchia ; APC 2021, n° 53, obs. Thiberge ; RJDA 2021, n° 183 ; BJE 3-4/2021. 47, note Favario ; Gaz. Pal. 30 mars 2021, p. 74, obs. Moulin ; Dr. sociétés 2021, n° 52, note Legros ; RPC 2021, n° 82, obs. Martin-Serf.*

37. Retrait du dirigeant. L'ancien dirigeant qui a cédé ses parts entre la date de cessation des paiements et l'ouverture de la procédure peut être condamné à combler le passif. • Com. 23 juin 1998 : *APC 1998, n° 124* • Com. 4 févr. 1969 : *D. 1969. 584, note Honorat* (loi de 1967). ♦ Les juges doivent cependant préciser si l'insuffisance d'actif existait déjà lors de la cessation des fonctions du dirigeant. • Com. 2 févr. 1999 : *Dr. sociétés 1999, n° 95, obs. Chaput.* ♦ V. aussi • Rouen, 9 oct. 1997 : *RJDA 1998, n° 632.* ♦ Sur l'incidence de la publication de la démission, V. note 7.

38. Date de la faute. La faute de gestion visée par l'art. L. 651-2 doit avoir été commise avant l'ouverture de la liquidation judiciaire qui autorise l'exercice de l'action en responsabilité pour insuffisance d'actif ; lorsque est constaté un nouvel état de cessation des paiements, que le plan est résolu et qu'une procédure de liquidation judiciaire est ouverte, les fautes de gestion commises pendant la période d'observation du redressement judiciaire, comme pendant l'exécution du plan, peuvent être prises en considération pour fonder l'action en responsabilité pour insuffisance d'actif dès lors qu'elles sont antérieures au jugement de liquidation judiciaire. • Com. 22 janv. 2020, n° 18-17.030 P : *D. 2020. Pan. 1868, obs. F.-X. Lucas ; Rev. sociétés 2020. 195, obs. Roussel Galle ; ibid. 2021. 59, note Rakotovahiny ; JCP E 2020. 1210, note Cerati-Gauthier ; LEDEN 2/2020. 5, obs. Rubellin ; APC 2020, n° 57, obs. Fin-Langer ; DP diff. entr., Bull. n° 422, obs. Rémery ; BJS 4/2020. 38, note Mouial-Bassilana ; RJDA 2020, n° 231 ; Dr. sociétés 2020, n° 69, note Legros ; BJE 5-6/2020. 51, note Favario ; RPC 2020, n° 74, obs. Martin-Serf.* ♦ Seule la gestion du dirigeant social, antérieure au jugement d'ouverture de la procédure collective, peut donner lieu à l'action en comblement de passif. Les dettes nées postérieurement à ce jugement n'entrent donc pas dans le passif pouvant entraîner cette sanction. • Com. 28 févr. 1995 : *RJDA 1995, n° 651.* ♦ La faute peut être antérieure à la date de la cessation des paiements, dès lors que le lien de causalité entre cette faute et l'insuffisance d'actif est établi. • Paris, 5 juill. 1996 : *D. 1996. IR 228.*

39. Plan de continuation (jurisprudence antérieure à L. 26 juill. 2005). L'apurement de passif organisé par le plan de continuation de la personne morale ne fait pas obstacle à ce que l'insuffisance d'actif révélée par la procédure collective soit mise en tout ou partie à la charge du dirigeant. • Com. 21 nov. 2006, n° 02-20.443 P : *D. 2007. AJ 22, obs. Lienhard ; JCP E 2007. 1235, note Guyader ; Gaz. Pal. 2007. 1167, note Montéran ; BJS 2007. 361, note Pétel ; Dr. sociétés 2007, n° 94, note Legros ; RPC 2007. 83, obs. Martin-Serf ; APC 2007, n° 21, obs. Saintourens.* – V. Guyader, *ibid. 71.* ♦ Comp., désormais : art. L. 651-2, al. 1er, dans sa réd. issue de la L. n° 2005-845 du 26 juill. 2005, puis de l'Ord. n° 2008-1345 du 18 déc. 2008.

40. Nature de la faute. BIBL. Bourrié-Quenillet, *JCP 1998. I. 112.* – Favario, *RPC 2011. Étude 15.* – Demeyere, *Gaz. Pal. 2013. 1314.* ♦ Le dirigeant de droit, gérant de la société, ne saurait être condamné, en application de l'art. 180 [C. com., art. L. 651-2], à combler partie du passif de la société en liquidation judiciaire, en l'absence de tout comportement frauduleux et de faute de gestion nettement caractérisée et suffisamment grave pour trancher avec le comportement habituel du commerçant malheureux de bonne foi. • Bourges, 3 juin 1998 : *JCP E 1999, n° 37, p. 1417.* ♦ Le dirigeant ne peut être sanctionné à titre personnel sur le fondement de l'art. 180 [C. com., art. L. 651-2], dès lors qu'il n'a commis aucune faute de gestion, nonobstant les mauvais résultats de son entreprise. • Paris, 8 sept. 2000 : *Dr. sociétés 2001, n° 5, obs. Chaput.*

Caractérise l'existence d'une faute de gestion d'un gérant de société ayant contribué à l'insuffisance d'actif, quelles qu'en soient les autres causes, l'arrêt qui relève que le dirigeant s'est abstenu de mettre en place une structure compétente et des outils de gestion fiables, permettant à la personne morale et à lui-même d'appréhender la situation économique et financière exacte et, en conséquence, de prendre en temps utile les mesures de redressement qui s'imposaient et que cette anarchie totale est à l'origine de l'insuffisance qui a pu ainsi se créer et s'accroître sans que le gérant puisse s'en apercevoir. • Com. 14 déc. 1993, n° 91-20.839 P : *JCP 1994. IV. 480.*

41. V. aussi, à propos : de financement d'investissements par les fonds propres au lieu du recours à un emprunt à long terme, • Com. 2 nov. 1993 : *Rev. huiss. 1993. 226.* ♦ … De financement de travaux indus et de poursuite d'exploitation déficitaire, • Com. 13 nov. 1990, n° 89-15.841 P : *Gaz. Pal. 1991. 1. Pan. 94.* ♦ … De la poursuite volontaire et en toute connaissance de cause de l'exploitation d'un fonds de commerce déficitaire, la charge imposée à la société, sans contrepartie, au profit d'une autre société du groupe, ayant excédé ses possibilités financières. • Com. 30 mars 1999 : *RJDA 1999, n° 704* (la faute de gestion consistant en la poursuite d'une exploitation déficitaire n'étant pas subordonnée à la constatation d'un état de cessation des paiements de la société antérieur ou concomitant à cette poursuite. • Com. 27 avr. 1993, n° 91-14.204 P : *D. 1993. IR 130 ; BJS 1993. 687, note Chaput ; Rev. sociétés 1993. 871, note Le*

Nabasque .) – V. aussi • Com. 14 mai 1991, n° 89-19.081 P • 8 juin 1999 : *BJS 1999. 1078, note Scholer* • 16 oct. 2001 : *D. 2001. AJ 3273, obs. Lienhard* • 14 janv. 2004 : *Dr. sociétés 2004, n° 168, note Legros* • Paris, 12 nov. 1991 : *D. 1992. IR 54* • Douai, 29 nov. 2012 : *RTD com. 2013. 334, obs. Macorig-Venier* ; *BJE 2013. 74, note Rubellin ; RPC 2013, n° 28, obs. Delattre* • 4 déc. 2013 : *LEDEN 2/2014. 3, obs. Cesbron Lavau* (dirigeant ayant préféré poursuivre une activité déficitaire plutôt que de demander l'ouverture d'une procédure de mandat *ad hoc* ou de conciliation) • T. com. Paris, 15 sept. 1992 : *BJS 1993. 79, note Daigre.* ♦ ... De l'abstention à agir en vue de l'obtention d'une augmentation de capital nécessaire à la survie de la société. • Com. 12 juill. 2016, n° 14-23.310 : *Rev. sociétés 2017. 44, note Heinich* ; *RJDA 2016, n° 889 ; BJE 2016. 438, note Favario ; Journ. sociétés 11/2016. 41, obs. Brignon ; Dr. sociétés 2016, n° 216, obs. Legros ; BJS 2017. 195, note Mouial-Bassilana.* ♦ ... Du défaut de consultation des associés afin qu'ils se prononcent sur la poursuite éventuelle de l'activité, conformément à l'art. L. 223-42 C. com., alors que le bilan faisait apparaître des pertes supérieures à la moitié du capital social. • Paris, 17 févr. 2009 : *RJDA 2009, n° 564.* ♦ Comp., dans l'hypothèse où l'assemblée générale a été convoquée et s'est prononcée en faveur de la poursuite d'activité, mais n'a mis en œuvre aucune recapitalisation : • Com. 13 oct. 2015, n° 14-15.755 : *RJDA 2016, n° 136 ; BJS 2016. 157, note Heinich ; Dr. sociétés 2016, n° 87, note Legros.* ♦ ... De manœuvres destinées à minorer les pertes réelles, ces manœuvres ayant permis de masquer la situation de la société et de tromper l'opinion des dispensateurs de crédit, • Com. 18 janv. 2000 : *BJS 2000. 498.* ♦ De la tenue d'une comptabilité manifestement incomplète, V. • Com. 11 févr. 2014 : *Rev. sociétés 2014. 455, note Mastrullo* . ♦ ... D'un dirigeant d'une société anonyme qui fait financer par celle-ci les investissements immobiliers d'une SCI dont il est l'associé, cette charge financière ayant abouti à la ruine de la SA, • Com. 14 déc. 1993 : *Rev. sociétés 1994. 778, note Pariente* . ♦ ... De la souscription d'emprunts hors de proportion avec les capacités de remboursement des sociétés du groupe, du non-respect de la procédure applicable aux conventions réglementées et de la tenue d'une comptabilité irrégulière et incomplète, • Paris, 5 déc. 1997 : *BJS 1998. 253, note Daigre.* ♦ ... De l'abstention de désigner un commissaire aux comptes, • Paris, 18 nov. 1997 : *BJS 1998. 250, note J.-F. Barbièri ; RJDA 1998, n° 299.* ♦ ... Du remboursement d'un compte courant créditeur, V. • Aix-en-Provence, 5 juill. 2012 : *JCP E 2013. 1116, note Delattre.* ♦ ... D'un dirigeant qui avait, à plusieurs reprises, fait régler par la société ses dépenses personnelles, avait utilisé des fonds sociaux afin de rembourser des dettes contractées par une autre société dans laquelle il était intéressé et s'était lancé, malgré l'endettement chronique de la société, dans des achats de véhicules inconsidérés, bien qu'aucun financement par l'entreprise ne fût possible, • Com. 11 juill. 1995 : *JCP 1995. II. 22549, note Gibirila.* ♦ ... De dirigeants qui avaient maintenu un courant d'affaires avec une autre société, alors que les créances impayées s'accumulaient, sans se préoccuper d'obtenir de garantie, avec des délais de paiement anormalement longs et la continuation des livraisons malgré des factures importantes en souffrance, • Paris, 12 janv. 1996 : *D. 1996. IR 75.* ♦ ... D'un dirigeant s'étant octroyé une rémunération excessive, • Com. 31 mai 2016, n° 14-24.779 : *BJE 2016. 340, note Favario ; RJDA 2016, n° 715 ; RPC 2016, n° 200, obs. Martin-Serf* • Rennes, 13 déc. 1995 : *Dr. sociétés 1996, n° 195, obs. Chaput* • Paris, 19 sept. 2000 : *ibid. 2001, n° 42, obs. Chaput* • Lyon, 17 avr. 2003 : *JCP 2004. IV. 1308.* – V. aussi les arrêts cités par A. Martin-Serf, *RPC 1998. 109.* ♦ Comp., en cas de régularisation dans les comptes sociaux et le patrimoine personnel du dirigeant : • Com. 20 mai 1997 : *Dr. sociétés 1999, n° 6.* ♦ ... D'une distribution exceptionnelle de dividendes, privant la société d'une partie importante de ses réserves, ce dans un contexte de baisse d'activité, • Com. 25 oct. 2011 : *BJS 2012. 243, note Poracchia ; Banque et Dr. 5-6/2012. 47, obs. Urban.* ♦ ... De la mise en place d'une direction générale pléthorique inadaptée à l'entreprise et de l'absence de mesures de réorganisation, ayant entraîné la perte de nombreux marchés, • Com. 3 oct. 2000 : *préc. note 8.* ♦ ... Du versement de rémunérations à un salarié dont il n'est pas démontré qu'il a exercé une activité réelle (la production des fiches de paie par le dirigeant poursuivi étant, à cet égard, insuffisante), • Com. 23 nov. 1999 : *BJS 2000. 379, note Barbièri.* ♦ ... D'un repreneur de société dont le plan était vicié par des erreurs d'appréciation, • T. com. Paris, 23 nov. 1992 : *BJS 1993. 255, note Campana.* – Rappr. : • Rouen, 21 mars 2002 : *RJDA 2002, n° 1305 (2e esp.).* ♦ ... D'un dirigeant qui avait laissé impayées des dettes sociales anciennes, engagé un personnel important et procédé à des investissements tandis qu'il n'avait aucune certitude au sujet des contrats qu'il espérait signer, • Com. 27 oct. 1998 : *RTD com. 1999. 983, obs. Mascala* . ♦ ... D'un franchiseur qui avait continué à livrer des marchandises à ses franchisés alors qu'il connaissait leur impossibilité absolue d'en payer le prix, • Pau, 29 févr. 2000 : *préc. note 20.* ♦ ... D'un dirigeant qui avait consenti sur les fonds sociaux de nombreux prêts à une société qu'il dirigeait également, sans exiger aucune garantie pour leur remboursement, et ce, alors même que la société connaissait des difficultés, • Com. 8 oct. 2003 : *RJDA 2004, n° 353.* ♦ ... D'un dirigeant d'une société filiale, liquidateur amiable de celle-ci, qui s'était abstenu de recouvrer une créance détenue sur la société mère, • Paris, 12 oct. 1999 : *Dr. sociétés 2000, n° 101, obs. Chaput.*

42. Sur la faute de gestion constituée par le retard dans la déclaration de cessation des paiements, V., • Com. 8 déc. 1998 : *RTD com. 1999. 983, obs. Mascala* • 8 oct. 1996 : *D. Affaires 1996. 1356 ; BJS 1996. 1057, note Calendini* • 28 mai 1991, n° 89-21.116 P : *D. 1992. Somm. 184, obs. Honorat ; Rev. sociétés 1992. 373, note Honorat* (loi de 1967). – Comp. : • Com. 19 janv. 1993, n° 91-12.365 P : *Rev. huiss. 1993. 673, note Vidal* • Rennes, 5 avr. 2000 : *Dr. sociétés 2001, n° 42, obs. Chaput ; RTD com. 2001. 922, obs. Champaud et Danet* (retard justifié par l'activité de concessionnaire du débiteur) • Paris, 27 févr. 2001 : *RJDA 2001, n° 888* (société ayant cessé son activité plus d'un an avant le dépôt de bilan).

Dès lors que le dirigeant a commis des fautes de gestion ayant contribué à l'insuffisance d'actif, il doit répondre des dettes sociales, sans qu'il soit besoin de rechercher si celui-ci avait ou non personnellement bénéficié de la poursuite de l'exploitation. • Com. 23 mai 1995 : *BJS 1995. 884, note Le Cannu* • Paris, 13 oct. 1995 : *D. 1995. IR 244.* ♦ En effet, la faute de gestion pouvant entraîner la condamnation d'un dirigeant au paiement des dettes sociales en application de l'art. 180, devenu l'art. L. 624-3 [L. 651-2] C. com., peut exister indépendamment du fait que le dirigeant a agi dans un intérêt personnel. • Com. 17 juill. 2001 : *Dr. sociétés 2002, n° 5, note Legros.* – V. aussi • Paris, 24 mai 1996 : *Dr. sociétés 1997, n° 9, obs. Chaput.*

L'omission de déclaration de la cessation des paiements dans le délai légal, susceptible de constituer une faute de gestion, s'apprécie au regard de la seule date de la cessation des paiements fixée dans le jugement d'ouverture ou dans un jugement de report. • Com. 4 nov. 2014, n° 13-23.070 P : *D. 2014. Actu. 2238, obs. Lienhard ; Rev. sociétés 2014. 751, obs. Henry ; JCP E 2014. 1604, rapp. Schmidt et note Roussel Galle ; LEDEN 12/2014. 6, obs. Rubellin ; APC 2014, n° 344, obs. Thullier ; Gaz. Pal. 18-20 janv. 2015, p. 15, obs. Reille ; BJE 2015. 113, note Lasserre Capdeville ; RPC 2015, n° 67, obs. Martin-Serf* • 10 mars 2015, n° 12-16.956 P : *D. 2015. Actu. 678 ; Rev. sociétés 2015. 406, obs. Henry ; Gaz. Pal. 1er-5 mai 2015, p. 45, obs. Montéran ; RPC 2015, n° 67, obs. Martin-Serf ; BJE 2015. 249, note Favario* • 27 sept. 2016, n° 14-50.034 : *Rev. sociétés 2016. 767, obs. Henry .*

43. Celui qui a accepté les fonctions d'administrateur est tenu à une surveillance et à un contrôle sérieux de l'administration de la société et l'intérêt limité qu'il a dans l'affaire ne peut justifier sa passivité. • Com. 31 janv. 1995, n° 92-21.548 P : *D. 1995. IR 50 ; Rev. sociétés 1995. 763 ; BJS 1995. 341, note Couret ; RTD com. 1996. 543, obs. Martin-Serf .* – V. aussi • Com. 3 mars 1998 : *RJDA 1998, n° 902 ; BJS 1998. 645* • 23 juin 1998 : *BJS 1998. 1287, note Pétel ; RJDA 1998, n° 1393 ; RTD com. 1999. 983, obs. Mascala* • Versailles, 21 oct. 1993 : *BJS 1994. 99, note P. L. C.* • Paris, 28 oct. 1994 : *ibid. 1995. 72, note Le Cannu ; Dr. sociétés 1995, n° 122, obs. Chaput* (loi de 1967) • Douai, 9 janv. 1997 : *RPC 1999. 182, obs. Martin-Serf* • Chambéry, 22 juin 1998 : *Dr. sociétés 2000, n° 121, obs. Chaput* • Versailles, 2 déc. 1999 : *préc. note 14* • Paris, 2 juill. 1996 : *Dr. sociétés 1996, n° 231, obs. Chaput* • Versailles, 21 déc. 2000 : *préc. note 24* • 11 sept. 2003 : *RJDA 2004, n° 206.* ♦ Comp., exonérant les administrateurs n'ayant pas le rang de président du conseil d'administration ou de directeur général, aux motifs qu'ils n'avaient pas eu connaissance de la situation exacte de la société et que, pour certains d'entre eux, ils n'avaient pas été convoqués au conseil d'administration : • Com. 14 mai 2002 : *RJDA 2002, n° 920 ; Dr. sociétés 2003, n° 104, note Legros.* ♦ L'intéressé ne saurait se retrancher derrière la « pression » exercée par la société mère, actionnaire majoritaire détentrice de 99 % du capital social. • Paris, 25 avr. 1997 : *Dr. sociétés 1998, n° 27, obs. Chaput.* ♦ V. aussi, en ce sens que l'appartenance à un groupe de sociétés est sans incidence sur la responsabilité du dirigeant, qui ne peut rejeter toute responsabilité sur la société mère, • Paris, 19 nov. 1999 : *BJS 2000. 263, note Barbièri ; RJDA 2000, n° 459.*

Un administrateur ne peut prétendre se soustraire à l'application de l'art. 180, devenu l'art. L. 624-3 [L. 651-2] C. com. en invoquant l'attitude d'un autre administrateur. • Com. 8 janv. 2002, n° 98-17.439 P : *D. 2002. AJ 570, obs. Lienhard ; JCP 2002. II. 10057, note Landbeck.*

Commet une faute de gestion la personne morale administrateur qui s'abstient d'exiger du président qu'il déclare la cessation des paiements, peu important, par ailleurs, la présence au conseil d'administration d'administrateurs de complaisance dévoués au président. • Com. 25 mars 1997 : *BJS 1997. 799, note G. B. ; RPC 1999. 182, obs. Martin-Serf.*

Les dirigeants ne peuvent pas se soustraire à l'application de l'art. 180 [C. com., art. L. 651-2] en invoquant l'intervention des pouvoirs publics. • Com. 6 févr. 2001 : *préc. note 30.*

La désignation d'un mandataire *ad hoc*, qui ne prive pas le dirigeant de la société débitrice de l'exercice de ses pouvoirs, ne le dispense pas de ses obligations (à propos de la poursuite d'une activité déficitaire). • Com. 18 mai 2016, n° 14-16.895 : *Rev. sociétés 2016. 621, note Morelli ; RTD com. 2017. 172, obs. Macorig-Venier ; Dr. sociétés 2016, n° 151, note Legros ; RJDA 2016, n° 716 ; BJS 2016. 619, note Mouial-Bassilana ; Gaz. Pal. 18 oct. 2016, p. 68, obs. Montéran ; RPC 2016, n° 160, obs. Delattre.*

44. En revanche, sont impropres à caractériser l'existence d'une faute de gestion d'un dirigeant social ayant contribué à l'insuffisance d'actif les motifs selon lesquels ce dirigeant a pris en charge la société en connaissance de sa situation déficitaire, en a poursuivi sciemment l'exploitation jusqu'à la cessation des paiements, dont l'état s'est révélé irrémédiable, ne s'explique pas sur le défaut de comptabilité régulière, et enfin ne prouve pas que l'insuffisance d'actif est due à des fautes de gestion d'anciens dirigeants. • Com. 17 nov. 1992, n° 90-20.299 P : *D. 1992. IR 277 ; Rev. sociétés 1993. 445, note Chaput*. ♦ V. aussi, jugeant la faute de gestion non démontrée, s'agissant de la poursuite d'une exploitation déficitaire, dès lors que les difficultés de la société avaient pour origine la conjoncture économique. • Com. 31 mars 1998 : *RJDA 1998, n° 777* • Paris, 16 sept. 1997 : *RPC 2000. 24, obs. Martin-Serf* • 30 oct. 1998 : *ibid.* • Aix-en-Provence, 11 sept. 2001 : *Dr. sociétés 2002, n° 23, note Legros ; RJDA 2002, n° 672.*

45. L'insuffisance des apports consentis à une société lors de sa constitution, qui est imputable aux associés, ne constitue pas une faute de gestion. • Com. 10 mars 2015 : *D. 2015. Actu. 678, obs. Lienhard ; Rev. sociétés 2015. 406, obs. Henry ; ibid. 468, note Poracchia ; JCP E 2015. 1261, note Dondero ; APC 2015, n° 107, obs. Vallansan ; LEDEN 4/2015. 5, obs. Rubellin ; Gaz. Pal. 8-12 mai 2015, p. 14, obs. Zattara-Gros ; Dr. sociétés 2015, n° 117, note Legros ; ibid., n° 164, note Mortier ; RJDA 2015, n° 452 ; BJE 248, note Favario ; Gaz. Pal. 19-21 juill. 2015, p. 31, obs. Montéran ; RPC 2015, n° 187, obs. Martin-Serf* • Com. 17 juin 2020, n° 19-10.341 P : *cité note 6 ss. art. L. 653-8 ; Rev. sociétés 2020. 613, note Massart ; JCP E 2020. 1362, note Tisseyre ; RJDA 2020, n° 517 ; BJE 11-12/2020. 41, note Favario ; RPC 2020, n° 160, obs. Martin-Serf ; Dr. sociétés 2020, n° 132, note Legros.*

46. Ne caractérise pas la faute de gestion au sens de l'art. 180 [C. com., art. L. 651-2], la seule tolérance d'un administrateur à la poursuite de l'exploitation d'un produit fabriqué par la société sans les autorisations administratives requises pour sa distribution. • Com. 15 déc. 1992, n° 90-15.557 P : *Rev. sociétés 1993. 450*.

47. La responsabilité de la tenue de la comptabilité incombant au président du conseil d'administration, la tenue d'une comptabilité incomplète ne saurait être reprochée aux administrateurs et justifier leur condamnation au comblement du passif social dès lors qu'il n'est pas démontré qu'ils se sont immiscés dans l'établissement des comptes. • Paris, 29 mars 2002 : *JCP E 2002, n° 46, p. 1795 ; RJDA 2003, n° 172 (2e esp.) ; Dr. sociétés 2003, n° 88, note Legros.*

48. L'imprévoyance des dirigeants qui n'ont pas su anticiper les nouvelles conditions économiques ni explorer de nouveaux marchés n'est pas en elle-même constitutive d'une faute de gestion. • Paris, 29 nov. 1996 : *RJDA 1997, n° 281.* ♦ En revanche, le choix, lors de la création de l'entreprise d'investissements inadaptés ou excessifs, compte tenu de leurs conditions prévisibles de financement, peut constituer une faute de gestion. • Com. 19 mars 1996, n° 94-12.004 P : *Rev. sociétés 1996. 840, note Bruguier ; D. 1996. IR 101 ; D. Affaires 1996. 618 ; BJS 1996. 613, note Couret ; Defrénois 1996. 935, obs. Le Cannu* (V. l'arrêt cassé : • Aix-en-Provence, 9 déc. 1993 : *D. 1995. 475, note crit. Pirovano*). – V., sur renvoi, écartant la faute de gestion des dirigeants, les conditions prévisibles de financement reposant sur des prévisions de recettes raisonnables et le projet étant conforme aux recommandations d'une société de conseil spécialisée : • Nîmes, 23 févr. 1999 : *Banque et Dr. 7-8/1999, p. 48, obs. Guillot*, conf. par • Com. 29 oct. 2002 : *Dr. sociétés 2003, n° 46, note Legros.* ♦ Dans le même sens que l'arrêt du 19 mars 1996, V. • Com. 20 juin 2000 : *BJS 2000. 906* • 30 oct. 2000 : *BJS 2001. 27, note Daigre ; RJDA 2001, n° 210 ; Dr. sociétés 2001, n° 80, obs. Legros* (pour une société de capital-risque) • Lyon, 12 sept. 2002 : *Dr. sociétés 2004, n° 7, note Legros.*

49. Le fait pour le dirigeant social de s'être abstenu de désigner un commissaire aux comptes caractérise une faute de gestion ayant contribué à l'insuffisance d'actif de la SARL défaillante. • Paris, 18 nov. 1997 : *JCP E 1997. Pan. 1389.*

50. Négligence dans la gestion (L. du 9 déc. 2016). BIBL. ▸ De Lauriston, *RPC 2021. Étude 12* (notion de simple négligence). ♦ L'art. L. 651-2 écarte la responsabilité pour insuffisance d'actif du dirigeant en cas de simple négligence de celui-ci dans la gestion de la société, sans réduire l'existence d'une simple négligence à l'hypothèse dans laquelle le dirigeant a pu ignorer les circonstances ou la situation ayant entouré sa commission ; le moyen, qui postule que l'omission de la déclaration de la cessation des paiements dans le délai légal ne peut constituer une simple négligence du dirigeant qu'à la condition que celui-ci ait pu ignorer cet état, n'est donc pas fondé. • Com. 3 févr. 2021, n° 19-20.004 P : *D. 2021. 1069, note Caramalli et Alle ; Rev. sociétés 2021. 533, note Dalmau ; JCP E 2021. 1191, n° 20, obs. Tehrani ; LEDEN 3/2021. 5, obs. Maraud ; APC 2021, n° 74, obs. Diesbecq ; BJS 4/2021. 57, note Mouial-Bassilana ; BJE 5-6/2021. 42, note Favario ; Dr. sociétés 2021, n° 81, note Legros ; Gaz. Pal. 15 juin 2021, p. 65, obs. Caffin-Moi.*

51. Lien de causalité. Le dirigeant d'une personne morale peut être déclaré responsable sur le fondement de l'art. 180 [C. com., art. L. 651-2] même si la faute de gestion qu'il a commise n'est que l'une des causes de l'insuffisance d'actif, et il peut être condamné à supporter la totalité des dettes sociales même si cette défaillance n'est à l'origine que d'une partie d'entre elles. • Com. 30 nov. 1993, n° 91-20.554 P : *BJS 1994. 410, note Pétel* • 19 mars 1996 : *BJS 1996. 526, note Le Cannu ; RPC 2000. 24, obs. Martin-Serf*

• 6 févr. 2001 : *préc. note 30.*

Le jugement qui condamne le dirigeant d'une personne morale à supporter tout ou partie de l'insuffisance d'actif de celle-ci doit préciser en quoi chaque faute retenue a contribué à l'insuffisance d'actif. • Com. 17 juin 2020, n° 18-11.737 P : *D. 2020. Actu. 1358 ; Rev. sociétés 2020. 632, note Reille ; JCP E 2020. 1353, n° 21, obs. Tehrani ; APC 2020, n° 181, obs. F.-X. Lucas ; BJE 9-10/2020. 39, note Favario ; RJDA 2020, n° 588 ; RPC 2020, n° 162, obs. Martin-Serf ; Dr. sociétés 2020, n° 133, note Legros.* ♦ La condamnation au titre de l'insuffisance d'actif ayant été prononcée en considération de plusieurs fautes de gestion, la cassation encourue à raison de l'une d'entre elles entraîne, en application du principe de proportionnalité, la cassation totale de l'arrêt de ce chef. • Même arrêt.

Sur l'insuffisance de la seule constatation de la surévaluation des stocks et de la poursuite d'une activité déficitaire ayant entraîné la disparition d'un actif important, V. • Com. 16 avr. 1996 : *D. 1996. IR 138 ; Rev. sociétés 1997. 611, note C. Henry .*

52. Responsabilité fiscale. V. art. L. 267 LPF. – **C. sociétés** ou **C. pr. fisc.** ♦ L'action en responsabilité prévue par l'art. L. 267 n'étant exclue que si, en vertu d'une autre disposition légale, le dirigeant est tenu de la totalité de la dette fiscale restant due, l'action en comblement de passif prévue par l'art. 180 [C. com., art. L. 651-2] ne fait pas obstacle à l'application de ce texte. • Com. 9 déc. 1997, n° 96-12.292 P : *D. Affaires 1998. 159, obs. J. F. ; JCP E 1998, n° 17, p. 659, obs. Pétel ; Rev. sociétés 1998. 316, note Daigre .* – V. concl. Piniot, *RJDA 1998, p. 3* ; Poullain, *Dr. et patr. 2/1998. 35.* ♦ La cour de cassation avait déjà jugé, avant la loi de 1985, que les conditions d'application dudit art. L. 267 étant indépendantes de celles de l'art. 99 de la loi du 13 juill. 1967, il n'est pas interdit au juge d'appliquer le premier texte à un dirigeant bien que l'action fondée sur le second texte et dirigée contre lui ait été rejetée par une action antérieure (loi de 1967). • Com. 20 nov. 1990, n° 89-11.649 P. ♦ L'action en comblement de passif, prévue par l'art. 180 [C. com., art. L. 651-2], n'a pas la même finalité et ne saurait faire échec aux dispositions du livre des procédures fiscales, lesquelles mettent en œuvre une action spécifique en responsabilité au seul profit du Trésor. • Versailles, 26 mars 1992 : *D. 1992. IR 165,* conf. par • Com. 21 juin 1994 : *RJF 1994, n° 1272.*

53. La solidarité prononcée contre le dirigeant social en application de l'art. 1745 CGI, qui constitue une garantie de recouvrement de la créance fiscale et ne tend pas à la réparation d'un préjudice, ne fait pas obstacle à la condamnation de ce dirigeant à supporter, à raison de la faute de gestion consistant à soustraire la société à l'établissement et au paiement de l'impôt et à omettre de passer des écritures en comptabilité, tout ou partie de l'insuffisance d'actif de la société, comprenant la dette fiscale objet de la solidarité, la contribution du dirigeant à l'insuffisance d'actif entrant dans le patrimoine de la société débitrice pour être répartie au marc le franc entre tous les créanciers et la part du produit de la condamnation du dirigeant versée au Trésor s'imputant sur le montant de sa créance. • Com. 5 sept. 2018, n° 17-13.626 P : *D. 2019. Pan. 1913, obs. Cagnoli ; Rev. sociétés 2019. 132, note Vabres ; JCP E 2019. 1000, n° 19, obs. Tehrani ; LEDEN 10/2018. 1, obs. Thullier ; RJDA 2018, n° 859 ; BJS 2018. 639, note Mouial-Bassilana ; Gaz. Pal. 15 janv. 2019, p. 82, obs. Montéran et Brillatz ; Dr. sociétés 2019, n° 32, note Legros ; RPC 2019, n° 84, obs. Martin-Serf ; RJ com. 2019. 287, obs. Saint Genis.*

D. MISE EN ŒUVRE

54. Qualité pour agir. V. art. L. 651-3.

55. Nécessité d'une condamnation. L'insuffisance d'actif ne peut être mise, en tout ou partie, à la charge d'un dirigeant qu'à la suite d'une assignation de celui-ci à cette fin et seulement par une décision de condamnation ou, avant l'intervention d'une telle décision, par une transaction. • Com. 8 mars 2017, n° 15-16.005 P : *D. 2017. Pan. 1952, obs. F.-X. Lucas ; JCP E 2017. 1242, note Cerati-Gauthier ; ibid. 1460, n° 24, obs. Tehrani ; JCP 2017. 416, note Saintourens ; RJDA 2017, n° 362 ; BJS 2017. 336, note Monsèrié-Bon ; Dr. sociétés 2017, n° 87, note Legros ; BJE 2017. 228, note Favario ; Gaz. Pal. 27 juin 2017, p. 69, obs. Montéran ; ibid. 26 sept. 2017, p. 64, obs. Dondero ; RPC 2017, n° 152, obs. Martin-Serf.*

56. Prescription. L'action en responsabilité pour insuffisance d'actif est indépendante de l'action spéciale en responsabilité ouverte par l'art. L. 225-254 C. com. contre les dirigeants d'une société anonyme et de l'action générale en responsabilité civile extracontractuelle et se prescrit, aux termes de l'art. L. 651-2, al. 3, par trois ans à compter du jugement qui prononce la liquidation judiciaire, sans considération de la date de commission des fautes de gestion reprochées au dirigeant poursuivi. • Com. 8 avr. 2015 : *D. 2015. Actu. 862, obs. Lienhard ; ibid. Pan. 1980, obs. F.-X. Lucas ; Rev. sociétés 2015. 406, obs. Henry ; JCP E 2015. 1422, n° 10, obs. Pétel ; LEDEN 5/2015. 5, obs. Favario ; BJS 2015. 304, note Laroche ; RJDA 2015, n° 515 ; Dr. sociétés 2015, n° 154, note Legros ; BJE 2015. 305, note Sortais ; RPC 2015, n° 191, obs. Martin-Serf.* ♦ Seule l'assignation régulièrement signifiée est susceptible d'interrompre la prescription et non la requête en comblement de passif déposée par l'administrateur. • Dijon, 4 nov. 1992 : *RPC 1993. 581, obs. Blanchard.* ♦ Sur les conditions de l'effet interruptif de la prescription d'une assignation, V. • Com. 26 janv. 2016, n° 14-17.952 P :

D. 2016. Actu. 310 ; *APC 2016, n° 45, obs. Staes* ; *Gaz. Pal. 12 avr. 2016, p. 76, obs. Montéran* ; *RPC 2017, n° 8, obs. Cagnoli.*

En cas d'extension de la procédure à d'autres sociétés, c'est la date du dernier jugement d'extension qui constitue le point de départ de la prescription de l'action en comblement de passif, puisque c'est à cette date seulement que les organes de la procédure ont pu avoir connaissance exacte de la gestion du groupe par son dirigeant et des fautes par lui commises. • Paris, 20 déc. 1994 : *Dr. sociétés 1995, n° 75, obs. Chaput.* ♦ Dans le régime antérieur à la loi du 26 juill. 2005, en présence d'un plan de cession, la prescription commençait à courir depuis la date du jugement arrêtant le plan (dans l'hypothèse où celui-ci avait été réformé à la suite d'un appel). • Com. 19 mai 2004, n° 02-11.199 P : *D. 2004. AJ 2047* ; *APC 2004, n° 167, obs. Saintourens* ; *RTD com. 2004. 611, obs. Vallens* ; *Dr. sociétés 2004, n° 169, note Legros* ; *RPC 2005. 151, obs. Martin-Serf.*

57. Lorsque le plan de continuation est résolu, une nouvelle procédure collective est ouverte et le délai de prescription de l'action en paiement des dettes sociales fondée sur une faute commise par un dirigeant social depuis le jugement ayant arrêté le plan court à compter du nouveau jugement. • Com. 20 janv. 1998, n° 95-19.488 P : *D. 1998. Somm. 326, obs. Honorat* ; *D. Affaires 1998. 253, obs. A. L.* ; *RPC 2000. 25, obs. Martin-Serf.* ♦ Comp., désormais : art. L. 651-2, al. 3, dans sa réd. issue de L. n° 2005-845 du 26 juill. 2005.

58. Selon l'art. 2261 [2229] C. civ., la prescription est acquise lorsque le dernier jour du terme est accompli ; l'art. 642 NCPC [désormais, art. 642 C. pr. civ., qui prévoit la prorogation des délais de procédure expirant un samedi, un dimanche ou un jour férié ou chômé jusqu'au premier jour ouvrable suivant] ne s'applique pas au délai de prescription prévu par l'art. L. 624-3 C. com. dans sa rédaction antérieure à la loi du 26 juill. 2005. • Com. 10 janv. 2006, n° 04-10.482 P *D. 2006. AJ 301, obs. Lienhard* ; *ibid. Pan. 2256, obs. F.-X. Lucas* ; *APC 2006, n° 31, obs. Le Bars* ; *JCP E 2006, n° 14-15, p. 674, obs. Pétel* ; *ibid., n° 16, p. 732, note Legros* ; *Gaz. Pal. 30 avr.-4 mai 2006, p. 52, obs. Montéran* ; *RPC 2007. 86, obs. Martin-Serf.*

59. L'action en paiement de l'insuffisance d'actif engagée dans le délai légal contre un dirigeant n'interrompt pas la prescription à l'égard des autres dirigeants, qu'ils soient de droit ou de fait, dès lors qu'aucune solidarité n'existe entre les dirigeants de droit et de fait d'*une même* personne morale au regard de l'action en paiement de l'insuffisance d'actif de celle-ci, le juge ayant seulement, en application de l'art. L. 624-3 C. com., dans sa rédaction antérieure à la loi du 26 juill. 2005, la faculté de dire que les condamnations seront exécutées avec ou sans solidarité. • Com. 7 nov. 2006, n° 05-61.693 P : *D. 2006. AJ 2910, obs. Lienhard* ; *APC 2006, n° 253, obs. Regnaut-Moutier* ; *Gaz. Pal. 19-20 janv. 2007, p. 49, obs. Montéran* ; *Dr. sociétés 2007, n° 47, note Legros* ; *BJS 2007. 359, note F.-X. Lucas* ; *Defrénois 2007. 876, obs. Gibirila* ; *RPC 2007. 86, obs. Martin-Serf.*

60. Le moyen tiré de la prescription fondé sur l'art. 180 [C. com., art. L. 651-2] ne peut être relevé d'office, conformément à l'art. 2223 [2247] C. civ. • Com. 19 déc. 2000, n° 98-11.821 P

61. Le moyen tiré de la prescription triennale de l'art. L. 624-3 [L. 651-2] C. com. constitue non une exception de procédure, mais une fin de non-recevoir susceptible d'être opposée en tout état de cause. • Com. 13 avr. 2010 : *Dr. sociétés 2010, n° 234, note Legros* ; *RJ com. 2010. 492, note Sortais.*

Sur l'inapplicabilité de la prescription prévue par l'art. L. 651-2 à l'extension de procédure fondée sur la confusion des patrimoines, V. note 41 ss. art. L. 621-2.

62. Sursis à statuer. L'action pénale en cours contre le dirigeant pour abus de biens sociaux, banqueroute, diffusions d'informations fausses ou trompeuses n'étant pas de nature à exercer une influence sur l'action en comblement de passif, le juge saisi de cette dernière action n'a pas à surseoir à statuer. • Versailles, 4 mai 1995 : *JCP E 1995. Pan. 812* • Paris, 15 mai 1997 : *RJ com. 1998. 206, obs. Legrand.* ♦ Dans le même sens : • Com. 14 mars 1995 : *BJS 1995. 551* (à propos du prononcé d'un redressement judiciaire ou d'une faillite personnelle du dirigeant) • 25 nov. 1997 : *Dr. sociétés 1998, n° 45, obs. Chaput.*

63. Action contre un dirigeant de fait. En application de l'art. L. 651-2, le demandeur à l'action en comblement de passif a la liberté d'attraire devant le tribunal le ou les dirigeants de droit ou de fait de la personne morale qu'il tient pour responsables des fautes de gestion génératrices de l'insuffisance d'actif de la procédure collective, la charge de la preuve lui incombant (possibilité d'assigner le dirigeant de fait sans qu'il soit nécessaire d'attraire le dirigeant de droit). • Rouen, 3 mars 2011 : *LEDEN 9/2011. 4, obs. Parachkévova* ; *BJS 2011. 823, note Mouial-Bassilana.* – V. déjà • Paris, 19 mai 1995 : *RJDA 1995, n° 1047.*

64. Action directe contre l'assureur. Dès lors que le droit d'action directe contre l'assureur garantissant la responsabilité civile de la personne responsable, prévu par l'art. L. 124-3 C. assur., suppose seulement que le tiers lésé établisse l'existence du contrat d'assurance souscrit et la responsabilité de l'assuré, et que la garantie des conséquences de la responsabilité pour insuffisance d'actif des dirigeants n'est pas exclue par le contrat, le liquidateur est recevable à exercer l'action directe contre l'assureur, sans qu'aucune disposition légale ou réglementaire ne lui interdise de joindre, dans la même instance, à sa demande de condamnation du dirigeant, celle de l'assureur. • Com. 10 mars 2020, n° 19-12.825 P : *D. 2021. Actu. 573* ; *APC 2021, n° 108, obs. Coquelet ; LEDEN 6/2021. 5, obs. Lafaurie ; BJS 6/2021. 47, note Fin-Langer ; BJE 5-6/2021. 44, note Favario ; RJDA 2021, n° 418 ; RPC 2022, n° 8, obs. Perruchot-Triboulet.*

65. Insuffisance d'actif. Il n'est pas nécessaire pour qu'il puisse être fait application de l'art. 180 [C. com., art. L. 651-2], que le passif soit entièrement chiffré ni que l'actif ait été réalisé, il suffit que l'insuffisance d'actif soit certaine. • Com. 17 juill. 1956 : *RTD com. 1956. 693, obs. Rault ; ibid. 729, obs. Houin* (droit antérieur) • 28 mai 1991 : *préc. note 23* • 25 janv. 1994, n° 91-20.220 P • 7 juin 2005 : *JCP E 2005, n° 48, p. 2058, note Delattre ; Dr. sociétés 2005, n° 194, note Legros* • Aix-en-Provence, 27 févr. 2002 : *Dr. sociétés 2002, n° 195, note Legros.* ♦ ... Une condamnation provisionnelle peut être prononcée contre les dirigeants sociaux même avant l'arrêt définitif de l'état des créances (loi de 1967). • Com. 8 juill. 1986 : *Bull. civ. IV, n° 148.* ♦ Sur la possibilité d'une action en responsabilité pour insuffisance d'actif en cas de dispense de vérification des créances chirographaires, V. note 17 ss. art. L. 641-4.

66. L'insuffisance d'actif qui peut être mise à la charge du dirigeant est celle qui est constatée au cours ou à l'issue de la procédure collective, sous réserve de l'exclusion de tout passif social postérieur au jugement d'ouverture, à moins qu'il s'agisse d'un passif trouvant son origine antérieurement à l'ouverture de la procédure et sa cause dans la faute de gestion relevée. • Paris, 5 juill. 1996 : *préc. note 38.* – V. aussi • Com. 18 mars 2008, n° 02-21.616 : *D. 2009. 349, note Deleneuville* ; *RPC 2009, n° 171, obs. Martin-Serf.*

L'existence et le montant de l'insuffisance d'actif doivent être appréciés au moment où statue la juridiction saisie de l'action tendant à la faire supporter par un dirigeant social. • Com. 30 janv. 1990, n° 88-15.873 P • 18 févr. 1992 : *RJDA 1992, n° 521* • 28 avr. 1998 : *D. Affaires 1998. 1487, obs. A. L. ; RJDA 1998, n° 1000* • 16 mars 1999, n° 95-20.814 P : *D. 1999. IR 103* ; *D. Affaires 1999. 907 ; BJS 1999. 757, note Saint-Alary-Houin ; LPA 16 avr. 1999, p. 7, note P. M.* • 30 mars 1999 : *BJS 1999. 759, note Saint-Alary-Houin.* ♦ Sur l'exclusion des frais de justice, nés après l'ouverture de la procédure, V. • Com. 2 juin 1987, n° 85-15.713 P : *D. 1988. Somm. 39, obs. Honorat* (loi de 1967) • Paris, 19 mars 1991 : *D. 1992. Somm. 373, obs. Honorat* ; *Rev. sociétés 1992. 787, note Honorat* • Com. 16 févr. 1993, n° 90-21.331 P : *D. 1993. Somm. 319, obs. Honorat* ; *Rev. sociétés 1993. 655, note Honorat* (loi de 1967).

67. Il résulte de l'art. L. 651-2 C. com. que l'insuffisance d'actif d'une société holding, qui peut être mise à la charge de son dirigeant, s'apprécie au regard de son actif et de son passif propres, sans référence aux comptes consolidés du groupe. • Com. 18 mai 2016, n° 14-16.895 : *préc. note 43 ; RPC 2016, n° 199, obs. Martin-Serf.*

68. Dettes imputables aux dirigeants. Les dettes qui peuvent être mises, en tout ou en partie, à la charge des dirigeants sociaux au titre de l'insuffisance d'actif ne sont pas constituées des seules dettes pour lesquelles les créanciers ont recouvré leur droit de poursuite individuelle et ont obtenu un titre exécutoire. • Aix-en-Provence, 29 oct. 1992 : *RJDA 1993, n° 451 ; RPC 1993. 581, obs. Blanchard.*

69. Si une même personne a été le dirigeant de plusieurs personnes morales, l'insuffisance d'actif que l'art. L. 651-2 C. com., dans sa rédaction issue de l'Ord. du 18 déc. 2008, permet, aux conditions qu'il prévoit, de mettre à sa charge doit comprendre celle de l'ensemble des personnes morales dont cette personne a été le dirigeant et auxquelles la procédure de liquidation judiciaire a été étendue sur le fondement d'une confusion de patrimoines. • Com. 8 mars 2017, n° 15-22.337 P : *D. 2017. Actu. 644* ; *LEDEN 5/2017. 5, obs. Mouial-Bassilana ; RJDA 2017, n° 360 ; BJS 2017. 338, note Fin-Langer ; BJE 2017. 184, note Bézert ; Dr. sociétés 2017, n° 109, note Legros ; Gaz. Pal. 27 juin 2017, p. 41, obs. Reille ; JCP N 2017. 1237, note de Ravel d'Esclapon ; RPC 2017, n° 150, obs. Martin-Serf.* ♦ En revanche, les dettes de la personne morale qui peuvent être mises à la charge des dirigeants ne sauraient comprendre celles d'autres personnes morales auxquelles la procédure collective a été étendue sur le fondement de la confusion des patrimoines mais dont ceux-ci n'ont pas été les dirigeants. • Com. 23 mai 2000, n° 97-21.080 P : *D. 2000. AJ 299, obs. Lienhard* ; *D. 2002. Somm. 78, obs. Derrida* ; *APC 2000, n° 141, obs. Vallansan ; JCP E 2000, n° 40, p. 1567, obs. Pétel ; BJS 2000. 789, note Couret ; Rev. sociétés 2001. 115, note Daigre* • 17 juill. 2001 : *APC 2001, n° 218, obs. Vallansan ; Dr. sociétés 2001, n° 174, note Legros ; RPC 2002. 111, obs. Martin-Serf* • 8 juill. 2003 : *Dr. sociétés 2004, n° 167, note Legros* • Paris, 18 oct. 2005 : *RPC 2006. 291, obs. Martin-Serf.*

70. Montant de la condamnation. La cour d'appel apprécie souverainement, dans la limite de l'insuffisance d'actif, le montant de la condamnation, sans que la Cour de cassation contrôle le caractère proportionné de ce montant. • Com. 9 mai 2018, n° 16-26.684 P : *D. 2018. Actu. 1005* ; *JCP E 2018. 1412, note Cerati-Gauthier ; BJE 2018. 264, note Favario ; BJS 2018. 517, note Brignon ; RJDA 2018, n° 594 ; APC 2018, n° 163, obs. Petit ; Gaz. Pal. 9 oct. 2018, p. 84, obs. Montéran ; RPC 2018, n° 205, obs. Martin-Serf.*

71. Pour déterminer la somme qui est mise à la charge du dirigeant social ayant commis des fautes de gestion, le tribunal doit tenir compte non pas des sommes dues par la personne morale à un créancier déterminé, mais de la gravité des fautes de gestion commises par le dirigeant et de la proportion dans laquelle ces fautes ont contribué à l'insuffisance d'actif, même si en principe le seul fait que le dirigeant ait commis une faute permet de le condamner à payer l'intégralité de l'insuffisance d'actif. • Versailles, 3 mai 1990 : *BJS 1990. 664, note Daigre.* ♦ Le dirigeant d'une personne morale peut être déclaré responsable sur le fondement de l'art. 180 [C. com., art. L. 651-2], même si la faute de gestion qu'il a commise n'est que l'une des causes de l'insuffisance d'actif et il peut être condamné à supporter en totalité ou partie des dettes sociales, même si sa faute n'est à l'origine que d'une partie d'entre elles. • Com. 17 févr. 1998, n° 95-18.510 P : *D. 1998. IR 82 ; D. Affaires 1998. 475, obs. A. L. ; BJS 1998. 644, note Daigre ; Rev. sociétés 1998. 580, note Guyon* • 21 juin 2005, n° 04-12.087 P : *D. 2005. AJ 1850, obs. Lienhard ; Dr. sociétés 2005, n° 193, note Legros ; Gaz. Pal. 4-5 nov. 2005, p. 59, obs. Montéran ; RPC 2005. 385, obs. Martin-Serf.* ♦ Dans le même sens, pour le représentant permanent d'une personne morale, V. • Com. 3 janv. 1995 : *BJS 1995. 266, note Couret ; Rev. huiss. 1996. 210, note Courtier.*

72. Pour déterminer le montant de la condamnation, le juge doit tenir compte, non seulement de la gravité des fautes et du montant de l'insuffisance d'actif, mais également de la situation personnelle du dirigeant et de ses facultés contributives. • Versailles, 27 sept. 2001 : *RJDA 2002, n° 184 ; BJS 2002. 48, note Daigre* • Paris, 9 mai 2006 : *RJDA 2006, n° 1061.*

73. Le montant de la condamnation ne peut excéder celui de l'insuffisance d'actif tel qu'il est constaté au jour où le juge statue. • Com. 21 janv. 2003 : *APC 2003, n° 77* • 27 juin 2006 : *JCP E 2007. 1117, note Delattre.* ♦ La condamnation ne peut porter sur l'intégralité du passif social comprenant le montant des productions de créances non contestées, augmenté du montant des créances admises à l'issue du procès en cours, alors que, si la réparation d'un dommage peut être intégrale, elle ne saurait, en dépassant le montant de l'insuffisance d'actif, excéder celui du préjudice (loi de 1967). • Com. 23 janv. 1996 : *D. 1996. IR 132.* ♦ Jurisprudence confirmée par l'art. L. 651-2, al. 1er, dans sa réd. issue de l'Ord. n° 2008-1345 du 18 déc. 2008.

74. Viole l'art. 180 [C. com., art. L. 651-2] l'arrêt qui condamne un dirigeant à supporter la totalité de l'insuffisance d'actif de la personne morale et un autre à en payer une partie, sans préciser que l'obligation de contribuer du premier en sera diminuée d'autant. • Com. 17 nov. 1992 : *préc. note 44* • 3 févr. 1998 : *D. Affaires 1998. 475, obs. A. L.* • 17 juill. 2001 : *RJDA 2001, n° 1239.*

75. Proportionnalité de la sanction. Si le montant de la condamnation prononcée relève de l'appréciation souveraine des juges du fond dès lors qu'il n'excède pas l'insuffisance d'actif, il importe, lorsque plusieurs fautes de gestion ayant contribué à cette insuffisance d'actif sont retenues, que chacune d'entre elles soit légalement justifiée. • Com. 15 déc. 2009, n° 08-21.906 P : *D. 2010. AJ 10, obs. Lienhard ; Rev. sociétés 2010. 256, note Morelli ; JCP E 2010. 1164, note Delmotte et Roussel Galle ; APC 2010, n° 31, obs. Vallansan ; LEDEN, févr. 2010, p. 6, obs. Parachkévova ; Dr. sociétés 2010, n° 55, note Legros ; RJDA 2010, n° 275 ; Gaz. Pal. 16-17 avr. 2010, p. 46, obs. Montéran ; BJS 2010. 364, note Camensuli-Feuillard ; RPC 2010, n° 115, obs. Martin-Serf* • 30 mars 2010 : *D. 2010. Actu. 1071 ; Gaz. Pal. 2-3 juill. 2010, p. 41, obs. Montéran.* – V. Gibirila, *RJDA 2010. 211.* ♦ Pour une application, V. • Com. 22 févr. 2017, n° 15-17.558 : *APC 2017, n° 97, obs. Petit.*

76. Absence de condamnation. L'art. 180 [C. com., art. L. 651-2] conférant aux juges la faculté de ne pas faire application de la sanction prévue par ce texte, ceux-ci peuvent décider de ne pas prononcer de sanction pécuniaire à l'encontre d'un dirigeant en dépit de ses fautes de gestion, compte tenu du fait qu'il avait exécuté ses engagements de caution et qu'il ne bénéficiait plus que du revenu minimum d'insertion. • Paris, 9 oct. 1998 : *APC 1999, n° 41.* ♦ La contribution volontaire des dirigeants à l'insuffisance d'actif, fixée à 800 MF, sous forme de versements en numéraire, d'abandons de créances et de cession au franc symbolique d'obligations remboursables en actions, le tout pour un montant de 420 MF, constitue une offre satisfactoire dispensant ces dirigeants de condamnation. • T. com. Paris, 7 sept. 1998 : *RPC 2002. 112, obs. Martin-Serf.* ♦ De même, une cour d'appel peut juger inopportun de faire application de l'art. 180 [C. com., art. L. 651-2] à un dirigeant à qui il est reproché d'avoir déclaré tardivement la cessation des paiements et poursuivi une activité déficitaire dans un intérêt exclusif lorsqu'il apparaît qu'il suit un traitement psychiatrique depuis plusieurs années et qu'il n'était pas seul à la tête de ses affaires. • Grenoble, 7 janv. 1999 : *JCP E 1999, n° 17, p. 745.* ♦ V. aussi • Com. 25 juin 2002 : *RJDA 2002, n° 1306 ; Dr. sociétés 2003, n° 73, note Legros* • Paris, 11 janv. 2005 : *Gaz. Pal. 29-30 avr. 2005, p. 51, obs. Montéran ; RJDA 2005, n° 1023.*

77. Solidarité. Il résultait de la combinaison de l'art. 91 de la loi du 24 juill. 1966 [devenu C. com., art. L. 225-20] et de l'art. 98 de la loi du 13 juill. 1967 l'existence d'une solidarité légale entre la personne morale et son représentant permanent pour la responsabilité prévue à l'art. 99 de la loi du 13 juill. 1967. • Com. 2 déc. 1986, n° 85-11.307 P : *Rev. sociétés 1987. 409.* ♦ Il s'ensuivait que l'action engagée dans le délai légal contre la société interrompait la prescription à l'égard du représentant lui-même. • Même arrêt. – Comp. : • Com. 2 juill. 1991 : *Rev. sociétés 1991. 815, note Honorat*. ♦ Il résulte également de cette solidarité que l'action, engagée sur le fondement de l'art. 180 [C. com., art. L. 651-2], peut valablement ne viser que le représentant permanent. • T. com. Paris, 5 janv. 1994 : *RJDA 1994, n° 456.*

V. aussi note 60.

78. Les juges ne sont pas tenus de se prononcer sur la part de responsabilité incombant à chacun des coauteurs du dommage dans leurs rapports réciproques, dès lors qu'ils ne sont saisis d'aucune demande en ce sens. • Com. 3 janv. 1995 : *préc. note 71.* ♦ La décision n'ayant pas réparti la contribution à la réparation entre les codébiteurs solidaires, il s'ensuit naturellement que les rapports entre ces codébiteurs sont régis par les dispositions du droit commun de la solidarité contenues dans les art. 1213 et 1214 [devenus l'art. 1317] C. civ. • Paris, 4 févr. 1992 : *Dr. sociétés 1992, n° 79, obs. Chaput.*

V. aussi note 75

79. Transaction. BIBL. N. Colin, *LPA 16 juill. 1999*. – Chaput, *Bull. d'actualité Lamy droit commercial oct. 2001*. – Teboul, *Gaz. Pal. 2004. Doctr. 2824*. – Delattre, *RJDA 2005. 1039 ; RPC 2012. Étude 35*. – Lambrey de Souza, *JCP E 2017. 1594*.

♦ Les condamnations au paiement des dettes sociales prononcées en application de l'art. L. 624-3 [L. 651-2] C. com. ne peuvent faire l'objet d'une transaction. • Com. 5 nov. 2003, n° 00-11.876 P : *D. 2003. AJ 2831 ; BJS 2004. 205, note Boillot ; JCP E 2004, n° 22, p. 857, obs. Pétel ; RTD com. 2004. 604, obs. Mascala ; Dr. sociétés 2004, n° 213, note Legros* • 15 mars 2005 : *Gaz. Pal. 6-7 juill. 2005, p. 52, obs. Montéran.* ♦ V. aussi note 1 ss. art. L. 642-24. ♦ Pour l'homologation d'une transaction par laquelle le dirigeant de la société débitrice s'obligeait à verser au liquidateur une somme forfaitaire en contrepartie de l'engagement pris par ce dernier de ne pas l'assigner en responsabilité pour insuffisance d'actif, V. • Toulouse, 2 juill. 2013 : *JCP E 2013. 1610, note Delattre ; RJDA 2013, n° 1043 ; RPC 2013, n° 176, obs. Martin-Serf.* ♦ V. aussi, à propos de la transaction intervenue dans le cadre du plan de cession des sociétés AOM et Air Liberté, portant notamment sur la renonciation à la mise en œuvre d'une action en comblement du passif : • T. com. Créteil, 27 juill. 2001 : *D. 2002. Somm. 76, obs. Derrida*. – V. Soinne, *RPC 2001. 161*.

80. Délais de paiement. En refusant d'accorder un délai de paiement au dirigeant condamné au comblement du passif, une cour d'appel ne fait qu'exercer le pouvoir discrétionnaire qu'elle tient de l'art. 1244-1 [1343-5] C. civ., sans avoir à motiver spécialement sa décision. • Com. 8 oct. 2003 : *RJDA 2004, n° 202.*

81. Redressement judiciaire civil. Sur la possibilité d'ouvrir une procédure de surendettement à l'égard d'un dirigeant poursuivi en comblement de passif, V. note 16 ss. art. L. 620-2. ♦ L'existence d'une procédure de redressement judiciaire civil ne saurait faire obstacle à l'exécution de la sanction pécuniaire prononcée, en vertu de l'art. 180 [C. com., art. L. 651-2], par une décision irrévocable, cette dette n'étant pas susceptible d'être incluse dans le redressement judiciaire civil. • Paris, 8 févr. 2002 : *BICC 2002, n° 976.*

82. Rapports avec l'action en nullité. L'appréciation de la faute de gestion résultant d'un paiement préférentiel effectué en période suspecte n'est pas subordonnée à l'exercice préalable de l'action en nullité du paiement. • Com. 11 juin 1996, n° 94-16.067 P : *D. Affaires 1996. 876.*

83. Rapport avec l'action civile en cas d'abus de biens sociaux. Si elle est en partie fondée sur les mêmes fautes de gestion, l'action en comblement de passif engagée par le liquidateur devant le tribunal de commerce a un objet différent de l'action civile en réparation du préjudice résultant des infractions d'abus de biens sociaux. • Com. 29 oct. 1996 : *Rev. sociétés 1997. 377, note crit. Bouloc ; RPC 2000. 136, obs. Martin-Serf* • 21 nov. 2001 : *RJDA 2002, n° 287.* ♦ Il en résulte qu'est recevable l'action civile exercée devant le juge répressif au nom de sociétés en redressement judiciaire alors que des actions en comblement de passif ont été engagées contre le prévenu devant la juridiction commerciale. • Crim. 9 oct. 1997 : *Dr. sociétés 1998, n° 59, obs. Chaput.* ♦ Inversement, un dirigeant peut être condamné au titre de la contribution à l'insuffisance d'actif de la société débitrice, alors que le liquidateur a déjà obtenu devant les juridictions pénales réparation du préjudice causé par l'abus de biens commis par ce dirigeant, dès lors qu'au-delà de la qualification pénale d'abus de biens sociaux du prêt consenti par le dirigeant à un ami personnel, la privation de trésorerie qui en est résultée pour la société a été à l'origine d'une faute de gestion, ladite société ayant été contrainte de souscrire de nouveaux emprunts et d'augmenter ainsi ses frais financiers. • Com. 29 févr. 2000, n° 96-15.827 P : *D. 2000. AJ 158, obs. Lienhard ; D. 2002. Somm. 79, obs. Sortais ; BJS 2000. 597, note Saintourens ; RTD com. 2001. 239, obs. Mascala ; Gaz. Pal. 2002. Somm. 256, obs. Courtier.* – V. Grossi, *RLDA juill. 2000. 3.* ♦ Comp. note 8.

Pour la recevabilité de l'action en comblement de passif engagée par des mandataires déboutés par la juridiction pénale de leur action civile pour abus de biens sociaux, V. • Com. 27 nov. 2001 : *APC 2002, n° 29, obs. Regnaut-Moutier ; RJDA 2002, n° 417 ; Dr. sociétés 2002, n° 88, note Legros.*

L'action civile fondée sur des abus de biens sociaux et des faits de banqueroute étant distincte de l'action en comblement de passif, le juge pénal ne saurait condamner le dirigeant coupable d'abus de biens sociaux et de banqueroute à supporter le passif social. • Crim. 5 août 1998 : *Rev. sociétés 1999. 175, note Bouloc*.

84. Rapports avec l'action civile pour banqueroute. Pour la recevabilité de cette action, dont l'objet est différent de celui de l'action en comblement du passif, V. • Crim. 13 juin 2001 : *RJDA 2002, n° 287* • 10 oct. 2001 : *ibid., n° 417* • 4 nov. 2004 : *Dr. sociétés 2005, n° 100, note R. Salomon.*

85. Rapports avec l'action en reddition de comptes. L'action en reddition de comptes prévue par l'art. 1993 C. civ. n'a pas le même objet que l'action en responsabilité pour insuffisance d'actif prévue par l'art. L. 651-2 C. com. • Com. 15 nov. 2016, n° 15-16.070 P : *D. 2016. Actu. 2397 ; LEDEN 1/2017. 6, obs. Mouial-Bassilana ; RJDA 2017, n° 105 ; Dr. sociétés 2017, n° 31, note Legros ; BJS 2017. 193, note Sotiropoulou ; BJE 2017. 134, note Favario ; RPC 2017, n° 89, obs. Martin-Serf ; RJ com. 2017. 359, obs. Lebel.*

86. Répartition des sommes. Il résulte de l'art. 180, al. 3 [C. com., art. L. 651-2, al. 4], selon lequel les sommes versées par les dirigeants en application de l'al. 1er entrent dans le patrimoine du débiteur et sont réparties, en cas de liquidation, entre tous les créanciers au marc le franc que la répartition de ces sommes s'effectue sans accorder un rang prioritaire aux créanciers superprivilégiés. • Com. 20 mai 1997, n° 95-12.162 P : *D. 1997. IR 144 ; D. Affaires 1997. 799 ; Quot. jur. 3 juill. 1997, p. 8, note P. M. ; JCP E 1997. I. 681, n° 19, obs. Pétel ; RPC 1997. 487, obs. Martin-Serf ; RJ com. 1998. 26, note Calendini.*

87. Compensation. L'affectation du produit de l'action au profit des créanciers fait obstacle à une compensation entre la somme mise à la charge du dirigeant au titre de l'insuffisance d'actif et la créance que ce dernier peut détenir contre le débiteur. • Com. 8 mars 2017, n° 15-24.891 : *LEDEN 5/2017. 5, obs. Favario ; Dr. sociétés 2017, n° 130, note Legros ; RJDA 2017, n° 488.*

Art. L. 651-3 *(L. n° 2005-845 du 26 juill. 2005, art. 129)* **Dans** *(Ord. n° 2010-1512 du 9 déc. 2010, art. 6-3°)* **« les cas prévus » à l'article L. 651-2, le tribunal est saisi par** *(Abrogé par Ord. n° 2008-1345 du 18 déc. 2008, art. 132)* **« *le mandataire judiciaire,* » le liquidateur ou le ministère public.**

Dans l'intérêt collectif des créanciers, le tribunal peut également être saisi par la majorité des créanciers nommés contrôleurs lorsque le *(Ord. n° 2008-1345 du 18 déc. 2008, art. 132)* **« liquidateur » n'a pas engagé** *(Ord. n° 2008-1345 du 18 déc. 2008, art. 132)* **« l'action prévue » au même article, après une mise en demeure restée sans suite dans un délai et des conditions fixés par décret en Conseil d'État.** — *V. art. R. 651-4.*

Al. 3 abrogé par Ord. n° 2014-326 du 12 mars 2014, art. 86, à compter du 1er juill. 2014.

(Ord. n° 2008-1345 du 18 déc. 2008, art. 132) **« Les dépens et frais irrépétibles auxquels a été condamné le dirigeant** *(L. n° 2022-172 du 14 févr. 2022, art. 5, en vigueur le 14 mai 2022)* **« , l'entrepreneur individuel à responsabilité limitée ou l'entrepreneur individuel relevant du statut défini à la section III du chapitre VI du titre II du livre V » sont payés par priorité sur les sommes versées pour combler le passif. »** — *Pour les dispositions transitoires de la L. n° 2022-172 du 14 févr. 2022, V. note ss. art. L. 611-13.*

Pour l'entrée en vigueur, V. note précédant l'art. L. 651-1.

1. Droit transitoire. L'art. L. 651-2 ne s'appliquant pas aux procédures collectives en cours au 1er janv. 2006 en vertu de l'art. 191, 5°, de la loi du 26 juill. 2005, l'art. L. 651-3 qui détermine les personnes habilitées à saisir le tribunal dans le cas prévu à l'art. L. 651-2 n'est pas applicable à ces procédures. • Com. 5 févr. 2008, n° 07-10.004 P : *D. 2008. AJ 543, obs. Lienhard ; ibid. Chron. C. cass. 1231, obs. Bélaval ; JCP E 2008. 1432, n° 15, obs. Pétel ; APC 2008, n° 72, obs. Lebel ; Dr. sociétés 2008, n° 97, note Legros ; BJS 2008. 430, note Vallansan ; RPC 2008, n° 86, obs. Martin-Serf ; RTD com. 2008. 860, obs. Saint-Alary-Houin.* ♦ L'art. L. 624-3 dans sa rédaction antérieure à la loi du 26 juill. 2005 pouvant servir de fondement à la condamnation des dirigeants au paiement de l'insuffisance d'actif d'une personne morale de droit privé soumise à une procédure collective ouverte antérieurement au 1er janv. 2006, le commissaire à l'exécution du plan est habilité à saisir le tribunal de cette action en vertu de l'art. L. 624-6 dans la même rédaction. • Même arrêt.

2. Les art. L. 651-3 et L. 653-7 C. com. [dans leur réd. antérieure à l'Ord. du 12 mars 2014], qui prévoient qu'en matière de sanctions personnelles ou de condamnation au paiement de l'insuffisance d'actif le juge-commissaire ne peut siéger dans la formation de jugement ni participer au délibéré, sont immédiatement applicables aux procédures en cours au 1er janv. 2006 en vertu de l'art. 191 de la loi du 26 juill. 2005, qui ne distingue pas entre leurs différents alinéas. • Paris, 26 févr. 2008 : *D. 2008. AJ 915, obs. Lienhard ;*

JCP E 2008. 1905, note Delattre.

3. Qualité pour agir. L'action en responsabilité pour insuffisance d'actif n'est pas une opération de liquidation prévue au titre IV du livre VI C. com. que l'art. L. 613-29 C. mon. fin. réserve au liquidateur nommé par la commission bancaire, dont les missions ont été dévolues à l'Autorité de contrôle prudentiel et de résolution ; il en résulte que le liquidateur judiciaire a qualité pour exercer cette action, en application de l'art. L. 651-3 C. com., à l'encontre du dirigeant d'une entreprise d'investissement. • Com. 17 avr. 2019, n° 18-11.743 P : *D. 2019. Actu. 886 ; JCP E 2019. 1375, n° 24, obs. Tehrani ; RJDA 2019, n° 525 ; BJS 7-8/2019. 52, note Mouial-Bassilana ; Dr. sociétés 2019, n° 133, note Legros ; Gaz. Pal. 15 oct. 2019, p. 69, obs. Montéran ; BJB 11-12/2019. 51, note Prorok ; RPC 2019, n° 179, obs. Martin-Serf.*

4. Il résulte de la combinaison des art. L. 651-3, al. 2, et R. 651-4 C. com. que, pour être recevable, l'action en responsabilité pour insuffisance d'actif, lorsqu'elle est exercée, à titre subsidiaire, par des créanciers nommés contrôleurs, doit être précédée d'une mise en demeure au liquidateur délivrée conjointement par au moins deux d'entre eux puis être engagée par la majorité des contrôleurs ; s'il n'est pas exigé que cette saisine postérieure émane conjointement d'une telle majorité, la demande pouvant, contrairement à la mise en demeure préalable, être régularisée par l'intervention d'un ou plusieurs autres contrôleurs pour constituer la majorité, qui a seule qualité pour agir, c'est à la condition que cette intervention ait lieu avant l'expiration du délai triennal de prescription de l'action, conformément à l'art. 126, al. 2, C. pr. civ. • Com. 24 mai 2018, n° 17-10.005 P : *D. 2018. Actu. 1150 ; Rev. sociétés 2018. 539, obs. Roussel Galle ; JCP E 2018. 1429, n° 17, obs. Pétel ; DP diff. entr., Bull. n° 404, obs. Rémery ; LEDEN 7/2018. 1, obs. F.-X. Lucas ; BJS 2018. 430, note Monsèrié-Bon ; Dr. sociétés 2018, n° 152, note Legros ; APC 2018, n° 177, obs. Cagnoli ; RJDA 2018, n° 755 ; BJE 2018. 363, note Favario ; RPC 2018, n° 188, obs. Vallansan.* ♦ V. aussi, pour le non-renvoi d'une QPC portant sur les dispositions de l'art. L. 651-3 écartant la possibilité d'une action d'un contrôleur unique ou minoritaire, • Com., QPC, 30 janv. 2018, n° 17-20.763 : *Rev. sociétés 2018. 198, obs. Roussel Galle ; APC 2018, n° 58, obs. Vallansan ; Dr. sociétés 2018, n° 72, note Legros ; RJDA 2018, n° 345 ; RPC 2018, n° 121, obs. Martin-Serf.*

Art. L. 651-4 *(L. n° 2005-845 du 26 juill. 2005, art. 130)* **Pour l'application des dispositions de l'article L. 651-2, d'office ou à la demande de l'une des personnes mentionnées à l'article L. 651-3, le président du tribunal peut charger le juge-commissaire ou, à défaut, un membre de la juridiction qu'il désigne d'obtenir, nonobstant toute disposition législative contraire, communication de tout document ou information sur la situation patrimoniale des dirigeants et des représentants permanents des dirigeants personnes morales mentionnées à l'article L. 651-1** *(Ord. n° 2010-1512 du 9 déc. 2010, art. 6-4°)* **« ou encore sur les revenus et le patrimoine non affecté de l'entrepreneur individuel à responsabilité limitée »** *(L. n° 2022-172 du 14 févr. 2022, art. 5, en vigueur le 14 mai 2022)* **« ou sur les revenus et le patrimoine personnel de l'entrepreneur individuel relevant du statut défini à la section III du chapitre VI du titre II du livre V, » de la part des administrations et organismes publics, des organismes de prévoyance et de sécurité sociale** *(Ord. n° 2009-866 du 15 juill. 2009, art. 17, en vigueur le 1er nov. 2009)* **« , des établissements de paiement »** *(Ord. n° 2013-544 du 27 juin 2013, art. 7-16°, en vigueur le 1er janv. 2014)* **« , des sociétés de financement »** *(L. n° 2013-100 du 28 janv. 2013, art. 22)* **« , des établissements de monnaie électronique » et des établissements de crédit.**

Le président du tribunal peut, dans les mêmes conditions, ordonner toute mesure conservatoire utile à l'égard des biens des dirigeants ou de leurs représentants visés à l'alinéa qui précède *(Ord. n° 2010-1512 du 9 déc. 2010, art. 6-4°)* **« ou encore des biens de l'entrepreneur individuel à responsabilité limitée compris dans son patrimoine non affecté »** *(L. n° 2022-172 du 14 févr. 2022, art. 5, en vigueur le 14 mai 2022)* **« ou des biens, droits ou sûretés du patrimoine personnel de l'entrepreneur individuel relevant du statut défini à la même section III ».** *(L. n° 2012-346 du 12 mars 2012, art. 3)* **« Il peut maintenir la mesure conservatoire ordonnée à l'égard des biens du dirigeant de droit ou de fait en application de l'article L. 631-10-1. »** — *La L. n° 2012-346 du 12 mars 2012 est applicable aux procédures de sauvegarde, de redressement judiciaire ou de liquidation judiciaire en cours à la date de sa publication (L. préc., art. 6, JO 13 mars).*

Les dispositions du présent article sont également applicables aux personnes membres ou associées de la personne morale en procédure de sauvegarde, de redressement ou de liquidation judiciaire, lorsqu'elles sont responsables indéfiniment et solidairement de ses dettes. — *[C. com., anc. art. L. 624-7.]*

Pour l'entrée en vigueur, V. note précédant l'art. L. 651-1.

Pour les dispositions transitoires de la L. n° 2022-172 du 14 févr. 2022, V. note ss. art. L. 611-13.

V. art. L. 663-1-1, R. 651-5, R. 662-1-1 et R. 662-1-2.

BIBL. ▶ Delattre, *RPC 2010. Étude 2* (actes préparatoires à une action en responsabilité pour insuffisance d'actif).

1. L'art. L. 651-4, al. 2, dérogeant à l'art. 67 de la L. du 9 juill. 1991 [désormais codifié à l'art. L. 511-1 C. pr. exéc. et qui prévoit qu'une mesure conservatoire ne peut être ordonnée sur les biens d'un débiteur que si son créancier dispose d'une créance paraissant fondée dans son principe et justifie de circonstances susceptibles d'en menacer le recouvrement], permet au président du tribunal, pour l'application des dispositions de l'art. L. 651-2, d'ordonner toute mesure conservatoire utile à l'égard des biens des dirigeants et des représentants permanents des dirigeants personnes morales mentionnés à l'art. L. 651-1. • Com. 31 mai 2011, n° 10-18.472 P : *D. 2011. Chron. C. cass. 2692, obs. Guillou ; ibid. Actu 1613, obs. Lienhard ; Rev. sociétés 2011. 522, obs. Roussel Galle ; JCP E 2011. 1737, note Legros ; DP diff. entr., Bull. n° 327, obs. Rémery ; LEDEN 7/2011. 6, obs. Rubellin ; APC 2011, n° 194, obs. Delattre ; BJE 2011. 271, note Favario ; RJDA 2011, n° 953 ; RPC 2011, n° 201, obs. Martin-Serf.* ♦ La mesure conservatoire ainsi prononcée ne méconnaît pas les dispositions de l'art. 1er du protocole additionnel à la Conv. EDH [relatif au droit au respect de ses biens]. • Même arrêt.

2. Sur la validité des ordonnances du juge-commissaire prescrivant des mesures d'expertise, au regard du principe du contradictoire, V. • Paris, 18 juin 1991 : *Gaz. Pal. 1992. 1. 148, note Marchi.* – Comp. : • Paris, 2 avr. 1991 : *D. 1992. Somm. 9, obs. Derrida ; Gaz. Pal. 1992. 2. 516, note Breval et Dana.* ♦ Comp. notes 12 s. ss. art. R. 661-5.

CHAPITRE II *[ABROGÉ]* DE L'OBLIGATION AUX DETTES SOCIALES

(Abrogé par Ord. n° 2008-1345 du 18 déc. 2008, art. 133)

Les actions fondées sur l'obligation aux dettes sociales ne peuvent plus être engagées à compter de l'entrée en vigueur de l'Ord. n° 2008-1345 du 18 déc. 2008 [15 févr. 2009.] En revanche, les actions déjà engagées au jour de cette entrée en vigueur se poursuivent (Ord. préc., art. 173).

Le chapitre II du titre V du livre VI du code de commerce était applicable aux procédures en cours au jour de l'entrée en vigueur de la L. n° 2005-845 du 26 juill. 2005 [1er janv. 2006] (L. préc., art. 191).

BIBL. ▶ Le Corre, *D. 2006. Chron. 2737* (dispositions transitoires de la loi de sauvegarde, suppression des extensions-sanctions et application de l'obligation aux dettes sociales). – Gourdain, *D. 2007. 2245* (pratique de la nouvelle obligation aux dettes sociales).

Art. L. 652-1 *(L. n° 2005-845 du 26 juill. 2005, art. 131)* ***Au cours d'une procédure de liquidation judiciaire, le tribunal peut décider de mettre à la charge de l'un des dirigeants de droit ou de fait d'une personne morale la totalité ou une partie des dettes de cette dernière lorsqu'il est établi, à l'encontre de ce dirigeant, que l'une des fautes ci-après a contribué à la cessation des paiements :***

1° Avoir disposé des biens de la personne morale comme des siens propres ;

2° Sous le couvert de la personne morale masquant ses agissements, avoir fait des actes de commerce dans un intérêt personnel ;

3° Avoir fait des biens ou du crédit de la personne morale un usage contraire à l'intérêt de celle-ci à des fins personnelles ou pour favoriser une autre personne morale ou entreprise dans laquelle il était intéressé directement ou indirectement ;

4° Avoir poursuivi abusivement, dans un intérêt personnel, une exploitation déficitaire qui ne pouvait conduire qu'à la cessation des paiements de la personne morale ;

5° Avoir détourné ou dissimulé tout ou partie de l'actif ou frauduleusement augmenté le passif de la personne morale.

Dans les cas visés au présent article, il ne peut être fait application des dispositions de l'article L. 651-2.

V. art. R. 652-1 et R. 652-2 abrogés.

1. Droit transitoire. Dès lors que postérieurement au 1er janv. 2006, date d'entrée en vigueur de la loi du 26 juill. 2005, une cour d'appel se trouve saisie à la fois d'une demande tendant à ce qu'un dirigeant de personne morale soit obligé aux dettes sociales sur le fondement de l'art. L. 652-1 et d'une demande tendant à ce qu'il soit condamné à supporter l'insuffisance d'actif sur celui de l'art. L. 624-3 ancien encore applicable, elle doit d'abord se prononcer sur le premier fondement, exclusif du second par application de l'art. L. 652-1 *in fine* qui prohibe le cumul et, si elle retient l'existence d'un fait qualifié au sens de ce dernier texte, n'a pas à examiner la demande sur le second fondement. • Orléans, 16 févr. 2006 : *BICC 2006, n° 706 ; D. 2006. AJ 1041, obs. Lienhard ; RJDA 2006, n° 814 ; RPC 2007. 82, obs. Martin-Serf.*

2. Bien que nouvelle, est recevable en appel la demande de prise en charge des dettes sociales, formée sur le fondement de l'art. L. 652-1, dès lors qu'elle tend à faire juger une question née de la survenance d'un fait, résultant de la promulgation d'une loi se déclarant immédiatement applicable aux procédures en cours, comme la loi du 26 juill. 2005 en ce qui concerne l'obligation aux dettes sociales. • Orléans, 23 mars 2006 : *BICC 2006, n° 1237 ; D. 2006. AJ 1600, obs. Lienhard ; RJDA 2006, n° 812.* – Dans le même sens, V. • Versailles, 7 déc. 2006 : *Gaz. Pal. 19-20 janv. 2007, p. 50, obs. Montéran ; RJDA 2007, n° 1268.*

3. En ce sens que méconnaît les exigences de l'art. 455 C. pr. civ. le juge qui, pour rejeter la demande d'arrêt de l'exécution provisoire d'un jugement ayant déclaré recevable l'action engagée le 17 mai 2005 par le liquidateur sur le fondement de l'ancien art. L. 624-5 C. com. et poursuivie par substitution sur le fondement de l'art. L. 652-1 C. com., retient que cette substitution s'analyse en une demande additionnelle qui peut être présentée devant le tribunal par voie de conclusions et que la finalité des deux actions apparaît identique, sans se prononcer sur le caractère sérieux du moyen soulevé par le dirigeant au soutien de son appel relatif à l'impossibilité pour le tribunal statuant le 19 janv. 2007 de prononcer à son encontre une mesure de liquidation judiciaire fondée sur l'ancien art. L. 624-5, dont l'art. 192 de la loi du 26 juill. 2005 excluait l'application, V. • Com. 5 févr. 2008, n° 07-15.011 P : *D. 2008. AJ 607, obs. Lienhard ; APC 2008, n° 70, obs. Vallansan ; BJS 2008. 329, note Le Corre ; Gaz. Pal. 27-29 avr. 2008, p. 41, obs. Montéran ; Rev. sociétés 2008. 426, note Roussel Galle ; RJ com. 2008. 399, obs. Sortais ; RPC 2008, n° 165, obs. Martin-Serf.*

4. Procédure de liquidation judiciaire. L'obligation aux dettes sociales ne peut être décidée qu'au cours d'une procédure de liquidation judiciaire. • Com. 17 mai 2011, n° 09-72.862 P : *D. 2011. Actu. 1406, obs. Lienhard ; Rev. sociétés 2011. 524, obs. Roussel Galle ; JCP E 2011. 1596, n° 14, obs. Pétel; APC 2011, n° 175, obs. Legros ; LEDEN 7/2011. 6, obs. Mouial-Bassilana ; RJDA 2011, n° 647 ; BJE 2011. 337, note Favario ; RPC 2012, n° 99, obs. Martin-Serf.*

5. Cessation des paiements. L'établissement de l'une des fautes mentionnées à l'art. L. 652-1 ne suffit pas, cette faute devant, en outre, avoir contribué à la cessation des paiements. • Com. 4 juin 2013 : *BJE 2013. 299, note Favario ; BJS 2013. 668, note Mouial-Bassilana ; Dr. sociétés 2014, n° 54, note Legros.*

6. Non-cumul avec l'action civile pour banqueroute. Dès lors que l'ancien gérant de fait d'une société atteste qu'il a déjà été condamné par le tribunal correctionnel à régler un montant correspondant à l'intégralité du passif, notamment au liquidateur, ce dernier n'est plus recevable, faute d'intérêt, à poursuivre la même demande au plan civil sur le fondement de l'art. L. 652-1 C. com. • Versailles, 7 févr. 2008 : *D. 2008. AJ 1053, obs. Lienhard ; Gaz. Pal. 27-29 juill. 2008, p. 67, obs. Robaczewski ; RPC 2008, n° 164, obs. Martin-Serf.*

7. Exemple d'application. V. • Com. 16 sept. 2008 : *RJDA 2009, n° 49.*

Art. L. 652-2 *(L. n° 2005-845 du 26 juill. 2005, art. 131)* ***En cas de pluralité de dirigeants responsables, le tribunal tient compte de la faute de chacun pour déterminer la part des dettes sociales mises à sa charge. Par décision motivée, il peut les déclarer solidairement responsables.***

Art. L. 652-3 *(L. n° 2005-845 du 26 juill. 2005, art. 131)* ***Les sommes recouvrées sont affectées au désintéressement des créanciers selon l'ordre de leurs sûretés.***

Art. L. 652-4 *(L. n° 2005-845 du 26 juill. 2005, art. 131)* ***L'action se prescrit par trois ans à compter du jugement qui prononce la liquidation judiciaire.***

Dès lors que la demande d'obligation aux dettes sociales a été formée par le liquidateur dans ses conclusions signifiées le 12 févr. 2009, tandis que la liquidation judiciaire de la société a été prononcée le 21 nov. 2003, l'action en obligation aux dettes sociales, qui se prescrit par trois ans à compter du jugement qui prononce la liquidation judiciaire de la personne morale en application de l'art. L. 652-4 C. com., est prescrite. • Com. 8 mars 2011, n° 09-70.714 P : *D. 2011. Actu. 744, obs. Lienhard ; Rev. sociétés 2011. 523, obs. Roussel Galle ; JCP E 2011. 1596, n° 13, obs. Pételd ; LEDEN 4/2011. 6, obs. Couard ; BJS 2011. 421, note Le Corre ; APC 2011, n° 123, obs. Regnaut-Moutier ; RJDA 2011, n° 446 ; RPC 2011, n° 101, obs. Martin-Serf.*

Art. L. 652-5 *(L. n° 2005-845 du 26 juill. 2005, art. 131)* ***Les dispositions des articles L. 651-3 et L. 651-4 sont applicables à l'action prévue au présent chapitre.***

CHAPITRE III DE LA FAILLITE PERSONNELLE ET DES AUTRES MESURES D'INTERDICTION

BIBL. ► SCHULTZ, *RPC 2005. 299.* - O. BARRET, *ibid. 2006. 84.* - MATSOPOULOU, *D. 2007. Chron. 104* .

Art. L. 653-1 *(L. nº 2005-845 du 26 juill. 2005, art. 132)* **I. — Lorsqu'une procédure de redressement judiciaire ou de liquidation judiciaire est ouverte, les dispositions du présent chapitre sont applicables :**

1° Aux personnes physiques exerçant *(Ord. nº 2008-1345 du 18 déc. 2008, art. 134)* **« une activité commerciale ou artisanale, aux agriculteurs » et à toute autre personne physique exerçant une activité professionnelle indépendante y compris une profession libérale soumise à un statut législatif ou réglementaire ou dont le titre est protégé ;**

2° Aux personnes physiques, dirigeants de droit ou de fait de personnes morales ;

3° Aux personnes physiques, représentants permanents de personnes morales, dirigeants des personnes morales définies au 2°.

Ces mêmes dispositions ne sont pas applicables aux personnes physiques ou dirigeants de personne morale, exerçant une activité professionnelle indépendante et, à ce titre, soumises à des règles disciplinaires.

II. — Les actions prévues par le présent chapitre se prescrivent par trois ans à compter du jugement qui prononce l'ouverture de la procédure mentionnée au I. *(L. nº 2016-1547 du 18 nov. 2016, art. 99-VII)* **« Toutefois, la prescription de l'action prévue à l'article L. 653-6 ne court qu'à compter de la date à laquelle la décision rendue en application de l'article L. 651-2 a acquis force de chose jugée. »** — *[C. com., anc. art. L. 625-1.]*

Le VII de l'art. 99 de la L. nº 2016-1547 du 18 nov. 2016 n'est pas applicable aux procédures en cours au jour de la publication de cette loi (L. préc., art. 114-XVI, JO 19 nov.).

BIBL. ► DELATTRE, *RPC 2008. 48* (prescription).

A. PERSONNES CONCERNÉES

1. *Dirigeants de droit.* V. note 2 ss. ancien art. L. 625-4, ss. art. L. 653-4, et notes 2 à 4 ss. art. L. 653-5.

2. *Dirigeants de fait.* **BIBL.** V. note 11 ss. art. L. 651-2. ♦ Sur la nécessité de prouver des actes positifs de gestion pour qualifier un gérant de fait, V. • Paris, 8 mars 1990 : *JCP E 1990. I. 20012* • 5 févr. 1999 : *Dr. sociétés 2000, nº 4, obs. Chaput* • 7 févr. 2003 : *ibid. 2004, nº 145, note Legros.* ♦ V. note 3 ss. art. L. 653-4 et note 4 ss. art. L. 653-5.

En ce sens que, pour retenir la qualité de dirigeant de fait, les juges peuvent se référer à un jugement devenu définitif et ayant condamné le dirigeant sur le fondement de l'art. 180 [C. com., art. L. 651-2], V. • Com. 3 oct. 2000 : *APC 2000, nº 235 ; Dr. sociétés 2000, nº 175, obs. Chaput.*

3. *Dirigeants rémunérés ou non.* Les art. 185, 189 et 192 [C. com., art. L. 653-1, L. 653-5 et L. 653-8] ne distinguent pas selon que le dirigeant a été rémunéré ou non. • Com. 16 févr. 1999 : *RJDA 1999, nº 452.*

4. *Représentants permanents de personnes morales.* Pour une application de l'art. L. 653-1, I (3°), V. • Versailles, 31 janv. 2013 : *RPC 2013, nº 177, obs. Martin-Serf.* ♦ L'art. L. 1524, al. 5, CGCT [selon lequel la responsabilité civile qui résulte de l'exercice du mandat des représentants incombe à la collectivité territoriale ou au groupement dont ils sont mandataires] ne déroge pas aux dispositions de l'art. 185 (3°), devenu l'art. L. 625-1 [L. 653-1, I] (3°) C. com. • Com. 8 janv. 2002, nº 98-18.959 P : *D. 2002. AJ 570, obs. Lienhard ; APC 2002, nº 56, obs. Vallansan ; Procédures 2002, nº 50, note Croze ; JCP 2002. II. 10057, note Landbeck ; Dr. sociétés 2003, nº 32, note Legros.*

5. *Dirigeant d'une succursale d'une société étrangère.* L'établissement en France, d'une société de droit allemand ayant fait l'objet d'une publicité au RCS, n'a aucune personnalité morale propre dès lors qu'elle répond aux critères caractérisant la succursale. Par suite, l'intéressé qui a été cité pour répondre des agissements qu'il aurait pu commettre, en sa qualité de dirigeant de la succursale, dont la liquidation judiciaire a été prononcée et qui n'a jamais été le dirigeant de la société de droit allemand, ne peut se voir appliquer les dispositions des art. 185 à 192 [C. com., art. L. 653-1 à L. 653-8]. • Paris, 27 juin 1997 : *RPC 1999. 49, obs. Bach.*

6. *Personnes morales ayant une activité économique.* Une association qui, pour réaliser son objet, emploie une quinzaine de salariés, facture ses prestations et verse chaque mois à sa directrice salariée une somme d'argent pour son hébergement au domicile de celle-ci a un objet économique au sens de l'art. L. 625-1 (2°) [ancien] C. com. • Paris, 9 avr. 2002 : *BJS 2002. 889, note Grellière ; RJDA 2002, nº 1160.*

Comp., désormais : art. L. 653-1, I, 2°, dans sa

réd. issue de L. n° 2005-845 du 26 juill. 2005, qui ne limite plus la possibilité de prononcer la faillite personnelle aux seuls dirigeants de personnes morales *ayant une activité économique*.

7. Professionnels indépendants (L. 26 juill. 2005). Contrairement aux médecins ou avocats qui exercent une activité libérale indépendante, les pharmaciens sont des commerçants inscrits au registre du commerce et passibles de sanctions personnelles énoncées aux art. L. 653-1 à L. 653-11 C. com., le dernier al. [du I] de l'art. L. 653-1 ne faisant exception qu'aux personnes physiques exerçant une activité professionnelle « indépendante » et, à ce titre, soumises à des règles disciplinaires. • Paris, 23 sept. 2008 : *D. 2008. AJ 2665, obs. Lienhard* ; *RJDA 2009, n° 50*. – V. Cerati-Gauthier, *JCP E 2008. 2436*.

B. DÉLAI D'ACTION

8. Prescription. Il résulte de l'art. L. 653-1, II, C. com. que les actions engagées aux fins de voir prononcer la faillite personnelle ou l'interdiction de gérer à l'égard des dirigeants personnes physiques se prescrivent par trois ans à compter du jugement qui prononce l'ouverture de la procédure de redressement judiciaire ou de liquidation judiciaire. • Com. 4 nov. 2014 : *D. 2014. Actu. 2294* ; *APC 2014, n° 338, obs. Fin-Langer* ; *LEDEN 12/2014. 6, obs. Rubellin* ; *RJDA 2015, n° 127* ; *BJE 2015. 116, note Lasserre Capdeville Dr. sociétés 2015, n° 75, note Legros* ; *RPC 2015, n° 70, obs. Martin-Serf.* ♦ Comp., désormais, pour l'action en faillite personnelle pour non-paiement du passif social : art. L. 653-1, II, dans sa rédaction issue de la L. n° 2016-1547 du 18 nov. 2016.

9. Droit transitoire. Il résulte des art. 190 et 191 de la loi du 26 juill. 2005 que le chapitre III du titre V du livre VI C. com. dans sa nouvelle rédaction, relatif à la faillite personnelle et aux autres mesures d'interdiction, à l'exception des art. L. 653-7 et L. 653-11, n'est pas applicable aux procédures collectives en cours au 1er janv. 2006 ; dès lors, les dispositions de l'art. L. 653-1, II, C. com. prévoyant un délai de trois ans ne sont pas applicables au prononcé, par une juridiction non répressive, d'une mesure d'intérêt public, telle la faillite personnelle, à l'occasion d'une procédure ouverte antérieurement au 1er janv. 2006. • Com. 16 oct. 2007, n° 06-10.805 P : *D. 2007. AJ 2666, obs. Lienhard* ; *JCP E 2007. 2471, note Cholet* ; *JCP 2007. II. 10212, note Legros* ; *APC 2007, n° 226, obs. Vallansan* ; *Rev. sociétés 2008. 174, note Roussel Galle* ; *Defrénois 2008. 1216, obs. Gibirila.* – V. Guyader, *RLDA 2008, n° 24, p. 21.*

10. Situation antérieure à la loi du 26 juill. 2005. Avant la loi du 26 juill. 2005, il était admis que les mesures d'intérêt public prévues par les art. 185 s. [C. com., anciens art. L. 625-1 s.], en cas d'ouverture du redressement judiciaire, pouvaient être prononcées à toute époque de la procédure. • Com. 3 mai 1994, n° 91-17.989 P : *D. 1994. IR 156.* ♦ La faillite personnelle ou l'interdiction de gérer pouvaient être prononcées dès lors que le tribunal avait été saisi ou s'était saisi d'office en vue de l'application d'une sanction personnelle avant la clôture de la procédure collective par une décision passée en force de chose jugée. • Com. 22 oct. 1996, n° 94-20.094 P : *D. 1997. Somm. 79, obs. Honorat* ; *D. Affaires 1997. 26* ; *BJS 1996. 1066, note Calendini* ; *JCP E 1997. 5. 693, n° 12, obs. crit. Pétel.* ♦ Comp., désormais : art. L. 653-1, II, dans sa réd. issue de L. n° 2005-845 du 26 juill. 2005, prévoyant une prescription de trois ans à compter du jugement d'ouverture.

11. Résolution du plan. Une procédure de redressement judiciaire s'étant achevée par la résolution du plan, et une nouvelle procédure étant ouverte, le tribunal n'a pas le pouvoir de sanctionner le débiteur pour des faits concernant une procédure qui n'était plus en cours. • Caen, 1er juin 1995 : *JCP 1995. IV. 2675.* – Dans le même sens, V. • Toulouse, 8 avr. 1999 : *cité note 1 ss. art. L. 653-3.* ♦ V. aussi note 7 ss. art. L. 653-5.

Art. L. 653-2 **La faillite personnelle emporte interdiction de diriger, gérer, administrer ou contrôler, directement ou indirectement, toute entreprise commerciale ou artisanale, toute exploitation agricole** *(L. n° 2005-845 du 26 juill. 2005, art. 133)* **« ou toute entreprise ayant toute autre activité indépendante et toute personne morale ».**

(Abrogé par L. n° 2005-845 du 26 juill. 2005, art. 133) ***« Elle entraîne également les interdictions et déchéances applicables aux personnes qui étaient déclarées en état de faillite au sens donné à ce terme antérieurement au 1er janvier 1968. »*** *— [C. com., anc. art. L. 625-2.]*

1. Portée de la loi du 26 juill. 2005. L'art. L. 653-2, substitué par la loi du 26 juill. 2005 à l'ancien art. L. 625-2, en ajoutant l'interdiction de gérer « toute entreprise ayant toute autre activité indépendante », a eu pour effet d'étendre le champ d'application de l'incrimination réprimant la violation de cette interdiction et constitue ainsi une disposition plus sévère (arrêt rendu sur le visa de l'art. 112-1 C. pén.). • Crim. 17 févr. 2016, n° 14-83.663 P : *D. 2016. Actu. 478* ; *APC 2016, n° 70, obs. Mascala* ; *Dr. sociétés 2016, n° 69, note R. Salomon* ; *RPC 2016, n° 96, obs. Martin-Serf* ; *BJE 2016. 279, note Sordino.*

2. Sociétés étrangères. L'art. L. 625-2 [L. 653-2] C. com. ne circonscrit nullement la déchéance qu'il édicte aux seules sociétés françaises. • Douai, 22 sept. 2005 : *D. 2005. AJ 2677,* obs. Lienhard ; APC 2006, n° 41, obs. Delattre.

3. *Acte de direction.* Sur la question de savoir si la signature d'un bail commercial doit s'analyser comme un acte de direction d'une entreprise commerciale, V. • Civ. 3e, 27 janv. 1999 : *D. 1999. IR 63 ; D. Affaires 1999. 342 ; JCP E 1999, n° 18-19, p. 816, obs. Cabrillac ; RTD com. 1999. 432, obs. Champaud et Danet*.

Art. L. 653-3 *(L. n° 2005-845 du 26 juill. 2005, art. 134 ; Ord. n° 2010-1512 du 9 déc. 2010, art. 6-5°)* **« I. — Le tribunal peut prononcer la faillite personnelle de toute personne mentionnée au 1° du I de l'article L. 653-1, sous réserve des exceptions prévues au dernier alinéa du I du même article, contre laquelle a été relevé l'un des faits ci-après : »**

1° Avoir poursuivi abusivement une exploitation déficitaire qui ne pouvait conduire qu'à la cessation des paiements ;

(Abrogé par L. n° 2005-845 du 26 juill. 2005, art. 134) « 2° Avoir omis de tenir une comptabilité conformément aux dispositions légales ou fait disparaître tout ou partie des documents comptables ; »

3° Avoir détourné ou dissimulé tout ou partie *(L. n° 2005-845 du 26 juill. 2005, art. 134)* **« de son actif » ou frauduleusement augmenté son passif.** — *[C. com., anc. art. L. 625-3.]*

(Ord. n° 2010-1512 du 9 déc. 2010, art. 6-5°) **« II. — Peuvent en outre, sous la même réserve, être retenus à l'encontre d'un entrepreneur individuel à responsabilité limitée** *(L. n° 2022-172 du 14 févr. 2022, art. 5, en vigueur le 14 mai 2022)* **« ou d'un entrepreneur individuel relevant du statut défini à la section III du chapitre VI du titre II du livre V » les faits ci-après :**

« *(Abrogé par L. n° 2019-486 du 22 mai 2019, art. 7) « 1° Avoir disposé des biens du patrimoine visé par la procédure comme s'ils étaient compris dans un autre de ses patrimoines ; »*

« 2° Sous le couvert de l'activité *(L. n° 2022-172 du 14 févr. 2022, art. 5, en vigueur le 14 mai 2022)* **« ou du patrimoine visés » par la procédure masquant ses agissements, avoir fait des actes de commerce dans un intérêt autre que celui de cette activité ; »**

(L. n° 2022-172 du 14 févr. 2022, art. 5, en vigueur le 14 mai 2022) **« 3° Avoir fait des biens ou du crédit de l'entreprise ou du patrimoine visés par la procédure un usage contraire à l'intérêt de cette entreprise ou de ce patrimoine à des fins personnelles ou pour favoriser une personne morale ou une entreprise dans laquelle il était intéressé, directement ou indirectement, ou un patrimoine distinct lui appartenant. »**

Pour les dispositions transitoires de la L. n° 2022-172 du 14 févr. 2022, V. note ss. art. L. 611-13.

V. art. R. 653-1, R. 653-3 et R. 661-1.

1. *Délai pour prononcer la décision (jurisprudence antérieure à L. 26 juill. 2005).* V. note 10 ss. art. L. 653-1. ♦ Les art. 187 et 188 [C. com., anciens art. L. 625-3 et L. 625-4] permettant au tribunal de prononcer dans certains cas la faillite personnelle à toute époque de la procédure, ne le privent pas d'arrêter sa décision à cet égard après l'issue de celle-ci, dès lors que c'est à ce moment que les agissements du dirigeant social sont le plus clairement et le plus complètement révélés. En effet, aucun délai de prescription particulier n'est prévu par la loi du 25 janv. 1985 ou son décret d'application en ce qui concerne les sanctions. • Paris, 12 juin 1991 : *BICC 1992, n° 327.* ♦ La loi ne retire pas au tribunal le pouvoir de statuer sur les sanctions après la clôture des opérations de liquidation judiciaire. • Paris, 8 févr. 1994 : *D. 1994. IR 79.* – *Contra :* • Aix-en-Provence, 17 mars 1994 : *D. 1994. IR 117* • Basse-Terre, 10 mai 1999 : *RPC 2000. 224, obs. Barret.* ♦ Si une juridiction antérieurement saisie peut certainement statuer postérieurement à la clôture de la procédure, cette formulation suppose que la sanction soit demandée alors que la procédure est encore en cours. La demande de sanction fondée sur des faits antérieurs à la seconde procédure collective ouverte après résolution du plan de continuation est donc irrecevable. • Toulouse, 8 avr. 1999 : *JCP E 1999, n° 40, p. 1560 ; RJ com. 2000. 221, note Regnaut-Moutier ; RPC 2000. 224, obs. Barret.* ♦ V. aussi note 11 ss. art. L. 653-1.

Le délai de prescription visé à l'art. 182 [C. com., ancien art. L. 624-5], dernier al., n'est pas applicable. • Com. 25 oct. 1994 : *Dr. sociétés 1995, n° 32, obs. Chaput.*

Comp., désormais : art. L. 653-1, II, dans sa réd. issue de L. n° 2005-845 du 26 juill. 2005, prévoyant une prescription de trois ans à compter du jugement d'ouverture.

2. *Poursuite abusive d'une exploitation déficitaire.* La faillite personnelle ne peut être prononcée pour avoir poursuivi l'exploitation du fonds de commerce au-delà de la période de trois mois fixée par un jugement postérieur au jugement d'ouverture. • Pau, 24 juin 1998 : *Cah. jurispr. Aquitaine 1999, n° 4991.* ♦ Le jugement de report de la date de cessation des paiements faisant seulement apparaître que les créanciers institutionnels n'étaient plus payés, le caractère abusif d'une poursuite d'exploitation qui ne pouvait conduire qu'à la cessation des paiements n'est pas démontré. • Même arrêt.

3. Comptabilité (jurisprudence antérieure à la L. du 26 juill. 2005). Le caractère incomplet de la comptabilité la rend non conforme aux dispositions légales. • Com. 12 avr. 2005, n° 02-19.451 P : *D. 2005. AJ 1351, obs. Lienhard ; BJS 2005. 1209, note Granier ; Defrénois 2005. 1928, obs. Gibirila. – Contra*, auparavant • Paris, 25 sept. 1990 : *D. 1990. IR 229* • Rouen, 1er avr. 1999 : *RPC 2000. 226, obs. Barret.* ♦ L'existence de pièces permettant de reconstituer une comptabilité n'équivaut pas à l'existence même de cette comptabilité. • Riom, 13 mars 1991 : *Gaz. Pal. 1992. 2. Somm. 537.* ♦ Le grief de défaut de tenue de comptabilité en conformité avec les prescriptions légales n'est pas caractérisé lorsque le commerçant établit que l'expert-comptable chargé de la tenue de la comptabilité, bien que payé de ses honoraires, n'a pas rempli sa mission et qu'il a dû procéder à son remplacement. • Aix-en-Provence, 3 sept. 1998 : *RPC 2000. 67, obs. Bach.* ♦ V. aussi note 4 ss. ancien art. L. 625-4, ss. art. L. 653-4.

4. Pluralité de griefs. La faillite personnelle peut être prononcée dès lors qu'un seul des faits prévus par les art. L. 625-3 et L. 625-5 C. com. dans leur rédaction antérieure à la loi du 26 juill. 2005 est établi. Toutefois, si la sanction infligée relève de l'appréciation souveraine des juges du fond, il importe, lorsque plusieurs faits sont retenus, que chacun d'entre eux soit légalement justifié. • Com. 1er déc. 2009, n° 08-17.187 P : *D. 2010. AJ 7, obs. Lienhard ; Rev. sociétés 2010. 256, note Morelli ; JCP E 2010. 1115, note Lebel ; APC 2010, n° 31, obs. Vallansan ; DP diff. entr., Bull. n° 310, p. 4005, obs. Rémery ; RJDA 2010, n° 275 ; BJS 2010. 256, note Le Corre ; Gaz. Pal. 16-17 avr. 2010, p. 46, obs. Montéran ; RPC 2010, n° 119, obs. Martin-Serf.* – V. Gibirila, *RJDA 2010. 211.*

5. Fautes commises en qualité de dirigeant social. En ce sens qu'un commerçant ne peut être condamné à la faillite personnelle dans le cadre d'une procédure collective ouverte à son encontre en tant que personne physique pour des fautes commises en qualité de dirigeant de sociétés mises en liquidation judiciaire, V. • Com. 13 mai 2003 : *Dr. sociétés 2004, n° 25, note Legros ; RTD com. 2004. 607, obs. Mascala ; RPC 2005. 161, obs. O. Barret.*

6. Résolution du plan de redressement. Pour prononcer la faillite personnelle ou l'interdiction de gérer, le juge peut, en cas de résolution du plan de redressement, retenir des faits postérieurs à la décision arrêtant ce plan et antérieurs à celle ouvrant, après sa résolution, une procédure de liquidation judiciaire. • Com. 16 sept. 2014 : *RJDA 2014, n° 858 ; BJE 2015. 38, note Lasserre Capdeville ; RPC 2015, n° 69, obs. Martin-Serf.*

Art. L. 653-4 *(Ord. n° 2008-1345 du 18 déc. 2008, art. 135)* **Le tribunal peut prononcer la faillite personnelle de tout dirigeant, de droit ou de fait, d'une personne morale, contre lequel a été relevé l'un des faits ci-après :**

1° Avoir disposé des biens de la personne morale comme des siens propres ;

2° Sous le couvert de la personne morale masquant ses agissements, avoir fait des actes de commerce dans un intérêt personnel ;

3° Avoir fait des biens ou du crédit de la personne morale un usage contraire à l'intérêt de celle-ci à des fins personnelles ou pour favoriser une autre personne morale ou entreprise dans laquelle il était intéressé directement ou indirectement ;

4° Avoir poursuivi abusivement, dans un intérêt personnel, une exploitation déficitaire qui ne pouvait conduire qu'à la cessation des paiements de la personne morale ;

5° Avoir détourné ou dissimulé tout ou partie de l'actif ou frauduleusement augmenté le passif de la personne morale.

L'art. L. 653-4 est applicable aux procédures en cours au jour de l'entrée en vigueur de l'Ord. n° 2008-1345 du 18 déc. 2008 [15 févr. 2009] (Ord. préc., art. 173).

V. art. R. 653-1, R. 653-3 et R. 661-1.

1. Seuls des faits antérieurs au jugement d'ouverture de la procédure collective peuvent justifier le prononcé de la faillite personnelle ; les faits reprochés qui ont eu lieu le jour même de l'ouverture de la procédure collective sont nécessairement postérieurs à celle-ci, dès lors que le jugement d'ouverture prend effet le jour de son prononcé à 0 heure. • Com. 23 oct. 2019, n° 18-12.181 P : *D. 2019. Actu. 2087 ; Rev. sociétés 2019. 787, obs. Roussel Galle ; APC 2019, n° 268, obs. Petit ; LEDEN 12/2019. 6, obs. Cavelier ; Dr. sociétés 2020, n° 10, note Legros ; BJS 2/2020. 37, note Mouial-Bassilana ; RJDA 2020, n° 100 ; RPC 2020, n° 78, obs. Martin-Serf.*

2. Justifie le prononcé d'une mesure de faillite personnelle fondée sur le grief d'augmentation frauduleuse du passif le fait de soustraire volontairement la société à l'impôt en France, dont il est résulté un redressement fiscal ayant entraîné une augmentation des charges de la société et la cessation de ses paiements. • Com. 29 avr. 2014, n° 13-12.563 P : *D. 2014. Chron. C. cass. 2204, obs. Lecaroz ; ibid. Pan. 1572, obs. Mascala ; Rev. sociétés 2014. 404, obs. Roussel Galle ; JCP E 2014. 1447, n° 11, obs. Pétel ; LEDEN 6/2014. 5, obs. Favario ; RJDA 2014, n° 659 ; BJE 2014. 316, note Le Mesle ; RPC 2014, n° 179, obs. Martin-Serf.*

Ancien art. L. 653-4 *[réd. issue de L. n° 2005-845 du 26 juill. 2005]* ***Le tribunal peut prononcer la faillite personnelle de tout dirigeant, de droit ou de fait, d'une personne morale, qui a commis l'une des fautes mentionnées à l'article L. 652-1.*** *– [C. com., anc. art. L. 625-4.]*

Code de commerce

Ancien art. L. 625-4 *[réd. antérieure à L. n° 2005-845 du 26 juill. 2005] A toute époque de la procédure, le tribunal peut prononcer la faillite personnelle de tout dirigeant, de droit ou de fait, rémunéré ou non, d'une personne morale qui a commis l'un des actes mentionnés à l'article L. 624-5. – [L. n° 85-98 du 25 janv. 1985, art. 188.] – V. l'anc. art. L. 624-5 C. com., ss. art. L. 652-1.*

1. Délai pour prononcer la décision. V. note 10 ss. art. L. 653-1 et note 11 ss. art. L. 653-3.

2. Dirigeants de droit. L'ancien président-directeur général devenu président du conseil de surveillance, n'ayant plus qualité pour déclarer la cessation des paiements, ne peut faire l'objet d'une interdiction de diriger. • Paris, 9 juin 1995 : *JCP E 1996. I. 541, n° 10, obs. Viandier et Caussain ; Dr. sociétés 1995, n° 214, obs. Chaput.* ♦ De même, la faillite personnelle ne peut être prononcée contre un gérant pour des faits postérieurs à sa démission. • Com. 14 janv. 1997 : *RJDA 1997, n° 580.*

Un dirigeant de droit, au sens de l'art. 188 [C. com., art. L. 653-4], ne peut, pour se soustraire à l'application de ce texte, prétendre n'avoir été que le prête-nom du dirigeant de fait de la société. • Com. 12 nov. 1991, n° 89-20.496 P : *D. 1992. IR 39.*

3. Dirigeants de fait. BIBL. V. notes 15 s. ss. art. L. 651-2. ♦ En droit, la qualification de dirigeant de fait d'une société se caractérise par l'exercice, en toute souveraineté et indépendance, d'activités positives de gestion et de direction engageant celle-ci. • Paris, 16 déc. 1997 : *D. 1998. IR 44 ; BJS 1998. 369.* ♦ Le seul fait de détenir la signature sociale, pour une durée de quelques mois, ne suffit pas, faute de démontrer l'existence d'autres éléments positifs de gestion et de direction, à caractériser la qualité de gérant de fait. • Même arrêt. ♦ La qualité de gérant de fait ne peut être déduite de la seule fictivité du contrat de travail de l'intéressé : • Com. 24 mai 2005 : *Dr. sociétés 2005, n° 195, note Legros (2e esp.).* ♦ La qualité d'associé, même majoritaire, n'implique pas, en elle-même, une participation effective à la gestion sociale et n'emporte pas nécessairement la qualité de dirigeant de fait. • Paris, 19 sept. 1995 : *BRDA 1995, n° 20, p. 5.* ♦ De même, la possession par un salarié de près du quart du capital d'une société, comme la souscription par lui d'un engagement de caution au bénéfice d'un créancier de cette société, à la bonne marche de laquelle il était intéressé en raison même de sa participation au capital, ne sont pas des éléments suffisants pour établir, à eux seuls, sa qualité de gérant de fait. • Paris, 19 janv. 1996 : *D. Affaires 1996. 245.* ♦ En revanche, la qualité de gérant de fait a été retenue à l'égard de l'époux de la gérante de droit d'une SARL, titulaire d'une procuration permettant d'engager la société, caution de celle-ci, et qui avait mis à sa disposition un compte courant d'associé. • Paris, 6 févr. 1996 : *D. Affaires 1996. 527.*

4. Comportements répréhensibles. Seuls des faits antérieurs au jugement d'ouverture de la procédure collective peuvent justifier le prononcé de la faillite personnelle. • Com. 17 oct. 2000 : *APC 2000, n° 252 ; LPA 30 mai 2001, p. 27, note Gibirila* • 28 avr. 2009 : *APC 2009, n° 162, obs. Vallansan.*

La faillite personnelle du dirigeant ne peut être prononcée que si celui-ci a commis l'un des actes mentionnés à l'art. 182 [C. com., ancien art. L. 624-5], et non en raison d'un des faits prévus à l'art. 187 [C. com., ancien art. L. 625-3]. • Com. 17 nov. 1992, n° 90-20.299 P : *D. 1992. IR 277.*

Le défaut de remise de la comptabilité ou de la liste des créanciers et des dettes de la société n'est pas un fait de nature à justifier le prononcé de la faillite personnelle. • Com. 27 févr. 2007, n° 05-21.795 P : *D. 2007. AJ 1021, obs. Lienhard ; Dr. sociétés 2007, n° 133, note Legros ; Gaz. Pal. 20-21 juill. 2007, p. 59, obs. Montéran ; JCP E 2007. 2401, note Delattre.* ♦ Comp., désormais : art. L. 653-5, 5°, dans sa réd. issue de L. n° 2005-845 du 26 juill. 2005.

Avant la loi du 10 juin 1994, la tenue d'une comptabilité irrégulière ne figurait pas parmi les faits qui pouvaient être sanctionnés, l'art. 188 [C. com., ancien art. L. 625-4], qui renvoyait à l'art. 182 [C. com., ancien art. L. 624-5], retenant seulement le cas où le dirigeant avait fait disparaître les documents comptables ou s'était abstenu de tenir une comptabilité. • Paris, 13 juin 1989 : *D. 1989. IR 211* • 29 oct. 1991 : *D. 1992. IR 54* • Com. 22 juin 1993, n° 91-14.566 P • 28 mars 1995, n° 92-17.452 P : *D. 1995. IR 107* • 8 déc. 1998 : *Dr. sociétés 1999, n° 99, obs. Chaput.* ♦ Le seul défaut de mise à jour était distinct de l'absence totale de comptabilité qui seule pouvait motiver une interdiction professionnelle. • Paris, 29 mai 1990 : *D. 1990. IR 162.* ♦ Comp. art. L. 624-5 (7°), dans sa réd. issue de la L. n° 94-475 du 10 juin 1994.

V., désormais, art. L. 653-5, 6°, dans sa réd. issue de L. n° 2005-845 du 26 juill. 2005.

V. aussi note 3 ss. art. L. 653-3, et note 5 ss. art. L. 653-5.

5. Sanctions. Le renvoi opéré par l'art. 188 [C. com., ancien art. L. 625-4] aux actes mentionnés à l'art. 182 [C. com., ancien art. L. 624-5] fait que l'un des cas énumérés à l'art. 182 peut déboucher à la fois sur une procédure de redressement judiciaire du dirigeant et sur une condamnation pour faillite personnelle. • Paris, 16 oct. 1990 : *D. 1990. IR 267.*

Sur le caractère facultatif de la sanction, V. • Com. 11 juill. 2006 : *Gaz. Pal. 6-7 oct. 2006, p. 41, obs. Montéran.*

6. Prescription. Les actions en matière de sanctions personnelles restent soumises à la prescription de droit commun, l'art. 188 [C. com., ancien art. L. 625-4] ne faisant référence aux dispositions de l'art. 182 [C. com., ancien art. L. 624-5] que pour la définition de certains cas d'application de la faillite personnelle. • Paris, 30 avr. 1993 : *D. 1993. IR 158.* ♦ Comp., désormais : art. L. 653-1, II, dans sa réd. issue de L. n° 2005-845 du 26 juill. 2005, prévoyant une prescription de trois ans à compter du jugement d'ouverture.

7. Droit transitoire. Il résulte des art. 190 et 191 de la loi du 26 juill. 2005 de sauvegarde des entreprises que le chapitre III du titre V du livre VI C. com. dans sa nouvelle rédaction, relatif à la faillite personnelle et aux autres mesures d'interdiction, à l'exception de ses art. L. 653-7 et L. 653-11, n'est pas applicable aux procédures collectives en cours au 1er janv. 2006. • Com. 4 avr. 2006, n° 04-19.637 P : *D. 2007. Chron. C. Cass. 1303, obs. Bélaval ; D. 2006. AJ 1107, obs. Lienhard ; APC 2006, n° 95, obs. Regnaut-Moutier ; Dr. sociétés 2006, n° 123, note Legros ; RPC 2007. 93, obs. O. Barret.* ♦ Il s'ensuit que l'art. L. 624-5 C. com. dans sa rédaction antérieure à la loi du 26 juill. 2005, auquel renvoie l'art. L. 625-4, bien qu'abrogé par cette loi, peut encore servir de fondement au prononcé d'une mesure de faillite personnelle ou d'interdiction de gérer contre le dirigeant d'une personne morale soumise à une procédure collective en cours au 1er janv. 2006, ayant commis l'un des actes qui y sont mentionnés. • Même arrêt.

Art. L. 653-5 *(L. n° 2005-845 du 26 juill. 2005, art. 136)* **Le tribunal peut prononcer la faillite personnelle de toute personne mentionnée à l'article L. 653-1 contre laquelle a été relevé l'un des faits ci-après :**

1° Avoir exercé une activité commerciale, artisanale ou agricole ou une fonction de direction ou d'administration d'une personne morale contrairement à une interdiction prévue par la loi ;

2° Avoir, dans l'intention d'éviter ou de retarder l'ouverture de la procédure de redressement judiciaire ou de liquidation judiciaire, fait des achats en vue d'une revente au-dessous du cours ou employé des moyens ruineux pour se procurer des fonds ;

3° Avoir souscrit, pour le compte d'autrui, sans contrepartie, des engagements jugés trop importants au moment de leur conclusion, eu égard à la situation de l'entreprise ou de la personne morale ;

4° Avoir payé ou fait payer, après cessation des paiements et en connaissance de cause de celle-ci, un créancier au préjudice des autres créanciers ;

5° Avoir, en s'abstenant volontairement de coopérer avec les organes de la procédure, fait obstacle à son bon déroulement ;

6° Avoir fait disparaître des documents comptables, ne pas avoir tenu de comptabilité lorsque les textes applicables en font obligation, ou avoir tenu une comptabilité fictive, manifestement incomplète ou irrégulière au regard des dispositions applicables ; *(Ord. n° 2014-326 du 12 mars 2014, art. 87, en vigueur le 1er juill. 2014)* **« 7° Avoir déclaré sciemment, au nom d'un créancier, une créance supposée. »**

V. art. R. 653-1, R. 653-3 et R. 661-1.

Code de commerce

Ancien art. L. 625-5 *A toute époque de la procédure, le tribunal peut prononcer la faillite personnelle de toute personne mentionnée à l'article L. 625-1 contre laquelle a été relevé l'un des faits ci-après :*

....

5° Avoir omis de faire, dans le délai de quinze jours, la déclaration de l'état de cessation de paiements. — [L. n° 85-98 du 25 janv. 1985, art. 189.]

1. Délai d'action. V. note 10 ss. art. L. 653-1.

2. Personnes visées. Le cogérant d'une SARL ne saurait, au seul motif que sa nomination n'a pas été publiée au registre du commerce, soutenir que le défaut de publicité, qu'il lui appartenait d'ailleurs d'accomplir, suffirait à démontrer qu'il n'a pas géré la société et le ferait échapper ainsi aux sanctions prévues par les art. 189 [C. com., ancien art. L. 625-5] (5) et 192 [C. com., art. L. 653-8]. • Paris, 26 sept. 1989 : *D. 1991. Somm. 116, obs. Derrida*.

3. Bien que la démission d'un gérant n'ait pas été publiée au registre du commerce, on ne saurait retenir, pour prononcer l'interdiction prévue à l'art. 192 [C. com., art. L. 653-8], des faits qui se sont produits après cette démission. • Paris, 3e ch. A, 15 mai 1990 : *D. 1991. Somm. 116, obs. Derrida* • 13 nov. 1990 : *D. 1991. Somm. 112, obs. Derrida* • 20 nov. 1990 : *D. 1991. IR 35*.

4. L'obligation de déclarer l'état de cessation de paiements de la société pèse sur le dirigeant de fait (alors même qu'il n'est pas le représentant légal ou n'a pas reçu pouvoir spécial pour déclarer la cessation de paiements de la société). • Com. 6 janv. 1998, nº 95-18.478 P : *D. Affaires 1998. 158, obs. A. L. ; BJS 1998. 370, note Routier ; JCP 1998. II. 10068, note Daigre.* ♦ A défaut d'être un dirigeant de fait, la non-déclaration ne peut être imputée à un administrateur. • Paris, 25 oct. 1996 : *Dr. sociétés 1998, nº 5, obs. Chaput.*

Les membres du conseil d'administration qui n'allèguent pas avoir agi au sein du conseil en vue de la déclaration de cessation des paiements entrent dans le champ d'application des art. 189 [C. com., ancien art. L. 625-5] (5) et 192 [C. com., art. L. 653-8]. • Com. 9 juin 1992 : *Dr. sociétés 1992, nº 203, obs. Chaput* • 7 juill. 1998 : *D. Affaires 1998. 1536, obs. A. L. ; BJS 1998. 1297, note Le Cannu.* ♦ Le fait, pour une personne, d'avoir accepté d'être un gérant de complaisance ne l'exonère pas de la responsabilité qui pèse sur tout dirigeant de veiller à la bonne marche de l'entreprise et de satisfaire aux obligations légales. • Paris, 9 janv. 1996 : *RJDA 1996, nº 562.* – V. aussi • Paris, 8 déc. 2000 : *RTD com. 2001. 242, obs. Mascala*.

V. aussi note 14 ss. art. L. 651-2.

5. Comportements répréhensibles. V., sanctionnant, sur le fondement de l'art. 189 [C. com., art. L. 653-5] (1), un notaire ayant exercé une fonction de président de conseil d'administration, contrairement à l'interdiction prévue par le Décr. du 19 déc. 1945, • Com. 10 oct. 1995, nº 91-21.748 P : *D. 1995. IR 244 ; D. Affaires 1995. 162.* ♦ En revanche, le fait, par un dirigeant, d'avoir exercé une activité dans un établissement public, sans obtenir de dérogation pour continuer à diriger une entreprise privée, ne permet pas de lui appliquer l'art. 189 [C. com., art. L. 653-5] (1). • Com. 14 oct. 1997 : *D. Affaires 1997. 1362.*

V., sanctionnant des faits répondant à la définition de l'art. 189 [C. com., art. L. 653-5] (2), • Com. 22 juin 1993, nº 91-14.566 P • 28 janv. 2004 : *RJDA 2004, nº 873* • Paris, 19 mars 1993 : *Gaz. Pal. 1994. 1. Somm. 225.*

La sanction de faillite personnelle ne peut être infligée au gérant d'une SARL, pour avoir pris un risque inconsidéré et disproportionné aux capacités de l'entreprise en concluant deux contrats très importants de sous-traitance : • Paris, 29 oct. 1991 : *D. 1992. IR 54.*

En revanche, justifie le prononcé d'une mesure de faillite personnelle, sur le fondement de l'art. L. 625-5 [L. 653-5] (3°) C. com., le fait, pour un exploitant à titre individuel, d'avoir consenti à son conjoint et à ses deux enfants des contrats de travail non justifiés par l'activité réelle de l'entreprise tandis que les résultats de celle-ci ne lui permettaient pas d'en supporter la charge. • Com. 28 sept. 2004 : *RJDA 2005, nº 310.*

L'art. L. 653-5, 5°, n'exige pas que soit établie l'intention d'entraver la procédure. • Com. 16 sept. 2014 : *LEDEN 11/2014. 6, obs. Favario ; BJE 2014. 379, note Lasserre Capdeville ; Dr. sociétés 2015, nº 74, note Legros.*

Pour la conformité à la Constitution de l'art. L. 653-5, 6°, V. • Cons. const. 29 sept. 2016, nº 2016-570 QPC : *D. 2016. Actu. 1925 ; Rev. sociétés 2016. 755, note Matsopoulou ; ibid. 770, obs. Roussel Galle ; JCP E 2016. 1632, note Cerf-Hollender ; BJS 2016. 738, note Saintourens ; Journ. sociétés 11/2016. 43, obs. Brignon ; RJDA 2017, nº 40 ; Gaz. Pal. 10 janv. 2017, p. 80, obs. Robaczewski ; RPC 2017, nº 91, obs. Martin-Serf.*

Il résulte de l'art. L. 653-5, 6°, que le fait de n'avoir pas tenu de comptabilité ne peut être sanctionné par une mesure de faillite personnelle ou d'interdiction de gérer que si les textes applicables font obligation de tenir une comptabilité. • Com. 29 sept. 2021, nº 19-25.112 B : *D. 2021. Actu. 1765 ; BJE 11-12/2021. 20, note Mascala ; BJS 12/2021. 41, note Favario ; APC 2021, nº 265, obs. Cerf-Hollender ; Gaz. Pal. 14 déc. 2021, p. 72, obs. Grundeler ; RJDA 2022, nº 33 ; JCP E 2022. 1010, nº 19, obs. Tehrani ; Dr. sociétés 2022, nº 8, note Legros.*

6. Déclaration tardive d'état de cessation des paiements (jurispr. antérieure à la L. du 26 juill. 2005). Le juge qui fait application de l'art. 189 [C. com., ancien art. L. 625-5] (5) n'est tenu ni par la limitation de délai énoncée à l'art. 9 [C. com., ancien art. L. 621-7], al. 1er. • Com. 20 oct. 1992, nº 90-20.964 P : *D. 1992. IR 265 ; BJS 1993. 122, note Le Nabasque* • 30 nov. 1993, nº 91-20.554 P • Versailles, 18 nov. 1999 : *RJDA 2000, nº 198.* ♦ ... Ni par l'absence de demande de report dans le délai formulé par l'art. 9 [C. com., ancien art. L. 621-7], al. 2. • Com. 11 juin 1996, nº 94-14.844 P : *D. 1996. Somm. 341, obs. Honorat ; D. Affaires 1996. 952 ; BJS 1996. 955, note Saintourens.* ♦ ...

Ni par la décision antérieure du tribunal qui a retenu, par une appréciation de la situation au jour où il statuait, que la personne morale n'était pas en état de cessation des paiements. • Com. 19 nov. 1996, n° 93-11.190 P : *D. 1997. Somm. 310, obs. Honorat ; D. Affaires 1997. 79 ; BJS 1997. 235, note Saintourens ; JCP E 1997. I. 651, n° 19, obs. Pétel ; Rev. sociétés 1997. 387, note Honorat.* – V. aussi • Paris, 7 déc. 2001 : *Dr. sociétés 2002, n° 136, note Legros.* ♦ Sur la nécessité, cependant, de retenir une date précise de cessation des paiements, V. • Com. 20 mai 1997, n° 93-21.347 P : *D. 1997. IR 144 ; D. Affaires 1997. 767 ; BJS 1997. 801, note Saintourens* • 20 juin 2000 : *RPC 2001. 108, obs. Barret.* ♦ La faillite personnelle ne peut être prononcée par application de l'art. 189 [C. com., ancien art. L. 625-5] (5) que s'il est établi que l'entreprise était en état de cessation des paiements plus de quinze jours avant la délivrance de l'assignation du créancier. • Com. 16 mars 1999 : *APC 1999, n° 143.* ♦ Les juges du fond doivent constater l'impossibilité, pour le débiteur, de faire face au passif exigible avec son actif disponible à la date retenue comme étant celle de la cessation des paiements. • Com. 15 févr. 2000 : *RPC 2001. 50, obs. Barret* • 9 juill. 2002 : *Dr. sociétés 2003, n° 8, note Legros.* ♦ En revanche, ils ne sont pas tenus de fixer le montant de l'insuffisance d'actif tel qu'il existait lorsque la cessation des paiements aurait dû être déclarée par le dirigeant. • Com. 26 oct. 1999 : *RPC 2000. 115, obs. Barret.* ♦ Le dirigeant poursuivi est en droit de contester, pour les besoins de sa défense, le bien-fondé de la date de cessation des paiements retenue dans le jugement d'ouverture de la procédure. • Com. 4 juill. 2000 : *RPC 2001. 107, obs. Barret ; RJ com. 2001. 276, note Teboul.*

Il n'y a pas lieu de considérer les motifs qui ont conduit le dirigeant à différer la déclaration d'état de cessation des paiements ou l'absence de caractère intentionnel de son abstention. • Com. 10 oct. 1995, n° 93-16.899 P : *D. 1996. Somm. 84, obs. Honorat ; D. Affaires 1995. 159 ; BJS 1996. 62 ; Rev. huiss. 1996. 596, note Courtier* • 8 oct. 1996, n° 94-14.459 P : *D. 1996. IR 242 ; D. Affaires 1996. 1264* ♦ ... Peu important, par ailleurs, les mesures de redressement et les accords avec les créanciers envisagés ultérieurement, hors du cadre du règlement amiable de la loi du 1er mars 1984 (à propos d'une action en comblement de passif). • Com. 8 oct. 1996, n° 94-18.384 P : *D. Affaires 1996. 1356 ; BJS 1996. 1057, note Calendini ; JCP E 1997. II. 917, note Daigre.*

Le débiteur, qui est tenu de demander l'ouverture de la procédure de redressement judiciaire au plus tard dans les quinze jours qui suivent la cessation des paiements, n'en est pas dispensé par la délivrance d'une assignation à cette fin par un créancier : • Com. 19 janv. 1999, n° 96-16.635 P : *D. 2002. Somm. 203, obs. Sortais ; D. Affaires 1999. 259, obs. A. L. ; JCP E 1999, n° 18-19, p. 816, obs. Pétel ; Dr. sociétés 1999, n° 37, obs. Chaput ; LPA 9 juill. 1999, p. 24, note Courtier.*

Le dirigeant de droit d'une personne morale ne peut, pour se soustraire à l'application de l'art. 189, devenu l'art. L. 625-5 [ancien] C. com., prétendre avoir abandonné l'exercice de ses fonctions à un dirigeant de fait ou n'avoir été que son prête-nom. • Com. 5 févr. 2002 : *Dr. sociétés 2002, n° 153, note Legros* • Paris, 4 oct. 2002 : *RTD com. 2003. 377, obs. Mascala.* ♦ Ainsi, le fait, pour une fille de 19 ans, d'avoir accepté, à la demande de son père, de signer divers documents dont elle ne comprenait pas la portée et qui ont fait d'elle l'un des associés et la gérante d'une société, dont elle ignorait tout de la marche, de ses difficultés et de l'ouverture du redressement judiciaire, n'est pas de nature à l'exonérer de sanction. • Paris, 18 juin 1999 : *D. Affaires 1999. 1296 ; RPC 2001. 50, obs. Barret.*

Sur la prise en compte de l'absence d'incidence du retard sur le montant du passif, V. • Paris, 19 juin 1998 : *APC 1998, n° 126.* ♦ ... De la collaboration du dirigeant au bon déroulement de la procédure, V. • Paris, 15 févr. 2000 : *RPC 2000. 226, obs. Barret.* ♦ ... Du fait que les difficultés de l'entreprise sont en partie imputables à des causes étrangères au dirigeant, V. • Paris, 25 janv. 2000 : *RPC 2001. 277, obs. Barret.*

V. aussi note 4, et note 42 ss. art. L. 651-2.

7. Dès lors que la société avait obtenu un plan de redressement (par la suite résolu), il ne peut être reproché au dirigeant de n'avoir pas déclaré la cessation des paiements avant la décision ayant arrêté ce plan. • Com. 17 mars 1998, n° 94-18.684 P : *RJDA 1998, n° 1025.* ♦ V. aussi note 11 ss. art. L. 653-1 et note 4 ss. art. L. 653-8.

Depuis la L. n° 2005-845 du 26 juill. 2005, le dirigeant qui a omis de demander l'ouverture d'une procédure de redressement ou de liquidation judiciaire dans le délai de quarante-cinq jours à compter de la cessation des paiements ne peut être condamné qu'à une mesure d'interdiction de gérer (V. art. L. 653-8, al. 3). ♦ Pour une application, V. • Com. 12 juin 2019, n° 16-25.025 : *RPC 2020, n° 76, obs. Martin-Serf.*

8. Énumération limitative. Les causes de faillite personnelle sont strictement énumérées par la loi du 25 janv. 1985. L'art. 189 [C. com., art. L. 653-5] ne pose aucune mesure de faillite personnelle contre un commerçant créant une activité personnelle au cours d'une procédure de liquidation judiciaire dont il fait l'objet. • Com. 17 mars 1998 : *D. Affaires 1998. 915.* ♦ Comp. désormais : art. L. 641-9, III. ♦ De même, l'insuffisance d'actif ne constitue pas l'un des faits visés par les art. 188 et 189 [C. com., art. L. 653-4 et L. 653-5] et, même importante, elle ne peut servir à elle seule de fondement à une interdiction professionnelle. • Paris, 29 mai 1990 : *D. 1990. IR 162.*

9. Pluralité de griefs. V. note 4 ss. art. L. 653-3.

10. Mesure facultative. Il résulte de l'art. 189 [C. com., art. L. 653-5] que le juge a la faculté de ne pas prononcer la faillite personnelle du dirigeant contre lequel il a relevé des faits qui y sont mentionnés. • Com. 23 mai 2000 : *APC 2000, n° 155.*

11. Violation de l'interdiction. V. art. L. 654-15 et notes ss. cet art.

Art. L. 653-6 **Le tribunal peut prononcer la faillite personnelle du dirigeant de la personne morale** *(L. n° 2022-172 du 14 févr. 2022, art. 5, en vigueur le 14 mai 2022)* **« , de l'entrepreneur individuel à responsabilité limité ou l'entrepreneur individuel relevant du statut défini à la section III du chapitre VI du titre II du livre V »** *(Ord. n° 2010-1512 du 9 déc. 2010, art. 6-6°)* **« qui n'ont pas acquitté les dettes mises à leur charge en application de l'article L. 651-2 ».** — *[C. com., anc. art. L. 625-6.]*

Pour les dispositions transitoires de la L. n° 2022-172 du 14 févr. 2022, V. note ss. art. L. 611-13.

V. art. R. 653-1, R. 653-3 et R. 661-1.

BIBL. ▶ DELATTRE, *RPC 2012. Étude 42.*

Interprétation stricte. L'art. 190 [C. com., art. L. 653-6] n'est applicable que dans le cas où le dirigeant, condamné en application de l'art. 180 [C. com., art. L. 651-2] à supporter tout ou partie des dettes de la personne morale, s'est abstenu d'en régler le montant (et non dans le cas d'une procédure d'extension au dirigeant avec mise à sa charge du passif de la personne morale). • Com. 6 janv. 1998, n° 95-11.544 P : *D. Affaires 1998. 255, obs. J. F. ; JCP E 1998, n° 17, p. 659, obs. Pétel ; BJS 1998. 367, note Calendini ; LPA 6 août 1999, p. 27, note Teilliais.*

Art. L. 653-7 *(L. n° 2005-845 du 26 juill. 2005, art. 137)* **Dans les cas prévus aux articles L. 653-3 à L. 653-6 et L. 653-8, le tribunal est saisi par le mandataire judiciaire, le liquidateur ou le ministère public.**

Dans l'intérêt collectif des créanciers, le tribunal peut également être saisi à toute époque de la procédure par la majorité des créanciers nommés contrôleurs lorsque le mandataire de justice ayant qualité pour agir n'a pas engagé les actions prévues aux mêmes articles, après une mise en demeure restée sans suite dans un délai et des conditions fixés par décret en Conseil d'État. — *V. art. R. 653-2.*

Dernier al. abrogé par Ord. n° 2014-326 du 12 mars 2014, art. 86, à compter du 1er juill. 2014.

L'art. L. 653-7 est applicable aux procédures en cours au jour de l'entrée en vigueur de la loi n° 2005-845 du 26 juill. 2005 [1er janv. 2006] (L. préc., art. 191).

1. Transaction. Une transaction ne peut avoir pour objet de faire échec, moyennant le paiement d'une certaine somme ou l'abandon d'une créance, aux actions tendant au prononcé d'une sanction professionnelle. • Com. 9 déc. 2020, n° 19-17.258 P : *D. 2021. Pan. 1748, obs. F.-X. Lucas ; JCP E 2021. 1191, n° 21, obs. Pétel ; LEDEN 2/2021. 5, obs. Azevedo ; APC 2021, n° 29, obs. Delattre ; BJS 2/2021. 54, note Favario ; BJE 3-4/2021. 49, note Voinot ; RJDA 2021, n° 184 ; Dr. sociétés 2021, n° 53, note Legros ; RPC 2021, n° 84, obs. Martin-Serf.*

2. Participation du juge-commissaire au jugement. V. art. L. 662-7 et note 2 ss. art. L. 651-3.

3. Droit à un procès équitable. L'exigence d'un procès équitable, issue de l'art. 6 Conv. EDH, n'implique pas le droit pour la personne contre qui il est demandé le prononcé d'une sanction professionnelle, ou son avocat, d'avoir la parole en dernier avant la clôture des débats. • Com. 29 sept. 2021, n° 19-25.112 B : *cité note 5 ss. art. L. 653-5 ; JCP E 2021. 1485, note Delattre ; LEDEN 11/2021. 6, obs. Minet.*

Art. L. 653-8 **Dans les cas prévus aux articles L. 653-3 à L. 653-6, le tribunal peut prononcer, à la place de la faillite personnelle, l'interdiction de diriger, gérer, administrer ou contrôler, directement ou indirectement, soit toute entreprise commerciale ou artisanale, toute exploitation agricole et toute personne morale, soit une ou plusieurs de celles-ci.**

L'interdiction mentionnée au premier alinéa peut également être prononcée à l'encontre de toute personne mentionnée à l'article L. 653-1 qui, de mauvaise foi, n'aura pas remis au mandataire judiciaire *(L. n° 2005-845 du 26 juill. 2005, art. 138)* **« , à l'administrateur ou au liquidateur les renseignements qu'il est tenu de lui communiquer en application de l'article L. 622-6 dans le mois » suivant le jugement d'ouverture** *(Ord. n° 2014-326 du 12 mars 2014, art. 88, en vigueur le 1er juill. 2014)*

« ou qui aura, sciemment, manqué à l'obligation d'information prévue par le second alinéa de l'article L. 622-22 ». – *[C. com., anc. art. L. 625-8.]*

(Ord. nº 2008-1345 du 18 déc. 2008, art. 137) **« Elle peut également être prononcée à l'encontre de toute personne mentionnée à l'article L. 653-1 qui a omis** *(L. nº 2015-990 du 6 août 2015, art. 239)* **« sciemment » de demander l'ouverture d'une procédure de redressement ou de liquidation judiciaire dans le délai de quarante-cinq jours à compter de la cessation des paiements, sans avoir, par ailleurs, demandé l'ouverture d'une procédure de conciliation. »**

V. art. R. 653-1, R. 653-3 et R. 661-1.

BIBL. ▶ Sur la modification issue de la loi du 6 août 2015 : DELATTRE, *RPC 2015. Étude 19*. – LEGROS, *Dr. sociétés 2015, nº 201*. – LASSERRE CAPDEVILLE, *BJE 2016. 75*.

1. *Personnes visées.* L'interdiction de gérer ne concerne pas les membres du conseil de surveillance d'une société anonyme qui, en vertu de l'art. L. 225-68 C. com., n'exercent qu'une mission de contrôle de la gestion de la société par le directoire, et non une fonction de direction. • Com. 8 janv. 2020, nº 18-23.991 P : *D. 2020. 2640, note Favario ; ibid. Pan. 1867, obs. F.-X. Lucas ; Rev. sociétés 2020. 197, obs. Henry ; ibid. 417, note Godon ; RTD com. 2020. 665, obs. Moury ; JCP E 2020. 1344, nº 8, obs. Valiergue ; LEDEN 2/2020. 1, obs. F.-X. Lucas ; BJS 3/2020. 33, note Perrier ; Dr. sociétés 2020, nº 37, note Hamelin ; RJDA 2020, nº 164 ; BJE 3-4/2020. 52, note Lasserre Capdeville ; RJ com. 2020. 205, obs. Cordelier ; RPC 2020, nº 77, obs. Martin-Serf ; LPA 27 avr. 2020, obs. Gibirila.*

2. *Agissements répréhensibles.* Sur le régime antérieur à la L. nº 94-475 du 10 juin 1994, V. éditions 2007 et antérieures du **C. com.** ♦ Le défaut de remise de la comptabilité n'est pas un fait de nature à justifier le prononcé d'une interdiction de gérer. • Com. 3 déc. 2003 : *RPC 2005. 159, obs. O. Barret.*

3. *Déclaration tardive d'état de cessation des paiements.* Le débiteur, qui est tenu de demander l'ouverture de la procédure collective au plus tard dans les quarante-cinq jours qui suivent la cessation des paiements, n'en est pas dispensé par la délivrance d'une assignation à cette fin par un créancier. • Com. 14 janv. 2014, nº 12-29.807 P : *D. 2014. 595, note Berger-Tarare ; ibid. Actu. 207, obs. Lienhard ; Rev. sociétés 2014. 197, obs. Roussel Galle ; LEDEN 3/2014. 4, obs. Parachkévova ; Dr. sociétés 2014, nº 69, note Legros ; BJE 2014. 100, note Le Mesle ; RJDA 2014, nº 467 ; RPC 2014, nº 86, obs. Martin-Serf.*

4. Dès lors que la nouvelle procédure collective a été ouverte par résolution du plan de continuation [redressement] de l'entreprise pour inexécution des engagements financiers, la sanction de l'interdiction de gérer ne peut être fondée sur l'omission de faire, dans le délai de quinze jours [quarante-cinq jours], la déclaration de l'état de cessation des paiements. • Com. 29 mai 2001, nº 98-17.634 P : *D. 2002. Somm. 203, obs. Derrida ; D. 2001. AJ 2033, obs. Lienhard ; JCP E 2001, nº 37, p. 1425, obs. Pétel ; Dr. sociétés 2001, nº 142, note Legros ; RTD com. 2002. 155, obs. Saint-Alary-Houin* • 30 sept. 2008 : *cité note 1 ss. art. R. 651-2.*

5. Il résulte des dispositions des art. L. 653-8, al. 3, dans sa rédaction issue de la loi du 26 juill. 2005, et R. 653-1, al. 2, que, pour sanctionner par l'interdiction de gérer le dirigeant de la société débitrice qui n'a pas déclaré la cessation des paiements de celle-ci dans le délai légal, la date de la cessation des paiements à retenir ne peut être différente de celle fixée par le jugement d'ouverture de la procédure collective ou un jugement de report ; dès lors, ce dirigeant a un intérêt personnel à contester la décision de report de la date de cessation des paiements. • Com. 5 oct. 2010, nº 09-69.010 P : *D. 2010. Actu. 2359, obs. Lienhard ; RTD com. 2011. 179, obs. Vallens ; JCP E 2011. 1030, nº 13, obs. Cabrillac ; LEDEN 11/2010. 6, obs. Rubellin ; RJDA 2010, nº 1181 ; RPC 2010, nº 215, obs. Saintourens ; Gaz. Pal. 7-8 janv. 2011, p. 46, obs. Montéran ; Dr. sociétés 2011, nº 58, note Legros ; RPC 2011, nº 25, obs. Cagnoli.*

6. Pour un exemple d'application de l'art. L. 653-8, al. 3, dans sa rédaction issue de la L. nº 2015-990 du 6 août 2015, dans l'hypothèse où un mandataire *ad hoc* avait été nommé, V. • Com. 17 juin 2020, nº 19-10.341 P : *D. 2020. Actu. 1357 ; RTD com. 2021. 421, obs. Macorig-Venier ; Rev. sociétés 2020. 508, obs. Roussel Galle ; LEDEN 9/2020. 5, obs. Lafaurie ; RPC 2020, nº 141, obs. Delattre.* ♦ Pour un autre exemple, V. • Com. 12 janv. 2022, nº 20-21.427 B : *D. 2022. Actu. 69 ; Rev. sociétés 2022. 190, obs. Roussel Galle ; LEDEN 2/2022. 5, obs. Azevedo ; APC 2022, nº 40, obs. Fin-Langer ; BJS 3/2022. 41, note Mouial-Bassilana ; RJDA 2022, nº 213.*

V. aussi notes 13 et 14.

7. *Motivation de la décision.* Il résulte des art. L. 653-8 C. com. et 455 C. pr. civ. que le tribunal qui prononce une mesure d'interdiction de gérer doit motiver sa décision, tant sur le principe que sur le quantum de la sanction, au regard de la gravité des fautes et de la situation personnelle de l'intéressé. • Com. 17 avr. 2019, nº 18-11.743 P : *cité note 3 ss. art. L. 651-3 ; D. 2019. Chron. C. cass. 1374, obs. Barbot ; ibid. Pan. 1914, obs. Cagnoli ; APC 2019, nº 145, obs.*

Voinot ; Dr. sociétés 2019, n° 177, note Legros ; RPC 2019, n° 183, obs. Martin-Serf.

8. Substitution par la cour d'appel. Une cour d'appel ne peut substituer à l'interdiction de gérer prononcée en première instance la sanction plus sévère de la faillite personnelle. • Com. 5 avr. 1994 : *BJS 1994. 1213* • 28 mars 2000 : *APC 2000, n° 114.*

9. Motifs de substitution. Pour des circonstances économiques spécifiques (guerre du Golfe), à l'origine des difficultés financières de la société, V. • Paris, 6 juill. 1995 : *D. 1995. IR 221 ; D. Affaires 1995. 45 ; JCP 1996. II. 22649, note Gibirila.* ♦ ... Pour une défaillance d'une filiale conséquence de la défaillance de la société-mère, V. • Paris, 26 mars 1996 : *Dr. sociétés 1996, n° 193, obs. Chaput.* ♦ ... Pour la possibilité de reclassement du dirigeant dans une activité commerciale individuelle mieux adaptée, V. • Paris, 25 sept. 1990 : *D. 1990. IR 229.* ♦ ... Pour les circonstances dans lesquelles une fille de 19 ans a accepté de prêter son nom à son père et la crainte révérencielle que celui-ci lui a inspirée, V. • Paris, 18 juin 1999 : *D. Affaires 1999. 1296 ; Dr. sociétés 2000, n° 8, obs. Chaput.*

10. Statut d'auto-entrepreneur. Pour l'impossibilité d'adopter le statut d'auto-entrepreneur pour la personne se trouvant sous le coup d'une interdiction de gérer une entreprise commerciale ou artisanale, V. * Rép. min. n° 107215 : *JOAN Q, 20 sept. 2011, p. 10061 ; JCP E 2012. 1069, obs. Delattre.*

11. Violation de l'interdiction. V. art. L. 654-15 et notes ss. cet art.

12. Interdiction de gérer prévue par l'art. L. 653-8, al. 2. V. note 3 ss. art. L. 622-6.

13. Droit transitoire. Il résulte des art. 190 et 191 de la loi du 26 juill. 2005 que le chapitre III du titre V du livre VI C. com. dans sa nouvelle rédaction, relatif à la faillite personnelle et aux autres mesures d'interdiction, à l'exception de ses art. L. 653-7 et L. 653-11, n'est pas applicable aux procédures collectives en cours au 1er janv. 2006 (dans le cas où les dirigeants condamnés à une interdiction de gérer pour avoir omis de faire, dans le délai de quinze jours, la déclaration de l'état de cessation des paiements invoquaient la rétroactivité *in mitius* de la loi du 26 juill. 2005, qui a porté le délai de déclaration à quarante-cinq jours). • Com. 19 déc. 2006, n° 05-19.088 P : *D. 2007. AJ 87, obs. Lienhard ; Dr. sociétés 2007, n° 70, note Legros ; APC 2007, n° 20, obs. Regnaut-Moutier ; JCP E 2007. 1450, n° 15, obs. Pételeˍ; RPC 2007. 36, obs. Roussel Galle.* ♦ Il s'ensuit que les art. L. 625-3, L. 625-5 et L. 625-8, dans leur rédaction antérieure à la loi du 26 juill. 2005, demeurent applicables pour prononcer une interdiction de gérer à l'encontre d'une personne physique exerçant la profession de commerçant, d'agriculteur ou immatriculée au répertoire des métiers, soumise à une procédure collective ouverte antérieurement au 1er janv. 2006. • Com. 4 mars 2008 : *Gaz. Pal. 27-29 juill. 2008, p. 65, obs. Montéran (1re esp.).*

14. Pour l'application aux procédures collectives en cours de l'art. 239 de la L. n° 2015-990 du 6 août 2015, qui a modifié l'art. L. 653-8, al. 3, par l'ajout de l'adverbe « sciemment », écartant ainsi le prononcé d'une interdiction de gérer lorsque l'omission de déclarer la cessation des paiements procède d'une négligence de la part du chef d'entreprise, V. • Com. 24 mai 2018, n° 17-18.918 P : *D. 2018. Actu. 1149, obs. Lienhard ; ibid. Pan. 1838, obs. Cagnoli ; Rev. sociétés 2018. 542, obs. Henry ; JCP E 2018. 1429, n° 18, obs. Tehrani ; LEDEN 7/2018. 5, obs. Rubellin ; Dr. sociétés 2018, n° 129, note Legros ; APC 2018, n° 194, obs. Cerf-Hollender ; RJDA 2018, n° 669 ; BJS 2018. 520, note Perrier ; BJE 2018. 365, note Favario ; RPC 2018, n° 206, obs. Martin-Serf ; Gaz. Pal. 15 janv. 2019, p. 85, obs. Robaczewski.*

Art. L. 653-9 **Le droit de vote des dirigeants frappés de la faillite personnelle ou de l'interdiction prévue à l'article L. 653-8 est exercé dans les assemblées des personnes morales soumises à une procédure de redressement judiciaire ou de liquidation judiciaire par un mandataire désigné par le tribunal à cet effet, à la requête de l'administrateur, du liquidateur ou du commissaire à l'exécution du plan.**

Le tribunal peut enjoindre à ces dirigeants ou à certains d'entre eux, de céder leurs actions ou parts sociales dans la personne morale ou ordonner leur cession forcée par les soins d'un mandataire de justice, au besoin après expertise. Le produit de la vente est affecté au paiement de la part des dettes sociales dans le cas où ces dettes ont été mises à la charge des dirigeants. — *[C. com., anc. art. L. 625-9.]*

Cession de parts sociales. Le tribunal ne peut étendre la mesure prévue à l'art. 193 [C. com., art. L. 653-9], al. 2, aux parts sociales que les dirigeants sociaux peuvent détenir dans d'autres personnes morales, l'interdiction de contrôler ces personnes, de les gérer ou administrer, conséquence de la faillite personnelle, ne nécessitant pas obligatoirement une telle cession. • Versailles, 25 févr. 1993 : *D. 1993. IR 101 ; BJS 1993. 602, note P. L. C. ; Dr. sociétés 1994, n° 52, obs. Chaput* • 5 mai 1994 : *RJDA 1994, n° 1143.*

Art. L. 653-10 *(L. n° 2005-845 du 26 juill. 2005, art. 139)* **Le tribunal qui prononce la faillite personnelle peut prononcer l'incapacité d'exercer une fonction publique élec-**

tive. L'incapacité est prononcée pour une durée égale à celle de la faillite personnelle, dans la limite de cinq ans. Lorsque la décision est devenue définitive, le ministère public notifie à l'intéressé l'incapacité, qui produit effet à compter de la date de cette notification.

Le prononcé de l'incapacité d'exercer une fonction publique élective doit être motivé. • Com. 1er juill. 2020, n° 18-17.786 P : *D. 2020. Actu. 1459* ; *JCP E 2020. 1559, note Delattre* ; *RJDA 2020, n° 519* ; *BJE 9-10/2020. 37, note Favario* ; *BJS 11/2020. 37, note Perrier* ; *RPC 2020, n° 165, obs. Martin-Serf* ; *Dr. sociétés 2020, n° 135, note Legros.*

Art. L. 653-11 *(L. n° 2005-845 du 26 juill. 2005, art. 140)* **Lorsque le tribunal prononce la faillite personnelle ou l'interdiction prévue à l'article L. 653-8, il fixe la durée de la mesure, qui ne peut être supérieure à quinze ans. Il peut ordonner l'exécution provisoire de sa décision. Les déchéances, les interdictions et l'incapacité d'exercer une fonction publique élective cessent de plein droit au terme fixé, sans qu'il y ait lieu au prononcé d'un jugement.**

Le jugement de clôture pour extinction du passif, y compris après exécution *(Ord. n° 2008-1345 du 18 déc. 2008, art. 138)* **« d'une condamnation prononcée à son encontre en application de l'article L. 651-2 », rétablit le** *(Ord. n° 2008-1345 du 18 déc. 2008, art. 163-II)* **« débiteur personne physique » ou les dirigeants de la personne morale dans tous leurs droits. Il les dispense ou relève de toutes les déchéances, interdictions et incapacité d'exercer une fonction publique élective.**

L'intéressé peut demander au tribunal de le relever, en tout ou partie, des déchéances et interdictions et de l'incapacité d'exercer une fonction publique élective s'il a apporté une contribution suffisante au paiement du passif.

Lorsqu'il a fait l'objet de l'interdiction prévue à l'article L. 653-8, il peut en être relevé s'il présente toutes garanties démontrant sa capacité à diriger ou contrôler l'une ou plusieurs des entreprises ou personnes visées par le même article.

Lorsqu'il y a relèvement total des déchéances et interdictions et de l'incapacité, la décision du tribunal emporte réhabilitation.

L'art. L. 653-11 est applicable aux procédures en cours au jour de l'entrée en vigueur de la L. n° 2005-845 du 26 juill. 2005 [1er janv. 2006] (L. préc., art. 191).

L'avant-dernier alinéa de l'art. L. 653-11 est applicable à l'interdiction prévue à l'art. L. 625-8, dans sa rédaction antérieure à l'entrée en vigueur de la L. n° 2005-845 du 26 juill. 2005 [1er janv. 2006], lorsque cette interdiction a été prononcée dans le cours d'une procédure close avant la date de cette entrée en vigueur (L. n° 2008-776 du 4 août 2008, art. 77-II).

V. art. R. 653-4.

BIBL. ▸ DELATTRE, *JCP E 2007. 1451* (durée des interdictions prononcées par les juridictions répressives) ; *RPC 2011. Étude 19* (procédure de réhabilitation).

1. Droit transitoire. L'art. 190, 2°, de la loi du 26 juill. 2005 dispose que les mesures de faillite personnelle et d'interdiction de gérer ainsi que les déchéances et interdictions qui en ont résulté prennent fin à la date de publication de la loi, soit le 27 juill. 2005, lorsque, à cette date, elles ont été prononcées plus de quinze années auparavant par une décision devenue définitive ; une mesure de faillite personnelle prononcée le 12 juill. 1972 ayant ainsi pris fin, est sans objet le pourvoi en cassation formé contre l'arrêt de la cour d'appel qui a rejeté la demande de réhabilitation de l'intéressé ainsi que sa demande d'amnistie de la mesure par application de la loi du 3 août 1995. • Com. 29 nov. 2005, n° 04-17.972 P : *D. 2007. Chron. C. Cass. 1303, obs. Bélaval* ; *D. 2005. AJ 3085, obs. Lienhard* ; *APC 2005, n° 260, obs. Regnaut-Moutier* ; *JCP E 2006, n° 8, p. 359, note J.-H. Robert* ; *Dr. sociétés 2006, n° 19, note Legros* ; *BJS 2006. 325, note Mascala* ; *Rev. sociétés 2006. 186, note Roussel Galle* • 22 mai 2007, n° 06-12.766 P : *D. 2007. AJ 1507, obs. Lienhard* ; *Dr. sociétés 2007, n° 155, note Legros* ; *JCP E 2008. 1327, note Delattre.* – Dans le même sens, V. • Orléans, 15 déc. 2005 : *BICC 2006, n° 1239.*

2. Selon l'art. 190, a), de la loi du 26 juill. 2005, dans toutes les dispositions prévoyant une incapacité, une interdiction ou une déchéance résultant d'une faillite personnelle ou d'une interdiction de gérer, ces mesures doivent être comprises comme ayant une durée maximale de quinze ans à compter du jour où la décision les ayant prononcées est devenue définitive ; au sens de ce texte, la faillite personnelle doit être comprise comme ayant une durée maximale de quinze ans à compter du jour de la décision exécutoire qui la prononce. • Com. 23 mai 2006, n° 05-11.989 P : *D. 2007. Chron. C. Cass. 1303, obs. Bélaval* ; *D. 2006. AJ 1528, obs. Lienhard* ; *APC 2006, n° 148, obs. Martineau-Bourgninaud* ; *BJS 2006. 1138, note Pételʼ* ; *Gaz. Pal. 6-7 oct.*

2006, p. 38, obs. Montéran ; Dr. sociétés 2007, n° 27, note Legros.

3. Selon l'art. 191, 7°, de la loi du 26 juill. 2005, les dispositions de l'art. L. 653-11 s'appliquent aux procédures en cours au 1er janv. 2006. • Com. 12 juill. 2011, n° 10-21.882 P : *D. 2011. Actu. 1966, obs. Lienhard ; Rev. sociétés 2011. 525, obs. Roussel Galle ; LEDEN 9/2011. 5, obs. Parachkévova ; Gaz. Pal. 7-8 oct. 2011, p. 38, obs. Montéran ; Dr. sociétés 2011, n° 223, note Legros ; RPC 2011, n° 204, obs. Martin-Serf ; RJDA 2011, n° 1067.*

4. Fixation de la durée (L. du 26 juill. 2005). V. note 3 ss. art. L. 654-6.

5. Fixation de la durée (jurisprudence antérieure à la L. du 26 juill. 2005). En décidant que, compte tenu des éléments relevés à l'encontre du gérant d'une société mise en liquidation judiciaire, il convenait de prononcer sa faillite personnelle mais qu'il n'y avait pas lieu de limiter cette mesure dans le temps, s'agissant d'une sanction qui ne se circonscrit pas dans la durée, un arrêt viole l'art. 195 [C. com., ancien art. L. 625-10]. • Com. 3 nov. 1992, n° 90-16.555 P. ♦ De même, viole ce texte l'arrêt qui a déchu à vie le président du conseil d'administration de la société du droit de diriger, gérer, administrer ou contrôler toute entreprise commerciale. • Com. 9 janv. 1996, n° 93-16.463 P : *D. 1996. IR 43 ; BJS 1996. 530, note Vallansan.* – Dans le même sens : • Com. 23 nov. 1999 : *RPC 2000. 115, obs. Barret.* ♦ En revanche, en fixant à vingt ans la durée de la faillite personnelle, une cour d'appel, statuant avant le 1er janv. 2006, date de l'entrée en vigueur de la loi du 26 juill. 2005, a, à bon droit, fait application de l'art. L. 625-10 C. com. dans sa rédaction antérieure à cette loi qui ne fixe pas de durée maximale à cette mesure. • Com. 22 mai 2007 : *préc. note 1.*

V., désormais, art. L. 653-11, al. 1er, dans sa réd. issue de L. n° 2005-845 du 26 juill. 2005.

6. Effets du jugement de clôture pour extinction du passif. Il résulte des art. 1844-7, 7°, et 1844-8, al. 3, C. civ., que le jugement de clôture pour extinction du passif est sans influence sur la dissolution, consécutive au prononcé de la liquidation judiciaire, de la personne morale dont la personnalité ne subsiste que pour les besoins de sa liquidation. • Com. 26 oct. 1999, n° 97-12.640 P : *D. 1999. AJ 77, obs. A. L. ; APC 1999, n° 245, obs. Regnaut-Moutier ; JCP E 2000, n° 4, p. 128, obs. Cabrillac et Pétel ; BJS 2000. 49, note Le Cannu ; Dr. sociétés 2000, n° 27, obs. Chaput ; RTD com. 2000. 124, obs. Champaud et Danet .* ♦ Viole ces textes l'arrêt qui, pour dire n'y avoir lieu à la désignation d'un liquidateur de la société, retient que l'art. 195 de la loi du 25 janv. 1985 [C. com., art. L. 653-11] doit être interprété comme rétablissant la société dans ses droits, et que celle-ci, qui avait été rétablie dans son existence sociale par l'effet de la clôture de sa liquidation judiciaire pour extinction du passif, disposait de ses organes sociaux. • Même arrêt. (V. l'arrêt cassé : • Douai, 16 janv. 1997 : *LPA 8 sept. 1997, p. 10, note Soinne*).

7. Relevé de déchéance. BIBL. Mascala, *RPC 2003. 192.* ♦ Sur le pouvoir souverain d'appréciation des juges du fond, V. • Com. 24 mai 2005 : *RJDA 2005, n° 1373 ; Dr. sociétés 2006, n° 20, note Legros.* ♦ La faculté de demander le relevé des déchéances attachées à la faillite personnelle n'est pas de nature exclusivement quantitative, il convient de tenir compte aussi des possibilités contributives du failli et il est permis de retenir la part prise dans la création du passif. • Paris, 12 juin 1990 : *D. 1990. IR 192.* ♦ Pour des décisions accordant le relevé de déchéance, V. • Paris, 14 sept. 1999 : *RPC 2000. 68, obs. Bach* • Douai, 21 oct. 1999 : *RPC 2001. 278, obs. Barret* • T. com. Bobigny, 6 nov. 1998 : *ibid.* ♦ Pour des décisions refusant de prononcer le relevé de déchéance, V. • Com. 3 nov. 1992, n° 90-19.545 P (versement mensuel de 250 F [env. 38 €] pour un passif supérieur à 200 000 F [env. 30 500 €]) • Paris, 16 mai 2003 : *Dr. sociétés 2004, n° 172, note Legros* • T. com. Paris, 20 mai 1999 : *RPC 2000. 68, obs. Bach* (contribution de 15 000 F [env. 2 300 €] pour une insuffisance d'actif de 2,5 millions de francs [env. 381 000 €].

Sur l'insuffisance de la seule offre de verser une somme consignée sur un compte, V. • Versailles, 11 sept. 1997 : *D. Affaires 1997. 1329.* ♦ ... De la justification d'avoir obtenu des dégrèvements fiscaux, V. • Dijon, 24 nov. 1998 : *RPC 2000. 68, obs. Bach.*

8. Le paiement total par le dirigeant des sommes auxquelles il a été condamné, destiné à indemniser le préjudice subi par les créanciers à la suite de son comportement fautif, constitue une réparation pécuniaire distincte et autonome de la sanction personnelle qu'est la mesure d'interdiction de gérer, qui vise à assainir les professions commerciales et à écarter l'intéressé des responsabilités économiques. • Douai, 15 févr. 2001 : *BICC 2001, n° 962.* ♦ Cette réparation n'équivaut donc pas à la contribution prévue par les dispositions de l'art. L. 625-10 [L. 653-11] C. com. • Versailles, 26 juin 2003 : *RJDA 2003, n° 1105.*

9. Les dispositions de l'art. L. 625-10 [L. 653-11] C. com. ne concernent que le relèvement des déchéances et interdictions et ne sont pas applicables aux condamnations pécuniaires. • Paris, 24 janv. 2003 : *RJDA 2003, n° 868.*

CHAPITRE IV DE LA BANQUEROUTE ET DES AUTRES INFRACTIONS

BIBL. GÉN. ▸ Régime issu de la loi du 26 juill. 2005 : ROBACZEWSKI, *Gaz. Pal. 2005. Doctr. 3027.* – J.-H. ROBERT, *Dr. pénal. 2005. Étude 15 ; Cah. dr. entr. 2006, n° 1, p. 34.*

▸ Régime issu de l'ordonnance du 18 déc. 2008 : MASCALA, *D. 2009. Pan. 1727* ; *RPC 2009. Dossier 15.* – ROBACZEWSKI, *Gaz. Pal. 2009. Doctr. 845.* – SORDINO, *ibid. 1605.* – BÉNÉJAT, *RPC 2010. Étude 27* (faut-il sauver la banqueroute ?).

▸ Régime antérieur à la loi du 26 juill. 2005 : BOULOC, *RSC 1985. 613.* – DERRIDA, *ibid. 1989. 658.* – LABORDE, *RPC 1987, n° 1, p. 1.* – LANGLADE, *JCP E 1986. II. 15710.* – BRIEUC DE MASSIAC, *RJDA 1992, p. 658.* – DEVÈZE, *RPC 1992. 319.* – JONVILLE, *JCP N 1994. Prat. 3053* (responsabilité pénale des personnes morales). – JEANDIDIER, *RJ com. nov. 2001, n° spéc., p. 131* (le droit pénal de la banqueroute ou les avatars de la pénalisation).

SECTION PREMIÈRE DE LA BANQUEROUTE

Art. L. 654-1 **Les dispositions de la présente section sont applicables :**

1° A *(Ord. n° 2008-1345 du 18 déc. 2008, art. 139)* **« toute personne exerçant une activité commerciale ou artisanale, à tout agriculteur » et à toute personne physique exerçant une activité professionnelle indépendante, y compris une profession libérale soumise à un statut législatif ou réglementaire ou dont le titre est protégé ;**

2° A toute personne qui a, directement ou indirectement, en droit ou en fait, dirigé ou liquidé une personne morale de droit privé *(Abrogé par L. n° 2005-845 du 26 juill. 2005, art. 141) « ayant une activité économique »* **;**

3° Aux personnes physiques représentants permanents de personnes morales dirigeants des personnes morales définies au 2° ci-dessus. – *[C. com., anc. art. L. 626-1.]*

BIBL. ▸ CONTE, *Mél. Jean Larguier* (la banqueroute du commerçant radié du registre du commerce et des sociétés) ; *Dr. pénal, hors-série, déc. 2000, p. 4* (la banqueroute, un exemple des ambiguïtés de la dépénalisation). – MATSOPOULOU, *LPA 18 juin 2008* (aspects d'actualisation).

1. Application aux dirigeants de fait. Les art. 196 et 197 [C. com., art. L. 654-1 et L. 654-2] sont indistinctement applicables aux dirigeants de droit ou de fait pour toutes les infractions qu'ils prévoient, y compris pour l'absence de toute comptabilité. • Crim. 7 déc. 1992, n° 92-80.627 P. – Dans le même sens, V. • Crim. 31 oct. 2007 : *RJDA 2008, n° 314 ; Rev. sociétés 2008. 165, note Matsopoulou* • 19 nov. 2008, n° 08-81.194 P : *Dr. sociétés 2009, n° 18, note R. Salomon ; APC 2009, n° 87, obs. Cerf-Hollender ; RJDA 2009, n° 462 ; Gaz. Pal. 26-28 avr. 2009, p. 50, obs. Robaczewski ; Rev. sociétés 2009. 653, note Matsopoulou* (condamnation du dirigeant de fait d'une entreprise individuelle).

2. Caractérise la gestion de fait, l'arrêt qui constate qu'un prévenu, théoriquement directeur commercial, était en réalité le seul à disposer d'une voiture de fonction, occupait le bureau directorial, prenait les décisions importantes et était le véritable patron, fixait les salaires, décidait des investissements et des prises de participation, et qu'il avait joué un rôle essentiel dans les procédés frauduleux. • Crim. 19 sept. 1994 : *BJS 1994. 1309, note J.-F. Barbièri.* ♦ Doit également être considéré comme gérant de fait le prévenu qui, après sa retraite, continue à animer la société en toute indépendance, établissant des relations avec les clients et les fournisseurs et procédant à des embauches. • Paris, 9 nov. 1998 : *Dr. sociétés 1999, n° 72, obs. Chaput.* ♦ Il en va de même du prévenu salarié dont le montant du salaire est nettement supérieur à celui perçu par la gérante de droit et qui, par ailleurs, exerce des fonctions de directeur financier, s'est porté caution solidaire pour des dettes sociales, encaisse les chèques clients sur un compte personnel et est en relation directe avec les fournisseurs de la société. • Paris, 16 févr. 1999 : *Dr. sociétés 2000, n° 4, obs. Chaput.* ♦ Pour d'autres exemples, V. • Crim. 19 déc. 1994 : *BJS 1995. 340* • 26 sept. 2001 : *Dr. sociétés 2002, n° 91, note Legros* • Paris, 12 nov. 1993 : *Dr. sociétés 1994, n° 190* • 9 juin 1995 : *Dr. sociétés 1995, n° 215, obs. Chaput.*

V. aussi notes 11 s. ss. art. L. 651-2.

3. Condamnation simultanée d'un dirigeant de fait et d'un dirigeant de droit. Sur cette possibilité, V. • Crim. 19 sept. 1994 : *préc. note 2.*

4. Représentant permanent d'une personne morale. V. • Toulouse, 31 mai 2000 : *JCP 2001. IV. 1514 ; Dr. sociétés 2001, n° 44, obs. Chaput.*

5. Société d'économie mixte. Le fait qu'une société d'économie mixte locale, personne morale de droit privé, poursuive un but d'intérêt général et que la majorité de son capital soit détenue par une collectivité locale ou un groupement de communes, n'exclut pas que ses dirigeants puissent être poursuivis pour banqueroute. • Crim. 2 juin 1999, n° 98-81.454 P : *D. 1999. IR 206 ; D. Affaires 1999. 1118 ; Rev. sociétés 1999. 653, note Bouloc ; BJS 1999. 1201, note Barbièri ; RTD com. 1999. 980, obs.*

Mascala ; *ibid. 2000. 200, obs. Bouloc* ; *RSC 1999. 830, obs. Renucci* ; *Dr. adm. 1999, n° 281, obs. Benjamin* • Toulouse, 31 mai 2000 : *préc. note 4.*

Art. L. 654-2 En cas d'ouverture d'une procédure de redressement judiciaire ou de liquidation judiciaire, sont coupables de banqueroute les personnes mentionnées à l'article L. 654-1 contre lesquelles a été relevé l'un des faits ci-après :

1° Avoir, dans l'intention d'éviter ou de retarder l'ouverture de la procédure de redressement judiciaire *(Ord. n° 2008-1345 du 18 déc. 2008, art. 140)* « ou de liquidation judiciaire », soit fait des achats en vue d'une revente au-dessous du cours, soit employé des moyens ruineux pour se procurer des fonds ;

2° Avoir détourné ou dissimulé tout ou partie de l'actif du débiteur ;

3° Avoir frauduleusement augmenté le passif du débiteur ;

4° Avoir tenu une comptabilité fictive ou fait disparaître des documents comptables de l'entreprise ou de la personne morale ou s'être abstenu de tenir toute comptabilité *(L. n° 2005-845 du 26 juill. 2005, art. 142-I)* « lorsque les textes applicables en font obligation » ;

5° Avoir tenu une comptabilité manifestement incomplète ou irrégulière au regard des dispositions légales. — *[C. com., anc. art. L. 626-2.]*

BIBL. ▸ Gioanni, *D. 1994. Chron. 53* (la cessation des paiements dans l'infraction de banqueroute). - Dekeuwer, *JCP E 1995. I. 420* (même thème).

1. Emploi de moyens ruineux. Constitue le délit de banqueroute par emploi de moyens ruineux pour se procurer des fonds l'escompte de fausses factures et de traites de complaisance dont le coût ne peut qu'aggraver la situation financière de l'entreprise. • Crim. 6 déc. 1993, n° 93-81.475 P : *D. 1994. IR 50.* – Dans le même sens : • Crim. 24 mai 2000 : *Dr. pénal 2000, n° 129, obs. J.-H. Robert.* ♦ V. aussi, pour l'utilisation de la technique de l'affacturage, • Crim. 13 mai 1991 : *RPC 1995. 354, obs. Devèze.* ♦ ... Pour l'accumulation de prêts et des opérations relevant du mécanisme dit de la « cavalerie », • Paris, 26 mai 1993 : *Gaz. Pal. 1994. 1. 69* • Crim. 19 sept. 1994 : *BJS 1994. 1309, note J.-F. Barbièri.* ♦ ... Pour la souscription de contrats de construction à un prix inférieur au prix des marchés de sous-traitance, • Rennes, 11 mai 1994 : *JCP 1996. IV. 211.* ♦ ... Pour un taux d'endettement excessif générant des frais trop importants pour l'entreprise, • Crim. 12 mars 1998, n° 96-85.739 P : *D. Affaires 1998. 962.*

2. La notion d'emploi de moyens pour se procurer des fonds suppose un ou des actes positifs permettant d'obtenir ou de faire rentrer des fonds et non pas une simple abstention de payer une dette légitimement préexistante. Le caractère ruineux des moyens suppose qu'il apparaisse dans le même temps que le recours à la technique et l'effet inéluctable de l'augmentation du passif par le recours auxdits moyens (à propos du non-paiement de dettes fiscales et sociales). • Versailles, 11 juin 1993 : *BICC 1993, n° 1272.*

3. Sur l'insuffisance du seul fait d'avoir souscrit un emprunt bancaire au profit d'une société en état de cessation des paiements depuis trois ans, manifestement incapable de le rembourser, V. • Crim. 26 sept. 1996 : *RJDA 1997, n° 135 ; BJS 1997. 112, note J.-F. Barbièri.* ♦ V. aussi, pour des emprunts successifs et sans intérêt, • Crim. 21 mars 2001 : *Dr. pénal 2001, n° 103, note J.-H. Robert.*

4. L'utilisation de fonds à un autre usage que celui auquel ils étaient destinés ne constitue pas un emploi de moyens ruineux pour se procurer des fonds. • Crim. 16 juin 1999 : *RPC 2000. 34, obs. Devèze.*

5. Le président d'une société anonyme qui a fait tout son possible pour réduire l'endettement de sa société et qui y est parvenu dans une très large mesure ne saurait se voir reprocher d'avoir recouru à des moyens ruineux dans l'intention d'éviter ou de retarder la constatation de la cessation des paiements, constitutifs de banqueroute. • Paris, 22 avr. 1992 : *Dr. sociétés 1992, n° 225, obs. Chaput ; Gaz. Pal. 1992. 2. 520, note Marchi.*

6. Le délit de banqueroute est constitué, que les faits constatés soient antérieurs ou postérieurs à la date de la cessation des paiements, dès lors que, procédant d'une même intention et tendant au même but, ils ont pour objet ou pour effet soit d'éviter ou de retarder la constatation de cet état, soit d'affecter la consistance de l'actif disponible dans des conditions de nature à placer l'intéressé dans l'impossibilité de faire face au passif exigible. • Crim. 21 sept. 1994 : *Gaz. Pal. 1994. 2. Somm. 712 ; JCP E 1995. II. 690, note A. Dekeuwer.* – Dans le même sens : • Crim. 6 févr. 1995 : *RPC 1996. 133, obs. Devèze* • 7 avr. 1998 : *RSC 1998. 773, obs. Renucci* ; *RTD com. 1998. 947, obs. Mascala* . – Comp. : • Crim. 18 juin 1998 : *JCP E 1999, n° 4, p. 174, note J.-H. Robert ; Rev. sociétés 1998. 817, note Bouloc* .

7. Détournement ou dissimulation d'actif. Pour la conformité à la Constitution de l'art. L. 654-2, V. • Cons. const. 29 sept. 2016, n° 2016-573 QPC : *cité note 1 ss. art. L. 654-6.* ♦

Si le délit de banqueroute par détournement d'actif suppose qu'une procédure de redressement judiciaire ait été ouverte contre le débiteur, il s'agit là d'une condition préalable à l'exercice de l'action publique, constitutive d'une règle de procédure qui ne saurait avoir effet sur les poursuites régulièrement engagées avant l'entrée en vigueur de la loi du 25 janv. 1985. • Crim. 10 mars 1986 : *D. 1986. 182, note Derrida ; D. 1986. IR 407, obs. Roujou de Boubée ; Gaz. Pal. 1986. 2. 536, note Marchi* • 12 oct. 1987 : *D. 1987. 37, note Derrida.* ♦ Ainsi les faits de détournement d'actif poursuivis, bien que commis sous l'empire des dispositions abrogées de la loi du 13 juill. 1967, entrent dans les prévisions de la loi du 25 janv. 1985 et justifient la condamnation prononcée au regard de l'une et l'autre de ces deux lois. • Crim. 10 mars 1986 : *préc.* – Dans le même sens : • Crim. 14 févr. 1994 : *RJDA 1994, n° 463 ; JCP 1994. IV. 1202.*

8. Le délit de banqueroute par détournement d'actif suppose l'existence d'une dissipation volontaire d'un élément de patrimoine d'un débiteur en état de cessation des paiements par l'une des personnes énumérées à l'art. 196 [C. com., art. L. 654-1]. • Crim. 5 juin 1989 : *D. 1989. IR 244.* • 10 mai 1993, n° 92-83.004 P : *RJDA 1993, n° 966.* – Rappr. : • Crim. 12 janv. 2005 : *Dr. sociétés 2005, n° 147, note R. Salomon ; JCP E 2005, n° 41, p. 1696, note J.-H. Robert.* ♦ Tout acte de disposition volontaire accompli sur le patrimoine du débiteur après la cessation des paiements, en fraude des droits des créanciers, constitue le délit de banqueroute par détournement d'actif. • Crim. 11 mai 1995, n° 94-83.515 P. ♦ Sur l'absence d'élément intentionnel, dans l'hypothèse où le débiteur aurait consigné le prix de vente du fonds de commerce pour désintéresser les créanciers, V. • Crim. 13 juin 1996 : *D. Affaires 1996. 1227 ; Rev. sociétés 1997. 369, note Bouloc ; RPC 1997. 495, obs. Devèze.*

Dès lors qu'il n'est pas démontré, ni même allégué, que les cessions d'actif réalisées par le dirigeant aient reçu une contrepartie, une cour d'appel caractérise en tous ses éléments le délit de banqueroute. • Crim. 3 oct. 1996 : *D. Affaires 1997. 55.*

9. La dissipation volontaire de l'élément du patrimoine devant avoir été accomplie personnellement par l'une des personnes énumérées à l'art. 196 [C. com., art. L. 654-1], un gérant de société en liquidation judiciaire ne peut être condamné alors que l'élément principal de l'actif vendu l'a été par le liquidateur, avec l'autorisation du juge-commissaire. • Crim. 22 févr. 1996, n° 95-82.506 P : *BJS 1996. 694, note J.-F. Barbièri.*

Il n'est pas exigé que l'élément d'actif ait définitivement disparu du patrimoine, soit par une destruction, soit par un acte de disposition ; il suffit qu'il ait été volontairement caché ou soustrait de façon à empêcher qu'il ne soit appréhendé au profit des créanciers. • Toulouse, 16 mars 2005 : *Dr. sociétés 2005, n° 186, note R. Salomon ; RJDA 2006, n° 448.* ♦ L'art. L. 626-2 [L. 654-2] (2°) C. com. ne prévoit pas que la clôture des opérations de liquidation ait dû intervenir préalablement aux faits litigieux ou à leur poursuite. • Même arrêt.

10. Pour déclarer constitué le délit de banqueroute, le juge répressif a le pouvoir de retenir, en tenant compte des éléments soumis à son appréciation, une date de cessation des paiements autre que celle déjà fixée par la juridiction consulaire. • Crim. 18 nov. 1991, n° 90-83.775 P : *JCP 1993. II. 22102, note Sordino ; D. 1992. IR 54 ; Gaz. Pal. 1992. 2. 515, note Marchi* • 21 juin 1993, n° 92-84.526 P : *BJS 1993. 1151 ; RJ com. 1994. 16, note Bernadini et Honorat.* – Comp. : • Lyon, 19 juin 1990 : *D. 1991. Somm. 117, obs. Derrida.* ♦ Également en ce sens que des détournements d'actif antérieurs à la date de cessation des paiements peuvent être constitutifs du délit de banqueroute, V. • Crim. 5 oct. 1992 : *cité note 13.* ♦ V. aussi note 6.

11. Ne constitue pas le délit de banqueroute par détournement de l'actif d'une société le fait, par le dirigeant de celle-ci, de céder à un ou à plusieurs créanciers de la personne morale tout ou partie des biens de cette dernière, dans la mesure où, égale ou supérieure à la valeur de ces biens, la créance du bénéficiaire est liquide, certaine et exigible. • Crim. 16 janv. 1989 : *D. 1989. IR 78.* ♦ Pareille dation en paiement, bien que réalisée durant la période suspecte, ne s'analyse qu'en un paiement préférentiel, lequel n'est plus pénalement punissable depuis l'abrogation par la loi du 25 janv. 1985 de l'ancien art. 131, al. 3, de la loi du 13 juill. 1967. • Même arrêt • Crim. 21 juin 1993 : *préc. note 10* • Douai, 10 janv. 1995 : *Dr. sociétés 1995, n° 123, obs. Chaput.* ♦ Comp., pour l'utilisation du produit de la vente du fonds de commerce pour rembourser des comptes courants d'associés dont le gérant et son fils étaient titulaires : • Crim. 11 mai 1995 : *préc. note 8.*

12. Le détournement de clientèle d'un fonds de commerce pris en location-gérance n'est pas constitutif du délit de banqueroute par détournement d'actif, dès lors que cet élément du fonds n'est pas la propriété de la société en cessation des paiements et ne figure pas dans ses actifs. • Crim. 22 août 1995, n° 94-83.750 P : *D. 1995. IR 243 ; D. Affaires 1995. 115 ; Rev. sociétés 1996. 339, note Ohl.* ♦ Comp. : • Crim. 14 févr. 2007 : *Dr. sociétés 2007, n° 102, note R. Salomon ; RPC 2007. 157, obs. Mascala ; Rev. sociétés 2007. 885, note Bouloc.* ♦ Comp., également, pour un délit de banqueroute par détournement d'actif résultant de la vente à un prix inférieur au prix d'acquisition de véhicules achetés avec une clause de réserve de propriété : • Crim. 20 oct. 2004, n° 03-85.238 P : *D. 2004. AJ 3223 ; RTD com. 2005. 429, obs. Bouloc.*

13. En revanche, commet le délit de banqueroute par détournement d'actif, le dirigeant : qui, titulaire d'un compte courant d'associé créditeur, a opéré, postérieurement au jugement prononçant le redressement judiciaire et au jugement arrêtant le plan de cession, des prélèvements sur le compte de la société aux fins de paiement de sa créance, dès lors que celle-ci était éteinte, faute d'avoir été déclarée, et que l'intéressé était dessaisi pour partie de ses pouvoirs de gestion. • Crim. 20 mars 1995, n° 94-82.163 P : *RJDA 1995, n° 907.* ♦ V. aussi, sur le détournement d'actif résultant de la position débitrice du compte courant d'associé, • Crim. 8 sept. 2004 : *JCP E 2005, n° 20, p. 818, obs. Muller.* ♦ ... Qui a détourné des règlements de clients et des contrats de construction, éléments du patrimoine social, ces agissements ayant provoqué la cessation des paiements de l'entreprise. • Crim. 5 oct. 1992, n° 91-86.770 P : *BJS 1993. 252, note Bouloc.* ♦ ... Qui a poursuivi l'activité de transport-déménagement de la société, avec certains salariés et un véhicule de celle-ci, et perçu personnellement les règlements des clients. • Crim. 5 août 1998 : *Rev. sociétés 1999. 170, note Bouloc.* ♦ ... Qui a cédé un élément d'actif d'une société en redressement judiciaire, pour une somme bien inférieure à sa valeur vénale, au bénéfice d'une autre société dans laquelle le dirigeant a des intérêts. • Crim. 7 déc. 1992 : *RJDA 1993, n° 67.* ♦ ... Qui a cédé des actifs de la société aux dépens de la procédure. • Paris, 17 mars 1997 : *Dr. sociétés 1997, n° 155.* ♦ ... Qui, après avoir mis en œuvre une procédure de divorce par consentement mutuel, a vendu un immeuble dépendant de la communauté et déposé le produit de la vente sur un compte bancaire ouvert au Luxembourg au nom de jeune fille de son épouse, dans l'intention de soustraire cet élément d'actif au gage des créanciers. • Crim. 29 mars 2000, n° 99-85.878 P : *D. 2000. AJ 268 ; RJDA 2000, n° 1024.* ♦ ... Qui a fait reprendre par d'autres sociétés les contrats de construction, lesquels constituaient la partie essentielle de son actif, et a organisé l'affectation des fonds payés par les clients soit au profit de la société de crédit immobilier, soit au profit d'autres sociétés. • Crim. 14 déc. 1994, n° 94-80.347 P. ♦ ... Qui, de concert avec la SCI propriétaire des murs, laisse celle-ci retrouver la disposition des locaux dans lesquels la SARL exerçait jusque-là son activité, sans réclamer une indemnité d'éviction correspondant à la perte du droit au bail. • Crim. 26 oct. 1995 : *RJDA 1996, n° 279.* ♦ ... Qui résilie le bail commercial pour le remplacer par un bail précaire, et augmente le loyer. • Paris, 30 mai 1996 : *Dr. sociétés 1997, n° 8, obs. Chaput.* ♦ ... Qui occupe un appartement loué par la société sans versement de loyers. • Paris, 30 oct. 1996 : *Dr. sociétés 1997, n° 84.* ♦ ... Qui s'est octroyé des rémunérations excessives, au regard de la situation financière de la société. • Crim. 18 juin 1998 : *JCP E 1999, n° 4, p. 174, note J.-H. Robert.* ♦ ... Qui a signé un ordre de virement en vue de rembourser à des associés, membres de sa famille, leur compte courant. • Crim. 27 nov. 1997 : *RJDA 1998, n° 323.* ♦ ... Qui a fait régler par la société en difficulté d'importantes dépenses personnelles. • Paris, 4 déc. 1996 : *Dr. sociétés 1997, n° 155.* ♦ ... Qui a émis à son ordre, sur le compte de la société, un chèque, en remboursement de sommes versées en vue d'une augmentation de capital restée à l'état de projet, sans rapporter la preuve de l'existence d'une créance certaine, liquide et exigible. • Crim. 23 oct. 1997, n° 96-84.717 P : *D. 1998. IR 39 ; D. Affaires 1998. 115, obs. V. A.-R. ; Rev. sociétés 1998. 141, note Bouloc ; JCP E 1999. 321, note J.-H. Robert.* ♦ ... Qui n'a remis ni au mandataire liquidateur, ni au repreneur de la société, les codes sources permettant d'adapter, de modifier, et de faire évoluer en fonction des besoins de la clientèle les trois logiciels qui figuraient à l'actif du bilan de la société. • Crim. 26 nov. 1998, n° 97-86.438 P : *D. Affaires 1999. 260 ; Rev. sociétés 1999. 402, note Bouloc ; Dr. pénal 1999, n° 85, obs. Robert.* ♦ ... Qui a détourné, au profit d'une société concurrente, des sites internet et les fichiers clients d'une lettre informatique, V. • Paris, 14 mars 2005 : *Dr. sociétés 2005, n° 230, note R. Salomon.*

14. Est coupable de banqueroute par détournement d'actif le dirigeant d'une association qui, en connaissance des graves difficultés financières de celle-ci, s'est sciemment approprié une partie de son actif, peu important l'accord du conseil d'administration, en continuant à se faire octroyer, après la cessation des paiements, une rémunération excessive. • Crim. 18 mars 2020, n° 18-86.492 P : *D. 2020. Pan. 1808, obs. Mascala ; Rev. sociétés 2020. 371, note Matsopoulou ; RTD com. 2020. 726, obs. Bouloc ; BJS 6/2020. 37, note Mouial-Bassilana ; APC 2020, n° 164, obs. Cerf ; Dr. sociétés 2020, n° 72, note R. Salomon ; LEDEN 6/2020. 6, obs. Cavelier ; RLDA juill. 2020. 36, obs. Gibirila ; BJE 7-8/2020. 31, note Lasserre Capdeville ; RPC 2020, n° 114, obs. Le Geut.*

15. L'intérêt de groupe ne peut constituer, en cas de poursuite pour banqueroute par détournement d'actifs, un fait justificatif. • Crim. 27 avr. 2000, n° 99-85.192 P : *D. 2000. AJ 327, obs. Lienhard ; D. 2002. Somm. 206, obs. Sortais ; APC 2000, n° 170, obs. Regnaut-Moutier ; RSC 2000. 842, obs. Renucci ; RTD com. 2000. 1030, obs. Bouloc ; LPA 9 avr. 2001, p. 13, note Sordino.* ♦ V. déjà, ayant jugé que justifie sa décision la cour d'appel qui refuse au dirigeant d'une entreprise en état de cessation des paiements, poursuivi pour avoir détourné partie de l'actif social au profit d'une autre entreprise dans laquelle il est intéressé, de se prévaloir de l'existence d'une union économique entre ces deux sociétés, en relevant que la procédure collective dont la première fait l'objet a restitué à celle-ci, dans l'intérêt des créanciers, son indépendance économique et financière, • Crim. 20 juill. 1993, n° 92-84.086 P : *Rev. sociétés 1994. 93, note Bouloc* ; *RJDA 1993, n° 968*. – V. aussi • Paris, 23 avr. 1997 : *Dr. sociétés 1997, n° 178, obs. Chaput*.

16. Les abandons de créances régulièrement visés aux conventions réglementées et approuvés par le commissaire aux comptes de la société peuvent être considérés comme un élément constitutif du délit de banqueroute par détournement d'actif, dès lors qu'il est établi que ces abandons constituaient des actes positifs de disposition d'un élément du patrimoine de la société, tendant à amoindrir le gage des créanciers (Rép. min. n° 1563 : *JO Sénat Q, 15 nov. 2007, p. 2091*).

17. Sur le point de départ du délai de prescription, V. note 1 ss. art. L. 654-16.

18. Augmentation frauduleuse du passif. Le fait, pour le dirigeant, de s'être abstenu de licencier les salariés qui n'étaient plus payés depuis plusieurs mois et d'avoir poursuivi le contrat de bail alors que la situation de la société était irrémédiablement compromise ne caractérise pas l'existence d'un acte tendant à l'augmentation frauduleuse du passif. • Crim. 26 janv. 2022, n° 21-81.822 B : *Dr. sociétés 2022, n° 36, note R. Salomon*.

19. Infractions relatives à la comptabilité. BIBL. Eichel, *Gaz. Pal. 1987. 2. Doctr. 481*. – Thorin, *ibid. 1989. 1. Doctr. 193*. – Stolowy, *JCP 2003. I. 147*. ♦ La loi du 25 janv. 1985, avant sa modification par la loi du 10 juin 1994, ne contenait aucune incrimination pénale pour des faits de tenue irrégulière de la comptabilité d'une société, lesquels ne pouvaient, en raison de l'interprétation stricte des lois pénales, être assimilés à une absence de toute comptabilité. • Crim. 26 janv. 1987 : *Bull. crim. n° 38* ; *D. 1987. IR 43* • 15 oct. 1998 : *Rev. sociétés 1999. 184, note Bouloc*. ♦ Comp., depuis la L. n° 94-475 du 10 juin 1994 : art. L. 626-2 [L. 654-2] (5°). ♦ Sur cette nouvelle rédaction, V. Devèze, *RPC 1996. 135*. ♦ Pour des applications de ce texte, V. • Crim. 12 sept. 2001 : *RJDA 2002, n° 185* • 8 mars 2006 : *ibid. 2006, n° 686* • Versailles, 22 juin 2006 : *JCP E 2006, n° 46, p. 1944*.

20. Si la tenue d'une comptabilité fictive est spécialement incriminée depuis le 1er janv. 1986 par l'art. 197 ci-dessus [devenu C. com., art. L. 654-2], il n'en demeure pas moins que les faits de cette nature, commis par un mandataire social, entraient antérieurement dans les prévisions de l'art. 131 de la loi du 13 juill. 1967, qui réprimait la tenue irrégulière de la comptabilité d'une société, et qu'ainsi les faits poursuivis au titre de la banqueroute sont punissables au regard de l'une et l'autre de ces deux lois. • Crim. 26 mars 1990 : *D. 1990. IR 129*. – V. aussi • Crim. 25 juill. 1989 : *D. 1990. Somm. 364, obs. Roujou de Boubée* • 4 sept. 1990 : *JCP 1990. IV. 404*.

21. Constitue le délit de banqueroute par tenue de comptabilité fictive le fait, pour le dirigeant d'une société, d'avoir donné personnellement des directives pour l'établissement de traites fictives. • Crim. 5 nov. 1998 : *JCP 1999. IV. 1326*.

22. L'existence de pièces permettant de reconstituer une comptabilité n'équivaut pas à l'existence même de cette comptabilité. • Riom, 13 mars 1991 : *Gaz. Pal. 1992. 2. Somm. 537*. ♦ Sur l'absence de comptabilité, V. aussi • Crim. 5 déc. 2001 : *Dr. sociétés 2002, n° 90, note Legros* • Paris, 7 déc. 1987 : *Gaz. Pal. 1988. 1. 362, note Marchi* • 14 déc. 1987 : *ibid.* • 20 janv. 1988 : *ibid.* • 14 juin 1988 : *ibid. 1988. 2. 694, note Marchi* • 28 juin 1988 : *ibid.*

23. En cas d'ouverture d'une procédure de redressement judiciaire, constitue le délit de banqueroute par abstention de tenue de toute comptabilité le fait, par tout commerçant ou dirigeant d'une personne morale commerçante, de s'abstenir de procéder, au mépris des dispositions de l'art. 8 [L. 123-12] C. com., à l'enregistrement chronologique des mouvements affectant le patrimoine de l'entreprise et à l'établissement de l'inventaire périodique des éléments actifs et passifs de ce patrimoine. • Crim. 6 déc. 1993 : *préc. note 1*.

24. Commet le délit de banqueroute par soustraction de comptabilité le gérant d'une société à responsabilité limitée mise en redressement judiciaire qui ne représente pas la comptabilité, pourtant régulièrement tenue au sein de l'entreprise, aux organes de la procédure collective ou aux autorités judiciaires. • Crim. 19 oct. 1992 : *RJDA 1993, n° 33*. ♦ V. aussi, pour la condamnation d'un dirigeant qui avait retardé la communication de la comptabilité au liquidateur jusqu'au moment où il avait eu connaissance de la citation le convoquant devant le tribunal correctionnel, • Crim. 19 janv. 2000, n° 99-82.749 P : *RJDA 2000, n° 708* ; *Rev. sociétés 2000. 574, note Bouloc* ; *RSC 2000. 841, obs. Renucci*. ♦ … D'un dirigeant qui avait invité la société d'archivage désignée par le liquidateur à venir prendre possession de la comptabilité dans un endroit particulièrement difficile d'accès, • Crim. 25 févr. 2004, n° 03-84.357 P : *Rev. sociétés 2004. 917, note Bouloc* ; *Dr. pénal 2004, n° 112, note J.-H. Robert* ; *RTD com. 2004. 610, obs. Mascala* ; *JCP E 2005, n° 20, p. 819, obs. Muller*.

25. L'incrimination peut concerner les exercices comptables antérieurs à la date de cessation des paiements. • Crim. 17 nov. 2004 : *Dr. pénal 2005, n° 61, note J.-H. Robert*. – Dans le même sens, V. • Crim. 26 janv. 2005 : *ibid.* ; *Dr. sociétés 2005, n° 146, note R. Salomon*.

26. Il résulte des art. L. 654-2, 4° et 5°, C. com. et 121-3 C. pén. que la caractérisation de l'élément intentionnel des délits de banqueroute par absence de comptabilité ou tenue d'une comptabilité manifestement irrégulière suppose la seule conscience de son auteur de se soustraire à ses obligations comptables légales ; elle n'exige pas la preuve que le prévenu a eu la volonté soit d'éviter ou de retarder la constatation de l'état de cessation des paiements, soit d'affecter la consistance de l'actif disponible dans des conditions de nature à placer l'intéressé dans l'impossibilité de faire face au passif exigible. • Crim. 25 nov. 2020, n° 19-85.205 P : *D. 2021. Pan. 1650, obs. Mascala ; Rev. sociétés 2021. 386, note Matsopoulou ; AJ pénal 2021. 90, obs. Sordino ; RTD com. 2021. 211, obs. Bouloc ; JCP E 2021. 1191, n° 22, obs. Tehrani ; LEDEN 1/2021. 5, obs. Maraud ; APC 2021, n° 26, obs. Besse ; BJE 1-2/2021. 46, note Lasserre Capdeville ; Dr. sociétés 2021, n° 29, note R. Salomon ; BJS 3/2021. 41, note Perrier ; RJDA 2021, n° 252 ; Gaz. Pal. 13 avr. 2021, p. 80, obs. Ghelfi.*

27. Complicité de banqueroute. BIBL. Kœring-Joulin, *D. 1980. Chron. 231.* – Mouly, *D. 1984. Chron. 32.* – Letartre, *Rev. dr. bancaire 1988. 192.* ♦ Ne justifie pas sa décision de relaxe du chef de complicité de banqueroute, la cour d'appel qui constate que le banquier poursuivi de ce chef a notifié à une personne morale l'interdiction d'émettre des chèques, puis a laissé le dirigeant social virer des fonds sociaux sur un compte personnel sur lequel des chèques ont ensuite été émis en méconnaissance de l'art. 65-4 du Décr. du 30 oct. 1935. • Crim. 9 oct. 1989, n° 89-80.160 P : *D. 1990. Somm. 120, obs. Cabrillac ; Rev. sociétés 1990. 279, note Bouloc.* ♦ Comp., pour l'absence de complicité, dès lors que les frais financiers étaient normaux et que la banque ignorait le caractère de complaisance d'un effet escompté : • Crim. 13 nov. 1989 : *RPC 1990. 287, obs. Devèze.*

La complicité du banquier n'est établie que si la démonstration est faite qu'il connaissait pertinemment l'état de cessation des paiements du débiteur, le caractère ruineux du crédit, ainsi que la volonté du débiteur de retarder le dépôt de bilan ; il est nécessaire que le banquier ait eu une conscience infractionnelle et qu'il ait décidé de s'associer en connaissance de cause aux manœuvres du débiteur. • Saint-Denis de La Réunion, 17 déc. 1998 : *D. 1999. 609, note D.-R. Martin.* – Dans le même sens, V. • Paris, 14 févr. 2000 : *D. 2002. Somm. 205, obs. Sortais ; RTD com. 2001. 238, obs. Mascala.*

Pour la condamnation d'un avocat qui avait prêté main forte au débiteur pour dissimuler aux créanciers le produit de la vente d'un immeuble, *V. • Crim. 29 mars 2000 : préc. note 13.*

Sur la relaxe d'un expert-comptable débutant, faute d'élément intentionnel, • Paris, 26 oct. 1994 : *Dr. sociétés 1995, n° 77, obs. Chaput.* ♦ ... D'un administrateur judiciaire, poursuivi du chef de complicité de banqueroute par détournement d'actifs, V. • Crim. 12 juin 2003 : *cité par Soinne, RPC 2003. 283 ; Gaz. Pal. 12-14 sept. 2003, p. 4.*

V. aussi • Crim. 21 mars 2001 : *APC 2001, n° 145.*

28. Le principe de l'égalité des créanciers ne s'oppose pas à leur action individuelle contre les complices du banqueroutier qui ne font pas eux-mêmes l'objet d'une procédure collective et dont le patrimoine n'est pas en conséquence le gage de l'ensemble des créanciers. • Crim. 11 oct. 1993, n° 92-81.260 P : *D. 1994. IR 18 ; RJDA 1994, n° 102.*

29. Sur la condamnation civile du complice de banqueroute, V. • Douai, 14 déc. 2004 : *D. 2005. AJ 358, obs. Lienhard.*

30. Action civile des créanciers. V. notes 3 s. ss. art. L. 654-17.

31. Recel de banqueroute. En obtenant le versement d'honoraires anormalement élevés sans rapport avec les prestations fournies à une société pour laquelle il devait mettre au point le plan de reprise d'activités par le même dirigeant, le prévenu, qui se prétend professionnel des procédures collectives, s'est rendu coupable du délit de recel de banqueroute dès lors qu'il lui appartenait, par des vérifications comptables sommaires, de vérifier que la société débitrice n'était pas en état virtuel de cessation des paiements. • Paris, 25 oct. 1993 : *Dr. sociétés 1994, n° 53, obs. Chaput.*

32. Sont coupables de recel de détournement d'actif les prévenus qui ont acheté des marchandises à une société en état de cessation des paiements, alors, qu'en tant que professionnels, ils ne pouvaient ignorer ni la situation irrémédiablement compromise de la société, ni le caractère dérisoire du prix payé. • Paris, 21 févr. 1995 : *Dr. sociétés 1995, n° 123, obs. Chaput.*

V. note 5 ss. art. L. 654-6.

33. Tentative. Aucune disposition légale ne réprime la tentative de banqueroute. • Crim. 7 avr. 1998 : *Rev. sociétés 1998. 624, note Bouloc.*

34. Jugement d'ouverture non définitif. Justifie sa décision la cour d'appel qui, pour déclarer un prévenu coupable de banqueroute par détournement ou dissimulation d'actifs, relève qu'il importe peu que les pourvois en cassation formés par celui-ci contre les arrêts ayant ouvert la procédure de redressement judiciaire et converti cette procédure en liquidation judiciaire soient pendants devant la Cour de cassation dès lors que la procédure collective était exécutoire au moment des détournements et que l'ouverture d'une procédure collective n'est qu'une condition préalable à l'exercice de l'action publique. • Crim. 24 mars 2010, n° 09-84.599 P : *D. 2010. Actu. 1204, obs. Lienhard ; D. 2011. Pan. 1865, obs. Mascala ; Rev. sociétés 2010. 407, obs. Roussel Galle ; ibid. 464, note Matsopoulou ; JCP E 2010. 1742, n° 13, obs.*

Pétel ; LEDEN 6/2010. 7, obs. Rubellin ; APC 2010, n° 166, obs. Cerf-Hollender ; Gaz. Pal. 2-3 juill. 2010, p. 43, obs. Robaczewski. ♦ V. aussi note 7.

35. Rapport avec l'abus de biens sociaux. BIBL. Sordino, *Mél. Cabrillac, Dalloz-Litec, 1999. p. 698.* ♦ En ce sens que les qualifications d'abus de biens sociaux et de banqueroute sont exclusives l'une de l'autre et que seule la banqueroute doit être prononcée lorsque les faits poursuivis ont été commis après la date de cessation des paiements, V. • Crim. 27 oct. 1999 : *RJDA 2000, n° 284 ; JCP E 2000, n° 26, p. 1045, note J.-H. Robert* • 30 juin 2004 : *JCP E 2004, n° 50, p. 1978, note J.-H. Robert ; RSC 2004. 895, obs. Rebut ; Dr. sociétés 2005, n° 18, note R. Salomon (1re esp.)* • 6 juin 2007 : *Rev. sociétés 2008. 405, note Bouloc*. ♦ V. aussi note 6.

Art. L. 654-3 La banqueroute est punie de cinq ans d'emprisonnement et de 75 000 € d'amende.

(Abrogé par Ord. n° 2008-1345 du 18 déc. 2008, art. 141) ***« Encourent les mêmes peines les complices de banqueroute, même s'ils n'ont pas la qualité de commerçant, d'agriculteur ou d'artisan ou ne dirigent pas, directement ou indirectement, en droit ou en fait, une personne morale de droit privé »*** *(Abrogé par L. n° 2005-845 du 26 juill. 2005, art. 142-II)* ***« ayant une activité économique ».*** — *[C. com., anc. art. L. 626-3.]*

Complicité. V. note 27 ss. art. L. 654-2.

Art. L. 654-4 Lorsque l'auteur ou le complice de banqueroute est un dirigeant *(Ord. n° 2017-1107 du 22 juin 2017, art. 15-3°, en vigueur le 3 janv. 2018)* « d'un » prestataire de services d'investissement, les peines sont portées à sept ans d'emprisonnement et 100 000 € d'amende.

Art. L. 654-5 Les personnes physiques coupables des infractions prévues par les articles L. 654-3 et L. 654-4 encourent également les peines complémentaires suivantes :

1° L'interdiction des droits civiques, civils et de famille, suivant les modalités de l'article 131-26 du code pénal ;

2° *(L. n° 2008-776 du 4 août 2008, art. 71-I, 2°)* « L'interdiction, suivant les modalités prévues par l'article 131-27 du code pénal, soit d'exercer une fonction publique ou d'exercer l'activité professionnelle ou sociale dans l'exercice ou à l'occasion de l'exercice de laquelle l'infraction a été commise, soit d'exercer une profession commerciale ou industrielle, de diriger, d'administrer, de gérer ou de contrôler à un titre quelconque, directement ou indirectement, pour son propre compte ou pour le compte d'autrui, une entreprise commerciale ou industrielle ou une société commerciale. Ces interdictions d'exercice peuvent être prononcées cumulativement ; »

3° L'exclusion des marchés publics pour une durée de cinq ans au plus ;

4° L'interdiction, pour une durée de cinq ans au plus, d'émettre des chèques autres que ceux qui permettent le retrait de fonds par le tireur auprès du tiré ou ceux qui sont certifiés ;

5° L'affichage ou la diffusion de la décision prononcée dans les conditions prévues par l'article 131-35 du code pénal. — *[C. com., anc. art. L. 626-5.]*

Pour la conformité à la Constitution de l'art. L. 654-5, 2°, dans sa rédaction issue de la L. n° 2008-776 du 4 août 2008, V. • Cons. const. 29 sept. 2016, n° 2016-573 QPC : *cité note 1 ss. art. L. 654-6.* ♦ Le juge pénal ne peut prononcer la peine complémentaire d'interdiction de gérer en répression de faits de banqueroute commis antérieurement à l'entrée en vigueur de la L. n° 2008-776 du 4 août 2008. • Crim. 18 mars 2020, n° 18-84.214 : *Rev. sociétés 2021. 124, note Bouloc ; Dr. sociétés 2020, n° 87, note R. Salomon ; BJE 7-8/2020. 29, note Lasserre Capdeville.*

Art. L. 654-6 *(Abrogé par Cons. const. n° 2016-573 QPC du 29 sept. 2016, à compter du 1er oct. 2016) (L. n° 2005-845 du 26 juill. 2005, art. 143)* ***La juridiction répressive qui reconnaît l'une des personnes mentionnées à l'article L. 654-1 coupable de banqueroute peut, en outre,*** *(Ord. n° 2008-1345 du 18 déc. 2008, art. 142)* ***« dans les conditions prévues au premier alinéa de l'article L. 653-11, » prononcer soit la faillite personnelle de celle-ci, soit l'interdiction prévue à l'article L. 653-8, à moins qu'une juridiction civile ou commerciale ait déjà prononcé une telle mesure par une décision définitive*** *(Ord. n° 2008-1345 du 18 déc. 2008, art. 142)* ***« prise à l'occasion des mêmes faits ».***

Sur le relèvement des déchéances, interdictions ou incapacités prononcées en application de l'art. L. 654-6 ci-dessus, V. C. pr. pén., art. 702-1. — ***C. pr. pén.***

1. Inconstitutionnalité de l'art. L. 654-6. Pour l'inconstitutionnalité de l'art. L. 654-6 dans sa rédaction issue de l'Ord. n° 2008-1345 du 18 déc. 2008, en ce qu'il méconnaît le principe d'égalité devant la loi, V. • Cons. const. 29 sept. 2016, n° 2016-573 QPC : *D. 2017. Pan. 1881, obs. Mascala ; Rev. sociétés 2016. 755, note Matsopoulou ; ibid. 770, obs. Roussel Galle ; JCP E 2016. 1632, note Cerf-Hollender ; LEDEN 11/2016. 5, obs. Lasserre Capdeville ; BJS 2016. 738, note Saintourens ; RJDA 2017, n° 40 ; Dr. sociétés 2017, n° 15, note R. Salomon ; Gaz. Pal. 10 janv. 2017, p. 80, obs. Robaczewski ; RPC 2017, n° 91, obs. Martin-Serf.* ♦ Pour un arrêt tirant les conséquences de cette déclaration d'inconstitutionnalité, V. • Crim. 22 nov. 2017, n° 16-83.549 P : *D. 2018. Pan. 1728, obs. Mascala ; Rev. sociétés 2018. 523, note Bouloc ; RSC 2018. 433, obs. Matsopoulou ; Dr. sociétés 2018, n° 15, note R. Salomon ; BJE 2018. 120, note Lasserre Capdeville ; RJDA 2018, n° 164 ; RPC 2018, n° 81, obs. Boustani.*

2. Pouvoir du juge. L'impossibilité pour la juridiction pénale de prononcer une mesure de faillite personnelle ou d'interdiction de gérer, lorsqu'une juridiction civile ou commerciale a déjà prononcé une telle mesure par une décision définitive, édictée par l'art. L. 654-6, issu de la loi du 26 juill. 2005, ne s'applique que si cette décision a été prise à l'occasion des mêmes faits. • Crim. 31 oct. 2007 : *D. 2007. AJ 3074, obs. Lienhard ; D. 2008. Pan. 1579, obs. Mascala ; Dr. pénal 2008, n° 10, obs. J.-H. Robert ; Dr. sociétés 2008, n° 18, note R. Salomon ; Gaz. Pal. 23-24 janv. 2008, p. 75, obs. Robaczewski ; BJS 2008. 332, note Chilstein ; Rev. sociétés 2008. 165, note Matsopoulou .* ♦ Jurisprudence confirmée par l'art. L. 654-6 dans sa réd. issue de l'Ord. n° 2008-1345 du 18 déc. 2008.

3. Durée de la sanction. Pour l'application de l'art. L. 653-11, limitant la durée de la faillite personnelle et de l'interdiction de gérer à quinze ans, aux mesures de faillite personnelle et d'interdiction de gérer prononcées par le juge pénal en application de l'art. L. 654-6, V. • Crim. 8 nov. 2006 (3 arrêts), n° 05-85.271 P : *D. 2007. Pan. 1630, obs. Mascala ; ibid. 10, obs. Lienhard ; Dr. sociétés 2007, n° 17, note R. Salomon ; Gaz. Pal. 19-20 janv. 2007, p. 47, obs. Robaczewski ; APC 2007, n° 31, obs. Cerf-Hollender ; JCP E 2007. 1450, n° 16, obs. Pétel ; RPC 2007. 36, obs. Roussel Galle ; Defrénois 2007. 880, obs. Gibirila* • 19 févr. 2014 : *Dr. sociétés 2014, n° 110, note R. Salomon ; RJDA 2014, n° 660.* ♦ V. aussi, désormais, art. L. 654-6 dans sa réd. issue de l'Ord. n° 2008-1345 du 18 déc. 2008, rendant applicable l'art. L. 653-11, al. 1er. ♦ Comp., pour la jurisprudence antérieure, appliquant l'art. 131-27 C. pén. : • Crim. 8 janv. 2003, n° 02-85.555 P : *D. 2003. IR 807 ; RTD com. 2003. 379, obs. Mascala ; Dr. pénal 2003, n° 46, note Véron ; JCP E 2003, n° 24, p. 1001, note J.-H. Robert ; APC 2003, n° 94, obs. Cerf-Hollender. – V. Couvrat, RSC 2003. 598* • 25 janv. 2006 : *Dr. sociétés 2006, n° 96, note R. Salomon.* ♦ ... Et jugeant que l'art. L. 626-6 [ancien] n'impose nullement que la durée de l'interdiction soit limitée : • Crim. 25 févr. 2004, n° 03-84.357 P : *D. 2004. AJ 1085 ; APC 2004, n° 119, obs. Cerf-Hollender ; BJS 2004. 779, note F.-X. Lucas ; Dr. pénal 2004, n° 112, note J.-H. Robert ; Gaz. Pal. 12-14 sept. 2004, p. 7, obs. Sordino ; Rev. sociétés 2004. 917, note Bouloc .*

4. Complicité de banqueroute. La faillite personnelle ne peut être prononcée à l'égard d'une personne condamnée pour complicité de banqueroute qui n'était ni gérant de droit, ni gérant de fait de la société en redressement judiciaire. • Crim. 30 juin 2004 : *JCP E 2004, n° 50, p. 1978, note J.-H. Robert ; Dr. sociétés 2005, n° 18, note R. Salomon (1re esp.).*

5. Recel de banqueroute. La personne déclarée coupable de recel de banqueroute ne peut être condamnée à une interdiction de gérer ou administrer toute entreprise commerciale ou artisanale et toute personne morale, aucun texte ne prévoyant une telle peine pour le délit retenu. • Crim. 5 août 1998 : *JCP 1999. I. 151, n° 6, obs. J.-H. Robert ; Rev. sociétés 1999. 175, note Bouloc .*

Art. L. 654-7 *(Ord. n° 2008-1345 du 18 déc. 2008, art. 143)* **Les personnes morales déclarées responsables pénalement des infractions prévues par les articles L. 654-3 et L. 654-4 encourent les peines suivantes :**

1° L'amende, suivant les modalités prévues par l'article 131-38 du code pénal ;

2° Les peines mentionnées à l'article 131-39 du code pénal.

L'interdiction mentionnée au 2° de l'article 131-39 du code pénal porte sur l'activité dans l'exercice ou à l'occasion de l'exercice de laquelle l'infraction a été commise. – *[C. com., anc. art. L. 626-7.]*

BIBL. ▸ DUCOULOUX-FAVARD, *LPA 6 oct. 1993* (banqueroute par moyens ruineux et complicité des établissements financiers au regard du nouveau code pénal). – JONVILLE, *JCP N 1994. Prat.* 3053.

SECTION II DES AUTRES INFRACTIONS

Art. L. 654-8 *(L. n° 2005-845 du 26 juill. 2005, art. 144)* **Est passible d'un emprisonnement de deux ans et d'une amende de 30 000 € le fait :**

(Ord. n° 2008-1345 du 18 déc. 2008, art. 144) « 1° Pour toute personne mentionnée à l'article L. 654-1, de passer un acte ou d'effectuer un paiement en violation des dispositions de l'article L. 622-7 » ;

2° Pour toute personne mentionnée à l'article L. 654-1, d'effectuer un paiement en violation des modalités de règlement du passif prévues au plan de sauvegarde ou au plan de *(Ord. n° 2009-112 du 30 janv. 2009, art. 11-I)* « redressement ou » de faire un acte de disposition sans l'autorisation prévue par l'article L. 626-14 *(Abrogé par Ord. n° 2008-1345 du 18 déc. 2008, art. 144)* ***« ou de procéder à la cession d'un bien rendu inaliénable, dans le cadre d'un plan de cession, en application de l'article L. 642-10 »*** ; — *Les dispositions de l'Ord. n° 2009-112 du 30 janv. 2009 entrent en vigueur le 15 févr. 2009 (Ord. préc., art. 12).*

3° Pour toute personne, pendant la période d'observation ou celle d'exécution du plan de sauvegarde ou du plan de redressement, en connaissance de la situation du débiteur, de passer avec celui-ci l'un des actes mentionnés aux 1° et 2° ou d'en recevoir un paiement irrégulier ; — *[C. com., anc. art. L. 626-8.]*

(Ord. n° 2008-1345 du 18 déc. 2008, art. 144) « 4° Pour toute personne, de procéder à la cession d'un bien rendu inaliénable en application de l'article L. 642-10. »

BIBL. ► E. Le Corre, *Banque et Dr. 7-8/2004. 19* (éléments constitutifs de l'infraction de paiements interdits).

Art. L. 654-9 Est puni des peines prévues par les articles L. 654-3 à L. 654-5 le fait :

1° Dans l'intérêt des personnes mentionnées à l'article L. 654-1, de soustraire, receler ou dissimuler tout ou partie des biens, meubles ou immeubles de celles-ci, *(Ord. n° 2010-1512 du 9 déc. 2010, art. 6-7°)* « ces biens étant, si la personne est un entrepreneur individuel à responsabilité limitée *(L. n° 2022-172 du 14 févr. 2022, art. 5, en vigueur le 14 mai 2022)* « ou un entrepreneur individuel relevant du statut défini à la section III du chapitre VI du titre II du livre V », ceux du patrimoine visé par la procédure, » le tout sans préjudice de l'application de l'article 121-7 du code pénal ; — *Pour les dispositions transitoires de la L. n° 2022-172 du 14 févr. 2022, V. note ss. art. L. 611-13.*

2° Pour toute personne, de déclarer frauduleusement dans la procédure *(L. n° 2005-845 du 26 juill. 2005, art. 145)* « de sauvegarde, de redressement judiciaire » ou de liquidation judiciaire, soit en son nom, soit par interposition de personne, des créances supposées ;

(L. n° 2005-845 du 26 juill. 2005, art. 145) « 3° Pour toute personne exerçant une activité commerciale, artisanale, agricole ou toute autre activité indépendante, sous le nom d'autrui ou sous un nom supposé, de se rendre coupable d'un des faits prévus à l'article L. 654-14. » — *[C. com., anc. art. L. 626-9.]*

Art. L. 654-10 Le fait, pour le conjoint, les descendants ou les ascendants ou les collatéraux ou les alliés des personnes mentionnées à l'article L. 654-1, de détourner, divertir ou receler des effets dépendant de l'actif du débiteur soumis à une procédure *(L. n° 2005-845 du 26 juill. 2005, art. 146-I ; Ord. n° 2008-1345 du 18 déc. 2008, art. 145)* « de redressement judiciaire ou de liquidation judiciaire », est puni des peines prévues par l'article 314-1 du code pénal. — *[C. com., anc. art. L. 626-10.]*

Art. L. 654-11 Dans les cas prévus par les articles précédents, la juridiction saisie statue, lors même qu'il y aurait relaxe :

1° D'office, sur la réintégration dans le patrimoine du débiteur de tous les biens, droits ou actions qui ont été frauduleusement soustraits ;

2° Sur les *(L. n° 2005-845 du 26 juill. 2005, art. 146-II)* « dommages et intérêts » qui seraient demandés. — *[C. com., anc. art. L. 626-11.]*

Art. L. 654-12 I. — Est puni des peines prévues par l'article 314-2 du code pénal le fait, pour tout administrateur, mandataire judiciaire, liquidateur ou commissaire à l'exécution du plan *(Ord. n° 2016-727 du 2 juin 2016, art. 7, en vigueur le 1er janv. 2017)* « , y compris toute personne désignée en application des dispositions du premier alinéa du II de l'article L. 812-2 ou du III de ce même article » :

1° De porter volontairement atteinte aux intérêts des créanciers ou du débiteur soit en utilisant à son profit des sommes perçues dans l'accomplissement de sa mission, soit en se faisant attribuer des avantages qu'il savait n'être pas dus ;

2° De faire, dans son intérêt, des pouvoirs dont il disposait, un usage qu'il savait contraire aux intérêts des créanciers ou du débiteur.

II. — Est puni des mêmes peines le fait, pour tout administrateur, mandataire judiciaire, liquidateur, commissaire à l'exécution du plan ou toute autre personne, à l'exception *(Abrogé par L. n° 2005-845 du 26 juill. 2005, art. 146-III) « des contrôleurs et »* **des représentants des salariés, de se rendre acquéreur pour son compte, directement ou indirectement, de biens du débiteur ou de les utiliser à son profit, ayant participé à un titre quelconque à la procédure. La juridiction saisie prononce la nullité de l'acquisition et statue sur les** *(L. n° 2005-845 du 26 juill. 2005, art. 146-III)* **« dommages et intérêts » qui seraient demandés.** — *[C. com., anc. art. L. 626-12.] — V. note ss. art. L. 654-2.*

L'Ord. n° 2016-727 du 2 juin 2016 est applicable aux procédures ouvertes après son entrée en vigueur (Ord. préc., art. 25, al. 2).

BIBL. ▶ FREYRIA, *RPC 2000. 174* (notion de malversation).

A. ÉLÉMENTS CONSTITUTIFS DU DÉLIT

1. Élément intentionnel. L'élément intentionnel du délit de malversation résulte de la seule conscience qu'a le prévenu de porter atteinte aux intérêts des créanciers ou du débiteur, afin de satisfaire son intérêt personnel. • Crim. 13 janv. 2016, n° 14-87.624 : *Dr. sociétés 2016, n° 70, note R. Salomon.*

2. L'art. 207, al. 2 [C. com., art. L. 654-12, II], ne rend nullement nécessaire que soit rapportée la preuve de la conscience qu'aurait eue le prévenu de porter atteinte aux intérêts des créanciers, l'intérêt protégé par la loi pénale n'étant pas alors l'intérêt particulier des créanciers mais l'intérêt général qui exige que les juges consulaires et les mandataires de justice ne puissent se porter acquéreurs des biens du débiteur lorsqu'ils ont participé à la procédure. • Crim. 23 mai 1995 : *RPC 1996. 240, obs. Soinne.*

3. Délit de malversation. Sont constitutifs du délit de malversation les prélèvements opérés par le syndic, alors qu'il n'avait obtenu aucune autorisation des organes compétents. • Paris, 31 mai 1990 : *D. 1991. 35, note Fortin.* ♦ En revanche, l'incrimination prévue par l'art. 207 [C. com., art. L. 654-12] ne peut être retenue contre un syndic qui a cédé un stock de marchandises dans des conditions douteuses, dès lors que l'intéressé n'a pas utilisé à son profit les sommes qu'il a perçues dans l'accomplissement de sa mission, ni fait un usage abusif des pouvoirs dont il disposait. • Même arrêt.

4. La non-consignation, par le syndic à la liquidation des biens, des fonds perçus à l'occasion de sa mission, en méconnaissance des prescriptions légales ou réglementaires, et leur utilisation à son profit, sont constitutives du délit de malversation. • Crim. 5 juill. 1993, n° 92-82.799 P : *D. 1993. IR 240.*

Doit être déclaré coupable de malversation l'administrateur qui a créé et accueilli, dans ses locaux, des sociétés « de façade » destinées à dissimuler les liens l'unissant à ses subordonnés qui en étaient les gérants de fait, et entretenu, dans l'esprit des dirigeants des entreprises en difficulté à qui il les recommandait, une confusion sur la nature de ses fonctions, en ayant conscience qu'en confiant à des tiers une partie de son mandat, il provoquait l'accroissement des charges de ces entreprises, l'intervention de ces tiers ayant eu pour but et pour effet d'alléger la charge de travail de son étude, de réduire le poids de ses frais généraux pour recevoir, nets de charge, les frais et honoraires dont il pouvait solliciter le paiement en application des barèmes légaux, auprès desdites entreprises. • Crim. 26 sept. 2001, n° 00-86.525 P : *D. 2001. AJ 3198, obs. Lienhard ; D. 2002. Somm. 208, obs. Derrida ; JCP E 2002, n° 13, p. 573, note J.-H. Robert ; RTD com. 2002. 181, obs. Bouloc ; RSC 2002. 340, obs. Renucci ; RJ com. 2003. 76, note Gil ; RPC 2003. 119, obs. Soinne.*

5. Fait un usage de ses pouvoirs contraire aux intérêts du débiteur ou des créanciers, au sens de l'art. 207, al. 1 (2°) [C. com., art. L. 654-12, I (2°)], l'administrateur qui laisse sciemment et dans son intérêt s'éteindre la créance de la société administrée sur le dirigeant social en redressement judiciaire. • Crim. 29 sept. 1999 : *Dr. sociétés 2000, n° 72, obs. Chaput.*

6. Sur la nullité d'une ordonnance qui autorise la location à titre précaire d'un immeuble d'un débiteur en redressement judiciaire au profit d'un juge-commissaire de la procédure, V. • Paris, 31 mai 1988 : *D. 1988. IR 218.*

7. Délit d'acquisition des biens du débiteur. Constituent des biens du débiteur, au sens de l'art. 207 al. 2 [C. com., art. L. 654-12, II], tous les éléments actifs et passifs du patrimoine ; par conséquent, ne peuvent en être exclues les créances sur le débiteur et les actions ou parts sociales de la société en redressement judiciaire, qui ouvrent droit à une quote-part de l'actif en cas de liquidation. • Crim. 19 juin 1997, n° 96-83.274 P : *D. Affaires 1997. 1193 ; BJS 1997. 1047, note Le Cannu ; RPC 1998. 182, obs. Soinne ; Rev. sociétés 1998. 384, note Bouloc.* – V. l'arrêt de renvoi : • Paris, 10 nov. 1998 : *D. Affaires 1999. 220.*

V. aussi note 5 ss. art. L. 642-9.

8. En ce sens que constitue une participation à

la procédure, au sens de l'art. 207 [C. com., art. L. 654-12], le fait, pour un juge consulaire, de participer au jugement d'ouverture de la procédure collective, V. • Crim. 30 juin 1999, n° 97-85.764 P : *D. Affaires 1999. 1290, obs. A. L. ; APC 1999, n° 209, obs. Vallansan ; Rev. sociétés 2000. 553, note Bouloc*.

9. Pour la condamnation, sur le fondement de l'art. 207, al. 2, [C. com., art. L. 654-12, II], d'un administrateur qui avait acquis, par l'intermédiaire d'un prête-nom, 10 % des actions de la société administrée, V. • Crim. 29 sept. 1999 : *préc. note 5*.

10. L'expert comptable de la société en liquidation judiciaire, n'étant ni un organe de la procédure ni une personne mandatée pour y intervenir, ne peut être déclaré coupable de malversation sur le fondement de l'art. L. 626-12 [L. 654-12] (II) C. com. • Crim. 15 déc. 2004, n° 04-81.207 P : *D. 2005. AJ 567, obs. Lienhard ; APC 2005, n° 62, obs. Saintourens ; Dr. pénal 2005, n° 46, note J.-H. Robert ; Gaz. Pal. 29-30 avr. 2005, p. 54, obs. Robaczewski ; BJS 2005. 567, note J.-F. Barbièri ; RSC 2005. 316, obs. Rebut*.

11. Complicité. Est punissable le syndic qui se rend complice de l'acquisition d'un élément de l'actif du débiteur par une société dans laquelle son collaborateur était majoritaire. • Paris, 31 mai 1990 : *préc. note 3.* ♦ V. aussi, pour la complicité d'un administrateur pour n'avoir pas joint le K-*bis* de la société candidate à la reprise à sa requête au juge-commissaire pour qu'il autorise la cession à forfait, • Crim. 23 mai 1995 : *préc. note 2.*

Pour un arrêt ayant retenu la complicité de malversation d'un magistrat, juge-commissaire et président de la formation ayant accordé la cession des actifs de la société en redressement judiciaire, pour ne pas s'être opposé à une manœuvre dont il connaissait le caractère frauduleux, V. • Crim. 30 juin 1999 : *préc. note 8.*

B. DROIT TRANSITOIRE

12. Référence au nouveau code pénal. Il se déduit de l'art. 207 ancien, selon lequel les malversations incriminées par cet art. sont punies « des peines prévues par le 2e alinéa de l'art. 408 du code pénal », que le législateur a, quant à la répression, entendu assimiler ces malversations aux faits d'abus de confiance définis par ce second texte. Il s'ensuit que les dispositions de l'art. 408, al. 2, ayant été reprises, à compter du 1er mars 1994, à l'art. 314-2 du code pénal, les peines prévues par ce texte ont, dès cette date, été applicables au délit prévu par l'art. 207 [devenu C. com., art. L. 654-12]. • Crim. 30 juin 1998 : *D. 1998. IR 225 ; D. Affaires 1998. 1645, obs. A. L. ; Rev. sociétés 1999. 166, note Bouloc* • 30 juin 1999, n° 97-85.764 P : *D. Affaires 1999. 1290, obs. A. L. ; RPC 2000. 74, obs. Soinne ; Rev. sociétés 2000. 553, note Bouloc*.

Art. L. 654-13 Le fait, pour le créancier, après le jugement ouvrant la procédure *(L. n° 2005-845 du 26 juill. 2005, art. 163)* « de sauvegarde, de redressement judiciaire » ou de liquidation judiciaire, de passer une convention comportant un avantage particulier à la charge du débiteur est puni des peines prévues par l'article 314-1 du code pénal.

La juridiction saisie prononce la nullité de cette convention. — *[C. com., anc. art. L. 626-13.]*

Art. L. 654-14 Est puni des peines prévues aux articles L. 654-3 à L. 654-5 le fait, pour les personnes mentionnées aux 2° et 3° de l'article L. 654-1, de mauvaise foi, en vue de soustraire tout ou partie de leur patrimoine aux poursuites de la personne morale qui a fait l'objet d'un jugement d'ouverture *(L. n° 2005-845 du 26 juill. 2005, art. 163)* « de sauvegarde, de redressement judiciaire » ou de liquidation judiciaire ou à celles des associés ou des créanciers de la personne morale, de détourner ou de dissimuler, ou de tenter de détourner ou de dissimuler, tout ou partie de leurs biens, ou de se faire frauduleusement reconnaître débitrice de sommes qu'elles ne devaient pas. — *[C. com., anc. art. L. 626-14.]*

(Ord. n° 2010-1512 du 9 déc. 2010, art. 6-8°) « Est puni des mêmes peines le fait, pour l'entrepreneur individuel à responsabilité limitée *(L. n° 2022-172 du 14 févr. 2022, art. 5, en vigueur le 14 mai 2022)* « ou un entrepreneur individuel relevant du statut défini à la section III du chapitre VI du titre II du livre V » qui a fait l'objet d'un jugement d'ouverture d'une procédure de sauvegarde, de redressement judiciaire ou de liquidation judiciaire à raison d'une activité à laquelle un patrimoine est affecté *(L. n° 2022-172 du 14 févr. 2022, art. 5, en vigueur le 14 mai 2022)* « ou à raison d'une ou de plusieurs activités professionnelles de l'entrepreneur individuel relevant du statut défini à la même section III », de mauvaise foi, en vue de se soustraire au paiement d'une condamnation susceptible d'être prononcée ou déjà prononcée en application du deuxième alinéa de l'article L. 651-2, de détourner ou de dissimuler, ou de tenter de détourner ou de dissimuler, tout ou partie des biens de son patrimoine non affecté *(L.*

nº 2022-172 du 14 févr. 2022, art. 5, en vigueur le 14 mai 2022) **« ou de son patrimoine personnel pour l'entrepreneur individuel relevant du statut défini à la section III du chapitre VI du titre II du livre V », ou de se faire frauduleusement reconnaître sur ce dernier débiteur de sommes qu'il ne devait pas. »**

Pour les dispositions transitoires de la L. nº 2022-172 du 14 févr. 2022, V. note ss. art. L. 611-13.

Art. L. 654-15 **Le fait, pour toute personne, d'exercer une activité professionnelle ou des fonctions en violation des interdictions, déchéances ou incapacité prévues par les articles L. 653-2 et L. 653-8, est puni d'un emprisonnement de deux ans et d'une amende de 375 000 €.** – *[C. com., art. L. 627-4.]*

Sur le fichier national automatisé des interdits de gérer, V. art. L. 128-1 s. et R. 128-1 s.

1. Droit transitoire. Justifie sa décision de condamner un prévenu poursuivi pour avoir, courant 2005, exercé la gestion d'une société, en violation d'une interdiction de gérer prononcée le 11 déc. 1979 par un tribunal de commerce, la cour d'appel qui relève que la commission des éléments constitutifs de l'infraction poursuivie est antérieure au 27 juill. 2005 et que les dispositions de l'art. L. 627-4 [ancien] C. com., applicable au moment des faits, incriminant le délit de violation d'une interdiction de gérer, ont été reprises, par la loi du 26 juill. 2005, à l'art. L. 654-15 C. com., et dès lors que l'art. 190 de ladite loi a mis fin, sans rétroactivité, aux peines d'interdiction de gérer prononcées plus de quinze ans avant sa date de publication. • Crim. 19 sept. 2007 : *D. 2007. AJ 2810, obs. Lienhard ; D. 2008. Pan. 1575, obs. Mascala ; JCP E 2008. 1474, note Delattre.*

2. L'art. 216 [C. com., ancien art. L. 627-4] est applicable à la violation, commise après le 1er janv. 1986, d'une interdiction de gérer prononcée antérieurement sur le fondement des art. 105 à 109 de la loi du 13 juill. 1967, dès lors que tous les éléments constitutifs de l'infraction sont postérieurs à la date d'entrée en vigueur de la loi du 25 janv. 1985. • Crim. 10 nov. 1999 : *D. 2000. AJ 85 ; APC 2000, nº 70, obs. Regnaut-Moutier ; Rev. sociétés 2000. 568, note Bouloc .*

3. Sanction civile. Les actes accomplis par un dirigeant social sous le coup d'une faillite personnelle ne sont pas affectés dans leur validité tant que les organes sociaux délibérants n'ont pas tiré les conséquences de la sanction personnelle frappant le dirigeant ou que la cessation des fonctions de ce dirigeant, sans préjudice d'une démission toujours possible, ne résulte d'une application des dispositions de l'art. 193 [C. com., art. L. 653-9]. • Paris, 9 oct. 1998 : *D. Affaires 1998. 1813, obs. A. L. ; RJ com. 1999. 170, note Pétel.*

4. Direction d'une société étrangère. Pour l'application de l'art. L. 627-4 [L. 654-15] C. com. au dirigeant français d'une société étrangère, V. • Douai, 22 sept. 2005 : *cité note 2 ss. art. L. 653-2.*

SECTION III DES RÈGLES DE PROCÉDURE

Art. L. 654-16 **Pour l'application des dispositions des sections I et II du présent chapitre, la prescription de l'action publique ne court que du jour du jugement** *(L. nº 2005-845 du 26 juill. 2005, art. 146-IV)* **« ouvrant la procédure de sauvegarde, de redressement judiciaire ou de liquidation judiciaire » lorsque les faits incriminés sont apparus avant cette date.** – *[C. com., art. L. 626-15.]*

1. Lorsque le détournement d'actif constitutif du délit de banqueroute (art. L. 654-2) a été réalisé postérieurement au jugement ouvrant une procédure de sauvegarde, de redressement ou de liquidation judiciaire, le délai de prescription court, en application de l'art. 8 C. pr. pén., dans sa rédaction antérieure à la L. nº 2017-242 du 27 févr. 2017, à compter de la date de commission des faits, sauf s'il est établi que l'infraction a été délibérément dissimulée. • Crim. 25 nov. 2020, nº 19-85.091 P : *D. 2021. Pan. 1651, obs. Mascala ; Rev. sociétés 2021. 390, note Matsopoulou ; AJ pénal 2021. 90, obs. Sordino ; RTD com. 2021. 212, obs. Bouloc ; Dr. sociétés 2021, nº 14, note R. Salomon ; APC 2021, nº 41, obs. Cerf-Hollender ; RJDA 2021, nº 185 ; Gaz. Pal. 13 avr. 2021, p. 78, obs. Ghelfi ; RPC 2021, nº 110, obs. Boustani-Aufan.*

2. Le point de départ de la prescription de l'action publique du délit de malversation [C. com., art. L. 654-12, I] doit être fixé au jour où l'infraction est apparue et a pu être constatée dans les conditions permettant l'exercice de l'action publique. • Crim. 9 févr. 2005, nº 03-85.508 P : *D. 2005. AJ 1152, obs. Lienhard ; Dr. pénal 2005, nº 80, note J.-H. Robert.*

3. Sur le point de départ de la prescription du délit d'acquisition des biens du débiteur visé à l'art. L. 626-12 [L. 654-12] (II) C. com., V. • Crim. 19 févr. 2003 : *Dr. pénal 2003, nº 88, note J.-H. Robert.*

Art. L. 654-17 **La juridiction répressive est saisie soit sur la poursuite du ministère public, soit sur constitution de partie civile de l'administrateur, du mandataire judiciaire, du représentant des salariés, du commissaire à l'exécution du plan** *(L. n° 2005-845 du 26 juill. 2005, art. 146-V)* **« , du liquidateur ou de la majorité des créanciers nommés contrôleurs agissant dans l'intérêt collectif des créanciers lorsque le mandataire de justice ayant qualité pour agir n'a pas agi, après une mise en demeure restée sans suite dans un délai et des conditions fixés par décret en Conseil d'État. »** – *[C. com., anc. art. L. 626-16.]* – *V. art. R. 654-1.*

1. Ordre des poursuites. L'art. L. 626-16 [L. 654-17] C. com. n'impose pas, comme condition de validité des poursuites engagées par le procureur de la République, leur antériorité à toute constitution de partie civile. • Crim. 11 avr. 2002, n° 02-80.778 P : *D. 2002. AJ 2258* ; *Rev. sociétés 2002. 561, note Bouloc* .

2. Mise en mouvement de l'action publique. Seules peuvent mettre en mouvement l'action publique en matière de banqueroute les personnes limitativement énumérées par l'art. 211 [C. com., art. L. 654-17]. • Crim. 20 févr. 1997, n° 96-81.201 P : *RJDA 1997, n° 967.* ♦ Le débiteur, exclu de l'énumération limitative de l'art. L. 654-17 C. com., n'a pas qualité pour mettre en mouvement l'action publique, par voie de citation directe, du chef de malversation. • Crim. 10 mars 2010, n° 09-82.063 P : *D. 2010. 2758, note Bouloc* ; *Dr. sociétés 2010, n° 152, note R. Salomon ; Gaz. Pal. 2-3 juill. 2010, p. 45, obs. Robaczewski.* ♦ Toutefois, l'irrégularité résultant de l'ouverture d'une information du chef de banqueroute sur plainte avec constitution de partie civile d'une personne autre que celles désignées à cet art. est couverte par l'ordonnance de renvoi devant le tribunal correctionnel et ne peut plus être invoquée devant les juges du fond. • Crim. 5 mai 1997, n° 96-81.482 P : *Rev. sociétés 1998. 127, note Bouloc* .

3. Ouverture de l'action civile. BIBL. Matsopoulou, *JCP 1998. I. 164.* ♦ Si l'art. L. 654-17 n'interdit pas aux créanciers de se constituer partie civile par voie d'intervention, c'est à la condition que soit invoqué, par la partie intervenante, un préjudice distinct du montant de sa créance déclarée dans la procédure collective ouverte contre son débiteur et résultant directement de l'infraction. • Crim. 17 juin 2014, n° 13-83.288 P : *D. 2014. Actu. 1373* ; *Rev. sociétés 2015. 195, note Bouloc* ; *RSC 2015. 334, obs. Matsopoulou* ; *JCP E 2014. 1410, n° 22, obs. R. Salomon ; LEDEN 9/2014. 7, obs. Lasserre Capdeville ; Gaz. Pal. 5-7 oct. 2014, p. 45, obs. Robaczewski ; BJE 2014. 320, note Sordino ; RJDA 2015, n° 36.* – V. déjà • Crim. 11 oct. 1993, n° 92-81.260 P : *D. 1994. IR 18 ; Rev. sociétés 1994. 303, note Bouloc* . ♦ V. not., jugeant recevable la constitution de partie civile de dirigeants de sociétés en redressement judiciaire des chefs de malversation et prise illégale d'intérêts. • Crim. 26 sept. 2001, n° 01-84.565 P : *D. 2001. AJ 3621* . ♦ Sur la notion de « préjudice particulier », • Crim. 17 nov. 2004 : *D. 2005. AJ 566, obs. Lienhard* ; *Dr. sociétés 2005, n° 58, note R. Salomon ; Rev. sociétés 2005. 433, note Bouloc* .

4. Le dirigeant d'une société doit répondre sur son patrimoine personnel des conséquences de ses agissements délictueux, notamment de banqueroute, dans la mesure où il n'est ni établi, ni même allégué, que la liquidation judiciaire lui ait été étendue ou qu'il ait été condamné au comblement du passif social (à propos d'un préjudice moral). • Crim. 30 mai 1994 : *BJS 1994. 1205, note Daigre ; RPC 1996. 137, obs. Mascala.* ♦ Comp., sur la compatibilité de l'action civile pour banqueroute et de l'action en comblement du passif : note 84 ss. anc. art. L. 651-2.

5. Si, en cas de poursuites pour banqueroute, le créancier ne peut obtenir devant la juridiction répressive le montant de sa créance, il conserve le droit de demander réparation du préjudice particulier résultant de l'infraction à toutes les personnes étrangères à la procédure collective. • Crim. 14 févr. 1994, n° 93-81.537 P : *RJDA 1994, n° 590.* ♦ V. aussi note 12 ss. art. L. 622-21.

6. Pour la recevabilité de la constitution de partie civile du commissaire à l'exécution du plan, V. • Crim. 17 nov. 2004 : *préc. note 3.* ♦ V. aussi note 18 ss. art. L. 626-25.

7. L'agent judiciaire du Trésor [devenu l'agent judiciaire de l'État] ne figure pas au nombre des personnes que l'art. L. 654-17 autorise seules, par dérogation à l'art. 2 C. pr. pén., à se constituer partie civile du chef de banqueroute. • Crim. 28 févr. 2006, n° 05-83.461 P : *D. 2006. 2145, note Jacopin* ; *ibid. AJ 1456, obs. Lienhard* ; *Rev. sociétés 2006. 389, note Bouloc* ; *Dr. sociétés 2006, n° 95, note R. Salomon ; APC 2006, n° 120, obs. Cerf-Hollender ; Gaz. Pal. 14-18 juill. 2006, p. 53, obs. Robaczewski ; BJS 2006. 1035, note Mascala.*

8. Pour l'irrecevabilité de la constitution de partie civile : de l'AGS, V. • Crim. 7 mars 2012, n° 11-83.005 P : *D. 2012. Actu. 734* ; *RTD com. 2012. 855, obs. Bouloc* ; *Dr. sociétés 2012, n° 90, note R. Salomon ; Gaz. Pal. 27-28 avr. 2012, p. 46, obs. Robaczewski ; LEDEN 5/2012. 7, obs. Lasserre Capdeville ; BJE 2012. 229, note Sordino.* ♦ ... D'un syndicat de salariés, V. • Crim. 27 oct. 1999 : *RJDA 2000, n° 285.*

9. Évaluation du préjudice. Le préjudice subi par les créanciers résulte directement de la diminution de l'actif et est nécessairement égal à la valeur du bien frauduleusement soustrait. • Crim.

13 mars 1995, ⚖ n° 94-81.418 P : *D. 1995. IR 147.* ♦ Aucune disposition de la loi ne permet de réduire, en raison de la négligence de la victime, le montant des réparations civiles dues par l'auteur d'une infraction intentionnelle contre les biens. • Crim. 20 mars 1995, ⚖ n° 94-82.163 P.

Sur la réparation de la perte d'une chance, V. : • Crim. 4 déc. 1997 : ⚖ *LPA 27 juill. 1998, p. 24, note Sordine.*

Sur le pouvoir souverain des juges du fond pour apprécier le préjudice, V. • Crim. 8 août 1995 : ⚖ *Dr. sociétés 1995, n° 243.*

10. Instruction. Doit être rejetée la demande tendant à l'annulation des actes de l'instruction portant sur des faits de banqueroute par emploi de moyens ruineux en raison du fait que le juge d'instruction n'avait pas été saisi de cette infraction, le réquisitoire introductif ne visant que la banqueroute par détournement d'actif, dès lors que la qualification des faits par le réquisitoire n'est que provisoire et indicative et que les pièces jointes à ce réquisitoire, soit en particulier, la plainte des créanciers, dénoncent bien des faits d'emploi de moyens ruineux pour se procurer des fonds. • Crim. 11 avr. 2002, ⚖ n° 02-80.778 P : *Rev. sociétés 2002. 561, note Bouloc* ✎ ; *APC 2002, n° 256, obs. Cerf-Hollender.*

11. De même, doit être rejetée la demande d'annulation du réquisitoire fondée sur la circonstance que le jugement ayant étendu la procédure de redressement judiciaire et le jugement ayant prononcé la liquidation judiciaire seraient réputés non avenus pour n'avoir pas été notifiés dans le délai prévu par l'art. 478 NCPC [C. pr. civ.] et qu'ainsi les faits de banqueroute, objet du réquisitoire, ne pourraient être constitués, dès lors qu'une telle circonstance est sans incidence sur la validité du réquisitoire et de la procédure ultérieure, l'ouverture du redressement judiciaire n'étant qu'une condition préalable à l'exercice de l'action publique. • Crim. 10 mars 2004, ⚖ n° 03-87.441 P : *D. 2004. AJ 1237* ✎ ; *RTD com. 2004. 608, obs. Mascala* ✎.

12. Impartialité du juge. Le fait que le juge d'instruction ait, antérieurement à sa désignation, participé au jugement d'ouverture de la procédure de redressement judiciaire, puis à la décision étendant cette procédure et enfin au jugement de liquidation n'est pas, en soi, de nature à faire naître un doute objectivement justifié sur l'impartialité du magistrat en cause. • Crim. 10 mars 2004 : ⚖ *préc. note 7* ✎.

Art. L. 654-18 **Le ministère public peut requérir de l'administrateur ou du liquidateur la remise de tous les actes et documents détenus par ces derniers.** — *[C. com., anc. art. L. 626-17.]*

Art. L. 654-19 **Les frais de la poursuite intentée par l'administrateur, le mandataire judiciaire, le représentant des salariés, le commissaire à l'exécution du plan ou le liquidateur sont supportés par le Trésor public, en cas de relaxe.**

En cas de condamnation, le Trésor public ne peut exercer son recours contre le débiteur qu'après la clôture des opérations de liquidation judiciaire. — *[C. com., anc. art. L. 626-18.]*

Art. L. 654-20 **Les jugements et arrêts de condamnation rendus en application du présent chapitre sont publiés aux frais du condamné.** — *[C. com., anc. art. L. 626-19.]*

TITRE SIXIÈME DES DISPOSITIONS GÉNÉRALES DE PROCÉDURE

CHAPITRE PREMIER DES VOIES DE RECOURS

RÉP. COM. v° *Entreprise en difficulté : procédure et organes*, par CAGNOLI.

BIBL. GÉN. ▸ Régime issu de l'ordonnance du 18 déc. 2008 : STAES, *RPC 2009. Dossier 5.* – FRICERO, *Gaz. Pal. 2009. Doctr. 751.* – RÉMERY, *JCP 2009. I. 129.* – VALLENS, *RTD com. 2009. 462* ✎ ; *ibid. 2019. 218* (la procédure collective en appel). – VALLANSAN et CAGNOLI, *RPC 2010. Étude 26.*

▸ Régime issu de la loi du 26 juill. 2005 : VALLENS, *RTD com. 2006. 219* ✎. – BALLU, *LPA 22 mai 2007.* – RÉMERY, *JCP E 2008. 1154* (l'appel dans la loi de sauvegarde des entreprises).

▸ Appel-nullité : DE LAJARTE-MOUKOKO, *BJE 2014. 53* (conditions d'ouverture) ; *ibid. 2015. 265* (modalités d'exercice) ; *ibid. 2018. 271* (effet suspensif). – V. aussi Bibl. précédant la note 17 ss. anc. art. L. 661-6.

Art. L. 661-1 *(Ord. n° 2008-1345 du 18 déc. 2008, art. 146)* **« I. — Sont susceptibles d'appel ou de pourvoi en cassation :**

« 1° Les décisions statuant sur l'ouverture des procédures de sauvegarde ou de redressement judiciaire de la part du débiteur, du créancier poursuivant et du ministère public ;

« 2° Les décisions statuant sur l'ouverture de la liquidation judiciaire de la part du débiteur, du créancier poursuivant, du comité *(Ord. n° 2021-1193 du 15 sept. 2021, art. 66, en vigueur le 1er oct. 2021)* « social et économique ou, dans les entreprises de moins de cinquante salariés, des membres de sa délégation du personnel » et du ministère public ;

« 3° Les décisions statuant sur l'extension d'une procédure de sauvegarde, de redressement judiciaire ou de liquidation judiciaire *(Ord. n° 2010-1512 du 9 déc. 2010, art. 7)* « ou sur la réunion de patrimoines » de la part du débiteur soumis à la procédure, du débiteur visé par l'extension, du mandataire judiciaire ou du liquidateur, de l'administrateur et du ministère public ;

« 4° Les décisions statuant sur la conversion de la procédure de sauvegarde en redressement judiciaire de la part du débiteur, de l'administrateur, du mandataire judiciaire et du ministère public ;

« 5° Les décisions statuant sur le prononcé de la liquidation judiciaire au cours d'une période d'observation de la part du débiteur, de l'administrateur, du mandataire judiciaire, du comité *(Ord. n° 2021-1193 du 15 sept. 2021, art. 66, en vigueur le 1er oct. 2021)* « social et économique ou, dans les entreprises de moins de cinquante salariés, des membres de sa délégation du personnel » et du ministère public ;

(Ord. n° 2021-1193 du 15 sept. 2021, art. 66, en vigueur le 1er oct. 2021) « 6° Les décisions statuant sur l'arrêté du plan de sauvegarde ou du plan de redressement de la part du débiteur, de l'administrateur, du mandataire judiciaire, du comité social et économique ou, dans les entreprises de moins de cinquante salariés, des membres de sa délégation du personnel et du ministère public, ainsi que les décisions prises sur le fondement de l'article L. 626-33 ; »

(L. n° 2015-990 du 6 août 2015, art. 238-II) « 6° *bis* Les décisions statuant sur la désignation d'un mandataire prévue au 1° de l'article L. 631-19-2 et sur la cession de tout ou partie de la participation détenue dans le capital prévue au 2° du même article, de la part du débiteur, de l'administrateur, du mandataire judiciaire, du comité *(Ord. n° 2021-1193 du 15 sept. 2021, art. 66, en vigueur le 1er oct. 2021)* « social et économique ou, dans les entreprises de moins de cinquante salariés, des membres de sa délégation du personnel » ou, à défaut, du représentant des salariés mentionné à l'article L. 621-4, des associés ou actionnaires parties à la cession ou qui ont refusé la modification du capital prévue par le projet de plan et des cessionnaires ainsi que du ministère public ; » — *Le 6 bis de l'art. L. 661-1 est applicable aux procédures de redressement judiciaire ouvertes à compter de la publication de la L. n° 2015-990 du 6 août 2015 (L. préc., art. 238-IV, JO 7 août).*

(Ord. n° 2021-1193 du 15 sept. 2021, art. 66, en vigueur le 1er oct. 2021) « 7° Les décisions statuant sur la modification du plan de sauvegarde ou du plan de redressement de la part du débiteur, du commissaire à l'exécution du plan, du comité social et économique ou, dans les entreprises de moins de cinquante salariés, des membres de sa délégation du personnel et du ministère public, ainsi que les décisions prises sur le fondement de l'article L. 626-33 ; »

« 8° Les décisions statuant sur la résolution du plan de sauvegarde ou du plan de redressement de la part du débiteur, du commissaire à l'exécution du plan, du comité *(Ord. n° 2021-1193 du 15 sept. 2021, art. 66, en vigueur le 1er oct. 2021)* « social et économique ou, dans les entreprises de moins de cinquante salariés, des membres de sa *délégation du personnel* », du créancier poursuivant et du ministère public. »

(L. n° 2005-845 du 26 juill. 2005, art. 147) « II. — L'appel du ministère public est suspensif, à l'exception de celui portant sur les décisions statuant sur l'ouverture de la procédure de sauvegarde ou de redressement judiciaire.

« III. — En l'absence de comité *(Ord. n° 2021-1193 du 15 sept. 2021, art. 66, en vigueur le 1er oct. 2021)* « social et économique », le représentant des salariés exerce les voies de recours ouvertes à ces institutions par le présent article. »

Pour les dispositions transitoires de l'Ord. n° 2021-1193 du 15 sept. 2021, V. note ss. art. L. 611-2.

V. art. R. 661-1 s.

Ancien art. L. 661-1 (I) *[réd. antérieure à Ord. n° 2021-1193 du 15 sept. 2021] [...]*

6° Les décisions statuant sur l'arrêté du plan de sauvegarde ou du plan de redressement de la part du débiteur, de l'administrateur, du mandataire judiciaire, du comité d'entreprise ou, à défaut, des délégués du personnel et du ministère public, ainsi que de la part du créancier ayant formé une contestation en application de l'article L. 626-34-1 ;

[...]

7° Les décisions statuant sur la modification du plan de sauvegarde ou du plan de redressement de la part du débiteur, du commissaire à l'exécution du plan, du comité d'entreprise ou, à défaut, des délégués du personnel** [du comité social et économique] **et du ministère public, ainsi que de la part du créancier ayant formé une contestation en application de l'article L. 626-34-1 ;

[...]

1. *Plan de sauvegarde ou de redressement.* L'art. L. 661-1, 6°, ouvre au débiteur tant l'appel que le pourvoi en cassation contre les décisions qui statuent sur l'arrêté d'un plan de redressement ; le débiteur est dès lors recevable à former un pourvoi en cassation contre l'arrêt ayant déclaré irrecevable son appel contre le jugement qui a, à la fois, rejeté son plan de redressement et arrêté un plan de cession. • Com. 23 oct. 2019, n° 18-17.926 P : *D. 2020. Pan. 1866, obs. Cagnoli ; RTD com. 2019. 1007, obs. Poujade ; JCP E 2019. 1551, n° 6, obs. Pétel ; BJE 1-2/2020. 22, note Vincent ; Dr. sociétés 2020, n° 13, note Legros ; RJDA 2020, n° 95 ; RPC 2020, n° 4, obs. Cagnoli.*

2. Un créancier n'est pas recevable à relever appel-nullité de la décision du tribunal statuant sur l'arrêté du plan de redressement. • Com. 2 oct. 2012 : *BJE 2013. 34, note de Lajarte-Moukoko ; Gaz. Pal. 18-19 janv. 2013, p. 28, obs. Lebel.* ♦ V. déjà, sous le régime antérieur, note 33 ss. anc. art. L. 661-1.

3. En application de l'art. L. 661-1, 8°, toute décision prononçant la résolution du plan est susceptible d'appel de la part du commissaire à l'exécution du plan, qui est donc irrecevable à en former tierce opposition. • Com. 29 nov. 2017, n° 16-18.138 P : *D. 2017. Actu. 2421 ; RTD com. 2018. 206, obs. Saint-Alary-Houin ; LEDEN 2/2018. 4, obs. Minet ; RJDA 2018, n° 161.*

4. *Extension de procédure.* Sur les modalités de l'appel interjeté par le débiteur contre la décision d'extension de la procédure pour confusion des patrimoines, V. note 3 ss. art. R. 661-6.

Ancien art. L. 661-1 (I) *[réd. antérieure à Ord. n° 2008-1345 du 18 déc. 2008]* ***Sont susceptibles d'appel ou de pourvoi en cassation :***

1° Les décisions statuant sur l'ouverture** (L. n° 2005-845 du 26 juill. 2005, art. 147) **« des procédures de sauvegarde, de redressement judiciaire et de liquidation judiciaire » de la part du débiteur, du créancier poursuivant ainsi que du ministère public même s'il n'a pas agi comme partie principale ;

2° Les décisions statuant sur la liquidation judiciaire, arrêtant ou rejetant le plan** (L. n° 2005-845 du 26 juill. 2005, art. 147) **« de sauvegarde ou le plan de redressement » de la part du débiteur, de l'administrateur, du mandataire judiciaire, du comité d'entreprise ou, à défaut, des délégués du personnel ainsi que du ministère public même s'il n'a pas agi comme partie principale ;

3° Les décisions modifiant le plan** (L. n° 2005-845 du 26 juill. 2005, art. 147) **« de sauvegarde ou le plan de redressement » de la part du débiteur, du commissaire à l'exécution du plan, du comité d'entreprise ou, à défaut des délégués du personnel ainsi que du ministère public même s'il n'a pas agi comme partie principale.

BIBL. ► Régime antérieur à la loi du 26 juill. 2005 : FRISON-ROCHE et GUILLOT, *LPA 30 sept. 1994* (effet suspensif des recours du ministère public). – RAHON, *Gaz. Pal. 2003. Doctr. 683* (appel des décisions de mise en liquidation judiciaire).

Jurisprudence antérieure à l'Ord. du 18 déc. 2008.

I. APPEL OU POURVOI EN CASSATION

A. OUVERTURE DE LA PROCÉDURE

1. Aucune disposition de la loi et de son décret d'application n'interdit que l'appel, interjeté par le débiteur, soit limité à la disposition concernant la date provisoire de la cessation des paiements. • Paris, 8 mars 1991 : *Gaz. Pal. 1991. 2. Somm. 426* • Colmar, 11 sept. 1991 : *RPC 1993. 53, obs. Liénard.* – V. aussi • Versailles, 6 mars 1997 : *Gaz. Pal. 1997. 2. Somm. 353.*

Seule une décision passée en force de chose irrévocablement jugée étant de nature à rendre l'appel du débiteur sans objet, viole l'art. 1351 [1355] C. civ. et l'art. 3 de la loi de 1985 [C. com., ancien art. L. 621-1] l'arrêt qui, pour dire sans objet l'appel relevé par un débiteur en redressement judiciaire, relève que le tribunal a « converti » le redressement judiciaire en liquidation judiciaire et retient que sa décision est exécutoire de plein droit, à titre provisoire. • Com. 3 déc. 1996, n° 94-18.789 P : *D. 1997. IR 26.* ♦ V. aussi • Com. 1er oct. 2002 : *RPC 2004. 45, obs. Lebel.*

Si, aux termes de l'art. 9 [C. com., art. L. 631-

8], al. 2, le débiteur ne peut agir à titre principal pour faire fixer la date de cessation des paiements, il peut se pourvoir en cassation contre un arrêt ayant statué sur une demande de report de cette date. • Com. 1er févr. 2000, n° 97-12.965 P : *D. 2000. AJ 128* ; *APC 2000, n° 57, obs. Vallansan* ; *LPA 1er juin 2001, p. 12, note Courtier.* ♦ N'ayant pas formé de recours contre le jugement de redressement judiciaire, qui a reporté la date de cessation des paiements de la société débitrice au 30 juin 1995, le cogérant de celle-ci n'est pas recevable à critiquer le chef de l'arrêt d'appel fixant à cette date la cessation des paiements, sur une demande de report dont le tribunal s'est saisi d'office. • Même arrêt.

Sur l'appel du débiteur de la décision d'extension pour confusion des patrimoines, V. note 16.

Faute d'appel à l'instance de l'administrateur judiciaire désigné, l'appel dirigé par le débiteur contre le jugement ayant ouvert son redressement judiciaire est irrecevable. • Com. 3 déc. 2003, n° 01-00.485 P : *Dr. sociétés 2004, n° 214, note Legros.* ♦ A défaut d'avoir été appelé à l'instance, l'administrateur judiciaire, par son intervention volontaire, permet la régularisation de la procédure. • Même arrêt.

2. L'art. L. 623-1, I, 1° [L. 661-1, 1°], réserve aux débiteur, créancier poursuivant et ministère public la possibilité de former un pourvoi contre les décisions statuant sur l'ouverture d'une procédure collective ; le liquidateur n'est donc pas recevable à se pourvoir contre un arrêt confirmant un jugement ayant dit n'y avoir lieu à ouverture d'une telle procédure. • Com. 18 mars 2014, n° 12-26.390 P : *D. 2014. Actu. 773* ; *APC 2014, n° 149, obs. Staes*; *RJDA 2014, n° 556* ; *RPC 2014, n° 95, obs. Cagnoli.*

3. Les anciens dirigeants d'une société dissoute par application de l'art. 1844-7 (7°), C. civ. ayant intérêt à titre personnel à contester le report de la date de cessation des paiements, l'administrateur judiciaire ne saurait prétendre que ces dirigeants n'ont plus qualité pour représenter les sociétés dissoutes alors qu'il a engagé son action sans prendre la précaution de faire désigner un mandataire *ad hoc*. • Versailles, 7 déc. 1995 : *D. 1996. IR 56.* ♦ Le droit de faire appel du jugement reportant la date de cessation des paiements étant incontestable, les anciens dirigeants légaux ne peuvent se voir dénier le droit d'intervenir dans de telles instances, leur présence étant même nécessaire dès lors qu'une modification de la date de cessation des paiements peut leur être opposée. • Même arrêt. ♦ V. aussi, sur l'intérêt personnel du dirigeant à contester la décision de report de la cessation des paiements, pour un arrêt statuant après la réforme de 2005 : note 5 ss. art. L. 653-8.

4. Une banque, tiers opposant, n'étant pas créancier poursuivant, ne peut donc faire appel du jugement de redressement judiciaire et, par voie de conséquence, du jugement ayant statué sur sa tierce opposition. • Versailles, 19 déc. 1994 : *D. 1995. IR 51.* ♦ V. désormais, pour l'ouverture de l'appel du jugement statuant sur la tierce opposition : art. L. 661-2, dans sa réd. issue de L. n° 2005-845 du 26 juill. 2005.

5. Le jugement qui étend à une ou plusieurs personnes une procédure de redressement ou de liquidation judiciaires n'est pas soumis aux dispositions de l'art. 171 (1) de la loi du 25 janv. 1985 en ce qui concerne les personnes susceptibles de former un recours ; il s'ensuit que le pourvoi formé par une banque contre l'arrêt qui a confirmé le jugement ayant rejeté la tierce opposition contre le jugement d'extension de la procédure est recevable. • Com. 4 juill. 2000, n° 98-12.117 P : *D. 2000. AJ 375, obs. Lienhard* ; *RJDA 2000, n° 1134.* ♦ Sur les recours contre les décisions statuant sur l'extension d'une procédure, V., désormais, art. L. 661-1, I, 3°, et L. 661-2, dans leur réd. issue de l'Ord. n° 2008-1345 du 18 déc. 2008.

6. Le recours contre le jugement qui reporte la date de cessation des paiements n'est pas soumis aux dispositions de l'art. L. 623-1 (1°) [L. 661-1, I, 1°] C. com. (recevabilité de l'intervention volontaire d'un créancier dans l'instance d'appel introduite par le débiteur). • Com. 24 janv. 2006 : *Gaz. Pal. 30 avr.-4 mai 2006, p. 20, obs. Lebel.*

7. L'appel-nullité ne peut être formé que par une partie au procès (à propos d'une banque ayant elle-même reconnu, en formant tierce opposition aux jugements dont elle a fait appel, par la suite, qu'elle n'était pas partie à l'instance). • Com. 19 nov. 1996, n° 94-19.533 P : *D. Affaires 1997. 131* ; *LPA 13 mai 1998, p. 27, note Courtier.* ♦ Sur les recours contre les décisions statuant sur l'extension d'une procédure, V., désormais, art. L. 661-1, I, 3°, et L. 661-2, dans leur réd. issue de l'Ord. n° 2008-1345 du 18 déc. 2008. ♦ V. aussi notes 16 s. ss. ancien art. L. 623-4 ss. art. L. 661-4 et notes 22 s. ss. ancien art. L. 661-6.

8. Pour l'irrecevabilité de l'appel-nullité formé par l'associé d'une société créée de fait contre le jugement ayant étendu à cette société la procédure de liquidation judiciaire ouverte à l'encontre d'une autre société, seule la voie de la tierce opposition étant ouverte, V. • Com. 11 févr. 2004, n° 01-01.642 P : *Dr. sociétés 2004, n° 128, note Legros* ; *Gaz. Pal. 2004. 2465, note Watremet* ; *JCP E 2005, n° 15-16, p. 670, note Gibirila.*

9. Période d'observation. V. art. L. 661-9.

10. Établissements de crédit. V. note 2 ss. C. mon. fin., art. L. 613-24. – **C. mon. fin.**

B. LIQUIDATION JUDICIAIRE

11. Qualité. Il résulte de l'art. 171 que le *représentant des salariés* peut relever appel des décisions statuant sur la liquidation judiciaire. • Limoges, 13 août 1986 : *D. 1987. 44, note Derrida* ;

Gaz. Pal. 1986. 2. 724, note Martin. ♦ V., désormais, art. L. 661-1, III, dans sa réd. issue de L. n° 2005-845 du 26 juill. 2005.

12. Le comité d'entreprise, pouvant interjeter appel du jugement statuant sur la liquidation judiciaire dans les dix jours de la signification de cette décision, n'est pas recevable à critiquer un tel jugement par la voie de la tierce opposition. • Com. 19 oct. 1993, n° 91-17.564 P : *D. 1994. Somm. 46, obs. Derrida ; RPC 1994. 150, obs. Liénard.*

13. En cas d'appel du ministère public contre un jugement ayant prononcé la liquidation judiciaire de l'entreprise, est recevable l'intervention des *délégués du personnel.* • Paris, 2 mai 1986 : *JCP 1986. II. 20713, note Jeantin.* ♦ En revanche, est irrecevable celle des *AGS* et du *GARP* alors que c'est au ministère public qu'il appartient de faire respecter la loi et que ces organismes d'assurance ne sont pas chargés de préserver les droits des salariés qui, en l'espèce, sont parties à la procédure pour la défense de leurs intérêts. • Même arrêt.

14. Sur le pourvoi en cassation du *représentant des créanciers,* V. note 6 ss. art. L. 661-7.

15. Le *débiteur* est recevable, en vertu du droit propre qu'il tient de l'art. 171 (1) [C. com., art. L. 661-1], à former un pourvoi en cassation contre l'arrêt qui prononce sa liquidation judiciaire. Mais si ce débiteur est une société, sa dissolution par l'effet du jugement de liquidation judiciaire, en application de l'[ancien] art. 1844-7 (7°) C. civ., prive de pouvoirs ses *dirigeants*, y compris l'administrateur provisoire antérieurement désigné, et la société débitrice ne peut alors exercer son droit propre que par l'intermédiaire de son liquidateur amiable ou d'un mandataire *ad hoc.* • Com. 16 mars 1999, n° 96-19.078 P : *D. 2000. 513, note Kenfack ; BJS 1999. 1118, note Randoux ; RTD com. 2000. 130, obs. Monsèrié-Bon* – Comp., désormais : C. civ., art. 1844-7 (7°), dans sa réd. issue de l'Ord. n° 2014-326 du 12 mars 2014, qui diffère la dissolution de la société à la date du jugement de clôture de la liquidation judiciaire pour insuffisance d'actif.

Si le débiteur est recevable à critiquer la décision prononçant sa liquidation judiciaire, il ne peut se borner à former des griefs à l'encontre des dispositions rejetant le plan de cession. • Com. 10 mai 2000, n° 97-19.759 P : *APC 2000, n° 143, obs. Cagnoli* • 30 oct. 2000 : *RTD com. 2001. 245, obs. Vallens*. ♦ Sur le droit du débiteur de faire appel du jugement rejetant le plan de cession, V., désormais, art. L. 661-6, *dans sa réd. issue de la L. n° 2005-845 du 26 juill.* 2005, reprise par l'Ord. n° 2008-1345 du 18 déc. 2008.

16. Il résulte de l'art. L. 623-1 [L. 661-1] C. com. que le débiteur dont la liquidation judiciaire a été étendue à une autre personne physique ou morale est recevable, en vertu de son droit propre, à relever appel du jugement d'extension. • Com. 24 mai 2005 : *RTD com. 2005. 608, obs. Vallens ; RJDA 2005, n° 1252.* ♦ Pour la recevabilité de l'appel du débiteur contre le jugement d'extension, V., désormais, art. L. 661-1, I, 3°, dans sa réd. issue de l'Ord. n° 2008-1345 du 18 déc. 2008.

17. Les *dirigeants sociaux,* à qui sont imputées la dissimulation d'actif ou la fraude pouvant justifier la reprise de la procédure de la liquidation judiciaire de la société débitrice, n'ont pas qualité pour interjeter appel, en leur nom propre du jugement ayant ordonné la réouverture de la procédure, en vertu de l'art. 169. • Com. 11 févr. 1997 : *Dr. sociétés 1997, n° 86, obs. Chaput.*

18. En retenant qu'un *associé* d'une société civile professionnelle, qui en tant que tel n'a pas la qualité de partie au jugement prononçant la liquidation judiciaire de cette société même s'il a été convoqué devant le tribunal, est irrecevable à relever appel de ce jugement, une cour d'appel n'a pas méconnu le droit d'accès de cet associé à un tribunal dès lors que l'intéressé aurait pu former tierce opposition à l'encontre de cette décision. • Com. 13 juin 2006 : *RJDA 2007, n° 81.*

19. Sur les recours contre la décision d'ouverture de la procédure de liquidation judiciaire, V. note 2.

20. Décisions visées. Est recevable le pourvoi contre une décision ordonnant la jonction de procédures de liquidation judiciaire, en vertu de l'art. 7 [C. com., ancien art. L. 621-5], et se prononçant sur une demande de report de la date de cessation des paiements. • Com. 9 avr. 1991 : *D. 1991. IR 128.*

21. Est recevable l'appel de l'administrateur contre le jugement qui [dans le régime antérieur à la loi du 26 juill. 2005], arrêtant un plan de cession, rejette implicitement la liquidation judiciaire. • Com. 15 juill. 1992, n° 91-14.260 P : *D. 1994. Somm. 44, obs. Derrida*

22. Le jugement rendu sur tierce opposition à un jugement ayant prononcé la liquidation judiciaire d'un débiteur est une décision statuant sur la liquidation judiciaire au sens de l'art. 171 [C. com., art. L. 661-1]. • Com. 14 déc. 1993, n° 90-19.382 P : *D. 1994. IR 18* • 16 avr. 1996 : *D. 1996. IR 144 ; D. Affaires 1996. 718.*

23. Pluralité de parties. Si, lorsque la matière est indivisible, l'appel interjeté en temps utile contre l'une des parties conserve le droit de l'appelant vis-à-vis des autres et couvre l'irrégularité ou la tardiveté d'intimation, encore faut-il que les intéressés aient été mis en cause devant la juridiction d'appel. Il en résulte que la société mise en liquidation judiciaire ne peut faire appel du jugement d'ouverture en se bornant à attraire dans la procédure d'appel le seul liquidateur, en sa qualité de représentant des créanciers, sans intimer également ce créancier à l'initiative duquel la procédure collective avait été ouverte. • Com. 28 avr. 1998, n° 96-18.741 P : *D. Affaires 1998. 1052 ; RJDA 1998, n° 1021.*

C. PLAN DE CONTINUATION [REDRESSEMENT]

24. Contrôle du sérieux du plan. Pour apprécier la recevabilité de l'appel formé, sur le fondement de l'art. 171 (2) [C. com., art. L. 661-1], à l'encontre d'un jugement qui aurait rejeté un plan de continuation, la cour d'appel doit rechercher si les propositions constituent un tel plan ; à défaut de contenir des engagements sérieux et efficaces, un projet ne peut, en dépit de son intitulé, être considéré comme un plan de continuation. • Com. 20 févr. 1996 : *D. 1996. IR 112 ; D. Affaires 1996. 491 ; Dr. sociétés 1996, n° 127, obs. Chaput.* – V. aussi • Com. 6 oct. 1992, n° 90-19.638 P : *D. 1994. Somm. 44, obs. Derrida* • Paris, 5 déc. 1997 : *RJ com. 1998. 325, note Monsèrié.*

25. Recours du débiteur. En vertu du droit propre qu'il tient de l'art. 171 (2) [C. com., art. L. 661-1], le débiteur peut, même lorsqu'un administrateur a été désigné avec mission d'assurer seul et entièrement l'administration de l'entreprise, former un recours en cassation contre les décisions arrêtant ou rejetant le plan de continuation. • Com. 22 mai 1990, n° 89-20.043 P : *D. 1990. 415, note Derrida.* – V. aussi, pour le droit d'appel, • Paris, 9 oct. 1998 : *RJ com. 1999. 170, note Pétel.* ♦ Ce droit n'est pas limité au seul cas où le débiteur lui-même a proposé le plan de continuation. • Versailles, 23 avr. 1992 : *D. 1992. IR 203 ; RJ com. 1992. 307, note Vallens.*

En ce sens qu'est recevable l'appel du débiteur tendant à faire adopter un plan de continuation par voie de reprise interne présenté par un tiers auquel doit être cédée la majorité des parts sociales, V. • Com. 6 juill. 1999, n° 98-20.883 P : *D. 1999. IR 214 ; APC 1999, n° 197, obs. Fricero ; RTD com. 1999. 987, obs. Vallens ; JCP E 2000, n° 4, p. 126, obs. Pétel.* ♦ V. note 27.

26. Un associé d'une société à responsabilité limitée ne peut représenter la société dans l'exercice du recours qui lui est ouvert par ce texte. • Com. 28 juin 1990, n° 88-18.006 P : *D. 1990. IR 208.*

27. Est irrecevable le pourvoi formé par une société ayant présenté un plan de continuation par voie de reprise interne, mais qui n'est pas le débiteur soumis à la procédure de redressement judiciaire. • Com. 25 oct. 1994, n° 93-10.095 P : *D. 1995. Somm. 4, obs. Derrida.*

28. Rejet du plan. En application de l'art. 171 (2) [C. com., ancien art. L. 623-1], l'appel du *débiteur* est recevable contre le jugement qui, arrêtant un plan de cession, rejette par là même un plan de continuation proposé par le débiteur. • Com. 6 mars 1990, n° 88-11.500 P : *D. 1990. 218, note Derrida ; JCP 1990. II. 21513, note Bolard* • 22 mai 1990 : *préc. note 25* • 10 juill. 1990 : *D. 1990. IR 193* (recours en cassation) • 16 avr. 1991 : *JCP 1991. IV. 235.* – Dans le même sens : • Com. 14 mai 1991, n° 89-17.072 P : *D. 1992. Somm. 93, obs. Derrida* • Colmar, 18 nov. 1987 : *D. 1988. Somm. 42* ♦ V., désormais, sur le droit du débiteur de faire appel du jugement arrêtant le plan de cession : art. L. 661-6, dans sa réd. issue de L. n° 2005-845 du 26 juill. 2005, reprise par l'Ord. n° 2008-1345 du 18 déc. 2008.

29. En revanche, une société candidate à la reprise interne des sociétés débitrices par rachat des actions de celles-ci, n'est pas, en cette qualité, au nombre des personnes énumérées au 2 de l'art. 171 [C. com., art. L. 661-1] pour former appel d'un jugement rejetant le plan de continuation d'une entreprise et prononçant sa liquidation judiciaire, et son appel est donc irrecevable. • Paris, 29 avr. 1988 : *D. 1988. IR 160.*

Sur l'irrecevabilité de l'appel des candidats évincés, V. • Com. 10 déc. 1991, n° 90-11.672 P.

30. Recours des créanciers. Il résulte de l'art. 171 (2) [C. com., art. L. 661-1] qu'un créancier ne peut ni faire *appel* d'un jugement arrêtant le plan de continuation de l'entreprise. • Com. 20 juin 1995 : *Rev. huiss. 1995. 1371, note Vidal.* ♦ ... Ni exercer un *recours en cassation* contre un arrêt statuant en la matière de plan de continuation d'une entreprise en redressement judiciaire. • Com. 14 mars 1989, n° 87-16.955 P : *D. 1989. IR 106.* ♦ La solution est la même en cas de carence du représentant des créanciers à user personnellement des voies de recours à l'égard d'une décision qui lui fait grief en violant les règles essentielles de procédure et de fond applicables aux procédures collectives. • Com. 20 juin 1995 : *préc.* – V. déjà • Com. 20 déc. 1988, n° 87-11.129 P : *D. 1989. 484, note Derrida (2e arrêt).* ♦ V. aussi notes ss. art. L. 661-7.

31. Un créancier ne peut exercer un recours en cassation contre l'arrêt qui statue sur le recours en révision formé contre la décision arrêtant le plan de continuation. • Com. 24 juin 2003, n° 00-18.118 P.

32. Si les créanciers peuvent être entendus par le tribunal en qualité de « personnes intéressées » en cas de modification substantielle du plan de continuation, ils ne peuvent pas être considérés comme étant des parties à l'instance en modification du plan ayant des prétentions à formuler. • Rouen, 27 janv. 2005 : *RJDA 2005, n° 734.*

33. L'appel formé par un créancier, fût-ce aux fins d'annulation du jugement pour violation d'une disposition d'ordre public est irrecevable à moins que ne soit en cause la méconnaissance par le juge d'un principe essentiel de procédure ou l'excès de pouvoir. • Com. 28 mars 1995, n° 92-18.994 P : *D. 1995. IR 112.* ♦ V. aussi et Comp. note 16 ss. anc. art. L. 623-4, ss. art. L. 661-4 et note 29 ss. art. L. 661-6.

Le créancier qui excipe d'un droit propre et d'un préjudice personnel distinct n'est ni partie, ni représenté par le représentant des créanciers en première instance ; son appel-nullité contre le jugement arrêtant le plan de continuation est donc irrecevable. • Com. 9 déc. 1997, n° 95-19.080 P : *JCP E 1998, n° 17, p. 652, obs. Pétel.*

34. Représentant des créanciers. Le représentant des créanciers est recevable à former un appel-nullité contre une décision statuant sur l'exécution du plan dans la mesure où, par sa désignation, il est devenu partie à l'instance et qu'il entre dans sa mission de s'opposer à la violation des règles d'ordre public. • Pau, 17 déc. 2002 : *JCP E 2003, n° 50, p. 1991.*

35. Recours du ministère public. Le ministère public, chargé d'assurer le respect de la légalité et de l'ordre public économique, est investi par l'art. 171 [C. com., art. L. 661-1] du pouvoir d'exercer les voies de recours, même s'il n'a pas agi comme partie principale et est habile à invoquer, à cette occasion, toute violation de la loi. • Com. 28 févr. 1995, n° 93-10.012 P : *RJDA 1995, n° 895.*

36. Recours de l'ex-associé en cas de cession forcée des parts sociales ou des actions. V. notes 12 et 13 ss. art. L. 631-19-1.

37. Caducité du plan. Faute de disposition particulière limitant le droit d'appel d'une décision constatant la caducité du plan de continuation, ce droit est ouvert à toute partie y ayant intérêt (en l'espèce, le représentant des créanciers). • Versailles, 30 nov. 1995 : *RPC 1996. 453, obs. Soinne.*

II. RECOURS EN RÉVISION

38. La révision d'un jugement passé en force de chose jugée ne pouvant être demandée que par les personnes qui y ont été parties ou représentées, un créancier ne peut demander la révision du jugement ayant ouvert le redressement judiciaire de son débiteur. • Com. 11 oct. 1994, n° 92-21.915 P : *D. 1994. IR 242.*

Comp. note 18 ss. art. L. 661-7.

III. DROIT TRANSITOIRE

39. Pour l'inapplicabilité de l'art. L. 661-1 aux procédures collectives en cours au 1er janv. 2006, V. note 7 ss. art. L. 661-2.

Art. L. 661-2 Les décisions *(Ord. n° 2008-1345 du 18 déc. 2008, art. 147)* **« mentionnées aux 1° à 5° du I de l'article L. 661-1, à l'exception du 4°,** *[ancienne rédaction : statuant sur l'ouverture de la procédure]* **» sont susceptibles de tierce opposition.** *(L. n° 2005-845 du 26 juill. 2005, art. 148-I)* **« Le jugement statuant sur la tierce opposition est susceptible d'appel et de pourvoi en cassation de la part du tiers opposant. »** – *[C. com., anc. art. L. 623-2.]*

V. art. R. 661-2.

1. Recevabilité de la tierce opposition. Il résulte des art. L. 661-2 C. com., dans sa rédaction antérieure à l'Ord. du 18 déc. 2008, et 583, al. 2, C. pr. civ., que la tierce opposition est ouverte à l'encontre du jugement statuant sur l'ouverture de la procédure de sauvegarde à tout créancier invoquant des moyens qui lui sont propres (s'agissant d'un créancier qui alléguait une instrumentalisation de la procédure de sauvegarde de la part des sociétés débitrices à la seule fin d'échapper à leurs obligations contractuelles à son égard). • Com. 8 mars 2011 : *cité note 2 ss. art. L. 620-1 ; Procédures 2011, n° 179, note Rolland.* ♦ Pour la recevabilité de la tierce opposition d'un assureur-crédit à l'encontre du jugement d'ouverture d'une procédure de sauvegarde, V. • Lyon, 31 mai 2006 : *BICC 2006, n° 1770 ; RPC 2006. 253, obs. Roussel Galle ; RJ com. 2007. 71, obs. Sortais ; RJDA 2007, n° 380.* ♦ ... Du bailleur, par ailleurs associé de la société débitrice, à l'encontre du jugement de liquidation judiciaire, en ce que celui-ci affectait ses droits, V. • Com. 7 févr. 2012 : *cité note 1 ss. art. L. 641-11-1 ; LEDEN 3/2012. 5, obs. Rubellin ; Gaz. Pal. 27-28 avr. 2012, p. 14, obs. Reille.*

2. Il résulte des art. L. 661-2 C. com. et 583, al. 2, C. pr. civ. qu'un créancier, qui n'y était pas partie, peut former tierce opposition à un jugement statuant sur l'extension d'une procédure de liquidation judiciaire à son débiteur, à la condition que ce jugement ait été rendu en fraude de ses droits ou qu'il invoque des moyens qui lui sont propres. • Com. 20 oct. 2021, n° 20-17.765 B : *D. 2021. Actu. 1916 ; Rev. sociétés 2021. 729, obs. Reille ; LEDEN 11/2021. 2, obs. Rubellin ; JCP E 2022. 1010, n° 2, obs. Pétel ; Dr. sociétés 2022, n° 20, note Legros ; RPC 2022, n° 3, obs. Cagnoli.*

3. Le droit effectif au juge implique que l'associé d'une société civile immobilière, qui répond indéfiniment des dettes sociales à proportion de sa part dans le capital social, soit recevable à former tierce opposition à l'encontre du jugement ouvrant la liquidation judiciaire de la SCI. • Com. 19 déc. 2006, n° 05-14.816 P : *D. 2007. 1321, note Orsini ; ibid. AJ 157, obs. Lienhard ; JCP E 2007. 1186, note Cholet ; Rev. sociétés 2007. 401, note Bonneau ; Dr. sociétés 2007, n° 22, note Lécuyer ; ibid., n° 24, note F.-X. Lucas ; BJS 2007. 466, note Cagnoli et Vallansan ; Gaz. Pal. 13-14 avr. 2007, p. 24, obs. Lebel.* ♦ V. aussi, pour la recevabilité de la tierce opposition de l'associé d'une SCI contre le jugement ayant fixé une créance dans une instance en paiement engagée contre cette personne morale avant l'ouverture de sa liquidation judiciaire, • Com. 26 mai 2010 : *D. 2010. Actu. 1415, obs. Lienhard ; Rev. sociétés 2010. 406, obs. Roussel Galle ; RTD com. 2010. 567, obs. Monsèrié-Bon ; ibid. 2011. 179, obs. Vallens ; JCP E 2010. 1861, note Perrot ; APC 2010, n° 180, obs. Fin-Langer ; Dr. sociétés 2010, n° 158, note Hovasse ; RPC 2010, n° 194, obs. Lebel.*

4. Sur l'ouverture au dirigeant et aux créanciers de la tierce opposition contre le jugement de report de la date de cessation des paiements, V. note 4 ss. art. R. 661-2.

5. Pour la recevabilité de la tierce opposition formée par des créanciers domiciliés au Royaume-Uni et au Luxembourg contre le jugement d'ouverture de la procédure principale de sauvegarde de la société *Eurotunnel*, V. • Com. 30 juin 2009, n° 08-11.902 P : *D. 2009. 2591, note Moreil ; ibid. Chron. C. cass. 2582, obs. Orsini ; ibid. AJ 1886, obs. Lienhard ; Gaz. Pal. 26-28 juill. 2009, p. 7, note Fricéro ; JCP E 2009. 1974, note Rolland ; RTD com. 2009. 625, obs. Vallens ; DP diff. entr. 2009, Bull. n° 306, obs. Rémery ; BJS 2009. 877, note Jault-Seseke et Robine ; APC 2009, n° 224, obs. Dom ; Dr. sociétés 2009, n° 230, note Legros ; RPC 2009, n° 147, obs. Mastrullo.* – V. concl. Bonhomme, *RPC 2009. Étude 16.* – V. l'arrêt cassé : • Paris, 29 nov. 2007 : *D. 2008. AJ 12, obs. Lienhard ; APC 2008, n° 50, obs. Cagnoli ; RTD com. 2008. 424, obs. Vallens ; Dr. et patr. 7-8/2008. 104, obs. Saint-Alary-Houin.* – A propos de cet arrêt, V. aussi Scholastique, *JCP E 2008. 1087* ; Menjucq, *RPC 2008. 9.*

6. Recours sur tierce opposition. Il résulte de l'application combinée des art. L. 661-1, 1° et 5°, et L. 661-2 C. com., et de l'art. 592 C. pr. civ. que l'arrêt statuant sur une tierce opposition au jugement d'ouverture du redressement judiciaire ne peut être frappé de pourvoi en cassation que par le tiers opposant ainsi que par le débiteur, le créancier poursuivant et le ministère public et que l'arrêt statuant sur la tierce opposition au jugement de conversion du redressement en liquidation judiciaire ne peut faire l'objet d'un pourvoi que de la part du tiers opposant, du débiteur, de l'administrateur, du mandataire judiciaire, du comité d'entreprise ou, à défaut, des délégués du personnel et du ministère public. • Com. 9 mai 2018, n° 14-11.367 P : *D. 2018. Actu. 1005 ; JCP E 2018. 1305, note Berthelot ; LEDEN 7/2018. 2, obs. Staes ; BJS 2018. 436, note Fin-Langer ; RJDA 2018, n° 656 ; Gaz. Pal. 9 oct. 2018, p. 66, obs. Rohart-Messager.*

7. Droit transitoire. Il résulte des dispositions de l'art. 191 de la loi du 26 juill. 2005 que les art. L. 661-1 et L. 661-2 C. com. ne sont pas applicables aux procédures collectives en cours au 1er janv. 2006. • Com. 19 févr. 2008, n° 06-16.527 P : *D. 2008. AJ 688, obs. Lienhard ; ibid. Chron. C. cass. 1235, obs. Orsini ; JCP E 2008. 1975, note Legros ; BJS 2008. 501, note Roussel Galle ; RPC 2008, n° 59, obs. Gorrias.* – V. Cerati-Gauthier, *JCP E 2008. 1716.* ♦ La procédure de liquidation judiciaire étant en cours au 1er janv. 2006, les voies de recours contre le jugement statuant sur l'ouverture de cette procédure demeurent régies par les dispositions des anciens art. L. 623-1 et L. 623-2 C. com., qui ne comprennent pas les associés au nombre des personnes admises à former un appel contre une telle décision. • Même arrêt.

Art. L. 661-3 *(L. n° 2005-845 du 26 juill. 2005, art. 148-II)* **Les décisions arrêtant ou modifiant le plan de sauvegarde ou** *(Ord. n° 2008-1345 du 18 déc. 2008, art. 148)* **« de redressement ou rejetant la résolution de ce plan** *[ancienne rédaction : le plan de redressement]* **» sont susceptibles de tierce opposition.**

Le jugement statuant sur la tierce opposition est susceptible d'appel et de pourvoi en cassation de la part du tiers opposant.

(Ord. n° 2008-1345 du 18 déc. 2008, art. 148) **« Il ne peut être exercé de tierce opposition contre les décisions rejetant l'arrêté ou la modification du plan de sauvegarde ou de redressement ou prononçant la résolution de ce plan. »**

V. art. R. 661-2.

1. Il résulte des art. 583, al. 2, C. pr. civ. et L. 661-3 C. com., dans sa rédaction issue de l'Ord. du 18 déc. 2008, que le créancier n'est recevable à former tierce opposition contre le jugement arrêtant le plan de sauvegarde de son débiteur que s'il invoque un moyen qui lui est propre. • Com. 26 janv. 2016, n° 14-11.298 P : *D. 2016. Actu. 308, obs. Lienhard ; ibid. Pan. 1903, obs. F.-X. Lucas ; RTD com. 2016. 859, obs. Vallens ; JCP E 2016. 1198, n° 3, obs. Pétel ; LEDEN 3/2016. 5, obs. Mouial-Bassilana ; Procédures 2016, n° 166, note Rolland ; RPC 2016, n° 83, obs. Fraimout.* ♦ Tel n'est pas le cas du créancier qui soutient que le plan arrêté ne constitue pas une possibilité sérieuse de redressement de la société et méconnaît les impératifs dictés par les textes. • Même arrêt. ♦ En ce sens qu'un créancier peut, à l'appui de sa tierce opposition au jugement ayant arrêté le plan de sauvegarde, invoquer une fraude à ses droits ou un moyen qui lui est propre, peu important qu'il n'ait pas été invoqué à l'occasion de la consultation de ce créancier sur le projet de plan de sauvegarde, V. • Com. 15 nov. 2017, n° 16-14.630 P : *D. 2017. Actu. 2366 ; APC 2017, n° 314, obs. Vallansan ; LEDEN 1/2018. 3, obs. Camensuli-Feuillard ; Gaz. Pal. 16 janv. 2018, p. 67, obs. Giorgini ; BJE 2018. 43, note Poujade ; RJDA 2018, n° 160.*

2. Il résulte de l'art. 583 C. pr. civ. que si l'associé est, en principe, représenté, dans les litiges opposant la société à des tiers, par le représentant légal de la société, il est néanmoins recevable à former tierce opposition contre un jugement auquel celle-ci a été partie s'il invoque une fraude à ses droits ou un moyen qui lui est propre ; l'associé qui prétend que le plan de redressement adopté porte atteinte à sa qualité d'associé et à son droit préférentiel de souscription invoque un moyen qui lui est propre, peu important que chacun des autres associés dispose d'un droit préférentiel de souscription, de sorte qu'il est recevable à former tierce opposition à l'arrêt ayant adopté le plan de redressement de la société. • Com. 31 mars 2021, n° 19-14-839 P : *D. 2021. Pan. 1748, obs. F.-X. Lucas* ; *Rev. sociétés 2021. 643, note Massengo* ; *RTD com. 2021. 439, obs. Poujade* ; *JCP E 2021. 1384, n° 3, obs. Deboissy et Wicker ; APC 2021, n° 116, obs. Cagnoli ; LEDEN 6/2021. 2, obs. Ollu ; RJDA 2021, n° 389 ; BJS 7-8/2021. 40, note F.-X. Lucas ; Gaz. Pal. 15 juin 2021, p. 70, obs. Laroche ; Dr. sociétés 2021, n° 110, note Legros ; Gaz. Pal. 26 oct. 2021, p. 60, obs. Ferrari.*

3. Avant la loi du 26 juill. 2005, le jugement modifiant le plan de continuation n'était pas susceptible de tierce opposition, sauf en cas d'excès de pouvoir. • Com. 18 mars 2014, n° 12-28.986 P : *D. 2014. Actu. 773* ; *RJDA 2014, n° 555 ; BJE 2014. 235, note De Lajarte-Moukoko ; RPC 2014, n° 96, obs. Cagnoli ; Gaz. Pal. 5-7 oct. 2014, p. 36, obs. Lebel.* ♦ Commettait un excès de pouvoir le juge qui, se prononçant en matière de modification de plan de continuation, imposait une remise de dette au créancier qui s'y est opposé. • Même arrêt.

4. La tierce opposition-nullité à un jugement ayant modifié la durée des fonctions du commissaire à l'exécution du plan n'est recevable qu'en cas d'excès de pouvoir. • Com. 13 nov. 2007 : *cité note 2 ss. art. L. 626-26.*

Art. L. 661-4 *(L. n° 2005-845 du 26 juill. 2005, art. 149)* **Les jugements** *(Ord. n° 2008-1345 du 18 déc. 2008, art. 149)* **« ou ordonnances » relatifs à la nomination ou au remplacement du juge-commissaire ne sont pas susceptibles de recours.** — *[C. com., anc. art. L. 623-4.]*

Code de commerce

Ancien art. L. 623-4 *Ne sont susceptibles ni d'opposition, ni de tierce opposition, ni d'appel, ni de recours en cassation :*

1° Les jugements relatifs à la nomination ou au remplacement du juge-commissaire ;

2° Les jugements par lesquels le tribunal statue sur le recours formé contre les ordonnances rendues par le juge-commissaire dans la limite de ses attributions, à l'exception de ceux statuant sur les revendications. — [L. n° 85-98 du 25 janv. 1985, art. 173.]

1. Conformité à la Constitution et à la Conv. EDH. Les dispositions de l'art. L. 623-4, 2°, C. com. ne méconnaissent pas le droit d'exercer un recours effectif devant une juridiction en ce que le juge-commissaire est une juridiction et que celles de ses ordonnances qui ne sont pas susceptibles d'appel peuvent être contestées devant le tribunal en vertu de l'art. 25 du Décr. du 27 déc. 1985 (non-renvoi de la QPC au Conseil constitutionnel). • Com., QPC, 14 déc. 2010 : *LPA 29 avr. 2011, obs. Henry.* ♦ V. aussi, pour l'absence de contrariété de l'art. L. 623-4 C. com. à l'art. 6 de la Conv. EDH, • Nancy, 3 déc. 2002 : *JCP 2003. IV. 2811.*

2. Relevé de forclusion. Le pourvoi formé contre un arrêt statuant sur le relevé de forclusion n'est pas soumis aux dispositions de l'art. 173, devenu l'art. L. 623-4 [ancien] C. com. • Com. 29 oct. 2002, n° 99-18.499 P : *RJDA 2003, n° 283.* ♦ En revanche, était irrecevable, avant la loi du 10 juin 1994, le pourvoi contre un jugement qui statuait sur l'opposition formée contre une ordonnance du juge-commissaire rendue, conformément à l'art. 53 de la loi du 25 janv. 1985, dans son ancienne rédaction, sur une action en relevé de forclusion. • Com. 17 janv. 1989, n° 87-16.903 P. – V. aussi • Paris, 21 févr. 1989 : *D. 1989. IR 91* • Com. 28 nov. 1989, n° 88-12.813 P : • 9 mai 1990, n° 88-13.918 P : *D. 1990. IR 149.* ♦ V. aussi note 16.

3. Continuation des contrats. Est irrecevable le pourvoi contre la décision du juge-commissaire qui, un concédant ayant annoncé au concessionnaire qu'il résilierait le contrat de concession à compter d'une certaine date et le concessionnaire ayant été mis en redressement judiciaire avant la fin du délai de préavis, ordonna, sur la demande de l'administrateur, la poursuite du contrat sous astreinte. • Com. 11 déc. 1990 : *D. 1991. 440, note crit. Derrida* ; *JCP 1991. II. 21712, note crit. Béhar-Touchais.*

V. aussi • Paris, 30 sept. 1991 : *D. 1991. IR 249.*

4. Cessions d'actif. Sur l'irrecevabilité de l'appel contre un jugement statuant sur un recours formé à la suite d'une ordonnance portant sur : la cession aux enchères publiques de biens mobiliers ne constituant pas une unité de production de l'entreprise en liquidation judiciaire, V. • Com. 26 oct. 1999, n° 96-13.186 P : *D. 2000. Somm. 330, obs. Honorat* ; *ibid. 1999. AJ 95* ; *RJDA 1999, n° 1363 ; RTD com. 2000. 189, obs.*

Vallens ; LPA 29 mai 2000, p. 12, note Courtier. ♦ ... La cession d'un fonds de commerce d'une entreprise en liquidation judiciaire comprenant un droit au bail, V. • Com. 9 janv. 2001 : *APC 2001, n° 70.* ♦ Sur l'irrecevabilité d'un pourvoi en cassation contre des décisions statuant sur le recours formé à la suite d'une ordonnance portant : sur la cession d'unités de production, V. • Com. 20 déc. 1988, n° 87-15.549 P : *D. 1989. 484, note Derrida (3e arrêt).* ♦ ... Une cession de gré à gré, V. • Com. 19 mars 1991, n° 89-20.381 P : *D. 1992. Somm. 89, obs. Derrida.* ♦ ... Une vente aux enchères du fonds de commerce ou d'autres biens mobiliers, V. • Com. 13 janv. 1993, n° 89-13.601 P • 26 juin 2001 : *JCP E 2002, n° 28, p. 1199, note Perdriau (2e esp.).* ♦ Sur le rejet d'une demande d'attribution judiciaire de biens mobiliers nantis dont la vente aux enchères a été ordonnée, V. • Com. 6 déc. 1988 : *Bull. civ. IV, n° 337 ; D. 1988. IR 302.* ♦ Comp., depuis la L. n° 94-475 du 10 juin 1994, art. L. 623-5, devenu art. L. 661-5.

5. Portée de l'art. L. 623-4 (2°). L'irrecevabilité de l'appel, édictée par l'art. 173 (2) [C. com., ancien art. L. 623-4 (2°)], ne peut s'appliquer qu'à la disposition du jugement statuant sur l'ordonnance du juge-commissaire proprement dite et non pas à la disposition par laquelle le tribunal s'est prononcé sur une demande qui lui avait été présentée pour la première fois. • Com. 22 oct. 1996 : *RJDA 1997, n° 279.* – V. aussi • Orléans, 13 janv. 2000 : *JCP 2000. IV. 2253.*

6. Est irrecevable l'appel du jugement qui, statuant sur recours contre l'ordonnance du juge-commissaire ayant rejeté la demande en relevé de forclusion, a accueilli celle-ci et renvoyé les parties devant le juge-commissaire pour qu'il soit statué sur l'admission de la créance en cause. • Com. 6 mai 1997, n° 94-13.037 P : *RJDA 1997, n° 1130.*

7. Sur l'inapplicabilité de l'art. 173 (2) [C. com., anciens art. L. 623-4] dans l'hypothèse de saisine d'office du tribunal, prévue par l'art. 25, al. 2, du décret, V. note 4 ss. ancien art. 25 du Décr. n° 85-1388 du 27 déc. 1985, ss. art. R. 621-21.

8. La fin de non-recevoir tirée de l'absence d'ouverture d'une voie de recours contre les jugements visés à l'art. L. 623-4 (2°) [ancien] C. com. doit, en raison de son caractère d'ordre public, être relevée d'office : V. • Civ. 2e, 10 mars 2004, n° 02-12.606 P : *D. 2004. AJ 951 ; APC 2004, n° 108, obs. Cagnoli.*

9. Dépassement d'attributions. Pour un appel recevable contre un jugement ayant statué sur le recours contre une ordonnance excédant les attributions du juge-commissaire (location d'un immeuble du débiteur à titre précaire), V. • Paris, 31 mai 1988 : *D. 1988. IR 218.* ♦ V. aussi, pour une ordonnance appréciant la régularité d'un droit de rétention, • Com. 6 juin 1995, n° 93-14.702 P : *D. 1996. Somm. 86, obs. Honorat.* ♦ ... Une expertise probatoire en vue d'une action en responsabilité ultérieure opposant les créanciers à des tiers, • Paris, 2 avr. 1991 : *D. 1992. Somm. 9, obs. Derrida ; Gaz. Pal. 1992. 2. 88, note Marchi.* – V. aussi • Paris, 17 janv. 1995 : *D. 1995. IR 115 ; RPC 1995. 286, obs. Dureuil.* ♦ Comp., sur cette question controversée : note 12 ss. art. R. 651-5. ♦ ... Une autorisation de cession de fonds de commerce, dans le cadre d'une vente de gré à gré d'une entreprise en liquidation judiciaire, sans respecter la clause d'agrément du propriétaire, • Com. 14 oct. 1997 : *D. Affaires 1997. 1469.* ♦ ... Une ordonnance autorisant la cession du fonds de commerce d'une entreprise en liquidation judiciaire après la levée de l'option d'achat par le bénéficiaire d'une promesse de vente sur ledit fonds de commerce, • Com. 7 mars 2006 : *cité note 2 ss. art. L. 642-19.* ♦ ... Une ordonnance constituant une modification substantielle des conditions de la cession précédemment ordonnée en application des art. 155 et 156 [C. com., ancien art. L. 622-17 et L. 622-18]. • Com. 16 mars 1999, n° 95-20.982 P : *D. 1999. IR 103 ; JCP E 1999, n° 39, p. 1533, obs. Pétel.* ♦ ... Une ordonnance autorisant la vente d'actifs d'un débiteur en liquidation judiciaire pour un prix fictif. • Com. 28 sept. 2004, n° 02-11.210 P : *D. 2005. 302, note Rakotovahiny ; APC 2004, n° 216, obs. Vallansan ; JCP E 2005, n° 1-2, p. 29, obs. Cabrillac ; RTD civ. 2005. 157, obs. P.-Y. Gautier.* ♦ Une ordonnance se prononçant sur la répartition entre les créanciers du prix de cession des actifs. • Com. 7 déc. 2004 : *RPC 2005. 131, obs. Gorrias.* ♦ ... Une ordonnance rendue dans une matière réservée au conseil de prud'hommes. • Com. 19 janv. 1999 : *APC 1999, n° 127.* ♦ ... Une ordonnance ayant attribué au liquidateur un pouvoir de sélection des dossiers des créanciers susceptibles de voir le montant de leur créance réglé par le fonds de garantie des assurances obligatoires de dommages, V. • Com. 13 nov. 2007, n° 06-17.734 P : *D. 2007. AJ 3075 ; RJ com. 2008. 230, note Sortais.* ♦ ... Une ordonnance rejetant, sur le fondement de l'art. 107 [C. com., art. L. 632-1], une demande d'attribution judiciaire du gage, V. note 9 ss. art. L. 642-25. ♦ V. aussi note 2 ss. art. L. 642-25. ♦ Sur les limitations des attributions du juge-commissaire résultant de la compétence du juge de l'exécution, V. note 3 ss. art. L. 621-9.

10. En ce sens que le juge-commissaire excède les limites de ses attributions en autorisant les exploitants d'une société civile d'exploitation agricole en redressement judiciaire à souscrire une assurance privée pour couvrir le risque de maladie, dès lors que la juridiction du contentieux de la sécurité sociale est seule compétente pour statuer sur l'application de l'art. 1106-12 C. rur. excluant les assurés du bénéfice de l'assurance en cas de défaut de versement des cotisations [V. désormais art. L. 732-15 C. rur.], lorsque ce défaut de versement ne résulte que de l'application de l'art. 33 de la loi du 25 janv. 1985 [C. com., art. L. 622-7], V. • Soc. 8 juill. 1999, n° 96-14.064 P : *JCP E 1999, n° 41, p. 1614 ; APC 1999, n° 236, obs. Vachet.*

11. Malgré les dispositions de l'art. 173 (2) [C. com., ancien art. L. 623-4], est susceptible d'appel un jugement statuant sur le recours formé contre une ordonnance rendue par le juge-commissaire dans les limites de ses attributions en ce que ce jugement aurait fait une inexacte application des dispositions de l'art. 25 du Décr. du 27 déc. 1985 relatives aux formes et délai du recours contre l'ordonnance du juge-commissaire. • Com. 2 févr. 1993, n° 89-10.594 P : *RPC 1993. 398, obs. Dureuil* • 28 mai 1996, n° 94-14.232 P • 17 juin 1997 : *D. Affaires 1997. 965* • 6 janv. 1998 : *RPC 1999. 27, obs. Cadiou.* ♦ Lorsque le jugement attaqué est susceptible d'appel en ce qu'il aurait fait une inexacte application des dispositions dudit art. 25, il s'ensuit qu'il ne peut faire l'objet d'un pourvoi en cassation. • Com. 14 déc. 1993, n° 91-21.184 P : *D. 1994. IR 40.*

De même est recevable, par application des art. 103, al. 3, et 173 (2) [C. com., ancien art. L. 623-4], l'appel formé par une banque contre le jugement d'un tribunal de commerce ayant, à tort, accueilli le recours formé par des cautions des engagements d'une société en liquidation judiciaire envers ladite banque contre l'ordonnance du juge-commissaire qui avait décidé l'admission au passif de la créance de cette banque. • Com. 22 oct. 1996, n° 94-20.372 P : *D. 1997. Somm. 79, obs. Honorat ; D. Affaires 1996. 1355 ; JCP 1996. II. 22738, rapp. Rémery.*

12. L'irrecevabilité du recours édictée par l'art. 173 (2) [C. com., ancien art. L. 623-4] ne s'applique pas à la disposition du jugement par laquelle le tribunal s'est prononcé sur une demande qui lui était soumise pour la première fois de dommages-intérêts présentée par le liquidateur de la liquidation judiciaire, et les juges du second degré qui déclarent l'appel recevable, usent légalement de leur pouvoir de réformation. • Com. 22 mars 1994, n° 91-19.981 P.

13. Revendications. Il résulte de l'art. 173 (2) [C. com., ancien art. L. 623-4] que l'appel dirigé contre un jugement par lequel le tribunal s'est prononcé sur le recours formé contre une ordonnance rendue par le juge-commissaire sur une revendication n'est recevable que dans cette limite et il est interdit à la cour d'appel de connaître d'une demande présentée sur un autre fondement. • Com. 14 juin 1994, n° 92-10.860 P : *D. 1994. IR 206.*

14. Demandes en restitution. Les jugements par lesquels le tribunal statue sur le recours formé contre les ordonnances rendues par le juge-commissaire sur les demandes en restitution prévues par l'art. 85-4 du décret du 27 déc. 1985, sont, à l'instar de ceux se prononçant sur les demandes en revendication, susceptibles d'appel. • Com. 3 févr. 2009, n° 07-18.931 P : *D. 2009. AJ 495 ; APC 2009, n° 102, obs. Petit ; Gaz. Pal. 26-28 avr. 2009, p. 45, obs. Le Corre-Broly ; LEDEN, avr. 2009, p. 2, obs. Le Bars ; RJDA 2009, n° 880 ; RPC 2010, n° 4, obs. Gorrias et Manie.*

15. Pourvoi en cassation. A supposer que le juge-commissaire statue hors la limite de ses attributions ou que soit en cause un excès de pouvoir, le jugement est susceptible d'appel ; la voie de la cassation n'est ouverte que lorsque toutes les autres voies sont fermées. • Com. 18 sept. 2007, n° 06-11.223 P : *D. 2007. AJ 2475, obs. Lienhard* • Civ. 1re, 12 déc. 2007, n° 06-20.962 P : *D. 2008. AJ 84 ; Procédures 2008, n° 51, obs. Rolland.* ♦ V. aussi note 18.

16. Appel-nullité et pourvoi-nullité. Aucune disposition ne peut interdire de faire constater, selon les voies de recours du droit commun, la nullité d'une décision entachée d'excès de pouvoir. • Com. 12 mai 1992, n° 90-14.124 P : *D. 1992. 345, note Bolard ; Defrénois 1992. 1376, obs. Sénéchal.* – V. aussi • Com. 26 juin 2001 : *JCP E 2002, n° 28, p. 1199, note Perdriau (1re esp.).* ♦ Depuis l'arrêt de la chambre mixte du 28 janv. 2005, le recours-nullité n'est ouvert qu'en cas d'excès de pouvoir : V. • Cass. ch. mixte, 28 janv. 2005, n° 02-19.153 P : *D. 2005. IR 386, obs. Avena-Robardet .* – En ce sens, V. • Com. 3 mai 2006 : *RTD com. 2006. 671, obs. Vallens .* ♦ L'excès de pouvoir consiste pour le juge à méconnaître l'étendue de son pouvoir de juger. • Civ. 1re, 20 févr. 2007 : *D. 2007. AJ 803 ; Gaz. Pal. 20-21 juill. 2007, p. 31, obs. Fricero.* ♦ Ne constituent un excès de pouvoir ni la violation du principe de la contradiction, ni la méconnaissance de l'objet du litige prévu par l'art. 4 C. pr. civ. • Com. 28 janv. 2014, n° 12-25.008 P : *D. 2014. Chron. C. cass. 1017, obs. Arbellot ; LEDEN 3/2014. 5, obs. Staes ; Procédures 2014, n° 99, note Perrot ; RJDA 2014, n° 464 ; RPC 2014, n° 96, obs. Cagnoli.* – Comp. note 2 ss. art. L. 661-5 abrogé. ♦ Dans le même sens, à propos : des règles relatives à la composition des juridictions, V. • Civ. 2e, 17 nov. 2005 : *D. 2005. AJ 3085, obs. Lienhard ; APC 2006, n° 22, obs. Cagnoli ; Procédures 2006, n° 12, obs. Junillon.* ♦ ... De l'obligation de motivation, V. • Com. 26 janv. 2010, n° 08-21.330 P : *D. 2010. AJ 380 ; JCP 2010. 223, note Arbellot ; RJDA 2010, n° 699 ; RPC 2010, n° 97, obs. Cagnoli ; RTD civ. 2010. 375, obs. Perrot .* ♦ ... Du défaut de communication de la procédure au parquet ou de la non-réponse à un moyen, V. • Paris, 18 oct. 2007 : *RTD com. 2008. 190, obs. Vallens .* ♦ ... De la méconnaissance des art. 6, § 1, et 13 de la Conv. EDH (droit à un procès équitable et à un recours effectif), V. • Com. 19 juin 2012, n° 11-20.066 P : *D. 2012. Actu. 1670 ; LEDEN 10/2012. 7, obs. Staes ; Gaz. Pal. 12-13 oct. 2012, p. 22, obs. Fricero.* ♦ Comp., auparavant : note 17.

Ont été déclarés recevables : un appel-nullité contre un jugement ayant refusé de statuer sur le recours formé par le débiteur contre une ordonnance du juge-commissaire dont le délai d'exercice n'avait pas commencé à courir faute de notification régulière de l'ordonnance, • Com. 22 mai 2007, n° 06-11.794 P : *D. 2007. AJ 1600* ; *RDBF 2007, n° 115, obs. F.-X. Lucas* ; *APC 2007, n° 142, obs. Cagnoli.* ♦ ... Un appel-nullité contre un jugement ayant statué sur une demande en relevé de forclusion introduite plus d'une année après le jugement d'ouverture sans relever d'office cette fin de non-recevoir d'ordre public, • Com. 16 nov. 1993, n° 91-15.143 P • 28 mai 1996 : *D. 1996. IR 161* • 19 déc. 2000 : *RJDA 2001, n° 486.* – *Contra* : • Aix-en-Provence, 7 janv. 1993 : *Gaz. Pal. 1992. 2. 346, note Latil* ; *JCP E 1993. I. 298, n° 12, obs. crit. Cabrillac et Pétel* • Versailles, 1er déc. 1994 : *D. 1995. IR 51* ; *RPC 1995. 288, obs. crit. Dureuil.* ♦ ... Un appel-nullité contre un jugement ayant confirmé une ordonnance par laquelle le juge-commissaire avait statué sur une créance née après l'ouverture de la procédure collective. • Com. 12 mai 2009 : *Gaz. Pal. 26-28 juill. 2009, p. 41, obs. Le Corre-Broly.* ♦ ... Un pourvoi-nullité contre un arrêt ayant statué dans une matière où la cour d'appel est incompétente, • Com. 30 mars 1993, n° 91-12.287 P : *D. 1993. IR 131.* ♦ ... Un pourvoi-nullité contre un arrêt ayant rejeté le recours formé par un cocontractant du débiteur dont le contrat avait fait l'objet d'une cession forcée accessoirement à la vente de gré à gré d'un bien visé à l'art. 156, devenu l'art. L. 622-18 [L. 642-19] C. com., • Com. 26 juin 2001 : *JCP E 2002, n° 28, p. 1199, note Perdriau (3e esp.)* ; *RDBF 2002, n° 20, obs. F.-X. Lucas.*

Constitue un excès de pouvoir le fait pour les premiers juges d'avoir déclaré irrecevable le recours formé par un débiteur en liquidation judiciaire, qui exerce son droit propre, contre la décision d'autorisation de vente prise par le juge-commissaire, dont il prétend qu'elle a violé la nature ou la portée des règles relatives à son dessaisissement. • Com. 5 oct. 2010, n° 09-16.602 P : *D. 2010. Actu. 235* ; *RJDA 2010, n° 1203* ; *RPC 2010, n° 245, obs. Berthelot* ; *Gaz. Pal. 7-8 janv. 2011, p. 31, obs. Voinot.*

17. Avant l'arrêt de la chambre mixte du 28 janv. 2005 [préc. note 16], il était admis qu'aucune disposition ne pouvait interdire de faire constater selon les voies de recours du droit commun la nullité d'une décision rendue en violation d'un principe essentiel de procédure, telle l'obligation de motivation des jugements. • Com. 30 mars 1993, n° 90-21.980 P (à propos d'une ordonnance du juge-commissaire) • 18 janv. 2005 : *RPC 2005. 131, obs. Gorrias (même cas de figure)* • Dijon, 23 oct. 2001 : *JCP E 2002, n° 10, p. 402* (à propos d'un jugement relevant un créancier de sa forclusion).

L'appel-nullité était ainsi recevable en cas de violation du principe de la contradiction. • Com. 14 févr. 1995, n° 92-20.941 P : *D. 1995. IR 75* ; *RPC 1995. 288, obs. Dureuil* • 19 déc. 1995 : *ibid. 1996. 321, obs. Soinne* • 28 avr. 1998 : *D. Affaires 1998. 956, obs. S. P.* ♦ ... Ou en cas d'absence de motivation. • Dijon, 4 juin 1996 : *JCP 1997. IV. 291.* ♦ ... Ou de participation du juge-commissaire à la formation de jugement (statuant sur le recours). • Basse-Terre, 2 déc. 1996 : *BICC 1997, n° 552.*

18. L'appel-nullité était recevable dès lors qu'un créancier invoquait l'application inexacte faite par le tribunal des dispositions du Décr. du 27 déc. 1985 relatives aux formes et délais du recours formé contre une ordonnance rendue par le juge-commissaire, dans la limite de ses attributions. • Com. 28 mai 1996, n° 94-14.232 P : *D. Affaires 1996. 779.*

Sur l'ouverture de l'appel-nullité en cas d'atteinte au principe de l'effet dévolutif du recours et à la règle du dessaisissement du juge-commissaire et de contradiction entre les motifs et le dispositif, V. • Paris, 12 févr. 1991 : *D. 1992. Somm. 8, obs. Derrida* . – V. aussi • Lyon, 11 oct. 1991 : *ibid.* ♦ Sur la nécessité d'un intérêt à agir, V. • Paris, 6 mars 1991 : *D. 1992. Somm. 92, obs. Derrida* .

La voie de la cassation n'étant ouverte que lorsque toutes les autres voies sont fermées, est irrecevable le pourvoi formé contre un jugement d'un tribunal qui a rejeté les recours contre une ordonnance du juge-commissaire refusant d'accueillir les requêtes en relevé de forclusion, alors que le tribunal ayant excédé ses pouvoirs en se prononçant dans une matière où seule la cour d'appel était compétente dès lors que la procédure collective avait été ouverte postérieurement à l'entrée en vigueur de la loi du 10 juin 1994, un tel recours en annulation pouvait être formé par la voie de l'appel. • Com. 28 nov. 2000, n° 97-20.718 P : *D. 2001. AJ 127, obs. Lienhard* ; *APC 2001, n° 16, obs. Vallansan.* ♦ V. aussi note 15.

19. L'appel en annulation suppose que le jugement et non l'ordonnance du juge-commissaire soit affecté d'une irrégularité de nature à justifier la recevabilité de cette voie de recours. • Toulouse, 6 juill. 2000 : *BICC 2002, n° 650.* – Rappr. : • Com. 17 juill. 2001 : *RPC 2002. 171, obs. Gorrias.*

20. Sur l'autonomie des conditions de l'appel-nullité par rapport à celles de l'appel-réformation, V. • Com. 27 mai 2003, n° 00-18.942 P : *D. 2003. AJ 2013* .

21. Sur l'effet dévolutif de l'appel-nullité, V. notes 42 et 43 ss. art. L. 661-6.

V. aussi note 2 ss. art. L. 621-7, notes 22 s. ss. ancien art. L. 661-6, note 21 ss. anc. art. 25 du Décr. n° 85-1388 du 27 déc. 1985, ss. art. R. 621-21.

Art. L. 661-5 *(Abrogé par Ord. nº 2008-1345 du 18 déc. 2008, art. 150)* ***Ne sont susceptibles que d'un appel et d'un pourvoi en cassation de la part du ministère public, les jugements statuant sur les recours formés contre les ordonnances du juge-commissaire rendues en application des articles*** *(L. nº 2005-845 du 26 juill. 2005, art. 150)* ***« L. 642-18 et L. 642-19 ».*** *— [C. com., anc. art. L. 623-5.]*

V. art. R. 661-1 et R. 661-3 s.

1. Effet dévolutif. Par l'effet dévolutif de l'appel, la juridiction du second degré se trouve investie de l'entière connaissance du litige et elle est tenue, sans que ce pouvoir soit conditionné par l'existence d'une erreur manifeste d'appréciation de la part des premiers juges, de se prononcer, à son tour, sur l'opportunité d'ordonner ou non la cession prévue à l'art. 155 [C. com., ancien art. L. 622-17] à l'un des candidats repreneurs dont les offres avaient été écartées par le tribunal. • Com. 11 mars 1997, nº 96-19.588 P : *D. 1997. IR 144 ; RJDA 1997, nº 965 ; JCP E 1997. I. 681, nº 7, obs. Pétel.*

2. Appel-nullité. Les jugements statuant sur le recours formé contre les ordonnances rendues par le juge commissaire en application de l'art. L. 622-16 C. com. dans sa rédaction antérieure à la loi du 26 juill. 2005 ne sont susceptibles d'un appel ou d'un pourvoi en cassation que de la part du ministère public ; il ne peut être dérogé à cette règle, comme à tout autre règle interdisant ou différant un recours, qu'en cas d'excès de pouvoir. • Com. 3 nov. 2009, nº 07-14.993 P : *D. 2009. AJ 2746 ; Gaz. Pal. 8-9 janv. 2010, p. 25, obs. Voinot ; RJDA 2010, nº 271.* ♦ Le tribunal ne fait qu'user des pouvoirs qu'il tient dudit art. L. 622-16 en ordonnant la vente de gré à gré de l'immeuble du débiteur, dès lors que la procédure de liquidation judiciaire n'est pas clôturée (dans le cas où le débiteur invoquait l'inutilité de la vente en l'absence de passif exigible). • Même arrêt. ♦ La violation de l'art. 4 C. pr. pén. [imposant au juge civil de surseoir à statuer dans l'attente de la décision du juge pénal sur l'action publique], dans sa rédaction antérieure à la loi du 5 mars 2007, ne constitue pas un excès de pouvoir. • Com. 11 mai 2010, nº 09-65.960 P : *D. 2010. Actu. 1277 ; LEDEN 7/2010. 7, obs. Staes ; DP diff. entr., bull. nº 316, obs. Roussel Galle ; RJDA 2010, nº 986.* ♦ De même, ni la méconnaissance du principe de loyauté des débats, ni le grief tiré d'une violation de l'art. 6, § 1, de la Conv. EDH ne constituent un excès de pouvoir. • Com. 8 mars 2011, nº 09-71.764 P : *D. 2011. Actu. 815 ; RTD com. 2011. 424, obs. Vallens ; APC 2011, nº 128, obs. Cagnoli ; Procédures 2011, nº 178, note Rolland ; BJE 2011. 200, note Staes ; RJDA 2011, nº 646.* – Dans la même affaire, V. • Com. 12 juill. 2011, nº 09-71.764 P : *D. 2011. Actu. 1966, obs. Lienhard ; LEDEN 10/2011. 7, obs. Staes ; Procédures 2011, nº 343, note Rolland ; LPA 3 janv. 2012, obs. Roussel Galle.* ♦ V. aussi, refusant de voir un excès de pouvoir dans la décision du juge-commissaire autorisant la cession de gré à gré du droit au bail de la société en liquidation judiciaire à une date à laquelle la résiliation du bail était acquise par le jeu de la clause résolutoire, • Com. 1er févr. 2011, nº 09-17.182 P : *D. 2011. Actu. 514, obs. Lienhard ; Gaz. Pal. 1er-2 avr. 2011, p. 25, obs. Kendérian ; LEDEN 3/2011. 5, obs. Staes ; RPC 2011, nº 28, obs. Cagnoli ; RJDA 2011, nº 563.* ♦ En revanche, constitue un excès de pouvoir [rendant recevable l'appel-nullité] le fait pour un juge, qui se prononce en matière de réalisation de l'actif du débiteur en liquidation judiciaire, de statuer sans que le débiteur ait été entendu ou dûment appelé. • Com. 16 juin 2009, nº 08-13.565 P : *D. 2009. AJ 1756, obs. Lienhard ; APC 2009, nº 209, obs. Vallansan et Cagnoli ; Gaz. Pal. 26-28 juill. 2009, p. 19, obs. Fricéro ; JCP E 2009. 1814, nº 5, obs. Pétel ; LEDEN 9/2009. 6, obs. Staes ; RLDA 2009, nº 43, p. 18, obs. Gorrias ; RPC 2010, nº 5, obs. Gorrias et Manie* • 8 janv. 2013, nº 11-26.059 P : *D. 2013. Actu. 173, obs. Lienhard ; LEDEN 3/2013. 4, obs. Staes ; RPC 2013, nº 41, obs. Cagnoli ; Gaz. Pal. 1er-4 mai 2013, p. 24, obs. Théron ; BJE 2013. 166, note Sortais.* ♦ Pour un excès de pouvoir résultant du refus de reconnaître au créancier gagiste le bénéfice des prérogatives attachées à son droit de rétention, V. • Com. 22 mai 2012, nº 11-12.015 P : *D. 2012. Actu. 1398, obs. Lienhard ; LEDEN 7/2012. 2, obs. Laroche ; Gaz. Pal. 3-4 août 2012, p. 28, obs. Théron ; RJDA 2013, nº 352.* ♦ V. aussi cet arrêt en ce qu'il reconnaît au créancier gagiste réclamant la qualité de partie, du fait de sa participation à l'instance de recours devant le tribunal.

3. Il n'entre pas dans les pouvoirs juridictionnels de la cour d'appel, statuant sur un appel-nullité relevé à l'encontre d'un jugement rendu à la suite d'une ordonnance du juge-commissaire prise en application de l'art. L. 642-18 C. com., de se prononcer sur l'éventuelle cession forcée d'un immeuble grevé d'une clause d'inaliénabilité. • Com. 8 nov. 2011, nº 10-21.508 P : *D. 2011. Actu. 2789 ; APC 2011, nº 308, obs. Cagnoli ; LEDEN 1/2012. 5, obs. J.-P. Sénéchal ; RJDA 2012, nº 320 ; BJE 2012. 168, note Théron.*

4. Recours du candidat repreneur évincé. L'auteur d'une offre d'acquisition de gré à gré d'un actif d'un débiteur en liquidation judiciaire, n'ayant aucune prétention à soutenir au sens des art. 4 et 31 C. pr. civ., n'est pas recevable à exercer un recours contre la décision du juge-commissaire autorisant ou ordonnant la vente au profit de l'auteur d'une offre concurrente. • Com. 28 avr. 2009, nº 07-18.715 P : *D. 2009.*

AJ 1276 ; APC 2009, n° 160, obs. Vallansan ; LEDEN, juin 2009, p. 3, obs. F.-X. Lucas ; Gaz. Pal. 26-28 juill. 2009, p. 18, obs. Fricero ; RJDA 2009, n° 879 ; Defrénois 2010. 475, obs. Gibirila. ♦ V., dans le même sens, pour l'irrecevabilité de l'appel-nullité, • Com. 3 déc. 2003, n° 00-20.298 P : *D. 2004. AJ 141 ; RDBF 2004, n° 82, obs. F.-X. Lucas ; RJ com. 2004. 186, note Sortais* • 24 mai 2005 : *Gaz. Pal. 4-5 nov. 2005, p. 32, obs. M. Sénéchal* • 14 déc. 2010, n° 10-17.235 P : *D. 2011. Actu. 69, obs. Lienhard ; JCP E 2011. 1263, n° 2, obs. Pétel ; LEDEN 2/2011. 3, obs. Staes ; APC 2011, n° 29, obs. Rolland ; RJDA 2011, n° 340 ; RPC 2011, n° 27, obs. Cagnoli* • 31 mai 2011, n° 10-17.774 P : *D. 2011. Actu. 1613, obs. Lienhard ; APC 2011, n° 190, obs. Vallansan ; LEDEN 7/2011. 7, obs. Borga ; RJDA 2011, n° 724 ; Gaz. Pal. 7-8 oct. 2011, p. 28, obs. Théron.* ♦ ... L'irrecevabilité de la tierce opposition-nullité, V. • Com. 28 sept. 2004 : *D. 2005. Pan. 295, obs. Le Corre .*

5. Pourvoi en cassation. L'excès de pouvoir, lorsqu'il est établi, ouvre droit à un recours en annulation du jugement formé par la voie de l'appel ; le pourvoi en cassation est irrecevable dès lors que, selon l'art. 605 C. pr. civ., la voie de la cassation n'est ouverte que lorsque toutes les autres voies sont fermées. • Com., QPC, 26 juin 2012, n° 11-27.515 P : *D. 2012. Chron. C. cass. 2012. 2554, obs. Arbellot ; RJDA 2013, n° 149.*

Art. L. 661-6 *(Ord. n° 2008-1345 du 18 déc. 2008, art. 151)* **I. — Ne sont susceptibles que d'un appel de la part du ministère public :**

1° Les jugements ou ordonnances relatifs à la nomination ou au remplacement de l'administrateur, du mandataire judiciaire, du commissaire à l'exécution du plan, du liquidateur, des contrôleurs, du ou des experts ;

2° Les jugements statuant sur la durée de la période d'observation, sur la poursuite ou la cessation de l'activité.

II. — Ne sont susceptibles que d'un appel de la part du débiteur ou du ministère public, les jugements relatifs à la modification de la mission de l'administrateur.

III. — Ne sont susceptibles que d'un appel de la part soit du débiteur, soit du ministère public, soit du cessionnaire ou du cocontractant mentionné à l'article L. 642-7 les jugements qui arrêtent ou rejettent le plan de cession de l'entreprise. Le cessionnaire ne peut interjeter appel du jugement arrêtant le plan de cession que si ce dernier lui impose des charges autres que les engagements qu'il a souscrits au cours de la préparation du plan. Le cocontractant mentionné à l'article L. 642-7 ne peut interjeter appel que de la partie du jugement qui emporte cession du contrat.

IV. — Ne sont susceptibles que d'un appel de la part du ministère public ou du cessionnaire, dans les limites mentionnées à l'alinéa précédent, les jugements modifiant le plan de cession.

V. — Ne sont susceptibles que d'un appel de la part du débiteur, de l'administrateur, du liquidateur, du cessionnaire et du ministère public les jugements statuant sur la résolution du plan de cession.

VI. — L'appel du ministère public est suspensif *(L. n° 2016-1547 du 18 nov. 2016, art. 99-VIII-1°)* **« , sauf s'il porte sur une décision statuant sur l'ouverture de la procédure de sauvegarde ou de redressement judiciaire et n'est pas limité à la nomination de l'administrateur, du mandataire judiciaire ou des experts ».**

Le VIII de l'art. 99 de la L. n° 2016-1547 du 18 nov. 2016 n'est pas applicable aux procédures en cours au jour de la publication de cette loi (L. préc., art. 114-XVI, JO 19 nov.).

V. art. R. 661-3, R. 661-4 et R. 661-6.

1. Constitutionnalité de l'art. L. 661-6. Pour la conformité à la Constitution des dispositions de l'art. L. 661-6, I, 1°, V. • Com., QPC, 21 févr. 2012, n° 11-40.100 P : *D. 2012. Actu. 550, obs. Lienhard ; Gaz. Pal. 27-28 avr. 2012, p. 26, obs. Rohart-Messager ; Procédures 2012, n° 183, note Rolland ; RPC 2012, n° 61, obs. Cagnoli.* ♦ ... Des dispositions de l'art. L. 661-6, III, V. • Com., QPC, 2 juill. 2013 : *LEDEN 9/2013. 6, obs. Favario ; RJDA 2013, n° 827 ; Gaz. Pal. 12-14 janv. 2014, p. 37, obs. Gailhbaud.*

2. Appel du débiteur. Il résulte de la combinaison des art. L. 661-6, III, C. com., 31 et 546 C. pr. civ. que si le débiteur a qualité à interjeter appel du jugement arrêtant le plan de cession, il doit en outre justifier d'un intérêt personnel à exercer cette voie de recours. • Com. 23 oct. 2019, n° 18-21.125 P : *D. 2020. Pan. 1866, obs. Cagnoli ; Rev. sociétés 2019. 786, obs. Roussel Galle ; RTD com. 2019. 1007, obs. Poujade ; JCP E 2019. 1551, n° 7, obs. Pétel ; LEDEN 11/2019. 6, obs. Rubellin ; DP diff. entr., Bull. n° 419, obs. Rémery ; APC 2019, n° 271, obs. Théron ; RJDA 2020, n° 30 ; BJE 1-2/2020. 22, note Vincent ; Dr. sociétés 2020, n° 12, note Legros ; RPC 2020, n° 3, obs. Cagnoli ; RJ com. 2020. 268, obs. Staes.* ♦ Comp., pour la position antérieure de la chambre commerciale : • Com. 12 juill. 2017 : *cité note 2 ss. art. L. 661-7.*

3. Appel-nullité du comité d'entreprise. Même s'il ne peut relever appel-réformation du jugement statuant sur le plan de cession en application des dispositions de l'art. L. 661-6, III, le comité d'entreprise peut former un appel-nullité pour excès de pouvoir. • Com. 17 févr. 2015 : *D. 2015. Actu. 486 ; Rev. sociétés 2015. 411, obs. Henry ; JCP E 2015. 1204, n° 6, obs. Pétel ; APC 2015, n° 81, obs. Staes ; Gaz. Pal. 1er-5 mai 2015, p. 42, obs. Gailhbaud ; BJE 2015. 245, note De Lajarte-Moukoko ; RPC 2015, n° 84, obs. Cagnoli.*

4. Appel-nullité du candidat contrôleur évincé. Pour l'irrecevabilité de cette voie de recours, V. • Com. 29 sept. 2015, n° 14-15.619 P : *cité note 2 ss. art. L. 621-10.*

Ancien art. L. 661-6 *I. — Ne sont susceptibles que d'un appel de la part du ministère public même s'il n'a pas agi comme partie principale :*

1° Les jugements relatifs à la nomination ou au remplacement de l'administrateur, du mandataire judiciaire, du liquidateur, des contrôleurs, du ou des experts ;

2° Les jugements statuant sur la durée de la période d'observation, sur la poursuite ou la cessation de l'activité (Abrogé par L. n° 2005-845 du 26 juill. 2005, art. 151) *« ou sur l'autorisation de la location-gérance prévue à l'article L. 621-34 ».*

II. — Ne sont susceptibles que d'un appel de la part, (L. n° 2005-845 du 26 juill. 2005, art. 151) *« soit du débiteur, » soit du ministère public même s'il n'a pas agi comme partie principale, soit du cessionnaire ou du cocontractant mentionné à l'article* (L. n° 2005-845 du 26 juill. 2005, art. 151) *« L. 642-7 », les jugements qui arrêtent ou rejettent le plan de cession de l'entreprise. Le cessionnaire ne peut interjeter appel du jugement arrêtant le plan de cession que si ce dernier lui impose* (Abrogé par L. n° 2005-845 du 26 juill. 2005, art. 151) *« , en violation de l'article L. 621-63, » des charges autres que les engagements qu'il a souscrits au cours de la préparation du plan. Le cocontractant mentionné à l'article* (L. n° 2005-845 du 26 juill. 2005, art. 151) *« L. 642-7 » ne peut interjeter appel que de la partie du jugement qui emporte cession du contrat.*

III. — Ne sont susceptibles que d'un appel de la part soit du ministère public même s'il n'a pas agi comme partie principale, soit du cessionnaire, dans les limites mentionnées à l'alinéa précédent, les jugements modifiant le plan de cession.

IV. — L'appel du ministère public est suspensif. — [C. com., anc. art. L. 623-6.]

I. APPEL-RÉFORMATION

A. QUALITÉ POUR AGIR

1. Ministère public. Le ministère public étant recevable à agir pour la défense d'intérêts légitimes peut déférer à la cour tout jugement qui ne retiendrait pas l'offre de reprise permettant d'assurer dans les meilleures conditions l'emploi attaché à l'ensemble cédé et le paiement des créanciers. • Amiens, 24 juill. 1986 : *Gaz. Pal. 1986. 2. 643* • Aix-en-Provence, 2 juin 1988 : *D. 1990. Somm. 3, obs. Derrida*. – V. aussi • Nancy, 18 déc. 2003 : *RTD com. 2004. 162, obs. Vallens* (dans le cas où une offre préférable à celle retenue avait été présentée tardivement, en cours de délibéré). ♦ Le candidat dont l'offre n'a pas été retenue ne peut contester la recevabilité de l'appel interjeté par le ministère public. • Paris, 29 juill. 1987 : *Gaz. Pal. 1987. 2. 677.* ♦ L'appel du ministère public à l'encontre du jugement ayant arrêté un plan de redressement est un droit reconnu par le législateur, même s'il n'a pas agi comme partie principale, sans avoir à justifier d'un intérêt particulier. • Paris, 5 déc. 1997 : *RJ com. 1998. 325, note Monsèrié.* ♦ Sur la recevabilité, de la part du candidat évincé, d'une intervention accessoire aux prétentions du ministère public, V. note 13.

2. Cessionnaire. Est recevable l'appel du cessionnaire de l'entreprise contre le jugement arrêtant le plan de cession de l'entreprise, qui lui imposerait des charges autres que les engagements souscrits dans son offre. • Aix-en-Provence, 9 déc. 1988 : *D. 1990. Somm. 3, obs. Derrida* • Montpellier, 19 juin 1990 : *D. 1992. Somm. 93, obs. Derrida*. ♦ Ainsi, sont recevables les appels-réformation de créanciers hypothécaires dont l'offre de reprise a été écartée par le tribunal décidant qu'une partie du prix de cession d'immeubles sera réservée aux créanciers chirographaires, sans respecter les conditions des offres des établissements de crédit et en leur imposant une charge qu'ils n'avaient pas souscrite. • Paris, 8 juin 1993 : *D. 1993. IR 186 ; Gaz. Pal. 1994. 1. 20, note Marchi.* ♦ A défaut de cette condition, n'est pas recevable l'appel contre un jugement interprétatif concernant les modalités du plan de cession. • Com. 12 févr. 1991, n° 89-18.647 P : *JCP 1991. IV. 140.* ♦ Comp., admettant l'appel visant à contester la cession judiciaire de contrats : • Paris, 5 déc. 1997 : *préc. note 1.* ♦ L'auteur de l'offre de cession qui a été désigné dans le jugement comme bénéficiaire de la reprise a la qualité de cessionnaire au sens de l'art. L. 623-6 [L. 661-6] (II) C. com. et peut, à ce titre, même en cas d'exercice d'une faculté de substitution, interjeter appel du jugement qui lui imposerait d'autres engagements que ceux qu'il a pu souscrire : • Orléans, 21 juill. 2005 : *RJDA 2006, n° 54.*

3. Aucune disposition légale n'interdit au cessionnaire qui a demandé la modification du plan de cession d'interjeter appel du jugement rejetant cette demande. • Com. 3 mai 2006 : *cité note 2 ss. art. L. 661-7.*

4. *Cocontractant cédé.* Le cocontractant ne peut relever appel que de la partie du jugement qui emporte cession du contrat, ce qui ne lui permet pas de critiquer l'ensemble du jugement. • Limoges, 13 août 1986 : *D. 1987. 44, note Derrida ; JCP 1986. II. 20693, note Cabrillac ; Gaz. Pal. 1986. 2. 722, note J.-F. Martin.*

5. Le cocontractant mentionné à l'art. 86 [C. com., art. L. 642-7] n'est pas recevable à relever appel de la décision refusant le transfert de son contrat. • Paris, 22 oct. 1991 : *D. 1992. 417, note Derrida*. – V. aussi • Versailles, 15 avr. 1996 : *RPC 1998. 384, obs. Soinne.* ♦ Sur la recevabilité de l'appel-nullité, V. note 27.

B. ABSENCE DE QUALITÉ

6. *Débiteur et administrateur.* Avant la loi du 26 juill. 2005, le débiteur cédé n'avait pas qualité pour faire appel. • Versailles, 9 juill. 1986 : *Gaz. Pal. 1987. 1. 133, note Marchi.* ♦ V., toutefois, pour la recevabilité de l'appel formé par le débiteur ou l'administrateur contre un jugement qui, arrêtant un plan de cession, rejetait par là même un plan de continuation ou la liquidation judiciaire, notes 21 et 28 ss. art. L. 661-1. ♦ V. aussi, pour la recevabilité de l'appel-nullité du débiteur, note 35.

V., désormais, sur le droit d'appel du débiteur : art. L. 661-6, dans sa réd. issue de la L. n° 2005-845 du 26 juill. 2005, reprise par l'Ord. n° 2008-1345 du 18 déc. 2008.

7. L'appel du débiteur contre le jugement statuant sur la non-exécution des obligations du cessionnaire est recevable. • Toulouse, 11 mars 1991 : *BICC 1991, n° 1190.*

8. *Associé.* L'associé d'une société en redressement judiciaire est irrecevable à interjeter appel du jugement ayant arrêté le plan de cession de la société. • Com. 18 mars 2003 : *Dr. sociétés 2004, n° 60, note Legros.*

9. *Créanciers.* Il résulte de l'art. 174, al. 2 [C. com., art. L. 661-6, III], qu'un créancier ne peut interjeter appel d'un jugement statuant en matière de plan de cession. • Com. 3 mars 1992, *n° 89-15.336 P.* ♦ Ni les créanciers, ni les contrôleurs ne sont au nombre des personnes autorisées, par l'art. 174 [C. com., art. L. 661-6], à faire appel des jugements arrêtant le plan de cession de l'entreprise. • Paris, 8 juill. 1987 : *D. 1988. 11, concl. Sauvel.* ♦ Est irrecevable l'appel interjeté par un créancier hypothécaire contre un jugement arrêtant, conformément aux prévisions de l'art. 68 [C. com., art. L. 642-6], une modification substantielle dans les objectifs et les moyens du plan de cession. • Com. 8 juin 1993, n° 89-17.147 P : *D. 1994. Somm. 42, obs. Derrida ; Rev. huiss. 1994. 196, note Vidal.* ♦ V. aussi note 29.

10. La banque qui se prévaut d'un contrat de prêt affecté, dont le sort est réglé par les dispositions de l'art. L. 642-12 C. com., n'est pas un cocontractant au sens des dispositions de l'art. L. 642-7 du même code ; son appel est donc irrecevable. • Bordeaux, 17 nov. 2009 : *BICC 2010, n° 1381.* ♦ Lorsque, faute d'accord avec le créancier nanti à propos d'un paiement partiel des échéances d'emprunt restant dues postérieurement au transfert de propriété, les matériels grevés de nantissement ont été exclus de l'offre de reprise, de sorte que le tribunal n'a pas été appelé à statuer sur leur cession, le créancier nanti n'avait pas la qualité de partie à l'instance qui devait statuer sur le plan de cession ; son appel contre le jugement arrêtant ce plan est donc irrecevable. • Aix-en-Provence, 3 avr. 1997 : *D. 1999. Somm. 4, obs. Derrida*. – V. aussi • Amiens, 16 déc. 1988 : *D. 1990. Somm. 3, obs. Derrida*. ♦ Pour l'irrecevabilité de l'appel-nullité, V. note 29.

11. *Salariés et représentants du personnel.* Les représentants du comité d'entreprise ou, à défaut, les délégués du personnel dont l'audition se trouve ainsi requise par la loi ne disposent pas pour autant de la faculté de relever appel du jugement arrêtant ou rejetant le plan de cession. • Paris, 13 janv. 1987 : *D. 1987. IR 42 ; Gaz. Pal. 1987. 1. 199, note Marchi* • Versailles, 9 févr. 1989 : *D. 1990. Somm. 3, obs. Derrida*. ♦ Sur l'irrecevabilité de l'appel des salariés, des représentants des salariés et des délégués du personnel, V. • Paris, 22 févr. 1989 : *D. 1989. IR 91* • 6 févr. 1987 : *D. 1987. IR 42.*

12. *Candidats repreneurs évincés.* Il résulte de l'art. 174 [C. com., art. L. 661-6] que les appels relevés par les repreneurs évincés contre le jugement arrêtant ou rejetant un plan de cession sont irrecevables. • Limoges, 13 août 1986 : *préc. note 4* • Amiens, 9 févr. 1989 : *D. 1990. Somm. 3, obs. Derrida* • Rouen, 5 juill. 1994 : *BICC 1995, n° 134.* ♦ En exerçant néanmoins un recours que la jurisprudence déclare irrecevable, le repreneur évincé commet une faute dont il doit réparation au cessionnaire et au mandataire de justice de l'entreprise cédée. • Com. 11 mai 1999, n° 98-11.392 P : *D. 2000. Somm. 96, obs. Honorat ; Dr. sociétés 1999, n° 115, obs. Chaput ; LPA 5 août 1999, p. 10, note P. M.*

13. Cependant, le candidat évincé est recevable en son intervention accessoire, conformément aux dispositions combinées des art. 330 et 554 NCPC [C. pr. civ.] ainsi que de l'art. 161, al. 4, du Décr. du 27 déc. 1985 [C. com., art. R. 661-5°], dans la mesure où il a intérêt, pour la conservation de ses droits, à soutenir désormais les prétentions du ministère public. • Paris, 6 févr. 1987 : *préc. note 11.* – V. aussi • Versailles, 23 avr. 1992 : *RJ com. 1992. 307, note Vallens* • Paris, 5 déc. 1997 : *préc. note 1.*

14. Sur la recevabilité de l'appel-nullité, V. note 26. ♦ Sur la recevabilité d'un pourvoi en cassation portant sur la recevabilité de l'appel, V. note 8 ss. ancien art. L. 661-7.

C. JUGEMENTS VISÉS

15. Selon l'art. L. 661-6, I, 1°, C. com., dans sa rédaction issue de la loi du 26 juill. 2005, les jugements relatifs à la nomination ou au remplacement de l'administrateur, du mandataire judiciaire, du liquidateur, des contrôleurs, du ou des experts ne sont susceptibles que d'un appel du ministère public. Il n'est dérogé à cette règle qu'en cas d'excès de pouvoir, lequel, s'il est établi, ouvre droit à un recours en annulation du jugement formé par la voie de l'appel (irrecevabilité du pourvoi en cassation du candidat contrôleur évincé). • Com. 16 mars 2010, n° 09-13.578 P : *D. 2010. Chron. C. cass. 1113, obs. Bélaval ; ibid. AJ 825 ; Rev. sociétés 2010. 195, obs. Roussel Galle ; RTD com. 2010. 430, obs. Vallens ; LEDEN 5/2010. 4, obs. Staes ; Gaz. Pal. 2-3 juill. 2010, p. 22, obs. Fricero ; RJDA 2010, n° 772 ; RPC 2011, n° 26, obs. Cagnoli.*

16. La décision qui se borne à modifier la désignation de l'associé représentant une société d'exercice libéral de mandataires judiciaires dans l'accomplissement de sa mission de liquidateur du débiteur, précédemment exercée par l'un des associés au nom de cette même société, n'est pas une décision de remplacement. • Com. 13 déc. 2005 : *APC 2006, n° 70.* – V. Soinne, *RPC 2006. 230.*

17. Le remplacement d'un contrôleur entraîne nécessairement dans un premier temps sa révocation et par conséquent les jugements qui ont trait à la révocation d'un contrôleur sont susceptibles de recours dans les mêmes conditions que les décisions de nomination ou de remplacement. Par suite, un créancier, fût-il contrôleur, ne dispose d'aucun droit d'appel à l'encontre du jugement qui prononce sa révocation. • Rouen, 11 sept. 1997 : *RJDA 1998, n° 455.*

18. Le jugement qui, sur requête du commissaire à l'exécution du plan, confirme le plan de cession arrêté par un précédent jugement n'entre pas dans la catégorie des jugements qui arrêtent ou rejettent un plan de cession ; les voies de recours de droit commun sont donc ouvertes contre ce jugement. • Paris, 14 sept. 1993 : *Gaz. Pal. 1994. 1. 23, note Marchi ; LPA 20 avr. 1994, note Calendini.*

19. La loi du 25 janv. 1985 ne renferme aucune disposition prohibant l'exercice de l'appel à l'encontre d'une décision statuant sur une demande de résolution d'un plan de cession. • Com. 6 mai 1997, n° 94-19.017 P : *D. 1998. Somm. 6, obs. Derrida ; D. Affaires 1997. 766.* – Dans le même sens, V. • Paris, 26 févr. 2002 : *BICC 2002, n° 977.* ♦ Sur la restriction du droit d'appel, V., désormais, art. L. 661-6, V, dans sa réd. issue de l'Ord. n° 2008-1345 du 18 déc. 2008.

20. Le jugement prorogeant la durée du plan de cession et la mission du commissaire à l'exécution du plan est une décision modifiant le plan, de sorte qu'il n'est, selon l'art. L. 623-6, III, C. com. dans sa rédaction antérieure à la loi du 26 juill. 2005, susceptible que d'un appel du ministère public et qu'il en est de même du jugement rendu sur sa tierce opposition. • Com. 19 juin 2007, n° 06-12.101 P : *D. 2007. AJ 1965, obs. Lienhard ; D. 2008. Pan. 574, obs. F.-X. Lucas ; RDBF 2007, n° 157, obs. F.-X. Lucas ; Gaz. Pal. 26-27 oct. 2007, p. 43, obs. Voinot.*

21. Pour la recevabilité de l'appel du commissaire à l'exécution du plan contre le jugement ayant prononcé la clôture de la procédure et mis fin à la mission de ce mandataire alors qu'il restait des actifs immobiliers à réaliser, cette décision n'étant pas visée par les dispositions spéciales de la loi du 25 janv. 1985 réglementant les voies de recours, V. • Com. 5 mai 2004, n° 01-16.758 P : *D. 2004. AJ 1734 ; APC 2004, n° 143, obs. Cagnoli ; RTD com. 2004. 612, obs. Vallens .*

II. RECOURS-NULLITÉ

V. aussi notes 16 s. ss. ancien art. L. 623-4, ss. art. L. 661-4, notes 15 à 17 ss. art. L. 661-7 et note 2 ss. art. R. 621-17.

BIBL. Bolard, *D. 1988. Chron. 177 ; RPC 1991. 1 ; Justices juill.-déc. 1996, p. 119.* – Cadiet, *ibid. 1988. 17.* – Honorat et Mas, *LPA 1er juill. 1987.* – Gerbay, *D. 1993. Chron. 143* . – Pirovano, *D. 1988. Chron. 273.* – Soinne, *Gaz. Pal. 1987. 2. Doctr. 695.* – A. Robert, *Dr. et patr. 2/1998. 58.* – Santa-Croce, *Mél. Jeantin, Dalloz, 1999, p. 467.* – Perdriau, *D. 2002. Chron. 1993* (pourvoi-nullité). – Maupas, *RPC 2002. 229.*

22. Conditions de recevabilité. Aucune disposition régissant les procédures collectives n'interdit de faire constater, selon les voies de recours du droit commun, la nullité d'une décision entachée d'excès de pouvoir. • Com. 3 mars 1992, n° 90-12.602 P : *D. 1992. 345, note Bolard ; Defrénois 1992. 1380, obs. Sénéchal* (intégration dans le plan de cession de biens n'appartenant pas au débiteur) • 11 avr. 1995 : *RPC 1996. 103, obs. Soinne* (même motif). – V. aussi • Com. 27 avr. 1993, n° 91-10.867 P : *D. 1994. Somm. 45, obs. Derrida ; Rev. sociétés 1993. 648, note Chaput* (charges supplémentaires imposées aux personnes exécutant le plan). ♦ Il en allait de même, avant l'arrêt de la chambre mixte du 28 janv. 2005 [V. note 16 ss. art. L. 661-4], en cas de violation d'un principe essentiel de procédure, tel que l'obligation de motivation des jugements. • Com. 17 mai 1994 : *Dr. sociétés 1994, n° 154, obs. Chaput* • 19 déc. 1995 : *ibid. 1996, n° 55, obs. Chaput.* ♦ Mais si, pour remédier à certains vices particulièrement graves, l'appel à fin d'annulation peut être formé, même lorsque l'appel à fin de réformation n'est pas ouvert, encore faut-il qu'il émane d'une partie qui y a intérêt, ainsi qu'en dispose l'art. 546 NCPC [C. pr. civ.]. • Paris, 8 juill. 1987 : *préc. note 9.*

23. L'administrateur judiciaire, chargé d'assister le débiteur déclaré en redressement judiciaire, et le représentant des créanciers ne sont, au sens de l'art. 583 NCPC [C. pr. civ.], ni des tiers au regard du débiteur, ni des étrangers par rapport à la procédure à laquelle ils auraient dû être appelés, si bien que la voie de la tierce opposition leur est fermée. L'appel est la seule voie de recours appropriée pour permettre aux mandataires de justice, en présence d'une décision obtenue à leur insu, de faire valoir les règles d'ordre public des procédures collectives. • Grenoble, 29 janv. 1992 : *BICC 1992, n° 1029.*

24. Délai. V. notes 3 et 7 ss. art. R. 661-3.

A. CARACTÈRE SUBSIDIAIRE DU RECOURS

25. L'appel-nullité, de caractère subsidiaire, ne peut être utilisé que lorsque aucune autre voie de recours n'est ouverte. • Com. 7 juill. 1998 : *APC 1998, n° 128* • Douai, 16 juill. 1987 : *Gaz. Pal. 1987. 2. 693.* ♦ Telle n'est pas la situation dans laquelle se trouve le procureur de la République qui dispose du droit d'appel des jugements arrêtant ou rejetant un plan de cession, en vertu de l'art. 174 [C. com., art. L. 661-6]. • Douai, 16 juill. 1987 : *préc.*

B. QUALITÉ DE PARTIE

BIBL. Derrida, *D. 1989. Chron. 77.*

26. Candidats repreneurs évincés. Avant de se prononcer sur le plan de redressement de l'entreprise, le tribunal n'est pas tenu de procéder à l'audition des candidats repreneurs et ceux-ci, quand bien même seraient-ils entendus pour une bonne administration de la justice, n'ont pas de prétentions à soutenir au sens des art. 4 et 31 NCPC [C. pr. civ.]. • Com. 22 mars 1988, n° 87-15.901 P : *D. 1988. 375, note Derrida et Julien ; Gaz. Pal. 1988. 2. 661, note Marchi* • 8 nov. 1988 : *D. 1988. IR 279 ; Bull. civ. IV, n° 295* • 22 oct. 1996 : *RPC 1997. 424, obs. Cadiou.* ♦ Dès lors, le candidat repreneur, qui n'était pas partie à l'instance et à l'encontre de qui aucune condamnation n'a été prononcée, est irrecevable à se pourvoir en cassation. • Com. 22 mars 1988 : *préc.* ♦ De même, son appel-annulation du jugement ayant arrêté le plan de redressement est-il irrecevable. • Com. 8 nov. 1988 : *préc.* – V. aussi • Lyon, 14 févr. 1992 : *D. 1994. Somm. 39, obs. Derrida* • Com. 2 avr. 1996, n° 94-13.201 P • 3 févr. 1998 : *RTD com. 1998. 680, obs. Saint-Alary-Houin*. – Comp. : • Douai, 31 mars 1988 : *D. 1990. Somm. 3, obs. Derrida* • Aix-en-Provence, 9 déc. 1988 : *ibid.* ♦ *Contra*, jugeant recevable l'appel-nullité relevé contre le jugement arrêtant un plan de redressement par une personne n'ayant pas été partie en première instance : • Pau, 14 avr. 1992 : *D. 1994. Somm. 45, obs. Derrida ; Cah. jurispr. Aquitaine 1992. 3. 414, note Legrand.* ♦ V. aussi note 4 ss. art. L. 661-7.

Sur l'irrecevabilité, faute d'avoir été partie en première instance, de l'appel-nullité du « repreneur » évincé, V. aussi • Lyon, 16 oct. 1987 : *Gaz. Pal. 1988. 1. 249* • Paris, 18 oct. 1988 : *D. 1989. Somm. 12, obs. Derrida.* ♦ V. également, pour l'appel de l'ancien locataire-gérant qui avait offert de racheter le fonds de commerce, • Paris, 5 mars 1991 : *D. 1991. 376, note Sortais*.

Le dirigeant d'une société en redressement judiciaire qui a présenté en son nom personnel, comme associé de la société, un plan de continuation doit être considéré comme un repreneur évincé et n'a donc pas qualité pour former un appel-nullité à l'encontre du jugement ayant arrêté le plan de cession. • Com. 29 févr. 2000 : *Dr. sociétés 2000, n° 104, obs. Chaput.*

27. Cocontractant cédé. N'ayant pas le droit de demander la cession forcée des contrats qui le lient à l'entreprise en redressement judiciaire et qui est décidée souverainement par le tribunal lorsque celui-ci la juge nécessaire au maintien de l'activité, le cocontractant mentionné à l'art. 86 [C. com., art. L. 642-7], dont le contrat n'a pas été transféré, n'a pas de prétentions à soutenir au sens des art. 4 et 31 NCPC [C. pr. civ.], et n'est donc pas partie à l'instance. • Paris, 22 oct. 1991 : *préc. note 5.* – Dans le même sens : • Com. 22 nov. 1994, n° 93-19.484 P : *D. 1997. Somm. 7, obs. Derrida*.

28. Cessionnaire. Pour la recevabilité du recours du cessionnaire en annulation du jugement ayant arrêté le plan de cession nonobstant l'absence de réalisation des conditions suspensives dont l'offre était assortie, V. • Com. 11 déc. 2001 : *RPC 2003. 108, obs. Gorrias.*

29. Créanciers. Ne peut former d'appel à fin d'annulation, la société qui, ni en tant que créancier, ni en tant que contrôleur n'était partie en première instance. • Paris, 8 juill. 1987 : *préc. note 9.* – Comp. : • Douai, 4 juin 1987 : *Gaz. Pal. 1987. 2. 691* • 31 mars 1988 : *préc. note 26.*

Lorsque l'Association française des banques était présente devant le tribunal en sa qualité de contrôleur, la subrogation dont elle prétend bénéficier dans les droits des déposants qu'elle a indemnisés au titre de la solidarité interbancaire n'a pas pour effet de lui donner le statut de partie au sens de l'art. 546 NCPC [C. pr. civ.], puisque les créanciers dans les droits desquels elle serait subrogée ne bénéficient pas eux-mêmes de cette qualité. • Paris, 5 avr. 1996 : *D. 1996. IR 139 ; RPC 1996. 331, obs. Soinne.* ♦ V. aussi note 31.

Toutefois, des créanciers, représentés en première instance par le représentant des créanciers, peuvent interjeter appel-nullité au cas d'inaction de ce dernier, tout créancier, qui estime que la décision arrêtant le plan de cession contrevient aux règles d'ordre public de la loi, étant autorisé à exercer l'action *ut singuli*. • Montpellier, 29 juill. 1992 (3e esp.) : *D. 1992. Somm. 357, obs. Vasseur* ✎, conf. par • Com. 26 avr. 1994 : *cité note 32.*

Pour l'irrecevabilité de l'appel-nullité du créancier titulaire d'une sûreté réelle dont la charge a été transmise au cessionnaire en application de l'art. L. 642-12, V. • Com. 15 déc. 2009, n° 08-21.553 P : *D. 2010. Pan. 1827, obs. Le Corre* ✎ ; *ibid. AJ 11, obs. Lienhard (3e esp.)* ✎ ; *RJDA 2010, n° 272 ; RPC 2010, n° 65, obs. Pérochon ; RPC 2010, n° 96, obs. Cagnoli.*

30. En énonçant que faute d'appel-nullité recevable, un créancier, eût-il un droit propre distinct de celui invoqué par les autres créanciers, était irrecevable en son intervention volontaire en cause d'appel, une cour d'appel n'a pas excédé ses pouvoirs. • Com. 26 avr. 1994 : *cité note 32.*

31. Contrôleurs. V. note 29. ♦ Si, en application de l'art. 15 [C. com., art. L. 621-11], les contrôleurs désignés par le juge-commissaire assistent le représentant des créanciers dans ses fonctions, leur audition éventuelle ne leur confère pas la qualité de partie ; l'appel du contrôleur n'est donc pas recevable. • Com. 9 déc. 1997 : *D. 1998. IR 22 ; D. Affaires 1998. 77, obs. A. L. ; Quot. jur. 15 janv. 1998, p. 6, note P. M. ; RTD com. 1998. 952, obs. Vallens* ✎ • 6 juin 2000 : *RJDA 2000, n° 1005.* ♦ V. déjà, dans une espèce où l'Association française des banques avait été désignée comme contrôleur, • Paris, 5 avr. 1996 : *préc. note 29.*

V. aussi • Paris, 20 déc. 1996 : *D. 1997. IR 53 ; D. Affaires 1997. 351 ; Rev. dr. bancaire 1997. 80, obs. Campana et Calendini.*

32. Représentant des créanciers. V., dans le sens de la recevabilité de l'appel-nullité du représentant des créanciers contre un jugement arrêtant un *plan de continuation,* pour non-respect de la procédure de consultation des créanciers, • Paris, 10 juin 1987 : *D. 1987. 546, note Derrida* • Lyon, 17 juin 1987 : *ibid.* ♦ Comp., rejetant l'appel, en cas de *plan de cession* : • Lyon, 4 nov. 1988 : *D. 1989. Somm. 12, obs. Derrida.* ♦ V. aussi note 23.

Le représentant des créanciers d'une société en redressement judiciaire est irrecevable à se prévaloir devant la Cour de cassation de griefs, à supposer qu'ils visent un excès de pouvoir, qui sont personnels, d'un côté, à la société débitrice qu'il ne représente pas, d'un autre côté, à certains créanciers pris individuellement ayant formé appel, dès lors que lui-même n'a pas relevé, en vue de la défense de l'intérêt collectif des créanciers, appel du jugement ayant arrêté le plan de cession. • Com. 26 avr. 1994, n° 92-18.966 P : *D. 1994. 542, note Derrida* ✎ ; *RJDA 1994, nos 713 à 715, et p. 498, concl. M. Raynaud.* – V. aussi Vasseur, *D. 1994. Chron. 317* ✎.

33. Représentant des salariés. Jugé que, même si le représentant des salariés doit être entendu avant le jugement, cette circonstance ne lui confère pas la qualité de partie ; il est donc irrecevable à relever appel du jugement, fût-ce pour en faire prononcer la nullité. • Limoges, 13 août 1986 : *préc. note 4.*

34. Représentants du personnel. Jugé que, bien que non parties à l'instance au sens strict du terme, les délégués du personnel et les comités d'entreprise qui sont parties à la procédure doivent être déclarés recevables à relever appel-nullité d'une décision ainsi rendue en violation des obligations d'ordre public de la loi de 1985 qui a organisé à leur intention une information et une consultation préalable. • Rennes, 7 juill. 1993 : *D. 1996. Somm. 7, obs. Derrida* ✎ ; *JCP 1994. IV. 46.* ♦ Comp. : art. L. 642-5, al. 1er.

35. Débiteur. Avant la loi du 26 juill. 2005, il était admis qu'aucune disposition légale n'interdisait au débiteur de faire constater par la voie de l'appel la nullité d'un jugement arrêtant un plan de cession. • Lyon, 4 nov. 1988 : *préc. note 32* • Paris, 4 févr. 1997 : *D. 1998. Somm. 3, obs. Derrida* ✎. – *Contra* : • Versailles, 9 févr. 1989 : *D. 1990. Somm. 3, obs. Derrida* ✎. ♦ V. aussi, refusant l'appel, dans un cas où un plan de continuation avait été résolu, • Paris, 15 janv. 1991 : *D. 1992. Somm. 92, obs. crit. Derrida* ✎.

V., désormais, sur l'ouverture de l'appel-réformation : art. L. 661-6, II, dans sa réd. issue de L. n° 2005-845 du 26 juill. 2005.

36. Coïndivisaire. En ce sens qu'un coïndivisaire du débiteur n'a pas la qualité de partie, au sens de l'art. 546 NCPC [C. pr. civ.], V. • Paris, 7 févr. 1997 : *D. 1998. Somm. 4, obs. Derrida* ✎.

37. Administrateur. V. note 23.

C. *INTÉRÊT À AGIR*

38. Excès de pouvoir. Sur la notion d'excès de pouvoir, V. • Douai, 16 mai 2006 : *D. 2006. AJ 1529, obs. Lienhard* ✎. ♦ Pour la recevabilité d'un appel-nullité fondé sur une violation de la règle d'irrévocabilité des offres de reprise, édictée par l'art. 21, al. 2 [L. 642-2, V]. – V. • Paris, 4 févr. 1997 : *préc. note 35.* – Comp. note ss. art. R. 642-1. ♦ ... De la règle d'indépendance du repreneur, prévue par l'art. 21, al. 4 [L. 642-3], V. • Com. 4 oct. 2005 : *cité note 3 ss. art. L. 642-3 ; Gaz. Pal. 10-11 févr. 2006, p. 16, obs. Rohart-Messager.*

En ce sens que la violation de la règle d'égalité des créanciers, dans le choix du repreneur, n'est pas constitutive d'un abus de pouvoir, V. • Aix-en-Provence, 30 oct. 1997 : *D. 1999. Somm. 2, obs. Derrida* ✎.

39. Pour des exemples d'excès de pouvoir, V. note 13 ss. art. L. 631-19-1 ; et • Com. 3 mars 1992 : *préc. note 22.* ♦ V. aussi note 16 ss. ancien art. L. 623-4, ss. art. L. 661-4.

40. La cour d'appel saisie d'un recours en annulation n'a pas à apprécier l'opportunité ni le contenu du plan arrêté par le jugement de première instance. • Versailles, 9 juill. 1986 : *D. 1987. Somm. 8, obs. Derrida ; Gaz. Pal. 1986. 2. 570, note J.-F. Martin.*

41. *Grief.* Aux termes de l'art. 114, al. 2, NCPC [C. pr. civ.], la nullité ne peut être prononcée qu'à charge pour l'adversaire qui l'invoque de prouver le grief que lui cause l'irrégularité, même lorsqu'il s'agit d'une formalité substantielle ou d'ordre public. • Lyon, 16 oct. 1987 : *Gaz. Pal. 1988. 1. 249.*

D. EFFET DÉVOLUTIF

42. Si la recevabilité de l'appel-nullité est conditionnée par l'existence de griefs autonomes tels l'excès de pouvoir ou la violation d'un principe fondamental de procédure, son effet dévolutif s'opère pour le tout en application de l'art. 562, al. 2, NCPC [C. pr. civ.], la cour d'appel ayant dès lors l'obligation, après avoir annulé la décision attaquée, de statuer au fond en répondant aux conclusions qui déterminent les moyens des parties. • Com. 28 mai 1996, n° 92-15.163 P : *D. 1997. 538, note Bolard ; D. Affaires 1996. 779 ; LPA 9 mai 1997, p. 13, note Lebel ; RTD com. 1998. 692, obs. Vallens* • 1er oct. 1997 : *D. Affaires 1997. 1224 ; JCP 1997. II. 22941, rapp. Rémery.* ♦ Comp., en cas d'appel-réformation concurrent irrecevable : • Basse-Terre, 2 déc. 1996 : *BICC 1997, n° 552 ; Gaz. Pal. 1997. 1. Somm. 154, obs. Vray. – Contra :* • Dijon, 27 juin 1995 : *BICC 1996, n° 64* • Nîmes, 16 sept. 1993 : *ibid. 1993, n° 1220* • Paris, 9 avr. 1991 : *D. 1992. Somm. 8, obs. Derrida*. ♦ Jugé, toutefois, que l'effet dévolutif ne peut jouer lorsque la cour se trouve dans l'impossibilité de statuer dès lors que tous les candidats repreneurs n'ont pas été attraits dans la procédure d'appel. • Paris, 4 févr. 1997 : *préc. note 35.*

43. Si l'appel tend à l'annulation du jugement, la dévolution s'opère pour le tout, même si l'acte introductif d'instance est annulé dès lors que l'appelant a comparu et conclu au fond en première instance. • Civ. 2e, 9 déc. 1997 : *D. 1998. 229, note Bolard*. ♦ Comp. : • Com. 17 févr. 1998 : *RPC 1999. 32, obs. Cadiou.*

Art. L. 661-7 *(Ord. n° 2021-1193 du 15 sept. 2021, art. 67, en vigueur le 1er oct. 2021)*

« Il ne peut être exercé de tierce opposition ou de recours en cassation contre :

« 1° les décisions rendues en application du V de l'article L. 626-30 ;

« 2° les jugements mentionnés à l'article L. 661-6 et les arrêts rendus en application des I et II du même article. »

Le pourvoi en cassation n'est ouvert qu'au ministère public à l'encontre des arrêts rendus en application du *(Ord. n° 2008-1345 du 18 déc. 2008, art. 152)* **« III, du IV et du V » de l'article L. 661-6.** – *[C. com., anc. art. L. 623-7.]*

Pour les dispositions transitoires de l'Ord. n° 2021-1193 du 15 sept. 2021, V. note ss. art. L. 611-2.

V. art. R. 661-8.

Ancien art. L. 661-7 (al. 1er) *[réd. antérieure à Ord. n° 2021-1193 du 15 sept. 2021] (Ord. n° 2008-1345 du 18 déc. 2008, art. 152)* ***Il ne peut être exercé de tierce opposition ou de recours en cassation ni contre les jugements mentionnés à l'article L. 661-6, ni contre les arrêts rendus en application des I et II du même article.***

A. RECOURS EN CASSATION

1. *Prolongation de la période d'observation.* Il résulte de l'art. L. 661-7, dans sa rédaction issue de l'Ord. n° 2008-1345 du 18 déc. 2008, que le pourvoi en cassation n'est pas ouvert au ministère public contre les arrêts rendus en application de l'art. L. 661-6, I, 2°. Il n'est dérogé à cette règle, comme à toute règle interdisant ou différant un recours, qu'en cas d'excès de pouvoir. • Com. 13 déc. 2017, n° 16-50.051 P : *D. 2018. Chron. C. cass. 1341, obs. Barbot ; Rev. sociétés 2018. 202, obs. Roussel Galle ; RTD com. 2018. 213, obs. Vallens ; JCP E 2018. 1159, n° 7, obs. Tehrani ; APC 2018, n° 33, obs. Delattre ; LEDEN 2/2018. 3, obs. Staes ; RJDA 2018, n° 253 ; RPC 2018, n° 61, obs. Lebel.* ♦ Ne commet pas d'excès de pouvoir le tribunal qui prolonge exceptionnellement, pour une durée n'excédant pas six mois, la période d'observation en l'absence de demande du ministère public ou en dépit de l'opposition de celui-ci. • Même arrêt.

2. *Plan de cession.* Il résulte de l'art. L. 661-7, al. 2, que le pourvoi n'est ouvert qu'au ministère public à l'encontre des arrêts qui arrêtent ou rejettent le plan de cession. Il n'est dérogé à cette règle, comme à toute autre règle interdisant ou différant un recours, qu'en cas d'excès de pouvoir (irrecevabilité du pourvoi formé par le débiteur). • Com. 15 déc. 2009, n° 08-21.235 P : *D. 2010. AJ 11, obs. Lienhard (2e esp.) ; Procédures 2010, n° 42, obs. Rolland ; RJDA 2010, n° 272 ; RPC 2010, n° 96, obs. Cagnoli ; RJ com. 2010. 191, note Boillot.* ♦ Le débiteur ayant, selon l'art. L. 661-6, III, qualité pour former appel du jugement arrêtant le plan de cession, une cour d'appel, en déclarant l'appel irrecevable, commet un excès de pouvoir négatif que le débiteur peut dénoncer par la voie du recours en cassation. • Com. 12 juill. 2017, n° 16-12.544 P : *D. 2017. Actu. 1469* ; *Rev. sociétés 2017. 523, obs. Henry* ; *JCP E 2017. 1688, n° 4, obs. Pétel* ; *LEDEN 9/2017. 4, obs. Staes* ; *APC 2017, n° 239, obs. Fricero* ; *RJ com. 2017. 503, obs. Roussel Galle* ; *RPC 2017, n° 104, obs. Berthelot* ; *RJDA 2017, n° 743* ; *BJE 2017. 435, note Vincent* ; *RPC 2018, n° 11, obs. Cagnoli.* ♦ V. toutefois, revenant sur cette jurisprudence et exigeant du débiteur qu'il justifie d'un intérêt personnel à agir : • Com. 23 oct. 2019, n° 18-21.125 P : *cité note 2 ss. art. L. 661-6.* ♦ L'adoption d'un plan de cession postérieurement à l'expiration de l'autorisation provisoire de la poursuite de l'activité donnée par le tribunal en application de l'art. L. 642-2, I, ne constitue pas un excès de pouvoir. • Com. 19 déc. 2018, n° 17-22.004 P : *D. 2019. Actu. 4* ; *JCP E 2019. 1206, n° 9, obs. Pétel* ; *APC 2019, n° 21, obs. Cagnoli* ; *LEDEN 2/2019. 4, obs. Camensuli-Feuillard* ; *RJDA 2019, n° 213* ; *BJE 3-4/2019. 64, note Staes.* ♦ L'art. L. 631-22, dans sa rédaction issue de l'Ord. du 18 déc. 2008, n'interdisant pas, contrairement à l'affirmation du moyen, d'ordonner la cession de l'entreprise avant la fin de la période d'observation, s'il est constaté que le débiteur est dans l'impossibilité d'en assurer lui-même le redressement, le moyen invoqué par la société débitrice et son président ne caractérise pas un excès de pouvoir rendant recevable le pourvoi en cassation. • Com. 3 mai 2016, n° 14-24.865 P : *D. 2016. Actu. 997* ; *LEDEN 7/2016. 3, obs. Rubellin* ; *BJE 2016. 251, note Vincent* ; *RJ com. 2016. 655, obs. Lebel.* ♦ V. aussi, pour l'irrecevabilité du recours du propriétaire de l'immeuble dans lequel le débiteur exploitait son fonds de commerce, V. • Com. 30 mars 2010, n° 09-12.490 P : *D. 2010. Actu. 958* ; *RTD com. 2010. 429, obs. Vallens* ; *RJDA 2010, n° 870.* ♦ V. déjà, en ce sens, dans le régime antérieur à la loi du 26 juill. 2005, • Com. 3 mai 2006, n° 04-15.760 P : *D. 2006. AJ 1369, obs. Lienhard* ; *Gaz. Pal. 14-18 juill. 2006, p. 19, obs. Rohart-Messager* ; *ibid., p. 26, obs. Voinot* ; *JCP E 2006, n° 37, p. 1532, obs. Pétel.* – V. aussi • Com. 15 juill. 1987, n° 86-17.348 P : *D. 1987. IR 232* ; *Gaz. Pal. 1987. 2. 676, note J.-F. Martin* • 20 déc. 1988 : *D. 1989. 484, note Derrida* ; *Bull. civ. IV, n° 346* • 24 janv. 1989 : *ibid., n° 34* ; *D. 1989, préc.* • 14 nov. 1989 : *Bull. civ. IV, n° 287* ; *D. 1989, préc.* • 12 juill. 1993, n° 91-16.826 P : *D. 1993. IR 262*.

3. L'ordonnance par laquelle le premier président de la cour d'appel arrête l'exécution provisoire d'un jugement qui arrête ou rejette le plan de cession est également insusceptible de pourvoi. • Com. 14 mai 1996, n° 94-21.847 P : *D. 1998. Somm. 1, obs. Derrida* ; *D. Affaires 1996. 814* ; *JCP E 1996. I. 584, n° 2, obs. crit. Pétel.*

4. Il résulte de la combinaison des art. L. 661-6, III, et L. 661-7, al. 2, que le pourvoi en cassation n'est ouvert qu'au ministère public à l'encontre des arrêts qui statuent sur l'appel, interjeté par le *cocontractant* mentionné à l'art. L. 642-7, de la partie du jugement arrêtant le plan de cession de l'entreprise qui emporte cession du contrat. Il n'est dérogé à cette règle comme à toute autre règle interdisant ou différant un recours qu'en cas d'excès de pouvoir. • Com. 15 déc. 2009, n° 08-19.723 P : *D. 2010. Chron. C. cass. 1111, obs. Bélaval* ; *ibid. AJ 11, obs. Lienhard (1re esp.)* ; *LEDEN, févr. 2010, p. 6, obs. Staes* ; *Procédures 2010, n° 42, obs. Rolland* ; *RJDA 2010, n° 272* ; *RPC 2010, n° 77, obs. Fraimout.*

De même, sont irrecevables les pourvois élevés : par un *créancier* contre une décision qui a arrêté un plan de redressement d'une entreprise en organisant sa continuation assortie d'une cession partielle. • Com. 12 juin 1990 : *D. 1990. IR 193.* ♦ ... Par le *candidat repreneur évincé* contre l'arrêt qui avait déclaré irrecevable son appel en annulation des jugements relatifs au plan de cession. • Com. 24 janv. 1989 : *préc. note 2* • Civ. 3e, 19 mai 2010 : *cité note 4 ss. art. L. 642-5.* ♦ ... Par le *cessionnaire* contre l'arrêt qui avait statué sur l'appel interjeté du jugement arrêtant le plan de cession qui lui impose des charges autres que les engagements qu'il a souscrits au cours de la préparation du plan. • Com. 5 avr. 1994, n° 91-18.853 P : *D. 1994. IR 117.* ♦ ... Par le *candidat contrôleur évincé* contre le jugement ayant rejeté sa demande. • Com. 16 mars 2010 : *cité note 15 ss. ancien art. L. 661-6.* ♦ V. aussi note 26 ss. ancien art. L. 661-6.

5. La caution, qui n'a pas qualité pour interjeter appel du jugement qui arrête le plan de cession du débiteur principal, n'a pas davantage de prétention à faire valoir lors de l'arrêté de ce plan, de sorte que la cour d'appel, en déclarant irrecevable son intervention, n'a pas excédé ses pouvoirs. • Com. 12 janv. 2016, n° 13-24.058 P : *D. 2016. Pan. 1038, obs. Arbellot* ; *JCP E 2016. 1232, note Lebel* ; *JCP 2016. 120, obs. V. Legrand* ; *LEDEN 2/2016. 3, obs. Pelletier* ; *APC 2016, n° 43, obs. Cagnoli* ; *Procédures 2016, n° 103, note Rolland* ; *RJDA 2016, n° 306* ; *BJE 2016. 184, note Staes.*

6. Remplacement d'un mandataire judiciaire. Les jugements relatifs au remplacement du liquidateur judiciaire ne sont susceptibles que d'un appel de la part du ministère public et aucun recours en cassation ne peut être exercé contre les arrêts rendus en application de l'art. L. 623-6 [L. 661-6], I, 1°, C. com., à moins que ne soit en cause l'excès de pouvoir. • Com. 2 nov. 2005, n° 04-12.856 P : *D. 2005. AJ 2874, obs. Lienhard* ; *APC 2006, n° 22, obs. Cagnoli* ; *Gaz. Pal. 10-11 févr. 2006, p. 19, obs. Gorrias.* ♦ Les juges statuent dans l'exercice de leur pouvoir discrétionnaire en procédant au remplacement du liquidateur judiciaire. • Même arrêt. ♦ V. déjà, en ce sens, • Com. 11 mai 1999, n° 96-20.959

P : *D. 1999. IR 153* ; *LPA 8 juin 1999, p. 9, note P. M.* • 15 févr. 2005, nº 03-16.369 P : *RTD com. 2005. 422, obs. Vallens* .

7. Pourvois recevables. En revanche, est recevable le recours en cassation formé par le représentant des créanciers, en application de l'art. 171 (2) [C. com., art. L. 661-1, I, 2º], à l'encontre d'un arrêt qui, pour arrêter le plan de cession d'une entreprise proposé par un repreneur, a infirmé le jugement qui avait prononcé la liquidation judiciaire de cette entreprise. • Com. 26 juin 1990, nº 89-12.496 P.

8. De même, est recevable le pourvoi formé par des repreneurs évincés contre l'arrêt rejetant la cession de l'entreprise et homologuant un plan de continuation, dès lors que ceux-ci demandent la cassation de l'arrêt, uniquement en ce qu'il a déclaré recevable l'appel du débiteur contre le jugement ayant arrêté le plan de cession, les cessionnaires désignés par un tel jugement ayant un intérêt légitime à invoquer l'éventuelle méconnaissance par la cour d'appel des dispositions d'ordre public relatives à l'exercice des voies de recours. • Com. 6 mars 1990, nº 88-11.500 P : *D. 1990. 218, note Derrida* ; *JCP 1990. II. 21513, note Bolard* • 14 mai 1991, nº 89-17.072 P : *D. 1992. Somm. 93, obs. Derrida* . ♦ Dans le même sens, s'agissant du pourvoi de l'administrateur et du débiteur tendant à la cassation d'un arrêt ayant déclaré recevable l'appel interjeté par un créancier contre le jugement ayant arrêté le plan de cession : • Com. 3 mars 1992, nº 89-15.336 P : *D. 1992. IR 118.* ♦ Pour la recevabilité du pourvoi formé par un repreneur évincé contre l'arrêt qui a déclaré son appel-nullité irrecevable et qui l'a condamné au paiement de dommages-intérêts, V. • Com. 11 mai 1999, nº 98-11.392 P : *Dr. sociétés 1999, nº 115, obs. Chaput* ; *LPA 5 août 1999, p. 10, note P. M.* ; *RTD com. 1999. 761, obs. Vallens* .

V. aussi, pour la recevabilité du pourvoi faisant grief à l'arrêt d'avoir déclaré un appel recevable en méconnaissance des dispositions relatives aux formes dans lesquelles doit s'exercer l'appel relevé contre les jugements arrêtant le plan de cession, • Com. 14 mai 1996, nº 94-21.847 P.

9. Est recevable le pourvoi formé par un débiteur contre un arrêt qui, après avoir infirmé la décision d'un tribunal de commerce prononçant la liquidation judiciaire de l'entreprise, a renvoyé la cause devant les premiers juges, afin qu'il soit statué à nouveau par eux au vu de l'offre d'acquisition de ladite entreprise par un tiers, reçue durant l'instance d'appel. • Com. 21 janv. 1992, nº 90-13.127 P : *JCP 1992. IV. 869.*

10. Le pourvoi formé par le liquidateur judiciaire contre la décision qui constate la caducité du plan de cession est recevable, cette décision n'étant pas de celles qui sont visées par les art. 174 et 175 [C. com., art. L. 661-6 et L. 661-7]. • Com. 6 févr. 1996, nº 93-11.081 P : *D. 1998. Somm. 6, obs. Derrida* .

11. Est recevable le pourvoi formé, dans le cas d'une procédure de redressement judiciaire, contre une ordonnance du juge-commissaire rectifiant, pour erreur matérielle, une précédente ordonnance, au motif que, celle-ci étant passée en force de chose jugée à l'expiration du délai prévu par l'art. 157, al. 3, du Décr. du 27 déc. 1985 [art. 330, al. 4, du Décr. du 28 déc. 2005], qui a couru à compter de la notification aux parties, il s'ensuit que la décision rectificative ne peut être attaquée que par la voie du recours en cassation conformément à l'art. 462, al. 5, NCPC [C. pr. civ.]. • Com. 17 mars 1992, nº 90-17.394 P : *JCP 1992. IV. 1516* • 11 oct. 1994, nº 92-18.500 P : *D. 1995. 297, rapp. Rémery* .

12. Jugement interprétatif. Les jugements interprétatifs ont, quant aux voies de recours, le même caractère et sont soumis aux mêmes règles que les jugements interprétés. • Com. 13 mai 2014, nº 13-11.622 P : *D. 2014. Actu. 1150* ; *LEDEN 7/2014. 5, obs. Staes* ; *RJDA 2014, nº 656* ; *Gaz. Pal. 5-7 oct. 2014, p. 30, obs. Fricero* ; *RPC 2014, nº 167, obs. Fraimout.*

13. Sur la recevabilité du pourvoi en cas d'excès de pouvoir, V. notes 2 et 4.

B. TIERCE OPPOSITION

14. Irrecevabilité de principe. Les tierces oppositions étant irrecevables, il n'est nul besoin de rechercher si elles seraient recevables du fait que le représentant des créanciers n'aurait pu valablement représenter les créanciers qui ne s'étaient pas manifestés à défaut de publicité du jugement de redressement judiciaire antérieurement au jugement arrêtant le plan de cession. • T. com. Montpellier, 29 juill. 1992 (2e esp.) : *D. 1992. Somm. 357, obs. Vasseur* .

Dès lors qu'elle a pour seul objet de critiquer le plan de cession arrêté après rejet de la proposition de plan de continuation, la tierce-opposition est irrecevable. • Com. 27 oct. 1998 : *RTD com. 1999. 207, obs. Vallens* .

15. Tierce opposition-nullité. Il résulte des dispositions de l'art. 175 [C. com., art. L. 661-7] que ne sont pas susceptibles de tierce opposition, fût-ce aux fins de prononcé de leur nullité, les jugements ou arrêts rendus en application de l'art. 174 [C. com., art. L. 661-6], à moins que ne soit en cause la violation d'un principe essentiel de procédure ou l'excès de pouvoir. • Com. 25 janv. 1994, nº 91-20.220 P : *D. 1994. 325, rapp. Pasturel* , *et 379, note Derrida* • 26 avr. 1994, nº 92-18.966 P : *D. 1994. 542, note Derrida* ; *RJDA 1994, nºs 713 à 715, et p. 498, concl. M. Raynaud.* – V. aussi Vasseur, *D. 1994. Chron. 317* . – V. également • Com. 14 janv. 1997 : *D. 1997. IR 67* • 28 mai 1996 : *RPC 1998. 329, obs. Soinne.* ♦ Par un arrêt du 28 janv. 2005, la chambre mixte a restreint le recours-nullité au seul cas d'excès de pouvoir (V.

note 16 ss. art. L. 661-4).

16. Le jugement modifiant le plan de cession n'est pas susceptible de tierce opposition, à moins que ne soit en cause la violation d'un principe fondamental de procédure ou l'excès de pouvoir. • Com. 18 janv. 2005 : *Gaz. Pal. 29-30 avr. 2005, p. 29, obs. Voinot.*

17. Pour l'irrecevabilité de la tierce opposition-nullité du repreneur évincé et du cocontractant de la société cédée, V. • Com. 17 nov. 2009 : *D. 2009. AJ 2930, obs. Lienhard.*

C. RECOURS EN RÉVISION

Jurisprudence antérieure à la loi du 10 juin 1994.

18. Le recours en révision est ouvert contre tout jugement passé en force de chose jugée. Aucune disposition n'interdit l'exercice d'un tel recours contre le jugement rendu en application de l'art. 174 qui arrête ou rejette le plan de cession d'une entreprise. • Com. 2 avr. 1996, n° 92-20.728 P : *D. 1996. IR 123 ; JCP E 1996. I. 584, n° 1, obs. Cabrillac.* ♦ Comp., depuis la L. n° 94-475 du 10 juin 1994, art. L. 623-7 [L. 661-7], al. 1er.

19. La révision d'une décision ne pouvant être demandée que par les personnes qui y ont été parties ou représentées, le commissaire à l'exécution du plan ne peut demander la révision de l'arrêt auquel a éte partie le débiteur mis ensuite en redressement judiciaire. • Com. 16 mars 1999 : *D. 1999. IR 104 ; D. Affaires 1999. 718, obs. A. L.*

Art. L. 661-8 **Lorsque le ministère public doit avoir communication des procédures** *(L. n° 2005-845 du 26 juill. 2005, art. 163)* **« de sauvegarde, de redressement judiciaire » ou de liquidation judiciaire et des causes relatives à la responsabilité des dirigeants sociaux, le pourvoi en cassation pour défaut de communication n'est ouvert qu'à lui seul.** — *[C. com., anc. art. L. 623-8.]*

Le ministère public doit avoir communication des procédures de sauvegarde, de redressement judiciaire et de liquidation judiciaire, des causes relatives à la responsabilité pécuniaire des dirigeants sociaux et des procédures de faillite personnelle ou relatives aux interdictions prévues par l'art. L. 653-8 C. com. (C. pr. civ., art. 425 (2°), dans sa réd. issue du Décr. n° 2005-1677 du 28 déc. 2005).

BIBL. ► PERDRIAU, *JCP 1986. I. 3228 ; Err. 3233.*

1. Communication au ministère public. Pour des applications de l'art. 176 [C. com., art. L. 661-8], V. • Com. 22 févr. 1994, n° 92-11.634 P : *D. 1994. IR 95* • 6 juin 1995 : *JCP 1995. IV. 1896* • 23 janv. 1996, n° 92-21.642 P • 19 févr. 2002 : *JCP E 2002, n° 14, p. 597.*

2. Appel du ministère public. Dès lors que le ministère public n'a figuré que comme partie jointe et non comme partie principale à la procédure devant les premiers juges, et que les faits sanctionnés par la décision entreprise n'ont pas porté atteinte à l'ordre public, il est privé du droit d'appel. La cour d'appel doit, au besoin d'office, relever cette fin de non-recevoir. • Com. 20 janv. 1998 : *D. 1998. 125, rapp. Pasturel ; D. Affaires 1998. 297, obs. V. A.-R.*

3. Pourvoi en cassation. Les dispositions de l'art. L. 661-8, dans sa rédaction issue de la loi du 26 juill. 2005, ne sont pas applicables lorsque la loi prévoit que la décision sera rendue après avis du ministère public. • Com. 16 déc. 2008 : *cité note 6 ss. art. L. 626-27 ; APC 2009, n° 57, obs. Cagnoli ; Gaz. Pal. 26-28 avr. 2009, p. 20, obs. Fricero* • 3 mai 2011 : *cité note 9 ss. art. L. 626-27.*

Art. L. 661-9 **En cas d'infirmation du jugement imposant de renvoyer l'affaire devant le tribunal, la cour d'appel peut ouvrir une nouvelle période d'observation. Cette période est d'une durée maximale de trois mois** *(Abrogé par L. n° 2005-845 du 26 juill. 2005, art. 152)* ***« réduite à un mois lorsqu'il a été fait application de la procédure simplifiée prévue à la section V du chapitre Ier ».***

En cas d'appel du jugement statuant sur la liquidation judiciaire *(L. n° 2005-845 du 26 juill. 2005, art. 152)* **« au cours de la période d'observation » ou arrêtant ou rejetant le plan** *(L. n° 2005-845 du 26 juill. 2005, art. 152)* **« de sauvegarde ou le plan de redressement judiciaire » et lorsque l'exécution provisoire est arrêtée, la période d'observation est prolongée jusqu'à l'arrêt de la cour d'appel.** — *[C. com., anc. art. L. 623-9.]*

Sur les mesures d'adaptation liées à l'urgence sanitaire (Covid-19), V. Ord. n° 2020-341 du 27 mars 2020, art. 2, App., v° Sociétés commerciales.

1. Nouvelle période d'observation. Pour des applications, V. • Aix-en-Provence, 28 janv. 1987 : *D. 1987. Somm. 99, obs. Derrida* • Paris, 18 nov. 1988 : *Gaz. Pal. 1989. 1. Somm. 112.*

2. Portée de l'arrêt de l'exécution provisoire. Il résulte de l'art. L. 661-9, al. 2, qu'en cas d'appel d'un jugement de conversion d'un redressement judiciaire en liquidation judiciaire, l'arrêt de l'exécution provisoire attachée audit jugement a pour effet de prolonger la période d'observation jusqu'à l'arrêt de la cour d'appel ; il s'ensuit que, tant que la cour d'appel n'a pas statué, les opérations de réalisation des actifs inhérentes à la liquidation judiciaire sont suspendues, ce qui emporte, par voie de conséquence, la suspension du délai d'examen de la clôture de la procédure de liquidation judiciaire imposé par l'art. L. 643-9, al. 1er, qui n'est pas un délai préfix, imparti par le jugement dont l'exécution provisoire a été arrêtée. • Com. 14 juin 2017, n° 15-20.229 P : *D. 2017. Actu. 1247* ; *APC 2017, n° 211, obs. Fin-Langer ; RPC 2018, n° 12, obs. Cagnoli.*

3. Effet dévolutif de l'appel. Sur l'application de ce principe, en cas d'offre d'acquisition par un tiers d'une entreprise dont le tribunal de commerce avait prononcé la liquidation judiciaire, reçue durant l'instance d'appel, V. • Com. 21 janv. 1992, n° 90-13.127 P.

V. aussi note 3 ss. art. L. 662-2.

Art. L. 661-10 **Pour l'application du présent titre, les membres du comité** *(Ord. n° 2021-1193 du 15 sept. 2021, art. 68, en vigueur le 1er oct. 2021)* **« social et économique » désignent parmi eux la personne habilitée à exercer en leur nom les voies de recours.** – *[C. com., anc. art. L. 623-10.]*

Pour les dispositions transitoires de l'Ord. n° 2021-1193 du 15 sept. 2021, V. note ss. art. L. 611-2.

V. art. R. 661-5.

Art. L. 661-11 *(L. n° 2005-845 du 26 juill. 2005, art. 153)* **Les décisions rendues en application** *(Ord. n° 2014-326 du 12 mars 2014, art. 89, en vigueur le 1er juill. 2014)* **« de l'article L. 645-4 ainsi que » des chapitres Ier, II et III du titre V sont susceptibles d'appel de la part du ministère public** *(Abrogé par Ord. n° 2008-1345 du 18 déc. 2008, art. 153)* ***« , même s'il n'a pas agi comme partie principale ».***

L'appel du ministère public est suspensif.

Art. L. 661-12 *(Ord. n° 2008-1345 du 18 déc. 2008, art. 154)* **Les recours du ministère public prévus par le présent chapitre lui sont ouverts même s'il n'a pas agi comme partie principale.**

BIBL. ► ALLIX, *JCP E 2021. 1478* (recours du ministère public partie jointe).

CHAPITRE II AUTRES DISPOSITIONS

BIBL. GÉN. ► VALLENS, *D. 2008. 972* (impartialité du tribunal, procédures collectives et droits de la défense).

Art. L. 662-1 **Aucune opposition ou procédure d'exécution de quelque nature qu'elle soit sur les sommes versées à la Caisse des dépôts et consignations n'est recevable.** – *[C. com., anc. art. L. 627-1.]*

Dépôt obligatoire des fonds à la Caisse. V., pour l'administrateur et le mandataire judiciaire, art. L. 622-18 C. com. ; pour le commissaire à l'exécution du plan, art. L. 626-25 C. com. ; pour le liquidateur, art. L. 641-8 C. com.

Art. L. 662-2 *(L. n° 2005-845 du 26 juill. 2005, art. 154)* **Lorsque les intérêts en présence le justifient, la cour d'appel peut décider de renvoyer l'affaire devant une autre juridiction** *(Abrogé par Ord. n° 2014-326 du 12 mars 2014, art. 90-1°, à compter du 1er juill. 2014)* ***« de même nature »***, **compétente dans le ressort de la cour,** *(L. n° 2015-990 du 6 août 2015, art. 232-1°)* **« ou devant une juridiction mentionnée à l'article L. 721-8 » pour connaître** *(Ord. n° 2008-1345 du 18 déc. 2008, art. 155)* **« du mandat *ad hoc*, de la procédure de conciliation ou » des procédures de sauvegarde, de redressement judiciaire ou de liquidation judiciaire, dans des conditions fixées par décret. La Cour de cassation, saisie dans les mêmes conditions, peut renvoyer l'affaire devant une juridiction du ressort d'une autre cour d'appel** *(L. n° 2015-990 du 6 août 2015, art. 232-2°)* **« ou une juridiction mentionnée à l'article L. 721-8 ».** *(Ord. n° 2014-326 du 12 mars 2014, art. 90-2°, en vigueur le 1er juill. 2014)* **« La décision de renvoi par laquelle une juridiction a été désignée pour connaître d'un mandat *ad hoc* ou d'une procédure de conciliation auquel le débiteur a recouru emporte prorogation de compétence au profit de la même juridiction pour connaître d'une procédure de sauvegarde, de redressement judiciaire ou de liquidation judiciaire qui pourrait directement s'en suivre** *[s'ensuivre]*. **»** – *V. art. R. 662-7.*

V. Circ. du 27 juill. 2016 relative à la compétence particulière de certains tribunaux de commerce (BOMJ n° 2016-08 du 31 août 2016).

BIBL. ▸ VOINOT, *RG proc. 1998. 197* (le renvoi dans la procédure collective)

1. Renvoi devant une autre juridiction. Sur le regroupement, au sein d'une juridiction commerciale unique, de procédures de redressement judiciaire dispersées sur le plan territorial, V. • Douai, 3 juill. 1986 : *D. 1987. Somm. 5, obs. Derrida.* ♦ Pour un renvoi opéré suite à l'annulation du jugement d'ouverture du redressement judiciaire d'une société membre d'un groupe, V. • Douai, 5 avr. 2002 : *APC 2002, n° 131, obs. Cagnoli.*

2. La loi ne spécifie pas que seul un intérêt économique doit être à l'origine du renvoi. • Douai, 31 mars 1988 : *D. 1989. Somm. 6, obs. Derrida ; Gaz. Pal. 1988. 2. 584, note Soinne.* – V. aussi • Montpellier, 19 juill. 1991 : *D. 1992. Somm. 7, obs. Derrida* • Poitiers, 9 oct. 2001 : *Dr. sociétés 2002, n° 213, note Legros* (renvoi motivé par le fait que le vice-président du tribunal de commerce avait dirigé l'entreprise assignée en redressement judiciaire). ♦ Les dispositions de l'art. 7, al. 3 [L. 662-2], ne peuvent être mises en œuvre qu'à l'initiative du ministère public ou du président du tribunal (à propos d'une demande de renvoi formée par la société débitrice). • Douai, 5 avr. 2002 : *préc. note 1.*

3. Appel. La cour d'appel, saisie par une décision de renvoi, en vertu de l'art. 79, al. 2, NCPC, a l'obligation de statuer au fond, en se prononçant sur l'ouverture de la procédure de redressement judiciaire. • Com. 3 juin 1997, n° 95-12.802 P : *D. 1997. 538, note Bolard.*

4. Pouvoirs de la Cour de cassation. Dès lors que le tribunal de commerce n'a ouvert une procédure collective personnelle à l'encontre d'un commerçant que postérieurement à l'entrée en vigueur de la nouvelle rédaction des art. 7, al. 3, de la loi du 25 janv. 1985 et 3 du Décr. du 27 déc. 1985, c'est à bon droit que le premier président de la Cour de cassation use des pouvoirs qu'il tient des textes ainsi modifiés pour faire cesser le conflit de compétences provoqué par l'existence de ce nouveau jugement d'ouverture en désignant la juridiction qui sera saisie de l'affaire. • Com. 17 févr. 1998, n° 96-13.831 P : *D. 1998. 274, note Perdriau et Derrida ; D. Affaires 1998. 675, obs. V. A.-R. ; Quot. jur. 14 avr. 1998, p. 5, note P. M. ; JCP 1998. II. 10171, note Voinot.* ♦ V. aussi note 1 ss. art. R. 662-7.

Art. L. 662-3 *(L. n° 2005-845 du 26 juill. 2005, art. 156)* **Les débats devant le tribunal de commerce et le** *(Ord. n° 2019-964 du 18 sept. 2019, art. 35, en vigueur le 1er janv. 2020)* **« tribunal judiciaire » ont lieu en chambre du conseil. Néanmoins, la publicité des débats est de droit après l'ouverture de la procédure si le débiteur, le mandataire judiciaire, l'administrateur, le liquidateur, le représentant des salariés ou le ministère public en font la demande. Le président du tribunal peut décider qu'ils auront lieu ou se poursuivront en chambre du conseil s'il survient des désordres de nature à troubler la sérénité de la justice.**

Par dérogation aux dispositions du premier alinéa, les débats relatifs aux mesures prises en application des chapitres Ier *(Abrogé par Ord. n° 2008-1345 du 18 déc. 2008, art. 156) « , II »* **et III du titre V ont lieu en audience publique. Le président du tribunal peut décider qu'ils ont lieu en chambre du conseil si** *(Ord. n° 2008-1345 du 18 déc. 2008, art. 156)* **« l'une des personnes mises en cause** *[ancienne rédaction : le débiteur]* **» le demande avant leur ouverture.** – *V. art. R. 662-9.*

(Ord. n° 2014-326 du 12 mars 2014, art. 91, en vigueur le 1er juill. 2014) **« Le tribunal peut entendre toute personne dont l'audition lui paraît utile, et notamment il peut entendre le représentant de l'État à sa demande. »**

L'art. L. 662-3 [la loi vise par erreur l'art. L. 662-4] est applicable aux procédures en cours au jour de l'entrée en vigueur de la L. n° 2005-845 du 26 juill. 2005 [1er janv. 2006] (L. préc., art. 191).

BIBL. ▸ BIGOT, *Gaz. Pal. 5-6 avr. 2006, p. 2.*

Art. L. 662-4 **Tout licenciement envisagé par l'administrateur, l'employeur ou le liquidateur, selon le cas, du représentant des salariés mentionné aux articles** *(L. n° 2005-845 du 26 juill. 2005, art. 157)* **« L. 621-4 et L. 641-1 » est obligatoirement soumis au comité d'entreprise** *[comité social et économique]*, **qui donne un avis sur le projet de licenciement.**

Le licenciement ne peut intervenir que sur autorisation de l'inspecteur du travail dont dépend l'établissement. Lorsqu'il n'existe pas de comité *(Ord. n° 2021-1193 du 15 sept. 2021, art. 69, en vigueur le 1er oct. 2021)* **« social et économique » dans l'établissement, l'inspecteur du travail est saisi directement.**

Toutefois, en cas de faute grave, l'administrateur, l'employeur ou le liquidateur, selon le cas, a la faculté de prononcer la mise à pied immédiate de l'intéressé en attendant la décision définitive. En cas de refus de licenciement, la mise à pied est annulée et ses effets supprimés de plein droit.

La protection instituée en faveur du représentant des salariés pour l'exercice de sa mission fixée à l'article L. 625-2 cesse lorsque toutes les sommes versées au mandataire judiciaire par les institutions mentionnées à l'article L. 143-11-4 *[L. 3253-13]* du code du travail, en application du dixième alinéa de l'article L. 143-11-7 *[L. 3253-21, 2°]* dudit code, ont été reversées par ce dernier aux salariés.

Lorsque le représentant des salariés exerce les fonctions du comité *(Ord. n° 2021-1193 du 15 sept. 2021, art. 69, en vigueur le 1er oct. 2021)* « social et économique », *(Abrogé par L. n° 2005-845 du 26 juill. 2005, art. 157) « en application de l'article L. 621-135, »* la protection cesse au terme de la dernière audition ou consultation prévue par la procédure de redressement judiciaire. — *[C. com., anc. art. L. 627-5.]*

Pour les dispositions transitoires de l'Ord. n° 2021-1193 du 15 sept. 2021, V. note ss. art. L. 611-2.

1. La période de protection du représentant des salariés dans l'entreprise en redressement ou en liquidation judiciaire instaurée par l'art. L. 627-5 [L. 662-4] C. com. correspond à la durée du mandat. • Soc. 1er mars 2005, n° 02-44.293 P. ♦ Il en résulte que le licenciement d'un candidat à une telle désignation ou élection n'est pas soumis à l'autorisation du comité d'entreprise et de l'inspecteur du travail. • Même arrêt.

2. La protection du représentant des salariés, qui exerce les fonctions du comité d'entreprise ou, à défaut, des délégués du personnel en cas d'absence de ceux-ci, cesse au terme de la dernière audition ou consultation précédant l'adoption d'un plan de redressement. • Soc. 30 janv. 2013, n° 11-22.979 P : *D. 2013. Actu. 371 ; LEDEN 3/2013. 7, obs. G. Dedessus-Le-Moustier ; APC 2013, n° 58, obs. Jacotot ; RPC 2013, n° 33, obs. Roussel Galle ; Gaz. Pal. 1er-4 mai 2013, p. 39, obs. Duprat.*

3. Le licenciement d'un représentant des salariés désigné en vertu de l'art. 15 du Décr. n° 85-1388 du 27 déc. 1985 [devenu C. com., art. R. 621-14] et dont la désignation n'a pas été annulée préalablement par le juge d'instance, auquel le second alinéa de l'art. L. 621-9 [L. 621-6] C. com. attribue compétence pour connaître de cette contestation, doit être autorisé par l'inspecteur du travail si sa mission n'a pas pris fin. • Soc. 23 sept. 2009, n° 08-40.603 P : *D. 2009. AJ 2341 ; JCP E 2010. 1011, n° 14, obs. Pétel ; APC 2009, n° 257, obs. Fin-Langer.*

4. Le salarié protégé, qui a été licencié sans autorisation et qui ne demande pas la poursuite du contrat de travail illégalement rompu, a le droit d'obtenir non seulement une indemnité égale à la rémunération qu'il aurait perçue depuis la date de son éviction jusqu'à la fin de la période de protection, à titre de sanction de la méconnaissance par l'employeur du statut protecteur, mais encore, à défaut de faute grave, les indemnités de rupture et une indemnité si le licenciement est dépourvu de cause réelle et sérieuse. • Soc. 5 mai 1993, n° 92-40.835 P : *D. 1993. IR 138.*

5. Le cessionnaire, tenu de maintenir provisoirement le contrat de travail du représentant des salariés, en raison de la décision initiale de refus d'autorisation du licenciement de l'inspecteur du travail, peut tirer les conséquences du licenciement prononcé par l'administrateur en application du jugement arrêtant le plan de cession après autorisation de l'inspecteur du travail. • Soc. 14 mars 2007 : *D. 2007. AJ 1083 .*

Art. L. 662-5 *(L. n° 2003-7 du 3 janv. 2003, art. 47)* Les fonds détenus par les syndics au titre des procédures de règlement judiciaire ou de liquidation des biens régies par la loi n° 67-563 du 13 juillet 1967 sur le règlement judiciaire, la liquidation des biens, la faillite personnelle et les banqueroutes sont immédiatement versés en compte de dépôt à la Caisse des dépôts et consignations. En cas de retard, le syndic doit, pour les sommes qu'il n'a pas versées, un intérêt dont le taux est égal au taux de l'intérêt légal majoré de cinq points. — *[C. com., anc. art. L. 627-6.]*

Art. L. 662-6 *(L. n° 2005-845 du 26 juill. 2005, art. 159)* Le greffe du tribunal de commerce et celui du *(Ord. n° 2019-964 du 18 sept. 2019, art. 35, en vigueur le 1er janv. 2020)* « tribunal judiciaire » établissent au terme de chaque semestre la liste des administrateurs judiciaires et des mandataires judiciaires désignés par la juridiction et des autres personnes auxquelles un mandat afférent aux procédures régies par le présent livre a été confié par ladite juridiction, pendant cette période. Ils y font figurer, pour chacun des intéressés, l'ensemble des dossiers qui lui ont été attribués et les informations relatives aux débiteurs concernés prévues par décret en Conseil d'État. *(Abrogé* *par Ord. n° 2008-1345 du 18 déc. 2008, art. 157) « **Ils y annexent le montant du chiffre d'affaires qu'il a réalisé, au titre des mandats qui lui ont été confiés par la juridiction, au cours du semestre précédent.** »*

Ces informations sont portées à la connaissance du garde des sceaux, ministre de la justice, du ministère public du ressort concerné et des autorités chargées du contrôle et de l'inspection des administrateurs et des mandataires judiciaires, selon des modalités déterminées par un décret en Conseil d'État.

V. art. R. 662-15 et R. 662-16.

Art. L. 662-7 *(L. n° 2016-1547 du 18 nov. 2016, art. 99-VIII-2°)* **A peine de nullité du jugement, ne peut siéger dans les formations de jugement ni participer au délibéré de la procédure :**

1° Le président du tribunal, s'il a connu du débiteur en application des dispositions du titre Ier du présent livre ;

2° Le juge commis chargé de recueillir tous renseignements sur la situation financière, économique et sociale de l'entreprise, pour les procédures dans lesquelles il a été désigné ;

3° Le juge-commissaire ou, s'il en a été désigné un, son suppléant, pour les procédures dans lesquelles il a été désigné ;

4° Le juge commis chargé de recueillir tous renseignements sur la situation patrimoniale du débiteur, pour les procédures de rétablissement professionnel dans lesquelles il a été désigné.

Sur les dispositions transitoires de la L. n° 2016-1547 du 18 nov. 2016 et son application en outre-mer, V. note ss. art. L. 661-6.

Ancien art. L. 662-7 *(Ord. n° 2014-326 du 12 mars 2014, art. 92, en vigueur le 1er juill. 2014)* ***Le juge-commissaire ne peut siéger, à peine de nullité du jugement [,] dans les formations de jugement ni participer au délibéré de la procédure dans laquelle il a été désigné.***

Art. L. 662-8 *(L. n° 2015-990 du 6 août 2015, art. 233-I)* **Le tribunal est compétent pour connaître de toute procédure concernant une société qui détient ou contrôle, au sens des articles L. 233-1 et L. 233-3, une société pour laquelle une procédure est en cours devant lui. Il est également compétent pour connaître de toute procédure concernant une société qui est détenue ou contrôlée, au sens des articles L. 233-1 et L. 233-3, par une société pour laquelle une procédure est en cours devant lui.**

Il peut désigner un administrateur judiciaire et un mandataire judiciaire communs à l'ensemble des procédures.

Par dérogation à la première phrase du premier alinéa, toute procédure en cours concernant une société détenue ou contrôlée, au sens des articles L. 233-1 et L. 233-3, par une société pour laquelle une procédure est ouverte devant un tribunal de commerce spécialisé est renvoyée devant ce dernier. — *V. art. R. 662-18.*

L'art. L. 662-8, dans sa rédaction issue de la L. n° 2015-990 du 6 août 2015, est applicable aux procédures ouvertes à compter du 1er mars 2016 (L. préc., art. 233-II).

Ancien art. L. 662-8 *(Ord. n° 2014-326 du 12 mars 2014, art. 93, en vigueur le 1er juill. 2014)* ***Lorsque plusieurs tribunaux sont saisis de procédures concernant des sociétés contrôlées par la même société ou contrôlant les mêmes sociétés au sens de l'article L. 233-3, un administrateur judiciaire et un mandataire judiciaire commun à l'ensemble des procédures peuvent être désignés.***

Il peut leur être confié une mission de coordination selon des modalités fixées par décret en Conseil d'État. — *V. art. R. 662-19 s.*

CHAPITRE III DES FRAIS DE PROCÉDURE

Art. L. 663-1 **I. — Lorsque les fonds disponibles du débiteur n'y peuvent suffire immédiatement, le Trésor public, sur ordonnance motivée du juge-commissaire** *(Abrogé par Ord. n° 2008-1345 du 18 déc. 2008, art. 158) « **ou du président du tribunal** »*, **fait l'avance des droits, taxes, redevances ou émoluments perçus par les greffes des juridictions,** *(Abrogé par L. n° 2011-94 du 25 janv. 2011, art. 32-11°, à compter du 1er janv. 2012) « **des débours tarifés et des émoluments dus aux avoués et** »* **des rémunérations des avocats dans la mesure où elles sont réglementées, des frais de signification et de**

publicité et de la rémunération des techniciens désignés par la juridiction après accord du ministère public, afférents :

1° Aux décisions qui interviennent au cours de la procédure *(L. n° 2005-845 du 26 juill. 2005, art. 163)* **« de sauvegarde, de redressement judiciaire » ou de liquidation judiciaire rendues dans l'intérêt collectif des créanciers ou du débiteur ;**

2° A l'exercice des actions tendant à conserver ou à reconstituer le patrimoine du débiteur ou exercées dans l'intérêt collectif des créanciers ;

3° Et à l'exercice des actions mentionnées aux articles L. 653-3 à L. 653-6.

(Ord. n° 2014-326 du 12 mars 2014, art. 94, en vigueur le 1er juill. 2014) **« L'accord du ministère public n'est pas nécessaire pour l'avance de la rémunération des officiers publics ou des courtiers de marchandises assermentés désignés par le tribunal ou par le juge-commissaire en application des articles L. 621-4, L. 621-12, L. 622-6-1, L. 622-10, L. 631-9, L. 641-1 ou L. 644-1-1 pour réaliser l'inventaire prévu à l'article L. 622-6 et, le cas échéant, la prisée des actifs du débiteur. »**

II. — Le Trésor public, sur ordonnance motivée du président du tribunal, fait également l'avance des mêmes frais afférents à l'exercice de l'action en résolution et en modification du plan.

III. — Ces dispositions sont applicables aux procédures d'appel ou de cassation de toutes les décisions mentionnées ci-dessus.

IV. — Pour le remboursement de ses avances, le Trésor public est garanti par le privilège des frais de justice.

(Ord. n° 2014-1088 du 26 sept. 2014, art. 11, en vigueur le 28 sept. 2014) **« V. — Sur ordonnance du président du tribunal, lorsque la procédure de rétablissement professionnel prévue par le chapitre V du titre IV fait l'objet d'un jugement de clôture entraînant effacement des dettes, le Trésor public fait l'avance des droits, taxes, redevances ou émoluments perçus par les greffes des juridictions ainsi que des frais de signification et de publicité. »** — *[C. com., anc. art. L. 627-3.]*

Les modifications issues de l'art. 11 de l'Ord. n° 2014-1088 du 26 sept. 2014 ne s'appliquent pas aux procédures en cours (Ord. préc., art. 13).

V. art. R. 661-1 et R. 663-2.

BIBL. ▶ Bréval, *LPA 13 janv. 1997* (règlement des honoraires d'expertise).

1. Frais et débours. Il résulte de la combinaison de l'art. 215 ci-dessus [C. com., art. L. 663-1] et des art. R. 93 (7°) et R. 214 C. pr. pén., que les frais visés par le premier de ces textes, que le deuxième assimile aux frais de justice criminelle, correctionnelle et de police, sont taxés et liquidés d'après le tarif et selon les règles de la juridiction compétente. Ces frais, s'agissant de ceux dus aux avocats, ne pouvant ainsi comprendre, outre les débours, que la partie légalement tarifée de leur rémunération correspondant à l'exercice de la postulation, et non leurs honoraires qui, aux termes de l'art. 10 de la L. n° 71-1130 du 31 déc. 1971, sont fixés en accord avec le client, l'avance de frais et débours par le Trésor public ne peut couvrir les sommes réclamées par un avocat en vue d'assurer la défense du liquidateur devant une juridiction où la représentation par avocat n'est pas obligatoire. • Com. 6 mai 1997, n° 95-10.185 P : *D. 1997. 437, rapp. Rémery ; D. Affaires 1997. 799 ; Quot. jur. 24 juin 1997, p. 4, note P. M. ; RPC 1998. 70, obs. Soinne.* ♦ Solution confirmée par la nouvelle rédaction de l'art. L. 627-3 [L. 663-1], issue de la L. n° 2001-1275 du 28 déc. 2001.

2. Seules les rémunérations des techniciens désignés par le juge-commissaire en application de l'art. L. 621-12 [L. 621-9] C. com., celles des personnes qualifiées désignées en application de l'art. 164 du Décr. n° 85-1388 du 27 déc. 1985 [C. com., art. R. 651-5] ou celles des techniciens désignés pour exécuter des mesures d'instruction en application des art. 232 s. NCPC [C. pr. civ.] peuvent donner lieu à une avance du Trésor public dans les conditions fixées par l'art. L. 627-3 [L. 663-1]. • Com. 28 sept. 2004, n° 03-14.851 P : *D. 2004. AJ 2654 ; JCP E 2005, n° 1-2, p. 26, obs. Pétel ; BJS 2005. 217, note J.-F. Barbièri ; RPC 2006. 54, obs. Lebel.* ♦ Les honoraires d'un cabinet comptable, désigné pour assister le liquidateur judiciaire afin, notamment, de mener des investigations sur les responsabilités encourues par les dirigeants et de procéder à la révision du compte client dans le cadre de l'art. 37 de la L. n° 85-99 du 25 janv. 1985 [C. com., art. L. 814-6] et de l'art. 31 du Décr. n° 85-1390 du 27 déc. 1985 [abrogé], qui n'étaient pas applicables en pareil cas, ne peuvent donner lieu à une avance par le Trésor public. • Même arrêt. ♦ Le commissaire-priseur, désigné pour procéder à une vente aux enchères publiques de l'actif mobilier d'une société en liquidation judiciaire, en application de l'art. L. 622-18 [L. 642-19] C. com., n'est pas un technicien au sens des art. L. 627-3 [L. 663-1] C. com. et 232 NCPC [C. pr. civ.]. • Limoges, 5 janv. 2005 : *BICC 2005, n° 441.*

3. L'art. L. 627-3 [L. 663-1], qui accorde le remboursement des frais et débours avancés dans les procédures impécunieuses, n'opère aucune distinction entre les sommes versées aux officiers publics et ministériels et les autres frais et débours ; ce texte n'exige nullement que pour le paiement des frais de greffe ou d'huissier de justice des justificatifs soient donnés affaire par affaire, ligne par ligne, ou récapitulés sur un état de frais spécifique certifié page par page. • Paris, 15 oct. 2002 : *RJ com. 2004. 29, note Sortais.*

4. Sur le contrôle de la motivation de l'ordonnance du juge-commissaire décidant l'avance des frais et débours par le Trésor public, V. • Besançon, 28 juin 2005 : *RTD com. 2005. 610, obs. Vallens* .

Art. L. 663-1-1 *(L. nº 2012-346 du 12 mars 2012, art. 4)* **Lorsque les mesures conservatoires ordonnées en application des articles L. 621-2, L. 631-10-1 et L. 651-4 portent sur des biens dont la conservation ou la détention génère des frais ou qui sont susceptibles de dépérissement, le juge-commissaire peut autoriser, aux prix et conditions qu'il détermine, l'administrateur, s'il a été nommé, le mandataire judiciaire ou le liquidateur à les céder. Les sommes provenant de cette cession sont immédiatement versées en compte de dépôt à la Caisse des dépôts et consignations.**

Al. 2 abrogé par Ord. nº 2014-326 du 12 mars 2014, art. 95, à compter du 1er juill. 2014.

La L. nº 2012-346 du 12 mars 2012 est applicable aux procédures de sauvegarde, de redressement judiciaire ou de liquidation judiciaire en cours à la date de sa publication [JO 13 mars] (L. préc., art. 6).

V. art. R. 661-1, R. 662-17 et R. 663-45.

Art. L. 663-2 *(L. nº 2015-990 du 6 août 2015, art. 50-I-3º)* **« Les modalités de rémunération des administrateurs judiciaires, des mandataires judiciaires, des commissaires à l'exécution du plan et des liquidateurs sont fixées conformément au titre IV *bis* du livre IV. »** *(L. nº 2005-845 du 26 juill. 2005, art. 158-II)* **« Cette rémunération est exclusive de toute autre rémunération ou remboursement de frais au titre de la même procédure ou au titre d'une mission subséquente qui n'en serait que le prolongement** *(Ord. nº 2014-326 du 12 mars 2014, art. 96, en vigueur le 1er juill. 2014)* **« à l'exception d'un mandat de justice confié au titre du troisième alinéa de l'article L. 643-9. »** — *V. art. R. 663-3 s.*

(L. nº 2016-1547 du 18 nov. 2016, art. 99-VIII-3º) **« Le mandataire de justice informe le président du coût des prestations qui ont été confiées par lui à des tiers lorsque ceux-ci n'ont pas été rétribués sur la rémunération qu'il a perçue. »** — *Sur les dispositions transitoires de la L. nº 2016-1547 du 18 nov. 2016, V. note ss. art. L. 661-6.*

V. art. R. 661-1.

Art. L. 663-3 *(L. nº 2005-845 du 26 juill. 2005, art. 158-III)* **Lorsque le produit de la réalisation des actifs de l'entreprise ne permet pas au liquidateur ou au mandataire judiciaire d'obtenir, au titre de la rémunération qui lui est due en application des dispositions de l'article** *(L. nº 2015-990 du 6 août 2015, art. 50-I-4º)* **« L. 444-2 », une somme au moins égale à un seuil fixé par décret en Conseil d'État, le dossier est déclaré impécunieux par décision du tribunal, sur proposition du juge-commissaire et au vu des justificatifs présentés par le liquidateur ou le mandataire judiciaire.**

La même décision fixe la somme correspondant à la différence entre la rémunération effectivement perçue par le liquidateur ou le mandataire judiciaire et le seuil visé au premier alinéa.

La somme versée au mandataire judiciaire ou au liquidateur est prélevée sur une quote-part des intérêts servis par la Caisse des dépôts et consignations sur les fonds déposés en application des articles L. 622-18, L. 626-25 et L. 641-8. Cette quote-part est spécialement affectée à un fonds géré par la Caisse des dépôts et consignations sous le contrôle d'un comité d'administration. Les conditions d'application du présent alinéa sont fixées par un décret en Conseil d'État. — *Ce prélèvement est effectué à compter du 1er juill. 2004 sur l'ensemble des intérêts versés quelle que soit la date d'ouverture de la procédure au titre de laquelle les fonds ont été déposés (Décr. nº 2004-518 du 10 juin 2004, art. 109). — Le taux du prélèvement est fixé à 5 % (Arr. du 2 févr. 2007, JO 28 févr.).*

V. art. R. 663-41 s. et R. 661-1.

Art. L. 663-3-1 *(Ord. nº 2014-326 du 12 mars 2014, art. 97, en vigueur le 1er juill. 2014)* **La rémunération du mandataire nommé pour assister le juge commis en appli-**

cation de l'article L. 645-4 est prélevée sur les sommes affectées au fonds mentionné à l'article L. 663-3. Les conditions d'application du présent article sont fixées par décret en Conseil d'État. — *V. art. R. 663-41.*

Art. L. 663-4 Le juge-commissaire a droit, sur l'actif du débiteur, au remboursement de ses frais de déplacement. — *[C. com., anc. art. L. 627-2.]*

V. art. R. 661-1.

TITRE SEPTIÈME DISPOSITIONS DÉROGATOIRES PARTICULIÈRES AUX DÉPARTEMENTS DE LA MOSELLE, DU BAS-RHIN ET DU HAUT-RHIN

RÉP. COM. v° *Alsace et Moselle*, par VALLENS.

Art. L. 670-1 *(L. n° 2005-845 du 26 juill. 2005, art. 160-I)* « Les dispositions du présent titre sont applicables aux personnes physiques, domiciliées dans les départements de la Moselle, du Bas-Rhin et du Haut-Rhin, et à leur succession, qui ne sont *(Ord. n° 2008-1345 du 18 déc. 2008, art. 159)* « ni des agriculteurs, ni des personnes exerçant une activité commerciale, artisanale ou » toute autre activité professionnelle indépendante, y compris une profession libérale soumise à un statut législatif ou réglementaire, lorsqu'elles sont de bonne foi et en état d'insolvabilité notoire. Les dispositions des titres II à VI du présent livre s'appliquent dans la mesure où elles ne sont pas contraires à celles du présent titre. »

(L. n° 2003-710 du 1er août 2003, art. 37) « Avant qu'il ne soit statué sur l'ouverture de la procédure, le tribunal commet, s'il l'estime utile, une personne compétente choisie dans la liste des organismes agréés, pour recueillir tous renseignements sur la situation économique et sociale du débiteur.

« Les déchéances et interdictions qui résultent de la faillite personnelle ne sont pas applicables à ces personnes. »

(Abrogé par L. n° 2011-525 du 17 mai 2011, art. 135) *« Les modalités d'application du présent article sont fixées par décret. »* — *[C. com., anc. art. L. 628-1.]*

V. art. R. 670-1 s.

Les dispositions du code de la consommation relatives au règlement des situations de surendettement des particuliers ne font pas obstacle à l'application de l'art. L. 670-1 C. com. (C. consom., art. L. 711-3, al. 2).

1. Insolvabilité notoire. L'insolvabilité notoire ne se confond pas avec la cessation des paiements ; elle est caractérisée lorsque des faits et circonstances extérieurs, notamment des mesures d'exécution demeurées infructueuses, sont de nature à accréditer l'opinion que cette insolvabilité existe et révèlent, en outre, non seulement un arrêt matériel des paiements et une insuffisance d'actif, mais une situation patrimoniale irrémédiablement compromise et sans autre issue, notamment par l'obtention de garanties, de crédit ou de délais de paiement. • Colmar, 16 mars 1988 : *D. 1989. Somm. 4, obs. Derrida.* – V. aussi • Com. 26 nov. 1990 : *Gaz. Pal. 1991. 1. Pan. 94* • 29 sept. 2015, n° 14-18.979 P : *D. 2015. Actu. 2007 ; APC 2015, n° 280, obs. Cagnoli* • Colmar, 14 mai 1996 : *JCP E 1997. Pan. 596 et 597* • 17 déc. 1996 : *LPA 2 mai 1997, p. 8, note Vallens* • 17 févr. 1998 : *JCP 2000. IV. 1134* • Metz, 17 mai 2005 : *RPC 2006. 299, obs. Lebel* • Colmar, 19 juin 2007 : *JCP E 2007. 2213.*

2. Bonne foi du débiteur. Aux termes de l'art. 2268 (devenu l'art. 2274) C. civ., la bonne foi est toujours présumée. • Civ. 2e, 2 juill. 2009, n° 08-17.355 P : *D. 2009. AJ 1892 ; Gaz. Pal. 1er-3 nov. 2009, p. 3, obs. Reille ; JCP 2009. 562, obs. Sander.* ♦ N'est pas de bonne foi au sens de l'art. L. 628-1 [L. 670-1] C. com. le débiteur dont la plupart des dettes ont pour origine des condamnations pénales ou des amendes contraventionnelles, peu important que ces condamnations soient en relation avec une pathologie psychiatrique. • Colmar, 28 févr. 2006 : *JCP 2006. IV. 2065.*

3. Garantie de l'AGS. V. note 5 ss. art. L. 3253-6 C. trav., ss. art. L. 625-9.

4. Domiciliation frauduleuse. Pour des exemples, V. • Colmar, 2 oct. 2001 : *RTD com. 2001. 983, obs. Vallens* • 14 juin 2005 : *JCP E 2006, n° 2, p. 81.*

5. Surendettement des particuliers. V. C. consom., art. L. 711-3, al. 2, en note ci-dessus. ♦ Sur la distinction des deux régimes, V. obs. Lombard, *Gaz. Pal. 1991. 2. Somm. 304.*

6. Débiteur cautionné. V. note 2 ss. art. L. 643-11.

Art. L. 670-1-1 *(L. n° 2011-1862 du 13 déc. 2011, art. 55)* Le présent titre est également applicable aux personnes physiques domiciliées dans les départements de la Moselle, du Bas-Rhin et du Haut-Rhin ayant *(L. n° 2019-486 du 22 mai 2019, art. 7)* « constitué un » patrimoine affecté conformément à l'article L. 526-7 et dont l'activité agricole, commerciale, artisanale ou indépendante est exclusivement exercée avec affectation de patrimoine.

Sauf dispositions contraires, les références faites à la personne, au débiteur, au contrat et au cocontractant s'entendent, respectivement :

– de la personne en tant que titulaire d'un patrimoine non affecté ;
– du débiteur en tant que titulaire d'un patrimoine non affecté ;
– du contrat passé par le débiteur ainsi défini ;
– du cocontractant ayant conclu avec lui un tel contrat.

Les dispositions qui intéressent les biens, droits ou obligations des personnes mentionnées au premier alinéa doivent, sauf dispositions contraires, être comprises comme visant les éléments du seul patrimoine non affecté. Les dispositions qui intéressent les droits ou obligations des créanciers de ces personnes s'appliquent, sauf dispositions contraires, dans les limites du seul patrimoine non affecté.

Art. L. 670-2 *(L. n° 2005-845 du 26 juill. 2005, art. 160-II)* Le juge-commissaire peut ordonner la dispense de l'inventaire des biens des personnes visées à l'article L. 670-1. – *[C. com., anc. art. L. 628-2.]*

Art. L. 670-3 *(L. n° 2003-710 du 1er août 2003, art. 39) (Abrogé par L. n° 2005-845 du 26 juill. 2005, art. 160-III) « Par dérogation à l'article L. 621-102, »* il n'est pas procédé, en cas de liquidation judiciaire, à la vérification des créances s'il apparaît que le produit de la réalisation de l'actif sera entièrement absorbé par les frais de justice, sauf décision contraire du juge-commissaire. – *[C. com., anc. art. L. 628-3.]*

Art. L. 670-4 *(L. n° 2003-710 du 1er août 2003, art. 40)* Lors de la clôture des opérations de liquidation judiciaire, le tribunal peut, à titre exceptionnel, imposer au débiteur une contribution destinée à l'apurement du passif dans les proportions qu'il détermine. Le tribunal désigne dans ce jugement un commissaire chargé de veiller à l'exécution de la contribution.

Pour fixer les proportions de la contribution, le tribunal prend en compte les facultés contributives du débiteur déterminées au regard de ses ressources et charges incompressibles. Le tribunal réduit le montant de la contribution en cas de diminution des ressources ou d'augmentation des charges du contributeur.

Son paiement doit être effectué dans un délai de deux ans.

(Abrogé par L. n° 2011-525 du 17 mai 2011, art. 135) « Les modalités d'application du présent article sont fixées par décret. » – *[C. com., anc. art. L. 628-4.]*

Art. L. 670-5 *(L. n° 2003-710 du 1er août 2003, art. 41)* Outre les cas prévus à l'article *(L. n° 2005-845 du 26 juill. 2005, art. 160-IV)* « L. 643-11 », les créanciers recouvrent également leur droit de poursuite individuelle à l'encontre du débiteur lorsque le tribunal constate, d'office ou à la demande du commissaire, l'inexécution de la contribution visée à l'article L. 670-4. – *[C. com., anc. art. L. 628-5.]*

Art. L. 670-6 *(L. n° 2019-486 du 22 mai 2019, art. 59)* Le jugement prononçant la liquidation judiciaire est mentionné pour une durée de cinq ans dans le fichier prévu à l'article L. 751-1 du code de la consommation.

Art. L. 670-7 *(L. n° 2003-710 du 1er août 2003, art. 38-I)* L'assiette et la liquidation de la taxe sur les frais de justice en matière de redressement ou de liquidation judiciaire sont provisoirement réglées conformément aux dispositions des lois locales. – *[C. com., anc. art. L. 628-7.]*

Art. L. 670-8 *(L. n° 2003-710 du 1er août 2003, art. 38-I)* Les dispositions de l'article 1er de la loi n° 75-1256 du 27 décembre 1975 relative à certaines ventes de biens immeubles dans les départements du Haut-Rhin, du Bas-Rhin et de la Moselle cessent d'être applicables aux ventes forcées d'immeubles compris dans le patrimoine d'un débiteur ayant fait l'objet d'une procédure de redressement judiciaire ouverte postérieurement au 1er janvier 1986. – *[C. com., anc. art. L. 628-8.]*

TITRE HUITIÈME DISPOSITIONS PARTICULIÈRES À L'ENTREPRENEUR INDIVIDUEL À RESPONSABILITÉ LIMITÉE

(Ord. nº 2010-1512 du 9 déc. 2010, art. 8)

BIBL. GÉN. ▸ V. Bibl. gén. en tête du livre VI.

Art. L. 680-1 Lorsque les dispositions des titres Ier à VI du présent livre sont appliquées à raison des activités professionnelles exercées par un entrepreneur individuel à responsabilité limitée, elles le sont patrimoine par patrimoine.

Art. L. 680-2 Les dispositions des titres Ier à VI du présent livre qui intéressent la situation économique ou les biens, droits ou obligations du débiteur entrepreneur individuel à responsabilité limitée doivent, sauf dispositions contraires, être comprises comme visant les éléments du seul patrimoine affecté à l'activité en difficulté ou, si l'activité est exercée sans affectation de patrimoine, du seul patrimoine non affecté.

En application de l'art. L. 680-2, lorsqu'un entrepreneur individuel à responsabilité limitée est soumis à une procédure collective à raison de son activité professionnelle, les dispositions des titres Ier à VI du livre VI C. com. doivent être comprises comme visant les éléments du seul patrimoine affecté à l'activité en difficulté ; ces règles s'appliquent quand bien même le jugement d'ouverture et sa mention au BODACC ne précisent pas qu'ils ne visent que les éléments du seul patrimoine affecté en difficulté. • Com. 23 oct. 2019, nº 18-19.952 P : *D. 2019. 2390, note V. Legrand ; JCP E 2020. 1092, note Lebel ; APC 2019, nº 272, obs. Leprovaux ; LEDEN 12/2019. 2, obs. Valiergue ; BJE 1-2/2020. 41, note Favario ; RPC 2020, nº 5, obs. Saintourens.* ♦ Comp., pour un précédent arrêt ayant admis que le tribunal ayant ouvert la procédure collective sans préciser qu'elle ne visait que les éléments du seul patrimoine affecté à l'activité en difficulté et les publications faites de ce jugement, le rendant opposable aux créanciers, ne mentionnant pas la dénomination sous laquelle le débiteur exerçait son activité d'entrepreneur individuel à responsabilité limitée ni ces derniers mots ou les initiales EIRL, il en résulte que la banque pouvait déclarer sa créance relative au prêt consenti au débiteur pour l'acquisition de son logement à la procédure collective de celui-ci telle qu'elle avait été ouverte et rendue publique. • Com. 6 mars 2019, nº 17-26.605 P : *D. 2019. 797, note V. Legrand ; Rev. sociétés 2019. 421, obs. Roussel Galle ; RTD com. 2019. 479, obs. Martin-Serf ; JCP E 2019. 1376, note Lebel ; APC 2019, nº 76, obs. Petit ; RJDA 2019, nº 355 ; LEDEN 5/2019. 2, obs. Valiergue ; BJE 5-6/2019. 29, note Dols-Magneville ; BJS 5/2019. 34, note Reille ; RLDA juin 2019. 16, obs. Le Ruyet ; RDBF 2019, nº 99, obs. Houin-Bressand ; RJ com. 2019. 259, obs. Dugourd.*

Art. L. 680-3 Les dispositions des titres Ier à VI du présent livre qui intéressent les droits ou obligations des créanciers du débiteur entrepreneur individuel à responsabilité limitée s'appliquent, sauf dispositions contraires, dans les limites du seul patrimoine affecté à l'activité en difficulté ou, si l'activité est exercée sans affectation de patrimoine, du seul patrimoine non affecté.

Art. L. 680-4 Sauf dispositions contraires, les références faites par les titres Ier à VI du présent livre au débiteur, à l'entreprise, au contrat, au cocontractant s'entendent, respectivement :

— du débiteur en tant qu'il exerce l'activité en difficulté et est titulaire du patrimoine qui se rattache à celle-ci, à l'exclusion de tout autre ;

— de l'entreprise exploitée dans le cadre de l'activité en difficulté ;

— si un patrimoine est affecté à l'activité en difficulté, du contrat passé à l'occasion de l'exercice de cette activité ou, si l'activité est exercée sans affectation de patrimoine, du contrat passé en dehors du ou des activités auxquelles un patrimoine est affecté ;

— du cocontractant ayant conclu le contrat mentionné au précédent alinéa.

Art. L. 680-5 Lorsque les dispositions des titres Ier à VI du présent livre sont appliquées à raison d'une activité professionnelle exercée sans affectation de patrimoine, les éléments d'actif et de passif qui, le cas échéant, proviennent d'un patrimoine dont l'affectation a cessé de produire ses effets en application de l'article L. 526-15 sont considérés comme étant hors du patrimoine non affecté. Cette exclusion prend fin dès lors que les créances ayant composé l'ancien patrimoine sont éteintes.

Le présent article n'est pas applicable si l'exercice de l'activité à laquelle le patrimoine était affecté s'est poursuivi après la cessation de l'affectation.

Art. L. 680-6 Le jugement d'ouverture d'une procédure de sauvegarde, de redressement judiciaire ou de liquidation judiciaire emporte, de plein droit, jusqu'à la clôture de la procédure ou, le cas échéant, jusqu'à la fin des opérations du plan, interdiction pour tout débiteur d'affecter à une activité professionnelle un bien compris dans le patrimoine visé par la procédure ou, sous réserve du versement des revenus mentionnés à l'article L. 526-18, de modifier l'affectation d'un tel bien, lorsqu'il en résulterait une diminution de l'actif de ce patrimoine.

Tout acte passé en violation des dispositions du présent article est annulé à la demande de tout intéressé ou du ministère public dans le délai de trois ans à compter de sa date.

Art. L. 680-7 Sans préjudice de la compétence attribuée au juge-commissaire par l'article L. 624-19, le tribunal saisi d'une procédure de sauvegarde, de redressement judiciaire ou de liquidation judiciaire ouverte à l'égard d'un entrepreneur individuel à responsabilité limitée connaît des contestations relatives à l'affectation des éléments du patrimoine de cet entrepreneur qui s'élèvent à l'occasion de cette procédure.

Code de la consommation

PREMIÈRE PARTIE : LÉGISLATIVE

(Ord. n° 2016-301 du 14 mars 2016, en vigueur le 1er juill. 2016)

Art. L. 711-7 Les dispositions du présent livre *[relatif au traitement des situations de surendettement]* sont applicables au débiteur qui a procédé à une déclaration de constitution de patrimoine affecté conformément à l'article L. 526-7 du code de commerce, sous les réserves énoncées par le présent article.

Elles s'appliquent à raison d'une situation de surendettement résultant uniquement de dettes non professionnelles. En ce cas, celles de ces dispositions qui intéressent les biens, droits et obligations du débiteur doivent être comprises, sauf dispositions contraires, comme visant les seuls éléments du patrimoine non affecté. Celles qui intéressent les droits et obligations des créanciers du débiteur s'appliquent dans les limites du seul patrimoine non affecté. — *[Anc. art. L. 333-7, al. 1er et 2.]*

La seule circonstance que le patrimoine affecté de l'entrepreneur individuel à responsabilité limitée relève de la procédure instituée par les titres II à IV du livre VI C. com. n'est pas de nature à exclure le patrimoine non affecté du débiteur de la procédure de traitement des situations de surendettement. • Com. 27 sept. 2018, n° 17-22.013 P : *D. 2018. 2071, note V. Legrand ; JCP E 2018. 1528, note Pellier ; APC 2018, n° 242, obs. Petit ; RJDA 2019, n° 33 ; RDBF 2018, n° 164, obs. S. Piedelièvre ; RPC 2018, n° 171, obs. Gjidara-Decaix ; Gaz. Pal. 15 janv. 2019, p. 52, obs. Mouial-Bassilana.*

Art. L. 711-8 Lorsqu'une procédure de surendettement est engagée devant une commission à la demande d'un entrepreneur individuel à responsabilité limitée, celui-ci indique, lors du dépôt du dossier, si une procédure instituée par les titres II à IV du livre VI du code de commerce est ouverte à son bénéfice et auprès de quelle juridiction.

Lorsqu'une procédure instituée par les titres II à IV du livre VI du code de commerce est ouverte au bénéfice du débiteur après le dépôt du dossier et avant, selon les cas, l'approbation du plan conventionnel de redressement prévu à l'article L. 732-1, jusqu'à la décision imposant les mesures prévues *(L. n° 2016-1547 du 18 nov. 2016, art. 58-I-2°, en vigueur le 1er janv. 2018)* « aux articles L. 733-1, L. 733-4, L. 733-7 » et L. 741-1, jusqu'au jugement prononçant un redressement personnel sans liquidation judiciaire ou jusqu'au jugement d'ouverture d'une procédure de rétablissement personnel avec liquidation judiciaire, le débiteur en informe la commission de surendettement et indique auprès de quelle juridiction cette procédure a été ouverte. — *[Anc. art. L. 333-7, al. 3 et 4.]*

Les dispositions issues de la L. n° 2016-1547 du 18 nov. 2016 s'appliquent aux procédures de surendettement en cours au 1er janv. 2018, sauf lorsque le juge d'instance [juge du tribunal judiciaire, à compter du 1er janv. 2020] a été saisi par la commission de surendettement aux fins d'homologation. Dans ce cas, l'affaire est poursuivie et jugée conformément au livre VII C. consom., dans sa rédaction antérieure à la L. préc. (L. préc., art. 58-II).

BIBL. ▸ V. Legrand, *LPA 29 mars 2011.*

TITRE HUITIÈME *BIS* DISPOSITIONS PARTICULIÈRES À L'ENTREPRENEUR INDIVIDUEL RELEVANT DU STATUT DÉFINI À LA SECTION III DU CHAPITRE VI DU TITRE II DU LIVRE V

(L. n° 2022-172 du 14 févr. 2022, art. 5, en vigueur le 14 mai 2022)

Pour les dispositions transitoires de la L. n° 2022-172 du 14 févr. 2022, V. note ss. art. L. 611-13.

BIBL. GÉN. ▶ DONDERO, *Rev. sociétés 2022. 199*, *Spéc. 208*. – ROUSSEL-GALLE, *DP diff. entr., Bull. n° 445*. – PETIT, *APC 2022, n°s 64 s.* – *BRDA 2022, n° 6, p. 30.*

Art. L. 681-1 **Toute demande d'ouverture d'une procédure prévue aux titres II à IV du présent livre ou d'une procédure de surendettement prévue au livre VII du code de la consommation à l'égard d'un entrepreneur individuel relevant du statut défini à la section III du chapitre VI du titre II du livre V du présent code est portée devant le tribunal compétent pour connaître des procédures prévues aux titres II à IV du présent livre.**

Sous réserve des règles propres au rétablissement professionnel, le tribunal, saisi d'une telle demande, apprécie à la fois :

1° Si les conditions d'ouverture d'une procédure prévue aux titres II à IV du présent livre sont réunies, en fonction de la situation du patrimoine professionnel de l'entrepreneur individuel ;

2° Si les conditions prévues à l'article L. 711-1 du code de la consommation sont réunies, en fonction de l'actif du patrimoine personnel et de l'ensemble des dettes exigibles ou à échoir dont le recouvrement peut être poursuivi sur cet actif.

Art. L. 681-2 **I. – Le tribunal ouvre une procédure prévue aux titres II à IV du présent livre si les conditions en sont réunies. Les dispositions propres à la procédure ouverte s'appliquent, sous réserve du présent titre.**

II. – Dans le cadre de la procédure ouverte, si les conditions prévues au 2° de l'article L. 681-1 ne sont pas réunies à la date du jugement d'ouverture, les dispositions des titres II à IV du présent livre qui intéressent les biens, droits ou obligations du débiteur sont comprises, sauf dispositions contraires, comme visant les éléments du seul patrimoine professionnel. Celles qui intéressent les droits ou obligations des créanciers du débiteur s'appliquent, sauf dispositions contraires, dans les limites du seul patrimoine professionnel.

III. – Si les conditions prévues aux 1° et 2° de l'article L. 681-1 sont réunies à la date du jugement d'ouverture, les dispositions des titres II à IV du présent livre qui intéressent les biens, droits ou obligations du débiteur entrepreneur individuel sont comprises, sauf dispositions contraires, comme visant à la fois les éléments du patrimoine professionnel et ceux du patrimoine personnel.

Les droits de chaque créancier sur le patrimoine professionnel, le patrimoine personnel ou tout ou partie de ces patrimoines sont déterminés conformément à la section III du chapitre VI du titre II du livre V et du présent livre.

Le tribunal traite, dans un même jugement, des dettes dont l'entrepreneur individuel est redevable sur ses patrimoines professionnel et personnel, en fonction du droit de gage de chaque créancier, sauf dispositions contraires.

IV. – Par dérogation au III, lorsque la distinction des patrimoines professionnel et personnel a été strictement respectée et que le droit de gage des créanciers dont les droits sont nés à l'occasion de l'activité professionnelle de l'entrepreneur individuel ne porte pas sur le patrimoine personnel de ce dernier, le tribunal qui ouvre la procédure saisit, avec l'accord du débiteur, la commission de surendettement aux fins de traitement des dettes dont l'entrepreneur individuel est redevable sur son patrimoine personnel. Le livre VII du code de la consommation ainsi que le sixième alinéa de l'article L. 526-22 du présent code sont alors applicables. Le tribunal exerce les fonctions du juge des contentieux de la protection, qu'il peut déléguer en tout ou partie au juge-commissaire.

Le tribunal et la commission de surendettement s'informent réciproquement de l'évolution de chacune des procédures ouvertes.

V. – Le tribunal connaît des contestations relatives à la séparation des patrimoines de l'entrepreneur individuel qui s'élèvent à l'occasion de la procédure ouverte.

VI. – Le jugement d'ouverture d'une procédure de sauvegarde, de redressement judiciaire ou de liquidation judiciaire emporte, de plein droit, jusqu'à la clôture de la procédure ou, le cas échéant, jusqu'à la fin des opérations du plan, interdiction pour tout débiteur entrepreneur individuel, sous réserve du versement de ses revenus, de modifier son patrimoine professionnel, lorsqu'il en résulterait une diminution de l'actif de ce patrimoine.

Tout acte passé en violation du présent article est annulé à la demande de tout intéressé ou du ministère public dans le délai de trois ans à compter de sa date.

VII. – Lorsqu'une procédure de liquidation judiciaire est ouverte, l'entrepreneur individuel peut exercer une nouvelle activité professionnelle. Un nouveau patrimoine professionnel est alors constitué. Ce patrimoine professionnel n'est pas concerné par la procédure ouverte.

Le débiteur ne peut constituer plus de deux patrimoines distincts de son patrimoine personnel.

La faculté d'exercer une nouvelle activité professionnelle dans les conditions prévues au premier alinéa du présent VII ne s'applique pas au débiteur qui, au titre de l'un quelconque de ses patrimoines, a fait l'objet, depuis moins de cinq ans, d'une procédure de liquidation judiciaire clôturée pour insuffisance d'actif ou d'une décision de clôture d'une procédure de rétablissement professionnel.

En cas de scission du patrimoine professionnel prévue au présent VII, le jugement de liquidation judiciaire emporte interdiction de toute opération entraînant une diminution de l'actif du patrimoine faisant l'objet de la procédure au profit de toute autre activité exercée par le débiteur.

Art. L. 681-3 Si les conditions prévues au 2° de l'article L. 681-1 sont seules réunies, le tribunal dit n'y avoir lieu à l'ouverture d'une procédure prévue aux titres II à IV du présent livre et renvoie l'affaire, avec l'accord du débiteur, devant la commission de surendettement. Le livre VII du code de la consommation ainsi que le sixième alinéa de l'article L. 526-22 du présent code sont alors applicables.

Si la commission de surendettement constate au cours de la procédure que les conditions en sont remplies, elle invite le débiteur à demander l'ouverture d'une procédure prévue aux titres II à IV du présent livre. Le tribunal qui ouvre cette procédure en informe la commission de surendettement, qui est dessaisie, sauf si les conditions prévues au IV de l'article L. 681-2 sont réunies. Dans ce dernier cas, le tribunal et la commission de surendettement s'informent réciproquement de l'évolution de chacune des procédures ouvertes. Les dispositions du présent alinéa relatives à la commission de surendettement sont également applicables au juge des contentieux de la protection.

Art. L. 681-4 Un décret en Conseil d'État précise les conditions d'application du présent titre.

Code de la consommation

PREMIÈRE PARTIE : LÉGISLATIVE

(Ord. n° 2016-301 du 14 mars 2016, en vigueur le 1er juill. 2016)

Art. L. 711-9 *(L. n° 2022-172 du 14 févr. 2022, art. 5, en vigueur le 14 mai 2022)* Le présent livre est applicable à l'entrepreneur individuel relevant du statut défini à la section III du chapitre VI du titre II du livre V du code de commerce lorsque la commission de surendettement est saisie dans les conditions prévues au titre VIII *bis* du livre VI du même code et sous les réserves ci-après énoncées.

Les dispositions qui intéressent les biens, droits et obligations du débiteur doivent être comprises comme visant les seuls éléments du patrimoine personnel. Celles qui intéressent les droits et obligations des créanciers du débiteur s'appliquent dans les limites du seul patrimoine personnel.

Pour l'application du 1° de l'article L. 724-1 et du second alinéa de l'article L. 742-21 du présent code, les biens non professionnels indispensables à l'exercice de l'activité professionnelle du débiteur ne sont pas pris en compte.

L'art. 5 de la L. n° 2022-172 du 14 févr. 2022 n'est pas applicable aux procédures en cours au jour de son entrée en vigueur (L. préc., art. 19-I).

TITRE NEUVIÈME **DISPOSITIONS PARTICULIÈRES AUX PROCÉDURES D'INSOLVABILITÉ RELEVANT DU RÈGLEMENT (UE) N° 2015/848 DU 20 MAI 2015 RELATIF AUX PROCÉDURES D'INSOLVABILITÉ**

(Ord. n° 2017-1519 du 2 nov. 2017, art. 2)

BIBL. GÉN. ▶ DAMMANN et GUERMONPREZ, *D. 2017. Chron. 2435* (nouvel équilibre entre procédure principale et secondaire). – VALLENS, *ibid. 2439* (traitement des groupes de sociétés en difficulté). – MASTRULLO et MENJUCQ, *RPC 2017. Étude 19.* – GIORGINI, *Gaz. Pal. 16 janv. 2018, p. 53.* – SAUTONIE-LAGUIONIE, *BJE 2018. 58.* – Dossier spécial, *BJE 2018. 133.*

Art. L. 690-1 **Le tribunal saisi d'une demande d'ouverture d'une procédure d'insolvabilité à l'égard d'un débiteur peut ouvrir, selon le cas, une procédure d'insolvabilité principale ou une procédure d'insolvabilité territoriale ou secondaire.**

CHAPITRE PREMIER **DES PROCÉDURES D'INSOLVABILITÉ PRINCIPALES**

Art. L. 691-1 **Sans préjudice des voies de recours qui leur sont ouvertes par ailleurs, le ministère public, par la voie de l'appel, et tout créancier, par la voie de l'appel ou de la tierce opposition, selon le cas, peuvent contester la décision d'ouverture de la procédure d'insolvabilité principale pour un motif de compétence internationale.**

Art. L. 691-2 **Le juge-commissaire autorise le mandataire de justice désigné dans la procédure d'insolvabilité principale ouverte par un tribunal situé sur le territoire national à prendre, en application de l'article 36 du règlement (UE) n° 2015/848 précité, un engagement envers les créanciers locaux d'un établissement du débiteur situé sur le territoire d'un autre État membre.**

Art. L. 691-3 **Le tribunal statue sur les contestations élevées ou les demandes présentées, conformément aux paragraphes 7 ou 8 de l'article 36 du règlement (UE) n° 2015/848 précité, par les créanciers locaux d'un établissement du débiteur situé sur le territoire d'un autre État membre pour obtenir le respect de l'engagement pris par le mandataire de justice ou sa conformité à la loi applicable ou pour obtenir à ces fins toute mesure adéquate.**

Le jugement peut faire l'objet d'un appel de la part du mandataire de justice, du débiteur non dessaisi, du créancier local demandeur ou du ministère public.

Art. L. 691-4 **Un décret en Conseil d'État précise les conditions d'application du présent chapitre.** – *V. art. R. 691-1 et R. 691-2.*

CHAPITRE II **DES PROCÉDURES D'INSOLVABILITÉ SECONDAIRES**

SECTION PREMIÈRE **DE L'OUVERTURE ET DU DÉROULEMENT D'UNE PROCÉDURE D'INSOLVABILITÉ SECONDAIRE**

Art. L. 692-1 **Outre les personnes mentionnées respectivement à l'article L. 631-4 et aux premier et deuxième alinéas de l'article L. 631-5 ou à l'article L. 640-4 et aux premier et deuxième alinéas de l'article L. 640-5, le praticien de l'insolvabilité de la procédure d'insolvabilité principale ouverte sur le territoire d'un autre État membre peut demander l'ouverture d'une procédure d'insolvabilité secondaire de redressement judiciaire ou de liquidation judiciaire à l'égard du débiteur qui possède un établissement situé sur le territoire français. L'ouverture d'une procédure d'insolvabilité secondaire de sauvegarde peut être demandée par le débiteur.**

Le tribunal qui prononce l'ouverture de la procédure d'insolvabilité secondaire fixe la date de cessation des paiements selon les conditions prévues à l'article L. 631-8 et au IV de l'article L. 641-1.

BIBL. ▶ BOCHÉ-ROBINET, *RPC 2018. Étude 4.*

Art. L. 692-2 I. — Le tribunal saisi d'une demande d'ouverture d'une procédure d'insolvabilité secondaire rejette la demande lorsque le praticien de l'insolvabilité de la procédure d'insolvabilité principale ou le débiteur non dessaisi, entendu ou dûment convoqué, justifie avoir pris un engagement conformément aux dispositions des articles L. 692-7 et L. 692-8.

II. — Le tribunal qui suspend l'ouverture d'une procédure d'insolvabilité secondaire dans les conditions du paragraphe 3 de l'article 38 du règlement (UE) n° 2015/848 précité, peut ordonner, d'office ou à la demande du praticien de l'insolvabilité de la procédure principale ou du débiteur non dessaisi, de tout créancier local ou du ministère public, toute mesure provisoire ou conservatoire afin de protéger les intérêts des créanciers locaux.

Art. L. 692-3 Le jugement d'ouverture d'une procédure d'insolvabilité secondaire est susceptible d'appel ou de tierce-opposition *[tierce opposition]* de la part du praticien de l'insolvabilité de la procédure d'insolvabilité principale si celui-ci estime que le tribunal n'a pas respecté les dispositions de l'article 38 du règlement (UE) n° 2015/848 précité.

Art. L. 692-4 Aux fins d'application de l'article 46 du règlement (UE) n° 2015/848 précité, le tribunal ou le juge-commissaire qui, après avoir recueilli l'avis du ministère public, accueille la demande de suspension, en tout ou en partie, de la procédure de réalisation des actifs du débiteur situés sur le territoire national, peut ordonner toute mesure provisoire ou conservatoire de nature à garantir les intérêts des créanciers locaux. Il en est de même si, saisi dans les mêmes conditions, il prolonge ou renouvelle la suspension prononcée.

Les décisions statuant sur les demandes de suspension, de prolongation, de renouvellement et de levée de la suspension de la procédure de réalisation des actifs sont susceptibles d'appel par les mandataires de justice, le ministère public, le débiteur non dessaisi et le praticien de l'insolvabilité désigné dans la procédure d'insolvabilité principale.

La réalisation des actifs ne peut intervenir pendant le délai dont dispose le praticien de l'insolvabilité de la procédure d'insolvabilité principale pour saisir le tribunal de sa demande de suspension ou tant que cette demande n'a pas été définitivement rejetée ou que la suspension n'est pas définitivement levée.

Art. L. 692-5 I. — Le praticien de l'insolvabilité de la procédure d'insolvabilité principale peut proposer dans la procédure d'insolvabilité secondaire un projet de plan de sauvegarde ou de redressement élaboré selon les dispositions de l'article L. 626-2.

(Ord. n° 2021-1193 du 15 sept. 2021, art. 70, en vigueur le 1er oct. 2021) « II. — Le contenu et les modalités de présentation du projet de plan proposé par le praticien de l'insolvabilité de la procédure d'insolvabilité principale sont ceux relatifs au projet de plan présenté conformément aux dispositions de l'article L. 626-30-2 si le débiteur entre dans le champ d'application de l'article L. 626-29 et, le cas échéant, dans les conditions prévues à l'article L. 631-19 en présence d'un projet de plan de redressement. » — *Pour les dispositions transitoires de l'Ord. n° 2021-1193 du 15 sept. 2021, V. note ss. art. L. 611-2.*

III. — Si tel n'est pas le cas, le praticien de l'insolvabilité de la procédure d'insolvabilité principale communique au mandataire judiciaire et au juge-commissaire les propositions de règlement du passif prévues à l'article L. 626-5 et procède aux informations, consultations et communications prévues à l'article L. 626-8.

Les dispositions des articles L. 626-2-1, L. 626-6 et L. 626-7 sont applicables. L'état mentionné à l'article L. 626-7 est également adressé au praticien de l'insolvabilité de la procédure d'insolvabilité principale.

Le tribunal statue, au vu du rapport du juge-commissaire, sur le projet de plan proposé par le praticien de l'insolvabilité de la procédure d'insolvabilité principale, dans les conditions prévues par l'article L. 626-9, ce praticien entendu ou dûment convoqué.

Art. L. 692-6 Le juge-commissaire constate par ordonnance l'accord des créanciers mentionné au paragraphe 2 de l'article 47 du règlement (UE) n° 2015/848 précité.

SECTION II DE L'ABSENCE D'OUVERTURE D'UNE PROCÉDURE D'INSOLVABILITÉ SECONDAIRE SUR LE TERRITOIRE NATIONAL

SOUS-SECTION 1 DE L'ENGAGEMENT PRIS PAR LE PRATICIEN DE L'INSOLVABILITÉ DE LA PROCÉDURE D'INSOLVABILITÉ PRINCIPALE

Art. L. 692-7 Le praticien de l'insolvabilité de la procédure d'insolvabilité principale qui se propose de prendre un engagement en application de l'article 36 du règlement (UE) n° 2015/848 précité recueille l'accord de tous les créanciers locaux concernés par cet engagement, y compris les institutions de garantie mentionnées à l'article L. 3253-14 du code du travail. A cette occasion, il informe chaque créancier concerné des caractéristiques de sa créance.

Le praticien de l'insolvabilité communique l'engagement au comité d'entreprise de l'établissement ou, à défaut, aux délégués du personnel.

Le défaut de réponse des salariés et des créanciers publics dans le délai de soixante jours à compter de la réception de la proposition d'engagement vaut refus de l'engagement. Le défaut de réponse des autres créanciers locaux dont les droits sont affectés, dans ce même délai, vaut approbation de l'engagement.

Art. L. 692-8 I. — Le praticien de l'insolvabilité de la procédure d'insolvabilité principale saisit par requête le président du tribunal de commerce spécialement désigné ou du *(Ord. n° 2019-964 du 18 sept. 2019, art. 35, en vigueur le 1er janv. 2020)* « tribunal judiciaire » compétent dans le ressort duquel est situé l'établissement aux fins de vérifier les conditions d'approbation de l'engagement.

L'engagement ne peut être exécuté qu'au visa de l'ordonnance rendue par le président.

II. — L'ouverture d'une procédure d'insolvabilité secondaire ne peut plus être demandée à l'expiration du délai de trente jours à compter de la notification de l'ordonnance.

Art. L. 692-9 Le jugement qui statue sur les demandes des créanciers locaux tendant, sur le fondement du paragraphe 9 de l'article 36 du règlement (UE) n° 2015/848 précité, à ce que soient prises des mesures provisoires ou conservatoires en vue d'assurer le respect des termes de l'engagement par le praticien de l'insolvabilité de la procédure d'insolvabilité principale peut faire l'objet d'un appel de la part de ce praticien, du débiteur non dessaisi, du créancier local demandeur et du ministère public. Le cas échéant, le praticien de l'insolvabilité de la procédure d'insolvabilité principale peut former tierce opposition.

SOUS-SECTION 2 DES LICENCIEMENTS EN L'ABSENCE D'OUVERTURE D'UNE PROCÉDURE SECONDAIRE

Art. L. 692-10 I. — La compétence du tribunal mentionné au paragraphe 2 de l'article 13 du règlement (UE) n° 2015/848 précité est déterminée en application du 2° de l'article L. 721-8 si le débiteur exerce une activité commerciale ou artisanale. Le *(Ord. n° 2019-964 du 18 sept. 2019, art. 35, en vigueur le 1er janv. 2020)* « tribunal judiciaire » sur le ressort duquel est situé l'établissement est compétent dans les autres cas.

II. — Si le débiteur est en état de cessation des paiements et si la procédure d'insolvabilité principale le concernant est une procédure analogue au redressement judiciaire, les règles applicables à l'approbation des licenciements sont celles prévues à l'article L. 631-17. Si le débiteur est en état de cessation des paiements et si la procédure d'insolvabilité principale le concernant est une procédure analogue à la liquidation judiciaire avec maintien de l'activité, l'article L. 641-10 est applicable.

Le tribunal ou, le cas échéant, le juge désigné par celui-ci exerce les missions confiées par les articles précités au juge-commissaire.

Le jugement de la juridiction compétente en application du I du présent article, qui statue sur la résiliation des contrats de travail découlant de la procédure d'insolvabilité principale est susceptible d'appel de la part du débiteur non dessaisi, du praticien de l'insolvabilité de la procédure d'insolvabilité principale, de l'une des institutions représentatives du personnel ou, à défaut, du représentant des salariés ainsi que du ministère public. Le II de l'article L. 661-1 est applicable.

Art. L. 692-11 Un décret en Conseil d'État précise les conditions d'application du présent chapitre. – *V. art. R. 692-1 s.*

CHAPITRE III DE L'INFORMATION DES CRÉANCIERS ÉTRANGERS ET DE LA DÉCLARATION DES CRÉANCES

Art. L. 693-1 Tout créancier étranger ou son préposé ou mandataire de son choix ainsi que, le cas échéant, les praticiens de l'insolvabilité désignés pour représenter les intérêts des créanciers dans le cadre des procédures d'insolvabilité ouvertes dans les autres États membres déclarent leurs créances dans les conditions légales portées à leur connaissance par le mandataire judiciaire désigné par la juridiction nationale. Les dispositions de l'article L. 622-26 leur sont applicables.

En cas de contestation de tout ou partie de la créance, les dispositions de l'article L. 622-27 sont applicables. Le délai de trente jours prévu par cet article ne s'applique pas à la production de la traduction de la déclaration de créances et des pièces justificatives demandées.

V. art. R. 693-1 s.

CHAPITRE IV DES PROCÉDURES D'INSOLVABILITÉ CONCERNANT DES MEMBRES D'UN GROUPE DE SOCIÉTÉS ÉTABLIES DANS PLUSIEURS ÉTATS MEMBRES

SECTION PREMIÈRE DE LA SUSPENSION DE LA RÉALISATION DES ACTIFS DANS UNE PROCÉDURE D'INSOLVABILITÉ OUVERTE À L'ENCONTRE D'UN MEMBRE D'UN GROUPE DE SOCIÉTÉS

Art. L. 694-1 Aux fins de la mise en œuvre de la suspension d'une procédure de réalisation des actifs mentionnée au *b* du paragraphe 1 et au paragraphe 2 de l'article 60 du règlement (UE) n° 2015/848 précité, les dispositions de l'article L. 692-4 sont applicables.

Le praticien de l'insolvabilité désigné dans une procédure d'insolvabilité ouverte par la juridiction d'un autre État membre peut à cette fin former appel ou tierce-opposition *[tierce opposition]* à l'encontre de la décision rendue par le tribunal ou le juge-commissaire.

SECTION II DE LA PROCÉDURE DE COORDINATION COLLECTIVE

Art. L. 694-2 En application du paragraphe 1 de l'article 71 du règlement (UE) n° 2015/848 peuvent exercer les missions de coordinateur les personnes inscrites sur la liste des administrateurs judiciaires ou des mandataires judiciaires en application des articles L. 811-2 et L. 812-2 ou un praticien de l'insolvabilité d'un autre État membre.

Les dispositions des trois derniers alinéas des articles L. 811-2 et L. 812-2 sont applicables aux praticiens de l'insolvabilité des autres États membres.

Art. L. 694-3 Le tribunal qui a prononcé l'ouverture de la procédure de coordination collective statue sur la demande du coordinateur présentée conformément au paragraphe 6 de l'article 72 du règlement et sur la déclaration finale établie en application de l'article 77 de ce règlement. L'article L. 663-1 n'est pas applicable.

Le jugement rendu sur la déclaration finale peut faire l'objet d'un appel de la part de tout praticien de l'insolvabilité ayant participé à la procédure de coordination collective et élevé une objection ainsi que de la part du débiteur non dessaisi et du ministère public.

Art. L. 694-4 Les jugements du tribunal statuant sur les demandes de suspension et de levée de la suspension de la procédure d'insolvabilité présentées par le coordinateur en application du *e* du 2 de l'article 72 sont susceptibles d'appel de la part du débiteur, de l'administrateur, du mandataire judiciaire, du coordinateur et du ministère public.

Art. L. 694-5 Le jugement qui révoque le coordinateur en application de l'article 75 du règlement (UE) n° 2015/848 précité n'est pas susceptible d'appel.

Art. L. 694-6 Le juge-commissaire autorise le mandataire de justice à accepter ou refuser l'inclusion dans une procédure de coordination de la procédure d'insolvabilité dans laquelle il est désigné, ainsi qu'à demander à participer volontairement à la procédure de coordination. La décision n'est pas susceptible de recours.

L'autorisation du juge-commissaire est également nécessaire pour signer l'accord mutuel prévu au paragraphe 2 de l'article 66 du règlement (UE) n° 2015/848 précité.

Art. L. 694-7 Le juge-commissaire autorise, s'il y a lieu, la communication de documents confidentiels entre le mandataire de justice et le coordinateur dans les conditions prévues à l'article L. 695-2.

Art. L. 694-8 Le juge-commissaire apprécie les motifs dont, en application du paragraphe 2 de l'article 70 du règlement (UE) n° 2015/848 précité, lui fait part le mandataire de justice qui ne suit pas les recommandations du coordinateur ou le programme de coordination collective.

Art. L. 694-9 Le juge-commissaire statue par une ordonnance non susceptible de recours sur les désaccords relatifs à la procédure de coordination collective entre l'administrateur judiciaire et le mandataire judiciaire désignés dans la procédure d'insolvabilité ouverte sur le territoire national.

Art. L. 694-10 Un décret en Conseil d'État précise les conditions d'application du présent chapitre. — *V. art. R. 694-1 s.*

CHAPITRE V DE LA COOPÉRATION ET DE LA COMMUNICATION DES PRATICIENS DE L'INSOLVABILITÉ ET DES JURIDICTIONS

Art. L. 695-1 Les dispositions du présent chapitre sont applicables à la coopération et à la communication entre praticiens de l'insolvabilité, entre juridictions et entre praticiens de l'insolvabilité, et entre juridictions, dans le cadre de procédures d'insolvabilité ouvertes à l'égard d'un même débiteur ou à l'égard de débiteurs membres d'un même groupe de sociétés.

Art. L. 695-2 I. — Le mandataire de justice informe le juge-commissaire des demandes de coopération et de communication adressées par le praticien de l'insolvabilité désigné dans une procédure ouverte par la juridiction d'un autre État membre, en application des articles 41 et 56 du règlement (UE) n° 2015/848 précité.

Il sollicite l'autorisation du juge-commissaire aux fins d'être autorisé à communiquer des informations confidentielles à tout praticien de l'insolvabilité désigné dans une procédure ouverte dans un autre État membre à l'encontre du même débiteur ou à l'égard d'un débiteur membre du même groupe de sociétés et informe sans délai le débiteur, tout autre mandataire de justice, les contrôleurs mentionnés à l'article L. 621-10 et le ministère public de la demande de communication.

II. — Le mandataire de justice désigné dans la procédure d'insolvabilité soumet à l'approbation du juge-commissaire tout accord ou protocole conclu en application des articles 41 et 56 du règlement (UE) n° 2015/848 précité avec tout praticien de l'insolvabilité d'un autre État membre désigné dans une procédure d'insolvabilité ouverte à l'égard du même débiteur ou à l'égard d'un débiteur membre du même groupe de sociétés.

Art. L. 695-3 Le tribunal qui a ouvert une procédure d'insolvabilité peut désigner un juge, habiliter le juge-commissaire ou désigner un mandataire de justice pour mettre en œuvre la coopération et la communication entre juridictions et entre juridictions et praticiens de l'insolvabilité.

Art. L. 695-4 Le juge ou le mandataire de justice désigné en application de l'article L. 695-3 communique avec les juridictions et les organes désignés dans le cadre d'une

procédure d'insolvabilité ouverte à l'égard du débiteur par la juridiction d'un autre État membre par écrit ou par tout moyen de communication électronique qui préserve la sécurité, la confidentialité et la conservation des échanges. L'écrit ou l'enregistrement sont versés au dossier. Le débiteur, le créancier qui a demandé l'ouverture de la procédure, le ministère public, les juridictions qui ont ouvert une procédure à l'encontre du même débiteur et les praticiens de l'insolvabilité désignés par ces juridictions en sont avisés.

Art. L. 695-5 Un décret en Conseil d'État précise les conditions d'application du présent chapitre. — *V. art. R. 695-1 s.*

CHAPITRE VI DES DISPOSITIONS APPLICABLES AUX DÉPARTEMENTS ET RÉGIONS D'OUTRE-MER

Art. L. 696-1 Pour l'application en Guadeloupe, en Guyane, en Martinique et à la Réunion du titre IX du livre VI, les mots : "tribunal de commerce spécialement désigné" sont remplacés par les mots : "tribunal de commerce territorialement compétent".

*Sur la publicité du privilège du Trésor public, V. CGI, art. 1929 quater ; Annexe II, art. 396 bis ; Annexe III, art. 416 bis, 416 ter. — **CGI** ou **C. pr. coll.***

*Sur les remises de frais de poursuite et pénalités fiscales dans le cadre de la procédure collective, V. CGI, art. 1756. — **CGI** ou **C. pr. coll.***

*Sur le privilège de la sécurité sociale ainsi que les remises de pénalités, majorations de retard et frais de poursuites dans le cadre de la procédure collective, V. CSS, art. L. 243-4, L. 243-5, D. 243-3. — **CSS** ou **C. pr. coll.***

Loi n° 75-1334 du 31 décembre 1975,

Relative à la sous-traitance (D. et BLD 1976. 64).

Art. 12 *V. App., v° Sous-traitance.*

Règlement UE n° 2015/848 du 20 mai 2015,

Relatif aux procédures d'insolvabilité (applicable à compter du 26 juin 2017) .

Règlement CE n° 1346/2000 du 29 mai 2000,

Relatif aux procédures d'insolvabilité (abrogé à compter du 26 juin 2017) .

LIVRE SEPTIÈME DES JURIDICTIONS COMMERCIALES ET DE L'ORGANISATION DU COMMERCE *(Ord. nº 2006-673 du 8 juin 2006, art. 2).*

TITRE PREMIER DU RÉSEAU DES CHAMBRES DE COMMERCE ET D'INDUSTRIE

(L. nº 2005-882 du 2 août 2005, art. 61)

RÉP. COM. vº *Réseau des chambres de commerce et d'industrie,* par LEROY.

BIBL. GÉN. ▶ LINOTTE, *Gaz. Pal. 2010. 2730* (CCI : le statut nouveau est arrivé !). – DEGRON, *AJDA 2010. 1938* (régionalisation du réseau des CCI). – FERREIRA, *AJDA 2019. 1272* (la loi PACTE : une réinvention du modèle des chambres consulaires ?).

Art. L. 710-1 *(L. nº 2010-853 du 23 juill. 2010, art. 1er)* **Les établissements** *(Abrogé par L. nº 2019-486 du 22 mai 2019, art. 40-I)* **« *ou chambres départementales* » du réseau des chambres de commerce et d'industrie ont chacun, en leur qualité de corps intermédiaire de l'État, une fonction de représentation des intérêts de l'industrie, du commerce et des services auprès des pouvoirs publics ou des autorités étrangères. Assurant l'interface entre les différents acteurs concernés, ils exercent leur activité sans préjudice des missions de représentation conférées aux organisations professionnelles ou interprofessionnelles par les dispositions législatives ou réglementaires en vigueur et des missions menées par les collectivités territoriales dans le cadre de leur libre administration.**

Le réseau et, en son sein, chaque établissement *(Abrogé par L. nº 2019-486 du 22 mai 2019, art. 40-I)* **« *ou chambre départementale* » contribuent au développement économique, à l'attractivité et à l'aménagement des territoires ainsi qu'au soutien des entreprises et de leurs associations en remplissant, dans des conditions fixées par décret, toute mission de service public et toute mission d'intérêt général** *(L. nº 2019-486 du 22 mai 2019, art. 40-I)* **« directement utiles à l'accomplissement de ses missions. Dans le cadre de ses missions, il veille à l'égalité entre les femmes et les hommes et encourage l'entrepreneuriat féminin. »**

A cet effet, chaque établissement *(Abrogé par L. nº 2019-486 du 22 mai 2019, art. 40-I)* **« *ou chambre départementale* » du réseau peut assurer,** *(L. nº 2019-486 du 22 mai 2019, art. 40-I)* **« par tous moyens, y compris par des prestations de services numériques, et » dans le respect, le cas échéant, des schémas sectoriels qui lui sont applicables :**

1º Les missions d'intérêt général qui lui sont confiées par les lois et les règlements ;

2º Les missions d'appui, d'accompagnement, de mise en relation et de conseil auprès des créateurs et repreneurs d'entreprises et des entreprises, dans le respect des dispositions législatives et réglementaires en vigueur en matière de droit de la concurrence ;

3º Une mission d'appui et de conseil pour le développement international des entreprises et l'exportation de leur production, en partenariat avec *(Ord. nº 2014-1555 du 22 déc. 2014, art. 4, en vigueur le 1er janv. 2015)* **« l'agence mentionnée à l'article 50 de la loi du 1er août 2003** *[nº 2003-721, pour l'initiative économique]* **» ;** *— Cette agence est dénommée « Business France » (Décr. nº 2014-1571 du 22 déc. 2014, art. 1er, en vigueur le 1er janv. 2015).*

4º Une mission en faveur de la formation professionnelle initiale ou continue grâce, notamment, aux établissements publics et privés d'enseignement qu'il ou elle crée, gère ou finance ;

5º Une mission de création et de gestion d'équipements, en particulier portuaires et aéroportuaires ;

6º Les missions de nature *(L. nº 2019-486 du 22 mai 2019, art. 40-I)* **« concurrentielle » qui lui ont été confiées par une personne publique ou qui s'avèrent** *(L. nº 2019-486 du 22 mai 2019, art. 40-I)* **« directement utiles » pour l'accomplissement de ses autres missions ;**

7º Toute mission d'expertise, de consultation ou toute étude demandée par les pouvoirs publics sur une question relevant de l'industrie, du commerce, des services, du

développement économique, de la formation professionnelle ou de l'aménagement du territoire, sans préjudice des travaux dont il ou elle pourrait prendre l'initiative.

Le réseau des chambres de commerce et d'industrie se compose de *(Décr. n° 2015-536 du 15 mai 2015, art. 2-II)* **« CCI France », des chambres de commerce et d'industrie de région, des chambres de commerce et d'industrie territoriales,** *(L. n° 2019-486 du 22 mai 2019, art. 40-I)* **« des chambres de commerce et d'industrie locales, » des chambres de commerce et d'industrie départementales d'Île-de-France, ainsi que des groupements interconsulaires que peuvent former plusieurs chambres de région ou territoriales entre elles.**

(Décr. n° 2015-536 du 15 mai 2015, art. 2-I) **« CCI France », les chambres de commerce et d'industrie de région, les chambres de commerce et d'industrie territoriales et les groupements interconsulaires sont des établissements publics placés sous la tutelle de l'État et administrés par des dirigeants d'entreprise élus.** *(L. n° 2019-486 du 22 mai 2019, art. 40-I)* **« Les chambres de commerce et d'industrie locales, rattachées à une chambre de commerce et d'industrie de région, et les chambres de commerce et d'industrie départementales d'Île-de-France, rattachées à la chambre de commerce et d'industrie de région Paris-Île-de-France, sont dépourvues de la personnalité morale.**

« Par dérogation à la loi n° 52-1311 du 10 décembre 1952 relative à l'établissement obligatoire d'un statut du personnel administratif des chambres d'agriculture, des chambres de commerce et des chambres de métiers, CCI France, les chambres de commerce et d'industrie de région et, par délégation, les chambres de commerce et d'industrie territoriales recrutent des personnels de droit privé pour l'exercice de leurs missions. *(Abrogé par L. n° 2022-172 du 14 févr. 2022, art. 16)* ***« Ces personnels sont régis par une convention collective conclue entre le président de CCI France, dans le respect des orientations fixées par son comité directeur, et les organisations syndicales représentatives au niveau national en application de l'article L. 712-11 du code de commerce. Cette convention est agréée par le ministre chargé de la tutelle des chambres de commerce et d'industrie. » »***

(Abrogé par L. n° 2019-486 du 22 mai 2019, art. 48) ***« Les chambres de commerce et d'industrie de région bénéficient des impositions de toute nature qui leur sont affectées par la loi. »***

Les ressources des établissements publics du réseau sont *(Abrogé par L. n° 2019-486 du 22 mai 2019, art. 48)* ***« en outre »*** **assurées par :**

(L. n° 2019-486 du 22 mai 2019, art. 48) **« 1° Les produits des impositions de toute nature qui leur sont affectés par la loi et toute » autre ressource légale entrant dans leur spécialité ;**

2° La vente ou la rémunération de leurs activités ou des services qu'ils gèrent ;

3° Les dividendes et autres produits des participations qu'ils détiennent dans leurs filiales ;

4° Les subventions, dons et legs qui leur sont consentis.

Chacun des établissements du réseau des chambres de commerce et d'industrie tient une comptabilité analytique mise à la disposition des autorités de tutelle et de contrôle afin de justifier que les ressources publiques ont été employées dans le respect des règles de concurrence nationales et *(L. n° 2019-486 du 22 mai 2019, art. 40-I)* **« européennes ».**

Dans des conditions définies par décret, les établissements publics du réseau peuvent transiger et compromettre. Ils sont soumis, pour leurs dettes, à la loi n° 68-1250 du 31 décembre 1968 relative à la prescription des créances sur l'État, les départements, les communes et les établissements publics.

Ils peuvent, avec l'accord de l'autorité de tutelle, participer à la création et au capital de sociétés civiles et de sociétés par actions dont l'objet social entre dans le champ de leurs missions. Ils peuvent participer dans les mêmes conditions à la création de groupements d'intérêt public ou privé ainsi qu'à toute personne morale de droit public.

Les dispositions du chapitre Ier du titre Ier de la L. n° 2010-853 du 23 juill. 2010 n'affectent pas l'exécution des contrats et conventions en cours, passés par les chambres de commerce et d'industrie, les chambres régionales de commerce et d'industrie ou les groupements interconsulaires. Elles n'emportent aucun droit à résiliation ou indemnisation pour les cocontractants de ces établissements publics. Les règlements intérieurs actuellement en vigueur dans les établissements du réseau des cham-

bres de commerce et d'industrie sont mis en conformité avec les dispositions issues de la loi précitée dans les six mois suivant le premier renouvellement qui interviendra après la promulgation de cette dernière (L. préc., art. 40-II).

1. Nature juridique. Il ressort de l'ensemble des dispositions de la loi de 1898 que les CCI ont le caractère d'établissements publics de l'État. • Cons. const. 28 janv. 1999, n° 98-17 I : *JO 31 janv. 1999 ; D. 2000. Somm. 195, obs. Ghevontian ; AJDA 1999. 271, note Schoettl.* ♦ La chambre de commerce, d'industrie, des services et des métiers du territoire de Polynésie française (la CCISM) étant investie prioritairement de missions d'intérêt général, ses ressources étant de nature fiscale ou parafiscale et ses délibérations étant, en règle générale, exécutoires de plein droit, elle présente le caractère d'un établissement public administratif. • Civ. 1re, 11 févr. 2009, n° 07-19.326 P.

Sur la nature juridique des agents des CCI selon qu'ils sont affectés à un service public administratif ou un service public industriel ou commercial, V. • T. confl. 24 mai 2004, n° 3410 P : *JCP 2004. I. 165, n° 16, obs. Ondoua.* – V. aussi • CAA Nantes, 2 déc. 2005 : *AJDA 2006. 510* • CAA Nancy, 15 févr. 2007 : *AJDA 2007. 1139, note Carius* • Montpellier, 19 sept. 2007 : *RD transp. 2008, n° 82, obs. Chapier-Granier.* ♦ Sur la consultation de la commission paritaire avant licenciement dans une chambre de commerce, V. • CE 14 mai 2008, n° 284371 : *AJDA 2008. 1623*.

2. Responsabilité. Lorsque la responsabilité des CCI, établissements publics économiques aux termes de la loi de 1898, est recherchée pour des fautes qu'elles auraient commises à l'occasion d'une activité de gestion privée ne mettant pas en jeu leurs prérogatives de droit public, le litige qui en résulte ne ressortit pas de la compétence des tribunaux de l'ordre administratif. • Versailles, 28 mai 1998 : *D. 1998. IR 193.*

3. Activité économique. Toute activité économique (en l'espèce la production d'un magasine servant de support aux espaces publicitaires qu'elle vend) n'est pas incompatible avec le statut juridique d'établissement public de la CCI. • Com. 5 avr. 2005, n° 02-11.673 P : *préc. note 5 ss. art. L. 134-1.* ♦ Il résulte des art. L. 710-1, L. 711-3 et D. 711-10 que les CCI sont investies de compétences étendues pour soutenir et accompagner les entreprises. Dans un contexte de dématérialisation des procédures, l'utilisation, par les entreprises, du mécanisme de la signature électronique est susceptible de constituer une des conditions du maintien et du développement de leur compétitivité. Par suite, en jugeant que la promotion de l'utilisation des certificats de signature électronique et l'exercice de l'activité dite de bureau d'enregistrement ne relevaient pas des missions des CCI et méconnaissaient le principe de spécialité qui leur était applicable, la cour administrative d'appel a entaché son arrêt d'erreur de qualification juridique. Par ailleurs, en jugeant que l'activité de commercialisation des certificats de signature électronique ne pouvait constituer un complément normal des missions des CCI, alors que cette mission s'inscrit dans le prolongement de leur mission d'appui et d'accompagnement des entreprises et est utile à l'exercice de celle-ci, y compris lorsque la commercialisation est effectuée au profit de collectivités territoriales ou de professions réglementées, la cour a entaché son arrêt d'une erreur de qualification juridique. • CE 9 nov. 2018, n° 412562 : *AJDA 2018. 2213, obs. Biget*.

Loi n° 56-1119 du 12 novembre 1956,

Réglementant l'usage des dénominations "Chambre de commerce", "Chambre de commerce et d'industrie", "Chambre de métiers" et "Chambre d'agriculture".

Art. 1er L'usage d'une appellation comportant l'emploi des mots "Chambre de commerce", "Chambre de commerce et d'industrie", "Chambre de métiers", "Chambre d'agriculture" est réservée aux seuls établissements publics constitués dans les conditions prévues par les lois en vigueur.

Art. 2 Des dérogations à cette interdiction pourront toutefois être accordées, à titre précaire, par arrêtés signés du ministre chargé du commerce ou des autres ministres intéressés, après avis, selon le cas, de la chambre de commerce, de la chambre de métiers ou de la chambre d'agriculture de la circonscription dans laquelle le bénéficiaire de la dérogation a son établissement. Elles pourront être rapportées dans les mêmes conditions.

Ces dérogations ne pourront intervenir que pour tenir compte, à titre exceptionnel, de certaines situations préexistantes ou pour assurer le maintien ou favoriser la création d'associations groupant des intérêts commerciaux étrangers en France ou français à l'étranger ou des intérêts commerciaux français et étrangers associés, dans la mesure où les groupements ont été officiellement agréés par les autorités des pays intéressés. – *V. Arr. du 5 août 2008, ci-dessous.*

Art. 3 A compter de la promulgation de la présente loi, les groupements, associations ou entreprises dont l'appellation comporterait, seule ou en combinaison avec d'autres termes, les dénominations visées à l'article 1er, devront la modifier dans le délai de six mois s'ils ne satisfont pas aux conditions fixées aux articles 1er et 2 ci-dessus.

Il est interdit à toute revue, publication ou périodique, de faire état dans son titre d'une des appellations visées à l'article 1er, sans avoir obtenu l'autorisation du ou des organismes intéressés.

Art. 4 Les infractions aux dispositions prévues par la présente loi sont punies d'une amende de 3 750 €. En cas de récidive, la peine sera portée au double et la fermeture de l'établissement pourra être ordonnée.

L'affichage du jugement et son insertion dans cinq journaux au plus, aux frais du condamné, pourront également être ordonnés.

Art. 5 Les dispositions de la présente loi s'appliquent *aux départements algériens.*

Elles sont également applicables aux territoires d'outre-mer, *au Togo et au Cameroun*, compte tenu des textes réglementant dans ces territoires les établissements publics visés à l'article 1er. Les dérogations prévues à l'article 2 sont accordées par arrêté des hauts commissaires ou des chefs de territoires autonomes.

Art. 6 Un décret fixera, en tant que de besoin, les conditions d'application de la présente loi.

Arrêté du 5 août 2008,

Autorisant l'usage de la dénomination "Chambres de commerce étrangères en France".

Art. 1er Conformément aux dispositions de la loi du 12 novembre 1956 susvisée *[V. cette loi ci-dessus]*, l'association visant à regrouper les huit associations suivantes est autorisée à utiliser la dénomination "Chambres de commerce étrangères en France" :

— association Chambre de commerce franco-allemande ;
— association Chambre de commerce belgo-luxembourgeoise ;
— association Chambre de commerce et d'industrie franco-britannique ;
— association Chambre de commerce et d'industrie franco-irlandaise ;
— association Chambre de commerce suédoise en France ;
— association Chambre de commerce américaine en France dite "American chamber of Commerce in France" ;
— association Chambre de commerce France-Canada ;
— association Chambre officielle de commerce d'Espagne en France.

Art. 2 L'autorisation de l'article 1er ci-dessus est accordée pour une durée de trois ans. Six mois avant l'échéance, l'association devra, si elle souhaite continuer à utiliser cette dénomination, faire une demande de renouvellement dans les mêmes conditions que pour la demande initiale en l'accompagnant d'un bilan des actions menées et de la mention des éventuelles nouvelles chambres adhérentes.

V. aussi Arr. du 19 déc. 2008 autorisant l'association Brésil-France à utiliser la dénomination « chambre de commerce du Brésil en France » (JO 24 déc.).

Loi no 2019-486 du 22 mai 2019,

Relative à la croissance et la transformation des entreprises.

Art. 40 I. — *[...]*

II. — Par dérogation à l'article L. 710-1 du code de commerce, dans sa rédaction résultant du *h* du 1° du I du présent article, CCI France, les chambres de commerce et d'industrie de *région et, par délégation, l*es chambres de commerce et d'industrie territoriales sont autorisées à recruter des vacataires, régis par les dispositions du statut du personnel administratif des chambres de commerce et d'industrie mentionné à l'article 1er de la loi no 52-1311 du 10 décembre 1952 relative à l'établissement obligatoire d'un statut du personnel administratif des chambres d'agriculture, des chambres de commerce et des chambres de métiers, jusqu'*(L. no 2022-172 du 14 févr. 2022, art. 16)* « au dépôt » de la convention collective mentionnée à l'article *(L. n° 2022-172 du 14 févr. 2022, art. 16)* « L. 712-11 du code de commerce ou, en cas d'échec des négociations, jusqu'à la date butoir prévue au III du présent article ».

(L. n° 2022-172 du 14 févr. 2022, art. 17) « II *bis*. — Par dérogation à la loi n° 52-1311 du 10 décembre 1952 relative à l'établissement obligatoire d'un statut du personnel administratif des chambres d'agriculture, des chambres de commerce et des chambres de métiers, les agents des chambres de commerce et d'industrie bénéficient du congé de paternité et d'accueil de l'enfant, dans les conditions prévues aux articles L. 1225-35 à L. 1225-36 du code du travail. Ce congé se substitue à celui prévu à l'article 32.3 du statut du personnel des chambres de commerce et d'industrie. »

(L. n° 2022-172 du 14 févr. 2022, art. 16) « III. — Le président de CCI France négocie et signe la convention collective mentionnée à l'article L. 712-11 du code de commerce après les élections des comités économiques et sociaux mentionnées au IV du présent article et dans un délai de dix-huit mois à compter de la promulgation de la loi n° 2022-172 du 14 février 2022 en faveur de l'activité professionnelle indépendante.

« En cas d'échec des négociations, par dérogation à l'article L. 2261-2 du code du travail, la convention collective applicable au personnel des chambres de commerce et d'industrie de région et de CCI France, à l'exception du personnel des services industriels et commerciaux, est celle qui s'applique aux activités d'appui, d'accompagnement et de conseil auprès des entreprises. »

Jusqu'*(L. n° 2022-172 du 14 févr. 2022, art. 16)* « au dépôt de la convention collective mentionné au II du présent article ou, en cas d'échec des négociations, jusqu'au terme du délai fixé au premier alinéa du présent III », les personnels de droit privé recrutés en application de l'article L. 710-1 du code de commerce dans sa rédaction résultant du *h* du 1° du I du présent article sont soumis aux dispositions du code du travail, aux stipulations de leur contrat de travail et aux dispositions du statut du personnel administratif des chambres de commerce et d'industrie mentionné à l'article 1er de la loi n° 52-1311 du 10 décembre 1952 précitée, en ce qui concerne la grille nationale des emplois, la rémunération, le travail à temps partiel, le forfait jour*[s]* *(L. n° 2022-172 du 14 févr. 2022, art. 16)* « , la durée et l'aménagement du temps de travail, les congés payés », le régime de prévoyance complémentaire et de remboursement des frais de santé, le compte épargne-temps, la prévention des risques psychosociaux, le télétravail, la mobilité et le régime de retraite complémentaire.

(L. n° 2022-172 du 14 févr. 2022, art. 16) « L'application de plein droit de la convention collective mentionnée au troisième alinéa du présent III en lieu et place de celle du statut ne constitue pas une modification du contrat de travail des salariés concernés.

« IV. — Les comités sociaux et économiques prévus au livre III de la deuxième partie du code du travail sont mis en place concomitamment au niveau de chaque chambre de commerce et d'industrie de région et de CCI France, dans un délai de six mois à compter de la promulgation de la loi n° 2022-172 du 14 février 2022 précitée. Ils sont élus par le personnel de droit privé et les agents de droit public, qui constituent un corps électoral unique. Ils exercent leurs prérogatives à l'égard de l'ensemble de ce personnel.

« Jusqu'à la proclamation des résultats de ces élections, sont maintenues : »

1° Les instances représentatives du personnel prévues à l'article 2 de la loi n° 52-1311 du 10 décembre 1952 précitée ainsi que par le statut du personnel administratif des chambres de commerce et d'industrie mentionné à l'article 1er de la même loi. Ces instances peuvent être consultées et rendre des avis, y compris en ce qui concerne le personnel de droit privé des chambres de commerce et d'industrie ;

2° La représentativité des organisations syndicales des établissements du réseau des chambres de commerce et d'industrie, telle que mesurée à l'issue des dernières élections dudit réseau.

V. — Les prérogatives d'information, de consultation et de représentation du personnel de la commission paritaire nationale des établissements du réseau des chambres de commerce et d'industrie instaurée en application de l'article 2 de la loi n° 52-1311 du 10 décembre 1952 précitée sont transférées *(L. n° 2022-172 du 14 févr. 2022, art. 16)* « à l'instance » représentative du personnel mise en place au niveau national en application du livre III de la deuxième partie du code du travail *(L. n° 2022-172 du 14 févr. 2022, art. 16)* « , dans des conditions prévues par décret ».

Les prérogatives d'information, de consultation et de représentation du personnel des commissions paritaires régionales des établissements du réseau des chambres de commerce et d'industrie ainsi que de la commission paritaire de CCI France pour le personnel qu'elle emploie, instaurées en application du statut du personnel administratif des chambres de commerce et d'industrie mentionné à l'article 1er de la loi n° 52-1311 du 10 décembre 1952 précitée, sont transférées, à compter de leur élection, aux institutions représentatives du personnel mises en place au même niveau en application du livre III de la deuxième partie du code du travail.

La commission spéciale d'homologation prévue à l'article 5 de l'annexe à l'article 33 du statut du personnel administratif des chambres de commerce et d'industrie mentionné à l'article 1er de la loi n° 52-1311 du 10 décembre 1952 précitée est maintenue au niveau de chaque chambre de commerce et d'industrie de région et de CCI France pour le personnel qu'elle emploie. Les conventions et accords mentionnés à l'article L. 711-16 du code de commerce fixent la composition de cette commission ainsi que les modalités de désignation ou d'élection de ses membres.

VI. — Les agents de droit public relevant du statut du personnel administratif des chambres de commerce et d'industrie établi sur le fondement de la loi n° 52-1311 du 10 décembre 1952 précitée peuvent demander que leur soit proposé par leur employeur un contrat de travail de droit privé *(Abrogé par L. n° 2022-172 du 14 févr. 2022, art. 16) « dans un délai de douze mois suivant l'agrément de la convention collective mentionné au II du présent article »*. Les conditions dans lesquelles sont transférés les droits et les avantages des agents ayant opté pour un contrat de droit privé sont fixées par *(L. n° 2022-172 du 14 févr. 2022, art. 16)* « un accord collectif ou, à défaut, par décret ».

Les agents mentionnés au premier alinéa du présent VI qui n'ont pas opté *(Abrogé par L. n° 2022-172 du 14 févr. 2022, art. 16) « dans ce délai »* pour un contrat de droit privé, demeurent régis, pour leur situation *(L. n° 2022-172 du 14 févr. 2022, art. 16)* « individuelle », par le statut du personnel administratif des chambres de commerce et d'industrie établi en application de la loi n° 52-1311 du 10 décembre 1952 précitée.

VII. — En cohérence avec les actions menées par les chambre de commerce et d'industrie en faveur de l'égalité entre les femmes et les hommes et l'encouragement de l'entreprenariat féminin, le Gouvernement remet au Parlement au plus tard le 1er janvier 2020 un rapport sur la situation des entrepreneures ainsi que sur la possibilité de mettre en œuvre des actions au niveau national visant à accompagner les femmes créatrices d'entreprises.

VIII. à X. — *[...]*

....

Art. 45 I. — Jusqu'au 31 décembre 2021, dans une même région, les chambres de commerce et d'industrie territoriales peuvent être transformées, par décret, en chambres de commerce et d'industrie locales, sans modification du schéma directeur de la chambre de commerce et d'industrie de région, après consultation des présidents de CCI France, de la chambre de commerce et d'industrie de région et des chambres de commerce et d'industrie territoriales concernées, lorsque l'autorité de tutelle constate que plusieurs chambres de commerce et d'industrie territoriales sont dans l'impossibilité de redresser leur situation financière après la mise en œuvre de la solidarité financière dans les conditions prévues au 7° de l'article L. 711-8 du code de commerce ou des mesures de redressement établies entre la chambre de commerce et d'industrie de région et les chambres de commerce et d'industrie territoriales concernées, telles que recommandées par un audit effectué dans les conditions prévues au 7° de l'article L. 711-16 du même code. Ces mesures de redressement font l'objet d'un plan pouvant comporter un échéancier et une période d'observation ne pouvant excéder dix-huit mois.

II. — Jusqu'au 31 décembre 2022, les établissements publics mentionnés à l'article L. 710-1 du code de commerce peuvent, sans donner lieu à dissolution ni à création d'une personne morale nouvelle, transformer en sociétés par actions les associations exerçant des activités concurrentielles qu'ils ont créées entre eux ou avec d'autres personnes publiques et dont ils assurent le contrôle.

Art. 46 En Corse, en raison de la mise en place de la collectivité unique depuis le 1er janvier 2018, une étude est conduite conjointement par la collectivité de Corse, l'État et les chambres consulaires afin de proposer un diagnostic, un audit, une assistance et un conseil en vue de l'évolution institutionnelle et statutaire des chambres consulaires de l'île. Cette évolution doit s'inscrire dans un processus global de transfert de compétences de l'État vers la collectivité de Corse. Cette étude est remise au Parlement ainsi qu'au conseil exécutif de Corse au plus tard un an après la promulgation de la présente loi.

CHAPITRE PREMIER DE L'ORGANISATION ET DES MISSIONS DU RÉSEAU DES CHAMBRES DE COMMERCE ET D'INDUSTRIE

(L. n° 2005-882 du 2 août 2005, art. 62-II)

SECTION PREMIÈRE LES CHAMBRES DE COMMERCE ET D'INDUSTRIE TERRITORIALES ET DÉPARTEMENTALES D'ÎLE-DE-FRANCE

(L. n° 2010-853 du 23 juill. 2010, art. 2)

Art. L. 711-1 Les chambres de commerce et d'industrie territoriales sont créées par décret sur la base du schéma directeur mentionné au 2° de l'article L. 711-8. L'acte de création fixe la circonscription de la chambre et son siège ainsi que la chambre de commerce et d'industrie de région à laquelle elle est rattachée. Toute modification est opérée dans les mêmes formes.

La chambre de commerce et d'industrie territoriale se situant dans le périmètre d'une métropole, telle que définie par le code général des collectivités territoriales, peut prendre la dénomination de chambre de commerce et d'industrie métropolitaine. Elle se substitue alors à la chambre de commerce et d'industrie territoriale préexistante. Dans le respect des orientations données par la chambre de commerce et d'industrie de région compétente et dans le cadre des schémas sectoriels régionaux, la chambre de commerce et d'industrie métropolitaine dispose par priorité des compétences prévues pour les chambres de commerce et d'industrie territoriales à l'article L. 710-1 pour animer la vie économique, industrielle et commerciale du bassin de vie correspondant à sa circonscription, sans préjudice des compétences dévolues aux collectivités territoriales. *(L. n° 2019-486 du 22 mai 2019, art. 40-I)* « Elle peut agir en tant qu'agence de développement économique de la métropole. »

Sous réserve des dispositions du deuxième alinéa, la chambre de commerce et d'industrie métropolitaine est régie par les dispositions relatives aux chambres de commerce et d'industrie territoriales.

Les chambres de commerce et d'industrie territoriales et départementales d'Île-de-France peuvent procéder à des expérimentations qui doivent être cohérentes avec la stratégie régionale visée au 1° de l'article L. 711-8. Les modalités de cette expérimentation sont définies par décret en Conseil d'État. — *V. art. R. 711-11-1.*

Les chambres de commerce et d'industrie territoriales sont rattachées aux chambres de commerce et d'industrie de région.

(L. n° 2016-298 du 14 mars 2016, art. 1er) « A l'initiative de la chambre de commerce et d'industrie de région autre que la région d'Île-de-France ou à leur propre initiative, des chambres de commerce et d'industrie territoriales peuvent être réunies en une seule chambre territoriale dans le cadre des schémas directeurs mentionnés au 2° du même article L. 711-8. Elles disparaissent au sein de la nouvelle chambre territoriale ou peuvent devenir des délégations de la chambre territoriale nouvellement formée et ne disposent plus, dans ce cas, du statut d'établissement public. »

Si les chambres de commerce et d'industrie territoriales se situent dans le même département ou dans des départements inclus dans une seule et même région, la nouvelle chambre qui résulte de leur union est alors rattachée à la chambre de commerce et d'industrie de région territorialement compétente. Si elles se situent dans des départements limitrophes relevant de plusieurs régions, la nouvelle chambre qui résulte de leur union est rattachée à la chambre de commerce et d'industrie de région dont elles conviennent entre elles ou, à défaut d'un accord, à la région où se situe la chambre territoriale dont le poids économique, mesuré par l'étude économique dont les conditions sont fixées par décret en Conseil d'État, est le plus important.

Les CCI territoriales éligibles à la dotation globale prévue au VI de l'art. 83 de la L. n° 2018-1317 du 28 déc. 2018 de finances pour 2019 ne sont pas soumises à l'obligation d'être engagées dans un processus de réunion au titre de l'avant-dern. al. de l'art. L. 711-1 avant le 1er août de chaque année, dans le cas où elles se situent dans le même département (L. n° 2019-486 du 22 mai 2019, art. 50).

Fusion de CCI. Jugeant qu'une CCI ne peut renoncer à un processus de fusion dès lors que la CCI de région et le ministre chargé de la tutelle l'ont approuvée : • CE 7 oct. 2016, n° 395311.

Art. L. 711-1-1 *(L. nº 2014-1545 du 20 déc. 2014, art. 44) (L. nº 2016-298 du 14 mars 2016, art. 1er)* « A l'initiative de la chambre de commerce et d'industrie de région autre que la région d'Île-de-France ou à leur propre initiative, des » chambres de commerce et d'industrie territoriales peuvent s'unir à leur chambre de commerce et d'industrie de région de rattachement dans le cadre des schémas directeurs mentionnés au 2° de l'article L. 711-8 ; elles disparaissent au sein de la chambre de commerce et d'industrie de région et ne disposent plus du statut d'établissement public.

Sauf disposition législative ou réglementaire contraire, la chambre de commerce et d'industrie de région exerce, sur l'ensemble de la circonscription de la ou des chambres de commerce et d'industrie territoriales ainsi dissoutes en son sein, les fonctions normalement dévolues aux chambres territoriales.

Art. L. 711-2 Les chambres de commerce et d'industrie territoriales et départementales d'Île-de-France représentent auprès des pouvoirs publics et des acteurs locaux les intérêts de l'industrie, du commerce et des services de leur circonscription.

Dans les conditions prévues par le code de l'urbanisme, elles sont associées à l'élaboration des schémas de cohérence territoriale et des plans locaux d'urbanisme.

Pour la réalisation d'aménagements commerciaux, les chambres de commerce et d'industrie territoriales peuvent se voir déléguer le droit de préemption par les communes ou les établissements de coopération intercommunale compétents.

Art. L. 711-3 Dans le cadre des orientations données par la chambre de commerce et d'industrie de région compétente, les chambres de commerce et d'industrie territoriales et départementales d'Île-de-France exercent toute mission de service auprès des entreprises industrielles, commerciales et de services de leur circonscription.

A ce titre :

(Abrogé par L. nº 2019-486 du 22 mai 2019, art. 1er-I, à compter du 1er janv. 2023) « ***1º Elles créent et gèrent des centres de formalités des entreprises et y assurent, pour ce qui les concerne, les missions prévues par l'article 2 de la loi nº 94-126 du 11 février 1994 relative à l'initiative et à l'entreprise individuelle ;*** » — *Sur la création, par les chambres de commerce et d'industrie, de centres de formalités des entreprises, V. art. R. 123-3.*

2° Elles peuvent assurer, en conformité, s'il y a lieu, avec le schéma sectoriel applicable, la maîtrise d'ouvrage de tout projet d'infrastructure ou d'équipement ou gérer tout service concourant à l'exercice de leurs missions ;

3° Elles peuvent, par contrat, être chargées par l'État, les collectivités territoriales ou leurs établissements publics, en conformité, s'il y a lieu, avec le schéma sectoriel applicable, de la gestion de toute infrastructure, tout équipement ou service, notamment de transport, qui concourt à l'exercice de leurs missions ;

(L. nº 2019-486 du 22 mai 2019, art. 40-I) « 3° *bis* Dans les conditions déterminées par décret en Conseil d'État et en cas de délégation permanente des chambres de commerce et d'industrie de région, elles procèdent, dans le cadre du 5° du même article L. 711-8, au recrutement des personnels nécessaires au bon fonctionnement de leurs missions opérationnelles et gèrent leur situation personnelle ;

« 4° Les chambres de commerce et d'industrie territoriales recrutent et gèrent les personnels de droit privé et, le cas échéant, gèrent les personnels de droit public nécessaires au bon accomplissement des services publics industriels et commerciaux, notamment en matière d'infrastructures portuaires et aéroportuaires, qui leur ont été confiés avant la publication *[JO 23 mai]* de la loi nº 2019-486 du 22 mai 2019 relative à la croissance et la transformation des entreprises. » — *Aux termes de la loi du 20 juin 1933 (DP 1933. 4. 234 ; BLD 1933. 417), les chambres de commerce peuvent acquérir des terrains ou immeubles en vue de la création d'aéroports. — V. art. R. 711-32.*

Elles disposent, dans des conditions fixées par décret en Conseil d'État, des moyens budgétaires et en personnels nécessaires au bon accomplissement de leurs missions de proximité et de la faculté de gérer ceux-ci de façon autonome.

Les activités mentionnées aux *(L. nº 2019-486 du 22 mai 2019, art. 1er-I, en vigueur le 1er janv. 2023)* « 2° *[ancienne rédaction : 1°]* » à 4° du présent article donnent lieu à une comptabilité analytique.

Sous réserve de l'application de la loi nº 78-17 du 6 janvier 1978 relative à l'information *[l'informatique]*, aux fichiers et aux libertés, les chambres de commerce et d'industrie territoriales et départementales d'Île-de-France créent et tiennent à jour

des bases de données économiques des entreprises de leur circonscription nécessaires à leurs missions.

(L. n° 2019-486 du 22 mai 2019, art. 1er-I, en vigueur le 1er janv. 2023) **« Dans des conditions fixées par décret en Conseil d'État, les chambres de commerce et d'industrie territoriales et départementales d'Île-de-France reçoivent de l'organisme unique mentionné au deuxième alinéa de l'article L. 123-33 du présent code les informations nécessaires à l'exercice de leurs missions, permettant notamment d'identifier les entreprises de leur circonscription et d'entrer en contact avec celles-ci. Les chambres de commerce et d'industrie territoriales et départementales d'Île-de-France peuvent communiquer à tout intéressé, à titre gratuit ou onéreux, des listes d'entreprises d'un même type ou d'un même secteur d'activité. Toutefois, elles ne peuvent communiquer des relevés individuels d'informations portant sur ces entreprises et fournies par l'organisme unique mentionné au même deuxième alinéa** *[ancienne rédaction : Les informations recueillies par les chambres de commerce et d'industrie territoriales et départementales d'Île-de-France à l'occasion de l'exercice de leur mission de centre de formalités des entreprises ne peuvent être conservées et communiquées que pour les besoins de cette mission ainsi que pour identifier et contacter les entreprises de leur circonscription. Les chambres de commerce et d'industrie territoriales et départementales d'Île-de-France peuvent communiquer à tout intéressé, à titre gratuit ou onéreux, des listes catégorielles de ces entreprises. Toutefois, cette faculté ne les autorise pas à communiquer à titre gratuit ou onéreux des relevés individuels d'informations recueillies en leur qualité de centre de formalités des entreprises]*. **»**

V. note ss. art. L. 123-33.

En application des art. L. 231-4 et L. 231-6 CRPA, le silence gardé pendant deux mois par l'administration vaut rejet pour les demandes de communication des listes catégorielles d'entreprises par les chambres de commerce et d'industrie territoriales et départementales d'Île-de-France (Décr. n° 2014-1280 du 23 oct. 2014, art. 1er).

Aides financières. Jugeant que les engagements souscrits par une CCI excédaient très largement le coût des actions de promotion touristique mises à la charge de la compagnie aérienne et ne pouvaient, par conséquent, être regardés comme la rémunération normale d'une prestation, telle qu'aurait pu la verser un investisseur privé en économie de marché : • CE 27 févr. 2006, n° 264406 : *AJDA 2006. 519 ; CCC 2006, n° 84, obs. Brunet et Glatt.*

Art. L. 711-4

Art. L. 711-4 **Les chambres de commerce et d'industrie territoriales et les chambres de commerce et d'industrie départementales d'Île-de-France peuvent, seules ou en collaboration avec d'autres partenaires, dans le cadre des schémas sectoriels mentionnés au 3° de l'article L. 711-8, créer et gérer des établissements de formation professionnelle initiale et continue dans les conditions prévues par les articles L. 443-1 et L. 753-1 du code de l'éducation pour la formation initiale et, pour la formation continue, dans le respect des dispositions du titre V du livre III de la sixième partie du code du travail qui leur sont applicables.**

(L. n° 2014-1545 du 20 déc. 2014, art. 43-I) **« Dans l'exercice des compétences mentionnées au premier alinéa du présent article, les chambres de commerce et d'industrie territoriales peuvent créer et gérer des écoles dénommées établissements d'enseignement supérieur consulaire, dans les conditions prévues à la section V du présent chapitre. »** *— V. C. éduc., art. L. 443-1. —* ***C. éduc.***

Établissement d'enseignement. Il appartient à la juridiction administrative de connaître de l'action en responsabilité d'une CCI engagée par un élève de l'établissement d'enseignement créé par un tel organisme à raison d'une faute que l'établissement d'enseignement aurait commise à son égard. • T. confl., 22 juin 2006, n° 3522 P : *AJDA 2006. 1973*.

SECTION II LES CHAMBRES DE COMMERCE ET D'INDUSTRIE DE RÉGION

(L. n° 2010-853 du 23 juill. 2010, art. 3)

Sur les modalités du transfert au CCI de région des agents de droit public, V. note au ***C. com.***

BIBL. ▶ Degron, *AJDA 2007. 13* (l'affirmation du rôle des chambres consulaires régionales). ▶ Loi n° 2010-853 du 23 juill. 2010 : Degron, *AJDA 2010. 1938* (régionalisation du réseau des CCI).

Art. L. 711-6

Art. L. 711-6 **Dans chaque région, il est créé par décret une chambre de commerce et d'industrie de région. La circonscription de la chambre de commerce et d'industrie**

de région est la région ou, en Corse, le ressort de la collectivité territoriale. Son siège est fixé par décret, après avis des chambres territoriales et départementales d'Île-de-France rattachées.

Dans les régions où il n'existe qu'une seule chambre de commerce et d'industrie territoriale, le même établissement public exerce les missions attribuées aux chambres de commerce et d'industrie de région et aux chambres de commerce et d'industrie territoriales. Il est dénommé chambre de commerce et d'industrie de région.

Toutefois, il peut être créé par décret une chambre de commerce et d'industrie de région englobant deux ou plusieurs régions. Son siège est fixé par le décret de création après avis conforme des chambres de commerce et d'industrie territoriales qui lui sont rattachées.

Par dérogation à l'art. L. 711-6, le ressort territorial des CCI de région est maintenu en l'état jusqu'au prochain renouvellement général prévu avant la fin de l'année 2016, date à laquelle les CCI de région correspondant aux nouvelles circonscriptions sont instituées conformément au même art. L. 711-6. Toutefois, les CCI de région correspondant aux nouvelles régions issues de la L. n° 2015-29 du 16 janv. 2015, créées par décret en application de l'art. L. 711-6, et les CCI territoriales créées par décret en application de l'art. L. 711-1 se substituent à la date d'entrée en vigueur de ces décrets dans leurs droits et obligations aux CCI préexistantes (L. n° 2015-991 du 7 août 2015, art. 4-III, mod. par Ord. n° 2015-1540 du 26 nov. 2015, art. 1er).

Art. L. 711-7 Les chambres de commerce et d'industrie de région exercent au sein de leur circonscription l'ensemble des missions du réseau des chambres de commerce et d'industrie prévu à l'article L. 710-1.

A ce titre :

1° Elles sont consultées par le conseil régional sur tout dispositif d'assistance aux entreprises dont la région envisage la création ;

2° Elles sont associées à l'élaboration du schéma régional d'aménagement et de développement du territoire ;

3° Elles sont associées, dans les conditions prévues par le code de l'urbanisme, à l'élaboration des schémas de cohérence territoriale lorsque ces schémas excèdent la circonscription d'une chambre territoriale ou départementale d'Île-de-France ;

4° Elles peuvent assurer la maîtrise d'ouvrage de tout projet d'infrastructure ou d'équipement, notamment de transport, et gérer tout service concourant à l'exercice de leurs missions ; elles peuvent également être chargées de réaliser de tels projets par contrat avec l'État, la région, les autres collectivités territoriales de la circonscription régionale ou leurs établissements publics. *(Abrogé par L. n° 2019-486 du 22 mai 2019, art. 40-I)* *« Elles recrutent et gèrent à cet effet les agents de droit privé nécessaires au bon accomplissement de leurs services publics industriels et commerciaux. »*

Les activités mentionnées au 4° donnent lieu à une comptabilité analytique.

(L. n° 2019-486 du 22 mai 2019, art. 40-I) « Pour les missions relevant du développement économique des régions telles que définies au chapitre Ier *bis* du titre V du livre II de la quatrième partie du code général des collectivités territoriales, les chambres de commerce et d'industrie de région peuvent agir en tant qu'agences de développement économique desdites régions. »

Art. L. 711-8 Les chambres de commerce et d'industrie de région encadrent et soutiennent les activités des chambres territoriales et départementales d'Île-de-France qui leur sont rattachées. Elles définissent une stratégie *(L. n° 2019-486 du 22 mai 2019, art. 53)* « régionale » pour l'activité du réseau dans leur circonscription *(L. n° 2015-991 du 7 août 2015, art. 2-II)* « , compatible avec le schéma régional de développement économique, d'innovation et d'internationalisation prévu à l'article L. 4251-13 du code général des collectivités territoriales ». *(L. n° 2019-486 du 22 mai 2019, art. 53)* « La compatibilité de cette stratégie avec ce schéma est garantie par la signature des conventions prévues à l'article L. 4251-18 du même code. » Dans des conditions définies par décret, les chambres de commerce et d'industrie de région exercent leur activité en valorisant les compétences existant dans les chambres de commerce et d'industrie territoriales ou dans les chambres de commerce et d'industrie départementales d'Île-de-France de leur circonscription. — *V. art. D. 711-34-2.*

A ce titre, elles :

(L. n° 2016-298 du 14 mars 2016, art. 1er) « 1° Élaborent et votent, à la majorité des deux tiers des membres présents ou représentés, la stratégie régionale et le schéma régional d'organisation des missions opposable aux chambres de commerce et d'industrie de leur circonscription ainsi que, chaque année, à la majorité des membres présents ou représentés, le budget nécessaire à la mise en œuvre de cette stratégie et de ce schéma ; » — *V. art. R. 711-44 et R. 711-45.*

2° Établissent, dans des conditions fixées par décret en Conseil d'État, un schéma directeur *(L. n° 2016-298 du 14 mars 2016, art. 1er)* « opposable » qui définit le nombre et la circonscription des chambres territoriales *(L. n° 2016-298 du 14 mars 2016, art. 1er)* « [,] locales » et départementales d'Île-de-France dans leur circonscription en tenant compte de l'organisation des collectivités territoriales en matière de développement et d'aménagement économique, *(L. n° 2016-298 du 14 mars 2016, art. 1er)* « de la viabilité économique et de l'utilité pour leurs ressortissants des chambres territoriales, ainsi que du maintien des services de proximité d'appui aux entreprises dans les départements et les bassins économiques ; »

3° Adoptent, dans des domaines d'activités ou d'équipements définis par décret, des schémas sectoriels destinés à encadrer les projets des chambres de commerce et d'industrie territoriales ;

(L. n° 2019-486 du 22 mai 2019, art. 48) « 4° Répartissent entre les chambres de commerce et d'industrie qui leur sont rattachées le produit des impositions qu'elles reçoivent, après déduction de leur propre quote-part. Cette répartition est faite en conformité avec la convention d'objectifs et de moyens mentionnée à l'article L. 712-2 du présent code, les schémas sectoriels, le schéma régional d'organisation des missions, et doit permettre à chaque chambre de commerce et d'industrie d'assurer ses missions de proximité ; »

5° *(L. n° 2019-486 du 22 mai 2019, art. 40-I)* « Dans des conditions déterminées par décret en Conseil d'État, recrutent les personnels de droit privé et les affectent auprès des chambres de commerce et d'industrie territoriales ; mettent à disposition des chambres de commerce et d'industrie territoriales les agents publics, dont ceux soumis au statut prévu par la loi n° 52-1311 du 10 décembre 1952 relative à l'établissement obligatoire d'un statut du personnel administratif des chambres d'agriculture, des chambres de commerce et des chambres de métiers, après avis de leur président ; gèrent leur situation conventionnelle et contractuelle ou statutaire. » Les dépenses de rémunération des personnels ainsi mis à disposition constituent des dépenses obligatoires des chambres de commerce et d'industrie territoriales et sont des recettes des chambres de commerce et d'industrie de région concernées ; — *V. art. R. 711-32.*

(L. n° 2016-298 du 14 mars 2016, art. 1er) « 6° Assurent, au bénéfice des chambres de commerce et d'industrie territoriales qui leur sont rattachées, des fonctions d'appui et de soutien ainsi que toute autre mission pouvant faire l'objet d'une mutualisation et figurant dans le schéma régional d'organisation des missions, dans des conditions et des domaines précisés par décret en Conseil d'État ; » — *V. art. R. 711-33.*

7° Abondent, dans des conditions et limites définies par décret, le budget, au-delà du budget voté, d'une chambre de commerce et d'industrie territoriale et départementale d'Île-de-France qui leur est rattachée pour subvenir à des dépenses exceptionnelles ou faire face à des circonstances particulières ; — *V. art. D. 712-14-1 et D. 712-14-2.*

8° Peuvent passer, pour leur propre compte ou, dans leur circonscription, pour celui de tout ou partie des chambres du réseau, des marchés ou des accords-cadres. Elles peuvent assurer la fonction de centrale d'achat au sens du *(Ord. n° 2018-1074 du 26 nov. 2018, art. 17)* « code de la commande publique *[ancienne rédaction : code des marchés publics]* » pour le compte des chambres territoriales ou départementales de leur circonscription » ;

(L. n° 2019-486 du 22 mai 2019, art. 43) « 9° Établissent, après chaque renouvellement général, avec les chambres de métiers et de l'artisanat de niveau régional, un plan des actions ayant vocation à être mutualisées dans l'intérêt des entreprises de leur ressort. »

Les dispositions issues de la L. n° 2015-991 du 7 août 2015 sont applicables à compter du 1er janv. de l'année qui suit le prochain renouvellement général des conseils régionaux. Les conseils départementaux peuvent maintenir les financements accordés aux organismes qu'ils ont créés antérieu-

rement ou auxquels ils participent pour concourir au développement économique de leur territoire jusqu'au 31 déc. 2016. Pendant cette période transitoire, la région organise, en conférence territoriale d'action publique, un débat sur l'évolution de ces organismes avec les conseils départementaux concernés, les communes et les établissements publics de coopération intercommunale qui y participent, dans la perspective d'achever la réorganisation de ces organismes (L. préc., art. 2-IV et V).

Les chambres de commerce et d'industrie de région adoptent leur schéma régional d'organisation des missions prévu au 1° de l'art. L. 711-8 au plus tard le 31 juill. 2017 (Décr. n° 2016-1894 du 27 déc. 2016, art. 2).

Art. L. 711-9 Les chambres de commerce et d'industrie de région élaborent, en cohérence avec le contrat de plan régional de développement des formations *(L. n° 2014-288 du 5 mars 2014, art. 23-VIII)* « et de l'orientation » professionnelles, un schéma régional en matière de formation professionnelle qui a vocation à être décliné au sein des chambres de commerce et d'industrie territoriales et départementales d'Île-de-France afin de tenir compte des spécificités locales. Elles peuvent, seules ou en collaboration avec d'autres partenaires, créer et gérer des établissements de formation initiale et continue dans les conditions prévues par les articles L. 443-1 et L. 753-1 du code de l'éducation pour la formation initiale et, pour la formation continue, dans le respect des dispositions du titre V du livre III de la sixième partie du code du travail qui leur sont applicables, dans le respect du droit à la concurrence et sous réserve de la tenue d'une comptabilité analytique.

(L. n° 2014-1545 du 20 déc. 2014, art. 43-I) « Dans l'exercice des compétences mentionnées au premier alinéa, les chambres de commerce et d'industrie de région peuvent créer et gérer des écoles dénommées établissements d'enseignement supérieur consulaire, dans les conditions prévues à la section V du présent chapitre. » — *V. C. éduc., art. L. 443-1.* — ***C. éduc.***

Art. L. 711-10 I. — Par dérogation au premier alinéa de l'article L. 711-7, une chambre de commerce et d'industrie de région peut, par convention, confier à une chambre de commerce et d'industrie territoriale ou départementale d'Île-de-France qui lui est rattachée :

1° La maîtrise d'ouvrage de tout projet d'infrastructure ou d'équipement et la gestion de tout service prévu au 4° de l'article L. 711-7 ;

2° L'administration de tout établissement de formation initiale ou de tout établissement de formation professionnelle continue.

Une chambre de commerce et d'industrie de région peut en outre, par convention, confier à une chambre de commerce et d'industrie territoriale ou départementale d'Île-de-France qui lui est rattachée *(L. n° 2016-298 du 14 mars 2016, art. 1er)* « tout ou partie des fonctions mentionnées au 6° de l'article L. 711-8, à l'exception de la gestion des agents de droit public sous statut. » — *V. art. R. 711-33.*

II. — Par convention et, s'il y a lieu, en conformité avec le schéma sectoriel applicable, une chambre de commerce et d'industrie territoriale ou départementale d'Île-de-France peut transférer à la chambre de commerce et d'industrie de région à laquelle elle est rattachée ou à une autre chambre de commerce et d'industrie territoriale ou départementale d'Île-de-France rattachée à la même chambre de commerce et d'industrie de région un service, une activité ou un équipement antérieurement géré par elle.

III. — Les conventions mentionnées aux I et II prévoient les transferts de biens, de ressources et de droits de propriété intellectuelle nécessaires à l'exercice de la mission ou de l'équipement confié ou transféré, ainsi que les compensations financières correspondantes.

Les transferts mentionnés au premier alinéa du présent III sont exonérés de droits et taxes.

SECTION III LA CHAMBRE DE COMMERCE ET D'INDUSTRIE DE RÉGION PARIS-ÎLE-DE-FRANCE

(L. n° 2010-853 du 23 juill. 2010, art. 4)

Art. L. 711-11 Il est créé une chambre de commerce et d'industrie dénommée "chambre de commerce et d'industrie de région Paris-Île-de-France" dont la circonscription correspond à l'ensemble de la région d'Île-de-France.

Les chambres de commerce et d'industrie ainsi que les délégations existant dans la région d'Île-de-France sont rattachées à la chambre de commerce et d'industrie de région Paris-Île-de-France en tant que chambres de commerce et d'industrie départementales d'Île-de-France ne disposant pas du statut juridique d'établissement public.

Toutefois, par dérogation aux dispositions prévues au deuxième alinéa, les chambres de commerce et d'industrie de la Seine-et-Marne et de l'Essonne peuvent décider de conserver le statut juridique d'établissement public dans des conditions définies par décret. Elles deviennent alors des chambres de commerce et d'industrie territoriales et exercent la totalité des compétences prévues par les articles L. 711-1 à L. 711-4.

Sur la création, la composition et le renouvellement de la CCI de région Paris-Île-de-France, consécutifs à la publication de la L. nº 2010-853 du 23 juill. 2010, V. note au ***C. com.*** .

Art. L. 711-12 Les membres de la chambre de commerce et d'industrie de région Paris-Île-de-France et les membres des chambres de commerce et d'industrie départementales d'Île-de-France sont respectivement élus dans les mêmes conditions que les membres des chambres de commerce et d'industrie de région et les membres des chambres de commerce et d'industrie territoriales.

Art. L. 711-13 Les présidents des chambres de commerce et d'industrie départementales d'Île-de-France sont membres de *(Décr. nº 2015-536 du 15 mai 2015, art. 2-II)* « CCI France ». Ils sont de droit membres du bureau *(Abrogé par L. nº 2016-298 du 14 mars 2016, art. 1er)* *« et vice-présidents »* de la chambre de commerce et d'industrie de région Paris-Île-de-France.

Art. L. 711-14 La chambre de commerce et d'industrie de région Paris-Île-de-France exerce la totalité des compétences dévolues à toute chambre de commerce et d'industrie de région.

Les chambres de commerce et d'industrie départementales d'Île-de-France exercent les missions de proximité dévolues à toute chambre de commerce et d'industrie territoriale, conformément aux articles L. 711-1 à L. 711-4, dans le respect des orientations définies par l'assemblée générale de la chambre de commerce et d'industrie de région Paris-Île-de-France.

SECTION IV CCI FRANCE *(Décr. nº 2015-536 du 15 mai 2015, art. 2-I).*

(L. nº 2010-853 du 23 juill. 2010, art. 5)

Art. L. 711-15 *(Décr. nº 2015-536 du 15 mai 2015, art. 2-I)* « CCI France » est l'établissement public, placé à la tête du réseau défini à l'article L. 710-1, *(L. nº 2019-486 du 22 mai 2019, art. 48)* « seul établissement du réseau » habilité à représenter auprès de l'État et de l'Union européenne ainsi qu'au plan international les intérêts nationaux de l'industrie, du commerce et des services.

Son organe délibérant est constitué des présidents en exercice des chambres de commerce et d'industrie départementales d'Île-de-France, des chambres de commerce et d'industrie territoriales, des chambres des collectivités d'outre-mer régies par l'article 74 de la Constitution et de la Nouvelle-Calédonie, et des chambres de commerce et d'industrie de région.

Le financement *(L. nº 2019-486 du 22 mai 2019, art. 48)* « des » dépenses relatives aux projets de portée nationale intéressant l'ensemble du réseau des chambres de commerce et d'industrie adoptés par délibération de *(Décr. nº 2015-536 du 15 mai 2015, art. 2-II)* « CCI France » constituent *[constitue]* pour les établissements du réseau des dépenses obligatoires.

Les modalités de répartition de ces dépenses sont déterminées par voie réglementaire.

Art. L. 711-16 *(Décr. nº 2015-536 du 15 mai 2015, art. 2-I)* « CCI France » assure l'animation de l'ensemble du réseau des chambres de commerce et d'industrie.

A ce titre :

1º Elle élabore la stratégie nationale du réseau des chambres de commerce et d'industrie ;

2º Elle adopte les normes d'intervention pour les établissements membres du réseau et s'assure du respect de ces normes ;

3º *(L. nº 2019-486 du 22 mai 2019, art. 40-I)* « Elle développe une offre nationale de services mise en œuvre, éventuellement avec des adaptations locales, par chaque chambre de commerce et d'industrie de région. » Elle gère les projets de portée nationale intéressant le réseau et elle peut en confier la maîtrise d'ouvrage à un autre établissement du réseau ;

4° Elle propose aux chambres territoriales, départementales d'Île-de-France et de région des fonctions de soutien dans les domaines technique, juridique et financier, ainsi que dans celui de la communication institutionnelle ;

5° Elle peut passer, pour son propre compte ou pour celui de tout ou partie des chambres du réseau, des marchés ou des accords-cadres. Elle peut assurer la fonction de centrale d'achat au sens du *(Ord. n° 2018-1074 du 26 nov. 2018, art. 17)* « code de la commande publique *[ancienne rédaction : code des marchés publics]* » pour le compte de tout ou partie des chambres de région, des chambres territoriales et départementales d'Île-de-France ;

(L. n° 2019-486 du 22 mai 2019, art. 40-I) « 6° Elle définit et suit la mise en œuvre de la politique générale du réseau en matière de gestion des personnels des chambres et met en place une gestion prévisionnelle des emplois et des compétences au niveau national. Elle anime et préside *(L. n° 2022-172 du 14 févr. 2022, art. 16)* « l'instance nationale représentative du personnel. Dans les conditions prévues à l'article L. 712-11 du présent code et » dans les matières définies à l'article L. 2221-1 du code du travail, CCI France négocie et signe les conventions et accords collectifs applicables aux personnels des chambres de commerce et d'industrie. CCI France peut négocier dans les matières relevant des conventions et accords d'entreprises et par dérogation, dans celles mentionnées aux articles L. 1242-2, L. 1251-6, L. 2253-1, L. 4625-2, L. 5121-4 et L. 6321-10 du même code. Ces conventions et accords collectifs fixent les thèmes dans lesquels une négociation peut être engagée au niveau régional. Ils sont soumis à un agrément dans des conditions fixées par décret en Conseil d'État s'ils ont un impact sur les rémunérations. Elle peut mettre en place un système d'intéressement aux résultats ainsi qu'un dispositif d'épargne volontaire et de retraite supplémentaire à cotisations définies et réparties entre l'employeur et l'agent. » — *V. art. R. 711-55-1.*

(L. n° 2019-486 du 22 mai 2019, art. 48) « Elle détermine les conditions de recrutement et de rémunération des directeurs généraux sous contrat de droit privé, la procédure et les conditions de cessation de leurs fonctions ainsi que les modalités de leur indemnisation en cas de rupture de la relation de travail. Pour les directeurs généraux qui ont la qualité d'agent public, ces mêmes règles sont fixées par décret pris après avis de CCI France.

« Chaque directeur général de chambre de commerce et d'industrie territoriale ou de chambre de commerce et d'industrie de région est nommé après avis du président de CCI France, dans des conditions fixées par décret en Conseil d'État. Ce dernier rend également un avis préalable sur toute décision de rupture de la relation de travail d'un directeur général à l'initiative de l'employeur ;

« 7° Elle peut diligenter ou mener des audits, à son initiative ou à la demande d'un établissement public du réseau, relatifs au fonctionnement ou à la situation financière de chambres du réseau, dont les conclusions sont transmises aux chambres concernées et à l'autorité de tutelle. Certaines des recommandations formulées, soumises à une procédure contradictoire, peuvent s'imposer aux chambres auditées, dans des conditions fixées par décret en Conseil d'État ; » — *V. art. R. 711-56-4.*

8° Elle coordonne les actions du réseau avec celles des chambres de commerce et d'industrie françaises à l'étranger. A ce titre, s'appuyant notamment sur les données économiques recueillies par les différentes chambres du réseau, elle identifie les entreprises qui présentent les meilleures perspectives en termes d'exportation et, en conséquence, les aide de manière spécifique à développer leurs activités à l'international en partenariat avec *(Ord. n° 2014-1555 du 22 déc. 2014, art. 4, en vigueur le 1er janv. 2015)* « l'agence mentionnée à l'article 50 de la loi du 1er août 2003 *[n° 2003-721, pour l'initiative économique]* » ; — *Cette agence est dénommée « Business France » (Décr. n° 2014-1571 du 22 déc. 2014).*

9° Elle peut constituer, à la demande des chambres du réseau, une instance de conciliation pour les différends opposant plusieurs chambres entre elles avant un recours en justice. Cette fonction de conciliation est exercée à titre gracieux ;

(L. n° 2019-486 du 22 mai 2019, art. 48) « 10° Elle répartit entre les chambres de commerce et d'industrie de région le produit de la taxe prévue à l'article 1600 du code

général des impôts, après avoir déduit la quote-part nécessaire au financement de son fonctionnement, de ses missions et des projets de portée nationale. Le montant minimal de cette quote-part est fixé par arrêté du ministre de tutelle. Après détermination et déduction de cette quote-part, la répartition entre les chambres de commerce et d'industrie de région tient compte des objectifs fixés dans le cadre des conventions d'objectifs et de moyens mentionnées à l'article L. 712-2 du présent code et des résultats de leur performance, des décisions prises par l'assemblée générale de CCI France et de leur réalisation, des besoins des chambres pour assurer leurs missions, de leur poids économique tel que défini à l'article L. 713-13 et en assurant la péréquation nécessaire entre les chambres de commerce et d'industrie, notamment pour tenir compte des particularités locales. Cette répartition est adoptée chaque année par l'assemblée générale de CCI France à la majorité simple des membres présents ou représentés ; — *Le montant minimal de la quote-part annuelle nécessaire au financement du fonctionnement de CCI France, de ses missions et des projets de portée nationale est fixé, à compter du 1er janv. 2020, à 20 053 000 euros (Arr. du 16 sept. 2019).*

« 11° Elle établit un inventaire et une définition de la stratégie immobilière du réseau des chambres de commerce et d'industrie. Cet inventaire fait l'objet d'un suivi régulier.

« Un décret en Conseil d'État précise les conditions d'application du présent article. »

SECTION V LES ÉCOLES DES CHAMBRES DE COMMERCE ET D'INDUSTRIE TERRITORIALES ET DES CHAMBRES DE COMMERCE ET D'INDUSTRIE DE RÉGION

(L. n° 2014-1545 du 20 déc. 2014, art. 43-I)

Sur les conditions des transferts vers les établissements d'enseignement supérieur consulaire, créés conformément au second al. de l'art. L. 711-4 ou au 2e al. de l'art. L. 711-9, des biens, droits, obligations, contrats, conventions et autorisations de toute nature, y compris les participations, correspondant à un ou plusieurs établissements de formation professionnelle initiale et continue, au sens du 1er al. des mêmes art. L. 711-4 et L. 711-9, V. L. n° 2014-1545 du 20 déc. 2014, art. 43-III à VI.

Art. L. 711-17 Les établissements d'enseignement supérieur consulaire sont des personnes morales de droit privé régies par les dispositions législatives applicables aux sociétés anonymes, dans la mesure où elles ne sont pas contraires aux dispositions spécifiques qui les régissent.

(Abrogé par Ord. n° 2015-1127 du 10 sept. 2015, art. 1er) ***« Par dérogation à l'article L. 225-1, le nombre des associés peut être inférieur à sept. »***

Les chambres de commerce et d'industrie territoriales et les chambres de commerce et d'industrie de région détiennent, directement ou indirectement, seules ou conjointement, le cas échéant avec un ou plusieurs groupements interconsulaires, la majorité du capital et des droits de vote à l'assemblée générale de ces établissements. Aucun autre actionnaire ou groupe d'actionnaires, agissant seul ou de concert, ne peut détenir, directement ou indirectement, plus de 33 % des droits de vote à l'assemblée générale de ces établissements.

Les régions intéressées, seules ou, dans le cadre d'une convention, avec d'autres collectivités territoriales et leurs groupements, peuvent prendre une participation au capital des établissements d'enseignement supérieur consulaire.

Le cas échéant, et par dérogation à l'article L. 225-20, la responsabilité civile des représentants des collectivités territoriales au conseil d'administration d'un établissement d'enseignement supérieur consulaire incombe à la collectivité territoriale ou au groupement dont ils sont mandataires.

Les élus locaux agissant en tant que mandataires des collectivités territoriales ou de leurs groupements au sein du conseil d'administration ou du conseil de surveillance des établissements d'enseignement supérieur consulaire et exerçant les fonctions de membre du conseil d'administration ou du conseil de surveillance ne sont pas considérés comme des entrepreneurs de services municipaux, départementaux ou régionaux au sens des articles L. 207, L. 231 et L. 343 du code électoral et non plus considérés comme étant intéressés à l'affaire au sens de l'article L. 2131-11 du code général des collectivités territoriales, lorsque la collectivité ou le groupement délibère sur ses relations avec l'établissement d'enseignement supérieur consulaire. Les élus locaux ne peuvent participer aux commissions d'appels d'offres lorsque l'établissement d'enseignement supérieur consulaire dont ils sont membres est candidat à l'attribution d'un marché public.

Sous réserve de l'article L. 443-1 du code de l'éducation, les établissements d'enseignement supérieur consulaire sont habilités à exercer en France et à l'étranger, sous réserve de l'accord des gouvernements intéressés, eux-mêmes et par l'intermédiaire de filiales ou participations, toutes activités qui se rattachent, directement ou indirectement, à leurs missions et à leurs activités, définies par la convention mentionnée à l'article L. 711-19 du présent code, ainsi que toute autre activité prévue par leurs statuts.

Lorsqu'un établissement d'enseignement supérieur consulaire a réalisé un bénéfice distribuable, au sens du premier alinéa de l'article L. 232-11, il est affecté à la constitution de réserves.

Les statuts des établissements d'enseignement supérieur consulaire sont approuvés par arrêté des ministres chargés de l'enseignement supérieur, du commerce et de l'industrie.

Les dispositions issues de l'Ord. nº 2015-1127 du 10 sept. 2015 sont applicables dans les îles Wallis-et-Futuna (Ord. préc., art. 3).

Les établissements d'enseignement supérieur consulaire mentionnés à l'art. L. 711-17 sont éligibles au bénéfice de la taxe d'apprentissage en tant qu'établissements gérés par une chambre consulaire, au sens de l'art. L. 6241-9 C. trav. (L. nº 2015-1786 du 29 déc. 2015, art. 38-III).

Art. L. 711-18 Le conseil d'administration ou de surveillance d'un établissement d'enseignement supérieur consulaire est composé de douze à vingt-quatre membres, dont au moins un représentant des étudiants, au moins trois membres élus, dont deux par les personnels enseignants et un par les autres catégories de personnel, y compris, le cas échéant, les personnels mis à la disposition de l'établissement en application du V de l'article 43 de la loi nº 2014-1545 du 20 décembre 2014 relative à la simplification de la vie des entreprises et, le cas échéant, le doyen du corps professoral ou toute personne exerçant des fonctions analogues. L'élection est régie par les six derniers alinéas de l'article L. 225-28. Un décret en Conseil d'État précise les conditions requises pour être électeur et éligible. — *V. art. R. 711-76 à R. 711-78.*

La représentation du comité d'entreprise auprès de ces conseils est assurée par un membre titulaire du comité désigné par ce dernier.

Les membres élus de ces organes ne peuvent recevoir aucune rémunération au titre de leurs fonctions. Le remboursement des frais est autorisé, sur justification.

Art. L. 711-19 Les chambres de commerce et d'industrie territoriales et les chambres de commerce et d'industrie de région définissent par convention leurs relations avec les établissements d'enseignement supérieur consulaire qu'elles ont constitués, ensemble ou séparément. Les articles L. 225-40 et L. 225-88 ne sont pas applicables à la convention. Un décret en Conseil d'État précise les stipulations que doit comporter la convention. — *V. art. R. 711-79.*

Les chambres de commerce et d'industrie territoriales et les chambres de commerce et d'industrie de région conservent la disposition à titre gratuit des signes distinctifs utilisés par les établissements d'enseignement supérieur consulaire ou qui leur sont cédés.

Art. L. 711-20 Les représentants du personnel aux comités d'entreprise des établissements d'enseignement supérieur consulaire sont élus sur des listes établies par les organisations syndicales pour chaque collège. Les comités comprennent les trois collèges suivants :

1º Le collège des ouvriers et employés ;

2º Le collège des ingénieurs, chefs de service, techniciens, agents de maîtrise et assimilés ;

3º Le collège des enseignants.

L'article L. 2324-11 et le deuxième alinéa de l'article L. 2324-12 du code du travail ne sont pas applicables à ces comités.

Par dérogation aux articles L. 2327-4 et L. 2327-5 du même code, en cas de constitution de comités d'établissement et d'un comité central d'entreprise conformément à l'article L. 2327-1 dudit code, chaque comité d'établissement au sein duquel il existe un collège du personnel enseignant est représenté au sein du comité central d'entreprise par au moins un délégué titulaire et un délégué suppléant issus de ce collège.

Art. L. 711-21 Les agents de droit public mis à la disposition d'un établissement d'enseignement supérieur consulaire choisissent s'ils exercent leur droit de vote et de candidature aux élections des représentants du personnel aux commissions paritaires régionales auprès des chambres de commerce et d'industrie régionales ou aux élections de délégués du personnel et du comité d'entreprise au sein de l'établissement d'enseignement supérieur consulaire. Dans ce dernier cas, ils sont électeurs et éligibles aux élections de délégués du personnel et du comité d'entreprise dans les mêmes conditions que les salariés de l'établissement d'enseignement supérieur consulaire. Pour la condition relative à l'ancienneté, est prise en compte l'ancienneté cumulée au sein de la chambre de commerce et d'industrie et au sein de l'établissement d'enseignement supérieur consulaire.

SECTION VI LES CHAMBRES DE COMMERCE ET D'INDUSTRIE LOCALES DES CHAMBRES DE COMMERCE ET D'INDUSTRIE DE RÉGION

(L. n° 2014-1545 du 20 déc. 2014, art. 45)

Art. L. 711-22 *(L. n° 2016-298 du 14 mars 2016, art. 1er)* « A l'initiative de la chambre de commerce et d'industrie de région ou à sa propre initiative, » une chambre de commerce et d'industrie territoriale existant dans une région autre que la région Île-de-France ou une région d'outre-mer peut, *(L. n° 2016-298 du 14 mars 2016, art. 1er)* « dans le cadre du » schéma directeur mentionné à l'article L. 711-8, être rattachée à sa chambre de commerce et d'industrie de région en tant que chambre de commerce et d'industrie locale ne disposant pas du statut juridique d'établissement public.

Art. L. 711-23 Les membres de la chambre de commerce et d'industrie de région et les membres des chambres de commerce et d'industrie locales sont élus dans les mêmes conditions que, respectivement, les membres des chambres de commerce et d'industrie de région et les membres des chambres de commerce et d'industrie territoriales.

Art. L. 711-24 Les présidents des chambres de commerce et d'industrie locales sont membres de l'assemblée des chambres françaises de commerce et d'industrie. Ils sont de droit membres du bureau de la chambre de commerce et d'industrie de région de rattachement.

Art. L. 711-25 Les chambres de commerce et d'industrie locales exercent les missions de proximité dévolues à toute chambre de commerce et d'industrie territoriale, conformément aux articles L. 711-1 à L. 711-4, dans le respect des orientations définies par l'assemblée générale de la chambre de commerce et d'industrie de région et en conformité avec les schémas sectoriels mentionnés à l'article L. 711-8.

CHAPITRE II DE L'ADMINISTRATION DES ÉTABLISSEMENTS DU RÉSEAU DES CHAMBRES DE COMMERCE ET D'INDUSTRIE

(L. n° 2005-882 du 2 août 2005, art. 63-I)

Art. L. 712-1 *(L. n° 2005-882 du 2 août 2005, art. 65-I)* Dans chaque établissement public du réseau, l'assemblée générale des membres élus détermine les orientations et le programme d'action de l'établissement. A cette fin, elle délibère sur toutes les affaires relatives à l'objet de celui-ci, notamment le budget, les comptes et le règlement intérieur. Elle peut déléguer aux autres instances de l'établissement des compétences relatives à son administration et à son fonctionnement courant.

Le président est le représentant légal de l'établissement. Il en est l'ordonnateur et est responsable de sa gestion. Il en préside l'assemblée générale et les autres instances délibérantes. Un décret en Conseil d'État détermine les conditions dans lesquelles lui sont appliquées les dispositions de l'article 7 de la loi n° 84-834 du 13 septembre 1984 relative à la limite d'âge dans la fonction publique et le secteur public. Les fonctions de trésorier sont exercées par un membre de l'assemblée générale. — *V. texte préc. au* **CGFP**.

(L. n° 2010-853 du 23 juill. 2010, art. 6) « L'assemblée de la chambre de commerce et d'industrie territoriale élit son président parmi ceux de ses membres qui ont été élus à la chambre de commerce et d'industrie de région. Si le président en exercice est élu président de la chambre de commerce et d'industrie de région, il quitte la présidence de la chambre territoriale.

« Le président de chaque chambre de commerce et d'industrie territoriale est de droit vice-président de la chambre de région à laquelle elle est rattachée.

« Le président élu de *(Décr. n° 2015-536 du 15 mai 2015, art. 2-II)* « CCI France » quitte la présidence d'une chambre territoriale, d'une chambre départementale d'Île-de-France ou d'une chambre de région.

« Le décompte des votes à *(Décr. n° 2015-536 du 15 mai 2015, art. 2-II)* « CCI France » s'effectue dans des conditions fixées par décret en Conseil d'État. »

BIBL. ▶ MILLER et LEYAT, *AJDA 2008. 1700* (les chambres régionales des comptes et le contrôle des chambres de commerce et d'industrie). – GROPER et MICHAUT, *AJDA 2010. 488* (la responsabilité des dirigeants des chambres de commerce et d'industrie devant la CDBF).

1. Trésorier. Le trésorier d'une CCI, n'ayant pas la qualité de comptable public, ne peut pas émettre d'état exécutoire. • CE 27 juin 2008, n° 296983 : *AJDA 2008. 1300 ; Gaz. Pal. 2008. 4042 ; Dr. et pr. 2008. 296.*

2. Délégation de pouvoir. Il résulte de l'art. L. 712-1, al. 1er, que le pouvoir d'émettre un avis sur une demande d'autorisation et d'ouverture d'équipement commercial qui ne relève ni de l'administration, ni du fonctionnement courant de la chambre consulaire appartient en propre à l'assemblée générale de cet établissement et ne peut être délégué à une autre instance de celui-ci. • CAA Nancy, 25 nov. 2010 : *AJDA 2011. 239 ; JCP E 2011, n° 1898, spéc. n° 3, obs. Azarian et Maron.* – Dans le même sens : • CE 19 déc. 2012, n° 351203 : *AJDA 2013. 9, obs. Necib ; Constr.-Urb. 2013, n° 39, obs. Renaux.*

Art. L. 712-2 *(L. n° 2019-486 du 22 mai 2019, art. 48)* Un contrat d'objectifs et de performance associant l'État, représenté par le ministre de tutelle, et CCI France fixe notamment les missions prioritaires du réseau des chambres de commerce et d'industrie financées par la taxe pour frais de chambres. Ce contrat d'objectifs et de performance contient des indicateurs d'activité, de performance et de résultats quantifiés adaptés aux priorités retenues.

Des conventions d'objectifs et de moyens conclues entre l'État, les chambres de commerce et d'industrie de région et CCI France sont établies en conformité avec ce contrat national. Leur bilan annuel est consolidé par CCI France.

Ce contrat et ces conventions servent de base à la répartition de la taxe pour frais de chambres telle que prévue aux articles L. 711-8 et L. 711-16. Le non-respect des mesures prévues dans le contrat d'objectifs et de performance qui sont déclinées dans les conventions d'objectifs et de moyens peut justifier une modulation du montant de la taxe pour frais de chambres.

Un décret en Conseil d'État précise les conditions dans lesquelles sont conclues *[conclus]* ce contrat et ces conventions.

Ancien art. L. 712-2 *(L. n° 2005-882 du 2 août 2005, art. 64-I)* ***Il est pourvu aux dépenses ordinaires*** *(L. n° 2010-853 du 23 juill. 2010, art. 6)* ***« du réseau » au moyen*** *(L. n° 2010-853 du 23 juill. 2010, art. 6)* ***« des impositions de toute nature affectées aux chambres de commerce et d'industrie de région ».*** *— [L. du 9 avr. 1898, art. 21, al. 1er.] — V. L. n° 75-678 du 29 juill. 1975, art. 13-II (D. et BLD 1975. 288). — V. CGI, art. 1600. —* **CGI.**

Ressources. Les fonds que les CCI perçoivent, par le biais de la taxe, pour financer leurs dépenses ordinaires ne sauraient être de nature, de quelque manière que ce soit, à fausser ou menacer directement ou indirectement le jeu de la concurrence entre les entreprises commerciales ou industrielles, et, partant, à affecter les échanges entre les États membres ; la taxe pour frais de CCI ne concourt donc pas au financement d'une aide d'État au sens de l'art. 87 CE. • CAA Lyon, 28 juin 2007 : *AJDA 2007. 2100.*

Art. L. 712-3 *Abrogé par L. n° 2010-853 du 23 juill. 2010, art. 6.*

Art. L. 712-4 *(Abrogé par L. n° 2016-298 14 mars 2016, art. 1er) (L. n° 2005-882 du 2 août 2005, art. 65-II)* ***Un établissement public du réseau des chambres de commerce et d'industrie de la région qui n'a pas délibéré favorablement pour mettre en œuvre le schéma***

directeur prévu à l'article L. 711-8 ou dont l'autorité compétente constate qu'il n'a pas respecté les dispositions prévues audit schéma ne peut contracter d'emprunts.

Art. L. 712-5 *Abrogé par L. n° 2010-853 du 23 juill. 2010, art. 6.*

Art. L. 712-6 *(L. n° 2005-882 du 2 août 2005, art. 64 ; L. n° 2019-486 du 22 mai 2019, art. 40-I)* **« Les établissements publics du réseau » sont tenus de nommer au moins un commissaire aux comptes et** *(L. n° 2019-486 du 22 mai 2019, art. 27)* **« , lorsque les conditions définies au deuxième alinéa du I de l'article L. 823-1 sont réunies, » un suppléant choisis sur la liste mentionnée à l'article** *(L. n° 2003-706 du 1er août 2003)* **« L. 822-1 », qui exercent leurs fonctions dans les conditions prévues par les dispositions** *(L. n° 2010-853 du 23 juill. 2010, art. 6)* **« des livres II et VIII » sous réserve des règles qui leur sont propres.** *(L. n° 2010-853 du 23 juill. 2010, art. 6)* **« Les commissaires aux comptes, désignés dans le respect des dispositions du** *(Ord. n° 2018-1074 du 26 nov. 2018, art. 17)* **« code de la commande publique** *[ancienne rédaction : code des marchés publics]* **», sont nommés par l'assemblée générale sur proposition du président. Les conditions dans lesquelles chaque établissement du réseau publie et transmet à l'autorité de tutelle un bilan, un compte de résultat et une annexe sont déterminées par voie réglementaire. »** — *V. art. R. 712-15-1.*

(Abrogé par L. n° 2005-882 du 2 août 2005, art. 64-III) ***« Les dispositions de l'article L. 242-27 leur sont applicables. »***

Les peines prévues par l'article L. 242-8 sont applicables aux dirigeants qui n'auront pas, chaque année, établi un bilan, un compte de résultat et une annexe. *(Abrogé par L. n° 2005-882 du 2 août 2005, art. 64-III)* ***« Les dispositions des articles L. 242-25 et L. 242-28 leur sont également applicables. »***

(L. n° 2019-486 du 22 mai 2019, art. 48) **« Les chambres de commerce et d'industrie de région auxquelles sont rattachées des chambres de commerce et d'industrie territoriales établissent et publient chaque année des comptes combinés dans le respect des dispositions législatives et réglementaires en vigueur. Ces comptes sont transmis à CCI France. »** — *[L. n° 84-148 du 1er mars 1984, art. 32 bis.]*

Le dern. al. de l'art. L. 712-6 résultant de la L. n° 2019-486 du 22 mai 2019 s'applique à compter des comptes 2020 des établissements du réseau des chambres de commerce et d'industrie (L. préc., art. 48).

Art. L. 712-7 *(L. n° 2005-882 du 2 août 2005, art. 66)* **L'autorité compétente veille au fonctionnement régulier des établissements du réseau. Elle assiste de droit à leurs instances délibérantes. Certaines délibérations** *(Abrogé par L. n° 2019-486 du 22 mai 2019, art. 51)* ***« , notamment celles mentionnées au*** *(L. n° 2010-853 du 23 juill. 2010, art. 6)* ***« 1° » de l'article L. 711-8, »*** **sont soumises à son approbation dans des conditions fixées par voie réglementaire.**

(L. n° 2019-486 du 22 mai 2019, art. 51) **« L'autorité compétente peut autoriser un établissement public du réseau à se retirer d'un syndicat mixte si le maintien de sa participation dans ce syndicat compromet la situation financière de cet établissement. »**

Art. L. 712-8 *(L. n° 2005-882 du 2 août 2005, art. 66)* **Lorsque le budget prévisionnel d'un établissement ou le budget exécuté au cours de l'exercice écoulé fait apparaître un déficit non couvert par les excédents disponibles, que des dépenses obligatoires n'ont pas été inscrites au budget ou n'ont pas été mandatées, ou que des dysfonctionnements graves, mettant en péril l'équilibre financier de l'établissement, sont constatés, l'autorité compétente, après application d'une procédure contradictoire, arrête le budget et peut confier au** *(Ord. n° 2010-420 du 27 avr. 2010, art. 102)* **« directeur départemental des finances publiques** *[ancienne rédaction : trésorier-payeur général]* **» les fonctions de trésorier.**

Art. L. 712-9 *(L. n° 2005-882 du 2 août 2005, art. 66)* **Tout membre élu d'un établissement public du réseau peut être suspendu ou déclaré démissionnaire d'office par l'autorité compétente, après procédure contradictoire, en cas de faute grave dans l'exercice de ses fonctions.**

Lorsque les circonstances compromettent le fonctionnement d'un établissement, l'autorité compétente peut prononcer la suspension de *(L. n° 2019-486 du 22 mai 2019, art. 51)* **« son bureau ou de son assemblée générale » et nommer une commission provisoire.**

Au besoin, il est recouru à la dissolution *(L. n° 2019-486 du 22 mai 2019, art. 51)* « du bureau ou de l'assemblée générale » de l'établissement par décision de l'autorité compétente.

(L. n° 2019-486 du 22 mai 2019, art. 51) « Une chambre de commerce et d'industrie territoriale dont l'assemblée générale a été dissoute peut être transformée, par décret, en chambre de commerce et d'industrie locale sans que cette transformation ait été préalablement prévue dans le schéma directeur de la chambre de commerce et d'industrie de région après consultation du président de la chambre de commerce et d'industrie de région à laquelle la chambre est rattachée et du président de CCI France. »

Art. L. 712-10 *(L. n° 2010-853 du 23 juill. 2010, art. 6)* Tout établissement du réseau est tenu d'accorder sa protection au président, au trésorier, à l'élu les suppléant ou ayant reçu une délégation de leur part ou à un ancien élu ayant quitté ces fonctions, lorsque la personne en cause fait l'objet de poursuites pénales à l'occasion de faits n'ayant pas le caractère de faute détachable de l'exercice de ses fonctions.

Cette protection est également due du fait des violences, menaces ou outrages dont les mêmes personnes peuvent être victimes à l'occasion ou du fait de leurs fonctions et comporte l'obligation de réparer, le cas échéant, le préjudice qui en résulte.

L'établissement est subrogé aux droits de la victime pour obtenir des auteurs de ces infractions la restitution des sommes versées à l'élu ou ancien élu intéressé.

Art. L. 712-11 *(L. n° 2019-486 du 22 mai 2019, art. 40-I)* Le livre Ier de la deuxième partie du code du travail est applicable à l'ensemble des personnels de droit public et de droit privé des chambres de commerce et d'industrie, à l'exception du chapitre IV du titre IV du même livre Ier et des dispositions non applicables au personnel de droit public.

Les dispositions relatives aux relations collectives de travail prévues par la deuxième partie du code du travail ainsi que celles relatives à la santé et la sécurité au travail prévues par la quatrième partie du même code s'appliquent à l'ensemble des personnels de droit public et de droit privé employés *(L. n° 2022-172 du 14 févr. 2022, art. 16)* « directement » par les chambres de commerce et d'industrie. Les adaptations et les exceptions rendues nécessaires, pour les agents de droit public, du fait des règles d'ordre public et des principes généraux qui leur sont applicables sont prévues par un décret en Conseil d'État *(L. n° 2022-172 du 14 févr. 2022, art. 16)* « , pris après avis de l'instance nationale représentative du personnel ».

(L. n° 2022-172 du 14 févr. 2022, art. 16) « Les conventions et accords collectifs mentionnés au 6° de l'article L. 711-16 sont négociés et signés par le président de CCI France, dans le respect des orientations fixées par son comité directeur, pour le compte de CCI France et pour celui des chambres de commerce et d'industrie de région, dans les conditions prévues à l'article L. 2232-12 du code du travail.

« Les modalités de dépôt de ces conventions et accords sont celles prévues à la section III du chapitre Ier du titre III du livre II de la deuxième partie du même code.

« Lorsque ces conventions et accords le prévoient, leurs stipulations se substituent, selon le cas, aux dispositions du statut du personnel administratif des chambres de commerce et d'industrie ou aux stipulations des accords nationaux ou régionaux ayant le même objet.

« La représentativité des organisations syndicales au niveau national est appréciée conformément aux règles définies aux articles L. 2122-1 à L. 2122-3 dudit code, par addition de l'ensemble des suffrages exprimés lors des élections de leurs comités sociaux et économiques par les personnels employés directement par CCI France et les chambres de commerce et d'industrie de région.

« Des élections partielles peuvent être organisées dans les conditions prévues à l'article L. 2314-10 du même code.

« Les résultats obtenus lors de telles élections ne peuvent avoir pour effet de modifier la mesure de la représentativité calculée lors des dernières élections générales. Celle-ci est établie pour toute la durée du cycle électoral. »

Ancien art. L. 712-11 *(L. n° 2010-853 du 23 juill. 2010, art. 6)* ***I. — La représentativité des organisations syndicales des établissements du réseau des chambres de commerce et d'industrie est déterminée d'après les critères de l'article L. 2121-1 du code du travail, sous réserve des dispositions du présent article relatives à la mesure de l'audience.***

II. — Peuvent seules siéger à la commission paritaire nationale des établissements du réseau des chambres de commerce et d'industrie instaurée en application de l'article 2 de la loi n° 52-1311 du 10 décembre 1952 relative à l'établissement obligatoire d'un statut du personnel administratif des chambres d'agriculture, des chambres de commerce et des chambres de métiers les organisations syndicales ayant recueilli le seuil d'audience prévu à l'article L. 2122-5 du code du travail, selon des modalités définies par voie réglementaire. — V. art. R. 712-11-1.

III. — Sont représentatives auprès d'un établissement du réseau des chambres de commerce et d'industrie les organisations syndicales ayant recueilli le seuil d'audience prévu à l'article L. 2122-1 du code du travail, mesuré à partir des résultats obtenus aux élections à la commission paritaire de l'établissement. Ces élections ont lieu à une date unique fixée par arrêté du ministre chargé du commerce.

Commission paritaire nationale. Ni les art. L. 712-11, R. 712-11-1, A. 711-1 C. com., 1er et 2 de la L. n° 52-1311 du 10 déc. 1952 ni aucun autre texte ne prévoient de voie de recours contre les élections aux commissions paritaires régionales des CCI devant le ministre exerçant la tutelle des CCI. Ce ministre ne dispose ainsi ni du pouvoir de rectifier ces résultats ni de les annuler. Il ne peut que tirer les conséquences de ces résultats pour fixer la répartition entre les organisations syndicales des sièges de la délégation du personnel de la commission paritaire nationale, dans le respect des règles de représentativité prescrites par les articles susmentionnés du code de commerce. • CE 13 avr. 2018, n° 412224 : *AJDA 2018. 1312*.

Art. L. 712-11-1 *(L. n° 2019-486 du 22 mai 2019, art. 40-I)* **Sans préjudice des dispositions législatives particulières, lorsqu'une personne de droit privé ou de droit public reprend tout ou partie de l'activité d'une chambre de commerce et d'industrie, quelle que soit la qualification juridique de la transformation de ladite activité, elle propose aux agents de droit public employés par cette chambre pour l'exercice de cette activité un contrat de droit privé ou un engagement de droit public.**

Le contrat de travail ou l'engagement proposé reprend les éléments essentiels du contrat ou de l'engagement dont l'agent de droit public est titulaire, en particulier ceux qui concernent la rémunération. Les services accomplis au sein de la chambre de commerce et d'industrie sont assimilés à des services accomplis au sein de la personne privée ou publique d'accueil.

En cas de refus de l'agent public d'accepter le contrat ou l'engagement, la chambre de commerce et d'industrie employeur applique, selon des modalités prévues par décret, les dispositions relatives à la rupture de la relation de travail prévues par le statut du personnel administratif des chambres de commerce et d'industrie mentionné à l'article 1er de la loi n° 52-1311 du 10 décembre 1952 relative à l'établissement obligatoire d'un statut du personnel administratif des chambres d'agriculture, des chambres de commerce et des chambres de métiers. — *V. art. D. 712-11-2.*

Art. L. 712-12 *(L. n° 2005-882 du 2 août 2005, art. 66)* **Un décret en Conseil d'État précise les conditions d'application du présent chapitre, en particulier les règles de fonctionnement administratif et financier des établissements du réseau ainsi que les modalités de la tutelle exercée par l'État.** — *Ancien art. L. 712-10 (L. n° 2010-853 du 23 juill. 2010, art. 6).*

CHAPITRE III DE L'ÉLECTION DES MEMBRES DES CHAMBRES DE COMMERCE ET D'INDUSTRIE TERRITORIALES ET DES CHAMBRES DE COMMERCE ET D'INDUSTRIE DE RÉGION *(L. n° 2019-486 du 22 mai 2019, art. 40-I).*

BIBL. ▶ LESAULNIER, *Gaz. Pal. 2014. 3625* (le greffier et les élections des membres des CCI et des délégués consulaires).

SECTION PREMIÈRE DE L'ÉLECTION DES MEMBRES DES CHAMBRES DE COMMERCE ET D'INDUSTRIE TERRITORIALES ET DE RÉGION *(L. n° 2010-853 du 23 juill. 2010, art. 7).*

Art. L. 713-1 *(Ord. n° 2003-1067 du 12 nov. 2003, art. 1er)* **I. — Les membres des chambres de commerce et d'industrie** *(L. n° 2010-853 du 23 juill. 2010, art. 7)* **« territoriales et de région » sont élus pour cinq ans.**

(L. n° 2019-486 du 22 mai 2019, art. 44) « Nul ne peut exercer la fonction de président d'un établissement public du réseau des chambres de commerce et d'industrie plus de quinze ans, quel que soit le nombre des mandats accomplis. Toutefois, un élu qui atteint sa quinzième année de mandat de président au cours d'une mandature continue d'exercer celui-ci jusqu'à son terme *[ancienne rédaction : Un membre d'une chambre de commerce et d'industrie territoriale ou d'une chambre de commerce et d'industrie de région ne peut exercer plus de trois mandats de président de cette chambre, quelle que soit la durée effective de ces mandats]*. » — *La modification issue de l'art. 44 de la L. n° 2019-486 du 22 mai 2019 est applicable aux mandats acquis à partir du renouvellement général suivant la publication de ladite loi (L. préc., art. 44-II).*

(L. n° 2010-853 du 23 juill. 2010, art. 7) « Pour l'élection des membres de chambres de commerce et d'industrie territoriales et des membres de chambres de commerce et d'industrie de région, la circonscription de vote est la circonscription de la chambre de commerce et d'industrie territoriale. Chaque électeur, au titre des deux élections précitées, vote dans sa catégorie et, éventuellement, sous-catégorie professionnelles déterminées en application de l'article L. 713-11. »

II. — Sont électeurs aux élections des membres des chambres de commerce et d'industrie *(L. n° 2010-853 du 23 juill. 2010, art. 7)* « territoriales et de région » :

1° A titre personnel :

a) Les commerçants immatriculés au registre du commerce et des sociétés dans la circonscription de la chambre de commerce et d'industrie, sous réserve, pour les associés en nom collectif et les associés commandités, des dispositions du III de l'article L. 713-2 ;

b) Les chefs d'entreprise inscrits *(Ord. n° 2021-1189 du 15 sept. 2021, art. 13, en vigueur le 1er janv. 2023)* « à la fois au registre national des entreprises en tant qu'entreprise du secteur des métiers et de l'artisanat et *[ancienne rédaction : au répertoire des métiers et]* » immatriculés au registre du commerce et des sociétés dans la circonscription ;

c) Les conjoints des personnes énumérées au *a* ou au *b* ci-dessus ayant déclaré au registre du commerce et des sociétés qu'ils collaborent à l'activité de leur époux sans autre activité professionnelle ;

(L. n° 2010-853 du 23 juill. 2010, art. 7) « *d)* Les capitaines de la marine marchande exerçant le commandement d'un navire immatriculé en France dont le port d'attache est situé dans la circonscription ; les pilotes maritimes exerçant leurs fonctions dans un port situé dans la circonscription, les pilotes de l'aéronautique civile domiciliés dans la circonscription et exerçant le commandement d'un aéronef immatriculé en France *[;]* »

2° Par l'intermédiaire d'un représentant :

a) Les sociétés commerciales au sens du deuxième alinéa de l'article L. 210-1 du présent code et les établissements publics à caractère industriel et commercial dont le siège est situé dans la circonscription ;

b) Au titre d'un établissement faisant l'objet dans la circonscription d'une inscription complémentaire ou d'une immatriculation secondaire, à moins qu'il en soit dispensé par les lois et règlements en vigueur, les personnes physiques mentionnées aux *a* et *b* du 1° et les personnes morales mentionnées au *a* du présent 2°, quelle que soit la circonscription où ces personnes exercent leur propre droit de vote ;

c) Les sociétés à caractère commercial dont le siège est situé hors du territoire national et qui disposent dans la circonscription d'un établissement immatriculé au registre du commerce et des sociétés.

(L. n° 2010-853 du 23 juill. 2010, art. 7) « Le membre d'une chambre de commerce et d'industrie de région dont le siège devient vacant pour quelque cause que ce soit, sauf l'annulation de son élection, est remplacé jusqu'au renouvellement de la chambre de commerce et d'industrie de région par la personne élue en même temps que lui à cet effet. » — *[L. n° 87-550 du 16 juill. 1987, art. 6, al. 1er et 2.]*

1. Société commerciale (jurispr. antérieure à l'Ord. du 12 nov. 2003). Il convient pour l'application de l'art. 6 [C. com., art. L. 713-1] (disposant que les sociétés anonymes sont électrices des membres des chambres de commerce) de prendre en considération la nature de l'activité des sociétés mentionnées par ce texte. Il en résulte qu'une SEL d'avocats à forme anonyme, dès lors qu'elle a une activité civile, ne peut figurer sur la liste des électeurs. • Civ. 2e, 10 nov.

1998, ⚖ n° 97-60.519 P : *D. 2000. Somm. 238, obs. Hallouin* ; *BJS 1999. 450, note Daigre*.

2. Suppléance. Jugeant qu'un membre du CCI, démissionnaire au cours d'une procédure d'annulation de son élection, doit être remplacé par son suppléant sans qu'il y ait lieu de procéder à un nouveau scrutin : • TA Nancy, 29 mai 2012 : ⚖ *AJDA 2012. 1831* (censuré par • CE 11 avr. 2014, ⚖ n° 368401 : *cité ss. art. R. 713-29*).

Art. L. 713-2 *(L. n° 2010-853 du 23 juill. 2010, art. 7)* « I. — Au titre de leur siège social et de l'ensemble de leurs établissements situés dans la circonscription de la chambre de commerce et d'industrie territoriale, les personnes physiques ou morales mentionnées aux 1° et 2° du II de l'article L. 713-1 disposent d'un représentant supplémentaire lorsqu'elles emploient dans la circonscription de la chambre de commerce et d'industrie territoriale de dix à quarante-neuf salariés, et d'un deuxième lorsqu'elles emploient dans la même circonscription de cinquante à quatre-vingt-dix-neuf salariés.

« S'y ajoutent :

« 1° Un représentant supplémentaire à partir du centième salarié par tranche de cent salariés lorsqu'elles emploient dans la circonscription de cent à neuf cent quatre-vingt-dix-neuf salariés ;

« 2° A partir du millième salarié, un représentant supplémentaire par tranche de deux cent cinquante salariés lorsqu'elles emploient dans la circonscription plus de mille salariés. »

II. — Toutefois, les personnes physiques énumérées aux *a* et *b* du 1° du II de l'article L. 713-1 dont le conjoint bénéficie des dispositions du *c* du 1° du II du même article ne désignent aucun représentant supplémentaire si elles emploient moins de cinquante salariés dans la circonscription de la chambre de commerce et d'industrie *[territoriale]*.

III. — *(Ord. n° 2003-1067 du 12 nov. 2003, art. 2)* « Les sociétés en nom collectif et les sociétés en commandite désignent par délibération expresse conformément aux dispositions statutaires un représentant unique au titre des associés et de la société, sans préjudice de la possibilité de désigner des représentants supplémentaires en application du I ci-dessus. » — *[L. n° 87-550 du 16 juill. 1987, art. 6, al. 3 à 5.]*

Art. L. 713-3 *(Ord. n° 2003-1067 du 12 nov. 2003, art. 3)* I. — Les représentants mentionnés aux articles L. 713-1 et L. 713-2 doivent exercer dans l'entreprise soit des fonctions de président-directeur général, *(Ord. n° 2004-328 du 15 avr. 2004, art. 15)* « de président ou de membre du conseil d'administration, » de directeur général, de président ou de membre du directoire, de président du conseil de surveillance, de gérant, de président ou de membre du conseil d'administration ou de directeur d'un établissement public à caractère industriel et commercial, soit, à défaut et pour les représenter à titre de mandataire, des fonctions impliquant des responsabilités de direction commerciale, technique ou administrative de l'entreprise ou de l'établissement.

II. — *(L. n° 2010-853 du 23 juill. 2010, art. 7)* « Les électeurs à titre personnel mentionnés au 1° du II de l'article L. 713-1 et les représentants des personnes physiques ou morales mentionnées au 2° du II du même article doivent, pour prendre part au vote : »

1° Remplir les conditions fixées à l'article L. 2 du code électoral, à l'exception de la nationalité ;

(L. n° 2004-1343 du 9 déc. 2004, art. 78-IV) « 2° Ne pas avoir fait l'objet de l'interdiction visée à l'article L. 6 du code électoral ; »

(Ord. n° 2006-673 du 8 juin 2006, art. 2) « 3° N'avoir pas été frappés depuis moins de quinze ans à compter du jour où la décision les ayant prononcées est devenue définitive, de faillite personnelle ou d'une des mesures d'interdiction ou de déchéance telles que prévues au livre VI du présent code, à la loi n° 85-98 du 25 janvier 1985 relative au redressement et à la liquidation judiciaires des entreprises ou à la loi n° 67-563 du 13 juillet 1967 sur le règlement judiciaire, la liquidation des biens, la faillite personnelle et les banqueroutes ; »

(L. n° 2008-776 du 4 août 2008, art. 71-I, 3°) « 4° Ne pas être frappé d'une peine d'interdiction, suivant les modalités prévues par l'article 131-27 du code pénal, d'exercer une profession commerciale ou industrielle, de diriger, d'administrer, de gérer ou de contrôler à un titre quelconque, directement ou indirectement, pour son propre compte ou pour le compte d'autrui, une entreprise commerciale ou industrielle ou une société commerciale ; »

(Ord. n° 2006-673 du 8 juin 2006, art. 2) « 5° Ne pas avoir été condamnés à des peines, déchéances ou sanctions prononcées en vertu de législations *(L. n° 2010-853 du 23 juill. 2010, art. 7)* « étrangères » équivalentes à celles visées aux 2°, 3° et 4°. » – *[L. n° 87-550 du 16 juill. 1987, art. 6, al. 6 et 7.]*

Sur l'inéligibilité des personnes condamnées : pour infractions à la législation relative aux relations financières avec l'étranger, V. C. douanes, art. 459. – ***C. douanes****. – … Pour contrefaçon en matière de dessins et modèles, V. CPI, art. L. 521-4. –* **CPI***. – … Pour organisation de la fraude ou incitation à la fraude aux règles régissant la sécurité sociale, V. CSS, art. L. 615-2 et L. 615-3. –* **CSS.**

Sur la prise en compte du plan de sauvegarde ou de redressement judiciaire de l'entreprise lors des procédures de sauvegarde ou de redressement judiciaire pour déclarer un dirigeant inéligible aux élections consulaires, V. note ss. art. L. 722-9.

Art. L. 713-4 *(Ord. n° 2003-1067 du 12 nov. 2003, art. 5)* I. – Sont éligibles aux fonctions de membre d'une chambre de commerce et d'industrie *(L. n° 2010-853 du 23 juill. 2010, art. 7)* « territoriale et d'une chambre de commerce et d'industrie de région », sous réserve d'être âgés de dix-huit ans accomplis et de satisfaire aux conditions fixées au II de l'article L. 713-3.

1° Les électeurs à titre personnel mentionnés au 1° du II de l'article L. 713-1 inscrits sur la liste électorale de la circonscription correspondante et justifiant *(L. n° 2010-853 du 23 juill. 2010, art. 7)* « , pour les électeurs visés aux *a*, *b* et *c* du même 1°, » qu'ils sont immatriculés depuis deux ans au moins au registre du commerce et des sociétés ;

2° Les électeurs inscrits en qualité de représentant, mentionnés au 2° du II de l'article L. 713-1 et à l'article L. 713-2, inscrits sur la liste électorale de la circonscription et justifiant que l'entreprise qu'ils représentent exerce son activité depuis deux ans au moins.

II. – Tout membre d'une chambre de commerce et d'industrie *(L. n° 2010-853 du 23 juill. 2010, art. 7)* « territoriale et d'une chambre de commerce et d'industrie de région » qui cesse de remplir les conditions d'éligibilité fixées au I ci-dessus présente sa démission au préfet. A défaut, le préfet le déclare démissionnaire d'office.

(Ord. n° 2006-673 du 8 juin 2006, art. 2) « Toutefois, une cessation d'activité inférieure à six mois n'entraîne pas la démission, sauf dans les cas mentionnés aux 2°, 3° 4° et 5° du II de l'article L. 713-3. » – *[L. n° 87-550 du 16 juill. 1987, art. 13.] – Anc. art. L. 713-10 (Ord. n° 2004-328 du 15 avr. 2004, art. 2-II). – V. note ss. art. L. 713-3. – V. art. R. 713-6 s.*

Art. L. 713-5 *(Ord. n° 2003-1067 du 12 nov. 2003, art. 7)* I. – En cas de dissolution d'une chambre de commerce et d'industrie *[territoriale]*, il est procédé à son renouvellement dans un délai de six mois.

Toutefois, si cette dissolution est prononcée moins d'un an avant un renouvellement général, il n'est pas procédé au renouvellement.

II. – Lorsque le nombre de membres d'une chambre de commerce et d'industrie se trouve réduit à moins de la moitié du nombre initial, le préfet constate la situation par arrêté et organise de nouvelles élections pour la totalité des sièges dans un délai de six mois.

Toutefois, si cette situation est constatée moins d'un an avant un renouvellement général, il n'est pas procédé au renouvellement.

(L. n° 2004-1343 du 9 déc. 2004, art. 78-IV) « III. – Les membres élus en application du présent article demeurent en fonction pour la durée restant à courir du mandat du titulaire initial. » – *Anc. art. L. 713-14 (Ord. n° 2004-328 du 15 avr. 2004, art. 2-II).*

Par dérogation à l'art. L. 713-5, les élections qui doivent intervenir à la suite de la dissolution d'une chambre de commerce et d'industrie prononcée par le préfet en application de l'art. L. 712-9, ou lorsque le nombre de membres d'une chambre de commerce et d'industrie se trouve réduit à moins de la moitié du nombre initial, sont reportées jusqu'au renouvellement général postérieur à l'entrée en vigueur de la L. n° 2010-853 du 23 juill. 2010 (L. préc., art. 40-IV).

SECTION II *[ABROGÉE]* DE L'ÉLECTION DES DÉLÉGUÉS CONSULAIRES *(Ord. nº 2004-328 du 15 avr. 2004, art. 2-III).*

(Abrogée par L. nº 2019-486 du 22 mai 2019, art. 40-I)

L'abrogation de la section II entre en vigueur à compter de la fin du mandat des délégués consulaires élus au cours de l'année 2016 (L. nº 2019-486 du 22 mai 2019, art. 40-VIII).

Art. L. 713-6 à L. 713-10 *Abrogés par L. nº 2019-486 du 22 mai 2019, art. 40-I.*

SECTION III *[INTITULÉ SUPPRIMÉ]* DISPOSITIONS COMMUNES *(L. nº 2019-486 du 22 mai 2019, art. 40-I).*

L'intitulé de la section III est supprimé à compter de la fin du mandat des délégués consulaires élus au cours de l'année 2016 (L. nº 2019-486 du 22 mai 2019, art. 40-VIII).

Art. L. 713-11 *(Abrogé par L. nº 2019-486 du 22 mai 2019, art. 40-I)* ***« Les électeurs des délégués consulaires sont répartis dans le ressort de chaque tribunal de commerce en quatre catégories professionnelles correspondant, respectivement, aux activités commerciales, artisanales, industrielles ou de services. »***

(L. nº 2016-1547 du 18 nov. 2016, art. 94, en vigueur le 1er janv. 2017) **« Les électeurs des membres des chambres de commerce et d'industrie territoriales et de région sont répartis dans chaque circonscription administrative en trois catégories professionnelles correspondant, respectivement, aux activités commerciales, industrielles ou services. »**

(L. nº 2010-853 du 23 juill. 2010, art. 7) **« Au sein de ces** *(Abrogé par L. nº 2016-1547 du 18 nov. 2016, art. 94, à compter du 1er janv. 2017)* ***« trois »*** **catégories, les électeurs peuvent éventuellement être répartis en sous-catégories professionnelles définies en fonction de la taille des entreprises.**

« Lorsqu'il est fait application du *(L. nº 2019-486 du 22 mai 2019, art. 40-I)* **« deuxième » alinéa, la chambre de commerce et d'industrie régionale et les chambres de commerce et d'industrie territoriales qui lui sont rattachées définissent des sous-catégories communes sous l'autorité de la chambre de commerce et d'industrie régionale. »** – *[L. nº 87-550 du 16 juill. 1987, art. 8.] – Anc. art. L. 713-5 (Ord. nº 2004-328 du 15 avr. 2004, art. 2-II). – V. art. R. 713-33 et R. 713-65 s.*

Les modifications issues de l'art. 40-I de la L. nº 2019-486 du 22 mai 2019 entrent en vigueur à compter de la fin du mandat des délégués consulaires élus au cours de l'année 2016 (L. préc., art. 40-VIII).

Art. L. 713-12 *(Abrogé par L. nº 2019-486 du 22 mai 2019, art. 40-I)* ***« (L. nº 2010-853 du 23 juill. 2010, art. 7) « I. – » Le nombre des sièges des délégués consulaires, qui ne peut être inférieur à soixante ni supérieur à six cents, est déterminé compte tenu de l'importance du corps électoral consulaire*** *(L. nº 2016-1547 du 18 nov. 2016, art. 94, en vigueur le 1er janv. 2017)* ***« du ressort de chaque tribunal de commerce ainsi que du nombre des membres élus des chambres de commerce et d'industrie et des chambres de métiers et de l'artisanat sur la circonscription desquelles le tribunal se situe. »*** *– V. art. R. 713-32.*

(L. nº 2010-853 du 23 juill. 2010, art. 7) **« II. – Le nombre de sièges d'une chambre de commerce et d'industrie territoriale est de vingt-quatre à** *(L. nº 2016-298 du 14 mars 2016, art. 1er)* **« cent** *[ancienne rédaction : soixante]* **», dans des conditions fixées par décret en Conseil d'État.**

(L. nº 2014-626 du 18 juin 2014, art. 63) (Abrogé par L. nº 2016-298 du 14 mars 2016, art. 1er) ***« Toutefois, dans les régions composées de plusieurs départements où il n'existe qu'une seule chambre de commerce et d'industrie territoriale, le nombre de sièges de la chambre de commerce et d'industrie territoriale est de vingt-quatre à cent, dans les mêmes conditions que celles prévues au premier alinéa du présent II. »***

(L. nº 2010-853 du 23 juill. 2010, art. 7) **« III. – Le nombre de sièges d'une chambre de commerce et d'industrie de région est fixé entre trente et** *(L. nº 2016-298 du 14 mars 2016, art. 1er)* **« cent vingt** *[ancienne rédaction : cent]* **», dans des conditions fixées par décret en Conseil d'État.** *– V. art. R. 711-46.*

(L. nº 2016-298 du 14 mars 2016, art. 1er) **« Chaque chambre de commerce et d'industrie territoriale, locale ou départementale d'Île-de-France est représentée au sein de la chambre de commerce et d'industrie de région à laquelle elle est rattachée à**

due proportion de son poids économique. Lorsque le nombre de chambres de commerce et d'industrie territoriales, locales ou départementales d'Île-de-France rattachées à une même chambre de commerce et d'industrie de région est égal à deux, il peut être dérogé à cette règle dans des conditions fixées par décret. » *(L. n° 2010-853 du 23 juill. 2010, art. 7)* « Les élus d'une chambre de commerce et d'industrie territoriale assise sur deux régions, destinés à la représenter à l'échelon régional, peuvent être présents dans chacune des deux assemblées régionales au prorata des représentations des différentes composantes géographiques de cette chambre de commerce et d'industrie territoriale. » – *[L. n° 87-550 du 16 juill. 1987, art. 9.] – Anc. art. L. 713-6 (Ord. n° 2004-328 du 15 avr. 2004, art. 2-II). – V. art. R. 713-66.*

V. note ss. art. L. 713-11.

Art. L. 713-13 La répartition des sièges entre catégories et sous-catégories professionnelles est faite en tenant compte des bases d'imposition des ressortissants, du nombre de ceux-ci et du nombre de salariés qu'ils emploient.

Aucune des catégories professionnelles ne peut disposer d'une représentation supérieure à la moitié du nombre des sièges. – *[L. n° 87-550 du 16 juill. 1987, art. 10.] – Anc. art. L. 713-7 (Ord. n° 2004-328 du 15 avr. 2004, art. 2-II).*

Art. L. 713-14 Les listes électorales sont dressées dans *(L. n° 2010-853 du 23 juill. 2010, art. 7)* « des conditions prévues par décret en Conseil d'État » par une commission présidée par le juge commis à la surveillance du registre du commerce et des sociétés et sont soumises aux prescriptions *(L. n° 2016-1048 du 1er août 2016, art. 11-II)* « de l'article L. 20 *[ancienne rédaction : du premier alinéa de l'article L. 25 et des articles L. 27, L. 34 et L. 35]* » du code électoral. – *[L. n° 87-550 du 16 juill. 1987, art. 11.] – Anc. art. L. 713-8 (Ord. n° 2004-328 du 15 avr. 2004, art. 2-II). – V. art. R. 713-1 s., R. 713-37 s., R. 713-70.*

Les dispositions issues de la L. n° 2016-1048 du 1er août 2016 entrent en vigueur selon des modalités fixées par décret en Conseil d'État et, au plus tard, le 31 déc. 2019 (L. préc., art. 16).

Pour les sanctions pénales résultant de l'usage commercial des listes électorales, V. art. R. 713-63.

Art. L. 713-15 Pour l'élection des membres des chambres de commerce et d'industrie *(L. n° 2010-853 du 23 juill. 2010, art. 7)* « territoriales et de région », chaque électeur dispose d'autant de voix qu'il a de qualités à être électeur par application de l'article L. 713-1.

(Abrogé par L. n° 2019-486 du 22 mai 2019, art. 40-I) ***« Pour l'élection des délégués consulaires, chaque électeur ne dispose que d'une seule voix. »***

(Ord. n° 2003-1067 du 12 nov. 2003, art. 6) « Le droit de vote aux élections des membres des chambres de commerce et d'industrie *(L. n° 2010-853 du 23 juill. 2010, art. 7)* « territoriales et de région » *(L. n° 2019-486 du 22 mai 2019, art. 40-I)* « est exercé par voie électronique. En dehors du renouvellement général, le droit de vote est exercé par correspondance ou par voie électronique. » *(Abrogé par Ord. n° 2006-673 du 8 juin 2006, art. 4-II)* ***« En cas d'utilisation par un même électeur au titre de la même qualité des deux modes de vote, seul le vote par voie électronique est considéré comme valide. »*** – *[L. n° 87-550 du 16 juill. 1987, art. 14.] – Anc. art. L. 713-11 (Ord. n° 2004-328 du 15 avr. 2004, art. 2-II). – V. art. R. 713-16 s., R. 713-49 s., R. 713-64.*

L'abrogation de la seconde phrase du deuxième alinéa de l'art. L. 713-15 dans sa rédaction en vigueur jusqu'à la date de publication de l'Ord. n° 2006-673 du 8 juin 2006 (JO 9 juin) a pris effet à la date d'entrée en vigueur du décret relatif à la partie Réglementaire du code de commerce (Ord. préc., art. 4-II). – V. art. R. 713-64 issu du Décr. n° 2007-431 du 25 mars 2007 (JO 27 mars).

V. note ss. art. L. 713-11.

Art. L. 713-16 *(Abrogé par L. n° 2019-486 du 22 mai 2019, art. 40-I)* ***« Les délégués consulaires et »*** Les membres des chambres de commerce et d'industrie *(L. n° 2010-853 du 23 juill. 2010, art. 7)* « de région et territoriales » sont élus au scrutin *(Ord. n° 2004-328 du 15 avr. 2004, art. 6-1 ; L. n° 2004-1343 du 9 déc. 2004, art. 78-XIX)* « majoritaire plurinominal à un tour ». Si plusieurs candidats obtiennent le même nombre de suffrages, le plus âgé est proclamé élu.

(L. n° 2010-853 du 23 juill. 2010, art. 7) **« Les membres des chambres de commerce et d'industrie de région, départementales d'Île-de-France et territoriales sont élus le même jour, dans des conditions fixées par décret en Conseil d'État. »**

(L. n° 2014-873 du 4 août 2014, art. 69) **« Le candidat à l'élection des membres d'une chambre de commerce et d'industrie de région et son suppléant sont de sexe différent. »**

(L. n° 2010-853 du 23 juill. 2010, art. 7) **« Les membres élus à la chambre de commerce et d'industrie de région et leurs suppléants sont également membres de la chambre territoriale de la circonscription où ils ont été désignés. La perte ou la renonciation de la qualité de membre de l'un de ces deux établissements entraîne simultanément la privation de la qualité de membre de l'autre établissement. »** – *[L. n° 87-550 du 16 juill. 1987, art. 15.] – Anc. art. L. 713-12 (Ord. n° 2004-328 du 15 avr. 2004, art. 2-II).*

V. note ss. art. L. 713-11.

Parité. Jugeant que le principe de parité introduit pour les élections se déroulant au sein des CCI de région ne s'applique pas à celles de La Réunion et des îles de Guadeloupe, en dépit de la dimension régionale de ces établissements : • CAA Bordeaux, 13 juin 2017, n° 17BX00419 : *AJDA 2017. 1553, note Katz* • 13 juin 2017, n° 17BX00422 : *eod. loc.*

Art. L. 713-17 *(Ord. n° 2004-328 du 15 avr. 2004, art. 7)* **« Les opérations** *(Abrogé par L. n° 2019-486 du 22 mai 2019, art. 40-I)* ***« pour l'élection des délégués consulaires et »*** **pour l'élection des membres des chambres de commerce et d'industrie** *(L. n° 2010-853 du 23 juill. 2010, art. 7)* **« territoriales et de région » sont organisées** *(Abrogé par L. n° 2019-486 du 22 mai 2019, art. 40-I)* ***« à la même date, »*** **par l'autorité administrative et, sous son contrôle, par les chambres de commerce et d'industrie** *(L. n° 2010-853 du 23 juill. 2010, art. 7)* **« territoriales et de région »** *(Abrogé par L. n° 2019-486 du 22 mai 2019, art. 40-I)* ***« et par les chambres de métiers et de l'artisanat régionales et de région ».*** **Elles sont soumises aux prescriptions des articles L. 49, L. 50, L. 58 à L. 67 du code électoral. La méconnaissance de ces dispositions est passible des peines prévues aux articles L. 86 à L. 117-1 du même code. »**

Une commission présidée par le préfet ou son représentant est chargée de veiller à la régularité du scrutin et de proclamer les résultats. – *V. art. R. 713-11 et R. 713-34 s.*

Les recours contre les élections *(Abrogé par L. n° 2019-486 du 22 mai 2019, art. 40-I)* ***« des délégués consulaires et »*** **des membres des chambres de commerce et d'industrie** *(L. n° 2010-853 du 23 juill. 2010, art. 7)* **« territoriales et de région » sont portés devant le tribunal administratif comme en matière d'élections municipales.** – *V. art. R. 713-60.*

(L. n° 2014-626 du 18 juin 2014, art. 64) **« Le membre d'une chambre de commerce et d'industrie départementale d'Île-de-France, d'une chambre de commerce et d'industrie territoriale ou d'une chambre de commerce et d'industrie de région dont l'élection est contestée reste en fonctions jusqu'à ce qu'il ait été définitivement statué sur la réclamation. »** – *[L. n° 87-550 du 16 juill. 1987, art. 16.] – Anc. art. L. 713-13 (Ord. n° 2004-328 du 15 avr. 2004, art. 2-II).*

V. note ss. art. L. 713-11.

Art. L. 713-18 **Un décret en Conseil d'État détermine les modalités d'application des** *(Ord. n° 2003-1067 du 12 nov. 2003, art. 8)* **« articles L. 713-1 à L. 713-14 ». Ce décret fixe notamment les conditions dans lesquelles sont répartis les sièges** *(Abrogé par L. n° 2019-486 du 22 mai 2019, art. 40-I)* ***« de délégués consulaires et »*** **de membres d'une chambre de commerce et d'industrie** *(L. n° 2010-853 du 23 juill. 2010, art. 7)* **« territoriale ou d'une chambre de commerce et d'industrie de région » entre les catégories et sous-catégories professionnelles.** – *[L. n° 87-550 du 16 juill. 1987, art. 18.] – Anc. art. L. 713-15 (Ord. n° 2004-328 du 15 avr. 2004, art. 2-II). – V. art. R. 713-1 s.*

V. note ss. art. L. 713-11.

TITRE DEUXIÈME DU TRIBUNAL DE COMMERCE

(Ord. n° 2006-673 du 8 juin 2006, art. 2)

RÉP. COM. v^is *Compétence commerciale*, par TAP ; *Procédure commerciale*, par BRUSCHI ; *Tribunal de commerce*, par A. BERNARD.

BIBL. GÉN. ▸ Actes du Colloque du 22 oct. 1998, *RJ com. déc. 1998* (tribunaux de commerce : quelles réformes ?). – DUFOUR, *LPA 21 oct. 1998* (réforme de la justice commerciale : mixité, pour le meilleur et contre le pire). – Gourion, *Gaz. Pal. 1er-2 oct. 1999, p. 9*. – Bernard, *D. 1999. Chron. 403*. – Pansier et Charbonneau, *LPA 28 mai 2001*. – Croze, *Procédures 2001. Chron. 9* (retour de la compétence matérielle des tribunaux de commerce). – Lienhard, *D. 2001. 1154* (l'État est-il responsable de la paralysie des tribunaux de commerce ?). – Magendie, *RJ com. 2002. 196* (procédure commerciale et pratique consulaire, prémisses de l'euro-procès). – Costes, *Annonces de la Seine 28 nov. 2002, p. 1* (nécessaire réforme des tribunaux de commerce). – Actes du Colloque du 8-9 juin 2002, *RJ com. nov. 2002,* (le juge de l'économie). – Dupichot, *Mél. Guyon, Dalloz, 2003, p. 365* (de quelques observations sur la compétence « commerciale » au regard du concept de droit commercial). – Armand-Prévost, *RJ com. 2003. 321* (fonctionnement et enjeux des tribunaux de commerce au cours des XIXe et XXe siècles). – Dufour, *LPA 1er déc. 2004* (Conseil national des tribunaux de commerce). – Lagarde, *D. 2005. 82* (propos pragmatiques sur la dispersion du contentieux économique). – Pételi-Teyssié, Le code de commerce 1807-2007, Livre du bicentenaire, *Dalloz, 2007, p. 581* (la compétence « prud'homale » du tribunal de commerce). – Schiller, *Procédures 2007. Étude 23* (tribunaux de commerce et droit commercial). – Rey, *RJ com. 2007. 378* (schéma directeur de réforme de la carte judiciaire des tribunaux de commerce). – Raibaut, *RJ com. 2008. 256* (les tribunaux de commerce : une institution au service de la modernité). – Actes du colloque du 10 oct. 2008, *RLDA sept. 2010. 86* (échevinage et justice économique). – Hilaire, *Procédures 2011. Dossier 9* (compétences des juridictions consulaires avant le code de commerce de 1807). – Raibaut, *BJE 2012. 43* (des tribunaux de commerce aux tribunaux de l'économie : un nouvel horizon pour les juridictions consulaires). – Delattre, *RPC 2013. Étude 3* (la justice consulaire face à l'impartialité). – Mairot, *LPA 18 févr. 2013* (réflexions pour une réforme des tribunaux de commerce). – Maugain, *Dr. et pr. 2013. 127* (trente propositions pour une justice commerciale rénovée). – Collectif, *JCP 2013, no 853* (pour une justice commerciale rénovée et réhabilitée). – Rolland, *Procédures 2015. Dossier 5* (où va la justice commerciale ?). – Schiller, *Cah. dr. entr. 2015, no 5, p. 75* (le ministère public devant la juridiction commerciale en matière de contentieux général).

Sur le Conseil national des tribunaux de commerce, V. art. R. 721-7 s.

CHAPITRE PREMIER DE L'INSTITUTION ET DE LA COMPÉTENCE

(L. no 2015-990 du 6 août 2015, art. 231-I-1o).

Art. L. 721-1 **Les tribunaux de commerce sont des juridictions du premier degré, composées de juges élus et d'un greffier. Leur compétence est déterminée par le présent code et les codes et lois particuliers.**

Les tribunaux de commerce sont soumis aux dispositions, communes à toutes les juridictions, du livre Ier du code de l'organisation judiciaire. — *[COJ, art. L. 411-1.]*

1. *Unicité d'instance.* La règle de l'unicité d'instance prud'homale, qui autorise les demandes nouvelles en cause d'appel, n'est pas applicable devant la juridiction commerciale. • Soc. 23 janv. 2013, no 10-20.568 P : *D. 2013. Actu. 369 ; Dr. soc. 2013. 287, note Chaumette*.

2. *Greffier.* Sur le paiement d'une redevance pour occupation du domaine public s'agissant de l'activité extra-judiciaire des greffiers des tribunaux de commerce, V. • CE 12 mars 2021, no 442284 : *AJDA 2021. 2518, note Tarlet ; AJCT 2021. 379, obs. Dreyfus ; RFDA 2021. 469, concl. Victor ; RDI 2021. 429, obs. Hasquenoph* • TA Lyon, 8 juin 2020, no 1808606 : *RFDA 2021. 25, concl. Flechet*. ♦ V. aussi Circ. NOR : JUST2022434C du 6 févr. 2020 relative à l'occupation des locaux judiciaires par les greffiers des tribunaux de commerce *(BOMJ 21 août 2020).*

Art. L. 721-2 **Dans les circonscriptions où il n'est pas établi de tribunal de commerce, le** *(Ord. no 2019-964 du 18 sept. 2019, art. 35, en vigueur le 1er janv. 2020)* **« tribunal judiciaire** *[ancienne rédaction : tribunal de grande instance]* **» connaît des matières attribuées aux tribunaux de commerce.** — *[COJ, art. L. 411-3.]* — *V. art. R. 420-4, R. 721-5.*

Compétence du tribunal judiciaire. Le tribunal (ch. com.) saisi d'une procédure dont la loi lui confère le pouvoir d'en connaître ne peut se déclarer incompétent au seul motif qu'elle relève d'une autre de ses formations (ch. civ.). • Chambéry, 8 nov. 1994 : *D. 1995. 292, notes aprob. Croze et crit. Reinhard* • 20 déc. 1994 : *Gaz. Pal. 1995. 2. Somm. 491, obs. Croze ; JCP 1995. II. 22473, obs. du Rusquec.*

SECTION PREMIÈRE COMPÉTENCE COMMUNE À TOUS LES TRIBUNAUX DE COMMERCE *(L. nº 2015-990 du 6 août 2015, art. 231-I-2º).*

Art. L. 721-3 **Les tribunaux de commerce connaissent :**

1º Des contestations relatives aux engagements entre commerçants, *(L. nº 2016-1547 du 18 nov. 2016, art. 95-I-1º)* **« entre artisans, » entre établissements de crédit** *(Ord. nº 2013-544 du 27 juin 2013, art. 7, en vigueur le 1er janv. 2014)* **« , entre sociétés de financement » ou entre eux ;**

2º De celles relatives aux sociétés commerciales ;

3º De celles relatives aux actes de commerce entre toutes personnes.

Toutefois, les parties peuvent, au moment où elles contractent, convenir de soumettre à l'arbitrage les contestations ci-dessus énumérées. *(Ord. nº 2021-1192 du 15 sept. 2021, art. 28, en vigueur le 1er janv. 2022)* **« Par exception, lorsque le cautionnement d'une dette commerciale n'a pas été souscrit dans le cadre de l'activité professionnelle de la caution, la clause compromissoire ne peut être opposée à celle-ci. »** – *[COJ, art. L. 411-4.]*

Les art. L. 721-3, L. 721-4 et L. 721-6 C. com. (anc. art. L. 411-4, L. 411-5 et L. 411-7 COJ) reprennent en substance les art. 631, 636, 637 et 638, al. 1er, C. com. (ancien) qui avaient été abrogés par le Décr. nº 78-329 du 16 mars 1978, texte validé par L. nº 91-1258 du 17 déc. 1991. – Ils ont pris effet à la date d'entrée en vigueur de l'art. 3 de la L. du 17 déc. 1991 (JO 19 déc.) ... modifiant le COJ et donnant force de loi audit code. – Toutefois, les décisions prononcées par les tribunaux d'instance et de grande instance, avant l'entrée en vigueur de la L. nº 2001-420 du 15 mai 2001 (JO 16 mai), dans les matières mentionnées aux art. préc. sont, sous réserve des décisions de justice passées en force de chose jugée, réputées rendues par des juridictions compétentes (L. préc. du 15 mai 2001, art. 127-III).

Le 1º du I de l'art. 95 de la L. nº 2016-1547 du 18 nov. 2016 entre en vigueur à une date fixée par décret, et au plus tard le 1er janv. 2022. A cette date, les procédures relatives aux litiges entre artisans en cours devant les tribunaux de grande instance sont transférées en l'état aux tribunaux de commerce territorialement compétents. Les convocations et citations données aux parties peuvent être délivrées avant la date d'entrée en vigueur du même art. 95 pour une comparution postérieure à cette date devant la juridiction nouvellement compétente. Il n'y a pas lieu de renouveler les actes, formalités et jugements régulièrement intervenus antérieurement au transfert des procédures, à l'exception des convocations et citations données aux parties qui n'auraient pas été suivies d'une comparution devant la juridiction antérieurement compétente. Les parties ayant comparu devant la juridiction antérieurement compétente sont informées par l'une ou l'autre des juridictions qu'il leur appartient d'accomplir les actes de la procédure devant la juridiction à laquelle les procédures sont transférées. Les archives et les minutes du greffe des juridictions antérieurement compétentes sont transférées au greffe des tribunaux de commerce compétents. Les frais de transfert de ces archives et minutes sont imputés sur le crédit ouvert à cet effet au budget du ministère de la justice (L. préc., art. 114-VIII).

Sur la compétence du tribunal de commerce en matière d'injonction de payer, V. C. pr. civ., art. 1406. – ***C. pr. civ.*** *– ... De son président, en matière de mesures conservatoires, V. C. pr. exéc., art. L. 511-3. –* ***C. pr. exéc.***

V. pour l'arbitrage international et la reconnaissance, l'exécution forcée et les voies de recours à l'égard des sentences arbitrales rendues à l'étranger ou en matière d'arbitrage international, C. pr. civ., art. 1504 s. – ***C. pr. civ.***

RÉP. COM. vis *Arbitrage commercial*, par MOREAU, BEREGOI, DESCOURS-KARMITZ, MALLET et LELEU ; *Arbitrage international*, par MOREAU, GLUCKSMANN et FENG ; *Actes de commerce*, par HOUTCIEFF ; *Commerçant*, par LEBEL ; *Compétence commerciale*, par TAP.

RÉP. SOCIÉTÉS vº *Compétence et arbitrage*, par TAP.

BIBL. ▶ DELEAU-DESHAYES, *RJ com. 1961. 276* (ordre public et compétence commerciale). – GEISENBERGER, *RTD com. 1964. 39* (exception d'incompétence d'attribution des tribunaux de commerce). – DE LA MORINERIE, *Actes du forum de l'AFIC du 18 mars 1998, p. 14* (compétence d'attribution du tribunal de commerce). – DUPICHOT, *Mél. Guyon, Dalloz, 2003, p. 365* (observations sur la compétence « commerciale » au regard du concept de droit commercial). – KESSEDJIAN, Le code de commerce 1807-2007, Livre du bicentenaire, *Dalloz, 2007, p. 601* (règlement des différends entre professionnels : entre justice publique et justice privée). – ARMAND-PRÉVOST, *Gaz. Pal. 2007. 639* (interrogations sur le traitement des litiges entre sociétés commerciales). – J.-P. et M. BERTREL, *Dr. et patr. 1/2008. 30* (commercialité de l'acquisition de contrôle). – MASSART, *BJS 2008. 366* (commercialité de la cession des droits sociaux d'une société commerciale : tableau didactique). – Reinhard, *Procédures 2011. Dossier 11* (compétence et sociétés commerciales). – Voinot, *ibid. 12* (quelles compétences pour les tribunaux de commerce en matière de procédures collectives ?). – Deharo, *RTD com. 2013. 177* (stratégie judiciaire et performance de l'entreprise). – M. Bertrel, *RTD civ. 2013. 759* (la détention du contrôle d'une société commerciale relève-t-elle vraiment du droit civil ?). – Rolland, *Procédures 2017. Étude 14* (justice du XXIe siècle : extension de la compétence des tribunaux de commerce aux litiges des artisans). – Fouchard, *D. avocats 2020. 355* (la clause de règlement des litiges en droit commercial : le cas de la clause de règlement des litiges à plusieurs niveaux).

(Jurispr. rendue sur le fondement de l'art. 631 C. com., abrogé, mais dont les dispositions ont été reprises à l'art. L. 411-4 COJ (devenu l'art. L. 721-3 C. com.) par la L. n° 2001-420 du 15 mai 2001).

I. ABROGATION DE L'ART. 631 C. COM.

BIBL. Le Bars, *JCP 2000. Actu. 2163* (nouvelles observations sur la codification à « droit constant » du code de commerce : l'art. 631 abrogé depuis 1991). – Douvreleur, *D. 2001. 530* (de la compétence des tribunaux de commerce). – Croze, *Procédures 2000, n° 12* (tribunaux de commerce : conséquence de l'abrogation de l'ancien code de commerce).

1. Portée de l'abrogation. S'il est exact que l'art. 4 de l'Ord. n° 2000-912 du 18 sept. 2000, relative à la partie législative du code de commerce, a abrogé celui-ci, et par conséquent les dispositions prévues par l'art. 631 dudit code, dès lors que le litige revêt un caractère purement commercial, il relève de la compétence du tribunal de commerce. • Paris, 31 janv. 2001 : *D. 2001. AJ 783, obs. Lienhard ; JCP 2001. I. 311, n° 5, obs. Cadiet ; RJ com. 2001. 111 note Fages et Vexliard.* ♦ Considérant qu'il ne saurait résulter de l'abrogation de l'art. 631 C. com. par la L. n° 91-1258 du 17 déc. 1991, l'absence d'existence légale des tribunaux de commerce, V. • Orléans, 10 janv. 2001 : *JCP 2001. I. 311, n° 5, obs. Cadiet ; Procédures 2001, n° 90, obs. Croze.* – Comp. : • Lyon, 11 janv. 2001 : *Procédures 2001, n° 90, obs. Croze.*

2. Rétablissement de la substance de l'art. 631 C. com. L'intervention du législateur qui s'est borné à rétablir, dans des termes équivalents, des dispositions réglementant la compétence des tribunaux de commerce qui, à la suite d'une maladresse législative, avaient été abrogées sans que d'autres ne soient venues les remplacer, a répondu ainsi à un impérieux motif d'intérêt général. • Com. 14 déc. 2004, n° 01-10.780 P : *D. 2005. AJ 146, obs. Lienhard ; JCP E 2005, n° 5, p. 162 ; Dr. sociétés 2005, n° 31, obs. Hovasse ; BJS 2005. 728, note Fages et Vexliard ; Procédures 2005, n° 60, obs. Perrot.* ♦ Par la L. du 15 mai 2001, le législateur n'a fait que réparer l'erreur qu'il avait commise lors de son entreprise de codification, et le juge ne peut violer l'art. 6 (1) de la Conv. EDH en faisant application d'une loi qui rétroactivement en fait coïncider la lettre avec l'esprit. • Paris, 17 oct. 2001 : *D. 2001. AJ 3438, obs. Lienhard ; RTD civ. 2002. 843, obs. Normand .*

II. CONTESTATIONS ENTRE COMMERÇANTS

3. Présomption de commercialité. La nature commerciale de l'acte s'apprécie à la date à laquelle il a été passé, peu important que son auteur ait perdu depuis lors la qualité de commerçant. • Com. 12 mars 2013, n° 12-11.765 P : *D. 2013. Actu. 769 ; RTD com. 2013. 223, obs. Saintourens ; JCP 2013, n° 610, note Lebel ; RJDA 2013, n° 862 ; Procédures 2013, n° 143, obs. Perrot.* ♦ Les tribunaux de commerce connaissant des contestations relatives aux engagements entre commerçants, c'est à tort que les juges du fond ont considéré que le TGI, qui connaît de toutes les affaires pour lesquelles compétence n'a pas été expressément attribuée à une autre juridiction, n'est pas incompétent pour connaître du litige dont la compétence n'a pas été expressément attribuée au tribunal de commerce. • Com. 27 oct. 2009, n° 08-18.004 P : *D. 2009. AJ 2682 ; JCP E 2010. 1037, note Lebel ; LPA 21 janv. 2010, note Loir ; RJDA 2010, n° 103 ; RJ com. 2010. 154, obs. Messaï-Bahri.* ♦ Les actes accomplis par un commerçant pour les besoins de son commerce sont commerciaux par accessoire. • Com. 14 févr. 1956 : *RTD com. 1957. 413* • 18 mars 1974 : *Gaz. Pal. 1974. 1. Somm. 134, obs. Jauffret.* ♦ C'est à celui qui invoque le caractère civil de l'acte à prouver qu'il n'a pas été accompli pour les besoins du commerce. • Orléans, 22 avr. 1974 : *JCP 1974. IV. 6445, obs. J. A.* ♦ Sur la commercialité par accessoire, V. note 22 ss. art. L. 110-1.

4. Contrat de travail. L'action dirigée contre une société, fondée sur la complicité de celle-ci dans la violation par un ancien salarié d'une clause de non-concurrence, relevant de la compétence du tribunal de commerce, suppose que soit tranchée la question préalable de la violation de la clause de non-concurrence par l'intéressé, laquelle relève de la compétence exclusive de la juridiction prud'homale. • Com. 6 mai 2003, n° 01-15.268 : *JCP E 2003, n° 27, p. 1120 ; RJDA 2003, n° 1145.* ♦ Lorsque des gérants exercent leur activité non pas dans les conditions d'un contrat de travail de droit commun, mais dans les conditions fixées par l'art. L. 781-1 [L. 7321-1 s. nouv.] C. trav., la compétence prud'homale est écartée, et le tribunal de commerce retrouve sa compétence, lorsque le litige porte sur les modalités d'exploitation commerciale de la succursale. • Soc. 9 juill. 1974, n° 73-11.650 P • Paris, 11 juill. 1975 : *RTD com. 1975. 803, obs. Jauffret ; JCP 1976. IV. 120* • Soc. 14 janv. 2015, n° 13-

20.707 : *RJDA 2015, n° 471.* ♦ Tel est le cas lorsque le différend concerne une demande en paiement de fourniture et de frais d'exploitation. • Soc. 10 juin 1976, n° 74-13.536 P • 8 nov. 1979, n° 78-10.062 P. ♦ ... Ou porte sur un remboursement d'une certaine somme correspondant à des détournements et à un déficit d'inventaire. • Soc. 8 mars 2006, n° 04-17.059 P : *JCP E 2006, n° 16, p. 741.* ♦ Pour une reconnaissance de la compétence prud'homale, V. • Soc. 22 mars 2006, n° 05-42.233 P : *JCP E 2006, n° 19, p. 883 ; Gaz. Pal. 2006. Somm. 2086, obs. Boubli.*

5. Droit d'auteur. BIBL. Bruguière et Deprez, *JCP E 2008, n° 39, p. 3.* ♦ V. la rédaction de l'art. L. 331-1 CPI, conférant une compétence exclusive aux TJ. – **CPI.** ♦ V. aussi note 73 ss. L. n° 63-628 du 2 juill. 1963, art. 2, App., v° *Concurrence.*

6. Demandes multiples. Lorsque la demande comprend des chefs distincts, les uns civils, les autres commerciaux, mais unis par des liens de connexité si étroits qu'on risquerait, en les jugeant séparément, de leur donner des solutions inconciliables, la juridiction civile doit prévaloir sur la juridiction exceptionnelle et être saisie de l'entier litige. • Civ. 21 janv. 1903 : *DP 1903. 1. 177* • 21 oct. 1931 : *ibid. 1933. 1. 100.* ♦ Il en est de même quand une action est intentée contre plusieurs défendeurs dont les uns sont tenus civilement et les autres commercialement. • Civ. 5 févr. 1907 : *DP 1907. 1. 429.* ♦ Le tribunal de commerce n'est, en principe, compétent pour connaître des demandes reconventionnelles que si elles ont, comme la demande principale, une cause commerciale, ou si, étant de nature civile, elles sont indivisibles de la demande principale. • Req. 19 déc. 1922 : *DP 1923. 1. 189.* ♦ En cas de connexité entre deux instances, l'une soumise au TGI, l'autre au tribunal de commerce, le premier ne peut se déclarer incompétent au profit du second, dès lors que certaines demandes n'entrent pas dans la compétence d'attribution de ce dernier. En effet, aucun texte ne donne compétence au tribunal de commerce pour statuer sur une demande dirigée contre une personne n'ayant pas la qualité de commerçant et n'ayant pas accompli un acte de commerce. • Civ. 2e, 1er mars 2018, n° 16-22.987 P : *D. actu. 14 mars 2018, obs. Jourdan-Marques.* ♦ Lorsque le défendeur, assigné devant une juridiction commerciale, soulève un moyen de défense portant sur un point de droit civil ou rendant nécessaire l'interprétation d'un contrat civil, la solution doit en être soumise préjudiciellement à la juridiction civile. • Civ. 6 févr. 1924 : *DP 1924. 1. 181, note Appleton.*

7. Commission rogatoire. La demande de l'autorité requérante décernée en application des dispositions de la Conv. de La Haye du 18 mars 1970 sur l'obtention des preuves à l'étranger en matière civile ou commerciale ayant pour seul objet l'exécution d'une commission rogatoire, cette demande, qui n'entre pas dans le champ de la compétence d'attribution du tribunal de commerce telle que définie par l'art. L. 721-3, relève de la compétence du TGI. • Cass., avis, 18 mars 2013, n° 12-70.020 P : *BICC 1er mai 2013, p. 20, rapp. Matet, obs. Domingo ; D. 2013. Actu. 845 ; JCP E 2013, n° 279 ; BJS 2013. 354, note Cholet.*

III. SOCIÉTÉS DE COMMERCE

8. Actions relatives à la vie sociale. Les tribunaux de commerce connaissent des contestations relatives aux sociétés commerciales (action contre les dirigeants sociaux de fait, alors même que les sociétés qu'ils dirigent n'ont pas elles-mêmes été personnellement mises en cause). • Com. 27 oct. 2009, n° 08-20.384 P : *D. 2010. 296, note Dondero ; RTD com. 2009. 766, obs. Le Cannu et Dondero ; Rev. sociétés 2010. 30, note Saintourens ; JCP 2009, n° 52, p. 30, note Lebel ; LPA 29 déc. 2009, note Brignon ; RJDA 2010, n° 51 ; RLDA déc. 2009. 10, note Poracchia et Merland.* ♦ Les tribunaux de commerce sont compétents pour connaître des actions en responsabilité engagées par des sociétés commerciales contre leurs dirigeants de fait. • Com. 30 mars 2022, n° 20-11.776 B : *D. actu. 19 avr. 2022, obs. Ferrari.* ♦ Le fait qu'un gérant de SARL ne soit pas personnellement commerçant ne peut pas le soustraire à la juridiction commerciale dès lors que les faits allégués contre lui se rattachent par un lien direct à la gestion de la société. • Com. 7 avr. 1967, n° 64-14.121 P : *D. 1968. 61, note Calais-Auloy* • Paris, 14 juin 2002 : *RJDA 2003, n° 848* (litige entre un associé et le gérant d'une société en participation ayant une activité commerciale). ♦ Les manquements commis par le gérant d'une société commerciale (SARL) à l'occasion de l'exécution d'un contrat se rattachent par un lien direct à la gestion de celle-ci et la circonstance qu'il ne soit pas personnellement commerçant ou qu'il n'ait pas accompli d'actes de commerce est indifférente. • Com. 14 nov. 2018, n° 16-26.115 P : *D. 2019. Chron. C. cass. 1371, obs. Gauthier ; RTD com. 2019. 148, obs. Lecourt ; Rev. sociétés 2019. 394, obs. El Mejri ; JCP E 2018, n° 1632, note Houtcieff ; RJDA 2019, n° 344 ; BJS 2019. 17, note Reygrobellet ; RLDA mai 2019. 13, note Hassoun.* ♦ Viole l'art. L. 721-3, la cour d'appel qui retient que l'action en responsabilité prévue par l'art. L. 213-12, dirigée contre le liquidateur amiable d'une SARL, relève de la compétence de la juridiction civile, alors que le liquidateur, comme le gérant, agit dans l'intérêt social et réalise des opérations se rattachant directement à la gestion de la société. • Même arrêt. ♦ La juridiction commerciale est compétente en cas de litige opposant deux associés de fait dont l'un a assigné l'autre en résiliation et dissolution à ses torts de la société de fait commerciale et en dommages-intérêts. • Com. 8 juill. 1970, n° 69-13.855 P : *D. 1971. 324.* Le conseil de prud'hommes n'est pas compétent pour statuer sur les conditions de mise en œuvre d'un pacte d'actionnaires qui ne constitue pas un accessoire au contrat de travail. • Soc. 18 oct. 2007, n° 06-45.331 P : *RJDA 2008, n° 133.* Si l'attribution par l'employeur à un salarié d'une option donnant droit à une souscription d'actions constitue un accessoire du contrat de travail dont la connaissance relève du conseil de prud'hommes, les différends pouvant ensuite s'élever dans les relations entre la société et le salarié devenu actionnaire, indépendamment des conditions d'acquisition de ses actions, sont de la compétence de la juridiction commerciale. • Soc. 16 sept. 2008, n° 07-20.444 P : *Rev. sociétés 2009. 102, note Barbièri ; JCP E 2009, n° 3, p. 24, note Kovac et Montanier ; RJDA 2008, n° 1277* • 27 févr. 2013, n° 11-27.319 : *RJDA 2013, n° 422.* Jugeant que la demande en paiement de dommages-intérêts d'un salarié en réparation du préjudice causé par les conditions particulières de cession de ses actions en raison de la perte de sa qualité de salarié du fait de son licenciement constitue un différend né à l'occasion du contrat de travail : • Soc. 9 juill. 2008, n° 06-45.800 P : *Rev. sociétés 2008. 780, note Barbièri ; RJDA 2008, n° 1261 ; RJ com. 2009. 38, obs. Desbarats.* L'art. R. 221-27, 3°, COJ ne donne pas compétence au tribunal d'instance pour connaître des contestations portant sur la désignation, par les salariés actionnaires, d'un candidat à l'élection d'un administrateur par l'assemblée générale des actionnaires, régie par l'art. L. 225-23 C. com. En l'absence de toute autre disposition prévoyant la compétence du tribunal d'instance en cette matière, c'est à bon droit que la cour d'appel a retenu que le litige, portant sur une contestation relative aux sociétés commerciales, relevait de la compétence du tribunal de commerce, en application de l'art. L. 721-3, 2°, C. com. • Com. 18 mars 2020, n° 17-24.039 P : *cité note 2 ss. art. L. 225-23.*

Le tribunal de commerce est compétent pour connaître du litige qui oppose deux sociétés commerciales au sujet de l'exécution des engagements résultant d'un contrat de bail qui a le caractère d'un acte de commerce, aucun texte, et notamment pas l'art. R. 321-2 COJ, n'attribuant compétence exclusive aux tribunaux d'instance pour, dans de telles conditions, connaître des actions nées d'un contrat de louage d'immeuble. • Lyon, 15 mai 1992 : *D. 1993. 3, note Reinhard* • Civ. 2e, 30 sept. 1981, n° 81-12.359 P : *D. 1982. IR 158, obs. Julien.* Sur la compétence commerciale pour un litige opposant deux associés d'une société commerciale sur le nombre d'actions devant être attribuées à l'un deux, V. • Com. 14 févr. 2006, n° 03-19.823 : *Rev. sociétés 2006. 787, note Saintourens ; JCP E 2007, n° 12, p. 27, note Legros ; RJDA 2006, n° 793.*

9. Option de compétence du demandeur non-commerçant. Si la compétence des juridictions consulaires peut être retenue lorsque les défendeurs sont des personnes qui n'ont ni la qualité de commerçant ni celle de dirigeant de droit d'une société commerciale dès lors que les faits qui leur sont reprochés sont en lien direct avec la gestion de cette société, toutefois, lorsque le demandeur est un non-commerçant, il dispose du choix de saisir le tribunal civil ou le tribunal de commerce ; les demandeurs n'ayant pas la qualité de commerçant, il s'en déduit qu'ils disposent d'une option de compétence leur permettant de saisir valablement le juge civil d'une action en concurrence déloyale dirigée contre une société commerciale et deux de ses salariés. • Com. 18 nov. 2020, n° 19-19.463 P : *D. 2020. Actu. 2342 ; Rev. sociétés 2021. 165, note Reygrobellet ; RJDA 2021, n° 101.* – V. aussi, dans le cadre d'un acte préparatoire à une cession de contrôle : • Com. 31 mars 2021, n° 19-17.900 : *RJDA 2021, n° 534.*

10. Cessions de droits sociaux. BIBL. J.-P. et M. Bertrel, *Dr. et patr. 1/2008. 30* (la commercialité de l'acquisition de contrôle). Le litige qui oppose les cédants des actions d'une SA aux dirigeants de la société cédée porte sur la clause de non-concurrence contenue dans la convention de cession, ce dont il résulte qu'en application de l'art. L. 721-3, ce litige, né à l'occasion d'une cession de titres d'une société commerciale, relève de la compétence du tribunal de commerce. • Com. 10 juill. 2007, n° 06-16.548 P : *D. 2008. 518, note Thévenet-Montfrond ; D. 2007. Chron. C. cass. 2768, obs. Salomon ; RTD com. 2007. 783, obs. Le Cannu et Dondero ; Rev. sociétés 2007. 793, note Saintourens ; JCP E 2007, n° 46, p. 27, note Legros ; LPA 27 déc. 2007, note Navarro ; RJDA 2007, n° 1245 ; BJS 2007. 1242, note Poracchia.* Le litige relatif à une cession de créance, qui oppose les parties à l'acte de cession des actions et porte sur une stipulation insérée dans ledit acte, est né à l'occasion de la cession des titres d'une société commerciale et ressortit à ce titre à la compétence du tribunal de commerce. • Com. 12 févr. 2008, n° 07-14.912 P : *D. 2008. AJ 612, obs. Lienhard ; RTD com. 2008. 358, obs. Le Cannu et Dondero ; Rev. sociétés 2008. 370, note Saintourens ; JCP 2008. II. 10129, note Lebel ; LPA 17 juill. 2008, note Brignon ; RJDA 2008, n° 533 ; BJS 2008. 485, note Barbièri.* Ayant constaté que le litige, qui oppose deux associés d'une société commerciale, porte sur la validité d'un acte de cession de parts sociales composant le capital de cette dernière société, c'est à bon droit que l'arrêt retient qu'en application de l'art. L. 721-3 le litige, né à l'occasion d'une cession de titres d'une société commerciale, relève de la compétence du tribunal de commerce. • Com. 6 janv. 2021, n° 19-10.238 : *RJDA 2021, n° 478 ; Gaz. Pal. 2 mars*

2021, p. 18, note Azoulay et Zagury.

11. Cession de contrôle. Présente un caractère commercial la cession d'un nombre de parts entraînant le contrôle de la société. • Com. 28 déc. 1978 : *D. 1980. 316, note Bousquet* • 19 nov. 1985, n° 84-13.768 P • 24 nov. 1992, n° 91-10.699 P • 2 juill. 2002, n° 00-10.121 : *BJS 2002. 1179, note Fages ; JCP E 2003, n° 19, p. 804, obs. Béguin ; RJDA 2003, n° 501.* ♦ Les conventions qui emportent cession de contrôle d'une société commerciale présentent un caractère commercial encore qu'elles ne soient pas conclues entre commerçants. • Com. 28 nov. 2006, n° 05-14.827 : *RTD com. 2007. 148, obs. Champaud et Danet ; RJDA 2007, n° 489 ; Dr. sociétés 2007, n° 30, obs. Hovasse.* ♦ Sur la notion d'opération juridique globale dans laquelle peut s'inscrire une cession d'action revêtant un caractère commercial, V. • Civ. 2e, 30 mars 2000, n° 98-18.262 : *RJDA 2000, n° 873.* – V. aussi • Com. 22 mars 2005, n° 01-16.331 : *RJDA 2005, n° 987* • Paris, 9 oct. 2009 : *RJDA 2010, n° 193.* ♦ Comp., jugeant que la prise de contrôle d'une société s'appréciant non pas au regard du vendeur, mais au regard de chacun des cessionnaires pris séparément, des cessions distinctes de parts sociales consenties par actes séparés à des personnes n'ayant entre elles aucun lien de parenté ne constituent pas des cessions en bloc mais des actes civils relevant de la compétence du TGI. • Versailles, 17 sept. 1998 : *BJS 1998. 1266, note Etain ; JCP 1999. I. 134, n° 5, obs. Viandier et Caussain ; RTD com. 1999. 141, obs. Reihnard .* ♦ Un pacte d'actionnaires portant sur le contrôle d'une société commerciale pouvant avoir pour objet ou pour effet de transférer ce contrôle à une autre société ou au contraire de faire obstacle à ce transfert et de renforcer le contrôle exercé par les actionnaires, doit être considéré comme un acte de commerce par nature, et non comme un acte mixte. • TGI Lyon, 10 avr. 1992 : *RTD com. 1992. 642, obs. Reinhard .*

Lorsque, alors que les apports de deux investisseurs faisaient perdre le contrôle de la société et de ses filiales à l'actionnaire majoritaire, une société holding a été créée pour éviter ce résultat et que, pour protéger les associés majoritaires en capital qu'un tel montage rendait minoritaires en voix, un droit de sortie leur a été garanti par l'engagement de rachat pris par l'actionnaire majoritaire, la clause de rachat ne constitue pas un engagement autonome, mais son acceptation, imposée par les investisseurs, donne à l'actionnaire majoritaire le contrôle des sociétés, effet suffisant pour lui donner la nature d'acte commercial. • Com. 26 mars 1996, n° 94-14.051 P : *D. 1996. Somm. 342, obs. Hallouin ; BJS 1996. 588, note Rontchevsky ; JCP E 1996. II. 855, note Bonneau* (conf. • Paris, 2 mars 1994 : *D. 1994. IR 126 ; BJS 1994. 513, note Couret*). ♦ Retenant la compétence commerciale pour une action en paiement d'honoraires intentée par un conseiller financier chargé d'une mission préparatoire à une cession du contrôle de la société : • Com. 15 janv. 2008, n° 07-12.102 P : *D. 2008. AJ 413, obs. Chevrier ; RTD com. 2008. 496, obs. Saintourens ; ibid. 573, obs. Champaud et Danet ; JCP 2008. IV. 1290 ; LPA 17 juill. 2008, note Brignon ; LPA 8 août 2008, note Favario ; RJDA 2008, n° 744 ; Defrénois 2008. 1472, obs. Thullier ; BJS 2008. 386, obs. Vidal.* ♦ Sur l'assimilation à la cession d'un fonds de commerce, V. note 7 ss. art. L. 141-1.

12. Actes de nature civile. BIBL. Jeandidier, *D. 1979. Chron. 7.* – Dekeuwer, *JCP E 1977. I. 12392.* ♦ Les actes faits par une société à forme commerciale, même s'ils sont de nature civile, sont à son égard des actes de commerce. • Com. 14 févr. 1956 : *JCP 1956. II. 9375* • 19 nov. 1956 : *Gaz. Pal. 1957. 1. 203* • 3 janv. 1956 : *JCP 1956. II. 9232, note Derrida* • 10 mars 1998, n° 95-21.580 P : *D. Affaires 1998. 722, obs. V. A.-R. ; BJS 1998. 665, note Daigre ; Rev. sociétés 1998. 307, note Barbièri .* ♦ V. cep., s'agissant des actes constitutifs ou translatifs de droits réels immobiliers, • Paris, 22 avr. 1950 : *Gaz. Pal. 1950. 2. 367* • Nancy, 30 juin 1960 : *D. 1960. 678.* ♦ Une cour d'appel fait une exacte application des dispositions de l'art. L. 721-3 en retenant la compétence du tribunal de commerce pour connaître d'une demande d'expertise *in futurum* formée par un liquidateur judiciaire contre une SARL de commissariat aux comptes exerçant une activité professionnelle libérale réglementée. • Com. 29 sept. 2009, n° 08-17.205 : *BJS 2010. 32, note Godon.*

13. Cautionnement. La compétence des juridictions commerciales s'étend au cautionnement, acte civil par nature, qui devient commercial lorsque la caution a un intérêt patrimonial personnel dans l'opération garantie. • Com. 7 avr. 2004, n° 02-12.954 : *RJDA 2004, n° 1040.* ♦ V. désormais le 11° de l'art. L. 110-1.

IV. ASSOCIATIONS

14. BIBL. Simon, *D. 1977. Chron. 153.* ♦ Bien qu'une association de la loi de 1901 relève en principe des tribunaux civils, la juridiction commerciale peut être compétente lorsque les actes de commerce qu'elle accomplit deviennent habituels. • Com. 8 juill. 1969 : *JCP 1970. II. 16155 bis, note J. A. ; RTD civ. 1970. 349, obs. Jauffret* • Paris, 13 juin 1990 : *D. 1990. IR 192.* ♦ V., pour un club de football professionnel : • Reims, 19 févr. 1980 : *JCP 1981. II. 19496, note Guyon ; RTD com. 1981. 520, obs. Dubarry ; ibid. 606, obs. Merle.* ♦ Une association, qui offre de manière permanente aux particuliers un site internet visant à favoriser les échanges d'immeubles, effectue des opérations d'intermédiaire pour l'achat ou la vente d'immeubles, et relève de la compétence du tribunal de commerce. • Com. 14 févr. 2006, n° 05-13.453 P : *D. 2006. AJ 783, obs. Chevrier ; RTD com. 2006. 564, obs. Saintourens ; JCP 2006. IV. 1548 ; Gaz. Pal. 2006. 3384, obs. Ballet ; CCC 2006, n° 102, obs. Leveneur ; RJDA 2006, n° 848.*

V. GROUPEMENT D'INTÉRÊT ÉCONOMIQUE

15. Dès lors que les statuts du GIE autorisent celui-ci à effectuer toutes opérations commerciales se rattachant directement ou indirectement à la réalisation de son objet, il en résulte que ce groupement effectue des actes de commerce et que son objet présente un caractère commercial, justifiant la compétence du tribunal de commerce. • Com. 15 juin 2010, n° 09-15.130 : *Rev. sociétés 2010. 386, obs. Lienhard ; JCP E 2010, n° 1966, note Hovasse ; RJDA 2010, n° 1089.*

VI. ACTES MIXTES

16. Option de compétence. En cas de litige entre deux parties dont l'une seulement est commerçante ou à propos d'un acte qui n'est commercial que pour l'une d'elles, la partie qui n'est pas commerçante ou qui n'a pas fait d'acte de commerce a le droit d'être jugée par la juridiction civile compétente à son égard et si elle est demanderesse, à actionner, à son choix, le défendeur commerçant devant le tribunal civil ou commercial. • Civ. 8 mai 1907 : *DP 1911. 1. 222* • Civ. 1er juill. 1908 : *ibid. 1909. 1. 11* • Civ. 6 mai 1930 : *DH 1930. 363* • 22 juin 1943 : *DC 1944. J. 83* • Com. 20 juill. 1965 : *D. 1965. 581.* – V. aussi • Com. 18 nov. 2020, n° 19-19.463 P : *préc. note 9.* ♦ ... Mais la partie non commerçante peut toujours renoncer à se prévaloir de l'incompétence du tribunal de commerce. • Civ. 2e, 17 mai 1982, n° 80-16.063 P. ♦ ... Et la juridiction saisie ne peut pas relever d'office son incompétence lorsque la partie commerçante a saisi le tribunal de commerce et que l'autre partie n'a pas décliné cette compétence. • Orléans, 27 déc. 2001 : *RJDA 2002, n° 1342.* ♦ Il résulte des art. L. 211-3 COJ et L. 721-3 et L. 225-102-4 C. com. que le plan de vigilance, incombant à une SA en application de l'art. L. 225-102-4, ne constitue pas un acte de commerce au sens du 3° de l'art. L. 721-3 et que, si l'établissement et la mise en œuvre d'un tel plan présentent un lien direct avec la gestion de cette société, justifiant la compétence des juridictions consulaires par application du 2° de l'art. L. 721-3, le demandeur non commerçant qui entend agir à cette fin dispose toutefois, en ce cas, du choix de saisir le tribunal civil ou le tribunal de commerce. Pour *retenir la compétence exclusive* du tribunal de commerce, l'arrêt retient que le plan de vigilance, dont l'établissement et la mise en œuvre sont en lien direct avec la gestion de la société, constitue un acte commercial et non un acte mixte qui, seul, ouvrirait un droit d'option aux associations demanderesses. En statuant ainsi, alors que les demandeurs, non commerçants, pouvaient choisir d'agir devant la juridiction civile, la cour d'appel a violé les textes susvisés. • Com. 15 déc. 2021, n° 21-11.882 B : *cité ss. art. L. 225-102-4.* ♦ V. désormais COJ, art. L. 211-21 donnant compétence au tribunal judiciaire de Paris.

17. Clauses attributives de compétence. V. notes 54 s.

18. Preuve. V. art. L. 110-3.

19. Prescription. V. art. L. 110-4.

VII. CLAUSE COMPROMISSOIRE

BIBL. Reinhard, *LPA 15 mai 1996* (arbitrage et sociétés). – Croze et Reinhard, *JCP E 2005, n° 14, p. 612* (procédures collectives et arbitrages : conseils pratiques). – Braconnier, *Dr. et patr. 10/2005. 59* (arbitrage et contrats publics d'affaires). – Idot, *D. 2007. 2681* (la place de l'arbitrage dans la résolution des litiges en droit de la concurrence). – Tricot et Paclot, *Dr. et patr. 1/2008. 50* (garantie de passif : pourquoi choisir la voie de l'arbitrage ?). – Castel et Reigné, *ibid. 55* (clause compromissoire et garantie de passif). – Paillusseau, *ibid. 60* (l'arbitre et le prix de la cession de contrôle). – Lécuyer et Poracchia, *ibid. 67* (circulation de la garantie de passif et de la clause compromissoire). – Legros, *RD transp. sept. 2008, p. 15* (arbitrage et connaissement). – Vidal, *Gaz. Pal. 2009. 2996* (procédure collective et procédure d'arbitrage : quelle rencontre ?). – Racine, *LPA 8 oct. 2010* (l'arbitre face aux pratiques illicites du commerce international). – Ruet, *Defrénois 2012. 966* (arbitrage et baux commerciaux).

20. Loi du 15 mai 2001. **BIBL.** Marini et Fages, *D. 2001. 2658*. – Loquin, *RTD com. 2001. 642*. – Rontchevsky, *AJDI 2002. 270* (arbitrage et baux commerciaux depuis la loi NRE). – Dossier, *Dr. et patr. 6/2002, p. 51* (nouvelles perspectives en matière d'arbitrage). – Augendre, *RJ com. 2002. 292* (réforme de l'arbitrage : de nouveaux territoires ?). ♦ Validité, par application de L. du 15 mai 2001, d'une clause compromissoire insérée dans une convention conclue entre professionnels avant l'entrée en vigueur de la loi nouvelle, peu important, à cet égard, que la convention ait ou non pris fin avant cette entrée en vigueur. • Civ. 1re, 22 nov. 2005, n° 04-12.655 P : *D. 2006. 277, note Le Bars et Callé ; RTD com. 2006. 302, obs. Loquin ; JCP E 2006, n° 5, p. 239, note Croze ; LPA 22 mars 2006, note Peltier ; Gaz. Pal. 2006. 463, note Vatier ; RJDA 2006, n° 207.* ♦ L'art. L. 721-3, 3°, C. com. prévoit des dispositions particulières qui figurent au nombre de celles visées par l'art. 2061 C. civ. [rédaction antérieure à la L. n° 2016-1547 du 18 nov. 2016] ; après avoir qualifié de commercial l'acte en cause, ce dont il résultait que les contestations relatives à l'acte entraient dans les prévisions de l'art. L. 721-3, 3°, c'est à bon droit que la cour d'appel, en présence d'une clause compromissoire qui n'était pas manifestement nulle, a retenu que la juridiction étatique n'était pas compétente pour connaître du litige. • Civ. 1re, 22 oct. 2014, n° 13-11.568 P : *D. 2015. 56, note Dondero ; AJCA 2015. 74, obs. Boucaron-Nardetto ; RTD com. 2016. 66, obs. Loquin ; JCP 2014, n° 1138, obs. Le Bars ; RJDA 2015, n° 227 ; RLDA janv. 2015, note Bert ; BJS 2014. 685, note Barbièri.* ♦ Mais, les époux n'exerçant plus aucune activité professionnelle à la date de la conclusion des contrats renfermant la clause compromissoire, ces contrats n'ont pas été conclus en raison d'une activité professionnelle au sens de l'art. 2061 C. civ., de sorte que la clause compromissoire était nulle et de nul effet. • Civ. 1re, 29 févr. 2012, n° 11-12.782 P : *D. 2012. 1312, note Rouaud ; JCP E 2012, n° 1314, note Monéger ; LPA 22 mai 2012, note Legrand ; RJDA 2012, n° 544.* ♦ V. la nouvelle rédaction de l'art. 2061 C. civ. issue de la L. n° 2016-1547 du 18 nov. 2016. – **C. civ.**

A. AUTONOMIE

21. Absence d'incidence sur la clause compromissoire de l'inefficacité de l'acte qui la contient. En application du principe de validité de la convention d'arbitrage et de son autonomie en matière internationale, la nullité non plus que l'inexistence du contrat qui la contient ne l'affectent. • Civ. 1re, 25 oct. 2005, n° 02-13.252 P : *D. 2006. 199, avis Sainte-Rose ; D. 2005. Pan. 3052, obs. Clay ; JCP E 2006, n° 26, p. 1156, obs. Béguin* • 11 juill. 2006, n° 04-14.950 P : *JCP 2006. II. 10182, note Callé ; RJDA 2007, n° 427* • Civ. 2e, 4 avr. 2002, n° 00-18.009 P : *D. 2003. 1117, note Degos ; JCP 2002. II. 10154, note Reifegerste.* ♦ En droit interne de l'arbitrage, la clause compromissoire présente, par rapport à la convention principale dans laquelle elle s'insère, une autonomie juridique qui exclut, sauf stipulation contraire, qu'elle puisse être affectée par une éventuelle inefficacité de cette convention. • Com. 9 avr. 2002, n° 98-16.829 P : *D. 2003. 1117, note Degos ; JCP 2002. II. 10154, note Reifegerste* • Civ. 2e, 20 mars 2003, n° 01-02.253 P : *D. 2003. Somm. 2470, obs. Clay ; JCP E 2003, n° 21-22, p. 880 ; RJDA 2003, n° 1030.*

22. Nullité ou inapplicabilité manifeste de la clause compromissoire. Est seule de nature à faire obstacle à la compétence prioritaire de l'arbitre la nullité ou l'inapplicabilité manifeste de la clause d'arbitrage. • Com. 25 nov. 2008, n° 07-21.888 P : *D. 2009. 1516, note Pillet ; JCP 2009. II. 10023, note Mainguy ; LPA 20 juill. 2009, obs. Larroumet.* ♦ Le fait que le litige porte sur une obligation précontractuelle alors que la convention d'arbitrage a été stipulée pour trancher les litiges nés des relations contractuelles ne caractérise pas une inapplicabilité manifeste de la clause d'arbitrage. • Civ. 1re, 4 juill. 2006, n° 05-17.460 P : *D. 2006. Pan. 3029, obs. Clay ; RTD com. 2006. 764, obs. Loquin ; JCP 2006. IV. 2698.* – V. aussi • Civ. 1re, 25 avr. 2006, n° 05-15.528 P : *JCP E 2006, n° 50, p. 2147, obs. Seraglini ; CCC 2006, n° 151, obs. Leveneur ; Rev. crit. DIP 2007. 128, note Jault-Seseke* (rupture brutale des pourparlers). ♦ Sur le principe compétence-compétence, V. note 28. ♦ Sur l'éviction du principe compétence-compétence dans les contrats de consommation internationaux, V. • Civ. 1re, 30 sept. 2020, n° 18-19.241 P : *D. 2020. 2501, note Mouralis ; AJ contrat 2020. 485, note Mainguy ; RTD com. 2021. 529, obs. Loquin ; JCP E 2021, n° 1178, note Casson ; RJDA 3/2021. 197, avis Marilly.*

23. Extension de la clause compromissoire. BIBL. Bessis, *LPA 2 août 2012* (extension *ratione personae* des conventions d'arbitrage international). ♦ L'existence et l'efficacité d'une clause compromissoire s'apprécient, sous réserve des règles impératives du droit français et de l'ordre public international, d'après la commune volonté des parties, sans qu'il soit nécessaire de se référer à une loi étatique. • Civ. 1re, 30 mars 2004, n° 01-14.311 P : *JCP E 2004, n° 45-46, p. 1786, note Chabot ; RTD com. 2004. 443, obs. Loquin .* ♦ En l'absence de nullité manifeste, la clause compromissoire, contenue dans une convention internationale, doit recevoir application en vertu de l'indépendance d'une telle clause en droit international, sous la seule réserve des règles d'ordre public international qu'il appartiendra aux arbitres de mettre en œuvre, sous le contrôle du juge de l'annulation, pour vérifier leur propre compétence, spécialement en ce qui concerne l'arbitrabilité du litige. • Civ. 1re, 30 mars 2004, n° 02-12.259 P : *D. 2004. 2458, note Najjar ; JCP E 2005, n° 18-19, p. 755, obs. Seraglini ; RTD com. 2004. 447, obs. Loquin ; RJDA 2004, n° 1406.* ♦ Donnant compétence à l'arbitre en vertu du principe de compétence-compétence (sur ce principe, V. note 28) pour se prononcer sur une obligation précontractuelle et légale qui incombe à l'un des signataires de la convention d'arbitrage, alors que cette dernière avait été stipulée pour trancher les éventuels litiges nés des relations contractuelles des signataires, V. • Civ. 1re, 4 juill. 2006, n° 05-17.460 P : *préc. note 22.* ♦ En présence de deux contrats qui n'ont pas le même objet, dont l'un contient une clause compromissoire (contrat d'approvisionnement) et l'autre une clause attributive de compétence (contrat de gage), l'arbitre ne peut étendre sa compétence au contrat autre que celui qui contenait la clause d'arbitrage. • Civ. 1re, 4 juill. 2006, n° 05-11.591 P : *D. 2006. Pan. 3029, obs. Clay ; RTD com. 2006. 764, obs. Loquin ; JCP E 2006, n° 50, p. 2147, obs. Seraglini ; RJDA 2007, n° 112.* ♦ L'effet de la clause d'arbitrage international contenue dans le contrat initial s'étend au sous-traitant qui en a eu connaissance lors de la signature de son contrat et qui est directement impliqué dans l'exécution du premier contrat. • Civ. 1re, 26 oct. 2011, n° 10-17.708 P : *cité note 32.* ♦ Sur les demandes incidentes, V. note 38.

B. CONDITIONS DE VALIDITÉ

24. *Principe général de validité dans les contrats internationaux.* La clause compromissoire est valable dans les contrats internationaux. • Civ. 1re, 28 janv. 2003, n° 00-22.680 P : *JCP E 2003, n° 12, p. 491 ; Rev. crit. DIP 2003. 641, note Jault-Seseke.* ♦ La qualification, interne ou internationale, d'un arbitrage, déterminée en fonction de la nature des relations économiques à l'origine du litige, ne dépend pas de la volonté des parties, et fixe le régime des voies de recours. • Civ. 1re, 13 mars 2007, n° 04-10.970 P : *D. 2008. Pan. 183, obs. Clay ; JCP E 2007, n° 19, p. 23, obs. Ortscheidt ; LPA 25 sept. 2007, obs. Ben-Reguiga ; RJDA 2008, n° 346* • 20 nov. 2013, n° 12-25.266 P : *D. 2013. Actu. 2785, obs. Delpech ; RTD civ. 2014. 107, obs. Barbier ; JCP E 2014, n° 1076, note Le Bars ; RJDA 2014, n° 287.* ♦ Est international l'arbitrage qui met en cause des intérêts du commerce international ; l'internationalité de l'arbitrage fait appel à une définition économique selon laquelle il suffit que le litige soumis à l'arbitre porte sur une opération qui ne se dénoue pas économiquement dans un seul État, et ce, indépendamment de la qualité ou de la nationalité des parties, de la loi applicable au fond ou à l'arbitrage, ou encore du siège du tribunal arbitral. • Civ. 1re, 26 janv. 2011, n° 09-10.198 P : *D. 2011. Actu. 312, obs. Delpech ; Rev. crit. DIP 2011. 704, note Laazouzi ; JCP E 2011, n° 1219, note Asfar Cazenave ; RJDA 2011, p. 563, rapp. Pluyette.*

25. *Exigence d'un écrit.* Si l'art. 1443 NCPC [renommé C. pr. civ.] exige que la clause compromissoire figure dans un document écrit, il ne régit ni la forme, ni l'existence des stipulations qui, se référant à ce document, font la convention des parties. • Civ. 2e, 21 janv. 1999, n° 95-18.761 P (validité de la clause compromissoire par référence). ♦ L'engagement d'une société à l'arbitrage ne s'apprécie pas par référence à une quelconque loi nationale mais par la mise en œuvre d'une règle matérielle déduite du principe de validité de la convention d'arbitrage fondée sur la volonté commune des parties, de l'exigence de bonne foi et de la croyance légitime dans les pouvoirs du signataire de la clause pour conclure un acte de gestion courante qui lie la société. • Civ. 1re, 8 juill. 2009, n° 08-16.025 P : *D. 2009. Pan. 2385, obs. D'Avout ; Rev. crit. DIP 2009. 779, note Jault-Seseke ; JCP E 2009, n° 50, p. 18, obs. Ortscheidt ; RJDA 2010, n° 796.* ♦ Jugeant que la clause compromissoire contenue aux avant-contrats, qu'étaient les réservations de fret, avait été remplacée, par une nouvelle expression de la volonté des parties, par les stipulations des connaissements, de sorte qu'elle était de ce fait devenue manifestement inapplicable. • Civ. 1re, 11 juill. 2006, n° 03-19.838 P : *D. 2006. Pan. 3029, obs. Clay ; RTD com. 2006. 764, obs. Loquin ; JCP E 2006, n° 50, p. 2147, obs. Seraglini ; Gaz. Pal. 2006. 2609, avis Sainte-Rose ; RJDA 2006, p. 1109, note Bouche.*

26. *Désignation des arbitres.* BIBL. Dupeyre, *LPA 6 févr. 2006* (tribunaux arbitraux permanents et préconstitués). – Ruhlmann, *RTD com. 2014. 729* (les listes d'arbitres). ♦ Les prétendues irrégularités affectant les modalités de désignation de l'arbitre sont sans incidence sur la validité de la clause compromissoire elle-même. • Civ. 1re, 9 juill. 2014, n° 13-13.598 P : *D. 2014. Actu. 1553 ; RTD com. 2016. 703, obs. Loquin ; JCP E 2014, n° 1457 ; RJDA 2014, n° 950.* ♦ Le principe d'égalité des parties qui s'impose dans la désignation des arbitres est d'ordre public et on ne peut y renoncer qu'après la naissance du litige. • Civ. 1re, 7 janv. 1992, n° 89-18.708 P : *Rev. arb. 1992. 470, note P. Bellet.* ♦ Les dispositions des art. 1453 et 1459 NCPC [C. pr. civ., art. 1451 et 1461 nouv.] imposent, sans que les parties puissent y déroger, que le tribunal arbitral soit constitué d'un seul arbitre ou de plusieurs en nombre impair. • Civ. 2e, 21 nov. 2002, n° 00-22.864 P : *RTD com. 2003. 62, obs. Loquin ; JCP E 2003, n° 45-46, p. 1814, obs. Ortscheidt ; LPA 21 nov. 2003, p. 18, note Barbièri ; RJDA 2003, n° 453.* ♦ Si les parties à une convention d'arbitrage désignent les arbitres en nombre pair, la composition du tribunal arbitral peut être régularisée selon les modalités prévues à l'art. 1454 NCPC [C. pr. civ., art. 1451 nouv.]. • Civ. 2e, 25 mars 1999, n° 97-13.448 P. ♦ Un requérant, en participant à la procédure sans émettre aucune réserve sur l'investiture des arbitres, n'est pas recevable à contester devant une cour d'appel la validité de la convention d'arbitrage. • Civ. 1re, 6 mai 2003, n° 00-16.822 P : *JCP E 2003, n° 27, p. 1119 ; Gaz. Pal. 2004. Somm. 1232, obs. du Rusquec ; RJDA 2004, n° 385 ; Rev. crit. DIP 2004. 124, note Chilstein.* ♦ L'instance arbitrale n'est en cours qu'à partir du moment où le tribunal arbitral est définitivement constitué et peut donc être saisi du litige, c'est-à-dire à partir de l'acceptation par tous les arbitres de leur mission. • Civ. 1re, 25 avr. 2006, n° 05-13.749 P : *D. 2006. Pan. 3029, obs. Clay ; JCP E 2006, n° 50, p. 2143, obs. Béguin ; LPA 27 juin 2006, p. 18, note Chabot ; Procédures 2006, n° 150, obs. Perrot.* ♦ L'impossibilité pour une partie d'accéder au juge, fût-il arbitral, chargé de statuer sur sa prétention, à l'exclusion de toute juridiction étatique, constitue un déni de justice qui fonde la compétence internationale du président du TGI de Paris, dans sa mission d'assistance et de coopération du juge étatique à la constitution d'un tribunal arbitral, dès lors qu'il existe un rattachement avec la France. • Civ. 1re, 1er févr. 2005, n° 01-13.742 P : *D. 2005. 2727 note Hotte ; ibid. Pan. 3054, obs. Clay ; JCP E 2005, n° 11, p. 476, note Kessler ;*

RTD com. 2005. 266, obs. Loquin ; Gaz. Pal. 2005. Somm. 2034, obs. Train ; RJDA 2005, n° 772 ; Rev. crit. DIP 2006. 140, obs. Clay ; RJ com. 2006. 384, obs. Attal. ♦ L'appel des décisions par lesquelles le président du tribunal de grande instance ou du tribunal de commerce refuse de désigner un ou des arbitres pour une des causes prévues à l'art. 1444, al. 3, C. pr. civ. [art. 1452 nouv.] doit être formé, instruit et jugé comme en matière de contredit de compétence ; il en est de même lorsque la décision de désignation procède d'un excès de pouvoir. • Civ. 1re, 9 févr. 2011, n° 09-71.416 P : *D. 2011. Actu. 600, obs. Delpech ; JCP E 2011, n° 1221.*

27. Indépendance des arbitres. BIBL. Derache, *JCP E 2012, n° 1480* (indépendance et impartialité de l'arbitre). – Ferrier et Magendie, *D. 2015. 29* (la transparence : une exigence raisonnable pour l'indépendance de l'arbitre ?). ♦ L'arbitre est tenu de révéler à l'une des parties à la convention d'arbitrage l'existence d'un courant d'affaire entre lui et l'autre partie à cette convention, afin de mettre en mesure la première d'exercer son droit de récusation. • Civ. 1re, 20 oct. 2010, n° 09-68.997 P : *D. 2010. Actu. 2589, obs. Delpech ; JCP 2010, n° 1306, note Le Bars et Juvénal ; JCP E 2011, n° 1109, spéc. n° 1, obs. Seraglini ; RJDA 2011, n° 196 ; RJ com. 2011. 79, obs. Moreau ; Dr. et pr. 2011. 17, note Asfar Cazenave.* ♦ Il appartient à l'arbitre, avant d'accepter sa mission, de révéler toute circonstance susceptible d'être regardée comme affectant son impartialité afin de permettre à la partie d'exercer, à bref délai, s'il y a lieu, son droit de récusation. • Civ. 1re, 1er févr. 2012, n° 11-11.084 P : *D. 2012. Actu. 446, obs. Delpech ; Gaz. Pal. 2012. 1502, obs. Bensaude ; RJDA 2012, n° 627 ; Procédures 2012, n° 73, obs. Weiller ; RLDA avr. 2012. 59, note Dérable ; RJ com. janv.-févr. 2013. 30, obs. Moreau.* ♦ L'occultation par un arbitre des circonstances susceptibles de provoquer, dans l'esprit des parties, un doute raisonnable quant à son impartialité et à son indépendance, dans le but de favoriser l'une des parties, constitue une fraude rendant possible la rétractation de la sentence arbitrale dès lors que cette décision a été surprise par le concert frauduleux existant entre l'arbitre et cette partie ou les conseils de celle-ci. • Civ. 1re, 30 juin 2016, n° 15-13.755 P : *D. 2016. Actu. 1505 ; Rev. crit. DIP 2017. 245, note Racine ; RJDA 2016. 871, rapp. Bignon.* ♦ La partie qui, en connaissance de cause, s'abstient d'exercer, dans le délai prévu par le règlement d'arbitrage applicable, son droit de récusation en se fondant sur toute circonstance de nature à mettre en cause l'indépendance ou l'impartialité d'un arbitre, est réputée avoir renoncé à s'en prévaloir devant le juge de l'annulation. • Civ. 1re, 25 juin 2014, n° 11-26.529 P : *D. 2014. 1981, concl. Chevalier ; ibid. 1986, note Le Bars ; JCP 2014. Actu. 742, obs. Clay ; RJDA 2014, n° 810 ; Procédures 2014, n° 269, obs. Weiller.*

C. EFFETS

1° ENTRE LES PARTIES

a. Incompétence des juridictions étatiques

1. Principe

BIBL. Khatchadourian, *RJ com. 2002. 212* (l'arbitrage à deux vitesses... existe-t-il ?). – Racine, *Rev. arb. 2010. 729* (la sentence d'incompétence). – Burda, *RTD com. 2013. 653* (renonciation au recours en annulation dans le nouveau droit français de l'arbitrage).

28. Principe de compétence-compétence. La combinaison des principes de validité et de compétence-compétence interdit, par voie de conséquence, au juge étatique français de procéder à un examen substantiel et approfondi de la convention d'arbitrage, et ce, quel que soit le lieu où siège le tribunal arbitral, la seule limite dans laquelle le juge peut examiner la clause d'arbitrage avant qu'il ne soit amené à en contrôler l'existence ou la validité dans le cadre d'un recours contre la sentence étant celle de sa nullité ou de son inapplicabilité manifeste. • Civ. 1re, 7 juin 2006, n° 03-12.034 P : *D. 2006. IR 1701 ; JCP E 2006, n° 50, p. 2146, obs. Seraglini.* ♦ Lorsqu'un litige relevant d'une convention d'arbitrage est porté devant une juridiction de l'État, celle-ci se déclare incompétente sauf si le tribunal arbitral n'est pas encore saisi et si la convention d'arbitrage est manifestement nulle ou manifestement inapplicable. • Civ. 1re, 21 sept. 2016, n° 15-28.941 P : *JCP E 2016, n° 1542 ; RJDA 2016, n° 917 ; RLDA nov. 2016. 27, note Bailly et Haranger.* ♦ La contradiction entre une clause d'arbitrage et une clause attributive de compétence ne remet pas en cause le principe selon lequel l'arbitre doit statuer sur sa propre compétence. • Civ. 2e, 18 déc. 2003, n° 02-13.410 P : *D. 2004. IR 321 ; JCP 2004. II. 10075, note Noblot ; RTD com. 2004. 255, obs. Loquin ; RJDA 2004, n° 498* • Civ. 1re, 27 avr. 2004, n° 01-13.831 P : *RTD com. 2005. 486, obs. Loquin ; JCP E 2004, n° 50, p. 1973, obs. Béguin ; Procédures 2004, n° 157, obs. Nourissat ; RJDA 2005, n° 1171* • 20 févr. 2007, n° 06-14.107 P : *D. 2008. Pan. 183, obs. Clay ; RTD civ. 2008. 151, obs. Théry ; JCP E 2007, n° 35, p. 31, obs. Béguin ; RJDA 2007, p. 423, rapp. Pascal* (désignation impérative de deux institutions arbitrales). ♦ Jugeant que seul le tribunal arbitral est compétent pour se prononcer sur la caducité éventuelle d'une convention d'arbitrage : • Civ. 2e, 8 avr. 2004, n° 02-16.163 P : *D. 2004. IR 1559 ; JCP 2004. IV. 2141 ; RTD civ. 2004. 770, obs. Théry ; RJDA 2004, n° 921 ; BJS 2004. 1242, note Rontchevsky.* ♦ Sur l'éviction du principe compétence-compétence dans les contrats de consommation internationaux, V. • Civ. 1re, 30 sept. 2020, n° 18-19.241 P : *préc. note 22.*

29. Exception de procédure. L'exception tirée de l'existence d'une clause compromissoire est régie par les dispositions qui gouvernent les exceptions de procédure, de sorte qu'elle ne peut être soulevée par une partie qui avait préalablement conclu au fond. • Civ. 2e, 22 nov. 2001, n° 99-21.662 P : *CCC 2002, n° 41, obs. Leveneur.*

2. Tempérament

30. *Renonciation.* Il est loisible aux parties de renoncer à l'exécution d'une convention d'arbitrage. • Civ. 1re, 7 juin 2006, n° 04-19.290 P : *D. 2006. IR 1769 ; JCP E 2006, n° 50, p. 2143, obs. Ortscheidt ; RJDA 2007, n° 113.* ♦ Dès lors qu'il est constaté que, nonobstant la présence des clauses compromissoires dans les contrats de franchise et d'approvisionnement visant notamment les litiges liés à leur exécution, les franchiseurs ont assigné le franchisé devant la juridiction consulaire dont elle n'a pas soulevé l'incompétence ; qu'après avoir retenu l'existence d'une renonciation irrévocable des parties à l'arbitrage dans les contrats de franchise et d'approvisionnement et ajouté que, l'incompétence de la juridiction étatique au profit du tribunal arbitral opposée par les franchiseurs à l'action exercée par le franchisé étant sans effet sur cette renonciation, la clause ne pouvait être invoquée pour soumettre à l'arbitrage le contrat de location-gérance, dépourvu de toute clause compromissoire, la cour d'appel en a exactement déduit que la clause d'arbitrage invoquée était manifestement inapplicable. • Civ. 1re, 20 avr. 2017, n° 16-11.413 P : *AJ contrat 2017. 343, obs. de Fontmichel ; JCP E 2017, n° 1280 ; RJDA 2017, n° 595.* ♦ La saisine du juge des référés aux fins de mesures provisoires ou conservatoires ne s'analyse pas en une renonciation au bénéfice de la convention d'arbitrage, de sorte que viole les art. 1442 et 1458, al. 2, NCPC [C. pr. civ., art. 1442 et 1488 nouv.], l'arrêt qui, pour rejeter l'exception d'incompétence fondée sur la clause compromissoire stipulée dans un contrat, retient que la société ayant obtenu la désignation d'un expert en référé, le maître de l'ouvrage a, par cette action en justice, manifesté sa volonté de ne pas faire application de la clause compromissoire. • Civ. 2e, 7 mars 2002, n° 99-12.167 P : *D. 2002. IR 1113 ; Dr. et patr. 6/2002, p. 122, obs. Mestre* • Com. 4 oct. 2005, n° 03-18.482 P : *JCP 2005. IV. 3354.* ♦ L'accord d'une partie pour la mise en œuvre d'une médiation judiciaire n'emporte pas, à défaut de manifestation de volonté non équivoque en ce sens, renonciation à l'arbitrage et acceptation de la compétence de la juridiction étatique. • Civ. 1re, 28 janv. 2003, n° 00-22.680 : *préc. note 24.*

31. *Estoppel.* Une partie, qui a elle-même formé une demande d'arbitrage et qui a participé sans aucune réserve pendant plus de neuf ans à la procédure arbitrale, est irrecevable, en vertu de la règle de l'estoppel, à soutenir, par un moyen contraire, que cette juridiction aurait statué sans convention d'arbitrage ou sur convention nulle, faute de convention qui lui soit applicable. • Civ. 1re, 6 juill. 2005, n° 01-15.912 P : *D. 2006. 1424, note Agostini ; RTD com. 2006. 309, obs. Loquin ; JCP E 2005, n° 47, p. 1988, obs. Ortscheidt ; Gaz. Pal. 2006. Somm. 513, obs. Train.*

32. *Saisine du juge des référés.* La clause compromissoire n'exclut pas, tant que le tribunal arbitral n'est pas constitué, la faculté de saisir le juge des référés aux fins de mesures provisoires ou conservatoires. • Civ. 1re, 6 déc. 2005, n° 03-16.572 P : *RTD com. 2006. 297, obs. Loquin ; RJDA 2006, n° 729.* ♦ L'existence d'une convention d'arbitrage ne fait pas obstacle au pouvoir du juge des référés d'ordonner sur le fondement de l'art. 145 NCPC [renommé C. pr. civ.], et avant saisine de la juridiction compétente, toutes les mesures d'instruction légalement admissibles, qui ne se limitent pas aux constatations. • Civ. 2e, 11 oct. 1995, n° 92-20.496 P : *D. 1995. IR 231 ; Procédures 1996, n° 3, obs. Perrot.* ♦ La compétence exceptionnelle reconnue au juge des référés en présence d'une convention d'arbitrage est soumise à la condition de l'urgence. • Civ. 1re, 26 oct. 2011, n° 10-17.708 P : *D. 2011. Actu. 2736 ; JCP 2012, n° 99, note Barbièri ; RJDA 2012, n° 222 ; RJ com. 2012. 17, obs. Moreau ; Procédures 2012, n° 11, obs. Weiller.* ♦ L'instance arbitrale est en cours à partir du jour où le tribunal arbitral est définitivement constitué et peut donc être saisi du litige, c'est-à-dire à partir de l'acceptation par tous les arbitres de leur mission. • Civ. 1re, 30 mars 2004, n° 01-11.951 P : *D. 2004. Somm. 3183, obs. Clay ; JCP 2004. I. 159, n° 17, obs. Besrour ; RJDA 2004, n° 1011.*

33. *Référé-provision.* En présence d'une clause d'arbitrage, le juge des référés ne peut accueillir la demande de provision formée par une partie, en relevant qu'aucune contestation sérieuse ne s'oppose au paiement de la provision, sans constater l'urgence. • Civ. 2e, 13 juin 2002, n° 00-20.077 P : *D. 2002. 2439, note Najjar ; Dr. et patr. 3/2003. 99, obs. Mestre.*

34. *Ordonnance sur requête.* L'existence d'une clause compromissoire ne prive pas le président du tribunal de commerce du pouvoir qu'il tient de l'art. 875 NCPC [renommé C. pr. civ.] d'ordonner sur requête toutes les mesures urgentes dont les circonstances exigent qu'elles ne soient pas prises contradictoirement. • Com. 10 mars 1998, n° 95-21.581 P : *RTD com. 1998. 834, obs. Dubarry et Loquin .*

35. *Concentration des moyens et autorité de la chose jugée.* Il incombe au demandeur de présenter dans la même instance toutes les demandes fondées sur la même cause et il ne peut invoquer dans une instance postérieure un fondement juridique qu'il s'était abstenu de soulever en temps utile. • Civ. 1re, 28 mai 2008, n° 07-13.266 P : *D. 2008. Pan. 3116, obs. Clay ; RTD com. 2010. 535, obs. Loquin ; JCP E 2008,* *n° 25, p. 17, obs. Béguin ; JCP 2008. II. 10157, note Chabot ; LPA 3 oct. 2008, obs. Maire du Poset ; RLDA sept. 2008. 47, note Raynard ; RJ com. 2009. 60, obs. Moreau.*

b. Sort de la clause compromissoire en cas d'expiration du délai d'arbitrage

36. Maintien de la compétence arbitrale. La clause compromissoire ne stipulant aucun délai, la sentence devait intervenir dans les six mois de la constitution du tribunal, sauf prorogation conventionnelle ou judiciaire. • Civ. 1re, 22 sept. 2010, n° 09-17.410 P : *D. 2010. Pan. 2941, obs. Clay ; JCP E 2010, n° 1938, obs. Béguin ; RJDA 2011, n° 93.* ♦ Le délai légal ou conventionnel dans lequel les arbitres doivent accomplir leur mission ne peut être prorogé que par l'accord des parties ou en justice. • Civ. 2e, 7 nov. 2002, n° 01-10.351 P : *D. 2002. IR 3241 ; JCP E 2003, n° 45-46, p. 1814, obs. Ortscheidt ; Gaz. Pal. 2003. 2306, note Moreau ; RJDA 2004, n° 1070.* ♦ Ayant relevé que les parties n'avaient pas renoncé à l'application d'une clause compromissoire et qu'aucun obstacle caractérisé ne faisait échec à la continuation de la procédure d'arbitrage, une cour d'appel a retenu, à bon droit, que la compétence arbitrale avait subsisté à l'extinction du lien d'instance. • Civ. 2e, 18 févr. 1999, n° 97-12.770 P : *D. 1999. IR 73 ; D. Affaires 1999. 714, obs. V. A.-R.* ♦ Sur la prorogation du délai d'arbitrage : • Civ. 2e, 21 nov. 2002, n° 00-22.465 P : *JCP E 2003, n° 32-35, p. 1337, note Chabot ; RTD com. 2003. 475, obs. Loquin ; Procédures 2003, n° 35, obs. Perrot* • Civ. 1re, 23 mai 2006, n° 05-14.895 P : *JCP E 2006, n° 26, p. 1159* • Civ. 2e, 7 nov. 2002, n° 01-01.885 P : *JCP E 2003, n° 45-46, p. 1814, obs. Ortscheidt* • Civ. 1re, 6 juill. 2005, n° 03-15.223 P : *JCP E 2005, n° 47, p. 1986, obs. Ortscheidt ; RJDA 2006, n° 354.*

37. Responsabilité de l'arbitre. BIBL. Martel, *RTD com. 2007. 1* (le contrôle de la mission de l'arbitre). ♦ Sur la responsabilité de l'arbitre, tenu à cet égard d'une obligation de résultat, qui a laissé expirer le délai d'arbitrage sans demander sa prorogation au juge d'appui : • Civ. 1re, 6 déc. 2005, n° 03-13.116 P : *D. 2006. 274, note Gautier ; RTD com. 2006. 299, obs. Loquin ; JCP E 2006, n° 8, p. 344, note Chabot ; RJDA 2006, n° 728.* ♦ Comp. : les arbitres n'étant tenus que d'une obligation de moyens, il ne peut leur être reproché, en l'absence de stipulation d'un délai d'arbitrage, d'avoir laissé s'éterniser la procédure arbitrale. • Civ. 1re, 17 nov. 2010, n° 09-12.352 P : *D. 2010. Pan. 2935, obs. Clay ; JCP 2010, n° 1236 ; RJDA 2011, n° 271.* ♦ La responsabilité civile des arbitres suppose l'existence d'un manquement de ceux-ci à leur obligation d'impartialité et de bonne foi, ou encore la commission d'une faute personnelle équipollente au dol ou constitutive d'une fraude, d'une faute lourde ou d'un déni de justice. • Civ. 1re, 15 janv. 2014, n° 11-17.196 P : *D. 2014. Actu. 219, obs. Delpech ; AJCA 2014. 35, obs. de Fontmichel ; RTD com. 2014. 315, obs. Loquin ; JCP 2014, n° 231, concl. Chevalier ; Gaz. Pal. 2014. 1142, obs. Mekki ; Procédures 2014, n° 72, obs. Weiller.*

c. Demande incidente

38. Recevabilité. Lorsque son investiture procède d'une clause compromissoire, l'arbitre peut être saisi par une partie d'une demande incidente, dès lors qu'entrant par son objet dans les prévisions de la clause compromissoire, cette demande se rattache par un lien suffisant aux prétentions originaires que la partie lui avait soumises. • Civ. 2e, 8 avr. 1999, n° 96-18.516 P : *D. 1999. IR 133 ; Procédures 1999, n° 146, obs. Perrot.* ♦ Même solution pour un compromis d'arbitrage : • Civ. 1re, 6 mars 2007, n° 06-16.423 P : *D. 2008. Pan. 185, obs. Clay ; RTD com. 2007. 684, obs. Loquin ; JCP E 2007, n° 35, p. 28, obs. Ortscheidt ; LPA 25 sept. 2007, obs. Betto ; RJDA 2007, n° 917.*

2° À L'ÉGARD DES TIERS

39. Relativité de la clause compromissoire. La clause compromissoire ne lie pas un tiers non partie à la convention. • Com. 15 nov. 1978 : *D. 1979. IR 130.* ♦ Mais jugeant que la clause compromissoire est attachée au contrat et donc opposable aux parties, même non signataires : • Civ. 1re, 11 juill. 2006, n° 03-11.768 P : *D. 2006. Pan. 3029, obs. Clay ; RTD com. 2006. 764, obs. Loquin ; JCP E 2006, n° 50, p. 2148, obs. Seraglini.* ♦ La clause d'arbitrage contenue dans le contrat liant le stipulant au promettant peut être invoquée par et contre le tiers bénéficiaire d'une stipulation pour autrui, et donc contre la société bénéficiaire de la garantie de passif. • Civ. 1re, 11 juill. 2006, n° 03-11.983 P : *D. 2006. Pan. 3028, obs. Clay ; RTD com. 2006. 773, obs. Loquin ; JCP E 2006, n° 49, p. 2092, note Legros ; RJDA 2007, n° 208.* ♦ Sur l'articulation entre une procédure collective et une instance arbitrale non en cours au jour du jugement d'ouverture, V. • Com. 2 juin 2004, n° 02-13.940 P : *D. 2004. Somm. 3184, obs. Clay ; JCP E 2004, n° 26, p. 1053, note N. S. ; LPA 21 juill. 2004, p. 15, note Touchent ; RTD com. 439, obs. Loquin ; RJDA 2004, n° 1240.* – V. sur la question, Croze et Reinhard, *JCP E 2005, n° 14, p. 612.* ♦ La clause compromissoire ne peut pas être invoquée par un tiers à son profit de sorte que le bénéficiaire d'une stipulation pour autrui n'est pas fondé à se prévaloir de la clause compromissoire liant uniquement le stipulant et le promettant. • Com. 4 juin 1985, n° 84-10.344 P : *RTD civ. 1986. 593, obs. Mestre ; Rev. arb. 1987. 139, note Goutal.*

40. Transmission de la clause compromissoire. BIBL. Moury, *D. 2002. 2744* (réflexions sur la transmission des clauses de compétence dans les chaînes de contrats translatifs). – Mathieu-Bouyssou, *JCP 2003. I. 116* (transmission de la clause compromissoire au cessionnaire de la créance). – Derache, *JCP E 2012, n° 1048* (transmission des clauses de règlement des litiges dans les groupes de contrat). ♦ La clause d'arbitrage international, valable par le seul effet de la volonté des contractants, est transmise au cessionnaire avec la créance telle qu'elle existe dans les rapports entre le cédant et le débiteur cédé. • Civ. 1re, 5 janv. 1999, n° 96-20.202 P : *D. 1999. IR 31 ; Rev. crit. DIP 1999. 536, note Pataut* • Civ. 2e, 20 déc. 2001, n° 00-10.806 P : *D. 2002. IR 251 ; RTD com. 2002. 279, obs. Loquin*. – V. Pradel, *D. 2003. 569*. ♦ La clause d'arbitrage international s'impose à toute partie venant aux droits de l'un des contractants. • Civ. 1re, 8 févr. 2000, n° 95-14.330 P : *Rev. crit. DIP 2000. 763, note Coipel-Cordonnier*. ♦ Dans une chaîne homogène de contrats translatifs, la clause d'arbitrage international se transmet avec l'action contractuelle, sauf preuve de l'ignorance raisonnable de l'existence de cette clause. Dès lors, encourt la cassation l'arrêt qui déclare une telle clause inopposable à l'acquéreur final au motif inopérant qu'il ne l'a pas acceptée. • Civ. 1re, 6 févr. 2001, n° 98-20.776 P : *D. 2001. Somm. 1135, obs. Delebecque ; RTD com. 2001. 754, obs. Bouloc ; Rev. crit. DIP 2001. 522, note Jault-Seseke ; JCP E 2001, n° 29, p. 1238*. ♦ La cession d'une créance comprend les accessoires de celle-ci. Dès lors, viole l'art. 1492 C. civ. l'arrêt qui, pour rejeter le contredit, retient que dans le cas où seule une créance a été cédée, la clause compromissoire insérée dans le contrat auquel le cessionnaire n'avait pas été partie, en raison du principe d'autonomie qui y est attaché, n'a pu être transmise, alors que la clause d'arbitrage avait été transmise au cessionnaire avec la créance. • Civ. 2e, 20 déc. 2001, n° 00-10.806 P : *RTD com. 2002. 279, obs. Saintourens ; Dr. et patr. 6/2002, p. 123, obs. Mestre*. ♦ Dans une chaîne de contrats translatifs de propriété, la clause compromissoire est transmise de façon automatique en tant qu'accessoire du droit d'action, lui-même accessoire du droit substantiel transmis, sans incidence du caractère homogène ou hétérogène de cette chaîne. • Civ. 1re, 27 mars 2007, n° 04-20.842 P : *D. 2007. 2077, note Bollée ; RTD com. 2007. 677, obs. Loquin ; Rev. crit. DIP 2007. 798, note Jault-Seseke ; JCP 2007. II. 10118, note Golhen ; LPA 10 août 2007, note Malan ; Gaz. Pal. 2007. 3683, note Train ; RJDA 2008, n° 591*.

En matière internationale, la clause d'arbitrage, juridiquement indépendante du contrat principal, est transmise avec lui, quelle que soit la validité de la transmission des droits substantiels. • Civ. 1re, 28 mai 2002, n° 00-12.144 P : *D. 2003. Somm. 2471, obs. Clay ; Rev. crit. DIP 2002. 758, note Coipel-Cordonnier ; JCP E 2003, n° 15, p. 656, obs. Raynard ; LPA 3 déc. 2002, note Legros*. ♦ V. toutefois, considérant que le fait que la convention d'arbitrage soit contractée en considération de la personne peut faire obstacle à sa transmission. • Même arrêt. ♦ En l'état d'un litige concernant l'indemnisation d'avaries relatives au fret opposant un affréteur au voyage et un fréteur liés par une charte-partie, justifie légalement sa décision la cour d'appel qui, ayant relevé que l'affréteur était intervenu à l'instance, non en cette qualité mais en qualité de cessionnaire du destinataire de la marchandise, décide que la clause compromissoire figurant à la charte-partie ne trouve pas à s'appliquer. • Com. 8 oct. 2003, n° 01-16.028 P : *Rev. crit. DIP 2004. 763, note Jault-Seseke ; Rev. arb. 2004. 77, note Cachard*.

D. POUVOIRS DES ARBITRES

41. *Principe de la contradiction.* Les arbitres ont l'obligation de mettre les parties en mesure de débattre contradictoirement de toute information qu'ils ont recueillie et utilisée. • Civ. 2e, 21 juin 1995, n° 92-14.594 P : *BJS 1995. 1053, note Rontchevsky*. ♦ Si le tribunal arbitral n'a pas l'obligation de soumettre au préalable l'argumentation juridique qui étaye sa motivation à la discussion des parties, il doit cependant respecter le principe de la contradiction. • Civ. 1re, 14 mars 2006, n° 03-19.764 P : *D. 2006. IR 943, obs. Avena-Robardet ; JCP E 2006, n° 47, p. 1980, note Danis ; RJDA 2006, n° 1094* • 29 juin 2011, n° 03-19.764 P : *D. 2011. Actu. 1911, obs. Delpech ; JCP E 2011, n° 1609 ; RJDA 2011, n° 1090 ; Procédures 2011, n° 307, obs. Weiller*.

42. *Mission.* La mission des arbitres, définie par la convention d'arbitrage, est délimitée principalement par l'objet du litige, tel qu'il est déterminé par les prétentions des parties sans s'attacher uniquement à l'énoncé des questions dans l'acte de mission. • Civ. 2e, 24 juin 2004, n° 02-16.329 P : *JCP E 2004, n° 37, p. 1369*.

43. *Respect des règles impératives.* Il appartient à l'arbitre, hors les cas où la non arbitrabilité relève de la matière, de mettre en œuvre les règles impératives du droit, sous le contrôle du juge de l'annulation. • Com. 9 avr. 2002, n° 98-16.829 P : *D. 2002. IR 1402*. ♦ Sur le contrôle du juge de l'annulation, V. note 60.

44. *Sursis à statuer.* La règle « le criminel tient le civil en l'état » ne s'applique dans les relations internationales qu'en vertu d'un traité. • Civ. 1re, 6 mai 2003, n° 00-16.822 P : *préc. note 26*.

45. *Amiable composition.* BIBL. Paillusseau, *JCP E 2006, n° 1, p. 19* (le choix entre le droit et l'équité). – Béguin, *Mél. Wiederkehr, Dalloz, 2009, p. 1* (l'étonnante liberté de l'arbitre amiable compositeur). ♦ Les arbitres, statuant comme amiables compositeurs, s'ils se prononcent exclusivement par application des règles de droit, doivent s'expliquer sur la conformité de celles-ci à l'équité. • Civ. 2e, 15 févr. 2001, n° 98-21.324 P : *D. 2001. 2780, note Rontchevsky* • 10 juill. 2003, n° 01-16.964 P : *D. 2003. Somm. 2474, obs. Clay ; JCP E 2004, n° 4, p. 131, note Chabot ; RTD com. 2003. 699, obs. Loquin* . ♦ Le tribunal arbitral, auquel les parties ont conféré mission de statuer comme amiable compositeur, doit faire ressortir dans sa sentence qu'il a pris en compte l'équité. • Civ. 1re, 1er févr. 2012, n° 11-11.084 P : *préc. note 27.* ♦ Après avoir mentionné que le tribunal arbitral avait pour mission de statuer sur le préjudice subi par la banque et de prononcer, le cas échéant, toutes condamnations, l'arrêt retient à bon droit qu'en évaluant le préjudice et en décidant qu'il serait inéquitable de laisser la banque propriétaire de ses parts dans le capital de la société, les arbitres avaient exercé leur pouvoir d'amiable compositeur et recherché, en équité, la solution la plus adéquate. • Civ. 2e, 10 juill. 2003, n° 01-16.628 P : *RTD com. 2005. 484, obs. Loquin ; JCP E 2003, n° 39, p. 1511.* ♦ Jugeant que le juge doit rechercher si les parties n'ont pas renoncé sans équivoque à l'amiable composition au profit d'un arbitrage de droit. • Civ. 1re, 3 oct. 2006, n° 04-19.929 P : *D. 2006. IR 2548 ; JCP E 2006, n° 47, p. 1985 ; RJDA 2007, n° 306 ; Procédures 2007, n° 1, obs. Perrot.* ♦ Pour une référence implicite à l'équité, V. • Civ. 1re, 28 nov. 2007, n° 06-16.835 P : *D. 2008. Pan. 187, obs. Clay ; RTD com. 2008. 521, obs. Loquin ; JCP E 2008, n° 1, p. 28, obs. Béguin ; LPA 24-25 mars 2008, note Jaeger ; RJDA 2008, n° 739 ; RJ com. 2008. 57, obs. Moreau.* ♦ Lorsque le juge d'appel statue comme amiable compositeur, il doit nécessairement faire référence à l'équité ou à la mission d'amiable compositeur qui lui a été conférée. • Civ. 1re, 17 déc. 2008, n° 07-19.915 P : *D. 2009. Pan. 2966, obs. Clay ; RTD com. 2009. 550, obs. Loquin ; JCP E 2009, n° 4, p. 18, note Béguin ; LPA 16 mars 2009, obs. Coutelier ; RJDA 2009, n° 491 ; RJ com. 2009. 58, obs. Moreau.*

E. FORCE EXÉCUTOIRE DE LA SENTENCE ET VOIES DE RECOURS

46. Force exécutoire. La cour d'appel, qui rappelle que l'art. 28 du règlement d'arbitrage de la CCI stipule que toute sentence arbitrale a un caractère obligatoire pour les parties qui s'engagent à l'exécuter et sont réputées avoir renoncé à toutes voies de recours auxquelles elles peuvent valablement renoncer et qui retient à juste titre que ce texte ne prévoit pas que la sentence arbitrale soit exécutoire par provision ou de droit, en déduit exactement, d'abord, que l'engagement d'exécuter la sentence n'a pas pour effet de conférer à la sentence arbitrale la valeur d'une décision exécutoire de plein droit ni de priver les parties d'un recours en annulation, toujours possible même lorsque le règlement d'arbitrage l'exclut, contre la sentence arbitrale rendue en France et, ensuite, que, l'exécution provisoire n'ayant pas été ordonnée par le tribunal arbitral, le recours formé est suspensif d'exécution sauf si la décision était exécutoire de droit. • Civ. 1re, 4 juill. 2007, n° 05-14.918 P : *D. 2008. 451, note Clay ; Rev. crit. DIP 2007. 822, note Usunier ; JCP E 2008, n° 4, p. 21, obs. Ortscheidt ; LPA 25 sept. 2007, obs. Gillet ; RJDA 2008, n° 347.*

47. Engagement d'exécuter la sentence. L'engagement pris par un État signataire de la clause d'arbitrage d'exécuter la sentence dans les termes de l'art. 24 du règlement d'arbitrage de la CCI implique renonciation de cet État à l'immunité d'exécution. • Civ. 1re, 6 juill. 2000, n° 98-19.068 P : *D. 2000. IR 209 ; JCP E 2001. 223, note Kaplan et Cuniberti.*

48. Exequatur. Seule une véritable sentence arbitrale peut faire l'objet d'un exequatur. • Civ. 1re, 5 mars 2014, n° 12-29.112 P : *RTD com. 2014. 323, obs. Loquin ; JCP E 2014, n° 1179 ; Procédures 2014, n° 147, obs. Weiller.* ♦ Sur l'admission de l'exequatur en France d'une sentence arbitrale étrangère annulée, V. • Civ. 1re, 29 juin 2007, n° 05-18.053 P : *D. 2008. 1429, note Degos ; RTD com. 2007. 682, obs. Loquin ; Rev. crit. DIP 2008. 109, note Bollée ; JCP E 2007, n° 40, p. 34, obs. Reinhard ; Gaz. Pal. 2007. 3690, note Pinsolle ; RJDA 2007, p. 883, note Ancel.* ♦ Il n'entre pas dans les pouvoirs du juge étatique français d'intervenir dans le déroulement d'une instance arbitrale internationale, car le tribunal arbitral international est une juridiction autonome. • Civ. 1re, 12 oct. 2011, n° 11-11.058 P : *D. 2011. Actu. 2483 ; RTD com. 2012. 522, obs. Loquin ; JCP E 2012, n° 1140, spéc. n° 6, obs. Seraglini ; RJDA 2012, n° 224 ; RJ com. 2012. 26, obs. Moreau ; Procédures 2011, n° 371, obs. Weiller.*

49. Appel. Lorsque les parties n'ont pas renoncé à l'appel, ou qu'elles se sont réservé expressément cette faculté dans la convention d'arbitrage, la voie de l'appel est seule ouverte, qu'elle tende à la réformation de la sentence arbitrale ou à son annulation. • Civ. 2e, 20 mars 2003, n° 01-12.398 P : *D. 2003. IR 943 ; JCP E 2003, n° 21-22, p. 880 ; RTD com. 2003. 699, obs. Loquin ; LPA 2 déc. 2003, note Chabot ; RJDA 2003, n° 1031* • Civ. 1re, 14 mars 2006, n° 03-18.801 P : *D. 2006. IR 1329 ; JCP E 2006, n° 26, p. 1155, obs. Ortscheidt ; RJDA 2006, n° 1093 ; Procédures 2006, n° 124, obs. Perrot.* ♦ Sur le principe selon lequel la sentence n'est pas susceptible d'appel sauf volonté contraire des parties (arbitrage interne), V. C. pr. civ., art. 1489. – **C. pr. civ.**

50. Appel-nullité. Seules peuvent faire l'objet d'un recours en annulation les véritables sentences arbitrales, c'est-à-dire les actes des arbitres qui tranchent de manière définitive, en tout ou en partie, le litige qui leur est soumis, que ce soit sur le fond, sur la compétence ou sur un moyen de procédure qui les conduit à mettre fin à l'instance. • Civ. 1re, 12 oct. 2011, n° 09-72.439 P : *D. 2011. Actu. 2483* ; *JCP E 2012, n° 1140, spéc. n° 8, obs. Ortscheidt* ; *RJDA 2012, n° 546* ; *Procédures 2011, n° 369, obs. Weiller.* ♦ L'acte déféré n'étant pas une sentence arbitrale dès lors que l'existence d'un litige, sans lequel il n'existe pas d'arbitrage juridictionnel, n'était pas caractérisé, le recours en annulation est irrecevable. • Civ. 1re, 15 déc. 2010, n° 09-16.943 P : *D. 2011. Actu. 88, obs. Delpech* ; *RTD civ. 2011. 385, obs. Théry* ; *JCP E 2011, n° 1056, obs. Béguin* ; *RJDA 2011, n° 368.* ♦ L'appel-nullité n'est ouvert, à titre exceptionnel, que contre une décision qui n'est susceptible d'aucun autre recours. Dès lors, la voie de l'appel-nullité n'est pas ouverte contre l'ordonnance d'exequatur d'une sentence internationale qui peut être attaquée par la voie du recours exercé contre cette sentence. • Civ. 1re, 6 nov. 2013, n° 11-17.739 P : *D. actu. 22 nov. 2013, obs. Delpech* ; *Procédures 2014, n° 48, obs. Weiller.* ♦ Le recours formé contre une sentence arbitrale rendue en France, sur le fondement d'une convention d'arbitrage, dans un litige né de l'exécution ou de la rupture d'un contrat conclu entre une personne morale de droit public française et une personne de droit étranger, exécuté sur le territoire français, mettant en jeu les intérêts du commerce international, fût-il administratif selon les critères du droit interne français, est porté à titre de principe devant le juge judiciaire. • T. confl. 17 mai 2010, n° 3754 P : *D. 2010. 2633, note Lemaire* ; *ibid. Pan. 2330, obs. Bollée* ; *RTD com. 2010. 525, obs. Loquin* ; *Rev. crit. DIP 2010. 653, note Laazouzi* ; *AJDA 2010. 1564, note Cassia* ; *RFDA 2010. 959, concl. Guyomar, note Delvolvé* ; *RDI 2010. 551, obs. Braconnier* ; *JCP 2010, n° 552, note Clay* ; *Gaz. Pal. 2010. 1642, obs. Guyomar* ; *Procédures 2010, n° 274, obs. Nourissat* ; *ibid., n° 299, obs. Deygas* ; *Dr. adm. 2010, n° 122, obs. Brenet et Melleray.* – Sur les suites du litige, V. • Civ. 1re, 26 janv. 2011 : *préc. note 24.* – V. sur cette problématique : Gaudemet, Lapp et Steimer, D. 2011. 2552 (les personnes publiques et l'arbitrage international). ♦ Une sentence « ordinaire » est susceptible d'appel à moins que les parties n'en aient décidé autrement, et les parties étant convenues, dans l'acte de cession, que la sentence devait être rendue en « premier et dernier ressort », elles ont manifesté ainsi leur intention de renoncer à la voie de l'appel. • Civ. 1re, 26 oct. 2011, n° 10-26.815 P : *D. actu. 10 nov. 2011, obs. Delpech* ; *JCP E 2011, n° 1838* ; *RJDA 2012, n° 545* ; *Procédures 2012, n° 10, obs. Weiller.* ♦ Lorsque les parties n'ont pas renoncé à l'appel, ou qu'elles se sont réservé expressément cette faculté dans la convention d'arbitrage, la voie de l'appel est seule ouverte, qu'elle tende à la réformation de la sentence arbitrale ou à son annulation. • Civ. 2e, 20 mars 2003, n° 01-12.398 P : *D. 2003. IR 943* ; *JCP E 2003, n° 21-22, p. 880* ; *RTD com. 2003. 699, obs. Loquin* ; *LPA 2 déc. 2003, note Chabot* ; *RJDA 2003, n° 1031* • Civ. 1re, 14 mars 2006, n° 03-18.801 P : *D. 2006. IR 1329* ; *JCP E 2006, n° 26, p. 1155, obs. Ortscheidt* ; *RJDA 2006, n° 1093* ; *Procédures 2006, n° 124, obs. Perrot.* ♦ Lorsque la juridiction saisie d'un recours en annulation annule la sentence arbitrale, elle statue sur le fond dans les limites de la mission de l'arbitre, sauf volonté contraire de toutes les parties. • Civ. 1re, 18 mai 2005, n° 03-12.047 P : *D. 2005. Pan. 3058, obs. Clay* ; *JCP E 2005, n° 27-28, p. 1187.* ♦ La cour d'appel, statuant sur le fond dans les limites de la mission de l'arbitre, peut être saisie par une partie d'une demande incidente, dès lors qu'entrant dans les prévisions de la clause compromissoire, cette demande se rattache aux prétentions originaires par un lien suffisant de dépendance, dont l'appréciation relève de son pouvoir souverain. • Civ. 1re, 13 mai 2015, n° 14-12.978 P : *D. actu. 2 juin 2015, obs. Delpech* ; *JCP E 2015, n° 1283* ; *RJDA 2015, n° 795.* ♦ La cour d'appel saisie d'un recours en annulation d'une sentence arbitrale ne peut modifier la décision rendue par l'arbitre en y ajoutant. • Civ. 1re, 11 sept. 2013, n° 12-26.180 P : *D. 2013. Actu. 2105* ; *JCP E 2013, n° 1619, note Mouralis* ; *RJDA 2014, n° 64* ; *RJ com. 2014. 25, obs. Moreau* ; *Procédures 2013, n° 310, obs. Weiller.* ♦ Sur le contrôle des sentences arbitrales au regard de l'ordre public concurrentiel, V. • Paris, 18 nov. 2004 : *D. 2005. Pan. 3058, obs. Clay* ; *JCP 2005. II. 10038, note Chabot* ; *RTD com. 2005. 263, obs. Loquin* ; *Rev. crit. DIP 2006. 104, obs. Bollée* ; *RJ com. 2007. 44, obs. Rueda.* – Sur cette question, V. aussi Lesguillons, *Gaz. Pal. 2003. Doctr. 1495.*

Le recours formé contre une sentence arbitrale rendue en France, sur le fondement d'une convention d'arbitrage, dans un litige né de l'exécution ou de la rupture d'un contrat conclu entre une personne morale de droit public française et une personne de droit étranger, exécuté sur le territoire français, mettant en jeu les intérêts du commerce international, fût-il administratif selon les critères du droit interne français, est porté à titre de principe devant le juge judiciaire. • T. confl. 17 mai 2010, n° 3754 P : *D. 2010. 2633, note Lemaire* ; *RTD com. 2010. 525, obs. Loquin* ; *Rev. crit. DIP 2010. 653, note Laazouzi* ; *JCP 2010, n° 552, note Clay* ; *Gaz. Pal. 2010. 1642, obs. Guyomar* ; *Procédures 2010, n° 274, obs. Nourissat.* – Sur les suites du litige, V. • Civ. 1re, 26 janv. 2011 : *préc. note 24.* – V. sur cette problématique : Gaudemet, Lapp et Steimer, *D. 2011. 2552* (les personnes publiques et l'arbitrage international).

51. Tierce-opposition. Le droit effectif au juge implique que la caution solidaire, qui n'a pas été partie à l'instance arbitrale, soit recevable à former tierce opposition à l'encontre de la sentence arbitrale déterminant le montant de la dette du débiteur principal à l'égard du créancier. • Com. 5 mai 2015, n° 14-16.644 P : *D. 2015. Pan. 1814, obs. Crocq ; RTD com. 2016. 59, obs. Loquin ; Rev. sociétés 2016. 317, obs. Le Bars ; JCP E 2015, n° 1362, note Jourdan-Marques ; RJDA 2015, n° 524 ; LPA 10 déc. 2015, note Hazoug.*

52. Étendue du contrôle du juge de l'annulation. **BIBL.** Mayer, *Mél. Gaudemet-Tallon, Dalloz, 2008, p. 459* (étendue du contrôle, par le juge étatique, de la conformité des sentences arbitrales aux lois de police). – Seraglini, *Gaz. Pal. 2009. 951* (le contrôle de la sentence au regard de l'ordre public international par le juge étatique). – Boucaron-Nardetto, *AJCA 2014. 208* (contrôle par le juge étatique de l'ordre public concurrentiel). ♦ S'agissant de la violation de l'ordre public international, seule la reconnaissance ou l'exécution de la sentence est examinée par le juge de l'annulation au regard de la compatibilité de sa solution avec cet ordre public, dont le contrôle se limite au caractère flagrant, effectif et concret de la violation alléguée. • Civ. 1re, 4 juin 2008, n° 06-15.320 P : *D. 2008. Pan. 2566, obs. Bollée ; RTD com. 2008. 518, obs. Loquin ; JCP E 2008, n° 27, p. 14, obs. Ortscheidt ; LPA 3 oct. 2008, note Duprey ; Gaz. Pal. 2009. 539, note Train ; RJDA 2009, n° 492.* ♦ La cour d'appel, qui a procédé, dans les limites de ses pouvoirs, c'est-à-dire sans révision au fond de la sentence arbitrale, au contrôle des sentences au regard de l'application des règles communautaires de la concurrence, a exactement dit que leur reconnaissance et leur exécution n'étaient pas contraires à l'ordre public international. • Même arrêt. ♦ Le juge de l'annulation est juge de la sentence pour admettre ou refuser son insertion dans l'ordre juridique français et non juge de l'affaire pour laquelle les parties ont conclu une convention d'arbitrage. • Civ. 1re, 12 févr. 2014, n° 10-17.076 P : *D. 2014. Pan. 1975, obs. Bollée ; JCP 2014, n° 474, avis Chevalier ; ibid., n° 475, note Mouralis ; RJDA 2014, n° 496 ; Procédures 2014, n° 107, obs. Weiller.* ♦ Le juge chargé de contrôler la régularité de la sentence arbitrale ne peut, pour rejeter le recours en annulation, faire l'économie d'une motivation, sans laquelle la Cour de cassation n'est pas en mesure d'exercer son contrôle. • Civ. 1re, 11 févr. 2009, n° 06-18.746 P : *D. 2009. Pan. 2966, obs. Clay ; JCP E 2009, n° 35, p. 24, obs. Ortscheid.* ♦ Aucune méconnaissance de l'art. 6 Conv. EDH n'étant caractérisée et aucune violation de l'ordre public international qui imposerait qu'elle fût flagrante, effective et concrète, n'étant établie, la cour d'appel a pu, sans dénaturation, en déduire que le demandeur sollicitait en réalité une révision au fond de la sentence, interdite au juge de l'annulation. • Civ. 1re, 6 oct. 2010, n° 09-10.530 P : *D. 2011. Pan. 270, obs. Fricero ; JCP E 2010, n° 1984 ; RJDA 2011, n° 94.*

53. Pouvoirs du juge de l'annulation. Lorsque la juridiction saisie d'un recours en annulation annule la sentence arbitrale, elle statue sur le fond dans les limites de la mission de l'arbitre, sauf volonté contraire de toutes les parties. • Civ. 1re, 18 mai 2005, n° 03-12.047 P : *D. 2005. Pan. 3058, obs. Clay ; JCP E 2005, n° 27-28, p. 1187.* ♦ La cour d'appel, statuant sur le fond dans les limites de la mission de l'arbitre, peut être saisie par une partie d'une demande incidente, dès lors qu'entrant dans les prévisions de la clause compromissoire, cette demande se rattache aux prétentions originaires par un lien suffisant de dépendance, dont l'appréciation relève de son pouvoir souverain. • Civ. 1re, 13 mai 2015, n° 14-12.978 P : *D. actu. 2 juin 2015, obs. Delpech ; JCP E 2015, n° 1283 ; RJDA 2015, n° 795.* ♦ La cour d'appel saisie d'un recours en annulation d'une sentence arbitrale ne peut modifier la décision rendue par l'arbitre en y ajoutant. • Civ. 1re, 11 sept. 2013, n° 12-26.180 P : *D. 2013. Actu. 2105 ; JCP E 2013, n° 1619, note Mouralis ; RJDA 2014, n° 64 ; RJ com. 2014. 25, obs. Moreau ; Procédures 2013, n° 310, obs. Weiller.*

VIII. CLAUSES ATTRIBUTIVES DE COMPÉTENCE

A. CLAUSES ATTRIBUTIVES DE COMPÉTENCE MATÉRIELLE

54. Inopposabilité au défendeur non commerçant. **BIBL.** Plantamp, *RTD com. 2013. 429* (la clause attributive de compétence matérielle et le demandeur non commerçant dans le contentieux des actes mixtes). ♦ Est inopposable à un défendeur non commerçant une clause attributive de compétence au tribunal de commerce. • Com. 10 juin 1997, n° 94-12.316 P : *D. 1998. Jur. 2, note Jault-Seseke et Labarthe .* ♦ Mais dans les conventions de caractère civil pour une partie et commerciale pour l'autre, la partie non commerçante peut valablement s'engager, pour les litiges où elle serait demanderesse, à n'assigner que devant la juridiction commerciale et devant un tribunal de commerce nommément déterminé. • Com. 20 juill. 1965 : *D. 1965. 581.*

B. CLAUSES ATTRIBUTIVES DE COMPÉTENCE TERRITORIALE (ART. 48 C. PR. CIV.)

1° CONDITIONS DE VALIDITÉ

a. Litiges de caractère international

55. Principe de validité des clauses prorogeant la compétence internationale. Les clauses prorogeant la compétence internationale sont en principe licites lorsqu'il s'agit d'un litige international et lorsque la clause ne fait pas échec à la compétence territoriale impérative d'une juridiction française et l'art. 48 NCPC [renommé C. pr. civ.] doit s'interpréter en ce sens que doivent être exclus de la prohibition qu'il édicte, les clauses qui ne modifient la compétence territoriale interne qu'en conséquence d'une modification de la compétence internationale. • Civ. 1re, 17 déc. 1985, n° 84-16.338 P : *D. 1986. IR 265, obs. Audit ; Rev. crit. DIP 1986. 537, note Gaudemet-Tallon.* ♦ La désignation globale des juridictions d'un État dans une clause de prorogation de compétence est licite, du moins si le droit interne de cet État permet de déterminer le tribunal spécialement compétent. • Même arrêt. ♦ L'insertion d'une clause de juridiction étrangère dans un contrat international fait partie de l'économie de celui-ci, de sorte qu'elle s'impose à l'assureur subrogé. • Civ. 1re, 12 juill. 2001, n° 98-21.591 P : *D. 2001. Somm. 3246, obs. Delebecque.*

56. Compétence communautaire. Selon l'art. 17 de la Conv. de Bruxelles du 27 sept. 1968, la clause attributive de juridiction doit être conclue soit par écrit, soit verbalement avec confirmation écrite. Il résulte de l'interprétation donnée par la CJCE que satisfait à ces conditions la clause figurant dans les conditions imprimées sur un document émanant d'une partie, lorsque ce document se situe dans le cadre de rapports commerciaux courants entre les parties et que ces rapports sont régis par des conditions générales comportant ladite clause. • Civ. 1re, 9 janv. 1996, n° 93-16.484 P. ♦ En matière internationale, l'art. 23 du Règl. CE du 22 déc. 2000 reconnaît la validité de la clause attributive de juridiction aux seules conditions que l'une des parties au moins soit domiciliée dans un État signataire et que la juridiction désignée soit celle d'un État contractant, de sorte que la clause attributive de compétence convenue entre une société luxembourgeoise et un Français même non-commerçant résidant à Londres, donnant compétence au tribunal de commerce de Paris, est valable. • Civ. 1re, 9 janv. 2007, n° 05-17.741 P : *D. 2007. AJ 314, obs. Delpech ; RTD com. 2007. 626, obs. Delebecque ; JCP E 2007, n° 8, p. 25 ; CCC 2007, n° 114, obs. Leveneur ; RJDA 2007, n° 1181.* ♦ Après avoir exactement énoncé que si, aux termes de l'art. 23 de la Conv. de Lugano, les parties, dont l'une au moins a son domicile sur le territoire d'un État lié par la convention, peuvent convenir d'un tribunal ou de tribunaux pour connaître des différends nés ou à naître à l'occasion de leurs rapports de droit, la validité d'une telle clause attributive de juridiction est subordonnée à une exigence de précision afin de satisfaire à l'objectif de prévisibilité et de sécurité juridique poursuivi par ce texte, l'arrêt relève que la clause attributive de juridiction opposée par une banque suisse, laquelle impose à son cocontractant d'agir devant les juridictions zurichoises tandis que lui-même peut agir contre celui-ci devant tout autre tribunal compétent, ne contient aucun élément objectif d'identification de ces autres juridictions, dès lors qu'elle ne renvoie à aucune règle déterminée de droit interne ou international susceptible de fonder cette compétence alternative ; qu'il retient que rien ne démontre que les parties se sont mises d'accord de façon claire et précise pour choisir le ou les tribunaux auxquels elles entendaient soumettre leurs différends ; de ces constatations et énonciations, la cour d'appel a déduit, à bon droit, que la banque suisse ne pouvait se prévaloir de cette clause attributive de juridiction pour décliner la compétence de la juridiction française. • Civ. 1re, 7 févr. 2018, n° 16-24.497 : *D. 2018.1934, obs. d'Avout et Bollée.* ♦ En déclarant nulle la clause attributive de juridiction au motif qu'elle ne lie que la société française et que la société italienne aura le droit d'agir devant d'autres juridictions, de sorte qu'elle revêt un caractère potestatif à l'égard de la société italienne, alors qu'elle avait constaté la volonté des parties de convenir d'une prorogation de compétence dans les termes du contrat, peu important que cette clause attributive ne s'impose qu'à l'une des parties, la cour d'appel, qui n'a pas tiré les conséquences légales de ses constatations, a violé l'art. 23 du Règl. CE du 22 déc. 2000. • Com. 11 mai 2017, n° 15-18.758 : *D. 2017. Pan. 2070, obs. d'Avout ; Rev. crit DIP 2017.483, obs. Bureau ; RJDA 2017, n° 778.*

57. Loi de police. Ayant relevé que le rapport de droit en cause ne se limitait pas aux obligations contractuelles, la référence de l'art. 26 au « présent contrat » ne concernant que le droit applicable, et devait s'entendre des litiges découlant de la relation contractuelle, la cour d'appel, hors toute dénaturation, en a souverainement déduit, des dispositions impératives constitutives de lois de police fussent-elles applicables au fond du litige, que la clause attributive de compétence s'appliquait à la rupture brutale du contrat. • Civ. 1re, 18 janv. 2017, n° 15-26.105 P : *D. 2017. Pan. 1021, obs. Jault-Seseke ; Rev. crit DIP 2017.269, note Bureau et Muir-Watt ; RTD civ. 2017.391, obs. Barbier.*

b. Litiges internes

58. Personnes ayant toutes contracté en qualité de commerçant. Toute clause qui, directement ou indirectement, déroge aux règles de compétence territoriale est réputée non écrite à moins qu'elle n'ait été convenue entre des personnes ayant toutes contracté en qualité de commerçant. • Civ. 2e, 4 juill. 2007, n° 06-16.140 P : *D. 2007. AJ 2111 ; Procédures 2007, n° 213, obs. Perrot.* ♦ Viole les art. 1er C. com. [désormais, art. L. 121-1] et 48 NCPC [renommé C. pr. civ.], l'arrêt qui retient la compétence territoriale d'un tribunal fondée sur une clause attributive de compétence, alors que le défendeur, qui avait la qualité d'artisan, ne pouvait se voir conférer celle de commerçant par la seule acceptation de lettres de change. • Com. 11 mai 1993, n° 91-

14.734 P : *Gaz. Pal. 1993. 2. 639, note Dupichot.* ♦ La souscription par le dirigeant d'une société commerciale d'un cautionnement à caractère commercial, en raison de son intérêt personnel dans l'engagement commercial garanti, ne lui donne pas la qualité de commerçant et ne justifie pas l'application à son égard d'une clause attributive de compétence territoriale. • Com. 10 févr. 1981, n° 79-15.687 P : *Gaz. Pal. 1981. 2. 475, note Dupichot ; D. 1982. IR 153, obs. P. Julien.*

59. Clause spécifiée de façon très apparente. Ne répond pas aux exigences de l'art. 48 NCPC [renommé C. pr. civ.] une clause attributive de juridiction figurant au verso d'un bon de commande et imprimée en caractères grisâtres et peu lisibles. • Com. 30 nov. 1981, n° 80-12.353 P : *D. 1982. IR 136.* ♦ Pour des exemples de clauses jugées très apparentes et valables : • Com. 20 juill. 1981, n° 80-10.268 P : *D. 1982. IR 156* (clause constituant l'un des paragraphes du contrat passé entre deux sociétés commerciales et non dissimulée par un timbre humide) • 30 mai 1983 : *Gaz. Pal. 1985. 1. 53, note P.-Y. Nicolas* (clause figurant tant au recto qu'au verso d'un connaissement) • Civ. 1re, 30 oct. 2006, n° 04-15.512 P : *D. 2006. IR 2873 ; JCP 2006. IV. 3297 ; RJDA 2007, n° 213* (clause valable dès lors qu'elle permet de déterminer le tribunal choisi).

60. Acceptation de la clause. Une clause attributive de compétence territoriale n'est opposable qu'à la partie qui en a eu connaissance et l'a acceptée au moment de la formation du contrat. • Com. 28 févr. 1983, n° 78-10.813 P. ♦ Mais l'art. 48 n'exige pas que la clause ait été l'objet d'une acceptation distincte de l'ensemble du contrat. • Com. 20 juill. 1981, n° 80-10.268 P : *D. 1982. IR 156.* ♦ Des clauses attributives de juridiction figurant sur les documents contractuels respectifs des parties étant inconciliables, elles s'annulent et dans ce cas la désignation de la juridiction territorialement compétente est régie par les art. 42 et 46 NCPC [renommé C. pr. civ.]. • Com. 20 nov. 1984, n° 83-15.956 P : *JCP 1987. II. 20832, note Blaisse.* ♦ Sur l'efficacité de la clause attributive de juridiction dans un contexte international et de pluralité de défendeurs, V. • Civ. 1re, 20 juin 2006, n° 05-16.706 P : *D. 2006. IR 1841, obs. Delpech ; JCP E 2006, n° 31-34, p. 1376 ; Gaz. Pal. 2007. 2145, obs. Niboyet ; RJDA 2007, n° 219 ; Procédures 2007, n° 137, obs. Nourissat.* • Civ. 1re, 17 nov. 2010, n° 09-12.442 P : *D. 2010. Pan. 2935, obs. Clay ; RTD com. 2011. 667, obs. Delebecque ; JCP 2010, n° 1307, note Chevalier ; CCC 2011, n° 23, obs. Leveneur ; LPA 29 juin 2011, note Charbonnel ; Gaz. Pal. 2011. 296, obs. Houtcieff ; RJDA 2011, n° 270.* ♦ Une clause attributive de juridiction, qui a été convenue, dans une chaîne communautaire de contrats, entre le fabricant d'une chose et un acheteur, ne peut être opposée au tiers sous-acquéreur, sauf à ce qu'il ait donné son consentement effectif à l'égard de ladite clause : • CJUE 7 févr. 2013, n° C-543/10 : *D. 2013. 1110, concl. Bollée ; RTD com. 2013. 381, obs. Marmisse-d'Abbadie d'Arrast ; JCP E 2013, n° 1332, note Attal ; RJDA 2013, n° 469 ; LPA 10 avr. 2013, note Legrand.* ♦ ... Et, se prononçant sur le fond de l'affaire : • Civ. 1re, 11 sept. 2013, n° 09-12.442 P : *D. 2014. 121, note Mazeaud ; RTD com. 2014. 452, obs. Delebecque ; JCP E 2013, n° 1620, note Golhen ; CCC 2013, n° 257, obs. Leveneur ; RJDA 2014, n° 71 ; RJ com. 2013. 498, obs. Berlioz.* – V. aussi : • Civ. 1re, 25 mars 2015, n° 13-24.796 P : *D. 2015. Actu. 811 ; AJCA 2015. 272, obs. Jault-Seseke ; RTD com. 2015. 616, obs. Delebecque ; JCP 2015, n° 430, obs. Mailhé ; RJDA 2015, n° 545.*

2° PORTÉE

61. Renonciation. Le fait que la partie demanderesse se soit initialement prévalue d'une clause attribuant compétence à une juridiction déterminée n'implique pas de sa part renonciation à exercer en faveur de cette juridiction le droit d'option reconnu au demandeur, en matière contractuelle, par les dispositions de l'art. 46 NCPC [renommé C. pr. civ.], dans l'éventualité où la clause attributive de juridiction serait jugée non conforme aux exigences de l'art. 48 du même code. • Com. 2 mars 1993, n° 91-11.393 P.

62. Référé. La clause attributive de compétence territoriale est inopposable à la partie qui saisit le juge des référés. • Civ. 2e, 17 juin 1998, n° 95-10.563 P : *D. 1998. IR 194.* ♦ ... Une partie peut toujours saisir de sa demande le juge du lieu où les mesures doivent être prises ou exécutées. • Civ. 2e, 19 nov. 2008, n° 08-11.646 : *Procédures 2009, n° 77, obs. Perrot.*

63. Autonomie. Une clause attributive de compétence, en raison de son autonomie par rapport à la convention principale dans laquelle elle s'insère, n'est pas affectée par l'inefficacité de cet acte. • Civ. 1re, 8 juill. 2010, n° 07-17.788 P : *D. 2010. Actu. 1869, obs. Delpech ; RTD civ. 2010. 780, obs. Fages ; JCP E 2011, n° 1556, spéc. n° 11, obs. Nourissat ; RJDA 2010, n° 1120 ; Procédures 2010, n° 336, obs. Perrot.*

IX. CLAUSES DE CONCILIATION ET DE MÉDIATION

*V. Dir. 2008/52/CE du 21 mai 2008 sur certains aspects de la médiation en matière civile et commerciale. – **C. pr. civ.** ou **C. consom.***

BIBL. Chaput, *Mél. Bouloc, Dalloz, 2006, p. 127* (responsabilité du médiateur dans le contentieux des affaires). – Creux-Thomas, *JCP 2009, n° 51, p. 9* (la médiation : opportunité ou « gadget » ?). – Fricero, *Dr. et patr. 5/2012. 53* (convention de procédure participative et médiation). – Tricoit, *ibid. 56* (… et conciliation). – Kenfack, *D. 2015. 384* (reconnaissance des véritables clauses de médiation ou de conciliation obligatoire hors de toute instance). – Brochier, *ibid. 389* (pour une clarification des procédures de médiation et de conciliation dans le code de procédure civile). – Bretzner et Reynier, *AJCA 2015. 117* (régime de la clause de conciliation préalable). – Depondt, *JCP N 2015, n° 1151* (mise en œuvre des procédures d'arbitrage et de conciliation). – Lemmet, *RTD com. 2018. 889* (les MARD, vers un changement de paradigme ? De quelques réflexions autour de la médiation et de la conciliation).

64. Existence. BIBL. Gerbais, *Procédures 2015. Étude 7* (clause de conciliation préalable : entre tensions contractuelles et processuelles). ♦ Une procédure préalable de conciliation ne peut résulter que d'une stipulation contractuelle, laquelle est seule de nature à s'imposer au juge. • Civ. 1re, 6 mai 2003, n° 01-01.291 P : *JCP 2004. II. 10021, note Colson ; RTD civ. 2003. 499, obs. Mestre et Fages ; RJDA 2003, n° 1144.* ♦ La clause instituant une procédure de conciliation obligatoire et préalable à toute instance judiciaire s'impose au juge, quelle que soit la nature de celle-ci. • Civ. 1re, 1er oct. 2014, n° 13-17.920 P : *D. 2014. Pan. 2556, obs. Clay ; RTD civ. 2015. 131, obs. Barbier ; JCP E 2014, n° 1553 ; RJDA 2015, n° 58.*

65. Inobservation. BIBL. Montéran, *Gaz. Pal. 2003. 790* (respect des clauses contractuelles de médiation). – Deharo, *LPA 26 oct. 2011* (efficacité économique de la clause de médiation). ♦ Licite, la clause instituant une procédure de conciliation obligatoire et préalable à la saisine du juge, dont la mise en œuvre suspend jusqu'à son issue le cours de la prescription, constitue une fin de non-recevoir qui s'impose au juge si les parties l'invoquent. • Cass., ch. mixte, 14 févr. 2003, n° 00-19.423 P : *BICC 1er mai 2003, p. 41, concl. Benmakhlouf, rapp. Bailly ; D. 2003. 1386, note Ancel et Cottin ; LPA 12 mars 2003, p. 13, note Bernheim ; JCP E 2003, n° 19, p. 810, note Croze et Gautier ; CCC 2003, n° 84, obs. Leveneur ; RTD civ. 2003. 294, obs. Mestre et Fages.* ♦ Dans le même sens, s'agissant d'une clause de médiation : • Civ. 1re, 8 avr. 2009, n° 08-10.866 P : *D. 2009. AJ 1284, obs. Delpech ; RTD civ. 2009. 774, obs. Théry ; JCP 2009, n° 26, p. 20, note Cuperlier.* ♦ La fin de non-recevoir tirée du défaut de mise en œuvre d'une clause qui institue une procédure de conciliation, obligatoire et préalable à la saisine du juge, ne concerne, lorsqu'une telle clause figure dans un contrat de prêt, que les modalités d'exercice de l'action du créancier contre le débiteur principal et non la dette de remboursement elle-même dont la caution est également tenue, de sorte qu'elle ne constitue pas une exception inhérente à la dette que la caution peut opposer. • Com. 13 oct. 2015, n° 14-19.734 P : *D. 2016. 628, note Mazeaud ; AJCA 2015. 523, obs. Piette ; RTD civ. 2015. 917, obs. Crocq ; JCP 2015, n° 1165, obs. Perrier ; RJDA 2015, n° 865 ; Gaz. Pal. 2015. 3694, obs. Pailler ; Procédures 2015, n° 345, obs. Strickler.* ♦ La fin de non-recevoir tirée du non-respect d'une clause de conciliation préalable ne peut faire l'objet d'une régularisation. • Cass., ch. mixte, 12 déc. 2014, n° 13-19.684 P : *D. 2015. 208, note Boillot ; JCP 2014, n° 1328, note Deharo.* ♦ La situation donnant lieu à la fin de non-recevoir tirée du défaut de mise en œuvre d'une clause qui institue une procédure de médiation obligatoire et préalable à la saisine du juge n'est pas susceptible d'être régularisée par la mise en œuvre de la clause en cours d'instance. • Civ. 3e, 6 oct. 2016, n° 15-17.989 P : *D. 2016. Actu. 2071 ; AJ contrat 2016. 545, obs. Fricero ; JCP E 2016, n° 1576 ; RJDA 2017, n° 53.*

X. ACTES DE COMMERCE PAR LA FORME

66. V. note 19 ss. art. L. 110-1.

Art. L. 721-3-1 *(L. n° 2011-1862 du 13 déc. 2011, art. 4-II, en vigueur le 1er janv. 2013)* **Les tribunaux de commerce connaissent, dans les limites de leur compétence d'attribution, des demandes formées en application du règlement (CE) n° 861/2007 du Parlement européen et du Conseil du 11 juillet 2007 instituant une procédure européenne de règlement des petits litiges.** – *V. ce texte au* ***C. pr. civ.*** *ou au* ***C. consom.***

L'art. L. 721-3-1, tel qu'issu de la L. n° 2011-1862 du 13 déc. 2011, n'est pas applicable aux procédures en cours (L. préc., art. 70-IV).

Art. L. 721-4 **Le tribunal de commerce connaît des billets à ordre portant en même temps des signatures de commerçants et de non-commerçants.**

Toutefois, il est tenu de renvoyer au *(Ord. n° 2019-964 du 18 sept. 2019, art. 35, en vigueur le 1er janv. 2020)* **« tribunal judiciaire** *[ancienne rédaction : tribunal de grande instance]* **» s'il en est requis par le défendeur lorsque les billets à ordre ne portent que des signatures de non-commerçants et n'ont pas pour occasion des opérations de commerce, trafic, change, banque ou courtage.** – *[COJ, art. L. 411-5.]*

1. Intérêts. La demande en paiement d'intérêts d'un billet à ordre ne peut être soumise à la juridiction consulaire qu'autant qu'il est constaté en fait que ce billet avait un caractère commercial. • Civ. 17 mars 1890 : *DP 1891. 1. 84* • 1er août 1900 : *DP 1900. 1. 504.* – V. aussi • Req. 27 nov. 1906 : *DP 1908. 1. 215.*

2. Compétence des tribunaux civils. La compétence du tribunal de commerce n'est pas exclusive et le fait que le souscripteur soit commerçant n'interdit pas au tribunal de grande instance de connaître, à l'occasion d'un litige de sa compétence, de la nullité pour dol des avals figurant sur des billets à ordre. • Paris, 15 févr. 1969 : *D. 1970. Somm. 58.*

Art. L. 721-5 **Par dérogation au 2° de l'article L. 721-3 et sous réserve des compétences des juridictions disciplinaires et nonobstant toute disposition contraire, les tribunaux civils sont seuls compétents pour connaître des actions en justice dans lesquelles l'une des parties est une société constituée conformément à la loi n° 90-1258 du 31 décembre 1990 relative à l'exercice sous forme de sociétés des professions libérales soumises à un statut législatif ou réglementaire ou dont le titre est protégé, ainsi que des contestations survenant entre associés d'une telle société.**

Néanmoins, les associés peuvent convenir, dans les statuts, de soumettre à des arbitres les contestations qui surviendraient entre eux pour raison de leur société. – *[COJ, art. L. 411-6.]*

L'art. L. 721-5 est l'ancien art. L. 411-6 COJ qui a pris effet à la date d'entrée en vigueur de l'Ord. n° 2000-912 du 18 sept. 2000, relative à la partie législative du code de commerce (L. n° 2001-420 du 15 mai 2001, art. 127-IV). Cette Ord. avait abrogé l'art. 631-1 C. com., dont on retrouve aujourd'hui la substance dans l'art. L. 721-5.

BIBL. ▶ DAIGRE, *JCP E 1998, n° 6, p. 213.*

1. Compétence des tribunaux civils. Ayant relevé qu'une société d'experts-comptables avait été constituée en 1987 sous la forme d'une société commerciale, ce dont il résulte que cette société n'était pas constituée sous la forme d'une société d'exercice libéral (SEL) régie par les dispositions de la L. du 31 déc. 1990 et n'avait pas modifié ses statuts pour le devenir, une cour d'appel retient exactement que le litige dans lequel la société est partie relève de la compétence du tribunal de commerce. • Com. 16 nov. 2004, n° 01-03.304 P : *D. 2004. AJ 3141, obs. Lienhard ; JCP E 2004, n° 50, p. 1953 ; RJDA 2005, n° 282 ; BJS 2005. 226, note Daigre ; Rev. sociétés 2005. 389, note Sortais*. – V. aussi, en faveur de la compétence commerciale, faute de mise en conformité avec la L. n° 90-1258 du 31 déc. 1990 : • Paris, 8 oct. 1996 : *BJS 1997. 34, note Daigre ; Dr. sociétés 1997, n° 15, note Vidal.* ♦ *Contra*, considérant que viole l'art. 631-1 [721-5] la cour d'appel qui, pour retenir la compétence du tribunal de commerce pour une action intentée contre une société d'avocats, énonce que, celle-ci étant une société anonyme, quelle que soit la nature des actes auxquels le litige se rapporte, « la forme imprime sa commercialité à son activité », celle-ci serait-elle civile par nature. • Civ. 2e, 6 mai 1997, n° 95-11.857 P : *D. 1998. Somm. 186, obs. Hallouin ; JCP E 1997. II. 983, note Bonneau ; Dr. sociétés 1997, n° 132, note Vidal ; BJS 1997. 989, note Daigre* • Chambéry, 2 juill. 2002 : *JCP E 2003, n° 17-18, p. 737.*

Il résulte de la combinaison des art. 631-1 [721-5] et 7 de la L. n° 85-98 du 25 janv. 1985 [C. com., art. L. 621-2], que la compétence pour ouvrir une procédure de redressement judiciaire à l'égard d'une SEL d'avocats, à forme anonyme, est exclusivement attribuée au TGI. • Paris, 6 juill. 1994 : *D. 1994. IR 199 ; JCP E 1994. II. 598, note Daigre ; BJS 1994. 1006, note Jeantin ; Dr. sociétés 1994, n° 111, obs. Chaput ; Rev. huiss. 1995. 86, note Daigre* (infirmant • T. com. Paris, 22 mars 1994 : *D. 1994. 288, note crit. Derrida ; BJS 1994. 671, note crit. Jeantin*). – V. aussi Daigre, *JCP E 1994. I. 370.*

Sur l'application de l'art. L. 721-5 pour prononcer la liquidation judiciaire d'une SEL exerçant une activité de pharmacie, V. • T. com. Valenciennes, 22 août 2011 : *Dr. sociétés 2012. Repère 3, par Legros ; LEDEN 10/2011. 7, obs. Staes.* ♦ Pour une autre application à propos d'une société de conseils juridiques devenue société d'avocats sans avoir mis ses statuts en harmonie, V. • Paris, 20 déc. 1994 : *JCP 1995. II. 22524, note Daigre ; Dr. sociétés 1995, n° 62.* – V. également • Paris, 11 juin 1997 : *D. Affaires 1997. 906 ; BJS 1997. 989, note Daigre* • Chambéry, 2 juill. 2002 : *préc. note 1.*

2. Clause compromissoire. Sur l'application d'une clause compromissoire figurant dans les statuts d'une SEL, le litige entre les parties trouvant sa source dans l'interprétation et l'application d'une clause statutaire de non-concurrence, V. • Com. 5 oct. 1999, n° 97-15.990 P : *D. 1999. AJ 99, obs. M. B. ; LPA 9 mars 2000, note Salati ; BJS 2000. 215, note Daigre.*

3. Autres compétences spéciales. Sur l'articulation entre les art. L. 721-5 et D. 442-3, V. • Com. 29 mars 2017, n° 15-27.811 P : *cité note 9 ss. art. D. 442-3.*

Art. L. 721-6 **Ne sont pas de la compétence des tribunaux de commerce les actions intentées contre un propriétaire, cultivateur ou vigneron, pour vente de denrées prove-**

nant de son cru, ni les actions intentées contre un commerçant, pour paiement de denrées et marchandises achetées pour son usage particulier.

Néanmoins, les billets souscrits par un commerçant sont censés faits pour son commerce. — *[COJ, art. L. 411-7.] — V. note ss. L. 721-3.*

Vente de vin. Il résulte de l'art. 638 [art. L. 721-6] que le contrat concédant l'exclusivité et la vente des vins concernant exclusivement des opérations d'écoulement de la production d'un vigneron est un contrat civil relevant de la compétence du TGI, peu important que, pour les besoins de ces opérations, le vigneron ait passé des contrats de distribution, émis des factures et fait de la publicité, indirectement retenus comme « actes à caractère commercial » par le tribunal. • Paris, 12 sept. 1991 : *D. 1991. IR 255.* ♦ De même, l'importance de la vente n'est pas de nature à en modifier le caractère civil dans la mesure où il ne s'agit que de l'écoulement de la production du vigneron. • Même arrêt.

V. aussi notes 38 s. ss. art. L. 110-1.

Art. L. 721-7 *(L. n° 2010-1609 du 22 déc. 2010, art. 9)* **Le président du tribunal de commerce peut connaître concurremment avec le juge de l'exécution, lorsqu'elles tendent à la conservation d'une créance relevant de la compétence de la juridiction commerciale et qu'elles sont demandées avant tout procès, des mesures conservatoires portant sur :**

(Ord. n° 2011-1895 du 19 déc. 2011, art. 3, en vigueur le 1er juin 2012) **« 1° Les meubles et immeubles dans les cas et conditions prévus par le code des procédures civiles d'exécution ;**

« 2° Les navires dans les cas et conditions prévus par les articles L. 5114-20 et L. 5114-29 du code des transports ; »

3° Les aéronefs, dans les cas et conditions prévus par le code de l'aviation civile *[aujourd'hui recodifié à la sixième partie du code des transports]* **;**

4° Les bateaux de navigation intérieure d'un tonnage égal ou supérieur à vingt tonnes, dans les cas et conditions prévus par le code du domaine public fluvial et de la navigation intérieure *[aujourd'hui recodifié à la quatrième partie du code des transports]*.

L'art. L. 721-7 entre en vigueur dans les conditions fixées par un décret nécessaire à son application et au plus tard le 1er sept. 2011 (L. n° 2010-1609 du 22 déc. 2010, art. 43).

SECTION II COMPÉTENCE PARTICULIÈRE À CERTAINS TRIBUNAUX DE COMMERCE

(L. n° 2015-990 du 6 août 2015, art. 231-I-3°)

Applicable aux procédures ouvertes à compter du 1er mars 2016 (L. n° 2015-990 du 6 août 2015, art. 231-II).

Art. L. 721-8 **Des tribunaux de commerce spécialement désignés connaissent, lorsque le débiteur exerce une activité commerciale ou artisanale :**

1° Des procédures de sauvegarde, de redressement judiciaire et de liquidation judiciaire mentionnées au livre VI, lorsque le débiteur est :

a) **Une entreprise dont le nombre de salariés est égal ou supérieur à 250 et dont le montant net du chiffre d'affaires est d'au moins 20 millions d'euros ;**

b) **Une entreprise dont le montant net du chiffre d'affaires est d'au moins 40 millions d'euros ;**

c) **Une société qui détient ou contrôle une autre société, au sens des articles L. 233-1 et L. 233-3, dès lors que le nombre de salariés de l'ensemble des sociétés concernées est égal ou supérieur à 250 et que le montant net du chiffre d'affaires de l'ensemble de ces sociétés est d'au moins 20 millions d'euros ;**

d) **Une société qui détient ou contrôle une autre société, au sens des articles L. 233-1 et L. 233-3, dès lors que le montant net du chiffre d'affaires de l'ensemble de ces sociétés est d'au moins 40 millions d'euros ;**

(Ord. n° 2017-1519 du 2 nov. 2017, art. 3) **« 2° Des procédures d'insolvabilité principales ouvertes à l'égard d'un débiteur qui possède un établissement sur le territoire *d'un autre État membre, des procédures* d'insolvabilité secondaires ou des procédures d'insolvabilité territoriales au sens de l'article 3 du règlement (UE) n° 2015/848 du 20 mai 2015 relatif aux procédures d'insolvabilité, ainsi que des instances introduites en application de la section II du chapitre II du titre IX du livre VI ; »**

3° Des procédures pour l'ouverture desquelles la compétence internationale du tribunal résulte de la présence dans son ressort du centre principal des intérêts du débiteur ;

4° De la procédure de conciliation prévue au titre Ier du livre VI, sur saisine directe par le débiteur, à la demande du procureur de la République ou par décision du président du tribunal de commerce, lorsque le débiteur est une entreprise ou un ensemble de sociétés remplissant les conditions prévues aux *a* à *d* du 1°.

Le tribunal de commerce spécialisé compétent pour l'application des *c* et *d* du 1° et du 4° est celui dans le ressort duquel se situe la société qui détient ou contrôle une autre société au sens des articles L. 233-1 et L. 233-3.

(Ord. n° 2017-1519 du 2 nov. 2017, art. 3) « Pour l'application du 2° du présent article, le tribunal de commerce spécialisé compétent pour l'ouverture de la procédure d'insolvabilité principale est celui dans le ressort duquel est situé le centre des intérêts principaux du débiteur. Le tribunal de commerce spécialisé compétent pour l'ouverture d'une procédure secondaire ou d'une procédure territoriale est celui dans le ressort duquel est situé un établissement du débiteur au sens du point 10 de l'article 2 du règlement (UE) n° 2015/848 précité. »

Un décret, pris après avis du Conseil national des tribunaux de commerce, fixe la liste des tribunaux de commerce spécialisés. Ce décret détermine le ressort de ces juridictions, en tenant compte des bassins d'emplois et des bassins d'activité économique. *– V. art. D. 721-19.*

Le président du tribunal de commerce dans le ressort duquel l'entreprise a des intérêts ou un juge délégué par lui siège de droit au sein du tribunal de commerce spécialisé compétent. *– V. art. D. 721-19-1.*

Les dispositions issues de l'Ord. n° 2017-1519 du 2 nov. 2017 ne sont pas applicables à Saint-Pierre-et-Miquelon, à Saint-Barthélemy, à Saint-Martin, en Guadeloupe, en Guyane, en Martinique, à La Réunion, à Mayotte et dans les Terres australes et antarctiques françaises (Ord. préc., art. 4-I et VII).

Sur les chambres commerciales internationales de Paris, V. Prot. du 7 févr. 2018 relatif à la procédure devant la CCIP-TC et Prot. du 7 févr. 2018 relatif à la procédure devant la CCIP-CA.

BIBL. ► MENJUCQ, *RPC 2015. Repère 5* (compétence des tribunaux de commerce et groupes de sociétés). – VALLENS, *RTD com. 2015. 593* (création de tribunaux de commerce spécialisés). – ROSSI, *BJE 2015. 423* (au sujet des tribunaux de commerce « spécialement désignés »). – VALLANSAN, *RPC 2016. Étude 22* (compétence des tribunaux de commerce spécialisés dans le cadre des groupes de sociétés). – DE LAJARTE-MOUKOKO, *BJE 2017. 389* (quelle compétence pour le tribunal de commerce spécialisé en matière de mandat *ad hoc* ?). – Colloque, *RLDA suppl. oct. 2019* (les chambres commerciales internationales : fonctionnement et trajectoire).

1. Décision d'incompétence. Selon l'art. L. 721-8, des tribunaux de commerce spécialement désignés connaissent des procédures de sauvegarde, de redressement judiciaire et de liquidation judiciaire lorsque le débiteur répond à certains critères relatifs au nombre de salariés ou au montant net du chiffre d'affaires. Ce texte ne prive pas le tribunal de commerce non spécialement désigné du pouvoir juridictionnel de connaître de ces procédures lorsque les seuils qu'il prévoit ne sont pas atteints mais détermine une règle de répartition de compétence entre les juridictions appelées à connaître des procédures, dont l'inobservation est sanctionnée par une décision d'incompétence et non par une décision d'irrecevabilité. • Com. 17 nov. 2021, n° 19-50.067 B : *D. 2021. Chron. C. cass. 2265, obs. Barbot ; Rev. sociétés 2022. 185, obs. Henry ; JCP E 2021, n° 1541 ; RJDA 2022, n° 156.*

2. Extension de la procédure. Si l'art. L. 721-8-1° prévoit que des tribunaux de commerce spécialement désignés connaissent, lorsque le débiteur exerce une activité commerciale ou artisanale, et qu'il est, notamment, une entreprise dépassant certains seuils, des procédures de sauvegarde, de redressement et de liquidation judiciaires mentionnées au livre VI, il résulte de l'art. L. 621-2, al. 5, dans sa rédaction issue de l'Ord. du 12 mars 2014, rendu applicable au redressement judiciaire par l'art. L. 631-7, que le tribunal ayant ouvert la procédure initiale reste compétent pour une demande d'extension quelle que soit l'entreprise visée par la demande. • Com. 11 mars 2020, n° 18-22.960 P : *cité note 8 ss. art. L. 621-2.*

CHAPITRE II DE L'ORGANISATION ET DU FONCTIONNEMENT

SECTION PREMIÈRE DE L'ORGANISATION ET DU FONCTIONNEMENT DU TRIBUNAL DE COMMERCE

Art. L. 722-1 Sauf dispositions qui prévoient un juge unique, les jugements des tribunaux de commerce sont rendus par des juges statuant en formation collégiale. *– [COJ, art. L. 412-1.]*

Collégialité. Sur la nullité d'un jugement pour violation de la règle de l'imparité (ancienne rédaction de l'art. L. 412-1 COJ), V. • Civ. 2e, 6 févr. 1991, n° 89-20.123 P : *JCP 1991. IV. 126 ; Gaz. Pal. 1991. 1. Pan. 144.*

Art. L. 722-2 Lorsque le tribunal de commerce statue en matière de sauvegarde, de redressement ou de liquidation judiciaires, de règlement judiciaire ou de liquidation de biens, la formation de jugement comprend, sous réserve de l'application des dispositions de l'article L. 722-15, une majorité de juges ayant exercé des fonctions judiciaires pendant plus de deux ans. – *[COJ, art. L. 412-2.]*

Durée des fonctions. L'art. L. 412-2 COJ [C. com., art. L. 722-2] n'exige pas que tous les juges composant la formation de jugement exercent des fonctions judiciaires depuis plus de deux ans. • Lyon, réf., 12 nov. 1996 : *Gaz. Pal. 1998. 1. Somm. 215, obs. Vray.*

Art. L. 722-3 La formation de jugement est présidée par le président du tribunal de commerce ou par un juge de ce tribunal ayant exercé des fonctions judiciaires pendant au moins trois ans, sous réserve de l'application des dispositions de l'article L. 722-15. – *[COJ, art. L. 412-3.]*

Art. L. 722-3-1 Le président du tribunal de commerce connaît, dans les limites de la compétence d'attribution du tribunal de commerce, des demandes formées en application du règlement (CE) n° 1896/2006 du Parlement européen et du Conseil du 12 décembre 2006 instituant une procédure européenne d'injonction de payer. – *V. ce texte au **C. pr. civ.***

L'art. L. 722-3-1, tel qu'issu de la L. n° 2011-1862 du 13 déc. 2011, n'est pas applicable aux procédures en cours (L. préc., art. 70-IV).

Art. L. 722-4 Lorsqu'un tribunal de commerce ne peut se constituer ou statuer, la cour d'appel, saisie sur requête du procureur général, désigne, s'il n'a pas été fait application des dispositions des articles L. 722-13 et L. 722-15, le *(Ord. n° 2019-964 du 18 sept. 2019, art. 35, en vigueur le 1er janv. 2020)* **« tribunal judiciaire** *[ancienne rédaction : tribunal de grande instance]* **» situé dans le ressort de la cour d'appel appelé à connaître des affaires inscrites au rôle du tribunal de commerce et de celles dont il aurait été saisi ultérieurement. Si le renvoi résulte de l'impossibilité de respecter les prescriptions de l'article L. 722-2, le** *(Ord. n° 2019-964 du 18 sept. 2019, art. 35, en vigueur le 1er janv. 2020)* **« tribunal judiciaire** *[ancienne rédaction : tribunal de grande instance]* **» n'est saisi que des affaires de sauvegarde, redressement et de liquidation judiciaires.**

Le greffier du tribunal de commerce n'est pas dessaisi de ses attributions et continue d'exercer ses fonctions auprès du tribunal de renvoi. – *[COJ, art. L. 412-6, al. 1er.]*

V. C. pr. civ., art. 878-1, App., v° Tribunaux de commerce.

Renvoi. S'il n'y a pas lieu de faire application des art. L. 722-13 et L. 722-15, le renvoi prévu à l'art. L. 722-4, qui, peu important leur nombre, porte tant sur les affaires enrôlées que sur celles à venir, est ordonné à la condition suffisante que le tribunal de commerce ne puisse se constituer ou statuer quelle qu'en soit la raison. • Civ. 2e, 23 juin 2016, n° 15-50.092 P : *D. 2016. Actu. 1505 ; JCP E 2016, n° 1430 ; BJE 2017. 37, obs. Staes.*

Art. L. 722-5 Lorsque l'empêchement qui avait motivé le renvoi a cessé, la cour d'appel, saisie sur requête du procureur général, fixe la date à partir de laquelle le tribunal de commerce connaît à nouveau des affaires de sa compétence. A cette date, les affaires sont transmises, en l'état, au tribunal de commerce. Le tribunal de renvoi reste toutefois saisi des affaires de conciliation et, lorsqu'il est statué au fond, des affaires autres que celles de sauvegarde, de redressement, de liquidation judiciaires, de règlement judiciaire et de liquidation de biens. – *[COJ, art. L. 412-6, al. 2.]*

SECTION II **DU STATUT DES JUGES DES TRIBUNAUX DE COMMERCE**

(L. n° 2016-1547 du 18 nov. 2016, art. 95-I-2°).

BIBL. GÉN. ► ROLLAND, *Procédures 2017. Étude 15* (justice du XXIe siècle : précisions relatives au statut, à la formation, à la déontologie et aux règles disciplinaires des juges des tribunaux de commerce).

SOUS-SECTION 1 **DU MANDAT** *(L. nº 2016-1547 du 18 nov. 2016, art. 95-I-2º).*

Art. L. 722-6 Sous réserve des dispositions relatives aux élections complémentaires prévues au second alinéa de l'article L. 723-11, les juges des tribunaux de commerce sont élus pour deux ans lors de leur première élection. Ils peuvent, à l'issue d'un premier mandat, être réélus par période de quatre ans, dans le même tribunal ou dans tout autre tribunal de commerce *(Abrogé par L. nº 2016-1547 du 18 nov. 2016, art. 95-I-2º)* « *, sans que puisse être dépassé le nombre maximal de mandats prévu à l'article L. 723-7* ».

Lorsque le mandat des juges des tribunaux de commerce vient à expiration avant le commencement de la période fixée pour l'installation de leurs successeurs, ils restent en fonctions jusqu'à cette installation, sans que cette prorogation puisse dépasser une période de trois mois. – *[COJ, art. L. 412-7, al. 1er et 2.]*

Constitutionnalité. Jugeant que les art. L. 722-6 à L. 722-16 sont conformes à la Constitution, V. • Cons. const. 4 mai 2012, nº 2012-241 QPC : *D. 2012. 1626, note Fricero ; RTD com. 2012. 621, obs. Vallens ; JCP E 2012, nº 1365, note Vallansan ; Gaz. Pal. 2012. 2806, obs. Amrani-Mekki ; RLDA juin 2012. 17, note Drummen ; BJS 2012. 465, obs. Lucas.*

Art. L. 722-6-1 *(L. nº 2016-1547 du 18 nov. 2016, art. 95-I-2º)* Le mandat de juge de tribunal de commerce est incompatible avec l'exercice d'un mandat de conseiller prud'homme *(L. nº 2019-486 du 22 mai 2019, art. 40-I)* « , d'un mandat de président d'un établissement public du réseau des chambres de commerce et d'industrie ou du réseau des chambres de métiers et de l'artisanat » ou d'un autre mandat de juge de tribunal de commerce.

Les juges des tribunaux de commerce ne peuvent ni exercer les professions d'avocat, de notaire, d'huissier de justice, de commissaire-priseur judiciaire, de greffier de tribunal de commerce, d'administrateur judiciaire et de mandataire judiciaire, ni travailler au service d'un membre de ces professions pendant la durée de leur mandat.

V. note ss. art. L. 713-11.

Art. L. 722-6-2 *(L. nº 2016-1547 du 18 nov. 2016, art. 95-I-2º)* Le mandat de juge de tribunal de commerce est incompatible avec l'exercice d'un mandat de représentant au Parlement européen.

Il est également incompatible avec l'exercice d'un mandat de conseiller régional, de conseiller départemental, de conseiller municipal, de conseiller d'arrondissement, de conseiller de Paris, de conseiller métropolitain de Lyon, de conseiller à l'Assemblée de Corse, de conseiller à l'assemblée de Guyane ou de conseiller à l'assemblée de Martinique, dans le ressort de la juridiction dans laquelle l'intéressé exerce ses fonctions.

Les 4e et 5e al. du d du 2º du I de l'art. 95 de la L. nº 2016-1547 du 18 nov. 2016 [C. com., art. L. 722-6-2, al. 1er et 2] entrent en vigueur à compter de l'échéance du premier des mandats incompatibles mentionnés aux mêmes 4e et 5e al. (L. préc., art. 114-X).

Art. L. 722-6-3 *(L. nº 2016-1547 du 18 nov. 2016)* Tout candidat élu au mandat de juge de tribunal de commerce qui se trouve dans un des cas d'incompatibilités mentionnés aux articles L. 722-6-1 et L. 722-6-2 ne peut entrer en fonction tant qu'il n'a pas mis fin à cette situation, dans un délai d'un mois, en mettant fin à l'exercice de la profession incompatible ou en démissionnant du mandat de son choix. A défaut d'option dans le délai imparti, le mandat de juge de tribunal de commerce prend fin de plein droit. Si la cause d'incompatibilité survient après son entrée en fonction, il est réputé démissionnaire.

Art. L. 722-7 Avant d'entrer en fonctions, les juges des tribunaux de commerce prêtent serment.

Le serment est le suivant : "Je jure de bien et fidèlement remplir mes fonctions, de garder *(Abrogé par L. nº 2016-1547 du 18 nov. 2016, art. 95-I-2º)* « *religieusement* » le secret des délibérations et de me conduire en tout comme un juge digne et loyal".

Il est reçu par la cour d'appel, lorsque le tribunal de commerce est établi au siège de la cour d'appel et, dans les autres cas, par le *(Ord. nº 2019-964 du 18 sept. 2019, art. 35, en vigueur le 1er janv. 2020)* « tribunal judiciaire *[ancienne rédaction : tribunal de grande instance]* » dans le ressort duquel le tribunal de commerce a son siège. – *[COJ, art. L. 412-7, al. 3 et 4.]*

Art. L. 722-8 La cessation des fonctions de juge d'un tribunal de commerce résulte :

1° De l'expiration du mandat électoral, sous réserve des dispositions du deuxième alinéa de l'article L. 722-6 et du troisième alinéa de l'article L. 722-11 ;

2° De la suppression du tribunal ;

3° De la démission ;

4° De la déchéance. – *[COJ, art. L. 412-8.]*

Art. L. 722-9 Lorsqu'une procédure de sauvegarde, de redressement ou de liquidation judiciaires est ouverte à l'égard d'un juge d'un tribunal de commerce, l'intéressé cesse ses fonctions à compter de la date du jugement d'ouverture. Il est réputé démissionnaire.

Les mêmes dispositions s'appliquent à un juge du tribunal de commerce qui a une des qualités mentionnées au premier alinéa de l'article L. 713-3, lorsque la société ou l'établissement public auquel il appartient fait l'objet d'une procédure de sauvegarde, de redressement ou de liquidation judiciaires. – *[COJ, art. L. 412-9.]*

Inéligibilité. Jugeant que fait partie de la procédure de redressement judiciaire, rendant inéligible aux élections consulaires, l'exécution du plan de continuation de l'entreprise : • Civ. 2e, 10 oct. 2002, n° 02-60-406 P : *D. 2002. AJ 3079* ; *JCP E 2003, n° 44, p. 1774, note Legros* ; *Dr. pénal 2003, n° 10, obs. Robert* ; *RTD com. 2004. 517, obs. Champaud et Danet* .

Art. L. 722-10 Lorsqu'un *(Ord. n° 2019-964 du 18 sept. 2019, art. 35, en vigueur le 1er janv. 2020)* « tribunal judiciaire *[ancienne rédaction : tribunal de grande instance]* » a été désigné dans les conditions prévues à l'article L. 722-4, le mandat des juges du tribunal de commerce dessaisi n'est pas interrompu pendant la période de dessaisissement. – *[COJ, art. L. 412-10.]*

Art. L. 722-11 Le président du tribunal de commerce est choisi parmi les juges du tribunal qui ont exercé des fonctions dans un tribunal de commerce pendant six ans au moins, sous réserve des dispositions de l'article L. 722-13.

Le président est élu pour quatre ans au scrutin secret par les juges du tribunal de commerce réunis en assemblée générale sous la présidence du président sortant ou, à défaut, du doyen d'âge. L'élection a lieu à la majorité absolue aux deux premiers tours de scrutin et à la majorité relative au troisième tour. En cas d'égalité de voix au troisième tour, le candidat ayant la plus grande ancienneté dans les fonctions judiciaires est proclamé élu ; en cas d'égalité d'ancienneté, le plus âgé est proclamé élu.

Le président reste en fonctions jusqu'à l'installation de son successeur sans que cette prorogation puisse dépasser une période de trois mois. – *[COJ, art. L. 412-11.]*

1. Ancienneté. La condition d'ancienneté dans les fonctions au tribunal de commerce est une condition d'éligibilité du président et non une condition d'aptitude devant s'apprécier au jour de l'entrée en fonction du nouveau président. • Civ. 2e, 21 févr. 2002, n° 01.60-910 P.

2. Autorité constituée. Le président du tribunal de commerce est une autorité constituée, au sens de l'art. 226-10 C. pén., qui, lorsqu'elle acquiert, dans l'exercice de ses fonctions, la connaissance d'un crime ou d'un délit, est tenue d'en donner avis sans délai au procureur de la République. • Crim. 26 juin 2007, n° 06-84.135 P : *D. 2007. AJ 2238, obs. Darsonville* ; *RSC 2008. 81, obs. Mayaud* ; *RJDA 2007, n° 1100* ; *Dr. pénal 2007, n° 123, obs. Véron.*

Art. L. 722-12 Lorsque, pour quelque cause que ce soit, le président du tribunal de commerce cesse ses fonctions en cours de mandat, le nouveau président est élu dans un délai de trois mois pour la période restant à courir du mandat de son prédécesseur.

En cas d'empêchement, le président est suppléé dans ses fonctions par le juge qu'il a désigné. A défaut de désignation ou en cas d'empêchement du juge désigné, le président est remplacé par le juge ayant la plus grande ancienneté dans les fonctions judiciaires. – *[COJ, art. L. 412-12.]*

Art. L. 722-13 Lorsque aucun des candidats ne remplit la condition d'ancienneté requise pour être président du tribunal de commerce, le premier président de la cour d'appel, saisi par requête du procureur général, peut décider, par ordonnance, que l'ancienneté requise n'est pas exigée. – *[COJ, art. L. 412-13.]*

Art. L. 722-14 Sous réserve de l'application des dispositions de l'article L. 722-15, nul ne peut être désigné pour exercer les fonctions de juge-commissaire dans les conditions prévues par le livre VI s'il n'a exercé pendant deux ans au moins des fonctions judiciaires dans un tribunal de commerce.

Le président du tribunal de commerce dresse, au début de chaque année judiciaire, par ordonnance prise après avis de l'assemblée générale du tribunal, la liste des juges pouvant exercer les fonctions de juge-commissaire. – *[COJ, art. L. 412-4.]*

BIBL. ▶ SOINNE, *RPC 1996. 319* (désignation du juge-commissaire en cas de régime simplifié et de liquidation).

Art. L. 722-15 Lorsque aucun des juges du tribunal de commerce ne remplit les conditions d'ancienneté requises soit pour statuer en matière de sauvegarde, de redressement ou de liquidation judiciaires, de règlement judiciaire ou de liquidation de biens, conformément aux dispositions de l'article L. 722-2, soit pour présider une formation de jugement dans les conditions prévues par l'article L. 722-3, soit pour remplir les fonctions de juge-commissaire dans les conditions prévues par l'article L. 722-14, le premier président de la cour d'appel, saisi par requête du procureur général, peut décider, par ordonnance, que l'ancienneté requise n'est pas exigée. – *[COJ, art. L. 412-14.]*

Art. L. 722-16 Le mandat des juges élus des tribunaux de commerce est gratuit. – *[COJ, art. L. 412-15.]*

SOUS-SECTION 2 DE L'OBLIGATION DE FORMATION

(L. nº 2016-1547 du 18 nov. 2016, art. 95-I-2º)

Art. L. 722-17 Les juges des tribunaux de commerce sont tenus de suivre une formation initiale et une formation continue organisées dans des conditions fixées par décret. – *V. art. D. 722-28 s.*

Tout juge d'un tribunal de commerce qui n'a pas satisfait à l'obligation de formation initiale dans un délai fixé par décret est réputé démissionnaire.

L'art. L. 722-17, dans sa rédaction résultant de l'art. 95 de la L. nº 2016-1547 du 18 nov. 2016, entre en vigueur le 1er nov. 2018 (L. préc., art. 114-IX).

SOUS-SECTION 3 DE LA DÉONTOLOGIE

(L. nº 2016-1547 du 18 nov. 2016, art. 95-I-2º)

Art. L. 722-18 Les juges des tribunaux de commerce exercent leurs fonctions en toute indépendance, dignité, impartialité, intégrité et probité et se comportent de façon à prévenir tout doute légitime à cet égard.

Toute manifestation d'hostilité au principe ou à la forme du gouvernement de la République est interdite aux juges des tribunaux de commerce, de même que toute démonstration de nature politique incompatible avec la réserve que leur imposent leurs fonctions.

Est également interdite toute action concertée de nature à arrêter ou à entraver le fonctionnement des juridictions.

Art. L. 722-19 Indépendamment des règles fixées par le code pénal et les lois spéciales, les juges des tribunaux de commerce sont protégés contre les menaces et attaques, de quelque nature que ce soit, dont ils peuvent faire l'objet dans l'exercice ou à l'occasion de leurs fonctions. L'État doit réparer le préjudice direct qui en résulte.

Un décret en Conseil d'État précise les conditions et limites de la prise en charge par l'État, au titre de cette protection, des frais exposés par le juge dans le cadre d'instances civiles ou pénales.

Art. L. 722-20 Les juges des tribunaux de commerce veillent à prévenir ou à faire cesser immédiatement les situations de conflit d'intérêts.

Constitue un conflit d'intérêts toute situation d'interférence entre un intérêt public et des intérêts publics ou privés qui est de nature à influencer ou à paraître influencer l'exercice indépendant, impartial et objectif d'une fonction.

V. Circ. NOR : JUSB1805096C du 16 févr. 2018 relative à la déclaration d'intérêts des juges des tribunaux de commerce (BOMJ nº 2018-02 du 28 févr. 2018).

BIBL. ▶ DELATTRE, *JCP E 2019, nº 1519* (tribunal de commerce et conflit d'intérêts).

Art. L. 722-21 I. – Dans un délai de deux mois à compter de leur prise de fonctions, les juges des tribunaux de commerce remettent une déclaration exhaustive, exacte et sincère de leurs intérêts :

1° Au président du tribunal, pour les juges des tribunaux de commerce ;

2° Au premier président de la cour d'appel, pour les présidents des tribunaux de commerce du ressort de cette cour.

La déclaration d'intérêts mentionne les liens et les intérêts détenus de nature à influencer ou à paraître influencer l'exercice indépendant, impartial et objectif des fonctions que le déclarant a ou qu'il a eus pendant les cinq années précédant sa prise de fonctions.

La remise de la déclaration d'intérêts donne lieu à un entretien déontologique du juge avec l'autorité à laquelle la déclaration a été remise, ayant pour objet de prévenir tout éventuel conflit d'intérêts. L'entretien peut être renouvelé à tout moment à la demande du juge ou de l'autorité. A l'issue de l'entretien, la déclaration peut être modifiée par le déclarant.

Toute modification substantielle des liens et des intérêts détenus fait l'objet, dans un délai de deux mois, d'une déclaration complémentaire dans les mêmes formes et peut donner lieu à un entretien déontologique.

La déclaration d'intérêts ne peut pas être communiquée aux tiers.

Lorsqu'une procédure disciplinaire est engagée, la commission nationale de discipline et le ministre de la justice peuvent obtenir communication de la déclaration d'intérêts.

Un décret en Conseil d'État précise les conditions d'application du présent article, notamment le modèle, le contenu et les conditions de remise, de mise à jour et de conservation de la déclaration d'intérêts.

II. – Le fait, pour une personne tenue de remettre une déclaration d'intérêts en application du premier alinéa du I, de ne pas adresser sa déclaration ou d'omettre de déclarer une partie substantielle de ses intérêts est puni de trois ans d'emprisonnement et de 45 000 € d'amende.

Peuvent être prononcées, à titre complémentaire, l'interdiction des droits civiques, selon les modalités prévues aux articles 131-26 et 131-26-1 du code pénal, ainsi que l'interdiction d'exercer une fonction publique, selon les modalités prévues à l'article 131-27 du même code.

Le fait de publier ou de divulguer, de quelque manière que ce soit, tout ou partie des déclarations ou des informations mentionnées au présent article est puni des peines mentionnées à l'article 226-1 du code pénal.

Dans un délai de dix-huit mois à compter de la publication du décret en Conseil d'État mentionné à l'art. L. 722-21, les juges des tribunaux de commerce établissent une déclaration d'intérêts et participent à un entretien déontologique dans les conditions prévues au même art. L. 722-21 (L. n° 2016-1547 du 18 nov. 2016, art. 114-XI).

V. Circ. NOR : JUSB1805096C du 16 févr. 2018 relative à la déclaration d'intérêts des juges des tribunaux de commerce (BOMJ n° 2018-02 du 28 févr. 2018).

CHAPITRE III DE L'ÉLECTION DES JUGES DES TRIBUNAUX DE COMMERCE

BIBL. ▶ LESAULNIER, *Gaz. Pal. 2015. 96* (le greffier et les élections du président et des juges des tribunaux de commerce).

V. Circ. NOR : JUSB1719538C du 17 juill. 2017 relative à l'organisation de l'élection annuelle 2017 des juges des tribunaux de commerce.

SECTION PREMIÈRE DE L'ÉLECTORAT

Art. L. 723-1 Les juges d'un tribunal de commerce sont élus dans le ressort de la juridiction par un collège composé :

(L. n° 2019-486 du 22 mai 2019, art. 40-I) « 1° Des membres élus des chambres de commerce et d'industrie et des chambres de métiers et de l'artisanat dans le ressort de la juridiction, dans des conditions fixées par décret en Conseil d'État ; »

2° Des juges du tribunal de commerce ainsi que des anciens membres du tribunal *(L. n° 2021-1317 du 11 oct. 2021, art. 3)* « , à la condition, pour ces derniers, qu'ils y aient exercé leurs fonctions pendant au moins six années.

« Les électeurs mentionnés au 2° ne peuvent être inscrits sur la liste des membres du collège électoral de plusieurs tribunaux de commerce. » – *[COJ, art. L. 413-1, al. 1er à 3.]*

V. note ss. art. L. 713-11.

Art. L. 723-2 Les personnes mentionnées à l'article L. 723-1 ne peuvent faire partie du collège électoral qu'à la condition :

(L. n° 2021-1317 du 11 oct. 2021, art. 3) « 1° S'agissant des anciens membres du tribunal, de ne pas être frappées d'inéligibilité et de ne pas avoir été réputées démissionnaires ; »

2° De ne pas avoir été condamnées pénalement pour des agissements contraires à l'honneur, à la probité ou aux bonnes mœurs ;

3° De n'avoir pas été frappées depuis moins de quinze ans à compter du jour où la décision les ayant prononcées est devenue définitive, de faillite personnelle ou d'une des mesures d'interdiction ou de déchéance telles que prévues au livre VI du présent code, à la loi n° 85-98 du 25 janvier 1985 relative au redressement et à la liquidation judiciaires des entreprises ou à la loi n° 67-563 du 13 juillet 1967 sur le règlement judiciaire, la liquidation des biens, la faillite personnelle et les banqueroutes ;

(L. n° 2008-776 du 4 août 2008, art. 71-I, 4°) « 4° *(L. n° 2021-1317 du 11 oct. 2021, art. 3)* « De ne pas être frappées » d'une peine d'interdiction, suivant les modalités prévues par l'article 131-27 du code pénal, d'exercer une profession commerciale ou industrielle, de diriger, d'administrer, de gérer ou de contrôler à un titre quelconque, directement ou indirectement, pour *(L. n° 2021-1317 du 11 oct. 2021, art. 3)* « leur » propre compte ou pour le compte d'autrui, une entreprise commerciale ou industrielle ou une société commerciale ».

(Abrogé par L. n° 2019-486 du 22 mai 2019, art. 40-I) « Les délégués consulaires sont désignés dans les conditions prévues aux articles L. 713-6 à L. 713-18. » – [COJ, art. L. 413-1, al. 4 à 8.]

V. note ss. art. L. 713-11.

1. Incompatibilité. L'exercice des fonctions de juge de tribunal de commerce ne saurait être regardé comme incompatible avec l'exercice d'un mandat parlementaire. • Cons. const. 19 déc. 1996, n° 96-16 I : *JO 27 déc.*

2. Déchéance. V. note ss. art. L. 724-7.

Art. L. 723-3 La liste électorale pour les élections aux tribunaux de commerce est établie par une commission présidée par le juge commis à la surveillance du registre du commerce et des sociétés. En cas de création d'un tribunal de commerce, le premier président de la cour d'appel désigne comme président de la commission un magistrat *(L. n° 2019-222 du 23 mars 2019, art. 102)* « honoraire » de l'ordre judiciaire.

Les dispositions *(L. n° 2016-1048 du 1er août 2016, art. 11-II)* « de l'article L. 20 *[ancienne rédaction : du premier alinéa de l'article L. 25 et des articles L. 27, L. 34 et L. 35]* » du code électoral sont applicables en cas de contestation portant sur la liste électorale. – *[COJ, art. L. 413-2.]*

Les dispositions issues de la L. n° 2016-1048 du 1er août 2016 sont entrées en vigueur le 1er janv. 2019 (L. préc., art. 16, et Décr. n° 2018-350 du 14 mai 2018, art. 5).

Les dispositions issues de la L. n° 2019-222 du 23 mars 2019 entrent en vigueur à compter du prochain renouvellement de la commission (L. préc., art. 109-XXIV).

Liste électorale. Le contentieux relatif à la vérification de la liste électorale ne donne lieu à recours devant le tribunal d'instance que jusqu'au jour du premier tour du scrutin. • Civ. 2e, 29 avr. 1998, n° 96-60.441 P : *D. 1998. IR 139*.

SECTION II DE L'ÉLIGIBILITÉ

Art. L. 723-4 Sont éligibles aux fonctions de juge d'un tribunal de commerce les personnes âgées de trente ans au moins :

1° Inscrites sur *(L. n° 2019-486 du 22 mai 2019, art. 69)* « les listes électorales des chambres de commerce et d'industrie et des chambres de métiers et de l'artisanat dressées » dans le ressort du tribunal de commerce ou dans le ressort des tribunaux de commerce limitrophes ;

2° Qui remplissent la condition de nationalité prévue à l'article L. 2 du code électoral ;

(L. n° 2021-1317 du 11 oct. 2021, art. 1er) « 2° *bis* Qui n'ont pas été condamnées pénalement pour des agissements contraires à l'honneur, à la probité ou aux bonnes mœurs ; »

(L. n° 2019-486 du 22 mai 2019, art. 69) « 3° A l'égard desquelles une procédure de redressement judiciaire ou de liquidation judiciaire n'est pas en cours au jour du scrutin ;

« 4° Qui, s'agissant des personnes mentionnées aux 1° ou 2° du II de l'article L. 713-1 du présent code, n'appartiennent pas à une société ou à un établissement public à l'égard duquel une procédure de redressement judiciaire ou de liquidation judiciaire est en cours au jour du scrutin ;

« 4° *bis* Qui n'ont pas fait l'objet des sanctions prévues au titre V du livre VI » *(L. n° 2021-1317 du 11 oct. 2021, art. 1er)* « ou par des législations étrangères équivalentes lorsqu'elles entraînent ou portent interdiction d'exercer une profession commerciale ou industrielle, de diriger, d'administrer, de gérer ou de contrôler à un titre quelconque, directement ou indirectement, pour son propre compte ou pour le compte d'autrui, une entreprise commerciale ou industrielle ou une société commerciale ;

« 4° *ter* Qui ne sont pas frappées d'une peine d'interdiction, suivant les modalités prévues à l'article 131-27 du code pénal, d'exercer une profession commerciale ou industrielle, de diriger, d'administrer, de gérer ou de contrôler à un titre quelconque, directement ou indirectement, pour leur propre compte ou pour le compte d'autrui, une entreprise commerciale ou industrielle ou une société commerciale, ou d'une peine prononcée en application de législations étrangères équivalentes ; »

5° Et qui justifient soit d'une immatriculation pendant *(L. n° 2016-1547 du 18 nov. 2016, art. 95-I)* « cinq années » au moins au registre du commerce et des sociétés ou au *(Ord. n° 2021-1189 du 15 sept. 2021, art. 14, en vigueur le 1er janv. 2023)* « registre national des entreprises en tant qu'entreprise du secteur des métiers et de l'artisanat *[ancienne rédaction : répertoire des métiers]* », soit de l'exercice, pendant une durée totale cumulée de cinq ans, de l'une des qualités énumérées *(L. n° 2019-486 du 22 mai 2019, art. 69)* « au I de l'article L. 713-3 » *(L. n° 2021-1317 du 11 oct. 2021, art. 1er)* « du présent code » ou de l'une des professions énumérées au *d* du 1° *(L. n° 2019-486 du 22 mai 2019, art. 69)* « du II de l'article L. 713-1 ». — *[COJ, art. L. 413-3.]*

(L. n° 2021-1317 du 11 oct. 2021, art. 1er) « Sont également éligibles les membres en exercice des tribunaux de commerce, ainsi que les anciens membres de ces tribunaux ayant exercé les fonctions de juge de tribunal de commerce pendant au moins six années et n'ayant pas été réputés démissionnaires. Dans l'un et l'autre cas, les candidats doivent satisfaire aux conditions prévues aux 2° à 5° du présent article et être domiciliés ou disposer d'une résidence dans le ressort du tribunal ou des tribunaux limitrophes. »

*Les personnes condamnées pour infractions à la législation et à la réglementation relatives aux relations financières avec l'étranger sont déclarées incapables d'être électeurs ou élus aux tribunaux de commerce tant et aussi longtemps qu'elles n'auront pas été relevées de cette incapacité (C. douanes, art. 459). — **C. douanes.***

Sur la prise en compte d'un plan de continuation pour déclarer un dirigeant inéligible aux élections consulaires, V. note ss. art. L. 722-9.

BIBL. ▶ Legros, *Dr. sociétés 2019, n° 153* (L. du 22 mai 2019 : éligibilité au tribunal de commerce).

1. Constitutionnalité. Les conditions d'éligibilité aux fonctions de juge d'un tribunal de commerce sont prescrites afin de permettre le jugement de litiges commerciaux par des juridictions composées de professionnels confirmés, de nationalité française, et de renforcer les exigences de capacités nécessaires à l'exercice de fonctions juridictionnelles ; la différence de traitement entre les professionnels qui en résulte répond à des impératifs de bonne justice et est en rapport direct avec l'objet de la loi qui l'établit. • Com. 20 déc. 2012, n° 12-40.074 : *D. 2013. Actu. 97 ; RPC 2013, n° 34, obs. Roussel Galle.*

2. Incompatibilité. Jugeant que l'élection d'un juge consulaire doit être annulée si les conditions d'éligibilité ne sont pas réunies : • TI Fort-de-France, 5 nov. 2018 : *JCP E 2019, n° 1328, note Delattre.*

Art. L. 723-5 *(Abrogé par L. nº 2016-1547 du 18 nov. 2016, art. 95-I)* ***Toute personne ayant été déchue de ses fonctions de juge d'un tribunal de commerce est inéligible à cette fonction pour une durée de dix ans.*** *– [COJ, art. L. 413-3-1.]*

Art. L. 723-6 *(Abrogé par L. nº 2016-1547 du 18 nov. 2016, art. 95-I)* ***Peut être déclarée inéligible pour une période d'une durée de dix ans par la Commission nationale de discipline toute personne ayant présenté sa démission de juge d'un tribunal de commerce au cours de la procédure disciplinaire diligentée à son encontre.*** *– [COJ, art. L. 413-3-2.]*

Art. L. 723-7 Les juges des tribunaux de commerce élus pour *(L. nº 2019-486 du 22 mai 2019, art. 69)* « cinq *[ancienne rédaction : quatre]* » mandats *(Abrogé par L. nº 2021-1317 du 11 oct. 2021, art. 2)* ***« successifs »*** dans un même tribunal de commerce ne sont plus éligibles dans ce tribunal *(Abrogé par L. nº 2016-1547 du 18 nov. 2016, art. 95-I, à compter du 31 déc. 2017)* ***« pendant un an ».***

(Abrogé par L. nº 2019-486 du 22 mai 2019, art. 69) ***« Toutefois, le président sortant à l'issue de quatre mandats successifs de membre ou de président peut être réélu pour un nouveau mandat, en qualité de membre du même tribunal de commerce. A la fin de ce mandat, il n'est plus éligible à aucun mandat*** *(L. nº 2016-1547 du 18 nov. 2016, art. 95-I, en vigueur le 31 déc. 2017)* ***« dans ce tribunal ». »***

(L. nº 2016-1547 du 18 nov. 2016, art. 95-I, en vigueur le 31 déc. 2017) « Les juges des tribunaux de commerce ne peuvent siéger au-delà de l'année civile au cours de laquelle ils ont atteint l'âge de soixante-quinze ans. » *– [COJ, art. L. 413-4.]*

Art. L. 723-8 *(Abrogé par L. nº 2016-1547 du 18 nov. 2016, art. 95-I)* ***Un juge d'un tribunal de commerce ne peut être simultanément membre d'un conseil de prud'hommes ou juge d'un autre tribunal de commerce.*** *– [COJ, art. L. 413-5.]*

SECTION III DU SCRUTIN ET DES OPÉRATIONS ÉLECTORALES

Art. L. 723-9 Chaque électeur ne dispose que d'une voix dans le ressort d'un même tribunal de commerce.

Le droit de vote peut être exercé par correspondance ou par voie électronique.

(L. nº 2019-486 du 22 mai 2019, art. 40-I) « Nonobstant le premier alinéa, une ou plusieurs voix supplémentaires peuvent être attribuées aux électeurs mentionnés au 1º de l'article L. 723-1 selon qu'ils sont élus dans une chambre de commerce et d'industrie ou dans une chambre de métiers et de l'artisanat en tenant compte du nombre d'électeurs inscrits sur la liste électorale de chaque chambre dans le ressort du tribunal de commerce, dans des conditions fixées par décret en Conseil d'État. » *– [COJ, art. L. 413-6.]*

V. note ss. art. L. 713-11.

Art. L. 723-10 Les élections des juges des tribunaux de commerce ont lieu au scrutin plurinominal majoritaire à deux tours.

Sont déclarés élus au premier tour les candidats ayant obtenu un nombre de voix au moins égal à la majorité des suffrages exprimés et au quart des électeurs inscrits. Si aucun candidat n'est élu ou s'il reste des sièges à pourvoir, l'élection est acquise au second tour à la majorité relative des suffrages exprimés. Si plusieurs candidats obtiennent le même nombre de voix au second tour, le plus âgé est proclamé élu. *– [COJ, art. L. 413-7.]*

Art. L. 723-11 Des élections ont lieu tous les ans dans chaque tribunal de commerce où il y a des sièges à pourvoir pour quelque cause que ce soit.

Si, en cours d'année, le nombre des vacances dépasse le tiers des effectifs d'un tribunal, le préfet peut décider qu'il sera procédé à des élections complémentaires. Dans ce cas, le mandat des juges élus expire à la fin de l'année judiciaire. *– [COJ, art. L. 413-8.]*

V. note NOR : JUSB2118132C du 23 août 2021 relative à l'organisation de l'élection annuelle 2021 des juges des tribunaux de commerce en application de l'art. L. 723-11 (BOMJ 25 août).

Le mandat des délégués consulaires élus au cours de l'année 2016 est prorogé jusqu'au 31 déc. 2021 (L. nº 2021-1317 du 11 oct. 2021, art. 4).

Art. L. 723-12 Les dispositions des articles L. 49, L. 50, L. 58 à L. 67 et L. 86 à L. 117 du code électoral s'appliquent aux opérations électorales organisées en vue de la désignation des juges des tribunaux de commerce. *– [COJ, art. L. 413-9.]*

Art. L. 723-13 Une commission présidée par un magistrat de l'ordre judiciaire désigné par le premier président de la cour d'appel est chargée de veiller à la régularité du scrutin et de proclamer les résultats. *(L. n° 2016-1547 du 18 nov. 2016, art. 95-I)* « Elle communique ces résultats au garde des sceaux, ministre de la justice. » — *[COJ, art. L. 413-10.] — V. art. R. 723-8.*

Art. L. 723-14 Un décret en Conseil d'État détermine les modalités d'application du présent chapitre. — *[COJ, art. L. 413-12.] — V. art. R. 723-1 s.*

CHAPITRE IV DE LA DISCIPLINE DES JUGES DES TRIBUNAUX DE COMMERCE

Art. L. 724-1 *(L. n° 2016-1547 du 18 nov. 2016, art. 95-I)* Tout manquement par un juge de tribunal de commerce aux devoirs de son état, à l'honneur, à la probité ou à la dignité constitue une faute disciplinaire. — *[COJ, art. L. 414-1.]*

Constitutionnalité. Jugeant que les art. L. 724-1 à L. 724-6 sont conformes à la Constitution, V. • Cons. const. 4 mai 2012, n° 2012-241 QPC : *cité note ss. art. L. 722-6.*

Art. L. 724-1-1 *(L. n° 2016-1547 du 18 nov. 2016, art. 95-I)* En dehors de toute action disciplinaire, les premiers présidents de cour d'appel ont le pouvoir de donner un avertissement aux juges des tribunaux de commerce situés dans le ressort de leur cour, après avoir recueilli l'avis du président du tribunal de commerce dans lequel exerce le juge concerné.

Art. L. 724-2 Le pouvoir disciplinaire est exercé par une commission nationale de discipline qui est présidée par un président de chambre à la Cour de cassation, désigné par le premier président de la Cour de cassation, et qui comprend :

1° Un membre du Conseil d'État désigné par le vice-président du Conseil d'État ;

2° Deux magistrats du siège des cours d'appel désignés par le premier président de la Cour de cassation sur une liste établie par les premiers présidents des cours d'appel, chacun d'eux arrêtant le nom d'un magistrat du siège de sa cour d'appel après avis de l'assemblée générale des magistrats du siège de la cour d'appel ;

3° Quatre juges des tribunaux de commerce élus par l'ensemble des présidents des tribunaux de commerce.

Des suppléants en nombre égal sont désignés dans les mêmes conditions. Les membres de la commission nationale de discipline sont désignés pour quatre ans. — *[COJ, art. L. 414-2.] — V. art. R. 724-1 s.*

Art. L. 724-3 *(L. n° 2016-1547 du 18 nov. 2016, art. 95-I)* Après audition de l'intéressé par le premier président de la cour d'appel dans le ressort de laquelle le tribunal de commerce a son siège, la commission nationale de discipline peut être saisie par le ministre de la justice ou par le premier président. — *[COJ, art. L. 414-3.]*

Art. L. 724-3-1 *(L. n° 2016-1547 du 18 nov. 2016, art. 95-I)* Les sanctions disciplinaires applicables aux juges des tribunaux de commerce sont :

1° Le blâme ;

2° L'interdiction d'être désigné dans des fonctions de juge unique pendant une durée maximale de cinq ans ;

3° La déchéance assortie de l'inéligibilité pour une durée maximale de dix ans ;

4° La déchéance assortie de l'inéligibilité définitive.

Art. L. 724-3-2 *(L. n° 2016-1547 du 18 nov. 2016, art. 95-I)* La cessation des fonctions pour quelque cause que ce soit ne fait pas obstacle à l'engagement de poursuites et au prononcé de sanctions disciplinaires.

Dans ce cas, les sanctions disciplinaires applicables sont :

1° Le retrait de l'honorariat ;

2° L'inéligibilité pour une durée maximale de dix ans ;

3° L'inéligibilité définitive.

Art. L. 724-3-3 *(L. n° 2016-1547 du 18 nov. 2016, art. 95-I)* Tout justiciable qui estime qu'à l'occasion d'une procédure judiciaire le concernant le comportement adopté par un juge d'un tribunal de commerce dans l'exercice de ses fonctions est susceptible de recevoir une qualification disciplinaire peut saisir la commission nationale de discipline des juges des tribunaux de commerce. Cette saisine ne constitue pas une cause de récusation du magistrat.

La plainte est examinée par une commission d'admission des requêtes composée de deux membres de la commission nationale de discipline, l'un magistrat et l'autre juge d'un tribunal de commerce, désignés chaque année par le président de la commission nationale de discipline, dans les conditions déterminées au présent article.

A peine d'irrecevabilité, la plainte :

1° Ne peut être dirigée contre un juge d'un tribunal de commerce qui demeure saisi de la procédure ;

2° Ne peut être présentée après l'expiration d'un délai d'un an à compter d'une décision irrévocable mettant fin à la procédure ;

3° Contient l'indication détaillée des faits et griefs allégués ;

4° Est signée par le justiciable et indique son identité, son adresse ainsi que les éléments permettant d'identifier la procédure en cause.

Lorsque la commission d'admission des requêtes de la commission nationale de discipline déclare la plainte recevable, elle en informe le juge mis en cause.

La commission d'admission des requêtes sollicite du premier président de la cour d'appel et du président du tribunal de commerce dont dépend le juge mis en cause leurs observations et tous éléments d'information utiles. Le premier président de la cour d'appel invite le juge de tribunal de commerce concerné à lui adresser ses observations. Dans le délai de deux mois à compter de la demande qui lui en est faite par la commission d'admission des requêtes, le premier président de la cour d'appel adresse l'ensemble de ces informations et observations à ladite commission ainsi qu'au garde des sceaux, ministre de la justice.

La commission d'admission des requêtes peut entendre le juge mis en cause et, le cas échéant, le justiciable qui a introduit la plainte.

Lorsqu'elle estime que les faits sont susceptibles de recevoir une qualification disciplinaire, elle renvoie l'examen de la plainte à la commission nationale de discipline.

En cas de rejet de la plainte par la commission d'admission des requêtes, le premier président de la cour d'appel et le garde des sceaux, ministre de la justice, conservent la faculté de saisir la commission nationale de discipline des faits dénoncés.

Le juge visé par la plainte, le justiciable, le premier président de la cour d'appel, le président du tribunal de commerce dont dépend le juge mis en cause et le garde des sceaux, ministre de la justice, sont avisés du rejet de la plainte ou de l'engagement de la procédure disciplinaire.

La décision de rejet n'est susceptible d'aucun recours.

Les membres de la commission d'admission des requêtes ne peuvent siéger à la commission nationale de discipline lorsque celle-ci est saisie d'une affaire qui lui a été renvoyée par la commission d'admission des requêtes ou lorsqu'elle est saisie, par les autorités mentionnées à l'article L. 724-3, de faits identiques à ceux invoqués par un justiciable dont la commission d'admission des requêtes a rejeté la plainte.

En cas de partage égal des voix au sein de la commission d'admission des requêtes, l'examen de la plainte est renvoyé à la commission nationale de discipline.

Art. L. 724-4 *(L. nº 2016-1547 du 18 nov. 2016, art. 95-I)* « Sur proposition du ministre de la justice ou du premier président de la cour d'appel dans le ressort de laquelle le tribunal de commerce a son siège, le président de la commission nationale de discipline peut suspendre un juge de tribunal de commerce, préalablement entendu par le premier président, pour une durée qui ne peut excéder six mois, lorsqu'il existe contre l'intéressé des faits de nature à entraîner une sanction disciplinaire. » La suspension peut être renouvelée une fois par la commission nationale pour une durée qui ne peut excéder six mois. Si le juge du tribunal de commerce fait l'objet de poursuites pénales, la suspension peut être ordonnée par le président de la commission nationale jusqu'à l'intervention de la décision pénale définitive. – *[COJ, art. L. 414-4.]*

Art. L. 724-5 La commission nationale de discipline ne peut délibérer que si quatre de ses membres au moins, y compris le président, sont présents. En cas de partage égal des voix, celle du président est prépondérante. – *[COJ, art. L. 414-5.]*

Art. L. 724-6 Les décisions de la commission nationale de discipline et celles de son président sont motivées. Elles ne sont susceptibles de recours que devant la Cour de cassation. – *[COJ, art. L. 414-6.]*

Art. L. 724-7 Indépendamment des décisions qui pourraient intervenir en application des articles L. 724-3 et L. 724-4, lorsqu'il apparaît, postérieurement à son élection, qu'un juge du tribunal de commerce a encouru, avant ou après son installation, une des condamnations, déchéances ou incapacités mentionnées à l'article L. 723-2, il est déchu de plein droit de ses fonctions. – *[COJ, art. L. 414-7.]*

Déchéance. Les dispositions des art. L. 723-2, 2° et L. 724-7, sans caractère répressif, ont pour objet d'assurer que les professionnels appelés à exercer les fonctions de juge au tribunal de commerce ou à élire ces juges présentent les garanties d'intégrité et de moralité indispensables à l'exercice de fonctions juridictionnelles. Dès lors qu'elles n'instituent pas des sanctions ayant le caractère d'une punition, les griefs tirés de la méconnaissance de l'art. 8 DDH sont inopérants. • Cons. const. 1er avr. 2011, n° 2011-114 QPC : *D. 2012. Pan. 1640, obs. Bernaud et Jacquinot.*

TITRE TROISIÈME DES JURIDICTIONS COMMERCIALES PARTICULIÈRES

(Ord. n° 2006-673 du 8 juin 2006, art. 2)

CHAPITRE PREMIER DES DISPOSITIONS APPLICABLES AUX DÉPARTEMENTS DU BAS-RHIN, DU HAUT-RHIN ET DE LA MOSELLE

Art. L. 731-1 Des chambres commerciales du *(Ord. n° 2019-964 du 18 sept. 2019, art. 35, en vigueur le 1er janv. 2020)* « tribunal judiciaire *[ancienne rédaction : tribunal de grande instance]* » sont instituées dans les départements du Bas-Rhin, du Haut-Rhin et de la Moselle. – *[COJ, art. L. 913-1.]*

Art. L. 731-2 La compétence de la chambre commerciale est celle des tribunaux de commerce *(Abrogé par Ord. n° 2019-964 du 18 sept. 2019, art. 3, à compter du 1er janv. 2020)* « *, à l'exception des affaires qui relèvent de la compétence du tribunal d'instance en application des dispositions du chapitre III du titre II du livre II du code de l'organisation judiciaire* ». – *[COJ, art. L. 913-2.]*

Art. L. 731-3 La chambre commerciale est composée d'un membre du *(Ord. n° 2019-964 du 18 sept. 2019, art. 35, en vigueur le 1er janv. 2020)* « tribunal judiciaire *[ancienne rédaction : tribunal de grande instance]* », président, de deux assesseurs élus et d'un greffier. Les assesseurs sont élus dans les conditions fixées aux articles L. 723-1 à L. 723-14. – *[COJ, art. L. 913-3.]*

Art. L. 731-4 Les autres dispositions du titre II du livre VII relatives aux tribunaux de commerce sont applicables à la chambre commerciale, à l'exception des articles L. 721-1, L. 721-2, L. 722-3 *(L. n° 2016-1547 du 18 nov. 2016, art. 95-I)* « et L. 722-11 à L. 722-13 ».

Toutefois, par dérogation aux dispositions de l'article L. 722-14, les fonctions de juges-commissaires peuvent aussi être exercées par un juge du siège dans les conditions prévues au second alinéa de l'article L. 215-1 du code de l'organisation judiciaire. – *[COJ, art. L. 913-4.]*

CHAPITRE II DES DISPOSITIONS APPLICABLES AUX DÉPARTEMENTS ET RÉGIONS D'OUTRE-MER

Art. L. 732-1 Des tribunaux mixtes de commerce sont institués dans les départements et régions d'outre-mer. – *[COJ, art. L. 921-4, al. 1er.]*

Art. L. 732-2 La compétence des tribunaux mixtes de commerce est déterminée par le présent code et les lois particulières. – *[COJ, art. L. 921-4, al. 2, 2e phr.]*

Astreinte. Il résulte de l'art. 1036 du code de procédure civile (ancien), applicable sur le territoire de la Nouvelle-Calédonie, qu'un tribunal mixte de commerce peut assortir d'astreinte l'obligation prononcée par un juge de ce tribunal. • Civ. 2e, 5 avr. 2007, n° 05-20.214 P.

Art. L. 732-3 Les tribunaux mixtes de commerce sont des juridictions du premier degré composées du président du *(Ord. n° 2019-964 du 18 sept. 2019, art. 35, en vigueur le 1er janv. 2020)* « tribunal judiciaire *[ancienne rédaction : tribunal de grande instance]* », président, de juges élus, sous réserve des dispositions de l'article L. 732-7, et d'un greffier. Les juges sont élus dans les conditions fixées aux articles L. 723-1 à L. 723-13.

(L. n° 2011-331 du 28 mars 2011, art. 34) « Le greffe des tribunaux mixtes de commerce, dont la liste est fixée par décret en Conseil d'État, est assuré par un greffier de tribunal de commerce. » – *[COJ, art. L. 921-4, al. 3.]*

Art. L. 732-4 Dans les circonscriptions où il n'est pas établi de tribunal mixte de commerce, le *(Ord. n° 2019-964 du 18 sept. 2019, art. 35, en vigueur le 1er janv. 2020)* « tribunal judiciaire *[ancienne rédaction : tribunal de grande instance]* » connaît des matières attribuées aux tribunaux mixtes de commerce. – *[COJ, art. L. 921-6.]*

Art. L. 732-5 Les jugements des tribunaux mixtes de commerce sont rendus, sauf dispositions qui prévoient un juge unique, par une formation collégiale comprenant, outre le président, trois juges élus ou désignés dans les conditions prévues par l'article L. 732-7. En cas de partage égal des voix, celle du président est prépondérante. – *[COJ, art. L. 921-7.]*

Art. L. 732-6 Les dispositions du titre II du livre VII relatives aux tribunaux de commerce sont applicables au tribunal mixte de commerce, à l'exception des articles L. 721-1, L. 722-1, L. 722-3 *(L. n° 2016-1547 du 18 nov. 2016, art. 95-I)* « et L. 722-11 à L. 722-13 ». – *[COJ, art. L. 921-8.]*

Art. L. 732-7 A la liste des candidats déclarés élus, la commission prévue par l'article L. 723-13 annexe une liste complémentaire comprenant les nom, qualité et domicile des candidats non élus en mentionnant le nombre de voix qu'ils ont obtenues. Le premier président de la cour d'appel, après avis du président du tribunal mixte de commerce, établit à partir de cette liste complémentaire une liste de quinze personnes au plus qui, ayant leur résidence dans la ville, sont en mesure de compléter le tribunal mixte. Si le nombre des juges se révèle insuffisant en cours d'année à l'occasion d'une audience, le président du tribunal mixte procède au tirage au sort en séance publique entre tous les noms de la liste arrêtée par le premier président. Les personnes dont le nom a été tiré au sort prêtent serment devant le président du tribunal mixte. – *[COJ, art. L. 921-9.]*

Art. L. 732-8 *(L. n° 2015-990 du 6 août 2015, art. 234-1°)* L'article L. 721-8 n'est pas applicable dans les régions et départements d'outre-mer.

TITRE QUATRIÈME DU GREFFE DU TRIBUNAL DE COMMERCE

(Ord. n° 2006-673 du 8 juin 2006, art. 2)

CHAPITRE PREMIER DE L'INSTITUTION ET DES MISSIONS

Art. L. 741-1 Les greffiers des tribunaux de commerce sont des officiers publics et ministériels. – *[COJ, art. L. 821-1, 1re phrase.]*

(L. n° 2015-990 du 6 août 2015, art. 56-I). « Ils cessent leurs fonctions lorsqu'ils atteignent l'âge de soixante-dix ans. Sur autorisation du ministre de la justice, ils peuvent continuer d'exercer leurs fonctions jusqu'au jour où leur successeur prête serment, pour une durée qui ne peut excéder douze mois. » – *V. art. R. 742-31-1, R. 743-60-1, R. 743-68-1 et R. 743-139-20-1.*

Les dispositions issues de la L. n° 2015-990 du 6 août 2015 entrent en vigueur le premier jour du douzième mois suivant la promulgation de la loi (L. préc., art. 56-II).

V. Circ. NOR : JUST2022434C du 6 févr. 2020 relative à l'occupation des locaux judiciaires par les greffiers des tribunaux de commerce (BOMJ 21 août 2020). – V. aussi note 2 ss. art. L. 721-1.

BIBL. ▶ BAHANS, *RLDA juill. 2009. 94* (authenticité des actes des greffiers des tribunaux de commerce et exigence de sécurité juridique en Europe).

Art. L. 741-2 La profession de greffier des tribunaux de commerce est représentée auprès des pouvoirs publics par un Conseil national des greffiers des tribunaux de commerce, doté de la personnalité morale et chargé d'assurer la défense de ses intérêts collectifs.

(L. n° 2011-331 du 28 mars 2011, art. 27) « Le conseil national peut, devant toutes les juridictions, exercer tous les droits réservés à la partie civile relativement aux faits portant un préjudice direct ou indirect à l'intérêt collectif de la profession. »

Les modes d'élection et de fonctionnement du conseil national sont fixés par décret en Conseil d'État. – *V. art. R. 741-10 s.*

(L. n° 2006-1666 du 21 déc. 2006, art. 116) « Le conseil national fixe son budget.

« Il peut assurer le financement de services d'intérêt collectif dans les domaines fixés par décret.

« A cette fin, le conseil national appelle une cotisation versée annuellement par chaque titulaire d'un office de greffier de tribunal de commerce. Le montant de cette cotisation résulte d'un barème progressif fixé par décret après avis du conseil national, en fonction de l'activité de l'office et, le cas échéant, du nombre d'associés.

« Le produit de cette cotisation ne peut excéder une quotité déterminée par le conseil national, dans la limite de 2 % du total des produits hors taxes comptabilisés par l'ensemble des offices au titre de l'année précédente.

« A défaut de paiement de cette cotisation dans un délai d'un mois à compter d'une mise en demeure, le conseil national délivre, à l'encontre du redevable, un acte assimilé à une décision au sens du *(Ord. n° 2011-1895 du 19 déc. 2011, art. 2, en vigueur le 1er juin 2012)* « 6° de l'article L. 111-3 du code des procédures civiles d'exécution *[ancienne rédaction : 6° de l'article 3 de la loi n° 91-650 du 9 juillet 1991 portant réforme des procédures civiles d'exécution]* ». » – *V.* ***C. pr. exéc.***

(Ord. n° 2022-544 du 13 avr. 2022, art. 31, en vigueur le 1er juill. 2022) « Le conseil national prépare un code de déontologie édicté par décret en Conseil d'État énonçant les principes et devoirs professionnels permettant le bon exercice des fonctions de greffier des tribunaux de commerce. Il précise par voie de règlement, approuvé par arrêté du garde des sceaux, ministre de la justice, les règles professionnelles propres à assurer le respect de ce code.

« Le conseil national exerce l'action disciplinaire dans les conditions prévues par l'ordonnance n° 2022-544 du 13 avril 2022 relative à la déontologie et à la discipline des officiers ministériels *[ancienne rédaction : Le conseil national peut établir, en ce qui concerne les usages de la profession à l'échelon national, un règlement qui est soumis à l'approbation du garde des sceaux, ministre de la justice]*. »

(L. n° 2012-387 du 22 mars 2012, art. 71) « Le Conseil national des greffiers des tribunaux de commerce est également chargé d'assurer la tenue du fichier prévu à l'article L. 128-1. » – *[COJ, art. L. 821-4, al. 1er et 2.]*

V. Arr. du 11 juin 2019 portant approbation du règlement national du Conseil national des greffiers des tribunaux de commerce, intitulé règles professionnelles des greffiers des tribunaux de commerce, adopté le 7 mai 2019 (JO 21 juin).

Sur la mise en place du système dénommé « SECURIGREFFE » opéré sous la responsabilité du Conseil national des greffiers des tribunaux de commerce, V. Arr. du 9 févr. 2016 portant application des dispositions du titre XXI du livre Ier du code de procédure civile aux greffiers des tribunaux de commerce (JO 24 févr.).

CHAPITRE II DES CONDITIONS D'ACCÈS À LA PROFESSION ET AUX AUTRES PROFESSIONS JUDICIAIRES ET JURIDIQUES

Art. L. 742-1 Les *(Ord. n° 2016-57 du 29 janv. 2016)* « conditions » d'accès à la profession des greffiers des tribunaux de commerce sont fixées par décret en Conseil d'État. – *[COJ, art. L. 821-3.]* – *V. art. R. 742-1 s.*

(Ord. n° 2016-57 du 29 janv. 2016) « Elles comprennent notamment un concours, un stage et un entretien de validation de stage, sous réserve des dispenses prévues par ce décret. »

Sur l'accès à la profession de greffier de tribunal de commerce des avoués et des collaborateurs d'avoué, V. note au ***C. com.*** 🏛.

BIBL. ▸ Bléry, *JCP 2016, n° 155* (vers un nouveau mode de recrutement des greffiers de tribunal de commerce : un progrès ?).

Art. L. 742-2 Les règles permettant aux greffiers des tribunaux de commerce d'accéder aux autres professions juridiques et judiciaires sont fixées par décret en Conseil d'État.

CHAPITRE III DES CONDITIONS D'EXERCICE

SECTION PREMIÈRE DE L'INSPECTION *(Ord. n° 2022-544 du 13 avr. 2022, art. 31, en vigueur le 1er juill. 2022).*

SOUS-SECTION 1 *[INTITULÉ SUPPRIMÉ]* DE L'INSPECTION

L'intitulé de la sous-section 1 est supprimé à compter du 1er juill. 2022 (Ord. n° 2022-544 du 13 avr. 2022, art. 31).

Art. L. 743-1 **Les greffiers des tribunaux de commerce sont soumis, dans leur activité professionnelle, à des inspections sous l'autorité du garde des sceaux, ministre de la justice, dans des conditions prévues par décret en Conseil d'État. Au cours de ces inspections, ils sont tenus de fournir tous renseignements et documents utiles sans pouvoir opposer le secret professionnel.**

SOUS-SECTION 2 *[INTITULÉ SUPPRIMÉ]* DE LA DISCIPLINE

L'intitulé de la sous-section 2 est supprimé à compter du 1er juill. 2022 (Ord. n° 2022-544 du 13 avr. 2022, art. 31).

Sur la déontologie et la discipline des greffiers des tribunaux de commerce, V. désormais Ord. n° 2022-544 du 13 avr. 2022.

Art. L. 743-2 *(Abrogé par Ord. n° 2022-544 du 13 avr. 2022, art. 31, à compter du 1er juill. 2022)* ***Tout manquement d'un greffier de tribunal de commerce à l'honneur, à la probité, à la dignité et aux devoirs de sa charge constitue une faute disciplinaire.***

L'acceptation de la démission d'un greffier ne fait pas obstacle au prononcé d'une sanction disciplinaire, si les faits qui lui ont été reprochés ont été commis pendant l'exercice de ses fonctions. *— [COJ, art. L. 822-1.]*

Art. L. 743-3 *(Abrogé par Ord. n° 2022-544 du 13 avr. 2022, art. 31, à compter du 1er juill. 2022)* ***Les sanctions disciplinaires sont :***

1° Le rappel à l'ordre ;
2° L'avertissement ;
3° Le blâme ;
4° L'interdiction temporaire ;
5° La destitution ou le retrait de l'honorariat.

Les sanctions mentionnées aux 1° à 4° peuvent être assorties de la sanction complémentaire de l'inéligibilité temporaire au Conseil national des greffiers des tribunaux de commerce. La durée maximale de cette sanction complémentaire est de cinq ans pour les sanctions mentionnées aux 1° à 3° et de dix ans à compter de la cessation de la mesure d'interdiction pour la sanction mentionnée au 4°. *— [COJ, art. L. 822-2.]*

Interdiction temporaire. Viole l'art. 2 C. civ. une cour d'appel qui, pour condamner un greffier de tribunal de commerce à la peine de l'interdiction temporaire prévue à l'art. L. 822-2 COJ [désormais C. com., art. L. 743-3] issu de la L. n° 2004-130 du 11 févr. 2004, avait retenu que la loi nouvelle était applicable aux poursuites engagées postérieurement à son entrée en vigueur. • Civ. 1re, 14 juin 2007, n° 06-15.512 P : *D. 2007. AJ 1883* ; *JCP E 2007, n° 30, p. 22.*

Art. L. 743-4 *(Abrogé par Ord. n° 2022-544 du 13 avr. 2022, art. 31, à compter du 1er juill. 2022)* ***L'action disciplinaire à l'encontre du greffier d'un tribunal de commerce est exercée soit devant la formation disciplinaire du Conseil national des greffiers des tribunaux de commerce, soit devant le*** *(Ord. n° 2019-964 du 18 sept. 2019, art. 35, en vigueur le 1er janv. 2020)* ***« tribunal judiciaire*** *[ancienne rédaction : tribunal de grande instance]* ***» dans le ressort duquel le tribunal de commerce a son siège ou, si le greffier est titulaire de plusieurs greffes, devant le*** *(Ord. n° 2019-964 du 18 sept. 2019, art. 35, en vigueur le 1er janv. 2020)* ***« tribunal judiciaire*** *[ancienne rédaction : tribunal de grande instance]* ***» désigné par le premier président de la cour d'appel, dans les conditions prévues par le présent chapitre.***

L'action disciplinaire se prescrit par dix ans. — [COJ, art. L. 822-3.] — Dispositions applicables aux procédures engagées postérieurement à leur entrée en vigueur (L. n° 2004-130 du 11 févr. 2004, art. 78).

Compétence spéciale. Les dispositions spéciales édictées par les art. L. 743-4 et R. 743-28 C. com., ne sont pas contraires aux exigences de l'art. 6. 1 Conv. EDH, qui confèrent attribution spéciale de compétence, en premier ressort, au tribunal de grande instance dans le ressort duquel le tribunal de commerce a son siège et, en cas d'appel, à la cour d'appel territorialement compétente, échappent, par leur nature, aux dispositions générales de l'art. 47 C. pr. civ. • Civ. 1re, 25 févr. 2010, n° 09-11.180 P : *JCP 2010, n° 347.*

Art. L. 743-5 *(Abrogé par Ord. n° 2022-544 du 13 avr. 2022, art. 31, à compter du 1er juill. 2022)* ***La formation disciplinaire du Conseil national des greffiers des tribunaux de commerce comprend cinq membres désignés par le conseil national en son sein ; cinq suppléants sont désignés dans les mêmes conditions. Elle élit son président.***

Le président du conseil national ne peut pas être membre de la formation disciplinaire.

La formation disciplinaire du conseil national ne peut prononcer que l'une des sanctions mentionnées aux 1° à 3° de l'article L. 743-3. *— [COJ, art. L. 822-3-1.] — V. note ss. art. L. 743-4.*

Art. L. 743-6 *(Abrogé par Ord. n° 2022-544 du 13 avr. 2022, art. 31, à compter du 1er juill. 2022)* ***L'action disciplinaire est exercée par le procureur de la République. Elle peut également être exercée par le président du Conseil national des greffiers des tribunaux de commerce. Dans ce cas, notification en est faite au procureur de la République, qui peut citer le greffier devant le*** *(Ord. n° 2019-964 du 18 sept. 2019, art. 35, en vigueur le 1er janv. 2020)* ***« tribunal judiciaire*** *[ancienne rédaction : tribunal de grande instance]* ***» statuant disciplinairement. Notification de la citation est faite au président de la formation disciplinaire du conseil national.***

La formation disciplinaire du conseil national est dessaisie à compter de la notification effectuée par le procureur de la République. *— [COJ, art. L. 822-3-2.] — V. note ss. art. L. 743-4.*

Art. L. 743-7 *(Abrogé par Ord. n° 2022-544 du 13 avr. 2022, art. 31, à compter du 1er juill. 2022)* ***Le greffier du tribunal de commerce qui fait l'objet d'une poursuite pénale ou disciplinaire peut être suspendu provisoirement de l'exercice de ses fonctions par le*** *(Ord. n° 2019-964 du 18 sept. 2019, art. 35, en vigueur le 1er janv. 2020)* ***« tribunal judiciaire*** *[ancienne rédaction : tribunal de grande instance]* ***», saisi à la requête du procureur de la République.***

En cas d'urgence, la suspension provisoire peut être prononcée par le *(Ord. n° 2019-964 du 18 sept. 2019, art. 35, en vigueur le 1er janv. 2020)* ***« tribunal judiciaire*** *[ancienne rédaction : tribunal de grande instance]* ***» avant même l'exercice de poursuites pénales ou disciplinaires.***

Le *(Ord. n° 2019-964 du 18 sept. 2019, art. 35, en vigueur le 1er janv. 2020)* ***« tribunal judiciaire*** *[ancienne rédaction : tribunal de grande instance]* ***» peut mettre fin à la suspension provisoire à la requête du procureur de la République ou du greffier.***

La suspension cesse de plein droit dès que les actions pénale ou disciplinaire sont éteintes. Elle cesse également de plein droit, dans le cas prévu au deuxième alinéa, si, à l'expiration d'un délai d'un mois à compter de son prononcé, aucune poursuite pénale ou disciplinaire n'a été engagée. *— [COJ, art. L. 822-4.]*

Suspension provisoire. La question de savoir si l'art. L. 743-7 porte atteinte aux droits et libertés que la Constitution garantit, et plus particulièrement au droit à la présomption d'innocence consacré par l'art. 9 DDH, ne présente pas un caractère sérieux en ce que la mesure de suspension provisoire de l'exercice de ses fonctions du greffier d'un tribunal de commerce faisant l'objet d'une poursuite pénale ou disciplinaire est une mesure purement conservatoire, exclusive de toute appréciation sur la responsabilité pénale ou disciplinaire de l'intéressé, de sorte qu'elle ne peut porter atteinte à la présomption d'innocence. • Cass., QPC, 8 juill. 2010, n° 10-40.013 P : *JCP 2010, n° 875.*

Art. L. 743-8 *(Abrogé par Ord. n° 2022-544 du 13 avr. 2022, art. 31, à compter du 1er juill. 2022)* ***Les décisions de la formation disciplinaire du Conseil national des greffiers des tribunaux de commerce peuvent être déférées à la cour d'appel de Paris par le procureur***

de la République compétent pour exercer l'action disciplinaire, par le président du conseil national lorsque les poursuites ont été engagées à son initiative, ou par le greffier.

***Les décisions du** (Ord. nº 2019-964 du 18 sept. 2019, art. 35, en vigueur le 1er janv. 2020)* ***« tribunal judiciaire** [ancienne rédaction : tribunal de grande instance]* ***» statuant en matière disciplinaire peuvent être déférées à la cour d'appel territorialement compétente par le procureur de la République, par le président du Conseil national des greffiers des tribunaux de commerce lorsque les poursuites ont été engagées à son initiative, ou par le greffier.** — [COJ, art. L. 822-5.] — V. note ss. art. L. 743-4.*

Art. L. 743-9 *(Abrogé par Ord. nº 2022-544 du 13 avr. 2022, art. 31, à compter du 1er juill. 2022)* ***Le greffier suspendu, interdit ou destitué s'abstient de tout acte professionnel. Les actes accomplis au mépris de cette prohibition peuvent être déclarés nuls, à la requête de tout intéressé ou du procureur de la République, par le** (Ord. nº 2019-964 du 18 sept. 2019, art. 35, en vigueur le 1er janv. 2020)* ***« tribunal judiciaire** [ancienne rédaction : tribunal de grande instance]* ***». La décision est exécutoire à l'égard de toute personne.** — V. note ss. art. L. 743-4.*

***Toute infraction aux dispositions du premier alinéa est punie des peines prévues à l'article 433-17 du code pénal.** — [COJ, art. L. 822-6.]*

Art. L. 743-10 *(Abrogé par Ord. nº 2022-544 du 13 avr. 2022, art. 31, à compter du 1er juill. 2022)* ***Le** (Ord. nº 2019-964 du 18 sept. 2019, art. 35, en vigueur le 1er janv. 2020)* ***« tribunal judiciaire** [ancienne rédaction : tribunal de grande instance]* ***» qui prononce la suspension, l'interdiction ou la destitution nomme un ou plusieurs administrateurs provisoires.** — [COJ, art. L. 822-7.] — V. note ss. art. L. 743-4. — V. art. R. 743-17.*

Art. L. 743-11 **Un décret en Conseil d'État fixe les conditions d'application du présent chapitre.** *— [COJ, art. L. 822-8.] — V. art. R. 743-1 s.*

SECTION II DES MODES D'EXERCICE

Art. L. 743-12 **Les greffiers des tribunaux de commerce peuvent exercer leur profession à titre individuel,** *(L. nº 2010-1609 du 22 déc. 2010, art. 31)* **« en qualité de salarié d'une personne physique ou morale titulaire d'un greffe de tribunal de commerce, » sous forme de sociétés civiles professionnelles ou sous forme de sociétés d'exercice libéral telles que prévues par la loi nº 90-1258 du 31 décembre 1990 relative à l'exercice sous forme de sociétés des professions libérales soumises à un statut législatif ou réglementaire ou dont le titre est protégé. Ils peuvent aussi être membres d'un groupement d'intérêt économique ou d'un groupement européen d'intérêt économique ou associés d'une société en participation régie par le titre II de la loi nº 90-1258 du 31 décembre 1990 relative à l'exercice sous forme de sociétés des professions libérales soumises à un statut législatif ou réglementaire ou dont le titre est protégé.** *— [COJ, art. L. 821-1, sauf 1re phrase.] — V. art. R. 743-29 s.*

Infogreffe. La constitution du GIE Infogreffe ne saurait, en soi, recevoir la qualification d'entente au sens de l'art. L. 420-1 dans la mesure où la possibilité pour les greffiers des tribunaux de commerce de se regrouper au sein d'un groupement d'intérêt économique pour exercer leurs missions est expressément prévue par la loi, conformément à l'art. L. 743-12. • Aut. conc. nº 13-D-23 du 30 déc. 2013 : *cité ss. art. R. 741-5.* ♦ Les greffiers sont membres d'Infogreffe dont l'objet social consiste à prolonger leur activité par la mise en commun de tous moyens techniques, notamment électroniques, informatiques, télématiques, bureautiques, permettant d'améliorer le service rendu par les greffes des tribunaux de commerce. • Même décision.

Art. L. 743-12-1 *(L. nº 2010-1609 du 22 déc. 2010, art. 31)* **Une personne physique titulaire d'un greffe de tribunal de commerce ne peut pas employer plus** *(L. nº 2015-990 du 6 août 2015, art. 59-IV)* **« de deux greffiers de tribunal de commerce salariés. » Une personne morale titulaire d'un greffe de tribunal de commerce ne peut pas employer un nombre de greffiers de tribunal de commerce salariés supérieur** *(L. nº 2015-990 du 6 août 2015, art. 59-IV)* **« au double de » celui des greffiers de tribunal de commerce associés qui y exercent la profession.**

En aucun cas le contrat de travail du greffier du tribunal de commerce salarié ne peut porter atteinte *(Ord. nº 2022-544 du 13 avr. 2022, art. 31, en vigueur le 1er juill. 2022)* **« au code de déontologie édicté par décret en Conseil d'État et aux règles pro-**

fessionnelles des greffiers *[ancienne rédaction : aux règles déontologiques de la profession de greffier]* **» de tribunal de commerce. Nonobstant toute clause du contrat de travail, le greffier de tribunal de commerce salarié peut refuser à son employeur d'accomplir une mission lorsque celle-ci lui paraît contraire à sa conscience ou susceptible de porter atteinte à son indépendance.**

Un décret en Conseil d'État fixe les modalités d'application du présent article, et notamment les règles applicables au règlement des litiges nés à l'occasion de l'exécution d'un contrat de travail après médiation du président du Conseil national des greffiers des tribunaux de commerce, celles relatives au licenciement du greffier de tribunal de commerce salarié et les conditions dans lesquelles il peut être mis fin aux fonctions d'officier public du greffier de tribunal de commerce salarié.

Le Conseil national des greffiers des tribunaux de commerce tient le fichier électronique national des gages sans dépossession sur lequel est mentionné l'existence des inscriptions prises en application de l'art. 2338 C. civ. Il constitue à cet effet un groupement d'intérêt économique entre les greffiers des tribunaux de commerce (Décr. nº 2006-1804 du 23 déc. 2006, art. 9). — V. ***C. civ.***

SECTION III DE LA TARIFICATION DES GREFFIERS DES TRIBUNAUX DE COMMERCE

Art. L. 743-13 **Les émoluments des greffiers des tribunaux de commerce sont fixés** *(L. nº 2015-990 du 6 août 2015, art. 50-I-5º)* **« en application du titre IV** ***bis*** **du livre IV du présent code ». —** *V. art. R. 743-140 s.*

(L. nº 2014-626 du 18 juin 2014, art. 27-II) **« Aucun émolument n'est dû par les personnes physiques** *(Ord. nº 2018-470 du 12 juin 2018, art. 1er)* **« mentionnées à l'article L. 613-7 du code de la sécurité sociale exerçant une activité commerciale » pour les formalités d'immatriculation au registre du commerce et des sociétés, d'inscription modificative ou de radiation de ce registre. »**

V. 2e note ss. art. L. 123-1-1.

Les modifications issues de la L. nº 2015-990 du 6 août 2015 sont applicables à Wallis-et-Futuna (L. préc., art. 50-V).

SECTION IV DE LA COMPTABILITÉ

(L. nº 2008-649 du 3 juill. 2008, art. 31)

Art. L. 743-14 **Les sommes détenues par les greffiers des tribunaux de commerce pour le compte de tiers et relevant de catégories fixées par décret en Conseil d'État sont déposées sur un compte spécialement affecté ouvert à cet effet auprès de la Caisse des dépôts et consignations. Le même décret détermine les conditions du dépôt des fonds. —** *V. art. R. 743-178 s.*

SECTION V DE LA FORMATION PROFESSIONNELLE CONTINUE

(L. nº 2010-1609 du 22 déc. 2010, art. 30)

Art. L. 743-15 **La formation professionnelle continue est obligatoire pour les greffiers des tribunaux de commerce en exercice.**

Un décret en Conseil d'État détermine la nature et la durée des activités susceptibles d'être validées au titre de l'obligation de formation professionnelle continue. Le Conseil national des greffiers des tribunaux de commerce détermine les modalités selon lesquelles elle s'accomplit. — *V. art. R. 742-39 et R. 742-40.*

CHAPITRE IV DES DISPOSITIONS APPLICABLES AUX DÉPARTEMENTS ET RÉGIONS D'OUTRE-MER

(L. nº 2011-331 du 28 mars 2011, art. 34)

Art. L. 744-1 *(Abrogé par Ord. nº 2022-544 du 13 avr. 2022, art. 31, à compter du 1er juill. 2022)* ***Par dérogation à l'article L. 743-4, l'action disciplinaire à l'encontre du greffier de tribunal de commerce assurant le greffe d'un tribunal mixte de commerce est exercée soit devant la formation disciplinaire du Conseil national des greffiers des tribunaux de***

commerce, soit devant le** (Ord. n° 2019-964 du 18 sept. 2019, art. 35, en vigueur le 1er janv. 2020) **« tribunal judiciaire** [ancienne rédaction : tribunal de grande instance] **» de Paris.

Art. L. 744-2 *(Abrogé par Ord. n° 2022-544 du 13 avr. 2022, art. 31, à compter du 1er juill. 2022)* ***Pour l'application de l'article L. 743-7 aux greffiers des tribunaux de commerce assurant le greffe d'un tribunal mixte de commerce, les mots : "tribunal de commerce" sont remplacés par les mots : "tribunal mixte de commerce".***

TITRE CINQUIÈME DE L'AMÉNAGEMENT COMMERCIAL *(L. n° 2008-776 du 4 août 2008, art. 102-XXX, en vigueur le 25 nov. 2008).*

(Ord. n° 2006-673 du 8 juin 2006, art. 2)

Les modifications apportées au titre V par la L. n° 2008-776 du 4 août 2008 sont entrées en vigueur le 25 nov. 2008 (L. préc., art. 102-XXIX ; Décr. n° 2008-1212 du 24 nov. 2008, art. 8).

V. Instr. NOR : ECFI1713905C du 3 mai 2017 sur la législation en matière d'aménagement commercial.

RÉP. COM. v° *Équipement commercial*, par COURIVAUD.

BIBL. GÉN. ► TANGUY, *RDI 1993. 1* (L. n° 93-122 du 29 janv. 1993) ; *ibid. 1994. 529* (centres commerciaux). – TERNEYRE, *LPA 5 juin 1996* (incohérences, effets pervers et failles de la loi). – CLIQUENNOIS, *ibid. 6 déc. 1996* (L. n° 96-603 du 5 juill. 1996). – POPESCO et DANIEL, *AJPI 1997. 1007* (restructuration des équipements commerciaux après la loi du 5 juill. 1996). – COURRECH, *LPA 12 juill. 2002* (évolutions des conditions d'exploitation des grandes surfaces). – VANDERMEEREN, *RJDA 2004, p. 111* (apport de la jurisprudence récente du Conseil d'État). – BOUYSSOU, *RJ com. 2004. 198* (entre liberté du commerce et planification urbaine). – DESTOURS, *Bull. act. Lamy droit économique juin 2004, p. 1* (droit de la concurrence et droit de l'équipement commercial). – LÉON et HENNIAUX, *RCC janv.-mars 2005, Études* (analyse de la jurisprudence récente du Conseil d'État). – BISCHOFF, *JCP N 2005, n° 30-34, p. 1352* (la zone de chalandise selon le Conseil d'État). – POUILLE, *CCC 2006. Chron. 9* (les centres de marques). – MASQUART, *JCP E 2007, n° 42, p. 30* (panorama de jurisprudence avr. 2006/juill. 2007). – GILLES, ROUX et DUPIE, *JCP N 2008, n° 17, p. 20* (urbanisme commercial et développement durable). – BOREL, *Defrénois 2013. 908* (cas pratique : examen d'un projet d'implantation de supermarché). – PRADINES et JANICOT, *AJDA 2022. 503* (exploitation des dernières clarifications apportées au contentieux de l'urbanisme commerciale).

► L. n° 2008-776 du 4 août 2008 : MAILHÉ et LAURIN, *CCC 2008. Alerte 38* (impossible réforme de la législation des implantations commerciales ?). – DELPECH, *D. 2008. 1676* (projet de loi : aménagement commercial) ; *D. 2008. 1887* (projet de loi modifié par le Sénat). – PÉRINET-MARQUET, *Constr.-Urb. 2008. Repère 6* (la réforme de l'équipement commercial : trois voyelles (UEA) et un guépard). – NDLR, *BRDA 2008, n° 17, p. 10* (LME : mesure en droit de la concurrence). – RENAUX, *Constr.-Urb. 2008. Étude 11* (la réforme de l'équipement commercial : grands axes et premières mesures entrées en vigueur). – JOYE, *LPA 22 oct 2008* (la mutation du droit des implantations commerciales). – BOUYSSOU, *AJDA 2008. 1941* (la réforme de l'urbanisme commercial : une loi (presque) pour rien). – MARSON, *CCC 2008. Dossier 6* (le nouveau visage de la législation d'équipement commercial : une réforme au milieu du gué). – GAUTIER, *RLDA nov. 2008. 40* (LME : la réforme de l'urbanisme commercial). – GRABOY-GROBESCO, *RDI 2008. 470* (nouvelle réforme du droit de l'urbanisme commercial). – MARCHAT et MEBAREK, *Cah. dr. entr. 2008, n° 6, p. 57* (LME et autorisations d'exploitation commerciale : une réforme inachevée). – BOUYSSOU, *RJ com. 2008. 439* (l'éphémère réforme de l'urbanisme commercial). – BROUSSOLLE, *Defrénois 2008. 2382* (nouvelles règles d'implantation commerciale). – BOUYSSOU, *RDI 2009. 34* (le point actuel sur la réforme de l'urbanisme commercial). – WILLEMS, *RLC oct.-déc. 2009. 146* (LME : bilan et perspectives de la réforme de l'urbanisme commercial). – BOUYSSOU, *RJ com. 2009. 307* (l'urbanisme commercial entre deux lois). – RÉBILLARD, *RLDA févr. 2010. 72* (la précarité de la LME en matière d'urbanisme commercial). – DUTRIEUX, *JCP N 2010. Actu. 303* (réforme de l'urbanisme commercial : un bilan fort peu probant). – ROBBES, *Cah. dr. entr. 2012, n° 2, p. 20* (champ d'application des autorisations d'exploitation commerciale depuis la LME). – BOUYSSOU, *RJ com. janv.-févr. 2013. 3* (jurisprudence du Conseil d'État en matière d'urbanisme commercial depuis la LME).

► L. n° 2014-626 du 18 juin 2014 : BOUYSSOU, *RDI 2014. 389* (réforme de l'urbanisme commercial par la loi « artisanat-commerce »). – VANDERMEEREN, *BRDA 2014, n° 13, p. 14* (nouvelle réforme de l'urbanisme commercial). – RENAUX, *Constr.-Urb. 2014. Étude 7* (l'aménagement commercial après la loi Pinel). – Dutrieux, *JCP N 2014, n° 1272* (loi Pinel et urbanisme). – Daudré et Meng, *Defrénois 2014. 891* (l'aménagement commercial réformé par la loi Pinel). – Joye, *AJDA 2014. 1994* (un peu plus d'urbanisme, un peu moins de commerce). – Verdier Maillot, *AJCT 2015. 383* (urbanisme commercial : où en sommes-nous ?). – Fresneau, *Gaz. Pal. 2015. 2774* (nouvelle réforme de l'urbanisme commercial). – Bouyssou, *RJ com. 2016. 142* (l'urbanisme commercial après les lois Duflot, Pinel et Macron).

▶ L. n° 2018-1021 du 23 nov. 2018 : Vandermeeren, *BRDA 2019, n° 1, p. 23* (loi Elan : nouvelle réforme en matière d'urbanisme commercial).

Art. L. 750-1 **Les implantations, extensions, transferts d'activités existantes et changements de secteur d'activité d'entreprises commerciales et artisanales doivent répondre aux exigences d'aménagement du territoire, de la protection de l'environnement et de la qualité de l'urbanisme. Ils doivent en particulier contribuer au maintien des activités dans les zones rurales et de montagne ainsi qu'au rééquilibrage des agglomérations par le développement des activités en centre-ville et dans les zones de dynamisation urbaine.**

(L. n° 2008-776 du 4 août 2008, art. 102-I, 1°, en vigueur le 25 nov. 2008) **« Dans le cadre d'une concurrence loyale, » ils doivent également contribuer à la modernisation des équipements commerciaux, à leur adaptation à l'évolution des modes de consommation et des techniques de commercialisation, au confort d'achat du consommateur et à l'amélioration des conditions de travail des salariés.** – *[L. n° 73-1193 du 27 déc. 1973, art. 1er, al. 4 et 5.]*

(Abrogé par L. n° 2008-776 du 4 août 2008, art. 102-I, 2°, à compter du 25 nov. 2008) (L. n° 2004-804 du 9 août 2004, art. 18-I) ***« Le programme national de développement et de modernisation des activités commerciales et artisanales visé à l'article 1er de la loi n° 73-1193 du 27 décembre 1973 d'orientation du commerce et de l'artisanat exprime les orientations de l'équipement commercial pour la mise en œuvre des objectifs ci-dessus définis. »*** – *[C. com., art. L. 720-1.]*

Sur la création d'un traitement automatisé d'informations nominatives dénommé « Base d'aide logicielle à l'inventaire » (BALI) ayant notamment pour finalité de faciliter l'instruction des demandes d'autorisation de surfaces commerciales et le contrôle des surfaces autorisées, V. art. A. 750-1 s.

Sur les schémas régionaux d'aménagement, de développement durable et d'égalité des territoires, V. CGCT, art. L. 4251-1 s. – **CGCT**.

1. Technique du bilan. Les CDEC doivent dans un premier temps apprécier si le projet qui leur est soumis est de nature à compromettre, dans la zone de chalandise intéressée, l'équilibre recherché par le législateur entre les différentes formes de commerce. Si tel est le cas, elles doivent rechercher si cet inconvénient est compensé par des effets positifs que le projet peut présenter au regard notamment de l'emploi, de l'aménagement du territoire, de la concurrence, de la modernisation des équipements commerciaux et plus généralement de la satisfaction des besoins des consommateurs. • CE 27 mai 2002, n° 229187 : *RTD com. 2002. 671, obs. Orsoni* ; *AJDA 2002. 702, concl. Schwartz* ; *ibid. 2004. 801, note Toullier* ; *RJDA 2002, n° 1329* ; *JCP 2003. IV. 1367* • 19 juin 2002, n° 222213 : *Cah. dr. entr. 2002, n° 5, p. 34, obs. Destours* • 11 févr. 2004, n° 238592 : *AJDA 2004. 997* • 27 sept. 2006, n° 281464 : *JCP E 2006, n° 50, p. 2157, note Masquart.* ♦ Si les décisions de la commission doivent être motivées, cette obligation n'implique pas qu'elle soit tenue de prendre explicitement parti sur le respect par le projet qui lui est soumis de chacun des objectifs et critères d'appréciation fixés par les dispositions législatives applicables. • CE 27 mai 2002, n° 229187 : *préc.* ♦ Mais en se bornant à mentionner, dans sa décision, que les densités « devaient être relativisées par rapport à l'importance de la population touristique fréquentant la zone », sans caractériser cette importance, la commission nationale n'a pas assorti sa décision des éléments de fait permettant d'en apprécier la légalité. • CE 26 avr. 2006, n° 278324 : *JCP E 2006, n° 37, p. 1540.*

2. Hiérarchie entre les critères. Si une commission estime que le projet n'est pas de nature à perturber les équilibres commerciaux, elle ne peut pas valablement rechercher quels sont les effets de ce projet au regard des autres critères d'appréciation. • CE 7 juin 2004, n° 257834 : *AJDA 2004. 1723* ; *JCP E 2004, n° 27, p. 1080* ; *Defrénois 2004. 1567, obs. Meng* ; *RJDA 2005, n° 201* (annulant une décision de la CNEC qui avait rejeté une demande d'autorisation au motif que le projet, bien que n'étant pas de nature à perturber les équilibres commerciaux, était néanmoins susceptible d'entraîner une dégradation des conditions de circulation). ♦ Comp., pour le cas inverse : • CE 25 oct. 2004, n° 253110 : *RJDA 2005, n° 201.* ♦ Sur l'articulation des critères, V. encore • CE 4 juill. 2005, n° 260232 : *JCP E 2005, n° 37, note Masquart.* ♦

Bien que le projet était prévu dans une zone où les besoins des consommateurs n'étaient pas entièrement satisfaits par l'offre commerciale existante, il présentait une ampleur telle que le risque d'écrasement du petit commerce l'emportait sur les avantages que ce projet était susceptible de présenter en matière d'emploi, d'animation économique ou d'aménagement du territoire. • TA Pau, 17 mars 2005 : *LPA 30 juin 2006, p. 12, concl. Faïck.*

3. Droit de la concurrence. BIBL. Marty, *RLC juill.-sept. 2006. 60* (contrôle concurrentiel des autorisations d'exploitation commerciale). ♦ Il incombe aux commissions d'équipement commercial de veiller, sous le contrôle du juge de l'excès de pouvoir, au respect des règles tendant à préserver le libre jeu de la concurrence ; au nombre de ces règles figurent celles qui visent à prévenir les risques d'abus de position dominante. • CE 30 juill. 2003, n° 227838 : *AJDA 2003. 2036, concl. Schwartz ; RJDA 2004, n° 105 ; RTD com. 2004. 79, obs. Orsoni* • 17 déc. 2003, n° 241471 : *Cah. dr. entr. 2004, n° 3, p. 34, obs. Destours* • CE 5 avr. 2006, n° 269883 : *AJDA 2006. 1518* • Cons. conc. n° 05-D-30 du 21 juin 2005 : *cité note 37 ss. art. L. 420-2.* ♦ V. aussi sur cette question : • CE 15 nov. 2006, n° 278047 : *RLC janv.-mars 2007. 40, obs. Marty.* ♦ La méconnaissance de l'obligation de prévenir les risques d'abus de position dominante justifie à elle seule l'annulation de l'autorisation en litige. • CAA Marseille, 23 mai 2005 : *RLDC avr.-mai 2007. 56, obs. Marty.* ♦ Si l'équipement projeté est de nature à concourir à la modernisation de l'offre commerciale, à améliorer le confort d'achat et à supprimer les nuisances occasionnées par l'activité de l'hypermarché en centre-ville, il ressort toutefois des pièces du dossier qu'il ne contribuera pas à une amélioration significative des conditions de concurrence dès lors qu'il aura pour effet principal de renforcer l'emprise sur le marché local des deux groupes de grande distribution déjà dominants dans la zone de chalandise ; qu'il suit de là que les effets positifs du projet ne compensent pas le déséquilibre entre les différentes formes de commerce qu'entraînerait sa réalisation. • CE 21 déc. 2007, n° 298195 : *RLC avr.-juin 2008. 65, obs. Marty.* Si l'implantation d'un magasin de bricolage peut permettre le développement de l'offre commerciale de la zone de chalandise, qui a connu une forte augmentation démographique, il ressort des pièces du dossier que l'autorisation, accordée au motif notamment de la délivrance le même jour d'une autorisation pour la création d'un magasin d'une enseigne concurrente aux fins de maintenir l'équilibre des surfaces de vente détenues par ces deux enseignes dans l'agglomération, a pour effet de renforcer l'emprise sur les marchés locaux de ces deux groupes, et ne sera pas de nature, compte tenu de la structure du marché, à contribuer au développement de la concurrence. • CE 9 juill. 2007, n° 290418 : *AJDA 2007. 2101* .

4. Aménagement du territoire. Si, en vertu de l'art. L. 750-1, les implantations d'entreprises commerciales doivent répondre aux exigences d'aménagement du territoire, ces dispositions n'impliquent pas que les CDEC vérifient la conformité des projets qui leur sont soumis aux orientations contenues dans les directives territoriales d'aménagement en vigueur sur le territoire sur lequel est prévue l'implantation du projet contesté. • CE 24 janv. 2008, n° 299256. ♦ L'art. 4, point 1, de la Dir. 2006/123 du 12 déc. 2006 relative aux services dans le marché intérieur doit être interprété en ce sens que l'activité de commerce de détail de produits constitue un « service » aux fins de l'application de cette directive. Son art. 15, § 1, doit être interprété en ce sens qu'il ne s'oppose pas à ce que des règles contenues dans un plan d'occupation des sols d'une commune interdisent l'activité de commerce de détail de produits non volumineux dans des zones géographiques situées en dehors du centre-ville de cette commune, pourvu que l'ensemble des conditions énoncées à l'art. 15, § 3, soient remplies. • CJUE 30 janv. 2018, n° C-31/16 : *AJDA 2018. 978, note Ferrand* .

5. Compatibilité ou respect des critères. Même si la décision de la commission fait état de la « compatibilité » du projet avec les dispositions légales, il ressort des motifs de cette décision que la commission a vérifié le respect par le projet qui lui était soumis des dispositions édictées par le législateur. • CE 21 mai 2008, n° 304153.

Art. L. 750-1-1 *(L. n° 2014-626 du 18 juin 2014, art. 61-I)* Dans le respect des orientations définies à l'article L. 750-1, le Gouvernement veille au développement équilibré des différentes formes de commerce en contribuant à la dynamisation du commerce de proximité au moyen des aides prévues à l'article 4 de la loi n° 89-1008 du 31 décembre 1989 relative au développement des entreprises commerciales et artisanales et à l'amélioration de leur environnement économique, juridique et social.

Les opérations éligibles aux aides du fonds d'intervention pour les services, l'artisanat et le commerce sont destinées à favoriser la création, le maintien, la modernisation, l'adaptation, en particulier pour les travaux de mise aux normes des établissements recevant du public et la sûreté des entreprises, ou la transmission des entreprises de proximité, pour conforter le commerce sédentaire et non sédentaire, notamment en milieu rural, dans les zones de montagne, dans les halles et marchés ainsi que dans les quartiers prioritaires de la politique de la ville.

Les opérations, les bénéficiaires et les dépenses éligibles sont définis par décret. Ce décret fixe également les modalités de sélection des opérations et la nature, le taux et le montant des aides attribuées. — *V. Décr. n° 2015-542 du 15 mai 2015, ci-dessous.*

Les demandes d'aides au titre du fonds d'intervention pour les services, l'artisanat et le commerce enregistrées antérieurement à la date d'entrée en vigueur de la L. n° 2014-626 du 18 juin 2014 demeurent régies par le I de l'art. L. 750-1-1, dans sa rédaction en vigueur avant cette date (L. préc., art. 61-II). — V. aussi Décr. n°s 2008-1470 et 2008-1475 du 30 déc. 2008. — V. ces textes au ***C. com.****, éd. 2015 et antérieures.*

V. Décr. n° 2015-1311 du 19 oct. 2015, App., v° Commerce (Organisation).

BIBL. ► L. n° 2008-776 du 4 août 2008 : BROUSSOLLE, *Defrénois 2008. 2382* (extension du droit de préemption aux terrains destinés à l'aménagement commercial). – ÉTAIN, *Loyers et copr. 2009. Alerte 15* (financement des fonds de commerce, fonds artisanaux et baux commerciaux préemptés par les communes).

Décret n° 2015-542 du 15 mai 2015,

Pris pour l'application de l'article L. 750-1-1 du code de commerce.

Art. 1er Le fonds d'intervention pour les services, l'artisanat et le commerce (FISAC) assure le versement d'aides financières. Les opérations éligibles à ce fonds sont destinées à favoriser la création, le maintien, la modernisation, l'adaptation ou la transmission des entreprises de proximité, sédentaires ou non sédentaires, appartenant au secteur du commerce, de l'artisanat ou des services, qui apportent un service à la population locale et dont la clientèle est principalement composée de consommateurs finaux. Elles se répartissent en opérations collectives, en opérations individuelles en milieu rural et en actions spécifiques de niveau national.

Les pharmacies, les professions libérales ainsi que les activités liées au tourisme sont exclues des opérations éligibles au fonds.

Les aides financières prennent la forme de subventions et sont attribuées par décision du ministre chargé du commerce.

Les subventions allouées pour la mise en œuvre des opérations collectives et des opérations individuelles en milieu rural sont attribuées aux maîtres d'ouvrage publics et privés dont les dossiers de demande de subvention ont été sélectionnés à la suite d'appels à projets, compte tenu des ressources disponibles et des priorités fixées par le ministre chargé du commerce.

Art. 2 Les opérations collectives concernent un ensemble d'entreprises relevant d'un secteur géographique donné, fragilisé par l'évolution démographique ou par une situation économique particulièrement difficile, et dont le chiffre d'affaires est inférieur à 1 million d'euros hors taxes, y compris la taxe intérieure de consommation sur les produits énergétiques. En outre, la surface de vente des entreprises à vocation alimentaire ne peut excéder 400 m^2.

Ces opérations visent à maintenir ou améliorer le tissu des entreprises commerciales, artisanales et de services dans les pays, les groupements de communes rurales, les centres-villes ainsi que les quartiers des communes de plus de 3 000 habitants.

Elles sont conduites par une commune, un organisme public de coopération intercommunale mentionné à la cinquième partie du code général des collectivités territoriales, une chambre de commerce et d'industrie, une chambre de métiers et de l'artisanat ou une société d'économie mixte locale mentionnée aux articles L. 1521-1 et suivants du code général des collectivités territoriales, qui déterminent le périmètre de chaque opération.

Les opérations collectives sont exécutées dans un délai de trois ans à compter de la date de notification de la décision d'attribution de la subvention au bénéficiaire.

Art. 3 Les subventions destinées aux opérations collectives sont versées aux personnes morales mentionnées au troisième alinéa de l'article 2.

Elles financent les dépenses suivantes :

a) Au titre des charges de fonctionnement des personnes morales mentionnées au troisième alinéa de l'article 2 :

— les actions collectives de dynamisation et de valorisation des entreprises de proximité situées dans le périmètre de l'opération, y compris les actions de communication, de promotion et d'animation lorsque les associations de professionnels concernées participent à au moins 30 % de leur coût ;

— la rémunération brute et les charges sociales incombant à l'employeur d'un animateur, la participation de l'État étant limitée à 15 000 € pour un emploi à temps plein ;

— les conseils et les diagnostics ;

— les études d'évaluation des opérations collectives aidées par le FISAC ;

b) Au titre des charges d'investissement des personnes morales mentionnées au troisième alinéa de l'article 2 :

— les aménagements réalisés dans les centres-bourgs des communes de moins de 3 000 habitants, situées dans le périmètre d'une opération collective qui concerne les pays et les groupements de communes rurales et de nature à créer un environnement favorable à l'exercice des activités commerciales, artisanales et de services ;

— l'achat par la commune ou par l'organisme public de coopération intercommunale concerné de locaux d'activité, faute de repreneur ; ceux-ci doivent s'engager à conserver les locaux concernés au moins pendant dix ans ;

— la signalétique des espaces dédiés aux activités commerciales, artisanales et de services ;

— la création et la modernisation des halles et des marchés couverts, ainsi que des marchés de plein air ;

— les investissements de restructuration des centres commerciaux de proximité qui regroupent plusieurs entreprises de proximité dont le chiffre d'affaires est inférieur à 1 million d'euros hors taxes ;

c) Au titre des aides destinées à financer les dépenses d'investissement des entreprises de proximité situées dans le périmètre de l'opération :

— la modernisation des locaux d'activité, qui inclut les équipements professionnels et la rénovation des vitrines ;

— la sécurisation des locaux d'activité contre les effractions ;

— les aménagements destinés à faciliter l'accessibilité des entreprises à tous les publics ;

— les véhicules de tournées utilisés par les commerçants pour assurer une desserte itinérante de proximité dans les communes dépourvues d'activités commerciales et leur aménagement.

Art. 4 Les opérations individuelles en milieu rural concernent les entreprises de proximité mentionnées à l'article 1er, qui souhaitent soit s'implanter, soit se moderniser dans les centres-bourgs des communes dont la population est inférieure à 3 000 habitants. Leur chiffre d'affaires doit être inférieur à 1 million d'euros hors taxes, y compris la taxe intérieure de consommation sur les produits énergétiques, et la surface de vente des entreprises à vocation alimentaire ne peut excéder 400 m^2.

(Décr. nº 2015-1112 du 2 sept. 2015, art. 1er) « Dans les collectivités régies par l'article 73 de la Constitution ainsi qu'à Saint-Pierre-et-Miquelon, à Saint-Barthélemy et à Saint-Martin, les hameaux et les bourgs ruraux qui sont rattachés administrativement à une commune dont la population est supérieure à 3 000 habitants peuvent faire l'objet d'une opération individuelle en milieu rural si la population de ces hameaux ou bourgs ruraux n'excède pas 3 000 habitants. »

La maîtrise d'ouvrage de ces opérations peut être publique ou privée. Lorsque le projet est présenté par un maître d'ouvrage privé, il doit être agréé par la commune d'implantation ou par l'organisme public de coopération intercommunale compétent en matière d'aménagement de l'espace ou de développement économique dont est membre la commune d'implantation.

Les dépenses éligibles sont les dépenses d'investissement destinées à permettre la création, la reprise ou la modernisation d'une entreprise de proximité. Elles concernent les investissements d'aménagement des locaux, les équipements destinés à assurer leur sécurité contre les effractions, les aménagements destinés à faciliter leur accessibilité à tous les publics, les équipements professionnels, ainsi que les véhicules de tournées et leur aménagement.

Si le maître d'ouvrage est public, l'acquisition ou la construction de locaux destinés à être loués pendant au moins dix ans et l'aménagement des abords immédiats de l'entreprise pour en faciliter l'accès sont également éligibles.

Ces opérations sont exécutées dans un délai de trois ans à compter de la date de notification de la décision d'attribution de l'aide au bénéficiaire.

Art. 5 I. — Les taux de subventions pour les opérations mentionnées aux articles 2 et 4 du présent décret ne peuvent excéder :

30 % des dépenses de fonctionnement subventionnables ;

20 % des dépenses d'investissement subventionnables. Ce dernier taux est porté à 30 % pour les aménagements destinés à faciliter l'accessibilité des entreprises à tous les publics.

Les taux de subvention sont déterminés en fonction de l'incidence des actions envisagées sur les activités commerciales, artisanales ou de services. Ces taux sont réduits, en particulier lorsque ces actions n'ont pas une finalité exclusivement commerciale ou qu'elles dépassent le cadre du commerce de proximité.

Le financement par le FISAC d'une *(Décr. nº 2015-1112 du 2 sept. 2015, art. 2)* « action » est subordonné à la condition que celle-ci ne bénéficie pas par ailleurs d'un autre financement de l'État.

Pour les subventions destinées à financer les dépenses d'investissement des maîtres d'ouvrage publics, les taux de 20 % et de 30 % mentionnés ci-dessus sont appliqués aux dépenses subventionnables :

— inférieures ou égales à 800 000 € hors taxes pour les opérations collectives qui concernent les pays, les groupements de communes rurales, ainsi que les quartiers prioritaires de la politique de la ville ; et

— à 400 000 € hors taxes pour les autres opérations collectives mentionnées à l'article 2 et pour les opérations individuelles mentionnées à l'article 4.

Au-delà de ces seuils, le taux d'intervention est fixé à 10 % des dépenses subventionnables.

II. — Pour les aides destinées à financer les dépenses d'investissement accordées à des personnes physiques ou morales de droit privé, dans le cadre des opérations individuelles en milieu rural et dans le cadre des opérations collectives, le montant des dépenses subventionnables ne peut excéder 75 000 € hors taxes.

Si ces aides individuelles sont accordées dans le cadre d'une opération collective, l'engagement financier de l'État ne peut excéder celui cumulé des collectivités territoriales et des organismes de coopération intercommunale participants. *(Décr. nº 2015-1112 du 2 sept. 2015, art. 3)* « Dans les collectivités régies par l'article 73 de la Constitution ainsi qu'à Saint-Pierre-et-Miquelon, à Saint-Barthélemy et à Saint-Martin, cet engagement financier ne peut excéder celui cumulé des collectivités territoriales, des organismes de coopération intercommunale et des fonds structurels européens participants. »

Pour les opérations collectives réalisées dans les quartiers prioritaires de la politique de la ville, les collectivités territoriales et les organismes publics de coopération intercommunale concernés ne sont pas tenus de compléter les aides individuelles de l'État aux personnes physiques ou morales de droit privé, dont l'entreprise est implantée dans l'un de ces quartiers.

III. — L'aide financière maximale qui peut être accordée à une opération collective qui concerne les pays, les groupements de communes rurales, ainsi que les quartiers prioritaires de la politique de la ville est fixée à 400 000 €. Celle accordée aux autres opérations collectives est fixée à 200 000 €. Pour les opérations individuelles en milieu rural dont la maîtrise d'ouvrage est publique, cette aide ne peut pas excéder 100 000 €.

IV. — Lorsque les dépenses subventionnables sont inférieures à 10 000 € hors taxes, l'opération ne peut pas être aidée par le fonds d'intervention pour les services, l'artisanat et le commerce, sauf si elle porte sur des travaux de modernisation de halles ou de marchés ruraux. Ce seuil est fixé à 7 000 € hors taxes lorsque l'opération est portée par une entreprise non sédentaire.

Art. 6 I. — Lorsque le projet est porté par un maître d'ouvrage public, une convention définissant les engagements respectifs des parties, le calendrier de réalisation et les modalités de suivi et d'évaluation est conclue entre l'État et le bénéficiaire.

Les aides individuelles sont attribuées exclusivement si les conditions de viabilité économique de l'entreprise sont réunies. Elles ne peuvent avoir pour effet de créer une distorsion de concurrence.

II. — Dans les six mois qui suivent l'achèvement de l'opération, le bénéficiaire fournit des justificatifs sur l'emploi de l'aide reçue et remet au ministre chargé du commerce un rapport présentant les modalités de réalisation de l'opération, les ajustements éventuels par rapport au projet initial et les premiers effets de l'aide reçue. Le bénéficiaire tient à la disposition de l'État les informations économiques permettant l'évaluation de l'opération pendant une période de cinq ans après son achèvement.

III. — Les maîtres d'ouvrage publics bénéficiaires d'une aide du fonds d'intervention pour les services, l'artisanat et le commerce ne peuvent présenter un nouveau dossier de candidature pour une opération ayant le même objet et sur le même territoire qu'à l'expiration d'un délai de deux ans à compter du dernier paiement de l'aide.

De même, l'entreprise bénéficiaire d'une aide du fonds d'intervention pour les services, l'artisanat et le commerce ne peut présenter une nouvelle demande avant l'expiration d'un délai de deux ans à compter du dernier paiement de l'aide.

Art. 7 La subvention versée au titre du FISAC au bénéficiaire est liquidée en prenant en compte la réalisation de l'opération dans son ensemble, ce qui inclut les actions au financement desquelles le FISAC n'a pas participé.

Art. 8 Des actions spécifiques de niveau national peuvent être décidées par le ministre chargé du commerce pour anticiper ou accompagner l'évolution et les mutations des secteurs du commerce, de l'artisanat et des services. Ces actions donnent lieu à l'établissement de règlements particuliers pris par le ministre chargé du commerce, fixant les modalités spécifiques d'intervention du FISAC.

Art. 9 Les aides qui, dans un délai de trois ans à compter de la date de leur notification au bénéficiaire, n'ont pas été utilisées ou ne l'ont pas été conformément à l'objet pour lequel elles ont été attribuées donnent lieu à reversement à la Caisse nationale du régime social des indépendants, sur décision du ministre chargé du commerce.

En cas de refus du bénéficiaire de l'aide de procéder à son remboursement, le ministre chargé du commerce peut exercer toute action en justice, à l'expiration d'un délai de six mois à compter de l'envoi, par la Caisse nationale du régime social des indépendants, d'une mise en demeure restée infructueuse par lettre recommandée avec demande d'avis de réception.

Art. 10 Le décret n° 2008-1475 du 30 décembre 2008 modifié pris pour l'application de certaines dispositions de l'article L. 750-1-1 du code de commerce est abrogé.

Toutefois, les demandes d'aides enregistrées avant la date de publication de la loi du 18 juin 2014 susvisée demeurent régies par les dispositions du décret du 30 décembre 2008 susmentionné. — *V. ce texte au **C. com.**, éd. 2015 et antérieures.*

CHAPITRE PREMIER DES COMMISSIONS D'AMÉNAGEMENT COMMERCIAL *(L. n° 2008-776 du 4 août 2008, art. 102-XXXI, en vigueur le 25 nov. 2008).*

SECTION PREMIÈRE DES COMMISSIONS DÉPARTEMENTALES D'AMÉNAGEMENT COMMERCIAL *(L. n° 2008-776 du 4 août 2008, art. 102-XXVIII, en vigueur le 25 nov. 2008).*

Art. L. 751-1 Une *(L. n° 2008-776 du 4 août 2008, art. 102-II, en vigueur le 25 nov. 2008)* **« commission départementale d'aménagement commercial » statue sur les demandes d'autorisation qui lui sont présentées en vertu des dispositions des articles L. 752-1, L. 752-3 et L. 752-15.** — *[C. com., art. L. 720-3, al. 1er.]*

(Abrogé par L. n° 2014-626 du 18 juin 2014, art. 57-II) (L. n° 2008-776 du 4 août 2008, en vigueur le 25 nov. 2008) ***« Cette commission est également compétente, dans la composition spéciale précisée au IV de l'article L. 751-2, pour statuer sur les projets d'aménagement cinématographique qui lui sont présentés en vertu de l'article »*** *(Ord. n° 2009-901 du 24 juill. 2009, art. 2)* ***« L. 212-7 du code du cinéma et de l'image animée ». »*** — *V. cet art. L. 212-7, App., v° Commerce (organisation).*

Les modifications issues de l'art. 57 de la L. n° 2014-626 du 18 juin 2014 entrent en vigueur à compter de la date d'entrée en vigueur du décret pris pour son application modifiant la partie réglementaire du code du cinéma et de l'image animée, et au plus tard le 1er janv. 2015 (L. préc., art. 57-IV). — V. Décr. n° 2015-268 du 10 mars 2015 relatif à l'aménagement cinématographique (JO 12 mars).

Art. L. 751-2 **I. — La** *(L. n° 2008-776 du 4 août 2008, art. 102-XXVIII, en vigueur le 25 nov. 2008)* **« commission départementale d'aménagement commercial » est présidée par le préfet.** *(L. n° 2018-1021 du 23 nov. 2018, art. 163)* **« Elle auditionne pour tout projet nouveau la personne chargée d'animer le commerce de centre-ville au nom de la commune ou de l'établissement public de coopération intercommunale à fiscalité propre, l'agence du commerce et les associations de commerçants de la commune d'implantation et des communes limitrophes lorsqu'elles existent. Elle informe les maires des communes limitrophes à la commune d'implantation, dès leur enregistrement, des demandes d'autorisation d'exploitation commerciale. »** *(L. n° 2022-217 du 21 févr. 2022, art. 184)* **« Elle en informe également, le cas échéant, l'organe exécutif des**

collectivités territoriales frontalières ou de leurs groupements compétents en matière d'aménagement commercial. »

(L. n° 2014-626 du 18 juin 2014, art. 42) « II. — Dans les départements autres que Paris, elle est composée :

« 1° Des sept élus suivants :

« *a)* Le maire de la commune d'implantation ou son représentant ;

« *b)* Le président de l'établissement public de coopération intercommunale à fiscalité propre dont est membre la commune d'implantation ou son représentant ;

« *c)* Le président du syndicat mixte ou de l'établissement public de coopération intercommunale mentionné à l'article *(Ord. n° 2015-1174 du 23 sept. 2015, art. 9-III, en vigueur le 1er janv. 2016)* « L. 143-16 [*ancienne rédaction : L. 122-4*] » du code de l'urbanisme chargé du schéma de cohérence territoriale dans le périmètre duquel est située la commune d'implantation ou son représentant ou, à défaut, le maire de la commune la plus peuplée de l'arrondissement ou, à défaut, un membre du *(L. n° 2013-403 du 17 mai 2013, art. 1er)* « conseil départemental » ;

« *d)* Le président du *(L. n° 2013-403 du 17 mai 2013, art. 1er)* « conseil départemental » ou son représentant ;

« *e)* Le président du conseil régional ou son représentant ;

« *f)* Un membre représentant les maires au niveau départemental ;

« *g)* Un membre représentant les intercommunalités au niveau départemental.

« Lorsque l'un des élus détient plusieurs mandats mentionnés aux *a* à *g* du présent 1°, il ne siège qu'au titre de l'un de ses mandats. Le cas échéant, le ou les organes délibérants dont il est issu désignent son remplaçant pour chacun des mandats au titre desquels il ne peut siéger ;

« 2° De quatre personnalités qualifiées, deux en matière de consommation et de protection des consommateurs et deux en matière de développement durable et d'aménagement du territoire ; »

(L. n° 2018-1021 du 23 nov. 2018, art. 163) « 3° De trois personnalités qualifiées représentant le tissu économique : une désignée par la chambre de commerce et d'industrie, une désignée par la chambre de métiers et de l'artisanat et une désignée par la chambre d'agriculture. »

(L. n° 2014-626 du 18 juin 2014, art. 42) « Lorsque la zone de chalandise du projet dépasse les limites du département, le représentant de l'État dans le département complète la composition de la commission en désignant au moins un élu et une personnalité qualifiée de chaque autre département concerné. *(L. n° 2022-217 du 21 févr. 2022, art. 184)* « Le cas échéant, il invite à y participer, sans voix délibérative, un représentant de chacune des collectivités territoriales frontalières ou de leurs groupements compétents en matière d'aménagement commercial ainsi qu'un représentant de tout groupement européen de coopération territoriale compétent en matière d'aménagement commercial ou d'aménagement du territoire dans le périmètre duquel est située la commune d'implantation. »

« La commission entend toute personne susceptible d'éclairer sa décision ou son avis. » *(L. n° 2018-1021 du 23 nov. 2018, art. 163)* « Sans prendre part au vote, les personnalités désignées par la chambre de commerce et d'industrie et la chambre de métiers et de l'artisanat présentent la situation du tissu économique dans la zone de chalandise pertinente et l'impact du projet sur ce tissu économique. La personnalité désignée par la chambre d'agriculture présente l'avis de cette dernière lorsque le projet d'implantation commerciale consomme des terres agricoles. »

III. — A Paris, elle est composée :

1° Des *(L. n° 2008-776 du 4 août 2008, art. 102-III, en vigueur le 25 nov. 2008)* « cinq » élus suivants :

a) Le maire de Paris *(L. n° 2008-776 du 4 août 2008, art. 102-III, en vigueur le 25 nov. 2008)* « ou son représentant » ;

b) Le maire de l'arrondissement du lieu d'implantation *(L. n° 2008-776 du 4 août 2008, en vigueur le 25 nov. 2008)* « ou son représentant » ;

c) Un conseiller d'arrondissement désigné par le conseil de Paris ;

(L. n° 2008-776 du 4 août 2008, art. 102-III, en vigueur le 25 nov. 2008) « *d)* Un adjoint au maire de Paris ;

« *e)* Un conseiller régional désigné par le conseil régional ;

« 2° De trois personnalités qualifiées en matière de consommation, de développement durable et d'aménagement du territoire ; »

(L. n° 2018-1021 du 23 nov. 2018, art. 163) « 3° De deux personnalités qualifiées représentant le tissu économique : une désignée par la chambre de commerce et d'industrie et une désignée par la chambre de métiers et de l'artisanat. »

(L. n° 2008-776 du 4 août 2008, art. 102-III, en vigueur le 25 nov. 2008) « Pour éclairer sa décision *(L. n° 2014-626 du 18 juin 2014, art. 42)* « ou son avis », la commission entend toute personne dont l'avis présente un intérêt. » *(L. n° 2018-1021 du 23 nov. 2018, art. 163)* « Sans prendre part au vote, les personnalités qualifiées désignées par la chambre de commerce et d'industrie et la chambre de métiers et de l'artisanat présentent la situation du tissu économique dans la zone de chalandise pertinente et l'impact du projet sur ce tissu économique. »

(Ord. n° 2016-1562 du 21 nov. 2016, art. 27, en vigueur le 1er janv. 2018) « IV. — En Corse, elle est composée :

« 1° Des sept élus suivants :

« *a)* Le maire de la commune d'implantation ou son représentant ;

« *b)* Le président de l'établissement public de coopération intercommunale à fiscalité propre dont est membre la commune d'implantation ou son représentant ;

« *c)* Le président du syndicat mixte ou de l'établissement public de coopération intercommunale mentionné à l'article L. 143-16 du code de l'urbanisme chargé du schéma de cohérence territoriale dans le périmètre duquel est située la commune d'implantation ou son représentant ou, à défaut, le maire de la commune la plus peuplée de l'arrondissement ou, à défaut, un conseiller à l'Assemblée de Corse élu en son sein ;

« *d)* Le président du conseil exécutif de Corse ou son représentant ;

« *e)* Un conseiller à l'Assemblée de Corse élu en son sein ;

« *f)* Un membre représentant les maires au niveau départemental ;

« *g)* Un membre représentant les intercommunalités au niveau départemental ;

« Lorsque l'un des élus détient plusieurs mandats mentionnés aux *a* à *g* du présent 1°, il ne siège qu'au titre de l'un de ses mandats. Le cas échéant, le ou les organes délibérants dont il est issu désignent son remplaçant pour chacun des mandats au titre desquels il ne peut siéger ;

« 2° De quatre personnalités qualifiées, deux en matière de consommation et de protection des consommateurs et deux en matière de développement durable et d'aménagement du territoire ; »

(L. n° 2018-1021 du 23 nov. 2018, art. 163) « 3° De trois personnalités qualifiées représentant le tissu économique : une désignée par la chambre de commerce et d'industrie, une désignée par la chambre de métiers et de l'artisanat et une désignée par la chambre d'agriculture. »

(Ord. n° 2016-1562 du 21 nov. 2016, art. 27, en vigueur le 1er janv. 2018) « Lorsque la zone de chalandise du projet dépasse les limites du département, le représentant de l'État dans le département complète la composition de la commission en désignant au moins un élu et une personnalité qualifiée de l'autre département.

« La commission entend toute personne susceptible d'éclairer sa décision ou son avis. » *(L. n° 2018-1021 du 23 nov. 2018, art. 163)* « Sans prendre part au vote, les personnalités désignées par la chambre de commerce et d'industrie et la chambre de métiers et de l'artisanat présentent la situation du tissu économique dans la zone de chalandise pertinente et l'impact du projet sur ce tissu économique. La personnalité désignée par la chambre d'agriculture présente l'avis de cette dernière lorsque le projet d'implantation commerciale consomme des terres agricoles.

« V. — La chambre de commerce et d'industrie, la chambre de métiers et de l'artisanat et la chambre d'agriculture peuvent réaliser, à la demande du représentant de l'État dans le département, des études spécifiques d'organisation du tissu économique, commercial et artisanal ou de consommation des terres agricoles préalablement à l'analyse du dossier de demande d'autorisation d'exploitation commerciale. Dans ce cas, le représentant de l'État adresse sa demande au plus tard un mois avant l'examen du dossier par la commission départementale d'aménagement commercial. » — *V. art. R. 752-13.*

Les dispositions issues de l'art. 42 de la L. n° 2014-626 du 18 juin 2014 entrent en vigueur à une date fixée par décret en Conseil d'État et au plus tard six mois à compter de la promulgation de ladite loi (L. préc., art. 60-I). — V. Décr. n° 2015-165 du 12 févr. 2015 fixant l'entrée en vigueur le lendemain de sa publication au Journal officiel (Décr. préc., art. 6, JO 14 févr.).

1. Droit de la concurrence. Jugeant que, eu égard à leur composition, aussi bien les CDEC que la CNEC sont des autorités de l'État, indépendantes des opérateurs économiques, qui prennent des décisions d'autorisation ou de refus d'autorisation, de telle sorte que ces décisions ne constituent pas des ententes entre entreprises que les pouvoirs publics auraient imposées ou favorisées ou dont ils auraient renforcé les effets, V. • CE 5 mars 2003, n° 255470 : *Lettre distrib. 6/2003, p. 4 ; Europe 2003, n° 213.*

2. Préfet. En vertu du VI de l'art. L. 720-8 [L. 752-11, al. 2, anc.] et eu égard à l'intérêt régional que le projet représentait, le défaut de convocation du préfet de la région à la réunion de la CDEC constitue un vice substantiel de nature à rendre illégale l'autorisation accordée. • CAA Paris, 18 févr. 2003 : *RFDA 2003. 815*. ♦ Jugeant que le secrétaire général adjoint d'une préfecture ne peut pas présider la CDEC en remplacement du préfet, V. • CAA Douai, 15 oct. 2009 : *AJDA 2010. 223*.

3. Maire. Sur la possibilité pour les maires de se faire représenter, V. • CE 26 janv. 2007, n° 278642 : *cité ss. art. R. 752-5* • CAA Nantes, 28 sept. 2004 : *AJDA 2005. 1253 ; RFDA 2005. 207, obs. R. V.* ♦ Le pouvoir donné par le maire à un adjoint afin de le représenter lors d'une séance de la CDEC n'est pas un acte réglementaire. • CE 4 déc. 2013, n° 349277 : *AJDA 2014. 891*.

4. Personnalités qualifiées représentant le tissu économique. L'art. 14, pt 6, de la Dir. 2006/123/CE du 12 déc. 2006 relative aux services dans le marché intérieur, doit être interprété en ce sens qu'il s'oppose à une réglementation nationale prévoyant la présence, au sein d'une instance collégiale compétente pour émettre un avis sur l'octroi d'une autorisation d'exploitation commerciale, de personnalités qualifiées représentant le tissu économique de la zone de chalandise pertinente, et ce même si ces personnalités ne prennent pas part au vote sur la demande d'autorisation et se bornent à présenter la situation de ce tissu économique ainsi que l'impact du projet concerné sur ce dernier, pour autant que les concurrents actuels ou potentiels du demandeur participent à la désignation desdites personnalités. • CJUE 15 juill. 2021, n° C-325/20 : *; AJDA 2021. 1536, obs. Maupin ; RJDA 2021, n° 691* (saisie sur question préjudicielle par • CE 15 juill. 2020, n° 431703 : *cité note 11 ss. art. L. 752-6*). ♦ Et pour l'application : la présence au sein des CDAC de deux personnalités qualifiées représentant le tissu économique désignées, en application de l'art. L. 751-2, par la CCI et par la chambre de métiers et de l'artisanat, est de nature à permettre, dans l'octroi d'autorisations individuelles auxquelles l'accès à une activité de services est subordonné, l'intervention indirecte de personnes désignées par des opérateurs concurrents des demandeurs d'autorisation d'exploitation commerciale, sans qu'y fasse obstacle la circonstance que ces personnalités qualifiées ne prennent pas part au vote et se bornent à présenter la situation de ce tissu économique ainsi que l'impact du projet concerné sur ce dernier. En revanche, eu égard aux missions des chambres d'agriculture, ces chambres ne peuvent être regardées comme constituées d'opérateurs concurrents des demandeurs d'autorisation d'exploitation commerciale faisant obstacle à ce qu'elles désignent une personnalité qualifiée au sein des CDAC. Il s'ensuit que le Centre national des centres commerciaux est fondé à demander l'annulation pour excès de pouvoir des dispositions de l'art. 1er du Décr. du 17 avr. 2019, modifiant l'art. R. 751-1 C. com., en tant qu'il s'applique aux personnalités qualifiées désignées par la CCI et la chambre de métiers et de l'artisanat, et de son art. 2 en tant qu'il modifie l'art. R. 751-3 du même code et dispose que « et le nombre de personnalités qualifiées mentionnées au 3° du II, au 3° du III et au 3° du IV de l'article L. 751-2 ne peut excéder deux », lesquelles sont divisibles des autres dispositions contestées du décret attaqué. • CE 22 nov. 2021, n° 431724 : *RJDA 2022, n° 116.*

5. Commune la plus peuplée. Pour l'application des dispositions de l'art. 30 de la loi du 27 déc. 1973 [C. com., art. L. 751-2] relatif à la composition de la CDEC, le préfet ne peut se fonder que sur les résultats du recensement qui ont fait l'objet d'une publication. • CAA Lyon, 24 mai 2007 : *AJDA 2007. 1724*.

6. Non-cumul des mandats. Le législateur a entendu, en cas de cumul de plusieurs mandats par l'un des cinq élus concernés, que le préfet désigne un ou plusieurs maires de communes situées dans la zone de chalandise concernée. Cette règle est applicable dans le cas où le maire de la commune d'implantation ou le maire de la commune la plus peuplée de la zone concernée est également président de l'un des EPCI ou syndicats mixtes mentionnés, la circulaire du 18 févr. 2009 suggérant dans ce cas aux préfets de choisir un maire issu d'une des communes de la zone de chalandise appartenant à ces établissements publics ou syndicats mixtes. • CE 3 oct. 2011, n° 330137 : *AJDA 2012. 212, note Verpeaux ; RJDA 2012, n° 436.* – V. aussi art. R. 751-2.

Art. L. 751-3 **Tout membre de la** *(L. n° 2008-776 du 4 août 2008, art. 102-XXVIII, en vigueur le 25 nov. 2008)* **« commission départementale d'aménagement commercial » informe le préfet des intérêts qu'il détient et de la fonction qu'il exerce dans une activité économique.** — *[C. com., art. L. 720-8, IV, al. 1er.]*

(L. n° 2008-776 du 4 août 2008, art. 102-V, en vigueur le 25 nov. 2008) **« Aucun membre de la commission départementale ne peut délibérer dans une affaire où il a un intérêt personnel ou s'il représente ou a représenté une ou des parties. »**

Art. L. 751-4 **Les conditions de désignation des membres de la commission et les modalités de son fonctionnement sont fixées par décret en Conseil d'État.** – *[C. com., art. L. 720-8, VIII.] – V. art. R. 751-1 s.*

SECTION II DE LA COMMISSION NATIONALE D'AMÉNAGEMENT COMMERCIAL *(L. n° 2008-776 du 4 août 2008, art. 12-XXVIII, en vigueur le 25 nov. 2008).*

Art. L. 751-5 **La** *(L. n° 2008-776 du 4 août 2008, en vigueur le 25 nov. 2008)* **« Commission nationale d'aménagement commercial » comprend** *(L. n° 2014-626 du 18 juin 2014, art. 43)* **« douze » membres nommés, pour une durée de six ans non renouvelable, par décret pris sur le rapport du ministre chargé du commerce.** *(L. n° 2014-626 du 18 juin 2014, art. 43)* **« Après l'expiration de la durée de six ans, les membres restent en fonction jusqu'à la première réunion de la commission dans sa nouvelle composition. La commission est renouvelée partiellement tous les trois ans, dans des conditions fixées par décret en Conseil d'État. »** – *[C. com., art. L. 720-11-I.]*

V. 1re note ss. art. L. 751-6.

Art. L. 751-6 *(Abrogé par L. n° 2014-626 du 18 juin 2014, art. 43-II)* **« I. – » La** *(L. n° 2008-776 du 4 août 2008, en vigueur le 25 nov. 2008)* **« Commission nationale d'aménagement commercial » se compose de :**

1° Un membre du Conseil d'État désigné par le vice-président du Conseil d'État *(Abrogé par L. n° 2014-626 du 18 juin 2014, art. 44)* **«, *président* » ;**

2° Un membre de la Cour des comptes désigné par le premier président de la Cour des comptes ;

3° Un membre de l'inspection générale des finances désigné par le chef de ce service ;

4° *(L. n° 2011-525 du 17 mai 2011, art. 94-IV)* **« Un membre du corps des inspecteurs généraux de l'administration du développement durable désigné par le vice-président du Conseil général de l'environnement et du développement durable ; »**

5° Quatre personnalités désignées pour leur compétence en matière de distribution, de consommation, *(L. n° 2008-776 du 4 août 2008, art. 102-VI, en vigueur le 25 nov. 2008)* **« d'urbanisme, de développement durable, » d'aménagement du territoire ou d'emploi à raison d'une par le président de l'Assemblée nationale, une par le président du Sénat, une par le ministre chargé du commerce et une par le ministre chargé** *(L. n° 2008-776 du 4 août 2008, art. 102-VI, en vigueur le 25 nov. 2008)* **« de l'urbanisme** *(Abrogé par L. n° 2014-626 du 18 juin 2014, art. 43-II)* ***« et de l'environnement »*** **» ;** – *[C. com., art. L. 720-11, II.]*

(L. n° 2014-626 du 18 juin 2014, art. 43-II et 44) **« 6° Quatre représentants des élus locaux : un représentant les communes, un représentant les établissements publics de coopération intercommunale à fiscalité propre, un représentant les départements, un représentant les régions.** – *V. art. R. 751-6.*

« La commission élit en son sein un président et deux vice-présidents. »

(Abrogé par L. n° 2014-626 du 18 juin 2014, art. 57-II) ***« II. – Lorsque la commission nationale est saisie de recours contre les décisions des commissions départementales statuant sur les projets d'aménagement cinématographique, le membre mentionné au 4° du I est remplacé par un membre du corps des inspecteurs généraux du ministère chargé de la culture ; celle des personnalités mentionnée au 5° du I, désignée par le ministre chargé du commerce, est remplacée par une personnalité compétente en matière de distribution cinématographique désignée par le ministre chargé de la culture. En outre, la commission est complétée par »*** *(Ord. n° 2009-1358 du 5 nov. 2009, art. 8-II)* ***« une personnalité qualifiée nommée par le ministre chargé de la culture sur proposition du président du Centre national du cinéma et de l'image animée. Un suppléant est nommé dans les mêmes conditions ». »***

Les dispositions issues des art. 43 et 44 de la L. n° 2014-626 du 18 juin 2014 entrent en vigueur à une date fixée par décret en Conseil d'État et au plus tard six mois à compter de la promulgation de ladite loi (L. préc., art. 60-I). Dans le mois suivant l'entrée en vigueur de l'art. 43 susvisé, il est procédé au renouvellement intégral des membres de la commission, dans les conditions prévues à l'art. L. 751-6. Les membres de la commission qui n'ont pas effectué la totalité de leur mandat de six ans peuvent être reconduits dans leurs fonctions, pour une nouvelle durée de six ans. Le mandat des membres de la CNAC en exercice à la date d'entrée en vigueur de l'art. 43 susvisé court jusqu'à la première réunion de la commission dans sa nouvelle composition (L. préc., art. 43-III). — V. Décr. n° 2015-165 du 12 févr. 2015 fixant l'entrée en vigueur le lendemain de sa publication au Journal officiel (Décr. préc., art. 6, JO 14 févr.).

Les modifications issues de l'art. 57 de la L. n° 2014-626 du 18 juin 2014 entrent en vigueur à compter de la date d'entrée en vigueur du décret pris pour son application modifiant la partie réglementaire du code du cinéma et de l'image animée, et au plus tard le 1er janv. 2015 (L. préc., art. 57-IV). — V. Décr. n° 2015-268 du 10 mars 2015 relatif à l'aménagement cinématographique (JO 12 mars).

1. Nature juridique. La CNEC ne constitue ni une juridiction, ni un tribunal au sens de l'art. 6, § 1, Conv. EDH. • CE 26 mars 2003, n° 235129 : *RJDA 2004, n° 245.* ♦ Pour une décision en faveur de la qualification d'autorité administrative au sens de l'art. 1er de la L. du 12 avr. 2000 relative aux droits des citoyens dans leurs relations avec l'administration. V. • CE 5 nov. 2003, n° 238817 : *RJDA 2004, n° 246.*

2. Recours. Une association dont l'objet social est général et le champ d'action national n'a pas qualité pour demander l'annulation d'une décision de la CNEC n'ayant d'effet que sur une aire géographique limitée. • CE 29 avr. 2002, n° 227742 : *BRDA 2002, n° 19, p. 12.* ♦ Le délai de recours contentieux commence à courir à compter de la plus tardive des deux dates correspondant, l'une au premier jour d'une période d'affichage de la décision en mairie pendant une durée de deux mois, l'autre à la seconde des deux insertions d'un extrait de la décision effectuées dans la presse régionale ou locale. • CE 10 nov. 2004, n° 263206 : *RJDA 2005, n° 202.* ♦ L'annulation d'une décision de la CNEC par le Conseil d'État a pour effet de ressaisir la commission nationale de la demande d'autorisation précédemment présentée. • CE 12 janv. 2005, n° 260198 : *JCP E 2005, n° 5, p. 157 ; RTD com. 2005. 270, obs. Orsoni ; RJDA 2005, n° 1158.*

3. Demande de suspension en référé. Lorsque la demande de suspension porte sur une autorisation délivrée au titre de la législation sur l'équipement commercial, ni l'imminence de l'ouverture au public du magasin ou du centre commercial autorisés, ni la perspective d'une concurrence accrue entre grandes surfaces ne peuvent à elles seules caractériser une situation d'urgence. • CE 19 sept. 2003, n° 260199 : *RJDA 2004, n° 247* • 19 oct. 2007, n° 305309 : *RJDA 2008, n° 332 ; Procédures 2008, n° 25, obs. Deygas.* ♦ Il appartient au requérant d'apporter les éléments objectifs et précis de nature à démontrer, notamment, la gravité de l'atteinte portée à sa situation économique – qui peut être différente selon qu'il s'agit de l'exploitant d'une petite entreprise de commerce particulièrement exposée à cette concurrence nouvelle ou au contraire d'une société de grande distribution déjà fortement implantée – ou aux intérêts publics en cause. • Même arrêt.

Art. L. 751-7 *(L. n° 2014-626 du 18 juin 2014, art. 45)* **I. — Les membres de la Commission nationale d'aménagement commercial se conforment aux obligations de dépôt des déclarations prévues au 6° du I de l'article 11 de la loi n° 2013-907 du 11 octobre 2013 relative à la transparence de la vie publique. Leurs déclarations d'intérêts sont tenues à la disposition de l'ensemble des autres membres de la Commission nationale d'aménagement commercial par le président.**

II. — Aucun membre de la Commission nationale d'aménagement commercial ne peut participer à des débats ou à une délibération dans une affaire dans laquelle lui-même ou une personne morale, au sein de laquelle il a au cours des trois années précédant la délibération exercé des fonctions ou détenu un mandat, a eu un intérêt ou représenté une partie intéressée au cours de la même période.

Le mandat de membre de la Commission nationale d'aménagement commercial est incompatible avec toute fonction exercée dans le cadre d'une activité économique ou financière en relation avec le secteur du commerce.

III. — Les membres de la Commission nationale d'aménagement commercial, ainsi que toutes les personnes physiques ou morales qui, à quelque titre que ce soit, participent, même occasionnellement, à l'activité de celle-ci, sont tenus au secret professionnel pour les faits, les actes et les renseignements dont ils peuvent avoir connaissance en raison de leurs fonctions.

IV. — La Commission nationale d'aménagement commercial peut suspendre le mandat d'un de ses membres ou y mettre fin si elle constate, à la majorité des trois quarts des autres membres, qu'il se trouve dans une situation d'incompatibilité, qu'il est empêché d'exercer ses fonctions ou qu'il a manqué à ses obligations.

(L. n° 2017-55 du 20 janv. 2017, art. 24-VI) **« V. — La Commission nationale d'aménagement commercial n'est pas soumise au pouvoir hiérarchique des ministres. »**

Les dispositions issues de l'art. 45 de la L. n° 2014-626 du 18 juin 2014 entrent en vigueur à une date fixée par décret en Conseil d'État et au plus tard six mois à compter de la promulgation de ladite loi (L. préc., art. 60-I).

Conflits d'intérêts. Le retard ou l'absence de dépôt et de mise à disposition des déclarations d'intérêts que les membres de la CNAC doivent souscrire ne révèlent pas, par eux-mêmes, une méconnaissance du principe d'impartialité. Il appartient, en revanche, au président de la CNAC, pour celles des personnes dont la déclaration obligatoire d'intérêts échapperait ainsi au débat contradictoire, de verser au dossier l'ensemble des éléments permettant au juge de s'assurer, après transmission aux parties, de l'absence ou de l'existence de liens d'intérêts et d'apprécier, le cas échéant, si ces liens sont de nature à révéler des conflits d'intérêts. • CAA Douai, 29 sept. 2016, n° 15DA01229 : *AJDA 2017. 88*.

Art. L. 751-8 **Les conditions de désignation des membres de la commission nationale et de son président, ainsi que les modalités de son fonctionnement, sont fixées par décret en Conseil d'État.** – *[C. com., art. L. 720-11-VII.]* – *V. art. R. 751-6 s.*

SECTION III DE L'OBSERVATION DE L'AMÉNAGEMENT COMMERCIAL

(L. n° 2014-626 du 18 juin 2014, art. 46)

Art. L. 751-9 **I. – La Commission nationale d'aménagement commercial rend public, chaque année, un rapport intégrant les données relatives à l'activité des commissions départementales et nationale. Ce rapport comprend également des informations relatives à la connaissance des territoires en matière commerciale.**

(Abrogé par L. n° 2020-1525 du 7 déc. 2020, art. 126) « II. – Le service de l'État chargé de la réalisation d'études économiques en matière de commerce élabore une base de données recensant l'ensemble des établissements dont l'activité principale exercée relève du commerce de détail et comportant, notamment, l'indication de la surface de vente de ces établissements. Les agents de ce service sont habilités à recevoir les informations mentionnées au II de l'article L. 135 D du livre des procédures fiscales, dans les conditions prévues par celui-ci.

« Il est habilité à se faire communiquer toutes les informations utiles à la réalisation de cette base de données. A l'occasion de l'élaboration de cette base de données, les agents des services, établissements, institutions et organismes qui détiennent ces informations sont déliés du secret professionnel à l'égard du service de l'État chargé de la réalisation d'études économiques.

« Dans les limites du secret statistique et du secret fiscal, le service de l'État chargé de la réalisation d'études économiques met à la disposition des collectivités territoriales et de leurs groupements ainsi que du réseau des chambres de commerce et d'industrie les données les concernant. »

Les dispositions issues de l'art. 46 de la L. n° 2014-626 du 18 juin 2014 entrent en vigueur à une date fixée par décret en Conseil d'État et au plus tard six mois à compter de la promulgation de ladite loi (L. préc., art. 60-I).

BIBL. ▸ Graboy-Grobesco, *AJDA 2003. 169* (schémas de développement commercial). – Bouyssou, *JCP N 2003, n° 3, p. 99* (même thème).

CHAPITRE II DE L'AUTORISATION COMMERCIALE

SECTION PREMIÈRE DES PROJETS SOUMIS À AUTORISATION

Art. L. 752-1 *(Abrogé par L. n° 2014-366 du 24 mars 2014, art. 129-VI)* **« I. – » Sont soumis à une autorisation d'exploitation commerciale les projets ayant pour objet :**

1° La création d'un magasin de commerce de détail d'une surface de vente supérieure à *(L. n° 2008-776 du 4 août 2008, art. 102-IX)* **« 1 000 mètres carrés », résultant soit d'une construction nouvelle, soit de la transformation d'un immeuble existant ;**

2° L'extension de la surface de vente d'un magasin de commerce de détail ayant déjà atteint le seuil des *(L. n° 2008-776 du 4 août 2008, art. 102-IX, 1°, b)* **« 1 000 mètres carrés » ou devant le dépasser par la réalisation du projet. Est considérée comme une extension l'utilisation supplémentaire de tout espace couvert ou non, fixe ou mobile, et qui n'entrerait pas dans le cadre de l'article L. 310-2 ;**

(L. n° 2008-776 du 4 août 2008, art. 102-IX) **3° « Tout changement de secteur d'activité d'un commerce d'une surface de vente supérieure à 2 000 mètres carrés. Ce seuil est ramené à 1 000 mètres carrés lorsque l'activité nouvelle du magasin est à prédominance alimentaire ;** – *V. art. R. 752-2.*

« 4° La création d'un ensemble commercial tel que défini à l'article L. 752-3 et dont la surface de vente totale est supérieure à 1 000 mètres carrés ; » – *Pour l'absence de prise en compte désormais des stations de distribution de carburants, V. art. R. 752-1.*

(L. n° 2009-526 du 12 mai 2009, art. 47) « 5° L'extension de la surface de vente d'un ensemble commercial ayant déjà atteint le seuil des 1 000 mètres carrés ou devant le dépasser par la réalisation du projet ; » – *Pour l'application du 5° du I de l'art. L. 752-1, il est tenu compte de la surface totale des extensions de surfaces de vente réalisées depuis la publication de la L. n° 2008-776 du 4 août 2008 (JO 5 août), augmentée de la surface de vente prévue par le projet d'extension concerné (Décr. n° 2008-1212 du 24 nov. 2008, art. 3-I). Tout projet d'extension d'un ensemble commercial qui n'était pas soumis à une autorisation d'exploitation commerciale conformément au XXIX de l'art. 102 de la L. n° 2008-776 du 4 août 2008 fait l'objet, postérieurement à sa réalisation, d'une déclaration enregistrée auprès des services de l'État chargés du commerce selon des modalités définies par arrêté du ministre chargé du commerce (Décr. préc., art. 3-II).*

6° La réouverture au public, sur le même emplacement, d'un magasin de commerce de détail d'une surface de vente supérieure à *(L. n° 2018-1021 du 23 nov. 2018, art. 172)* « 2 500 *[ancienne rédaction : 1 000]* » mètres carrés dont les locaux ont cessé d'être exploités pendant *(L. n° 2008-776 du 4 août 2008)* « trois ans », ce délai ne courant, en cas de procédure de redressement judiciaire de l'exploitant, que du jour où le propriétaire a recouvré la pleine et entière disposition des locaux ; – *V. art. R. 752-45.*

Pour les pépiniéristes et horticulteurs, la surface de vente mentionnée au 1° est celle qu'ils consacrent à la vente au détail de produits ne provenant pas de leur exploitation, dans des conditions fixées par décret. – *V. art. R. 752-1.*

(L. n° 2014-366 du 24 mars 2014, art. 129-VI) « 7° La création ou l'extension d'un point permanent de retrait par la clientèle d'achats au détail commandés par voie télématique, organisé pour l'accès en automobile. – *Par dérogation aux dispositions du 7°, ne sont pas soumis à une autorisation d'exploitation commerciale les projets mentionnés à ce 7° pour lesquels, selon les cas, un permis a été accordé expressément ou tacitement ou une décision de non-opposition à une déclaration préalable est intervenue avant l'entrée en vigueur de la L. n° 2014-366 du 24 mars 2014 (L. préc., art. 129-VII).*

« Par dérogation au 7°, n'est pas soumise à autorisation d'exploitation commerciale la création d'un point permanent de retrait par la clientèle d'achats au détail commandés par voie télématique, organisé pour l'accès en automobile, intégré à un magasin de détail ouvert au public à la date de publication de la loi n° 2014-366 du 24 mars 2014 pour l'accès au logement et un urbanisme rénové, et n'emportant pas la création d'une surface de plancher de plus de 20 mètres carrés.

« Le propriétaire du site d'implantation bénéficiant de l'autorisation d'exploitation commerciale est responsable de l'organisation de son démantèlement et de la remise en état de ses terrains d'assiette s'il est mis fin à l'exploitation et qu'aucune réouverture au public n'intervient sur le même emplacement pendant un délai de trois ans, ce délai ne courant, en cas de procédure de redressement judiciaire de l'exploitant, que du jour où le propriétaire a recouvré la pleine et entière disposition des locaux. »

(L. n° 2018-1021 du 23 nov. 2018, art. 164) « A l'expiration du délai de trois ans mentionné au onzième alinéa du présent article, le représentant de l'État dans le département de la commune d'implantation s'assure des dispositions prévues par le ou les propriétaires du site pour mettre en œuvre, dans les délais prescrits, les opérations de démantèlement et de remise en état des terrains ou de transformation en vue d'une autre activité. En cas de carence ou d'insuffisance de ces dispositions, le représentant de l'État dans le département met en demeure le ou les propriétaires de les lui présenter dans un délai déterminé et en informe l'autorité compétente pour délivrer le permis de construire. Si, à l'expiration de ce délai, le ou les propriétaires n'a ou n'ont pas obtempéré à l'injonction préfectorale, le représentant de l'État dans le département peut obliger à consigner entre les mains d'un comptable public une somme répondant du montant des travaux à réaliser, laquelle est restituée au propriétaire au fur et à mesure de l'exécution des mesures prescrites. Après une mise en demeure restée sans effet du représentant de l'État dans le département, celui-ci peut faire procéder d'office, aux frais du ou des propriétaires, au démantèlement et à la remise en état du site.

« Un décret en Conseil d'État détermine les modalités d'application du présent article. » – *V. art. R. 752-46 s.*

Les modifications apportées par la L. n° 2008-776 du 4 août 2008 sont entrées en vigueur le 25 nov. 2008 (L. n° 2008-776 du 4 août 2008, art. 102-XXIX ; Décr. n° 2008-1212 du 24 nov. 2008, art. 8). — Toutefois dès la publication de la loi précitée (JO 5 août), les projets portant sur une superficie inférieure à 1 000 m² ne sont plus soumis à l'examen de la CDEC ou de la CNEC. Par dérogation aux dispositions précitées, dans les communes de moins de 20 000 habitants, le maire ou le président de l'établissement public de coopération intercommunale compétent en matière d'urbanisme, lorsqu'il est saisi d'une demande de permis de construire un équipement commercial dont la surface est comprise entre 300 et 1 000 m² : — notifie cette demande dans les huit jours au président de l'établissement public de coopération intercommunale visé à l'art. L. 122-4 C. urb. sur le territoire duquel est projetée l'implantation. Celui-ci peut proposer à l'organe délibérant de l'établissement public de saisir la CDEC afin qu'elle statue sur la conformité du projet aux critères énoncés à l'art. L. 752-6 ; — peut proposer au conseil municipal ou à l'organe délibérant de l'établissement public de saisir la commission départementale à la même fin.

La décision du président de l'établissement public visé à l'art. L. 122-4 C. urb. ou la délibération du conseil municipal ou de l'organe délibérant de l'établissement public de coopération intercommunale est motivée. Elle est transmise au pétitionnaire sous un délai de trois jours. En cas d'avis défavorable de la commission départementale ou, le cas échéant, de la CNEC, le permis de construire ne peut être délivré. La commission départementale se prononce dans un délai d'un mois. En cas d'avis négatif, le promoteur peut saisir la CNEC, qui se prononce dans un délai d'un mois. Le silence de la Commission nationale vaut confirmation de l'avis de la commission départementale (L. n° 2008-776 du 4 août 2008, art. 102-XXIX).

Sur l'entrée en vigueur, fixée au plus tard le 1er janv. 2013, des dispositions issues de l'Ord. n° 2012-11 du 5 janv. 2012, V. Ord. préc., art. 19 (JO 6 janv.).

Sur la compatibilité des autorisations prévues à l'art. L. 752-1 avec les schémas de cohérence territoriale, V. C. urb., art. L. 122-1. — ***C. urb.***

Les résidences hôtelières à vocation sociale ne sont pas soumises à l'autorisation d'exploitation visée à l'art. L. 752-1 (CCH, art. L. 631-11). — ***CCH.***

Par dérogation à l'art. L. 752-1 ci-dessus, les projets visés à cet article dont l'établissement public national pour l'aménagement et la restructuration des espaces commerciaux et artisanaux assure la maîtrise d'ouvrage sont, dans des conditions fixées par décret en Conseil d'État, soumis pour autorisation à la Commission nationale d'équipement commercial après consultation de la commission départementale d'équipement commercial, qui rend son avis dans un délai d'un mois à compter de sa saisine. Passé ce délai, l'avis est réputé rendu. Il en est de même lorsque la maîtrise d'ouvrage est assurée par un établissement public d'aménagement par délégation de l'établissement public national pour l'aménagement et la restructuration des espaces commerciaux et artisanaux (L. n° 96-987 du 14 nov. 1996, art. 28). — V. Décr. n° 97-131 du 12 févr. 1997 (JO 13 févr.).

Sur l'interdiction de toute publicité portant sur une opération n'ayant pas reçu l'autorisation prévue par l'art. L. 752-1, V. App., v° Publicité commerciale, C. consom., art. L. 121-22.

BIBL. ▸ A. Bischoff, *JCP E 1996. I. 598.* – Jégou, Boullé et Lenormand, *Cah. dr. entr. 2012, n° 2, p. 28* (comment bien préparer un dossier de demande d'autorisation d'aménagement commercial ?). – Borel, *AJCT 2013. 237* (document d'aménagement commercial, élaboration et intégration dans les SCOT).

1. Légalité. **BIBL.** Idot, *in Mél. Gavalda, Dalloz 2001, p. 161.* ♦ Jugeant que les dispositions du code de commerce qui soumettent l'implantation ou l'extension de certains commerces de détail d'une surface de plus de 300 m² à une autorisation n'instaurent pas d'inégalité de traitement et ne portent pas atteinte à la liberté d'établissement, V. • CE 5 mars 2003, n° 225470 : *RJDA 2004, n° 235 ; Europe 2003, n° 210, obs. Saulnier.* ♦ Les dispositions des art. L. 752-1 s. ne sauraient faire double emploi avec d'autres procédures administratives, telles que le permis de construire, certaines autorisations spécifiques à la protection de l'environnement ou les règles régissant les établissements accueillant du public, qui ont une finalité différente ; ces mêmes dispositions édictent des critères clairs et objectifs et n'instituent pas de « test économique ». • CE 11 févr. 2015, n° 370089 : *AJDA 2015. 1250 ; RJDA 2015, n° 394* • CAA Bordeaux, 28 déc. 2017, n° 15BX03116 : *RJDA 2018, n° 464.*

2. Réouverture d'un magasin. N'est pas soumise à autorisation la reconstruction d'un bâtiment destiné à recevoir un magasin de commerce de détail de même nature et de même surface de vente que le bâtiment abritant un commerce qui n'avait pas cessé d'être exploité pendant deux ans [ancienne rédaction] ou plus alors même que la construction nouvelle devait être implantée non sur la surface dégagée par le magasin démoli mais sur l'emplacement de l'ancien parking. • CE 3 juin 2002, n° 241313 : *RJDA 2002, n° 1328 ; Cah. dr. entr. 2003, n° 3,* *p. 27, obs. Destours ; Defrénois 2003. 920, obs. Meng.* ♦ V., appliquant la prorogation du délai de deux ans [ancienne rédaction], aussi bien en cas de « redressement judiciaire » de l'exploitant, comme expressément prévu par le texte, qu'en cas de « liquidation judiciaire » de celui-ci : • Com. 12 juill. 2004, n° 01-15.860 P : *D. 2004. AJ 2300* ; *JCP E 2005, n° 1-2, p. 29, obs. Cabrillac ; RJDA 2004, n° 1272 ; Gaz. Pal. 2005. Somm. 2805, obs. Guével.*

3. Extension (jurispr. antérieure à la L. n° 2008-776 du 4 août 2008). Lorsqu'elle est saisie d'une demande d'extension, il appartient à l'Administration de vérifier si le projet consiste en l'extension de surfaces commerciales déjà autorisées ; dans le cas où l'extension sollicitée vise à étendre des surfaces commerciales existantes qui n'avaient pas été autorisées, l'Administration doit instruire la demande en tenant compte non seulement des surfaces projetées mais également de ces surfaces non autorisées et de délivrer ou refuser une autorisation portant sur l'ensemble de ces surfaces. • CAA Douai, 15 avr. 2004 : *JCP E 2004, n° 42, p. 1613.* ♦ Pour une décision ordonnant une mesure d'instruction *in futurum* consistant à confier à un géomètre-expert et à un huissier le soin d'établir le plan d'un magasin afin de vérifier qu'il s'est conformé à l'autorisation d'extension, laquelle mentionnait que cette opération avait, selon le projet, pour objet exclusif d'améliorer les conditions d'accueil et de confort de la clientèle, V. • Civ. 1re, 22 févr. 2005, n° 03-10.408 : *cité note 82 ss. L. n° 63-628 du 2 juill. 1963, art. 2, App., v° Concurrence.*

4. Sanction. Les juges peuvent ordonner la fermeture d'un magasin à grande surface installé au mépris des règles relatives au permis de construire et à l'urbanisme commercial, au motif que l'exploitation de ce commerce dans une situation illicite constitue une faute génératrice d'un trouble commercial pour les concurrents. • Com. 28 nov. 1995, n° 94-13.045 : *RJDA 1996, n° 298.* ♦ Mais une demande d'autorisation de création ou d'extension d'un magasin à grande surface ne peut pas être refusée au seul motif que la demande tend à régulariser une situation illicite, l'exploitation de la surface commerciale ayant déjà commencé. • CE 9 juill. 2003, n° 232372 : *RJDA 2004, n° 243.*

5. Calcul de la surface de vente. Le bâtiment à usage commercial, dont l'édification a été autorisée par le permis contesté, comporte une surface de vente de 297,91 m², incluant, notamment, l'espace situé entre les caisses et la sortie du magasin. Les sas d'entrée et de sortie du magasin, dont la fonction est uniquement de permettre d'accéder au magasin puis d'en sortir, ne sauraient être regardés comme constituant des espaces pouvant être utilisés, soit par la clientèle pour effectuer des achats, soit pour l'exploitation de marchandises proposées à la vente, soit pour la circulation du personnel présentant des marchandises à la vente. Par ailleurs, il n'est pas établi que les locaux à usage de réserves, alors même qu'ils sont séparés de la surface de vente par des cloisons amovibles, seraient accessibles au public. Ainsi, les espaces constitués par ces sas et réserves n'ont pas à être pris en compte au titre des dispositions de l'art. L. 720-5 [désormais L. 752-1]. • CAA Nantes, 27 juin 2007 : *AJDA 2008. 430* .

6. Entrée en vigueur de la loi du 4 août 2008. V. note rédactionnelle ss. art. L. 752-1. ♦ Sur la question de la légalité des surfaces de vente créées sans autorisation au moment de l'adoption de la L. n° 2008-776 du 4 août 2008, V. • CE 23 juill. 2014, n° 371522 : *AJCA 2014. 294, obs. Renaux* ; *Constr.-Urb. 2014, n° 145, obs. Renaux.*

7. Responsabilité du notaire. Le notaire est tenu à une obligation d'information et de conseil à l'égard du preneur pour assurer l'efficacité du bail et doit vérifier les règles d'urbanisme commercial imposant une autorisation de la CDEC. • Civ. 1re, 19 févr. 2014, n° 12-29.970 : *AJDI 2014. 719, note Borel* .

Code de l'urbanisme

Art. L. 111-6-1 *(Ord. n° 2005-1527 du 8 déc. 2005, art. 6, en vigueur le 1er oct. 2007) (L. n° 2014-366 du 24 mars 2014, art. 129-I)* « Nonobstant toute disposition contraire du plan local d'urbanisme, l'emprise au sol des surfaces, bâties ou non, affectées aux aires de stationnement, annexes d'un commerce soumis à l'autorisation d'exploitation commerciale prévue aux 1° et 4° du I de l'article L. 752-1 du code de commerce et à l'autorisation prévue au 1° de l'article L. 212-7 du code du cinéma et de l'image animée, ne peut excéder un plafond correspondant aux trois quarts de la surface de plancher des bâtiments affectés au commerce. Le plan local d'urbanisme peut augmenter ce plafond pour le fixer à un niveau compris entre les trois quarts et la totalité de la surface de plancher affectée au commerce. Les espaces paysagers en pleine terre, les surfaces réservées à l'auto-partage et les places de stationnement dédiées à l'alimentation des véhicules électriques ou hybrides rechargeables sont déduits de l'emprise au sol des surfaces affectées au stationnement. La surface des places de stationnement non imperméabilisées compte pour la moitié de leur surface. Ces dispositions s'appliquent aux bâtiments dont le permis de construire a été déposé à compter du 1er janvier 2016. »

(L. n° 2008-776 du 4 août 2008, art. 105-II) « Lorsqu'un établissement de spectacles cinématographiques soumis à l'autorisation prévue aux articles L. 212-7 et L. 212-8 du code du cinéma et de l'image animée n'est pas installé sur le même site qu'un commerce soumis aux autorisations d'exploitation commerciale prévues à l'article L. 752-1 du code de commerce, l'emprise au sol des surfaces, bâties ou non, affectées aux aires de stationnement annexes de cet établissement de spectacles cinématographiques ne doit pas excéder une place de stationnement pour trois places de spectateur. » — *V. art. L. 212-7 préc., App., v° Commerce (organisation).*

Ces dispositions ne font pas obstacle aux travaux de réfection et d'amélioration ou à l'extension limitée des bâtiments commerciaux existant le 15 décembre 2000.

Les dispositions issues de la L. n° 2008-776 du 4 août 2008 sont entrées en vigueur le 25 nov. 2008. Les demandes d'autorisation présentées avant la date d'entrée en vigueur des dispositions précitées sont instruites et les autorisations accordées dans les conditions prévues par les dispositions en vigueur avant cette date (L. n° 2008-776 du 4 août 2008, art. 105-III ; Décr. n° 2008-1212 du 24 nov. 2008, art. 8). — V. ***C. com.****, éd. 2008 ou antérieures.*

Art. L. 752-1-1 *(L. n° 2018-1021 du 23 nov. 2018, art. 157)* **Par dérogation à l'article L. 752-1, les projets mentionnés aux 1° à 6° du même article L. 752-1** *(L. n° 2021-1104 du 22 août 2021, art. 215)* **« qui ne sont pas considérés comme engendrant une artificialisation des sols au sens du V de l'article L. 752-6 et » dont l'implantation est prévue dans un secteur d'intervention d'une opération de revitalisation de territoire définie au I de l'article L. 303-2 du code de la construction et de l'habitation, comprenant un centre-ville identifié par la convention de ladite opération, ne sont pas soumis à autorisation d'exploitation commerciale.**

Cette convention peut toutefois soumettre à autorisation d'exploitation commerciale les projets mentionnés aux 1° à 6° de l'article L. 752-1 du présent code dont la surface de vente dépasse un seuil qu'elle fixe et qui ne peut être inférieur à 5 000 mètres carrés ou, pour les magasins à prédominance alimentaire, à 2 500 mètres carrés.

Les conditions de publicité des projets mentionnés au premier alinéa du présent article sont fixées par décret en Conseil d'État. — *V. art. R. 752-44-14, R. 752-44-16 et R. 752-44-17.*

Art. L. 752-1-2 *(L. n° 2018-1021 du 23 nov. 2018, art. 157)* **Le représentant de l'État dans le département peut suspendre par arrêté, après avis ou à la demande de l'établissement public de coopération intercommunale à fiscalité propre et des communes signataires d'une convention d'opération de revitalisation de territoire mentionnée à l'article L. 303-2 du code de la construction et de l'habitation, l'enregistrement et l'examen en commission départementale d'aménagement commercial des demandes d'autorisation d'exploitation commerciale relatives aux projets mentionnés aux 1° à 5° et au 7° de l'article L. 752-1 du présent code dont l'implantation est prévue sur le territoire d'une ou** *[de]* **plusieurs communes signataires de cette convention mais hors des secteurs d'intervention de l'opération** *(L. n° 2022-217 du 21 févr. 2022, art. 96)* **« comprenant un centre-ville ». La décision du représentant de l'État dans le département est prise compte tenu des caractéristiques des projets et de l'analyse des données existantes sur la zone de chalandise, au regard notamment du niveau et de l'évolution des taux de logements vacants, de vacance commerciale et de chômage dans les centres-villes et les territoires concernés.**

Le représentant de l'État dans le département peut également suspendre par arrêté, après avis ou à la demande du ou des établissements publics de coopération intercommunale et des communes concernés, l'enregistrement et l'examen en commission départementale d'aménagement commercial des demandes d'autorisation relatives aux projets mentionnés aux 1° à 5° et au 7° du même article L. 752-1 qui sont situés dans des communes qui n'ont pas signé la convention mais sont membres de l'établissement public de coopération intercommunale à fiscalité propre signataire de la convention ou d'un établissement public de coopération intercommunale limitrophe de celui-ci, lorsque ces projets, compte tenu de leurs caractéristiques et de l'analyse des données existantes sur leurs zones de chalandise, sont de nature à compromettre gravement les objectifs de l'opération, au regard notamment du niveau et de l'évolution des taux de logements vacants, de vacance commerciale et de chômage dans les centres-villes et les

territoires concernés par ladite opération. Lorsque les demandes d'autorisation concernent des implantations sur le territoire d'un établissement public de coopération intercommunale à fiscalité propre limitrophe situé dans un autre département, la mesure de suspension est prise par arrêté conjoint des représentants de l'État dans chacun des deux départements.

La suspension de l'enregistrement et de l'examen des demandes prévue aux deux premiers alinéas du présent article est d'une durée maximale de trois ans. Le représentant de l'État dans le département peut, le cas échéant, après avis de l'établissement public de coopération intercommunale et des communes signataires de la convention mentionnée à l'article L. 303-2 du code de la construction et de l'habitation, la proroger d'un an.

Un décret en Conseil d'État fixe les conditions et modalités d'application du présent article. — *V. art. R. 752-29-1 s.*

V. Circ. NOR : ECOI1929035C du 31 oct. 2019 relative à la faculté de suspension, par arrêté préfectoral, de la procédure devant les commissions départementales d'aménagement commercial.

Art. L. 752-2 I. — *(L. n° 2008-776 du 4 août 2008, art. 102-XII, en vigueur le 25 nov. 2008)* « Les regroupements de surfaces de vente de magasins voisins, sans création de surfaces supplémentaires, n'excédant pas 2 500 mètres carrés, ou 1 000 mètres carrés lorsque l'activité nouvelle est à prédominance alimentaire, ne sont pas soumis à une autorisation d'exploitation commerciale. »

II. — *(L. n° 2008-776 du 4 août 2008, art. 102-XII, en vigueur le 25 nov. 2008)* « Les pharmacies et les commerces de véhicules automobiles ou de motocycles ne sont pas soumis à l'autorisation d'exploitation commerciale prévue à l'article L. 752-1. »

III. — Les halles et marchés d'approvisionnement au détail, couverts ou non, établis sur les dépendances du domaine public et dont la création est décidée par le conseil municipal, les magasins accessibles aux seuls voyageurs munis de billets et situés dans l'enceinte des aéroports ainsi que les parties du domaine public affecté aux gares ferroviaires *(Ord. n° 2016-79 du 29 janv. 2016, art. 7)* « et routières » *(L. n° 2008-776 du 4 août 2008, art. 102-XII, en vigueur le 25 nov. 2008)* « situées en centre-ville » d'une surface maximum de *(L. n° 2008-776 du 4 août 2008, art. 102-XII, en vigueur le 25 nov. 2008)* « 2 500 mètres carrés », ne sont pas soumis à une autorisation d'exploitation commerciale.

(L. n° 2018-1021 du 23 nov. 2018, art. 165) « IV. — Les opérations immobilières combinant un projet d'implantation commerciale et des logements situées *[situés]* dans un centre-ville compris dans l'un des secteurs d'intervention d'une opération mentionnée à l'article L. 303-2 du code de la construction et de l'habitation ne sont pas soumises à une autorisation d'exploitation commerciale dès lors que la surface de vente du commerce est inférieure au quart de la surface de plancher à destination d'habitation. » — *[C. com., art. L. 720-5, II à V.]*

Art. L. 752-3 I. — Sont regardés comme faisant partie d'un même ensemble commercial, qu'ils soient ou non situés dans des bâtiments distincts et qu'une même personne en soit ou non le propriétaire ou l'exploitant, les magasins qui sont réunis sur un même site et qui :

1° Soit ont été conçus dans le cadre d'une même opération d'aménagement foncier, que celle-ci soit réalisée en une ou en plusieurs tranches ;

2° Soit bénéficient d'aménagements conçus pour permettre à une même clientèle l'accès des divers établissements ;

3° Soit font l'objet d'une gestion commune de certains éléments de leur exploitation, notamment par la création de services collectifs ou l'utilisation habituelle de pratiques et de publicités commerciales communes ;

4° Soit sont réunis par une structure juridique commune, contrôlée directement ou indirectement par au moins un associé, exerçant sur elle une influence au sens de l'article L. 233-16 ou ayant un dirigeant de droit ou de fait commun.

II. — Toutefois, les dispositions du présent article ne sont pas applicables aux zones d'aménagement concerté créées dans un centre urbain, en vertu de l'article L. 311-1 du code de l'urbanisme.

(L. n° 2014-366 du 24 mars 2014, art. 129-VI) « III. — Au sens du présent code, constituent des points permanents de retrait par la clientèle d'achats au détail com-

mandés par voie télématique, organisés pour l'accès en automobile, les installations, aménagements ou équipements conçus pour le retrait par la clientèle de marchandises commandées par voie télématique ainsi que les pistes de ravitaillement attenantes. » — *[C. com., art. L. 720-6.]* — *V. art. L. 752-16.*

BIBL. ▶ BOUYSSOU, *JCP 1991. I. 3494.* – FATÔME et CHEUVREUX, *Defrénois 1992. 146.*

1. Ensemble commercial. Considérant que des magasins ne peuvent être installés sur un même site, c'est-à-dire une même zone géographique, lorsque distants de 300 mètres environ, ils sont séparés par une voie de circulation impossible à traverser et que la communication entre les deux points de vente ne peut s'effectuer que par des carrefours giratoires, conduisant à un rallongement des trajets, V. • Com. 19 juin 2001, n° 99-15.411 P : *D. 2001. AJ 2824, obs. Chevrier*. ♦ Il en va différemment de deux magasins dont les accès se font face, des deux côtés d'une voie publique d'une largeur de sept mètres, ce qui ne constituait pas un obstacle à la circulation des clients entre les deux bâtiments. • CE 3 oct. 2003, n° 248499 : *RJDA 2004, n° 236.* ♦ Constituent une unité économique les commerces installés sur un même site, disposant d'une publicité, d'une enseigne et d'aménagements communs, et bénéficiant de certaines conditions communes d'exploitation. • CE 12 oct. 2006, n° 268758 : *AJDA 2006. 2195*.

2. Règle de l'accessoire. L'annulation de la décision donnée par la CNEC de créer un équipement commercial entraîne l'annulation de l'autorisation donnée par la même commission le même jour de créer la station-service en annexe du magasin. • CE 20 mai 2005, n° 265796.

3. Demandes fractionnées. Si, au cas d'espèce, la CNEC a examiné une demande pour chaque magasin formant un ensemble commercial et a pris deux décisions distinctes d'autorisation, il ressort des pièces du dossier qu'elle a analysé ces demandes lors d'une même séance, a pris en compte les données de la société pétitionnaire explicitant la simultanéité des deux projets et s'est prononcée, tant sur la demande d'autorisation du magasin de bricolage que sur celle du magasin de sports, sur la base d'éléments des services instructeurs qui prenaient en compte l'ensemble formé par les deux magasins. Dès lors, dans les circonstances particulières de l'espèce, la requérante n'est pas fondée à soutenir que le fractionnement des demandes aurait été de nature à vicier la procédure ou l'appréciation des faits par la commission. • CE 16 avr. 2010, n° 319714 : *RJDA 2010, n° 1113.*

4. ZAC d'un centre urbain. Compte tenu de sa localisation, de sa destination et de son effet prévisible sur les centres urbains existants, le projet litigieux ne peut être regardé comme situé dans une ZAC créée dans un centre urbain au sens des dispositions du II de l'art. L. 752-3 et devait être soumis à enquête publique. • CAA Versailles, 29 déc. 2011 : *AJDA 2012. 566*.

Art. L. 752-3-1 *(Abrogé par L. n° 2014-626 du 18 juin 2014, art. 57-II) (L. n° 2008-776 du 4 août 2008, art. 102-XIII, en vigueur le 25 nov. 2008)* ***Les projets d'aménagement cinématographique ne sont soumis à l'examen de la commission qu'à la condition d'être accompagnés de l'indication de la personne qui sera titulaire de l'autorisation d'exercice délivrée en application de l'article*** *(Ord. n° 2009-901 du 24 juill. 2009, art. 2)* ***« L. 212-2 du code du cinéma et de l'image animée ».***

L'abrogation résultant de l'art. 57 de la L. n° 2014-626 du 18 juin 2014 entre en vigueur à compter de la date d'entrée en vigueur du décret pris pour son application modifiant la partie réglementaire du code du cinéma et de l'image animée, et au plus tard le 1er janv. 2015 (L. préc., art. 57-IV). — V. Décr. n° 2015-268 du 10 mars 2015 relatif à l'aménagement cinématographique (JO 12 mars).

Art. L. 752-4 *(L. n° 2008-776 du 4 août 2008, art. 102-XIV, en vigueur le 25 nov. 2008) (L. n° 2018-1021 du 23 nov. 2018, art. 173)* **« I. — » Dans les communes de moins de 20 000 habitants** *(L. n° 2021-1104 du 22 août 2021, art. 216)* **« et, pour les projets qui engendrent une artificialisation des sols au sens du V de l'article L. 752-6, dans toutes les communes », le maire ou le président de l'établissement public de coopération intercommunale compétent en matière d'urbanisme peut, lorsqu'il est saisi d'une demande de permis de construire un équipement commercial dont la surface est comprise entre 300 et 1 000 mètres carrés, proposer au conseil municipal ou à l'organe délibérant de cet établissement de saisir la commission départementale d'aménagement commercial afin qu'elle statue sur la conformité du projet aux critères énoncés** *(L. n° 2021-1104 du 22 août 2021, art. 216)* **« au même article » L. 752-6.**

Dans ces communes, lorsque le maire ou le président de l'établissement public compétent en matière d'urbanisme est saisi d'une demande de permis de construire un équipement commercial visé à l'alinéa précédent, il notifie cette demande dans les huit

jours au président de l'établissement public prévu à l'article *(Ord. n° 2015-1174 du 23 sept. 2015, art. 9-III, en vigueur le 1er janv. 2016)* **« L. 143-16** *[ancienne rédaction : L. 122-4]* **» du code de l'urbanisme sur le territoire duquel est projetée l'implantation. Celui-ci peut proposer à l'organe délibérant de saisir la commission départementale d'aménagement commercial afin qu'elle statue sur la conformité du projet aux critères énoncés à l'article L. 752-6.**

La délibération du conseil municipal ou de l'organe délibérant de l'établissement public de coopération intercommunale est motivée. Elle est transmise au pétitionnaire sous un délai de trois jours *(L. n° 2014-626 du 18 juin 2014, art. 47)* **« et affichée pendant un mois à la porte de la mairie de la commune d'implantation ».**

En cas d'avis défavorable de la commission départementale d'aménagement commercial, ou, le cas échéant, de la Commission nationale d'aménagement commercial, le permis de construire ne peut être délivré.

La commission départementale d'aménagement commercial se prononce dans un délai d'un mois.

En cas d'avis négatif, le promoteur peut saisir la Commission nationale d'aménagement commercial, qui se prononce dans un délai d'un mois. Le silence de la commission nationale vaut confirmation de l'avis de la commission départementale. — *V. art. R. 752-21 s.*

(L. n° 2018-1021 du 23 nov. 2018, art. 173) **« II. — Le I du présent article n'est pas applicable aux demandes de permis de construire un équipement commercial situé dans un secteur d'intervention d'une opération de revitalisation de territoire définie au I de l'article L. 303-2 du code de la construction et de l'habitation, comprenant un centre-ville identifié par la convention de ladite opération. »**

V. note ss. art. L. 752-1.

Sur l'entrée en vigueur, fixée au plus tard le 1er janv. 2013, des dispositions issues de l'Ord. n° 2012-11 du 5 janv. 2012, V. Ord. préc., art. 19 (JO 6 janv.).

Les dispositions issues de l'art. 47 de la L. n° 2014-626 du 18 juin 2014 entrent en vigueur à une date fixée par décret en Conseil d'État et au plus tard six mois à compter de la promulgation de ladite loi (L. préc., art. 60-I).

V. notes ss. art. R. 752-10 et R. 752-34.

1. Avis de la CNAC. Les avis rendus par la CNAC dans le cadre de la procédure de délivrance des permis de construire ont le caractère d'actes préparatoires et ne constituent pas, par eux-mêmes, des décisions susceptibles de faire l'objet d'un recours pour excès de pouvoir. • CE 15 déc. 2010, n° 334627 : *AJDA 2010. 2459* ; *RJDA 2011, n° 189.* ♦ Jugeant que la naissance d'un avis défavorable en raison du silence gardé par la CNAC ne fait pas obstacle à ce que celle-ci se prononce expressément après le délai d'un mois et émette un avis favorable se substituant à l'avis tacite. • CE 21 sept. 2015, n° 376359 : *AJCA 2015. 486, obs. Renaux* ; *RTD com. 2015. 693, obs. Orsoni* ; *RJDA 2015, n° 786.*

2. Intérêt à agir. Sur l'absence d'intérêt à agir d'un concurrent contre un permis de construire une surface commerciale, V. • CE 11 juin 2014, n° 360135 : *RTD com. 2014. 569, obs. Orsoni* ; *RDI 2014. 529, obs. Soler-Couteaux* ; *RJDA 2014, n° 803* (conf. de • CAA Lyon, 10 avr. 2012 : *AJDA 2012. 1424*).

Art. L. 752-5 *(L. n° 2008-776 du 4 août 2008, art. 102-XV)* **En cas d'exploitation abusive d'une position dominante ou d'un état de dépendance économique de la part d'une entreprise ou d'un groupe d'entreprises exploitant un ou plusieurs magasins de commerce de détail,** *(L. n° 2014-366 du 24 mars 2014, art. 129-VI)* **« ou points permanents de retrait par la clientèle d'achats au détail commandés par voie télématique, organisés pour l'accès en automobile, » le maire** *(L. n° 2014-626 du 18 juin 2014, art. 48)* **« , le président de l'établissement public de coopération intercommunale à fiscalité propre ou le président du syndicat mixte ou de l'établissement public de coopération intercommunale mentionné à l'article** *(Ord. n° 2015-1174 du 23 sept. 2015, art. 9-III, en vigueur le 1er janv. 2016)* **« L. 143-16** *[ancienne rédaction : L. 122-4]* **» du code de l'urbanisme » peut saisir** *(Ord. n° 2008-1161 du 13 nov. 2008, art. 4)* **« l'Autorité de la concurrence » afin que celle-ci procède aux injonctions et aux sanctions pécuniaires prévues à l'article L. 464-2** *(L. n° 2014-626 du 18 juin 2014, art. 48)* **« du présent code ».**

Les dispositions issues de l'art. 48 de la L. n° 2014-626 du 18 juin 2014 entrent en vigueur à une date fixée par décret en Conseil d'État et au plus tard six mois à compter de la promulgation de ladite loi (L. préc., art. 60-I).

Art. L. 752-5-1 *(Ord. n° 2016-301 du 14 mars 2016, art. 6, en vigueur le 1er juill. 2016)* **Les infractions aux dispositions de l'article L. 752-1** *(L. n° 2018-1021 du 23 nov. 2018, art. 168)* **« , L. 752-23 » et des textes pris pour** *(L. n° 2018-1021 du 23 nov. 2018, art. 168)* **« leur » application sont recherchées et constatées par les agents mentionnés au II de l'article L. 450-1, dans les conditions prévues aux articles L. 450-1, L. 450-2, L. 450-3, L. 450-7 et L. 450-8. Les articles L. 521-1, L. 521-2 et L. 524-1 à L. 524-3 du code de la consommation peuvent être mis en œuvre à la suite des constatations effectuées.** — *V. art. R. 752-44-18 et R. 752-44-19.*

SECTION II **DE LA DÉCISION DE LA COMMISSION DÉPARTEMENTALE**

Art. L. 752-6 *(L. n° 2014-626 du 18 juin 2014, art. 49)* **I. — L'autorisation d'exploitation commerciale mentionnée à l'article L. 752-1 est compatible avec le document d'orientation et d'objectifs des schémas de cohérence territoriale ou, le cas échéant, avec les orientations d'aménagement et de programmation des plans locaux d'urbanisme intercommunaux comportant les dispositions prévues** *(Ord. n° 2015-1174 du 23 sept. 2015, art. 9-III, en vigueur le 1er janv. 2016)* **« au deuxième alinéa de l'article L. 151-6** *[ancienne rédaction : au dernier alinéa de l'article L. 123-1-4]* **» du code de l'urbanisme.**

La commission départementale d'aménagement commercial prend en considération :

1° En matière d'aménagement du territoire :

***a)* La localisation du projet et son intégration urbaine ;**

***b)* La consommation économe de l'espace, notamment en termes de stationnement ;**

***c)* L'effet sur l'animation de la vie urbaine, rurale et dans les zones de montagne et du littoral ;**

***d)* L'effet du projet sur les flux de transports et son accessibilité par les transports collectifs et les modes de déplacement les plus économes en émission de dioxyde de carbone ;**

(L. n° 2018-1021 du 23 nov. 2018, art. 166) **« *e)* La contribution du projet à la préservation ou à la revitalisation du tissu commercial du centre-ville de la commune d'implantation, des communes limitrophes et de l'établissement public de coopération intercommunale à fiscalité propre dont la commune d'implantation est membre ;**

« *f)* Les coûts indirects supportés par la collectivité en matière notamment d'infrastructures et de transports ; »

2° En matière de développement durable :

***a)* La qualité environnementale du projet, notamment du point de vue de la performance énergétique** *(L. n° 2018-1021 du 23 nov. 2018, art. 166)* **« et des émissions de gaz à effet de serre par anticipation du bilan prévu aux 1° et 2° du I de l'article L. 229-25 du code de l'environnement », du recours le plus large qui soit aux énergies renouvelables et à l'emploi de matériaux ou procédés éco-responsables, de la gestion des eaux pluviales, de l'imperméabilisation des sols et de la préservation de l'environnement ;**

***b)* L'insertion paysagère et architecturale du projet, notamment par l'utilisation de matériaux caractéristiques des filières de production locales ;**

***c)* Les nuisances de toute nature que le projet est susceptible de générer au détriment de son environnement proche.**

Les *a* et *b* du présent 2° s'appliquent également aux bâtiments existants s'agissant des projets mentionnés *(L. n° 2015-990 du 6 août 2015, art. 35)* **« au 2° » de l'article L. 752-1 ;**

3° En matière de protection des consommateurs :

***a)* L'accessibilité, en termes, notamment, de proximité de l'offre par rapport aux lieux de vie ;**

***b)* La contribution du projet à la revitalisation du tissu commercial, notamment par la modernisation des équipements commerciaux existants et la préservation des centres urbains ;**

***c)* La variété de l'offre proposée par le projet, notamment par le développement de concepts novateurs et la valorisation de filières de production locales ;**

d) Les risques naturels, miniers et autres auxquels peut être exposé le site d'implantation du projet, ainsi que les mesures propres à assurer la sécurité des consommateurs.

II. — A titre accessoire, la commission peut prendre en considération la contribution du projet en matière sociale.

(L. nº 2018-1021 du 23 nov. 2018, art. 166) « III. — La commission se prononce au vu d'une analyse d'impact du projet, produite par le demandeur à l'appui de sa demande d'autorisation. Réalisée par un organisme indépendant habilité par le représentant de l'État dans le département, cette analyse évalue les effets du projet sur l'animation et le développement économique du centre-ville de la commune d'implantation, des communes limitrophes et de l'établissement public de coopération intercommunale à fiscalité propre dont la commune d'implantation est membre, ainsi que sur l'emploi, en s'appuyant notamment sur l'évolution démographique, le taux de vacance commerciale et l'offre de mètres carrés commerciaux déjà existants dans la zone de chalandise pertinente, en tenant compte des échanges pendulaires journaliers et, le cas échéant, saisonniers, entre les territoires. — *V. art. R. 752-6-1 à R. 752-6-3.*

« IV. — Le demandeur d'une autorisation d'exploitation commerciale doit démontrer, dans l'analyse d'impact mentionnée au III, qu'aucune friche existante en centre-ville ne permet l'accueil du projet envisagé. En l'absence d'une telle friche, il doit démontrer qu'aucune friche existante en périphérie ne permet l'accueil du projet envisagé. »

(L. nº 2021-1104 du 22 août 2021, art. 215) « V. — L'autorisation d'exploitation commerciale ne peut être délivrée pour une implantation ou une extension qui engendrerait une artificialisation des sols, au sens du neuvième alinéa de l'article L. 101-2-1 du code de l'urbanisme.

« Toutefois, une autorisation d'exploitation commerciale peut être délivrée si le pétitionnaire démontre, à l'appui de l'analyse d'impact mentionnée au III du présent article, que son projet s'insère en continuité avec les espaces urbanisés dans un secteur au type d'urbanisation adéquat, qu'il répond aux besoins du territoire et qu'il obéit à l'un des critères suivants :

« 1º L'insertion de ce projet, tel que défini à l'article L. 752-1, dans le secteur d'intervention d'une opération de revitalisation de territoire ou dans un quartier prioritaire de la politique de la ville ;

« 2º L'insertion du projet dans une opération d'aménagement au sein d'un espace déjà urbanisé, afin de favoriser notamment la mixité fonctionnelle du secteur concerné ;

« 3º La compensation par la transformation d'un sol artificialisé en sol non artificialisé, au sens de l'avant-dernier alinéa de l'article L. 101-2-1 du code de l'urbanisme ;

« 4º L'insertion au sein d'un secteur d'implantation périphérique ou d'une centralité urbaine identifiés dans le document d'orientation et d'objectifs du schéma de cohérence territoriale entré en vigueur avant la publication de la loi nº 2021-1104 du 22 août 2021 portant lutte contre le dérèglement climatique et renforcement de la résilience face à ses effets ou au sein d'une zone d'activité commerciale délimitée dans le règlement du plan local d'urbanisme intercommunal entré en vigueur avant la publication de la même loi.

« Les deuxième à sixième alinéas du présent V sont applicables uniquement aux projets ayant pour objet :

« *a)* La création d'un magasin de commerce de détail ou d'un ensemble commercial d'une surface de vente inférieure à 10 000 mètres carrés ;

« *b)* L'extension de la surface de vente d'un magasin de commerce de détail ou d'un ensemble commercial dès lors que la surface de vente totale dudit magasin ou ensemble commercial reste inférieure à 10 000 mètres carrés ;

« *c)* L'extension de la surface de vente d'un magasin de commerce de détail ou d'un ensemble commercial ayant déjà atteint le seuil des 10 000 mètres carrés ou devant le dépasser par la réalisation du projet, dans la limite d'une seule extension par magasin ou ensemble commercial et sous réserve que l'extension de la surface de vente soit inférieure à 1 000 mètres carrés.

« Pour tout projet d'une surface de vente supérieure à 3 000 mètres carrés et inférieure à 10 000 mètres carrés, la dérogation n'est accordée qu'après avis conforme du représentant de l'État.

« Un décret en Conseil d'État précise les modalités d'application du présent V ainsi que les projets considérés comme engendrant une artificialisation des sols au sens du premier alinéa du présent V. »

Les dispositions issues de l'art. 49 de la L. n° 2014-626 du 18 juin 2014 entrent en vigueur à une date fixée par décret en Conseil d'État et au plus tard six mois à compter de la promulgation de ladite loi (L. préc., art. 60-I). — V. Décr. n° 2015-165 du 12 févr. 2015 fixant l'entrée en vigueur le lendemain de sa publication au Journal officiel (Décr. préc., art. 6, JO 14 févr.).

L'art. L. 752-6, dans sa rédaction résultant de la L. n° 2018-1021 du 23 nov. 2018, est applicable aux demandes d'autorisation d'exploitation commerciale déposées à compter du 1er janv. 2019 (L. préc., art. 166-II).

BIBL. ▶ Bouyssou, *AJDA 2011. 659* (nouveaux critères des autorisations d'urbanisme commercial : appréciation par le juge). – Waltuch, *RDI 2021. 523* (aménager sans artificialiser : le défi de l'aménagement commercial après la loi climat). – Zalewski-Sicard, *JCP N 2021, n° 1312* (loi Climat, autorisation commerciale et lutte contre l'artificialisation des sols).

1. Entrée en vigueur de la loi du 18 juin 2014. Sur l'application dans le temps de la réforme opérée par la L. n° 2014-626 du 18 juin 2014, V. • CE 14 nov. 2018, n° 408952 : *AJDA 2018. 2406, concl. Lieber ; RJDA 2019, n° 140.*

2. Densité commerciale. Il résulte de l'application combinée des dispositions modifiées du code de commerce et de la loi Royer que l'autorisation d'aménagement commercial ne peut être refusée que si, eu égard à ses effets, le projet contesté compromet la réalisation des objectifs énoncés par la loi. Il appartient alors aux commissions d'aménagement commercial, lorsqu'elles statuent sur les dossiers de demande d'autorisation, d'apprécier la conformité du projet à ces objectifs, au vu des critères d'évaluation mentionnés à l'art. L. 752-6, au nombre desquels ne figure plus, depuis l'entrée en vigueur de la L. du 4 août 2008, la densité d'équipement commercial de la zone de chalandise concernée. • CE 4 oct. 2010, n° 333413 : *RDI 2011. 185, note Gillig ; JCP E 2011, n° 1786, spéc. n° 42, obs. Trébulle ; RJDA 2010, n° 1190 ; Constr.-Urb. 2010, n° 140, obs. Renaux* • CE 9 mai 2011, n° 334347 : *RTD com. 2011. 732, obs. Orsoni .* ♦ Comp., jugeant qu'il n'est pas interdit de prendre en compte, à titre d'élément d'appréciation des effets potentiels du projet, la densité d'équipement commercial de la zone de chalandise, même si celle-ci ne figure plus au nombre des conditions définies par l'art. L. 752-6 que la CNAC doit appliquer : • Com. 8 nov. 2017, n° 16-19.035 : *RJDA 2018, n° 286.*

3. Qualité environnementale. Concernant ce critère, il convient de s'assurer que, par sa localisation, le projet ne contrevient pas de façon irréversible aux politiques menées en faveur de la biodiversité, des paysages et des sites, ainsi que pour la prévention des risques. Les qualités propres du projet en termes de production d'énergie ou de performance énergétique sont également à prendre en compte ; elles sont toutefois susceptibles d'évolution dans le temps et sont considérées comme moins décisives. Elles peuvent s'inscrire dans un faisceau d'indices conduisant la commission à porter une appréciation favorable ou défavorable sur le projet (Rép. min. n° 10275 : *JO Sénat 4 mars 2010, p. 526 ; JCP E 2010, n° 1307*). ♦ Eu égard à son ampleur, le projet ne répond pas au critère de qualité environnementale du fait d'une atteinte au paysage dans lequel il s'inscrit, ainsi qu'à son milieu naturel, atteinte ne pouvant pas être compensée par les mesures d'économie d'énergie et de traitement des déchets. • CE 27 juin 2011, n° 336234 : *RDI 2011. 520, obs. Soler-Couteaux ; JCP E 2011, n° 1786, spéc. n° 42, obs. Trébulle ; RJDA 2011, n° 845 ; Constr.-Urb. 2011, n° 128, obs. Renaux.* • CE 9 mai 2011, n° 334347 : *préc. note 2.* ♦ Par son ampleur, la création d'un ensemble commercial porte atteinte au cadre naturel remarquable au sein duquel il est destiné à s'insérer, et menace, par son implantation sur leur habitat naturel, plusieurs espèces protégées. • CE 17 avr. 2015, n° 370596 : *AJCA 2015. 387, obs. Renaux .*

4. Développement durable. Pour refuser d'accorder l'autorisation sollicitée, la CNAC a pu légalement tenir compte, au titre du critère de qualité environnementale énoncé par l'art. L. 752-6 et précisé à l'art. R. 752-7, de la méconnaissance de l'objectif de développement durable du fait de la présence de captages d'eau à proximité du terrain d'assiette du projet. • CE 30 mai 2011, n° 336134 : *AJDA 2011. 1117, obs. Grand ; JCP E 2011, n° 1786, spéc. n° 42, obs. Trébulle ; RJDA 2011, n° 845.* ♦ Retenant que le projet est doté d'un système de climatisation permettant d'optimiser la consommation d'énergie, de dispositifs permettant de limiter les différentes formes de pollution, d'assurer un traitement adéquat des déchets ainsi que des eaux de ruissellement et s'insérera de façon satisfaisante dans le paysage environnant, alors qu'il ne résulte d'aucune disposition législative ou réglementaire que des panneaux photovoltaïques doivent nécessairement être installés : • CE 12 déc. 2012, n° 353496 : *AJDA 2013. 416, note Bouyssou ; RDI 2013. 112, note Soler-Couteaux ; RJDA 2013, n° 168.* ♦ Dès lors que la société pétitionnaire a notamment prévu la réalisation du bâtiment dans le respect de la réglementation thermique 2012, le recours aux énergies renouvelables tant pour le chauffage que pour la production d'eau chaude, la plantation d'un nombre important d'arbres d'essences locales sur le parc de stationnement, la gestion sélective des déchets et un premier traitement des eaux avant rejet dans le réseau, il en résulte que le projet ne méconnaît pas l'objectif de développement durable. • CE 26 juin 2013, n° 363490 : *cité note 9.* ♦ Sur la difficile définition de l'objectif de développement durable imposé aux bâtiments commerciaux, V. Renaux, obs. ss. • CE 7 janv. 2015, n° 359319 : *AJCA 2015. 188*. ♦ Il appartient aux CDAC, lorsqu'elles se prononcent sur un projet d'exploitation commerciale soumis à autorisation, d'apprécier la conformité de ce projet aux objectifs prévus à l'art. L. 750-1 au vu des critères d'évaluation mentionnés à l'art. L. 752-6, l'autorisation ne pouvant être refusée que si, eu égard à ses effets, le projet compromet la réalisation de ces objectifs. Lorsque l'instruction fait apparaître que, pour satisfaire aux objectifs fixés par le législateur en matière d'aménagement du territoire ou de développement durable, des aménagements sont nécessaires, l'autorisation ne peut être accordée que si la réalisation de tels aménagements à l'ouverture de l'ensemble commercial est suffisamment certaine. • CE 12 sept. 2018, n° 390646 : *RJDA 2019, n° 45 ; LPA 22 oct. 2018, note Crottet.*

5. Participation du public. L'autorisation d'aménagement commercial n'a pas d'incidence directe et significative sur l'environnement, au sens des art. L. 120-1-1 et L. 123-2 C. envir. et 7 de la Charte de l'environnement, dès lors qu'elle ne peut pas légalement être délivrée si le projet compromet la réalisation de l'objectif de développement durable énoncé à l'art. L. 752-6 C. com. • CE 23 juin 2014, n° 373671 : *AJDA 2014. 2040*.

6. Flux de transport. Sur le refus de prendre en compte un projet de desserte par un transport collectif inscrit dans le schéma de cohérence territoriale (SCOT), le projet en cause étant jugé insuffisamment certain alors que l'ampleur du centre commercial rend la réalisation d'une telle liaison particulièrement nécessaire, V. • CE 27 juin 2011, n° 336234 : *préc. note 3.* ♦ Lorsque l'instruction fait apparaître que, pour satisfaire aux objectifs fixés par le législateur en matière d'aménagement du territoire ou de développement durable, des aménagements sont nécessaires, l'autorisation ne peut être accordée que si la réalisation de tels aménagements à l'ouverture de l'ensemble commercial est suffisamment certaine (travaux d'aménagement de la voirie routière d'accès au site ne disposant d'aucune garantie sur leur financement). • CE 23 sept. 2013, n° 359270 : *AJDA 2013. 2361, note Frachon ; AJDI 2014. 306, obs. Borel ; RJDA 2013, n° 1054* • 4 déc. 2013, n° 353249 : *RJDA 2014, n° 274* (travaux d'aménagement déjà programmés). ♦ Alors que les flux de transport supplémentaires engendrés par l'exploitation de l'hypermarché pourront être absorbés par les infrastructures routières existantes, la circonstance que le projet n'est pas inséré dans les réseaux de transport collectif ne saurait justifier un refus d'autorisation. • CE 5 févr. 2014, n° 367815 : *RJDA 2014, n° 802.*

7. Insuffisance des informations fournies. Il appartient à la CNAC non de refuser d'emblée pour ce motif l'autorisation, mais d'inviter la société à compléter dans cette mesure le dossier afin de combler les insuffisances constatées, puis, le cas échéant, de rejeter la demande en raison de lacunes persistantes. • CE 30 mai 2011, n° 336055 : *JCP E 2011 n° 1786, obs. Trébulle ; RJDA 2011, n° 965.*

8. Schémas de cohérence territoriale. Sur le caractère non prescriptif des SCOT, jugeant qu'il appartient aux commissions d'aménagement commercial non de vérifier la conformité des projets d'exploitation commerciale qui leur sont soumis aux énonciations des SCOT mais d'apprécier la compatibilité de ces projets avec les orientations générales et les objectifs qu'ils définissent. • CE 12 déc. 2012, n° 353496 : *préc. note 4.* ♦ Il n'appartient pas à la CNAC d'apprécier la conformité du projet au schéma directeur, mais sa compatibilité avec ses objectifs, et il ne lui appartient pas davantage d'apprécier la légalité de sa décision au regard du plan local d'urbanisme. • CE 26 déc. 2012, n° 354350 : *AJDI 2013. 224*. ♦ Le projet étant situé dans une zone industrielle éloignée des habitations, et son implantation, en dehors de la zone d'aménagement commercial définie par le SCOT, favorisant l'étalement commercial au détriment de la zone industrielle dans laquelle il est implanté, la CNAC a pu estimer que le projet n'était pas compatible avec la réalisation des objectifs fixés par le législateur en matière d'aménagement du territoire. • CAA Bordeaux, 1er mars 2018, n° 17BX01358 : *AJDA 2018. 1253 ; RDI 2018. 247, obs. Revert*.

9. Population. S'il ne résulte pas des dispositions de l'art. L. 752-6 qu'une stabilité ou une progression de la population au sein de la zone de chalandise figure au nombre des conditions que la commission doit appliquer, il lui est loisible d'en tenir compte pour la mise en œuvre des critères mentionnés par cet article. • CE 26 juin 2013, n° 363490 : *AJDI 2013. 781*.

10. Intégration urbaine. Le projet, qui sera excentré par rapport aux centres-bourgs des communes voisines, formera un pôle commercial sans lien avec le tissu urbain ; par ailleurs, situé sur des terrains agricoles vierges de toute construction et dans un secteur faiblement urbanisé, il contribuera au mitage d'un terrain agricole ; dès lors, et eu égard à l'importance du projet, cette implantation portera atteinte à l'animation de la vie urbaine. • CE 16 juill. 2014, n° 358943 :

AJDI 2014. 805. ♦ Compte tenu de sa localisation – dans une zone non urbanisée, classée zone naturelle, actuellement constituée de terres agricoles et boisées – et de sa proximité géographique avec une zone commerciale déjà existante, le projet contribuerait à l'étalement urbain et ne participerait pas à l'animation de la vie urbaine de la commune. • CE 23 juill. 2014, n° 372908 : *AJDI 2014. 806*.

11. Préservation ou revitalisation du tissu commercial. Les dispositions contestées du e), du 1°, du I de l'art. L. 752-6, relatives à l'effet du projet sur la préservation ou la revitalisation du tissu commercial de certains centres-villes, se bornent à prévoir un critère supplémentaire pour l'appréciation globale des effets du projet sur l'aménagement du territoire, et notamment sur le rééquilibrage des agglomérations par le développement des activités en centre-ville. En particulier, elles ne subordonnent pas la délivrance de l'autorisation à l'absence de toute incidence négative sur le tissu commercial des centres-villes mentionnés par ces dispositions. • Cons. const. 12 mars 2020, n° 2019-830 QPC : *D. 2020. Actu. 534* ; *AJDA 2020. 598, obs. de Montecler* ; *RDI 2020. 267, obs. Revert* ; *RJDA 2020, n° 394*. – V. aussi • CE 15 juill. 2020, n° 431703 : *AJDA 2020. 1617, note Devillers* ; *RJDA 2021, n° 270*.

12. Friche. Le IV de l'art. L. 752-6, relatif à l'existence d'une friche en centre-ville ou en périphérie, a pour seul objet d'instituer un critère supplémentaire permettant d'évaluer si, compte tenu des autres critères, le projet compromet la réalisation des objectifs énoncés par la loi. Ces dispositions n'ont ainsi pas pour effet d'interdire toute délivrance d'une autorisation au seul motif qu'une telle friche existerait. Elles permettent en outre au demandeur de faire valoir les raisons, liées par exemple à la surface du commerce en cause, pour lesquelles les friches existantes ne permettent pas l'accueil de son projet. • Cons. const. 12 mars 2020, n° 2019-830 QPC : *préc. note 11*.

13. Analyse d'impact. L'analyse d'impact prévue au III de l'art. L. 752-6 vise à faciliter l'appréciation, par la commission d'aménagement commercial, des effets du projet sur l'animation et le développement économique des centres-villes et sur l'emploi. En prévoyant que, à cette fin, cette analyse s'appuie notamment sur l'évolution démographique, le taux de vacance commerciale et l'offre de mètres carrés commerciaux existants dans la zone de chalandise pertinente, les dispositions contestées n'instituent aucun critère d'évaluation supplémentaire. • Cons. const. 12 mars 2020, n° 2019-830 QPC : *préc. note 11*.

Art. L. 752-6-1 *(L. n° 2012-1270 du 20 nov. 2012, art. 12)* **Dans les collectivités relevant de l'article 73 de la Constitution et les collectivités d'outre-mer de Saint-Barthélemy, de Saint-Martin et de Saint-Pierre-et-Miquelon, et en conformité avec l'article 349 du traité sur le fonctionnement de l'Union européenne, la commission tient compte de la puissance économique déjà détenue dans la zone par l'entreprise qui sollicite une autorisation d'exploitation commerciale. Si sa part de marché, calculée en surface de vente, est susceptible de dépasser 50 % de la zone de chalandise après l'opération, la commission peut demander l'avis de l'Autorité de la concurrence.**

(L. n° 2017-256 du 28 févr. 2017, art. 67) **« Lorsqu'une commission départementale saisit l'Autorité de la concurrence, sa décision est suspendue à la remise de l'avis de l'autorité, qui, après réception de l'intégralité des pièces du dossier, dispose d'un délai maximal de vingt-cinq jours ouvrés pour répondre. En l'absence d'avis rendu dans ce délai, la commission peut valablement statuer. »**

BIBL. ▶ VENAYRE, *RLC oct.-déc. 2014. 73* (évolution du contrôle *ex-ante* de l'urbanisme commercial en outre-mer et prise en compte de critères économiques) ; *RLC févr. 2017. 23* (contrôle de l'aménagement commercial dans les collectivités du Pacifique : des procédures et délais spécifiques pour quels moyens d'action ?).

Avis de l'Autorité de la concurrence. Sur la mise en œuvre de la dernière phrase du 1er al. de l'art. L. 752-6-1, V. • Aut. conc., avis n° 13-A-20 du 7 nov. 2013 : *RLC janv.-mars 2014. 103, obs. Destours*.

Art. L. 752-7 *(Abrogé par L. n° 2014-626 du 18 juin 2014, art. 57-II) (L. n° 2008-776 du 4 août 2008, art. 102-XVII, en vigueur le 25 nov. 2008)* ***Lorsqu'elle statue sur l'autorisation prévue par l'article*** *(Ord. n° 2009-901 du 24 juill. 2009, art. 2)* ***« L. 212-7 du code du cinéma et de l'image animée », la commission se prononce au vu des critères énoncés à l'article*** *(Ord. n° 2009-901 du 24 juill. 2009, art. 2)* ***« L. 212-9 » du même code.*** *– V. ces art., App., v° Commerce (organisation).*

L'abrogation résultant de l'art. 57 de la L. n° 2014-626 du 18 juin 2014 entre en vigueur à compter de la date d'entrée en vigueur du décret pris pour son application modifiant la partie réglementaire du code du cinéma et de l'image animée, et au plus tard le 1er janv. 2015 (L. préc., art. 57-IV). – V. Décr. n° 2015-268 du 10 mars 2015 relatif à l'aménagement cinématographique (JO 12 mars).

Art. L. 752-8 à L. 752-11 *Abrogés par L. n° 2008-776 du 4 août 2008, art. 102-XVIII, à compter du 25 nov. 2008. — V. au* **C. com.**, *éd. 2009 et antérieures.*

Art. L. 752-12 L'instruction des demandes d'autorisation est faite par les services déconcentrés de l'État. — *[C. com., art. L. 720-8, VI, al. 2.]*

Art. L. 752-13 *Abrogé par L. n° 2008-776 du 4 août 2008, art. 102-XVIII, à compter du 25 nov. 2008. — V. au* **C. com.**, *éd. 2009 et antérieures.*

Art. L. 752-14 *(L. n° 2008-776 du 4 août 2008, art. 102-XIX, en vigueur le 25 nov. 2008)* **I. — La commission départementale d'aménagement commercial autorise les projets par un vote à la majorité absolue des membres présents. Le procès-verbal indique le sens du vote émis par chacun de ces membres.**

Le préfet qui préside la commission départementale ne prend pas part au vote.

(Abrogé par L. n° 2014-626 du 18 juin 2014, art. 57-II) ***« Les autorisations sollicitées en matière d'aménagement cinématographique sont accordées par place de spectateur.***

« L'autorisation d'aménagement cinématographique requise n'est ni cessible, ni transmissible tant que la mise en exploitation de l'établissement de spectacles cinématographiques n'est pas intervenue. »

II. — La commission départementale d'aménagement commercial se prononce dans un délai de deux mois à compter de sa saisine.

Passé ce délai, la décision est réputée favorable.

Les membres de la commission ont connaissance des demandes déposées au moins dix jours avant d'avoir à statuer.

Cette décision est notifiée dans les dix jours au maire et au pétitionnaire. *(Abrogé par L. n° 2014-626 du 18 juin 2014, art. 57-II)* ***« Elle est également notifiée au médiateur du cinéma lorsqu'elle concerne l'aménagement cinématographique. »***

Les modifications issues de l'art. 57 de la L. n° 2014-626 du 18 juin 2014 entrent en vigueur à compter de la date d'entrée en vigueur du décret pris pour son application modifiant la partie réglementaire du code du cinéma et de l'image animée, et au plus tard le 1er janv. 2015 (L. préc., art. 57-IV). — V. Décr. n° 2015-268 du 10 mars 2015 relatif à l'aménagement cinématographique (JO 12 mars).

V. note ss. art. R. 752-10.

Art. L. 752-15 *(L. n° 2014-626 du 18 juin 2014, art. 50)* **« L'autorisation d'exploitation commerciale est délivrée préalablement à la réalisation du projet si le permis de construire n'est pas exigé. »** — *Ancienne rédaction : L'autorisation d'exploitation commerciale est délivrée préalablement à l'octroi du permis de construire s'il y a lieu, ou avant la réalisation du projet si le permis de construire n'est pas exigé.*

L'autorisation est accordée par mètre carré de surface de vente *(Abrogé par L. n° 2008-776 du 4 août 2008, art. 102-XX, à compter du 25 nov. 2008)* ***« ou par chambre ».***

(L. n° 2018-1021 du 23 nov. 2018, art. 170) **« Une nouvelle demande est nécessaire lorsque le projet, en cours d'instruction ou lors de sa réalisation, subit, du fait du pétitionnaire, des modifications substantielles au regard des critères énoncés à l'article L. 752-6. Lorsqu'elle devient définitive, l'autorisation de modifier substantiellement le projet se substitue à la précédente autorisation d'exploitation commerciale accordée pour le projet. »**

(Abrogé par L. n° 2015-990 du 6 août 2015, art. 38) ***« L'autorisation préalable requise pour la création de magasins de commerce de détail*** *(L. n° 2014-366 du 24 mars 2014, art. 129-VI)* ***« ou pour la création d'un point permanent de retrait par la clientèle d'achats au détail commandés par voie télématique, organisé pour l'accès en automobile, » n'est ni cessible ni transmissible.***

(L. n° 2014-626 du 18 juin 2014, art. 51) ***« Par exception au principe d'incessibilité, lorsque l'autorisation d'exploitation commerciale est sollicitée par le demandeur en qualité de promoteur, celui-ci peut procéder à la vente en l'état futur d'achèvement du projet. Le demandeur doit alors indiquer dans sa demande que le projet sera cédé, avant l'ouverture des surfaces de vente au public. L'acquéreur en l'état futur d'achèvement, qui ne peut se faire substituer, doit procéder à l'ouverture au public des surfaces de vente autorisées. »*** — *[C. com, art. L. 720-5, VI].*

Les dispositions issues des art. 50 et 51 de la L. n° 2014-626 du 18 juin 2014 entrent en vigueur à une date fixée par décret en Conseil d'État et au plus tard six mois à compter de la promulgation de ladite loi (L. préc., art. 60-I).

BIBL. ▶ RENAUX, *Constr.-Urb. 2015, n° 153* (ajustements opérés par la L. du 6 août 2015 en matière d'aménagement commercial).

1. *Modifications substantielles.* Il incombe au juge des référés, saisi d'une demande en vue de mettre fin sous astreinte à l'exploitation de surfaces prétendument mises en place d'une manière illégale, de surseoir à statuer dans l'attente de la décision du juge administratif sur le caractère substantiel ou non de la modification reprochée. • Com. 17 déc. 2002, n° 01-10.292 P: *JCP E 2003, n° 7-8, p. 296 ; RJDA 2003, n° 655.* ♦ V. aussi, jugeant que seul le juge administratif est compétent pour interpréter la portée d'une autorisation d'une CDEC, de sorte que la contestation d'un trouble manifestement illicite est subordonnée à l'appréciation, par ce juge, de la modification apportée à la nature du commerce et à l'enseigne du magasin : • Com. 25 févr. 2003, n° 00-15.960 : *RJDA 2003, n° 886* (cassant • Orléans, 9 mars 2000 : *RJDA 2000, n° 1182*). ♦ Lorsque le projet subit des modifications substantielles dans la nature du commerce ou des surfaces de vente, le préfet saisit à nouveau la commission qui doit statuer dans un délai de deux mois. • CE 20 mai 2005, n° 258061 : *JCP E 2007, n° 12, p. 19, obs. Destours.*

La transformation d'un centre auto ayant fait l'objet d'une autorisation d'exploitation commerciale en magasin de bricolage nécessite une nouvelle autorisation dès lors qu'elle a été décidée dès avant l'ouverture au public, même si elle n'intervient qu'après cette ouverture. • CE 27 juill. 2005, n° 271186 : *JCP E 2007, n° 12, p. 19, obs. Destours ; Defrénois 2006. 1692, obs. Meng ; Constr.-Urb. 2006, n° 160, obs. Renaux.* ♦ En revanche, la création d'un espace de vente de parapharmacie ne revêt, dans les circonstances de l'espèce, ni en ce qui concerne la nature du commerce, ni par sa surface (92 m², soit 6 % de l'extension autorisée et 0,8 % de la surface totale du magasin), le caractère d'une modification substantielle. • CE 3 sept. 2009, n° 318980 : *JCP E 2009, n° 40, p. 42 ; LPA 27 oct. 2009, note Dutrieux ; RJDA 2010, n° 181.* ♦ Le remplacement d'une cellule alimentaire par un « drive », qui entraîne par ailleurs une réduction de la surface de vente globale, ne constitue pas une modification substantielle. • CAA Douai, 28 sept. 2017, n° 15DA01562 : *RJDA 2018, n° 76.* ♦ L'ajout au projet, en cours d'instruction du dossier devant la CNAC, d'une capacité de stationnement de trente-huit places n'est pas de nature à justifier une nouvelle demande. • CE 6 juin 2018, n° 405608 : *cité ss. art. R. 752-6.*

2. *Permis de construire.* Dans le cas où le permis de construire accordé à une entreprise a pour objet, après démolition du bâtiment abritant un commerce de détail, la construction, sur les mêmes parcelles mais pas à la même place, d'un bâtiment destiné à recevoir un magasin sous la même enseigne et de même surface, le juge des référés, saisi d'une demande de suspension de ce permis de construire, ne commet pas d'erreur de droit en estimant que le moyen tiré par les demandeurs du défaut de délivrance préalable d'une autorisation d'exploitation commerciale, n'était pas de nature à faire naître un doute sérieux sur la légalité de la décision contestée. • CE 3 juin 2002, n° 241313 : *RJDA 2002, n° 1328 ; Cah. dr. entr. 2003, n° 3, p. 27, obs. Destours ; Defrénois 2003. 920, obs. Meng.* ♦ Ayant relevé que la demande de permis de construire avait été déposée avant l'expiration du délai de deux ans prévu à l'art. 27-1 du Décr. du 28 janv. 1974 et qu'elle n'avait jamais été rejetée mais avait été régulièrement renouvelée jusqu'à ce qu'un permis de construire définitif soit enfin délivré, une cour d'appel en a justement déduit que l'autorisation d'urbanisme commercial n'avait pas été frappée de caducité. • Com. 3 mars 2004, n° 01-14.862 : *RJ com. 2004. 519, note Bouyssou.* ♦ Jugeant que le régime d'autorisation d'ouverture des grandes surfaces, qui tend à réguler la concurrence dans le secteur du commerce de détail et à régir une activité économique, ne constitue ni une prescription d'urbanisme ni une servitude administrative : • CE 5 nov. 2003, n° 237383 : *JCP E 2003, n° 48, p. 1891 ; AJDA 2003. 2260, obs. Donnat et Casas ; RJDA 2004, n° 234 ; LPA 26 nov. 2004, p. 10, note Mahinga ; RDI 2003. 596, obs. Soler-Couteaux* (prorogation du permis de construire) • CAA Marseille, 21 mars 2002 : *RDI 2003. 109, obs. Derepas.*

3. *Régularisation d'une autorisation d'exploitation.* Aucune disposition légale ne fait obstacle à ce que le titulaire d'une autorisation d'équipement commercial qu'il estime entachée d'illégalité sollicite, au vu des dispositions législatives et réglementaires en vigueur, la délivrance d'une nouvelle autorisation destinée à se substituer pour l'avenir à l'autorisation précédemment accordée. • CAA Bordeaux, 23 juin 2011 : *Constr.-Urb. 2011, n° 180, obs. Renaux.*

Art. L. 752-16 *(L. n° 2014-366 du 24 mars 2014, art. 129-VI)* **Pour les points permanents de retrait par la clientèle d'achats au détail mentionnés à l'article L. 752-3, l'autorisation est accordée par piste de ravitaillement et par mètre carré d'emprise au sol des surfaces, bâties ou non, affectées au retrait des marchandises.**

BIBL. ▶ PRIEUR, *Gaz. Pal. 2014. 838* (exploitation commerciale des *drives* : la fin programmée et confirmée d'un vide juridique).

Drive de restauration rapide. Les dispositions sur l'urbanisme commercial ne s'appliquent pas à un *drive* de restauration rapide (* Rép. min. n° 980, *JOAN Q 31 oct. 2017*).

SECTION III DU RECOURS CONTRE LA DÉCISION DE LA COMMISSION DÉPARTEMENTALE

Pour les décisions de commissions départementales d'équipement commercial réunies avant l'entrée en vigueur du Décr. nº 2008-1212 du 24 nov. 2008 (JO 25 nov.), le préfet, le demandeur ou deux membres de la commission, dont l'un est élu, ou, le cas échéant, le médiateur du cinéma peuvent exercer, dans les conditions prévues par les lois et règlements en vigueur à la date où la commission a pris sa décision, un recours devant la Commission nationale d'aménagement commercial dans le délai de deux mois suivant, soit, dans le cas d'une décision expresse, la notification de la décision pour le demandeur, et la date de la réunion de la commission pour les membres et le préfet, soit, l'intervention implicite de la décision (Décr. préc., art. 4-II).

La Commission nationale d'aménagement commercial dispose d'un délai de quatre mois courant à compter de la publication du Décr. nº 2008-1212 du 24 nov. 2008 (JO 25 nov.) pour statuer sur les recours introduits devant la Commission nationale d'équipement commercial avant la publication du décret précité (Décr. préc., art. 5).

Lorsque la Commission nationale d'aménagement commercial statue sur un recours formé contre une décision d'autorisation prise par une commission départementale d'équipement commercial ou une commission départementale d'équipement cinématographique, elle fait application des dispositions relatives à la recevabilité des demandes et aux critères de délivrance des autorisations contenues dans les lois et règlements en vigueur à la date où la commission départementale a pris sa décision. Lorsqu'elle examine une décision de refus, la commission se prononce en fonction de la législation en vigueur à la date de sa décision (Décr. nº 2008-1212 du 24 nov. 2008, art. 6).

Art. L. 752-17 *(L. nº 2014-626 du 18 juin 2014, art. 52)* **I. — Conformément à l'article L. 425-4 du code de l'urbanisme, le demandeur, le représentant de l'État dans le département, tout membre de la commission départementale d'aménagement commercial, tout professionnel dont l'activité, exercée dans les limites de la zone de chalandise définie pour chaque projet, est susceptible d'être affectée par le projet ou toute association les représentant peuvent, dans le délai d'un mois, introduire un recours devant la Commission nationale d'aménagement commercial contre l'avis de la commission départementale d'aménagement commercial.**

La Commission nationale d'aménagement commercial émet un avis sur la conformité du projet aux critères énoncés à l'article L. 752-6 du présent code, qui se substitue à celui de la commission départementale. En l'absence d'avis exprès de la commission nationale dans le délai de quatre mois à compter de sa saisine, l'avis de la commission départementale d'aménagement commercial est réputé confirmé.

A peine d'irrecevabilité, la saisine de la commission nationale par les personnes mentionnées au premier alinéa du présent I est un préalable obligatoire au recours contentieux dirigé contre la décision de l'autorité administrative compétente pour délivrer le permis de construire. Le maire de la commune d'implantation du projet et le représentant de l'État dans le département ne sont pas tenus d'exercer ce recours préalable.

II. — Lorsque la réalisation du projet ne nécessite pas de permis de construire, les personnes mentionnées au premier alinéa du I peuvent, dans un délai d'un mois, introduire un recours contre la décision de la commission départementale d'aménagement commercial.

La Commission nationale d'aménagement commercial rend une décision qui se substitue à celle de la commission départementale. En l'absence de décision expresse de la commission nationale dans le délai de quatre mois à compter de sa saisine, la décision de la commission départementale d'aménagement commercial est réputée confirmée.

A peine d'irrecevabilité, la saisine de la commission nationale est un préalable obligatoire au recours contentieux. — *V. art. R. 752-30 s.*

III. — La commission départementale d'aménagement commercial informe la Commission nationale d'aménagement commercial de tout projet mentionné à l'article L. 752-1 dont la surface de vente atteint au moins 20 000 mètres carrés, dès son dépôt.

IV. — La commission départementale d'aménagement commercial doit, dès le dépôt du dossier de demande, informer la Commission nationale d'aménagement commercial de tout projet mentionné à l'article L. 752-1 dont la surface de vente est supérieure à 20 000 mètres carrés ou ayant déjà atteint le seuil de 20 000 mètres carrés ou devant le dépasser par la réalisation du projet.

V. — La Commission nationale d'aménagement commercial peut se saisir de tout projet mentionné à l'article L. 752-1 dont la surface de vente atteint au moins 20 000 mètres carrés dans le délai d'un mois suivant l'avis émis par la commission départementale d'aménagement commercial conformément au I du présent article ou suivant la décision rendue conformément au II.

Elle émet un avis ou rend une décision sur la conformité du projet aux critères énoncés à l'article L. 752-6. Cet avis ou cette décision se substitue à celui de la commission départementale. En l'absence d'avis ou de décision exprès de la commission nationale dans le délai de quatre mois à compter de sa saisine, l'avis de la commission départementale d'aménagement commercial est réputé confirmé. — *V. art. R. 752-40 s.*

Les dispositions issues de l'art. 52 de la L. nº 2014-626 du 18 juin 2014 entrent en vigueur à une date fixée par décret en Conseil d'État et au plus tard six mois à compter de la promulgation de ladite loi (L. préc., art. 60-I). — V. Décr. nº 2015-165 du 12 févr. 2015 fixant l'entrée en vigueur du I de l'art. L. 752-17 le lendemain de sa publication au Journal officiel (Décr. préc., art. 6, JO 14 févr.).

V. note ss. art. R. 752-34.

BIBL. ▶ GIACUZZO, *AJDA 2020. 1886* (permis valant autorisation d'exploitation commerciale).

1. Recours. Sur l'articulation entre les règles du code de commerce et celles du code de l'urbanisme, V. • CE, avis, 23 déc. 2016, nº 398077 : *AJDA 2017. 5, obs. Pastor ; RJDA 2017, nº 373 ; Constr.-Urb. 2017, nº 24, obs. Couton.* ♦ Dès lors qu'il résulte des art. L. 521-1 CJA et L. 600-1-4 C. urb. que le concurrent commercial n'est recevable à demander l'annulation, et par suite la suspension, du permis de construire qu'en tant qu'il vaut autorisation d'exploitation commerciale, il lui appartient, pour justifier de l'urgence, d'apporter les éléments objectifs et précis de nature à démontrer, notamment, la gravité de l'atteinte portée à sa situation économique – qui peut être différente selon qu'il s'agit de l'exploitant d'une petite entreprise de commerce particulièrement exposée à cette concurrence nouvelle ou au contraire d'une société de grande distribution déjà fortement implantée – ou aux intérêts publics en cause. Ainsi, ni l'imminence de l'ouverture au public du magasin ou du centre commercial autorisés, ni la perspective d'une concurrence accrue entre grandes surfaces ne peuvent à elles seules caractériser une situation d'urgence. • CAA Bordeaux, 1er mars 2017, nº 17BX00145 : *AJDA 2017. 1091 ; RJDA 2017, nº 669.* ♦ L'avis de la CDAC ou de la CNAC a le caractère d'un acte préparatoire à la décision prise par l'autorité administrative sur la demande de permis de construire valant autorisation d'exploitation commerciale, seule décision susceptible de recours contentieux. Il en va ainsi que l'avis soit favorable ou qu'il soit défavorable. Par ailleurs, alors même qu'un permis de construire tenant lieu d'autorisation d'exploitation commerciale en application des dispositions de l'art. L. 425-4 C. urb. ne peut être légalement délivré par le maire, au nom de la commune, que sur avis favorable de la CDAC compétente ou, le cas échéant, sur avis favorable de la CNAC et qu'ainsi cet avis lie le maire s'agissant de l'autorisation d'exploitation commerciale sollicitée, la commune d'implantation du projet n'est pas recevable à demander l'annulation pour excès de pouvoir de cet avis, qui a le caractère d'acte préparatoire à la décision prise sur la demande de permis de construire valant autorisation d'exploitation commerciale. Elle est en revanche recevable à contester, par la voie d'un recours pour excès de pouvoir, la décision qu'elle prend sur cette demande en tant seulement qu'elle se prononce sur l'autorisation d'exploitation commerciale sollicitée, pour autant qu'elle justifie d'un intérêt lui donnant qualité pour agir. • CE 24 janv. 2022, nº 440164 : *AJDA 2022. 128, obs. de Montecler .* ♦ Il ressort des art. L. 425-4 C. urb. et L. 752-17 C. com. que, lorsque l'avis de la CNAC est favorable, le permis de construire valant autorisation d'exploitation commerciale ne peut être refusé sur le fondement des dispositions des art. L. 752-1 s. C. com. Dans ces conditions, l'autorité compétente pour délivrer le permis de construire valant autorisation d'exploitation commerciale est recevable à solliciter devant le juge de l'excès de pouvoir l'annulation de l'avis rendu par la CNAC qui présente à son égard un caractère décisoire. • CAA Nantes, 15 sept. 2017, nº 16NT00526 : *AJDA 2017. 2341 ; RJDA 2018, nº 77.* ♦ Sur ce qu'il convient d'entendre par permis de construire valant autorisation d'exploitation commerciale, V. • CE 21 juin 2017, nº 409301 : *RDI 2017. 550, obs. Revert .* ♦ Les litiges relatifs au permis de construire tenant lieu d'autorisation d'exploitation commerciale relèvent de la compétence en premier et dernier ressort de la cour, sans distinction selon que le recours pour excès de pouvoir formé contre un tel acte émane d'un professionnel concurrent, soumis à l'obligation de saisir préalablement la CNAC en vertu de l'art. L. 752-17 C. com., ou, comme en l'espèce, d'une personne qui se prévaut, dans le cadre défini par l'art. L. 600-1-2 C. urb., des conditions d'occupation, d'utilisation ou de jouissance d'un bien sur lequel elle détient des droits. • CAA Lyon, 12 févr. 2019 : *AJDA 2019. 1487*. ♦ Les cours administratives d'appel ne sont, par exception, et en application de l'art. L. 600-10 C. urb., compétentes pour statuer en premier et dernier ressort sur un recours pour excès de pouvoir dirigé contre un permis de construire, aussi bien en tant qu'il vaut autorisation de construire qu'en tant qu'il vaut autorisation d'exploitation commerciale, que si ce permis tient lieu d'autorisation d'exploitation commerciale. Il résulte des termes mêmes de l'art. L. 425-4 C. urb. qu'un permis, même délivré pour un projet soumis à autorisation d'exploitation commerciale en vertu de l'art. L. 752-1 C. com., ne peut jamais tenir lieu d'une telle autorisation lorsque le projet n'a pas été, au préalable, soumis pour avis à une CDAC. • CE 14 nov. 2018, n° 413246 : *RDI 2019. 184, obs. Revert* ; *RJDA 2019, n° 141*. – V. aussi • CE 18 nov. 2020, n° 420857 : *AJDA 2020. 2296* ; *RDI 2021. 48, obs. Revert* ; *RJDA 2021, n° 346*. ♦ Sur l'office du juge en matière de permis valant autorisation commerciale, V. • CE, avis, 15 avr. 2019, n° 425854 : *AJDA 2019. 836, obs. Pastor* ; *RDI 2019. 365, obs. Revert* ; *RJDA 2019, n° 529*.

Lorsqu'un projet soumis à autorisation d'exploitation commerciale a fait l'objet d'un permis de construire délivré avant le 15 févr. 2015, ni ce permis, ni les permis de construire modificatifs délivrés le cas échéant après cette date compte tenu de l'évolution du projet de construction, ne tiennent lieu d'autorisation d'exploitation commerciale. Par suite, de tels permis de construire modificatifs n'ont pas à être soumis pour avis à la CDAC ou, le cas échéant, à la CNAC. Dans un tel cas, toute décision de la CNAC qui, bien que prise après le 15 févr. 2015, est relative à un projet dont le permis de construire a été délivré avant le 15 févr. 2015, revêt, quand bien même des permis modificatifs auraient été délivrés après cette date, le caractère non d'un avis, mais d'un acte faisant grief, susceptible de faire l'objet d'un recours pour excès de pouvoir devant le juge administratif. • CE 27 janv. 2020, n° 422287 : *AJDA 2020. 198, obs. Benoit* ; *RJDA 2020, n° 333*. – V. aussi • CE 27 janv. 2020, n° 423529 : *AJDA 2020. 198, obs. Benoit*.

2. Intérêt à agir. Pour l'application de l'art. L. 752-17, tout professionnel dont l'activité, exercée dans les limites de la zone de chalandise d'un projet, est susceptible d'être affectée par celui-ci, a intérêt à former un recours devant la CNAC contre l'autorisation donnée à ce projet par la CDAC puis, en cas d'autorisation à nouveau donnée par la commission nationale, un recours contentieux. S'il en va ainsi lorsque le professionnel requérant est implanté dans la zone de chalandise du projet, un tel intérêt peut également résulter de ce que, alors même que le professionnel requérant n'est pas implanté dans la zone de chalandise du projet, ce dernier est susceptible, en raison du chevauchement de sa zone de chalandise et de celle de l'activité commerciale du requérant, d'avoir sur cette activité une incidence significative. • CE 26 sept. 2018, n° 402275 : *RDI 2018. 622, obs. Revert* ; *RJDA 2019, n° 46*.

3. Partie au litige. L'État a la qualité de partie au litige devant une cour administrative d'appel, saisie en premier et dernier ressort d'un recours pour excès de pouvoir, formé par l'une des personnes mentionnées à l'art. L. 752-17, tendant à l'annulation de la décision prise par l'autorité administrative sur la demande de permis de construire en tant qu'elle concerne l'autorisation d'exploitation commerciale. Si le secrétariat de la CNAC est assuré par les services du ministre chargé du commerce, la Commission n'est pas soumise au pouvoir hiérarchique des ministres, qui n'ont pas le pouvoir de réformer ses avis et décisions. En vertu des dispositions du code de commerce, le président de la CNAC a qualité pour représenter l'État devant les juridictions administratives dans ces litiges et peut signer, par dérogation aux dispositions du 2e al. de l'art. R. 432-4 CJA, les recours et mémoires présentés devant le Conseil d'État au nom de l'État, lesquels sont dispensé du ministère d'avocat au Conseil d'État conformément à ce que prévoit le 1er al. du même article. • CE 22 nov. 2021, n° 441118 : *AJDA 2021. 2304, obs. de Montecler* ; *RDI 2022. 124, obs. Revert*.

4. Autosaisine de la CNAC. Le projet en cause concernant l'extension de 1 450 m² d'un magasin de 800 m², soit une extension inférieure au seuil de 20 000 m², il résulte que la CNAC, alors même que le projet devait s'intégrer dans un ensemble commercial de plus de 40 000 m², ne pouvait s'autosaisir de cette demande. • CAA Nantes, 13 mai 2020, n° 19NT00846 : *AJDA 2020. 1587* ; *RJDA 2021, n° 53*.

Code de l'urbanisme

Art. L. 425-4 *(L. n° 2014-626 du 18 juin 2014, art. 39-I)* Lorsque le projet est soumis à autorisation d'exploitation commerciale au sens de l'article L. 752-1 du code de commerce, le permis de construire tient lieu d'autorisation dès lors que la demande de permis a fait l'objet d'un avis favorable de la commission départementale d'aménagement commercial ou, le cas échéant, de la Commission nationale d'aménagement commercial. *(L. nº 2015-990 du 6 août 2015, art. 36-I-1º)* « Une modification du projet qui revêt un caractère substantiel au sens de l'article L. 752-15 du même code, mais n'a pas d'effet sur la conformité des travaux projetés par rapport aux dispositions législatives et réglementaires mentionnées à l'article L. 421-6 du présent code, nécessite une nouvelle demande d'autorisation d'exploitation commerciale auprès de la commission départementale. »

A peine d'irrecevabilité, la saisine de la commission nationale par les personnes mentionnées à l'article L. 752-17 du même code est un préalable obligatoire au recours contentieux dirigé contre la décision de l'autorité administrative compétente pour délivrer le permis de construire.

(Abrogé par L. nº 2015-990 du 6 août 2015, art. 36-I-2º) « Une nouvelle demande de permis de construire valant autorisation d'exploitation commerciale est nécessaire dès lors qu'un projet subit une modification substantielle au sens de l'article L. 752-15 dudit code.

« La seule circonstance qu'un permis de construire valant autorisation d'exploitation commerciale fasse l'objet d'un permis modificatif ne saurait, à elle seule, justifier une nouvelle saisine pour avis de la commission départementale d'aménagement commercial dès lors que le permis modificatif n'a pas pour effet d'entraîner une modification substantielle du projet au sens du même article L. 752-15.

« Le permis de construire, le permis d'aménager ou la décision prise sur la déclaration préalable valant autorisation d'exploitation commerciale est incessible et intransmissible. »

Les dispositions issues de la L. nº 2014-626 du 18 juin 2014 entrent en vigueur à une date fixée par décret en Conseil d'État et au plus tard six mois à compter de la promulgation de ladite loi (L. préc., art. 60-I).

Pour tout projet nécessitant un permis de construire, l'autorisation d'exploitation commerciale, en cours de validité, dont la demande a été déposée avant le 15 févr. 2015 vaut avis favorable des commissions d'aménagement commercial (L. nº 2014-626 du 18 juin 2014, art. 39-III, issu de la L. nº 2015-990 du 6 août 2015, art. 36-II).

....

Art. L. 600-1-4 *(L. nº 2014-626 du 18 juin 2014, art. 40)* Lorsqu'il est saisi par une personne mentionnée à l'article L. 752-17 du code de commerce d'un recours pour excès de pouvoir dirigé contre le permis de construire mentionné à l'article L. 425-4 du présent code, le juge administratif ne peut être saisi de conclusions tendant à l'annulation de ce permis qu'en tant qu'il tient lieu d'autorisation d'exploitation commerciale. Les moyens relatifs à la régularité de ce permis en tant qu'il vaut autorisation de construire sont irrecevables à l'appui de telles conclusions.

Lorsqu'il est saisi par une personne mentionnée à l'article L. 600-1-2 d'un recours pour excès de pouvoir dirigé contre le permis de construire mentionné à l'article L. 425-4, le juge administratif ne peut être saisi de conclusions tendant à l'annulation de ce permis qu'en tant qu'il vaut autorisation de construire. Les moyens relatifs à la régularité de ce permis en tant qu'il tient lieu d'autorisation d'exploitation commerciale sont irrecevables à l'appui de telles conclusions.

V. note ss. C. urb., art. L. 425-4.

....

Art. L. 600-10 *(L. nº 2014-626 du 18 juin 2014, art. 58)* Les cours administratives d'appel sont compétentes pour connaître en premier et dernier ressort des litiges relatifs au permis de construire tenant lieu d'autorisation d'exploitation commerciale prévu à l'article L. 425-4.

V. note ss. C. urb., art. L. 425-4.

Art. L. 752-18 *(Abrogé par L. nº 2014-626 du 18 juin 2014, art. 53)* ***Avant l'expiration du délai de recours ou, en cas de recours, avant la décision*** *(Abrogé par L. nº 2008-776 du 4 août 2008, art. 102-XXII, à compter du 25 nov. 2008)* ***« en appel » de la commission nationale, le permis de construire ne peut être accordé ni la réalisation entreprise et aucune nouvelle demande ne peut être déposée pour le même terrain d'assiette auprès de la commission départementale d'aménagement commercial.*** — [C. com., art. L. 720-10, al. 4.]

L'abrogation résultant de l'art. 53 de la L. nº 2014-626 du 18 juin 2014 entre en vigueur à une date fixée par décret en Conseil d'État et au plus tard six mois à compter de la promulgation de ladite loi (L. préc., art. 60-I). — V. Décr. n° 2015-165 du 12 févr. 2015 fixant l'entrée en vigueur le lendemain de sa publication au Journal officiel (Décr. préc., art. 6, JO 14 févr.).

Art. L. 752-19 **Le maire de la commune d'implantation membre de la commission départementale dont la décision** *(L. n° 2014-626 du 18 juin 2014, art. 55-I)* **« ou l'avis » fait l'objet du recours est entendu à sa demande par la commission nationale.**

(L. n° 2018-1021 du 23 nov. 2018, art. 167) **« A sa demande, la commission départementale d'aménagement commercial dont la décision ou l'avis fait l'objet du recours désigne, en son sein, un membre qui expose la position de la commission préalablement à la décision de la Commission nationale d'aménagement commercial. »** *— V. art. R. 752-16.*

Un commissaire du Gouvernement nommé par le ministre chargé du commerce *(Abrogé par L. n° 2014-626 du 18 juin 2014, art. 57-II) (L. n° 2008-776 du 4 août 2008, art. 102-XXIII, en vigueur le 25 nov. 2008)* ***« ou par le ministre chargé de la culture lorsque la commission se prononce en matière d'aménagement cinématographique »*** **assiste aux séances de la commission.** *(Abrogé par L. n° 2008-776 du 4 août 2008, art. 102-XXIII, à compter du 25 nov. 2008)* ***« Il rapporte les dossiers. »*** *— [C. com., art. L. 720-11-V et VI.]*

Les dispositions issues de l'art. 55 de la L. n° 2014-626 du 18 juin 2014 entrent en vigueur à une date fixée par décret en Conseil d'État et au plus tard six mois à compter de la promulgation de ladite loi (L. préc., art. 60-I). — V. Décr. n° 2015-165 du 12 févr. 2015 fixant l'entrée en vigueur le lendemain de sa publication au Journal officiel (Décr. préc., art. 6, JO 14 févr.).

1. Audition du maire. Il ne résulte d'aucune disposition légale que l'audition du maire de la commune d'implantation devrait être préalablement autorisée par le conseil municipal de ladite commune. • CE 18 févr. 2005, n° 263341 : *AJDA 2005. 910* ; *RJDA 2005, n° 1157* (équipement cinématographique). ♦ Le maire a pu, en l'espèce, exprimer un point de vue différent de celui exprimé par le conseil municipal, sans que cette circonstance soit, en tout état de cause, de nature à entacher la décision d'irrégularité. • Même arrêt.

2. Audition du président de la CCI. La CNEC, comme toute autorité administrative, a la faculté de procéder à l'audition de toute personne qu'elle estime utile de consulter. • CE 24 nov. 2006, n° 284766 : *Gaz. Pal. 2007. 3348.* ♦ En décidant d'auditionner le président de la CCI, alors même que l'entreprise qu'exploite celui-ci serait fournisseur du pétitionnaire, la CNEC n'a entaché sa décision d'aucune irrégularité. • Même décision.

Art. L. 752-20 *(Abrogé par L. n° 2008-776 du 4 août 2008, art. 102-XXIV, à compter du 25 nov. 2008)* ***« Aucun membre de la commission nationale ne peut délibérer dans une affaire où il a un intérêt personnel et direct ou s'il représente ou a représenté une des parties intéressées. »***

Le président de la commission nationale a voix prépondérante en cas de partage égal des voix.

(L. n° 2014-626 du 18 juin 2014, art. 54) **« Les décisions de la commission nationale indiquent le nombre de votes favorables et défavorables ainsi que les éventuelles abstentions. Elles doivent être motivées conformément** *(Ord. n° 2015-1341 du 23 oct. 2015, art. 3 et 6, en vigueur le 1er janv. 2016)* **« aux articles L. 211-1 et suivants du code des relations entre le public et l'administration** *[ancienne rédaction : à la loi n° 79-587 du 11 juillet 1979 relative à la motivation des actes administratifs et à l'amélioration des relations entre l'administration et le public]* **». »** *— [C. com., art. L. 720-11, II bis et IV.]*

Les dispositions issues de l'art. 54 de la L. n° 2014-626 du 18 juin 2014 entrent en vigueur à une date fixée par décret en Conseil d'État et au plus tard six mois à compter de la promulgation de ladite loi (L. préc., art. 60-I).

Art. L. 752-21 *(L. n° 2014-626 du 18 juin 2014, art. 55-II)* **Un pétitionnaire dont le projet a été rejeté pour un motif de fond par la Commission nationale d'aménagement commercial ne peut déposer une nouvelle demande d'autorisation sur un même terrain, à moins d'avoir pris en compte les motivations de la décision ou de l'avis de la commission nationale.**

(L. n° 2018-1021 du 23 nov. 2018, art. 171) **« Lorsque la nouvelle demande ne constitue pas une modification substantielle au sens de l'article L. 752-15 du présent code, elle peut être déposée directement auprès de la Commission nationale d'aménagement commercial. »** *— V. art. R. 752-43-1 s.*

Les dispositions issues de l'art. 55 de la L. n° 2014-626 du 18 juin 2014 entrent en vigueur à une date fixée par décret en Conseil d'État et au plus tard six mois à compter de la promulgation de ladite loi (L. préc., art. 60-I).

Nouveau recours. S'agissant d'une autorisation accordée par la CNEC, puis annulée par le Conseil d'État, une enseigne ne peut utilement invoquer les dispositions de l'art. L. 752-21 [rédaction antérieure] qui interdisent, dans l'hypothèse d'un rejet par la CNEC de la demande pour un motif de fond, le dépôt d'une nouvelle demande par le même pétitionnaire pour un même projet pendant une période d'un an à compter de la date de la décision de rejet, pour soutenir qu'une enseigne concurrente ne pouvait demander qu'il soit statué à nouveau sur le recours du préfet à l'encontre de la décision de la CDEC. • CE 7 mars 2008, n° 299510 : *RJDA 2008, n° 1056.*

Art. L. 752-22 Les commissions autorisent ou refusent les projets dans leur totalité. – *[C. com., art. L. 720-10, al. 3.]*

Art. L. 752-23 *(L. n° 2018-1021 du 23 nov. 2018, art. 168)* I. – Un mois avant la date d'ouverture au public du projet, le bénéficiaire communique au représentant de l'État dans le département, au maire et au président de l'établissement public de coopération intercommunale à fiscalité propre dont la commune d'implantation est membre un certificat établi à ses frais par un organisme habilité par le représentant de l'État dans le département attestant du respect de l'autorisation d'exploitation commerciale qui lui a été délivrée ou des articles L. 752-1-1 et L. 752-2. – *V. art. A. 752-2.*

En l'absence de délivrance du certificat dans le délai prescrit, l'exploitation des surfaces concernées est réputée illicite.

II. – Les agents mentionnés à l'article L. 752-5-1 et les agents habilités par la commune ou par l'établissement public de coopération intercommunale à fiscalité propre s'il est compétent, constatant l'exploitation illicite d'une surface de vente ou, s'agissant de points permanents de retrait par la clientèle d'achats au détail, l'exploitation d'une surface d'emprise au sol ou d'un nombre de pistes de ravitaillement non autorisé, établissent un rapport qu'ils transmettent au représentant de l'État dans le département d'implantation du projet.

Le représentant de l'État dans le département met en demeure l'exploitant concerné soit de fermer au public les surfaces de vente exploitées illégalement en cas de création, soit de ramener sa surface commerciale à l'autorisation d'exploitation commerciale accordée par la commission d'aménagement commercial compétente, dans un délai de trois mois à compter de la transmission au pétitionnaire du constat d'infraction. Sans préjudice de l'application de sanctions pénales, il prend, à défaut, un arrêté ordonnant, dans un délai de quinze jours, la fermeture au public des surfaces de vente exploitées illicitement, jusqu'à régularisation effective. Ces mesures sont assorties d'une astreinte journalière dont le montant ne peut excéder 150 € par mètre carré exploité illicitement.

En ce qui concerne les points permanents de retrait par la clientèle d'achats au détail, la surface mentionnée au deuxième alinéa du présent II est égale à la somme des surfaces énoncées à l'article L. 752-16.

Est puni d'une amende de 15 000 € le fait de ne pas exécuter les mesures prises par le représentant de l'État dans le département et prévues au deuxième alinéa du présent II.

La base de données mentionnée à l'article L. 751-9 recense les certificats délivrés conformément au I du présent article, les rapports constatant les exploitations illicites mentionnés au II, les mises en demeure délivrées, les consignations ordonnées, les travaux de remise en état réalisés d'office, les arrêtés de fermeture pris et les amendes infligées par les représentants de l'État dans les départements en application du II du présent article ou de l'article L. 752-1.

III. – Les modalités d'application du présent article sont déterminées par décret en Conseil d'État. – *V. art. R. 752-44 s.*

Ancien art. L. 752-23 *(L. n° 2008-776 du 4 août 2008, art. 102-XXVII, en vigueur le 25 nov. 2008) Les agents habilités à rechercher et constater les infractions aux articles L. 752-1 à L. 752-3 en vertu de l'article 9 de la loi n° 89-1008 du 31 décembre 1989 relative au développement des entreprises commerciales et artisanales et à l'amélioration de leur environnement* *économique, juridique et social, constatant l'exploitation illicite d'une surface de vente, au regard du présent titre, établissent un rapport qu'ils transmettent au préfet du département d'implantation du magasin.*

(L. nº 2014-366 du 24 mars 2014, art. 129-VI) *« Il en est de même en ce qui concerne les points permanents de retrait par la clientèle d'achats au détail mentionnés à l'article L. 752-3 lorsque les agents habilités constatent l'exploitation d'une surface d'emprise au sol ou d'un nombre de pistes de ravitaillement non autorisé. »*

Le préfet peut mettre en demeure l'exploitant concerné (L. nº 2014-626 du 18 juin 2014, art. 56) *« soit de fermer au public les surfaces de vente exploitées illégalement en cas de création, soit » de ramener sa surface commerciale à l'autorisation d'exploitation commerciale accordée par la commission d'aménagement commercial compétente, dans un délai d'un mois. Sans préjudice de l'application de sanctions pénales, il peut à défaut prendre un arrêté ordonnant, dans le délai de quinze jours, la fermeture au public des surfaces de vente exploitées illicitement, jusqu'à régularisation effective. Ces mesures sont assorties d'une astreinte journalière de 150 €* (L. nº 2009-526 du 12 mai 2009, art. 47) *« par mètre carré exploité irrégulièrement ».* — L'art. 114 de la L. nº 2009-323 du 25 mars 2009, non abrogé, avait déjà complété cette dernière phrase par les mots « par mètres carrés exploités illicitement ».

(L. nº 2014-366 du 24 mars 2014, art. 129-VI) *« En ce qui concerne les points permanents de retrait par la clientèle d'achats au détail, la surface mentionnée au troisième alinéa du présent article est égale à la somme des surfaces énoncées à l'article L. 752-16. »*

Est puni d'une amende de 15 000 € le fait de ne pas exécuter les mesures prises par le préfet et prévues au (L. nº 2014-366 du 24 mars 2014, art. 129-VI) *« troisième » alinéa.*

Les modalités d'application du présent article sont déterminées par décret en Conseil d'État. — V. art. R. 752-33 et R. 752-34.

Les dispositions issues de l'art. 56 de la L. nº 2014-626 du 18 juin 2014 entrent en vigueur à une date fixée par décret en Conseil d'État et au plus tard six mois à compter de la promulgation de ladite loi (L. préc., art. 60-I).

Art. L. 752-24 *(L. nº 2008-776 du 4 août 2008, art. 102-XXVII, en vigueur le 25 nov. 2008)* **Un décret en Conseil d'État fixe les modalités d'application du présent chapitre.**

Art. L. 752-25 *(L. nº 2008-776 du 4 août 2008, art. 102-XXVII, en vigueur le 25 nov. 2008)* **Tous les contrats d'un montant supérieur à un seuil défini par décret, passés par des personnes publiques ou privées à l'occasion de la réalisation d'un projet relevant du présent titre et dans une période de deux ans après l'achèvement dudit projet, sont communiqués, selon des modalités fixées par décret, par chaque partie contractante au préfet et à la chambre régionale des comptes. Cette obligation s'étend également aux contrats antérieurs à l'autorisation ou à défaut au permis de construire et portant sur la maîtrise ou l'aménagement des terrains sur lesquels est réalisée l'implantation d'établissements ayant bénéficié de l'autorisation.**

Elle concerne les contrats de tout type, y compris ceux prévoyant des cessions à titre gratuit, des prestations en nature et des contreparties immatérielles.

Cette communication intervient dans les deux mois suivant la conclusion des contrats ou, s'il s'agit de contrats antérieurs à l'autorisation ou, à défaut, au permis de construire, dans un délai de deux mois à compter de l'autorisation.

Toute infraction au présent article est punie d'une amende de 75 000 €.

SECTION IV DU CONTRÔLE DE L'AUTORITÉ DE LA CONCURRENCE EN CAS DE POSITION DOMINANTE

(L. nº 2012-1270 du 20 nov. 2012, art. 10-I)

Art. L. 752-26 *(Abrogé par Ord. nº 2021-649 du 26 mai 2021, art. 2-XXII) (L. nº 2008-776 du 4 août 2008, art. 102-XXVII, en vigueur le 25 nov. 2008)* ***En cas d'exploitation abusive d'une position dominante ou d'un état de dépendance économique de la part d'une entreprise ou d'un groupe d'entreprises exploitant un ou plusieurs magasins de commerce de détail, l'Autorité de la concurrence peut procéder aux injonctions et aux sanctions pécuniaires prévues à l'article L. 464-2.***

Si les injonctions prononcées et les sanctions pécuniaires appliquées n'ont pas permis de mettre fin à l'abus de position dominante ou à l'état de dépendance économique, l'Autorité de la concurrence peut, par une décision motivée prise après réception des observations de l'entre-

prise ou du groupe d'entreprises en cause, lui enjoindre de modifier, de compléter ou de résilier, dans un délai déterminé, tous accords et tous actes par lesquels s'est constituée la puissance économique qui a permis ces abus. Elle peut, dans les mêmes conditions, lui enjoindre de procéder à la cession** (L. n° 2012-1270 du 20 nov. 2012, art. 10-III) **« d'actifs », si cette cession constitue le seul moyen permettant de garantir une concurrence effective dans la zone de chalandise considérée. — *V. désormais le I de l'art. L. 464-2 dans sa rédaction résultant de l'Ord. n° 2021-649 du 26 mai 2021.*

BIBL. ▸ Bosco, *CCC 2012. Repère 3* (dernière étape du dirigisme concurrentiel : l'injonction structurelle). – Malaurie-Vignal, *D. 2012. 691* (réflexions entre les liens existant entre urbanisme commercial, contrôle des structures et protection de la concurrence). – Table ronde, *Cah. dr. entr. 9-10/2014. Entretien 5* (les injonctions structurelles des autorités de régulation). – Malaurie-Vignal, *D. 2015. 690* (l'injonction structurelle et le projet de loi Macron).

1. Position dominante. **BIBL.** Rossion et Babinet, *RLC janv.-mars 2014. 13* (le marché alimentaire parisien à l'épreuve du contrôle des concentrations). ♦ Sur la situation concurrentielle dans le secteur de la distribution alimentaire à Paris, V. • Aut. conc., avis n° 12-A-01 du 11 janv. 2012 : *D. 2012. 488, obs. Arhel ; JCP E 2012. Actu. 72, note Talau ; CCC 2012, n° 63, obs. Malaurie-Vignal ; RLC oct.-déc. 2012. 85, note Deschamps.* ♦ Le pouvoir de marché d'un groupe de distribution doit s'apprécier en tenant compte des magasins détenus en propre et de ceux exploités en franchise ou affiliés, quel que soit leur statut juridique, dès lors que leur politique commerciale n'est pas suffisamment autonome par rapport au franchiseur ou à la tête du réseau. • Aut. conc. n° 13-D-19 du 29 oct. 2013 : *D. 2013. Actu. 2636, obs. Chevrier ; CCC 2014, n° 6, obs. Malaurie-Vignal ; RDC 2014. 236, note Grimaldi* (conf. par • Paris, 26 mars 2015, n° 2013/23132 : *CCC 2015, n° 151, obs. Decocq ; RLC juill.-sept. 2015. 32, obs. Cholet*).

2. Foncier commercial. Sur les modalités d'acquisition de foncier commercial dans le secteur de la distribution alimentaire, V. • Aut. conc., avis n° 10-A-26 du 7 déc. 2010 : *D. 2011. Pan. 544, obs. Ferrier ; RTD com. 2011. 527, obs. Claudel ; JCP E 2010, n° 1941, note Albert ; CCC 2011. Étude 3, par Malaurie-Vignal ; RLC avr.-juin 2011. 21, note Sélinsky.* – V. aussi Claudel, *RTD com. 2011. 515* (rapport annuel de l'Autorité : l'occasion d'un retour exhaustif sur les contrats de distribution). ♦ Sur la mise en œuvre de cet avis lors d'engagements pris par une enseigne de la grande distribution, V. • Aut. conc. n° 11-D-20 du 16 déc. 2011 : *D. 2012. Pan. 578, obs. Ferrier ; CCC 2012, n° 43, obs. Malaurie-Vignal ; RDLC 2012, n° 1, p. 113, obs. Wachsmann et Marty.* ♦ Si, conformément à l'avis n° 10-A-26 du 7 déc. 2010, l'expression d'une préférence dans le droit des contrats commerciaux doit au moins être strictement limitée au regard des dispositions relatives à la libre concurrence et à la sanction des pratiques anticoncurrentielles, dans la mesure où seule la liberté de choisir son cocontractant est affectée par le pacte et dans la mesure où ce pacte n'oblige pas les parties à conclure le contrat pour lequel la préférence est donnée, le cédant n'étant pas obligé de céder son bien, le bénéficiaire n'étant pas obligé de l'acquérir, le pacte de préférence ne peut être considéré comme une pratique anticoncurrentielle, susceptible d'être annulé. • Paris, 13 juin 2012 : *RDLC 2012, n° 4, p. 93, obs. Éréséo ; RDC 2013. 183, obs. Béhar-Touchais.* ♦ Mais en se déterminant ainsi, sans rechercher si la stipulation, dans les contrats de franchise, d'un droit de préférence au profit du franchiseur, valable pendant toute la durée du contrat et un an après son échéance, n'avait pas pour effet, en limitant la possibilité de rachat de magasins indépendants par des groupes de distribution concurrents, de restreindre artificiellement le jeu de la concurrence sur le marché du détail de la distribution à dominante alimentaire, la cour d'appel a privé sa décision de base légale. • Com. 4 nov. 2014, n° 12-25.419 : *CCC 2015, n° 33, obs. Malaurie-Vignal ; RJDA 2015, n° 220.*

En permettant de confier l'exploitation des deux magasins en cause à des sociétés contrôlées par une même personne physique, l'exercice du droit de préemption a pour conséquence probable de priver ces deux magasins de la possibilité d'être exploités sous des enseignes concurrentes, ce qui pourrait avoir pour effet de limiter alors la concurrence susceptible d'exister entre eux. • Aut. conc. n° 13-D-19 du 29 oct. 2013 : *préc. note 1.* ♦ Mais en l'absence d'obligation post-contractuelle de non-réaffiliation ou de non-concurrence, d'une part, et d'un droit de préemption postcontractuelle d'une durée limitée à un an, d'autre part, le contrat d'adhésion n'empêche pas la mobilité interenseignes dans la mesure ou, passé le délai d'un an, pendant lequel l'adhérent démissionnaire peut librement s'affilier à une autre enseigne, l'exploitant peut ensuite librement céder son magasin à l'acquéreur de son choix. • Même décision.

Art. L. 752-27 (L. n° 2015-990 du 6 août 2015, art. 39-3°) **« I. — Dans les collectivités relevant de l'article 73 de la Constitution et dans les collectivités d'outre-mer de Saint-Barthélemy, de Saint-Martin, de Wallis-et-Futuna et de Saint-Pierre-et-Miquelon, en cas d'existence d'une position dominante, détenue par une entreprise ou un groupe**

d'entreprises *(L. n° 2020-1508 du 3 déc. 2020, art. 37)* « exerçant une activité de commerce de gros ou » de détail, l'Autorité de la concurrence peut, eu égard aux contraintes particulières de ces territoires découlant notamment de leurs caractéristiques géographiques et économiques, adresser un rapport motivé à l'entreprise ou au groupe d'entreprises en cause si elle constate *(L. n° 2020-1508 du 3 déc. 2020, art. 37)* « que cette position dominante soulève des préoccupations de concurrence du fait de prix ou de marges élevés pratiqués par l'entreprise ou le groupe d'entreprises en comparaison des moyennes habituellement constatées dans le secteur concerné. »

1° et 2° abrogés par L. n° 2020-1508 du 3 déc. 2020, art. 37.

« L'entreprise ou le groupe d'entreprises peut, dans un délai de deux mois, lui proposer des engagements, dans les conditions prévues à l'article L. 464-2.

« II. — Si l'entreprise ou le groupe d'entreprises conteste le constat établi dans les conditions prévues au I ou ne propose pas d'engagements ou si les engagements proposés ne lui paraissent pas de nature à mettre un terme à *(L. n° 2020-1508 du 3 déc. 2020, art. 37)* « ses préoccupations de concurrence », un rapport est notifié par l'Autorité de la concurrence à l'entreprise ou au groupe d'entreprises, qui peut présenter ses observations dans un délai de deux mois.

« L'Autorité de la concurrence peut, par une décision motivée, prise après réception des observations de l'entreprise ou du groupe d'entreprises en cause et à l'issue d'une séance devant le collège, lui enjoindre de modifier, de compléter ou de résilier, dans un délai déterminé qui ne peut excéder six mois, tous accords et tous actes par lesquels s'est constituée la puissance économique qui permet les prix ou les marges élevés constatés. Elle peut, dans les mêmes conditions, lui enjoindre de procéder, dans un délai qui ne peut être inférieur à six mois, à la cession d'actifs, y compris de terrains, bâtis ou non, si cette cession constitue le seul moyen permettant de garantir une concurrence effective. L'Autorité de la concurrence peut sanctionner l'inexécution de ces injonctions dans les conditions prévues à l'article L. 464-2. »

Dans le cadre des procédures définies aux *(L. n° 2015-990 du 6 août 2015, art. 39-3°)* « I et II » du présent article, l'Autorité de la concurrence peut demander communication de toute information dans les conditions prévues aux articles L. 450-3, L. 450-7 et L. 450-8 et entendre tout tiers intéressé.

BIBL. ► Arhel, *JCP E 2012. Actu. 733* (volet « prix et concurrence » de la L. n° 2012-1270 du 20 nov. 2012). – Comert, *BRDA 2012, n° 23, p. 12* (même thème). – Bosco, *CCC 2013. Repère 1* (nouvelle injonction structurelle). – Comert et Nasser el Dine-Pomar, *CCC 2013. Étude 4* (nouvelles dispositions procédurales en matière de concurrence). – Manna, *RLC avr.-juin 2013. 125* (les bases d'un droit de la concurrence ultramarin). – Montet et Venayre, *ibid. 131* (contre la vie chère en outre-mer : une construction difficile entre concurrence et administration des prix). – Claudel, *RTD com. 2013. 506* (injonction structurelle : une loi pour l'outre-mer, un terrain d'expérimentation pour la métropole ?). ► L. n° 2015-990 du 6 août 2015 : NDLR, *BRDA 2015, n° 14, p. 21* (pouvoir d'injonction structurelle de l'Autorité de la concurrence). – Bosco, *JCP E 2015, n° 1406* (nouvelles attributions pour l'Autorité de la concurrence). – Claudel, *RTD com. 2020. 793* (volet concurrentiel de la L. n° 2020-1508 du 3 déc. 2020).

TITRE SIXIÈME DES MARCHÉS D'INTÉRÊT NATIONAL ET DES MANIFESTATIONS COMMERCIALES

(Ord. n° 2006-673 du 8 juin 2006, art. 2)

RÉP. COM. v° *Marchés et halles*, par Courivaud.

RÉP. PÉN. v° *Police des marchés* par Kechichian.

CHAPITRE PREMIER DES MARCHÉS D'INTÉRÊT NATIONAL

BIBL. GÉN. ► Distel, *AJDA 2006. 2263* (la réforme des marchés d'intérêt national).

Art. L. 761-1 *(L. n° 2010-853 du 23 juill. 2010, art. 20)* « Les marchés d'intérêt national sont des services publics de gestion de marchés offrant à des grossistes et à des producteurs des services de gestion collective adaptés aux caractéristiques de certains produits agricoles et alimentaires.

« Ils répondent à des objectifs d'aménagement du territoire, d'amélioration de la qualité environnementale et de sécurité alimentaire.

« L'accès à ces marchés est réservé aux producteurs et aux commerçants. »

Le classement de marchés de produits agricoles et alimentaires comme marchés d'intérêt national ou la création de tels marchés est prononcé sur proposition des conseils régionaux par décret.

Ces marchés peuvent être implantés sur le domaine public ou le domaine privé d'une ou plusieurs personnes morales de droit public ou sur des immeubles appartenant à des personnes privées.

Le déclassement d'un marché d'intérêt national peut être prononcé par arrêté du ministre chargé du commerce et du ministre chargé de l'agriculture sur proposition du conseil régional si l'activité du marché ne permet plus de répondre aux missions définies au premier alinéa ou à l'organisation générale déterminée dans les conditions fixées à l'article L. 761-10. – *[C. com., art. L. 730-1.]*

Sur le déclassement du marché-gare de Lyon comme marché d'intérêt national à compter du 1er août 2008, V. Arr. du 7 déc. 2006 (JO 27 déc.).

Sur le déclassement du marché d'intérêt national de Lille à compter du 18 déc. 2019, V. Arr. du 28 oct. 2019 (JO 1er nov.).

Art. L. 761-2 La liste des marchés d'intérêt national dont l'État entend organiser l'aménagement et la gestion est fixée par décret. – *V. art. D. 761-2.*

Pour les autres marchés d'intérêt national, les communes sur le territoire desquelles ils sont implantés, ou les groupements de communes intéressés, en assurent l'aménagement et la gestion, en régie ou par la désignation d'une personne morale publique ou privée. Dans ce dernier cas, cette personne morale est désignée après mise en concurrence dans les conditions fixées par l'article L. 1411-1 du code général des collectivités territoriales.

Ces communes, ou leurs groupements, peuvent toutefois confier ce pouvoir de désignation à la région ou, en Corse, à la collectivité territoriale de Corse. – *[C. com., art. L. 730-2.]*

Art. L. 761-3 Le tarif des redevances perçues auprès des titulaires d'autorisation d'occupation ou des autres formes de contribution des usagers du marché à son fonctionnement est établi par le gestionnaire et approuvé par le préfet.

Le gestionnaire du marché présente un compte de résultat prévisionnel permettant de faire face à l'ensemble de ses obligations sociales, financières et sanitaires établies ou prévisibles. – *V. art. R. 761-5.*

Si l'exploitation financière d'un marché présente ou laisse prévoir un déséquilibre grave, les ministres de tutelle peuvent, après avoir conseillé le gestionnaire et, le cas échéant, les collectivités publiques qui ont garanti les emprunts, relever d'office les redevances existantes, créer des recettes nouvelles, réduire les dépenses et, d'une manière générale, prendre toutes dispositions propres à rétablir l'équilibre. – *[C. com., art. L. 730-3.]*

Art. L. 761-4 Un périmètre de référence peut être institué autour du marché d'intérêt national par décret *(Abrogé par L. no 2010-853 du 23 juill. 2010, art. 20)* ***« en Conseil d'État.*** – *V. art. R. 761-7.*

« Le périmètre de référence comporte l'application des interdictions prévues à l'article L. 761-5.

« Les interdictions prévues s'appliquent aux ventes et aux opérations accessoires à la vente de ceux des produits dont les listes sont fixées dans chaque cas par arrêté des ministres de tutelle. » – *V. art. R. 761-10.*

(L. no 2010-853 du 23 juill. 2010, art. 20) « Ce décret » détermine l'implantation du marché d'intérêt national.

(Ord. no 2015-1682 du 17 déc. 2015, art. 19, en vigueur le 1er janv. 2016) « Le préfet peut supprimer de façon anticipée ou réduire le périmètre de référence ainsi institué.

« La modification de l'enceinte d'un marché d'intérêt national est décidée par le gestionnaire du marché. Quand le marché est entouré d'un périmètre de référence, le gestionnaire du marché ne peut pas étendre ou transférer son enceinte à l'extérieur de ce périmètre. » – *[C. com., art. L. 730-4.]*

Art. L. 761-5 *(L. n° 2010-853 du 23 juill. 2010, art. 20)* Dans le périmètre mentionné à l'article L. 761-4, les projets d'implantation ou d'extension de locaux ou d'ensembles de locaux destinés à recevoir, aux fins de vente autre que de détail, des produits dont la liste est définie par arrêté des ministres de tutelle, sur une surface de vente consacrée à ces produits de plus de 1 000 mètres carrés, sont soumis à l'autorisation de l'autorité administrative dans les conditions définies à l'article L. 761-7.

L'autorisation prévue au premier alinéa est de droit lorsque le marché ne dispose pas des surfaces nécessaires pour permettre l'implantation ou l'extension envisagée.

Le régime d'autorisation prévu par le présent article ne s'applique pas aux locaux des producteurs et groupements de producteurs pour les produits qui proviennent d'exploitations sises à l'intérieur du périmètre de référence.

Au plus tard le 31 décembre 2012, un bilan de l'organisation des marchés d'intérêt national, portant en particulier sur la mise en œuvre et l'efficacité des périmètres de référence au regard des objectifs poursuivis, est présenté au Parlement par l'autorité administrative compétente afin de déterminer s'il y a lieu, ou non, de maintenir ce dispositif ou de le faire évoluer à compter du 1er janvier 2013. L'élaboration de ce bilan associe notamment les établissements publics et les organisations interprofessionnelles concernés.

Les conditions d'application du présent article sont fixées par décret en Conseil d'État. – *V. art. R. 761-10 s.*

Art. L. 761-6 *(L. n° 2010-853 du 23 juill. 2010, art. 20)* Lorsque le périmètre de référence d'un marché d'intérêt national englobe un port, le régime d'autorisation prévu au premier alinéa de l'article L. 761-5 ne s'applique pas aux installations incluses dans l'enceinte du port et accueillant des activités portuaires lorsque ces installations sont uniquement destinées à des produits importés dans ce port ou exportés à partir de lui par voie maritime.

Art. L. 761-7 *(L. n° 2010-853 du 23 juill. 2010, art. 20)* L'autorité administrative compétente statue sur les demandes d'autorisation qui lui sont présentées en vertu de l'article L. 761-5 en prenant en considération les effets du projet en matière d'aménagement du territoire et de développement durable.

Art. L. 761-8 Les infractions *(L. n° 2010-853 du 23 juill. 2010, art. 20)* « aux dispositions des articles L. 761-5 et L. 761-7 » ainsi qu'aux dispositions prises en application de ces articles sont constatées et poursuivies dans les conditions fixées par *(L. n° 2011-525 du 17 mai 2011, art. 177-III)* « les articles L. 450-1, L. 450-2 » et L. 450-3 et sanctionnées d'une peine d'amende de 15 000 euros. Les articles *(Ord. n° 2017-303 du 9 mars 2017, art. 2-II)* « L. 490-1 et L. 490-4 *[ancienne rédaction : L. 470-1 et L. 470-4]* » sont applicables. – *[C. com., art. L. 730-10.]*

Art. L. 761-9 Le droit d'occupation privative d'emplacement dont dispose un commerçant établi dans l'enceinte d'un marché d'intérêt national est susceptible d'être compris dans le nantissement de son fonds de commerce. – *[C. com., art. L. 730-12.]*

Art. L. 761-10 Les dispositions législatives et réglementaires relatives à la tenue et à l'exploitation des marchés de produits agricoles et alimentaires ne sont pas applicables aux marchés d'intérêt national.

L'organisation générale des marchés d'intérêt national est déterminée par décret en Conseil d'État. – *V. art. R. 761-13 s.*

(Abrogé par Ord. n° 2015-1682 du 17 déc. 2015, art. 19, à compter du 1er janv. 2016) ***« La modification de l'enceinte des marchés d'intérêt national dépourvus de périmètre de référence ainsi que leur transfert s'exercent librement. »*** – *[C. com., art. L. 730-15.]*

Art. L. 761-11 Le préfet exerce les pouvoirs de police dans l'enceinte du marché d'intérêt national. Dans l'étendue du périmètre de référence, il veille à l'application des lois et règlements intéressant le marché et dénonce, à cet effet, au procureur de la République les infractions commises. Lorsque le marché avec son périmètre de référence s'étend sur plusieurs départements, les pouvoirs ci-dessus appartiennent au préfet désigné par le ministre de l'intérieur. – *[C. com., art. L. 730-16.]*

CHAPITRE II DES MANIFESTATIONS COMMERCIALES

(Ord. n° 2004-274 du 25 mars 2004, art. 30)

RÉP. COM. v° *Manifestations commerciales*, par COURIVAUD.

Art. L. 762-1 **Un parc d'exposition est un ensemble immobilier clos indépendant, doté d'installations et d'équipements appropriés ayant un caractère permanent et non soumis à l'autorisation prévue à l'article L. 752-1, qui accueille, pendant tout ou partie de l'année, des manifestations commerciales ou autres, à caractère temporaire.**

Le parc d'exposition est enregistré auprès de l'autorité administrative compétente. Le programme des manifestations commerciales qu'il accueille fait chaque année l'objet d'une déclaration préalable auprès de l'autorité administrative compétente. — *[C. com., art. L. 740-1.] — V. art. R. 762-1 s. — Sur les sanctions, V. art. L. 310-5.*

Droit de la concurrence. Il n'y a aucune raison que les dispositions de l'art. L. 410-1 ne s'appliquent pas à l'organisation et à la gestion des foires commerciales dans les rapports de l'organisateur et des exposants. • Lyon, 8 mars 2007 : *BICC 1er juill. 2007, n° 1444.*

Art. L. 762-2 **Un salon professionnel est une manifestation commerciale consacrée à la promotion d'un ensemble d'activités professionnelles réservée à des visiteurs justifiant d'un titre d'accès** *(L. n° 2009-526 du 12 mai 2009, art. 54)* **« payant ou gratuit ». Il ne propose à la vente sur place que des marchandises destinées à l'usage personnel de l'acquéreur, dont la valeur n'excède pas un plafond fixé par décret.** — *V. art. D. 762-13.*

Tout salon professionnel fait l'objet d'une déclaration préalable auprès de l'autorité administrative compétente. — *[C. com., art. L. 740-2.] — V. art. R. 762-1 s.*

Pour les sanctions pénales, V. art. L. 310-5 (6°).

Pour l'interdiction de toute publicité d'un salon non déclaré, V. art. L. 121-22 C. consom., App., v° Publicité commerciale.

Art. L. 762-3 **Les conditions d'application du présent chapitre sont déterminées par un décret en Conseil d'État.** — *[C. com., art. L. 740-3.] — V. art. R. 762-1 s.*

Sur la réglementation des ventes au déballage, V. art. L. 310-2.

Un décret en Conseil d'État détermine les conditions dans lesquelles, à titre exceptionnel, les personnes satisfaisant aux prescriptions de l'art. L. 2332-1 C. défense et des art. L. 313-2 et L. 313-3 CSI peuvent participer aux manifestations commerciales et aux salons professionnels déclarés en application des art. L. 762-1 et L. 762-2 C. com. (CSI, art. L. 313-4). — **CSI.**

TITRE SEPTIÈME *[ABROGÉ]* DE LA RECHERCHE D'UN REPRENEUR

(Abrogé par L. n° 2014-856 du 31 juill. 2014, art. 21-II)
(L. n° 2014-384 du 29 mars 2014, art. 1er-II)

Sur la transmission d'entreprises à leurs salariés, V. désormais art. L. 141-23 s. et L. 23-10-1 s.

Art. L. 771-1 à L. 773-3 *Abrogés par L. n° 2014-856 du 31 juill. 2014, art. 21-II.*

LIVRE HUITIÈME DE QUELQUES PROFESSIONS RÉGLEMENTÉES

TITRE PREMIER DES ADMINISTRATEURS JUDICIAIRES, MANDATAIRES JUDICIAIRES ET EXPERTS EN DIAGNOSTIC D'ENTREPRISE *(L. n° 2005-845 du 26 juill. 2005, art. 165-V).*

RÉP. COM. v° *Entreprise en difficulté : procédure et organes*, par CAGNOLI.

BIBL. GÉN. ▶ RUELLAN, *Dr. pénal 2000. Chron. 25 et 28* (responsabilité pénale des administrateurs judiciaires). – BOULOC, *Mél. Sortais, Bruylant, 2002, p. 21* (même thème). – SAINT-ALARY-HOUIN, *Mél. Honorat, Frison-Roche, 2000, p. 193* (responsabilité des mandataires judiciaires). – F. AUBERT, *Rapport de la Cour de cassation pour 2002, p. 145* (même thème). – Colloque organisé par le Conseil national des administrateurs et mandataires judiciaires le 7 nov. 2000, *LPA 20 nov. 2001* (les professionnels du traitement des entreprises en difficulté dans l'Union européenne). – GÉNITEAU, *RPC 2006. 1* (l'administrateur judiciaire et le nouveau livre VI C. com.). – Colloque des 19 et 20 juin 2008, *LPA 9 avr. 2009* (pratique et statut des mandataires de justice). – SAPIN et DEBOST, *Gaz. Pal. 16 janv. 2018, p. 17* (responsabilité de l'administrateur judiciaire : précisions jurisprudentielles).

▶ Sur la loi n° 2003-7 du 3 janv. 2003 : PANSIER et CHARBONNEAU, *LPA 28 janv. 2003.* – FROEHLICH, *Bull. d'actualité Lamy droit commercial, févr. 2003.* – VALLANSAN, *APC 2003, n° 26.* – CHAPUT, *JCP E 2003, n° 12, p. 485.* – ROLAND, *Procédures 2003. Chron. 4.* – SOINNE, *RPC 2003. 1.* – ROUSSEL GALLE, *Dr. sociétés juin 2003.* – F.-X. LUCAS, *Dr. et patr. 7-8/2003. 30.*

▶ Sur la loi n° 2004-130 du 11 févr. 2004 : SOINNE, *RPC 2004. 17.*

▶ Sur la loi n° 2005-845 du 26 juill. 2005 : SOINNE, *RPC 2008. Étude 18.*

▶ Sur la loi n° 2015-990 du 6 août 2015 : PERRUCHOT-TRIBOULET, *Journ. sociétés 9/2015, p. 61.* – LE CORRE, *Gaz. Pal. 18-20 oct. 2015, p. 18.* – ROSSI, *RPC 2015. Étude 15.* – F.-X. LUCAS, *BJE 2015. 317.*

CHAPITRE PREMIER DES ADMINISTRATEURS JUDICIAIRES

SECTION PREMIÈRE DE LA MISSION, DES CONDITIONS D'ACCÈS ET D'EXERCICE ET DES INCOMPATIBILITÉS

SOUS-SECTION 1 DES MISSIONS

Art. L. 811-1 **Les administrateurs judiciaires sont les mandataires** *(L. n° 2003-7 du 3 janv. 2003, art. 1er-I)* **« , personnes physiques ou morales, » chargés par décision de justice d'administrer les biens d'autrui ou d'exercer des fonctions d'assistance ou de surveillance dans la gestion de ces biens.** — *[L. n° 85-99 du 25 janv. 1985, art. 1er.]*

(L. n° 2003-7 du 3 janv. 2003, art. 1er-II) **« Les tâches que comporte l'exécution de leur mandat** *(L. n° 2015-990 du 6 août 2015, art. 236-1°)* **« incombent personnellement aux administrateurs judiciaires désignés par le tribunal. Ils peuvent toutefois déléguer tout ou partie de ces tâches à un administrateur judiciaire salarié, sous leur responsabilité. Ils peuvent, en outre », lorsque le bon déroulement de la procédure le requiert et sur autorisation motivée du président du tribunal, confier sous leur responsabilité à des tiers une partie de ces tâches.**

« Lorsque les administrateurs judiciaires confient à des tiers des tâches qui relèvent de la mission que leur a confiée le tribunal, ils les rétribuent sur la rémunération qu'ils perçoivent *(Abrogé par Ord. n° 2008-1345 du 18 déc. 2008, art. 160, à compter du 15 févr. 2009)* ***« en application du décret prévu à l'article*** *(L. n° 2005-845 du 26 juill. 2005, art. 158-V)* ***« L. 663-2 ».***

BIBL. ▶ DOLLEY, *Dr. et patr. 7-8/2003. 39* (limitations au recours à la sous-traitance). – SOINNE, *RPC 2003. 96* (intervention de tiers dans l'administration ou la gestion des procédures collectives). – DELATTRE, *ibid. 2017. Étude 20* (recours à des tiers).

1. Tâches confiées à des tiers. L'art. L. 811-1, qui prévoit que l'administrateur judiciaire est tenu de rétribuer sur sa rémunération le tiers auquel il a confié, sur autorisation du président du tribunal, tout ou partie des tâches lui incombant personnellement, n'est pas applicable lorsque le juge-commissaire désigne un technicien en application de l'art. L. 621-9, fût-ce à la requête de l'administrateur, la rémunération du technicien ainsi désigné incombant alors à la procédure collective. • Com. 13 déc. 2017, n° 16-15.962 P : *D. 2017. Actu. 2533* ; *APC 2018, n° 19, obs. Petit* ; *RJDA 2018, n° 145* ; *RPC 2018, n° 6, obs. Leloup-Thomas* ; *LEDEN 3/2018. 2, obs. Borga* ; *Dr. sociétés 2018, n° 131, note Legros.*

2. Diffamation envers un mandataire judiciaire. En ce sens que les fonctions d'administrateur judiciaire et de mandataire judiciaire ne participent d'aucune prérogative de puissance publique et que ces mandataires ne sont donc pas des citoyens protégés par les dispositions de l'art. 31 de la loi du 29 juill. 1881 réprimant plus sévèrement le délit de diffamation, V. • Cass., ch. mixte, 4 nov. 2002 (3 arrêts), n° 00-13.524 P : *D. 2003. 1194, note Dreyer* ; *JCP 2003. II. 10006, note Derieux* ; *JCP E 2003, n° 27, p. 1141, obs. Pasqualini et Pasqualini-Salerno* ; *Rev. sociétés 2003. 370, note Bouloc* ; *Dr. pénal 2003, n° 18, note Véron* ; *LPA 16 sept. 2003, p. 6, note Gil* ; *RPC 2004. 54, obs. Soinne* (V. l'arrêt cassé : • Paris, 14 janv. 2000 : *D. 2000. IR 52* ; *RPC 2000. 186, obs. Soinne*) • Civ. 2e, 27 mars 2003, n° 00-19.551 P : *D. 2003. IR 1009* . – V. déjà, en ce sens : • Crim. 19 juin 2001 : *Dr. pénal 2001, n° 128, note Véron.*

SOUS-SECTION 2 DES CONDITIONS D'ACCÈS À LA PROFESSION

Art. L. 811-2 *(L. n° 2003-7 du 3 janv. 2003, art. 2)* Nul ne peut être désigné en justice pour exercer ces fonctions, sous réserve des dispositions particulières à certaines matières, notamment celles relatives aux mineurs et aux majeurs protégés, ou sous réserve des missions occasionnelles qui peuvent être confiées aux membres des professions judiciaires et juridiques en matière civile, s'il n'est inscrit sur la liste établie par une commission nationale instituée à cet effet.

Toutefois, *(Abrogé par Ord. n° 2008-1345 du 18 déc. 2008, art. 161-I)* « *à titre exceptionnel,* » le tribunal peut, *(Abrogé par Ord. n° 2008-1345 du 18 déc. 2008, art. 161-I)* « *par décision spécialement motivée et* » après avis du procureur de la République, désigner comme administrateur judiciaire une personne physique justifiant d'une expérience ou d'une qualification particulière au regard de la nature de l'affaire et remplissant les conditions définies aux 1° à 4° de l'article L. 811-5. *(Ord. n° 2008-1345 du 18 déc. 2008, art. 161-II)* « Il motive spécialement sa décision au regard de cette expérience ou de cette qualification particulière. » – *L'Ord. n° 2008-1345 du 18 déc. 2008 entre en vigueur le 15 févr. 2009 (Ord. préc., art. 173).*

Les personnes visées à l'alinéa précédent ne doivent pas, au cours des cinq années précédentes, avoir perçu à quelque titre que ce soit, directement ou indirectement, une rétribution ou un paiement de la part de la personne physique ou morale faisant l'objet d'une mesure d'administration, d'assistance ou de surveillance, d'une personne qui détient le contrôle de cette personne morale ou de l'une des sociétés contrôlées par elle au sens des II et III de l'article L. 233-16, ni s'être trouvées en situation de conseil de la personne physique ou morale concernée ou de subordination par rapport à elle. Elles doivent, en outre, n'avoir aucun intérêt dans le mandat qui leur est donné et n'être pas au nombre des anciens administrateurs ou mandataires judiciaires ayant fait l'objet d'une décision de radiation ou de retrait des listes en application des articles L. 811-6, L. 811-12 et L. 812-4. Elles sont tenues d'exécuter les mandats qui leur sont confiés en se conformant, dans l'accomplissement de leurs diligences professionnelles, aux mêmes obligations que celles qui s'imposent aux administrateurs judiciaires inscrits sur la liste. Elles ne peuvent exercer les fonctions d'administrateur judiciaire à titre habituel.

Les personnes désignées en application du deuxième alinéa doivent, lors de l'acceptation de leur mandat, attester sur l'honneur qu'elles remplissent les conditions fixées aux 1° à 4° de l'article L. 811-5 *[,]* qu'elles se conforment aux obligations énumérées à l'alinéa précédent et qu'elles ne font pas l'objet d'une interdiction d'exercice en application de l'avant-dernier alinéa de l'article L. 814-10.

Lorsque le tribunal nomme une personne morale, il désigne en son sein une ou plusieurs personnes physiques pour la représenter dans l'accomplissement du mandat qui lui est confié.

(L. n° 2016-1547 du 18 nov. 2016, art. 97-1°) « Les personnes désignées pour exercer les missions définies au premier alinéa de l'article L. 811-1, sous les réserves énoncées au premier alinéa du présent article, qui ne sont pas inscrites sur la liste qui y est mentionnée sont soumises, en ce qui concerne l'exercice de ces fonctions, à la sur-

veillance du ministère public et aux inspections prévues au premier alinéa de l'article L. 811-11.

« Un décret en Conseil d'État précise l'organisation et les modalités des contrôles concernant les personnes mentionnées à l'avant-dernier alinéa du présent article. » – *Le 1° de l'art. 97 de la L. n° 2016-1547 du 18 nov. 2016 entre en vigueur selon des modalités fixées par décret, et au plus tard 1er mai 2017 (L. préc., art. 114-XIII).*

Le mandat des membres de la commission nationale prévue à l'art. L. 811-2, en fonction à la date d'entrée en vigueur du Décr. n° 2011-1660 du 29 nov. 2011 [1er déc. 2011], prend fin à cette date (Décr. préc., art. 9).

Pour l'application de l'art. L. 811-2, le délai à l'expiration duquel le silence gardé par la commission vaut décision d'acceptation de la demande d'inscription sur la liste des administrateurs judiciaires est fixé à douze mois (V. Décr. n° 2014-1278 du 23 oct. 2014, applicable aux demandes présentées à compter du 12 nov. 2014).

Pour une application de l'art. L. 811-2, al. 2, V. • Bordeaux, 5 juill. 2000 : *Dr. sociétés 2001, n° 41, note Bonneau ; RTD com. 2001. 919, obs. Champaud et Danet*.

Art. L. 811-3 **La liste nationale est divisée en sections** *(Abrogé par L. n° 2003-7 du 3 janv. 2003, art. 3)* **« *régionales* » correspondant au ressort de chaque cour d'appel.** – *[L. n° 85-99 du 25 janv. 1985, art. 3.]*

(L. n° 2015-990 du 6 août 2015, art. 236-2°) **« Lorsque l'administrateur judiciaire est salarié, la liste précise cette qualité et le nom de son employeur. »**

(L. n° 2016-1547 du 18 nov. 2016, art. 97-2° et 114-XIV-A, en vigueur le 1er nov. 2017) **« Elle comporte, pour chacune des personnes inscrites, la mention de la nature, civile ou commerciale, de sa spécialité. Un administrateur judiciaire peut faire état de ces deux spécialités. »**

La liste mentionnée à l'art. L. 811-3 comporte, pour chaque administrateur inscrit à la date de promulgation de la L. n° 2016-1547 du 18 nov. 2016, la mention de la nature commerciale de son activité. Sans préjudice des dispositions qui précèdent, peuvent demander, à titre complémentaire ou exclusif, à bénéficier de l'inscription comme administrateur judiciaire spécialisé en matière civile jusqu'au premier jour du douzième mois suivant la promulgation de la L. préc. les administrateurs judiciaires pouvant justifier d'une compétence en matière civile qu'ils ont acquise au cours de leur expérience professionnelle, appréciée par la Commission nationale d'inscription et de discipline, dans des conditions prévues par décret (L. préc., art. 114-XIV-B et C).

La demande d'inscription de la mention de la spécialité civile prévue au C du XIV de l'art. 114 de la L. n° 2016-1547 du 18 nov. 2016 [reproduit ci-dessus], est adressée par lettre recommandée avec demande d'avis de réception au secrétariat de la Commission nationale d'inscription et de discipline des administrateurs judiciaires et des mandataires judiciaires.

Elle est accompagnée des pièces justificatives suivantes :

1° Tout document justifiant d'une connaissance suffisante des différentes matières civiles dans lesquelles le professionnel pourra se voir confier des mandats. Il en est ainsi :

a) Des documents attestant de l'inscription dans la sous-section prévue pour les administrateurs judiciaires en matière civile par l'art. 21 du Décr. n° 85-1389 du 27 déc. 1985 relatif aux administrateurs judiciaires, mandataires judiciaires à la liquidation des entreprises et experts en diagnostic d'entreprise dans sa rédaction antérieure au Décr. n° 2004-518 du 10 juin 2004 ;

b) Du certificat de spécialisation en matière civile auquel ouvre droit l'épreuve écrite optionnelle prévue à l'art. A. 811-19 C. com. ;

c) Ou de tout autre document qui justifie que le professionnel a suffisamment acquis, entretenu et perfectionné ses connaissances dans les différentes matières civiles ;

2° Tout document justifiant d'une pratique suffisante et diversifiée des missions qui peuvent être confiées par les juridictions en matière civile ;

3° Tout document permettant de justifier que le professionnel dispose des moyens humains et matériels suffisants pour la bonne exécution des mandats civils qui pourront lui être confiés.

Le silence gardé par la Commission nationale d'inscription et de discipline au terme d'un délai de quatre mois à compter de la réception du dossier complet d'une demande d'inscription de la mention civile, vaut décision d'acceptation (Décr. n° 2017-1225 du 2 août 2017, art. 26).

Art. L. 811-4 *Abrogé par Ord. n° 2015-1287 du 15 oct. 2015, art. 4, à compter du 1er févr. 2016.*

Art. L. 811-5 *(L. n° 2003-7 du 3 janv. 2003, art. 5-I)* « Nul ne peut être inscrit sur la liste par la commission s'il ne remplit les conditions suivantes :

« 1° Être français ou ressortissant d'un État membre de la Communauté européenne ou d'un État partie à l'accord sur l'Espace économique européen ;

« 2° N'avoir pas été l'auteur de faits contraires à l'honneur ou à la probité ayant donné lieu à une condamnation pénale ;

« 3° N'avoir pas été l'auteur de faits de même nature ayant donné lieu à une sanction disciplinaire ou administrative de destitution, de radiation, de révocation, de retrait d'agrément ou de retrait d'autorisation ;

« 4° N'avoir pas été frappé de faillite personnelle ou d'une des mesures d'interdiction ou de déchéance prévues au chapitre V du titre II du livre VI du présent code, au titre VI de la loi n° 85-98 du 25 janvier 1985 relative au redressement et à la liquidation judiciaires des entreprises ou, dans le régime antérieur à cette loi, au titre II de la loi n° 67-563 du 13 juillet 1967 sur le règlement judiciaire, la liquidation des biens, la faillite personnelle et les banqueroutes ;

« 5° *(L. n° 2015-990 du 6 août 2015, art. 61-I-1°)* « Être titulaire du diplôme de master en administration et liquidation d'entreprises en difficulté et remplir des conditions d'expérience ou de stage fixées par voie réglementaire, ou » avoir subi avec succès l'examen d'accès au stage professionnel, accompli ce stage et subi avec succès l'examen d'aptitude aux fonctions d'administrateur judiciaire.

« Ne peuvent être admises à se présenter à l'examen d'accès au stage professionnel que les personnes titulaires des titres ou diplômes déterminés par décret.

(L. n° 2015-990 du 6 août 2015, art. 61-I-1°) « Un décret en Conseil d'État fixe les conditions de compétence et d'expérience professionnelle donnant droit à une dispense de l'examen d'accès au stage professionnel, de tout ou partie du stage professionnel et de tout ou partie de l'examen d'aptitude aux fonctions d'administrateur judiciaire. Ce décret précise également les conditions d'expérience ou de stage requises pour l'inscription sur la liste mentionnée au premier alinéa du présent article, en complément de la détention du diplôme mentionné au 5°. » *— V. art. R. 811-28-1 s.*

« Les personnes morales inscrites ne peuvent exercer les fonctions d'administrateur judiciaire que par l'intermédiaire d'un de leurs membres lui-même inscrit sur la liste. » *— V. art. R. 811-7, R. 811-8, R. 811-19, R. 811-25 et R. 811-26.*

Sont dispensées de conditions de diplôme, de stage et d'examen professionnel prévues aux *(L. n° 2003-7 du 3 janv. 2003, art. 5-II)* « sixième et septième » alinéas les personnes qui justifient avoir acquis, dans un État membre des Communautés européennes autre que la France ou un autre État partie à l'accord sur l'Espace économique européen, une qualification suffisante pour l'exercice de la profession d'administrateur judiciaire, sous réserve d'avoir subi, dans des conditions fixées par décret en Conseil d'État, un examen de contrôle des connaissances. La liste des candidats admis à se présenter à l'examen est arrêtée par la commission. *— [L. n° 85-99 du 25 janv. 1985, art. 5.] — Pour l'application de l'art. L. 811-5, dernier al., le délai à l'expiration duquel le silence gardé par la commission vaut décision d'acceptation de la demande d'inscription sur la liste des candidats soumis à l'examen de contrôle est fixé à quatre mois (V. Décr. n° 2014-1278 du 23 oct. 2014, applicable aux demandes présentées à compter du 12 nov. 2014). — V. art. R. 811-27 et R. 811-28.*

Les dispositions de l'art. L. 811-5, en tant qu'elles instituent un examen d'accès au stage professionnel, ne sont applicables qu'aux personnes qui, à la date de promulgation de la L. n° 2003-7 du 3 janv. 2003, ne sont pas encore inscrites sur le registre de stage (L. préc., art. 39-I, JO 4 janv.).

Sur la dispense de stage dont peuvent bénéficier les greffiers de tribunal de commerce dont l'office est supprimé par suite d'une nouvelle délimitation de circonscriptions judiciaires, V. Décr. n° 99-1017 du 1er déc. 1999 (JO 7 déc).

Sur l'accès à la profession d'administrateur judiciaire des avoués près les cours d'appel qui renoncent à faire partie de la profession d'avocat et des personnes ayant travaillé en qualité de collaborateur d'avoué, V. L. n° 2011-94 du 25 janv. 2011, art. 21 (JO 26 janv.) et Décr. n° 2011-451 du 22 avr. 2011 (JO 24 avr.).

SOUS-SECTION 3 DES CONDITIONS D'EXERCICE

Art. L. 811-6 *(L. n° 2003-7 du 3 janv. 2003, art. 6)* « La commission nationale, de sa propre initiative ou saisie sur requête du garde des sceaux, ministre de la justice, du président du Conseil national des administrateurs judiciaires et des mandataires judiciaires, du commissaire du Gouvernement ou du procureur de la République du ressort de la juridiction dans lequel est établi l'administrateur judiciaire, peut, par décision motivée et après avoir mis l'intéressé en demeure de présenter ses observations, retirer de la liste mentionnée à l'article L. 811-2 l'administrateur judiciaire qui, en raison de son état physique ou mental, est empêché d'assurer l'exercice normal de ses fonctions ou l'administrateur judiciaire qui a révélé son inaptitude à assurer l'exercice normal de ses fonctions. »

Le retrait de la liste ne fait pas obstacle à l'exercice de poursuites disciplinaires contre l'administrateur judiciaire si les faits qui lui sont reprochés ont été commis pendant l'exercice de ses fonctions. – *[L. n° 85-99 du 25 janv. 1985, art. 6.]*

Pour un retrait motivé : par des manquements graves et répétés de l'administrateur à la probité et à ses obligations professionnelles, V. • Civ. 1re, 13 nov. 1996, n° 94-12.792 P : *D. 1996. IR 267 ; D. Affaires 1997. 130.* ♦ ... Par le fait que l'intéressé avait décidé de se consacrer, à titre exclusif, à l'exercice d'une activité de consultant auprès d'entreprises en difficulté et cédé à un mandataire-liquidateur la « structure de son cabinet », V. • Com. 24 juin 2003, n° 00-16.821 P : *D. 2003. AJ 2175 ; RPC 2004. 53, obs. Soinne.*

Art. L. 811-7 *(L. n° 2015-990 du 6 août 2015, art. 63-VII-1°)* Les administrateurs judiciaires peuvent constituer entre eux, pour l'exercice en commun de leur profession, des entités dotées de la personnalité morale, à l'exception des formes juridiques qui confèrent à leurs associés la qualité de commerçant. Ils peuvent aussi être membres d'un groupement d'intérêt économique ou d'un groupement européen d'intérêt économique ou associés d'une société de participations régie par le titre IV de la loi n° 90-1258 du 31 décembre 1990 relative à l'exercice sous forme de sociétés des professions libérales soumises à un statut législatif ou réglementaire ou dont le titre est protégé et aux sociétés de participations financières de professions libérales.

Lorsque la forme juridique d'exercice est une société, le capital social et les droits de vote peuvent être détenus par toute personne exerçant une profession juridique ou judiciaire ou par toute personne légalement établie dans un État membre de l'Union européenne, dans un autre État partie à l'accord sur l'Espace économique européen ou dans la Confédération suisse qui exerce, dans l'un de ces États, une activité soumise à un statut législatif ou réglementaire ou subordonnée à la possession d'une qualification nationale ou internationale reconnue, et exerçant l'une quelconque desdites professions et, s'il s'agit d'une personne morale, qui satisfait aux exigences de détention du capital et des droits de vote prévues par la loi n° 90-1258 du 31 décembre 1990 précitée.

Toute société doit au moins comprendre, parmi ses associés, un administrateur judiciaire remplissant les conditions requises pour exercer ses fonctions.

Au moins un membre de la profession d'administrateur judiciaire exerçant au sein de la société doit être membre du conseil d'administration ou du conseil de surveillance de la société.

Dans le respect des règles de déontologie applicables à chaque profession, un décret en Conseil d'État détermine les conditions d'application du présent article. Il présente notamment les conditions d'inscription et d'omission de ces sociétés auprès de l'autorité professionnelle compétente. – *V. art. R. 811-30. – V. L. n° 66-879 du 29 nov. 1966 et L. n° 90-1258 du 31 déc. 1990. –* ***C. sociétés.*** *– Sur les sociétés civiles professionnelles, V. art. R. 814-59 s. et R. 814-109 s. ; ... les sociétés d'exercice libéral, V. art. R. 814-59 s. et R. 814-145 s.*

Art. L. 811-7-1-A *(Ord. n° 2016-394 du 31 mars 2016, art. 5-1°)* L'administrateur judiciaire peut exercer sa profession dans le cadre d'une société pluri-professionnelle d'exercice, prévue au titre IV *bis* de la loi n° 90-1258 du 31 décembre 1990 relative à l'exercice sous forme de sociétés des professions libérales soumises à un statut législatif ou réglementaire ou dont le titre est protégé et aux sociétés de participations finan-

cières de professions libérales, ayant pour objet l'exercice en commun de la profession d'administrateur judiciaire et d'une ou plusieurs autres professions prévues à ce titre.

Les dispositions des troisième et quatrième alinéas de l'article L. 811-7 sont applicables à une telle société.

Les conditions d'application du présent article sont fixées par décret en Conseil d'État, notamment :

1° Les conditions d'inscription de la société sur la liste établie par la commission nationale prévue à l'article L. 811-2, de son interdiction temporaire et de sa destitution ainsi que les règles applicables en cas d'empêchement, de retrait ou de décès d'un associé exerçant la profession ;

2° Les modalités particulières de la surveillance et de l'inspection prévues aux articles L. 811-11 à L. 811-11-3 et d'application des règles de discipline prévues aux articles L. 811-12-A à L. 811-15. — *V. L. nº 90-1258 du 31 déc. 1990, art. 31-3 s.* — **C. *sociétés*.**

Le chap. Ier du titre II de l'Ord. nº 2016-394 du 31 mars 2016, à l'exception des 2º et 4º de l'art. 5, entre en vigueur le 8 mai 2017 (Décr. nº 2017-796 du 5 mai 2017, art. 2, JO 7 mai).

Art. L. 811-7-1 *(L. nº 2015-990 du 6 août 2015, art. 236-3º)* **L'administrateur judiciaire peut exercer sa profession en qualité de salarié d'une personne physique ou morale inscrite sur la liste prévue à l'article L. 811-2.**

Une personne physique inscrite sur cette liste ne peut pas employer plus de deux administrateurs judiciaires salariés. Une personne morale inscrite sur ladite liste ne peut pas employer un nombre d'administrateurs judiciaires salariés supérieur au double de celui des administrateurs judiciaires associés qui y exercent la profession.

Le contrat de travail de l'administrateur judiciaire salarié ne peut porter atteinte aux règles déontologiques de la profession d'administrateur judiciaire. Nonobstant toute clause du contrat de travail, l'administrateur judiciaire salarié peut refuser à son employeur de recevoir un acte ou d'accomplir une mission lorsque cet acte ou cette mission lui paraissent contraires à sa conscience ou susceptibles de porter atteinte à son indépendance. Toute clause de non-concurrence est réputée non écrite.

L'administrateur salarié ne peut avoir de mandat à titre personnel.

Le présent livre est applicable à l'administrateur judiciaire salarié, sauf disposition contraire.

V. art. R. 811-60 s.

Art. L. 811-8 *(L. nº 2003-7 du 3 janv. 2003, art. 7)* **Les dossiers suivis par l'administrateur judiciaire qui quitte ses fonctions, pour quelque motif que ce soit, sont répartis par la juridiction entre les autres administrateurs dans un délai de trois mois à compter de la cessation de fonctions.**

Toutefois, dans l'intérêt d'une bonne administration de la justice, la juridiction peut autoriser l'ancien administrateur judiciaire à poursuivre le traitement d'un ou de plusieurs dossiers en cours, sauf si une radiation est la cause de l'abandon de ses fonctions. Cet administrateur judiciaire demeure soumis aux dispositions des articles L. 811-10 à L. 811-16, *(Ord. nº 2015-1287 du 15 oct. 2015, art. 3, en vigueur le 1er févr. 2016)* **« L. 814-1-1 » et L. 814-5.**

Droit de présentation. L'administrateur judiciaire qui cesse ses fonctions ne saurait valablement recevoir le paiement d'un droit de présentation de son successeur. • Civ. 1re, 25 avr. 1990 : *D. 1990. IR 119.*

Art. L. 811-9 Les personnes inscrites sur la liste ont vocation à exercer leurs fonctions sur l'ensemble du territoire. — *[L. nº 85-99 du 25 janv. 1985, art. 10.]*

SOUS-SECTION 4 DES INCOMPATIBILITÉS

Art. L. 811-10 *(L. nº 2003-7 du 3 janv. 2003, art. 8)* **La qualité d'administrateur judiciaire inscrit sur la liste est incompatible avec l'exercice de toute autre profession, à l'exception de celle d'avocat.**

Elle est, par ailleurs, incompatible avec :

1° Toutes les activités à caractère commercial, qu'elles soient exercées directement ou par personne interposée ;

2° La qualité d'associé dans une société en nom collectif, d'associé commandité dans une société en commandite simple ou par actions, de gérant d'une société à responsabilité limitée, de président du conseil d'administration, membre du directoire, directeur général ou directeur général délégué d'une société anonyme, de président ou de dirigeant d'une société par actions simplifiée, de membre du conseil de surveillance ou d'administrateur d'une société commerciale, de gérant d'une société civile, à moins que ces sociétés n'aient pour objet l'exercice de la profession d'administrateur judiciaire *(Ord. n° 2016-394 du 31 mars 2016, art. 5-2°)* « ou d'une profession prévue au titre IV *bis* de la loi n° 90-1258 du 31 décembre 1990 précitée » ou l'acquisition de locaux pour cet exercice. Un administrateur judiciaire peut en outre exercer les fonctions de gérant d'une société civile dont l'objet exclusif est la gestion d'intérêts à caractère familial.

La qualité d'administrateur judiciaire inscrit sur la liste ne fait pas obstacle à l'exercice d'une activité de consultation dans les matières relevant de la qualification de l'intéressé, *(L. n° 2016-1547 du 18 nov. 2016, art. 97-3°)* « ni à des activités rémunérées d'enseignement, » ni à l'accomplissement des mandats de mandataire *ad hoc* *(Ord. n° 2014-326 du 12 mars 2014, art. 98-1°, en vigueur le 1er juill. 2014)* « , de conciliateur et de mandataire à l'exécution de l'accord prévus aux articles L. 611-3, L. 611-6 et L. 611-8 » du présent code et par l'article L. 351-4 du code rural et de la pêche maritime, de commissaire à l'exécution du plan, d'administrateur ou de liquidateur amiable, d'expert judiciaire *(Ord. n° 2015-1024 du 20 août 2015, art. 4-1°)* « , de séquestre amiable ou judiciaire et d'administrateur en application des articles L. 612-34, L. 612-34-1 ou L. 613-51-1 du code monétaire et financier ». *(L. n° 2016-1547 du 18 nov. 2016, art. 97-3°)* « Elle ne fait pas non plus obstacle à l'accomplissement de mandats de mandataire *ad hoc* et d'administrateur provisoire désignés en application de la loi n° 65-557 du 10 juillet 1965 fixant le statut de la copropriété des immeubles bâtis ou de mandataire de justice nommé en application de l'article 131-46 du code pénal, ni à l'exercice de missions pour le compte de l'Agence de gestion et de recouvrement des avoirs saisis et confisqués. Sans préjudice de l'article L. 663-2 du présent code, les mandats d'administrateur ou de liquidateur amiable, d'expert judiciaire et de séquestre amiable ou judiciaire ne peuvent être acceptés concomitamment ou subséquemment à une mesure de prévention, à une procédure collective ou à une mesure de mandat *ad hoc* ou d'administration provisoire prononcée sur le fondement de la loi n° 65-557 du 10 juillet 1965 précitée dans laquelle l'administrateur judiciaire a été désigné. Ces activités » et ces mandats, à l'exception des mandats de mandataire *ad hoc*, de conciliateur *(Ord. n° 2014-326 du 12 mars 2014, art. 98-2°, en vigueur le 1er juill. 2014)* « , de mandataire à l'exécution de l'accord » *(Ord. n° 2015-1024 du 20 août 2015, art. 4-1°)* « , de commissaire à l'exécution du plan et d'administrateur nommé en application des articles L. 612-34, L. 612-34-1 ou L. 613-51-1 du code monétaire et financier », *(L. n° 2016-1547 du 18 nov. 2016, art. 97-3°)* « ainsi que des mandats de mandataire *ad hoc* et d'administrateur provisoire désignés en application de la loi n° 65-557 du 10 juillet 1965 précitée » ne peuvent être exercés qu'à titre accessoire.

Les conditions du présent article sont, à l'exception du quatrième alinéa, applicables aux personnes morales inscrites. — *[L. n° 85-99 du 25 janv. 1985, art. 4.]*

Pour l'entrée en vigueur de l'Ord. n° 2016-394 du 31 mars 2016, V. note ss. art. L. 811-7-1-A.

V. note 1 ss. art. L. 813-1.

SECTION II DE LA SURVEILLANCE, DE L'INSPECTION ET DE LA DISCIPLINE

SOUS-SECTION 1 DE LA SURVEILLANCE ET DE L'INSPECTION

Art. L. 811-11 *(L. n° 2003-7 du 3 janv. 2003, art. 9)* Les administrateurs judiciaires sont placés sous la surveillance du ministère public. Ils sont soumis, dans leur activité professionnelle, à des inspections confiées à l'autorité publique et à l'occasion desquelles ils sont tenus de fournir tous renseignements ou documents utiles sans pouvoir opposer le secret professionnel.

L'organisation et les modalités de ces inspections sont déterminées par décret en Conseil d'État. — *V. art. R. 811-40 s.*

Dans le cadre du contrôle dont est chargé le conseil national mentionné à l'article L. 814-2, les administrateurs judiciaires sont tenus, sans pouvoir opposer le secret professionnel, de déférer aux demandes des personnes chargées du contrôle tendant à la communication de tous renseignements ou documents utiles.

Le commissaire aux comptes de l'administrateur judiciaire soumis à un contrôle ou à une inspection est tenu, sans pouvoir opposer le secret professionnel, de déférer aux demandes des personnes chargées du contrôle ou de l'inspection tendant à la communication de tout renseignement recueilli ou de tout document établi dans le cadre de l'exécution de sa mission.

(L. nº 2005-845 du 26 juill. 2005, art. 155) « La Caisse des dépôts et consignations est tenue, sans pouvoir opposer le secret professionnel, de déférer aux demandes des personnes chargées de l'inspection ainsi qu'à celles du conseil national mentionné à l'article L. 814-2 pour l'exercice du contrôle dont il est chargé, tendant à la communication de tout renseignement ou document utiles à la connaissance des mouvements de fonds intervenus sur les comptes ouverts dans ses livres au nom de chaque administrateur judiciaire et de sommes qui y sont déposées au titre des mandats sur lesquels porte l'inspection ou le contrôle. » — *Cet al. est applicable aux procédures et situations en cours dès la publication de la L. nº 2005-845 du 26 juill. 2005 (L. préc., art. 190, JO 27 juill.).*

(L. nº 2011-331 du 28 mars 2011, art. 20-3º, en vigueur le 1er déc. 2011) « Les administrateurs judiciaires établissent, au terme de chaque exercice, une situation financière qu'ils communiquent au Conseil national des administrateurs judiciaires et des mandataires judiciaires, au plus tard dans les six mois de la clôture de l'exercice. Le contenu de cette situation financière, défini par décret, est adapté selon que l'administrateur tient une comptabilité d'encaissement ou d'engagement. » — *V. art. D. 811-40-1 et D. 814-3-1.*

V. note 1 ss. art. L. 812-9.

Art. L. 811-11-1 *(Ord. nº 2005-1126 du 8 sept. 2005, art. 2)* Les administrateurs judiciaires sont tenus de désigner un commissaire aux comptes qui assure le contrôle de leur comptabilité spéciale et exerce, à ce titre, une mission permanente de contrôle de l'ensemble des fonds, effets, titres et autres valeurs appartenant à autrui, dont les administrateurs judiciaires sont seuls détenteurs en vertu d'un mandat reçu dans l'exercice de leurs fonctions.

Ce contrôle porte également sur les comptes bancaires ou postaux ouverts pour les besoins de l'activité au nom des débiteurs faisant l'objet de l'une des procédures prévues au titre II du livre VI et qui fonctionnent sous la seule signature de l'administrateur ou de ses délégués dûment habilités.

Les commissaires aux comptes peuvent en outre, aux fins de contrôle, avoir accès à la comptabilité générale de l'étude, aux procédures confiées à l'administrateur et se faire communiquer par lui ou par les tiers détenteurs des fonds, nonobstant toute disposition contraire, tous renseignements utiles à leur mission de contrôle.

Art. L. 811-11-2 *(Ord. nº 2005-1126 du 8 sept. 2005, art. 2)* Les commissaires aux comptes informent, dans des conditions fixées par décret en Conseil d'État, les autorités auxquelles sont confiées la surveillance, les inspections et le contrôle des administrateurs judiciaires, des résultats de leur mission et signalent les anomalies ou irrégularités dont ils ont connaissance au cours de l'exécution de leur mission.

Art. L. 811-11-3 *(Ord. nº 2008-1345 du 18 déc. 2008, art. 162)* Le commissaire aux comptes du débiteur soumis à une procédure de sauvegarde, de redressement judiciaire ou de liquidation judiciaire ne peut opposer le secret professionnel aux demandes du commissaire aux comptes de l'administrateur judiciaire tendant à la communication de tous renseignements ou documents relatifs au fonctionnement, à compter de la désignation de cet administrateur, des comptes bancaires ou postaux ouverts au nom du débiteur.

L'Ord. nº 2008-1345 du 18 déc. 2008 entre en vigueur le 15 févr. 2009 (Ord. préc., art. 173).

SOUS-SECTION 2 DE LA DISCIPLINE

Art. L. 811-12 A *(L. nº 2003-7 du 3 janv. 2003, art. 10)* Toute contravention aux lois et règlements, toute infraction aux règles professionnelles, tout manquement à la pro-

bité ou à l'honneur, même se rapportant à des faits commis en dehors de l'exercice professionnel, expose l'administrateur judiciaire qui en est l'auteur à des poursuites disciplinaires.

Art. L. 811-12 *(L. nº 2003-7 du 3 janv. 2003, art. 11)* **« L'action disciplinaire est engagée par le garde des sceaux, ministre de la justice, le procureur général près la cour d'appel dans le ressort de laquelle ont été commis les faits,** *(L. nº 2016-1547 du 18 nov. 2016, art. 97-4º)* **« le magistrat du parquet général désigné pour les inspections des administrateurs judiciaires pour les faits commis par les administrateurs ayant leur domicile professionnel dans les ressorts des cours d'appel pour lesquelles il est compétent, » le commissaire du Gouvernement ou le président du Conseil national des administrateurs judiciaires et des mandataires judiciaires. L'acceptation de la démission d'une personne inscrite sur la liste des administrateurs judiciaires ne fait pas obstacle aux poursuites disciplinaires si les faits qui lui sont reprochés ont été commis pendant l'exercice de ses fonctions. »**

I. — La Commission nationale d'inscription siège comme chambre de discipline. Le commissaire du Gouvernement y exerce les fonctions du ministère public. Elle peut prononcer les peines disciplinaires suivantes :

1º L'avertissement ;

2º Le blâme ;

3º L'interdiction temporaire pour une durée n'excédant pas *(L. nº 2016-1547 du 18 nov. 2016, art. 97-4º)* **« cinq ans » ;**

4º La radiation de la liste des administrateurs judiciaires.

II. — L'avertissement et le blâme peuvent être accompagnés, pendant un délai d'un an, de mesures de contrôle soumettant l'administrateur judiciaire à des obligations particulières déterminées par la commission. Ces obligations peuvent également être prescrites par la commission lorsque l'administrateur judiciaire interdit temporairement reprend ses fonctions.

(L. nº 2016-1547 du 18 nov. 2016, art. 97-4º) **« La peine d'interdiction temporaire peut être assortie du sursis. Si, dans un délai de cinq ans à compter du prononcé de la sanction, l'administrateur judiciaire a commis une infraction ou une faute ayant entraîné le prononcé d'une nouvelle sanction disciplinaire, celle-ci entraîne, sauf décision motivée, l'exécution de la première sanction, sans confusion possible avec la seconde. »**

III. — *(L. nº 2003-7 du 3 janv. 2003, art. 11)* **« Lorsqu'elle prononce une peine disciplinaire, la commission peut décider, eu égard à la gravité des faits commis, de mettre à la charge de l'administrateur judiciaire tout ou partie des frais occasionnés par la présence d'un commissaire aux comptes ou d'un expert lors des contrôles ou des inspections ayant permis la constatation de ces faits. »** — *[L. nº 85-99 du 25 janv. 1985, art. 13.]*

(Ord. nº 2016-1635 du 1er déc. 2016, art. 16-3º) **« IV. — Lorsqu'elle prononce une peine disciplinaire relative à un manquement aux dispositions des sections III à VI du chapitre Ier du titre VI du livre V** *[du]* **code monétaire et financier, il est également fait application des dispositions de l'article L. 561-36-3 de ce même code. »**

1. Recours. Est recevable le recours formé contre une décision de la Commission nationale d'inscription et de discipline, par le commissaire du Gouvernement auprès de cette commission, devant laquelle il occupe, aux termes de l'art. 13 [C. com., art. L. 811-12], les fonctions du ministère public, dans la plénitude des pouvoirs qu'il tire de la mission de surveillance qui lui a été confiée par la loi. • Civ. 1re, 26 nov. 1991 : *D. 1992. IR 12 ; Gaz. Pal. 1992. 2. 443, note Delafaye.*

2. V. note 2 ss. art. L. 812-9.

Art. L. 811-13 ***Tout administrateur judiciaire*** **qui fait l'objet d'une poursuite pénale ou disciplinaire peut être suspendu provisoirement de l'exercice de ses fonctions par** *(L. nº 2004-130 du 11 févr. 2004, art. 69)* **« le** *(Ord. nº 2019-964 du 18 sept. 2019, art. 35, en vigueur le 1er janv. 2020)* **« tribunal judiciaire » du lieu où il est établi ».**

En cas d'urgence, la suspension provisoire peut être prononcée même avant l'exercice des poursuites pénales ou disciplinaires si des inspections ou vérifications ont

laissé apparaître des risques pour les sommes perçues par l'administrateur judiciaire, à raison de ses fonctions.

(L. nº 2004-130 du 11 févr. 2004, art. 69) **« Le tribunal » peut, à tout moment, à la requête soit du commissaire du Gouvernement, soit de l'administrateur judiciaire, mettre fin à la suspension provisoire.**

La suspension cesse de plein droit dès que les actions pénales ou disciplinaires sont éteintes. Elle cesse également de plein droit, dans le cas prévu au deuxième alinéa, si, à l'expiration d'un délai d'un mois à compter de son prononcé, aucune poursuite pénale ou disciplinaire n'a été engagée. — *[L. nº 85-99 du 25 janv. 1985, art. 14.] — V. art. R. 811-50. — V. aussi art. R. 814-92.*

Art. L. 811-14 **L'action disciplinaire se prescrit par dix ans** *(L. nº 2011-331 du 28 mars 2011, art. 20-5º)* **« à compter de la commission des faits ou, lorsque les faits se rapportent à l'exercice professionnel, à compter de l'achèvement de la mission à l'occasion de laquelle ils ont été commis.**

« Si l'administrateur judiciaire est l'auteur de faits ayant donné lieu à une condamnation pénale, l'action se prescrit par deux ans à compter de la date à laquelle cette condamnation est devenue définitive. » — *[L. nº 85-99 du 25 janv. 1985, art. 16.]*

L'art. 20-5º de la L. nº 2011-331 du 28 mars 2011 est applicable aux actions disciplinaires introduites à compter de la publication de cette loi [JO 29 mars] et aux manquements pour lesquels la prescription n'est pas encore acquise lors de cette publication (L. préc., art. 37, al. 4).

Sur le point de départ de la prescription, V. • Com. 30 oct. 2007, nº 06-17.436 P: *D. 2007. AJ 2879, obs. Lienhard ; APC 2007, nº 227, obs. Regnaut-Moutier ; Gaz. Pal. 23-24 janv. 2008, p. 40, obs. Gorrias.*

Art. L. 811-15 **L'administrateur judiciaire interdit, radié ou suspendu doit s'abstenir de tout acte professionnel.**

Les actes accomplis au mépris de cette prohibition peuvent être déclarés nuls, à la requête de tout intéressé ou du ministère public, par le tribunal statuant en chambre du conseil. La décision est exécutoire à l'égard de toute personne.

Toute infraction aux dispositions qui précèdent est punie des peines encourues pour le délit d'usurpation de titre prévu par l'article 433-17 du code pénal. — *[L. nº 85-99 du 25 janv. 1985, art. 17.]*

L'obligation faite par l'art. L. 811-15, al. 1er, à l'administrateur judiciaire suspendu de s'abstenir de tout acte professionnel, rendue applicable au mandataire judiciaire par l'art. L. 812-9, lui interdit d'exercer des mandats de justice, peu important qu'il n'en ait pas été déchargé par les juridictions mandantes; l'acte de procédure accompli en violation de cette obligation n'encourt pas la nullité facultative prévue par l'art. L. 811-15, al. 2, mais est entaché d'une irrégularité de fond relevant des dispositions des art. 117 s. C. pr. civ. • Com. 10 mars 2015 : *D. 2015. Actu. 678 ; LEDEN 4/2015. 3, obs. Pelletier.*

Art. L. 811-15-1 *(L. nº 2016-1547 du 18 nov. 2016, art. 97-5º)* **En cas de suspension provisoire, d'interdiction ou de radiation, un ou plusieurs administrateurs provisoires, désignés et rémunérés dans des conditions fixées par décret en Conseil d'État, peuvent seuls accomplir les actes professionnels, poursuivre l'exécution des mandats en cours ou être nommés pour assurer, pendant la durée de la suspension provisoire, les nouveaux mandats confiés par les juridictions.**

Lorsque l'administrateur provisoire constate que l'administrateur judiciaire interdit, radié ou suspendu est en état de cessation des paiements, il doit, après en avoir informé le juge qui l'a désigné et le Conseil national des administrateurs judiciaires et des mandataires judiciaires, saisir le tribunal compétent d'une demande d'ouverture d'une procédure de redressement judiciaire ou de liquidation judiciaire.

Dans un délai de trois mois à compter de l'expiration de sa mission, l'administrateur provisoire demande à la juridiction compétente de désigner un autre administrateur judiciaire pour exécuter les mandats en cours.

L'art. L. 811-15-1 entre en vigueur selon des modalités fixées par décret, et au plus tard le 1er mai 2017 (L. préc., art. 114-XIII).

Art. L. 811-16 **Nul ne peut faire état du titre d'administrateur judiciaire, en dehors de la mission qui lui a été confiée, en vertu du deuxième alinéa de l'article L. 811-2**

(L. n° 2003-7 du 3 janv. 2003, art. 12) « ou du second alinéa de l'article L. 811-8, » s'il n'est inscrit sur la liste des administrateurs judiciaires.

Toute infraction à cette disposition est punie des peines encourues pour le délit d'usurpation de titre prévu par l'article 433-17 du code pénal.

Est puni des mêmes peines celui qui aura fait usage d'une dénomination présentant une ressemblance de nature à causer une méprise dans l'esprit du public avec le titre d'administrateur judiciaire. — *[L. n° 85-99 du 25 janv. 1985, art. 18.]*

CHAPITRE II DES MANDATAIRES JUDICIAIRES *(L. n° 2005-845 du 26 juill. 2005, art. 165-V).*

Dans tous les textes législatifs et réglementaires, les références faites au « mandataire judiciaire au redressement et à la liquidation des entreprises » sont remplacées par des références au « mandataire judiciaire » (L. n° 2005-845 du 26 juill. 2005, art. 165-V, en vigueur le 1er janv. 2006).

BIBL. GÉN. ► BRUNET, *RPC 1986, n° 3, p. 35.* - DUREUIL, *ibid. 1986, n° 2, p. 11.*

SECTION PREMIÈRE DES MISSIONS, DES CONDITIONS D'ACCÈS ET D'EXERCICE ET DES INCOMPATIBILITÉS

SOUS-SECTION 1 DES MISSIONS

Art. L. 812-1 Les mandataires judiciaires sont les mandataires *(L. n° 2003-7 du 3 janv. 2003, art. 14)* « , personnes physiques ou morales, » chargés par décision de justice de représenter les créanciers et de procéder *(Abrogé par L. n° 2004-130 du 11 févr. 2004, art. 69)* « *éventuellement* » à la liquidation d'une entreprise dans les conditions définies par le titre II du livre VI. — *[L. n° 85-99 du 25 janv. 1985, art. 19.]*

(L. n° 2003-7 du 3 janv. 2003, art. 14) « Les tâches que comporte l'exécution de leur mandat *(L. n° 2015-990 du 6 août 2015, art. 236-4°)* « incombent personnellement aux mandataires judiciaires désignés par le tribunal. Ils peuvent toutefois déléguer tout ou partie de ces tâches à un mandataire judiciaire salarié, sous leur responsabilité. Ils peuvent, en outre », lorsque le bon déroulement de la procédure le requiert et sur autorisation motivée du président du tribunal, confier sous leur responsabilité à des tiers une partie de ces tâches.

« Lorsque les mandataires judiciaires confient à des tiers des tâches qui relèvent de la mission que leur a confiée le tribunal, ils les rétribuent sur la rémunération qu'ils perçoivent *(Abrogé par Ord. n° 2008-1345 du 18 déc. 2008, art. 160, à compter du 15 févr. 2009)* « *en application du décret prévu à l'article* *(L. n° 2005-845 du 26 juill. 2005, art. 158-V)* « L. 663-2 ».

1. Choix du liquidateur. La victime d'un dommage subi en raison de sa qualité de collaborateur du service public peut, même en l'absence de faute, en demander réparation à l'État, dès lors que son préjudice est anormal, spécial et d'une certaine gravité. • Civ. 1re, 30 janv. 1996, n° 91-20.266 P : *D. 1997. 83, note Legrand* ; *JCP 1996. II. 22608, rapp. Sargos ; RPC 1996. 337, obs. Soinne ; Gaz. Pal. 1997. 1. 256, concl. Sainte-Rose* (cassant l'arrêt qui avait jugé qu'en l'absence de toute disposition légale ou réglementaire fixant les modalités selon lesquelles les affaires sont réparties entre tous les mandataires-liquidateurs inscrits, le juge désigne librement le mandataire de son choix sur les listes établies près les cours d'appel ; qu'un mandataire ne peut invoquer un abus de droit dès lors qu'il ne rapporte pas la preuve d'un refus délibéré de le nommer révélateur d'une intention de nuire, ni que les missions confiées à ses confrères l'ont été pour des motifs autres que l'intérêt des parties et celui d'une bonne administration de la justice : • Paris, 20 sept. 1991 : *D. 1992. Somm. 283, obs. Honorat)*. ♦ V. l'arrêt rendu sur renvoi : • Paris, 3 déc. 1997 : *D. Affaires 1998. 160, obs. A. L.* ♦ Dans la même affaire, V. note ss. art. L. 814-3. – Comp. : • Civ. 2e, 14 déc. 1992, n° 91-17.274 P : *D. 1993. Somm. 192, obs. Honorat* • Com. 12 avr. 2005 : *cité par Soinne, RPC 2005. 111* • Civ. 1re, 14 févr. 2006, n° 04-15.595 P : *D. 2006. AJ 1042, obs. Lienhard*. – V. Soinne, *RPC 2006. 240.* ♦ Les mandataires judiciaires n'ayant aucun droit acquis à leur désignation par une juridiction, le préjudice lié à l'absence de mandat, lorsque celle-ci engage la responsabilité de l'État, doit être mesuré à la chance perdue et ne peut être égal à l'avantage qu'aurait procuré cette chance si elle s'était réalisée (cassation de l'arrêt qui avait fixé le montant du préjudice par référence aux bénéfices réalisés par l'activité de mandataire liquidateur de l'intéressé antérieure à la cessation de sa désignation). • Civ. 1re, 26 sept. 2007, n° 06-13.772 P : *D. 2007. AJ 2539, obs. Lienhard* ; *Gaz. Pal. 23-24 janv. 2008,* *p. 39, obs. Gorrias.* ♦ Sur la qualité de collaborateur du service public des mandataires de justice, V. Lemaire, *RPC 1999. 10.* ♦ V. aussi note 22 ss. art. L. 621-4.

V. aussi, précisant que la désignation des mandataires de justice relève du pouvoir souverain des cours et tribunaux compétents dont les juges ne peuvent voir leur responsabilité engagée à raison de leur choix en ce domaine (Rép. min. n° 39326 : *JOAN Q, 29 juill. 1996, p. 4180*).

2. Tâches confiées à des tiers. En donnant à un avocat la mission de le représenter en justice, ès qualités, un mandataire judiciaire au redressement et à la liquidation des entreprises ne confie pas à un tiers une partie des tâches que comporte l'exécution de son mandat et qui lui incombent personnellement au sens de l'art. L. 812-1, al. 2. • Com. 30 juin 2021, n° 20-13.722 B : *D. 2021. Actu. 1333 ; LEDEN 9/2021. 2, obs. Camensuli-Feuillard ; BJE 9-10/2021. 22, note Reille ; Gaz. Pal. 26 oct. 2021, p. 57, obs. Berthelot ; RJDA 2021, n° 728.* – V. déjà • Cass., avis, 27 févr. 2006, n° 05-00.027 P : *D. 2006. AJ 860, obs. Lienhard ; JCP E 2006, n° 37, p. 1531, obs. Pétel ; RPC 2006. 273, obs. Staes.* ♦ L'avocat mandaté par le mandataire judiciaire aux fins de le représenter en justice, ès qualités, n'effectue pas au profit de l'entreprise une tâche technique non comprise dans la mission confiée au mandataire judiciaire de sorte que les art. L. 814-6 C. com. [abrogé] et 31 du Décr. n° 85-1390 du 27 déc. 1985 ne sont pas davantage applicables à sa désignation. • Même avis.

3. Diffamation envers un mandataire judiciaire. V. note 2 ss. art. L. 811-1.

SOUS-SECTION 2 DES CONDITIONS D'ACCÈS À LA PROFESSION

Art. L. 812-2 **I. — Nul ne peut être désigné en justice pour exercer les fonctions de mandataire judiciaire** *(Abrogé par L. n° 2004-130 du 11 févr. 2004, art. 69)* **« ,** ***dans une procédure de redressement judiciaire,*** **» s'il n'est inscrit sur la liste établie à cet effet par une commission** *(L. n° 2003-7 du 3 janv. 2003, art. 15)* **« nationale ».**

(L. n° 2003-7 du 3 janv. 2003, art. 15) **« II. — Toutefois,** *(Abrogé par Ord. n° 2008-1345 du 18 déc. 2008, art. 161-I)* **«** ***à titre exceptionnel,*** **» le tribunal peut,** *(Abrogé par Ord. n° 2008-1345 du 18 déc. 2008, art. 161-I)* **«** ***par décision spécialement motivée et*** **» après avis du procureur de la République, désigner comme mandataire judiciaire une personne physique justifiant d'une expérience ou d'une qualification particulière au regard de la nature de l'affaire et remplissant les conditions définies aux 1° à 4° de l'article L. 812-3.** *(Ord. n° 2008-1345 du 18 déc. 2008, art. 161-II, en vigueur le 15 févr. 2009)* **« Il motive spécialement sa décision au regard de cette expérience ou de cette qualification particulière. »**

« Les personnes visées à l'alinéa précédent ne doivent pas, au cours des cinq années précédentes, avoir perçu à quelque titre que ce soit, directement ou indirectement, une rétribution ou un paiement de la part de la personne physique ou morale faisant l'objet *(Ord. n° 2016-727 du 2 juin 2016, art. 8-1°, en vigueur le 1er janv. 2017)* **« d'une mesure de redressement judiciaire, de liquidation judiciaire ou de rétablissement professionnel », d'une personne qui détient le contrôle de cette personne morale ou de l'une des sociétés contrôlées par elle au sens des II et III de l'article L. 233-16, ni s'être trouvées en situation de conseil de la personne physique ou morale concernée ou de subordination par rapport à elle. Elles doivent, en outre, n'avoir aucun intérêt dans le mandat qui leur est donné et n'être pas au nombre des anciens administrateurs ou mandataires judiciaires ayant fait l'objet d'une décision de radiation ou de retrait des listes en application des articles L. 811-6, L. 811-12, L. 812-4 et L. 812-9. Elles sont tenues d'exécuter les mandats qui leur sont confiés en se conformant, dans l'accomplissement de leurs diligences professionnelles, aux mêmes obligations que celles qui s'imposent aux mandataires judiciaires inscrits sur la liste. Elles ne peuvent exercer les fonctions de mandataire judiciaire à titre habituel.**

« Les personnes désignées en application du premier alinéa du présent II doivent, lors de l'acceptation de leur mandat, attester sur l'honneur qu'elles remplissent les conditions fixées aux 1° à 4° de l'article L. 812-3, qu'elles se conforment aux obligations énumérées à l'alinéa précédent et qu'elles ne font pas l'objet d'une interdiction d'exercice en application de l'avant-dernier alinéa de l'article L. 814-10. »

(Ord. n° 2016-727 du 2 juin 2016, art. 8-2°, en vigueur le 1er janv. 2017) **« III. — Le tribunal peut en outre désigner à titre habituel** *(Ord. n° 2016-728 du 2 juin 2016, art. 23, en vigueur le 1er juill. 2022)* **« des commissaires de justice** *[ancienne rédaction : des huissiers de justice et des commissaires-priseurs judiciaires]* **» en qualité de liquidateur dans les procédures de liquidation lorsque ces procédures sont ouvertes à l'encontre de débi-**

teurs n'employant aucun salarié et réalisant un chiffre d'affaires annuel hors taxes inférieur ou égal à 100 000 €, ou d'assistant du juge commis dans le cadre des procédures de rétablissement professionnel. — *V. art. D. 641-8-1.*

« Ces personnes sont soumises aux dispositions des deux premières phrases du deuxième alinéa et du troisième alinéa du II.

« Elles communiquent sans délai une copie de l'attestation mentionnée au troisième alinéa du II au magistrat du parquet général chargé des inspections des mandataires judiciaires et désigné par le garde des sceaux, ministre de la justice.

« IV. — Lorsque le tribunal nomme une personne morale, il désigne en son sein une ou plusieurs personnes physiques pour la représenter dans l'accomplissement du mandat qui lui est confiée *[confié]*. »

(L. n° 2016-1547 du 18 nov. 2016, art. 97-6°) « V. — Les personnes désignées pour exercer les missions définies au premier alinéa de l'article L. 812-1 sans être inscrites sur la liste mentionnée au I du présent article sont soumises, en ce qui concerne l'exercice de ces fonctions, à la surveillance du ministère public et aux inspections prévues au premier alinéa de l'article L. 811-11.

« Un décret en Conseil d'État précise l'organisation et les modalités des contrôles concernant les personnes mentionnées au premier alinéa du présent V. » — *Le 6° de l'art. 97 de la L. n° 2016-1547 du 18 nov. 2016 entre en vigueur selon des modalités fixées par décret, et au plus tard le 1er mai 2017 (L. préc., art. 114-XIII).*

Les mandataires judiciaires inscrits sur les listes régionales à la date de promulgation de la L. n° 2003-7 du 3 janv. 2003 sont inscrits d'office sur la liste nationale des mandataires judiciaires (L. préc., art. 39-II, JO 4 janv.).

Le mandat des membres de la commission nationale prévue à l'art. L. 812-2, en fonction à la date d'entrée en vigueur du Décr. n° 2011-1660 du 29 nov. 2011 [1er déc. 2011], prend fin à cette date (Décr. préc., art. 9).

Pour l'application de l'art. L. 812-2, le délai à l'expiration duquel le silence gardé par la commission vaut décision d'acceptation de la demande d'inscription sur la liste des mandataires judiciaires est fixé à douze mois (V. Décr. n° 2014-1278 du 23 oct. 2014, applicable aux demandes présentées à compter du 12 nov. 2014).

L'Ord. n° 2016-727 du 2 juin 2016 est applicable aux procédures ouvertes après son entrée en vigueur (Ord. préc., art. 25, al. 2).

Pour le refus de transmettre au Conseil constitutionnel une QPC contestant la possibilité, prévue par l'art. L. 812-2 dans sa rédaction issue de l'Ord. n° 2016-727 du 2 juin 2016, de nommer des huissiers de justice et des commissaires-priseurs judiciaires en qualité de liquidateur, V. • CE 12 juill. 2017, n° 402068.

Art. L. 812-2-1 *(L. n° 2003-7 du 3 janv. 2003, art. 16)* La liste mentionnée à l'article L. 812-2 est divisée en sections correspondant au ressort de chaque cour d'appel.

(L. n° 2015-990 du 6 août 2015, art. 236-5°) « Lorsque le mandataire judiciaire est salarié, elle précise cette qualité et le nom de son employeur. »

Art. L. 812-2-2 *Abrogé par Ord. n° 2015-1287 du 15 oct. 2015, art. 4, à compter du 1er févr. 2016.*

Art. L. 812-3 *(L. n° 2003-7 du 3 janv. 2003, art. 17)* « Nul ne peut être inscrit sur la liste par la commission s'il ne remplit les conditions suivantes :

« 1° Être français ou ressortissant d'un État membre de la Communauté européenne ou d'un État partie à l'accord sur l'Espace économique européen ;

« 2° N'avoir pas été l'auteur de faits contraires à l'honneur ou à la probité ayant donné lieu à une condamnation pénale ;

« 3° N'avoir pas été l'auteur de faits de même nature ayant donné lieu à une sanction disciplinaire ou administrative de destitution, de radiation, de révocation, de retrait d'agrément ou de retrait d'autorisation ;

« 4° N'avoir pas été frappé de faillite personnelle ou d'une des mesures d'interdiction ou de déchéance prévues au chapitre V du titre II du livre VI du présent code, au titre VI de la loi n° 85-98 du 25 janvier 1985 précitée ou, dans le régime antérieur à cette loi, au titre II de la loi n° 67-563 du 13 juillet 1967 précitée ;

« 5° *(L. nº 2015-990 du 6 août 2015, art. 61-I-2°)* « Être titulaire du diplôme de master en administration et liquidation d'entreprises en difficulté et remplir des conditions d'expérience ou de stage fixées par voie réglementaire, ou » avoir subi avec succès l'examen d'accès au stage professionnel, accompli ce stage et subi avec succès l'examen d'aptitude aux fonctions de mandataire judiciaire.

« Ne peuvent être admises à se présenter à l'examen d'accès au stage professionnel que les personnes titulaires des titres ou diplômes déterminés par décret.

(L. nº 2015-990 du 6 août 2015, art. 61-I-2°) « Un décret en Conseil d'État fixe les conditions de compétence et d'expérience professionnelle donnant droit à une dispense de l'examen d'accès au stage professionnel, de tout ou partie du stage professionnel et de tout ou partie de l'examen d'aptitude aux fonctions de mandataire judiciaire. Ce décret précise également les conditions d'expérience ou de stage requises pour l'inscription sur la liste mentionnée au premier alinéa du présent article, en complément de la détention du diplôme mentionné au 5°. » — *V. art. R. 812-4 s. et R. 812-18-1 s.*

« Les personnes morales inscrites ne peuvent exercer les fonctions de mandataire judiciaire que par l'intermédiaire d'un de leurs membres lui-même inscrit sur la liste. »

Sont dispensées des conditions de diplôme, de stage et d'examen professionnel prévues aux *(L. nº 2003-7 du 3 janv. 2003, art. 17)* « sixième et septième » alinéas les personnes qui justifient avoir acquis, dans un État membre des communautés européennes autre que la France ou un autre État partie à l'accord sur l'Espace économique européen, une qualification suffisante pour l'exercice de la profession de mandataire judiciaire, sous réserve d'avoir subi, dans des conditions fixées par décret en Conseil d'État, un examen de contrôle des connaissances. La liste des candidats admis à se présenter à l'examen est arrêtée par la commission *(Abrogé par L. nº 2003-7 du 3 janv. 2003, art. 17)* ***« instituée au siège de la cour d'appel de Paris. Le candidat qui a subi avec succès les épreuves de l'examen peut solliciter son inscription sur la liste établie par la commission instituée au siège de la cour d'appel dans le ressort de laquelle il envisage d'établir son domicile professionnel »***. — *[L. nº 85-99 du 25 janv. 1985, art. 21.] — Pour l'application de l'art. L. 812-3, dernier al., le délai à l'expiration duquel le silence gardé par la commission vaut décision d'acceptation de la demande d'inscription sur la liste est fixé à quatre mois (V. Décr. nº 2014-1278 du 23 oct. 2014, applicable aux demandes présentées à compter du 12 nov. 2014). — V. art. R. 812-15 s.*

Les dispositions de l'art. L. 812-3, en tant qu'elles instituent un examen d'accès au stage professionnel, ne sont applicables qu'aux personnes qui, à la date de promulgation de la L. nº 2003-7 du 3 janv. 2003, ne sont pas encore inscrites sur le registre de stage (L. préc., art. 39-I, JO 4 janv.).

Sur la dispense de stage dont peuvent bénéficier les greffiers de tribunal de commerce dont l'office est supprimé par suite d'une nouvelle délimitation de circonscriptions judiciaires, V. Décr. nº 99-1017 du 1er déc. 1999 (JO 7 déc.).

Sur l'accès à la profession de mandataire judiciaire des avoués près les cours d'appel qui renoncent à faire partie de la profession d'avocat et des personnes ayant travaillé en qualité de collaborateur d'avoué, V. L. nº 2011-94 du 25 janv. 2011, art. 21 (JO 26 janv.) et Décr. nº 2011-451 du 22 avr. 2011 (JO 24 avr.).

Recours. Sur l'irrecevabilité de l'appel élevé par un groupement professionnel en l'absence d'atteinte à l'intérêt collectif de la profession : V. • Amiens, 15 nov. 1990 : *JCP E 1991, Bloc-notes, 17 janv. 1991.*

SOUS-SECTION 3 DES CONDITIONS D'EXERCICE

Art. L. 812-4 *(L. nº 2003-7 du 3 janv. 2003, art. 18)* « La commission nationale, de sa propre initiative ou saisie sur requête du garde des sceaux, ministre de la justice, du président du Conseil national des administrateurs judiciaires et des mandataires judiciaires, du commissaire du Gouvernement ou du procureur de la République du ressort de la juridiction dans lequel est établi le mandataire judiciaire, peut, par décision motivée et après avoir mis l'intéressé en demeure de présenter ses observations, retirer de la liste mentionnée à l'article L. 812-2 le mandataire judiciaire qui, en raison de son état physique ou mental, est empêché d'assurer l'exercice normal de ses fonctions ou le mandataire judiciaire qui a révélé son inaptitude à assurer l'exercice normal de ses fonctions. »

Le retrait de la liste ne fait pas obstacle à l'exercice de poursuites disciplinaires contre le mandataire judiciaire si les faits qui lui sont reprochés ont été commis pendant l'exercice de ses fonctions. — *[L. nº 85-99 du 25 janv. 1985, art. 22.]*

Art. L. 812-5 *(L. nº 2015-990 du 6 août 2015, art. 63-VII-2º)* Les mandataires judiciaires peuvent constituer entre eux, pour l'exercice en commun de leur profession, des entités dotées de la personnalité morale, à l'exception des formes juridiques qui confèrent à leurs associés la qualité de commerçant. Ils peuvent aussi être membres d'un groupement d'intérêt économique ou d'un groupement européen d'intérêt économique ou associés d'une société de participations régie par le titre IV de la loi nº 90-1258 du 31 décembre 1990 relative à l'exercice sous forme de sociétés des professions libérales soumises à un statut législatif ou réglementaire ou dont le titre est protégé et aux sociétés de participations financières de professions libérales.

Lorsque la forme juridique d'exercice est une société, le capital social et les droits de vote peuvent être détenus par toute personne exerçant une profession juridique ou judiciaire ou par toute personne légalement établie dans un État membre de l'Union européenne, dans un autre État partie à l'accord sur l'Espace économique européen ou dans la Confédération suisse qui exerce, dans l'un de ces États, une activité soumise à un statut législatif ou réglementaire ou subordonnée à la possession d'une qualification nationale ou internationale reconnue, et exerçant l'une quelconque desdites professions et, s'il s'agit d'une personne morale, qui satisfait aux exigences de détention du capital et des droits de vote prévues par la loi nº 90-1258 du 31 décembre 1990 précitée.

Toute société doit au moins comprendre, parmi ses associés, un mandataire judiciaire remplissant les conditions requises pour exercer ses fonctions.

Au moins un membre de la profession de mandataire judiciaire exerçant au sein de la société doit être membre du conseil d'administration ou du conseil de surveillance de la société.

Dans le respect des règles de déontologie applicables à chaque profession, un décret en Conseil d'État détermine les conditions d'application du présent article. Il présente notamment les conditions d'inscription et d'omission de ces sociétés auprès de l'autorité professionnelle compétente. — *[L. nº 85-99 du 25 janv. 1985, art. 23.] — V. art. R. 812-18. — V. L. nº 66-879 du 29 nov. 1966 et L. nº 90-1258 du 31 déc. 1990. —* ***C. sociétés.***

— Sur les sociétés civiles professionnelles, V. art. R. 814-59 s. et R. 814-109 s. ; ... les sociétés d'exercice libéral, V. art. R. 814-59 s. et R. 814-145 s.

Art. L. 812-5-1-A *(Ord. nº 2016-394 du 31 mars 2016, art. 5-3º)* Le mandataire judiciaire peut exercer sa profession dans le cadre d'une société pluri-professionnelle d'exercice, prévue au titre IV *bis* de la loi nº 90-1258 du 31 décembre 1990 relative à l'exercice sous forme de sociétés des professions libérales soumises à un statut législatif ou réglementaire ou dont le titre est protégé et aux sociétés de participations financières de professions libérales, ayant pour objet l'exercice en commun de la profession de mandataire judiciaire et d'une ou plusieurs autres professions prévues à ce titre.

Les dispositions des troisième et quatrième alinéas de l'article L. 812-5 sont applicables à une telle société.

Les conditions d'application du présent article sont fixées par décret en Conseil d'État, notamment :

1º Les conditions d'inscription de la société sur la liste établie par la commission nationale prévue à l'article L. 812-2, de son interdiction temporaire et de sa destitution ainsi que les règles applicables en cas d'empêchement, de retrait ou de décès d'un associé exerçant la profession ;

2º Les modalités particulières de la surveillance et de l'inspection prévues aux articles L. 812-9 et L. 811-11 à L. 811-11-3 et d'application des règles de discipline prévues aux articles L. 812-9 et L. 811-12-A à L. 811-15. — *V. L. nº 90-1258 du 31 déc. 1990, art. 31-3 s. —* ***C. sociétés.***

Pour l'entrée en vigueur, V. note ss. art. L. 811-7-1-A.

Art. L. 812-5-1 *(L. nº 2015-990 du 6 août 2015, art. 236-6º)* Le mandataire judiciaire peut exercer sa profession en qualité de salarié d'une personne physique ou morale inscrite sur la liste prévue à l'article L. 812-2.

Une personne physique inscrite sur cette liste ne peut pas employer plus de deux mandataires judiciaires salariés. Une personne morale inscrite sur ladite liste ne peut pas employer un nombre de mandataires judiciaires salariés supérieur au double de celui des mandataires judiciaires associés qui y exercent la profession.

Le contrat de travail du mandataire judiciaire salarié ne peut porter atteinte aux règles déontologiques de la profession de mandataire judiciaire. Nonobstant toute clause du contrat de travail, le mandataire judiciaire salarié peut refuser à son employeur de recevoir un acte ou d'accomplir une mission lorsque cet acte ou cette mission lui paraissent contraires à sa conscience ou susceptibles de porter atteinte à son indépendance. Toute clause de non-concurrence est réputée non écrite.

Le mandataire judiciaire salarié ne peut avoir de mandat à titre personnel.

Le présent livre est applicable au mandataire judiciaire salarié, sauf disposition contraire.

V. art. R. 812-24.

Art. L. 812-6 *(L. nº 2003-7 du 3 janv. 2003, art. 19)* Les dossiers suivis par le mandataire judiciaire *(Ord. nº 2016-727 du 2 juin 2016, art. 9-1º, en vigueur le 1er janv. 2017)* « ou la personne mentionnée au III de l'article L. 812-2 » qui quitte ses fonctions, pour quelque motif que ce soit, sont répartis par la juridiction entre les autres mandataires *(Ord. nº 2016-727 du 2 juin 2016, art. 9-1º, en vigueur le 1er janv. 2017)* « ou lorsque les conditions sont remplies, entre les personnes mentionnées au III de l'article L. 812-2 » dans un délai de trois mois à compter de la cessation de fonctions.

Toutefois, dans l'intérêt d'une bonne administration de la justice, la juridiction peut autoriser l'ancien mandataire *(Ord. nº 2016-727 du 2 juin 2016, art. 9-2º, en vigueur le 1er janv. 2017)* « [,]ou la personne mentionnée au III de l'article L. 812-2, » à poursuivre le traitement d'un ou de plusieurs dossiers en cours, sauf si une radiation est la cause de l'abandon de ses fonctions. *(Ord. nº 2016-727 du 2 juin 2016, art. 9-3º, en vigueur le 1er janv. 2017)* « Le mandataire judiciaire demeure soumis aux dispositions des articles L. 812-8, L. 812-9, L. 812-10, L. 814-1-1 et L. 814-5. La personne mentionnée au III de l'article L. 812-2 demeure soumise aux dispositions du III de l'article L. 812-2, L. 812-8-1, L. 814-1-1, L. 814-10-1, L. 814-10-2 et L. 814-5. »

L'Ord. nº 2016-727 du 2 juin 2016 est applicable aux procédures ouvertes après son entrée en vigueur (Ord. préc., art. 25, al. 2).

Art. L. 812-7 *(L. nº 2003-7 du 3 janv. 2003, art. 20)* Les personnes inscrites sur la liste ont vocation à exercer leurs fonctions sur l'ensemble du territoire.

SOUS-SECTION 4 DES INCOMPATIBILITÉS

Art. L. 812-8 *(L. nº 2003-7 du 3 janv. 2003, art. 21)* La qualité de *(L. nº 2005-845 du 26 juill. 2005, art. 165-V)* « mandataire judiciaire » inscrit sur la liste est incompatible avec l'exercice de toute autre profession.

Elle est, par ailleurs, incompatible avec :

1º Toutes les activités à caractère commercial, qu'elles soient exercées directement ou par personne interposée ;

2º La qualité d'associé dans une société en nom collectif, d'associé commandité dans une société en commandite simple ou par actions, de gérant d'une société à responsabilité limitée, de président du conseil d'administration, membre du directoire, directeur général ou *directeur* général délégué d'une société anonyme, de président ou de dirigeant d'une société par actions simplifiée, de membre du conseil de surveillance ou d'administrateur d'une société commerciale, de gérant d'une société civile, à moins que ces sociétés n'aient pour objet l'exercice de la profession de *(L. nº 2005-845 du 26 juill. 2005, art. 165-V)* « mandataire judiciaire » *(Ord. nº 2016-394 du 31 mars 2016, art. 5-3º)* « ou d'une profession prévue au titre IV *bis* de la loi nº 90-1258 du 31 décembre 1990 précitée » ou l'acquisition de locaux pour cet exercice. Un mandataire peut en outre exercer les fonctions de gérant d'une société civile dont l'objet exclusif est la gestion d'intérêts à caractère familial.

La qualité de *(L. nº 2005-845 du 26 juill. 2005, art. 165-V)* « mandataire judiciaire » inscrit sur la liste ne fait pas obstacle à l'exercice d'une activité de consultation dans les matières relevant de la qualification de l'intéressé, *(L. nº 2016-1547 du 18 nov.*

2016, art. 97-7°) « ni à des activités rémunérées d'enseignement, » ni à l'accomplissement des mandats de mandataire *ad hoc* (Ord. n° 2014-326 du 12 mars 2014, art. 99-1°, en vigueur le 1er juill. 2014) « , de conciliateur et de mandataire à l'exécution de l'accord prévus aux articles L. 611-3, L. 611-6 et L. 611-8 » du présent code et par l'article L. 351-4 du code rural et de la pêche maritime, de commissaire à l'exécution du plan ou de liquidateur amiable des biens d'une personne physique ou morale, d'expert judiciaire (Ord. n° 2015-1024 du 20 août 2015, art. 4-2°) « , de séquestre judiciaire et d'administrateur en application des articles L. 612-34, L. 612-34-1 ou L. 613-51-1 du code monétaire et financier ». (L. n° 2016-1547 du 18 nov. 2016, art. 97-7°) « Elle ne fait pas non plus obstacle à l'accomplissement de mandats de liquidateur nommé en application des articles L. 5122-25 à L. 5122-30 du code des transports ou à l'exercice de missions pour le compte de l'Agence de gestion et de recouvrement des avoirs saisis et confisqués. Sans préjudice de l'article L. 663-2 du présent code, les mandats de liquidateur amiable, de liquidateur en application du code des transports, d'expert judiciaire et de séquestre amiable ou judiciaire ne peuvent être acceptés concomitamment ou subséquemment à une mesure de prévention ou à une procédure collective dans laquelle le mandataire judiciaire a été désigné. Ces activités » et ces mandats, à l'exception des mandats de mandataire *ad hoc*, de conciliateur (Ord. n° 2014-326 du 12 mars 2014, art. 99-2°, en vigueur le 1er juill. 2014) « , de mandataire à l'exécution de l'accord » (Ord. n° 2015-1024 du 20 août 2015, art. 4-2°) « , de commissaire à l'exécution du plan et d'administrateur nommé en application des articles L. 612-34, L. 612-34-1 ou L. 613-51-1 du code monétaire et financier », ne peuvent être exercés qu'à titre accessoire. (Ord. n° 2014-326 du 12 mars 2014, art. 99-3°, en vigueur le 1er juill. 2014) « La même personne ne peut exercer successivement les fonctions de conciliateur et de mandataire judiciaire avant l'expiration d'un délai d'un an à moins qu'elle ait été chargée, dans le cadre de la conciliation, de la mission d'organiser une cession partielle ou totale de l'entreprise. Le tribunal peut, en outre, lors de l'ouverture de la procédure de sauvegarde ou de redressement judiciaire et après avoir recueilli l'avis du ministère public, déroger à cette incompatibilité si celle-ci n'apparaît pas faire obstacle à l'exercice, par le mandataire judiciaire, de la mission prévue par le premier alinéa de l'article L. 622-20. »

Les conditions du présent article sont, à l'exception du quatrième alinéa, applicables aux personnes morales inscrites.

Pour l'entrée en vigueur de l'Ord. n° 2016-394 du 31 mars 2016, V. note ss. art. L. 811-7-1-A.

Art. L. 812-8-1 *(Ord. n° 2016-727 du 2 juin 2016, art. 10, en vigueur le 1er janv. 2017)* **Les personnes mentionnées au III de l'article L. 812-2 sont soumises aux règles d'incompatibilité prévues par leur statut.**

L'Ord. n° 2016-727 du 2 juin 2016 est applicable aux procédures ouvertes après son entrée en vigueur (Ord. préc., art. 25, al. 2).

SECTION II DE LA SURVEILLANCE, DE L'INSPECTION ET DE LA DISCIPLINE

Art. L. 812-9 **Les dispositions relatives à la surveillance, à l'inspection et à la discipline des administrateurs judiciaires prévues par les articles L. 811-11 à** *(L. n° 2016-1547 du 18 nov. 2016, art. 97-8°)* **« L. 811-15-1 » sont applicables aux mandataires judiciaires.**

La commission *(L. n° 2003-7 du 3 janv. 2003, art. 13-II)* **« nationale » d'inscription siège comme chambre de discipline. Le commissaire du Gouvernement y exerce les fonctions du ministère public.** — *[L. n° 85-99 du 25 janv. 1985, art. 28.]*

1. Les art. 12 et 28 [C. com., art. L. 811-11 et L. 812-9] ne sauraient concerner les relations entre le mandataire-liquidateur et la juridiction qui l'a commis. • Crim. 28 févr. 1993 : *RPC 1993. 587, obs. Soinne.*

2. L'administrateur et le représentant des créanciers peuvent être nommés commissaire à l'exécution du plan et répondent des manquements commis dans l'exécution de cette mission dans les conditions prévues par les art. 13 et 28, devenus les art. L. 811-12 et L. 812-9 C. com. • Com. 8 juill. 2003, n° 00-21.473 P : *D. 2003. AJ 2175 ; RTD com. 2003. 812, obs. Saint-Alary-Houin ; RPC 2004. 56, obs. Soinne.* ♦ Le professionnel désigné commissaire à l'exécution du plan en considération de ses fonctions de représentant des créanciers doit, sur le plan disciplinaire, répondre de ses manquements de mandataire-liquidateur dans l'exécution de sa mission. • Même arrêt.

Art. L. 812-10 *(L. n° 2003-7 du 3 janv. 2003, art. 23)* **« Nul ne peut faire état du titre de mandataire judiciaire, en dehors de la mission qui lui a été confiée en vertu du premier alinéa du II de l'article L. 812-2** *(Ord. n° 2016-727 du 2 juin 2016, art. 11, en vigueur le 1er janv. 2017)* **« , du III de ce même article » et du second alinéa de l'article L. 812-6, s'il n'est inscrit sur la liste des mandataires judiciaires.**

« Toute infraction à cette disposition est punie des peines encourues pour le délit d'usurpation de titre prévu par l'article 433-17 du code pénal. »

Est puni des mêmes peines celui qui aura fait usage d'une dénomination présentant une ressemblance de nature à causer une méprise dans l'esprit du public avec le titre prévu au premier alinéa. – *[L. n° 85-99 du 25 janv. 1985, art. 29.]*

L'Ord. n° 2016-727 du 2 juin 2016 est applicable aux procédures ouvertes après son entrée en vigueur (Ord. préc., art. 25, al. 2).

CHAPITRE III DES EXPERTS EN DIAGNOSTIC D'ENTREPRISE

BIBL. GÉN. ► GANDUR, *Gaz. Pal. 1985. 2. Doctr. 698.* – OLIVIER, *ibid. 1985. 1. Doctr. 191.*

Art. L. 813-1 Les experts en diagnostic d'entreprise sont désignés en justice pour établir un rapport sur la situation économique et financière d'une entreprise en cas de *(L. n° 2005-845 du 26 juill. 2005, art. 165)* **« procédure de conciliation ou de procédure de sauvegarde ou de redressement judiciaire », ou concourir à l'élaboration d'un tel rapport en cas de** *(L. n° 2005-845 du 26 juill. 2005, art. 165)* **« procédure de sauvegarde ou de redressement judiciaire ».**

(L. n° 2003-7 du 3 janv. 2003, art. 24-I) **« Ces experts ne doivent pas, au cours des cinq années précédentes, avoir perçu à quelque titre que ce soit, directement ou indirectement, une rétribution ou un paiement de la part de la personne physique ou morale faisant l'objet d'une mesure d'administration, d'assistance ou de surveillance ou de la part d'une personne qui détient le contrôle de cette personne morale, ni s'être trouvés en situation de subordination par rapport à la personne physique ou morale concernée. Ils doivent, en outre, n'avoir aucun intérêt dans le mandat qui leur est donné.**

« Les experts ainsi désignés doivent attester sur l'honneur, lors de l'acceptation de leur mandat, qu'ils se conforment aux obligations énumérées à l'alinéa précédent. »

Ces experts peuvent être choisis parmi les experts de cette spécialité inscrits sur les listes dressées, pour l'information des juges, en application de l'article 2 de la loi n° 71-498 du 29 juin 1971 relative aux experts judiciaires.

(L. n° 2004-130 du 11 févr. 2004, art. 53-I) **« Chaque cour d'appel procède à l'inscription des experts de cette spécialité selon les dispositions de l'article 2 de la loi n° 71-498 du 29 juin 1971 relative aux experts judiciaires. »** *(Abrogé par L. n° 2011-331 du 28 mars 2011, art. 20-4°, à compter du 1er déc. 2011)* ***« Leur inscription sur la liste nationale des experts judiciaires est faite après avis de la commission nationale créée à l'article L. 812-2 ».*** – *[L. n° 85-99 du 25 janv. 1985, art. 30.]* – *V. L. n° 71-498 du 29 juin 1971.* – ***C. pr. civ.***

1. Inscription sur la liste. Annulation, pour violation des art. 11 et 30 [C. com., art. L. 811-10 et L. 813-1], de la décision d'une cour d'appel qui refuse l'inscription d'un administrateur judiciaire sur la liste des experts en diagnostic d'entreprise, non pas en raison d'une inopportunité propre à la candidature du demandeur, mais au motif qu'il « est inopportun qu'un administrateur judiciaire exerce également les fonctions d'expert en diagnostic d'entreprise ». • Civ. 1re, 7 juin 1988, n° 86-19.338 P : *D. 1989. Somm. 77, obs. Honorat.*

2. Nature de la mission. V. note 12 ss. art. R. 651-5.

Art. L. 813-2 *Abrogé par L. n° 2004-130 du 11 févr. 2004, art. 53.*

CHAPITRE IV DISPOSITIONS COMMUNES

SECTION PREMIÈRE DE LA COMMISSION NATIONALE D'INSCRIPTION ET DE DISCIPLINE DES ADMINISTRATEURS JUDICIAIRES ET DES MANDATAIRES JUDICIAIRES ET DE LA REPRÉSENTATION DE LA PROFESSION AUPRÈS DES POUVOIRS PUBLICS *(Ord. n° 2015-1287 du 15 oct. 2015, art. 2, en vigueur le 1er févr. 2016).*

SOUS-SECTION 1 DE LA COMMISSION NATIONALE D'INSCRIPTION ET DE DISCIPLINE

(Ord. n° 2015-1287 du 15 oct. 2015, en vigueur le 1er févr. 2016)

Art. L. 814-1 I. — Il est institué une Commission nationale d'inscription et de discipline des administrateurs judiciaires et des mandataires judiciaires comprenant :

1° Un conseiller à la Cour de cassation, président de la commission, désigné par le premier président de la Cour de cassation ;

2° Un membre du Conseil d'État désigné par le vice-président du Conseil d'État ;

3° Un membre de la Cour des comptes désigné par le premier président de la Cour des comptes ;

4° Un membre de l'inspection générale des finances désigné par le ministre chargé de l'économie ;

5° Deux magistrats du siège de l'ordre judiciaire, désignés par le premier président de la Cour de cassation ;

6° Un membre d'une juridiction commerciale du premier degré désigné par le premier président de la Cour de cassation ;

7° Deux personnalités qualifiées en matière juridique, économique ou sociale et deux professeurs ou maîtres de conférences de droit, de sciences économiques ou de gestion, désignés par le ministre de la justice.

Un suppléant est désigné pour chaque membre de la commission, à l'exception du président, qui dispose de deux suppléants, et des deux membres mentionnés au 5° pour lesquels un seul suppléant est désigné. Les suppléants sont désignés dans les mêmes conditions que les titulaires.

Lorsqu'elle est saisie en application de l'article L. 811-6 ou de l'article L. 812-4 ou lorsqu'elle siège en chambre de discipline, la commission comprend en outre trois administrateurs judiciaires ou trois mandataires judiciaires inscrits sur la liste, exerçant la même profession que la personne concernée et élus par leurs pairs dans des conditions déterminées par décret en Conseil d'État.

(Ord. n° 2016-727 du 2 juin 2016, art. 12, en vigueur le 1er janv. 2017) « Lorsqu'elle siège comme chambre de discipline à l'encontre d'une personne désignée dans les conditions prévues au III de l'article L. 812-2, elle comprend en outre *(Ord. n° 2016-728 du 2 juin 2016, art. 23, en vigueur le 1er juill. 2022)* « trois commissaires de justice *[ancienne rédaction : trois huissiers de justice ou trois commissaires-priseurs judiciaires]* » selon le statut de l'intéressé, désignés par leurs pairs dans des conditions déterminées par décret en Conseil d'État. »

Les membres de la commission et les suppléants sont désignés pour un mandat de trois ans renouvelable.

En cas de vacance d'un siège, pour quelque cause que ce soit, il est procédé à la nomination, dans les conditions prévues au présent article, d'un nouveau membre pour la durée du mandat restant à courir.

II. — Deux magistrats du parquet et un suppléant sont désignés pour exercer les fonctions de commissaire du Gouvernement auprès de la commission et assurer notamment l'instruction des demandes d'inscription.

III. — Les décisions sont prises à la majorité des voix. En cas d'égalité des voix, celle du président est prépondérante.

Les frais de fonctionnement de la commission sont à la charge de l'État.

L'Ord. n° 2016-727 du 2 juin 2016 est applicable aux procédures ouvertes après son entrée en vigueur (Ord. préc., art. 25, al. 2).

V. art. R. 814-1 s.

Art. L. 814-1-1 Les recours contre les décisions de la commission, tant en matière d'inscription ou de retrait que de discipline, sont portés devant la cour d'appel de Paris.

Ces recours ont un caractère suspensif.

V. art. R. 814-2 et R. 814-2-1.

SOUS-SECTION 2 DE LA REPRÉSENTATION DES PROFESSIONS AUPRÈS DES POUVOIRS PUBLICS

Art. L. 814-2 *(L. nº 2003-7 du 3 janv. 2003, art. 26)* Les professions d'administrateur judiciaire et de mandataire judiciaire sont représentées auprès des pouvoirs publics par un Conseil national des administrateurs judiciaires et des mandataires judiciaires, établissement d'utilité publique doté de la personnalité morale, chargé d'assurer la défense des intérêts collectifs de ces professions. *(L. nº 2011-331 du 28 mars 2011, art. 23)* « Le Conseil national peut, devant toutes les juridictions, exercer tous les droits réservés à la partie civile relativement aux faits portant un préjudice direct ou indirect à l'intérêt collectif des deux professions. » Il incombe, en outre, au conseil national de veiller au respect de leurs obligations par les mandataires de justice, d'organiser leur formation professionnelle, de s'assurer qu'ils se conforment à leur obligation d'entretien et de perfectionnement des connaissances *(L. nº 2011-331 du 28 mars 2011, art. 20-7º)* « et de contrôler leurs études.

« Au plus tard le 1er janvier 2014, le Conseil national met en place, sous sa responsabilité, un portail électronique offrant des services de communication électronique sécurisée en lien avec les activités des deux professions. Ce portail permet, dans des conditions fixées par décret en Conseil d'État, pris après avis de la Commission nationale de l'informatique et des libertés, l'envoi et la réception d'actes de procédure par les administrateurs judiciaires, les mandataires judiciaires et les personnes désignées en application du deuxième alinéa de l'article L. 811-2 *(Ord. nº 2016-727 du 2 juin 2016, art. 13, en vigueur le 1er janv. 2017)* « , du premier alinéa du II de l'article *(L. nº 2016-1547 du 18 nov. 2016, art. 97-9º)* « L. 812-2 » ou du III de ce même article ». — *V. art. R. 814-58-1 s.*

« Le Conseil national rend compte de l'accomplissement de ces missions dans un rapport qu'il adresse chaque année au garde des sceaux, ministre de la justice. » — *V. art. R. 814-4.*

Les modes d'élection et de fonctionnement du conseil national, qui comprend en nombre égal un collège représentant les administrateurs judiciaires et un collège représentant les mandataires judiciaires, sont fixés par décret en Conseil d'État. — *[L. nº 85-99 du 25 janv. 1985, art. 33.] — V. art. R. 814-5 s.*

L'Ord. nº 2016-727 du 2 juin 2016 est applicable aux procédures ouvertes après son entrée en vigueur (Ord. préc., art. 25, al. 2).

SECTION II DE LA GARANTIE DE LA REPRÉSENTATION DES FONDS, DE LA RESPONSABILITÉ CIVILE PROFESSIONNELLE ET DE LA RÉMUNÉRATION

SOUS-SECTION 1 DE LA GARANTIE DE LA REPRÉSENTATION DES FONDS ET DE LA RESPONSABILITÉ CIVILE PROFESSIONNELLE

Art. L. 814-3 *(L. nº 2003-7 du 3 janv. 2003, art. 27)* Une caisse dotée de la personnalité civile et gérée par les cotisants a pour objet de garantir le remboursement des fonds, effets ou valeurs reçus ou gérés par chaque administrateur judiciaire et par chaque mandataire judiciaire inscrits sur les listes, à l'occasion des opérations dont ils sont chargés à raison de leurs fonctions. Deux magistrats du parquet sont désignés pour exercer, l'un en qualité de titulaire, l'autre de suppléant, les fonctions de commissaire du Gouvernement auprès de la caisse.

L'adhésion à cette caisse est obligatoire pour chaque administrateur judiciaire et pour chaque mandataire judiciaire inscrits sur les listes *(L. nº 2015-990 du 6 août 2015, art. 236-7º)* « , à l'exception des administrateurs judiciaires et des mandataires judiciaires exerçant leur profession en qualité de salarié ».

Les ressources de la caisse sont constituées par le produit d'une cotisation spéciale annuelle payée par chaque administrateur judiciaire et par chaque mandataire judiciaire inscrits sur les listes.

Les cotisations payées par les administrateurs judiciaires et par les mandataires judiciaires sont affectées à la garantie des seuls administrateurs judiciaires et mandataires judiciaires inscrits sur les listes.

Au cas où les ressources de la caisse s'avèrent insuffisantes pour exécuter ses obligations, elle procède à un appel de fonds complémentaire auprès des professionnels inscrits sur les listes.

La garantie de la caisse joue sans que puisse être opposé aux créanciers le bénéfice de discussion prévu à l'article *(Ord. n° 2021-1192 du 15 sept. 2021, art. 34, en vigueur le 1er janv. 2022)* « 2305 *[ancienne rédaction : 2298]* » du code civil et sur la seule justification de l'exigibilité de la créance et de la non-représentation des fonds par l'administrateur judiciaire ou le mandataire judiciaire inscrits sur les listes.

La caisse est tenue de s'assurer contre les risques résultant pour elle de l'application du présent code.

Les recours contre les décisions de la caisse sont portés devant le *(Ord. n° 2019-964 du 18 sept. 2019, art. 35, en vigueur le 1er janv. 2020)* « tribunal judiciaire » de Paris. – *[L. n° 85-99 du 25 janv. 1985, art. 34.] – V. art. R. 814-16 s.*

BIBL. ▶ Bolard, *D. 1988. Chron. 263.* – Guyon, *RPC 1988. 159.* – Perdriau, *JCP E 1989. II. 15547.* – Soinne, *RPC 1990. 261.*

1. Adhésion obligatoire. L'adhésion à une caisse de garantie est obligatoire pour les administrateurs judiciaires et les mandataires liquidateurs et chaque adhérent est tenu de payer le montant de la cotisation correspondant aux frais de fonctionnement et missions légales de la caisse, à savoir la garantie de la représentation des fonds et les assurances obligatoires tant de celle-ci que de chaque adhérent pour sa responsabilité civile professionnelle. • Civ. 1re, 30 janv. 1996, n° 93-11.271 P : *D. 1996. IR 62 ; JCP 1996. II. 22613, rapp. Sargos.* – V. aussi, sur renvoi, • Paris, 3 déc. 1997 : *JCP E 1998, n° 4, p. 102.* ♦ Dans la même affaire, V. notes ss. art. L. 812-1. ♦ Pour un autre arrêt, dans le même sens, V. • Civ. 1re, 10 juin 1997 : *RPC 1998. 199, obs. Soinne.*

2. Contrôle du juge administratif (jurisprudence antérieure à la loi du 3 janv. 2003). En raison de la mission exercée par la caisse de garantie, du contrôle auquel celle-ci est soumise pour la fixation de la cotisation et des prérogatives de puissance publique dont elle dispose pour imposer une cotisation et en fixer le montant, les décisions par lesquelles elle fixe les principes de calcul de la cotisation annuelle et son montant pour chaque affilié sont des actes administratifs dont la légalité relève de l'appréciation du juge administratif. • CE 29 déc. 1999 : *D. 2000. IR 30.* ♦ Jurisprudence infirmée par l'art. L. 814-3, dans sa réd. issue de la L. n° 2003-7 du 3 janv. 2003, qui donne compétence au tribunal de grande instance de Paris.

3. Cotisation complémentaire. Si l'art. 34 [C. com., art. L. 814-3] a prévu le principe d'une cotisation annuelle, il n'a ni pour objet ni pour effet d'interdire au conseil d'administration de la caisse de garantie de prévoir une cotisation complémentaire lorsque l'appel de cette cotisation est rendu nécessaire par des circonstances particulières. • CE 29 déc. 1999 : *préc. note 2.* – Dans le même sens, V. • Com. 13 mai 2003, n° 99-14.320 P : *RJDA 2003, n° 1090.* ♦ Le fait de refuser le paiement de la cotisation exceptionnelle constitue une faute disciplinaire. • Com. 13 mai 2003 : *préc.* • Colmar, 19 mars 1998 : *RPC 2000. 211, obs. Soinne* • Paris, 24 févr. 1999 : *ibid.* ♦ Jurisprudence confirmée par l'art. L. 814-3, al. 5, dans sa réd. issue de la L. n° 2003-7 du 3 janv. 2003. ♦ Si aucune des dispositions de la loi relatives aux cotisations n'interdit au conseil d'administration de la Caisse de garantie d'appeler, lorsque les circonstances le justifient, une cotisation supplémentaire auprès des professionnels qui lui sont obligatoirement affiliés, ces mêmes dispositions font, en revanche, obstacle à ce que cette cotisation soit unilatéralement étendue aux administrateurs et mandataires judiciaires non inscrits sur une liste et autorisés à titre exceptionnel à achever certaines de leurs missions. • CE 10 août 2005 : *JCP E 2005, n° 38, p. 1544, concl. Aguila ; RPC 2005. 309, concl. Aguila.*

4. Action directe contre l'assureur. L'assurance souscrite pour elle-même par la Caisse de garantie au titre de sa garantie de non-représentation des fonds, contrairement à celle souscrite par son intermédiaire par ses cotisants en application de l'art. L. 814-4, n'est pas une assurance de responsabilité et n'ouvre pas, dès lors, aux créanciers auxquels des fonds n'ont pas été représentés une action directe contre l'assureur de la Caisse de garantie. • Civ. 2e, 14 oct. 2021, n° 19-24.728 B : *D. actu. 29 oct. 2021, obs. Bigot ; APC 2021, n° 282, obs. Cayol.*

Art. L. 814-4 *(L. nº 2003-7 du 3 janv. 2003, art. 28)* **Il doit être justifié par chaque administrateur judiciaire ainsi que par chaque mandataire judiciaire inscrits sur les listes d'une assurance souscrite par l'intermédiaire de la caisse de garantie. Cette assurance couvre les conséquences pécuniaires de la responsabilité civile encourue par les administrateurs judiciaires et les mandataires judiciaires, du fait de leurs négligences ou de leurs fautes ou de celles de leurs préposés, commises dans l'exercice de leurs mandats.** – *[L. nº 85-99 du 25 janv. 1985, art. 35.] – V. art. R. 814-23 et R. 814-24.*

Art. L. 814-5 *(L. nº 2003-7 du 3 janv. 2003, art. 29)* **L'administrateur judiciaire non inscrit sur la liste nationale, désigné dans les conditions prévues par le deuxième alinéa de l'article L. 811-2, le mandataire judiciaire non inscrit sur la liste nationale, désigné dans les conditions prévues par le premier alinéa du II de l'article L. 812-2** *(Ord. nº 2016-727 du 2 juin 2016, art. 14, en vigueur le 1er janv. 2017)* **« ou par le III de ce même article », doit justifier, lorsqu'il accepte sa mission, d'une garantie affectée au remboursement des fonds, effets ou valeurs ainsi que d'une assurance souscrite le cas échéant auprès de la caisse de garantie. Cette assurance couvre les conséquences pécuniaires de la responsabilité civile encourue par cet administrateur judiciaire ou ce mandataire judiciaire, du fait de ses négligences ou de ses fautes ou de celles de ses préposés, commises dans l'exercice de son mandat.** – *[L. nº 85-99 du 25 janv. 1985, art. 36.]*

L'Ord. nº 2016-727 du 2 juin 2016 est applicable aux procédures ouvertes après son entrée en vigueur (Ord. préc., art. 25, al. 2).

SOUS-SECTION 2 *[ABROGÉE]* DE LA RÉMUNÉRATION

(Abrogée par L. nº 2005-845 du 26 juill. 2005, art. 158-IV)

Art. L. 814-6 *et* L. 814-7 *Abrogés par L. nº 2005-845 du 26 juill. 2005, art. 158-IV.*

La L. nº 2005-845 du 26 juill. 2005 entre en vigueur le 1er janv. 2006 (L. préc., art. 190). – Sur la rémunération des administrateurs judiciaires et mandataires judiciaires, V. désormais art. L. 663-2 et L. 663-3.

SECTION III DISPOSITIONS DIVERSES

(L. nº 2003-7 du 3 janv. 2003, art. 30)

Art. L. 814-8 *(L. nº 2003-7 du 3 janv. 2003, art. 31)* **Lorsqu'un administrateur judiciaire ou un mandataire judiciaire inscrit sur les listes et désigné par une juridiction pour accomplir à l'égard d'une entreprise les missions prévues par les dispositions du livre VI est déjà intervenu pour le compte de celle-ci à titre de conseil ou au titre des missions prévues aux avant-derniers alinéas des articles L. 811-10 et L. 812-8, il informe la juridiction de la nature et de l'importance des diligences accomplies au cours des cinq années précédentes.** *(Ord. nº 2016-727 du 2 juin 2016, art. 15, en vigueur le 1er janv. 2017)* **« Cette obligation s'applique également aux personnes désignées dans les conditions prévues au III de l'article L. 812-2 lorsque celles-ci sont déjà intervenues au titre d'une mission prévue par leur statut. »** – *L'Ord. nº 2016-727 du 2 juin 2016 est applicable aux procédures ouvertes après son entrée en vigueur (Ord. préc., art. 25, al. 2).*

Le non-respect des dispositions de l'alinéa précédent est passible de poursuites *disciplinaires.*

Art. L. 814-9 *(L. nº 2003-7 du 3 janv. 2003, art. 32)* **Les administrateurs judiciaires et les mandataires judiciaires inscrits sur les listes sont tenus de suivre une formation continue leur permettant d'entretenir et de perfectionner leurs connaissances.** *(L. nº 2016-1547 du 18 nov. 2016, art. 97-10º)* **« Un décret en Conseil d'État détermine la nature et la durée des activités susceptibles d'être validées au titre de l'obligation de formation continue. » Cette formation est organisée par le conseil national mentionné à l'article L. 814-2.**

(Ord. nº 2016-727 du 2 juin 2016, art. 16, en vigueur le 1er janv. 2017) **« Les personnes mentionnées au III de l'article L. 812-2 sont également tenues de suivre une formation continue leur permettant d'entretenir et de perfectionner leurs connaissances des procédures dans lesquelles elles peuvent être désignées à titre habituel.**

Cette formation est organisée selon les modalités prévues par leur statut. » — *L'Ord. nº 2016-727 du 2 juin 2016 est applicable aux procédures ouvertes après son entrée en vigueur (Ord. préc., art. 25, al. 2).*

Le 10º de l'art. 97 de la L. nº 2016-1547 du 18 nov. 2016 entre en vigueur selon des modalités fixées par décret, et au plus tard le 1er mai 2017 (L. préc., art. 114-XIII).

V. art. R. 814-28-1 s.

Art. L. 814-10 *(L. nº 2003-7 du 3 janv. 2003, art. 35)* Les administrateurs judiciaires et les mandataires judiciaires non inscrits sur les listes nationales, désignés dans les conditions prévues au deuxième alinéa de l'article L. 811-2, *(L. nº 2005-845 du 26 juill. 2005, art. 164-III)* « ou au premier alinéa du II de l'article L. 812-2 », sont placés sous la surveillance du ministère public et sont soumis, dans leur activité professionnelle, à des inspections de l'autorité publique à l'occasion desquelles ils sont tenus de fournir tous renseignements ou documents utiles sans pouvoir opposer le secret professionnel.

Les commissaires aux comptes des administrateurs ou mandataires judiciaires non inscrits et qui font l'objet d'une inspection sont tenus, sans pouvoir opposer le secret professionnel, de déférer aux demandes des personnes chargées de l'inspection tendant à la communication de tout renseignement recueilli ou de tout document établi dans le cadre de leur mission.

Le procureur de la République peut, dans le cas où ces mandataires de justice se verraient reprocher d'avoir commis un acte constitutif de la contravention, de l'infraction ou du manquement visés à l'article L. 811-12 A, demander au *(Ord. nº 2019-964 du 18 sept. 2019, art. 35, en vigueur le 1er janv. 2020)* « tribunal judiciaire » de leur interdire d'exercer les fonctions d'administrateur ou de mandataire judiciaires.

Les mesures d'interdiction prononcées en application de l'alinéa précédent sont communiquées au garde des sceaux, ministre de la justice, pour être diffusées auprès des procureurs généraux.

Art. L. 814-10-1 *(Ord. nº 2016-727 du 2 juin 2016, art. 17, en vigueur le 1er janv. 2017)* I. — Les personnes désignées dans les conditions prévues au III de l'article L. 812-2 sont placées sous la surveillance du ministère public et sont soumises, pour cette activité professionnelle, à des inspections de l'autorité publique à l'occasion desquelles elles sont tenues de fournir tous renseignements ou documents utiles sans pouvoir opposer le secret professionnel.

L'organisation et les modalités de ces inspections sont déterminées par décret en Conseil d'État.

II. — Elles sont soumises au contrôle de cette activité professionnelle. Ce contrôle est confié au conseil national mentionné à l'article L. 814-2. Elles sont tenues, sans pouvoir opposer le secret professionnel, de déférer aux demandes des personnes chargées du contrôle tendant à la communication de tous renseignements ou documents utiles.

L'organisation et les modalités de ce contrôle sont déterminées par décret en Conseil d'État.

III. — Elles sont tenues de désigner un commissaire aux comptes qui assure le contrôle de leur comptabilité spéciale et exerce, à ce titre, une mission permanente de contrôle de l'ensemble des fonds, effets, titres et autres valeurs appartenant à autrui, qu'elles détiennent en vertu d'un mandat reçu dans l'exercice de leurs fonctions.

Les commissaires aux comptes peuvent en outre, aux fins du contrôle prévu au précédent alinéa, avoir accès à la comptabilité générale de l'office, aux procédures confiées à celles-ci et se faire communiquer par elles ou par les tiers détenteurs des fonds, nonobstant toute disposition contraire, tous renseignements utiles à leur mission de contrôle.

Ils informent, dans des conditions fixées par décret en Conseil d'État, les autorités auxquelles sont confiées la surveillance, les inspections et le contrôle des personnes mentionnées au III de l'article L. 812-2, des résultats de leur mission et signalent les *anomalies ou irrégularités* dont ils ont connaissance au cours de l'exécution de leur mission.

Ils sont en outre tenus de déférer aux demandes des personnes chargées du contrôle ou de l'inspection tendant à la communication de tout renseignement recueilli ou de tout document établi dans le cadre de l'exécution de leur mission, sans pouvoir opposer le secret professionnel.

IV. — La Caisse des dépôts et consignations est tenue, sans pouvoir opposer le secret professionnel, de déférer aux demandes des personnes chargées de l'inspection ainsi qu'à celles du conseil national mentionné à l'article L. 814-2 pour l'exercice du contrôle dont il est en charge, tendant à la communication de tout renseignement ou document utiles à la connaissance des mouvements de fonds intervenus sur les comptes ouverts dans ses livres au nom de chaque personne mentionnée au III de l'article L. 812-2 et de sommes qui y sont déposées au titre des mandats sur lesquels porte l'inspection ou le contrôle.

L'Ord. n° 2016-727 du 2 juin 2016 est applicable aux procédures ouvertes après son entrée en vigueur (Ord. préc., art. 25, al. 2).

Art. L. 814-10-2 *(Ord. n° 2016-727 du 2 juin 2016, art. 17, en vigueur le 1er janv. 2017)* I. — L'action disciplinaire à l'encontre d'une personne désignée dans les conditions prévues au III de l'article L. 812-2 ne peut porter que sur des faits commis dans le cadre ou à l'occasion de la mission qui lui a été confiée.

Elle est engagée par le garde des sceaux, ministre de la justice, le procureur général près la cour d'appel dans le ressort de laquelle ont été commis les faits, le magistrat du parquet général chargé des inspections des personnes mentionnées au III de l'article L. 812-2 dont le domicile professionnel est situé dans le ressort de la cour d'appel pour laquelle il est compétent, l'instance professionnelle représentative ou le président du Conseil national des administrateurs judiciaires et des mandataires judiciaires.

II. — La commission nationale mentionnée à l'article L. 814-1 siège comme chambre de discipline. Le commissaire du Gouvernement y exerce les fonctions du ministère public.

Elle informe sans délai, le garde des sceaux, ministre de la justice, ainsi que le président de la chambre de discipline compétente à l'égard de l'intéressé en application de son statut, de toute action disciplinaire dont elle est saisie.

L'action disciplinaire engagée devant elle à l'encontre d'une personne désignée dans les conditions prévues au III de l'article L. 812-2 interdit toute action devant la chambre de discipline dont relève l'intéressé en application de son statut lorsque celle-ci porte sur les mêmes faits.

La Commission nationale d'inscription et de discipline des administrateurs judiciaires et des mandataires judiciaires peut prononcer les peines disciplinaires suivantes :

1° L'avertissement ;

2° Le blâme ;

3° L'interdiction temporaire d'exercer toutes missions confiées en application du III de l'article L. 812-2 pour une durée n'excédant pas cinq ans, cette interdiction temporaire pouvant être assortie du sursis ;

4° L'interdiction définitive d'exercer toutes missions confiées en application du III de l'article L. 812-2.

L'avertissement et le blâme peuvent être accompagnés, pendant un délai d'un an, de mesures de contrôle soumettant la personne mentionnée au III de l'article L. 812-2 à des obligations particulières déterminées par la commission. Ces obligations peuvent également être prescrites par la commission lorsque cette personne interdite temporairement reprend ses fonctions.

La peine de l'interdiction temporaire peut être assortie du sursis. Si, dans le délai de cinq ans à compter du prononcé de la sanction, la personne mentionnée au III de l'article L. 812-2 a *commis* une infraction ou une faute ayant entraîné le prononcé d'une nouvelle sanction disciplinaire, celle-ci entraîne*[,]* sauf décision motivée, l'exécution de la première sanction sans confusion possible avec la seconde.

III. — Lorsqu'elle prononce une peine disciplinaire, la commission peut décider, eu égard à la gravité des faits commis, de mettre à la charge de la personne mentionnée au III de l'article L. 812-2 tout ou partie des frais occasionnés par la présence d'un commissaire aux comptes ou d'un expert lors des contrôles ou des inspections ayant permis la constatation de ces faits.

IV. — Toute personne mentionnée au III de l'article L. 812-2 qui fait l'objet d'une poursuite pénale ou disciplinaire peut être suspendue provisoirement de l'exercice de ces fonctions par le *(Ord. n° 2019-964 du 18 sept. 2019, art. 35, en vigueur le 1er janv. 2020)* « tribunal judiciaire » du lieu où elle est établie.

En cas d'urgence, la suspension provisoire peut être prononcée même avant l'exercice des poursuites pénales ou disciplinaires si des inspections ou vérifications ont laissé apparaître des risques pour les sommes perçues par cette personne, à raison de ses fonctions.

Le tribunal peut, à tout moment, à la requête soit du commissaire du Gouvernement, soit du magistrat du parquet général désigné pour les inspections ou de l'intéressé, mettre fin à la suspension provisoire.

La suspension cesse de plein droit dès que les actions pénales ou disciplinaires sont éteintes. Elle cesse également de plein droit, dans le cas prévu au deuxième alinéa, si, à l'expiration d'un délai d'un mois à compter de son prononcé, aucune poursuite pénale ou disciplinaire n'a été engagée.

V. – L'action disciplinaire se prescrit par dix ans à compter de la commission des faits ou, lorsque les faits se rapportent à l'exercice professionnel, à compter de l'achèvement de la mission à l'occasion de laquelle ils ont été commis.

Si la personne mentionnée au III de l'article L. 812-2 est l'auteure de faits ayant donné lieu à une condamnation pénale, l'action se prescrit par deux ans à compter de la date à laquelle cette condamnation est devenue définitive.

VI.– La personne mentionnée au III de l'article L. 812-2 interdite ou suspendue doit s'abstenir de tout acte professionnel relevant des missions prévues à cet article.

Les actes accomplis au mépris de cette prohibition peuvent être déclarés nuls, à la requête de tout intéressé ou du ministère public, par le tribunal statuant en chambre du conseil. La décision est exécutoire à l'égard de toute personne.

Toute infraction aux dispositions qui précèdent est punie des peines encourues pour le délit d'usurpation de titre prévu par l'article 433-17 du code pénal.

(Ord. n° 2016-1635 du 1er déc. 2016, art. 16-4°) « VII. – Lorsqu'elle prononce une peine disciplinaire relative à un manquement aux dispositions des sections III à VI du chapitre Ier du titre VI du livre V du code monétaire et financier, il est également fait application des dispositions de l'article L. 561-36-3 de ce même code. »

L'Ord. n° 2016-727 du 2 juin 2016 est applicable aux procédures ouvertes après son entrée en vigueur (Ord. préc., art. 25, al. 2).

V. art. R. 812-23-1 et R. 812-23-2.

Art. L. 814-11 *(L. n° 2003-7 du 3 janv. 2003, art. 36)* Toute somme détenue par un administrateur judiciaire ou un mandataire judiciaire au titre d'un mandat amiable est versée, dès sa réception, en compte de dépôt à la Caisse des dépôts et consignations, sauf décision expresse du mandant de désigner un autre établissement financier. En cas de retard, l'administrateur judiciaire ou le mandataire judiciaire doit, pour les sommes qu'il n'a pas versées, un intérêt dont le taux est égal au taux de l'intérêt légal majoré de cinq points.

Art. L. 814-12 *(L. n° 2011-331 du 28 mars 2011, art. 20-6°)* Tout administrateur judiciaire ou mandataire judiciaire *(Abrogé par L. n° 2015-990 du 6 août 2015, art. 236-8°) « inscrit sur les listes »* qui, dans l'exercice de ses fonctions, acquiert la connaissance d'un crime ou d'un délit est tenu d'en donner avis sans délai au procureur de la République et de transmettre à ce magistrat tous les renseignements, procès-verbaux et actes qui y sont relatifs.

Art. L. 814-13 *(L. n° 2011-331 du 28 mars 2011, art. 20-6°)* Un décret détermine la liste des actes de procédure envoyés ou reçus par les administrateurs judiciaires, les mandataires judiciaires et les personnes désignées en application du deuxième alinéa de l'article L. 811-2 *(Ord. n° 2016-727 du 2 juin 2016, art. 18, en vigueur le 1er janv. 2017)* « , du premier alinéa du II de l'article L. 812-2 ou du III de ce même article » qui peuvent faire l'objet d'une communication par voie électronique.

Les administrateurs judiciaires et les mandataires judiciaires procèdent par voie électronique lorsque les tiers destinataires ou émetteurs des actes ont expressément demandé ou consenti à ce qu'il soit procédé selon cette voie. A cette fin, ils utilisent le portail mis à leur disposition par le conseil national en application de l'article L. 814-2. Un décret en Conseil d'État, pris après avis de la Commission nationale de l'informatique et des libertés, fixe les conditions d'application du présent alinéa. – *V. art. R. 814-58-1 s.*

L'Ord. n° 2016-727 du 2 juin 2016 est applicable aux procédures ouvertes après son entrée en vigueur (Ord. préc., art. 25, al. 2).

Art. L. 814-14 *(L. n° 2015-990 du 6 août 2015, art. 236-9°)* **Un décret en Conseil d'État fixe les modalités d'application des articles L. 811-7-1 et L. 812-5-1, notamment les règles applicables au règlement des litiges nés à l'occasion de l'exécution d'un contrat de travail après médiation du président du Conseil national des administrateurs judiciaires et des mandataires judiciaires, celles relatives au licenciement de l'administrateur judiciaire ou du mandataire judiciaire salarié et, dans ce cas, les conditions dans lesquelles il peut être retiré de la liste mentionnée aux articles L. 811-2 ou L. 812-2.**

Art. L. 814-15 *(L. n° 2016-1547 du 18 nov. 2016, art. 97-11°)* **Les fonds, effets, titres et autres valeurs reçus par les administrateurs judiciaires et mandataires judiciaires pour le compte de débiteurs devant être versés à la Caisse des dépôts et consignations en application d'une disposition législative ou réglementaire sont déposés sur un compte distinct par procédure de sauvegarde, de redressement judiciaire ou de liquidation judiciaire lorsque le nombre de salariés ou le chiffre d'affaires du débiteur sont supérieurs à des seuils fixés par décret.** — *V. art. D. 814-37-1.*

Les dispositions de l'art. L. 814-15 entrent en vigueur le 1er mai 2017. Elles ne s'appliquent qu'aux procédures ouvertes à compter de cette date (Décr. n° 2017-304 du 8 mars 2017, art. 3).

Art. L. 814-16 *(L. n° 2016-1547 du 18 nov. 2016, art. 97-11°)* **Lorsqu'il lui apparaît que le compte distinct mentionné à l'article L. 814-15 n'a fait l'objet d'aucune opération, hors inscription d'intérêts et débit par la Caisse des dépôts et consignations de frais et commissions de toutes natures ou d'éventuels prélèvements sur les intérêts versés au profit du fonds mentionné à l'article L. 663-3 pendant une période de six mois consécutifs, la Caisse des dépôts et consignations en avise le magistrat désigné par le ministre de la justice et placé auprès du directeur des affaires civiles et du sceau pour coordonner l'activité des magistrats inspecteurs régionaux.**

L'art. L. 814-16 entre en vigueur selon des modalités fixées par décret, et au plus tard le 1er mai 2017 (L. n° 2016-1547 du 18 nov. 2016, art. 114-XIII).

TITRE DEUXIÈME DES COMMISSAIRES AUX COMPTES

(L. n° 2001-420 du 15 mai 2001)

RÉP. SOCIÉTÉS v° *Commissaire aux comptes*, par Poracchia, Merland et Lamoureux.

BIBL. GÉN. ▸ Vidal, *Dr. sociétés août-sept. 2001, hors série, p. 24* (statut issu de la loi du 15 mai 2001). – Champaud et Danet, *RTD com. 2002. 101* (même thème). – R. Salomon, *Dr. sociétés 2002. Chron. 5 et 6* (originalité de la responsabilité disciplinaire des commissaires aux comptes). – Granier, *Mél. Guyon, Dalloz, 2003, p. 457* (commissaire aux comptes dans les sociétés qui font appel public à l'épargne). – F. Salomon, *Dr. sociétés 2004. Chron. 4 et 5* (les commissaires aux comptes et le droit pénal). – Poracchia, *LPA 30 sept. 2004, p. 3* (évolution de la profession de commissaire aux comptes). – Barrière, *BJS 2006. 989* (nouvelles dispositions relatives au commissariat aux comptes et incohérences en matière de nullité).

▸ Sur le contrôle légal des comptes après la loi de sécurité financière du 1er août 2003 : Couret et Tudel, *D. 2003. Chron. 2290*. – Hovasse, *Dr. sociétés 2003, n° 169*. – Granier, *LPA 14 nov. 2003, p. 82*. – Matsopoulou, *Rev. sociétés 2003. 813* (renforcement de l'indépendance des commissaires aux comptes). – Poracchia, *Dr. et patr. 1/2004. 62*. – Navarro, *JCP E 2004, n° 8-9, p. 317*. – Merle et Kling, *in* Le droit des sociétés pour 2004, *Dalloz, 2004, p. 255*. – J.-F. Barbièri, *LPA 8 juill. 2004, p. 6* (de la régulation interne à la réglementation professionnelle) ; *BJS 2006. 1183* (directive du 17 mai 2006). – Vidal, *Mél. D. Schmidt, Joly éditions, 2005, p. 475* (indépendance du commissaire aux comptes). – A. Robert, *Rev. sociétés 2007. 733* (directive du 17 mai 2006 : analyse et comparaison avec le droit français).

▸ Sur l'ordonnance du 8 sept. 2005 : J.-F. Barbièri, *BJS 2005. 1289*.

▸ Sur la réforme du contrôle légal des comptes opérée par l'ordonnance du 8 déc. 2008 : Hovasse, *Dr. sociétés 2009, n° 28*.

V. Dir. 2006/43/CE du 17 mai 2006 concernant les contrôles légaux des comptes annuels et des comptes consolidés (JOUE L 157 du 9 juin), mod. par Dir. 2008/30/CE du 11 mars 2008 (JOUE L 81 du 20 mars), Dir. 2013/34/UE du 26 juin 2013 (JOUE L 182 du 29 juin) et Dir. 2014/56/UE du 16 avr. 2014 (JOUE L 158 du 27 mai).

CHAPITRE PRÉLIMINAIRE **DISPOSITIONS GÉNÉRALES** *(L. n° 2003-706 du 1er août 2003).*

Art. L. 820-1 *(Ord. n° 2016-315 du 17 mars 2016, art. 2, en vigueur le 17 juin 2016)* I. — Nonobstant toute disposition contraire, les dispositions du présent titre sont applicables aux commissaires aux comptes *(L. n° 2019-486 du 22 mai 2019, art. 23)* « dans l'exercice de leur activité professionnelle, quelle que soit la nature des missions ou des prestations qu'ils fournissent ». Elles sont également applicables à ces personnes et entités, sous réserve des règles propres à celles-ci, quel que soit leur statut juridique.

II. — Pour l'application du présent titre, le terme : "entité" désigne notamment les fonds mentionnés aux articles L. 214-8, L. 214-24-34 et L. 214-169 du code monétaire et financier.

III. — Pour l'application du présent titre*[,]* les termes : "entité d'intérêt public" désignent :

1° Les établissements de crédit mentionnés au I de l'article L. 511-1 du code monétaire et financier ayant leur siège social en France ;

2° Les entreprises d'assurance et de réassurance mentionnées aux articles L. 310-1 et L. 310-1-1 du code des assurances, à l'exception des sociétés d'assurance mutuelles dispensées d'agrément administratif en application de l'article R. 322-117-1 du code des assurances ;

3° Les institutions de prévoyance et leurs unions régies par le titre III du livre IX du code de la sécurité sociale, à l'exception de celles mentionnées au 3° de l'article L. 931-6-1 du code de la sécurité sociale ;

4° Les mutuelles et unions de mutuelles régies par le livre II du code de la mutualité, à l'exception de celles mentionnées au 3° de l'article L. 211-11 du code de la mutualité ;

5° Les personnes et entités dont les titres financiers sont admis aux négociations sur un marché réglementé ;

6° Lorsque le total de leur bilan consolidé ou combiné excède un seuil fixé par décret :

a) Les compagnies financières holdings au sens de l'article L. 517-1 du code monétaire et financier dont l'une des filiales est un établissement de crédit ;

b) Les compagnies financières holdings mixtes au sens de l'article L. 517-4 du code monétaire et financier dont l'une des filiales est une entité d'intérêt public au sens du présent article ;

c) Les sociétés de groupe d'assurance au sens de l'article L. 322-1-2 du code des assurances ;

d) Les sociétés de groupe d'assurance mutuelle au sens de l'article L. 322-1-3 du code des assurances ;

e) Les unions mutualistes de groupe au sens de l'article L. 111-4-2 du code de la mutualité ;

f) Les sociétés de groupe assurantiel de protection sociale au sens de l'article L. 931-2-2 du code de la sécurité sociale ; — *Les dispositions du 6° du III de l'art. L. 820-1 entrent en vigueur à compter du premier exercice ouvert postérieurement au 31 déc. 2017 (Ord. n° 2016-315 du 17 mars 2016, art. 53-1°). — V. art. D. 820-1.*

(Ord. n° 2017-484 du 6 avr. 2017, art. 17-I-3°) « 7° Les fonds de retraite professionnelle supplémentaire mentionnés à l'article L. 381-1 du code des assurances ;

« 8° Les mutuelles ou unions de retraite professionnelle supplémentaire mentionnées à l'article L. 214-1 du code de la mutualité ;

« 9° Les institutions de retraite professionnelle supplémentaire mentionnées à l'article L. 942-1 du code de la sécurité sociale. »

Art. L. 820-1-1 *(L. n° 2019-486 du 22 mai 2019, art. 23)* L'exercice de la profession de commissaire aux comptes consiste en l'exercice, par le commissaire aux comptes, de missions de contrôle légal et d'autres missions qui lui sont confiées par la loi ou le règlement.

Un commissaire aux comptes peut, en dehors ou dans le cadre d'une mission légale, fournir des services et des attestations, dans le respect des dispositions du présent code, de la réglementation européenne et des principes définis par le code de déontologie de la profession.

Art. L. 820-2 Nul ne peut se prévaloir du titre de commissaire aux comptes s'il ne remplit pas les conditions visées *(Abrogé par Ord. n° 2005-1126 du 8 sept. 2005, art. 4)* « *aux articles L. 225-227 à L. 225-242 et* » *(L. n° 2003-706 du 1er août 2003)* « aux dispositions du présent titre ».

Art. L. 820-3 *(Ord. n° 2016-315 du 17 mars 2016, art. 3, en vigueur le 17 juin 2016)* I. – En vue de sa désignation, le commissaire aux comptes informe par écrit la personne ou l'entité dont il se propose de certifier les comptes de son affiliation à un réseau, national ou international, qui n'a pas pour activité exclusive le contrôle légal des comptes et dont les membres ont un intérêt économique commun. Le cas échéant, il l'informe également du montant global des honoraires perçus par ce réseau au titre des services autres que la certification des comptes ainsi que de la nature de ces services fournis par ce réseau à la personne ou à l'entité dont ledit commissaire aux comptes se propose de certifier les comptes, aux personnes ou entités qui la contrôlent ou qui sont contrôlées par *(L. n° 2016-1691 du 9 déc. 2016, art. 140-III-1°)* « elle », au sens des I et II de l'article L. 233-3. Les informations relatives au montant global des honoraires perçus sont intégrées aux documents mis à la disposition des actionnaires en application de l'article L. 225-108. Actualisées chaque année par le commissaire aux comptes, elles sont mises à la disposition, au siège de la personne dont il certifie les comptes, des associés et actionnaires et, pour les associations, des adhérents et donateurs.

L'information sur le montant des honoraires versés à chacun des commissaires aux comptes est mise, au siège de la personne ou de l'entité contrôlée, à la disposition des associés et actionnaires et, pour les associations, des adhérents et donateurs.

Pour les entités d'intérêt public, le détail des prestations fournies au titre des services autres que la certification des comptes peut être communiqué, à sa demande, au comité spécialisé mentionné à l'article L. 823-19 ou, selon le cas, à l'organe chargé de l'administration ou à l'organe de surveillance.

II. – Avant d'accepter le mandat ou son renouvellement, le commissaire aux comptes vérifie et consigne :

1° Les éléments relatifs au respect des conditions de son indépendance prévues par l'article L. 822-11-3 et par le code de déontologie mentionné à l'article L. 822-16, et, le cas échéant, les mesures de sauvegarde nécessaires pour atténuer les risques pesant sur son indépendance ;

2° Les éléments établissant qu'il dispose des ressources humaines et matérielles nécessaires à la bonne exécution de la mission de certification des comptes.

III. – Lorsque le commissaire aux comptes certifie les comptes d'une entité d'intérêt public, il se conforme aux dispositions de l'article 6 du règlement (UE) n° 537/2014 du Parlement européen et du Conseil du 16 avril 2014 relatif aux exigences spécifiques applicables au contrôle légal des comptes des entités d'intérêt public et abrogeant la décision 2005/909/CE de la Commission.

Art. L. 820-3-1 *(Ord. n° 2005-1126 du 8 sept. 2005, art. 6)* Les délibérations de l'organe mentionné au premier alinéa *(Ord. n° 2016-315 du 17 mars 2016, art. 4, en vigueur le 17 juin 2016)* « du I » de l'article L. 823-1 prises à défaut de désignation régulière de commissaires aux comptes ou sur le rapport de commissaires aux comptes nommés ou demeurés en fonctions contrairement aux dispositions du présent titre ou à d'autres dispositions applicables à la personne ou à l'entité en cause sont nulles.

L'action en nullité est éteinte si ces délibérations sont expressément confirmées par l'organe compétent sur le rapport de commissaires aux comptes régulièrement désignés.

Art. L. 820-4 Nonobstant toute disposition contraire :

1° Est puni d'un emprisonnement de deux ans et d'une amende de 30 000 € le fait, pour tout dirigeant de personne *(Ord. n° 2005-1126 du 8 sept. 2005, art. 7)* « ou de l'entité » tenue d'avoir un commissaire aux comptes, de ne pas en provoquer la désignation. *(L. n° 2011-525 du 17 mai 2011, art. 159-3°)* « Est puni des mêmes peines le fait pour tout dirigeant d'une personne ou entité ayant un commissaire aux comptes de ne pas le convoquer à toute assemblée générale » ;

2° Est puni d'un emprisonnement de cinq ans et d'une amende de 75 000 € le fait, pour les dirigeants d'une personne morale ou toute personne *(Ord. n° 2005-1126 du 8 sept. 2005, art. 7)* « ou entité au service d'une personne ou entité » *(L. n° 2011-525 du 17 mai 2011, art. 159-3°)* « ayant » un commissaire aux comptes, de mettre obstacle aux vérifications ou contrôles des commissaires aux comptes ou des experts nommés en exécution des articles L. 223-37 et L. 225-231, ou de leur refuser la communication sur place de toutes les pièces utiles à l'exercice de leur mission et, notamment, de tous contrats, livres, documents comptables et registres de procès-verbaux.

Art. L. 820-5 Est puni d'un an d'emprisonnement et de 15 000 € d'amende le fait, pour toute personne :

1° De faire usage du titre de commissaire aux comptes ou de titres quelconques tendant à créer une similitude ou une confusion avec celui-ci, sans être régulièrement inscrite sur la liste prévue au I de l'article *(L. n° 2003-706 du 1er août 2003, art. 116)* « L. 822-1 » et avoir prêté serment dans les conditions prévues à l'article *(L. n° 2003-706 du 1er août 2003, art. 116)* « L. 822-10 *[L. 822-3]* » ;

2° D'exercer illégalement la profession de commissaire aux comptes, en violation des dispositions du I de l'article *(L. n° 2003-706 du 1er août 2003, art. 116)* « L. 822-1 » et de l'article *(L. n° 2003-706 du 1er août 2003, art. 116)* « L. 822-10 *[L. 822-3]* » ou d'une mesure d'interdiction ou de suspension temporaire ;

Les articles 226-13 et 226-14 du code pénal relatifs au secret professionnel sont applicables aux commissaires aux comptes.

Art. L. 820-6 Est puni d'un emprisonnement de six mois et d'une amende de 7 500 € le fait, pour toute personne d'accepter, d'exercer ou de conserver les fonctions de commissaire aux comptes, nonobstant les incompatibilités légales, soit en son nom personnel, soit au titre d'associé dans une société de commissaires aux comptes.

Art. L. 820-7 Est puni d'un emprisonnement de cinq ans et d'une amende de 75 000 € le fait, pour toute personne *(L. n° 2011-525 du 17 mai 2011, art. 159-4°)* « exerçant les fonctions de commissaire aux comptes », de donner ou confirmer *(Abrogé par L. n° 2011-525 du 17 mai 2011, art. 159-4°)* « *soit en son nom personnel, soit au titre d'associé dans une société de commissaires aux comptes* » des informations mensongères sur la situation de la personne morale ou de ne pas révéler au procureur de la République les faits délictueux dont *(L. n° 2011-525 du 17 mai 2011, art. 159-4°)* « elle » a eu connaissance.

Les commissaires aux comptes et les personnes morales doivent se mettre en conformité avec les dispositions des art. L. 820-1 à L. 820-7 dans un délai de dix-huit mois à compter de la publication de la L. n° 2001-420 du 15 mai 2001 (L. préc., art. 113-II, JO 16 mai).

CHAPITRE PREMIER DE L'ORGANISATION ET DU CONTRÔLE DE LA PROFESSION

(L. n° 2003-706 du 1er août 2003)

SECTION PREMIÈRE DE L'ORGANISATION DE LA PROFESSION *(Ord. n° 2016-315 du 17 mars 2016, art. 5-1°, en vigueur le 17 juin 2016)*.

Art. L. 821-1 *(Ord. n° 2016-315 du 17 mars 2016, art. 6, en vigueur le 17 juin 2016)* I. – *(L. n° 2017-55 du 20 janv. 2017, art. 45-1°)* « Le Haut Conseil du commissariat aux comptes est une autorité publique indépendante. »

Le Haut conseil exerce les missions suivantes :

1° Il procède à l'inscription des commissaires aux comptes et des contrôleurs de pays tiers mentionnés au I de l'article L. 822-1-5 et à la tenue des listes prévues à l'article L. 822-1 ;

2° Il adopte, dans les conditions prévues à l'article L. 821-14, les normes relatives à la déontologie des commissaires aux comptes, au contrôle interne de qualité et à l'exercice professionnel ;

3° Il définit les orientations générales et les différents domaines sur lesquels l'obligation de formation continue peut porter et veille au respect des obligations des commissaires aux comptes dans ce domaine ;

4° Il prend les mesures mentionnées aux III et V de l'article L. 823-3-1 et au III de l'article L. 823-18 ;

5° Il définit le cadre et les orientations des contrôles prévus à l'article L. 821-9 ; il en supervise la réalisation et peut émettre des recommandations dans le cadre de leur suivi ;

6° Il diligente des enquêtes portant sur les manquements aux dispositions du présent titre et à celles du règlement (UE) n° 537/2014 du 16 avril 2014 ;

7° Il prononce des sanctions dans les conditions prévues au chapitre IV du présent titre ;

(L. n° 2019-486 du 22 mai 2019, art. 24) « 8° Il statue sur les litiges relatifs à la rémunération des commissaires aux comptes, conformément à l'article L. 823-18-1 ; »

9° Il coopère avec les autorités d'autres États exerçant des compétences analogues, les autorités de l'Union européenne chargées de la supervision des entités d'intérêt public, les banques centrales, le Système européen de banques centrales, la Banque centrale européenne et le Comité européen du risque systémique ;

10° Il suit l'évolution du marché de la réalisation des missions de contrôle légal des comptes des entités d'intérêt public, dans les conditions définies à l'article 27 du règlement (UE) n° 537/2014 du 16 avril 2014.

Sauf dispositions contraires, les missions confiées au Haut conseil sont exercées par le collège.

II. – Le Haut conseil peut déléguer à la Compagnie nationale des commissaires aux comptes la réalisation des missions suivantes ou de certaines d'entre elles :

1° L'inscription et la tenue de la liste mentionnée au I de l'article L. 822-1 ;

2° Le suivi du respect des obligations de formation continue des commissaires aux comptes ;

3° Les contrôles effectués dans les conditions prévues à la section II du présent chapitre.

Les conditions de la délégation sont fixées par une convention homologuée par arrêté du garde des sceaux, ministre de la justice.

V. Arr. du 25 avr. 2017 portant homologation de la convention de délégation par le Haut Conseil du commissariat aux comptes à la Compagnie nationale des commissaires aux comptes de l'inscription des commissaires aux comptes et de la tenue de la liste prévue au I de l'art. L. 822-1 C. com. ; Arr. du 25 avr. 2017 portant homologation de la convention de délégation par le Haut Conseil du commissariat aux comptes à la Compagnie nationale des commissaires aux comptes de la réalisation des contrôles de l'activité professionnelle des commissaires aux comptes n'exerçant pas de missions auprès d'entités d'intérêt public (JO 4 mai) ; Arr. du 3 mai 2017 portant homologation de la convention de délégation par le Haut Conseil du commissariat aux comptes à la Compagnie nationale des commissaires aux comptes du suivi du respect des obligations de formation continue des commissaires aux comptes (JO 6 mai).

V. art. R. 821-1 s.

Art. L. 821-2 *(Ord. n° 2016-315 du 17 mars 2016, art. 6, en vigueur le 17 juin 2016)* I. – Le collège du Haut conseil du commissariat aux comptes comprend :

1° Quatre magistrats, dont :

a) Un membre de la Cour de cassation, président du Haut conseil ;

b) Deux magistrats de l'ordre judiciaire dont l'un est président de la formation restreinte prévue au II ;

c) Un magistrat de la Cour des comptes ;

2° Le président de l'Autorité des marchés financiers ou son représentant, le président de l'Autorité de contrôle prudentiel et de résolution ou son représentant, le directeur général du Trésor ou son représentant ;

3° Un professeur des universités spécialisé en matière juridique, économique ou financière ;

4° Quatre personnes qualifiées en matière économique et financière ; la première est choisie pour ses compétences dans les domaines des offres au public et des sociétés dont les titres sont admis aux négociations sur un marché réglementé, la deuxième pour ses compétences dans le domaine de la banque ou de l'assurance, la troisième pour ses compétences dans le domaine des petites et moyennes entreprises, des personnes morales de droit privé ayant une activité économique ou des associations, la quatrième pour ses compétences en matière de comptabilité nationale et internationale ;

5° Deux personnes ayant exercé la profession de commissaire aux comptes.

Les membres mentionnés au 1° comprennent un nombre égal de femmes et d'hommes. Parmi les autres membres, à l'exception des membres de droit mentionnés au 2°, l'écart entre le nombre de femmes et d'hommes ne peut être supérieur à un.

Le bureau est composé du président du Haut conseil et de deux membres *(L. nº 2016-1691 du 9 déc. 2016, art. 140-III-3º)* « titulaires et de leurs suppléants, » élus par le collège en son sein. Il est chargé d'exercer les attributions mentionnées au 4° du I de l'article L. 821-1.

Le président du Haut conseil *(L. nº 2017-55 du 20 janv. 2017, art. 45-2º)* « est nommé par décret du Président de la République pour une durée de six ans. Il » exerce ses fonctions à plein temps. En cas d'empêchement, il est suppléé par le magistrat de l'ordre judiciaire qui ne préside pas la formation restreinte.

Les membres du Haut conseil, autres que les membres de droit, sont nommés par décret pour six ans renouvelables une fois, à l'exception des membres mentionnés au 5° dont le mandat n'est pas renouvelable. Le mandat n'est pas interrompu par les règles de limite d'âge éventuellement applicables aux intéressés.

(L. nº 2017-55 du 20 janv. 2017, art. 45-2º) « Lors de la désignation d'un nouveau membre appelé à remplacer un membre dont le mandat a pris fin avant le terme normal, le nouveau membre est de même sexe que celui qu'il remplace. »

II. — En matière de sanctions, et pour connaître du contentieux des honoraires, le Haut conseil du commissariat aux comptes statue en formation restreinte.

La formation restreinte est composée du magistrat de l'ordre judiciaire qui en est le président et de quatre autres membres élus par le collège en son sein, à l'exception des membres du bureau et du directeur général du Trésor ou de son représentant.

En cas d'empêchement du président, il est suppléé par le membre de la formation restreinte le plus âgé.

Les membres de la formation restreinte ne participent pas aux délibérations du collège portant sur des cas individuels.

III. — Une commission composée à parité de membres du collège et de commissaires aux comptes est placée auprès du Haut conseil afin d'élaborer le projet des normes prévues au 2° *(L. nº 2016-1691 du 9 déc. 2016, art. 140-III-3º)* « du I » de l'article L. 821-1. Le nombre et les modalités de désignation de ses membres ainsi que les règles relatives à son organisation et à son fonctionnement sont *(L. nº 2016-1691 du 9 déc. 2016, art. 140-III-3º)* « fixés » par le règlement intérieur du Haut conseil.

Art. L. 821-3 *(Ord. nº 2016-315 du 17 mars 2016, art. 6, en vigueur le 17 juin 2016)* I. — Au cours des trois années précédant leur nomination, les membres du Haut conseil ne doivent pas avoir réalisé de mission de certification des comptes, avoir détenu de droits de vote, avoir fait partie de l'organe d'administration ou de surveillance ou avoir été salarié d'une société de commissaire aux comptes.

II. — Les décisions du Haut conseil sont prises à la majorité des voix. En cas de partage égal des voix, la voix du président du Haut conseil est prépondérante. En cas de partage égal des voix au sein de la formation restreinte, la voix de son président est prépondérante.

Art. L. 821-3-1 *(Ord. nº 2016-315 du 17 mars 2016, art. 6, en vigueur le 17 juin 2016)* Le Haut conseil dispose d'un service chargé de procéder aux enquêtes préalables à l'ouverture des procédures prévues au chapitre IV du présent titre. Ce service est dirigé par un rapporteur général et composé d'enquêteurs habilités par ce dernier.

Les enquêteurs ainsi que toute personne participant à une mission d'enquête sont désignés dans des conditions propres à éviter tout conflit d'intérêt avec les commissaires aux comptes ou les personnes ou entités qui font l'objet de l'enquête.

Art. L. 821-3-2 *Abrogé par L. nº 2017-55 du 20 janv. 2017, art. 45-3º.*

Art. L. 821-3-3 *(Ord. nº 2016-315 du 17 mars 2016, art. 7, en vigueur le 17 juin 2016)* I. — Sans préjudice des dispositions prévues à l'article L. 821-12-5 du présent code et au I de l'article L. 631-1 du code monétaire et financier, *(Abrogé par L. nº 2017-55 du 20 janv. 2017, art. 45-4º)* « *les membres et* » les personnels du Haut conseil, ainsi que

toutes les personnes physiques ou morales qui, à quelque titre que ce soit, participent, même occasionnellement, à l'activité de celui-ci sont tenus au secret professionnel pour les faits, actes et renseignements dont ils ont pu avoir connaissance en raison de leurs fonctions.

(Abrogé par L. nº 2017-55 du 20 janv. 2017, art. 45-4º) ***« Il est mis fin aux fonctions d'un membre du Haut conseil en cas de violation par celui-ci du secret professionnel, établie par décision de justice devenue définitive. »*** **Ce secret n'est pas opposable à l'autorité judiciaire.**

II. — Le secret professionnel n'est pas opposable au Haut conseil et à ses services dans l'exercice de leurs missions, sauf par les auxiliaires de justice.

Art. L. 821-4 *(L. nº 2003-706 du 1er août 2003, art. 100)* **Un commissaire du Gouvernement auprès du Haut conseil du commissariat aux comptes est désigné par le garde des sceaux, ministre de la justice. Il siège avec voix consultative.** *(Ord. nº 2016-315 du 17 mars 2016, art. 8, en vigueur le 17 juin 2016)* **« Le commissaire du Gouvernement n'assiste pas aux délibérations du Haut conseil statuant en formation restreinte. Il peut demander une seconde délibération quand le Haut conseil ne statue pas en formation restreinte. »** *— V. art. R. 821-8.*

Art. L. 821-5 *(L. nº 2017-1837 du 30 déc. 2017, art. 149, en vigueur le 1er janv. 2018)* **I. — Dans la limite du plafond prévu au I de l'article 46 de la loi nº 2011-1977 du 28 décembre 2011 de finances pour 2012, le Haut Conseil du commissariat aux comptes perçoit le produit des cotisations mentionnées à l'article L. 821-6-1 pour assurer le financement des missions définies à l'article L. 821-1.**

II. — Les personnes qui sollicitent leur inscription sur la liste mentionnée au II de l'article L. 822-1 sont assujetties à une contribution forfaitaire dont le montant, fixé par décret, n'excède pas 5 000 €. Cette contribution est recouvrée par le Haut Conseil, selon des modalités fixées par décret en Conseil d'État. *— Le montant de la contribution forfaitaire prévue au II de l'art. L. 821-5 est fixé à 5 000 euros (Décr. nº 2017-1855 du 30 déc. 2017, art. 1er, en vigueur le 1er janv. 2018).*

III. — Un décret en Conseil d'État fixe le régime comptable du Haut Conseil, ainsi que le régime indemnitaire de ses membres, de son président, de son directeur général et du rapporteur général. *— V. art. R. 821-10, R. 821-13 et R. 821-14-3 s.*

Sur les indemnités de fonction versées aux membres du Haut Conseil, V. Décr. nº 2020-173 du 27 févr. 2020 et Arr. du 27 févr 2020, spéc. annexes 4 et 5 (JO 28 févr.).

Art. L. 821-5-1 à L. 821-5-3 *Abrogés par Ord. nº 2016-315 du 17 mars 2016, art. 52, à compter du 17 juin 2016.*

Art. L. 821-6 *(L. nº 2003-706 du 1er août 2003, art. 100)* **Il est institué auprès du garde des sceaux, ministre de la justice, une Compagnie nationale des commissaires aux comptes, établissement d'utilité publique doté de la personnalité morale, chargée de représenter la profession de commissaire aux comptes auprès des pouvoirs publics.**

Elle concourt au bon exercice de la profession, à sa surveillance ainsi qu'à la défense de l'honneur et de l'indépendance de ses membres.

Il est institué une compagnie régionale des commissaires aux comptes, dotée de la personnalité morale, par ressort de cour d'appel. Toutefois, le garde des sceaux, ministre de la justice, peut procéder à des regroupements, *(L. nº 2019-486 du 22 mai 2019, art. 28)* **« après avis » de la compagnie nationale et après consultation, par cette dernière, des compagnies régionales intéressées.**

Les ressources de la compagnie nationale et des compagnies régionales sont constituées notamment par une cotisation annuelle à la charge des commissaires aux comptes.

Les biens meubles et immeubles, droits et obligations des compagnies régionales de commissaires aux comptes dissoutes dans le cadre des regroupements effectués au titre de l'art. L. 821-6 avant le 31 déc. 2020, sont transférés aux compagnies régionales au sein desquelles s'opèrent les regroupements.

Les compagnies régionales existantes conservent leur capacité juridique, pour les besoins de leur dissolution, jusqu'à l'entrée en vigueur des arrêtés opérant ces regroupements.

La continuité des contrats de travail en cours est assurée dans les conditions prévues à l'art. L. 1224-1 C. trav.

L'ensemble des transferts prévus au présent article sont effectués à titre gratuit (L. n° 2019-486 du 22 mai 2019, art. 31).

V. art. R. 821-23 s.

Art. L. 821-6-1 *(L. n° 2017-1837 du 30 déc. 2017, art. 149, en vigueur le 1er janv. 2018)* I. — Les commissaires aux comptes inscrits sur la liste mentionnée au I de l'article L. 822-1 sont assujettis à une cotisation assise sur le montant total des honoraires qu'ils ont facturés au cours de l'année civile précédente aux personnes ou entités dont ils certifient les comptes. Le taux de cette cotisation, déterminé par décret, est compris entre 0,5 % et 0,7 %.

II. — Les commissaires aux comptes inscrits sur la liste mentionnée au I de l'article L. 822-1 sont également assujettis à une cotisation assise sur le montant total des honoraires qu'ils ont facturés au cours de l'année civile précédente aux entités d'intérêt public dont ils certifient les comptes. Le taux de cette cotisation, déterminé par décret, est compris entre 0,2 % et 0,3 %.

III. — Les cotisations mentionnées aux I et II sont exigibles le 31 mars de chaque année. Elles sont acquittées auprès de l'agent comptable du Haut Conseil du commissariat aux comptes.

IV. — Le Haut Conseil peut déléguer, par convention homologuée par arrêté du ministre de la justice, à la Compagnie nationale des commissaires aux comptes le recouvrement des cotisations prévues au présent article. Dans ce cas, les recettes collectées par la Compagnie nationale pour le compte du Haut Conseil font l'objet d'une comptabilité distincte retraçant l'ensemble des opérations liées à cette convention. Elles sont versées sur un compte spécifique et ne peuvent donner lieu à aucun placement par la Compagnie nationale. La Compagnie nationale met à la disposition du Haut Conseil les informations lui permettant de contrôler l'exactitude des sommes qui lui sont reversées. Le Haut Conseil demeure seul compétent pour engager les actions en recouvrement forcé des cotisations impayées. — *V. la convention de délégation homologuée par Arr. du 18 mai 2018 (JO 2 juin).*

Le taux de la cotisation prévue au I de l'art. L. 821-6-1 est fixé à 0,5 % ; le taux de la cotisation prévue au II de l'art. L. 821-6-1 est fixé à 0,2 % (Décr. n° 2017-1855 du 30 déc. 2017, art. 2 et 3, en vigueur le 1er janv. 2018).

Art. L. 821-7 *(L. n° 2017-1837 du 30 déc. 2017, art. 149, en vigueur le 1er janv. 2018)* La contribution mentionnée à l'article L. 821-5 et les cotisations mentionnées à l'article L. 821-6-1 sont liquidées, ordonnancées et recouvrées selon les modalités prévues pour les recettes des établissements publics administratifs de l'État. Les contestations relatives à ces contributions et cotisations sont portées devant le tribunal administratif.

Elles sont acquittées dans des conditions fixées par décret en Conseil d'État. Le délai de paiement est de trente jours à compter de la date d'exigibilité des cotisations. Le montant est majoré du taux d'intérêt légal mensualisé par mois de retard à compter du trente et unième jour suivant la date d'exigibilité, tout mois entamé étant compté en entier.

Lorsqu'un redevable ne donne pas les renseignements demandés nécessaires à la détermination de l'assiette des cotisations et de leur mise en recouvrement, le montant des cotisations est majoré de 10 %.

La majoration peut être portée à 40 % lorsque le document contenant les renseignements n'a pas été déposé dans les trente jours suivant la réception d'une mise en demeure, notifiée par pli recommandé, d'avoir à le produire dans ce délai, et à 80 % lorsque ce document n'a pas été déposé dans les trente jours suivant la réception d'une deuxième mise en demeure notifiée dans les mêmes formes que la première.

Les majorations prévues aux troisième et quatrième alinéas du présent article ne peuvent être prononcées avant l'expiration d'un délai de trente jours à compter de la notification du document indiquant au redevable la majoration qu'il est envisagé de lui appliquer, les motifs de celle-ci et la possibilité dont dispose l'intéressé de présenter dans ce délai ses observations.

Les agents désignés à cet effet par le président du Haut Conseil du commissariat aux comptes contrôlent les cotisations. A cette fin, ils peuvent demander aux redevables tous renseignements, justifications ou éclaircissements relatifs aux déclarations souscrites.

Le droit de reprise des cotisations par le Haut Conseil s'exerce jusqu'à la fin de la sixième année qui suit celle au titre de laquelle les cotisations sont dues.

Art. L. 821-8 *Abrogé par Ord. nº 2016-315 du 17 mars 2016, art. 52, à compter du 17 juin 2016.*

SECTION II **DU CONTRÔLE DE LA PROFESSION** *(Ord. nº 2016-315 du 17 mars 2016, art. 5-2º, en vigueur le 17 juin 2016).*

Art. L. 821-9 *(Ord. nº 2016-315 du 17 mars 2016, art. 10, en vigueur le 17 juin 2016)* Lorsqu'ils concernent des commissaires aux comptes exerçant des missions auprès d'entités d'intérêt public, les contrôles de leur activité professionnelle sont effectués par des contrôleurs du Haut conseil du commissariat aux comptes, dans des conditions conformes aux dispositions de l'article 26 du règlement (UE) nº 537/2014 du 16 avril 2014.

Lorsqu'ils concernent des commissaires aux comptes n'exerçant pas de missions auprès d'entités d'intérêt public, les contrôles de leur activité professionnelle peuvent être effectués par des contrôleurs du Haut conseil. Ils peuvent également être délégués par le Haut conseil à la Compagnie nationale des commissaires aux comptes, en application d'une convention homologuée par arrêté du garde des sceaux, ministre de la justice. La convention détermine le cadre, les orientations et les modalités des contrôles.

Les contrôles prévus au présent article peuvent être effectués avec le concours de l'Autorité des marchés financiers ou de l'Autorité de contrôle prudentiel et de résolution.

Pour la sanction, V. art. L. 824-1.

Art. L. 821-10 *(Ord. nº 2016-315 du 17 mars 2016, art. 10, en vigueur le 17 juin 2016)* Les contrôleurs et toute personne participant à une mission de contrôle sont désignés de façon à éviter tout conflit d'intérêt*[s]* avec les commissaires aux comptes qui font l'objet des contrôles.

Art. L. 821-11 *Abrogé par Ord. nº 2016-315 du 17 mars 2016, art. 52, à compter du 17 juin 2016.*

Art. L. 821-12 *(Ord. nº 2016-315 du 17 mars 2016, art. 11, en vigueur le 17 juin 2016)* Pour la réalisation des contrôles, les agents du Haut conseil sont habilités à :

1º Obtenir du commissaire aux comptes tout document ou toute information, sous quelque forme que ce soit, concernant la mission de certification des comptes ou toute autre prestation fournie par lui aux personnes ou entités dont il certifie les comptes. Ils peuvent en exiger une copie ;

2º Obtenir de toute autre personne des informations liées à la mission de certification des comptes ou à toute autre prestation fournie par le commissaire aux comptes aux personnes ou entités dont il certifie les comptes ;

3º Procéder à des contrôles sur place ;

4º Avoir recours à des experts, afin notamment de procéder à des vérifications.

Les commissaires aux comptes sont tenus de fournir tous les renseignements et documents qui leur sont demandés à l'occasion des contrôles, sans pouvoir opposer le secret professionnel.

Art. L. 821-12-1 *(Ord. nº 2009-104 du 30 janv. 2009, art. 10 ; L. nº 2009-526 du 12 mai 2009, art. 140-II)* Lorsqu'elles constatent des faits susceptibles d'être liés au blanchiment de capitaux ou au financement du terrorisme, les personnes réalisant les contrôles *(Abrogé par Ord. nº 2016-315 du 17 mars 2016, art. 12-1º, à compter du 17 juin 2016) « **et inspections** »* prévus *(Ord. nº 2016-315 du 17 mars 2016, art. 12-2º, en vigueur le 17 juin 2016)* « à l'article L. 821-9 » en informent le service mentionné à l'article L. 561-23 du code monétaire et financier. *— V. ces dispositions au **C. mon. fin.***

Art. L. 821-12-2 *(Ord. nº 2016-315 du 17 mars 2016, art. 13, en vigueur le 17 juin 2016)* I. — Aux fins mentionnées au 9º *(L. nº 2016-1691 du 9 déc. 2016, art. 140-III-5º)* « du I » de l'article L. 821-1, le Haut conseil communique, à leur demande, les informations ou les documents qu'il détient ou qu'il recueille aux autorités des États membres de l'Union européenne exerçant des compétences analogues aux siennes.

II. – Le Haut conseil peut faire diligenter par les contrôleurs mentionnés à l'article L. 821-9 les opérations de contrôle qu'il détermine, afin de répondre aux demandes d'assistance des autorités mentionnées au I.

Lorsqu'une de ces autorités le demande, le Haut conseil autorise les agents de cette autorité à assister aux opérations de contrôle.

Art. L. 821-12-3 *(Ord. n° 2016-315 du 17 mars 2016, art. 13, en vigueur le 17 juin 2016)* Aux fins mentionnées au 9° *(L. n° 2016-1691 du 9 déc. 2016, art. 140-III-5°)* « du I » de l'article L. 821-1, le Haut conseil peut communiquer des informations ou des documents aux autorités d'États non membres de l'Union européenne exerçant des compétences analogues aux siennes, sous réserve de réciprocité et à la condition que l'autorité concernée soit soumise au secret professionnel avec les mêmes garanties qu'en France.

Il peut, sous les mêmes réserve et condition, faire diligenter par les contrôleurs mentionnés à l'article L. 821-9 les opérations de contrôle qu'il détermine afin de répondre aux demandes d'assistance des autorités mentionnées au premier alinéa.

Le Haut conseil peut, à titre exceptionnel, autoriser les agents des autorités des États non membres de l'Union européenne à assister aux contrôles mentionnés à l'article L. 821-9. Lors de ces contrôles, effectués sous la direction du Haut conseil, les agents de ces autorités ne peuvent solliciter directement du commissaire aux comptes la communication d'informations ou de documents.

Art. L. 821-12-4 *(Ord. n° 2016-315 du 17 mars 2016, art. 13, en vigueur le 17 juin 2016)* Aux fins mentionnées aux deux articles précédents, le Haut conseil est dispensé de l'application des dispositions de la loi n° 68-678 du 26 juillet 1968 relative à la communication de documents et renseignements d'ordre économique, commercial, industriel, financier ou technique à des personnes physiques ou morales étrangères.

Art. L. 821-12-5 *(Ord. n° 2016-315 du 17 mars 2016, art. 13, en vigueur le 17 juin 2016)* Le Haut conseil peut communiquer des informations confidentielles à l'Autorité des marchés financiers, à l'Autorité de contrôle prudentiel et de résolution, à l'Autorité de la concurrence, à la Banque de France, au Système européen de banques centrales, à la Banque centrale européenne et au Comité européen du risque systémique, lorsque ces informations sont destinées à l'exécution de leurs tâches au titre du règlement (UE) *[n° 537/2014]* du 16 avril 2014.

Il peut demander à ces mêmes autorités de lui communiquer toute information nécessaire à l'accomplissement de ses missions.

Les informations transmises sont couvertes par le secret professionnel dans les conditions applicables à l'autorité qui les a communiquées et à l'autorité destinataire.

Ces renseignements ne peuvent être utilisés par l'autorité destinataire que pour l'accomplissement de ses missions. Lorsque l'autorité destinataire communique, dans le cadre de ses missions, les renseignements ainsi obtenus à des tiers, elle tient compte de l'intérêt légitime des entreprises à la protection de leurs secrets d'affaires, sans préjudice de l'article L. 463-4 du code de commerce.

Art. L. 821-13 *(Ord. n° 2016-315 du 17 mars 2016, art. 14, en vigueur le 17 juin 2016)* I. – Le commissaire aux comptes exerce sa mission conformément aux normes d'audit internationales adoptées par la Commission européenne dans les conditions définies par l'article 26 de la directive 2006/43/CE du 17 mai 2006 concernant les contrôles légaux des comptes annuels et des comptes consolidés et modifiant les directives 78/660/CEE et 83/349/CEE du Conseil, et abrogeant la directive 84/253/CEE du Conseil, ainsi que, le cas échéant, aux normes françaises venant compléter ces normes adoptées selon les conditions fixées au troisième alinéa du présent article.

En l'absence de norme d'audit internationale adoptée par la Commission, il se conforme aux normes adoptées par le Haut conseil du commissariat aux comptes et homologuées par arrêté du garde des sceaux, ministre de la justice.

II. – Lorsqu'une norme d'audit internationale a été adoptée par la Commission européenne dans les conditions définies au premier alinéa du I, le Haut conseil peut, dans les conditions prévues à l'article L. 821-14, imposer des procédures ou des exigences supplémentaires, si elles sont nécessaires pour donner effet aux obligations légales nationales concernant le champ d'application du contrôle légal des comptes ou pour renforcer la crédibilité et la qualité des documents comptables.

Ces procédures et exigences supplémentaires sont communiquées à la Commission européenne au moins trois mois avant leur entrée en vigueur. Si elles sont déjà en vigueur à la date de l'adoption de la norme internationale qu'elles complètent, la Commission européenne en est informée dans les trois mois suivant cette date.

III. – Pour la certification des comptes des petites entreprises, au sens du 2 de l'article 3 de la directive 2013/34/UE du Parlement européen et du Conseil du 26 juin 2013 relative aux états financiers annuels, aux états financiers consolidés et aux rapports y afférents de certaines formes d'entreprises, modifiant la directive 2006/43/CE du Parlement européen et du Conseil et abrogeant les directives 78/660/CEE et 83/349/CEE du Conseil, le commissaire aux comptes applique les normes de manière proportionnée à la taille de la personne ou de l'entité et à la complexité de ses activités dans des conditions fixées par le Haut conseil.

Art. L. 821-14 *(Ord. n° 2016-315 du 17 mars 2016, art. 15, en vigueur le 17 juin 2016)* Le Haut conseil, de sa propre initiative ou à la demande du garde des sceaux, ministre de la justice, de l'Autorité des marchés financiers, de l'Autorité de contrôle prudentiel et de résolution ou de la Compagnie nationale des commissaires aux comptes, adopte les normes prévues au 2° de l'article L. 821-1.

Les projets de normes sont élaborés par la commission prévue au III de l'article L. 821-2 *(L. n° 2019-486 du 22 mai 2019, art. 29)* « dans un délai fixé par décret. A défaut d'élaboration par la commission d'un projet de norme dans ce délai, le garde des sceaux, ministre de la justice, peut demander au Haut conseil de procéder à son élaboration. ».

Les normes sont adoptées par le Haut conseil, après avis de la Compagnie nationale des commissaires aux comptes *(L. n° 2019-486 du 22 mai 2019, art. 29)* « rendu dans un délai fixé par décret ». Elles sont homologuées par arrêté du garde des sceaux, ministre de la justice.

V. art. D. 821-77.

Art. L. 821-15 *(Ord. n° 2016-315 du 17 mars 2016, art. 15, en vigueur le 17 juin 2016)* Les conditions d'application du présent chapitre sont fixées par décret en Conseil d'État. – *V. art. R. 821-1 s.*

CHAPITRE II DU STATUT DES COMMISSAIRES AUX COMPTES

(L. n° 2003-706 du 1er août 2003)

SECTION PREMIÈRE DE L'INSCRIPTION *(Ord. n° 2016-315 du 17 mars 2016, art. 16-1°, en vigueur le 17 juin 2016).*

(L. n° 2003-706 du 1er août 2003, art. 102 et 103)

Art. L. 822-1 *(Ord. n° 2016-315 du 17 mars 2016, art. 17, en vigueur le 17 juin 2016)* I. – Les fonctions de commissaire aux comptes sont exercées par des personnes physiques ou par des sociétés inscrites sur une liste établie par le Haut conseil du commissariat aux comptes, dans les conditions prévues aux articles L. 822-1-1 à L. 822-1-4.

II. – Une liste établie par le Haut conseil énumère les contrôleurs de pays tiers mentionnés au I de l'article L. 822-1-5.

Art. L. 822-1-1 *(Ord. n° 2005-1126 du 8 sept. 2005, art. 12) (Ord. n° 2016-315 du 17 mars 2016, art. 18-1°, en vigueur le 17 juin 2016)* « Pour être inscrite sur la liste des commissaires aux comptes, une personne physique doit remplir les conditions suivantes : »

1° *(Ord. n° 2016-315 du 17 mars 2016, art. 18-2°, en vigueur le 17 juin 2016)* « Être française, ressortissante d'un État membre de l'Union » européenne, d'un État partie à l'accord sur l'Espace économique européen ou d'un autre État étranger lorsque celui-ci admet les nationaux français à exercer le contrôle légal des comptes ;

2° N'avoir pas été l'auteur de faits contraires à l'honneur ou à la probité ayant donné lieu à condamnation pénale ;

3° N'avoir pas été l'auteur de faits de même nature ayant donné lieu à une sanction disciplinaire de radiation ;

4° N'avoir pas été *(Ord. n° 2016-315 du 17 mars 2016, art. 18-3°, en vigueur le 17 juin 2016)* « frappée » de faillite personnelle ou de l'une des mesures d'interdiction ou de déchéance prévues au livre VI ;

(Ord. n° 2016-315 du 17 mars 2016, art. 18-4°, en vigueur le 17 juin 2016) « 5° Avoir accompli un stage professionnel, jugé satisfaisant, d'une durée fixée par voie réglementaire, chez un commissaire aux comptes ou une personne agréée par un État membre de l'Union européenne pour exercer le contrôle légal des comptes ; »

6° Avoir subi avec succès les épreuves du certificat d'aptitude aux fonctions de commissaire aux comptes ou être titulaire du diplôme d'expertise comptable.

Dernier al. abrogé par Ord. n° 2016-315 du 17 mars 2016, art. 18-5°, à compter du 17 juin 2016.

V. art. R. 822-2 s.

Art. L. 822-1-2 *(Ord. n° 2005-1126 du 8 sept. 2005, art. 12)* Par dérogation aux dispositions de l'article L. 822-1-1, les personnes *(Ord. n° 2016-315 du 17 mars 2016, art. 19-1°, en vigueur le 17 juin 2016)* « physiques » remplissant des conditions de compétence et d'expérience professionnelle *(Abrogé par Ord. n° 2016-315 du 17 mars 2016, art. 19-2°, à compter du 17 juin 2016) « fixées par décret en Conseil d'État »* peuvent être dispensées de tout ou partie du stage professionnel visé au 5° du même article, sur décision du garde des sceaux, ministre de la justice.

Sont dispensées *(Abrogé par Ord. n° 2016-315 du 17 mars 2016, art. 19-3°, à compter du 17 juin 2016) « , dans des conditions déterminées par décret en Conseil d'État, »* des conditions de diplôme, de stage et d'examen prévues aux 5° et 6° de l'article L. 822-1-1, les personnes *(Ord. n° 2016-315 du 17 mars 2016, art. 19-4°, en vigueur le 17 juin 2016)* « physiques » qui justifient avoir acquis, dans un État membre de *(Ord. n° 2016-315 du 17 mars 2016, art. 19-5°, en vigueur le 17 juin 2016)* « l'Union » européenne ou dans un autre État admettant les nationaux français à exercer le contrôle légal des comptes, une qualification suffisante pour l'exercice du contrôle légal des comptes, sous réserve de subir un examen d'aptitude. — *V. art. R. 822-5 s.*

Art. L. 822-1-3 *(Ord. n° 2016-315 du 17 mars 2016, art. 20, en vigueur le 17 juin 2016)* Pour être inscrite sur la liste des commissaires aux comptes, une société doit remplir les conditions suivantes :

1° La majorité des droits de vote de la société sont détenus par des commissaires aux comptes ou des sociétés de commissaires aux comptes inscrits sur la liste prévue au I de l'article L. 822-1 ou des contrôleurs légaux des comptes régulièrement agréés dans un autre État membre de l'Union européenne. Lorsqu'une société de commissaires aux comptes détient une participation dans le capital d'une autre société de commissaires aux comptes, les actionnaires ou associés non commissaires aux comptes ne peuvent détenir plus de la majorité de l'ensemble des droits de vote des deux sociétés ;

2° Les fonctions de gérant, *(L. n° 2019-744 du 19 juill. 2019, art. 34)* « de président, » de président du conseil d'administration ou du directoire, *(L. n° 2019-744 du 19 juill. 2019, art. 34)* « de directeur général unique, » de président du conseil de surveillance *(L. n° 2019-744 du 19 juill. 2019, art. 34)* « , de directeur général et de directeur général délégué » sont assurées par des commissaires aux comptes inscrits sur la liste prévue au I de l'article L. 822-1 ou régulièrement agréés dans un autre État membre de l'Union européenne pour l'exercice du contrôle légal des comptes ;

3° La majorité au moins des membres des organes de gestion, d'administration, de direction ou de surveillance doivent être des commissaires aux comptes inscrits sur la liste prévue au I de l'article L. 822-1 ou régulièrement agréés dans un autre État membre de l'Union européenne pour l'exercice du contrôle légal des comptes. Les représentants permanents des sociétés de commissaires aux comptes associés ou actionnaires doivent être des commissaires aux comptes inscrits sur la liste prévue au I de l'article L. 822-1 ou régulièrement agréés dans un autre État membre de l'Union européenne pour l'exercice du contrôle légal des comptes.

Art. L. 822-1-4 *(Ord. n° 2016-315 du 17 mars 2016, art. 21, en vigueur le 17 juin 2016)* Par dérogation aux dispositions de l'article L. 822-1-3, une société de contrôle légal régulièrement agréée dans un État membre de l'Union européenne peut être inscrite sur la liste mentionnée au I de l'article L. 822-1.

Les fonctions de commissaire aux comptes ne peuvent être exercées au nom de cette société que par des personnes physiques inscrites sur la liste mentionnée au I de l'article L. 822-1.

Art. L. 822-1-5 *(Ord. n° 2016-315 du 17 mars 2016, art. 21, en vigueur le 17 juin 2016)* I. – S'inscrivent sur la liste prévue au II de l'article L. 822-1 les contrôleurs de pays tiers agréés dans un État non membre de l'Union européenne ou non partie à l'accord sur l'Espace économique européen qui exercent le contrôle légal des comptes annuels ou des comptes consolidés de personnes ou d'entités n'ayant pas leur siège social dans un État membre de l'Union européenne ou dans un autre État partie à l'accord sur l'Espace économique européen et émettant des valeurs mobilières admises à la négociation sur un marché réglementé en France.

Toutefois, l'inscription n'est pas requise lorsque ces personnes ou entités sont dans l'une des situations suivantes :

1° Elles ont, antérieurement au 31 décembre 2010, émis uniquement des titres de créances admis à la négociation sur un marché réglementé en France dont la valeur nominale unitaire à la date d'émission est au moins égale à 50 000 € ou, pour les titres de créances libellés dans une devise autre que l'euro, au moins équivalente à 50 000 € à la date d'émission ;

2° Elles ont, à compter du 31 décembre 2010, émis uniquement des titres de créances admis à la négociation sur un marché réglementé en France dont la valeur nominale unitaire à la date d'émission est au moins égale à 100 000 € ou, pour les titres de créances libellés dans une devise autre que l'euro, au moins équivalente à 100 000 € à la date d'émission.

II. – Pour être inscrits sur la liste prévue au II de l'article *(L. n° 2016-1691 du 9 déc. 2016, art. 140-III-6°)* « L. 822-1 », les contrôleurs de pays tiers, personnes morales, mentionnés au I doivent remplir les conditions suivantes :

1° La majorité des membres de l'organe d'administration ou de direction respecte les conditions mentionnées aux 2° à 6° de l'article L. 822-1-1 ou à des exigences équivalentes ;

2° La personne physique qui exerce les fonctions de contrôleur de légal au nom de la personne morale satisfait aux 2° à 6° de l'article L. 822-1-1 ou à des exigences équivalentes ;

3° Le contrôle légal des comptes doit être réalisé conformément aux normes mentionnées à l'article L. 821-13 ou à des normes équivalentes ;

4° Le contrôle légal des comptes doit être effectué conformément aux dispositions de la section II du présent chapitre ou à des exigences équivalentes ;

5° Les honoraires du contrôle légal des comptes sont conformes aux dispositions du code de déontologie ou à des exigences équivalentes.

Pour être inscrits sur la liste prévue au II de l'article L. 822-1, les contrôleurs de pays tiers, personnes physiques, mentionnés au I doivent remplir les conditions mentionnées aux 2° à 5° du II.

III. – Le Haut conseil du commissariat aux comptes apprécie le respect des conditions mentionnées au II.

Lorsque la Commission européenne a adopté une décision d'équivalence ou a fixé des critères d'équivalence généraux pour l'appréciation des exigences mentionnées aux 2°, 3° et 4° du II, le Haut conseil s'y conforme.

IV. – Les commissaires aux comptes inscrits sur la liste prévue au II de l'article L. 822-1 ou dispensés d'inscription en application de l'article L. 822-1-6 sont soumis aux contrôles définis à la section II du chapitre Ier et au régime de sanctions défini au chapitre IV du présent titre.

Art. L. 822-1-6 *(Ord. n° 2016-315 du 17 mars 2016, art. 21, en vigueur le 17 juin 2016)* Sous réserve de réciprocité, les contrôleurs de pays tiers mentionnés au I de l'article L. 822-1-5 peuvent être dispensés de l'obligation d'inscription sur la liste mentionnée au II de l'article L. 822-1 par décision du Haut conseil *(L. n° 2016-1691 du 9 déc. 2016, art. 140-III-7°)* « du » commissariat aux comptes.

Cette dispense est accordée si le contrôleur de pays tiers est agréé par une autorité compétente d'un État dont le système de supervision publique, d'assurance qualité, d'enquête et de sanctions, a fait l'objet d'une décision d'équivalence de la Commission européenne sur le fondement de l'article 46 de la directive 2006/43/CE du 17 mai 2006.

En l'absence de décision de la Commission européenne, le Haut conseil apprécie cette équivalence au regard des exigences prévues aux articles L. 820-1 et suivants. Lorsque la Commission a défini des critères généraux d'appréciation, le Haut conseil les applique.

Art. L. 822-1-7 *(Ord. n° 2016-315 du 17 mars 2016, art. 21, en vigueur le 17 juin 2016)* L'inscription ou la dispense d'inscription accordée en application des articles L. 822-1-5 et L. 822-1-6 conditionne la validité en France des rapports de certification signés par les contrôleurs mentionnés au I de l'article L. 822-1-5. Elles ne confèrent pas le droit de conduire des missions de certification des comptes auprès de personnes ou d'entités dont le siège est situé sur le territoire français.

Art. L. 822-2 *Abrogé par Ord. n° 2016-315 du 17 mars 2016, art. 52, à compter du 17 juin 2016.*

Art. L. 822-3 *(L. n° 2003-706 du 1er août 2003, art. 103)* Tout commissaire aux comptes doit prêter, devant la cour d'appel dont il relève, le serment de remplir les devoirs de sa profession avec honneur, probité et indépendance, respecter et faire respecter les lois. — *V. art. R. 822-12.*

Art. L. 822-4 *(Ord. n° 2016-315 du 17 mars 2016, art. 22, en vigueur le 17 juin 2016)* I. — Les commissaires aux comptes inscrits sur la liste mentionnée au I de l'article L. 822-1 sont tenus de suivre une formation professionnelle continue leur permettant d'entretenir et de perfectionner leurs connaissances.

II. — Toute personne inscrite sur la liste mentionnée au I qui n'a pas exercé des fonctions de commissaire aux comptes pendant trois ans et qui n'a pas respecté durant cette période l'obligation mentionnée au I est tenue de suivre une formation particulière avant d'accepter une mission de certification. — *V. art. R. 822-21 s.*

Art. L. 822-5 à L. 822-8 *Abrogés par Ord. n° 2016-315 du 17 mars 2016, art. 52, à compter du 17 juin 2016.*

SECTION II DE LA DÉONTOLOGIE ET DE L'INDÉPENDANCE DES COMMISSAIRES AUX COMPTES

Art. L. 822-9 *Al. 1er à 3 abrogés par Ord. n° 2016-315 du 17 mars 2016, art. 23-1°, à compter du 17 juin 2016.*

(L. n° 2003-706 du 1er août 2003, art. 104-I) (Ord. n° 2016-315 du 17 mars 2016, art. 23-2°, en vigueur le 17 juin 2016) « Dans les sociétés de commissaires aux comptes inscrites, les fonctions de commissaire aux comptes sont exercées, au nom de la société, par les commissaires aux comptes personnes physiques associés, actionnaires ou dirigeants de cette société qui signent le rapport destiné à l'organe appelé à statuer sur les comptes. » Ces personnes ne peuvent exercer les fonctions de commissaire aux comptes qu'au sein d'une seule société de commissaires aux comptes. Les membres du conseil d'administration ou du conseil de surveillance peuvent être salariés de la société sans limitation de nombre ni condition d'ancienneté au titre de la qualité de salarié.

En cas de décès d'un actionnaire ou associé commissaire aux comptes, ses ayants droit disposent d'un délai de deux ans pour céder leurs actions ou parts à un commissaire aux comptes.

L'admission de tout nouvel actionnaire ou associé est subordonnée à un agrément préalable qui, dans les conditions prévues par les statuts, peut être donné soit par l'assemblée des actionnaires ou des porteurs de parts, soit par le conseil d'administration ou le conseil de surveillance ou les gérants selon le cas.

Par dérogation *(Ord. n° 2016-315 du 17 mars 2016, art. 23-3°, en vigueur le 17 juin 2016)* « au premier alinéa », l'exercice de ces fonctions est possible simultanément au sein d'une société de commissaires aux comptes et d'une autre société de commissaires

aux comptes dont la première détient plus de la moitié du capital social ou dans le cas où les associés des deux entités sont communs pour au moins la moitié d'entre eux.

Sur les sociétés de commissaires aux comptes, V. art. R. 822-38 s.

Art. L. 822-10 *(L. n° 2003-706 du 1er août 2003, art. 104-I)* **Les fonctions de commissaire aux comptes sont incompatibles :**

1° Avec toute activité ou tout acte de nature à porter atteinte à son indépendance ;

2° Avec tout emploi salarié ; toutefois, un commissaire aux comptes peut dispenser un enseignement se rattachant à l'exercice de sa profession ou occuper un emploi rémunéré chez un commissaire aux comptes ou chez un expert-comptable ;

3° Avec toute activité commerciale, qu'elle soit exercée directement ou par personne interposée *(L. n° 2019-486 du 22 mai 2019, art. 20-I-21°)* **« , à l'exception, d'une part, des activités commerciales accessoires à la profession d'expert-comptable, exercées dans le respect des règles de déontologie et d'indépendance des commissaires aux comptes et dans les conditions prévues au troisième alinéa de l'article 22 de l'ordonnance n° 45-2138 du 19 septembre 1945 portant institution de l'ordre des experts-comptables et réglementant le titre et la profession d'expert-comptable et, d'autre part, des activités commerciales accessoires exercées par la société pluri-professionnelle d'exercice dans les conditions prévues à l'article 31-5 de la loi n° 90-1258 du 31 décembre 1990 relative à l'exercice sous forme de sociétés des professions libérales soumises à un statut législatif ou réglementaire ou dont le titre est protégé et aux sociétés de participations financières de professions libérales ».**

La L. n° 2003-706 du 1er août 2003 a transféré ss. l'art. L. 822-10 les dispositions de l'ancien art. L. 225-222 C. com.

Pour les dispositions transitoires de la L. n° 2019-486 du 22 mai 2019, V. notes ss. art. L. 221-9.

Art. L. 822-11 *(Ord. n° 2016-315 du 17 mars 2016, art. 24, en vigueur le 17 juin 2016)* **I. — Il est interdit au commissaire aux comptes d'accepter une mission de certification auprès d'une entité d'intérêt public, lorsqu'au cours de l'exercice précédant celui dont les comptes doivent être certifiés, ce dernier ou tout membre du réseau auquel il appartient a fourni, directement ou indirectement, à l'entité d'intérêt public, ou aux personnes ou entités qui la contrôlent ou qui sont contrôlées par elle dans l'Union européenne, au sens des I et II de l'article L. 233-3, les services mentionnés au *e* du paragraphe 1 de l'article 5 du règlement (UE) n° 537/2014 du 16 avril 2014.**

II. — Il est interdit au commissaire aux comptes et aux membres du réseau auquel il appartient de fournir directement ou indirectement à l'entité d'intérêt public dont il certifie les comptes, et aux personnes ou entités qui la contrôlent ou qui sont contrôlées par elle au sens des I et II de l'article L. 233-3 et dont le siège social est situé dans l'Union européenne, les services mentionnés au paragraphe 1 de l'article 5 du règlement (UE) n° 537/2014 du 16 avril 2014 *(Abrogé par L. n° 2019-486 du 22 mai 2019, art. 21)* ***« , ainsi que les services portant atteinte à l'indépendance du commissaire aux comptes qui sont définis par le code de déontologie ».***

(L. n° 2016-1691 du 9 déc. 2016, art. 140-III-8°) **« Par dérogation au premier alinéa du présent II, lorsqu'un membre du réseau auquel il appartient et qui est établi dans un État membre fournit à une personne ou entité qui contrôle ou qui est contrôlée par l'entité d'intérêt public, au sens des I et II de l'article L. 233-3, et dont le siège social est situé dans l'Union européenne,** *(Abrogé par L. n° 2019-486 du 22 mai 2019, art. 21)* ***« des services interdits par le code de déontologie en application du 2 de l'article 5 du règlement (UE) n° 537/2014 du 16 avril 2014 précité ou »*** **des services mentionnés aux *i* et *iv* à *vii* du *a* et au *f* du 1 du même article 5 dans un État membre qui les autorise, le commissaire aux comptes analyse les risques pesant sur son indépendance et applique les mesures de sauvegarde appropriées. »**

(L. n° 2019-486 du 22 mai 2019, art. 21) **« III. — Il est interdit au commissaire aux comptes d'accepter ou de poursuivre une mission de certification auprès d'une personne ou d'une entité qui n'est pas une entité d'intérêt public lorsqu'il existe un risque d'autorévision ou que son indépendance est compromise et que des mesures de sauvegarde appropriées ne peuvent être mises en œuvre. »**

Pour la sanction, V. art. L. 824-1.

Art. L. 822-11-1 *(Ord. n° 2016-315 du 17 mars 2016, art. 25, en vigueur le 17 juin 2016)* I. – Le commissaire aux comptes d'une entité d'intérêt public met en œuvre les mesures mentionnées au paragraphe 5 de l'article 5 du règlement (UE) n° 537/2014 du 16 avril 2014, lorsqu'un membre du réseau auquel il appartient fournit un des services mentionnés au II de l'article L. 822-11 à une personne ou une entité qui est contrôlée par l'entité d'intérêt public, au sens des I et II de l'article L. 233-3, dont le siège est situé hors de l'Union européenne.

II. – Abrogé par L. n° 2019-486 du 22 mai 2019, art. 21.

Pour la sanction, V. art. L. 824-1.

Art. L. 822-11-2 *(Ord. n° 2016-315 du 17 mars 2016, art. 25, en vigueur le 17 juin 2016)* Les services autres que la certification des comptes qui ne sont pas mentionnés au II de l'article L. 822-11 et au I de l'article L. 822-11-1 peuvent être fournis par le commissaire aux comptes ou les membres du réseau auquel il appartient à l'entité d'intérêt public dont il certifie les comptes, ou aux personnes ou entités qui la contrôlent ou qui sont contrôlées par elle au sens des I et II de l'article L. 233-3, à condition d'être approuvés par le comité spécialisé mentionné à l'article L. 823-19. Ce comité se prononce après avoir analysé les risques pesant sur l'indépendance du commissaire aux comptes et les mesures de sauvegarde appliquées par celui-ci.

Pour la sanction, V. art. L. 824-1.

Art. L. 822-11-3 *(Ord. n° 2016-315 du 17 mars 2016, art. 25, en vigueur le 17 juin 2016)* I. – Le commissaire aux comptes ne peut prendre, recevoir ou conserver, directement ou indirectement, un intérêt auprès de la personne ou de l'entité dont il est chargé de certifier les comptes, ou auprès d'une personne qui la contrôle ou qui est contrôlée par elle, au sens des I et II de l'article L. 233-3.

Sans préjudice des dispositions contenues dans le présent livre ou dans le livre II, le code de déontologie prévu à l'article L. 822-16 définit les liens personnels, financiers et professionnels, concomitants ou antérieurs à la mission du commissaire aux comptes, incompatibles avec l'exercice de celle-ci. Il précise en particulier les situations dans lesquelles l'indépendance du commissaire aux comptes est affectée, lorsqu'il appartient à un réseau pluridisciplinaire, national ou international, dont les membres ont un intérêt économique commun, par la fourniture de prestations de services à une personne ou à une entité contrôlée ou qui contrôle, au sens des I et II de l'article L. 233-3, la personne ou l'entité dont les comptes sont certifiés par ledit commissaire aux comptes. Le code de déontologie précise également les restrictions à apporter à la détention d'intérêts financiers par les personnes mentionnées au II dans les sociétés dont les comptes sont certifiés par lui.

II. – Les associés et les salariés du commissaire aux comptes qui participent à la mission de certification, toute autre personne participant à la mission de certification ainsi que les personnes qui leur sont étroitement liées ou qui sont étroitement liées au commissaire aux comptes au sens de l'article 3, paragraphe 26, du règlement (UE) n° 596/2014 du 16 avril 2014, ne peuvent détenir d'intérêt substantiel et direct dans la personne ou l'entité dont les comptes sont certifiés, ni réaliser de transaction portant sur un instrument financier émis, garanti ou autrement soutenu par cette personne ou entité, sauf s'il s'agit d'intérêts détenus par l'intermédiaire d'organismes de placement collectif diversifiés, y compris de fonds gérés tels que des fonds de pension ou des assurances sur la vie.

Pour la sanction, V. art. L. 824-1.

Art. L. 822-12 *(L. n° 2003-706 du 1er août 2003, art. 104-II) (Ord. n° 2016-315 du 17 mars 2016, art. 26-1°, en vigueur le 17 juin 2016)* « Les commissaires aux comptes et, au sein des sociétés de commissaires aux comptes, les personnes exerçant les fonctions de commissaire aux comptes mentionnées au premier alinéa de l'article L. 822-9 ne peuvent être nommés dirigeants, administrateurs, membres du conseil de surveillance ou occuper un poste de direction au sein des personnes ou entités qu'ils contrôlent, moins de trois ans après la cessation de leurs fonctions. »

Pendant ce même délai, ils ne peuvent exercer les mêmes fonctions dans une personne *(Ord. n° 2005-1126 du 8 sept. 2005, art. 14)* « ou entité » contrôlée ou qui contrôle au sens des I et II de l'article L. 233-3 la personne *(Ord. n° 2005-1126 du 8 sept. 2005, art. 14)* « ou entité » dont ils ont certifié les comptes.

(Ord. n° 2016-315 du 17 mars 2016, art. 26-2°, en vigueur le 17 juin 2016) « Cette interdiction s'applique également à toutes personnes autres que celles mentionnées au premier alinéa du présent article, inscrites sur la liste mentionnée au I de l'article L. 822-1 pendant une durée d'un an suivant leur participation à la mission de certification. »

Pour la sanction, V. art. L. 824-1.

Art. L. 822-13 *(L. n° 2003-706 du 1er août 2003, art. 104-II)* Les personnes ayant été dirigeants ou salariés d'une personne *(Ord. n° 2005-1126 du 8 sept. 2005, art. 15)* « ou entité » ne peuvent être nommées commissaires aux comptes de cette personne *(Ord. n° 2005-1126 du 8 sept. 2005, art. 15)* « ou entité » moins de cinq années après la cessation de leurs fonctions.

Pendant le même délai, elles ne peuvent être nommées commissaires aux comptes des personnes *(Ord. n° 2005-1126 du 8 sept. 2005, art. 15)* « ou entités » possédant au moins 10 % du capital de la personne *(Ord. n° 2005-1126 du 8 sept. 2005, art. 15)* « ou de l'entité » dans laquelle elles exerçaient leurs fonctions, ou dont celle-ci possédait au moins 10 % du capital lors de la cessation de leurs fonctions.

Les interdictions prévues au présent article pour les personnes *(Ord. n° 2005-1126 du 8 sept. 2005, art. 15)* « ou entités » mentionnées au premier alinéa sont applicables aux sociétés de commissaires aux comptes dont lesdites personnes *(Ord. n° 2005-1126 du 8 sept. 2005, art. 15)* « ou entités » sont associées, actionnaires ou dirigeantes.

Art. L. 822-14 *(Ord. n° 2016-315 du 17 mars 2016, art. 27, en vigueur le 17 juin 2016)* I. — Le commissaire aux comptes, personne physique, et, dans les sociétés de commissaires aux comptes, les personnes mentionnées au premier alinéa de l'article L. 822-9 ne peuvent certifier durant plus de six exercices consécutifs, dans la limite de sept années, les comptes des entités d'intérêt public, des personnes et entités mentionnées à l'article L. 612-1 et des associations mentionnées à l'article L. 612-4 dès lors qu'elles font appel *(L. n° 2021-875 du 1er juill. 2021, art. 9)* « à la générosité du public » au sens de l'article 3 de la loi n° 91-772 du 7 août 1991. Ils peuvent à nouveau participer à une mission de contrôle légal des comptes de ces personnes ou entités à l'expiration d'un délai de trois ans à compter de la date de clôture du sixième exercice qu'ils ont certifié.

II. — Les dispositions du I sont applicables à la certification des comptes des filiales importantes d'une entité d'intérêt public lorsque l'entité d'intérêt public et sa filiale ont désigné le même commissaire aux comptes.

Les dispositions de l'art. L. 822-14 dans sa rédaction issue de l'Ord. n° 2016-315 du 17 mars 2016 sont applicables aux entités d'intérêt public mentionnées aux 1° à 5° du III de l'art. L. 820-1 tel que modifié par ladite ordonnance, à compter du premier exercice ouvert postérieurement au 31 déc. 2016 (Ord. préc., art. 53-3°).

Art. L. 822-15 *(L. n° 2003-706 du 1er août 2003, art. 104-II)* Sous réserve des dispositions de l'article *(Ord. n° 2005-1126 du 8 sept. 2005, art. 22)* « L. 823-12 » et des dispositions législatives particulières, les commissaires aux comptes, ainsi que leurs collaborateurs et experts, sont astreints au secret professionnel pour les faits, actes et renseignements dont ils ont pu avoir connaissance à raison de leurs fonctions. *(L. n° 2005-845 du 26 juill. 2005, art. 162-V, en vigueur le 1er janv. 2006)* « Toutefois, ils sont déliés du secret professionnel à l'égard du président du tribunal de commerce ou du *(Ord. n° 2019-964 du 18 sept. 2019, art. 35, en vigueur le 1er janv. 2020)* « tribunal judiciaire » lorsqu'ils font application des dispositions du chapitre IV du titre III du livre II ou du chapitre II du titre Ier du livre VI. » — *Pour la sanction pénale, V. art. L. 820-5.*

Lorsqu'une personne morale établit des comptes consolidés, les commissaires aux comptes de la personne morale consolidante et les commissaires aux comptes des personnes consolidées sont, les uns à l'égard des autres, libérés du secret professionnel. Ces dispositions s'appliquent également lorsqu'une personne établit des comptes combinés.

(L. nº 2019-486 du 22 mai 2019, art. 22) « Les commissaires aux comptes des personnes et entités mentionnées au premier alinéa de l'article L. 823-2-2 et les commissaires aux comptes des sociétés qu'elles contrôlent au sens de l'article L. 233-3 sont, les uns à l'égard des autres, libérés du secret professionnel. »

(Ord. nº 2008-1278 du 8 déc. 2008, art. 11) « Les commissaires aux comptes procédant à une revue indépendante ou contribuant au dispositif de contrôle de qualité interne sont astreints au secret professionnel. »

(L. nº 2019-744 du 19 juill. 2019, art. 35) « Les commissaires aux comptes sont déliés du secret professionnel à l'égard de la Commission nationale des comptes de campagne et des financements politiques et du juge de l'élection. »

Art. L. 822-16 *(Ord. nº 2016-315 du 17 mars 2016, art. 28, en vigueur le 17 juin 2016)* Les règles composant le code de la déontologie de la profession de commissaire aux comptes sont fixées par décret en Conseil d'État, après avis du Haut conseil du commissariat aux comptes. Les avis de l'Autorité des marchés financiers et de l'Autorité de contrôle prudentiel et de résolution sont également requis pour les dispositions qui s'appliquent aux commissaires aux comptes intervenant auprès des personnes et entités soumises à la supervision de ces autorités. — *V. ledit code de déontologie, Annexe 8-1,* ⌂.

V. art. R. 822-20 s.

SECTION III DE LA RESPONSABILITÉ CIVILE

(Ord. nº 2005-1126 du 8 sept. 2005, art. 18)

Art. L. 822-17 *(Ord. nº 2005-1126 du 8 sept. 2005, art. 18)* Les commissaires aux comptes sont responsables, tant à l'égard de la personne ou de l'entité que des tiers, des conséquences dommageables des fautes et négligences par eux commises dans l'exercice de leurs fonctions.

Leur responsabilité ne peut toutefois être engagée à raison des informations ou divulgations de faits auxquelles ils procèdent en exécution de leur mission.

Ils ne sont pas civilement responsables des infractions commises par les dirigeants et mandataires sociaux, sauf si, en ayant eu connaissance, ils ne les ont pas signalées dans leur rapport à l'assemblée générale ou à l'organe compétent mentionnés à l'article L. 823-1.

V. art. R. 822-36 et R. 822-37.

Art. L. 822-18 *(Ord. nº 2005-1126 du 8 sept. 2005, art. 18)* Les actions en responsabilité contre les commissaires aux comptes se prescrivent dans les conditions prévues à l'article L. 225-254.

Art. L. 822-19 *(Ord. nº 2016-315 du 17 mars 2016, art. 29, en vigueur le 17 juin 2016)* Les conditions d'application du présent chapitre sont fixées par décret en Conseil d'État. — *V. art. R. 822-1 s.*

CHAPITRE III DE L'EXERCICE DU CONTRÔLE LÉGAL

(Ord. nº 2005-1126 du 8 sept. 2005, art. 19)

SECTION PREMIÈRE DE LA NOMINATION, DE LA RÉCUSATION ET DE LA RÉVOCATION DES COMMISSAIRES AUX COMPTES

Art. L. 823-1 *(Ord. nº 2016-315 du 17 mars 2016, art. 30-1º, en vigueur le 17 juin 2016)* « I. — » En dehors des cas de nomination statutaire, les commissaires aux comptes sont désignés par l'assemblée générale ordinaire dans les personnes morales qui sont dotées de cette instance ou par l'organe exerçant une fonction analogue compétent en vertu des règles qui s'appliquent aux autres personnes ou entités.

(L. nº 2016-1691 du 9 déc. 2016, art. 140-III-9º) « Lorsque le commissaire aux comptes ainsi désigné est une personne physique ou une société unipersonnelle, » un ou plusieurs commissaires aux comptes suppléants, appelés à remplacer les titulaires en cas de refus, d'empêchement, de démission ou de décès sont désignés dans les mêmes conditions.

Les fonctions du commissaire aux comptes suppléant appelé à remplacer le titulaire prennent fin à la date d'expiration du mandat confié à ce dernier, sauf si l'empêchement n'a qu'un caractère temporaire. Dans ce dernier cas, lorsque l'empêchement a cessé, le titulaire reprend ses fonctions après l'approbation des comptes par l'assemblée générale ou l'organe compétent.

Lorsque le commissaire aux comptes a vérifié, au cours des deux derniers exercices, les opérations d'apports ou de fusion de la société ou des sociétés que celle-ci contrôle au sens des I et II de l'article L. 233-16, le projet de résolution le désignant en fait état.

(Ord. nº 2016-315 du 17 mars 2016, art. 30-2º, en vigueur le 17 juin 2016) « Toute clause contractuelle qui limite le choix de l'assemblée générale ou de l'organe mentionné au premier alinéa à certaines catégories ou listes de commissaires aux comptes est réputée non écrite.

« II. – Dans les entités d'intérêt public, les commissaires aux comptes sont en outre désignés conformément aux dispositions de l'article 16 du règlement (UE) nº 537/2014 du 16 avril 2014.

« Les paragraphes 2 à 5 de l'article 16 du règlement précité ne s'appliquent pas aux désignations statutaires exigées en vue de l'immatriculation des sociétés ni aux désignations réalisées en application des articles L. 823-4 du code de commerce et L. 214-7-2, L. 214-24-31, L. 214-133, L. 214-162-5 et L. 612-43 du code monétaire et financier. Dans ces cas, l'entité d'intérêt public informe le Haut conseil du commissariat aux comptes des modalités de cette désignation. »

V. art. R. 823-1 s.

Pour les sanctions, V. art. L. 820-3-1, L. 820-4 et L. 824-1.

Art. L. 823-2 Les personnes et entités astreintes à publier des comptes consolidés désignent au moins deux commissaires aux comptes.

Art. L. 823-2-1 *(L. nº 2019-486 du 22 mai 2019, art. 20-I-22º)* Les entités d'intérêt public nomment au moins un commissaire aux comptes.

Pour les dispositions transitoires de la L. nº 2019-486 du 22 mai 2019, V. notes ss. art. L. 221-9.

Art. L. 823-2-2 *(L. nº 2019-486 du 22 mai 2019, art. 20-I-22º)* Les personnes et entités, autres que celles mentionnées aux articles L. 823-2 et L. 823-2-1, qui contrôlent une ou plusieurs sociétés au sens de l'article L. 233-3 désignent au moins un commissaire aux comptes lorsque l'ensemble qu'elles forment avec les sociétés qu'elles contrôlent dépasse les seuils fixés par décret pour deux des trois critères suivants : le total cumulé de leur bilan, le montant cumulé de leur chiffre d'affaires hors taxes ou le nombre moyen cumulé de leurs salariés au cours d'un exercice. — *V. art. D. 823-1.*

Le premier alinéa du présent article ne s'applique pas lorsque la personne ou l'entité qui contrôle une ou plusieurs sociétés est elle-même contrôlée par une personne ou une entité qui a désigné un commissaire aux comptes.

Les sociétés contrôlées directement ou indirectement par les personnes et entités mentionnées au premier alinéa du présent article désignent au moins un commissaire aux comptes si elles dépassent les seuils fixés par décret pour deux des trois critères suivants : le total du bilan, le montant du chiffre d'affaires hors taxes et le nombre moyen de salariés employés au cours de l'exercice. Un même commissaire aux comptes peut être désigné en application du même premier alinéa et du présent alinéa. — *V. art. D. 823-1-1.*

Pour les dispositions transitoires de la L. nº 2019-486 du 22 mai 2019, V. notes ss. art. L. 221-9.

Art. L. 823-3 *(Ord. nº 2016-315 du 17 mars 2016, art. 31-1º, en vigueur le 17 juin 2016)* « Le commissaire aux comptes est nommé pour un mandat de six exercices. Ses fonctions expirent après la délibération de l'assemblée générale ou de l'organe compétent qui statue sur les comptes du sixième exercice. »

Le commissaire aux comptes nommé en remplacement d'un autre ne demeure en fonction que jusqu'à l'expiration du mandat de son prédécesseur.

(Ord. n° 2016-315 du 17 mars 2016, art. 31-2°, en vigueur le 17 juin 2016) « Le commissaire aux comptes dont le mandat est expiré, qui a été révoqué, relevé de ses fonctions, suspendu, interdit temporairement d'exercer, radié, omis ou a donné sa démission permet au commissaire aux comptes lui succédant d'accéder à toutes les informations et à tous les documents pertinents concernant la personne ou l'entité dont les comptes sont certifiés, notamment ceux relatifs à la certification des comptes la plus récente.

« Lorsque cette personne ou cette entité est une entité d'intérêt public, les dispositions de l'article 18 du règlement (UE) n° 537/2014 du Parlement européen et du Conseil sont en outre applicables. »

Art. L. 823-3-1 *(Ord. n° 2016-315 du 17 mars 2016, art. 32, en vigueur le 17 juin 2016)* I. – Lorsqu'une entité d'intérêt public désigne un commissaire aux comptes unique, celui-ci ne peut procéder à la certification des comptes de l'entité d'intérêt public pendant une période supérieure à dix ans.

Toutefois, au terme de cette période, il peut être nommé pour un nouveau mandat d'une durée de six exercices, à la condition que soient respectées les conditions définies aux paragraphes 2 à 5 de l'article 16 du règlement (UE) n° 537/2014 du 16 avril 2014.

II. – La durée du mandat prévue au premier alinéa du I peut être prolongée jusqu'à une durée maximale de vingt-quatre ans lorsque, au terme de cette période, l'entité d'intérêt public, de manière volontaire ou en application d'une obligation légale, recourt à plusieurs commissaires aux comptes, dans les conditions prévues au *(L. n° 2016-1691 du 9 déc. 2016, art. 140-III-10°)* « *b* du 4 » de l'article 17 du règlement (UE) n° 537/2014, dès lors qu'ils présentent un rapport conjoint sur la certification des comptes.

III. – A l'issue des mandats mentionnés aux I et II, le Haut conseil du commissariat aux comptes peut, à titre exceptionnel et si les conditions définies au paragraphe 6 de l'article 17 du règlement (UE) n° 537/2014 sont remplies, autoriser l'entité d'intérêt public qui en fait la demande à prolonger le mandat du commissaire aux comptes pour une durée supplémentaire qui ne peut excéder deux années.

IV. – Le commissaire aux comptes ou, le cas échéant, un membre de son réseau au sein de l'Union européenne ne peut accepter de mandat auprès de l'entité d'intérêt public dont il a certifié les comptes avant l'expiration d'une période de quatre ans suivant la fin de son mandat.

V. – Pour l'application du présent article*[,]* la durée de la mission est calculée conformément aux prescriptions de l'article 17 du règlement (UE) n° 537/2014 précité. Le Haut conseil peut être saisi par tout commissaire aux comptes d'une question relative à la détermination de la date de départ du mandat initial.

Les dispositions de l'art. L. 823-3-1 entrent en application conformément aux dispositions de l'art. 41 du Règl. (UE) n° 537/2014 du 16 avr. 2014. Lorsqu'au 16 juin 2016, le commissaire aux comptes a procédé à la certification des comptes d'une entité d'intérêt public pendant une durée excédant celle prévue au I du même art. L. 823-3-1, son mandat relevant du 3 du même art. 41 est prorogé jusqu'à la délibération de l'assemblée générale ou de l'organe compétent statuant sur les comptes de l'exercice ouvert au plus tard le 16 juin 2016 (Ord. n° 2016-315 du 17 mars 2016, art. 53-4°).

V. art. R. 823-6-1 et R. 823-6-2.

Pour la sanction, V. art. L. 824-1.

Art. L. 823-3-2 *(L. n° 2019-486 du 22 mai 2019, art. 20-I-23°)* Par dérogation au premier alinéa de l'article L. 823-3, lorsque le commissaire aux comptes est désigné par une société de manière volontaire ou en application des premier ou dernier alinéas de l'article L. 823-2-2, la société peut décider de limiter la durée de son mandat à trois exercices. – *Pour les dispositions transitoires de la L. n° 2019-486 du 22 mai 2019, V. notes ss. art. L. 221-9.*

Art. L. 823-4 Si l'assemblée ou l'organe compétent omet de désigner un commissaire aux comptes, tout membre de l'assemblée ou de l'organe compétent peut demander en justice la désignation d'un commissaire aux comptes, le représentant légal de la personne ou de l'entité dûment appelé. Le mandat ainsi conféré prend fin lorsqu'il a été pourvu par l'assemblée ou l'organe compétent à la nomination du ou des commissaires. – *V. art. R. 823-3.*

Art. L. 823-5 Lorsqu'une société de commissaires aux comptes est absorbée par une autre société de commissaires aux comptes, la société absorbante poursuit le mandat confié à la société absorbée jusqu'à la date d'expiration de ce dernier.

Toutefois, par dérogation aux dispositions *(Ord. nº 2016-315 du 17 mars 2016, art. 33, en vigueur le 17 juin 2016)* « des articles L. 823-3 et L. 823-3-1 », l'assemblée générale ou l'organe compétent de la personne ou de l'entité contrôlée peut, lors de sa première réunion postérieure à l'absorption, délibérer sur le maintien du mandat, après avoir entendu le commissaire aux comptes.

Art. L. 823-6 Un ou plusieurs actionnaires ou associés représentant au moins 5 % du capital social, le comité d'entreprise *[comité social et économique]*, le ministère public, l'Autorité des marchés financiers pour les personnes *(Ord. nº 2016-315 du 17 mars 2016, art. 34-1º, en vigueur le 17 juin 2016)* « et entités » *(Ord. nº 2009-80 du 22 janv. 2009, art. 10-VI)* « dont les titres financiers sont admis aux négociations sur un marché réglementé » peuvent, dans le délai et les conditions fixées par décret en Conseil d'État, demander en justice la récusation pour juste motif d'un ou plusieurs commissaires aux comptes.

Les dispositions de l'alinéa précédent sont applicables, en ce qui concerne les personnes autres que les sociétés commerciales, sur demande du cinquième des membres de l'assemblée générale ou de l'organe compétent.

(Ord. nº 2016-315 du 17 mars 2016, art. 34-2º, en vigueur le 17 juin 2016) « Une divergence d'appréciation sur un traitement comptable ou sur une procédure de contrôle ne peut constituer un motif fondé de récusation. »

S'il est fait droit à la demande, un nouveau commissaire aux comptes est désigné en justice. Il demeure en fonctions jusqu'à l'entrée en fonctions du commissaire aux comptes désigné par l'assemblée ou l'organe compétent. – *V. art. R. 823-5 et R. 823-6.*

Art. L. 823-7 En cas de faute ou d'empêchement, les commissaires aux comptes peuvent, dans les conditions fixées par décret en Conseil d'État, être relevés de leurs fonctions avant l'expiration normale de celles-ci, sur décision de justice, à la demande de l'organe collégial chargé de l'administration, de l'organe chargé de la direction, d'un ou plusieurs actionnaires ou associés représentant au moins 5 % du capital social, du comité d'entreprise *[comité social et économique]*, du ministère public ou de l'Autorité des marchés financiers pour les personnes *(Ord. nº 2009-80 du 22 janv. 2009, art. 10-VI, en vigueur le 1er avr. 2009)* « dont les titres financiers sont admis aux négociations sur un marché réglementé » et entités.

Les dispositions de l'alinéa précédent sont applicables, en ce qui concerne les personnes autres que les sociétés commerciales, sur demande du cinquième des membres de l'assemblée générale ou de l'organe compétent. – *V. art. R. 823-5 et R. 823-6.*

Art. L. 823-8 Lorsque, à l'expiration des fonctions d'un commissaire aux comptes, il est proposé à l'assemblée ou à l'organe compétent de ne pas le renouveler, le commissaire aux comptes doit, sous réserve des dispositions de l'article L. 822-14 et s'il le demande, être entendu par l'assemblée ou l'organe compétent.

Art. L. 823-8-1 *(L. nº 2012-387 du 22 mars 2012, art. 30)* L'assemblée générale ordinaire, dans les sociétés commerciales qui sont dotées de cette instance, ou l'organe exerçant une fonction analogue compétent en vertu des règles qui s'appliquent peut autoriser, sur proposition de l'organe collégial chargé de l'administration ou de l'organe chargé de la direction de la société, les commissaires aux comptes à adresser directement au greffe du tribunal, dans les délais qui s'imposent à la société, les rapports devant faire l'objet d'un dépôt et les documents qui y sont joints, ainsi que la copie des documents afférents à leur acceptation de mission ou à leur démission. Il peut être mis un terme à cette autorisation selon les mêmes formes.

SECTION II DE LA MISSION DU COMMISSAIRE AUX COMPTES

Art. L. 823-9 Les commissaires aux comptes certifient, en justifiant de leurs appréciations, que les comptes annuels sont réguliers et sincères et donnent une image fidèle du résultat des opérations de l'exercice écoulé ainsi que de la situation financière et du patrimoine de la personne ou de l'entité à la fin de cet exercice.

Lorsqu'une personne ou une entité établit des comptes consolidés, les commissaires aux comptes certifient, en justifiant de leurs appréciations, que les comptes consolidés sont réguliers et sincères et donnent une image fidèle du patrimoine, de la situation financière ainsi que du résultat de l'ensemble constitué par les personnes et entités comprises dans la consolidation. — *V. art. A. 823-2-1.*

Sans préjudice des dispositions de l'article L. 823-14, la certification des comptes consolidés est délivrée notamment après examen des travaux des commissaires aux comptes des personnes et entités comprises dans la consolidation ou, s'il n'en est point, des professionnels chargés du contrôle des comptes desdites personnes et entités. *(Ord. n° 2016-315 du 17 mars 2016, art. 35, en vigueur le 17 juin 2016)* « Le contenu du rapport du commissaire destiné à l'organe appelé à statuer sur les comptes est fixé par décret en Conseil d'État. » — *V. art. R. 823-7 et A. 823-29-1.*

Sur les normes d'exercice professionnel, V. C. com., art. A. 823-1 s.

Art. L. 823-10 Les commissaires aux comptes ont pour mission permanente, à l'exclusion de toute immixtion dans la gestion, de vérifier les valeurs et les documents comptables de la personne ou de l'entité dont ils sont chargés de certifier les comptes et de contrôler la conformité de sa comptabilité aux règles en vigueur.

Ils vérifient également la sincérité et la concordance avec les comptes annuels des informations données dans le rapport de gestion du conseil d'administration, du directoire ou de tout organe de direction, et dans les documents adressés aux actionnaires ou associés sur la situation financière et les comptes annuels. *(L. n° 2007-1223 du 21 août 2007, art. 17-V)* « Ils attestent spécialement l'exactitude et la sincérité des informations relatives aux rémunérations et aux avantages de toute nature versés à chaque mandataire social. »

Ils vérifient, le cas échéant, la sincérité et la concordance avec les comptes consolidés des informations données dans le rapport sur la gestion du groupe.

(Ord. n° 2017-1180 du 19 juill. 2017, art. 4) « Lorsque la personne ou l'entité est soumise aux dispositions de l'article L. 225-102-1, les commissaires aux comptes attestent que les déclarations prévues par cet article figurent, selon le cas, dans le rapport de gestion ou dans le rapport sur la gestion du groupe. Les informations contenues dans ces déclarations ne font pas l'objet des vérifications prévues aux deux alinéas précédents. » — *Les dispositions de l'Ord. n° 2017-1180 du 19 juill. 2017 s'appliquent aux rapports afférents aux exercices ouverts à compter du 1er août 2017 (Ord. préc., art. 15).*

Art. L. 823-10-1 *(Ord. n° 2016-315 du 17 mars 2016, art. 36, en vigueur le 17 juin 2016)* Sans préjudice des obligations d'information résultant du rapport mentionné au dernier alinéa de l'article L. 823-9 et, le cas échéant, du rapport complémentaire prévu au III de l'article L. 823-16, ainsi que des dispositions des articles L. 234-1 à L. 234-4 du présent code et des articles L. 212-14, L. 214-14, L. 621-23 et L. 612-44 du code monétaire et financier, la mission de certification des comptes du commissaire aux comptes ne consiste pas à garantir la viabilité ou la qualité de la gestion de la personne ou entité contrôlée.

Art. L. 823-11 Les commissaires aux comptes s'assurent que l'égalité a été respectée entre les actionnaires, associés ou membres de l'organe compétent.

Art. L. 823-12 Les commissaires aux comptes signalent à la plus prochaine assemblée générale ou réunion de l'organe compétent les irrégularités et inexactitudes relevées par eux au cours de l'accomplissement de leur mission *(Ord. n° 2016-315 du 17 mars 2016, art. 37, en vigueur le 17 juin 2016)* « , et, lorsqu'ils interviennent auprès d'une entité d'intérêt public, l'invitent à enquêter conformément aux dispositions de l'article 7 du règlement (UE) n° 537/2014 du Parlement européen et du Conseil ».

Ils révèlent au procureur de la République les faits délictueux dont ils ont eu connaissance, sans que leur responsabilité puisse être engagée par cette révélation.

(Ord. n° 2009-104 du 30 janv. 2009, art. 10) « Sans préjudice de l'obligation de révélation des faits délictueux mentionnée à l'alinéa précédent, ils mettent en œuvre les obligations relatives à la lutte contre le blanchiment des capitaux et le financement du

terrorisme définies au chapitre Ier du titre VI du livre V du code monétaire et financier. » – *V. C.* ***mon. fin.***

Pour la sanction, V. art. L. 820-7.

V. Circ. du 18 avr. 2014 relative à l'obligation de révélation des faits délictueux des commissaires aux comptes (http ://circulaires.legifrance.gouv.fr).

SECTION III DES MODALITÉS D'EXERCICE DE LA MISSION

Art. L. 823-12-1 *(L. nº 2019-486 du 22 mai 2019, art. 20-I-24º)* **Lorsque la durée de son mandat est limitée à trois exercices, outre le rapport mentionné à l'article L. 823-9, le commissaire aux comptes établit, à destination des dirigeants, un rapport identifiant les risques financiers, comptables et de gestion auxquels est exposée la société. Lorsque le commissaire aux comptes est nommé en application du premier alinéa de l'article L. 823-2-2, le rapport identifiant les risques financiers, comptables et de gestion porte sur l'ensemble que la société mentionnée au même premier alinéa forme avec les sociétés qu'elle contrôle.**

Le commissaire aux comptes est dispensé de la réalisation des diligences et rapports mentionnés aux articles L. 223-19, L. 223-27, L. 223-34, L. 223-42, L. 225-40, L. 225-42, L. 225-88, L. 225-90, L. 225-103, L. 225-115, L. 225-135, *(Abrogé par Ord. nº 2020-1142 du 16 sept. 2020, art. 9, à compter du 1er janv. 2021)* **« L. 225-235, » L. 225-244, L. 226-10-1, L. 227-10** *(Ord. nº 2020-1142 du 16 sept. 2020, art. 9, en vigueur le 1er janv. 2021)* **« , L. 22-10-71 », L. 232-3, L. 232-4, L. 233-6, L. 233-13, L. 237-6 et L. 239-2.**

Pour les dispositions transitoires de la L. nº 2019-486 du 22 mai 2019, V. notes ss. art. L. 221-9.

V. art. A. 823-27-1.

Art. L. 823-12-2 *(L. nº 2019-486 du 22 mai 2019, art. 20-I-25º)* **Des normes d'exercice professionnel homologuées par arrêté du ministre de la justice déterminent les diligences à accomplir par le commissaire aux comptes et le formalisme qui s'attache à la réalisation de sa mission, lorsque celui-ci exécute sa mission en application du premier alinéa de l'article L. 823-2-2, vis-à-vis notamment des sociétés contrôlées qui n'ont pas désigné un commissaire aux comptes, ainsi qu'en application des deuxième et dernier alinéas de l'article L. 823-3-2.**

Pour les dispositions transitoires de la L. nº 2019-486 du 22 mai 2019, V. notes ss. art. L. 221-9.

Art. L. 823-13 A toute époque de l'année, les commissaires aux comptes, ensemble ou séparément, opèrent toutes vérifications et tous contrôles qu'ils jugent opportuns et peuvent se faire communiquer sur place toutes les pièces qu'ils estiment utiles à l'exercice de leur mission et notamment tous contrats, livres, documents comptables et registres des procès-verbaux.

Pour l'accomplissement de leurs contrôles, les commissaires aux comptes peuvent, sous leur responsabilité, se faire assister ou représenter par tels experts ou collaborateurs de leur choix, qu'ils font connaître nommément à la personne ou à l'entité dont ils sont chargés de certifier les comptes. Ces experts ou collaborateurs ont les mêmes droits d'investigation que les commissaires aux comptes.

V. art. R. 823-8 s.

Art. L. 823-14 Les investigations prévues à l'article L. 823-13 peuvent être faites tant auprès de la personne ou de l'entité dont les commissaires aux comptes sont chargés de certifier les comptes que des personnes ou entités qui la contrôlent ou qui sont contrôlées par elle *(Ord. nº 2016-315 du 17 mars 2016, art. 38, en vigueur le 17 juin 2016)* **« au sens des I et II et de l'article L. 233-3 ». Elles peuvent également être faites, pour l'application du deuxième alinéa de l'article L. 823-9, auprès de l'ensemble des personnes ou entités comprises dans la consolidation.**

Les commissaires aux comptes peuvent également recueillir toutes informations utiles à l'exercice de leur mission auprès des tiers qui ont accompli des opérations pour le compte de la personne ou de l'entité. Toutefois, ce droit d'information ne peut s'éten-

dre à la communication des pièces, contrats et documents quelconques détenus par des tiers, à moins qu'ils n'y soient autorisés par une décision de justice.

Le secret professionnel ne peut être opposé aux commissaires aux comptes dans le cadre de leur mission, sauf par les auxiliaires de justice. — *V. art. R. 823-4.*

Art. L. 823-15 Lorsque la personne ou l'entité est astreinte à désigner deux commissaires aux comptes, ceux-ci se livrent ensemble à un examen contradictoire des conditions et des modalités d'établissement des comptes, selon les prescriptions énoncées par une norme d'exercice professionnel établie conformément au *(Ord. n° 2016-315 du 17 mars 2016, art. 39, en vigueur le 17 juin 2016)* « 2° » *(L. n° 2016-1691 du 9 déc. 2016, art. 140-III-11°)* « du I » de l'article L. 821-1. Une norme d'exercice professionnel détermine les principes de répartition des diligences à mettre en œuvre par chacun des commissaires aux comptes pour l'accomplissement de leur mission. — *V. art. A. 823-3.*

Art. L. 823-16 *(Ord. n° 2008-1278 du 8 déc. 2008, art. 13 ; Ord. n° 2016-315 du 17 mars 2016, art. 40-1° et 2°, en vigueur le 17 juin 2016)* « I. — Les commissaires aux comptes portent à la connaissance, selon le cas, de l'organe collégial chargé de l'administration ou de l'organe chargé de la direction et de l'organe de surveillance, ainsi que, le cas échéant, du comité spécialisé mentionné à l'article L. 823-19 agissant sous la responsabilité *(Abrogé par L. n° 2016-1691 du 9 déc. 2016, art. 140-III-12°)* « *exclusive et collective* » de ces organes : »

(Ord. n° 2005-1126 du 8 sept. 2005, art. 19) « 1° Leur programme général de travail mis en œuvre ainsi que les différents sondages auxquels ils ont procédé ;

« 2° Les modifications qui leur paraissent devoir être apportées aux comptes devant être arrêtés ou aux autres documents comptables, en faisant toutes observations utiles sur les méthodes d'évaluation utilisées pour leur établissement ;

« 3° Les irrégularités et les inexactitudes qu'ils auraient découvertes ;

« 4° Les conclusions auxquelles conduisent les observations et rectifications ci-dessus sur les résultats de la période comparés à ceux de la période précédente. »

(Ord. n° 2008-1278 du 8 déc. 2008, art. 13 ; Ord. n° 2016-315 du 17 mars 2016, art. 40-3° et 4°, en vigueur le 17 juin 2016) « II. — Lorsqu'ils interviennent auprès de personnes ou d'entités soumises aux dispositions de l'article L. 823-19 ou qui se sont volontairement dotées d'un comité spécialisé au sens dudit article, ils examinent en outre avec le comité spécialisé mentionné à cet article les risques pesant sur leur indépendance et les mesures de sauvegarde prises pour atténuer ces risques. Ils portent à la connaissance de ce comité les faiblesses significatives du contrôle interne, pour ce qui concerne les procédures relatives à l'élaboration et au traitement de l'information comptable et financière, et lui communiquent chaque année :

« 1° Une déclaration d'indépendance ; »

(Ord. n° 2016-315 du 17 mars 2016, art. 40-5° et 6°, en vigueur le 17 juin 2016) « 2° Une actualisation des informations mentionnées à l'article L. 820-3 détaillant les prestations fournies par les membres du réseau auquel les commissaires aux comptes sont affiliés ainsi que les services autres que la certification des comptes qu'ils ont eux-mêmes fournis.

« III. — Lorsqu'ils interviennent auprès de personnes ou d'entités soumises aux dispositions de l'article L. 823-19, les commissaires aux comptes remettent au comité spécialisé au sens dudit article un rapport complémentaire conforme aux dispositions de l'article 11 du règlement (UE) n° 537/2014 du 16 avril 2014. Ce rapport est remis à l'organe chargé de l'administration ou à l'organe de surveillance lorsque celui-ci remplit les fonctions du comité spécialisé. » — *V. art. R. 823-21-1.*

Les dispositions du 2° [du I] de l'art. L. 823-16 entrent en vigueur à l'expiration d'un délai de huit mois qui suit la clôture du premier exercice ouvert à compter du 1er janv. 2008 au cours duquel un mandat au sein de l'organe d'administration ou de surveillance vient à échéance (Ord. n° 2008-1278 du 8 déc. 2008, art. 21).

Les dispositions du III de l'art. L. 823-16 dans sa rédaction issue de l'Ord. n° 2016-315 du 17 mars 2016 entrent en vigueur à compter du premier exercice ouvert postérieurement au 16 juin 2016 (Ord. préc., art. 53-5°).

Art. L. 823-16-1 *(L. n° 2011-900 du 29 juill. 2011, art. 63-II)* Les commissaires aux comptes sont déliés du secret professionnel à l'égard du comptable public d'un organisme public lorsqu'ils sont chargés de la certification des comptes dudit organisme.

Les commissaires aux comptes adressent copie de leurs rapports de certification des comptes des organismes publics dotés d'un comptable public à ce dernier.

Art. L. 823-17 Les commissaires aux comptes sont convoqués à toutes les réunions du conseil d'administration ou du directoire et du conseil de surveillance, ou de l'organe collégial d'administration ou de direction et de l'organe de surveillance qui examinent ou arrêtent des comptes annuels ou intermédiaires, ainsi qu'à toutes les assemblées d'actionnaires ou d'associés ou à toutes les réunions de l'organe compétent mentionné à l'article L. 823-1.

Art. L. 823-18 *(Ord. n° 2016-315 du 17 mars 2016, art. 41, en vigueur le 17 juin 2016)* I. — Les honoraires du commissaire aux comptes sont supportés par la personne ou l'entité dont il est chargé de certifier les comptes.

Ces honoraires sont fixés selon des modalités déterminées par décret en Conseil d'État. — *V. art. R. 823-11 s.*

II. — Lorsque le commissaire aux comptes fournit à une entité d'intérêt public dont il est chargé de certifier les comptes, ou à la personne qui la contrôle ou qui est contrôlée par elle au sens des I et II de l'article L. 233-3, des services autres que la certification des comptes, le total des honoraires facturés pour ces autres services se limite à 70 % de la moyenne des honoraires facturés au cours des trois derniers exercices pour le contrôle légal des comptes et des états financiers consolidés de l'entité d'intérêt public et, le cas échéant, de la personne qui la contrôle ou qui est contrôlée par elle.

Les services autres que la certification des comptes qui sont requis par la législation de l'Union ou par une disposition législative ou règlementaire *[réglementaire]* sont exclus de ce calcul.

Le commissaire aux comptes respecte en outre les dispositions du paragraphe 3 de l'article 4 du règlement (UE) n° 537/2014 du 16 avril 2014. — *Les dispositions du II de l'art. L. 823-18 entrent en vigueur à compter du quatrième exercice ouvert postérieurement au 16 juin 2016 (Ord. n° 2016-315 du 17 mars 2016, art. 53-6°).*

III. — Le Haut conseil peut, à la demande du commissaire aux comptes, autoriser ce dernier, à titre exceptionnel, à dépasser le plafond prévu au II pendant une période n'excédant pas deux exercices. — *V. art. R. 823-21-2.*

Art. L. 823-18-1 *(Ord. n° 2016-315 du 17 mars 2016, art. 42, en vigueur le 17 juin 2016)* Les litiges relatifs à la rémunération des commissaires aux comptes sont portés devant *(Abrogé par L. n° 2019-486 du 22 mai 2019, art. 24)* ***« la commission régionale de discipline prévue à l'article L. 824-9 et, en appel, devant »*** le Haut conseil du commissariat aux comptes, sans préjudice de l'application des dispositions du cinquième alinéa du 2° du II de l'article L. 824-1.

SECTION IV DU COMITÉ SPÉCIALISÉ

(Ord. n° 2016-315 du 17 mars 2016, art. 43, en vigueur le 17 juin 2016)

Art. L. 823-19 I. — Au sein des entités d'intérêt public au sens de l'article L. 820-1 et des sociétés de financement au sens du II de l'article L. 511-1 du code monétaire et financier, un comité spécialisé agissant sous la responsabilité, selon le cas, de l'organe chargé de l'administration ou de l'organe de surveillance, assure le suivi des questions relatives à l'élaboration et au contrôle des informations comptables et financières.

II. — La composition de ce comité est fixée, selon le cas, par l'organe chargé de l'administration ou de la surveillance. Elle ne peut comprendre que des membres de l'organe chargé de l'administration ou de la surveillance en fonction dans la société, à l'exclusion de ceux exerçant des fonctions de direction. Un membre au moins du comité doit présenter des compétences particulières en matière financière, comptable ou de contrôle légal des comptes et être indépendant au regard de critères précisés et rendus publics par l'organe chargé de l'administration ou de la surveillance.

Sans préjudice des compétences des organes chargés de l'administration, de la direction et de la surveillance, ce comité est notamment chargé des missions suivantes :

1° Il suit le processus d'élaboration de l'information financière et, le cas échéant, formule des recommandations pour en garantir l'intégrité ;

2° Il suit l'efficacité des systèmes de contrôle interne et de gestion des risques, ainsi que le cas échéant de l'audit interne, en ce qui concerne les procédures relatives à l'élaboration et au traitement de l'information comptable et financière, sans qu'il soit porté atteinte à son indépendance ;

3° Il émet une recommandation sur les commissaires aux comptes proposés à la désignation par l'assemblée générale ou l'organe exerçant une fonction analogue. Cette recommandation adressée à l'organe chargé de l'administration ou l'organe de surveillance est élaborée conformément aux dispositions de l'article 16 du règlement (UE) n° 537/2014 précité ; il émet également une recommandation à cet organe lorsque le renouvellement du mandat du ou des commissaires est envisagé dans les conditions définies à l'article L. 823-3-1 ;

4° Il suit la réalisation par le commissaire aux comptes de sa mission ; en ce qui concerne les entités d'intérêt public, il tient compte des constatations et conclusions du Haut conseil du commissariat aux comptes consécutives aux contrôles réalisés en application des articles L. 821-9 et suivants ;

5° Il s'assure du respect par le commissaire aux comptes des conditions d'indépendance définies à la section II du chapitre II du présent titre ; en ce qui concerne les entités d'intérêt public, le cas échéant, il prend les mesures nécessaires à l'application du paragraphe 3 de l'article 4 du règlement (UE) n° 537/2014 précité et s'assure du respect des conditions mentionnées à l'article 6 du même règlement ;

6° Il approuve, pour les entités d'intérêt public, la fourniture des services mentionnés à l'article L. 822-11-2 ;

7° Il rend compte régulièrement à l'organe collégial chargé de l'administration ou à l'organe de surveillance de l'exercice de ses missions. Il rend également compte des résultats de la mission de certification des comptes, de la manière dont cette mission a contribué à l'intégrité de l'information financière et du rôle qu'il a joué dans ce processus. Il l'informe sans délai de toute difficulté rencontrée.

Art. L. 823-20 Ne sont pas tenus de se doter du comité spécialisé mentionné à l'article L. 823-19 :

1° Les établissements de crédit et les sociétés de financement dont les titres ne sont pas admis à la négociation sur un marché réglementé et qui n'ont émis, de manière continue ou répétée, que des titres obligataires, à condition que le montant total nominal de ces titres reste inférieur à 100 millions d'euros et qu'ils n'aient pas publié de prospectus ;

2° Les organismes de titrisation, s'ils expliquent publiquement les raisons pour lesquelles ils ne jugent pas opportun de disposer d'un comité spécialisé ou de confier les missions du comité spécialisé à un organe d'administration ou de surveillance ;

3° Les organismes de placements collectifs mentionnés au chapitre IV du titre Ier du livre II du code monétaire et financier, à l'exception des organismes mentionnés au 2° ;

4° Les personnes et entités disposant d'un autre organe exerçant les missions de ce comité spécialisé, sous réserve d'identifier cet organe, qui peut être l'organe chargé de l'administration ou l'organe de surveillance, et de rendre publique sa composition ;

5° Les personnes et entités contrôlées par une autre personne ou entité au sens des I et II de l'article L. 233-3, lorsque cette dernière est elle-même soumise aux dispositions de l'article L. 823-19 et comporte un organe exerçant les missions de ce comité spécialisé. *(L. n° 2016-1691 du 9 déc. 2016, art. 140-III-13°)* « Les personnes et entités qui décident de se doter d'un comité spécialisé peuvent demander à l'organe chargé de l'administration ou à l'organe de surveillance de la personne ou entité qui la contrôle, au sens des I et II du même article L. 233-3, que la mission mentionnée au 6° du II de l'article L. 823-19 soit exercée par l'organe exerçant en son sein les missions de ce comité spécialisé. Dans ce cas, ce dernier organe rend compte régulièrement des décisions ainsi adoptées à l'organe chargé de l'administration ou à l'organe de surveillance de la société contrôlée. »

Dans les entités d'intérêt public autres que celles mentionnées au 4° et au 5° *(L. n° 2019-486 du 22 mai 2019, art. 20-I-26°)* « et les sociétés de financement, » qui ne sont pas tenues de désigner un comité spécialisé en application du présent article, les missions de ce comité sont exercées, le cas échéant, par l'organe d'administration ou de surveillance ou par l'organe remplissant des fonctions équivalentes.

Lorsque les missions confiées au comité spécialisé sont exercées par l'organe chargé de l'administration ou par l'organe remplissant des fonctions équivalentes, il ne peut, pour l'exercice de ces missions, être présidé par le président de cet organe si ce dernier exerce les fonctions de direction générale.

Pour les dispositions transitoires de la L. n° 2019-486 du 22 mai 2019, V. notes ss. art. L. 221-9.

Art. L. 823-21 Le comité spécialisé ou l'organe qui en exerce les fonctions est tenu à une obligation de confidentialité à l'égard des informations relatives :

1° Aux services fournis par les membres du réseau auquel appartient le commissaire aux comptes, mentionnées au I de l'article L. 820-3 ;

2° Aux constatations et conclusions du Haut conseil mentionnées au 4° du II de l'article L. 823-19.

CHAPITRE IV DES SANCTIONS

(Ord. n° 2016-315 du 17 mars 2016, art. 44, en vigueur le 17 juin 2016)

SECTION PREMIÈRE DE LA NATURE DES MANQUEMENTS ET DES SANCTIONS

Art. L. 824-1 I. — Sont passibles des sanctions prévues à l'article L. 824-2 les commissaires aux comptes à raison des fautes disciplinaires qu'ils commettent.

Constitue une faute disciplinaire :

1° Tout manquement aux conditions légales d'exercice de la profession ;

2° Toute négligence grave et tout fait contraire à la probité ou à l'honneur.

II. — Sont passibles des sanctions prévues à l'article L. 824-3 à raison des manquements suivants :

1° Les associés, salariés du commissaire aux comptes, toute autre personne participant à la mission de certification ou les personnes qui sont étroitement liées au commissaire aux comptes au sens de l'article 3, paragraphe 26, du règlement (UE) n° 596/2014 du 16 avril 2014, du fait des manquements aux dispositions de l'article L. 822-11-3 ainsi qu'aux dispositions du code de déontologie relatives aux liens personnels, professionnels ou financiers ;

2° Les entités d'intérêt public, leurs gérants, administrateurs ou membres du directoire ou du conseil de surveillance, du fait :

a) De manquements aux dispositions des articles L. 822-11, L. 822-11-1 et L. 822-11-2 et de l'article 5 du règlement (UE) n° 537/2014 du 16 avril 2014, relatives aux services fournis par les commissaires aux comptes ;

b) De manquements aux dispositions de l'article L. 823-1, relatives à la désignation des commissaires aux comptes ;

c) De manquements aux dispositions des articles L. 823-3-1 et de l'article 17 du règlement (UE) n° 537/2014 du 16 avril 2014, relatives à la durée du mandat ;

d) De manquements aux dispositions relatives aux honoraires prévues à l'article L. 823-18 et à l'article 4 du règlement (UE) n° 537/2014 du 16 avril 2014 ;

3° Les personnes ou entités soumises à l'obligation de certification de leurs comptes, leurs gérants, administrateurs ou membres du directoire ou du conseil de surveillance, ainsi que les personnes mentionnées au 1°, lorsqu'elles s'opposent de quelque façon que ce soit à l'exercice des fonctions confiées aux agents du Haut conseil du commissariat aux comptes en matière de contrôles et d'enquêtes par les dispositions du présent chapitre, de la section II du chapitre Ier, et de l'article 23 du règlement (UE) n° 537/2014 du 16 avril 2014 ;

4° Tout dirigeant, administrateur, membre du conseil de surveillance ou personne occupant un poste de direction au sein d'une personne ou entité, ainsi que cette personne ou entité, du fait d'un manquement aux dispositions de l'article L. 822-12 ;

(Ord. n° 2016-1635 du 1er déc. 2016, art. 16-5°) « 5° Les membres des organes de direction des sociétés de commissaires aux comptes et les autres personnes physiques

au sein de ces sociétés, du fait de leur implication personnelle dans les manquements aux dispositions des sections III à VI du chapitre Ier du titre VI du livre V du code monétaire et financier. »

Art. L. 824-2 I. – Les commissaires aux comptes sont passibles des sanctions suivantes :

1° L'avertissement ;

2° Le blâme ;

3° L'interdiction d'exercer la fonction de commissaire aux comptes pour une durée n'excédant pas cinq ans ;

4° La radiation de la liste ;

5° Le retrait de l'honorariat.

II. – Les commissaires aux comptes peuvent également faire l'objet des sanctions suivantes :

1° La publication d'une déclaration indiquant que le rapport présenté à l'assemblée générale ne remplit pas les exigences imposées par le présent code ou, le cas échéant, par l'article 10 du règlement (UE) n° 537/2014 du 16 avril 2014 ;

2° L'interdiction, pour une durée n'excédant pas trois ans, d'exercer des fonctions d'administration ou de direction au sein d'une société de commissaire aux comptes et au sein d'entités d'intérêt public ;

3° Le paiement, à titre de sanction pécuniaire, d'une somme ne pouvant excéder :

a) Pour une personne physique, la somme de 250 000 € ;

b) Pour une personne morale, la plus élevée des sommes suivantes :

– un million d'euros ;

– lorsque la faute intervient dans le cadre d'une mission de certification, la moyenne annuelle des honoraires facturés au titre de l'exercice durant lequel la faute a été commise et des deux exercices précédant celui-ci, par le commissaire aux comptes, à la personne ou à l'entité dont il est chargé de certifier les comptes ou, à défaut, le montant des honoraires facturés par le commissaire aux comptes à cette personne ou entité au titre de l'exercice au cours duquel la faute a été commise.

En cas de faute réitérée dans les cinq années à compter de la date à laquelle la sanction pécuniaire précédemment prononcée est devenue définitive, une sanction pécuniaire plus lourde peut être prononcée, sans toutefois excéder le double des montants mentionnés aux *a* et *b*.

(Ord. n° 2016-1635 du 1er déc. 2016, art. 16-6°) « Par dérogation aux *a* et *b*, le montant de la sanction pécuniaire prononcée en cas de violation des dispositions des sections III à VI du chapitre Ier du titre VI du livre V du code monétaire et financier ne peut excéder le double du montant de l'avantage tiré de l'infraction ou, lorsqu'il n'est pas possible de déterminer celui-ci, la somme d'un million d'euros. »

Les sommes sont versées au Trésor public.

III. – Les sanctions prévues au 3° du I et au 3° du II peuvent être assorties du sursis total ou partiel. Si, dans le délai de cinq ans à compter du prononcé de la sanction, la personne sanctionnée commet une faute entraînant le prononcé d'une nouvelle sanction, celle-ci entraînera, sauf décision motivée, l'exécution de la première sanction sans confusion possible avec la seconde.

IV. – Les sanctions prévues aux 1°, 2° et 3° du I et aux 2° et 3° du II peuvent être assorties de la sanction complémentaire de l'inéligibilité aux organismes professionnels pendant dix ans au plus.

(Ord. n° 2016-1635 du 1er déc. 2016, art. 16-6°) « V. – En cas de manquement aux dispositions des sections III à VI du chapitre Ier du titre VI du livre V du code monétaire et financier, les commissaires aux comptes peuvent faire l'objet d'une injonction de cesser le comportement constitutif du manquement. »

Art. L. 824-3 I. – Les personnes mentionnées au II de l'article L. 824-1 sont passibles des sanctions suivantes :

1° L'interdiction pour une durée n'excédant pas trois ans d'exercer des fonctions d'administration ou de direction au sein d'entités d'intérêt public et des fonctions de commissaire aux comptes ;

2° Le paiement, à titre de sanction pécuniaire, d'une somme n'excédant pas les montants suivants :

a) Pour les personnes physiques mentionnées aux 1° et 3° du II de l'article L. 824-1, la somme de 50 000 € ;

b) Pour les personnes physiques mentionnées aux 2° et 4° du II de l'article L. 824-1, la somme de 250 000 € ;

c) Pour les personnes morales mentionnées aux 1°, 3° et 4° du II de l'article L. 824-1, la somme de 500 000 € ;

d) Pour les personnes morales mentionnées au 2° du II de l'article L. 824-1, la plus élevée des sommes suivantes :

— un million d'euros ;

— lorsque le manquement intervient dans le cadre d'une mission de certification, la moyenne annuelle des honoraires facturés au titre de l'exercice durant lequel le manquement a été commis et des deux exercices précédant celui-ci, par le commissaire aux comptes, à la personne morale concernée ou, à défaut, le montant des honoraires facturés par le commissaire aux comptes à la personne morale concernée au titre de l'exercice au cours duquel le manquement a été commis ;

(Ord. nº 2016-1635 du 1er déc. 2016, art. 16-7º) « *e)* Pour les personnes mentionnées au 5° du II de l'article L. 824-1*[,]* le double du montant de l'avantage tiré de l'infraction ou, lorsqu'il *(L. nº 2019-486 du 22 mai 2019, art. 206)* « n'est pas possible » de déterminer celui-ci, la somme de » *(L. nº 2019-486 du 22 mai 2019, art. 206)* « un million d'euros. »

En cas de manquement réitéré dans les cinq années à compter de la date à laquelle la sanction pécuniaire précédemment prononcée est devenue définitive, le montant de la sanction pécuniaire prononcée ne peut excéder le double des montants mentionnés aux *a*, *b*, *c* et *d*.

Les sommes sont versées au Trésor public.

II. — Les sanctions prévues au I peuvent être assorties du sursis total ou partiel. Si, dans le délai de cinq ans à compter du prononcé de la sanction, la personne sanctionnée commet un manquement entraînant le prononcé d'une nouvelle sanction, celle-ci entraînera, sauf décision motivée, l'exécution de la première sanction sans confusion possible avec la seconde.

(Ord. nº 2016-1635 du 1er déc. 2016, art. 16-7º) « III. — En cas de manquement aux dispositions des sections III à VI du chapitre Ier du titre VI du livre V du code monétaire et financier, les personnes mentionnées au 5° du II de l'article L. 824-1 peuvent faire l'objet d'une injonction de cesser le comportement constitutif du manquement. »

SECTION II DE LA PROCÉDURE

Art. L. 824-4 Le rapporteur général est saisi de tout fait susceptible de justifier l'engagement d'une procédure de sanction par :

1° Le premier président de la Cour des comptes ou le président d'une chambre régionale des comptes ;

2° Le procureur général près la cour d'appel compétente ;

3° Le président de l'Autorité des marchés financiers ;

4° Le président de l'Autorité de contrôle prudentiel et de résolution ;

5° Le président du Haut conseil du commissariat aux comptes ;

6° Le président de la Compagnie nationale des commissaires aux comptes ou le président d'une compagnie régionale.

Le rapporteur général peut également se saisir des signalements dont il est destinataire.

(L. nº 2016-1691 du 9 déc. 2016, art. 140-III-14º) « Les faits remontant à plus de six ans ne peuvent faire l'objet d'une sanction s'il n'a été fait pendant ce délai aucun acte tendant à leur recherche, à leur constatation ou à leur sanction. »

Art. L. 824-5 Le rapporteur général procède à une enquête. Il peut désigner des enquêteurs pour l'assister.

Le rapporteur général et les enquêteurs peuvent à cet effet :

1° Obtenir du commissaire aux comptes, sans que celui-ci puisse opposer le secret professionnel, tout document ou information, sous quelque forme que ce soit *(Abrogé par L. n° 2019-486 du 22 mai 2019, art. 25)* « *, concernant la mission de certification des comptes ou toute autre prestation fournie par lui, aux personnes ou entités dont il certifie les comptes* » ; ils peuvent en exiger une copie ;

2° Obtenir de toute personne tout document ou information *(L. n° 2019-486 du 22 mai 2019, art. 25)* « utile à l'enquête » ; ils peuvent en exiger une copie ;

3° Convoquer et entendre toute personne susceptible de leur fournir des informations ;

4° Accéder aux locaux à usage professionnel ;

5° Demander à des commissaires aux comptes inscrits sur une liste établie par le Haut conseil après avis de la compagnie *[Compagnie]* nationale des commissaires aux comptes, de procéder à des vérifications ou d'effectuer des actes d'enquête sous leur contrôle ;

6° Faire appel à des experts.

Toute personne entendue pour les besoins de l'enquête peut se faire assister par un conseil de son choix.

V. art. R. 824-2 s.

Art. L. 824-6 Lorsqu'il constate des faits susceptibles d'être liés au blanchiment de capitaux ou au financement du terrorisme, le rapporteur général en informe le service mentionné à l'article L. 561-23 du code monétaire et financier.

Art. L. 824-7 Lorsque des faits d'une particulière gravité apparaissent de nature à justifier des sanctions pénales ou disciplinaires, le rapporteur général peut, lorsque l'urgence et l'intérêt public le justifient, et après que l'intéressé a été mis en mesure de présenter ses observations, saisir le Haut conseil qui délibère hors la présence de la formation restreinte d'une demande de suspension provisoire d'une durée maximale de six mois, d'un commissaire aux comptes, personne physique.

Le rapporteur général ou le Haut conseil peut être saisi d'une demande de suspension provisoire par l'une des autorités mentionnées *(L. n° 2016-1691 du 9 déc. 2016, art. 140-III-15°)* « à » l'article L. 824-4.

Le Haut conseil dans sa composition mentionnée au premier alinéa peut à tout moment mettre fin à la suspension provisoire de sa propre initiative ou à la demande de l'intéressé.

La suspension provisoire cesse de plein droit dès que les actions pénale et disciplinaire sont éteintes.

V. art. R. 824-8.

Art. L. 824-8 A l'issue de l'enquête et après avoir entendu la personne intéressée, le rapporteur général établit un rapport d'enquête qu'il adresse au Haut conseil. Lorsque les faits justifient l'engagement d'une procédure de sanction, le Haut conseil délibérant hors la présence des membres de la formation restreinte arrête les griefs qui sont notifiés par le rapporteur général à la personne intéressée. La notification expose les faits passibles de sanction. Elle est accompagnée des principaux éléments susceptibles de fonder les griefs.

La personne intéressée peut consulter le dossier et présenter ses observations. Elle peut se faire assister par un conseil de son choix à toutes les étapes de la procédure.

(L. n° 2019-486 du 22 mai 2019, art. 24) « Le rapporteur général établit un rapport final qu'il adresse à la formation restreinte avec les observations de la personne intéressée. »

V. art. R. 824-10 s.

Art. L. 824-9 *Abrogé par L. n° 2019-486 du 22 mai 2019, art. 24.*

Art. L. 824-10 *(L. n° 2019-486 du 22 mai 2019, art. 24)* Le Haut conseil statuant en formation restreinte connaît de l'action intentée à l'encontre des commissaires aux comptes inscrits sur la liste mentionnée au I de l'article L. 822-1, des contrôleurs des pays tiers mentionnés au I de l'article L. 822-1-5 et des personnes autres que les commissaires aux comptes.

Art. L. 824-11 La formation *(L. n° 2019-486 du 22 mai 2019, art. 24)* « restreinte » convoque la personne poursuivie à une audience qui se tient deux mois au moins après la notification des griefs.

Lorsqu'il existe une raison sérieuse de mettre en doute l'impartialité d'un membre de la formation, sa récusation est prononcée à la demande de la personne poursuivie ou du rapporteur général.

L'audience est publique. Toutefois, d'office ou à la demande de la personne intéressée, le président peut interdire au public l'accès de la salle pendant tout ou partie de l'audience dans l'intérêt de l'ordre public ou lorsque la protection des secrets d'affaires ou de tout autre secret protégé par la loi l'exige.

La personne poursuivie peut être assistée ou représentée par le conseil de son choix. *(L. n° 2019-486 du 22 mai 2019, art. 24)* « Le président de la compagnie régionale des commissaires aux comptes dont relève la personne poursuivie peut demander à être entendu. »

Le président peut décider d'entendre toute personne dont l'audition lui paraît utile.

Le rapporteur général ou la personne qu'il désigne pour le représenter assiste à l'audience. *(Abrogé par L. n° 2019-486 du 22 mai 2019, art. 24) « Toutefois, lorsque l'audience se tient devant la commission régionale de discipline, il peut y participer par un moyen de télécommunication audiovisuelle. »* Il expose ses conclusions oralement.

Il peut proposer une ou plusieurs des sanctions prévues aux articles L. 824-2 et L. 824-3.

La formation *(L. n° 2019-486 du 22 mai 2019, art. 24)* « restreinte » délibère hors la présence des parties et du rapporteur général. Elle peut enjoindre à la personne intéressée de mettre un terme au manquement et de s'abstenir de le réitérer. Elle rend une décision motivée.

SECTION III DES DÉCISIONS ET DES VOIES DE RECOURS

Art. L. 824-12 Les sanctions sont déterminées en tenant compte :

1° De la gravité et de la durée de la faute ou du manquement reprochés ;

2° De la qualité et du degré d'implication de la personne intéressée ;

3° De la situation et de la capacité financière de la personne intéressée, au vu notamment de son patrimoine et, s'agissant d'une personne physique de ses revenus annuels, s'agissant d'une personne morale de son chiffre d'affaires total ;

4° De l'importance soit des gains ou avantages obtenus, soit des pertes ou coûts évités par la personne intéressée, dans la mesure où ils peuvent être déterminés ;

5° Du degré de coopération dont a fait preuve la personne intéressée dans le cadre de l'enquête ;

6° Des manquements commis précédemment par la personne intéressée ;

(Ord. n° 2016-1635 du 1er déc. 2016, art. 16-8°) « 7° Lorsque la sanction est prononcée en raison de manquement aux dispositions des sections III à VI du chapitre Ier du titre VI du livre V du code monétaire et financier, elle est en outre déterminée en tenant compte, le cas échéant, de l'importance du préjudice subi par les tiers. »

Art. L. 824-13 *(L. n° 2019-486 du 22 mai 2019, art. 24)* « La décision du Haut conseil est publiée sur son site internet. Le cas échéant, elle est également rendue publique dans les publications, journaux ou supports que le Haut conseil désigne, dans un format de publication proportionné à la faute ou au manquement commis et à la sanction infligée. Les frais sont supportés par les personnes sanctionnées. »

La décision est publiée sous forme anonyme dans l'une ou l'autre des circonstances suivantes :

1° Lorsque la publication de la décision est susceptible de causer à la personne sanctionnée un préjudice grave et disproportionné, notamment, dans le cas d'une sanction infligée à une personne physique, lorsque la publication inclut des données personnelles ;

2° Lorsque la publication serait de nature à perturber gravement la stabilité du système financier, de même que le déroulement d'une enquête ou d'un contrôle en cours.

(Ord. n° 2016-1635 du 1er déc. 2016, art. 16-9°) « La publicité d'une sanction prononcée en application des dispositions des sections III à VI du chapitre Ier du titre VI du livre V du code monétaire et financier peut être différée au moment où les raisons de ne pas la publier cessent d'exister. Le Haut conseil peut également décider de ne pas publier cette décision lorsque l'anonymat est insuffisant à garantir que la stabilité des

marchés financiers ne soit pas compromise ou, lorsque les mesures concernées sont jugées mineures, pour garantir la proportionnalité de la publication de la décision. »

Lorsqu'une décision de sanction fait l'objet d'un recours, le Haut conseil, informé sans délai, *(Abrogé par L. nº 2019-486 du 22 mai 2019, art. 24) « le cas échéant, par la commission régionale de discipline, »* publie immédiatement cette information sur son site internet.

Le Haut conseil informe sans délai l'organe mentionné au 2° de l'article 30 du règlement (UE) nº 537/2014 du 16 avril 2014 des interdictions temporaires prononcées en application *(L. nº 2016-1691 du 9 déc. 2016, art. 140-III-17°)* « du 3° du I et du 2° du II de l'article L. 824-2 ainsi que du 1° du I » de l'article L. 824-3.

Art. L. 824-14 La personne sanctionnée ou le président du Haut conseil après accord du collège peut former un recours de pleine juridiction devant le Conseil d'État. – *V. art. R. 814-23.*

SECTION IV DE LA COOPÉRATION EN MATIÈRE DE SANCTIONS

Art. L. 824-15 I. – Le rapporteur général communique, à leur demande, les informations ou les documents qu'il détient ou qu'il recueille aux autorités des États membres de l'Union européenne exerçant des compétences analogues aux siennes.

Le rapporteur général peut diligenter une enquête afin de répondre aux demandes d'assistance des autorités mentionnées au premier alinéa.

Lorsque l'une de ces autorités le demande, le rapporteur général peut autoriser les agents de cette autorité à assister aux actes d'enquête.

II. – Le rapporteur général peut diligenter une enquête afin de répondre aux demandes d'assistance des autorités des États non membres de l'Union européenne exerçant des compétences analogues aux siennes sous réserve de réciprocité et à la condition que l'autorité concernée soit soumise au secret professionnel avec les mêmes garanties qu'en France.

Il peut, sous les mêmes réserve et condition, diligenter des actes d'enquête qu'il détermine afin de répondre aux demandes d'assistance des autorités mentionnées au *(L. nº 2016-1691 du 9 déc. 2016, art. 140-III-18°)* « premier alinéa du présent II ».

Le rapporteur peut, à titre exceptionnel, autoriser les agents des autorités des États non membres de l'Union européenne à assister aux enquêtes. Ces agents ne peuvent solliciter directement du commissaire aux comptes la communication d'informations ou de documents.

Art. L. 824-16 Les conditions d'application du présent chapitre sont fixées par décret en Conseil d'État. – *V. art. R. 824-1 s.*

LIVRE NEUVIÈME DISPOSITIONS RELATIVES À L'OUTRE-MER

RÉP. COM. v° *Outre-mer*, par BONDIL.

BIBL. ▶ SEUBE, *Mél. Tricot, Dalloz/Litec, 2011, p. 279* (les dispositions relatives à l'outre-mer du code de commerce).

TITRE PREMIER A OBSERVATOIRES DES PRIX, DES MARGES ET DES REVENUS DANS LES OUTRE-MER

(L. n° 2012-1270 du 20 nov. 2012, art. 23-I)

Le titre Ier A tel qu'il résulte de la L. n° 2012-1270 du 20 nov. 2012 entre en vigueur à la date de publication du décret prévu à l'art. L. 910-1 J (L. préc., art. 23-IV).

Art. L. 910-1 A *(L. n° 2015-1268 du 14 oct. 2015, art. 1er)* **« Dans les collectivités relevant de l'article 73 de la Constitution et dans les collectivités d'outre-mer de Saint-Barthélemy, de Saint-Martin, de Saint-Pierre-et-Miquelon et de Wallis-et-Futuna », un observatoire des prix, des marges et des revenus analyse le niveau et la structure des prix, des marges et des revenus et fournit aux pouvoirs publics une information régulière sur leur évolution.** *— V. aussi art. L. 410-3 à L. 410-5.*

Jusqu'à la date de publication du décret prévu à l'art. L. 910-1 J, l'observatoire des prix et des revenus prévu à l'art. L. 910-1 A dans sa rédaction issue de la L. n° 2012-260 du 22 févr. 2012 ou, à Wallis-et-Futuna, l'observatoire des prix, exerce les compétences attribuées à l'observatoire des prix, des marges et des revenus par la L. n° 2012-1270 du 20 nov. 2012 (L. préc., art. 23-IV). — V. art. D. 910-1 C. — V. aussi Décr. n° 2012-1459 du 26 déc. 2012, ss. art. L. 410-5.

BIBL. ▶ RAYMOND, *RLC oct.-déc. 2013. 131* (état des lieux du droit de la concurrence dans les outre-mer).

Art. L. 910-1 B **Le président de chaque observatoire est nommé, pour un mandat de cinq ans renouvelable, par arrêté du premier président de la Cour des comptes, parmi les membres du corps des magistrats des** *(L. n° 2013-1029 du 15 nov. 2013, art. 24)* **« juridictions financières ou parmi les magistrats honoraires de ces** *[ce]* **» corps.**

Jusqu'à la date de publication de l'arrêté prévu à l'art. L. 910-1 B, les présidents des observatoires des prix et des revenus, nommés par l'Arr. du 30 nov. 2010 portant nomination des présidents des observatoires des prix et des revenus en Guadeloupe, en Guyane, à la Martinique, à La Réunion, à Mayotte et à Saint-Pierre-et-Miquelon (JO 10 déc.), exercent les compétences attribuées aux présidents des observatoires des prix, des marges et des revenus (Décr. n° 2013-608 du 9 juill. 2013, art. 4).

Art. L. 910-1 C **I. —** *(L. n° 2015-1268 du 14 oct. 2015, art. 1er)* **« Dans les collectivités relevant de l'article 73 de la Constitution et dans les collectivités d'outre-mer de Saint-Barthélemy, de Saint-Martin et de Saint-Pierre-et-Miquelon », chaque observatoire comprend, outre son président, les députés et sénateurs élus dans la collectivité concernée, des représentants des collectivités territoriales concernées, de l'État, des associations de consommateurs, des syndicats d'employeurs et de salariés, du conseil économique et social régional, des chambres consulaires, de l'institut mentionné** *(Ord. n° 2021-1200 du 15 sept. 2021, art. 4, en vigueur le 26 févr. 2022)* **« à la section II du chapitre II du titre II du livre VII du code monétaire et financier** *[ancienne rédaction : à la section II du chapitre Ier du titre Ier du livre VII du code monétaire et financier]* **» et des personnalités qualifiées à raison de leur compétence ou de leurs connaissances en matière de formation des prix, des marges et des revenus. Les modalités de désignation des membres de chaque observatoire sont fixées par décret.** *— V. art. D. 910-1 C.*

A Wallis-et-Futuna, l'observatoire comprend, outre son président, les parlementaires élus dans les îles Wallis-et-Futuna, des élus locaux, des représentants de l'État, de la chefferie, des associations de consommateurs, des chambres consulaires, des syndicats d'employeurs et de salariés, de l'établissement visé à l'article *(Ord. n° 2021-1200 du 15 sept. 2021, art. 4, en vigueur le 26 févr. 2022)* **« L. 721-18** *[ancienne rédaction : L. 712-4]* **» du code monétaire et financier et des personnalités qualifiées à raison de leur compétence ou de leurs connaissances en matière de formation des prix, des marges et des revenus. Les modalités de désignation des membres de l'observatoire sont fixées par décret.**

II. – Les membres de chaque observatoire sont tenus à une obligation de discrétion à l'égard des informations présentant un caractère confidentiel dont ils ont connaissance dans le cadre de l'exercice de leurs missions.

III. – Les membres de chaque observatoire exercent leurs fonctions à titre gratuit. – *V. art. D. 910-1 C.*

Art. L. 910-1 D Chaque observatoire se réunit au moins une fois par an. Il se réunit également à la demande d'un tiers au moins de ses membres. Il peut constituer en son sein des commissions spécialisées.

Le secrétariat de chaque observatoire est assuré par les services de l'État présents dans la collectivité concernée.

Art. L. 910-1 E Chaque observatoire peut émettre un avis afin d'éclairer les pouvoirs publics sur la conduite de la politique économique et de cohésion sociale menée dans la collectivité sur le territoire de laquelle il est établi.

Art. L. 910-1 F Chaque observatoire publie annuellement des données portant sur le niveau et la structure des coûts de passage portuaire.

Art. L. 910-1 G Chaque observatoire est informé de toute mesure relative à la réglementation des marchés et à l'encadrement des prix qui concerne le département ou la collectivité d'outre-mer pour lequel il est compétent.

Art. L. 910-1 H Sauf disposition législative contraire, les administrations de l'État et les établissements publics de l'État sont tenus de communiquer à chaque observatoire qui en fait la demande les éléments d'information et les études dont ils disposent et qui lui apparaissent nécessaires pour l'exercice de sa mission. Chaque observatoire fait connaître aux administrations de l'État et aux établissements publics de l'État ses besoins afin qu'ils en tiennent compte dans l'élaboration de leurs programmes de travaux statistiques et d'études.

Les observatoires recueillent les données nécessaires à l'exercice de leurs missions auprès de l'établissement mentionné à l'article L. 621-1 du code rural et de la pêche maritime et du service statistique public.

Art. L. 910-1 I Chaque observatoire rend un rapport annuel, qui peut être assorti d'avis et de propositions. Ce rapport est adressé au Parlement et aux ministres chargés des outre-mer, de l'économie, des finances et de l'emploi.

Il peut également, à la demande de son président ou du tiers de ses membres, rendre des rapports sur des sujets particuliers.

Art. L. 910-1 J Les modalités d'application du présent titre sont déterminées par décret. – *V. art. D. 910-1 C. – V. aussi Décr. n° 2012-1459 du 26 déc. 2012, ss. art. L. 410-5.*

TITRE PREMIER DISPOSITIONS SPÉCIFIQUES À SAINT-PIERRE-ET-MIQUELON

Art. L. 910-1 Ne sont pas applicables à Saint-Pierre-et-Miquelon les articles :

1° L. 125-3, L. 126-1 ;

2° *(L. n° 2005-842 du 26 juill. 2005, art. 11-III)* « L. 225-245-1, L. 229-1 à L. 229-15, L. 238-6, L. 244-5 et » L. 252-1 à L. 252-13 ;

3° *(Ord. n° 2017-303 du 9 mars 2017, art. 2-II)* « L. 490-9 *[ancienne rédaction : L. 470-6]* » ;

4° L. 522-1 à L. 522-40 *(Abrogé par Ord. n° 2021-1192 du 15 sept. 2021, art. 36, à compter du 1er janv. 2022)* « *et L. 524-20* » ;

(Ord. n° 2017-1519 du 2 nov. 2017, art. 4-II) « 4° *bis* L. 621-4 (dernière phrase du premier alinéa), L. 641-1 (dernière phrase du premier alinéa du II), L. 662-7 et le titre IX du livre VI ; »

5° *(Ord. n° 2011-821 du 8 juill. 2011, art. 1er)* « L. 711-2 (deuxième et dernier alinéas), L. 721-1, L. 721-2, *(Ord. n° 2017-1519 du 2 nov. 2017, art. 4-II)* « L. 721-8, » L. 722-1 à L. 724-7, *(Ord. n° 2022-544 du 13 avr. 2022, art. 31, en vigueur le 1er juill. 2022)* « L. 741-1 à L. 743-1, L. 743-11 à L. 743-15 » *(L. n° 2014-626 du 18 juin 2014, art. 61-III)* « , L. 750-1 *(L. n° 2015-990 du 6 août 2015, art. 297 ; Ord.*

n° 2021-649 du 26 mai 2021, art. 3) « , L. 751-1 à L. 752-25 et L. 761-1 à L. 761-11 » ainsi que les dispositions relatives aux chambres de commerce et d'industrie de région des chapitres Ier, II et III du titre Ier du livre VII. »

Art. L. 910-2 Pour l'application du présent code à Saint-Pierre-et-Miquelon, les termes énumérés ci-après sont remplacés comme suit :

1° *(Ord. n° 2019-964 du 18 sept. 2019, art. 3, en vigueur le 1er janv. 2020)* « "Tribunal judiciaire" » par "tribunal de première instance" ;

2° "Tribunal de commerce" ou "justice consulaire" par "tribunal de première instance statuant en matière commerciale" ;

3° "Département" ou "arrondissement" par "collectivité territoriale" ;

4° "*Bulletin officiel des annonces civiles et commerciales*" par "Recueil des actes administratifs de la collectivité territoriale".

Art. L. 910-3 Les références faites, par des dispositions du présent code applicables à Saint-Pierre-et-Miquelon, à d'autres articles du présent code, ne concernent que les articles rendus applicables dans la collectivité avec les adaptations prévues dans les chapitres ci-dessous.

Art. L. 910-4 En l'absence d'adaptation, les références faites par des dispositions du présent code applicables à Saint-Pierre-et-Miquelon, à des dispositions qui n'y sont pas applicables, sont remplacées par les références aux dispositions ayant le même objet applicables localement.

Art. L. 910-5 Les articles faisant référence à la Communauté européenne sont applicables dans le respect de la décision d'association prévue à l'article 136 du traité instituant la Communauté européenne *[art. 203 TFUE]*. Les références à l'accord sur l'Espace économique européen ne sont pas applicables.

CHAPITRE PREMIER DISPOSITIONS D'ADAPTATION DU LIVRE Ier

Art. L. 911-1 *Abrogé par L. n° 2014-1 du 2 janv. 2014, art. 21-I.*

Art. L. 911-2 Les dérogations prévues par les articles L. 123-25 à L. 123-27 sont applicables aux personnes physiques soumises à un régime simplifié d'imposition par la réglementation en vigueur à Saint-Pierre-et-Miquelon.

Art. L. 911-2-1 *(Ord. n° 2021-1189 du 15 sept. 2021, art. 15, en vigueur le 1er janv. 2023)* Aux articles L. 123-48 et L. 123-49, les mots : "caisse départementale ou pluri-départementale de mutualité sociale agricole" sont remplacés par les mots : "caisse de prévoyance sociale de Saint-Pierre-et-Miquelon".

Art. L. 911-3 A l'article L. 133-7, les mots : "les droits, taxes, frais et amendes de douane liés à une opération de transport" sont supprimés.

Art. L. 911-4 L'inscription au greffe du tribunal de première instance statuant en matière commerciale dispense de la formalité de l'enregistrement les actes et déclarations qui y sont soumis en application de l'article L. 141-5.

Art. L. 911-5 Pour l'application des articles L. 141-15, L. 143-7 et L. 145-28, un magistrat du tribunal de première instance peut être délégué par le président.

Art. L. 911-6 A l'article L. 141-13, les mots : "par les articles 638 et 653 du code général des impôts" sont remplacés par les mots : "par les dispositions de droit fiscal applicables localement".

Art. L. 911-7 *Abrogé par L. n° 2019-744 du 19 juill. 2019, art. 2.*

Art. L. 911-8 L'article L. 145-2 est modifié ainsi qu'il suit :

I. — Au 4°, les mots : "à l'État, aux départements, aux communes, aux établissements publics" sont remplacés par les mots : "à l'État, aux collectivités territoriales et aux établissements publics" ;

II. — Au 6°, les mots : "à la caisse de sécurité sociale de la maison des artistes et reconnus auteurs d'œuvres graphiques et plastiques, tels que définis par l'article 71 de l'annexe III du code général des impôts" sont remplacés par les mots : "à la caisse locale d'assurance sociale et reconnus auteurs d'œuvres graphiques et plastiques au sens du code des impôts applicable localement".

Art. L. 911-9 Pour l'application de l'article L. 145-6, les mots : "l'évacuation des lieux compris dans un secteur ou périmètre prévu aux articles *(Ord. n° 2005-1527 du 8 déc. 2005, art. 29)* « L. 313-4 à L. 313-4-2 » du code de l'urbanisme" sont remplacés par les mots : "l'évacuation des lieux prévue à l'article L. 145-18".

Art. L. 911-10 *Abrogé par L. n° 2014-626 du 18 juin 2014, art. 5.*

Art. L. 911-11 Le deuxième alinéa de l'article L. 145-18 est ainsi rédigé :

Art. L. 145-18, al. 2 Il en est de même pour effectuer des opérations de restauration immobilière comportant des travaux de remise en état, de conservation, de modernisation ou de démolition ayant pour conséquence la transformation des conditions d'habitabilité d'un ensemble d'immeubles nécessitant l'évacuation des lieux. Ces opérations peuvent être décidées et exécutées dans le respect de la réglementation locale, soit par les autorités publiques localement compétentes, soit à l'initiative d'un ou de plusieurs propriétaires, groupés ou non en association syndicale. Dans ce dernier cas, ce ou ces propriétaires y sont spécialement autorisés dans des conditions fixées par le représentant de l'État, qui précisent notamment les engagements exigés des propriétaires quant à la nature et à l'importance des travaux. Les immeubles acquis par un organisme de rénovation ne peuvent, après restauration, être cédés de gré à gré qu'aux conditions d'un cahier des charges type approuvé par le représentant de l'État.

Art. L. 911-12 A l'article L. 145-26, après les mots : "à l'État, aux départements, aux communes", sont ajoutés les mots : "à la collectivité territoriale".

Art. L. 911-13 Le premier alinéa de l'article L. 145-34 est ainsi rédigé :

Art. L. 145-34, al. 1er A moins d'une modification notable des éléments déterminant la valeur locative, le taux de variation du loyer applicable lors de la prise d'effet du bail à renouveler, si sa durée n'est pas supérieure à neuf ans, ne peut excéder la variation d'un indice local trimestriel mesurant le coût de la construction intervenue depuis la fixation initiale du loyer du bail expiré. Cet indice est calculé dans des conditions déterminées par arrêté du représentant de l'État. A défaut de clause contractuelle fixant le trimestre de référence de cet indice, il y a lieu de prendre en compte une variation de l'indice local trimestriel mesurant le coût de la construction fixé à cet effet par l'arrêté précité.

Art. L. 911-14 L'article L. 145-35 est modifié ainsi qu'il suit :

I. — Au premier alinéa, le mot : "départementale" est supprimé ;

II. — Le dernier alinéa est ainsi rédigé :

"La composition de la commission, le mode de désignation de ses membres et ses règles de fonctionnement sont fixés par arrêté du représentant de l'État."

CHAPITRE II DISPOSITIONS D'ADAPTATION DU LIVRE II

Art. L. 912-1 *(L. n° 2015-990 du 6 août 2015, art. 212-2°)* I. — A l'article L. 223-18, les mots : "sur le territoire français" sont remplacés par les mots : "dans la collectivité".

II. — Aux articles L. 225-36 et L. 225-65, les mots : "dans le même département ou dans un département limitrophe" sont remplacés par les mots : "dans la collectivité".

Art. L. 912-1-1 *(Ord. n° 2008-697 du 11 juill. 2008, art. 1er)* Les mots : "la loi n° 2005-882 du 2 août 2005 en faveur des petites et moyennes entreprises" et les mots : "la loi n° 2005-882 du 2 août 2005 précitée" figurant au troisième et au quatrième alinéa de l'article L. 223-30 sont remplacés respectivement par les mots : "l'ordonnance n° 2008-697 du 11 juillet 2008 relative à l'application à Saint-Pierre-et-Miquelon de la loi n° 2005-882 du 2 août 2005 en faveur des petites et moyennes entreprises et réformant la chambre interprofessionnelle de Saint-Pierre-et-Miquelon" et par les mots : "l'ordonnance n° 2008-697 du 11 juillet 2008 précitée".

Art. L. 912-2 Le dernier alinéa de l'article L. 225-43 et celui de l'article L. 225-91 sont supprimés.

Art. L. 912-3 Au deuxième alinéa de l'article L. 225-102, les mots : "ainsi que par les salariés d'une société coopérative de production au sens de la loi n° 78-763 du 19 juillet 1978 portant statut de sociétés coopératives de production" sont supprimés.

Art. L. 912-4 *(Ord. n° 2004-604 du 24 juin 2004, art. 59)* Au 5° de l'article L. 225-115, les mots : "versements effectués en application des 1 et 4 de l'article 238 *bis* du code général des impôts" sont remplacés par les mots : "déductions fiscales prévues par les dispositions du code des impôts applicables localement relatives au total des déductions du montant des bénéfices imposables des sociétés qui procèdent à des versements au profit d'œuvres d'organismes d'intérêt général, ou de sociétés agréées ou à des donations d'œuvre d'art à l'État".

Art. L. 912-5 *Abrogé par Ord. n° 2004-604 du 24 juin 2004, art. 55.*

Art. L. 912-6 Au VI de l'article L. 225-270, les mots : "les dispositions de l'article 94 A du code général des impôts" sont remplacés par les mots : "les dispositions du code des impôts applicable localement relatives aux gains nets en capital réalisés à l'occasion de la cession à titre onéreux de valeurs mobilières et de droits sociaux".

Art. L. 912-7 *(Ord. n° 2008-697 du 11 juill. 2008, art. 1er)* Au cinquième alinéa (2°) de l'article L. 239-1, les mots : "à l'article 208 D du code général des impôts" sont remplacés par les mots : "au code général des impôts applicable localement".

CHAPITRE III DISPOSITIONS D'ADAPTATION DU LIVRE III

Art. L. 913-1 *(L. n° 2011-850 du 20 juill. 2011, art. 49-III, en vigueur le 1er sept. 2011)* L'article L. 322-9 est ainsi rédigé :

Art. L. 322-9 Les courtiers de marchandises assermentés se conforment aux dispositions prescrites par le code des impôts applicable localement relatives aux ventes publiques et par enchères.

CHAPITRE IV DISPOSITIONS D'ADAPTATION DU LIVRE IV

Art. L. 914-1 Au second alinéa *(Ord. n° 2019-359 du 24 avr. 2019, art. 4)* « du I de l'article L. 442-5 », avant les mots : "taxes sur le chiffre d'affaires", est ajouté le mot : "éventuelles".

(Abrogé par Ord. n° 2019-359 du 24 avr. 2019, art. 4) ***« Au deuxième et au troisième alinéa de l'article L. 442-2, les dates : "1er janvier 2006" et "1er janvier 2007" sont respectivement remplacées par les dates : "1er janvier 2009" et "1er janvier 2010". »***

Art. L. 914-2 *(Ord. n° 2021-859 du 30 juin 2021, art. 3)* Le II de l'article L. 441-11 est ainsi modifié :

1° Le 1° est ainsi rédigé :

"1° Pour les achats de produits agricoles et alimentaires périssables et de viandes congelées ou surgelées, de poissons surgelés, de plats cuisinés et de conserves fabriqués à partir de produits alimentaires périssables :

"*a)* Trente jours après la date de livraison ;

"*b)* Ou, en cas de facture périodique au sens des dispositions du code des impôts applicable localement, trente jours après la fin de la décade de livraison, sauf disposition dérogatoire figurant dans les contrats types pluriannuels liant les fournisseurs de raisins ou de moût destinés à l'élaboration de vins passibles des droits de circulation prévus par le même code des impôts et leurs acheteurs directs ;

"*c)* En cas de facture périodique au sens des dispositions du code des impôts applicable localement pour des achats de produits saisonniers effectués dans le cadre de contrats d'intégration conclus dans le secteur des fruits et légumes mentionnés aux articles L. 326-1 à L. 326-3 du code rural et de la pêche maritime, trente jours à compter de la fin du mois au cours duquel la livraison est effectuée." ;

2° Au 3°, les mots : "à l'article 403 du code général des impôts" sont remplacés par les mots : "par les dispositions du code des impôts applicable localement".

V. note ss. art. L. 441-11.

CHAPITRE V DISPOSITIONS D'ADAPTATION DU LIVRE V

Art. L. 915-1 Le deuxième alinéa de l'article L. 511-62 est ainsi rédigé :

Art. L. 511-62, al. 2 La retraite comprend les sommes indiquées dans les articles L. 511-45 et L. 511-46, outre les droits de courtage et de timbre éventuellement prévus par les dispositions du code des impôts applicable localement.

Art. L. 915-2 *(Abrogé par Ord. n° 2021-1192 du 15 sept. 2021, art. 36, à compter du 1er janv. 2022)* ***Le premier alinéa de l'article L. 524-19 est ainsi rédigé :***

Art. L. 524-19, al. 1er *Le montant des droits à percevoir par le greffier du tribunal de première instance statuant en matière commerciale est fixé par décret.*

Art. L. 915-3 *(Abrogé par Ord. n° 2021-1192 du 15 sept. 2021, art. 36, à compter du 1er janv. 2022)* ***Au premier alinéa de l'article L. 525-2, après les mots "au droit fixe", sont ajoutés les mots : "selon les modalités en vigueur localement".***

Art. L. 915-4 *(Abrogé par Ord. n° 2021-1192 du 15 sept. 2021, art. 36, à compter du 1er janv. 2022)* ***Au II de l'article L. 525-9, les mots : "au privilège visé à l'article L. 243-4 du code [de] la sécurité sociale" sont remplacés par les mots : "au privilège organisé en faveur de la caisse de prévoyance sociale de la collectivité territoriale".***

Art. L. 915-5 *(Abrogé par Ord. n° 2021-1192 du 15 sept. 2021, art. 36, à compter du 1er janv. 2022)* ***L'article L. 525-18 est modifié ainsi qu'il suit :***

I. — Au 1°, la référence au décret n° 53-968 du 30 septembre 1953 est remplacée par la référence au décret n° 55-639 du 20 mai 1955 ; — V. note ss. art. L. 525-18.

II. — Le 2° est ainsi rédigé :

"2° Les navires de mer."

Art. L. 915-6 *Abrogé par Ord. n° 2016-391 du 31 mars 2016, art. 13, à compter du 1er juill. 2016.*

CHAPITRE VI DISPOSITIONS D'ADAPTATION DU LIVRE VI

Art. L. 916-1 *(L. n° 2005-845 du 26 juill. 2005, art. 193-I)* **Le 4° du III de l'article L. 643-11 ne s'applique pas à Saint-Pierre-et-Miquelon.**

Art. L. 916-2 *(L. n° 2016-1547 du 18 nov. 2016, art. 112-VI)* **Lorsque le tribunal statue sur un recours formé contre une ordonnance du juge-commissaire ou en application des chapitres Ier et III du titre V du livre VI, le juge-commissaire ne peut, à peine de nullité du jugement, siéger dans la formation de jugement ni participer au délibéré.**

CHAPITRE VII DISPOSITIONS D'ADAPTATION DU LIVRE VII

V. notes au **C. com.**.

Art. L. 917-1 *(L. n° 2014-626 du 18 juin 2014, art. 65-II)* **A Saint-Pierre-et-Miquelon, une chambre d'agriculture, de commerce, d'industrie, de métiers et de l'artisanat, établissement public, est auprès des pouvoirs publics l'organe des intérêts agricoles, commerciaux, industriels et artisanaux de sa circonscription. Elle exerce les attributions dévolues aux chambres départementales d'agriculture, aux chambres de commerce et d'industrie territoriales et aux chambres de métiers et de l'artisanat par la législation en vigueur.**

Art. L. 917-1-1 *(L. n° 2014-626 du 18 juin 2014, art. 65-II)* **I. — Les dispositions relatives aux catégories et sous-catégories professionnelles prévues à la section III du chapitre III du titre Ier du livre VII ne sont pas applicables.**

II. — Les électeurs de la chambre d'agriculture, de commerce, d'industrie, de métiers et de l'artisanat sont répartis en trois collèges représentant :

1° Les activités du secteur de l'agriculture ;

2° Les activités du secteur de l'artisanat et des métiers ;

3° Les activités du secteur de l'industrie, du commerce et des services.

III. — Le II de l'article L. 713-1 et les articles L. 713-2 à L. 713-4 s'appliquent au collège représentant les activités du secteur de l'industrie, du commerce et des services.

Toutefois, la condition d'âge prévue au premier alinéa du I de l'article L. 713-4 s'applique à tous les éligibles de la chambre d'agriculture, de commerce, d'industrie, de métiers et de l'artisanat.

IV. – Par dérogation au II de l'article L. 713-12, le nombre des sièges de la chambre d'agriculture, de commerce, d'industrie, de métiers et de l'artisanat est fixé à dix-huit.

V. – Pour l'application de l'article L. 713-13 :

1° Au premier alinéa, les mots : "catégories et sous-catégories professionnelles" sont remplacés par les mots : "les collèges mentionnés au II de l'article L. 917-1-1" ;

2° Au début du second alinéa, les mots : "Aucune des catégories professionnelles" sont remplacés par les mots : "Aucun des collèges mentionnés au même II".

VI. – Au premier alinéa de l'article L. 713-15, les mots : "des chambres de commerce et d'industrie territoriales et de région" sont remplacés par les mots : "du collège représentant les activités du secteur de l'industrie, du commerce et des services".

VII. – Les dispositions relatives aux électeurs et aux éligibles du collège représentant les activités de l'agriculture et du collège représentant les activités de l'artisanat et des métiers sont fixées par décret en Conseil d'État.

Art. L. 917-1-2 *(L. n° 2014-626 du 18 juin 2014, art. 65-II)* Dans les textes législatifs applicables à Saint-Pierre-et-Miquelon, les références aux chambres départementales d'agriculture, aux chambres de commerce et d'industrie territoriales, y compris lorsqu'elles sont qualifiées d'établissements du réseau des chambres de commerce et d'industrie, aux chambres de métiers et de l'artisanat et aux chambres consulaires s'entendent comme des références à la chambre d'agriculture, de commerce, d'industrie, de métiers et de l'artisanat.

Art. L. 917-2 *(Ord. n° 2011-821 du 8 juill. 2011, art. 1er)* La chambre d'agriculture, de commerce, d'industrie, de métiers et de l'artisanat recrute et gère les personnels de droit privé et les personnels de droit public, dont ceux soumis au statut prévu par la loi n° 52-1311 du 10 décembre 1952 relative à l'établissement obligatoire d'un statut du personnel administratif des chambres d'agriculture, des chambres de commerce et des chambres de métiers.

Art. L. 917-3 *(Ord. n° 2011-821 du 8 juill. 2011, art. 1er)* L'assemblée de la chambre d'agriculture, de commerce, d'industrie, de métiers et de l'artisanat élit son président parmi ses membres.

Art. L. 917-4 *(Ord. n° 2011-821 du 8 juill. 2011, art. 1er)* Pour l'application de l'article L. 712-2, les mots : "du réseau au moyen des impositions de toute nature affectées aux chambres de commerce et d'industrie de région" sont remplacés par les mots : "de la chambre d'agriculture, de commerce, d'industrie, de métiers et de l'artisanat comme il est dit dans les dispositions du code des impôts applicable dans la collectivité".

Art. L. 917-5 *(Ord. n° 2008-697 du 11 juill. 2008, art. 1er)* Pour l'application de l'article L. 712-7, les mots : ", notamment celles mentionnées au 2° de l'article L. 711-8," sont supprimés.

Art. L. 917-6 *Abrogé par Ord. n° 2017-1519 du 2 nov. 2017, art. 4-III.*

CHAPITRE VIII DISPOSITIONS D'ADAPTATION DU LIVRE VIII

Le livre VIII ne nécessite aucune mesure d'adaptation.

TITRE DEUXIÈME DISPOSITIONS SPÉCIFIQUES AU DÉPARTEMENT DE MAYOTTE *(Ord. n° 2012-578 du 26 avr. 2012, art. 1er)*.

BIBL. ► SEUBE, *Mél. Tricot, Dalloz/Litec, 2011, p. 279* (les dispositions relatives à l'outre-mer du code de commerce : l'exemple de Mayotte).

Art. L. 920-1 *(Ord. n° 2012-578 du 26 avr. 2012, art. 2)* Ne sont pas applicables au Département de Mayotte les dispositions suivantes :

1° Au livre II, l'article L. 225-245-1, le chapitre IX du titre II, le chapitre IV *bis* du titre IV et le chapitre II du titre V ;

2° Au livre IV, l'article *(Ord. n° 2017-303 du 9 mars 2017, art. 2-II)* « L. 490-9 *[ancienne rédaction : L. 470-6]* » ;

3° Au livre VI, les articles L. 622-19 et L. 625-9 ;

4° Au livre VII, *(L. n° 2016-298 du 14 mars 2016, art. 1er)* « l'article L. 712-2, » les dispositions relatives aux chambres de commerce et d'industrie de région du titre Ier et le titre V, à l'exception de l'article L. 750-1-1.

Art. L. 920-1-1 *(L. n° 2011-850 du 20 juill. 2011, art. 49-II, en vigueur le 1er sept. 2011)* Les notaires et les huissiers de justice organisant et réalisant des ventes volontaires de meubles aux enchères publiques à Mayotte sont réputés remplir les conditions de formation définies au deuxième alinéa de l'article L. 321-2.

Art. L. 920-2 Pour l'application du présent code dans la collectivité, les termes énumérés ci-après sont remplacés comme suit :

(Abrogé par Ord. n° 2011-337 du 29 mars 2011, art. 7, à compter du 1er avr. 2011) « 1° "Tribunal de grande instance" ou "tribunal d'instance" par "tribunal de première instance" ;

« 2° "Tribunal de commerce" ou "justice consulaire" par "tribunal de première instance statuant en matière commerciale" ; »

(Abrogé par Ord. n° 2011-337 du 29 mars 2011, art. 7, au plus tard à compter du 31 déc. 2015) « 3° "Conseil des prud'hommes" par "tribunal du travail" ; »

(Ord. n° 2011-821 du 8 juill. 2011, art. 3) « 4° "Chambre de commerce et d'industrie territoriale" par "Chambre de commerce et d'industrie de Mayotte" ; »

(Abrogé par Ord. n° 2011-337 du 29 mars 2011, art. 7, à compter du 1er avr. 2011) « 5° "Bulletin officiel des annonces civiles et commerciales" par "Recueil des actes administratifs de la collectivité territoriale" ; »

(Ord. n° 2011-322 du 24 mars 2011, art. 4) « 6° "Bureau des hypothèques" par "service de la conservation de la propriété immobilière". »

Art. L. 920-3 *Abrogé par Ord. n° 2012-578 du 26 avr. 2012, art. 9.*

Art. L. 920-4 En l'absence d'adaptation, les références faites, par des dispositions du présent code applicables à Mayotte, à des dispositions qui n'y sont pas applicables sont remplacées par les références aux dispositions ayant le même objet applicables localement.

Art. L. 920-5 *Abrogé par Ord. n° 2017-1491 du 25 oct. 2017, art. 14, à compter du 1er janv. 2018.*

Art. L. 920-6 *Abrogé par Ord. n° 2005-43 du 20 janv. 2005, art. 3-II.*

Art. L. 920-7 *Abrogé par L. n° 2014-626 du 18 juin 2014, art. 70-IV.*

CHAPITRE PREMIER DISPOSITIONS D'ADAPTATION DU LIVRE Ier

Art. L. 921-1 *Abrogé par Ord. n° 2012-578 du 26 avr. 2012, art. 9.*

Art. L. 921-2 Les dérogations prévues par les articles L. 123-25 à L. 123-27 sont applicables aux personnes physiques soumises à un régime simplifié d'imposition par la réglementation en vigueur à Mayotte.

Art. L. 921-3 *(L. n° 2019-486 du 22 mai 2019, art. 220)* Pour l'application de l'article L. 123-32, les mots : "les organismes gérant des régimes de protection sociale relevant du code de la sécurité sociale et du code rural et de la pêche maritime" sont remplacés par les mots : "les organismes gérant des régimes de protection sociale à Mayotte".

Art. L. 921-3-1 *(Ord. n° 2021-1189 du 15 sept. 2021, art. 16, en vigueur le 1er janv. 2023)* Pour l'application à Mayotte de l'article L. 123-37, sont identifiés, de manière distincte des actifs agricoles définis à l'article L. 311-2 du code rural et de la pêche maritime, les chefs d'exploitation agricole soumis au critère du troisième alinéa du même article et exerçant des activités de cultures marines.

Art. L. 921-4 A l'article L. 133-7, les mots : "les droits, taxes, frais et amendes de douane liés à une opération de transport" sont supprimés.

Art. L. 921-5 *Abrogé par Ord. n° 2012-578 du 26 avr. 2012, art. 9.*

Art. L. 921-6 A l'article L. 141-13, les mots : "de la déclaration prescrite par les articles 638 et 653 du code général des impôts" sont remplacés par les mots : "de la

déclaration prescrite dans les conditions prescrites par les dispositions du code des impôts applicable dans la collectivité".

Art. L. 921-7 *Abrogé par Ord. nº 2012-578 du 26 avr. 2012, art. 9.*

Art. L. 921-8 *(Ord. nº 2012-578 du 26 avr. 2012, art. 3)* **Au 6º de l'article L. 145-2, les mots : "à la caisse de sécurité sociale de la maison des artistes et reconnus auteurs d'œuvres graphiques et plastiques, tels que définis par l'article 71 de l'annexe III du code général des impôts" sont remplacés par les mots : "à la caisse de sécurité sociale de Mayotte et reconnus auteurs d'œuvres graphiques et plastiques au sens du code des impôts applicable localement".**

Art. L. 921-9 *Abrogé par Ord. nº 2012-578 du 26 avr. 2012, art. 9, à compter du 1er janv. 2013.*

Art. L. 921-10 *Abrogé par L. nº 2014-626 du 18 juin 2014, art. 5.*

Art. L. 921-11 **Le deuxième alinéa de l'article L. 145-18 est ainsi rédigé :**

Art. L. 145-18, al. 2 Il en est de même pour effectuer des opérations de restauration immobilière comportant des travaux de remise en état, de conservation, de modernisation ou de démolition ayant pour conséquence la transformation des conditions d'habitabilité d'un ensemble d'immeubles nécessitant l'évacuation des lieux. Ces opérations peuvent être décidées et exécutées dans le respect de la réglementation locale, soit par les autorités publiques localement compétentes, soit à l'initiative d'un ou de plusieurs propriétaires, groupés ou non en association syndicale. Dans ce dernier cas, ce ou ces propriétaires y sont spécialement autorisés dans des conditions fixées par le représentant de l'État, qui précisent notamment les engagements exigés des propriétaires quant à la nature et à l'importance des travaux. Les immeubles acquis par un organisme de rénovation ne peuvent, après restauration, être cédés de gré à gré qu'aux conditions d'un cahier des charges type approuvé par le représentant de l'État.

Art. L. 921-12 *Abrogé par Ord. nº 2012-578 du 26 avr. 2012, art. 9.*

Art. L. 921-13 **Le premier alinéa de l'article L. 145-34 est ainsi rédigé :**

Art. L. 145-34, al. 1er A moins d'une modification notable des éléments déterminant la valeur locative, le taux de variation du loyer applicable lors de la prise d'effet du bail à renouveler, si sa durée n'est pas supérieure à neuf ans, ne peut excéder la variation d'un indice local trimestriel mesurant le coût de la construction intervenue depuis la fixation initiale du loyer du bail expiré. Cet indice est calculé dans des conditions déterminées par arrêté du représentant de l'État. A défaut de clause contractuelle fixant le trimestre de référence de cet indice, il y a lieu de prendre en compte une variation de l'indice local trimestriel mesurant le coût de la construction fixé à cet effet par l'arrêté précité.

Art. L. 921-14 *(Ord. nº 2012-578 du 26 avr. 2012, art. 4)* **Le dernier alinéa de l'article L. 145-35 est ainsi rédigé :**

"La composition de la commission, le mode de désignation de ses membres et ses règles de fonctionnement sont fixés par arrêté du représentant de l'État."

CHAPITRE II DISPOSITIONS D'ADAPTATION DU LIVRE II

Art. L. 922-1 *(Ord. nº 2004-604 du 24 juin 2004, art. 56-II)* **Aux articles L. 225-177, L. 225-179 et L. 233-11, les mots : "la date de publication de la loi nº 2001-420 du 15 mai 2001" sont remplacés par les mots : "la date de publication de l'ordonnance nº 2004-604 du 24 juin 2004 portant réforme du régime des valeurs mobilières émises par les sociétés commerciales et extension à l'outre-mer de dispositions ayant modifié la législation commerciale".**

Art. L. 922-2 et L. 922-3 *Abrogés par Ord. nº 2012-578 du 26 avr. 2012, art. 9.*

Art. L. 922-4 *(Ord. nº 2004-604 du 24 juin 2004, art. 60-II)* **Au 5º de l'article L. 225-115, les mots : "versements effectués en application des 1 et 4 de l'article 238 *bis* du**

code général des impôts" sont remplacés par les mots : "déductions fiscales prévues par les dispositions de droit fiscal applicables dans la collectivité et relatives au total des déductions du montant des bénéfices imposables des sociétés qui procèdent à des versements au profit d'œuvres d'organismes d'intérêt général, ou de sociétés agréées ou à des donations d'œuvre d'art à l'État".

Art. L. 922-5 et L. 922-6 *Abrogés par Ord. n° 2012-578 du 26 avr. 2012, art. 9.*

Art. L. 922-7 Au VI de l'article L. 225-270, les mots : "les dispositions de l'article 94 A du code général des impôts" sont remplacés par les mots : "les dispositions du code des impôts applicable dans la collectivité relatives aux gains nets en capital réalisés à l'occasion de la cession à titre onéreux de valeurs mobilières et de droits sociaux".

Art. L. 922-8 Le dernier alinéa de l'article L. 228-36 est supprimé.

Art. L. 922-9 et L. 922-10 *Abrogés par Ord. n° 2012-578 du 26 avr. 2012, art. 9.*

CHAPITRE III DISPOSITIONS D'ADAPTATION DU LIVRE III

Art. L. 923-1 *Abrogé par Ord. n° 2012-578 du 26 avr. 2012, art. 9.*

Art. L. 923-2 *(L. n° 2011-850 du 20 juill. 2011, art. 49-III, en vigueur le 1er sept. 2011)* L'article L. 322-9 est ainsi rédigé :

Art. L. 322-9 Les courtiers de marchandises assermentés se conforment aux dispositions prescrites par le code des impôts applicable dans la collectivité relatives aux ventes publiques et par enchères.

CHAPITRE IV DISPOSITIONS D'ADAPTATION DU LIVRE IV

Les modifications et adjonctions apportées au code de commerce en ses art. L. 430-1 à L. 430-10 par les art. 86 à 93 de la L. n° 2001-420 du 15 mai 2001 sont applicables à Mayotte, sous réserve des adaptations suivantes (Ord. n° 2004-823 du 19 août 2004, art. 3-I).

Art. L. 924-1 et L. 924-2 *Abrogés par Ord. n° 2012-578 du 26 avr. 2012, art. 9.*

Art. L. 924-3 Le *(L. n° 2010-874 du 27 juill. 2010, art. 13)* « dernier alinéa du I » de l'article *(Ord. n° 2019-359 du 24 avr. 2019, art. 4)* « L. 443-1 » est remplacé par quatre alinéas ainsi rédigés :

Art. L. 443-1 [...] La cessation de la publicité, réalisée dans des conditions non conformes aux dispositions de l'alinéa 1, peut être ordonnée par le juge d'instruction ou par le tribunal saisi des poursuites, soit sur réquisition du ministère public, soit d'office. La mesure ainsi prise est exécutoire nonobstant toutes voies de recours.

Mainlevée peut en être donnée par la juridiction qui l'a ordonnée ou qui est saisie du dossier. La mesure cesse d'avoir effet en cas de décision de non-lieu ou de relaxe.

Les décisions statuant sur les demandes de mainlevée peuvent faire l'objet d'un recours devant *(Ord. n° 2011-337 du 29 mars 2011, art. 12, en vigueur le 1er avr. 2011)* « la chambre d'appel de Mamoudzou » selon qu'elles ont été prononcées par un juge d'instruction ou par le tribunal saisi des poursuites.

(Ord. n° 2011-337 du 29 mars 2011, art. 12, en vigueur le 1er avr. 2011) « La chambre d'appel de Mamoudzou » statue dans un délai de dix jours à compter de la réception des pièces.

Art. L. 924-4 *(Ord. n° 2019-359 du 24 avr. 2019, art. 4)* « Au deuxième alinéa du I de l'article L. 442-5 », avant les mots : "taxes sur le chiffre d'affaires", est ajouté le mot : "éventuelles".

Art. L. 924-5 Le dernier alinéa *(Ord. n° 2019-359 du 24 avr. 2019, art. 4)* « du III de l'article L. 442-5 » est remplacé par quatre alinéas ainsi rédigés :

Art. L. 442-5 [...] La cessation de l'annonce publicitaire peut être ordonnée par le juge d'instruction ou par le tribunal saisi des poursuites, soit sur réquisition du ministère public, soit d'office. La mesure ainsi prise est exécutoire nonobstant toutes voies de recours.

Mainlevée peut en être donnée par la juridiction qui l'a ordonnée ou qui est saisie du dossier. La mesure cesse d'avoir effet en cas de décision de non-lieu ou de relaxe.

Les décisions statuant sur les demandes de mainlevée peuvent faire l'objet d'un recours devant *(Ord. nº 2011-337 du 29 mars 2011, art. 12, en vigueur le 1er avr. 2011)* « la chambre d'appel de Mamoudzou.

« La chambre d'appel de Mamoudzou » statue dans un délai de dix jours à compter de la réception des pièces.

Art. L. 924-6 *(Ord. nº 2021-859 du 30 juin 2021, art. 3)* **Le II de l'article L. 441-11 est ainsi modifié :**

1º Le 1º est ainsi rédigé :

"1º Pour les achats de produits agricoles et alimentaires périssables et de viandes congelées ou surgelées, de poissons surgelés, de plats cuisinés et de conserves fabriqués à partir de produits alimentaires périssables :

"*a)* Trente jours après la date de livraison ;

"*b)* Ou, en cas de facture périodique au sens des dispositions du code des impôts applicable dans la collectivité, trente jours après la fin de la décade de livraison pour les achats de produits agricoles et alimentaires périssables et de viandes congelées ou surgelées, de poissons surgelés, de plats cuisinés et de conserves fabriqués à partir de produits alimentaires périssables.

"Le délai mentionné à l'alinéa précédent s'applique sauf disposition dérogatoire figurant dans les contrats types pluriannuels liant les fournisseurs de raisins ou de moût destinés à l'élaboration de vins passibles des droits de circulation prévus par le même code des impôts et leurs acheteurs directs, sous réserve que ces contrats aient été rendus obligatoires conformément à l'article 164 du règlement (UE) nº 1308/2013 du 17 décembre 2013 avant le 1er janvier 2019 et que leur extension soit renouvelée à compter de cette date sans modification significative des conditions de paiement au détriment des fournisseurs de raisins et de moût ;

"*c)* En cas de facture périodique au sens des dispositions du code des impôts applicable dans la collectivité pour des achats de produits saisonniers effectués dans le cadre de contrats d'intégration conclus dans le secteur des fruits et légumes mentionnés aux articles L. 326-1 à L. 326-3 du code rural et de la pêche maritime, trente jours à compter de la fin du mois au cours duquel la livraison est effectuée." ;

2º Au 3º, les mots : "à l'article 403 du code général des impôts" sont remplacés par les mots : "par les dispositions du code des impôts applicable dans la collectivité".

V. note ss. art. L. 441-11.

CHAPITRE V **DISPOSITIONS D'ADAPTATION DU LIVRE V**

Art. L. 925-1 **Le deuxième alinéa de l'article L. 511-62 est ainsi rédigé :**

Art. L. 511-62, al. 2 La retraite comprend les sommes indiquées dans les articles L. 511-45 et L. 511-46, outre les droits de courtage et de timbre éventuellement prévus par les dispositions applicables dans la collectivité.

Art. L. 925-2 et L. 925-3 *Abrogés par Ord. nº 2012-578 du 26 avr. 2012, art. 9.*

Art. L. 925-4 *(Abrogé par Ord. nº 2021-1192 du 15 sept. 2021, art. 36, à compter du 1er janv. 2022)* ***Au premier alinéa de l'article L. 525-2, après les mots : "au droit fixe" sont ajoutés les mots : "selon les modalités en vigueur dans la collectivité".***

Art. L. 925-5 *(Abrogé par Ord. nº 2021-1192 du 15 sept. 2021, art. 36, à compter du 1er janv. 2022)* ***Au II de l'article L. 525-9, les mots : "au privilège visé à l'article L. 243-4 du code de la sécurité sociale" sont remplacés par les mots : "au privilège organisé en faveur de la*** *(Ord. nº 2012-578 du 26 avr. 2012, art. 6)* ***« caisse de sécurité sociale de Mayotte ».***

Art. L. 925-6 *(Abrogé par Ord. nº 2021-1192 du 15 sept. 2021, art. 36, à compter du 1er janv. 2022) (Ord. nº 2012-578 du 26 avr. 2012, art. 7)* ***Au 1º de l'article L. 525-18, la référence au décret nº 53-968 du 30 septembre 1953 est remplacée par la référence au décret nº 55-639 du 20 mai 1955.*** — V. note ss. art. L. 525-18.

Art. L. 925-7 *(Abrogé par Ord. nº 2021-1189 du 15 sept. 2021, art. 17, à compter du 1er janv. 2023) (Ord. nº 2011-322 du 24 mars 2011, art. 4)* ***Au 4º de l'article L. 526-7,***

les mots : "(L. n° 2014-626 du 18 juin 2014, art. 70-III) « au registre de l'agriculture tenu par » la chambre d'agriculture compétente" sont remplacés par les mots : "au registre de l'agriculture, de la pêche et de l'aquaculture de Mayotte tenu par la chambre de l'agriculture, de la pêche et de l'aquaculture".

CHAPITRE VI DISPOSITIONS D'ADAPTATION DU LIVRE VI

(L. n° 2005-845 du 26 juill. 2005, art. 194)

Art. L. 926-1 et L. 926-2 *Abrogés par Ord. n° 2017-1491 du 25 oct. 2017, art. 14, à compter du 1er janv. 2018.*

Art. L. 926-3 *Abrogé par Ord. n° 2016-1580 du 24 nov. 2016, art. 3-II.*

Art. L. 926-4 Pour l'application de l'article *[des articles] (Ord. n° 2008-1345 du 18 déc. 2008, art. 170-II, en vigueur le 15 févr. 2009)* « L. 611-7, L. 626-6, » *(Ord. n° 2014-326 du 12 mars 2014, art. 115-I, en vigueur le 1er juill. 2014)* « L. 643-3 et L. 643-11 », les institutions régies par le livre IX du code de la sécurité sociale sont les institutions locales de retraite complémentaire ou supplémentaire ou de prévoyance, prévues par les dispositions applicables dans la collectivité et relatives aux régimes de sécurité et de protection sociales.

Art. L. 926-5 *Abrogé par Ord. n° 2008-1345 du 18 déc. 2008, art. 170-II, à compter du 15 févr. 2009.*

Art. L. 926-6 A l'article *(L. n° 2005-845 du 26 juill. 2005, art. 194-II)* « L. 642-1 », l'obligation faite au tribunal de tenir compte des *(L. n° 2014-1170 du 13 oct. 2014, art. 93-XXIII)* « priorités du schéma directeur régional des exploitations agricoles mentionné à l'article L. 312-1 » du code rural et de la pêche maritime s'entend des prescriptions suivantes :

"Observer l'ordre des priorités établi entre l'installation des jeunes agriculteurs et l'agrandissement des exploitations, en tenant compte de l'intérêt économique et social du maintien de l'autonomie de l'exploitation faisant l'objet de la demande ;

"Tenir compte, en cas d'agrandissement ou de réunion d'exploitations, des possibilités d'installation sur une exploitation viable, de la situation des terres concernées par rapport au siège de l'exploitation du ou des demandeurs, de la superficie des biens faisant l'objet de la demande et des superficies déjà mises en valeur par le ou les demandeurs, ainsi que par le preneur en place ;

"Prendre en considération la situation personnelle du ou des demandeurs : âge, situation familiale et professionnelle et, le cas échéant, celle du preneur en place, ainsi que le nombre et la nature des emplois salariés en cause ;

"Tenir compte de la structure parcellaire des exploitations concernées, soit par rapport au siège de l'exploitation, soit pour éviter que des mutations en jouissance ne remettent en cause des aménagements obtenus à l'aide de fonds publics."

Art. L. 926-7 *(Ord. n° 2017-1519 du 2 nov. 2017, art. 4-IV)* Pour l'application à Mayotte du titre IX du livre VI, les mots : "tribunal de commerce spécialement désigné" sont remplacés par les mots : "tribunal de commerce territorialement compétent".

CHAPITRE VII DISPOSITIONS D'ADAPTATION DU LIVRE VII

Art. L. 927-1 *(L. n° 2007-224 du 21 févr. 2007, art. 20-I)* Pour l'application à Mayotte :

1° *(Ord. n° 2011-821 du 8 juill. 2011, art. 3)* « De l'article L. 711-2, le deuxième alinéa est ainsi rédigé :

« "La chambre de commerce et d'industrie de Mayotte est associée à l'élaboration du plan d'aménagement et de développement durable et des plans locaux d'urbanisme." ; »

2° *(Ord. n° 2011-821 du 8 juill. 2011, art. 3)* « De l'article L. 711-4, les mots : "dans le cadre des schémas sectoriels mentionnés au 3° de l'article L. 711-8" et » les mots : "dans les conditions prévues aux articles L. 443-1 et L. 753-1 du code de l'éducation" sont supprimés ;

3° De l'article L. 712-7, les mots : ", notamment celles mentionnées au *(Ord. n° 2012-578 du 26 avr. 2012, art. 8)* « 1° » de l'article L. 711-8," sont supprimés.

Art. L. 927-2 *(Ord. nº 2011-821 du 8 juill. 2011, art. 3)* **La chambre de commerce et d'industrie de Mayotte recrute et gère les personnels de droit privé et les personnels de droit public, dont ceux soumis au statut prévu par la loi nº 52-1311 du 10 décembre 1952 relative à l'établissement obligatoire d'un statut du personnel administratif des chambres d'agriculture, des chambres de commerce et des chambres de métiers.**

Art. L. 927-3 *(Ord. nº 2011-821 du 8 juill. 2011, art. 3)* **L'assemblée de la chambre de commerce et d'industrie de Mayotte élit son président parmi ses membres.**

Art. L. 927-4 *(L. nº 2015-990 du 6 août 2015, art. 234-2º)* **L'article L. 721-8 n'est pas applicable à Mayotte.**

CHAPITRE VIII DISPOSITIONS D'ADAPTATION DU LIVRE VIII

Le livre VIII ne nécessite pas de mesure d'adaptation.

TITRE TROISIÈME DISPOSITIONS APPLICABLES EN NOUVELLE-CALÉDONIE

Dans les conditions prévues au présent titre, sont applicables en Nouvelle-Calédonie les art. 10 à 20, 22 et 23 de l'Ord. nº 2004-274 du 25 mars 2004, JO 27 mars (Ord. préc., art. 48-I). Est également applicable en Nouvelle-Calédonie le I de l'art. 21 de l'ordonnance précitée. — V. table chronologique en fin d'ouvrage.

Pour l'actualisation de la législation commerciale applicable en Nouvelle-Calédonie par rapport aux modifications, adjonctions et abrogations issues des lois nºs 2001-152 du 19 févr. 2001, 2001-420 du 15 mai 2001, 2001-624 du 17 juill. 2001, 2001-1168 du 11 déc. 2001, 2002-73 du 17 janv. 2002, 2002-1303 du 29 oct. 2002, 2003-7 du 3 janv. 2003, 2003-706 et 2003-721 du 1er août 2003, 2003-775 du 21 août 2003, V. Ord. nº 2004-604 du 24 juin 2004, art. 57-II (JO 26 juin).

Art. L. 930-1 **Sous réserve des adaptations prévues dans les chapitres ci-après, les dispositions suivantes du présent code sont applicables en Nouvelle-Calédonie :**

1º Le livre Ier, à l'exception des articles *(Ord. nº 2009-896 du 24 juill. 2009, art. 6-I)* **« L. 123-1-1, L. 123-29 à L. 123-31, » L. 124-1 à L. 126-1, L. 131-1 à L. 131-6, L. 131-9, L. 134-1 à** *(Ord. nº 2009-896 du 24 juill. 2009, art. 6-I)* **« L. 135-3 », L. 134-17, L. 145-34 à L. 145-36, L. 145-38 et L. 145-39 ;**

2º Le livre II, à l'exception des articles *(Abrogé par Ord. nº 2004-604 du 24 juin 2004, art. 57-III) « L. 225-219 à L. 225-223 [abrogés et remplacés par les art. L. 822-1, L. 822-2, L. 822-3, L. 822-6, L. 822-7 et L. 822-10], » (L. nº 2005-842 du 26 juill. 2005, art. 11-III)* **« L. 225-245-1, L. 229-1 à L. 229-15, L. 238-6, L. 244-5 et » L. 252-1 à L. 252-13 ;**

3º Le livre III, à l'exception des articles L. 310-4, L. 321-1 à L. 321-38, L. 322-7 et L. 322-10 ;

(Ord. nº 2009-537 du 14 mai 2009, art. 10 ; Ord. nº 2021-649 du 26 mai 2021, art. 4) **« 4º Le livre IV, à l'exception des articles L. 410-1 à L. 450-1, L. 450-5 à L. 450-6, L. 461-1 à L. 464-10,** *(Ord. nº 2017-303 du 9 mars 2017, art. 2-II ; Ord. nº 2021-649 du 26 mai 2021, art. 4)* **« L. 490-2 à L. 490-4 et des articles L. 490-9 à L. 490-14** *[ancienne rédaction : L. 470-2 à L. 470-4 et des articles L. 470-6 à L. 470-8]* **» ; »**

5º Le livre V, à l'exception des articles L. 522-1 à L. 522-40, L. 524-12, L. 524-20 et L. 524-21 ;

6º *(L. nº 2005-845 du 26 juill. 2005, art. 195-II)* **« Le livre VI, à l'exception des articles L. 622-19, L. 625-9 et L. 670-1 à L. 670-8 » ;**

7º *(Ord. nº 2006-673 du 8 juin 2006, art. 9)* **« Le titre II du livre VII, à l'exception des articles L. 722-3, L. 722-11 à L. 722-13,** *(Abrogé par L. nº 2016-1547 du 18 nov. 2016, art. 112-VI) « de l'article L. 723-6, de l'alinéa 2 de l'article L. 723-7, »* **de l'alinéa 2 de l'article L. 723-10 et de l'article L. 723-11 ; »**

8º *(Ord. nº 2004-604 du 24 juin 2004, art. 57-III)* **« Le titre II du livre VIII ».**

En insérant un nouveau 4º, l'Ord. nº 2009-537 du 14 mai 2009 a renuméroté les anciens 4º, 5º, 6º et 7º en nouveaux 5º, 6º, 7º, 8º (Ord. préc., art. 10-2º).

Art. L. 930-2 **Pour l'application du présent code dans le territoire, les termes énumérés ci-après sont remplacés ainsi qu'il suit :**

1º *(Ord. nº 2019-964 du 18 sept. 2019, art. 3, en vigueur le 1er janv. 2020)* **« "Tribunal judiciaire" » par "tribunal de première instance" ;**

2° "Tribunal de commerce" ou "justice consulaire" par "tribunal mixte de commerce" ;
3° "Conseil de prud'hommes" par "tribunal du travail" ;
4° "*Bulletin officiel des annonces civiles et commerciales*" par "*Journal officiel de la Nouvelle-Calédonie*" ;
5° "Département" ou "arrondissement" par "Nouvelle-Calédonie" ou par "province" ;
6° "Préfet" ou "sous-préfet" par "représentant de l'État en Nouvelle-Calédonie" ;
(Ord. n° 2011-322 du 24 mars 2011, art. 4) « 7° "Bureau des hypothèques" par "service de la conservation des hypothèques". »

Art. L. 930-3 Les références faites, par des dispositions du présent code applicables en Nouvelle-Calédonie, à d'autres articles du présent code, ne concernent que les articles rendus applicables en Nouvelle-Calédonie avec les adaptations prévues dans les chapitres ci-dessous.

Art. L. 930-4 En l'absence d'adaptation, les références faites par des dispositions du présent code applicables en Nouvelle-Calédonie, à des dispositions qui n'y sont pas applicables, sont remplacées par les références aux dispositions ayant le même objet applicables localement.

Art. L. 930-5 Les références faites par des dispositions du présent code applicables en Nouvelle-Calédonie à des dispositions du code du travail, n'y sont applicables que s'il existe une disposition applicable localement ayant le même objet.

Art. L. 930-6 Les références à l'immatriculation au *(Ord. n° 2021-1189 du 15 sept. 2021, art. 19, en vigueur le 1er janv. 2023)* « registre national des entreprises en tant qu'entreprise du secteur des métiers et de l'artisanat *[ancienne rédaction : répertoire des métiers]* » sont remplacées par les références à l'immatriculation faite conformément à la réglementation applicable en Nouvelle-Calédonie.

Art. L. 930-7 Les articles faisant référence à la Communauté européenne sont applicables dans le respect de la décision d'association prévue à l'article 136 du traité instituant la Communauté européenne *[art. 203 TFUE]*. Les références à l'accord sur l'Espace économique européen ne sont pas applicables.

CHAPITRE PREMIER DISPOSITIONS D'ADAPTATION DU LIVRE Ier

Art. L. 931-1 A l'article L. 122-1, les mots : "le *[au]* préfet du département où l'étranger doit exercer son activité" sont remplacés par les mots : "*[à]* l'autorité de Nouvelle-Calédonie compétente".

Il convient de tenir compte de la nouvelle rédaction de l'art. L. 122-1 issue de la L. n° 2006-911 du 24 juill. 2006 (L. préc., art. 22). — V. art. L. 122-1.

Art. L. 931-1-1 *(Ord. n° 2009-865 du 15 juill. 2009)* A l'article L. 123-11-3, les références au code de la consommation et au code du travail sont remplacées par des références aux dispositions applicables localement ayant le même objet.

Art. L. 931-1-2 *(Ord. n° 2009-865 du 15 juill. 2009)* Pour son application en Nouvelle-Calédonie, l'article L. 123-11-6 est rédigé comme suit :

Art. L. 123-11-6 Les agents des douanes sont qualifiés pour procéder à la recherche et à la constatation des infractions aux dispositions des articles de la présente sous-section et des règlements pris pour leur application. A cet effet, ils agissent, conformément aux règles de recherche et de constatation des infractions déterminées par le code des douanes. Les infractions sont constatées par des procès-verbaux faisant foi jusqu'à preuve du contraire et transmis directement au parquet.

Art. L. 931-2 Les dérogations prévues par les articles L. 123-25 à L. 123-27 sont applicables aux personnes physiques soumises à un régime simplifié d'imposition par la réglementation en vigueur en Nouvelle-Calédonie.

Art. L. 931-3 A l'article L. 131-11, *(L. n° 2012-387 du 22 mars 2012, art. 119-II)* « la deuxième phrase est supprimée. »

Art. L. 931-4 Pour l'application de l'article L. 133-6 :

1° Les mots : "celles qui naissent des dispositions de l'article 1269 du code de procédure civile" sont remplacés par les mots : "les demandes en révision de compte et en

liquidation des fruits présentées en vue d'un redressement en cas d'erreur, d'omission ou de présentation inexacte" ;

2° Les dispositions du dernier alinéa sont applicables dans le cas de transport fait pour le compte de la Nouvelle-Calédonie.

Art. L. 931-5 **A l'article L. 133-7, les mots : "les droits, taxes, frais et amendes de douane liés à une opération de transport" sont supprimés.**

Art. L. 931-6 **Pour l'application des articles L. 141-15, L. 143-7, L. 144-1 à L. 144-13 et L. 145-28, un magistrat du tribunal de première instance peut être délégué par le président.**

Art. L. 931-7 **A l'article L. 141-13, les mots : "par les articles 638 et 653 du code général des impôts" sont remplacés par les mots : "par les dispositions du code des impôts applicable en Nouvelle-Calédonie relatives aux déclarations de mutation verbales".**

Art. L. 931-8 *Abrogé par L. n° 2019-744 du 19 juill. 2019, art. 2.*

Art. L. 931-9 **L'article L. 144-11 est ainsi rédigé :**

Art. L. 144-11 Si, conformément à la réglementation locale, le contrat de location-gérance est assorti d'une clause d'échelle mobile, la révision du loyer peut, nonobstant toute convention contraire, être demandée selon les conditions fixées par une délibération de l'autorité locale compétente lorsque, par le jeu de cette clause, ce loyer se trouve augmenté ou diminué de plus du quart par rapport au prix précédemment fixé, contractuellement ou judiciairement.

Art. L. 931-10 **L'article L. 144-12 est ainsi rédigé :**

Art. L. 144-12 A défaut d'accord amiable entre les parties sur la révision du loyer, l'instance est introduite et jugée conformément aux dispositions prévues en matière de révision du prix des baux à loyer d'immeubles ou de locaux à usage commercial ou industriel.

Le juge doit, en tenant compte de tous les éléments d'appréciation, adapter le jeu de l'échelle mobile à la valeur locative équitable au jour de la notification. Le nouveau prix est applicable à partir de cette même date, à moins que les parties ne se soient mises d'accord avant ou pendant l'instance sur une date plus ancienne ou plus récente.

Art. L. 931-11 *(Ord. n° 2009-896 du 24 juill. 2009, art. 6-II)* **« Pour l'application de l'article L. 145-2, la Nouvelle-Calédonie est considérée comme une collectivité territoriale et » au 6°, les mots :"à la caisse de sécurité sociale de la maison des artistes et reconnus auteurs d'œuvres graphiques et plastiques, tels que définis par l'article 71 de l'annexe III du code général des impôts" sont remplacés par les mots : "à la caisse locale d'assurance sociale et reconnus auteurs d'œuvres graphiques et plastiques au sens du code des impôts applicable en Nouvelle-Calédonie".**

Art. L. 931-12 **Pour l'application de l'article L. 145-6, les mots : "l'évacuation des lieux compris dans un secteur ou périmètre prévu aux articles** *(Ord. n° 2005-1527 du 8 déc. 2005, art. 29)* **« L. 313-4 à L. 313-4-2 » du code de l'urbanisme" sont remplacés par les mots : "l'évacuation des lieux prévue à l'article L. 145-18".**

Art. L. 931-13 **A l'article L. 145-13, les mots : "sous réserve des dispositions de la loi du 28 mai 1943 relative à l'application aux étrangers des lois en matière de baux à loyer et de baux à ferme" sont supprimés.**

Art. L. 931-14 **Le deuxième alinéa de l'article L. 145-18 est ainsi rédigé :**

Art. L. 145-18, al. 2 Il en est de même pour effectuer des opérations de restauration immobilière comportant des travaux de remise en état, de conservation, de modernisation ou de démolition ayant pour conséquence la transformation des conditions d'habitabilité d'un ensemble d'immeubles nécessitant l'évacuation des lieux. Ces opérations peuvent être décidées et exécutées dans le respect de la réglementation locale, soit par les autorités publiques localement compétentes, soit à l'initiative d'un ou de plusieurs propriétaires, groupés ou non en association syndicale. Dans ce dernier cas, ce ou ces propriétaires y sont spécialement autorisés dans des conditions fixées par les autorités locales compétentes, qui précisent notamment les engagements exigés des propriétaires quant à la nature et à l'importance des travaux. Les immeubles acquis par un organisme de rénovation ne peuvent, après restauration, être cédés de gré à gré qu'aux conditions d'un cahier des charges type approuvé par lesdites autorités.

Art. L. 931-15 *(Ord. n° 2009-896 du 24 juill. 2009, art. 6-III)* Pour l'application de l'article L. 145-26, la Nouvelle-Calédonie est considérée comme une collectivité territoriale.

Art. L. 931-16 L'article L. 145-37 est ainsi rédigé :

Art. L. 145-37 Les loyers des baux d'immeubles ou de locaux régis par le présent chapitre, renouvelés ou non, peuvent être révisés à la demande de l'une ou de l'autre des parties, dans les conditions prévues par les délibérations de l'autorité de Nouvelle-Calédonie compétente.

Art. L. 931-17 L'article L. 145-43 est ainsi rédigé :

Art. L. 145-43 Sont dispensés de l'obligation d'exploiter pendant la durée de leur stage les commerçants et artisans, locataires du local dans lequel est situé leur fonds, qui sont admis à suivre un stage de conversion ou un stage de promotion conformément aux dispositions du code du travail applicable en Nouvelle-Calédonie.

Art. L. 931-18 Le troisième alinéa de l'article L. 145-47 est supprimé.

Art. L. 931-19 A l'article L. 145-56, les mots : "et de procédure" sont supprimés.

CHAPITRE II DISPOSITIONS D'ADAPTATION DU LIVRE II

Sont applicables à la Nouvelle-Calédonie les modifications apportées aux art. L. 225-23 et L. 225-71 ainsi qu'aux art. L. 225-197-1 et L. 225-197-3, respectivement par le I de l'art. 32 et le I de l'art. 39 de la L. n° 2006-1770 du 30 déc. 2006 (L. préc., art. 72-II).

Art. L. 932-1 à L. 932-5 *Abrogés par Ord. n° 2004-604 du 24 juin 2004, art. 57-III.*

Art. L. 932-6 *(Ord. n° 2004-604 du 24 juin 2004, art. 57-III)* Aux articles L. 225-177, L. 225-179 et L. 233-11, les mots : "la date de publication de la loi n° 2001-420 du 15 mai 2001 relative aux nouvelles régulations économiques" sont remplacés par les mots : "la date de publication de l'ordonnance n° 2004-604 du 24 juin 2004 portant réforme du régime des valeurs mobilières émises par les sociétés commerciales et extension à l'outre-mer de dispositions ayant modifié la législation commerciale".

Art. L. 932-7 Aux articles *(Ord. n° 2004-274 du 25 mars 2004, art. 48-V)* « L. 223-18, » L. 225-36 et L. 225-65, les mots : "dans le même département ou un département limitrophe" sont remplacés par les mots : "en Nouvelle-Calédonie".

Art. L. 932-8 Le dernier alinéa de l'article L. 225-43 et celui de l'article L. 225-91 sont supprimés.

Art. L. 932-9 *Abrogé par Ord. n° 2004-604 du 24 juin 2004, art. 57-III.*

Art. L. 932-10 Le 5° de l'article L. 225-115 est ainsi rédigé :

Art. L. 225-115 5° Du montant global, certifié par les commissaires aux comptes, des déductions du montant des bénéfices imposables de sociétés qui procèdent à des versements à des œuvres d'organismes d'intérêt général ou de sociétés agréées ou à des donations d'œuvres d'art à l'État ou à la Nouvelle-Calédonie, telles que prévues par les dispositions de droit fiscal applicables en Nouvelle-Calédonie, ainsi que la liste des actions nominatives de parrainage, de mécénat.

Art. L. 932-11 *(Ord. n° 2004-604 du 24 juin 2004, art. 57-III)* « Aux articles L. 225-105, *(Ord. n° 2005-1126 du 8 sept. 2005, art. 22)* « L. 823-6 » et L. 225-231 », après les mots : "le comité d'entreprise" sont ajoutés les mots : "ou à défaut les délégués du personnel".

Art. L. 932-12 Aux articles L. 225-231, L. 232-3, L. 232-4, L. 234-1 et L. 234-2, aux mots : "au comité d'entreprise" sont ajoutés les mots : "ou à défaut aux délégués du personnel".

Art. L. 932-13 *Abrogé par Ord. n° 2004-604 du 24 juin 2004, art. 57-III.*

Art. L. 932-14 Au VI de l'article L. 225-270, les mots : "les dispositions de l'article 94 A du code général des impôts" sont remplacés par les mots : "les dispositions du code des impôts applicable en Nouvelle-Calédonie relatives aux gains nets en capital réalisés à l'occasion de la cession à titre onéreux de valeurs mobilières et de droits sociaux".

Art. L. 932-15 Le dernier alinéa de l'article L. 228-36 est supprimé.

Art. L. 932-16 A l'article L. 233-24, les mots "ou du VII de l'article 97" sont supprimés.

Art. L. 932-17 Le deuxième alinéa de l'article L. 251-7 est supprimé.

CHAPITRE III DISPOSITIONS D'ADAPTATION DU LIVRE III

Art. L. 933-1 Les deuxième et troisième alinéas de l'article L. 310-1 sont supprimés.

Art. L. 933-2 *(L. n° 2008-776 du 4 août 2008, art. 54-III)* « Le deuxième alinéa du I » et le II de l'article L. 310-2 sont supprimés.

Art. L. 933-3 Le deuxième alinéa du I de l'article L. 310-3 est supprimé.

Art. L. 933-4 Les 1°, 2° et 3° de l'article L. 310-5 sont supprimés.

Art. L. 933-5 A l'article L. 322-1, les mots : "aux articles *(Ord. n° 2011-1895 du 19 déc. 2011, art. 2, en vigueur le 1er juin 2012)* « L. 221-4 du code des procédures civiles d'exécution » et 945 du code de procédure civile" sont remplacés par les mots : "aux dispositions de procédure civile applicables en Nouvelle-Calédonie et relatives à la vente de meubles dépendant d'une succession".

Art. L. 933-6 L'article L. 322-11 est ainsi rédigé :

Art. L. 322-11 Les contestations relatives aux ventes réalisées en application des délibérations en vigueur localement relatives à la vente volontaire, aux enchères, en gros, des marchandises par les courtiers assermentés sont portées devant le tribunal mixte de commerce.

Art. L. 933-7 L'article L. 322-15 est ainsi rédigé :

Art. L. 322-15 Il appartient toujours au tribunal ou au juge qui autorise ou ordonne la vente en vertu de l'article précédent, de désigner éventuellement, pour y procéder, une autre classe d'officiers publics que les courtiers assermentés.

Art. L. 933-8 L'article L. 322-16 est ainsi rédigé :

Art. L. 322-16 Les dispositions de l'article L. 322-11 sont applicables aux ventes visées aux articles L. 322-14 et L. 322-15.

CHAPITRE IV DISPOSITIONS D'ADAPTATION DU LIVRE IV

BIBL. ▶ MONTET et VENAYRE, *RLC juill.-août 2013. 164* (audit du système économique de Nouvelle-Calédonie : plaidoyer pour un droit de la concurrence moderne et efficace). – RAYMOND, *RLC oct.-déc. 2013. 131* (état des lieux du droit de la concurrence dans les outre-mer). – PASTOREL, *AJDA 2013. 2499* (contrôle de concentration et outils de régulation en Nouvelle-Calédonie). – AKOUN, *RFDA 2014. 231* (intervention publique économique en Nouvelle-Calédonie). – TAGLIARINO-VIGNAL, *RLC oct.-déc. 2014. 82 ; ibid. janv.-mars 2015. 101* (un droit de la concurrence pour la Nouvelle-Calédonie). – MATUTANO, *AJCA 2016. 336* (codification(s) du droit de la concurrence ou concurrence des codes en Océanie ?). – TAGLIARINO-VIGNAL, *RLC janv. 2017. 32* (le droit de la concurrence en Nouvelle-Calédonie après la loi concurrence, compétitivité et prix). – VENAYRE, *RLC mars 2018. 28* (la cahoteuse nomination de l'Autorité de la concurrence calédonienne).

V. aussi la loi du pays n° 2013-8 du 24 oct. 2013 relative à la concurrence en Nouvelle-Calédonie, la loi du pays n° 2014-7 du 14 févr. 2014 relative aux livres III et IV de la partie législative du code de commerce applicable en Nouvelle-Calédonie, la loi du pays n° 2014-12 du 24 avr. 2014 portant création de l'autorité de la concurrence de la Nouvelle-Calédonie, l'Ord. n° 2014-471 du 7 mai 2014 portant extension et adaptation à la Nouvelle-Calédonie de dispositions du livre IV du code de commerce relevant de la compétence de l'État en matière de pouvoirs d'enquête, de voies de recours, de sanctions et d'infractions, le Décr. n° 2015-1921 du 29 déc. 2015 pris pour l'application de l'Ord. n° 2014-471 du 7 mai 2014 préc.

Art. L. 934-1 *(Ord. n° 2009-537 du 14 mai 2009, art. 10)* Pour l'application de l'article L. 450-4 :

1° Au premier alinéa, les mots : "la Commission européenne, le ministre chargé de l'économie ou le rapporteur général de l'Autorité de la concurrence sur proposition du rapporteur" sont remplacés par les mots : "l'autorité compétente de la Nouvelle-Calédonie" ;

2° Au deuxième alinéa, les mots : "du livre IV du présent code" sont remplacés par les mots : "applicables en Nouvelle-Calédonie en matière de liberté des prix et de concurrence" ;

3° Au septième alinéa, les mots : "de celle de l'administration de la direction générale de la concurrence, de la consommation et de la répression des fraudes ou de celle de l'Autorité de la concurrence" sont remplacés par les mots : "ou de celle de l'administration compétente de la Nouvelle-Calédonie." ;

4° Au huitième alinéa, les mots : "et, le cas échéant, les agents et autres personnes mandatés par la Commission européenne" sont supprimés ;

5° Au onzième alinéa, les mots : "de l'Autorité de la concurrence" sont remplacés par les mots : "de l'administration compétente de la Nouvelle-Calédonie" ;

6° Au douzième alinéa, les mots : "et au plus tard à compter de la notification de griefs prévue à l'article L. 463-2" sont supprimés.

Art. L. 934-2 *(Ord. n° 2021-649 du 26 mai 2021, art. 4)* Pour l'application des articles L. 450-8 et L. 450-10, les mots : "mentionnés au II de l'article L. 450-1" sont remplacés par les mots : "assermentés de la Nouvelle-Calédonie".

Pour l'application de l'article L. 450-9, les mots : "mentionnés au I de l'article L. 450-1" sont remplacés par les mots : "assermentés de la Nouvelle-Calédonie".

Art. L. 934-3 *(Ord. n° 2009-537 du 14 mai 2009, art. 10)* Pour son application en Nouvelle-Calédonie, l'article *(Ord. n° 2017-303 du 9 mars 2017, art. 2-II)* « L. 490-5 *[ancienne rédaction : L. 470-4-1]* » est ainsi rédigé :

Art. L. 490-5 L'acte par lequel le procureur de la République donne son accord à la proposition de transaction émise par l'autorité administrative chargée des prix et de la concurrence est interruptif de la prescription de l'action publique.

L'action publique est éteinte lorsque l'auteur de l'infraction a exécuté dans le délai imparti les obligations résultant pour lui de l'acceptation de la transaction.

Art. L. 934-4 *(Ord. n° 2009-537 du 14 mai 2009, art. 10)* Pour l'application de l'article *(Ord. n° 2017-303 du 9 mars 2017, art. 2-II)* « L. 490-8 *[ancienne rédaction : L. 470-5]* », les mots : "le ministre chargé de l'économie ou son représentant" sont remplacés par les mots : "l'autorité compétente de la Nouvelle-Calédonie".

Art. L. 934-5 *(Ord. n° 2009-537 du 14 mai 2009, art. 10)* Pour l'application des articles L. 450-3, *(L. n° 2018-643 du 23 juill. 2018, art. 4)* « L. 450-3-1, L. 450-3-2, » L. 450-4, L. 450-7, L. 450-8, *(Ord. n° 2021-649 du 26 mai 2021, art. 4)* « L. 450-9, L. 450-10, » *(Ord. n° 2017-303 du 9 mars 2017, art. 2-II)* « L. 490-6 et L. 490-7 *[ancienne rédaction : L. 470-4-2 et L. 470-4-3]* » en Nouvelle-Calédonie, les mots : "les agents mentionnés à l'article L. 450-1" sont remplacés par les mots : "les agents assermentés de la Nouvelle-Calédonie mentionnés à l'article 86 de la loi organique n° 99-209 du 19 mars 1999 relative à la Nouvelle-Calédonie intervenant dans les matières énumérées aux 19° et 20° de l'article 22 de la même loi".

CHAPITRE V **DISPOSITIONS D'ADAPTATION DU LIVRE V**

Art. L. 935-1 A l'article L. 511-55, le mot : "destitution" est supprimé.

Art. L. 935-2 L'article L. 511-60 est ainsi rédigé :

Art. L. 511-60 Un décret en Conseil d'État détermine les modalités d'application des dispositions de la présente sous-section, hormis le montant des rémunérations dues aux notaires ou huissiers ayant dressé les protêts pour les différentes formalités dont ils sont chargés.

Art. L. 935-3 A l'article L. 511-61, les mots : "ou des collectivités territoriales" sont remplacés par les mots : "des communes, des provinces ou de la Nouvelle-Calédonie".

Art. L. 935-4 Le deuxième alinéa de l'article L. 511-62 est ainsi rédigé :

Art. L. 511-62, al. 2 La retraite comprend les sommes indiquées dans les articles L. 511-45 et L. 511-46, outre les droits de courtage et de timbre éventuellement prévus par les dispositions du code des impôts applicable en Nouvelle-Calédonie.

Art. L. 935-5 Aux articles L. 523-8 et L. 524-6, les mots : "articles 1426 à 1429 du code de procédure civile" sont remplacés par les mots : "dispositions de procédure civile applicables localement relatives aux offres de payement et à la consignation".

Art. L. 935-6 Le premier alinéa de l'article L. 524-19 est ainsi rédigé :

Art. L. 524-19, al. 1er Le montant des droits à percevoir par le greffier du tribunal mixte de commerce est fixé par décret.

Art. L. 935-7 Au premier alinéa de l'article L. 525-2, après les mots : "au droit fixe" sont ajoutés les mots : "selon les modalités en vigueur en Nouvelle-Calédonie".

Art. L. 935-8 Au II de l'article L. 525-9, les mots : "au privilège visé à l'article L. 243-4 du code de la sécurité sociale" sont remplacés par les mots : "au privilège organisé en faveur de la caisse de prévoyance sociale du territoire".

Art. L. 935-9 L'article L. 525-18 est modifié ainsi qu'il suit :

I. — Au 1°, la référence au décret n° 53-968 du 30 septembre 1953 est remplacée par la référence au décret n° 55-639 du 20 mai 1955. — *V. note ss. art. L. 525-18.*

II. — Le 2° est ainsi rédigé :

"2° Les navires de mer ainsi que les bateaux de navigation fluviale."

L'art. 43 de l'Ord. n° 2006-346 du 23 mars 2006, ajoutant un art. L. 526-5, n'est pas applicable en Nouvelle-Calédonie. — Les dispositions de l'art. 44 de l'Ord. préc., ajoutant les art. L. 527-1 à L. 527-11, sont applicables en Nouvelle-Calédonie dans les conditions prévues au présent titre III du livre IX (Ord. préc., art. 57-II).

Art. L. 935-10 *(Ord. n° 2011-322 du 24 mars 2011, art. 4)* Au 4° de l'article L. 526-7, les mots : "auprès de la chambre d'agriculture compétente" sont remplacés par les mots : "au registre mentionné au 3°".

CHAPITRE VI DISPOSITIONS D'ADAPTATION DU LIVRE VI

Art. L. 936-1 Les mesures d'application prévues aux articles *(L. n° 2005-845 du 26 juill. 2005, art. 195-II)* « L. 621-4 », L. 626-3, *(L. n° 2005-845 du 26 juill. 2005, art. 195-II)* « L. 626-6 » *(L. n° 2016-1547 du 18 nov. 2016, art. 99-IV)* « et L. 626-14 » et L. 625-1 sont fixées par l'autorité compétente de Nouvelle-Calédonie.

Art. L. 936-2 *(L. n° 2005-845 du 26 juill. 2005, art. 195-II)* Au premier alinéa de l'article L. 611-1, l'arrêté du représentant de l'État dans la région est remplacé par une décision du gouvernement de la Nouvelle-Calédonie.

Art. L. 936-3 Pour l'application de l'article L. 612-1, les commissaires aux comptes et leurs suppléants sont choisis et exercent leurs fonctions selon la réglementation en vigueur localement.

Art. L. 936-4 Le troisième alinéa de l'article L. 612-1 est supprimé.

Art. L. 936-5 *Abrogé par Ord. n° 2008-1345 du 18 déc. 2008, art. 171-II, à compter du 15 févr. 2009.*

Art. L. 936-6 A l'article L. 625-2, les mots : "mentionnée à l'article L. 432-7 *[L. 2143-21 et L. 2325-5 nouv.]* du code du travail" sont remplacés par les mots : "à l'égard des informations présentant un caractère confidentiel et données comme telles".

Art. L. 936-7 Pour l'application de l'article L. 622-24, les organismes visés à l'article L. 351-21 *[L. 5427-1 à L. 5427-6 nouv.]* du code du travail sont les organismes de Nouvelle-Calédonie ayant en charge le service de l'allocation d'assurance chômage et le recouvrement des contributions.

Art. L. 936-8 Pour l'application des articles L. 622-24, *(L. n° 2005-845 du 26 juill. 2005, art. 195-II)* « L. 622-26, » *(Ord. n° 2008-1345 du 18 déc. 2008, art. 171-II, en vigueur le 15 févr. 2009)* « L. 625-4, L. 626-5, L. 626-20, L. 631-18, L. 641-14 » et L. 662-4, les institutions mentionnées à l'article L. 143-11-4 *[L. 3253-14 nouv.]* du code du travail sont les institutions de Nouvelle-Calédonie chargées de la mise en œuvre du régime d'assurance contre le risque de non-paiement des salaires, en cas de procédure de redressement ou de liquidation judiciaires.

Art. L. 936-9 Pour l'application des articles *(Ord. n° 2008-1345 du 18 déc. 2008, art. 171-II, en vigueur le 15 févr. 2009)* « L. 611-7, L. 626-6 et L. 643-3 », les institutions régies par le livre IX du code de la sécurité sociale sont les institutions de retraite complémentaire ou supplémentaire ou de prévoyance, prévues par les dispositions applicables en Nouvelle-Calédonie et relatives aux régimes de sécurité et de protection sociales.

Art. L. 936-10 *Abrogé par Ord. n° 2008-1345 du 18 déc. 2008, art. 171-II, à compter du 15 févr. 2009.*

Art. L. 936-11 A l'article *(L. n° 2005-845 du 26 juill. 2005, art. 195-II)* « L. 642-1 », l'obligation faite au tribunal de tenir compte des dispositions contenues aux 1°, 2°, 3° et 4° de l'article *(L. n° 2005-845 du 26 juill. 2005, art. 195-II)* « L. 331-3 » du code rural et de la pêche maritime s'entend des prescriptions suivantes :

"Observer l'ordre des priorités établi entre l'installation des jeunes agriculteurs et l'agrandissement des exploitations, en tenant compte de l'intérêt économique et social du maintien de l'autonomie de l'exploitation faisant l'objet de la demande ;

"Tenir compte, en cas d'agrandissement ou de réunion d'exploitations, des possibilités d'installation sur une exploitation viable, de la situation des terres concernées par rapport au siège de l'exploitation du ou des demandeurs, de la superficie des biens faisant l'objet de la demande et des superficies déjà mises en valeur par le ou les demandeurs, ainsi que par le preneur en place ;

"Prendre en considération la situation personnelle du ou des demandeurs : âge, situation familiale et professionnelle et, le cas échéant, celle du preneur en place, ainsi que le nombre et la nature des emplois salariés en cause ;

"Tenir compte de la structure parcellaire des exploitations concernées, soit par rapport au siège de l'exploitation, soit pour éviter que des mutations en jouissance ne remettent en cause des aménagements obtenus à l'aide de fonds publics."

Art. L. 936-12 *(L. n° 2005-845 du 26 juill. 2005, art. 195-II)* Le 4° du III de l'article L. 643-11 ne s'applique pas.

CHAPITRE VII DISPOSITIONS D'ADAPTATION DU LIVRE VII

Art. L. 937-1 *(Ord. n° 2006-673 du 8 juin 2006, art. 9)* Le premier alinéa de l'article L. 721-1 est ainsi rédigé :

Art. L. 721-1, al. 1er Le tribunal mixte de commerce est composé du président du tribunal de première instance, président, de juges élus, sous réserve des dispositions de l'article L. 937-13, et d'un greffier.

Ce tribunal exerce les compétences dévolues en métropole au tribunal de commerce.

Art. L. 937-2 *(Ord. n° 2006-673 du 8 juin 2006, art. 9)* L'article L. 722-1 est ainsi rédigé :

Art. L. 722-1 Les jugements des tribunaux mixtes de commerce sont rendus, sauf dispositions qui prévoient un juge unique, par une formation comprenant, outre le président, trois juges élus ou désignés dans les conditions prévues à l'article L. 937-13. En cas de partage égal des voix, celle du président est prépondérante.

Art. L. 937-3 *(Ord. nº 2006-673 du 8 juin 2006, art. 9)* **Le premier alinéa de l'article** *(L. nº 2016-1547 du 18 nov. 2016, art. 112-VI)* **« L. 722-6 » est ainsi rédigé :**

Art. L. 722-6, al. 1er Les juges des tribunaux mixtes de commerce sont élus pour quatre ans. Ils sont rééligibles.

Art. L. 937-3-1 *(L. nº 2016-1547 du 18 nov. 2016, art. 112-VI)* **Pour l'application de l'article L. 722-6-1, les mots : "mandat de conseiller prud'homme" sont remplacés par les mots : "mandat d'assesseur d'un tribunal du travail".**

Art. L. 937-4 *(Ord. nº 2006-673 du 8 juin 2006, art. 9)* **L'article L. 723-1 est ainsi rédigé :**

Art. L. 723-1 I. — Les juges des tribunaux mixtes de commerce sont élus dans le ressort de chacune de ces juridictions par un collège composé :

1° D'électeurs à titre personnel :

a) Les commerçants immatriculés en Nouvelle-Calédonie au registre du commerce et des sociétés, sous réserve, pour les associés en nom collectif et les associés commandités, des dispositions du IV du présent article ;

b) Les chefs d'entreprise immatriculés en Nouvelle-Calédonie conformément à la réglementation applicable à la collectivité et au registre du commerce et des sociétés ;

c) Les conjoints des personnes énumérées au *a* ou au *b* ci-dessus ayant déclaré au registre du commerce et des sociétés qu'ils collaborent à l'activité de leur époux sans autre activité professionnelle ;

d) Les capitaines au long cours ou capitaines de la marine marchande exerçant le commandement d'un navire immatriculé en France dont le port d'attache est situé dans la circonscription, les pilotes maritimes exerçant leurs fonctions dans un port situé dans la circonscription, les pilotes de l'aéronautique civile domiciliés dans la circonscription et exerçant le commandement d'un aéronef immatriculé en France ;

e) Les membres en exercice des tribunaux mixtes de commerce, ainsi que les anciens membres de ces tribunaux *(Abrogé par L. nº 2016-1547 du 18 nov. 2016, art. 112-VI) « ayant demandé à être inscrits sur la liste électorale »* ;

2° D'électeurs inscrits en qualité de représentant :

a) Les sociétés à caractère commercial au sens de l'article L. 210-1 et les établissements publics à caractère industriel et commercial dont le siège social est situé dans la circonscription ;

b) Au titre d'un établissement faisant l'objet dans la circonscription d'une inscription complémentaire ou d'une immatriculation secondaire, à moins qu'il en soit dispensé par les lois et règlements en vigueur, les personnes physiques mentionnées aux *a* et *b* du 1° et les personnes morales mentionnées au *a* du présent 2°, quelle que soit la circonscription où ces personnes exercent leur propre droit de vote ;

c) Les sociétés à caractère commercial dont le siège est situé hors du territoire national et qui disposent dans la circonscription d'un établissement immatriculé au registre du commerce et des sociétés ;

3° Les cadres qui, employés dans la circonscription par les électeurs mentionnés aux 1° ou 2°, exercent des fonctions impliquant des responsabilités de direction commerciale, technique ou administrative de l'entreprise ou de l'établissement.

II. — Au titre de leur siège social et de l'ensemble de leurs établissements situés dans la collectivité, les personnes physiques ou morales mentionnées aux 1° et 2° du I disposent :

1° D'un représentant supplémentaire, lorsqu'elles emploient dans la collectivité de dix à quarante-neuf salariés ;

2° De deux représentants supplémentaires, lorsqu'elles emploient dans la collectivité de cinquante à cent quatre-vingt-dix-neuf salariés ;

3° De trois représentants supplémentaires, lorsqu'elles emploient dans la collectivité de deux cents à quatre cent quatre-vingt-dix-neuf salariés ;

4° De quatre représentants supplémentaires, lorsqu'elles emploient dans la collectivité de cinq cents à mille neuf cent quatre-vingt-dix-neuf salariés ;

5° De cinq représentants supplémentaires, lorsqu'elles emploient dans la collectivité deux mille salariés ou plus.

III. — Toutefois, les personnes physiques énumérées aux *a* et *b* du 1° du I dont le conjoint bénéficie des dispositions du *c* du 1° du même paragraphe ne désignent aucun représentant supplémentaire si elles emploient moins de cinquante salariés dans la collectivité.

IV. — Les sociétés en nom collectif et les sociétés en commandite désignent par délibération expresse conformément aux dispositions statutaires un représentant unique au titre des associés et de la société, sans préjudice de la possibilité de désigner des représentants supplémentaires en application du II ci-dessus.

Art. L. 937-5 *(Ord. n° 2006-673 du 8 juin 2006, art. 9)* **L'article L. 723-2 est ainsi rédigé :**

Art. L. 723-2 I. — Les représentants mentionnés à l'article L. 723-1 applicable en Nouvelle-Calédonie doivent exercer dans l'entreprise soit des fonctions de président-directeur général, de président ou de membre du conseil d'administration, de directeur général, de président ou de membre du directoire, de président du conseil de surveillance, de gérant, de président ou de membre du conseil d'administration ou de directeur d'un établissement public à caractère industriel et commercial, soit, à défaut et pour les représenter à titre de mandataire, des fonctions impliquant des responsabilités de direction commerciale, technique ou administrative de l'entreprise ou de l'établissement.

II. — Les électeurs à titre personnel mentionnés au 1° du I du même article et les représentants des personnes physiques ou morales mentionnées au 2° du I de cet article doivent être ressortissants d'un État membre de la Communauté européenne.

Ils doivent, en outre, pour prendre part au vote :

1° Remplir les conditions fixées à l'article L. 2 du code électoral, à l'exception de la nationalité ;

2° Ne pas avoir fait l'objet de l'interdiction visée à l'article L. 6 du code électoral ;

3° N'avoir pas été frappés depuis moins de quinze ans à compter du jour où la décision les ayant prononcées est devenue définitive de faillite personnelle ou d'une des mesures d'interdiction ou de déchéance telles que prévues au livre VI du présent code ou à la loi n° 85-98 du 25 janvier 1985 relative au redressement et à la liquidation judiciaires des entreprises ou à la loi n° 67-563 du 13 juillet 1967 sur le règlement judiciaire, la liquidation des biens, la faillite personnelle et les banqueroutes ;

4° *(L. n° 2008-776 du 4 août 2008, art. 71-I, 3°)* « Ne pas être frappé d'une peine d'interdiction, suivant les modalités prévues par l'article 131-27 du code pénal, d'exercer une profession commerciale ou industrielle, de diriger, d'administrer, de gérer ou de contrôler à un titre quelconque, directement ou indirectement, pour son propre compte ou pour le compte d'autrui, une entreprise commerciale ou industrielle ou une société commerciale ; »

5° Ne pas avoir été condamnés à des peines, déchéances ou sanctions prononcées en vertu de législations en vigueur dans les États membres de la Communauté européenne équivalentes à celles visées aux 2°, 3° et 4°.

Art. L. 937-6 *(Ord. n° 2006-673 du 8 juin 2006, art. 9)* **Pour l'application de l'article L. 723-3, les mots : "le juge commis à la surveillance du registre du commerce et des sociétés. En cas de création d'un tribunal de commerce, le premier président de la cour d'appel désigne comme président de la commission un magistrat de l'ordre judiciaire" sont remplacés par les mots : "un magistrat de l'ordre judiciaire désigné par le premier président de la cour d'appel".**

Art. L. 937-7 *(Ord. n° 2006-673 du 8 juin 2006, art. 9)* **L'article L. 723-4 est ainsi rédigé :**

Art. L. 723-4 Sous réserve des dispositions de l'article L. 937-9, sont éligibles aux fonctions de juge d'un tribunal mixte de commerce les personnes âgées de trente ans au moins inscrites sur la liste électorale dressée en application de l'article L. 937-6 et justifiant soit d'une immatriculation en Nouvelle-Calédonie *(L. n° 2016-1547 du 18 nov. 2016, art. 112-VI)* « depuis cinq années » au registre du commerce et des sociétés, soit, pendant le même délai, de l'exercice de l'une des qualités énumérées au I de l'article L. 723-2 applicable en Nouvelle-Calédonie.

Art. L. 937-8 *Abrogé par L. n° 2016-1547 du 18 nov. 2016, art. 112-VI.*

Art. L. 937-9 *(Ord. n° 2006-673 du 8 juin 2006, art. 9)* Le premier alinéa de l'article L. 723-7 est ainsi rédigé :

Art. L. 723-7, al. 1er Après douze années de fonctions judiciaires ininterrompues dans un même tribunal mixte de commerce, les juges des tribunaux mixtes de commerce ne sont plus éligibles dans ce tribunal pendant un an.

Art. L. 937-10 *Abrogé par L. n° 2016-1547 du 18 nov. 2016, art. 112-VI.*

Art. L. 937-11 *(Ord. n° 2006-673 du 8 juin 2006, art. 9)* Pour l'application de l'article L. 723-9, les mots : "par correspondance ou par voie électronique." sont remplacés par les mots : "par procuration ou par correspondance dans des conditions fixées par décret en Conseil d'État. Chaque électeur ne peut disposer que d'une procuration".

Art. L. 937-12 *(Ord. n° 2006-673 du 8 juin 2006, art. 9)* Pour l'application du premier alinéa de l'article L. 723-10, les mots : "deux tours" sont remplacés par les mots : "un tour", et il est ajouté à la fin de l'alinéa la phrase suivante : "Si plusieurs candidats obtiennent le même nombre de voix, le plus âgé est proclamé élu."

Art. L. 937-13 *(Ord. n° 2006-673 du 8 juin 2006, art. 9)* Pour l'application de la section III du chapitre III du titre II du livre VII, les dispositions suivantes sont ajoutées :

"I. — A la liste des candidats déclarés élus, la commission prévue par l'article L. 723-13 annexe une liste complémentaire comprenant les nom, qualité et domicile des candidats non élus. Ces candidats sont classés dans l'ordre décroissant du nombre de voix qu'ils ont obtenues. A égalité de voix, ils sont classés dans l'ordre décroissant de leur âge.

"Les candidats figurant sur la liste complémentaire dressée en application du premier alinéa du présent article sont appelés à remplacer les juges dont le siège deviendrait vacant pour quelque cause que ce soit. Ils sont désignés, en suivant l'ordre de la liste complémentaire, par le président du tribunal mixte de commerce. Avant d'entrer en fonctions, ils prêtent serment dans les conditions prévues pour les juges des tribunaux mixtes de commerce.

"II. — Si les sièges vacants ne peuvent être pourvus en application du I et si le nombre des vacances dépasse le tiers des effectifs du tribunal, il est procédé à des élections complémentaires.

"Il en est de même en cas d'augmentation des effectifs d'un tribunal mixte de commerce.

"Toutefois, il n'y a pas lieu de procéder à des élections complémentaires dans les douze mois précédant l'élection générale.

"III. — Le mandat des juges désignés ou élus en application des I et II prend fin en même temps que celui des autres juges des tribunaux mixtes de commerce."

CHAPITRE VIII DISPOSITIONS D'ADAPTATION DU LIVRE VIII

Art. L. 938-1 *(Ord. n° 2004-604 du 24 juin 2004, art. 57-III)* Pour l'application en Nouvelle-Calédonie des articles L. 822-2 à L. 822-7, les termes énumérés ci-après sont remplacés ainsi qu'il suit :

1° "commission régionale d'inscription" par "commission territoriale d'inscription" ;

2° "chambre régionale des comptes" par "chambre territoriale des comptes" ;

3° "chambre régionale de discipline" par "chambre territoriale de discipline".

V. aussi art. L. 932-11.

TITRE QUATRIÈME DISPOSITIONS APPLICABLES EN POLYNÉSIE FRANÇAISE

Art. L. 940-1 Sous réserve des adaptations prévues dans les chapitres ci-après, les dispositions suivantes du présent code sont applicables dans le territoire de la Polynésie française :

1° Le livre I, à l'exception des articles L. 124-1 à L. 126-1, L. 145-34 à L. 145-36, L. 145-38 et L. 145-39 ;

2° Le livre II, à l'exception des articles L. 225-219 à L. 225-223 *[abrogés et remplacés par les art. L. 822-1, L. 822-2, L. 822-3, L. 822-6, L. 822-7 et L. 822-10]*, L. 252-1 à L. 252-13 ;

3° Le livre III, à l'exception des articles L. 310-4, L. 321-1 à L. 321-38, L. 322-7 et L. 322-10 ;

4° Le livre V, à l'exception des articles L. 522-1 à L. 522-40, L. 524-12, L. 524-20 et L. 524-21 ;

5° Le livre VI, à l'exception des articles L. 622-19, L. 625-9 et L. 670-1 à L. 670-8 ; *(Ord. nº 2006-673 du 8 juin 2006, art. 9)* « 6° Le titre II du livre VII, à l'exception des articles L. 722-3, L. 722-11 à L. 722-13, *(Abrogé par L. nº 2016-1547 du 18 nov. 2016, art. 112-VI) « de l'article L. 723-6, »* du deuxième alinéa de l'article L. 723-7, du deuxième alinéa de l'article L. 723-10 et de l'article L. 723-11. »

(Ord. nº 2004-604 du 24 juin 2004, art. 66) « Les dispositions qui précèdent *(Ord. nº 2006-673 du 8 juin 2006, art. 9)* « , à l'exception de celles du 6° » *(Ord. nº 2008-1345 du 18 déc. 2008, art. 169-II, en vigueur le 15 févr. 2009)* « et de l'article L. 610-1 », sont celles en vigueur à la date de la publication de la loi organique nº 2004-192 du 27 février 2004 portant statut d'autonomie de la Polynésie française. Elles ne peuvent être modifiées que dans les conditions prévues à l'article 11 de cette loi organique. »

Registre du commerce et des sociétés. L'obligation de déclaration résultant des dispositions, rendues applicables en Polynésie française par l'art. L. 940-1 C. com., de l'art. L. 123-9 du même code et des dispositions issues des art. 11 et 17 de la délibération de l'assemblée de la Polynésie française du 11 mars 2005 portant réglementation du registre du commerce et des sociétés ne pèse que sur la « personne assujettie à immatriculation », laquelle était en l'espèce la société. Par suite, l'absence de publication au RCS ne faisait pas obstacle à ce que l'ancien gérant de cette société, en sa qualité de représentant à l'assemblée de la Polynésie française, se prévale quant à lui de la cessation de ses fonctions de gérant, même en l'absence de publication de celle-ci au RCS, pour s'abstenir de déclarer cette activité en application des dispositions du II de l'art. 112 de la loi organique du 27 févr. 2004. • CE 30 juin 2010 : *AJDA 2010. 1896*.

Art. L. 940-2 Pour l'application du présent code en Polynésie française, les termes énumérés ci-après sont remplacés comme suit :

1° *(Ord. nº 2019-964 du 18 sept. 2019, art. 3, en vigueur le 1er janv. 2020)* « "Tribunal judiciaire" » par "tribunal de première instance" ;

2° "Tribunal de commerce" ou "justice consulaire" par "tribunal mixte de commerce" ;

3° "Conseil de prud'hommes" par "tribunal du travail" ;

4° "*Bulletin officiel des annonces civiles et commerciales*" par "*Journal officiel* de la Polynésie française" ;

5° "Département" ou "arrondissement" par "territoire de la Polynésie française" ;

6° "Préfet" ou "sous-préfet" par "représentant de l'État dans le territoire".

Art. L. 940-3 Les références faites, par des dispositions du présent code applicables en Polynésie française, à d'autres articles du présent code ne concernent que les articles rendus applicables en Polynésie française avec les adaptations prévues dans les chapitres ci-dessous.

Art. L. 940-4 En l'absence d'adaptation, les références faites, par des dispositions du présent code applicables en Polynésie française, à des dispositions qui n'y sont pas applicables sont remplacées par les références aux dispositions ayant le même objet applicables localement.

Art. L. 940-5 Les références faites, par des dispositions du présent code applicables en Polynésie française, à des dispositions du code du travail n'y sont applicables que s'il existe une disposition applicable localement ayant le même objet.

Art. L. 940-6 Les renvois faits, par des dispositions du présent code applicables en Polynésie française, à des dispositions de nature réglementaire sont remplacés par des renvois à des délibérations de l'autorité compétente de la Polynésie française, sous réserve des dispositions prévues dans les chapitres ci-après.

Art. L. 940-7 Les références à l'immatriculation au *(Ord. nº 2021-1189 du 15 sept. 2021, art. 18, en vigueur le 1er janv. 2023)* « registre national des entreprises en tant qu'entreprise du secteur des métiers et de l'artisanat *[ancienne rédaction : répertoire des métiers]* » sont remplacées par les références à l'immatriculation faite conformément à la réglementation applicable en Polynésie française.

Art. L. 940-8 Les articles faisant référence à la Communauté européenne sont applicables dans le respect de la décision d'association prévue à l'article 136 du traité instituant la Communauté européenne *[art. 203 TFUE]*. Les références à l'accord sur l'Espace économique européen ne sont pas applicables.

CHAPITRE PREMIER DISPOSITIONS D'ADAPTATION DU LIVRE Ier

Art. L. 941-1 Par dérogation à l'article L. 940-6, le renvoi à des dispositions de nature réglementaire mentionné à l'article L. 143-23 est maintenu en ce qu'il concerne l'Institut national de la propriété industrielle.

Art. L. 941-2 A l'article L. 122-1, les mots : "le *[au]* préfet du département où l'étranger doit exercer son activité" sont remplacés par les mots : "le *[au]* conseil des ministres de la Polynésie française".

Il convient de tenir compte de la nouvelle rédaction de l'art. L. 122-1 issue de la L. no 2006-911 du 24 juill. 2006 (art. 22). — V. art. L. 122-1.

Art. L. 941-2-1 *(Ord. no 2009-865 du 15 juill. 2009)* Pour son application en Polynésie française, l'article L. 123-11-5 du code de commerce est complété par un alinéa ainsi rédigé :

Art. L. 123-11-5 [...]

Les agents des douanes sont qualifiés pour procéder à la recherche et à la constatation des infractions aux dispositions de ce dernier chapitre et des règlements pris pour son application par les personnes ou les organismes exerçant une activité de domiciliation, telle que définie par la réglementation applicable localement. A cet effet, ils agissent, conformément aux règles de recherche et de constatation des infractions déterminées par le code des douanes. Les infractions sont constatées par des procès-verbaux faisant foi jusqu'à preuve du contraire et transmis directement au parquet.

Art. L. 941-3 Les dérogations prévues par les articles L. 123-25 à L. 123-27 sont applicables aux personnes physiques soumises à un régime simplifié d'imposition par la réglementation en vigueur en Polynésie française.

Art. L. 941-4 Pour l'application de l'article L. 133-6 :

I. — Les mots : "celles qui naissent des dispositions de l'article 1269 du code de procédure civile" sont remplacés par les mots *[: "]* les demandes en révision de compte et en liquidation des fruits présentées en vue d'un redressement en cas d'erreur, d'omission ou de présentation inexacte".

II. — Les dispositions du dernier alinéa sont applicables dans le cas de transport fait pour le compte de la Polynésie française.

Art. L. 941-5 A l'article L. 133-7, les mots : "les droits, taxes, frais et amendes de douane liés à une opération de transport" sont supprimés.

Art. L. 941-6 Pour l'application des articles L. 141-15, L. 143-7, L. 144-1 à L. 144-13 et L. 145-28, un magistrat du tribunal de première instance peut être délégué par le président.

Art. L. 941-7 A l'article L. 141-13, les mots : "par les articles 638 et 653 du code général des impôts" sont remplacés par les mots : "par les dispositions du code des impôts applicable en Polynésie française".

Art. L. 941-8 *Abrogé par L. no 2019-744 du 19 juill. 2019, art. 2.*

Art. L. 941-9 L'article L. 144-11 est ainsi rédigé :

Art. L. 144-11 Si, conformément à la réglementation territoriale, le contrat de location-gérance est assorti d'une clause d'échelle mobile, la révision du loyer peut, nonobstant toute convention contraire, être demandée selon les conditions fixées par une délibération de l'assemblée de la Polynésie française lorsque, par le jeu de cette clause, ce loyer se trouve augmenté ou diminué de plus du quart par rapport au prix précédemment fixé, contractuellement ou judiciairement.

Art. L. 941-10 L'article L. 144-12 est ainsi rédigé :

Art. L. 144-12 A défaut d'accord amiable entre les parties sur la révision du loyer, l'instance est introduite et jugée conformément aux dispositions prévues en matière de révision du prix des baux à loyer d'immeubles ou de locaux à usage commercial ou industriel.

Le juge doit, en tenant compte de tous les éléments d'appréciation, adapter le jeu de l'échelle mobile à la valeur locative équitable au jour de la notification. Le nouveau prix est applicable à partir de cette même date, à moins que les parties ne se soient mises d'accord avant ou pendant l'instance sur une date plus ancienne ou plus récente.

Art. L. 941-11 L'article L. 145-2 est modifié ainsi qu'il suit :

I. – Au 4°, les mots : "à l'État, aux départements, aux communes, aux établissements publics" sont remplacées *[remplacés]* par les mots : "à l'État, aux collectivités territoriales et aux établissements publics" ;

II. – Au 6°, les mots : "à la caisse de sécurité sociale de la maison des artistes et reconnus auteurs d'œuvres graphiques et plastiques, tels que définis par l'article 71 de l'annexe III du code général des impôts" sont remplacées *[remplacés]* par les mots : "à la caisse locale d'assurance sociale et reconnus auteurs d'œuvres graphiques et plastiques au sens du code des impôts applicable dans le territoire".

Art. L. 941-12 Pour l'application de l'article L. 145-6, les mots : "l'évacuation des lieux compris dans un secteur ou périmètre prévu aux articles *(Ord. n° 2005-1527 du 8 déc. 2005, art. 29)* « L. 313-4 à L. 313-4-2 » du code de l'urbanisme" sont remplacés par les mots : "l'évacuation des lieux prévue à l'article L. 145-18".

Art. L. 941-13 A l'article L. 145-13, les mots : "sous réserve des dispositions de la loi du 28 mai 1943 relative à l'application aux étrangers des lois en matière de baux à loyer et de baux à ferme" sont supprimés.

Art. L. 941-14 Le deuxième alinéa de l'article L. 145-18 est ainsi rédigé :

Art. L. 145-18, al. 2 Il en est de même pour effectuer des opérations de restauration immobilière comportant des travaux de remise en état, de conservation, de modernisation ou de démolition ayant pour conséquence la transformation des conditions d'habitabilité d'un ensemble d'immeubles nécessitant l'évacuation des lieux. Ces opérations peuvent être décidées et exécutées dans le respect de la réglementation locale, soit par les autorités publiques localement compétentes, soit à l'initiative d'un ou de plusieurs propriétaires, groupés ou non en association syndicale. Dans ce dernier cas, ce ou ces propriétaires y sont spécialement autorisés dans des conditions fixées par les autorités territoriales compétentes, qui précisent notamment les engagements exigés des propriétaires quant à la nature et à l'importance des travaux. Les immeubles acquis par un organisme de rénovation ne peuvent, après restauration, être cédés de gré à gré qu'aux conditions d'un cahier des charges type approuvé par lesdites autorités.

Art. L. 941-15 A l'article L. 145-26, les mots : "aux départements" sont remplacés par les mots : "à la Polynésie française".

Art. L. 941-16 L'article L. 145-37 est ainsi rédigé :

Art. L. 145-37 Les loyers des baux d'immeubles ou de locaux régis par le présent chapitre, renouvelés ou non, peuvent être révisés à la demande de l'une ou de l'autre des parties, dans les conditions prévues par délibération de l'assemblée de la Polynésie française.

Art. L. 941-17 L'article L. 145-43 est ainsi rédigé :

Art. L. 145-43 Sont dispensés de l'obligation d'exploiter pendant la durée de leur stage les commerçants et artisans, locataires du local dans lequel est situé leur fonds, qui sont admis à suivre un stage de conversion ou un stage de promotion conformément aux dispositions du code du travail applicable en Polynésie française.

Art. L. 941-18 Le troisième alinéa de l'article L. 145-47 est supprimé.

Art. L. 941-19 A l'article L. 145-56, les mots : "et de procédure" sont supprimés.

CHAPITRE II DISPOSITIONS D'ADAPTATION DU LIVRE II

Art. L. 942-1 Par dérogation à l'article L. 940-6, les renvois à des décrets mentionnés aux articles L. 225-35 et L. 225-68 sont maintenus.

Art. L. 942-2 Pour l'application du livre II, les commissaires aux comptes et leurs suppléants sont choisis et exercent leurs fonctions selon la réglementation en vigueur en Polynésie française.

Art. L. 942-3 Les 4° et 5° du III de l'article L. 225-21 sont supprimés.

Art. L. 942-4 Aux articles L. 225-25 et L. 225-72, la référence aux articles 20 et 21 de la loi n° 88-1201 du 23 décembre 1988 relative aux organismes de placement collectif en valeurs mobilières et portant création des fonds communs de créances est supprimée.

Art. L. 942-5 Aux articles L. 225-36 et L. 225-65, les mots : "dans le même département ou un département limitrophe" sont remplacés par les mots : "en Polynésie française".

Art. L. 942-6 Le dernier alinéa de l'article L. 225-43 et celui de l'article L. 225-91 sont supprimés.

Art. L. 942-7 Le 4° du IV de l'article L. 225-67 et le 4° du III de l'article L. 225-77 sont supprimés.

Art. L. 942-8 Le 5° de l'article L. 225-115 est ainsi rédigé :

Art. L. 225-115 5° Du montant global, certifié par les commissaires aux comptes, des déductions du montant des bénéfices imposables de sociétés qui procèdent à des versements à des œuvres d'organismes d'intérêt général ou de sociétés agréées ou à des donations d'œuvres d'art à l'État ou à la Polynésie française, telles que prévues par les dispositions de droit fiscal applicables en Polynésie française, ainsi que la liste des actions nominatives de parrainage, de mécénat.

Art. L. 942-9 A l'article *(Ord. n° 2005-1126 du 8 sept. 2005, art. 22)* « L. 823-6 », après les mots : "le comité d'entreprise", sont ajoutés les mots : "ou à défaut les délégués du personnel".

Art. L. 942-10 Aux articles L. 225-231, L. 232-3, L. 232-4, L. 234-1 et L. 234-2, aux mots : "au comité d'entreprise", sont ajoutés les mots : "ou à défaut aux délégués du personnel".

Art. L. 942-11 Le deuxième alinéa de l'article *(Ord. n° 2005-1126 du 8 sept. 2005, art. 22)* « L. 823-18 » est supprimé.

Art. L. 942-12 Au VI de l'article L. 225-270, les mots : "les dispositions de l'article *94 A du code général* des impôts" sont remplacés par les mots : "les dispositions du code des impôts applicable dans le territoire relatives aux gains nets en capital réalisés à l'occasion de la cession à titre onéreux de valeurs mobilières et de droits sociaux".

Art. L. 942-13 Le dernier alinéa de l'article L. 228-36 est supprimé.

Art. L. 942-14 A l'article L. 233-24, les mots : "ou du VII de l'article 97" sont supprimés.

Art. L. 942-15 Le deuxième alinéa de l'article L. 251-7 est supprimé.

CHAPITRE III DISPOSITIONS D'ADAPTATION DU LIVRE III

Art. L. 943-1 Les deuxième et troisième alinéas de l'article L. 310-1 sont supprimés.

Art. L. 943-2 *(L. n° 2008-776 du 4 août 2008, art. 54-III)* « Le deuxième alinéa du I » et le II de l'article L. 310-2 sont supprimés.

Art. L. 943-3 Le deuxième alinéa du I de l'article L. 310-3 est supprimé.

Art. L. 943-4 Les 1°, 2° et 3° de l'article L. 310-5 sont supprimés.

Art. L. 943-5 A l'article L. 322-1, les mots : "aux articles *(Ord. n° 2011-1895 du 19 déc. 2011, art. 2, en vigueur le 1er juin 2012)* « L. 221-4 du code des procédures civiles d'exécution » et 945 du code de procédure civile" sont remplacés par les mots : "aux dispositions de procédure civile applicables localement et relatives à la vente de meubles dépendant d'une succession".

Art. L. 943-6 L'article L. 322-11 est ainsi rédigé :

Art. L. 322-11 Les contestations relatives aux ventes réalisées en application des délibérations en vigueur localement relatives à la vente volontaire, aux enchères, en gros, des marchandises par les courtiers assermentés sont portées devant le tribunal mixte de commerce.

Art. L. 943-7 L'article L. 322-15 est ainsi rédigé :

Art. L. 322-15 Il appartient toujours au tribunal ou au juge qui autorise ou ordonne la vente en vertu de l'article précédent, de désigner éventuellement, pour y procéder, une autre classe d'officiers publics que les courtiers assermentés.

Art. L. 943-8 L'article L. 322-16 est ainsi rédigé :

Art. L. 322-16 Les dispositions de l'article L. 322-11 sont applicables aux ventes visées aux articles L. 322-14 et L. 322-15.

CHAPITRE IV DISPOSITIONS D'ADAPTATION DU LIVRE IV

Le livre IV n'est pas applicable.

V. le code de la concurrence de la Polynésie française, tel qu'annexé à la loi du pays n° 2015-2 du 23 févr. 2015 relative à la concurrence et modifié par la loi du pays n° 2015-4 du 14 avr. 2015 portant réglementation des pratiques commerciales, l'Ord. n° 2017-157 du 9 févr. 2017 étendant et adaptant à la Polynésie française certaines dispositions du livre IV du code de commerce relatives aux contrôles et aux sanctions en matière de concurrence, la L. n° 2018-643 du 23 juill. 2018 relative aux contrôles et aux sanctions en matière de concurrence en Polynésie française et en Nouvelle-Calédonie, le Décr. n° 2008-1022 du 3 oct. 2008 pris en application de l'art. 32 de la loi organique n° 2004-192 du 27 févr. 2004 modifiée portant statut d'autonomie de la Polynésie française et portant approbation d'un acte dénommé « loi du pays » relatif à la recherche et à la constatation des infractions en matière économique, le Décr. n° 2018-880 du 11 oct. 2018 relatif aux recours contre les décisions de l'autorité polynésienne de la concurrence.

BIBL. GÉN. ► MONTET, *RLC oct. 2017. 43* (l'interprétation contestable des seuils de contrôle des concentrations par l'Autorité polynésienne de la concurrence). – VENAYRE, *RLC oct. 2019. 65* (brève synthèse de l'action de l'Autorité polynésienne de la concurrence).

CHAPITRE V DISPOSITIONS D'ADAPTATION DU LIVRE V

Art. L. 945-1 Par dérogation à l'article L. 940-6, les renvois à des dispositions de nature réglementaire mentionnés aux articles L. 523-14 et L. 524-19 sont maintenus.

Art. L. 945-2 A l'article L. 511-55, le mot "destitution" est supprimé.

Art. L. 945-3 L'article L. 511-60 est ainsi rédigé :

Art. L. 511-60 Les modalités d'application des dispositions de la présente sous-section sont fixées par délibération de l'autorité territoriale compétente.

Art. L. 945-4 A l'article L. 511-61, les mots : "ou des collectivités territoriales" sont remplacés par les mots : "ou des communes ou de la Polynésie française".

Art. L. 945-5 Le deuxième alinéa de l'article L. 511-62 est ainsi rédigé :

Art. L. 511-62, al. 2 La retraite comprend les sommes indiquées dans les articles L. 511-45 et L. 511-46, outre les droits de courtage et de timbre éventuellement prévus par les dispositions applicables en Polynésie française.

Art. L. 945-6 Aux articles L. 523-8 et L. 524-6, les mots : "articles 1426 à 1429 du code de procédure civile" sont remplacés par les mots : "dispositions de procédure civile applicables localement relatives aux offres de payement et à la consignation".

Art. L. 945-7 Au premier alinéa de l'article L. 525-2, après les mots : "au droit fixe" sont ajoutés les mots : "selon les modalités en vigueur en Polynésie française".

Art. L. 945-8 Au II de l'article L. 525-9, les mots : "au privilège visé à l'article L. 243-4 du code de la sécurité sociale" sont remplacés par les mots : "au privilège organisé en faveur de la caisse de prévoyance sociale du territoire *["]*.

Art. L. 945-9 L'article L. 525-18 est modifié ainsi qu'il suit :

I. — Au 1°, la référence au décret n° 53-968 du 30 septembre 1953 est remplacée par la référence au décret n° 55-639 du 20 mai 1955 ; — *V. note ss. art. L. 525-18.*

II. — Le 2° est ainsi rédigé :

"2° Les navires de mer ainsi que les bateaux de navigation fluviale."

CHAPITRE VI DISPOSITIONS D'ADAPTATION DU LIVRE VI

Art. L. 946-1 Par dérogation à l'article L. 940-6, le renvoi à des dispositions de nature réglementaire mentionné à l'article L. 621-2 est maintenu.

Art. L. 946-2 L'article L. 611-1 est modifié ainsi qu'il suit :

I. — Au premier alinéa, l'arrêté du représentant de l'État dans la région est remplacé par une décision du gouvernement de Polynésie française.

II. — Au quatrième alinéa, les mots : "notamment en application des articles 5, 48 et 66 de la loi n° 82-213 du 2 mars 1982 modifiée relative aux droits et libertés des communes, des départements et des régions" sont supprimés.

Art. L. 946-3 Pour l'application de l'article L. 612-1, les commissaires aux comptes et leurs suppléants sont choisis et exercent leurs fonctions selon la réglementation en vigueur localement.

Art. L. 946-4 Le troisième alinéa de l'article L. 612-1 est supprimé.

Art. L. 946-5 A l'article L. 612-2, après les mots : "au comité d'entreprise" sont ajoutés les mots : "ou, à défaut, aux délégués du personnel".

Art. L. 946-6 A l'article L. 621-2, les mots : "dans chaque département" sont remplacés par les mots : "en Polynésie française".

Art. L. 946-7 A l'article L. 625-2, les mots : "mentionnée à l'article L. 432-7 *[L. 2143-21 et L. 2325-5 nouv.]* du code du travail" sont remplacés par les mots : "à l'égard des informations présentant un caractère confidentiel et données comme telles".

Art. L. 946-8 Pour l'application de l'article L. 622-24, les organismes visés à l'article L. 351-21 *[L. 5427-1 à L. 5427-6 nouv.]* du code du travail sont les organismes territoriaux ayant en charge le service de l'allocation d'assurance chômage et le recouvrement des contributions.

Art. L. 946-9 Pour l'application des articles L. 622-24, L. 625-3, L. 625-4, L. 626-20 et L. 662-4, les institutions mentionnées à l'article L. 143-11-4 *[L. 3253-14 nouv.]* du code du travail sont les institutions territoriales chargées de la mise en œuvre du régime d'assurance contre le risque de non-paiement des salaires, en cas de procédure de redressement ou de liquidation judiciaires.

Art. L. 946-10 Pour l'application de l'article L. 621-60, les institutions régies par le livre IX du code de la sécurité sociale sont les institutions territoriales de retraite complémentaire ou supplémentaire ou de prévoyance, prévues par les dispositions applicables dans la collectivité et relatives aux régimes de sécurité et de protection sociales.

Art. L. 946-11 A l'article L. 626-14, la référence à l'article 28 du décret n° 55-22 du 4 janvier 1955 portant réforme de la publicité foncière est remplacée par la référence aux dispositions applicables dans le territoire et relatives à la publicité des droits sur les immeubles autres que les privilèges et hypothèques.

Art. L. 946-12 A l'article L. 621-84, l'obligation faite au tribunal de tenir compte des dispositions contenues aux 1°, 2°, 3° et 4° de l'article L. 331-7 du code rural et de la pêche maritime s'entend des prescriptions suivantes :

"Observer l'ordre des priorités établi entre l'installation des jeunes agriculteurs et l'agrandissement des exploitations, en tenant compte de l'intérêt économique et social du maintien de l'autonomie de l'exploitation faisant l'objet de la demande ;

"Tenir compte, en cas d'agrandissement ou de réunion d'exploitations, des possibilités d'installation sur une exploitation viable, de la situation des terres concernées par rapport au siège de l'exploitation du ou des demandeurs, de la superficie des biens faisant l'objet de la demande et des superficies déjà mises en valeur par le ou les demandeurs, ainsi que par le preneur en place ;

"Prendre en considération la situation personnelle du ou des demandeurs : âge, situation familiale et professionnelle et, le cas échéant, celle du preneur en place, ainsi que le nombre et la nature des emplois salariés en cause ;

"Tenir compte de la structure parcellaire des exploitations concernées, soit par rapport au siège de l'exploitation, soit pour éviter que des mutations en jouissance ne remettent en cause des aménagements obtenus à l'aide de fonds publics."

Art. L. 946-13 *(L. n° 2003-7 du 3 janv. 2003)* Le premier alinéa de l'article L. 622-2 est complété par une phrase ainsi rédigée :

Art. L. 622-2, al. 1er Il peut lui être adjoint dans les mêmes conditions un ou plusieurs liquidateurs.

CHAPITRE VII DISPOSITIONS D'ADAPTATION DU LIVRE VII

Art. L. 947-1 *(Ord. n° 2006-673 du 8 juin 2006, art. 9)* Le premier alinéa de l'article L. 721-1 est ainsi rédigé :

Art. L. 721-1, al. 1er Le tribunal mixte de commerce est composé du président du tribunal de première instance, président, de juges élus, sous réserve des dispositions de l'article L. 947-13, et d'un greffier.

Ce tribunal exerce les compétences dévolues en métropole au tribunal de commerce.

Art. L. 947-2 *(Ord. n° 2006-673 du 8 juin 2006, art. 9)* L'article L. 722-1 est ainsi rédigé :

Art. L. 722-1 Les jugements des tribunaux mixtes de commerce sont rendus, sauf dispositions qui prévoient un juge unique, par une formation comprenant, outre le président, trois juges élus ou désignés dans les conditions prévues à l'article L. 947-13. En cas de partage égal des voix, celle du président est prépondérante.

Art. L. 947-3 *(Ord. n° 2006-673 du 8 juin 2006, art. 9)* Le premier alinéa de l'article *(L. n° 2016-1547 du 18 nov. 2016, art. 112-VI)* « L. 722-6 » est ainsi rédigé :

Art. L. 722-6, al. 1er Les juges des tribunaux mixtes de commerce sont élus pour quatre ans. Ils sont rééligibles.

Art. L. 947-3-1 *(L. n° 2016-1547 du 18 nov. 2016, art. 112-VI)* Pour l'application de l'article L. 722-6-1, les mots : "mandat de conseiller prud'homme" sont remplacés par les mots : "mandat d'assesseur d'un tribunal du travail".

Art. L. 947-4 *(Ord. n° 2006-673 du 8 juin 2006, art. 9)* L'article L. 723-1 est ainsi rédigé :

Art. L. 723-1 I. — Les juges des tribunaux mixtes de commerce sont élus dans le ressort de chacune de ces juridictions par un collège composé :

1° D'électeurs à titre personnel :

a) Les commerçants immatriculés en Polynésie française au registre du commerce et des sociétés, sous réserve, pour les associés en nom collectif et les associés commandités, des dispositions du IV du présent article ;

b) Les chefs d'entreprise *(Abrogé par L. n° 2016-1547 du 18 nov. 2016, art. 112-VI)* *« immatriculés en Polynésie française conformément à la réglementation applicable à cette collectivité au registre du commerce et des sociétés »* ;

c) Les conjoints des personnes énumérées au *a* ou au *b* ci-dessus ayant déclaré au registre du commerce et des sociétés ou au *(Ord. n° 2021-1189 du 15 sept. 2021, art. 18, en vigueur le 1er janv. 2023)* « registre national des entreprises en tant qu'entreprise du secteur des métiers et de l'artisanat *[ancienne rédaction : répertoire des métiers]* » qu'ils collaborent à l'activité de leur époux sans autre activité professionnelle ;

d) Les capitaines au long cours ou capitaines de la marine marchande exerçant le commandement d'un navire immatriculé en France dont le port d'attache est situé dans la circonscription, les pilotes maritimes exerçant leurs fonctions dans un port situé dans la circonscription, les pilotes de l'aéronautique civile domiciliés dans la circonscription et exerçant le commandement d'un aéronef immatriculé en France ;

e) Les membres en exercice des tribunaux mixtes de commerce, ainsi que les anciens membres de ces tribunaux *(Abrogé par L. n° 2016-1547 du 18 nov. 2016, art. 112-VI)* « *ayant demandé à être inscrits sur la liste électorale* » ;

2° D'électeurs inscrits en qualité de représentant :

a) Les sociétés à caractère commercial au sens de l'article L. 210-1 et les établissements publics à caractère industriel et commercial dont le siège social est situé dans la circonscription ;

b) Au titre d'un établissement faisant l'objet dans la circonscription d'une inscription complémentaire ou d'une immatriculation secondaire, à moins qu'il en soit dispensé par les lois et règlements en vigueur, les personnes physiques mentionnées aux *a* et *b* du 1° et les personnes morales mentionnées au *a* du présent 2°, quelle que soit la circonscription où ces personnes exercent leur propre droit de vote ;

c) Les sociétés à caractère commercial dont le siège est situé hors du territoire national et qui disposent dans la circonscription d'un établissement immatriculé au registre du commerce et des sociétés ;

3° Les cadres qui, employés dans la circonscription par les électeurs mentionnés aux 1° ou 2°, exercent des fonctions impliquant des responsabilités de direction commerciale, technique ou administrative de l'entreprise ou de l'établissement.

II. — Au titre de leur siège social et de l'ensemble de leurs établissements situés dans la collectivité, les personnes physiques ou morales mentionnées aux 1° et 2° du I disposent :

1° D'un représentant supplémentaire, lorsqu'elles emploient dans la collectivité de dix à quarante-neuf salariés ;

2° De deux représentants supplémentaires, lorsqu'elles emploient dans la collectivité de cinquante à cent quatre-vingt-dix-neuf salariés ;

3° De trois représentants supplémentaires, lorsqu'elles emploient dans la collectivité de deux cents à quatre cent quatre-vingt-dix-neuf salariés ;

4° De quatre représentants supplémentaires, lorsqu'elles emploient dans la collectivité de cinq cents à mille neuf cent quatre-vingt-dix-neuf salariés ;

5° De cinq représentants supplémentaires, lorsqu'elles emploient dans la collectivité deux mille salariés ou plus.

III. — Toutefois, les personnes physiques énumérées aux *a* et *b* du 1° du I dont le conjoint bénéficie des dispositions du *c* du 1° du même paragraphe ne désignent aucun représentant supplémentaire si elles emploient moins de cinquante salariés dans la collectivité.

IV. — Les sociétés en nom collectif et les sociétés en commandite désignent par *délibération* expresse conformément aux dispositions statutaires un représentant unique au titre des associés et de la société, sans préjudice de la possibilité de désigner des représentants supplémentaires en application du II ci-dessus.

Art. L. 947-5 *(Ord. n° 2006-673 du 8 juin 2006, art. 9)* L'article L. 723-2 est ainsi rédigé :

Art. L. 723-2 I. — Les représentants mentionnés à l'article L. 723-1 applicable en Polynésie française doivent exercer dans l'entreprise soit des fonctions de président-directeur général, de président ou de membre du conseil d'administration, de directeur général, de président ou de membre du directoire, de président du conseil de surveillance, de gérant, de président ou de membre du conseil d'administration ou de directeur d'un établissement public à caractère industriel et commercial, soit, à défaut et pour les représenter à titre de mandataire, des fonctions impliquant des responsabilités de direction commerciale, technique ou administrative de l'entreprise ou de l'établissement.

II. — Les électeurs à titre personnel mentionnés au I du même article et les représentants des personnes physiques ou morales mentionnées au 2° du I de cet article doivent être ressortissants d'un État membre de la Communauté européenne. Ils doivent, en outre, pour prendre part au vote :

1° Remplir les conditions fixées à l'article L. 2 du code électoral, à l'exception de la nationalité ;

2° Ne pas avoir fait l'objet de l'interdiction visée à l'article L. 6 du code électoral ;

3° N'avoir pas été frappés de faillite personnelle ou d'une des mesures d'interdiction ou de déchéance telles que prévues au livre VI du présent code dans sa rédaction applicable conformément au dernier alinéa de l'article L. 940-1 ou à la loi n° 85-98 du 25 janvier 1985 relative au redressement et à la liquidation judiciaires des entreprises ou à la loi n° 67-563 du 13 juillet 1967 sur le règlement judiciaire, la liquidation des biens, la faillite personnelle et les banqueroutes ou d'une mesure d'interdiction d'exercer une activité commerciale ;

4° Ne pas avoir été condamnés à des peines, déchéances ou sanctions prononcées en vertu de législations en vigueur dans les États membres de la Communauté européenne équivalentes à celles visées aux 2° et 3°.

Art. L. 947-6 *(Ord. n° 2006-673 du 8 juin 2006, art. 9)* **Pour l'application de l'article L. 723-3, les mots : "le juge commis à la surveillance du registre du commerce et des sociétés. En cas de création d'un tribunal de commerce, le premier président de la cour d'appel désigne comme président de la commission un magistrat de l'ordre judiciaire" sont remplacés par les mots : "un magistrat de l'ordre judiciaire désigné par le premier président de la cour d'appel".**

Art. L. 947-7 *(Ord. n° 2006-673 du 8 juin 2006, art. 9)* **L'article L. 723-4 est ainsi rédigé :**

Art. L. 723-4 Sous réserve des dispositions de l'article L. 947-9, sont éligibles aux fonctions de juge d'un tribunal mixte de commerce les personnes âgées de trente ans au moins inscrites sur la liste électorale dressée en application de l'article L. 947-6 et justifiant soit d'une immatriculation depuis *(L. n° 2016-1547 du 18 nov. 2016, art. 112-VI)* « cinq années » au moins au registre du commerce et des sociétés ou au *(Ord. n° 2021-1189 du 15 sept. 2021, art. 20, en vigueur le 1er janv. 2023)* « registre national des entreprises en tant qu'entreprise du secteur des métiers et de l'artisanat *[ancienne rédaction : répertoire des métiers]* », soit, pendant le même délai, de l'exercice de l'une des qualités énumérées au I de l'article L. 723-2 dans sa rédaction applicable en Polynésie française.

Art. L. 947-8 *Abrogé par L. n° 2016-1547 du 18 nov. 2016, art. 112-VI.*

Art. L. 947-9 *(Ord. n° 2006-673 du 8 juin 2006, art. 9)* **Le premier alinéa de l'article L. 723-7 est ainsi rédigé :**

Art. L. 723-7, al. 1er Après douze années de fonctions judiciaires ininterrompues dans un même tribunal mixte de commerce, les juges des tribunaux mixtes de commerce ne sont plus éligibles dans ce tribunal pendant un an.

Art. L. 947-10 *Abrogé par L. n° 2016-1547 du 18 nov. 2016, art. 112-VI.*

Art. L. 947-11 *(Ord. n° 2006-673 du 8 juin 2006, art. 9)* **Pour l'application de l'article L. 723-9, les mots : "par correspondance ou par voie électronique" sont remplacés par les mots : "par procuration ou par correspondance dans des conditions fixées par décret en Conseil d'État. Chaque électeur ne peut disposer que d'une procuration."**

Art. L. 947-12 *(Ord. n° 2006-673 du 8 juin 2006, art. 9)* **Pour l'application du premier alinéa de l'article L. 723-10, les mots : "deux tours" sont remplacés par les mots : "un tour", et il est ajouté à la fin de l'article la phrase suivante : "Si plusieurs candidats obtiennent le même nombre de voix, le plus âgé est proclamé élu".**

Art. L. 947-13 *(Ord. nº 2006-673 du 8 juin 2006, art. 9)* Pour l'application de la section III du chapitre III du titre II du livre VII, les dispositions suivantes sont ajoutées :

"I. – A la liste des candidats déclarés élus, la commission prévue par l'article L. 723-13 annexe une liste complémentaire comprenant les nom, qualité et domicile des candidats non élus. Ces candidats sont classés dans l'ordre décroissant du nombre de voix qu'ils ont obtenues. A égalité de voix, ils sont classés dans l'ordre décroissant de leur âge.

"Les candidats figurant sur la liste complémentaire dressée en application du premier alinéa du présent article sont appelés à remplacer les juges dont le siège deviendrait vacant pour quelque cause que ce soit. Ils sont désignés, en suivant l'ordre de la liste complémentaire, par le président du tribunal mixte de commerce. Avant d'entrer en fonctions, ils prêtent serment dans les conditions prévues pour les juges des tribunaux mixtes de commerce.

"II. – Si les sièges vacants ne peuvent être pourvus en application du I et si le nombre des vacances dépasse le tiers des effectifs du tribunal, il est procédé à des élections complémentaires. Il en est de même en cas d'augmentation des effectifs d'un tribunal mixte de commerce.

"Toutefois, il n'y a pas lieu de procéder à des élections complémentaires dans les douze mois précédant l'élection générale.

"III. – Le mandat des juges désignés ou élus en application des I et II prend fin en même temps que celui des autres juges des tribunaux mixtes de commerce."

CHAPITRE VIII DISPOSITIONS D'ADAPTATION DU LIVRE VIII

Le livre VIII n'est pas applicable.

V., toutefois, art. L. 942-9 et L. 942-11.

TITRE CINQUIÈME DISPOSITIONS APPLICABLES DANS LES ÎLES WALLIS-ET-FUTUNA

Dans les conditions prévues au présent titre, sont applicables aux îles Wallis-et-Futuna les art. 10 à 20, 22, 23 et 26 de l'Ord. nº 2004-274 du 25 mars 2004, JO 27 mars (Ord. préc., art. 49-I). — V. table chronologique en fin d'ouvrage.

Pour l'actualisation de la législation commerciale applicable dans les îles Wallis-et-Futuna par rapport aux modifications, adjonctions et abrogations issues des lois nos 2001-152 du 19 févr. 2001, 2001-420 du 15 mai 2001, 2001-624 du 17 juill. 2001, 2001-1168 du 11 déc. 2001, 2002-73 du 17 janv. 2002, 2002-1303 du 29 oct. 2002, 2003-7 du 3 janv. 2003, 2003-706 et 2003-721 du 1er août 2003, 2003-775 du 21 août 2003, V. Ord. nº 2004-604 du 24 juin 2004, art. 57-II (JO 26 juin).

Art. L. 950-1 *(Ord. nº 2016-727 du 2 juin 2016, art. 19-I, en vigueur le 1er janv. 2017)* « I. – » Sous réserve des adaptations prévues dans les chapitres ci-après, les dispositions suivantes du présent code sont applicables dans les îles Wallis-et-Futuna :

1º Le livre Ier, à l'exception des articles *(Ord. nº 2009-896 du 24 juill. 2009, art. 7-I) (Abrogé par L. nº 2014-626 du 18 juin 2014, art. 27-II) « L. 123-1-1, »* L. 123-29 à L. 123-31, L. 124-1 à L. 126-1, L. 135-1 à L. 135-3 » ;

(Ord. nº 2016-1635 du 1er déc. 2016, art. 20) « L'article L. 123-6 est applicable dans sa rédaction résultant de l'ordonnance nº 2016-1635 du 1er décembre 2016 renforçant le dispositif français de lutte contre le blanchiment et le financement du terrorisme ; »

(L. nº 2019-486 du 22 mai 2019, art. 220) « L'article L. 123-16 est applicable dans sa rédaction résultant de la loi nº 2019-486 du 22 mai 2019 relative à la croissance et la transformation des entreprises ;

« L'article L. 123-16-2 est applicable dans sa rédaction résultant de la loi *(L. nº 2021-875 du 1er juill. 2021, art. 9)* « nº 2021-875 du 1er juillet 2021 visant à améliorer la trésorerie des associations » ;

« Les articles L. 141-12, *(Abrogé par Ord. nº 2021-1192 du 15 sept. 2021, art. 36, à compter du 1er janv. 2022) « L. 141-18, »* L. 141-21 *(Abrogé par Ord. nº 2021-1192 du 15 sept. 2021, art. 36, à compter du 1er janv. 2022) « , L. 143-6 »* et L. 144-6 sont applicables dans leur rédaction résultant de la loi nº 2019-486 du 22 mai 2019 relative à la croissance et la transformation des entreprises ; »

(Ord. n° 2021-1192 du 15 sept. 2021, art. 36, en vigueur le 1er janv. 2022) « Les articles L. 141-5, L. 141-6, L. 141-8, L. 141-9, L. 141-10, L. 141-18, L. 141-22, L. 142-1, L. 142-2, L. 142-3, L. 142-4, L. 142-5, L. 143-1, L. 143-2, L. 143-3, L. 143-5, L. 143-6, L. 143-10, L. 143-12, L. 143-13, L. 143-14, L. 143-15-1, L. 143-16, L. 143-17, L. 143-18, L. 143-19, L. 143-20 sont applicables dans leur rédaction résultant de l'ordonnance n° 2021-1192 du 15 septembre 2021. »

(L. n° 2019-486 du 22 mai 2019, art. 124-II) « Les articles L. 151-1 à *(L. n° 2022-401 du 21 mars 2022, art. 17, en vigueur le 1er sept. 2022)* « L. 151-7, L. 151-9 à » L. 152-1 et L. 152-3 à L. 154-1 sont applicables dans leur rédaction résultant de la loi n° 2018-670 du 30 juillet 2018 relative à la protection du secret des affaires ;

(L. n° 2022-401 du 21 mars 2022, art. 17, en vigueur le 1er sept. 2022) « L'article L. 151-8 est applicable dans sa rédaction résultant de la loi n° 2022-401 du 21 mars 2022 visant à améliorer la protection des lanceurs d'alerte ; »

« L'article L. 152-2 est applicable dans sa rédaction résultant de la loi n° 2019-486 du 22 mai 2019 relative à la croissance et la transformation des entreprises ; »

(Ord. n° 2019-1169 du 13 nov. 2019, art. 13, en vigueur au plus tard le 15 déc. 2019) « Les articles L. 143-17 et L. 143-23 sont applicables dans leur rédaction résultant de l'ordonnance n° 2019-1169 du 13 novembre 2019 relative aux marques de produits ou de services ; »

2° Le livre II, à l'exception des articles *(L. n° 2005-842 du 26 juill. 2005, art. 11-III ; L. n° 2019-486 du 22 mai 2019, art. 220)* « L. 225-27-1, L. 225-79-2, L. 225-245-1, L. 227-2, L. 227-2-1, L. 229-1 à L. 229-15, L. 238-6, L. 244-5 » *(Ord. n° 2020-1142 du 16 sept. 2020, art. 10, en vigueur le 1er janv. 2021)* « , L. 252-1 à L. 252-13, L. 22-10-7 et L. 22-10-24 ».

(Ord. n° 2017-747 du 4 mai 2017, art. 6) « Les articles L. 223-27, *(Abrogé par Ord. n° 2020-1142 du 16 sept. 2020, art. 10, à compter du 1er janv. 2021)* « *L. 225-103-1,* » L. 227-10 et L. 227-19 sont applicables dans leur rédaction résultant de l'ordonnance n° 2017-747 du 4 mai 2017 ».

(Ord. n° 2017-970 du 10 mai 2017, art. 26-I) « Les articles *(Abrogé par Ord. n° 2019-1067 du 21 oct. 2019, art. 6)* « *L. 228-39,* » L. 228-40, L. 228-46-1, L. 228-47, *(Abrogé par Ord. n° 2019-1067 du 21 oct. 2019, art. 6)* « *L. 228-51,* » L. 228-53, L. 228-54, L. 228-58, L. 228-59, L. 228-61, L. 228-65, L. 228-73, L. 228-77 et L. 228-79 à L. 228-81 sont applicables dans leur rédaction issue de l'ordonnance n° 2017-970 du 10 mai 2017 » ;

(Ord. n° 2017-1107 du 22 juin 2017, art. 19-II, en vigueur le 3 janv. 2018 ; Ord. n° 2019-1067 du 21 oct. 2019, art. 6) « L'article L. 225-35-14 est applicable dans sa rédaction résultant de l'ordonnance n° 2017-1107 du 22 juin 2017. »

(L. n° 2019-486 du 22 mai 2019, art. 47) « Les articles L. 232-25 et L. 232-26 sont applicables dans leur rédaction résultant de la loi n° 2019-486 du 22 mai 2019 précitée. »

(Ord. n° 2017-1162 du 12 juill. 2017, art. 15-I ; L. n° 2018-727 du 10 août 2018, art. 55 ; L. n° 2019-486 du 22 mai 2019, art. 220 ; Ord. n° 2019-1234 du 27 nov. 2019, art. 3 ; Ord. n° 2020-1142 du 16 sept. 2020, art. 10, en vigueur le 1er janv. 2020) « Les articles L. 223-26, L. 225-37, L. 225-102, L. 225-102-2 sont applicables dans leur rédaction résultant de l'ordonnance n° 2017-1162 du 12 juillet 2017. »

(Abrogé par Ord. n° 2020-1142 du 16 sept. 2020, art. 10, à compter du 1er janv. 2021) (Ord. n° 2017-1180 du 19 juill. 2017, art. 14-I) « Les articles L. 221-7, L. 225-37-4 et L. 225-102-1 sont applicables dans leur rédaction résultant de l'ordonnance n° 2017-1180 du 19 juillet 2017 portant transposition de la directive 2014/95/UE modifiant la directive 2013/34/UE en ce qui concerne la publication d'informations non financières par certaines grandes entreprises et certains groupes d'entreprises. »

(Ord. n° 2020-1142 du 16 sept. 2020, art. 10, en vigueur le 1er janv. 2021) « L'article L. 232-1 est applicable dans sa » *(L. n° 2018-727 du 10 août 2018, art. 55)* « rédaction résultant de la loi n° 2018-727 du 10 août 2018 pour un État au service d'une société de confiance. »

(Ord. n° 2020-1142 du 16 sept. 2020, art. 10, en vigueur le 1er janv. 2021) « Les articles L. 210-10 à L. 210-12, L. 221-9, L. 223-35, L. 225-7, L. 225-16, L. 225-26, L. 225-30-2, L. 225-35, L. 225-40, L. 225-40-1, L. 225-42, L. 225-44, L. 225-64, L. 225-73, L. 225-80, L. 225-88, L. 225-88-1, L. 225-90, L. 225-115, L. 225-204,

L. 225-244, L. 225-261, L. 225-268, L. 226-6, L. 226-9, L. 227-1, L. 227-9-1, L. 228-1 *(L. nº 2021-1308 du 8 oct. 2021, art. 38)* « , L. 228-3, L. 228-3-2 » à L. 228-3-6, L. 228-11, L. 228-12, L. 228-19, L. 228-98, L. 232-1, L. 232-3, L. 232-19, L. 232-25, L. 232-26, L. 235-1, L. 236-6, L. 236-9, L. 236-10 et L. 23-11-1 à L. 23-11-4 sont applicables dans leur rédaction résultant de la loi nº 2019-486 du 22 mai 2019 relative à la croissance et la transformation des entreprises ; »

(Ord. nº 2019-697 du 3 juill. 2019, art. 3 ; Ord. nº 2020-1142 du 16 sept. 2020, art. 10, en vigueur le 1er janv. 2021) « Les articles, L. 225-42-1 et L. 225-90-1 sont applicables dans leur rédaction résultant de l'ordonnance nº 2019-697 du 3 juillet 2019 » ;

(Ord. nº 2019-738 du 17 juill. 2019, art. 29) « L'article L. 225-32 est applicable dans sa rédaction résultant de l'ordonnance nº 2019-738 du 17 juillet 2019. »

(Ord. nº 2019-1067 du 21 oct. 2019, art. 6 ; Ord. nº 2020-1142 du 16 sept. 2020, art. 10, en vigueur le 1er janv. 2020) « Les articles L. 223-11, L. 225-11-2, L. 225-12, L. 225-131, L. 225-134, L. 225-145, L. 228-39, L. 228-51, L. 232-23, L. 242-1, L. 242-17 et L. 253-1 sont applicables dans leur rédaction résultant de l'ordonnance nº ... du ... *[nº 2019-1067 du 21 octobre 2019]* ».

(Ord. nº 2019-1234 du 27 nov. 2019, art. 3) « Les articles L. 225-22-1, L. 225-37-2, L. 225-37-3, L. 225-45, L. 225-46, L. 225-47, L. 225-53, L. 225-63, L. 225-79-1, L. 225-82-2, L. 225-83, L. 225-84, L. 225-90-1, L. 225-100, L. 225-185, L. 225-197-1, L. 226-4, L. 226-8, L. 226-8-1 et L. 226-8-2 sont applicables dans leur rédaction résultant de l'ordonnance nº 2019-1234 du 27 novembre 2019 relative à la rémunération des mandataires sociaux des sociétés cotées. »

(Ord. nº 2020-1142 du 16 sept. 2020, art. 10, en vigueur le 1er janv. 2021) « Les articles L. 221-7, L. 225-1, L. 225-18-1, L. 225-23, L. 225-27, L. 225-37-4, L. 225-39, L. 225-45, L. 225-46, L. 225-47, L. 225-53, L. 225-58, L. 225-63, L. 225-68, L. 225-69-1, L. 225-71, L. 225-81, L. 225-83, L. 225-84, L. 225-85, L. 225-87, L. 225-96, L. 225-98, L. 225-99, L. 225-100, L. 225-100-1, L. 225-102-1, L. 225-102-3, L. 225-103-1, L. 225-106, L. 225-122, L. 225-123, L. 225-124, L. 225-125, L. 225-130, L. 225-135, L. 225-136, L. 225-138, L. 225-146, L. 225-147, L. 225-147-1, L. 225-149-3, L. 225-177, L. 225-179, L. 225-185, L. 225-186, L. 225-197-1, L. 225-206, L. 225-208, L. 225-209-2, L. 225-211, L. 225-213, L. 225-214, L. 225-217, L. 225-218, L. 225-228, L. 225-231, L. 225-232, L. 225-252, L. 225-256, L. 226-1, L. 226-4-1, L. 226-8, L. 226-10, L. 226-10-1, L. 228-15 et L. 228-35-9 sont applicables dans leur rédaction résultant de l'ordonnance nº 2020-1142 du 16 septembre 2020 ;

« Les articles L. 22-10-1 à L. 22-10-6, L. 22-10-8 à L. 22-10-23, L. 22-10-25 à L. 22-10-78 sont applicables dans leur rédaction résultant de l'ordonnance nº 2020-1142 du 16 septembre 2020*[;]* »

(L. nº 2021-1308 du 8 oct. 2021, art. 38) « Les articles L. 228-2, L. 228-3-1, L. 228-3-7, L. 228-29-7-1 à L. 228-29-7-4 et L. 22-10-43-1 sont applicables dans leur rédaction résultant de la loi nº 2021-1308 du 8 octobre 2021 portant diverses dispositions d'adaptation au droit de l'Union européenne dans le domaine des transports, de l'environnement, de l'économie et des finances » ;

3º Le livre III, à l'exception des articles L. 321-1 à L. 321-38 ;

(Ord. nº 2021-649 du 26 mai 2021, art. 3) « 4º Les dispositions du livre IV mentionnées dans la colonne de gauche du tableau ci-après sont applicables dans les îles *Wallis-et-Futuna dans* leur rédaction indiquée dans la colonne de droite du même tableau. » – *Tableau issu de l'Ord. nº 2021-649 du 26 mai 2021, art. 3.*

DISPOSITIONS APPLICABLES	DANS LEUR RÉDACTION RÉSULTANT DE
TITRE Ier	
Article L. 410-1	l'ordonnance nº 2021-649 du 26 mai 2021
Article L. 410-2	l'ordonnance nº 2008-1161 du 13 novembre 2008

DISPOSITIONS APPLICABLES	DANS LEUR RÉDACTION RÉSULTANT DE
Articles L. 410-3 et L. 410-4	la loi n° 2012-1270 du 20 novembre 2012
Article L. 410-5	l'ordonnance n° 2017-303 du 9 mars 2017
	TITRE II
Article L. 420-1	la loi n° 2001-420 du 15 mai 2001
Article L. 420-2	l'ordonnance n° 2019-698 du 3 juillet 2019
Article L. 420-2-1	la loi n° 2012-1270 du 20 novembre 2012
Articles L. 420-3 et L. 420-4	la loi n° 2016-1920 du 29 décembre 2016
Article L. 420-5	la loi n° 2018-938 du 30 octobre 2018
Article*[s]* L. 420-6 et L. 420-6-1	l'ordonnance n° 2021-649 du 26 mai 2021
Article L. 420-7	l'ordonnance n° 2011-337 du 29 mars 2011
	TITRE III
Article L. 430-1	la loi n° 2001-420 du 15 mai 2001
Articles L. 430-2 à L. 430-5	la loi n° 2015-990 du 6 août 2015
Article L. 430-6	la loi n° 2008-776 du 4 août 2008
Articles L. 430-7 à L. 430-8	la loi n° 2015-990 du 6 août 2015
Articles L. 430-9 et L. 430-10	la loi n° 2008-776 du 4 août 2008
	TITRE IV
Article L. 440-1	la loi n° 2018-670 du 30 juillet 2018
Article L. 441-1	l'ordonnance n° 2019-359 du 24 avril 2019
Article L. 441-1-1	la loi n° 2021-1357 du 18 octobre 2021 visant à protéger la rémunération des agriculteurs
Article L. 441-2	l'ordonnance n° 2019-359 du 24 avril 2019
Article L. 441-3	la loi n° 2020-1525 du 7 décembre 2020
Article L. 441-4	la loi n° 2021-1357 du 18 octobre 2021 visant à protéger la rémunération des agriculteurs
Articles L. 441-5 et L. 441-6	l'ordonnance n° 2019-359 du 24 avril 2019
Article L. 441-8	la loi n° 2021-1357 du 18 octobre 2021 visant à protéger la rémunération des agriculteurs
Articles L. 441-9 et L. 441-10	l'ordonnance n° 2019-359 du 24 avril 2019
Articles L. 441-11 et L. 441-12	l'ordonnance n° 2021-859 du 30 juin 2021
Articles L. 441-13 et L. 441-14	l'ordonnance n° 2019-359 du 24 avril 2019
Article L. 441-16	l'ordonnance n° 2021-859 du 30 juin 2021

DISPOSITIONS APPLICABLES	DANS LEUR RÉDACTION RÉSULTANT DE
Article L. 442-1	la loi nº 2021-1357 du 18 octobre 2021 visant à protéger la rémunération des agriculteurs
Article L. 442-2	l'ordonnance nº 2019-359 du 24 avril 2019
Article L. 442-3	la loi nº 2020-1508 du 3 décembre 2020
Articles L. 442-4 à L. 442-6	l'ordonnance nº 2019-359 du 24 avril 2019
Articles L. 442-8 à L. 442-11	l'ordonnance nº 2019-359 du 24 avril 2019
Article L. 443-1	l'ordonnance nº 2019-359 du 24 avril 2019
Article L. 443-2	la loi nº 2021-1357 du 18 octobre 2021 visant à protéger la rémunération des agriculteurs
Article L. 443-4	l'ordonnance nº 2019-359 du 24 avril 2019
Articles L. 443-5 à L. 443-7	l'ordonnance nº 2021-859 du 30 juin 2021
Article L. 443-8	la loi nº 2021-1357 du 18 octobre 2021 visant à protéger la rémunération des agriculteurs
TITRE IV *BIS*	
Article L. 444-1	la loi nº 2015-990 du 6 août 2015
Article L. 444-2	la loi nº 2019-222 du 23 mars 2019
Article L. 444-3	la loi nº 2015-990 du 6 août 2015
Article L. 444-4	l'ordonnance nº 2016-301 du 14 mars 2016
Article L. 444-5	la loi nº 2015-990 du 6 août 2015
Article L. 444-6	l'ordonnance nº 2017-303 du 9 mars 2017
Article L. 444-7	la loi nº 2019-222 du 23 mars 2019
TITRE V	
Article L. 450-1	l'ordonnance nº 2021-649 du 26 mai 2021
Article L. 450-2	la loi nº 2014-344 du 17 mars 2014
Article L. 450-2-1	la loi nº 2020-1525 du 7 décembre 2020
Article L. 450-3	l'ordonnance nº 2021-649 du 26 mai 2021
Article L. 450-3-1	la loi nº 2014-344 du 17 mars 2014
Article L. 450-3-2	la loi nº 2017-256 du 28 février 2017
Article L. 450-3-3	la loi nº 2019-486 du 22 mai 2019
Article L. 450-4	l'ordonnance nº 2021-649 du 26 mai 2021
Article L. 450-5	la loi nº 2016-1920 du 29 décembre 2016

DISPOSITIONS APPLICABLES	DANS LEUR RÉDACTION RÉSULTANT DE
Article L. 450-6	l'ordonnance n° 2008-1161 du 13 novembre 2008
Article*[s]* L. 450-7 à L. 450-10	l'ordonnance n° 2021-649 du 26 mai 2021
TITRE VI	
Articles L. 461-1 et L. 461-2	la loi n° 2017-55 du 20 janvier 2017
Article L. 461-3	la loi n° 2015-990 du 6 août 2015
Articles L. 461-4 et L. 461-5	la loi n° 2017-55 du 20 janvier 2017
Article L. 462-1	la loi n° 2015-1268 du 14 octobre 2015
Article L. 462-2	l'ordonnance n° 2000-912 du 18 septembre 2000
Article L. 462-2-1	la loi n° 2015-990 du 6 août 2015
Article L. 462-3	l'ordonnance n° 2017-303 du 9 mars 2017
Article L. 462-4	l'ordonnance n° 2008-1161 du 13 novembre 2008
Article L. 462-4-1	la loi n° 2015-990 du 6 août 2015
Article L. 462-5	la loi n° 2016-1920 du 29 décembre 2016
Articles L. 462-6, L. 462-7 et L. 462-8	l'ordonnance n° 2021-649 du 26 mai 2021
Article L. 463-1	l'ordonnance n° 2021-649 du 26 mai 2021
Articles L. 463-2 à L. 463-5	l'ordonnance n° 2008-1161 du 13 novembre 2008
Article L. 463-6	l'ordonnance n° 2021-649 du 26 mai 2021
Article L. 463-7	l'ordonnance n° 2008-1161 du 13 novembre 2008
Article L. 463-8	la loi n° 2001-420 du 15 mai 2001
Article*[s]* L. 464-1 et L. 464-2	l'ordonnance n° 2021-649 du 26 mai 2021
Article L. 464-3	l'ordonnance n° 2008-1161 du 13 novembre 2008
Article L. 464-4	l'ordonnance n° 2004-1173 du 4 novembre 2004
Article L. 464-5	l'ordonnance n° 2008-1161 du 13 novembre 2008
Articles L. 464-6 et L. 464-6-1	l'ordonnance n° 2008-1161 du 13 novembre 2008
Article L. 464-6-2	l'ordonnance n° 2004-274 du 25 mars 2004
Article L. 464-7	l'ordonnance n° 2008-1161 du 13 novembre 2008

DISPOSITIONS APPLICABLES	DANS LEUR RÉDACTION RÉSULTANT DE
Article L. 464-8	la loi n° 2012-1270 du 20 novembre 2012
Article L. 464-8-1	la loi n° 2016-1547 du 18 novembre 2016
Article L. 464-8-2	l'ordonnance n° 2021-649 du 26 mai 2021
Article L. 464-9	la loi n° 2016-1920 du 29 décembre 2016
Article L. 464-10	l'ordonnance n° 2021-649 du 26 mai 2021
Articles L. 490-3 et L. 490-4	l'ordonnance n° 2019-698 du 3 juillet 2019
Articles L. 490-5 à L. 490-8	l'ordonnance n° 2017-303 du 9 mars 2017
Articles L. 490-10 à L. 490-12	l'ordonnance n° 2017-303 du 9 mars 2017
Articles L. 490-13 et L. 490-14	l'ordonnance n° 2021-649 du 26 mai 2021
TITRE VII	
Article L. 470-1	l'ordonnance n° 2017-303 du 9 mars 2017
TITRE VIII	
Articles L. 481-1 à L. 483-1	l'ordonnance n° 2017-303 du 9 mars 2017
Articles L. 483-4 à L. 483-11	l'ordonnance n° 2017-303 du 9 mars 2017
TITRE IX	

(L. n° 2016-1547 du 18 nov. 2016, art. 107-II) « 5° Les dispositions du livre V mentionnées dans la colonne de gauche du tableau ci-après sont applicables dans les îles Wallis-et-Futuna, dans leur rédaction indiquée dans la colonne de droite du même tableau. »

DISPOSITIONS APPLICABLES	DANS LEUR RÉDACTION RÉSULTANT DE
Articles L. 511-1 à L. 511-25	l'ordonnance n° 2000-912 du 18 septembre 2000 relative à la partie législative du code de commerce
Articles L. 511-26 à L. 511-30	l'ordonnance n° 2000-912 du 18 septembre 2000 relative à la partie législative du code de commerce
Article L. 511-31	la loi n° 2005-845 du 26 juillet 2005 de sauvegarde des entreprises
Articles L. 511-32 à L. 511-37	l'ordonnance n° 2000-912 du 18 septembre 2000 relative à la partie législative du code de commerce
Articles L. 511-38 à L. 511-81	l'ordonnance n° 2000-912 du 18 septembre 2000 relative à la partie législative du code de commerce

DISPOSITIONS APPLICABLES	DANS LEUR RÉDACTION RÉSULTANT DE
Articles L. 512-1 à L. 512-8	l'ordonnance n° 2000-912 du 18 septembre 2000 relative à la partie législative du code de commerce
(Abrogé par Ord. n° 2021-1192 du 15 sept. 2021, art. 36, à compter du 1er janv. 2022) « Article L. 521-1	*l'ordonnance n° 2000-912 du 18 septembre 2000 relative à la partie législative du code de commerce*
« Article L. 521-3	*l'ordonnance n° 2006-346 du 23 mars 2006 relative aux sûretés*
« Articles L. 523-1 à L. 523-8	*l'ordonnance n° 2000-912 du 18 septembre 2000 relative à la partie législative du code de commerce*
« Article L. 523-9	*l'ordonnance n° 2013-544 du 27 juin 2013 relative aux établissements de crédit et aux sociétés de financement*
« Articles L. 523-10 à L. 523-15	*l'ordonnance n° 2000-912 du 18 septembre 2000 relative à la partie législative du code de commerce*
« Articles L. 524-1 à L. 524-6	*l'ordonnance n° 2000-912 du 18 septembre 2000 relative à la partie législative du code de commerce*
« Article L. 524-7	*l'ordonnance n° 2013-544 du 27 juin 2013 relative aux établissements de crédit et aux sociétés de financement*
« Articles L. 524-8 à L. 524-19	*l'ordonnance n° 2000-912 du 18 septembre 2000 relative à la partie législative du code de commerce*
« Articles L. 525-1 à L. 525-4	*l'ordonnance n° 2000-912 du 18 septembre 2000 relative à la partie législative du code de commerce*
« Articles L. 525-5 et L. 525-6	*l'ordonnance n° 2000-912 du 18 septembre 2000 relative à la partie législative du code de commerce et, à compter du 1er octobre 2016, l'ordonnance n° 2016-131 du 10 février 2016 portant réforme du droit des contrats, du régime général et de la preuve des obligations*
« Articles L. 525-7 à L. 525-20	*l'ordonnance n° 2000-912 du 18 septembre 2000 relative à la partie législative du code de commerce »*
Articles L. 526-1 à L. 526-3	la loi n° 2008-776 du 4 août 2008 de modernisation de l'économie
Articles L. 526-6 et L. 526-7	la loi n° 2019-486 du 22 mai 2019 relative à la croissance et la transformation des entreprises
Article L. 526-8	la loi n° 2022-172 du 14 février 2022 en faveur de l'activité professionnelle indépendante
Articles L. 526-8-1 à L. 526-15	la loi n° 2019-486 du 22 mai 2019 relative à la croissance et la transformation des entreprises

DISPOSITIONS APPLICABLES	DANS LEUR RÉDACTION RÉSULTANT DE
Article L. 526-17	la loi n° 2019-486 du 22 mai 2019 relative à la croissance et la transformation des entreprises
Article L. 526-18	la loi n° 2010-658 du 15 juin 2010 relative à l'entrepreneur individuel à responsabilité limitée
Article L. 526-19	la loi n° 2022-172 du 14 février 2022 en faveur de l'activité professionnelle indépendante
Articles L. 526-20 et L. 526-21	la loi n° 2010-658 du 15 juin 2010 relative à l'entrepreneur individuel à responsabilité limitée
Articles L. 526-22, à l'exclusion du cinquième alinéa, L. 526-23 et L. 526-25 à L. 526-31	la loi n° 2022-172 du 14 février 2022 en faveur de l'activité professionnelle indépendante
(Abrogé par Ord. n° 2021-1192 du 15 sept. 2021, art. 36, à compter du 1er janv. 2022) « Article L. 527-1	*la loi n° 2016-1547 du 18 novembre 2016 de modernisation de la justice du XXIe siècle*
« Articles L. 527-2 et L. 527-3	*l'ordonnance n° 2016-56 du 29 janvier 2016 relative au gage des stocks*
« Article L. 527-4	*la loi n° 2016-1547 du 18 novembre 2016 de modernisation de la justice du XXIe siècle*
« Articles L. 527-5 à L. 527-9	*l'ordonnance n° 2016-56 du 29 janvier 2016 relative au gage des stocks »*

(Ord. n° 2016-727 du 2 juin 2016, art. 19-I, en vigueur le 1er janv. 2017 ; L. n° 2016-1547 du 18 nov. 2016, art. 99-IX) « 6° Le livre VI dans les conditions suivantes :

« *a)* Le titre Ier ; »

(L. n° 2019-486 du 22 mai 2019, art. 220) « Les articles L. 611-5 et L. 611-6 sont applicables dans leur rédaction résultant de la loi n° 2019-486 du 22 mai 2019 relative à la croissance et la transformation des entreprises ; »

(Ord. n° 2021-1193 du 15 sept. 2021, art. 72, en vigueur le 1er oct. 2021) « Les articles L. 611-2, L. 611-2-2, L. 611-7, L. 611-10-2, L. 611-10-4 et L. 611-11 sont applicables dans leur rédaction résultant de l'ordonnance n° 2021-1193 du 15 septembre 2021 portant modification du livre VI du code de commerce ; »

(L. n° 2022-172 du 14 févr. 2022, art. 18) « Les articles L. 611-13 et L. 611-17 sont applicables dans leur rédaction résultant de la loi n° 2022-172 du 14 février 2022 en faveur de l'activité professionnelle indépendante. »

(Ord. n° 2019-848 du 21 août 2019, art. 1er) « L'article L. 612-1 est applicable dans sa rédaction résultant de la loi n° 2019-486 du 22 mai 2019 relative à la croissance et la transformation des entreprises ; »

(Ord. er 2016-727 du 2 juin 2016, art. 19-I, en vigueur le 1er janv. 2017 ; L. n° 2016-1547 du 18 nov. 2016, art. 99-IX) Au titre II : *(Abrogé par Ord. n° 2021-1193 du 15 sept. 2021, art. 72, à compter du 1er oct. 2021 ; Ord. n° 2019-848 du 21 août 2019, art. 1er) « l'article L. 620-1 ; »* le chapitre Ier à l'exclusion de la dernière phrase du premier alinéa de l'article L. 621-4, dans sa rédaction résultant de la loi n° 2016-1547 du 18 novembre 2016 de modernisation de la justice du XXIe siècle ; les chapitres II à VIII, à l'exception des articles L. 622-19 et L. 625-9 ; »

(L. n° 2019-486 du 22 mai 2019, art. 220 ; L. n° 2022-172 du 14 févr. 2022, art. 18) « Les articles L. 622-24, L. 626-12 et L. 626-27 sont applicables dans leur rédaction résultant de la loi n° 2019-486 du 22 mai 2019 relative à la croissance et la transformation des entreprises ; »

(Ord. n° 2021-1193 du 15 sept. 2021, art. 72, en vigueur le 1er oct. 2021) « Les articles L. 620-1, L. 621-3, L. 622-7, L. 622-8, L. 622-10, L. 622-17, L. 622-21, L. 622-25, L. 622-26, L. 622-33, L. 622-34, L. 624-2, L. 624-3-1, L. 624-21, L. 626-2, L. 626-2-1, L. 626-10, L. 626-18, L. 626-20, L. 626-22, L. 626-26, L. 626-29, L. 626-30, L. 626-30-1, L. 626-30-2, L. 626-31, L. 626-31-1, L. 626-32, L. 626-33, L. 626-34, L. 628-1, L. 628-2, L. 628-3, L. 628-4, L. 628-5, L. 628-6, L. 628-7 et L. 628-8 sont applicables dans leur rédaction résultant de l'ordonnance n° 2021-1193 du 15 septembre 2021 portant modification du livre VI du code de commerce. »

(L. n° 2022-172 du 14 févr. 2022, art. 18) « Les articles L. 620-2, L. 621-2, L. 622-6, L. 624-19 et L. 626-13 sont applicables dans leur rédaction résultant de la loi n° 2022-172 du 14 février 2022 en faveur de l'activité professionnelle indépendante ; »

(Ord. n° 2016-727 du 2 juin 2016, art. 19-I, en vigueur le 1er janv. 2017 ; L. n° 2016-1547 du 18 nov. 2016, art. 99-IX) Le titre III ; »

(L. n° 2019-486 du 22 mai 2019, art. 220) « Les articles L. 631-2, *(Abrogé par Ord. n° 2021-1193 du 15 sept. 2021, art. 72, à compter du 1er oct. 2021) « L. 631-7, » (Ord. n° 2019-848 du 21 août 2019, art. 1er)* « L. 631-9, » L. 631-11 *(Abrogé par Ord. n° 2021-1193 du 15 sept. 2021, art. 72, à compter du 1er oct. 2021) « et L. 631-20-1 »* sont applicables dans leur rédaction résultant de la loi n° 2019-486 du 22 mai 2019 relative à la croissance et la transformation des entreprises ; »

(Ord. n° 2021-1193 du 15 sept. 2021, art. 72, en vigueur le 1er oct. 2021 ; L. n° 2022-172 du 14 févr. 2022, art. 18) « Les articles L. 631-7, L. 631-14, L. 631-19, L. 631-19-2, L. 631-20 et L. 631-22 sont applicables dans leur rédaction résultant de l'ordonnance n° 2021-1193 du 15 septembre 2021 portant modification du livre VI du code de commerce. »

(L. n° 2022-172 du 14 févr. 2022, art. 18) « Les articles L. 631-1, L. 631-2, L. 631-3, L. 631-11 et L. 632-1 sont applicables dans leur rédaction résultant de la loi n° 2022-172 du 14 février 2022 en faveur de l'activité professionnelle indépendante. »

(Ord. n° 2020-1142 du 16 sept. 2020, art. 10, en vigueur le 1er janv. 2021) « L'article L. 632-1 est applicable dans sa rédaction résultant de l'ordonnance n° 2020-1142 du 16 septembre 2020. »

(L. n° 2019-486 du 22 mai 2019, art. 220) « *d)* Au titre IV :

« – le chapitre préliminaire, à l'exclusion de l'article L. 640-2 *(L. n° 2022-172 du 14 févr. 2022, art. 18)* « et de l'article L. 640-3, qui sont applicables dans leur rédaction résultant de la loi n° 2022-172 du 14 février 2022 en faveur de l'activité professionnelle indépendante » ;

« – le chapitre Ier, à l'exclusion *(Abrogé par Ord. n° 2019-848 du 21 août 2019, art. 1er) « de la dernière phrase du premier alinéa du II »* de l'article L. 641-1 *(Ord. n° 2019-848 du 21 août 2019, art. 1er)* « , L. 641-3 » et de l'article L. 641-11 qui sont applicables dans leur rédaction résultant de la loi n° 2019-486 du 22 mai 2019 relative à la croissance et la transformation des entreprises *(Ord. n° 2021-1193 du 15 sept. 2021, art. 72, en vigueur le 1er oct. 2021 ; L. n° 2022-172 du 14 févr. 2022, art. 18)* « et des articles L. 641-13 et L. 641-14 qui sont applicables dans leur rédaction résultant de l'ordonnance n° 2021-1193 du 15 septembre 2021 portant modification du livre VI du code de commerce » *(L. n° 2022-172 du 14 févr. 2022, art. 18)* « et des articles L. 641-2, L. 641-4, L. 641-9 et L. 641-15 qui sont applicables dans leur rédaction résultant de la loi n° 2022-172 du 14 février 2022 en faveur de l'activité professionnelle indépendante » ;

« – le chapitre II, à l'exclusion de l'article L. 642-7 qui est applicable dans sa rédaction résultant de la loi n° 2019-486 du 22 mai 2019 relative à la croissance et la transformation des entreprises *(Ord. n° 2021-1193 du 15 sept. 2021, art. 72, en vigueur le 1er oct. 2021)* « et de l'article L. 642-12 qui est applicable dans sa rédaction résultant de l'ordonnance n° 2021-1193 du 15 septembre 2021 portant modification du livre VI du code de commerce » *(L. n° 2022-172 du 14 févr. 2022, art. 18)* « et des articles L. 642-22 et L. 642-22-1 qui sont applicables dans leur rédaction résultant de la loi n° 2022-172 du 14 février 2022 en faveur de l'activité professionnelle indépendante » ;

« – le chapitre III *(Ord. n° 2021-1193 du 15 sept. 2021, art. 72, en vigueur le 1er oct. 2021)* « à l'exclusion des articles L. 643-3 et L. 643-8 qui sont applicables dans leur rédaction résultant de l'ordonnance n° 2021-1193 du 15 septembre 2021 portant modification du livre VI du code de commerce » *(L. n° 2022-172 du 14 févr. 2022, art. 18)* « et des articles L. 643-11 et L. 643-12 qui sont applicables dans leur rédaction résultant de la loi n° 2022-172 du 14 février 2022 en faveur de l'activité professionnelle indépendante » ;

« – le chapitre IV, à l'exclusion des articles L. 644-2 et L. 644-5 qui sont applicables dans leur rédaction résultant de la loi n° 2019-486 du 22 mai 2019 relative à la croissance et la transformation des entreprises *(Ord. n° 2021-1193 du 15 sept. 2021, art. 72, en vigueur le 1er oct. 2021)* « et de l'article L. 644-4 qui est applicable dans sa rédaction résultant de l'ordonnance n° 2021-1193 du 15 septembre 2021 portant modification du livre VI du code de commerce » ;

« – le chapitre V dans sa rédaction résultant de l'ordonnance n° 2014-1088 du 26 septembre 2014 complétant l'ordonnance n° 2014-326 du 12 mars 2014 portant réforme de la prévention des difficultés des entreprises et des procédures collectives, à l'exception de l'article L. 645-4 qui est applicable dans sa rédaction résultant de l'ordonnance n° 2016-727 du 2 juin 2016 relative à la désignation en justice, à titre habituel, des huissiers de justice et des commissaires-priseurs judiciaires en qualité de liquidateur ou d'assistant du juge commis dans certaines procédures prévues au titre IV du livre VI du code de commerce, *(Abrogé par L. n° 2022-172 du 14 févr. 2022, art. 18) « de l'article L. 645-1 qui est applicable dans sa rédaction résultant de l'ordonnance n° 2021-1193 du 15 septembre 2021 portant modification du livre VI du code de commerce, »* des articles L. 645-3 et L. 645-9 qui sont applicables dans leur rédaction issue de la loi n° 2019-486 du 22 mai 2019 relative à la croissance et la transformation des entreprises et *(L. n° 2022-172 du 14 févr. 2022, art. 18)* « des articles L. 645-1 et L. 645-11 qui sont applicables dans leur rédaction résultant de la loi n° 2022-172 du 14 février 2022 en faveur de l'activité professionnelle indépendante » ; »

« *e)* Le titre V, à l'exception de l'article L. 653-10.

(L. n° 2022-172 du 14 févr. 2022, art. 18) « Les articles L. 651-1, L. 651-2, L. 651-3, L. 651-4, L. 653-3 et L. 653-6 sont applicables dans leur rédaction résultant de la loi n° 2022-172 du 14 février 2022 en faveur de l'activité professionnelle indépendante ; »

(Ord. n° 2017-1107 du 22 juin 2017, art. 19-II, en vigueur le 3 janv. 2018) « L'article L. 654-4 est applicable dans sa rédaction résultant de l'ordonnance n° 2017-1107 du 22 juin 2017 » *(L. n° 2022-172 du 14 févr. 2022, art. 18)* « et les articles L. 654-9 et L. 654-14 sont applicables dans leur rédaction résultant de la loi n° 2022-172 du 14 février 2022 en faveur de l'activité professionnelle indépendante » ;

« *f)* Le titre VI, à l'exception de l'article L. 662-7 ;

(Ord. n° 2021-1193 du 15 sept. 2021, art. 72, en vigueur le 1er oct. 2021) « Les articles L. 661-1 et L. 661-7 sont applicables dans leur rédaction résultant de l'ordonnance n° 2021-1193 du 15 septembre 2021 portant modification du livre VI du code de commerce. »

(Ord. n° 2019-848 du 21 août 2019, art. 1er) « *f bis)* Au titre VII : l'article L. 670-6 est applicable dans sa rédaction résultant de la loi n° 2019-486 du 22 mai 2019 relative à la croissance et la transformation des entreprises ; »

« *g)* Le titre VIII ; »

(L. n° 2022-172 du 14 févr. 2022, art. 18) « *h)* Le titre VIII *bis* dans sa rédaction résultant de la loi n° 2022-172 du 14 février 2022 en faveur de l'activité professionnelle indépendante ; »

7° *(Ord. n° 2006-673 du 8 juin 2006, art. 9)* « Le titre Ier du livre VII, à l'exception des articles L. 711-5 et L. 711-9 ; les articles L. 721-3 à L. 721-6 » *(Ord. n° 2014-487 du 15 mai 2014, art. 1er)* « ; l'article L. 752-27 » ;

(Ord. n° 2019-848 du 21 août 2019, art. 1er) « L'article L. 712-6 est applicable dans sa rédaction résultant de la loi n° 2019-486 du 22 mai 2019 relative à la croissance et la transformation des entreprises ».

(Ord. n° 2016-727 du 2 juin 2016, art. 19-I, en vigueur le 18 juin 2016) « II. – Les dispositions du livre VIII sont applicables dans les îles Wallis-et-Futuna dans les conditions suivantes :

« 1° Les dispositions du titre Ier du livre VIII mentionnées dans la colonne de gauche du tableau ci-après sont applicables dans les îles Wallis-et-Futuna aux administrateurs judiciaires, dans leur rédaction indiquée dans la colonne de droite du même tableau.

DISPOSITIONS APPLICABLES	DANS LEUR RÉDACTION RÉSULTANT DE
	Titre Ier
L. 811-1	l'ordonnance n° 2008-1345 du 18 décembre 2008 portant réforme du droit des entreprises en difficulté
L. 811-2	la loi n° 2016-1547 du 18 novembre 2016 de modernisation de la justice du XXIe siècle
L. 811-3	la loi n° 2016-1547 du 18 novembre 2016 de modernisation de la justice du XXIe siècle
L. 811-5	la loi n° 2015-990 du 6 août 2015 pour la croissance, l'activité et l'égalité des chances économiques
L. 811-6	la loi n° 2005-845 du 26 juillet 2005 de sauvegarde des entreprises
L. 811-7	la loi n° 2003-7 du 3 janvier 2003 modifiant le livre VIII du code de commerce
L. 811-8	l'ordonnance n° 2015-1287 du 15 octobre 2015 portant fusion de la Commission nationale d'inscription et de discipline des administrateurs judiciaires et de la Commission nationale d'inscription et de discipline des mandataires judiciaires
L. 811-9	la loi n° 2003-7 du 3 janvier 2003 modifiant le livre VIII du code de commerce
L. 811-10	la loi n° 2016-1547 du 18 novembre 2016 de modernisation de la justice du XXIe siècle
L. 811-11	la loi n° 2005-845 du 26 juillet 2005 de sauvegarde des entreprises
L. 811-11-1	l'ordonnance n° 2005-1126 du 8 septembre 2005 relative au commissariat aux comptes
L. 811-11-2	l'ordonnance n° 2005-1126 du 8 septembre 2005 relative au commissariat aux comptes
L. 811-11-3	l'ordonnance n° 2008-1345 du 18 décembre 2008 portant réforme du droit des entreprises en difficulté
L. 811-12 A	la loi n° 2003-7 du 3 janvier 2003 modifiant le livre VIII du code de commerce
L. 811-12	l'ordonnance n° 2016-1635 du 1er décembre 2016
L. 811-13	la loi n° 2003-7 du 3 janvier 2003 modifiant le livre VIII du code de commerce
L. 811-14	la loi n° 2011-331 du 28 mars 2011 de modernisation des professions judiciaires ou juridiques et certaines professions réglementées

DISPOSITIONS APPLICABLES	DANS LEUR RÉDACTION RÉSULTANT DE
L. 811-15	la loi n° 2003-7 du 3 janvier 2003 modifiant le livre VIII du code de commerce
L. 811-15-1	la loi n° 2016-1547 du 18 novembre 2016 de modernisation de la justice du XXIe siècle
L. 811-16	la loi n° 2003-7 du 3 janvier 2003 modifiant le livre VIII du code de commerce
L. 814-1	l'ordonnance n° 2015-1287 du 15 octobre 2015 portant fusion de la Commission nationale d'inscription et de discipline des administrateurs judiciaires et de la Commission nationale d'inscription et de discipline des mandataires judiciaires
L. 814-1-1	l'ordonnance n° 2015-1287 du 15 octobre 2015 portant fusion de la Commission nationale d'inscription et de discipline des administrateurs judiciaires et de la Commission nationale d'inscription et de discipline des mandataires judiciaires
L. 814-2	la loi n° 2011-331 du 28 mars 2011 de modernisation des professions judiciaires ou juridiques et certaines professions réglementées
L. 814-3	l'ordonnance n° 2006-346 du 23 mars 2006 relative aux sûretés
L. 814-4	la loi n° 2005-845 du 26 juillet 2005 de sauvegarde des entreprises
L. 814-5	la loi n° 2005-845 du 26 juillet 2005 de sauvegarde des entreprises
L. 814-8	la loi n° 2005-845 du 26 juillet 2005 de sauvegarde des entreprises
L. 814-9	la loi n° 2016-1547 du 18 novembre 2016 de modernisation de la justice du XXIe siècle
L. 814-10	la loi n° 2005-845 du 26 juillet 2005 de sauvegarde des entreprises
L. 814-11	la loi n° 2005-845 du 26 juillet 2005 de sauvegarde des entreprises
L. 814-12	la loi n° 2011-331 du 28 mars 2011 de modernisation des professions judiciaires ou juridiques et certaines professions réglementées
L. 814-13	la loi n° 2011-331 du 28 mars 2011 de modernisation des professions judiciaires ou juridiques et certaines professions réglementées
L. 814-14	la loi n° 2015-990 du 6 août 2015 pour la croissance, l'activité et l'égalité des chances économiques
L. 814-15	la loi n° 2016-1547 du 18 novembre 2016 de modernisation de la justice du XXIe siècle
L. 814-16	la loi n° 2016-1547 du 18 novembre 2016 de modernisation de la justice du XXIe siècle

« 2° Les dispositions du titre II du livre VIII mentionnées dans la colonne de gauche du tableau ci-après sont applicables dans les îles Wallis-et-Futuna, dans leur rédaction indiquée dans la colonne de droite du même tableau. » – *Tableau issu de la L n° 2016-1691 du 9 déc. 2016, art. 140-III.*

DISPOSITIONS APPLICABLES	DANS LEUR RÉDACTION RÉSULTANT DE
	Titre II
	Chapitre préliminaire
L. 820-1 et L. 820-1-1	La loi n° 2019-486 du 22 mai 2019 relative à la croissance et la transformation des entreprises
L. 820-2	L'ordonnance n° 2016-315 du 17 mars 2016 relative au commissariat aux comptes
L. 820-3	La loi n° 2016-1691 du 9 décembre 2016 relative à la transparence, à la lutte contre la corruption et à la modernisation de la vie économique
L. 820-3-1 à L. 820-7	L'ordonnance n° 2016-315 du 17 mars 2016 relative au commissariat aux comptes
	Chapitre Ier
L. 821-1	La loi n° 2019-486 du 22 mai 2019 relative à la croissance et la transformation des entreprises
L. 821-2	La loi n° 2016-1691 du 9 décembre 2016 relative à la transparence, à la lutte contre la corruption et à la modernisation de la vie économique
L. 821-3 à L. 821-4	L'ordonnance n° 2016-315 du 17 mars 2016 relative au commissariat aux comptes
L. 821-6	La loi n° 2019-486 du 22 mai 2019 relative à la croissance et la transformation des entreprises
L. 821-9 à L. 821-12-1	L'ordonnance n° 2016-315 du 17 mars 2016 relative au commissariat aux comptes
L. 821-12-2 et L. 821-12-3	La loi n° 2016-1691 du 9 décembre 2016 relative à la transparence, à la lutte contre la corruption et à la modernisation de la vie économique
L. 821-12-4 à L. 821-13	L'ordonnance n° 2016-315 du 17 mars 2016 relative au commissariat aux comptes
L. 821-14	La loi n° 2019-486 du 22 mai 2019 relative à la croissance et la transformation des entreprises
L. 821-15	L'ordonnance n° 2016-315 du 17 mars 2016 relative au commissariat aux comptes
	Chapitre II
L. 822-1 à L. 822-1-4	L'ordonnance n° 2016-315 du 17 mars 2016 relative au commissariat aux comptes

DISPOSITIONS APPLICABLES	DANS LEUR RÉDACTION RÉSULTANT DE
L. 822-1-5 et L. 822-1-6	La loi n° 2016-1691 du 9 décembre 2016 relative à la transparence, à la lutte contre la corruption et à la modernisation de la vie économique
L. 822-1-7 à L. 822-9	L'ordonnance n° 2016-315 du 17 mars 2016 relative au commissariat aux comptes
L. 822-10 et L. 822-11	La loi n° 2019-486 du 22 mai 2019 relative à la croissance et la transformation des entreprises
L. 822-11-1	La loi n° 2019-486 du 22 mai 2019 relative à la croissance et la transformation des entreprises
L. 822-11-2 à L. 822-13	L'ordonnance n° 2016-315 du 17 mars 2016 relative au commissariat aux comptes
L. 822-14	La loi n° 2021-875 du 1er juillet 2021 visant à améliorer la trésorerie des associations
L. 822-15	La loi n° 2019-486 du 22 mai 2019 relative à la croissance et la transformation des entreprises
L. 822-16 à L. 822-19	L'ordonnance n° 2016-315 du 17 mars 2016 relative au commissariat aux comptes
	Chapitre III
L. 823-1	La loi n° 2016-1691 du 9 décembre 2016
L. 823-2	L'ordonnance n° 2016-315 du 17 mars 2016
L. 823-2-1 et L. 823-2-2	La loi n° 2019-486 du 22 mai 2019 relative à la croissance et la transformation des entreprises
L. 823-3	L'ordonnance n° 2016-315 du 17 mars 2016 relative au commissariat aux comptes
L. 823-3-1	La loi n° 2016-1691 du 9 décembre 2016
L. 823-3-2	La loi n° 2019-486 du 22 mai 2019 relative à la croissance et la transformation des entreprises
L. 823-4 à L. 823-9	L'ordonnance n° 2016-315 du 17 mars 2016
L. 823-10	L'ordonnance n° 2017-1180 du 19 juillet 2017
L. 823-11	L'ordonnance n° 2016-315 du 17 mars 2016
L. 823-12	L'ordonnance n° 2020-1142 du 16 septembre 2020
L. 823-12-1 et L. 823-12-2	La loi n° 2019-486 du 22 mai 2019 relative à la croissance et la transformation des entreprises
L. 823-13 et L. 823-14	L'ordonnance n° 2016-315 du 17 mars 2016
L. 823-15 et L. 823-16	La loi n° 2016-1691 du 9 décembre 2016
L. 823-16-1 à L. 823-18	L'ordonnance n° 2016-315 du 17 mars 2016

DISPOSITIONS APPLICABLES	DANS LEUR RÉDACTION RÉSULTANT DE
L. 823-18-1	La loi n° 2019-486 du 22 mai 2019 relative à la croissance et la transformation des entreprises
L. 823-19	L'ordonnance n° 2016-315 du 17 mars 2016
L. 823-20	La loi n° 2019-486 du 22 mai 2019 relative à la croissance et la transformation des entreprises
L. 823-21	L'ordonnance n° 2016-315 du 17 mars 2016
	Chapitre IV
L. 824-1 et L. 824-2	L'ordonnance n° 2016-1635 du 1er décembre 2016
L. 824-3	La loi n° 2019-486 du 22 mai 2019 relative à la croissance et la transformation des entreprises
L. 824-4	La loi n° 2016-1691 du 9 décembre 2016 relative à la transparence, à la lutte contre la corruption et à la modernisation de la vie économique
L. 824-5	La loi n° 2019-486 du 22 mai 2019 relative à la croissance et la transformation des entreprises
L. 824-6	L'ordonnance n° 2016-315 du 17 mars 2016 relative au commissariat aux comptes
L. 824-7	La loi n° 2016-1691 du 9 décembre 2016 relative à la transparence, à la lutte contre la corruption et à la modernisation de la vie économique
L. 824-8	La loi n° 2019-486 du 22 mai 2019 relative à la croissance et la transformation des entreprises
L. 824-10 et L. 824-11	La loi n° 2019-486 du 22 mai 2019 relative à la croissance et la transformation des entreprises
L. 824-12	L'ordonnance n° 2016-1635 du 1er décembre 2016
L. 824-13	La loi n° 2019-486 du 22 mai 2019 relative à la croissance et la transformation des entreprises
L. 824-14	La loi n° 2017-86 du 27 janvier 2017 relative à l'égalité et à la citoyenneté
L. 824-15	La loi n° 2016-1691 du 9 décembre 2016 relative à la transparence, à la lutte contre la corruption et à la modernisation de la vie économique
L. 824-16	La loi n° 2017-86 du 27 janvier 2017 relative à l'égalité et à la citoyenneté

V. 2e note ss. art. L. 123-1-1.

Application du droit de la concurrence. L'art. L. 950-1, dans sa version en vigueur au moment des faits, dispose que, sous réserve des adaptations prévues dans les chapitres ci-après, le livre IV est applicable dans les îles Wallis-et-Futuna, à l'exception des art. L. 441-1, L. 442-1 et L. 470-6. Il convient de rappeler que l'art. L. 470-6 prévoit la compétence de l'Autorité pour appliquer les art. 101 à 103 TFUE à ces territoires. Il en résulte que l'art. L. 462-6, qui prévoit la compétence générale de l'Autorité, s'appliquait à Wallis-et-Futuna au moment des faits litigieux. Par ailleurs, il résulte de l'art. 355 TFUE que le droit primaire, dont fait partie le droit de la concurrence européen, ne s'applique pas au pays et aux territoires d'outre-mer dont fait partie Wallis-et-Futuna. Il en résulte que l'Autorité de la concurrence n'est compétente pour examiner les pratiques commises à Wallis-et-Futuna qu'au regard du seul droit national. • Paris, 15 sept. 2016, n° 2015/06968.

Art. L. 950-1-1 *(L. n° 2016-1691 du 9 déc. 2016, art. 168-III)* **I. — Les articles** *(Ord. n° 2021-1192 du 15 sept. 2021, art. 36, en vigueur le 1er janv. 2022)* **« L. 141-13 à L. 141-17, L. 141-19, L. 141-20** *[ancienne rédaction : L. 141-6, L. 141-12 à L. 141-20, L. 141-22, L. 142-4]* **», L. 143-7 et L. 143-11 sont applicables dans leur rédaction résultant de la loi n° 2015-990 du 6 août 2015 pour la croissance, l'activité et l'égalité des chances économiques.**

(Ord. n° 2021-1192 du 15 sept. 2021, art. 36, en vigueur le 1er janv. 2022) **« L'article L. 144-7 est applicable dans sa** *[ancienne rédaction : Les articles L. 141-21 et L. 144-7 sont applicables dans leur]* **» rédaction résultant de la loi n° 2016-1691 du 9 décembre 2016 relative à la transparence, à la lutte contre la corruption et à la modernisation de la vie économique.**

II. — Les articles L. 223-9, L. 223-33, L. 224-3, L. 225-11, L. 225-124 et L. 227-1 sont applicables dans leur rédaction résultant de la loi n° 2016-1691 du 9 décembre 2016 précitée.

(Abrogé par Ord. n° 2017-303 du 9 mars 2017, art. 8) ***« III. — L'article L. 465-2 est applicable dans sa rédaction résultant de la loi n° [2016-1691] du [9 décembre 2016] précitée. »***

(Abrogé par L. n° 2019-486 du 22 mai 2019, art. 220) ***« IV. — Les articles L. 526-8, L. 526-10, L. 526-12 et L. 526-14 sont applicables dans leur rédaction résultant de la loi n° 2016-1691 du 9 décembre 2016 précitée. »***

V. — L'article L. 651-2 est applicable dans sa rédaction résultant de la loi n° 2016-1691 du 9 décembre 2016 précitée.

Art. L. 950-2 **Pour l'application du présent code dans les îles Wallis-et-Futuna, les termes énumérés ci-après sont remplacés comme suit :**

1° *(Ord. n° 2019-964 du 18 sept. 2019, art. 3, en vigueur le 1er janv. 2020)* **« "Tribunal judiciaire" » par "tribunal de première instance" ;**

2° "Tribunal de commerce" ou "justice consulaire" par "tribunal de première instance statuant en matière commerciale" ;

3° "Conseil de prud'hommes" par "tribunal du travail" ;

4° "*Bulletin officiel des annonces civiles et commerciales*" par "*Journal officiel* du territoire" ;

5° "Département" ou "arrondissement" par "territoire" ;

6° "Préfet" ou "sous-préfet" par "représentant de l'État dans le territoire" ;

(Ord. n° 2014-295 du 6 mars 2014, art. 2, en vigueur le 1er juill. 2014) **« 7° "maire" ou "maire de la commune" par "chef de circonscription" ; »**

(Ord. n° 2011-322 du 24 mars 2011, art. 4) **« 8° "Bureau des hypothèques" par "greffe du tribunal de première instance". »**

Art. L. 950-3 **Les références faites, par des dispositions du présent code applicables dans les îles Wallis-et-Futuna, à d'autres articles du présent code, ne concernent que les articles rendus applicables dans les îles Wallis-et-Futuna avec les adaptations prévues dans les chapitres ci-dessous.**

Art. L. 950-4 **En l'absence d'adaptation, les références faites par des dispositions du présent code applicables dans les îles Wallis-et-Futuna, à des dispositions qui n'y sont pas applicables, sont remplacées par les références aux dispositions ayant le même objet applicables localement.**

Art. L. 950-5 **Les références faites par des dispositions du présent code applicables dans les îles Wallis-et-Futuna, à des dispositions du code du travail n'y sont applicables que s'il existe une disposition applicable localement ayant le même objet.**

Art. L. 950-6 **Les références à l'immatriculation au** *(Ord. n° 2021-1189 du 15 sept. 2021, art. 18, en vigueur le 1er janv. 2023)* **« registre national des entreprises en tant**

qu'entreprise du secteur des métiers et de l'artisanat *[ancienne rédaction : répertoire des métiers]* » sont remplacées par les références à l'immatriculation faite conformément à la réglementation applicable dans les îles Wallis-et-Futuna.

Art. L. 950-7 Les articles faisant référence à *(Ord. nº 2014-487 du 15 mai 2014, art. 6)* « l'Union » européenne sont applicables dans le respect de la décision d'association prévue à l'article *(Ord. nº 2014-487 du 15 mai 2014, art. 6)* « 203 du traité sur le fonctionnement de l'Union européenne ». Les références à l'accord sur l'Espace économique européen ne sont pas applicables.

CHAPITRE PREMIER DISPOSITIONS D'ADAPTATION DU LIVRE Ier

Art. L. 951-1 *Abrogé par L. nº 2014-1 du 2 janv. 2014, art. 21-I.*

Art. L. 951-1-1 *(Ord. nº 2009-865 du 15 juill. 2009)* A l'article L. 123-11-3, les références au code de la consommation et au code du travail sont remplacées par des références aux dispositions applicables localement ayant le même objet.

Art. L. 951-1-2 *(Ord. nº 2009-865 du 15 juill. 2009)* Pour son application dans les îles Wallis-et-Futuna, l'article L. 123-11-6 est rédigé comme suit :

Art. L. 123-11-6 Les agents des douanes sont qualifiés pour procéder à la recherche et à la constatation des infractions aux dispositions des articles de la présente sous-section et des règlements pris pour leur application. A cet effet, ils agissent, conformément aux règles de recherche et de constatation des infractions déterminées par le code des douanes. Les infractions sont constatées par des procès-verbaux faisant foi jusqu'à preuve du contraire et transmis directement au parquet.

Art. L. 951-2 Les dérogations prévues par les articles L. 123-25 à L. 123-27 sont applicables aux personnes physiques soumises à un régime simplifié d'imposition par la réglementation en vigueur localement.

Art. L. 951-3 A l'article L. 133-6, les mots : "celles qui naissent des dispositions de l'article 1269 du code de procédure civile" sont remplacés par les mots : "les demandes en révision de compte et en liquidation des fruits présentées en vue d'un redressement en cas d'erreur, d'omission ou de présentation inexacte".

Art. L. 951-4 Pour l'application des articles L. 141-15, L. 143-7, L. 144-1 à L. 144-13 et L. 145-28, un magistrat du tribunal de première instance peut être délégué par le président.

Art. L. 951-5 A l'article L. 141-13, les mots : "par les articles 638 et 653 du code général des impôts" sont remplacés par les mots : "par les dispositions du code des impôts applicable dans le territoire".

Art. L. 951-6 *Abrogé par L. nº 2019-744 du 19 juill. 2019, art. 2.*

Art. L. 951-7 L'article L. 145-2 est modifié ainsi qu'il suit :

I. — Abrogé par Ord. nº 2009-896 du 24 juill. 2009, art. 7-II.

II. — Au 6º, les mots : "à la caisse de sécurité sociale de la maison des artistes et reconnus auteurs d'œuvres graphiques et plastiques, tels que définis par l'article 71 de l'annexe III du code général des impôts" sont remplacés par les mots : "à la caisse locale d'assurance sociale et reconnus auteurs d'œuvres graphiques et plastiques au sens du code des impôts applicable dans le territoire".

Art. L. 951-8 Pour l'application de l'article L. 145-6, les mots : "l'évacuation des lieux compris dans un secteur ou périmètre prévu aux articles *(Ord. nº 2005-1527 du 8 déc. 2005, art. 29)* « L. 313-4 à L. 313-4-2 » du code de l'urbanisme" sont remplacés par les mots "l'évacuation des lieux prévue à l'article L. 145-18".

Art. L. 951-9 *Abrogé par L. nº 2014-626 du 18 juin 2014, art. 5.*

Art. L. 951-10 Le deuxième alinéa de l'article L. 145-18 est ainsi rédigé :

Art. L. 145-18, al. 2 Il en est de même pour effectuer des opérations de restauration immobilière comportant des travaux de remise en état, de conservation, de modernisation ou de démolition ayant pour conséquence la transformation des conditions d'habitabilité d'un ensemble d'immeubles nécessitant l'évacuation des lieux. Ces opérations peuvent être décidées et exécutées dans le respect de la réglementation locale, soit par les autorités publiques localement compétentes, soit à l'initiative d'un ou de plusieurs propriétaires, groupés ou non en association syndicale. Dans ce dernier cas, ce ou ces propriétaires y sont spécialement autorisés dans des conditions fixées par le représentant de l'État, qui précisent notamment les engagements exigés des propriétaires quant à la nature et à l'importance des travaux. Les immeubles acquis par un organisme de rénovation ne peuvent, après restauration, être cédés de gré à gré qu'aux conditions d'un cahier des charges type approuvé par le représentant de l'État.

Art. L. 951-11 *Abrogé par Ord. nº 2009-896 du 24 juill. 2009, art. 7-III.*

Art. L. 951-12 **Le premier alinéa de l'article L. 145-34 est ainsi rédigé :**

Art. L. 145-34, al. 1er A moins d'une modification notable des éléments *(Ord. nº 2004-604 du 24 juin 2004, art. 58-III)* « mentionnés aux 1° à 4° de l'article L. 145-33 », le taux de variation du loyer applicable lors de la prise d'effet du bail à renouveler, si sa durée n'est pas supérieure à neuf ans, ne peut excéder la variation d'un indice local trimestriel mesurant le coût de la construction intervenue depuis la fixation initiale du loyer du bail expiré. Cet indice est calculé dans des conditions déterminées par arrêté du représentant de l'État. A défaut de clause contractuelle fixant le trimestre de référence de cet indice, il y a lieu de prendre en compte une variation de l'indice local trimestriel mesurant le coût de la construction fixé à cet effet par l'arrêté précité.

Art. L. 951-13 **L'article L. 145-35 est modifié ainsi qu'il suit :**

I. — Au premier alinéa, le mot : "départementale" est supprimé ;

II. — Le dernier alinéa est ainsi rédigé :

"La composition de la commission, le mode de désignation de ses membres et ses règles de fonctionnement sont fixés par arrêté du représentant de l'État."

Art. L. 951-14 **L'article L. 145-43 est ainsi rédigé :**

Art. L. 145-43 Sont dispensés de l'obligation d'exploiter pendant la durée de leur stage les commerçants et artisans, locataires du local dans lequel est situé leur fonds, qui sont admis à suivre un stage de conversion ou un stage de promotion conformément aux dispositions du code du travail applicable dans le territoire.

CHAPITRE II DISPOSITIONS D'ADAPTATION DU LIVRE II

Sont applicables dans les îles Wallis-et-Futuna les modifications apportées aux art. L. 225-23 et L. 225-71 ainsi qu'aux art. L. 225-197-1 et L. 225-197-3, respectivement par le I de l'art. 32 et le I de l'art. 39 de la L. nº 2006-1770 du 30 déc. 2006 (L. préc., art. 72-II).

Art. L. 952-1 *(Ord. nº 2004-604 du 24 juin 2004, art. 58-III)* **Aux articles L. 225-177, L. 225-179 et L. 233-11, les mots : "la date de publication de la loi nº 2001-420 du 15 mai 2001 relative aux nouvelles régulations économiques" sont remplacés par les mots : "la date de publication de l'ordonnance nº 2004-604 du 24 juin 2004 portant réforme du régime des valeurs mobilières émises par les sociétés commerciales et extension à l'outre-mer de dispositions ayant modifié la législation commerciale".**

Art. L. 952-2 *(L. nº 2015-990 du 6 août 2015, art. 212-3°)* **I. — A l'article L. 223-1, les mots : "sur le territoire français" sont remplacés par les mots : "dans le territoire".**

II. — Aux articles L. 225-36 et L. 225-65, les mots : "dans le même département ou dans un département limitrophe" sont remplacés par les mots : "dans le territoire".

Art. L. 952-3 *Abrogé par L. nº 2009-323 du 25 mars 2009, art. 8-IV.*

Art. L. 952-4 *(Ord. nº 2004-604 du 24 juin 2004, art. 62-II)* **Au 5° de l'article L. 225-115, les mots : "versements effectués en application des 1 et 4 de l'article 238 *bis* du code général des impôts" sont remplacés par les mots : "déductions fiscales prévues par les dispositions de droit fiscal applicables dans le territoire et relatives au total des déductions du montant des bénéfices imposables des sociétés qui procèdent à des ver-**

sements au profit d'œuvres d'organismes d'intérêt général, ou de sociétés agréées ou à des donations d'œuvre d'art à l'État".

Art. L. 952-5 *(Ord. nº 2004-604 du 24 juin 2004, art. 58-III)* « Aux articles L. 225-105, *(Ord. nº 2005-1126 du 8 sept. 2005, art. 22)* « L. 823-6 » et L. 225-131 », les mots : "le comité d'entreprise" sont remplacés par les mots : "les délégués du personnel".

Art. L. 952-6 Aux articles L. 225-231, L. 232-3, L. 232-4, L. 234-1 et L. 234-2, les mots : "au comité d'entreprise" sont remplacés par les mots : "aux délégués du personnel".

Art. L. 952-7 Au VI de l'article L. 225-270, les mots : "les dispositions de l'article 94 A du code général des impôts" sont remplacés par les mots : "les dispositions du code des impôts applicable dans le territoire relatives aux gains nets en capital réalisés à l'occasion de la cession à titre onéreux de valeurs mobilières et de droits sociaux".

Art. L. 952-8 Le dernier alinéa de l'article L. 228-36 est supprimé.

Art. L. 952-9 A l'article L. 233-24, les mots : "ou du VII de l'article 97" sont supprimés.

Art. L. 952-10 Le deuxième alinéa de l'article L. 251-7 est supprimé.

CHAPITRE III DISPOSITIONS D'ADAPTATION DU LIVRE III

(Ord. nº 2004-274 du 25 mars 2004)

Art. L. 953-1 *(Ord. nº 2004-274 du 25 mars 2004, art. 49-VIII)* Le III de l'article L. 310-2 et le 6° de l'article L. 310-5 sont supprimés.

Art. L. 953-2 A l'article L. 322-1, les mots : "aux articles *(Ord. nº 2011-1895 du 19 déc. 2011, art. 2, en vigueur le 1er juin 2012)* « L. 221-4 du code des procédures civiles d'exécution » et 945 du code de procédure civile" sont remplacés par les mots : "aux dispositions de procédure civile applicables dans le territoire relatives à la vente de meubles dépendant d'une succession".

Les art. L. 953-2 et L. 953-3 étaient respectivement, avant l'Ord. nº 2004-274 du 25 mars 2004 (JO 27 mars), les art. L. 953-1 et L. 953-2.

Art. L. 953-3 *(L. nº 2011-850 du 20 juill. 2011, art. 49-III, en vigueur le 1er sept. 2011)* L'article L. 322-9 est ainsi rédigé :

Art. L. 322-9 Les courtiers de marchandises assermentés se conforment aux dispositions prescrites par le code des impôts applicable dans le territoire relatives aux ventes publiques et par enchères.

V. note ss. art. L. 953-2.

CHAPITRE IV DISPOSITIONS D'ADAPTATION DU LIVRE IV

Les modifications et adjonctions apportées au code de commerce en ses art. L. 430-1 à L. 430-10 par les art. 86 à 93 de la L. nº 2001-420 du 15 mai 2001 sont applicables dans les Îles Wallis-et-Futuna, sous réserve des adaptations suivantes (Ord. nº 2004-823 du 19 août 2004, art. 3-I).

Art. L. 954-1 *(Ord. nº 2014-487 du 15 mai 2014, art. 7)* A l'article L. 420-7, les mots : "ainsi que dans les articles 81 et 82 du traité instituant la Communauté européenne" sont supprimés.

Art. L. 954-1-1 *(Ord. nº 2014-487 du 15 mai 2014, art. 7)* L'article L. 430-2 est ainsi modifié :

1° Aux premiers alinéas des I à III, le mot : "trois" est remplacé par le mot : "deux" ;
2° Les derniers alinéas des I à III sont supprimés ;
3° Le IV est abrogé.

Art. L. 954-2 *(Ord. nº 2004-823 du 19 août 2004, art. 3-II)* A l'article L. 430-3, la dernière phrase du premier alinéa est supprimée. Au troisième alinéa du même article, les mots : ", ou le renvoi total ou partiel d'une opération *(L. nº 2015-990 du 6 août*

2015, art. 215-9°) « relevant de la compétence de l'Union européenne »," sont supprimés.

Art. L. 954-2-1 *(Ord. n° 2014-487 du 15 mai 2014, art. 8)* Au dernier alinéa du III de l'article L. 440-1, les mots : "du présent code *(Ord. n° 2019-359 du 24 avr. 2019, art. 4)* « et aux articles L. 511-3, L. 511-21 et L. 511-22 du code de la consommation »" sont supprimés.

Art. L. 954-3 *(Ord. n° 2014-487 du 15 mai 2014, art. 9)* L'article *(Ord. n° 2019-359 du 24 avr. 2019, art. 4)* « L. 443-1 » est ainsi modifié :

1° Le dernier alinéa du I est remplacé par les dispositions suivantes :

"La cessation de la publicité, réalisée dans des conditions non conformes au premier alinéa, peut être ordonnée par le juge d'instruction ou par le tribunal saisi des poursuites, soit sur réquisition du ministère public, soit d'office. La mesure ainsi prise est exécutoire nonobstant toutes voies de recours.

"Mainlevée peut en être donnée par la juridiction qui l'a ordonnée ou qui est saisie du dossier. La mesure cesse d'avoir effet en cas de décision de non-lieu ou de relaxe.

"Les décisions statuant sur les demandes de mainlevée peuvent faire l'objet d'un recours devant la chambre de l'instruction ou devant la cour d'appel selon qu'elles ont été prononcées par un juge d'instruction ou par le tribunal saisi des poursuites.

"La chambre de l'instruction ou la cour d'appel statue dans un délai de dix jours à compter de la réception des pièces." ;

2° Le III est abrogé ;

3° Le IV est remplacé par les dispositions suivantes :

"IV. – Le II n'est pas applicable aux fruits et légumes frais appartenant à des variétés non produites dans les îles Wallis-et-Futuna".

Art. L. 954-3-1 *(Ord. n° 2014-487 du 15 mai 2014, art. 10)* Les troisième et dernier alinéas *(Ord. n° 2019-359 du 24 avr. 2019, art. 4)* « du I de l'article L. 443-2 » sont supprimés.

Art. L. 954-3-2 *(Ord. n° 2014-487 du 15 mai 2014, art. 10)* Les deuxième et troisième alinéas *(Ord. n° 2019-359 du 24 avr. 2019, art. 4)* « du II de l'article L. 443-2 » sont supprimés.

Art. L. 954-3-3 *(Ord. n° 2014-487 du 15 mai 2014, art. 10)* L'article *(Ord. n° 2019-359 du 24 avr. 2019, art. 4)* « L. 441-9 » est ainsi modifié :

1° Au deuxième alinéa, les mots : "*(Ord. n° 2019-359 du 24 avr. 2019, art. 4)* « au sens » du 3 du I de l'article 289 du code général des impôts," sont supprimés ;

2° *(Ord. n° 2019-359 du 24 avr. 2019, art. 4)* « Au quatrième alinéa », les mots : "Sous réserve du *c* du II de l'article 242 *nonies* A de l'annexe II au code général des impôts, dans sa version en vigueur au 26 avril 2013," sont supprimés.

Art. L. 954-3-4 *(Ord. n° 2019-359 du 24 avr. 2019, art. 4)* « L'article L. 441-2 » est abrogé.

Art. L. 954-3-5 *(Ord. n° 2014-487 du 15 mai 2014, art. 10)* Au premier alinéa de l'article L. 441-8, les mots : *(L. n° 2021-1357 du 18 oct. 2021, art. 5)* « "agricoles et alimentaires" », sont remplacés par les mots : "agricoles périssables ou issus de cycles courts de production, d'animaux vifs, de carcasses, des produits de l'aquaculture et des produits alimentaires de consommation courante issus de la première transformation de ces produits *(Abrogé par L. n° 2021-1357 du 18 oct. 2021, art. 5)* « , *dont la liste est fixée* »".

Art. L. 954-4 *(Ord. n° 2014-487 du 15 mai 2014, art. 11) (Ord. n° 2019-359 du 24 avr. 2019, art. 4)* « Le I de l'article L. 442-5 » est ainsi modifié :

1° La dernière phrase du premier alinéa est remplacée par les dispositions suivantes :

"La cessation de l'annonce publicitaire peut être ordonnée par le juge d'instruction ou par le tribunal saisi des poursuites, soit sur réquisition du ministère public, soit d'office. La mesure ainsi prise est exécutoire nonobstant toutes voies de recours.

"Mainlevée peut en être donnée par la juridiction qui l'a ordonnée ou qui est saisie du dossier. La mesure cesse d'avoir effet en cas de décision de non-lieu ou de relaxe.

"Les décisions statuant sur les demandes de mainlevée peuvent faire l'objet d'un recours devant la chambre de l'instruction ou devant la cour d'appel selon qu'elles ont été prononcées par un juge d'instruction ou par le tribunal saisi des poursuites.

"La chambre de l'instruction ou la cour d'appel statue dans un délai de dix jours à compter de la réception des pièces." ;

2° Au deuxième alinéa, après les mots : "majoré des", est inséré le mot : "éventuelles".

Art. L. 954-5 Le dernier alinéa *(Ord. n° 2019-359 du 24 avr. 2019, art. 4)* « du III de l'article L. 442-5 » est remplacé par quatre alinéas ainsi rédigés :

Art. L. 442-5 [...] La cessation de l'annonce publicitaire peut être ordonnée par le juge d'instruction ou par le tribunal saisi des poursuites, soit sur réquisition du ministère public, soit d'office. La mesure ainsi prise est exécutoire nonobstant toutes voies de recours.

Mainlevée peut en être donnée par la juridiction qui l'a ordonnée ou qui est saisie du dossier. La mesure cesse d'avoir effet en cas de décision de non-lieu ou de relaxe.

Les décisions statuant sur les demandes de mainlevée peuvent faire l'objet d'un recours devant la *(Ord. n° 2014-487 du 15 mai 2014, art. 12)* « chambre de l'instruction ou devant la cour d'appel selon qu'elles ont été prononcées par un juge d'instruction ou par le tribunal saisi des poursuites ».

La *(Ord. n° 2014-487 du 15 mai 2014, art. 12)* « chambre de l'instruction ou la cour » d'appel statue dans un délai de dix jours à compter de la réception des pièces.

Art. L. 954-5-1 *(Abrogé par Ord. n° 2019-359 du 24 avr. 2019, art. 4) (Ord. n° 2014-487 du 15 mai 2014, art. 13) **Au I de l'article L. 442-6, le 10° est abrogé et, au 11°, les mots : "aux II et III" sont remplacés par les mots : "au II".***

Art. L. 954-6 A l'article *(Ord. n° 2019-359 du 24 avr. 2019, art. 4)* « L. 442-10 », les mots : "ou coopérative d'entreprise ou d'administration" sont supprimés.

Art. L. 954-7 *(Ord. n° 2021-859 du 30 juin 2021, art. 3)* Le II de l'article L. 441-11 est ainsi modifié :

1° Le 1° est ainsi rédigé :

"1° Pour les achats de produits agricoles et alimentaires périssables et de viandes congelées ou surgelées, de poissons surgelés, de plats cuisinés et de conserves fabriqués à partir de produits alimentaires périssables :

"*a)* Trente jours après la date de livraison ;

"*b)* Ou, en cas de facture périodique au sens des dispositions du code des impôts applicable dans les îles Wallis-et-Futuna, trente jours après la fin de la décade de livraisons, sauf disposition dérogatoire figurant dans les contrats types pluriannuels liant les fournisseurs de raisins ou de moût destinés à l'élaboration de vins passibles des droits de circulation prévus par le même code des impôts et leurs acheteurs directs ;"

2° Au 3°, les mots : "à l'article 403 du code général des impôts" sont remplacés par les mots : "par les dispositions du code des impôts applicable dans les îles Wallis-et-Futuna".

V. note ss. art. L. 441-11.

Art. L. 954-8 *(L. n° 2014-1545 du 20 déc. 2014, art. 56-V)* L'article L. 450-1 est ainsi modifié :

1° Les deux derniers alinéas du I sont supprimés ;

2° Au II, après le mot : "économie", sont insérés les mots : "ainsi que les agents du service des affaires économiques et du développement de Wallis-et-Futuna".

Art. L. 954-9 *(Ord. n° 2014-487 du 15 mai 2014, art. 15)* L'article L. 450-4 est ainsi modifié :

1° A la première phrase du premier alinéa, les mots : "la Commission européenne," sont supprimés ;

2° A la première phrase du huitième alinéa, les mots : "et, le cas échéant, les agents et autres personnes mandatés par la Commission européenne" sont supprimés.

Art. L. 954-10 *(Ord. nº 2014-487 du 15 mai 2014, art. 15)* La dernière phrase du dernier alinéa de l'article L. 462-1 est ainsi modifiée :

1° Les mots : "des collectivités territoriales" sont remplacés par les mots : "des îles Wallis-et-Futuna" ;

2° Les mots : "des chambres d'agriculture, des chambres de métiers ou des chambres de commerce et d'industrie territoriales" sont remplacés par les mots : "de la chambre du commerce, de l'industrie, des métiers et de l'agriculture des îles Wallis-et-Futuna".

Art. L. 954-11 *(Ord. nº 2014-487 du 15 mai 2014, art. 15)* Au premier alinéa de l'article L. 462-3, les mots : "ainsi qu'aux articles 101 et 102 du traité sur le fonctionnement de l'Union européenne" sont supprimés.

Art. L. 954-12 *Abrogé par Ord. nº 2021-649 du 26 mai 2021, art. 3.*

Art. L. 954-13 *(Ord. nº 2014-487 du 15 mai 2014, art. 15)* Au quatrième alinéa de l'article L. 462-7 :

1° A la première phrase, les mots : ", une autorité nationale de concurrence d'un autre État membre de l'Union européenne ou la Commission européenne" sont supprimés ;

2° A la dernière phrase, les mots : "ces autorités" sont remplacés par les mots : "l'Autorité".

Art. L. 954-14 *(Ord. nº 2014-487 du 15 mai 2014, art. 15)* A l'article L. 462-8, les *(L. nº 2015-990 du 6 août 2015, art. 217-3°)* « quatrième et cinquième » alinéas sont supprimés et, au dernier alinéa, les mots : "ou des dessaisissements effectués par la Commission européenne" sont supprimés.

Art. L. 954-15 *(Ord. nº 2014-487 du 15 mai 2014, art. 15)* Au premier alinéa de l'article L. 464-9, les mots : ", ne concernent pas des faits relevant des articles *(L. nº 2020-1508 du 3 déc. 2020, art. 37)* « 101 et 102 du traité sur le fonctionnement de l'Union européenne »" sont supprimés.

CHAPITRE V DISPOSITIONS D'ADAPTATION DU LIVRE V

Art. L. 955-1 A l'article L. 511-61, les mots : "ou des collectivités territoriales" sont remplacés par les mots : "ou des îles Wallis-et-Futuna".

Art. L. 955-2 Le deuxième alinéa de l'article L. 511-62 est ainsi rédigé :

Art. L. 511-62, al. 2 La retraite comprend les sommes indiquées dans les articles L. 511-45 et L. 511-46, outre les droits de courtage et de timbre éventuellement prévus par les dispositions du code des impôts applicable dans les îles Wallis-et-Futuna.

Art. L. 955-3 *(Abrogé par Ord. nº 2021-1192 du 15 sept. 2021, art. 36, à compter du 1er janv. 2022) Aux articles L. 523-8 et L. 524-6, les mots : "articles 1426 à 1429 du code de procédure civile" sont remplacés par les mots : "dispositions de procédure civile applicables localement relatives aux offres de payement et à la consignation".*

Art. L. 955-4 *(Abrogé par Ord. nº 2021-1192 du 15 sept. 2021, art. 36, à compter du 1er janv. 2022) Le premier alinéa de l'article L. 524-19 est ainsi rédigé :*

Art. L. 524-19, al. 1er *Le montant des droits à percevoir par le greffier du tribunal de première instance statuant en matière commerciale est fixé par décret.*

Art. L. 955-5 *(Abrogé par Ord. nº 2021-1192 du 15 sept. 2021, art. 36, à compter du 1er janv. 2022) Au premier alinéa de l'article L. 525-2, après les mots : "au droit fixe" sont ajoutés les mots : "selon les modalités en vigueur dans les îles Wallis-et-Futuna".*

Art. L. 955-6 *(Abrogé par Ord. nº 2021-1192 du 15 sept. 2021, art. 36, à compter du 1er janv. 2022) Au II de l'article L. 525-9, les mots : "au privilège visé à l'article L. 243-4 du code de la sécurité sociale" sont remplacés par les mots : "au privilège organisé en faveur de la caisse de prévoyance sociale du territoire".*

Art. L. 955-7 *(Abrogé par Ord. nº 2021-1192 du 15 sept. 2021, art. 36, à compter du 1er janv. 2022) L'article L. 525-18 est modifié ainsi qu'il suit :*

I. — Au 1°, la référence au décret nº 53-968 du 30 septembre 1953 est remplacée par la référence au décret nº 55-639 du 20 mai 1955 ; — V. note ss. art. L. 525-18.

II. – Le 2° est ainsi rédigé :
"2° Les navires de mer ainsi que les bateaux de navigation fluviale."

L'art. 43 de l'Ord. n° 2006-346 du 23 mars 2006, ajoutant un art. L. 526-5, n'est pas applicable dans les îles Wallis-et-Futuna. – Les dispositions de l'art. 44 de l'Ord. préc., ajoutant les art. L. 527-1 à L. 527-11, sont applicables dans les îles Wallis-et-Futuna dans les conditions prévues au présent titre V du livre IX (Ord. préc., art. 57-III).

Art. L. 955-8 *(Abrogé par Ord. n° 2021-1189 du 15 sept. 2021, art. 21, à compter du 1er janv. 2023) (Ord. n° 2011-322 du 24 mars 2011, art. 4)* ***Au 4° de l'article L. 526-7, les mots : "****(L. n° 2014-626 du 18 juin 2014, art. 70-III)* ***« au registre de l'agriculture tenu par » la chambre d'agriculture compétente" sont remplacés par les mots : "au registre mentionné au 3°".***

CHAPITRE VI DISPOSITIONS D'ADAPTATION DU LIVRE VI

Art. L. 956-1 **Les mesures d'application prévues aux articles** *(L. n° 2005-845 du 26 juill. 2005, art. 196-II)* **« L. 621-4 »,** *(L. n° 2015-990 du 6 août 2015, art. 235-II)* **« L. 621-4-1, » L. 626-3,** *(L. n° 2005-845 du 26 juill. 2005, art. 196-II)* **« L. 626-5 à L. 626-7 »** *(L. n° 2016-1547 du 18 nov. 2016, art. 99-IV)* **« et L. 626-14 » et L. 625-1 sont fixées par l'assemblée territoriale.**

Art. L. 956-2 **A l'article L. 625-2, les mots : "mentionnée à l'article L. 432-7** *[L. 2143-21 et L. 2325-5 nouv.]* **du code du travail" sont remplacés par les mots : "à l'égard des informations présentant un caractère confidentiel et données comme telles".**

Art. L. 956-3 **Pour l'application de l'article L. 622-24, les organismes visés à l'article L. 351-21** *[L. 5427-1 à L. 5427-6 nouv.]* **du code du travail sont les organismes locaux ayant en charge le service de l'allocation d'assurance chômage et le recouvrement des contributions.**

Art. L. 956-4 **Pour l'application des articles** *(Ord. n° 2014-326 du 12 mars 2014, art. 115-I, en vigueur le 1er juill. 2014)* **« L. 621-4, L. 621-10, L. 622-19, L. 622-24, L. 622-26, L. 625-4, L. 626-5, L. 626-20, L. 631-18, L. 641-1, L. 641-8, L. 641-14, L. 661-5 et L. 662-4 », les institutions mentionnées à l'article** *(Ord. n° 2014-326 du 12 mars 2014, art. 115-I, en vigueur le 1er juill. 2014)* **« L. 3253-14 » du code du travail sont les institutions locales chargées de la mise en œuvre du régime d'assurance contre le risque de non-paiement des salaires, en cas de procédure de redressement ou de liquidation judiciaires.**

Art. L. 956-5 **Pour l'application des articles** *(Ord. n° 2008-1345 du 18 déc. 2008, art. 172-II, en vigueur le 15 févr. 2009)* **« L. 611-7, L. 626-6 »** *(Ord. n° 2014-326 du 12 mars 2014, art. 115-I, en vigueur le 1er juill. 2014)* **« [,] L. 643-3 et L. 643-11 », les institutions régies par le livre IX du code de la sécurité sociale sont les institutions locales de retraite complémentaire ou supplémentaire ou de prévoyance, prévues par les dispositions applicables dans les îles Wallis-et-Futuna et relatives aux régimes de sécurité et de protection sociales.**

Art. L. 956-6 *Abrogé par Ord. n° 2008-1345 du 18 déc. 2008, art. 172-II, à compter du 15 févr. 2009.*

Art. L. 956-7 **A l'article** *(L. n° 2005-845 du 26 juill. 2005, art. 196-II)* **« L. 642-2 », l'obligation faite au tribunal de tenir compte des dispositions contenues aux 1°, 2°, 3° et 4° de l'article** *(L. n° 2005-845 du 26 juill. 2005, art. 196-II)* **« L. 331-3 » du code rural et de la pêche maritime s'entend des prescriptions suivantes :**

"Observer l'ordre des priorités établi entre l'installation des jeunes agriculteurs et l'agrandissement des exploitations, en tenant compte de l'intérêt économique et social du maintien de l'autonomie de l'exploitation faisant l'objet de la demande ;

'Tenir compte, en cas d'agrandissement ou de réunion d'exploitations, des possibilités d'installation sur une exploitation viable, de la situation des terres concernées par rapport au siège de l'exploitation du ou des demandeurs, de la superficie des biens faisant l'objet de la demande et des superficies déjà mises en valeur par le ou les demandeurs, ainsi que par le preneur en place ;

"Prendre en considération la situation personnelle du ou des demandeurs : âge, situation familiale et professionnelle et, le cas échéant, celle du preneur en place, ainsi que le nombre et la nature des emplois salariés en cause ;

"Tenir compte de la structure parcellaire des exploitations concernées, soit par rapport au siège de l'exploitation, soit pour éviter que des mutations en jouissance ne remettent en cause des aménagements obtenus à l'aide de fonds publics."

Art. L. 956-8 *Abrogé par Ord. nº 2008-1345 du 18 déc. 2008, art. 172-II, à compter du 15 févr. 2009.*

Art. L. 956-9 *(L. nº 2005-845 du 26 juill. 2005, art. 196-II)* Le 4º du III de l'article L. 643-11 ne s'applique pas.

Art. L. 956-10 *(Ord. nº 2016-727 du 2 juin 2016, art. 19-II, en vigueur le 1er janv. 2017)* Le troisième alinéa de l'article L. 645-4 est ainsi rédigé :

"Le mandataire judiciaire fait connaître sans délai tout élément qui pourrait justifier son remplacement. Le tribunal peut soit d'office, soit sur proposition du juge commis ou à la demande du ministère public, procéder à son remplacement."

Art. L. 956-11 *(L. nº 2016-1547 du 18 nov. 2016, art. 112-VI)* Lorsque le tribunal statue sur un recours formé contre une ordonnance du juge-commissaire ou en application des chapitres Ier et III du titre V du livre VI, le juge-commissaire ne peut, à peine de nullité du jugement, siéger dans la formation de jugement ni participer au délibéré.

CHAPITRE VII DISPOSITIONS D'ADAPTATION DU LIVRE VII

Art. L. 957-1 Aux articles L. 711-2 et L. 711-4, le mot : "Gouvernement" est remplacé par les mots : "représentant de l'État dans le territoire".

Art. L. 957-2 Au troisième alinéa de l'article L. 711-6, les mots : "ou la commune" sont remplacés par les mots : "ou le territoire".

Art. L. 957-3 A l'article L. 712-1, les mots : "au moyen d'une taxe additionnelle à la taxe professionnelle" sont remplacés par les mots : "comme il est dit dans les dispositions du code des impôts applicable dans les îles Wallis-et-Futuna".

CHAPITRE VIII DISPOSITIONS D'ADAPTATION DU LIVRE VIII

Art. L. 958-1 *Abrogé par Ord. nº 2016-727 du 2 juin 2016, art. 19-III, à compter du 18 juin 2016.*

Art. L. 958-2 *(Ord. nº 2004-604 du 24 juin 2004, art. 58-III)* Pour l'application dans les îles Wallis-et-Futuna des articles *(Ord. nº 2016-315 du 17 mars 2016, art. 54-III, en vigueur le 17 juin 2016)* « L. 824-1 à L. 824-16 *[ancienne rédaction : L. 822-2 à L. 822-7]* », les termes énumérés ci-après sont remplacés ainsi qu'il suit :

(Abrogé par Ord. nº 2016-315 du 17 mars 2016, art. 54-III, à compter du 17 juin 2016) « *1º "commission régionale d'inscription" par "commission territoriale d'inscription" ;* »

2º "chambre régionale des comptes" par "chambre territoriale des comptes de Nouvelle-Calédonie" ;

3º "*(Ord. nº 2016-315 du 17 mars 2016, art. 54-III, en vigueur le 17 juin 2016)* « commission *[ancienne rédaction : chambre]* » régionale de discipline" par "*(Ord. nº 2016-315 du 17 mars 2016, art. 54-III, en vigueur le 17 juin 2016)* « commission *[ancienne rédaction : chambre]* » territoriale de discipline".

V. aussi art. L. 952-5.

TITRE SIXIÈME DISPOSITIONS DIVERSES APPLICABLES À SAINT-BARTHÉLEMY ET À SAINT-MARTIN

(Ord. nº 2011-322 du 24 mars 2011, art. 4)

Art. L. 960-1 *(Ord. nº 2021-1189 du 15 sept. 2021, art. 22, en vigueur le 1er janv. 2023)* « Pour l'application des articles L. 123-48 et L. 123-49 à Saint-Barthélemy, les mots : "caisse départementale ou pluridépartementale de mutualité sociale agricole" sont remplacés par les mots : "caisse de prévoyance sociale de Saint-Barthélemy mentionnée à l'article L. 752-1 du code de la sécurité sociale".

« Pour l'application des articles L. 123-48 à L. 123-49 à Saint-Martin, les mots : "caisse départementale ou pluridépartementale de mutualité sociale agricole" sont remplacés par les mots : "caisse générale de sécurité sociale mentionnée à l'article L. 752-1 du code de la sécurité sociale". »

(Ord. n° 2014-295 du 6 mars 2014, art. 3, en vigueur le 1er juill. 2014) « Pour l'application de l'article L. 310-1 à Saint-Barthélemy et à Saint-Martin, les mots : "maire de la commune" sont remplacés par les mots : "président du conseil territorial". »

(Abrogé par Ord. n° 2021-1189 du 15 sept. 2021, art. 22, à compter du 1er janv. 2023) « Pour l'application à Saint-Barthélemy et à Saint-Martin du 4° de l'article L. 526-7, les mots : "(L. n° 2014-626 du 18 juin 2014, art. 70-III) « au registre de l'agriculture tenu par » la chambre d'agriculture compétente" sont remplacés par les mots : "au registre mentionné au 3°". »

Art. L. 960-2 *(L. n° 2013-1029 du 15 nov. 2013, art. 10)* A Saint-Barthélemy et à Saint-Martin, l'État peut, par convention avec la chambre économique multiprofessionnelle de Saint-Barthélemy ou la chambre consulaire interprofessionnelle de Saint-Martin, confier à celle-ci l'exercice de missions, autres que consultatives, dévolues aux chambres de commerce et d'industrie, aux chambres de métiers et de l'artisanat et aux chambres d'agriculture.

Art. L. 960-3 *(Ord. n° 2017-1519 du 2 nov. 2017, art. 4-V)* Le titre IX du livre VI et l'article L. 721-8 ne sont pas applicables à Saint-Barthélemy.

Art. L. 960-4 *(Ord. n° 2017-1519 du 2 nov. 2017, art. 4-VI)* Pour l'application à Saint-Martin du titre IX du livre VI, les mots : "tribunal de commerce spécialement désigné" sont remplacés par les mots : "tribunal de commerce territorialement compétent".

L'article L. 721-8 n'est pas applicable à Saint-Martin.

DEUXIÈME PARTIE : RÉGLEMENTAIRE

(Décr. n° 2007-431 du 25 mars 2007)

BIBL. GÉN. ▶ Arrighi de Casanova et Théry-Schultz, *D. 2007. 1221* (élaboration de la partie réglementaire du code de commerce). – Notté, *JCP E 2007, n° 14-15, p. 3* (partie réglementaire du code de commerce). – Arrighi de Casanova, *RLDA avr. 2007. 65* (un code de commerce utile au service de ses utilisateurs). – Monéger, *Loyers et copr. 2007. Focus 24* (nouveau code de commerce, édition 2000 : publication de la partie réglementaire). – Leveneur, *CCC 2007. Repère 5.*

LIVRE PREMIER DU COMMERCE EN GÉNÉRAL

TITRE PREMIER DE L'ACTE DE COMMERCE

Le présent titre ne comprend pas de dispositions réglementaires.

TITRE DEUXIÈME DES COMMERÇANTS

RÉP. COM. v° *Commerçant*, par Lebel.

CHAPITRE PREMIER DE LA DÉFINITION ET DU STATUT

SECTION PREMIÈRE DE LA QUALITÉ DE COMMERÇANT *(Décr. n° 2019-1048 du 11 oct. 2019, art. 1er).*

La présente section ne contient pas de dispositions réglementaires.

SECTION II DU CONJOINT DU CHEF D'ENTREPRISE OU DU PARTENAIRE LIÉ AU CHEF D'ENTREPRISE PAR UN PACTE CIVIL DE SOLIDARITÉ TRAVAILLANT DANS L'ENTREPRISE FAMILIALE *(Décr. n° 2019-1048 du 11 oct. 2019, art. 1er).*

Art. R. 121-1 Est considéré comme conjoint collaborateur le conjoint du chef d'une entreprise commerciale, artisanale ou libérale qui exerce une activité professionnelle régulière dans l'entreprise sans percevoir de rémunération et sans avoir la qualité d'associé au sens de l'article 1832 du code civil. — *[Décr. n° 2006-966 du 1er août 2006, art. 1er.] — V. cet art., App., v° Sociétés commerciales.*

BIBL. ▶ Stork, *Banque et Dr. 9-10/2006. 79.* – Alves, *RLDA oct. 2006. 16.* – Lécuyer, *Dr. sociétés 2006. Étude 20.* – Castagné, *JCP N 2006, n° 51-52, p. 2442* (le statut de conjoint collaborateur : presque une réalité !). – Saintourens, *RTD com. 2006. 757*.

Art. R. 121-2 En vue de l'application de l'article L. 121-4, les conjoints qui exercent à l'extérieur de l'entreprise une activité salariée d'une durée au moins égale à la moitié de la durée légale du travail, ou une activité non salariée, sont présumés ne pas exercer dans l'entreprise une activité professionnelle de manière régulière. — *[Décr. n° 2006-966 du 1er août 2006, art. 2.]*

Art. R. 121-3 *(Abrogé par Décr. n° 2019-1048 du 11 oct. 2019, art. 3, à compter du 1er janv. 2020)* ***Dans les sociétés mentionnées au II de l'article L. 121-4, le statut de conjoint collaborateur est ouvert au conjoint du chef d'une entreprise dont l'effectif n'excède pas vingt salariés. L'appréciation de l'effectif est effectuée conformément aux articles L. 117-11-1 et L. 620-10*** *[L. 1111-2 et L. 1111-3 nouv.]* ***du code du travail.*** — *[Décr. n° 2006-966 du 1er août 2006, art. 3.]*

Art. R. 121-4 *(Abrogé par Décr. n° 2019-1048 du 11 oct. 2019, art. 3, à compter du 1er janv. 2020)* ***Lorsque, sur une période de vingt-quatre mois consécutifs, l'effectif salarié dépasse le seuil mentionné à l'article R. 121-3, le chef d'entreprise doit, dans les deux mois, demander la radiation de la mention du conjoint collaborateur dans les conditions fixées au 3° de l'article R. 121-5.*** — *[Décr. n° 2006-966 du 1er août 2006, art. 4.]*

Art. R. 121-5 *(Décr. n° 2019-1048 du 11 oct. 2019, art. 1er)* Le centre de formalités des entreprises *(Décr. n° 2021-300 du 18 mars 2021, art. 1er-1°, en vigueur le 1er avr. 2021)* « ou le service informatique mentionné à l'article R. 123-30-14 » reçoit, dans les conditions prévues par le présent livre :

1° Dans le dossier unique de déclaration de création de l'entreprise, le cas échéant, la déclaration de l'activité professionnelle régulière dans l'entreprise du conjoint du chef d'entreprise et *(Abrogé par Décr. n° 2021-300 du 18 mars 2021, art. 1er-2°, en vigueur au plus tard le 1er sept. 2021)* « ***la déclaration*** » du statut choisi par ce conjoint, en application du I de l'article L. 121-4 *(Décr. n° 2021-300 du 18 mars 2021, art. 1er-2°, en vigueur au plus tard le 1er sept. 2021)* « , accompagnée d'une attestation sur l'honneur signée du conjoint confirmant le choix de ce statut » ;

2° Le cas échéant et dans les deux mois suivant la modification de la situation de l'entreprise :

a) La déclaration modificative portant mention que le conjoint du chef d'entreprise exerce une activité professionnelle régulière dans l'entreprise *(Décr. n° 2021-300 du 18 mars 2021, art. 1er-3°, en vigueur au plus tard le 1er sept. 2021)* « et *[ancienne rédaction : accompagnée de la déclaration]* » du statut choisi par ce conjoint en application du I de l'article L. 121-4 *(Décr. n° 2021-300 du 18 mars 2021, art. 1er-3°, en vigueur au plus tard le 1er sept. 2021)* « , accompagnée d'une attestation sur l'honneur signée du conjoint confirmant le choix de ce statut » ;

b) La déclaration modificative portant mention que le conjoint du chef d'entreprise qui exerce une activité professionnelle régulière dans l'entreprise change de statut pour l'exercice de cette activité *(Décr. n° 2021-300 du 18 mars 2021, art. 1er-4°, en vigueur au plus tard le 1er sept. 2021)* « , accompagnée d'une attestation sur l'honneur signée du conjoint confirmant le choix de ce nouveau statut » ;

c) La déclaration modificative portant mention que le conjoint du chef d'entreprise cesse de remplir les conditions prévues au I de l'article L. 121-4.

(Décr. n° 2021-300 du 18 mars 2021, art. 1er-5°, en vigueur au plus tard le 1er sept. 2021) « Le format de l'attestation sur l'honneur mentionnée au présent article et les mentions qu'elle contient sont déterminés par arrêté des ministres chargés de l'économie, de la justice et des affaires sociales *[ancienne rédaction : Le centre de formalités des entreprises notifie au conjoint la réception des déclarations mentionnées aux 1° et 2° par lettre recommandée avec demande d'avis de réception]*. » — *V. art. A. 123-4-IV.*

Les dispositions issues des 2° à 5° de l'art. 1er du Décr. n° 2021-300 du 18 mars 2021 entrent en vigueur à une date fixée par l'arrêté prévu au 5° de l'art. 1er préc., et au plus tard le 1er sept. 2021 (Décr. préc., art. 48). — V. l'Arr. du 6 août 2021 ss. l'art. A. 123-4, fixant cette date au 1er sept. 2021.

BIBL. ▸ CASTAGNÉ, *JCP N 2021, n° 1299* (conjoint du chef d'entreprise : l'attestation sur l'honneur de A à Z).

Nouvel art. R. 121-5 *Al. 1er (Décr. n° 2021-300 du 18 mars 2021, art. 22, en vigueur le 1er janv. 2023) « L'organisme unique mentionné à l'article R. 123-1 » reçoit, dans les conditions prévues par le présent livre :*

Art. R. 121-6 *(Décr. n° 2019-1048 du 11 oct. 2019, art. 1er)* **Les dispositions du présent chapitre sont également applicables au partenaire du chef d'entreprise lié à ce dernier par un pacte civil de solidarité.**

CHAPITRE II DES COMMERÇANTS ÉTRANGERS

Art. R. 122-1 *à* R. 122-17 *Abrogés par Décr. n° 2007-750 du 9 mai 2007, art. 40.*

Art. D. 122-1 *à* D. 122-4 *Abrogés par Décr. n° 2021-632 du 21 mai 2021, art. 2.*

CHAPITRE III DES OBLIGATIONS GÉNÉRALES DES COMMERÇANTS

SECTION PRÉLIMINAIRE DES CENTRES DE FORMALITÉS DES ENTREPRISES

A compter du 1er janv. 2023, la section préliminaire est renommée « De l'organisme unique chargé des formalités d'entreprises » (Décr. n° 2021-300 du 18 mars 2021, art. 23).

SOUS-SECTION 1 DISPOSITIONS GÉNÉRALES ET APPLICABLES AUX ENTREPRISES ÉTABLIES EN FRANCE *(Décr. nº 2016-1030 du 26 juill. 2016, art. 2, en vigueur le 1er janv. 2017).*

RÉP. COM. vº *Centre de formalités des entreprises*, par BEDER.

BIBL. ▶ COUTANT, *Gaz. Pal. 1996. 2. Doctr. 1485.* – SAINTOURENS, *RTD com. 2007. 321* (décret nº 2006-679 du 9 juin 2006). ▶ Décr. nº 2010-210 du 1er mars 2010 : NDLR, *BRDA 2010, nº 5, p. 17* (obtention de l'autorisation d'exercer une activité réglementée).

Art. R. 123-1 *(Décr. nº 2010-210 du 1er mars 2010, art. 2)* **I. — Les centres de formalités des entreprises permettent aux entreprises de souscrire en un même lieu l'ensemble des formalités et procédures nécessaires à l'accès et à l'exercice de leur activité.**

Ils reçoivent à cet effet le dossier unique prévu à l'article 2 de la loi nº 94-126 du 11 février 1994 relative à l'initiative et à l'entreprise individuelle *[V. ce texte ci-dessous]*. **Ce dossier comporte :**

1º Les déclarations relatives à la création, aux modifications de la situation ou à la cessation d'activité *(Décr. nº 2020-118 du 12 févr. 2020, art. 14)* **« , y compris les informations relatives au bénéficiaire effectif en application de l'article L. 561-46 du code monétaire et financier, » que les entreprises sont tenues de remettre aux administrations, personnes ou organismes mentionnés à l'annexe 1-1 à l'article R. 123-30 ;**

2º Les demandes d'autorisation que les entreprises sont tenues de remettre aux autorités compétentes pour la délivrance de ces autorisations sauf si le déclarant souhaite déposer ces demandes directement auprès des autorités compétentes.

Les centres de formalités des entreprises reçoivent également les notifications effectuées par les greffes des tribunaux de commerce ou des *(Décr. nº 2019-966 du 18 sept. 2019, art. 8, en vigueur le 1er janv. 2020)* **« tribunaux judiciaires** *[ancienne rédaction : tribunaux de grande instance]* **» statuant en matière commerciale, en application de l'article R. 123-83.**

II. — Les centres de formalités des entreprises transmettent les renseignements ou pièces à chacun des organismes destinataires et, le cas échéant et selon leur compétence, à chacune des autorités habilitées à délivrer les autorisations.

Sous réserve des dispositions du dernier alinéa de l'article *(Décr. nº 2016-1030 du 26 juill. 2016, art. 3, en vigueur le 1er janv. 2017)* **« L. 711-3** *[ancienne rédaction : R. 123-3]* **», il leur est interdit de communiquer à des tiers les renseignements contenus dans les déclarations.**

Les organismes et les autorités compétents pour statuer sur les déclarations et les demandes d'autorisation dont ils sont saisis par les centres de formalités des entreprises informent ces derniers de leurs décisions.

(Abrogé par Décr. nº 2016-1030 du 26 juill. 2016, art. 3, à compter du 1er janv. 2017) ***« III. — Les activités pour lesquelles le recours aux centres de formalités des entreprises est possible pour les démarches mentionnées au 2º du I sont fixées par arrêté du ministre chargé de l'économie. »*** *— V. Arr. du 1er mars 2010, ci-dessous.*

Les dispositions du Décr. nº 2010-210 du 1er mars 2010, modifiant les art. R. 123-1 s. et visant à intégrer les demandes d'autorisation dans le dossier unique présenté aux centres de formalités des entreprises pour les activités entrant dans le champ d'application de la Dir. 2006/123/CE du 12 déc. 2006 relative aux services dans le marché intérieur, entrent en vigueur selon des échéances fixées par arrêté du ministre chargé de l'économie et au plus tard le 31 déc. 2011 (Décr. préc., art. 25).

Pour les déclarations relatives au conjoint collaborateur, V. art. R. 121-5.

Loi nº 94-126 du 11 février 1994,

Relative à l'initiative et à l'entreprise individuelle.

V. note ss. art. L. 123-33.

Art. 1er *(Abrogé par L. nº 2019-486 du 22 mai 2019, art. 1er-VI, à compter du 1er janv. 2023) Les dispositions du présent titre sont applicables aux relations entre, d'une part, les entreprises et, d'autre part, les administrations de l'État, les établissements publics de l'État à caractère administratif, les collectivités locales, leurs groupements et leurs établissements publics à caractère administratif, les personnes privées chargées d'un service public administratif, à l'exception des ordres professionnels (L. nº 2010-853 du 23 juill. 2010, art. 37) « , sauf pour* *l'application du dernier alinéa de l'article 2, » les organismes gérant des régimes de protection sociale relevant du code de la sécurité sociale et du code rural et de la pêche maritime ou visés aux articles L. 223-16 et L. 351-21 [L. 3141-30, L. 5427-1 à L. 5427-6 nouv.] du code du travail et les organismes chargés de la tenue d'un registre de publicité légale, y compris les greffes.*

Art. 2 (*Abrogé par L. n° 2019-486 du 22 mai 2019, art. 1er-VI, à compter du 1er janv. 2023*) *Sous réserve de l'application des dispositions relatives à l'exercice des professions ou activités réglementées, l'obligation pour une entreprise de déclarer sa création, la modification de sa situation ou la cessation de ses activités auprès d'une administration, personne ou organisme visés à l'article 1er est légalement satisfaite par le dépôt d'un seul dossier comportant les diverses déclarations que ladite entreprise est tenue de remettre aux administrations, personnes ou organismes visés à l'article 1er.*

Ce dossier unique est déposé auprès d'un organisme désigné à cet effet, dans des conditions définies par décret en Conseil d'État, et vaut déclaration près du destinataire dès lors qu'il est régulier et complet à l'égard de celui-ci. — *V. art. R. 123-1 s.*

(*L. n° 2008-776 du 4 août 2008, art. 8-V*) *« Tout prestataire de services entrant dans le champ d'application de la directive 2006/123/CE du Parlement européen et du Conseil, du 12 décembre 2006, relative aux services dans le marché intérieur peut accomplir l'ensemble des formalités et procédures nécessaires à l'accès et à l'exercice de son activité auprès des centres de formalités des entreprises, dans des conditions prévues par décret en Conseil d'État. »*

Les dispositions issues de la L. n° 2008-776 du 4 août 2008 entrent en vigueur à la date de la publication du décret prévu au deuxième alinéa et au plus tard le 1er déc. 2009.

A compter du 12 mars 2020 et pour la durée de la période d'état d'urgence sanitaire, les formalités mentionnées aux 1er et 3e al. de l'art. 2 sont accomplies auprès des centres de formalités des entreprises par voie électronique. En outre, si un centre dispose des moyens nécessaires à cette fin, les mêmes formalités peuvent être accomplies directement auprès de celui-ci ou par voie postale. Chaque CFE fait connaître par tout moyen la ou les modalités selon lesquelles il est saisi (Ord. n° 2020-460 du 22 avr. 2020, art. 2).

Art. 3 (*Abrogé par L. n° 2019-486 du 22 mai 2019, art. 1er-VI, à compter du 1er janv. 2023*) *Dans ses relations avec les administrations, personnes ou organismes visés à l'article 1er, une entreprise ne peut être tenue d'indiquer un numéro d'identification autre que le numéro unique attribué dans des conditions fixées par décret. Un identifiant spécifique peut être utilisé à titre complémentaire, notamment pour certaines activités soumises à déclaration ou autorisation préalables, dans des conditions fixées par décret.* — *V. art. D. 123-235 et D. 123-236.*

L'entreprise ne peut être tenue de mentionner un autre numéro dans ses papiers d'affaires tels que factures, notes de commandes, tarifs, documents publicitaires et récépissés concernant ses activités.

Art. 4 (*Abrogé par L. n° 2019-486 du 22 mai 2019, art. 1er-VI, à compter du 1er janv. 2023*) (*Ord. n° 2005-1516 du 8 déc. 2005, art. 13*) *Lorsqu'elles sont transmises par voie électronique, les déclarations relatives à la création de l'entreprise, à la modification de sa situation ou à la cessation de son activité sont faites dans des conditions fixées par décret en Conseil d'État. Il en va de même des dépôts de documents comptables.* — *V. art. R. 123-12 et R. 123-111.*

BIBL. ▶ Caprioli et Munoz, *RJ com. 1995. 10.*

Art. 4-1 (*Abrogé par L. n° 2019-486 du 22 mai 2019, art. 1er-VI, à compter du 1er janv. 2023*) (*Ord. n° 2005-43 du 20 janv. 2005, art. 11*) *Le présent titre est applicable à Mayotte, sous réserve du remplacement, à l'article 1er, des mots : "les organismes gérant des régimes de protection sociale relevant du code de la sécurité sociale et du code rural et de la pêche maritime ou visés aux articles L. 223-16 et L. 351-21 [L. 3141-30, L. 5427-1 à L. 5427-6 nouv.] du code du travail" par les mots : "les organismes gérant des régimes de protection sociale à Mayotte ou visés par l'article L. 327-7 du code du travail applicable à Mayotte".* — *Entrée en vigueur le 1er févr. 2005 (Ord. préc., art. 17).*

Arrêté du 1er mars 2010,

Pris en application du III de l'article R. 123-1 du code de commerce.

BIBL. ▶ Delpech, *D. 2011. Actu. 2725* (CFE : allongement de la liste des activités).

Art. 1er (*Arr. du 28 oct. 2011, art. 1er*) Les dossiers relatifs aux demandes d'autorisation visées au 2° du I de l'article R. 123-1 du code de commerce peuvent être déposés ou transmis sur support papier aux centres de formalités des entreprises pour les activités suivantes :

1° Agent immobilier ;

2° Boucherie ;
3° Boulangerie artisanale ;
4° Centre équestre ;
5° Charcuterie ;
6° Coiffure en salon ;
7° Activités commerciales et artisanales ambulantes ;
8° Contrôle technique de la construction ;
9° Expert-comptable ;
10° Géomètre expert ;
11° Architecte ;
12° Vétérinaire ;
13° Marchand de biens ;
14° Construction, entretien et réparation des bâtiments ;
15° Mise en place, entretien et réparation des réseaux et des équipements utilisant les fluides ainsi que des matériels et équipements destinés à l'alimentation en gaz, au chauffage des immeubles et aux installations électriques, à l'exception des opérations sur des équipements contenant des fluides frigorigènes ;
16° Artisans d'art ;
17° Coiffure à domicile ;
18° Soins esthétiques à la personne autres que médicaux et paramédicaux et modelages esthétiques de confort sans finalité médicale ;
19° Maréchal-ferrant ;
20° Pâtisserie ;
21° Préparation ou fabrication de glaces alimentaires artisanales ;
22° Poissonnerie ;
23° Ramonage ;
24° Commissaire aux comptes ;
25° Blanchisserie et teinturerie de détail, à l'exception des laveries automatiques en libre-service ;
26° Commissionnaire de transport ;
27° Entretien et réparation des véhicules et des machines, à l'exception des opérations sur des équipements contenant des fluides frigorigènes ;
28° Courtier de fret fluvial ;
29° Courtier en vins et spiritueux ;
30° Expert foncier et agricole ;
31° Expert forestier.

Art. 2 Les dossiers relatifs aux demandes d'autorisation visées au 2° du I de l'article R. 123-1 du code de commerce peuvent être transmis aux centres de formalités des entreprises par voie électronique en application des dispositions des articles R. 123-21 à R. 123-27 du code de commerce pour *(Arr. du 28 oct. 2011, art. 2)* « les activités suivantes :
« 1° Marchand de biens ;
« 2° Activités commerciales ambulantes ;
« 3° Vétérinaire ;
« 4° Coiffure en salon ;
« 5° Plomberie ;
« 6° Construction, entretien et réparation des bâtiments ;
« 7° Soins esthétiques à la personne autres que médicaux et paramédicaux et modelages esthétiques de confort sans finalité médicale ;
« 8° Coiffure à domicile ;
« 9° Maréchal-ferrant ;
« 10° Ramonage. »

Décret n° 2021-631 du 21 mai 2021, *relatif à la suppression de l'exigence de présentation par les entreprises d'un extrait d'immatriculation au registre du commerce et des sociétés ou au répertoire des métiers dans leurs démarches administratives.* **Art. 1er** Dans tous les cas prévus par un texte réglementaire, une personne, assujettie à l'immatriculation au registre du commerce et des sociétés, au répertoire des métiers ou au registre des entreprises tenu par les chambres de métiers d'Alsace et de Moselle, présentant une demande ou une déclaration, communique à l'administration chargée de traiter cette demande ou cette déclaration son numéro unique d'identification prévu par l'article 3 de la loi du 11 février 1994 susvisée *[nº 94-126, relative à l'initiative et à l'entreprise individuelle]* et délivré par l'Institut national de la statistique et des études économiques.

Le numéro unique d'identification permet à l'administration de recueillir, par l'intermédiaire d'un système électronique, les données relatives à cette personne qui lui sont nécessaires et qui sont issues, selon le cas, du registre national du commerce et des sociétés tenu par l'Institut national de la propriété industrielle ou du répertoire national des métiers tenu par CMA France.

Lorsqu'en raison d'une impossibilité technique, une administration chargée de traiter une demande ou une déclaration ne peut accéder, par l'intermédiaire d'un système électronique, aux données nécessaires en utilisant le numéro unique d'identification, il revient à la personne concernée de communiquer à l'administration un extrait d'immatriculation au registre ou au répertoire auquel elle est inscrite.

En vigueur le 1er nov. 2021 (Décr. nº 2021-631 du 21 mai 2021, art. 22).

Art. R. 123-2 *(Décr. nº 2010-210 du 1er mars 2010, art. 3)* **Les centres de formalités des entreprises mettent à disposition des personnes intéressées une documentation précisant les obligations du centre ainsi que les éléments que doit contenir le dossier de déclaration et, le cas échéant, le dossier de demandes d'autorisation.**

V. 1re note rédactionnelle ss. art. R. 123-1. — V. la rédaction antérieure au **C. com.**, *éd. 2010.*

Art. R. 123-3 **1° Sous réserve des dispositions** *(Décr. nº 2019-987 du 25 sept. 2019, art. 2)* **« du 2° », les** *(Décr. nº 2010-1463 du 1er déc. 2010, art. 87)* **« chambres de commerce et d'industrie territoriales » créent et gèrent les centres de formalités des entreprises compétents pour :**

***a)* Les commerçants ;**

***b)* Les sociétés commerciales.**

(Décr. nº 2019-987 du 25 sept. 2019, art. 2) **« 2° Les chambres de métiers et de l'artisanat de région créent et gèrent les centres compétents pour les personnes physiques et morales assujetties à l'immatriculation au répertoire des métiers. »**

(Abrogé par Décr. nº 2019-987 du 25 sept. 2019, art. 2) ***« 3° La chambre nationale de la batellerie artisanale crée et gère le centre compétent pour les personnes physiques et les sociétés assujetties à l'immatriculation au registre des entreprises de la batellerie artisanale. »***

4° Les greffes des tribunaux de commerce ou des *(Décr. nº 2019-966 du 18 sept. 2019, art. 8, en vigueur le 1er janv. 2020)* **« tribunaux judiciaires** *[ancienne rédaction : tribunaux de grande instance]* **» statuant commercialement créent et gèrent les centres compétents pour :**

***a)* Les sociétés civiles et autres que commerciales ;**

***b)* Les sociétés d'exercice libéral ;**

***c)* Les personnes morales assujetties à l'immatriculation au registre du commerce et des sociétés autres que celles mentionnées aux** *(Décr. nº 2019-987 du 25 sept. 2019, art. 2)* **« 1° et 2° » ;**

***d)* Les établissements publics industriels et commerciaux ;**

***e)* Les agents commerciaux ;**

***f)* Les groupements d'intérêt économique et les groupements européens d'intérêt économique.**

5° Les unions de recouvrement des cotisations de sécurité sociale et d'allocations familiales (URSSAF) ou les caisses générales de sécurité sociale créent et gèrent les centres compétents pour :

***a)* Les personnes exerçant, à titre de profession habituelle, une activité indépendante réglementée ou non autre que commerciale, artisanale ou agricole ;**

(Décr. nº 2019-987 du 25 sept. 2019, art. 2) **« *b)* Les employeurs dont les entreprises ne sont pas immatriculées au registre du commerce et des sociétés ou au répertoire des métiers, et qui ne relèvent pas des centres mentionnés au 6°. »**

6° Les chambres d'agriculture créent et gèrent les centres compétents pour les personnes physiques et morales exerçant à titre principal des activités agricoles.

7° *(Décr. nº 2018-1240 du 26 déc. 2018)* **« Les services des impôts créent et gèrent les centres compétents pour les assujettis et les redevables ayant des obligations fiscales dès lors que ceux-ci exercent leur activité à titre de profession habituelle, qu'ils**

ne relèvent pas des dispositions des 1° à 6° et qu'ils n'ont pas d'autres obligations déclaratives que statistiques et fiscales. »

(Décr. n° 2010-1706 du 29 déc. 2010, art. 2) « La compétence des centres de formalités des entreprises des services des impôts pour les activités exercées par les assujettis ou les redevables susmentionnés peut être transférée aux organismes mentionnés aux 1° à 6° par convention conclue entre le directeur général des finances publiques et le représentant de la personne morale placée à la tête du réseau des organismes destinataires de ce transfert. Cette convention est approuvée par arrêté conjoint du ministre chargé du budget et du ministre assurant la tutelle des organismes destinataires de ce transfert. » — *V. Arr. du 3 août 2012* 🏛.

(Abrogé par Décr. n° 2015-731 du 24 juin 2015, art. 1er-1°) (Décr. n° 2010-210 du 1er mars 2010, art. 4) ***« Les déclarations des personnes bénéficiant de la dispense d'immatriculation au registre du commerce et des sociétés prévue à l'article L. 123-1-1 ainsi que les déclarations des personnes physiques exerçant une activité artisanale et ayant opté pour le régime prévu à l'article L. 133-6-8 du code de la sécurité sociale sont recueillies par les centres de formalités des entreprises mentionnés respectivement au 1° et au 2° du présent article. »*** *(Décr. n° 2008-1488 du 30 déc. 2008, art. 3-I)* ***« Lorsqu'elles sont effectuées par voie électronique, ces déclarations peuvent également être recueillies par les centres de formalités des entreprises mentionnés au 5. »*** *(Décr. n° 2010-210 du 1er mars 2010, art. 4)* ***« Elles sont alors transmises aux centres de formalités des entreprises compétents mentionnés aux 1° et 2° aux fins d'information ainsi que, le cas échéant, aux fins d'immatriculation au répertoire des métiers sans formalité additionnelle. »*** — *L'abrogation de cet al. entre en vigueur à une date fixée par arrêté des ministres chargés de l'économie et de la sécurité sociale et au plus tard le 1er janv. 2016 (Décr. n° 2015-731 du 24 juin 2015, art. 6-II).*

(Décr. n° 2010-210 du 1er mars 2010, art. 4) « Les personnes souhaitant exercer ou exerçant une activité de restauration à titre principal relèvent des centres de formalités des entreprises gérés par les *(Décr. n° 2010-1463 du 1er déc. 2010, art. 87)* « chambres de commerce et d'industrie territoriales » mentionnés au 1°. » — *[Décr. n° 96-650 du 19 juill. 1996, art. 2, al. 1er à 21.]*

V. 1re note rédactionnelle ss. art. R. 123-1. — V. la rédaction antérieure au **C. com.**, *éd. 2010.*

V. Arr. du 3 août 2012, portant approbation de la convention du 23 sept. 2011 conclue entre la direction générale des finances publiques et le Conseil national des greffiers des tribunaux de commerce aux fins de transfert de compétence des centres de formalités des entreprises mis en place par la direction générale des finances publiques 🏛.

Art. R. 123-4 Chaque centre de formalités des entreprises est compétent à l'égard des entreprises dont le siège social, l'établissement principal *(Décr. n° 2010-210 du 1er mars 2010, art. 5)* « , un établissement secondaire ou l'adresse » est situé dans le ressort territorial de l'administration, personne ou organisme qui le crée. — *[Décr. n° 96-650 du 19 juill. 1996, art. 2, al. 22.]*

Art. R. 123-5 Le dépôt des déclarations prévues à l'annexe 1-2 au présent livre est obligatoirement effectué dans les centres de formalités des entreprises au terme d'un délai d'un an à compter de la création du centre.

Toutefois, lorsque la déclaration comporte une demande d'immatriculation au registre du commerce et des sociétés, d'inscription modificative ou de radiation, le déclarant a la faculté de déposer le dossier de déclaration directement auprès du greffe du tribunal compétent pour y procéder *(Décr. n° 2010-210 du 1er mars 2010, art. 6)* « , soit sur support papier, soit par voie électronique. Il peut, lorsqu'il utilise le support papier, joindre également à sa déclaration le dossier des demandes d'autorisation. Le » greffe qui conserve la demande d'inscription, transmet sans délai le dossier au centre de formalités des entreprises compétent.

Lorsque la déclaration est effectuée par voie électronique, il est fait application des dispositions particulières prévues aux articles R. 123-20 à R. 123-27. — *[Décr. n° 96-650 du 19 juill. 1996, art. 3.]*

V. 1re note rédactionnelle ss. art. R. 123-1.

1. Saisine du greffe (Décr. du 18 mars 1981). La demande d'inscription au RCS faite directement au greffe du tribunal de commerce suppose de justifier d'avoir préalablement saisi le centre de formalités des entreprises (CFE) par la production d'un récépissé ou un mode de preuve au moins équivalent. • Civ. 2e, 9 oct. 1991, n° 90-12.493 P : *Rev. sociétés 1992. 717, note Randoux* ; *JCP 1992. II. 21811, note Derruppé.*

2. *Obligations du greffe (Décr. du 19 juill. 1996).* Sur les obligations pesant sur le greffier ayant accepté le dossier d'un déclarant dans le cadre de la procédure édictée à l'art. 3, V. Circ. 16 mars 1998 : *BOMJ, n° 69, p. 92.*

3. *Rôle du greffe (Décr. du 9 juin 2006).* Lorsque le déclarant dépose l'ensemble de son dossier d'entreprise au greffe, celui-ci a la responsabilité de transmettre au CFE le dossier qui lui revient : * Rép. min. n° 21114 : *JO Sénat Q, 13 juill. 2006, p. 1908 ; RLDA oct. 2006. 17* ; * Rép. min. n° 104513 : *JOAN Q, 7 nov. 2006 : BJS 2006. 1510.* ♦ Les dispositions du Décr. n° 2006-679 du 9 juin 2006, qui ouvrent la faculté pour les entreprises dont le dossier comporte une demande d'immatriculation au RCS, d'inscription modificative ou de radiation, de déposer celui-ci au greffe du tribunal compétent, ne méconnaissent nullement l'objectif d'accessibilité et d'intelligibilité du droit, ni le principe d'un dossier unique pour l'ensemble des déclarations auxquelles les entreprises sont tenues. • CE 21 janv. 2008, n° 296162 : *AJDA 2008. 717* ; *BJS 2008. 467, note Lecourt.*

Art. R. 123-5-1 *(Décr. n° 2015-731 du 24 juin 2015, art. 1er-2°, en vigueur le 1er janv. 2016)* **Les déclarations de création d'entreprise des personnes** *(Décr. n° 2019-718 du 5 juill. 2019, art. 2)* **« mentionnées à l'article L. 613-7 » du code de la sécurité sociale sont effectuées par voie électronique dans les conditions prévues à l'article** *(Décr. n° 2019-718 du 5 juill. 2019, art. 2)* **« L. 613-5 » du même code.**

Art. R. 123-6 Les déclarations *(Décr. n° 2010-210 du 1er mars 2010, art. 7)* **« , et le cas échéant les demandes d'autorisation, » sont présentées au centre compétent en application des articles R. 123-3 et R. 123-4. Si plusieurs centres se trouvent compétents, les déclarations, et le cas échéant les demandes d'autorisation, sont présentées à l'un d'eux au choix du déclarant, le centre choisi étant tenu d'accepter le dossier.** – *[Décr. n° 96-650 du 19 juill. 1996, art. 4, al. 1er.]*

V. 1re note rédactionnelle ss. art. R. 123-1.

Art. R. 123-7 Le dossier unique comprend :

(Décr. n° 2010-210 du 1er mars 2010, art. 8) **« I. – Pour le dossier de déclarations mentionné au 1° du I de l'article R. 123-1 : »**

1° Les déclarations signées du déclarant ou de son mandataire, accompagnées, le cas échéant, du pouvoir du mandataire ;

2° Les pièces justificatives prescrites, *(Décr. n° 2010-210 du 1er mars 2010, art. 8)* **« selon les dispositions législatives ou réglementaires en vigueur » ;**

3° Les actes qui sont remis aux organismes destinataires, dans la forme dans laquelle ce dépôt doit être effectué ;

4° Le titre de paiement des frais, droits ou redevances prescrits par *(Décr. n° 2010-210 du 1er mars 2010, art. 8)* **« les dispositions législatives ou réglementaires en vigueur ».**

Les formulaires de déclaration et la liste des pièces justificatives font l'objet d'une homologation par *(Décr. n° 2008-1488 du 30 déc. 2008, art. 3-II)* **« l'autorité désignée à l'article 3 du décret n° 98-1083 du 2 décembre 1998 relatif aux simplifications administratives ».** – *[Décr. n° 96-650 du 19 juill. 1996, art. 4, al. 2 à 7.]* – *V. art. A. 123-1.*

(Décr. n° 2010-210 du 1er mars 2010, art. 8) **« II. – Pour le dossier de demandes d'autorisation mentionné au 2° du I de l'article R. 123-1 :**

« 1° Les demandes d'autorisation ou déclarations préalables ;

« 2° Les pièces justificatives prescrites, selon les dispositions législatives ou réglementaires en vigueur ;

« 3° Le titre de paiement des frais, droits ou redevances prescrits par les dispositions législatives ou réglementaires en vigueur. »

V. 1re note rédactionnelle ss. art. R. 123-1. – V. la rédaction antérieure au ***C. com.****, éd. 2010.*

Art. R. 123-8 *(Décr. n° 2010-210 du 1er mars 2010, art. 9)* **« Le centre de formalités des entreprises est réputé saisi du dossier visé à l'article R. 123-1 lorsque les déclarations et, le cas échéant, les demandes d'autorisation, qui lui sont remises directement ou adressées par voie postale ou électronique, répondent aux conditions suivantes :**

« I. – Les déclarations visées au 1° du I de l'article R. 123-1 sont établies sur les formulaires homologués prévus à l'article R. 123-7, signées du déclarant ou de son mandataire. Elles comportent les énonciations indispensables pour identifier : »

1° Pour les créations d'entreprises :

a) Les nom, nom d'usage et prénoms du déclarant pour les personnes physiques, la dénomination ou la raison sociale pour les personnes morales ;

b) La forme juridique de l'entreprise ;

c) Le siège de l'entreprise, le domicile du déclarant ou l'adresse de l'établissement ;

(Décr. n° 2021-300 du 18 mars 2021, art. 2, en vigueur le 1er avr. 2021) « *c bis)* Les coordonnées téléphoniques et, s'il en dispose, l'adresse électronique du déclarant ; »

d) L'objet de la formalité ;

(Décr. n° 2021-300 du 18 mars 2021, art. 2, en vigueur le 1er avr. 2021) « *e)* La ou les activités exercées par l'entreprise au sein de chacun de ses établissements, en précisant l'activité principale de l'entreprise et de chacun de ses établissements ; »

f) L'existence de salariés dans l'entreprise ou dans l'établissement et, le cas échéant, leur nombre ;

g) La date d'effet de l'événement objet de la formalité ;

h) Les date et lieu de naissance des déclarants personnes physiques ;

(Décr. n° 2016-1030 du 26 juill. 2016, art. 4, en vigueur le 1er janv. 2017) « *i)* S'il en dispose, le numéro de sécurité sociale du déclarant personne physique ; »

(Décr. n° 2021-300 du 18 mars 2021, art. 2, en vigueur le 1er avr. 2021) « *j)* L'existence d'activités exercées simultanément à l'activité faisant l'objet de la déclaration et, le cas échéant, la désignation de ces activités ainsi que l'indication du registre ou répertoire d'entreprise au sein duquel elles sont enregistrées et le régime social auquel elles sont rattachées ; »

(Décr. n° 2016-1030 du 26 juill. 2016, art. 4, en vigueur le 1er janv. 2017) « *k)* La nature de la gérance, lorsque l'entreprise est une société à responsabilité limitée ; »

(Décr. n° 2019-1048 du 11 oct. 2019, art. 1er) « *l)* L'exercice ou non d'une activité professionnelle régulière du conjoint du chef d'entreprise dans l'entreprise et le statut choisi par ce dernier à ce titre *(Décr. n° 2021-300 du 18 mars 2021, art. 2, en vigueur le 1er avr. 2021)* « , ainsi que, en cas d'activité régulière, les nom, nom d'usage, prénoms et domicile de ce conjoint » ; »

2° Pour les modifications de la situation de l'entreprise ainsi que pour sa cessation d'activité :

a) Les nom, nom d'usage, *(Décr. n° 2016-1030 du 26 juill. 2016, art. 4, en vigueur le 1er janv. 2017)* « prénoms, pseudonyme et numéro de sécurité sociale *[ancienne rédaction : prénoms et pseudonyme]* » du déclarant pour les personnes physiques, la dénomination ou la raison sociale pour les personnes morales ;

(Décr. n° 2021-300 du 18 mars 2021, art. 2, en vigueur le 1er avr. 2021) « *a bis)* Les coordonnées téléphoniques et, s'il en dispose, l'adresse électronique du déclarant ; »

b) Le numéro unique d'identification de l'entreprise et, le cas échéant, le nom de la ville où se trouve le greffe où elle est immatriculée, ou la *(Décr. n° 2010-1356 du 11 nov. 2010, art. 25)* « chambre de métiers et de l'artisanat de région » où elle est inscrite au répertoire des métiers ;

c) L'objet de la formalité, ainsi que la date d'effet de l'événement la justifiant ;

(Décr. n° 2019-1048 du 11 oct. 2019, art. 1er) « *d)* En cas de déclaration modificative portant mention que le conjoint du chef d'entreprise exerce une activité professionnelle régulière dans l'entreprise, le statut choisi par le conjoint à ce titre *(Décr. n° 2021-300 du 18 mars 2021, art. 2, en vigueur le 1er avr. 2021)* « ainsi que ses nom, nom d'usage, prénoms et domicile ». »

Le centre ne peut refuser les déclarations respectant les conditions ci-dessus énumérées, ni en apprécier le bien-fondé. — *[Décr. n° 96-650 du 19 juill. 1996, art. 5.]*

(Décr. n° 2010-210 du 1er mars 2010, art. 9) « II. — Les demandes d'autorisation visées au 2° du I de l'article R. 123-1 mentionnent l'identité du demandeur et l'objet de la demande.

« Le centre ne peut refuser les déclarations et demandes d'autorisation respectant les conditions ci-dessus énumérées ni en apprécier le bien-fondé. »

V. 1re note rédactionnelle ss. art. R. 123-1. — V. la rédaction antérieure au ***C. com.***, *éd. 2010.*

Art. R. 123-9 *(Décr. n° 2010-210 du 1er mars 2010, art. 10)* Le centre de formalités des entreprises compétent, saisi du dossier complet conformément aux dispositions de l'article R. 123-7, transmet le jour même aux organismes destinataires, et le cas échéant aux autorités habilitées à délivrer les autorisations, les informations et pièces les concernant. – *[Décr. nº 96-650 du 19 juill. 1996, art. 6, al. 1er.]*

V. 1re note rédactionnelle ss. art. R. 123-1. – V. la rédaction antérieure au ***C. com.****, éd. 2010.*

Art. R. 123-10 *(Décr. nº 2010-210 du 1er mars 2010, art. 11)* Le centre de formalités des entreprises saisi remet ou transmet, lors du dépôt, un récépissé au déclarant ou à son mandataire. Si le dépôt est effectué par voie postale, le récépissé est envoyé le jour même ou le premier jour ouvrable suivant.

1° Dans le cas d'une déclaration mentionnée au 1° du I de l'article R. 123-1 :

a) Lorsque le dossier est complet conformément aux dispositions de l'article R. 123-7, le récépissé indique les organismes auxquels il a été transmis le jour même. Ce récépissé prend le nom de récépissé de dossier de création d'entreprise en application de l'article R. 123-16 ;

b) Lorsque le dossier est incomplet, sous réserve des dispositions du *c* du 2°, ou lorsque la ou les autorisations mentionnées au 2° du I de l'article R. 123-1 doivent être obtenues préalablement à la déclaration mentionnée au 1° du I de l'article R. 123-1, le récépissé indique les compléments qui doivent être apportés par le déclarant dans un délai de quinze jours ouvrables à compter de la réception du récépissé ou de la délivrance de la ou des autorisations. Dans ce cas, le récépissé ne vaut pas récépissé de dossier de création d'entreprise.

2° Dans le cas d'une demande d'autorisation mentionnée au 2° du I de l'article R. 123-1 :

a) Lorsque le dossier contient toutes les pièces nécessaires à la délivrance de la ou des autorisations requises, conformément à l'article R. 123-7, le récépissé se substitue à l'accusé de réception des demandes présentées aux autorités. Il indique le ou les délais prévus par les textes législatifs ou réglementaires en vigueur pour la délivrance de la ou des autorisations requises pour exercer l'activité qui fait l'objet de la demande ainsi que les délais et voies de recours pour contester la ou les décisions d'octroi des autorisations *[;]*.

b) Lorsque le dossier est incomplet, sous réserve des dispositions du *c* ci-dessous, le récépissé indique les compléments qui doivent être apportés par le déclarant dans un délai de quinze jours ouvrables à compter de la réception du récépissé *[;]*.

c) Lorsqu'un document attestant de l'accomplissement de la formalité de création prévue au 1° du I de l'article R. 123-1 est nécessaire préalablement à la délivrance de la ou des autorisations requises ou à la délivrance de pièces elles-mêmes nécessaires à la délivrance de la ou des autorisations requises, le dossier de demande d'autorisation fait l'objet d'un récépissé provisoire attestant la réception des pièces remises par le déclarant et la date de la remise.

Un second récépissé est adressé au déclarant lorsque le centre de formalités des entreprises reçoit directement de l'autorité compétente le document attestant de l'accomplissement de la formalité prévue au 1° du I de l'article R. 123-1. Ce récépissé vaut accusé de réception des demandes présentées aux autorités administratives dans les conditions prévues au *a*.

Si le demandeur doit accomplir des démarches personnelles pour compléter son dossier de demande d'autorisation, le centre de formalités des entreprises l'informe qu'il dispose d'un délai de quinze jours ouvrables, le cas échéant renouvelable une fois, à compter de la remise du document attestant de l'accomplissement de la formalité prévue au 1° du I de l'article R. 123-1 pour déposer les pièces résultant de ses démarches. Au vu de ces pièces, il lui est délivré un récépissé qui vaut accusé de réception des demandes présentées aux autorités administratives dans les conditions prévues au *a*.

3° Lorsque le centre s'estime incompétent, le récépissé indique le centre auquel le dossier est transmis le jour même.

V. 1re note rédactionnelle ss. art. R. 123-1. – V. la rédaction antérieure au ***C. com.****, éd. 2010.*

Art. R. 123-11 *(Décr. nº 2010-210 du 1er mars 2010, art. 12)* I. – Si les éléments demandés ont été transmis par le déclarant avant l'expiration des délais mentionnés à l'article R. 123-10, le centre transmet le jour même :

1° Aux organismes destinataires la déclaration ainsi que, le cas échéant, les pièces annexées qui leur sont destinées ;

2° Aux organismes habilités à délivrer les autorisations, qui en accusent réception, les demandes d'autorisation ainsi que, le cas échéant, les pièces annexées qui leur sont destinées.

II. — Si, à l'expiration des délais mentionnés à l'article R. 123-10, les éléments demandés n'ont pas été transmis, le centre de formalités des entreprises procède de la manière suivante :

1° Pour les déclarations visées au 1° du I de l'article R. 123-1, il avise le déclarant des organismes destinataires auxquels le dossier est transmis en l'état ;

2° Pour les demandes d'autorisation visées au 2° du I de l'article R. 123-1, il renvoie le dossier au déclarant et informe ce dernier qu'il lui appartient de saisir directement les autorités habilitées à délivrer ces autorisations.

V. 1re note rédactionnelle ss. art. R. 123-1. — V. la rédaction antérieure au ***C. com.****, éd. 2010.*

Art. R. 123-12 A défaut de transmission par le centre de formalités des entreprises à l'expiration des délais prévus aux articles R. 123-10 et R. 123-11, le déclarant peut obtenir la restitution immédiate de son dossier afin d'en saisir directement les organismes destinataires *(Décr. n° 2010-210 du 1er mars 2010, art. 13)* « ou, le cas échéant, les autorités habilitées à délivrer les autorisations ». — *[Décr. n° 96-650 du 19 juill. 1996, art. 6, al. 11.]*

V. 1re note rédactionnelle ss. art. R. 123-1.

Art. R. 123-13 Le centre de formalités des entreprises transmet le jour même aux organismes destinataires compétents les notifications et les informations mentionnées *(Décr. n° 2010-210 du 1er mars 2010, art. 14)* « à » l'article R. 123-1. — *[Décr. n° 96-650 du 19 juill. 1996, art. 6, al. 12.]*

Art. R. 123-14 Le centre de formalités des entreprises peut transmettre par voie électronique aux organismes destinataires *(Décr. n° 2010-210 du 1er mars 2010, art. 15)* « et aux autorités habilitées à délivrer les autorisations, » les informations et pièces les concernant. — *[Décr. n° 96-650 du 19 juill. 1996, art. 6, al. 13.]*

V. 1re note rédactionnelle ss. art. R. 123-1.

Art. R. 123-15 La commission de coordination instituée par l'article R. 123-28 veille au respect de la confidentialité et de la sécurité des échanges, ainsi qu'à la compatibilité des systèmes de communication par voie électronique. — *[Décr. n° 96-650 du 19 juill. 1996, art. 6, al. 14.]*

Art. R. 123-16 I. — Dans les cas prévus à l'article L. 123-9-1 et à l'article 19-1 de la loi n° 96-603 du 5 juillet 1996 relative au développement et à la promotion du commerce et de l'artisanat *[V. App., v° Artisans]*, le récépissé *(Décr. n° 2010-210 du 1er mars 2010, art. 16)* « prévu au *a* du 1° de l'article R. 123-10 » prend, lorsque le dossier est réputé complet par le centre compétent, le nom de récépissé de dépôt de dossier de création d'entreprise. Délivré gratuitement et sans délai, ce récépissé est valable jusqu'à la notification au déclarant de son immatriculation et, au plus tard, jusqu'à l'expiration d'une durée d'un mois à compter de sa délivrance. Il indique :

1° Le nom et l'adresse du centre ;

2° La date de saisine du centre ;

3° La date de délivrance du récépissé et la date d'expiration de sa validité ;

4° La mention : "en attente d'immatriculation" ;

5° Les mentions prévues aux *a*, *b* et *c* *(Décr. n° 2010-210 du 1er mars 2010, art. 16)* « du 1° du I » de l'article R. 123-8 ;

6° Les organismes auxquels le dossier est transmis le jour même ;

(Décr. n° 2010-210 du 1er mars 2010, art. 16) « 7° Le numéro unique d'identification de l'entreprise.

« Le » centre de formalités des entreprises indique sur le récépissé de dépôt de dossier de création d'entreprise le numéro unique d'identification que l'INSEE lui communique ainsi qu'au greffier du tribunal compétent, lorsque la déclaration comporte une demande d'immatriculation au registre du commerce et des sociétés.

Lorsque la déclaration comporte une demande d'immatriculation au registre du commerce et des sociétés, une copie du récépissé de dépôt de dossier de création d'entreprise est transmise au greffier compétent avec le dossier du déclarant.

(Décr. n° 2010-210 du 1er mars 2010, art. 16) « Dans le cas prévu au deuxième alinéa de l'article R. 123-5, le greffier adresse copie du récépissé de création d'entreprise au centre de formalités des entreprises. »

II. – Lorsqu'il est délivré en application de l'article L. 311-2-1 du code rural et de la pêche maritime, le récépissé de dépôt de dossier de création d'entreprise, délivré gratuitement et sans délai, indique :

1° Le nom et l'adresse du centre ;

2° La date de saisine du centre ;

3° La date de délivrance du récépissé ;

4° Les mentions prévues aux *a*, *b* et *c* *(Décr. n° 2010-210 du 1er mars 2010, art. 16)* « du 1° du I » de l'article R. 123-8 ;

5° Les organismes auxquels le dossier est transmis le jour même ;

(Décr. n° 2010-210 du 1er mars 2010, art. 16) « 6° La mention : "en attente d'immatriculation", lorsque la demande concerne une société. » – *[Décr. n° 96-650 du 19 juill. 1996, art. 6, al. 15 à 29.]*

V. 1re note rédactionnelle ss. art. R. 123-1. – V. la rédaction antérieure au ***C. com.****, éd. 2010.*

Art. R. 123-17 La déclaration présentée ou transmise au centre de formalités des entreprises compétent vaut déclaration auprès de l'organisme destinataire, dès lors qu'elle est régulière et complète à l'égard de ce dernier. Elle interrompt les délais à l'égard de cet organisme. – *[Décr. n° 96-650 du 19 juill. 1996, art. 7.]*

Art. R. 123-18 Les organismes destinataires des déclarations *(Décr. n° 2010-210 du 1er mars 2010, art. 17)* « et des demandes d'autorisation » sont seuls compétents pour en contrôler la régularité ou en apprécier la validité. Leur transmission à ces organismes dessaisit le centre en ce qui concerne les formalités à accomplir. – *[Décr. n° 96-650 du 19 juill. 1996, art. 8.]*

V. 1re note rédactionnelle ss. art. R. 123-1.

Art. R. 123-19 *(Décr. n° 2010-210 du 1er mars 2010, art. 18)* « Le centre ne peut conserver au-delà des délais nécessaires à la transmission prévue à l'article R. 123-18 le support de la déclaration, les renseignements qu'elle contient, les pièces relatives à celle-ci ainsi que, le cas échéant, les pièces relatives aux procédures d'autorisations requises. » Toutefois, les renseignements destinés à être portés sur un registre de publicité légale peuvent être conservés par le centre pendant un délai de trois ans. *(Décr. n° 2016-1030 du 26 juill. 2016, art. 5, en vigueur le 1er janv. 2017)* « Les données nécessaires aux autres usages définis à l'article L. 711-3 sont conservées par les chambres de commerce et d'industrie territoriales et départementales d'Île-de-France pendant la durée d'existence de l'entreprise et tant que son siège social reste fixé dans leur circonscription. » – *[Décr. n° 96-650 du 19 juill. 1996, art. 9.]*

V. 1re note rédactionnelle ss. art. R. 123-1. – V. la rédaction antérieure au ***C. com.****, éd. 2010.*

Art. R. 123-20 Les dispositions des articles R. 123-1 à R. 123-19 sont applicables à la déclaration d'entreprise par voie électronique, sous réserve des dispositions des articles R. 123-21 à R. 123-27. – *[Décr. n° 96-650 du 19 juill. 1996, art. 9-1, al. 1er.]*

BIBL. ▸ LÉCUYER, *CCE 2006, n° 130* (déclaration électronique de création d'entreprise).

Art. R. 123-21 *(Décr. n° 2015-731 du 24 juin 2015, art. 1er-3°)* « Un service informatique accessible par l'internet, sécurisé et gratuit, permet au déclarant, selon son choix, de : »

1° Transmettre un dossier unique tel que défini à l'article R. 123-23 dès lors qu'il respecte les dispositions de l'article R. 123-24 ;

2° Préparer un tel dossier de manière interactive et le transmettre ;

(Décr. n° 2017-696 du 2 mai 2017, art. 1er) « 3° Avoir accès aux informations suivantes :

« *a)* La liste de toutes les professions réglementées en France, avec les coordonnées des autorités compétentes pour chacune d'entre elles et des centres d'assistance ;

« *b)* La liste des professions réglementées pour lesquelles une carte professionnelle européenne, mentionnée à l'article 1er de l'ordonnance n° 2016-1809 du 22 décembre 2016 relative à la reconnaissance des qualifications professionnelles de professions réglementées, est mise en œuvre, avec l'indication des modalités de délivrance et d'utilisation de la carte, des autorités compétentes pour sa délivrance et des frais en découlant mis à la charge des professionnels ;

« *c)* La liste des professions réglementées pour lesquelles les autorités compétentes françaises procèdent à une vérification des qualifications professionnelles du prestataire avant la première prestation de services ;

« *d)* La liste des formations réglementées en France ;

« *e)* Les exigences et procédures requises en France pour l'exercice de professions réglementées, notamment les documents à présenter aux autorités compétentes et les frais à acquitter ;

« *f)* Les voies de recours contre les décisions des autorités compétentes françaises en matière de reconnaissance des qualifications professionnelles. »

(Décr. n° 2015-731 du 24 juin 2015, art. 1er-3°) « Ce service informatique permet également au déclarant d'être informé de la transmission de son dossier aux organismes et autorités compétents ainsi que des décisions prises par eux.

« La gestion de ce service informatique constitue une mission de service public assurée par l'État *(Décr. n° 2020-946 du 30 juill. 2020, art. 2)* « ou l'un de ses établissements publics ».

« Les centres de formalités des entreprises, les services que les organismes gestionnaires de centres de formalités des entreprises mettent en commun à cette fin, et les greffes, en application de l'article R. 123-5, peuvent, en outre, fournir au déclarant des services informatiques de même nature. » — *[Décr. n° 96-650 du 19 juill. 1996, art. 9-1, al. 13 à 16.] — V. art. A. 123-4.*

Art. R. 123-22 *(Décr. n° 2010-210 du 1er mars 2010, art. 20)* « I. — » Lorsque la déclaration appelle inscription au registre du commerce et des sociétés en application de l'article L. 123-1, le service informatique mentionné à l'article R. 123-21 permet, conjointement :

1° Au déclarant de procéder à l'acquittement des frais légaux induits par cette inscription au registre du commerce et des sociétés auprès du greffe ;

2° Au greffe compétent de recevoir, par voie électronique, la partie du dossier unique qui lui est nécessaire pour procéder à cette inscription. Il en accuse réception, par voie électronique, au déclarant ;

3° Au centre de formalités des entreprises de recevoir, par voie électronique, le dossier unique. — *[Décr. n° 96-650 du 19 juill. 1996, art. 9-1, al. 17 à 20.]*

(Décr. n° 2010-210 du 1er mars 2010, art. 20) « II. — Lorsque le déclarant dépose des demandes d'autorisation en application de l'article R. 123-1, le service informatique mentionné à l'article R. 123-21 permet, conjointement :

« 1° Au déclarant de procéder à l'acquittement éventuel des frais légaux induits par ces demandes ;

« 2° A chaque autorité habilitée à délivrer une autorisation de recevoir, par voie électronique, la partie du dossier unique qui lui est nécessaire pour procéder à cette délivrance. Elle en accuse réception, par voie électronique, au demandeur ;

« 3° Au centre de formalités des entreprises de recevoir, par voie électronique, le dossier unique. »

V. 1re note rédactionnelle ss. art. R. 123-1.

Art. R. 123-23 *(Décr. n° 2010-210 du 1er mars 2010, art. 21)* Lorsqu'il est établi et transmis par voie électronique aux centres de formalités des entreprises, le dossier mentionné à l'article 2 de la loi n° 94-126 du 11 février 1994 relative à l'initiative et à l'entreprise individuelle comprend les documents suivants :

1° Le formulaire électronique contenant l'ensemble des données déclarées ;

2° Le cas échéant, les demandes d'autorisation mentionnées au 2° du I de l'article R. 123-1 nécessaires à l'exercice de l'activité ;

3° Les pièces numériques ou numérisées exigées, sauf s'il s'agit de pièces devant être fournies en original et établies sur support papier ;

4° Lorsque la déclaration de création ou de modification de situation et, le cas échéant, les demandes d'autorisation donnent lieu à la perception de frais légaux, le justificatif de règlement de ces frais, selon des moyens communiqués au déclarant.

Un arrêté ministériel fixe les caractéristiques électroniques des documents énumérés au présent article. — *[Décr. n° 96-650 du 19 juill. 1996, art. 9-1, al. 2 à 5 et 12.]* — *V. art. A. 123-3.*

*V. 1re note rédactionnelle ss. art. R. 123-1. — V. la rédaction antérieure au **C. com.**, éd. 2010.*

Art. R. 123-24 Lorsqu'une signature est requise, le recours à une signature électronique sécurisée est exigé dans les conditions prévues à l'article *(Décr. n° 2021-300 du 18 mars 2021, art. 2, en vigueur le 1er avr. 2021)* « 1367 » du code civil et au décret *(Décr. n° 2017-1416 du 28 sept. 2017, art. 2-II)* « n° 2017-1416 du 28 septembre 2017 relatif à la signature électronique ». Toutefois, pour la transmission par voie électronique des dossiers de création d'entreprise *(Décr. n° 2010-1706 du 29 déc. 2010, art. 3)* « ou des déclarations prévues à l'article L. 526-7 », est autorisé, y compris pour les demandes d'immatriculation au registre du commerce et des sociétés, le recours à une signature électronique présentant les caractéristiques prévues par la première phrase du second alinéa de l'article *(Décr. n° 2021-300 du 18 mars 2021, art. 2, en vigueur le 1er avr. 2021)* « 1367 » du code civil. — *[Décr. n° 96-650 du 19 juill. 1996, art. 9-1, al. 6.]*

Art. R. 123-25 Dès réception d'un dossier conforme aux dispositions des articles R. 123-23 et R. 123-24, le centre de formalités des entreprises compétent en accuse réception par voie électronique au déclarant ou à son mandataire. — *V. art. A. 123-6.*

(Décr. n° 2010-210 du 1er mars 2010, art. 22) « Lorsqu'il doit déposer des actes authentiques ou actes sous seing privé en original, le déclarant joint à ces pièces une édition de l'accusé de réception électronique prévu à l'alinéa premier. »

Le centre de formalités des entreprises est responsable de la transmission aux organismes et administrations destinataires des éléments du dossier de déclaration d'entreprise qu'il a reçus par voie électronique. — *[Décr. n° 96-650 du 19 juill. 1996, art. 9-1, al. 7 à 9.]*

Art. R. 123-26 Lorsque le dossier mentionné à l'article R. 123-21 est réputé complet, la transmission au déclarant ou à son mandataire des récépissés prévus aux articles R. 123-10 et R. 123-16 s'effectue par voie électronique, sauf si le déclarant ou son mandataire en demande la transmission par voie postale.

En cas de transmission électronique, le récépissé prévu à l'article R. 123-16 comporte la signature électronique sécurisée de celui qui l'émet dans les conditions prévues par le décret *(Décr. n° 2017-1416 du 28 sept. 2017, art. 2-II)* « n° 2017-1416 du 28 septembre 2017 ».

Un arrêté ministériel fixe les modalités de délivrance de l'accusé de réception électronique prévu au présent article. — *[Décr. n° 96-650 du 19 juill. 1996, art. 9-1, al. 10 à 12.]* — *V. art. A. 123-6.*

Art. R. 123-27 Si le déclarant utilise un service de conservation provisoire des données proposé par le service de déclaration dans des conditions conformes à la loi n° 78-17 du 6 janvier 1978 relative à l'informatique, aux fichiers et aux libertés *(Décr. n° 2021-300 du 18 mars 2021, art. 2, en vigueur le 1er avr. 2021)* « et au règlement (UE) 2016/679 du Parlement européen et du Conseil du 27 avril 2016 relatif à la protection des personnes physiques à l'égard du traitement des données à caractère personnel et à la libre circulation de ces données, et abrogeant la directive 95/46/CE », il est procédé, à l'issue de la période de conservation provisoire d'une durée maximale *(Décr. n° 2010-210 du 1er mars 2010, art. 23)* « de douze mois », à l'effacement de toutes les données et de tous les fichiers concernant le déclarant sur les supports informatiques où ils figurent. Le déclarant en est avisé préalablement par voie électronique ou, à défaut, par lettre simple. — *[Décr. n° 96-650 du 19 juill. 1996, art. 9-1, al. 21.]*

Art. R. 123-28 La coordination des centres de formalités des entreprises est assurée par une commission qui veille à l'harmonisation de l'application des dispositions de la présente section.

Cette commission donne son avis sur toutes questions relatives au fonctionnement des centres, dont elle est saisie par ceux-ci ou par les organismes destinataires des formalités. Elle peut se saisir d'office.

Elle fait rapport aux ministres compétents des difficultés ou anomalies dont elle a connaissance. Elle propose les modifications de textes et les réformes de procédure qui en découlent.

La commission comprend un représentant de chacun des ministres assurant la tutelle des centres de formalités des entreprises et des organismes destinataires. *(Décr. n° 2007-1851 du 26 déc. 2007, art. 2)* **« La direction chargée de la réforme de l'État » participe en tant que de besoin aux réunions de la commission de coordination des centres de formalités des entreprises.**

Un arrêté du Premier ministre fixe les conditions de fonctionnement de la commission, ainsi que les modalités de publication de ses avis. — *[Décr. n° 96-650 du 19 juill. 1996, art. 9-2.] — V. art. A. 123-7 s.*

Les modifications apportées par le Décr. n° 2007-1851 du 26 déc. 2007 sont applicables à Mayotte, en Nouvelle-Calédonie et dans les îles Wallis-et-Futuna (Décr. préc., art. 4-I).

Art. R. 123-29 **En cas de difficulté grave de fonctionnement d'un centre, le Premier ministre prend, par arrêté, toutes mesures de nature à assurer la continuité du service.** — *[Décr. n° 96-650 du 19 juill. 1996, art. 10.]*

Art. R. 123-30 **Les annexes 1-1 et 1-2 au présent livre précisent les déclarations** *(Décr. n° 2010-210 du 1er mars 2010, art. 24)* **« visées au 1° du I de l'article R. 123-1 » devant être déposées aux centres de formalités des entreprises et les administrations, personnes ou organismes destinataires de ces formalités selon leur compétence.**

Ces annexes peuvent être complétées par arrêté des ministres chargés de la justice, *(Abrogé par Décr. n° 2021-300 du 18 mars 2021, art. 2, à compter du 1er avr. 2021)* ***« des transports, »*** **des affaires sociales, du travail, de l'économie, de l'industrie, de l'agriculture, du commerce et de l'artisanat, de la réforme administrative et du budget.** — *[Décr. n° 96-650 du 19 juill. 1996, art. 11.] — V. ces annexes, ci-dessous.*

V. Circ. du 30 mai 1997 relative au fonctionnement des centres de formalités des entreprises (JO 1er juin).

Exonération de cotisations sociales. Après avoir exactement rappelé qu'il résulte des dispositions combinées des art. R. 5141-1 et R. 5141-8 à R. 5141-12 C. trav. que le centre de formalités des entreprises a pour seule mission de recevoir la demande d'exonération de cotisations sociales, d'assurer la constitution du dossier et de le transmettre pour décision à l'URSSAF, une fois celui-ci complet, une cour d'appel en a justement déduit que le CFE n'avait pas qualité pour décider au lieu et place de l'URSSAF du rejet d'un dossier pour forclusion de la demande. • Civ. 2e, 10 nov. 2011, n° 10-23.100 P : *D. 2011. Actu. 2875*

ANNEXE 1-1

Annexe à l'article R. 123-30

(Abrogée par Décr. n° 2021-300 du 18 mars 2021, art. 31, à compter du 1er janv. 2023)

Les principaux organismes destinataires des formalités des entreprises selon leur compétence sont :

1. Greffe du tribunal de commerce ou *(Décr. n° 2019-913 du 30 août 2019, art. 7, en vigueur le 1er janv. 2020)* « du tribunal judiciaire *[ancienne rédaction : de grande instance]* » statuant commercialement, lequel transmet à l'Institut national de la propriété industrielle (INPI).

2. Service des impôts *(Décr. n° 2021-300 du 18 mars 2021, art. 7, en vigueur le 1er avr. 2021)* « des entreprises (SIE) et direction des impôts des non-résidents (DINR) de la direction générale des finances publiques (DGFiP) ».

3. Unions de recouvrement des cotisations de sécurité sociale et d'allocations familiales (URSSAF) ou caisses générales de sécurité sociale.

4. Organismes du régime général chargés de la gestion de l'assurance vieillesse ainsi que de la tarification et de la prévention des accidents du travail et des maladies professionnelles.

5. Organismes d'assurance maladie et d'assurance vieillesse des professions artisanales, industrielles, commerciales et libérales.

6. Caisses départementales ou pluridépartementales de mutualité sociale agricole.

7. Inspection du travail.

8. *(Décr. n° 2010-1356 du 11 nov. 2010, art. 25)* « Chambres de métiers et de l'artisanat de région » *(Abrogé par Décr. n° 2010-1706 du 29 déc. 2010, art. 17)* *« , lesquelles retransmettent à l'Institut national de la propriété industrielle (INPI) ».*

9. Institut national de la statistique et des études économiques (INSEE). *(Abrogé par Décr. n° 2019-987 du 25 sept. 2019, art. 3)* *« Chambre nationale de la batellerie artisanale. »*

(Décr. n° 2021-300 du 18 mars 2021, art. 7, en vigueur le 1er avr. 2021) « 10. Assemblée permanente des chambres d'agriculture.

« 11. Établissements départementaux de l'élevage.

« 12. Direction générale des douanes et des droits indirects.

« 13. Directions départementales des territoires et de la mer. »

ANNEXE 1-2

ANNEXE AUX ARTICLES R. 123-5 ET R. 123-30

(Abrogée par Décr. n° 2021-300 du 18 mars 2021, art. 31, à compter du 1er janv. 2023)

(Décr. n° 2021-300 du 18 mars 2021, art. 7, en vigueur le 1er avr. 2021) « Principales » formalités des entreprises déposées aux centres de formalités des entreprises.

Chaque centre est compétent pour recevoir les déclarations ci-dessous énumérées et les actes et pièces dont la remise est exigée par l'un des organismes destinataires.

I. PERSONNES PHYSIQUES EXERÇANT UNE ACTIVITÉ NON SALARIÉE ET ENTREPRISES INDIVIDUELLES

1. Création :

Immatriculation principale au registre du commerce et des sociétés.

Immatriculation au répertoire des métiers.

(Abrogé par Décr. n° 2019-987 du 25 sept. 2019, art. 4) « Immatriculation au registre des entreprises de la batellerie artisanale. »

Immatriculation au registre des agents commerciaux.

Inscription au répertoire national des entreprises et des établissements.

Déclaration d'existence au service des impôts.

Affiliation aux URSSAF, aux caisses générales de sécurité sociale ou aux caisses de mutualité sociale agricole.

Déclaration à l'inspection du travail.

2. Transfert hors du ressort géographique de l'un des organismes ou administrations destinataires de la déclaration initiale.

3. Modifications :

Changement de nom lié ou non avec le mariage de la personne immatriculée ou du chef d'entreprise.

Changement de nom commercial.

Changement de l'enseigne.

Changement de l'adresse de correspondance.

Changement, extension ou cessation partielle de l'activité.

Cessation temporaire d'activité et reprise d'activité après cette cessation. Mise en location-gérance soit du fonds de commerce de l'établissement principal, soit de l'établissement artisanal.

Reprise du fonds ou de l'établissement par le loueur après une location-gérance.

Renouvellement du contrat de location-gérance.

Changement du mode d'exploitation du fonds de commerce de l'établissement principal.

Mention du conjoint collaborateur.

Transfert de l'établissement principal ou de l'entreprise à l'intérieur du ressort géographique de l'un des organismes ou administrations destinataires de la déclaration initiale.

4. Cessation définitive de l'activité, décès, radiation.

II. PERSONNES MORALES

1. Création :

Immatriculation principale au registre du commerce et des sociétés *(Décr. n° 2020-118 du 12 févr. 2020, art. 14)* « comprenant les informations relatives au bénéficiaire effectif ».

Immatriculation au répertoire des métiers.

(Abrogé par Décr. n° 2019-987 du 25 sept. 2019, art. 4) « Immatriculation au registre de la batellerie artisanale. »

Inscription au répertoire national des entreprises et des établissements.

Déclaration d'existence au service des impôts.

Affiliation aux URSSAF, aux caisses générales de sécurité sociale ou aux caisses de mutualité sociale agricole.

Déclaration à l'inspection du travail.

2. Transfert du siège social hors du ressort géographique de l'un des organismes ou administrations destinataires de la déclaration initiale.

3. Modifications :

Changement de raison sociale ou de dénomination sociale.

Changement de l'enseigne.

Changement de l'adresse de correspondance.

Changement relatif à la forme juridique, au capital et à la durée de la personne morale.

Changement des dirigeants, gérants *(Décr. n° 2020-118 du 12 févr. 2020, art. 14)* « , associés ou bénéficiaires effectifs ».

Changement, extension ou cessation partielle de l'activité de la personne morale.

Cessation temporaire d'activité et reprise d'activité après cette cessation. Mise en location-gérance ou reprise après location-gérance du fonds de commerce.

Renouvellement du contrat de location-gérance.

Changement du mode d'exploitation du fonds de commerce de la société.

Transfert du siège social à l'intérieur du ressort de l'un des organismes ou administrations destinataires de la déclaration initiale.

4. Cessation définitive d'activité, fin de la personne morale, radiation.

III. ÉTABLISSEMENTS

1. Ouverture :

Mention au répertoire des métiers.

(Abrogé par Décr. n° 2019-987 du 25 sept. 2019, art. 4) « Mention au registre de la batellerie artisanale. »

Immatriculation secondaire ou inscription complémentaire au registre du commerce et des sociétés.

Déclaration d'ouverture : au service des impôts, aux URSSAF ou aux caisses générales de sécurité sociale et à l'inspection du travail.

2. Modifications :

Changement de l'enseigne.

Changement de l'adresse de correspondance.

Changement, extension ou cessation partielle de l'activité.

Cessation temporaire d'activité ou reprise d'activité après cessation.

Mise en location-gérance du fonds de commerce ou de l'établissement artisanal ou reprise après location-gérance.

Renouvellement du contrat de location-gérance.

Changement du mode d'exploitation de l'activité.

Transfert.

3. Cessation définitive d'activité, radiation.

Ne relèvent pas de la compétence des centres :

Les déclarations fiscales concernant l'assiette ou le renouvellement des droits ou taxes.

Les déclarations relatives aux modifications de l'effectif des salariés pour fixer notamment le montant des contributions sociales.

Les déclarations relatives à des mesures de publicité autres que celles figurant au registre du commerce et des sociétés et au registre des agents commerciaux.

Les formalités prévues dans le cadre de la déclaration unique d'embauche.

Les déclarations concernant une personne morale de droit public non soumise à immatriculation au registre du commerce et des sociétés.

SOUS-SECTION 1 *[NOUVELLE]* DISPOSITIONS GÉNÉRALES ET APPLICABLES AUX ENTREPRISES ÉTABLIES EN FRANCE *(Décr. n° 2016-1030 du 26 juill. 2016, art. 2, en vigueur le 1er janv. 2017).*

(Décr. n° 2021-300 du 18 mars 2021, art. 23, en vigueur le 1er janv. 2023)

A compter du 1er janv. 2023, cette sous-section 1 s'inscrit dans une section préliminaire renommée « De l'organisme unique chargé des formalités d'entreprises » (Décr. n° 2021-300 du 18 mars 2021, art. 23).

Nouvel art. R. 123-1 ***I. — L'organisme unique mentionné à l'article L. 123-33 permet aux entreprises de réaliser l'ensemble des formalités et procédures nécessaires à l'accès et à l'exercice de leur activité.***

Il reçoit à cet effet le dossier unique prévu à l'article L. 123-33. Ce dossier comporte :

1° Les déclarations relatives à leur création, aux modifications de leur situation ou à la cessation de leur activité, y compris les informations relatives au bénéficiaire effectif en application de l'article L. 561-46 du code monétaire et financier, que les entreprises sont tenues de remettre aux administrations, personnes ou organismes destinataires mentionnés à l'article L. 123-32 et dont la liste est établie par l'arrêté prévu à l'article R. 123-16 ;

2° Les demandes d'autorisation nécessaires à leur activité que les entreprises sont tenues de remettre aux autorités compétentes pour la délivrance de ces autorisations sauf si le déclarant souhaite déposer ces demandes directement auprès des autorités compétentes.

Les inscriptions, d'office ou à la demande de tiers légalement ou judiciairement habilités, de mentions relatives à la création, aux modifications de la situation ou à la cessation d'activité, y compris celles intervenant au cours des procédures de sauvegarde ou de redressement ou de liquidation judiciaires, sont réalisées par les organismes destinataires après transmission, par leurs soins, du dossier à l'organisme unique, à l'exception des greffiers de tribunaux de commerce qui procèdent à l'inscription concomitamment à la transmission du dossier.

Lorsqu'une disposition particulière le prévoit, les demandes d'inscription sont présentées par les tiers légalement ou judiciairement habilités auprès de l'organisme unique.

II. — L'organisme unique transmet les renseignements ou pièces du dossier à chacun des organismes destinataires et, le cas échéant et selon leur compétence, à chacune des autorités habilitées à délivrer les autorisations.

Sous réserve des dispositions du dernier alinéa de l'article L. 711-3, il est interdit à l'organisme unique et aux organismes destinataires de communiquer à des tiers les renseignements contenus dans les déclarations.

Nouvel art. R. 123-2 *I. — L'organisme unique met en œuvre un service informatique, dénommé guichet unique électronique des formalités d'entreprises, accessible par l'internet, sécurisé et gratuit, qui permet au déclarant, selon son choix :*

1° D'établir un dossier unique dans les conditions définies à l'article R. 123-3 ;

2° De transmettre le dossier unique aux organismes destinataires et aux autorités compétentes dès lors qu'il comporte l'ensemble des informations prévues à l'article R. 123-4 ;

3° De transmettre, en cas de demande additionnelle formée par un organisme destinataire ou une autorité compétente, les éléments complémentaires nécessaires à l'instruction du dossier ;

4° D'acquitter, le cas échéant, les frais afférents à ces formalités ;

5° De bénéficier d'une information sur le suivi et le délai prévisible de traitement de son dossier par les organismes destinataires et autorités compétentes, depuis la réception de celui-ci jusqu'aux décisions rendues ou prestations réalisées.

II. — Le service informatique permet au déclarant d'avoir accès, selon son choix, aux informations suivantes :

1° En ce qui concerne la reconnaissance des qualifications professionnelles :

a) La liste de toutes les professions réglementées en France, avec les coordonnées des autorités compétentes pour chacune d'entre elles et des centres d'assistance ;

b) La liste des professions réglementées pour lesquelles une carte professionnelle européenne, mentionnée à l'article 1er de l'ordonnance n° 2016-1809 du 22 décembre 2016 relative à la reconnaissance des qualifications professionnelles de professions réglementées, est mise en œuvre, avec l'indication des modalités de délivrance et d'utilisation de la carte, des autorités compétentes pour sa délivrance et des frais en découlant mis à la charge des professionnels ;

c) La liste des professions réglementées pour lesquelles les autorités compétentes françaises procèdent à une vérification des qualifications professionnelles du prestataire avant la première prestation de services ;

d) La liste des formations réglementées en France ;

e) Les exigences et procédures requises en France pour l'exercice de professions réglementées, notamment les documents à présenter aux autorités compétentes et les frais à acquitter ;

f) Les informations et l'orientation vers les centres d'assistance relevant de la directive 2005/36/CE du Parlement européen et du Conseil du 7 septembre 2005 relative à la reconnaissance des qualifications professionnelles, y compris les centres d'assistance des autres États membres de l'Union européenne ou de l'Espace économique européen ; ces informations sont également ouvertes aux ressortissants d'États tiers à l'Union européenne conformément à l'article 57 ter de la même directive ;

g) Les voies de recours contre les décisions des autorités compétentes en matière de reconnaissance des qualifications professionnelles ;

2° En ce qui concerne l'accès aux activités de service et leur exercice :

a) Les exigences applicables aux prestataires ayant leur établissement sur le territoire national, en particulier celles concernant les procédures et formalités à suivre pour accéder aux activités de services et les exercer ;

b) Les coordonnées des autorités compétentes permettant d'entrer en contact directement avec elles ;

c) Les conditions d'accès aux registres et bases de données publics relatifs aux prestataires et aux services ;

d) Les voies de recours disponibles en cas de litige entre les autorités compétentes et le prestataire ou le destinataire de services, ou entre un prestataire et un destinataire de services, ou entre prestataires ;

e) Les coordonnées des associations ou organisations, autres que les autorités compétentes, auprès desquelles les prestataires ou les destinataires sont susceptibles d'obtenir une assistance pratique ;

f) Une aide et une assistance fournies de manière claire délivrées par le biais d'informations d'ordre général sur la façon dont les exigences sont interprétées ou appliquées, facilement accessibles à distance et par voie électronique et mises à jour, y compris, le cas échéant, dans d'autres langues communautaires ;

g) Une liste mentionnant les organismes destinataires proposant des informations relatives aux détails et aux enjeux de la vie d'une entreprise, ainsi que les modalités d'accès à ces informations.

3° En ce qui concerne les formalités de constitution des sociétés :

a) Les règles relatives à la constitution des sociétés, notamment les obligations relatives à l'utilisation des modèles et aux autres actes constitutifs, à l'identification de personnes, aux langues utilisées et aux frais applicables ;

b) Les règles relatives à l'immatriculation de succursales, ainsi que les obligations relatives aux documents d'immatriculation, à l'identification de personnes et aux langues utilisées ;

c) Une description succincte des règles relatives à la nomination aux organes d'administration, de direction ou de surveillance d'une société, ainsi que des règles relatives à la révocation des administrateurs et aux autorités ou organes compétents pour conserver les informations sur les administrateurs révoqués ;

d) Une description succincte des compétences et des responsabilités des organes d'administration, de direction et de surveillance d'une société, y compris l'autorité ayant le pouvoir d'engager la société à l'égard des tiers.

Nouvel art. R. 123-3 *Le dossier mentionné à l'article L. 123-33 et transmis à l'organisme unique comprend les éléments suivants :*

1° L'ensemble des informations renseignées par le déclarant ;

2° Le cas échéant, les demandes d'autorisation mentionnées au 2° du I de l'article R. 123-1 nécessaires à l'exercice de l'activité ;

3° Les pièces numériques ou numérisées exigées, sauf s'il s'agit de pièces devant être fournies en original et établies sur support papier ;

4° Lorsque la déclaration de création ou de modification de situation et, le cas échéant, les demandes d'autorisation donnent lieu à la perception de frais, le justificatif de règlement de ces frais, selon des moyens communiqués au déclarant.

Un arrêté du ministre chargé de l'économie fixe les caractéristiques électroniques des informations et pièces énumérées au présent article.

Nouvel art. R. 123-4 *I. — Les déclarations mentionnées au 1° du I de l'article R. 123-1 comportent les informations indispensables à l'exercice de leurs prérogatives par les organismes destinataires ou à l'immatriculation au sein des registres ou des répertoires d'entreprises. Parmi celles-ci figurent les informations suivantes :*

1° Pour les créations d'entreprises :

a) Les nom, nom d'usage, prénoms et nationalité du déclarant pour les personnes physiques, la dénomination ou la raison sociale pour les personnes morales ;

b) La forme juridique de l'entreprise ;

c) Le siège de l'entreprise, le domicile du déclarant ou l'adresse de l'établissement ;

d) Les coordonnées téléphoniques et, s'il en dispose, l'adresse électronique du déclarant ;

e) L'objet de la formalité ;

f) La ou les activités exercées par l'entreprise au sein de chacun de ses établissements, en précisant l'activité principale de l'entreprise et de chacun de ses établissements ;

g) L'existence de salariés dans l'entreprise ou dans l'établissement et, le cas échéant, leur nombre ;

h) La date d'effet de l'événement objet de la formalité ;

i) Les date et lieu de naissance des déclarants personnes physiques ;

j) S'il en dispose, le numéro de sécurité sociale du déclarant personne physique ;

k) L'existence d'activités exercées simultanément à l'activité faisant l'objet de la déclaration et, le cas échéant, la désignation de ces activités ainsi que l'indication du registre ou répertoire d'entreprises au sein duquel elles sont enregistrées et le régime social auquel elles sont rattachées ;

l) La nature de la gérance, lorsque l'entreprise est une société à responsabilité limitée ;

m) L'exercice ou non d'une activité professionnelle régulière du conjoint du chef d'entreprise dans l'entreprise et le statut choisi par ce dernier à ce titre, ainsi que, en cas d'activité régulière, les nom, nom d'usage, prénoms, nationalité et domicile de ce conjoint ;

2° Pour les modifications de la situation de l'entreprise ainsi que pour sa cessation d'activité :

a) Les nom, nom d'usage, prénoms, pseudonyme et numéro de sécurité sociale du déclarant pour les personnes physiques, la dénomination ou la raison sociale pour les personnes morales ;

b) Les coordonnées téléphoniques et, s'il en dispose, l'adresse électronique du déclarant ;

c) Le numéro unique d'identification de l'entreprise et, le cas échéant, le nom de la ville où se trouve le greffe où elle est immatriculée, ou la chambre de métiers et de l'artisanat de région où elle est inscrite au répertoire des métiers ;

d) L'objet de la formalité ainsi que la date d'effet de l'événement la justifiant ;

e) En cas de déclaration modificative portant mention que le conjoint du chef d'entreprise exerce une activité professionnelle régulière dans l'entreprise, le statut choisi par le conjoint à ce titre ainsi que ses nom, nom d'usage, prénoms, nationalité et domicile.

L'organisme unique ne transmet pas les déclarations qui ne respectent pas les conditions ci-dessus énumérées. Il ne peut en apprécier le bien-fondé. Il informe sans délai le déclarant de tout refus de transmission, en indiquant les motifs, dans les conditions prévues à l'article R. 123-6.

L'organisme unique interroge le répertoire national d'identification des personnes physiques afin d'avoir confirmation, pour les personnes physiques inscrites, du caractère identique des éléments déclarés à ceux figurant dans ce répertoire.

II. — Les demandes d'autorisation mentionnées au 2° du I de l'article R. 123-1 comportent l'identité du demandeur et l'objet de la demande.

L'organisme unique ne transmet pas les demandes d'autorisation qui ne respectent pas les conditions ci-dessus énumérées. Il ne peut en apprécier le bien-fondé. Il informe sans délai le déclarant de tout refus de transmission, en indiquant les motifs, dans les conditions prévues à l'article R. 123-6.

L'organisme unique interroge le répertoire national d'identification des personnes physiques, afin d'avoir confirmation, pour les personnes physiques inscrites, du caractère identique des éléments déclarés à ceux figurant dans ce répertoire.

Nouvel art. R. 123-5 *Lorsqu'une signature est requise, le recours à une signature électronique avancée reposant sur un certificat qualifié est exigé dans les conditions prévues par le règlement (UE) n° 910/2014 du 23 juillet 2014 sur l'identification électronique et les services de confiance pour les transactions électroniques au sein du marché intérieur. Le certificat de signature électronique qualifié répond aux exigences de l'annexe 1 de ce règlement et est délivré par un prestataire de service de confiance qualifié ou par une autorité de certification française ou étrangère. Toutefois, pour la transmission des dossiers de création d'entreprise, des déclarations prévues à l'article L. 526-7 ou des demandes d'autorisation, est autorisé, y compris pour les demandes d'immatriculation au registre du commerce et des sociétés, le recours à une signature électronique simple répondant aux exigences du même règlement.*

Un arrêté du ministre chargé de l'économie détermine les formats de signature et les procédures de vérification applicables.

Nouvel art. R. 123-6 *Les articles R. 112-11-1 à R. 112-11-4 du code des relations entre le public et l'administration sont, sauf dispositions contraires prévues par le présent article, applicables aux modalités de saisine de l'organisme unique et aux échanges entre le déclarant et cet organisme unique.*

Par dérogation aux trois derniers alinéas de l'article R. 112-11-1 du même code, l'accusé de réception électronique délivré par l'organisme unique mentionne les organismes destinataires et autorités compétentes auxquels le dossier unique a été adressé par son intermédiaire.

L'organisme unique transmet au déclarant l'accusé de réception électronique du dossier unique qui lui est adressé par chacun de ces organismes ou autorités.

En cas de demande additionnelle formée par un organisme destinataire ou une autorité compétente, l'organisme unique indique au déclarant les informations et pièces complémentaires nécessaires à l'instruction du dossier, que celui-ci doit transmettre par son intermédiaire, ainsi que, en cas de dépassement du délai prévisible de traitement, les motifs invoqués par l'organisme ou l'autorité mentionnés ci-dessus.

Lorsqu'il doit transmettre des actes authentiques ou actes sous seing privé en original, le déclarant joint au dossier défini à l'article R. 123-3 du présent code une copie numérisée des pièces concernées, et dépose les originaux, accompagnés d'une édition de l'accusé de réception électronique, aux organismes ou aux autorités concernés.

L'organisme unique informe le déclarant des décisions prises par les organismes ou autorités, telles qu'elles lui sont communiquées.

Nouvel art. R. 123-7 *Les articles R. 112-11-1 à R. 112-11-4 du code des relations entre le public et l'administration sont, sauf dispositions contraires prévues par le présent article, applicables aux échanges entre l'organisme unique, d'une part, et les organismes destinataires des déclarations et les autorités compétentes pour statuer sur les demandes d'autorisation, d'autre part.*

L'organisme unique transmet à l'Institut national de la statistique et des études économiques les informations et pièces nécessaires pour l'inscription au répertoire des entreprises et de leurs établissements. Dès qu'il est informé de cette inscription, il transmet aux organismes destinataires des déclarations, et le cas échéant aux autorités habilitées à délivrer les autorisations, les informations et pièces du dossier unique qui les concernent.

L'accusé de réception délivré à l'organisme unique par chacun des organismes et autorités mentionnés ci-dessus indique que le dossier est complet et mentionne le délai prévisible de traitement de ce dernier.

Ces organismes et autorités informent l'organisme unique de leurs décisions d'acceptation, de rejet, ou de demande de transmission additionnelle d'informations ou de pièces, ainsi que des éventuels dépassements des délais prévisibles de traitement.

Dans le cas d'une demande de transmission additionnelle d'informations ou de pièces, ils informent l'organisme unique de la liste des éléments complémentaires que le déclarant doit faire parvenir par son intermédiaire.

Dans le cas d'une décision de rejet, ils informent l'organisme unique de ses motifs ainsi que des délais et voies de recours.

Lorsque la déclaration ou la demande d'autorisation s'accompagnent de paiement de frais, les organismes et autorités mentionnés ci-dessus notifient au service que leurs prestations ont été accomplies et que le versement des frais peut être réalisé.

Les transmissions mentionnées aux alinéas précédents sont assurées :

1° Sans frais, sans délai et par voie électronique ;

2° S'agissant des informations transmises, conformément au titre II du livre III du code des relations entre le public et l'administration et à l'ordonnance n° 2005-1516 du 8 décembre 2005 relative aux échanges électroniques entre les usagers et les autorités administratives et entre les autorités administratives ;

3° Selon un format et, s'agissant des seules pièces, une indexation qui sont fixés par arrêté des ministres chargés de l'économie, de la justice, des affaires sociales et de l'agriculture. — V. nouv. art. A. 123-11-1.

Nouvel art. R. 123-8 *Lorsque la déclaration ou la demande d'autorisation mentionnée aux 1° et 2° du I de l'article R. 123-1 implique le paiement de frais au profit de l'organisme destinataire ou de l'autorité compétente le déclarant s'en acquitte auprès de l'organisme unique, selon des modalités fixées par un arrêté du ministre chargé de l'économie.* — V. nouv. art. A. 123-11-2.

L'organisme unique perçoit, pour le compte des organismes destinataires et autorités compétentes, les redevances, taxes et émoluments institués en leur faveur ou qu'ils sont chargés de collecter et de distribuer à d'autres organismes. Il reverse aux organismes destinataires et autorités compétentes les fonds perçus à compter de la réception de la notification mentionnée au septième alinéa de l'article R. 123-7. Le virement des fonds est réalisé dans les délais fixés par un arrêté du ministre chargé de l'économie. — V. nouv. art. A. 123-11-2.

Nouvel art. R. 123-9 *Si le déclarant utilise un service de conservation provisoire des données proposé par l'organisme unique dans des conditions conformes à la loi n° 78-17 du 6 janvier 1978 relative à l'informatique, aux fichiers et aux libertés et au règlement (UE) 2016/679 du Parlement européen et du Conseil du 27 avril 2016 relatif à la protection des personnes physiques à l'égard du traitement des données à caractère personnel et à la libre circulation de ces données, il est procédé, à l'issue de la période de conservation provisoire d'une durée maximale de douze mois, à l'effacement de toutes les données et de tous les fichiers concernant le déclarant sur les supports informatiques où ils figurent. Le déclarant en est avisé préalablement par voie électronique.*

Nouvel art. R. 123-10 *Dans le cas d'une demande d'autorisation mentionnée au 2° du I de l'article R. 123-1 :*

1° Lorsque le dossier contient toutes les pièces nécessaires à la délivrance de la ou des autorisations requises, conformément à l'article R. 123-3, l'accusé de réception électronique mentionné à l'article R. 123-7 indique le ou les délais prévus par les textes législatifs ou réglementaires en vigueur pour la délivrance de la ou des autorisations requises pour exercer l'activité qui fait l'objet de la demande ainsi que les délais et voies de recours applicables aux décisions prises sur les demandes d'autorisation ;

2° Lorsque le dossier est incomplet, sous réserve des dispositions du c ci-dessous, l'accusé de réception électronique mentionné à l'article R. 123-7 indique les compléments qui doivent être communiqués auprès de l'organisme unique mentionné à l'article R. 123-1 par le déclarant dans un délai de quinze jours ouvrables à compter de la réception de l'accusé de réception ;

3° Lorsqu'un document attestant de l'accomplissement de la formalité de création prévue au 1° du I de l'article R. 123-1 est nécessaire à la délivrance de la ou des autorisations requises ou à la délivrance de pièces elles-mêmes nécessaires à la délivrance de la ou des autorisations requises, le dossier de demande d'autorisation fait l'objet d'un accusé de réception électronique, mentionné à l'article R. 123-7 et transmis par l'organisme unique, attestant la réception des pièces remises par le déclarant, la date de la remise et indiquant la nature des pièces complémentaires attendues.

L'organisme unique adresse, dans les conditions du a, un second accusé de réception électronique au déclarant lorsqu'il reçoit directement de l'autorité compétente le document attestant de l'accomplissement de la formalité prévue au 1° du I de l'article R. 123-1.

Si le demandeur doit accomplir des démarches personnelles pour compléter son dossier de demande d'autorisation, l'organisme unique l'informe qu'il dispose d'un délai de quinze jours ouvrables, le cas échéant renouvelable une fois, à compter de la réception de l'accusé de réception attestant de l'accomplissement de la formalité prévue au 1° du I de l'article R. 123-1 pour remettre à l'organisme unique les pièces résultant de ses démarches. Lorsque ces pièces ont été remises, le déclarant reçoit un accusé de réception de la transmission des demandes aux autorités administratives dans les conditions prévues au 1°.

Nouvel art. R. 123-11 *La déclaration transmise à l'organisme unique interrompt les délais à l'égard de cet organisme.*

Les organismes et autorités destinataires des déclarations et des demandes d'autorisation sont seuls compétents pour en contrôler la régularité ou en apprécier la validité.

Nouvel art. R. 123-12 *L'organisme unique informe le déclarant de toute difficulté technique concernant l'envoi de son dossier par ses soins aux organismes destinataires ou, le cas échéant, aux autorités habilitées à délivrer les autorisations.*

Lorsque le délai d'interruption de service dépasse une durée fixée par arrêté du ministre chargé de l'économie, l'organisme unique autorise le déclarant à adresser son dossier directement aux organismes destinataires ou, le cas échéant, aux autorités habilitées à délivrer les autorisations, selon des modalités fixées par leurs soins.

Nouvel art. R. 123-13 *L'organisme unique ne peut conserver au-delà des délais nécessaires à la transmission prévue à l'article R. 123-7 le support de la déclaration, les renseignements qu'elle contient, les pièces relatives à celle-ci ainsi que, le cas échéant, les pièces relatives aux procédures d'autorisations requises. Toutefois, les renseignements destinés à être portés sur un registre de publicité légale peuvent être conservés par l'organisme unique pendant un délai de trois ans.*

Nouvel art. R. 123-14 *I. — Le déclarant bénéficie d'une assistance gratuite pour la réalisation des formalités et procédures mentionnées à l'article R. 123-1.*

Cette assistance est assurée par l'organisme unique, les chambres consulaires et les organismes destinataires.

L'organisme unique met à disposition du déclarant une information technique sur le fonctionnement du guichet unique électronique des formalités d'entreprises et une information générale sur l'accomplissement des formalités, accessibles depuis le site du guichet unique électronique et par tout autre moyen qu'il juge utile.

Les chambres consulaires assistent les déclarants relevant de leur compétence dans l'accomplissement des formalités, en leur apportant une aide à la compréhension des informations et pièces sollicitées afin d'établir le dossier unique. Elles prennent toutes dispositions utiles afin d'assurer aux déclarants relevant de leur ressort l'accès à un outil informatique leur permettant d'accomplir les formalités sur le site du guichet unique électronique.

Les organismes destinataires apportent, le cas échéant et selon des modalités de délivrance qui leur sont propres, des éléments d'information relatifs aux formalités qui relèvent de leurs compétences.

II. — En complément de cette assistance, les chambres consulaires peuvent proposer au déclarant un accompagnement sous la forme d'une information personnalisée, sous réserve des dispositions prévues aux articles 54 à 66-3 de la loi n° 71-1130 du 31 décembre 1971 portant réforme de certaines professions judiciaires et juridiques, ainsi que des outils de compréhension des enjeux et des conséquences de la création ou de la reprise d'entreprise, et du déroulement de la vie de l'entreprise.

Chaque chambre consulaire mettant en œuvre cet accompagnement informe en amont le déclarant du caractère éventuellement payant de cette prestation pour la réalisation des formalités mentionnées à l'article R. 123-1 et de son absence de caractère obligatoire.

Nouvel art. R. 123-15 *En cas de difficulté grave de fonctionnement de l'organisme unique, le Premier ministre prend, par arrêté, toutes mesures de nature à assurer la continuité du service.*

Nouvel art. R. 123-16 *Un arrêté des ministres chargés de la justice, de l'économie, des affaires sociales, de l'agriculture et du travail précise la liste des déclarations mentionnées au 1° du I de l'article R. 123-1 devant être déposées auprès de l'organisme unique et des administrations, personnes ou organismes destinataires de ces formalités selon leur compétence. Ce même arrêté précise les modalités de coordination des ministères assurant la tutelle de l'organisme unique et des organismes destinataires, afin d'assurer le bon fonctionnement du traitement des déclarations des entreprises, des demandes d'autorisations d'accès à leurs activités ou d'exercice de ces activités, ainsi que des reconnaissances des qualifications professionnelles.*

SOUS-SECTION 2 DISPOSITIONS PARTICULIÈRES APPLICABLES AUX PRESTATAIRES DE SERVICES TRANSFRONTALIERS

(*Décr. nº 2016-1030 du 26 juill. 2016, art. 6, en vigueur le 1er janv. 2017*)

Art. R. 123-30-1 Les personnes légalement établies dans un autre État membre de l'Union européenne ou partie à l'accord sur l'Espace économique européen qui souhaitent exercer sur le territoire national de façon temporaire ou occasionnelle une activité entrant dans le champ d'application de la directive 2006/123/CE du Parlement européen et du Conseil du 12 décembre 2006 relative aux services dans le marché intérieur et qui choisissent d'accomplir auprès d'un centre de formalités des entreprises [*nouvelle rédaction issue du Décr. nº 2021-300 du 18 mars 2021, art. 23, en vigueur le 1er janv. 2023 : « de l'organisme unique mentionné à l'article R. 123-1 »*] les procédures et les formalités nécessaires à l'accès et à l'exercice de leur activité dans le cadre du dossier unique prévu à l'article 2 de la loi nº 94-126 du 11 février 1994 relative à l'initiative et à l'entreprise individuelle [*nouvelle rédaction issue du Décr. nº 2021-300 du 18 mars 2021, art. 23, en vigueur le 1er janv. 2023 : « L. 123-33 »*] sont ci-après dénommées "prestataires de services transfrontaliers".

Art. R. 123-30-2 Les prestataires de services transfrontaliers adressent aux centres de formalités des entreprises [*nouvelle rédaction issue du Décr. nº 2021-300 du 18 mars 2021, art. 23, en vigueur le 1er janv. 2023 : « à l'organisme unique mentionné à l'article R. 123-1 »*], selon leur situation :

1° Les déclarations d'inscription destinées aux services des impôts et aux organismes de sécurité sociale ;

2° Les demandes d'autorisation ou les déclarations préalables à l'exercice de l'activité que ces prestataires sont tenus de remettre aux autorités compétentes pour la délivrance de ces autorisations ou pour la réception de ces déclarations, sauf s'ils souhaitent déposer ces demandes ou ces déclarations directement auprès des autorités compétentes.

Les centres de formalités des entreprises transmettent [*nouvelle rédaction issue du Décr. nº 2021-300 du 18 mars 2021, art. 23, en vigueur le 1er janv. 2023 : « L'organisme unique transmet, dans les conditions prévues à l'article R. 123-7, »*] les renseignements ou pièces à chacun des organismes destinataires et, le cas échéant et selon leur compétence, à chacune des autorités habilitées à délivrer les autorisations ou à recevoir les déclarations préalables à l'exercice de l'activité.

Sous réserve des dispositions du dernier alinéa de l'article L. 711-3, il (*Décr. nº 2021-300 du 18 mars 2021, art. 23, en vigueur le 1er janv. 2023*) « leur » est interdit (*Abrogé par Décr. nº 2021-300 du 18 mars 2021, art. 23, à compter du 1er janv. 2023*) « *aux centres de formalités des entreprises* » de communiquer à des tiers les renseignements contenus dans les demandes d'autorisation ou les déclarations.

Les organismes et les autorités compétents pour statuer sur les déclarations ou les demandes d'autorisation ou pour recevoir les déclarations préalables à l'exercice de l'activité dont ils sont saisis par les centres de formalités des entreprises informent ces

derniers de leurs décisions *[nouvelle rédaction issue du Décr. nº 2021-300 du 18 mars 2021, art. 23, en vigueur le 1er janv. 2023 : « Les organismes et les autorités compétents pour statuer sur les déclarations ou les demandes d'autorisation ou pour recevoir les déclarations préalables à l'exercice de l'activité dont ils sont saisis par l'organisme unique informent ce dernier de leurs décisions, dans les conditions déterminées à l'article R. 123-7 »].*

Les dispositions *(Décr. nº 2021-300 du 18 mars 2021, art. 23, en vigueur le 1er janv. 2023)* **« du 5° et 6° » de l'article R. 123-2 sont applicables à la libre prestation de services.**

Art. R. 123-30-3 *(Abrogé par Décr. nº 2021-300 du 18 mars 2021, art. 23, à compter du 1er janv. 2023)* ***Les prestataires de service transfrontaliers accomplissent leurs démarches, selon les modalités prévues à l'article R. 123-3, auprès du centre de formalités des entreprises matériellement compétent.***

Relèvent des centres de formalités des entreprises gérés par les chambres de métiers et de l'artisanat de région les prestataires de services transfrontaliers *(Décr. nº 2020-100 du 7 févr. 2020, art. 2)* ***« qui emploient moins de onze salariés » et qui exercent à titre principal ou secondaire une activité professionnelle indépendante de production, de transformation, de réparation ou de prestation de service figurant sur la liste prévue au I de l'article 19 de la loi nº 96-603 du 5 juillet 1996 relative au développement et à la promotion du commerce et de l'artisanat.*** *(Décr. nº 2020-100 du 7 févr. 2020, art. 2)* ***« Le nombre de salariés employés est déterminé conformément aux dispositions du I de l'article L. 130-1 du code de la sécurité sociale. »***

Par dérogation au b du 5° de l'article R. 123-3, relèvent des centres de formalités des entreprises mentionnés à ce 5° les employeurs légalement établis dans un autre État membre de l'Union européenne ou partie à l'accord sur l'Espace économique européen qui exercent sur le territoire national de façon temporaire ou occasionnelle une activité entrant dans le champ d'application de la directive 2006/123/CE du Parlement européen et du Conseil du 12 décembre 2006 relative aux services dans le marché intérieur et qui ne relèvent pas des centres de formalités des entreprises mentionnés aux 1°, 2°, 4° et 6° de l'article R. 123-3.

Art. R. 123-30-4 *(Abrogé par Décr. nº 2021-300 du 18 mars 2021, art. 23, à compter du 1er janv. 2023)* ***Le centre de formalités des entreprises territorialement compétent est celui dans le ressort duquel les prestataires de services transfrontaliers réalisent leur prestation de services impliquant une déclaration d'inscription ou une demande d'autorisation ou déclaration préalable à l'exercice de l'activité.***

Art. R. 123-30-5 *(Abrogé par Décr. nº 2021-300 du 18 mars 2021, art. 23, à compter du 1er janv. 2023)* ***Les déclarations d'inscription et les demandes d'autorisation ou déclarations préalables à l'exercice de l'activité sont présentées au centre compétent en application des articles R. 123-30-3 et R. 123-30-4. Si plusieurs centres se trouvent compétents, les déclarations et les demandes d'autorisation ou déclarations préalables sont présentées à l'un d'eux au choix du déclarant, le centre choisi étant tenu d'accepter le dossier.***

Art. R. 123-30-6 Pour le traitement des déclarations d'inscription et des demandes d'autorisation ou déclarations préalables à l'exercice de l'activité, sont applicables les dispositions de l'article R. 123-7 à l'exception du I, de l'article R. 123-8 à l'exception du I, de l'article R. 123-9, de l'article R. 123-10 à l'exception du 1°, des articles R. 123-11 à R. 123-15 et des articles R. 123-17 à R. 123-19.

Nouvel art. R. 123-30-6 *(Décr. nº 2021-300 du 18 mars 2021, art. 23, en vigueur le 1er janv. 2023) Pour le traitement des déclarations d'inscription et des demandes d'autorisation ou déclarations préalables à l'exercice de l'activité, sont applicables les dispositions de l'article R. 123-1 à l'exception du 1° du I, de l'article R. 123-4 à l'exception du I, de l'article R. 123-7, de l'article R. 123-10 et des articles R. 123-10 à R. 123-14.*

Art. R. 123-30-7 Les dispositions des articles R. 123-30-1 à R. 123-30-6 sont applicables au traitement des déclarations d'inscription et des demandes d'autorisation ou déclarations préalables à l'exercice de l'activité transmises par voie électronique, sous réserve des dispositions de l'article R. 123-21, du II de l'article R. 123-22 et des articles R. 123-23 à R. 123-27 *[nouvelle rédaction issue du Décr. nº 2021-300 du 18 mars 2021, art. 23, en vigueur le 1er janv. 2023 : « R. 123-1, du II de l'article R. 123-4 et des articles R. 123-5 à R. 123-8 »].*

SOUS-SECTION 3 DISPOSITIONS PARTICULIÈRES RELATIVES À LA RECONNAISSANCE PAR VOIE ÉLECTRONIQUE DES QUALIFICATIONS PROFESSIONNELLES DE PROFESSIONS RÉGLEMENTÉES

(Décr. nº 2017-696 du 2 mai 2017, art. 2)

Art. R. 123-30-8 **Les ressortissants mentionnés à l'article 9 de l'ordonnance nº 2016-1809 du 22 décembre 2016 relative à la reconnaissance des qualifications professionnelles de professions réglementées n'entrant pas dans le champ d'application des articles R. 123-1 à R. 123-30-7 peuvent effectuer une demande de reconnaissance de leurs qualifications professionnelles selon la procédure prévue par les dispositions des articles R. 123-30-9 à R. 123-30-13.**

Art. R. 123-30-9 **Un service informatique accessible par l'internet, sécurisé et gratuit, permet aux ressortissants mentionnés à l'article R. 123-30-8 :**

1º D'avoir accès aux informations mentionnées au 3º de l'article R. 123-21 *[nouvelle rédaction issue du Décr. nº 2021-300 du 18 mars 2021, art. 23, en vigueur le 1er janv. 2023 : « 6º de l'article R. 123-2 »]* **;**

2º De préparer un dossier de demande de reconnaissance de qualification professionnelle à l'intention de l'autorité compétente pour statuer sur cette demande ;

3º D'acquitter, le cas échéant, les frais légaux afférents à cette demande ;

4º D'être informés de la transmission de leur dossier à l'autorité compétente ainsi que de la décision prise par celle-ci.

La gestion de ce service informatique constitue une mission de service public assurée par l'État *(Décr. nº 2020-946 du 30 juill. 2020, art. 2)* **« ou l'un de ses établissements publics ».**

Art. R. 123-30-10 **Le dossier mentionné au 2º de l'article R. 123-30-9 comprend :**

1º *(Abrogé par Décr. nº 2021-300 du 18 mars 2021, art. 23, en vigueur le 1er janv. 2023)* ***« Le formulaire électronique contenant »*** **L'ensemble des données** *[nouvelle rédaction issue du Décr. nº 2021-300 du 18 mars 2021, art. 23, en vigueur le 1er janv. 2023 : « informations »]* **déclarées ;**

2º Les pièces justificatives requises selon les dispositions législatives ou réglementaires en vigueur qui ont fait l'objet d'une numérisation ;

3º Lorsque la demande de reconnaissance de qualification professionnelle donne lieu à la perception de frais, le justificatif de leur règlement.

Lorsqu'une signature est requise, le recours à une signature électronique présentant les garanties énoncées à la première phrase du second alinéa de l'article 1367 du code civil *[nouvelle rédaction issue du Décr. nº 2021-300 du 18 mars 2021, art. 23, en vigueur le 1er janv. 2023 : « simple répondant aux exigences du règlement UE nº 910/2014 du Parlement européen et du Conseil du 23 juillet 2014 sur l'identification électronique et les services de confiance pour les transactions électroniques au sein du marché intérieur »]* **est autorisé.**

Un arrêté du ministre chargé de l'économie fixe les caractéristiques électroniques des documents énumérés au présent article.

Art. R. 123-30-11 **L'autorité administrative chargée de mettre en œuvre le service informatique mentionné à l'article R. 123-30-9 transmet au demandeur, lors du dépôt du dossier par ce dernier, un accusé d'enregistrement électronique établi conformément aux dispositions du premier alinéa de l'article R. 112-11-2 du code des relations entre le public et l'administration. Elle transmet le même jour ce dossier à l'autorité compétente pour statuer sur la demande de reconnaissance de qualification professionnelle. Cette dernière est seule compétente pour vérifier la complétude du dossier ainsi que la régularité ou la validité des éléments le composant.**

Lorsque l'autorité compétente a pris sa décision, elle en informe sans délai l'autorité administrative chargée de mettre en œuvre le service informatique.

Art. R. 123-30-12 **Si le demandeur conserve, à titre provisoire, des données sur des supports informatiques d'attente mis à sa disposition par le service informatique mentionné à l'article R. 123-30-9, l'autorité administrative chargée de mettre en œuvre ce service procède, à l'issue de la période de conservation d'une durée maximale de douze mois, à l'effacement de toutes les données et de tous les fichiers ainsi stockés. Le demandeur en est avisé préalablement par voie électronique.**

Art. R. 123-30-13 L'autorité administrative chargée de mettre en œuvre le service informatique ne peut conserver au-delà d'un délai de deux mois, à compter de la transmission du dossier à l'autorité compétente prévue à l'article R. 123-30-11, les renseignements et pièces contenus dans ce dossier.

SOUS-SECTION 4 DISPOSITIONS PARTICULIÈRES RELATIVES À LA MISE EN ŒUVRE D'UN DISPOSITIF TRANSITOIRE PRÉFIGURANT L'ORGANISME UNIQUE MENTIONNÉ À L'ARTICLE 1ER DE LA LOI N° 2019-486 DU 22 MAI 2019 RELATIVE À LA CROISSANCE ET LA TRANSFORMATION DES ENTREPRISES

(Décr. n° 2021-300 du 18 mars 2021, art. 2 et 23-10°, en vigueur entre le 1er avr. 2021 et le 31 déc. 2022)

La sous-section 4 est abrogée à compter du 1er janv. 2023 (Décr. n° 2021-300 du 18 mars 2021, art. 23-10° et 48).

Art. R. 123-30-14 Un service informatique, dénommé guichet électronique des formalités des entreprises, accessible par l'internet, sécurisé et gratuit, permet au déclarant, selon son choix :

1° D'établir un dossier unique dans le respect des conditions définies aux articles R. 123-23 et R. 123-24 ;

2° De transmettre un tel dossier aux administrations, personnes ou organismes mentionnés à l'annexe 1-1 à l'article R. 123-30 et aux autorités compétentes pour la délivrance des autorisations d'accès à une activité réglementée ou d'exercice d'une telle activité, dès lors qu'il comporte l'ensemble des éléments prévus à l'article R. 123-8 ;

3° D'acquitter, le cas échéant, les frais afférents à ces formalités.

Art. R. 123-30-15 Le service informatique mentionné à l'article R. 123-30-14 est compétent à l'égard de l'ensemble des entreprises ayant un siège social, un établissement principal, un établissement secondaire ou une adresse en France, ainsi que pour les entreprises étrangères souhaitant y exercer une activité mentionnée à l'article R. 123-3.

Par dérogation à l'article R. 123-5, le dépôt des déclarations prévues à l'annexe 1-2 aux articles R. 123-5 et R. 123-30 peut être réalisé auprès de ce service.

Art. R. 123-30-16 Les dispositions des articles R. 123-18, R. 123-19, R. 123-24 et R. 123-27 sont applicables aux déclarations et demandes d'autorisation transmises par la voie du service informatique mentionné à l'article R. 123-30-14.

Ce service peut interroger le répertoire national d'identification des personnes physiques, afin d'avoir confirmation que les éléments déclarés sont identiques à ceux figurant dans ce répertoire.

Art. R. 123-30-17 Les articles R. 112-11-1 à R. 112-11-4 du code des relations entre le public et l'administration sont, sauf dispositions contraires prévues par le présent article, applicables aux modalités de saisine du service informatique mentionné à l'article R. 123-30-14 et aux échanges entre le déclarant et ce service.

Par dérogation aux trois derniers alinéas de l'article R. 112-11-1 du même code, l'accusé de réception électronique délivré par le service informatique mentionne les organismes destinataires et autorités compétentes auxquels le dossier unique a été adressé par son intermédiaire.

Le service informatique transmet au déclarant l'accusé de réception électronique du dossier unique qui lui est adressé par chacun de ces organismes ou autorités.

En cas de demande additionnelle formée par un organisme destinataire ou une autorité compétente, le service indique au déclarant les informations et pièces complémentaires nécessaires à l'instruction du dossier, que celui-ci doit transmettre par son intermédiaire, ainsi que, en cas de dépassement du délai prévisible de traitement, les motifs invoqués par cet organisme ou cette autorité.

Lorsqu'il doit transmettre des actes authentiques ou des actes sous seing privé en original, le déclarant joint au dossier défini à l'article R. 123-3 une copie numérisée des pièces concernées, et dépose les originaux, accompagnés d'une édition de l'accusé de réception électronique, aux organismes ou aux autorités concernés.

Le service informatique informe le déclarant des décisions prises par les organismes ou autorités mentionnés ci-dessus, telles qu'elles lui sont communiquées.

Art. R. 123-30-18 Les articles R. 112-11-1 à R. 112-11-4 du code des relations entre le public et l'administration sont, sauf dispositions contraires prévues par le présent article, applicables aux échanges entre le service informatique mentionné à l'article R. 123-30-14, d'une part, et les organismes destinataires des déclarations et les autorités compétentes pour statuer sur les demandes d'autorisation, d'autre part.

Le service transmet à l'Institut national de la statistique et des études économiques les informations et pièces nécessaires pour l'inscription au répertoire des entreprises et de leurs établissements. Dès qu'il est informé de cette inscription, il transmet aux organismes destinataires des déclarations, et, le cas échéant, aux autorités habilitées à délivrer les autorisations les informations et pièces du dossier unique qui les concernent.

L'accusé de réception délivré au service par chacun de ces organismes et autorités indique que le dossier est complet et mentionne le délai prévisible de traitement de ce dernier.

Les organismes et autorités mentionnés ci-dessus informent le service de leurs décisions d'acceptation, de rejet, ou de demande de transmission additionnelle d'informations ou de pièces, ainsi que des éventuels dépassements des délais prévisibles de traitement.

Dans le cas d'une demande de transmission additionnelle, ils communiquent au service, par la transmission d'une information ou d'une pièce, la liste des éléments complémentaires que le déclarant doit faire parvenir par son intermédiaire.

Dans le cas d'une décision de rejet, ils communiquent au service, par la transmission d'une information ou d'une pièce, les motifs de cette décision ainsi que les délais et voies de recours.

Lorsque la déclaration ou la demande d'autorisation s'accompagnent de paiement de frais, les organismes et autorités mentionnés ci-dessus notifient au service que leurs prestations ont été accomplies et que le versement des frais peut être réalisé.

Les transmissions mentionnées aux alinéas précédents sont assurées :

1° Sans frais, sans délai et par voie électronique ;

2° S'agissant des informations transmises, conformément au titre II du livre III du code des relations entre le public et l'administration et à l'ordonnance n° 2005-1516 du 8 décembre 2005 relative aux échanges électroniques entre les usagers et les autorités administratives et entre les autorités administratives ;

3° Selon un format et, s'agissant des seules pièces, une indexation qui sont fixés par arrêté des ministres chargés de l'économie, de la justice, des affaires sociales et de l'agriculture. — *V. art. A. 123-11-1.*

Art. R. 123-30-19 L'accusé de réception délivré au déclarant par le service informatique mentionné à l'article R. 123-30-14, lequel comprend notification, par ce même service, du numéro unique d'identification de l'entreprise, vaut récépissé de dépôt de dossier de création d'entreprise lorsqu'il comporte les informations suivantes :

1° Le nom et l'adresse de l'organisme destinataire de la déclaration ;

2° La date de délivrance de l'accusé et la date d'expiration de sa validité ;

3° La mention : "en attente d'immatriculation" en fonction de l'organisme destinataire ;

4° Les mentions prévues aux *a*, *b* et *c* du 1° du I de l'article R. 123-8 ;

5° Le numéro unique d'identification de l'entreprise ;

6° La date de saisine.

Art. R. 123-30-20 Lorsque la déclaration ou la demande d'autorisation implique le paiement de frais au profit de l'organisme destinataire ou de l'autorité compétente, le déclarant s'en acquitte auprès du service informatique mentionné à l'article R. 123-30-14, selon des modalités fixées par arrêté du ministre chargé de l'économie. — *V. art. A. 123-11-2.*

Ce service perçoit, pour le compte de ces organismes et autorités, les redevances, taxes et émoluments institués en leur faveur ou qu'ils sont chargés de collecter et de distribuer à d'autres organismes. Il reverse aux organismes destinataires et autorités compétentes les fonds perçus à compter de la réception de la notification mentionnée au septième alinéa de l'article R. 123-30-18. Le virement des fonds est réalisé dans des délais fixés par arrêté du ministre chargé de l'économie. — *V. art. A. 123-11-2.*

SECTION PREMIÈRE DU REGISTRE DU COMMERCE ET DES SOCIÉTÉS

Dans tous les textes réglementaires, la référence aux mentions visées aux 1° et 2° de l'art. R. 123-237 (anciens 1 et 2 de l'art. 72 du Décr. n° 84-406 du 30 mai 1984 relatif au registre du commerce et des sociétés) est substituée à la référence au numéro d'immatriculation au registre du commerce et des sociétés (Décr. n° 98-550 du 2 juill. 1998, art. 35).

RÉP. COM. v° *Registre du commerce et des sociétés*, par BEDER.

BIBL. ▸ DERRUPPÉ, *RTD com. 1985. 84.* – A. P. S., *Gaz. Pal. 1984. 2. Doctr. 482.* – AZZOUZ, *JCP N 1988. Prat., p. 117.* – BOULOC, *Gaz. Pal. 1985. 2. Doctr. 419.* – LE CANNU, *LPA 11 sept. 1984.* – DELEBECQUE, *Journ. not. 1986. 1031.* – ROTTY, *JCP E 1984. I. 13621.* – COUTANT, *Gaz. Pal. 1995. 2. Doctr. 1095* (Décr. du 10 avr. 1995) ; *ibid. 1998. 2. Doctr. 1747* (Décr. du 2 juill. 1998). – Greffe du T. com. Paris, *BJS 2005. 801* (publicité au RCS du régime matrimonial des commerçants). – SAINTOURENS, *RTD com. 2005. 475* (Décr. du 1er févr. 2005) ; *ibid. 480* (Décr. du 24 mai 2005). – GUÉRIN, *Administrer 1/2006. 30* (déclaration des associés d'une SCI). – Dossier, *BJS 2013. 75* (actualité 2012 du RCS).

SOUS-SECTION 1 DES PERSONNES TENUES À L'IMMATRICULATION

§ 1er DE L'OBLIGATION D'IMMATRICULATION

Art. R. 123-31 **L'immatriculation au registre du commerce et des sociétés a un caractère personnel. Nul ne peut être immatriculé plusieurs fois à un même registre.** – *[Décr. n° 84-406 du 30 mai 1984, art. 9, al. 1er.]*

SOUS-§ 1er DE L'OBLIGATION D'IMMATRICULATION DES PERSONNES PHYSIQUES

Art. R. 123-32 **Dans le mois qui précède la date déclarée du début de l'activité commerciale et, au plus tard, dans le délai de quinze jours à compter de la date du début de cette activité, toute personne physique ayant la qualité de commerçant demande son immatriculation** *(Décr. n° 2021-300 du 18 mars 2021, art. 23, en vigueur le 1er janv. 2023)* **« , par l'intermédiaire de l'organisme unique mentionné à l'article R. 123-1, » au greffe du tribunal dans le ressort duquel est situé :**

1° Soit son principal établissement ;

2° Soit, dans les cas prévus aux deuxième et troisième alinéas de l'article L. 123-10, son local d'habitation ;

3° Soit, à défaut d'établissement ou de local d'habitation déclaré dans les cas prévus à l'article L. 123-10, *(Décr. n° 2017-1522 du 2 nov. 2017, art. 2)* **« l'organisme auprès duquel elle a fait élection de domicile dans les conditions prévues à l'article L. 264-1 du code de l'action sociale et des familles ».** – *[Décr. n° 84-406 du 30 mai 1984, art. 7, al. 1er à 4 et 6.]*

V. notes ss. art. L. 123-1.

Travail dissimulé. Est réputé travail dissimulé par dissimulation d'activité, au sens de l'art. L. 8221-3 C. trav., l'exercice à but lucratif d'une activité de prestations de services ou l'accomplissement d'actes de commerce par toute personne qui, se soustrayant à ses obligations, n'a pas demandé son immatriculation au répertoire des métiers ou, dans les départements de Moselle, du Bas-Rhin et du Haut-Rhin, au registre des entreprises ou au RCS, lorsqu'une telle immatriculation est obligatoire. • Crim. 3 avr. 2013, n° 08-83.982 P : *RTD com. 2013. 606, obs. Bouloc* ; *JCP E 2014, n° 1007, spéc. n° 9, obs. Azarian et Maron ; Dr. pénal 2013, n° 96, obs. J.-H. Robert ; Dr. soc. 2013. 626, obs. Salomon*.

Art. R. 123-32-1 *(Abrogé par Décr. n° 2015-731 du 24 juin 2015, art. 1er-4°) (Décr. n° 2008-1488 du 30 déc. 2008, art. 3-II)* ***Les personnes physiques dispensées, en application de l'article L. 123-1-1, de l'obligation d'immatriculation au registre du commerce et des sociétés peuvent néanmoins, à tout moment, demander à y être immatriculées.***

Les personnes qui cessent de remplir les conditions de la dispense doivent demander leur immatriculation dans un délai de deux mois à compter de la date à laquelle elles ont perdu le bénéfice du régime prévu par l'article L. 133-6-8 du code de la sécurité sociale. – *V. art. R. 123-37, in fine.*

Art. R. 123-33 **La demande d'immatriculation est faite par le notaire dans le cas prévu à l'article R. 123-89.** – *[Décr. n° 84-406 du 30 mai 1984, art. 7, al. 5.]*

Art. R. 123-34 Il n'y a pas lieu à immatriculation distincte de celle de la société en ce qui concerne les associés en nom. – *[Décr. n° 84-406 du 30 mai 1984, art. 7, al. 7.]*

SOUS-§ 2 DE L'OBLIGATION D'IMMATRICULATION DES PERSONNES MORALES

Art. R. 123-35 Toute personne morale tenue à immatriculation dont le siège est situé dans un département demande cette immatriculation *(Décr. n° 2021-300 du 18 mars 2021, art. 23, en vigueur le 1er janv. 2023)* « , par l'intermédiaire de l'organisme unique mentionné à l'article R. 123-1, » au greffe du tribunal dans le ressort duquel est situé son siège.

Lorsque le siège est situé hors d'un département ou lorsqu'il est situé à l'étranger, l'immatriculation est demandée *(Décr. n° 2021-300 du 18 mars 2021, art. 23, en vigueur le 1er janv. 2023)* « , par l'intermédiaire de l'organisme unique, » au greffe du tribunal dans le ressort duquel est ouvert le premier établissement ou dans le ressort duquel est située la commune *(Décr. n° 2017-1522 du 2 nov. 2017, art. 2)* « mentionnée à la première phrase du quatrième alinéa de l'article R. 123-208-2 ». – *[Décr. n° 84-406 du 30 mai 1984, art. 14, al. 1er et 2.]*

V. notes ss. art. L. 123-1.

Art. R. 123-36 L'immatriculation des sociétés et des groupements d'intérêt économique est demandée sitôt accomplies les formalités de constitution, publicité comprise.

L'immatriculation des autres personnes morales est demandée dans les quinze jours de l'ouverture du siège ou de l'établissement. – *[Décr. n° 84-406 du 30 mai 1984, art. 14, al. 3.]*

Délai d'immatriculation. La demande tendant à l'immatriculation d'une société, faite une vingtaine d'années après la signature des statuts et l'inscription au répertoire Sirene, doit être rejetée comme n'ayant pas été sollicitée en temps utile lors de l'accomplissement des formalités de constitution de l'entreprise, étant observé, au surplus, qu'aucun texte ne permet au juge de dispenser le requérant de respecter les formalités d'immatriculation telles qu'elles sont fixées par le code de commerce. • Paris, 24 janv. 2017, n° 16/15840 : *RJDA 2017, n° 334 ; BJS 2017. 363, note Saintourens.*

§ 2 DES DÉCLARATIONS INCOMBANT AUX PERSONNES TENUES À L'IMMATRICULATION

SOUS-§ 1er DES DÉCLARATIONS INCOMBANT AUX PERSONNES PHYSIQUES

SOUS-SOUS-§ 1er *DES DÉCLARATIONS AUX FINS D'IMMATRICULATION*

Art. R. 123-37 Dans sa demande d'immatriculation, la personne physique déclare :

1° Ses nom, nom d'usage, pseudonyme, prénoms et domicile personnel ;

2° Ses date et lieu de naissance ;

3° Sa nationalité ;

(Décr. n° 2007-750 du 9 mai 2007, art. 2) « 4° » Le cas échéant, qu'elle a effectué une déclaration d'insaisissabilité de ses droits *(Abrogé par Décr. n° 2016-296 du 11 mars 2016, art. 8)* ***« sur l'immeuble où est fixée sa résidence principale ou »*** *(Décr. n° 2008-1488 du 30 déc. 2008, art. 9-I)* « sur tout bien foncier non affecté à son usage professionnel » *(Décr. n° 2016-296 du 11 mars 2016, art. 8)* « ou qu'elle a renoncé à l'insaisissabilité de ses droits sur sa résidence principale », en application des articles L. 526-1 et suivants, en précisant le lieu de publication de cette déclaration ;

(Décr. n° 2019-987 du 25 sept. 2019, art. 5, en vigueur le 1er oct. 2019) « 5° Le cas échéant, qu'elle affecte à son activité professionnelle, en application *(Décr. n° 2022-709 du 26 avr. 2022, art. 1er)* « du premier alinéa du II de l'article L. 526-17 *[ancienne rédaction : de l'article L. 526-6]* », un patrimoine séparé de son patrimoine personnel, en indiquant les informations prévues aux 2°, 3°, 4° et 5° de l'article R. 526-3 ;

« 6° Le cas échéant, qu'elle est immatriculée *(Abrogé par Décr. n° 2022-709 du 26 avr. 2022, art. 1er)* ***« ou en cours d'immatriculation »*** au répertoire des métiers à raison de l'activité professionnelle au titre de laquelle elle effectue une déclaration d'affectation pour inscription au registre du commerce et des sociétés, en indiquant le lieu de l'immatriculation au répertoire des métiers et *(Abrogé par Décr. n° 2022-709 du 26 avr. 2022, art. 1er)* ***« , si elle est déjà immatriculée, »*** le numéro d'immatriculation ; »

(*Décr. nº 2010-1706 du 29 déc. 2010, art. 4*) « 7° » **Le cas échéant, qu'elle est bénéficiaire d'un contrat d'appui au projet d'entreprise pour la création ou la reprise d'une activité économique conclu dans les conditions prévues au chapitre VII du titre II du présent livre, en précisant la dénomination sociale de la personne morale responsable de l'appui, l'adresse de son siège social ainsi que, si elle est immatriculée dans un registre public, le lieu d'immatriculation et le numéro unique d'identification ;**

(*Décr. nº 2010-1706 du 29 déc. 2010, art. 4*) « 8° » (*Décr. nº 2008-1488 du 30 déc. 2008, art. 9-II*) « **Les nom, nom d'usage, pseudonyme, prénoms, date et lieu de naissance, domicile, lorsqu'il est différent du sien, et nationalité de son conjoint, ou de la personne qui lui est liée par un pacte civil de solidarité, qui collabore effectivement à son activité commerciale dans les conditions définies par l'article R. 121-1 ;** »

(*Décr. nº 2010-1706 du 29 déc. 2010, art. 4*) « 9° **Le cas échéant, qu'elle est autorisée à être commerçant en application de l'article L. 121-2 ;**

« 10° » **Les références des immatriculations secondaires éventuellement souscrites et, le cas échéant, des établissements principaux ou secondaires situés et immatriculés dans un autre État membre de la Communauté européenne ou partie à l'accord sur l'Espace économique européen. En outre, la personne peut déclarer les mentions relatives à l'adresse et à l'activité principale de ces établissements sur présentation des justificatifs définis par l'arrêté prévu à l'article R. 123-166.**

(*Abrogé par Décr. nº 2015-731 du 24 juin 2015, art. 1er-5°*) (*Décr. nº 2008-1488 du 30 déc. 2008, art. 4-II*) « ***La personne physique qui, bénéficiant auparavant de la dispense d'immatriculation prévue à l'article L. 123-1-1, demande son immatriculation en application de l'article R. 123-32-1, déclare, outre les éléments mentionnés aux*** (*Décr. nº 2010-1706 du 29 déc. 2010, art. 4*) « ***1º à 10º » du présent article, le numéro unique d'identification mentionné à l'article D. 123-235 qui lui a été attribué lors de sa déclaration d'activité.*** » — [*Décr. nº 84-406 du 30 mai 1984, art. 8-A.*]

Sur la présomption de mandat au bénéfice du conjoint collaborateur mentionné au RCS, V. art. L. 121-6.

Sur l'information donnée au conjoint commun en bien en cas de mariage d'un commerçant, V. note ss. art. L. 526-4.

Les greffiers des tribunaux de commerce procèdent, dans un délai de dix-huit mois à compter de la publication du Décr. nº 2007-750 du 9 mai 2007, à la suppression de l'ensemble des mentions relatives à la situation matrimoniale, au conjoint et au régime matrimonial sur le RCS, en application, notamment, des art. R. 123-37, R. 123-46, R. 123-54 et R. 123-60 dans leur rédaction issue du décret précité (Décr. préc., art. 42-II).

BIBL. ▸ Leprovaux et F. Petit, *JCP E 2008, nº 26, p. 12* (l'indication de la situation matrimoniale du commerçant au RCS après le décret du 9 mai 2007).

1. Commerçant ambulant. Un commerçant ambulant, qu'il exploite ou non un établissement, peut déclarer au RCS une personne ayant le pouvoir d'engager à titre habituel par sa signature la responsabilité de l'assujetti (Avis CCRCS nº 05-50 du 2 déc. 2005 : *Bull. RCS 2005, nº 30-32, p. 43*).

2. EIRL. Sur le sort de la déclaration d'affectation du patrimoine en cas de double immatriculation au RCS et au RSEIRL, V. note 2 ss. art. L. 526-7.

3. Domicile. Depuis la suppression de la notion de commune de rattachement, les personnes sans domicile stable sont tenues d'élire domicile « soit auprès d'un centre communal ou intercommunal d'action sociale, soit auprès d'un organisme agréé à cet effet ». A défaut d'option, les personnes immatriculées au RCS sont domiciliées de droit dans un centre communal ou intercommunal d'action sociale ; en cas d'information reçue de ce centre, la nouvelle adresse sera mentionnée d'office par le greffier. En cas d'option, le choix de l'élection de domicile auprès d'un centre ou d'un organisme agréé implique une modification de l'adresse sur déclaration de la personne immatriculée ; l'inscription correspondante ne donne pas lieu à publication (Avis CCRCS nº 2017-007 du 30 mai 2017).

Art. R. 123-38 **La personne physique déclare, en outre, en ce qui concerne son activité et son établissement :**

1° La ou les activités exercées correspondant à la nomenclature d'activités définie par décret, éventuellement précisée par le déclarant ;

2° L'adresse de l'établissement ;

3° A défaut d'établissement, l'adresse de l'entreprise fixée au local d'habitation déclaré au titre de l'article L. 123-10 et, pour les ressortissants de la Communauté européenne ou d'un État partie à l'accord sur l'Espace économique européen non domiciliés en France qui exercent une activité ambulante, la commune où s'exerce le principal de l'activité ;

4° La date de commencement d'activité ;

5° S'il en est utilisé, le nom commercial et l'enseigne ;

6° Qu'il s'agit soit de la création d'un fonds de commerce, soit de l'acquisition d'un fonds existant, soit d'une modification du régime juridique sous lequel il était exploité, ou, à défaut, l'origine de l'activité. Sont indiqués : en cas de reprise, les nom, nom d'usage, pseudonyme et prénoms du précédent exploitant et son numéro unique d'identification ; en cas d'achat, de licitation ou de partage d'un fonds de commerce, le titre et la date du *(Décr. n° 2020-106 du 10 févr. 2020, art. 2)* **« support » d'annonces légales dans lequel a été publiée l'insertion prescrite par l'article L. 141-12 ;**

7° En cas de propriété indivise des éléments d'exploitation, les nom, nom d'usage, pseudonyme, prénoms et domicile des personnes physiques ou dénomination sociale et adresse des personnes morales indivisaires ;

8° En cas de location-gérance, les nom, nom d'usage, pseudonyme, prénoms et domicile ou dénomination sociale et adresse du siège du loueur de fonds ; les dates du début et du terme de la location-gérance avec, le cas échéant, l'indication que le contrat est renouvelable par tacite reconduction ; — *Pour les mesures de publicité afférentes à la location-gérance d'un fonds, V. art. R. 144-1.*

9° Les nom, nom d'usage, pseudonyme, prénoms, date et lieu de naissance, domicile et nationalité des personnes ayant le pouvoir d'engager à titre habituel par leur signature sa responsabilité ;

(Décr. n° 2007-750 du 9 mai 2007, art. 3) **« 10° En cas de gérance-mandat : les nom, nom d'usage, prénoms et domicile ou la dénomination sociale et l'adresse du siège social du gérant-mandataire de l'établissement ainsi que les mentions prévues aux 1° et 2° de l'article R. 123-237 ; les nom, nom d'usage, prénoms, domicile ou la dénomination sociale et l'adresse du siège social du mandant ainsi que les mentions prévues aux 1° et 2° de l'article R. 123-237 ; les dates du début et du terme du contrat de gérance-mandat avec, le cas échéant, l'indication que le contrat est renouvelable par tacite reconduction. »**

(Décr. n° 2012-928 du 31 juill. 2012, art. 2, en vigueur le 1er sept. 2012) **« Elle peut déclarer en outre le nom de domaine de son site internet. »** — *V. note 2 ss. art. R. 123-53.* — *[Décr. n° 84-406 du 30 mai 1984, art. 8, B.]*

Les gérants-mandataires et leurs mandants disposent d'un délai de douze mois à compter de la publication du Décr. n° 2007-750 du 9 mai 2007 pour procéder aux déclarations prévues par le 10° de l'art. R. 123-38, dans sa rédaction issue du décret précité (Décr. préc., art. 42-I).

Les dispositions du Décr. n° 2012-928 du 31 juill. 2012 sont applicables en Nouvelle-Calédonie et à Wallis-et-Futuna (Décr. préc., art. 24).

1. Plan de cession. Dans l'attente de la rédaction de l'acte de cession, l'acquéreur d'un fonds de commerce doit déclarer au RCS comme « origine du fonds » que l'activité est exercée dans l'attente de l'accomplissement des actes du plan de cession autorisé, puis, une fois la cession régularisée, il doit déclarer l'acquisition du fonds en produisant pour justificatif l'acte de cession (Avis CCRCS nos 02-95 et 02-96 : *BRDA 2006, n° 22, p. 4*).

2. Reprise par le conjoint. En cas de reprise de l'exploitation par un époux du fonds de commerce de son conjoint, doivent être portés à la rubrique « origine du fonds » une mention telle que « fonds précédemment exploité par le conjoint » ainsi que les nom, nom d'usage, pseudonyme et prénoms du précédent exploitant et son numéro unique d'identification. L'avis de l'immatriculation de l'époux nouvel exploitant est publié au BODACC, dans la rubrique « création » (Avis CCRCS n° 2012-040 du 25 oct. 2012).

3. Nom commercial. Il ne peut être déclaré au RCS plusieurs noms commerciaux pour un même établissement. Rien ne fait en revanche obstacle à ce que le nom commercial déclaré soit constitué d'un signe complexe (juxtaposition de plusieurs appellations) pourvu que ce signe corresponde à celui effectivement utilisé, ou qu'il soit différent selon les établissement exploités par un même commerçant puisque pouvant correspondre à un fonds de commerce ou une entreprise différente (Avis CCRCS n° 2015-013 du 30 juin 2015 : *BRDA 2015, n° 18, p. 17*).

4. Activités déclarées. En matière de demande d'immatriculation au RCS d'une personne soumise à la L. n° 70-9 du 2 janv. 1970, la ou les activités déclarées doivent concorder avec celle(s) mentionnée(s) sur la carte professionnelle (Avis CCRCS n° 2015-030 du 27 nov. 2015). ♦ Une SEL ne peut en aucun cas être immatriculée au RCS avant son agrément ou inscription sur la liste ou au tableau de l'ordre professionnel prescrits par la réglementation particulière à la profession ou aux professions correspondant à son objet social ; le point de savoir si elle peut obtenir cet agrément ou inscription, bien qu'appelée à rester provisoirement sans activité, relève de l'autorité publique ou ordinale désignée pour prononcer ceux-ci (Avis CCRCS n° 2016-013 des 5 juill. et 2 déc. 2016 : *JCP E 2017. Actu. 3 ; BRDA 2017, n° 3, p. 6*).

Art. R. 123-39 *(Décr. n° 2007-750 du 9 mai 2007, art. 4)* **S'il a été arrêté un plan de cession, le cessionnaire déclare que la gestion de l'entreprise cédée lui a été confiée dans l'attente de l'accomplissement des actes nécessaires à la réalisation de la cession. La déclaration comporte la désignation du cédant.**

Plan de cession. Les dispositions de l'art. R. 123-39 s'appliquent lorsque le tribunal confie au cessionnaire, à sa demande et sous sa responsabilité, la gestion de l'entreprise cédée, dans le cadre de l'art. L. 642-8. Cette faculté ne s'applique pas à la vente de gré à gré d'un fonds de commerce, autorisée par le juge-commissaire dans le cadre des opérations de liquidation judiciaire, régie par l'art. L. 642-19 (Avis CCRCS n° 15-018 du 10 nov. 2015).

SOUS-SOUS-§ 2 *DES DÉCLARATIONS AUX FINS D'IMMATRICULATION SECONDAIRE HORS DU RESSORT DE L'ÉTABLISSEMENT PRINCIPAL*

Art. R. 123-40 Est un établissement secondaire au sens de la présente section tout établissement permanent, distinct du siège social ou de l'établissement principal et dirigé par la personne tenue à l'immatriculation, un préposé ou une personne ayant le pouvoir de lier des rapports juridiques avec les tiers. — *[Décr. n° 84-406 du 30 mai 1984, art. 9, al. 5.]*

1. Établissement secondaire. BIBL. A. P. S., *Gaz. Pal. 1985. 1. 140* (domiciliation). ♦ Le fait pour un commerçant de faire appel à une agence de domiciliation dans le seul but de lui faire recevoir et expédier son courrier ne crée pas obligation d'immatriculation secondaire (Rép. min. n° 38028 : *JOAN Q, 10 sept. 1977 ; RTD com. 1977. 479, obs. Derruppé*). ♦ Sur les éléments constitutifs de la notion d'établissement secondaire, V. • Douai, 11 sept. 1997 : *Gaz. Pal. 1999. 1. Somm. 343, obs. J. J. A.* • Paris, 3 juill. 2008 : *RJDA 2008, n° 1225.* ♦ Sur la distinction entre local accessoire et établissement secondaire, V. • Paris, 30 janv. 2008 : *AJDI 2008. 764*. ♦ V. dans le cas d'un bureau de liaison d'une société étrangère, considérant que la requête en inscription doit être recueillie dès lors qu'il est permanent et que le dirigeant de la succursale a le pouvoir de lier des rapports juridiques avec des tiers concourant de ce fait à l'activité commerciale de la société. • Paris, 30 nov. 2001 : *JCP E 2003, n° 2, p. 77, obs. Reinhard ; BJS 2002. 406, note Bahans ; Banque et Dr. 5-6/2002. 38, note Urban.*

2. Boutique éphémère. BIBL. Legrix de la Salle, *BRDA 2017, n° 12, p. 21* (magasins éphémères, pop-up stores, locaux vacants… : des outils pour un nouveau modèle économique). ♦ La notion de permanence visée à l'art. R. 123-40 est relative à la réalité physique de l'établissement, au même titre que son caractère distinct du siège social ou de l'établissement principal, et non à la durée de l'activité qui y est exercée par un même exploitant. Rien ne permet donc de faire exception à l'obligation de mention au RCS de l'établissement secondaire que constitue une boutique éphémère, concept sans signification juridique particulière et aux contours imprécis (Avis CCRCS n° 2015-027 du 27 nov. 2015 : *JCP E 2016, n° 197 ; BRDA 2016, n° 5, p. 14*). ♦ Pour la condamnation au titre du travail dissimulé d'un gérant ayant refusé d'immatriculer un établissement secondaire au motif qu'il s'agirait d'un magasin éphémère, V. • Crim. 28 mars 2017, n° 16-81.944 P : *RTD com. 2017. 821, obs. Saintourens ; RJDA 2017, n° 549.*

3. Promotion immobilière. Constitue un établissement secondaire celui que les intermédiaires en transaction immobilière exploitent dans des locaux provisoires *sis* dans l'enceinte ou à proximité d'un chantier, pour assurer à la demande d'un promoteur la vente des appartements et locaux d'un ensemble immobilier en construction (Avis CCRCS n° 2015-028 du 27 nov. 2015 : *JCP E 2016, n° 197 ; BRDA 2016, n° 5, p. 14*).

Art. R. 123-41 Tout commerçant immatriculé qui ouvre un établissement secondaire dans le ressort d'un tribunal où il n'est pas immatriculé demande au greffe de ce tribunal, *(Décr. n° 2021-300 du 18 mars 2021, art. 23, en vigueur le 1er janv. 2023)* **« par l'intermédiaire de l'organisme unique mentionné à l'article R. 123-1 et » dans le délai d'un mois avant ou après cette ouverture, une immatriculation secondaire.** — *[Décr. n° 84-406 du 30 mai 1984, art. 9, al. 2 et 3.]*

1. Immatriculation secondaire. Sur l'exigence d'une immatriculation au RCS au titre des lieux loués indépendamment de l'immatriculation effectuée au titre du siège social, V. • Civ. 3e, 10 nov. 1999, n° 96-22.690 : *Administrer 2/2000. 35, obs. Boccara, Lipman-Boccara et Sainturat.* ♦ En ce sens que toute personne morale immatriculée qui ouvre un établissement secondaire doit, selon les cas, demander une inscription complémentaire ou une immatriculation secondaire, V. • Civ. 3e, 13 oct. 1999, n° 97-22.258 : *LPA 19 avr. 2000, note Courtier.* ♦ Si le signataire d'un bail portant sur les locaux dans lesquels est exploité un fonds de commerce en cours d'acquisition se prévaut à juste titre de l'impossibilité de procéder à l'immatriculation de cet établissement secondaire avant la régularisation de l'acte de cession, il demeure que le délai d'un mois pour procéder à l'immatriculation court à compter de la date de régularisation de la cession. • Versailles, 15 janv. 2004 : *JCP E 2004, n° 18, p. 693.*

2. Bail commercial. L'inscription au RCS tant principale que complémentaire ou secondaire est une condition objective du droit au renouvellement du bail. • Paris, 29 nov. 2002 : *AJDI 2003. 267, obs. Porcheron*. – V. aussi **C. baux.**

Art. R. 123-42 **Sont déclarés dans la demande d'immatriculation secondaire les renseignements prévus à l'article R. 123-38.**

Cette demande rappelle en outre les nom, nom d'usage, pseudonyme et prénoms du commerçant, *(Abrogé par Décr. n° 2007-750 du 9 mai 2007, art. 5)* **« *le nom commercial s'il en est utilisé un,* » ainsi que les renseignements prévus aux 1° et 2° de l'article R. 123-237.**

(Décr. n° 2010-1706 du 29 déc. 2010, art. 5) **« La demande rappelle, le cas échéant, que l'intéressé a affecté à son activité professionnelle, en application de l'article L. 526-6, un patrimoine séparé de son patrimoine personnel, en précisant la dénomination utilisée pour l'exercice de l'activité à laquelle le patrimoine est affecté et le lieu** *(Décr. n° 2019-987 du 25 sept. 2019, art. 6, en vigueur le 1er oct. 2019)* **« où il a effectué » la déclaration d'affectation du patrimoine. »** – *[Décr. n° 84-406 du 30 mai 1984, art. 10.]*

SOUS-SOUS-§ 3 *DES DÉCLARATIONS D'INSCRIPTION MODIFICATIVE OU COMPLÉMENTAIRE*

Art. R. 123-43 **Tout commerçant immatriculé qui ouvre un établissement secondaire dans le ressort d'un tribunal où il est déjà immatriculé demande au greffe de ce tribunal,** *(Décr. n° 2021-300 du 18 mars 2021, art. 23, en vigueur le 1er janv. 2023)* **« par l'intermédiaire de l'organisme unique mentionné à l'article R. 123-1 et » dans le délai d'un mois avant ou après cette ouverture, une inscription complémentaire.** – *[Décr. n° 84-406 du 30 mai 1984, art. 9, al. 2 et 4.]*

Art. R. 123-44 **Sont déclarés dans la demande d'inscription complémentaire les renseignements prévus à l'article R. 123-38.** – *[Décr. n° 84-406 du 30 mai 1984, art. 10, al. 1er.]*

Art. R. 123-45 **Toute modification rendant nécessaire une rectification ou une adjonction aux énonciations prévues aux articles R. 123-37, R. 123-38, R. 123-42 et R. 123-44 fait, dans le délai d'un mois, l'objet d'une demande d'inscription modificative.**

Sous réserve des dispositions de l'article R. 123-89, cette demande est présentée *(Décr. n° 2021-300 du 18 mars 2021, art. 23, en vigueur le 1er janv. 2023)* **« auprès de l'organisme unique mentionné à l'article R. 123-1 » par le commerçant ou, en cas de décès, par les personnes mentionnées au** *(Décr. n° 2010-1706 du 29 déc. 2010, art. 6)* **« *7°* » de l'article R. 123-46** *(Décr. n° 2021-300 du 18 mars 2021, art. 23, en vigueur le 1er janv. 2023)* **« , selon le même procédé ».**

(Décr. n° 2010-1706 du 29 déc. 2010, art. 6) **« La demande relative à un patrimoine affecté à une activité professionnelle est présentée par la personne immatriculée au registre ou par les personnes mentionnées aux articles L. 526-15** *(Abrogé par Décr. n° 2022-709 du 26 avr. 2022, art. 1er, à compter du 15 août 2022)* **« *, L. 526-16, premier alinéa,* » et L. 526-17.** *(Abrogé par Décr. n° 2022-709 du 26 avr. 2022, art. 1er, à compter du 15 août 2022)* **« *Le dépôt de la déclaration de reprise mentionnée au second alinéa de l'article L. 526-16 est effectué par la personne reprenant le patrimoine affecté.* » La demande relative à la cession** *(Décr. n° 2022-709 du 26 avr. 2022, art. 1er)* **« à un entrepreneur individuel ou à une personne morale du patrimoine affecté, ou à son apport en société,** *[ancienne rédaction : du patrimoine affecté à une personne morale ou à son*

apport en société] » est présentée par le cédant ou l'apporteur. » – *[Décr. n° 84-406 du 30 mai 1984, art. 11, al. 1er.]*

Nouvel art. R. 123-45 *Al. 3 (Décr. n° 2022-709 du 26 avr. 2022, art. 4, en vigueur le 1er janv. 2023) « La demande relative à un patrimoine affecté à une activité professionnelle est présentée auprès de l'organisme unique par la personne immatriculée au registre ou par les personnes mentionnées aux articles L. 526-15 et L. 526-17, selon le même procédé. La demande relative à la cession à un entrepreneur individuel ou à une personne morale du patrimoine affecté, ou à son apport en société, est présentée par le cédant ou l'apporteur auprès de l'organisme unique. »*

Art. R. 123-46 Sont soumises à l'obligation prévue à l'article R. 123-45 :

1° Les décisions définitives plaçant un majeur sous tutelle ou sous curatelle au sens *(Décr. n° 2007-750 du 9 mai 2007, art. 6, en vigueur le 1er janv. 2009)* « de l'article 440 » du code civil et celles qui en donnent mainlevée ou qui les rapportent ; lorsqu'il est fait application *(Décr. n° 2007-750 du 9 mai 2007, art. 6, en vigueur le 1er janv. 2009)* « de cet article », l'obligation de déclaration incombe au tuteur ou au curateur *(Décr. n° 2021-300 du 18 mars 2021, art. 23, en vigueur le 1er janv. 2023)* « et est réalisée auprès de l'organisme unique mentionné à l'article R. 123-1 » ;

(Décr. n° 2016-296 du 11 mars 2016, art. 9) « 2° La déclaration d'insaisissabilité des droits de la personne physique immatriculée sur tout bien foncier non affecté à son usage professionnel prévue à l'article L. 526-1, la renonciation à la déclaration d'insaisissabilité ou à l'insaisissabilité de ses droits sur la résidence principale ou la révocation de la renonciation à l'insaisissabilité de ses droits sur la résidence principale prévues à l'article L. 526-3 ; »

(Décr. n° 2010-1706 du 29 déc. 2010, art. 7) « 3° Les événements et décisions mentionnés *(Décr. n° 2022-709 du 26 avr. 2022, art. 1er, en vigueur le 15 août 2022)* « aux articles *[ancienne rédaction : par les articles]* » L. 526-7, L. 526-8 (2°), L. 526-15 *(Abrogé par Décr. n° 2022-709 du 26 avr. 2022, art. 1er, à compter du 15 août 2022)* « , L. 526-16 » et L. 526-17 ;

« 4° » La désignation et la cessation de fonctions de la personne ayant le pouvoir d'engager à titre habituel par sa signature la personne immatriculée ;

(Décr. n° 2010-1706 du 29 déc. 2010, art. 7) « 5° » La cessation partielle de l'activité exercée ;

(Décr. n° 2010-1706 du 29 déc. 2010, art. 7) « 6° » La cessation totale d'activité, qu'elle soit temporaire ou définitive, avec possibilité de déclarer le maintien de l'immatriculation pour une période qui, lorsque la cessation est définitive, ne peut dépasser un an ;

(Décr. n° 2010-1706 du 29 déc. 2010, art. 7) « 7° » Le décès de la personne immatriculée avec possibilité de déclarer le maintien provisoire, pendant un délai maximum d'un an, de l'immatriculation, et, si l'exploitation se poursuit, les conditions d'exploitation, nom, nom d'usage, pseudonyme, prénoms, domicile personnel et qualité des héritiers et ayants cause à titre universel, date et lieu de naissance, nationalité et qualité des personnes assurant l'exploitation ; dans ce dernier cas, la déclaration est faite par la ou les personnes poursuivant l'exploitation *(Décr. n° 2021-300 du 18 mars 2021, art. 23, en vigueur le 1er janv. 2023)* « et est réalisée auprès de l'organisme unique mentionné à l'article R. 123-1 » ;

(Décr. n° 2010-1706 du 29 déc. 2010, art. 7) « 8° » Le renouvellement, limité à une période supplémentaire d'un an, du maintien provisoire de l'immatriculation dans les cas prévus aux 6° et 7°. – *[Décr. n° 84-406 du 30 mai 1984, art. 12.]*

V. 3e note rédactionnelle ss. art. R. 123-37.

Jugement ouvrant une tutelle. Sur les mentions devant figurer dans la déclaration d'inscription modificative prévues par les art. R. 123-46-1° et R. 123-69-4°, visant à déclarer les décisions de placement ou de mainlevée d'un majeur sous tutelle ou sous curatelle, V. Avis CCRCS n° 2012-029 du 21 juin 2012 : *JCP E 2012. Actu. 475.*

Art. R. 123-47 Les dispositions de l'article R. 123-45 ne sont pas applicables :

1° A la mise à jour des références faites, dans l'immatriculation principale, aux immatriculations secondaires : la mention rectificative est dans ce cas effectuée d'office par le greffier de l'immatriculation principale sur notification du greffier de l'immatriculation secondaire ayant procédé à cette dernière ou à sa radiation ;

2° A la mise à jour des renseignements relatifs à la situation personnelle de l'assujetti figurant dans l'immatriculation secondaire : la mention rectificative ou complémentaire est dans ce cas effectuée par le greffier de l'immatriculation secondaire sur notification du greffier ayant procédé à l'inscription modificative correspondante. — [*Décr. n° 84-406 du 30 mai 1984, art. 11, al. 2 à 4.*]

Art. R. 123-48 En cas de transfert, dans le ressort d'un autre tribunal, de l'établissement principal ou secondaire, ou de changement, au profit d'une adresse située dans le ressort d'un autre tribunal, de l'adresse de l'entreprise fixée au local d'habitation, déclaré au titre de l'article L. 123-10, les personnes physiques immatriculées demandent, *(Décr. n° 2021-300 du 18 mars 2021, art. 23, en vigueur le 1er janv. 2023)* « par l'intermédiaire de l'organisme unique mentionné à l'article R. 123-1 et » dans le délai d'un mois à compter du transfert ou du changement d'adresse :

1° Une nouvelle immatriculation dans le ressort de ce tribunal si elles n'y étaient pas déjà immatriculées à titre principal ou secondaire ;

2° Dans le cas contraire, la transformation de leur immatriculation, avec indication en tant que de besoin des renseignements prévus aux articles R. 123-37 et R. 123-38 [;]

(Abrogé par Décr. n° 2015-913 du 24 juill. 2015, art. 2) (Décr. n° 2012-122 du 30 janv. 2012, art. 1er-I) ***« 3° Dans tous les cas, lorsque, conformément à l'article L. 526-7, une déclaration d'affectation du patrimoine à l'activité professionnelle a été déposée au registre antérieurement au transfert d'établissement ou au changement d'adresse, la mention du lieu de dépôt de la déclaration d'affectation et des comptes ou documents mentionnés à l'article L. 526-14. »*** — [*Décr. n° 84-406 du 30 mai 1984, art. 12-1, al. 1er à 3.*]

Les modifications issues du Décr. n° 2015-913 du 24 juill. 2015 sont applicables dans les îles Wallis-et-Futuna (Décr. préc., art. 12).

BIBL. ▶ LEBEL, *JCP E 2012, n° 114* (Décr. n° 2012-122 du 30 janv. 2012).

Art. R. 123-49 Dans les quinze jours de la nouvelle immatriculation ou de la transformation, celle-ci est notifiée, par le greffier du tribunal dans le ressort duquel est situé le nouvel établissement ou la nouvelle adresse de l'entreprise fixée au local d'habitation, *(Décr. n° 2021-300 du 18 mars 2021, art. 23, en vigueur le 1er janv. 2023)* « à la personne immatriculée par l'intermédiaire de l'organisme unique mentionné à l'article R. 123-1 et » au greffier de l'ancien établissement ou de l'ancienne adresse. Ce dernier procède d'office, dans le dossier en sa possession, soit à la radiation, soit à la mention correspondante. Il notifie l'accomplissement de la formalité à la personne immatriculée *(Décr. n° 2021-300 du 18 mars 2021, art. 23, en vigueur le 1er janv. 2023)* « par l'intermédiaire de l'organisme unique » et au greffier du nouvel établissement ou de la nouvelle adresse.

(Décr. n° 2007-750 du 9 mai 2007, art. 8) « En cas de transfert d'un établissement secondaire, le greffier du nouvel établissement ou de la nouvelle adresse procède à la notification prévue au 1° de l'article R. 123-47. » — [*Décr. n° 84-406 du 30 mai 1984, art. 12-1, al. 4.*] — *V. art. A. 123-46.*

Art. R. 123-49-1 *(Décr. n° 2019-987 du 25 sept. 2019, art. 7, en vigueur le 1er oct. 2019)* Lorsque l'entrepreneur individuel à responsabilité limitée transfère dans le ressort d'un autre tribunal l'établissement où est exercée l'activité professionnelle au titre de laquelle il a effectué une déclaration d'affectation de patrimoine ou, à défaut d'établissement, le local d'habitation où l'entreprise est fixée, il indique, conjointement à sa demande de nouvelle immatriculation, le lieu et le registre de son immatriculation antérieure.

Le greffier nouvellement compétent demande, dans le délai d'un jour franc ouvrable à compter de la nouvelle immatriculation, au greffier du tribunal dans le ressort duquel était précédemment exercée l'activité de procéder, dans le délai d'un jour franc ouvrable à compter de la réception de sa demande, au transfert prévu au sixième alinéa de l'article L. 526-7 des déclarations, mentions et documents mentionnés à cet article. Le greffier antérieurement compétent informe, par tous moyens [*nouvelle rédaction issue du Décr. n° 2021-300 du 18 mars 2021, art. 23, en vigueur le 1er janv. 2023 : « l'intermédiaire de l'organisme unique mentionné à l'article R. 123-1 »*], l'entrepreneur individuel de ce transfert. Le cas échéant, il est fait application des dispositions du *(Décr. n° 2021-*

300 du 18 mars 2021, art. 2, en vigueur le 1er avr. 2021) « dernier » alinéa de l'article R. 123-83.

Art. R. 123-50 Lorsque la cessation totale de l'activité commerciale dans le ressort d'un tribunal résulte du transfert de celle-ci dans le ressort d'un autre tribunal, la radiation est effectuée d'office sur notification du greffier ayant procédé à la nouvelle immatriculation. – *[Décr. no 84-406 du 30 mai 1984, art. 13, al. 2.]*

SOUS-SOUS-§ 4 *DE LA DÉCLARATION AUX FINS DE RADIATION*

Art. R. 123-51 Tout commerçant immatriculé demande, *(Décr. no 2021-300 du 18 mars 2021, art. 23, en vigueur le 1er janv. 2023)* « par l'intermédiaire de l'organisme unique mentionné à l'article R. 123-1 et » dans le délai d'un mois avant la cessation totale de son activité commerciale dans le ressort d'un tribunal ou dans le délai d'un mois à compter de celle-ci, sa radiation en indiquant la date de cessation, sauf lorsqu'il est fait usage de la possibilité prévue au *(Décr. no 2007-750 du 9 mai 2007, art. 7)* « 5° » de l'article R. 123-46. – *[Décr. no 84-406 du 30 mai 1984, art. 13, al. 1er, 1re phrase.]*

Date de cessation d'activité. Le commerçant qui a commis une erreur quant à la date réelle de sa cessation d'activité dans sa demande de radiation peut solliciter du greffier une rectification de celle-ci. Dans cette hypothèse, le commerçant doit justifier de la date de sa cessation d'activité par tout document établissant la réalité de celle-ci (Avis CCRCS no 2012-017 du 13 avr. 2012).

Art. R. 123-52 En cas de décès du commerçant, la demande de radiation est présentée *(Décr. no 2021-300 du 18 mars 2021, art. 23, en vigueur le 1er janv. 2023)* « auprès de l'organisme unique mentionné à l'article R. 123-1 » par les héritiers ou ayants cause à titre universel de celui-ci, sauf lorsqu'il est fait usage de la possibilité prévue au *(Décr. no 2010-1706 du 29 déc. 2010, art. 8)* « 7° » de l'article R. 123-46. – *[Décr. no 84-406 du 30 mai 1984, art. 13, al. 1er, 2e phrase.]*

SOUS-§ 2 DES DÉCLARATIONS INCOMBANT AUX PERSONNES MORALES

SOUS-SOUS-§ 1er *DES DÉCLARATIONS AUX FINS D'IMMATRICULATION*

Art. R. 123-53 Dans sa demande d'immatriculation, la société déclare, en ce qui concerne la personne morale :

1° Sa raison sociale ou sa dénomination suivie, le cas échéant, de son sigle ;

(Décr. no 2007-750 du 9 mai 2007, art. 9) « 2° Sa forme juridique en précisant, s'il y a lieu, le fait que la société est constituée d'un associé unique et, le cas échéant, l'indication du statut légal particulier auquel la société est soumise ; »

3° Le montant de son capital social ; si le capital est variable, le montant au-dessous duquel il ne peut être réduit ;

4° L'adresse de son siège social ; – *Sur la domiciliation, V. art. L. 123-4 et L. 123-10.*

5° Le cas échéant, que la personne morale, dont le représentant légal a installé le siège social à son domicile, use de la faculté ouverte par les dispositions du deuxième alinéa de l'article L. 123-11-1 ;

6° Ses activités principales ;

7° Sa durée fixée par les statuts ;

8° S'il s'agit d'une société soumise à publicité de ses comptes et bilans annuels, la date de clôture de l'exercice social ;

9° Les références des immatriculations secondaires éventuellement souscrites et, le cas échéant, des établissements principaux ou secondaires situés et immatriculés dans un autre État membre de la Communauté européenne ou partie à l'accord sur l'Espace économique européen. En outre, la personne morale peut déclarer les mentions relatives à l'adresse et à l'activité principale de ces établissements sur présentation des justificatifs définis par l'arrêté prévu à l'article R. 123-166 ;

10° Le cas échéant, qu'elle est bénéficiaire d'un contrat d'appui au projet d'entreprise pour la création ou la reprise d'une activité économique conclu dans les conditions prévues au chapitre VII du titre II du présent livre, en précisant la dénomination

sociale de la personne morale responsable de l'appui, l'adresse de son siège social, ainsi que, si elle est immatriculée dans un registre public, le lieu d'immatriculation et le numéro unique d'identification ;

(Décr. n° 2015-1219 du 1er oct. 2015, art. 1er, en vigueur le 1er janv. 2016) **« 11° Le cas échéant, s'il s'agit d'une société commerciale, sa qualité d'entreprise de l'économie sociale et solidaire » ;**

(Décr. n° 2020-1 du 2 janv. 2020, art. 2) **« 12° Le cas échéant, sa qualité de société à mission. »**

(Décr. n° 2012-928 du 31 juill. 2012, art. 3, en vigueur le 1er sept. 2012) **« Elle peut déclarer en outre le nom de domaine de son ou de ses sites internet. »** – *[Décr. n° 84-406 du 30 mai 1984, art. 15, al. 1er à 9, 16 et 17.]*

Les dispositions du Décr. n° 2012-928 du 31 juill. 2012 sont applicables en Nouvelle-Calédonie et à Wallis-et-Futuna (Décr. préc., art. 24).

1. Adresse de la société. Le code de commerce ne comporte aucune exigence concernant l'identification d'un bâtiment au sein d'un ensemble immobilier, de telle sorte qu'une cour d'appel a pu juger que la mention de l'adresse d'un établissement suffit à son identification (numéro de bâtiment erroné). • Civ. 3e, 4 juill. 2012, n° 11-13.868 P : *D. 2012. Actu. 1816, obs. Rouquet ; Gaz. Pal. 2012. 2907, note Barbier ; RJDA 2012, n° 940 ; JCP E 2012, n° 1541 ; BJS 2013. 99, note Oudenot.* ♦ Comp., estimant que l'adresse du siège social s'entend d'un lieu géographique précis à désigner par les éléments usuels en pareille matière : numéro et nom de la voie, commune, département, pays, assortis si nécessaire de compléments tels que lieu-dit, résidence, bâtiment, zone industrielle, numéro de lot, étage… : * Avis CCRCS n° 2014-011 du 11 avr. 2014 : *JCP E 2014. Actu. 739.*

Le greffier, dans l'exercice de sa mission de contrôle des demandes d'immatriculation au RCS, ne peut naturellement pas être conduit à exiger l'indication d'éléments inexistants pour la localisation du siège social (absence d'un nom de rue attribué par la municipalité). Justifie en revanche une réclamation de renseignements complémentaires de sa part, voire un refus d'inscription, la constatation de la désignation, en fait d'adresse de siège social, d'une zone industrielle ou artisanale sans précision de la commune et du département (Avis CCRCS n° 2016-010 des 19 mai et 14 juin 2016 : *JCP E 2016. Actu. 702*).

2. Site internet. Sur la faculté de déclarer les noms de domaine des sites internet et les modalités de cette déclaration et des inscriptions modificatives, V. * Avis CCRCS n° 2012-033 du 25 oct. 2012 : *BRDA 2012, n° 24, p. 10.*

3. Capital social. En l'état des dispositions législatives et réglementaires applicables, doivent faire l'objet d'une déclaration au RCS lors de la demande d'immatriculation le capital statutaire, qui correspond au capital effectivement souscrit, et le capital statutaire minimal, s'agissant des sociétés à capital variable (Avis CCRCS n° 2014-04 du 14 mars 2014 : *JCP E 2014. Actu. 739 ; BRDA 2014, n° 15-16, p. 4*).

4. Cedex et BP. L'adresse de leur siège social, dont la déclaration au RCS s'impose aux sociétés, peut être complétée par l'indication de leur « cedex » ou de leur « boîte postale », étant observé que cette indication ne peut en aucun cas remplacer l'énoncé de la localisation précise du siège social, au moyen des éléments habituellement utilisés (Avis CCRCS n° 2014-011 du 11 avr. 2014 : *préc. note 1*). ♦ En l'état des formulaires de déclaration et afin d'éviter toute confusion avec l'identification du lieu du siège social, les indications afférentes au « cedex » et à la « boîte postale » doivent faire l'objet d'une mention distincte à la rubrique « observations » desdits formulaires ; leur reprise dans les extraits délivrés par les greffiers doit en revanche s'effectuer dans la même rubrique que l'adresse, mais en les distinguant clairement de la localisation précise du siège social (Même avis).

5. Date de clôture de l'exercice. En cas de demande d'immatriculation ou d'autre inscription incluant la déclaration, pour le premier exercice, d'une date de clôture du premier exercice social comprise entre dix-huit et vingt-trois mois, le greffier doit s'assurer que cette date correspond aux dispositions particulières des statuts sur ce point (Avis CCRCS n° 2015-015 du 29 sept. 2015).

6. Entreprise de l'ESS. Pour l'exécution des formalités d'immatriculation ou d'inscription modificative au RCS, la mention de la qualité d'entreprise de l'économie sociale et solidaire (ESS) ne relève pas de la rubrique prévue au 2° de l'art. R. 123-53 « statut légal particulier auquel la société est soumise », mais d'une rubrique spéciale mentionnée au 11° (Avis CCRCS n° 2016-024 du 2 déc. 2016 : *JCP E 2017. Actu. 3*).

7. Sociétés d'habitation à loyer modéré. Doit faire l'objet d'une mention au RCS le statut légal particulier des trois types de sociétés suivantes : les sociétés anonymes d'habitations à loyer modéré, les sociétés anonymes coopératives de production d'habitations à loyer modéré et les sociétés anonymes coopératives d'intérêt collectif d'habitations à loyer modéré (Avis CCRCS n° 2018-018 du 19 déc. 2018).

Art. R. 123-54 La société déclare en outre :

1° Les nom, nom d'usage, pseudonyme, prénoms et domicile personnel des associés tenus indéfiniment ou tenus indéfiniment et solidairement des dettes sociales, leurs date et lieu de naissance, ainsi que *(Décr. n° 2007-750 du 9 mai 2007, art. 10)* « leur nationalité » ;

2° *(Décr. n° 2020-106 du 10 févr. 2020, art. 3)* « Selon la forme juridique, les nom », nom d'usage, pseudonyme, prénoms, date et lieu de naissance, domicile personnel et nationalité des :

a) *(Décr. n° 2020-106 du 10 févr. 2020, art. 3)* « Gérants, présidents, directeurs » généraux, directeurs généraux délégués, membres du directoire, *(Décr. n° 2007-750 du 9 mai 2007, art. 10)* « président du directoire ou, le cas échéant, directeur général unique, » associés et tiers ayant le pouvoir de diriger, gérer ou engager à titre habituel la société avec l'indication, pour chacun d'eux lorsqu'il s'agit d'une société commerciale, qu'ils engagent seuls ou conjointement la société vis-à-vis des tiers ;

b) *(Décr. n° 2020-106 du 10 févr. 2020, art. 3)* « Administrateurs*[,]* » président du conseil d'administration, *(Décr. n° 2007-750 du 9 mai 2007, art. 10)* « président du conseil de surveillance, » membres du conseil de surveillance et commissaire aux comptes. *(Décr. n° 2012-607 du 30 avr. 2012, art. 30)* « En ce qui concerne le commissaire aux comptes, l'adresse professionnelle peut être déclarée en lieu et place du domicile ; »

3° Lorsque les personnes mentionnées aux *(Décr. n° 2020-106 du 10 févr. 2020, art. 3)* « 1° et 2° » ci-dessus sont des personnes morales, la dénomination sociale, la forme juridique, l'adresse du siège *(Abrogé par Décr. n° 2020-106 du 10 févr. 2020, art. 3)* « *, le cas échéant leur représentant permanent* » ainsi que :

a) Pour les personnes morales de droit français immatriculées au registre, les renseignements mentionnés aux 1° et 2° de l'article R. 123-237 ;

b) Pour les sociétés relevant de la législation d'un autre État membre de la Communauté européenne ou partie à l'accord sur l'Espace économique européen, le numéro et le lieu d'immatriculation dans un registre public ;

c) Pour les personnes morales non immatriculées ou relevant de la législation d'un État non membre de la Communauté européenne ou partie à l'accord sur l'Espace économique européen, les nom, nom d'usage, pseudonyme, prénoms et domicile des personnes ayant le pouvoir de les diriger, gérer ou engager à titre habituel ;

(Décr. n° 2020-106 du 10 févr. 2020, art. 3) « *d)* Lorsque la désignation d'un représentant permanent est prévue par un texte, les renseignements le concernant mentionnés au 2°. » – *[Décr. n° 84-406 du 30 mai 1984, art. 15, al. 10 à 14.]*

V. 3e note rédactionnelle ss. art. R. 123-37.

Le CCRCS est d'avis qu'à défaut d'avoir déclaré spontanément les noms des associés, les sociétés civiles déjà immatriculées au 1er févr. 2005 puissent régulariser à l'occasion d'inscriptions modificatives ou dépôt d'actes (Avis CCRCS n° 05-33 bis du 17 oct. 2005 : BRDA 2006, n° 1, p. 3).

1. Associés tenus indéfiniment et solidairement. Pour un arrêt se fondant sur l'art. 15 (A, 9°) pour décider que l'acte de cession de parts sociales d'une SCI qui n'a pas été déposé en annexe au RCS est inopposable au créancier nanti, V. • Paris, 13 mars 1997 : *Dr. sociétés 1997, n° 100, obs. crit. Bonneau.* ♦ Lorsqu'un mineur non émancipé est associé d'une société civile, la demande d'immatriculation ne doit pas faire référence à un administrateur légal (Avis CCRCS n° 05-26 du 12 sept. 2005 : *Bull. RCS 2005, n° 30-32, p. 67 ; BRDA 2006, n° 1, p. 3*). ♦ La révélation de la minorité ou de la majorité résulte de la publicité de leur date de naissance ; lorsqu'ils deviennent majeurs, aucune inscription modificative n'est à effectuer pour ce seul motif (Avis CCRCS n° 05-40 du 18 nov. 2005 : *Bull. RCS 2005, n° 30-32, p. 69*). ♦ En cas de démembrement de la propriété d'une part sociale, seul le nu-propriétaire à qui est reconnu la qualité d'associé doit être mentionné au RCS (Avis CCRCS n° 05-27 du 12 sept. 2005). ♦ Les associés de société civile tenus indéfiniment des dettes sociales doivent être déclarés au RCS (Avis CCRCS n° 05-15 du 6 avr. 2005 : *Bull. RCS 2005, n° 30-32, p. 71* ; * Rép. min. n° 23813 : *JO Sénat 3 mai 2007, p. 910 ; BRDA 2007, n° 10, p. 4*). ♦ Les copropriétaires de parts sociales doivent être mentionnés au RCS, en revanche leur qualité d'indivisaire n'a pas à être précisée (Avis CCRCS n° 2012-023 du 30 mai 2012 : *JCP E 2012. Actu. 475 ; BRDA 2012, n° 13, p. 2*). ♦ Les dispositions de l'art. R. 123-54-1° s'appliquent aux associés des sociétés à capital variable lorsque la forme sociale choisie entraîne une responsabilité indéfinie ou indéfinie et solidaire au passif social (Avis CCRCS n° 2013-035 du 17 déc. 2013).

2. Adresse du dirigeant. Dès lors que l'administrateur, dont la famille figure parmi les premières fortunes mondiales, a été inquiété par des tentatives d'extorsion de fonds et de chantage, il y a lieu d'autoriser que l'adresse du siège social de la société soit mentionnée au RCS au lieu et place de son adresse personnelle, afin de protéger sa sécurité et celle de sa famille. • Paris, 21 mars 2000 : *BJS 2000. 732, note Bahans ; JCP E 2001, n° 19, p. 800, obs. Garaud.* ♦ Pour des arrêts ayant jugé qu'afin de protéger la sécurité d'un dirigeant, victime de menaces depuis de longues années à raison de ses fonctions au sein de sa société, et de garantir le respect de son domicile contre toute éventuelle atteinte violente, il convient d'autoriser que l'adresse du siège social de la société soit mentionnée au RCS au lieu et place de son adresse personnelle, V. • Paris, 23 janv. 1998 : *D. Affaires 1998. 344, obs. V. A.-R. ; BJS 1998. 551, note Gibirila ; Rev. sociétés 1998. 437, obs. Bouloc.* ♦ Rejetant une demande au motif que le requérant ne justifiait pas l'existence d'un risque certain d'atteinte à la personne du dirigeant : • TGI Bobigny, ord., 12 juill. 2018 : *BJS 2018. 670, obs. Etain.*

3. Directeur général de SAS. Lorsque les associés d'une société anonyme par actions simplifiées ont désigné un « directeur général » investi des mêmes pouvoirs que le président, celui-ci doit être déclaré au RCS non pas en cette qualité mais en tant qu'associé ou tiers ayant le pouvoir de diriger, de gérer ou d'engager à titre habituel la société en application de l'art. 15-A, 10°, du décret de 1984, le titre de directeur général pouvant éventuellement être mentionné en observation (Avis CCRCS n° 00-64 : *JCP 2001. I. 326, obs. Viandier et Caussain*). ♦ V. aussi, estimant que le vice-président du conseil de surveillance n'a pas à être déclaré en cette qualité ; il est déclaré comme membre du conseil (Avis CCRCS n° 05-93 du 15 déc. 2005 : *Bull. RCS 2005, n° 30-32, p. 65 ; BJS 2006. 662, obs. Baranger*).

4. Personne morale dirigeante. Lorsqu'une personne morale est nommée dirigeante d'une société, seul son représentant permanent doit être mentionné. Le représentant légal de la personne morale dirigeante est déclaré au registre uniquement lorsque celle-ci n'est pas immatriculée au RCS ou lorsqu'elle est étrangère hors Union européenne (Avis CCRCS n° 05-64 *bis* du 17 oct. 2005 : *Bull. RCS 2005, n° 30-32, p. 47*).

5. Bail commercial. BIBL. Kéita, *Gaz. Pal. 4-6 juin 2000, p. 3.* ♦ Les prescriptions légales relatives à l'inscription d'une société au RCS n'imposent pas, à peine d'irrecevabilité, l'existence d'un bail commercial dès lors qu'il est justifié d'un siège social en France, lequel peut être fixé, comme en l'espèce, dans un centre de domiciliation dans l'attente d'un développement des activités de la société en fonction de la nature de celles-ci. • Paris, 7 juill. 1995 : *JCP E 1995. Pan. 1178.*

6. Libération du capital. BIBL. Le Cannu, *BJS 1995. 1034.* – Bahans, *RJ com. 1999. 310.* ♦ L'art. 51 de la L. du 24 juill. 1867, relative aux sociétés à capital variable [C. com., art. L. 231-5], qui dispose que les statuts détermineront une somme en dessous de laquelle le capital ne pourra être réduit et que cette somme ne pourra être inférieure au dixième du capital social, dérogeant valablement à l'art. 38 de la L. du 24 juill. 1966 [C. com., art. L. 223-7], doit être infirmée l'ordonnance du juge commis à la surveillance du RCS qui s'est opposé à l'immatriculation d'une SARL à capital variable dont le capital social n'avait été libéré qu'à hauteur de 40 % du capital souscrit. • Paris, 1er juin 1995 : *D. 1995. 567, note Coutant ; RJDA 1995, n° 861 ; JCP E 1995. Pan. 911 ; Dr. sociétés 1995, n° 154, note Bonneau* • Bordeaux, 3 févr. 1998 : *Gaz. Pal. 4-5 juin 1999* • Montpellier, 23 juin 1998 : *ibid.* ♦ *Contra,* jugeant qu'il n'est possible de créer une SARL à capital variable qu'à la condition de respecter les dispositions combinées des deux lois : • Aix-en-Provence, 14 juin 1996 : *RJDA 1996, n° 1216 ; Rev. sociétés 1996. 849, obs. Guyon ; RJ com. 1997. 270, note Gonzales.* ♦ Il résulte de la combinaison des art. 51 de la loi de 1867 [C. com., art. L. 231-5], 35 de la loi de 1966 [C. com., art. L. 223-2] et 15 du décret de 1984 que, lors de l'immatriculation au registre d'une SARL à capital variable, la demande doit mentionner, outre le montant du capital souscrit, l'indication du montant égal au dixième au-dessous duquel il ne peut être réduit ; il convient d'indiquer sur l'extrait du registre, en observation, le montant du capital libéré (Avis CCRCS n° 98-15 : *RJ com. 1999. 321*). ♦ Considérant que le droit positif commande d'ordonner l'immatriculation de SARL à capital variable sans que soit exigée la libération totale du capital, V. • Douai, 23 sept. 1999 : *JCP 2000. IV. 1616.*

7. Autres mentions. Seules peuvent être portées sur le registre les inscriptions prévues par le Décr. du 30 mai 1984 et être déposés en annexe les actes et pièces désignés par ce texte (rejet d'une demande d'une personne tendant à mentionner qu'elle niait sa qualité d'associé, et à annexer aux statuts une plainte pour faux). • Paris, 21 mars 2000 : *Rev. sociétés 2000. 589, obs. Guyon ; BJS 2000. 818, note Bahans.* ♦ Si aucun texte n'impose la mention, sur l'extrait du RCS d'une SAS, du représentant permanent de la personne morale qui la préside, aucun texte ne prohibe une telle mention. • Poitiers, 20 sept. 2011 : *Dr. sociétés 2012, n° 211, obs. Gallois-Cochet* • Paris, 1er juill. 2014 : *RJDA 2014, n° 778 ; Dr. sociétés 2014, n° 165, obs. Gallois-Cochet* • Caen, 23 févr. 2017, n° 16/02556 : *Rev. sociétés 2017. 501, obs. Pisoni ; BRDA 2017, n° 9, p. 4.* – Sur la question, V. aussi * Avis CCRCS n° 2015-04 du 5 févr. 2015 : *JCP E 2015, Actu. 317 ; BRDA 2015, n° 9, p. 3 ; Dr. sociétés 2015, n° 131, obs. Gallois-Cochet.*

8. Commissaire aux comptes. Les mentions relatives au commissaire aux comptes personne physique, prévues par l'art. 15, A, 10°, *b*), doivent être déclarées au RCS et portées sur l'extrait du registre (Avis CCRCS n° 04-69 du 6 avr. 2005 : *Bull. RCS 2005, n° 30-32, p. 21*).

9. Siège social domiciliaire. Dans le cas où le siège social est installé au domicile du représentant légal, la personne morale est tenue de déclarer cette domiciliation au RCS lorsqu'elle use de la faculté prévue par l'art. L. 123-11-1, al. 2. Cette mention de domiciliation provisoire est portée sur l'extrait RCS de la personne morale sans qu'en soit indiquée la durée (Avis CCRCS n° 03-56 *bis* du 6 avr. 2005 : *Bull. RCS 2005, n° 30-32, p. 59*).

10. Conseil de surveillance de SAS. Sans remettre en cause les dispositions de l'art. L. 227-6 sur la représentation des SAS, celles relatives au RCS posées par l'art. R. 123-54 n'opèrent pas de distinction selon la forme sociale choisie ; les dispositions de cet article ne s'imposent donc pas seulement aux SA à directoire et à conseil de surveillance mais également à l'ensemble des sociétés commerciales ayant décidé de se doter d'un conseil de surveillance. • T. com. Paris, 2 oct. 2009 : *RJDA 2010, n° 762 ; BJS 2010. 45, note Le Cannu*. ♦ L'art. R. 123-54 vise « La société » sans distinguer entre les différentes formes de celle-ci ni selon que son organisation et son régime sont issus de la loi ou de ses statuts. L'inscription au RCS est prévue dans le souci d'informer les tiers. Dès lors, qu'elles se dotent d'un directoire et/ou d'un conseil de surveillance, les SAS doivent révéler au RCS les présidents et membres de ces organes, quels que soient leurs pouvoirs aux termes des statuts. • Paris, 18 mai 2010 : *D. 2010. Actu. 1939, obs. Lienhard ; Rev. sociétés 2011. 172, note Godon ; JCP E 2010, n° 2083, note Schiller et Leprêtre ; RJDA 2010, n° 972 ; Dr. sociétés 2010, n° 182, obs. Gallois-Cochet*. – V. aussi * Rép. min. n° 12583 : *JO Sénat Q. 9 sept. 2010. 2367 ; D. 2010. Actu. 2061, obs. Lienhard ; JCP E 2010, n° 501 ; BRDA 2010, n° 18, p. 2 ; RLDA oct. 2010. 13, obs. Garcin-Caussé ; BJS 2010. 1031, note Dondero*.

11. Pouvoir d'engager la société. Une personne qui détient le pouvoir d'engager à titre habituel une société, sans pouvoir de direction, doit être mentionnée à ce titre au RCS, en application des dispositions de l'art. 15 (10° *a*) [art. R. 123-54, 2°], et être ainsi révélée sur l'extrait du registre (Avis CCRCS n° 02-96 : *Bull. RCS 2003, n° 21-22, p. 23*). ♦ Conformément à l'art. 15, 10°, du Décr. du 30 mai 1984, doivent être déclarés, pour figurer au RCS, notamment les nom et prénoms des associés et tiers ayant le pouvoir d'engager la société. • Paris, 10 déc. 2009 : *RJDA 2010, n° 535*.

12. Directeur général adjoint. L'identité d'un directeur général adjoint n'est pas susceptible de publication au RCS. • Douai, 24 juin 2010 : *Dr. sociétés 2011, n° 11, obs. D. G.-C.*

13. Comité de direction ou de gestion. Les membres du comité de direction d'une SAS dont les pouvoirs sont assimilables à ceux d'un conseil d'administration ou de surveillance ne peuvent pas être inscrits au RCS dans la mesure où les organes d'une société qui doivent être inscrits sont limitativement énumérés à l'art. R. 123-54, de sorte que les organes non compris dans cette liste ne peuvent faire l'objet d'une telle publicité. • T. com. Versailles, 23 nov. 2010 : *RJDA 2011, n° 327 ; Dr. sociétés 2011, n° 71, obs. Gallois-Cochet*. ♦ Les membres de ce comité ne pourraient être inscrits, le cas échéant, qu'en qualité d'associés ou de tiers ayant le pouvoir de diriger, gérer ou engager à titre habituel la société. • Même jugement. ♦ Ainsi, dans une SAS, les membres d'un organe statutaire, quel que soit son intitulé, tel un « comité de gestion », auxquels les statuts confèrent individuellement ou collectivement le pouvoir de diriger, gérer ou engager à titre habituel la société, doivent être déclarés au RCS (Avis CCRCS n° 2012-031 du 25 oct. 2012 : *RTD com. 2013. 100, obs. Le Cannu et Dondero ; BRDA 2012, n° 24, p. 2*).

14. Effets de la mention. Dès lors que la mention figurant au RCS, désignant le directeur du bureau de représentation en France comme dirigeant d'une personne morale étrangère, a été donnée, en application de l'art. R. 123-54 C. com., par la société elle-même, cette dernière ne peut invoquer le moyen de nullité pris de ce que ce directeur ne serait pas son représentant au sens de l'art. 706-43 C. pr. pén. • Crim. 24 sept. 2014, n° 14-82.684 P : *Rev. sociétés 2015. 256, note Bouloc ; JCP E 2014, n° 1554 ; Dr. sociétés 2014, n° 197, obs. Salomon*.

Art. R. 123-55 *(Décr. n° 2008-1488 du 30 déc. 2008, art. 2-III)* **Le conjoint du gérant associé unique ou du gérant associé majoritaire d'une société à responsabilité limitée ou d'une société d'exercice libéral à responsabilité limitée, ou la personne qui lui est liée par un pacte civil de solidarité, fait l'objet d'une mention au registre du commerce et des sociétés dans les conditions définies par le présent livre.** — *[Décr. n° 84-406 du 30 mai 1984, art. 15, al. 18.] — V. art. R. 121-1 s.*

Art. R. 123-56 **Sont en outre déclarés dans la demande d'immatriculation :**

1° Pour les sociétés résultant d'une fusion ou d'une scission, les raison sociale ou dénomination, forme juridique et siège social de toutes les sociétés y ayant participé, ainsi que, en ce qui concerne chacune d'entre elles, les renseignements prévus aux 1° et 2° de l'article R. 123-237 ;

2° Pour les sociétés européennes issues d'une fusion, les dénomination sociale, forme juridique et siège social de toutes les sociétés y ayant participé, ainsi que, en ce qui concerne chacune d'entre elles, les renseignements prévus aux 1° et 2° de l'article R. 123-237, ou, en ce qui concerne celles ayant leur siège dans un autre État membre de la Communauté européenne ou partie à l'accord sur l'Espace économique européen, les lieu et numéro de leur immatriculation sur un registre public. – *[Décr. n° 84-406 du 30 mai 1984, art. 15, al. 15.]*

Art. R. 123-57 Lorsqu'une société commerciale dont le siège est situé à l'étranger est soumise à la législation d'un autre État membre de la Communauté européenne ou partie à l'accord sur l'Espace économique européen et revêt une des formes juridiques dont la liste figure en annexe 1-3 au présent livre *[reproduite ci-dessous]*, **sont seuls déclarés les renseignements prévus aux 1°, 2°, 8° et 9° de l'article R. 123-53 et à l'article R. 123-54, ainsi que le lieu et le numéro d'immatriculation de cette société sur un registre public.** – *[Décr. n° 84-406 du 30 mai 1984, art. 15, al. 19.]*

Sociétés étrangères. Les règles applicables à l'immatriculation étant transposables à l'inscription modificative, seules les pièces justificatives relatives à l'identification, à l'absence de condamnation et le cas échéant à l'exercice d'une activité réglementée doivent être produites à l'appui d'une demande d'inscription modificative consécutive au changement des personnes ayant le pouvoir d'engager la société en France (Avis CCRCS n° 2015-012 du 30 juin 2015 : *BRDA 2015, n° 18, p. 4*). ♦ Lors de l'ouverture de son premier établissement dans un département français, voire postérieurement à cette ouverture, une société commercial étrangère peut solliciter la mention au RCS, en ce qui concerne cet établissement, d'une ou plusieurs personnes ayant le pouvoir de l'engager à titre habituel par leur signature (Avis CCRCS n° 2018-008 du 18 juill. 2018).

Art. R. 123-58 Lorsqu'une société commerciale dont le siège est à l'étranger n'est pas soumise à la législation d'un État membre de la Communauté européenne ou partie à l'accord sur l'Espace économique européen, mais revêt une forme juridique comparable à celles énoncées à l'annexe 1-3 au présent livre *[reproduite ci-dessous]*, **sont déclarés, outre les renseignements prévus aux articles R. 123-53 à R. 123-56, la législation qui lui est applicable, ainsi que le lieu et le numéro de son immatriculation sur un registre public si la loi étrangère à laquelle cette société est soumise le prévoit.** – *[Décr. n° 84-406 du 30 mai 1984, art. 15, al. 20.]*

ANNEXE 1-3

Annexe aux articles R. 123-57 et R. 123-58

Les formes juridiques de sociétés commerciales désignées à l'article R. 123-57 sont les suivantes :

1. Pour l'Allemagne :
die Aktiengesellschaft
die Kommanditgesellschaft auf Aktien
die Gesellschaft mit beschränkter Haftung

2. Pour l'Autriche :
die Aktiengesellschaft ;
die Gesellschaft mit beschraenkter Haftung

3. Pour la Belgique :
de naamloze vennootschap
de commanditaire vennootschap op aandelen
de personenvennootschap met beperkre aansprakelijkheid

4. Pour la Bulgarie :
акционерно дружество ;
дружество с ограничена отговорност ;
командитно дружество с акции ;

5. Pour Chypre
Δημόσιες εταιρείες περιορισμένης ευθύνης με μετοχές ή με εγγύηση
ιδιωτικές εταιρείες περιορισμένης ευθύνης με μετοχές ή με εγγύηση

(Décr. n° 2013-985 du 6 nov. 2013) **« 6. Pour la Croatie**
« dioničko društvo ;
« društvo s ograničenom odgovornošću ; »

7. Pour le Danemark :
aktieselskab
kommanditaktieselskab
anpartsselskab

8. Pour l'Espagne :
la sociedad anonima ;
la sociedad comanditaria por acciones ;
la sociedad de responsabilidad limitada.

9. Pour l'Estonie :
aktsiaselts
osaühing

10. Pour la Finlande :
yksityinen osakeyhtiö/privat aktiebolag
julkinen osakeyhtiö/publikt aktiebolag

11. Pour la France :
la société anonyme ;
la société en commandite par actions ;
la société à responsabilité limitée ;
la société par actions simplifiée.

12. Pour la Grèce :
ανώνυμη εταιρίο, εταιρία περιωρισμένης ευθύνης, ετερόρρυθμη κατά μετοχές εταιρία

13. Pour la Hongrie :
részvénytársaság
korlátolt felelosségu társaság

14. Pour l'Irlande :
the public company limited by shares ;
the public company limited by guarantee and having a share capital ;
the public company limited by shares or by guarantee ;

15. Pour l'Italie :
società per azioni
società in accomandita per azioni
società a responsabilità limitata

16. Pour la Lettonie :
Akciju sabiedriba
sabiedriba ar ierobezotu atbildibu
komanditsabiedriba

17. Pour la Lituanie :
akcone bendrinve
uzdaroji akcine bendrove

18. Pour le Luxembourg :
la société anonyme
la société en commandite par actions
la société à responsabilité limitée

19. Pour Malte :
kumpanija pubblika
public limited liability company
kumpanijaprivata
private limited liability company

20. Pour les Pays-Bas :
de naamloze vennootschap ;
de besloten vennootschap met beperkte aansprakelijkheid

21. Pour la Pologne :
spólka z ograniczona odpowiedzialnoscia
spólka komandytowoakcyjna
spólka akcyjna

22. Pour le Portugal :
a sociedade anónima de responsabilidade limitada ;
a sociedade em comandita por acçoes ;
a sociedade por quotas de responsabilidade limitada.

23. Pour la Roumanie :
societatate pe acţiuni
societatate cu răspundere limitata
societatate în comandită pe acţiuni

24. Pour le Royaume-Uni :
the public company limited by shares ;
the public company limited by sguarantee and having a share capital ;
the private company limited by shares or by guarantee ;

25. Pour la Slovaquie :
akciová spolecnost
spolecnost s rucením obmedzeným'

26. Pour la Slovénie :
delniska druzba
druzba z omejeno odgovornostjo

27. Pour la Suède :
aktiebolag.
komaditna delniska druzba ;

28. Pour la République tchèque :
spolecnost s rucením omezeným
akciová spolecnost

Art. R. 123-59 Sont déclarés dans la demande d'immatriculation d'une société, en ce qui concerne son activité et son établissement, ou son siège si elle n'a pas d'établissement :

1° S'il s'agit d'une société commerciale, les renseignements prévus à l'article R. 123-38 ;

2° S'il s'agit d'une société commerciale dont le siège est à l'étranger au sens de l'article R. 123-57, les renseignements prévus à l'article R. 123-38, à l'exception de ceux prévus aux 4°, 6° et 8° ;

3° S'il s'agit d'une société non commerciale ou d'une société civile, les renseignements prévus à l'article R. 123-38, à l'exception de ceux prévus au 8°. – *[Décr. n° 84-406 du 30 mai 1984, art. 15, dernier al.]*

Art. R. 123-60 Dans sa demande d'immatriculation, le groupement d'intérêt économique déclare :

1° En ce qui concerne la personne :

a) La dénomination du groupement, suivie, le cas échéant, de son sigle ;

b) L'adresse du siège ;

c) Ses activités principales et si leur nature est civile ou commerciale ;

d) Sa durée ;

e) Pour chaque personne physique membre du groupement, les renseignements prévus aux *(Décr. n° 2007-750 du 9 mai 2007, art. 11)* « 1°, 2° et 3° » de l'article R. 123-37 et, le cas échéant, les numéros d'identification de ces personnes avec l'indication du nom du greffe ou de la *(Décr. n° 2010-1356 du 11 nov. 2010, art. 25)* « chambre de métiers et de l'artisanat de région » où elles sont immatriculées, ainsi que l'indication des personnes exonérées des dettes nées antérieurement à leur entrée dans le groupement ;

f) Pour chaque personne morale membre du groupement, les renseignements prévus aux 1°, 2° et 4° de l'article R. 123-53 et, le cas échéant, les numéros d'identification de ces personnes avec l'indication du nom du greffe ou de la *(Décr. n° 2010-1356 du 11 nov. 2010, art. 25)* « chambre de métiers et de l'artisanat de région » où elles sont immatriculées, ainsi que l'indication des personnes exonérées des dettes nées antérieurement à leur entrée dans le groupement ;

(Décr. n° 2020-106 du 10 févr. 2020, art. 4) « *g)* Pour les administrateurs et les personnes chargées du contrôle de la gestion et du contrôle des comptes, lorsqu'il s'agit de personnes physiques, leurs nom, nom d'usage, pseudonyme, prénoms, date et lieu de naissance, domicile personnel et nationalité et *[,]* lorsqu'il s'agit de personnes morales, la dénomination sociale, la forme juridique, l'adresse du siège ainsi que :

« – pour les personnes morales de droit français immatriculées au registre, les renseignements mentionnés aux 1° et 2° de l'article R. 123-237 ;

« – pour les sociétés relevant de la législation d'un autre État membre de l'Union européenne ou partie à l'accord sur l'Espace économique européen, le numéro et le lieu d'immatriculation dans un registre public ;

« – pour les personnes morales non immatriculées ou relevant de la législation d'un État non membre de l'Union européenne ou partie à l'accord sur l'Espace économique européen, les nom, nom d'usage, pseudonyme, prénoms et domicile des personnes ayant le pouvoir de les diriger, gérer ou engager à titre habituel ;

« – pour le représentant permanent d'une personne morale administrateur ou contrôleur des comptes, les renseignements prévus aux 1°, 2° et 3° de l'article R. 123-37 » ;

h) Les références des immatriculations secondaires éventuellement souscrites et, le cas échéant, des établissements principaux ou secondaires situés et immatriculés dans un autre État membre de la Communauté européenne ou partie à l'accord sur l'Espace économique européen. En outre, la personne morale peut déclarer les mentions relatives à l'adresse et à l'activité principale de ces établissements sur présentation des justificatifs définis par l'arrêté prévu à l'article R. 123-166 ;

2° En ce qui concerne l'activité et l'établissement, les renseignements prévus à l'article R. 123-38, exception faite de son 8°, s'il s'agit d'un groupement à objet non commercial. – *[Décr. n° 84-406 du 30 mai 1984, art. 16.]*

V. 3e note rédactionnelle ss. art. R. 123-37.

Art. R. 123-61 Dans leur demande d'immatriculation, les établissements publics français à caractère industriel et commercial déclarent :

1° En ce qui concerne la personne :

a) Les renseignements prévus aux 1°, 4° et 6° de l'article R. 123-53 et au 2° de l'article R. 123-54 ;

b) La forme de l'entreprise et la collectivité par laquelle ou pour le compte de laquelle elle est exploitée ;

c) Le cas échéant, la date de publication au *Journal officiel* de l'acte qui a autorisé sa création, des actes qui ont modifié son organisation et des règlements ou des statuts qui déterminent les conditions de son fonctionnement ;

2° En ce qui concerne l'activité et l'établissement, les renseignements prévus à l'article R. 123-38. – *[Décr. n° 84-406 du 30 mai 1984, art. 17.]*

Art. R. 123-62 Les autres personnes morales dont l'immatriculation est prévue par les dispositions du 5° de l'article L. 123-1 déclarent les renseignements prévus aux articles R. 123-54 à R. 123-59. Les renseignements exigés peuvent faire l'objet d'adaptations par arrêté du garde des sceaux, ministre de la justice, du ministre chargé de la propriété industrielle et du ministre chargé du contrôle de la personne morale. – *[Décr. n° 84-406 du 30 mai 1984, art. 18.] – V. art. A. 123-12 s.*

SOUS-SOUS-§ 2 *DES DÉCLARATIONS AUX FINS D'IMMATRICULATION SECONDAIRE HORS DU RESSORT DE L'ÉTABLISSEMENT PRINCIPAL*

Art. R. 123-63 Toute personne morale immatriculée qui ouvre un établissement secondaire demande son immatriculation secondaire dans les conditions prévues à l'article R. 123-41.

Toutefois, cette obligation n'est pas applicable aux personnes morales mentionnées aux 4° et 5° de l'article L. 123-1 qui sont désignées par arrêté du garde des sceaux, ministre de la justice, du ministre chargé de la propriété industrielle et du ministre chargé du contrôle de la personne morale. – *[Décr. n° 84-406 du 30 mai 1984, art. 20.] – V. art. A. 123-20 et A. 123-21.*

Art. R. 123-64 Sont déclarés dans la demande d'immatriculation secondaire des personnes morales les renseignements relatifs à l'établissement prévus à l'article R. 123-38, exception faite de ceux prévus au 8° pour les personnes morales à objet non commercial. – *[Décr. n° 84-406 du 30 mai 1984, art. 21, al. 1er.]*

Art. R. 123-65 La demande d'immatriculation secondaire rappelle les renseignements mentionnés aux 1° et 2° de l'article R. 123-237, ainsi que :

1° Pour les sociétés, les renseignements prévus aux 1°, 2° et 4° de l'article R. 123-53 ;

2° Pour les groupements d'intérêt économique, les renseignements prévus aux *b* et *c* du 1° de l'article R. 123-60 ;

3° Pour les autres personnes morales, les renseignements prévus aux 1° et 4° de l'article R. 123-53 et au *b* du 1° de l'article R. 123-61. — *[Décr. n° 84-406 du 30 mai 1984, art. 21, al. 2.]*

SOUS-SOUS-§ 3 *DES DÉCLARATIONS AUX FINS D'INSCRIPTIONS MODIFICATIVES ET COMPLÉMENTAIRES*

Art. R. 123-66 **Toute personne morale immatriculée demande** *(Décr. n° 2021-300 du 18 mars 2021, art. 23, en vigueur le 1er janv. 2023)* **« , par l'intermédiaire de l'organisme unique mentionné à l'article R. 123-1, » une inscription modificative dans le mois de tout fait ou acte rendant nécessaire la rectification ou le complément des énonciations prévues aux articles R. 123-53 et suivants.** — *[Décr. n° 84-406 du 30 mai 1984, art. 22, al. 1er.]* — *V. art. A. 123-25 et A. 123-26.*

1. Délai d'un mois. Sur l'irrecevabilité d'une demande de radiation avec effet rétroactif, le délai d'un mois n'ayant pas été respecté, V. • Aix-en-Provence, 28 sept. 1995 : *RJDA 1996, n° 228.*

2. Liquidation judiciaire. Aux termes de l'art. 22 du Décr. n° 84-406 du 30 mai 1984, il appartient au liquidateur représentant de la personne morale de demander l'inscription modificative prévue à l'art. 15 de ce texte (domicile du gérant). • Douai, 31 oct. 1996 : *Gaz. Pal. 1997. 1. Somm. 157, obs. Vray ; Dr. sociétés 1998, n° 9.*

3. Transfert de siège. Le transfert de siège doit faire l'objet d'une rectification au RCS. • Douai, 6 nov. 1997 : *Gaz. Pal. 4-5 juin 1997, p. 16.* ♦ Le juge commis à la surveillance du RCS peut dès lors enjoindre à une société de procéder à une telle mention. • Même arrêt.

4. Changement d'associé. Le greffe du tribunal de commerce de Paris considère que le Décr. n° 2005-77 du 1er févr. 2005, qui a introduit l'obligation de déclarer l'identité des associés de société civile au RCS, est d'application immédiate et ne prévoit pas de dispositions spécifiques relatives à un délai d'application, ni ne distingue s'il s'applique aux personnes déjà immatriculées au non (*BRDA 2005, n° 19, p. 2*).

5. Achat d'un fonds de commerce. L'achat d'un fonds de commerce dont l'exploitation n'est pas poursuivie par l'acquéreur ne donne pas lieu à immatriculation au RCS (Avis CCRCS n° 03-10 du 18 nov. 2005 : *Bull. RCS 2005, n° 30-32, p. 9*).

6. Cogestion différée. En cas de désignation simultanée de deux cogérants dans un acte *constitutif* de société, avec décalage dans le temps de l'entrée en fonction de l'un d'eux, la mention de ce dernier doit faire l'objet d'une demande d'inscription modificative conformément à l'art. R. 123-66, dans le mois de son entrée en fonction, assortie des pièces requises pour la mention de tout nouveau gérant (Avis CCRCS n° 2012-010 du 23 mars 2012 : *Dr. sociétés 2012, n° 186, obs. Roussille*).

7. Clôture de l'exercice social. Parmi les SNC, seules sont assujetties à la mention au RCS de la date de clôture de leur exercice social celles dont tous les associés sont des sociétés à responsabilité ou des sociétés par actions. Dans l'hypothèse où les associés d'une telle SNC décident du changement de cette date de clôture, la société doit en présenter la demande d'inscription modificative au RCS (Avis CCRCS n° 2013-017 du 18 avr. 2013 : *BJS 2014. 278, obs. Gourlaouen*). ♦ La prorogation exceptionnelle d'un exercice social par une société tenue à publicité de ses comptes, en ce qu'elle constitue une modification des statuts de la société, doit donner lieu à une demande d'inscription modificative au RCS ainsi qu'au dépôt en annexe du procès-verbal de l'assemblée générale extraordinaire l'ayant décidée et d'un exemplaire des statuts mis à jour (Avis CCRCS n° 2013-011 du 27 mars 2013 : *BRDA 2013, n° 18, p. 4 ; BJS 2014. 278, obs. Étain*).

8. Reconstitution des fonds propres. En cas de demande de suppression de la mention de capitaux propres devenus inférieures à la moitié du capital social, le greffier doit exiger le dépôt en annexe au RCS d'un procès-verbal de l'assemblée générale constatant la reconstitution des capitaux propres (Avis CCRCS n° 2013-034 du 17 déc. 2013 : *BRDA 2014, n° 17, p. 3*).

9. Associé unique. La demande d'inscription modificative d'une SAS, tendant à la mention au RCS qu'elle est désormais constituée d'un associé unique, ne doit pas être accompagnée de la copie certifiée conforme d'un procès-verbal de décision constatant le changement pas plus que de statuts mis à jour (Avis CCRCS n° 2014-016 du 12 juin 2014 : *BRDA 2014, n° 20, p. 5 ; Dr. sociétés 2015, n° 9, obs. Gallois-Cochet*).

10. Réduction du capital. Le greffier peut refuser une inscription modificative tendant à mentionner au RCS la réduction du capital d'une SA ou d'une SARL si le délai d'opposition des créanciers n'est pas expiré ou si, en cas d'opposition, la décision de première instance statuant sur l'opposition n'est pas intervenue (Avis CCRCS n° 2016-016 du 15 sept. 2016 : *JCP E 2017. Actu. 3 ; BRDA 2017, n° 2, p. 3*).

11. Opposition à rectification. L'ancien gérant d'une SARL, contestant la décision de révocation dont il a fait l'objet, est irrecevable à former opposition, auprès du greffier, à la demande d'inscription modificative régularisée par la société, représentée par son nouveau gérant, aux fins de mention au RCS du changement intervenu. Seuls les tribunaux sont compétents pour connaître de toute éventuelle contestation de sa part (Avis CCRCS n° 2017-009 du 30 mai 2017).

Art. R. 123-67 Toute personne morale immatriculée qui ouvre un établissement secondaire demande son inscription complémentaire dans les conditions prévues à l'article R. 123-41.

Toutefois, cette obligation n'est pas applicable aux personnes morales mentionnées aux 4° et 5° de l'article L. 123-1 qui sont désignées par arrêté du garde des sceaux, ministre de la justice, du ministre chargé de la propriété industrielle et du ministre chargé du contrôle de la personne morale. — *[Décr. n° 84-406 du 30 mai 1984, art. 20.] — V. art. A. 123-22 et A. 123-23.*

Art. R. 123-68 Sont déclarés dans la demande d'inscription complémentaire des personnes morales les renseignements relatifs à l'établissement prévus à l'article R. 123-38, exception faite de ceux prévus au 8° pour les personnes morales à objet non commercial *(Décr. n° 2007-750 du 9 mai 2007, art. 4)* « , et à l'article R. 123-39 ». — *[Décr. n° 84-406 du 30 mai 1984, art. 21, al. 1er.]*

Art. R. 123-69 L'obligation prévue à l'article R. 123-66 inclut :

1° La cessation totale ou partielle d'activité dans le ressort du tribunal de l'immatriculation principale, même en l'absence de dissolution ;

2° La cessation totale ou partielle d'activité d'un établissement dans le ressort du tribunal d'une immatriculation secondaire ;

3° En cas de fusion ou de scission de société, l'indication de la cause de dissolution ou d'augmentation de capital, ainsi que celle de la raison sociale ou dénomination, de la forme juridique et du siège des personnes morales ayant participé à l'opération ;

4° Les décisions définitives plaçant l'une des personnes mentionnées aux 1° et 2° de l'article R. 123-54 sous tutelle ou sous curatelle au sens *(Décr. n° 2007-750 du 9 mai 2007, art. 12, en vigueur le 1er janv. 2009)* « de l'article 440 » du code civil, et celles qui en donnent mainlevée ou qui les rapportent ; lorsqu'il est fait application *(Décr. n° 2007-750 du 9 mai 2007, art. 12, en vigueur le 1er janv. 2009)* « de cet article », l'obligation de déclaration incombe au tuteur ou au curateur *(Décr. n° 2021-300 du 18 mars 2021, art. 23, en vigueur le 1er janv. 2023)* « et est réalisée auprès de l'organisme unique mentionné à l'article R. 123-1 ». — *[Décr. n° 84-406 du 30 mai 1984, art. 23, al. 1er à 3 et 5 et 6.]*

BIBL. ► GUYÉNOT, *Gaz. Pal. 1987. 1. Doctr. 312.*

1. Fusion-absorption. En cas de fusion-absorption, la dissolution d'une société n'est opposable aux tiers que par sa mention au RCS avec l'indication de sa cause ainsi que celle de la raison sociale ou dénomination, forme juridique et siège des personnes morales ayant participé à l'opération. • Com. 23 janv. 2007, n° 05-16.460 : *Rev. sociétés 2007. 531, note Saintourens ; RJDA 2007, n° 361 ; BJS 2007. 616, note Barbièri.* ♦ Sur les formalités à effectuer au RCS lorsqu'une opération de fusion intervient, en droit interne, par absorption d'une société détenue à 100 % (en ce qui concerne les SA et les SARL) ou à 90 % (pour les SA seulement), V. * Avis CCRCS n° 2015-011 du 2 juin 2015 : *JCP E 2015. Actu. 507.* ♦ En aucun cas, les mentions afférentes à la procédure collective concernant la société absorbée ne peuvent être reportées au dossier de la société absorbante. Par ailleurs, lorsqu'une fusion a été autorisée par une décision judiciaire, aucune disposition légale ne prévoit de mentions particulières à porter au dossier de la société absorbante (Avis CCRCS n° 2015-03 du 5 févr. 2015 : *JCP E 2015. Actu. 507*).

2. Cessation d'activité. Si une société immatriculée, à titre principal et pour son seul siège, au RCS tenu dans le ressort du tribunal de commerce dans lequel se situe ledit siège, et, à titre secondaire et pour son unique établissement, au RCS tenu dans le ressort du tribunal de commerce dans lequel se situe cet établissement, la déclaration de « fermeture » de l'établissement, laquelle s'analyse en une cessation d'activité au sens du 2° de l'art. R. 123-69 implique : une mention en ce sens au registre d'immatriculation secondaire, devant s'entendre d'une radiation de l'immatriculation secondaire ; une notification de cette radiation, par le greffier de l'immatriculation secondaire, au greffier de l'immatriculation principale ; une mise à jour, par le greffier de l'immatriculation principale, des références aux immatriculations secondaires. Si le greffier de l'immatriculation principale constate, lors de la mise à jour du registre dont il assure la tenue, que la cessation d'activité de l'établissement, faute d'autre établissement, s'analyse en une cessation totale d'activité au sens du 1° de l'art. R. 123-69, il invite la personne morale, en application des dispositions de l'art. R. 123-100, à régulariser son dossier en déclarant ladite cessation d'activité (Avis CCRCS n° 2019-006 du 15 oct. 2019).

Art. R. 123-70 L'obligation prévue à l'article R. 123-66 inclut également la dissolution ou la décision prononçant la nullité de la personne morale pour quelque cause que ce soit avec indication des nom, nom d'usage, pseudonyme, prénoms et domicile des liquidateurs, de l'étendue des pouvoirs de ceux-ci s'il s'agit d'une des sociétés mentionnées aux articles R. 123-53 à R. 123-58, et de la référence du *(Décr. n° 2020-106 du 10 févr. 2020, art. 5)* « support » d'annonces légales dans lequel leur nomination a été publiée ainsi que de l'adresse de la liquidation. — *[Décr. n° 84-406 du 30 mai 1984, art. 23, al. 4.]*

Art. R. 123-71 Les dispositions de l'article R. 123-66 ne sont pas applicables :

1° A la mise à jour des références faites, dans l'immatriculation principale, aux immatriculations secondaires : la mention rectificative est dans ce cas effectuée d'office par le greffier de l'immatriculation principale sur notification du greffier de l'immatriculation secondaire ayant procédé à cette dernière ou à sa radiation ;

2° A la mise à jour des renseignements relatifs à la situation personnelle de l'assujetti figurant dans l'immatriculation secondaire : la mention rectificative ou complémentaire est, dans ce cas, effectuée par le greffier de l'immatriculation secondaire sur notification du greffier ayant procédé à l'inscription modificative correspondante. — *[Décr. n° 84-406 du 30 mai 1984, art. 22, al. 2 à 4.]*

Art. R. 123-72 En cas de transfert de leur siège, de leur établissement principal ou d'un établissement secondaire dans le ressort d'un autre tribunal, les personnes morales immatriculées demandent, *(Décr. n° 2021-300 du 18 mars 2021, art. 23, en vigueur le 1er janv. 2023)* « par l'intermédiaire de l'organisme unique mentionné à l'article R. 123-1 et » dans le délai d'un mois à compter du transfert :

1° Une nouvelle immatriculation dans le ressort de ce tribunal si elles n'y étaient pas déjà immatriculées à titre principal ou secondaire ;

2° Dans le cas contraire, la transformation de leur immatriculation, avec indication en tant que de besoin des renseignements prévus selon le cas aux articles R. 123-53 à R. 123-61. — *[Décr. n° 84-406 du 30 mai 1984, art. 19, al. 1er à 3.]*

Art. R. 123-73 Le greffier du nouveau siège ou du nouvel établissement notifie la nouvelle immatriculation ou la transformation prévue à l'article R. 123-72, dans les quinze jours de celle-ci, *(Décr. n° 2021-300 du 18 mars 2021, art. 23, en vigueur le 1er janv. 2023)* « à l'organisme unique mentionné à l'article R. 123-1 et » au greffier de l'ancien siège ou de l'ancien établissement.

Ce dernier procède d'office, dans le dossier en sa possession, soit à la radiation, soit à la mention correspondante selon le cas.

Il notifie l'accomplissement de la formalité à la personne concernée *(Décr. n° 2021-300 du 18 mars 2021, art. 23, en vigueur le 1er janv. 2023)* « par l'intermédiaire de l'organisme unique » et au greffier du nouveau siège ou du nouvel établissement.

(Décr. n° 2007-750 du 9 mai 2007, art. 13) « En cas de transfert d'un établissement secondaire, le greffier du nouvel établissement procède à la notification prévue au 1° de l'article R. 123-71. » — *[Décr. n° 84-406 du 30 mai 1984, art. 19, al. 4.]*

Notification. V. note 10 ss. art. R. 600-1.

Art. R. 123-74 En cas de transfert en France du siège d'une société européenne immatriculée dans un autre État membre de la Communauté européenne ou partie à l'accord sur l'Espace économique européen, les dispositions de l'article R. 123-72 s'appliquent.

Le greffier dans le ressort duquel le siège a été transféré notifie la nouvelle immatriculation, dans les quinze jours de celle-ci, à l'autorité chargée de l'immatriculation dans l'État où elle avait son siège. — *[Décr. n° 84-406 du 30 mai 1984, art. 19-1.]*

Art. R. 123-74-1 *(Décr. n° 2009-11 du 5 janv. 2009, art. 4)* Le greffier du tribunal dans le ressort duquel est immatriculée la société issue de la fusion transfrontalière notifie sans délai la prise d'effet de la fusion au greffier ou à l'autorité compétente du

siège de chaque société ayant participé à l'opération *(Décr. n° 2021-300 du 18 mars 2021, art. 23, en vigueur le 1er janv. 2023)* **« ainsi qu'à la société immatriculée par l'intermédiaire de l'organisme unique mentionné à l'article R. 123-1 ».**

Le greffier de chaque tribunal dans le ressort duquel est immatriculée une société ayant participé à la fusion et dont le siège était situé en France procède *(Décr. n° 2021-300 du 18 mars 2021, art. 23, en vigueur le 1er janv. 2023)* **« d'office » à la radiation de son immatriculation dès réception de la notification de la prise d'effet de la fusion transfrontalière dans l'État membre considéré.**

SOUS-SOUS-§ 4 *DES DÉCLARATIONS AUX FINS DE RADIATION*

Art. R. 123-75 La radiation de l'immatriculation principale des personnes morales qui font l'objet d'une dissolution est requise par le liquidateur dans le délai d'un mois à compter de la publication de la clôture de la liquidation *(Décr. n° 2021-300 du 18 mars 2021, art. 23, en vigueur le 1er janv. 2023)* **« , auprès de l'organisme unique mentionné à l'article R. 123-1 ».**

La radiation de l'immatriculation principale des autres personnes morales est demandée dans le mois de la cessation d'activité dans le ressort du tribunal.

La radiation de l'immatriculation secondaire de toute personne morale est demandée dans le mois de la cessation d'activité dans le ressort du tribunal.

En cas d'application des dispositions du troisième alinéa de l'article 1844-5 du code civil, la radiation de l'immatriculation est requise par l'associé unique dans le délai d'un mois à compter de la réalisation du transfert du patrimoine. A l'issue *(Décr. n° 2015-417 du 14 avr. 2015, art. 2, en vigueur le 1er juill. 2015)* **« du délai d'opposition mentionné au troisième alinéa de l'article 1844-5 du code civil** *[ancienne rédaction : de ce délai]* **», le greffier délivre sur demande un certificat de non-opposition constatant que le tribunal n'a pas été saisi dans ce délai d'une opposition enrôlée.** — *[Décr. n° 84-406 du 30 mai 1984, art. 24.]*

Les dispositions issues du Décr. n° 2015-417 du 14 avr. 2015 sont applicables dans les îles Wallis-et-Futuna (Décr. préc., art. 11).

1. Liquidateur. Sur l'obligation du liquidateur de demander la radiation dans le délai d'un mois à compter de la publication de la clôture de la liquidation, V. • Aix-en-Provence, 1er oct. 1986 : *Gaz. Pal. 1987. 1. 96 ; RF compt. sept. 1987. 23, obs. Mestre et Florès.* ♦ S'il n'est pas justifié de l'accomplissement de tout ou partie des formalités mentionnées à l'art. R. 237-9, tel le dépôt d'un acte ne contenant pas quitus de sa gestion au liquidateur ou décharge de son mandat, le greffier, saisi d'une demande de radiation d'une société commerciale qui a fait l'objet d'une dissolution, ne peut y procéder. Dans cette hypothèse et après avoir vainement réclamé les renseignements ou pièces manquants, le greffier prend une décision de refus d'inscription conformément à l'art. R. 123-97 (Avis CCRCS n° 2018-011 du 19 déc. 2018).

2. Associé unique. Sur les conséquences de la radiation du RCS, suite à la réunion de toutes les parts entre les mains d'un associé devenu unique, V. • Com. 12 janv. 1999, n° 96-21.786 : *BJS 1999. 504, note Coquelet ; Dr. sociétés 1999, n° 70, obs. Bonneau.*

3. Certification de non-opposition. A l'occasion d'une formalité de radiation d'une société dissoute avec transmission universelle de son patrimoine à l'associé unique autre que personne physique, le greffier ne doit pas exiger la production du certificat de non-opposition prévu par l'art. R. 123-75 (Avis CCRCS n° 2012-019 du 30 mai 2012 : *JCP E 2012. Actu. 475*).

4. EPIC. Sur les formalités à effectuer en cas de radiation d'un établissement public à caractère industriel ou commercial suite à sa dissolution, V. * Avis CCRCS n° 2014-08 du 11 avr. 2014 : *JCP E 2014. Actu. 739.*

SOUS-SOUS-§ 5 *DE LA LANGUE DES DÉCLARATIONS*

Art. R. 123-75-1 *(Décr. n° 2007-1851 du 26 déc. 2007, art. 1er)* **Lorsque la société a son siège dans l'un des États membres de la Communauté européenne ou parties à l'accord sur l'Espace économique européen, les indications relatives :**

1° A la nomination, la cessation des fonctions ainsi que l'identité des personnes qui ont le pouvoir d'engager la société à l'égard des tiers et de la représenter en justice ou qui participent à l'administration, à la surveillance ou au contrôle de la société ;

2° Au montant du capital souscrit ;

3° A tout transfert du siège social ;

4° A la dissolution de la société ;
5° A la décision judiciaire prononçant la nullité de la société ;
6° A la nomination et l'identité des liquidateurs ainsi qu'à leurs pouvoirs respectifs ;
7° A la clôture de la liquidation et la radiation du registre,
peuvent, à sa demande, être déclarées au registre dans toute langue officielle de la Communauté. Dans tous les cas, l'une de ces langues doit être le français. Lorsque les déclarations sont également faites dans une autre langue, leur traduction en langue française doit être certifiée conforme par les déclarants. Seule la publicité obligatoire en langue française fait foi. Les tiers peuvent toutefois se prévaloir de la traduction volontairement publiée, à moins que la société ne prouve qu'ils ont eu connaissance de la version publiée obligatoirement en français.

BIBL. ▸ NDLR, *Dr. sociétés 2008. Prat. 4* (publicité concernant la langue des déclarations et des dépôts incombant aux personnes morales).

SOUS-§ 3 DES DÉCLARATIONS INCOMBANT AUX REPRÉSENTATIONS OU AGENCES COMMERCIALES DES ÉTATS, COLLECTIVITÉS OU ÉTABLISSEMENTS PUBLICS ÉTRANGERS

Art. R. 123-76 Les déclarations incombant aux États, collectivités ou établissements publics étrangers qui établissent une représentation ou une agence commerciale dans un département français sont soumises aux dispositions des articles R. 123-61 et R. 123-63 à R. 123-75. – *[Décr. n° 84-406 du 30 mai 1984, art. 25.]*

SOUS-§ 4 DISPOSITIONS COMMUNES

Art. R. 123-77 Une demande d'inscription ou un dépôt d'acte ou de pièce au registre du commerce et des sociétés peut être effectué par la voie électronique dès lors qu'il peut être transmis et reçu par cette voie, à l'exception toutefois du dépôt des actes et pièces dont l'original doit être fourni et qui ont été établis sur support papier. *(Décr. n° 2007-750 du 9 mai 2007, art. 14)* « Il peut néanmoins être suppléé, lors de la première immatriculation, à la production de l'original d'actes ou pièces sous seing privé par la remise d'une copie. »

Pour toutes les transmissions par voie électronique mentionnées au premier alinéa, il est fait usage d'une signature électronique sécurisée dans les conditions prévues à l'article *(Décr. n° 2016-1278 du 29 sept. 2016, art. 1er, en vigueur le 1er oct. 2016)* « 1367 » du code civil et par le décret *(Décr. n° 2017-1416 du 28 sept. 2017, art. 2-II)* « n° 2017-1416 du 28 septembre 2017 » pris pour son application. Toutefois, pour les demandes d'immatriculation, *(Décr. n° 2019-987 du 25 sept. 2019, art. 8, en vigueur le 1er oct. 2019)* « le dépôt de l'état descriptif prévu au I de l'article L. 526-8 » *(Abrogé par Décr. n° 2020-118 du 12 févr. 2020, art. 14)* « *et le dépôt du document prévu au deuxième alinéa de l'article L. 561-46 du code monétaire et financier* », cette signature électronique peut résulter de l'usage d'un procédé répondant aux conditions définies à la première phrase du deuxième alinéa de l'article *(Décr. n° 2016-1278 du 29 sept. 2016, art. 1er, en vigueur le 1er oct. 2016)* « 1367 » du code civil.

Le greffier accuse réception, selon les modalités fixées par l'arrêté prévu à l'article R. 123-166, de toute transmission qui lui est faite dès que celle-ci lui parvient. – *[Décr. n° 84-406 du 30 mai 1984, art. 1er.]*

Les dispositions de l'ancien art. 1er du Décr. n° 84-406 du 30 mai 1984 ont été abrogées et codifiées par l'Ord. n° 2000-912 du 18 sept. 2000, à l'art. L. 123-1.

1. Original des pièces. En cas de demande transmise par voie électronique dans les conditions de l'art. R. 123-77, le certificat du dépositaire des fonds peut être transmis sous forme de copie numérisée lors de la première immatriculation, et la procuration dont doit justifier le mandataire agissant au nom et pour le compte de la personne tenue aux formalités au RCS peut l'être sous la même forme en toute hypothèse (Avis CCRCS n° 2013-003 du 30 janv. 2013 : *JCP E 2013. Actu. 293 ; BRDA 2013, n° 8, p. 12 ; BJS 2014. 269, obs. Gourlaouen*).

2. Contrat électronique. Lorsqu'un contrat de sous-traitance est établi et signé sous forme électronique, le locataire gérant doit produire, à titre de pièce justificatif lors de son immatriculation, une copie de ce contrat qu'il doit transmettre sous la forme d'une copie électronique (Avis CCRCS n° 2013-022 du 16 juill. 2013 : *JCP E 2013. Actu. 864*).

Nouvel art. R. 123-77 *(Décr. nº 2021-300 du 18 mars 2021, art. 23, en vigueur le 1er janv. 2023)* ***Toute demande d'inscription ou tout dépôt d'acte ou de pièce au registre du commerce et des sociétés est effectué par la voie électronique, à l'exception toutefois du dépôt des actes et pièces dont l'original doit être fourni et qui ont été établis sur support papier. Il peut néanmoins être suppléé, lors de la première immatriculation, à la production de l'original d'actes ou pièces sous seing privé par le dépôt d'une copie.***

Les dispositions de l'alinéa précédent ne sont pas applicables au dépôt des documents comptables prévu à l'article R. 123-111.

Pour toutes les transmissions par voie électronique mentionnées au premier alinéa, il est fait usage d'une signature électronique dans les conditions prévues par l'article R. 123-5.

Le greffier accuse réception selon les modalités fixées par les articles R. 123-6 et R. 123-7, de toute transmission qui lui est faite.

Art. R. 123-78 *Abrogé par Décr. nº 2007-750 du 9 mai 2007, art. 15.*

SOUS-SECTION 2 DE LA TENUE DU REGISTRE ET DES EFFETS ATTACHÉS À L'IMMATRICULATION

§ 1er DISPOSITIONS GÉNÉRALES

Art. R. 123-79 **Les attributions relatives à la surveillance du registre du commerce et des sociétés et aux contestations afférentes, prévues à l'article L. 123-6, sont exercées, pour les personnes morales n'ayant pas la qualité de commerçant au sens des 2º et 5º du I de l'article L. 123-1, par le président du** *(Décr. nº 2019-966 du 18 sept. 2019, art. 8, en vigueur le 1er janv. 2020)* **« tribunal judiciaire** *[ancienne rédaction : tribunal de grande instance]* **» ou un juge commis à cet effet.** – *[Décr. nº 84-406 du 30 mai 1984, art. 4.]*

L'ancien al. 1er de l'art. 4 du Décr. nº 84-406 du 30 mai 1984 a été abrogé et codifié par l'Ord. nº 2000-912 du 18 sept. 2000, à l'art. L. 123-6.

Art. R. 123-80 **Un registre national tenu par l'Institut national de la propriété industrielle centralise** *(Décr. nº 2012-928 du 31 juill. 2012, art. 4, en vigueur le 1er sept. 2012)* **« les documents valant originaux des registres du commerce et des sociétés » tenus dans chaque greffe.**

(Abrogé par Décr. nº 2016-296 du 11 mars 2016, art. 19) ***« Le greffier lui transmet à cet effet*** *(Décr. nº 2012-928 du 31 juill. 2012, art. 4, en vigueur le 1er sept. 2012)* ***« , le cas échéant par voie électronique, » un exemplaire des inscriptions effectuées au greffe et des actes et pièces qui y ont été déposés dans les délais et conditions fixés par l'arrêté prévu à l'article R. 123-166. »*** – *[Décr. nº 84-406 du 30 mai 1984, art. 5.] – V. art. A. 123-28.*

Les dispositions du Décr. nº 2012-928 du 31 juill. 2012 sont applicables en Nouvelle-Calédonie et à Wallis-et-Futuna (Décr. préc., art. 24).

L'abrogation résultant du Décr. nº 2016-296 du 11 mars 2016 entre en vigueur à la date prévue au IV de l'art. 60 de la L. nº 2015-990 du 6 août 2015 (Décr. préc., art. 21). Elle s'applique dans les îles Wallis-et-Futuna (Décr. préc., art. 22).

Art. D. 123-80-1 *(Décr. nº 2015-1905 du 30 déc. 2015, art. 1er)* **I. – La transmission prévue au deuxième alinéa de l'article L. 123-6 du code de commerce est réalisée selon un procédé garantissant l'authenticité des documents, dans un délai de cinq jours ouvrables suivant l'inscription dans le registre chronologique prévue à l'article R. 123-98 ou l'établissement du procès-verbal prévu à l'article R. 123-102. Chaque document transmis est indexé et le format des documents est conforme à une norme. Ces modalités d'indexation et cette norme sont fixées par arrêté conjoint du garde des Sceaux, ministre de la justice, et du ministre chargé de la propriété industrielle.**

II. – La transmission prévue au troisième alinéa de l'article L. 123-6 du code de commerce est réalisée dès le retraitement des informations contenues dans les inscriptions, actes et pièces mentionnés au deuxième alinéa de l'article L. 123-6. Cette transmission est réalisée préalablement à toute diffusion ou mise à disposition de ces informations à des tiers, sans préjudice de la communication prévue aux articles R. 123-150 à R. 123-154-1. Les informations sont transmises quotidiennement sous la

forme de fichiers de rediffusion et de métadonnées. Les fichiers de rediffusion sont transmis au format texte ou au format image, selon des dispositions et conformément à des normes définies par arrêté conjoint du garde des Sceaux, ministre de la justice, et du ministre chargé de la propriété industrielle.

III. — Les transmissions mentionnées aux I et II du présent article consistent en la mise à disposition des documents et informations sur un serveur désigné par l'Institut national de la propriété industrielle.

(Décr. n° 2019-1207 du 20 nov. 2019, art. 1er) **« IV. — Lorsque le dépôt des documents comptables est accompagné, en application de l'article R. 123-111-1, soit d'une déclaration de confidentialité des comptes annuels, soit d'une déclaration de publication simplifiée des comptes annuels, le greffier signale, dans les transmissions mentionnées aux I et II du présent article, l'existence de ce dépôt et le caractère confidentiel des comptes ou leur présentation simplifiée, selon des modalités définies par arrêté conjoint du garde des sceaux, ministre de la justice, et du ministre chargé de la propriété industrielle. »**

(Abrogé par Décr. n° 2020-119 du 12 févr. 2020, art. 4) (Décr. n° 2017-1094 du 12 juin 2017, art. 2, en vigueur le 1er août 2017) ***« En cas de dépôt prévu au deuxième alinéa de l'article L. 561-46 du code monétaire et financier, le greffier signale, dans les transmissions prévues aux I et II du présent article, l'existence de ce dépôt et son caractère confidentiel, selon des modalités définies par arrêté conjoint du garde des sceaux, ministre de la justice et du ministre chargé de la propriété industrielle. »***

(Décr. n° 2020-119 du 12 févr. 2020, art. 4) **« IV *bis*. — Le greffier signale, dans les transmissions prévues aux I et II, le caractère confidentiel des informations relatives au bénéficiaire effectif autres que celles mentionnées au deuxième alinéa de l'article L. 561-46 du code monétaire et financier, selon des modalités définies par arrêté conjoint du garde des sceaux, ministre de la justice et du ministre chargé de la propriété industrielle. »**

V. — Préalablement à leur transmission prévue au II du présent article, les informations sont contrôlées et, le cas échéant, complétées, notamment avec le numéro SIREN, et corrigées.

(Annulé par CE n° 397403 du 12 juill. 2017) ***« VI. — Lorsque les greffiers se sont associés au sein d'un groupement conformément à l'article L. 743-12, ou lorsque ceux-ci ont confié à un tiers l'exécution de leurs obligations de diffusion des données des registres de publicité légale dont ils ont la charge, ce groupement ou ce tiers est chargé de l'application des dispositions du présent article. »***

V. note ss. art. L. 123-6. — V. aussi ss. art. D. 123-80-2.

Obligation personnelle de transmission. Les dispositions du code de commerce issues de la L. du 6 août 2015 imposent aux greffiers des tribunaux de commerce une obligation de transmission de documents et d'informations contenues dans le RCS dont ils ont la charge. Ceux-ci ne sauraient s'exonérer de cette obligation au motif qu'ils auraient confié le soin d'exploiter ces informations à un tiers, y compris au GIE prévu à l'art. L. 743-12. Dès lors, le Décr. n° 2015-1905 du 30 déc. 2015 ne pouvait, sans méconnaître tant l'étendue de sa compétence que les termes de la loi, mettre à la charge de tiers les obligations instituées par le législateur à la seule charge des greffiers. Par suite, le décret attaqué doit être annulé en tant que, par le VI de l'art. D. 123-80-1 issu de son art. 1er, par le 2e al. du II de son art. 3 et par le III de son art. 4 (V. ss. art. D. 123-80-2), il a institué des obligations à la charge de personnes autres que les greffiers de tribunal de commerce. • CE 12 juill. 2017, n° 397403 : *RTD com. 2017. 859, obs. Lombard ; AJDA 2017. 1478, obs. de Montecler.*

Art. D. 123-80-2 *(Décr. n° 2015-1905 du 30 déc. 2015, art. 1er)* **Aux fins de vérifier et d'assurer la complétude et la cohérence du registre national du commerce et des sociétés, une extraction des documents mentionnés au deuxième alinéa de l'article L. 123-6 et des résultats des retraitements des informations mentionnés au troisième alinéa du même article est transmise par le greffier sur demande de l'Institut national de la propriété industrielle, deux fois par an et dans un délai maximal de six semaines. Cette transmission est réalisée selon les modalités prévues à l'article D. 123-80-1.**

Décret n° 2015-1905 du 30 décembre 2015,

Relatif aux modalités de transmission et de mise à disposition des informations constitutives du registre national du commerce et des sociétés.

Art. 3 I. — A la date d'entrée en vigueur du présent article, le greffier transmet à l'Institut national de la propriété industrielle l'intégralité des résultats des retraitements des informations contenues dans les inscriptions, actes et pièces qui ont été enregistrés et déposés au greffe antérieurement à cette date. Cette obligation ne porte que sur les résultats des retraitements dont il dispose à cette date.

II. — Les dispositions du présent article ne sont pas applicables aux greffiers tenant le registre du commerce et des sociétés dans le ressort des juridictions mentionnées à l'article L. 731-1 et dans les juridictions mentionnées à l'article L. 732-1.

(Annulé par CE n° 397403 du 12 juill. 2017) « Lorsqu'un accord a été conclu entre l'Institut national de la propriété industrielle et le groupement visé à l'article L. 743-12 aux fins du retraitement des informations contenues dans les inscriptions, actes et pièces déposés auprès des greffes mentionnés au précédent alinéa, le groupement transmet à l'Institut national de la propriété industrielle l'intégralité des résultats de ces retraitements dont il dispose à la date d'entrée en vigueur du présent article. » — V. note ss. art. D. 123-80-1.

III. — Les transmissions visées aux I et II du présent article sont réalisées selon les modalités prévues à l'article D. 123-80-1 du code de commerce.

Art. 4 I. — A titre d'expérimentation, en vue d'assurer l'opérabilité des dispositifs de transmission des informations à la date prévue au IV de l'article 60 de la loi n° 2015-990 du 6 août 2015 pour la croissance, l'activité et l'égalité des chances économiques et aux fins de vérifier l'efficacité des processus mis en œuvre à cette date, le greffier transmet à l'Institut national de la propriété industrielle :

1° les résultats des retraitements des informations mentionnés au 1° du I de l'article 60 de la loi précitée ; cette transmission est réalisée quotidiennement dès le retraitement des informations ;

2° les résultats des retraitements des informations contenues dans les actes et pièces mentionnés au 1° du I de l'article 60 de la loi précitée déposés au greffe entre le 1er décembre 2014 et le 30 novembre 2015 ; cette transmission est réalisée en une seule fois, dans un délai de deux jours ouvrables suivant la date d'entrée en vigueur de cette disposition.

II. — Les transmissions prévues au I du présent article consistent en la mise à disposition des informations sur un serveur dédié, désigné par l'Institut national de la propriété industrielle. Les informations sont transmises sous la forme de fichiers de rediffusion et de métadonnées. Les fichiers de rediffusion sont transmis au format texte ou au format image, selon des dispositions et conformément à des normes définies par arrêté conjoint du garde des Sceaux, ministre de la justice, et du ministre chargé de la propriété industrielle. *— V. Arr. du 30 déc. 2015, art. 7, ss. art. A. 123-31.*

Lorsque le dépôt des documents comptables est accompagné d'une déclaration de confidentialité des comptes annuels en application de l'article R. 123-111-1 du code de commerce, le greffier signale dans les transmissions à l'Institut national de la propriété industrielle l'existence de ce dépôt et son caractère confidentiel, selon des modalités définies par arrêté conjoint du garde des sceaux, ministre de la justice, et du ministre chargé de la propriété industrielle.

(Annulé par CE n° 397403 du 12 juill. 2017) « III. — Lorsque les greffiers se sont associés au sein d'un groupement conformément à l'article L. 743-12, ou lorsque ceux-ci ont confié à un tiers l'exécution de leurs obligations de diffusion des données des registres de publicité légale dont ils ont la charge, ce groupement ou ce tiers est chargé de l'application des dispositions du présent article. » — V. note ss. art. D. 123-80-1.

IV. — Les dispositions du présent article ne sont pas applicables lorsque le registre du commerce et des sociétés est tenu par les greffiers dans le ressort des juridictions mentionnées à l'article L. 731-1 et des juridictions mentionnées à l'article L. 732-1.

V. — Toute diffusion ou mise à la disposition du public à des fins de réutilisation, par l'Institut national de la propriété industrielle, des informations transmises au titre du présent article est interdite avant la date prévue au IV de l'article 60 de la loi n° 2015-990 du 6 août 2015 pour la croissance, l'activité et l'égalité des chances économiques.

Art. 5 Les dispositions prévues aux articles D. 123-80-1 et D. 123-80-2 du code de commerce sont applicables aux greffiers tenant le registre du commerce et des sociétés dans le ressort des juridictions mentionnées à l'article L. 731-1 et dans les juridictions mentionnées à l'article L. 732-1 à l'expiration du douzième mois suivant la date prévue au IV de l'article 60 de la loi n° 2015-990 du 6 août 2015 pour la croissance, l'activité et l'égalité des chances économiques.

Avant cette date, ces greffiers transmettent à l'Institut national de la propriété industrielle, le cas échéant par voie électronique, un exemplaire des inscriptions effectuées au greffe et des actes et pièces qui y sont déposés, dans les délais et conditions fixés par un arrêté conjoint du garde des Sceaux, ministre de la justice et du ministre chargé de la propriété industrielle.

Art. 6 Le présent décret est applicable dans les îles Wallis-et-Futuna.

Art. 7 Le présent décret entre en vigueur à la date prévue au IV de l'article 60 de la loi n° 2015-990 du 6 août 2015 pour la croissance, l'activité et l'égalité des chances économiques, à l'exception de l'article 4, qui entre en vigueur le 1er janvier 2016.

Art. R. 123-81 *(Abrogé par Décr. n° 2019-1379 du 18 déc. 2019, art. 9, à compter du 1er janv. 2020)* ***Un comité de coordination veille à l'harmonisation de l'application des dispositions législatives et réglementaires applicables en matière de registre du commerce et des sociétés.*** *— Le CCRCS est renouvelé pour une durée de cinq ans à compter du 8 juin 2015 (Décr. n° 2015-618 du 4 juin 2015, art. 1er, JO 6 juin).*

Il délivre des avis sur les questions dont il est saisi dans les conditions fixées par l'arrêté prévu à l'article R. 123-166. Il peut en outre, à la demande de l'un de ses membres, délibérer sur toute autre question relative au fonctionnement du registre et à l'application des dispositions législatives et réglementaires ayant des incidences sur ce fonctionnement. Le cas échéant, il peut faire appel à tout sachant sur une question particulière. Il fait rapport au ministre compétent des difficultés ou anomalies dont il a connaissance.

Ce comité est présidé par un magistrat de l'ordre judiciaire ; il comprend, outre le directeur des affaires civiles et du sceau et le directeur de l'Institut national de la propriété industrielle ou leurs représentants, deux personnes chargées de la tenue du registre conformément aux articles L. 123-6, R. 123-79 et R. 123-80, dont au moins un greffier de tribunal de commerce, *[nommées]* ***dans des conditions fixées par l'arrêté prévu à l'article R. 123-166. Le comité fixe son règlement intérieur.*** *— [Décr. n° 84-406 du 30 mai 1984, art. 6.] — V. art. A. 123-34.*

Art. R. 123-82 **Le registre du commerce et des sociétés comprend :**

1° Un fichier alphabétique des personnes immatriculées ;

2° Le dossier individuel constitué par la demande d'immatriculation, complétée, le cas échéant, par les inscriptions subséquentes ;

(Décr. n° 2007-750 du 9 mai 2007, art. 16) **« 3° Un dossier annexe où figurent les actes et pièces qui doivent être déposés au registre du commerce et des sociétés, en vertu du présent code et de toutes autres dispositions législatives ou réglementaires. »** *— [Décr. n° 84-406 du 30 mai 1984, art. 3.] — V. art. A. 123-37 à A. 123-40.*

1. Caractères alphanumériques. La dénomination d'une société peut être constituée à partir de caractères alphanumériques (Avis CCRCS n° 00-27 du 26 sept. 2000 : *Bull. CCRS 9-10/2000, p. 29*). ♦ La dénomination sociale doit être exclusivement constituée de signes alphanumériques, c'est-à-dire de lettres ou de mots de l'alphabet latin et de chiffres arabes ou romains, et dépourvue de tout signe figuratif (Avis CCRCS n° 2013-021 du 23 mai 2013 : *BJS 2014. 270, obs. Etain*).

2. Ordre alphabétique. En cas d'utilisation du signe @ dans une dénomination sociale, son inscription au registre est possible par assimilation à la lettre « a » (Avis CCRCS n° 00-27 du 26 sept. 2000 : *préc. note 1*). – V. aussi : * Rép. min. n° 5940 : *JOAN Q, 29 avr. 2008, p. 3663 ; D. 2008. 1335 ; JCP E 2008, n° 20, p. 8 ; BRDA 2008, n° 10, p. 4 ; Dr. sociétés 2008. Alerte 30 ; RLDA juill.-août 2008. 16, obs. Faussurier.* ♦ Jugeant, cependant, que cette assimilation ne devait pas conduire à une identification pure et simple, l'intégrité propre du signe @ devant être maintenue dans la dénomination publiée au RCS, cette assimilation permettant seulement à ce signe d'être classé, d'un point de vue alphabétique, comme s'il était un « a », V. • Caen, 6 mars 2003 : *RJDA 2003, n° 834 ; BJS 2003. 783, note Scholer.* ♦ Comp., jugeant que le signe € que la société fait figurer en tête de sa dénomination sociale constitue un symbole représentant la monnaie unique, sans qu'il corresponde à une graphie usuelle ou ancienne de la lettre E, de sorte qu'il ne peut être assimilé à celle-ci pour permettre le classement alphabétique prévu à l'art. 3 [R. 123-82]. • Amiens, 9 sept. 2004 : *D. 2005. AJ 1355, obs. Lienhard ; RJDA 2005,* *n° 980.* ♦ S'agissant du symbole « € », il ne correspond pas à une graphie ancienne ou usuelle de la lettre « e » ; ne pouvant être assimilé à une lettre de l'alphabet, il ne peut donc être utilisé comme tel dans une dénomination sociale : * Rép. min. n° 5940 : *préc.*

3. Légalité du décret du 9 mai 2007. Sous l'empire de la réglementation applicable avant l'entrée en vigueur du Décr. n° 2007-750 du 9 mai 2007, l'obligation fixée à l'art. L. 526-4 C. com. était satisfaite par une déclaration de la personne physique demandant l'immatriculation, qui figurait dans le dossier individuel prévu au 2° de l'art. R. 123-82 du même code. L'art. 2 du décret attaqué a supprimé cette obligation déclarative et son art. 19 l'a remplacée par l'obligation de déposer, dans le dossier annexe prévu au 3° de l'art. R. 123-82, une attestation de délivrance de l'information en cause à son conjoint commun en biens, cette information n'étant ni publiée ni accessible aux tiers. Contrairement à ce que soutiennent les requérantes, cette modification ne soumet pas, par elle-même, les personnes physiques demandant leur immatriculation au RCS à une obligation nouvelle, et payante, de publicité de l'attestation en cause. Ainsi, le moyen tiré de ce que l'art. 19 du décret attaqué serait entaché d'illégalité doit être écarté. • CE 5 mai 2008, n° 307232 : *D. 2008. AJ 1408*.

Art. R. 123-83 **Hormis les mentions d'office intervenant au cours des procédures de sauvegarde ou de redressement ou liquidation judiciaires, le greffier qui procède à toute inscription, sur déclaration ou d'office, concernant le début ou la cessation d'activité, les modifications de la situation ou la radiation d'une personne physique ou morale en avise sans délai le centre de formalités des entreprises compétent.** — *V. art. A. 123-41.*

Il avise le même centre de tout refus d'immatriculation ou d'enregistrement de déclarations modificatives.

(Décr. n° 2021-300 du 18 mars 2021, art. 2, en vigueur le 1er avr. 2021) **« Lorsqu'il est saisi d'une déclaration transmise par le biais du service informatique mentionné à l'article R. 123-30-14, le greffier échange avec ce dernier dans les conditions prévues par l'article R. 123-30-18. »**

(Décr. n° 2010-1706 du 29 déc. 2010, art. 10) **« Dans le cas prévu au 6° de l'article R. 123-37, le greffier qui procède à l'inscription au registre du commerce et des sociétés d'une déclaration d'affectation** *(Abrogé par Décr. n° 2022-709 du 26 avr. 2022, art. 1er) « effectuée en application de l'article L. 526-7 »* **en avise sans délai le président de la chambre de métiers et de l'artisanat compétente aux fins de mention au répertoire des métiers, dans des formes prévues par arrêté conjoint du garde des sceaux, ministre de la justice, et du ministre chargé de l'économie. »** *(Décr. n° 2021-300 du 18 mars 2021, art. 2, en vigueur le 1er avr. 2021)* **« Lorsque le greffier procède à cette inscription sur saisine du service mentionné ci-dessus, l'avis au président de la chambre de métiers et de l'artisanat est transmis par l'intermédiaire de ce même service. »** — *[Décr. n° 84-406 du 30 mai 1984, art. 4-1.]* — *V. art. R. 123-1.*

Nouvel art. R. 123-83 *(Décr. n° 2022-709 du 26 avr. 2022, art. 4, en vigueur le 1er janv. 2023)* ***Toute inscription au registre du commerce et des sociétés concernant le début ou la cessation d'activité, les modifications de la situation ou la radiation d'une personne physique ou morale est réalisée par le greffier sur déclaration reçue du déclarant par l'intermédiaire de l'organisme unique mentionné à l'article R. 123-1.***

Toute inscription d'office par le greffier s'accompagne d'une déclaration effectuée concomitamment par ses soins auprès du guichet unique électronique mis en œuvre par l'organisme unique mentionné à l'article R. 123-1, conformément aux dispositions du même article. Cette déclaration est réalisée préalablement à toute diffusion ou mise à disposition de ces informations à des tiers, sans préjudice de la communication prévue aux articles R. 123-150 à R. 123-154-1.

Les modalités de saisine et les échanges entre le greffier et l'organisme unique mentionné à l'article R. 123-1 sont régis par les conditions prévues aux articles R. 123-6 et R. 123-7.

Dans le cas prévu au 6° de l'article R. 123-37, le greffier qui procède à l'inscription au registre du commerce et des sociétés d'une déclaration d'affectation en avise sans délai et par voie électronique, par l'intermédiaire de l'organisme unique mentionné à l'article R. 123-1, le président de la chambre de [des] métiers et de l'artisanat compétente aux fins de mention au répertoire des métiers.

§ 2 DES INSCRIPTIONS SUR DÉCLARATION

SOUS-§ 1er DE LA PRÉSENTATION DES DÉCLARATIONS

Art. R. 123-84 **Sous réserve de la procédure prévue aux articles R. 123-1 et suivants, les demandes sont présentées** *(Abrogé par Décr. n° 2012-928 du 31 juill. 2012, art. 5, à* *compter du 1er sept. 2012)* **« en deux exemplaires » au greffe du tribunal compétent sur des formulaires définis par l'arrêté prévu à l'article R. 123-166** *[nouvelle rédaction issue du Décr. n° 2021-300 du 18 mars 2021, art. 23, en vigueur le 1er janv. 2023 : « Les demandes sont établies dans les formes définies par l'article R. 123-3 et transmises par l'organisme unique défini à l'article R. 123-1 au greffe du tribunal compétent »]. — V. art. A. 123-42 et A. 123-44.*

Elles sont accompagnées des actes et pièces mentionnés aux articles R. 123-102 à R. 123-110 ainsi que des pièces répondant aux prescriptions de l'article L. 123-2.

La liste des pièces justificatives est fixée par l'arrêté mentionné au premier alinéa *[nouvelle rédaction issue du Décr. n° 2021-300 du 18 mars 2021, art. 23, en vigueur le 1er janv. 2023 : « prévu à l'article R. 123-166 »].*

Toutefois, dispense d'une pièce peut être accordée par le juge, soit définitivement, soit provisoirement. Dans ce dernier cas, il est procédé à la radiation d'office si la pièce n'est pas produite dans le délai imparti. — *[Décr. n° 84-406 du 30 mai 1984, art. 26.]*

Les dispositions du Décr. n° 2012-928 du 31 juill. 2012 sont applicables en Nouvelle-Calédonie et à Wallis-et-Futuna (Décr. préc., art. 24).

Dispense de pièces. V., dispensant un ressortissant étranger de la production d'une des pièces exigées pour l'immatriculation au RCS : • Paris, 27 nov. 1998 : *JCP E 1999, n° 1, p. 7.* ♦ La possibilité de dispense définitive ou provisoire sur le fondement de l'art. R. 123-84, applicable en matière de pièces justificatives, ne l'est pas en matière d'actes de sociétés dont le dépôt s'impose en annexe au RCS. En cas de demande d'inscription modificative portant sur la transformation en société par action d'une société d'une autre forme, ce même article est donc sans application au rapport du commissaire à la transformation ou du commissaire aux comptes prescrit pour une telle opération et dont s'impose le dépôt en annexe au RCS (Avis CCRCS n° 2014-014 du 12 juin 2014 : *BRDA 2014, n° 21, p. 8 ; Dr. sociétés 2015, n° 10, obs. Gallois-Cochet*).

Art. R. 123-85 **Sous réserve des dispositions des articles R. 123-87 à R. 123-91, les demandes d'inscription sont revêtues de la signature de la personne tenue à l'immatriculation ou de son mandataire qui justifie de son identité et, en ce qui concerne le mandataire, d'une procuration signée de la personne tenue à l'immatriculation. La procuration peut être fournie en copie lorsqu'il est recouru à une transmission par voie électronique dans les conditions de l'article R. 123-77.**

Cette procuration n'est pas nécessaire lorsqu'il résulte des actes ou pièces déposés à l'appui de la demande que le mandataire dispose du pouvoir d'effectuer la déclaration. — *[Décr. n° 84-406 du 30 mai 1984, art. 27, al. 1er, 6 et 7.]*

1. Procuration. La procuration dont doit, le cas échéant, justifier le mandataire doit être produite en original, sauf exception prévue à l'art. R. 123-85 (Avis CCRCS n° 2016-001 du 4 févr. 2016 : *BRDA 2016, n° 4, p. 6*).

2. Avocat. L'art. 27 du Décr. du 30 mai 1984 [devenu l'art. R. 123-85] s'applique aux avocats (Rép. min. n° 19090 : *JOAN Q, 30 janv. 1995, p. 594 ; BJS 1995. 253*).

3. Préposé. Il doit être admis que les formalités peuvent être effectuées sous la signature d'un préposé disposant, comme de pratique courante dans les grandes entreprises et ne pouvant entièrement se confondre avec le recours à un mandataire, d'une délégation de pouvoir du représentant légal, incluant expressément ou implicitement les formalités en cause. Le délégataire, lorsqu'il ne compte pas au nombre des personnes mentionnées dans l'immatriculation de la société comme disposant du pouvoir de l'engager à titre habituel, éventuellement au titre d'un de ses établissements, doit justifier de sa délégation pour laquelle peut être fournie une photocopie de l'acte correspondant (Avis CCRCS n° 2016-001 du 4 févr. 2016).

Art. R. 123-86 **Toute demande d'inscription complémentaire, d'inscription modificative et de radiation rappelle :**

1° Pour les personnes physiques, leurs nom, nom d'usage, pseudonyme, prénoms et date et lieu de naissance, ainsi que les renseignements prévus aux 1° et 2° de l'article R. 123-237 ;

2° Pour les personnes morales, leur raison sociale ou dénomination, leur forme juridique et l'adresse de leur siège ainsi que les renseignements prévus aux 1° et 2° de l'article R. 123-237. — *[Décr. n° 84-406 du 30 mai 1984, art. 28.]*

Art. R. 123-87 **Les demandes d'inscription modificative et de radiation peuvent être signées par toute personne justifiant y avoir intérêt.**

Le greffier en informe la personne immatriculée *(Décr. n° 2021-300 du 18 mars 2021, art. 23, en vigueur le 1er janv. 2023)* **« par l'intermédiaire de l'organisme unique mentionné à l'article R. 123-1 ».** – *[Décr. n° 84-406 du 30 mai 1984, art. 27, al. 3, début.]*

Radiation d'un dirigeant démissionnaire. Jugé que, la société ne pouvant demeurer immatriculée sans indication de ses dirigeants, la radiation ne peut intervenir qu'après désignation de son remplaçant ou, à défaut d'accord entre les associés, après la nomination d'un administrateur chargé de représenter la société à l'égard des tiers. • Paris, 22 nov. 1996 : *Dr. sociétés 1997, n° 14, obs. Vidal.* ♦ En cas de démission du gérant unique d'une société, non suivie de son remplacement, le gérant démissionnaire peut présenter lui-même la demande d'inscription modificative tendant à la radiation de sa mention en qualité de gérant ; le greffier devra alors constater qu'en l'absence de toute mention d'un gérant, le dossier d'immatriculation de la société n'est plus conforme, et inviter en conséquence la société à le régulariser dans les conditions de l'art. R. 123-100 (Avis CCRCS n° 2014-10 du 11 avr. 2014 : *JCP E 2014. Actu. 739*).

Art. R. 123-88 La demande d'inscription comme conjoint collaborateur est faite par la personne tenue à l'immatriculation dans les termes prévus au *(Décr. n° 2019-1048 du 11 oct. 2019, art. 1er)* **« 8° » de l'article R. 123-37.** – *[Décr. n° 84-406 du 30 mai 1984, art. 27, al. 3, fin.]*

Art. R. 123-89 Le notaire qui rédige un acte comportant, pour les parties intéressées, une incidence quelconque en matière de registre est tenu de procéder aux formalités correspondantes *(Décr. n° 2021-300 du 18 mars 2021, art. 23, en vigueur le 1er janv. 2023)* **« par la transmission d'un dossier à l'organisme unique, selon la procédure prévue à l'article R. 123-1, » à peine d'une amende civile de 15 à 750 € prononcée par le** *(Décr. n° 2019-966 du 18 sept. 2019, art. 8, en vigueur le 1er janv. 2020)* **« tribunal judiciaire** *[ancienne rédaction : tribunal de grande instance]* **», sans préjudice de l'application de sanctions disciplinaires et de l'engagement de sa responsabilité, garantie dans les conditions prévues au chapitre III du décret n° 55-604 du 20 mai 1955 relatif aux officiers publics ou ministériels et à certains auxiliaires de justice.** – *[Décr. n° 84-406 du 30 mai 1984, art. 27, al. 4.]*

BIBL. ▶ DAGOT, *JCP N 2000, n° 42, p. 1507* (obligation pour le notaire de procéder aux formalités au registre du commerce et des sociétés).

Notaire. Le notaire qui rédige un acte comportant, pour les parties intéressées, une incidence quelconque en matière de registre est tenu de procéder aux formalités correspondantes dont le client se trouve alors déchargé. • Civ. 1re, 13 déc. 2005, n° 03-15.918 P : *D. 2006. AJ 231, obs. Chevrier ; RTD com. 2006. 46, obs. Monéger ; JCP E 2006, n° 4, p. 190 ; Defrénois 2006. 616, obs. Libchaber ; RJDA 2006, n° 523.* – V. aussi • Civ. 3e, 26 oct. 2011, n° 10-18.063 : *RJDA 2012, n° 258.* ♦ Indépendamment de l'obligation pesant sur les gérants quant à la publicité des modifications apportées aux statuts de leur société, il incombe au notaire, tenu de s'assurer de l'efficacité de l'acte auquel il prête son concours, de procéder, sans même qu'il ait reçu mandat pour ce faire, aux formalités correspondantes dont le client se trouve alors déchargé, telles que, en l'occurrence, la publicité de la cession de parts sociales par le dépôt, en annexe au RCS, de deux copies authentiques de l'acte de cession. • Civ. 1re, 6 oct. 2011, n° 10-19.190 P : *D. 2011. Actu. 2471 ; RJDA 2012, n° 38 ; Dr. sociétés 2012, n° 12, obs. Gallois-Cochet ; BJS 2012. 147, note Allegaert.*

Le notaire qui reçoit une déclaration d'insaisissabilité de la résidence principale (V. art. L. 526-1) est tenu d'effectuer la formalité correspondante au RCS. A ce titre, il doit adresser au greffier compétent les mentions nécessaires à la publicité du registre (Avis CCRCS n° 04-21 du 15 déc. 2005 : *Bull. RCS 2005, n° 30-32, p. 13*).

Art. R. 123-90 Les demandes formées sur le fondement des articles 1426 ou 1429 du code civil sont présentées au greffe par le conjoint demandeur dans le délai de trois jours. Le tribunal saisi de l'une de ces demandes ne peut statuer que s'il est justifié que cette mention a été portée au registre. – *[Décr. n° 84-406 du 30 mai 1984, art. 27, al. 5.]*

Art. R. 123-91 Les demandes d'inscription de la décision rendue par une juridiction d'un État membre de la Communauté européenne soumis à l'application du règlement n° 1346/2000 du 29 mai 2000 du Conseil relatif aux procédures d'insolvabilité *(Décr. n° 2018-452 du 5 juin 2018, art. 2)* **« ou à l'application du règlement (UE) n° 2015/848 du Parlement européen et du Conseil du 20 mai 2015 relatif aux procédures d'insolvabilité », ouvrant une procédure d'insolvabilité en application de l'arti-**

cle 3, paragraphe 1, *(Décr. n° 2018-452 du 5 juin 2018, art. 2)* « de l'un ou l'autre de ces règlements », à l'égard d'une personne physique ou morale, immatriculée au registre du commerce et des sociétés et dont le centre des intérêts principaux ou le domicile est situé dans cet État, sont présentées par la personne qui est désignée comme syndic, *(Décr. n° 2018-452 du 5 juin 2018, art. 2)* « ou comme praticien de l'insolvabilité, au sens de ces règlements », et qui justifie de ses pouvoirs. — *[Décr. n° 84-406 du 30 mai 1984, art. 36-2.]* — *V.* ***C. pr. coll.***

SOUS-§ 2 DU CONTRÔLE ET DE L'ENREGISTREMENT DES DEMANDES

Art. R. 123-92 Le dépôt de toute demande d'inscription, qu'elle concerne l'immatriculation, la modification ou la radiation, est mentionné par le greffier dans un registre d'arrivée indiquant la date d'arrivée ou de dépôt au greffe, la nature de la demande, les nom, nom d'usage, pseudonyme, prénoms et raison sociale ou dénomination du demandeur.

Mention de la suite donnée y est faite ultérieurement par le greffier. — *[Décr. n° 84-406 du 30 mai 1984, art. 29.]* — *V. art. A. 123-52.*

Art. R. 123-93 *(Abrogé par Décr. n° 2021-300 du 18 mars 2021, art. 23, à compter du 1er janv. 2023)* ***Lorsque le dossier de demande d'immatriculation est complet, le greffier, saisi en application du deuxième alinéa de l'article R. 123-5, délivre gratuitement le récépissé de dépôt de dossier de création d'entreprise institué par l'article L. 123-9-1, dans les conditions prévues aux articles R. 123-10 et R. 123-11.*** — *[Décr. n° 84-406 du 30 mai 1984, art. 29-1.]*

Art. R. 123-94 Le greffier, sous sa responsabilité, s'assure de la régularité de la demande. — *[Décr. n° 84-406 du 30 mai 1984, art. 30, al. 1er.]*

1. Contrôle du greffier. Le juge commis à la surveillance du RCS n'est investi d'aucun pouvoir d'appréciation au fond quant à la validité des actes qui lui sont remis. • Com. 29 avr. 1997, n° 94-21.616 P : *cité note 2 ss. art. R. 123-139.* ♦ Comp., jugeant que, sans qu'il en résulte que les décisions du juge commis seraient revêtues de l'autorité de la chose jugé quant au fond, les al. 1er et 2 de l'art. 30 altèrent sérieusement la distinction entre contrôle de régularité formelle et contrôle au fond, le pouvoir de contrôle du greffier, et incidemment celui du juge commis, étant renforcé dans l'état actuel de l'organisation du registre. • Orléans, 11 juill. 2006 : *RJDA 2006, n° 1029.*

2. Registre des bénéficiaires effectifs. Le document relatif aux bénéficiaires effectifs est déposé au greffe du tribunal de commerce pour être annexé au RCS, de sorte que le registre des bénéficiaires effectifs n'a pas d'existence distincte du RCS ; il en résulte que le greffier dispose des mêmes pouvoirs de contrôle au registre des bénéficiaires effectifs que ceux qui lui sont reconnus s'agissant du RCS aux termes notamment des art. R. 123-94, R. 123-95 et R. 123-100. • T. com. Bobigny, 18 mai 2018 : *RTD com. 2018. 928, obs. A. Lecourt* ; *RJDA 2018, n° 832 ; Dr. sociétés 2018, n° 161, obs. Mortier ; BJS 2018. 397, note Da et Tournier.*

Art. R. 123-95 Il *[Le greffier]* vérifie que les énonciations sont conformes aux dispositions législatives et réglementaires, correspondent aux pièces justificatives et actes déposés en annexe et sont compatibles, dans le cas d'une demande de modification ou de radiation, avec l'état du dossier. — *V. art. R. 123-143.*

Il vérifie en outre que la constitution ou les modifications statutaires des sociétés commerciales sont conformes aux dispositions législatives et réglementaires qui les régissent.

(Décr. n° 2015-194 du 19 févr. 2015, art. 1er, en vigueur le 1er janv. 2016) « Le greffier vérifie également que la personne physique tenue à l'immatriculation au registre ou, s'il s'agit d'une personne morale, son représentant légal n'est pas inscrit au fichier national mentionné à l'article L. 128-1. »

La vérification par le greffier de l'existence des déclaration, autorisation, titre ou diplôme requis par la réglementation applicable pour l'exercice de l'activité n'est effectuée que si les conditions d'exercice doivent être remplies personnellement par la personne tenue à l'immatriculation ou par l'une des personnes mentionnées au registre en application de la présente section. — *[Décr. n° 84-406 du 30 mai 1984, art. 30, al. 2 à 4.]*

BIBL. ▸ COUTANT, *Dr. sociétés 1996. Chron. 13* (contrôle du greffier en cas de constitutions ou de modifications statutaires des sociétés commerciales). – BARANGER, *BJS 1997. 103.*

1. Conformité à la loi. Le greffier peut exiger que les assujettis remplissent les conditions nécessaires à l'exercice de leur activité professionnelle. • Com. 11 févr. 1986 : *Rev. sociétés 1986. 432, note Chaput* • Montpellier, 27 mai 1997 : *Gaz. Pal. 4-5 juin 1999, p. 13, obs. J. J. A.* ♦ V. note 1 ss. art. R. 123-139.

Il résulte des art. 1er et 3 de la L. n° 91-1405 du 31 déc. 1990 (V. cette loi au **C. sociétés**), que le statut de SEL à responsabilité limitée n'est ouvert qu'aux professions dites réglementées dont l'exercice nécessite un agrément par les autorités compétentes ou une inscription sur la liste ou un tableau de l'ordre professionnel. L'exercice de la profession d'agent commercial, qui ne nécessite aucune de ces conditions, l'inscription sur le registre des agents commerciaux n'étant pas obligatoire, ne peut donc se faire sous la forme d'une SELARL. La décision de rejet prise par le juge commis à la surveillance du RCS est en conséquence fondée. • Rouen, 13 mars 2008 : *JCP E 2009, n° 8-9, p. 45 ; Rev. sociétés 2008. 431, obs. Urbain-Parleani* ; *RJDA 2008, n° 1288 ; Dr. sociétés 2009, n° 10, obs. D. G.-C.* ♦ S'il ressort du procès-verbal de l'assemblée que la résolution relative à l'éviction d'un cogérant est contestée et non adoptée à la majorité requise, le greffier doit considérer que la demande tendant à la publicité de son départ ne correspond pas aux actes déposés (Avis CCRCS n° 2012-009 du 23 mars 2012). ♦ Dans le cadre de son contrôle de régularité des statuts des sociétés commerciales, le greffier doit refuser l'immatriculation d'une SARL dont l'associé unique est une société non immatriculée (Avis CCRCS n° 2013-030 du 15 nov. 2013). ♦ Lorsque l'associé unique, personne morale, d'une société civile ou commerciale, déclare au greffe la dissolution de la société, en sollicitant sa mention au RCS, le greffier doit refuser l'inscription s'il constate que l'associé unique a décidé la liquidation, avec nomination d'un liquidateur, en lieu et place du régime de transmission universelle de patrimoine prévu par la loi (Avis CCRCS n° 2014-06 du 14 mars 2014 : *JCP E 2014. Actu. 739*). ♦ Dans l'exercice de son contrôle de conformité de la constitution des sociétés commerciales, il n'y a pas lieu pour le greffier de relever d'irrégularité en cas d'associé présenté comme cumulant les qualités de commandité et de commanditaire, voire en outre celle de gérant, dès lors que trois au moins des autres associés ont la seule qualité de commanditaire (Avis CCRCS n° 2014-013 du 12 juin 2014). ♦ Pour une SARL instituée entre une personne physique et un « club », dépourvu de personnalité *juridique* et qualifié de simple « indivision volontaire » : • T. com. Dunkerque, ord., 10 août 2018 : *BJS 2018. 663, obs. Teboul.*

2. Publicité dans un JAL. En matière de publicité dans un journal d'annonces légales, le contrôle du greffier prévu à l'art. R. 123-95 diffère selon la forme de la société. S'il s'agit d'une société en nom collectif ou en commandite simple, le greffier vérifie que les avis concernant la constitution des sociétés commerciales et la modification de leurs statuts comportent bien toutes les mentions exigées par les art. R. 210-3, R. 210-4, R. 210-8 et R. 210-9. S'il s'agit d'une société d'une autre forme, le greffier doit seulement s'assurer que la parution, reprenant l'identification de l'entreprise et l'objet de l'annonce, est attestée par le JAL. Le fait que les avis aient été signés par un notaire est sans incidence (Avis CCRCS n° 2012-028 du 21 juin 2012 : *JCP E 2012. Actu. 475* ; Avis CCRCS n° 2014-20 du 1er juill. 2014). ♦ En matière de publicité dans un JAL, le contrôle du greffier inclut l'habilitation du journal et sa compétence territoriale (Avis CCRCS n° 2013-032 du 17 déc. 2013).

3. Dénomination sociale. Le greffier doit vérifier que la demande d'immatriculation contient bien une dénomination sociale qui correspond à celle désignée par les statuts, et que cette dénomination permet d'assurer la fonction d'identification de la société. Le greffier peut ainsi refuser l'immatriculation si la dénomination sociale n'est pas déterminée avec certitude car elle se prête à des lectures différentes, ou si elle ne respecte manifestement pas l'ordre public ou les bonnes mœurs. Il n'est toutefois pas investi d'un contrôle *a priori* qui tendrait à refuser une immatriculation au motif de l'existence d'antériorités ou d'un risque de concurrence déloyale à l'égard d'autres sociétés (Avis CCRCS n° 2013-021 du 23 mai 2013 : *BJS 2014. 270, obs. Etain*).

4. Vérification des titres et diplômes. Il n'incombe plus, depuis la L. n° 2014-344 du 17 mars 2014, au greffier, saisi d'une demande d'immatriculation ou autre inscription au RCS pour une activité d'optique-lunetterie, de vérifier l'existence de titre ou diplôme requis par la réglementation propre à cette activité (Avis CCRCS n° 2014-015 du 12 juin 2014). ♦ Lors de la déclaration au RCS de l'activité de « bar à narguilé », la justification de l'existence éventuelle d'une déclaration, d'une autorisation, d'un titre ou d'un diplôme n'est requise que si la réglementation applicable à cette activité impose que cette condition d'exercice soit remplie personnellement par la personne tenue à l'immatriculation ou par l'une des personnes mentionnées au registre (Avis CCRCS n° 2014-23 du 8 déc. 2014 : *JCP E 2015. Actu. 317*). – V. la version révisée de cet avis tenant compte de l'évolution postérieure de la législation en matière de définition des produits du tabac : * Avis CCRCS n° 2018-019 du 19 déc. 2018. ♦ Une activité liée à des opérations relatives à des produits dérivés du cannabis, autrement appelé chanvre, peut être inscrite au RCS sur justification au greffier, aux fins de vérification, de l'autorisation délivrée par le directeur de l'Agence nationale de sécurité du médicament et des produits de santé et, si l'activité consiste en la commercialisation de produits pouvant être consommés et composés même partiellement de tabac, du contrat de gérance liant le débitant de tabac à l'État (Avis CCRCS n° 2018-012 du 19 déc. 2018). ♦ Sur les vérifications s'imposant au greffier s'agissant d'une activité de prise de vues aériennes au moyen de drones et de formation au pilotage de drone, V. * Avis CCRCS n° 2015-010 du 23 avr. 2015 : *JCP E 2015. Actu. 507*.

Le contrôle incombant au greffier est un contrôle de régularité de dossier. Le greffier ne peut que s'en tenir aux énonciations de la demande d'inscription et pièces justificatives requises. Il n'entre pas dans sa mission de se livrer à des investigations allant au-delà, mais seulement, conformément à la procédure prévue, de subordonner l'inscription au RCS à la production, si elle ne figure pas au dossier, d'une pièce justifiant de l'inscription du demandeur au tableau de l'ordre des experts-comptables chaque fois que l'activité déclarée entre dans le champ du monopole dévolu aux experts-comptables ; il en va ainsi lorsque l'activité déclarée porte, sans précision ni restriction, sur des prestations de « saisie de travaux comptables », voire « saisie ou passation d'écritures comptables » ou « tenue de comptabilité » (Avis CCRCS n° 2016-025 des 18 nov. et 2 déc. 2016 : *BRDA 2017, n° 10, p. 17*).

5. Bénéficiaires effectifs. Lorsque les actes déposés en annexe au registre le permettent, le greffier doit notamment s'assurer de la conformité des informations concernant l'identité des personnes physiques désignées en qualité de bénéficiaire effectif, le cas échéant, du pourcentage de parts sociales ou actions qu'elles indiquent détenir en capital et/ou droits de vote au titre des modalités de contrôle. Doit notamment être refusé l'enregistrement de la déclaration lorsque les bénéficiaires déclarés ne correspondent pas aux associés connus et inscrits sur le Kbis d'une société dont les associés sont indéfiniment ou indéfiniment et solidairement responsables des dettes sociales, mais également lorsque les adresses du domicile des bénéficiaires effectifs mentionnées au registre ne correspondent pas à celles indiquées dans la déclaration. • T. com. Bobigny, 18 mai 2018 : *cité note 2 ss. art. R. 123-94*. ♦ De la même manière, le greffier doit refuser le dépôt du document relatif aux bénéficiaires effectifs au motif de l'insuffisance des informations relatives aux modalités de contrôle, notamment dans le cas d'une absence d'indication des pourcentages de détention directs et/ou indirects par le bénéficiaire effectif du capital et/ou droits de vote dans la société déclarante, ainsi que, le cas échéant, d'une absence de détail des modalités de détention indirecte. • Même jugement. – V. aussi • Lyon, 12 sept. 2019 : *RJDA 2020, n° 77*.

6. Inobservation par le greffier. Jugeant que des associés d'une société sont admis à se prévaloir de l'inobservation de l'art. R. 123-95 par le greffe pour obtenir la suppression d'inscriptions modificatrices au RCS, V. • Versailles, 1er juill. 2014 : *RJDA 2014, n° 838*.

Art. R. 123-96 **Lorsque la réglementation particulière à l'activité exercée prévoit que la déclaration ou la demande d'autorisation est effectuée après l'immatriculation au registre, la pièce justificative est fournie** *(Décr. n° 2019-987 du 25 sept. 2019, art. 9)* **« par la personne concernée »** *(Décr. n° 2021-300 du 18 mars 2021, art. 23, en vigueur le 1er janv. 2023)* **« , par l'intermédiaire de l'organisme unique mentionné à l'article R. 123-1, » au greffe dans les quinze jours de sa délivrance par l'autorité compétente** *(Décr. n° 2019-987 du 25 sept. 2019, art. 9)* **« , sauf dispositions particulières prévoyant l'information directe du greffe par cette autorité ». Faute pour la personne concernée de respecter ce délai, le greffier procède comme il est dit au deuxième alinéa de l'article R. 123-100.** – *[Décr. n° 84-406 du 30 mai 1984, art. 30, al. 5.]*

Déclaration de profession. L'immatriculation au RCS des personnes dont l'activité implique la détention de matière d'or, d'argent ou de platine, ouvrées *ou non*, n'est pas subordonnée à la justification préalable de la déclaration « de profession » ou « d'existence » à laquelle elles sont tenus auprès du Bureau de garantie. Il appartient en revanche aux intéressés d'en justifier auprès du greffier ayant procédé à l'immatriculation dans les quinze jours de l'enregistrement du dépôt de la déclaration par le Bureau de garantie, dans les conditions prévues à l'art. R. 123-96 (Avis CCRCS n° 2014-07 du 14 mars 2014 : *JCP E 2014. Actu. 739*).

Art. R. 123-97 **Le greffier procède à l'inscription** *(Décr. n° 2015-913 du 24 juill. 2015, art. 3)* **« dans le délai d'un jour franc ouvrable » après réception de la demande.** *(Décr. n° 2021-300 du 18 mars 2021, art. 23, en vigueur le 1er janv. 2023)* **« Il en informe le demandeur par l'intermédiaire de l'organisme unique mentionné à l'article R. 123-1 et dans les conditions prévues par l'article R. 123-7. »**

Toutefois, lorsque le dossier est incomplet, il réclame dans ce délai *(Décr. n° 2021-300 du 18 mars 2021, art. 23, en vigueur le 1er janv. 2023)* **« , par l'intermédiaire de**

l'organisme unique et dans les mêmes conditions, » les renseignements ou pièces manquants qui sont fournis dans un délai de quinze jours à compter de cette réclamation. A la réception de ces renseignements ou pièces, le greffier procède à l'immatriculation dans le délai mentionné au premier alinéa.

A défaut de régularisation de la demande dans les conditions indiquées ci-dessus ou lorsque le greffier estime que la demande n'est pas conforme aux dispositions applicables, le greffier prend une décision de refus d'inscription qu'il doit, dans le délai mentionné au premier alinéa, soit remettre au demandeur contre récépissé, soit adresser à celui-ci par lettre recommandée avec demande d'avis de réception. *(Décr. n° 2021-300 du 18 mars 2021, art. 23, en vigueur le 1er janv. 2023)* « Le greffier informe également le demandeur par l'intermédiaire de l'organisme unique dans les conditions prévues par l'article R. 123-7. » La décision de refus est motivée. *(Décr. n° 2010-1042 du 1er sept. 2010, art. 1er)* « Dans le même délai, le greffier informe, par voie électronique *[nouvelle rédaction issue du Décr. n° 2021-300 du 18 mars 2021, art. 23, en vigueur le 1er janv. 2023 : « l'intermédiaire de l'organisme unique »]*, l'Institut national de la statistique et des études économiques de ce refus d'inscription. »

Lorsque la complexité du dossier exige un examen particulier de celui-ci, le greffier avise le déclarant, *(Décr. n° 2021-300 du 18 mars 2021, art. 23, en vigueur le 1er janv. 2023)* « par l'intermédiaire de l'organisme unique et » dans le délai prévu au premier alinéa et par lettre motivée, que l'inscription sera faite ou que la décision de refus d'inscription sera remise ou notifiée au demandeur *(Décr. n° 2015-913 du 24 juill. 2015, art. 3)* « dans le délai de cinq jours francs ouvrables » après réception de la demande.

Les notifications adressées par le greffier mentionnent la possibilité pour le demandeur de former les recours prévus, selon les cas, par les articles R. 123-139 à R. 123-142 et R. 123-143 à R. 123-149 et en précisent les modalités.

Faute par le greffier de respecter les délais qui lui sont impartis par le présent article, le demandeur peut saisir le juge commis à la surveillance du registre. — *[Décr. n° 84-406 du 30 mai 1984, art. 31.]*

Les modifications issues du Décr. n° 2015-913 du 24 juill. 2015 sont applicables dans les îles Wallis-et-Futuna (Décr. préc., art. 12).

Refus d'inscription. Doit être refusée par le greffier la demande d'immatriculation d'une société qui, bien que qualifiée de civile dans les statuts et la demande d'immatriculation, se présente comme ayant un objet commercial ou exerçant une activité commerciale (Avis CCRCS n° 2014-18 du 1er juill. 2014). ♦ La constatation par le greffier de la non déclaration au RCS d'un ou plusieurs associés, à l'occasion de l'examen d'une demande d'inscription modificative portant sur le changement du gérant d'un groupement forestier, justifie que ladite inscription soit, à peine de refus, subordonnée à la mention préalable de tous les associés (Avis CCRCS n° 2018-013 du 19 déc. 2018 : *BRDA 2019, n° 5, p. 5*).

Art. R. 123-98 Le greffier mentionne l'inscription dans un registre chronologique indiquant dans l'ordre ses date et numéro d'ordre, nom, prénom, et raison sociale ou dénomination de l'assujetti et la nature de la formalité *(Abrogé par Décr. n° 2021-300 du 18 mars 2021, art. 23, à compter du 1er janv. 2023)* « ***; il appose son visa*** *(Décr. n° 2012-928 du 31 juill. 2012, art. 6, en vigueur le 1er sept. 2012)* « ***sur chaque demande » et en délivre une copie au demandeur*** ». — *[Décr. n° 84-406 du 30 mai 1984, art. 32.]* — V. art. A. 123-53.

Les dispositions du Décr. n° 2012-928 du 31 juill. 2012 sont applicables en Nouvelle-Calédonie et à Wallis-et-Futuna (Décr. préc., art. 24).

Art. R. 123-99 *(Abrogé par Décr. n° 2021-300 du 18 mars 2021, art. 23, à compter du 1er janv. 2023)* ***Le numéro d'identité de l'entreprise attribué par l'Institut national de la statistique et des études économiques en application de l'article R. 123-221 est notifié au requérant par le greffe, dans les conditions fixées par l'arrêté prévu à l'article R. 123-166.*** — V. art. A. 123-54.

(Décr. n° 2021-300 du 18 mars 2021, art. 2, en vigueur le 1er avr. 2021) « ***Par dérogation à l'alinéa précédent, lorsque le déclarant a transmis sa déclaration par l'intermédiaire du service informatique mentionné à l'article R. 123-30-14, le numéro d'identité de l'entre-***

prise lui est notifié par ce même service par voie électronique. » *– [Décr. n° 84-406 du 30 mai 1984, art. 33.]*

Art. R. 123-100 Le greffier peut, à tout moment, vérifier la permanence de la conformité des inscriptions effectuées aux dispositions mentionnées aux articles R. 123-95 et R. 123-96.

En cas de non-conformité, invitation est faite à la personne immatriculée d'avoir à régulariser son dossier. Faute par celle-ci de déférer à cette invitation dans le délai d'un mois à compter de la date de cette dernière, le greffier saisit le juge commis à la surveillance du registre. *– [Décr. n° 84-406 du 30 mai 1984, art. 34, al. 1er et 2.]*

Contrôle permanent. Dans le cadre de son contrôle, le greffier, qui constate l'expiration de la durée d'une société, doit inviter cette dernière à solliciter la mention de sa dissolution au RCS. En l'absence de diligence de la société dans le mois suivant cette invitation, le greffier saisit le juge commis à la surveillance du registre qui enjoint à la société dissoute, le cas échéant sous astreinte, d'avoir à requérir la mention omise (Avis CCRCS n° 2012-032 du 25 oct. 2012). ♦ Le juge commis à la surveillance du registre, saisi par le greffier, peut exercer ses pouvoirs d'injonction définis par l'art. L. 123-3 (Avis CCRCS n° 2013-20 du 23 mai 2013 : *Journ. sociétés 11/2013. 62, obs. MdM*). ♦ Le greffier, informé de l'utilisation d'un nom commercial ou d'une enseigne sujets à déclaration au RCS et qui, soit n'en ont pas fait l'objet, soit sont différents de ceux déclarés, peut, en l'absence de demande d'inscription modificative spontanée, faire usage des prérogatives qu'il tient de l'art. R. 123-100 pour contraindre la personne immatriculée à régulariser son dossier (Avis CCRCS n° 2014-001 du 4 févr. 2014 : *JCP E 2014. Actu. 739*).

Art. R. 123-101 Toute inscription effectuée par le greffier et entachée d'erreur matérielle peut être rapportée par lui sur ordonnance du juge commis à la surveillance du registre. *– [Décr. n° 84-406 du 30 mai 1984, art. 34, al. 3.]*

Art. R. 123-101-1 *(Décr. n° 2009-1150 du 25 sept. 2009, art. 2)* **Le greffier certifie l'identité des informations enregistrées sur support électronique pour la tenue du registre avec celles reçues conformément aux articles R. 123-92 à R. 123-98.**

Un arrêté du garde des sceaux, ministre de la justice, précise les modalités de cette certification. *– V. art. A. 123-53, al. 2.*

§ 3 DES DÉPÔTS EN ANNEXE AU REGISTRE

SOUS-§ 1er DES DÉPÔTS INCOMBANT AUX PERSONNES MORALES DONT LE SIÈGE EST SUR LE TERRITOIRE FRANÇAIS

Art. R. 123-102 Tout dépôt d'acte ou pièce en annexe au registre du commerce et des sociétés pour le compte d'une personne morale dont le siège social est situé sur le territoire français est fait au greffe du tribunal dans le ressort duquel est situé le siège social*[.] (Décr. n° 2012-928 du 31 juill. 2012, art. 7, en vigueur le 1er sept. 2012)* **« Lorsque l'acte ou la pièce déposé est une copie, celle-ci est certifiée conforme » par le représentant légal ou par toute personne habilitée par les textes régissant la forme de société en cause à effectuer cette certification.**

Le dépôt est constaté par un procès-verbal établi par le greffier et donne lieu à la délivrance par celui-ci d'un récépissé indiquant la raison sociale ou la dénomination, l'adresse du siège, pour les sociétés, leur forme, le nombre et la nature des actes et pièces déposés ainsi que la date du dépôt. Si le dépôt est effectué par une personne déjà immatriculée, le procès-verbal mentionne les renseignements prévus aux 1° et 2° de l'article R. 123-237. *– V. art. A. 123-40 et A. 123-55 s.*

(Décr. n° 2021-300 du 18 mars 2021, art. 23, en vigueur le 1er janv. 2023) **« Lorsqu'il est réalisé par voie électronique, le dépôt mentionné au premier alinéa est réalisé par l'intermédiaire de l'organisme unique mentionné à l'article R. 123-1 et dans les conditions prévues par l'article R. 123-7. »** *– [Décr. n° 84-406 du 30 mai 1984, art. 47.]*

Les dispositions du Décr. n° 2012-928 du 31 juill. 2012 sont applicables en Nouvelle-Calédonie et à Wallis-et-Futuna (Décr. préc., art. 24).

1. Copie certifiée. En matière de publicité des cessions de parts sociales d'une SNC, SARL et société civile, le greffier ne peut accepter une simple copie d'acte de cession de parts sociales certifiée conforme par le représentant légal de la société, sauf à ce que le requérant, devant le refus du greffier, saisisse le juge commis à la surveillance du RCS (Avis CCRCS n° 2013-014 du 27 mars 2013 : *BJS 2014. 278, obs. Gourlaouen*).

2. Représentant légal. Pour une SAS, un directeur général ou directeur général délégué mentionné au RCS, et ayant reçu, aux termes des statuts déposés en annexe dudit registre, les pouvoirs de représentation conférés au président, peut certifier conforme une copie d'acte ou de pièce déposée en annexe audit registre, et le greffier doit accepter un tel dépôt (Avis CCRCS n° 2013-023 du 16 juill. 2013 : *JCP E 2013. Actu. 864 ; BJS 2014. 271, obs. Etain*).

SOUS-SOUS-§ 1er *DU DÉPÔT DES ACTES CONSTITUTIFS*

Art. R. 123-103 Les actes constitutifs des personnes morales dont le siège social est situé sur le territoire français sont déposés au plus tard en même temps que la demande d'immatriculation. Ces actes sont :

1° Pour les sociétés ou groupements d'intérêt économique :

a) *(Décr. n° 2012-928 du 31 juill. 2012, art. 8, en vigueur le 1er sept. 2012)* « Une expédition » des statuts ou du contrat de groupement, s'ils sont établis par acte authentique, ou *(Décr. n° 2012-928 du 31 juill. 2012, art. 8, en vigueur le 1er sept. 2012)* « un original », s'ils sont établis par acte sous seing privé ; celui-ci indique le cas échéant le nom et la résidence du notaire au rang des minutes duquel il a été déposé ;

b) *(Décr. n° 2012-928 du 31 juill. 2012, art. 8, en vigueur le 1er sept. 2012)* « Une copie » des actes de nomination des organes de gestion, d'administration, de direction, de surveillance et de contrôle ;

2° En outre pour les sociétés :

a) Le cas échéant, *(Décr. n° 2012-928 du 31 juill. 2012, art. 8, en vigueur le 1er sept. 2012)* « un exemplaire » du rapport du commissaire aux apports sur l'évaluation des apports en nature *(Décr. n° 2014-1063 du 18 sept. 2014, art. 9)* « ou de la décision et des documents mentionnés aux articles *(Décr. n° 2020-1742 du 29 déc. 2020, art. 2, en vigueur le 1er janv. 2021)* « R. 22-10-10 » et R. 225-14-1 » ;

b) S'il s'agit d'une société par actions, *(Décr. n° 2012-928 du 31 juill. 2012, art. 8, en vigueur le 1er sept. 2012)* « un exemplaire » du certificat du dépositaire des fonds auquel est jointe la liste des souscripteurs mentionnant le nombre d'actions souscrites et les sommes versées par chacun d'eux ;

c) S'il s'agit d'une société *(Décr. n° 2009-557 du 19 mai 2009, art. 2-I)* « constituée par offre au public », *(Décr. n° 2019-1097 du 28 oct. 2019, art. 1er)* « à l'exception des offres mentionnées au 1° ou au 2° de l'article L. 411-2 du code monétaire et financier ou à l'article L. 411-2-1 du même code, » *(Décr. n° 2012-928 du 31 juill. 2012, art. 8, en vigueur le 1er sept. 2012)* « une copie » du procès-verbal des délibérations de l'assemblée générale constitutive.

(Abrogé par Décr. n° 2012-928 du 31 juill. 2012, art. 8, à compter du 1er sept. 2012) *(Décr. n° 2007-750 du 9 mai 2007, art. 17)* « ***Lors de la première immatriculation, les statuts établis sous seing privé peuvent être fournis en copie des originaux.*** »

Pour les personnes morales mentionnées au 5° de l'article L. 123-1 qui, en vertu des textes qui les régissent, sont tenues au dépôt de certains actes, une adaptation des règles fixées au présent article est faite par arrêté du garde des sceaux, ministre de la justice, du ministre chargé de la propriété industrielle et du ministre chargé du contrôle de la personne morale. — *[Décr. n° 84-406 du 30 mai 1984, art. 48.]* — *V. art. A. 123-55 s.*

Les dispositions du Décr. n° 2012-928 du 31 juill. 2012 sont applicables en Nouvelle-Calédonie et à Wallis-et-Futuna (Décr. préc., art. 24).

1. Caractéristiques sociétaires. L'immatriculation de la société n'est pas subordonnée à la production du journal d'annonces légales dans lequel a dû être inséré l'avis prévu par l'art. 285 du Décr. n° 67-236 du 23 mars 1967 (devenu art. R. 210-3 et R. 210-4). Le greffier doit, de toute façon, dans les huit jours qui suivent l'immatriculation, faire paraître au BODACC une insertion contenant les caractéristiques de la société (Rép. min. n° 27802 : *JOAN Q, 23 juill. 1990, p. 3544*).

2. Certificat de dépôt des fonds. Seules les sociétés par actions qui se constituent sans offre au public sont astreintes au dépôt, en annexe au RCS, du certificat de dépôt des fonds correspondant à leur capital souscrit en numéraire ; ce certificat, et par voie de conséquence le versement des fonds, doit être préalable à la signature des statuts (Avis CCRCS n° 2012-041 du 25 oct. 2012 : *BRDA 2013, n° 8, p. 4*).

3. Liste des souscripteurs. Il n'est pas dérogé, en matière de SAS, au dépôt obligatoire en annexe au RCS de la liste des souscripteurs mentionnant le nombre d'actions souscrites en numéraire et les sommes versées. En cas de SAS à associé unique (SASU), seul ce dernier est naturellement appelé à figurer dans cette pièce, avec mention du nombre des actions ainsi que des sommes précitées (Avis CCRCS n° 2016-007 des 31 mars et 19 mai 2016 : *JCP E 2016. Actu. 702 ; BRDA 2016, n° 18, p. 4*). ♦ Par dérogation aux dispositions de l'art. 1835 C. civ., la désignation des associés apporteurs en numéraire et l'indication du montant de leur apport ne comptent pas au nombre des mentions obligatoires devant figurer dans les statuts d'une SAS. Leur constatation fait l'objet de pièces distinctes ; elle donne notamment lieu à l'établissement et au dépôt des actes prévus au *b)* du 2° de l'art. R. 123-103 C. com. (Avis CCRCS n° 2016-008 des 31 mars et 19 mai 2016 : *JCP E 2016. Actu. 702*).

Art. R. 123-104 **Les actes constitutifs des personnes morales non immatriculées ou relevant de la législation d'un État non membre de la Communauté européenne ou non partie à l'accord sur l'Espace économique européen concernées par le dernier alinéa de l'article R. 123-54 sont déposés au plus tard en même temps que la demande d'immatriculation ou, le cas échéant, d'inscription modificative.**

(Décr. n° 2012-928 du 31 juill. 2012, art. 9, en vigueur le 1er sept. 2012) **« Est déposée pour satisfaire à la formalité prévue au premier alinéa une copie des statuts en vigueur au jour du dépôt, traduite le cas échéant en langue française et certifiée conforme par le représentant légal de la société ou par la personne ayant le pouvoir d'engager la société en France. »** — *[Décr. n° 84-406 du 30 mai 1984, art. 48-1.]*

Les dispositions du Décr. n° 2012-928 du 31 juill. 2012 sont applicables en Nouvelle-Calédonie et à Wallis-et-Futuna (Décr. préc., art. 24).

SOUS-SOUS-§ 2 *DU DÉPÔT DES ACTES MODIFICATIFS*

Art. R. 123-105 **Les actes, délibérations ou décisions modifiant les pièces déposées lors de la constitution sont déposées** *[déposés] (Abrogé par Décr. n° 2012-928 du 31 juill. 2012, art. 10, à compter du 1er sept. 2012) « en double exemplaire »* **dans le délai d'un mois à compter de leur date après, le cas échéant, publication de l'avis prévu à l'article R. 210-9 ou à l'article 24 du décret n° 78-704 du 3 juillet 1978 relatif à l'application de la loi n° 78-9 du 4 janvier 1978 modifiant le titre IX du livre III du code civil.**

(Décr. n° 2012-928 du 31 juill. 2012, art. 10, en vigueur le 1er sept. 2012) **« Y est joint un exemplaire mis à jour des statuts ou du contrat de groupement établi sur papier libre et certifié conforme » par le représentant légal ou par toute personne habilitée par les textes régissant la forme de la société en cause à effectuer cette certification.**

Le rapport du commissaire à la transformation, ou selon le cas du commissaire aux comptes, relatif à la transformation d'une société en société par actions est déposé huit jours au moins avant la date de l'assemblée appelée à statuer sur la transformation ou, en cas de consultation écrite, huit jours avant la date limite prévue pour la réponse des associés. — *[Décr. n° 84-406 du 30 mai 1984, art. 49.]*

Les dispositions du Décr. n° 2012-928 du 31 juill. 2012 sont applicables en Nouvelle-Calédonie et à Wallis-et-Futuna (Décr. préc., art. 24).

1. Transformation en SAS. Seul le rapport du commissaire aux comptes prévu à l'art. L. 225-244 doit être établi en cas de transformation d'une SA en SAS, et en l'absence de toute référence à ce rapport dans l'art. 49 du Décr. n° 84-406 du 30 mai 1984, devenu l'art. R. 123-105, son dépôt au greffe du tribunal de commerce n'est pas prescrit. • Com. 8 avr. 2008, n° 06-15.193 P : *D. 2008. AJ 1200, obs. Lienhard ; Rev. sociétés 2008. 606, note Saintourens ; JCP E 2008, n° 24, p. 36, note Hovasse ; RJDA 2008, n° 817 ; Dr. sociétés 2008, n° 130, obs. Hovasse ; RLDA juin 2008. 10, note Velardocchio ; BJS 2009. 21, note Michel-Cordier et Vamparys.* ♦ En application de l'art. R. 123-105, al. 3, le commissaire aux comptes d'une SNC doit déposer au RCS le rapport sur la valeur des biens composant l'actif social et les avantages particuliers visé à l'art. L. 224-3 (Avis CCRCS n° 2012-038 du 25 oct. 2012 : *JCP E 2013. Actu. 293 ; BRDA 2013, n° 8, p. 3*).

2. Mise à jour des statuts. La mise à jour des statuts correspond à l'établissement d'un acte reproduisant l'ensemble ordonné des seules stipulations statutaires en vigueur. Pour l'établissement de cet acte, il n'est pas nécessaire de reproduire la copie des paraphes ou signatures présents sur l'acte constitutif ; il n'est pas non plus nécessaire d'indiquer en page de garde les dispositions qui ont été modifiées (Avis CCRCS n° 2012-002 du 16 févr. 2012). ♦ Les statuts à jour dont s'impose le dépôt en annexe au RCS en cas de cession de parts sociales n'ont pas nécessairement à reprendre ou actualiser le préambule dont il est d'usage, lors de la constitution d'une société, de faire précéder l'énoncé des clauses statutaires pour constater l'identité des associés d'origine et leur décision de procéder à cette constitution (Avis CCRCS n° 2016-021 des 18 oct. et 2 déc. 2016 : *JCP E 2017. Actu. 3 ; BRDA 2017, n° 2, p. 4*).

3. Simultanéité de formalités. Un seul et même dépôt, effectué par une même personne en annexe au RCS, peut simultanément porter sur plusieurs actes de cession de parts sociales d'une même société, pourvu que les actes soient intervenus dans le délai d'un mois (Avis CCRCS n° 2013-029 du 4 oct. 2013 : *JCP E 2013. Actu. 864 ; BJS 2014. 278, obs. Gourlaouen*).

4. Délai d'un mois. Le non-respect du délai d'un mois prévu par l'art. R. 123-105 pour le dépôt des actes modificatifs n'affecte pas la validité de la décision de prorogation et n'a pas pour effet de rendre irrégulière la publication au RCS, laquelle n'a d'ailleurs pas été refusée par le greffier en charge de la tenue du registre. • Paris, 22 févr. 2018, n° 16/25208 : *RJDA 2018, n° 423.*

5. Décès d'un associé. Sur les formalités s'imposant au RCS en cas de décès d'un associé titulaire de parts sociales, V. * Avis CCRCS n° 2019-002 des 1er juill. et 15 oct. 2019.

Art. R. 123-106 Le dépôt prévu au premier alinéa de l'article R. 123-105 inclut pour les sociétés à responsabilité limitée :

1° En cas d'augmentation ou de réduction du capital social, la copie du procès-verbal de la délibération des associés ;

2° En cas d'augmentation du capital par apports en nature, le rapport des commissaires aux apports ; ce rapport est déposé au moins huit jours avant la date de l'assemblée des associés appelée à décider l'augmentation. — *[Décr. n° 84-406 du 30 mai 1984, art. 50.]*

Art. R. 123-107 Le dépôt prévu au premier alinéa de l'article R. 123-105 inclut pour les sociétés par actions et les sociétés civiles *(Décr. n° 2009-557 du 19 mai 2009, art. 2-II)* « constituées par offre au public » :

1° La copie du procès-verbal de l'assemblée générale des actionnaires ou des associés ayant décidé ou autorisé soit une augmentation, soit une réduction du capital ;

2° La copie de la décision du conseil d'administration, du directoire ou des gérants, selon le cas, de réaliser une augmentation ou une réduction du capital autorisée par l'assemblée générale des actionnaires ou des associés ;

(Décr. n° 2014-1063 du 18 sept. 2014, art. 10) « 3° En cas d'augmentation du capital par apports en nature, le rapport du commissaire aux apports ou la décision et les documents mentionnés à l'article R. 225-136-1 ; ces pièces sont déposées au moins huit jours avant la date de l'assemblée des actionnaires ou des associés appelés à décider l'augmentation ;

« 4° Une attestation précisant qu'aucune circonstance nouvelle n'est venue modifier l'évaluation figurant dans les documents mentionnés à l'article R. 225-136-1. »

(Décr. n° 2019-1097 du 28 oct. 2019, art. 1er) « Les dispositions du présent article ne sont pas applicables aux offres au public mentionnées au 1° ou au 2° de l'article L. 411-2 du code monétaire et financier ou à l'article L. 411-2-1 du même code. » — *[Décr. n° 84-406 du 30 mai 1984, art. 51.]*

Fusions. Il y a augmentation de capital en cas de fusion-absorption d'une société par une autre et, par conséquent, en application des art. 50 et 51 (art. R. 123-106 et R. 123-107), le rapport du commissaire à la fusion doit être déposé au greffe (Avis CCRCS n° 98-02 *bis* : *Bull. RCS juin 1999. 7*). ♦ Toutefois, il n'y a pas d'augmentation de capital et la formalité du dépôt de rapport n'est pas requise : en cas de fusion par constitution d'une société nouvelle (Même avis). ♦ ... En cas de fusion-absorption d'une filiale à 100 % (Avis CCRCS n° 98-02 : *Bull. RCS juin 1999. 5*).

Art. R. 123-108 Le dépôt prévu au premier alinéa de l'article R. 123-105 inclut également pour les seules sociétés par actions :

1° La copie du procès-verbal de l'assemblée générale des actionnaires ayant autorisé l'émission d'obligations avec bon de souscription d'actions, d'obligations convertibles en actions, d'obligations échangeables contre des actions ou de certificats d'investissement ;

2° La copie du procès-verbal de l'assemblée générale des actionnaires instituant un droit de vote double ;

3° La copie du procès-verbal de l'assemblée générale des actionnaires décidant le rachat des parts de fondateurs ou bénéficiaires ou leur conversion en actions et de l'assemblée générale des porteurs de ces parts ayant, le cas échéant, consenti à ce rachat ou à cette conversion ;

(Décr. n° 2015-545 du 18 mai 2015, art. 19, en vigueur le 1er juin 2015) « 4° La copie du procès-verbal de l'assemblée générale des actionnaires, ayant prévu le principe et organisé les modalités du rachat d'actions de préférence conformément aux dispositions du III de l'article L. 228-12. » — *[Décr. n° 84-406 du 30 mai 1984, art. 52.]*

Les dispositions issues du Décr. n° 2015-545 du 18 mai 2015 sont applicables dans les îles Wallis-et-Futuna (Décr. préc., art. 29).

Art. R. 123-109 Pour les sociétés anonymes à conseil d'administration, l'extrait du procès-verbal contenant la décision du conseil d'administration relative au choix de l'une des deux modalités d'exercice de la direction générale prévues à l'article L. 225-51-1 fait l'objet d'un dépôt conformément aux dispositions de l'article R. 123-105. — *[Décr. n° 84-406 du 30 mai 1984, art. 52-1.]*

Art. R. 123-110 En cas de transfert du siège hors du ressort du tribunal au greffe duquel la personne morale a été immatriculée, *(Décr. n° 2012-928 du 31 juill. 2012, art. 11, en vigueur le 1er sept. 2012)* « un exemplaire » des statuts ou du contrat de groupement *(Décr. n° 2012-928 du 31 juill. 2012, art. 11, en vigueur le 1er sept. 2012)* « est déposé » au greffe du tribunal du nouveau siège dans les conditions et délais prévus aux deux premiers alinéas de l'article R. 123-105.

Mention est faite, dans une pièce annexée aux statuts ou au contrat, des sièges antérieurs et des greffes où sont classés, en annexe au registre, les actes mentionnés aux articles R. 123-102 à R. 123-105 avec l'indication de la date du dernier transfert du siège.

Notification du dépôt est faite dans les quinze jours par le greffier du nouveau siège au greffier de l'ancien siège, qui porte une mention correspondante au dossier. — *[Décr. n° 84-406 du 30 mai 1984, art. 53.] — V. art. A. 123-46.*

Les dispositions du Décr. n° 2012-928 du 31 juill. 2012 sont applicables en Nouvelle-Calédonie et à Wallis-et-Futuna (Décr. préc., art. 24).

SOUS-SOUS-§ 3 *DU DÉPÔT DES DOCUMENTS COMPTABLES, DE LA DÉCLARATION DE CONFIDENTIALITÉ ET DE LA DÉCLARATION DE PUBLICATION SIMPLIFIÉE DES COMPTES ANNUELS (Décr. n° 2019-1207 du 20 nov. 2019, art. 2).*

Art. R. 123-111 Les sociétés commerciales sont tenues de déposer *(Abrogé par Décr. n° 2012-928 du 31 juill. 2012, art. 12, à compter du 1er sept. 2012) « en double exemplaire »*, dans le délai d'un mois à compter de leur approbation par l'assemblée ordinaire, les documents comptables prévus aux articles L. 232-21 à L. 232-23.

(Décr. n° 2012-928 du 31 juill. 2012, art. 12, en vigueur le 1er sept. 2012) « Le dépôt des documents comptables que les personnes morales sont tenues de publier en annexe au registre peut être effectué par voie électronique dans les conditions prévues à l'article R. 123-77. » *(Décr. n° 2014-1063 du 18 sept. 2014, art. 2)* « Dans ce cas, le délai prévu au premier alinéa est porté à deux mois. » — *V. art. A. 123-61.*

(Abrogé par Décr. n° 2007-750 du 9 mai 2007, art. 18) « Par dérogation aux articles L. 232-21 à L. 232-23, lorsqu'il est fait usage de la faculté prévue à l'alinéa précédent, la transmission est faite à un centre de dépôt électronique organisé en commun entre les greffes et l'Institut national de la propriété industrielle dans les conditions fixées par l'arrêté mentionné à l'article R. 123-166. » — *[Décr. n° 84-406 du 30 mai 1984, art. 54.]*

Les dispositions du Décr. n° 2012-928 du 31 juill. 2012 sont applicables en Nouvelle-Calédonie et à Wallis-et-Futuna (Décr. préc., art. 24) ; celles issues du Décr. n° 2014-1063 du 18 sept. 2014 sont applicables à Wallis-et-Futuna (Décr. préc., art. 17).

BIBL. ▶ GALOKHO, *RTD com. 2020. 231* (dépôt des comptes sociaux et concurrence).

1. Sociétés cotées. Il appartient au greffier de s'assurer du respect de l'obligation de dépôt du rapport de gestion par les sociétés qui y sont tenues, à savoir les sociétés anonymes et les sociétés en commandite par actions dont les titres sont admis aux négociations sur un marché réglementé ou sur un système multilatéral de négociation. Dans l'attente d'une modification des textes destinée à informer les tiers, *via* le RCS, du caractère coté ou non d'une société, il est recommandé aux greffiers de consulter, sur les sites internet d'Euronext ou de l'AMF, la liste des sociétés cotées (Avis CCRCS n° 2012-034 du 25 oct. 2012). ♦ La condition de cotation s'apprécie à la date du dépôt des comptes annuels au greffe (Même avis).

2. Sociétés étrangères. L'obligation prévue à l'art. 54 (devenu art. R. 123-111) est applicable à une entreprise dont le siège social est situé à l'étranger dès lors qu'elle ouvre un établissement sur le territoire national ou qu'elle fait appel à l'épargne publique en France (Rép. min. n° 31127 : *JOAN Q, 13 déc. 1999, p. 7134*). ♦ V. aussi cette Rép. min. sur la mise en place, depuis le 1er janv. 1999, d'un registre européen du commerce.

3. Sociétés d'exercice libéral. Les SEL constituées sous forme de SARL ou de sociétés par actions, pour l'exercice de la profession d'avocat, sont assujetties à l'obligation de dépôt des comptes annuels en annexe du RCS, dans les conditions déterminées par les art. L. 232-22 à L. 232-25 (Avis CCRCS n° 2015-009 du 23 avr. 2015 : *JCP E 2015. Actu. 507 ; BRDA 2015, n° 13, p. 4*).

Art. R. 123-111-1 *(Décr. n° 2014-1189 du 15 oct. 2014, art. 3)* **Lorsque les sociétés commerciales constituant les micro-entreprises mentionnées au premier alinéa de l'article L. 232-25 choisissent de ne pas communiquer aux tiers leurs comptes annuels en vertu de ce texte, les documents comptables déposés en application de l'article R. 123-111 sont accompagnés d'une déclaration de confidentialité des comptes annuels établie conformément à un modèle défini par arrêté du garde des sceaux, ministre de la justice.** — *V. art. A. 123-61-1.*

(Décr. n° 2016-296 du 11 mars 2016, art. 16) **« L'obligation prévue à l'alinéa précédent est applicable aux sociétés commerciales mentionnées au deuxième alinéa de l'article L. 232-25 qui choisissent de ne pas communiquer aux tiers leurs comptes de résultat en application des dispositions de ce texte. »**

(Décr. n° 2019-1207 du 20 nov. 2019, art. 3) **« Lorsque les sociétés commerciales constituant les moyennes entreprises mentionnées au troisième alinéa de l'article L. 232-25 choisissent de ne communiquer aux tiers qu'une présentation simplifiée de leur bilan et de leur annexe, les documents comptables déposés en application de l'article R. 123-111 sont accompagnés du bilan et de l'annexe établis selon une présentation simplifiée et d'une déclaration de publication simplifiée du bilan et de l'annexe établie conformément à un modèle défini par arrêté du garde des sceaux, ministre de la justice. »** — *V. art. A. 123-61-1.*

Le greffier constate le dépôt des documents comptables accompagnés de la déclaration de confidentialité *(Décr. n° 2019-1207 du 20 nov. 2019, art. 3)* **« ou du bilan et de l'annexe établis selon une présentation simplifiée et de la déclaration de publication simplifiée » des comptes annuels.**

Les dispositions issues du Décr. n° 2014-1189 du 15 oct. 2014 sont applicables dans les îles Wallis-et-Futuna (Décr. préc., art. 9).

Les dispositions issues du Décr. n° 2016-296 du 11 mars 2016 s'appliquent aux comptes afférents aux exercices clos à compter du 31 déc. 2015 et déposés à compter du 7 août 2016 (Décr. préc., art. 21).

1. Décret d'application. Jugeant impossible de mettre en œuvre l'Ord. n° 2014-86 du 30 janv. 2014 en l'absence du décret d'application, V. • T. com. Versailles, réf., 23 mai 2014 : *JCP E 2014, n° 1332, note Marguet et Lefebure ; RPC 2014, n° 152, obs. Delattre.*

2. Confidentialité. Pour une demande de confidentialité des comptes même après leur dépôt : • Amiens, 8 févr. 2018, ⇧ n° 17/04347 : *BJS 2018. 668, obs. Savadogo.*

SOUS-§ 2 DES DÉPÔTS INCOMBANT AUX SOCIÉTÉS DONT LE SIÈGE EST À L'ÉTRANGER

SOUS-SOUS-§ 1er *DES SOCIÉTÉS OUVRANT UN PREMIER ÉTABLISSEMENT EN FRANCE*

Art. R. 123-112 **Toute société commerciale dont le siège est situé à l'étranger et qui ouvre en France un premier établissement est tenue de déposer au greffe du tribunal de commerce dans le ressort duquel est situé cet établissement, au plus tard en même temps que la demande d'immatriculation,** *(Décr. n° 2012-928 du 31 juill. 2012, art. 13, en vigueur le 1er sept. 2012)* **« une copie de ses statuts en vigueur au jour du dépôt ; elle dépose en outre, chaque année, les documents comptables » qu'elle a établis, fait contrôler et publier dans l'État où elle a son siège.**

Le dépôt des documents comptables est effectué dans le délai prévu par la législation dont relève le siège de la société.

Tous actes ultérieurs modifiant les statuts sont déposés dans les conditions prévues à l'alinéa précédent.

Les pièces déposées sont le cas échéant traduites en langue française et les copies sont certifiées conformes par *(Décr. n° 2012-928 du 31 juill. 2012, art. 13, en vigueur le 1er sept. 2012)* **« le représentant légal de la société ou par la personne ayant le pouvoir d'engager la société en France ».**

(Décr. n° 2021-300 du 18 mars 2021, art. 23, en vigueur le 1er janv. 2023) **« Lorsqu'il est réalisé par voie électronique, le dépôt mentionné au premier alinéa est réalisé par l'intermédiaire de l'organisme unique mentionné à l'article R. 123-1 et dans les conditions prévues par l'article R. 123-7. »** — *[Décr. n° 84-406 du 30 mai 1984, art. 55.]*

Les dispositions du Décr. n° 2012-928 du 31 juill. 2012 sont applicables en Nouvelle-Calédonie et à Wallis-et-Futuna (Décr. préc., art. 24).

Sociétés étrangères. Sur les conséquences de l'immatriculation d'une société étrangère au greffe du tribunal de commerce dans le ressort duquel est situé son établissement en France, V. • Soc. 2 juill. 2002, n° 99-46.140 P : *JCP 2002. IV. 2495.* ♦ Les dispositions des art. R. 123-112 et R. 123-113 qui régissent les dépôts incombant aux sociétés commerciales dont le siège est situé à l'étranger ne prévoient pas la publicité de l'acte désignant leur(s) représentant(s) en France (Avis CCRCS n° 2015-012 du 30 juin 2015).

Art. R. 123-113 **Les actes constitutifs des personnes morales non immatriculées ou relevant de la législation d'un État non membre de** *(Décr. n° 2021-300 du 18 mars 2021, art. 2, en vigueur le 1er avr. 2021)* **« l'Union » européenne ou non partie à l'accord sur l'Espace économique européen concernées par le dernier alinéa de l'article R. 123-54 sont déposés au plus tard en même temps que la demande d'immatriculation ou, le cas échéant, de l'inscription modificative.**

(Décr. n° 2012-928 du 31 juill. 2012, art. 14, en vigueur le 1er sept. 2012) **« Est déposée pour satisfaire à la formalité prévue au premier alinéa une copie des statuts en vigueur au jour du dépôt, traduite le cas échéant en langue française et certifiée conforme par le représentant légal de la société ou par la personne ayant le pouvoir d'engager la société en France. »**

(Décr. n° 2021-300 du 18 mars 2021, art. 23, en vigueur le 1er janv. 2023) **« Lorsqu'il est réalisé par voie électronique, le dépôt mentionné au premier alinéa est réalisé par l'intermédiaire de l'organisme unique mentionné à l'article R. 123-1 et dans les conditions prévues par l'article R. 123-7. »** — *[Décr. n° 84-406 du 30 mai 1984, art. 55-1.]*

Les dispositions du Décr. n° 2012-928 du 31 juill. 2012 sont applicables en Nouvelle-Calédonie et à Wallis-et-Futuna (Décr. préc., art. 24).

Art. R. 123-114 **En cas de transfert du premier établissement dans le ressort d'un autre tribunal, les statuts mis à jour sont déposés dans les conditions prévues aux articles R. 123-112 et R. 123-113.** — *[Décr. n° 84-406 du 30 mai 1984, art. 56.]*

SOUS-SOUS-§ 2 *[ABROGÉ]* *DES SOCIÉTÉS FAISANT APPEL PUBLIC À L'ÉPARGNE EN FRANCE*

(Abrogé par Décr. n° 2009-557 du 19 mai 2009, art. 2-III)

Art. R. 123-115 *à* R. 123-117 *Abrogés par Décr. n° 2009-557 du 19 mai 2009, art. 2-III. — V.* ***C. com.***, *éd. 2015 et antérieures.*

SOUS-SOUS-§ 3 *DES SOCIÉTÉS EUROPÉENNES*

Art. R. 123-118 **Outre les obligations prévues par le présent titre, les sociétés européennes doivent déposer, au plus tard dans les quinze jours de leur demande d'immatriculation, les actes et pièces suivants :**

1° En cas de constitution par fusion, *(Décr. n° 2012-928 du 31 juill. 2012, art. 15, en vigueur le 1er sept. 2012)* **« un exemplaire » du certificat délivré par le notaire chargé du contrôle de légalité en application du deuxième alinéa de l'article L. 229-3 ;**

2° En cas de société européenne holding, la copie du projet de constitution et du rapport des commissaires à la constitution mentionnés aux deuxième et troisième alinéas de l'article L. 229-5.

(Décr. n° 2021-300 du 18 mars 2021, art. 23, en vigueur le 1er janv. 2023) « Lorsqu'il est réalisé par voie électronique, le dépôt mentionné au premier alinéa est réalisé par l'intermédiaire de l'organisme unique mentionné à l'article R. 123-1 et dans les conditions prévues par l'article R. 123-7. » – *[Décr. n° 84-406 du 30 mai 1984, art. 57-1.]*

Les dispositions du Décr. n° 2012-928 du 31 juill. 2012 sont applicables en Nouvelle-Calédonie et à Wallis-et-Futuna (Décr. préc., art. 24).

Art. R. 123-119 En cas de transfert en France du siège d'une société européenne immatriculée dans un autre État membre de la Communauté européenne ou partie à l'accord sur l'Espace économique européen, les dispositions de l'article R. 123-110 s'appliquent à l'exception du troisième alinéa.

En outre, est déposé au greffe du nouveau siège social, dans les conditions et délais prévus au premier alinéa de l'article R. 123-105, le certificat délivré par le notaire chargé du contrôle de légalité en application du septième alinéa de l'article L. 229-2.

Le greffier du nouveau siège social notifie le dépôt dans les quinze jours à l'autorité chargée du registre public des sociétés dans l'État où la société était immatriculée. – *[Décr. n° 84-406 du 30 mai 1984, art. 57-2.]*

Art. R. 123-120 En cas de transfert dans un autre État membre de la Communauté européenne ou partie à l'accord sur l'Espace économique européen du siège d'une société européenne immatriculée en France, l'article R. 123-110 n'est pas applicable. – *[Décr. n° 84-406 du 30 mai 1984, art. 57-3.]*

SOUS-SOUS-§ 4 *DE LA LANGUE DES DÉPÔTS*

Art. R. 123-120-1 *(Décr. n° 2007-1851 du 26 déc. 2007, art. 1er)* Lorsque la société a son siège dans l'un des États membres de la Communauté européenne ou parties à l'accord sur l'Espace économique européen, les actes et pièces peuvent, à sa demande, être déposés dans toute langue officielle de la Communauté. Dans tous les cas, l'une de ces langues doit être le français. Lorsque les actes et pièces sont également déposés dans une autre langue, leur traduction en langue française doit être certifiée conforme par les déclarants. Seul le dépôt obligatoire en langue française fait foi. Les tiers peuvent toutefois se prévaloir de la traduction volontairement déposée, à moins que la société ne prouve qu'ils ont eu connaissance de la version obligatoirement déposée en français.

BIBL. ▶ NDLR, *Dr. sociétés 2008. Prat. 4* (publicité concernant la langue des déclarations et des dépôts incombant aux personnes morales).

Langue du dépôt. Le dépôt des statuts s'entend, pour les sociétés ayant leur siège social en France, du dépôt d'une expédition s'ils sont établis par acte authentique ou d'un original s'ils sont établis par acte sous seing privé, libellés en langue française, et pour les sociétés ayant leur siège social à l'étranger, du dépôt d'une copie de leurs statuts en vigueur au jour de la formalité, assortie, s'ils sont en langue étrangère, d'une traduction certifiée conforme en langue française. Toutefois, les sociétés ayant leur siège dans un État de l'UE ou de l'EEE, y inclus la France, peuvent sur demande procéder en outre au dépôt d'une version de ces mêmes statuts dans toute langue officielle de l'UE (Avis CCRCS n° 2015-021 du 10 nov. 2015).

SOUS-§ 3 DISPOSITIONS COMMUNES

Art. R. 123-121 *(Décr. n° 2007-431 du 25 mars 2007)* Une copie du contrat d'appui au projet d'entreprise pour la création ou la reprise d'une activité économique conclu dans les conditions prévues au chapitre VII du titre II du présent livre est déposée dans les formes prévues à l'article R. 123-102.

SOUS-§ 4 DISPOSITIONS PROPRES AUX PERSONNES PHYSIQUES *(Décr. n° 2007-750 du 9 mai 2007, art. 19).*

SOUS-SOUS-§ 1er *DE L'INFORMATION DU CONJOINT COMMUN EN BIENS (Décr. n° 2010-1706 du 29 déc. 2010, art. 11).*

Art. R. 123-121-1 *(Décr. n° 2007-750 du 9 mai 2007, art. 19)* Sous sa responsabilité, la personne physique dépose dans les formes prévues à l'article R. 123-102, lors de sa

demande d'immatriculation, une attestation de délivrance de l'information donnée à son conjoint commun en biens sur les conséquences des dettes contractées dans l'exercice de sa profession sur les biens communs, établie conformément à un modèle défini par arrêté du garde des sceaux, ministre de la justice. — *V. art. A. 123-40 et A. 123-63.*

SOUS-SOUS-§ 2 *DES ENTREPRENEURS INDIVIDUELS À RESPONSABILITÉ LIMITÉE*

(Décr. n° 2010-1706 du 29 déc. 2010, art. 11)

Art. R. 123-121-2 *(Décr. n° 2019-987 du 25 sept. 2019, art. 10, en vigueur le 1er oct. 2019)* **Lorsqu'il affecte des biens, droits, obligations ou sûretés à son activité professionnelle, l'entrepreneur individuel à responsabilité limitée dépose s'il y a lieu, conformément à l'article R. 123-102, l'état descriptif prévu au I de l'article L. 526-8 ainsi que, le cas échéant, les documents prévus au dernier alinéa de l'article R. 526-3.**

Art. R. 123-121-3 *(Abrogé par Décr. n° 2019-987 du 25 sept. 2019, art. 11, à compter du 1er oct. 2019)* ***« Les actes ou décisions modifiant la déclaration d'affectation sont déposés dans le délai d'un mois suivant leur date. »***

Les documents attestant de l'accomplissement des formalités prévues aux articles L. 526-9 *(Décr. n° 2019-987 du 25 sept. 2019, art. 11, en vigueur le 1er oct. 2019)* **« et » L. 526-11 en cas d'affectation de biens nouveaux** *(Décr. n° 2019-987 du 25 sept. 2019, art. 11, en vigueur le 1er oct. 2019)* **« ou de retrait de biens affectés » postérieurement à la constitution du patrimoine affecté sont déposés** *(Décr. n° 2021-300 du 18 mars 2021, art. 23, en vigueur le 1er janv. 2023)* **« dans les formes prévues à l'article R. 123-102 et » dans le mois suivant l'affectation** *(Décr. n° 2019-987 du 25 sept. 2019, art. 11, en vigueur le 1er oct. 2019)* **« ou le retrait ». Le greffier adresse au service des impôts dont relève l'entrepreneur une copie de ces documents dans les quinze jours suivant leur dépôt.**

Déclaration d'affectation. En matière d'EIRL, le greffier doit, sur le fondement de l'art. R. 123-121-3, al. 1er, exiger les actes ou décisions modifiant la déclaration d'affectation et ne peut se contenter d'une déclaration d'affectation du patrimoine mise à jour (Avis CCRCS n° 2013-013 du 27 mars 2013).

Art. R. 123-121-4 **Lorsque l'entrepreneur individuel à responsabilité limitée** *(Décr. n° 2019-987 du 25 sept. 2019, art. 12, en vigueur le 1er oct. 2019)* **« a effectué la déclaration d'affectation mentionnée à l'article L. 526-7 pour inscription au registre du commerce et des sociétés », il est également tenu d'y déposer, dans le délai de six mois suivant la clôture de l'exercice, les documents comptables mentionnés à l'article L. 526-14.**

Le dépôt des documents comptables peut être effectué par voie électronique dans les conditions prévues à l'article 4 de la loi n° 94-126 du 11 février 1994 *[nouvelle rédaction issue du Décr. n° 2021-300 du 18 mars 2021, art. 23, en vigueur le 1er janv. 2023 : « Le dépôt des documents comptables peut être effectué par voie électronique dans les conditions prévues à l'article R. 123-77. Il est réalisé par l'intermédiaire de l'organisme unique mentionné à l'article R. 123-1 et dans les conditions prévues par l'article R. 123-7 »]. — V. ce texte ss. art. R. 123-1.*

Art. R. 123-121-5 *(Abrogé par Décr. n° 2019-987 du 25 sept. 2019, art. 13, à compter du 1er oct. 2019) (Décr. n° 2015-913 du 24 juill. 2015, art. 4)* ***Lorsque l'entrepreneur individuel à responsabilité limitée transfère dans le ressort d'un autre tribunal l'établissement où est exercée l'activité professionnelle au titre de laquelle il a déposé une déclaration d'affectation de patrimoine ou, à défaut d'établissement, le local d'habitation où l'entreprise est fixée, il déclare, conjointement à sa demande de nouvelle immatriculation, le lieu et le registre de dépôt de la déclaration d'affectation et des autres documents prévus au sixième alinéa de l'article L. 526-7 aux fins du transfert prévu à cet article.***

Le greffier nouvellement compétent demande, dans le délai d'un jour franc ouvrable à compter de la nouvelle immatriculation, au greffier du tribunal dans le ressort duquel était exercée l'activité de procéder au transfert dans le délai d'un jour franc ouvrable à compter de la réception de sa demande. Le greffier antérieurement compétent informe, par tous moyens, l'entrepreneur individuel de ce transfert. Le cas échéant, il est fait application des dispositions du troisième alinéa de l'article R. 123-83.

L'art. R. 123-121-5 est applicable dans les îles Wallis-et-Futuna (Décr. n° 2015-913 du 24 juill. 2015, art. 12).

§ 4 DES INSCRIPTIONS D'OFFICE

SOUS-§ 1er DES INSCRIPTIONS MODIFICATIVES

Art. R. 123-122 *(Décr. nº 2018-452 du 5 juin 2018, art. 3)* I. — Sont mentionnées d'office au registre :

1° Les décisions, intervenues dans les procédures de sauvegarde ou de redressement ou liquidation judiciaires des entreprises ouvertes à compter du 1er janvier 2006 :

a) Ouvrant la procédure de sauvegarde ou de redressement judiciaire avec l'indication du nom des mandataires de justice désignés et, le cas échéant, des pouvoirs conférés à l'administrateur ;

b) Convertissant la procédure de sauvegarde en procédure de redressement judiciaire avec l'indication des pouvoirs conférés à l'administrateur ;

c) Prolongeant la période d'observation ;

d) Désignant un administrateur ou modifiant les pouvoirs de l'administrateur ;

e) Ordonnant la cessation partielle de l'activité en application des articles L. 622-10 ou L. 631-15 ;

f) Arrêtant le plan de sauvegarde ou de redressement, avec l'indication du nom du commissaire à l'exécution du plan ;

g) Modifiant le plan de sauvegarde ou de redressement ;

h) Prononçant la résolution du plan de sauvegarde ou de redressement ;

i) Mettant fin à la procédure de sauvegarde ou de redressement judiciaire ou clôturant l'une de ces procédures ;

j) Modifiant la date de cessation des paiements ;

k) Ouvrant ou prononçant la liquidation judiciaire, avec l'indication du nom du liquidateur ;

l) Autorisant une poursuite d'activité en liquidation judiciaire, avec, le cas échéant, le nom de l'administrateur désigné ;

m) Appliquant à la procédure les règles de la liquidation judiciaire simplifiée ;

n) Mettant fin à l'application des règles de la liquidation judiciaire simplifiée ;

o) Arrêtant le plan de cession de l'entreprise au cours d'une procédure de redressement ou de liquidation judiciaire ;

p) Modifiant le plan de cession ;

q) Prononçant la résolution du plan de cession ;

r) Prononçant la clôture de la procédure pour extinction du passif ou insuffisance d'actif avec, le cas échéant, l'indication de l'autorisation de la reprise des actions individuelles de tout créancier à l'encontre du débiteur ;

s) Autorisant la reprise des actions individuelles de tout créancier à l'encontre du débiteur postérieurement au jugement prononçant la clôture de la procédure de liquidation judiciaire ;

t) Prononçant la faillite personnelle ou l'interdiction prévue à l'article L. 653-8 avec l'indication de la durée pour laquelle ces mesures ont été prononcées ;

u) Remplaçant les mandataires de justice ;

v) Décidant la reprise de la procédure de liquidation judiciaire ;

2° Les décisions intervenues dans les procédures de coordination collective en application de la section II du chapitre V du règlement (UE) nº 2015/848 du 20 mai 2015 relatif aux procédures d'insolvabilité ;

3° La décision prononçant la clôture de la procédure de rétablissement professionnel et l'effacement des dettes.

II. — S'agissant des décisions d'ouverture de procédures de sauvegarde ou de redressement ou liquidation judiciaires ouvertes à compter du 26 juin 2018, sans préjudice du 1° du I, sont également mentionnés d'office au registre :

1° La nature principale, secondaire ou territoriale de la procédure d'insolvabilité au sens des paragraphes 1, 2 ou 4 de l'article 3 du règlement (UE) nº 2015/848 du 20 mai 2015 relatif aux procédures d'insolvabilité ;

2° La juridiction compétente pour connaître du recours à l'encontre de la décision d'ouverture de la procédure d'insolvabilité pour un motif de compétence internationale et le délai pour former ce recours ;

3° Le délai de déclaration des créances avec les références électroniques du portail prévu par les articles L. 814-2 et L. 814-13.

Décret n° 84-406 du 30 mai 1984,

Relatif au registre du commerce et des sociétés.

Art. 35 Sont mentionnées d'office au registre les déclarations de cessation des paiements et les décisions intervenues dans les procédures de règlement judiciaire et de liquidation des biens en application de la loi n° 67-563 du 13 juillet 1967 :

1° Prononçant le règlement judiciaire ou la liquidation des biens ;

2° Autorisant la continuation de l'activité ou de l'exploitation ou révoquant cette autorisation ;

3° Modifiant la date de cessation des paiements ;

4° Statuant sur l'homologation du concordat ;

5° Prononçant l'annulation ou la résolution du concordat ;

6° Convertissant le règlement judiciaire en liquidation des biens ;

7° Prononçant la faillite personnelle ou autres sanctions prévues au chapitre Ier du titre II de la loi du 13 juillet 1967 susvisée ;

8° Prononçant la mise de tout ou partie du passif social à la charge des personnes mentionnées à l'article 99 de la loi précitée ;

9° Clôturant pour extinction du passif les opérations du règlement judiciaire et de la liquidation des biens, ou pour insuffisance d'actif celles de la liquidation des biens ; il en est de même du procès-verbal prévu à l'article 89 du décret du 22 décembre 1967 susvisé *[n° 67-1120]* ;

10° Rapportant un jugement déclaratif de règlement judiciaire ou de liquidation des biens ou rapportant un jugement de clôture ;

11° Prononçant la réhabilitation ;

12° Subordonnant l'homologation du concordat au remplacement d'un ou plusieurs dirigeants.

Sont également mentionnées d'office les décisions correspondantes intervenues dans les procédures relatives à la faillite et au règlement judiciaire antérieures au 1er janvier 1968.

Art. 36 Sont mentionnées d'office au registre les décisions intervenues dans les procédures ouvertes en application de l'ordonnance n° 67-820 du 23 septembre 1967 tendant à faciliter le redressement économique et financier de certaines entreprises et prononçant, sans préjudice des mesures mentionnées à l'article 35 ci-dessus :

1° La suspension provisoire des poursuites ;

2° Le dépôt du plan de redressement économique et financier et du plan d'apurement collectif du passif proposé par le débiteur ou le curateur avec, le cas échéant, l'indication de délais et remises accordés ainsi que le nom et l'adresse du commissaire à l'exécution du plan ;

3° Le rejet du plan de redressement économique et financier et du plan d'apurement du passif proposé par le débiteur ou le curateur avec, le cas échéant, le nom et l'adresse de l'administrateur provisoire nommé en application de l'article 29 de l'ordonnance du 23 septembre 1967 ;

4° La décision prise en application de l'article 31 de l'ordonnance du 23 septembre 1967 augmentant la durée de la période prévue à l'article 29 de la loi du 13 juillet 1967 ;

5° La modification du plan d'apurement du passif en vue d'en abréger ou d'en favoriser l'exécution, prévue à l'article 37 de l'ordonnance du 23 septembre 1967 ;

6° La résolution du plan d'apurement du passif et, le cas échéant, la mesure prévue à l'article 38 (alinéa 2) de l'ordonnance du 23 septembre 1967 ;

7° Les décisions subordonnant le plan au remplacement d'un ou plusieurs dirigeants.

Art. 36-1 Sont mentionnées d'office au registre les déclarations de cessation des paiements et les décisions suivantes intervenues dans les procédures de redressement ou de liquidation judiciaires des entreprises *(Décr. n° 2005-1677 du 28 déc. 2005, art. 353)* « ouvertes avant le 1er janvier 2006 » en application du livre VI du code de commerce :

(Décr. n° 85-1388 du 27 déc. 1985) 1° Ouvrant la procédure de redressement judiciaire avec l'indication des pouvoirs conférés à l'administrateur ;

2° Prolongeant la période d'observation ;

3° Modifiant la date de cessation des paiements ;

4° Modifiant les pouvoirs de l'administrateur ;

5° Décidant la poursuite d'activité en vue de l'élaboration d'un plan de redressement » en application de l'article L. 621-138 *[ancien]* du code de commerce ;

6° Autorisant la conclusion d'un contrat de location-gérance au cours de la période d'observation ;

7° Autorisant des prêts ou accordant des délais de paiement en application de l'article L. 622-17, III (3°) du code de commerce ;

8° Subordonnant l'adoption d'un plan de redressement au remplacement d'un ou de plusieurs dirigeants ;

9° Ordonnant la cessation totale ou partielle de l'activité ;

10° Arrêtant le plan de continuation ou de cession ;

11° Modifiant le jugement qui arrête le plan de continuation ou de cession ;

12° Prononçant la liquidation judiciaire ;

13° Prononçant la clôture de la procédure pour extinction du passif ou insuffisance d'actif ;

14° Prononçant la clôture de la procédure en cas de cession totale de l'entreprise en application de l'article L. 621-95 du code de commerce ;

15° Décidant que les dettes de la personne morale seront supportées en tout ou en partie par ses dirigeants ou certains d'entre eux ;

16° Prononçant la faillite personnelle ou l'interdiction prévue à l'article L. 653-8 du code de commerce *(Décr. nº 88-430 du 21 avr. 1988)* « avec l'indication de la durée pour laquelle ces mesures ont été prononcées » ;

17° Modifiant les organes de la procédure ;

18° Décidant la reprise de la procédure de liquidation ;

19° Prononçant la suspension provisoire des poursuites en application de l'article L. 611-4 du code de commerce. Cette mention est radiée d'office à l'expiration de la durée de la suspension.

(Décr. nº 2007-750 du 9 mai 2007, art. 41-I) « Sont radiées d'office les mentions des décisions énumérées ci-dessus, lorsqu'il a été constaté l'achèvement de l'exécution du plan de redressement *(Décr. nº 2011-1836 du 7 déc. 2011, art. 3)* « ou lorsque ce plan est toujours en cours à l'expiration d'un délai de cinq ans à compter de son arrêté. Dans le second de ces cas, la radiation fait obstacle à toute nouvelle mention intéressant l'exécution du plan de redressement, sauf si celle-ci est relative à une mesure d'inaliénabilité décidée par le tribunal ou à une décision prononçant la résolution du plan ».

« Sont en outre radiées d'office les mentions des décisions prévues au 16° lorsque, selon le cas :

« 1° Intervient une décision de réhabilitation, de relevé d'incapacité ou d'amnistie faisant disparaître l'incapacité ou l'interdiction ;

« 2° Arrive le terme de l'interdiction fixé par la juridiction en application de l'article L. 653-11 du code de commerce ;

« 3° Le dirigeant qui en fait l'objet n'exerce plus ses fonctions.

« Ces radiations sont également effectuées d'office aux lieux des immatriculations secondaires sur notification par le greffier de l'immatriculation principale ; cette notification doit être faite dans le délai de quinze jours à compter de la date de la radiation à titre principal. »

Les dispositions du Décr. nº 2011-1836 du 7 déc. 2011 sont applicables aux mentions figurant au RCS à la date de sa publication (JO 9 déc.). L'art. 36-1 est applicable à Mayotte dans sa rédaction issue du décret précité ; toutefois ses dix-huitième à vingtième alinéas ne s'appliquent qu'aux décisions intervenues postérieurement à la date de publication de ce même décret (Décr. préc., art. 4 et 5).

Cessation d'activité. Les dispositions de l'art. 36-1 (9°) font obstacle à l'initiative d'un assujetti à l'immatriculation au RCS qui, soumis à une procédure de redressement judiciaire, demanderait lui-même sa radiation à la suite de la cessation d'activité (Rép. min. nº 17663 : *JO Sénat Q, 19 déc. 1991, p. 2863*).

Art. R. 123-123 **Lorsque la juridiction qui a prononcé une des décisions mentionnées à l'article R. 123-122 n'est pas celle dans le ressort de laquelle est tenu le registre où figure l'immatriculation principale, le greffier de la juridiction qui a statué notifie la décision par lettre recommandée dans le délai de trois jours à compter de cette décision au greffier chargé de la tenue du registre. Celui-ci procède à la mention d'office.** – *[Décr. nº 84-406 du 30 mai 1984, art. 37.]*

L'ancien art. 37 du Décr. nº 84-406 du 30 mai 1984 (devenu l'art. R. 123-123) concernait aussi les art. 35, 36 et 36-1 reproduits ci-dessus.

Art. R. 123-124 Sont mentionnés d'office au registre :

1° Les mesures d'incapacité ou d'interdiction d'exercer une activité commerciale ou professionnelle, de gérer, d'administrer ou de diriger une personne morale résultant d'une décision juridictionnelle passée en force de chose jugée ou d'une décision administrative définitive ;

2° Les décisions judiciaires prononçant la dissolution ou la nullité de la personne morale ;

3° Le décès d'une personne immatriculée ;

(Décr. nº 2015-417 du 14 avr. 2015, art. 3, en vigueur le 1er juill. 2015) « 4° La dissolution d'une société par la survenance du terme statutaire, sauf en cas de prorogation effectuée conformément aux dispositions de l'article 1844-6 du code civil. »

Le greffier est informé par le ministère public ou, le cas échéant, l'autorité administrative des décisions mentionnées aux 1° et 2° ci-dessus. En ce qui concerne le décès d'une personne immatriculée, il en reçoit la preuve par tous moyens. — *[Décr. nº 84-406 du 30 mai 1984, art. 38.]*

Les dispositions issues du Décr. nº 2015-417 du 14 avr. 2015 sont applicables dans les îles Wallis-et-Futuna (Décr. préc., art. 11).

Art. R. 123-125 *(Décr. nº 2019-1080 du 23 oct. 2019, art. 2)* « Sauf en cas d'application du dernier alinéa de l'article R. 123-128, lorsque le greffier » est informé qu'une personne immatriculée aurait cessé son activité à l'adresse déclarée, il lui rappelle par lettre recommandée avec demande d'avis de réception, transmise à cette même adresse, ses obligations déclaratives. Si la lettre est retournée avec une mention précisant que la personne ne se trouve plus à l'adresse indiquée, le greffier porte la mention de la cessation d'activité sur le registre.

(Décr. nº 2007-750 du 9 mai 2007, art. 21) « Lorsque le greffier est informé, en application du 1° de l'article R. 123-168, que la personne domiciliée n'a pas pris connaissance de son courrier depuis trois mois, il envoie au domicile de celle-ci ou de son responsable légal et, le cas échéant, à l'adresse du siège ou de l'établissement une lettre indiquant que, sans nouvelle de sa part, il sera porté mention de sa cessation d'activité sur le registre. » — *[Décr. nº 84-406 du 30 mai 1984, art. 40, al. 1er.]*

Cessation d'activité à l'adresse déclarée. Aucune des nouvelles mentions des avis accompagnant désormais les plis non distribués de La Poste ne correspond exactement à l'ancienne mention « N'habite pas à l'adresse indiquée ». Pour l'application du 1er al. de l'art. R. 123-125, le greffier peut porter d'office au RCS la mention d'une cessation d'activité de la personne immatriculée lorsque la lettre recommandée dans laquelle il a rappelé à l'intéressée ses obligations déclaratives est retournée avec un avis comprenant la mention boite ou destinataire « non identifiable » (Avis CCRCS nº 2012-004 du 16 févr. 2012). ♦ ... Ou la mention « destinataire inconnu à cette adresse » (Avis CCRCS nº 2013-028 du 4 oct. 2013 : *JCP E 2013. Actu. 864 ; BJS 2014. 280, obs. Gourlaouen*).

Art. R. 123-126 Lorsque le greffier est informé par une autorité administrative ou judiciaire du changement de l'une des adresses déclarées par la personne immatriculée, il mentionne d'office ces modifications et en avise la personne à la nouvelle adresse.

Le greffier procède de même s'il est informé d'un changement, résultant d'une décision de l'autorité administrative compétente, dans le libellé de l'une des adresses déclarées ; toutefois, il n'est pas, dans ce cas, tenu d'en aviser la personne immatriculée. — *[Décr. nº 84-406 du 30 mai 1984, art. 40, al. 2 et 3.]*

Actualisation des adresses déclarées. En cas de changement dans le libellé d'une adresse consécutif à une décision de l'autorité administrative compétente, le greffier, saisi par la personne immatriculée d'une demande d'inscription modificative au sens des art. R. 123-45 et R. 123-66, doit procéder aux contrôles et vérifications réglementaires prévus et perçoit les émoluments et débours propres à la formalité en cause. Si le greffier est informé de ce changement de libellé en dehors de toute demande d'inscription modificative proprement dite, il doit mentionner d'office la modification et aucun émolument ne lui sera dû ; s'il s'agit d'une société dont le libellé du siège a été modifié, il pourra inviter, postérieurement, la personne immatriculée à régulariser son dossier de dépôt d'acte en annexe au RCS (Avis CCRCS nº 2018-007 du 18 juill. 2018).

Art. R. 123-126-1 *(Décr. n° 2019-987 du 25 sept. 2019, art. 14, en vigueur le 1er oct. 2019)* Lorsque le greffier est informé par le président de la chambre de métiers et de l'artisanat qu'une personne physique également immatriculée au registre du commerce et des sociétés a effectué en application de l'article L. 526-7 une déclaration d'affectation du patrimoine pour inscription au répertoire des métiers, il procède d'office à la mention de cette déclaration.

SOUS-§ 2 DES RADIATIONS

Art. R. 123-127 En cas de transfert dans un autre État membre de la Communauté européenne ou partie à l'accord sur l'Espace économique européen du siège d'une société européenne immatriculée en France, le greffier de l'ancien siège social procède d'office à la radiation, dès la notification de la nouvelle immatriculation par l'autorité chargée de la nouvelle immatriculation dans l'État où le siège a été transféré.

Cette radiation est notifiée à l'autorité chargée de la nouvelle immatriculation dans l'État où le siège a été transféré. — *[Décr. n° 84-406 du 30 mai 1984, art. 40-1.]*

Art. R. 123-128 Est radié d'office tout commerçant :

1° Frappé d'une interdiction d'exercer une activité commerciale en vertu d'une décision judiciaire passée en force de chose jugée ou d'une décision administrative exécutoire ;

2° Décédé depuis plus d'un an, sauf déclaration faite dans les conditions prévues aux *(Décr. n° 2007-750 du 9 mai 2007, art. 7)* « 6° et 7° » de l'article R. 123-46. Dans ce dernier cas, la radiation est faite dans le délai d'un an à compter de la mention de la déclaration ou de son renouvellement ; notification en est faite à l'exploitant avec invitation d'avoir à requérir son immatriculation.

(Décr. n° 2019-1080 du 23 oct. 2019, art. 2) « En application des deux premiers alinéas de l'article L. 613-4 du code de la sécurité sociale, est également radié d'office, dès que le greffier est informé de la radiation prononcée par un organisme de sécurité sociale, tout commerçant qui n'est plus affilié à cet organisme en sa qualité de travailleur indépendant. » — *[Décr. n° 84-406 du 30 mai 1984, art. 41.]*

Radiation. Il appartient au notaire d'attirer l'attention de l'héritier sur le caractère provisoire du maintien de l'immatriculation au RCS et sur la nécessité, le cas échéant, pour l'exploitant du fonds, de requérir, passé un certain délai, son immatriculation audit registre. • Civ. 1re, 14 juin 2007, n° 05-16.056 : *RCA 2007, n° 278.* ♦ V. aussi note 2 ss. art. R. 123-139.

Art. R. 123-129 Est radié d'office tout commerçant ou personne morale :

1° A compter de la clôture d'une procédure, soit de faillite, soit de liquidation des biens pour insuffisance d'actif ou dissolution de l'union, soit de liquidation judiciaire pour insuffisance d'actif ;

2° Au terme du délai d'un an après la mention au registre de la cessation totale de son activité, sauf en ce qui concerne les personnes morales pouvant faire l'objet d'une dissolution. — *[Décr. n° 84-406 du 30 mai 1984, art. 42.]*

L'ancien art. 42 du Décr. n° 84-406 du 30 mai 1984 (devenu l'art. R. 123-129) concernait aussi le règlement judiciaire ; il reste applicable dans sa rédaction antérieure aux procédures en cours ouvertes sur le fondement de la L. n° 67-563 du 13 juill. 1967 sur le règlement judiciaire, la liquidation de biens, la faillite personnelle et les banqueroutes (Décr. n° 2007-431 du 25 mars 2007, art. 3-III).

Conséquence de la radiation d'office. Considérant que la radiation d'office d'une société du RCS n'a pas pour effet la perte de sa personnalité morale (radiation prononcée en application de l'art. 42 (4) du Décr. n° 84-406 du 30 mai 1984, abrogé par Décr. du 2 juill. 1998, qui sanctionnait le non-accomplissement des formalités de communication au greffe, du titre de jouissance des locaux affectés au siège de l'entreprise, en cas de domiciliation temporaire dans un local d'habitation). • Com. 20 févr. 2001, n° 98-16.842 P : *D. 2001. AJ 1472* ; *RTD com. 2001. 405, obs. Derruppé* ; *Dr. sociétés 2001, n° 93, obs. Bonneau.*

Art. R. 123-130 Lorsque le greffier qui a procédé à l'immatriculation principale d'une personne morale pouvant faire l'objet d'une dissolution constate, au terme d'un délai de deux ans après la mention au registre de la cessation totale d'activité de cette personne, l'absence de toute inscription modificative relative à une reprise d'activité, il *(Décr. n° 2012-928 du 31 juill. 2012, art. 16, en vigueur le 1er sept. 2012)* « peut procéder », après en avoir informé la personne morale par lettre recommandée avec demande d'avis de réception adressée à son siège social, *(Décr. n° 2012-928 du 31 juill. 2012, art. 16, en vigueur le 1er sept. 2012)* « à la radiation d'office de l'intéressée.

« Toute radiation d'office effectuée en vertu du présent article » est portée à la connaissance du ministère public. – *[Décr. n° 84-406 du 30 mai 1984, art. 42-1.]*

Les dispositions du Décr. n° 2012-928 du 31 juill. 2012 sont applicables en Nouvelle-Calédonie et à Wallis-et-Futuna (Décr. préc., art. 24).

Faculté de radiation. La procédure de radiation d'office prévue par l'art. R. 123-130 est une faculté pouvant être mise en œuvre par le greffier. Cette faculté n'est toutefois pas discrétionnaire mais doit être mise en œuvre en fonction de la réalité de la situation en cause, telle qu'elle ressort notamment des éléments versés au dossier par la personne morale, en réponse à la lettre recommandée reçue du greffier. Le greffier peut aussi se fonder sur des éléments d'information qui lui ont été communiqués par une administration publique (Avis CCRCS n° 2015-025 du 27 nov. 2015 : *BRDA 2016, n° 6, p. 5 ; Dr. sociétés 2016, n° 127*).

Art. R. 123-131 Est radiée d'office toute personne morale, après mention au registre de sa dissolution, au terme du délai fixé par les statuts pour la durée de la liquidation ou, à défaut, au terme d'un délai de trois ans après la date de cette mention.

Toutefois, le liquidateur peut demander la prorogation de l'immatriculation par voie d'inscription modificative pour les besoins de la liquidation ; cette prorogation est valable un an sauf renouvellement d'année en année. – *[Décr. n° 84-406 du 30 mai 1984, art. 43.]*

Sociétés commerciales. Une société conservant la personnalité morale malgré la mesure de radiation d'office dont elle a fait l'objet, ne peut être qualifiée de société de fait ; une procédure de redressement ou de liquidation judiciaire peut donc être ouverte à son encontre. • Paris, 13 sept. 1994 : *Dr. sociétés déc. 1994, p. 1 ; JCP E 1995. II. 655, note Bonneau.* ♦ Radiée d'office du RCS, selon l'art. 43 du Décr. n° 84-406 du 30 mai 1984 (art. R. 123-131), sans que les opérations de liquidation soient clôturées, une société garde sa personnalité morale pour les besoins de sa liquidation. Il en résulte que l'assignation en résolution de la vente d'immeubles pour non-paiement, ayant été valablement engagée et l'instance poursuivie par le liquidateur, la procédure ne saurait être annulée. • Com. 13 févr. 1996, n° 93-13.173 P : *BJS 1996. 496, note Daigre ; Dr. sociétés 1996, n° 120, note Bonneau ; JCP 1996. IV. 814 ; Defrénois 1996. 670, obs. Hovasse* • 20 févr. 2001, n° 98-16.842 P : *RJDA 2001, n° 590.*

Art. R. 123-132 Le greffier qui procède à la radiation d'une immatriculation requiert sans délai :

1° S'il s'agit d'une immatriculation principale, la radiation des immatriculations secondaires correspondantes, sauf en cas de transfert du principal établissement pour les commerçants, du siège ou du premier établissement dans un département pour les personnes morales ;

2° S'il s'agit d'une immatriculation secondaire, la modification des mentions correspondantes portées à l'immatriculation principale. – *[Décr. n° 84-406 du 30 mai 1984, art. 44.]*

Art. R. 123-133 Les mentions prévues par le 1° de l'article R. 123-124 sont radiées d'office :

1° Lorsque intervient une décision de réhabilitation, de relevé d'incapacité ou d'amnistie faisant disparaître l'incapacité ou l'interdiction ;

2° Lorsque arrive le terme de l'interdiction fixé par la juridiction en application de l'article L. 653-11 ;

(Décr. n° 2007-750 du 9 mai 2007, art. 22) « 3° Lorsque le dirigeant qui fait l'objet d'une incapacité ou d'une interdiction n'exerce plus ses fonctions. » – *[Décr. n° 84-406 du 30 mai 1984, art. 44-1, al. 1er à 3.]*

Art. R. 123-134 Les radiations prévues *(Décr. n° 2007-750 du 9 mai 2007, art. 23)* « aux articles R. 123-132 et R. 123-133 » sont également effectuées d'office aux lieux des immatriculations secondaires sur notification par le greffier de l'immatriculation principale ; cette notification est faite dans le délai de quinze jours à compter de la date de la radiation à titre principal. – *[Décr. n° 84-406 du 30 mai 1984, art. 44-1, al. 4.]*

Art. R. 123-135 **Sont radiées d'office les mentions relatives aux décisions mentionnées à l'article R. 123-122 lorsque :**

1° Il a été mis fin à une procédure de sauvegarde en application de l'article L. 622-12 ;

2° Il a été mis fin à une procédure de redressement en application de l'article L. 631-16 ;

3° Il a été constaté l'achèvement de l'exécution du plan de sauvegarde ou de redressement en application de l'article L. 626-28 ;

(Décr. n° 2011-1836 du 7 déc. 2011, art. 1er) **« 4° Le plan de sauvegarde est toujours en cours à l'expiration d'un délai de** *(Décr. n° 2020-106 du 10 févr. 2020, art. 6)* **« deux** *[ancienne rédaction : trois]* **» ans à compter de son arrêté ;**

« 5° Le plan de redressement est toujours en cours à l'expiration d'un délai de *(Décr. n° 2020-106 du 10 févr. 2020, art. 6)* **« deux** *[ancienne rédaction : cinq]* **» ans à compter de son arrêté ; »**

(Décr. n° 2016-1851 du 23 déc. 2016, art. 26, en vigueur le 1er janv. 2017) **« 6° Il a été mis fin à une procédure de liquidation judiciaire pour extinction du passif en application de l'article L. 643-9. »**

(Décr. n° 2011-1836 du 7 déc. 2011, art. 1er) **« Les radiations prévues aux 4° et 5° font obstacle à toute nouvelle mention intéressant l'exécution du plan de sauvegarde ou de redressement, sauf si celle-ci est relative à une mesure d'inaliénabilité décidée par le tribunal ou à une décision prononçant la résolution du plan. »** – *[Décr. n° 84-406 du 30 mai 1984, art. 44-1-1.]*

Les dispositions du Décr. n° 2011-1836 du 7 déc. 2011 sont applicables aux mentions figurant au RCS à la date de sa publication (JO 9 déc.). Elles sont applicables en Nouvelle-Calédonie et à Wallis-et-Futuna (Décr. préc., art. 4 et 5).

BIBL. ▶ TAGNACCIOLI, *RPC 2012. Formule 4* (demande de radiation du RCS des mentions relatives à la procédure collective).

Art. R. 123-135-1 *Abrogé par Décr. n° 2011-1836 du 7 déc. 2011, art. 2. – V. les 3 derniers al. de l'art. R. 123-135 et la note ss. cet art.*

Art. R. 123-136 **Lorsque le greffier a porté au registre une mention de cessation d'activité en application de l'article R. 123-125, il radie d'office la personne qui n'a pas régularisé sa situation, à l'expiration d'un délai de trois mois à compter de l'inscription de cette mention.** – *[Décr. n° 84-406 du 30 mai 1984, art. 44-2.]*

Radiation d'office. Pour une application de l'art. R. 123-136 et ses conséquences en matière de mise en liquidation judiciaire de la société radiée, V. • Bordeaux, 6 janv. 2009 : *BRDA 2009, n° 4, p. 6 ; Dr. sociétés 2009, n° 100, obs. Legros.* ♦ Si l'assujetti est une personne morale pouvant faire l'objet d'une dissolution, ayant déjà procédé à une déclaration de cessation totale d'activité, seule la procédure prévue par l'art. R. 123-130 pourra s'appliquer, l'une étant exclusive de l'autre (Avis CCRCS n° 2015-025 du 27 nov. 2015 : *cité ss. art. R. 123-130*). ♦ La radiation d'office d'une SARL du RCS n'a pas pour effet de mettre fin aux fonctions de son gérant. • Com. 4 mars 2020, n° 19-10.501 P : *cité note 6 ss. art. L. 223-18.*

Art. R. 123-137 **Est rapportée par le greffier toute inscription d'office effectuée au vu de renseignements qui se révèlent erronés.** – *[Décr. n° 84-406 du 30 mai 1984, art. 45.]*

Art. R. 123-138 *(Décr. n° 2012-928 du 31 juill. 2012, art. 17, en vigueur le 1er sept. 2012)* **Lorsqu'une personne a été radiée d'office en application de la présente section, elle peut, dès lors qu'elle démontre qu'elle a régularisé sa situation, demander au greffier de rapporter cette radiation.**

Dans le délai de quinze jours à compter de la demande, il procède au rapport ou remet une décision motivée de refus au demandeur contre récépissé ou la lui adresse par lettre recommandée avec demande d'avis de réception.

Le demandeur peut saisir le juge commis à la surveillance du registre du refus ou de l'absence de réponse du greffier dans les quinze jours suivant la notification prévue à l'alinéa précédent. – *[Décr. n° 84-406 du 30 mai 1984, art. 46.]*

Les dispositions du Décr. n° 2012-928 du 31 juill. 2012 sont applicables en Nouvelle-Calédonie et à Wallis-et-Futuna (Décr. préc., art. 24).

Régularisation d'une radiation. L'assujetti qui souhaite rapporter la radiation d'office dont il a fait l'objet peut présenter sa demande à tout moment, sans que le délai de six mois, précédemment prévu par l'art. R. 123-138, puisse lui être opposé. Il présente sa demande de rapport sous la forme d'une demande d'inscription modificative en justifiant avoir régularisé sa situation (Avis CCRCS n° 2012-037 du 25 oct. 2012 : *JCP E 2013. Actu. 293*).

§ 5 DU CONTENTIEUX

Art. R. 123-139 **Sous réserve des dispositions des articles R. 123-143 à R. 123-149, toute contestation entre la personne tenue à l'immatriculation et le greffier est portée devant le juge commis à la surveillance du registre, qui statue par ordonnance.** – *[Décr. n° 84-406 du 30 mai 1984, art. 59.]*

1. Ordre public. Le juge commis à la surveillance du registre peut refuser une immatriculation au motif que le nom commercial adopté créerait une confusion avec un organisme officiel, en violation de l'ordre public. • Toulouse, 12 févr. 1987 : *JCP 1988. IV. 148 ; Gaz. Pal. 1988. 1. Somm. 94.* ♦ En revanche, il n'appartient pas au juge de juger de l'opportunité de l'immatriculation d'une société à partir du moment où ce juge ne relève pas le caractère incomplet du dossier d'immatriculation, ou une violation des règles impératives du droit des sociétés ou une violation d'une règle d'ordre public. • Douai, 8 févr. 1996 : *Gaz. Pal. 1996. 2. Somm. 509 ; RJDA 1996, n° 1476.*

2. Radiation. L'ordonnance de radiation d'un commerçant immatriculé au RCS étant fondée sur un jugement du tribunal de commerce, par application des dispositions de l'art. 108 de la loi du 13 juill. 1967 (interdiction de diriger, gérer, administrer ou contrôler toute entreprise commerciale), le juge commis à la surveillance du registre n'est investi d'aucun pouvoir d'appréciation, sa compétence se bornant à contrôler la régularité des immatriculations. • Paris, 18 juin 1992 : *Gaz. Pal. 1993. 1. 157, note Marchi.* ♦ Dès lors qu'un tribunal de commerce a été saisi du différend portant sur la qualification d'un contrat de location-gérance, une cour d'appel rappelle à bon droit, pour infirmer la décision du juge commis à la surveillance du RCS par laquelle il a retenu que le contrat de location-gérance présentait toutes les apparences de validité certaine, que ce magistrat, qui n'est investi d'aucun pouvoir d'appréciation au fond quant à la validité des actes qui lui sont remis, a excédé ses pouvoirs en enjoignant au locataire-gérant de demander sa radiation du registre. • Com. 29 avr. 1997, ☎ n° 94-21.616 P : *D. 1997. IR 135* ✎ *; RTD com. 1998. 132, obs. Derruppé* ✎ *; RJ com. 1998. 273, note Vallasan.*

En matière de procédure de radiation d'office, dès lors qu'aucune irrégularité de saisine du premier juge n'est susceptible d'être encourue et que l'appelant a conclu au fond en invoquant la sévérité de la sanction prononcée, l'effet dévolutif de l'appel doit recevoir application. • Caen, 12 sept. 2002 : *BICC 2002, n° 1178.*

3. Nullité d'actes sociaux. Le juge n'a pas qualité pour prononcer la nullité des délibérations et des procès-verbaux d'assemblées générales des actionnaires et du conseil d'administration ; la régularisation des publications peut être effectuée à tout moment. • TI Strasbourg, 25 oct. 1985 : *Rev. sociétés 1986. 223, note Storck.*

4. Procédures collectives. Le juge commis à la surveillance du RCS n'a pas le pouvoir de déterminer si la société cédante a la qualité de dirigeant de la société dont les titres sont cédés pour l'application de l'art. L. 631-10, ce pouvoir revenant exclusivement au tribunal de la procédure collective. • Com. 29 nov. 2016, ☎ n° 15-13.396 P : *D. actu. 20 déc. 2016, obs. Delpech ; D. 2016. Actu. 2463* ✎.

Art. R. 123-140 **Les ordonnances rendues par le juge commis à la surveillance du registre sont notifiées à l'assujetti par lettre recommandée avec demande d'avis de réception.**

La notification indique la forme et le délai du recours ainsi que les modalités suivant lesquelles il doit être exercé. *(Abrogé par Décr. n° 2014-543 du 26 mai 2014, art. 4)* ***« Mention y est faite des pénalités prévues à l'article L. 123-4. »***

Le greffier informe en outre par lettre simple la personne tenue à l'immatriculation, à son adresse de correspondance, de la décision rendue et du délai de recours. – *[Décr. n° 84-406 du 30 mai 1984, art. 60.]*

Art. R. 123-141 **L'appel des ordonnances est formé, instruit et jugé comme en matière gracieuse selon les dispositions des articles 950 à 953 du** *(Décr. n° 2008-484 du 22 mai 2008, art. 22)* **« code de procédure civile ». Toutefois, la partie est dispensée du ministère d'avocat** *(Abrogé par Décr. n° 2012-634 du 3 mai 2012, art. 21)* ***« ou d'avoué ».***

Le greffier de la cour d'appel adresse une copie de l'arrêt au greffier chargé de la tenue du registre. – *[Décr. n° 84-406 du 30 mai 1984, art. 61.]*

1. Ministère public. L'appel d'une ordonnance rendue en matière de contentieux relatif aux inscriptions au RCS, par le juge chargé de surveiller ce registre, étant soumis aux règles de la procédure gracieuse, la présence du ministère public à l'audience est obligatoire s'il y a des débats. • Civ. 2e, 16 juill. 1992, n° 91-12.032 P.

2. Procédure orale. La procédure d'appel des ordonnances du juge chargé de la surveillance du RCS étant orale, en application de l'art. R. 123-141 C. com., les dispositions de l'art. 954, al. 2, C. pr. civ. ne s'appliquent pas. • Com. 18 oct. 2011, n° 10-21.800 P : *D. 2011. Actu. 2655, obs. Lienhard ; JCP E 2012, n° 1019, note Barbièri ; RJDA 2012, n° 59 ; Dr. sociétés 2012, n° 9, obs. Roussille ; BJS 2012. 96, note Reygrobellet.*

3. Délai. Le délai d'appel est de 15 jours à compter de la notification de la décision, en application combinée des art. 528 et 538 C. pr. civ. • Poitiers, 20 sept. 2011, n° 11/02212.

Art. R. 123-142 Il est déféré à l'ordonnance du juge commis à la surveillance du registre du commerce et des sociétés ou à l'arrêt de la cour d'appel dans le délai de quinze jours à compter de la date à laquelle la décision est devenue définitive.

Lorsque la personne tenue à l'immatriculation ne défère pas à une décision lui enjoignant de procéder à une formalité, le greffier en avise le procureur de la République et lui adresse une expédition de la décision.

La juridiction ayant rendu une décision de radiation peut enjoindre au greffier d'y procéder d'office à l'expiration du délai d'un mois à compter de l'envoi de la lettre recommandée notifiant l'ordonnance ou l'arrêt. – *[Décr. n° 84-406 du 30 mai 1984, art. 62.]*

Art. R. 123-143 La décision de refus d'immatriculation ou d'enregistrement de modifications statutaires prise par le greffier en application du deuxième alinéa de l'article R. 123-95 peut être contestée dans le délai de quinze jours à compter de sa notification.

La demande est adressée par lettre recommandée avec demande d'avis de réception au président de la juridiction à laquelle est attaché le greffier qui a refusé l'immatriculation ou l'enregistrement des modifications statutaires. Elle est formée, selon le cas, par les fondateurs et les premiers membres des organes de gestion, d'administration, de direction et de surveillance ou l'un d'entre eux, ou par la société ou son représentant.

Elle est motivée et accompagnée de toutes pièces utiles. – *[Décr. n° 84-406 du 30 mai 1984, art. 62-1.]*

Art. R. 123-144 Le président de la juridiction ou le magistrat délégué à cet effet statue en urgence par ordonnance, au vu de la décision et de tous autres documents utiles.

Toutefois, il a la faculté de renvoyer la demande à une audience du tribunal dont il fixe la date.

Lorsqu'il est fait usage de la faculté mentionnée à l'alinéa précédent, le tribunal statue en urgence après avoir recueilli les observations du demandeur à la contestation ou les lui avoir demandées. – *[Décr. n° 84-406 du 30 mai 1984, art. 62-2.]*

Art. R. 123-145 La décision juridictionnelle est revêtue sur l'expédition de la formule exécutoire.

Elle est notifiée au requérant par lettre recommandée avec demande d'avis de réception. – *[Décr. n° 84-406 du 30 mai 1984, art. 62-3.]*

Art. R. 123-146 La notification d'une décision juridictionnelle de refus d'immatriculation ou d'enregistrement de modifications statutaires indique la forme et le délai du recours ainsi que les modalités suivant lesquelles il doit être exercé. – *[Décr. n° 84-406 du 30 mai 1984, art. 62-4, al. 1er.]*

Art. R. 123-147 La décision juridictionnelle autorisant l'immatriculation ou l'enregistrement est immédiatement portée à la connaissance du greffe compétent pour y procéder. – *[Décr. n° 84-406 du 30 mai 1984, art. 62-4, al. 2.]*

Art. R. 123-148 La décision de refus d'immatriculation ou d'enregistrement rendue en première instance est susceptible d'appel par la société, dans les quinze jours de sa notification.

L'appel est formé, instruit et jugé comme en matière gracieuse selon les dispositions des articles 950 à 953 du *(Décr. n° 2008-484 du 22 mai 2008, art. 22)* **« code de procédure civile ». Toutefois, la société appelante est dispensée du ministère d'avocat** *(Abrogé par Décr. n° 2012-634 du 3 mai 2012, art. 21)* ***« ou d'avoué »***. – *[Décr. n° 84-406 du 30 mai 1984, art. 62-5.]*

Art. R. 123-149 **Le greffier de la cour d'appel adresse une copie de l'arrêt au greffier chargé de la tenue du registre.** – *[Décr. n° 84-406 du 30 mai 1984, art. 62-6.]*

§ 6 DE LA PUBLICITÉ DU REGISTRE

SOUS-§ 1er DE LA COMMUNICATION ET DE L'INSCRIPTION DES ACTES

Art. R. 123-150 **Les greffiers et l'Institut national de la propriété industrielle sont astreints et seuls habilités à délivrer à toute personne qui en fait la demande des certificats, copies ou extraits des inscriptions portées au registre et actes déposés en annexe, sauf en ce qui concerne les inscriptions radiées et les documents comptables, qui sont communiqués dans des conditions fixées par l'arrêté prévu à l'article R. 123-166.** – *[Décr. n° 84-406 du 30 mai 1984, art. 67.] – V. art. A. 123-65 s.*

Communication au tiers. Compte tenu du statut juridique du représentant permanent de la personne morale, défini par l'art. L. 227-7, l'insertion de cette mention dans l'extrait du RCS de la société par actions simplifiée, et donc la communication de cette information aux tiers au sens de l'art. R. 123-150, sont cumulativement protectrices des intérêts respectifs des tiers, notamment de ceux contractant avec la SAS, de la société elle-même et de la personne morale assurant sa présidence. • Poitiers, 20 sept. 2011 : *cité note 7 ss. art. R. 123-54.*

Art. R. 123-151 **Les demandes présentées aux greffiers ou à l'Institut national de la propriété industrielle peuvent porter :**

1° Sur des dossiers individuels ou un ensemble de dossiers ; elles correspondent dans le second cas aux critères de recherche définis par l'arrêté prévu à l'article R. 123-166 ; – *V. art. A. 123-69.*

2° Sur des inscriptions et des actes déposés, ou sur l'état futur des dossiers ; elles donnent lieu dans le second cas à délivrance de renseignements selon une périodicité définie par l'arrêté précité. – *[Décr. n° 84-406 du 30 mai 1984, art. 68.]*

Art. R. 123-152 **Les greffiers satisfont aux demandes prévues à l'article R. 123-150 par la délivrance soit de la copie intégrale des inscriptions portées au registre concernant une même personne ou d'un ou plusieurs actes déposés, soit d'un extrait indiquant l'état de l'immatriculation à la date à laquelle cet extrait est délivré, soit d'un certificat attestant qu'une personne n'est pas immatriculée. La copie, l'extrait ou le certificat est établi aux frais du demandeur** *(Décr. n° 2009-1150 du 25 sept. 2009, art. 3)* **« et fait foi jusqu'à preuve contraire ».** – *[Décr. n° 84-406 du 30 mai 1984, art. 69.]*

(Décr. n° 2009-1150 du 25 sept. 2009, art. 3) **« Les extraits ou certificats portant la date de leur délivrance et revêtus du nom, de la signature et du sceau du greffier qui les a délivrés ainsi que de la mention du lieu dans lequel ce dernier exerce ses attributions font foi jusqu'à inscription de faux. Toute surcharge, interligne ou addition contenu dans le corps de ces documents est nul. »**

BIBL. ▶ SAINTOURENS, *RTD com. 2010. 59* (la réforme des conditions de délivrance par le greffier de copies, extraits ou certificats du RCS).

1. Langue française. Les extraits du RCS délivrés par les greffiers en application des art. R. 123-150 et R. 123-152 doivent être délivrés en langue française. Tel est le cas de l'extrait K *bis* (Avis CCRCS n° 2012-030 du 21 juin 2012 : *JCP E 2012. Actu. 475*).

2. Modèle d'extraits Kbis. V. art. A. 123-65.

3. Aménagement. Les art. R. 123-38, R. 123-59 et R. 123-150 n'interdisent pas des aménagements quant à l'indication de l'adresse de l'établissement lorsqu'ils sont justifiés par l'activité de la société (autorisation de faire figurer l'adresse du siège social au lieu et place de l'adresse de l'établissement principal pour une société ayant pour activité la fonte d'or). • Paris, 12 févr. 2013 : *BRDA 2013, n° 5, p. 3.*

4. Capital social. Il n'y a pas lieu à indication dans l'extrait Kbis d'une société, fût-ce à titre de simple observation du greffier, du montant du capital restant à libérer ou du fait que le montant est entièrement libéré (Avis CCRCS n° 2015-06 du 19 mars 2015 : *JCP E 2015. Actu. 317*).

5. Dirigeant démissionnaire. En cas de démission du représentant légal unique d'une société, déclarée au RCS sans désignation de son remplaçant, les extraits Kbis postérieurement délivrés font apparaître, à la rubrique « Gestion, direction... », en lieu et place de la désignation du gérant, la mention « Absence de représentant légal – Voir *in fine*, rubrique Observations et renseignements complémentaires » par ailleurs complétée comme suit : « Démission de [nom et prénoms de l'ancien gérant] de son mandat de gérant à compter du [date d'effet de la démission] – Inscription modificative du [date de ladite inscription] » (Avis CCRCS n° 2016-020 du 18 oct. 2016 : *JCP E 2017. Actu. 3*).

6. Immatriculation au répertoire des métiers. L'extrait Kbis doit le cas échéant comporter une observation du greffier précisant, pour les activités relevant du secteur des métiers, que leur enregistrement a été effectué sous condition suspensive de l'immatriculation de la société au répertoire des métiers. Lors de la justification postérieure de cette immatriculation, la délivrance de nouveaux extraits ne comportant plus l'observation précitée donne lieu à l'émolument prévu par la réglementation en vigueur (Avis CCRCS n° 2019-003 du 1er juill. 2019).

Art. R. 123-152-1 *(Décr. n° 2009-1150 du 25 sept. 2009)* **Les copies, extraits ou certificats peuvent être délivrés par les greffiers par voie électronique dans les conditions prévues à l'article R. 741-5.**

Art. R. 123-152-2 *(Décr. n° 2009-1150 du 25 sept. 2009)* **Les extraits ou certificats mentionnés au dernier alinéa de l'article R. 123-152 sont délivrés par les greffiers sur support électronique dans les conditions suivantes :**

1° Ils sont établis au moyen d'un système de traitement, de conservation et de transmission de l'information garantissant l'intégrité de leur contenu et agréé par le Conseil national des greffiers des tribunaux de commerce ;

2° Les systèmes de communication d'informations mis en œuvre par les greffiers doivent être interopérables entre eux ainsi qu'avec les organismes auxquels ils doivent transmettre ces données ;

3° Les extraits ou certificats sont revêtus de la signature électronique sécurisée du greffier qui les a dressés, telle que définie par le décret *(Décr. n° 2017-1416 du 28 sept. 2017, art. 2-II)* **« n° 2017-1416 du 28 septembre 2017 » pris pour l'application de l'article** *(Décr. n° 2016-1278 du 29 sept. 2016, art. 1er, en vigueur le 1er oct. 2016)* **« 1367 » du code civil et relatif à la signature électronique ;**

4° Ils doivent être conservés dans des conditions de nature à en préserver l'intégrité et la lisibilité ;

5° Les greffiers conservent également l'ensemble des informations relatives aux extraits et certificats délivrés, telles que les données permettant de les identifier, de déterminer leurs propriétés et d'en assurer la traçabilité ;

6° Ils tiennent en outre, jour par jour, un répertoire sur support électronique de tous les extraits et certificats qu'ils établissent ;

7° Ce répertoire mentionne la date, la nature, le nom des destinataires des extraits et certificats, le support sur lequel ils ont été établis et toutes autres informations prescrites par les lois et règlements ;

8° L'image du sceau du greffier doit figurer sur les extraits ou certificats délivrés.

Un arrêté du garde des sceaux, ministre de la justice, précise, en tant que de besoin, les modalités d'application du présent article.

1. Support électronique. En ce qui concerne les extraits Kbis et certificats délivrés par les greffiers sur support électronique, il existe, comme pour les actes dressés sur support papier (art. R. 123-152), une dualité de régime probatoire : les extraits ou certificats portant la date de leur délivrance et revêtus du nom, de la signature électronique sécurisée et du sceau du greffier qui les a délivrés ainsi que la mention du lieu dans lequel ce dernier exerce ses attributions font foi jusqu'à inscription de faux et sont des actes authentiques ; les extraits, certificats ou copies délivrés par voie électronique qui portent seulement l'identification du greffier qui les délivre font foi jusqu'à preuve contraire (Avis CCRCS n° 2014-09 du 11 avr. 2014 : *JCP E 2014. Actu. 739*).

2. Édition sur support papier. L'édition sur support papier d'un extrait Kbis téléchargé à partir du site internet Infogreffe, qui comporte précisément l'identification du greffier qui l'a délivré, a la même force probante qu'un extrait édité par le greffier lui-même sans l'avoir revêtu de sa signature et de son sceau (Avis CCRCS n° 2014-09 du 11 avr. 2014 : *préc. note 1*).

Art. R. 123-153 L'Institut national de la propriété industrielle satisfait moyennant le paiement de redevances aux demandes mentionnées à l'article R. 123-150 par certificat, copie ou communication des renseignements figurant au registre national.

Des copies telles que figurant au registre peuvent être diffusées à titre de renseignement par voie électronique.

L'Institut national de la propriété industrielle peut délivrer des certificats attestant qu'au jour de la demande une personne ne figure pas dans les immatriculations portées au registre national. – *[Décr. n° 84-406 du 30 mai 1984, art. 70.] – V. art. A. 123-66.*

Art. R. 123-154 Pour les procédures ouvertes à compter du 1er janvier 2006, ne peuvent être communiqués :

1° Les jugements rendus en matière de sauvegarde en cas de clôture de la procédure en application de l'article L. 622-12 et en cas d'exécution du plan constaté en application de l'article L. 626-28 ;

2° Les jugements rendus en matière de redressement judiciaire en cas de clôture de la procédure en application de l'article L. 631-16 et en cas d'exécution du plan constaté en application des articles L. 631-21 et L. 626-28 ;

3° Les jugements rendus en matière de liquidation judiciaire en cas de clôture pour extinction du passif ;

4° Les jugements ayant décidé que les dettes de la personne morale seront supportées en tout ou partie par les dirigeants de celle-ci ou certains d'entre eux en application des articles L. 651-2 ou L. 652-1, en cas de paiement par ceux-ci du passif mis à leur charge ;

5° Les jugements prononçant la faillite personnelle ou l'interdiction prévue à l'article L. 653-8 en cas de clôture pour extinction du passif, relèvement total des déchéances ou amnistie. – *[Décr. n° 84-406 du 30 mai 1984, art. 71, al. 1er à 7.] – V. art. A. 123-67.*

Décret n° 84-406 du 30 mai 1984,

Relatif au registre du commerce et des sociétés.

Art. 71 Ne peuvent être communiqués :

[...]

(Décr. n° 2005-1677 du 28 déc. 2005, art. 353) « 2° Pour les procédures ouvertes entre le 2 janvier 1986 et le 31 décembre 2005 : »

a) Les jugements rendus en matière de redressement et de liquidation judiciaires en cas de clôture pour extinction du passif ;

b) Les jugements rendus en matière de redressement judiciaire en cas d'exécution du plan de continuation et d'apurement collectif du passif et en cas de clôture de la procédure en application de l'article L. 621-95 *[abrogé]* du code de commerce ;

c) Les jugements ayant décidé que les dettes de la personne morale seront supportées en tout ou en partie par les dirigeants de celle-ci ou certains d'entre eux, en cas de paiement par ceux-ci du passif mis à leur charge ;

d) Les jugements prononçant la faillite personnelle ou l'interdiction prévue à l'article L. 653-8 du code de commerce en cas de clôture pour extinction du passif, relèvement total des déchéances ou amnistie. *[;]*

(Décr. n° 2005-1677 du 28 déc. 2005, art. 353) « 3° » Pour les procédures ouvertes entre le 1er janvier 1968 et le 1er janvier 1986 :

a) Les jugements rendus en matière de règlement judiciaire, liquidation des biens, ceux ayant prononcé la faillite personnelle ou d'autres sanctions prévues au chapitre premier du titre III de la loi n° 67-563 du 13 juillet 1967 en cas de clôture par extinction du passif, exécution du concordat, réhabilitation ou amnistie ;

b) Les jugements ayant mis tout ou partie du passif social à la charge des dirigeants sociaux, en cas de paiement par ceux-ci du passif mis à leur charge ;

c) Les jugements rendus en matière de suspension provisoire des poursuites en cas d'exécution du plan de redressement et d'apurement collectif du passif ;

(Décr. n° 2005-1677 du 28 déc. 2005, art. 353) « 4° » Pour les procédures antérieures au 1er janvier 1968 : les jugements rendus en matière de faillite, liquidation judiciaire, règlement judiciaire lorsqu'il y a eu clôture pour défaut d'intérêt de la masse, exécution du concordat, réhabilitation ou amnistie ;

(Décr. n° 2005-1677 du 28 déc. 2005, art. 353) « 5° » Les jugements autres que ceux prévus aux 1° *[C. com., art. R. 123-154]*, 2° et 3° ci-dessus et entraînant l'incapacité ou l'interdiction soit d'exercer une activité commerciale ou professionnelle, soit de gérer, d'administrer ou de diriger une personne morale lorsque l'intéressé a été relevé de cette incapacité ou a bénéficié d'une réhabilitation ou d'une amnistie ;

(Décr. n° 2005-1677 du 28 déc. 2005, art. 353) « 6° » Les jugements d'interdiction ou de nomination de conseil judiciaire lorsque ces mesures ont été rapportées ;

(Décr. n° 2005-1677 du 28 déc. 2005, art. 353) « 7° » *(Abrogé par Décr. n° 2005-530 du 24 mai 2005, art. 6) « Les demandes en séparation de biens ou de liquidation anticipée des acquêts ainsi que » [L]*es demandes formées sur le fondement de l'article 1426 ou de l'article 1429 du code civil lorsqu'elles ont été rejetées ainsi que les jugements de rejet de ces demandes.

Arrêté du 9 février 1988,

Relatif au registre du commerce et des sociétés.

Art. 18 Pour l'application de l'article 71 du décret relatif au registre du commerce et des sociétés précité, l'assujetti doit produire :

1° En cas d'exécution du concordat, une attestation du commissaire à l'exécution du concordat, s'il en a été nommé un, ou, à défaut, une ordonnance du juge commis à la surveillance du registre ;

(Arr. du 2 juill. 1998) « 2° En cas de paiement du passif mis à la charge des dirigeants d'une société, une attestation du syndic ou du liquidateur judiciaire ;

« 3° En cas d'exécution *(L. n° 2005-845 du 26 juill. 2005, art. 165-II)* « du plan de sauvegarde ou de redressement » et d'apurement collectif du passif, une attestation du commissaire à l'exécution du plan, ou, lorsque la mission de ce dernier a pris fin, la preuve par tous moyens du règlement de tous les créanciers dans les conditions fixées au jugement arrêtant le plan. »

Sont abrogées les dispositions de l'Arr. du 9 févr. 1988 relatif au registre du commerce et des sociétés, à l'exception de l'art. 18 qui reste applicable aux procédures ouvertes avant le 1er janv. 2006 (Arr. du 14 janv. 2009, art. 3-II).

Art. R. 123-154-1 *(Décr. n° 2014-1189 du 15 oct. 2014, art. 4)* **Les comptes annuels qui sont accompagnés d'une déclaration de confidentialité des comptes annuels en application de l'article R. 123-111-1 ne peuvent être délivrés qu'aux sociétés les ayant déposés et aux autorités** *(Décr. n° 2016-296 du 11 mars 2016, art. 17)* **« , personnes morales » et institutions visées au** *(Décr. n° 2016-296 du 11 mars 2016, art. 17)* **« troisième » alinéa de l'article L. 232-25.**

(Décr. n° 2019-1207 du 20 nov. 2019, art. 4) **« Les comptes annuels qui sont accompagnés d'une déclaration de publication simplifiée en application de l'article R. 123-111-1 ne peuvent être délivrés dans leur intégralité qu'aux sociétés les ayant déposés et aux autorités, personnes morales et institutions visées au troisième alinéa de l'article L. 232-25. »**

Lorsqu'ils ne délivrent pas les comptes annuels en application du premier alinéa, *(Décr. n° 2019-1207 du 20 nov. 2019, art. 4)* **« ou qu'ils les délivrent selon une présentation simplifiée en application du deuxième alinéa, » les greffiers et l'Institut national de la propriété industrielle délivrent, dans les conditions prévues aux articles R. 123-152 à R. 123-153, un certificat attestant que les comptes annuels ont été déposés mais qu'ils ne sont pas communicables aux tiers** *(Décr. n° 2019-1207 du 20 nov. 2019, art. 4)* **« ou qu'ils sont communicables selon une présentation simplifiée, » en application de l'article L. 232-25.**

Les dispositions issues du Décr. n° 2014-1189 du 15 oct. 2014 sont applicables dans les îles Wallis-et-Futuna (Décr. préc., art. 9).

Les dispositions issues du Décr. n° 2016-296 du 11 mars 2016 s'appliquent aux comptes afférents aux exercices clos à compter du 31 déc. 2015 et déposés à compter du 7 août 2016 (Décr. préc., art. 21).

Déclaration de confidentialité. Le greffier ne peut délivrer une copie des comptes annuels dont le dépôt est accompagné d'une déclaration de confidentialité, même s'il lui est exposé ou s'il s'avère que la société ne remplissait pas les conditions requises. En revanche, s'il acquiert à cette occasion la connaissance qu'il s'agit d'une fausse déclaration, il lui appartient d'en informer sans délai le procureur de la République en application des dispositions de l'art. 40, al. 2, C. pr. pén. (Avis CCRCS n° 2016-015 du 5 juill. 2016 : *JCP E 2017. Actu. 3*).

SOUS-§ 2 DE LA PUBLICATION AU *BULLETIN OFFICIEL DES ANNONCES CIVILES ET COMMERCIALES*

Art. R. 123-155 **Toute immatriculation donne lieu à l'insertion d'un avis au *Bulletin officiel des annonces civiles et commerciales*.** — *V. art. A. 123-74 s.*

(Décr. n° 2008-1488 du 30 déc. 2008, art. 5-I) **« Toutefois, l'insertion d'un avis n'est pas requise en cas d'immatriculation d'une société à responsabilité limitée dont l'associé unique, personne physique, assume personnellement la gérance ou d'une société par actions simplifiées dont l'associé unique, personne physique, assume personnellement la présidence. »** — *[Décr. n° 84-406 du 30 mai 1984, art. 73, al. 1er.]*

Dispense de publicité. La dispense de publicité prévue aux art. R. 123-155 et R. 123-159, dern. al., s'applique aussi aux SEL et aux sociétés de participations financières de profession libérale constituées par un seul associé qui assume la gérance ou la présidence (Avis CCRCS n° 2012-022 du 30 mai 2012 : *JCP E 2012. Actu. 475 ; BRDA 2012, n° 14, p. 3 ; Dr. sociétés 2012, n° 166, obs. Roussille*). ♦ La dispense d'insertion d'un avis au *BODACC* est sans application à la SARL dont l'associé unique, personne physique, n'est pas seul gérant (Avis CCRCS n° 2013-012 du 27 mars 2013 : *BRDA 2013, n° 18, p. 4 ; BJS 2014. 269, obs. Etain ; Dr. sociétés 2013, n° 205, obs. D. G.-C. ; Journ. sociétés 11/2013. 62, obs. MdM*). ♦ Sur la question de savoir si la dispense vaut pour les inscriptions modificatives (art. R. 123-159) intervenant en cours de vie sociale pour mentionner au RCS un changement de situation emportant éligibilité ou perte d'éligibilité au bénéfice de cette dispense, V. * Avis CCRCS n° 2014-012 du 11 avr. 2014 : *JCP E 2014. Actu. 739*. ♦ La dispense d'insertion au BODACC lors de l'immatriculation d'une SARL dont l'associé unique, personne physique, assume personnellement la gérance ou d'une SAS dont l'associé unique, personne physique, assume personnellement la présidence n'emporte pas dispense de publication de l'acquisition par cette société ou de l'apport à cette société d'un fonds de commerce (Avis CCRCS n° 2017-001 du 31 janv. 2017).

Art. R. 123-156 **L'avis au *Bulletin officiel des annonces civiles et commerciales* contient pour les personnes physiques :**

1° Les références de l'immatriculation ;

2° Les nom, nom d'usage, pseudonyme et prénoms de la personne immatriculée ;

3° La ou les activités effectivement exercées, le lieu d'exercice, la date du commencement d'exploitation ;

4° Le nom commercial. — *[Décr. n° 84-406 du 30 mai 1984, art. 73, al. 2 à 7.]*

Art. R. 123-157 **L'avis au *Bulletin officiel des annonces civiles et commerciales* contient pour les sociétés et les groupements d'intérêt économique :**

1° Les références de l'immatriculation ;

2° La raison sociale ou la dénomination suivie, le cas échéant, du sigle *(Abrogé par Décr. n° 2020-106 du 10 févr. 2020, art. 7)* ***« et du nom commercial »*** **;**

3° Le montant du capital et, pour les sociétés à capital variable, le montant au-dessous duquel le capital ne peut être réduit ;

4° L'adresse du siège ;

5° La ou les activités exercées et, le cas échéant, la date du commencement d'activité ;

(Décr. n° 2020-106 du 10 févr. 2020, art. 7) **« 6° S'il s'agit d'une société, la forme juridique, les nom, nom d'usage, pseudonyme et prénoms des associés tenus indéfiniment et solidairement des dettes sociales, et des associés ou des tiers ayant dans la société la qualité de gérant, président, administrateur, président du conseil d'administration, directeur général, membre du directoire, membre du conseil de surveillance ou commissaire aux comptes ; les nom, nom d'usage, pseudonyme et prénoms des autres personnes ayant le pouvoir d'engager à titre habituel la société envers les tiers ; »**

7° S'il s'agit d'un groupement d'intérêt économique, les noms, nom d'usage, pseudonyme et prénoms des administrateurs, des personnes chargées du contrôle de la gestion et de celles chargées du contrôle des comptes, ainsi que, le cas échéant, des membres exonérés des dettes nées antérieurement à leur entrée dans le groupement ;

(Décr. n° 2020-106 du 10 févr. 2020, art. 7) « 8° Lorsque les personnes désignées au *[aux]* 6° et 7° sont des personnes morales, leur dénomination ou raison sociale. » — *[Décr. n° 84-406 du 30 mai 1984, art. 73, al. 8 à 15.]*

Art. R. 123-158 Pour les autres personnes morales, un arrêté du garde des sceaux, ministre de la justice, du ministre chargé de la propriété industrielle et du ministre chargé du contrôle de la personne morale adapte les indications prévues à l'article R. 123-157. — *[Décr. n° 84-406 du 30 mai 1984, art. 73, al. 16 et 17.] — V. art. A. 123-75.*

Art. R. 123-159 Si l'une des mentions prévues aux articles R. 123-156 à R. 123-158 est modifiée, un avis modificatif est inséré au *Bulletin officiel des annonces civiles et commerciales. — V. art. A. 123-78.*

L'avis contient :

1° Pour les personnes physiques :

a) Les références de l'immatriculation ;

b) Les nom, nom d'usage, pseudonyme et prénoms de la personne immatriculée ;

c) L'indication des modifications intervenues.

2° Pour les personnes morales :

a) Les références de l'immatriculation ;

b) La raison sociale ou la dénomination suivie, le cas échéant, de son sigle ;

c) S'il s'agit d'une société, la forme juridique ;

d) En cas de fusion ou de scission de société, l'indication de l'opération qui est à l'origine de ces modifications ainsi que celle des raison sociale, dénomination, forme juridique et siège des personnes morales ayant participé à cette opération ;

(Décr. n° 2007-750 du 9 mai 2007, art. 25-II) « *e)* L'indication des modifications intervenues. »

Le présent article est applicable à la dissolution et la nullité d'une personne morale. *(Décr. n° 2008-1488 du 30 déc. 2008, art. 5-II)* « Il n'est pas applicable aux sociétés mentionnées au second alinéa de l'article R. 123-155. » — *[Décr. n° 84-406 du 30 mai 1984, art. 74.]*

1. Transfert d'établissement. En ce qui concerne les sociétés, l'art. 73 du Décr. n° 84-406 du 30 mai 1984 (devenu l'art. R. 123-157) prévoit la publication de l'adresse du siège social mais ne vise pas l'adresse de l'établissement ; son transfert ne fait donc pas l'objet d'une publicité au BODACC en vertu de l'art. 74 du décret (devenu l'art. R. 123-159) (Avis CCRCS n° 05-04 du 15 nov. 2005 : *Bull. RCS 2005, n° 30-32, p. 31*).

2. Dispense. Dispensées, lors de leur immatriculation au RCS, de l'insertion d'un avis dans un JAL et au BOCC, les sociétés d'exercice libéral de pharmaciens d'officine sont également dispensées d'insertions modificatives (Avis CCRCS n° 2019-005 du 15 oct. 2019).

Art. R. 123-160 Toute radiation donne lieu à l'insertion d'un avis au *Bulletin officiel des annonces civiles et commerciales.*

L'avis contient :

1° Pour les personnes physiques :

a) Les références de l'immatriculation ;

b) Les nom, nom d'usage, pseudonyme et prénoms de la personne immatriculée ;

c) Le lieu de l'exploitation ;

d) Le nom commercial ;

e) La date de la cessation de l'activité.

2° Pour les personnes morales :

a) Les références de l'immatriculation ;

b) La raison sociale ou la dénomination suivie, le cas échéant, de son sigle ;

c) S'il s'agit d'une société la forme juridique ;

d) L'adresse du siège. — *[Décr. n° 84-406 du 30 mai 1984, art. 75.]*

Art. R. 123-161 Les avis prévus aux articles R. 123-155 et suivants sont établis et adressés par le greffier au *Bulletin officiel des annonces civiles et commerciales* dans les huit jours de l'inscription correspondante ou, s'il s'agit d'une immatriculation principale, dès la notification du numéro d'identification par l'Institut national de la statistique et des études économiques.

Ces avis sont établis selon un modèle défini par arrêté du garde des sceaux, ministre de la justice. — *[Décr. n° 84-406 du 30 mai 1984, art. 76.]*

Art. R. 123-162 **Le dépôt des documents comptables prévus au premier alinéa de l'article R. 123-111** *(Décr. n° 2014-1189 du 15 oct. 2014, art. 5)* **« , accompagnés, le cas échéant, d'une déclaration de confidentialité** *(Décr. n° 2019-1207 du 20 nov. 2019, art. 5)* **« ou d'une déclaration de publication simplifiée » des comptes annuels en application de l'article R. 123-111-1***[,]* **» donne lieu à l'insertion d'un avis au** ***Bulletin officiel des annonces civiles et commerciales*** **conformément aux dispositions des articles R. 232-19 à** *(Décr. n° 2014-1189 du 15 oct. 2014, art. 5)* **« R. 232-22 ».** – *[Décr. n° 84-406 du 30 mai 1984, art. 77.]*

Les dispositions issues du Décr. n° 2014-1189 du 15 oct. 2014 sont applicables dans les îles Wallis-et-Futuna (Décr. préc., art. 9).

§ 7 DISPOSITIONS DIVERSES

Art. R. 123-163 **Les taxes, émoluments et dépens afférents aux formalités effectuées en application de la présente section sont à la charge des requérants.**

En sus de leurs émoluments réglementés par les articles R. 743-140 et suivants, les greffiers perçoivent, pour le compte de l'Institut national de la propriété industrielle, les taxes instituées en faveur de cet établissement. Ils envoient à l'institut les fonds perçus par eux à ce titre dans les délais fixés par l'arrêté prévu à l'article R. 123-166. – *[Décr. n° 84-406 du 30 mai 1984, art. 78.] – V. art. A. 123-31. – Sur ces redevances, V. CPI, art. R. 411-17 et Arr. du 24 avr. 2008, ci-dessous.*

Code de la propriété intellectuelle

Art. R. 411-17 *(Décr. n° 2004-199 du 25 févr. 2004, art. 6)* L'Institut national de la propriété industrielle perçoit des redevances, dont le montant et les modalités d'application sont fixés par arrêté conjoint du ministre chargé de la propriété industrielle et du ministre chargé du budget, à l'occasion des procédures et formalités suivantes : – *V. Arr. du 24 avr. 2008 ci-dessous.*

[...]

8° S'agissant du Registre national du commerce et des sociétés :
déclaration ;
dépôt d'un acte.

[...]

Arrêté du 24 avril 2008,

Relatif aux redevances de procédures perçues par l'Institut national de la propriété industrielle.

Art. 1er Le montant des redevances de procédures prévues à l'article R. 411-17 du code de la propriété intellectuelle susvisé est fixé conformément au tableau annexé au présent arrêté. – *V. tableau ci-dessous.*

....

Art. 5 L'arrêté du 2 août 2005 relatif aux redevances de procédures perçues par l'Institut national de la propriété industrielle est abrogé.

Toutefois, les taux prévus par l'arrêté du 2 août 2005 restent applicables si des avertissements ou notifications ont déjà été adressés, sauf si les taux du présent arrêté leur sont inférieurs.

TABLEAU ANNEXE
REDEVANCES DE PROCÉDURE

(Arr. du 27 déc. 2018, en vigueur le 1er janv. 2019)

8. **REGISTRE NATIONAL DU COMMERCE ET DES SOCIÉTÉS**

Immatriculation principale d'une personne physique requise pour cause de création d'établissement .... Gratuit

Immatriculation d'une personne morale (constitution sans activité ou avec création d'établissement) .... Gratuit

Immatriculation principale requise suite à la prise d'un fonds en location gérance :	
— personne physique	Gratuit
— personne morale	Gratuit
Immatriculation principale requise suite à achat ou apport d'un fonds de commerce (mutation à titre onéreux) et pour toute autre cause (donation, transmission de patrimoine, héritage, transfert hors ressort), ou faisant suite à la caducité d'une inscription précédente :	
— personne physique	Gratuit
— personne morale	Gratuit
Immatriculation secondaire requise suite à création (personne physique ou morale)	Gratuit
Immatriculation secondaire requise suite à achat ou apport d'un fonds de commerce (mutation à titre onéreux) :	
— personne physique	Gratuit
— personne morale	Gratuit
Toute inscription complémentaire :	
— personne physique	5,90
— personne morale	5,90
Toute inscription modificative *[,]* y compris transfert autre que transfert hors ressort et prise d'activité d'une personne morale :	
— personne physique (ne sont pas concernées les personnes physiques exerçant une activité commerciale et bénéficiant du régime prévu à l'article L. 133-6-8 du code de la sécurité sociale)	5,90
— personne morale	5,90
Radiation au registre du commerce et des sociétés (personne physique ou morale).	Gratuit
Dépôts des comptes annuels pour les sociétés	5,45
Dépôt d'actes pour les personnes morales :	
— acte constitutif	Gratuit
— acte modificatif	5,90
Conversion du capital social d'une société à l'euro près :	
— inscription modificative	Gratuit
— acte modificatif	Gratuit

Art. R. 123-164 Lorsque les décisions et les notifications prévues dans les procédures définies aux articles L. 123-3 et R. 123-139 à R. 123-142 donnent lieu à des frais, ceux-ci sont avancés par le greffier.

Le montant en est remboursé par la personne tenue à l'immatriculation lors des opérations de régularisation de sa situation.

Si la personne tenue à l'immatriculation est insolvable, s'il est impossible de la joindre ou s'il n'a pas été déféré à l'injonction du juge commis à la surveillance du registre, le montant des frais avancés par le greffier est remboursé à ce dernier par le Trésor public sur ordonnance du juge commis à la surveillance du registre rendue à la requête du greffier. — *[Décr. nº 84-406 du 30 mai 1984, art. 79.]*

Art. R. 123-165 Les frais remboursés au greffier par le Trésor public en vertu du troisième alinéa de l'article R. 123-164 et ceux afférents aux procédures diligentées d'office par le procureur de la République ou le juge commis à la surveillance du registre sont assimilés à ceux qui résultent des poursuites d'office en matière civile au sens du 4° de l'article R. 93 du code de procédure pénale. — *[Décr. nº 84-406 du 30 mai 1984, art. 80.]*

Art. R. 123-166 Un arrêté conjoint du garde des sceaux, ministre de la justice, et du ministre chargé de la propriété industrielle détermine les modalités d'application de la présente section. Il précise notamment :

1° Les pièces à fournir à l'appui des demandes aux fins d'immatriculation, d'immatriculation secondaire, d'inscription modificative et de radiation ou de dépôt d'actes de sociétés ;

2° Les pièces justificatives habilitant à séjourner sur le territoire français les personnes qui doivent en justifier et, le cas échéant, les autorisant à exercer l'activité considérée. — *[Décr. n° 84-406 du 30 mai 1984, art. 88.]*

Titre de séjour. Lors de l'immatriculation au RCS d'une société civile de construction vente, l'étranger gérant-associé résidant en France, qu'il soit ou non ressortissant d'un État membre de l'Espace économique européen, n'est pas assujetti à la production de la copie d'un titre de séjour, la seule obligation étant qu'il produise un document justifiant de son identité, conformément à l'annexe 1-1 (V. ss. art. A. 123-50) de la partie « Arrêté » du code de commerce (Avis CCRCS n° 2014-03 du 4 févr. 2014 : *JCP E 2014. Actu. 739 ; BRDA 2014, n° 18, p. 3*).

SOUS-SECTION 3 DE LA DOMICILIATION DES PERSONNES PHYSIQUES ET MORALES IMMATRICULÉES *(Décr. n° 2008-1488 du 30 déc. 2008, art. 6-I).*

Art. R. 123-166-1 *(Décr. n° 2009-1695 du 30 déc. 2009, art. 1er)* **L'agrément prévu à l'article L. 123-11-3 est délivré par le préfet du département où est situé le siège de l'entreprise de domiciliation. A Paris, cet agrément est délivré par le préfet de police.**

Les art. R. 123-166-1 à R. 123-166-5 entrent en vigueur le 1er avr. 2010 (Décr. n° 2009-1695 du 30 déc. 2009, art. 3). — Indépendamment de leur application de plein droit en Nouvelle-Calédonie et en Polynésie française, les art. R. 123-166-1 à R. 123-166-5 sont applicables dans les îles Wallis-et-Futuna (Décr. préc., art. 2).

BIBL. ▶ PAULIN, *Dr. sociétés 2010. Alerte 11* (l'agrément des domiciliataires d'entreprises).

Art. R. 123-166-2 *(Décr. n° 2009-1695 du 30 déc. 2009, art. 1er)* **Le dossier de la demande d'agrément comprend :**

1° S'agissant d'une entreprise individuelle, une déclaration indiquant sa dénomination, son activité, son adresse, l'adresse de ses établissements secondaires ainsi que l'état civil, le domicile, la profession et la qualité de son exploitant, accompagnée de la copie d'une pièce d'identité en cours de validité de ce dernier ;

2° S'agissant d'une personne morale, une déclaration indiquant sa raison sociale ou sa dénomination, sa forme juridique, son activité, son siège social, l'adresse de ses établissements secondaires ainsi que l'état civil, le domicile, la profession et la qualité de ses représentants légaux ou statutaires, de ses dirigeants ainsi que des actionnaires ou associés détenant au moins 25 % des voix, des parts ou des droits de vote, accompagnée de la copie d'une pièce d'identité en cours de validité de ces personnes ;

3° Tous justificatifs de ce qu'il est satisfait par l'entreprise de domiciliation et, le cas échéant, par ses établissements secondaires, aux conditions prévues aux 1° et 2° du II de l'article L. 123-11-3 ;

4° Une attestation sur l'honneur de ce qu'il est satisfait aux conditions prévues aux 3°, 4° et 5° du II de l'article L. 123-11-3.

Art. R. 123-166-3 *(Décr. n° 2009-1695 du 30 déc. 2009, art. 1er)* **Le préfet saisi d'une demande d'agrément dispose de deux mois pour l'instruire, à compter de sa réception.**

Le défaut de réponse du préfet dans le délai mentionné à l'alinéa précédent vaut rejet de la demande.

Lorsque le domiciliataire satisfait aux conditions prévues aux articles L. 123-11-3, L. 123-11-4 et R. 123-166-2, l'agrément est accordé pour une durée de six ans.

Art. R. 123-166-4 *(Décr. n° 2009-1695 du 30 déc. 2009, art. 1er)* **Tout changement substantiel dans les indications prévues à l'article R. 123-166-2 doit être déclaré dans un délai de deux mois au préfet qui a délivré l'agrément.**

Lorsque l'entreprise de domiciliation crée un ou plusieurs établissements secondaires, elle justifie dans les deux mois auprès du préfet qui l'a agréée de ce que les conditions posées aux 1° et 2° de l'article L. 123-11-3 sont réalisées pour chacun des établissements exploités.

Le préfet délivre, le cas échéant, un nouvel agrément.

Art. R. 123-166-5 *(Décr. n° 2009-1695 du 30 déc. 2009, art. 1er)* **L'agrément peut être suspendu pour une durée de six mois au plus ou retiré par le préfet lorsque l'entreprise de domiciliation ne remplit plus les conditions prévues au II de l'article L. 123-11-3 ou n'a pas effectué la déclaration prévue à l'article R. 123-166-4.**

Lorsque l'entreprise de domiciliation fait l'objet d'une procédure devant la Commission nationale des sanctions instituée à l'article L. 561-38 du code monétaire et finan-

cier, son agrément peut être suspendu par le préfet, à titre conservatoire, pour une durée de six mois au plus, renouvelable par décision spécialement motivée. La décision de suspension ne peut être prise qu'après que le domiciliataire a été mis en mesure de présenter ses observations. Elle cesse de plein droit de produire des effets dès que la commission a rendu sa décision.

La décision de suspension ou de retrait peut être prise pour un seul établissement.

V. note ss. art. R. 123-166-1

Art. R. 123-167 *(Décr. nº 2008-1488 du 30 déc. 2008, art. 6-II)* Toute personne physique ou morale qui installe le siège de son entreprise dans des locaux qu'elle occupera en commun avec une ou plusieurs entreprises présente à l'appui de sa demande d'immatriculation le contrat de domiciliation conclu à cet effet avec le propriétaire ou le titulaire du bail de ces locaux.

Les dispositions du précédent alinéa sont également applicables à toute personne morale dont le siège est situé à l'étranger et qui installe son agence, sa succursale ou sa représentation en France dans des locaux qu'elle occupera en commun avec une ou plusieurs entreprises. — *[Décr. nº 84-406 du 30 mai 1984, art. 26-1, al. 1er.]*

Art. R. 123-168 Le contrat de domiciliation est rédigé par écrit. Il est conclu pour une durée d'au moins trois mois renouvelable par tacite reconduction, sauf préavis de résiliation. Les parties s'engagent à respecter les conditions suivantes :

(Décr. nº 2007-750 du 9 mai 2007, art. 26) « 1º Le domiciliataire doit, durant l'occupation des locaux, être immatriculé au registre du commerce et des sociétés *(Abrogé par Décr. nº 2012-928 du 31 juill. 2012, art. 18, à compter du 1er sept. 2012)* ***« ou au répertoire des métiers »*** ; toutefois, cette condition n'est pas requise si le domiciliataire est une personne morale française de droit public ou une association regroupant des personnes morales françaises de droit public. Le domiciliataire met à la disposition de la personne domiciliée des locaux dotés d'une pièce propre à assurer la confidentialité nécessaire et à permettre une réunion régulière des organes chargés de la direction, de l'administration ou de la surveillance de l'entreprise ainsi que la tenue, la conservation et la consultation des livres, registres et documents prescrits par les lois et règlements.

(Décr. nº 2008-1488 du 30 déc. 2008, art. 6-III) « Le domiciliataire détient, pour chaque personne domiciliée, un dossier contenant les pièces justificatives relatives, s'agissant des personnes physiques, à leur domicile personnel et à leurs coordonnées téléphoniques et, s'agissant des personnes morales, au domicile et aux coordonnées téléphoniques de leur représentant légal. Ce dossier contient également les justificatifs relatifs à chacun des lieux d'activité des entreprises domiciliées et au lieu de conservation des documents comptables lorsqu'ils ne sont pas conservés chez le domiciliataire. »

(Décr. nº 2007-750 du 9 mai 2007, art. 26) « Il informe le greffier du tribunal, à l'expiration du contrat ou en cas de résiliation anticipée de celui-ci, de la cessation de la domiciliation de l'entreprise dans ses locaux. Lorsque la personne domiciliée dans ses locaux n'a pas pris connaissance de son courrier depuis trois mois, il en informe également le greffier du tribunal de commerce ou la chambre des métiers et de l'artisanat. — *V. art. R. 123-171.*

« Il communique aux huissiers de justice munis d'un titre exécutoire les renseignements propres à permettre de joindre la personne domiciliée.

« Il fournit, chaque trimestre, au centre des impôts et aux organismes de recouvrement des cotisations et contributions de sécurité sociale compétents une liste des personnes qui se sont domiciliées dans ses locaux au cours de cette période ou qui ont mis fin à leur domiciliation ainsi que chaque année, avant le 15 janvier, une liste des personnes domiciliées au 1er janvier. »

2º La personne domiciliée prend l'engagement d'utiliser effectivement et exclusivement les locaux, soit comme siège de l'entreprise, soit, si le siège est situé à l'étranger, comme agence, succursale ou représentation. Elle se déclare tenue d'informer le domiciliataire de toute modification concernant son activité. *(Décr. nº 2008-1488 du 30 déc. 2008, art. 6-III)* « Elle prend en outre l'engagement de déclarer, s'agissant d'une personne physique, tout changement de son domicile personnel ou, s'agissant d'une personne morale, tout changement relatif à sa forme juridique et à son objet, ainsi qu'au nom et au domicile personnel des personnes ayant le pouvoir de l'engager à titre habi-

tuel. » La personne domiciliée donne mandat au domiciliataire qui l'accepte de recevoir en son nom toute notification.

(Décr. nº 2012-928 du 31 juill. 2012, art. 18, en vigueur le 1er sept. 2012) **« Le contrat de domiciliation mentionne les références de l'agrément prévu par l'article L. 123-11-3. »** – *[Décr. nº 84-406 du 30 mai 1984, art. 26-1, al. 2 à 4.]*

Les personnes domiciliataires se mettent en conformité avec les obligations énoncées à l'art. R. 123-168, dans sa rédaction issue du Décr. nº 2007-750 du 9 mai 2007, dans un délai de six mois à compter de la publication de celui-ci (JO 10 mai) (Décr. préc., art. 42-III).

Les dispositions du Décr. nº 2012-928 du 31 juill. 2012 sont applicables en Nouvelle-Calédonie et à Wallis-et-Futuna (Décr. préc., art. 24).

BIBL. ► BOUGNOUX, *Dr. sociétés 2014. Formule 9* (contrat de domiciliation du siège social). – HUGUET, *ibid. 2019. Formule 2* (sociétés anonymes : contrat de domiciliation).

1. Entreprise de domiciliation. Une entreprise de domiciliation ne respecte pas les obligations légales dès lors qu'elle domicilie 58 sociétés dans des locaux ne comportant qu'une seule pièce de 40 m² environ, au sein de laquelle était aménagé un petit espace garni de mobilier de bureau, dont l'exiguïté était telle que ce mobilier suffisait à le remplir et que deux personnes ne pouvaient pas y prendre place sans se gêner mutuellement. • Paris, 25 oct. 2002 : *JCP E 2003, nº 13, p. 543 ; RJDA 2003, nº 493.* ♦ Comp., jugeant qu'une entreprise peut valablement domicilier des sociétés dans un local à usage de bureau de 38 m² dont elle est locataire. • Paris, 31 janv. 2003 : *JCP E 2003, nº 21-22, p. 883 ; RJDA 2003, nº 723 ; BJS 2003. 660, note Bahans.*

2. Taxe professionnelle. Jugeant que les locaux utilisables dans le cadre d'un contrat de domiciliation doivent être exclus de la base d'imposition de la société domiciliée, V. • CAA Paris, 19 déc. 2008 : *Dr. sociétés 2009, nº 106, obs. J.-L. Pierre.*

3. Différence avec la sous-location. La domiciliation d'entreprise excluant toute jouissance privative de bureaux et toute activité dans ces bureaux, simplement mis à disposition de façon temporaire quand l'entreprise domiciliée en a besoin pour réunir ses organes, permettre la tenue et la consultation des documents exigés par la réglementation, recevoir son courrier, et y trouver des services tels que l'accueil, la permanence téléphonique, l'usage d'équipements informatiques, voire un service de secrétariat, est distincte d'une sous-location. • Paris, 10 nov. 2010 : *RJDA 2011, nº 503.* ♦ Une domiciliation ne constitue pas une sous-location dès lors que le locataire ne perçoit aucun loyer et qu'aucune prestation réciproque n'est convenue entre lui et l'association qui n'était qu'une émanation de son activité. • Aix-en-Provence, 14 juin 2012 : *RJDA 2013, nº 13.*

Art. R. 123-169 **Le contrat de domiciliation prévu aux articles R. 123-167 et R. 123-168 est mentionné au registre du commerce et des sociétés, avec l'indication du nom ou de la dénomination sociale et des références de l'immatriculation principale sur un registre public de l'entreprise domiciliataire.** – *[Décr. nº 84-406 du 30 mai 1984, art. 26-1, al. 5.]*

Art. R. 123-169-1 *(Décr. nº 2007-750 du 9 mai 2007, art. 27)* **Est puni de l'amende prévue pour les contraventions de la 5e classe le fait de ne pas respecter les obligations mentionnées au 1º de l'article R. 123-168.**

Est puni de la même peine le fait pour une entreprise exerçant l'activité de domiciliataire de ne pas s'être assurée que la personne domiciliée respecte les obligations mentionnées au 2º de l'article R. 123-168.

Les personnes, physiques ou morales, coupables des contraventions prévues au présent article encourent la peine complémentaire de confiscation de la chose qui a servi ou était destinée à commettre l'infraction ou de la chose qui en est le produit, dans les conditions prévues aux articles 131-21 et 131-48 du code pénal.

Art. R. 123-170 **Les sociétés et leurs filiales qui installent leur siège dans le même local dont l'une a la jouissance ne sont pas tenues de conclure entre elles un contrat de domiciliation.** – *[Décr. nº 84-406 du 30 mai 1984, art. 26-1, al. 6.]*

Art. R. 123-171 **Lorsque la personne morale immatriculée a installé son siège au domicile de son représentant légal en usant de la faculté ouverte par les dispositions des deuxième et quatrième alinéas de l'article L. 123-11-1, le greffier lui adresse trois mois avant l'expiration du délai de cinq ans prévu par cet article une lettre l'invitant à lui communiquer l'adresse de son nouveau siège.**

Faute pour l'assujetti d'avoir régularisé sa situation au regard des deuxième et quatrième alinéas de l'article L. 123-11-1 dans le délai imparti, le greffier procède à la radiation. — *[Décr. n° 84-406 du 30 mai 1984, art. 42-2.]*

Avertissement du greffier. Le courrier précise en pratique les conséquences d'un défaut de réponse ou d'un non-respect du délai quinquennal, de sorte que son destinataire est informé des risques encourus (Rép. min. n° 6004 : *D. 2009. 1344 ; JCP E 2009, n° 20-21, p. 26 ; BRDA 2009, n° 11, p. 3*).

SOUS-SECTION 4 DE LA PUBLICATION D'AVIS RELATIFS À LA SOCIÉTÉ EUROPÉENNE

(Décr. n° 2007-750 du 9 mai 2007, art. 28)

Art. R. 123-171-1 L'avis prévu à l'article 14 du règlement (CE) n° 2157/2001 du Conseil relatif au statut de la société européenne (SE) du 8 octobre 2001, en cas d'immatriculation et de radiation d'une société européenne, est établi et adressé, par le greffier qui procède à celles-ci, à l'autorité chargée du *Journal officiel des Communautés européennes,* au plus tard dans le délai mentionné à l'article R. 123-161. — *V. texte préc. au **C. sociétés.***

Cet avis qui comporte les mentions prévues à la deuxième phrase du 1° de l'article 14 de ce règlement est établi selon un modèle défini par arrêté du garde des sceaux, ministre de la justice.

Le cas échéant, le greffier indique que la radiation résulte d'un transfert dans un autre État membre du siège d'une société européenne immatriculée en France.

SECTION II DE LA COMPTABILITÉ DES COMMERÇANTS

RÉP. COM. v^{is} *Comptabilité,* par Cruvelier ; *Amortissement et dépréciation des actifs non financiers ; Inventaire et comptes annuels,* par Andernack.

BIBL. GÉN. ▶ Danjou, *RF compt. 1984. 406.* – Kling, *LPA 10 déc. 1999* (nouvelle méthodologie des comptes consolidés). – Richard, *ibid.* (approbation des comptes consolidés). – Mullenbach, *ibid.* (même thème). – Navarro, *JCP E 2002, n° 50, p. 2011* (nouvelle simplification de tenue de comptabilité). – Delesalle, *LPA 16 juin 2004* (suppression du décret comptable). – Delesalle et Rossignol, *ibid. 5 sept. 2005* (les vingt-deux ans de la loi comptable).

SOUS-SECTION 1 DES OBLIGATIONS COMPTABLES APPLICABLES À TOUS LES COMMERÇANTS

§ 1er DES LIVRES, DOCUMENTS ET PIÈCES COMPTABLES OBLIGATOIRES

Art. R. 123-172 Un document décrivant les procédures et l'organisation comptables est établi par le commerçant dès lors que le document est nécessaire à la compréhension du système de traitement et à la réalisation des contrôles.

Ce document est conservé aussi longtemps qu'est exigée la présentation des documents comptables auxquels il se rapporte. — *[Décr. n° 83-1020 du 29 nov. 1983, art. 1er.]*

Art. R. 123-173 Tout commerçant tient obligatoirement un livre-journal *(Décr. n° 2015-903 du 23 juill. 2015, art. 1er-1°)* « et un grand-livre ».

Le livre-journal et *(Décr. n° 2015-903 du 23 juill. 2015, art. 1er-1°)* « le grand-livre » peuvent, à la demande du commerçant, être cotés et paraphés, dans la forme ordinaire et sans frais, par le greffier du tribunal dans le ressort duquel le commerçant est immatriculé. Chaque livre reçoit un numéro d'identification répertorié par le greffier sur un registre spécial.

Des documents sous forme électronique peuvent tenir lieu de livre-journal *(Décr. n° 2015-903 du 23 juill. 2015, art. 1er-1°)* « et de grand-livre » ; dans ce cas, ils sont identifiés *(Abrogé par Décr. n° 2014-1063 du 18 sept. 2014, art. 3)* « , *numérotés* » et datés dès leur établissement par des moyens offrant toute garantie en matière de preuve. — *[Décr. n° 83-1020 du 29 nov. 1983, art. 2.]*

V. note ss. art. R. 123-177.

Les dispositions issues du Décr. n° 2014-1063 du 18 sept. 2014 sont applicables à Wallis-et-Futuna (Décr. préc., art. 17).

Art. R. 123-174 **Les mouvements affectant le patrimoine de l'entreprise sont enregistrés opération par opération et jour par jour pour le livre-journal.**

Tout enregistrement comptable précise l'origine, le contenu et l'imputation de chaque donnée ainsi que les références de la pièce justificative qui l'appuie.

Les opérations de même nature, réalisées en un même lieu et au cours d'une même journée, peuvent être récapitulées sur une pièce justificative unique.

Les pièces justificatives sont classées dans un ordre défini au document mentionné à l'article R. 123-172. — *[Décr. n° 83-1020 du 29 nov. 1983, art. 3, al. 1er à 4.]*

1. Opération comptable. L'art. 3, al. 2 (devenu art. R. 123-174, al. 2), n'a pas pour objet de définir une opération comptable mais les règles à suivre dans la tenue du livre journal des commerçants, l'inobservation de ces règles ne pouvant avoir pour effet d'enlever à l'opération portée sur ce livre son caractère d'écriture comptable. • Crim. 3 mars 1993, n° 92-82.677 P : *D. 1993. IR 94.*

2. Comptabilité analytique. Les art. R. 123-173 et R. 123-174 disposent que tout commerçant tient obligatoirement un livre-journal et un grand livre dans lesquels les mouvements affectant le patrimoine de l'entreprise sont enregistrés opération par opération et jour par jour pour le livre-journal. Il ne résulte pas de ces dispositions que la tenue d'une comptabilité analytique, qui constitue un outil de bonne gestion en ce qu'elle permet à l'entreprise de calculer sa rentabilité, relève cependant d'une obligation. • Paris, 19 févr. 2019 : *RJDA 2019, n° 453 ; BJS 7-8/2019. 66, obs. Favario.*

Art. R. 123-175 **Les écritures du livre-journal sont portées sur le grand livre et ventilées selon le plan comptable.** — *[Décr. n° 83-1020 du 29 nov. 1983, art. 4.]*

Art. R. 123-176 **Le livre-journal et le grand livre sont détaillés en autant de journaux auxiliaires et de livres auxiliaires que les besoins du commerce l'exigent.**

Les écritures portées sur les journaux et les livres auxiliaires sont centralisées une fois par mois au moins sur le livre-journal et le grand livre. — *[Décr. n° 83-1020 du 29 nov. 1983, art. 5, al. 1er et 2.]*

Livres auxiliaires. Le livre-journal doit permettre d'assurer le suivi au jour le jour de la comptabilité d'une entreprise ; il permet de lister tous les échanges de l'entreprise en raison de son environnement. Pour des besoins de commodité, lorsque la structure est d'importance, l'ensemble des mouvements l'affectant peut difficilement être contenu dans un seul livre, sous peine de le rendre illisible. En conséquence, nombre d'entreprises détaillent le livre-journal en différents journaux et livres auxiliaires, les opérations reprises dans ces livres auxiliaires devant être centralisées au moins une fois par mois dans le livre-journal. Lorsque la structure a fait le choix de tenir des livres et journaux auxiliaires, ces derniers sont l'accessoire nécessaire du livre-journal et doivent être considérés comme les détails ou les démembrements de ce livre-journal. Seuls ces livres auxiliaires permettent au livre-journal général de remplir sa fonction. Dès lors, c'est exactement que les parties intimées font valoir que l'injonction donnée à la partie appelante de communiquer le livre-journal contenait nécessairement celle de communiquer les livres auxiliaires dès lors que le livre-journal était effectivement détaillé en livres auxiliaires. • Paris, 29 mars 2018, n° 17/12978 : *RTD com. 2018. 401, obs. Hiez.*

Art. R. 123-177 **L'inventaire est** *(Décr. n° 2015-903 du 23 juill. 2015, art. 1er-2°)* **« le contrôle annuel de l'existence et de la valeur » de tous les éléments d'actif et de passif** *(Abrogé par Décr. n° 2015-903 du 23 juill. 2015, art. 1er-2°)* ***« au regard desquels sont mentionnées la quantité et la valeur de chacun d'eux »*** **à la** *(Décr. n° 2015-903 du 23 juill. 2015, art. 1er-2°)* **« date de clôture ».**

Les données d'inventaire sont *(Décr. n° 2015-903 du 23 juill. 2015, art. 1er-2°)* **« conservées dans les conditions prévues à l'article L. 123-22 et organisées de manière à justifier le contenu et le mode d'évaluation de chacun des postes du bilan ».** *(Abrogé par Décr. n° 2015-903 du 23 juill. 2015, art. 1er-2°)* ***« Le livre d'inventaire est suffisamment détaillé pour justifier le contenu de chacun des postes du bilan.***

« Les comptes annuels sont transcrits chaque année sur le livre d'inventaire, sauf lorsqu'ils sont publiés en annexe au registre du commerce et des sociétés conformément à l'article R. 123-111. » — *[Décr. n° 83-1020 du 29 nov. 1983, art. 6.]*

Les dispositions issues du Décr. n° 2015-903 du 23 juill. 2015 s'appliquent aux comptes afférents aux exercices ouverts à compter du 1er janv. 2016 (Décr. préc., art. 5). Les art. R. 123-173, R. 123-177, R. 123-179 à R. 123-184, R. 123-186 à R. 123-190, R. 123-193 à R. 123-198,

R. 123-201 à R. 123-204 sont applicables dans les îles Wallis-et-Futuna, dans leur rédaction issue dudit décret (Décr. préc., art. 4-I).

§ 2 DES MÉTHODES D'ÉVALUATION DES ÉLÉMENTS CHIFFRÉS

Art. R. 123-178 Pour l'application de l'article L. 123-18 :

1° Le coût d'acquisition est égal au prix d'achat majoré des frais accessoires nécessaires à la mise en état d'utilisation du bien ;

2° Le coût de production est égal au coût d'acquisition des matières consommées augmenté des charges directes et d'une fraction des charges indirectes de production : les intérêts des capitaux empruntés pour financer la fabrication d'une immobilisation peuvent être inclus dans le coût de production lorsqu'ils concernent la période de fabrication. En ce qui concerne les éléments de l'actif circulant tel qu'il est défini au 2° de l'article R. 123-182, cette faculté est limitée à ceux dont le cycle de production dépasse nécessairement la durée de l'exercice. La justification et le montant de ces inclusions figurent à l'annexe ;

3° La valeur vénale d'un bien acquis à titre gratuit correspond au prix qui aurait été acquitté dans des conditions normales de marché ;

4° La valeur actuelle est une valeur d'estimation qui s'apprécie en fonction du marché et de l'utilité du bien pour l'entreprise ;

5° La valeur d'inventaire est égale à la valeur actuelle ; toutefois, lorsque la valeur d'inventaire d'une immobilisation non financière n'est pas jugée notablement inférieure à sa valeur comptable nette, celle-ci est retenue comme valeur d'inventaire. – *[Décr. n° 83-1020 du 29 nov. 1983, art. 7, al. 1er à 6.]*

§ 3 DES AMORTISSEMENTS, DÉPRÉCIATIONS ET PROVISIONS *(Décr. n° 2015-903 du 23 juill. 2015, art. 1er-3°).*

Art. R. 123-179 *(Décr. n° 2015-903 du 23 juill. 2015, art. 1er-4°)* « Les éléments de l'actif immobilisé dont la durée d'utilisation est limitée sont amortis sur cette durée selon un plan d'amortissement ». Un règlement *(Ord. n° 2009-79 du 22 janv. 2009, art. 6)* « de l'Autorité des normes comptables » peut toutefois prévoir des modalités d'amortissement différentes pour ceux des commerçants qui ne dépassent pas, à la clôture de l'exercice, deux des trois critères fixés par le 2° de l'article *(Décr. n° 2015-903 du 23 juill. 2015, art. 1er-4°)* « D. 123-200. »

Toute modification significative des conditions d'utilisation du bien justifie la révision du plan en cours d'exécution.

(Décr. n° 2015-903 du 23 juill. 2015, art. 1er-4°) « Que leur durée d'utilisation soit limitée ou non, les éléments de l'actif immobilisé font l'objet d'une dépréciation lorsque leur valeur d'inventaire est inférieure à la valeur comptable et si l'on prévoit que la perte de valeur sera durable. »

Les amortissements et les dépréciations sont inscrits distinctement à l'actif en diminution de la valeur des éléments correspondants.

Les risques et charges, nettement précisés quant à leur objet, que des événements survenus ou en cours rendent probables, entraînent la constitution de provisions.

Les dépréciations et provisions sont rapportées au résultat quand les raisons qui les ont motivées ont cessé d'exister. *(Décr. n° 2015-903 du 23 juill. 2015, art. 1er-4°)* « Par exception, les dépréciations afférentes au fonds commercial ne sont jamais rapportées au résultat. » – *[Décr. n° 83-1020 du 29 nov. 1983, art. 8.]*

V. note ss. art. R. 123-177.

§ 4 DE LA CONSTITUTION DES COMPTES

Art. R. 123-180 Le classement des éléments du bilan et du compte de résultat ainsi que la liste des informations contenues dans l'annexe peuvent être adaptés par secteurs d'activité *(Décr. n° 2015-903 du 23 juill. 2015, art. 1er-5°)* « par un règlement » *(Ord. n° 2009-79 du 22 janv. 2009, art. 6)* « de l'Autorité des normes comptables ».

Les comptes annuels peuvent être présentés en négligeant les centimes. – *[Décr. n° 83-1020 du 29 nov. 1983, art. 9.]*

V. note ss. art. R. 123-177.

SOUS-§ 1er DU BILAN

Art. R. 123-181 Les éléments du patrimoine de l'entreprise sont classés à l'actif et au passif du bilan suivant leur destination et leur provenance. Les éléments destinés à servir de façon durable à l'activité de l'entreprise constituent l'actif immobilisé. *(Abrogé par Décr. no 2015-903 du 23 juill. 2015, art. 1er-6o)* « ***Lorsqu'un élément d'actif ou de passif relève de plusieurs postes du bilan, mention est faite dans l'annexe des postes dans lesquels il ne figure pas.*** » — *[Décr. no 83-1020 du 29 nov. 1983, art. 10.]*

V. note ss. art. R. 123-177.

Art. R. 123-182 L'actif du bilan *(Décr. no 2015-903 du 23 juill. 2015, art. 1er-7o)* « dont le modèle est établi par un règlement de l'Autorité des normes comptables » fait apparaître successivement les *(Décr. no 2015-903 du 23 juill. 2015, art. 1er-7o)* « rubriques suivantes » :

1° Au titre de l'actif immobilisé : les immobilisations incorporelles, les immobilisations corporelles et les immobilisations financières ;

2° Au titre de l'actif circulant : les stocks et en-cours, les avances et acomptes versés sur commandes, les créances, les valeurs mobilières de placement et les disponibilités ;

(Décr. no 2015-903 du 23 juill. 2015, art. 1er-7o) « 2° *bis* Les primes de remboursement des obligations ; »

3° Les comptes de régularisation ;

4° Les *(Abrogé par Décr. no 2015-903 du 23 juill. 2015, art. 1er-7o)* « ***primes de remboursement des obligations et les*** » écarts de conversion.

La contrepartie du capital souscrit non appelé figure distinctement comme premier poste de l'actif. — *[Décr. no 83-1020 du 29 nov. 1983, art. 11.]*

V. note ss. art. R. 123-177.

Art. R. 123-183 *Abrogé par Décr. no 2015-903 du 23 juill. 2015, art. 1er-8o.*

V. note ss. art. R. 123-177.

Art. R. 123-184 Constituent des participations les droits dans le capital d'autres personnes morales, matérialisés ou non par des titres, qui, en créant un lien durable avec celles-ci, sont destinés à contribuer à l'activité de la société détentrice. *(Décr. no 2015-903 du 23 juill. 2015, art. 1er-9o)* « Sont présumés être des participations les titres représentant une fraction du capital supérieure à 10 %. » — *[Décr. no 83-1020 du 29 nov. 1983, art. 20.]*

V. note ss. art. R. 123-177.

Art. R. 123-185 Le montant des primes de remboursement d'emprunts est porté à l'actif du bilan au poste à intitulé correspondant. Il est amorti systématiquement sur la durée de l'emprunt selon des modalités indiquées à l'annexe. Les primes afférentes à la fraction d'emprunts remboursée ne peuvent en aucun cas y être maintenues. — *[Décr. no 83-1020 du 29 nov. 1983, art. 21.]*

Art. R. 123-186 Les dépenses engagées à l'occasion d'opérations qui conditionnent l'existence ou le développement de l'entreprise mais dont le montant ne peut être rapporté à des productions de biens et de services déterminées peuvent figurer à l'actif du bilan au poste "frais d'établissement".

Les frais *(Abrogé par Décr. no 2015-903 du 23 juill. 2015, art. 1er-10o)* « ***de recherche appliquée et*** » de développement peuvent être inscrits à l'actif du bilan, au poste correspondant, à la condition de se rapporter à des projets nettement individualisés, ayant des sérieuses chances de rentabilité commerciale.

Les éléments acquis du fonds de commerce qui ne peuvent figurer à d'autres postes du bilan sont inscrits au poste "fonds commercial".

(Abrogé par Décr. no 2015-903 du 23 juill. 2015, art. 1er-10o) « ***Les éléments constitutifs des postes ci-dessus mentionnés sont commentés à l'annexe.*** » — *[Décr. no 83-1020 du 29 nov. 1983, art. 19, al. 1er à 4.]*

V. note ss. art. R. 123-177.

Art. R. 123-187 *(Décr. no 2015-903 du 23 juill. 2015, art. 1er-11o)* « Un règlement de l'Autorité des normes comptables fixe les conditions de détermination de la durée d'utilisation, limitée ou non, des actifs incorporels. Les frais d'établissement sont amortis selon un plan et dans un délai maximal de cinq ans. Les frais de développement sont amortis sur la durée d'utilisation estimée des projets et cette durée est justifiée dans l'annexe. Si leur durée d'utilisation ne peut pas être déterminée de manière fiable, les frais de développement sont amortis sur une durée maximale de 5 ans. »

Tant que *(Décr. n° 2015-903 du 23 juill. 2015, art. 1er-11°)* « les postes "frais d'établissement" et "frais de développement" » ne sont pas apurés, il ne peut être procédé à aucune distribution de dividendes sauf si le montant des réserves libres est au moins égal à celui des frais non amortis. — *[Décr. n° 83-1020 du 29 nov. 1983, art. 19, al. 5 et 6.]*

(Décr. n° 2015-903 du 23 juill. 2015, art. 1er-11°) « Dans des cas exceptionnels, lorsque la durée d'utilisation des éléments du fonds de commerce inscrits au poste "fonds commercial" ne peut être déterminée de façon fiable, ces éléments sont amortis sur une période de 10 ans. »

V. note ss. art. R. 123-177.

Art. R. 123-188 Les frais d'exploration minière assimilés à des frais *(Abrogé par Décr. n° 2015-903 du 23 juill. 2015, art. 1er-12°)* *« de recherche appliquée et »* de développement peuvent être inscrits à l'actif du bilan sous ce poste. Le point de départ du plan d'amortissement correspondant peut être différé jusqu'au terme des recherches sous réserve de l'application éventuelle des dispositions de l'article R. 123-179. Dans ce cas, par dérogation aux dispositions du deuxième alinéa de l'article R. 123-187, une société filiale au sens de l'article L. 233-1 peut procéder à une distribution anticipée de dividendes si la société mère gage cette distribution par la constitution des réserves nécessaires. — *[Décr. n° 83-1020 du 29 nov. 1983, art. 19, al. 7.]*

V. note ss. art. R. 123-177.

Art. R. 123-189 *Abrogé par Décr. n° 2015-903 du 23 juill. 2015, art. 1er-13°.*

V. note ss. art. R. 123-177.

Art. R. 123-190 Le passif du bilan fait apparaître successivement les *(Décr. n° 2015-903 du 23 juill. 2015, art. 1er-14°)* « rubriques suivantes » : les capitaux propres, les autres fonds propres, les provisions, les dettes, les comptes de régularisation et les écarts de conversion.

(Décr. n° 2015-903 du 23 juill. 2015, art. 1er-14°) « Les postes du passif distinguent parmi les capitaux propres : le capital, les primes d'émission et primes assimilées, les écarts de réévaluation, le résultat de l'exercice, les subventions d'investissement et les provisions réglementées, ainsi que les réserves en isolant la réserve légale, les réserves statutaires ou contractuelles et les réserves réglementées. »

(Abrogé par Décr. n° 2015-903 du 23 juill. 2015, art. 1er-14°) « 2° Parmi les autres fonds propres : le produit des émissions de titres participatifs, les avances conditionnées ;

« 3° Les provisions ;

« 4° Parmi les dettes : les emprunts obligataires convertibles, les autres emprunts obligataires, les emprunts et dettes auprès des établissements de crédit (Décr. n° 2014-1315 du 3 nov. 2014, art. 9-1°) « ou des sociétés de financement », les emprunts et dettes financiers divers, les avances et acomptes reçus sur commandes en cours, les dettes fournisseurs, les dettes fiscales et sociales ainsi que les dettes sur immobilisation. » — *[Décr. n° 83-1020 du 29 nov. 1983, art. 13.]*

V. note ss. art. R. 123-177.

L'art. R. 123-190, dans sa rédaction issue du Décr. n° 2014-1315 du 3 nov. 2014, est applicable dans les îles Wallis-et-Futuna (Décr. n° 2015-707 du 22 juin 2015, art. 19).

1. Capitaux propres. Aux termes de l'art. 13 du Décr. du 29 nov. 1983, devenu l'art. R. 123-190, les capitaux propres comprennent notamment le résultat de l'exercice ; il en résulte que, dès lors que la détermination du résultat prend en compte les provisions pour charges, la non-comptabilisation de la provision pour frais de collecte a nécessairement une incidence sur la situation que le commissaire à la transformation devait attester. • Com. 10 déc. 2013, n° 11-22.188 P : *D. 2014. Actu. 9* ; JCP E 2014, *n° 1048.*

2. Dividendes prélevés sur les réserves. Il résulte des art. R. 123-190, R. 123-182 et R. 123-183 que la distribution par prélèvement sur les réserves doit être enregistrée à la date à laquelle elle est décidée, sans qu'il y ait lieu de tenir compte de son règlement effectif. • Com. 30 mai 2018, n° 16-23.482 : *RJDA 2018, n° 726.*

Art. R. 123-191 Les capitaux propres correspondent à la somme algébrique des apports, des écarts de réévaluation, des bénéfices autres que ceux pour lesquels une décision de distribution est intervenue, des pertes, des subventions d'investissement et des provisions réglementées. — *[Décr. n° 83-1020 du 29 nov. 1983, art. 22.]*

Capitaux propres. La correction de la surévaluation des prestations en cours et du compte client a pour effet d'affecter défavorablement le résultat net de la société, qui constitue une composante de ses capitaux propres, et pas seulement sur l'actif circulant. • Com. 4 nov. 2021, n° 19-23.024 : *RJDA 2022, n° 21.*

SOUS-§ 2 DU COMPTE DE RÉSULTAT

Art. R. 123-192 Les produits et les charges de l'exercice sont classés au compte de résultat de manière à faire apparaître par différence les éléments du résultat courant et le résultat exceptionnel dont la réalisation n'est pas liée à l'exploitation courante de l'entreprise. — *[Décr. n° 83-1020 du 29 nov. 1983, art. 14.]*

Art. R. 123-193 Le compte de résultat *(Décr. n° 2015-903 du 23 juill. 2015, art. 1er-15°)* « dont le modèle est établi par un règlement de l'Autorité des normes comptables » fait apparaître successivement, outre les variations de stocks :

1° Au titre des charges : les charges d'exploitation, les charges financières, les charges exceptionnelles ainsi que la participation des salariés aux fruits de l'expansion et l'impôt sur le bénéfice ; *(Abrogé par Décr. n° 2015-903 du 23 juill. 2015, art. 1er-15°) « les postes de charges distinguent notamment :*

« a) Au titre des charges d'exploitation : les achats de marchandises, les achats de matières premières et autres approvisionnements, les autres achats et charges externes, les impôts, taxes et versements assimilés, à l'exception de l'impôt sur le bénéfice, les rémunérations du personnel et des dirigeants, les charges sociales, les dotations aux amortissements et aux dépréciations et les dotations aux provisions qui se rapportent à l'exploitation ;

« b) Au titre des charges financières : les dotations aux amortissements, aux dépréciations et aux provisions relatives aux éléments financiers, les intérêts et charges assimilées, les différences négatives de change et les moins-values de cession de valeurs mobilières de placement ;

« c) Parmi les charges exceptionnelles, celles afférentes aux opérations de toute nature présentant ce caractère, qu'il s'agisse d'opérations de gestion, d'opérations en capital, d'amortissements, de dépréciations ou de provisions ; »

2° Au titre des produits : les produits d'exploitation, les produits financiers et les produits exceptionnels ; *(Abrogé par Décr. n° 2015-903 du 23 juill. 2015, art. 1er-14°) « les postes de produits permettent de distinguer notamment :*

« a) Au titre des produits d'exploitation : les ventes de marchandises et la production vendue de biens et de services, le montant net du chiffre d'affaires, la production immobilisée, les subventions d'exploitation et les reprises sur dépréciations et provisions qui se rapportent à l'exploitation ;

« b) Au titre des produits financiers : les produits des participations, les produits des autres valeurs mobilières et créances de l'actif immobilisé, les autres intérêts et produits assimilés, les reprises sur provisions et dépréciations relatives aux éléments financiers, les différences positives de change et les plus-values de cessions de valeurs mobilières de placement ;

« c) Parmi les produits exceptionnels, ceux afférents aux opérations de toute nature présentant ce caractère, qu'il s'agisse d'opérations de gestion, d'opérations en capital ou de dépréciations et de provisions ; »

3° Le résultat de l'exercice. — *[Décr. n° 83-1020 du 29 nov. 1983, art. 15.]*

V. note ss. art. R. 123-177.

Art. R. 123-194 Le compte de résultat de l'exercice présenté sous forme de liste conformément aux dispositions du deuxième alinéa de l'article L. 123-13 permet également de dégager successivement le résultat d'exploitation, le résultat financier, le résultat courant avant impôt et le résultat exceptionnel. — *[Décr. n° 83-1020 du 29 nov. 1983, art. 16.]*

SOUS-§ 3 DE L'ANNEXE

Art. R. 123-195 Outre les informations obligatoires prévues aux articles L. 123-13 à L. 123-21, L. 232-1 à L. 232-23, R. 123-179 à R. 123-189 du présent code et à l'article R. 313-14 du code monétaire et financier *[V. cet art., App., v° Banque et financement de l'entreprise]* *(Décr. n° 2015-903 du 23 juill. 2015, art. 1er-16°)* « et les informations prévues par règlement de l'Autorité des normes comptables », l'annexe comporte toutes les informations d'importance significative sur la situation patrimoniale et financière et sur le résultat de l'entreprise. – *[Décr. n° 83-1020 du 29 nov. 1983, art. 24, al. 1er.]*

V. note ss. art. R. 123-177.

V. aussi bibl. et notes ss. art. L. 123-14.

Art. R. 123-196 et R. 123-197 *Abrogés par Décr. n° 2015-903 du 23 juill. 2015, art. 1er-17°.*

V. note ss. art. R. 123-177.

Art. R. 123-197-1 *(Décr. n° 2009-267 du 9 mars 2009, art. 2)* Les sociétés anonymes qui adoptent une présentation simplifiée en application de l'article L. 123-16 mentionnent dans l'annexe la liste des transactions effectuées entre, d'une part, la société et ses principaux actionnaires et, d'autre part, la société et les membres de ses organes d'administration et de surveillance, si ces transactions présentent une importance significative et n'ont pas été conclues aux conditions normales du marché. Les modalités d'élaboration de cette liste sont précisées par un règlement *(Décr. n° 2015-903 du 23 juill. 2015, art. 1er-18°)* « de l'Autorité des normes comptables ».

Art. R. 123-198 *Abrogé par Décr. n° 2015-903 du 23 juill. 2015, art. 1er-19°.*

V. note ss. art. R. 123-177.

Art. R. 123-199 Les éléments chiffrés de l'annexe sont, sauf exception dûment justifiée, déterminés selon les mêmes principes et les mêmes méthodes que pour l'établissement du bilan et du compte de résultat.

Ils concernent l'ensemble des activités de l'entreprise quel que soit le lieu de leur exercice. Ils sont vérifiables par rapprochement avec des documents justificatifs.

Les éléments chiffrés qui figurent déjà au bilan ou au compte de résultat peuvent être omis dans l'annexe. – *[Décr. n° 83-1020 du 29 nov. 1983, art. 25.]*

Art. R. 123-199-1 *(Décr. n° 2009-267 du 9 mars 2009, art. 4)* Les mots : "partie liée" et "transactions entre parties liées" ont le même sens que celui défini par les normes comptables internationales adoptées par le règlement (CE) n° 2238/2004 de la Commission du 29 décembre 2004, notamment la partie de son annexe IAS 24 intitulée "objet des informations relatives aux parties liées", ainsi que par tout règlement communautaire qui viendrait le modifier.

§ 5 DE LA PRÉSENTATION COMPTABLE SIMPLIFIÉE

Art. D. 123-200 *(Décr. n° 2014-136 du 17 févr. 2014, art. 1er)* Pour l'application des articles L. 123-16 et L. 123-16-1 :

1° En ce qui concerne les micro-entreprises, le total du bilan est fixé à 350 000 euros, le montant net du chiffre d'affaires à 700 000 euros et le nombre moyen de salariés employés au cours de l'exercice à 10 ;

2° En ce qui concerne les petites entreprises, le total du bilan est fixé à *(Décr. n° 2019-539 du 29 mai 2019, art. 1er)* « 6 000 000 *[ancienne rédaction : 4 000 000]* » d'euros, le montant net du chiffre d'affaires à *(Décr. n° 2019-539 du 29 mai 2019, art. 1er)* « 12 000 000 *[ancienne rédaction : 8 000 000]* » d'euros et le nombre moyen de salariés employés au cours de l'exercice à 50.

(Décr. n° 2019-539 du 29 mai 2019, art. 1er) « En ce qui concerne les moyennes entreprises, le total du bilan est fixé à 20 000 000 d'euros, le montant net du chiffre d'affaires à 40 000 000 d'euros et le nombre moyen de salariés employés au cours de l'exercice à 250. »

Le total du bilan est égal à la somme des montants nets des éléments d'actif.

Le montant net du chiffre d'affaires est égal au montant des ventes de produits et services liés à l'activité courante, diminué des réductions sur ventes, de la taxe sur la valeur ajoutée et des taxes assimilées.

(Décr. n° 2020-101 du 7 févr. 2020, art. 2) **« Sauf disposition contraire, le nombre moyen de salariés est apprécié selon les modalités prévues au I de l'article L. 130-1 du code de la sécurité sociale. Par dérogation, il est apprécié sur le dernier exercice comptable lorsque celui-ci ne correspond pas à l'année civile précédente. »** *— V. anc. art. R. 123-200 au* ***C. com.***

Les dispositions issues du Décr. n° 2020-101 du 7 févr. 2020 s'appliquent à compter du premier exercice ouvert à compter de son entrée en vigueur (Décr. préc., art. 15).

Art. R. 123-201 *et* R. 123-202 *Abrogés par Décr. n° 2015-903 du 23 juill. 2015, art. 1er-19°.*

V. note ss. art. R. 123-177.

SOUS-SECTION 2 DES OBLIGATIONS COMPTABLES APPLICABLES À CERTAINS COMMERÇANTS, PERSONNES PHYSIQUES OU MORALES *(Décr. n° 2015-903 du 23 juill. 2015, art. 1er-20°).*

V. note ss. art. R. 123-177.

Art. R. 123-203 **Par dérogation à l'article R. 123-174, les personnes mentionnées aux articles L. 123-25 et L. 123-28 peuvent procéder à l'enregistrement comptable des encaissements et des paiements en retenant la date de l'opération figurant sur le relevé qui leur est adressé par un établissement de crédit.** *— [Décr. n° 83-1020 du 29 nov. 1983, art. 3, al. 5.]*

Art. R. 123-204 **Par dérogation à l'article R. 123-176, les personnes mentionnées aux articles L. 123-25 à L. 123-27 et au** *(Décr. n° 2015-903 du 23 juill. 2015, art. 1er-21°)* **« deuxième alinéa de l'article L. 123-16-1 » peuvent centraliser ces écritures tous les trois mois.** *— [Décr. n° 83-1020 du 29 nov. 1983, art. 5, al. 3.]*

V. note ss. art. R. 123-177.

Art. R. 123-205 *Abrogé par Décr. n° 2009-234 du 25 févr. 2009, art. 7. — V.* ***C. com.****, éd. 2015 et antérieures.*

Art. D. 123-205-1 *(Décr. n° 2008-1405 du 19 déc. 2008)* **Le livre mentionné à l'article L. 123-28 distingue les règlements en espèce des autres règlements et indique les références des pièces justificatives.**

Le registre mentionné à ce même article présente chronologiquement le détail des achats, en distinguant les règlements en espèces et en indiquant les références des pièces justificatives.

(Décr. n° 2019-1118 du 31 oct. 2019, art. 12) **« Des documents sous forme électronique peuvent tenir lieu du livre et du registre mentionnés à l'article L. 123-28 ; dans ce cas, ils sont identifiés et datés dès leur établissement par des moyens offrant toute garantie de preuve. »**

Art. R. 123-206 *Abrogé par Décr. n° 2009-234 du 25 févr. 2009, art. 7. — V.* ***C. com.****, éd. 2015 et antérieures.*

Art. R. 123-207 *(Décr. n° 2002-312 du 26 févr. 2002)* **Les personnes mentionnées aux articles L. 123-25 à L. 123-28 sont dispensées de produire les justificatifs des frais généraux accessoires lorsqu'une telle dispense est accordée en matière fiscale. Elles peuvent, en outre, enregistrer forfaitairement, selon un barème publié chaque année par l'administration fiscale, les frais relatifs aux carburants consommés lors des déplacements professionnels.** *— [Décr. n° 83-1020 du 29 nov. 1983, art. 6-3.]*

Art. R. 123-208 **Par dérogation aux dispositions des 1° à 5° de l'article R. 123-178, les personnes physiques placées sur option ou de plein droit sous le régime réel simplifié d'imposition prévu à l'article 302 *septies* A *bis* du code général des impôts peuvent déterminer :**

1° La valeur d'inventaire des biens en stocks en pratiquant sur le prix de vente de ces biens à la date du bilan un abattement correspondant à la marge pratiquée par l'entreprise sur chaque catégorie de biens ;

2° La valeur d'inventaire des travaux en cours en retenant le montant des acomptes réclamés avant facturation. – *[Décr. n° 83-1020 du 29 nov. 1983, art. 7, al. 7 à 9.]*

Art. D. 123-208-01 *(Décr. n° 2016-120 du 5 févr. 2016)* I. – Les opérations modifiant la structure du bilan mentionnées à l'article L. 123-28-1 sont :

1° L'entrée ou la sortie significative de trésorerie ;

2° La dotation ou la reprise d'une provision pour risques et charges.

II. – Les opérations modifiant la structure du bilan mentionnées à l'article L. 123-28-2 incluent les opérations mentionnées au I ainsi que les opérations suivantes :

1° L'augmentation et la réduction du capital ;

2° La distribution de dividendes.

III. – La dérogation prévue aux articles L. 123-28-1 et L. 123-28-2 est applicable aux deux premiers exercices clos après la date d'inscription de cessation totale et temporaire d'activité. La condition d'absence de salarié prévue à ces mêmes articles s'apprécie à la date de clôture du dernier exercice précédant la date d'inscription de la cessation totale et temporaire d'activité. L'embauche d'un salarié après cette date de clôture met fin à la dérogation. Le commerçant est tenu d'établir le bilan et le compte de résultat à la clôture de l'exercice au cours duquel la dérogation a pris fin.

SOUS-SECTION 3 DES ACTIVITÉS COMMERCIALES ET ARTISANALES AMBULANTES

(Décr. n° 2009-194 du 18 févr. 2009)

RÉP. COM. v° *Marchands ambulants et forains*, par VOINOT.

BIBL. GÉN. ▸ NDLR, *BRDA 2009, n° 6, p. 20* (décret du 18 févr. 2009).

Art. R. 123-208-1 I. – Les professions ci-après énoncées demeurent soumises à la réglementation qui leur est applicable :

1° Agents commerciaux mentionnés aux articles L. 134-1 et suivants ;

2° Personnes exerçant l'activité de vendeur-colporteur de presse mentionnée à l'article 22 de la loi n° 91-1 du 3 janvier 1991 tendant au développement de l'emploi par la formation dans les entreprises, l'aide à l'insertion sociale et professionnelle et l'aménagement du temps de travail, pour l'application du troisième plan pour l'emploi ;

3° Personnes qui exercent la profession d'exploitant de taxis prévue par la loi n° 95-66 du 20 janvier 1995 relative à l'accès à l'activité de conducteur ou au transport de marchandises ou de personnes prévues par la loi n° 82-1153 du 30 décembre 1982 d'orientation des transports intérieurs ; – *Ces lois ont été codifiées au code des transports par l'Ord. n° 2010-1307 du 28 oct. 2010 (JO 3 nov.).*

4° Personnes effectuant des opérations de démarchage réglementées par des textes particuliers, notamment par les articles L. 7311-1 et suivants du code du travail relatifs aux voyageurs, représentants et placiers *[V. ces art. ss. art. L. 134-17]*, par les articles L. 341-1 et suivants du code monétaire et financier relatifs au démarchage bancaire ou financier et par les articles L. 135-1 et suivants du code de commerce relatifs aux vendeurs à domicile indépendants ;

II. – Les dispositions de l'article L. 123-29 ne sont pas applicables aux autres professionnels effectuant à titre accessoire dans une ou plusieurs communes limitrophes des tournées de vente de leurs produits ou de prestations de services à partir d'établissements fixes.

Les art. R. 123-208-1 à R. 123-208-8 entrent en vigueur à la date de publication de l'arrêté prévu à l'art. R. 123-208-2 (Décr. n° 2009-194 du 18 févr. 2009, art. 3).

BIBL. ▸ MAINGUY, *JCP E 2014, n° 1379* (un statut oublié, les vendeurs colporteurs de presse).

Art. R. 123-208-2 Toute personne assujettie à immatriculation au registre du commerce et des sociétés *(Abrogé par Décr. n° 2015-731 du 24 juin 2015, art. 1er-6°, à compter du 19 déc. 2015)* ***« ou à la déclaration prévue à l'article L. 123-1-1 »*** effectue la déclaration prévue à l'article L. 123-29 auprès de la *(Décr. n° 2010-1463 du 1er déc. 2010, art. 87)* « chambre de commerce et d'industrie territoriale » compétente.

Toute personne assujettie à immatriculation au répertoire des métiers *(Abrogé par Décr. n° 2015-731 du 24 juin 2015, art. 1er-6°, à compter du 19 déc. 2015)* ***« ou à la déclaration prévue au V de l'article 19 de la loi n° 96-603 du 5 juillet 1996 relative au développement et à la promotion du commerce et de l'artisanat »*** *[V. ce texte, App., v° Artisans]* effectue cette déclaration auprès de la *(Décr. n° 2010-1356 du 11 nov. 2010,* *art. 25)* « chambre de métiers et de l'artisanat de région » compétente alors même qu'elle serait immatriculée au registre du commerce et des sociétés.

Toute personne exerçant une activité commerciale ou artisanale et qui n'est pas assujettie à immatriculation à un registre de publicité légale *(Abrogé par Décr. n° 2015-731 du 24 juin 2015, art. 1er-6°, à compter du 19 déc. 2015)* ***« ou à la déclaration prévue à l'article L. 123-1-1 ou au V de l'article 19 de la loi n° 96-603 du 5 juillet 1996 précitée »*** effectue cette déclaration auprès de la *(Décr. n° 2010-1463 du 1er déc. 2010, art. 87)* « chambre de commerce et d'industrie territoriale » ou de la *(Décr. n° 2010-1356 du 11 nov. 2010, art. 25)* « chambre de métiers et de l'artisanat de région » compétente au titre de son activité principale.

Les personnes mentionnées aux trois premiers alinéas adressent leur déclaration au centre de formalités des entreprises de la *(Décr. n° 2010-1463 du 1er déc. 2010, art. 87)* « chambre de commerce et d'industrie territoriale » ou de *[nouvelle rédaction issue du Décr. n° 2021-300 du 18 mars 2021, art. 23, en vigueur le 1er janv. 2023 : « à la chambre de commerce et d'industrie ou à »]* la *(Décr. n° 2010-1356 du 11 nov. 2010, art. 25)* « chambre de métiers et de l'artisanat de région » dont dépend soit *(Décr. n° 2017-1522 du 2 nov. 2017, art. 2)* « la commune où est situé l'organisme auprès duquel elles ont fait élection de domicile dans les conditions prévues à l'article L. 264-1 du code de l'action sociale et des familles », soit la commune où se trouve situé leur domicile ou leur résidence dans le cas d'une personne physique, ou leur siège social dans le cas d'une personne morale. Lorsque le domicile, la résidence ou le siège social sont situés dans l'un des États membres de *(Décr. n° 2021-300 du 18 mars 2021, art. 2, en vigueur le 1er avr. 2021)* « l'Union » européenne autre que la France, la déclaration est adressée au centre de formalités des entreprises *[nouvelle rédaction issue du Décr. n° 2021-300 du 18 mars 2021, art. 23, en vigueur le 1er janv. 2023 : « à la chambre de commerce et d'industrie ou à la chambre de métiers et de l'artisanat de région »]* dont dépend la commune où la personne entend exercer, à titre principal, son activité ou sa profession ambulante. La déclaration peut être effectuée concomitamment au dépôt de la déclaration de création de l'entreprise *(Décr. n° 2021-300 du 18 mars 2021, art. 2, en vigueur le 1er avr. 2021)* « , auprès du centre de formalités des entreprises compétent ou du service informatique mentionné à l'article R. 123-30-14 *[nouvelle rédaction issue du Décr. n° 2021-300 du 18 mars 2021, art. 23, en vigueur le 1er janv. 2023 : « réalisé auprès de l'organisme unique mentionné à l'article R. 123-1 »]*. »

La liste des pièces à produire à l'appui de la déclaration est fixée par arrêté du ministre chargé du commerce.

Art. R. 123-208-3 La déclaration prévue à l'article L. 123-29 est adressée par lettre recommandée avec demande d'avis de réception ou remise contre récépissé.

Si le dossier est incomplet, le centre de formalités des entreprises *[nouvelle rédaction issue du Décr. n° 2021-300 du 18 mars 2021, art. 23, en vigueur le 1er janv. 2023 : « la chambre de commerce et d'industrie ou la chambre de métiers et de l'artisanat de région »]* notifie à l'intéressé la liste des pièces manquantes dans un délai de quinze jours à compter de sa réception.

A compter de la réception du dossier complet de déclaration, une carte dénommée "carte permettant l'exercice d'une activité commerciale ou artisanale ambulante" est délivrée *(Décr. n° 2009-1700 du 30 déc. 2009)* « contre paiement d'une redevance » par la *(Décr. n° 2010-1463 du 1er déc. 2010, art. 87)* « chambre de commerce et d'industrie territoriale » ou la *(Décr. n° 2010-1356 du 11 nov. 2010, art. 25)* « chambre de métiers et de l'artisanat de région » à l'intéressé dans un délai maximum d'un mois, hors le cas où la déclaration est concomitante au dépôt d'une demande de création d'entreprise. Dans ce dernier cas, le délai d'un mois court à compter de l'inscription au registre de publicité légale *(Abrogé par Décr. n° 2015-731 du 24 juin 2015, art. 1er-7°)* ***« ou de la délivrance du récépissé de la déclaration prévue à l'article L. 123-1-1 et au V de l'article 19 de la loi n° 96-603 du 5 juillet 1996 relative au développement et à la promotion du commerce et de l'artisanat »*** *[V. ce texte, App., v° Artisans]*.

(Décr. n° 2009-1700 du 30 déc. 2009) « Durant la période d'un mois mentionnée au troisième alinéa et jusqu'à la réception de sa carte par le déclarant, celui-ci peut présenter aux contrôles mentionnés à l'article R. 123-208-5 un certificat provisoire délivré, à sa demande, par la *(Décr. n° 2010-1463 du 1er déc. 2010, art. 87)* « chambre de

commerce et d'industrie territoriale » ou par la *(Décr. n° 2010-1356 du 11 nov. 2010, art. 25)* « chambre de métiers et de l'artisanat de région ». — *V. art. A. 123-80-6 et A. 123-80-7.*

« Le montant de la redevance mentionnée au troisième alinéa ne peut excéder le coût moyen de réalisation et de transmission de la carte.

« Les mentions portées sur cette carte et le montant de la redevance sont fixés par arrêté du ministre chargé du commerce. » — *V. art. A. 123-80-3 et A. 123-80-5.*

En application des art. L. 231-4 et L. 231-6 CRPA, le silence gardé par l'administration vaut rejet pour les demandes de délivrance de la carte permettant l'exercice d'une activité commerciale ou artisanale ambulante (Décr. n° 2014-1280 du 23 oct. 2014, art. 1er).

Art. R. 123-208-4 La déclaration prévue à l'article L. 123-29 est renouvelée tous les quatre ans, selon la même procédure que celle prévue à l'article R. 123-208-2. Cependant, en cas de renouvellement de la carte, le délai de délivrance de la nouvelle carte est de quinze jours à compter de la réception du dossier complet de déclaration.

Le titulaire de la carte fait connaître au centre de formalités des entreprises *[nouvelle rédaction issue du Décr. n° 2021-300 du 18 mars 2021, art. 23, en vigueur le 1er janv. 2023 : « à la chambre de commerce et d'industrie ou à la chambre de métiers et de l'artisanat de région »]* toute déclaration modificative affectant son activité ou son mode d'exercice ou toute radiation d'un registre de publicité légale, aux fins de mise à jour ou de retrait de ladite carte.

Pour obtenir sa radiation du registre du commerce et des sociétés ou du répertoire des métiers, l'intéressé produit ladite carte. Mention de cette radiation, ainsi que de sa date, sont portées sur la carte qui est restituée à l'autorité l'ayant délivrée. En cas de cessation d'une activité *(Abrogé par Décr. n° 2015-731 du 24 juin 2015, art. 1er-8°, à compter du 19 déc. 2015)* ***« soumise à la déclaration mentionnée à l'article L. 123-1-1 ou au V de l'article 19 de la loi n° 96-603 du 5 juillet 1996 relative au développement et à la promotion du commerce et de l'artisanat** [V. ce texte, App., v° Artisans]**, ou »*** non assujettie à immatriculation à un registre de publicité légale, la mention de cette cessation, ainsi que de sa date, sont portées sur la carte qui est restituée à l'autorité l'ayant délivrée.

Art. R. 123-208-5 I. — Toute personne souhaitant exercer une activité commerciale ou artisanale ambulante présente à toute réquisition des agents mentionnés à l'article L. 123-30 la carte permettant l'exercice d'une activité commerciale ou artisanale ambulante en cours de validité ainsi qu'un document justifiant de son identité.

II. — Tout préposé, salarié ou personne mentionnés aux articles L. 121-4 ou L. 121-8, exerçant une activité commerciale ou artisanale ambulante pour le compte d'une personne souhaitant exercer ladite activité, présente, à toute réquisition des agents susmentionnés, une copie de la carte de la personne pour le compte de laquelle il exerce cette activité, un document établissant un lien avec le titulaire de ladite carte, ainsi qu'un document justifiant de son identité.

III. — Préalablement à l'occupation temporaire d'un emplacement situé sur un marché ou sous une halle créé en application de l'article L. 2224-18 du code général des collectivités territoriales, les personnes exerçant une activité commerciale ou artisanale ainsi que leurs préposés présentent, à toute réquisition, les documents visés au I ou au II aux agents mentionnés à l'article L. 123-30, ainsi qu'aux agents du gestionnaire délégué du marché, responsables du placement, missionnés à cet effet par le maire de la commune. — *Sur les sanctions, V. art. R. 123-208-8.*

Toute copie de la carte est établie et certifiée par son titulaire, sous sa responsabilité.

Art. R. 123-208-6 Les agents mentionnés au 2° de l'article L. 123-30 sont habilités, sur proposition du maire, par arrêté du préfet du département dans lequel se trouve la commune concernée ou, à Paris, par arrêté du préfet de police.

Ne peuvent être habilités que des fonctionnaires titulaires justifiant d'une expérience professionnelle d'au moins deux ans dans la gestion des marchés ou d'une expérience professionnelle d'au moins trois ans dans des fonctions requérant le niveau de formation et de compétence exigibles pour cette mission de police judiciaire et dont le préfet a vérifié l'honorabilité dans les conditions prévues à l'article 776 du code de procédure pénale.

L'habilitation porte sur le territoire de la commune qui a présenté la demande pour ses agents. Elle cesse en cas de changement de fonction du bénéficiaire.

Avant d'entrer en fonction, les fonctionnaires ainsi habilités prêtent devant le *(Décr. nº 2019-966 du 18 sept. 2019, art. 8, en vigueur le 1er janv. 2020)* « tribunal judiciaire *[ancienne rédaction : tribunal d'instance]* » de leur commune d'exercice le serment suivant : "Je jure de bien et fidèlement remplir mes fonctions et de ne rien révéler ou utiliser de ce qui sera porté à ma connaissance à l'occasion de leur exercice".

Mention de la prestation de serment est portée sur l'acte d'habilitation par le greffier du *(Décr. nº 2019-966 du 18 sept. 2019, art. 8, en vigueur le 1er janv. 2020)* « tribunal judiciaire *[ancienne rédaction : tribunal d'instance]* ».

Art. R. 123-208-7 En cas de perte ou de vol de la carte, son titulaire sollicite du centre de formalités des entreprises *[nouvelle rédaction issue du Décr. nº 2021-300 du 18 mars 2021, art. 23, en vigueur le 1er janv. 2023 : « de la chambre de commerce et d'industrie ou de la chambre de métiers et de l'artisanat de région »]*, sur présentation d'une attestation sur l'honneur de perte ou du récépissé de déclaration de vol, la délivrance d'un duplicata.

Art. R. 123-208-8 L'exercice d'une activité commerciale ou artisanale ambulante sans la déclaration préalable prévue à l'article L. 123-29 du code de commerce est puni de l'amende prévue pour les contraventions de 4e classe.

Le défaut de présentation des documents prévus aux I, II et III de l'article R. 123-208-5, ainsi que le défaut de mise à jour de la carte permettant l'exercice d'une activité commerciale ou artisanale ambulante sont punis de l'amende prévue pour les contraventions de 3e classe.

SECTION III DISPOSITIONS DIVERSES

SOUS-SECTION 1 DU BULLETIN OFFICIEL DES ANNONCES CIVILES ET COMMERCIALES

Art. R. 123-209 Il est institué un bulletin annexe au *Journal officiel* de la République française sous le titre de *Bulletin officiel des annonces civiles et commerciales*.

(Décr. nº 2016-296 du 11 mars 2016, art. 2) « Le *Bulletin officiel des annonces civiles et commerciales* est publié sous forme électronique, dans des conditions de nature à garantir son authenticité et son accessibilité permanente et gratuite. »

Sont insérés dans ce bulletin les avis prévus par le présent code et par tous autres textes législatifs ou réglementaires. — *[Décr. nº 67-238 du 23 mars 1967, art. 1er.]*

Sur l'adjonction d'une nouvelle rubrique au BODACC intitulée "Avis du jugement d'ouverture d'une procédure de rétablissement personnel", V. Décr. nº 2004-218 du 12 mars 2004 (JO 14 mars).

Sur les annonces judiciaires et légales, V. L. nº 55-4 du 4 janv. 1955 et Décr. nº 2019-1216 du 21 nov. 2019. — ***C. pr. civ.*** *— Sur ce thème, V. Ducouloux-Favard,* ***Rép. com.****, vº Annonces judiciaires et légales, 2009 ; Terré, Gaz. Pal. 2008. 3101 (sécurité juridique et annonces légales). — L'insertion des annonces relatives aux sociétés et fonds de commerce dans les publications de presse ou les services de presse en ligne remplissant les conditions prévues à l'art. 2 de la L. nº 55-4 du 4 janv. 1955 est complétée par une insertion dans une base de données numérique centrale (L. préc., art. 1er, al. 2). Cette base de données contient l'ensemble des annonces publiées dans les supports habilités à recevoir des annonces légales relatives aux sociétés et fonds de commerce, notamment celles prévues par le code de commerce en matière de constitution, de fonctionnement, de modification ou de dissolution des sociétés, y compris celles prévues par son livre VI relatif aux difficultés des entreprises, à l'exclusion des mesures de publicité propres aux personnes physiques prévues par le chapitre III du titre V en matière de faillite personnelle et d'interdiction de diriger, gérer, administrer ou contrôler une entreprise. Cette base de données est accessible en ligne dans des conditions garantissant l'authenticité des annonces ainsi publiées (Décr. nº 2012-1547 du 28 déc. 2012, art. 1er). — V. aussi Arr. du 19 nov. 2021 relatif à la tarification et aux modalités de publication des annonces judiciaires et légales (JO 28 nov.).*

Art. R. 123-210 L'avis concernant l'immatriculation au registre du commerce et des sociétés contient les indications prévues aux articles R. 123-156 à R. 123-158. — *[Décr. nº 67-238 du 23 mars 1967, art. 2.]*

Art. R. 123-211 *(Décr. nº 2016-296 du 11 mars 2016, art. 3)* L'avis concernant une déclaration afférente à la vente, à la cession, à l'apport en société, à l'attribution par partage ou par licitation d'un fonds de commerce contient :

1º Les indications exigées à l'article L. 141-13 ;

2° Le cas échéant, en ce qui concerne l'ancien propriétaire, les références de son immatriculation au registre du commerce et des sociétés *(Décr. n° 2020-106 du 10 févr. 2020, art. 8)* « et [,] s'il s'agit d'une personne morale, sa dénomination ou raison sociale » ;

3° En ce qui concerne le nouveau propriétaire, les indications exigées aux articles R. 123-156 et suivants ;

(Décr. n° 2020-106 du 10 févr. 2020, art. 8) « 4° Le titre du support habilité à recevoir les annonces légales dans lequel la première insertion a été effectuée ainsi que la date de cette insertion. »

Art. R. 123-212 La publication de l'avis prévu à l'article R. 123-211 est requise du greffier par le nouveau propriétaire du fonds de commerce *(Décr. n° 2020-106 du 10 févr. 2020, art. 9)* « dans les trois jours de la première insertion dans un support habilité à recevoir les annonces légales prévue à l'article L. 141-12 ».

Lorsque cette publication est requise en même temps que celle de l'avis relatif à l'immatriculation du nouveau propriétaire du fonds de commerce au registre du commerce et des sociétés ou à des inscriptions modificatives de cette immatriculation consécutives à la vente ou à la cession du fonds de commerce, un avis unique est publié. Cet avis comprend l'ensemble des indications que contiennent les avis qu'il remplace.

Lorsque l'immatriculation au registre est faite postérieurement à la demande de publication de l'avis afférent à la vente ou cession du fonds de commerce, le greffier fait publier l'avis conformément aux articles R. 123-155 et suivants en mentionnant le premier avis. — *[Décr. n° 67-238 du 23 mars 1967, art. 3, al. 7.]*

Avis unique au BODACC. Le nouveau propriétaire du fonds de commerce peut requérir du greffier la publication de l'avis au BODACC afférent au transfert de propriété avant l'accomplissement des formalités lui incombant au RCS, ou concommitament à celles-ci. Selon l'option choisie par le nouveau propriétaire, il sera publié soit un avis unique regroupant le contenu des deux avis en principe prévus, soit chacun de ces deux avis, le second – nécessairement celui afférent à l'immatriculation ou autre inscription au RCS – faisant mention du précédent (Avis CCRCS n° 2015-016 du 10 nov. 2015).

Art. R. 123-213 L'avis relatif à la nouvelle immatriculation du donataire, du légataire, de l'héritier unique du titulaire d'un fonds de commerce comporte les indications exigées aux articles R. 123-155 et suivants et, en outre, le nom de l'ancien exploitant et son numéro d'immatriculation au registre du commerce et des sociétés. — *[Décr. n° 67-238 du 23 mars 1967, art. 4.]*

Art. R. 123-214 L'avis relatif à la nouvelle immatriculation, faisant suite à la mise d'un fonds de commerce ou d'un établissement artisanal en location-gérance comporte les mêmes indications concernant respectivement l'ancien et le nouvel exploitant. — *[Décr. n° 67-238 du 23 mars 1967, art. 5.]*

Art. R. 123-215 Dans le cas où l'immatriculation serait requise pour toute autre cause que la création de l'établissement ou le changement de l'exploitant, mention en est faite dans l'avis qui indique la raison de la nouvelle immatriculation ainsi que le numéro antérieur. — *[Décr. n° 67-238 du 23 mars 1967, art. 6.]*

Art. R. 123-216 L'avis relatif à une déclaration de radiation comporte les indications exigées à l'article R. 123-160. — *[Décr. n° 67-238 du 23 mars 1967, art. 7.]*

Art. R. 123-217 Les inscriptions modificatives ainsi que la dissolution et la décision prononçant la nullité de la personne morale sont publiées dans les conditions prévues à l'article R. 123-159. — *[Décr. n° 67-238 du 23 mars 1967, art. 8, al. 1er.]*

Décret n° 67-238 du 23 mars 1967,

Instituant un Bulletin officiel des annonces civiles et commerciales.

Art. 8 *Al. 2 (Décr. n° 78-705 du 3 juill. 1978)* Les inscriptions modificatives concernant les jugements relatifs à des procédures de règlement judiciaire et de liquidation des biens sont, dans tous les cas, publiées au bulletin par application des articles 13, 14, 100 et 104 du décret n° 67-1120 du 22 décembre 1967. Les inscriptions modificatives concernant les jugements relatifs à des procédures de suspension provisoire des poursuites et d'apurement collectif du passif sont, dans tous les cas, publiées par application des articles 12 et 13 du décret n° 67-1255 du 31 décembre 1967.

Art. R. 123-218 **Les insertions sont faites aux frais du nouvel exploitant du fonds de commerce ou de l'entreprise artisanale, à la diligence et sous la responsabilité du greffier qui reçoit les déclarations.** – *[Décr. n° 67-238 du 23 mars 1967, art. 9.]*

Sur les tarifs des insertions au BODACC, V. Arr. du 17 déc. 2013, en vigueur le 1er janv. 2014 (JO 19 déc.).

Art. R. 123-219 **Un service gratuit du *Bulletin officiel des annonces civiles et commerciales* est fait par l'administration des Journaux officiels aux greffes des tribunaux de commerce et des** *(Décr. n° 2019-966 du 18 sept. 2019, art. 8, en vigueur le 1er janv. 2020)* **« tribunaux judiciaires** *[ancienne rédaction : tribunaux de grande instance]* **» statuant en matière commerciale.** – *[Décr. n° 67-238 du 23 mars 1967, art. 11.]*

V. Arr. du 17 mai 1984 (D. et ALD 1984. 340) fixant les dispositions relatives à la constitution d'une banque de données télématique des informations contenues dans le BODACC.

SOUS-SECTION 2 DU SYSTÈME NATIONAL D'IDENTIFICATION ET DU RÉPERTOIRE DES ENTREPRISES ET DE LEURS ÉTABLISSEMENTS

Art. R. 123-220 *(Décr. n° 2021-1500 du 17 nov. 2021, art. 1er, en vigueur le 1er janv. 2022)* **« L'Institut national de la statistique et des études économiques est chargé de tenir un répertoire national incluant, lorsqu'ils relèvent du registre du commerce et des sociétés, du répertoire des métiers ou qu'ils emploient du personnel salarié, sont soumis à des obligations fiscales ou bénéficient de transferts financiers publics :**

« 1° Les personnes physiques exerçant de manière indépendante une profession non salariée ;

« 2° Les particuliers employeurs, à l'exception de ceux dont le salarié exerce :

« *a)* Les activités de services à la personne définies à l'article L. 7231-1 du code du travail ;

« *b)* Les activités d'accueil des enfants selon les modalités prévues à l'article L. 421-1 du code de l'action sociale et des familles ;

« *c)* Les activités d'accueil de majeurs réalisées selon les modalités prévues à l'article L. 442-1 du code de l'action sociale et des familles ;

« *d)* Les activités d'employé de maison dans les conditions mentionnées au 3° de l'article L. 722-20 du code rural et de la pêche maritime ;

« *e)* Les activités artistiques mentionnées à l'article L. 7121-2 du code du travail ;

« 3° Les loueurs en meublé non professionnels ;

« 4° Les personnes morales de droit public ou de droit privé ;

« 5° Les institutions et services de l'État et des collectivités territoriales ;

« 6° Les établissements de toutes les entités ci-dessus énumérées *[ancienne rédaction : L'Institut national de la statistique et des études économiques est chargé de tenir un répertoire national des personnes physiques exerçant de manière indépendante une profession non salariée, des personnes morales de droit public ou de droit privé, des institutions et services de l'État et des collectivités territoriales, ainsi que de leurs établissements, lorsqu'ils relèvent du registre du commerce et des sociétés, du répertoire des métiers ou qu'ils emploient du personnel salarié, sont soumis à des obligations fiscales ou bénéficient de transferts financiers publics]*. **»**

(Décr. n° 2010-1042 du 1er sept. 2010, art. 1er) **« Les personnes morales en formation sont inscrites au répertoire national mentionné au premier alinéa. »**

(Abrogé par Décr. n° 2015-731 du 24 juin 2015, art. 1er-9°, à compter du 19 déc. 2015) (Décr. n° 2008-1488 du 30 déc. 2008, art. 7-II) ***« Sont également répertoriées les personnes physiques exerçant de manière indépendante une profession non salariée et ayant effectué une déclaration d'activité en application de l'article L. 123-1-1 ou du V de l'article 19 de la loi n° 96-603 du 5 juillet 1996 relative au développement et à la promotion du commerce et de l'artisanat*** *[V. cet art., App., v° Artisans]*. **»**

(Décr. n° 2021-1500 du 17 nov. 2021, art. 1er, en vigueur le 1er janv. 2022) **« Un arrêté du ministre chargé de l'économie précise les modalités d'inscription au répertoire et**

d'attribution d'un numéro d'identité unique, la durée de conservation des données collectées, ainsi que les conditions d'information des personnes concernées et celles de l'exercice de leurs droits relatifs à l'accès, à la rectification, à la limitation et à la portabilité de leurs données *[ancienne rédaction : Les modalités de leur inscription au répertoire et d'attribution d'un numéro d'identité unique sont définies par arrêté des ministres intéressés].* **» –** *[Décr. n° 73-314 du 14 mars 1973, art. 1er.] – V. art. A. 123-86 s.*

V. aussi Décr. n° 84-966 du 22 oct. 1984 (D. et ALD 1984. 571) instituant le répertoire des entreprises contrôlées majoritairement par l'État.

Numéro d'identité unique. Les deux sociétés ayant le même numéro d'immatriculation au RCS, il en résulte qu'il ne pouvait s'agir que de la même personne morale à qui, en application de l'art. R. 123-220, un numéro d'identité unique est attribué. • Com. 15 mars 2017, ☎ n° 15-11.470 : *RJDA 2017, n° 403.*

Décret n° 2009-1193 du 7 octobre 2009,

Relatif au livre foncier et à son informatisation dans les départements du Bas-Rhin, du Haut-Rhin et de la Moselle.

Art. 69 Lorsque la personne morale est inscrite au registre prévu par l'article R. 123-220 du code de commerce, la requête *[en inscription]* mentionne le numéro d'identité qui lui a été attribué, complété, si celle-ci est assujettie à immatriculation au registre du commerce et des sociétés, par la mention de ce registre suivie du nom de la ville où est situé le greffe auprès duquel elle est immatriculée.

Art. R. 123-221 **Le numéro d'identité attribué à chaque personne inscrite est un numéro d'ordre composé de neuf chiffres.**

Le numéro d'identité attribué à chaque établissement est composé des neuf chiffres du numéro de la personne inscrite qui y exerce son activité, suivis d'un numéro complémentaire de deux à cinq chiffres propre à cet établissement. – *[Décr. n° 73-314 du 14 mars 1973, art. 3.]*

Sur le numéro unique d'identification des entreprises, V. art. D. 123-235 et D. 123-236.

Art. R. 123-222 **Sont portés au répertoire les renseignements d'identification suivants :**

(Décr. n° 2021-1500 du 17 nov. 2021, art. 1er, en vigueur le 1er janv. 2022) **« 1° Pour chaque personne inscrite :**

« *a)* Pour les personnes physiques mentionnées à l'article R. 123-220 : le nom ainsi que, s'il y a lieu, le nom d'usage et le pseudonyme, les prénoms, l'adresse légale, le sexe, la nationalité, les date et lieu de naissance, l'adresse électronique de contact et le numéro de téléphone, et s'il y a lieu la date du décès ainsi que celle de la cessation d'activité ;

« *b)* Pour les personnes morales de droit privé :

« – la raison ou dénomination sociale ainsi que s'il y a lieu, le nom commercial et le sigle, la forme juridique, le siège social ainsi que s'il y a lieu, la qualité d'entreprise de l'économie sociale et solidaire, le numéro au répertoire national des associations ou la qualité de société à mission ;

« – les nom, nom d'usage et, s'il y a lieu, pseudonyme, prénoms, adresse, sexe, nationalité, date et lieu de naissance et date de décès du ou des représentants légaux, ainsi que la désignation de la ou des personnes de contact avec l'administration parmi les représentants légaux, leur adresse électronique de contact et leur numéro de téléphone ;

« *c)* Pour les personnes morales de droit public et les institutions et services mentionnés à l'article R. 123-220 : la dénomination, s'il y a lieu le sigle, la forme juridique et l'adresse du lieu principal d'activité *[ancienne rédaction : 1° Les nom, nom d'usage, prénoms, adresse légale, date et lieu de naissance des personnes physiques ainsi que leur éventuelle cessation d'activité ; les raison ou dénomination sociale, sigle le cas échéant, forme juridique, qualité de société à mission, qualité d'entreprise de l'économie sociale et solidaire, numéro au répertoire national des associations le cas échéant et siège social des personnes morales de droit privé ; les dénomination,* *sigle le cas échéant, forme juridique et adresse du lieu principal d'activité des personnes morales de droit public et des institutions et services mentionnés à l'article R. 123-220] ;* »

2° Pour chaque établissement, sa dénomination usuelle, son adresse, et si nécessaire la date et l'origine de sa création ;

3° Dans tous les cas le numéro d'identité. — *[Décr. n° 73-314 du 14 mars 1973, art. 4.] — V. art. A. 123-97.*

Art. R. 123-223 *(Décr. n° 2008-551 du 11 juin 2008)* **Sont également portés au répertoire les renseignements suivants :**

1° Les numéros de la nomenclature d'activités française en vigueur caractérisant les activités exercées, approuvée par décret *(Abrogé par Décr. n° 2015-1469 du 13 nov. 2015, art. 14-I)* ***« pris après avis de la Commission nationale des nomenclatures économiques et sociales »*** **;**

2° Les codes complémentaires précisant les formes particulières d'activités. Ces codes et leurs liens avec la nomenclature d'activités française en vigueur sont fixés par un arrêté du ministre chargé de l'économie ;

3° Le code complémentaire de la nomenclature française du secteur des métiers et de l'artisanat en vigueur, lorsque l'activité exercée en relève. Par dérogation à l'article R. 123-220, ce code est attribué par les *(Décr. n° 2010-1356 du 11 nov. 2010, art. 25)* **« chambres de métiers et de l'artisanat de région » ;** — *V. Arr. du 10 juill. 2008, ss. Décr. n° 98-247 du 2 avr. 1998, art. 30, App., v° Artisans.*

4° Les catégories correspondant à l'importance de l'effectif salarié civil total et par établissement ;

5° La mention de la compétence territoriale des personnes morales de droit public et des institutions et services de l'État, ainsi que la mention de leurs rapports administratifs avec d'autres personnes ou services inscrits au répertoire. — *[Décr. n° 73-314 du 14 mars 1973, art. 5.] — V. art. A. 123-88.*

Art. R. 123-224 *(Décr. n° 2008-1488 du 30 déc. 2008, art. 7-III)* **L'attribution des numéros d'identité, par l'Institut national de la statistique et des études économiques, aux personnes inscrites et à leurs établissements est effectuée :**

1° Soit à l'occasion de la demande d'immatriculation au registre du commerce et des sociétés ou de la déclaration au répertoire des métiers ;

(Abrogé par Décr. n° 2015-731 du 24 juin 2015, art. 1er-10°) ***« 2° Soit à l'occasion de la déclaration d'activité effectuée en application de l'article L. 123-1-1 ou du V de l'article 19 de la loi n° 96-603 du 5 juillet 1996 relative au développement et à la promotion du commerce et de l'artisanat*** *[V. cet art., App., v° Artisans]* ***;*** »

3° Soit à la demande des administrations ou organismes dont la liste est fixée par arrêté du Premier ministre. — *[Décr. n° 73-314 du 14 mars 1973, art. 6.] — V. art. A. 123-81 et A. 123-82.*

Art. R. 123-225 **La modification des renseignements d'identification mentionnés au répertoire concernant les personnes inscrites ou leurs établissements est effectuée soit à l'occasion de demandes d'inscription modificatives au registre du commerce et des sociétés ou au répertoire des métiers, soit à la demande des administrations ou organismes mentionnés à l'article R. 123-224, soit à la demande des personnes inscrites.** — *[Décr. n° 73-314 du 14 mars 1973, art. 7.]*

Art. R. 123-226 **Lorsque les renseignements d'identification énumérés à l'article R. 123-222 sont fournis, en vertu des articles R. 123-224 et R. 123-225, soit par les administrations ou organismes mentionnés à l'article R. 123-224, soit par les personnes inscrites elles-mêmes, l'Institut national de la statistique et des études économiques vérifie la concordance de ces renseignements avec ceux qui ressortent des demandes d'immatriculation ou d'inscription modificative au registre du commerce et des sociétés ou au répertoire des métiers ; en cas de non-concordance, seuls ces derniers renseignements sont pris en considération au répertoire institué par la présente section.**

Lorsque la modification des renseignements d'identification énumérés à l'article R. 123-222 est demandée, en application de l'article R. 123-225, par la personne inscrite elle-même, et que celle-ci n'est pas assujettie à l'immatriculation au registre du commerce et des sociétés ou au répertoire des métiers, l'Institut national de la statis-

tique et des études économiques procède à la modification en accord avec l'administration ou organisme ayant sollicité l'inscription de la personne concernée. – *[Décr. n° 73-314 du 14 mars 1973, art. 8.]*

L'INSEE est autorisé à utiliser le répertoire national d'identification des personnes physiques en vue de vérifier l'état civil des personnes physiques inscrites au répertoire national d'identification des entreprises et de leurs établissements (Décr. n° 84-394 du 23 mai 1984, art. 1er).

Art. R. 123-227 Sous réserve des articles R. 123-228 à R. 123-230, une personne inscrite est radiée du répertoire *(Abrogé par Décr. n° 2019-1080 du 23 oct. 2019, art. 2)* « *et son numéro d'identité est supprimé* » en cas de dissolution s'il s'agit d'une personne morale, et en cas de décès *(Décr. n° 2015-417 du 14 avr. 2015, art. 4, en vigueur le 1er juill. 2015)* « , de décision définitive de radiation » *(Décr. n° 2019-718 du 5 juill. 2019, art. 2)* « , en application des dispositions de l'article L. 613-4 du code la sécurité sociale, du régime de sécurité sociale auquel il *[elle]* était affilié *[affiliée]* » ou lors de la cessation de toute activité mentionnée à l'article R. 123-220 s'il s'agit d'une personne physique.

(Décr. n° 2010-1042 du 1er sept. 2010, art. 1er) « Une personne morale en formation est radiée et son numéro d'identification est supprimé lorsqu'elle fait l'objet d'une décision de refus d'inscription au registre du commerce et des sociétés *[.]* »

(Décr. n° 2019-987 du 25 sept. 2019, art. 15) « En cas de refus d'immatriculation ou d'inscription au répertoire des métiers d'une personne physique pour l'exercice d'une activité, la mention de cette activité est supprimée du répertoire des entreprises et de leurs établissements. »

Un établissement est radié *(Abrogé par Décr. n° 2019-1080 du 23 oct. 2019, art. 2)* « *et son numéro d'identité est supprimé* » lors de la cessation définitive de l'activité de la personne inscrite dans cet établissement.

Lors de la radiation d'une personne inscrite, ses établissements sont également radiés *(Abrogé par Décr. n° 2019-1080 du 23 oct. 2019, art. 2)* « *et leurs numéros d'identité supprimés* ». – *[Décr. n° 73-314 du 14 mars 1973, art. 9.]*

Art. R. 123-228 *(Décr. n° 2015-417 du 14 avr. 2015, art. 5, en vigueur le 1er juill. 2015) (Décr. n° 2019-1080 du 23 oct. 2019, art. 2)* « Sauf en cas d'application des deux premiers alinéas de l'article L. 613-4 du code de la sécurité sociale, la » radiation des commerçants, personnes physiques ou morales, soumis à l'immatriculation au registre du commerce et des sociétés, des agents commerciaux, personnes physiques ou morales, soumis à l'immatriculation au registre spécial mentionné à l'article R. 134-6 et des entrepreneurs individuels à responsabilité limitée immatriculés au registre spécial mentionné à l'article R. 526-15, ne peut intervenir que lorsque la radiation de ces registres a été faite.

Ancien art. R. 123-228 *La radiation des commerçants, personnes physiques ou morales, soumis à l'immatriculation au registre du commerce et des sociétés ne peut intervenir que lorsque la radiation du registre du commerce et des sociétés a été faite. – [Décr. n° 73-314 du 14 mars 1973, art. 10.]*

Art. R. 123-228-1 *(Décr. n° 2015-417 du 14 avr. 2015, art. 6, en vigueur le 1er juill. 2015)* La radiation des agriculteurs soumis à l'immatriculation au registre de l'agriculture ne peut intervenir que lorsque la radiation du registre de l'agriculture a été faite.

Art. R. 123-229 *(Décr. n° 2019-1080 du 23 oct. 2019, art. 2)* « Sauf en cas d'application des deux premiers alinéas de l'article L. 613-4 du code de la sécurité sociale, lorsqu'une » entreprise au sens des textes qui régissent le répertoire des métiers est soumise à l'immatriculation à ce répertoire, la radiation du chef de l'entreprise ne peut intervenir que postérieurement, selon les cas, à la radiation de l'entreprise du répertoire des métiers ou à la radiation de la mention concernant le chef d'entreprise. – *[Décr. n° 73-314 du 14 mars 1973, art. 11.]*

Art. R. 123-230 *(Décr. n° 2015-417 du 14 avr. 2015, art. 7, en vigueur le 1er juill. 2015)* En cas de pluralité d'immatriculations au registre du commerce et des sociétés, au registre spécial des agents commerciaux, au registre de l'agriculture, au registre spécial des entrepreneurs individuels à responsabilité limitée ou au répertoire des métiers, la radiation ne peut intervenir que postérieurement à la radiation de tous les registres ou du répertoire en cause.

(Décr. nº 2019-1080 du 23 oct. 2019, art. 2) **« Par dérogation au premier alinéa, lorsqu'il est fait application des deux premiers alinéas de l'article L. 613-4 du code de la sécurité sociale, la radiation du répertoire n'est pas subordonnée à la radiation préalable du registre du commerce et des sociétés, du registre spécial des agents commerciaux, du registre spécial des entrepreneurs individuels à responsabilité limitée ou du répertoire des métiers. »**

Ancien art. R. 123-230 *En cas de double immatriculation au registre du commerce et des sociétés et au répertoire des métiers, la radiation ne peut intervenir que postérieurement à la radiation du registre du commerce et des sociétés et du répertoire des métiers. — [Décr. nº 73-314 du 14 mars 1973, art. 12.]*

Art. R. 123-231 **Aucun effet juridique ne s'attache à l'identification ou à la non-identification d'une personne inscrite au répertoire. Celle-ci demeure soumise à toute obligation législative, réglementaire ou contractuelle afférente à l'exercice de son activité.** *— [Décr. nº 73-314 du 14 mars 1973, art. 13.]*

Art. R. 123-232 *(Abrogé par Décr. nº 2021-300 du 18 mars 2021, art. 23, à compter du 1er janv. 2023)* ***« Sous réserve des dispositions des articles L. 123-1 à L. 123-11-1 et R. 123-31 à R. 123-153, en ce qui concerne le registre du commerce et des sociétés, et de celles du décret nº 98-247 du 2 avril 1998 relatif à la qualification artisanale et au répertoire des métiers*** *[V. ce texte, App., vº Artisans]*, **» Les numéros d'identité au répertoire sont communiqués aux personnes inscrites et à leurs établissements par l'Institut national de la statistique et des études économiques.** *(Décr. nº 2021-300 du 18 mars 2021, art. 23, en vigueur le 1er janv. 2023)* **« Par exception, lorsque les numéros d'identité au répertoire sont sollicités par une entreprise à l'occasion de la procédure de création, de modification de sa situation ou de cessation de ses activités prévue à l'article L. 123-33, leur communication aux personnes inscrites est réalisée par l'intermédiaire de l'organisme unique mentionné au même article. »**

Les renseignements contenus dans le répertoire et énumérés aux articles R. 123-222 et R. 123-223 sont communiqués, sur leur demande, aux greffiers des tribunaux de commerce, des *(Décr. nº 2019-966 du 18 sept. 2019, art. 8, en vigueur le 1er janv. 2020)* **« tribunaux judiciaires** *[ancienne rédaction : tribunaux de grande instance]* **» statuant commercialement et des** *(Décr. nº 2019-966 du 18 sept. 2019, art. 8, en vigueur le 1er janv. 2020)* **« tribunaux judiciaires** *[ancienne rédaction : tribunaux d'instance]* **du ressort** *(Décr. nº 2021-300 du 18 mars 2021, art. 2, en vigueur le 1er avr. 2021)* **« des cours d'appel de Colmar et Metz » chargés de la tenue du registre du commerce et des sociétés, à l'Institut national de la propriété industrielle chargé de la tenue du registre national du commerce et des sociétés, aux** *(Décr. nº 2010-1356 du 11 nov. 2010, art. 25)* **« chambres de métiers et de l'artisanat de région », ainsi qu'aux administrations ou organismes prévus à l'article R. 123-224. Les mêmes renseignements sont communiqués aux personnes inscrites, en tant que ces renseignements les concernent.**

Les dispositions des deux alinéas précédents sont applicables aux institutions et services définis à l'article R. 123-220 ainsi qu'à leurs établissements.

(Décr. nº 2021-1500 du 17 nov. 2021, art. 1er, en vigueur le 1er janv. 2022) **« L'Institut national de la statistique et des études économiques peut mettre à la disposition du public, selon les modalités définies aux articles R. 321-5 à R. 321-7 du code des relations entre le public et l'administration, les renseignements énumérés aux articles R. 123-222 et R. 123-223 du présent code, à l'exception de ceux concernant les représentants légaux de personnes morales et de ceux indiquant les nationalité, sexe, date et lieu de naissance, date de décès, adresse électronique et numéro de téléphone des personnes physiques** *[ancienne rédaction : L'Institut national de la statistique et des études économiques peut communiquer aux personnes ou organismes qui en font la demande les renseignements prévus à l'alinéa précédent, à l'exception de ceux concernant la date et le lieu de naissance des personnes physiques. Un arrêté du Premier ministre précise en tant que de besoin les conditions et limites d'application de la présente disposition]. — V. art. A. 123-91.*

« Les données complètes d'état civil peuvent être communiquées :

« 1º Aux autorités administratives habilitées, en vertu d'un texte législatif ou réglementaire, à traiter les démarches et formalités des usagers ou à vérifier leur situation déclarative ou le respect de leurs obligations, notamment dans le cadre de la lutte contre la fraude ;

« 2° Aux personnes morales de droit privé qui proposent des services en ligne dont l'usage nécessite, conformément à des dispositions législatives ou réglementaires, la vérification de l'identité des utilisateurs ou la vérification de certains de leurs attributs et uniquement pour les services qui nécessitent ces vérifications. » – *[Décr. nº 73-314 du 14 mars 1973, art. 14.]*

Art. R. 123-233 Indépendamment des administrations ou organismes mentionnés à l'article R. 123-224, les administrations publiques sont tenues d'utiliser exclusivement le numéro d'identité au répertoire lors de toute correspondance, si l'objet de cette correspondance nécessite de désigner par des numéros d'immatriculation les personnes inscrites et leurs établissements tels qu'ils sont définis à l'article R. 123-220. – *[Décr. nº 73-314 du 14 mars 1973, art. 15.]*

Art. R. 123-234 Conformément à l'article R. 123-220 toute personne physique ou morale, toute institution ou service mentionne dans sa correspondance avec les administrations ou organismes énumérés à l'article R. 123-224, le numéro d'identité dès sa notification et, lorsque la correspondance concerne plus particulièrement un ou plusieurs de ses établissements, le ou les numéros de ces derniers. – *[Décr. nº 73-314 du 14 mars 1973, art. 16.]*

Art. R. 123-234-1 *(Décr. nº 2021-1500 du 17 nov. 2021, art. 1er, en vigueur le 1er janv. 2022)* L'Institut national de la statistique et des études économiques est autorisé à utiliser le répertoire national d'identification des personnes physiques en vue de certifier, et le cas échéant de mettre en cohérence, l'état civil des représentants légaux des personnes morales inscrites au répertoire national d'identification des entreprises et de leurs établissements.

SOUS-SECTION 3 DU NUMÉRO UNIQUE D'IDENTIFICATION DES ENTREPRISES

Art. D. 123-235 Le numéro unique d'identification qui seul peut être exigé d'une entreprise dans ses relations avec les administrations, personnes ou organismes énumérés à l'article 1er de la loi nº 94-126 du 11 février 1994 relative à l'initiative et à l'entreprise individuelle *[V. ce texte ss. art. R. 123-1]* est le numéro d'identité qui lui est attribué lors de son inscription au répertoire des entreprises et de leurs établissements en application de la sous-section 2. – *[Décr. nº 97-497 du 16 mai 1997, art. 1er.]*

Art. D. 123-236 Les dispositions de l'article D. 123-235 ne font pas obstacle à ce qu'une entreprise puisse être tenue de porter, en complément du numéro unique d'identification et à titre d'identifiant spécifique :

1° Pour les activités soumises à immatriculation au registre du commerce et des sociétés, les mentions prévues par les articles R. 123-237 et suivants ;

2° Pour les relations avec une administration, personne ou organisme concernant plus particulièrement un des établissements de l'entreprise, le numéro complémentaire attribué à cet établissement dans les conditions prévues à l'article R. 123-221 ;

3° Pour les activités soumises à l'article 256 A du code général des impôts l'indication du numéro de TVA intracommunautaire, selon les modalités arrêtées par le ministre chargé du budget et par le ministre chargé de la simplification des formalités incombant aux entreprises ;

4° Pour les activités soumises à une inscription à un autre registre ou répertoire que celui du commerce et des sociétés ou à une autorisation ou déclaration préalable, une mention afférente à l'accomplissement de la formalité dans les conditions prévues par un acte réglementaire conjoint du ministre concerné et du ministre chargé de la simplification des formalités incombant aux entreprises, imposant l'accomplissement et la mention de formalités nouvelles ;

5° Une mention afférente à l'accomplissement d'une formalité administrative, lorsque cette obligation résulte d'un arrêté conjoint du ministre concerné et du ministre chargé de la simplification des formalités incombant aux entreprises. – *[Décr. nº 97-497 du 16 mai 1997, art. 2.]*

SOUS-SECTION 4 DES MENTIONS SUR LES PAPIERS D'AFFAIRES

Art. R. 123-237 *(Décr. nº 2007-550 du 9 mai 2007, art. 29)* Toute personne immatriculée indique sur ses factures, notes de commande, tarifs et documents publicitaires ainsi que sur toutes correspondances et tous récépissés concernant son activité et signés par elle ou en son nom :

1° Le numéro unique d'identification de l'entreprise délivré conformément à l'article *(Décr. n° 2007-1851 du 26 déc. 2007, art. 2)* « D. 123-235 » ;

2° La mention RCS suivie du nom de la ville où se trouve le greffe où elle est immatriculée ;

3° Le lieu de son siège social ;

4° Le cas échéant, qu'elle est en état de liquidation ;

5° Si elle est une société commerciale dont le siège est à l'étranger, outre les renseignements mentionnés aux 3° et 4°, sa dénomination, sa forme juridique et le numéro d'immatriculation dans l'État où elle a son siège, s'il en existe un ;

6° Le cas échéant, la qualité de locataire-gérant ou de gérant-mandataire ;

7° Si elle est bénéficiaire d'un contrat d'appui au projet d'entreprise pour la création ou la reprise d'une activité économique au sens du chapitre VII du titre II du livre Ier du code de commerce, la dénomination sociale de la personne morale responsable de l'appui, le lieu de son siège social, ainsi que son numéro unique d'identification ;

(Décr. n° 2010-1706 du 29 déc. 2010, art. 13) « 8° Si elle a constitué un patrimoine affecté en application de l'article L. 526-6, l'objet de l'activité professionnelle à laquelle le patrimoine est affecté et la dénomination utilisée pour l'exercice de l'activité professionnelle incorporant son nom ou nom d'usage précédé ou suivi immédiatement des mots : "entrepreneur individuel à responsabilité limitée" ou des initiales : "EIRL" ; »

(Décr. n° 2022-725 du 28 avr. 2022, art. 1er, en vigueur le 15 mai 2022) « 9° Si elle est un entrepreneur individuel relevant du statut défini à la section III du chapitre VI du titre II du livre V, la dénomination utilisée pour l'exercice de l'activité professionnelle incorporant son nom ou nom d'usage précédé ou suivi immédiatement des mots : "entrepreneur individuel" ou des initiales : "EI". »

Toute personne immatriculée indique en outre sur son site internet la mention RCS suivie du nom de la ville où se trouve le greffe où elle est immatriculée, ainsi que des renseignements mentionnés aux *(Décr. n° 2022-725 du 28 avr. 2022, art. 1er, en vigueur le 15 mai 2022)* « 1°, 3°, 5°, 8° et 9° ».

Toute contravention aux dispositions des alinéas précédents est punie de l'amende prévue pour les contraventions de la 4e classe. — *[Décr. n° 84-406 du 5 mai 1984, art. 72, al. 1er à 5.] — V. art. A. 123-54.*

Dans tous les textes réglementaires, la référence aux mentions visées aux 1 et 2 de l'art. R. 123-237 (anciens 1° et 2° de l'art. 72 du Décr. n° 84-406 du 30 mai 1984 relatif au registre du commerce et des sociétés) est substituée à la référence au numéro d'immatriculation au registre du commerce et des sociétés (Décr. n° 98-550 du 2 juill. 1998, art. 35).

1. Énumération limitative. La liste des documents sur lesquels doit figurer le numéro du registre est limitative ; cette indication n'est donc pas exigée sur des enveloppes imprimées à en-tête ou sur des emballages, V. * Rép. min. n° 38214 : *JOAN Q, 26 janv. 1981, p. 374.*

2. Courrier électronique. S'agissant des courriers électroniques émis par une société commerciale, V. Vendeuil, *JCP E 2003, n° 49, p. 1958.*

3. Non-respect des formalités. Le non-respect des formalités édictées par les art. R. 123-237 et R. 123-238, bien que constitutif d'une infraction pénale, n'emportant pas nécessairement la nullité de l'acte, la cour d'appel a retenu à bon droit que l'absence de mentions prescrites sur la lettre de mise en demeure de libérer les lieux loués n'en affectait pas la validité dès lors que la société locataire avait identifié que la lettre lui avait été adressée par la société bailleresse ou son gérant. • Civ. 3e, 17 sept. 2020, n° 19-13.242 P : *D. 2020. Actu. 1836* ; *JCP E 2020, n° 1402 ; RJDA 2020, n° 557.*

Art. R. 123-237-1 *(Abrogé par Décr. n° 2015-731 du 24 juin 2015, art. 1er-11°, à compter du 19 déc. 2015) (Décr. n° 2008-1488 du 30 déc. 2008, art. 8) Toute personne qui a déclaré son activité en application de l'article L. 123-1-1 indique sur ses factures, notes de commande, tarifs et documents publicitaires ainsi que sur toutes correspondances et tous récépissés concernant son activité et signés par elle ou en son nom :*

1° Le numéro unique d'identification de l'entreprise délivré conformément à l'article D. 123-235, suivi immédiatement et lisiblement des mots : "dispensé d'immatriculation en application de l'article L. 123-1-1 du code de commerce" ;

2° Son adresse ;

3° Si elle est bénéficiaire d'un contrat d'appui au projet d'entreprise pour la création ou la reprise d'une activité économique au sens de l'article L. 127-1 du code de commerce, la dénomination sociale de la personne morale responsable de l'appui, le lieu de son siège social, ainsi que son numéro unique d'identification ;

(Décr. n° 2010-1706 du 29 déc. 2010, art. 14) ***« 4° Si elle a constitué un patrimoine affecté en application de l'article L. 526-6, l'objet de l'activité commerciale à laquelle le patrimoine est affecté et sa dénomination incorporant son nom ou son nom d'usage précédé ou suivi immédiatement des mots : "entrepreneur individuel à responsabilité limitée" ou des initiales : "EIRL". »***

Toute personne ayant déclaré son activité en application de l'article L. 123-1-1 et disposant d'un site internet y fait figurer les renseignements mentionnés aux *(Décr. n° 2010-1706 du 29 déc. 2010, art. 14)* ***« 1°, 2° et 4° ».***

Art. R. 123-238 Les actes et documents émanant de la société et destinés aux tiers, notamment les lettres, factures, annonces et publications diverses, indiquent la dénomination sociale, précédée ou suivie immédiatement et lisiblement :

1° Pour les sociétés en nom collectif, des mots "société en nom collectif" ou des initiales "SNC" ;

2° Pour les sociétés en commandite simple, des mots "société en commandite simple" ou des initiales "SCS" ;

3° Pour les sociétés à responsabilité limitée, des mots "société à responsabilité limitée" ou des initiales "SARL" et de l'énonciation du montant du capital social ;

4° Pour les sociétés par action :

a) Selon le cas, des mots :

– "société anonyme" ou des initiales "SA". En outre, si la société anonyme est dotée d'un directoire et d'un conseil de surveillance, la forme sociale est indiquée par les mots : "société anonyme à directoire et conseil de surveillance" ;

– "société par actions simplifiées *[simplifiée]* "ou des initiales "SAS" ;

– "société en commandite par action" ou des initiales "SCA" ;

– "société européenne" ou des initiales "SE" ;

b) De l'énonciation du montant du capital social qui peut être arrondi à la valeur entière inférieure. Dans le cas d'augmentation de capital résultant de l'exercice, pouvant avoir lieu à tout moment, des droits attachés à des valeurs mobilières donnant accès au capital, de levées d'option de souscription d'actions possibles à tout moment ou du paiement de dividende en actions, et sauf si l'augmentation du capital dépasse 10 % de son montant antérieur, la société n'est tenue de mentionner le nouveau montant du capital dans les actes et documents énumérés à l'alinéa premier qu'à l'expiration d'un délai de trois ans à compter de la constatation de l'augmentation. – *[Décr. n° 67-236 du 23 mars 1967, art. 8, 28, 56 et 203-4.]*

Non-respect des formalités. V. note 3 ss. art. R. 123-237.

CHAPITRE IV DES SOCIÉTÉS COOPÉRATIVES DE COMMERÇANTS DÉTAILLANTS

RÉP. SOCIÉTÉS v° *Coopérative de commerçants détaillants*, par DISSAUX.

Art. R. 124-1 *(Décr. n° 2015-800 du 1er juill. 2015, art. 3, en vigueur le 1er oct. 2015)* Les sociétés coopératives de commerçants détaillants sont tenues de se soumettre à la révision coopérative lorsqu'elles dépassent, à chaque clôture de deux exercices consécutifs, les seuils fixés ci-dessous pour un des deux critères suivants :

1° Cent pour le nombre moyen d'associés ; les associés pris en compte pour chaque exercice sont ceux existants à la date de la convocation en vue de l'assemblée générale ordinaire ;

2° 3 000 000 euros pour le montant hors taxes du chiffre d'affaires.

CHAPITRE V DES MAGASINS COLLECTIFS DE COMMERÇANTS INDÉPENDANTS

Le présent chapitre ne comprend pas de dispositions réglementaires.

CHAPITRE VI DES SOCIÉTÉS DE CAUTION MUTUELLE

Le présent chapitre ne comprend pas de dispositions réglementaires.

CHAPITRE VII DU CONTRAT D'APPUI AU PROJET D'ENTREPRISE POUR LA CRÉATION OU LA REPRISE D'UNE ACTIVITÉ ÉCONOMIQUE

Art. R. 127-1 Le contrat d'appui au projet d'entreprise pour la création ou la reprise d'une activité économique défini à l'article L. 127-1 :

1° Fixe le programme de préparation à la création ou à la reprise et à la gestion d'une activité économique ainsi que les engagements respectifs des parties contractantes, en distinguant d'une part les stipulations prévues jusqu'au début d'une activité économique au sens de l'article L. 127-4 et, d'autre part, les stipulations applicables après le début de cette activité ;

2° Précise la nature, le montant et les conditions d'utilisation des moyens mis à la disposition du bénéficiaire par la personne morale responsable de l'appui ainsi que leur évolution éventuelle au cours de l'exécution du contrat ;

3° Prévoit, le cas échéant, les modalités de calcul ou le montant forfaitaire de la rétribution de la personne morale responsable de l'appui ainsi que leur évolution éventuelle au cours de l'exécution du contrat ;

4° Détermine la nature, le montant maximal et les conditions des engagements pris par le bénéficiaire à l'égard des tiers au cours de l'exécution du contrat ainsi que la partie qui en assume la charge financière à titre définitif ;

5° Détermine, après le début d'une activité économique, les modalités et la périodicité selon lesquelles la personne responsable de l'appui est informée des données comptables du bénéficiaire ;

6° Précise les modalités de rupture anticipée ;

7° Peut prévoir, avant le début d'une activité économique, une rémunération du bénéficiaire du contrat ainsi que, le cas échéant, ses modalités de calcul et de versement ainsi que son montant ;

8° Prévoit, après le début d'une activité économique, les conditions dans lesquelles le bénéficiaire du contrat s'acquitte auprès de la personne morale responsable de l'appui du règlement des sommes correspondant au montant des cotisations et contributions sociales versées par celle-ci pour son compte en application du deuxième alinéa de l'article L. 783-1 *[L. 5142-1 nouv.]* du code du travail. – *[Décr. n° 2005-505 du 19 mai 2005, art. 1er.]*

Art. R. 127-2 Le contrat d'appui est renouvelé par écrit. – *[Décr. n° 2005-505 du 19 mai 2005, art. 2.]*

Art. R. 127-3 Avant toute immatriculation ou inscription au registre du commerce et des sociétés, au répertoire des métiers, au registre spécial des agents commerciaux ou à tout autre registre de publicité légale, ou lorsque l'activité économique ne requiert pas d'immatriculation, le bénéficiaire du contrat indique sur les factures, notes de commande, documents publicitaires ainsi que sur toutes correspondances et tous récépissés concernant son activité et signés par lui en son nom et plus généralement sur ses papiers d'affaires qu'il bénéficie d'un contrat d'appui pour la création ou la reprise d'une activité économique. Il mentionne également sur ces documents la dénomination sociale, le lieu du siège social et le numéro d'identification de la personne morale responsable de l'appui, ainsi que le terme du contrat.

Lorsque la nature de l'activité requiert une immatriculation, les obligations du bénéficiaire et les modalités de publicité du contrat d'appui au projet d'entreprise pour la création ou la reprise d'une activité économique sont fixées pour les commerçants par les dispositions du présent code en matière de registre du commerce et des sociétés, pour les artisans par le décret n° 98-247 du 2 avril 1998 modifié relatif à la qualification artisanale et au répertoire des métiers *[V. ce texte, App., v° Artisans]* et pour les agents commerciaux par les dispositions du présent code. – *[Décr. n° 2005-505 du 19 mai 2005, art. 3.]*

V., relatif au RCS, art. R. 123-37, R. 123-53 et R. 123-237. – V., relatif au répertoire des métiers, Décr. n° 98-247 du 2 avr. 1998, art. 10 bis, App., v° Artisans.

V. aussi C. trav., art. R. 5142-1, R. 5142-2, R. 5142-6 et CSS, art. R. 312-5.

CHAPITRE VIII DU FICHIER NATIONAL DES INTERDITS DE GÉRER

(Décr. nº 2015-194 du 19 févr. 2015, art. 2, en vigueur le 1er janv. 2016)

Art. R. 128-1 Le Conseil national des greffiers des tribunaux de commerce peut confier la mise en œuvre du fichier national des interdits de gérer au groupement mentionné au *a* de l'article R. 741-5 agissant pour son compte et sous son autorité.

Art. R. 128-2 Les mesures mentionnées au troisième alinéa de l'article L. 128-1 sont inscrites sur le fichier national des interdits de gérer par le greffier du tribunal de commerce chargé de la tenue du registre du commerce et des sociétés auquel est immatriculée la personne physique qui en est l'objet ou la personne morale dont elle était le dirigeant de droit ou de fait, dès que la décision de ce tribunal n'est plus susceptible d'aucun recours suspensif d'exécution.

Ce greffier procède également à l'inscription de ces mesures dès qu'il en est informé, soit par celui du tribunal de commerce ayant prononcé la décision, soit par le ministère public lorsqu'elle a été prononcée par une juridiction civile ou pénale, dans le délai de trois jours à compter de la date à laquelle cette décision n'est plus susceptible d'aucun recours suspensif d'exécution.

A défaut d'immatriculation de la personne physique ou de la personne morale dont elle était le dirigeant de droit ou de fait, les mesures mentionnées au troisième alinéa de l'article L. 128-1 sont inscrites dans le fichier des interdits de gérer par le greffier du tribunal de commerce *(Décr. nº 2015-417 du 14 avr. 2015, art. 9, en vigueur le 1er janv. 2016)* « , informé selon les modalités prévues au précédent alinéa, dans le ressort duquel ces mesures ont été prononcées », dès que la décision n'est plus susceptible d'aucun recours suspensif d'exécution.

Nonobstant les dispositions des art. R. 128-2 et R. 128-3, le traitement comprend les mesures mentionnées à l'al. 3 de l'art. L. 128-1, résultant de décisions juridictionnelles passées en force de chose jugée et en cours d'exécution au 1er janv. 2016 (Décr. nº 2015-194 du 19 févr. 2015, art. 3).

Art. R. 128-3 Par exception à l'article précédent, dans le cas où la personne physique qui en est l'objet ou la personne morale dont elle était dirigeant de droit ou de fait était immatriculée à un registre du commerce et des sociétés tenu auprès des juridictions mentionnées aux articles L. 731-1 et L. 732-1 ou, si elle n'était pas immatriculée, lorsqu'elles sont prononcées par l'une de ces juridictions, les mesures mentionnées au troisième alinéa de l'article L. 128-1 sont inscrites dans le fichier national des interdits de gérer par le président du Conseil national des greffiers des tribunaux de commerce ou la personne placée sous son autorité et désignée par lui à cet effet.

L'inscription est effectuée dès réception de la décision transmise par le ministère public dans le délai de trois jours à compter de la date à laquelle elle n'est plus susceptible d'aucun recours suspensif d'exécution.

V. note ss. art. R. 123-177.

Art. R. 128-4 I. — Un numéro d'ordre est attribué à chaque inscription.

II. — Toute inscription au fichier national des interdits de gérer comprend la mention :

1° Des nom de famille, nom d'usage, prénoms, date et lieu de naissance, nationalité et domicile de la personne dont la faillite personnelle a été prononcée ou faisant l'objet de la mesure d'interdiction ; le domicile est celui mentionné dans la décision ayant prononcé la mesure ;

2° De la mesure prononcée ;

3° De la juridiction ayant prononcé la mesure ;

4° De la date du prononcé de la mesure et sa durée ;

5° Le cas échéant, la dénomination ou raison sociale, l'adresse du siège social et le numéro d'identité prévu à l'article R. 123-221 de la personne morale dont la personne qui fait l'objet de l'inscription était dirigeant de droit ou de fait.

Art. R. 128-5 Lorsque l'une des mesures mentionnées au troisième alinéa de l'article L. 128-1 fait l'objet d'une radiation du registre du commerce et des sociétés, le greffier chargé de la tenue de ce registre, le cas échéant informé par celui du tribunal de commerce qui en a prononcé le relèvement ou par le ministère public si le relèvement est prononcé par une juridiction civile ou pénale, dès que la décision n'est plus susceptible d'un recours suspensif d'exécution, procède sans délai à la radiation de l'inscription correspondante du fichier national des interdits de gérer.

Le président du Conseil national des greffiers des tribunaux de commerce ou la personne placée sous son autorité et désignée par lui à cet effet procède à la radiation de l'inscription dans le cas où le registre est tenu auprès d'une juridiction mentionnée aux articles L. 731-1 et L. 732-1, dès réception de la décision qui en prononce le relèvement, transmise par le ministère public aussitôt qu'elle n'est plus susceptible d'un recours suspensif d'exécution.

Selon le cas, le greffier chargé de la tenue du registre du commerce et des sociétés ou le président du Conseil national des greffiers des tribunaux de commerce ou la personne placée sous son autorité et désignée par lui à cet effet procède d'office à la radiation de la mesure inscrite dans le fichier dès qu'elle arrive à son terme ou qu'il est informé par le ministère public de l'amnistie dont bénéficie la personne concernée.

La radiation de l'inscription interdit la communication des mentions prévues à l'article R. 128-4 aux destinataires énumérés à l'article L. 128-2. Ces mentions sont effacées du fichier national des interdits à l'issue d'un délai de vingt et un mois qui court à compter de la radiation.

Art. R. 128-6 Peuvent être destinataires des informations et des données à caractère personnel enregistrées dans le fichier national des interdits de gérer :

1° En application du 3° de l'article L. 128-2 :

a) Les officiers de police judiciaire de la police nationale, individuellement désignés et spécialement habilités, soit par les chefs des services déconcentrés de la police nationale, soit par les chefs des services de la préfecture de police ou, le cas échéant, le préfet de police, soit par les chefs des services centraux de la police nationale ou, le cas échéant, le directeur général de la police nationale ;

b) Les officiers fiscaux judiciaires individuellement désignés et spécialement habilités par le responsable de la brigade nationale de répression de la délinquance fiscale ;

c) Les officiers de police judiciaire de la gendarmerie nationale, individuellement désignés et spécialement habilités, soit par les commandants des groupements de gendarmerie, soit par les commandants de région, soit par le commandant de la gendarmerie outre-mer, soit par les commandants des formations spécialisées de la gendarmerie nationale, soit par le sous-directeur de la police judiciaire, soit par le directeur général de la gendarmerie nationale ;

d) Les agents de la direction générale des douanes et droits indirects individuellement désignés et spécialement habilités par le directeur régional ou le directeur du service à compétence nationale ou, le cas échéant, par le directeur général des douanes et droits indirects ;

e) Les agents du service national de la douane judiciaire, individuellement désignés et spécialement habilités par le magistrat délégué aux missions judiciaires de la douane ou, le cas échéant, par le directeur général des douanes ;

f) Les agents de la direction générale des finances publiques, individuellement désignés et spécialement habilités par le directeur chargé, selon le cas, d'une direction régionale ou départementale des finances publiques, d'une direction spécialisée des finances publiques, d'un service à compétence nationale ou, le cas échéant, par le directeur général des finances publiques ;

g) Les agents du service mentionné à l'article L. 561-23 du code monétaire et financier, individuellement désignés et spécialement habilités par le directeur ou le directeur adjoint de ce service ;

h) Les agents des organismes nationaux et locaux de sécurité sociale mentionnés au 3° de l'article L. 114-16-3 du code de la sécurité sociale, individuellement désignés et spécialement habilités par le directeur ou responsable de l'organisme dont ils relèvent ;

i) Les agents de Pôle emploi, individuellement désignés et spécialement habilités par le directeur général ;

(Décr. n° 2021-712 du 3 juin 2021, art. 2) « *j)* Les fonctionnaires et agents mentionnés à l'article L. 222-9 du code de l'énergie*[;]* »

2° En application du 4° du même article : les personnels des chambres de métiers et de l'artisanat départementales et de région, de la chambre de métiers et de l'artisanat de Mayotte et des chambres de métiers d'Alsace et de Moselle, individuellement désignés et spécialement habilités par le président de la chambre de métiers et de l'artisanat dont ils relèvent.

Art. R. 128-7 La demande de communication des informations et des données à caractère personnel enregistrées dans le fichier national des interdits de gérer par les destinataires mentionnés aux 1° à 4° de l'article L. 128-2 et leur communication à ceux-ci sont effectuées par la voie électronique et font l'objet d'une authentification électronique sécurisée, conformément aux prescriptions *(Ord. n° 2015-1341 du 23 oct. 2015, art. 3 et 6, en vigueur le 1er janv. 2016)* « des articles L. 112-8 et suivants du code des relations entre le public et l'administration *[ancienne rédaction : de l'ordonnance n° 2005-1516 du 8 décembre 2005 modifiée relative aux échanges électroniques entre les usagers et les autorités administratives et entre les autorités administratives]* ».

La demande de communication est adressée au Conseil national des greffiers des tribunaux de commerce. Elle indique les nom de famille, nom d'usage, prénoms, date de naissance et, le cas échéant, le lieu de naissance de la personne concernée.

Selon le cas, le requérant est informé de l'absence d'inscription ou reçoit communication des informations et données mentionnées au II de l'article R. 128-4, dont la personne concernée fait l'objet.

Art. R. 128-8 Le Conseil national des greffiers des tribunaux de commerce conclut des conventions avec :

1° Le ministre de la justice en ce qui concerne, d'une part, la communication des informations et données à caractère personnel enregistrées dans le fichier aux magistrats et personnels visés aux 1° et 2° de l'article L. 128-2 et, d'autre part, l'accès en consultation de ce fichier par les greffiers des tribunaux civils statuant en matière commerciale ;

2° Les administrations et organismes mentionnés aux 3° et 4° de l'article L. 128-2 en ce qui concerne la communication de ces mêmes informations et données à leurs agents énumérés à l'article R. 128-6.

Les greffiers des tribunaux de commerce regroupés en groupements informatiques adhèrent à un cahier des charges établi par leur Conseil national pour l'accès au fichier national des interdits de gérer.

Les conventions et le cahier des charges précisent, notamment, les exigences de sécurité applicables au système d'accès au fichier national des interdits de gérer et les caractéristiques techniques des systèmes d'informations que les administrations et organismes mettent en œuvre pour assurer la communication sécurisée des données et informations, l'authentification des destinataires et la traçabilité des accès à ce fichier, conformément à l'article L. 128-3.

Art. R. 128-9 Les consultations, modifications et interrogations du fichier national des interdits de gérer réalisées par les personnes mentionnées à l'article L. 128-2 sont enregistrées et conservées pendant une durée de trente mois à compter de leur enregistrement.

Art. R. 128-10 Les droits d'accès et de rectification prévus par les articles 39 et 40 de la loi n° 78-17 du 6 janvier 1978 modifiée relative à l'informatique, aux fichiers et aux libertés s'exercent auprès du Conseil national des greffiers des tribunaux de commerce.

CHAPITRE IX DU TUTORAT EN ENTREPRISE

Le présent chapitre ne comprend pas de dispositions réglementaires.

V. Décr. n° 2007-478, ss. art. L. 129-1. — V. aussi Arr. du 29 mars 2007 (JO 30 mars) et CSS, art. D. 412-99-3 s. et D. 634-13-2.

TITRE TROISIÈME DES COURTIERS, DES COMMISSIONNAIRES, DES TRANSPORTEURS ET DES AGENTS COMMERCIAUX

CHAPITRE PREMIER DES COURTIERS

SECTION PREMIÈRE DE L'INSCRIPTION DES COURTIERS DE MARCHANDISES ASSERMENTÉS SUR LA LISTE DE LA COUR D'APPEL

(Décr. nº 2012-120 du 30 janv. 2012, art. 2)

Art. R. 131-1 La demande d'inscription sur la liste des courtiers de marchandises assermentés est présentée au procureur général près la cour d'appel dans le ressort de laquelle le requérant a sa résidence ou, s'il s'agit d'une personne morale, son siège social, une succursale ou un établissement en rapport avec sa spécialité.

La demande est assortie de toutes précisions utiles, notamment la ou les spécialités professionnelles pour lesquelles l'inscription est sollicitée, ainsi que des pièces suivantes :

I. – Pour les personnes physiques :

1° Un document justifiant de l'identité et de la nationalité du demandeur ;

2° Une attestation de l'absence de sanction disciplinaire ou administrative de destitution, radiation, révocation, de retrait d'agrément ou d'autorisation, dans la profession que le demandeur exerçait antérieurement. Cette attestation est établie selon le modèle fixé par arrêté du garde des sceaux, ministre de la justice ; – *V. art. A. 131-1.*

3° Un document justifiant de l'inscription au registre du commerce et des sociétés à titre personnel ;

4° Les documents justifiant de l'habilitation à diriger des ventes de meubles aux enchères publiques et de l'expérience professionnelle requise dans la ou les spécialités professionnelles pour lesquelles l'inscription est demandée ;

5° Les documents justifiant du passage avec succès depuis moins de trois ans de l'examen d'aptitude dans la ou les spécialités professionnelles pour lesquelles l'inscription est demandée ;

6° Les documents justifiant de la résidence dans le ressort de la cour d'appel sur la liste de laquelle l'inscription est demandée ;

7° Un document justifiant de l'ouverture dans un établissement de crédit d'un compte destiné exclusivement à recevoir les fonds détenus pour le compte d'autrui ;

8° Un document justifiant de la souscription d'une assurance de couverture de responsabilité professionnelle ;

9° Un document justifiant d'une assurance ou d'un cautionnement garantissant la représentation des fonds détenus pour le compte d'autrui.

II. – Pour les personnes morales :

1° Une copie des statuts de la société et de l'acte nommant son représentant légal ;

2° Une attestation pour les dirigeants de l'absence de sanction disciplinaire ou administrative, de destitution, radiation, révocation, de retrait d'agrément ou d'autorisation, dans la profession qu'ils exerçaient antérieurement, pour des faits contraires à l'honneur, à la probité ou aux bonnes mœurs. Cette attestation est établie selon le modèle fixé par arrêté du garde des sceaux, ministre de la justice ; – *V. art. A. 131-1.*

3° Tous documents justifiant de l'exercice par la personne morale d'une activité de courtage en marchandises depuis au moins deux ans dans la ou les spécialités professionnelles pour lesquelles l'inscription est demandée ;

4° La justification prévue au 3° de l'article L. 131-14 ;

5° Les documents justifiant qu'elle compte parmi ses dirigeants, associés ou salariés au moins une personne remplissant les conditions prévues aux articles 1°, 2°, 4° et 5° de l'article L. 131-13 ;

6° Les documents justifiant qu'elle a son siège social, une succursale ou un établissement en rapport avec sa ou ses spécialités dans le ressort de la cour d'appel ;

7° Un document justifiant de l'ouverture dans un établissement de crédit d'un compte destiné exclusivement à recevoir les fonds détenus pour le compte d'autrui ;

8° Un document justifiant de la souscription d'une assurance de couverture de responsabilité professionnelle ;

9° Un document justifiant d'une assurance ou d'un cautionnement garantissant la représentation des fonds détenus pour le compte d'autrui.

Les dispositions du 4° du I et du 5° du II de l'art. R. 131-1, tel que modifié par le Décr. n° 2012-120 du 30 janv. 2012 concernant l'habilitation à diriger des ventes volontaires de meubles aux enchères publiques, entrent en vigueur le 1er janv. 2015 (Décr. préc., art. 22).

Art. R. 131-2 Le procureur général instruit la demande d'inscription. Il vérifie que le candidat remplit les conditions requises et recueille tous renseignements sur les mérites de celle-ci.

Il transmet la demande pour avis au Conseil national des courtiers de marchandises assermentés par lettre recommandée avec demande d'avis de réception.

Si, quarante-cinq jours après sa saisine, le Conseil n'a pas adressé au procureur général son avis, celui-ci est tenu pour favorable.

Art. R. 131-3 La cour d'appel statue sur la demande d'inscription en assemblée générale des magistrats du siège.

Art. R. 131-4 Dans les quinze jours suivant l'inscription du candidat sur la liste des courtiers de marchandises assermentés, celui-ci est tenu de prêter serment, devant cette cour, en ces termes : "Je jure de loyalement remplir mes fonctions avec honneur et probité et d'observer en tout les devoirs qu'elles m'imposent."

Pour une personne morale, le serment est prêté par son représentant, désigné à cet effet.

Art. R. 131-5 La procédure prévue par les articles R. 131-1 à R. 131-4 est applicable en cas de modification ou d'adjonction d'une spécialité professionnelle ainsi qu'en cas de demande d'inscription sur la liste d'une autre cour d'appel.

Toute modification substantielle des données fournies lors de la demande d'inscription est portée à la connaissance du procureur général.

Art. R. 131-6 L'honorariat peut être conféré au courtier assermenté qui s'est retiré par démission après vingt ans d'exercice de la profession.

La décision est prise dans les formes et selon les modalités prévues par les articles R. 131-2 et R. 131-3.

SECTION II DE L'ASSURANCE ET DU CAUTIONNEMENT DES COURTIERS DE MARCHANDISES ASSERMENTÉS

(*Décr. n° 2012-120 du 30 janv. 2012, art. 2*)

Art. R. 131-7 Le cautionnement prévu au 3° de l'article L. 131-15 ne peut être consenti que par l'un des établissements de crédit (*Décr. n° 2014-1315 du 3 nov. 2014, art. 9-2°*) « ou l'une des sociétés de financement » habilités à cet effet ou l'une des institutions ou l'un des établissements mentionnés à l'article L. 518-1 du code monétaire et financier, une société d'assurances ou une société de caution mutuelle, habilités à donner caution.

Le cautionnement résulte d'une convention écrite qui, outre les conditions générales, précise notamment le montant de la garantie accordée, les conditions de rémunération, les modalités de contrôle comptable ainsi que les contre-garanties éventuellement exigées par la caution.

L'art. R. 131-7, dans sa rédaction issue du Décr. n° 2014-1315 du 3 nov. 2014, est applicable dans les îles Wallis-et-Futuna (Décr. n° 2015-707 du 22 juin 2015, art. 19).

Art. R. 131-8 La caution ou l'assureur, selon le cas, délivre au courtier de marchandises assermenté une attestation de cautionnement ou d'assurance précisant la dénomination de l'établissement de crédit auprès duquel est ouvert le compte prévu au 1° de l'article L. 131-15 ainsi que le numéro de ce compte, le montant et la durée de la garantie accordée et les restrictions éventuelles apportées à celle-ci.

Art. R. 131-9 Le cautionnement ou l'assurance, selon le cas, s'applique sur les seules justifications que la créance est certaine, liquide et exigible et que le courtier de marchandises assermenté garanti est défaillant.

La caution ou l'assureur ne peut opposer au créancier le bénéfice de discussion.

Pour le garant, la défaillance du courtier de marchandises assermenté garanti résulte d'une sommation de payer ou de restituer, suivie de refus ou demeurée infructueuse pendant un délai d'un mois à compter de sa signification.

Art. R. 131-10 Le montant de la garantie accordée à un courtier de marchandises assermenté ne peut être inférieur à la plus élevée des deux sommes suivantes :

1° Le chiffre moyen mensuel des ventes, taxes comprises et net d'honoraires, réalisé par le courtier de marchandises assermenté au cours de l'exercice précédent ;

2° La moitié du montant maximal des fonds détenus par le courtier de marchandises assermenté pour le compte des tiers, à un moment quelconque, au cours des douze mois précédents.

Lorsque le courtier de marchandises assermenté exerce son activité depuis moins d'une année, le montant de la garantie ne peut être inférieur au montant prévisionnel moyen des ventes mensuelles, taxes comprises et net d'honoraires, pour l'exercice en cours. Ce montant prévisionnel fait l'objet d'une déclaration par le courtier à l'assureur ou à la société de cautionnement.

Art. R. 131-11 Tout courtier de marchandises assermenté adapte chaque année le montant de la garantie qu'il a souscrite. Il révise également ce montant lorsque des circonstances particulières sont susceptibles de modifier l'étendue du risque.

Art. R. 131-12 L'assurance de la personne morale garantit la responsabilité civile d'un dirigeant, d'un associé ou d'un salarié d'un courtier de marchandises assermenté, personne morale, remplissant les conditions prévues aux articles 1°, 2°, 4° et 5° de l'article L. 131-13.

Art. R. 131-13 Les contrats d'assurance ne doivent pas prévoir de franchise à la charge de l'assuré supérieure à 10 % des indemnités dues, dans la limite de 8 000 € par créancier. La franchise n'est pas opposable aux créanciers du courtier de marchandises assermenté.

SECTION III DE L'EXAMEN D'APTITUDE AUX FONCTIONS DE COURTIER DE MARCHANDISES ASSERMENTÉ

(Décr. n° 2012-120 du 30 janv. 2012, art. 2)

Art. D. 131-14 L'examen d'aptitude aux fonctions de courtier de marchandises assermenté comprend :

1° Une épreuve écrite et pratique d'une durée de trois heures, au cours de laquelle le candidat rédige un certificat, procès-verbal, rapport ou tout autre document écrit relevant de l'exercice des fonctions de courtier de marchandises assermenté ;

2° Une épreuve orale théorique d'une durée d'une heure concernant les connaissances nécessaires aux devoirs et à la fonction de courtier de marchandises assermenté ;

3° Une épreuve orale technologique d'une durée de deux heures portant sur la détermination, sur échantillons, des qualités spécifiques de marchandises pour lesquelles la spécialisation est demandée, l'appréciation des cours de celles-ci et les conditions de leur commercialisation.

Art. R. 131-15 L'examen d'aptitude a lieu au moins une fois par an. Il est subi devant un jury national qui choisit les sujets des épreuves.

Le jury est présidé par un magistrat judiciaire hors hiérarchie ou du premier grade. Il est composé de deux magistrats consulaires et de deux courtiers de marchandises assermentés.

Art. R. 131-16 Le président et les membres du jury sont désignés par arrêté du ministre chargé du commerce, sur proposition du garde des sceaux, ministre de la justice, en ce qui concerne le président, sur proposition de la commission nationale de discipline des magistrats consulaires, en ce qui concerne les juges consulaires, et sur proposition du Conseil national des courtiers de marchandises assermentés, en ce qui concerne les courtiers de marchandises assermentés.

Le président et les membres du jury ne peuvent siéger plus de trois années consécutives.

Le jury est assisté d'un ou plusieurs techniciens de la catégorie de marchandises pour laquelle le courtier demande à être assermenté. Ces techniciens, désignés comme courtiers membres du jury, ont voix consultative.

Art. R. 131-17 L'organisation matérielle de l'examen d'aptitude est confiée au Conseil national des courtiers de marchandises assermentés, qui reçoit les candidatures. Un arrêté conjoint du garde des sceaux, ministre de la justice, et du ministre chargé du commerce fixe, en tant que de besoin, les modalités d'application du présent article. Il pourra notamment prescrire que, dans des branches d'activité déterminées, le maintien de l'inscription sur la liste sera subordonné au renouvellement, à intervalles périodiques, de l'épreuve technologique subie avec succès par le courtier de marchandises assermenté.

Un arrêté conjoint du garde des sceaux, ministre de la justice, du ministre chargé de l'économie et du ministre chargé du commerce fixera les frais incombant aux candidats et les rémunérations des membres du jury et des techniciens correspondant à ces examens.

SECTION IV DE LA DISCIPLINE DES COURTIERS DE MARCHANDISES ASSERMENTÉS

(Décr. nº 2012-120 du 30 janv. 2012, art. 2)

Art. R. 131-18 Dès qu'il apparaît qu'un courtier de marchandises assermenté aurait commis l'un des manquements prévus à l'article L. 131-32, le procureur de la République, soit d'initiative, soit sur plainte de toute personne intéressée, fait procéder à toute enquête utile.

Le cas échéant, il engage les poursuites à l'encontre du courtier de marchandises assermenté devant le *(Décr. nº 2019-966 du 18 sept. 2019, art. 8, en vigueur le 1er janv. 2020)* « tribunal judiciaire *[ancienne rédaction : tribunal de grande instance]* » statuant en formation disciplinaire. Il assure et surveille l'exécution des sanctions disciplinaires.

Art. R. 131-19 Le courtier de marchandises assermenté poursuivi est appelé à comparaître par le procureur de la République près le *(Décr. nº 2019-966 du 18 sept. 2019, art. 8, en vigueur le 1er janv. 2020)* « tribunal judiciaire *[ancienne rédaction : tribunal de grande instance]* ».

La convocation est adressée par lettre recommandée avec demande d'avis de réception quinze jours au moins avant la date fixée pour la comparution. Elle énonce les faits reprochés au courtier de marchandises assermenté.

Le courtier de marchandises assermenté convoqué ou son avocat peut prendre connaissance de son dossier auprès du secrétariat du procureur de la République. Il peut se faire assister par un autre courtier de marchandises assermenté.

Le tribunal peut se faire communiquer tous renseignements ou documents utiles. Il peut procéder à toutes auditions et, le cas échéant, déléguer l'un de ses membres à cette fin.

Les débats sont publics. Toutefois, le tribunal peut décider qu'ils auront lieu ou se poursuivront en chambre du conseil à la demande de l'intéressé ou s'il doit résulter de leur publicité une atteinte à l'intimité de la vie privée ou s'il survient des désordres de nature à troubler leur bon déroulement ; mention en est faite dans la décision.

Art. R. 131-20 Le tribunal statue, par décision motivée, après avoir entendu le ministère public, le courtier de marchandises assermenté poursuivi et, le cas échéant, son avocat.

Art. R. 131-21 La décision est notifiée au courtier de marchandises assermenté poursuivi, par lettre recommandée avec demande d'avis de réception, et au ministère public. La notification indique le délai et les modalités du recours ouvert à l'encontre de la décision.

Ce recours est porté devant la cour d'appel.

Il est formé dans le délai d'un mois par déclaration au greffe ou par lettre recommandée avec demande d'avis de réception adressée au greffe.

Le délai court, à l'égard du procureur de la République, du jour du prononcé de la décision et, à l'égard du courtier de marchandises assermenté, du jour de la notification de la décision.

Art. R. 131-22 Lorsque l'urgence le justifie, le président du *(Décr. n° 2019-966 du 18 sept. 2019, art. 8, en vigueur le 1er janv. 2020)* « tribunal judiciaire *[ancienne rédaction : tribunal de grande instance]* » peut, à la demande du procureur de la République, suspendre provisoirement un courtier de marchandises assermenté lorsque ce dernier fait l'objet de poursuites pénales ou disciplinaires, après avoir mis l'intéressé en mesure de fournir ses explications.

Le président du *(Décr. n° 2019-966 du 18 sept. 2019, art. 8, en vigueur le 1er janv. 2020)* « tribunal judiciaire *[ancienne rédaction : tribunal de grande instance]* » peut, à la demande du procureur de la République, ou à la requête de l'intéressé, mettre fin à cette suspension.

La suspension provisoire cesse de plein droit dès que l'action pénale est éteinte ou la procédure disciplinaire achevée.

La mesure de suspension provisoire est notifiée au courtier de marchandises assermenté poursuivi par lettre recommandée avec demande d'avis de réception. La notification indique le délai et les modalités du recours ouvert à l'encontre de la décision.

Ce recours est porté devant la cour d'appel dans un délai de quinze jours par déclaration au greffe ou par lettre recommandée avec demande d'avis de réception. Le délai court, à l'égard du procureur de la République, du jour du prononcé de la décision et, à l'égard du courtier de marchandises assermenté, du jour de la notification de la décision.

Le recours est formé, instruit et jugé selon les règles applicables à la procédure sans représentation obligatoire.

Art. R. 131-23 A la diligence du procureur général près la cour d'appel sur la liste de laquelle le courtier de marchandises assermenté est inscrit, la sanction disciplinaire et la décision de suspension provisoire sont portées à la connaissance des magistrats judiciaires et des magistrats consulaires du ressort de cette cour.

La fin de la suspension provisoire est portée à la connaissance des magistrats judiciaires et magistrats consulaires dans les mêmes conditions.

SECTION V DU CONSEIL NATIONAL DES COURTIERS DE MARCHANDISES ASSERMENTÉS

(Décr. n° 2012-120 du 30 janv. 2012, art. 2)

Art. R. 131-24 Le Conseil national des courtiers de marchandises assermentés est composé de membres élus par les courtiers de marchandises assermentés.

Dans chaque cour d'appel, les courtiers de marchandises assermentés élisent un membre du Conseil national des courtiers de marchandises assermentés lorsque le nombre de courtiers de marchandises assermentés exerçant dans le ressort de cette cour est compris entre neuf et quinze. Ils en élisent deux lorsque le nombre de courtiers de marchandises assermentés est compris entre seize et vingt-cinq. Au-delà de vingt-cinq, les courtiers de marchandises assermentés élisent trois membres du Conseil national des courtiers de marchandises assermentés.

Si, dans le ressort de la cour d'appel, le nombre de courtiers de marchandises assermentés est inférieur à neuf, les membres du Conseil national des courtiers de marchandises assermentés sont élus par un collège composé des courtiers de marchandises assermentés du ressort et de ceux exerçant dans une ou plusieurs cours d'appel voisines. Ce regroupement est déterminé par arrêté du garde des sceaux, ministre de la justice. Le nombre d'élus au Conseil national des courtiers de marchandises assermentés est alors déterminé dans les mêmes conditions qu'à l'alinéa précédent.

Les membres du Conseil national des courtiers de marchandises assermentés sont élus pour trois ans et leur mandat est renouvelable une fois ; ils ne sont rééligibles que trois ans après l'expiration de leur deuxième mandat.

Sauf pour les besoins de l'application de l'art. 42-VI de la L. n° 2011-850 du 20 juill. 2011 (V. note ss. art. L. 131-32), les documents, dossiers et archives professionnels détenus par les anciennes chambres syndicales de courtiers de marchandises assermentés sont transférés au Conseil national des courtiers de marchandises assermentés (Décr. n° 2012-120 du 30 janv. 2012, art. 20, al. 3).

Art. R. 131-25 Chaque personne physique exerçant la profession de courtier de marchandises assermenté en activité est électeur et éligible dès sa prestation de serment. Elle cesse de l'être en cas de radiation ou de démission.

Art. R. 131-26 L'organisation des élections est confiée au bureau du Conseil national des courtiers de marchandises assermentés qui, avant le 15 octobre précédant la date du renouvellement du Conseil, fixe la date d'ouverture du scrutin dans la première quinzaine du mois de décembre et en assure la publicité. Dès cette fixation, le président avise les électeurs de la date et des modalités des opérations électorales ainsi que de la date et du lieu des opérations de dépouillement.

Art. R. 131-27 Les déclarations de candidature sont remises contre récépissé, ou adressées par lettre recommandée avec demande d'avis de réception, au plus tard un mois avant la date d'ouverture du scrutin, au président du Conseil national des courtiers de marchandises assermentés.

Quinze jours au plus tard avant la date d'ouverture du scrutin, le président du Conseil national des courtiers de marchandises assermentés adresse à chaque électeur et pour chaque candidat un bulletin de vote comprenant le nom et le prénom du candidat ainsi qu'un formulaire de vote par procuration.

Art. R. 131-28 L'élection des membres du Conseil national des courtiers de marchandises assermentés a lieu au scrutin uninominal majoritaire à un tour, à bulletin secret, au cours d'une assemblée générale.

Les résultats sont proclamés au terme du scrutin et le procès-verbal des opérations est établi par le président du Conseil national des courtiers de marchandises assermentés.

Art. R. 131-29 Les candidats ayant obtenu pour chaque siège le plus grand nombre de suffrages sont proclamés élus.

En cas d'égalité entre plusieurs candidats ayant obtenu le plus grand nombre de suffrages, le plus âgé est proclamé élu.

Art. R. 131-30 Tout courtier de marchandises assermenté peut déférer l'élection des membres du Conseil national des courtiers de marchandises assermentés à la cour d'appel de Paris dans un délai de dix jours à compter de la proclamation des résultats. Le recours est déposé contre récépissé ou adressé par lettre recommandée avec demande d'avis de réception, au greffier en chef de la cour d'appel ; il est instruit et jugé selon les règles applicables à la procédure sans représentation obligatoire.

Art. R. 131-31 Les membres du Conseil national des courtiers de marchandises assermentés élisent en leur sein, au scrutin uninominal majoritaire à un tour et pour une période de trois ans, un président, un vice-président et cinq membres, qui constituent le bureau. En cas d'égalité des voix, le plus âgé des candidats est proclamé élu.

Art. R. 131-32 Si un membre du Conseil national des courtiers de marchandises assermentés cesse ses fonctions avant l'expiration de son mandat, il est pourvu à son remplacement dans le délai de trois mois ; les fonctions du nouveau membre prennent fin lorsque auraient cessé celles du membre qu'il a remplacé.

Le mandat du président, du vice-président et des membres du bureau prend fin lorsque l'intéressé cesse de remplir les conditions pour être membre du Conseil national.

Art. R. 131-33 Les fonctions de membre du Conseil national des courtiers de marchandises assermentés sont gratuites. Elles ne peuvent donner lieu qu'au remboursement de frais de voyage et de séjour dans les conditions fixées chaque année par le Conseil national.

Le président, le vice-président et les membres du bureau peuvent percevoir, pour frais de représentation, une indemnité dont le montant est fixé par le Conseil national.

Art. R. 131-34 Le Conseil national des courtiers de marchandises assermentés ne peut délibérer et voter que si deux tiers au moins de ses membres sont présents. En cas de partage égal des voix, celle du président est prépondérante.

Art. R. 131-35 Le Conseil national des courtiers de marchandises assermentés établit son règlement intérieur régissant son mode de fonctionnement et celui du bureau ; il fixe les pouvoirs du président, du vice-président et du bureau.

Ce règlement ne devient exécutoire qu'après avoir été approuvé par arrêté du garde des sceaux, ministre de la justice. — *V. Arr. du 4 juin 2015 portant approbation du règlement intérieur du Conseil national des courtiers de marchandises assermentés (JO 12 juin).*

Art. R. 131-36 Le Conseil national des courtiers de marchandises assermentés établit son budget. Il fixe le montant de la cotisation que doit lui verser annuellement chaque courtier de marchandises assermenté.

Art. R. 131-37 Le Conseil national des courtiers de marchandises assermentés désigne chaque année avant le 31 décembre un commissaire aux comptes et un commissaire aux comptes suppléant dans les conditions prévues par les articles L. 823-3 et suivants.

Art. R. 131-38 Lorsqu'il existe un différend entre courtiers de marchandises assermentés, chacun peut faire citer l'autre partie devant le bureau du Conseil national des courtiers de marchandises assermentés sur simple lettre, dont l'original est déposé au secrétariat et une copie, visée par le président du Conseil national, envoyée par le secrétaire au courtier de marchandises assermenté appelé.

Le délai pour comparaître est d'au moins huit jours.

Art. R. 131-39 En cas de conflit d'intérêts avec une partie, le courtier de marchandises assermenté s'abstient de prendre part à la délibération.

Art. R. 131-40 Le bureau du Conseil national des courtiers de marchandises assermentés connaît des plaintes et réclamations des tiers, après avoir entendu ou dûment appelé, dans la forme ci-dessus prescrite, les courtiers de marchandises assermentés intéressés ainsi que les plaignants. Ceux-ci peuvent être entendus et, dans tous les cas, peuvent se faire assister par un courtier de marchandises assermenté ou un avocat.

Les délibérations du bureau sont motivées et signées par le président et le secrétaire, à la séance même où elles sont prises. Chaque délibération contient les noms des membres présents.

Les délibérations du bureau sont notifiées, quand il y a lieu, dans la même forme que les citations, et il en est fait mention par le secrétaire, en marge desdites délibérations. Elles sont, le cas échéant, communiquées au procureur de la République territorialement compétent.

CHAPITRE II DES COMMISSIONNAIRES

Art. R. 132-1 *(Décr. n° 2007-431 du 25 mars 2007)* Les règles relatives à l'activité de commissionnaire de transport sont fixées par *(Décr. n° 2014-530 du 22 mai 2014, art. 3)* « les articles R. 1411-1 et R. 1422-1 et suivants du code des transports ». – *V. C. **transp.***

RÉP. COM. v° *Commissionnaire de transport*, par Letacq et Bonjour.

CHAPITRE III DES TRANSPORTEURS

RÉP. COM. v° *Transports routiers de marchandises : organisation*, par Schmitter.

Art. R. 133-1 *(Décr. n° 2007-431 du 25 mars 2007)* Les règles relatives à l'activité des entreprises de transport public routier de marchandises ou de locations de véhicules industriels avec conducteur destinés au transport de marchandises sont fixées par *(Décr. n° 2016-1550 du 17 nov. 2016, art. 3, en vigueur le 1er janv. 2017)* « les articles R. 3211-1 et suivants du code des transports *[ancienne rédaction : le décret n° 99-752 du 30 août 1999 relatif aux transports routiers de marchandises]* ».

Art. R. 133-2 *(Décr. n° 2007-431 du 25 mars 2007)* Les règles relatives aux opérations de transport impliquant plusieurs opérations successives de chargement et de déchargement sont fixées par *(Décr. n° 2016-1550 du 17 nov. 2016, art. 3, en vigueur le 1er janv. 2017)* « les articles R. 3221-1 et R. 3221-2 du code des transports *[ancienne rédaction : le décret n° 95-541 du 2 mai 1995 relatif aux opérations de transport impliquant plusieurs opérations successives de chargement et de déchargement]* ».

CHAPITRE IV DES AGENTS COMMERCIAUX

RÉP. COM. v° *Agent commercial*, par Leloup.

Art. R. 134-1 L'agent commercial communique à son mandant toute information nécessaire à l'exécution de son contrat. – *[Décr. n° 58-1345 du 23 déc. 1958, art. 1er.]*

Art. R. 134-2 Le mandant met à la disposition de l'agent commercial toute documentation utile sur les produits ou services qui font l'objet du contrat d'agence. Il communique à l'agent commercial les informations nécessaires à l'exécution du contrat. Il l'avise dans un délai raisonnable, notamment s'il prévoit que le volume des opérations sera sensiblement inférieur à celui auquel l'agent commercial aurait pu normalement s'attendre.

Il informe également l'agent commercial, dans un délai raisonnable, de son acceptation, de son refus ou de l'inexécution d'une opération que celui-ci lui a apportée. – *[Décr. n° 58-1345 du 23 déc. 1958, art. 2.]*

Art. R. 134-3 Le mandant remet à l'agent commercial un relevé des commissions dues, au plus tard le dernier jour du mois suivant le trimestre au cours duquel elles sont acquises. Ce relevé mentionne tous les éléments sur la base desquels le montant des commissions a été calculé.

L'agent commercial a le droit d'exiger de son mandant qu'il lui fournisse toutes les informations, en particulier un extrait des documents comptables nécessaires pour vérifier le montant des commissions qui lui sont dues. – *[Décr. n° 58-1345 du 23 déc. 1958, art. 3.]*

BIBL. ▶ Leloup, *RJ com. 2016. 152* (droit spécial et droit commun dans le droit de l'agence commerciale : l'art. R. 134-3).

Documents comptables. En application des art. L. 134-4 et R. 134-3, l'agent commercial est en droit d'obtenir du mandant les documents comptables nécessaires pour établir le montant des commissions qui lui resteraient dues. • Com. 31 janv. 2012, n° 11-11.716 : *RJ com. mars-avr. 2012. 31, obs. Leloup* • 11 juin 2013, n° 12-17.634 : *CCC 2013, n° 240, obs. N. M. ; RJ com. 2013. 347, obs. Leloup.*

Art. R. 134-4 Conformément à l'article L. 134-16, est réputée non écrite toute clause ou convention contraire aux dispositions des articles R. 134-1 et R. 134-2 ou dérogeant, au détriment de l'agent commercial, aux dispositions de l'article R. 134-3. – *[Décr. n° 58-1345 du 23 déc. 1958, art. 3-1.]*

Art. R. 134-5 Lors de sa demande d'immatriculation, la personne physique mariée sous un régime de communauté légale ou conventionnelle fournit un justificatif, conformément au modèle défini par arrêté du garde des sceaux, ministre de la justice, établissant que son conjoint a été informé des conséquences sur les biens communs des dettes contractées dans l'exercice de sa profession.

(Décr. n° 2007-750 du 9 mai 2007, art. 31) « L'agent commercial déclare, le cas échéant, qu'il a effectué une déclaration d'insaisissabilité *(Décr. n° 2015-913 du 24 juill. 2015, art. 5)* « prévue à » l'article L. 526-1, en précisant le lieu de publication de cette déclaration. »

(Décr. n° 2019-987 du 25 sept. 2019, art. 16, en vigueur le 1er oct. 2019) « Il déclare également, le cas échéant, qu'il affecte à son activité professionnelle, en application de l'article L. 526-6, un patrimoine séparé de son patrimoine personnel, en indiquant les informations prévues à l'article R. 526-3. »

(Décr. n° 2007-750 du 9 mai 2007, art. 31) « Il déclare, en outre, les nom, nom d'usage, prénoms, date et lieu de naissance, domicile, lorsqu'il est différent du sien, de son conjoint qui collabore effectivement à son activité professionnelle dans les conditions définies à l'article R. 121-1. » – *[Décr. n° 58-1345 du 23 déc. 1958, art. 4-1.]*

Les modifications issues du Décr. n° 2015-913 du 24 juill. 2015 sont applicables dans les îles Wallis-et-Futuna (Décr. préc., art. 12).

BIBL. ▶ Saintourens, *RTD com. 2007. 674* (nouvelles obligations déclaratives de l'agent commercial lors de sa demande d'immatriculation).

Art. R. 134-6 Les agents commerciaux se font immatriculer, avant de commencer l'exercice de leurs activités, sur un registre spécial tenu au greffe du tribunal de commerce dans le ressort duquel ils sont domiciliés. Ils produisent à cet effet une déclaration dont récépissé leur est délivré *[nouvelle rédaction issue du Décr. n° 2021-300 du 18 mars 2021, art. 24, en vigueur le 1er janv. 2023 : « Ils transmettent à cet effet une déclaration à l'organisme unique mentionné à l'article R. 123-1. Le greffier informe les agents commerciaux des* *suites réservées à cette demande par l'intermédiaire de l'organisme unique, dans les conditions prévues par les articles R. 123-6 et R. 123-7 »]. — V. art. A. 134-1 s.*

Par dérogation aux dispositions de l'alinéa précédent, dans les départements du Bas-Rhin, du Haut-Rhin et de la Moselle le registre spécial d'immatriculation des agents commerciaux est tenu pour l'étendue du ressort de chaque *(Décr. nº 2019-966 du 18 sept. 2019, art. 8, en vigueur le 1er janv. 2020)* **« tribunal judiciaire** *[ancienne rédaction : tribunal de grande instance]* **» au greffe des** *(Décr. nº 2019-966 du 18 sept. 2019, art. 8, en vigueur le 1er janv. 2020)* **« tribunaux judiciaires** *[ancienne rédaction : tribunaux de grande instance]* **» de Colmar, Metz, Mulhouse, Sarreguemines, Saverne, Strasbourg et Thionville.**

(Décr. nº 2021-300 du 18 mars 2021, art. 3 et 24, en vigueur entre le 1er avr. 2021 et le 31 déc. 2022) **« Lorsqu'il est saisi d'une déclaration transmise par le biais du service informatique mentionné à l'article R. 123-30-14, le greffier échange avec ce dernier dans les conditions prévues par l'article R. 123-30-18. »**

Tout fait de nature à modifier l'une des mentions figurant à la déclaration d'immatriculation fait l'objet d'une déclaration *(Décr. nº 2021-300 du 18 mars 2021, art. 24, en vigueur le 1er janv. 2023)* **« auprès de l'organisme unique ».**

(Décr. nº 2010-1706 du 29 déc. 2010, art. 15) **« Les dispositions du 3º de l'article R. 123-46 sont applicables aux inscriptions modificatives effectuées sur le registre spécial mentionné au premier alinéa.**

« La demande d'inscription modificative relative à un patrimoine affecté à une activité professionnelle est présentée par l'agent commercial ou par les personnes mentionnées aux articles L. 526-15 *(Abrogé par Décr. nº 2022-709 du 26 avr. 2022, art. 1er, à compter du 15 août 2022)* ***«, L. 526-16, premier alinéa, »*** **et L. 526-17** *(Décr. nº 2022-709 du 26 avr. 2022, art. 4, en vigueur le 1er janv. 2023)* **« , par l'intermédiaire de l'organisme unique ».** *(Abrogé par Décr. nº 2022-709 du 26 avr. 2022, art. 1er, à compter du 15 août 2022)* ***« Le dépôt de la déclaration de reprise mentionnée au second alinéa de l'article L. 526-16 est effectué par la personne reprenant le patrimoine affecté. »*** **La demande relative à la cession** *(Décr. nº 2022-709 du 26 avr. 2022, art. 1er)* **« à un entrepreneur individuel ou à une personne morale du patrimoine affecté, ou à son apport en société,** *[ancienne rédaction : du patrimoine affecté à une personne morale ou à son apport en société]* **» est présentée par le cédant ou l'apporteur** *(Décr. nº 2022-709 du 26 avr. 2022, art. 4, en vigueur le 1er janv. 2023)* **« , par l'intermédiaire de l'organisme unique ». »**

(Abrogé par Décr. nº 2019-987 du 25 sept. 2019, art. 17, à compter du 1er oct. 2019) ***« Les actes ou décisions modifiant la déclaration d'affectation sont déposés dans le délai d'un mois suivant leur date. »***

(Décr. nº 2010-1706 du 29 déc. 2010, art. 15) **« Les documents attestant de l'accomplissement des formalités prévues aux articles L. 526-9** *(Décr. nº 2019-987 du 25 sept. 2019, art. 17, en vigueur le 1er oct. 2019)* **« et » L. 526-11 en cas d'affectation de biens nouveaux** *(Décr. nº 2019-987 du 25 sept. 2019, art. 17, en vigueur le 1er oct. 2019)* **« ou de retrait de biens affectés » postérieurement à la constitution du patrimoine affecté sont déposés dans le mois suivant l'affectation** *(Décr. nº 2019-987 du 25 sept. 2019, art. 17, en vigueur le 1er oct. 2019)* **« ou le retrait ». Le greffier adresse au service des impôts dont relève l'agent commercial une copie de ces documents dans les quinze jours suivant leur dépôt. »**

(Décr. nº 2010-1310 du 2 nov. 2010, art. 1er) **« L'obligation de déclaration prévue au premier alinéa n'est pas applicable aux agents commerciaux qui, étant domiciliés à l'étranger et ne disposant en France d'aucun établissement, n'exercent que de façon temporaire et occasionnelle leur activité sur le territoire national. »** — *[Décr. nº 58-1345 du 23 déc. 1958, art. 4, al. 2 à 5.]*

BIBL. ► PUTMAN, *RJ com. 1993. 1* (obligation d'immatriculation après le Décr. du 10 juin 1992). – BAHANS et SAINTOURENS, *Dr. et patr. 10/2013. 77* (identification juridique : les registres professionnels).

1. Étranger. Une société espagnole, ayant sur le territoire espagnol la représentation exclusive des produits d'une société française, pouvait, dans ses relations avec son mandant, bénéficier des dispositions du Décr. du 23 déc. 1958 [C. com., art. R. 134-1 s.], conformément aux stipulations contractuelles s'y référant expressément, sans que puisse lui être opposé le défaut d'immatriculation au greffe de la juridiction commerciale dans le ressort de laquelle elle est domiciliée, cette condition ne pouvant être appliquée à un agent ayant son siège et son activité à l'étranger. • Com. 9 oct. 1990, n° 88-19.706 P : *Rev. crit. DIP 1990. 545, obs. Lagarde ; JCP E 1991. II. 211, note Hanine* • Paris, 15 déc. 1995 : *D. Affaires 1996. 203.* ♦ Le défaut d'immatriculation ne peut être opposé à une personne qui exerce son activité à l'étranger, peu important que l'indemnité compensatrice n'ait pas été stipulée dans la convention. • Com. 19 nov. 1996, n° 93-17.089 P : *D. Affaires 1997. 77 ; Quot. jur. 10 déc. 1996, p. 5, note P. M.*

2. Portée de l'immatriculation. La Dir. du 18 déc. 1986 s'oppose à une réglementation nationale qui subordonne la validité d'un contrat d'agence à l'inscription de l'agent de commerce sur un registre prévu à cet effet. • CJCE 30 avr. 1998, n° C-215/97 : *D. 1998. IR 138.* ♦ Si la directive de 1986 ne s'oppose pas à ce que les États entretiennent des registres dans lesquels les agents commerciaux doivent ou peuvent s'inscrire, c'est à la condition que les conséquences de la non-inscription ne portent pas atteinte à la protection que la directive accorde aux agents commerciaux dans leurs relations avec leurs commettants. • CJCE 6 mars 2003, n° C-485/01 : *BEEI 2003, n° 83 ; Europe 2003, n° 173.* ♦ Comp., jugeant que l'art. L. 134-16 n'interdit pas aux parties de subordonner la prise d'effet du contrat d'agent commercial à l'immatriculation de l'agent sur le registre spécial : • Com. 8 juill. 2003, n° 02-11.262 P : *cité note 1 ss. art. L. 134-16.* ♦ Faute de démontrer que l'absence d'immatriculation au registre spécial, qui n'est qu'une simple mesure de police professionnelle, a eu une incidence sur les rapports de droit privé existant entre elle et son mandant, une société ne peut considérer que ce défaut d'immatriculation constitue une faute grave au sens de l'art. L. 134-13. • Com. 15 oct. 2002, n° 99-14.394 : *cité note 1 ss. art. L. 134-13.* ♦ L'art. 1er de la L. n° 91-593 du 25 juin 1991 [C. com., art. L. 134-1], prise en application de la Dir. du 18 déc. 1986, qui s'oppose à toute réglementation nationale qui subordonnerait la validité d'un contrat d'agence commerciale à l'inscription du professionnel sur un registre prévu à cet effet, ne subordonne pas l'application du statut des agents commerciaux à l'inscription sur le registre spécial qui est une mesure de police professionnelle. • Com. 7 juill. 2004, n° 02-17.107 P : *D. 2004. AJ 2228 ; JCP E 2005, n° 21, p. 850, note Rouquié ; RTD com. 2005. 409, obs. Bouloc ; RJDA 2004, n° 1314* • 21 juin 2016, n° 14-26.938 : *cité note 8 ss. art. L. 134-1.* ♦ Sur l'absence d'obligation de s'inscrire au registre des agents commerciaux et ses conséquences sur l'exercice de la profession sous la forme d'une société d'exercice libéral à responsabilité limitée, V. • Rouen, 13 mars 2008 : *cité note 1 ss. art. R. 123-95.*

Art. R. 134-7 *(Décr. n° 2010-1706 du 29 déc. 2010, art. 15)* **L'agent commercial qui a constitué un patrimoine affecté en application de l'article L. 526-6 dépose au registre spécial, dans le délai de six mois suivant la clôture de l'exercice, les documents comptables mentionnés à l'article L. 526-14.**

Ancien art. R. 134-7 *(Abrogé par Décr. n° 2010-1310 du 2 nov. 2010, art. 2)* ***L'immatriculation au registre spécial des agents commerciaux et le récépissé de déclaration sont valables cinq ans à compter de la date d'immatriculation.*** *– [Décr. n° 58-1345 du 23 déc. 1958, art. 5.]*

Art. R. 134-8 **Tout agent commercial qui cesse d'exercer son activité demande,** *(Décr. n° 2021-300 du 18 mars 2021, art. 24, en vigueur le 1er janv. 2023)* **« par l'intermédiaire de l'organisme unique mentionné à l'article R. 123-1 et » dans un délai de deux mois, la radiation de son immatriculation en indiquant la date de cette cessation. La même obligation incombe à l'agent commercial qui ne remplit plus les conditions fixées par le présent chapitre.**

(Décr. n° 2021-300 du 18 mars 2021, art. 3 et 24, en vigueur entre le 1er avr. 2021 et le 31 déc. 2022) **« Lorsqu'il est saisi d'une déclaration transmise par le biais du service informatique mentionné à l'article R. 123-30-14, le greffier échange avec ce dernier dans les conditions prévues par l'article R. 123-30-18. »** *– [Décr. n° 58-1345 du 23 déc. 1958, art. 6.]*

Art. R. 134-9 **A défaut de demande de radiation dans le délai prescrit, le juge commis à la surveillance du registre du commerce et des sociétés du ressort rend soit d'office, soit à la requête du procureur de la République ou de toute personne justifiant y avoir intérêt une ordonnance enjoignant à l'intéressé de faire procéder à sa radiation.**

L'ordonnance du juge est notifiée à l'intéressé dans les conditions prévues à l'article R. 123-140. Les voies de recours sont exercées conformément aux dispositions des articles R. 123-141 et R. 123-142.

L'ordonnance est exécutée dans le délai de quinze jours à compter du jour où elle est devenue définitive. A défaut, le greffier procède d'office à cette radiation à l'expiration

de ce délai *(Décr. n° 2021-300 du 18 mars 2021, art. 24, en vigueur le 1er janv. 2023)* « et transmet concomitamment un dossier auprès du guichet unique électronique mis en œuvre par l'organisme unique mentionné à l'article R. 123-1, conformément aux dispositions du même article. » – *[Décr. n° 58-1345 du 23 déc. 1958, art. 7.]*

Art. R. 134-9-1 *(Décr. n° 2019-1080 du 23 oct. 2019, art. 2)* La radiation d'un agent commercial de son affiliation à l'organisme de sécurité sociale en application des deux premiers alinéas de l'article L. 613-4 du code de la sécurité sociale emporte sa radiation du registre spécial auquel il est immatriculé.

Le greffier procède d'office à la radiation du registre spécial mentionné au premier alinéa dès qu'il est informé *(Décr. n° 2021-300 du 18 mars 2021, art. 24, en vigueur le 1er janv. 2023)* « par l'organisme unique mentionné à l'article R. 123-1 » de la radiation de l'agent commercial prononcée par l'organisme de sécurité sociale. *(Décr. n° 2021-300 du 18 mars 2021, art. 24, en vigueur le 1er janv. 2023)* « Il informe l'organisme unique des diligences accomplies. »

Art. R. 134-10 En cas de décès d'un agent commercial, l'obligation de demander la radiation incombe à ses héritiers ou ayants cause à titre universel *(Décr. n° 2021-300 du 18 mars 2021, art. 24, en vigueur le 1er janv. 2023)* « , par l'intermédiaire de l'organisme unique mentionné à l'article R. 123-1 ».

Lorsque le greffier a reçu la preuve du décès d'une personne immatriculée, et faute par les héritiers ou ayants cause à titre universel de se conformer aux dispositions de l'alinéa précédent, il procède d'office à la radiation de cette personne un an après la date du décès *(Décr. n° 2021-300 du 18 mars 2021, art. 24, en vigueur le 1er janv. 2023)* « et transmet concomitamment un dossier auprès du guichet unique électronique mis en œuvre par l'organisme unique, conformément aux dispositions de l'article R. 123-1 ». – *[Décr. n° 58-1345 du 23 déc. 1958, art. 8.]*

Art. R. 134-11 La radiation d'un agent commercial inscrit est ordonnée d'office par toute juridiction de l'ordre judiciaire lorsque cette juridiction rend une décision entraînant pour l'intéressé l'incapacité ou l'interdiction d'exercer sa profession.

Cette radiation est faite par le greffier ou notifiée par lui au greffier compétent. *(Décr. n° 2021-300 du 18 mars 2021, art. 24, en vigueur le 1er janv. 2023)* « Le greffier qui procède à la radiation transmet concomitamment un dossier auprès du guichet unique électronique mis en œuvre par l'organisme unique mentionné à l'article R. 123-1, conformément aux dispositions du même article. » – *[Décr. n° 58-1345 du 23 déc. 1958, art. 9.]*

Art. R. 134-12 Le lieu et le numéro de l'immatriculation au registre spécial figurent sur les documents et correspondances à usage professionnel de l'intéressé.

(Décr. n° 2010-1706 du 29 déc. 2010, art. 15) « Si l'agent commercial a constitué un patrimoine affecté en application de l'article L. 526-6, y figurent également l'objet de l'activité professionnelle à laquelle le patrimoine est affecté et la dénomination incorporant le nom ou nom d'usage précédé ou suivi immédiatement des mots : "entrepreneur individuel à responsabilité limitée" ou des initiales : "EIRL". » – *[Décr. n° 58-1345 du 23 déc. 1958, art. 10.]*

(Décr. n° 2022-725 du 28 avr. 2022, art. 1er, en vigueur le 15 mai 2022) « Si l'agent commercial est un entrepreneur individuel relevant du statut défini à la section III du chapitre VI du titre II du livre V, y figure également la dénomination incorporant son nom ou nom d'usage précédé ou suivi immédiatement des mots : "entrepreneur individuel" ou des initiales : "EI". »

Art. R. 134-13 Les déclarations relatives à l'immatriculation des agents commerciaux, à la modification de leur situation ou à la cessation de leur activité peuvent être effectuées par voie électronique dès qu'elles peuvent être transmises et reçues par cette voie.

Pour toutes les transmissions par voie électronique mentionnées au premier alinéa, il est fait usage d'une signature électronique sécurisée dans les conditions prévues à l'article *(Décr. n° 2016-1278 du 29 sept. 2016, art. 1er, en vigueur le 1er oct. 2016)* « 1367 » du code civil et par le décret *(Décr. n° 2017-1416 du 28 sept. 2017, art. 2-II)* « n° 2017-1416 du 28 septembre 2017 » pris pour son application. Toutefois, pour les déclarations relatives à l'immatriculation des agents commerciaux *(Décr. n° 2010-1706 du 29 déc. 2010, art. 15)* « ou mentionnées à l'article L. 526-7 », cette signature électronique peut résulter de l'usage d'un procédé répondant aux conditions définies à la première phrase du second alinéa de l'article *(Décr. n° 2016-1278 du 29 sept. 2016, art. 1er, en vigueur le 1er oct. 2016)* « 1367 » du code civil.

Le greffier accuse réception, selon les modalités fixées par l'arrêté prévu à l'article R. 134-17, de toute transmission qui lui est faite dès que celle-ci lui parvient. – *[Décr. n° 58-1345 du 23 déc. 1958, art. 10-1.]*

Nouvel art. R. 134-13 *(Décr. n° 2021-300 du 18 mars 2021, art. 24, en vigueur le 1er janv. 2023) Les déclarations relatives à l'immatriculation des agents commerciaux, à la modification de leur situation ou à la cessation de leur activité sont effectuées par voie électronique.*

Pour toutes les transmissions par voie électronique mentionnées au premier alinéa, il est fait usage d'une signature électronique dans les conditions prévues à l'article R. 123-5.

Le greffier accuse réception, selon les modalités prévues par les articles R. 123-6 et R. 123-7, de toute transmission qui lui est faite.

Art. R. 134-13-1 *(Décr. n° 2015-913 du 24 juill. 2015, art. 6) (Décr. n° 2019-987 du 25 sept. 2019, art. 18, en vigueur le 1er oct. 2019)* « Lorsqu'un agent commercial a affecté à son activité professionnelle un patrimoine séparé de son patrimoine personnel en application des dispositions de l'article L. 526-6, et qu'il transfère son domicile au sens de l'article R. 134-6 dans le ressort d'un autre tribunal, il demande une nouvelle immatriculation *(Décr. n° 2021-300 du 18 mars 2021, art. 24, en vigueur le 1er janv. 2023)* « par l'intermédiaire de l'organisme unique mentionné à l'article R. 123-1 » et indique, conjointement à cette demande, le lieu et le registre de l'immatriculation antérieure. »

Le greffier nouvellement compétent demande, dans le délai d'un jour franc ouvrable à compter de la nouvelle immatriculation, au greffier du tribunal dans le ressort duquel était exercée l'activité de procéder au transfert dans le délai d'un jour franc ouvrable à compter de la réception de sa demande. Le greffier antérieurement compétent procède d'office à la radiation de l'immatriculation de l'agent commercial de son registre *(Abrogé par Décr. n° 2021-300 du 18 mars 2021, art. 24, à compter du 1er janv. 2023) « et informe, par tous moyens, ce dernier des diligences accomplies ». (Décr. n° 2021-300 du 18 mars 2021, art. 24, en vigueur le 1er janv. 2023)* « Chaque greffe informe l'agent commercial, par l'intermédiaire de l'organisme unique, des diligences accomplies. »

(Décr. n° 2021-300 du 18 mars 2021, art. 3 et 24, en vigueur entre le 1er avr. 2021 et le 31 déc. 2022) « Lorsque le transfert est sollicité par le biais du service informatique mentionné à l'article R. 123-30-14, le greffier antérieurement compétent et le greffier nouvellement compétent échangent avec l'agent commercial par l'intermédiaire de ce service, dans les conditions prévues par l'article R. 123-30-18. »

L'art. R. 134-13-1 issu du Décr. n° 2015-913 du 24 juill. 2015 est applicable dans les îles Wallis-et-Futuna (Décr. préc., art. 12).

Art. R. 134-14 Est puni de l'amende prévue par le 5° de l'article 131-13 du code pénal pour les contraventions de la cinquième classe le fait d'émettre des déclarations inexactes ou incomplètes en vue de l'immatriculation au registre spécial prévu à l'article R. 134-6 ou en vue de la modification ou du renouvellement de l'immatriculation. – *[Décr. n° 58-1345 du 23 déc. 1958, art. 11.]*

Art. R. 134-15 Est puni de l'amende prévue par le 5° de l'article 131-13 du code pénal pour les contraventions de la cinquième classe le fait, par toute personne exerçant les activités définies à l'article L. 134-1 :

1° De ne pas faire la déclaration prévue à l'article R. 134-6 dans les conditions prévues par cet article ou les textes pris pour son application en vue de l'immatriculation au registre spécial ;

2° De ne pas signaler les changements survenus dans les mentions figurant sur cette déclaration ;

(Abrogé par Décr. n° 2010-1310 du 2 nov. 2010, art. 2) « 3° De ne pas demander le renouvellement de son immatriculation en application de l'article R. 134-7 ; »

4° De ne pas demander la radiation de son immatriculation au registre spécial en dépit de la cessation d'exercice des activités définies à l'article L. 134-1. – *[Décr. n° 58-1345 du 23 déc. 1958, art. 12.]*

Art. R. 134-16 Est puni de l'amende prévue par le 3° de l'article 131-13 du code pénal pour les contraventions de la troisième classe le fait de ne pas faire figurer sur tous les documents et correspondances à usage professionnel le lieu et le numéro d'immatriculation au registre spécial en dépit de l'inscription à ce registre. – *[Décr. n° 58-1345 du 23 déc. 1958, art. 13.]*

Art. R. 134-17 Un arrêté du garde des sceaux, ministre de la justice, et du ministre de l'économie et des finances fixe la forme de la déclaration d'immatriculation. – *[Décr. n° 58-1345 du 23 déc. 1958, art. 14.] – V. art. A. 134-1 s.*

En ce qui concerne les dispositions applicables au registre des agents commerciaux en cas de modification de ressorts de juridictions commerciales, V. art. R. 743-167.

TITRE QUATRIÈME DU FONDS DE COMMERCE

RÉP. COM. v° *Fonds de commerce,* par DERRUPPÉ et DE RAVEL D'ESCLAPON.

CHAPITRE PREMIER DE LA VENTE DU FONDS DE COMMERCE

Art. R. 141-1 La publication au *Bulletin officiel des annonces civiles et commerciales* prévue à l'article L. 141-12 contient les indications mentionnées à l'article R. 123-211.

(Décr. n° 2020-106 du 10 févr. 2020, art. 10) « La publication dans un support habilité à recevoir les annonces légales prévue à l'article L. 141-12 est effectuée sous forme d'extrait ou d'avis et contient les indications suivantes :

« 1° Sauf lorsqu'il s'agit d'un acte authentique, les date, volume et numéro de la perception auprès de laquelle l'acte contenant mutation est enregistré ou, en cas de simple déclaration prescrite par les articles 638 et 653 du code général des impôts, la date et le numéro du récépissé de cette déclaration et *[,]* dans les deux cas, l'indication du bureau où ont eu lieu ces opérations ;

« 2° La date de l'acte ;

« 3° En ce qui concerne l'ancien et le nouveau propriétaire, leurs nom, prénoms et domicile s'il s'agit de personnes physiques, leurs dénomination ou raison sociale et adresse du siège social s'il s'agit de personnes morales ;

« 4° La nature et le siège du fonds ;

« 5° Le prix stipulé, y compris les charges ou l'évaluation ayant servi de base à la perception des droits d'enregistrement ;

« 6° L'indication du délai fixé par l'article L. 141-14 pour les oppositions ;

« 7° Une élection de domicile dans le ressort du tribunal. » – *[L. du 17 mars 1909, art. 3, al. 3.]*

Art. R. 141-1-1 *(Décr. n° 2020-106 du 10 févr. 2020, art. 11)* Dans le cas prévu par l'article L. 141-18, le délai de publication est de quinze jours en métropole et de deux mois dans les départements et collectivités d'outre-mer.

La publication contient élection de domicile dans le ressort du tribunal de la situation de l'établissement principal et dans le ressort où se trouve la succursale, si celle-ci forme l'objet unique de la cession.

Art. R. 141-2 *(Décr. n° 2016-296 du 11 mars 2016, art. 5)* Lorsque l'opposition prévue à l'article L. 141-14 est formée par lettre recommandée avec demande d'avis de réception, la date de l'opposition est celle de l'expédition de la lettre par le créancier.

Art. D. 141-3 *(Décr. n° 2014-1254 du 28 oct. 2014, art. 1er)* Le délai de deux mois mentionné au premier alinéa de l'article L. 141-23 *(Abrogé par Décr. n° 2015-1811 du 28 déc. 2015, à compter du 1er janv. 2016) « du présent code »* s'apprécie au regard de la date de cession *[vente]*, entendue comme *(Décr. n° 2015-1811 du 28 déc. 2015, en vigueur le 1er janv. 2016)* « étant la date de conclusion du contrat ».

BIBL. ► NDLR, *BRDA 2014, n° 21, p. 3* (Décr. n° 2014-1254 du 28 oct. 2014). - GARNIER et BOURGEOIS, *RLDA déc. 2014. 10* (aspects pratiques et juridiques après la parution du Décr. du 28 oct. 2014). - PORACCHIA, PORTIER et GOETZ, *BJS 2014. 728* (loi ESS et l'option d'achat de leur entreprise par les salariés). - AUZERO, *BJS 2016. 66* (nouvelles précisions réglementaires).

Art. D. 141-4 *(Décr. n° 2014-1254 du 28 oct. 2014, art. 1er)* L'information des salariés mentionnée aux articles L. 141-25 et L. 141-30 peut être effectuée selon les modalités suivantes :

1° Au cours d'une réunion d'information des salariés à l'issue de laquelle ces derniers signent le registre de présence à cette réunion ;

2° Par un affichage. La date de réception de l'information est celle apposée par le salarié sur un registre accompagnée de sa signature attestant qu'il a pris connaissance de cet affichage ;

3° Par courrier électronique, à la condition que la date de réception puisse être certifiée ;

4° Par remise en main propre, contre émargement ou récépissé, d'un document écrit mentionnant les informations requises ;

5° Par lettre recommandée avec demande d'avis de réception. *(Abrogé par Décr. n° 2015-1811 du 28 déc. 2015, à compter du 1er janv. 2016) « La date de réception est celle qui est apposée par l'administration des postes lors de la remise de la lettre à son destinataire ; »*

6° Par acte extrajudiciaire ;

7° Par tout autre moyen de nature à rendre certaine la date de réception.

Art. D. 141-5 *(Décr. n° 2014-1254 du 28 oct. 2014, art. 1er)* Le salarié informe dans les meilleurs délais et par tout moyen l'exploitant lorsqu'il se fait assister conformément aux articles L. 141-24 et L. 141-29. La personne qui assiste le salarié est tenue à une obligation de confidentialité en ce qui concerne les informations qu'elle reçoit.

Art. R. 141-6 *(Décr. n° 2021-1887 du 29 déc. 2021, art. 2, en vigueur le 1er janv. 2023)* Pour l'application des articles L. 141-8, L. 141-9 et L. 141-10, le domicile déclaré est le domicile élu par les créanciers dans leurs inscriptions.

CHAPITRE II DU NANTISSEMENT DU FONDS DE COMMERCE

Le présent chapitre ne comprend pas de dispositions réglementaires.

CHAPITRE III DISPOSITIONS COMMUNES À LA VENTE ET AU NANTISSEMENT DU FONDS DE COMMERCE

RÉP. COM. v^is *Fonds de commerce ; Nantissement de fonds de commerce*, par DERRUPPÉ et DE RAVEL D'ESCLAPON.

SECTION PREMIÈRE DE LA RÉALISATION DU GAGE ET DE LA PURGE DES CRÉANCES INSCRITES

Art. R. 143-1 Lorsque la vente du fonds n'a pas eu lieu aux enchères publiques conformément aux articles *(Abrogé par Décr. n° 2016-296 du 11 mars 2016, art. 6) « L. 141-19, »* L. 143-3 à L. 143-8, L. 143-10 et L. 143-13 à L. 143-15, l'acquéreur qui veut se garantir des poursuites des créanciers inscrits est tenu, à peine de déchéance, avant la poursuite ou dans les quinze jours de la sommation de payer, de leur notifier, au domicile élu par eux dans leurs inscriptions :

1° Les nom, prénoms et domicile du vendeur ; la désignation précise du fonds ; le prix, non compris le matériel et les marchandises, ou l'évaluation du fonds en cas de transmission à titre gratuit, par voie d'échange ou de reprise, sans fixation de prix, par convention matrimoniale ; les charges, les frais et coûts justifiés exposés par l'acquéreur ;

2° Un tableau sur trois colonnes contenant :

a) La première, la date des ventes ou nantissements antérieurs et des inscriptions prises ;

b) La deuxième, les noms et domiciles des créanciers inscrits ;

c) La troisième, le montant des créances inscrites, avec déclaration que l'acquéreur est prêt à acquitter sans délai les dettes inscrites jusqu'à concurrence de son prix, sans distinction des dettes exigibles ou non exigibles. — *[L. du 17 mars 1909, art. 22, al. 1er à 3, sauf dernière phrase.]*

Régularité de la notification. La notification devant comporter l'indication du prix du fonds, la seule référence à un prix à fixer ultérieurement serait inopérante. • Paris, 10 déc. 1919 : *Gaz. Pal. 1919. 2. 391* • T. com. Seine, 21 déc. 1923 : *ibid. 1924. 2. 272.* ♦ L'offre de purge doit être pure et simple et ne porter aucune réserve ou terme, alors même que les créances seraient à terme. • T. com. Seine, 29 oct. 1912 : *Gaz. Pal. 1913. 1. 19* • Paris, 11 mars 1925 : *Journ. Trib. com. 1926. 248* • Lyon, 1er mars 1934 : *Mon. Jud. Lyon, 5 nov. 1935.*

Art. R. 143-2 La notification contient élection de domicile dans le ressort du tribunal de commerce de la situation du fonds. — *[L. du 17 mars 1909, art. 22, al. 3, dernière phrase.]*

Art. R. 143-3 Si le titre du nouveau propriétaire comprend divers éléments d'un fonds, les uns grevés d'inscriptions, les autres non grevés, situés ou non dans le même ressort, aliénés pour un seul et même prix ou pour des prix distincts, le prix de chaque élément est déclaré dans la notification, par ventilation du prix total exprimé dans le titre. — *[L. du 17 mars 1909, art. 22, al. 4.]*

Art. R. 143-4 L'officier public commis pour procéder à la vente d'un fonds de commerce peut se faire délivrer par le greffier *(Décr. nº 2021-1887 du 29 déc. 2021, art. 2, en vigueur le 1er janv. 2023)* « une copie du justificatif mentionné à l'article R. 521-7 *[ancienne rédaction : copie des actes de vente sous seing privé déposés au greffe]* ». Il peut également se faire délivrer expédition des actes authentiques de vente. — *[L. du 17 mars 1909, art. 32, al. 3.]*

Art. R. 143-5 Les frais et indemnités dus à l'administrateur provisoire nommé par application de l'article L. 143-4 sont taxés par le président du tribunal de commerce. — *[Décr. 28 août 1909, art. 22.]*

SECTION II DES FORMALITÉS D'INSCRIPTION ET DE RADIATION

SOUS-SECTION 1 DE L'INSCRIPTION

Art. R. 143-6 *(Abrogé par Décr. nº 2021-1887 du 29 déc. 2021, art. 2, à compter du 1er janv. 2023)* ***Le vendeur ou le créancier gagiste, pour inscrire leur privilège, présentent, soit eux-mêmes, soit par un tiers, au greffier du tribunal de commerce, l'un des originaux de l'acte de vente ou du titre constitutif du nantissement s'il est sous seing privé ou une expédition de l'acte s'il est authentique. L'acte de vente ou de nantissement sous seing privé reste déposé au greffe.*** — *[L. du 17 mars 1909, art. 24, al. 1er.]*

Art. R. 143-7 *(Abrogé par Décr. nº 2021-1887 du 29 déc. 2021, art. 2, à compter du 1er janv. 2023)* ***Le dépôt des actes sous seing privé de vente ou de nantissement de fonds de commerce, prescrit par l'article R. 143-6, est constaté sur un registre spécial tenu par le greffier.***

Ce registre est divisé en deux colonnes :

1º La première contient le numéro d'ordre du registre ;

2º Dans la seconde est inscrit le procès-verbal de dépôt contenant la date de ce dernier ; la mention, la date, le coût de l'enregistrement de l'acte ; son numéro d'entrée ; sa nature ; l'indication du nom du créancier et du débiteur ou du vendeur et de l'acheteur, la nature et l'adresse du fonds de commerce.

Ce procès-verbal est signé par le greffier.

Le registre de dépôt, complété par un répertoire alphabétique des noms des débiteurs ou vendeurs, est signé, coté, paraphé et arrêté comme il est dit à l'article R. 143-9. — *[Décr. 28 août 1909, art. 3.]*

Art. R. 143-8 *(Abrogé par Décr. nº 2021-1887 du 29 déc. 2021, art. 2, à compter du 1er janv. 2023)* ***Il est joint à l'acte de vente ou de nantissement deux bordereaux sur papier non timbré dont la forme est déterminée par arrêté du garde des sceaux, ministre de la justice. Ils contiennent :*** — *Pour les modèles de bordereaux, V. Arr. du 26 déc. 1955 (D. 1956. 27 ; BLD 1956. 49).*

1º Les nom, prénoms, domicile et profession du vendeur et de l'acquéreur, ou du créancier et du débiteur, ainsi que du propriétaire du fonds si c'est un tiers ;

2º La date et la nature du titre ;

3º Les prix de la vente, établis distinctement pour le matériel, les marchandises et les éléments incorporels du fonds, ainsi que les charges évaluées ou le montant de la créance exprimée dans le titre, les conditions relatives aux intérêts et à l'exigibilité ;

4º La désignation du fonds de commerce et de ses succursales avec l'indication précise des éléments qui les constituent et sont compris dans la vente ou le nantissement, la nature de leurs opérations et leur siège, sous réserve de tous autres renseignements propres à les faire connaître ; si la vente ou le nantissement s'étend à d'autres éléments du fonds de commerce

que l'enseigne, le nom commercial, le droit au bail et la clientèle, ces éléments sont nommément désignés ;

5° Élection de domicile par le vendeur ou le créancier gagiste dans le ressort du tribunal de commerce de la situation du fonds. — [L. du 17 mars 1909, art. 24, al. 2 à 7.]

1. Désignation des parties. L'inscription au bordereau est nulle si elle désigne comme débiteurs les gérants d'une SARL au lieu de la société elle-même. • Paris, 14 mai 1929 : *Gaz. Pal. 1929. 2. 442.* ♦ Le fait, pour le créancier, d'identifier sur le bordereau d'inscription une SNC, non pas par sa dénomination sociale exacte, mais par la mention SNC suivie du nom des associés, entraîne l'inopposabilité du nantissement aux tiers, même s'il n'existait aucun doute sur l'identification du fonds grevé dont tous les éléments d'identification étaient exacts, une telle irrégularité interdisant aux tiers toute recherche utile au greffe du tribunal. • Orléans, 23 mars 2006 : *RJDA 2006, n° 675.*

2. Acquéreur étranger. Sur les titres à produire par un Algérien, V. : * Rép. min. n° 31063 : *JOAN Q, 22 janv. 1996, p. 389.*

3. Date du titre. Il n'y a pas nullité si l'inexactitude de la date peut être rectifiée grâce à d'autres indications du bordereau et il suffit que le procès-verbal de dépôt contienne la date exacte. • Paris, 20 janv. 1932 : *Gaz. Pal. 1932. 2. 189, sous note.* ♦ Comp., exigeant une rectification résultant du bordereau lui-même : • T. civ. Montreuil, 30 déc. 1930 : *ibid. 1930. 1. 202.*

4. Nature de l'acte. Est nulle l'inscription portant qu'il s'agit du privilège du vendeur, alors qu'il y a en réalité nantissement. • T. com. Lille, 15 avr. 1929 : *Sem. Jur. 1929. 860* • Douai, 19 déc. 1929 : *DH 1930. Somm. 42.* ♦ V., sur l'inexactitude d'une inscription de nantissement non dommageable, note 8.

5. Prix. En ce qui concerne les prix de vente distincts, il a été jugé qu'une inscription est valable bien que le montant de la créance ne soit pas indiqué. • Amiens, 24 juin 1952 : *JCP 1953. II. 7770, note Cohen ; RTD com. 1953. 970, obs. Houin ; ibid. 1954. 77, obs. crit. Jauffret.* ♦ En ce sens qu'il suffit d'indiquer non le prix de vente, mais le solde restant dû, V. • Paris, 15 févr. 1935 : *S. 1935. 2. 191.* ♦ Il suffit d'inscrire le prix fixé au contrat et la clause d'échelle mobile stipulée. • T. civ. Pontoise, 25 mars 1953 : *Gaz. Pal. 1953. 1. 410 ; RTD com. 1953. 628, obs. Jauffret.* ♦ Est nulle une inscription qui ne comporte pas les conditions d'exigibilité. • T. com. Nantes, 16 juin 1923 : *Rec. Nantes 1923. 1. 251* • Paris, 25 janv. 1933 (motifs) : *Gaz. Pal. 1933. 1. 654.*

6. Désignation du fonds. Il est indispensable que le fonds soit exactement individualisé pour que les tiers soient certains de son identité. • T. com. Le Havre, 31 janv. 1934 : *Rev. fonds com. 1935. 98.* ♦ Si une succursale seule est vendue ou nantie, l'inscription doit être prise uniquement au greffe du tribunal de commerce dans le ressort duquel se trouve la succursale. • Civ. 20 juill. 1938 : *DP 1939. 1. 31 ; S. 1938. 1. 329, note H. Rousseau.* ♦ Sur une modification de l'inscription au cas de déplacement du fonds, V. • Paris, 29 mai 1934 : *DH 1934. 401.*

7. Élection de domicile. BIBL. J.-M. Fernandez, *D. Affaires 1998. 406.* ♦ Le domicile réel indiqué équivaut au domicile élu. • Paris, 25 janv. 1933 : *Gaz. Pal. 1933. 1. 654.* ♦ Toutefois, cette élection de domicile est une formalité substantielle dont l'absence emporte nullité. • T. com. Rouen, 9 déc. 1957 : *RTD com. 1959. 76, obs. Jauffret.* ♦ Sur l'absence de préjudice, V. note 8. ♦ L'obligation d'élection du domicile est destinée à faciliter diverses notifications obligatoires, telles que celles relatives à l'exercice, par le vendeur, de l'action résolutoire du contrat de vente, à la résiliation du bail commercial par le propriétaire de l'immeuble ou à la vente en justice du fonds de commerce ou de certains de ses éléments. Elle protège tant les intérêts des créanciers gagistes, qui sont par ce moyen certains d'être avisé de tous les actes pouvant affecter leurs droits, que ceux des personnes tenues d'effectuer ces notifications, lesquelles ont la certitude que leurs actes seront opposables à tous les intéressés. * Rép. min. n° 39329 : *JOAN Q, 8 févr. 2011, p. 1317 ; D. 2011. Actu. 592 ; JCP E 2011, n° 116.*

8. Nécessité d'un préjudice. L'inexactitude d'une inscription de nantissement n'entraîne pas nullité si cette inexactitude, commise dans le contenu de l'inscription, n'a pas eu pour l'acquéreur du fonds de conséquences dommageables. • Com. 1er déc. 1992, n° 90-21.957 P : *D. 1993. IR 17 ; RTD com. 1993. 286, obs. Derruppé* • Req. 16 mai 1938 : *Gaz. Pal. 1938. 2. 338* • Paris, 13 déc. 1934 : *Gaz. Trib. 12 mars 1935* • Amiens, 24 juin 1952 : *JCP 1953. II. 7770, note Cohen.* ♦ N'est pas nulle une inscription contenant élection de domicile hors du ressort, en l'absence de préjudice causé aux tiers. • Paris, 22 nov. 1934 : *Rev. fonds com. 1935. 269.* ♦ V. aussi, pour une élection de domicile au tribunal de commerce, • Com. 1er déc. 1992, n° 90-21.957 P : *préc.* ♦ Comp., considérant que l'erreur sur la désignation du débiteur dans l'inscription du nantissement entraîne l'inopposabilité aux tiers de ce privilège : • Com. 19 mai 1998, n° 96-13.658 P : *D. 1998. Somm. 377, obs. Piedelièvre ; RJDA 1998, n° 1160 ; JCP 1999. I. 316, obs. Delebecque.* ♦ Sur le moment où il convient d'invoquer l'absence de préjudice, V. • Com. 10 déc. 2002, n° 99-21.411 P : *D. 2003. AJ 134, obs. Lienhard ; RJDA 2003, n° 524.*

Art. R. 143-9 *(Abrogé par Décr. nº 2021-1887 du 29 déc. 2021, art. 2, à compter du 1er janv. 2023)* ***Les pièces mentionnées aux articles R. 143-6 et R. 143-8 et toutes autres pièces produites aux greffes des tribunaux de commerce reçoivent un numéro d'entrée au moment de leur production.***

Ces pièces sont enregistrées sur un registre à souches et il en est délivré un récépissé extrait de ce registre mentionnant :

1º Le numéro d'entrée apposé sur les pièces conformément à l'alinéa premier ;

2º La date du dépôt des pièces ;

3º Le nombre et la nature des pièces avec l'indication du motif du dépôt ;

4º Les noms des parties ;

5º La nature et le lieu d'établissement du fonds de commerce.

Le récépissé est daté et signé par le greffier auquel il est rendu contre remise de la pièce portant, conformément à l'article R. 143-14, la certification que l'inscription du privilège a été effectuée.

Le registre est signé par première et dernière feuille, coté et paraphé en tous ses feuillets par le président du tribunal. Il est arrêté chaque jour. – *[Décr. du 28 août 1909, art. 1er.]*

Art. R. 143-10 Les déclarations de créance faites aux greffiers en exécution des articles L. 141-21 et L. 141-22 sont inscrites sur un registre à souche tenu par le greffier.

Ce registre est divisé en quatre colonnes destinées à recevoir :

1º Le numéro d'ordre de la déclaration ;

2º Le procès-verbal de la déclaration indiquant la date à laquelle elle a été faite, le nom du déclarant, le nom et l'adresse du débiteur avec l'indication de la nature et du lieu d'établissement du fonds dont il est propriétaire, le montant de la créance, l'indication de l'apport du fonds dans une société dont la nature et le siège sont déterminés, la date et le numéro du dépôt au greffe de l'acte de constitution de ladite société. Ce procès-verbal est signé par le greffier ;

3º La reproduction du numéro d'ordre ;

4º Le certificat de la déclaration de créance qui reproduit succinctement les indications portées à la colonne de la déclaration. Ce certificat, composé des mentions des troisième et quatrième colonnes, est détaché et remis au déclarant. Il est daté et signé par le greffier.

Le registre de déclaration de créance, complété par un répertoire alphabétique des noms des débiteurs, est signé, coté et paraphé comme il est dit à l'article R. 143-12.

Il est arrêté chaque jour. – *[Décr. du 28 août 1909, art. 4.]*

Nouvel art. R. 143-10 *(Décr. nº 2021-1887 du 29 déc. 2021, art. 2, en vigueur le 1er janv. 2023)* ***Pour inscrire les déclarations de créances faites en application des articles L. 141-21 et L. 141-22, les articles R. 521-5 et R. 521-6 s'appliquent. Les informations concernant le bien requises au titre du 5º de l'article R. 521-6 sont celles qui permettent d'identifier le fonds de commerce apporté à la société.***

Le requérant à l'inscription doit également indiquer la nature et le siège de la société à laquelle le fonds de commerce est apporté ainsi que la date et le numéro du dépôt au greffe de l'acte de constitution de ladite société.

Art. R. 143-11 *(Abrogé par Décr. nº 2021-1887 du 29 déc. 2021, art. 2, à compter du 1er janv. 2023)* ***Lorsque les ventes ou cessions de fonds de commerce comprennent des marques de fabrique et de commerce et des dessins ou modèles industriels et lorsque les nantissements de ces fonds comprennent des brevets d'invention ou licences, des marques ou des dessins et modèles, le certificat d'inscription délivré par le greffier du tribunal de commerce, conformément à l'article L. 143-17, mentionne :***

1º La nature, la date et le numéro de l'inscription effectuée au greffe ;

2º La forme et la date de l'acte de vente ou de l'acte constitutif du nantissement ;

3º L'identité et l'adresse du créancier gagiste et du débiteur ;

4º La désignation du fonds de commerce ainsi que la nature et les références des titres de propriété industrielle concernés. – *[Décr. du 28 août 1909, art. 7.]*

Art. R. 143-12 *(Abrogé par Décr. nº 2021-1887 du 29 déc. 2021, art. 2, à compter du 1er janv. 2023)* ***Les greffiers des tribunaux de commerce sont tenus, pour l'exécution des articles L. 141-5 à L. 141-11, L. 142-3 et L. 143-17 et conformément aux articles R. 143-6, R. 143-8 et R. 143-14, d'enliasser et de relier à leurs frais les bordereaux d'inscription du***

privilège de vendeur et les bordereaux d'inscription du privilège résultant du contrat de nantissement d'un fonds de commerce.

Ils tiennent un fichier alphabétique des noms des débiteurs avec l'indication des numéros des inscriptions les concernant.

Le papier sur lequel sont établis les bordereaux est fourni par les greffiers aux frais des requérants. Toutefois, les officiers publics ou ministériels peuvent se le procurer eux-mêmes. — [Décr. du 28 août 1909, art. 2.]

Art. R. 143-13 (Abrogé par Décr. nº 2021-1887 du 29 déc. 2021, art. 2, à compter du 1er janv. 2023) ***Chaque année au mois de décembre, le président du tribunal vérifie la tenue des registres prévus par les articles R. 143-9 et suivants. Il s'assure que les prescriptions de la présente section ont été respectées et en donne l'attestation au pied de la dernière inscription.*** — [Décr. du 28 août 1909, art. 5.]

Art. R. 143-14 (Abrogé par Décr. nº 2021-1887 du 29 déc. 2021, art. 2, à compter du 1er janv. 2023) ***Le greffier remet au requérant l'expédition du titre et l'un des bordereaux prévus à l'article R. 143-8, après l'avoir revêtu, dès sa réception, de la mention d'inscription qui comprend la date de celle-ci et le numéro sous lequel elle a été effectuée.***

L'autre bordereau, portant les mêmes mentions, est conservé au greffe. — [L. du 17 mars 1909, art. 25.]

Art. R. 143-15 (Abrogé par Décr. nº 2021-1887 du 29 déc. 2021, art. 2, à compter du 1er janv. 2023) ***Le greffier mentionne en marge des inscriptions les antériorités, les subrogations et radiations totales ou partielles dont il lui est justifié. Les antériorités et les subrogations peuvent résulter d'actes sous seing privé enregistrés.*** — [L. du 17 mars 1909, art. 26.]

Mention de la subrogation. La loi ne fixe aucun délai pour faire mentionner la subrogation de l'inscription. • Riom, 20 déc. 1935 : *DH 1936. 61.* ♦ Il avait été jugé que le porteur de billets de fonds qui ne s'est fait subroger que postérieurement à la mention en marge de la subrogation accordée à un autre créancier est primé par celui-ci. • Req. 15 janv. 1934 : *DP 1934. 1. 158, note Montier* • 25 nov. 1929 : *S. 1930. 1. 369, note Batiffol.* – *Contra* : • Lyon, 11 févr. 1932 : *DH 1932. 228* • Aix-en-Provence, 10 mai 1933 : *DP 1934. 2. 41, note Chéron* • Paris, 2 mars 1936 : *Gaz. Pal. 1936. 1. 780.* ♦ V. note ss. art. L. 143-18.

Art. R. 143-16 (Abrogé par Décr. nº 2021-1887 du 29 déc. 2021, art. 2, à compter du 1er janv. 2023) ***Les greffiers des tribunaux de commerce sont tenus de délivrer à tous ceux qui le requièrent soit l'état des inscriptions existantes, avec les mentions d'antériorité, de radiations partielles et de subrogations partielles ou totales, soit un certificat qu'il n'en existe aucune ou simplement que le fonds est grevé.***

Un état des inscriptions ou mentions effectuées à l'Institut national de la propriété industrielle est [devra] ***de même être délivré à toute réquisition.*** — [L. du 17 mars 1909, art. 32, al. 1er et 2.]

Art. R. 143-17 (Abrogé par Décr. nº 2021-1887 du 29 déc. 2021, art. 2, à compter du 1er janv. 2023) ***Il est interdit aux greffiers de refuser ou de retarder les inscriptions ou la délivrance des états ou certificats requis.***

Ils sont responsables de l'omission sur leurs registres des inscriptions requises en leur greffe et du défaut de mention dans leurs états ou certificats d'une ou plusieurs inscriptions existantes, à moins, dans ce dernier cas, que l'erreur ne provienne de désignations insuffisantes qui ne pourraient leur être imputées. — [L. du 17 mars 1909, art. 33.]

1. Opposabilité aux créanciers. Si le requérant n'a pas fait une notification aux créanciers inscrits en raison de la délivrance d'un certificat négatif par suite de l'inattention du greffier, cette faute ne peut avoir pour conséquence de rendre la procédure irrégulière par défaut de notification opposable au créancier inscrit. • Civ. 1er oct. 1941 : *DA 1942. Somm. 7 ; Gaz. Pal. 1942. 1. 28* • 12 janv. 1944 : *D. 1944. 55.*

2. Négligences du déclarant. Le greffier n'est pas responsable si l'erreur provient de désignations insuffisantes dans la réquisition. • Civ. 3e, 22 mai 1975, nº 74-10.691 P • TGI Saint-Nazaire, 13 oct. 1969 : *Gaz. Pal. 1970. 1. 61.* ♦ Il a été jugé qu'un greffier pouvait refuser une inscription à défaut d'acte véritable, et notamment d'enregistrement. • T. com. Seine, 9 nov. 1922 : *DP 1922. 5. 18* • T. civ. Seine, 16 janv. 1933 : *Gaz. trib. 1933. 1. 291.*

3. Société en formation. Sur l'impossibilité d'inscrire le nantissement au nom d'une société non immatriculée, V. • Civ. 1re, 5 juill. 1989, nº 86-13.600 P : *Gaz. Pal. 1989. 2. 634, note Hatoux ; RTD com. 1990. 26, obs. Derruppé* ;

ibid. 400, *obs. Champaud* ✐. ♦ Sur l'inscription au nom d'une personne agissant pour le compte de la société en formation, V. • Com. 29 mai 1980, n° 78-12.910 P.

SOUS-SECTION 2 DE LA RADIATION

Art. R. 143-18 **Lorsque la radiation, non consentie par le créancier, est demandée par voie d'action principale, cette action est portée devant le tribunal de commerce du lieu de l'inscription.**

(Abrogé par Décr. n° 2021-1887 du 29 déc. 2021, art. 2, à compter du 1er janv. 2023) ***« Si l'action a pour objet la radiation d'inscriptions prises dans des ressorts différents sur un fonds et ses succursales, elle est portée pour le tout devant le tribunal de commerce dans le ressort duquel se trouve l'établissement principal. »*** — *[L. du 17 mars 1909, art. 30.]*

Art. R. 143-19 *(Abrogé par Décr. n° 2021-1887 du 29 déc. 2021, art. 2, à compter du 1er janv. 2023)* ***La radiation est opérée au moyen d'une mention faite par le greffier en marge de l'inscription.***

Il en est délivré certificat aux parties qui le demandent. — *[L. du 17 mars 1909, art. 31.]*

Art. R. 143-20 *(Abrogé par Décr. n° 2021-1887 du 29 déc. 2021, art. 2, à compter du 1er janv. 2023)* ***Le certificat de radiation, délivré par le greffier, en exécution de l'article L. 143-20, contient les mêmes indications que celles qui sont prévues pour le certificat d'inscription mentionné à l'article R. 143-11.*** — *[Décr. du 28 août 1909, art. 8.]*

SOUS-SECTION 3 DISPOSITIONS PARTICULIÈRES

Art. R. 143-21 *(Abrogé par Décr. n° 2021-1887 du 29 déc. 2021, art. 2, à compter du 1er janv. 2023)* ***L'inscription et la radiation du privilège ou du nantissement à l'Institut national de la propriété industrielle s'effectuent par report du certificat du greffier selon la nature des titres concernés :***

1° Au registre national des brevets ou au registre national des marques, dans les conditions prévues par les textes qui leur sont applicables ;

2° Dans un registre spécial aux dépôts de dessins et modèles, à la demande de l'une des parties à l'acte.

Les dispositions des alinéas précédents sont applicables à l'inscription des antériorités et subrogations. Toutefois, le certificat du greffier est, dans ce cas, remplacé par les justifications prévues à l'article R. 143-15. — *[Décr. du 28 août 1909, art. 9.]*

Art. R. 143-22 **Le nantissement de fonds qui comprennent des droits d'exploitation de logiciels ainsi que les ventes ou cessions de fonds de commerce comprenant des droits d'exploitation de logiciels nantis sont inscrits à l'Institut national de la propriété industrielle sur la production du certificat d'inscription délivré par le greffier du tribunal de commerce.**

Les formalités prévues aux articles R. 143-11, R. 143-20 et R. 143-21 sont applicables aux actes inscrits au registre national spécial des logiciels tenu par l'Institut national de la propriété industrielle. — *[Décr. du 28 août 1909, art. 10.] — Sur l'application de cette disposition dans les territoires d'outre-mer et à Mayotte, V. Décr. n° 96-103 du 2 févr. 1996, art. 5 (D. 1996. 76).*

Nouvel art. R. 143-22 *(Décr. n° 2021-1887 du 29 déc. 2021, art. 2, en vigueur le 1er janv. 2023)* ***Pour l'application des articles L. 143-2, L. 143-6, L. 143-10 et L. 143-13, le domicile déclaré est le domicile élu par les créanciers dans leurs inscriptions.***

SECTION III DES INTERMÉDIAIRES ET DE LA RÉPARTITION DU PRIX

Art. R. 143-23 **Pour l'application de l'article L. 143-21, il est procédé conformément aux articles 1281-2 et suivants du** *(Décr. n° 2008-484 du 22 mai 2008, art. 22)* **« code de procédure civile ».** — *[Décr. n° 96-740 du 14 août 1996, art. 2-1.] — V.* **C. pr. civ.**

CHAPITRE IV DE LA LOCATION-GÉRANCE

RÉP. COM. v° *Location-gérance de fonds de commerce,* par Kenfack.

SECTION PREMIÈRE DES MESURES DE PUBLICITÉ

Art. R. 144-1 Les contrats de gérance définis à l'article L. 144-1 sont publiés dans la quinzaine de leur date sous forme d'extraits ou d'avis dans un *(Décr. n° 2020-106 du 10 févr. 2020, art. 12)* « support » habilité à recevoir les annonces légales. La fin de la location-gérance donne lieu aux mêmes mesures de publicité. – *[Décr. n° 86-465 du 14 mars 1986, art. 2.]*

Sur l'obligation, pour le locataire-gérant, de préciser sa qualité sur ses papiers d'affaires, V. art. R. 123-237. Sur le consentement nécessaire du conjoint pour donner à bail un fonds de commerce ou une entreprise artisanale, V. art. L. 121-5, al. 1er.

FORM. PR. COM. v^is *Publicité d'un contrat de location-gérance ; Publicité de la fin d'un contrat de location-gérance,* par Puech.

BIBL. ► Bachasson, *Gaz. Pal. 1990. 2. Doctr. 423.*

1. *Défaut de publicité.* Le défaut d'enregistrement et de publicité de la location-gérance, dont l'existence est néanmoins rapportée par les attestations de l'Administration fiscale, sont sans effet sur la validité du contrat et n'ont de conséquences que dans les rapports du locataire gérant et du bailleur de fonds avec les tiers. • Rouen, 20 oct. 1994 : *JCP 1995. IV. 1834.*

2. *Tacite reconduction.* L'obligation de publier un contrat de location-gérance n'emporte pas, en cas de tacite reconduction, l'obligation de procéder à une nouvelle publicité dans un JAL si aucune modification n'est intervenue dans la nature de l'exploitation, ni dans la personne de l'exploitant depuis la publication initiale. S'agissant des mentions portées au RCS relatives aux « dates du début et du terme de la location-gérance », leur actualisation par voie d'inscription modificative en cas de renouvellement par tacite reconduction d'un contrat de location-gérance à durée déterminée ne s'impose pas si la mention de la date du terme du contrat était suivie de l'indication qu'il est renouvelable par tacite reconduction mais s'impose, en revanche, dans le cas contraire, pour préciser que le contrat est devenu à durée indéterminée par suite de tacite reconduction (Avis CCRCS n° 2019-004 du 15 oct. 2019 : *BRDA 2019, n° 23, p. 8*).

SECTION II DISPOSITIONS SPÉCIFIQUES POUR LES ENTREPRISES DE TRANSPORTS PUBLICS ET DE LOCATION DE VÉHICULES INDUSTRIELS

Art. D. 144-2 Les conditions particulières d'application aux entreprises de transports publics et de location de véhicules industriels des articles L. 144-1 et suivants relatifs à la location-gérance des fonds de commerce et des établissements artisanaux sont déterminées par la présente section. – *[Décr. n° 56-612 du 20 juin 1956, art. 1er.]*

Art. D. 144-3 Lorsque l'entrée en vigueur du contrat de location-gérance est subordonnée à une décision administrative en vertu des textes législatifs et réglementaires relatifs à la coordination des transports, le délai de quinzaine, fixé par l'article R. 144-1, court de la date de notification par le préfet de cette décision.

Cette notification est faite par lettre recommandée avec demande d'avis de réception ; elle fait également courir les délais impartis au locataire et au loueur par le présent code pour les inscriptions au registre du commerce. – *[Décr. n° 56-612 du 20 juin 1956, art. 2.]*

Art. D. 144-4 Le propriétaire d'un fonds de commerce de transport ou de location de véhicules industriels, qui met en location-gérance une partie de son fonds, est tenu de mentionner, lors de l'inscription qu'il effectue au registre du commerce et des sociétés, la mise en location-gérance partielle, sans être astreint à préciser les éléments loués.

Cette mention demeure valable, en cas de modification des éléments loués. Elle fait l'objet d'une inscription modificative si l'intéressé reprend l'exploitation de son fonds ou au contraire en loue la totalité. Elle fait l'objet d'une radiation si l'intéressé cède son fonds. – *[Décr. n° 56-612 du 20 juin 1956, art. 3.]*

Art. D. 144-5 Ne sont pas considérées comme location de fonds de commerce, au sens de l'article L. 144-1, les opérations ayant pour objet d'adapter les droits du locataire à la charge utile de son parc de véhicules lorsque le total des capacités de transport ainsi obtenues par le locataire n'excède pas cinq tonnes pour les transports publics de marchandises ou soixante places de voyageurs pour les services occasionnels de voyageurs et lorsque les locations, pour un même loueur, ne totalisent au maximum que dix tonnes ou soixante places de voyageurs et restent inférieures à la moitié du montant global des droits de ce loueur.

Ne sont pas davantage considérées comme location de fonds de commerce, les locations réciproques ayant pour objet de faciliter le fonctionnement des entreprises et consenties, pour chacune des parties, dans la limite de dix tonnes pour les transports publics de marchandises ou les locations de véhicules industriels ou de soixante places de voyageurs pour les services occasionnels de voyageurs.

Échappent de même à l'application des articles L. 144-1 à L. 144-13 les accords conclus à titre provisoire par des exploitants de services réguliers de voyageurs pour l'aménagement, avec l'accord de l'administration, de leurs services respectifs. — *[Décr. n° 56-612 du 20 juin 1956, art. 6.]*

CHAPITRE V DU BAIL COMMERCIAL

RÉP. COM. v° *Bail commercial*, par DUMONT-LEFRAND.

BIBL. ▶ MONÉGER, *Loyers et copr. 2007. Repère 4* (code de commerce, bail commercial et le 25 mars 2007). - AUQUE, *RJ com. 2007. 271.* - BLATTER, *AJDI 2007. 446* (la codification (quasiment) définitive du décret du 30 sept. 1953).

SECTION PREMIÈRE DU RENOUVELLEMENT

Art. R. 145-1 *(Décr. n° 2007-431 du 25 mars 2007)* **Le bailleur qui n'a pas fait connaître le montant du loyer qu'il propose dans les conditions de l'article L. 145-11 peut demander une modification du prix du bail ultérieurement, par acte d'huissier de justice, par lettre recommandée avec demande d'avis de réception ou dans le mémoire prévu à l'article R. 145-23.**

Art. R. 145-1-1 *(Abrogé par Décr. n° 2016-296 du 11 mars 2016, art. 14) (Décr. n° 2014-1317 du 3 nov. 2014, art. 2)* ***Lorsque le congé prévu à l'article L. 145-9 est donné par lettre recommandée avec demande d'avis de réception, la date du congé est celle de la première présentation de la lettre.***

Les dispositions de l'art. R. 145-1-1, dans leur rédaction résultant de l'art. 2 du Décr. n° 2014-1317 du 3 nov. 2014, sont applicables aux contrats en cours à la date de publication dudit décret (JO 5 nov.). Elles sont applicables dans les îles Wallis-et-Futuna (Décr. préc., art. 7 et 8). — L'abrogation résultant du Décr. n° 2016-296 du 11 mars 2016 s'applique dans les îles Wallis-et-Futuna (Décr. préc., art. 22).

SECTION II DU LOYER

SOUS-SECTION 1 DE LA DÉTERMINATION DE LA VALEUR LOCATIVE

Art. R. 145-2 *(Décr. n° 2007-431 du 25 mars 2007)* **Les éléments mentionnés aux 1° à 5° de l'article L. 145-33 s'apprécient dans les conditions fixées par la présente sous-section.**

Art. R. 145-3 Les caractéristiques propres au local s'apprécient en considération :

1° De sa situation dans l'immeuble où il se trouve, de sa surface et de son volume, de la commodité de son accès pour le public ;

2° De l'importance des surfaces respectivement affectées à la réception du public, à l'exploitation ou à chacune des activités diverses qui sont exercées dans les lieux ;

3° De ses dimensions, de la conformation de chaque partie et de son adaptation à la forme d'activité qui y est exercée ;

4° De l'état d'entretien, de vétusté ou de salubrité et de la conformité aux normes exigées par la législation du travail ;

5° De la nature et de l'état des équipements et des moyens d'exploitation mis à la disposition du locataire. — *[Décr. n° 53-960 du 30 sept. 1953, art. 23-1, al. 1er à 6.]*

BIBL. ▶ ASSOULINE, *Gaz. Pal. 2001. 399* (travaux). - BARBIER, *Gaz. Pal. 2011. 3176* (pondération immobilière ou pondération commerciale ?). - FRUCHTER et BETAILLE, *Gaz. Pal. 2011. 3179* (l'éventuelle incidence de l'activité sur la pondération). - FAVRE-RÉGUILLON, *AJDI 2022. 101* (petit lexique des effets impactant la valeur locative).

1. Modifications notables. Lorsque des travaux caractérisent à la fois une modification notable et une amélioration des lieux loués, le second caractère doit prévaloir sur le premier. • Civ. 3e, 9 nov. 2010, n° 09-71.557 : *RJDA 2011, n° 222 ; Loyers et copr. 2011, n° 12, obs. Chavance.* ♦ En présence d'une clause prévoyant l'accession des constructions au bailleur en fin de bail, la modification notable, au cours du bail à renouveler, des caractéristiques du local par la réalisation de travaux par le preneur à ses frais exclusifs entraîne le déplafonnement du prix du bail lors du premier renouvellement, à moins que ces travaux ne constituent des travaux d'amélioration. • Civ. 3e, 17 sept. 2013, n° 12-18.910 : *Loyers et copr. 2013, n° 310, obs. Chavance.* ♦ Dès lors que la cour d'appel a constaté que les travaux, dont il n'était pas soutenu qu'ils fussent d'amélioration et qui avaient été décidés et réalisés par la locataire, avaient, au cours du bail expiré, modifié notablement les caractéristiques des locaux loués, a exactement retenu que cette modification notable des caractéristiques des locaux loués justifiait, à elle seule, le déplafonnement du loyer du bail renouvelé. • Civ. 3e, 9 sept. 2021, n° 19-19.285 B : *D. 2021. Actu. 1670 ; JCP E 2021, n° 1551, note Brignon ; RJDA 2022, n° 1 ; LPA 30 avr. 2022, note Dagbedji.* ♦ Des lieux appartenant à un tiers effectivement utilisés par le preneur sans droit ni titre ne sauraient entraîner le déplafonnement du loyer de renouvellement en raison d'une modification des caractéristiques des lieux, l'assiette du bail n'ayant pas été modifiée. • Civ. 3e, 30 nov. 2005, n° 04-16.477 P : *D. 2006. AJ 144, obs. Rouquet ; AJDI 2006. 464, note Dumont .* ♦ Précisant qu'il est nécessaire que les juges indiquent si les travaux réalisés au cours du bail précédant le bail expiré constituaient une amélioration au sens de l'art. 23-3 du Décr. de 1953 [C. com., art. R. 145-8] ou une modification des caractéristiques du local au sens de l'art. 23-1 [C. com., art. R. 145-3], V. • Civ. 3e, 16 juin 1999, n° 97-19.396 : *D. 1999. AJ 43, obs. Y. R. ; JCP E 1999, n° 48, p. 1921, obs. Monéger.* ♦ Sur la notion de « modification notable des caractéristiques propres du local », V. aussi note 15 ss. art. L. 145-34.

2. Surface. La décision du locataire de ne pas exploiter certaines surfaces n'est pas opposable au bailleur. • Civ. 3e, 3 avr. 2012, n° 10-21.008 : *AJDI 2012. 592, obs. Lipman-W. Boccara ; Loyers et copr. 2012, n° 170, obs. Chavance.* ♦ Lorsqu'une amélioration entraîne une augmentation de la surface commerciale (sans modification de l'assiette du bail), refusant d'appliquer l'art. 23-1 du Décr. de 1953 [C. com., art. R. 145-3] et ne prononçant le déplafonnement (en vertu de l'art. 23-3 [C. com., art. R. 145-8]) que si la condition de financement par le bailleur est remplie, V. • Civ. 3e, 21 mars 2001, n° 99-16.640 P : *D. 2001. AJ 2039, obs. Rouquet ; AJDI 2001. 698, note Blatter ; JCP E 2001, n° 29, p. 1243, obs. Kéita.* ♦ La cour d'appel a exactement retenu que l'extension, au cours du bail expiré, de la terrasse de plein air devant l'établissement, installée sur le domaine public et exploitée en vertu d'une autorisation administrative, ne pouvait être retenue comme une modification des caractéristiques des locaux loués, dès lors qu'elle ne faisait pas partie de ceux-ci. • Civ. 3e, 13 oct. 2021, n° 20-12.901 B : *cité note 5 ss. art. L. 145-33.* ♦ Les travaux ayant eu pour conséquence de doubler la surface exploitée, ils n'ont pas consisté en une amélioration des conditions d'exploitation telles qu'elles existaient mais en une modification notable des caractéristiques des locaux par une augmentation importante des surfaces accessibles au public. Dès lors, la modification notable des caractéristiques des locaux justifie le déplafonnement du loyer lors du renouvellement du bail suivant l'exécution des travaux. • Paris, 21 oct. 2016, n° 14/16055 : *Loyers et copr. 2016, n° 256, obs. Chavance.*

3. État d'entretien et qualité de l'immeuble. Lorsque la valeur locative est fixée à un prix correspondant à celui des boutiques voisines, il est possible de l'augmenter en raison de la qualité de l'immeuble. • Paris, 12 juill. 1983 : *D. 1983. IR 401.* ♦ Le moyen tiré du mauvais entretien de l'immeuble peut être invoqué pour la première fois en cause d'appel. • Civ. 3e, 4 mai 1982, n° 80-14.392 P : *D. 1982. IR 368.*

4. Enseigne. Concernant les enseignes, V. note 1 ss. art. R. 145-8.

Art. R. 145-4 Les caractéristiques propres au local peuvent être affectées par des éléments extrinsèques constitués par des locaux accessoires, des locaux annexes ou des dépendances, donnés en location par le même bailleur et susceptibles d'une utilisation conjointe avec les locaux principaux.

Lorsque les lieux loués comportent une partie affectée à l'habitation, la valeur locative de celle-ci est déterminée par comparaison avec les prix pratiqués pour des locaux d'habitation analogues faisant l'objet d'une location nouvelle, majorés ou minorés, pour tenir compte des avantages ou des inconvénients présentés par leur intégration dans un tout commercial. – *[Décr. n° 53-960 du 30 sept. 1953, art. 23-1, al. 7 et 8.]*

Art. R. 145-5 La destination des lieux est celle autorisée par le bail et ses avenants ou par le tribunal dans les cas prévus aux articles L. 145-47 à L. 145-55 *(Décr. n° 2014-1317 du 3 nov. 2014, art. 3)* **« et L. 642-7 ».** – *[Décr. n° 53-960 du 30 sept. 1953, art. 23-2.]*

Les dispositions de l'art. R. 145-5, dans leur rédaction résultant de l'art. 3 du Décr. n° 2014-1317 du 3 nov. 2014, sont applicables aux contrats en cours à la date de publication dudit décret (JO 5 nov.). Elles sont applicables dans les îles Wallis-et-Futuna (Décr. préc., art. 7 et 8).

BIBL. ▶ Brault, *AJPI 1992. 190* (destination des lieux et déspécialisation). – Courneroux, *AJDI 2009. 430* (destination du bail : une liberté encadrée).

1. Bail « tous commerces ». Jugé que la clause permettant la cession pour tous commerces entraînait une majoration de 20 % de la valeur locative résultant de la surface pondérée : • TGI Paris, 26 oct. 1981 : *Ann. loyers 1982. 956.* ♦ En revanche, la clause permettant la cession pour tous commerces ne justifie aucune majoration lorsqu'elle ne présente aucun intérêt pour le preneur. • TGI Marseille, 24 avr. 1985 : *Ann. loyers 1985. 754.*

2. Crise économique. Lorsque le bail impose au locataire l'exercice d'un commerce atteint par une sérieuse crise économique ou soumis à une taxation sévère, jil a été ugé qu'il fallait tenir compte des conséquences de cette clause et fixer un loyer compatible avec le genre d'exploitation exigé par le propriétaire : • Paris, 25 juin 1971 : *D. 1971. Somm. 193.*

Art. R. 145-6 **Les facteurs locaux de commercialité dépendent principalement de l'intérêt que présente, pour le commerce considéré, l'importance de la ville, du quartier ou de la rue où il est situé, du lieu de son implantation, de la répartition des diverses activités dans le voisinage, des moyens de transport, de l'attrait particulier ou des sujétions que peut présenter l'emplacement pour l'activité considérée et des modifications que ces éléments subissent d'une manière durable ou provisoire.** – *[Décr. n° 53-960 du 30 sept. 1953, art. 23-4.]*

BIBL. ▶ Robine et Vaz Da Cruz, *Gaz. Pal. 1998. 451* (émergence de l'incorporel). – Lefebvre, *AJDI 2001. 782* (flux complémentaire de chalands). – Bernard, *D. 2004. 2358* (la notion d'« intérêt pour le commerce considéré » à la lumière du rapport Pelletier).

1. Facteurs locaux de commercialité. Pour être pris en considération, les modifications des facteurs locaux de commercialité doivent présenter un intérêt pour l'activité commerciale considérée. • Civ. 3e, 4 mars 1987, n° 85-16.563 P. ♦ Prenant en compte le commerce considéré, exercé dans le respect de la destination contractuelle, V. • Civ. 3e, 16 juill. 1998, n° 96-13.772 P : *D. Affaires 1998. 1689, obs. Y. R.* ♦ Exigeant que le juge recherche, au besoin d'office, si les modifications retenues présentaient un intérêt pour l'activité exercée dans les lieux par chacun des preneurs, V. • Civ. 3e, 27 janv. 1999, n° 94-19.002 P : *D. Affaires 1999. 548.* ♦ L'intérêt que présente une modification des facteurs locaux de commercialité doit être apprécié au regard de la ou des activités commerciales exercées dans les locaux loués, sans qu'il y ait lieu d'exclure de cet examen l'activité d'un sous-locataire. • Civ. 3e, 8 déc. 2010, n° 09-70.784 P : *D. 2011. Pan. 1795, obs. Dumont-Lefrand.* ♦ Sur l'appréciation souveraine des juges du fond de l'évolution des facteurs locaux de commercialité, V. • Civ. 3e, 10 juill. 1996, n° 94-16.977 : *RJDA 1997, n° 22.* ♦ Sur la prise en compte, lors du renouvellement, d'une modification notable des facteurs locaux de commercialité à la baisse, V. note 13 ss. art. L. 145-34. ♦ Plus généralement, concernant la prise en compte des facteurs locaux de commercialité à propos du déplafonnement du loyer, V. note 10 ss. art. L. 145-33.

2. Illustrations. Pour des exemples d'augmentation de la population d'une ville : • Civ. 3e, 10 janv. 1979 : *D. 1979. IR 237 ; Gaz. Pal. 1979. 1. Somm. 207.* ♦ Refusant de prendre en considération l'affluence considérable de touristes générée par les marchés de Noël (commerce de souvenirs), V. • Civ. 3e, 17 déc. 2013, n° 12-25.073 : *AJDI 2014. 378.* ♦ Prenant en compte, pour une librairie indépendante, la concurrence rude des grands groupes : • Civ. 3e, 15 févr. 2011, n° 10-13.579 : *AJDI 2011. 442, obs. Lipman-W. Boccara.* ♦ Pour un exemple de compensation entre des facteurs à la hausse et d'autres à la baisse, ne permettant pas de caractériser une modification notable, V. • Civ. 3e, 4 avr. 2012, n° 11-13.912 : *AJDI 2012. 427 ; Administrer 6/2012. 36, obs. Lipman-W. Boccara.* ♦ Retenant le déplafonnement du loyer d'un local dans lequel est exploité un commerce de bijouterie-joaillerie, à raison de l'installation de grandes enseignes y compris du commerce de luxe, de l'ouverture d'un parc de stationnement, de l'accroissement de la population active du secteur tertiaire et du développement du tourisme d'agrément et d'affaire : • Civ. 3e, 5 janv. 2010, n° 09-11.313 : *AJDI 2010. 381 ; RJDA 2010, n° 224 ; Loyers et copr. 2010, n° 79, obs. E. C.* ♦ L'ouverture d'une galerie marchande à proximité peut entraîner une modification notable des facteurs locaux de commercialité. • Civ 3e, 27 févr. 1991, n° 89-21.150 : *Rev. Loyers 1991. 321.* ♦ Les juges du fond n'ont pas à tenir compte de l'évolution du chiffre d'affaires du locataire pour retenir une modification notable justifiant le déplafonnement du loyer du bail renouvelé. • Civ. 3e, 12 juin 2001, n° 00-13.063 : *Administrer 11/2001. 25, note Barbier.*

Art. R. 145-7 **Les prix couramment pratiqués dans le voisinage, par unité de surfaces, concernent des locaux équivalents eu égard à l'ensemble des éléments mentionnés aux articles R. 145-3 à R. 145-6.**

A défaut d'équivalence, ils peuvent, à titre indicatif, être utilisés pour la détermination des prix de base, sauf à être corrigés en considération des différences constatées entre le local loué et les locaux de référence.

Les références proposées de part et d'autre portent sur plusieurs locaux et comportent, pour chaque local, son adresse et sa description succincte. Elles sont corrigées à raison des différences qui peuvent exister entre les dates de fixation des prix et les modalités de cette fixation. – *[Décr. n° 53-960 du 30 sept. 1953, art. 23-5.]*

BIBL. ► BOCCARA, *Administrer 12/2005. 58* (calcul de la valeur locative losque les exigences de l'art. 23-5 ne sont pas respectées). – BRAULT, *Loyers et copr. 2010. Étude 7* (loyers de comparaison et fixation du loyer renouvelé). – BARBIER, *Administrer 12/2011. 21* (loyers commerciaux : la fiction du marché). – PETIT, *Loyers et copr. 2016. Étude 13* (les questions soulevées par l'application des pondérations). – COLOMER, *AJDI 2016. 755* (droit d'entrée/droit au bail : la décapitalisation ou la décapitation du marché ?). – FAVRE-RÉGUILLON, *AJDI 2020. 500* (effet bonbonnière : mystère et boule de gomme !).

1. Référence au prix du marché. Ayant retenu que l'estimation de l'expert judiciaire, correspondant à une valeur locative comprenant les loyers périodiques et des loyers avec décapitalisation du pas-de-porte sur neuf ans, était seule susceptible d'approcher une valeur du marché, en incluant cependant dans les prix pratiqués dans le voisinage le coût locatif d'un nouvel exploitant à la date de référence, la cour d'appel a souverainement fixé la valeur locative en adoptant le mode de calcul qui lui est apparu le meilleur. • Civ. 3e, 11 oct. 2011, n° 08-18.599 : *AJDI 2011. 788, obs. Dumur ; Administrer 12/2011. 40, obs. Sainturat.* ♦ Concernant les pas-de-porte, V. aussi note 5 ss. art. R. 145-8.

2. Centres commerciaux. Pour apprécier les valeurs de référence dont il doit être tenu compte, il convient de constater préalablement que chaque centre commercial est spécifique et forme une unité propre de marché. • Caen, 24 mai 1985 : *JCP 1986. II. 20656, note Boccara* • Paris, 3 oct. 1997 : *Administrer 12/1997. 29, obs. Boccara, Lipman-Boccara et Sainturat.* ♦ Il n'y a lieu de tenir compte ni des loyers pratiqués dans des commerces traditionnels, même au sein d'une rue piétonne voisine, trop différents par leur nature et ne comportant pas le pôle d'attraction essentiel du supermarché, ni des centres commerciaux d'autres villes ou régions dont il n'est pas possible de retenir avec certitude des données identiques. • Caen, 24 mai 1985 : *préc.* ♦ En définitive, les seules références valables doivent être trouvées dans le centre commercial lui-même. • Même arrêt.

3. Autres locaux spécifiques. En cas d'impossibilité de trouver des éléments de comparaison correspondant aux exigences de l'art. 23-5 du Décr. de 1953 [C. com., art. R. 145-7], le juge de la propriété commerciale se trouve contraint de fixer la valeur locative en fonction des principes généraux de la charge de la preuve (à propos d'une agence bancaire). • Paris, 26 oct. 2005 : *Administrer 12/2005. 67.*

Art. R. 145-8 **Du point de vue des obligations respectives des parties, les restrictions à la jouissance des lieux et les obligations incombant normalement au bailleur dont celui-ci se serait déchargé sur le locataire sans contrepartie constituent un facteur de diminution de la valeur locative. Il en est de même des obligations imposées au locataire au-delà de celles qui découlent de la loi ou des usages. Les améliorations apportées aux lieux loués au cours du bail à renouveler ne sont prises en considération que si, directement ou indirectement, notamment par l'acceptation d'un loyer réduit, le bailleur en a assumé la charge.**

Les obligations découlant de la loi et génératrices de charges pour l'une ou l'autre partie depuis la dernière fixation du prix peuvent être invoquées par celui qui est tenu de les assumer.

Il est aussi tenu compte des modalités selon lesquelles le prix antérieurement applicable a été originairement fixé. – *[Décr. n° 53-960 du 30 sept. 1953, art. 23-3.]*

V. L. n° 64-1278 du 23 déc. 1964, art. 8, et pour application Décr. n° 64-1357 du 30 déc. 1964, art. 1er. – ***C. baux.***

BIBL. ► BOULOGNE-YANG-TING, *JCP 2005. I. 131* (travaux du locataire). – DENIZOT, *AJDI 2005. 8* (art. 555 C. civ. et baux commerciaux).

1. Obligations respectives des parties. Une clause fixant contractuellement la pondération des locaux n'est pas une clause exorbitante imposant une obligation au locataire pouvant entraîner une minoration de la valeur locative. • Civ. 3e, 9 avr. 2013, ♁ n° 12-15.002 : *AJDI 2014. 196, obs. Heugas-Darraspen ; Loyers et copr. 2013, n° 180, obs. Chavance.* ♦ Peuvent augmenter la valeur locative des avantages procurés au locataire par une durée de jouissance supérieure à neuf ans. • Civ. 3e, 17 janv. 1984, ♁ n° 82-11.145 P. ♦ La clause interdisant d'installer une enseigne ou une plaque est un facteur de minoration de la valeur locative. • Paris, 15 sept. 2010 : *Loyers et copr. 2011, n° 18, obs. E. C.*

2. Améliorations. Pour prendre en compte les améliorations lors du premier renouvellement, les juges doivent constater l'existence des ouvrages réalisés par le preneur et dont le bailleur aurait assumé la charge. • Civ. 3e, 18 oct. 1989, ♁ n° 88-11.988 P : *D. 1990. Somm. 254, obs. Rozès .* ♦ Dans le même sens, précisant que le bailleur ne saurait réclamer le déplafonnement lors d'un renouvellement ultérieur, V. • Civ. 3e, 9 nov. 2010, ♁ n° 09-71.557 : *RJDA 2011, n° 222 ; Gaz. Pal. 2011. 967, obs. Ch.-É. Brault.* ♦ Ont été considérées comme des améliorations : des constructions nouvelles. • Civ. 3e, 10 nov. 1999, ♁ n° 97-21.942 P : *D. 2000. AJ 77, obs. Y. R. ; RDI 2000. 255, obs. Derruppé .* ♦ ... La réunion d'une boutique à un magasin et l'annexion d'une cour couverte destinée à améliorer la liaison entre les bureaux et les salles de réunion préexistants. • Civ. 3e, 3 avr. 2012, ♁ n° 11-15.225 : *Loyers et copr. 2012, n° 174, obs. E. C.*

3. Incidence d'une clause d'accession. En présence d'une clause d'accession prévoyant que les améliorations faites par le locataire resteraient « à la propriété à l'expiration du présent bail », lors du second renouvellement, les modifications intervenues doivent être prises en considération pour la fixation du prix du loyer, le bail renouvelé étant un nouveau bail. • Civ. 3e, 26 nov. 1985, ♁ n° 84-16.760 P. ♦ Une clause d'accession reportant les effets de l'accession en fin de jouissance du preneur interdit tout déplafonnement. • Civ. 3e, 21 mars 2001, ♁ n° 99-16.640 P : *D. 2001. AJ 2039, obs. Rouquet ; AJDI 2001. 698, note Blatter ; JCP E 2001, n° 29, p. 1243, obs. Kéita.* ♦ En ce sens qu'en l'absence d'une telle clause, l'accession intervient au profit du bailleur en fin de bail, V. • Civ. 1re, 1er déc. 1964, n° 58-11.561 P : *RTD civ. 1965. 373, obs. Bredin ; JCP 1965. II. 14213, note Esmein.* ♦ Le bail renouvelé étant un nouveau bail, le bailleur peut, lors du second renouvellement, solliciter la prise en compte des modifications intervenues dans les biens loués pour la fixation du prix du nouveau loyer. • Civ. 3e, 27 sept. 2006, ♁ n° 05-13.981 P : *D. 2007. AJ 1188, obs. Rouquet .* ♦ La confusion des droits locatifs et de propriété éteint le droit au bail sur le bien immobilier dont le preneur devient propriétaire. Les travaux et améliorations réalisés par le preneur, qui devaient appartenir au bailleur en fin de bail, ne peuvent entrer dans l'assiette des droits d'enregistrement faute d'avoir transité par le patrimoine de celui-ci avant la vente et d'avoir ainsi constitué l'objet de la mutation. • Com. 4 déc. 2012, ♁ n° 11-25.958 P : *D. 2012. Actu. 2960 ; JCP N 2013, n° 1102, note Maublanc ; Loyers et copr. 2013, n° 53, obs. Ph.-H. B.*

4. Hôtel. BIBL. Brault, *Loyers et copr. 2007. Étude 1* (accession et dispositions d'ordre public régissant les travaux réalisés par le locataire hôtelier). ♦ S'agissant des hôtels, il résulte des art. 1er et 3 de la L. du 1er juill. 1964 [C. tourisme, art. L. 311-2 et L. 311-4] que, pendant la durée du bail en cours et celle du bail renouvelé qui lui fait suite, et pour une durée de douze années à compter de l'exécution des travaux d'équipement et d'améliorations que le locataire d'un immeuble à usage d'hôtel réalise à ses frais, le propriétaire ne peut prétendre à aucune majoration de loyer du fait de l'incorporation à l'immeuble des améliorations résultant de ces travaux. • Civ. 3e, 16 juin 1981, ♁ n° 74-19.860 P : *Gaz. Pal. 1981. 2. 779, note Brault.* ♦ C'est souverainement que le juge d'appel a retenu que l'importance et la nature des travaux réalisés n'étaient pas sérieusement contestables (classement de trois à quatre étoiles). • Civ. 3e, 3 oct. 2012, ♁ n° 11-17.177 P : *D. 2012. Actu. 2388, obs. Rouquet ; AJDI 2013. 113, obs. Blatter .*

5. Modalités de fixation du prix originaire. BIBL. Robine, *AJDI 2000. 499* (pas-de-porte et droit au bail). – Vasselin, *Gaz. Pal. 2009. 238* (doit-on amortir le droit au bail ou le pas-de-porte pour apprécier la valeur locative de marché ?). ♦ Le versement d'un pas-de-porte, que ne prohibe aucune disposition régissant les baux commerciaux, peut être, dans l'intention des parties, soit un supplément de loyer payé d'avance, soit la contrepartie d'éléments de natures diverses, notamment d'avantages commerciaux sans rapport avec le loyer. • Com. 14 nov. 1962, n° 60-11.108 P : *D. 1963. 307.* ♦ Aucune disposition sur la propriété commerciale n'interdisant la remise d'une somme au bailleur par le preneur à son entrée dans les lieux, le bailleur ne peut être condamné à restituer au preneur la somme versée à titre de « loyer d'avance », alors que le bail stipulait que cette somme resterait acquise au bailleur à l'issue du contrat, et quel que soit le sort de la location. • Civ. 3e, 15 févr. 1995, ♁ n° 92-18.769 P : *D. 1997. Somm. 308, obs. Rozès ; RDI 1995. 392, obs. Derruppé ; Gaz. Pal. 1995. 2. Somm. 308, obs. Barbier.*

Art. R. 145-9 **Le prix du bail des terrains est fixé en considération de ceux des éléments qui leur sont particuliers, eu égard à la nature et aux modalités de l'exploitation effectivement autorisée.** – *[Décr. n° 53-960 du 30 sept. 1953, art. 23-7.]*

1. Exclusion du plafonnement. Les baux soumis à l'art. 23-7 du Décr. de 1953 [C. com., art. R. 145-9] échappent au plafonnement prévu par l'art. 23-6 [C. com., art. L. 145-34]. • Civ. 3e, 13 avr. 1976, n° 74-15.280 P : *Gaz. Pal. 1976. 2. 513, note Brault.*

2. Valeur locative. Le prix du bail des terrains est fixé en considération de ceux des éléments qui leur sont particuliers, eu égard à la nature et aux modalités de l'exploitation effectivement autorisée. • Civ. 3e, 13 avr. 1976, n° 74-15.280 P : *préc. note 1.*

3. Constructions. Des constructions nouvelles constituent des améliorations au sens de l'art. 23-3 du Décr. de 1953 [C. com., art. R. 145-8] et ne peuvent dès lors être prises en considération pour la fixation du nouveau loyer que si le bailleur en a directement ou indirectement assumé la charge. • Civ. 3e, 16 oct. 1979, n° 78-12.010 : *JCP 1980. II. 19392, note Boccara.*

Art. R. 145-10 **Le prix du bail des locaux construits en vue d'une seule utilisation peut, par dérogation aux articles L. 145-33 et R. 145-3 et suivants, être déterminé selon les usages observés dans la branche d'activité considérée.** – *[Décr. n° 53-960 du 30 sept. 1953, art. 23-8.]*

Sur les rapports entre bailleurs et locataires des immeubles affectés à l'hôtellerie, V. C. tourisme, art. L. 311-1 à L. 311-5, R. 311-1 à R. 311-3. — ***C. tourisme*** *ou* ***C. baux****.*

BIBL. ▶ Kenfack, *AJDI 2005. 628* (actualité des locaux monovalents). – Brault, *Loyers et copr. 2006. Étude 7* (critères légaux et jurisprudentiels). – Amadieu, Vignolles et Vialaneix, *RJ com. 2018. 112* (un usage : la « méthode hôtelière »).

I. NOTION DE « LOCAUX MONOVALENTS »

1. Objet du bail. Le caractère monovalent des locaux doit être apprécié au regard de l'objet du bail. • Civ. 3e, 29 mai 1985, n° 83-13.133 P : *Ann. loyers 1986. 607* • 7 juill. 1993 : *Gaz. Pal. 1994. 1. 200, note Barbier* (retenant l'objet du bail renouvelé). ♦ ... Peu important que le preneur les utilise aussi pour son habitation personnelle. • Civ. 3e, 22 janv. 1992, n° 90-17.535 P : *D. 1992. IR 58 ; RTD com. 1993. 637, obs. Pédamon ; Administrer 6/1992. 49, note Barbier.*

2. Exploitation unique. L'art. 23-8 du Décr. de 1953 [C. com., art. R. 145-10] ne s'applique que si les locaux sont aménagés de manière à constituer une exploitation unique concernant une même clientèle. • Civ. 3e, 30 juin 2004, n° 03-12.811 P : *D. 2004. AJ 2159, obs. Rouquet ; AJDI 2005. 133, note Dumont .*

3. Travaux d'aménagement. Le bailleur ne peut se prévaloir, pour voir retenir la qualification de locaux monovalents, des travaux d'aménagement réalisés par le preneur que s'ils sont devenus sa propriété. • Civ. 3e, 21 mai 2014, n° 13-12.592 P : *D. 2014. Actu. 1199, obs. Rouquet .* ♦ Une cour d'appel, qui a constaté que le bail liant les parties prévoyait que les constructions nouvelles, travaux et améliorations quelconques faits par le preneur n'accédaient au bailleur que lors de la sortie effective des lieux loués et qu'il n'y avait eu aucune sortie des lieux, en a justement déduit que les locaux loués n'étaient pas monovalents. • Même arrêt. ♦ Il importe peu que les travaux de transformation aient été financés par le preneur. • Civ. 3e, 10 févr. 1981, n° 79-13.984 P : *Rev. loyers 1981. 254.*

4. Sous-location. V. • Civ. 3e, 29 mai 1985, n° 83-13.133 P : *préc. note 1.*

5. Clause « tous commerces ». La clause « tous commerces » insérée dans le bail ne s'oppose pas à la qualification de locaux monovalents. • Civ. 3e, 27 nov. 2002, n° 01-10.625 P : *D. 2003. AJ 277, obs. Rouquet ; Administrer 2/2003. 32, note Barbier.* ♦ Dans le même sens, dès lors que l'expertise a démontré que les lieux ont été construits en vue du seul usage d'hôtel meublé et qu'ils y sont toujours affectés, V. • Civ. 3e, 12 mars 2002, n° 00-18.918 : *Gaz. Pal. 2002. 2. Somm. 1104, obs. Barbier.* ♦ Sur l'incidence en matière de loyer, V. note 10.

6. Exemples de locaux monovalents. Sur l'application de la méthode dite « hôtelière » pour la fixation du loyer d'un hôtel, V. • Civ. 3e, 2 févr. 1972, n° 70-13.896 P : *D. 1972. Somm. 141.* ♦ Justifie légalement sa décision de fixer le prix du bail renouvelé à un montant annuel déplafonné une cour d'appel qui, ayant relevé que l'immeuble, appartenant pour la partie donnée à bail au bailleur et pour l'autre partie à la société locataire, a été reconstruit en 1949, avec l'accord des propriétaires de l'époque, en vue d'une seule utilisation de grand magasin, que cette affectation a, depuis, toujours été respectée et que les lieux loués constituent ainsi un élément structurellement dépendant d'un tout indissociable permettant une unité d'exploitation, a retenu qu'un changement d'affectation des lieux loués, construits en vue d'une seule utilisation, nécessiterait des travaux de séparation d'un coût important avoisinant la valeur de l'immeuble. • Civ. 3e, 8 févr. 2006, n° 04-17.046 P : *D. 2006. AJ 720, obs. Rouquet ; JCP E 2006. 1802, n° 10, obs. H. K.* ♦ Les garages peuvent être considérés comme des locaux monovalents. • Civ. 3e, 27 janv. 1999, n° 97-13.337 : *AJDI 1999. 343 .*

II. RÉGIME DES LOCAUX MONOVALENTS

7. Exclusion du plafonnement. Les baux soumis à l'art. 23-8 du Décr. de 1953 [C. com., art.

R. 145-10] échappent au plafonnement prévu par l'art. 23-6 [C. com., art. L. 145-34]. • Civ. 3e, 3 mai 1978, n° 77-12.007 P. ♦ A écarté à bon droit l'application des dispositions de l'art. 23-3 du Décr. de 1953 [C. com., art. R. 145-8], la cour d'appel qui a retenu que par sa nature le commerce de la société locataire (un hôtel) relevait de l'art. 23-8 [C. com., art. R. 145-10]. • Civ. 3e, 1er mars 2000, n° 98-14.763 P : *D. 2000. AJ 256, obs. Rouquet* ; *Administrer 6/2000. 40, note Barbier.* ♦ La soumission du bail aux dispositions de l'art. R. 145-10 relative à la fixation du loyer de locaux construits en vue d'une seule utilisation exclut l'application des dispositions de l'art. R. 145-8. • Civ. 3e, 5 oct. 2017, n° 16-18.059 P : *D. 2017. Actu. 2028* ; *AJDI 2018. 120, obs. Blatter* ; *JCP E 2017, n° 1607* ; *RJDA 1/2018, p. 3, obs. Parneix.*

8. Usages de la branche. S'il est fait référence aux usages de la profession, les juges ont la liberté d'adopter le mode de calcul qui leur paraît le meilleur et n'ont pas à s'expliquer sur leur choix. • Civ. 3e, 14 mars 1979 : *JCP 1979. IV. 174.* ♦ Ainsi, un arrêt se conforme aux dispositions légales en retenant le prix établi par l'expert, selon les usages de la profession. • Civ. 3e, 17 nov. 1981, n° 80-10.953 P : *D. 1982. IR 186* ; *Rev. loyers 1982. 30, note J. V.* ♦ A défaut d'usage observé dans la branche d'activité considérée, la valeur locative est seule applicable. • Civ. 3e, 3 mai 1978, n° 77-12.007 P : *préc. note 7.* ♦ V. aussi art. L. 145-36, al. 2, et Blatter, *AJDI 2010. 601.*

9. Locaux indivisiblement loués. De la combinaison des art. 23-6 et 23-8 du Décr. de 1953 [C. com., art. L. 145-34 et R. 145-10], il résulte que le prix global du bail renouvelé portant sur des locaux indivisiblement loués doit, selon qu'ils sont affectés à plusieurs usages ou construits en vue d'une seule utilisation, être déterminé soit selon les dispositions du premier texte, soit selon les règles du second (cassation de l'arrêt qui, en un tel cas, fait application distributive des règles des deux art). • Civ. 3e, 13 déc. 1978, n° 77-11.402 P : *D. 1979. IR 68.*

10. Incidence d'une clause « tous commerces » sur la fixation du loyer. Rejetant le pourvoi dirigé contre l'arrêt d'appel ayant majoré le loyer renouvelé de 10 %, compte tenu de la clause « tous commerces » insérée au bail (appréciation souveraine des juges du fond), V. • Civ. 3e, 3 nov. 2005, n° 04-16.376 P : *D. 2005. AJ 3013, obs. Rouquet* ; *AJDI 2006. 197, note Dumont* ; *JCP E 2006. 1802, n° 17, obs. H. K.*

Art. R. 145-11 **Le prix du bail des locaux à usage exclusif de bureaux est fixé par référence aux prix pratiqués pour des locaux équivalents, sauf à être corrigés en considération des différences constatées entre le local loué et les locaux de référence.**

Les dispositions des deuxième et troisième alinéas de l'article R. 145-7 sont en ce cas applicables. — *[Décr. n° 53-960 du 30 sept. 1953, art. 23-9.]*

BIBL. ► Gallet, *AJDI 1998. 696* (loyer des boutiques à usage exclusif de bureau). – Hinfray, *AJDI 2007. 971* (définition administrative). – Blatter, *ibid. 972* (définition judiciaire). – Sainsard, *ibid. 976* (fixation des loyers de bureaux).

I. NOTION DE « LOCAUX À USAGE EXCLUSIF DE BUREAUX »

1. Activité intellectuelle. Au sens de l'art. 23-9 du Décr. de 1953 [C. com., art. R. 145-11], le caractère d'usage exclusif de bureaux n'est pas incompatible avec le fait, par le preneur, d'y recevoir clients et fournisseurs, dès lors que ce local ne sert notamment ni au dépôt, ni à la livraison des marchandises. • Civ. 3e, 25 févr. 1976, n° 75-10.613 P : *D. 1976. Somm. 41.* ♦ Le seul critère à retenir pour définir l'usage de bureau est la nature intellectuelle de l'activité par opposition aux activités supposant une manipulation de marchandises ou une intervention manuelle. • Paris, 7 avr. 2004 : *AJDI 2004. 722*. ♦ Ne sont pas des locaux à usage exclusif de bureaux ceux dans lesquels le bail autorise l'exercice de tous commerces. • Civ. 3e, 14 mars 1979, n° 77-11.567 P : *Rev. loyers 1979. 259, note J. V.*

2. Usage mixte. L'art. 23-9 du Décr. de 1953 [C. com., art. R. 145-11] est applicable à l'égard de locaux à usage mixte, commercial et d'habitation, dès lors que l'affectation commerciale des locaux de nature à justifier l'application du texte, seule à prendre en considération, est l'usage de bureaux. • Civ. 3e, 21 févr. 1996, n° 94-12.860 P : *D. Affaires 1996. 409* ; *RDI 1996. 295, obs. Derruppé*.

3. Date d'appréciation. Le caractère à usage exclusif de bureaux des lieux loués doit s'apprécier à la date de renouvellement du bail. • Civ. 3e, 1er avr. 2009, n° 08-13.130 P : *D. 2009. AJ 1086, obs. Rouquet* ; *JCP E 2009. 2083, n° 12, obs. Monéger* ; *Gaz. Pal. 2009. 1. 1931, note Barbier.*

4. Pouvoirs des juges du fond. Dans le silence du bail, les juges du fond ont un pouvoir souverain pour apprécier l'affectation que les parties ont donnée aux lieux loués (déduction résultant de l'état des lieux). • Civ. 3e, 31 janv. 1979, n° 77-14.529 P : *D. 1979. IR 170* ; *Rev. loyers 1979. 202, note J. V.* ♦ Jugeant que la clause de destination, qui vise expressément la nature des locaux (bureaux) et les activités du locataire (de nature intellectuelle et administrative), est dénuée d'ambiguïté, V.

• Civ. 3e, 1er avr. 2009, n° 08-13.130 P : *préc. note 3.* ♦ Concernant les pouvoirs des juges du fond en matière de détermination de la valeur locative, V. note 6.

5. *Illustrations.* La destination de locaux à usage d'agence de banque ne fait pas, par elle-même, obstacle à l'affectation des lieux à usage exclusif de bureaux. • Civ. 3e, 17 nov. 1981, n° 79-16.713 P : *D. 1982. IR 186.* ♦ L'art. 23-9 du Décr. de 1953 [C. com., art. R. 145-11] peut être appliqué aux agences de voyages, le travail effectué et les prestations de services offertes à la clientèle étant d'ordre intellectuel et la remise de billets à cette clientèle n'impliquant pas la livraison ou la manipulation de marchandises. • Civ. 3e, 21 oct. 1980 : *Gaz. Pal. 1981. 1. Somm. 34.* ♦ Le fait d'avoir inséré l'activité de publication d'ouvrages et de revues au sein d'une énumération d'activités toutes intellectuelles ou administratives laisse présumer que, selon la commune intention des parties, cette activité de publication s'entend de la conception d'ouvrages et de revues en vue de leur publication. Le preneur ne justifiant pas d'une activité d'éditeur avec offre de vente à la clientèle et gestion de stocks dans les lieux, le loyer du nouveau bail doit être fixé sur le fondement de l'art. 23-9 préc. [C. com., art. R. 145-11]. • Civ. 3e, 27 févr. 2002, n° 00-20.380 P : *D. 2002. AJ 1278, obs. Rouquet ; AJDI 2002. 452, obs. Dumont .* ♦ La mission d'un établissement d'enseignement privé se caractérisant essentiellement par la réception du public dans des pièces où s'exercent des activités diversifiées, le loyer du bail en renouvellement doit être fixé par application des règles du plafonnement prévues par l'art. 23-6 du Décr. de 1953 [C. com., art. L. 145-34]. • Civ. 3e, 17 juill. 1987, n° 86-11.688 : *Rev. loyers 1987. 485.*

II. RÉGIME DES LOCAUX À USAGE EXCLUSIF DE BUREAUX

6. *Exclusion du plafonnement.* Les baux soumis à l'art. 23-9 du Décr. de 1953 [C. com., art. R. 145-11] échappent au plafonnement prévu par l'art. 23-6 [C. com., art. L. 145-34]. • Civ. 3e, 25 févr. 1976, n° 75-10.613 P : *préc. note 1.* ♦ C'est à la valeur locative que doit être fixé le loyer du bail renouvelé. • Paris, 15 mai 1984 : *Gaz. Pal. 1984. 2. Somm. 349, obs. Brault.* ♦ Il peut en résulter que ce loyer soit inférieur au loyer du bail expiré. • Même arrêt. ♦ Appliquant l'art. 23-9 du Décr. de 1953 [C. com., art. R. 145-11] après déspécialisation, V. • Civ. 3e, 20 sept. 2005, n° 04-15.153 : *AJDI 2006. 120, note Denizot ; Administrer 11/2005. 23, note Barbier.*

7. *Renonciation.* Le fait pour un bailleur de n'avoir jamais réclamé le déplafonnement ne peut le priver définitivement du droit de s'en prévaloir. • Civ. 3e, 5 janv. 1993, n° 91-15.542 : *Loyers et copr. 1993, n° 357, obs. Brault.* ♦ Le fait que le bailleur n'ait pas invoqué le bénéfice de l'art. 23-9 du Décr. de 1953 [C. com., art. R. 145-11] lors du précédent renouvellement n'équivaut pas à une renonciation de sa part à s'en prévaloir. • Civ. 3e, 20 sept. 2005, n° 04-15.153 : *préc. note 6.*

8. *Détermination du prix.* Il ne résulte pas des dispositions de l'art. 23-9 du Décr. de 1953 [C. com., art. R. 145-11] que les éléments de comparaison doivent être recherchés parmi des locaux ayant une destination équivalente, dès lors que l'expression « locaux équivalents », se réfère à la nature des locaux. • Paris, 30 nov. 2011 : *RTD com. 2012. 509, obs. Monéger ; RJDA 2012, n° 753.*

9. *Évaluation de l'indemnité d'éviction.* V. jurisprudence ss. art. L. 145-14.

SOUS-SECTION 2 DE LA COMMISSION DÉPARTEMENTALE DE CONCILIATION EN MATIÈRE DE BAUX D'IMMEUBLES OU LOCAUX À USAGE COMMERCIAL, INDUSTRIEL OU ARTISANAL

Art. D. 145-12 La commission départementale de conciliation prévue par l'article L. 145-35 est composée de bailleurs et de locataires, d'une part, et de personnes qualifiées, d'autre part. Elle comporte une ou plusieurs sections composées chacune de deux bailleurs, deux locataires et une personne qualifiée. Le préfet fixe le nombre des sections et nomme les membres titulaires et suppléants de chaque section, pour une durée de trois ans renouvelable après consultation des organismes représentatifs des bailleurs et des locataires. — *[Décr. n° 88-694 du 9 mai 1988, art. 1er, al. 1er.]*

Art. D. 145-13 Les membres de la commission nommés au titre des personnes qualifiées ne peuvent être ni bailleurs ni locataires d'immeubles ou de locaux à usage commercial, industriel ou artisanal. — *[Décr. n° 88-694 du 9 mai 1988, art. 1er, al. 2.]*

Art. D. 145-14 Les personnes ne remplissant plus les conditions nécessaires pour être membres de la commission cessent d'appartenir à celle-ci. Le préfet peut, en outre, déclarer démissionnaires d'office les membres de la commission qui, sans motif légitime, n'ont pas assisté à trois séances consécutives de la commission. — *[Décr. n° 88-694 du 9 mai 1988, art. 1er, al. 3.]*

Art. D. 145-15 La présidence de chaque section est assurée par le membre désigné au titre des personnes qualifiées.

Le doyen d'âge des présidents de section assure en outre les fonctions de président de la commission départementale. – *[Décr. nº 88-694 du 9 mai 1988, art. 2.]*

Art. D. 145-16 La commission établit son règlement intérieur qui fixe notamment les conditions d'instruction et d'examen des affaires.

Chaque section se réunit à l'initiative de son président et, le cas échéant, sur convocation du préfet. – *[Décr. nº 88-694 du 9 mai 1988, art. 3.]*

Art. D. 145-17 La commission est saisie par lettre recommandée avec demande d'avis de réception adressée à son secrétariat, qui convoque les parties à la séance au cours de laquelle l'affaire est examinée par lettre recommandée avec demande d'avis de réception adressée au minimum quinze jours avant la date retenue.

La commission émet son avis même si les parties, dûment convoquées, ne sont ni présentes ni représentées. – *[Décr. nº 88-694 du 9 mai 1988, art. 4.]*

Art. D. 145-18 En cas de conciliation, il est dressé un acte signé des parties. A défaut de conciliation, la commission émet un avis faisant apparaître les points essentiels du désaccord des parties et la proposition motivée de la commission *(Abrogé par Décr. nº 2014-1317 du 3 nov. 2014, art. 4)* ***« concernant la variation du loyer »***.

Cet avis est signé par le président et le secrétaire. Il est aussitôt notifié à chacune des parties par lettre recommandée avec demande d'avis de réception. – *[Décr. nº 88-694 du 9 mai 1988, art. 5.]*

Les dispositions de l'art. D. 145-18, dans leur rédaction résultant de l'art. 4 du Décr. nº 2014-1317 du 3 nov. 2014, sont applicables aux contrats en cours à la date de publication dudit décret (Décr. préc., art. 8, JO 5 nov.).

Art. D. 145-19 Les membres de la commission sont rémunérés sous forme de vacations dans des conditions fixées par arrêté pris par le ministre chargé du budget et le ministre chargé du commerce, de l'artisanat et des services.

Les indemnités de déplacement des membres de la commission sont réglées dans les conditions prévues par le décret nº 90-437 du 28 mai 1990 fixant les conditions et les modalités de règlement des frais occasionnés par les déplacements des personnels civils sur le territoire métropolitain de la France lorsqu'ils sont à la charge des budgets de l'État, des établissements publics nationaux à caractère administratif et de certains organismes subventionnés. – *[Décr. nº 88-694 du 9 mai 1988, art. 6.]*

SOUS-SECTION 3 DE LA RÉVISION DES LOYERS

Art. R. 145-20 La demande de révision des loyers prévue à l'article L. 145-37 est formée par acte extrajudiciaire ou par lettre recommandée avec demande d'avis de réception. Elle précise, à peine de nullité, le montant du loyer demandé ou offert.

A défaut d'accord, la demande est jugée dans les conditions prévues aux articles L. 145-56 à L. 145-60.

Le nouveau prix est dû à dater du jour de la demande *(Abrogé par Décr. nº 2014-1317 du 3 nov. 2014, art. 5)* ***« à moins que les parties ne se soient mises d'accord avant ou pendant l'instance sur une date plus ancienne ou plus récente »***. – *[Décr. nº 53-960 du 30 sept. 1953, art. 26.]*

Les dispositions de l'art. R. 145-20, dans leur rédaction résultant de l'art. 5 du Décr. nº 2014-1317 du 3 nov. 2014, sont applicables aux contrats en cours à la date de publication dudit décret (JO 5 nov.). Elles sont applicables dans les îles Wallis-et-Futuna (Décr. préc., art. 7 et 8).

1. Auteur de la demande. L'action en révision tendant à l'application de la valeur équitable du loyer pour une période triennale est également ouverte aux deux parties, quel que soit le sens de variation de l'indice défini. • Com. 22 mars 1966 : *Bull. civ. III, nº 157 ; Rev. loyers 1966. 392.* ♦ La demande peut être introduite par l'associé d'une société de construction, à qui la jouissance des locaux a été attribuée. • Civ. 3e, 14 nov. 1968, nº 67-11.569 P : *Ann. loyers 1969. 602.*

2. Destinataire de la demande. La demande de révision relative à une succursale est valablement adressée à cette succursale, pourvue d'un directeur. • TGI Marseille, ord., 28 janv. 1958 : *Ann. loyers 1959. 716.*

3. Forme de la demande. Une assignation en justice de la part du bailleur ne saurait constituer une demande en révision de loyer. • Civ. 3e, 29 avr. 1998, nº 96-14.121 P : *D. 1998. IR 132 ; D. Affaires 1998. 1039, obs. Y. R.* ♦ Sur la nécessité que la demande soit formée par acte extrajudiciaire ou par lettre recommandée, V. • Civ. 3e, 1er juill. 2015, n° 14-13.056 P : *D. actu. 9 juill. 2015, obs. Rouquet ; D. 2015. Actu. 1487* ; *AJDI 2016. 36, obs. Blatter* ; *JCP E 2015, n° 1391 ; Loyers et copr. 2015, n° 224, obs. Brault.*

4. Contenu de la demande. Le montant du loyer demandé ou offert doit être chiffré. • Civ. 3e, 12 oct. 1976, n° 74-13.864 P : *Rev. loyers 1977. 43.* ♦ Il ne suffit pas que la demande soit chiffrée dans l'assignation ; elle doit l'être dans la lettre qui constitue le préalable indispensable. • Même arrêt. ♦ Aussi doit être déclarée nulle une demande indiquant que le loyer ferait l'objet de l'augmentation légale telle que découlant de la variation de l'ICC. • Civ. 3e, 17 déc. 1986 : *D. 1987. IR 9 ; Rev. loyers 1987. 107.* ♦ Le bailleur peut cependant modifier, en cours d'instance, le chiffre de sa prétention. • Civ. 3e, 30 juin 1971, n° 70-10.904 P.

5. Acceptation de la demande. Dès lors que le locataire a accepté par écrit le chiffre demandé, il y a accord de volontés, et le bailleur ne saurait remettre cet accord en cause en invoquant une erreur de calcul. • Aix-en-Provence, 22 janv. 1981 : *Ann. loyers 1983. 409.* ♦ Commet un abus de droit dans l'exercice d'une voie d'exécution le bailleur qui fait procéder à une saisie-arrêt [saisie-attribution] sur le compte bancaire du locataire pour avoir paiement d'un arriéré de loyers, calculé sur la base d'une révision triennale qu'il avait unilatéralement proposée à celui-ci, alors qu'en l'absence d'accord des parties, il lui incombait de saisir le juge des loyers commerciaux pour fixer le prix du loyer révisé. • Civ. 3e, 12 avr. 1995, n° 93-12.849 P : *AJPI 1995. 683, note Blatter.*

6. Date d'effet du loyer révisé. Jugé qu'à défaut de preuve d'un accord sur une date antérieure, la révision prend effet de la réception de la demande. • Aix-en-Provence, 13 déc. 1976 : *Ann. loyers 1977. 1365.* ♦ V. aussi, retenant la date d'expédition comme point de départ du délai de prescription biennale : • Civ. 3e, 7 nov. 1990, n° 89-12.922 P : *D. 1990. IR 296 ; Loyers et copr. 1991, n° 29, note Brault.* ♦ Comp. l'arrêt qui, à propos du délai de trois ans prévu par l'art. 27 du Décr. de 1953 [C. com., art. L. 145-38], a jugé que la date de la demande est celle de l'expédition de la lettre recommandée : • Civ. 3e, 22 avr. 1980, n° 78-13.422 P : *Rev. loyers 1980. 314.* ♦ Jugeant que le point de départ du loyer révisé ne peut être fixé au jour de l'assignation en justice du locataire par le bailleur, V. • Civ. 3e, 29 avr. 1998, n° 96-14.121 P : *préc. note 3.*

7. Intérêts. Les intérêts légaux sont dus sur les rappels de loyers depuis la date de la révision au fur et à mesure des échéances. • Civ. 3e, 20 déc. 1989, n° 87-19.605 P : *Gaz. Pal. 1990. 2. 681, note Barbier.*

8. Loyer pendant l'instance. La procédure en révision engagée par le bailleur ne dispense pas le locataire de régler au taux conventionnel les loyers échus au cours de la procédure. • Com. 15 mai 1962, n° 59-10.289 P. ♦ V. aussi la jurisprudence ss. art. L. 145-57.

9. Prescription. V. notes 2 et 3 ss. art. L. 145-60.

10. Rédaction d'un avenant au bail. Sur le caractère obligatoire, ou non, de la stipulation du bail prévoyant la rédaction d'un avenant, V. • Civ. 3e, 30 oct. 1991, n° 90-11.791 : *Gaz. Pal. 1992. 2. 657, note Barbier.*

11. Procédure. Le jugement qui statue dans son dispositif sur la régularité de la demande de révision du loyer d'un bail commercial présentée par le locataire au regard des exigences de l'art. R. 145-20 et ordonne une expertise est un jugement mixte susceptible d'appel immédiat. • Civ. 3e, 19 mars 2008, n° 07-10.679 P : *D. 2008. AJ 1055, obs. Rouquet* ; *AJDI 2008. 671, note Denizot* ; *RJDA 2008, n° 617.*

Art. R. 145-21 **Le prix fixé judiciairement ne peut, en aucun cas, excéder les limites de l'offre et de la demande faite, selon le cas, en application de l'article L. 145-37 et conformément à l'article R. 145-20 ou en application de l'article L. 145-11, sauf si depuis lors les parties ont varié dans leurs prétentions.**

En ce dernier cas, le prix ne peut prendre effet, dans la mesure où il excéderait les limites fixées par les prétentions originaires des parties, qu'à dater de la notification des nouvelles prétentions. — *[Décr. n° 53-960 du 30 sept. 1953, art. 30.]*

1. Domaine d'application. Refusant d'appliquer l'art. 30 du Décr. de 1953 [C. com., art. R. 145-21], au motif que la demande en révision en application de l'art. 26 [C. com., art. L. 145-37] mentionnait seulement un « loyer provisionnel *dans l'attente de la publication de l'indice* » : • Civ. 3e, 20 déc. 1989, n° 87-19.605 P : *Gaz. Pal. 1990. 2. 681, note Barbier.*

2. Nouvelles prétentions. Dans l'hypothèse de la révision du loyer, les dispositions de l'art. 28 du Décr. de 1953 [C. com., art. L. 145-39] demeurent soumises à celles de l'art. 30 [C. com., art. R. 145-21]. • Civ. 3e, 23 févr. 1994, n° 91-21.005 P : *D. 1995. Somm. 151, obs. Rozès* ; *Loyers et copr. 1994, n° 299, obs. Brault.* ♦ Dès lors, un arrêt qui, sur la demande en révision du loyer, fixe le montant du nouveau loyer à la somme offerte par le locataire reprenant le montant proposé par l'expert, ne saurait retenir que le locataire peut, pour réduire le montant de son offre, initialement fixée à une somme plus élevée, se prévaloir des dispositions dudit art. 28 [C.

com., art. R. 145-22], al. 2, selon lequel le juge doit adapter le jeu de l'échelle mobile à la valeur locative au jour de la demande. Le prix judiciairement fixé ne peut prendre effet, dans la mesure où il est inférieur à la prétention originaire du locataire, qu'à compter de la notification des dernières prétentions, conformément à l'art. 30 du Décr. de 1953 [C. com., art. R. 145-21]. • Même arrêt. ♦ En cas de modification des prétentions de l'une des parties en cours d'instance, le montant du loyer fixé judiciairement est celui qui a été notifié à la partie adverse. • Civ. 3e, 9 oct. 1996, n° 95-10.228 P : *D. Affaires 1996. 1313.*

Art. R. 145-22 **Le juge adapte le jeu de l'échelle mobile à la valeur locative au jour de la demande.**

Si l'un des éléments retenus pour le calcul de la clause d'échelle mobile vient à disparaître, la révision ne peut être demandée et poursuivie que dans les conditions prévues à l'article L. 145-38. — *[Décr. n° 53-960 du 30 sept. 1953, art. 28.]*

1. Loyer de base. Par prix précédemment fixé contractuellement, il faut entendre le loyer d'origine stipulé au bail, le prix résultant de l'automatisme de la clause d'échelle mobile ne pouvant constituer des prix fixés contractuellement ou par décision judiciaire. • Com. 23 oct. 1961, n° 59-12.351 P. – V. aussi • Civ. 3e, 9 juill. 2014, n° 13-22.562 P : *D. 2014. Actu. 1589, obs. Rouquet ; Loyers et copr. 2014, n° 246, obs. Brault.* ♦ Le loyer à prendre en considération pour apprécier la variation d'un quart permettant d'exercer l'action en révision de l'art. L. 145-39 est le loyer initial du bail en cours à la date de la demande de révision. • Civ. 3e, 15 déc. 2016, n° 15-23.069 P : *D. 2017. Chron. C. cass. 1577, obs. Dumont-Lefrand ; JCP E 2017, n° 1059, note Brignon ; RJDA 2017, n° 227.* ♦ En l'état d'un bail ayant pris effet le 1er juin 1971, la fixation du loyer à la date d'entrée en jouissance des lieux, en fonction de la variation indiciaire constatée entre le 1er juin 1969 et le 1er juin 1971, constitue un mode de détermination du loyer originaire qui ne fait nullement échec aux dispositions relatives à la révision des loyers. • Civ. 3e, 23 févr. 1983 : *JCP 1985. II. 20390, note B. B.* ♦ S'agissant d'un bail portant sur des locaux à usage différent pour lesquels ont été prévus des loyers de montants distincts, il convient de prendre en considération le prix global du loyer. • Civ. 3e, 11 mai 1982, n° 80-15.285 P : *Rev. loyers 1983. 156, note Berthault.* ♦ La signature, en cours de bail, d'une convention portant acceptation d'un nouveau loyer constitue une nouvelle fixation contractuelle du loyer de base. • Civ. 3e, 16 déc. 1992, n° 91-12.016 : *Gaz. Pal. 1993. 2. 309, note Barbier.* ♦ Comp., refusant de prendre en considération le nouveau loyer résultant de la modification de la consistance des lieux loués au motif que, pour déterminer la variation d'un quart, il convient de comparer au dernier prix fixé par l'accord des parties, hors indexation, le prix du loyer tel qu'obtenu par le jeu de la clause d'échelle mobile (réduction de l'assiette du bail et prix unitaire au mètre carré inchangé) : • Civ. 3e, 9 juill. 2014, n° 13-22.562 P : *préc.* ♦ Ayant relevé que les parties étaient convenues, à chaque signature des avenants successifs, d'une extension de l'assiette du bail et d'un nouveau loyer, en considération notamment de cette extension, et que les modifications apportées par les avenants impliquaient autant de modifications conventionnelles du loyer, de sorte que la dernière modification par avenant ayant précédé la demande de révision légale devait être considérée comme le prix précédemment fixé conventionnellement au sens de l'art. L. 145-39 : • Civ. 3e, 17 mars 2016, n° 14-26.009 P : *D. actu. 23 mars 2016, obs. Rouquet ; D. 2016. Actu. 703 ; AJDI 2016. 512, obs. Blatter ; JCP E 2016, n° 1469, note Legrix de la Salle et Pastre-Boyer ; RJDA 2016, n° 354.*

Ayant constaté que la clause d'indexation disposait que le loyer serait indexé tous les ans sur l'indice du coût de la construction et, pour la première fois, le 1er janv. 1995, et qu'en raison du décalage existant entre la date de publication de l'indice et le jour d'échéance de la révision, l'indice de référence serait celui du 4e trimestre 1993 et l'indice de comparaison celui du 4e trimestre de l'année civile précédant le jour anniversaire de la révision et, pour la première révision au 1er juill. 1995, l'indice du 4e trimestre 1994, et relevé qu'aucune distorsion n'avait été constatée entre l'indice de base fixe (4e trimestre 1994) et l'indice multiplicateur qui avait été, lors des révisions successives, celui du 4e trimestre précédant la date de révision et que, si le loyer révisé à venir était fixé à une date différente de celle prévue par la clause, le juge devrait adapter le jeu de la clause d'échelle mobile à la valeur locative, la révision du loyer ne pouvant elle-même organiser la distorsion prohibée par la loi, la cour d'appel en a exactement déduit que la clause d'indexation n'était pas illicite et que, le loyer ayant augmenté de plus du quart depuis sa dernière fixation, la demande de fixation du loyer révisé à la valeur locative était recevable. • Civ. 3e, 17 mai 2018, n° 17-15.146 P : *D. 2019. Chron. C. cass. 2019. 1361, obs. Corbel ; AJDI 2019. 59, obs. Blatter ; JCP E 2018, n° 1321 ; RJDA 2018, n° 559.*

2. Disparition de l'indice. L'art. 28, al. 3, du Décr. de 1953 [C. com., art. R. 145-22], qui n'a pour objet que de pallier l'imprévision des parties, ne peut faire échec à l'application d'un nouvel indice déterminé en exécution de la convention des parties. • Civ. 3e, 9 oct. 1984, n° 83-10.383 P : *Rev. loyers 1985. 33.* – V. aussi • Civ. 3e, 22 juill. 1987, n° 84-10.548 P (recherche par le juge d'un indice de substitution licite).

3. Adaptation judiciaire. L'art. 28, al. 2, du Décr. de 1953 [C. com., art. R. 145-22] ne comportant aucune disposition de nature à restreindre le pouvoir d'appréciation de la juridiction saisie, le loyer révisé doit, lorsque la demande en révision est recevable, être fixé, non par référence aux stipulations contractuelles, mais judiciairement. • Civ. 3e, 15 janv. 1992, n° 90-15.876 P : *D. 1992. Somm. 365, obs. Rozès* ♦ Le loyer révisé peut être fixé à un prix inférieur au loyer initial. • Même arrêt.

SECTION III DE LA PROCÉDURE

Art. R. 145-23 Les contestations relatives à la fixation du prix du bail révisé ou renouvelé sont portées, quel que soit le montant du loyer, devant le président du *(Décr. n° 2019-966 du 18 sept. 2019, art. 8, en vigueur le 1er janv. 2020)* **« tribunal judiciaire** *[ancienne rédaction : tribunal de grande instance]* **» ou le juge qui le remplace. Il est statué sur mémoire.**

Les autres contestations sont portées devant le *(Décr. n° 2019-966 du 18 sept. 2019, art. 8, en vigueur le 1er janv. 2020)* **« tribunal judiciaire** *[ancienne rédaction : tribunal de grande instance]* **» qui peut, accessoirement, se prononcer sur les demandes mentionnées à l'alinéa précédent.**

La juridiction territorialement compétente est celle du lieu de la situation de l'immeuble. – *[Décr. n° 53-960 du 30 sept. 1953, art. 29.]*

Lorsque des textes législatifs ou réglementaires disposent que les contestations sont jugées conformément aux dispositions de l'art. 30 du Décr. n° 53-960 du 30 sept. 1953, devenu art. R. 145-21, il est statué conformément aux dispositions des art. 29 à 30-1 du décret, devenus art. R. 145-23 à R. 145-31 (Décr. n° 66-12 du 3 janv. 1966, art. 8).

Sont exclues de la compétence du tribunal judiciaire toutes les contestations en matière de baux visés par les art. L. 145-1 et L. 145-2 du code de commerce (COJ, art. L. 321-2-1).

BIBL. ▶ TEILLIAIS, *Rev. huiss. 1998. 769* (compétences judiciaires et litiges relatifs aux baux commerciaux). – LEMASSON, *Loyers et copr. 2006. Étude 22* (compétences en matière de bail commercial). – DENIZOT et DE GALEMBERT, *AJDI 2008. 641* (nouvelles règles de compétence en matière de baux commerciaux). – OTTAWAY et GARCIA, *JCP E 2013, n° 1524* (le juge des loyers commerciaux est-il compétent pour condamner au paiement de sommes d'argent ?). – BLATTER, *AJDI 2020. 18* ; *ibid. 198* (la nouvelle procédure devant le juge des loyers commerciaux après le Décr. du 11 déc. 2019).

I. COMPÉTENCE D'ATTRIBUTION

A. COMPÉTENCE DU PRÉSIDENT DU TRIBUNAL DE GRANDE INSTANCE

1. Appréciation d'office. Le juge des baux commerciaux est tenu de vérifier sa propre compétence. • Paris, 15 févr. 1989 : *D. 1989. IR 82.*

2. Fixation du prix du bail. Le président du TGI est seul compétent pour fixer le prix révisé. • Civ. 3e, 11 oct. 1978 : *D. 1979. IR 53.* ♦ La cour d'appel saisie d'un litige relatif au déplafonnement doit examiner le moyen nouveau tiré de l'inapplicabilité du statut. • Civ. 3e, 13 juill. 1999, n° 97-22.326 P : *D. 1999. AJ 51, obs. Y. R.* ; *AJDI 2000. 410, obs. Gallet* ; *Rev. loyers 2000. 149, obs. Rémy.* ♦ Sur la fixation accessoire du loyer par le tribunal, V. note 8.

3. Modification des clauses du bail. Sur l'interdiction faite au juge des loyers, depuis le Décr. du 3 juill. 1972, de modifier les clauses, même accessoires, du bail lors du renouvellement, V. notes 7 s. ss. art. L. 145-12.

4. Prostitution. Sur les pouvoirs exceptionnels et élargis du président du TGI en cas de confiscation du fonds de commerce, V. art. L. 143-22.

5. Juge des référés. L'art. 25, al. 2, du Décr. de 1953 [C. com., art. L. 145-41], disposant que « les juges » peuvent suspendre la clause résolutoire, il s'ensuit par référence, tant à l'art. 1244 [1343-5] C. civ., visé par le texte, qu'aux dispositions de l'art. 29, al. 2 du Décr. de 1953 [C. com., art. R. 145-23], que le juge des référés du TGI est compétent pour statuer sur la demande de suspension. • Dijon, 21 janv. 1992 : *Loyers et copr. 1994, n° 24, obs. Brault ; Rev. huiss. 1993. 19, note Vidal.* ♦ Le Décr. de 1953 [C. com., art. L. 145-1 s.] ne contenant aucune disposition expresse interdisant la saisine du juge des référés en matière d'indemnité d'éviction, la compétence générale de ce juge a vocation à s'appliquer dès lors que les conditions en sont remplies. • Lyon, 25 avr. 1991 : *Loyers et copr. 1993, n° 63, obs. Brault.* ♦ Sur l'incompétence du juge des loyers commerciaux pour connaître d'une demande d'expertise complémentaire en évaluation de l'indemnité d'éviction, V. • Paris, 12 sept. 2007 : *AJDI 2008. 480* ; *Gaz. Pal. 2007. 2. Somm. 4116, obs. Brault.* ♦ Sur les expertises complémentaires, V. aussi art. R. 145-30.

6. Mesure d'instruction. Aucun texte relatif au bail commercial ne s'oppose à l'exercice par le juge des référés des pouvoirs que lui confère l'art. 145 NCPC [C. pr. civ.]. • Civ. 3e, 18 déc. 2002, n° 01-14.202 P : *AJDI 2003. 112, obs. Dumont ; JCP E 2003, n° 7-8, p. 295 ; RJDA 2003, n° 240 ; Loyers et copr. 2003, n° 66, obs. Ph.-H. B.* ♦ En l'absence d'accord des parties concernant l'indemnité d'éviction offerte par le bailleur et l'indemnité d'occupation due par le locataire qui se maintient dans les lieux, les juges peuvent souverainement en déduire que le bailleur disposait d'un motif légitime pour solliciter une expertise aux fins d'évaluation de ces indemnités. • Même arrêt • Civ. 3e, 18 déc. 2002, n° 01-14.203 : *AJDI 2003. 115* . ♦ L'existence d'un litige potentiel n'étant pas une condition de recevabilité de la demande mais de son succès, une cour d'appel, qui a relevé qu'à la date à laquelle elle statuait, le bailleur a exercé son droit d'option en vertu de l'art. L. 145-57, en a souverainement déduit qu'il justifiait d'un motif légitime au sens de l'art. 145 C. pr. civ. • Civ. 3e, 8 avr. 2010, n° 09-10.226 P : *D. 2011. Pan. 1796, obs. Dumont-Lefrand ; AJDI 2010. 720, note Rouquet ; RJDA 2010, n° 720.* ♦ Mais, ayant constaté que le bailleur n'a pas exercé le droit d'option, conformément aux dispositions de l'art. L. 145-57 C. com., une cour d'appel a exactement déduit de ce seul motif qu'il n'existe pas en l'état un litige potentiel, au sens de l'art. 145 C. pr. civ. • Civ. 3e, 16 avr. 2008, n° 07-15.486 P : *D. 2008. AJ 1205, obs. Rouquet ; AJDI 2008. 843, note Blatter ; JCP 2008. II. 10193, note Poumarède ; LPA 1er juill. 2008, note Fraissinier-Amiot ; RJDA 2008, n° 766.*

B. COMPÉTENCE DU TRIBUNAL DE GRANDE INSTANCE

7. Répartition des compétences. NDLR. L'art. R. 211-4 COJ précise que : « Le tribunal de grande instance a compétence exclusive dans les matières déterminées par les lois et règlements, au nombre desquelles figurent les matières suivantes : (…) 11° Baux commerciaux à l'exception des contestations relatives à la fixation du prix du bail révisé ou renouvelé, baux professionnels et conventions d'occupation précaire en matière commerciale ; (…) ».

8. Portée de la compétence du TGI. Le TGI est compétent pour connaître de l'application du Décr. de 1953 [C. com., art. L. 145-1 s.], à l'exclusion du tribunal d'instance, alors même que la prétention est formée par demande reconventionnelle devant ce dernier. • Besançon, 7 juin 1991 : *Rev. huiss. 1992. 324, note R. Martin.* ♦ Il est compétent : pour statuer sur les litiges mettant en cause le droit au renouvellement. • Paris, 15 févr. 1989 : *D. 1989. IR 82.* ♦ … Pour apprécier la validité des clauses d'indexation. • Paris, 22 mars 1974 : *D. 1974. Somm. 129 ; Gaz. Pal. 1974. 2. 485, note Brault.* ♦ … Pour statuer sur la validité d'une clause du bail tendant à interdire au preneur, sans l'accord exprès et par écrit du bailleur, la cession à un successeur dans son commerce. • Civ. 3e, 20 mars 1996, n° 94-14.869 P : *D. Affaires 1996. 547.* ♦ Viole l'art. R. 145-23, ensemble l'art. R. 211-4, 11°, COJ une cour d'appel qui retient la compétence du tribunal de commerce alors qu'elle a constaté que la société preneuse poursuivait dans les lieux l'activité antérieurement exercée par la cédante du fonds de commerce en vertu d'un bail commercial et que cette société soutenait régler les loyers et être ainsi titulaire d'un bail commercial. • Civ. 3e, 9 mai 2012, n° 11-23.135 : *JCP E 2013. 1430, n° 19, obs. Monéger ; RJDA 2012, n° 836.* ♦ La question relative à la propriété de l'immeuble loué ou à sa gestion relève de la compétence du TGI. • Civ. 3e, 5 mars 1974, n° 73-11.337 P. ♦ Viole l'art. 29 du Décr. de 1953 [C. com., art. R. 145-23], la cour d'appel qui retient que la demande de déplafonnement n'aurait pu être examinée par le TGI et relève de la compétence exclusive du juge des loyers commerciaux tout en constatant qu'elle était saisie d'une contestation sur la date de renouvellement du bail. • Civ. 3e, 24 févr. 1999, n° 97-14.536 P : *D. 1999. IR 79 ; RDI 1999. 474, obs. Derruppé ; Loyers et copr. 1999, n° 215, obs. Brault et Mutelet.* ♦ Si une demande en constatation de la résiliation du bail a été examinée par le juge d'instance, c'est en tant que juridiction du second degré, tant du président du TI que de celui du TGI situés dans son ressort, qui serait compétent pour en connaître en application de l'art. 29, al. 2, du Décr. de 1953 [C. com., art. R. 145-23], que la cour d'appel, investie de la plénitude de juridiction, tranche le litige en usant du pouvoir discrétionnaire dont elle dispose pour refuser de suspendre les effets de la clause résolutoire, en application de l'art. 25 [C. com., art. L. 145-41]. • Civ. 3e, 29 juin 1994, n° 92-17.328 P. ♦ Lorsque la demande en révision du loyer est formée accessoirement devant le TGI, saisi à titre principal d'une question relevant de sa compétence, cette demande est instruite suivant les règles applicables devant cette juridiction et non pas suivant la procédure spéciale en vigueur devant le juge des loyers commerciaux (à propos du défaut d'indication du loyer demandé). • Civ. 3e, 27 nov. 2002, n° 01-12.775 P : *AJDI 2003. 190, obs. Blatter* . ♦ La procédure applicable devant le TGI saisi à titre accessoire d'une demande en fixation du prix du bail renouvelé est la procédure en matière contentieuse applicable devant cette juridiction et non la procédure spéciale sur mémoire en vigueur devant le seul juge des loyers commerciaux. • Civ. 3e, 23 mai 2013, n° 12-14.009 P : *D. 2013. Pan. 1804, obs. Dumont-Lefrand ; JCP E 2013. 1430, n° 19, obs. Monéger.*

L'action de la SCI devant le tribunal de commerce ne portant pas sur l'application du statut des baux commerciaux, le litige n'entrait pas dans les prévisions de l'art. R. 211-4 COJ. • Civ. 3e,

11 avr. 2019, n° 18-16.061 P : *D. 2019. Actu. 814* ; *RJDA 2019, n° 415.* ♦ Sur la question de savoir qui du TGI ou du tribunal de commerce est compétent lorsque, au soutien de deux demandes indemnitaires, sont invoqués tant la faute à l'occasion des négociations sur le renouvellement du bail commercial que le déséquilibre significatif auquel le bailleur aurait tenté de la soumettre à l'occasion de ces négociations, en violation des dispositions légales sur les pratiques restrictives de concurrence, V. • Com. 18 oct. 2016, n° 14-27.212 P : *cité note 9 ss. art. D. 442-3.*

C. COMPÉTENCE DU TRIBUNAL D'INSTANCE

9. Portée de la compétence du TI. Le tribunal d'instance est compétent : pour connaître d'une demande tendant à faire juger que l'estimation de la valeur locative effectuée par l'expert désigné d'un commun accord a force obligatoire. • Civ. 3e, 5 févr. 1997, n° 95-13.158 P : *D. 1997. IR 101* ; *RJDA 1997, n° 484* ; *Loyers et copr. 1997, n° 141, obs. Brault et Mutelet.* ♦ ... Pour statuer sur une action en résiliation de bail pour défaut de paiement des loyers fondée sur les dispositions de l'art. 1184 [ancien] C. civ. • Civ. 3e, 1er oct. 1997, n° 96-10.048 P : *D. 1997. IR 213* ; *AJPI 1997. 1071, note Blatter* ; *RTD com. 1999. 74, obs. Monéger* ; *Loyers et copr. 1998, n° 38, obs. Brault et Mutelet.* ♦ ... Pour connaître des demandes en réparation du préjudice subi par le preneur à bail commercial résultant de la fermeture des locaux loués. • Civ. 3e, 27 janv. 2004, n° 02-16.908 : *AJDI 2004. 377, note Denizot* .

10. Baux dérogatoires (art. L. 145-5). Retenant la compétence du TI pour examiner la demande du bailleur en paiement des loyers et des charges dans le cadre d'un bail non soumis au statut des baux commerciaux (signature d'un deuxième bail dérogatoire après expiration du premier), V. • Paris, 5 oct. 2006 : *AJDI 2007. 199* .

D. COMPÉTENCE DU TRIBUNAL DE COMMERCE

11. Litiges entre commerçants. Aucun texte n'attribuant de compétence exclusive aux tribunaux d'instance pour connaître des actions nées du louage d'immeuble, lorsque le différend ne porte sur aucune contestation donnant lieu à l'application de l'art. 29 du Décr. de 1953 [C. com., art. R. 145-23], le tribunal de commerce est compétent pour statuer sur un litige opposant des sociétés commerciales au sujet des engagements d'un bail, qui est un acte de commerce. • Civ. 2e, 30 sept. 1981, n° 81-12.359 P : *D. 1982. IR 158, obs. Julien* ; *Rev. loyers 1981. 530, note J. V.*

12. Bail constituant un acte mixte. Aucun texte n'attribuant de compétence exclusive au TI pour connaître des actions nées d'un contrat de louage d'immeuble, il s'ensuit qu'en présence d'un bail commercial constituant un acte mixte, le bailleur, pour lequel l'acte est civil, bénéficie d'une option entre le tribunal d'instance et le tribunal de commerce. • Paris, 30 avr. 1997 : *D. Affaires 1997. 752.* ♦ L'instance en référé ayant un caractère autonome et étant distincte de l'instance au fond, la renonciation à la compétence consulaire ne peut se déduire de la saisine du juge des référés du TI. • Même arrêt.

E. CLAUSES ATTRIBUTIVES DE COMPÉTENCE

13. Interprétation. La clause d'attribution de compétence telle que prévue dans l'avenant modifie nécessairement celle contenue dans le bail, deux tribunaux ne pouvant concomitamment se voir reconnaître compétence pour interpréter l'un, les clauses du bail non modifiées par l'avenant et l'autre, celles modifiées. En effet, toutes les clauses des conventions s'interprètent les unes par les autres en donnant à chacune le sens qui résulte de l'acte entier et l'interprétation des clauses de l'avenant qui porte sur un certain nombre de clauses essentielles ne peut se faire indistinctement de celles du bail et inversement. • Paris, 25 sept. 2013 : *Loyers et copr. 2013, n° 307, obs. Chavance.* ♦ Sur les clauses attributives de compétence, V. aussi : • Paris, 27 juin 2001 : *Loyers et copr. 2001, n° 291, obs. Ph.-H. B.* • 4 juin 2009 : *Loyers et copr. 2009, n° 237, obs. Chavance.*

F. CLAUSE COMPROMISSOIRE

14. Conditions de validité. Est nulle et de nul effet la clause compromissoire afférente à un bail qui n'a pas été conclu en raison d'une activité professionnelle au sens de l'art. 2061 C. civ. (bailleur retraité). • Civ. 1re, 29 févr. 2012, n° 11-12.782 P : *D. 2012. 689, obs. Delpech* ; *JCP E 2012. 1314, note Monéger.* ♦ La clause compromissoire ayant pour objet de faire échapper au contrôle du juge les conditions de résiliation d'un bail commercial soumis au statut des baux commerciaux est nulle comme portant atteinte à un statut d'ordre public dès lors que le bailleur entend, après délivrance d'un commandement, se prévaloir de la clause résolutoire au visa de l'art. L. 145-41. • Montpellier, 21 déc. 2011 : *AJDI 2013. 207* ; *Loyers et copr. 2012, n° 209, obs. Ph.-H. B.*

II. COMPÉTENCE TERRITORIALE

15. Validité des clauses de compétence territoriale. Il ne résulte pas des dispositions de l'art. L. 145-15 C. com. qu'une clause faisant échec à la compétence territoriale du lieu de la situation de l'immeuble prévue par l'art. 29, al. 3, du Décr. de 1953 [C. com., art. R. 145-23] est nulle et de nul effet. Il n'est pas indiqué par le texte qu'il s'agit d'une compétence exclusive. • Paris, 27 juin 2001 : *préc. note 13.* ♦ La clause dérogatoire doit recevoir application, peu important que le bailleur ne s'en soit pas prévalu à l'occasion d'une précédente instance. • Même arrêt. ♦ Dans le même sens précisant qu'aucun texte n'attribue de compétence exclusive à la juridiction du lieu de la situation de l'immeuble, V. • Paris, 4 juin 2009 : *préc. note 13.*

Décret nº 53-960 du 30 septembre 1953,

Réglant les rapports entre bailleurs et locataires en ce qui concerne le renouvellement des baux à loyer d'immeubles ou de locaux à usage commercial, industriel ou artisanal.

Art. 33 *Al. 1er abrogé par Ord. nº 2000-912 du 18 sept. 2000, codifié ss. C. com., art. L. 145-60.*

La notification du mémoire institué par l'article 29 *[C. com., art. R. 145-23]* ci-dessus, interrompt la prescription. Il en est de même de la demande de désignation d'expert formée en application de l'alinéa 2 de l'article 32 *[C. com., art. L. 145-58, al. 2, abrogé].*

Art. R. 145-24 **Les mémoires indiquent l'adresse de l'immeuble donné à bail ainsi que :**

1º Pour les personnes physiques, leurs nom, prénoms, profession, domicile, nationalité, date et lieu de naissance ;

2º Pour les personnes morales, leurs dénomination et siège social, ainsi que le titre et les nom et prénoms de leur représentant légal. — *[Décr. nº 53-960 du 30 sept. 1953, art. 29-1, al. 1er à 4.]*

BIBL. ► BARBIER, *Gaz. Pal. 2001. 1210* (application du Décr. nº 98-1231 du 28 déc. 1998 à la procédure des baux commerciaux).

1. Ordre public. Les règles prévues par les art. 29 s. du Décr. de 1953 [C. com., art. R. 145-23 s.] s'imposent aux parties qui ne peuvent y déroger. • Civ. 3e, 10 juin 1971, nº 70-12.678 P : *D. 1971. Somm. 187.* ♦ La procédure sur mémoires s'impose aux justiciables comme ayant été édictée dans le cadre de l'organisation judiciaire et dans l'intérêt d'une meilleure administration de la justice et non dans l'intérêt de l'une ou l'autre des parties. • Civ. 3e, 14 sept. 2011, nº 10-10.032 P : *D. 2011. Actu. 2273.* ♦ Lorsque le juge des référés, saisi à tort d'une demande d'expertise sur la valeur locative, renvoie l'affaire devant le juge des loyers commerciaux, la procédure des art. R. 145-23 s. doit être suivie (à propos d'un bailleur qui, après la décision d'incompétence, a procédé par simples conclusions, sans notification de mémoires). • Même arrêt.

2. Défaut de mémoire. La violation des règles fixées par les art. 29 s. du Décr. de 1953 [C. com., art. R. 145-23 s.] vicie l'instance tout entière, même si une décision a constaté l'accord des parties sur la recevabilité d'une demande en révision introduite sans respecter les règles de procédure prévues. • *Civ.* 3e, 10 juin 1971, nº 70-12.678 P : *préc. note 1.* ♦ Le locataire ayant fait valoir ses prétentions par conclusions est irrecevable à opposer des moyens au fond. • Civ. 3e, 13 déc. 2006, nº 05-20.281 P : *D. 2007. AJ 230, obs. Rouquet ; AJDI 2007. 472, note Blatter.*

3. Préexistence du mémoire. Ayant constaté que la locataire avait notifié sa demande de révision postérieurement à son mémoire en demande, et retenu, à bon droit, que le mémoire doit, à peine d'irrecevabilité, être précédé d'une demande de révision, la cour d'appel, qui n'était pas tenue de procéder à une recherche inopérante dès lors que la situation n'était pas susceptible d'être régularisée par la notification de la demande de révision après le mémoire en demande, a exactement décidé que la demande en fixation du prix du bail révisé était irrecevable. • Civ. 3e, 26 janv. 2017, nº 16-10.304 P : *D. 2017. Chron. C. cass. 1578, obs. Dumont-Lefrand ; AJDI 2017. 349, obs. Blatter ; JCP E 2017, nº 1129 ; RJDA 2017, nº 316 ; Loyers et copr. 2017, nº 66, obs. Brault.*

4. Destinataire du mémoire. Le défaut de notification du mémoire à chacun des bailleurs entraîne l'irrecevabilité de l'action. • Civ. 3e, 3 juill. 2013, nº 12-13.780 P : *D. 2013. Actu. 1741, obs. Rouquet ; AJDI 2014. 169, obs. Blatter.* ♦ L'action en fixation du prix du bail renouvelé est irrecevable dès lors que le mémoire préalable a été adressé au locataire cédant, et non pas au cessionnaire, preneur en place. • Civ. 3e, 18 nov. 1998, nº 96-22.696 P : *D. Affaires 1999. 63, obs. Y. R. ; Loyers et copr. 1999. nº 42, obs. Brault et Mutelet.*

5. Intitulé. L'appellation « conclusions récapitulatives après dépôt du rapport d'expertise » pour un document notifié après expertise n'a aucune incidence sur sa validité, aucun texte n'imposant l'emploi du nom « mémoire » à peine de nullité. Il importe seulement que les écritures soient adressées directement à l'autre partie et non pas communiquées selon les règles des notifications entre avocats. • Civ. 3e, 16 oct. 2013, nº 12-19.352 P : *D. 2014. Pan. 1667, obs. Dumont-Lefrand ; AJDI 2014. 614, obs. Blatter.*

Art. R. 145-25 Les mémoires contiennent :

1° Une copie de la demande en fixation de prix faite, selon le cas, en application de l'article L. 145-11 ou en application de l'article R. 145-20 ;

2° L'indication des autres prétentions ;

3° Les explications de droit et de fait de nature à justifier les prétentions de leur auteur ou à réfuter celles de l'autre partie.

Les mémoires en réplique ou ceux rédigés après l'exécution d'une mesure d'instruction peuvent ne comporter que les explications de droit ou de fait. – *[Décr. n° 53-960 du 30 sept. 1953, art. 29-1, al. 5 à 9.]*

Contenu du mémoire. Le mémoire, qui ne contient pas une copie de la demande en fixation du prix, n'est pas entaché d'une irrégularité de fond. • Civ. 3e, 16 juin 2010, n° 09-11.565 P : *AJDI 2010. 886, obs. Rouquet ; Loyers et copr. 2010, n° 257, obs. Brault.*

Art. R. 145-26 Les mémoires sont signés *(Décr. n° 2019-1333 du 11 déc. 2019, art. 7, en vigueur le 1er janv. 2020)* « par les avocats des parties ». Les copies des pièces que les parties estiment devoir y annexer sont certifiées conformes à l'original par le signataire du mémoire. Les mémoires sont notifiés par chacune des parties à l'autre, par lettre recommandée avec demande d'avis de réception. La notification est valablement faite par le locataire au gérant de l'immeuble. – *[Décr. n° 53-960 du 30 sept. 1953, art. 29-1, al. 10.]*

Les dispositions de l'art. 7 du Décr. n° 2019-1333 du 11 déc. 2019 sont applicables aux instances introduites à compter du 1er janv. 2020 (Décr. préc., art. 55).

1. Signature du mémoire. L'art. 29-1 du Décr. de 1953 [C. com., art. R. 145-26] n'impose aucune restriction à la faculté de se faire représenter pour signer le mémoire préalable à la saisine du juge des loyers commerciaux et la signature de ce mémoire ne constitue pas un acte de représentation en justice. • Civ. 3e, 10 févr. 1981, n° 79-14.364 P. ♦ Comp., jugeant que le défaut de signature du mémoire ne constitue pas une irrégularité de fond : • Civ. 3e, 13 févr. 2002, n° 00-18.671 P : *Loyers et copr. 2002, n° 261, obs. Brault et Pereira-Osouf.*

2. Forme de l'envoi. Aucun texte n'écarte l'application à la procédure de fixation du loyer commercial de l'art. 651 C. pr. civ., selon lequel la notification d'un acte peut toujours être faite par voie de signification alors même que la loi l'aurait prévue sous une autre forme. • Civ. 3e, 16 oct. 2013, n° 12-19.352 P : *préc. note 5 ss. art. R. 145-24.* ♦ Si un mémoire notifié par lettre simple n'est pas frappé de nullité, il n'a pas d'effet interruptif de prescription. • Civ. 3e, 2 oct. 1996, n° 94-18.470 P : *D. Affaires 1996. 1217 ; RJDA 1997, n° 24.*

Art. R. 145-27 Le juge ne peut, à peine d'irrecevabilité, être saisi avant l'expiration d'un délai d'un mois suivant la réception par son destinataire du premier mémoire établi.

La partie la plus diligente remet au greffe son mémoire aux fins de fixation de la date de l'audience. Elle y annexe les pièces sur lesquelles elle fonde sa demande et un plan des locaux. Elle y joint également le mémoire et les pièces reçus de l'autre partie. *(Abrogé par Décr. n° 2019-1333 du 11 déc. 2019, art. 7, à compter du 1er janv. 2020)* ***« La remise peut être faite par la partie elle-même ou par un avocat. »*** Les mémoires et les pièces peuvent être remis en original ou en copie. – *[Décr. n° 53-960 du 30 sept. 1953, art. 29-2, al. 1er à 3.]*

V. note ss. art. R. 145-26.

1. Délai d'un mois. L'observation du délai s'impose au demandeur, à peine d'irrecevabilité de la demande. • Paris, 13 févr. 1971 : *D. 1971. Somm. 82 ; Rev. loyers 1971. 168.* ♦ La nullité de l'assignation ne fait toutefois pas obstacle à la délivrance d'une nouvelle assignation, dans la mesure où la prescription n'est pas acquise. • Même arrêt. ♦ *Comp., jugeant que lorsqu'une* affaire est renvoyée devant le juge des loyers commerciaux, la procédure se poursuit selon les règles relatives au dépôt des mémoires et à leur notification applicables devant cette juridiction. Une cour d'appel retient donc à bon droit que le juge des loyers ne pouvant être saisi à peine d'irrecevabilité avant l'expiration d'un délai d'un mois suivant la notification d'un premier mémoire, il appartient aux parties, renvoyées devant ce juge après décision d'incompétence, de procéder à la notification de mémoires et qu'à défaut, la procédure est irrégulière. • Civ. 3e, 14 sept. 2011, n° 10-10.032 P : D. 2011. Actu. 2273 ; *Loyers et copr. 2011, n° 322, obs. Brault.*

2. Dépôt du mémoire et des pièces justificatives. La contestation relative à la fixation du prix du bail renouvelé portée par le preneur devant le juge des loyers commerciaux étant distincte de la demande d'augmentation du loyer en raison de l'existence d'une sous-location, une telle demande ne pouvait être valablement formée par le bailleur qu'en notifiant un mémoire, puis en saisissant le juge des loyers dans les conditions prévues par la loi. • Civ. 3e, 7 févr. 2007, n° 05-20.252 P : *D. 2007. AJ 584, obs. Rouquet*. ♦ Sur la compétence du juge des loyers en la matière, V. note 8 ss. art. R. 145-23. ♦ Les parties ayant échangé et notifié leurs mémoires, l'absence de remise au greffe du mémoire préalable du bailleur ne constitue qu'une irrégularité de forme qui, en vertu des art. 114 et 117 NCPC [C. pr. civ.], ne peut entraîner la nullité dudit mémoire que si elle a causé un préjudice à la partie adverse. • Civ. 3e, 22 janv. 1997, n° 94-21.488 P : *RDI 1997. 502, obs. Derruppé ; Loyers et copr. 1997, n° 205, note Brault et Mutelet ; Gaz. Pal. 1997. 2. Somm. 387, obs. Barbier.* ♦ Dans la même affaire, jugeant que la remise au greffe de son mémoire par la partie la plus diligente est une formalité qui ne tend qu'à la fixation de la date de l'audience : elle ne saisit pas le juge et son omission ne constitue pas une fin de non-recevoir, V. • Cass., ass. plén., 23 févr. 2001, n° 99-15.541 P : *D. 2001. 1028, concl. Weber et obs. Rouquet ; JCP 2001. II. 10540, obs. Luchouarn ; Loyers et copr. 2001, n° 120, obs. Ph.-H. B.* ♦ Sur le caractère interruptif de la prescription du mémoire non déposé au greffe, V. • Bordeaux, 18 mai 2011 : *AJDI 2012. 119*. ♦ La remise au greffe du mémoire aux fins de fixation de la date de l'audience ne saisit pas le juge des loyers commerciaux et ne peut donc interrompre le délai de la prescription. • Civ. 3e, 23 janv. 2013, n° 11-20.313 P : *D. 2013. Actu. 303, obs. Rouquet ; Loyers et copr. 2013, n° 80, obs. Brault.*

3. Droit local d'Alsace-Moselle. Les dispositions de l'art. 29-2 du Décr. de 1953 [C. com., art. R. 145-27 s.] ne permettent pas d'écarter celles des art. 31 s. du Décr. n° 76-899 du 29 sept. 1976 applicables en Alsace-Moselle (V. ce texte au C. pr. civ.). En conséquence, le seul dépôt de l'acte introductif d'instance au secrétariat-greffe saisit le tribunal et interrompt la prescription. • Civ. 3e, 3 nov. 2005, n° 04-16.448 P : *D. 2005. AJ 2944, obs. Rouquet*.

Art. R. 145-28 **Il est procédé pour le surplus comme il est dit, en matière de procédure à jour fixe, aux articles** *(Décr. n° 2019-1333 du 11 déc. 2019, art. 16, en vigueur le 1er janv. 2020)* **« 840 à 844 » du** *(Décr. n° 2008-484 du 22 mai 2008, art. 22)* **« code de procédure civile ». L'assignation n'a toutefois pas à reproduire ou à contenir les éléments déjà portés à la connaissance du défendeur.** — *[Décr. n° 53-960 du 30 sept. 1953, art. 29-2, al. 4.]*

Art. R. 145-29 **Les parties** *(Décr. n° 2019-1333 du 11 déc. 2019, art. 7, en vigueur le 1er janv. 2020)* **« sont tenues de constituer » avocat. Elles ne peuvent, ainsi que leur conseil, développer oralement, à l'audience, que les moyens et conclusions de leurs mémoires.** — *[Décr. n° 53-960 du 30 sept. 1953, art. 29-2, al. 5.]*

V. note ss. art. R. 145-26.

BIBL. ► DE LA VAISSIÈRE, *AJDI 2008. 658* (rapport Guinchard et droit immobilier).

1. Représentation par tout avocat. Les parties n'étant pas tenues de constituer avocat dans le cadre de la procédure devant le juge des baux commerciaux, elles peuvent se faire représenter par tout avocat inscrit au barreau, sans condition territoriale, peu important la mention erronée de la constitution de cet avocat. • Civ. 3e, 29 nov. 2006, n° 05-19.736 P : *AJDI 2007. 385, note Blatter*. ♦ V. désormais la rédaction issue du Décr. n° 2019-1333 du 11 déc. 2019.

2. Nouveaux moyens. L'interdiction de développer d'autres moyens et conclusions que ceux des mémoires ne concerne que le déroulement des débats, et les parties peuvent donc modifier leurs écritures pour invoquer de nouveaux moyens en cours d'instance au soutien de la demande initiale. • Civ. 3e, 10 juill. 2002, n° 00-21.565 : *AJDI 2002. 685, obs. Dumont ; Gaz. Pal. 2003. 1. Somm. 524, obs. Barbier.* – Comp., note 1 ss. art. R. 145-27, en cas de demande distincte.

Art. R. 145-30 **Lorsque le juge s'estime insuffisamment éclairé sur des points qui peuvent être élucidés par une visite des lieux ou s'il lui apparaît que les prétentions des parties divergent sur de tels points, il se rend sur les lieux aux jour et heure décidés par lui le cas échéant en présence d'un consultant.**

Toutefois, s'il estime que des constatations purement matérielles sont suffisantes, il peut commettre toute personne de son choix pour y procéder.

Si les divergences portent sur des points de fait qui ne peuvent être tranchés sans recourir à une expertise, le juge désigne un expert dont la mission porte sur les éléments de fait permettant l'appréciation des critères définis, selon le cas, aux articles R. 145-3 à R. 145-7, L. 145-34, R. 145-9, R. 145-10 ou R. 145-11, et sur les questions complémentaires qui lui sont soumises par le juge.

Toutefois, si le juge estime devoir limiter la mission de l'expert à la recherche de l'incidence de certains éléments seulement, il indique ceux sur lesquels elle porte. – *[Décr. n° 53-960 du 30 sept. 1953, art. 30-1, al. 1er à 4.]*

BIBL. ▶ MONÉGER, *Loyers et copr. 2010. Repère 3* (expertise judiciaire et indépendance).

1. Éléments d'une procédure antérieure. Rien n'interdit au juge statuant dans les procédures successives de révision ou de fixation du loyer opposant les mêmes parties pour les mêmes locaux loués, de puiser des renseignements dans les expertises judiciaires précédentes et dans le procès-verbal de la visite des lieux faite dans une précédente instance. • Civ. 3e, 9 mai 1973, n° 71-13.645 P.

2. Expertise. La cour d'appel n'est pas tenue d'ordonner une expertise : lorsque le bailleur invoque une modification des facteurs locaux de commercialité sans apporter aucune justification à l'appui de sa demande. • Civ. 3e, 22 janv. 1997, n° 94-21.352 P : *AJPI 1997. 476, note Blatter ; RJDA 1997, n° 333 ; Loyers et copr. 1997, n° 204, note Brault et Mutelet.* ♦ ... Lorsque le preneur a été déclaré irrecevable à faire valoir des moyens au fond (faute d'avoir respecté la procédure sur mémoire), puisque, alors, il n'y a pas de « divergences [portant] sur des points de fait » au sens du texte. • Civ. 3e, 13 déc. 2006, n° 05-20.281 P : *D. 2007. AJ 230, obs. Rouquet ; AJDI 2007. 472, note Blatter.*

3. Procédure sur mémoires. La notification d'un mémoire après mesure d'instruction conditionne la régularité de l'entière procédure, même si les parties n'avaient aucun argument ou moyen supplémentaire à développer. • Civ. 3e, 30 avr. 2003, n° 01-15.508 P : *D. 2003. AJ 1437, obs. Rouquet ; AJDI 2003. 754, obs. Dumont.* ♦ Les conclusions déposées devant le juge des loyers commerciaux après expertise ne peuvent suppléer l'absence de mémoire. • Civ. 3e, 4 févr. 2009, n° 08-10.723 P : *D. 2009. 2657, note Beauchard ; AJDI 2009. 538, note Blatter.* ♦ La nullité des conclusions substituées au mémoire n'affecte pas seulement ces écritures mais entraîne interruption définitive et extinction de la procédure en fixation du loyer. • Civ. 3e, 30 avr. 2003, n° 01-15.508 P : *préc.* ♦ V. aussi note 1 ss. art. R. 145-24.

4. Régularisation d'une procédure irrégulière. La partie ayant déposé un mémoire irrégulier peut couvrir cette irrégularité (en adressant au locataire un mémoire en bonne et due forme) dès l'instant où une notification régulière intervient avant que la juridiction saisie ne se soit prononcée, l'interruption de la prescription biennale de l'art. L. 145-60 découlant de l'assignation introductive d'instance et valant pour toute la durée de cette dernière. • Civ. 3e, 17 sept. 2008, n° 07-16.973 P : *D. 2008. AJ 2346, obs. Rouquet.* ♦ Ayant constaté que l'instance avait été régulièrement engagée dans le délai de deux ans à compter de la date d'effet du congé et relevé que le bailleur justifie avoir notifié par lettre recommandée AR un mémoire après le dépôt du rapport d'expertise et avant qu'elle ne statue sur ce moyen de nullité qui n'avait pas été soulevé devant le premier juge, une cour d'appel en a exactement déduit que l'action du bailleur en fixation du loyer du bail renouvelé est recevable. • Civ. 3e, 24 sept. 2014, n° 13-17.478 P : *D. actu. 1er oct. 2014, obs. Rouquet ; Loyers et copr. 2014, n° 273, obs. Brault.*

Art. R. 145-31 Dès le dépôt du constat ou du rapport, le greffe avise les parties par lettre recommandée avec demande d'avis de réception *(Abrogé par Décr. n° 2019-1333 du 11 déc. 2019, art. 7, à compter du 1er janv. 2020)* *« ou, si elles sont représentées, leurs avocats, »* de la date à laquelle l'affaire sera reprise et de celle à laquelle les mémoires faits après l'exécution de la mesure d'instruction devront être échangés.

Le juge, en présence des parties ou celles-ci dûment convoquées, peut entendre l'expert ou l'auteur du constat pour lui demander les éclaircissements qu'il estime nécessaires.

En cas de conciliation intervenue au cours d'une mesure d'instruction, le technicien commis constate que sa mission est devenue sans objet et en fait rapport au juge. Mention en est faite au dossier de l'affaire et celle-ci est retirée du rôle. Les parties peuvent demander au juge de donner force exécutoire à l'acte exprimant leur accord. – *[Décr. n° 53-960 du 30 sept. 1953, art. 30-1, al. 5 à 7.]*

V. note ss. art. R. 145-26.

Art. R. 145-32 La rémunération définitive de l'expert est fixée en considération de sa *mission. En aucun cas la rémunération de l'expert ne peut être fixée proportionnellement au montant du loyer demandé ou proposé.* – *[Décr. n° 53-960 du 30 sept. 1953, art. 33-1.]*

Art. R. 145-33 En cas d'appel, les dispositions des articles R. 145-31 et R. 145-32 sont applicables. – *[Décr. n° 53-960 du 30 sept. 1953, art. 33-2.]*

Portée. Si les dispositions de l'art. R. 145-33 précisent qu'en cas d'appel les dispositions de l'art. R. 145-31 sont applicables, il n'en va ainsi que si la mesure d'instruction a été ordonnée par la cour d'appel et non par le premier juge. • Douai, 8 janv. 2014 : *AJDI 2014. 619, obs. Blatter* .

SECTION IV ANNEXE ENVIRONNEMENTALE

(Décr. n° 2011-2058 du 30 déc. 2011, art. 3)

Art. D. 145-34 Le contenu de l'annexe environnementale mentionnée à l'article L. 125-9 du code de l'environnement est défini *(Décr. n° 2012-517 du 19 avr. 2012, art. 3)* « aux articles R. 137-1 à R. 137-3 » du code de la construction et de l'habitation.

Les dispositions de l'art. D. 145-34 s'appliquent, à compter du 1er janv. 2012, aux baux conclus ou renouvelés à partir de cette date et, à compter du 14 juill. 2013, aux baux en cours (Décr. préc., art. 4).

SECTION V DES CHARGES LOCATIVES, IMPÔTS, TAXES, REDEVANCES ET TRAVAUX

(Décr. n° 2014-1317 du 3 nov. 2014, art. 6)

Les dispositions des art. R. 145-35 à R. 145-37, dans leur rédaction résultant de l'art. 6 du Décr. n° 2014-1317 du 3 nov. 2014, sont applicables aux contrats conclus ou renouvelés à compter de la publication dudit décret (JO 5 nov.). Les art. R. 145-35 à R. 145-37 sont applicables dans les îles Wallis-et-Futuna (Décr. préc., art. 7 et 8).

Art. R. 145-35 Ne peuvent être imputés au locataire :

1° Les dépenses relatives aux grosses réparations mentionnées à l'article 606 du code civil ainsi que, le cas échéant, les honoraires liés à la réalisation de ces travaux ;

2° Les dépenses relatives aux travaux ayant pour objet de remédier à la vétusté ou de mettre en conformité avec la réglementation le bien loué ou l'immeuble dans lequel il se trouve, dès lors qu'ils relèvent des grosses réparations mentionnées à l'alinéa précédent ;

3° Les impôts, notamment la contribution économique territoriale, taxes et redevances dont le redevable légal est le bailleur ou le propriétaire du local ou de l'immeuble ; toutefois, peuvent être imputés au locataire la taxe foncière et les taxes additionnelles à la taxe foncière ainsi que les impôts, taxes et redevances liés à l'usage du local ou de l'immeuble ou à un service dont le locataire bénéficie directement ou indirectement ;

4° Les honoraires du bailleur liés à la gestion des loyers du local ou de l'immeuble faisant l'objet du bail ;

5° Dans un ensemble immobilier, les charges, impôts, taxes, redevances et le coût des travaux relatifs à des locaux vacants ou imputables à d'autres locataires.

La répartition entre les locataires des charges, des impôts, taxes et redevances et du coût des travaux relatifs à l'ensemble immobilier peut être conventionnellement pondérée. Ces pondérations sont portées à la connaissance des locataires.

Ne sont pas comprises dans les dépenses mentionnées aux 1° et 2° celles se rapportant à des travaux d'embellissement dont le montant excède le coût du remplacement à l'identique.

BIBL. ▶ Chavance et Regnault, *Loyers et copr. 2016. Étude 10* (variations sur la notion de « travaux d'embellissement » au sens de l'art. R. 145-35). – Berrebi, *AJDI 2016. 826* (vers un renouveau de l'art. 606 C. civ. ?). – Dumur, *AJDI 2017. 237* (refacturation de la taxe foncière au preneur et art. R. 145-35 : attention au paralogisme !).

1. QPC. Sous le couvert de critiquer les dispositions législatives relatives à l'application dans le temps de l'art. L. 145-40-2, la question posée ne tend en réalité qu'à contester la conformité au principe constitutionnel invoqué des dispositions du Décr. du 3 nov. 2014 qui excluent l'application de l'art. R. 145-35 aux contrats en cours ; or ces dispositions, de nature réglementaire, ne peuvent faire l'objet d'une question prioritaire de constitutionnalité. • Civ. 3e, QPC, 14 juin 2018, n° 18-40.013 P : *AJDI 2019. 205, obs. Blatter* ; *JCP E 2018, n° 1383.*

2. Application dans le temps. Selon l'art. 8, al. 2, du Décr. n° 2014-1317 du 3 nov. 2014, les dispositions des art. R. 145-35 à R. 145-37 C. com., dans leur rédaction résultant de l'art. 6 du Décr.

préc., sont applicables aux contrats conclus ou renouvelés à compter de la publication du décret, soit le 5 nov. 2014, étant entendu qu'un contrat est renouvelé à la date d'effet du bail renouvelé. Ayant constaté que le contrat de bail avait été renouvelé à compter du 1er avr. 2014, la cour d'appel en a exactement déduit que la demande tendant à voir déclarer non écrites les clauses du bail contraires à l'art. L. 145-40-2 C. com. devait être rejetée. • Civ. 3e, 17 juin 2021, n° 20-12.844 P : *AJDI 2022. 118, obs. Blatter* ; *RJDA 2021, n° 552.*

3. Taxe foncière. Pour un exemple de clause mettant la taxe foncière à la charge du locataire, V. • Civ. 3e, 12 sept. 2019, n° 18-18.018 : *RTD com. 2019. 872, obs. Monéger* ; *BRDA 2019, n° 19, p. 11.*

Art. R. 145-36 **L'état récapitulatif annuel mentionné au premier alinéa de l'article L. 145-40-2, qui inclut la liquidation et la régularisation des comptes de charges, est communiqué au locataire au plus tard le 30 septembre de l'année suivant celle au titre de laquelle il est établi ou, pour les immeubles en copropriété, dans le délai de trois mois à compter de la reddition des charges de copropriété sur l'exercice annuel. Le bailleur communique au locataire, à sa demande, tout document justifiant le montant des charges, impôts, taxes et redevances imputés à celui-ci.**

BIBL. ▸ Blatter, *AJDI 2014. 751* (Décr. du 3 nov. 2014 pris pour l'application de l'art. L. 145-40-2 et autres variétés). – Jacquin, *Gaz. Pal. 2014. 3587* (même thème). – Battistini, *LPA 16 mars 2015* (présentation des modifications apportées au statut des baux commerciaux par le Décr. du 3 nov. 2014).

Art. R. 145-37 **Les informations mentionnées aux 1° et 2° de l'article L. 145-40-2 sont communiquées au locataire dans le délai de deux mois à compter de chaque échéance triennale. A la demande du locataire, le bailleur lui communique tout document justifiant le montant de ces travaux.**

SECTION VI DISPOSITIONS RELATIVES AU RECOURS À LA LETTRE RECOMMANDÉE AVEC DEMANDE D'AVIS DE RÉCEPTION

(Décr. n° 2016-296 du 11 mars 2016, art. 15)

Art. R. 145-38 **Lorsqu'en application des articles L. 145-4, L. 145-10, L. 145-12, L. 145-18, L. 145-19, L. 145-47, L. 145-49 et L. 145-55, une partie a recours à la lettre recommandée avec demande d'avis de réception, la date de notification à l'égard de celui qui y procède est celle de l'expédition de la lettre et, à l'égard de celui à qui elle est faite, la date de première présentation de la lettre. Lorsque la lettre n'a pas pu être présentée à son destinataire, la démarche doit être renouvelée par acte extrajudiciaire.**

Les dispositions issues du Décr. n° 2016-296 du 11 mars 2016 s'appliquent dans les îles Wallis-et-Futuna (Décr. préc., art. 22).

BIBL. ▸ Prigent, *Rev. loyers 2016. 226* (de la complexification des notifications en matière de bail commercial).

CHAPITRE VI DES GÉRANTS-MANDATAIRES

RÉP. COM. v° *Gérance de fonds de commerce*, par Kenfack.
BIBL. ▸ Saintourens, *RTD com. 2006. 565* (Décr. n° 2006-259 du 3 mars 2006).

Art. D. 146-1 **Les informations prévues à l'article L. 146-2 sont communiquées par écrit dans un document dit "document précontractuel", devant comporter :**

1° L'identité du mandant s'il s'agit d'une personne physique ou des dirigeants s'il s'agit d'une personne morale, son adresse ou son siège social et son numéro unique d'identification ;

2° L'adresse du siège de l'entreprise dont le fonds est mis en gérance-mandat, la nature de ses activités, l'indication de sa forme juridique, le cas échéant le montant du capital social ;

3° Le cas échéant, le chiffre d'affaires annuel réalisé au cours des deux derniers exercices du fonds mis en gérance-mandat, ainsi que le bilan annuel pour ces mêmes périodes ;

4° La date de création de l'entreprise dont le fonds est mis en gérance-mandat, ainsi qu'un rappel des principales étapes de son évolution depuis sa création ;

5° Les affiliations éventuelles du mandant à un réseau d'exploitants ainsi que la nature des contrats régissant les affiliations à ce réseau ;

6° Les conditions générales de gestion du fonds ;

7° Les taux, mode de calcul et tous autres éléments entrant en compte pour la détermination de la commission versée au gérant-mandataire ;

8° L'indication de la durée, des conditions de renouvellement, de cession et de résiliation du contrat proposé. — *[Décr. n° 2006-259 du 3 mars 2006, art. 1er.]*

Art. D. 146-2 Ces informations doivent être communiquées au gérant-mandataire dix jours au moins avant la signature du contrat de gérance-mandat. — *[Décr. n° 2006-259 du 3 mars 2006, art. 2.]*

Aucune sanction n'est prévue en cas de défaut d'information. — Pour l'application des mêmes solutions que celles retenues en cas de non-respect de l'obligation précontractuelle d'information prévue par l'art. L. 330-3, V. BRDA 2006, n° 5, p. 6.

TITRE V DE LA PROTECTION DU SECRET DES AFFAIRES

(Décr. n° 2018-1126 du 11 déc. 2018, art. 1er)

CHAPITRE PREMIER DE L'OBJET ET DES CONDITIONS DE LA PROTECTION

Le présent chapitre ne comprend pas de dispositions règlementaires.

CHAPITRE II DES ACTIONS EN PRÉVENTION, EN CESSATION OU EN RÉPARATION D'UNE ATTEINTE AU SECRET DES AFFAIRES

BIBL. GÉN. ▶ PIERRE-MAURICE, *D. 2019. 390* (mesures provisoires et secret des affaires). - GALLOUX, *RTD com. 2019. 81* (le décret d'application de la loi sur la protection du secret des affaires). - DE CANDÉ et BLANCHARD, *CCE 2019. Prat. 9* (l'impact du secret des affaires dans la mise en œuvre des mesures probatoires).

Art. R. 152-1 I. — Lorsqu'elle est saisie aux fins de prévenir une atteinte imminente ou faire cesser une atteinte illicite à un secret des affaires, la juridiction peut prescrire, sur requête ou en référé, toute mesure provisoire et conservatoire proportionnée, y compris sous astreinte. Elle peut notamment :

1° Interdire la réalisation ou la poursuite des actes d'utilisation ou de divulgation d'un secret des affaires ;

2° Interdire les actes de production, d'offre, de mise sur le marché ou d'utilisation des produits soupçonnés de résulter d'une atteinte significative à un secret des affaires, ou d'importation, d'exportation ou de stockage de tels produits à ces fins ;

3° Ordonner la saisie ou la remise entre les mains d'un tiers de tels produits, y compris de produits importés, de façon à empêcher leur entrée ou leur circulation sur le marché.

II. — Aux lieu et place des mesures provisoires et conservatoires mentionnées aux 1° à 3° du I, la juridiction peut autoriser la poursuite de l'utilisation illicite alléguée d'un secret des affaires en la subordonnant à la constitution par le défendeur d'une garantie destinée à assurer l'indemnisation du détenteur du secret.

La juridiction ne peut pas autoriser la divulgation d'un secret des affaires en la subordonnant à la constitution de la garantie mentionnée au premier alinéa.

III. — La juridiction peut subordonner l'exécution des mesures provisoires et conservatoires qu'elle ordonne à la constitution par le demandeur d'une garantie destinée, dans le cas où l'action aux fins de protection du secret des affaires est ultérieurement jugée non fondée ou s'il est mis fin à ces mesures, à assurer l'indemnisation du préjudice éventuellement subi par le défendeur ou par un tiers touché par ces mesures.

IV. — La garantie mentionnée aux II et III est constituée dans les conditions prévues aux articles *(Décr. n° 2019-1333 du 11 déc. 2019, art. 16, à compter du 1er janv. 2020)* « 514-5, 517 et 518 à 522 » du code de procédure civile.

V. — Les mesures prises en application du présent article deviennent caduques si le demandeur ne saisit pas le juge du fond dans un délai courant à compter de la date de l'ordonnance de vingt jours ouvrables ou de trente et un jours civils si ce dernier délai est plus long.

Code de justice administrative **Art. R. 557-3** *(Décr. n° 2019-1502 du 30 déc. 2019, art. 4)* Lorsqu'il est saisi aux fins de prévenir une atteinte imminente ou faire cesser une atteinte illicite à un secret des affaires, le juge des référés peut prescrire toute mesure provisoire et conservatoire proportionnée, y compris sous astreinte. Il peut notamment ordonner l'ensemble des mesures mentionnées à l'article R. 152-1 du code de commerce.

CHAPITRE III DES MESURES GÉNÉRALES DE PROTECTION DU SECRET DES AFFAIRES DEVANT LES JURIDICTIONS CIVILES OU COMMERCIALES

SECTION PREMIÈRE L'ADMINISTRATION JUDICIAIRE DE LA PREUVE

SOUS-SECTION 1 LE PLACEMENT SOUS SÉQUESTRE PROVISOIRE

Art. R. 153-1 Lorsqu'il est saisi sur requête sur le fondement de l'article 145 du code de procédure civile ou au cours d'une mesure d'instruction ordonnée sur ce fondement, le juge peut ordonner d'office le placement sous séquestre provisoire des pièces demandées afin d'assurer la protection du secret des affaires.

Si le juge n'est pas saisi d'une demande de modification ou de rétractation de son ordonnance en application de l'article 497 du code de procédure civile dans un délai d'un mois à compter de la signification de la décision, la mesure de séquestre provisoire mentionnée à l'alinéa précédent est levée et les pièces sont transmises au requérant.

Le juge saisi en référé d'une demande de modification ou de rétractation de l'ordonnance est compétent pour statuer sur la levée totale ou partielle de la mesure de séquestre dans les conditions prévues par les articles R. 153-3 à R. 153-10.

SOUS-SECTION 2 LA PROCÉDURE APPLICABLE AUX DEMANDES DE COMMUNICATION OU DE PRODUCTION DE PIÈCES

Art. R. 153-2 Lorsqu'en application du 1° de l'article L. 153-1, le juge restreint l'accès à la pièce aux seules personnes habilitées à assister ou représenter les parties, il peut également décider que ces personnes ne peuvent pas en faire de copie ou de reproduction, sauf accord du détenteur de la pièce.

Art. R. 153-3 A peine d'irrecevabilité, la partie ou le tiers à la procédure qui invoque la protection du secret des affaires pour une pièce dont la communication ou la production est demandée remet au juge, dans le délai fixé par celui-ci :

1° La version confidentielle intégrale de cette pièce ;

2° Une version non confidentielle ou un résumé ;

3° Un mémoire précisant, pour chaque information ou partie de la pièce en cause, les motifs qui lui confèrent le caractère d'un secret des affaires.

Le juge peut entendre séparément le détenteur de la pièce, assisté ou représenté par toute personne habilitée, et la partie qui demande la communication ou la production de cette pièce.

Art. R. 153-4 Le juge statue, sans audience, sur la communication ou la production de la pièce et ses modalités.

Art. R. 153-5 Le juge refuse la communication ou la production de la pièce lorsque celle-ci n'est pas nécessaire à la solution du litige.

Art. R. 153-6 Le juge ordonne la communication ou la production de la pièce dans sa version intégrale *lorsque celle-ci est nécessaire* à la solution du litige, alors même qu'elle est susceptible de porter atteinte à un secret des affaires.

Dans ce dernier cas, le juge désigne la ou les personnes pouvant avoir accès à la pièce dans sa version intégrale. Lorsqu'une des parties est une personne morale, il désigne, après avoir recueilli son avis, la ou les personnes physiques pouvant, outre les personnes habilitées à assister ou représenter les parties, avoir accès à la pièce.

Art. R. 153-7 Lorsque seuls certains éléments de la pièce sont de nature à porter atteinte à un secret des affaires sans être nécessaires à la solution du litige, le juge ordonne la communication ou la production de la pièce dans une version non confidentielle ou sous forme d'un résumé, selon les modalités qu'il fixe.

Art. R. 153-8 Lorsqu'elle intervient avant tout procès au fond, la décision statuant sur la demande de communication ou de production de la pièce est susceptible de recours dans les conditions prévues par l'article 490 ou l'article 496 du code de procédure civile.

Le délai d'appel et l'appel exercé dans ce délai sont suspensifs lorsque la décision fait droit à la demande de communication ou de production. L'exécution provisoire ne peut être ordonnée.

Art. R. 153-9 I. – Lorsqu'elle est rendue dans le cadre d'une instance au fond, la décision rejetant la demande de communication ou de production de la pièce n'est susceptible de recours qu'avec la décision sur le fond.

II. – La décision faisant droit à la demande de communication ou de production de la pièce peut être frappée d'appel indépendamment de la décision au fond dans un délai de quinze jours à compter de la signification de l'ordonnance du juge de la mise en état ou de la date de l'ordonnance du juge chargé d'instruire l'affaire. L'appel est formé, instruit et jugé selon les règles applicables à la procédure avec représentation obligatoire. Il est fait application de l'article 905 du code de procédure civile.

Le juge de la mise en état et le juge chargé d'instruire l'affaire ne peuvent ordonner l'exécution provisoire de leur décision.

III. – Lorsqu'elle est rendue par le conseiller de la mise en état, la décision faisant droit à la demande de communication ou de production de la pièce peut être déférée par requête à la cour dans les quinze jours de sa date.

Le délai pour former une requête en déféré et le déféré exercé dans ce délai sont suspensifs. L'exécution provisoire de la décision ne peut être ordonnée.

Code de justice administrative

Contentieux relatif à la prévention, la cessation ou la réparation d'une atteinte au secret des affaires

Art. L. 77-13-1 *(L.n° 2019-222 du 23 mars 2019, art. 41)* Lorsque les actions tendant à prévenir, faire cesser ou réparer une atteinte portée au secret des affaires relèvent de la juridiction administrative, le juge peut mettre en œuvre les mesures prévues au chapitre II du titre V du livre Ier du code de commerce, sous réserve des adaptations réglementaires nécessaires.

Les décisions rendues en référé en application du présent article sont rendues en dernier ressort.

....

Art. R. 77-13-1 *(Décr. n° 2019-1502 du 30 déc. 2019, art. 4)* Les actions mentionnées à l'article L. 77-13-1 sont présentées, instruites et jugées selon les dispositions du présent code, sous réserve de celles du présent chapitre.

Art. R. 77-13-2 *(Décr. n° 2019-1502 du 30 déc. 2019, art. 4)* Lorsqu'il est saisi aux fins de prévenir une atteinte imminente ou faire cesser une atteinte illicite à un secret des affaires, le juge des référés se prononce ainsi qu'il est dit à l'article R. 557-3. – *V. ss. art. R. 152-1.*

De la protection des pièces couvertes par le secret des affaires

Art. R. 611-30 *(Décr. n° 2019-1502 du 30 déc. 2019, art. 4)* Lorsqu'une partie produit une pièce ou une information dont elle refuse la transmission aux autres parties en invoquant la protection du secret des affaires, la procédure prévue par l'article R. 412-2-1 est applicable.

....

Art. R. 775-5 *(Décr. n° 2019-1502 du 30 déc. 2019, art. 4)* Lorsqu'une partie produit une pièce ou une information dont elle refuse la transmission aux autres parties en invoquant la protection du secret des affaires, la procédure prévue par l'article R. 412-2-1 est applicable.

Art. R. 775-6 à R. 775-11 *Abrogés par Décr. n° 2019-1502 du 30 déc. 2019, art. 4.*

Code de l'organisation judiciaire

Protection du secret des affaires

Art. L. 311-17 *(Ord. nº 2017-303 du 9 mars 2017, art. 11)* Le premier président d'une cour d'appel spécialement désignée connaît des recours contre les décisions relatives à la protection du secret des affaires dans les cas et conditions prévus par le code de commerce.

…………………………………………………………………………………………

Art. D. 311-13 *(Décr. nº 2017-305 du 9 mars 2017, art. 5)* Le premier président de la cour d'appel de Paris connaît des recours contre les décisions relatives à la protection du secret des affaires dans les cas et conditions prévus par le code de commerce.

SECTION II LE JUGEMENT

Art. R. 153-10 A la demande d'une partie, un extrait de la décision ne comportant que son dispositif, revêtu de la formule exécutoire, peut lui être remis pour les besoins de son exécution forcée.

Une version non confidentielle de la décision, dans laquelle sont occultées les informations couvertes par le secret des affaires, peut être remise aux tiers et mise à la disposition du public sous forme électronique.

LIVRE DEUXIÈME DES SOCIÉTÉS COMMERCIALES ET DES GROUPEMENTS D'INTÉRÊT ÉCONOMIQUE

TITRE PREMIER DISPOSITIONS PRÉLIMINAIRES

SECTION PREMIÈRE DE LA CONSTITUTION DE LA SOCIÉTÉ ET DE LA MODIFICATION DE SES STATUTS

SOUS-SECTION 1 DE LA CONSTITUTION DE LA SOCIÉTÉ

Art. R. 210-1 Les sociétés commerciales sont immatriculées au registre du commerce et des sociétés dans les conditions définies par le livre Ier.

La demande d'immatriculation est présentée après accomplissement des formalités de constitution de la société. – *[Décr. no 67-236 du 23 mars 1967, art. 1er.]*

Art. R. 210-2 La durée de la société court à dater de l'immatriculation de celle-ci au registre du commerce et des sociétés.

Elle peut être prorogée une ou plusieurs fois, sans que chaque prorogation puisse excéder quatre-vingt-dix-neuf ans. – *[Décr. no 67-236 du 23 mars 1967, art. 2.]*

Art. R. 210-3 Lorsque les autres formalités de constitution de la société ont été accomplies, un avis est inséré dans un *(Décr. no 2020-106 du 10 févr. 2020, art. 12)* « support » habilité à recevoir les annonces légales dans le département du siège social.

Cet avis est signé par le notaire qui a reçu l'acte de société ou au rang des minutes duquel il a été déposé ; dans les autres cas, il est signé par l'un des fondateurs ou des premiers associés ayant reçu un pouvoir spécial à cet effet. – *[Décr. no 67-236 du 23 mars 1967, art. 285, al. 1er et 2.]*

Art. R. 210-4 L'avis mentionné à l'article R. 210-3 contient les indications suivantes :

1° La dénomination sociale suivie, le cas échéant, de son sigle ;

2° La forme de la société ;

3° Le montant du capital social ;

4° L'adresse du siège social ;

5° L'objet social, indiqué sommairement ;

6° La durée pour laquelle la société a été constituée ;

7° Les nom, prénom usuel et domicile des associés tenus indéfiniment des dettes sociales ;

8° Les nom, prénom usuel et domicile des associés ou des tiers ayant, dans la société, la qualité de gérant, administrateur, président du conseil d'administration, directeur général, membre du directoire, membre du conseil de surveillance ou commissaire aux comptes ;

9° Les nom, prénom usuel et domicile des personnes ayant le pouvoir général d'engager la société envers les tiers ;

10° L'indication du greffe du tribunal où la société sera immatriculée au registre du commerce et des sociétés.

S'il s'agit d'une société par actions, l'avis contient en outre les indications suivantes :

1° Les conditions d'admission aux assemblées d'actionnaires et d'exercice du droit de vote, *notamment* les conditions d'attribution du droit de vote double ;

2° Le cas échéant, l'existence de clauses relatives à l'agrément des cessionnaires d'actions et la désignation de l'organe social habilité à statuer sur les demandes d'agrément.

Si la société est à capital variable, l'avis en fait mention et indique le montant au-dessous duquel le capital ne peut être réduit. – *[Décr. no 67-236 du 23 mars 1967, art. 285, al. 3 à 16.]*

Art. R. 210-5 Lors de la constitution d'une société à responsabilité limitée, l'état des actes accomplis pour le compte de la société en formation, avec l'indication, pour chacun d'eux, de l'engagement qui en résulterait pour la société, est présenté aux associés avant la signature des statuts.

Cet état est annexé aux statuts, dont la signature emporte reprise des engagements par la société, lorsque celle-ci a été immatriculée au registre du commerce et des sociétés.

En outre, les associés peuvent, dans les statuts ou par acte séparé, donner mandat à l'un ou plusieurs d'entre eux ou au gérant non associé qui a été désigné, de prendre des engagements pour le compte de la société. Sous réserve qu'ils soient déterminés et que les modalités en soient précisées par le mandat, l'immatriculation de la société au registre du commerce et des sociétés emporte reprise de ces engagements par la société. — *[Décr. nº 67-236 du 23 mars 1967, art. 26.]*

Art. R. 210-6 Lors de la constitution d'une société par actions *(Décr. nº 2009-557 du 19 mai 2009, art. 3-I)* « sans offre au public », *(Décr. nº 2019-1097 du 28 oct. 2019, art. 2)* « ou par la voie d'une offre au public mentionnée au 1° ou au 2° de l'article L. 411-2 du code monétaire et financier ou à l'article L. 411-2-1 du même code, » l'état des actes accomplis pour le compte de la société en formation, avec l'indication, pour chacun d'eux, de l'engagement qui en résulterait pour la société, est tenu à la disposition des actionnaires dans les conditions prévues à l'article R. 225-14.

Cet état est annexé aux statuts, dont la signature emporte reprise des engagements par la société, lorsque celle-ci a été immatriculée au registre du commerce.

En outre, les actionnaires peuvent, dans les statuts, ou par acte séparé, donner mandat à l'un ou plusieurs d'entre eux de prendre des engagements pour le compte de la société. Sous réserve qu'ils soient déterminés et que leurs modalités soient précisées par le mandat, l'immatriculation de la société au registre du commerce et des sociétés emporte reprise de ces engagements par la société. — *[Décr. nº 67-236 du 23 mars 1967, art. 74.]*

Art. R. 210-7 Lors de la constitution d'une société par actions *(Décr. nº 2009-557 du 19 mai 2009, art. 3-II)* « avec offre au public », les actes accomplis pour le compte de la société en formation conformément au deuxième alinéa de l'article L. 210-6 sont soumis à l'assemblée générale constitutive, après qu'ont été désignés les premiers membres du conseil d'administration ou du conseil de surveillance et les premiers commissaires aux comptes. *(Décr. nº 2019-1097 du 28 oct. 2019, art. 2)* « Ces dispositions ne sont pas applicables lors de la constitution d'une société par actions avec offre au public mentionnée au 1° ou au 2° de l'article L. 411-2 du code monétaire et financier ou à l'article L. 411-2-1 du même code. »

Le rapport des fondateurs énumère chacun de ces actes et indique l'engagement qui en résulterait pour la société.

Si l'assemblée autorise la société à les reprendre à son compte, cette décision ne prend effet, dans les conditions prévues au deuxième alinéa de l'article L. 210-6, qu'après immatriculation de la société au registre du commerce et des sociétés.

L'assemblée peut également donner mandat à une ou plusieurs des personnes désignées en qualité de premiers membres du conseil d'administration ou du conseil de surveillance de prendre des engagements pour le compte de la société. Sous réserve qu'ils soient déterminés et que leurs modalités soient précisées par le mandat, l'immatriculation de la société au registre du commerce et des sociétés emporte reprise de ces engagements par la société. — *[Décr. nº 67-236 du 23 mars 1967, art. 67.]*

Art. R. 210-8 Après immatriculation au registre du commerce et des sociétés, la constitution de la société fait l'objet d'une publicité au *Bulletin officiel des annonces civiles et commerciales*, conformément à l'article R. 123-155. — *[Décr. nº 67-236 du 23 mars 1967, art. 286.]*

SOUS-SECTION 2 DE LA MODIFICATION DES STATUTS

Art. R. 210-9 Si l'une des mentions de l'avis prévu à l'article R. 210-3 est frappée de caducité par suite de la modification des statuts ou d'un autre acte, délibération ou décision, la modification intervenue est publiée *(Décr. nº 2007-750 du 9 mai 2007, art. 32)* « dans les conditions prévues à l'article R. 210-3 » *[.]*

L'avis est signé par le notaire qui a reçu l'acte ou au rang des minutes duquel il a été déposé ; dans les autres cas, il est signé par les représentants légaux de la société.

Il contient les indications suivantes :

1° La raison sociale ou la dénomination sociale suivie, le cas échéant, de son sigle ;

2° La forme de la société ;
3° Le montant du capital social ;
4° L'adresse du siège social ;
5° Les mentions prévues aux 1° et 2° de l'article R. 123-237 et le numéro unique d'identification de la société à l'Institut national de la statistique et des études économiques ;
6° L'indication des modifications intervenues, reproduisant l'ancienne mention à côté de la nouvelle. – *[Décr. nº 67-236 du 23 mars 1967, art. 287.]*

Art. R. 210-10 Le nom des premiers gérants, administrateurs, membres du conseil de surveillance et commissaires aux comptes mentionnés dans les statuts peut être omis dans les statuts mis à jour et déposés en annexe au registre du commerce et des sociétés, sans qu'il y ait lieu, sauf dispositions statutaires contraires, de les remplacer par le nom des personnes qui leur ont succédé dans ces fonctions.

Les mentions prévues aux 4° et 8° de l'article R. 224-2 peuvent être également omises des statuts mis à jour, sous la condition que la société soit immatriculée au registre du commerce et des sociétés depuis plus de cinq ans. – *[Décr. nº 67-236 du 23 mars 1967, art. 288.]*

Art. R. 210-11 En cas de transfert du siège social hors du ressort du tribunal au greffe duquel la société a été immatriculée, l'avis, publié dans un *(Décr. nº 2020-106 du 10 févr. 2020, art. 12)* « support » habilité à recevoir des annonces légales du département du nouveau siège, indique que le siège social a été transféré et reproduit les mentions prévues aux 1°, 2°, 4° et 9° de l'article R. 210-4 et comporte en outre :

1° Les mentions prévues aux 1° et 2° de l'article R. 123-237, en ce qui concerne l'ancien siège social ;

2° L'indication du registre du commerce et des sociétés où la société sera immatriculée en raison de son nouveau siège social. – *[Décr. nº 67-236 du 23 mars 1967, art. 289.]*

SOUS-SECTION 3 DE L'ACTION EN RÉGULARISATION

Art. R. 210-12 L'action en régularisation de la constitution de la société ou de la modification des statuts, prévue à l'article L. 210-7, est portée devant le tribunal de commerce.

Le tribunal territorialement compétent est celui dans le ressort duquel est situé le siège de la société. – *[Décr. nº 67-236 du 23 mars 1967, art. 3.]*

Art. R. 210-13 Si une ou plusieurs énonciations exigées par la loi ou les règlements ne figurent pas dans les statuts, le tribunal ordonne que ceux-ci soient complétés dans les mêmes conditions que celles requises lors de la constitution de la société.

Si une formalité prescrite par la loi ou les règlements pour la constitution de la société ou la modification des statuts a été omise ou irrégulièrement accomplie, le tribunal ordonne qu'elle soit accomplie ou refaite. Il peut en outre ordonner que toutes les formalités qui ont suivi celle omise ou entachée d'un vice, ou certaines d'entre elles seulement, soient également refaites. – *[Décr. nº 67-236 du 23 mars 1967, art. 4.]*

SECTION II DE LA DISSOLUTION DE LA SOCIÉTÉ

Art. R. 210-14 L'associé ou l'actionnaire d'une société entre les mains duquel sont réunies toutes les parts ou actions peut dissoudre cette société à tout moment, par déclaration au greffe du tribunal de commerce, en vue de la mention de la dissolution au registre du commerce et des sociétés.

Le déclarant est liquidateur de la société, à moins qu'il ne désigne une autre personne pour exercer cette fonction. – *[Décr. nº 67-236 du 23 mars 1967, art. 5.]*

Art. R. 210-15 La dissolution judiciaire de la société, pour quelque cause que ce soit, est de la compétence du tribunal de commerce. – *[Décr. nº 67-236 du 23 mars 1967, art. 51 et 198.]*

SECTION III DES FORMALITÉS DE PUBLICITÉ

Art. R. 210-16 La publicité au moyen d'avis ou annonces est faite, selon le cas, par insertions au *Bulletin officiel des annonces civiles et commerciales* ou dans un *(Décr. nº 2020-106 du 10 févr. 2020, art. 12)* « support » habilité à recevoir les annonces légales dans le département du siège social ou au *Bulletin des annonces légales obligatoires*. – *[Décr. nº 67-236 du 23 mars 1967, art. 281.]*

Art. R. 210-17 La publicité par dépôt d'actes ou de pièces est faite au greffe du tribunal de commerce, en annexe au registre du commerce et des sociétés, dans les conditions prévues par la section Ire du chapitre III du titre II du livre Ier. – *[Décr. nº 67-236 du 23 mars 1967, art. 282.]*

Art. R. 210-18 Les formalités de publicité sont effectuées à la diligence et sous la responsabilité des représentants légaux des sociétés.

Lorsqu'une formalité de publicité ne portant ni sur la constitution de la société ni sur la modification de ses statuts a été omise ou irrégulièrement accomplie et si la société n'a pas régularisé la situation dans le délai d'un mois à compter de la mise en demeure qui lui a été adressée, tout intéressé peut demander au président du tribunal de commerce, statuant en référé, de désigner un mandataire chargé d'accomplir la formalité. – *[Décr. nº 67-236 du 23 mars 1967, art. 283.]*

Art. R. 210-19 Dans tous les cas où, en vertu du présent livre, il est statué par ordonnance du président du tribunal, soit sur requête, soit en référé, une copie de cette ordonnance est déposée par le greffier au dossier de la société, en annexe au registre du commerce et des sociétés. – *[Décr. nº 67-236 du 23 mars 1967, art. 284.]*

Art. R. 210-20 *Abrogé par Décr. nº 2020-1742 du 29 déc. 2020, art. 3, à compter du 1er janv. 2021.*

Art. R. 210-21 *(Décr. nº 2020-1 du 2 janv. 2020, art. 3)* I. – L'organisme tiers indépendant mentionné au 4º de l'article L. 210-10 est désigné parmi les organismes accrédités à cet effet par le Comité français d'accréditation défini par le décret nº 2008-1401 du 19 décembre 2008 relatif à l'accréditation et à l'évaluation de conformité pris en application de l'article 137 de la loi nº 2008-776 du 4 août 2008 de modernisation de l'économie ou par tout autre organisme d'accréditation signataire de l'accord de reconnaissance multilatéral établi par la coordination européenne des organismes d'accréditation.

Il est soumis aux incompatibilités prévues à l'article L. 822-11-3.

II. – Sauf clause contraire des statuts de la société, cet organisme est désigné par l'organe en charge de la gestion, pour une durée initiale qui ne peut excéder six exercices. Cette désignation est renouvelable, dans la limite d'une durée totale de douze exercices.

Il procède, au moins tous les deux ans, à la vérification de l'exécution des objectifs mentionnés au 2º de l'article L. 210-10. La première vérification a lieu dans les dix-huit mois suivant la publication de la déclaration de la qualité de société à mission au registre du commerce et des sociétés.

Lorsque la société répond aux conditions mentionnées à l'article L. 210-12, la première vérification a lieu dans les vingt-quatre mois suivant cette publication.

Lorsque la société emploie, sur une base annuelle, moins de cinquante salariés permanents au titre du dernier exercice comptable ayant fait l'objet de la dernière vérification, elle peut demander à l'organisme tiers indépendant de ne procéder à la prochaine vérification qu'au bout de trois ans.

III. – Pour délivrer l'avis mentionné au 4º de l'article L. 210-10, l'organisme tiers indépendant a accès à l'ensemble des documents détenus par la société, utiles à la formation de son avis, notamment au rapport annuel mentionné au 3º de l'article L. 210-10.

Il procède à toute vérification sur place qu'il estime utile au sein de la société et, avec leur accord, au sein des entités concernées par un ou plusieurs objectifs sociaux et environnementaux constitutifs de la mission de la société.

L'organisme tiers indépendant rend un avis motivé qui retrace les diligences qu'il a mises en œuvre et indique si la société respecte ou non les objectifs qu'elle s'est fixés.

Le cas échéant, il mentionne les raisons pour lesquelles, selon lui, les objectifs n'ont pas été atteints ou pour lesquelles il lui a été impossible de parvenir à une conclusion.

(Décr. nº 2021-669 du 27 mai 2021, art. 1er) « Un arrêté du ministre chargé de l'économie et du garde des sceaux, ministre de la justice, précise les modalités selon lesquelles l'organisme tiers indépendant conduit sa mission. » — *V. art. A. 210-1 et A. 210-2.*

IV. — L'avis motivé le plus récent de l'organisme tiers indépendant est joint au rapport mentionné au 3° de l'article L. 210-10. Cet avis est publié sur le site internet de la société et demeure accessible publiquement au moins pendant cinq ans.

Pour la première vérification de la société, l'organisme tiers indépendant appelé à vérifier, en application du 4° de l'art. L. 210-10 C. com., l'exécution du ou des objectifs sociaux et environnementaux, est désigné parmi les organismes accrédités ou, à défaut, parmi les organismes ayant déposé une demande d'accréditation dont la recevabilité a été admise par l'organisme d'accréditation (Décr. nº 2020-1 du 2 janv. 2020, art. 5).

SECTION IV DU DÉCOMPTE DES EFFECTIFS

(Décr. nº 2020-101 du 7 févr. 2020, art. 3)

Art. D. 210-21 Pour l'application des dispositions du présent livre, l'effectif salarié est déterminé selon les dispositions du dernier alinéa de l'article D. 123-200.

Les catégories de personnes incluses dans l'effectif de salariés permanents *[,]* mentionné au présent livre, sont les salariés à temps plein, titulaires d'un contrat à durée indéterminée.

Les art. 3 à 7 ainsi que l'art. 12 du Décr. nº 2020-101 du 7 févr. 2020 s'appliquent à compter du premier exercice ouvert à compter de l'entrée en vigueur dudit Décr. (Décr. préc., art. 15, JO 8 févr.).

TITRE DEUXIÈME DISPOSITIONS PARTICULIÈRES AUX DIVERSES SOCIÉTÉS COMMERCIALES

CHAPITRE PREMIER DES SOCIÉTÉS EN NOM COLLECTIF

Art. R. 221-1 Si les statuts sont établis par acte sous seing privé, il est dressé autant d'originaux qu'il est nécessaire pour le dépôt d'un exemplaire au siège social, l'exécution des diverses formalités requises et la remise d'un exemplaire à chaque associé. — *[Décr. nº 67-236 du 23 mars 1967, art. 6.]*

Art. R. 221-2 Toute délibération des associés est constatée par un procès-verbal qui indique la date et le lieu de réunion, les noms et prénoms des associés présents, les documents et rapports soumis à discussion, un résumé des débats, le texte des résolutions mises aux voix et le résultat des votes. Le procès-verbal est signé par chacun des associés présents.

Lorsque tous les associés sont gérants, seules les délibérations dont l'objet excède les pouvoirs reconnus aux gérants sont soumises aux dispositions de l'alinéa précédent.

En cas de consultation écrite, il en est fait mention dans le procès-verbal, auquel est annexée la réponse de chaque associé et qui est signé par les gérants. — *[Décr. nº 67-236 du 23 mars 1967, art. 9.]*

Art. R. 221-3 Les procès-verbaux prévus à l'article R. 221-2 sont établis sur un registre spécial tenu au siège social et coté et paraphé soit par un juge du tribunal de commerce, soit par un *(Décr. nº 2019-966 du 18 sept. 2019, art. 8, en vigueur le 1er janv. 2020)* « juge du tribunal judiciaire », soit par le maire de la commune du siège social ou un adjoint au maire, dans la forme ordinaire et sans frais.

Toutefois, les procès-verbaux peuvent être établis sur des feuilles mobiles numérotées sans discontinuité, paraphées dans les conditions prévues à l'alinéa précédent et revêtues du sceau de l'autorité qui les a paraphées. Dès qu'une feuille a été remplie, même partiellement, elle est jointe à celles précédemment utilisées. Toute addition, suppression, substitution ou interversion de feuilles est interdite. — *[Décr. nº 67-236 du 23 mars 1967, art. 10.]*

(Décr. nº 2019-1118 du 31 oct. 2019, art. 1er) « Le registre spécial peut être tenu et les procès-verbaux établis sous forme électronique ; dans ce cas, les procès-verbaux

sont signés au moyen d'une signature électronique qui respecte au moins les exigences relatives à une signature électronique avancée prévues par l'article 26 du règlement (UE) n° 910/2014 du Parlement européen et du Conseil du 23 juillet 2014 sur l'identification électronique et les services de confiance pour les transactions électroniques au sein du marché intérieur. Les procès-verbaux sont datés de façon électronique par un moyen d'horodatage offrant toute garantie de preuve. »

Art. R. 221-4 Les copies ou extraits des procès-verbaux des délibérations des associés sont certifiés conformes par un seul gérant. Au cours de la liquidation de la société, leur certification est effectuée par un seul liquidateur. – *[Décr. n° 67-236 du 23 mars 1967, art. 11.]*

(Décr. n° 2019-1118 du 31 oct. 2019, art. 2) « La certification peut se faire au moyen d'une signature électronique qui respecte au moins les exigences relatives à une signature électronique avancée prévues par l'article 26 du règlement (UE) n° 910/2014 du Parlement européen et du Conseil du 23 juillet 2014 sur l'identification électronique et les services de confiance pour les transactions électroniques au sein du marché intérieur. »

Art. D. 221-5 Pour l'application du deuxième alinéa de l'article L. 221-9 relatif à la désignation d'un commissaire aux comptes, le total du bilan est fixé à *(Décr. n° 2019-514 du 24 mai 2019, art. 1er)* « 4 000 000 » €, le montant hors taxe du chiffre d'affaires à *(Décr. n° 2019-514 du 24 mai 2019, art. 1er)* « 8 000 000 » € et le nombre moyen de salariés à cinquante. *(Décr. n° 2020-101 du 7 févr. 2020, art. 4)* « Le total du bilan et le montant hors taxe du chiffre d'affaires sont déterminés conformément aux cinquième et sixième alinéas de l'article D. 123-200. »

La société n'est plus tenue de désigner un commissaire aux comptes dès lors qu'elle n'a pas dépassé les chiffres fixés pour deux de ces trois critères pendant les deux exercices précédant l'expiration du mandat du commissaire aux comptes.

Dans le cas prévu au troisième alinéa de l'article L. 221-9, le commissaire aux comptes est désigné par *(Décr. n° 2019-1419 du 20 déc. 2019, art. 2)* « jugement » du président du tribunal de commerce statuant *(Décr. n° 2019-1419 du 20 déc. 2019, art. 2)* « selon la procédure accélérée au fond ». – *[Décr. n° 67-236 du 23 mars 1967, art. 12.]*

Les dispositions du Décr. n° 2019-1419 du 20 déc. 2019 s'appliquent aux demandes introduites à compter du 1er janv. 2020 (Décr. préc., art. 24-II).

Pour les dispositions transitoires du Décr. n° 2020-101 du 7 févr. 2020, V. note ss. art. D. 210-21.

Art. R. 221-6 Les comptes annuels, le rapport de gestion ainsi que, le cas échéant, les comptes consolidés et le rapport sur la gestion du groupe sont tenus, au siège social, à la disposition des commissaires aux comptes un mois au moins avant la convocation de l'assemblée prévue à l'article L. 221-7. – *[Décr. n° 67-236 du 23 mars 1967, art. 12-1.]*

Art. R. 221-7 Les comptes annuels, le rapport de gestion, le texte des résolutions proposées ainsi que, le cas échéant, les comptes consolidés, le rapport sur la gestion du groupe et les rapports des commissaires aux comptes sur les comptes annuels et sur les comptes consolidés sont adressés aux associés quinze jours au moins avant la réunion de l'assemblée prévue à l'article L. 221-7.

Pendant le délai de quinze jours qui précède l'assemblée, l'inventaire est tenu, au siège social, à la disposition des associés, qui peuvent en prendre copie.

Les dispositions du présent article ne sont pas applicables lorsque tous les associés sont gérants. – *[Décr. n° 67-236 du 23 mars 1967, art. 12-2.]*

Art. R. 221-7-1 *(Décr. n° 2015-1380 du 29 oct. 2015, art. 1er)* Le rapport mentionné à l'article L. 221-7-1 *est mis à disposition* du public sur le site internet de la société dans un délai de huit mois à compter de la clôture de l'exercice et pendant une durée de cinq années.

Art. R. 221-8 En application des dispositions de l'article L. 221-8, l'associé non gérant a le droit de prendre par lui-même, au siège social, connaissance des livres de commerce et de comptabilité, des contrats, factures, correspondances, procès-verbaux et plus généralement de tout document établi par la société ou reçu par elle.

Le droit de prendre connaissance emporte celui de prendre copie.

Dans l'exercice de ces droits, l'associé peut se faire assister d'un expert choisi sur une des listes établies par les cours et tribunaux. — *[Décr. nº 67-236 du 23 mars 1967, art. 13.]*

Art. R. 221-9 *(Décr. nº 2015-545 du 18 mai 2015, art. 2, en vigueur le 1er juin 2015)* En l'absence de publication des statuts modifiés au registre du commerce et des sociétés prescrite par l'alinéa 2 de l'article L. 221-14, le cédant ou le cessionnaire peut, après mise en demeure du gérant d'effectuer cette publication, restée vaine au terme d'un délai de huit jours, et en justifiant de la saisine du président du tribunal en application de l'article L. 123-5-1 ou de l'article L. 210-7, déposer contre récépissé l'acte de cession de parts sociales au registre du commerce et des sociétés. A titre conservatoire et jusqu'à la décision du tribunal, ce dépôt rend la cession opposable aux tiers, sous réserve de l'accomplissement des formalités prévues à l'alinéa premier de l'article L. 221-14.

Art. R. 221-10 Le créancier ne peut poursuivre un associé, à défaut de paiement ou de constitution de garanties par la société, que huit jours au moins après mise en demeure de celle-ci.

Ce délai peut être prolongé par ordonnance du président du tribunal de commerce statuant en référé. — *[Décr. nº 67-236 du 23 mars 1967, art. 15.]*

CHAPITRE II DES SOCIÉTÉS EN COMMANDITE SIMPLE

Art. R. 222-1 Les dispositions du chapitre Ier sont applicables aux sociétés en commandite simple. — *[Décr. nº 67-236 du 23 mars 1967, art. 17.]*

Art. R. 222-2 Les avis et conseils, les actes de contrôle et de surveillance de l'associé commanditaire ne constituent pas des actes de gestion externe au sens de l'article L. 222-6. — *[Décr. nº 67-236 du 23 mars 1967, art. 18.]*

Art. R. 222-3 L'associé commanditaire exerce le droit ouvert par l'article L. 222-7 dans les conditions prévues à l'article R. 221-8. — *[Décr. nº 67-236 du 23 mars 1967, art. 19.]*

CHAPITRE III DES SOCIÉTÉS À RESPONSABILITÉ LIMITÉE

Art. R. 223-1 Si les statuts sont établis par acte sous seing privé, il est dressé autant d'originaux qu'il est nécessaire pour le dépôt d'un exemplaire au siège social et l'exécution des diverses formalités requises.

En outre, un exemplaire des statuts établi sur papier libre est remis à chaque associé. — *[Décr. nº 67-236 du 23 mars 1967, art. 20.]*

Art. D. 223-2 *(Décr. nº 2008-1419 du 19 déc. 2008)* Un modèle de statuts types de la société à responsabilité limitée dont l'associé unique, personne physique, assume personnellement la gérance figure en annexe 2-1 au présent livre. — *V. cette annexe au* ***C. com.*** *ou au* ***C. sociétés.***

(Décr. nº 2021-300 du 18 mars 2021, art. 25, en vigueur le 1er janv. 2023) « L'organisme unique mentionné à l'article R. 123-1 met, gratuitement et par voie électronique, ce modèle de statuts types à disposition du fondateur de la société. »

Il l'informe de ce que ces statuts types s'appliquent à moins qu'il n'ait été joint des statuts différents lors de la demande d'immatriculation de la société.

Ancien art. D. 223-2 (al. 2) *Le centre de formalités des entreprises ou, dans le cas prévu au deuxième alinéa de l'article R. 123-5, le greffe du tribunal de commerce remet gratuitement ce modèle de statuts types au fondateur de la société.*

Art. R. 223-3 Dans les huit jours de leur réception, les fonds provenant de la libération des parts sociales sont déposés pour le compte de la société en formation et par les personnes qui les ont reçus à la Caisse des dépôts et consignations, chez un notaire ou dans un établissement de crédit.

Mention de la libération des parts et du dépôt des fonds est portée dans les statuts. – *[Décr. n° 67-236 du 23 mars 1967, art. 22.]*

Art. R. 223-4 Le retrait des fonds est accompli par le mandataire de la société sur présentation du certificat du greffier attestant l'immatriculation de la société au registre du commerce et des sociétés. – *[Décr. n° 67-236 du 23 mars 1967, art. 23.]*

Art. R. 223-5 Pour l'application du deuxième alinéa de l'article L. 223-8 :

1° L'autorisation de retirer les fonds individuellement est donnée par le président du tribunal de commerce du lieu du siège social, statuant sur requête ;

2° Le mandataire justifie, en vue du retrait collectif des fonds, de l'autorisation écrite de tous les apporteurs. – *[Décr. n° 67-236 du 23 mars 1967, art. 24.]*

Art. R. 223-6 Le commissaire aux apports est choisi parmi les commissaires aux comptes inscrits sur la liste prévue à l'article L. 822-1 ou parmi les experts inscrits sur l'une des listes établies par les cours et tribunaux.

Il est désigné, le cas échéant, par ordonnance du président du tribunal de commerce statuant sur requête *(Abrogé par Décr. n° 2014-1063 du 18 sept. 2014, art. 11)* « , *notamment dans le cas prévu à l'article L. 223-33* ». – *[Décr. n° 67-236 du 23 mars 1967, art. 25.]*

Art. D. 223-6-1 *(Décr. n° 2010-1669 du 29 déc. 2010, art. 1er)* Pour l'application du deuxième alinéa de l'article L. 223-9, le montant de la valeur qu'aucun apport en nature ne doit excéder est fixé à 30 000 euros.

Art. R. 223-7 à R. 223-9 *Abrogés par Décr. n° 2019-1097 du 28 oct. 2019, art. 5.*

Art. R. 223-10 L'article R. 228-60, sauf en tant qu'il détermine les conditions d'application *(Abrogé par Décr. n° 2017-1165 du 12 juill. 2017, art. 1er-1°)* « *du deuxième alinéa* » de l'article L. 228-51, et les articles R. 228-61 à R. 228-64 sont applicables aux représentants de la masse des obligataires.

Les articles R. 228-65 à R. 228-69 et R. 228-72 à R. 228-80 sont applicables aux assemblées d'obligataires.

(Décr. n° 2017-1165 du 12 juill. 2017, art. 1er-2°) « L'article R. 228-83 est applicable » aux sûretés constituées pour garantir le remboursement des obligations.

Les articles R. 228-84 à R. 228-86 sont applicables en cas de procédure de sauvegarde ou de redressement ou liquidation judiciaire. – *[Décr. n° 67-236 du 23 mars 1967, art. 27-3.]*

Art. R. 223-11 La notification du projet de cession ou de nantissement de parts sociales, prévue au deuxième alinéa de l'article L. 223-14 et à l'article L. 223-15, est faite par acte extrajudiciaire ou par lettre recommandée avec demande d'avis de réception.

La désignation de l'expert prévue à l'article 1843-4 du code civil est faite par le président du tribunal de commerce *(Décr. n° 2019-1419 du 20 déc. 2019, art. 2)* « statuant selon la procédure accélérée au fond. Il statue par ordonnance sur requête pour prolonger le délai prévu » au troisième alinéa de l'article L. 223-14 et par ordonnance de référé dans le cas prévu au quatrième alinéa du même article. *(Décr. n° 2019-1419 du 20 déc. 2019, art. 2)* « Ces décisions » ne sont pas susceptibles de recours. – *[Décr. n° 67-236 du 23 mars 1967, art. 29.]*

Pour les dispositions transitoires du Décr. n° 2019-1419 du 20 déc. 2019, V. note ss. art. D. 221-5.

Art. R. 223-12 Dans le délai de huit jours à compter de la notification qui lui a été faite en application de l'article R. 223-11, le gérant convoque l'assemblée des associés pour qu'elle délibère sur le projet de cession des parts sociales ou, si les statuts le permettent, consulte les associés par écrit sur ce projet.

La décision de la société est notifiée au cédant par lettre recommandée avec demande d'avis de réception. – *[Décr. n° 67-236 du 23 mars 1967, art. 30.]*

Art. R. 223-13 *(Décr. n° 2015-545 du 18 mai 2015, art. 3, en vigueur le 1er juin 2015)* Le cédant ou le cessionnaire de parts sociales peut procéder au dépôt de l'acte de cession dans les conditions prévues à l'article R. 221-9.

Art. R. 223-14 Tout associé a le droit, à toute époque, d'obtenir, au siège social, la délivrance d'une copie certifiée conforme des statuts en vigueur au jour de la demande.

La société annexe à ce document la liste des gérants et, le cas échéant, des commissaires aux comptes en exercice et ne peut, pour cette délivrance, exiger le paiement d'une somme supérieure à 0,30 €. – *[Décr. n° 67-236 du 23 mars 1967, art. 32.]*

Art. R. 223-15 Tout associé a le droit, à toute époque, de prendre par lui-même connaissance des documents suivants au siège social : bilans, comptes de résultats, annexes, inventaires, rapports soumis aux assemblées et procès-verbaux de ces assemblées concernant les trois derniers exercices. Sauf en ce qui concerne l'inventaire, le droit de prendre connaissance emporte celui de prendre copie.

A cette fin, il peut se faire assister d'un expert inscrit sur une des listes établies par les cours et tribunaux. – *[Décr. n° 67-236 du 23 mars 1967, art. 33.]*

Art. R. 223-16 Le gérant avise le commissaire aux comptes, s'il en existe un, des conventions mentionnées à l'article L. 223-19, dans le délai d'un mois à compter de la conclusion de ces conventions.

Lorsque l'exécution de conventions conclues au cours d'exercices antérieurs a été poursuivie au cours du dernier exercice, le commissaire aux comptes est informé de cette situation dans le délai d'un mois à compter de la clôture de l'exercice. – *[Décr. n° 67-236 du 23 mars 1967, art. 34.]*

Art. R. 223-17 Le rapport prévu au premier alinéa de l'article L. 223-19 contient :

1° L'énumération des conventions soumises à l'approbation de l'assemblée des associés ;

2° Le nom des gérants ou associés intéressés ;

3° La nature et l'objet de ces conventions ;

4° Les modalités essentielles de ces conventions, notamment l'indication des prix ou tarifs pratiqués, des ristournes et commissions consenties, des délais de paiement accordés, des intérêts stipulés, des sûretés conférées et, le cas échéant, de toutes autres indications permettant aux associés d'apprécier l'intérêt qui s'attachait à la conclusion des conventions analysées ;

5° L'importance des fournitures livrées ou des prestations de service fournies ainsi que le montant des sommes versées ou reçues au cours de l'exercice en exécution des conventions mentionnées au deuxième alinéa de l'article R. 223-16. – *[Décr. n° 67-236 du 23 mars 1967, art. 35.]*

Art. R. 223-18 Les comptes annuels, le rapport de gestion, le texte des résolutions proposées, ainsi que, le cas échéant, les comptes consolidés, le rapport sur la gestion du groupe et les rapports du commissaire aux comptes sur les comptes annuels et les comptes consolidés sont adressés aux associés quinze jours au moins avant la date de l'assemblée prévue par l'article L. 223-26.

Pendant le délai de quinze jours qui précède l'assemblée, l'inventaire est tenu, au siège social, à la disposition des associés, qui ne peuvent en prendre copie. – *[Décr. n° 67-236 du 23 mars 1967, art. 36.]*

Art. R. 223-18-1 *(Décr. n° 2015-545 du 18 mai 2015, art. 4, en vigueur le 1er juin 2015)* Le délai de six mois prévu pour la réunion de l'assemblée des associés par l'article L. 223-26 peut être prolongé, à la demande du gérant, par ordonnance du président du tribunal de commerce, statuant sur requête.

Art. R. 223-18-2 *(Décr. n° 2015-1380 du 29 oct. 2015, art. 1er)* Les rapports mentionnés à l'article L. 223-26-1 sont mis à disposition du public sur le site internet de la société dans un délai de huit mois à compter de la clôture de l'exercice et pendant une durée de cinq années.

Art. R. 223-19 En cas de convocation d'une assemblée autre que celle prévue au premier alinéa de l'article L. 223-26, le texte des résolutions proposées, le rapport des gérants ainsi que, le cas échéant, celui des commissaires aux comptes sont adressés aux associés quinze jours au moins avant la date de l'assemblée.

En outre, pendant le délai de quinze jours qui précède l'assemblée les mêmes documents sont tenus, au siège social, à la disposition des associés, qui peuvent en prendre connaissance ou copie. – *[Décr. n° 67-236 du 23 mars 1967, art. 37.]*

Art. R. 223-20 Les associés sont convoqués, quinze jours au moins avant la réunion de l'assemblée, par lettre recommandée. Celle-ci indique l'ordre du jour. Toutefois, lorsque l'assemblée est convoquée, en raison du décès du gérant unique, par le commissaire aux comptes ou un associé, conformément aux dispositions du *(Décr. n° 2018-146 du 28 févr. 2018, art. 2)* « huitième » alinéa de l'article L. 223-27, le délai est réduit à huit jours.

(Décr. n° 2015-545 du 18 mai 2015, art. 5, en vigueur le 1er juin 2015) « La société qui entend recourir à la communication électronique en lieu et place d'un envoi postal pour satisfaire aux formalités prévues aux articles *(Décr. n° 2018-146 du 28 févr. 2018, art. 2)* « R. 223-18 à R. 223-20, R. 223-20-2 et R. 223-20-3 » en soumet la proposition aux associés soit par voie postale, soit par voie électronique. Chaque associé peut donner son accord écrit par lettre recommandée ou par voie électronique, au plus tard vingt jours avant la date de la prochaine assemblée des associés. En cas d'accord, la convocation et les documents et renseignements mentionnés aux dits *[auxdits]* articles sont transmis à l'adresse indiquée par l'associé.

« En l'absence d'accord de l'associé, la société a recours à un envoi postal pour satisfaire aux formalités prévues aux articles *(Décr. n° 2018-146 du 28 févr. 2018, art. 2)* « R. 223-18 à R. 223-20, R. 223-20-2 et R. 223-20-3 ». Les associés qui ont consenti à l'utilisation de la voie électronique peuvent, par cette voie ou par lettre recommandée, demander le retour à un envoi postal vingt jours au moins avant la date de l'assemblée suivante. »

Sous réserve des questions diverses, qui ne doivent présenter qu'une minime importance, les questions inscrites à l'ordre du jour sont libellées de telle sorte que leur contenu et leur portée apparaissent clairement, sans qu'il y ait lieu de se reporter à d'autres documents.

Le mandataire chargé de convoquer l'assemblée dans le cas prévu par le *(Décr. n° 2018-146 du 28 févr. 2018, art. 2)* « septième » alinéa de l'article L. 223-27 est désigné par ordonnance du président du tribunal de commerce statuant en référé. – *[Décr. n° 67-236 du 23 mars 1967, art. 38.]*

Les dispositions des art. 2 et 3 du Décr. n° 2018-146 du 28 févr. 2018 sont applicables aux assemblées convoquées à compter du 1er avr. 2018 (Décr. préc., art. 12).

Art. R. 223-20-1 *(Décr. n° 2009-234 du 25 févr. 2009, art. 2)* Afin de garantir, en vue de l'application du troisième alinéa de l'article L. 223-27, l'identification et la participation effective à l'assemblée des associés y participant par des moyens de visioconférence ou de télécommunication, ces moyens transmettent au moins la voix des participants et satisfont à des caractéristiques techniques permettant la retransmission continue et simultanée des délibérations.

Les sociétés dont les statuts permettent aux associés de voter aux assemblées par des moyens électroniques de télécommunication aménagent un site exclusivement consacré à cette fin. Les associés ne peuvent accéder à ce site qu'après s'être identifiés au moyen d'un code fourni préalablement à la tenue de l'assemblée.

Les associés ne peuvent participer aux débats par conférence téléphonique et exercer leurs droits de vote qu'après s'être identifiés au moyen d'un code fourni préalablement à la tenue de l'assemblée.

Art. R. 223-20-2 *(Décr. n° 2018-146 du 28 févr. 2018, art. 3)* Lorsqu'un associé veut user de la faculté de requérir l'inscription de points ou de projets de résolution à l'ordre du jour d'une assemblée, en application du cinquième alinéa de l'article L. 223-27, il peut demander par lettre simple ou recommandée ou par courrier électronique à la société de l'aviser selon l'une de ces modalités, de la date prévue pour la réunion de l'assemblée.

La société est tenue d'envoyer cet avis par lettre simple ou recommandée, si l'associé lui a adressé le montant des frais d'envoi de cette lettre, ou par un courrier électronique à l'adresse qu'il a indiquée.

Pour les dispositions transitoires du Décr. n° 2018-146 du 28 févr. 2018, V. note ss. art. R. 223-20.

BIBL. ▶ COURET, *Rev. sociétés 2018. 283* .

Art. R. 223-20-3 *(Décr. nº 2018-146 du 28 févr. 2018, art. 3)* La demande d'inscription à l'ordre du jour de l'assemblée de points ou de projets de résolution par un ou plusieurs associés détenant au jour de l'envoi de cette demande au moins un vingtième des parts sociales est adressée à la société par lettre recommandée avec demande d'avis de réception ou courrier électronique avec accusé de réception, vingt-cinq jours au moins avant la date de l'assemblée.

La demande d'inscription d'un point à l'ordre du jour est motivée.

La demande d'inscription de projets de résolution est accompagnée du texte de ces projets, lesquels peuvent être assortis d'un bref exposé des motifs.

Dès lors qu'il a été satisfait aux obligations prévues aux alinéas précédents, les points et les projets de résolution sont inscrits à l'ordre du jour et sont soumis, pour ce qui concerne les projets, au vote de l'assemblée.

Pour les dispositions transitoires du Décr. nº 2018-146 du 28 févr. 2018, V. note ss. art. R. 223-20.

Art. R. 223-21 Le mandat de représentation d'un associé est donné pour une seule assemblée. Il peut cependant être donné pour deux assemblées tenues le même jour ou dans un délai de sept jours.

Le mandat donné pour une assemblée vaut pour les assemblées successives convoquées avec le même ordre du jour. — *[Décr. nº 67-236 du 23 mars 1967, art. 39.]*

Art. R. 223-22 En cas de consultation écrite, le texte des résolutions proposées ainsi que les documents nécessaires à l'information des associés sont adressés à chacun de ceux-ci par lettre recommandée.

Les associés disposent d'un délai minimal de quinze jours, à compter de la date de réception des projets de résolution, pour émettre leur vote par écrit. — *[Décr. nº 67-236 du 23 mars 1967, art. 40.]*

Art. R. 223-23 L'assemblée des associés est présidée par le gérant ou par l'un des gérants. Si aucun des gérants n'est associé ou en cas de décès de l'associé-gérant unique », elle est présidée par l'associé présent et acceptant qui possède ou représente le plus grand nombre de parts sociales.

Si deux associés qui possèdent ou représentent le même nombre de parts sont acceptants, la présidence de l'assemblée est assurée par le plus âgé. — *[Décr. nº 67-236 du 23 mars 1967, art. 41.]*

Art. R. 223-24 Toute délibération de l'assemblée des associés est constatée par un procès-verbal qui indique la date et le lieu de réunion, les nom, prénoms et qualité du président, les nom et prénoms des associés présents *(Décr. nº 2009-234 du 25 févr. 2009, art. 3)* « , réputés présents au sens du troisième alinéa de l'article L. 223-27 » ou représentés avec l'indication du nombre de parts sociales détenues par chacun, les documents et rapports soumis à l'assemblée, un résumé des débats, le texte des résolutions mises au*[x]* voix et le résultat des votes. *(Décr. nº 2009-234 du 25 févr. 2009, art. 3)* « Ce procès-verbal fait état de la survenance éventuelle d'un incident technique relatif à la visioconférence ou à la télécommunication électronique lorsqu'il a perturbé le déroulement de l'assemblée. »

En cas de consultation écrite, il en est fait mention dans le procès-verbal, auquel est annexée la réponse de chaque associé.

Les procès-verbaux sont établis et signés par les gérants et, le cas échéant, par le président de séance. Les dispositions des articles R. 221-3 et R. 221-4 leur sont applicables. — *[Décr. nº 67-236 du 23 mars 1967, art. 42.]*

Art. R. 223-25 Dans les sociétés qui comportent une seule personne et dont l'associé unique n'est pas le seul gérant, et en ce qui concerne les décisions d'approbation des comptes prises par l'associé unique en lieu et place de l'assemblée, le rapport de gestion, les comptes et, le cas échéant, le rapport des commissaires aux comptes sont adressés par le gérant à l'associé unique un mois au moins avant l'expiration du délai prévu au deuxième alinéa de l'article L. 223-31. Pendant ce délai, l'inventaire est tenu au siège social à la disposition de l'associé unique. — *[Décr. nº 67-236 du 23 mars 1967, art. 42-1.]*

Art. R. 223-26 Chaque décision prise par l'associé unique en lieu et place de l'assemblée est consignée par lui sur le registre prévu au troisième alinéa de l'article L. 223-31. Le registre est tenu au siège social. Il est coté et paraphé, soit par un juge du tribunal de commerce, soit par un *(Décr. nº 2019-966 du 18 sept. 2019, art. 8, en vigueur le 1er janv. 2020)* « juge du tribunal judiciaire », soit par le maire de la commune du siège social ou un adjoint du maire, dans la forme ordinaire et sans frais. La certification des copies ou extraits du registre est faite conformément aux dispositions de l'article R. 221-4.

Les conventions mentionnées à l'article L. 223-19 sont portées au registre dans les mêmes conditions.

(Décr. nº 2019-1118 du 31 oct. 2019, art. 3) « Le registre mentionné au premier alinéa peut être tenu et les décisions et conventions consignées sous forme électronique ; dans ce cas, les décisions sont signées au moyen d'une signature électronique qui respecte au moins les exigences relatives à une signature électronique avancée prévues par l'article 26 du règlement (UE) nº 910/2014 du Parlement européen et du Conseil du 23 juillet 2014 sur l'identification électronique et les services de confiance pour les transactions électroniques au sein du marché intérieur. Les décisions et les mentions des conventions sont datées de façon électronique par un moyen d'horodatage offrant toute garantie de preuve. » — *[Décr. nº 67-236 du 23 mars 1967, art. 42-2.]*

Art. D. 223-27 Les dispositions de l'article *(Décr. nº 2019-514 du 24 mai 2019, art. 1er)* « D. 221-5 » sont applicables à la désignation ou à la nomination d'un commissaire aux comptes dans les sociétés à responsabilité limitée. — *[Décr. nº 67-236 du 23 mars 1967, art. 43.]*

Art. R. 223-28 Les comptes annuels, le rapport de gestion et, le cas échéant, les comptes consolidés et le rapport sur la gestion du groupe sont tenus, au siège social, à la disposition des commissaires aux comptes un mois au moins avant, selon le cas :

1º La convocation de l'assemblée prévue à l'article L. 223-26 ;

2º La date limite prévue pour leur envoi à l'associé unique par l'article R. 223-25 ;

3º Le dépôt au registre du commerce et des sociétés, par l'associé unique seul gérant de la société, des documents mentionnés au deuxième alinéa de l'article L. 223-31. — *[Décr. nº 67-236 du 23 mars 1967, art. 44.]*

Art. R. 223-29 Le gérant répond par écrit dans le délai d'un mois aux questions qui lui sont posées en application de l'article L. 223-36. Dans le même délai, il transmet copie de la question et de sa réponse au commissaire aux comptes. — *[Décr. nº 67-236 du 23 mars 1967, art. 44-3.]*

Art. R. 223-30 L'expert chargé de présenter un rapport sur une ou plusieurs opérations de gestion dans les conditions prévues au premier alinéa de l'article L. 223-37 est désigné par le président du tribunal de commerce statuant *(Décr. nº 2019-1419 du 20 déc. 2019, art. 2)* « en référé », après que le greffier a convoqué le gérant à l'audience par lettre recommandée avec demande d'avis de réception.

La demande d'expertise du procureur de la République est présentée par requête. Le greffier informe le procureur de la République de la date de l'audience.

Le rapport d'expertise est déposé au greffe. Le greffier en assure la communication. — *[Décr. nº 67-236 du 23 mars 1967, art. 44-4.]*

Pour les dispositions transitoires du Décr. nº 2019-1419 du 20 déc. 2019, V. note ss. art. D. 221-5.

Art. R. 223-31 S'ils représentent au moins le dixième du capital social, des associés peuvent, dans un intérêt commun, charger à leurs frais un ou plusieurs d'entre eux de les représenter pour soutenir, tant en demande qu'en défense, l'action sociale contre les gérants.

Le retrait en cours d'instance d'un ou plusieurs des associés mentionnés à l'alinéa précédent, soit qu'ils aient perdu la qualité d'associé, soit qu'ils se soient volontairement désistés, est sans effet sur la poursuite de l'instance. — *[Décr. nº 67-236 du 23 mars 1967, art. 45.]*

Art. R. 223-32 Lorsque l'action sociale est intentée par un ou plusieurs associés, agissant soit individuellement, soit dans les conditions prévues à l'article R. 223-31, le tribunal ne peut statuer que si la société a été régulièrement mise en cause par l'intermédiaire de ses représentants légaux.

Le tribunal peut désigner un mandataire *ad hoc* pour représenter la société dans l'instance, lorsqu'il existe un conflit d'intérêt entre celle-ci et ses représentants légaux. *– [Décr. nº 67-236 du 23 mars 1967, art. 46.]*

Art. R. 223-33 Le projet de réduction du capital est communiqué aux commissaires aux comptes, s'il en existe, quarante-cinq jours au moins avant la date de réunion de l'assemblée des associés appelée à statuer sur ce projet. *– [Décr. nº 67-236 du 23 mars 1967, art. 47.]*

Art. R. 223-34 Lorsque la réduction du capital a été décidée dans les conditions prévues au quatrième alinéa de l'article L. 223-34, l'achat des parts sociales est réalisé dans le délai de trois mois à compter de l'expiration du délai d'opposition prévu à l'article R. 223-35. Cet achat emporte l'annulation des parts. *– [Décr. nº 67-236 du 23 mars 1967, art. 48.]*

Art. R. 223-35 Le délai d'opposition des créanciers à la réduction du capital est d'un mois à compter de la date du dépôt, au greffe du tribunal de commerce, du procès-verbal de la délibération qui a décidé la réduction.

L'opposition est signifiée à la société par acte extrajudiciaire et portée devant le tribunal de commerce. *– [Décr. nº 67-236 du 23 mars 1967, art. 49.]*

Art. R. 223-36 Dans le cas où, du fait de pertes constatées dans les documents comptables, les capitaux propres de la société deviennent inférieurs à la moitié du capital social, la décision des associés prévue à l'article L. 223-42 est publiée dans un *(Décr. nº 2020-106 du 10 févr. 2020, art. 12)* « support » habilité à recevoir les annonces légales dans le département du siège social, déposée au greffe du tribunal de commerce du lieu de ce siège et inscrite au registre du commerce et des sociétés. *– [Décr. nº 67-236 du 23 mars 1967, art. 50.]*

CHAPITRE IV DISPOSITIONS GÉNÉRALES APPLICABLES AUX SOCIÉTÉS PAR ACTIONS

Art. R. 224-1 Si les statuts sont établis par acte sous seing privé, il est dressé autant d'originaux qu'il est nécessaire pour le dépôt d'un exemplaire au siège social et l'exécution des diverses formalités requises. *– [Décr. nº 67-236 du 23 mars 1967, art. 54.]*

Art. R. 224-2 Outre les mentions énumérées à l'article L. 210-2, et sans préjudice de toutes autres dispositions utiles, les statuts de la société contiennent les indications suivantes :

1º Pour chaque catégorie d'actions émises, le nombre d'actions et la nature des droits particuliers attachés à celles-ci et, selon le cas, la part de capital social qu'elle représente ou la valeur nominale des actions qui la composent ;

2º La forme, soit exclusivement nominative, soit nominative ou au porteur, des actions ;

3º En cas de restriction à la libre négociation ou cession des actions, les conditions particulières auxquelles est soumis l'agrément des cessionnaires ;

4º L'identité des apporteurs en nature, l'évaluation de l'apport effectué par chacun de ceux-ci et le nombre d'actions remises en contrepartie de l'apport ;

5º L'identité des bénéficiaires d'avantages particuliers et la nature de ceux-ci ;

6º Les stipulations relatives à la composition, au fonctionnement et aux pouvoirs des organes de la société ;

7º Les dispositions relatives à la répartition du résultat, à la constitution de réserves et à la répartition du boni de liquidation ;

8º L'identité de toutes personnes physiques ou morales qui ont signé ou au nom de qui ont été signés les statuts ou le projet de statuts. *– [Décr. nº 67-236 du 23 mars 1967, art. 55.] – Les sociétés constituées avant l'entrée en vigueur du Décr. nº 82-460 du 2 juin 1982 ne sont pas tenues de modifier leurs statuts pour y faire figurer les mentions prévues à l'art. 55, 8º, devenu l'art. R. 224-2, 8º (Décr. préc., art. 21).*

Art. R. 224-3 Pour la mise en œuvre des dispositions de l'article L. 224-3, les commissaires à la transformation sont désignés et accomplissent leur mission dans les conditions prévues à l'article *(Décr. n° 2020-1742 du 29 déc. 2020, art. 4, en vigueur le 1er janv. 2021)* « R. 22-10-7 ».

Le rapport des commissaires à la transformation atteste que le montant des capitaux propres est au moins égal au capital social. Il est tenu au siège social à la disposition des associés huit jours au moins avant la date de l'assemblée appelée à statuer sur la transformation. En cas de consultation écrite, le texte du rapport est adressé à chacun des associés et joint au texte des résolutions proposées. — *[Décr. n° 67-236 du 23 mars 1967, art. 56-1.]*

CHAPITRE V DES SOCIÉTÉS ANONYMES

SECTION PREMIÈRE DE LA CONSTITUTION DES SOCIÉTÉS ANONYMES

SOUS-SECTION 1 *[ABROGÉE]* DE LA CONSTITUTION AVEC OFFRE AU PUBLIC AUTRE QUE CELLES MENTIONNÉES AU 1° OU AU 2° DE L'ARTICLE L. 411-2 DU CODE MONÉTAIRE ET FINANCIER OU À L'ARTICLE L. 411-2-1 DU MÊME CODE *(Décr. n° 2019-1097 du 28 oct. 2019, art. 3).*

(Abrogée par Décr. n° 2020-1742 du 29 déc. 2020, art. 5, à compter du 1er janv. 2021)

Art. R. 225-1 *Abrogé par Décr. n° 2019-1097 du 28 oct. 2019, art. 5.*

Art. R. 225-2 à R. 225-12 *Abrogés par Décr. n° 2020-1742 du 29 déc. 2020, art. 5, à compter du 1er janv. 2021.*

SOUS-SECTION 2 DE LA CONSTITUTION SANS OFFRE AU PUBLIC OU AVEC OFFRE AU PUBLIC MENTIONNÉE AU 1° OU AU 2° DE L'ARTICLE L. 411-2 DU CODE MONÉTAIRE ET FINANCIER OU À L'ARTICLE L. 411-2-1 DU MÊME CODE *(Décr. n° 2019-1097 du 28 oct. 2019, art. 3).*

Art. R. 225-13 *(Décr. n° 2009-557 du 19 mai 2009, art. 3-VI)* « Lorsque la société est constituée sans offre au public, » *(Décr. n° 2019-1097 du 28 oct. 2019, art. 3)* « ou par la voie d'une offre au public mentionnée au 1° ou 2° de l'article L. 411-2 du code monétaire et financier ou à l'article L. 411-2-1 du même code, » sont seules applicables à la constitution de la société les dispositions des articles *(Décr. n° 2020-1742 du 29 déc. 2020, art. 5, en vigueur le 1er janv. 2021)* « R. 22-10-6 à R. 22-10-8 et R. 22-10-12 ». — *[Décr. n° 67-236 du 23 mars 1967, art. 72.]*

Art. R. 225-14 Le rapport des commissaires aux apports est tenu, à l'adresse prévue du siège social, à la disposition des futurs actionnaires, qui peuvent en prendre copie, trois jours au moins avant la date de la signature des statuts. — *[Décr. n° 67-236 du 23 mars 1967, art. 73.]*

Art. R. 225-14-1 *(Décr. n° 2014-1063 du 18 sept. 2014, art. 14)* Pour l'application du I de l'article L. 225-8-1, la décision des fondateurs de ne pas recourir à la désignation d'un commissaire aux apports ainsi que tout document relatif à la description et à l'évaluation des apports, dont une attestation précisant qu'aucune circonstance nouvelle n'est venue modifier cette évaluation, sont tenus, à l'adresse prévue du siège social, à la disposition des futurs actionnaires, qui peuvent en prendre copie, trois jours au moins avant la date de la signature des statuts.

SECTION II DE LA DIRECTION ET DE L'ADMINISTRATION DES SOCIÉTÉS ANONYMES

SOUS-SECTION 1 DU CONSEIL D'ADMINISTRATION ET DE LA DIRECTION GÉNÉRALE

§ 1er DISPOSITIONS GÉNÉRALES *(Décr. n° 2015-606 du 3 juin 2015, art. 1er).*

Art. R. 225-15 Les fonctions d'un administrateur prennent fin à l'issue de la réunion de l'assemblée générale ordinaire des actionnaires ayant statué sur les comptes de l'exercice écoulé et tenue dans l'année au cours de laquelle expire le mandat de cet administrateur. – *[Décr. nº 67-236 du 23 mars 1967, art. 77.]*

Art. R. 225-16 Le mandat du représentant permanent désigné par une personne morale nommée administrateur lui est donné pour la durée du mandat de cette dernière.

Si la personne morale révoque le mandat de son représentant permanent, elle notifie sans délai à la société, par lettre recommandée, cette révocation ainsi que l'identité de son nouveau représentant permanent. Il en est de même en cas de décès ou de démission du représentant permanent. – *[Décr. nº 67-236 du 23 mars 1967, art. 78.]*

Art. R. 225-17 La désignation du représentant permanent ainsi que la cessation de son mandat sont soumises aux mêmes formalités de publicité que s'il était administrateur en son nom propre. – *[Décr. nº 67-236 du 23 mars 1967, art. 79.]*

Art. R. 225-18 Le mandataire prévu à l'article L. 225-24 est désigné par le président du tribunal de commerce, statuant sur requête. – *[Décr. nº 67-236 du 23 mars 1967, art. 81.]*

Art. R. 225-19 Sauf clause contraire des statuts, un administrateur peut donner, par écrit, mandat à un autre administrateur de le représenter à une séance du conseil d'administration.

Chaque administrateur ne peut disposer, au cours d'une même séance, que d'une seule des procurations reçues par application de l'alinéa précédent.

Les dispositions des alinéas précédents sont applicables au représentant permanent d'une personne morale administrateur. – *[Décr. nº 67-236 du 23 mars 1967, art. 83-1.]*

Art. R. 225-20 Il est tenu un registre de présence qui est signé par les administrateurs participant à la séance du conseil d'administration et qui mentionne le nom des administrateurs réputés présents au sens du troisième alinéa de l'article L. 225-37. – *[Décr. nº 67-236 du 23 mars 1967, art. 84.]*

(Décr. nº 2019-1118 du 31 oct. 2019, art. 4) « Le registre de présence peut être tenu sous forme électronique ; dans ce cas, le registre est signé au moyen d'une signature électronique qui respecte au moins les exigences relatives à une signature électronique avancée prévues par l'article 26 du règlement (UE) nº 910/2014 du Parlement européen et du Conseil du 23 juillet 2014 sur l'identification électronique et les services de confiance pour les transactions électroniques au sein du marché intérieur. Le registre est daté de façon électronique par un moyen d'horodatage offrant toute garantie de preuve. »

Art. R. 225-21 Afin de garantir, conformément aux dispositions du troisième alinéa de l'article L. 225-37, l'identification et la participation effective à la réunion du conseil des administrateurs y participant par des moyens de visioconférence ou de télécommunication, ces moyens transmettent au moins la voix des participants et satisfont à des caractéristiques techniques permettant la retransmission continue et simultanée des délibérations. – *[Décr. nº 67-236 du 23 mars 1967, art. 84-1.]*

Art. R. 225-22 Les délibérations du conseil d'administration sont constatées par des procès-verbaux établis sur un registre spécial tenu au siège social et coté et paraphé soit par un juge du tribunal de commerce, soit par un *(Décr. nº 2019-966 du 18 sept. 2019, art. 8, en vigueur le 1er janv. 2020)* « juge du tribunal judiciaire », soit par le *maire* de la commune du siège social ou un adjoint au maire, dans la forme ordinaire et sans frais.

Toutefois, les procès-verbaux peuvent être établis sur des feuilles mobiles numérotées sans discontinuité, paraphées dans les conditions prévues à l'alinéa précédent et revêtues du sceau de l'autorité qui les a paraphées. Dès qu'une feuille a été remplie, même partiellement, elle est jointe à celles précédemment utilisées. Toute addition, suppression, substitution ou interversion de feuilles est interdite. – *[Décr. nº 67-236 du 23 mars 1967, art. 85.]*

(Décr. nº 2019-1118 du 31 oct. 2019, art. 5) « Le registre spécial peut être tenu et les procès-verbaux établis sous forme électronique ; dans ce cas, les procès-verbaux sont signés au moyen d'une signature électronique qui respecte au moins les exigences relatives à une signature électronique avancée prévues par l'article 26 du règlement (UE)

n° 910/2014 du Parlement européen et du Conseil du 23 juillet 2014 sur l'identification électronique et les services de confiance pour les transactions électroniques au sein du marché intérieur. Les procès-verbaux sont datés de façon électronique par un moyen d'horodatage offrant toute garantie de preuve. »

Art. R. 225-23 Le procès-verbal de la séance indique le nom des administrateurs présents, réputés présents au sens de l'article L. 225-37, excusés ou absents. Il fait état de la présence ou de l'absence des personnes convoquées à la réunion du conseil d'administration en vertu d'une disposition légale et de la présence de toute autre personne ayant assisté à tout ou partie de la réunion. Il fait également état de la survenance éventuelle d'un incident technique relatif à un moyen de visioconférence ou de télécommunication lorsqu'il a perturbé le déroulement de la séance.

Le procès-verbal est revêtu de la signature du président de séance et d'au moins un administrateur. En cas d'empêchement du président de séance, il est signé par deux administrateurs au moins. — *[Décr. n° 67-236 du 23 mars 1967, art. 86.]*

Art. R. 225-24 Les copies ou extraits de procès-verbaux des délibérations sont certifiés par le président du conseil d'administration, le directeur général, les directeurs généraux délégués, l'administrateur délégué temporairement dans les fonctions de président ou un fondé de pouvoir habilité à cet effet.

Au cours de la liquidation de la société, ces copies ou extraits sont certifiés par un seul liquidateur. — *[Décr. n° 67-236 du 23 mars 1967, art. 87.]*

(Décr. n° 2019-1118 du 31 oct. 2019, art. 6) « La certification peut se faire au moyen d'une signature électronique qui respecte au moins les exigences relatives à une signature électronique avancée prévues par l'article 26 du règlement (UE) n° 910/2014 du Parlement européen et du Conseil du 23 juillet 2014 sur l'identification électronique et les services de confiance pour les transactions électroniques au sein du marché intérieur. »

Art. R. 225-25 Il est suffisamment justifié du nombre des administrateurs en exercice ainsi que de leur présence ou de leur représentation à une séance du conseil d'administration par la production d'une copie ou d'un extrait du procès-verbal. — *[Décr. n° 67-236 du 23 mars 1967, art. 88.]*

Art. R. 225-26 Les personnes désignées pour être administrateurs sont habilitées, dès leur nomination, à choisir l'une des modalités d'exercice de la direction générale prévues à l'article L. 225-51-1 et à désigner le président du conseil d'administration, le directeur général et, le cas échéant, les directeurs généraux délégués. — *[Décr. n° 67-236 du 23 mars 1967, art. 68, al. 1er.]*

Art. R. 225-27 L'extrait du procès-verbal contenant la décision du conseil d'administration relative au choix de l'une des deux modalités d'exercice de la direction générale prévues à l'article L. 225-51-1 fait l'objet d'un avis inséré dans un *(Décr. n° 2020-106 du 10 févr. 2020, art. 12)* « support » habilité à recevoir les annonces légales dans le département du siège social. — *[Décr. n° 67-236 du 23 mars 1967, art. 299-3.]*

Art. R. 225-28 Le conseil d'administration peut, dans la limite d'un montant total qu'il fixe, autoriser le directeur général à donner des cautions, avals ou garanties au nom de la société. Cette autorisation peut également fixer, par engagement, un montant au-delà duquel la caution, l'aval ou la garantie de la société ne peut être donné. Lorsqu'un engagement dépasse l'un ou l'autre des montants ainsi fixés, l'autorisation du conseil d'administration est requise dans chaque cas.

La durée des autorisations prévues à l'alinéa précédent ne peut être supérieure à un an, quelle que soit la durée des engagements cautionnés, avalisés ou garantis.

Par dérogation aux dispositions du premier alinéa, le directeur général peut être autorisé à donner, à l'égard des administrations fiscales et douanières, des cautions, *avals ou garanties au nom de la société,* sans limite de montant.

Le directeur général peut déléguer le pouvoir qu'il a reçu en application des alinéas précédents.

Si les cautions, avals ou garanties ont été données pour un montant total supérieur à la limite fixée pour la période en cours, le dépassement ne peut être opposé aux tiers qui n'en ont pas eu connaissance, à moins que le montant de l'engagement invoqué

n'excède, à lui seul, l'une des limites fixées par la décision du conseil d'administration prise en application du premier alinéa. – *[Décr. n° 67-236 du 23 mars 1967, art. 89.]*

Art. R. 225-29 **Le conseil d'administration peut conférer à un ou plusieurs de ses membres ou à des tiers, actionnaires ou non, tous mandats spéciaux pour un ou plusieurs objets déterminés.**

Il peut décider la création de comités chargés d'étudier les questions que lui-même ou son président soumet, pour avis, à leur examen. Il fixe la composition et les attributions des comités qui exercent leur activité sous sa responsabilité. – *[Décr. n° 67-236 du 23 mars 1967, art. 90.]*

Art. R. 225-29-1 à D. 225-29-3 *Abrogés par Décr. n° 2020-1742 du 29 déc. 2020, art. 5, à compter du 1er janv. 2021.*

Art. R. 225-30 **Le président du conseil d'administration avise les commissaires aux comptes des conventions et engagements autorisés** *(Décr. n° 2017-630 du 25 avr. 2017, art. 3-I)* **« et conclus » en application** *(Décr. n° 2019-1235 du 27 nov. 2019, art. 1er)* **« de l'article L. 225-38 », dans le délai d'un mois à compter de la conclusion de ces conventions et engagements.** *(Décr. n° 2015-545 du 18 mai 2015, art. 6, en vigueur le 1er juin 2015)* **« Il leur communique également, pour chaque convention et** *[chaque]* **engagement autorisés** *(Décr. n° 2017-630 du 25 avr. 2017, art. 3-I)* **« et conclus », les motifs justifiant de leur intérêt pour la société, retenus par le conseil d'administration en application du dernier alinéa de l'article L. 225-38. »**

Lorsque l'exécution de conventions et engagements conclus et autorisés au cours d'exercices antérieurs a été poursuivie au cours du dernier exercice, les commissaires aux comptes sont informés de cette situation dans le délai d'un mois à compter de la clôture de l'exercice. – *[Décr. n° 67-236 du 23 mars 1967, art. 91.]*

Les dispositions de l'art. 1er du Décr. n° 2019-1235 du 27 nov. 2019 s'appliquent à compter des assemblées générales statuant sur le premier exercice clos après la publication de l'Ord. n° 2019-1234 du 27 nov. 2019 [JO 28 nov.] (Décr. préc., art. 9, al. 1er).

Art. R. 225-30-1 *Abrogé par Décr. n° 2020-1742 du 29 déc. 2020, art. 5, à compter du 1er janv. 2021.*

Art. R. 225-31 **Le rapport des commissaires aux comptes prévu au troisième alinéa de l'article L. 225-40 contient :**

1° L'énumération des conventions et engagements soumis à l'approbation de l'assemblée générale ;

2° Le nom des administrateurs intéressés ;

3° Le nom du directeur général ou des directeurs généraux délégués intéressés ;

4° La désignation du ou des actionnaires intéressés disposant d'une fraction des droits de vote supérieure à 10 % et, s'il s'agit d'une société actionnaire, de la société la contrôlant au sens de l'article L. 233-3 ;

5° La nature et l'objet de ces conventions et engagements ;

6° Les modalités essentielles de ces conventions et engagements, notamment l'indication des prix ou tarifs pratiqués, des ristournes et commissions consenties, des délais de paiement accordés, des intérêts stipulés, des sûretés conférées, *(Abrogé par Décr. n° 2019-1235 du 27 nov. 2019, art. 1er)* ***« de la nature, du montant et des modalités d'octroi de chacun des avantages ou indemnités mentionnés aux articles L. 225-22-1 et L. 225-42-1, »*** *(Décr. n° 2015-545 du 18 mai 2015, art. 7, en vigueur le 1er juin 2015)* **« les motifs justifiant de l'intérêt de ces conventions et engagements pour la société, retenus par le conseil d'administration en application du dernier alinéa de l'article L. 225-38 » et, le cas échéant, toutes autres indications permettant aux actionnaires d'apprécier l'intérêt qui s'attachait à la conclusion des conventions et engagements analysés ;**

(Décr. n° 2015-545 du 18 mai 2015, art. 7, en vigueur le 1er juin 2015) **« 7° L'énumération des conventions et engagements conclus et autorisés au cours d'exercices antérieurs dont l'exécution a été poursuivie au cours du dernier exercice et qui ont été examinés par le conseil d'administration en application de l'article L. 225-40-1, ainsi que, le cas échéant, toutes indications permettant aux actionnaires d'apprécier l'intérêt qui s'attache au maintien des conventions et engagements énumérés pour la société,**

l'importance des fournitures livrées ou des prestations de service fournies et le montant des sommes versées ou reçues au cours de l'exercice, en exécution de ces conventions et engagements. » – *[Décr. n° 67-236 du 23 mars 1967, art. 92.]*

Pour les dispositions transitoires du Décr. n° 2019-1235 du 27 nov. 2019, V. note ss. art. R. 225-30.

Art. R. 225-32 *Abrogé par Décr. n° 2014-1063 du 18 sept. 2014, art. 16.*

Art. R. 225-33 Le conseil d'administration répartit librement entre ses membres *(Décr. n° 2017-340 du 16 mars 2017, art. 2)* **« , le cas échéant dans les conditions prévues par l'article** *(Décr. n° 2020-1742 du 29 déc. 2020, art. 5, en vigueur le 1er janv. 2021)* **« L. 22-10-8 », » les sommes globales allouées aux administrateurs sous forme de jetons de présence ; il peut notamment allouer aux administrateurs, membres des comités prévus par le deuxième alinéa de l'article R. 225-29, une part supérieure à celle des autres administrateurs.**

Le conseil d'administration peut autoriser le remboursement des frais de voyage et de déplacement et des dépenses engagées par les administrateurs dans l'intérêt de la société. – *[Décr. n° 67-236 du 23 mars 1967, art. 93.]*

Art. R. 225-34 Le conseil d'administration détermine la rémunération de la personne déléguée temporairement dans les fonctions du président pendant la durée de la délégation *(Décr. n° 2017-340 du 16 mars 2017, art. 3)* **« , dans les conditions prévues par l'article** *(Décr. n° 2020-1742 du 29 déc. 2020, art. 5, en vigueur le 1er janv. 2021)* **« L. 22-10-8 », » et, le cas échéant, des membres non administrateurs des comités prévus par le deuxième alinéa de l'article R. 225-29.** – *[Décr. n° 67-236 du 23 mars 1967, art. 94.]*

Art. R. 225-34-1 *(Abrogé par Décr. n° 2019-1235 du 27 nov. 2019, art. 1er) (Décr. n° 2008-448 du 7 mai 2008, art. 1er)* ***L'autorisation mentionnée au troisième alinéa de l'article L. 225-42-1 est publiée sur le site internet de la société concernée dans un délai maximum de cinq jours suivant la réunion du conseil d'administration au cours de laquelle elle a été délivrée. Elle y est consultable pendant toute la durée des fonctions du bénéficiaire.***

La décision mentionnée au cinquième alinéa de l'article L. 225-42-1 se prononçant sur le respect des conditions prévues au deuxième alinéa de ce même article et sur le versement est publiée sur le site internet de la société concernée dans un délai maximum de cinq jours suivant la réunion du conseil d'administration au cours de laquelle elle a été prise. Elle y est consultable au moins jusqu'à la prochaine assemblée générale ordinaire.

Pour les dispositions transitoires du Décr. n° 2019-1235 du 27 nov. 2019, V. note ss. art. R. 225-30.

§ 2 ADMINISTRATEURS ÉLUS OU DÉSIGNÉS PAR LES SALARIÉS

(Décr. n° 2015-606 du 3 juin 2015, art. 1er)

Art. R. 225-34-2 Pour exercer leur mandat au sein du conseil d'administration et de ses comités, *(Décr. n° 2019-1308 du 6 déc. 2019, art. 1er-1°)* **« les administrateurs élus par l'assemblée générale des actionnaires en application de l'article L. 225-23 et » les administrateurs élus par les salariés ou désignés en application de l'article L. 225-27-1 disposent d'un temps de préparation qui ne peut être inférieur à quinze heures ni supérieur à la moitié de la durée légale de travail mensuel par réunion du conseil d'administration ou du comité considéré. Le conseil d'administration le détermine en tenant compte de l'importance de la société, de ses effectifs et de son rôle économique et, le cas échéant, de l'objet de la réunion.**

Le temps consacré à l'exercice de leur mandat par les administrateurs *(Décr. n° 2019-1308 du 6 déc. 2019, art. 1er-1°)* **« mentionnés au premier alinéa » est considéré comme temps de travail effectif et rémunéré comme tel à l'échéance normale.**

Le 1° de l'art. 1er du Décr. n° 2019-1308 du 6 déc. 2019 s'applique aux séances du conseil d'administration ou du conseil de surveillance pour lesquelles la convocation est adressée à compter de l'entrée en vigueur dudit Décr. (Décr. préc., art. 3, JO 8 déc.).

Art. R. 225-34-3 La formation prévue à l'article L. 225-30-2 *(Décr. n° 2019-1308 du 6 déc. 2019, art. 1er)* **« et à l'article L. 225-23 » assure aux** *(Décr. n° 2019-1308 du*

6 déc. 2019, art. 1er) « administrateurs élus par l'assemblée générale des actionnaires en application de l'article L. 225-23 et aux » administrateurs élus par les salariés ou désignés en application de l'article L. 225-27-1 l'acquisition et le perfectionnement des connaissances et techniques nécessaires à l'exercice de leur mandat.

Elle porte principalement sur le rôle et le fonctionnement du conseil d'administration, les droits et obligations des administrateurs et leur responsabilité ainsi que sur l'organisation et les activités de la société.

Le conseil d'administration détermine, pour la durée du mandat, le contenu du programme de formation après avis des administrateurs concernés.

Art. R. 225-34-4 Le temps consacré à la formation *(Décr. n° 2019-1308 du 6 déc. 2019, art. 1er)* « des administrateurs élus par l'assemblée générale des actionnaires en application de l'article L. 225-23 et » des administrateurs élus par les salariés ou désignés en application de l'article L. 225-27-1 est déterminé par le conseil d'administration, sans pouvoir être inférieur à *(Décr. n° 2019-1308 du 6 déc. 2019, art. 1er)* « quarante » heures par an, au cours du mandat. Ce temps est pris sur le temps de travail effectif et rémunéré comme tel à l'échéance normale.

Un accord d'entreprise ou, selon le cas, de groupe peut comporter des dispositions plus favorables.

Art. R. 225-34-5 Le conseil d'administration, après avis des administrateurs concernés, détermine le ou les organismes ou centres de formation chargés de dispenser la formation.

L'organisme ou le centre de formation délivre, à la fin de la formation, une attestation d'assiduité que l'intéressé remet à son employeur.

Art. R. 225-34-6 Le coût de la formation, y compris les frais de déplacement au titre de celle-ci, sont à la charge de la société et ne sont pas pris en compte dans le calcul des sommes consacrées à la formation continue prévues au livre III de la sixième partie du code du travail.

SOUS-SECTION 2 DU DIRECTOIRE ET DU CONSEIL DE SURVEILLANCE

Art. R. 225-35 Le nombre des membres du directoire est fixé par les statuts ou, à défaut, par le conseil de surveillance. — *[Décr. n° 67-236 du 23 mars 1967, art. 96.]*

Art. R. 225-36 Si un siège de membre du directoire est vacant, le conseil de surveillance le pourvoit dans le délai de deux mois.

A défaut, tout intéressé peut demander au président du tribunal de commerce, statuant en référé, de procéder à cette nomination, à titre provisoire. La personne ainsi nommée peut, à tout moment, être remplacée par le conseil de surveillance. — *[Décr. n° 67-236 du 23 mars 1967, art. 97.]*

Art. R. 225-37 Si un membre du conseil de surveillance est nommé au directoire, son mandat au conseil prend fin dès son entrée en fonction. — *[Décr. n° 67-236 du 23 mars 1967, art. 98.]*

Art. R. 225-38 Les personnes désignées pour être membres du conseil de surveillance sont habilitées, dès leur nomination, à désigner les membres du directoire ou le directeur général unique. — *[Décr. n° 67-236 du 23 mars 1967, art. 68, al. 2.]*

Art. R. 225-39 Sauf clause contraire des statuts, les membres du directoire peuvent, avec l'autorisation du conseil de surveillance, répartir entre eux les tâches de la direction. Toutefois, cette répartition ne peut en aucun cas avoir pour effet de retirer au directoire son caractère d'organe assurant collégialement la direction de la société. — *[Décr. n° 67-236 du 23 mars 1967, art. 99.]*

Art. R. 225-40 Lorsqu'une opération exige l'autorisation du conseil de surveillance et que celui-ci la refuse, le directoire peut soumettre le différend à l'assemblée générale des actionnaires qui décide de la suite à donner au projet. — *[Décr. n° 67-236 du 23 mars 1967, art. 100.]*

Art. R. 225-41 Les fonctions d'un membre du conseil de surveillance prennent fin à l'issue de la réunion de l'assemblée générale ordinaire des actionnaires ayant statué sur les comptes de l'exercice écoulé et tenue dans l'année au cours de laquelle expire le mandat de ce membre. – *[Décr. n° 67-236 du 23 mars 1967, art. 101.]*

Art. R. 225-42 Le mandat de représentant permanent désigné par une personne morale nommée au conseil de surveillance lui est donné pour la durée du mandat de cette dernière.

Si la personne morale révoque le mandat de son représentant permanent, elle notifie sans délai à la société, par lettre recommandée, cette révocation ainsi que l'identité de son nouveau représentant permanent. Il en est de même en cas de décès ou de démission du représentant permanent. – *[Décr. n° 67-236 du 23 mars 1967, art. 102.]*

Art. R. 225-43 La désignation du représentant permanent ainsi que la cessation de son mandat sont soumises aux mêmes formalités de publicité que s'il était membre du conseil de surveillance en son nom propre. – *[Décr. n° 67-236 du 23 mars 1967, art. 103.]*

Art. R. 225-44 Le mandataire prévu à l'article L. 225-78 est désigné par le président du tribunal de commerce, statuant sur requête. – *[Décr. n° 67-236 du 23 mars 1967, art. 105.]*

Art. R. 225-45 Les statuts de la société déterminent les règles relatives à la convocation et aux délibérations du conseil de surveillance.

Toutefois, le président du conseil de surveillance convoque le conseil à une date qui ne peut être postérieure à quinze jours lorsqu'un membre au moins du directoire ou le tiers au moins des membres du conseil de surveillance lui présentent une demande motivée en ce sens.

Si la demande est restée sans suite, ses auteurs peuvent procéder eux-mêmes à la convocation, en indiquant l'ordre du jour de la séance. – *[Décr. n° 67-236 du 23 mars 1967, art. 107.]*

Art. R. 225-46 Sauf clause contraire des statuts, un membre du conseil de surveillance peut donner, par écrit, mandat à un autre membre de le représenter à une séance du conseil.

Chaque membre du conseil de surveillance ne peut disposer, au cours d'une même séance, que d'une seule des procurations reçues par application de l'alinéa précédent.

Les dispositions des alinéas précédents sont applicables au représentant permanent d'une personne morale membre du conseil de surveillance. – *[Décr. n° 67-236 du 23 mars 1967, art. 107-1.]*

Art. R. 225-47 Il est tenu un registre de présence qui est signé par les membres du conseil de surveillance participant à la séance du conseil et qui mentionne le nom des membres du conseil de surveillance réputés présents au sens du troisième alinéa de l'article L. 225-82. – *[Décr. n° 67-236 du 23 mars 1967, art. 108.]*

(Décr. n° 2019-1118 du 31 oct. 2019, art. 7) « Le registre de présence peut être tenu sous forme électronique ; dans ce cas, le registre est signé au moyen d'une signature électronique qui respecte au moins les exigences relatives à une signature électronique avancée prévues par l'article 26 du règlement (UE) n° 910/2014 du Parlement européen et du Conseil du 23 juillet 2014 sur l'identification électronique et les services de confiance pour les transactions électroniques au sein du marché intérieur. Le registre est daté de façon électronique par un moyen d'horodatage offrant toute garantie de preuve. »

Art. R. 225-48 Les dispositions de l'article R. 225-21 s'appliquent aux moyens de visioconférence ou de télécommunication mentionnés au troisième alinéa de l'article L. 225-82. – *[Décr. n° 67-236 du 23 mars 1967, art. 108-1.]*

Art. R. 225-49 Les délibérations du conseil de surveillance sont constatées par des procès-verbaux établis sur un registre spécial tenu au siège social et coté et paraphé soit par un juge du tribunal de commerce, soit par un *(Décr. n° 2019-966 du 18 sept. 2019, art. 8, en vigueur le 1er janv. 2020)* « juge du tribunal judiciaire », soit par le maire de la commune du siège social ou un adjoint au maire, dans la forme ordinaire et sans frais.

Toutefois, les procès-verbaux peuvent être établis sur des feuilles mobiles numérotées sans discontinuité, paraphées dans les conditions prévues à l'alinéa précédent et revêtues du sceau de l'autorité qui les a paraphées. Dès qu'une feuille a été remplie, même partiellement, elle est jointe à celles précédemment utilisées. Toute addition, suppression, substitution ou interversion de feuilles est interdite. – *[Décr. n° 67-236 du 23 mars 1967, art. 109.]*

(Décr. n° 2019-1118 du 31 oct. 2019, art. 8) « Le registre spécial peut être tenu et les procès-verbaux établis sous forme électronique ; dans ce cas, les procès-verbaux sont signés au moyen d'une signature électronique qui respecte au moins les exigences relatives à une signature électronique avancée prévues par l'article 26 du règlement (UE) n° 910/2014 du Parlement européen et du Conseil du 23 juillet 2014 sur l'identification électronique et les services de confiance pour les transactions électroniques au sein du marché intérieur. Les procès-verbaux sont datés de façon électronique par un moyen d'horodatage offrant toute garantie de preuve. »

Art. R. 225-50 Le procès-verbal de la séance indique le nom des membres du conseil de surveillance présents, réputés présents au sens du troisième alinéa de l'article L. 225-82, excusés ou absents. Il fait état de la présence ou de l'absence des personnes convoquées à la réunion du conseil en vertu d'une disposition légale et de la présence de toute autre personne ayant assisté à tout ou partie de la réunion. Il fait également état de la survenance éventuelle d'un incident technique relatif à un moyen de visioconférence ou de télécommunication lorsqu'il a perturbé le déroulement de la séance.

Le procès-verbal est revêtu de la signature du président de séance et d'au moins un membre du conseil de surveillance. En cas d'empêchement du président de séance, il est signé par deux membres du conseil au moins. – *[Décr. n° 67-236 du 23 mars 1967, art. 110.]*

Art. R. 225-51 Les copies ou extraits de procès-verbaux des délibérations sont certifiés par le président du conseil de surveillance, le vice-président de ce conseil, un membre du directoire ou un fondé de pouvoir habilité à cet effet.

Au cours de la liquidation de la société, ces copies ou extraits sont certifiés par un seul liquidateur. – *[Décr. n° 67-236 du 23 mars 1967, art. 111.]*

(Décr. n° 2019-1118 du 31 oct. 2019, art. 9) « La certification peut se faire au moyen d'une signature électronique qui respecte au moins les exigences relatives à une signature électronique avancée prévues par l'article 26 du règlement (UE) n° 910/2014 du Parlement européen et du Conseil du 23 juillet 2014 sur l'identification électronique et les services de confiance pour les transactions électroniques au sein du marché intérieur. »

Art. R. 225-52 Il est suffisamment justifié du nombre des membres du conseil de surveillance en exercice, ainsi que de leur présence ou de leur représentation à une séance du conseil, par la production d'une copie ou d'un extrait du procès-verbal. – *[Décr. n° 67-236 du 23 mars 1967, art. 112.]*

Art. R. 225-53 Le conseil de surveillance peut, dans la limite d'un montant total qu'il fixe, autoriser le directoire à donner des cautions, avals ou garanties au nom de la société. Cette autorisation peut également fixer, par engagement, un montant au-delà duquel la caution, l'aval ou la garantie de la société ne peut être donné. Lorsqu'un engagement dépasse l'un ou l'autre des montants ainsi fixés, l'autorisation du conseil de surveillance est requise dans chaque cas.

La durée des autorisations prévues à l'alinéa précédent ne peut être supérieure à un an, quelle que soit la durée des engagements cautionnés, avalisés ou garantis.

Par dérogation aux dispositions du premier alinéa, le directoire peut être autorisé à donner, à l'égard des administrations fiscales et douanières, des cautions, avals ou garanties au nom de la société, sans limite de montant.

Le directoire peut déléguer le pouvoir qu'il a reçu en application des alinéas précédents.

Si des cautions, avals ou garanties ont été donnés pour un montant total ou supérieur à la limite fixée pour la période en cours, le dépassement ne peut être opposé aux tiers qui n'en ont pas eu connaissance, à moins que le montant de l'engagement invoqué n'excède, à lui seul, l'une des limites fixées par la décision du conseil de surveillance prise en application du premier alinéa. — *[Décr. n° 67-236 du 23 mars 1967, art. 113.]*

La rédaction du dernier al. de l'art. 113 du Décr. n° 67-236 du 23 mars 1967 mentionnait « un montant total supérieur à la limite fixée ... », ce qui semble être la bonne rédaction.

Art. R. 225-54 *Abrogé par Décr. n° 2017-630 du 25 avr. 2017, art. 4.*

Art. R. 225-55 Le délai mentionné au cinquième alinéa de l'article L. 225-68 est de trois mois à compter de la clôture de l'exercice. — *[Décr. n° 67-236 du 23 mars 1967, art. 114.]*

Art. R. 225-56 Le conseil de surveillance peut conférer à un ou plusieurs de ses membres tous mandats spéciaux pour un ou plusieurs objets déterminés.

Il peut décider la création en son sein de commissions dont il fixe la composition et les attributions et qui exercent leur activité sous sa responsabilité, sans que ces attributions puissent avoir pour objet de déléguer à une commission les pouvoirs qui sont attribués au conseil de surveillance lui-même par la loi ou les statuts ni pour effet de réduire ou de limiter les pouvoirs du directoire. — *[Décr. n° 67-236 du 23 mars 1967, art. 115.]*

Art. R. 225-56-1 *Abrogé par Décr. n° 2020-1742 du 29 déc. 2020, art. 5, à compter du 1er janv. 2021.*

Art. R. 225-57 Le président du conseil de surveillance avise les commissaires aux comptes des conventions et engagements autorisés *(Décr. n° 2017-630 du 25 avr. 2017, art. 3-II)* « et conclus » en application *(Décr. n° 2019-1235 du 27 nov. 2019, art. 1er)* « de l'article L. 225-86 », dans le délai d'un mois à compter de la conclusion de ces conventions et engagements. *(Décr. n° 2015-545 du 18 mai 2015, art. 8, en vigueur le 1er juin 2015)* « Il leur communique également, pour chaque convention et *[chaque]* engagement *(Décr. n° 2017-630 du 25 avr. 2017, art. 3-II)* « autorisés et conclus », les motifs justifiant de l'intérêt de celui-ci pour la société, retenus par le conseil de surveillance en application du dernier alinéa de l'article L. 225-86. » — *V. la rédaction de l'art. R. 225-30.*

Lorsque l'exécution des conventions et engagements conclus et autorisés au cours d'exercices antérieurs a été poursuivie au cours du dernier exercice, les commissaires aux comptes sont informés de cette situation dans le délai d'un mois à compter de la clôture de l'exercice. — *[Décr. n° 67-236 du 23 mars 1967, art. 116.]*

Pour les dispositions transitoires du Décr. n° 2019-1235 du 27 nov. 2019, V. note ss. art. R. 225-30.

Art. R. 225-57-1 *Abrogé par Décr. n° 2020-1742 du 29 déc. 2020, art. 5, à compter du 1er janv. 2021.*

Art. R. 225-58 Le rapport des commissaires aux comptes, prévu au troisième alinéa de l'article L. 225-88, contient :

1° L'énumération des conventions et engagements soumis à l'approbation de l'assemblée générale ;

2° Le nom des membres du conseil de surveillance ou du directoire intéressés ;

3° La désignation du ou des actionnaires intéressés disposant d'une fraction des droits de vote supérieure à 10 % et, s'il s'agit d'une société actionnaire, de la société la contrôlant au sens de l'article L. 233-3 ;

4° La nature et l'objet de ces conventions et engagements ;

5° Les modalités essentielles de ces conventions et engagements, notamment l'indication des prix ou tarifs pratiqués, des ristournes et commissions consenties, des délais de paiement accordés, des intérêts stipulés, des sûretés conférées, *(Abrogé par Décr. n° 2019-1235 du 27 nov. 2019, art. 1er) « de la nature, du montant et des modalités d'octroi de chacun des avantages ou indemnités mentionnés aux articles L. 225-79-1 et L. 225-90-1 »* *(Décr. n° 2015-545 du 18 mai 2015, art. 9, en vigueur le 1er juin 2015)* « , les motifs justifiant de l'intérêt de ces conventions et engagements pour la société, retenus par le conseil de surveillance en application du dernier alinéa de l'article L. 225-86 » et, le cas échéant, toutes autres indications permettant aux actionnaires d'apprécier l'intérêt qui s'attachait à la conclusion des conventions et engagements analysés ;

(Décr. n° 2015-545 du 18 mai 2015, art. 9, en vigueur le 1er juin 2015) **« 6° L'énumération des conventions et engagements conclus et autorisés au cours d'exercices antérieurs dont l'exécution a été poursuivie au cours du dernier exercice et qui ont été examinés par le conseil de surveillance en application de l'article L. 225-88-1, ainsi que, le cas échéant, toutes indications permettant aux actionnaires d'apprécier l'intérêt qui s'attache au maintien des conventions et engagements énumérés pour la société, l'importance des fournitures livrées ou des prestations de service fournies et le montant des sommes versées ou reçues au cours de l'exercice, en exécution de ces conventions et engagements. »** – *[Décr. n° 67-236 du 23 mars 1967, art. 117.]*

Pour les dispositions transitoires du Décr. n° 2019-1235 du 27 nov. 2019, V. note ss. art. R. 225-30.

Art. R. 225-59 *Abrogé par Décr. n° 2014-1063 du 18 sept. 2014, art. 16.*

Art. R. 225-60 **Le conseil de surveillance répartit librement entre ses membres,** *(Décr. n° 2020-1742 du 29 déc. 2020, art. 5, en vigueur le 1er janv. 2021)* **« le cas échéant »** *(Décr. n° 2017-340 du 16 mars 2017, art. 5)* **« dans les conditions prévues par l'article** *(Décr. n° 2020-1742 du 29 déc. 2020, art. 5, en vigueur le 1er janv. 2021)* **« L. 22-10-26 », » les sommes globales allouées à ceux-ci sous forme de jetons de présence ; il peut notamment allouer aux membres du conseil qui font partie des commissions prévues par le deuxième alinéa de l'article R. 225-56 une part supérieure à celle des autres.** – *[Décr. n° 67-236 du 23 mars 1967, art. 118.]*

(Décr. n° 2007-1851 du 26 déc. 2007, art. 2) **« Le conseil de surveillance peut autoriser le remboursement des frais de voyage et de déplacement et des dépenses engagées par ses membres dans l'intérêt de la société. »**

Art. R. 225-60-1 *(Abrogé par Décr. n° 2019-1235 du 27 nov. 2019, art. 1er) (Décr. n° 2008-448 du 7 mai 2008, art. 2)* ***L'autorisation mentionnée au troisième alinéa de l'article L. 225-90-1 est publiée sur le site internet de la société concernée dans un délai maximum de cinq jours suivant la réunion du conseil de surveillance au cours de laquelle elle a été délivrée. Elle y est consultable pendant toute la durée des fonctions du bénéficiaire.***

La décision mentionnée au cinquième alinéa de l'article L. 225-90-1 se prononçant sur le respect des conditions prévues au deuxième alinéa de ce même article et sur le versement est publiée sur le site internet de la société concernée dans un délai maximum de cinq jours suivant la réunion du conseil de surveillance au cours de laquelle elle a été prise. Elle y est consultable au moins jusqu'à la prochaine assemblée générale ordinaire.

Pour les dispositions transitoires du Décr. n° 2019-1235 du 27 nov. 2019, V. note ss. art. R. 225-30.

Art. R. 225-60-2 *(Décr. n° 2015-606 du 3 juin 2015, art. 2-I)* **Les dispositions des articles R. 225-34-2 à R. 225-34-6 sont applicables aux membres représentant les salariés** *(Décr. n° 2019-1308 du 6 déc. 2019, art. 1er)* **« et aux membres représentant les salariés actionnaires » au conseil de surveillance. Pour l'application de ces dispositions le conseil de surveillance exerce les attributions dévolues au conseil d'administration.**

SECTION III DES ASSEMBLÉES D'ACTIONNAIRES

Art. R. 225-61 **Les sociétés dont les statuts permettent aux actionnaires de voter aux assemblées par des moyens électroniques de télécommunication aménagent un site exclusivement consacré à ces fins.** – *[Décr. n° 67-236 du 23 mars 1967, art. 119.]*

Art. R. 225-61-1 *(Décr. n° 2018-146 du 28 févr. 2018, art. 4)* **Les statuts prévoyant que les assemblées générales se tiennent exclusivement par visioconférence ou par des moyens de télécommunication, en application des dispositions du premier alinéa de l'article L. 225-103-1, précisent si le droit d'opposition mentionné au deuxième alinéa du même article s'exerce avant ou après les formalités de convocation.**

BIBL. ► COURET, *Rev. sociétés 2018. 283* .

Art. R. 225-61-2 *(Décr. n° 2018-146 du 28 févr. 2018, art. 4)* **Lorsque le droit d'opposition s'exerce avant les formalités de convocation, la société avise les actionnaires de la date prévue pour la réunion de l'assemblée trente-cinq jours au moins avant celle-**

ci, par lettre recommandée avec demande d'avis de réception ou par courrier électronique avec avis de réception à l'adresse électronique indiquée par eux.

Cet avis précise la nature de l'assemblée et comporte les points ainsi que le texte des projets de résolution que la société entend inscrire à l'ordre du jour de cette assemblée.

L'avis rappelle également le droit d'opposition au recours exclusif à des moyens dématérialisés pour la tenue de l'assemblée générale, ainsi que les conditions d'exercice de ce droit.

L'opposition à la tenue d'une assemblée générale exclusivement par visioconférence ou par des moyens de télécommunication est adressée à la société par lettre recommandée avec demande d'avis de réception ou par courrier électronique avec avis de réception vingt-cinq jours au moins avant la date de la tenue de l'assemblée.

Les auteurs de l'opposition accompagnent cette dernière d'une attestation d'inscription en compte de nature à justifier qu'ils représentent au moins 5 % du capital social.

Art. R. 225-61-3 *(Décr. nº 2018-146 du 28 févr. 2018, art. 4)* Lorsque le droit d'opposition s'exerce après les formalités de convocation, l'avis de convocation mentionné à l'article R. 225-66 rappelle le droit d'opposition au recours exclusif à des moyens dématérialisés pour la tenue de l'assemblée générale, ainsi que les conditions d'exercice de ce droit. Il indique également le lieu où l'assemblée se réunira s'il est fait opposition à sa tenue exclusivement par des moyens dématérialisés.

Le droit d'opposition s'exerce dans un délai de sept jours à compter de la publication de l'avis de convocation prévue à l'article R. 225-67 ou de l'envoi de cet avis dans les formes prévues à l'article R. 225-61-2.

En cas d'exercice de ce droit, la société avise les actionnaires par lettre simple ou par courrier électronique, au plus tard quarante-huit heures avant la tenue de l'assemblée, que celle-ci ne se tiendra pas exclusivement par des moyens dématérialisés.

Art. R. 225-62 Sous réserve des dispositions des articles R. 225-66 à R. 225-70, les statuts de la société fixent les règles de convocation des assemblées d'actionnaires. – *[Décr. nº 67-236 du 23 mars 1967, art. 120.]*

Art. R. 225-63 *(Décr. nº 2011-1473 du 9 nov. 2011, art. 2, en vigueur le 1er mars 2012)* Les sociétés qui entendent recourir à la communication électronique en lieu et place d'un envoi postal pour satisfaire aux formalités prévues aux articles *(Décr. nº 2018-146 du 28 févr. 2018, art. 5)* « R. 225-61-1, R. 225-61-2, R. 225-61-3, » R. 225-67, R. 225-68, R. 225-72, R. 225-74, R. 225-88 et R. 236-3 soumettent une proposition en ce sens aux actionnaires inscrits au nominatif, soit par voie postale, soit par voie électronique. Les actionnaires intéressés peuvent donner leur accord par voie postale ou électronique.

En l'absence d'accord de l'actionnaire, au plus tard trente-cinq jours avant la date de la prochaine assemblée générale, la société a recours à un envoi postal pour satisfaire aux formalités prévues aux articles *(Décr. nº 2018-146 du 28 févr. 2018, art. 5)* « R. 225-61-1, R. 225-61-2, R. 225-61-3, » R. 225-67, R. 225-68, R. 225-72, R. 225-74, R. 225-88 et R. 236-3.

Les actionnaires qui ont consenti à l'utilisation de la voie électronique peuvent demander le retour à un envoi postal trente-cinq jours au moins avant la date de l'insertion de l'avis de convocation mentionné à l'article R. 225-67, soit par voie postale, soit par voie électronique. – *[Décr. nº 67-236 du 23 mars 1967, art. 120-1.]*

Art. R. 225-64 Le délai de six mois prévu pour la réunion de l'assemblée générale ordinaire par l'article L. 225-100 peut être prolongé, à la demande du conseil d'administration ou du directoire, selon le cas, par ordonnance du président du tribunal de commerce, statuant sur requête. – *[Décr. nº 67-236 du 23 mars 1967, art. 121.]*

Art. R. 225-65 Les actionnaires peuvent à leurs frais charger l'un d'entre eux de demander au président du tribunal de commerce statuant en référé la désignation du mandataire mentionné à l'article L. 225-103.

L'ordonnance fixe l'ordre du jour de l'assemblée. – *[Décr. nº 67-236 du 23 mars 1967, art. 122.]*

Art. R. 225-66 L'avis de convocation comporte la dénomination sociale, éventuellement suivie de son sigle, la forme de la société, le montant du capital social, l'adresse du siège social, les mentions prévues aux 1° et 2° de l'article R. 123-237, les jour, heure et lieu de l'assemblée, ainsi que sa nature, extraordinaire, ordinaire ou spéciale, et son ordre du jour.

Sous réserve des questions diverses qui ne doivent présenter qu'une minime importance, les questions inscrites à l'ordre du jour sont libellées de telle sorte que leur contenu et leur portée apparaissent clairement, sans qu'il y ait lieu de se reporter à d'autres documents. L'avis de convocation indique les conditions dans lesquelles les actionnaires peuvent voter par correspondance et les lieux et les conditions dans lesquelles ils peuvent obtenir les formulaires nécessaires et les documents qui y sont annexés et, le cas échéant, l'adresse électronique où peuvent être adressées les questions écrites. – *[Décr. nº 67-236 du 23 mars 1967, art. 123.]*

(Décr. nº 2018-146 du 28 févr. 2018, art. 6) « Dans l'hypothèse où l'assemblée générale serait tenue selon les modalités fixées à l'article L. 225-103-1, l'avis de convocation précise en outre que les actionnaires participent à cette assemblée exclusivement par visioconférence ou moyens de télécommunication. »

Art. R. 225-67 L'avis de convocation est inséré dans un *(Décr. nº 2020-106 du 10 févr. 2020, art. 12)* « support » habilité à recevoir les annonces légales dans le département du siège social et, en outre, *(Décr. nº 2020-1742 du 29 déc. 2020, art. 5, en vigueur le 1er janv. 2021)* « si toutes les actions de la société » ne revêtent pas la forme nominative, au *Bulletin des annonces légales obligatoires*.

Si toutes les actions de la société sont nominatives, les insertions prévues à l'alinéa précédent peuvent être remplacées par une convocation faite, aux frais de la société, par lettre simple ou recommandée adressée à chaque actionnaire. Cette convocation peut également être transmise par un moyen électronique de télécommunication mis en œuvre dans les conditions mentionnées à l'article R. 225-63, à l'adresse indiquée par l'actionnaire. – *[Décr. nº 67-236 du 23 mars 1967, art. 124.]*

Art. R. 225-68 Les actionnaires titulaires de titres nominatifs depuis un mois au moins à la date de l'insertion de l'avis de convocation prévue au premier alinéa de l'article R. 225-67 sont convoqués à toute assemblée par lettre ordinaire. Sous la condition d'adresser à la société le montant des frais de recommandation, ils peuvent demander à être convoqués par lettre recommandée. Cette convocation peut également être transmise par un moyen électronique de télécommunication mis en œuvre dans les conditions mentionnées à l'article R. 225-63, à l'adresse indiquée par l'actionnaire.

Tous les copropriétaires d'actions indivises sont convoqués dans les mêmes formes lorsque leurs droits sont constatés, dans le délai prévu à l'alinéa précédent, par une inscription nominative.

Lorsque les actions sont grevées d'un usufruit ou font l'objet d'un contrat de bail, le titulaire du droit de vote est convoqué dans les mêmes formes et sous les mêmes conditions. – *[Décr. nº 67-236 du 23 mars 1967, art. 125.]*

Art. R. 225-69 Le délai entre la date soit de l'insertion ou de la dernière des insertions contenant un avis de convocation, soit de l'envoi des lettres, soit de la transmission de la convocation par télécommunication électronique, et la date de l'assemblée est au moins de quinze jours sur première convocation et de *(Décr. nº 2010-684 du 23 juin 2010, art. 3)* « dix » jours sur convocation suivante. Lorsque l'assemblée est convoquée en application des dispositions de l'article L. 233-32, ce délai est au moins de six jours sur première convocation et de quatre jours sur convocation suivante. En cas d'ajournement de l'assemblée par décision de justice, le juge peut fixer un délai différent. – *[Décr. nº 67-236 du 23 mars 1967, art. 126.]*

La modification issue du Décr. nº 2010-684 du 23 juin 2010 s'applique aux assemblées générales tenues à compter du 1er oct. 2010 (Décr. préc., art. 9).

Art. R. 225-70 Lorsqu'une assemblée n'a pu délibérer régulièrement, faute du quorum requis, la deuxième assemblée est convoquée dans les formes prévues *(Décr. nº 2020-1742 du 29 déc. 2020, art. 5, en vigueur le 1er janv. 2021)* « aux articles R. 225-67 et R. 22-10-20 » et l'avis de convocation rappelle la date de la première.

Il en est de même pour la convocation d'une assemblée générale extraordinaire ou d'une assemblée spéciale prorogée dans les conditions prévues au deuxième alinéa de l'article L. 225-96 et au troisième alinéa de l'article L. 225-99. – *[Décr. n° 67-236 du 23 mars 1967, art. 127.]*

Art. R. 225-71 La demande d'inscription *(Décr. n° 2010-1619 du 23 déc. 2010, art. 2)* « de points ou » de projets de résolution à l'ordre du jour de l'assemblée, par des actionnaires représentant au moins 5 % du capital social, est adressée au siège social par lettre recommandée avec demande d'avis de réception ou par télécommunication électronique.

Toutefois, lorsque le capital de la société est supérieur à 750 000 €, le montant du capital à représenter en application de l'alinéa précédent est, selon l'importance de ce capital, réduit ainsi qu'il suit :

a) 4 % pour les 750 000 premiers euros ;
b) 2,50 % pour la tranche de capital comprise entre 750 000 et 7 500 000 € ;
c) 1 % pour la tranche de capital comprise entre 7 500 000 et 15 000 000 € ;
d) 0,50 % pour le surplus du capital.

(Décr. n° 2010-1619 du 23 déc. 2010, art. 2) « La demande d'inscription d'un point à l'ordre du jour est motivée. »

La demande *(Décr. n° 2010-1619 du 23 déc. 2010, art. 2)* « d'inscription de projets de résolution » est accompagnée du texte des projets de résolution, qui peuvent être assortis d'un bref exposé des motifs.

Lorsque le projet de résolution porte sur la présentation d'un candidat au conseil d'administration ou de surveillance, il est accompagné des renseignements prévus au 5° de l'article R. 225-83.

Les auteurs de la demande justifient *(Décr. n° 2010-1619 du 23 déc. 2010, art. 2)* « , à la date de leur demande, » de la possession ou de la représentation de la fraction du capital exigée par l'inscription des titres correspondants soit dans les comptes de titres nominatifs tenus par la société, soit dans les comptes de titres au porteur tenus par *(Décr. n° 2009-295 du 16 mars 2009, art. 4)* « un intermédiaire mentionné à l'article L. 211-3 du code monétaire et financier ». Ils transmettent avec leur demande une attestation d'inscription en compte.

L'examen *(Décr. n° 2010-1619 du 23 déc. 2010, art. 2)* « du point ou » de la résolution est subordonné à la transmission, par les auteurs de la demande, d'une nouvelle attestation justifiant de l'*(Décr. n° 2014-1466 du 8 déc. 2014, art. 2, en vigueur le 1er janv. 2015)* « inscription » des titres dans les mêmes comptes au *(Décr. n° 2014-1466 du 8 déc. 2014, art. 2, en vigueur le 1er janv. 2015)* « deuxième » jour ouvré précédant l'assemblée à zéro heure, heure de Paris. – *[Décr. n° 67-236 du 23 mars 1967, art. 128.]*

Les dispositions issues du Décr. n° 2010-1619 du 23 déc. 2010 s'appliquent aux assemblées tenues à compter du 1er janv. 2011 (Décr. préc., art. 13).

Art. R. 225-72 Tout actionnaire d'une société *(Décr. n° 2009-557 du 19 mai 2009, art. 3-VIII)* « dont toutes les actions revêtent la forme nominative » qui veut user de la faculté de requérir l'inscription *(Décr. n° 2010-1619 du 23 déc. 2010, art. 3)* « de points ou » de projets de résolution à l'ordre du jour d'une assemblée peut demander à la société de l'aviser, par lettre recommandée ou par un moyen électronique de télécommunication mis en œuvre dans les conditions mentionnées à l'article R. 225-63, à l'adresse indiquée par lui, de la date prévue pour la réunion des assemblées ou de certaines d'entre elles. La société est tenue d'envoyer cet avis, si l'actionnaire lui a adressé le montant des frais d'envoi, ou de le lui adresser par un moyen électronique de télécommunication mis en œuvre dans les conditions mentionnées à l'article R. 225-63, à l'adresse indiquée par lui.

Les demandes d'inscription *(Décr. n° 2010-1619 du 23 déc. 2010, art. 3)* « de points ou » de projets de résolution à l'ordre du jour sont envoyées vingt-cinq jours au moins avant la date de l'assemblée réunie sur première convocation.

Dernier al. *abrogé par Décr. n° 2020-1742 du 29 déc. 2020, art. 5, à compter du 1er janv. 2021. – [Décr. n° 67-236 du 23 mars 1967, art. 129.]*

Les dispositions issues du Décr. n° 2010-1619 du 23 déc. 2010 s'appliquent aux assemblées tenues à compter du 1er janv. 2011 (Décr. préc., art. 13).

Sur la sanction, V. art. L. 238-1.

Art. R. 225-73 *(Décr. nº 2010-684 du 23 juin 2010, art. 4)* « I. — Lorsque les actions de la société *(Abrogé par Décr. nº 2020-1742 du 29 déc. 2020, art. 5, à compter du 1er janv. 2021) « sont admises aux négociations sur un marché réglementé ou »* ne revêtent pas toutes la forme nominative, la convocation mentionnée à l'article R. 225-66 est précédée d'un avis publié au *Bulletin des annonces légales obligatoires*, trente-cinq jours au moins avant la tenue de l'assemblée générale. Ce délai est ramené à quinze jours lorsque l'assemblée générale est convoquée en application des dispositions de l'article L. 233-32.

« L'avis mentionné à l'alinéa précédent comporte, outre les mentions requises au premier alinéa de l'article R. 225-66, les informations suivantes :

« 1° Une description claire et précise des procédures que les actionnaires doivent suivre pour participer et voter à l'assemblée, en particulier des modalités de vote par procuration, par correspondance ou par voie électronique ;

« 2° Une description claire et précise des modalités d'exercice des facultés définies au deuxième alinéa de l'article L. 225-105 et au troisième alinéa de l'article L. 225-108, en particulier l'adresse postale et, le cas échéant, l'adresse électronique où peuvent être adressés les *(Décr. nº 2010-1619 du 23 déc. 2010, art. 4)* « points ou » projets de résolutions et les questions écrites, le délai imparti pour leur transmission, la liste des pièces justificatives devant être adressées conformément aux dispositions de la présente section ;

« 3° Sauf dans les cas où la société adresse à tous ses actionnaires un formulaire de vote par procuration ou par correspondance ou le document unique prévu par le troisième alinéa de l'article R. 225-76, les lieux et les conditions, notamment de délais, dans lesquels ceux-ci peuvent être obtenus et retournés ;

« 4° L'adresse du site internet prévu à l'article *(Décr. nº 2020-1742 du 29 déc. 2020, art. 5, en vigueur le 1er janv. 2021)* « **R. 22-10-1** » sur lequel sont diffusées les informations mentionnées à l'article *(Décr. nº 2020-1742 du 29 déc. 2020, art. 5, en vigueur le 1er janv. 2021)* « **R. 22-10-23** » et, le cas échéant, celle du site internet prévu à l'article R. 225-61 ;

« 5° La date d'*(Décr. nº 2014-1466 du 8 déc. 2014, art. 3, en vigueur le 1er janv. 2015)* « inscription en compte » définie à l'article *(Décr. nº 2020-1742 du 29 déc. 2020, art. 5, en vigueur le 1er janv. 2021)* « **R. 22-10-28** », en précisant que seuls pourront participer à l'assemblée les actionnaires remplissant à cette date les conditions prévues par cet article ;

« 6° Le texte des projets de résolution qui seront présentés à l'assemblée par le conseil d'administration ou le directoire, selon le cas ;

« 7° Le lieu et la date de mise à disposition du texte intégral :

« *a)* Des documents destinés à être présentés à l'assemblée, conformément notamment aux articles L. 225-115 et R. 225-83 ;

« *b) (Décr. nº 2010-1619 du 23 déc. 2010, art. 4)* « Des projets de résolution présentés, le cas échéant, par les actionnaires, ainsi que de la liste des points ajoutés, le cas échéant, à l'ordre du jour à leur demande ; »

« Lorsque la société a émis des actions à dividende prioritaire sans droit de vote ou des valeurs mobilières donnant accès au capital, les avis publiés mentionnent également l'obligation de soumettre les résolutions à l'avis, à l'accord ou à l'approbation, selon le cas, de l'assemblée spéciale des titulaires d'actions à dividende prioritaire sans droit de vote ou des assemblées des masses prévues à l'article L. 228-103. »

II. — *(Décr. nº 2010-1619 du 23 déc. 2010, art. 4)* « Les demandes d'inscription de points ou de projets de résolution à l'ordre du jour doivent parvenir à la société au plus tard le vingt-cinquième jour qui précède la date de l'assemblée, sans pouvoir être adressées plus de vingt jours après la date de l'avis mentionné au I.

« Lorsque l'assemblée est convoquée en application des dispositions de l'article L. 233-32, ces demandes doivent parvenir à la société au plus tard le dixième jour avant l'assemblée.

« L'avis mentionne le délai imparti pour l'envoi des demandes. »

III. — *Abrogé par Décr. nº 2010-684 du 23 juin 2010, art. 4. — [Décr. nº 67-236 du 23 mars 1967, art. 130.]*

Les modifications issues du Décr. n° 2010-684 du 23 juin 2010 s'appliquent aux assemblées générales tenues à compter du 1er oct. 2010 (Décr. préc., art. 9). — Celles issues du Décr. n° 2010-1619 du 23 déc. 2010 s'appliquent aux assemblées tenues à compter du 1er janv. 2011 (Décr. préc., art. 13).

Art. R. 225-73-1 *Abrogé par Décr. n° 2020-1742 du 29 déc. 2020, art. 5, à compter du 1er janv. 2021.*

Art. R. 225-74 *(Décr. n° 2010-1619 du 23 déc. 2010, art. 6)* **Le président du conseil d'administration ou le directoire accuse réception des demandes d'inscription à l'ordre du jour de points ou de projets de résolution, par lettre recommandée, dans le délai de cinq jours à compter de cette réception. Cet accusé de réception peut également être transmis par un moyen électronique de télécommunication mis en œuvre dans les conditions mentionnées à l'article R. 225-63, à l'adresse indiquée par l'actionnaire.**

Les points et les projets de résolution sont inscrits à l'ordre du jour.

Les projets de résolution sont soumis au vote de l'assemblée. — *[Décr. n° 67-236 du 23 mars 1967, art. 131.]*

L'art. R. 225-74, dans sa rédaction issue du Décr. n° 2010-1619 du 23 déc. 2010, s'applique aux assemblées tenues à compter du 1er janv. 2011 (Décr. préc., art. 13).

Art. R. 225-75 **A compter de la convocation de l'assemblée, tout actionnaire peut demander par écrit à la société de lui adresser, le cas échéant par voie électronique, dans les conditions définies à l'article R. 225-61, un formulaire de vote à distance. Cette demande doit être déposée ou parvenue au siège social au plus tard six jours avant la date de la réunion.** — *[Décr. n° 67-236 du 23 mars 1967, art. 131-1.]*

Art. R. 225-76 **Le formulaire de vote par correspondance permet un vote sur chacune des résolutions, dans l'ordre de leur présentation à l'assemblée ; il offre à l'actionnaire la possibilité d'exprimer sur chaque résolution un vote favorable ou défavorable à son adoption ou sa volonté de s'abstenir de voter.**

Il informe l'actionnaire de manière très apparente que toute abstention exprimée dans le formulaire ou résultant de l'absence d'indication de vote *(Décr. n° 2019-1486 du 27 déc. 2019, art. 2)* **« ne sera pas considérée comme un vote exprimé ».**

Le formulaire peut, le cas échéant, figurer sur le même document que la formule de procuration ; dans ce cas l'article R. 225-78 est applicable.

Le formulaire comporte le rappel des dispositions du deuxième alinéa de l'article R. 225-77 et l'indication de la date avant laquelle, conformément aux statuts, il est reçu par la société pour qu'il en soit tenu compte ; lorsqu'il a été convenu entre la société et les intermédiaires habilités par elle que ces derniers n'accepteraient plus de transmettre à la société des formulaires de vote reçus par eux après une date antérieure à celle fixée par la société, il est fait mention de cette date.

Sont annexés au formulaire :

1° Le texte des résolutions proposées accompagné d'un exposé des motifs et de l'indication de leur auteur ;

2° Une demande d'envoi des documents et renseignements mentionnés à l'article R. 225-83 et informant l'actionnaire qu'il peut demander à bénéficier des dispositions du troisième alinéa de l'article R. 225-88 ;

3° S'il s'agit de l'assemblée générale ordinaire prévue à l'article L. 225-100, l'exposé et les documents prévus à l'article R. 225-81. — *[Décr. n° 67-236 du 23 mars 1967, art. 131-2.]*

Art. R. 225-77 **La date après laquelle il ne sera plus tenu compte des formulaires de vote reçus par la société ne peut être antérieure de plus de trois jours à la date de la réunion de l'assemblée, sauf délai plus court prévu par les statuts. Toutefois, les formulaires électroniques de vote à distance peuvent être reçus par la société jusqu'à la veille de la réunion de l'assemblée générale, au plus tard à 15 heures, heure de Paris.**

Les formulaires de vote par correspondance reçus par la société comportent :

1° Les nom, prénom usuel et domicile de l'actionnaire ;

2° L'indication de la forme, nominative ou au porteur, sous laquelle sont détenus les titres et du nombre de ces derniers, ainsi qu'une mention constatant l'inscription des titres soit dans les comptes de titres nominatifs tenus par la société, soit dans les comptes de titres au porteur tenus par *(Décr. n° 2009-295 du 16 mars 2009, art. 4)*

« un intermédiaire mentionné à l'article L. 211-3 du code monétaire et financier ». L'attestation de participation prévue à l'article *(Décr. nº 2020-1742 du 29 déc. 2020, art. 5, en vigueur le 1er janv. 2021)* « R. 22-10-28 » est annexée au formulaire ;

3° *(Décr. nº 2011-1473 du 9 nov. 2011, art. 3, en vigueur le 1er mars 2012)* « La signature, le cas échéant électronique, de l'actionnaire ou de son représentant légal ou judiciaire. Lorsque la société décide, conformément aux statuts, de permettre la participation des actionnaires aux assemblées générales par des moyens de communication électronique, cette signature électronique peut résulter d'un procédé fiable d'identification de l'actionnaire, garantissant son lien avec le formulaire de vote à distance auquel elle s'attache. »

Le formulaire de vote par correspondance adressé à la société par une assemblée vaut pour les assemblées successives convoquées avec le même ordre du jour. — *[Décr. nº 67-236 du 23 mars 1967, art. 131-3.]*

Art. R. 225-78 Si la société utilise le document unique prévu au troisième alinéa de l'article R. 225-76, ce document comporte, outre les mentions prévues aux articles R. 225-76 et R. 225-77 et aux 5° et 6° de l'article R. 225-81, les indications suivantes :

1° Qu'il peut être utilisé pour chaque résolution soit pour un vote par correspondance, soit pour un vote par procuration ;

2° Qu'il peut être donné procuration pour voter au nom du signataire à un mandataire désigné dans les conditions de l'article L. 225-106 dont les dispositions sont reproduites sur ce document ;

3° Que, si des résolutions nouvelles étaient présentées à l'assemblée, le signataire a la faculté *(Décr. nº 2019-1486 du 27 déc. 2019, art. 2)* « d'exprimer dans ce document soit sa volonté de s'abstenir, soit un vote défavorable à leur adoption », soit de donner mandat au président de l'assemblée générale ou à un mandataire désigné dans les conditions de l'article L. 225-106. — *[Décr. nº 67-236 du 23 mars 1967, art. 131-4.]*

Art. R. 225-79 La procuration donnée par un actionnaire pour se faire représenter à une assemblée est signée par celui-ci, le cas échéant par un procédé de signature électronique, et indique ses nom, prénom usuel et domicile. Elle peut désigner nommément un mandataire, qui n'a pas la faculté de se substituer une autre personne.

(Décr. nº 2011-1473 du 9 nov. 2011, art. 4, en vigueur le 1er mars 2012) « Pour l'application du premier alinéa, lorsque la société décide, conformément aux statuts, de permettre la participation des actionnaires aux assemblées générales par des moyens de communication électronique, la signature de l'actionnaire ou de son représentant légal ou judiciaire peut résulter d'un procédé fiable d'identification de l'actionnaire, garantissant son lien avec le formulaire de vote à distance auquel elle s'attache. »

Le mandat est donné pour une seule assemblée. Il peut cependant être donné pour deux assemblées, l'une ordinaire, l'autre extraordinaire, tenues le même jour ou dans un délai de quinze jours.

Le mandat donné pour une assemblée vaut pour les assemblées successives convoquées avec le même ordre du jour.

(Décr. nº 2010-684 du 23 juin 2010, art. 6) « Il est révocable dans les mêmes formes que celles requises pour la désignation du mandataire. »

***Dernier al.** abrogé par Décr. nº 2020-1742 du 29 déc. 2020, art. 5, à compter du 1er janv. 2021. — [Décr. nº 67-236 du 23 mars 1967, art. 132.]*

Les modifications issues du Décr. nº 2010-684 du 23 juin 2010 s'appliquent aux assemblées générales tenues à compter du 1er oct. 2010 (Décr. préc., art. 9).

Art. R. 225-80 Les instructions données par la voie électronique dans les conditions définies à l'article R. 225-61 comportant procuration ou pouvoir peuvent valablement parvenir à la société jusqu'à 15 heures, heure de Paris, la veille de la réunion de l'assemblée générale. Dès la réception par la société de ces instructions, celles-ci sont irrévocables, hors le cas des cessions de titres qui font l'objet de la notification prévue au IV de l'article *(Décr. nº 2020-1742 du 29 déc. 2020, art. 5, en vigueur le 1er janv. 2021)* « R. 22-10-28 ». — *[Décr. nº 67-236 du 23 mars 1967, art. 132-1.]*

Art. R. 225-81 Sont joints à toute formule de procuration adressée aux actionnaires par la société ou par le mandataire qu'elle a désigné à cet effet, le cas échéant par voie électronique dans les conditions définies à l'article R. 225-61 :

1° L'ordre du jour de l'assemblée ;

2° *(Décr. nº 2010-1619 du 23 déc. 2010, art. 7)* « Le texte des projets de résolution présentés par le conseil d'administration ou le directoire, selon le cas, ainsi que le texte des projets de résolution présentés par des actionnaires et les points ajoutés le cas échéant à l'ordre du jour à leur demande dans les conditions prévues aux articles R. 225-71 à R. 225-74 *(Décr. nº 2020-1742 du 29 déc. 2020, art. 5, en vigueur le 1er janv. 2021)* « , R. 22-10-21, R. 22-10-22 et R. 22-10-23 » ; »

3° Un exposé sommaire de la situation de la société pendant l'exercice écoulé *(Abrogé par Décr. nº 2014-1063 du 18 sept. 2014, art. 4)* « *, accompagné d'un tableau, dont un modèle figure en annexe 2-2 au présent livre, faisant apparaître les résultats de la société au cours de chacun des cinq derniers exercices ou de chacun des exercices clos depuis la constitution de la société ou l'absorption par celle-ci d'une autre société, si leur nombre est inférieur à cinq* » ; — *V. annexe préc. au* **C. com.** *ou au* **C. sociétés**.

4° Une formule de demande d'envoi des documents et renseignements mentionnés à l'article R. 225-83, informant l'actionnaire qu'il peut demander à bénéficier des dispositions du troisième alinéa de l'article R. 225-88 ;

5° Un formulaire de vote par correspondance comportant le rappel des dispositions de l'article L. 225-107 ;

6° Le rappel de manière très apparente des dispositions *(Décr. nº 2010-1619 du 23 déc. 2010, art. 7 ; Décr. nº 2011-1473 du 9 nov. 2011, art. 5)* « des articles L. 225-106 » *(Décr. nº 2020-1742 du 29 déc. 2020, art. 5, en vigueur le 1er janv. 2021)* « et L. 22-10-39 à L. 22-10-42 » ;

7° L'indication que l'actionnaire, à défaut d'assister personnellement à l'assemblée, peut choisir entre l'une des trois formules suivantes :

a) *(Décr. nº 2010-1619 du 23 déc. 2010, art. 7)* « Donner une procuration dans les conditions de l'article L. 225-106 ; »

b) Voter par correspondance ;

c) Adresser une procuration à la société sans indication de mandat ;

8° L'indication qu'en aucun cas l'actionnaire ne peut retourner à la société à la fois la formule de procuration et le formulaire de vote par correspondance.

En cas de retour de la formule de procuration et du formulaire de vote par correspondance en violation des dispositions du 8° du présent article, la formule de procuration est prise en considération, sous réserve des votes exprimés dans le formulaire de vote par correspondance. — *[Décr. nº 67-236 du 23 mars 1967, art. 133.]*

Les dispositions issues du Décr. nº 2010-1619 du 23 déc. 2010 s'appliquent aux assemblées tenues à compter du 1er janv. 2011 (Décr. préc., art. 13).

Art. R. 225-82 Les formulaires de procuration et de vote à distance transmis par voie électronique dans les conditions définies à l'article R. 225-61 respectent les règles fixées aux articles R. 225-76 à R. 225-81 *(Décr. nº 2020-1742 du 29 déc. 2020, art. 5, en vigueur le 1er janv. 2021)* « , R. 22-10-24 » et R. 225-95 pour les formulaires de procuration et de vote par correspondance. — *[Décr. nº 67-236 du 23 mars 1967, art. 134.]*

Art. R. 225-82-1 *à* R. 225-82-3 *Abrogés par Décr. nº 2020-1742 du 29 déc. 2020, art. 5, à compter du 1er janv. 2021.*

Art. R. 225-83 La société adresse aux actionnaires ou met à leur disposition, dans les conditions prévues aux articles R. 225-88 et R. 225-89, les renseignements suivants contenus dans un ou plusieurs documents :

1° Les nom et prénom usuel, soit des administrateurs et directeurs généraux, soit des membres du conseil de surveillance et du directoire, ainsi que, le cas échéant, l'indication des autres sociétés dans lesquelles ces personnes exercent des fonctions de gestion, de direction, d'administration ou de surveillance ;

2° Le texte des projets de résolution présentés par le conseil d'administration ou le directoire, selon le cas ;

3° Le cas échéant, le texte et l'exposé des motifs des projets de résolution présentés par des actionnaires *(Décr. nº 2010-1619 du 23 déc. 2010, art. 9)* « ainsi que la liste des points ajoutés à l'ordre du jour à leur demande » ;

4° Le rapport du conseil d'administration ou du directoire, selon le cas, qui sera présenté à l'assemblée ainsi que, le cas échéant, les observations du conseil de surveillance ;

5° Lorsque l'ordre du jour comporte la nomination d'administrateurs ou de membres du conseil de surveillance :

***a)* Les nom, prénom usuel et âge des candidats, leurs références professionnelles et leurs activités professionnelles au cours des cinq dernières années, notamment les fonctions qu'ils exercent ou ont exercées dans d'autres sociétés ;**

***b)* Les emplois ou fonctions occupés dans la société par les candidats et le nombre d'actions de la société dont ils sont titulaires ou porteurs ;**

6° S'il s'agit de l'assemblée générale ordinaire prévue à l'article L. 225-100 :

***a)* Les comptes annuels, les comptes consolidés, le rapport sur la gestion du groupe, un tableau des affectations de résultat précisant notamment l'origine des sommes dont la distribution est proposée ;**

Al. abrogé par Décr. n° 2014-1063 du 18 sept. 2014, art. 5.

***b)* Les rapports des commissaires aux comptes prévus au troisième alinéa des articles L. 225-40 et L. 225-88 et aux articles L. 232-3, L. 234-1 et R. 823-7 ;**

***c)* Les observations du conseil de surveillance, s'il y a lieu ;**

Al. abrogé par Décr. n° 2008-258 du 13 mars 2008, art. 3, à compter du 1er sept. 2008.

7° S'il s'agit d'une assemblée générale ordinaire prévue à l'article L. 225-101, le rapport des commissaires mentionnés audit article ;

8° S'il s'agit d'une assemblée générale extraordinaire ou d'une assemblée spéciale prévue à l'article L. 225-99, le rapport des commissaires aux comptes, qui sera, le cas échéant, présenté à l'assemblée. – *[Décr. n° 67-236 du 23 mars 1967, art. 135.]*

Les dispositions issues du Décr. n° 2010-1619 du 23 déc. 2010 s'appliquent aux assemblées tenues à compter du 1er janv. 2011 (Décr. préc., art. 13).

Aux termes de l'art. L. 2312-32 C. trav., le dernier bilan social accompagné de l'avis du comité social et économique est adressé aux actionnaires ou mis à leur disposition dans les mêmes conditions que les documents prévus aux art. L. 225-108 à L. 225-115 C. com.

Art. R. 225-84 **Les questions écrites mentionnées au troisième alinéa de l'article L. 225-108 sont envoyées, au siège social par lettre recommandée avec demande d'avis de réception adressée au président du conseil d'administration ou du directoire ou par voie de télécommunication électronique à l'adresse indiquée dans la convocation, au plus tard le quatrième jour ouvré précédant la date de l'assemblée générale.**

Elles sont accompagnées d'une attestation d'inscription soit dans les comptes de titres nominatifs tenus par la société, soit dans les comptes de titres au porteur tenus par *(Décr. n° 2009-295 du 16 mars 2009, art. 4)* **« un intermédiaire mentionné à l'article L. 211-3 du code monétaire et financier ».** – *[Décr. n° 67-236 du 23 mars 1967, art. 135-1.]*

Art. R. 225-85 *Abrogé par Décr. n° 2020-1742 du 29 déc. 2020, art. 5, à compter du 1er janv. 2021.*

Art. R. 225-86 **Il est justifié du droit de participer aux assemblées générales** *(Abrogé par Décr. n° 2020-1742 du 29 déc. 2020, art. 5, à compter du 1er janv. 2021)* ***« des sociétés dont les titres ne sont admis ni aux négociations sur*** *(Décr. n° 2018-1226 du 24 déc. 2018, art. 1er)* ***« une plate-forme de négociation » ni aux opérations d'un dépositaire central »*** **par l'inscription des titres au nom de l'actionnaire, au jour de l'assemblée générale, dans les comptes de titres nominatifs tenus par la société** *(Décr. n° 2018-1226 du 24 déc. 2018, art. 1er)* **« ou dans un dispositif d'enregistrement électronique partagé ». La société peut cependant, par une disposition spéciale de ses statuts, décider qu'il sera justifié du droit de participer aux assemblées par l'inscription des titres dans les mêmes comptes** *(Décr. n° 2018-1226 du 24 déc. 2018, art. 1er)* **« ou dans un dispositif d'enregistrement électronique partagé » au** *(Décr. n° 2014-1466 du 8 déc. 2014, art. 5, en vigueur le 1er janv. 2015)* **« deuxième » jour ouvré précédant l'assemblée à zéro heure, heure de Paris.**

L'actionnaire qui a déjà exprimé son vote à distance ou envoyé un pouvoir peut à tout moment céder tout ou partie de ses actions. En cas de *(Décr. n° 2014-1466 du 8 déc. 2014, art. 5, en vigueur le 1er janv. 2015)* **« transfert de propriété » intervenant**

avant le jour de la séance ou la date fixée par les statuts en application de la dernière phrase du premier alinéa, et sauf dispositions statutaires particulières, la société invalide ou modifie en conséquence, avant l'ouverture de la séance de l'assemblée, le vote exprimé à distance ou le pouvoir de cet actionnaire. – *[Décr. n° 67-236 du 23 mars 1967, art. 136-1.]*

Art. R. 225-87 Le mandataire chargé de représenter les copropriétaires d'actions indivises dans les conditions prévues au deuxième alinéa de l'article L. 225-110 est désigné par ordonnance du président du tribunal de commerce, statuant en référé. – *[Décr. n° 67-236 du 23 mars 1967, art. 137.]*

Art. R. 225-88 A compter de la convocation de l'assemblée et jusqu'au cinquième jour inclusivement avant la réunion, tout actionnaire titulaire de titres nominatifs peut demander à la société de lui envoyer, à l'adresse indiquée, les documents et renseignements mentionnés aux articles R. 225-81 et R. 225-83. La société est tenue de procéder à cet envoi avant la réunion et à ses frais. Cet envoi peut être effectué par un moyen électronique de télécommunication mis en œuvre dans les conditions mentionnées à l'article R. 225-63, à l'adresse indiquée par l'actionnaire.

Le même droit est ouvert à tout actionnaire propriétaire de titres au porteur, qui justifie de cette qualité par la transmission d'une attestation d'inscription dans les comptes de titres au porteur tenus par *(Décr. n° 2009-295 du 16 mars 2009, art. 4)* « un intermédiaire mentionné à l'article L. 211-3 du code monétaire et financier ».

Les actionnaires mentionnés au premier alinéa peuvent, par une demande unique, obtenir de la société l'envoi des documents et renseignements précités à l'occasion de chacune des assemblées d'actionnaires ultérieures. – *[Décr. n° 67-236 du 23 mars 1967, art. 138.]*

Art. R. 225-89 A compter de la convocation de l'assemblée générale ordinaire annuelle et au moins pendant le délai de quinze jours qui précède la date de la réunion, tout actionnaire a le droit de prendre connaissance, au siège social ou au lieu de la direction administrative, des documents et renseignements énumérés aux articles L. 225-115 et R. 225-83. Toutefois, il n'a le droit de prendre connaissance, aux mêmes lieux, du rapport des commissaires aux comptes, que pendant le même délai de quinze jours.

Il a également le droit, à compter de la convocation *(Décr. n° 2007-1851 du 26 déc. 2007, art. 2)* « de l'assemblée générale extraordinaire ou » de l'assemblée spéciale et au moins pendant le délai de quinze jours qui précède la date de la réunion, de prendre connaissance, aux mêmes lieux, du texte des résolutions présentées, du rapport du conseil d'administration ou du directoire, ainsi que, le cas échéant, du rapport des commissaires aux comptes.

Il peut aussi, à compter de la convocation de l'assemblée générale prévue à l'article L. 225-101, prendre connaissance dans les conditions prévues à l'alinéa précédent du texte des résolutions proposées, du rapport du conseil d'administration ou du directoire et du rapport des commissaires prévu à l'article L. 225-101.

(Décr. n° 2011-1473 du 9 nov. 2011, art. 6, en vigueur le 1er mars 2012) « Le » droit de prendre connaissance emporte celui de prendre copie. – *[Décr. n° 67-236 du 23 mars 1967, art. 139.]*

Art. R. 225-90 En application des dispositions de l'article L. 225-116, l'actionnaire a le droit, pendant le délai de quinze jours qui précède la réunion de l'assemblée générale de prendre connaissance ou copie, aux lieux prévus à l'article R. 225-89, de la liste des actionnaires.

A cette fin, la liste des actionnaires est arrêtée par la société le seizième jour qui précède la réunion de l'assemblée. Elle contient les nom, prénom usuel et domicile de chaque titulaire d'actions nominatives. Le nombre d'actions dont chaque actionnaire est titulaire au porteur est en outre mentionné. – *[Décr. n° 67-236 du 23 mars 1967, art. 140.]*

Art. R. 225-91 L'actionnaire exerce les droits reconnus par les articles R. 225-89 et R. 225-90 par lui-même ou par le mandataire qu'il a désigné pour le représenter à l'assemblée. – *[Décr. n° 67-236 du 23 mars 1967, art. 141.]*

Art. R. 225-92 En application des dispositions de l'article L. 225-117, l'actionnaire a le droit de prendre connaissance par lui-même ou par mandataire, au siège social ou au lieu de la direction administrative, des documents mentionnés par cet article.

(Décr. n° 2011-1473 du 9 nov. 2011, art. 7, en vigueur le 1er mars 2012) « Le droit de prendre connaissance emporte celui de prendre copie. » — *[Décr. n° 67-236 du 23 mars 1967, art. 142.]*

Art. R. 225-93 En application des dispositions du deuxième alinéa de l'article L. 225-51-1, l'actionnaire peut, par lui-même ou par mandataire, prendre connaissance, au siège social ou au lieu de la direction administrative, de l'extrait du procès-verbal contenant la décision du conseil d'administration relative au choix de l'une des deux modalités d'exercice de la direction générale. — *[Décr. n° 67-236 du 23 mars 1967, art. 142-1.]*

Art. R. 225-94 Tout actionnaire exerçant le droit d'obtenir communication de documents et renseignements auprès de la société peut se faire assister d'un expert inscrit sur une des listes établies par les cours et tribunaux. — *[Décr. n° 67-236 du 23 mars 1967, art. 144.]*

Art. R. 225-95 La feuille de présence aux assemblées d'actionnaires contient les mentions suivantes :

1° Les nom, prénom usuel et domicile de chaque actionnaire présent ou réputé présent *(Décr. n° 2018-146 du 28 févr. 2018, art. 7)* « à raison de sa participation à l'assemblée selon les modalités prévues au II de l'article L. 225-107 ou à l'article L. 225-103-1 », le nombre d'actions dont il est titulaire, ainsi que le nombre de voix attaché à ces actions ;

2° Les nom, prénom usuel et domicile de chaque actionnaire représenté, le nombre d'actions dont il est titulaire, ainsi que le nombre de voix attaché à ces actions ;

3° Les nom, prénom usuel et domicile de chaque mandataire, le nombre d'actions de ses mandants, ainsi que le nombre de voix attaché à ces actions ;

4° Les nom, prénom usuel et domicile de chaque actionnaire ayant adressé à la société un formulaire de vote par correspondance, ainsi que le nombre d'actions dont il est titulaire et le nombre de voix attaché à ces actions.

Le bureau de l'assemblée peut annexer à la feuille de présence *(Décr. n° 2011-1473 du 9 nov. 2011, art. 8, en vigueur le 1er mars 2012)* « , le cas échéant, sous format électronique ou numérisé *[,]* » la procuration ou le formulaire de vote par correspondance portant les nom, prénom usuel et domicile de chaque actionnaire mandant ou votant par correspondance, le nombre d'actions dont il est titulaire et le nombre de voix attaché à ces actions. Dans ce cas, le bureau de l'assemblée indique le nombre des pouvoirs et des formulaires de vote par correspondance annexés à cette feuille ainsi que le nombre des actions et des droits de vote correspondant aux procurations et aux formulaires. *(Décr. n° 2011-1473 du 9 nov. 2011, art. 8, en vigueur le 1er mars 2012)* « La feuille de présence, les pouvoirs et les formulaires de vote à distance sont consultables sous format papier, ou, le cas échéant, numérisé ou électronique. »

La feuille de présence, dûment émargée par les actionnaires présents et les mandataires, est certifiée exacte par le bureau de l'assemblée. — *[Décr. n° 67-236 du 23 mars 1967, art. 145.]*

(Décr. n° 2018-146 du 28 févr. 2018, art. 7) « Toutefois, lorsque l'assemblée se tient exclusivement par visioconférence ou par des moyens de télécommunication dans les conditions prévues à l'article L. 225-103-1, l'émargement par les actionnaires n'est pas requis. »

Art. R. 225-96 L'assemblée générale ne peut délibérer qu'après la fin de l'assemblée spéciale des titulaires d'actions à dividende prioritaire sans droit de vote prévue aux articles R. 228-40 à R. 228-48 lorsque celle-ci peut adopter un avis sur une résolution soumise à l'assemblée générale. — *[Décr. n° 67-236 du 23 mars 1967, art. 145-1.]*

Art. R. 225-97 Afin de garantir, en vue de l'application *(Décr. n° 2018-146 du 28 févr. 2018, art. 8)* « de l'article L. 225-103-1 et » du II de l'article L. 225-107, l'identification et la participation effective à l'assemblée des actionnaires y participant par des moyens de visioconférence ou de télécommunication, ces moyens transmettent au moins la voix des participants et satisfont à des caractéristiques techniques permettant la retransmission continue et simultanée des délibérations. – *[Décr. n° 67-236 du 23 mars 1967, art. 145-2.]*

Art. R. 225-98 Les actionnaires exerçant leurs droits de vote en séance par voie électronique dans les conditions de l'article *(Décr. n° 2009-234 du 25 févr. 2009, art. 4)* « R. 225-61 » ne peuvent accéder au site consacré à cet effet qu'après s'être identifiés au moyen d'un code fourni préalablement à la séance. – *[Décr. n° 67-236 du 23 mars 1967, art. 145-3.]*

Art. R. 225-99 Le procès-verbal des délibérations mentionné à l'article R. 225-106 fait état de la survenance éventuelle d'un incident technique relatif à la visioconférence ou à la télécommunication *(Abrogé par Décr. n° 2018-146 du 28 févr. 2018, art. 9)* « *électronique* » lorsqu'il a perturbé le déroulement de l'assemblée. – *[Décr. n° 67-236 du 23 mars 1967, art. 145-4.]*

Art. R. 225-100 Les assemblées d'actionnaires sont présidées par le président du conseil d'administration ou du conseil de surveillance, selon le cas, ou, en son absence, par la personne prévue par les statuts. A défaut, l'assemblée élit elle-même son président.

En cas de convocation par les commissaires aux comptes, par un mandataire de justice ou par les liquidateurs, l'assemblée est présidée par celui ou par l'un de ceux qui l'ont convoquée. – *[Décr. n° 67-236 du 23 mars 1967, art. 146.]*

Art. R. 225-101 Sont scrutateurs de l'assemblée, les deux membres de l'assemblée disposant du plus grand nombre de voix et acceptant cette fonction.

Le bureau de l'assemblée en désigne le secrétaire qui, sauf disposition contraire des statuts, peut être choisi en dehors des actionnaires. – *[Décr. n° 67-236 du 23 mars 1967, art. 147.]*

Art. R. 225-102 *Al. 1er abrogé par Décr. n° 2017-1174 du 18 juill. 2017, art. 1er-1°.*

(Décr. n° 2017-1174 du 18 juill. 2017, art. 1er-1°) « Au rapport de gestion mentionné au deuxième alinéa de l'article L. 225-100 » est obligatoirement joint un tableau, dont un modèle figure en annexe 2-2 au présent livre, faisant apparaître les résultats de la société au cours de chacun des cinq derniers exercices ou de chacun des exercices clos depuis la constitution de la société ou l'absorption par celle-ci d'une autre société, s'ils sont inférieurs à cinq. – *[Décr. n° 67-236 du 23 mars 1967, art. 148.]* – *V. l'annexe citée au* **C. com.** *ou au* **C. sociétés**.

Le Décr. n° 2017-1174 du 18 juill. 2017 est applicable aux rapports afférents aux exercices ouverts à compter du 1er janv. 2017 (Décr. préc., art. 3).

Art. R. 225-103 Les commissaires mentionnés à l'article L. 225-101 sont désignés et accomplissent leur mission dans les conditions prévues à l'article *(Décr. n° 2020-1742 du 29 déc. 2020, art. 5, en vigueur le 1er janv. 2021)* « R. 22-10-7 ».

Le rapport décrit les biens à acquérir, indique les critères retenus pour la fixation du prix et apprécie la pertinence de ces critères. – *[Décr. n° 67-236 du 23 mars 1967, art. 148-1.]*

Art. R. 225-104 *(Décr. n° 2020-1742 du 29 déc. 2020, art. 5, en vigueur le 1er janv. 2021)* Les seuils prévus à l'article L. 225-102-1, évalués à la date de clôture de l'exercice, sont fixés à 100 millions d'euros pour le total du bilan, à 100 millions d'euros pour le montant net du chiffre d'affaires et à 500 pour le nombre moyen de salariés permanents employés au cours de l'exercice.

Le total du bilan et le montant net du chiffre d'affaires sont déterminés conformément aux cinquième et sixième alinéas de l'article D. 123-200. Le nombre moyen de salariés permanents est déterminé conformément aux dispositions de l'article D. 210-21.

Art. D. 225-104-1 *(Abrogé par Décr. n° 2019-1235 du 27 nov. 2019, art. 1er) (Décr. n° 2016-182 du 23 févr. 2016, art. 1er)* ***I. — L'information donnée par la société sur les engagements de retraite, autres que les régimes de retraite de base et les régimes de retraites complémentaires obligatoires, ou autres avantages viagers pris par la société au bénéfice de ses mandataires sociaux en application*** *(Décr. n° 2017-1174 du 18 juill. 2017, art. 1er-3°)*

« de la deuxième phrase du troisième alinéa de l'article L. 225-37-3 » précise pour chaque mandataire social les éléments constitutifs essentiels de ceux-ci, en particulier :

1° Pour ce qui concerne les engagements de retraites et assimilés, et tout autre avantage versé au titre de la cessation de fonctions en tout ou partie sous forme de rente, lorsque ces engagements sont à la charge de la société :

a) L'intitulé de l'engagement considéré ;

b) La référence aux dispositions légales permettant d'identifier la catégorie de régime correspondant ;

c) Les conditions d'entrée dans le régime et les autres conditions pour pouvoir en bénéficier ;

d) Les modalités de détermination de la rémunération de référence fixée par le régime concerné et servant à calculer les droits des bénéficiaires ;

e) Le rythme d'acquisition des droits ;

f) L'existence éventuelle d'un plafond, son montant ou les modalités de détermination de celui-ci ;

g) Les modalités de financement des droits ;

h) Le montant estimatif de la rente à la date de clôture de l'exercice ;

i) Les charges fiscales et sociales associées à la charge de la société ;

2° Pour ce qui concerne les autres avantages viagers :

a) L'intitulé de l'avantage viager considéré ;

b) Le montant estimatif de l'avantage viager, évalué sur une base annuelle à la date de clôture ;

c) Les modalités de financement de l'avantage viager ;

d) Les charges fiscales et sociales associées à la charge de la société.

II. — Le montant estimatif de la rente à la date de clôture mentionné au h du 1° du I du présent article est établi selon les modalités suivantes :

— la rente est estimée sur une base annuelle ;

— elle prend en compte l'ancienneté acquise par le mandataire dans ses fonctions à la date de clôture de l'exercice ;

— le cas échéant, elle est assise sur la base des rémunérations telles qu'elles ont été constatées au cours du ou des derniers exercices ;

— elle est calculée, indépendamment des conditions de réalisation de l'engagement, comme si le mandataire social pouvait en bénéficier à compter du lendemain de la clôture de l'exercice ;

— l'estimation de la rente distingue, le cas échéant, la part de celle-ci accordée dans le cadre d'un régime mentionné à l'article L. 137-11 du code de la sécurité sociale de celle versée dans le cadre d'un autre régime mis en place par la société.

Sur les dispositions transitoires du Décr. n° 2017-1174 du 18 juill. 2017, V. note ss. art. R. 225-102.

Sur les dispositions transitoires du Décr. n° 2019-1235 du 27 nov. 2019, V. note ss. art. R. 225-30.

Art. D. 225-104-2 *(Décr. n° 2020-101 du 7 févr. 2020, art. 5)* **Le seuil d'effectif salarié prévu au 4° de l'article L. 225-115 est apprécié à la date de la clôture du dernier exercice.**

Pour les dispositions transitoires du Décr. n° 2020-101 du 7 févr. 2020, V. note ss. art. D. 210-21.

Art. R. 225-105 *(Décr. n° 2017-1265 du 9 août 2017, art. 2)* **I. — La déclaration de performance extra-financière mentionnée au I de l'article L. 225-102-1 et la déclaration consolidée de performance extra-financière mentionnée au II du même article présentent le modèle d'affaires de la société ou, le cas échéant, de l'ensemble de sociétés pour lesquelles la société établit des comptes consolidés.**

Elles présentent en outre, pour chaque catégorie d'information mentionnée au III du même article *(Décr. n° 2020-1742 du 29 déc. 2020, art. 5, en vigueur le 1er janv. 2021)* **« ou au deuxième alinéa de l'article L. 22-10-36 » :**

1° Une description des principaux risques liés à l'activité de la société ou de l'ensemble de sociétés y compris, lorsque cela s'avère pertinent et proportionné, les risques créés par ses relations d'affaires, ses produits ou ses services ;

2° Une description des politiques appliquées par la société ou l'ensemble de sociétés incluant, le cas échéant, les procédures de diligence raisonnable mises en œuvre pour prévenir, identifier et atténuer la survenance des risques mentionnés au 1° ;

3° Les résultats de ces politiques, incluant des indicateurs clés de performance.

Lorsque la société n'applique pas de politique en ce qui concerne un ou plusieurs de ces risques, la déclaration comprend une explication claire et motivée des raisons le justifiant.

II. – La déclaration contient, lorsqu'elles sont pertinentes au regard des principaux risques ou des politiques mentionnées au I du présent article :

A. – Pour toutes les sociétés mentionnées au I de l'article L. 225-102-1 *(Décr. n° 2020-1742 du 29 déc. 2020, art. 5, en vigueur le 1er janv. 2021)* « ou au premier alinéa de l'article L. 22-10-36 », les informations suivantes :

1° Informations sociales :

a) Emploi :

– l'effectif total et la répartition des salariés par sexe, par âge et par zone géographique ;

– les embauches et les licenciements ;

– les rémunérations et leur évolution ;

b) Organisation du travail :

– l'organisation du temps de travail ;

– l'absentéisme ;

c) Santé et sécurité :

– les conditions de santé et de sécurité au travail ;

– les accidents du travail, notamment leur fréquence et leur gravité, ainsi que les maladies professionnelles ;

d) Relations sociales :

– l'organisation du dialogue social, notamment les procédures d'information et de consultation du personnel et de négociation avec celui-ci ;

– le bilan des accords collectifs, notamment en matière de santé et de sécurité au travail ;

e) Formation :

– les politiques mises en œuvre en matière de formation, notamment en matière de protection de l'environnement ;

– le nombre total d'heures de formation ;

f) Égalité de traitement :

– les mesures prises en faveur de l'égalité entre les femmes et les hommes ;

– les mesures prises en faveur de l'emploi et de l'insertion des personnes handicapées ;

– la politique de lutte contre les discriminations ;

2° Informations environnementales :

a) Politique générale en matière environnementale :

– l'organisation de la société pour prendre en compte les questions environnementales et, le cas échéant, les démarches d'évaluation ou de certification en matière d'environnement ;

– les moyens consacrés à la prévention des risques environnementaux et des pollutions ;

– le montant des provisions et garanties pour risques en matière d'environnement, sous réserve que cette information ne soit pas de nature à causer un préjudice sérieux à la société dans un litige en cours ;

b) Pollution :

– les mesures de prévention, de réduction ou de réparation de rejets dans l'air, l'eau et le sol affectant gravement l'environnement ;

– la prise en compte de toute forme de pollution spécifique à une activité, notamment les nuisances sonores et lumineuses ;

c) Économie circulaire :

i) Prévention et gestion des déchets :

– les mesures de prévention, de recyclage, de réutilisation, d'autres formes de valorisation et d'élimination des déchets ;

– les actions de lutte contre le gaspillage alimentaire ;

ii) Utilisation durable des ressources :

– la consommation d'eau et l'approvisionnement en eau en fonction des contraintes locales ;

— la consommation de matières premières et les mesures prises pour améliorer l'efficacité dans leur utilisation ;

— la consommation d'énergie, les mesures prises pour améliorer l'efficacité énergétique et le recours aux énergies renouvelables ;

— l'utilisation des sols ;

d) Changement climatique :

— les postes significatifs d'émissions de gaz à effet de serre générés du fait de l'activité de la société, notamment par l'usage des biens et services qu'elle produit ;

— les mesures prises pour l'adaptation aux conséquences du changement climatique ;

— les objectifs de réduction fixés volontairement à moyen et long terme pour réduire les émissions de gaz à effet de serre et les moyens mis en œuvre à cet effet ;

e) Protection de la biodiversité : les mesures prises pour préserver ou restaurer la biodiversité ;

3° Informations sociétales :

a) Engagements sociétaux en faveur du développement durable :

— l'impact de l'activité de la société en matière d'emploi et de développement local ;

— l'impact de l'activité de la société sur les populations riveraines ou locales ;

— les relations entretenues avec les parties prenantes de la société et les modalités du dialogue avec celles-ci ;

— les actions de partenariat ou de mécénat ;

b) Sous-traitance et fournisseurs :

— la prise en compte dans la politique d'achat des enjeux sociaux et environnementaux ;

— la prise en compte dans les relations avec les fournisseurs et les sous-traitants de leur responsabilité sociale et environnementale ;

c) Loyauté des pratiques : les mesures prises en faveur de la santé et de la sécurité des consommateurs ;

B. — Pour les sociétés mentionnées au *(Décr. n° 2020-1742 du 29 déc. 2020, art. 5, en vigueur le 1er janv. 2021)* « premier alinéa de l'article L. 22-10-36 », les informations complémentaires suivantes :

1° Informations relatives à la lutte contre la corruption : les actions engagées pour prévenir la corruption ;

2° Informations relatives aux actions en faveur des droits de l'homme :

a) Promotion et respect des stipulations des conventions fondamentales de l'Organisation internationale du travail relatives :

— au respect de la liberté d'association et du droit de négociation collective ;

— à l'élimination des discriminations en matière d'emploi et de profession ;

— à l'élimination du travail forcé ou obligatoire ;

— à l'abolition effective du travail des enfants ;

b) Autres actions engagées en faveur des droits de l'homme.

Les dispositions du Décr. n° 2017-1265 du 9 août 2017 s'appliquent aux rapports afférents aux exercices ouverts à compter du 1er sept. 2017 (Décr. préc., art. 7).

Art. R. 225-105-1 *(Décr. n° 2017-1265 du 9 août 2017, art. 3)* I. — Les déclarations mentionnées au*[x]* I et II de l'article L. 225-102-1 présentent les données observées au cours de l'exercice clos et, le cas échéant, au cours de l'exercice précédent, de façon à permettre une comparaison entre ces données. Elles comprennent, le cas échéant, des renvois aux montants indiqués dans les documents mentionnés à l'article R. 232-1 du présent code.

II. — Lorsqu'une société se conforme volontairement à un référentiel national ou international pour s'acquitter de ses obligations au titre du présent article, elle le mentionne en indiquant les préconisations de ce référentiel qui ont été retenues et les modalités de consultation de ce dernier.

III. — Sans préjudice des obligations de publicité applicables au rapport prévu à l'article L. 225-100, ces déclarations sont mises à la libre disposition du public et rendues aisément accessibles sur le site internet de la société dans un délai de huit mois à compter de la clôture de l'exercice et pendant une durée de cinq années.

Sur les dispositions transitoires du Décr. n° 2017-1265 du 9 août 2017, V. note ss. art. R. 225-105.

Art. R. 225-105-2 *(Décr. nº 2017-1265 du 9 août 2017, art. 4)* I. — L'organisme tiers indépendant mentionné au V de l'article L. 225-102-1 est désigné, selon le cas, par le directeur général ou le président du directoire, pour une durée qui ne peut excéder six exercices, parmi les organismes accrédités à cet effet par le Comité français d'accréditation (COFRAC) ou par tout autre organisme d'accréditation signataire de l'accord de reconnaissance multilatéral établi par la coordination européenne des organismes d'accréditation.

L'organisme tiers indépendant est soumis aux incompatibilités prévues à l'article L. 822-11-3.

II. — Lorsque les informations sont publiées par les sociétés dont les seuils dépassent 100 millions d'euros pour le total du bilan ou 100 millions d'euros pour le montant net du chiffre d'affaires et 500 pour le nombre moyen de salariés permanents employés au cours de l'exercice, le rapport de l'organisme tiers indépendant comprend :

a) Un avis motivé sur la conformité de la déclaration aux dispositions prévues au I et au II de l'article R. 225-105, ainsi que sur la sincérité des informations fournies en application du 3° du I et du II de l'article R. 225-105 ;

b) Les diligences qu'il a mises en œuvre pour conduire sa mission de vérification.

III. — Un arrêté conjoint du garde des sceaux, ministre de la justice, et des ministres chargés de l'écologie, de l'économie et du travail précise les modalités dans lesquelles l'organisme tiers indépendant conduit sa mission.

IV. — Lorsqu'une société se conforme volontairement au règlement (CE) nº 1221/2009 du Parlement européen et du Conseil du 25 novembre 2009 concernant la participation volontaire des organisations à un système communautaire de management environnemental et d'audit (EMAS), la déclaration signée par le vérificateur environnemental conformément aux dispositions des 8 et 9 de l'article 25 de ce règlement, annexée au rapport de gestion, vaut avis de l'organisme tiers indépendant sur les informations environnementales.

Les informations qui ne sont pas vérifiées par le vérificateur environnemental mentionné à l'alinéa précédent demeurent soumises à la vérification de l'organisme tiers indépendant selon les modalités définies aux I, II, III et IV.

Sur les dispositions transitoires du Décr. nº 2017-1265 du 9 août 2017, V. note ss. art. R. 225-105.

V. art. A. 225-1 s.

Art. R. 225-105-3 *(Décr. nº 2015-1380 du 29 oct. 2015, art. 1er)* I. — Les seuils prévus au premier alinéa du I de l'article L. 225-102-3 sont fixés à 20 millions d'euros pour le total de bilan, à 40 millions d'euros pour le chiffre d'affaires net et à 250 pour le nombre moyen de salariés employés au cours de l'exercice.

II. — Les sociétés mentionnées au I de l'article L. 225-102-3 mettent gratuitement le rapport sur les paiements à disposition du public sur leur site internet dans un délai de huit mois à compter de la clôture de l'exercice et pendant une durée de cinq années.

Art. R. 225-106 Le procès-verbal des délibérations de l'assemblée indique la date et le lieu de réunion, le mode de convocation, l'ordre du jour, la composition du bureau, le nombre d'actions participant au vote et le quorum atteint, les documents et rapports soumis à l'assemblée, un résumé des débats, le texte des résolutions mises aux voix et le résultat des votes. Il est signé par les membres du bureau. *(Décr. nº 2019-1118 du 31 oct. 2019, art. 10)* « En cas d'application de l'article L. 225-103-1, il peut être signé au moyen d'une signature électronique qui respecte au moins les exigences relatives à une signature électronique avancée prévues par l'article 26 du règlement (UE) nº 910/2014 du Parlement européen et du Conseil du 23 juillet 2014 sur l'identification électronique et les services de confiance pour les transactions électroniques au sein du marché intérieur. »

(Décr. nº 2018-146 du 28 févr. 2018, art. 10) « Le procès-verbal mentionne, le cas échéant, que l'assemblée s'est tenue par recours exclusif à la visioconférence ou à des moyens de télécommunication dans les conditions prévues par l'article L. 225-103-1. »

Les procès-verbaux sont établis sur un registre spécial tenu au siège social, dans les conditions prévues aux articles R. 225-22 et R. 225-49. – *[Décr. n° 67-236 du 23 mars 1967, art. 149.]*

Art. R. 225-106-1 *Abrogé par Décr. n° 2020-1742 du 29 déc. 2020, art. 5, à compter du 1er janv. 2021.*

Art. R. 225-107 Si, à défaut du quorum requis, une assemblée ne peut délibérer régulièrement, il en est dressé procès-verbal par le bureau de cette assemblée. – *[Décr. n° 67-236 du 23 mars 1967, art. 150.]*

Art. R. 225-108 Les copies ou extraits de procès-verbaux des assemblées d'actionnaires sont certifiés, soit par le président du conseil d'administration ou par un administrateur exerçant les fonctions de directeur général, soit, le cas échéant, par le président ou le vice-président du conseil de surveillance ou par un membre du directoire. Ils peuvent également être certifiés par le secrétaire de l'assemblée.

En cas de liquidation de la société, ils sont certifiés par un seul liquidateur. – *[Décr. n° 67-236 du 23 mars 1967, art. 151.]*

Art. R. 225-109 Toute personne a le droit, à toute époque, d'obtenir, au siège social, la délivrance d'une copie certifiée conforme des statuts en vigueur au jour de la demande.

La société annexe à ce document la liste, comportant leur nom et prénom usuel, des administrateurs ou des membres du conseil de surveillance et du directoire, selon le cas, ainsi que des commissaires aux comptes en exercice.

Elle ne peut, pour cette délivrance, exiger le paiement d'une somme supérieure à 0,30 €. – *[Décr. n° 67-236 du 23 mars 1967, art. 153.]*

Art. R. 225-110 Les personnes mentionnées à l'article L. 225-109 sont tenues, dans le délai d'un mois à compter de la date à laquelle elles acquièrent la qualité au titre de laquelle elles sont soumises à l'obligation prévue à cet article, de faire mettre sous la forme nominative ou de déposer dans les conditions fixées par l'article R. 225-112 les actions visées à l'article L. 225-109 dont elles sont propriétaires ou qui appartiennent à leurs enfants mineurs non émancipés. – *[Décr. n° 67-236 du 23 mars 1967, art. 153-1.]*

Art. R. 225-111 Les personnes mentionnées à l'article L. 225-109 sont tenues, lorsqu'elles acquièrent des actions visées à cet article, de faire mettre ces actions sous la forme nominative, ou de les déposer dans les conditions fixées par l'article R. 225-112 dans le délai de vingt jours à compter de l'entrée en possession des titres. – *[Décr. n° 67-236 du 23 mars 1967, art. 153-2.]*

Art. R. 225-112 Le dépôt prévu à l'article L. 225-109 est fait auprès d'un intermédiaire *(Décr. n° 2009-295 du 16 mars 2009, art. 4)* « mentionné à l'article L. 211-3 » du code monétaire et financier. – *[Décr. n° 67-236 du 23 mars 1967, art. 153-3.]* – *V. art. préc., App., v° Banque et financement de l'entreprise.*

SECTION IV DES MODIFICATIONS DU CAPITAL SOCIAL ET DE L'ACTIONNARIAT DES SALARIÉS

SOUS-SECTION 1 DE L'AUGMENTATION DU CAPITAL

Art. R. 225-113 Le conseil d'administration ou le directoire donne, dans le rapport prévu à l'article L. 225-129, toutes indications utiles sur les motifs de l'augmentation du capital proposée ainsi que sur la marche des affaires sociales depuis le début de l'exercice en cours et, si l'assemblée générale ordinaire appelée à statuer sur les comptes n'a pas encore été tenue, pendant l'exercice précédent. Le cas échéant, le conseil d'administration ou le directoire indique le montant maximal de l'augmentation de capital. – *[Décr. n° 67-236 du 23 mars 1967, art. 154.]*

Art. R. 225-114 Le rapport du conseil d'administration ou du directoire prévu à l'article L. 225-135 indique le montant maximal et les motifs de l'augmentation de capital proposée, ainsi que les motifs de la proposition de suppression du droit préférentiel de souscription.

Il indique en outre :

1° Dans les cas prévus *(Décr. n° 2020-1742 du 29 déc. 2020, art. 5, en vigueur le 1er janv. 2021)* « aux articles L. 225-136 et L. 22-10-52 » et au II de l'article L. 225-138, les modalités de placement des nouveaux titres de capital ou des nouvelles valeurs mobilières donnant accès au capital et, avec leur justification, le prix d'émission ou les modalités de sa détermination ;

2° Dans le cas prévu au I de l'article L. 225-138, le nom des attributaires des nouveaux titres de capital ou des nouvelles valeurs mobilières donnant accès au capital, ou les caractéristiques des catégories de personnes concernées, et le nombre de titres attribués à chaque personne ou catégorie de personnes ou les modalités d'attribution des titres.

Le commissaire aux comptes donne son avis dans les cas prévus au 1° selon les modalités prévues au deuxième alinéa de l'article R. 225-115 *(Décr. n° 2020-1742 du 29 déc. 2020, art. 5, en vigueur le 1er janv. 2021)* « et, le cas échéant, au second alinéa de l'article R. 22-10-31 ». — *[Décr. n° 67-236 du 23 mars 1967, art. 155.]*

Art. R. 225-115 Lorsque l'assemblée fixe elle-même toutes les modalités de l'augmentation de capital avec suppression du droit préférentiel de souscription, le rapport mentionné à l'article R. 225-114 indique également l'incidence de l'émission proposée sur la situation des titulaires de titres de capital et de valeurs mobilières donnant accès au capital, en particulier en ce qui concerne leur quote-part des capitaux propres à la clôture du dernier exercice. Si la clôture est antérieure de plus de six mois à l'opération envisagée, cette incidence est appréciée au vu d'une situation financière intermédiaire établie selon les mêmes méthodes et suivant la même présentation que le dernier bilan annuel. *(Abrogé par Décr. n° 2020-1742 du 29 déc. 2020, art. 5, à compter du 1er janv. 2021)* ***« Dans les sociétés dont les titres sont admis aux négociations sur un marché réglementé, est en outre indiquée l'incidence théorique sur la valeur boursière actuelle de l'action telle qu'elle résulte de la moyenne des vingt séances de bourse précédentes. »*** Ces informations sont également données en tenant compte de l'ensemble des titres émis susceptibles de donner accès au capital.

Le commissaire aux comptes donne son avis sur la proposition de suppression du droit préférentiel, sur le choix des éléments de calcul du prix d'émission et sur son montant, ainsi que sur l'incidence de l'émission sur la situation des titulaires de titres de capital et de valeurs mobilières donnant accès au capital appréciée par rapport aux capitaux propres *(Abrogé par Décr. n° 2020-1742 du 29 déc. 2020, art. 5, à compter du 1er janv. 2021)* ***« et, le cas échéant, sur la valeur boursière de l'action »***. Il vérifie et certifie la sincérité des informations tirées des comptes de la société sur lesquelles il donne cet avis. — *[Décr. n° 67-236 du 23 mars 1967, art. 155-1.]*

Art. R. 225-116 Lorsque l'assemblée générale a délégué ses pouvoirs ou sa compétence dans les conditions prévues aux articles L. 225-129-1, L. 225-129-2 *(Décr. n° 2020-1742 du 29 déc. 2020, art. 5, en vigueur le 1er janv. 2021)* « , L. 225-136 et L. 22-10-52 » ou aux I et II de l'article L. 225-138, le conseil d'administration, ou le directoire, établit, au moment où il est fait usage de l'autorisation, un rapport complémentaire décrivant les conditions définitives de l'opération établies conformément à l'autorisation donnée par l'assemblée. Le rapport comporte, en outre, les informations prévues *(Décr. n° 2020-1742 du 29 déc. 2020, art. 5, en vigueur le 1er janv. 2021)* « aux articles R. 225-115 et R. 22-10-31 ».

Le commissaire aux comptes vérifie notamment la conformité des modalités de l'opération au regard de l'autorisation donnée par l'assemblée et des indications fournies à celle-ci. Il donne également son avis sur le choix des éléments de calcul du prix d'émission et sur son montant définitif, ainsi que sur l'incidence de l'émission sur la situation des titulaires de titres de capital ou de valeurs mobilières donnant accès au capital telle que définie au deuxième alinéa de l'article R. 225-115.

Ces rapports complémentaires sont immédiatement mis à la disposition des actionnaires au siège social, au plus tard dans les quinze jours suivant la réunion du conseil d'administration ou du directoire, et portés à leur connaissance à la plus prochaine assemblée générale. — *[Décr. n° 67-236 du 23 mars 1967, art. 155-2.]*

Art. R. 225-117 Qu'il soit demandé ou non aux actionnaires et aux porteurs de certificats d'investissement de renoncer à leur droit préférentiel de souscription, le contenu des rapports du conseil d'administration ou du directoire et des commissaires aux comptes à l'assemblée générale appelée à autoriser une émission de valeurs mobilières mentionnées aux articles L. 228-91 et L. 228-93 est régi par les articles R. 225-113 et R. 225-114 ainsi que, selon les cas, par les articles R. 225-115 *(Décr. n° 2020-1742 du 29 déc. 2020, art. 5, en vigueur le 1er janv. 2021)* « , R. 22-10-31 » ou R. 225-116.

Sont en outre indiquées les caractéristiques des valeurs mobilières donnant droit à l'attribution de titres de créances ou donnant accès au capital, les modalités d'attribution des titres de créances ou de capital auxquels ces valeurs mobilières donnent droit, ainsi que les dates auxquelles peuvent être exercés les droits d'attribution. *(Abrogé par Décr. n° 2015-545 du 18 mai 2015, art. 26, à compter du 1er juin 2015)* ***« Dans le cas d'émission de valeurs mobilières donnant droit à l'attribution de titres de créances composées uniquement de titres de créances, le rapport du commissaire aux comptes porte sur la situation d'endettement de la société, à l'exclusion du choix des éléments de calcul du prix d'émission. »***

Lorsque l'augmentation de capital a lieu avec maintien du droit préférentiel de souscription, le commissaire aux comptes donne son avis sur l'émission proposée et sur le choix des éléments de calcul du prix d'émission et son montant. — *[Décr. n° 67-236 du 23 mars 1967, art. 155-3.]*

Art. R. 225-117-1 *(Décr. n° 2015-545 du 18 mai 2015, art. 10, en vigueur le 1er oct. 2016)* Pour l'application du troisième alinéa de l'article L. 225-132, lorsque le droit préférentiel de souscription est détaché d'actions négociables, il est lui-même négociable à partir du deuxième jour ouvré avant l'ouverture de la période de souscription ou, si ce jour n'est pas un jour de négociation, le jour de négociation qui le précède, et jusqu'au deuxième jour ouvré avant la fin de la période de souscription ou, si ce jour n'est pas un jour de négociation, jusqu'au jour de négociation qui le précède.

Art. R. 225-118 Pour l'application de l'article L. 225-135-1, l'assemblée peut prévoir que le nombre de titres pourra être augmenté dans les trente jours de la clôture de la souscription dans la limite de 15 % de l'émission initiale et au même prix que celui retenu pour l'émission initiale. — *[Décr. n° 67-236 du 23 mars 1967, art. 155-4.]*

Art. R. 225-119 *Abrogé par Décr. n° 2020-1742 du 29 déc. 2020, art. 5, à compter du 1er janv. 2021.*

Art. R. 225-120 Lorsqu'une émission d'actions nouvelles ou de valeurs mobilières donnant accès au capital est susceptible d'entraîner une augmentation de capital, les actionnaires sont informés de cette émission et de ses modalités par un avis contenant notamment les indications suivantes :

1° La dénomination sociale, suivie le cas échéant de son sigle ;

2° La forme de la société ;

3° Le montant du capital social ;

4° L'adresse du siège social ;

5° Les mentions prévues aux 1° et 2° de l'article R. 123-237 ;

6° Le montant de l'augmentation du capital et, le cas échéant, le montant supplémentaire de l'augmentation de capital sur le fondement de l'article L. 225-135-1 ;

7° Les dates d'ouverture et de clôture de la souscription ;

8° L'existence, au profit des actionnaires, du droit préférentiel de souscription des nouvelles actions ou valeurs mobilières donnant accès au capital *(Décr. n° 2015-545 du 18 mai 2015, art. 11, en vigueur le 1er oct. 2016)* « , les conditions d'exercice de ce droit, ainsi que ses modalités de négociation lorsqu'il est détaché d'actions négociables » ;

9° La valeur nominale des actions ou valeurs mobilières donnant accès au capital à souscrire en numéraire, que cette valeur figure ou non dans les statuts, et, le cas échéant, le montant de la prime d'émission ;

10° La somme immédiatement exigible par action ou valeur mobilière donnant accès au capital souscrite ;

11° Le nom ou la dénomination sociale, l'adresse de la résidence ou du siège social du dépositaire ;

12° Le cas échéant, la description sommaire, l'évaluation et le mode de rémunération des apports en nature compris dans l'augmentation de capital avec l'indication du caractère provisoire de cette évaluation et de ce mode de rémunération ;

13° L'indication que si les actions non souscrites représentent plus de 3 % de l'augmentation de capital, la souscription sera soit ouverte au public, soit limitée au montant des souscriptions reçues.

En cas d'émission de valeurs mobilières donnant accès au capital susceptible d'entraîner une augmentation de capital, l'avis mentionne également les principales caractéristiques des valeurs mobilières, notamment les modalités d'attribution des titres de capital auxquels elles donnent droit, ainsi que les dates auxquelles les droits d'attribution peuvent être exercés.

Les indications prévues au présent article sont portées à la connaissance des actionnaires par lettre recommandée avec demande d'avis de réception quatorze jours au moins avant la date prévue de clôture de la souscription.

(Décr. n° 2008-258 du 13 mars 2008, art. 4, en vigueur le 1er sept. 2008) « Si toutes les actions de la société ne revêtent pas la forme nominative *(Abrogé par Décr. n° 2020-1742 du 29 déc. 2020, art. 5, à compter du 1er janv. 2021) (Décr. n° 2009-557 du 19 mai 2009, art. 3-X)* ***« ou si elles sont admises aux négociations sur un marché réglementé », l'avis contenant ces indications est inséré, dans le même délai, dans une notice publiée au Bulletin des annonces légales obligatoires. »***

(Décr. n° 2019-1097 du 28 oct. 2019, art. 3) « Toutefois, si cette société procède à l'émission mentionnée au premier alinéa par une offre au public, elle rend publiques ces indications au moins quatorze jours avant la clôture de la souscription selon les modalités prévues par le règlement (UE) n° 2017/1129 du 14 juin 2017 et est dispensée des formalités prévues aux alinéas précédents. Cette disposition n'est pas applicable si la société procède à l'émission mentionnée au premier alinéa par une offre au public mentionnée au 1° ou au 2° de l'article L. 411-2 du code monétaire et financier ou à l'article L. 411-2-1 du même code. » – *[Décr. n° 67-236 du 23 mars 1967, art. 156.]*

Art. R. 225-121 Lorsque l'assemblée générale a supprimé le droit préférentiel de souscription des actionnaires, les dispositions de l'article R. 225-120 ne sont pas applicables. – *[Décr. n° 67-236 du 23 mars 1967, art. 157.]*

Art. R. 225-122 L'actionnaire qui renonce à titre individuel à son droit préférentiel de souscription en avise la société par lettre recommandée.

Al. abrogé par Décr. n° 2020-1742 du 29 déc. 2020, art. 5, à compter du 1er janv. 2021.

La renonciation sans indication de bénéficiaire est accompagnée pour les actions au porteur des coupons correspondants ou d'une attestation du dépositaire des titres ou de l'intermédiaire *(Abrogé par Décr. n° 2009-295 du 16 mars 2009, art. 4)* ***« habilité »*** prévu par l'article R. 211-4 du code monétaire et financier constatant la renonciation de l'actionnaire. – *V. cet art., App., v° Banque et financement de l'entreprise.*

La renonciation faite au profit de bénéficiaires dénommés est accompagnée de l'acceptation de ces derniers.

Pour l'application des dispositions des articles L. 225-133 et L. 225-134, il est tenu compte pour le calcul du nombre d'actions non souscrites de celles qui correspondent aux droits préférentiels auxquels les actionnaires ont renoncé à titre individuel sans indication du nom des bénéficiaires. Toutefois, lorsque cette renonciation a été notifiée à la société au plus tard à la date de la décision de réalisation de l'augmentation de capital, les actions correspondantes sont mises à la disposition des autres actionnaires pour l'exercice de leur droit préférentiel de souscription. – *[Décr. n° 67-236 du 23 mars 1967, art. 157-1.]*

Art. R. 225-123 Le nu-propriétaire d'actions est réputé, à l'égard de l'usufruitier, avoir négligé d'exercer le droit préférentiel de souscription aux actions nouvelles émises par la société lorsqu'il n'a ni souscrit d'actions nouvelles ni vendu les droits de souscription, huit jours avant l'expiration du délai de souscription accordé aux actionnaires.

Il est réputé, à l'égard de l'usufruitier, avoir négligé d'exercer le droit à l'attribution d'actions gratuites lorsqu'il n'a pas demandé cette attribution ni vendu les droits, trois mois après le début des opérations d'attribution. – *[Décr. n° 67-236 du 23 mars 1967, art. 158.]*

Art. R. 225-124 La notice prévue au dernier alinéa de l'article R. 225-120 contient les indications suivantes :

1° L'objet social, indiqué sommairement ;

2° La date d'expiration normale de la société ;

3° Les catégories d'actions émises et leurs caractéristiques ;

4° Les avantages particuliers stipulés par les statuts au profit de toute personne ;

5° Les conditions d'admission aux assemblées d'actionnaires et d'exercice du droit de vote ainsi que, le cas échéant, les dispositions relatives à l'attribution du droit de vote double ;

6° Le cas échéant, les clauses statutaires restreignant la libre cession des actions ;

7° Les dispositions relatives à la répartition des bénéfices, à la constitution des réserves et à la répartition du boni de liquidation ;

8° Le cas échéant, le montant des obligations convertibles en actions antérieurement émises, les délais d'exercice de l'option accordée aux porteurs ou l'indication que la conversion peut avoir lieu à tout moment et les bases de la conversion ;

9° Le montant non amorti des autres obligations antérieurement émises et les garanties dont elles sont assorties ;

10° Le montant, lors de l'émission, des emprunts obligataires garantis par la société ainsi que, le cas échéant, la fraction garantie de ces emprunts.

La notice est revêtue de la signature sociale. — *[Décr. n° 67-236 du 23 mars 1967, art. 159.]*

Art. R. 225-125 Une copie du dernier bilan, certifiée conforme par le représentant légal de la société, est publiée en annexe à la notice prévue à l'article R. 225-124.

Si le dernier bilan a déjà été publié au *Bulletin des annonces légales obligatoires*, la copie de ce bilan peut être remplacée par l'indication de la référence de la publication antérieure.

Si aucun bilan n'a encore été établi, la notice en fait mention. — *[Décr. n° 67-236 du 23 mars 1967, art. 160.]*

Art. R. 225-126 *Abrogé par Décr. n° 2019-1097 du 28 oct. 2019, art. 5.*

Art. R. 225-127 Les formalités prévues par les articles R. 225-120, R. 225-124 et R. 225-125 en cas d'augmentation du capital par émission d'actions nouvelles à souscrire en numéraire sont accomplies par le mandataire du conseil d'administration ou du directoire, selon le cas. — *[Décr. n° 67-236 du 23 mars 1967, art. 162.]*

Art. R. 225-128 Le bulletin de souscription est daté et signé par le souscripteur ou son mandataire qui écrit en toutes lettres le nombre de titres souscrits. Une copie de ce bulletin établie sur papier libre lui est remise.

Le bulletin de souscription comporte :

1° La dénomination sociale, suivie le cas échéant de son sigle ;

2° La forme de la société ;

3° Le montant du capital social ;

4° L'adresse du siège social ;

5° Les mentions prévues aux 1° et 2° de l'article R. 123-237 ;

6° Le montant et les modalités de l'augmentation du capital ;

7° Le cas échéant, le montant à souscrire en actions de numéraire et le montant libéré par les apports en nature ;

8° Le nom ou la désignation sociale et l'adresse de la personne qui reçoit les fonds ;

9° Les nom, prénom usuel et domicile du souscripteur et le nombre des titres souscrits par lui ;

10° La mention de la remise au souscripteur d'une copie du bulletin de souscription. — *[Décr. n° 67-236 du 23 mars 1967, art. 163.]*

Art. R. 225-129 Les fonds provenant des souscriptions en numéraire sont déposés dans les conditions prévues à l'article *(Décr. n° 2020-1742 du 29 déc. 2020, art. 5, en vigueur le 1er janv. 2021)* « R. 22-10-6 ». — *[Décr. n° 67-236 du 23 mars 1967, art. 164.]*

Art. R. 225-130 *(Décr. n° 2015-545 du 18 mai 2015, art. 12, en vigueur le 1er juin 2015)* La vente prévue à l'article L. 225-130 des titres de capital qui n'ont pu être attribués individuellement et correspondant aux droits formant rompus ainsi que la répartition des sommes provenant de cette vente aux titulaires des droits interviennent dans un délai de trente jours à compter de la plus tardive des dates d'inscription, au compte des titulaires des droits, du nombre entier de titres de capital attribués.

Dernier al. abrogé par Décr. n° 2020-1742 du 29 déc. 2020, art. 5, à compter du 1er janv. 2021.

Art. R. 225-131 La durée minimale du délai de priorité de souscription prévu à l'article L. 225-135 est de trois jours de bourse. – *[Décr. n° 67-236 du 23 mars 1967, art. 165, al. 2.]*

Art. R. 225-132 Le président du directoire ou le directeur général peut procéder aux opérations prévues au dernier alinéa de l'article L. 225-149 et au dernier alinéa *(Décr. n° 2015-545 du 18 mai 2015, art. 20, en vigueur le 1er juin 2015)* « du I » de l'article L. 228-12 au plus tard dans le mois qui suit la clôture de l'exercice. – *[Décr. n° 67-236 du 23 mars 1967, art. 165, al. 3.]*

Art. R. 225-133 La durée maximale de suspension de la possibilité d'obtenir des titres de capital par l'exercice de droits attachés aux valeurs mobilières donnant accès au capital, prévue pour l'application de l'article L. 225-149-1, est de trois mois.

Les indications contenues dans l'avis par lequel le conseil d'administration, ou le directoire, suspend la possibilité d'obtenir des titres de capital sont portées à la connaissance des titulaires de valeurs mobilières donnant accès au capital par lettre recommandée avec demande d'avis de réception, sept jours au moins avant la date d'entrée en vigueur de la suspension. *(Décr. n° 2020-1742 du 29 déc. 2020, art. 5, en vigueur le 1er janv. 2021)* « Si toutes les valeurs mobilières de la société donnant accès au capital » ne revêtent pas la forme nominative, l'avis contenant ces indications est inséré, dans le même délai, dans une notice publiée au *Bulletin des annonces légales obligatoires*.

Cet avis mentionne :

1° La dénomination sociale et, le cas échéant, le sigle de la société ;

2° La forme de la société ;

3° Le montant du capital social ;

4° L'adresse du siège social ;

5° Les mentions prévues aux 1° et 2° de l'article R. 123-237 ;

6° Les dates d'entrée en vigueur et de cessation de la suspension. – *[Décr. n° 67-236 du 23 mars 1967, art. 165-1.]*

Art. R. 225-134 En cas de libération d'actions par compensation de créances sur la société, ces créances font l'objet d'un arrêté de compte établi par le conseil d'administration ou le directoire et certifié exact par le commissaire aux comptes. – *[Décr. n° 67-236 du 23 mars 1967, art. 166.]*

Art. R. 225-135 L'augmentation de capital par émission d'actions à souscrire en numéraire est réalisée, selon le cas, à la date du certificat du dépositaire ou à la date de la signature du contrat de garantie conclu dans les conditions prévues à l'article L. 225-145. – *[Décr. n° 67-236 du 23 mars 1967, art. 167.]*

Art. R. 225-136 En cas d'apports en nature ou de stipulation d'avantages particuliers, les commissaires aux apports sont désignés et accomplissent leur mission dans les conditions prévues à l'article *(Décr. n° 2020-1742 du 29 déc. 2020, art. 5, en vigueur le 1er janv. 2021)* « R. 22-10-7 ». Les dispositions de l'article *(Décr. n° 2020-1742 du 29 déc. 2020, art. 5, en vigueur le 1er janv. 2021)* « R. 22-10-8 » sont applicables en cas d'apports en nature.

En cas d'émission d'actions de préférence au profit d'actionnaires désignés, les commissaires aux apports mentionnés à l'article L. 228-15 sont désignés et accomplissent leur mission dans les conditions prévues aux deuxième et troisième alinéas de l'article *(Décr. n° 2020-1742 du 29 déc. 2020, art. 5, en vigueur le 1er janv. 2021)* « R. 22-10-7 ».

En cas de stipulation d'avantages particuliers ou d'émission d'actions de préférence donnant lieu à l'application de l'article L. 228-15, le rapport décrit et apprécie chacun des avantages particuliers ou des droits particuliers attachés aux actions de préférence. S'il y a lieu, il indique, pour ces droits particuliers, quel mode d'évaluation a été retenu et pourquoi il a été retenu, et justifie que la valeur des droits particuliers correspond au moins à la valeur nominale des actions de préférence à émettre augmentée éventuellement de la prime d'émission.

Le rapport des commissaires aux apports est tenu, au siège social, à la disposition des actionnaires, huit jours au moins avant la date de l'assemblée générale extraordinaire ou avant la date de la réunion du conseil d'administration ou du directoire, en cas de délégation conformément *(Décr. n° 2020-1742 du 29 déc. 2020, art. 5, en vigueur le 1er janv. 2021)* « à l'article L. 22-10-53 ». Dans ce cas, le rapport est porté à la connaissance des actionnaires à la prochaine assemblée générale.

En cas d'émission d'actions de préférence donnant lieu à l'application de l'article L. 228-15, ce délai peut être réduit si tous les actionnaires y consentent, par écrit, préalablement à la désignation du commissaire aux apports. – *[Décr. n° 67-236 du 23 mars 1967, art. 169.]*

Art. R. 225-136-1 *(Décr. n° 2014-1063 du 18 sept. 2014, art. 15)* Pour l'application du I de l'article L. 225-147-1, la décision du conseil d'administration ou du directoire de ne pas recourir à la désignation d'un commissaire aux apports ainsi que tout document relatif à la description et à l'évaluation des apports, dont une attestation précisant qu'aucune circonstance nouvelle n'est venue modifier cette évaluation, sont tenus, à l'adresse du siège social et au greffe du tribunal de commerce dans le ressort duquel est situé ce siège, à la disposition des actionnaires, huit jours au moins avant la date de l'assemblée générale extraordinaire ou de la réunion du conseil d'administration ou du directoire en cas de délégation conformément *(Décr. n° 2020-1742 du 29 déc. 2020, art. 5, en vigueur le 1er janv. 2021)* « à l'article L. 22-10-53 ». Dans ce cas, ces documents sont portés à la connaissance des actionnaires à la prochaine assemblée générale.

SOUS-SECTION 2 DE LA SOUSCRIPTION ET DE L'ACHAT D'ACTIONS PAR LES SALARIÉS

Art. R. 225-137 Pour l'application, conformément à l'article L. 225-181, des dispositions du 3° de l'article L. 228-99 en vue de la protection des intérêts des bénéficiaires d'options de souscription ou d'achat d'actions, l'article R. 228-91 est applicable, sous réserve des dispositions de la présente sous-section. – *[Décr. n° 67-236 du 23 mars 1967, art. 174-8.]*

Art. R. 225-138 *Abrogé par Décr. n° 2020-1742 du 29 déc. 2020, art. 5, à compter du 1er janv. 2021.*

Art. R. 225-139 Sans préjudice des dispositions du premier alinéa de l'article R. 228-91, lorsqu'une société procède à une augmentation de capital par incorporation de réserves, bénéfices ou primes d'émission et distribution d'actions gratuites, le prix de souscription ou d'achat des actions sous option, tel qu'il était fixé avant cette opération, est ajusté en faisant le produit de ce prix par le rapport entre le nombre des actions anciennes et le nombre total des actions anciennes et nouvelles ; pour l'établissement de ce rapport, il est tenu compte, le cas échéant, de l'existence de plusieurs catégories d'actions anciennes et nouvelles. – *[Décr. n° 67-236 du 23 mars 1967, art. 174-10.]*

Art. R. 225-140 Dans tous les cas mentionnés aux articles *(Décr. n° 2020-1742 du 29 déc. 2020, art. 5, en vigueur le 1er janv. 2021)* « R. 22-10-37 », R. 225-139 et R. 228-91, il est procédé à un ajustement du nombre des actions sous option, de telle sorte que le total des prix de souscription ou d'achat reste constant. Toutefois le nombre ajusté est arrondi à l'unité supérieure. – *[Décr. n° 67-236 du 23 mars 1967, art. 174-13.]*

Art. R. 225-141 L'ajustement du prix de souscription ne peut jamais avoir pour effet de ramener ce prix au-dessous du montant du nominal de l'action. – *[Décr. n° 67-236 du 23 mars 1967, art. 174-15.]*

Art. R. 225-142 Dans le cas d'une réduction du capital motivée par des pertes, le prix de souscription ou d'achat des actions sous option, fixé avant cette opération, est ajusté en faisant le produit de ce prix par le rapport entre le nombre des actions anciennes et le nombre des actions subsistant après réduction ; pour l'établissement de ce rapport il est tenu compte, le cas échéant, de l'existence de plusieurs catégories d'actions anciennes ou nouvelles.

Il est procédé à un ajustement du nombre des actions offertes de telle sorte que le total des prix de souscription ou d'achat reste constant. Toutefois, le nombre ajusté est arrondi à l'unité supérieure.

Dans le cas d'une réduction du capital sans modification du nombre d'actions, il n'y a pas lieu à ajustement. – *[Décr. n° 67-236 du 23 mars 1967, art. 174-16.]*

Art. R. 225-143 Sans préjudice de l'incidence des ajustements prévus aux articles R. 225-137 à R. 225-142 *(Décr. n° 2020-1742 du 29 déc. 2020, art. 5, en vigueur le 1er janv. 2021)* « et R. 22-10-37 », le montant total des options ouvertes et non encore levées ne peut donner droit à souscrire un nombre d'actions excédant le tiers du capital social. – *[Décr. n° 67-236 du 23 mars 1967, art. 174-17.]*

Art. R. 225-144 Le conseil d'administration ou le directoire, selon le cas, indique dans le rapport prévu à l'article L. 225-177 les motifs de l'ouverture des options de souscription ou d'achat d'actions ainsi que les modalités proposées pour la fixation du prix de souscription ou d'achat. Les noms des bénéficiaires éventuels des options et le nombre des titres sur lesquels portent ces options peuvent ne pas être précisés.

Les commissaires aux comptes, dans le rapport prévu au même article, donnent leur avis sur les modalités proposées pour la fixation du prix de souscription ou d'achat. – *[Décr. n° 67-236 du 23 mars 1967, art. 174-19.]*

Art. R. 225-145 Les augmentations du capital rendues nécessaires par les levées d'options de souscription d'actions sont réalisées sans publication de l'avis prévu à l'article R. 225-120 et de la notice prévue à l'article R. 225-124 et sans que les mentions prévues aux 6° et 7° de l'article R. 225-128 figurent sur les bulletins de souscription. Les articles R. 225-129 à R. 225-135 *(Décr. n° 2020-1742 du 29 déc. 2020, art. 5, en vigueur le 1er janv. 2021)* « , R. 22-10-35 et R. 22-10-36 » ne sont pas applicables.

Les modifications statutaires apportées en application de l'article L. 225-178 sont publiées dans le délai d'un mois dans les conditions prévues à l'article R. 210-9. Dans le même délai, la modification statutaire est déclarée au greffe du tribunal de commerce et publiée conformément à l'article R. 123-99. – *[Décr. n° 67-236 du 23 mars 1967, art. 174-21.]*

SOUS-SECTION 3 DE L'AMORTISSEMENT DU CAPITAL

Art. R. 225-146 Les sommes prélevées sur les profits sociaux en application du deuxième alinéa de l'article L. 225-200 sont inscrites à un compte de réserve.

Il en est de même des sommes versées par les actionnaires en application de l'article L. 225-201.

Lorsque les actions sont inégalement amorties, il est ouvert un compte de réserve pour chacune des catégories d'actions également amorties. – *[Décr. n° 67-236 du 23 mars 1967, art. 175.]*

Art. R. 225-147 Lorsque le montant d'un compte de réserve prévu au premier alinéa de l'article R. 225-146 est égal au montant amorti des actions ou de la catégorie d'actions correspondante, la conversion des actions amorties en actions de capital est réalisée et les statuts de la société sont modifiés conformément aux dispositions de l'article L. 225-203. – *[Décr. n° 67-236 du 23 mars 1967, art. 176.]*

Art. R. 225-148 Lorsque la conversion des actions amorties en actions de capital a été réalisée dans les conditions prévues à l'article L. 225-201, il est procédé, au plus tard lors de la clôture de chaque exercice, à la modification des statuts correspondant aux conversions d'actions réalisées au cours de cet exercice. – *[Décr. n° 67-236 du 23 mars 1967, art. 177.]*

Art. R. 225-149 Les actions intégralement ou partiellement amorties dont la conversion en actions de capital a été décidée ont droit, pour chaque exercice, et jusqu'à réalisation de cette conversion, au premier dividende ou à l'intérêt en tenant lieu calculé sur le montant, à la clôture de l'exercice précédent, du compte de réserve prévu au premier alinéa de l'article R. 225-146.

En outre, les actions partiellement amorties continuent à bénéficier du premier dividende ou de l'intérêt en tenant lieu calculé sur le montant non amorti de ces actions. – *[Décr. n° 67-236 du 23 mars 1967, art. 178.]*

SOUS-SECTION 4 DE LA RÉDUCTION DU CAPITAL

Art. R. 225-150 Quinze jours au moins avant la réunion de l'assemblée générale appelée à statuer sur l'opération envisagée en application des articles L. 225-204 ou *(Décr. n° 2020-1742 du 29 déc. 2020, art. 5, en vigueur le 1er janv. 2021)* « L. 22-10-62 », la société adresse aux actionnaires ou met à leur disposition dans les conditions prévues aux articles R. 225-88 et R. 225-89 le rapport des commissaires aux comptes sur cette opération. – *[Décr. n° 67-236 du 23 mars 1967, art. 179.]*

Art. R. 225-151 Pour la détermination du plafond prévu à l'article *(Décr. n° 2020-1742 du 29 déc. 2020, art. 5, en vigueur le 1er janv. 2021)* « L. 22-10-62 », l'assemblée générale fixe le nombre maximal de titres qui pourront être acquis ainsi que le montant maximal de l'opération. – *[Décr. n° 67-236 du 23 mars 1967, art. 179-1.]*

Art. R. 225-152 Pour l'application du premier alinéa de l'article L. 225-205, le délai d'opposition des créanciers à la réduction du capital est de vingt jours à compter de la date du dépôt au greffe du procès-verbal de délibération de l'assemblée générale qui a décidé ou autorisé la réduction.

L'opposition est portée devant le tribunal de commerce. – *[Décr. n° 67-236 du 23 mars 1967, art. 180.]*

Art. R. 225-153 Lorsque la société a décidé de procéder à l'achat de ses propres actions en vue de les annuler et de réduire son capital à due concurrence, elle fait cette offre d'achat à tous les actionnaires.

A cette fin, un avis d'achat est inséré dans un *(Décr. n° 2020-106 du 10 févr. 2020, art. 12)* « support » habilité à recevoir les annonces légales dans le département du siège social et, en outre, *(Abrogé par Décr. n° 2020-1742 du 29 déc. 2020, art. 5, à compter du 1er janv. 2021)* « *(Décr. n° 2009-557 du 19 mai 2009, art. 3-XII)* « *si les actions de la société sont admises aux négociations sur un marché réglementé* » *ou* » si toutes ses actions ne revêtent pas la forme nominative, au *Bulletin des annonces légales obligatoires*.

Toutefois, si toutes les actions de la société sont nominatives, les insertions prévues à l'alinéa précédent peuvent être remplacées par un avis adressé, par lettre recommandée et aux frais de la société, à chaque actionnaire. – *[Décr. n° 67-236 du 23 mars 1967, art. 181.]*

Art. R. 225-154 L'avis prévu à l'article R. 225-153 indique la dénomination sociale et la forme de la société, l'adresse du siège social, le montant du capital social, le nombre d'actions dont l'achat est envisagé, le prix offert par action, le mode de paiement, le délai pendant lequel l'offre sera maintenue et le lieu où elle peut être acceptée.

Le délai prévu à l'alinéa précédent ne peut être inférieur à vingt jours. – *[Décr. n° 67-236 du 23 mars 1967, art. 182.]*

Art. R. 225-155 Si les actions présentées à l'achat excèdent le nombre d'actions à acheter, il est procédé, pour chaque actionnaire vendeur, à une réduction proportionnelle au nombre d'actions dont il justifie être propriétaire ou titulaire.

Si les actions présentées à l'achat n'atteignent pas le nombre d'actions à acheter, le capital social est réduit à due concurrence des actions achetées. Toutefois, le conseil d'administration ou le directoire, selon le cas, peut décider de renouveler l'opération, dans les conditions prévues aux articles R. 225-153 et R. 225-154, jusqu'à complet achat du nombre d'actions initialement fixé sous réserve d'y procéder dans le délai indiqué par la délibération de l'assemblée générale ayant autorisé la réduction du capital. – *[Décr. n° 67-236 du 23 mars 1967, art. 183.]*

Art. R. 225-156 Les dispositions des articles R. 225-153 à R. 225-155 ne sont pas applicables lorsque l'assemblée générale, pour faciliter une augmentation du capital, une émission de valeurs mobilières donnant accès au capital, une fusion ou une scission, a autorisé le conseil d'administration ou le directoire, selon le cas, à acheter un petit nombre d'actions en vue de les annuler.

L'achat réalisé dans les conditions prévues à l'alinéa précédent ne peut porter, au cours d'un même exercice, que sur un nombre d'actions représentant au plus 0,25 % du montant du capital social.

Les commissaires aux comptes donnent, dans leur rapport sur l'opération projetée, leur avis sur l'opportunité et les modalités de l'achat d'actions envisagé. — *[Décr. nº 67-236 du 23 mars 1967, art. 184.]*

Art. R. 225-157 *Abrogé par Décr. nº 2020-1742 du 29 déc. 2020, art. 5, à compter du 1er janv. 2021.*

Art. R. 225-158 Les actions achetées, en vue d'une réduction du capital social, par la société qui les a émises sont annulées, s'il s'agit de titres au nominatif, par apposition d'une mention sur le registre des actions nominatives de la société.

Lorsque les actions sont inscrites en compte conformément aux dispositions des articles R. 211-1 et suivants du code monétaire et financier, l'annulation des actions est constatée par un virement à un compte d'ordre ouvert au nom de la société, soit chez elle, soit chez un intermédiaire *(Décr. nº 2009-295 du 16 mars 2009, art. 4)* « mentionné à l'article L. 211-3 du même code ». — *V. les art. préc., App., vº Banque et financement de l'entreprise.*

Lorsque la réduction de capital est effectuée selon les modalités prévues à l'article L. 225-207, les actions achetées par la société qui les a émises sont annulées un mois au plus tard après l'expiration du délai fixé à l'article R. 225-154 ou après l'achat réalisé dans les conditions prévues à l'article R. 225-156. — *[Décr. nº 67-236 du 23 mars 1967, art. 185.]*

SOUS-SECTION 5 DE LA SOUSCRIPTION, DE L'ACHAT OU DE LA PRISE EN GAGE PAR LES SOCIÉTÉS DE LEURS PROPRES ACTIONS

Art. R. 225-159 Le registre des achats tenu en application de l'article L. 225-211 pour relater les opérations effectuées en application de l'article L. 225-208 indique dans l'ordre des négociations réalisées :

1º La date de chaque opération ;

2º Le cours d'achat *(Décr. nº 2014-543 du 26 mai 2014, art. 1er)* « ou, à défaut, le prix unitaire d'achat » ;

3º Le nombre des actions achetées à chaque cours ;

4º Le coût total de l'achat, incluant le montant des frais.

Il indique également le nombre des actions détenues à la fin de chaque exercice et leur coût global ainsi que le nombre des actions attribuées aux salariés et la date de chaque attribution. — *[Décr. nº 67-236 du 23 mars 1967, art. 185-1.]*

Art. R. 225-160 Le registre des achats et des ventes tenu en application de l'article L. 225-211 pour relater les opérations effectuées en application *(Décr. nº 2014-543 du 26 mai 2014, art. 2)* « des articles *(Décr. nº 2020-1742 du 29 déc. 2020, art. 5, en vigueur le 1er janv. 2021)* « L. 22-10-62 » et L. 225-209-2 » indique séparément les opérations d'achat et les opérations de vente.

Pour chacune de ces opérations, le registre indique, dans l'ordre des négociations réalisées :

1º La date de l'opération ;

2º Le cours d'achat ou de vente *(Décr. nº 2014-543 du 26 mai 2014, art. 1er)* « ou, à défaut, le prix unitaire d'achat » ;

3º Le nombre des actions achetées ou vendues à chaque cours ;

4º Le coût total de l'achat, incluant le montant des frais, ou le produit net de la vente ;

5º Le nombre total des actions achetées et leur coût global ;

6º Le nom du prestataire de services d'investissements ayant exécuté l'ordre d'achat ou de vente ou le nom de l'établissement de crédit ou de l'établissement financier ayant transmis l'ordre ;

7° Le cas échéant, le nom de la personne ayant agi en son nom mais pour le compte de la société.

Le nombre et le coût total de l'achat des actions vendues sont déduits, au moins chaque semestre, du nombre des actions achetées et de leur coût global. – *[Décr. n° 67-236 du 23 mars 1967, art. 185-2.]*

Art. R. 225-160-1 *(Décr. n° 2014-543 du 26 mai 2014, art. 3)* L'expert mentionné à l'article L. 225-209-2 est désigné à l'unanimité des actionnaires ou, à défaut, par le président du tribunal de commerce statuant sur requête à la demande des dirigeants sociaux.

Il est choisi parmi les commissaires aux comptes inscrits sur la liste prévue à l'article L. 822-1 ou parmi les experts inscrits sur les listes établies par les cours et tribunaux.

Il ne doit pas présenter avec la société des liens portant atteinte à son indépendance au sens de l'article *(Décr. n° 2016-1026 du 26 juill. 2016, art. 88-I)* « L. 822-11-3 ».

Art. R. 225-160-2 *(Décr. n° 2014-543 du 26 mai 2014, art. 3)* Le rapport de l'expert mentionne les actions faisant l'objet de l'offre de rachat en application du huitième alinéa de l'article L. 225-209-2.

Il indique les modalités d'évaluation adoptées pour déterminer la valeur minimale et la valeur maximale du prix de rachat de ces actions et les motifs pour lesquels elles ont été retenues.

Art. R. 225-160-3 *(Décr. n° 2014-543 du 26 mai 2014, art. 3)* Le rapport de l'expert est déposé au siège social quinze jours au moins avant la date de l'assemblée générale appelée à se prononcer sur le rachat.

Il est tenu à la disposition des actionnaires et des commissaires aux comptes qui peuvent en prendre connaissance ou obtenir la délivrance d'une copie intégrale ou partielle.

Art. R. 225-160-4 *(Décr. n° 2015-545 du 18 mai 2015, art. 21, en vigueur le 1er juin 2015)* I. — Le registre des achats et des ventes prévu à l'article L. 225-211 pour relater les opérations effectuées en application du II de l'article L. 228-12 et du I de l'article L. 228-12-1 est tenu dans les conditions et suivant les modalités fixées aux articles R. 225-159 et R. 225-160.

II. — Le registre des achats et des ventes prévu à l'article L. 225-211 pour relater les opérations effectuées en application du III de l'article L. 228-12 et du II de l'article L. 228-12-1 indique séparément les opérations d'achat et les opérations de vente.

Pour chacune de ces opérations, le registre indique, dans l'ordre des négociations réalisées :

1° La date de l'opération ;

2° Le cours d'achat ou de vente ou, à défaut, le prix unitaire d'achat ;

3° Le nombre des actions achetées ou vendues à chaque cours ou, à défaut, à chaque prix ;

4° Le coût total de l'achat, incluant le montant des frais, ou le produit net de la vente ;

5° Le nombre total des actions achetées et leur coût global ;

6° Le cas échéant, le nom du prestataire de services d'investissements *[d'investissement]* ayant exécuté l'ordre d'achat ou de vente ou le nom de l'établissement de crédit ou de l'établissement financier ayant transmis l'ordre ;

7° Le cas échéant, le nom de la personne ayant agi en son nom mais pour le compte de la société ;

8° Le montant du bénéfice distribuable au sens de l'article L. 232-11 ou du produit de la nouvelle émission de titres de capital effectuée en vue de ce rachat ;

9° La valeur de la réserve visée au troisième alinéa de l'article L. 225-210 ;

10° Le cas échéant, le montant de la prime mentionnée au 3° du III de l'article L. 228-12 ainsi que le montant des sommes distribuables ou de la réserve sur lesquelles cette prime est prélevée.

Le nombre et le coût total de l'achat des actions vendues sont déduits, au moins chaque semestre, du nombre des actions achetées et de leur coût global.

SECTION V DU CONTRÔLE DES SOCIÉTÉS ANONYMES

SOUS-SECTION 1 DES MODALITÉS DU CONTRÔLE *(Décr. nº 2019-514 du 24 mai 2019, art. 1er).*

Art. R. 225-161 Les commissaires aux comptes établissent et déposent au siège social le rapport spécial prévu au troisième alinéa des articles L. 225-40 et L. 225-88 quinze jours au moins avant la réunion de l'assemblée générale ordinaire. — *[Décr. nº 67-236 du 23 mars 1967, art. 191.]*

Art. R. 225-162 Le commissaire aux comptes ne peut convoquer l'assemblée des actionnaires qu'après avoir vainement requis sa convocation du conseil d'administration ou du directoire, selon le cas, par lettre recommandée avec demande d'avis de réception.

Lorsqu'il procède à cette convocation, il fixe l'ordre du jour et peut, pour des motifs déterminants, choisir un lieu de réunion autre que celui éventuellement prévu par les statuts, mais situé dans le même département. Il expose les motifs de la convocation dans un rapport lu à l'assemblée.

En cas de pluralité de commissaire*[s]* aux comptes, ils agissent d'accord entre eux. S'ils sont en désaccord sur l'opportunité de convoquer l'assemblée, l'un d'eux peut demander au président du tribunal de commerce statuant en référé l'autorisation de procéder à cette convocation, les autres commissaires et le président du conseil d'administration ou du directoire dûment appelés. L'ordonnance du président, qui fixe l'ordre du jour, n'est susceptible d'aucune voie de recours.

Dans tous les cas, les frais entraînés par la réunion de l'assemblée sont à la charge de la société. — *[Décr. nº 67-236 du 23 mars 1967, art. 194.]*

Art. R. 225-163 L'expert chargé de présenter un rapport sur une ou plusieurs opérations de gestion, dans les conditions prévues à l'article L. 225-231, est désigné par le président du tribunal de commerce, statuant *(Décr. nº 2019-1419 du 20 déc. 2019, art. 2)* « en référé », après que le greffier a convoqué le président du conseil d'administration ou du directoire à l'audience par lettre recommandée avec demande d'avis de réception.

Lorsque la demande d'expertise émane du procureur de la République, elle est présentée par requête *(Abrogé par Décr. nº 2019-1419 du 20 déc. 2019, art. 2)* *« ; lorsqu'elle émane de l'Autorité des marchés financiers, elle est faite par lettre recommandée avec demande d'avis de réception. Les parties autres que le procureur de la République sont convoquées à la diligence du greffier par lettre recommandée avec demande d'avis de réception ».*

Le rapport d'expertise est déposé au greffe. Le greffier en assure la communication. — *[Décr. nº 67-236 du 23 mars 1967, art. 195.]*

Pour les dispositions transitoires du Décr. nº 2019-1419 du 20 déc. 2019, V. note ss. art. D. 221-5.

Art. R. 225-164 Le président du conseil d'administration ou le directoire répond par écrit dans le délai d'un mois aux questions qui lui sont posées en application de l'article L. 225-232. Dans le même délai, il adresse copie de la question et de sa réponse au commissaire aux comptes. — *[Décr. nº 67-236 du 23 mars 1967, art. 195-1.]*

SOUS-SECTION 2 DU CONTRÔLE OBLIGATOIRE

(Décr. nº 2019-514 du 24 mai 2019, art. 1er)

Art. D. 225-164-1 Les seuils mentionnés au deuxième alinéa de l'article L. 225-218 relatif à la désignation d'un commissaire aux comptes sont ceux définis à l'article D. 221-5. *(Décr. nº 2020-101 du 7 févr. 2020, art. 6)* « Le total du bilan et le montant hors taxe du chiffre d'affaires sont déterminés conformément aux cinquième et sixième alinéas de l'article D. 123-200. »

La société n'est plus tenue de désigner un commissaire aux comptes dès lors qu'elle n'a pas dépassé les chiffres fixés pour deux de ces trois critères pendant les deux exercices précédant l'expiration du mandat du commissaire aux comptes.

Dans le cas prévu au troisième alinéa de l'article L. 225-218, le commissaire aux comptes est désigné par *(Décr. nº 2019-1419 du 20 déc. 2019, art. 2)* « jugement » du

président du tribunal de commerce statuant *(Décr. n° 2019-1419 du 20 déc. 2019, art. 2)* **« selon la procédure accélérée au fond ».**

Pour les dispositions transitoires du Décr. n° 2019-1419 du 20 déc. 2019, V. note ss. art. D. 221-5.

Pour les dispositions transitoires du Décr. n° 2020-101 du 7 févr. 2020, V. note ss. art. D. 210-21.

SECTION VI DE LA TRANSFORMATION DES SOCIÉTÉS ANONYMES

Art. R. 225-165 La transformation de la société fait l'objet de la publicité prévue en cas de modification des statuts. – *[Décr. n° 67-236 du 23 mars 1967, art. 196.]*

SECTION VII DE LA DISSOLUTION DES SOCIÉTÉS ANONYMES

Art. R. 225-166 Dans le cas où, du fait de pertes constatées dans les documents comptables, les capitaux propres de la société deviennent inférieurs à la moitié du capital social, la décision de l'assemblée générale prévue au premier alinéa de l'article L. 225-248 est déposée au greffe du tribunal de commerce du lieu du siège social et inscrite au registre du commerce et des sociétés.

En outre, elle est publiée dans un *(Décr. n° 2020-106 du 10 févr. 2020, art. 12)* **« support » habilité à recevoir des annonces légales conformément aux dispositions de l'article R. 210-11.** – *[Décr. n° 67-236 du 23 mars 1967, art. 197.]*

SECTION VIII DE LA RESPONSABILITÉ CIVILE

Art. R. 225-167 Les actionnaires qui, sur le fondement des dispositions des articles L. 225-251 et L. 225-256, entendent demander aux administrateurs, au directeur général ou aux membres du directoire la réparation du préjudice qu'ils ont subi personnellement en raison de mêmes faits peuvent donner à un ou plusieurs d'entre eux le mandat d'agir en leur nom devant les juridictions civiles, sous les conditions suivantes :

1° Le mandat est écrit et mentionne expressément qu'il donne au ou aux mandataires le pouvoir d'accomplir au nom du mandant tous les actes de procédure ; il précise, s'il y a lieu, qu'il emporte le pouvoir d'exercer les voies de recours ;

2° La demande en justice indique les nom, prénoms et adresse de chacun des mandants ainsi que le nombre des actions qu'ils détiennent. Elle précise le montant de la réparation réclamée par chacun d'eux. – *[Décr. n° 67-236 du 23 mars 1967, art. 199.]*

Art. R. 225-168 Les actes de procédure et de notification sont réputés valablement accomplis à l'égard du ou des seuls mandataires. – *[Décr. n° 67-236 du 23 mars 1967, art. 199-1.]*

Art. R. 225-169 S'ils représentent au moins le vingtième du capital social, des actionnaires peuvent, dans un intérêt commun, charger à leurs frais, un ou plusieurs d'entre eux de les représenter, pour soutenir, tant en demande qu'en défense, l'action sociale soit contre les administrateurs, soit contre le directeur général, soit contre les membres du directoire.

Toutefois, lorsque le capital de la société est supérieur à 750 000 €, le montant du capital à représenter en application de l'alinéa précédent est, selon l'importance de ce capital, réduit ainsi qu'il suit :

a) **4 % pour les 750 000 premiers euros ;**
b) **2,50 % pour la tranche de capital comprise entre 750 000 et 7 500 000 € ;**
c) **1 % pour la tranche de capital comprise entre 7 500 000 et 15 000 000 € ;**
d) **0,50 % pour le surplus du capital.**

Le retrait en cours d'instance d'un ou plusieurs des actionnaires mentionnés à l'alinéa précédent, soit qu'ils aient perdu la qualité d'actionnaire, soit qu'ils se soient volontairement désistés, est sans effet sur la poursuite de l'instance. – *[Décr. n° 67-236 du 23 mars 1967, art. 200.]*

Art. R. 225-170 Lorsque l'action sociale est intentée par un ou plusieurs actionnaires, agissant soit individuellement, soit dans les conditions prévues à l'article R. 225-169, le tribunal ne peut statuer que si la société a été régulièrement mise en cause par l'intermédiaire de ses représentants légaux.

Le tribunal peut désigner un mandataire *ad hoc* pour représenter la société dans l'instance, lorsqu'il existe un conflit d'intérêt entre celle-ci et ses représentants légaux. – *[Décr. n° 67-236 du 23 mars 1967, art. 201.]*

SECTION IX DES SOCIÉTÉS ANONYMES À PARTICIPATION OUVRIÈRE

Art. R. 225-171 Le président du tribunal de commerce du ressort du siège social de la société, statuant sur requête du président du conseil d'administration ou du directoire de la société anonyme à participation ouvrière, désigne l'expert indépendant chargé de présenter à l'assemblée générale des actionnaires le rapport sur le montant de l'indemnisation proposée aux participants et anciens participants mentionnés au deuxième alinéa de l'article L. 225-269.

Cet expert est choisi parmi les commissaires aux comptes inscrits sur la liste prévue *(Ord. n° 2016-315 du 17 mars 2016, art. 46, en vigueur le 17 juin 2016)* « au I de l'article L. 822-1 ».

Il est soumis aux incompatibilités prévues aux articles *(Abrogé par Décr. n° 2016-1026 du 26 juill. 2016, art. 88-II) « L. 820-6 et »* L. 822-10 à L. 822-14 et au code de déontologie de la profession. – *[Décr. n° 94-815 du 14 sept. 1994, art. 1er.]*

Art. R. 225-172 La requête du président du conseil d'administration ou du directoire de la société anonyme à participation ouvrière intervient trois mois au moins avant la date de l'assemblée générale extraordinaire appelée à statuer sur l'indemnisation.

Le rapport de l'expert est déposé au siège social trente-cinq jours au moins avant la date de réunion de l'assemblée générale extraordinaire appelée à statuer sur l'indemnisation et est tenu à la disposition des actionnaires et des mandataires sociaux de la société coopérative de main-d'œuvre. – *[Décr. n° 94-815 du 14 sept. 1994, art. 2.]*

CHAPITRE VI DES SOCIÉTÉS EN COMMANDITE PAR ACTIONS

Art. R. 226-1 Dans la mesure où elles sont compatibles avec les dispositions particulières prévues par les articles L. 226-1 à L. 226-14 *(Décr. n° 2020-1742 du 29 déc. 2020, art. 6, en vigueur le 1er janv. 2021)* « et L. 22-10-74 à L. 22-10-78 », les règles édictées par le présent livre et concernant les sociétés en commandite simple et les sociétés anonymes, à l'exception des articles *(Décr. n° 2015-606 du 3 juin 2015, art. 2-II)* « R. 225-15 à *(Décr. n° 2019-1235 du 27 nov. 2019, art. 1er)* « R. 225-34 » *(Décr. n° 2020-1742 du 29 déc. 2020, art. 6, en vigueur le 1er janv. 2021)* « , R. 225-35 à R. 225-60 et R. 22-10-14 à R. 22-10-19 », sont applicables aux sociétés en commandite par actions. – *[Décr. n° 67-236 du 23 mars 1967, art. 202.]*

Pour les dispositions transitoires du Décr. n° 2019-1235 du 27 nov. 2019, V. note ss. art. R. 225-30.

Art. R. 226-1-1 *Abrogé par Décr. n° 2020-1742 du 29 déc. 2020, art. 6, à compter du 1er janv. 2021.*

Art. R. 226-2 Les dispositions des articles R. 225-30 *(Décr. n° 2020-1742 du 29 déc. 2020, art. 6, en vigueur le 1er janv. 2021)* « , R. 225-31 et R. 22-10-17 » sont applicables aux conventions mentionnées à l'article L. 226-10.

L'avis prévu au premier alinéa de l'article R. 225-30 est donné par le président du conseil de surveillance. – *[Décr. n° 67-236 du 23 mars 1967, art. 203-1.]*

Art. R. 226-3 Les dispositions des articles R. 225-110 à R. 225-112 sont applicables aux gérants et membres du conseil de surveillance. – *[Décr. n° 67-236 du 23 mars 1967, art. 203-2.]*

CHAPITRE VII DES SOCIÉTÉS PAR ACTIONS SIMPLIFIÉES

Art. D. 227-1 *(Décr. n° 2009-234 du 25 févr. 2009, art. 5) (Décr. n° 2019-514 du 24 mai 2019, art. 1er)* « Les seuils mentionnés à l'article L. 227-9-1 relatif à la désignation d'un commissaire aux comptes sont ceux définis à l'article D. 221-5. »

(Décr. n° 2020-101 du 7 févr. 2020, art. 7) « Le total du bilan et le montant hors taxe du chiffre d'affaires sont déterminés conformément aux cinquième et sixième alinéas de l'article D. 123-200. »

La société n'est plus tenue de désigner un commissaire aux comptes dès lors qu'elle n'a pas dépassé les chiffres fixés pour deux de ces trois critères pendant les deux exercices précédant l'expiration du mandat du commissaire aux comptes.

Dans le cas prévu au *(Décr. n° 2019-514 du 24 mai 2019, art. 1er)* « troisième » alinéa de l'article L. 227-9-1, le commissaire aux comptes est désigné par *(Décr. n° 2019-1419 du 20 déc. 2019, art. 2)* « jugement » du président du tribunal de commerce statuant *(Décr. n° 2019-1419 du 20 déc. 2019, art. 2)* « selon la procédure accélérée au fond ».

Pour les dispositions transitoires du Décr. n° 2019-1419 du 20 déc. 2019, V. note ss. art. D. 221-5.

Pour les dispositions transitoires du Décr. n° 2020-101 du 7 févr. 2020, V. note ss. art. D. 210-21.

Art. R. 227-1-1 *(Décr. n° 2019-1118 du 31 oct. 2019, art. 11)* **Lorsque les statuts prévoient la tenue du registre des décisions mentionné à l'article L. 227-9 et l'établissement des procès-verbaux sous forme électronique sans en préciser les modalités, les procès-verbaux sont signés au moyen d'une signature électronique qui respecte au moins les exigences relatives à une signature électronique avancée prévues par l'article 26 du règlement (UE) n° 910/2014 du Parlement européen et du Conseil du 23 juillet 2014 sur l'identification électronique et les services de confiance pour les transactions électroniques au sein du marché intérieur. Les procès-verbaux sont datés de façon électronique par un moyen d'horodatage offrant toute garantie de preuve.**

Art. R. 227-2 *(Décr. n° 2014-1053 du 16 sept. 2014, art. 4, en vigueur le 1er oct. 2014)* **Les articles R. 225-66 à R. 225-70 et l'article R. 225-83 sont applicables aux sociétés par actions simplifiées qui procèdent à une offre** *(Décr. n° 2019-1097 du 28 oct. 2019, art. 3)* **« mentionnée au 2° de l'article L. 411-2 du code monétaire et financier. »**

Art. D. 227-3 *(Décr. n° 2017-630 du 25 avr. 2017, art. 5)* **Pour l'application du cinquième alinéa de l'article L. 227-1, le montant de la valeur qu'aucun apport en nature ne doit excéder est fixé à 30 000 €.**

CHAPITRE VIII DES VALEURS MOBILIÈRES ÉMISES PAR LES SOCIÉTÉS PAR ACTIONS

SECTION PREMIÈRE DISPOSITIONS COMMUNES

Art. R. 228-1 L'intermédiaire mentionné aux septième et huitième alinéas de l'article L. 228-1 déclare sa qualité d'intermédiaire inscrit pour le compte de tiers, dès l'ouverture du compte, auprès de la société émettrice *(Décr. n° 2009-295 du 16 mars 2009, art. 4)* **« , auprès d'un intermédiaire mentionné à l'article L. 211-3 du code monétaire et financier ou auprès d'un dépositaire central » lorsque l'intermédiaire inscrit a ouvert un compte de titres dans les livres de ce dépositaire central.** — *[Décr. n° 67-236 du 23 mars 1967, art. 151-1.]*

L'intermédiaire déjà inscrit pour le compte de propriétaires d'actions, à la date d'entrée en vigueur du Décr. n° 2002-803 du 3 mai 2002, doit, dans les trois mois de la publication de celui-ci [JO 5 mai], déclarer sa qualité dans les conditions de l'art. L. 228-1 (Décr. préc., art. 59).

Art. R. 228-2 Lorsque les titres revêtent la forme de titres nominatifs administrés, l'intermédiaire *(Décr. n° 2009-295 du 16 mars 2009, art. 4)* **« mentionné à l'article L. 211-3 du code monétaire et financier » transmet immédiatement cette déclaration à la société émettrice.** — *[Décr. n° 67-236 du 23 mars 1967, art. 151-2.]*

Art. R. 228-3 *(Décr. n° 2019-1235 du 27 nov. 2019, art. 3)* **I. — Les informations mentionnées aux I et II de l'article L. 228-2 et à l'article L. 228-3 sont, pour chaque propriétaire de titre, les suivantes :**

1° Selon le cas, le nom ou la dénomination sociale ;

2° La nationalité ;

3° Selon le cas, l'année de naissance ou l'année de constitution ;

4° L'adresse postale et, le cas échéant, électronique ;

5° Le nombre de titres détenus ;

6° Le cas échéant, les restrictions dont les titres peuvent être frappés.

En outre, dans le cadre fixé par les articles L. 228-2 ou L. 228-3, la société émettrice ou son mandataire peut demander, pour chaque propriétaire de titres, la communication des informations supplémentaires suivantes, qui ne sont communiquées par la personne interrogée que si celle-ci dispose de l'information demandée :

7° Lorsque le propriétaire est une personne morale, le numéro d'immatriculation, ou, à défaut d'un tel numéro, l'identifiant d'entité juridique (LEI) visé dans le règlement d'exécution (UE) n° 1247/2012 de la Commission, ou, lorsque le propriétaire est une personne physique, l'identifiant national au sens de l'article 6 du règlement délégué (UE) 2017/590 de la Commission ;

8° La date depuis laquelle les titres sont détenus ;

9° Le code indiquant l'activité principale exercée faisant référence à la nomenclature d'activités française (NAF) ou son équivalent européen au sens du règlement (CE) n° 1893/2006 du 20 décembre 2006 établissant la nomenclature statistique des activités économiques NACE Rév. 2 ;

10° Le caractère professionnel ou non au sens de l'article L. 533-16 du code monétaire et financier, des propriétaires de titres ;

11° Lorsque le titre est une part ou une action d'un OPC, la dénomination et le numéro d'immatriculation du distributeur ayant effectué leur cession auprès du propriétaire.

Art. R. 228-4 *(Décr. n° 2019-1235 du 27 nov. 2019, art. 3)* I. — Les délais de transmission des demandes d'informations et de communication des réponses aux demandes relatives à des titres au porteur, mentionnées à l'article L. 228-2, sont les suivants :

1° Le délai accordé au dépositaire central, mentionné au deuxième alinéa du I de l'article L. 228-2, pour transmettre la demande de la société émettrice ou de son mandataire aux teneurs de comptes qui lui sont affiliés, mentionnés au II de l'article L. 228-2, est d'un jour ouvrable à compter de la réception de la demande ;

2° Le délai accordé aux teneurs de comptes pour transmettre les informations, selon le cas, à la société émettrice ou son mandataire ou au dépositaire central, est de dix jours ouvrables à compter de la réception de la demande ;

3° Le délai accordé au dépositaire central pour transmettre la réponse à la société émettrice est de cinq jours ouvrables à compter de la réception des informations ;

4° Le cas échéant, le délai accordé aux teneurs de compte pour transmettre la demande aux intermédiaires inscrits pour le compte d'un ou plusieurs tiers propriétaires, mentionnés aux septième et huitième alinéas de l'article L. 228-1, est d'un jour ouvrable à compter de la réception de la demande ;

5° Dans le cas prévu au 4°, le délai accordé aux intermédiaires inscrits pour transmettre les informations aux teneurs de comptes est de dix jours ouvrables à compter de la réception de la demande ; le délai accordé aux teneurs de compte pour transmettre la réponse, selon le cas, à la société émettrice ou son mandataire ou au dépositaire central, est d'un jour ouvrable à compter de sa réception.

II. — Le délai accordé aux intermédiaires inscrits pour le compte d'un ou plusieurs tiers propriétaires, mentionnés aux septième et huitième alinéas de l'article L. 228-1, pour répondre aux demandes relatives à des titres de forme nominative, est de dix jours ouvrables à compter de la réception de la demande.

III. — Le délai accordé aux personnes interrogées sur le fondement du I de l'article L. 228-3-1 pour répondre aux demandes de la société émettrice est de dix jours ouvrables à compter de la réception de la demande.

Art. R. 228-5 *(Décr. n° 2019-1235 du 27 nov. 2019, art. 3)* Les personnes qui fournissent un ou plusieurs des services d'identification des propriétaires de titres mentionnés aux articles L. 228-2 à L. 228-3-1 publient sur leur site internet les frais associés à chaque type de service.

Les personnes soumises à l'obligation de publication des frais associés à chaque type de service sur leur site internet, mentionnée à l'art. 3 du Décr. n° 2019-1235 du 27 nov. 2019, publient cette information au plus tard trois mois après la publication dudit Décr. (Décr. préc., art. 9, al. 2, JO 28 nov.).

Art. R. 228-6 L'intermédiaire inscrit bénéficiaire d'un mandat mentionné à l'article L. 228-3-2 peut transmettre ou émettre sous sa signature les votes des propriétaires d'actions *(Décr. n° 2015-545 du 18 mai 2015, art. 17, en vigueur le 1er juin 2015)* « ou d'obligations ». Les mandats et procurations sont conservés durant un délai de trois ans à compter de l'assemblée générale au cours de laquelle ont été exercés les droits de vote. – *[Décr. n° 67-236 du 23 mars 1967, art. 151-6.]*

Art. R. 228-7 La société tient à jour la liste des personnes titulaires *(Décr. n° 2018-1226 du 24 déc. 2018, art. 2)* « de titres financiers nominatifs », avec l'indication du domicile déclaré par chacune d'elles. – *[Décr. n° 67-236 du 23 mars 1967, art. 152.]*

Art. R. 228-8 Les registres de titres nominatifs émis par une société sont établis par cette société ou par une personne qu'elle habilite à cet effet.

(Décr. n° 2018-1226 du 24 déc. 2018, art. 2) « Ces registres peuvent être tenus de manière chronologique sur support papier ou sur tout autre support durable, notamment au moyen d'un dispositif d'enregistrement électronique partagé. »

En outre, il peut être tenu des fichiers contenant, par ordre alphabétique, les noms et adresses des titulaires de titres, ainsi que l'indication du nombre, de la catégorie et, le cas échéant, des numéros des titres de chaque titulaire. Les mentions de ces fichiers ne peuvent faire preuve contre celles contenues dans les registres. – *[Décr. n° 67-236 du 23 mars 1967, art. 204.]*

Art. R. 228-9 Les registres mentionnés à l'article R. 228-8 contiennent les indications relatives aux opérations de transfert et de conversion des titres, et notamment :

1° La date de l'opération ;

2° Les nom, prénoms et domicile de l'ancien et du nouveau titulaire des titres, en cas de transfert ;

3° Les nom, prénoms et domicile du titulaire des titres, en cas de conversion de titres au porteur en titres nominatifs ;

4° La valeur nominale et le nombre de titres transférés ou convertis. Toutefois, lorsque ces titres sont des actions, le capital social et le nombre de titres représenté par l'ensemble des actions de la même catégorie peuvent être indiqués en lieu et place de leur valeur nominale ;

5° Le cas échéant, si la société a émis des actions de différentes catégories et s'il n'est tenu qu'un seul registre des actions nominatives, la catégorie et les caractéristiques des actions transférées ou converties ;

6° Un numéro d'ordre affecté à l'opération.

En cas de transfert, le nom de l'ancien titulaire des titres peut être remplacé par un numéro d'ordre permettant de retrouver ce nom dans les registres. – *[Décr. n° 67-236 du 23 mars 1967, art. 205.]*

Art. R. 228-10 Pour l'application de la dernière phrase du neuvième alinéa de l'article L. 228-1, l'inscription au compte de l'acheteur *(Décr. n° 2018-1226 du 24 déc. 2018, art. 2)* « ou dans un dispositif d'enregistrement électronique partagé » est faite à la date fixée par l'accord des parties et notifiée à la société émettrice. – *[Décr. n° 67-236 du 23 mars 1967, art. 205 bis.]*

Art. R. 228-11 *(Décr. n° 2015-545 du 18 mai 2015, art. 13, en vigueur le 1er juin 2015)* La mise en vente par la société des titres qui n'ont pu être attribués individuellement, prévue à l'article L. 228-6, est précédée de la publication d'un avis dans deux journaux à diffusion nationale ; cet avis met en demeure les titulaires des droits de faire valoir leurs droits dans un délai d'un an et les informe que la société procèdera *[procédera]* à la vente à l'expiration de ce délai.

Ce même avis les informe que la société tiendra le produit net de la vente des titres à leur disposition pendant dix ans sur un compte bloqué dans un établissement de crédit.

La vente peut être faite aux enchères publiques par un prestataire de services d'investissement ou par un notaire, conformément aux dispositions de l'article L. 211-21 du code monétaire et financier. – *[Décr. n° 67-236 du 23 mars 1967, art. 205-1.]*

Art. R. 228-12 *(Décr. n° 2015-545 du 18 mai 2015, art. 14, en vigueur le 1er juin 2015)* La vente prévue à l'article L. 228-6-1 des titres de capital qui n'ont pu être attribués individuellement et correspondant aux droits formant rompus ainsi que la répartition des sommes provenant de cette vente aux titulaires des droits interviennent dans un délai de trente jours à compter de la plus tardive des dates d'inscription, au compte des titulaires des droits, du nombre entier de titres de capital attribués.

Lorsque les titres sont admis à la négociation sur un marché réglementé, cette vente est réalisée par l'émetteur des titres ou par les intermédiaires mentionnés aux 2° à 7° de l'article L. 542-1 du code monétaire et financier sur le marché règlementé à la négociation duquel les titres sont admis.

Lorsque les titres sont uniquement admis à la négociation sur un système multilatéral de négociation, cette vente est réalisée par l'émetteur des titres ou par les intermédiaires mentionnés aux 2° à 7° de l'article L. 542-1 du code monétaire et financier sur le système multilatéral à la négociation duquel les titres sont admis.

Lorsque les titres ne sont pas admis à la négociation sur un marché réglementé ni sur un système multilatéral de négociation, la vente de ces titres est réalisée par la société émettrice ou peut être faite aux enchères publiques par un prestataire de services d'investissement *(Décr. n° 2017-1253 du 9 août 2017, art. 11-1°, en vigueur le 3 janv. 2018)* « autre qu'une société de gestion de portefeuille » ou par un notaire, conformément aux dispositions de l'article L. 211-21 du code monétaire et financier. *— V. cet art., App., v° Banque et financement de l'entreprise.*

Les sommes provenant de la vente sont réparties proportionnellement aux droits formant rompus de chaque titulaire de droits.

Art. R. 228-13 *Abrogé par Décr. n° 2015-545 du 18 mai 2015, art. 15, à compter du 1er juin 2015.*

Art. R. 228-14 Pour l'application de l'article L. 228-6-3, la vente a lieu *(Abrogé par Décr. n° 2015-545 du 18 mai 2015, art. 16, à compter du 1er juin 2015)* « ***, selon les modalités prévues à l'article R. 228-12,*** » à l'expiration d'un délai d'un an après la publicité effectuée dans les conditions *(Décr. n° 2015-545 du 18 mai 2015, art. 16, en vigueur le 1er juin 2015)* « et suivant les modalités » prévues à l'article R. 228-11 si, pendant cette période, les personnes au nom desquelles l'inscription a été faite ou leurs ayants droit n'ont pu être atteintes par l'avis mentionné à l'article R. 228-11 adressé par lettre recommandée avec demande d'avis de réception.

(Décr. n° 2015-545 du 18 mai 2015, art. 16, en vigueur le 1er juin 2015) « Lorsque la vente porte sur des titres de capital admis aux négociations sur un marché réglementé, sur un système multilatéral de négociation ou aux opérations d'un dépositaire central, elle est réalisée, au terme d'un délai d'un an, suivant les modalités fixées, selon le cas, au deuxième, au troisième ou au quatrième alinéa de l'article R. 228-12. » *— [Décr. n° 67-236 du 23 mars 1967, art. 205-4.]*

SECTION II DES ACTIONS

SOUS-SECTION 1 DE L'ÉMISSION, DU RACHAT ET DE LA CONVERSION DES ACTIONS DE PRÉFÉRENCE

Art. R. 228-15 En cas de conversion d'actions de préférence en actions aboutissant à une réduction de capital non motivée par des pertes, les dispositions de l'article R. 225-152 s'appliquent.

Une décision de justice rejette l'opposition ou ordonne soit le remboursement des créances, soit la constitution de garanties si la société en offre et si elles sont jugées suffisantes.

Si le juge de première instance accueille l'opposition, la procédure de conversion est immédiatement interrompue jusqu'à la constitution de garanties suffisantes ou jusqu'au remboursement des créances. S'il la rejette, les opérations de conversion peuvent commencer. *— [Décr. n° 67-236 du 23 mars 1967, art. 206.]*

Art. R. 228-16 L'assemblée spéciale, statuant dans les conditions prévues à l'article L. 225-99 sur les questions qui lui sont soumises pour approbation et composée des titulaires d'actions de préférence intéressés, est convoquée dans les mêmes formes et se tient au plus tard le même jour que l'assemblée générale. *— [Décr. n° 67-236 du 23 mars 1967, art. 206-1.]*

Art. R. 228-17 En cas d'émission d'actions de préférence dans les conditions prévues à l'article L. 228-12, le rapport du conseil d'administration ou du directoire indique

les caractéristiques des actions de préférence et précise l'incidence de l'opération sur la situation des titulaires de titres de capital et de valeurs mobilières donnant accès au capital. Il est conforme aux règles posées par les articles R. 225-113 et R. 225-114, ainsi que, selon les cas, par les articles R. 225-115 ou R. 225-116 *(Décr. n° 2020-1742 du 29 déc. 2020, art. 7, en vigueur le 1er janv. 2021)* **« et R. 22-10-31 ».**

Le commissaire aux comptes donne son avis sur l'augmentation de capital envisagée, les caractéristiques des actions de préférence et l'incidence de l'opération sur la situation des titulaires de titres de capital et de valeurs mobilières donnant accès au capital telle que définie au premier alinéa de l'article R. 225-115. Le cas échéant, ce rapport est conforme aux règles posées par l'article R. 225-114, ainsi que, selon les cas, par les articles R. 225-115 ou R. 225-116 *(Décr. n° 2020-1742 du 29 déc. 2020, art. 7, en vigueur le 1er janv. 2021)* **« et R. 22-10-31 ».** – *[Décr. n° 67-236 du 23 mars 1967, art. 206-2.]*

Art. R. 228-18 **Le rapport du conseil d'administration ou du directoire à l'assemblée générale extraordinaire appelée à se prononcer sur la conversion prévue aux articles L. 228-12, L. 228-14 et au second alinéa de l'article L. 228-15 indique les conditions de celle-ci, les modalités de calcul du rapport de conversion et les modalités de sa réalisation. Il précise l'incidence de l'opération sur la situation des titulaires de titres de capital et de valeurs mobilières donnant accès au capital telle que définie au premier alinéa de l'article R. 225-115. Le cas échéant, il indique les caractéristiques des actions de préférence issues de la conversion.**

Le commissaire aux comptes donne son avis sur la conversion ainsi que sur l'incidence de l'opération sur la situation des titulaires de titres de capital et de valeurs mobilières donnant accès au capital telle que définie au premier alinéa de l'article R. 225-115 et indique si les modalités de calcul du rapport de conversion sont exactes et sincères. – *[Décr. n° 67-236 du 23 mars 1967, art. 206-3.]*

Art. R. 228-19 **Pour l'application** *(Décr. n° 2015-545 du 18 mai 2015, art. 22, en vigueur le 1er juin 2015)* **« du II de l'article L. 228-12 », le rapport du conseil d'administration ou du directoire précise les conditions du rachat** *(Abrogé par Décr. n° 2015-545 du 18 mai 2015, art. 22, à compter du 1er juin 2015)* *« ou du remboursement »*, **ainsi que les justifications et les modalités de calcul du prix proposé.**

Il précise l'incidence de l'opération sur la situation des titulaires de titres de capital et de valeurs mobilières donnant accès au capital telle que définie au premier alinéa de l'article R. 225-115.

Le commissaire aux comptes donne son avis sur l'offre de rachat *(Abrogé par Décr. n° 2015-545 du 18 mai 2015, art. 22, à compter du 1er juin 2015)* *« ou de remboursement »* **ainsi que sur l'incidence de l'opération sur la situation des titulaires de titres de capital et de valeurs mobilières donnant accès au capital telle que définie au premier alinéa de l'article** *(Décr. n° 2007-750 du 9 mai 2007, art. 36)* **« R. 225-115 » et indique si les modalités de calcul du prix de rachat sont exactes et sincères.** – *[Décr. n° 67-236 du 23 mars 1967, art. 206-4.]*

Art. R. 228-20 **Lorsque l'assemblée générale extraordinaire se prononce sur l'inscription dans les statuts des modalités de conversion** *(Abrogé par Décr. n° 2015-545 du 18 mai 2015, art. 23, à compter du 1er juin 2015)* *« , de rachat ou de remboursement »* **des actions de préférence, le rapport du conseil d'administration ou du directoire indique les modalités de conversion** *(Abrogé par Décr. n° 2015-545 du 18 mai 2015, art. 23, à compter du 1er juin 2015)* *« , de rachat ou de remboursement »*, **ainsi que les modalités de mise à disposition des actionnaires des rapports du conseil d'administration ou du directoire et du commissaire aux comptes prévus** *(Décr. n° 2015-545 du 18 mai 2015, art. 23, en vigueur le 1er juin 2015)* **« à l'article R. 228-18 ». Ces indications sont portées dans les statuts.**

Le commissaire aux comptes donne son avis sur ces modalités de conversion *(Abrogé par Décr. n° 2015-545 du 18 mai 2015, art. 23, à compter du 1er juin 2015)* *« , de rachat ou de remboursement ».* – *[Décr. n° 67-236 du 23 mars 1967, art. 206-5.]*

Art. R. 228-21 **Les rapports mentionnés aux articles R. 228-17 à R. 228-20 sont transmis aux assemblées spéciales des titulaires d'actions de préférence intéressés lorsqu'elles doivent approuver ces modifications. Ils sont tenus à la disposition de ces**

derniers au siège de la société à compter de la date de la convocation de l'assemblée spéciale dans les conditions prévues à l'article R. 225-88 et au deuxième alinéa de l'article R. 225-89. – *[Décr. n° 67-236 du 23 mars 1967, art. 206-6.]*

Art. R. 228-22 Le rapport spécial du commissaire aux comptes de la société établi en application de l'article L. 228-19 comprend son avis sur le respect par la société des droits particuliers attachés aux actions de préférence et indique, le cas échéant, la date à partir de laquelle ces droits ont été méconnus.

Les frais relatifs à l'établissement du rapport sont à la charge de la société.

Le rapport est tenu à la disposition des actionnaires, au siège social, quinze jours au moins avant la date de l'assemblée spéciale au cours de laquelle il est présenté. – *[Décr. n° 67-236 du 23 mars 1967, art. 206-7.]*

Art. R. 228-22-1 *(Décr. n° 2015-545 du 18 mai 2015, art. 24, en vigueur le 1er juin 2015)* Pour l'application du III de l'article L. 228-12, le conseil d'administration ou le directoire, ou sur délégation l'une des personnes mentionnées à l'article L. 225-129-4 *[L. 22-10-49]*, dresse un avis de rachat tenu à la disposition des actionnaires, quinze jours au moins avant la réalisation de l'opération, à l'adresse du siège social et au greffe du tribunal de commerce dans le ressort duquel est situé ce siège.

Cet avis indique les modalités essentielles du rachat définies en conformité avec les stipulations statutaires, et notamment :

1° La ou les catégories d'actions de préférence concernées ;

2° Le nombre maximum d'actions de préférence susceptibles d'être rachetées ;

3° Le prix ou ses modalités de détermination ;

4° Le montant maximum des sommes distribuables au sens de l'article L. 232-11 susceptibles d'être affectées à ce rachat, ou, le cas échéant, le montant maximum du produit d'une nouvelle émission de titres de capital effectuée en vue de ce rachat ;

5° La valeur maximum de la réserve mentionnée au 2° du III de l'article L. 228-12 et constituée en vue de ce rachat ;

6° Le cas échéant, le montant maximum de la prime mentionnée au 3° du III de l'article L. 228-12, ainsi que le montant des sommes distribuables ou de la réserve sur lesquelles cette prime est prélevée.

SOUS-SECTION 2 DES CLAUSES D'AGRÉMENT DE LA CESSION DE TITRES DE CAPITAL OU DE VALEURS MOBILIÈRES DONNANT ACCÈS AU CAPITAL

Art. R. 228-23 La demande d'agrément du cessionnaire prévue au premier alinéa de l'article L. 228-24 est notifiée à la société par acte extrajudiciaire ou par lettre recommandée avec demande d'avis de réception.

La désignation de l'expert prévue à l'article 1843-4 du code civil *[V. cet art., App., v° Sociétés commerciales]* est faite par le président du tribunal de commerce ; celui-ci accorde par ordonnance de référé, l'actionnaire cédant et le cessionnaire dûment appelés, la prolongation de délai prévue au troisième alinéa de l'article L. 228-24. Ces ordonnances ne sont pas susceptibles de recours. – *[Décr. n° 67-236 du 23 mars 1967, art. 207.]*

SOUS-SECTION 3 DE LA DÉFAILLANCE DE L'ACTIONNAIRE

Art. R. 228-24 Pour l'application de l'article L. 228-27, l'actionnaire défaillant est mis en demeure par lettre recommandée avec demande d'avis de réception.

La vente des actions non admises aux négociations sur un marché réglementé est effectuée aux enchères publiques par un prestataire de services d'investissement *(Décr. n° 2017-1253 du 9 août 2017, art. 11-2°, en vigueur le 3 janv. 2018)* « autre qu'une société de gestion de portefeuille » ou par un notaire dans les conditions prévues à l'article *(Décr. n° 2009-295 du 16 mars 2009, art. 4)* « L. 211-21 » du code monétaire et financier *[V. cet art., App., v° Banque et financement de l'entreprise]*. A cet effet, la société publie dans un *(Décr. n° 2020-106 du 10 févr. 2020, art. 12)* « support » habilité à recevoir les annonces légales dans le département du siège social, trente jours au moins après la mise en demeure prévue à l'alinéa précédent, le nombre d'actions mises en vente. Elle avise le débiteur et, le cas échéant, ses codébiteurs de la mise en vente, par lettre recommandée contenant l'indication de la date et du numéro du *(Décr. n° 2020-106 du 10 févr. 2020, art. 12)* « support » dans lequel la publication a été effectuée. Il ne peut être procédé à la mise en vente des actions moins de quinze jours après l'envoi de la lettre recommandée. – *[Décr. nº 67-236 du 23 mars 1967, art. 208.]*

Art. R. 228-25 L'inscription de l'actionnaire défaillant est rayée de plein droit dans le registre des actions nominatives de la société. Si les titres délivrés revêtent la forme nominative, l'acquéreur est inscrit et de nouveaux certificats indiquant la libération des versements appelés et portant la mention *"duplicatum"* sont délivrés.

Lorsque les actions étaient inscrites en compte chez l'émetteur conformément aux dispositions des articles R. 211-1 et R. 211-4 du code monétaire et financier, l'inscription en compte de l'actionnaire défaillant est annulée de plein droit. L'acquéreur est inscrit et de nouvelles attestations indiquant la libération des versements appelés et portant la mention *"duplicatum"* sont délivrées. – *V. les art. préc., App., vº Banque et financement de l'entreprise.*

Le produit net de la vente revient à la société à due concurrence et s'impute sur ce qui est dû en principal et intérêts par l'actionnaire défaillant et ensuite sur le remboursement des frais exposés par la société pour parvenir à la vente. L'actionnaire défaillant reste débiteur ou profite de la différence. – *[Décr. nº 67-236 du 23 mars 1967, art. 209.]*

Art. R. 228-26 Le délai mentionné au premier alinéa de l'article L. 228-29 est de trente jours à compter de la mise en demeure prévue par le premier alinéa de l'article L. 228-27. – *[Décr. nº 67-236 du 23 mars 1967, art. 210.]*

SOUS-SECTION 4 DU REGROUPEMENT D'ACTIONS NON ADMISES AUX NÉGOCIATIONS SUR UN MARCHÉ RÉGLEMENTÉ

Art. R. 228-27 Le montant prévu à l'article L. 228-29-1 est de 3,81 €.

Le montant prévu au deuxième alinéa de l'article L. 228-29-2 est de 15,25 €.

Art. R. 228-28 Les décisions d'assemblées générales d'actionnaires, relatives au regroupement d'actions, prévues aux articles L. 228-29-1 et L. 228-29-2, sont prises, dans les conditions prévues pour la modification des statuts, sur la proposition d'un gérant ou du conseil d'administration ; cette proposition porte notamment sur le prix de négociation des rompus et les engagements relatifs à cette négociation prévus à l'article L. 228-29-2.

Le conseil de surveillance ou les commissaires aux comptes donnent, dans un rapport spécial à l'assemblée, leur avis sur les propositions du gérant ou du conseil d'administration ; ils indiquent si le prix proposé leur paraît réel et sérieux et si les engagements pris pour l'application de l'article L. 228-29-2 leur paraissent de nature à assurer en toute hypothèse la contrepartie prévue à cet article. L'assemblée générale fixe les bases du regroupement et arrête le prix prévu à l'article L. 228-29-2. – *[Décr. nº 65-268 du 5 avr. 1965, art. 1er.]*

Art. R. 228-29 Les engagements prévus à l'article L. 228-29-2 sont portés à la connaissance de l'assemblée générale par le gérant ou le conseil d'administration et reproduits dans le rapport du conseil de surveillance ou des commissaires aux comptes. – *[Décr. nº 65-268 du 5 avr. 1965, art. 2.]*

Art. R. 228-30 Le délai prévu à l'alinéa premier de l'article L. 228-29-3 est de deux ans à compter de la date initiale des opérations de regroupement.

Les actionnaires qui ont pris l'engagement prévu par l'article L. 228-29-2 disposent, pour procéder au regroupement de leurs actions, d'un délai supplémentaire d'un mois à compter de l'expiration du délai prévu au premier alinéa.

Les dispositions du premier alinéa de l'article L. 228-29-3 ne sont pas applicables pendant ce délai supplémentaire aux actions qui leur appartiennent. – *[Décr. nº 65-268 du 5 avr. 1965, art. 3 et 4.]*

Art. R. 228-31 Les décisions des assemblées générales d'actionnaires mentionnées à l'article R. 228-28 sont publiées au *Bulletin des annonces légales obligatoires*.

Cette publication indique la date à laquelle débuteront les opérations de regroupement ; cette date est postérieure de quinze jours au moins à celle de la publication.

Cette publication indique en outre :

1° La dénomination sociale et la forme de la société ;

2° Son siège social ;

3° Le montant de son capital social ;

4° Le nombre des actions soumises au regroupement et la valeur nominale de chacune d'elles ;

5° Le nombre des actions à provenir du regroupement et la valeur nominale de chacune d'elles ;

6° Les bases d'échange des actions soumises au regroupement contre les actions à provenir du regroupement ;

7° Le prix de négociation des actions anciennes formant rompus, arrêté par l'assemblée générale dans les conditions prévues à l'article R. 228-28 ;

8° Les noms et adresses du ou des actionnaires qui auront pris l'engagement prévu à l'article L. 228-29-2 ;

9° La date de l'assemblée générale ayant décidé le regroupement ;

10° La date à laquelle expire le délai prévu au premier alinéa de l'article R. 228-30 ;

11° Le ou les lieux où les actions anciennes devront être présentées aux fins de regroupement et où devront être déposées les demandes d'acquisition ou de cessions d'actions anciennes formant rompus. — *[Décr. nº 65-268 du 5 avr. 1965, art. 5.]*

Art. R. 228-32 Les actions en nullité prévues par le deuxième alinéa de l'article L. 228-29-6 se prescrivent par cinq ans à compter de l'expiration du délai prévu au premier alinéa de l'article R. 228-30. — *[Décr. nº 65-268 du 5 avr. 1965, art. 7.]*

SECTION III **DISPOSITIONS APPLICABLES AUX CATÉGORIES DE TITRES EN VOIE D'EXTINCTION**

SOUS-SECTION 1 **DES CERTIFICATS D'INVESTISSEMENT**

Art. R. 228-33 L'assemblée spéciale des titulaires de certificats d'investissement est convoquée en même temps et dans les mêmes formes que l'assemblée générale des actionnaires qui décide de l'augmentation de capital ou de l'émission de valeurs mobilières donnant accès au capital.

Les dispositions des articles R. 225-62, R. 225-63, R. 225-66 à R. 225-70, *(Décr. nº 2010-684 du 23 juin 2010, art. 8)* « du I de l'article R. 225-73 », et de l'article R. 225-87 sont applicables à la convocation des titulaires de certificats d'investissement en assemblée spéciale. — *[Décr. nº 67-236 du 23 mars 1967, art. 169-2.]*

Art. R. 228-34 L'assemblée spéciale des titulaires de certificats d'investissement appelée à statuer sur la proposition de suppression du droit préférentiel de souscription est réunie avant l'assemblée générale des actionnaires et, le cas échéant, avant l'assemblée spéciale des porteurs d'actions à dividende prioritaire sans droit de vote prévue à l'article R. 225-96 et avant les assemblées spéciales des porteurs d'actions de préférence.

Les dispositions des articles R. 225-95, R. 225-100, R. 225-101, R. 225-106 à R. 225-108, à l'exception de celles relatives à la visioconférence et au vote électronique, sont applicables aux assemblées spéciales des titulaires de certificats d'investissement. — *[Décr. nº 67-236 du 23 mars 1967, art. 169-3.]*

Art. R. 228-35 Le droit de participer à l'assemblée spéciale des titulaires de certificats d'investissement peut être subordonné aux mêmes conditions que celles qui peuvent être imposées par la société à ses actionnaires conformément à l'article *(Décr. nº 2020-1742 du 29 déc. 2020, art. 7, en vigueur le 1er janv. 2021)* « R. 22-10-28 », à l'exception des dispositions de cet article relatives au vote électronique. — *[Décr. nº 67-236 du 23 mars 1967, art. 169-4.]*

Art. R. 228-36 La représentation à l'assemblée spéciale d'un titulaire de certificats d'investissement est régie par les articles R. 225-79 et R. 225-81, à l'exception des dispositions de ces articles relatives au vote électronique. A toute formule de procuration adressée à un titulaire de certificats d'investissement par la société ou le mandataire qu'elle a désigné à cet effet sont joints l'ordre du jour de l'assemblée spéciale, le texte des résolutions qui y sont présentées et une formule de demande d'envoi des documents et renseignements prévus à l'article R. 225-83. — *[Décr. nº 67-236 du 23 mars 1967, art. 169-5.]*

Art. R. 228-37 Les titulaires de certificats d'investissement exercent leur droit de communication des documents sociaux dans les conditions prévues aux articles L. 225-115 à L. 225-118 et conformément aux dispositions des articles R. 225-88 à R. 225-94. – *[Décr. n° 67-236 du 23 mars 1967, art. 169-6.]*

Art. R. 228-38 Toute renonciation à une offre d'attribution d'action de préférence sans droit de vote et assortie des mêmes droits que les certificats d'investissement est effectuée dans le délai imparti à cet effet par la société et indiqué dans l'offre. A défaut de désignation des bénéficiaires, la renonciation est réputée faite au profit de l'ensemble des porteurs concernés par l'offre et les actions de préférence correspondantes sont attribuées aux porteurs qui n'ont pas renoncé à cette attribution complémentaire. Les rompus sont répartis selon les règles fixées par l'assemblée générale. – *[Décr. n° 67-236 du 23 mars 1967, art. 169-7.]*

Art. R. 228-39 La déclaration prévue au sixième alinéa de l'article L. 228-30 est faite par lettre simple ou recommandée. – *[Décr. n° 67-236 du 23 mars 1967, art. 169-8.]*

SOUS-SECTION 2 LES ACTIONS À DIVIDENDE PRIORITAIRE SANS DROIT DE VOTE

Art. R. 228-40 L'assemblée spéciale des titulaires d'actions à dividende prioritaire sans droit de vote, lorsqu'elle est réunie pour donner son avis sur toute décision des assemblées générales ordinaire ou extraordinaire, est convoquée en même temps que chacune de ces assemblées. – *[Décr. n° 67-236 du 23 mars 1967, art. 153-4.]*

Art. R. 228-41 L'assemblée spéciale est convoquée dans les mêmes formes que l'assemblée générale et se tient le même jour. Le conseil ou le directoire lui présente un rapport sur les résolutions soumises à l'assemblée générale. – *[Décr. n° 67-236 du 23 mars 1967, art. 153-5.]*

Art. R. 228-42 L'assemblée spéciale statuant dans les conditions prévues à l'article L. 225-99 sur les questions qui lui sont soumises pour approbation ou accord et composée, le cas échéant, des seuls titulaires d'actions prioritaires sans droit de vote concernés est réunie au plus tard dans le mois de la date de l'assemblée générale. – *[Décr. n° 67-236 du 23 mars 1967, art. 153-6.]*

Art. R. 228-43 Le rapport du conseil d'administration ou du directoire à l'assemblée spéciale appelée à se prononcer sur la conversion prévue à l'article L. 228-35-3 indique les conditions de celle-ci, les modalités de calcul du rapport de conversion et les modalités de sa réalisation.

Le commissaire aux comptes donne son avis sur l'offre de conversion et indique si les modalités de calcul du rapport de conversion sont exactes et sincères. – *[Décr. n° 67-236 du 23 mars 1967, art. 153-6-1.]*

Art. R. 228-44 Pour l'application du troisième alinéa de l'article L. 228-35-10, la société fournit aux actionnaires vendeurs, à l'appui de son offre de rachat, les justifications et les modalités de calcul du prix proposé. – *[Décr. n° 67-236 du 23 mars 1967, art. 153-7.]*

Art. R. 228-45 Les convocations aux assemblées d'actionnaires à dividende prioritaire sans droit de vote sont faites dans les conditions prévues aux articles R. 225-62, R. 225-63, R. 225-65 à R. 225-69 et, le cas échéant, R. 225-70.

L'ordre du jour figurant sur l'avis de convocation comprend l'indication qu'il pourra être procédé à la désignation du ou des mandataires prévus au quatrième alinéa de l'article L. 228-35-6. – *[Décr. n° 67-236 du 23 mars 1967, art. 153-8.]*

Art. R. 228-46 La représentation des actionnaires aux assemblées spéciales est régie par les articles R. 225-79 à R. 225-82 *(Décr. n° 2020-1742 du 29 déc. 2020, art. 7, en vigueur le 1er janv. 2021)* « et R. 22-10-24 ».

Cependant, le mandat prévu à l'article R. 225-79 peut être donné pour toutes les assemblées spéciales dont l'ordre du jour se rattache à celui de l'assemblée générale qui a nécessité leur convocation. – *[Décr. n° 67-236 du 23 mars 1967, art. 153-9.]*

Art. R. 228-47 Les articles R. 225-83 à R. 225-94 sont applicables aux titulaires d'actions à dividende prioritaire sans droit de vote. – *[Décr. n° 67-236 du 23 mars 1967, art. 153-10.]*

Art. R. 228-48 Les assemblées des titulaires d'actions à dividende prioritaire sans droit de vote sont soumises en tant que de besoin aux dispositions des articles R. 225-95 à R. 225-101 et R. 225-106 à R. 225-108. – *[Décr. nº 67-236 du 23 mars 1967, art. 153-11.]*

SECTION IV DES TITRES PARTICIPATIFS

Art. R. 228-49 L'assiette de la partie variable de la rémunération des titres participatifs ne peut être supérieure à 40 % du montant nominal du titre.

Les éléments retenus pour le calcul de la partie variable de la rémunération sont tirés des comptes annuels approuvés ou, s'il y a lieu, des comptes consolidés. – *[Décr. nº 67-236 du 23 mars 1967, art. 242-1.]*

Art. R. 228-50 L'assemblée générale des porteurs de titres participatifs se réunit au moins une fois par an, le jour où se réunit l'assemblée générale des actionnaires ou, dans les entreprises publiques qui n'en sont pas pourvues, du conseil d'administration qui statue sur les comptes de l'exercice écoulé, ou dans les quinze jours qui précèdent. – *[Décr. nº 67-236 du 23 mars 1967, art. 242-2.]*

Art. R. 228-51 *(Décr. nº 2008-258 du 13 mars 2008, art. 2, en vigueur le 1er sept. 2008)* La société qui émet des titres participatifs rend publiques, avant l'ouverture de leur souscription par le public, les conditions de l'émission, selon les modalités prévues *(Décr. nº 2019-1097 du 28 oct. 2019, art. 3)* « par le règlement (UE) nº 2017/1129 du 14 juin 2017 ». – *[Décr. nº 67-236 du 23 mars 1967, art. 242-3.] – V. ledit Règl. au* ***C. mon. fin.***

Art. R. 228-52 Les titres participatifs remis aux souscripteurs contiennent les indications suivantes :

1º La dénomination sociale, suivie, le cas échéant, de son sigle ;

2º La forme de la société émettrice ;

3º Le montant du capital social ;

4º L'adresse du siège social ;

5º La date d'immatriculation de la société au registre du commerce et des sociétés et les mentions prévues aux 1º et 2º de l'article R. 123-237 ;

6º La date d'expiration normale de la société ;

7º Le montant, lors de l'émission, des titres garantis par la société ;

8º Le montant de l'émission ;

9º La valeur nominale du titre ;

10º Le taux et l'époque du paiement de l'intérêt et des autres produits ;

11º L'époque et les conditions de remboursement ainsi que les conditions de rachat du titre ;

12º Les garanties attachées aux titres, sauf lorsque les titres d'emprunt bénéficient de la garantie de l'État, de départements, de communes ou d'établissements publics, ou lorsqu'ils sont émis par le crédit foncier de France ou la société anonyme Natexis ou toute société qu'elle contrôle au sens de l'article L. 233-3 ;

13º Le montant non amorti, lors de l'émission, des titres d'emprunt antérieurement émis ;

14º S'il s'agit de titres convertibles en actions, le ou les délais d'exercice de l'option accordée aux porteurs pour convertir leurs titres ainsi que les bases de cette conversion ;

15º S'il s'agit de titres échangeables, les modalités et conditions fixées pour l'échange, avec l'indication des personnes qui se sont obligées à assurer cet échange ;

16º Le tableau d'amortissement de l'emprunt. – *[Décr. nº 67-236 du 23 mars 1967, art. 242-4.]*

Art. R. 228-53 Les articles R. 228-60 à R. 228-78 et R. 228-80 à R. 228-86 sont applicables en cas d'émission de titres participatifs. A cet effet, les règles prévues par ces articles et concernant la société débitrice de l'emprunt obligataire, l'émission des obligations et les obligataires sont applicables respectivement à la société émettrice des titres participatifs, à l'émission de tels titres et à leurs porteurs. – *[Décr. nº 67-236 du 23 mars 1967, art. 242-5.]*

Art. R. 228-54 Le droit des porteurs de titres participatifs d'obtenir la communication des documents sociaux s'exerce conformément aux articles R. 225-92 à R. 225-94. – *[Décr. n° 67-236 du 23 mars 1967, art. 242-6.]*

Art. R. 228-55 Une société peut racheter sur un marché réglementé les titres participatifs qu'elle a émis selon les modalités prévues aux articles R. 225-159 et R. 225-160. Ces titres sont cédés dans un délai d'un an. A l'expiration de ce délai, ils sont annulés. – *[Décr. n° 67-236 du 23 mars 1967, art. 242-7.]*

Art. D. 228-56 Lorsque la masse des porteurs prévue par l'article L. 228-37 est constituée de porteurs de titres émis par un établissement public de l'État à caractère industriel et commercial soumis *(Décr. n° 2012-1247 du 7 nov. 2012, art. 1er-2°, en vigueur le 1er janv. 2013)* « au décret n° 2012-1246 du 7 novembre 2012 relatif à la gestion budgétaire et comptable publique », le rapport sur les comptes de l'exercice et sur les éléments servant à la détermination de la rémunération des titres participatifs est établi par l'agent comptable de l'établissement. – *[Décr. n° 86-1253 du 4 déc. 1986, art. 1er.]*

SECTION V **DES OBLIGATIONS**

Art. R. 228-57 *Abrogé par Décr. n° 2017-1165 du 12 juill. 2017, art. 2.*

Art. R. 228-58 et R. 228-59 *Abrogés par Décr. n° 2008-258 du 13 mars 2008, art. 2, à compter du 1er sept. 2008.*

Art. R. 228-60 Dans les cas prévus par l'article L. 228-50 et par *(Abrogé par Décr. n° 2017-1165 du 12 juill. 2017, art. 3)* « *le deuxième alinéa de* » l'article L. 228-51, les représentants de la masse sont désignés par le président du *(Décr. n° 2019-966 du 18 sept. 2019, art. 8, en vigueur le 1er janv. 2020)* « tribunal judiciaire » statuant en référé.

Les fonctions des représentants de la masse désignés en application de l'alinéa précédent prennent fin lors de la première réunion de l'assemblée générale ordinaire des obligataires. Celle-ci peut nommer les mêmes représentants. – *[Décr. n° 67-236 du 23 mars 1967, art. 215.]*

Art. R. 228-61 *(Décr. n° 2018-229 du 30 mars 2018, art. 15)* « Toute décision de l'assemblée générale des obligataires relative à la désignation ou au remplacement des représentants de la masse est notifiée par ces derniers à la société débitrice et portée à la connaissance des obligataires, à la diligence de la société débitrice, dans le délai d'un mois à compter de la délibération de l'assemblée et selon les modalités prévues au contrat d'émission. Lorsque le contrat d'émission ne prévoit pas de telles modalités, la décision est publiée dans un *(Décr. n° 2020-106 du 10 févr. 2020, art. 12)* « support » habilité à recevoir des annonces légales du département du siège social de la société débitrice ainsi qu'au *Bulletin des annonces légales obligatoires*, si les obligations de cette société sont admises aux négociations sur un marché réglementé ou si toutes ses obligations ne revêtent pas la forme nominative. »

L'ordonnance du président du *(Décr. n° 2019-966 du 18 sept. 2019, art. 8, en vigueur le 1er janv. 2020)* « tribunal judiciaire » nommant un représentant de la masse est publiée dans les mêmes conditions et délais.

Lorsque le mandat de représentant de la masse est confié à une association ou à une société, les nom, prénoms et domicile des personnes habilitées à agir au nom de l'association ou de la société sont indiqués dans la notification et la publication prévues aux alinéas précédents. – *[Décr. n° 67-236 du 23 mars 1967, art. 216.]*

Art. R. 228-62 Le représentant de la masse notifie sa démission à la société débitrice par lettre recommandée avec demande d'avis de réception. – *[Décr. n° 67-236 du 23 mars 1967, art. 217.]*

Art. R. 228-63 Lorsqu'elle n'a été déterminée ni par le contrat d'émission ni par l'assemblée générale des obligataires, la rémunération des représentants de la masse est fixée par le président du *(Décr. n° 2019-966 du 18 sept. 2019, art. 8, en vigueur le 1er janv. 2020)* « tribunal judiciaire », statuant sur requête, à la demande de la société ou du représentant de la masse intéressé.

Le montant de la rémunération allouée par l'assemblée générale des obligataires peut être réduit, à la demande de la société, par le président du *(Décr. n° 2019-966 du 18 sept. 2019, art. 8, en vigueur le 1er janv. 2020)* « tribunal judiciaire » statuant en référé. – *[Décr. n° 67-236 du 23 mars 1967, art. 218.]*

Art. R. 228-64 Tout intéressé a le droit d'obtenir, au siège de la société débitrice, les noms et adresses des représentants de la masse. – *[Décr. n° 67-236 du 23 mars 1967, art. 219.]*

Art. R. 228-65 La demande tendant à la convocation de l'assemblée générale des obligataires, dans les conditions prévues au deuxième alinéa de l'article L. 228-58, est effectuée par acte extrajudiciaire ou par lettre recommandée avec demande d'avis de réception. Elle indique l'ordre du jour à soumettre à l'assemblée.

Le délai mentionné au troisième alinéa de l'article L. 228-58 est de deux mois à compter de la demande de convocation. Le mandataire prévu au même alinéa est désigné par le président du *(Décr. n° 2019-966 du 18 sept. 2019, art. 8, en vigueur le 1er janv. 2020)* « tribunal judiciaire » statuant en référé, qui fixe l'ordre du jour de l'assemblée. – *[Décr. n° 67-236 du 23 mars 1967, art. 220.]*

Art. R. 228-66 Outre les mentions prévues à l'article R. 225-66, l'avis de convocation de l'assemblée générale des obligataires contient les indications suivantes :

1° L'indication de l'emprunt souscrit par les obligataires dont la masse est convoquée en assemblée ;

2° Le nom et le domicile de la personne qui a pris l'initiative de la convocation et la qualité en laquelle elle agit ;

3° Le cas échéant, la date de la décision de justice désignant le mandataire chargé de convoquer l'assemblée. – *[Décr. n° 67-236 du 23 mars 1967, art. 221.]*

Art. R. 228-67 *(Décr. n° 2017-1165 du 12 juill. 2017, art. 5)* « Les conditions dans lesquelles l'avis de convocation de l'assemblée générale des obligataires est porté à la connaissance des obligataires peuvent être fixées dans le contrat d'émission. Dans ce cas, l'organe chargé de convoquer les obligataires doit être en mesure de justifier à tout moment que l'avis a été délivré conformément aux stipulations du contrat d'émission. Cette communication est effectuée dans un délai suffisant avant la tenue de l'assemblée générale pour permettre aux obligataires d'analyser les points inscrits à l'ordre du jour.

« A défaut de stipulation du contrat d'émission fixant les modalités de convocation des obligataires à l'assemblée générale des obligataires, celle-ci est réalisée par l'insertion d'un avis de convocation dans un *(Décr. n° 2020-106 du 10 févr. 2020, art. 12)* « support » habilité à recevoir les annonces légales dans le département du siège social de la société débitrice ainsi que, si les obligations de celle-ci sont admises aux négociations sur un marché réglementé ou si toutes ses obligations ne revêtent pas la forme nominative, au *Bulletin des annonces légales obligatoires.* »

Si toutes les obligations émises par la société sont nominatives, les insertions prévues à l'alinéa précédent peuvent être remplacées par une convocation faite aux frais de la société, par lettre simple ou recommandée adressée à chaque obligataire. Cette convocation peut également être transmise par un moyen électronique de télécommunication mis en œuvre dans les conditions mentionnées à l'article R. 225-63 à l'adresse indiquée par l'obligataire. Dans le cas d'obligations indivises, les convocations sont adressées à tous les coindivisaires. Lorsque les obligations sont grevées d'un usufruit, la convocation est adressée au nu-propriétaire. – *[Décr. n° 67-236 du 23 mars 1967, art. 222.]*

Art. R. 228-68 Les dispositions de la section III du chapitre V du titre II du présent livre relatives à la visioconférence, aux moyens de télécommunication, au vote électronique et au vote par correspondance sont applicables à la présente section. – *[Décr. n° 67-236 du 23 mars 1967, art. 223.]*

Art. R. 228-69 Les dispositions des articles R. 225-69 et R. 225-70 sont applicables aux convocations des assemblées générales d'obligataires. – *[Décr. n° 67-236 du 23 mars 1967, art. 224.]*

Art. R. 228-70 Les dispositions des articles R. 225-72 à R. 225-74 ne sont pas applicables aux assemblées d'obligataires. — *[Décr. nº 67-236 du 23 mars 1967, art. 224-1.]*

Art. R. 228-71 Il est justifié du droit de participer aux assemblées d'obligataires par l'inscription des obligations, au jour de l'assemblée générale, soit dans les comptes de titres nominatifs tenus par la société, soit dans les comptes de titres au porteur tenus par *(Décr. nº 2009-295 du 16 mars 2009, art. 4)* « un intermédiaire mentionné à l'article L. 211-3 du code monétaire et financier » *[V. cet art., App., vº Banque et financement de l'entreprise]*. Toutefois, il peut être prévu, par une disposition spéciale du contrat d'émission, qu'il sera justifié du droit de participer aux assemblées d'obligataires par l'inscription des obligations dans les mêmes comptes au *(Décr. nº 2014-1466 du 8 déc. 2014, art. 6, en vigueur le 1er janv. 2015)* « deuxième » jour ouvré précédant l'assemblée à zéro heure, heure de Paris.

L'obligataire qui a déjà exprimé son vote à distance ou envoyé un pouvoir peut à tout moment céder tout ou partie de ses obligations. En cas de *(Décr. nº 2014-1466 du 8 déc. 2014, art. 6, en vigueur le 1er janv. 2015)* « transfert de propriété » intervenant avant le jour de la séance ou la date fixée par le contrat d'émission en application de la dernière phrase du premier alinéa, et sauf dispositions particulières du contrat d'émission, la société invalide ou modifie en conséquence, avant l'ouverture de la séance de l'assemblée, le vote exprimé à distance ou le pouvoir de cet obligataire. Le cas échéant, l'intermédiaire *(Abrogé par Décr. nº 2009-295 du 16 mars 2009, art. 4)* « *habilité* » teneur de compte notifie *(Décr. nº 2014-1466 du 8 déc. 2014, art. 6, en vigueur le 1er janv. 2015)* « le transfert de propriété » à la société ou à son mandataire et lui transmet les informations nécessaires à cette fin. — *[Décr. nº 67-236 du 23 mars 1967, art. 225.]*

L'art. R. 228-71 dans sa rédaction issue de l'art. 71 du Décr. nº 2006-1566 du 11 déc. 2006 est entré en vigueur le 1er juill. 2007. Jusqu'à cette date, le renvoi par l'ancien art. 225 du Décr. nº 67-236 du 23 mars 1967 à l'ancien art. 136 du même texte s'entendait de la rédaction de cet article antérieure à l'entrée en vigueur du décret du 11 déc. 2006 (Décr. préc., art. 96-II ; Décr. nº 2007-431 du 25 mars 2007, art. 3-II). — V. la rédaction des anciens art. 136 et 225 préc., respectivement ss. art. R. 225-85 et R. 228-71, au **C. com.**, *éd. 2011 ou antérieures.*

Art. R. 228-72 Sauf clause contraire du contrat d'émission, l'assemblée générale des obligataires est réunie au siège de la société débitrice ou en tout autre lieu du même département.

(Décr. nº 2012-1242 du 8 nov. 2012, art. 1er) « Toutefois, l'assemblée générale des seuls obligataires détenteurs de titres dont la valeur nominale unitaire est au moins égale à 100 000 euros ou, pour les titres libellés dans une devise autre que l'euro, dont la valeur nominale unitaire est, à la date d'émission, au moins égale à 100 000 euros, peut être réunie dans tout État membre de l'Union européenne ou partie à l'accord sur l'Espace économique européen, à la condition que tous les moyens et toutes les informations nécessaires pour permettre à ces obligataires d'exercer leurs droits soient disponibles dans cet État. » — *[Décr. nº 67-236 du 23 mars 1967, art. 226.]*

La modification apportée par le Décr. nº 2012-1242 du 8 nov. 2012 à l'art. R. 228-72 ne s'applique pas aux obligataires détenteurs de titres qui ont été admis à la négociation sur un marché réglementé de l'Union européenne avant le 31 déc. 2010 lorsque ces titres sont en cours (Décr. préc., art. 2).

Art. R. 228-73 Les dispositions des articles R. 225-95, R. 225-101, R. 225-106 et R. 225-107 sont applicables aux assemblées d'obligataires. — *[Décr. nº 67-236 du 23 mars 1967, art. 227.]*

Art. R. 228-74 L'assemblée générale des obligataires fixe le lieu où sont déposés, avec la feuille de présence, les pouvoirs des obligataires représentés et les procès-verbaux.

Les copies ou extraits de procès-verbaux sont certifiés par un représentant de la masse ou par le secrétaire de l'assemblée. — *[Décr. nº 67-236 du 23 mars 1967, art. 228.]*

Art. R. 228-75 Les dispositions de l'article R. 225-79 sont applicables aux procurations données par les obligataires pour être représentés aux assemblées. — *[Décr. nº 67-236 du 23 mars 1967, art. 229.]*

Art. R. 228-76 En application des dispositions du premier alinéa de l'article L. 228-69, l'obligataire a le droit, pendant le délai de quinze jours qui précède la réunion de l'assemblée générale de la masse à laquelle il appartient, de prendre par lui-même ou par mandataire, au siège de la société débitrice, au lieu de la direction administrative ou, le cas échéant, en tout autre lieu fixé par la convocation, connaissance ou copie du texte des résolutions qui sont proposées et des rapports qui sont présentés à l'assemblée générale.

Le droit pour tout obligataire de prendre connaissance ou copie des procès-verbaux et feuilles de présence des assemblées générales de la masse à laquelle il appartient s'exerce au lieu de dépôt choisi par l'assemblée. L'obligataire exerce ce droit par lui-même ou par mandataire. – *[Décr. nº 67-236 du 23 mars 1967, art. 231.]*

Art. R. 228-77 Tout intéressé a le droit, à toute époque, d'obtenir de la société débitrice, l'indication du nombre des obligations émises et de celui des titres non encore remboursés. – *[Décr. nº 67-236 du 23 mars 1967, art. 232.]*

Art. R. 228-78 Dans le cas prévu par la deuxième phrase du premier alinéa de l'article L. 228-71, il est statué par ordonnance sur requête, non susceptible de recours, du président du *(Décr. nº 2019-966 du 18 sept. 2019, art. 8, en vigueur le 1er janv. 2020)* « tribunal judiciaire ». – *[Décr. nº 67-236 du 23 mars 1967, art. 233.]*

Art. R. 228-79 *(Décr. nº 2018-229 du 30 mars 2018, art. 15)* « Dans le cas prévu à l'article L. 228-72, la décision du conseil d'administration, du directoire ou du représentant légal de la société de passer outre au refus d'approbation par l'assemblée générale des obligataires est portée à la connaissance des obligataires selon les modalités prévues au contrat d'émission. Lorsque le contrat d'émission ne prévoit pas de telles modalités, la décision est publiée dans le *(Décr. nº 2020-106 du 10 févr. 2020, art. 12)* « support » habilité à recevoir des annonces légales dans lequel a été, le cas échéant, inséré l'avis de convocation de l'assemblée ainsi qu'au *Bulletin des annonces légales obligatoires*, si les obligations de la société sont admises aux négociations sur un marché réglementé ou si toutes ses obligations ne revêtent pas la forme nominative. Cette dernière insertion mentionne le titre et le lieu de publication du *(Décr. nº 2020-106 du 10 févr. 2020, art. 12)* « support » habilité à recevoir des annonces légales dans lequel a été effectuée la première insertion, ainsi que la date de celle-ci. »

Le remboursement est demandé par l'obligataire dans le délai de trois mois à compter de l'insertion ou de la dernière des insertions prévues à l'alinéa précédent.

La société rembourse les obligations dans le délai de trente jours à compter de la demande de chaque obligataire. – *[Décr. nº 67-236 du 23 mars 1967, art. 234.]*

Art. R. 228-80 Dans les cas prévus à l'article L. 228-73, la décision du conseil d'administration, du directoire ou des gérants de passer outre est publiée dans les conditions prévues au premier alinéa de l'article R. 228-79. – *[Décr. nº 67-236 du 23 mars 1967, art. 234-1.]*

Art. R. 228-81 et R. 228-82 *Abrogés par Décr. nº 2017-1165 du 12 juill. 2017, art. 7.*

Art. R. 228-83 *(Décr. nº 2017-1165 du 12 juill. 2017, art. 8-1º)* « La » mainlevée des inscriptions émane des représentants de la masse intéressée.

(Décr. nº 2017-1165 du 12 juill. 2017, art. 8-2º) « Hors les cas prévus au contrat d'émission, les représentants de la masse peuvent donner mainlevée des inscriptions, même sans constatation du remboursement de l'emprunt, s'ils ont été habilités à cet effet par une décision de l'assemblée générale des obligataires. »

Hors le cas prévu à l'alinéa précédent, la mainlevée totale ou partielle des inscriptions ne peut être donnée par les représentants de la masse, qu'au cas de remboursement ou de versement entre leurs mains de l'intégralité du prix d'aliénation des biens à dégrever.

Les représentants de la masse ne sont pas tenus de donner mainlevée partielle des garanties en cas d'amortissement normal par tirage au sort ou rachat des obligations. – *[Décr. nº 67-236 du 23 mars 1967, art. 237.]*

Art. R. 228-84 En cas de sauvegarde, de redressement ou de liquidation judiciaire de la société débitrice, les avis et convocations destinés aux obligataires sont adressés aux représentants de la masse, selon le cas, par le représentant légal de la société ou l'administrateur ou le mandataire judiciaire. – *[Décr. nº 67-236 du 23 mars 1967, art. 238.]*

Art. R. 228-85 Le mandataire chargé d'assurer la représentation de la masse dans le cas prévu à l'article L. 228-85 est désigné par le président du tribunal de commerce statuant sur requête.

Il produit la créance de la masse, dans le délai de quinze jours à compter de sa désignation. – *[Décr. n° 67-236 du 23 mars 1967, art. 239.]*

Art. R. 228-86 En cas de liquidation judiciaire, les attestations d'inscription en compte des obligations au porteur ou, le cas échéant, les documents matérialisant ces obligations sont déposés entre les mains du liquidateur dans le délai imparti par le juge-commissaire. – *[Décr. n° 67-236 du 23 mars 1967, art. 240.]*

SECTION VI DES VALEURS MOBILIÈRES DONNANT ACCÈS AU CAPITAL OU DONNANT DROIT À L'ATTRIBUTION DE TITRES DE CRÉANCES

Art. R. 228-87 Pour l'application du 1° de l'article L. 228-99, lorsqu'il existe des valeurs mobilières donnant accès au capital, la société qui émet de nouveaux titres de capital avec droit préférentiel de souscription réservé à ses actionnaires, si les droits attachés aux valeurs mobilières donnant accès au capital ne peuvent s'exercer qu'à certaines dates, ouvre une période exceptionnelle pour permettre aux titulaires des droits attachés à des valeurs mobilières donnant accès au capital qui exerceraient ces droits de souscrire des titres nouveaux.

Elle prend, si l'exercice des droits attachés aux valeurs mobilières donnant accès au capital peut être exercé à tout moment, les dispositions nécessaires pour permettre aux titulaires qui exerceraient ces droits de souscrire des titres nouveaux. – *[Décr. n° 67-236 du 23 mars 1967, art. 242-8.]*

Art. R. 228-88 Pour l'application du 2° de l'article L. 228-99, lorsqu'il existe des valeurs mobilières donnant accès au capital, la société qui procède à l'attribution d'actions gratuites vire à un compte de réserve indisponible la somme nécessaire pour attribuer les actions gratuites aux titulaires des droits attachés aux valeurs mobilières donnant accès au capital qui exerceraient leur droit ultérieurement en nombre égal à celui qu'ils auraient reçu s'ils avaient été actionnaires au moment de l'attribution principale. – *[Décr. n° 67-236 du 23 mars 1967, art. 242-9.]*

Art. R. 228-89 Pour l'application du 2° de l'article L. 228-99, lorsqu'il existe des valeurs mobilières donnant accès au capital, la société qui procède à la distribution de réserves, en espèces ou en nature, ou de primes d'émission, vire à un compte de réserve indisponible la somme et, le cas échéant, conserve les biens en nature nécessaires pour remettre aux titulaires des droits attachés aux valeurs mobilières donnant accès au capital qui exerceraient leur droit ultérieurement la somme ou les biens qu'ils auraient reçus s'ils avaient été actionnaires au moment de la distribution. – *[Décr. n° 67-236 du 23 mars 1967, art. 242-10.]*

Art. R. 228-90 Lorsqu'il existe des valeurs mobilières donnant accès au capital, la société qui procède à l'achat de ses actions admises aux négociations sur un marché réglementé procède, lorsque le prix d'acquisition est supérieur au cours de bourse, à un ajustement du nombre d'actions que ces titres permettent d'obtenir.

Cet ajustement garantit, au centième d'action près, que la valeur des actions qui sont obtenues en cas d'exercice des droits attachés aux valeurs mobilières donnant accès au capital après la réalisation de l'opération est identique à la valeur de celles qui auraient été obtenues en cas d'exercice des droits avant cette opération.

A cet effet, les nouvelles bases d'exercice des droits sont calculées en tenant compte du rapport entre, d'une part, le produit du pourcentage du capital racheté par la différence entre le prix de rachat et une moyenne pondérée des cours des trois dernières séances de bourse au moins qui précèdent le rachat ou la faculté de rachat et, d'autre part, cette moyenne. Les éventuels ajustements successifs sont effectués à partir de la parité qui précède immédiatement, arrondie comme il est dit à l'alinéa précédent.

Le conseil d'administration ou le directoire rend compte des éléments de calcul et des résultats de l'ajustement dans le rapport annuel suivant *[.]* – *[Décr. n° 67-236 du 23 mars 1967, art. 242-11.]*

Art. R. 228-91 Pour l'application du 3° de l'article L. 228-99, l'ajustement égalise, au centième d'action près, la valeur des titres qui sont obtenus en cas d'exercice des droits attachés aux valeurs mobilières donnant accès au capital après la réalisation de l'opération et la valeur des titres qui auraient été obtenus en cas d'exercice de ces droits avant la réalisation de l'opération.

A cet effet, les nouvelles bases d'exercice des droits attachés aux valeurs mobilières donnant accès au capital sont calculées en tenant compte :

1° En cas d'opération comportant un droit préférentiel de souscription et selon les stipulations du contrat d'émission :

a) Soit du rapport entre, d'une part, la valeur du droit préférentiel de souscription et, d'autre part, la valeur de l'action après détachement de ce droit telles qu'elles ressortent de la moyenne des premiers cours cotés pendant toutes les séances de bourse incluses dans la période de souscription ;

b) Soit du nombre de titres émis auxquels donne droit une action ancienne, du prix d'émission de ces titres et de la valeur des actions avant détachement du droit de souscription. Cette valeur est égale à la moyenne pondérée des cours des trois dernières séances de bourse au moins qui précèdent le jour du début de l'émission ;

2° En cas d'attribution d'actions gratuites, du nombre d'actions auquel donne droit une action ancienne ;

3° En cas de distribution de réserves, en espèces ou en nature, ou de primes d'émission, du rapport entre le montant par action de la distribution et la valeur de l'action avant la distribution. Cette valeur est égale à la moyenne pondérée des cours des trois dernières séances de bourse au moins qui précèdent le jour de la distribution ;

4° En cas de modification de la répartition des bénéfices, du rapport entre la réduction par action du droit aux bénéfices et la valeur de l'action avant cette modification. Cette valeur est égale à la moyenne pondérée des cours des trois dernières séances de bourse au moins qui précèdent le jour de la modification ;

5° En cas d'amortissement du capital, du rapport entre le montant par action de l'amortissement et la valeur de l'action avant l'amortissement. Cette valeur est égale à la moyenne pondérée des cours des trois dernières séances de bourse au moins qui précèdent le jour de l'amortissement.

Lorsque les actions de la société ne sont pas admises aux négociations sur un marché réglementé, le contrat d'émission prévoit les modalités d'ajustement, et notamment les modalités de détermination de la valeur de l'action à prendre en compte pour l'application des alinéas ci-dessus.

Le conseil d'administration ou le directoire rend compte des éléments de calcul et des résultats de l'ajustement dans le rapport annuel suivant. – *[Décr. n° 67-236 du 23 mars 1967, art. 242-12.]*

Art. R. 228-92 Si une société procède à une opération nécessitant l'application de l'article L. 228-99, elle en informe les titulaires des droits attachés aux valeurs mobilières donnant accès au capital intéressées par un avis.

Cet avis mentionne :

1° La dénomination sociale et, le cas échéant, le sigle de la société ;

2° La forme de la société ;

3° Le montant du capital social ;

4° L'adresse du siège social ;

5° Les mentions prévues aux 1° et 2° de l'article R. 123-237 ;

6° La nature de l'opération et, le cas échéant, de la catégorie des titres à émettre, le prix de souscription, la quotité du droit de souscription et les conditions de son exercice, les dates d'ouverture et de clôture de la souscription ;

7° Les dispositions prises par la société en application des articles R. 228-87 à R. 228-91.

Les indications prévues au présent article sont portées à la connaissance des titulaires des droits attachés à ces valeurs mobilières donnant accès au capital, par lettre recommandée avec demande d'avis de réception, quatorze jours au moins avant la date prévue de clôture de la souscription, en cas d'émission de titres, ou dans les quinze jours suivant la décision relative à l'opération envisagée, dans les autres cas.

(Décr. n° 2009-557 du 19 mai 2009, art. 3-XIV) « Si les valeurs mobilières de la société donnant accès au capital sont admises aux négociations sur un marché réglementé » ou si toutes ses valeurs mobilières donnant accès au capital ne revêtent pas la

forme nominative, l'avis contenant ces indications est inséré, dans le même délai, dans une notice publiée au *Bulletin des annonces légales obligatoires*. – *[Décr. nº 67-236 du 23 mars 1967, art. 242-13.]*

Art. R. 228-93 Les augmentations de capital rendues nécessaires par l'exercice de droits attachés à des valeurs mobilières donnant accès au capital ne donnent pas lieu à la publicité prévue à l'article R. 225-120. Les bulletins de souscription sont établis selon les modalités de l'article R. 225-128, à l'exception des mentions prévues aux 6° et 7°. Les articles R. 225-129 à R. 225-135 ne sont pas applicables aux augmentations de capital réalisées par exercice de droits attachés à des valeurs mobilières donnant accès au capital.

La publication prévue à l'article R. 210-9 intervient dans le délai d'un mois. – *[Décr. nº 67-236 du 23 mars 1967, art. 242-14.]*

Art. R. 228-94 Lorsque, conformément à l'article L. 225-149, l'exercice des droits attachés aux valeurs mobilières donnant accès au capital fait apparaître un rompu, celui-ci est versé en espèces. Ce versement est égal au produit de la fraction d'action formant rompu par la valeur de l'action.

Dans les sociétés dont les actions sont admises aux négociations sur un marché réglementé, cette valeur est celle du cours coté lors de la séance de bourse du jour qui précède celui du dépôt de la demande d'exercice des droits.

Dans les autres sociétés, cette valeur est fixée conformément aux stipulations du contrat d'émission, soit sur la base des cours figurant au relevé quotidien des valeurs non admises aux négociations sur un marché réglementé, soit sur la base des capitaux propres de la société.

Le contrat d'émission peut prévoir que le titulaire des droits attachés aux valeurs mobilières donnant accès au capital a le droit de demander la délivrance du nombre entier d'actions à condition de verser à la société la valeur de la fraction d'action supplémentaire demandée, fixée conformément aux règles posées dans les deux alinéas précédents *[.]* – *[Décr. nº 67-236 du 23 mars 1967, art. 242-15.]*

Art. R. 228-95 Le droit de communication prévu à l'article L. 228-105 s'exerce dans les mêmes conditions que celles prévues par les articles R. 225-92 à R. 225-94. – *[Décr. nº 67-236 du 23 mars 1967, art. 242-16.]*

Art. R. 228-96 Les cours de bourse à retenir pour l'application du présent titre sont les derniers cours cotés. – *[Décr. nº 67-236 du 23 mars 1967, art. 300.]*

CHAPITRE IX DE LA SOCIÉTÉ EUROPÉENNE

SECTION PREMIÈRE DISPOSITIONS GÉNÉRALES

Art. R. 229-1 Les sociétés européennes immatriculées en France sont régies par les dispositions du présent chapitre et par celles applicables aux sociétés anonymes qui ne leur sont pas contraires. – *[Décr. nº 67-236 du 23 mars 1967, art. 203-3.]*

Art. R. 229-2 Le notaire qui procède aux contrôles prévus au dernier alinéa de l'article L. 229-2 et au deuxième alinéa de l'article L. 229-3 ne peut avoir ni instrumenté, ni rédigé d'actes sous seing privé, ni donné des consultations juridiques à l'occasion de l'opération pour laquelle le contrôle est effectué. *(Décr. nº 2009-11 du 5 janv. 2009, art. 5)* « Il ne peut davantage exercer dans une société ou dans un office qui aurait instrumenté, rédigé des actes sous seing privé ou donné des consultations juridiques à l'occasion de cette opération. » – *[Décr. nº 67-236 du 23 mars 1967, art. 203-5.]*

SECTION II DU TRANSFERT DU SIÈGE SOCIAL

SOUS-SECTION 1 DE LA PUBLICITÉ ET DE LA PROTECTION DES DROITS DES TIERS

Art. R. 229-3 Le projet de transfert dans un autre État membre de la Communauté européenne du siège social d'une société européenne immatriculée en France, prévu au premier alinéa de l'article L. 229-2, fait l'objet d'un avis inséré dans un *(Décr. nº 2020-106 du 10 févr. 2020, art. 12)* « support » habilité à recevoir des annonces légales dans le département du siège social ainsi qu'au *Bulletin des annonces légales obligatoires (Décr. n° 2009-557 du 19 mai 2009, art. 3-XV)* « lorsque les actions de la société sont admises aux négociations sur un marché réglementé » ou lorsque ses actions ne revêtent pas toutes la forme nominative.

Cet avis comporte, outre les mentions prévues pour la modification des statuts, les indications suivantes :

1° La dénomination sociale suivie, le cas échéant, de son sigle, l'adresse du siège social, le montant du capital social ainsi que les mentions prévues aux 1° et 2° de l'article R. 123-237 ;

2° L'État dans lequel le transfert est envisagé ainsi que l'adresse prévisible du siège social ;

3° Le calendrier prévisible du transfert ;

4° Les modalités d'exercice des droits relatifs au rachat d'actions et à l'opposition des créanciers ;

5° La date du projet ainsi que la date et le lieu de son dépôt au greffe du tribunal dans le ressort duquel la société est immatriculée.

Il est procédé à ce dépôt et à la publicité prévue par le présent article au moins deux mois avant la date de la première assemblée générale appelée à statuer sur le transfert. — *[Décr. n° 67-236 du 23 mars 1967, art. 203-6.]*

Art. R. 229-4 Les dispositions de l'article R. 210-11 ne sont pas applicables au transfert du siège d'une société européenne immatriculée en France dans un autre État membre de la Communauté européenne. — *[Décr. n° 67-236 du 23 mars 1967, art. 203-7.]*

Art. R. 229-5 La décision de l'assemblée générale extraordinaire prise en application du deuxième alinéa de l'article L. 229-2 fait l'objet d'un avis inséré dans un *(Décr. n° 2020-106 du 10 févr. 2020, art. 12)* « support » habilité à recevoir des annonces légales dans le département du siège social ainsi qu'au *Bulletin des annonces légales obligatoires (Décr. n° 2009-557 du 19 mai 2009, art. 3-XVI)* « lorsque les actions de la société sont admises aux négociations sur un marché réglementé » ou lorsque ses actions ne revêtent pas toutes la forme nominative.

Cet avis comporte la date de l'assemblée générale extraordinaire et l'adresse du siège social. — *[Décr. n° 67-236 du 23 mars 1967, art. 203-8.]*

Art. R. 229-6 L'opposition des actionnaires et leur demande de rachat, prévues au troisième alinéa de l'article L. 229-2, sont formées dans un délai d'un mois à compter de la dernière en date des publications prescrites par l'article R. 229-5.

Elles sont portées à la connaissance de la société par lettre recommandée avec demande d'avis de réception. — *[Décr. n° 67-236 du 23 mars 1967, art. 203-9.]*

Art. R. 229-7 La société adresse à chacun des actionnaires mentionnés à l'article précédent, dans un délai de quinze jours suivant la réception de sa demande, une offre de rachat par lettre recommandée avec demande d'avis de réception.

Le prix proposé par la société aux actionnaires détenant des actions d'une même catégorie doit être identique.

Cette offre comporte le prix offert par action et le mode de paiement proposé ainsi que le délai pendant lequel l'offre est maintenue et le lieu où elle peut être acceptée.

Le délai mentionné à l'alinéa précédent ne peut être inférieur à vingt jours.

Lorsque les titres de la société européenne sont admis aux négociations sur un marché réglementé, leur évaluation est faite conformément au II de l'article L. 433-4 du code monétaire et financier. — *[Décr. n° 67-236 du 23 mars 1967, art. 203-10.] — V. cet art. au **C. mon. fin.** ou au **C. sociétés**.*

Art. R. 229-8 Toute contestation sur le prix offert est portée devant le tribunal dans le ressort duquel est situé le siège de la société, dans le délai mentionné au troisième alinéa de l'article R. 229-7.

Tous les actionnaires intéressés par le rachat des actions sont mis en cause par la société dans les conditions prévues à l'article 331 du *(Décr. n° 2008-484 du 22 mai 2008, art. 22)* « code de procédure civile » ; ils procèdent alors conformément à l'article 333 de ce code.

Le prix est fixé selon les modalités prévues aux articles 1843-4 du code civil et 17 du décret n° 78-704 du 3 juillet 1978 relatif à l'application de la loi n° 78-9 du 4 jan-

vier 1978 modifiant le titre IX du livre III du code civil. – *[Décr. n° 67-236 du 23 mars 1967, art. 203-11.] – V. ces textes au* ***C. sociétés.***

Art. R. 229-9 **L'offre d'acquisition des certificats d'investissement, prévue au quatrième alinéa de l'article L. 229-2, fait l'objet d'un avis inséré dans un** *(Décr. n° 2020-106 du 10 févr. 2020, art. 12)* **« support » habilité à recevoir des annonces légales dans le département du siège social ainsi qu'au** ***Bulletin des annonces légales obligatoires*** *(Décr. n° 2009-557 du 19 mai 2009, art. 3-XVI)* **« lorsque les actions de la société sont admises aux négociations sur un marché réglementé » ou lorsque ses actions ne revêtent pas toutes la forme nominative.**

Cet avis comporte :

1° La dénomination sociale et la forme de la société, l'adresse du siège social et le montant du capital social ;

2° Le nombre de certificats d'investissement dont l'acquisition est envisagée ;

3° Le prix offert par certificat d'investissement et accepté par l'assemblée spéciale des porteurs de certificats d'investissement ;

4° Le délai pendant lequel l'offre d'acquisition est maintenue ainsi que le lieu où elle peut être acceptée. Ce délai ne peut être inférieur à vingt jours.

La publicité prévue au premier alinéa est remplacée pour les porteurs de certificats d'investissement nominatifs par l'envoi à chacun d'eux d'une lettre recommandée avec demande d'avis de réception, aux frais de la société. Cette lettre comporte les mêmes mentions que celles de l'avis.

Le délai dans lequel les porteurs de certificats d'investissement peuvent céder leurs titres est de trente jours à compter de la dernière en date des formalités de publicité. – *[Décr. n° 67-236 du 23 mars 1967, art. 203-12.]*

Art. R. 229-10 **L'offre de remboursement des obligataires, prévue au cinquième alinéa de l'article L. 229-2, fait l'objet d'un avis donnant lieu à deux insertions successives, espacées d'au moins dix jours, dans deux** *(Décr. n° 2020-106 du 10 févr. 2020, art. 13)* **« supports » d'annonces légales du département du siège social ainsi qu'au** ***Bulletin des annonces légales obligatoires*** *(Décr. n° 2009-557 du 19 mai 2009, art. 3-XVII)* **« lorsque les obligations de la société sont admises aux négociations sur un marché réglementé ou lorsque ses obligations » ne revêtent pas toutes la forme nominative.**

La publicité prévue à l'alinéa précédent est remplacée, pour les titulaires d'obligations nominatives, par l'envoi à chacun d'eux d'une lettre recommandée avec demande d'avis de réception, aux frais de la société.

Le délai dans lequel les obligataires peuvent demander le remboursement de leurs titres est de trois mois à compter, selon le cas, de la dernière en date des formalités de publicité ou de la réception de la dernière lettre recommandée.

Ce délai est indiqué dans l'avis et dans la lettre mentionnés aux premier et deuxième alinéas. – *[Décr. n° 67-236 du 23 mars 1967, art. 203-13.]*

Art. R. 229-11 **L'opposition d'un créancier non obligataire, prévue au sixième alinéa de l'article L. 229-2, est formée dans un délai de trente jours à compter de la dernière en date des publications de l'insertion mentionnée à l'article R. 229-3.** – *[Décr. n° 67-236 du 23 mars 1967, art. 203-14.]*

SOUS-SECTION 2 DU CONTRÔLE DE LÉGALITÉ DU TRANSFERT DE SIÈGE SOCIAL

Art. R. 229-12 **Aux fins de délivrance du certificat mentionné au septième alinéa de l'article L. 229-2, la société européenne produit au notaire chargé d'effectuer le contrôle de légalité un dossier contenant au moins les éléments suivants :**

1° Les statuts de la société ;

2° Le projet de transfert du siège social ;

3° Une copie des avis relatifs aux publicités prévues par la présente section ;

4° Une copie du procès-verbal des assemblées mentionnées au quatrième alinéa de l'article L. 229-2 ;

5° Des indications relatives aux conséquences du transfert sur l'implication des travailleurs au sens des articles L. 439-25 à L. 439-50 *[L. 2351-1 à L. 2354-4 nouv.]* **du code du travail.** – *[Décr. n° 67-236 du 23 mars 1967, art. 203-15.]*

SECTION III DE LA CONSTITUTION DE LA SOCIÉTÉ EUROPÉENNE

SOUS-SECTION 1 DE LA CONSTITUTION PAR FUSION

Art. D. 229-13 *(Décr. n° 2009-1559 du 14 déc. 2009, art. 2)* Le greffier dispose d'un délai de huit jours à compter du dépôt de la déclaration de conformité pour délivrer l'attestation de conformité des actes et formalités préalables à la fusion prévue à l'article L. 229-3.

Art. D. 229-13-1 *(Décr. n° 2009-1559 du 14 déc. 2009, art. 3)* Aux fins d'immatriculation de la société européenne constituée par voie de fusion, chaque société qui participe à l'opération remet au notaire ou au greffier du tribunal dans le ressort duquel la société issue de la fusion sera immatriculée, qui a été chargé du contrôle de la légalité, outre le certificat mentionné au troisième alinéa de l'article L. 229-3 datant de moins de six mois, un dossier contenant au moins les documents suivants :

1° Les statuts de la société européenne ;

2° Le projet commun de fusion ;

3° Une copie des avis relatifs aux publicités prévues par le présent livre ;

4° Une copie du procès-verbal des assemblées mentionnées aux articles L. 236-9 et L. 236-13 ;

5° Un document attestant que les sociétés qui fusionnent ont approuvé le projet de fusion dans les mêmes termes et qu'ont été fixées les modalités relatives à l'implication des travailleurs conformément aux articles L. 2351-1 à L. 2354-4 du code du travail.

Art. D. 229-13-2 *(Décr. n° 2009-1559 du 14 déc. 2009, art. 3)* Le contrôle de légalité mentionné à l'article L. 229-3 est accompli dans un délai de quinze jours à compter de la réception de l'ensemble des documents mentionnés à l'article D. 229-13-1.

Art. R. 229-14 La dissolution de la société européenne pour l'un des motifs mentionnés au sixième alinéa de l'article L. 229-3 peut être demandée en justice par tout intéressé.

La publicité de la décision judiciaire qui prononce la dissolution de la société européenne est faite par insertion au *Bulletin officiel des annonces civiles et commerciales* et dans un *(Décr. n° 2020-106 du 10 févr. 2020, art. 12)* « support » habilité à recevoir des annonces légales dans le département du siège social ainsi qu'au *Bulletin des annonces légales obligatoires* *(Décr. n° 2009-557 du 19 mai 2009, art. 3-XVI)* « lorsque les actions de la société sont admises aux négociations sur un marché réglementé » ou lorsque ses actions ne revêtent pas toutes la forme nominative. – *[Décr. n° 67-236 du 23 mars 1967, art. 203-17.]*

SOUS-SECTION 2 DE LA CONSTITUTION D'UNE SOCIÉTÉ EUROPÉENNE HOLDING

Art. R. 229-15 Le projet de constitution d'une société européenne holding fait l'objet, par chaque société immatriculée en France qui participe à l'opération, d'un avis inséré dans un *(Décr. n° 2020-106 du 10 févr. 2020, art. 12)* « support » habilité à recevoir des annonces légales dans le département du siège social ainsi qu'au *Bulletin des annonces légales obligatoires* *(Décr. n° 2009-557 du 19 mai 2009, art. 3-XVIII)* « lorsque les actions de l'une au moins de ces sociétés sont admises aux négociations sur un marché réglementé ou lorsque les actions de l'une au moins de ces sociétés » ne revêtent pas toutes la forme nominative.

Cet avis comporte les indications suivantes :

1° La dénomination de la société promotrice suivie, le cas échéant, de son sigle, l'adresse de son siège social, le montant de son capital social, les mentions prévues aux 1° et 2° de l'article R. 123-237 et, le cas échéant, son numéro d'immatriculation dans l'État où elle a son siège ;

2° La dénomination sociale suivie, le cas échéant, de son sigle, l'adresse du siège social et le montant du capital envisagés de la société européenne holding ;

3° La mention du pourcentage minimal des actions ou parts de chacune des sociétés promouvant l'opération que les actionnaires ou porteurs devront apporter pour que la société soit constituée ;

4° Le rapport d'échange de parts sociales ou d'actions et, le cas échéant, le montant de la soulte due ;

5° La date du projet ainsi que la date et le lieu de son dépôt au greffe du tribunal dans le ressort duquel chaque société promotrice est immatriculée.

Il est procédé à ce dépôt et à la publicité prévue au premier alinéa un mois au moins avant la date de la première assemblée appelée à statuer sur l'opération. – *[Décr. n° 67-236 du 23 mars 1967, art. 203-18.]*

Art. R. 229-16 Les commissaires à la constitution de la société européenne holding sont désignés et accomplissent leur mission dans les conditions prévues par l'article *(Décr. n° 2020-1742 du 29 déc. 2020, art. 8, en vigueur le 1er janv. 2021)* « R. 22-10-7 ». – *[Décr. n° 67-236 du 23 mars 1967, art. 203-19.]*

Art. R. 229-17 Outre les mentions du paragraphe 5 de l'article 32 du règlement (CE) n° 2157/2001 du Conseil du 8 octobre 2001 relatif au statut de la société européenne, les commissaires à la constitution précisent, dans le rapport mentionné au troisième alinéa de l'article L. 229-5, la date à laquelle ont été arrêtés les comptes qui ont servi à l'évaluation des parts ou actions concourant à la formation de la société européenne holding. – *[Décr. n° 67-236 du 23 mars 1967, art. 203-20.] – V. le Règl. préc. au* ***C. sociétés.***

Art. R. 229-18 La décision de l'assemblée générale de chaque société immatriculée en France qui participe à la constitution de la société européenne holding fait l'objet d'un avis inséré, par chacune d'entre elles, dans un *(Décr. n° 2020-106 du 10 févr. 2020, art. 12)* « support » habilité à recevoir des annonces légales dans le département de leur siège respectif ainsi qu'au *Bulletin des annonces légales obligatoires (Décr. n° 2009-557 du 19 mai 2009, art. 3-XIX)* « lorsque les actions de la société sont admises aux négociations sur un marché réglementé » ou lorsque ses actions ne revêtent pas toutes la forme nominative.

Cet avis comporte les indications suivantes :

1° La date de l'assemblée générale extraordinaire ;

2° L'adresse du siège social ;

3° Les modalités suivant lesquelles les actionnaires et porteurs de parts communiquent aux sociétés promotrices leur intention d'apporter leurs actions ou parts en vue de la constitution de la société européenne et le délai de trois mois qui leur est conféré à compter de la publication de l'avis pour y procéder. – *[Décr. n° 67-236 du 23 mars 1967, art. 203-21.]*

Art. R. 229-19 Lorsque les conditions de constitution de la société européenne holding sont réunies, chaque société immatriculée en France qui participe à l'opération fait insérer un avis le constatant dans un *(Décr. n° 2020-106 du 10 févr. 2020, art. 12)* « support » habilité à recevoir des annonces légales au niveau national ainsi qu'au *Bulletin officiel des annonces civiles et commerciales.*

Cet avis comporte, pour la société promotrice, les indications suivantes :

1° La date du projet et de sa publication ;

2° La date de l'assemblée générale ayant approuvé le projet de constitution ;

3° La date à laquelle les actionnaires ou associés ont apporté le pourcentage de parts ou d'actions en vue de la constitution de la société européenne. – *[Décr. n° 67-236 du 23 mars 1967, art. 203-22.]*

SOUS-SECTION 3 DE LA CONSTITUTION PAR TRANSFORMATION D'UNE SOCIÉTÉ ANONYME

Art. R. 229-20 Le projet de transformation de la société anonyme, prévu au deuxième alinéa de l'article L. 225-245-1, fait l'objet d'un avis inséré dans un *(Décr. n° 2020-106 du 10 févr. 2020, art. 12)* « support » habilité à recevoir des annonces légales dans le département du siège social ainsi qu'au *Bulletin des annonces légales obligatoires (Décr. n° 2009-557 du 19 mai 2009, art. 3-XIX)* « lorsque les actions de la société sont admises aux négociations sur un marché réglementé » ou lorsque ses actions ne revêtent pas toutes la forme nominative.

Cet avis comporte les indications suivantes :

1° La dénomination sociale suivie, le cas échéant, de son sigle, l'adresse du siège social, le montant du capital social et les mentions prévues aux 1° et 2° de l'article R. 123-237 ;

2° La mention que la société anonyme envisage de se transformer en société européenne ;

3° La date du projet ainsi que la date et le lieu de son dépôt au greffe du tribunal dans le ressort duquel la société est immatriculée.

Il est procédé à ce dépôt et à la publicité prévue au premier alinéa un mois au moins avant la date de la première assemblée appelée à statuer sur l'opération. – *[Décr. n° 67-236 du 23 mars 1967, art. 203-23.]*

Art. R. 229-21 Les commissaires à la transformation sont désignés et accomplissent leur mission dans les conditions prévues par l'article *(Décr. n° 2020-1742 du 29 déc. 2020, art. 8, en vigueur le 1er janv. 2021)* « R. 22-10-7 ». – *[Décr. n° 67-236 du 23 mars 1967, art. 203-24.]*

Art. R. 229-22 La transformation d'une société anonyme en société européenne immatriculée en France est publiée dans les conditions prévues par l'article R. 225-165. – *[Décr. n° 67-236 du 23 mars 1967, art. 203-25.]*

SECTION IV DE L'ADMINISTRATION DE LA SOCIÉTÉ EUROPÉENNE

Art. R. 229-23 Le membre du conseil de surveillance, qui assure, en application du deuxième alinéa de l'article L. 229-7, les fonctions de membre du directoire en cas de vacance au sein de celui-ci, est nommé pour le temps restant à courir jusqu'au renouvellement du directoire, sans que ce délai puisse excéder six mois. – *[Décr. n° 67-236 du 23 mars 1967, art. 203-26.]*

SECTION V DE LA TRANSFORMATION DE LA SOCIÉTÉ EUROPÉENNE EN SOCIÉTÉ ANONYME

Art. R. 229-24 Le projet de transformation de la société européenne, prévu au deuxième alinéa de l'article L. 229-10, fait l'objet d'un avis inséré dans un *(Décr. n° 2020-106 du 10 févr. 2020, art. 12)* « support » habilité à recevoir des annonces légales dans le département du siège social ainsi qu'au *Bulletin des annonces légales obligatoires* *(Décr. n° 2009-557 du 19 mai 2009, art. 3-XX)* « lorsque les actions de la société sont admises aux négociations sur un marché réglementé » ou lorsque ses actions ne revêtent pas toutes la forme nominative.

Cet avis comporte les indications suivantes :

1° La dénomination sociale suivie, le cas échéant, de son sigle, l'adresse du siège social, le montant du capital social et les mentions prévues aux 1° et 2° de l'article R. 123-237 ;

2° La mention que la société européenne envisage de se transformer en société anonyme ;

3° La date du projet ainsi que la date et le lieu de son dépôt au greffe du tribunal dans le ressort duquel la société est immatriculée.

Il est procédé à ce dépôt et à la publicité prévue au premier alinéa un mois au moins avant la date de la première assemblée appelée à statuer sur l'opération. – *[Décr. n° 67-236 du 23 mars 1967, art. 203-27.]*

Art. R. 229-25 Les commissaires à la transformation sont désignés et accomplissent leur mission dans les conditions prévues par l'article *(Décr. n° 2020-1742 du 29 déc. 2020, art. 8, en vigueur le 1er janv. 2021)* « R. 22-10-7 ». – *[Décr. n° 67-236 du 23 mars 1967, art. 203-28.]*

Art. R. 229-26 La transformation d'une société européenne immatriculée en France en société anonyme est publiée dans les conditions prévues à l'article R. 225-165. – *[Décr. n° 67-236 du 23 mars 1967, art. 203-29.]*

CHAPITRE X DES SOCIÉTÉS DONT LES TITRES SONT ADMIS AUX NÉGOCIATIONS SUR UN MARCHÉ RÉGLEMENTÉ OU SUR UN SYSTÈME MULTILATÉRAL DE NÉGOCIATION

(Décr. n° 2020-1742 du 29 déc. 2020, art. 9, en vigueur le 1er janv. 2021)

SECTION PREMIÈRE DES FORMALITÉS DE PUBLICITÉ

Art. R. 22-10-1 Les sociétés dont les actions sont admises aux négociations sur un marché réglementé sont tenues de disposer d'un site internet afin de satisfaire à leurs obligations d'information de leurs actionnaires. – *[C. com., art. R. 210-20.]*

SECTION II DISPOSITIONS PROPRES AUX SOCIÉTÉS ANONYMES

SOUS-SECTION 1 DE LA CONSTITUTION

Art. R. 22-10-2 L'exemplaire du projet de statuts déposé au greffe du tribunal de commerce du lieu du siège social est établi sur papier libre et revêtu de la signature des fondateurs. Il est communiqué à tout requérant qui peut en prendre connaissance ou obtenir, à ses frais, la délivrance d'une copie. – *[C. com., art. R. 225-2.]*

Art. R. 22-10-3 La notice prévue par l'alinéa deuxième de l'article L. 225-2 est publiée au *Bulletin des annonces légales obligatoires*, avant le début des opérations de souscription et préalablement à toute mesure de publicité.

Elle contient les indications suivantes :

1° La dénomination sociale de la société à constituer, suivie le cas échéant de son sigle ;

2° La forme de la société ;

3° Le montant du capital social à souscrire ;

4° L'adresse prévue du siège social ;

5° L'objet social, indiqué sommairement ;

6° La durée prévue de la société ;

7° La date et le lieu du dépôt du projet de statuts ;

8° Le nombre des actions à souscrire contre numéraire et la somme immédiatement exigible comprenant, le cas échéant, la prime d'émission ;

9° La valeur nominale des actions à émettre, que cette valeur figure ou non dans les statuts, distinction étant faite entre chaque catégorie, ainsi que les droits particuliers attachés aux actions de préférence ;

10° La description sommaire des apports en nature, leur évaluation globale et leur mode de rémunération, avec indication du caractère provisoire de cette évaluation et de ce mode de rémunération ;

11° Les avantages particuliers stipulés dans le projet de statuts au profit de toute personne ;

12° Les conditions d'admission aux assemblées d'actionnaires et d'exercice du droit de vote, avec, le cas échéant, indication des dispositions relatives à l'attribution du droit de vote double ;

13° Les clauses relatives à l'agrément des cessionnaires d'actions ;

14° Les dispositions relatives à la répartition du résultat, à la constitution de réserves et à la répartition du boni de liquidation ;

15° Le nom et la résidence du notaire ou la dénomination sociale et le siège de l'établissement de crédit qui recevra les fonds provenant de la souscription ; le cas échéant, l'indication que les fonds seront déposés à la Caisse des dépôts et consignations ;

16° Le délai ouvert pour la souscription, avec l'indication de la possibilité de clôture anticipée, en cas de souscription intégrale avant l'expiration de ce délai ;

17° Les modalités de convocation de l'assemblée générale constitutive et le lieu de réunion.

La notice est signée par les fondateurs, qui indiquent soit leur nom, prénom usuel, domicile et nationalité, soit leur dénomination, leur forme, leur siège social et le montant de leur capital social. – *[C. com., art. R. 225-3.]*

Art. R. 22-10-4 Les prospectus et documents informant le public de l'émission d'actions reproduisent les énonciations de la notice prévue à l'article R. 22-10-3 et contiennent la mention de l'insertion de cette notice au *Bulletin des annonces légales obligatoires* avec référence au numéro dans lequel elle a été publiée. Ils exposent en outre sommairement les projets des fondateurs quant à l'emploi des fonds provenant de la libération des actions souscrites.

Les annonces dans les journaux reproduisent les mêmes énonciations ou au moins un extrait de ces énonciations, avec référence à la notice et indication du numéro du *Bulletin des annonces légales obligatoires* dans lequel elle a été publiée. – *[C. com., art. R. 225-4.]*

Art. R. 22-10-5 Le bulletin de souscription est daté et signé par le souscripteur ou son mandataire qui écrit en toutes lettres le nombre de titres souscrits. Une copie sur papier libre lui est remise.

Le bulletin de souscription énonce :

1° La dénomination sociale de la société à constituer, suivie le cas échéant de son sigle ;

2° La forme de la société ;

3° Le montant du capital social à souscrire ;

4° L'adresse prévue du siège social ;

5° L'objet social, indiqué sommairement ;

6° La date et le lieu du dépôt du projet de statuts ;

7° Le cas échéant, la portion de capital à souscrire en numéraire et celle représentée par les apports en nature ;

8° Les modalités d'émission des actions souscrites en numéraire ;

9° Le nom ou la dénomination sociale et l'adresse de la personne qui reçoit les fonds ;

10° Les nom, prénom usuel et domicile du souscripteur et le nombre des titres souscrits par lui ;

11° La mention de la remise au souscripteur d'une copie du bulletin de souscription ;

12° La date de la publication au *Bulletin des annonces légales obligatoires* de la notice prévue à l'article R. 22-10-3. – *[C. com., art. R. 225-5.]*

Art. R. 22-10-6 Les fonds provenant des souscriptions en numéraire et la liste comportant les nom, prénom usuel et domicile des souscripteurs, avec l'indication des sommes versées par chacun d'eux, sont déposés, pour le compte de la société en formation et par les personnes qui ont reçu les fonds, soit à la Caisse des dépôts et consignations, soit chez un notaire, soit auprès d'un établissement de crédit ou d'un intermédiaire mentionné aux 2° à 7° de l'article L. 542-1 du code monétaire et financier, selon les indications portées à la notice.

Ce dépôt est fait dans le délai de huit jours à compter de la réception des fonds, à moins que ceux-ci ne soient reçus par des établissements de crédit ou des intermédiaires mentionnés à l'alinéa précédent.

Le dépositaire des fonds est tenu, jusqu'au retrait de ceux-ci, de communiquer la liste prévue au premier alinéa à tout souscripteur qui justifie de sa souscription. Le requérant peut en prendre connaissance et obtenir, à ses frais, la délivrance d'une copie. – *[C. com., art. R. 225-6.]*

Art. R. 22-10-7 Les commissaires aux apports sont choisis parmi les commissaires aux comptes inscrits sur la liste prévue au I de l'article L. 822-1 ou parmi les experts inscrits sur une des listes établies par les cours et tribunaux.

Ils sont désignés, le cas échéant, par le président du tribunal de commerce, statuant sur requête.

Ils peuvent se faire assister, dans l'accomplissement de leur mission, par un ou plusieurs experts de leur choix. Les honoraires de ces experts sont à la charge de la société. – *[C. com., art. R. 225-7.]*

Art. R. 22-10-8 Le rapport des commissaires aux apports décrit chacun des apports, indique quel mode d'évaluation a été adopté et pourquoi il a été retenu et affirme que la valeur des apports correspond au moins à la valeur nominale des actions à émettre, augmentée éventuellement de la prime d'émission. – *[C. com., art. R. 225-8.]*

Art. R. 22-10-9 Le rapport des commissaires aux apports est déposé huit jours au moins avant la date de l'assemblée générale constitutive à l'adresse prévue du siège social indiqué dans le bulletin de souscription et au greffe du tribunal de commerce dans le ressort duquel est situé ce siège.

Il est tenu à la disposition des souscripteurs qui peuvent en prendre connaissance ou obtenir la délivrance d'une copie intégrale ou partielle. – *[C. com., art. R. 225-9.]*

Art. R. 22-10-10 Pour l'application du I de l'article L. 225-8-1, la décision des fondateurs de ne pas recourir à la désignation d'un commissaire aux apports ainsi que tout document relatif à la description et à l'évaluation des apports, dont une attestation précisant qu'aucune circonstance nouvelle n'est venue modifier cette évaluation, sont déposés huit jours au moins avant la date de l'assemblée générale constitutive à l'adresse du siège social indiquée dans le bulletin de souscription et au greffe du tribunal de commerce dans le ressort duquel est situé ce siège.

Ces documents sont tenus à la disposition des souscripteurs qui peuvent en prendre connaissance ou obtenir la délivrance d'une copie intégrale ou partielle. – *[C. com., art. R. 225-9-1.]*

Art. R. 22-10-11 L'assemblée générale constitutive est convoquée au lieu indiqué par la notice prévue à l'article R. 22-10-3.

L'avis de convocation indique la dénomination sociale et la forme de la société, l'adresse prévue du siège social, le montant du capital social, les jour, heure, lieu et ordre du jour de l'assemblée.

Il est inséré au *Bulletin des annonces légales obligatoires* et dans un journal habilité à recevoir les annonces légales dans le département du siège social, huit jours au moins avant la date de l'assemblée. – *[C. com., art. R. 225-10.]*

Art. R. 22-10-12 Le retrait des fonds provenant des souscriptions en numéraire est effectué par le mandataire de la société, sur présentation du certificat du greffier attestant l'immatriculation de la société au registre du commerce et des sociétés. – *[C. com., art. R. 225-11.]*

Art. R. 22-10-13 La société est réputée n'avoir pas été constituée dans le délai fixé par le deuxième alinéa de l'article L. 225-11, lorsque les formalités prévues au deuxième alinéa de l'article L. 225-7 n'ont pas été accomplies avant l'expiration dudit délai.

Dans ce cas, le mandataire chargé de retirer les fonds pour les restituer aux souscripteurs, en application de la première phrase du deuxième alinéa de l'article L. 225-11, est nommé par le président du tribunal de commerce du lieu du siège social, statuant en référé.

Lorsqu'un mandataire a été désigné par les souscripteurs en application de la seconde phrase du deuxième alinéa de l'article L. 225-11, il justifie, en vue du retrait des fonds, de l'autorisation écrite donnée par l'ensemble des souscripteurs. – *[C. com., art. R. 225-12.]*

SOUS-SECTION 2 DE LA DIRECTION ET DE L'ADMINISTRATION

§ 1er DU CONSEIL D'ADMINISTRATION ET DE LA DIRECTION GÉNÉRALE

Art. R. 22-10-14 I. – La politique de rémunération mentionnée au I de l'article L. 22-10-8 présente les informations suivantes, relatives à l'ensemble des mandataires sociaux :

1° La manière dont elle respecte l'intérêt social et contribue à la stratégie commerciale ainsi qu'à la pérennité de la société ;

2° Le processus de décision suivi pour sa détermination, sa révision et sa mise en œuvre, y compris les mesures permettant d'éviter ou de gérer les conflits d'intérêts et, le cas échéant, le rôle du comité de rémunération ou d'autres comités concernés ;

3° Dans le processus de décision suivi pour sa détermination et sa révision, la manière dont les conditions de rémunération et d'emploi des salariés de la société sont prises en compte ;

4° Les méthodes d'évaluation à appliquer aux mandataires sociaux pour déterminer dans quelle mesure il a été satisfait aux critères de performance prévus pour la rémunération variable et la rémunération en actions ;

5° Les critères de répartition de la somme fixe annuelle allouée par l'assemblée générale aux administrateurs ;

6° Lorsque la politique de rémunération est modifiée, la description et l'explication de toutes les modifications substantielles, la manière dont sont pris en compte les votes les plus récents des actionnaires sur la politique de rémunération et sur les informations mentionnées au I de l'article L. 22-10-9 ainsi que, le cas échéant, les avis exprimés lors de la dernière assemblée générale ;

7° Les modalités d'application des dispositions de la politique de rémunération aux mandataires sociaux nouvellement nommés ou dont le mandat est renouvelé, dans l'attente, le cas échéant, de l'approbation par l'assemblée générale des modifications importantes de la politique de rémunération, mentionnée au II de l'article L. 22-10-8 ;

8° Lorsque le conseil d'administration prévoit des dérogations à l'application de la politique de rémunération conformément au deuxième alinéa du III de l'article L. 22-10-8, les conditions procédurales en vertu desquelles ces dérogations peuvent être appliquées et les éléments de la politique auxquels il peut être dérogé.

II. – La politique de rémunération précise, pour chaque mandataire social, les éléments suivants :

1° Les éléments fixes, variables et exceptionnels composant la rémunération totale et les avantages de toute nature qui peuvent lui être accordés en raison du mandat concerné, ainsi que leur importance respective ;

2° Lorsque la société attribue une rémunération en actions, les périodes d'acquisition et, le cas échéant, de conservation des actions applicables après l'acquisition et la manière dont la rémunération en actions contribue aux objectifs de la politique de rémunération ;

3° Les périodes de report éventuelles et, le cas échéant, la possibilité pour la société de demander la restitution d'une rémunération variable ;

4° Lorsque la société attribue des éléments de rémunérations variables, les critères clairs, détaillés et variés, de nature financière et non financière, y compris, le cas échéant, relatifs à la responsabilité sociale et environnementale de l'entreprise, qui conditionnent leur attribution et la manière dont ces critères contribuent aux objectifs de la politique de rémunération ;

5° La durée du ou des mandats et, le cas échéant, des contrats de travail ou de prestations de services passés avec la société, les périodes de préavis et les conditions de révocation ou de résiliation qui leurs sont applicables ;

6° Les caractéristiques principales et les conditions de résiliation des engagements pris par la société elle-même ou par toute société contrôlée ou qui la contrôle, au sens des II et III de l'article L. 233-16, et correspondant à des éléments de rémunération, des indemnités ou des avantages dus ou susceptibles d'être dus à raison de la cessation ou d'un changement de fonctions, ou postérieurement à celles-ci, ou des droits conditionnels octroyés au titre d'engagements de retraite à prestations définies répondant aux caractéristiques des régimes mentionnés aux articles L. 137-11 et L. 137-11-2 du code de la sécurité sociale ;

7° Lorsque la société attribue des engagements et droits conditionnels, les critères clairs, détaillés et variés, de nature financière et, le cas échéant, non financière, y compris relatifs à la responsabilité sociale et environnementale de l'entreprise, qui conditionnent leur attribution et la manière dont ces critères contribuent aux objectifs de la politique de rémunération. Ces critères ne s'appliquent pas aux engagements correspondant à des indemnités en contrepartie d'une clause interdisant au bénéficiaire, après la cessation de ses fonctions dans la société, l'exercice d'une activité professionnelle concurrente portant atteinte aux intérêts de la société, ou aux engagements répondant aux caractéristiques des régimes collectifs et obligatoires de retraite et de prévoyance mentionnés à l'article L. 242-1 du code de la sécurité sociale.

III. – Lorsque la politique de rémunération prévoit des indemnités représentant la contrepartie d'une clause interdisant au bénéficiaire, après la cessation de ses fonctions dans la société, l'exercice d'une activité professionnelle concurrente portant atteinte aux intérêts de la société, leur versement est exclu dès lors que l'intéressé fait valoir ses droits à la retraite.

IV. – La politique de rémunération soumise à l'assemblée générale des actionnaires, accompagnée de la date et du résultat du dernier vote de l'assemblée générale sur la résolution mentionnée au II de l'article L. 22-10-8, est rendue publique sur le site internet de la société le jour ouvré suivant celui du vote et reste gratuitement à la disposition du public au moins pendant la période où elle s'applique. – *[C. com., art. R. 225-29-1.]*

L'art. R. 22-10-14 reprend les dispositions de l'ancien art. R. 225-29-1, issues du Décr. nº 2019-1235 du 27 nov. 2019 et applicables à compter des assemblées générales statuant sur le premier exercice clos après la publication de l'Ord. nº 2019-1234 du 27 nov. 2019 [JO 28 nov.] (Décr. préc., art. 9, al. 1er).

Art. R. 22-10-15 I. – Les informations mentionnées aux I et II de l'article L. 22-10-9 sont mises gratuitement à la disposition du public sur le site internet de la société pour une durée de dix ans. Sans préjudice du troisième alinéa du II du présent article, ce délai peut être prolongé.

II. – Le traitement des données à caractère personnel des mandataires sociaux contenues dans ce rapport vise à renforcer la transparence de la société par rapport aux rémunérations des mandataires sociaux, le droit de regard des actionnaires sur cette rémunération et la responsabilité des mandataires sociaux.

Les informations présentées dans le rapport mentionné au I n'incluent pas de catégories particulières de données à caractère personnel des mandataires sociaux personnes physiques au sens de l'article 9, paragraphe 1, du règlement (UE) 2016/679 du Parlement européen et du Conseil du 27 avril 2016, ni de données à caractère personnel qui se rapportent à la situation familiale des mandataires sociaux personnes physiques.

Les autres données à caractère personnel contenues dans ce rapport ne sont plus mises à disposition du public après dix ans à compter de leur publication. – *[C. com., art. R. 225-29-2.]*

L'art. R. 22-10-15 reprend les dispositions de l'ancien art. R. 225-29-2, issues du Décr. nº 2019-1235 du 27 nov. 2019. – Pour les dispositions transitoires de celui-ci, V. note ss. art. R. 22-10-14.

Art. D. 22-10-16 I. – L'information donnée par la société sur les engagements de retraite, autres que les régimes de retraite de base et les régimes de retraites complémentaires obligatoires, ou autres avantages viagers pris par la société au bénéfice de ses mandataires sociaux en application du 4° de l'article L. 22-10-9 précise pour chaque mandataire social les éléments constitutifs essentiels de ceux-ci, en particulier :

1° Pour ce qui concerne les engagements de retraites et assimilés, et tout autre avantage versé au titre de la cessation de fonctions en tout ou partie sous forme de rente, lorsque ces engagements sont à la charge de la société :

a) L'intitulé de l'engagement considéré ;

b) La référence aux dispositions légales permettant d'identifier la catégorie de régime correspondant ;

c) Les conditions d'entrée dans le régime et les autres conditions pour pouvoir en bénéficier ;

d) Les modalités de détermination de la rémunération de référence fixée par le régime concerné et servant à calculer les droits des bénéficiaires ;

e) Le rythme d'acquisition des droits ;

f) L'existence éventuelle d'un plafond, son montant ou les modalités de détermination de celui-ci ;

g) Les modalités de financement des droits ;

h) Le montant estimatif de la rente à la date de clôture de l'exercice ;

i) Les charges fiscales et sociales associées à l'engagement considéré mises à la charge de la société ;

2° Pour ce qui concerne les autres avantages viagers :

a) L'intitulé de l'avantage viager considéré ;

b) Le montant estimatif de l'avantage viager, évalué sur une base annuelle à la date de clôture ;

c) Les modalités de financement de l'avantage viager ;

d) Les charges fiscales et sociales associées à cet avantage mises à la charge de la société.

II. – Le montant estimatif de la rente à la date de clôture mentionné au *h* du 1° du I du présent article est établi selon les modalités suivantes :

1° La rente est estimée sur une base annuelle ;

2° Elle prend en compte l'ancienneté acquise par le mandataire dans ses fonctions à la date de clôture de l'exercice ;

3° Le cas échéant, elle est assise sur la base des rémunérations telles qu'elles ont été constatées au cours du ou des derniers exercices ;

4° Elle est calculée, indépendamment des conditions de réalisation de l'engagement, comme si le mandataire social pouvait en bénéficier à compter du lendemain de la clôture de l'exercice ;

5° L'estimation de la rente distingue, le cas échéant, la part de celle-ci accordée dans le cadre d'un régime mentionné à l'article L. 137-11 du code de la sécurité sociale de celle versée dans le cadre d'un autre régime mis en place par la société. – *[C. com., art. D. 225-29-3.]*

L'art. D. 22-10-16 reprend les dispositions de l'ancien art. D. 225-29-3, issues du Décr. n° 2019-1235 du 27 nov. 2019. – Pour les dispositions transitoires de celui-ci, V. note ss. art. R. 22-10-14.

Art. R. 22-10-17 La publication mentionnée à l'article L. 22-10-13 contient les informations suivantes : le nom ou la dénomination sociale de la personne directement ou indirectement intéressée, la nature de sa relation avec la société, la date et les conditions financières de la convention.

Elle contient également toute autre information nécessaire pour évaluer l'intérêt de la convention pour la société et les actionnaires, y compris minoritaires, qui n'y sont pas directement ou indirectement intéressés. Ces informations comportent notamment l'objet de la convention et l'indication du rapport entre son prix pour la société et le dernier bénéfice annuel de celle-ci. – *[C. com., art. R. 225-30-1.]*

L'art. R. 22-10-17 reprend les dispositions de l'ancien art. R. 225-30-1, issues du Décr. n° 2019-1235 du 27 nov. 2019. – Pour les dispositions transitoires de celui-ci, V. note ss. art. R. 22-10-14.

§ 2 DU DIRECTOIRE ET DU CONSEIL DE SURVEILLANCE

Art. R. 22-10-18 I. – La politique de rémunération mentionnée au I de l'article L. 22-10-26 comprend les informations suivantes, relatives à l'ensemble des mandataires sociaux :

1° La manière dont elle respecte l'intérêt social et contribue à la stratégie commerciale ainsi qu'à la pérennité de la société ;

2° Le processus de décision suivi pour sa détermination, sa révision et sa mise en œuvre, y compris les mesures permettant d'éviter ou de gérer les conflits d'intérêts et, le cas échéant, le rôle du comité de rémunération ou d'autres comités concernés ;

3° Dans le processus de décision suivi pour sa détermination et sa révision, la manière dont les conditions de rémunération et d'emploi des salariés de la société sont prises en compte ;

4° Les méthodes d'évaluation à appliquer aux mandataires sociaux pour déterminer dans quelle mesure il a été satisfait aux critères de performance prévus pour la rémunération variable et la rémunération en actions ;

5° Les critères de répartition de la somme fixe annuelle allouée par l'assemblée générale aux membres du conseil de surveillance ;

6° Lorsque la politique de rémunération est modifiée, la description et l'explication de toutes les modifications substantielles, et la manière dont sont pris en compte les votes les plus récents des actionnaires sur la politique de rémunération et sur les informations mentionnées au I de l'article L. 22-10-9 et, le cas échéant, les avis exprimés lors de la dernière assemblée générale ;

7° Les modalités d'application des dispositions de la politique de rémunération aux mandataires sociaux nouvellement nommés ou dont le mandat est renouvelé, dans l'attente, le cas échéant, de l'approbation par l'assemblée générale des modifications importantes de la politique de rémunération, mentionnée au II de l'article L. 22-10-26 ;

8° Lorsque le conseil de surveillance prévoit des dérogations à l'application de la politique de rémunération conformément au deuxième alinéa du III de l'article L. 22-

10-26, les conditions procédurales en vertu desquelles ces dérogations peuvent être appliquées et les éléments de la politique auxquels il peut être dérogé.

II. — La politique de rémunération précise, pour chaque mandataire social, les éléments suivants :

1° Les éléments fixes, variables et exceptionnels composant la rémunération totale et les avantages de toute nature qui peuvent être accordés à chaque mandataire social en raison de son mandat, ainsi que leur importance respective ;

2° Lorsque la société attribue une rémunération en actions, les périodes d'acquisition et, le cas échéant, de conservation des actions applicables après l'acquisition et la manière dont la rémunération en actions contribue aux objectifs de la politique de rémunération ;

3° Les périodes de report éventuelles et, le cas échéant, la possibilité pour la société de demander la restitution d'une rémunération variable ;

4° Lorsque la société attribue des éléments de rémunérations variables, les critères clairs, détaillés et variés, de nature financière et non financière, y compris, le cas échéant, relatifs à la responsabilité sociale et environnementale de l'entreprise, qui conditionnent leur attribution et la manière dont ces critères contribuent aux objectifs de la politique de rémunération ;

5° La durée du ou des mandats et des contrats de travail ou de prestations de services passés avec la société, les périodes de préavis et les conditions de révocation ou de résiliation qui leurs sont applicables ;

6° Les caractéristiques principales et les conditions de résiliation des engagements pris par la société elle-même ou par toute société contrôlée ou qui la contrôle, au sens des II et III de l'article L. 233-16, et correspondant à des éléments de rémunération, des indemnités ou des avantages dus ou susceptibles d'être dus à raison de la cessation ou d'un changement de fonctions, ou postérieurement à celles-ci, ou des droits conditionnels octroyés au titre d'engagements de retraite à prestations définies répondant aux caractéristiques des régimes mentionnés aux articles L. 137-11 et L. 137-11-2 du code de la sécurité sociale ;

7° Lorsque la société octroie *[sic]* attribue des engagements et droits conditionnels, les critères clairs, détaillés et variés, de nature financière et, le cas échéant, non financière, y compris relatifs à la responsabilité sociale et environnementale de l'entreprise, qui conditionnent leur attribution et la manière dont ces critères contribuent aux objectifs de la politique de rémunération. Ces critères ne s'appliquent pas aux engagements correspondant à des indemnités en contrepartie d'une clause interdisant au bénéficiaire, après la cessation de ses fonctions dans la société, l'exercice d'une activité professionnelle concurrente portant atteinte aux intérêts de la société, ou aux engagements répondant aux caractéristiques des régimes collectifs et obligatoires de retraite et de prévoyance visés à l'article L. 242-1 du code de la sécurité sociale.

III. — Lorsque la politique de rémunération prévoit des indemnités représentant la contrepartie d'une clause interdisant au bénéficiaire, après la cessation de ses fonctions dans la société, l'exercice d'une activité professionnelle concurrente portant atteinte aux intérêts de la société, leur versement est exclu dès lors que l'intéressé fait valoir ses droits à la retraite.

IV. — La politique de rémunération soumise à l'assemblée générale des actionnaires, accompagnée de la date et du résultat du dernier vote de l'assemblée générale sur la résolution mentionnée au II de l'article L. 22-10-26, est rendue publique sur le site *internet de la société* le jour ouvré suivant celui du vote et reste gratuitement à la disposition du public au moins pendant la période où elle s'applique. — *[C. com., art. R. 225-56-1.]*

L'art. R. 22-10-18 reprend les dispositions de l'ancien art. R. 225-56-1, issues du Décr. n° 2019-1235 du 27 nov. 2019. — Pour les dispositions transitoires de celui-ci, V. note ss. art. R. 22-10-14.

Art. R. 22-10-19 La publication mentionnée à l'article L. 22-10-30 contient les informations suivantes : le nom ou la dénomination sociale de la personne directement ou indirectement intéressée, la nature de sa relation avec la société, la date et les conditions financières de la convention.

Elle contient également toute autre information nécessaire pour évaluer l'intérêt de la convention pour la société et les actionnaires, y compris minoritaires, qui n'y sont pas directement ou indirectement intéressés. Ces informations comportent notamment l'objet de la convention et l'indication du rapport entre son prix pour la société et le dernier bénéfice annuel de celle-ci. – [*C. com., art. R. 225-57-1.*]

L'art. R. 22-10-19 reprend les dispositions de l'ancien art. R. 225-57-1, issues du Décr. nº 2019-1235 du 27 nov. 2019. – Pour les dispositions transitoires de celui-ci, V. note ss. art. R. 22-10-14.

SOUS-SECTION 3 DES ASSEMBLÉES D'ACTIONNAIRES

Art. R. 22-10-20 L'insertion complémentaire de l'avis de convocation mentionné à l'article R. 225-67 au *Bulletin des annonces légales obligatoires* est applicable aux sociétés dont les actions sont admises aux négociations sur un marché réglementé.

Art. R. 22-10-21 Les dispositions de l'article R. 225-72 ne s'appliquent pas lorsque les actions de la société sont admises aux négociations sur un marché réglementé.

Art. R. 22-10-22 Les dispositions de l'article R. 225-73 sont applicables lorsque les actions de la société sont admises aux négociations sur un marché réglementé.

Art. R. 22-10-23 Pendant une période ininterrompue commençant au plus tard le vingt et unième jour précédant l'assemblée, les sociétés dont les actions sont admises aux négociations sur un marché réglementé publient sur le site internet prévu à l'article R. 22-10-1 les informations et documents suivants :

1° L'avis mentionné à l'article R. 22-10-22 ;

2° Le nombre total de droits de vote existant et le nombre d'actions composant le capital de la société à la date de la publication de cet avis en précisant, le cas échéant, le nombre d'actions et de droits de vote existant à cette date pour chaque catégorie d'actions ;

3° Les documents destinés à être présentés à l'assemblée, au regard notamment des dispositions des articles L. 225-115 et R. 225-83 ;

4° Le texte des projets de résolution qui seront présentés à l'assemblée par le conseil d'administration ou le directoire, selon le cas ;

5° Les formulaires de vote par correspondance et de vote par procuration ou le document unique prévu par le troisième alinéa de l'article R. 225-76, sauf dans les cas où la société adresse ces formulaires à tous ses actionnaires.

Lorsque, pour des raisons techniques, ces formulaires ne peuvent être rendus accessibles sur son site internet, la société indique sur celui-ci les lieux et conditions dans lesquels ils peuvent être obtenus. Elle les envoie à ses frais à tout actionnaire qui en fait la demande.

La société publie sans délai sur son site internet le texte des projets de résolution présentés par les actionnaires et la liste des points ajoutés à l'ordre du jour à leur demande.

Pour chaque point inscrit à l'ordre du jour, la société peut également publier un commentaire du conseil d'administration ou du directoire, selon le cas.

Lorsque l'assemblée est convoquée en application des dispositions de l'article L. 233-32, le délai fixé au premier alinéa du présent article est ramené au plus tard au quinzième jour précédant l'assemblée. – [*C. com., art. R. 225-73-1.*]

Art. R. 22-10-24 Les sociétés dont les actions sont admises aux négociations sur un marché réglementé permettent la notification de la désignation et de la révocation du mandataire mentionné à l'article R. 225-79 par voie électronique.

Art. R. 22-10-25 Pour l'application de l'article L. 22-10-40, l'information incombant au mandataire est délivrée par celui-ci à l'actionnaire par lettre recommandée avec demande d'avis de réception ou, si le mandataire a préalablement recueilli l'accord de l'actionnaire, par un moyen de communication électronique. – [*C. com., art. R. 225-82-1.*]

Art. R. 22-10-26 La notification mentionnée au neuvième alinéa de l'article L. 22-10-40 est effectuée par le mandataire à la société par lettre recommandée avec demande d'avis de réception ou par un moyen de communication électronique. – [*C. com., art. R. 225-82-2.*]

Art. R. 22-10-27 I. – Toute personne qui procède à une sollicitation active de mandats au sens de l'article L. 22-10-41 publie sur son site internet un document intitulé "politique de vote", régulièrement mis à jour. Ce document peut en outre être consulté à l'adresse du domicile ou du siège social qu'il mentionne.

II. — Il contient :

1° Pour une personne physique, ses nom, prénom, date et lieu de naissance, domicile ;

2° Pour une personne morale, sa forme juridique, sa raison ou dénomination sociale, le montant de son capital social, l'adresse de son siège social, son objet, ainsi que les organes chargés d'instruire et d'analyser les résolutions soumises et ceux chargés de décider des votes qui seront émis.

III. — Ce document décrit les principes auxquels le mandataire entend se référer à l'occasion de l'exercice des droits de vote correspondant à des procurations reçues sans instructions de vote.

Il présente la politique de vote de l'intéressé par rubrique correspondant aux différents types de résolutions soumises aux assemblées.

Les rubriques portent au moins sur :

1° Les décisions entraînant une modification des statuts ;

2° L'approbation des comptes et du résultat ;

3° La nomination et la révocation des organes sociaux ;

4° Les conventions mentionnées aux articles L. 225-38, L. 225-40 à L. 225-42, L. 2210-13 et aux articles L. 225-86, L. 225-88 à L. 225-90 et L. 22-10-30 ;

5° Les programmes d'émission et de rachat des titres de capital ;

6° La désignation des commissaires aux comptes.

Ce document décrit en outre les procédures destinées à déceler, prévenir et régler les conflits d'intérêts susceptibles d'affecter le libre exercice par l'intéressé des droits de vote.

IV. — La publicité des intentions de vote mentionnée au quatrième alinéa de l'article L. 22-10-41 est assurée sur le site internet de la personne qui procède à la sollicitation active de mandats. — *[C. com., art. R. 225-82-3.]*

Art. R. 22-10-28 I. — Par dérogation aux dispositions de l'article R. 225-86, dans les sociétés dont les titres sont admis aux négociations sur un marché réglementé ou aux opérations d'un dépositaire central, il est justifié du droit de participer aux assemblées générales par l'inscription en compte des titres au nom de l'actionnaire ou de l'intermédiaire inscrit pour son compte en application du septième alinéa de l'article L. 228-1, au deuxième jour ouvré précédant l'assemblée à zéro heure, heure de Paris, soit dans les comptes de titres nominatifs tenus par la société, soit dans les comptes de titres au porteur tenus par un intermédiaire mentionné à l'article L. 211-3 du code monétaire et financier.

II. — L'inscription des titres dans les comptes de titres au porteur tenus par un intermédiaire mentionné à l'article L. 211-3 du code monétaire et financier est constatée par une attestation de participation délivrée par ce dernier, le cas échéant par voie électronique dans les conditions prévues à l'article R. 225-61, en annexe au formulaire de vote à distance ou de procuration ou à la demande de carte d'admission établis au nom de l'actionnaire ou pour le compte de l'actionnaire représenté par l'intermédiaire inscrit. Une attestation est également délivrée à l'actionnaire souhaitant participer physiquement à l'assemblée et qui n'a pas reçu sa carte d'admission le deuxième jour ouvré précédant l'assemblée à zéro heure, heure de Paris.

III. — Lorsque l'actionnaire a déjà exprimé son vote à distance, envoyé un pouvoir ou demandé sa carte d'admission ou une attestation de participation dans les conditions prévues à la dernière phrase du II, il ne peut plus choisir un autre mode de participation à l'assemblée, sauf disposition contraire des statuts.

IV. — L'actionnaire qui a déjà exprimé son vote à distance, envoyé un pouvoir ou demandé sa carte d'admission ou une attestation de participation dans les conditions prévues à la dernière phrase du II peut à tout moment céder tout ou partie de ses actions.

Cependant, si le transfert de propriété intervient avant le deuxième jour ouvré précédant l'assemblée à zéro heure, heure de Paris, la société invalide ou modifie en conséquence, selon le cas, le vote exprimé à distance, le pouvoir, la carte d'admission ou l'attestation de participation. A cette fin, l'intermédiaire mentionné à l'article

L. 211-3 du code monétaire et financier notifie le transfert de propriété à la société ou à son mandataire et lui transmet les informations nécessaires.

Aucun transfert de propriété réalisé après le deuxième jour ouvré précédant l'assemblée à zéro heure, heure de Paris, quel que soit le moyen utilisé, n'est notifié par l'intermédiaire mentionné à l'article L. 211-3 du code monétaire et financier ou prise en considération par la société, nonobstant toute convention contraire. – *[C. com., art. R. 225-85.]*

Art. R. 22-10-29 Les seuils prévus au premier alinéa de l'article L. 22-10-36, évalués à la date de clôture de l'exercice, sont fixés à 20 millions d'euros pour le total du bilan, à 40 millions d'euros pour le montant net du chiffre d'affaires et à 500 pour le nombre moyen de salariés permanents employés au cours de l'exercice.

Pour l'application du 2° de l'article L. 22-10-10, les sociétés concernées sont celles qui dépassent deux des trois seuils suivants : un total de bilan de 20 millions d'euros, un chiffre d'affaires net de 40 millions d'euros, un nombre moyen de salariés permanents de 250.

Le total du bilan et le montant net du chiffre d'affaires sont déterminés conformément aux cinquième et sixième alinéas de l'article D. 123-200. Le nombre moyen de salariés permanents est déterminé conformément aux dispositions de l'article D. 210-21. – *[C. com., art. R. 225-104.]*

Art. R. 22-10-30 Les sociétés dont les actions sont admises aux négociations sur un marché réglementé publient sur le site internet prévu à l'article R. 22-10-1, dans les quinze jours suivant la réunion de l'assemblée, un résultat des votes comprenant au moins les indications suivantes :

1° Le nombre d'actionnaires présents ou représentés à l'assemblée ;

2° Le nombre de voix des actionnaires présents ou représentés à l'assemblée ;

3° Pour chaque résolution, le nombre total de voix exprimées en détaillant le nombre d'actions et la proportion du capital social qu'elles représentent, le nombre et le pourcentage de voix favorables à la résolution ainsi que le nombre et le pourcentage de voix défavorables à la résolution, y compris les abstentions. – *[C. com., art. R. 225-106-1.]*

SOUS-SECTION 4 DES MODIFICATIONS DU CAPITAL SOCIAL ET DE L'ACTIONNARIAT DES SALARIÉS

§ 1er DE L'AUGMENTATION DE CAPITAL

Art. R. 22-10-31 Dans les sociétés dont les titres sont admis aux négociations sur un marché réglementé, le rapport du conseil d'administration ou du directoire mentionné à l'article R. 225-114 indique, outre les informations prévues à l'article R. 225-115, l'incidence théorique sur la valeur boursière actuelle de l'action telle qu'elle résulte de la moyenne des vingt séances de bourse précédentes.

Le commissaire aux comptes donne son avis, outre sur les éléments mentionnés au second alinéa de l'article R. 225-115, sur la valeur boursière de l'action. Il vérifie et certifie la sincérité des informations tirées des comptes de la société sur lesquelles il donne cet avis.

Art. R. 22-10-32 Pour l'application du premier alinéa de l'article L. 22-10-52, le prix est au moins égal à la moyenne pondérée des cours des trois dernières séances de bourse précédant le début de l'offre au public au sens du règlement (UE) n° 2017/1129 du 14 juin 2017, éventuellement diminuée d'une décote maximale de 10 %. – *[C. com., art. R. 225-119.]*

Art. R. 22-10-33 La publication complémentaire dans une notice publiée au *Bulletin des annonces légales obligatoires* de l'avis informant les actionnaires d'une émission d'actions nouvelle ou de valeurs mobilières donnant accès au capital susceptible d'entraîner une augmentation de capital, mentionnée à l'avant-dernier alinéa de l'article R. 225-120, est également applicable si toutes les actions de la société sont admises aux négociations sur un marché réglementé.

Le dernier alinéa de l'article R. 225-120 est également applicable si toutes les actions de la société sont admises aux négociations sur un marché réglementé.

Art. R. 22-10-34 Dans les sociétés dont les actions sont admises aux négociations sur un marché réglementé, la renonciation au droit préférentiel de souscription prévue à l'article R. 225-122 ne peut être faite au profit de bénéficiaires dénommés.

Art. R. 22-10-35 Par dérogation aux dispositions de l'article R. 225-130, lorsque la vente porte sur des titres de capital admis aux négociations sur un marché réglementé ou aux opérations d'un dépositaire central mentionnés à l'article L. 22-10-50, elle est réalisée suivant les modalités prévues, selon le cas, au deuxième, au troisième ou au quatrième alinéa de l'article R. 228-12.

Art. R. 22-10-36 L'insertion complémentaire dans une notice publiée au *Bulletin des annonces légales obligatoires* de l'avis par lequel le conseil d'administration, ou le directoire, suspend la possibilité d'obtenir des titres de capital, prévue par le deuxième alinéa de l'article R. 225-133, est également applicable si les valeurs mobilières de la société donnant accès au capital sont admises aux négociations sur un marché réglementé.

§ 2 DE LA SOUSCRIPTION ET DE L'ACHAT D'ACTIONS PAR LES SALARIÉS

Art. R. 22-10-37 Lorsqu'il existe des options de souscription ou d'achat d'actions, la société qui procède à l'achat de ses actions admises aux négociations sur un marché réglementé procède, lorsque le prix d'acquisition est supérieur au cours de bourse, à un ajustement du nombre d'actions que ces titres permettent d'obtenir.

Cet ajustement garantit, au centième d'action près, que la valeur des actions qui sont obtenues en cas de levée d'option après la réalisation de l'opération est identique à la valeur de celles qui auraient été obtenues en cas de levée d'option avant cette opération.

A cet effet, les nouveaux droits de souscription ou d'achat d'actions sont calculés en tenant compte du rapport entre, d'une part, le produit du pourcentage du capital racheté par la différence entre le prix de rachat et une moyenne pondérée des cours des trois dernières séances de bourse au moins qui précèdent le rachat ou la faculté de rachat et, d'autre part, cette moyenne. Les éventuels ajustements successifs sont effectués à partir de la parité qui précède immédiatement, arrondie comme il est dit à l'alinéa précédent.

Le conseil d'administration ou le directoire rend compte des éléments de calcul et des résultats de l'ajustement dans le rapport annuel suivant. – *[C. com., art. R. 225-138.]*

§ 3 DE LA RÉDUCTION DU CAPITAL

Art. R. 22-10-38 L'insertion complémentaire de l'avis d'achat au *Bulletin des annonces légales obligatoires*, prévue par l'article R. 225-153, est applicable lorsque les actions de la société sont admises aux négociations sur un marché réglementé.

Art. R. 22-10-39 Les dispositions des articles R. 225-153 à R. 225-155 et R. 22-10-38 ne sont pas applicables aux opérations réalisées en application de l'article L. 22-10-62. – *[C. com., art. R. 225-157.]*

SECTION III DISPOSITIONS PROPRES AUX SOCIÉTÉS EN COMMANDITE PAR ACTIONS

Art. R. 22-10-40 I. – La politique de rémunération mentionnée au I de l'article L. 22-10-76 comprend les informations suivantes, relatives au gérant ou aux gérants dans leur ensemble :

1° La manière dont elle respecte l'intérêt social et contribue à la stratégie commerciale ainsi qu'à la pérennité de la société ;

2° Le processus de décision suivi pour sa détermination, sa révision et sa mise en œuvre, y compris les mesures permettant d'éviter ou de gérer les conflits d'intérêts et, le cas échéant, le rôle du comité de rémunération ou d'autres comités concernés ;

3° Dans le processus de décision suivi pour sa détermination et sa révision, la manière dont les conditions de rémunération et d'emploi des salariés de la société sont prises en compte ;

4° Les méthodes d'évaluation appliquées pour déterminer dans quelle mesure il a été satisfait aux critères de performance prévus pour la rémunération variable et les rémunérations en action ;

5° Lorsque la politique de rémunération est modifiée, la description et l'explication de toutes les modifications substantielles et la manière dont sont pris en compte les votes les plus récents des actionnaires et des commandités sur la politique de rémunération et sur les informations mentionnées au I de l'article L. 22-10-9, le cas échéant adaptées aux sociétés en commandite par actions en application de l'article L. 22-10-78 ainsi que, le cas échéant, les avis exprimés lors de la dernière assemblée générale ;

6° Les modalités d'application des dispositions de la politique de rémunération aux gérants nouvellement nommés ou dont le mandat est renouvelé, dans l'attente, le cas échéant, de l'approbation des modifications importantes de la politique de rémunération, mentionnée au II de l'article L. 22-10-76 ;

7° Lorsque les commandités prévoient des dérogations à l'application de la politique de rémunération conformément au deuxième alinéa du IV de l'article L. 22-10-76, les conditions procédurales en vertu desquelles ces dérogations peuvent être appliquées et les éléments de la politique auxquels il peut être dérogé.

II. — La politique de rémunération précise, pour le gérant ou pour chaque gérant, les éléments suivants :

1° Les éléments fixes, variables et exceptionnels composant la rémunération totale et les avantages de toute nature qui peuvent leur être versés ou attribués en raison de son mandat, ainsi que leur importance respective ;

2° Lorsque la société attribue une rémunération en actions, les périodes d'acquisition et, le cas échéant, de conservation des actions applicables après l'acquisition et la manière dont la rémunération en actions contribue aux objectifs de la politique de rémunération ;

3° Les périodes de report éventuelles et, le cas échéant, la possibilité pour la société de demander la restitution d'une rémunération variable ;

4° La durée du ou des mandats et des contrats de travail ou de prestations de services passés avec la société, les périodes de préavis et les conditions de révocation ou de résiliation qui leurs sont applicables ;

5° Les caractéristiques principales et les conditions de résiliation des engagements pris par la société elle-même ou par toute société contrôlée ou qui la contrôle, au sens des II et III de l'article L. 233-16, et correspondant à des éléments de rémunération, des indemnités ou des avantages dus ou susceptibles d'être dus à raison de la cessation ou d'un changement de fonctions, ou postérieurement à celles-ci, ou des droits conditionnels octroyés au titre d'engagements de retraite à prestations définies répondant aux caractéristiques des régimes mentionnés aux articles L. 137-11 et L. 137-11-2 du code de la sécurité sociale ;

6° Lorsque la société attribue des éléments de rémunérations variables, les critères clairs, détaillés et variés, de nature financière et non financière, y compris, le cas échéant, relatifs à la responsabilité sociale et environnementale de l'entreprise, qui conditionnent leur attribution et la manière dont ces critères contribuent aux objectifs de la politique de rémunération ;

7° Lorsque la société attribue des engagements et droits conditionnels, les critères clairs, détaillés et variés, de nature financière et, le cas échéant, non financière, y compris relatifs à la responsabilité sociale et environnementale de l'entreprise, qui conditionnent leur attribution et la manière dont ces critères contribuent aux objectifs de la politique de rémunération. Ces critères ne s'appliquent pas aux engagements correspondant à des indemnités en contrepartie d'une clause interdisant au bénéficiaire, après la cessation de ses fonctions dans la société, l'exercice d'une activité professionnelle concurrente portant atteinte aux intérêts de la société, ou aux engagements répondant aux caractéristiques des régimes collectifs et obligatoires de retraite et de prévoyance visés à l'article L. 242-1 du code de la sécurité sociale.

III. — Lorsque la politique de rémunération prévoit des indemnités représentant la contrepartie d'une clause interdisant au bénéficiaire, après la cessation de ses fonctions dans la société, l'exercice d'une activité professionnelle concurrente portant atteinte aux intérêts de la société, son versement est exclu dès lors que l'intéressé fait valoir ses droits à la retraite.

IV. — La politique de rémunération mentionnée au I de l'article L. 22-10-76 comprend, en tant qu'éléments applicables aux membres du conseil de surveillance, les informations suivantes :

1° Les critères de répartition de la somme fixe annuelle allouée par l'assemblée générale aux membres du conseil de surveillance ;

2° Les informations mentionnées aux I et, s'il y a lieu, II du présent article, le cas échéant adaptées aux membres du conseil de surveillance.

V. — La politique de rémunération, accompagnée de la date et du résultat du dernier vote de l'assemblée générale sur la résolution mentionnée au II de l'article L. 22-10-76, est rendue publique sur le site internet de la société le jour ouvré suivant celui du vote et restent gratuitement à la disposition du public au moins pendant la période où elle s'applique. — *[C. com., art. R. 226-1-1.]*

L'art. R. 22-10-40 reprend les dispositions de l'ancien art. R. 226-1-1, issues du Décr. n° 2019-1235 du 27 nov. 2019. — Pour les dispositions transitoires de celui-ci, V. note ss. art. R. 22-10-14.

TITRE TROISIÈME DISPOSITIONS COMMUNES AUX DIVERSES SOCIÉTÉS COMMERCIALES

CHAPITRE PREMIER DU CAPITAL VARIABLE

Le présent chapitre ne comprend pas de dispositions réglementaires.

CHAPITRE II DES COMPTES SOCIAUX

SECTION PREMIÈRE DES DOCUMENTS COMPTABLES

Art. R. 232-1 Les comptes annuels, le rapport de gestion ainsi que, le cas échéant, les comptes consolidés et le rapport sur la gestion du groupe sont tenus, au siège social, à la disposition des commissaires aux comptes un mois au moins avant la convocation de l'assemblée des associés ou des actionnaires appelés à statuer sur les comptes annuels de la société.

Les documents mentionnés à l'alinéa précédent sont délivrés, en copie, aux commissaires aux comptes qui en font la demande. — *[Décr. n° 67-236 du 23 mars 1967, art. 243.]*

Art. R. 232-1-1 *(Abrogé par Décr. n° 2015-903 du 23 juill. 2015, art. 2-1°) (Décr. n° 2011-55 du 13 janv. 2011, art. 1er) **Pour l'application du IV de l'article L. 232-1 relatif à l'établissement du rapport de gestion, le total du bilan est fixé à 1 000 000 €, le montant hors taxe du chiffre d'affaires à 2 000 000 € et le nombre moyen de salariés permanents employés au cours de l'exercice à vingt.***

Le total du bilan, le montant hors taxe du chiffre d'affaires et le nombre moyen de salariés sont déterminés conformément aux quatrième, cinquième et sixième alinéas de l'article R. 123-200.

L'abrogation résultant du Décr. n° 2015-903 du 23 juill. 2015 s'applique aux comptes afférents aux exercices ouverts à compter du 1er janv. 2016 (Décr. préc., art. 5).

Art. R. 232-2 Les sociétés commerciales qui, à la clôture d'un exercice social, comptent trois cents salariés ou plus ou dont le montant net du chiffre d'affaires, à la même époque, est égal ou supérieur à 18 000 000 €, sont tenues d'établir les documents mentionnés à l'article L. 232-2.

Elles cessent d'être assujetties à cette obligation lorsqu'elles ne remplissent aucune de ces conditions pendant deux exercices successifs.

(Décr. n° 2020-100 du 7 févr. 2020, art. 4) « Les salariés pris en compte sont les salariés permanents liés à la société et aux sociétés dont cette dernière détient directement ou indirectement plus de la moitié du capital. L'effectif est déterminé conformément aux dispositions de l'article D. 210-21. » — *Pour les dispositions transitoires du Décr. n° 2020-100 du 7 févr. 2020, V. note ss. art. R. 225-104.*

Le montant net du chiffre d'affaires est égal au montant des ventes de produits et services liés à l'activité courante diminué des réductions sur ventes, de la taxe sur la valeur ajoutée et des taxes assimilées. – *[Décr. nº 67-236 du 23 mars 1967, art. 244.]*

Art. R. 232-3 Le conseil d'administration, le directoire ou les gérants des sociétés mentionnées à l'article R. 232-2, selon le cas, établissent :

1° Semestriellement, dans les quatre mois qui suivent la clôture de chacun des semestres de l'exercice, la situation de l'actif réalisable et disponible, valeurs d'exploitation exclues, et du passif exigible ;

2° Annuellement :

a) Le tableau de financement en même temps que les comptes annuels dans les quatre mois qui suivent la clôture de l'exercice écoulé ;

b) Le plan de financement prévisionnel ;

c) Le compte de résultat prévisionnel.

Le plan de financement et le compte de résultat prévisionnels sont établis au plus tard à l'expiration du quatrième mois qui suit l'ouverture de l'exercice en cours ; le compte de résultat prévisionnel est, en outre, révisé dans les quatre mois qui suivent l'ouverture du second semestre de l'exercice. – *[Décr. nº 67-236 du 23 mars 1967, art. 244-1.]*

Art. R. 232-4 Les rapports prévus aux articles L. 232-3 et L. 232-4 sont joints aux documents mentionnés à l'article R. 232-3.

Ces rapports complètent et commentent l'information donnée par ces documents. Ils décrivent les conventions comptables, les méthodes utilisées et les hypothèses retenues et en justifient la pertinence et la cohérence. – *[Décr. nº 67-236 du 23 mars 1967, art. 244-2.]*

Art. R. 232-5 Les règles de présentation et les méthodes utilisées pour l'élaboration des documents mentionnés à l'article R. 232-3 ne peuvent être modifiées d'une période à l'autre sans qu'il en soit justifié dans les rapports mentionnés à l'article R. 232-4. Ces derniers décrivent l'incidence de ces modifications.

Les postes du tableau de financement, du plan de financement prévisionnel et du compte de résultat prévisionnel comportent l'indication du chiffre relatif au poste correspondant de l'exercice précédent.

Les postes de la situation de l'actif réalisable et disponible, valeurs d'exploitation exclues, et du passif exigible comportent l'indication des chiffres relatifs aux postes correspondants des deux semestres précédents.

Les documents mentionnés à l'article R. 232-3 font apparaître, chacun en ce qui le concerne, la situation de trésorerie de la société, ses résultats prévisionnels ainsi que ses moyens et prévisions de financement. S'il y a lieu, des informations complémentaires sont fournies en vue de permettre le rapprochement des données qu'ils contiennent de celles des comptes annuels.

Le compte de résultat prévisionnel peut comporter une ou plusieurs variantes lorsque des circonstances particulières le justifient. – *[Décr. nº 67-236 du 23 mars 1967, art. 244-3.]*

Art. R. 232-6 Dans les huit jours de leur établissement, les documents et rapports mentionnés aux articles R. 232-3 et R. 232-4 sont communiqués au commissaire aux comptes, au comité d'entreprise *[comité social et économique]* et au conseil de surveillance. – *[Décr. nº 67-236 du 23 mars 1967, art. 244-4.]*

Art. R. 232-7 Lorsqu'en application des articles L. 232-3 et L. 232-4, le commissaire aux comptes formule des observations, il les consigne dans un rapport écrit adressé au conseil d'administration, au directoire ou aux gérants ainsi qu'au comité d'entreprise *[comité social et économique]* dans le mois qui suit l'expiration des délais prévus à l'article R. 232-3.

Lorsqu'en application de l'article L. 232-4, le commissaire aux comptes demande que son rapport soit communiqué aux associés, les gérants procèdent à cette communication dans le délai de huit jours à compter de la réception du rapport. – *[Décr. nº 67-236 du 23 mars 1967, art. 244-5.]*

Art. R. 232-8 Une société consolidante au sens du premier alinéa de l'article L. 232-5 effectue, lorsqu'elle exerce l'option prévue à cet article, les retraitements conformes aux règles de la consolidation sur les éléments des comptes des sociétés qu'elle contrôle directement ou indirectement.

Ces retraitements peuvent être effectués, pour l'application du troisième alinéa de l'article L. 232-5, sous la responsabilité de la société consolidante par les sociétés contrôlées.

Pour l'application de cette méthode, la société inscrit distinctement, à l'actif du bilan, la somme des quote-parts des capitaux propres avant répartition du résultat, qu'elles soient positives ou négatives, et du montant net de l'écart non affecté de première consolidation.

La différence entre cette somme et le prix d'acquisition des titres est portée dans les capitaux propres à un poste d'écart d'équivalence.

Lors de la première application de cette méthode d'évaluation, les provisions portées en déduction des valeurs des titres sont transférées au poste d'écart d'équivalence.

Si l'écart d'équivalence devient négatif, une dépréciation globale du portefeuille est dotée par le débit du compte de résultat. – *[Décr. nº 67-236 du 23 mars 1967, art. 245.]*

SECTION II DISPOSITIONS PARTICULIÈRES AUX SOCIÉTÉS DONT LES ACTIONS SONT ADMISES À LA NÉGOCIATION SUR UN MARCHÉ RÉGLEMENTÉ ET À CERTAINES DE LEURS FILIALES

Art. R. 232-9 et R. 232-10 *Abrogés par Décr. nº 2008-258 du 13 mars 2008, art. 6, à compter du 1er sept. 2008.*

Art. R. 232-11 Les sociétés *(Décr. nº 2008-258 du 13 mars 2008, art. 6, en vigueur le 1er sept. 2008)* « dont les actions sont admises, en tout ou partie, aux négociations sur un marché réglementé » publient au *Bulletin des annonces légales obligatoires* dans les quarante-cinq jours qui suivent l'approbation des comptes par l'assemblée générale ordinaire des actionnaires les documents suivants :

1° Les comptes annuels approuvés, revêtus de l'attestation des commissaires aux comptes ;

2° La décision d'affectation des résultats ;

3° Les comptes consolidés revêtus de l'attestation des commissaires aux comptes. Les informations prévues aux 5°, 6°, 7° et 8° de l'article R. 233-14 peuvent être omises si elles figurent dans les comptes consolidés déposés au greffe du tribunal *(Décr. nº 2008-258 du 13 mars 2008, art. 6, en vigueur le 1er sept. 2008)* « à la clôture de l'exercice ».

Lorsque la publicité des comptes consolidés, effectuée soit en application des dispositions *(Décr. nº 2008-258 du 13 mars 2008, art. 6, en vigueur le 1er sept. 2008)* « du I de l'article L. 451-1-2 du code monétaire et financier », soit en application du présent article, n'inclut pas les 5°, 6°, 7° et 8° de l'article R. 233-14, il est fait mention du dépôt au greffe du tribunal des comptes consolidés comprenant ces informations.

Les sociétés intéressées sont dispensées de la publication des documents mentionnés à l'alinéa précédent si les projets correspondants ont été approuvés sans modification par l'assemblée générale ordinaire des actionnaires, et si elles font insérer dans le même délai au *Bulletin des annonces légales obligatoires* un avis mentionnant la référence de la publication effectuée en application des dispositions *(Décr. nº 2008-258 du 13 mars 2008, art. 6, en vigueur le 1er sept. 2008)* « du I de l'article L. 451-1-2 du code monétaire et financier » et contenant l'attestation des commissaires aux comptes. – *[Décr. nº 67-236 du 23 mars 1967, art. 296.] – V. art. préc. au* ***C. mon. fin.***

Art. R. 232-12 *Abrogé par Décr. nº 2008-258 du 13 mars 2008, art. 6, à compter du 1er sept. 2008.*

Art. R. 232-13 *(Décr. nº 2008-258 du 13 mars 2008, art. 6, en vigueur le 1er sept. 2008)* Dans les quatre mois qui suivent la fin du premier semestre de leur exercice, les sociétés dont les actions sont admises, en tout ou partie, aux négociations sur un marché réglementé, annexent et déposent auprès de l'Autorité des marchés financiers le rapport semestriel prévu au troisième alinéa de l'article L. 232-7. Ce rapport contient les mêmes informations que celles prévues au III de l'article L. 451-1-2 du code monétaire et financier. – *[Décr. nº 67-236 du 23 mars 1967, art. 297-1.]*

Art. R. 232-14 à R. 232-16 *Abrogés par Décr. nº 2008-258 du 13 mars 2008, art. 3 et 6, à compter du 1er sept. 2008.*

SECTION III DES BÉNÉFICES

Art. R. 232-17 Dans le cas prévu au deuxième alinéa de l'article L. 232-12, le conseil d'administration, le directoire ou les gérants, selon le cas, ont qualité pour décider de répartir un acompte à valoir sur le dividende et pour fixer le montant et la date de la répartition. – *[Décr. nº 67-236 du 23 mars 1967, art. 245-1.]*

Art. R. 232-18 Le délai de neuf mois à compter de la clôture de l'exercice, prévu à l'article L. 232-13, peut être prolongé par ordonnance du président du tribunal de commerce statuant sur requête, à la demande des gérants, du conseil d'administration ou du directoire, selon le cas. – *[Décr. nº 67-236 du 23 mars 1967, art. 246.]*

SECTION IV DE LA PUBLICITÉ DES COMPTES

Art. R. 232-19 Dès le dépôt prévu à l'article L. 232-21, le greffier du tribunal de commerce fait insérer au *Bulletin officiel des annonces civiles et commerciales* un avis ainsi rédigé :

"La SNC ... ayant son siège à ...., dont le numéro unique d'identification est ...., a déposé au greffe du tribunal de commerce de ...., où elle est immatriculée au registre du commerce et des sociétés, les comptes annuels (les comptes consolidés) et les rapports de l'exercice clos le ... en application des dispositions de l'article L. 232-21." – *[Décr. nº 67-236 du 23 mars 1967, art. 13-2.]*

Art. R. 232-19-1 *(Décr. nº 2014-1063 du 18 sept. 2014, art. 6)* Pour l'application des dispositions du dernier alinéa du I de l'article L. 232-21, une copie du rapport de gestion est délivrée à toute personne, à ses frais, au siège de la société sur simple demande. Les frais de délivrance ne peuvent excéder le coût de la reproduction. L'intéressé est avisé, lors de sa demande, du montant total des frais à acquitter dont le paiement préalable peut être exigé.

Art. R. 232-20 Dès le dépôt prévu à l'article L. 232-22, le greffier du tribunal de commerce fait insérer au *Bulletin officiel des annonces civiles et commerciales* un avis ainsi rédigé :

"La SARL... ayant son siège à ..., dont le numéro unique d'identification est ...., a déposé au greffe du tribunal de commerce de ..., où elle est immatriculée au registre du commerce et des sociétés, les comptes annuels (les comptes consolidés) et les rapports de l'exercice clos le ... en application des dispositions de l'article L. 232-22."– *[Décr. nº 67-236 du 23 mars 1967, art. 44-2.]*

Art. R. 232-20-1 *(Décr. nº 2014-1063 du 18 sept. 2014, art. 7)* Pour l'application des dispositions du dernier alinéa du I de l'article L. 232-22, une copie du rapport de gestion est délivrée à toute personne, à ses frais, au siège de la société sur simple demande. Les frais de délivrance ne peuvent excéder le coût de la reproduction. L'intéressé est avisé, lors de sa demande, du montant total des frais à acquitter dont le paiement préalable peut être exigé.

Art. R. 232-21 Dès le dépôt prévu à l'article L. 232-23 *(Abrogé par Décr. nº 2014-1189 du 15 oct. 2014, art. 6) « et à l'article R. 232-15 »*, le greffier du tribunal de commerce, fait insérer au *Bulletin officiel des annonces civiles et commerciales* un avis ainsi rédigé :

"La SA (ou la SCA ou la SAS ou la SE) ... ayant son siège social à ..., dont le numéro unique d'identification est ...., a déposé au greffe du tribunal de commerce de ..., où elle est immatriculée au registre du commerce et des sociétés, les comptes annuels (les comptes consolidés) *(Abrogé par Décr. nº 2014-1189 du 15 oct. 2014, art. 6) « (l'inventaire des valeurs mobilières détenues en portefeuille) »* et les rapports de l'exercice clos le... en application des dispositions des articles *[de l'article]* L. 232-23 *(Abrogé par Décr. nº 2014-1189 du 15 oct. 2014, art. 6) « et R. 232-15 »*." – *[Décr. nº 67-236 du 23 mars 1967, art. 293-1.]*

Art. R. 232-21-1 *(Décr. nº 2014-1063 du 18 sept. 2014, art. 8)* Pour l'application des dispositions du dernier alinéa du I de l'article L. 232-23, une copie du rapport de gestion est délivrée à toute personne, à ses frais, au siège de la société sur simple demande. Les frais de délivrance ne peuvent excéder le coût de la reproduction. L'intéressé est avisé, lors de sa demande, du montant total des frais à acquitter dont le paiement préalable peut être exigé.

Art. R. 232-22 *(Décr. n° 2014-1189 du 15 oct. 2014, art. 7)* Lorsque le dépôt des documents comptables est accompagné d'une déclaration de confidentialité des comptes annuels en application de l'article R. 123-111-1, le greffier du tribunal de commerce complète la demande d'insertion de l'avis au *Bulletin officiel des annonces civiles et commerciales* faite en application des articles R. 232-19 à R. 232-22, comme suit :

"Les comptes annuels sont accompagnés d'une déclaration de confidentialité en application du premier *(Décr. n° 2016-296 du 11 mars 2016, art. 18)* « ou deuxième » alinéa de l'article L. 232-25."

(Décr. n° 2019-1207 du 20 nov. 2019, art. 6) « Lorsque le dépôt des documents comptables est accompagné d'une déclaration de publication simplifiée des comptes annuels en application de l'article R. 123-111-1, le greffier du tribunal de commerce complète la demande d'insertion de l'avis au *Bulletin officiel* des annonces civiles et commerciales faite en application des articles R. 232-19 à R. 232-22 comme suit : "Les comptes annuels sont accompagnés d'une présentation simplifiée du bilan et de l'annexe ainsi que d'une déclaration de publication simplifiée en application du troisième alinéa de l'article L. 232-25". »

Les dispositions issues du Décr. n° 2016-296 du 11 mars 2016 s'appliquent aux comptes afférents aux exercices clos à compter du 31 déc. 2015 et déposés à compter du 7 août 2016 (Décr. préc., art. 21).

Les dispositions du Décr. n° 2019-1207 du 20 nov. 2019 s'appliquent aux comptes des exercices clos à compter de la publication de la L. n° 2019-486 du 22 mai 2019, soit le 23 mai 2019 (Décr. préc.).

CHAPITRE III DES FILIALES, DES PARTICIPATIONS ET DES SOCIÉTÉS CONTRÔLÉES

SECTION PREMIÈRE DES NOTIFICATIONS ET DES INFORMATIONS

Art. R. 233-1 *(Décr. n° 2009-557 du 19 mai 2009, art. 3-XXI)* Pour l'application du I de l'article L. 233-7, l'information est adressée à la société au plus tard avant la clôture des négociations du quatrième jour de bourse suivant le jour du franchissement du seuil de participation. – *[Décr. n° 67-236 du 23 mars 1967, art. 247-1.]*

Art. R. 233-1-1 *(Décr. n° 2009-557 du 19 mai 2009, art. 3-XXII, en vigueur le 1er août 2009)* Pour l'application du VII de l'article L. 233-7, l'information est adressée à la société et doit parvenir à l'Autorité des marchés financiers au plus tard avant la clôture des négociations du cinquième jour de bourse suivant le jour du franchissement du seuil de participation donnant lieu à l'application de cet article.

Art. R. 233-2 L'information des actionnaires prévue au I de l'article L. 233-8 prend la forme d'un avis publié dans un *(Décr. n° 2020-106 du 10 févr. 2020, art. 12)* « support » habilité à recevoir les annonces légales dans le département où la société a son siège avant l'expiration d'un délai de quinze jours à compter de la date de l'assemblée générale ordinaire annuelle ou de la date à laquelle la société a eu connaissance, entre deux assemblées générales, d'une variation du nombre total des droits de vote au *moins* égale au pourcentage fixé par l'arrêté ministériel mentionné au I du même article. – *[Décr. n° 67-236 du 23 mars 1967, art. 247.]* – *V. Annexe 2-2 au* ***C. com.*** *ou au* ***C. sociétés***.

SECTION II DES COMPTES CONSOLIDÉS

Art. R. 233-3 L'établissement des comptes consolidés prévu par le présent livre s'effectue par intégration globale, par intégration proportionnelle ou par mise en équivalence.

Dans l'intégration globale, le bilan consolidé reprend les éléments du patrimoine de la société consolidante, à l'exception des titres des sociétés consolidées à la valeur comptable desquels est substitué l'ensemble des éléments actifs et passifs constitutifs des capitaux propres de ces sociétés déterminés d'après les règles de consolidation.

Dans l'intégration proportionnelle est substituée à la valeur comptable de ces titres la fraction représentative des intérêts de la société ou des sociétés détentrices dans les éléments actifs et passifs constitutifs des capitaux propres de ces sociétés déterminés d'après les règles de consolidation.

Dans la mise en équivalence est substituée à la valeur comptable de ces titres la part des capitaux propres de ces sociétés déterminés d'après les règles de consolidation. – *[Décr. nº 67-236 du 23 mars 1967, art. 248.]*

Art. R. 233-4 Le compte de résultat consolidé reprend :

1º Les éléments constitutifs :

a) Du résultat de la société consolidante ;

b) Du résultat des sociétés consolidées par intégration globale ;

c) De la fraction du résultat des sociétés consolidées par intégration proportionnelle représentative des intérêts de la société ou des sociétés détentrices ;

2º La fraction du résultat des sociétés consolidées par mise en équivalence, représentative soit des intérêts directs ou indirects de la société consolidante, soit des intérêts de la société ou des sociétés détentrices. – *[Décr. nº 67-236 du 23 mars 1967, art. 248-1.]*

Art. R. 233-5 *(Décr. nº 2015-903 du 23 juill. 2015, art. 2-2º)* L'écart de première consolidation d'une société est réparti dans les postes appropriés du bilan consolidé ; la partie non affectée de cet écart est inscrite au poste "écart d'acquisition" à l'actif ou au passif du bilan consolidé.

L'écart d'acquisition comptabilisé à l'actif est rapporté au résultat sur sa durée d'utilisation. Dans des cas exceptionnels, lorsque sa durée d'utilisation ne peut être déterminée de façon fiable, il est amorti sur une période de dix ans.

Que sa durée d'utilisation soit limitée ou non, l'écart d'acquisition comptabilisé à l'actif fait l'objet d'une dépréciation lorsque sa valeur d'inventaire est inférieure à sa valeur comptable si l'on prévoit que la perte de valeur sera durable. Ces dépréciations ne sont jamais reprises.

Un règlement de l'Autorité des normes comptables fixe les critères permettant de déterminer la durée d'utilisation, limitée ou non, de l'écart d'acquisition comptabilisé à l'actif et les conditions selon lesquelles l'écart d'acquisition comptabilisé au passif est rapporté au résultat.

Les dispositions issues du Décr. nº 2015-903 du 23 juill. 2015 s'appliquent aux comptes afférents aux exercices ouverts à compter du 1er janv. 2016 (Décr. préc., art. 5).

Art. R. 233-6 Les titres représentatifs du capital de la société consolidante détenus par les sociétés consolidées sont classés selon la destination qui leur est donnée dans ces sociétés.

Les titres immobilisés sont portés distinctement en diminution des capitaux propres consolidés.

Les titres de placement sont maintenus dans l'actif consolidé. – *[Décr. nº 67-236 du 23 mars 1967, art. 248-4.]*

Art. R. 233-7 Le chiffre d'affaires consolidé est égal au montant des ventes de produits et services liés aux activités courantes de l'ensemble constitué par les sociétés consolidées par intégration. Il comprend, après élimination des opérations internes :

1º Le montant net, après retraitements éventuels, du chiffre d'affaires réalisé par les sociétés consolidées par intégration globale ;

2º La quote-part de la société ou des sociétés détentrices dans le montant net, après retraitements éventuels, du chiffre d'affaires réalisé par les sociétés consolidées par intégration proportionnelle. – *[Décr. nº 67-236 du 23 mars 1967, art. 248-5.]*

Art. R. 233-8 La consolidation impose :

1º Le classement des éléments d'actif et de passif ainsi que des éléments de charge et de produit des entreprises consolidées par intégration selon le plan de classement retenu pour la consolidation ;

2º L'évaluation au moyen des retraitements nécessaires des éléments d'actif et de passif ainsi que des éléments de charge et de produit des entreprises consolidées selon les méthodes d'évaluation retenues pour la consolidation ;

3° L'élimination de l'incidence sur les comptes des écritures passées pour la seule application des législations fiscales et notamment pour ce qui concerne les subventions d'investissement, les provisions réglementées et l'amortissement des immobilisations ;

4° L'élimination des résultats internes à l'ensemble consolidé, y compris les dividendes ;

5° La constatation de charges lorsque les impositions afférentes à certaines distributions prévues entre des entreprises consolidées par intégration ne sont pas récupérables ainsi que la prise en compte de réductions d'impôt lorsque des distributions prévues en font bénéficier des entreprises consolidées par intégration ;

6° L'élimination des comptes réciproques des entreprises consolidées par intégration.

Toutefois, par dérogation au 6° ci-dessus et sous réserve d'en justifier dans l'annexe, un actif immobilisé peut être maintenu à la nouvelle valeur résultant d'une opération entre les sociétés consolidées par intégration lorsque cette opération a été conclue conformément aux conditions normales du marché et que l'élimination du supplément de valeur d'actif entraînerait des frais disproportionnés ; dans ce cas, l'écart qui en résulte est inscrit directement dans les réserves.

La société consolidante peut omettre d'effectuer certaines des opérations décrites au présent article, lorsqu'elles sont d'incidence négligeable sur le patrimoine, la situation financière et le résultat de l'ensemble constitué par les entreprises comprises dans la consolidation. — *[Décr. n° 67-236 du 23 mars 1967, art. 248-6.]*

Art. R. 233-9 L'écart constaté d'un exercice à l'autre et qui résulte de la conversion en euros des comptes d'entreprises libellés dans une autre monnaie est inscrit distinctement soit dans les capitaux propres consolidés, soit au compte de résultat consolidé, selon la méthode de conversion retenue. — *[Décr. n° 67-236 du 23 mars 1967, art. 248-7.]*

Art. R. 233-10 L'établissement des comptes consolidés peut s'effectuer en utilisant, outre les méthodes d'évaluation prévues aux articles L. 123-18 à L. 123-21, les méthodes d'évaluation *(Décr. n° 2015-903 du 23 juill. 2015, art. 2-3°)* « fixées par un règlement de l'Autorité des normes comptables. »

1° à 8° abrogés par Décr. n° 2015-903 du 23 juill. 2015, art. 2-3°.

(Abrogé par Décr. n° 2015-903 du 23 juill. 2015, art. 2-3°) « *9°* » Les biens détenus par des organismes qui sont soumis à des règles d'évaluation fixées par des lois particulières peuvent être maintenus dans les comptes consolidés à la valeur qui résulte de l'application de ces règles. — *[Décr. n° 67-236 du 23 mars 1967, art. 248-8.]*

Art. R. 233-11 Le bilan consolidé *(Décr. n° 2015-903 du 23 juill. 2015, art. 2-4°)* « établi selon un modèle fixé par un règlement de l'Autorité des normes comptables » est présenté soit sous forme de tableau, soit sous forme de liste. Il fait au moins apparaître de façon distincte :

1° *(Décr. n° 2015-903 du 23 juill. 2015, art. 2-4°)* « Au titre de l'actif immobilisé »*[,]* les immobilisations incorporelles, les immobilisations corporelles, les immobilisations financières *(Abrogé par Décr. n° 2015-903 du 23 juill. 2015, art. 2-4°)* « *, les stocks, les créances, les valeurs mobilières de placement et les disponibilités* » ;

(Décr. n° 2015-903 du 23 juill. 2015, art. 2-4°) « 1° *bis* Au titre de l'actif circulant : les stocks, les créances, les valeurs mobilières de placement et les disponibilités ; »

2° Les capitaux propres, les provisions et les dettes ;

3° La part des actionnaires ou associés minoritaires. — *[Décr. n° 67-236 du 23 mars 1967, art. 248-9.]*

Art. R. 233-12 Le compte de résultat consolidé *(Décr. n° 2015-903 du 23 juill. 2015, art. 2-5°)* « établi selon un modèle fixé par un règlement de l'Autorité des normes comptables » fait au moins apparaître le montant net du chiffre d'affaires consolidé, le résultat après impôts de l'ensemble des entreprises consolidées par intégration, la quote-part des résultats des entreprises consolidées par mise en équivalence. La part des actionnaires ou associés minoritaires et la part de l'entreprise consolidante apparaissent distinctement.

Les produits et les charges sont classés selon leur nature ou leur destination. Ils sont présentés soit sous forme de tableau, soit sous forme de liste. — *[Décr. n° 67-236 du 23 mars 1967, art. 248-10.]*

Art. R. 233-13 Sont enregistrées au bilan et au compte de résultat consolidés les impositions différées résultant :

1° Du décalage temporaire entre la constatation comptable d'un produit ou d'une charge et son inclusion dans le résultat fiscal d'un exercice ultérieur ;

2° Des aménagements et éliminations imposés à l'article R. 233-8, des retraitements prévus au *c [2°]* de cet article et notamment de ceux induits par l'utilisation des règles d'évaluation de l'article R. 233-10 ;

3° De déficits fiscaux reportables des entreprises comprises dans la consolidation dans la mesure où leur imputation sur des bénéfices fiscaux futurs est probable. – *[Décr. nº 67-236 du 23 mars 1967, art. 248-11.]*

Art. R. 233-14 Outre les informations prévues par les articles L. 233-19, L. 233-23, L. 233-25 *(Décr. nº 2015-903 du 23 juill. 2015, art. 2-6°)* « et par l'article R. 233-8 », l'annexe comporte toutes les informations d'importance significative permettant aux lecteurs d'avoir une juste appréciation du patrimoine, de la situation financière et du résultat de l'ensemble constitué par les entreprises comprises dans la consolidation.

V. note ss. art. R. 123-177.

Art. R. 233-15 Sous réserve d'en justifier dans l'annexe prévue à l'article L. 123-12, les sociétés mentionnées au 1° de l'article L. 233-17 sont exemptées de l'obligation d'établir des comptes consolidés et un rapport sur la gestion du groupe lorsque sont réunies les conditions suivantes :

1° Les comptes consolidés de l'ensemble plus grand d'entreprises, dans lequel ces sociétés sont incluses, sont établis en conformité avec les articles L. 233-16 à L. 233-28 *(Décr. nº 2007-1851 du 26 déc. 2007, art. 2)* « ou, pour les entreprises relevant de la législation nationale d'un autre État *(Abrogé par Décr. nº 2008-876 du 29 août 2008, art. 8) « membre de la Communauté européenne »*, avec les dispositions prises par cet État pour l'application de la » *(Décr. nº 2015-903 du 23 juill. 2015, art. 2-7°)* « directive nº 2013/34/UE du 26 juin 2013 » *(Décr. nº 2008-876 du 29 août 2008, art. 8)* « ou, lorsque cet État n'est pas tenu de se conformer à cette directive, avec des principes et des règles offrant un niveau d'exigence équivalant aux dispositions des articles L. 233-16 à L. 233-28 ou à celles de ladite directive » ;

2° Ils sont, selon la législation applicable à la société qui les établit, certifiés par les professionnels indépendants chargés du contrôle des comptes et publiés ;

3° Ils sont mis à la disposition des actionnaires ou des associés de la société exemptée dans les conditions et dans les délais prévus aux articles R. 225-88 et R. 225-89 ; s'ils sont établis dans une langue autre que le français, ils sont accompagnés de leur traduction en langue française.

Lorsque les comptes consolidés sont établis par une entreprise qui a son siège en dehors d'un État membre de la Communauté européenne ou partie à l'accord sur l'Espace économique européen, ceux-ci sont complétés de toutes les informations d'importance significative concernant la situation patrimoniale et financière ainsi que le résultat de l'ensemble constitué par la société exemptée, ses filiales et ses participations ; ces informations portent notamment sur le montant de l'actif immobilisé, le montant net du chiffre d'affaires, le résultat de l'exercice, le montant des capitaux propres et le nombre des membres du personnel employés en moyenne au cours de l'exercice ; ces informations sont données soit dans l'annexe des comptes consolidés mentionnés au 1°, soit dans l'annexe des comptes annuels de la société exemptée. Dans ce dernier cas, elles sont établies selon les principes et les méthodes prévues par les articles L. 233-16 à L. 233-25. – *[Décr. nº 67-236 du 23 mars 1967, art. 248-13.]*

Art. R. 233-16 Pour l'application du 2° de l'article L. 233-17, les seuils que ne doit pas dépasser, dans les conditions fixées à cet article, l'ensemble constitué par une société et les entreprises qu'elle contrôle sont fixées ainsi qu'il suit :

1° Total du bilan : *(Décr. nº 2015-903 du 23 juill. 2015, art. 2-8°)* « 24 000 000 € » ;

2° Montant net du chiffre d'affaires : *(Décr. nº 2015-903 du 23 juill. 2015, art. 2-8°)* « 48 000 000 € » ;

3° Nombre moyen de salariés *(Abrogé par Décr. nº 2015-903 du 23 juill. 2015, art. 2-8°) « permanents »* : 250.

Ces chiffres sont calculés globalement pour l'ensemble des entreprises concernées selon la méthode définie aux *(Décr. n° 2020-100 du 7 févr. 2020, art. 5)* **« cinquième, sixième et septième » alinéas de l'article** *(Décr. n° 2015-903 du 23 juill. 2015, art. 2-8°)* **« D. 123-200 ».** – *[Décr. n° 67-236 du 23 mars 1967, art. 248-14.]*

Pour les dispositions transitoires du Décr. n° 2020-100 du 7 févr. 2020, V. note ss. art. R. 225-104.

SECTION III DES PARTICIPATIONS RÉCIPROQUES

Art. R. 233-17 Le délai prévu au dernier alinéa de l'article L. 233-29 est d'un an à compter de l'information faite en application du I de l'article L. 233-7. – *[Décr. n° 67-236 du 23 mars 1967, art. 249.]*

Art. R. 233-18 Les délais prévus aux deuxième et quatrième alinéas de l'article L. 233-30 sont d'un an à compter de la date à laquelle les actions que la société est tenue d'aliéner sont entrées dans son patrimoine. – *[Décr. n° 67-236 du 23 mars 1967, art. 250.]*

Art. R. 233-19 L'avis adressé à une société, en application de l'article R. 233-17, est porté à la connaissance des actionnaires par le rapport du conseil d'administration, du directoire ou des gérants, selon le cas, et par celui des commissaires aux comptes, lors de l'assemblée générale ordinaire suivante.

Toute aliénation d'actions, effectuée par une société en application des articles L. 233-29 et L. 233-30, est portée à la connaissance des associés ou des actionnaires, par les rapports mentionnés à l'alinéa précédent, lors de l'assemblée suivante. – *[Décr. n° 67-236 du 23 mars 1967, art. 251.]*

CHAPITRE IV DE LA PROCÉDURE D'ALERTE

Art. R. 234-1 Dans les sociétés anonymes, l'information prévue au premier alinéa de l'article L. 234-1 porte sur tout fait que le commissaire aux comptes relève lors de l'examen des documents qui lui sont communiqués ou sur tout fait dont il a connaissance à l'occasion de l'exercice de sa mission. Cette information est faite sans délai, par lettre recommandée avec demande d'avis de réception.

Le président du conseil d'administration ou le directoire répond par lettre recommandée avec demande d'avis de réception dans les quinze jours qui suivent la réception de l'information mentionnée ci-dessus. – *[Décr. n° 67-236 du 23 mars 1967, art. 251-1, al. 1er et 2.]*

Art. R. 234-2 L'invitation du commissaire aux comptes à faire délibérer le conseil d'administration ou le conseil de surveillance prévue au deuxième alinéa de l'article L. 234-1 est formulée par lettre recommandée avec demande d'avis de réception dans les huit jours qui suivent la réponse du président du conseil d'administration ou du directoire, ou la constatation de l'absence de réponse dans les délais prévus au deuxième alinéa de l'article R. 234-1. Une copie de cette invitation est adressée sans délai par le commissaire aux comptes au président du tribunal par lettre recommandée avec demande d'avis de réception.

Le président du conseil d'administration ou le directoire convoque, dans les huit jours qui suivent la réception de la lettre du commissaire aux comptes, le conseil d'administration ou le conseil de surveillance, en vue de le faire délibérer sur les faits relevés. Le commissaire aux comptes est convoqué à cette séance dans les mêmes conditions. La délibération intervient dans les quinze jours qui suivent la réception de cette lettre.

Un extrait du procès-verbal des délibérations du conseil d'administration ou du conseil de surveillance est adressé au président du tribunal, au commissaire aux comptes, au comité d'entreprise ou, à défaut, aux délégués du personnel *[au comité social et économique]*, **par lettre recommandée avec demande d'avis de réception, dans les huit jours qui suivent la réunion du conseil.** – *[Décr. n° 67-236 du 23 mars 1967, art. 251-1, al. 3 à 5.]*

Art. R. 234-3 A défaut de réponse par le président du conseil d'administration ou du directoire ou lorsque la continuité de l'exploitation demeure compromise en dépit des

décisions arrêtées, le commissaire aux comptes les invite à faire délibérer une assemblée générale sur les faits relevés. Cette invitation est faite par lettre recommandée avec demande d'avis de réception dans le délai de quinze jours à compter de la réception de la délibération du conseil ou de l'expiration du délai imparti pour celle-ci. Elle est accompagnée du rapport spécial du commissaire aux comptes, qui est communiqué au comité d'entreprise ou, à défaut, aux délégués du personnel *[au comité social et économique]*, par le président du conseil d'administration ou du directoire, dans les huit jours qui suivent sa réception.

Le conseil d'administration ou le directoire procède à la convocation de l'assemblée générale dans les huit jours suivant l'invitation faite par le commissaire aux comptes, dans les conditions prévues par les articles R. 225-62 et suivants. L'assemblée générale doit, en tout état de cause, être réunie au plus tard dans le mois suivant la date de notification faite par le commissaire aux comptes.

En cas de carence du conseil d'administration ou du directoire, le commissaire aux comptes convoque l'assemblée générale dans un délai de huit jours à compter de l'expiration du délai imparti au conseil d'administration ou au directoire et en fixe l'ordre du jour. Il peut, en cas de nécessité, choisir un lieu de réunion autre que celui éventuellement prévu par les statuts, mais situé dans le même département. Dans tous les cas, les frais entraînés par la réunion de l'assemblée sont à la charge de la société. – *[Décr. n° 67-236 du 23 mars 1967, art. 251-1, al. 6 à 8.]*

Art. R. 234-4 Lorsque, en application du dernier alinéa de l'article L. 234-1, le commissaire aux comptes informe de ses démarches le président du tribunal, cette information est faite sans délai par lettre recommandée avec demande d'avis de réception. Elle comporte la copie de tous les documents utiles à l'information du président du tribunal ainsi que l'exposé des raisons qui l'ont conduit à constater l'insuffisance des décisions prises. – *[Décr. n° 67-236 du 23 mars 1967, art. 251-1, al. 9.]*

Art. R. 234-5 Dans les sociétés autres que les sociétés anonymes, la demande d'explications prévue à l'article L. 234-2 porte sur tout fait que le commissaire aux comptes relève lors de l'examen des documents qui lui sont communiqués ou sur tout fait dont il a connaissance à l'occasion de l'exercice de sa mission. Cette demande est adressée sans délai par lettre recommandée avec demande d'avis de réception.

Le dirigeant répond par lettre recommandée avec demande d'avis de réception dans les quinze jours qui suivent la réception de la demande d'explication et adresse copie de la demande et de sa réponse, dans les mêmes formes et les mêmes délais, au comité d'entreprise ou, à défaut, aux délégués du personnel *[au comité social et économique]* et au conseil de surveillance, s'il en existe. Dans sa réponse, il donne une analyse de la situation et précise, le cas échéant, les mesures envisagées. Le commissaire aux comptes informe sans délai le président du tribunal de l'existence de cette procédure par lettre recommandée avec demande d'avis de réception. – *[Décr. n° 67-236 du 23 mars 1967, art. 251-2, al. 1er et 2.]*

Art. R. 234-6 L'invitation à faire délibérer l'assemblée sur les faits relevés prévue au deuxième alinéa de l'article L. 234-2 est adressée par le commissaire aux comptes au dirigeant, par lettre recommandée avec demande d'avis de réception, dans les quinze jours qui suivent la réception de la réponse du dirigeant ou la date d'expiration du délai imparti pour celle-ci. Elle est accompagnée du rapport spécial du commissaire aux comptes. Une copie de cette invitation est adressée sans délai au président du tribunal, par lettre recommandée avec demande d'avis de réception. – *[Décr. n° 67-236 du 23 mars 1967, art. 251-2, al. 3 à 5.]*

Dans les huit jours de leur réception, le dirigeant communique l'invitation et le rapport du commissaire aux comptes au comité d'entreprise ou, à défaut, aux délégués du personnel *[au comité social et économique]* et procède à la convocation de l'assemblée générale. *Celle-ci doit, en tout état de cause, être réunie au plus tard dans le mois suivant la date de l'invitation faite par le commissaire aux comptes.*

En cas de carence du dirigeant, le commissaire aux comptes convoque l'assemblée générale dans un délai de huit jours à compter de l'expiration du délai imparti au dirigeant. Il fixe l'ordre du jour de l'assemblée et peut, en cas de nécessité, choisir un lieu de réunion autre que celui éventuellement prévu par les statuts, mais situé dans le même département. Dans tous les cas, les frais entraînés par la réunion de l'assemblée sont à la charge de la société.

Art. R. 234-7 Lorsque, dans les conditions prévues au dernier alinéa de l'article L. 234-2, le commissaire aux comptes informe de ses démarches le président du tribunal, cette information est faite sans délai par lettre recommandée avec demande d'avis de réception. Elle comporte la copie de tous les documents utiles à l'information du président du tribunal ainsi que l'exposé des raisons qui l'ont conduit à constater l'insuffisance des décisions prises. – *[Décr. n° 67-236 du 23 mars 1967, art. 251-2, al. 6.]*

CHAPITRE V DES NULLITÉS

Art. R. 235-1 Les mises en demeure prévues par le premier alinéa de l'article L. 235-6 et par l'article L. 235-7 sont faites par acte extrajudiciaire ou par lettre recommandée avec demande d'avis de réception. – *[Décr. n° 67-236 du 23 mars 1967, art. 252.]*

Art. R. 235-2 Le délai prévu à l'article L. 235-7 est de trente jours à compter de la mise en demeure.

Le mandataire chargé d'accomplir la formalité de publicité dans les conditions prévues à l'article L. 235-7 est désigné par le président du tribunal de commerce, statuant en référé. – *[Décr. n° 67-236 du 23 mars 1967, art. 253.]*

Art. R. 235-3 La tierce opposition contre les décisions prononçant la nullité d'une société n'est recevable que pendant un délai de six mois à compter de la publication de la décision judiciaire au *Bulletin officiel des annonces civiles et commerciales.* – *[Décr. n° 67-236 du 23 mars 1967, art. 253-1.]*

CHAPITRE VI DE LA FUSION ET DE LA SCISSION

SECTION PREMIÈRE DISPOSITIONS GÉNÉRALES *(Décr. n° 2009-11 du 5 janv. 2009, art. 2).*

Art. R. 236-1 Le projet de fusion ou de scission est arrêté par le conseil d'administration, le directoire, le ou les gérants de chacune des sociétés participant à l'opération de fusion ou de scission projetée.

Il contient les indications suivantes :

1° La forme, la dénomination et le siège social de toutes les sociétés participantes ;

2° Les motifs, buts et conditions de la fusion ou de la scission ;

3° La désignation et l'évaluation de l'actif et du passif dont la transmission aux sociétés absorbantes ou nouvelles est prévue ;

4° Les modalités de remise des parts ou actions et la date à partir de laquelle ces parts ou actions donnent droit aux bénéfices, ainsi que toute modalité particulière relative à ce droit, et la date à partir de laquelle les opérations de la société absorbée ou scindée seront, du point de vue comptable, considérées comme accomplies par la ou les sociétés bénéficiaires des apports ;

5° Les dates auxquelles ont été arrêtés les comptes des sociétés intéressées utilisés pour établir les conditions de l'opération ;

6° Le rapport d'échange des droits sociaux et, le cas échéant, le montant de la soulte ;

7° Le montant prévu de la prime de fusion ou de scission ;

8° Les droits accordés aux associés ayant des droits spéciaux et aux porteurs de titres autres que des actions ainsi que, le cas échéant, tous avantages particuliers. – *[Décr. n° 67-236 du 23 mars 1967, art. 254.]*

(Décr. n° 2011-1473 du 9 nov. 2011, art. 9) « Pour les opérations mentionnées à l'article L. 236-11, le projet de fusion ne mentionne ni les modalités de remise des parts ou actions, ni la date à partir de laquelle ces parts ou actions donnent droit aux bénéfices, ni aucune modalité particulière relative à ce droit, ni aucune des indications prévues *[aux]* 6° et 7° du présent article. »

Art. R. 236-2 Le projet de fusion ou de scission fait l'objet d'un avis inséré, par chacune des sociétés participant à l'opération, *(Décr. n° 2011-1473 du 9 nov. 2011, art. 10)*

« au *Bulletin officiel des annonces civiles et commerciales* ». Au cas où *(Décr. n° 2009-557 du 19 mai 2009, art. 3-XXIII)* « les actions de l'une au moins de ces sociétés sont admises aux négociations sur un marché réglementé » ou si toutes les actions de l'une d'entre elles au moins ne revêtent pas la forme nominative, un avis est en outre inséré au *Bulletin des annonces légales obligatoires*.

Cet avis contient les indications suivantes :

1° La raison sociale ou la dénomination sociale suivie, le cas échéant, de son sigle, la forme, l'adresse du siège, le montant du capital et les mentions prévues aux 1° et 2° de l'article R. 123-237 pour chacune des sociétés participant à l'opération ;

2° La raison sociale ou la dénomination sociale suivie, le cas échéant, de son sigle, la forme, l'adresse du siège et le montant du capital des sociétés nouvelles qui résultent de l'opération ou le montant de l'augmentation du capital des sociétés existantes ;

3° L'évaluation de l'actif et du passif dont la transmission aux sociétés absorbantes ou nouvelles est prévue ;

4° Le rapport d'échange des droits sociaux ;

5° Le montant prévu de la prime de fusion ou de scission ;

6° La date du projet ainsi que les date et lieu des dépôts prescrits par le premier alinéa de l'article L. 236-6.

(Décr. n° 2011-1473 du 9 nov. 2011, art. 10) « Le dépôt au greffe prévu à l'article L. 236-6 et la publicité prévue au présent article ont lieu trente jours au moins avant la date de la première assemblée générale appelée à statuer sur l'opération ou, le cas échéant, pour les opérations mentionnées à l'article L. 236-11, trente jours au moins avant que l'opération ne prenne effet. » — *[Décr. n° 67-236 du 23 mars 1967, art. 255.]*

Art. R. 236-2-1 *(Décr. n° 2011-1473 du 9 nov. 2011, art. 11)* L'insertion prévue à l'article R. 236-2 n'est pas requise lorsque, pendant une période ininterrompue commençant au plus tard trente jours avant la date fixée pour l'assemblée générale appelée à se prononcer sur le projet de fusion ou de scission, la société publie sur son site internet le projet de fusion ou de scission, dans des conditions de nature à garantir la sécurité et l'authenticité des documents.

Cet avis contient les mêmes mentions que pour celui prévu à l'article R. 236-2 et peut être consulté sans frais.

Lorsque le site internet n'est plus accessible pendant une période ininterrompue d'au moins vingt-quatre heures, le projet de fusion ou de scission fait l'objet d'un avis publié, sans délai, selon les modalités de l'article R. 236-2. Dans ce cas, le délai mentionné au neuvième alinéa de l'article L. 236-2 est suspendu jusqu'à cette publication.

Art. R. 236-3 Toute société par actions participant à une opération de fusion ou de scission met à la disposition de ses actionnaires, au siège social, *(Décr. n° 2011-1473 du 9 nov. 2011, art. 12)* « trente jours » au moins avant la date de l'assemblée générale appelée à se prononcer sur le projet, les documents suivants :

1° Le projet de fusion ou de scission ;

2° *(Décr. n° 2011-1473 du 9 nov. 2011, art. 12)* « Le cas échéant, les rapports mentionnés aux articles L. 236-9 et L. 236-10 lorsque l'opération est réalisée entre sociétés anonymes ; »

3° Les comptes annuels approuvés par les assemblées générales ainsi que les rapports de gestion des trois derniers exercices des sociétés participant à l'opération ;

4° Un état comptable établi selon les mêmes méthodes et suivant la même présentation que le dernier bilan annuel, arrêté à une date qui, si les derniers comptes annuels se rapportent à un exercice dont la fin est antérieure de plus de six mois à la date du projet de fusion ou de scission, doit être antérieure de moins de trois mois à la date de ce projet *(Décr. n° 2011-1473 du 9 nov. 2011, art. 12)* « [,] ou, le cas échéant, le rapport financier semestriel prévu à l'article L. 451-1-2 du code monétaire et financier, lorsque celui-ci est publié ». — *V.* ***C. sociétés*** *ou* ***C. mon. fin.***

Pour l'application du 3°, si l'opération est décidée avant que les comptes annuels du dernier exercice clos aient été approuvés, ou moins *(Décr. n° 2011-1473 du 9 nov. 2011, art. 12)* « de trente jours » après leur approbation, sont mis à la disposition des actionnaires les comptes arrêtés et certifiés relatifs à cet exercice et les comptes annuels approuvés des deux exercices précédents ainsi que les rapports de gestion. Dans le cas où le conseil d'administration ne les a pas encore arrêtés, l'état comptable mentionné au 4° et les comptes annuels approuvés des deux exercices précédents ainsi que les rapports de gestion sont mis à la disposition des actionnaires.

Tout actionnaire peut obtenir sur simple demande et sans frais copie totale ou partielle des documents susmentionnés.

En outre, toute société à responsabilité limitée à laquelle l'article L. 236-10 est applicable met à la disposition de ses associés, dans les conditions prévues ci-dessus, le rapport prévu à cet article. En cas de consultation par écrit, ce rapport est adressé aux associés avec le projet de résolution qui leur est soumis. – *[Décr. n° 67-236 du 23 mars 1967, art. 258.] – Cette disposition n'est applicable qu'aux fusions ou scissions dont le projet a été déposé au greffe postérieurement à l'entrée en vigueur du Décr. n° 88-418 du 22 avr. 1988 (Décr. préc., art. 33).*

Art. R. 236-3-1 *(Décr. n° 2011-1473 du 9 nov. 2011, art. 13)* La mise à disposition au siège social des documents prévue à l'article R. 236-3 n'est pas requise lorsque, pendant une période ininterrompue commençant au plus tard trente jours avant la date fixée pour l'assemblée générale appelée à se prononcer sur le projet de fusion ou de scission et ne s'achevant pas avant la fin de cette assemblée, la société les publie sur son site internet, dans des conditions de nature à garantir la sécurité et l'authenticité des documents.

Lorsque le site internet n'est plus accessible pendant une durée ininterrompue d'au moins vingt-quatre heures, les dispositions de l'article R. 236-3 sont applicables. Dans ce cas, le délai mentionné au premier alinéa de l'article L. 236-3 est suspendu jusqu'à cette mise à disposition.

Aucune copie des documents mentionnés à l'article R. 236-3 ne peut être obtenue lorsque le site internet des sociétés participant à l'opération de fusion ou de scission permet sans frais aux actionnaires de les télécharger et de les imprimer.

Art. R. 236-4 La déclaration prévue à l'article L. 236-6 est déposée avec la demande d'inscription modificative au registre du commerce et des sociétés du siège de l'une des sociétés bénéficiaires.

Elle est signée par au moins un membre du directoire, administrateur ou gérant de chacune des sociétés participantes ayant reçu mandat à cet effet.

Une copie est déposée au greffe du siège social de chaque société participante qui fait l'objet d'une inscription modificative. – *[Décr. n° 67-236 du 23 mars 1967, art. 265.]*

Art. R. 236-5 Le rapport du conseil d'administration ou du directoire prévu *(Décr. n° 2019-1486 du 27 déc. 2019, art. 1er)* « au I de » l'article L. 236-9 explique et justifie le projet de manière détaillée, du point de vue juridique et économique, notamment en ce qui concerne le rapport d'échange des actions et les méthodes d'évaluation utilisées, qui doivent être concordantes pour les sociétés concernées ainsi que, le cas échéant, les difficultés particulières d'évaluation.

En cas de scission, pour les sociétés bénéficiaires du transfert de patrimoine, il mentionne également l'établissement du rapport prévu à l'article L. 225-147 et indique qu'il sera déposé au greffe du tribunal de commerce du siège de ces sociétés.

La publicité de l'offre d'acquisition des certificats d'investissement est faite conformément aux dispositions de l'article R. 225-153.

Le porteur de certificats d'investissement conserve cette qualité dans la société absorbante s'il n'a pas cédé ses titres dans les trente jours de la dernière mesure de publicité. – *[Décr. n° 67-236 du 23 mars 1967, art. 256.]*

Art. R. 236-5-1 *(Décr. n° 2011-1473 du 9 nov. 2011, art. 14)* Sauf si les actionnaires de chacune des sociétés participant à l'opération de fusion en décident autrement dans les conditions prévues au II de l'article L. 236-10, l'information des actionnaires prévue au cinquième alinéa *(Décr. n° 2019-1486 du 27 déc. 2019, art. 1er)* « du I » de l'article L. 236-9 leur est communiquée selon les formes prévues à l'article R. 236-2 ou, le cas échéant, à l'article R. 236-2-1, à compter du jour où les conseils d'administration ou les directoires des sociétés participant à l'opération en ont eu connaissance.

Cette information est en outre transmise, sans délai, aux conseils d'administration ou aux directoires des autres sociétés participant à l'opération, par tous moyens contre accusé de réception. Ceux-ci en informent leurs actionnaires selon les formes prévues à l'alinéa premier.

Cette modification fait également l'objet d'une information lors des assemblées générales de chacune des sociétés participant à l'opération.

Art. R. 236-5-2 *(Décr. nº 2019-1486 du 27 déc. 2019, art. 1er)* Le délai mentionné au quatrième alinéa du II de l'article L. 236-9 est de vingt jours à compter de la dernière insertion intervenue en application de l'article R. 236-2 ou, le cas échéant, de la dernière publication prévue par l'article R. 236-2-1.

Ce délai s'applique selon les mêmes modalités aux demandes mentionnées respectivement au deuxième alinéa de l'article L. 236-11, au deuxième alinéa de l'article L. 236-11-1 et au troisième alinéa de l'article L. 236-22.

Art. R. 236-6 Les commissaires à la fusion ou à la scission sont désignés et accomplissent leur mission dans les conditions prévues à l'article *(Décr. nº 2020-1742 du 29 déc. 2020, art. 10, en vigueur le 1er janv. 2021)* « R. 22-10-7 ».

S'il n'est établi qu'un seul rapport pour l'ensemble de l'opération, la désignation a lieu sur requête conjointe de toutes les sociétés participantes. – *[Décr. nº 67-236 du 23 mars 1967, art. 257.]*

Art. R. 236-7 Les commissaires aux apports vérifient notamment que le montant de l'actif net apporté par les sociétés absorbées est au moins égal au montant de l'augmentation du capital de la société absorbante ou au montant du capital de la société nouvelle issue de la fusion.

La même vérification est faite en ce qui concerne le capital des sociétés bénéficiaires de la scission. – *[Décr. nº 67-236 du 23 mars 1967, art. 260.]*

Art. R. 236-8 L'opposition d'un créancier à la fusion ou à la scission, dans les conditions prévues par les articles L. 236-14 et L. 236-21, est formée dans le délai de trente jours à compter de la dernière insertion *(Décr. nº 2011-1473 du 9 nov. 2011, art. 15)* « ou de la mise à disposition du public du projet de fusion ou de scission sur le site internet de chacune des sociétés prescrites » par l'article *(Décr. nº 2007-750 du 9 mai 2007, art. 38)* « R. 236-2 » *(Décr. nº 2011-1473 du 9 nov. 2011, art. 15)* « ou, le cas échéant, par l'article R. 236-2-1 ».

L'opposition des représentants de la masse des obligataires à la fusion, prévue à l'article L. 236-15, est formée dans le même délai.

Dans tous les cas, l'opposition est portée devant le tribunal de commerce. – *[Décr. nº 67-236 du 23 mars 1967, art. 261.]*

Art. R. 236-9 Dans le cas prévu au troisième alinéa de l'article L. 228-73, l'opposition des représentants de la masse des obligataires à la fusion ou à la scission est formée dans le délai de trente jours à compter de la publication prévue à l'article R. 228-80.

L'opposition est portée devant le tribunal de commerce. – *[Décr. nº 67-236 du 23 mars 1967, art. 261-1.]*

Art. R. 236-10 Les bailleurs de locaux loués aux sociétés absorbées ou scindées peuvent également former opposition à la fusion ou à la scission, dans les conditions prévues au premier alinéa de l'article R. 236-8. – *[Décr. nº 67-236 du 23 mars 1967, art. 262.] – V. art. L. 145-16.*

Art. R. 236-11 *(Décr. nº 2018-229 du 30 mars 2018, art. 16)* « L'offre de remboursement des titres sur simple demande des obligataires prévue au premier alinéa des articles L. 236-13 et L. 236-18 est portée à la connaissance des obligataires selon les modalités prévues au contrat d'émission. Lorsque le contrat d'émission ne prévoit pas ces modalités, l'offre est publiée au *Bulletin des annonces légales obligatoires* et, à deux reprises, dans deux *(Décr. nº 2020-106 du 10 févr. 2020, art. 13)* « supports » habilités à recevoir des annonces légales du département du siège social de la société débitrice. Le délai entre les deux insertions est de dix jours au moins. »

(Décr. nº 2017-1165 du 12 juill. 2017, art. 9-2º) « Les titulaires d'obligations nominatives sont informés de l'offre de remboursement selon les modalités prévues au contrat d'émission ou, à défaut, par lettre simple ou recommandée. » Si toutes les obligations sont nominatives, la publicité prévue à l'alinéa précédent est facultative. – *[Décr. nº 67-236 du 23 mars 1967, art. 263.]*

Art. R. 236-12 Le délai prévu au troisième alinéa de l'article L. 236-13 est de trois mois à compter de la dernière formalité de publicité ou de l'envoi de la lettre simple ou recommandée prévue à l'article R. 236-11. – *[Décr. nº 67-236 du 23 mars 1967, art. 264.]*

SECTION II **DISPOSITIONS PARTICULIÈRES AUX FUSIONS TRANSFRONTALIÈRES**

(Décr. nº 2009-11 du 5 janv. 2009, art. 3)

Art. R. 236-13 Les opérations de fusions transfrontalières sont régies par les dispositions de la présente section, ainsi que par celles non contraires de la section I du présent chapitre.

Art. R. 236-14 Un projet commun de fusion est arrêté par l'organe de gestion, d'administration ou de direction de chacune des sociétés participant à l'opération de fusion transfrontalière.

Il contient les indications suivantes :

1° La forme, la dénomination et le siège social des sociétés participantes, ainsi que ceux de la société issue de la fusion transfrontalière ;

2° Le rapport d'échange des titres, parts ou actions représentatifs du capital social et, le cas échéant, le montant de la soulte ;

3° Les modalités de remise des titres, parts ou actions de la société issue de la fusion transfrontalière, la date à partir de laquelle ces titres, parts ou actions donnent droit aux bénéfices ainsi que toute modalité particulière relative à ce droit ;

4° La date à partir de laquelle les opérations des sociétés qui fusionnent seront, du point de vue comptable, considérées comme accomplies pour le compte de la société issue de la fusion transfrontalière ;

5° Les droits accordés par la société issue de la fusion transfrontalière aux associés ayant des droits spéciaux et aux porteurs de titres autres que des actions ou des parts représentatifs du capital social ou les mesures proposées à leur égard ;

6° Tous avantages particuliers attribués aux experts qui examinent le projet de fusion transfrontalière ainsi qu'aux membres des organes d'administration, de direction, de surveillance ou de contrôle des sociétés qui fusionnent ;

7° Des informations concernant l'évaluation du patrimoine actif et passif transféré à la société issue de la fusion transfrontalière ;

8° Les dates des comptes des sociétés qui fusionnent utilisés pour définir les conditions de la fusion transfrontalière ;

9° Les statuts de la société issue de la fusion transfrontalière ;

10° Le cas échéant, des informations sur les procédures selon lesquelles sont fixées les modalités relatives à l'implication des travailleurs dans la définition de leurs droits de participation dans la société issue de la fusion transfrontalière ;

11° Les effets probables de la fusion transfrontalière sur l'emploi.

Art. R. 236-15 Les sociétés participant à l'opération de fusion qui sont immatriculées en France publient, dans un *(Décr. nº 2020-106 du 10 févr. 2020, art. 12)* « support » habilité à recevoir des annonces légales du département de leur siège social ainsi qu'au *Bulletin officiel des annonces civiles et commerciales*, un avis relatif au projet de fusion transfrontalière.

L'avis contient les indications suivantes :

1° La raison sociale ou la dénomination sociale de chaque société participante suivie, le cas échéant, de son sigle, sa forme, l'adresse de son siège où peut être consulté le projet de fusion, du montant de son capital ainsi que, pour les sociétés participantes immatriculées en France, des mentions prévues aux 1° et 2° de l'article R. 123-237 ;

2° Le registre auprès duquel chaque société participante a procédé à la publicité requise par l'article L. 236-6 ou les dispositions équivalentes de sa loi nationale, ainsi que le numéro d'inscription de la société dans ce registre ;

3° La raison sociale ou la dénomination sociale de la société nouvelle qui résulte de l'opération de fusion transfrontalière suivie, le cas échéant, de son sigle, de sa forme, de l'adresse de son siège, du montant de son capital ou du montant de l'augmentation du capital des sociétés existantes ;

4° L'évaluation de l'actif et du passif de chaque société participante dont la transmission à la société nouvelle ou absorbante est prévue ;

5° Le rapport d'échange des droits sociaux dans chaque société participante ;

6° Le montant prévu de la prime de fusion pour chaque société participante ;

7° La date du projet commun de fusion transfrontalière ainsi que, pour les sociétés participantes immatriculées en France, la date et le lieu du dépôt au registre du commerce et des sociétés prévu au deuxième alinéa de l'article L. 236-6 ;

8° L'indication, pour chaque société participante, des modalités d'exercice des droits des créanciers et, le cas échéant, des associés minoritaires ainsi que l'adresse à laquelle peut être obtenue sans frais une information exhaustive sur ces modalités.

Le dépôt au greffe du projet commun de fusion transfrontalière prévu à l'article L. 236-6 et la publicité prévue au présent article sont réalisés au moins un mois avant la date de l'assemblée générale appelée à statuer sur l'opération.

Art. R. 236-16 Le rapport de l'organe de direction ou d'administration établi en application du premier alinéa de l'article L. 236-27 par chaque société participante explique et justifie le projet de fusion transfrontalière de manière détaillée, en ses aspects juridiques et économiques, notamment en ce qui concerne le rapport d'échange des actions et les méthodes d'évaluation utilisées, qui doivent être concordantes pour les sociétés concernées, ainsi que les conséquences du projet de fusion pour les associés, les salariés et les créanciers.

La mise à la disposition des associés ainsi que des délégués du personnel ou des salariés du rapport mentionné au premier alinéa est opéré un mois au moins avant la date de l'assemblée générale appelée à se prononcer sur le projet de fusion transfrontalière.

Lorsqu'il est transmis un mois au moins avant l'assemblée générale mentionnée à l'alinéa précédent, l'avis du comité d'entreprise ou, à défaut, des délégués du personnel *[l'avis du comité social et économique]* est annexé au rapport.

Art. R. 236-17 Le greffier dispose d'un délai de huit jours à compter du dépôt de la déclaration de conformité pour délivrer l'attestation de conformité des actes et formalités préalables à la fusion prévue à l'article L. 236-29.

Art. R. 236-18 Le notaire qui procède au contrôle prévu à l'article L. 236-30 ne doit avoir ni instrumenté, ni rédigé d'actes sous seing privé, ni donné des consultations juridiques à l'occasion de l'opération pour laquelle le contrôle est effectué. Il ne doit pas exercer dans une société ou dans un office qui aurait instrumenté, rédigé des actes sous seing privé ou donné des consultations juridiques à l'occasion de cette opération.

Art. R. 236-19 Chaque société participant à la fusion transfrontalière remet au notaire ou au greffier chargé du contrôle de légalité un dossier contenant, outre l'attestation de conformité délivrée par le greffier et datant de moins de six mois, les documents suivants :

– le projet commun de fusion transfrontalière ;

– les statuts de la société issue de la fusion transfrontalière ;

– une copie des avis relatifs aux publicités prévues par la présente section ;

– une copie du procès-verbal des assemblées mentionnées aux articles L. 236-9 et L. 236-13 ;

– un document attestant que les sociétés qui fusionnent ont approuvé le projet de fusion dans les mêmes termes et que les modalités relatives à la participation des salariés ont été fixées conformément au titre VII du livre III de la deuxième partie du code du travail.

Art. R. 236-20 Le contrôle de légalité mentionné à l'article L. 236-30 est accompli dans un délai de quinze jours à compter de la réception de l'ensemble des documents mentionnés à l'article R. 236-19.

CHAPITRE VII DE LA LIQUIDATION

SECTION PREMIÈRE DISPOSITIONS GÉNÉRALES

Art. R. 237-1 La mention "société en liquidation" ainsi que le nom du ou des liquidateurs doivent figurer sur tous les actes et documents émanant de la société et destinés aux tiers, notamment sur toutes lettres, factures, annonces et publications diverses. – *[Décr. nº 67-236 du 23 mars 1967, art. 266, al. 1er.]*

Art. R. 237-2 L'acte de nomination des liquidateurs, quelle que soit sa forme, est publié, dans le délai d'un mois, dans un *(Décr. nº 2020-106 du 10 févr. 2020, art. 12)* « support » habilité à recevoir les annonces légales dans le département du siège social et, *(Décr. nº 2009-557 du 19 mai 2009, art. 3-XXIV)* « si les actions de la société sont admises aux négociations sur un marché réglementé » ou si toutes ses actions ne revêtent pas la forme nominative, au *Bulletin des annonces légales obligatoires*.

Il contient les indications suivantes :

1° La dénomination sociale suivie, le cas échéant, de son sigle ;

2° La forme de la société, suivie de la mention "en liquidation" ;

3° Le montant du capital social ;

4° L'adresse du siège social ;

5° Les mentions prévues aux 1° et 2° de l'article R. 123-237 ;

6° La cause de la liquidation ;

7° Les nom, prénom usuel et domicile des liquidateurs ;

8° Le cas échéant, les limitations apportées à leurs pouvoirs.

Sont en outre indiqués dans la même insertion :

1° Le lieu où la correspondance est adressée et celui où les actes et documents concernant la liquidation sont notifiés ;

2° Le tribunal de commerce au greffe duquel est effectué, en annexe au registre du commerce et des sociétés, le dépôt des actes et pièces relatifs à la liquidation.

A la diligence du liquidateur, les mêmes indications sont portées, par simple lettre, à la connaissance des porteurs d'actions et d'obligations nominatives. – *[Décr. nº 67-236 du 23 mars 1967, art. 290.]*

Art. R. 237-3 Au cours de la liquidation de la société, le liquidateur accomplit, sous sa responsabilité, les formalités de publicité incombant aux représentants légaux de la société.

Notamment, toute décision entraînant modification des mentions publiées en application de l'article R. 237-2 est publiée dans les conditions prévues par cet article. – *[Décr. nº 67-236 du 23 mars 1967, art. 291.]*

Art. R. 237-4 Dans le cas prévu par le deuxième alinéa de l'article L. 237-5, il est statué, en référé, par le président du *(Décr. nº 2019-966 du 18 sept. 2019, art. 8, en vigueur le 1er janv. 2020)* « tribunal judiciaire » du lieu de la situation de l'immeuble. – *[Décr. nº 67-236 du 23 mars 1967, art. 267.]*

Art. R. 237-5 Le mandataire prévu par le deuxième alinéa de l'article L. 237-9 est désigné par le président du tribunal de commerce, statuant en référé. – *[Décr. nº 67-236 du 23 mars 1967, art. 268.]*

Art. R. 237-6 Dans le cas prévu à l'article L. 237-10, le liquidateur dépose ses comptes au greffe du tribunal de commerce où tout intéressé peut en prendre connaissance et obtenir à ses frais délivrance d'une copie.

Le tribunal de commerce statue sur ces comptes et, le cas échéant, sur la clôture de la liquidation aux lieu et place de l'assemblée des associés ou des actionnaires. – *[Décr. nº 67-236 du 23 mars 1967, art. 269.]*

Art. R. 237-7 Les comptes définitifs établis par le liquidateur sont déposés au greffe du tribunal de commerce en annexe au registre du commerce et des sociétés. Il y est joint la décision de l'assemblée des associés statuant sur ces comptes, sur le quitus de la gestion et la décharge de son mandat, ou, à défaut, la décision de justice prévue à l'article R. 237-6. – *[Décr. nº 67-236 du 23 mars 1967, art. 270.]*

Art. R. 237-8 L'avis de clôture de la liquidation, signé par le liquidateur, est publié, à la diligence de celui-ci, dans le *(Décr. nº 2020-106 du 10 févr. 2020, art. 12)* « support » habilité à recevoir des annonces légales ayant reçu la publicité prescrite par le premier alinéa de l'article R. 237-2 et, *(Décr. nº 2009-557 du 19 mai 2009, art. 3-XXIV)* « si les actions de la société sont admises aux négociations sur un marché réglementé » ou si toutes ses actions ne revêtent pas la forme nominative, au *Bulletin des annonces légales obligatoires*.

Il contient les indications suivantes :

1° La dénomination sociale suivie, le cas échéant, de son sigle ;

2° La forme de la société, suivie de la mention "en liquidation" ;

3° Le montant du capital social ;

4° L'adresse du siège social ;

5° Les mentions prévues aux 1° et 2° de l'article R. 123-237 ;

6° Les nom, prénom usuel et domicile des liquidateurs ;

7° La date et le lieu de réunion de l'assemblée de clôture, si les comptes des liquidateurs ont été approuvés par elle, ou, à défaut, la date de la décision de justice prévue par l'article R. 237-6, ainsi que l'indication du tribunal qui l'a prononcée ;

8° L'indication du greffe du tribunal où sont déposés les comptes des liquidateurs. – *[Décr. n° 67-236 du 23 mars 1967, art. 292.]*

Art. R. 237-9 La société est radiée du registre du commerce et des sociétés sur justification de l'accomplissement des formalités prévues par les articles R. 237-7 et R. 237-8. – *[Décr. n° 67-236 du 23 mars 1967, art. 271.]*

SECTION II DISPOSITIONS APPLICABLES SUR DÉCISION JUDICIAIRE

Art. R. 237-10 La liquidation de la société dans les conditions prévues aux articles L. 237-15 à L. 237-31 est ordonnée par le président du tribunal de commerce, statuant en référé, à la demande des personnes mentionnées au deuxième alinéa de l'article L. 237-14. – *[Décr. n° 67-236 du 23 mars 1967, art. 272.]*

Art. R. 237-11 Les contrôleurs de la liquidation sont désignés par le président du tribunal de commerce, statuant sur requête, à la demande du liquidateur, ou en référé, à la demande de tout intéressé, le liquidateur dûment appelé.

Les contrôleurs peuvent être choisis parmi les commissaires aux comptes inscrits sur la liste prévue *(Ord. n° 2016-315 du 17 mars 2016, art. 46, en vigueur le 17 juin 2016)* « au I de l'article L. 822-1 ».

Dans tous les cas, l'acte de nomination des contrôleurs est publié dans les mêmes conditions et délais, prévus à l'article R. 237-2, que celui des liquidateurs. – *[Décr. n° 67-236 du 23 mars 1967, art. 273.]*

Art. R. 237-12 Dans le cas prévu à l'article L. 237-19, le liquidateur est désigné par ordonnance du président du tribunal de commerce, statuant sur requête.

Tout intéressé peut former opposition à l'ordonnance dans le délai de quinze jours à dater de sa publication dans les conditions prévues à l'article R. 237-2. Cette opposition est portée devant le tribunal de commerce qui peut désigner un autre liquidateur. – *[Décr. n° 67-236 du 23 mars 1967, art. 274.]*

Dès lors que l'ordonnance désignant le liquidateur amiable a été rendue sur le fondement de l'art. L. 237-19, celui qui entend contester cette désignation au motif que ce texte était inapplicable, doit, au préalable, former son recours conformément aux dispositions de l'art. R. 237-12, le recours contre cette désignation consistant en une opposition formée par tout intéressé, devant le tribunal de commerce, dans les quinze jours de la publication de l'ordonnance, et non en le recours en rétractation institué par l'art. 496 C. pr. civ. • Com. 27 nov. 2019, n° 18-20.479 P : *D. 2019. Actu. 2349 ; RJDA 2020, n° 80 ; Dr. sociétés 2020, n° 28, note Legros ; BJS 4/2020. 40, note Staes ; BJE 3-4/2020. 26, note Cerati-Gauthier.*

Art. R. 237-13 Sauf disposition contraire de l'acte de nomination, si plusieurs liquidateurs ont été nommés, ils peuvent exercer leurs fonctions séparément. Toutefois, ils établissent et présentent un rapport commun. – *[Décr. n° 67-236 du 23 mars 1967, art. 275.]*

Art. R. 237-14 La rémunération des liquidateurs est fixée par la décision qui les *nomme. A défaut, elle l'est postérieurement*, par le président du tribunal de commerce, statuant sur requête, à la demande du liquidateur intéressé. – *[Décr. n° 67-236 du 23 mars 1967, art. 276.]*

Art. R. 237-15 Le président du tribunal de commerce, statuant sur requête, est compétent pour prendre les décisions prévues au deuxième alinéa de l'article L. 237-21, à l'article L. 237-23, au troisième alinéa de l'article L. 237-24, au deuxième alinéa de l'article L. 237-25, ainsi qu'au II de l'article L. 237-27.

Le président du tribunal de commerce, statuant en référé, est compétent pour prendre les décisions prévues par l'article L. 237-28 et par le deuxième alinéa de l'article L. 237-31. – *[Décr. n° 67-236 du 23 mars 1967, art. 277.]*

Art. R. 237-16 Toute décision de répartition de fonds est publiée dans le *(Décr. n° 2020-106 du 10 févr. 2020, art. 12)* « support » habilité à recevoir des annonces légales dans lequel a été effectuée la publicité prévue à l'article R. 237-2 et, *(Décr. n° 2009-557 du 19 mai 2009, art. 3-XXIV)* « si les actions de la société sont admises aux négociations sur un marché réglementé » ou si toutes ses actions ne revêtent pas la forme nominative, au *Bulletin des annonces légales obligatoires*.

La décision est notifiée individuellement aux titulaires de titres nominatifs. – *[Décr. n° 67-236 du 23 mars 1967, art. 278.]*

Art. R. 237-17 Les sommes affectées aux répartitions entre les associés et les créanciers sont déposées, dans le délai de quinze jours à compter de la décision de répartition, à un compte ouvert dans un établissement de crédit au nom de la société en liquidation. Elles peuvent être retirées sur la signature d'un seul liquidateur et sous sa responsabilité. – *[Décr. n° 67-236 du 23 mars 1967, art. 279.]*

Art. R. 237-18 Si les sommes attribuées à des créanciers ou à des associés n'ont pu leur être versées, elles sont déposées, à l'expiration du délai d'un an à compter de la clôture de la liquidation, à la Caisse des dépôts et consignations. – *[Décr. n° 67-236 du 23 mars 1967, art. 280.]*

CHAPITRE VIII DES INJONCTIONS DE FAIRE

Le présent chapitre ne comprend pas de dispositions réglementaires.

CHAPITRE IX DE LA LOCATION D'ACTIONS ET DE PARTS SOCIALES

Art. R. 239-1 En application de l'article L. 239-2, le contrat de bail d'actions ou de parts sociales comporte, à peine de nullité, les mentions suivantes :

1° La nature, le nombre et l'identification des actions ou des parts sociales louées ;

2° La durée du contrat et du préavis de résiliation ;

3° Le montant, la périodicité et, le cas échéant, les modalités de révision du loyer ;

4° Si les actions ou parts sociales louées sont cessibles par le bailleur en cours de contrat, les modalités de cette cession ;

5° Les conditions de répartition du boni de liquidation, dans le respect des règles légales applicables à l'usufruit.

En l'absence de mentions relatives à la révision du loyer et à la cession des titres en cours de bail, le loyer est réputé fixe et les titres incessibles pendant la durée du contrat. – *[Décr. n° 67-236 du 23 mars 1967, art. 280-1.]*

CHAPITRE X DE L'INFORMATION DES SALARIÉS EN CAS DE VENTE DE LEUR SOCIÉTÉ *(Décr. n° 2015-1811 du 28 déc. 2015, en vigueur le 1er janv. 2016).*

(Décr. n° 2014-1254 du 28 oct. 2014, art. 1er)

Art. D. 23-10-1 *(Annulé par CE n° 386792 du 8 juill. 2016)* ***Le délai de deux mois mentionné au premier alinéa de l'article L. 23-10-1*** *(Abrogé par Décr. n° 2015-1811 du 28 déc. 2015, à compter du 1er janv. 2016)* ***« du présent code » s'apprécie au regard de la date de cession*** *[vente]*, ***entendue comme*** *(Décr. n° 2015-1811 du 28 déc. 2015, en vigueur le 1er janv. 2016)* ***« étant la date de conclusion du contrat ».***

L'art. 1er du Décr. n° 2014-1254 du 28 oct. 2014 a été déclaré illégal par le Conseil d'État en tant qu'il a inséré l'art. D. 23-10-1 dans le code de commerce, au motif qu'en définissant la date de la cession, au sens de l'art. L. 23-10-1 C. com., comme « la date à laquelle s'opère le transfert de propriété », le pouvoir réglementaire a méconnu les dispositions de cet art. (V. CE 8 juill. 2016, n° 386792).

Art. D. 23-10-2 L'information des salariés mentionnée aux articles L. 23-10-3 et L. 23-10-9 peut être effectuée selon les modalités suivantes :

1° Au cours d'une réunion d'information des salariés à l'issue de laquelle ces derniers signent le registre de présence à cette réunion ;

2° Par un affichage. La date de réception de l'information est celle apposée par le salarié sur un registre accompagnée de sa signature attestant qu'il a pris connaissance de cet affichage ;

3° Par courrier électronique, à la condition que la date de réception puisse être certifiée ;

4° Par remise en main propre, contre émargement ou récépissé, d'un document écrit mentionnant les informations requises ;

5° Par lettre recommandée avec demande d'avis de réception. *(Abrogé par Décr. nº 2015-1811 du 28 déc. 2015, à compter du 1er janv. 2016)* ***« La date de réception est celle qui est apposée par l'administration des postes lors de la remise de la lettre à son destinataire ; »***

6° Par acte extrajudiciaire ;

7° Par tout autre moyen de nature à rendre certaine la date de réception.

Art. D. 23-10-3 Le salarié informe dans les meilleurs délais et par tout moyen le chef d'entreprise lorsqu'il se fait assister conformément aux articles L. 23-10-2 et L. 23-10-8. La personne qui assiste le salarié est tenue à une obligation de confidentialité en ce qui concerne les informations qu'elle reçoit.

TITRE QUATRIÈME DISPOSITIONS PÉNALES

CHAPITRE PREMIER DES INFRACTIONS CONCERNANT LES SOCIÉTÉS À RESPONSABILITÉ LIMITÉE

Le présent chapitre ne comprend pas de dispositions réglementaires.

CHAPITRE II DES INFRACTIONS CONCERNANT LES SOCIÉTÉS ANONYMES

Le présent chapitre ne comprend pas de dispositions réglementaires.

CHAPITRE III DES INFRACTIONS CONCERNANT LES SOCIÉTÉS EN COMMANDITE PAR ACTIONS

Le présent chapitre ne comprend pas de dispositions réglementaires.

CHAPITRE IV DES INFRACTIONS CONCERNANT LES SOCIÉTÉS PAR ACTIONS SIMPLIFIÉES

Le présent chapitre ne comprend pas de dispositions réglementaires.

CHAPITRE V DES INFRACTIONS RELATIVES AUX VALEURS MOBILIÈRES ÉMISES PAR LES SOCIÉTÉS PAR ACTIONS

Le présent chapitre ne comprend pas de dispositions réglementaires.

CHAPITRE VI INFRACTIONS COMMUNES AUX DIVERSES FORMES DE SOCIÉTÉS PAR ACTIONS

Le présent chapitre ne comprend pas de dispositions réglementaires.

CHAPITRE VII *DES INFRACTIONS* COMMUNES AUX DIVERSES FORMES DE SOCIÉTÉS COMMERCIALES

Art. R. 247-1 *(Décr. nº 2008-258 du 13 mars 2008, art. 7, en vigueur le 1er sept. 2008)* « Est puni de l'amende prévue par le 5° de l'article 131-13 du code pénal pour les contraventions de la cinquième classe le fait, pour le président, l'administrateur, le directeur général ou le gérant d'une société dont les actions sont admises, en tout ou partie, à la négociation sur un marché réglementé de n'avoir pas procédé aux publications prévues aux articles R. 232-11 et R. 232-13. »

En cas de récidive, l'amende applicable est celle prévue par le 5° de l'article 131-13 du code pénal pour la récidive des contraventions de la cinquième classe. — *[Décr. n° 67-236 du 23 mars 1967, art. 299-1.]*

Art. R. 247-2 Est puni de l'amende prévue par le 5° de l'article 131-13 du code pénal pour les contraventions de la cinquième classe le fait, pour le président, l'administrateur, le directeur général ou le gérant d'une société, d'émettre des valeurs mobilières offertes au public :

1° Sans que soit insérée au *Bulletin des annonces légales obligatoires*, préalablement à toute mesure de publicité, une notice établie conformément à l'article *(Décr. n° 2020-1742 du 29 déc. 2020, art. 11, en vigueur le 1er janv. 2021)* « R. 22-10-3 » concernant l'émission d'actions lors de la constitution de la société *(Décr. n° 2008-258 du 13 mars 2008, art. 7, en vigueur le 1er sept. 2008)* « ou », au troisième alinéa de l'article R. 225-120 concernant les augmentations de capital *(Abrogé par Décr. n° 2008-258 du 13 mars 2008, art. 7, à compter du 1er sept. 2008)* *« ou aux articles R. 228-51, R. 228-57 et R. 228-58 concernant l'émission d'obligations ou de titres participatifs »* ;

2° Sans que les *(Abrogé par Décr. n° 2008-258 du 13 mars 2008, art. 7, à compter du 1er sept. 2008)* *« prospectus et »* documents reproduisent les énonciations de la notice prévue au 1° ci-dessus et contiennent la mention de l'insertion de cette notice au *Bulletin des annonces légales obligatoires* avec référence au numéro dans lequel elle a été publiée ;

3° Sans que les annonces dans les journaux reproduisent les mêmes énonciations, ou tout au moins un extrait de ces énonciations avec référence à cette notice, et indication du numéro du *Bulletin des annonces légales obligatoires* dans lequel elle a été publiée ;

4° Sans que les prospectus et documents mentionnent la signature de la personne ou du représentant de la société dont l'offre émane et précisent si les valeurs offertes sont admises ou non à la négociation sur un marché réglementé, et dans l'affirmative, sur quel marché.

Le fait de servir d'intermédiaire à l'occasion de la cession de valeurs mobilières sans respecter les prescriptions mentionnées aux 1° à 4° est puni de la même amende.

En cas de récidive, l'amende applicable est celle prévue par le 5° de l'article 131-13 du code pénal pour la récidive des contraventions de la cinquième classe. — *[Décr. n° 67-236 du 23 mars 1967, art. 299-2.]*

(Décr. n° 2019-1097 du 28 oct. 2019, art. 4) « Les dispositions du présent article ne sont pas applicables aux offres au public mentionnées au 1° ou au 2° de l'article L. 411-2 du code monétaire et financier ou à l'article L. 411-2-1 du même code. »

Art. R. 247-3 Le fait de ne pas satisfaire aux obligations de dépôt prévues aux articles L. 232-21 à L. 232-23 est puni de l'amende prévue par le 5e de l'article 131-13 du code pénal pour les contraventions de la cinquième classe. En cas de récidive, la peine applicable est celle prévue par le 5e de l'article 131-13 du code pénal pour les contraventions de la cinquième classe commises en récidive. — *[Décr. n° 67-236 du 23 mars 1967, art. 246-1.]*

Art. R. 247-4 Toute infraction aux dispositions de l'article R. 237-1 est punie de l'amende prévue par le 5° de l'article 131-13 du code pénal pour les contraventions de la cinquième classe. — *[Décr. n° 67-236 du 23 mars 1967, art. 266, al. 2.]*

CHAPITRE VIII DISPOSITIONS CONCERNANT LES DIRECTEURS GÉNÉRAUX DÉLÉGUÉS DES SOCIÉTÉS ANONYMES OU DES SOCIÉTÉS EUROPÉENNES

Le présent chapitre ne comprend pas de dispositions réglementaires.

TITRE CINQUIÈME DES GROUPEMENTS D'INTÉRÊT ÉCONOMIQUE

CHAPITRE PREMIER DES GROUPEMENTS D'INTÉRÊT ÉCONOMIQUE DE DROIT FRANÇAIS

Art. R. 251-1 Le groupement d'intérêt économique cesse d'être assujetti à l'obligation de désigner un commissaire aux comptes en application des dispositions du troisième alinéa de l'article L. 251-12 dès lors qu'il compte moins de cent salariés pendant les deux exercices précédant l'expiration de son mandat. – *[Décr. n° 85-295 du 1er mars 1985, art. 19.]*

Art. R. 251-2 Les dispositions des articles R. 232-2 à R. 232-7 sont applicables au groupement d'intérêt économique. Toutefois, les documents mentionnés à l'article R. 232-3 ainsi que les rapports mentionnés à l'article R. 232-4 sont établis par les administrateurs auxquels le commissaire aux comptes communique, le cas échéant, ses observations.

Lorsque le commissaire aux comptes demande par lettre recommandée avec demande d'avis de réception que son rapport prévu à l'article R. 232-7 soit communiqué aux membres du groupement, les administrateurs procèdent à cette communication dans les huit jours de la réception de la demande. Le rapport est communiqué au comité d'entreprise *[comité social et économique]* dans le même délai. – *[Décr. n° 85-295 du 1er mars 1985, art. 20.]*

Art. R. 251-3 L'information prévue à l'article L. 251-15 que le commissaire aux comptes adresse aux administrateurs porte sur tout fait qu'il relève lors de l'examen des documents qui lui sont communiqués ou sur tout fait dont il a connaissance à l'occasion de l'exercice de sa mission.

Les administrateurs répondent par lettre recommandée avec demande d'avis de réception dans les quinze jours qui suivent la réception de l'information mentionnée ci-dessus et adressent copie de la demande et de sa réponse, dans les mêmes formes et les mêmes délais, au comité d'entreprise *[au comité social et économique]*. Dans leur réponse, ils donnent une analyse de la situation et précisent, le cas échéant, les mesures envisagées. Le commissaire aux comptes informe immédiatement le président du tribunal compétent de l'existence de cette procédure par lettre remise en mains propres contre récépissé au président ou à son délégataire, ou par lettre recommandée avec demande d'avis de réception.

La demande du commissaire aux comptes de communication du rapport qu'il a rédigé conformément au deuxième alinéa de l'article L. 251-15 est formulée par lettre recommandée avec demande d'avis de réception dans les quinze jours qui suivent la réception de la réponse des administrateurs. La demande du commissaire aux comptes et son rapport sont communiqués par les administrateurs au comité d'entreprise *[au comité social et économique]* dans les quinze jours qui suivent la réception de cette demande.

Lorsque, dans les conditions prévues au dernier alinéa de l'article L. 251-15, le commissaire aux comptes informe de ses démarches le président du tribunal compétent, cette information est faite immédiatement par lettre recommandée avec demande d'avis de réception. Cette information comporte la copie de tous les documents utiles à l'information du président du tribunal ainsi que l'exposé des raisons qui l'ont conduit à constater l'insuffisance des décisions prises. – *[Décr. n° 85-295 du 1er mars 1985, art. 21.]*

CHAPITRE II DU GROUPEMENT EUROPÉEN D'INTÉRÊT ÉCONOMIQUE

Art. R. 252-1 Le procureur de la République est compétent pour saisir le *(Décr. n° 2019-966 du 18 sept. 2019, art. 8, en vigueur le 1er janv. 2020)* « tribunal judiciaire » ou le tribunal de commerce, selon le cas, en application de l'article 32-1 du règlement (CEE) n° 2137/85 du Conseil des Communautés européennes du 25 juillet 1985 relatif à l'institution d'un groupement européen d'intérêt économique. – *[Décr. n° 90-72 du 17 janv. 1990, art. 1er.] – V. ce Règl. au* ***C. sociétés.***

LIVRE TROISIÈME DE CERTAINES FORMES DE VENTES ET DES CLAUSES D'EXCLUSIVITÉ

TITRE PREMIER DES LIQUIDATIONS, DES VENTES AU DÉBALLAGE, DES SOLDES ET DES VENTES EN MAGASINS D'USINE

SECTION PREMIÈRE DES LIQUIDATIONS

Art. R. 310-1 *Abrogé par Décr. nº 2014-571 du 2 juin 2014, art. 1er, à compter du 1er juill. 2014.*

Art. R. 310-2 Une déclaration préalable de la vente en liquidation est adressée par lettre recommandée avec demande d'avis de réception ou remise *(Décr. nº 2014-571 du 2 juin 2014, art. 1er, en vigueur le 1er juill. 2014)* « au maire de la commune » où les opérations de vente sont prévues, deux mois au moins avant la date prévue pour le début de la vente.

Toutefois, ce délai est réduit à cinq jours lorsque le motif invoqué à l'appui est consécutif à un fait imprévisible de nature à interrompre le fonctionnement de l'établissement.

Un arrêté du ministre chargé du commerce fixe la liste des informations relatives, notamment, à l'identité du vendeur, à la cause et à la durée de la vente et à l'inventaire des marchandises liquidées, ainsi que des pièces qui sont annexées à cette déclaration. — *[Décr. nº 96-1097 du 16 déc. 1996, art. 1er.] — V. art. A. 310-1 et A. 310-2.*

Art. R. 310-3 Le *(Décr. nº 2014-571 du 2 juin 2014, art. 1er, en vigueur le 1er juill. 2014)* « maire » délivre un récépissé de déclaration de la vente en liquidation dans un délai maximum de quinze jours à compter de la réception du dossier complet de ladite déclaration ; si le dossier est incomplet, le *(Décr. nº 2014-571 du 2 juin 2014, art. 1er, en vigueur le 1er juill. 2014)* « maire » notifie à l'intéressé la liste des pièces manquantes dans un délai de sept jours à compter de sa réception ; à défaut de production des pièces complémentaires dans un délai de sept jours à compter de la réception de la notification des pièces manquantes, la déclaration mentionnée à l'article R. 310-2 ne peut faire l'objet d'un récépissé de déclaration. — *V. art. A. 310-3.*

Dans le cas de survenance du fait imprévisible mentionné au deuxième alinéa de l'article R. 310-2, le *(Décr. nº 2014-571 du 2 juin 2014, art. 1er, en vigueur le 1er juill. 2014)* « maire » délivre le récépissé de déclaration dès réception du dossier complet.

Aucune vente en liquidation ne peut intervenir tant que le récépissé de déclaration n'a pas été délivré par le *(Décr. nº 2014-571 du 2 juin 2014, art. 1er, en vigueur le 1er juill. 2014)* « maire ».

Le *(Décr. nº 2014-571 du 2 juin 2014, art. 1er, en vigueur le 1er juill. 2014)* « maire » informe la *(Décr. nº 2010-1463 du 1er déc. 2010, art. 87)* « chambre de commerce et d'industrie territoriale » de la vente en liquidation ainsi déclarée. — *[Décr. nº 96-1097 du 16 déc. 1996, art. 2.]*

Art. R. 310-4 Le récépissé de déclaration est affiché sur les lieux de la vente en liquidation par le déclarant, pendant toute sa durée ; l'arrêté mentionné à l'article R. 310-2 fixe les conditions et les modalités de cet affichage. — *[Décr. nº 96-1097 du 16 déc. 1996, art. 3.] — V. art. A. 310-4. — Sur la sanction, V. art. R. 310-19 (1º).*

Art. R. 310-5 La durée maximale de la vente en liquidation fixée à deux mois par l'article L. 310-1 est réduite à quinze jours en cas de suspension saisonnière de l'activité du déclarant. — *[Décr. nº 96-1097 du 16 déc. 1996, art. 4.]*

Art. R. 310-6 Le report de la date de la vente en liquidation indiquée dans la déclaration mentionnée à l'article R. 310-2 fait l'objet d'une information préalable du *(Décr. nº 2014-571 du 2 juin 2014, art. 1er, en vigueur le 1er juill. 2014)* « maire » par lettre recommandée avec demande d'avis de réception, comportant justification de ce changement. — *V. art. A. 310-5.*

Tout report de cette date supérieur à deux mois donne lieu à une nouvelle déclaration dans les conditions prévues à l'article R. 310-2.

Dès qu'il en a connaissance, le déclarant est tenu d'informer le *(Décr. n° 2014-571 du 2 juin 2014, art. 1er, en vigueur le 1er juill. 2014)* « maire » par lettre recommandée avec demande d'avis de réception de toute modification de l'événement motivant la liquidation mentionné au deuxième alinéa de l'article L. 310-1. – *[Décr. n° 96-1097 du 16 déc. 1996, art. 5.]*

Art. R. 310-7 La publicité relative à une vente en liquidation ne peut porter que sur les produits inscrits à l'inventaire fourni en annexe à la déclaration préalable mentionnée à l'article R. 310-2.

L'arrêté mentionné à l'article R. 310-2 précise également les informations qui doivent figurer dans cette publicité et les modalités de son organisation. – *[Décr. n° 96-1097 du 16 déc. 1996, art. 6.] – V. art. A. 310-6. – Sur la sanction, V. art. R. 310-19 (2°).*

SECTION II DES VENTES AU DÉBALLAGE

Art. R. 310-8 *(Décr. n° 2009-16 du 7 janv. 2009, art. 1er-I)* I. – Une déclaration préalable de vente au déballage est adressée par l'organisateur par lettre recommandée avec demande d'avis de réception ou remise contre récépissé au maire de la commune dans laquelle l'opération de vente est prévue, dans les délais suivants :

1° Dans les mêmes délais que la demande d'autorisation d'occupation temporaire du domaine public et concomitamment à celle-ci lorsque la vente est prévue sur le domaine public et que le maire est l'autorité compétente pour délivrer l'autorisation ;

2° Dans les autres cas, dans les quinze jours au moins avant la date prévue pour le début de cette vente.

Dans les huit jours au moins avant le début de la vente, le maire informe le déclarant que, du fait du dépassement de la durée de la vente autorisée par le deuxième alinéa du I de l'article L. 310-2, il s'expose à la sanction prévue au 3° de l'article R. 310-19.

II. – Ces délais ne sont pas applicables aux ventes au déballage de fruits et légumes frais effectuées en période de crise conjoncturelle constatée en application de l'article L. 611-4 du code rural et de la pêche maritime *[V. cet art. ss. art. L. 442-9]*, ou en prévision de celle-ci, dans le but de favoriser, par un déstockage rapide, la régularisation des cours du marché ; ces ventes peuvent être réalisées sans délai, par décision conjointe du ministre chargé du commerce et du ministre chargé de l'agriculture et ce après consultation par le ministre chargé de l'agriculture de l'organisation interprofessionnelle compétente.

III. – Un arrêté du ministre chargé du commerce fixe la liste des informations contenues dans cette déclaration. – *V. Arr. du 9 janv. 2009 ci-dessous.*

Arrêté du 9 janvier 2009,

Relatif à la déclaration préalable des ventes au déballage.

Art. 1er La déclaration préalable de vente au déballage prévue à l'article R. 310-8 du code de commerce est établie conformément au modèle figurant en annexe.

Elle est signée par le vendeur ou l'organisateur ou par une personne ayant qualité pour le représenter.

Art. 2 La déclaration est accompagnée d'un justificatif de l'identité du déclarant.

ANNEXE

Modèle de déclaration préalable d'une vente au déballage (articles L. 310-2, L. 310-5, R. 310-8, R. 310-9 et R. 310-19 du code de commerce et articles R. 321-1 et R. 321-9 du code pénal)

1. Déclarant :

Nom, prénoms ou, pour les personnes morales, dénomination sociale : ....

Nom du représentant légal ou statutaire (pour les personnes morales) : ....

N° SIRET : ....

Adresse : n° .... Voie : ....

Complément d'adresse : ....

Code postal : .... Localité : ....
Téléphone (fixe ou portable) : ....

2. Caractéristiques de la vente au déballage :

Adresse détaillée du lieu de la vente (terrain privé, galerie marchande, parking d'un magasin de commerce de détail...) : ....
Marchandises vendues : neuves .... occasion ....
Nature des marchandises vendues : ....
Date de la décision ministérielle (en cas d'application des dispositions du II de l'article R. 310-8 du code de commerce) : ....
Date de début de la vente : ... Date de fin de la vente : ... Durée de la vente (en jours) : ...

3. Engagement du déclarant :

Je soussigné, auteur de la présente déclaration (nom, prénom) ...., certifie exacts les renseignements qui y sont contenus et m'engage à respecter les dispositions prévues aux articles L. 310-2, R. 310-8 et R. 310-9 du code de commerce.

Date et signature : ....

Toute fausse déclaration préalable de vente au déballage constitue un faux et usage de faux passible des peines d'amende et d'emprisonnement prévues à l'article 441-1 du code pénal. Par ailleurs, le fait de procéder à une vente au déballage sans la déclaration préalable ou en méconnaissance de cette déclaration est puni d'une amende de 15 000 € (art. L. 310-5 du code de commerce).

4. Cadre réservé à l'administration :

Date d'arrivée : .... N° d'enregistrement : ....
Recommandé avec demande d'avis de réception
Remise contre récépissé
Observations : ....

Art. R. 310-9 *(Décr. n° 2009-16 du 7 janv. 2009, art. 1er-I)* **Les ventes au déballage autorisées aux particuliers en application du troisième alinéa du I de l'article L. 310-2 sont contrôlées au moyen du registre mentionné au deuxième alinéa de l'article 321-7 du code pénal.** – *V. cet art., App., v° Ventes commerciales (III Objets mobiliers usagés [vente ou échange d']).*

Art. R. 310-10 à R. 310-14 *Abrogés par Décr. n° 2009-16 du 7 janv. 2009, art. 1er-II. – V.* ***C. com.****, éd. 2015 et antérieures.*

SECTION III **DES SOLDES**

Art. R. 310-15 *(Abrogé par Décr. n° 2015-516 du 7 mai 2015) (Décr. n° 2008-1342 du 18 déc. 2008, art. 1er)* ***La déclaration préalable mentionnée au troisième alinéa de l'article L. 310-3 est faite par établissement.***

Elle est adressée par le commerçant au préfet du département, par lettre recommandée avec demande d'avis de réception, un mois au moins avant la date prévue pour le début de la vente ; ce délai commence à courir à compter de la date de son envoi.

La transmission de cette déclaration peut être effectuée par voie électronique. Dans ce cas, la déclaration donne lieu à la délivrance d'un avis de réception électronique. Le préfet veille à ce que cette transmission soit assurée de manière sécurisée, conformément à l'article 1316-1 *[1366]* ***du code civil.***

Un arrêté du ministre chargé du commerce fixe la liste des informations contenues dans la déclaration et les modalités de la déclaration par voie électronique. *– V. Arr. du 8 janv. 2009 et Arr. du 31 mai 2012, abrogés, au* ***C. com.****, éd. 2015 et antérieures.*

Art. R. 310-15-1 *(Abrogé par Décr. n° 2015-516 du 7 mai 2015) (Décr. n° 2008-1342 du 18 déc. 2008, art. 2)* ***Le commerçant tient à la disposition des services chargés du contrôle des ventes en périodes de soldes l'avis de réception de sa déclaration.***

Art. D. 310-15-2 et D. 310-15-3 *Abrogés par Décr. n° 2019-530 du 27 mai 2019, à compter du 1er janv. 2020.*

Art. R. 310-16 **Toute personne se livrant à des ventes en soldes tient à la disposition des agents habilités à opérer des contrôles les documents justifiant que les marchandises vendues en soldes avaient été proposées à la vente, et lorsque le vendeur n'est ni**

le producteur ni son mandataire que leur prix d'achat avait été payé, depuis au moins un mois à la date de début de la période de soldes considérée. – *[Décr. n° 96-1097 du 16 déc. 1996, art. 12.]*

Art. R. 310-17 Toute publicité relative à une opération de soldes mentionne la date de début de l'opération et la nature des marchandises sur lesquelles porte l'opération, si celle-ci ne concerne pas la totalité des produits de l'établissement. – *[Décr. n° 96-1097 du 16 déc. 1996, art. 13.] – V. art. A. 310-7 s. – Sur la sanction, V. art. R. 310-19 (4°).*

SECTION IV DES VENTES EN MAGASINS OU DÉPÔTS D'USINE

Art. R. 310-18 Tout producteur, vendant directement au public une partie de sa production sous l'une des dénominations mentionnées à l'article L. 310-4, tient à la disposition des agents habilités à opérer des contrôles toute pièce justifiant de l'origine et de la date de fabrication des produits faisant l'objet de ces ventes directes au public. – *[Décr. n° 96-1097 du 16 déc. 1996, art. 14.]*

V. Circ. 16 janv. 1997 (titre quatrième), D. Affaires 1997. 1046.

SECTION V DES SANCTIONS

Art. R. 310-19 Est puni de l'amende prévue par le 5° de l'article 131-13 du code pénal pour les contraventions de la cinquième classe :

1° Le fait de ne pas afficher le récépissé de déclaration de la vente en liquidation dans les conditions prévues à l'article R. 310-4 ;

2° Le fait de ne pas mentionner dans toute publicité relative à une opération de liquidation les indications exigées à l'article R. 310-7 ;

3° *(Décr. n° 2009-16 du 7 janv. 2009, art. 2)* « Le fait de réaliser une vente au déballage en méconnaissance de la durée de la vente autorisée par le deuxième alinéa du I de l'article L. 310-2 et dont le déclarant a été informé par le maire en application de l'article R. 310-8 » ;

4° Le fait de ne pas mentionner dans toute publicité relative à une opération de soldes les indications exigées à l'article R. 310-17. – *[Décr. n° 96-1097 du 16 déc. 1996, art. 15, al. 1er à 5.]*

TITRE DEUXIÈME DES VENTES AUX ENCHÈRES PUBLIQUES

CHAPITRE PREMIER DES VENTES VOLONTAIRES DE MEUBLES AUX ENCHÈRES PUBLIQUES

RÉP. COM. v° *Ventes volontaires de meubles aux enchères publiques*, par MAUGER-VIELPEAU.

BIBL. ▶ BROUSSOLLE, *LPA 19 avr. 2012* (principales dispositions du Décr. du 30 janv. 2012).

SECTION PREMIÈRE DISPOSITIONS GÉNÉRALES

SOUS-SECTION 1 LES OPÉRATEURS DE VENTES VOLONTAIRES DE MEUBLES AUX ENCHÈRES PUBLIQUES *(Décr. n° 2012-120 du 30 janv. 2012, art. 3).*

§ 1er DE LA DÉCLARATION

(Décr. n° 2012-120 du 30 janv. 2012, art. 4)

Art. R. 321-1 Les opérateurs, personnes morales ou physiques, organisant et réalisant des ventes volontaires de meubles aux enchères publiques, y compris par voie électronique, déclarent leurs activités auprès du Conseil des ventes volontaires de meubles aux enchères publiques par *lettre recommandée* avec demande d'avis de réception ou par tout moyen dématérialisé, sous réserve que puisse être dûment identifiée la personne qui effectue la déclaration.

La déclaration est accompagnée des pièces justificatives suivantes :

I. – Pour les personnes physiques :

1° Un document justifiant de l'identité et de la nationalité du déclarant ;

2° Une attestation de ne pas avoir été l'auteur de faits mentionnés au 2° du I de l'article L. 321-4. Cette attestation est établie selon le modèle fixé par arrêté du garde des sceaux, ministre de la justice ; — *V. art. A. 321-1.*

3° Les documents justifiant que les personnes chargées de diriger des ventes ont la qualification requise ou sont titulaires d'un titre, d'un diplôme ou d'une habilitation reconnus équivalents en la matière ;

4° Une copie du bail ou du titre de propriété du local où s'exerce l'activité ainsi que le dernier bilan établi ou à défaut le bilan prévisionnel ;

5° Un document justifiant de l'ouverture dans un établissement de crédit d'un compte destiné exclusivement à recevoir les fonds détenus pour le compte d'autrui ;

6° Un document justifiant de la souscription d'une assurance de couverture de responsabilité professionnelle ;

7° Un document justifiant d'une assurance ou d'un cautionnement garantissant la représentation des fonds détenus pour le compte d'autrui ;

II. — Pour les personnes morales :

1° Une copie des statuts de la société et de l'acte nommant son représentant légal ;

2° Les documents justifiant qu'elle dispose d'au moins un établissement en France ;

3° Les documents justifiant qu'elle compte parmi ses dirigeants, associés ou salariés au moins une personne remplissant les conditions prévues aux articles 1° à 3° du I de l'article L. 321-4 ;

4° Une attestation des dirigeants de ne pas avoir été les auteurs de faits mentionnés au 4° du II de l'article L. 321-4. Cette attestation est établie selon le modèle fixé par arrêté du garde des sceaux, ministre de la justice ; — *V. art. A. 321-1.*

5° Un document justifiant de l'identité des personnes chargées de diriger les ventes et, s'il s'agit de salariés d'une personne morale, la copie de leur contrat de travail ou une attestation de leur employeur précisant la nature de leurs attributions ;

6° Une copie du bail ou du titre de propriété du local où s'exerce l'activité ainsi que le dernier bilan établi ou à défaut le bilan prévisionnel ;

7° Un document justifiant de l'ouverture dans un établissement de crédit d'un compte destiné exclusivement à recevoir les fonds détenus pour le compte d'autrui ;

8° Un document justifiant de la souscription d'une assurance de couverture de responsabilité professionnelle ;

9° Un document justifiant d'une assurance ou d'un cautionnement garantissant la représentation des fonds détenus pour le compte d'autrui.

Art. R. 321-2 Les opérateurs de ventes volontaires aux enchères publiques déclarent au Conseil des ventes volontaires de meubles aux enchères publiques, dans un délai de trente jours à compter de la date à laquelle elles se produisent, les modifications de fait ou de droit susceptibles d'affecter leur capacité d'exercer l'activité de ventes volontaires de meubles aux enchères publiques, notamment leur cessation temporaire ou définitive d'activité ainsi que tout changement dans la situation déclarée en application de l'article R. 321-1. Ces déclarations sont accompagnées des justificatifs nécessaires.

Modification. La procédure, instituée par l'art. 6 du Décr. du 19 juill. 2001 [C. com., anc. art. R. 321-6, repris à l'art. R. 321-2], est exclusive d'une demande d'habilitation présentée individuellement par la personne concernée. • Civ. 1re, 30 janv. 2007, n° 04-15.750 P : *D. 2007. AJ 578, obs. Delpech ; JCP E 2007, n° 11, p. 28.*

Art. R. 321-3 Chaque année, à la demande du Conseil des ventes volontaires de meubles aux enchères publiques, dans un délai de trente jours à compter de l'expiration de la précédente garantie, les opérateurs de ventes volontaires de meubles aux enchères publiques transmettent au Conseil des ventes volontaires de meubles aux enchères publiques les justificatifs du renouvellement de l'assurance couvrant leur responsabilité professionnelle et de l'assurance ou du cautionnement garantissant la représentation des fonds détenus pour le compte d'autrui.

La caution ou l'assureur informe le Conseil des ventes volontaires de meubles aux enchères publiques, dans les trente jours, de la suspension de la garantie ou de la résiliation du contrat.

Art. R. 321-4 Le greffier chargé de la tenue du registre du commerce et des sociétés avise le Conseil des ventes volontaires de meubles aux enchères publiques de la radiation d'un dirigeant de l'opérateur lorsque celle-ci a été ordonnée après que la mise à jour du casier judiciaire a révélé l'existence d'une interdiction d'exercer le commerce ou de gérer.

Les art. R. 321-5 à R. 321-9 ont disparu à la suite du remplacement du § 1er par le Décr. no 2012-120 du 30 janv. 2012 (Décr. préc., art. 4).

§ 2 DE L'ASSURANCE ET DU CAUTIONNEMENT

Art. R. 321-10 Le cautionnement prévu au 3° de l'article L. 321-6 ne peut être consenti que par l'un des établissements de crédit *(Décr. no 2014-1315 du 3 nov. 2014, art. 9-3°)* « ou l'une des sociétés de financement » habilités à cet effet ou l'une des institutions ou l'un des établissements mentionnés à l'article L. 518-1 du code monétaire et financier, une société d'assurances ou une société de caution mutuelle, habilités à donner caution. – *[Décr. no 2001-650 du 19 juill. 2001, art. 9, al. 1er.] – V. cet art. au* ***C. mon. fin.***

Art. R. 321-11 Le cautionnement résulte d'une convention écrite qui, outre les conditions générales, précise le montant de la garantie accordée, les conditions de rémunération, les modalités de contrôle comptable ainsi que les contre-garanties éventuellement exigées par la caution. – *[Décr. no 2001-650 du 19 juill. 2001, art. 9, al. 2.]*

Art. R. 321-12 La caution ou l'assureur délivre à *(Décr. no 2012-120 du 30 janv. 2012, art. 5-I)* « l'opérateur » de ventes volontaires de meubles aux enchères publiques une attestation de cautionnement ou d'assurance précisant la dénomination de l'établissement de crédit auprès duquel est ouvert le compte prévu au 1° de l'article L. 321-6, ainsi que le numéro de ce compte, le montant et la durée de la garantie accordée et les restrictions éventuelles apportées à celle-ci. – *[Décr. no 2001-650 du 19 juill. 2001, art. 10.]*

Art. R. 321-13 La caution ou l'assureur n'est tenu que s'il est justifié d'une créance certaine, liquide et exigible et de la défaillance de *(Décr. no 2012-120 du 30 janv. 2012, art. 5-II)* « l'opérateur garanti ».

La caution ne peut opposer au créancier le bénéfice de discussion.

Pour le garant, la défaillance de *(Décr. no 2012-120 du 30 janv. 2012, art. 5-II)* « l'opérateur garanti » résulte d'une sommation de payer ou de restituer suivie de refus ou demeurée infructueuse un mois après sa signification. – *[Décr. no 2001-650 du 19 juill. 2001, art. 11.]*

Art. R. 321-14 Le montant de la garantie accordée à *(Décr. no 2012-120 du 30 janv. 2012, art. 5-III)* « un opérateur » ne peut être inférieur à la plus élevée des deux sommes suivantes :

1° Le chiffre moyen mensuel des ventes, taxes comprises et net d'honoraires, réalisé par *(Décr. no 2012-120 du 30 janv. 2012, art. 5-III)* « l'opérateur » au cours de l'exercice précédent ;

2° La moitié du montant maximal des fonds détenus par *(Décr. no 2012-120 du 30 janv. 2012, art. 5-III)* « l'opérateur » pour le compte des tiers, à un moment quelconque, au cours des douze mois précédents. – *[Décr. no 2001-650 du 19 juill. 2001, art. 12.]*

Art. R. 321-15 Lorsqu'*(Décr. no 2012-120 du 30 janv. 2012, art. 5-IV)* « un opérateur » de ventes volontaires de meubles aux enchères publiques exerce son activité depuis moins d'une année, le montant de la garantie ne peut être inférieur au montant prévisionnel moyen des ventes mensuelles, taxes comprises et net d'honoraires, pour l'exercice en cours. Ce montant prévisionnel fait l'objet d'une déclaration *(Décr. no 2012-120 du 30 janv. 2012, art. 5-IV)* « par l'opérateur » à l'assureur ou à la société de cautionnement. – *[Décr. no 2001-650 du 19 juill. 2001, art. 13.]*

Art. R. 321-16 *(Décr. no 2012-120 du 30 janv. 2012, art. 5-V)* « Tout opérateur » de ventes volontaires de meubles aux enchères publiques adapte chaque année le montant de la garantie qu'*(Décr. no 2012-120 du 30 janv. 2012, art. 5-V)* « il » a souscrite. *(Décr. no 2012-120 du 30 janv. 2012, art. 5-V)* « Il » révise également ce montant lors-

que des circonstances particulières sont susceptibles de modifier l'étendue du risque. – *[Décr. n° 2001-650 du 19 juill. 2001, art. 14.]*

Art. R. 321-17 **Les contrats d'assurance ne doivent pas prévoir de franchise à la charge de l'assuré supérieure à 10 % des indemnités dues, dans la limite de 8 000 € par créancier. La franchise n'est pas opposable aux créanciers de** *(Décr. n° 2012-120 du 30 janv. 2012, art. 5-III)* **« l'opérateur ».** – *[Décr. n° 2001-650 du 19 juill. 2001, art. 15.]*

§ 3 DES QUALIFICATIONS REQUISES

Art. R. 321-18 *(Décr. n° 2009-143 du 9 févr. 2009, art. 1er)* **« Sous réserve des dispositions de l'article R. 321-65, » nul ne peut diriger des ventes volontaires de meubles aux enchères publiques s'il ne remplit les conditions suivantes :**

1° Être Français ou ressortissant d'un État autre que la France membre de *(Décr. n° 2013-884 du 1er oct. 2013, art. 2)* **« l'Union » européenne ou partie à l'accord sur l'Espace économique européen ;**

2° N'avoir fait l'objet ni d'une condamnation pénale pour des faits contraires à l'honneur ou à la probité ni, dans la profession qu'il exerçait antérieurement, d'une sanction disciplinaire ou administrative de destitution, radiation, révocation, de retrait d'agrément ou d'autorisation pour des faits de même nature ;

3° Sous réserve des dispenses prévues aux articles R. 321-19 et R. 321-21, être soit titulaire d'un diplôme national *(Décr. n° 2013-884 du 1er oct. 2013, art. 2, en vigueur le 1er janv. 2014)* **« de licence en droit et d'un diplôme national de licence en histoire de l'art, ou en arts appliqués, ou en archéologie ou en arts plastiques** *[ancienne rédaction : en droit et d'un diplôme national d'histoire de l'art, d'arts appliqués, d'archéologie ou d'arts plastiques, l'un de ces diplômes étant au moins une licence et l'autre sanctionnant au moins un niveau de formation correspondant à deux années d'études supérieures]*, **» soit titulaire de titres ou diplômes, admis en dispense, dont la liste est fixée par arrêté conjoint du garde des sceaux, ministre de la justice, et du ministre chargé de l'enseignement supérieur ;** – *V. art. A. 321-2 à A. 321-4.*

4° Avoir subi avec succès l'examen d'accès au stage prévu aux articles R. 321-20 à R. 321-25 ; – *V. art. A. 321-10 s.*

5° Avoir accompli le stage mentionné au 4° dans les conditions prévues aux articles R. 321-26 à R. 321-31.

Les personnes mentionnées à l'article 54 de la loi n° 2000-642 du 10 juillet 2000 portant réglementation des ventes volontaires de meubles aux enchères publiques sont dispensées des conditions prévues aux 1°, 3°, 4° et 5°. – *[Décr. n° 2001-650 du 19 juill. 2001, art. 16.]*

Les modifications apportées au 3° de l'art. R. 321-18 par le Décr. n° 2013-884 du 1er oct. 2013 s'appliquent, à compter du 1er janv. 2014, aux candidatures à l'examen d'accès au stage prévu aux art. R. 321-20 à R. 321-25. Les personnes remplissant l'ensemble des conditions prévues à l'art. R. 321-18 au jour de la publication du décret précité (JO 3 oct.) ainsi que celles remplissant, au même jour, les conditions prévues aux 1°, 2° et 3° du même article, qui rempliront la condition prévue au 4° au plus tard le 31 déc. 2013 et celle prévue au 5° au plus tard le 31 déc. 2017 restent régies par les dispositions applicables dans leur rédaction antérieure à l'entrée en vigueur du même décret (Décr. préc., art. 16-I).

Honorabilité. Il importe peu que la condamnation pénale prononcée à l'encontre du prévenu fût non avenue dès lors que les faits qui avaient été sanctionnés étaient non seulement pénalement répréhensibles mais encore contraires à l'honneur et à la probité, de sorte qu'il ne remplissait pas les conditions d'honorabilité nécessaires. • Civ. 1re, 3 mars 2011, n° 09-68.059 P : *cité ss. art. L. 321-5.*

Art. R. 321-18-1 *(Décr. n° 2013-884 du 1er oct. 2013, art. 3)* **Pour pouvoir, en application de l'article L. 321-2, diriger des ventes volontaires de meubles aux enchères publiques, les notaires** *(Abrogé par Décr. n° 2019-1185 du 15 nov. 2019, art. 42, à compter du 1er juill. 2022)* ***« et les huissiers de justice »*** **doivent, au préalable, avoir suivi, à leurs frais, une formation d'une durée de soixante heures portant sur la réglementation, la pratique et la déontologie des ventes aux enchères.**

– Cette formation est organisée par le Conseil des ventes volontaires de meubles aux enchères publiques après avis du Conseil supérieur du notariat *(Abrogé par Décr. n° 2019-1185 du 15 nov. 2019, art. 42, à compter du 1er juill. 2022)* ***« et de la Chambre nationale des huissiers de justice »***.

Les notaires assistants *(Abrogé par Décr. n° 2019-1185 du 15 nov. 2019, art. 42, à compter du 1er juill. 2022)* ***« et les huissiers de justice stagiaires »*** sont admis à suivre cette formation.

Au terme de la formation, le Conseil des ventes volontaires de meubles aux enchères publiques délivre aux participants un certificat d'accomplissement de formation.

Sur les conditions d'accès à la profession de commissaire de justice pour les opérateurs de ventes volontaires de meubles aux enchères publiques, V. Décr. n° 2019-1185 du 15 nov. 2019, art. 3 et 4 ; Arr. du 19 oct. 2020 fixant le programme et les modalités de l'examen d'aptitude à la profession de commissaire de justice pour les opérateurs de ventes volontaires de meubles aux enchères publiques ; Arr. du 19 oct. 2020 fixant la liste des pièces à produire pour une demande de dispense prévue à l'art. 39 du Décr. préc.

Art. R. 321-19 Les clercs justifiant d'une pratique professionnelle d'au moins sept ans dans un ou plusieurs offices *(Abrogé par Décr. n° 2013-884 du 1er oct. 2013, art. 4)* *« de commissaire-priseur ou »* de commissaire-priseur judiciaire, les *(Décr. n° 2009-143 du 9 févr. 2009, art. 3)* « personnes » ayant exercé pendant la même durée des responsabilités équivalentes *(Décr. n° 2013-884 du 1er oct. 2013, art. 4)* « chez un ou plusieurs opérateurs de ventes volontaires de meubles aux enchères publiques ou courtiers de marchandises assermentés » ainsi que les personnes ayant exercé successivement ces responsabilités dans un office de commissaire-priseur *(Décr. n° 2013-884 du 1er oct. 2013, art. 4)* « judiciaire ou chez un courtier de marchandise *[marchandises]* assermenté et chez un opérateur » de ventes volontaires de meubles aux enchères publiques pendant une durée totale d'au moins sept ans sont dispensés des conditions prévues aux 3°, 4° et 5° de l'article R. 321-18, par décision du Conseil des ventes volontaires de meubles aux enchères publiques, s'ils subissent avec succès un examen d'aptitude devant le jury prévu aux articles R. 321-23 et suivants.

La durée de pratique professionnelle prévue à l'alinéa précédent doit avoir été acquise au cours des dix dernières années.

Le programme et les modalités de l'examen d'aptitude sont fixés par arrêté du garde des sceaux, ministre de la justice. – *V. art. A. 321-5 s.*

Nul ne peut se présenter plus de trois fois à l'examen. – *[Décr. n° 2001-650 du 19 juill. 2001, art. 17.]*

SOUS-§ 1er DE L'EXAMEN D'ACCÈS AU STAGE

Art. R. 321-20 Sont admises à se présenter à l'examen d'accès au stage mentionné au 4° de l'article R. 321-18 les personnes qui remplissent les conditions *(Décr. n° 2013-884 du 1er oct. 2013, art. 5)* « prévues aux 1°, 2° et » 3° dudit article. – *[Décr. n° 2001-650 du 19 juill. 2001, art. 18, al. 1er.]*

Art. R. 321-21 Sont dispensés de la possession du diplôme national en droit prévue au 3° de l'article R. 321-18 :

1° Les membres et anciens membres du Conseil d'État et les membres et anciens membres des tribunaux administratifs et des cours administratives d'appel ;

2° Les magistrats et anciens magistrats de l'ordre judiciaire ;

3° Les magistrats et anciens magistrats de la Cour des comptes, des chambres régionales des comptes et des chambres territoriales des comptes de la Polynésie française et de la Nouvelle-Calédonie ;

4° Les professeurs des universités et maîtres de conférence titulaires d'un doctorat en droit ;

5° Les avocats au Conseil d'État et à la Cour de cassation ;

6° Les avocats inscrits à un barreau français et les anciens conseils juridiques ;

7° Les *(Décis. n° 2011-451 du 22 avr. 2011, art. 8)* « anciens » avoués près les cours d'appel ;

8° Les huissiers de justice ;
9° Les notaires ;
10° Les administrateurs judiciaires, les mandataires judiciaires au redressement et à la liquidation des entreprises, les anciens syndics et administrateurs judiciaires ;
11° Les greffiers et anciens greffiers des tribunaux de commerce ;
12° Les fonctionnaires et anciens fonctionnaires de catégorie A, ou les personnes assimilées aux fonctionnaires de cette catégorie, ayant exercé en cette qualité des activités juridiques pendant cinq ans au moins, dans une administration, un service public ou une organisation internationale. — *[Décr. n° 2001-650 du 19 juill. 2001, art. 18, al. 2 à 14.]*

Sur les conditions d'accès à la profession de commissaire-priseur judiciaire des avoués et des collaborateurs d'avoué, V. note au ***C. com.*** .

Décret n° 2001-650 du 19 juillet 2001,

Pris en application des articles L. 321-1 à L. 321-38 du code de commerce et relatif aux ventes volontaires de meubles aux enchères publiques.

Art. 18 II. — Sont en outre dispensées des conditions prévues au 3°, 4° et 5° de l'article 16 *[C. com., art. R. 321-18]* les personnes ayant exercé, avant l'entrée en vigueur du présent décret, l'activité de commissaire-priseur ou, depuis cette date, la profession de commissaire-priseur judiciaire.

Le Décr. n° 2001-650 du 19 juill. 2001 est abrogé à l'exception du II de son art. 18 (Décr. n° 2007-431 du 25 mars 2007, art. 3-II-3°).

Art. R. 321-22 L'examen d'accès au stage a lieu au moins une fois par an.

Les conditions d'organisation, le programme et les modalités de l'examen, qui comporte des épreuves écrites et orales portant sur des matières artistiques, juridiques, économiques et comptables ainsi que sur *(Décr. n° 2013-884 du 1er oct. 2013, art. 6, en vigueur le 1er janv. 2015)* « l'anglais et, en option, sur une autre langue vivante étrangère *[ancienne rédaction : une langue vivante étrangère]* » sont fixés par arrêté du garde des sceaux, ministre de la justice, après avis du Conseil des ventes volontaires de meubles aux enchères publiques *(Décr. n° 2013-884 du 1er oct. 2013, art. 6)* « , de la *(Décr. n° 2022-729 du 28 avr. 2022, art. 67, en vigueur le 1er juill. 2022)* « Chambre nationale des commissaires de justice *[ancienne rédaction : Chambre nationale des commissaires-priseurs judiciaires]* » et du Conseil national des courtiers de marchandises assermentés ». — *V. art. A. 321-10 s.*

Nul ne peut se présenter plus de trois fois à l'examen d'accès au stage. — *[Décr. n° 2001-650 du 19 juill. 2001, art. 19.]*

L'art. R. 321-22 entre en vigueur le 1er août 2007 (Décr. n° 2007-431 du 25 mars 2007, art. 5-II). — V. Décr. n° 2001-650 du 19 juill. 2011, art. 19, au ***C. com.****, éd. 2011 ou antérieures.*

Art. R. 321-23 L'examen d'accès au stage est subi devant un jury présidé par un magistrat de l'ordre judiciaire. Ce jury est composé en outre d'un professeur d'histoire de l'art de l'enseignement supérieur en activité, d'un conservateur du patrimoine (spécialité musées), d'un commissaire-priseur judiciaire *(Décr. n° 2013-884 du 1er oct. 2013, art. 7)* « , d'un courtier de marchandises assermenté » et de deux personnes habilitées à diriger des ventes volontaires de meubles aux enchères publiques. — *[Décr. n° 2001-650 du 19 juill. 2001, art. 20, al. 1er.]*

Art. R. 321-24 Le président et les membres du jury sont nommés par arrêté du garde des sceaux, ministre de la justice. Le professeur d'histoire de l'art est désigné sur proposition du ministre chargé des universités, le conservateur du patrimoine sur proposition du ministre chargé de la culture, le commissaire-priseur judiciaire sur proposition du bureau de la *(Décr. n° 2022-729 du 28 avr. 2022, art. 67, en vigueur le 1er juill. 2022)* « Chambre nationale des commissaires de justice *[ancienne rédaction : Chambre nationale des commissaires-priseurs judiciaires]* » *(Décr. n° 2013-884 du 1er oct. 2013, art. 8)* « , le courtier de marchandises assermenté sur proposition du bureau du Conseil national des courtiers de marchandises assermentés » et les deux personnes habilitées sur proposition du Conseil des ventes volontaires de meubles aux enchères publiques.

Des suppléants sont nommés en nombre égal et dans les mêmes conditions. Des examinateurs spécialisés peuvent être désignés par arrêté du garde des sceaux, ministre de la justice. — *[Décr. nº 2001-650 du 19 juill. 2001, art. 20, al. 2 et 3.]*

Art. R. 321-25 Le *(Décr. nº 2013-884 du 1er oct. 2013, art. 9)* « président et » les membres du jury *(Abrogé par Décr. nº 2013-884 du 1er oct. 2013, art. 9)* « *et les examinateurs spécialisés* » ne peuvent siéger plus de trois années consécutives.

En cas de partage égal des voix, celle du président est prépondérante. — *[Décr. nº 2001-650 du 19 juill. 2001, art. 20, al. 4 et 5.]*

SOUS-§ 2 DU STAGE

Art. R. 321-26 La durée du stage est de deux ans, dont un an au moins en France.

Le stage comprend un enseignement théorique portant sur un approfondissement des connaissances en matière artistique *(Décr. nº 2013-884 du 1er oct. 2013, art. 10-1º)* « , technique », économique, comptable et juridique et un enseignement pratique, dispensés sous le contrôle du Conseil des ventes volontaires de meubles aux enchères publiques et selon des modalités qu'il détermine conjointement avec la *(Décr. nº 2022-729 du 28 avr. 2022, art. 67, en vigueur le 1er juill. 2022)* « Chambre nationale des commissaires de justice *[ancienne rédaction : Chambre nationale des commissaires-priseurs judiciaires]* » *(Décr. nº 2013-884 du 1er oct. 2013, art. 10-2º)* « et le Conseil national des courtiers de marchandises assermentés ». — *[Décr. nº 2001-650 du 19 juill. 2001, art. 21.] — V. Décis. nº 2020-844 du 14 mai 2020 du Conseil des ventes volontaires de meubles aux enchères publiques (JO 20 juin).*

L'art. R. 321-26 entre en vigueur le 1er août 2007 (Décr. nº 2007-431 du 25 mars 2007, art. 5-II). — V. Décr. nº 2001-650 du 19 juill. 2011, art. 21, au **C. com.**, *éd. 2011 ou antérieures.*

Les modifications issues du 1º de l'art. 10 du Décr. nº 2013-884 du 1er oct. 2013 ne s'appliquent pas aux personnes accomplissant, au jour de la publication du décret précité (JO 3 oct.), le stage prévu aux art. R. 321-26 à R. 321-31 (Décr. préc., art. 16-III).

Art. R. 321-27 *(Décr. nº 2013-884 du 1er oct. 2013, art. 11)* Les travaux de pratique professionnelle sont effectués :

1º Pour une durée de seize mois, chez un opérateur de ventes volontaires de meubles aux enchères publiques ;

2º Pour une durée de six mois, chez un commissaire-priseur judiciaire ;

3º Pour une durée de deux mois, chez un courtier de marchandises assermenté.

Au cas où le Conseil des ventes volontaires de meubles aux enchères publiques constate, pour un stagiaire, l'impossibilité matérielle de réaliser le stage mentionné au 3º, la durée de celui mentionné au 2º est portée à huit mois. Le stagiaire rédige alors un mémoire relatif à l'exercice de la profession de courtier de marchandises assermenté.

Le stagiaire peut demander à effectuer une partie du stage mentionné au 1º, dans la limite de trois mois, auprès d'un commissaire-priseur judiciaire, d'un courtier de marchandises assermenté, d'un notaire, d'un huissier de justice, d'un administrateur judiciaire ou d'un mandataire judiciaire ; il en indique le nom au Conseil des ventes volontaires de meubles aux enchères publiques.

L'art. R. 321-27, dans sa rédaction issue de l'art. 11 du Décr. nº 2013-884 du 1er oct. 2013, ne s'applique pas aux personnes accomplissant, au jour de la publication du décret précité (JO 3 oct.), le stage prévu aux art. R. 321-26 à R. 321-31 (Décr. préc., art. 16-III).

Ancien art. R. 321-27 ***Les travaux de pratique professionnelle sont effectués auprès d'une société de ventes volontaires de meubles aux enchères publiques, d'un commissaire-priseur judiciaire ou, à la demande du stagiaire et pour six mois au maximum, auprès d'un notaire, d'un huissier de justice, d'un administrateur judiciaire ou d'un mandataire judiciaire dont le stagiaire indique le nom au conseil.*** — *[Décr. nº 2001-650 du 19 juill. 2001, art. 22, al. 1er.]*

Art. R. 321-28 *(Décr. nº 2013-844 du 1er oct. 2013, art. 12)* Le Conseil des ventes volontaires de meubles aux enchères publiques procède à l'affectation des stagiaires.

Celle-ci est réalisée sur avis de la *(Décr. n° 2022-729 du 28 avr. 2022, art. 67, en vigueur le 1er juill. 2022)* « Chambre nationale des commissaires de justice *[ancienne rédaction : Chambre nationale des commissaires-priseurs judiciaires]* », pour les stages dans les offices de commissaire-priseur judiciaire *[,]* et sur avis du Conseil national des courtiers de marchandises assermentés, pour ceux effectués chez les courtiers de marchandises assermentés. — *[Décr. n° 2001-650 du 19 juill. 2001, art. 22, al. 2 et 3.]*

Art. R. 321-29 A l'issue de la première année de stage, le *(Décr. n° 2013-884 du 1er oct. 2013, art. 13)* « Conseil des ventes volontaires de meubles aux enchères publiques » s'assure, au vu d'un dossier communiqué par le maître de stage, de l'aptitude du stagiaire à poursuivre la formation professionnelle.

A cet effet, le conseil organise un entretien destiné à évaluer les connaissances pratiques du stagiaire.

Le conseil peut, s'il l'estime nécessaire, autoriser le stagiaire à recommencer les travaux de la première année de formation professionnelle. Cette autorisation ne peut être accordée qu'une seule fois. — *[Décr. n° 2001-650 du 19 juill. 2001, art. 23.]*

Art. R. 321-30 Au terme du stage, le conseil délivre au stagiaire, qui a démontré son aptitude à l'exercice de la profession, un certificat de bon accomplissement du stage.

Dans le cas contraire, le conseil, selon la gravité des insuffisances constatées, autorise le stagiaire à recommencer les travaux de deuxième année de formation professionnelle, ou refuse de délivrer le certificat. L'autorisation de recommencer les travaux de deuxième année ne peut être accordée qu'une seule fois. — *[Décr. n° 2001-650 du 19 juill. 2001, art. 24.]*

Art. R. 321-31 L'exclusion du stage peut être prononcée par le conseil pour des motifs disciplinaires après que l'intéressé a été mis en mesure de présenter sa défense. — *[Décr. n° 2001-650 du 19 juill. 2001, art. 25.]*

§ 4 DES MESURES D'INFORMATION ET DE PUBLICITÉ

Art. R. 321-32 Il est procédé à l'information du Conseil des ventes volontaires de meubles aux enchères publiques prévue à l'article L. 321-7 par lettre recommandée avec demande d'avis de réception, huit jours au moins avant la date d'exposition des meubles offerts à la vente ou de réalisation de la vente projetée.

Lorsque la vente a lieu à distance par voie électronique, l'information prévue à l'article L. 321-7 peut être adressée au conseil sur support électronique. — *[Décr. n° 2001-650 du 19 juill. 2001, art. 26.]*

Art. R. 321-33 La publicité prévue au premier alinéa de l'article L. 321-11 précise au moins la date et le lieu de la vente projetée, la dénomination de *(Décr. n° 2012-120 du 30 janv. 2012, art. 6)* « l'opérateur de vente*[s]* volontaires ainsi que la date de sa déclaration auprès du Conseil des ventes volontaires de meubles aux enchères publiques », le nom de la personne habilitée qui dirige la vente et, le cas échéant, le numéro de la déclaration faite en application de l'article L. 321-24.

(Décr. n° 2012-120 du 30 janv. 2012, art. 6) « Elle doit également mentionner :

« 1° La qualité de commerçant ou d'artisan du vendeur lorsque les biens neufs mis en vente sont produits par lui ;

« 2° Le caractère neuf du bien ;

« 3° Le cas échéant, la qualité de propriétaire du bien mis en vente lorsque celui-ci est l'opérateur de ventes volontaires aux enchères publiques organisateur ou son salarié, dirigeant ou associé ainsi que lorsqu'il est un expert intervenant dans l'organisation de la vente ;

« 4° L'intervention d'un expert dans l'organisation de la vente ;

« 5° La mention du délai de prescription prévu à l'article L. 321-17. » — *[Décr. n° 2001-650 du 19 juill. 2001, art. 27.]*

Art. R. 321-34 A la clôture d'une vente aux enchères publiques effectuée à distance par voie électronique, la société organisatrice assure l'information en ligne du public sur la désignation des biens adjugés, leur prix d'adjudication ainsi que sur le jour et l'heure de la clôture de la vente de chacun de ceux-ci. — *[Décr. n° 2001-650 du 19 juill. 2001, art. 28.]*

Art. R. 321-35 En cas de courtage aux enchères réalisé à distance par voie électronique, le courtier assure l'information en ligne du public *(Décr. nº 2012-120 du 30 janv. 2012, art. 7)* « conformément aux dispositions de l'article L. 321-3 ». — *[Décr. nº 2001-650 du 19 juill. 2001, art. 67.]*

Art. R. 321-35-1 *(Décr. nº 2018-256 du 9 avr. 2018, art. 1er)* I. — L'autorité administrative mentionnée au septième alinéa de l'article L. 321-3 est, dans le cadre de leurs attributions respectives, le directeur général de la concurrence, de la consommation et de la répression des fraudes, le chef du service national des enquêtes de la direction générale de la concurrence, de la consommation et de la répression des fraudes, le directeur régional des entreprises, de la concurrence, de la consommation, du travail et de l'emploi, le directeur de la direction départementale chargée de la protection des populations, ou leur représentant nommément désigné.

II. — Pour l'application du présent article dans les collectivités d'outre-mer régies par l'article 73 de la Constitution, les références : "directeur régional des entreprises, de la concurrence, de la consommation, du travail et de l'emploi" et "directeur de la direction départementale chargée de la protection des populations" sont remplacées par la référence : "directeur des entreprises, de la concurrence, de la consommation, du travail et de l'emploi".

SOUS-SECTION 2 LE CONSEIL DES VENTES VOLONTAIRES DE MEUBLES AUX ENCHÈRES PUBLIQUES

§ 1er DU FONCTIONNEMENT

Art. R. 321-36 Le Conseil des ventes volontaires de meubles aux enchères publiques se réunit sur convocation de son président. La convocation est de droit lorsque le commissaire du Gouvernement ou quatre membres du conseil en font la demande.

L'ordre du jour est fixé par le président. Le commissaire du Gouvernement ou quatre membres du conseil peuvent faire inscrire à l'ordre du jour toute question relevant de la compétence du conseil. — *[Décr. nº 2001-650 du 19 juill. 2001, art. 29, al. 1er et 2.]*

Art. R. 321-37 Le Conseil des ventes volontaires de meubles aux enchères publiques ne peut valablement délibérer que si au moins six membres sont présents. Lorsque le quorum n'est pas atteint sur un ordre du jour donné, le conseil délibère valablement quel que soit le nombre de ses membres après une nouvelle convocation portant sur le même ordre du jour et précisant qu'aucun quorum n'est exigé.

Les décisions sont prises à la majorité des membres présents. En cas de partage égal des voix, la voix du président est prépondérante. — *[Décr. nº 2001-650 du 19 juill. 2001, art. 29, al. 3 et 4.]*

Art. R. 321-38 Le Conseil des ventes volontaires de meubles aux enchères publiques établit son règlement intérieur, qui fixe notamment ses conditions de fonctionnement et l'organisation de ses services. Ce règlement définit également les conditions dans lesquelles le conseil peut désigner certains de ses membres pour procéder aux auditions et entretiens prévus *(Décr. nº 2012-120 du 30 janv. 2012, art. 8)* « à l'article » R. 321-29. *(Décr. nº 2012-120 du 30 janv. 2012, art. 8)* « Le règlement intérieur du conseil est communiqué au garde des sceaux, ministre de la justice. » — *[Décr. nº 2001-650 du 19 juill. 2001, art. 30.]*

V. Décis. nº 2020-843 du 27 févr. 2020 du Conseil des ventes volontaires de meubles aux enchères publiques adoptant son règlement intérieur 🏛.

Art. R. 321-39 *(Décr. nº 2012-120 du 30 janv. 2012, art. 9)* « En cas d'empêchement ou de démission d'un membre du Conseil des ventes volontaires de meubles aux enchères publiques, celui-ci est remplacé dans un délai de trois mois.

« Les membres du Conseil des ventes volontaires de meubles aux enchères publiques nommés en remplacement de ceux dont les fonctions ont pris fin avant leur terme normal achèvent le mandat de ceux qu'ils remplacent. »

Les fonctions de membre du conseil sont gratuites.

Toutefois, les membres du conseil et le commissaire du Gouvernement ont droit à l'indemnisation des frais et sujétions auxquels les expose l'exercice de leurs fonctions. — *[Décr. nº 2001-650 du 19 juill. 2001, art. 31.]*

Art. R. 321-40 **Le commissaire du Gouvernement est nommé par arrêté du garde des sceaux, ministre de la justice.**

Il exerce ses attributions en matière disciplinaire dans les conditions prévues aux articles R. 321-45 à R. 321-49.

Il participe aux séances du conseil avec voix consultative, sous réserve des dispositions particulières prévues en matière disciplinaire au deuxième alinéa de l'article R. 321-48.

Il peut former, à l'encontre des décisions du conseil, le recours prévu à l'article L. 321-23. – *[Décr. nº 2001-650 du 19 juill. 2001, art. 32.]*

Art. R. 321-40-1 *(Décr. nº 2010-9 du 6 janv. 2010, art. 1er)* **Sur simple demande, le commissaire du Gouvernement se fait communiquer, pour le compte du Conseil des ventes volontaires de meubles aux enchères publiques, les documents dont la conservation est prévue par l'article L. 561-12 du code monétaire et financier.** – *V. ce texte au **C. mon. fin.***

Art. R. 321-41 *(Décr. nº 2012-120 du 30 janv. 2012, art. 10)* **Pour l'application de l'avant-dernier alinéa de l'article L. 321-21, les opérateurs de ventes volontaires de meubles aux enchères publiques déclarent au Conseil des ventes volontaires de meubles aux enchères publiques, chaque année avant le 31 mars, les honoraires bruts perçus l'année précédente à l'occasion des ventes organisées sur le territoire national. Ces déclarations sont assorties des pièces justificatives.**

Lorsqu'un opérateur de ventes volontaires aux enchères publiques exerce son activité depuis moins d'une année, la cotisation est calculée en fonction des honoraires bruts qu'il prévoit de réaliser ou de percevoir au cours de la première année d'exercice. Le montant des honoraires bruts prévisionnels est déclaré dans les conditions prévues à l'alinéa précédent. – *[Décr. nº 2001-650 du 19 juill. 2001, art. 33, al. 1er.]*

Arrêté du 15 septembre 2021,

Relatif à la fixation du taux de cotisation annuelle des opérateurs de ventes volontaires de meubles aux enchères publiques pour la période 2021-2023.

Art. 1er La cotisation professionnelle annuelle de chaque opérateur de ventes volontaires de meubles aux enchères publiques est calculée sur le montant des honoraires bruts perçus à l'occasion des ventes aux enchères publiques organisées sur le territoire national.

Les honoraires bruts s'entendent de l'intégralité des honoraires hors taxes perçus sur les acheteurs et sur les vendeurs.

Art. 2 La déclaration des honoraires bruts effectuée auprès du Conseil des ventes volontaires chaque année, avant le 31 mars en application des dispositions de l'article R. 321-41 du code de commerce, est accompagnée d'un extrait du compte de résultat détaillé présentant le chiffre d'affaires de l'exercice considéré.

Ce document est signé par l'opérateur et certifié par son expert-comptable.

Art. 3 Le taux de la cotisation annuelle des opérateurs de ventes volontaires de meubles aux enchères publiques est fixé pour la période 2021-2023 selon les taux suivants :

Sur les honoraires bruts de l'année 2021 : 0,17 %.

Sur les honoraires bruts de l'année 2022 : 0,20 %.

Sur les honoraires bruts de l'année 2023 : 0,25 %.

Art. R. 321-42 **Le Conseil des ventes volontaires de meubles aux enchères publiques détermine le taux et les modalités de calcul de la cotisation annuelle** *(Décr. nº 2012-120 du 30 janv. 2012, art. 11)* **« des opérateurs de ventes volontaires ».** – *V. Décis. nº 2010-724 du 7 janv. 2010 (JO 20 janv.).*

(Abrogé par Décr. nº 2012-120 du 30 janv. 2012, art. 11) ***« Lorsqu'une société de ventes volontaires de meubles aux enchères publiques ou un expert agréé exercent leur activité depuis moins d'une année, la cotisation est calculée en fonction du chiffre d'affaires ou des honoraires bruts qu'ils prévoient de réaliser ou de percevoir au cours de la première année d'exercice. Le montant du chiffre d'affaires ou des honoraires bruts prévisionnels est déclaré dans***

les conditions prévues à l'article R. 321-41 ». — *[Décr. n° 2001-650 du 19 juill. 2001, art. 33, al. 2 et 3.]*

Art. R. 321-43 Le Conseil des ventes volontaires de meubles aux enchères publiques arrête son budget, chaque année, avant le 31 décembre, sur proposition du président.

Le président exécute le budget.

(Décr. n° 2012-120 du 30 janv. 2012, art. 12) « Le Conseil des ventes volontaires de meubles aux enchères publiques désigne un commissaire aux comptes titulaire et un commissaire aux comptes suppléant dans les conditions de l'article L. 823-3 et suivants du code de commerce.

« Le Conseil des ventes volontaires de meubles aux enchères publiques délibère sur le budget annuel et ses modifications en cours d'année ainsi que sur les comptes financiers et l'affectation des résultats. Ces délibérations sont transmises au garde des sceaux, ministre de la justice, dans un délai de quinze jours à compter de leur approbation. » — *[Décr. n° 2001-650 du 19 juill. 2001, art. 33, al. 4 et 5.]*

Art. R. 321-43-1 *(Décr. n° 2012-120 du 30 janv. 2012, art. 13)* Il est institué un comité d'audit au sein du Conseil des ventes volontaires de meubles aux enchères publiques aux fins de veiller à la bonne exécution du budget.

Le comité d'audit est composé de trois membres du Conseil élus par celui-ci. Sur proposition du président, le Conseil désigne le président du comité d'audit à la majorité de ses membres.

Le commissaire du Gouvernement est avisé des réunions du comité d'audit. A sa demande, il peut y assister.

Le comité d'audit se réunit au moins une fois par an, sur proposition de son président ou du commissaire du Gouvernement.

Il examine les documents de préparation et d'exécution du budget et des comptes financiers. Il émet un avis écrit sur le budget proposé et les comptes financiers lors de leur soumission au Conseil des ventes volontaires de meubles aux enchères publiques.

Il émet des avis relatifs aux projets informatiques, à la prise de bail de locaux et à leur aménagement.

Le comité d'audit émet *[,]* à l'intention du Conseil des ventes volontaires de meubles aux enchères publiques, un avis annuel sur l'exécution du budget.

Art. R. 321-43-2 *(Décr. n° 2012-120 du 30 janv. 2012, art. 13)* Pour l'application de l'article L. 321-18, le Conseil des ventes volontaires de meubles aux enchères publiques adresse annuellement un questionnaire économique aux opérateurs de ventes volontaires.

Art. R. 321-44 Le Conseil des ventes volontaires de meubles aux enchères publiques rend compte de son activité dans un rapport annuel, qui comporte un bilan de l'application de l'article L. 321-3 et des articles R. 321-10 à R. 321-17 *(Décr. n° 2009-143 du 9 févr. 2009, art. 4)* « , un relevé statistique des différentes catégories de déclarations reçues et des décisions prises en matière de reconnaissance des qualifications professionnelles des ressortissants des États membres de *(Décr. n° 2012-120 du 30 janv. 2012, art. 14)* « l'Union » européenne ou parties à l'accord sur l'Espace économique européen » *(Décr. n° 2017-449 du 29 mars 2017, art. 2)* « , ainsi qu'une description des principaux problèmes survenus lors de l'application de la directive 2005/36/CE du Parlement européen et du Conseil du 7 septembre 2005 modifiée relative à la reconnaissance des qualifications professionnelles ». Ce rapport est adressé au garde des sceaux, ministre de la justice, au ministre chargé de l'économie et des finances et au ministre chargé de la culture. Il est communiqué à la *(Décr. n° 2022-729 du 28 avr. 2022, art. 67, en vigueur le 1er juill. 2022)* « Chambre nationale des commissaires de justice *[ancienne rédaction : Chambre nationale des commissaires-priseurs judiciaires, à la Chambre nationale des huissiers de justice]* », au Conseil supérieur du notariat, ainsi qu'aux instances départementales de ces professions *(Décr. n° 2012-120 du 30 janv. 2012, art. 14)* « et au Conseil national des courtiers de marchandises assermentés ». Le cas échéant, les observations du commissaire du Gouvernement sont annexées à ce rapport. — *[Décr. n° 2001-650 du 19 juill. 2001, art. 34.]*

§ 2 DE LA PROCÉDURE DISCIPLINAIRE

Art. R. 321-45 Le Conseil des ventes volontaires de meubles aux enchères publiques statuant en matière disciplinaire, dans les cas prévus aux articles L. 321-22 et L. 321-28, est saisi par le commissaire du Gouvernement.

Le commissaire du Gouvernement peut engager simultanément des poursuites à l'encontre de *(Décr. nº 2012-120 du 30 janv. 2012, art. 15)* « l'opérateur de ventes volontaires aux enchères publiques » et de la personne habilitée à diriger les ventes. Il procède à l'instruction préalable du dossier et peut se faire communiquer tous renseignements ou documents et procéder à toutes auditions utiles.

(Décr. nº 2012-120 du 30 janv. 2012, art. 15) « Le Conseil des ventes volontaires de meubles aux enchères publiques statue valablement en matière disciplinaire si au moins quatre membres sont présents. » — *[Décr. nº 2001-650 du 19 juill. 2001, art. 35.]*

Droit de communication. Il résulte des art. L. 321-10 et R. 321-45 C. com. que le commissaire du gouvernement près le conseil procède à l'instruction préalable du dossier des poursuites disciplinaires engagées devant ce dernier à l'encontre de l'opérateur de ventes volontaires aux enchères publiques et peut se faire communiquer tous renseignements ou documents, au nombre desquels figure le registre tenu jour par jour par les opérateurs de ventes volontaires de meubles aux enchères publiques mentionnés à l'art. L. 321-4 du même code, en application des art. 321-7 et 321-8 C. pén. • Civ. 1re, 15 juin 2016, nº 15-19.365 P : *cité note 1 ss. art. L. 321-5.*

Art. R. 321-46 La personne poursuivie est appelée à comparaître devant le conseil par le commissaire du Gouvernement.

La convocation est adressée par lettre recommandée avec demande d'avis de réception, un mois au moins à l'avance. Elle énonce les faits reprochés.

La personne convoquée peut prendre connaissance de son dossier auprès du conseil. — *[Décr. nº 2001-650 du 19 juill. 2001, art. 36.]*

Art. R. 321-47 Le Conseil des ventes volontaires de meubles aux enchères publiques peut se faire communiquer tout renseignement ou document et procéder à toute audition utile.

Les débats sont publics. Toutefois, le conseil peut décider que les débats ne seront pas publics si la personne poursuivie en fait expressément la demande ou s'il doit résulter de leur publicité une atteinte à un secret protégé par la loi ou à l'intimité de la vie privée ; mention en est faite dans la décision.

La personne poursuivie est entendue et peut se faire assister d'un avocat. — *[Décr. nº 2001-650 du 19 juill. 2001, art. 37.]*

Art. R. 321-48 Le Conseil des ventes volontaires de meubles aux enchères publiques statue, par décision motivée, après avoir entendu le commissaire du Gouvernement, la personne poursuivie et son avocat.

Le commissaire du Gouvernement n'assiste pas au délibéré. — *[Décr. nº 2001-650 du 19 juill. 2001, art. 38.]*

Art. R. 321-49 La décision est notifiée à la personne poursuivie, par lettre recommandée avec demande d'avis de réception, et au commissaire du Gouvernement. La notification indique le délai et les modalités du recours ouvert à l'encontre de la décision. — *[Décr. nº 2001-650 du 19 juill. 2001, art. 39.]*

Art. R. 321-49-1 *(Décr. nº 2012-120 du 30 janv. 2012, art. 16)* Lorsque le président du Conseil des ventes volontaires de meubles aux enchères publiques suspend provisoirement et à titre conservatoire l'exercice de tout ou partie de l'activité de ventes volontaires d'un opérateur ou d'une personne habilitée à diriger la vente, la décision est notifiée à l'intéressé par lettre recommandée avec demande d'avis de réception.

La notification indique le délai et les modalités du recours ouvert à l'encontre de la décision.

§ 3 DU RECOURS CONTRE LES DÉCISIONS DU CONSEIL OU DE SON PRÉSIDENT

Art. R. 321-50 Le recours contre les décisions du Conseil des ventes volontaires de meubles aux enchères publiques ou de son président est formé par déclaration remise contre récépissé ou adressée par lettre recommandée avec demande d'avis de réception au greffe de la cour d'appel de Paris. – *[Décr. n° 2001-650 du 19 juill. 2001, art. 40, al. 1er.]*

Art. R. 321-51 Le délai de recours est d'un mois à compter de la notification de la décision. Toutefois, ce délai court à compter de la date de la décision pour les recours formés par le commissaire du Gouvernement.

(Abrogé par Décr. n° 2013-884 du 1er oct. 2013, art. 14) ***« Le délai de recours est interrompu par un recours gracieux. »*** *– [Décr. n° 2001-650 du 19 juill. 2001, art. 40, al. 2 et 3.]*

Art. R. 321-52 Le recours n'est pas suspensif d'exécution. Toutefois, le premier président de la cour d'appel de Paris, statuant en référé, peut suspendre l'exécution de la décision ou de certains de ses effets, lorsque celle-ci risque d'entraîner des conséquences manifestement excessives ou qu'il est fait état d'un moyen propre à créer, en l'état de l'instruction, un doute sérieux quant à la légalité de la décision. – *[Décr. n° 2001-650 du 19 juill. 2001, art. 40, al. 4.]*

Art. R. 321-53 Le recours est instruit et jugé selon les règles applicables à la procédure sans représentation obligatoire, le ministère public entendu. Il est notifié au Conseil des ventes volontaires de meubles aux enchères publiques et, le cas échéant, à l'auteur de la demande faisant l'objet de la décision contestée.

Le Conseil des ventes volontaires de meubles aux enchères publiques est partie à l'instance.

Les parties ont la faculté de se faire assister ou représenter par un avocat *(Abrogé par Décr. n° 2012-634 du 3 mai 2012, art. 21)* *« ou un avoué ».* – *[Décr. n° 2001-650 du 19 juill. 2001, art. 41.]*

Procès équitable. BIBL. Vandermeeren, *RJDA 2016. 763* (à propos de la Cour de cassation et du Conseil des ventes : bref retour sur la notion de juridiction). ♦ L'exigence d'un procès équitable, au regard des principes d'égalité des armes et d'impartialité du juge, impose qu'une juridiction disciplinaire de première instance ne soit pas partie au recours contre ses propres décisions ; le Conseil des ventes volontaires de meubles aux enchères publiques qui prononce une sanction disciplinaire constitue une telle juridiction. • Civ. 1re, 10 sept. 2014, n° 13-21.762 P • 10 sept. 2015, n° 14-10.111 : *RJDA 2016, n° 665.*

Art. R. 321-54 Les débats devant la cour d'appel sont publics. Toutefois, la cour peut décider que les débats ne seront pas publics si la personne poursuivie en fait expressément la demande ou s'il doit résulter de leur publicité une atteinte à un secret protégé par la loi ou à l'intimité de la vie privée ; mention en est faite dans la décision. – *[Décr. n° 2001-650 du 19 juill. 2001, art. 42.]*

Art. R. 321-55 La décision de la cour d'appel est notifiée, à la diligence du greffe, par lettre recommandée avec demande d'avis de réception aux parties, au commissaire du Gouvernement et au procureur général. – *[Décr. n° 2001-650 du 19 juill. 2001, art. 43.]*

SECTION II DE LA LIBRE PRESTATION DE SERVICES DE L'ACTIVITÉ DE VENTES VOLONTAIRES DE MEUBLES AUX ENCHÈRES PUBLIQUES PAR LES RESSORTISSANTS DES ÉTATS MEMBRES DE L'UNION EUROPÉENNE ET DES ÉTATS PARTIES À L'ACCORD SUR L'ESPACE ÉCONOMIQUE EUROPÉEN *(Décr. n° 2012-120 du 30 janv. 2012, art. 17-I).*

Art. R. 321-56 Les ressortissants d'un État autre que la France, membre de *(Décr. n° 2012-120 du 30 janv. 2012, art. 17-II)* « l'Union » européenne ou partie à l'accord sur l'Espace économique européen, qui exercent à titre permanent ou occasionnel l'activité de ventes volontaires de meubles aux enchères publiques, sont tenus de souscrire les garanties mentionnées aux 2° et 3° de *l'article L. 321-6.*

Ils sont réputés satisfaire à ces obligations s'ils justifient avoir contracté, selon les règles de l'État où ils les ont souscrites, des assurances et garanties équivalentes quant aux modalités et à l'étendue de la couverture. A défaut d'équivalence complète, ils sont tenus de souscrire une assurance ou une garantie complémentaire. – *[Décr. n° 2001-650 du 19 juill. 2001, art. 44.]*

Art. R. 321-57 *(Décr. nº 2009-143 du 9 févr. 2009, art. 6)* La déclaration prévue à l'article L. 321-24 est écrite. Elle est adressée, dans le délai prévu au même article, au conseil des ventes volontaires de meubles aux enchères publiques par lettre recommandée avec demande d'avis de réception ou par tout autre moyen. – *[Décr. nº 2001-650 du 19 juill. 2001, art. 50, al. 1er.]*

Les intitulés de la sous-section 1 ainsi que des deux paragraphes composant cette sous-section ont été supprimés par le Décr. nº 2009-143 du 9 févr. 2009 (Décr. préc., art. 5).

Art. R. 321-58 La déclaration prévue à l'article L. 321-24 est accompagnée des pièces suivantes :

1º Les documents justifiant l'identité et la nationalité de l'auteur de la déclaration ou, s'il s'agit d'une personne morale relevant de la législation d'un État membre de *(Décr. nº 2012-120 du 30 janv. 2012, art. 17-II)* « l'Union » européenne ou d'un État partie à l'accord sur l'Espace économique européen, une copie de ses statuts et la justification de son immatriculation dans un registre public ;

2º Les documents justifiant *(Décr. nº 2009-143 du 9 févr. 2009, art. 7)* « de la légalité de l'exercice, par le déclarant, » de l'activité de ventes volontaires de meubles aux enchères publiques dans l'État d'établissement, de la qualité professionnelle du déclarant et, s'il y a lieu, du nom de l'organisme professionnel dont il relève ;

3º *(Décr. nº 2009-143 du 9 févr. 2009, art. 7)* « La preuve par tout moyen de l'exercice de l'activité de ventes volontaires de meubles aux enchères publiques pendant au moins *(Décr. nº 2017-449 du 29 mars 2017, art. 3)* « une année *[ancienne rédaction : deux années]* » au cours des dix années précédant la première vente en France lorsque ni cette activité ni la formation y conduisant ne sont réglementées dans l'État d'établissement ; »

4º *(Décr. nº 2009-143 du 9 févr. 2009, art. 7)* « Une attestation délivrée par l'autorité compétente ou, à défaut, une attestation sur l'honneur du déclarant, certifiant qu'il n'encourt aucune interdiction, même temporaire, d'exercer l'activité de ventes volontaires de meubles aux enchères publiques dans son État d'établissement ; »

(Abrogé par Décr. nº 2009-143 du 9 févr. 2009, art. 7) « ***5º Une attestation délivrée par l'organisme professionnel dont relève l'auteur de la déclaration ou, à défaut, une attestation sur l'honneur précisant qu'il n'a pas fait l'objet, dans le cadre de son activité, d'une sanction disciplinaire ou administrative de destitution, radiation, révocation, de retrait d'agrément ou d'autorisation pour des faits contraires à l'honneur ou à la probité ;*** »

6º L'indication de la date et du lieu de réalisation de la vente projetée ainsi que l'identité et la qualification de la personne chargée de diriger celle-ci ;

7º La justification d'une assurance couvrant la responsabilité professionnelle encourue à l'occasion de cette vente et d'une assurance ou d'un cautionnement garantissant la représentation des fonds détenus pour le compte d'autrui.

Les pièces en langue étrangère doivent être assorties d'une traduction en langue française *(Décr. nº 2009-143 du 9 févr. 2009, art. 7)* « , à l'exception de celles justifiant l'identité et la nationalité de l'auteur de la déclaration.

« Les pièces mentionnées aux 4º et 7º ne peuvent dater de plus de trois mois lors de leur production. » – *[Décr. nº 2001-650 du 19 juill. 2001, art. 50, al. 2 s.]*

Art. R. 321-59 *(Décr. nº 2009-143 du 9 févr. 2009, art. 8)* Le renouvellement de la déclaration prévue à l'article L. 321-24 est accompagné des pièces mentionnées aux 6º et 7º de l'article R. 321-58 et, en cas de changement matériel relatif à la situation établie par les autres pièces mentionnées à cet article, des documents justifiant de ces changements.

Art. R. 321-60 *(Décr. nº 2009-143 du 9 févr. 2009, art. 9)* Dans un délai de quinze jours à compter de la réception de la déclaration prévue à l'article L. 321-24, le conseil informe le cas échéant le demandeur de tout document manquant.

Art. R. 321-61 *(Décr. nº 2009-143 du 9 févr. 2009, art. 10)* Le Conseil des ventes volontaires de meubles aux enchères publiques assure l'échange avec les autorités compétentes des autres États membres de *(Décr. nº 2012-120 du 30 janv. 2012, art. 17-II)* « l'Union » européenne ou parties à l'accord sur l'Espace économique européen des informations nécessaires au traitement de la plainte d'un destinataire de services fournis dans le cadre d'une vente volontaire de meubles aux enchères publiques assurée dans le cadre d'une prestation de services par un ressortissant de l'un de ces États. Il informe le destinataire de la suite donnée à sa plainte.

V. note ss. art. R. 321-57.

Art. R. 321-62 à R. 321-64 *Abrogés par Décr. nº 2009-143 du 9 févr. 2009, art. 11 et 12.*

SECTION III DE L'ÉTABLISSEMENT EN FRANCE DES PERSONNES HABILITÉES À DIRIGER DES VENTES VOLONTAIRES DE MEUBLES AUX ENCHÈRES PUBLIQUES DANS UN AUTRE ÉTAT MEMBRE DE L'UNION EUROPÉENNE OU PARTIE À L'ACCORD SUR L'ESPACE ÉCONOMIQUE EUROPÉEN *(Décr. nº 2012-120 du 30 janv. 2012, art. 17-I).*

Art. R. 321-65 *(Décr. nº 2009-143 du 9 févr. 2009, art. 13)* Sont réputés avoir la qualification requise pour diriger les ventes volontaires de meubles aux enchères publiques, sans avoir à remplir les conditions prévues aux 3°, 4° et 5° de l'article R. 321-18, les ressortissants d'un État membre de *(Décr. nº 2012-120 du 30 janv. 2012, art. 17-II)* « l'Union » européenne ou d'un État partie à l'accord sur l'Espace économique européen, *(Décr. nº 2017-449 du 29 mars 2017, art. 4)* « possédant une attestation de compétences ou un titre de formation défini à l'article 11 de la directive 2005/36/CE du 7 septembre 2005 modifiée susmentionnée *[relative à la reconnaissance des qualifications professionnelles]* », à condition :

1° Soit que *(Décr. nº 2017-449 du 29 mars 2017, art. 4)* « cette attestation de compétences ou ce titre de formation permettent » l'exercice de l'activité professionnelle de ventes volontaires de meubles aux enchères publiques dans un État membre ou un État partie à l'accord sur l'Espace économique européen qui réglemente l'accès à la profession ou son exercice ;

2° Soit que *(Décr. nº 2017-449 du 29 mars 2017, art. 4)* « ce titre de formation sanctionne » une formation réglementée visant spécifiquement l'exercice de l'activité professionnelle de ventes volontaires de meubles aux enchères publiques et *(Décr. nº 2017-449 du 29 mars 2017, art. 4)* « atteste » la préparation du titulaire à cet exercice, dans un État membre ou un État partie à l'accord sur l'Espace économique européen qui ne réglemente pas l'accès à cette profession ou son exercice ;

3° Soit que *(Décr. nº 2017-449 du 29 mars 2017, art. 4)* « cette attestation de compétences ou ce titre de formation certifient » la préparation de leur titulaire à l'exercice de l'activité professionnelle de ventes volontaires de meubles aux enchères publiques et que le titulaire justifie en outre, dans un État membre ou un État partie à l'accord sur l'Espace économique européen qui ne réglemente pas l'accès à cette profession ou son exercice, d'un exercice à plein temps de la profession pendant *(Décr. nº 2017-449 du 29 mars 2017, art. 4)* « une année *[ancienne rédaction : deux ans]* » au moins au cours des dix années précédentes ou pendant une période équivalente en cas d'exercice à temps partiel, sous réserve que cet exercice soit attesté par l'autorité compétente de cet État.

(Décr. nº 2017-449 du 29 mars 2017, art. 4) « L'attestation de compétences ou le titre de formation mentionnés » au présent article doivent avoir été délivrés soit par l'autorité compétente d'un État membre ou d'un État partie à l'accord sur l'Espace économique européen en sanctionnant une formation acquise de façon prépondérante dans un État membre ou un État partie ou dans un État tiers dans des établissements d'enseignement qui dispensent une formation conforme aux dispositions législatives, réglementaires ou administratives de cet État membre ou partie, soit par un État tiers, à condition que soit fournie une attestation, émanant de l'autorité compétente de l'État membre ou de l'État partie qui a reconnu *(Décr. nº 2017-449 du 29 mars 2017, art. 4)* « l'attestation de compétences ou le titre de formation, certifiant que leur titulaire » a une expérience professionnelle de trois ans au moins dans cet État.

Art. R. 321-66 *(Décr. nº 2009-143 du 9 févr. 2009, art. 14)* « Les personnes satisfaisant aux conditions prévues aux articles R. 321-56 et R. 321-65 et souhaitant s'établir en France adressent au conseil des ventes volontaires de meubles aux enchères publiques leur demande de reconnaissance de qualification professionnelle par lettre recommandée avec demande d'avis de réception ou par tout autre moyen équivalent. La demande est accompagnée d'un dossier dont la composition est fixée par arrêté du garde des sceaux, ministre de la justice. *– V. art. A. 321-27.*

« Le conseil accuse réception du dossier du demandeur dans un délai d'un mois et l'informe, le cas échéant, de tout document manquant. Il se prononce par décision motivée au plus tard dans un délai de trois mois à compter de la présentation du dossier complet de l'intéressé. » *– V. art. A. 321-28.*

La décision du conseil est notifiée par lettre recommandée avec demande d'avis de réception. La notification indique le délai et les modalités du recours ouvert à l'encontre de cette décision.

La décision du conseil peut faire l'objet d'un recours dans les conditions prévues aux articles R. 321-50 à R. 321-55. *– [Décr. nº 2001-650 du 19 juill. 2001, art. 48.]*

Art. R. 321-67 *(Décr. nº 2009-143 du 9 févr. 2009, art. 15)* Lorsque la formation reçue par le demandeur porte sur des matières substantiellement différentes de celles qui figurent aux programmes des diplômes mentionnés au 3º de l'article R. 321-18 et de l'examen professionnel mentionné à l'article R. 321-22, *(Abrogé par Décr. nº 2017-449 du 29 mars 2017, art. 5) « ou lorsque la durée de la formation dont se prévaut le demandeur est inférieure d'au moins un an à celle requise par les dispositions de l'article R. 321-18, »* l'intéressé subit, à son choix, une épreuve d'aptitude devant le jury prévu à l'article R. 321-23 ou un stage d'adaptation dont la durée ne peut excéder trois ans.

Le programme et les modalités d'organisation de l'épreuve d'aptitude et du stage d'adaptation sont fixés par arrêté du garde des sceaux, ministre de la justice. *– V. art. A. 321-29 s.*

Le conseil précise celles des matières du programme mentionné à l'alinéa précédent sur lesquelles le demandeur est interrogé ou la durée de son stage, compte tenu de sa formation et de son expérience professionnelle. Il peut dispenser le demandeur de ces mesures s'il estime que les connaissances *(Décr. nº 2017-449 du 29 mars 2017, art. 5)* « , aptitudes et compétences » que celui-ci a acquises au cours de son expérience professionnelle *(Décr. nº 2017-449 du 29 mars 2017, art. 5)* « ou de l'apprentissage tout au long de la vie, et ayant fait l'objet, à cette fin, d'une validation en bonne et due forme par un organisme compétent, dans un État membre ou dans un pays tiers, » sont de nature à couvrir, en tout ou partie, la différence substantielle de formation constatée.

Le conseil notifie aux candidats les résultats de l'épreuve d'aptitude ou de l'évaluation du stage.

Droit communautaire. V., précisant à quelles conditions un État membre peut soumettre à des stages ou épreuves d'aptitude la reconnaissance des diplômes de candidats aux fonctions de directeur de ventes aux enchères : • CJCE 7 sept. 2006 : *Europe 2006, nº 313, obs. Driguez.*

SECTION IV *[ABROGÉE]* DES EXPERTS AGRÉÉS PAR LE CONSEIL DES VENTES VOLONTAIRES DE MEUBLES AUX ENCHÈRES PUBLIQUES

(Abrogée par Décr. nº 2012-120 du 30 janv. 2012, art. 18)

Art. R. 321-68 à R. 321-73 *Abrogés par Décr. nº 2012-120 du 30 janv. 2012, art. 18. – V. **C. com.**, éd. 2012 et antérieures.*

SECTION V DISPOSITIONS DIVERSES

Art. R. 321-74 *(Décr. nº 2007-431 du 25 mars 2007)* Le droit de préemption de l'État en cas de vente volontaire de meubles aux enchères publiques est régi par les articles *(Décr. nº 2011-574 du 24 mai 2011, art. 2)* « R. 123-2 à R. 123-8 du code du patrimoine ».

CHAPITRE II DES AUTRES VENTES AUX ENCHÈRES

RÉP. COM. vº *Ventes aux enchères publiques de marchandises neuves,* par MAUGER-VIELPEAU.

Art. R. 322-1 Les salles de ventes publiques de marchandises aux enchères et en gros, prévues par l'article L. 322-12, peuvent être ouvertes par une personne physique, par une société commerciale ou industrielle, *(Décr. nº 2014-1315 du 3 nov. 2014, art. 9-4º)* « par un établissement de crédit ou une société de financement », en vertu d'une autorisation donnée par un arrêté du préfet, après avis de la *(Décr. n° 2010-1463 du 1er déc. 2010, art. 87)* « chambre de commerce et d'industrie territoriale » et du tribunal du commerce.

Les salles de ventes peuvent être formées spécialement pour une ou plusieurs espèces de marchandises. – *[Décr. du 12 mars 1859, art. 1er, al. 3 et 4.]*

L'art. R. 322-1, dans sa rédaction issue du Décr. n° 2014-1315 du 3 nov. 2014, est applicable dans les îles Wallis-et-Futuna (Décr. n° 2015-707 du 22 juin 2015, art. 19).

Art. R. 322-2 Toute personne qui demande l'autorisation d'ouvrir une salle de ventes publiques justifie de ressources en rapport avec l'importance de l'établissement projeté. – *[Décr. du 12 mars 1859, art. 2, al. 1er.]*

Art. R. 322-3 Les propriétaires ou exploitants sont responsables de la garde et de la conservation des marchandises qui leur sont confiées, sauf les avaries et déchets naturels provenant de la nature et du conditionnement des marchandises ou de cas de force majeure. – *[Décr. du 12 mars 1859, art. 3.]*

Art. R. 322-4 Les exploitants de salles de ventes peuvent se charger de toute opération ayant pour objet l'acheminement des marchandises dans la salle de vente.

Ils peuvent également se charger de faire assurer les marchandises dont ils sont détenteurs, au moyen, soit de polices collectives, soit de polices spéciales, suivant les ordres des intéressés.

Ils peuvent, en outre, être autorisés à se charger de toutes opérations ayant pour objet de faciliter les relations de l'établissement avec tout intervenant, qu'il soit négociant ou transporteur. – *[Décr. du 12 mars 1859, art. 4, 2e à 4e phrases.]*

Art. R. 322-5 Il est interdit aux exploitants de salles de ventes de se livrer directement ou indirectement, pour leur propre compte ou pour le compte d'autrui, à aucun commerce ou spéculation ayant pour objet les marchandises. – *[Décr. du 12 mars 1859, art. 4, 1re phrase.]*

Art. R. 322-6 Les exploitants des salles de ventes sont tenus de mettre les salles de ventes, sans préférence ni faveur, à la disposition de toute personne qui veut opérer le magasinage ou la vente de ses marchandises, dans les termes des articles L. 322-8 et suivants. – *[Décr. du 12 mars 1859, art. 6.]*

Art. R. 322-7 Les salles de ventes publiques sont soumises aux mesures générales de police concernant les lieux publics affectés au commerce, sans préjudice des droits du service des douanes, lorsqu'ils sont établis dans des locaux placés sous les régimes des entrepôts douaniers prévus par le règlement (CEE) n° 2913/92 du Conseil du 12 octobre 1992 établissant le code des douanes communautaire, ensemble le règlement (CEE) n° 2454/93 de la Commission du 2 juillet 1993 fixant certaines de ses dispositions d'application, et le régime de l'entrepôt fiscal prévu par le code général des impôts. – *[Décr. du 12 mars 1859, art. 7.]*

Art. R. 322-8 Les tarifs établis par les exploitants des salles de ventes, afin de fixer la rétribution due pour le magasinage, la manutention, la location de la salle, la vente et généralement pour les divers services qui peuvent être rendus au public, sont transmis avant l'ouverture des établissements, au préfet et à la *(Décr. n° 2010-1463 du 1er déc. 2010, art. 87)* « chambre de commerce et d'industrie territoriale » et au tribunal de commerce consultés sur la demande d'autorisation.

Tous les changements apportés aux tarifs doivent être d'avance annoncés par des affiches et communiqués aux préfets et à la *(Décr. n° 2010-1463 du 1er déc. 2010, art. 87)* « chambre de commerce et d'industrie territoriale » et au tribunal de commerce consultés sur la demande d'autorisation. Si ces changements ont pour objet de relever les tarifs, ils *ne deviennent exécutoires* que trois mois après leur annonce et *leur communication*. – *[Décr. du 12 mars 1859, art. 8.]*

Art. R. 322-9 Chaque établissement adopte un règlement intérieur qui est communiqué à l'avance, ainsi que tous les changements qui y seraient apportés, conformément aux dispositions de l'article R. 322-8. – *[Décr. du 12 mars 1859, art. 9.]*

Art. R. 322-10 Les dispositions législatives et réglementaires, le tarif et le règlement intérieur sont et demeurent affichés à la principale porte et dans l'endroit le plus apparent de chaque établissement. – *[Décr. du 12 mars 1859, art. 10.]*

Art. R. 322-11 En cas de contravention ou d'abus commis par les exploitants des salles de ventes de nature à porter un grave préjudice à l'intérêt du commerce, l'autorisation accordée peut être révoquée par un acte rendu dans la même forme que cette autorisation, et les parties entendues. – *[Décr. du 12 mars 1859, art. 11.]*

Art. R. 322-12 Les propriétaires ou exploitants de salles de ventes publiques ne peuvent céder leur établissement sans une autorisation délivrée dans les formes et par la même autorité que pour l'autorisation d'origine. – *[Décr. du 12 mars 1859, art. 12.]*

Art. R. 322-13 Les dispositions des articles R. 322-3 et R. 322-6 sont applicables aux ventes prévues par les articles L. 322-14 et L. 322-15. – *[Décr. du 6 juin 1863, art. 1er.]*

Art. R. 322-14 La décision judiciaire qui a autorisé ou ordonné la vente en vertu des articles L. 322-14 et L. 322-15 est insérée au procès-verbal de la vente. – *[Décr. du 6 juin 1863, art. 2, al. 1er.]*

Art. R. 322-15 Le minimum de la valeur des lots est fixé à 15 € pour les ventes de marchandises de toute espèce, ordonnées ou autorisées dans les cas prévus par les articles L. 322-14 et L. 322-15.

Ce minimum peut être abaissé par le tribunal ou le juge qui ordonne ou autorise la vente. – *[Décr. du 6 juin 1863, art. 3.]*

TITRE TROISIÈME DES CLAUSES D'EXCLUSIVITÉ

RÉP. COM. v° *Franchise*, par DISSAUX.

Art. R. 330-1 Le document prévu au premier alinéa de l'article L. 330-3 contient les informations suivantes :

1° L'adresse du siège de l'entreprise et la nature de ses activités avec l'indication de sa forme juridique et de l'identité du chef d'entreprise s'il s'agit d'une personne physique ou des dirigeants s'il s'agit d'une personne morale ; le cas échéant, le montant du capital ;

2° Les mentions visées aux 1° et 2° de l'article R. 123-237 ou le numéro d'inscription au répertoire des métiers ainsi que la date et le numéro d'enregistrement ou du dépôt de la marque et, dans le cas où la marque qui doit faire l'objet du contrat a été acquise à la suite d'une cession ou d'une licence, la date et le numéro de l'inscription correspondante au registre national des marques avec, pour les contrats de licence, l'indication de la durée pour laquelle la licence a été consentie ;

3° La ou les domiciliations bancaires de l'entreprise. Cette information peut être limitée aux cinq principales domiciliations bancaires ;

4° La date de la création de l'entreprise avec un rappel des principales étapes de son évolution, y compris celle du réseau d'exploitants, s'il y a lieu, ainsi que toutes indications permettant d'apprécier l'expérience professionnelle acquise par l'exploitant ou par les dirigeants.

Les informations mentionnées à l'alinéa précédent peuvent ne porter que sur les cinq *dernières* années qui précèdent celle de la remise du document. Elles doivent être complétées par une présentation de l'état général et local du marché des produits ou services devant faire l'objet du contrat et des perspectives de développement de ce marché.

(Décr. n° 2009-557 du 19 mai 2009, art. 4) « Doivent être annexés à cette partie du document les comptes annuels des deux derniers exercices ou, pour les sociétés dont les titres financiers sont admis aux négociations sur un marché réglementé, les rapports établis au titre des deux derniers exercices en application du III de l'article L. 451-1-2 du code monétaire et financier ; »

5° Une présentation du réseau d'exploitants qui comporte :

a) La liste des entreprises qui en font partie avec l'indication pour chacune d'elles du mode d'exploitation convenu ;

b) L'adresse des entreprises établies en France avec lesquelles la personne qui propose le contrat est liée par des contrats de même nature que celui dont la conclusion est envisagée ; la date de conclusion ou de renouvellement de ces contrats est précisée ;

Lorsque le réseau compte plus de cinquante exploitants, les informations mentionnées à l'alinéa précédent ne sont exigées que pour les cinquante entreprises les plus proches du lieu de l'exploitation envisagée ;

c) Le nombre d'entreprises qui, étant liées au réseau par des contrats de même nature que celui dont la conclusion est envisagée, ont cessé de faire partie du réseau au cours de l'année précédant celle de la délivrance du document. Le document précise si le contrat est venu à expiration ou s'il a été résilié ou annulé ;

d) S'il y a lieu, la présence, dans la zone d'activité de l'implantation prévue par le contrat proposé, de tout établissement dans lequel sont offerts, avec l'accord exprès de la personne qui propose le contrat, les produits ou services faisant l'objet de celui-ci ;

6° L'indication de la durée du contrat proposé, des conditions de renouvellement, de résiliation et de cession, ainsi que le champ des exclusivités.

Le document précise, en outre, la nature et le montant des dépenses et investissements spécifiques à l'enseigne ou à la marque que la personne destinataire du projet de contrat engage avant de commencer l'exploitation. — *[Décr. nº 91-337 du 4 avr. 1991, art. 1er.]*

BIBL. ▶ DURAND, *Cah. dr. entr. 1991, nº 3.* – AMÉDÉE-MANESME, *JCP E 1991. I. 66.*

Application dans le temps. Le Décr. nº 91-337 du 4 avr. 1991 [C. com., art. R. 330-1 et R. 330-2] est d'application immédiate. • Paris, 24 mars 1995 : *D. 1995. IR 138 ; Gaz. Pal. 1996. 1. 69.*

Art. R. 330-2 Est puni des peines d'amende prévues par le 5° de l'article 131-13 du code pénal pour les contraventions de la cinquième classe le fait de mettre à la disposition d'une personne un nom commercial, une marque ou une enseigne en exigeant d'elle un engagement d'exclusivité ou de quasi-exclusivité pour l'exercice de son activité sans lui avoir communiqué, vingt jours au moins avant la signature du contrat, le document d'information et le projet de contrat mentionnés à l'article L. 330-3.

En cas de récidive, les peines d'amende prévues le 5° de l'article 131-13 du code pénal pour les contraventions de la cinquième classe commises en récidive sont applicables. — *[Décr. nº 91-337 du 4 avr. 1991, art. 2.]*

V. aussi art. A. 441-1, codification de l'art. 1er de l'Arr. du 21 févr. 1991, relatif à l'information du consommateur dans le secteur de la franchise.

LIVRE QUATRIÈME DE LA LIBERTÉ DES PRIX ET DE LA CONCURRENCE

BIBL. GÉN. ▶ Décr. n° 2002-689 du 30 avr. 2002 : ARHEL, *CCC 2002. Chron. 13.* – CLAUDEL, *RTD com. 2002. 462* . – CHEVRIER, *D. 2002. 1646* . – DESTOURS, *Cah. dr. entr. 2002, n° 5, p. 35, n° 14.* ▶ Décr. n° 2005-1668 du 27 déc. 2005 : CHEYNEL, *RLC 2006, n° 6, p. 73 s.* – CLAUDEL, *RTD com. 2006. 315* . ▶ Codification : CHEYNEL, *RLDA mai 2007. 44.*

TITRE PREMIER DISPOSITIONS GÉNÉRALES

Art. R. 410-1 *(Décr. n° 2016-884 du 29 juin 2016, art. 4, en vigueur le 1er juill. 2016)* **Est puni de la peine d'amende prévue pour les contraventions de la 5e classe le fait de vendre, proposer à la vente ou promouvoir des biens, produits, ou prestations de services à des prix fixés en violation des textes réglementaires pris en application de l'article L. 410-2 ou de ceux ayant le même objet pris en application de l'ordonnance n° 45-1483 du 30 juin 1945 et maintenus en vigueur à titre transitoire par l'article 61 de l'ordonnance n° 86-1243 du 1er décembre 1986 relative à la liberté des prix et de la concurrence.**

En cas de récidive, les peines d'amende prévues pour la récidive des contraventions de la 5e classe sont applicables.

TITRE DEUXIÈME DES PRATIQUES ANTICONCURRENTIELLES

Art. R. 420-1 **Les accords présentés au ministre chargé de l'économie, en application du II de l'article L. 420-4, sont accompagnés des informations suivantes :**

1° L'identification détaillée des entreprises parties à l'accord ;

2° Les objectifs fixés par l'accord ;

3° La délimitation du marché concerné par l'accord ;

4° Les produits, biens ou services concernés ;

5° Les produits, biens ou services substituables ;

6° Les parts de marché détenues par chaque partie à l'accord (en volume et en chiffre d'affaires) ;

7° L'impact sur la concurrence.

Si les entreprises estiment que certains des documents inclus dans ce dossier présentent un caractère confidentiel, elles peuvent porter sur ce document la mention : "secret des affaires". Dans ce cas, le ministre chargé de l'économie leur demande de lui indiquer les informations dont elles souhaitent qu'il ne soit pas fait mention dans le décret et dans l'avis de l'Autorité de la concurrence. — *[Décr. n° 2002-689 du 30 avr. 2002, art. 1er, al. 1er à 9.]*

RÉP. COM. v° *Entente*, par ARHEL.

Art. R. 420-2 **Un mois avant leur transmission à l'Autorité de la concurrence, les projets de décret prévus au II de l'article L. 420-4 doivent faire l'objet d'une publication au *Bulletin officiel de la concurrence, de la consommation et de la répression des fraudes*. Les observations éventuelles des personnes intéressées, recueillies dans ce délai, sont communiquées à l'Autorité de la concurrence.** — *[Décr. n° 2002-689 du 30 avr. 2002, art. 1er, al. 10.]*

Art. R. 420-3 **Pour l'application de l'article L. 420-7, le siège et le ressort des juridictions commerciales compétentes en métropole et dans les départements d'outre-mer sont fixés conformément aux tableaux de l'annexe 4-2 du présent livre.** — *[COJ, art. R. 411-1, al. 3, et art. R. 921-6, al. 3.] — V. annexe 4-2.*

Pour l'application de l'art. L. 420-7, la liste des TJ compétents, ainsi que le siège et le ressort des juridictions commerciales compétentes sont fixés conformément aux tableaux des annexes 4-1 et 4-2 du livre IV de la partie réglementaire du code de commerce (JO 27 mars). — Ces tableaux fixent de manière identique, pour les commerçants ou non-commerçants et pour les artisans ou non-artisans, les juridictions compétentes ; il s'agit de : Marseille, Bordeaux, Lille, Fort-de-France, Lyon, Nancy, Paris et Rennes. — V. les annexes 4-1 et 4-2 pour connaître en détail le ressort des cours d'appel.

Le Décr. n° 2005-1756 du 30 déc. 2005 est entré en vigueur le 1er janv. 2006 (Décr. préc., art. 23). La juridiction compétente primitivement saisie demeure compétente pour statuer sur les pro-

cédures introduites antérieurement à la date d'entrée en vigueur du décret précité (Décr. préc., art. 22). — V. note 2 ss. art. R. 420-5.

ANNEXE 4-2

JURIDICTIONS COMPÉTENTES POUR CONNAÎTRE, EN APPLICATION DE L'ARTICLE L. 420-7, DES PROCÉDURES APPLICABLES AUX PERSONNES QUI SONT COMMERÇANTS OU ARTISANS *(mod. par Décr. n° 2011-1877 du 14 déc. 2011, art. 6, en vigueur le 1er janv. 2012)*

SIÈGE DES TRIBUNAUX DE COMMERCE ET DES TRIBUNAUX MIXTES DE COMMERCE	RESSORT
Marseille	Le ressort des cours d'appel d'Aix-en-Provence, Bastia, Montpellier et Nîmes.
Bordeaux	Le ressort des cours d'appel d'Agen, Bordeaux, Limoges, Pau et Toulouse.
Lille	Le ressort des cours d'appel d'Amiens, Douai, Reims et Rouen.
Fort-de-France	Le ressort des cours d'appel de Basse-Terre, Cayenne et Fort-de-France.
Lyon	Le ressort des cours d'appel de Chambéry, Grenoble, Lyon et Riom.
Nancy	Le ressort des cours d'appel de Besançon, Colmar, Dijon, Metz et Nancy.
Paris	Le ressort des cours d'appel de Bourges, Paris, Orléans, Saint-Denis de La Réunion et Versailles.
Rennes	Le ressort des cours d'appel d'Angers, Caen, Poitiers et Rennes.

Spécialisation des juridictions. En application de l'art. L. 420-7 C. com. et du Décr. n° 2005-1756 du 30 déc. 2005, les litiges relatifs à l'application des règles contenues dans les art. L. 420-1 à L. 420-5 du même code, ont été attribués au tribunal de commerce de Lille et non au TGI de Béthune. En revanche, pour les autres demandes ne portant pas spécifiquement sur ces articles, ce TGI est compétent. • TGI Béthune, 4 avr. 2007 : *RDLC 2007, n° 3, p. 136, obs. Lemaire ; Europe 2007, n° 316, obs. Idot.* ♦ Les fondements juridiques et les faits en cause étant totalement distincts, il ne peut être fait application de l'art. 101 NCPC [renommé C. pr. civ.]. • Même décision. ♦ Saisie d'un contredit, la cour d'appel de Douai a estimé au contraire qu'il convenait de faire jouer l'art. 101 C. pr. civ. • Douai, 2 févr. 2008 : *Europe 2008, n° 209, obs. L. I.* ♦ Retenant cette solution dans le cadre du contentieux des pratiques restrictives de concurrence, *V. • Com. 24 sept. 2013, n° 12-21.089 P : cité note 5 ss. art. D. 442-3.*

Les litiges relatifs à des comportements visés par l'art. L. 442-6 [ancien] relèvent de la compétence de droit commun, dès lors qu'ils n'ont pas pour effet de restreindre ou d'affecter la concurrence sur le marché (abandon de l'art. L. 420-2 comme fondement explicite de la demande qui aurait justifié, en application des art. L. 420-7 et R. 420-3, la compétence du tribunal de Paris). • T. com. Nanterre, 22 juin 2007 : *Gaz. Pal. 2008. 436, et les obs. ; RLC oct.-déc. 2007. 76, obs. Nourissat.*

Si l'action engagée ne tend pas à faire juger que le concurrent est l'auteur d'un abus de position dominante, l'assignation introductive d'instance invoque l'art. L. 420-2 ; cette invocation entre dans les prévisions de l'art. L. 420-7 et induit la compétence de la juridiction spécialisée instituée par ce texte. • Poitiers, 27 oct. 2009 : *cité note 3 ss. art. L. 420-7.* ♦ En défense, il est invoqué la théorie économique selon laquelle la connaissance exhaustive des prix pratiqués par les concurrents, obtenue par la pratique des relevés de prix, induit, dans un marché oligopolistique, une fixation des prix qui ne relève pas du libre jeu de la concurrence, une telle pratique s'analysant alors en une pratique anticoncurrentielle relevant, là encore, de la compétence de la juridiction visée par l'art. L. 420-7. • Même décision.

Art. R. 420-4 **Pour l'application de l'article L. 420-7, la liste des** *(Décr. n° 2019-966 du 18 sept. 2019, art. 8, en vigueur le 1er janv. 2020)* **« tribunaux judiciaires** *[ancienne rédaction : tribunaux de grande instance]* **» compétents en métropole et dans les départements d'outre-mer est fixée conformément aux tableaux de l'annexe 4-1 du présent livre.** — *[COJ, art. R. 311-7, al. 3, et art. R. 921-5-1, al. 2.]* — *V. annexe 4-1.*

ANNEXE 4-1

JURIDICTIONS COMPÉTENTES POUR CONNAÎTRE, EN APPLICATION DE L'ARTICLE L. 420-7, DES PROCÉDURES APPLICABLES AUX PERSONNES QUI NE SONT NI COMMERÇANTS NI ARTISANS *(mod. par Décr. n° 2011-1877 du 14 déc. 2011, art. 6, en vigueur le 1er janv. 2012)*

SIÈGE DES TRIBUNAUX JUDICIAIRES *[ANCIENNE RÉDACTION : TRIBUNAUX DE GRANDE INSTANCE]*	RESSORT
Marseille	Le ressort des cours d'appel d'Aix-en-Provence, Bastia, Montpellier et Nîmes.
Bordeaux	Le ressort des cours d'appel d'Agen, Bordeaux, Limoges, Pau et Toulouse.
Lille	Le ressort des cours d'appel d'Amiens, Douai, Reims et Rouen.
Fort-de-France	Le ressort des cours d'appel de Basse-Terre, Cayenne et de Fort-de-France.
Lyon	Le ressort des cours d'appel de Chambéry, Grenoble, Lyon et Riom.
Nancy	Le ressort des cours d'appel de Besançon, Colmar, Dijon, Metz et Nancy.
Paris	Le ressort des cours d'appel de Bourges, Paris, Orléans, Saint-Denis de la Réunion et Versailles.
Rennes	Le ressort des cours d'appel d'Angers, Caen, Poitiers et Rennes.

Art. R. 420-5 **Pour l'application de la deuxième phrase de l'article L. 420-7, la cour d'appel de Paris est compétente.** — *[COJ, art. R. 212-1, al. 3, art. R. 921-5-1, al. 2, et art. R. 921-6, al. 3.]*

BIBL. ► VILMART, *JCP E 2007, n° 46, p. 23* (de la difficulté d'appliquer la règle de compétence exclusive de la cour de Paris en droit communautaire de la concurrence, quand ce droit s'oppose à des droits de propriété intellectuelle). – CHAGNY, *AJCA 2015. 70* (le droit des pratiques anticoncurrentielles devant le juge de droit commun : un exemple à suivre...).

1. Compétence exclusive. L'art. L. 420-7 C. com. doit, comme toute exception, être interprété de manière restrictive. • Versailles, 24 mai 2007 : *Europe 2007, n° 316, obs. Idot.* ♦ La cour d'appel de Paris n'est compétente que dans la mesure où les règles des art. L. 420-1 à L. 420-5 C. com. et *les art.* 81 *et* 82 CE sont invoqués à l'appui d'une demande en justice, qu'elle soit principale ou reconventionnelle, et non simplement comme un moyen de défense à une demande. • Même arrêt. – Comp., toutefois, le texte de l'art. L. 420-7 qui englobe les litiges « dans lesquels ces dispositions sont invoquées ».

2. Application dans le temps. Le Décr. n° 2005-1756 du 30 déc. 2005, entré en vigueur le 1er janv. 2006, donne, dans son art. 2, compétence à la cour d'appel de Paris, tandis que son art. 22 prévoit, à titre transitoire, que la juridiction compétente primitivement saisie demeure compétente pour statuer sur les procédures introduites antérieurement à la date d'entrée en vigueur du décret. La présente procédure ayant bien été introduite devant le tribunal de Mont-de-Marsan antérieurement à cette date, il en résulte que cette juridiction restant compétence pour statuer, l'appel devait dès lors être porté devant la cour d'appel de Pau, la cour de Paris n'ayant été désignée, par le décret précité, comme juridiction d'appel que des seules juridictions de première instance spécialisées au nombre desquelles ne figure pas le TGI de Mont-de-Marsan. • Paris, ord., 20 juin 2006 : *JCP E 2006, n° 10, p. 13, note Desmazières de Séchelles.*

TITRE TROISIÈME DE LA CONCENTRATION ÉCONOMIQUE

RÉP. COM. v° *Concentration*, par ARHEL.

BIBL. ► CARAMALLI, *LPA 16 mai 2002.*

Art. R. 430-1 *Abrogé par Décr. n° 2009-139 du 10 févr. 2009, art. 1er. – V. désormais le V de l'art. L. 430-2.*

V. note ss. art. R. 430-6.

Art. R. 430-2 Le dossier de notification mentionné à l'article L. 430-3 comprend les éléments énumérés aux annexes 4-3 à 4-5 du présent livre. Il est adressé *(Décr. n° 2021-715 du 2 juin 2021, art. 1er)* **« soit par dépôt au siège de l'Autorité de la concurrence en un exemplaire, soit par l'intermédiaire d'une plateforme d'échanges sécurisés de documents électroniques** *[ancienne rédaction : en un exemplaire]* **».** *– V. ces annexes, ci-dessous.*

Lorsque *(Décr. n° 2009-139 du 10 févr. 2009, art. 1er)* **« l'Autorité de la concurrence » constate que le dossier est incomplet ou que certains de ses éléments ne sont pas conformes aux définitions retenues dans les annexes susmentionnées, notamment en ce qui concerne la délimitation des marchés concernés, elle demande que le dossier soit complété ou rectifié.**

La notification complète fait l'objet d'un accusé de réception. – *[Décr. n° 2002-689 du 30 avr. 2002, art. 3.]*

V. note ss. art. R. 430-6.

ANNEXE 4-3

DOSSIER DE NOTIFICATION D'UNE OPÉRATION DE CONCENTRATION

1. Description de l'opération, comprenant :

a) Une copie des actes soumis à notification et des comptes rendus des organes délibérants relatifs à la concentration accompagnée, si nécessaire, d'une traduction en langue française de ces documents ;

b) Une présentation des aspects juridiques et financiers de l'opération, mentionnant, le cas échéant, le montant de l'acquisition ;

c) Une présentation des objectifs économiques de l'opération, comportant notamment une évaluation des avantages attendus ;

d) La liste des États dans lesquels l'opération a été ou sera notifiée et les dates des différentes notifications ;

e) Le cas échéant, le mandat des conseils ou personnes chargées de la notification ;

f) Un résumé de l'opération ne contenant ni information confidentielle ni secret d'affaires, destiné à être publié sur le site internet *(Décr. n° 2019-339 du 18 avr. 2019, art. 2)* « de l'Autorité de la concurrence » en application de l'article L. 430-3.

2. Présentation des entreprises concernées et des groupes auxquels elles appartiennent, comprenant, pour chacune des entreprises ou groupes :

a) Les comptes sociaux et, lorsqu'ils existent, les comptes consolidés et le dernier rapport annuel ;

b) La liste des principaux actionnaires, les pactes d'actionnaire, ainsi que la liste et le montant des participations détenues par l'entreprise ou ses actionnaires dans d'autres entreprises, si cette participation confère directement ou indirectement au moins une minorité de blocage ou la faculté de nommer au moins un membre du conseil d'administration ;

c) Un tableau récapitulatif de données financières pour les trois derniers exercices clos, selon le modèle figurant en annexe 4-4, et, pour la ou les activités sur lesquelles porte l'opération qui ne disposaient pas, avant ladite opération, de la personnalité juridique, un tableau récapitulatif selon le modèle figurant en annexe 4-5 ;

d) La liste des opérations de concentration réalisées au cours des trois dernières années ;

e) La liste et la description de l'activité des entreprises avec lesquelles les entreprises ou groupes concernés et les groupes auxquels elles appartiennent entretiennent des liens contractuels significatifs et durables sur les marchés concernés par l'opération, la nature et la description de ces liens.

3. Marchés concernés.

Un marché concerné se définit comme un marché pertinent, défini en termes de produits et en termes géographiques, sur lequel l'opération notifiée a une incidence directe ou indirecte.

Un marché pertinent de produits comprend tous les produits ou services que le consommateur considère comme interchangeables ou substituables en raison de leurs caractéristiques, de leur prix et de l'usage auquel ils sont destinés. Des produits, sans être substituables au sens de la phrase précédente, peuvent être regardés comme relevant d'un même marché, dès lors qu'ils requièrent la même technologie pour leur fabrication et qu'ils font partie d'une gamme de produits de nature à caractériser ce marché.

Un marché pertinent géographique est un territoire sur lequel sont offerts et demandés des biens et des services, sur lequel les conditions de concurrence sont suffisamment homogènes et qui peut être distingué de zones géographiques voisines, parce que, en particulier, les conditions de concurrence y diffèrent de manière appréciable.

La notification comprend une définition de chaque marché concerné ainsi qu'une description précise des arguments ayant conduit à la délimitation proposée et, pour chaque marché concerné, les informations suivantes :

a) Part de marché des entreprises concernées et des groupes auxquels elles appartiennent ;

b) Part de marché des principaux opérateurs concurrents.

4. Marchés affectés.

Un marché concerné est considéré comme affecté :

— si deux ou plusieurs entreprises ou groupes visés au point 2 du présent formulaire exercent des activités sur ce marché et que leurs parts cumulées atteignent 25 % ou plus ;

— ou si une entreprise au moins visée au point 2 exerce des activités sur ce marché et qu'une autre de ces entreprises ou groupe exerce des activités sur un marché situé en amont ou en aval ou connexe, qu'il y ait ou non des relations de fournisseur à client entre ces entreprises, dès lors que, sur l'un ou l'autre de ces marchés, l'ensemble des entreprises ou groupes visés au point 2 atteignent *(Décr. n° 2019-339 du 18 avr. 2019, art. 2)* « 30 % *[ancienne rédaction : 25 %]* » ou plus.

Un marché peut également être affecté du fait de la disparition d'un concurrent potentiel due à l'opération.

Pour chaque marché affecté, les entreprises notifiantes fournissent les informations suivantes :

a) Une estimation de l'importance du marché en valeur et en volume ;

b) La part de marché des entreprises concernées et des groupes auxquels elles appartiennent ;

c) La part de marché, l'identité, l'adresse, les numéros de télécopieur et de téléphone, et l'adresse électronique des responsables compétents des principaux opérateurs concurrents ;

d) L'identité, l'adresse, les numéros de télécopieur et de téléphone des principaux clients, et l'adresse électronique des responsables compétents des principaux clients, ainsi que la part que représente chacun de ces clients dans le chiffre d'affaires de chacune des entreprises ou groupes visés au point 2 ;

e) L'identité, l'adresse, les numéros de télécopieur et de téléphone, et l'adresse électronique des responsables compétents des principaux fournisseurs ainsi que la part que représente chacun de ces fournisseurs dans le total des achats de chacune des entreprises ou groupes visés au point 2 ;

f) Les accords de coopération (horizontaux et verticaux) conclus par les entreprises ou groupes visés au point 2 sur les marchés affectés, tels que les accords de recherche et développement, les accords de licence, de fabrication en commun, de spécialisation, de distribution, d'approvisionnement à long terme et d'échanges d'information ;

g) Les facteurs susceptibles d'avoir une incidence sur l'accès aux marchés concernés (dispositions réglementaires, conditions d'accès aux matières premières, importance des dépenses de recherche et développement et de publicité, existence de normes, de licences, de brevets ou d'autres droits, importance des économies d'échelle, caractère spécifique de la technologie mise en œuvre...) ;

h) Une description des canaux de distribution et des réseaux de service après-vente existant sur le marché ;

i) Les principaux facteurs contribuant à la détermination des prix et l'évolution de ceux-ci sur les cinq dernières années ;

j) Une estimation des capacités de production existant sur le marché et de leur taux moyen d'utilisation, ainsi qu'une évaluation de leur taux d'utilisation par les entreprises ou groupes visés au point 2 ;

k) Une analyse de la structure de la demande (degré de concentration de la demande, typologie des demandeurs, poids des collectivités et entreprises publiques, importance de la marque pour le consommateur, importance de la capacité à fournir une gamme complète de produits ou services...) ;

l) La liste et les coordonnées des principales organisations professionnelles.

5. Déclaration concluant la notification.

La notification se conclut par la déclaration suivante, signée par ou au nom de toutes les entreprises notifiantes, au sens de l'article L. 430-3 du présent code :

"Les soussignés déclarent que les informations fournies dans la présente notification sont, à leur connaissance, sincères, exactes et complètes, que toutes les estimations sont présentées comme telles et constituent les estimations les plus précises des faits en cause, et que tous les avis exprimés sont sincères.

"Ils connaissent les dispositions de l'article L. 430-8 du code de commerce, notamment du III de cet article."

ANNEXE 4-4

Tableau récapitulatif des données financières pour les trois derniers exercices à joindre au dossier de notification d'une opération de concentration

(Décr. n° 2019-339 du 18 avr. 2019, art. 2)

Nom de l'entité : ....

N° SIREN (dans le cas d'une société française) : ....

Données consolidées : oui non (rayer la mention inutile).

	Exercice N clos le :	Exercice N-1 clos le :	Exercice N-2 clos le :
Chiffre d'affaires total hors taxes			
Chiffre d'affaires hors taxes réalisé auprès des clients situés dans l'Union européenne			
Chiffre d'affaires hors taxes réalisé auprès des clients situés en France			
Résultat net (1)			
(1) Dans le cas de données consolidées, il s'agit du résultat de l'ensemble consolidé.			

ANNEXE 4-5

Tableau récapitulatif des données financières concernant une activité sans personnalité juridique à joindre au dossier de notification d'une opération de concentration

(Décr. n° 2019-339 du 18 avr. 2019, art. 2)

	Exercice N clos le :		Exercice N-1 clos le :		Exercice N-2 clos le :	
Comptes de résultat						
Chiffre d'affaires total hors taxes						
Chiffre d'affaires hors taxes réalisé auprès des clients situés dans l'Union européenne						
Chiffre d'affaires hors taxes réalisé auprès des clients situés en France						
Valeur ajoutée brute						
Excédent brut d'exploitation						
Éléments du bilan	Brut	Net	Brut	Net	Brut	Net
Immobilisations incorporelles utilisées pour l'activité						
Immobilisations corporelles utilisées pour l'activité						
Créances de l'actif circulant pour l'activité						
Disponibilités relatives à l'activité						
Dettes financières relatives à l'activité						
Autres dettes relatives à l'activité						

Droit du travail. Aucune disposition du code du travail ou du code de commerce *n'impose à l'Autorité de la concurrence* de s'assurer, préalablement à l'édition de sa décision, que les dispositions relatives à l'information et à la consultation du comité social et économique ont été respectées par l'entreprise concernée. • CE *9 mars 2021,* n° 433214 : *RJDA 2021,* n° 426 ; *JCP S 2021, n° 1095, note Duquesne ; BJS 5/2021. 11, note Aubonnet et Svara ; RJS 2021, n° 317 ; Procédures 2021, n° 139, obs. Bugada.*

Art. R. 430-3 Si la Commission européenne décide, en application de l'article 9 du règlement (CE) n° 139/2004 du Conseil du 20 janvier 2004 relatif au contrôle des concentrations entre entreprises, de renvoyer aux autorités françaises tout ou partie d'une concentration de dimension *(Décr. n° 2019-339 du 18 avr. 2019, art. 1er)* « européenne », les entreprises concernées communiquent sans délai *(Décr. n° 2009-139 du 10 févr. 2009, art. 1er)* « à l'Autorité de la concurrence » *(Décr. n° 2019-339 du 18 avr. 2019, art. 1er)* « un exemplaire » du dossier de notification de l'opération qu'elles ont adressé à la Commission. — *[Décr. n° 2002-689 du 30 avr. 2002, art. 4.] — V. le Règl. préc., App., v° Concurrence (II — Droit communautaire).*

V. note ss. art. R. 430-6.

Art. R. 430-4 Le communiqué prévu au troisième alinéa de l'article L. 430-3 contient notamment les éléments suivants :

1° Les noms des entreprises concernées et des groupes auxquels elles appartiennent ;

2° La nature de l'opération ;

3° Les secteurs économiques concernés ;

4° Les éléments renvoyés, dans le cas d'un renvoi partiel d'une opération de dimension *(Décr. n° 2019-339 du 18 avr. 2019, art. 1er)* « européenne » par la Commission européenne ;

5° Le délai dans lequel les tiers intéressés sont invités à faire connaître leurs observations ;

6° Le résumé non confidentiel de l'opération fourni par les parties.

Ce communiqué est rendu public dans les cinq jours *(Décr. n° 2019-339 du 18 avr. 2019, art. 1er)* « ouvrés » suivant la date de réception du dossier de notification ou la date à laquelle *(Décr. n° 2009-139 du 10 févr. 2009, art. 1er)* « l'Autorité de la concurrence est informée » de la décision de renvoi de la Commission européenne. — *[Décr. n° 2002-689 du 30 avr. 2002, art. 5.]*

V. note ss. art. R. 430-6.

Art. R. 430-5 Lorsqu'une concentration est réalisée par achat ou échange de titres sur un marché réglementé, sa réalisation effective, au sens de l'article L. 430-4, intervient lorsque sont exercés les droits attachés aux titres. L'absence de décision *(Décr. n° 2009-139 du 10 févr. 2009, art. 1er)* « de l'Autorité de la concurrence » ne fait pas obstacle au transfert desdits titres. — *[Décr. n° 2002-689 du 30 avr. 2002, art. 6.]*

V. note ss. art. R. 430-6.

Art. R. 430-6 *(Décr. n° 2009-139 du 10 févr. 2009, art. 1er)* Lorsqu'une décision a été prise en application des articles L. 430-5, L. 430-7, L. 430-7-1, L. 430-8 ou L. 430-9, l'Autorité de la concurrence ou, le cas échéant, le ministre chargé de l'économie en rendent public le sens dans les cinq jours ouvrables suivant la décision.

L'art. R. 430-6, dans sa rédaction issue du Décr. n° 2009-139 du 10 févr. 2009, entre en vigueur à la date d'entrée en vigueur de la L. n° 2008-776 du 4 août 2008 et de l'Ord. n° 2008-1161 du 13 nov. 2008 (Décr. préc., art. 4).

Art. R. 430-7 *(Décr. n° 2009-139 du 10 févr. 2009, art. 1er)* Les décisions mentionnées à l'article L. 430-5 sont notifiées à l'auteur ou aux auteurs de la notification de l'opération de concentration mentionnée à l'article L. 430-3, ainsi qu'au ministre chargé de l'économie.

Lorsqu'elles reçoivent notification des décisions prises en application des articles L. 430-5, L. 430-7, L. 430-7-1, *L.* 430-8 et L. 430-9, les entreprises concernées disposent d'un délai de quinze jours pour indiquer à l'Autorité de la concurrence ou, le cas échéant, au ministre chargé de l'économie les mentions qu'elles considèrent comme relevant du secret des affaires.

V. note ss. art. R. 430-6.

Art. D. 430-8 *(Décr. n° 2009-186 du 17 févr. 2009, art. 1er ; rect. JO 21 févr.)* Les décisions de l'Autorité de la concurrence et du ministre chargé de l'économie relatives aux opérations de concentration sont rendues publiques.

L'Autorité de la concurrence assure la publicité de ses décisions par une diffusion sur son site internet. La liste des opérations réputées avoir fait l'objet d'une décision d'autorisation est également diffusée sur ce site internet. – *V. www.autoritedelaconcurrence.fr*

La publicité des décisions motivées du ministre chargé de l'économie est assurée par une publication dans l'édition électronique du *Bulletin officiel de la concurrence, de la consommation et de la répression des fraudes.*

Les décisions de l'Autorité de la concurrence et du ministre sont publiées dans le respect de l'intérêt légitime des parties qui procèdent à la notification et de celui des personnes citées à ce que leurs secrets d'affaires ne soient pas divulgués.

L'art. D. 430-8 entre en vigueur à la date d'entrée en vigueur de la L. n° 2008-776 du 4 août 2008 et de l'Ord. n° 2008-1161 du 13 nov. 2008 (Décr. n° 2009-186 du 17 févr. 2009, art. 2).

Art. R. 430-9 *(Décr. n° 2009-139 du 10 févr. 2009, art. 1er)* En cas d'annulation totale ou partielle d'une décision prise par l'Autorité de la concurrence ou par le ministre chargé de l'économie sur le fondement des articles L. 430-5, L. 430-7, L. 430-7-1, L. 430-8 ou L. 430-9 et s'il y a lieu à réexamen du dossier, les entreprises concernées qui ont procédé à la notification soumettent une notification actualisée dans un délai de deux mois à compter de la date de notification de la décision du Conseil d'État.

V. note ss. art. R. 430-6.

Annulation différée et non rétroactive. Compte tenu des effets excessifs pour l'ordre public économique d'une annulation immédiate de la décision attaquée, et au regard de l'intérêt général qui s'attache à la préservation d'une concurrence suffisante, il y a lieu, compte tenu des motifs de l'annulation et alors qu'aucun autre moyen n'est de nature à justifier l'annulation de l'acte attaqué, de différer l'annulation de la décision de concentration. • CE 23 déc. 2013, n° 363702 : *cité note 4 ss. art. L. 430-7.* ♦ L'annulation rétroactive de la décision attaquée, qui serait de nature à priver l'Autorité de la concurrence de la capacité de sanctionner d'éventuels manquements aux engagements qui y sont annexés, aurait, dans les circonstances de l'espèce, des conséquences manifestement excessives ; dans ces conditions, sans qu'il y ait lieu de prononcer une mesure d'injonction, il y a lieu de limiter dans le temps les effets de l'annulation et de prévoir que, sous réserve des actions contentieuses engagées à la date de la présente décision contre les actes pris sur son fondement, les effets de la décision attaquée antérieurement à son annulation doivent être regardés comme définitifs. • Même décision.

Art. R. 430-10 Les sanctions pécuniaires prononcées en application de l'article L. 430-8 sont recouvrées comme les créances de l'État étrangères à l'impôt et au domaine.

Les astreintes prononcées par *(Décr. n° 2009-139 du 10 févr. 2009, art. 1er)* « l'Autorité de la concurrence » en application du même article sont recouvrées dans les mêmes conditions. *(Abrogé par Décr. n° 2009-139 du 10 févr. 2009, art. 1er) « Elles ne peuvent excéder un montant de vingt mille euros par jour de retard. » – [Décr. n° 2002-689 du 30 avr. 2002, art. 11.]*

V. note ss. art. R. 430-6.

TITRE QUATRIÈME DE LA TRANSPARENCE, DES PRATIQUES RESTRICTIVES DE CONCURRENCE ET D'AUTRES PRATIQUES PROHIBÉES

RÉP. COM. vis *Transparence tarifaire et pratiques restrictives ; Accords de distribution (Droit de la concurrence)*, par ARHEL.

CHAPITRE PRÉLIMINAIRE LA COMMISSION D'EXAMEN DES PRATIQUES COMMERCIALES *(Décr. n° 2021-211 du 24 févr. 2021, art. 2).*

Art. D. 440-1 La commission d'examen des pratiques commerciales instituée par l'article L. 440-1 est placée auprès du ministre chargé de l'économie. – *[Décr. n° 2001-1370 du 31 déc. 2001, art. 1er.]*

Art. D. 440-2 *(Décr. n° 2009-559 du 19 mai 2009, art. 1er et 2)* « La commission d'examen des pratiques commerciales est composée d'un député et d'un sénateur ainsi que de *(Décr. n° 2012-52 du 17 janv. 2012, art. 1er, en vigueur le 1er mars 2012)* « vingt-quatre » membres titulaires et *(Décr. n° 2012-52 du 17 janv. 2012, art. 1er, en vigueur le 1er mars 2012)* « seize » membres suppléants répartis de la manière suivante :

« 1° *(Décr. n° 2020-1617 du 17 déc. 2020, art. 1er)* « Un magistrat honoraire de l'ordre administratif, un magistrat honoraire de l'ordre judiciaire et un juge de tribunal de commerce », parmi lesquels est nommé le vice-président de la commission si le président n'est pas *(Décr. n° 2020-1617 du 17 déc. 2020, art. 1er)* « membre d'une juridiction ». Le vice-président supplée le président dans toutes ses fonctions ; »

2° *(Décr. n° 2012-52 du 17 janv. 2012, art. 1er, en vigueur le 1er mars 2012)* « Huit » membres représentant des secteurs de la production et de la transformation agricole et halieutique ainsi qu'industrielle et artisanale et des transformateurs, ou leurs suppléants ;

3° *(Décr. n° 2012-52 du 17 janv. 2012, art. 1er, en vigueur le 1er mars 2012)* « Huit » membres représentant les grossistes et distributeurs, choisis au sein des organisations professionnelles ou des entreprises, ou leurs suppléants ;

4° *(Décr. n° 2022-483 du 4 avr. 2022, art. 1er)* « Trois » personnalités qualifiées en matière de problèmes relatifs aux relations industrie-commerce ;

5° *(Décr. n° 2022-483 du 4 avr. 2022, art. 1er)* « Deux » *(Décr. n° 2009-559 du 19 mai 2009, art. 3)* « représentants de l'administration : le directeur général de la concurrence, de la consommation et de la répression des fraudes *(Abrogé par Décr. n° 2022-483 du 4 avr. 2022, art. 1er)* « ***, le directeur général des entreprises, ou leurs représentants,*** » et le directeur général *(Décr. n° 2021-211 du 24 févr. 2021, art. 2)* « de la performance économique et environnementale des entreprises », ou *(Décr. n° 2022-483 du 4 avr. 2022, art. 1er)* « leurs représentants ». »

(Abrogé par Décr. n° 2009-559 du 19 mai 2009, art. 4) « ***Les membres suppléants ne siègent qu'en l'absence des membres titulaires.*** »

(Décr. n° 2009-559 du 19 mai 2009, art. 5) « Les membres mentionnés aux 1° à 4° sont nommés pour trois ans par arrêté conjoint du ministre chargé de l'économie et du ministre chargé du commerce. » — *[Décr. n° 2001-1370 du 31 déc. 2001, art. 2, al. 1er à 8.]*

Le mandat du membre qualifié en matière de problèmes relatifs aux relations industrie-commerce, nommé à compter de l'entrée en vigueur du Décr. n° 2022-483 du 4 avr. 2022, prend fin en même temps que le mandat des autres membres (Décr. préc., art. 3).

Les dispositions de l'art. 1er du Décr. n° 2020-1617 du 17 déc. 2020 s'appliquent à compter du prochain renouvellement de mandat des membres de la commission mentionnée à l'art. D. 440-2 (Décr. préc., art. 3, al. 1er).

Art. D. 440-3 La nomination *(Décr. n° 2020-1617 du 17 déc. 2020, art. 1er)* « des membres des juridictions administratives et judiciaires », au sein de la commission d'examen des pratiques commerciales, est respectivement faite sur proposition du vice-président du Conseil d'État et du garde des sceaux, ministre de la justice. — *[Décr. n° 2001-1370 du 31 déc. 2001, art. 2, al. 9.]*

Pour les dispositions transitoires du Décr. n° 2020-1617 du 17 déc. 2020, V. note ss. art. D. 440-2.

Art. D. 440-4 La commission d'examen des pratiques commerciales lorsqu'elle examine un domaine d'activité particulier peut appeler à siéger avec voix consultative un représentant des fournisseurs et un représentant des distributeurs du domaine d'activité considéré. — *[Décr. n° 2001-1370 du 31 déc. 2001, art. 2, al. 10.]*

Art. D. 440-5 Les chambres d'examen mises en place au sein de la commission d'examen des pratiques commerciales sont présidées par un magistrat et comprennent un nombre égal de représentants des producteurs et des distributeurs. — *[Décr. n° 2001-1370 du 31 déc. 2001, art. 3.]*

Art. D. 440-6 Le président de la commission d'examen des pratiques commerciales peut désigner un ou plusieurs rapporteurs en raison de leur compétence.

Le secrétariat de la commission est assuré par la direction générale de la concurrence, de la consommation et de la répression des fraudes. — *[Décr. n° 2001-1370 du 31 déc. 2001, art. 4.]*

Art. D. 440-7 La commission d'examen des pratiques commerciales établit un règlement intérieur qui fixe ses modalités de fonctionnement.

Ce règlement est approuvé par le ministre chargé de l'économie. — *[Décr. nº 2001-1370 du 31 déc. 2001, art. 5.]*

Art. D. 440-8 La commission d'examen des pratiques commerciales peut décider de publier *(Décr. nº 2015-91 du 28 janv. 2015, art. 1er)* « les avis qu'elle adopte ». — *[Décr. nº 2001-1370 du 31 déc. 2001, art. 6.] — V. ces avis publiés sur le site internet de la CEPC.*

Art. D. 440-9 Les séances de la commission d'examen des pratiques commerciales ne sont pas publiques.

Les enquêteurs mentionnés au sixième alinéa de l'article L. 440-1 peuvent assister aux séances de la commission lorsque sont examinées les questions à l'instruction desquelles ils ont, à la demande de la commission, apporté leur concours. — *[Décr. nº 2001-1370 du 31 déc. 2001, art. 7.]*

Art. D. 440-10 La commission d'examen des pratiques commerciales ne peut valablement délibérer qu'en présence de la moitié de ses membres plus un. — *[Décr. nº 2001-1370 du 31 déc. 2001, art. 8.]*

Art. D. 440-11 *(Décr. nº 2009-559 du 19 mai 2009, art. 6)* « Le président et le vice-président veillent à assurer l'anonymat de tous documents, rapports d'enquête et informations recueillis avant leur communication à la commission d'examen des pratiques commerciales. »

A cette fin, le secrétariat de la commission supprime toute mention nominative ou, le cas échéant, retire les pièces rendant identifiable une personne ou une entreprise. — *[Décr. nº 2001-1370 du 31 déc. 2001, art. 9.]*

Art. D. 440-12 Les avis et recommandations de la commission d'examen des pratiques commerciales et des chambres appelées à se prononcer sont adoptés à la majorité de leurs membres présents ; en cas de partage des voix, le président a voix prépondérante. — *[Décr. nº 2001-1370 du 31 déc. 2001, art. 10.]*

Art. D. 440-13 *(Décr. nº 2009-559 du 19 mai 2009, art. 7)* Les crédits nécessaires à la commission d'examen des pratiques commerciales pour l'accomplissement de sa mission sont inscrits au budget du ministère chargé de l'économie. — *[Décr. nº 2001-1370 du 31 déc. 2001, art. 11.]*

CHAPITRE PREMIER DE LA TRANSPARENCE DANS LA RELATION COMMERCIALE *(Décr. nº 2021-211 du 24 févr. 2021, art. 3).*

SECTION PREMIÈRE LES CONDITIONS GÉNÉRALES DE VENTE *(Décr. nº 2021-211 du 24 févr. 2021, art. 3).*

La présente section ne comprend pas de disposition réglementaire.

SECTION II LA NÉGOCIATION ET LA FORMALISATION DE LA RELATION COMMERCIALE

(Décr. nº 2021-211 du 24 févr. 2021, art. 3)

Art. D. 441-1 Les produits de grande consommation mentionnés au I de l'article L. 441-4 et les références auxquelles ils correspondent dans l'annexe II du règlement (CE) nº 1749/1999 de la Commission du 23 juillet 1999 modifiant le règlement (CE) nº 2214/96 relatif aux sous-indices des indices des prix à la consommation harmonisés sont les suivants : — *Comp. anc. art. D. 441-9.*

Liste des produits de grande consommation mentionnée au I de l'article L. 441-4	
Référence des produits de l'annexe II du règlement (CE) nº 1749/1999 de la Commission du 23 juillet 1999 modifiant le règlement (CE) nº 2214/96 relatif aux sous-indices des indices des prix à la consommation harmonisés	Produits
Division 01	Produits alimentaires et boissons non alcoolisées
Groupe 02.1	Boissons alcoolisées
Classe 05.5.1/2 (septième tiret)	Piles électriques pour tous usages
Classe 05.6.1 (premier tiret)	Produits de lavage et d'entretien tels que savons, poudres à lessiver, produits lessiviels liquides, poudres à récurer, détergents, eau de Javel, assouplissants, produits pour vitre, déboucheurs, désinfectants et eau distillée, à l'exclusion des cires, cirages, teintures, insecticides et fongicides.
Classe 05.6.1 (deuxième tiret)	Articles pour le nettoyage tels que balais, brosses à récurer, pelles à poussière et balayettes, plumeaux, chiffons, torchons, serpillières, éponges ménagères, tampons à récurer, paille de fer et peaux de chamois.
Classe 05.6.1 (troisième tiret)	Articles en papier tels que filtres, nappes et serviettes de table, papier de cuisine, sacs pour aspirateurs et vaisselle en carton, y compris feuilles d'aluminium et sacs plastique pour poubelles.
Classe 06.1.2/3	Pansements adhésifs ou non.
Classe 09.3.4/5	Aliments pour animaux d'agrément.
Classe 12.1.2/3 (troisième tiret)	Appareils non électriques tels que rasoirs et leurs lames, limes à ongles, brosses à dents, à l'exclusion des tondeuses mécaniques et leurs lames, ciseaux, peignes, blaireaux, brosses à cheveux, brosses à ongles, épingles à cheveux, bigoudis, pèse-personnes, pèse-bébés.
Classe 12.1.2/3 (quatrième tiret)	Articles d'hygiène corporelle tels que savon de toilette, savon médicinal, huile et lait de toilette, savon, crème et mousse à raser, pâte dentifrice.
Classe 12.1.2/3 (cinquième tiret)	Produits de beauté, parfums et déodorants tels que rouges à lèvres, vernis à ongles, produits pour le maquillage et le démaquillage (y compris poudriers, pinceaux et houppettes), laques et lotions capillaires, produits avant et après rasage, produits solaires, produits dépilatoires, parfums et eaux de toilette, désodorisants corporels, produits pour le bain.
Classe 12.1.2/3 (sixième tiret)	Autres produits tels que papier hygiénique, mouchoirs en papier, serviettes en papier, tampons hygiéniques, coton hydrophile, cotons-tiges, couches jetables pour bébés, éponges de toilette.

Art. D. 441-2 Le seuil prévu à l'article L. 441-5 est fixé à 500 000 euros. – *Comp. art. D. 441-8.*

Art. D. 441-3 I. – Pour l'application du premier alinéa de l'article L. 441-8, la liste des produits concernés comprend les catégories suivantes :

1° Bovin, veau, porc, ovin-caprin, cheval, volaille et lapin : carcasses et leurs morceaux, viandes et abats, viandes hachées, saucisses fraîches et préparations de viandes ;

2° Produits de la pisciculture ou issus de la première transformation de ces produits ;

3° Lait et produits de la laiterie issus de la première transformation du lait ;

4° Œufs et ovo-produits alimentaires issus de leur première transformation.

II. – Les produits mentionnés aux III, IV, V, VI et VII du présent article sont classés par référence à la liste Prodcom des produits industriels, prévue par le règlement (CEE) n° 3924/91 du Conseil.

III. – Les saucisses fraîches et préparations de viandes mentionnées au 1° du I sont les produits suivants :

– 10.13 : Préparations et produits à base de viande :

– 10.13.11 : Viandes et abats de porc découpés, salés, séchés ou fumés (bacon et jambon) ;

– 10.13.12 : Viandes de bœuf salées, séchées ou fumées ;

– 10.13.13 : Autres viandes et abats comestibles salés, séchés ou fumés ;

– 10.13.14 : Saucisses et charcuteries similaires ;

– 10.13.15 : Autres préparations et conserves à base de viandes, abats et sang, à l'exclusion des plats préparés.

IV. – Les produits issus de la première transformation des produits de la pisciculture mentionnés au 2° du I sont les produits suivants, sous réserve qu'ils soient issus de la pisciculture et non de la pêche :

– 10.20 : Transformation et conservation de poisson :

– 10.20.11 : Filets de poissons et autres viandes de poisson (y compris hachées), frais ou réfrigérés ;

– 10.20.12 : Foies et œufs de poissons, frais ou réfrigérés ;

– 10.20.21 : Filets de poissons séchés, salés mais non fumés ;

– 10.20.22 : Foies et œufs de poissons séchés, salés ou fumés, farines, poudres et pellets de poissons pour alimentation humaine ;

– 10.20.23 : Poissons séchés, salés ou non ou en saumure ;

– 10.20.25 : Autres préparations et conserves à base de poissons, à l'exclusion des plats préparés.

V. – Les produits de la laiterie issus de la première transformation du lait mentionnés au 3° du I sont les produits suivants :

– 10.51 : Produits laitiers et fromages :

– 10.51.11 : Lait liquide ;

– 10.51.12 : Lait et crème contenant plus de 6 % de matières grasses, non concentrés, ni sucrés ;

– 10.51.30 : Beurre et pâtes à tartiner laitières ;

– 10.51.30.30 : Beurres d'une teneur en poids de matières grasses 85 % ;

– 10.51.40 : Fromages ;

– 10.51.51 : Lait et crème, concentrés ou contenant des sucres ajoutés ou d'autres édulcorants, sous forme autre que solide ;

– 10.51.52 : Yaourts et autres produits lactés fermentés ou acidifiés.

VI. – Les ovo-produits alimentaires issus de la première transformation des œufs mentionnés au 4° du I sont les produits suivants :

– 10.89.12 : Œufs, en conserve, et jaunes d'œufs, frais et en conserve ; œufs cuits, en coquille ; ovalbumine.

VII. – 10.73 – Fabrication de pâtes alimentaires, à l'exclusion des pâtes fraîches :

– 10.73.11 : Macaronis, *nouilles et autres produits* similaires à base de farine ;

– *10.73.12* : Couscous. – *Comp. anc. art. D. 442-7.*

Art. D. 441-3-1 *(Décr. n° 2022-263 du 26 févr. 2022, art. 2)* Les dispositions de l'article L. 441-8 ne sont pas applicables aux contrats de vente comportant des stipulations justifiant de les qualifier de contrats financiers au sens du III de l'article L. 211-1 du code monétaire et financier, ou des stipulations qui prévoient la conclusion d'un contrat financier pour la détermination du prix.

Art. D. 441-4 I. — Le compte rendu écrit de la renégociation menée en application de la clause prévue à l'article L. 441-8 contient notamment :

1° Une partie 1 justifiant la mise en œuvre de la clause et le chiffrage de la demande de variation du prix en résultant ;

2° Une partie 2 présentant la réponse à cette demande ;

3° Une partie 3 présentant les modalités et le résultat de la renégociation.

II. — La partie 1 est remplie librement par le contractant qui a demandé la mise en œuvre de la clause. Elle contient :

1° La démonstration que les conditions de déclenchement de la renégociation, telles que définies par les parties dans la clause prévue à l'article L. 441-8, sont réunies ;

2° Le chiffrage, circonstancié et argumenté, de la demande de variation du prix précédemment convenu entre les parties, en vigueur au moment du déclenchement de la renégociation ;

3° La date d'envoi de la demande de mise en œuvre de la clause.

III. — La partie 2 est remplie librement par le contractant qui n'est pas à l'origine de la demande de renégociation. Sauf dans le cas où il accepte sans réserve la demande de renégociation, et l'indique expressément, elle contient :

1° Soit la démonstration que les conditions de déclenchement de la renégociation, telles que définies par les parties dans la clause prévue à l'article L. 441-8, ne sont pas réunies ;

2° Soit, le cas échéant, le chiffrage, circonstancié et argumenté, de la variation du prix précédemment convenu entre les parties dans la convention, tel qu'il devrait, selon lui, être fixé, ou les raisons pour lesquelles il refuse toute variation ;

3° La date de réception de la demande de mise en œuvre de la clause.

IV. — La partie 3 est établie conjointement par les deux contractants.

Lorsque la mise en œuvre de la clause aboutit à un accord des parties sur une variation du prix précédemment convenu entre elles, en vigueur au moment du déclenchement de la renégociation, cette partie 3 indique :

1° Le chiffrage de la variation telle que décidée par les parties à l'issue de la renégociation ;

2° La date d'entrée en vigueur du nouveau prix convenu.

Dans le cas contraire, cette partie 3 dresse le constat de désaccord.

V. — Le compte rendu est daté et signé par chacune des parties au contrat à l'issue de la renégociation, que celle-ci aboutisse ou non à un accord des parties sur une variation du prix précédemment convenu entre elles en vigueur au moment du déclenchement de la renégociation.

La signature du compte rendu atteste de l'effectivité de la renégociation et ne vaut pas accord de la partie demandant la renégociation sur la partie 2 ni accord de son cocontractant sur la partie 1. — *Comp. anc. art. D. 441-7.*

SECTION III LA FACTURATION ET LES DÉLAIS DE PAIEMENT

(Décr. n° 2021-211 du 24 févr. 2021, art. 3)

Art. D. 441-5 Le montant de l'indemnité forfaitaire pour frais de recouvrement prévue au II de l'article L. 441-10 est fixé à 40 euros. — *Comp. anc. art. D. 441-5.*

BIBL. ▶ Inforeg, *Cah. dr. entr. nov. 2012. Prat.* 28 (gestion amiable des impayés à l'aune du décret du 2 oct. 2012).

Indemnité forfaitaire. L'indemnité doit être versée en cas de retard de paiement de toute créance dont le délai commence à courir après le 1er janv. 2013, même si cette créance est due en application d'un contrat conclu antérieurement (Note d'information DGCCRF n° 2012-164 du 29 nov. 2012 : *BRDA 2013, n° 1, p. 10*).

Art. D. 441-6 I. — Pour l'application de l'article L. 441-14, les sociétés présentent dans le rapport de gestion :

1° Pour les fournisseurs, le nombre et le montant total des factures reçues non réglées à la date de clôture de l'exercice dont le terme est échu ; ce montant est ventilé par tranches de retard et rapporté en pourcentage au montant total des achats de l'exercice ;

2° Pour les clients, le nombre et le montant total des factures émises non réglées à la date de clôture de l'exercice dont le terme est échu ; ce montant est ventilé par tranches de retard et rapporté en pourcentage au chiffre d'affaires de l'exercice.

II. — Par dérogation, les sociétés peuvent présenter en lieu et place des informations mentionnées au I le nombre et le montant cumulés des factures reçues et émises ayant connu un retard de paiement au cours de l'exercice et la ventilation de ce montant par tranche de retard. Elles les rapportent aux nombre et montant total des factures, respectivement reçues et émises dans l'année.

III. — Les sociétés précisent si les montants mentionnés aux I et II sont présentés hors taxe ou toute taxe comprise.

IV. — Les retards mentionnés aux I et II sont déterminés à partir des délais de paiement contractuels, ou en l'absence de délais contractuels spécifiques, des délais légaux applicables.

Si les sociétés excluent les factures relatives à des dettes et créances litigieuses ou non comptabilisées, elles l'indiquent en commentaire et mentionnent le nombre et le montant total des factures concernées.

Les tableaux utilisés pour présenter les informations mentionnées au I et au II sont établis selon un modèle fixé par arrêté du ministre chargé de l'économie. — *V. art. A. 441-2. — Comp. anc. art. D. 441-4.*

BIBL. ▸ NDLR, *BRDA 2015, n° 23, p. 13* (vers plus de transparence sur les retards de paiement).

Art. R. 441-7 Les secteurs économiques définis au III de l'article L. 441-15 sont :

1° Le secteur de l'industrie automobile répertorié sous la division 29 de la section C de la nomenclature des activités françaises ;

2° Le secteur de la construction répertorié sous la section F de la nomenclature des activités françaises. — *Comp. anc. art. R. 441-5-2.*

Art. R. 441-8 I. — L'autorité administrative mentionnée au I de l'article L. 441-15 dans le ressort territorial de laquelle le demandeur a établi son siège social ou son établissement est :

1° Le *(Décr. n° 2020-1545 du 9 déc. 2020, art. 28, en vigueur le 1er avr. 2021)* « directeur régional de l'économie, de l'emploi, du travail et des solidarités » ou son représentant nommément désigné ;

2° Le *(Décr. n° 2020-1545 du 9 déc. 2020, art. 28, en vigueur le 1er avr. 2021)* « directeur de l'économie, de l'emploi, du travail et des solidarités » ou son représentant nommément désigné ;

3° En Guyane, le directeur général de la cohésion et des populations ou son représentant nommément désigné.

II. — Lorsque le siège social du demandeur est établi en dehors du territoire national, l'autorité mentionnée au I de l'article L. 441-15 est le directeur général de la concurrence, de la consommation et de la répression des fraudes ou son représentant nommément désigné. — *Comp. anc. art. R. 441-5-3.*

Art. R. 441-9 La demande comprend toutes les informations et pièces justificatives permettant d'apprécier si le professionnel relève des dispositions de l'article L. 441-15.

Si la demande est incomplète, le service invite son auteur à fournir les éléments complémentaires nécessaires, dans les mêmes formes que la demande.

La demande, la liste des éléments complémentaires demandés par l'administration et la notification de la position formelle, ou de la nouvelle position formelle mentionnée à l'article R. 441-10, sont déposées ou adressées par tout moyen permettant d'apporter la preuve de la date de leur réception.

Un arrêté du ministre chargé de l'économie établit la liste des informations nécessaires à l'instruction de la demande, les pièces justificatives qui l'accompagnent et le formulaire de demande. — *V. Arr. du 13 mai 2019 ci-dessous. — Comp. anc. art. R. 441-5-4, R. 441-5-7 et R. 441-5-8.*

Arrêté du 13 mai 2019,

Relatif à la prise de position formelle de l'autorité administrative chargée de la concurrence et de la consommation en matière de délais de paiement convenus et de garantie commerciale.

Art. 1er La demande du professionnel mentionnée au I de l'article L. 217-16-1 du code de la consommation et au I de l'article L. 441-15 du code de commerce, est effectuée au moyen du formulaire téléchargeable sur le site internet de la direction générale de la concurrence, de la consommation et de la répression des fraudes www.economie.gouv.fr/dgccrf et sur le site www.service-public.fr.

Art. 2 La demande du professionnel mentionnée au I de l'article L. 217-16-1 du code de la consommation est accompagnée de tout document, notamment tout support contractuel à destination des consommateurs, permettant à l'autorité administrative chargée de la concurrence et de la consommation de prendre position sur le contrat de garantie commerciale que le demandeur envisage de mettre en place.

Art. 3 La demande du professionnel mentionnée au I de l'article L. 441-15 du code de commerce est accompagnée de tout document, notamment comptable, et tout support interne, y compris de nature contractuelle, relatif aux délais de paiement convenus, permettant à l'autorité administrative chargée de la concurrence et de la consommation de prendre position sur les modes de computation des délais de paiement convenus que le demandeur envisage de mettre en place.

Art. R. 441-10 **L'autorité administrative mentionnée à l'article R. 441-8 prend formellement position dans un délai de deux mois à compter de la date de réception de la demande ou des éléments complémentaires nécessaires.**

Sa décision est notifiée au demandeur.

Dans le cas prévu au 3° du II de l'article L. 441-15, l'autorité compétente mentionnée à l'article R. 441-8 notifie au professionnel sa nouvelle position formelle au moins deux semaines avant sa prise d'effet. — *Comp. anc. art. R. 441-5-5 et R. 441-5-6.*

CHAPITRE II DES PRATIQUES COMMERCIALES DÉLOYALES ENTRE ENTREPRISES *(Décr. n° 2021-211 du 24 févr. 2021, art. 4).*

SECTION PREMIÈRE DES PRATIQUES RESTRICTIVES DE CONCURRENCE

(Décr. n° 2021-211 du 24 févr. 2021, art. 4)

Art. R. 442-1 **Lorsque le ministre chargé de l'économie ou le président de l'Autorité de la concurrence exerce l'action prévue par l'article L. 442-4 et les voies de recours y afférentes, il est dispensé de représentation par un avocat.** — *Comp. anc. art. R. 442-1.*

Art. D. 442-2 **Pour l'application du III de l'article L. 442-4, le siège et le ressort des juridictions commerciales compétentes en métropole et dans les départements d'outre-mer sont fixés conformément au tableau de l'annexe 4-2-1 du présent livre.** — *V. cette annexe ci-dessous.*

La cour d'appel compétente pour connaître des décisions rendues par ces juridictions est celle de Paris. — *Comp. anc. art. D. 442-3.*

L'anc. art. D. 442-3, devenu l'art. D. 442-2, et l'annexe 4-2-1 sont entrés en vigueur le 1er déc. 2009. La juridiction primitivement saisie demeure compétente pour statuer sur les procédures introduites antérieurement à cette date (Décr. n° 2009-1384 du 11 nov. 2009, art. 8).

BIBL. ▶ Ruy, *JCP E 2009, n° 50, p. 3* (regroupement du contentieux de l'art. L. 442-6 C. com.). – Leroy et Ruy, *JCP 2010, n° 3, p. 70* (juridictions spécialisées dans le contentieux des pratiques restrictives de concurrence : questions en suspens, risques encourus). – Nourissat, *Procédures 2010. Alerte 6* (les juges lyonnais sont-ils bêtes ?). – Bosco, *RDLC 2011, n° 1, p. 236* (la spécialisation judiciaire française en matière de concurrence dans l'impasse). – Chagny, *Procédures 2011. Dossier 10* (restriction de compétence matérielle et droit de la concurrence). – Le Goff,

LPA 6 oct. 2011 (le contentieux de l'art. L. 442-6 : premier bilan). – Duprat, *Cah. dr. entr. 2014, n° 1, p. 39* (juridiction compétente : incertitudes et certitudes). – Bretzner et Durniny, *AJCA 2015. 14* (ombres et lumières autour de l'art. D. 442-3). – Nourissat, *RJ com. 2015. 634* (quel juge pour les pratiques restrictives de concurrence ? le défi de la spécialisation et de l'internationalisation). – Bienvenu, *JCP E 2016, n° 1464* (rupture brutale d'une relation commerciale : compétence des juridictions saisies). – Kuhn et Renard, *BRDA 2017, n° 7, p. 23* (des règles procédurales qui peuvent pénaliser les plaideurs). – Rontchevsky, *AJ contrat 2019. 17* (rupture brutale des relations commerciales établies : le contentieux interne et les modes alternatifs de règlement des différends).

ANNEXE 4-2-1

Juridictions commerciales compétentes *[pour connaître]* en application du III de l'article L. 442-4 des procédures qui sont applicables aux personnes, commerçants ou artisans *(Décr. n° 2019-599 du 17 juin 2019, art. 1er)*.

SIÈGE DES TRIBUNAUX DE COMMERCE et des tribunaux mixtes de commerce	RESSORT
Marseille	Le ressort des cours d'appel d'Aix-en-Provence, Bastia, Montpellier et Nîmes.
Bordeaux	Le ressort des cours d'appel d'Agen, Bordeaux, Limoges, Pau et Toulouse.
Tourcoing	Le ressort des cours d'appel d'Amiens, Douai, Reims et Rouen.
Fort-de-France	Le ressort des cours d'appel de Basse-Terre, Cayenne et Fort-de-France.
Lyon	Le ressort des cours d'appel de Chambéry, Grenoble, Lyon et Riom.
Nancy	Le ressort des cours d'appel de Besançon, Colmar, Dijon, Metz et Nancy.
Paris	Le ressort des cours d'appel de Bourges, Paris, Orléans, Saint-Denis de La Réunion et Versailles.
Rennes	Le ressort des cours d'appel d'Angers, Caen, Poitiers et Rennes.

1. Entrée en vigueur. V. la note rédactionnelle ss. art. D. 442-2. ♦ La procédure ayant été introduite par une assignation délivrée antérieurement au 1er déc. 2009, date de l'entrée en vigueur du Décr. du 11 nov. 2009, les dispositions de l'art. D. 442-3 [D. 442-2] qui en sont issues ne sont pas applicables et par suite ne peuvent soumettre cette procédure au pouvoir juridictionnel exclusif dévolu à la cour d'appel de Paris. • Com. 24 sept. 2013, n° 12-24.538 P : *D. 2013. Actu. 2269, obs. Chevrier ; RTD com. 2013. 696, obs. Azéma ; JCP E 2013, n° 1566 ; CCC 2013, n° 267, obs. Mathey ; RJDA 2013, n° 951 ; LPA 17 mars 2014, note Mouly-Guillemaud* • 12 avr. 2016, n° 14-21.247 : *AJCA 2016. 298, obs. Ponsard ; CCC 2016, n° 143, obs. Mathey.* ♦ Dans le même sens, jugeant que la cour d'appel de Paris n'est la juridiction d'appel que des juridictions spécialisées au sens du Décr. du 11 nov. 2009 [C. com., art. D. 442-2 et D. 442-3], de sorte que la cour d'appel de Lyon, dans le ressort de laquelle siège le tribunal de commerce de Lyon saisi avant le 1er déc. 2009, continue à connaître des litiges en appel, même lorsque le jugement a été prononcé postérieurement à l'entrée en vigueur du décret. • Lyon, 8 juin 2010 : *RJDA 2010, n° 1112.* ♦ *Contra*, estimant que c'est la date du jugement rendu par la juridiction de première instance qui fixe sa compétence en qualité de juridiction spécialisée au regard de la loi nouvelle et, partant, la compétence exclusive de la cour d'appel de Paris pour en connaître en cas de recours. • Paris, 13 déc. 2012 : *JCP E 2013, n° 1035, note Temple-Boyer.* – V. aussi : • Paris, 27 juin 2012 : *RDLC 2012, n° 4, p. 97, obs. Fourgoux.* ♦ Sur l'application dans le temps de la spécialisation des juridictions, V. également : • Paris, 18 nov. 2010 : *RDLC 2011, n° 1, p. 135, obs. Chagny* • Rennes, 28 juin 2011 : *CCC 2012, n° 45, obs. N. M.*

2. QPC. Sur la constitutionnalité et la légalité de la spécialisation des juridictions en matière de pratiques restrictives de concurrence, V. • CE 10 juin 2011 : *RJDA 2012, n° 339 ; RDLC 2011, n° 3, p. 132, obs. Fourgoux.*

3. Contredit de compétence. Le juge doit, en application de l'art. 92, al. 1er, C. pr. civ., relever d'office son incompétence et renvoyer devant le juge compétent ; il doit, par ailleurs, laisser inapplicable la clause attributive de compétence contenue dans la convention des parties en raison du caractère d'ordre public de l'art. D. 442-3. • Rennes, 13 déc. 2011 : *JCP E 2012, n° 1164, note Bléry et Alleaume ; CCC 2012, n° 45, obs. N. M.* – V. aussi • Lyon, 18 nov. 2011 : *eod. loc.* ♦ L'inobservation des art. L. 442-6-III, al. 5 [L. 442-4], et D. 442-3 est sanctionnée par une fin de non-recevoir et non par une exception de procédure. • Douai, 26 nov. 2013 : *CCC 2014, n° 66, obs. N. M.* ♦ Il faut et il suffit que le droit des pratiques anticoncurrentielles soit invoqué comme moyen de défense, même de manière superfétatoire, pour que la compétence spéciale s'applique, écartant d'emblée la clause attributive de compétence. • Douai, 4 avr. 2012 : *JCP 2012, n° 1149, obs. Dannenberger.* ♦ Au regard de l'art. L. 442-6 [L. 442-4], la détermination du tribunal compétent n'est pas subordonnée à l'examen du bien-fondé des demandes. • Com. 26 mars 2013, n° 12-12.685 P : *D. 2013. Actu. 900, obs. Chevrier ; JCP E 2013, n° 1250 ; CCC 2013, n° 132, obs. Mathey ; RJDA 2013, n° 550* • Paris, 26 mai 2016, n° 15/05109 : *CCC 2016, n° 192, obs. N. M.* ♦ Lorsque le droit des pratiques restrictives de concurrence est invoqué comme moyen de défense, le juge territorialement compétent pour connaître de la demande en paiement principale doit d'office constater qu'il est dépourvu du pouvoir juridictionnel pour statuer sur cette défense, sans examiner le bien-fondé de cette défense. • Paris, 22 févr. 2017, n° 16/17924 : *RTD com. 2017. 609, obs. Chagny .* ♦ A raison du caractère d'ordre public de l'art. D. 442-3, la clause attributive de compétence contenue dans la convention des parties est inapplicable ; le juge doit soulever d'office *la fin de non-recevoir* d'ordre public tirée de l'évocation en défense de l'art. L. 442-6 [ancien]. • Même arrêt.

4. Compétence de la cour d'appel de Paris. En application des art. L. 442-6-III [L. 442-4] et D. 442-3 [D. 442-2] C. com., seuls les recours formés contre les décisions rendues par les juridictions du premier degré spécialement désignées sont portés devant la cour d'appel de Paris, de sorte qu'il appartient aux autres cours d'appel, conformément à l'art. R. 311-3 COJ, de connaître de tous les recours formés contre les décisions rendues par les juridictions situées dans leur ressort qui ne sont pas désignées par le second texte ; il en est ainsi même dans l'hypothèse où celles-ci auront, à tort, statué sur l'application du premier texte, auquel cas elles devront relever, d'office, l'excès de pouvoir commis par ces juridictions en statuant sur des demandes qui, en ce qu'elles ne relevaient pas de leur pouvoir juridictionnel, étaient irrecevables. • Com. 29 mars 2017, n° 15-17.659 P : *D. 2017. Chron. C. cass. 1075, obs. Tréard ; AJ contrat 2017. 217, note Ruy ; JCP E 2017, n° 1238, note Loir ; JCP 2017, n° 498, note Béhar-Touchais ; CCC 2017, n° 98, obs. Mathey ; ibid., n° 126, obs. Malaurie-Vignal ; RJDA 2017, n° 437 ; RLC sept. 2017. 36, note Vanni et Lacresse ; Procédures 2017, n° 121, obs. Croze.* ♦ Saisie de l'appel d'un jugement rendu par le tribunal de Saint-Denis de La Réunion, juridiction non spécialement désignée située dans son ressort, il appartient à la cour d'appel de Saint-Denis de La Réunion de déclarer l'appel recevable et d'examiner la recevabilité des demandes formées devant ce tribunal puis, le cas échéant, de statuer dans les limites de son propre pouvoir juridictionnel. • Même arrêt. ♦ En retenant que la durée du préavis de deux mois dont a bénéficié la société est suffisante au regard des dispositions de l'art. L. 442-6-I-5° [ancien] sans relever d'office l'irrecevabilité des demandes fondées sur cette disposition formées devant le tribunal de commerce de Bastia, juridiction non spécialisée, la cour d'appel de Bastia, qui était elle-même dépourvue de tout pouvoir juridictionnel pour statuer sur un litige portant sur l'application de cet article, a violé les art. L. 442-6 [L. 442-4] et D. 442-3 [D. 442-2] C. com., ensemble les art. 122, 125 et 620 C. pr. civ. et R. 311-3 COJ. • Com. 29 mars 2017, n° 15-24.241 P : *eod. loc.* ♦ Le pouvoir juridictionnel exclusif dont dispose la cour d'appel de Paris pour connaître des litiges relatifs à l'application de l'art. L. 442-6 [ancien] est limité aux recours contre les décisions rendues par les juridictions désignées à l'art. D. 442-3 [D. 442-2], ce dont il résulte que le contredit dont la cour d'appel de Versailles était saisie, formé contre une décision rendue par une juridiction non spécialisée située dans son ressort, était recevable et qu'il lui appartenait de constater le défaut de pouvoir juridictionnel du tribunal de commerce de Pontoise pour statuer sur les demandes fondées sur l'art. L. 442-6 [ancien]. • Com. 26 avr. 2017, n° 15-26.780 P : *D. 2017. Pan. 2451, obs. Dorandeu ; AJ contrat 2017. 284, obs. Pihéry et Martin ; JCP 2017, n° 563, obs. Béhar-Touchais ; CCC 2017, n° 127, obs. Mathey ; RJDA 2017, n° 667 ; RLC sept. 2017. 36, note Vanni et Lacresse ; Procédures 2017, n° 122, obs. Croze.* ♦ La cour d'appel de Paris dispose exclusivement du pouvoir juridictionnel de statuer sur les décisions rendues par les juridictions spécialement désignées pour statuer sur l'art. L. 442-6 [ancien], ce texte fût-il invoqué devant elle à titre subsidiaire. • Com. 31 mars 2021, n° 19-14.094 P : *JCP E 2021, n° 1258, note Loir ; RJDA 2021, n° 525.*

Mais l'application, à la présente instance, de la règle issue du revirement de jurisprudence [issu des arrêts du 29 mars 2017, *supra*], qui conduirait à retenir l'irrecevabilité de l'appel formé devant la cour d'appel de Paris, aboutirait à priver la société, qui ne pouvait ni connaître, ni prévoir, à la date à laquelle elle a exercé son recours, la nouvelle règle jurisprudentielle limitant le pouvoir juridictionnel de la cour d'appel de Paris, d'un procès équitable, au sens de l'art. 6, § 1, Conv. EDH. • Com. 21 mars 2018, n° 16-28.412 P : *D. 2018. Chron. C. cass. 1337, obs. Tréard ; AJ contrat 2018. 182, obs. Buy ; JCP E 2018, n° 1220, note Loir ; CCC 2018, n° 89, obs. Mathey ; RJDA 2018, n° 607* • 20 févr. 2019, n° 17-21.861 : *CCC 2019, n° 85, obs. Mathey.*

5. Compétence de la cour d'appel de Paris (jurispr. antérieure). Les art. L. 442-6-III, al. 5 [L. 442-4], et D. 442-3 [D. 442-2] renvoient à la connaissance de la cour d'appel de Paris l'ensemble des décisions rendues par les juridictions commerciales compétentes en première instance, sans distinguer selon la nature de la décision, de telle sorte que la cour d'appel en a exactement déduit que seule la cour d'appel de Paris est investie du pouvoir de statuer sur les contredits formés contre les décisions rendues dans les litiges relatifs à l'application de l'art. L. 442-6 [ancien]. • Com. 4 nov. 2014, n° 13-16.755 P : *D. 2015. Pan. 946, obs. Ferrier ; AJCA 2015. 86, obs. Ponsard ; RTD civ. 2015. 693, obs. Théry ; CCC 2015, n° 9, obs. Mathey ; RJDA 2015, n° 148.* ♦ En statuant sur l'application de l'art. L. 442-6 [ancien], sans relever la fin de non-recevoir tirée de l'inobservation de la règle d'ordre public investissant la cour d'appel de Paris du pouvoir juridictionnel exclusif de statuer sur les appels formés contre les décisions rendues dans les litiges relatifs à l'application de ce texte, la cour d'appel de Saint-Denis de La Réunion a violé l'art. D. 442-3 [D. 442-2]. • Com. 31 mars 2015, n° 14-10.016 P : *D. 2015. Chron. C. cass. 997, obs. Tréard ; AJCA 2015. 276, obs. Bretzner et Barral ; CCC 2015, n° 144, obs. Mathey ; RJDA 2015, n° 463 ; Procédures 2015, n° 184, obs. Strickler.* – V. aussi • Com. 20 oct. 2015, n° 14-15.851 P : *D. actu. 5 nov. 2015, obs. Delpech ; D. 2015. Actu. 2180 ; JCP E 2015, n° 1568 ; CCC 2016, n° 8, obs. Mathey ; RJDA 2016, n° 60.*

La société ayant formé une seule demande en paiement de dommages-intérêts, fondée indistinctement sur les art. 1134 et 1184 C. civ. et L. 442-6, I, 5° [ancien], C. com., c'est à bon droit que la cour d'appel de Poitiers a déclaré *la demande irrecevable*. • Com. 6 sept. 2016, n° 14-27.085 P : *D. 2016. Actu. 1812, obs. Chevrier ; RTD civ. 2016. 921, obs. Théry ; JCP E 2016, n° 1509 ; CCC 2016, n° 234, obs. Mathey.* ♦ C'est à bon droit et sans méconnaître le droit à un procès équitable que la cour d'appel de Lyon, qui n'était pas saisie d'une demande de disjonction, a retenu que le fait que le requérant avait également formé des demandes non fondées sur l'art. L. 442-6 [ancien] C. com. ne lui permettait pas de déroger à la règle énoncée au 2ᵉ al. de l'art. D. 442-3 [D. 442-2] donnant compétence exclusive à la cour d'appel de Paris et qu'elle a déclaré l'appel irrecevable pour le tout. • Com. 24 sept. 2013, n° 12-21.089 P : *D. 2013. Pan. 2819, obs. Dorandeu ; JCP E 2013, n° 1544 ; CCC 2013, n° 267, obs. Mathey ; RJDA 2013, n° 951 ; Procédures 2014. Chron. 1, spéc. n° 5, par Ruy.* ♦ Comp. : ayant relevé qu'en cause d'appel, la société fondait ses demandes, non seulement sur l'art. 1134 [ancien] C. civ., comme en première instance, mais également sur l'art. L. 442-6, I, 5° [ancien] C. com., c'est sans méconnaître ses pouvoirs qu'après avoir énoncé que les dispositions des art. L. 442-6, III, al. 5 [L. 442-4], et D. 442-3 [D. 442-2] C. com. ont pour conséquence de priver toute cour d'appel autre que celle de Paris du pouvoir de connaître des demandes fondées sur les dispositions du premier de ces textes, la cour d'appel a déclaré irrecevables les demandes en ce qu'elles étaient fondées sur ce texte, mais a statué sur l'application de l'art. 1134 [ancien] C. civ. • Com. 7 oct. 2014, n° 13-21.086 P : *D. 2014. 2329, note Buy ; AJCA 2015. 86, obs. Ponsard ; JCP E 2014, n° 1640, note Mathey ; CCC 2014, n° 270, obs. Mathey ; RJDA 2015, n° 50.* ♦ Rejetant le contredit au motif que l'appel interjeté par le requérant restait fondé sur les dispositions des art. 1382 [1240] C. civ. et L. 134-11 s. C. com., ce qui avait pour conséquence que le requérant avait manifestement renoncé à invoquer le fondement initial reposant sur l'art. L. 442-6 [ancien] : • Douai, 2 juill. 2015, n° 15/01966 : *CCC 2015, n° 233, obs. N. M.*

Le délai de recours pour former appel n'a pas pu courir en raison de l'indication erronée portée sur l'acte de signification de l'ordonnance querellée relative aux modalités d'ouverture de la voie de recours, en ce que le lieu où le recours devait être exercé était indiqué comme étant celui de la cour d'appel de Versailles, au lieu de la cour d'appel de Paris, de sorte que l'appel est irrecevable. • Paris, 22 févr. 2017, n° 16/17924 : *préc. note 3.*

6. Relation internationale. Validant une clause attributive de compétence au regard de l'art. 23 du Règl. n° 44/2001 du 22 déc. 2000, peu important, d'une part, que la responsabilité recherchée, fondée sur les conditions dans lesquelles est intervenue la rupture, ait un caractère contractuel ou délictuel et, d'autre part, *qu'elle* mette en jeu des règles relevant de l'ordre public économique : • Montpellier, 22 mars 2012 : *D. 2012. Pan. 2765, obs. Dorandeu.*

7. Clause compromissoire. Si les art. L. 442-6 [L. 442-4] et D. 442-3 [D. 442-2] attribuent de manière impérative à certains tribunaux et, en appel, à la seule cour de Paris, la connaissance des pratiques restrictives de concurrence, et si le premier de ces textes offre aux juges la faculté de solliciter l'avis de la CEPC, de telles dispositions ont pour objet d'adapter les compétences et les procédures judiciaires à la technicité de ce contentieux mais non de le réserver aux juridictions étatiques. • Paris, 1er juill. 2014 : *JCP E 2014, n° 1494, obs. Mathey ; CCC 2014, n° 218, obs. Mathey.* ♦ V. aussi note 22 ss. anc. art. L. 442-6, reproduit ss. art. L. 442-1.

8. Référé. Seules les juridictions du premier degré spécialement désignées par les art. D. 442-3 [D. 442-2] et R. 420-3 C. com. sont investies du pouvoir de statuer sur les litiges relatifs à l'application de l'art. L. 442-6 [ancien] ou dans lesquels les dispositions de l'art. L. 420-1 du même code sont invoquées. Après avoir énoncé que, si la partie qui demande une mesure sur le fondement de l'art. 145 C. pr. civ. dispose du choix de saisir soit le président du tribunal appelé à connaître du litige soit celui du tribunal du lieu de l'exécution de la mesure d'instruction, le président saisi ne peut toutefois ordonner une telle mesure que dans les limites du pouvoir juridictionnel de ce tribunal, c'est à bon droit qu'ayant constaté que la société se prévalait dans sa requête de pratiques méconnaissant l'art. L. 442-6-I-2° [ancien] C. com. et relevé que le tribunal de commerce de Grenoble, dans le ressort duquel la mesure d'investigation devait être exécutée, n'avait pas le pouvoir juridictionnel de statuer sur un tel litige, la cour d'appel a infirmé les ordonnances déférées et rétracté l'ordonnance sur requête ayant ordonné la mesure, peu important que la requête ait pu invoquer, en outre, un fondement de droit commun. • Com. 17 janv. 2018, n° 17-10.360 P : *D. 2018. Chron. C. cass. 1336, obs. Tréard ; JCP 2018, n° 138, obs. Lebel ; CCC 2018, n° 46, obs. Mathey ; RJDA 2018, n° 365.* ♦ L'assignation introductive de l'instance devant le juge des référés du tribunal de commerce de Paris étant fondée, notamment, sur l'art. L. 442-6 [ancien] C. com., c'est à juste titre que le tribunal, en vertu de l'art. D. 442-3 [D. 442-2], a retenu sa compétence. • Paris, 5 juin 2014 : *AJCA 2014. 293, obs. Bretzner.*

9. Autres compétences spéciales. En l'état de ces constatations – selon lesquelles au soutien de ses deux demandes indemnitaires, tant pour faute à l'occasion des négociations sur le renouvellement du bail commercial que pour le déséquilibre significatif auquel le bailleur aurait tenté de la soumettre à l'occasion de ces négociations, en violation des dispositions légales sur les pratiques restrictives de concurrence, la société invoque le comportement de son bailleur lors des négociations sur le renouvellement du bail commercial qui les liait et met en cause, plus particulièrement, les conditions du refus de renouvellement – faisant ressortir que la solution du litige nécessitait l'examen préalable des conditions dans lesquelles avait été exercé le droit d'option conféré au bailleur par l'art. L. 145-57, la cour d'appel a retenu à bon droit que le litige requérait une appréciation du respect du statut des baux commerciaux, qui relève de la compétence du tribunal de grande instance (art. R. 145-23), et qu'en considération de l'art. L. 442-6-III [L. 442-4], qui attribue aux juridictions civiles comme aux juridictions commerciales la connaissance des litiges relatifs à l'application de cet article, et de la compétence territoriale des juridictions parisiennes, le contredit formé par la société soulevant l'incompétence du TGI au profit du tribunal de commerce doit être rejeté. • Com. 18 oct. 2016, n° 14-27.212 P : *D. 2016. Actu. 2118 ; AJ contrat 2016. 538, obs. Regnault ; JCP E 2016, n° 1629, note Brignon ; RJDA 2017, n° 125 ; Loyers et copr. 2016, n° 260, obs. Brault.* ♦ Seules les activités de production, de distribution ou de services entrent dans le champ d'application de l'art. L. 442-6-I-2° [ancien], de telle sorte que la cour d'appel, sans excéder ses pouvoirs, en a exactement déduit que le litige, qui portait sur l'exécution d'un bail commercial, ne relevait pas des juridictions spécialement désignées pour statuer en application de ce texte. • Civ. 3e, 15 févr. 2018, n° 17-11.329 P : *D. 2018. Pan. 2330, obs. Dorandeu ; AJ contrat 2018. 143, obs. Magnier-Merran ; AJDI 2018. 520, obs. Antoniutti ; JCP E 2018, n° 1138 ; CCC 2018, n° 151, obs. Mathey ; RJDA 2018, n° 463.* ♦ Si la référence au droit des pratiques restrictives de concurrence justifie que le litige soit examiné par une juridiction spécialement désignée par l'art. D. 442-3 [D. 442-2], il est également relevé qu'en application de l'art. L. 442-6-III [L. 442-4], les pratiques visées par cet article peuvent ressortir à la compétence de la juridiction civile ou commerciale, tandis que, par dérogation au 2° de l'art. L. 721-3, l'art. L. 721-5 prévoit que les tribunaux civils sont seuls compétents pour connaître des actions en justice dans lesquelles l'une des parties est une société constituée conformément à la L. n° 90-1258 du 31 déc. 1990. Dès lors qu'il est constaté que l'assignation concerne deux personnes physiques non commerçantes, la cour d'appel en a justement déduit, en considération de l'objet de l'entier litige et du statut de certains des défendeurs, que le TGI de Paris avait le pouvoir de statuer sur l'ensemble des prétentions. • Com. 29 mars 2017, n° 15-27.811 P : *D. 2018. Pan. 868, obs. Ferrier ; AJ contrat 2017. 217, note Ruy ; JCP E 2017, n° 1223 ; CCC 2017, n° 103, obs. Mathey ; ibid., n° 125, obs. Malaurie-Vignal ; RJDA 2017, n° 435.*

Art. D. 442-3 Pour l'application du III de l'article L. 442-4, le siège et le ressort des tribunaux judiciaires compétents en métropole et dans les départements d'outre-mer sont fixés conformément au tableau de l'annexe 4-2-2 du présent livre.

La cour d'appel compétente pour connaître des décisions rendues par ces juridictions est celle de Paris. — *Comp. anc. art. D. 442-4.*

L'art. D. 442-4, devenu l'art. D. 442-3, et l'annexe 4-2-2 sont entrés en vigueur le 1er déc. 2009. La juridiction primitivement saisie demeure compétente pour statuer sur les procédures introduites antérieurement à cette date (Décr. nº 2009-1384 du 11 nov. 2009, art. 8).

ANNEXE 4-2-2

JURIDICTIONS COMPÉTENTES POUR CONNAÎTRE, EN APPLICATION DU III DE L'ARTICLE L. 442-4, DES PROCÉDURES APPLICABLES AUX PERSONNES QUI NE SONT NI COMMERÇANTS NI ARTISANS *(mod. par Décr. nº 2011-1878 du 14 déc. 2011, art. 4, en vigueur le 1er janv. 2012)*

SIÈGE DES TRIBUNAUX JUDICIAIRES *[ANCIENNE RÉDACTION : TRIBUNAUX DE GRANDE INSTANCE]*	RESSORT
Marseille.	Le ressort des cours d'appel d'Aix-en-Provence, Bastia, Montpellier et Nîmes.
Bordeaux.	Le ressort des cours d'appel d'Agen, Bordeaux, Limoges, Pau et Toulouse.
Lille.	Le ressort des cours d'appel d'Amiens, Douai, Reims et Rouen.
Fort-de-France.	Le ressort des cours d'appel de Basse-Terre, de Cayenne et de Fort-de-France.
Lyon.	Le ressort des cours d'appel de Chambéry, Grenoble, Lyon et Riom.
Nancy.	Le ressort des cours d'appel de Besançon, Colmar, Dijon, Metz et Nancy.
Paris.	Le ressort des cours d'appel de Bourges, Paris, Orléans, Saint-Denis de La Réunion et Versailles.
Rennes.	Le ressort des cours d'appel d'Angers, Caen, Poitiers et Rennes.

SECTION II DES AUTRES PRATIQUES PROHIBÉES

(Décr. nº 2021-211 du 24 févr. 2021, art. 4)

Art. R. 442-4 Les infractions aux dispositions des articles L. 442-10 et L. 442-11 sont punies de l'amende prévue pour les contraventions de la cinquième classe.

La récidive est réprimée conformément aux dispositions des articles 132-11 et 132-15 du code pénal. — *Comp. anc. art. D. 441-2.*

CHAPITRE III DISPOSITIONS SPÉCIFIQUES AUX PRODUITS AGRICOLES ET AUX DENRÉES ALIMENTAIRES

(Décr. nº 2021-211 du 24 févr. 2021, art. 5)

Art. R. 443-1 *(Abrogé par Décr. nº 2021-1302 du 7 oct. 2021, art. 1er) Les infractions aux dispositions des arrêtés pris en application du troisième alinéa de l'article L. 443-1 sont punies de l'amende prévue pour les contraventions de la cinquième classe.*

La récidive est réprimée conformément aux dispositions des articles 132-11 et 132-15 du code pénal. — Comp. anc. art. R. 442-2.

V. art. A. 441-1, codification de l'art. 1er de l'Arr. du 21 févr. 1991, relatif à l'information du consommateur dans le secteur de la franchise.

Art. D. 443-2 **Les produits agricoles auxquels s'appliquent les dispositions du I de l'article L. 443-2 sont les suivants :**

Fruits et légumes, à l'exception des pommes de terre de conservation, destinés à être vendus à l'état frais au consommateur ;

Viandes fraîches, congelées ou surgelées de volailles et de lapins ;

Œufs ;

Miels. — *Comp. anc. art. D. 441-2.*

Champ d'application. Il appartenait à l'acquéreur distributeur bénéficiant d'avantages tarifaires de justifier de la destination des produits invoquée pour échapper à l'application des dispositions en vigueur, s'agissant de fruits et légumes vendus au consommateur à l'état frais. • Crim. 22 janv. 2014, n° 13-80.576 : *D. 2014. Pan. 2493, obs. Dorandeu*. ♦ Les produits de la pêche et de l'aquaculture n'entrant pas dans le périmètre d'application du contrat défini à l'art. L. 441-2-1 [L. 443-2], ce cadre contractuel n'a donc pas vocation à s'appliquer à la vente de ces produits entre un grossiste et son client CHR (Café Hôtel Restaurant). • CEPC, avis n° 18-10 du 25 oct. 2018.

Art. D. 443-3 *(Décr. n° 2021-1137 du 31 août 2021, art. 1er)* **Le délai minimal d'annulation de commande prévu au premier alinéa de l'article L. 443-5 applicable aux grossistes mentionnés au II de l'article L. 441-4 est fixé à vingt-quatre heures.**

Les art. D. 443-3 et D. 443-4 entrent en vigueur le 1er nov. 2021, à l'exception des contrats qui étaient en cours d'exécution à la date du 1er juill. 2021, pour lesquels ils entrent en vigueur le 1er juill. 2022 (Décr. n° 2021-1137 du 31 août 2021, art. 3).

Art. D. 443-4 *(Décr. n° 2021-1137 du 31 août 2021, art. 1er)* **Sous réserve des dispositions de l'article D. 443-3, le délai minimal d'annulation de commande prévu au premier alinéa de l'article L. 443-5 est fixé à trois jours pour les fruits et légumes frais, sauf s'ils sont destinés à être vendus sous marque de distributeur au sens de l'article R. 412-47 du code de la consommation, auquel cas ce délai minimum est fixé à six jours.**

V. note ss. art. D. 443-3.

TITRE QUATRIÈME *BIS* DE CERTAINS TARIFS RÉGLEMENTÉS

(Décr. n° 2016-230 du 26 févr. 2016, art. 2)

Les dispositions issues de l'art. 2 du Décr. n° 2016-230 du 26 févr. 2016 entrent en vigueur, en ce qui concerne chacune des professions concernées, à la date d'entrée en vigueur du premier arrêté portant fixation de ses tarifs en application de l'art. L. 444-3.

BIBL. GÉN. ▸ HÉBERT, *JCP N 2016, n° 1204* (nouveau tarif des notaires).

SECTION PREMIÈRE FIXATION DES TARIFS

Art. R. 444-1 **La présente section est applicable aux tarifs mentionnés au premier alinéa de l'article L. 444-1.**

SOUS-SECTION 1 DISPOSITIONS GÉNÉRALES

Art. R. 444-2 **Pour l'application du présent titre, sont retenues les définitions suivantes :**

1° "Tarif" : ensemble des éléments permettant la détermination du montant des émoluments et des remboursements forfaitaires dus aux professionnels mentionnés au premier alinéa de l'article L. 444-1 au titre de leurs prestations soumises à une régulation ;

2° "Émolument" : somme perçue par l'un de ces professionnels en contrepartie des prestations dont les tarifs sont régis par le titre IV *bis* de la partie législative du présent code ;

3° "Émolument fixe" : émolument exprimé en euros, éventuellement intégré dans un barème, progressif ou dégressif, établi par tranches d'assiettes ;

4° "Émolument proportionnel" : émolument résultant soit de l'application d'un taux à une valeur d'assiette, soit de l'application d'un barème de taux, progressifs ou dégressifs, à différentes tranches d'assiettes ;

5° "Honoraire" : somme perçue par l'un de ces professionnels en contrepartie d'une prestation dont le montant n'est pas régi par le titre mentionné au 2° ;

6° "Frais" : dépense engagée par le professionnel pour la réalisation d'une prestation ;

7° "Débours" : somme avancée pour le compte du client ou du débiteur par le professionnel pour la réalisation d'une prestation ;

8° "Période de référence" : période de vingt-quatre mois séparant deux révisions du tarif applicable à une profession ;

9° "Prestation" : travaux ou diligences afférents à un acte, une formalité, ou un service, réalisés par un professionnel, au bénéfice d'un client ou dans le cadre d'une procédure judiciaire, incluant les conseils dispensés en lien avec cet acte, formalité ou service ;

10° "Formalité" : opération de toute nature préalable ou postérieure à un acte, liée à son accomplissement et rendue nécessaire par la loi ou les règlements ;

11° "Professionnel" : personne physique titulaire d'un office *(Décr. n° 2017-862 du 9 mai 2017, art. 2-I)* « , d'une étude ou d'un cabinet » ou ayant qualité d'associée d'une personne morale titulaire d'un office *(Décr. n° 2017-862 du 9 mai 2017, art. 2-I)* « , d'une étude ou d'un cabinet » et exerçant une des professions mentionnées *(Décr. n° 2017-862 du 9 mai 2017, art. 2-I)* « au premier alinéa » de l'article L. 444-1 au sein de cet office ou étude *[, étude ou cabinet]* ;

12° "Office" *(Décr. n° 2017-862 du 9 mai 2017, art. 2-I)* « , "étude" ou "cabinet" » : entreprise individuelle immatriculée au nom d'un professionnel ou personne morale au sein de laquelle exercent un ou plusieurs professionnels ;

13° "Résultat" : différence entre les produits et les charges de l'exercice fiscal, correspondant respectivement, selon le régime de déclaration de l'office ou l'étude, au :

a) Bénéfice ou déficit du compte de résultat en cas de déclaration de bénéfices non commerciaux selon le régime de la déclaration contrôlée et selon qu'il s'agit d'une personne physique ou d'une personne morale*[;]*

b) Résultat d'exploitation et résultat financier du compte de résultat simplifié en cas de déclaration d'impôt sur les sociétés selon le régime simplifié ;

c) Résultat courant avant impôts en cas de déclaration d'impôt sur les sociétés selon le régime normal ;

14° "*(Décr. n° 2020-179 du 28 févr. 2020, art. 2)* « Résultat » de la profession" : somme des résultats des professionnels d'une profession, au titre d'un exercice fiscal ;

(Décr. n° 2020-179 du 28 févr. 2020, art. 2) « 15° "Chiffre d'affaires de la profession" : somme cumulée des émoluments et des honoraires perçus par les professionnels d'une profession, au titre d'un exercice fiscal ;

« 16° "Taux de résultat de la profession" : rapport entre le résultat et le chiffre d'affaires de la profession respectivement mentionnés aux 14° et 15° ;

« 17° "Activité régulée" : part de l'activité des professionnels d'une profession rémunérée par des émoluments ;

« 18° "Chiffre d'affaires régulé de la profession" : somme cumulée des émoluments perçus par les professionnels d'une profession au titre d'un exercice fiscal ;

« 19° "Résultat régulé de la profession" : différence entre le chiffre d'affaires régulé de la profession mentionné au 18° et les coûts pertinents évalués dans les conditions prévues à l'article R. 444-6 ;

« 20° "Taux de résultat régulé de la profession" : rapport entre le résultat régulé et le chiffre d'affaires régulé de la profession respectivement mentionnés aux 19° et 18°. »

V. note au-dessus de l'art. R. 444-71.

L'art. 2 du Décr. n° 2020-179 du 28 févr. 2020 entre en vigueur, pour chacune des professions concernées, à la date d'application du prochain arrêté portant fixation de ses tarifs en application de l'art. L. 444-3 C. com. (Décr. préc., art. 16).

Art. R. 444-3 Les annexe 4-7, annexe 4-8 et annexe 4-9 au présent titre précisent respectivement :

1° La liste des prestations des commissaires-priseurs judiciaires, greffiers de tribunaux de commerce, huissiers de justice, administrateurs judiciaires, commissaires à l'exécution du plan, mandataires judiciaires, liquidateurs, *(Décr. n° 2017-862 du 9 mai 2017, art. 2-II)* « notaires et avocats » dont le tarif est régi par le présent titre ;

2° La liste des frais et débours dont ces professionnels ont droit au remboursement en application du III de l'article R. 444-12 ;

3° Une liste indicative de prestations réalisées dans les conditions prévues au troisième alinéa de l'article L. 444-1, et, le cas échéant, les règles encadrant la perception par les professionnels concernés des honoraires correspondant à ces prestations.

V. note au-dessus de l'art. R. 444-71.

V., pour les tarifs réglementés des commissaires-priseurs judiciaires, art. A. 441-1 s. — ... Des huissiers de justice, art. A. 444-10 s. — ... Des notaires, art. A. 444-53 s. — ... Des avocats, art. A. 444-187 s. — ... Des greffiers des tribunaux de commerce, art. A. 743-8 s.

ANNEXE 4-7

La liste des prestations dont les tarifs sont régis par le titre IV *bis* (partie réglementaire) du code de commerce est la suivante :

TABLEAU 1
ANNEXÉ À L'ARTICLE R. 444-3

(Mod. par Décr. n° 2020-179 du 28 févr. 2020, art. 13)

COMMISSAIRE-PRISEUR JUDICIAIRE			
Numéro	**Catégorie**	**Sous-catégorie**	**Nature de la prestation**
1	Actes	Actes de prisée et d'inventaire	Prisée, en dehors du cas prévu à l'article D. 514-2 du code monétaire et financier
2			Inventaire purement descriptif
3			Récolement d'inventaire
4		Actes de vente judiciaire	Vente judiciaire aux enchères publiques de meubles corporels ou incorporels, en dehors du cas prévu à l'article D. 514-17 du code monétaire et financier
5			Retrait d'un lot, dans l'intérêt du vendeur, après le commencement des enchères mentionnées au numéro 4 du présent tableau
6		Actes d'assistance	Assistance aux référés et enregistrement de l'ordonnance
7			Assistance à l'essai et au poinçonnage des matières précieuses
8		Expéditions	Expédition ou extrait du procès-verbal prévu à l'article R. 444-47
9	Formalités	Dépôts	Dépôt à la Caisse des dépôts et consignations
10		Réquisitions et levées d'états	Levée d'état au service d'immatriculation des voitures automobiles
11			Levée d'état au greffe du tribunal de commerce
12			Réquisition d'état de situation des contributions
13		Vente forcée	Report de la vente en cas de versement d'un acompte, après transmission du dossier par l'huissier de justice, sur demande écrite du débiteur acceptée par le commissaire-priseur judiciaire
14			Ensemble des diligences effectuées depuis la transmission du dossier lorsque la vente n'a pas lieu par suite du paiement de sa dette par le débiteur

TABLEAU 2
ANNEXÉ À L'ARTICLE R. 444-3

(Mod. par Décr. n° 2018-200 du 23 mars 2018, art. 6 et Décr. n° 2021-300 du 18 mars 2021, art. 7, en vigueur le 1er avr. 2021)

GREFFIER DE TRIBUNAL DE COMMERCE

Numéro	Catégorie	Sous-catégorie	Nature de la prestation
1	Actes judiciaires	Générique	Acte de greffe
2			Certificat
3			Envoi et exécution d'une commission rogatoire
5			Copie
6			Vérification de dépens
7			Saisine en matière de contentieux des registres de commerce
8			Diligences liées à l'expertise
9			Convocation ou avis
10			Visa, cote et paraphe des livres
11		Copies certifiées conformes en dehors de toute procédure	Copie d'un jugement
12			Copie d'une ordonnance
13			Seconde copie certifiée conforme revêtue de la formule exécutoire
14		Actes de procédure d'injonction de payer	Ordonnance d'injonction de payer
15			Transmission de l'ordonnance d'injonction de payer
16			Diligences relatives à l'ordonnance d'injonction de payer, y compris l'extrait d'immatriculation (K *bis* ou L *bis*) ou un certificat de non-inscription, la réception et la conservation de la requête
17			Opposition à injonction de payer
18		Actes relatifs au jugement	Enrôlement, tenue des audiences, mise en forme, avis aux parties dans le cadre d'un jugement, quel que soit le nombre de renvois, pour deux parties
19			Actes visés au numéro 18 du présent tableau, par partie supplémentaire au-delà de deux parties
20			Transmission d'un jugement, par partie

GREFFIER DE TRIBUNAL DE COMMERCE			
Numéro	**Catégorie**	**Sous-catégorie**	**Nature de la prestation**
21		Actes d'instruction avant jugement	Procédure devant un juge rapporteur
22			Contrat ou calendrier de procédure
23			Ordonnances autres que de référés et d'injonctions de payer
24			Prestation de serment
25		Actes relatifs aux référés	Enrôlement, tenue des audiences, mise en forme, avis aux parties dans le cadre d'une ordonnance de référé, quel que soit le nombre de renvois, pour deux parties
26			Actes visés au numéro 25 du présent tableau, par partie supplémentaire au-delà de deux parties
27			Transmission d'une ordonnance de référé, par partie
28		Procédures ouvertes après le 1er janvier 2006 en application du livre VI du code de commerce	Diligences en matière d'enquête en application du troisième alinéa de l'article L. 621-1 et de l'article L. 651-4, hors la délivrance des copies ou extraits et des avis, notifications, convocations et communications
29			Réception de la demande de mandat *ad hoc*, de conciliation, de sauvegarde, de redressement judiciaire et de liquidations judiciaires, conformément aux articles R. 611-18, R. 611-22, R. 621-1, R. 631-1 et R. 640-1, hors la délivrance des copies ou extraits
30			Diligences en cas de saisine d'office ou à la requête du procureur de la République, hors la délivrance des copies ou extraits
31			Convocation devant le juge-commissaire
32			Convocation devant le président du tribunal pour un mandat *ad hoc* ou une conciliation en application des articles R. 611-19 et R. 611-23, ou devant le tribunal
33			Avis au créancier en matière d'admission de créances sans débat contradictoire
34			Ordonnances du juge-commissaire après débat contradictoire
35			Diligences relatives à la notification des jugements et des requêtes, aux significations et aux convocations par voie d'huissier
36			Mention sur l'état des créances

GREFFIER DE TRIBUNAL DE COMMERCE			
Numéro	**Catégorie**	**Sous-catégorie**	**Nature de la prestation**
37			Dépôt et la conservation des documents, actes ou pièces, y inclus procès-verbal et certificat de dépôt ou reçus de déclaration
38			Extrait établi en vue des mesures de publicité
39	Prestations relatives aux registres	Prestations relatives au registre du commerce et des sociétés	Immatriculation principale, immatriculation secondaire, inscription complémentaire, et radiation d'une personne physique
40			Immatriculation principale, immatriculation secondaire, inscription complémentaire, et radiation d'une personne morale : groupements d'intérêt économique, sociétés commerciales, sociétés non commerciales, établissements publics
41			Immatriculation principale par création d'une entreprise, personne physique
42			Immatriculation principale, par création de sociétés commerciales
43			Inscription modificative pour les personnes visées au numéro 39 du présent tableau
44			Inscription modificative pour les personnes visées au numéro 40 du présent tableau, ainsi que les mentions d'office, sous réserve des cas prévus par l'article R. 743-145
45			Diligences spécifiques en cas de transformation de sociétés
46			Mise à jour des renseignements figurant dans les immatriculations principales aux immatriculations secondaires et dans les immatriculations secondaires aux immatriculations principales des personnes visées au numéro 39 du présent tableau
47			Mise à jour des renseignements figurant dans les immatriculations principales aux immatriculations secondaires et dans les immatriculations secondaires aux immatriculations principales des personnes visées au numéro 40 du présent tableau
48			Notification des mises à jour des immatriculations principales et secondaires des personnes visées au numéro 39 du présent *tableau*
49			Notification des mises à jour des immatriculations principales et secondaires des personnes visées au numéro 40 du présent tableau

GREFFIER DE TRIBUNAL DE COMMERCE			
Numéro	**Catégorie**	**Sous-catégorie**	**Nature de la prestation**
50			Dépôt des comptes annuels
51			Dépôt des comptes annuels assortis d'une déclaration de confidentialité
52			Dépôt d'actes ou de pièces pour la publicité des sociétés, y compris le certificat de dépôt
53			Certificat négatif d'immatriculation, communication d'actes ou de pièces déposées
54			Certificat attestant que les comptes annuels ont été déposés mais ne sont pas rendus publics
55			Extrait du registre du commerce et des sociétés
56			Relevé historique des événements au registre du commerce et des sociétés
57			Copie des comptes et rapports annuels (quel que soit le nombre de page)
58			Copie certifiée conforme (par page)
59			Copie de statuts, actes ou de pièces déposées (forfait)
60			Copie de la déclaration de confidentialité des comptes annuels
61		Prestations relatives au registre des agents commerciaux	Immatriculation, y compris la radiation
62			Inscription modificative
63			Extrait d'inscription de la déclaration
64		Dépôts effectués au registre du commerce et des sociétés par les entrepreneurs individuels à responsabilité limitée	Dépôt de la déclaration d'affectation du patrimoine, de reprise ou de transfert et les mentions au registre, respectivement prévu aux articles L. 526-7 et L. 526-16 et au II de l'article L. 526-17 du présent code.
65			Dépôt de la déclaration modificative ou complémentaire de la déclaration d'affectation du patrimoine, entraînant mentions au registre
66			Dépôt de la déclaration complémentaire d'affectation du patrimoine prévue aux articles L. 526-9, L. 526-10 et L. 526-11 du présent code ou des actes ou décisions de modification, sans mentions au registre

GREFFIER DE TRIBUNAL DE COMMERCE			
Numéro	**Catégorie**	**Sous-catégorie**	**Nature de la prestation**
67			Dépôt des comptes annuels ou du document comptable simplifié mentionné à l'article L. 526-14 du présent code au registre.
68			Notification à un autre registre en cas de double immatriculation ou d'immatriculation secondaire
69			Mise à jour des renseignements figurant dans les immatriculations principales aux immatriculations secondaires ou reçus d'un autre registre ou répertoire aux fins de mentions
70			Avis au *Bulletin officiel des annonces civiles et commerciales* relatif à la cession, y compris la délivrance du certificat, en application de l'article L. 526-17 du présent code.
71			Copie des comptes annuels ou du document comptable simplifié ou de la déclaration d'affectation
72		Dépôts effectués au registre des agents commerciaux par les entrepreneurs individuels à responsabilité limitée	Dépôt de la déclaration d'affectation du patrimoine, de reprise ou de transfert et les mentions au registre, respectivement prévus aux articles L. 526-7 et L. 526-16 et au II de l'article L. 526-17 du présent code.
73			Dépôt de la déclaration modificative ou complémentaire de la déclaration d'affectation du patrimoine, entraînant mentions au registre
74			Dépôt de la déclaration complémentaire d'affectation du patrimoine prévue aux articles L. 526-9, L. 526-10 et L. 526-11 du présent code ou des actes ou décisions de modification, sans mentions au registre
75			Dépôt des comptes annuels ou du document comptable simplifié mentionné à l'article L. 526-14 du présent code au registre.
76			Avis au *Bulletin officiel des annonces civiles et commerciales* relatif à la cession, y compris la délivrance du certificat, en application de l'article L. 526-17 du présent code.
77			Copie des comptes annuels ou du document comptable simplifié ou de la déclaration d'affectation

GREFFIER DE TRIBUNAL DE COMMERCE			
Numéro	**Catégorie**	**Sous-catégorie**	**Nature de la prestation**
78		Prestations relatives au registre des entrepreneurs individuels à responsabilité limitée visés au 3° de l'article L. 526-7	Immatriculation y compris après reprise ou transfert respectivement prévus aux articles L. 526-7 et L. 526-16 et au II de l'article L. 526-17 du présent code, comprenant le dépôt de la déclaration d'affectation du patrimoine et les émoluments de radiation
79			Dépôt de la déclaration modificative ou complémentaire de la déclaration d'affectation du patrimoine, entraînant mentions au registre
80			Dépôt de la déclaration complémentaire d'affectation du patrimoine prévue aux articles L. 526-9, L. 526-10 et L. 526-11 du présent code ou des actes ou décisions de modification, sans mentions au registre
81			Dépôt des comptes annuels ou du document comptable simplifié mentionné à l'article L. 526-14 du présent code au registre.
82			Avis au *Bulletin officiel des annonces civiles et commerciales* relatif à la cession, y compris la délivrance du certificat, en application de l'article L. 526-17 du présent code.
83			Copie des comptes annuels ou du document comptable simplifié ou de la déclaration d'affectation
84			Extrait du registre des entrepreneurs individuels à responsabilité limitée
84-1		Prestations relatives au registre des bénéficiaires effectifs	Déclaration relative au bénéficiaire effectif mentionné au deuxième alinéa de l'article L. 561-46 du code monétaire et financier, lors de la demande d'immatriculation a un registre de publicité légale *(Abrogé par Décr. n° 2021-300 du 18 mars 2021, art. 31, à compter du 1er janv. 2023) « ou au plus tard dans les quinze jours à compter de la délivrance du récépissé de dépôt de dossier de création d'entreprise »*
84-2			Déclaration modificative ou complémentaire à la déclaration relative au bénéficiaire effectif mentionnée au deuxième alinéa de l'article L. 561-46 du code monétaire et financier

GREFFIER DE TRIBUNAL DE COMMERCE			
Numéro	Catégorie	Sous-catégorie	Nature de la prestation
85	Privilèges et sûretés	Privilège du Trésor en matière fiscale	Première inscription, la radiation totale ou partielle d'une inscription non périmée
86			Inscription suivante, le renouvellement d'une inscription ou la subrogation
87			Délivrance d'un état d'inscription positif ou négatif, quel que soit le nombre d'inscriptions révélées
88			Mention d'une contestation en marge d'une inscription
89		Privilège de la sécurité sociale et des régimes complémentaires	Inscription, y compris radiation totale d'une inscription non périmée
90			Radiation partielle d'une inscription non périmée
91			Renouvellement d'une inscription, subrogation
92			Mention d'une saisie en marge des différentes inscriptions concernant un même débiteur, la radiation partielle ou totale de ces inscriptions
93			Délivrance d'un état d'inscription positif ou négatif, quel que soit le nombre d'inscriptions révélées
94			Délivrance d'un certificat de subrogation, de mention de saisie, de radiation de cette mention, de radiation d'inscription
95		Actes de vente et nantissement des fonds de commerce	Inscription, y compris radiation totale d'une inscription non périmée
96			Radiation partielle d'une inscription non périmée
97			Mention d'antériorité ou de subrogation, le renouvellement d'inscription
98			Ensemble des formalités liées au procès-verbal de dépôt, certificat de dépôt et certificat constatant une transcription, une cession d'antériorité ou de radiation
99			Délivrance d'un état d'inscription positif ou négatif, quel que soit le nombre d'inscriptions révélées
100			Rédaction de la déclaration de créance et le certificat constatant cette déclaration

GREFFIER DE TRIBUNAL DE COMMERCE			
Numéro	**Catégorie**	**Sous-catégorie**	**Nature de la prestation**
101			Mention de changement de siège de fonds, le certificat d'inscription des ventes, les cessions ou nantissements en ce qu'ils s'appliquent aux brevets d'invention et aux licences, aux marques de produits ou de services, aux dessins et modèles industriels
102			Délivrance des copies de bordereaux d'inscription et des actes de vente sous seing privé déposés au greffe
103			Copie certifiée conforme
104		Actes de nantissement d'un fonds agricole ou d'un fonds artisanal	Les prestations de cette sous-catégorie sont analogues à celles de la sous-catégorie des actes de nantissement de fonds de commerce, mais effectuées dans le cadre d'un nantissement de fonds agricole ou artisanal.
105		Actes de nantissement judiciaire	Les prestations de cette sous-catégorie sont analogues, à celles de la sous-catégorie des actes de nantissement de fonds de commerce, mais effectuées dans le cadre d'un nantissement judiciaire.
106		Actes de gage des stocks	Les prestations de cette sous-catégorie sont analogues à celles de la sous-catégorie des actes de nantissement de fonds de commerce, mais effectuées dans le cadre d'un gage de stocks.
107		Actes de nantissement d'outillage ou de matériel	Les prestations de cette sous-catégorie sont analogues, à celles de la sous-catégorie des actes de nantissement de fonds de commerce, mais effectuées dans le cadre d'un nantissement d'outillage ou de matériel.
108		Actes de gage sur meubles corporels	Les prestations de cette sous-catégorie sont analogues, à celles de la sous-catégorie des actes de nantissement de fonds de commerce, mais effectuées dans le cadre d'un gage sur meubles corporels prévu à l'article 2338 du code civil.
109		Prestations relatives aux warrants autres qu'agricoles	Établissement du warrant, y compris sa radiation (ensemble le volant, la souche et la transcription du premier endossement)
110			Radiation partielle
111			Renouvellement du warrant et l'inscription d'avis d'escompte
112			Délivrance d'un état de transcription ou d'un état négatif
113			Certificat de radiation

GREFFIER DE TRIBUNAL DE COMMERCE			
Numéro	**Catégorie**	**Sous-catégorie**	**Nature de la prestation**
114			Rédaction de lettre recommandée en cas de formalité obligatoire
115		Actes de nantissement de parts sociales ou de meubles incorporels	Les prestations de cette sous-catégorie sont analogues, à celles de la sous-catégorie des actes de nantissement de fonds de commerce, mais effectuées dans le cadre d'un nantissement de parts sociales ou de meubles incorporels.
116	Publicités diverses	Publicité de crédit-bail en matière mobilière	Inscription principale, y compris la radiation
117			Modification de l'inscription
118			Report d'inscription par le greffier
119			Délivrance de tout état d'inscription positif ou négatif, quel que soit le nombre d'inscriptions
120			Certificat de radiation
121		Publicité de contrat de location	Les prestations de cette sous-catégorie sont analogues, à celles de la sous-catégorie des publicités de crédit-bail en matière mobilière, mais effectuées dans le cadre d'une publicité de contrat de location.
122		Inscription sur le registre spécial des prêts et délais	Les prestations de cette sous-catégorie sont analogues, à celles de la sous-catégorie des publicités de crédit-bail en matière mobilière, mais effectuées dans le cadre d'une inscription sur le registre spécial des prêts et délais.
123		Publicité de clause de réserve de propriété	Les prestations de cette sous-catégorie sont analogues à celles de la sous-catégorie des publicités de crédit-bail en matière mobilière, mais effectuées dans le cadre de la publicité d'une clause de réserve de propriété.
124		Publicité de clause d'inaliénabilité	Les prestations de cette sous-catégorie sont analogues à celles de la sous-catégorie des publicités de crédit-bail en matière mobilière, mais effectuées dans le cadre de la publicité d'une clause d'inaliénabilité.
125		Publicité des protêts et des certificats de non-paiement des chèques postaux	Inscription d'un protêt, y compris la radiation
126			Délivrance d'un extrait de registre des protêts positif ou négatif

GREFFIER DE TRIBUNAL DE COMMERCE			
Numéro	**Catégorie**	**Sous-catégorie**	**Nature de la prestation**
127		Immatriculation des bateaux de rivière	Inscription et la radiation d'un acte ou jugement translatif, constitutif ou déclaratif de propriété ou de droit réel
128			Mention de radiation totale ou partielle d'une inscription hypothécaire
129			Mention d'antériorité ou de subrogation, et le renouvellement d'inscription
130			Déclarations prévues au troisième alinéa de l'article R. 4124-6 du code des transports, la mention des changements de domicile élu
131			Acte de déclaration de propriété faite sous serment devant le tribunal de commerce prévu à l'article 101 du code du domaine public fluvial et de la navigation intérieure
132			Dépôt de procès-verbal de saisie
133			Délivrance de tout état d'inscription positif ou négatif prévu à l'article R. 4121-4 du code des transports
134			Délivrance de tout certificat
135			Délivrance des copies de tous actes déposés au greffe en application du code du domaine public fluvial et de la navigation intérieure
136			Formalités consécutives au transfert d'immatriculation au greffier du lieu de l'inscription et au greffier de la nouvelle immatriculation
137	Prestations relatives à la propriété intellectuelle	Dessins et modèles	Ensemble des formalités de dépôt de dessins et modèles, y compris le récépissé de dépôt
138	Prestations diverses		Séquestre judiciaire
139			Rapport de mer
140			Avis concernant une déclaration afférente à la vente, à la cession, à l'apport en société, à l'attribution par partage ou par licitation d'un fonds de commerce prévus par l'article R. 123-211, y inclus la délivrance du certificat

GREFFIER DE TRIBUNAL DE COMMERCE			
Numéro	**Catégorie**	**Sous-catégorie**	**Nature de la prestation**
141			Rédaction des avis d'insertion au *Bulletin officiel des annonces civiles et commerciales* des certificats de dépôt au greffe de comptes annuels et rapport de l'exercice clos.
142			Assistance, prévue au premier alinéa du II de l'article R. 713-1-1, du juge commis à la surveillance du registre du commerce et des sociétés pour l'élaboration de la liste des personnes physiques et morales immatriculées relevant de la circonscription et remplissant les conditions fixées au II de l'article L. 713-1.
143	Actes des procédures de liquidation hors sauvegarde ou redressement judiciaires		Ensemble des prestations réalisées par le greffier dans le cadre d'une procédure de liquidation judiciaire ouverte hors du cours d'une procédure de sauvegarde ou de redressement judiciaire ou prononcée dans les deux mois de l'ouverture d'une procédure de redressement judiciaire, en dehors : – Des prestations de la catégorie des actes judiciaires prévues au titre V du livre VI ; – Des copies d'actes ou de pièces délivrées aux parties.
144			Transmissions réalisées dans le cadre des procédures mentionnées au numéro 143 du présent tableau
145	Actes des procédures de rétablissement professionnel		Ensemble des prestations réalisées par le greffier dans le cadre d'une procédure de rétablissement professionnel
146			Transmissions réalisées dans le cadre de la procédure mentionnée au numéro 145 du présent tableau

TABLEAU 3-1
ANNEXÉ À L'ARTICLE R. 444-3

(Mod. par Décr. nº 2018-200 du 23 mars 2018, art. 7)

ACTES DE L'HUISSIER DE JUSTICE			
Numéro	**Catégorie**	**Sous-catégorie**	**Nature de la prestation**
1	Actes portant convocation à comparaître en justice ou signification de décisions de justice ou de titres exécutoires		Assignations
2			Significations de décision de justice
3			Significations des autres titres exécutoires
4			Significations de requête et d'ordonnance d'injonction de payer

ACTES DE L'HUISSIER DE JUSTICE			
Numéro	**Catégorie**	**Sous-catégorie**	**Nature de la prestation**
5	Actes ayant pour but d'informer les parties et les tiers	Procédure de saisie-attribution	Dénonciation de saisie-attribution, prévue à l'article R. 211-3 du code des procédures civiles d'exécution
6			Signification au tiers saisi de l'acquiescement du débiteur, prévue au second alinéa de l'article R. 211-6 du code des procédures civiles d'exécution
7			Signification au tiers saisi du certificat de non-contestation, prévue au premier alinéa de l'article R. 211-6 du code des procédures civiles d'exécution
8		Procédure de saisie-vente	Dénonciation au débiteur de la saisie-vente pratiquée entre les mains d'un tiers détenteur, prévue à l'article R. 221-26 du code des procédures civiles d'exécution
9			Dénonciation d'opposition au créancier premier saisissant et au débiteur, prévue à l'article R. 221-42 du code des procédures civiles d'exécution
10			Dénonciation d'opposition et sommation au créancier premier saisissant de notifier toute proposition amiable de vente, prévue à l'article R. 221-46 du code des procédures civiles d'exécution
11			Sommation au créancier premier saisissant de procéder aux formalités de mise en vente forcée, prévue à l'article R. 221-46 du code des procédures civiles d'exécution
12			Signification de la date de vente au débiteur, prévue à l'article R. 221-35 du code des procédures civiles d'exécution
13		Procédure de saisie par déclaration à la préfecture	Dénonciation au débiteur du procès-verbal d'indisponibilité du certificat d'immatriculation, prévue à l'article R. 223-3 du code des procédures civiles d'exécution

ACTES DE L'HUISSIER DE JUSTICE			
Numéro	**Catégorie**	**Sous-catégorie**	**Nature de la prestation**
14		Procédure de saisie des droits d'associé et des valeurs mobilières	Dénonciation au débiteur de la saisie des droits d'associé et des valeurs mobilières, prévue à l'article R. 232-6 du code des procédures civiles d'exécution
15			Signification à la société ou à la personne morale émettrice d'un certificat de non-contestation avec ordre de vente, prévue à l'article R. 233-1 du code des procédures civiles d'exécution
16			Signification à la société du cahier des charges, prévue au premier alinéa de l'article R. 233-7 du code des procédures civiles d'exécution
17			Signification au débiteur, à la société et aux autres créanciers opposants, s'il y a lieu, de la date de vente de parts d'associé et de valeurs mobilières, prévue au troisième alinéa de l'article R. 233-8 du code des procédures civiles d'exécution
18		Mesures d'expulsion	Signification au débiteur ou au créancier saisissant du procès-verbal d'expulsion, prévue aux articles R. 432-2 et R. 433-7 du code des procédures civiles d'exécution
19		Mesures conservatoires et sûretés judiciaires réalisées dans le cadre de la saisie conservatoire des créances	Dénonciation au débiteur de la saisie conservatoire des créances, prévue à l'article R. 523-3 du code des procédures civiles d'exécution
20			Dénonciation au tiers des actes de poursuite de la procédure, prévue à l'article R. 511-8 du code des procédures civiles d'exécution
21			Signification au tiers saisi de l'acte de conversion en saisie-attribution de la saisie conservatoire des créances avec demande de paiement, prévue à l'article R. 523-7 du code des procédures civiles d'exécution
22			Signification au débiteur de l'acte de conversion en saisie-attribution de la saisie conservatoire des créances, prévue à l'article R. 523-8 du code des procédures civiles d'exécution
23			Signification au tiers saisi du certificat de non-contestation et sommation de payer, prévue à l'article R. 523-9 du code des procédures civiles d'exécution

ACTES DE L'HUISSIER DE JUSTICE			
Numéro	**Catégorie**	**Sous-catégorie**	**Nature de la prestation**
24		Mesures conservatoires et sûretés judiciaires réalisées dans le cadre de la saisie conservatoire sur les biens meubles corporels	Dénonciation au débiteur du procès-verbal de saisie conservatoire de meubles entre les mains d'un tiers, prévue au deuxième alinéa de l'article R. 522-5 du code des procédures civiles d'exécution
25			Dénonciation au tiers des actes de poursuite de la procédure, prévue à l'article R. 511-8 du code des procédures civiles d'exécution
26			Signification au débiteur de l'acte de conversion en saisie-vente de la saisie conservatoire de meubles avec commandement de payer, prévue au premier alinéa de l'article R. 522-7 du code des procédures civiles d'exécution
27			Signification au tiers détenteur de l'acte de conversion en saisie-vente de la saisie conservatoire de meubles, prévue au dernier alinéa de l'article R. 522-7 du code des procédures civiles d'exécution
28			Dénonciation au créancier premier saisissant de la saisie conservatoire de meubles, prévue aux articles R. 522-11 et R. 522-12 du code des procédures civiles d'exécution
29			Signification à l'officier vendeur d'un acte de conversion en saisie-vente de la saisie conservatoire de meubles, prévue à l'article R. 251-5 du code des procédures civiles d'exécution
30		Mesures conservatoires et sûretés judiciaires réalisées dans le cadre de la saisie conservatoire des droits d'associé et des valeurs mobilières	Dénonciation au débiteur de la saisie conservatoire des droits d'associé et des valeurs mobilières, prévue à l'article R. 524-2 du code des procédures civiles d'exécution
31			Dénonciation au tiers saisi de l'acte de conversion en saisie-vente de la saisie conservatoire des droits d'associé et des valeurs mobilières, prévue à l'article R. 524-5 du code des procédures civiles d'exécution
32		Mesures conservatoires et sûretés judiciaires réalisées dans le cadre des sûretés	Dénonciation au débiteur du dépôt des bordereaux d'inscription ou de la signification du nantissement, prévue à l'article R. 532-5 du code des procédures civiles d'exécution
33		Vente et nantissement de fonds de commerce	Signification pour purge aux créanciers inscrits prévue à l'article 22 de la loi du 17 mars 1909 relative à la vente et au nantissement des fonds de commerce

ACTES DE L'HUISSIER DE JUSTICE			
Numéro	**Catégorie**	**Sous-catégorie**	**Nature de la prestation**
34		Autres procédures	Dénonciation au créancier inscrit de la saisie-vente d'un ou plusieurs éléments d'un fonds de commerce, prévue à l'article L. 143-10 du présent code
35			Dénonciation au créancier inscrit de la demande en résiliation de bail de l'immeuble dans lequel s'exploite un fonds de commerce, prévue à l'article L. 143-2 du présent code
36			Dénonciation à la caution du commandement de payer les loyers et sommation de payer, prévue à l'article 24 de la loi n° 89-462 du 6 juillet 1989 tendant à améliorer les rapports locatifs et portant modification de la loi n° 86-1290 du 23 décembre 1986
37			Signification de mémoire
38			Procès-verbal d'offres réelles, prévu à l'article 1426 du code de procédure civile
39			Dénonciation au débiteur de la saisie-revendication entre les mains d'un tiers, prévue au deuxième alinéa de l'article R. 222-22 du code des procédures civiles d'exécution
40			Signification d'une proposition de redressement prévue aux articles L. 57 et L. 76 du livre des procédures fiscales
41	Mise en demeure de payer et commandement de payer	Saisie-vente	Injonction de communiquer et le commandement de payer, prévus à l'article R. 221-3 du code des procédures civiles d'exécution
42			Commandement de payer précédant la saisie-vente, prévu à l'article R. 221-1 du code des procédures civiles d'exécution
43			Signification du certificat de non-paiement valant commandement de payer, prévue à l'article L. 131-73 du code monétaire et financier
44		Loyers	Commandement de payer les loyers et les charges, prévu à l'article 24 de la loi n° 89-462 du 6 juillet 1989 tendant à améliorer les rapports locatifs et portant modification de la loi n° 86-1290 du 23 décembre 1986
45		Charges de copropriété	Commandement de payer les charges de copropriété, prévu à l'article 19 de la loi n° 65-557 du 10 juillet 1965 fixant le statut de la copropriété des immeubles bâtis

ACTES DE L'HUISSIER DE JUSTICE

Numéro	Catégorie	Sous-catégorie	Nature de la prestation
46		Saisie de biens placés dans un coffre-fort	Commandement de payer et la dénonciation au débiteur de la saisie des biens placés dans un coffre-fort, prévus à l'article R. 224-3 du code des procédures civiles d'exécution
47		Saisie conservatoire des droits d'associés et des valeurs mobilières	Commandement de payer et la dénonciation au débiteur de l'acte de conversion en saisie-vente de la saisie conservatoire des droits d'associé et des valeurs mobilières, prévus à l'article R. 524-4 du code des procédures civiles d'exécution
48		Lettres de change. Billets à ordre. Chèques.	Protêt, prévu aux articles L. 511-52 et L. 512-3 du présent code et à l'article L. 131-47 du code monétaire et financier
49		Saisie-appréhension	Commandement de payer et la dénonciation au débiteur du procès-verbal d'appréhension à la demande du créancier gagiste, prévus à l'article R. 222-6 du code des procédures civiles d'exécution
50	Actes ayant pour but soit l'indisponibilité de biens ou de créances, soit le nantissement de parts sociales et de valeurs mobilières, soit l'opposabilité de cession ou de nantissement de créance prévus aux articles *[à l'article]* 1690 du code civil, de nantissement d'outillage et de matériel d'équipement prévus à l'article L. 525-9 du présent code	Actes réalisés dans le cadre de la saisie-attribution	Acte de saisie-attribution, prévu à l'article R. 211-1 du code des procédures civiles d'exécution.
51			Acte mentionné au numéro 50 du présent tableau, en cas de compte clôturé ou de solde négatif
52		Saisie-vente	Acte de saisie-vente ou acte de saisie-vente transformée en réception de deniers, prévu à l'article R. 221-16 du code des procédures civiles d'exécution
53			Acte de saisie-vente transformée en carence, prévu à l'article R. 221-14 du code des procédures civiles d'exécution
54			Acte d'opposition-jonction, prévu à l'article R. 221-41 du code des procédures civiles d'exécution
55		Saisie des récoltes sur pied	Acte de saisie, prévu à l'article R. 221-57 du code des procédures civiles d'exécution
56		Saisie par déclaration à la préfecture	Acte de déclaration, prévu à l'article R. 223-2 du code des procédures civiles d'exécution
57		Saisie des droits d'associé et des valeurs mobilières	Acte de saisie, prévu à l'article R. 232-5 du code des procédures civiles d'exécution

ACTES DE L'HUISSIER DE JUSTICE			
Numéro	**Catégorie**	**Sous-catégorie**	**Nature de la prestation**
58		Mesures conservatoires et de sûretés judiciaires dans le cadre d'une saisie conservatoire sur les biens meubles corporels	Acte de saisie conservataire *[conservatoire]*, prévu à l'article R. 522-1 du code des procédures civiles d'exécution
59		Mesures conservatoires et de sûretés judiciaires dans le cadre d'une saisie conservatoire des créances	Acte de saisie conservatoire, prévu à l'article R. 523-1 du code des procédures civiles d'exécution
60		Mesures conservatoires et de sûretés judiciaires dans le cadre d'une saisie conservatoire des droits d'associé et des valeurs mobilières	Acte de saisie conservatoire, prévu à l'article R. 524-1 du code des procédures civiles d'exécution
61		Mesures conservatoires et de sûretés judiciaires dans le cadre des sûretés	Signification à la société du nantissement des parts sociales, prévue à l'article R. 532-3 du code des procédures civiles d'exécution
62			Signification à la société ou à la personne morale émettrice du nantissement des valeurs mobilières, prévue à l'article R. 532-4 du code des procédures civiles d'exécution
63			Signification aux créanciers de l'acte de nantissement de l'outillage et du matériel d'équipement, prévue à l'article L. 525-9 du présent code
64		Saisie des biens placés dans un coffre-fort	Acte de saisie, prévu à l'article R. 224-1 du code des procédures civiles d'exécution
65		Saisie-revendication des biens meubles corporels	Acte de saisie-revendication, prévu à l'article R. 222-11 du code des procédures civiles d'exécution
66		Saisie-appréhension	Acte d'appréhension, prévu à l'article R. 222-4 du code des procédures civiles d'exécution
67		Saisie par immobilisation du véhicule	Acte d'immobilisation ou d'enlèvement, prévu à l'article R. 223-8 du code des procédures civiles d'exécution

ACTES DE L'HUISSIER DE JUSTICE			
Numéro	**Catégorie**	**Sous-catégorie**	**Nature de la prestation**
68		Saisie des navires et aéronefs	Acte de saisie, prévu aux articles L. 123-2 et R. 123-9 du code de l'aviation civile, aux articles L. 5114-22 à L. 5114-25, et L. 5114-27 à L. 5114-29 du code des transports, et aux articles *(Décr. n° 2016-1893 du 28 déc. 2016, art. 3)* « R. 5114-20 à R. 5114-47 du code des transports *[ancienne rédaction : 30, 32 à 35, 37 à 39, 42, 43, 45 à 47, 50, et 52 à 58 [du] décret n° 67-967 du 27 octobre 1967 relatif au statut des navires et autres bâtiments de mer]* »
69		Saisie-contrefaçon	Acte de saisie-contrefaçon, prévu aux articles L. 521-1, L. 615-5, L. 716-4-6 du code de la propriété intellectuelle
70		Saisie immobilière	Commandement de payer valant saisie, prévu aux articles R. 321-1 et R. 321-5 du code des procédures civiles d'exécution
71			Commandement de payer au débiteur principal avec mention du commandement valant saisie délivré au tiers détenteur, prévu à l'article R. 321-5 du code des procédures civiles d'exécution
72			Dénonciation au conjoint lorsque le bien est le siège du logement de la famille et qu'il appartient en propre à l'un des époux, prévu à l'article R. 321-5 du code des procédures civiles d'exécution
73			Saisie des fruits prévue à l'article R. 321-18 du code des procédures civiles d'exécution, outre l'indication figurant au 7° de l'article R. 321-3 du même code
74		Oppositions	Opposition au paiement du prix de cession d'un lot de copropriété, prévue à l'article 20 de la loi n° 65-557 du 10 juillet 1965 fixant le statut de la copropriété des immeubles bâtis
75			Opposition au prix de vente du fonds de commerce ou de cession du droit au bail, prévue à l'article 3 de la loi du 17 mars 1909 relative à la vente et au nantissement des fonds de commerce
76			Opposition à partage (entre les mains d'un notaire), prévue à l'article 882 du code civil
77		Cessions et nantissements de créances	Signification au débiteur de la cession de créances et autres droits incorporels, prévue à l'article 1690 du code civil
78			Signification au débiteur de la créance donnée en gage

ACTES DE L'HUISSIER DE JUSTICE			
Numéro	**Catégorie**	**Sous-catégorie**	**Nature de la prestation**
79	Mise en demeure ou commandement d'exécuter une obligation de faire ou de ne pas faire		Sommation de faire ou de ne pas faire
80			
81		Saisie par immobilisationdu véhicule	Dénonciation au débiteur du procès-verbal d'immobilisation du véhicule avec injonction, prévue aux articles R. 223-12 et R. 223-13 du code des procédures civiles d'exécution
82		Saisie-appréhension et d'une saisie-revendication	Commandement à la personne tenue de la remise de délivrer ou de restituer, prévu à l'article R. 222-2 du code des procédures civiles d'exécution
83			Sommation au tiers de remettre le bien, prévue à l'article R. 222-7 du code des procédures civiles d'exécution
84		Saisie-appréhension des biens placés dans un coffre-fort	Commandement à la personne tenue de la remise de délivrer ou de restituer, prévu à l'article R. 222-2 du code des procédures civiles d'exécution
85			Sommation au débiteur d'assister à l'ouverture du coffre-fort, prévue à l'article R. 525-4 du code des procédures civiles d'exécution
86		Mesures d'expulsion	Commandement de quitter les lieux, prévu à l'article R. 411-1 du code des procédures civiles d'exécution
87		Saisie des droits d'associé et des valeurs mobilières	Sommation aux créanciers opposants de prendre communication du cahier des charges, prévue au deuxième alinéa de l'article R. 233-7 du code des procédures civiles d'exécution
88		Saisie immobilière	Assignation du débiteur saisi à comparaître devant le juge de l'exécution à une audience d'orientation, prévue à l'article R. 322-4 du code des procédures civiles d'exécution
89			Dénonciation aux créanciers inscrits valant assignation à comparaître, prévue à l'article R. 322-6 du code des procédures civiles d'exécution
90		Vente et nantissement de fonds de commerce	Sommation de prendre communication du cahier des charges, prévue à l'article 17 de la loi du 17 mars 1909 relative à la vente et au nantissement des fonds de commerce
91		Successions	Sommation de prendre parti, prévu *[prévue]* à l'article 789 du code civil

ACTES DE L'HUISSIER DE JUSTICE			
Numéro	**Catégorie**	**Sous-catégorie**	**Nature de la prestation**
92		Procédure de reprise des locaux abandonnés	Mise en demeure du locataire d'avoir à justifier qu'il occupe le logement prévue à l'article 14-1 de la loi du 6 juillet 1989 tendant à améliorer les rapports locatifs et portant modification de la loi n° 86-1290 du 23 décembre 1986, selon qu'elle est ou non contenue dans un des commandements visés aux articles 7 et 24 dudit article
93	Mise en vente forcée des biens saisis	Saisie-vente	Certification d'accomplissement des formalités de publicité de vente, prévue aux articles R. 221-34 et R. 221-60 du code des procédures civiles d'exécution
94			Acte de vérification et d'enlèvement, prévu aux articles L. 221-3, R. 221-36 et R. 522-8 du code des procédures civiles d'exécution
95		Saisie de biens placés dans un coffre-fort	Acte d'inventaire et d'enlèvement des biens placés dans un coffre-fort, prévu aux articles R. 224-5 et R. 224-7 du code des procédures civiles d'exécution
96		Saisie immobilière	Procès-verbal d'apposition d'avis, prévu aux articles R. 322-32 et R. 322-33 du code des procédures civiles d'exécution
97		Expulsion	Procès-verbal d'inventaire, prévu à l'article R. 433-5 du code des procédures civiles d'exécution
98	Actes constatant la suspension des poursuites ou les difficultés de signification		Acte de tentative d'exécution, notamment en l'absence de l'occupant du local ou si ce dernier en refuse l'accès
99			Acte attestant la découverte de la nouvelle adresse du destinataire hors du ressort de compétence de l'huissier de justice
100			Acte constatant une difficulté d'exécution, notamment en cas d'appel interjeté par le débiteur
101			Acte constatant une suspension d'exécution ou une recherche infructueuse
102	Actes divers	Saisie-attribution	Mainlevée quittance au tiers saisi, prévue à l'article R. 211-7 du code des procédures civiles d'exécution

ACTES DE L'HUISSIER DE JUSTICE			
Numéro	**Catégorie**	**Sous-catégorie**	**Nature de la prestation**
103		Saisie-vente	Mainlevée de saisie-vente et mainlevée d'opposition-jonction, prévue *[prévues]* à l'article R. 221-47 du code des procédures civiles d'exécution
104			Acte de consignation et mainlevée totale ou partielle de saisie-vente, après la vente amiable par le débiteur, prévu *[prévue]* à l'article R. 221-32 du code des procédures civiles d'exécution
105		Offres réelles	Procès-verbal de consignation, prévu à l'article 1428 du code de procédure civile
106		Expulsion	Procès-verbal d'expulsion ou reprise des lieux, prévu à l'article R. 432-1 du code des procédures civiles d'exécution
107			Procès-verbal de consignation, prévu à l'article 1428 du code de procédure civile
108			Procès-verbal de destruction, prévu à l'article R. 433-6 du code des procédures civiles d'exécution
109		Baux et loyers	Congés et les demandes de renouvellement de bail commercial, prévus aux articles L. 145-9 et L. 145-10 du présent code
110			Congés et les offres de renouvellement de bail rural, prévus à l'article 1775 du code civil et à la section VIII du chapitre Ier du titre Ier du livre IV du code rural et de la pêche maritime
111		Procédure de reprise des locaux abandonnés	Constatation de l'abandon du local d'habitation avec inventaire des meubles laissés sur place prévue au troisième aliéna de l'article 14-1 de la loi du 6 juillet 1989 tendant à améliorer les rapports locatifs et portant modification de la loi n° 86-1290 du 23 décembre 1986
112		Constats	Établissement par l'huissier d'un état des lieux à frais partagés entre le bailleur et le locataire, prévu à l'article 3-2 de la loi n° 89-462 du 6 juillet 1989 tendant à améliorer les rapports locatifs et portant modification de la loi n° 86-1290 du 23 décembre 1986
113		Recouvrement des petites créances	Délivrance du titre exécutoire par l'huissier dans le cadre de la procédure prévue à l'article *(Décr. n° 2016-1278 du 29 sept. 2016, art. 1er, en vigueur le 1er oct. 2016)* « L. 125-1 du code des procédures civiles d'exécution »

ACTES DE L'HUISSIER DE JUSTICE			
Numéro	**Catégorie**	**Sous-catégorie**	**Nature de la prestation**
114		Saisie immobilière	Procès-verbal de description des lieux, prévue *[prévu]* aux articles R. 322-1 à R. 322-3 du code des procédures civiles d'exécution
115		Mariage	Opposition à mariage, prévue à l'article 176 du code civil
116		Actes en provenance et à destination d'un autre État	Signification en provenance d'un autre État, prévue dans le règlement (CE) n° 1393/2007 du Parlement européen et du Conseil du 13 novembre 2007 relatif à la signification et à la notification dans les États membres des actes judiciaires et extrajudiciaires en matière civile ou commerciale, et abrogeant le règlement (CE) n° 1348/2000 du Conseil et à l'article 688-2 du code de procédure civile
117			Transmission de la demande de signification ou de notification dans un autre État étranger, prévue dans le règlement mentionné au numéro 116 du présent tableau, et à l'article 684 du code de procédure civile
118		Scellés	Procès-verbal d'apposition des scellés sans diligences particulières, prévu à l'article 1308 du code de procédure civile
119			Procès-verbal d'apposition des scellés donnant lieu à des diligences particulières, prévu aux articles 1311 à 1314 du code de procédure civile
120			Procès-verbal de carence, prévu au deuxième alinéa de l'article 1304 du code de procédure civile
121			Sommation d'assister aux opérations de levée des scellés, prévue à l'article 1317 du code de procédure civile
122			Acte d'inventaire lors de la levée des scellés, prévu à l'article 1319 du code de procédure civile
123			Procès-verbal de levée des scellés, prévu à l'article 1320 du code de procédure civile
124			État descriptif, prévu à l'article 1323 du code de procédure civile
125			État descriptif avec diligences particulières, prévu aux articles 1312 à 1314 du code de procédure civile
126			Procès-verbal de déplacement des scellés, prévu à l'article 1324 du code de procédure civile

ACTES DE L'HUISSIER DE JUSTICE			
Numéro	**Catégorie**	**Sous-catégorie**	**Nature de la prestation**
127		Vérification des comptes de tutelle	Assistance du greffier en chef dans sa mission de vérification des comptes de gestion établis dans le cadre d'une mesure de protection juridique
128	Divers	Recouvrement forcé de créances	Recouvrement ou encaissement, après avoir reçu mandat ou pouvoir à cet effet, des sommes dues en application d'une décision de justice, d'un acte ou d'un titre en forme exécutoire
129			Recouvrement ou encaissement, après avoir reçu mandat ou pouvoir à cet effet, des sommes dues par un débiteur
130		Carence	Établissement d'un procès-verbal constatant que le destinataire de la signification est sans domicile, ni résidence ni lieu de travail connus, conformément aux dispositions de l'article 659 du code de procédure civile

TABLEAU 3-2
ANNEXÉ À L'ARTICLE R. 444-3

ACTES SPÉCIAUX AUX HUISSIERS DE JUSTICE DES DÉPARTEMENTS DU BAS-RHIN, DU HAUT-RHIN ET DE LA MOSELLE		
Numéro	**Catégorie**	**Nature de la prestation**
131		Signification art. 503 C. pr. civ. – rappel de l'art. 797 C. pr. civ. local
132	Signification à la diligence des parties	Signification ordonnance rendue sur requête – art. 167 loi 1er juin 1924 (et art. 950 C. pr. civ.)
133		Signification d'une ordonnance de taxe
134		Signification d'une décision rendue par le tribunal d'instance en matière de droit local (POURVOI IMMÉDIAT)
135		Mise en demeure de régulariser la vente
136		Requête en inscription hypothèque judiciaire
137		Commandement de payer avant exécution forcée immobilière
138		Requête en vente forcée immobilière
139	Saisie	Requête en adhésion vente forcée immobilière
140		Requête en administration forcée immobilière
141		Signification du cahier des charges
142		Requête en Expulsion après adjudication (art. 161, alinéa 1er, loi du 1er juin 1924) et signification de l'ordonnance du juge du tribunal de l'exécution forcée immobilière

ACTES SPÉCIAUX AUX HUISSIERS DE JUSTICE DES DÉPARTEMENTS DU BAS-RHIN, DU HAUT-RHIN ET DE LA MOSELLE		
143	Divers	Sommation de payer ou de délaisser – art. 142 loi du 1er juin 1924
144		Signification d'un PV de débats – art 147 loi du 1er juin 1924
145		Convocation – art 147 loi du 1er juin 1924
146		Convocation – art 225 loi du 1er juin 1924
147		Requête en ouverture de procédure de partage judiciaire
148		Requête en inscription d'hypothèque d'exécution forcée : c'est la requête qu'on utilise avec un acte notarié pour inscrire une hypothèque sur un autre bien immobilier que celui visé dans l'acte authentique
149		Sommation au tiers détenteur (art. 142 loi du 1er juin 1924)
150		Requête en transcription (anciennement de feuillet) et d'inscription d'une hypothèque judiciaire

TABLEAU 3-3
ANNEXÉ À L'ARTICLE R. 444-3

FORMALITÉS, REQUÊTES ET DILIGENCES DE L'HUISSIER DE JUSTICE

Numéro	Catégorie	Sous-catégorie	Nature de la prestation
151	Recherche des informations		Requête aux fins de recherche des informations, prévue aux articles L. 152-1 et L. 152-2 du code des procédures civiles d'exécution
152	Assignation		Copie des pièces accompagnant le bordereau annexé à l'assignation, mentionnées au dernier alinéa de l'article 837 du code des procédures civiles d'exécution
153	Saisie des rémunérations		Requête au greffe aux fins de saisie des rémunérations ou en intervention, prévue à l'article R. 3252-13 du code du travail
154			Notification à l'employeur d'un acte de saisie des rémunérations lorsque le courrier revient non réclamé au tribunal, prévue à l'article 670-1 du code de procédure civile

FORMALITÉS, REQUÊTES ET DILIGENCES DE L'HUISSIER DE JUSTICE			
Numéro	**Catégorie**	**Sous-catégorie**	**Nature de la prestation**
155	Saisie-attribution		Requête au secrétariat-greffe du juge de l'exécution aux fins de délivrance d'un certificat de non-contestation, prévue à l'article R. 211-6 du code des procédures civiles d'exécution
156			Établissement du certificat de non-contestation par l'huissier de justice qui a procédé à la saisie, prévue à l'article R. 211-6 du code des procédures civiles d'exécution
157			Dénonciation de la saisine du juge de l'exécution à l'huissier de justice en matière de contestation de saisie-attribution, prévue à l'article R. 211-11 du code des procédures civiles d'exécution
158	Incidents et difficultés d'exécution		Saisine du juge de l'exécution sur la difficulté d'exécution, prévue aux articles R. 151-2, R. 221-53 et R. 442-1 du code des procédures civiles d'exécution
159			Information aux parties de la difficulté d'exécution et des lieux, jour et heure de l'audience, prévue à l'article R. 151-3 du code des procédures civiles d'exécution
160			Réquisition du concours de la force publique au préfet, prévue à l'article R. 153-1 du code des procédures civiles d'exécution
161			Notification au procureur et au créancier du refus du concours de la force publique, prévue à l'article R. 153-1 du code des procédures civiles d'exécution
162	Saisie-vente		Requête au juge de l'exécution aux fins d'autorisation de saisie-vente, prévue à l'article R. 221-2 du code des procédures civiles d'exécution
163			Requête au juge de l'exécution aux fins de désignation d'un séquestre, prévue à l'article R. 221-19 du code des procédures civiles d'exécution
164			Communication au créancier saisissant et aux créanciers opposants des propositions de vente amiable, prévue à l'article R. 221-31 du code des procédures civiles d'exécution
165			Information des lieux, jour et heure de la vente, prévue à l'article R. 221-35 du code des procédures civiles d'exécution

FORMALITÉS, REQUÊTES ET DILIGENCES DE L'HUISSIER DE JUSTICE			
Numéro	**Catégorie**	**Sous-catégorie**	**Nature de la prestation**
166	Saisie-appréhension	En vertu d'un titre exécutoire	Notification à la personne tenue de délivrer ou de restituer le bien de l'acte de la remise volontaire ou de l'appréhension du bien, prévue à l'article R. 222-5 et au second alinéa de l'article R. 222-10 du code des procédures civiles d'exécution
167			Notification à la personne tenue de délivrer ou de restituer le bien de la sommation de remettre, prévue à l'article R. 222-7 du code des procédures civiles d'exécution
168			Requête au juge de l'exécution aux fins d'une autorisation spéciale d'appréhension dans les locaux servant à l'habitation du tiers, prévue à l'article R. 221-2 du code des procédures civiles d'exécution
169			Notification au tiers de l'acte de saisie-appréhension, prévue au premier alinéa de l'article R. 222-10 du code des procédures civiles d'exécution
170		Sur injonction du juge	Requête au juge de l'exécution aux fins d'injonction d'avoir à délivrer ou restituer un bien meuble, prévue à l'article R. 222-11 du code des procédures civiles d'exécution
171	Saisie-revendication		Requête au juge de l'exécution aux fins de saisie-revendication, prévue à l'article R. 222-17 du code des procédures civiles d'exécution
172	Mesures d'exécution sur les véhicules terrestres à moteur		Mainlevée au préfet de la saisie par déclaration à la préfecture, prévue à l'article R. 223-4 du code des procédures civiles d'exécution
173			Lettre au débiteur l'informant de l'immobilisation de son véhicule, prévue à l'article R. 223-9 du code des procédures civiles d'exécution
174			Information au créancier gagiste des propositions de vente amiable ou de la mise en vente aux enchères du véhicule, prévue à l'article R. 223-11 du code des procédures civiles d'exécution

FORMALITÉS, REQUÊTES ET DILIGENCES DE L'HUISSIER DE JUSTICE			
Numéro	**Catégorie**	**Sous-catégorie**	**Nature de la prestation**
175			Requête au secrétariat-greffe du juge de l'exécution d'un certificat de non-contestation, prévue à l'article R. 233-1 du code des procédures civiles d'exécution
176	Saisie des droits d'associé et des valeurs mobilières		Rédaction du cahier des charges en matière de saisie des droits d'associé et des valeurs mobilières non admises à la cote officielle ou à celle du second marché, prévue à l'article R. 233-6 du code des procédures civiles d'exécution
177			Notification à la société d'une copie du cahier des charges, prévue à l'article R. 233-7 du code des procédures civiles d'exécution
178	Expulsion		Notification au représentant de l'État de l'assignation aux fins de constat de la résiliation, prévue à l'article 24 de la loi n° 89-462 du 6 juillet 1989 tendant à améliorer les rapports locatifs et portant modification de la loi n° 86-1290 du 23 décembre 1986
179			Information au représentant de l'État du commandement d'avoir à quitter les lieux, prévue aux articles L. 412-5 et au R. 412-2 du code des procédures civiles d'exécution
180			Notification à la personne expulsée de la consignation du produit de la vente, prévue au troisième alinéa de l'article R. 433-5 du code des procédures civiles d'exécution
181			Notification à la personne expulsée de la mise sous enveloppe scellée des papiers et documents de nature personnelle, prévue au deuxième alinéa de l'article R. 433-6 du code des procédures civiles d'exécution
182			Notification du procès-verbal d'expulsion au percepteur, prévue aux articles 1686 et 1687 du code général des impôts
183	Mesures conservatoires et de sûretés judiciaires		Requête aux fins de pratiquer une mesure conservatoire, prévue à l'article R. 511-1 du code des procédures civiles d'exécution

FORMALITÉS, REQUÊTES ET DILIGENCES DE L'HUISSIER DE JUSTICE			
Numéro	**Catégorie**	**Sous-catégorie**	**Nature de la prestation**
184	Distribution de deniers		Projet de répartition du prix en matière de distribution de deniers, prévue à l'article R. 251-2 du code des procédures civiles d'exécution
185			Notification du projet de répartition amiable au débiteur et à chacun des créanciers, prévue à l'article R. 251-4 du code des procédures civiles d'exécution
186			Convocation du débiteur et de tous les créanciers et dressant les points de désaccord, prévue à l'article R. 251-6 du code des procédures civiles d'exécution
187			Acte constatant le désaccord des créanciers et dressant les points de désaccord, prévue à l'article R. 251-8 du code des procédures civiles d'exécution
188	Injonction de payer ou de faire		Requête aux fins d'injonction de payer ou de faire, prévue aux articles 1407 et 1425-1 du code de procédure civile
189	Saisie immobilière		Rédaction du bordereau en vue de la publication du commandement, prévue à l'article R. 321-6 du code des procédures civiles d'exécution
190			Mention en marge au bureau des hypothèques, prévue à l'article R. 322-9 du code des procédures civiles d'exécution
191	Formalités diverses		Levée d'extraits de la matrice cadastrale
192			Levée d'états des renseignements sommaires et des inscriptions d'hypothèques
193			Levée d'états au greffe du tribunal de commerce
194			Levée d'états auprès des services d'immatriculation des véhicules, prévue à l'article R. 223-1 du code de procédures civiles d'exécution
195			Réquisitions d'état civil
196			Appels de cause, prévus à l'article 11 du décret n° 56-222 du 29 février 1956 pris pour l'application de l'ordonnance du 2 novembre 1945 relative au statut des huissiers de justice

FORMALITÉS, REQUÊTES ET DILIGENCES DE L'HUISSIER DE JUSTICE			
Numéro	**Catégorie**	**Sous-catégorie**	**Nature de la prestation**
197			Actes du palais, prévus à l'article 11 du décret mentionné au 196, et aux articles 671 et 982 du code de procédure civile
198	Constats		Lettres de convocation des parties à l'état des lieux mentionné à l'article 3-2 de la loi n° 89-462 du 6 juillet 1989 tendant à améliorer les rapports locatifs et portant modification de la loi n° 86-1290 du 23 décembre 1986
199			Demande de paiement direct, prévue aux articles L. 213-5 et R. 213-7 du code des procédures civiles d'exécution
200	Paiement direct des pensions alimentaires		Demande de paiement direct faute d'accord entre les parties, prévue aux articles L. 213-5 et R. 213-7 du code des procédures civiles d'exécution
201			Notification de la modification ou de la mainlevée de la demande, prévue aux articles L. 213-5 et R. 213-7 du code des procédures civiles d'exécution
202	Inventaire estimatif de l'actif et du passif des successions vacantes		Inventaire en cas de succession vacante, prévu à l'article 809-2 du code civil
203			Délivrance d'une copie de l'inventaire dressé en cas de succession vacante, prévue à l'article 1345 du code de procédure civile
204	Délais de paiement		Gestion du dossier en cas de versement d'acompte par un débiteur auquel des délais de paiement ont été accordés
205	Commission de coordination des actions de prévention des expulsions locatives		Signalement des commandements de payer mentionnés au quatrième alinéa du I de l'article 24 de la loi du 6 juillet 1989 tendant à améliorer les rapports locatifs et portant modification de la loi n° 86-1290 du 23 décembre 1986, par simple lettre ou par voie électronique, à la commission de coordination des actions de prévention des expulsions locatives

TABLEAU 4-1
ANNEXÉ À L'ARTICLE R. 444-3

ADMINISTRATEURS JUDICIAIRES	
Numéro	**Nature de la prestation**
1	Diagnostic de la procédure de sauvegarde ou de redressement judiciaire au titre de laquelle l'administrateur judiciaire a été désigné
2	Élaboration du bilan économique, social et environnemental et assistance apportée au débiteur pour la préparation d'un plan de sauvegarde ou de redressement
3	Réunion des comités de créanciers
4	Mission d'assistance du débiteur au cours d'une procédure de sauvegarde ou de redressement judiciaire
5	Mission de surveillance au cours d'une procédure de sauvegarde
6	Mission d'administration de l'entreprise au cours d'une procédure de redressement ou de liquidation judiciaire
7	Arrêté d'un plan conforme au projet adopté par les comités mentionnés au numéro 3 du présent tableau
8	Arrêté d'un plan en application des dispositions de l'article L. 628-8
9	Arrêté d'un plan de cession au cours d'une procédure de redressement ou de liquidation judiciaire
10	Augmentation des fonds propres prévue par un plan de sauvegarde ou de redressement
11	Contentieux portant sur une demande en revendication ou en restitution ayant donné lieu à une décision du juge-commissaire

TABLEAU 4-2
ANNEXÉ À L'ARTICLE R. 444-3

COMMISSAIRES À L'EXÉCUTION DU PLAN	
Numéro	**Nature de la prestation**
1	Mission de surveillance de l'exécution du plan, actions engagées ou poursuivies dans l'intérêt collectif des créanciers, exécution des actes permettant la mise en œuvre du plan et rapport annuel prévu à l'article R. 626-43
2	Assistance du débiteur dans la préparation d'un projet ayant pour objet une modification substantielle dans les objectifs ou les moyens du plan
3	Présentation au tribunal d'une demande en résolution du plan
4	Mission de perception et de répartition des dividendes arrêtés par le plan
5	Inscription des créances sur la liste prévue à l'article R. 622-15

TABLEAU 4-3
ANNEXÉ À L'ARTICLE R. 444-3

MANDATAIRES JUDICIAIRES ET LIQUIDATEURS	
Numéro	**Nature de la prestation**
1	Ensemble des diligences effectuées par le mandataire judiciaire dans le cadre des procédures de sauvegarde ou de redressement judiciaire
2	Ensemble des diligences effectuées par le liquidateur dans le cadre de la procédure de liquidation judiciaire
3	Enregistrement des créances déclarées et non vérifiées, ainsi que des créances portées sur la liste prévue à l'article R. 622-15
4	Vérification des créances autres que salariales, inscrites sur l'état des créances mentionné à l'article R. 624-8
5	Établissement des relevés des créances salariales
6	Contestation des créances autres que salariales dont l'admission ou le rejet a donné lieu à une décision du juge-commissaire inscrite sur l'état des créances mentionné à l'article R. 624-8
7	Contentieux portant sur une demande en revendication ou en restitution ayant donné lieu à une décision du juge-commissaire
8	Introduction ou la reprise d'une instance devant la juridiction prud'homale en application des articles L. 625-1 et L. 625-3 et à laquelle il a été mis fin soit par une décision judiciaire au terme d'une instance dans laquelle le mandataire judiciaire a été présent ou représenté, soit par la conclusion d'un accord amiable visé par le juge-commissaire auquel le mandataire judiciaire a été partie
9	Mission de répartition des fonds entre les créanciers confiée par le tribunal au mandataire judiciaire en application de l'article L. 631-16
10	Ensemble des obligations résultant de la cessation d'activité d'une ou de plusieurs installations classées au sens du titre Ier du livre V du code de l'environnement
11	Réalisation de l'inventaire confiée au liquidateur en application des dispositions du deuxième alinéa de l'article L. 641-2
12	Mission d'administration de l'entreprise lorsque le maintien de l'activité a été autorisé en application de l'article L. 641-10
13	Cessions d'actifs mobiliers corporels
14	Encaissement de créance ou recouvrement de créance
15	Réalisation d'actifs immobiliers et mobiliers incorporels
16	Répartitions aux créanciers mentionnés à l'article L. 622-24 et les paiements des créances mentionnées au I de l'article L. 641-13
17	Arrêté d'un plan de cession
18	Action engagée en application des dispositions du premier alinéa de l'article L. 653-7 et aboutissant au prononcé d'une sanction prévue aux articles L. 653-3 à L. 653-6 et L. 653-8

TABLEAU 5

ANNEXÉ À L'ARTICLE R. 444-3

(Mod. par Décr. nº 2020-179 du 28 févr. 2020, art. 13)

NOTAIRE

Numéro	Catégorie	Sous-catégorie	Sous-ensemble	Nature de la prestation
1	Actes	Actes relatifs principalement à la famille	Actes concernant la transmission du patrimoine par succession ou donation	Attestation notariée destinée à constater la transmission par décès ou convention matrimoniale d'immeubles ou de droits réels immobiliers
2				Modification, rectification, ou retrait du certificat successoral européen
3				Testaments (partage testamentaire, testament partage, testament authentique ou mystique ou codicille en la même forme)
4				Garde du testament olographe avant le décès
5				Procès-verbal d'ouverture et de description du testament olographe
6				Consentement à exécution de testament ou de donation entre époux
7				Cantonnement de l'émolument par le légataire ou le conjoint survivant
8				Déclaration de succession
9				Acte de délivrance de legs avec décharge, quittance ou acceptation
10				Acte de délivrance de legs sans décharge ni quittance ou sur la décharge, la quittance ou acceptation ultérieure
11				Transports de droits successifs faisant cesser l'indivision

NOTAIRE				
Numéro	Catégorie	Sous-catégorie	Sous-ensemble	Nature de la prestation
12				Transports de droits successifs dans les autres cas que celui prévu au numéro 11 du présent tableau
13				Notoriété après décès, constatant la dévolution successorale
14				Notoriété constatant la prescription acquisitive
15				Notoriété dans les autres cas que ceux prévus aux numéros 13 et 14 du présent tableau
16				Donation entre vifs acceptée sans distinction de ligne
17				Donation entre vifs non acceptée
18				Acceptation de la donation entre vifs
19				Donation entre vifs portant uniquement sur des créances, espèces ou des valeurs mobilières cotées
20				Donation-partage conjonctive
21				Donation-partage par une seule personne
22				Donation entre époux, pendant le mariage
23				Révocation de donation entre époux, de testament, de mandat, ou de substitution
23-1				Attestation de propriété qui est délivrée à la suite du constat de la survenance d'une condition résolutoire entraînant la révocation d'une donation en application de l'article 960 du code civil

NOTAIRE				
Numéro	Catégorie	Sous-catégorie	Sous-ensemble	Nature de la prestation
24			Actes concernant la protection des membres de la famille	Option par le conjoint survivant pour l'acquisition ou l'attribution de biens propres du prédécédé prévue à l'article 1390 du code civil, ou pour le prélèvement de biens communs prévue *[prévu]* à l'article 1511 du code civil
25				Option par les héritiers pour le maintien des formes et modalités de règlement de la prestation compensatoire qui incombait à l'époux débiteur décédé, prévue à l'article 280-1 du code civil
26				Renonciation à l'action en retranchement
27				Renonciation anticipée à l'action en réduction ou en revendication
28				Acceptation ou déclarations d'emploi
29				Déclaration d'emploi par acte séparé
30				Constitution de pension alimentaire et rente indexée en vertu des articles 205 et 373-2-3 du code civil
31				Constitution de pension alimentaire et rente indexée dans les autres cas que ceux prévus au numéro 30 du présent tableau
32				Constitution de rente perpétuelle, constitution de rente viagère ou rachat de rente viagère portant sur un immeuble
33				Compte de tutelle
34				Récépissé ou arrêté de compte de tutelle, par acte séparé
35				Établissement du mandat posthume ou du mandat de protection future prévu au troisième alinéa de l'article 477 du code civil

NOTAIRE				
Numéro	Catégorie	Sous-catégorie	Sous-ensemble	Nature de la prestation
36				Acceptation du mandat posthume ou du mandat de protection future prévu au troisième alinéa de l'article 477 du code civil
37				Révocation, par le mandant, du mandat posthume ou du mandat de protection future prévu au troisième alinéa de l'article 477 du code civil
38				Renonciation, par le mandataire, au mandat posthume ou au mandat de protection future prévu au troisième alinéa de l'article 477 du code civil
39				Examen des comptes du mandataire désigné au titre d'un mandat de protection future, en application de l'article 491 du code civil
40			Actes relatifs à la pérennité des liens familiaux	Pacte civil de solidarité initial ou modificatif
41				Contrat de mariage, contre-lettre, changement de régime matrimonial
42				Élaboration d'un projet de liquidation du régime matrimonial, prévue au 10° de l'article 255 du code civil
43				Consentement des époux ou concubins dans le cadre d'une procréation médicalement assistée nécessitant l'intervention d'un tiers donneur prévu à l'article 311-20 du code civil
43-1				Consentement à l'adoption réalisé en application de l'article 348-3 du code civil
44		Actes relatifs principalement aux biens immobiliers et fonciers	Actes relatifs à la propriété et la mutation de propriété	Établissement d'un cahier des charges en vue d'une adjudication pour une vente immobilière
45				Établissement d'un cahier des charges en vue d'une adjudication pour une vente immobilière sans effet

NOTAIRE				
Numéro	Catégorie	Sous-catégorie	Sous-ensemble	Nature de la prestation
46				Établissement d'un cahier des charges en vue d'une adjudication pour une vente mobilière
47				Certificats de propriété et autres certificats ou attestations constatant le transfert de propriété de biens de nature mobilière
48				Licitation de gré à gré
49				Licitation par adjudication volontaire
50				Licitation par adjudication judiciaire, selon que le cahier des charges est rédigé par le notaire ou par l'avocat
51				Origine de propriété (par acte séparé)
52				Résiliation ou résolution de vente
53				Transfert de propriété ou de jouissance entre collectivités territoriales et/ou établissements publics
53-1				Transfert de propriété à titre gratuit des biens mobiliers et immobiliers mentionnés à l'article L. 719-14 du code de l'éducation
54				Vente ou cession de gré à gré de tous biens et droits quelconques mobiliers ou immobiliers, corporels ou incorporels, sauf dispositions contraires au présent tableau
54-1				Établissement par acte authentique de la promesse de vente d'une durée de plus de dix-huit mois prévue à l'article L. 290-1 du code de la construction et de l'habitation
55				Première vente en l'état futur d'achèvement ou achevé de locaux d'habitation, appartements ou maisons individuelles d'immeubles HLM n'ayant jamais été habités

NOTAIRE				
Numéro	Catégorie	Sous-catégorie	Sous-ensemble	Nature de la prestation
56				Première vente à terme ou location-vente d'un local mentionné au numéro 55 du présent tableau lorsque le transfert de propriété s'opère par la constatation de l'achèvement de l'immeuble
57				Première vente à terme ou location-vente d'un local mentionné au numéro 55 du présent tableau lorsque le transfert de propriété s'opère par la constatation du paiement intégral du prix
58				Revente en l'état futur d'achèvement, achevé ou à terme de locaux mentionnés au numéro 55 du présent tableau, intervenant dans un délai de 3 ans à compter de la première vente d'un local d'habitation compris dans le même immeuble ou ensemble immobilier et passé dans l'office du notaire qui a reçu le premier acte de vente
59				Première vente d'un local d'habitation en l'état futur d'achèvement ou achevé, compris dans un immeuble ou dans un ensemble immobilier autre que HLM ayant fait l'objet d'un même permis de construire
60				Première vente à terme d'un local mentionné au numéro 59 du présent tableau
61				Revente en l'état futur d'achèvement, achevé ou à terme des locaux d'habitation mentionnés au numéro 59 du présent tableau, intervenant dans un délai de 3 ans à compter de la première vente d'un local d'habitation compris dans le même immeuble ou ensemble immobilier lorsque l'acte est passé dans l'office du notaire qui a reçu le premier acte de vente
62				Vente ou cession de gré à gré de locaux HLM à usage locatif

NOTAIRE				
Numéro	Catégorie	Sous-catégorie	Sous-ensemble	Nature de la prestation
63				Vente ou cession par adjudication volontaire de locaux HLM à usage locatif
64				Vente ou cession par adjudication judiciaire de locaux HLM à usage locatif
65				Ventes, cessions à titre gratuit ou apports de terrains à bâtir, équipés ou avec obligation, pour le vendeur, de les équiper, consentis par les départements, communes, établissements publics et sociétés d'équipement, à des organismes d'HLM
66				Conclusion du contrat initial de location-accession régie par la loi n° 84-595 du 12 juillet 1984 définissant la location-accession à la propriété immobilière
67				Acte de transfert de propriété dans le cadre d'une location-accession mentionnée au numéro 66 du présent tableau
68				Ventes, soumises à publicité foncière, des biens et droits suivants : fonds de commerce, éléments de fonds de commerce, unités de production, de branches d'activité d'entreprise, au sens du livre VI du présent code
69				Ventes par adjudication judiciaire de tous biens et droits autres que meubles et objets mobiliers, arbres en détail et bateaux
69-1				Vente par adjudication volontaire de tous biens et droits autres que meubles et objets mobiliers, arbres en détail et bateaux
70				Bail de gré à gré ou sous bail, d'habitation ou professionnel et d'habitation, à ferme, à nourriture, à métayage
71				Renouvellement ou prorogation du bail

NOTAIRE				
Numéro	Catégorie	Sous-catégorie	Sous-ensemble	Nature de la prestation
72			Actes relatifs principalement aux baux et à la gestion des biens immobiliers et fonciers Actes relatifs principalement aux contrats et conventions liés aux biens immobiliers et fonciers	Bail à long terme
73				Premier bail
74				Établissement du bail cessible en dehors du cadre familial
75				Cession du bail cessible en dehors du cadre familial
76				Bail à cheptel
77				Bail à vie, à durée illimitée ou emphytéotique
78				Bail à construction ou à réhabilitation
79				Bail par adjudication, y compris le cahier des charges
80				Cession de bail (sauf à construction) et cession de concession immobilière pure et simple
81				Cession de bail (sauf à construction) et cession de concession immobilière avec stipulation de prix
82				Cession de bail à construction
83				Concession immobilière
84				Bail, la cession, l'exploitation ou la vente de mines et carrières
85				Résiliation ou résolution de bail pure et simple
86				Résiliation ou résolution de bail avec stipulation de prix
87				Contrat de construction mentionné au chapitre Ier du titre III du livre II du code de la construction et de l'habitation
88				Contrat de promotion immobilière mentionné à l'article 1831-1 du code civil

NOTAIRE				
Numéro	Catégorie	Sous-catégorie	Sous-ensemble	Nature de la prestation
89			Actes relatifs principalement aux contrats et conventions liés aux biens immobiliers et fonciers Actes relatifs principalement au patrimoine et la propriété de l'activité économique	Convention d'indivision mentionnée aux articles 815-1 et 1873-1 à 1873-18 du code civil
90				Déclaration de mobilier pour éviter une confusion
91				Lotissement de biens indivis, selon qu'il y a ou non tirage au sort ou attribution amiable
92				Constitution, convention modificative ou cession de mitoyenneté ou servitudes
93				Abandon de mitoyenneté ou servitudes
94				Établissement de l'acte de règlement de copropriété ou du descriptif
95				Mise en conformité aux obligations légales, ou modification, afin de prendre en compte la volonté des copropriétaires ou des parties, du règlement de copropriété ou du descriptif
96				Échange bilatéral
97				Échange multilatéral

NOTAIRE				
Numéro	Catégorie	Sous-catégorie	Sous-ensemble	Nature de la prestation
98		Actes relatifs principalement à l'activité économique Actes divers Formalités relatives au crédit et à l'immobilier	Actes relatifs principalement au patrimoine et *[à]* la propriété de l'activité économique Actes relatifs principalement aux prêts, dettes et sûretés participant à l'activité économique Actes relatifs principalement aux contrats et conventions liés à l'activité économique	Acte d'abandon de biens ou droits par acte séparé
99				Vente à réméré
100				Partage de sociétés de construction
101				Partage volontaire ou judiciaire, avec ou sans liquidation de communauté, de succession, de société (autre que celles mentionnées au numéro 100 du présent tableau) ou d'association
102				Partage de biens indivis, dans les cas autres que ceux prévus au numéro 101 du présent tableau
103				Liquidation sans partage
104				Ventes par adjudication judiciaire de meubles et objets mobiliers, d'arbres en détail et de bateaux
105				Établissement de l'acte et le dépôt prévus à l'article L. 526-9 dans le cadre d'une affectation d'un bien immobilier dans le patrimoine de l'entrepreneur individuel à responsabilité limitée mentionné à l'article L. 526-6
106				Renonciation à l'affectation prévue à l'article *[L.]* 526-15
107				Acte comportant reprise, cession ou apport du bien affecté, prévu aux articles L. 526-16 et L. 526-17
108				Évaluation d'un bien immobilier dont la valeur doit être déclarée en vertu de l'article L. 526-10
109				Acte de consentement à l'antériorité
110				Antichrèse par acte séparé
111				Cautionnement

NOTAIRE

Numéro	Catégorie	Sous-catégorie	Sous-ensemble	Nature de la prestation
112			Actes relatifs principalement aux prêts, dettes et sûretés participant à l'activité économique Actes relatifs principalement aux contrats et conventions liés à l'activité économique Acte complémentaire ou interprétatif Acte rectificatif	Compensation
113				Vente à la société de crédit-bail dans le cadre d'un crédit-bail ou d'une cession-bail
114				Crédit-bail
115				Vente à l'utilisateur dans le cadre d'une opération de crédit-bail
116				Cession de crédit-bail pure et simple
117				Cession de crédit-bail moyennant un prix
118				Dation en paiement
119				Délégation de créance parfaite par acte séparé
120				Délégation de créance parfaite intervenant dans un acte dont elle n'est pas l'objet principal
121				Délégation imparfaite
122				Distribution de deniers par contribution
123				Acte d'affectation hypothécaire
124				Division d'hypothèque, dans le cas de partage de société de construction ou de vente de logements dépendant d'un même ensemble immobilier
125				Convention de rechargement d'une hypothèque
126				Avenant transformant la dernière hypothèque conventionnelle inscrite antérieurement à l'entrée en vigueur de l'ordonnance n° 2006-346 du 23 mars 2006, en hypothèque rechargeable
127				Forfait lorsque les actes mentionnés aux numéros 125 et 126 du présent tableau sont reçus simultanément
128				Prêt hypothécaire destiné à financer une activité professionnelle

NOTAIRE				
Numéro	Catégorie	Sous-catégorie	Sous-ensemble	Nature de la prestation
129				Translation d'hypothèque portant sur la totalité du gage
130				Translation d'hypothèque partielle
131				Mainlevée de saisie
132				Mainlevée d'inscription hypothécaire, de privilège, de nantissement, de gage et réduction d'hypothèque définitive ou partielle réduisant la créance
133				Mainlevée d'inscription réduisant le gage ou le nantissement
134				Mainlevée d'inscription réduisant la créance et le gage ou le nantissement
135				Prêt viticole ou agricole
136				Prêt maritime
137				Prêt, obligation avec ou sans garantie, reconnaissance de dette, et ouverture de crédit
138				Prêts conventionnés, prêts d'épargne logement et prêts complémentaires ou d'anticipation de ceux-ci, et les autres prêts du secteur aidé
139				Déclaration d'insaisissabilité prévue au deuxième alinéa de l'article L. 526-1
140				Renonciation à l'insaisissabilité des droits ou à la déclaration mentionnée au numéro 139, prévue à la première phrase du deuxième alinéa de l'article L. 526-3
141				Révocation de la renonciation mentionnée au numéro 140, prévue à la quatrième phrase du deuxième alinéa de l'article L. 526-3
142				Endossement de copie exécutoire à ordre mentionnée dans la loi n° 76-519 du 15 juin 1976 relative à certaines formes de transmission des créances sans négociation

NOTAIRE				
Numéro	Catégorie	Sous-catégorie	Sous-ensemble	Nature de la prestation
143				Endossement mentionné au numéro 142 du présent tableau avec négociation
144				Endossement dans les autres cas que ceux visés aux numéros 142 et 143 du présent tableau
145				Réalisation de crédit ou de prêt conditionnel
146				Nantissement et gage
147				Warrant agricole
148				Cession de biens par un débiteur à ses créanciers, prévue aux articles 1265 et suivants *[abrogés]* du code civil, avec mutation de propriété
149				Compromis prévu au titre XVI du livre III du code civil
150				Contrat de franchisage
151				Certificat de légalité pour les fusions de sociétés européennes
152			Actes relatifs principalement aux contrats et conventions liés à l'activité économique Acte complémentaire ou interprétatif Acte rectificatif Autorisations (en général)	Certificat de légalité pour les transferts de siège de sociétés européennes
153				Devis et marché vente en dehors du cas prévu à l'article 1831-1 du code civil
154				Devis et marché bail en dehors du cas prévu à l'article 1831-1 du code civil
155				Promesse d'attribution faite dans un procès-verbal d'adjudication judiciaire
156				Inventaire
157				Liquidation de reprise (par acte séparé)
158				Ordre amiable, avec ou sans quittance
159				Sociétés (biens faisant l'objet d'une publicité foncière)

NOTAIRE				
Numéro	Catégorie	Sous-catégorie	Sous-ensemble	Nature de la prestation
160				Association (biens faisant l'objet d'une publicité foncière)
161				Règlement d'indemnité en cas d'expropriation pour cause d'utilité publique, avant expropriation prononcée
162				Règlement d'indemnité en cas d'expropriation pour cause d'utilité publique, après expropriation prononcée sans traité d'adhésion
163				Règlement d'indemnité en cas d'expropriation pour cause d'utilité publique, après expropriation prononcée avec traité d'adhésion
164				Quittance pure et simple ou dans les cas prévus par les articles *(Décr. nº 2016-1278 du 29 sept. 2016, art. 1er, en vigueur le 1er oct. 2016)* « 1346 et 1346-2 » du code civil
165				Quittance d'ordre judiciaire
166				Subrogation, prévue à l'article *(Décr. nº 2016-1278 du 29 sept. 2016, art. 1er, en vigueur le 1er oct. 2016)* « 1346-1 » du code civil
167				Transports de droits litigieux
168				Acte complémentaire ou interprétatif
169				Acte rectificatif
170				Autorisations (en général)
170-1				Établissement du contrat de fiducie et de ses actes subséquents, lorsqu'ils requièrent un acte notarié en application du deuxième alinéa de l'article 2012 du code civil ou du deuxième alinéa de l'article 2019 du même code

NOTAIRE				
Numéro	Catégorie	Sous-catégorie	Sous-ensemble	Nature de la prestation
170-2				Actes relatifs aux autorisations d'occupation temporaire du domaine public mentionnées aux articles L. 1311-5 et suivants du code général des collectivités territoriales et qui sont constitutives de droits réels
170-3				Attestation de propriété qui est délivrée à la suite d'une dissolution automatique d'une société civile immobilière n'ayant pas été immatriculée et qui entraîne une indivision entre les anciens associés
171		Actes divers Formalités relatives au crédit et à l'immobilier Formalités relatives aux démarches administratives et fiscales		Compte d'administration légale, d'acceptation de la succession à concurrence de l'actif net, de copropriété, d'exécution testamentaire, de gestion de mandat, de séquestre et autres
172				Décharge (par acte séparé) de cautionnement, d'exécution testamentaire, de mandat, d'objets mobiliers, de pièces, de solidarité et autres
173				Dépôt d'actes sous seing privé autres que les testaments olographes
174				Procès-verbal de dires, de protestations, de difficultés, de bornage
175				Procès-verbal de carence
176				Procuration
177				Prorogation de délai
178				Attestation de créancier
179				Paiement à des entrepreneurs des fonds versés par organismes de crédit
180				Ensemble des demandes de documents cadastraux, notamment l'extrait cadastral, le document d'arpentage, et les formulaires de division de parcelle

NOTAIRE

Numéro	Catégorie	Sous-catégorie	Sous-ensemble	Nature de la prestation
181	Formalités	Formalités relatives au crédit et à l'immobilier Formalités relatives aux démarches administratives et fiscales Formalités relatives aux démarches administratives et fiscales Autres formalités diverses		Vérification auprès du casier judiciaire de la situation pénale de l'acquéreur au regard de l'interdiction mentionnée au 5° *bis* de l'article 225-19 du code pénal, en cas d'infraction prévue à l'article 225-14 du même code
182				Vérification du respect des dispositions de l'article L. 711-2 du code de la construction et de l'habitation dans le cadre de l'élaboration de l'acte authentique mentionné au premier alinéa de l'article L. 711-5 du même code
183				Immatriculation d'office du syndicat de copropriétaires dans les cas prévus au deuxième alinéa de l'article L. 711-5 du code de la construction et de l'habitation
184				Immatriculation du syndicat de copropriétaires d'un immeuble mis en copropriété dans le cas prévu au I de l'article L. 711-4 du code de la construction et de l'habitation
185				Copie figurée ou collationnée, pour publicité foncière
186				Demande de subvention dans le cadre d'un échange de biens ruraux
187				Notification nécessaire à la purge d'un droit de préemption
188				Réquisition de publication ou de mention en matière de publicité foncière
189				Inscription d'une hypothèque légale par le notaire sans acte notarié
190				Mention en marge d'une convention de rechargement
191				Bordereau d'inscription en suite immédiate d'un acte
192				Renouvellement d'inscription

NOTAIRE				
Numéro	Catégorie	Sous-catégorie	Sous-ensemble	Nature de la prestation
193				Réquisition d'un état
194				Forfait pour les actes destinés à être publiés au fichier immobilier, comprenant l'ensemble des formalités suivantes : actes d'état civil, attestations, demandes de cadastre, copies authentiques, copies sur papier libre, copies publicité foncière, extraits d'acte, réquisitions d'état
195				Transmission au Conseil supérieur du notariat des informations relatives aux mutations d'immeubles à titre onéreux nécessaires à l'exercice de la mission de service public prévue à l'article 6-1 de l'ordonnance nº 45-2590 du 2 novembre 1945 relative au statut du notariat
196				Ensemble des demandes concernant l'état civil des personnes physiques et l'immatriculation des personnes morales
197				Attestation en général ou la certification écrite d'une situation de fait ou de droit délivrée par le notaire
198				Demande de renseignements en matière de législation sociale
199		Formalités relatives aux démarches administratives et fiscales Autres formalités diverses		Remise au greffe de procès-verbal de difficultés, testament ou autres actes
200				Formalités de publicité d'une déclaration de pacte civil de solidarité reçue par un notaire (pour les deux partenaires)
201				Formalités de publicité d'une modification de pacte civil de solidarité
202				Formalités de publicité d'une dissolution de pacte civil de solidarité
203				Rédaction et envoi d'une requête au juge des tutelles

NOTAIRE				
Numéro	Catégorie	Sous-catégorie	Sous-ensemble	Nature de la prestation
204				Obtention de tout document nécessaire à la rédaction d'un acte et non tarifé par ailleurs
205				Demande d'autorisation de cumul
206				Établissement de la déclaration et le paiement de l'impôt sur les plus-values
207				Demande de paiement fractionné ou différé des droits quand la garantie proposée est hypothécaire
208				Demande de paiement fractionné ou différé des droits dans les cas autres que celui prévu au numéro 207 du présent tableau
209				Démarches pour l'application de la réglementation applicable en matière de relations financières avec l'étranger
210				Demande *[de]* dégrèvement ou de restitution de droits ou taxes, lorsqu'il n'y a pas de démarches auprès de l'administration
211				Rédaction d'imprimés administratifs relatifs à la taxe sur la valeur ajoutée
212				Copie exécutoire, authentique, par extrait
213				Copie sur papier libre
214				Archivage numérisé des actes

NOTAIRE				
Numéro	Catégorie	Sous-catégorie	Sous-ensemble	Nature de la prestation
215		Autres formalités diverses		Extrait d'acte, y compris le bordereau récapitulatif
216				Notification, sauf en matière de préemption
217				Demande de remise de pénalité, pour des faits non imputables au notaire
218				Rédaction d'affiches ou d'insertions dans les journaux en vue de publications diverses
219				Consultation de fichier public
220				Certificat de mesurage en application de l'article 46 de la loi n° 65-557 du 10 juillet 1965 fixant le statut de la copropriété des immeubles bâtis
221				Chacun des documents composant le dossier de diagnostic technique prévu à l'article L. 271-4 du code de la construction et de l'habitation, mentionnés au I de cet article
222				Dépôt au rang des minutes de la convention prévue à l'article 229-1 du code civil

TABLEAU 5-1
ANNEXÉ À L'ARTICLE R. 444-3

(Décr. nº 2018-200 du 23 mars 2018, art. 9)

Actes et formalités réalisés par les notaires et relevant du droit local des départements du Bas-Rhin, du Haut-Rhin et de la Moselle			
Numéro	**Catégorie**	**Sous-catégorie**	**Nature de la prestation**
223	Actes et formalités relatifs au livre foncier	Certificat de non-dommageabilité	Requête en délivrance d'un certificat de non-dommageabilité prévu par la loi d'Alsace-Lorraine du 19 juin 1906 sur le certificat de non-dommageabilité
224		Requêtes au livre foncier	Requête en exécution immédiate d'un acte et réquisition
225			Réponse à ordonnance intermédiaire
226			Requête en exécution différée d'un acte (prénotation)

Actes et formalités réalisés par les notaires et relevant du droit local des départements du Bas-Rhin, du Haut-Rhin et de la Moselle			
Numéro	**Catégorie**	**Sous-catégorie**	**Nature de la prestation**
227			Requête en inscription séparée d'un droit
228			Inscription de propriété par suite de décès ou en exécution d'une convention matrimoniale (article 44 de la loi du 1er juin 1924 mettant en vigueur la législation civile française dans les départements du Bas-Rhin, du Haut-Rhin et de la Moselle)
229			Option par le conjoint survivant pour l'acquisition ou l'attribution de biens propres du précédé ou pour le prélèvement de biens communs
230			Autres requêtes
231			Requête en réinscription d'un droit par suite de péremption de l'inscription initiale
232			Requête en radiation de droits autres que privilèges et hypothèques et réquisition
233			Retrait d'une requête
234			Requête en renouvellement d'inscription de privilèges et hypothèques
235			Formalités relatives au privilège du vendeur visé à l'article 43 du décret n° 2009-1193 du 7 octobre 2009, et le cas échéant du droit de résolution
236			Mainlevée de droits autres que privilèges et hypothèques
237		Inscription d'une pré-notation	Consentement à l'inscription d'une pré-notation prévue par l'article 39 de la loi du 1er juin 1924 mettant en vigueur la législation civile française dans les départements du Bas-Rhin, du Haut-Rhin et de la Moselle

Actes et formalités réalisés par les notaires et relevant du droit local des départements du Bas-Rhin, du Haut-Rhin et de la Moselle			
Numéro	**Catégorie**	**Sous-catégorie**	**Nature de la prestation**
238		Actes et formalités afférents à la prescription acquisitive prévue par l'article 44-1 de la loi du 1er juin 1924	Requête au juge du livre foncier aux fins d'inscription d'un droit portant sur un immeuble acquis par prescription ou par accession
239			Requête en exécution du jugement au livre foncier
240			Acte de notoriété constatant la prescription acquisitive si l'immeuble n'est pas inscrit au livre foncier
241			Attestation à titre de preuve de prescription acquisitive
242			Production des pièces cadastrales
243			Production d'autres preuves
244	Actes et formalités en matière de successions	Actes et formalités afférents à l'affirmation sous foi de serment	Rédaction d'une affirmation sous foi de serment
245			Requête en délivrance
246	Actes et formalités relatifs au partage judiciaire et aux ventes volontaires judiciaires	Actes et formalités pris en application de l'article 221 de la loi du 1er juin 1924 mettant en vigueur la législation civile française dans les départements du Bas-Rhin, du Haut-Rhin et de la Moselle (ouverture)	Demande de partage judiciaire
247			Désignation du fondé de pouvoir à l'étranger
248			Dépôt au rang des minutes du notaire du mandat de fondé de pouvoir à l'étranger avec reconnaissance d'écriture et de signature
249			Dépôt au rang des minutes du notaire du mandat de fondé de pouvoir à l'étranger sans reconnaissance d'écriture et de signature

Actes et formalités réalisés par les notaires et relevant du droit local des départements du Bas-Rhin, du Haut-Rhin et de la Moselle

Numéro	Catégorie	Sous-catégorie	Nature de la prestation
250		Demande relative à une proposition de partage en application de l'article 224 de la loi du 1er juin 1924 mettant en vigueur la législation civile française dans les départements du Bas-Rhin, du Haut-Rhin et de la Moselle	Demande relative à une proposition de partage
251		Actes et formalités pris en application de l'article 225 de la loi du 1er juin 1924 mettant en vigueur la législation civile française dans les départements du Bas-Rhin, du Haut-Rhin et de la Moselle (débats)	Convocations et communication des propositions de partage
252			Procès-verbal des débats avec présence des parties
253			Procès-verbal des débats en l'absence des parties
254			Transmission au greffe du procès-verbal des débats
255		Actes et formalités pris en application de l'article 227 de la loi du 1er juin 1924 mettant en vigueur la législation civile française dans les départements du Bas-Rhin, du Haut-Rhin et de la Moselle (expertise)	Procès-verbal d'assermentation
256			Rédaction du rapport d'expertise rédigé par le notaire sur déclaration de l'expert
257			Avis que l'expertise a été dressée, par intéressé
258			Délivrance, à la demande de l'intéressé, d'une copie du rapport d'expertise en application du dernier alinéa de l'article 227
259		Actes et formalités pris en application de l'article 231 de la loi du 1er juin 1924 mettant en vigueur la législation civile française dans les départements du Bas-Rhin, du Haut-Rhin et de la Moselle (tirage au sort)	Convocation au tirage au sort
260			Procès-verbal de tirage au sort

Actes et formalités réalisés par les notaires et relevant du droit local des départements du Bas-Rhin, du Haut-Rhin et de la Moselle			
Numéro	**Catégorie**	**Sous-catégorie**	**Nature de la prestation**
261		Actes et formalités pris en application de l'article 232 de la loi du 1er juin 1924 mettant en vigueur la législation civile française dans les départements du Bas-Rhin, du Haut-Rhin et de la Moselle (difficultés et partage)	Procès-verbal de difficultés
262			Remise au greffe du procès-verbal
263			Renvoi des parties à se pourvoir par voie d'assignation
264			Rédaction de l'acte de partage
265			Transmission de la minute au tribunal
266			Information des non-comparants
267		Fixation du jour de la passation de l'acte de partage prévue à l'article 234 de la loi du 1er juin 1924 mettant en vigueur la législation civile française dans les départements du Bas-Rhin, du Haut-Rhin et de la Moselle	Rédaction
268			Notification
269		Retrait de procédure	Retrait de procédure, par copartageant
270		Actes et formalités pris en application de l'article 245 de la loi du 1er juin 1924 mettant en vigueur la législation civile française dans les départements du Bas-Rhin, du Haut-Rhin et de la Moselle (cahier des charges)	Établissement du cahier des charges sur les conditions de la vente
271			Convocation pour lecture
272			Procès-verbal de lecture
273			Requête en homologation du cahier des charges
274		Publications et affiches prévues par les articles 246 à 248 de la loi du 1er juin 1924 mettant en vigueur la législation civile française dans les départements du Bas-Rhin, du Haut-Rhin et de la Moselle	Publications prévues par les articles 246 et 247 de la loi du 1er juin 1924 mettant en vigueur la législation civile française dans les départements du Bas-Rhin, du Haut-Rhin et de la Moselle
275			Envoi de l'affiche mentionnée à l'article 248 de la loi du 1er juin 1924 mettant en vigueur la législation civile française dans les départements du Bas-Rhin, du Haut-Rhin et de la Moselle

Actes et formalités réalisés par les notaires et relevant du droit local des départements du Bas-Rhin, du Haut-Rhin et de la Moselle			
Numéro	**Catégorie**	**Sous-catégorie**	**Nature de la prestation**
276		Actes et formalités pris en application des articles 250 à 254 de la loi du 1er juin 1924 mettant en vigueur la législation civile française dans les départements du Bas-Rhin, du Haut-Rhin et de la Moselle	Procès-verbal d'adjudication prévu par l'article 250 de la loi du 1er juin 1924 mettant en vigueur la législation civile française dans les départements du Bas-Rhin, du Haut-Rhin et de la Moselle
277			Procuration pour enchères prévue par l'article 253 de la loi du 1er juin 1924 mettant en vigueur la législation civile française dans les départements du Bas-Rhin, du Haut-Rhin et de la Moselle
278			Déclaration de command, par copartageant, prévue par l'article 254 de la loi du 1er juin 1924 mettant en vigueur la législation civile française dans les départements du Bas-Rhin, du Haut-Rhin et de la Moselle
279			Ratification d'adjudication inférieure à la mise à prix, par copartageant ratifiant, mentionnée à l'article 254 de la loi du 1er juin 1924 mettant en vigueur la législation civile française dans les départements du Bas-Rhin, du Haut-Rhin et de la Moselle
280			Demande de nouvellesenchères dans les conditions prévues à l'article 254 de la loi du 1er juin 1924 mettant en vigueur la législation civile française dans les départements du Bas-Rhin, du Haut-Rhin et de la Moselle
281		Autres ventes volontaires judiciaires	Autres ventes volontaires judiciaires, mentionnées à l'article 261 de la loi du 1er juin 1924 mettant en vigueur la législation civile française dans les départements du Bas-Rhin, du Haut-Rhin et de la Moselle
282		Actes et formalités relatifs à l'aliénation des *biens immobiliers* d'une personne protégée	Demande au tribunal des tutelles au titre de l'article 257 de la loi du 1er juin 1924 mettant en vigueur la législation civile française dans les départements du Bas-Rhin, du Haut-Rhin et de la Moselle

Actes et formalités réalisés par les notaires et relevant du droit local des départements du Bas-Rhin, du Haut-Rhin et de la Moselle			
Numéro	**Catégorie**	**Sous-catégorie**	**Nature de la prestation**
283			Actes et formalités pris en application de l'article 258 de la loi du 1er juin 1924 mettant en vigueur la législation civile française dans les départements du Bas-Rhin, du Haut-Rhin et de la Moselle
284			Consentement des intéressés à la vente en application de l'article 259 de la loi du 1er juin 1924 mettant en vigueur la législation civile française dans les départements du Bas-Rhin, du Haut-Rhin et de la Moselle
285			Requête en autorisation de vente par adjudication en application de l'article 260 de la loi du 1er juin 1924 mettant en vigueur la législation civile française dans les départements du Bas-Rhin, du Haut-Rhin et de la Moselle
286			Requête en vente volontaire d'immeuble par acceptation de succession à concurrence de l'actif net ou en vacance de succession en application de l'article 261 de la loi du 1er juin 1924 mettant en vigueur la législation civile française dans les départements du Bas-Rhin, du Haut-Rhin et de la Moselle
287			Requête en autorisation de vente en cas de personne protégée étrangère en application de l'article 262 de la loi du 1er juin 1924 mettant en vigueur la législation civile française dans les départements du Bas-Rhin, du Haut-Rhin et de la Moselle
288	Actes et formalités relatifs à l'exécution forcée immobilière ou aux ventes réalisées dans le cadre d'une procédure collective	Actes et formalités pris en application de l'article 141 de la loi du 1er juin 1924 mettant en vigueur la législation civile française dans les départements du Bas-Rhin, du Haut-Rhin et de la Moselle	Demande introductive
289			Désignation du fondé de pouvoir à l'étranger
290		Actes et formalités pris en application de l'article 145 de la loi du 1er juin 1924 mettant en vigueur la législation civile française dans les départements du Bas-Rhin, du Haut-Rhin et de la Moselle	Requête en désignation du curateur
291			Requête au tribunal des tutelles en nomination d'administrateur des biens de non-présent (article 113 du code civil)

Actes et formalités réalisés par les notaires et relevant du droit local des départements du Bas-Rhin, du Haut-Rhin et de la Moselle

Numéro	Catégorie	Sous-catégorie	Nature de la prestation
292		Actes et formalités pris en application des articles 147 et 148 de la loi du 1er juin 1924 mettant en vigueur la législation civile française dans les départements du Bas-Rhin, du Haut-Rhin et de la Moselle	Convocation
293			Procès-verbal des débats
294			Mise à jour au livre foncier
295			Établissement du cahier des charges prévu à l'article 148 de la loi du 1er juin 1924 mettant en vigueur la législation civile française dans les départements du Bas-Rhin, du Haut-Rhin et de la Moselle
296		Désignation d'un fondé de pouvoir	Désignation d'un fondé de pouvoir (article 21 annexe du code de procédure civile)
297		Dépôt de procuration entre les mains du notaire (article 22 annexe du code de procédure civile)	Dépôt avec reconnaissance d'écriture et de signature
298			Dépôt sans reconnaissance d'écriture et de signature
299		Légalisation de signature	Légalisation de signature (article 22 annexe du code de procédure civile)
300		Visite des lieux et procès-verbal	Visite des lieux et procès-verbal
301		Publications en application de l'article 150 de la loi du 1er juin 1924 mettant en vigueur la législation civile française dans les départements du Bas-Rhin, du Haut-Rhin et de la Moselle	Affichage, par texte et par destinataire
302			Envoi d'exemplaires, par destinataire
303		Actes et formalités pris en application en application des articles 153 à 157 et 164 de la loi du 1er juin 1924 mettant en vigueur la législation civile française dans les départements du Bas-Rhin, du Haut-Rhin et de la Moselle	Procès-verbal d'adjudication, le cahier des charges étant automatiquement rédigé par le notaire, prévu aux articles 153 et 157 de la loi du 1er juin 1924 mettant en vigueur la législation civile française dans les départements du Bas-Rhin, du Haut-Rhin et de la Moselle
304			Abandon de procédure prévu aux articles 153 et 157 de la loi du 1er juin 1924 mettant en vigueur la législation civile française dans les départements du Bas-Rhin, du Haut-Rhin et de la Moselle

Actes et formalités réalisés par les notaires et relevant du droit local des départements du Bas-Rhin, du Haut-Rhin et de la Moselle			
Numéro	**Catégorie**	**Sous-catégorie**	**Nature de la prestation**
305			Déclaration de command prévu par l'article 155 de la loi du 1er juin 1924 mettant en vigueur la législation civile française dans les départements du Bas-Rhin, du Haut-Rhin et de la Moselle
306			Notification de séquestre judiciaire de l'immeuble prévue par l'article 164 de la loi du 1er juin 1924, par notification
307		Actes et formalités pris en application de l'article 195 de la loi du 1er juin 1924 mettant en vigueur la législation civile française dans les départements du Bas-Rhin, du Haut-Rhin et de la Moselle	Distribution amiable
308			Retrait de procédure
309		Actes et formalités relatifs à l'ouverture de la procédure de distribution en application des articles 196 et 197 de la loi du 1er juin 1924 mettant en vigueur la législation civile française dans les départements du Bas-Rhin, du Haut-Rhin et de la Moselle	Procès-verbal d'ouverture
310			Sommation de produire
311			Procès-verbal de production
312		Actes et formalités relatifs à la collocation prévue par l'article 200 de la loi du 1er juin 1924 mettant en vigueur la législation civile française dans les départements du Bas-Rhin, du Haut-Rhin et de la Moselle	État de collocation
313			Clôture de collocation
314		Actes et formalités prévus par l'article 201 de la loi du 1er juin 1924 mettant en vigueur la législation civile française dans les départements du Bas-Rhin, du Haut-Rhin et de la Moselle	Fixation du jour
315			Sommation de comparaître et avis

Actes et formalités réalisés par les notaires et relevant du droit local des départements du Bas-Rhin, du Haut-Rhin et de la Moselle			
Numéro	**Catégorie**	**Sous-catégorie**	**Nature de la prestation**
316		Mandat de représentation en exécution forcée, administration forcée ou distribution	Mandat de représentation en exécution forcée, administration forcée ou distribution
317		Notification aux créanciers de l'ordonnance de vente sur demande du tribunal ou du liquidateur	Notification aux créanciers de l'ordonnance de vente sur demande du tribunal ou du liquidateur
318		Actes et formalités relatifs à la procédure de purge	Offre de purge
319			Procédure de revente sur surenchère
320			Envoi des offres de purge aux huissiers
321	Actes et formalités relatifs aux associations et fondations		Rédaction des statuts, en cas d'apport de biens soumis à publicité foncière
322			Requête en inscription de l'association (article 28 annexe du code de procédure civile)
323			Partage ou dévolution après dissolution
324	Autres actes et formalités		Pourvoi en matière de livre foncier, de certificat d'héritier, de certificat d'exécuteur testamentaire, de certificat de non-dommageabilité, d'associations, d'exécution forcée, d'administration forcée, de partage judiciaire, et de procédure de taxe
325			Établissement d'une procuration en matière de partage judiciaire, d'exécution forcée, de soumission à l'exécution forcée dans un acte, et d'administration forcée
326			Légalisation authentique prévue par l'article 56 du décret n° 2009-1193 du 7 octobre 2009 susvisé
327			Légalisation dans le cadre d'une requête séparée au livre foncier

TABLEAU 6
ANNEXÉ À L'ARTICLE R. 444-3

(Décr. nº 2017-862 du 9 mai 2017, art. 3)

NUMÉRO	CATÉGORIE	SOUS-CATÉGORIE	NATURE DE LA PRESTATION
1	Prestations de postulation réalisées dans le cadre d'une vente de meubles ou d'immeubles par adjudication judiciaire (saisie immobilière ou licitation judiciaire)	Actes	Actes de procédure réalisés dans le cadre d'une saisie immobilière
2			Actes de procédure réalisés dans le cadre d'une licitation d'immeubles par adjudication judiciaire
3			Actes de procédure réalisés dans le cadre d'une licitation de meubles par adjudication judiciaire
4			Actes de procédure réalisés dans le cadre de la distribution du prix d'un immeuble ou d'un meuble vendu par adjudication judiciaire
5		Formalités	Réquisitions et demandes de renseignements sur la personne du débiteur saisi
6			Réquisitions et demandes de renseignements sur l'immeuble saisi
7			Rédaction du bordereau de publication et éventuellement du bordereau rectificatif, en application des articles R. 321-6 et R. 321-7 du code des procédures civiles d'exécution
8			Publication du commandement de payer au service de la publicité foncière
9			Publication au service de la publicité foncière de la décision de justice ordonnant la suspension des voies d'exécution, le report de la vente ou la prorogation du commandement de payer, en application de l'article R. 321-22 du code des procédures civiles d'exécution
10			Rédaction de la dénonciation au conjoint du commandement de payer en application du premier alinéa de l'article R. 321-1 du code des procédures civiles d'exécution
11			S'il existe un tiers détenteur de l'immeuble saisi, rédaction du commandement à fin de saisie à tiers détenteur, en application de l'article R. 321-4 du code des procédures civiles d'exécution
12			Mention, en marge de *[la]* publication du commandement de payer, de l'assignation à comparaître à l'audience d'orientation et des dénonciations, en application de l'article R. 322-9 du code des procédures civiles d'exécution
13			Rédaction du cahier des conditions de la vente ou du cahier des charges
14			Dépôt au greffe du cahier des conditions de la vente ou du cahier des charges, de la copie de l'assignation et du procès-verbal de descriptif de l'immeuble saisi, en application des articles R. 322-10 et R. 322-11 du code des procédures civiles d'exécution
15			Dire au cahier des conditions de la vente pour renseignements complémentaires
16			Rédaction d'une signification de jugement à avocat et à partie
17			Lettre en recommandé avec accusé de réception au syndic de copropriété concernant l'amiante et l'état de l'immeuble saisi, en application des articles R. 1334-14 à R. 1334-29-7 du code de la santé publique
18			Déclaration au greffe pour informations complémentaires
19			Si l'immeuble saisi est soumis à un droit de préemption urbain, rédaction de la déclaration d'intention d'aliéner et envoi en mairie en cinq exemplaires

NUMÉRO	CATÉGORIE	SOUS-CATÉGORIE	NATURE DE LA PRESTATION	
20			Formalités de publicité légale prévues aux articles R. 322-32 à R. 322-70 du code des procédures civiles d'exécution	
21			Dépôt au greffe de l'avis de publicité pour apposition	
22			Lettre en recommandé avec accusé de réception au locataire ou, si l'immeuble est occupé par le propriétaire, à la mairie, en application de l'article L. 616 du code de la construction et de l'habitation	
23			Rédaction d'une notification aux fins de purge des droits de préemption et de substitution, en application de l'article 10 de la loi n° 75-1351 du 31 décembre 1975 relative à la protection des occupants de locaux à usage d'habitation	
24			Levée auprès du greffe du certificat constatant le défaut de consignation du prix ou de paiement des frais, en application de l'article R. 322-67 du code des procédures civiles d'exécution	
25			Rédaction d'une sommation de payer à l'avocat de l'adjudicataire	
26			Déclaration d'adjudicataire au greffe, en application de l'article R. 322-46 du code des procédures civiles d'exécution	
27			Concernant les lots de copropriété, notification au syndic de l'avis de mutation en application de l'article 5-1 du décret n° 67-223 du 17 mars 1967	
28			Concernant les lots de copropriété, notification au syndic du transfert de propriété en application de l'article 6 du décret n° 67-223 du 17 mars 1967	
29			Concernant les lots de copropriété, notification aux créanciers inscrits de l'opposition à la vente formulée par le syndic, en application de l'article 6-1 du décret n° 67-223 du 17 mars 1967	
30			Dépôt d'une déclaration de surenchère au greffe du juge de l'exécution	
31			Rédaction de la dénonciation de la surenchère au créancier poursuivant, au premier adjudicataire et au débiteur saisi au greffe	
32			S'il n'existe qu'un seul créancier, notification au débiteur du montant versé au créancier poursuivant, en application de l'article R. 332-1 du code des procédures civiles d'exécution	
33			S'il existe plusieurs créanciers	Notification de la demande de la déclaration actualisée des créances, en application de l'article R. 332-2 du code des procédures civiles d'exécution
34				Notification du projet de distribution du prix aux créanciers, en application des articles R. 332-4 et R. 332-5 du code des procédures civiles d'exécution
35				Notification du projet de distribution du prix au syndic de copropriété, au débiteur saisi et au Trésor public
36			Réquisition auprès du service de la publicité foncière aux fins de radiation des inscriptions et publications	

NUMÉRO	CATÉGORIE	SOUS-CATÉGORIE	NATURE DE LA PRESTATION
37	Prestations de postulation réalisées dans le cadre d'un partage ou d'une licitation par adjudication volontaire	Actes	Actes de procédure réalisés dans le cadre d'une demande contestée en partage de biens meubles ou immeubles, y compris en cas de licitation par adjudication volontaire
38			Actes de procédure réalisés dans le cadre d'une demande non contestée en partage de biens immeubles
39			Actes de procédure réalisés dans le cadre d'une demande contestée en homologation du projet d'état liquidatif des biens à partager
40		Formalités	Publication du jugement au service de la publicité foncière
41	Prestations de postulation réalisées en matière de sûretés judiciaires	Actes	Actes de procédure réalisés pour l'inscription d'une sûreté judiciaire avec demande d'obtention d'un titre exécutoire, en application de l'article R. 531-1 du code des procédures civiles d'exécution
42			Actes de procédure réalisés pour l'inscription d'une sûreté judiciaire *(Décr. n° 2021-1888 du 29 déc. 2021, art. 5, en vigueur le 1er janv. 2022)* « ou légale » sans demande d'obtention d'un titre exécutoire en application de l'article R. 531-1 du code des procédures civiles d'exécution ou en application de l'article *(Décr. n° 2021-1888 du 29 déc. 2021, art. 5, en vigueur le 1er janv. 2022)* « 2401 *[ancienne rédaction : 2412]* » du code civil
43		Formalités	Réquisitions et demandes de renseignements sur la personne du débiteur
44			Réquisitions et demandes de renseignements sur l'immeuble
45			Réquisitions et demandes de renseignements sur la société
46			Formalités de publicité provisoire, en application des articles R. 532-1 à R. 532-9 du code des procédures civiles d'exécution
47			Formalités de publicité définitive en application des articles R. 533-1 à R. 533-6 du code des procédures civiles d'exécution
48	Incidents	Incidents	Actes et formalités de procédure réalisés en matière d'incidents (incidents relevant de l'article 789 du code de procédure civile et contestations et demandes incidentes mentionnées à l'article R. 311-6 du code des procédures civiles d'exécution)

ANNEXE 4-8

I. — Les frais et débours dont le professionnel peut demander le remboursement sont les suivants :

1° S'agissant des administrateurs judiciaires, commissaires à l'exécution du plan, mandataires judiciaires et liquidateurs :

a) Toute somme due à des tiers et payée par le professionnel au titre de son mandat ;

b) Les droits de toute nature payés au Trésor ;

c) Les frais postaux, de reprographie, de déplacement, et d'hébergement supportés par le mandataire de justice dans l'exercice de sa mission.

2° S'agissant des commissaires-priseurs judiciaires :

a) Les frais de toute sorte spécifiquement occasionnés par la vente judiciaire, étant entendu que les remboursements de frais non individualisables doivent être répartis entre les vendeurs en tenant compte des montants respectifs des prix d'adjudication, et que le montant total réparti entre les vendeurs ne peut excéder le total des frais effectivement supportés par le commissaire-priseur judiciaire du fait de la vente ;

b) Les droits de toute nature payés au Trésor, respectivement mis à la charge des vendeurs et des acheteurs en application des dispositions du code général des impôts ;

c) Les frais postaux, de reprographie, de déplacement, et d'hébergement supportés par le commissaire-priseur judiciaire lors de l'accomplissement d'une prestation mentionnée au tableau 1 de l'annexe 4-7.

3° S'agissant des huissiers de justice :

a) Les frais de déplacement, sauf pour les significations d'avocat à avocat ;

b) Les droits fiscaux de toute nature ;

c) Les frais d'affranchissement des lettres qui constituent des formalités obligatoires de procédure ;

d) Les frais de serrurier, de déménagement, de garagiste et de garde-meubles ;

e) Les indemnités versées aux conseillers municipaux, fonctionnaires municipaux, autorités de gendarmerie ou témoins requis en application de l'article L. 142-1 du code des procédures civiles d'exécution ;

f) Les indemnités versées aux fonctionnaires de la police nationale requis en application de l'article L. 142-1 du code des procédures civiles d'exécution ;

g) Les indemnités versées aux conseillers municipaux, fonctionnaires municipaux, autorités de gendarmerie, fonctionnaires de la police nationale ou témoins requis en application de l'article 1309 du code de procédure civile ;

h) Toute somme due à des tiers à l'occasion de l'activité professionnelle de l'huissier de justice, et payée directement par lui ;

i) Les frais engagés pour la recherche des informations auprès du service du fichier des comptes bancaires et auprès des organismes énumérés aux articles L. 152-1 et L. 152-2 du code des procédures civiles d'exécution.

4° S'agissant des huissiers de justice des départements du Bas-Rhin, du Haut-Rhin et de la Moselle, pour les actes spéciaux de la procédure localement applicable :

a) Les frais de publication et d'insertion ;

b) La rémunération du serrurier requis pour procéder à l'ouverture des meubles et portes.

5° S'agissant des greffiers des tribunaux de commerce :

a) Les déplacements effectués en raison de leurs fonctions d'officiers publics à plus de deux kilomètres, tant à l'aller qu'au retour, de la commune où siège le tribunal de commerce ;

b) Les débours de toute sorte liés à la transmission d'un acte, d'une décision ou d'un document, y compris les frais de poste et de téléphone, sauf lorsqu'un forfait de transmission est prévu à l'annexe 4-7 ;

6° S'agissant des notaires :

a) Tous les frais, notamment les frais de déplacement et les frais exceptionnels exposés à la demande expresse du client à l'occasion de l'élaboration et de la rédaction d'un acte ou de l'accomplissement des formalités mentionnés à l'annexe 4-7, à l'exception des frais accessoires, tels que frais de papeterie ou de bureau ;

b) Toute somme due à des tiers et payée par le notaire pour le compte de son client à l'occasion d'une prestation listée à l'annexe 4-7 ;

(Décr. n° 2017-862 du 9 mai 2017, art. 4) « 7° S'agissant des avocats, pour les prestations de postulation en matière de saisie immobilière, de partage, de licitation et de sûretés judiciaires :

« *a)* Tous les frais, notamment les frais de déplacement et les frais exceptionnels exposés à la demande expresse du client pour l'accomplissement des prestations mentionnées au tableau 6 de l'article annexe 4-7, à l'exception des frais accessoires, tels que frais de papeterie ou de bureau ;

« *b)* Toute somme due à des tiers et payée par l'avocat pour le compte de son client à l'occasion d'une prestation mentionnée au tableau 6 de l'article annexe 4-7. »

II. — Les indemnités prévues au *e* du 3° du I, s'agissant des conseillers municipaux, fonctionnaires municipaux, autorités de gendarmerie ou témoins, et au *f* du 3° du I, s'agissant des fonctionnaires de la police nationale, sont versées aux intéressés lorsqu'ils sont requis :

1° Pour être présents à l'ouverture des portes et meubles fermant à clef ;

2° Pour prêter main-forte à l'exécution d'une mesure d'expulsion.

Les montants respectivement alloués sont précisés par arrêté conjoint des ministres de la justice et de l'économie.

III. — L'huissier de justice porte, sur un registre spécial qu'il tient, le nom et le grade du fonctionnaire de la police nationale mentionné au *f* du 3° du I qui a participé à l'intervention, ainsi que les date et heure de cette dernière.

IV. — Le produit de la recette constituée par les indemnités versées aux fonctionnaires de la police nationale en application du *f* du 3° du I est assimilé à un fonds de concours pour dépense d'intérêt public et rattaché au budget du ministère de l'intérieur dans la limite et selon des modalités fixées par arrêté conjoint du ministre chargé du budget et du ministre de l'intérieur.

V. — Le montant et le produit des indemnités prévues au *g* du 3° du I sont respectivement déterminés conformément aux II et IV.

VI. — Les indemnités prévues aux *b* et *c* du 4° :

1° Sont allouées aux intéressés s'ils le requièrent ;

2° Sont respectivement fixées par un arrêté conjoint des ministres de la justice et de l'économie, s'agissant de l'indemnité prévue au *b* du 4°, et par le tarif en matière civile des experts des départements du Bas-Rhin, du Haut-Rhin et de la Moselle, s'agissant de l'indemnité prévue au *c* du 4°.

ANNEXE 4-9

I. — Sont notamment réalisées par les professions concernées*[,]* dans les conditions prévues au troisième alinéa de l'article L. 444-1, les prestations dont la liste suit :

1° S'agissant des administrateurs judiciaires et des mandataires judiciaires :

a) L'ensemble des prestations prévues au chapitre Ier du titre Ier du livre VI du présent code, réalisées dans le cadre d'un mandat *ad hoc*, d'une procédure de conciliation, d'un mandat à l'exécution de l'accord ou d'une expertise ;

2° S'agissant des huissiers de justice :

a) Les prestations et formalités compatibles avec le statut d'huissier de justice, et n'ayant pas un acte d'huissier de justice pour support, notamment :

i. Les consultations juridiques et la rédaction d'actes sous seing privé délivrés dans le cadre des prérogatives qui leur sont imparties par l'article 56 de la loi n° 71-1130 du 31 décembre 1971 portant réforme de certaines professions judiciaires et juridiques ;

ii. Les missions d'assistance ou de représentation devant les juridictions où l'huissier de justice est habilité à représenter les parties ;

iii. Le recouvrement amiable des créances pour le compte d'autrui ;

iv. Les sommations de payer non-interpellatives, prévues aux articles *(Décr. n° 2016-1278 du 29 sept. 2016, art. 1er, en vigueur le 1er oct. 2016)* « 1344 et 1344-1 » du code civil ;

b) Les activités de ventes volontaires de meubles aux enchères publiques ;

c) Les sommations interpellatives, notamment de payer ;

d) Les congés et les offres de renouvellement de bail d'habitation, prévus :

— à l'article 1736 du code civil ;

— dans la loi n° 48-1360 du 1er septembre 1948 portant modification et codification de la législation relative aux rapports des bailleurs et locataires ou occupants de locaux d'habitation ou à usage professionnel et instituant des allocations de logement ;

— à l'article 15 de la loi n° 89-462 du 6 juillet 1989 tendant à améliorer les rapports locatifs et portant modification de la loi n° 86-1290 du 23 décembre 1986 ;

— à l'article 57A de la loi n° 86-1290 du 23 décembre 1986 tendant à favoriser l'investissement locatif, l'accession à la propriété de logements sociaux et le développement de l'offre foncière ;

e) Les congés et demandes de renouvellement de bail commercial, prévus à l'article L. 145-4 du présent code ;

f) Établissement d'un constat autre que celui visé au numéro 112 du tableau 3-1 annexé à l'article R. 444-3 ;

g) Rédaction préparatoire à la signification des assignations ou congés.

3° S'agissant des greffiers des tribunaux de commerce :

a) Les travaux, formalités, diligences ou missions relevant de leurs fonctions qui ne sont pas listés à l'annexe 4-7 lors de la délivrance, conformément aux dispositions légales et réglementaires, notamment celles de l'article R. 123-151 du présent code, de renseignements et de statistiques sous une autre forme que les certificats, copies ou extraits des inscriptions portées sur les registres tenus dans les greffes et actes déposés en annexe, du registre du commerce et des sociétés.

4° S'agissant des notaires :

a) Les consultations, sous réserve qu'elles soient détachables des prestations figurant sur la liste prévue au 1° de l'article R. 444-3 ;

b) Les négociations, définies comme les prestations par lesquelles le notaire, agissant en vertu d'un mandat écrit que lui a donné à cette fin l'une des parties, recherche un cocontractant, le découvre et le met en relation avec son mandant, soit directement, soit par l'intermédiaire du représentant de ce cocontractant, reçoit l'acte ou participe à sa réception ;

c) Les transactions définies comme les prestations par lesquelles le notaire chargé de recevoir un acte dont la réalisation est subordonnée à la solution d'un désaccord, rapproche ou participe au rapprochement des *parties*, obtient ou participe à l'obtention de leur accord et rédige la convention prévue par l'article 2044 du code civil ;

d) Les contrats d'association ;

e) Les baux régis par le chapitre V du titre IV du livre Ier du présent code ;

f) Les contrats de louage d'ouvrage et d'industrie, salaires ou travaux ;

g) Les contrats de sociétés ;

h) Les ventes de fonds de commerce, d'éléments de fonds de commerce, d'unités de production, de branches d'activité d'entreprise ;

[i] j) Les ventes par adjudication volontaire de meubles et objets mobiliers, d'arbres en détail et de bateaux.

II. — Sauf stipulation contraire, l'honoraire de la négociation mentionnée au *b* du 4° du I est à la charge de celle des parties qui supporte les frais de l'acte.

Les frais de publicité nécessaires à la recherche d'un co-contractant sont à la charge du notaire. Cependant, le mandant peut s'obliger à les lui rembourser sur justification dans la limite d'une somme précisée dans le mandat.

III. — Les honoraires de la négociation et de la transaction, respectivement mentionnées aux *b* et *c* du 4° du I, sont exclusifs l'un de l'autre.

L'honoraire de transaction ne peut être perçu par le notaire qu'à la réception de l'acte et seulement si ce dernier mentionne les points sur lesquels portait le désaccord.

1. Privilège de la sécurité sociale. La ligne 89 du tableau 2 annexé à l'art. R. 444-3 prévoit que la prestation « Inscription, y compris radiation totale d'une inscription non périmée » d'un privilège de la sécurité sociale et des régimes complémentaires, réalisée par les greffiers des tribunaux de commerce, est soumise à un tarif réglementé. Contrairement à ce qui est soutenu, ces dispositions n'ont ni pour objet ni pour effet de prévoir qu'un tarif unique rémunère ensemble l'inscription et la radiation totale d'une inscription non périmée, mais elles signifient seulement que ces deux prestations sont, séparément, soumises à un même tarif. • CE 24 mai 2017, n° 398801 : *cité ss. art. R. 444-21.* ♦ Si la ligne 91 du même tableau concerne la prestation « Renouvellement d'une inscription, subrogation » d'un tel privilège, cette mention, qui ne saurait avoir ni pour objet ni pour effet de permettre qu'il soit dérogé aux dispositions du 4ᵉ al. de l'art. L. 243-5 CSS qui prévoient que l'inscription de ce privilège pour les créances dues par un commerçant, une personne immatriculée au répertoire des métiers, une personne physique exerçant une activité professionnelle indépendante, y compris une profession libérale, ou une personne morale de droit privé, ne peut être renouvelée, est sans incidence sur la légalité du Décr. n° 2016-230 du 26 févr. 2016. • Même arrêt.

2. Remboursement. Si les requérants contestent le caractère limitatif de la liste figurant à l'annexe 4-8, ils n'apportent aucune précision sur les éventuels frais ou débours qui en seraient exclus en méconnaissance de l'art. 1999 C. civ., aux termes duquel : « Le mandant doit rembourser au mandataire les avances et frais que celui-ci a faits pour l'exécution du mandat, et lui payer ses salaires lorsqu'il en a été promis. [...] ». • CE 24 mai 2017, n° 398801 : *cité ss. art. R. 444-21.*

3. Concurrence. Il résulte des dispositions du 3ᵉ al. de l'art. L. 444-1 que, « sauf disposition contraire », les prestations que les professionnels mentionnés au 1ᵉʳ al. du même article accomplissent en concurrence avec celles, non soumises à un tarif, d'autres professionnels ne sont pas soumises à un tarif réglementé. L'annexe 4-7, qui constitue dans cette mesure, en tout état de cause, des « dispositions contraires » prévues par la loi et dérogeant au principe de la liberté tarifaire, prévoit, respectivement *aux lignes 109 du tableau 3-1 et 176* du tableau 3-3, que sont soumis à un tarif réglementé les « congés et les demandes de renouvellement de bail commercial, prévus aux art. L. 145-9 et L. 145-10 C. com. » et la « rédaction du cahier des charges en matière de saisie des droits d'associé et des valeurs mobilières non admises à la cote officielle ou à celle du second marché, prévue à l'art. R. 233-6 C. pr. exéc. ». Les requérants ne sont, par suite, pas fondés à soutenir que les art. A. 444-24 et A. 444-43 C. com. méconnaîtraient le champ du monopole des huissiers de justice et les dispositions de l'art. L. 444-1 en tant qu'ils fixent un tarif pour ces prestations dont ils soutiennent qu'elles sont accomplies en concurrence avec celles d'autres professionnels. • CE 24 mai 2017, n° 398801 : *cité ss. art. R. 444-21.*

4. Notaire. Il résulte des dispositions des art. L. 444-1 et L. 444-7, d'une part, que le législateur a entendu confier au pouvoir réglementaire la compétence pour déterminer la liste des prestations soumises à un tarif réglementé susceptibles d'être effectuées par les notaires et, d'autre part, que, si le législateur a prévu qu'en principe seuls les actes relevant du monopole de la profession de notaire sont soumis à un tel tarif, le pouvoir règlementaire peut, par exception, y inclure des prestations accomplies en concurrence avec celles, non soumises à un tarif, d'autres professionnels, en particulier lorsqu'elles interviennent en complément d'actes accomplis par les notaires dans le cadre de leur monopole. Il en résulte que le pouvoir réglementaire a pu légalement, par l'annexe 4-7 mentionnée à l'art. R. 444-3, fixer la liste des prestations soumises à tarifs réglementés. Les baux et les procurations établis par les notaires, mentionnés respectivement aux lignes 70 et 176 de l'annexe 4-7, relèvent du monopole de la profession de notaire, soit que leur établissement en la forme authentique constitue une obligation, soit que cet établissement en la forme authentique renforce leur caractère probant par rapport à leur établissement sous seing privé. Ces prestations sont, en conséquence, soumises à un tarif réglementé en vertu des dispositions de l'art. L. 444-1. S'agissant des déclarations de succession mentionnées à la ligne 8 de l'annexe 4-7, de l'établissement d'une attestation de créancier mentionné à sa ligne 178 et de la rédaction d'imprimés administratifs relatifs à la TVA mentionnée à sa ligne 211, il ressort des pièces du dossier que ces actes ou formalités sont relatifs à la transmission du patrimoine par succession ou au crédit et à l'immobilier ou à des démarches administratives et fiscales constituant communément le complément d'actes accomplis par les notaires dans le cadre de leur monopole. Par suite, le moyen tiré de ce que les ministres auraient commis une erreur manifeste d'appréciation en les retenant dans la liste

des actes soumis à un tarif réglementé doit être écarté. En revanche, s'agissant de la rédaction et de l'envoi d'une requête au juge des tutelles mentionnés à la ligne 203 de l'annexe 4-7, alors qu'il est soutenu que ces actes, non seulement ne relèvent pas du monopole des notaires ni ne sont accomplis généralement à l'occasion d'actes en relevant et que leur établissement en la forme authentique ne constitue ni une obligation ni ne renforce leur caractère probant, les ministres n'apportent aucune explication de nature à justifier leur inscription sur la liste. Dans ces conditions, le moyen tiré de ce que cette inscription méconnaît l'art. L. 444-1 *doit être accueilli.* • *CE* 2 déc. 2020, n° 432470 : *RJDA 2021, n° 344.*

SOUS-SECTION 2 MÉTHODE DE FIXATION DES TARIFS

Art. R. 444-4 **Les arrêtés prévus à l'article L. 444-3 fixent les tarifs mentionnés à l'article R. 444-1 pour une période de référence.**

Toutefois, au cours de la période de référence, un arrêté conjoint du ministre de la justice et du ministre chargé de l'économie peut fixer l'émolument applicable à une prestation ne figurant pas dans l'annexe 4-7, avant son insertion dans la liste prévue au 1° de l'article R. 444-3 et la publication de l'arrêté pris en application du premier alinéa. — *V. l'annexe 4-7 ss. art. R. 444-3.*

V., pour les tarifs réglementés des commissaires-priseurs judiciaires, art. A. 441-1 s. — ... Des huissiers de justice, art. A. 444-10 s. — ... Des notaires, art. A. 444-53 s. — ... Des greffiers des tribunaux de commerce, art. A. 743-8 s.

Art. R. 444-5 **Les tarifs régis par le présent titre prennent en compte** *(Abrogé par Décr. n° 2020-179 du 28 févr. 2020, art. 3)* **« *, pour chaque prestation,* » les coûts pertinents du service rendu et une rémunération raisonnable.** *(Décr. n° 2020-179 du 28 févr. 2020, art. 3)* **« Ils sont fixés selon les modalités prévues aux articles R. 444-6 et R. 444-7, sur la base des données communiquées par les instances professionnelles nationales en application des articles R. 444-18 à R. 444-21. »**

Ils assurent *(Abrogé par Décr. n° 2020-179 du 28 févr. 2020, art. 3)* **« *, en outre,* » une péréquation pour l'ensemble des prestations servies, en vue de favoriser l'accès aux prestations, l'installation des professionnels sur l'ensemble du territoire et l'orientation de l'activité économique.**

(Décr. n° 2020-179 du 28 févr. 2020, art. 3) **« Aux fins de la péréquation, des émoluments fixes ou proportionnels peuvent être prévus. »**

L'art. 3 du Décr. n° 2020-179 du 28 févr. 2020 entre en vigueur, pour chacune des professions concernées, à la date d'application du prochain arrêté portant fixation de ses tarifs en application de l'art. L. 444-3 C. com. (Décr. préc., art. 16).

Légalité. Les art. R. 444-5, R. 444-6 et R. 444-7 définissent avec une précision suffisante les modes d'évaluation des coûts pertinents et de la rémunération raisonnable ainsi que les caractéristiques de la péréquation prévue au 2e al. de l'art. L. 444-2. De même, les requérants ne sont pas fondés à soutenir que les dispositions de l'art. R. 444-6 et celles de l'art. R. 444-7, qui prévoient que sont pris en compte, au titre, respectivement, des coûts pertinents et de la rémunération raisonnable d'une prestation, les coûts induits et la durée moyenne nécessaire à la réalisation de celle-ci, excluraient la rémunération des conseils dispensés dans le cadre de cette prestation. Par ailleurs, ces dispositions n'ont ni pour objet ni pour effet de faire supporter aux professions concernées le coût des politiques en faveur de l'accès au droit et de la couverture de l'ensemble du territoire par les professions judiciaires et juridiques ; elles n'ont pas davantage pour objet ou pour effet d'instaurer une taxe sur le chiffre d'affaires de ces professionnels. • CE 24 mai 2017, n° 398801 : *cité ss. art. R. 444-21.*

Art. R. 444-6 *(Décr. n° 2020-179 du 28 févr. 2020, art. 4)* **Les coûts pertinents sont évalués globalement pour chaque profession comme la différence entre le chiffre d'affaires et le résultat de cette profession, affectée du coefficient correspondant à la part des coûts imputables aux seules activités régulées dans les coûts totaux de la profession.**

Ce coefficient est réputé égal à la part du chiffre d'affaires régulé dans le chiffre d'affaires de la profession.

L'art. 4 du Décr. n° 2020-179 du 28 févr. 2020 entre en vigueur, pour chacune des professions concernées, à la date d'application du prochain arrêté portant fixation de ses tarifs en application de l'art. L. 444-3 C. com. (Décr. préc., art. 16).

Art. R. 444-7 *(Décr. n° 2020-179 du 28 févr. 2020, art. 5)* **I. — La rémunération raisonnable est déterminée globalement pour chaque profession en appliquant au chiffre d'affaires régulé l'objectif de taux de résultat moyen de cette profession. Cet objectif est déterminé à partir d'un taux de référence égal à 20 %.**

II. — L'objectif de taux de résultat moyen est égal au taux de référence mentionné au I affecté d'un coefficient correcteur multiplicateur, compris entre 1 et 1,6, afin de prendre en compte :

1° L'écart entre le taux de résultat régulé de la profession, constaté au titre de la dernière année disponible, et le taux de référence de 20 % ;

2° Le résultat moyen régulé des professionnels appartenant aux trois premiers déciles de la profession ;

3° Le cas échéant, les caractéristiques des prestations réalisées par la profession et l'évolution constatée de la qualité du service rendu ;

4° Le cas échéant, l'évolution constatée au cours des trois dernières années disponibles et l'évolution prévisible du chiffre d'affaires et du résultat moyens par professionnel.

III. — Les tarifs réglementés et l'objectif de taux de résultat moyen sont fixés de manière à ce que le chiffre d'affaires régulé de la profession ne puisse varier de plus de 5 % par rapport à la période de référence précédente.

Les dispositions du précédent alinéa ne font pas obstacle à ce que l'émolument perçu en contrepartie d'une prestation donnée évolue, en valeur absolue, de plus de 5 % par rapport à la période de référence précédente.

IV. — L'objectif de taux de résultat moyen de chaque profession est fixé par l'arrêté prévu à l'article L. 444-3. — *L'objectif de taux de résultat moyen est fixé à 44,3 % pour les greffiers des tribunaux de commerce, à 28,6 % pour les huissiers de justice, à 32,7 % pour les notaires, à 28,5 % pour les commissaires-priseurs judiciaires, à 28,5 % pour les administrateurs judiciaires et à 25,5 % pour les mandataires judiciaires (V. Arr. du 23 févr. 2022, art. 1er et 2, en vigueur le 1er mars 2022 ; Arr. du 25 févr. 2022, art. 1er, en vigueur le 1er mars 2022).*

L'art. 5 du Décr. n° 2020-179 du 28 févr. 2020 entre en vigueur, pour chacune des professions concernées, à la date d'application du prochain arrêté portant fixation de ses tarifs en application de l'art. L. 444-3 C. com. (Décr. préc., art. 16).

SOUS-SECTION 3 STRUCTURE ET MODALITÉS TARIFAIRES

Art. R. 444-8 **Les émoluments régis par le présent titre sont fixes, sous réserve des dispositions de l'article R. 444-5.**

Art. R. 444-9 **La somme des émoluments perçus** *(Décr. n° 2017-862 du 9 mai 2017, art. 2-III)* **« par le notaire » au titre des prestations relatives à la mutation d'un bien ou d'un droit immobilier ne peut excéder 10 % de la valeur de ce bien ou droit, sans pouvoir être inférieure à un montant fixé par l'arrêté prévu à l'article L. 444-3, sans pouvoir être inférieure à 90 €.**

V. note au-dessus de l'art. R. 444-71.

Écrêtement. Il ne ressort pas des pièces du dossier que les dispositions de l'art. R. 444-9 auraient pour effet d'induire une diminution du chiffre d'affaires des offices notariaux de nature à remettre en cause la viabilité économique des offices situés en zone rurale, de telle sorte que le moyen tiré de ce qu'elles méconnaîtraient, pour ce motif, la liberté d'entreprendre et l'égalité devant le service public doit être écarté. • CE 24 mai 2017, n° 398801 : *cité ss. art. R. 444-21.*

Art. R. 444-10 **I. — Le taux de la remise que peut consentir un professionnel en application** *(Décr. n° 2020-179 du 28 févr. 2020, art. 6 ; Décr. n° 2021-1302 du 7 oct. 2021, art. 1er)* **« de la première phrase du dernier alinéa » de l'article L. 444-2 ne peut excéder** *(Décr. n° 2020-179 du 28 févr. 2020, art. 6)* **« 20 % » du montant de l'émolument arrêté pour une prestation afférente à un bien ou un droit d'une valeur supérieure à un seuil défini par un arrêté conjoint du ministre de la justice et du ministre chargé de l'économie.**

II. — La limite prévue au I est portée à 40 % du montant de l'émolument arrêté pour les prestations suivantes, afférentes à un bien ou un droit d'une valeur supé-

rieure à un seuil défini par un arrêté conjoint du ministre de la justice et du ministre chargé de l'économie :

1° Lorsqu'elles portent sur la mutation ou le financement de biens ou droits à usage non résidentiel :

a) Prestations de la sous-catégorie intitulée : "Actes relatifs principalement aux biens immobiliers et fonciers", du tableau 5 de l'annexe 4-7 ; *— V. l'annexe 4-7 ss. art. R. 444-3.*

b) Prestations figurant aux numéros 113 à 117 du tableau mentionné au *a* ;

c) Opérations d'apport d'immeubles ;

d) Opérations de fusion-absorption entraînant transfert de propriété immobilière ;

e) Opérations de financements assorties de sûretés hypothécaires.

2° Lorsqu'elles portent sur la mutation ou le financement de biens ou droits à usage résidentiel :

a) Opérations portant sur les biens ou droits immobiliers relevant de la législation sur les logements sociaux ;

b) Opérations portant sur des terrains ou des locaux dans un objectif de développement du parc de logement*[s]* sociaux.

3° Lorsqu'elles portent sur la mutation de parts ou actions de sociétés, ou de biens immobiliers corporels ou incorporels affectés à l'exploitation d'une entreprise :

a) Opérations de mutation à titre gratuit bénéficiant des exonérations prévues aux articles 787 B et 787 C du code général des impôts.

III. — Lorsque la prestation porte sur un bien ou droit à usage mixte, la limite de 40 % prévue au II s'applique à la portion de l'émolument due au titre de cette prestation pour la part de la surface totale destinée, selon les cas prévus au 1° et au 2° du même II, à un usage non résidentiel ou à un usage résidentiel social. Dans le cas prévu au 3° du II, cette limite s'applique à la portion de l'émolument correspondant aux seuls parts, actions, ou biens exonérés de droit de mutation.

IV. — Les prestations réalisées dans le cadre d'un mandat de justice ne donnent pas lieu à remise.

L'art. 6 du Décr. n° 2020-179 du 28 févr. 2020 entre en vigueur, pour chacune des professions concernées, à la date d'application du prochain arrêté portant fixation de ses tarifs en application de l'art. L. 444-3 C. com. (Décr. préc., art. 16).

Art. R. 444-10-1 *(Décr. n° 2020-179 du 28 févr. 2020, art. 7)* Les prestations mentionnées à la dernière phrase du *(Décr. n° 2021-1302 du 7 oct. 2021, art. 1er)* « dernier » alinéa de l'article L. 444-2, pour lesquelles le taux de la remise peut, au-delà du montant d'émolument fixé par l'arrêté mentionné à l'article L. 444-3, être convenu entre le professionnel et son client, sont les suivantes :

1° Prestations mentionnées au II de l'article R. 444-10 ;

2° Prestations portant sur des opérations de financement et des garanties figurant dans la sous-catégorie "actes relatifs principalement aux prêts, dettes et sûretés participant à l'activité économique" du tableau 5 de l'annexe 4-7 ;

3° Prestations portant sur la transmission à titre gratuit, par décès ou entre vifs, de parts ou actions d'une société ayant une activité industrielle, commerciale, artisanale, agricole ou libérale ;

4° Actes relatifs aux autorisations d'occupation temporaire du domaine public mentionnées aux articles L. 1311-5 et suivants du code général des collectivités territoriales et qui sont constitutives de droits réels.

L'art. 7 du Décr. n° 2020-179 du 28 févr. 2020 entre en vigueur, pour chacune des professions concernées, à la date d'application du prochain arrêté portant fixation de ses tarifs en application de l'art. L. 444-3 C. com. (Décr. préc., art. 16).

Art. R. 444-11 L'arrêté pris en application de l'article L. 444-3 peut prévoir la majoration des émoluments afférents à des prestations qu'il détermine, sans que cette majoration puisse excéder 150 € ou, si le montant de l'émolument dépasse 500 €, 30 % de cet émolument, pour le cas où, à la demande du client, et pour des raisons pouvant tenir notamment à la nécessité de sauvegarder un droit, un bien ou une preuve, le professionnel réalise la prestation prévue dans un délai inférieur à un délai de référence fixé par le même arrêté conjoint. *— V. art. A. 444-12.*

Prestation en urgence. En limitant à 150 € ou à 30 % de l'émolument au-delà d'un seuil de 500 € le surcoût entraîné par une prestation exécutée en urgence et la rémunération raisonnable supplémentaire correspondante, le Décr. n° 2016-230 du 26 févr. 2016 n'a pas méconnu le principe d'une tarification fondée sur les coûts pertinents du service rendu et une rémunération raisonnable prévu au 1er al. de l'art. L. 444-2. • CE 24 mai 2017, n° 398801 : *cité ss. art. R. 444-21.*

Art. R. 444-11-1 *(Décr. n° 2016-1369 du 12 oct. 2016, art. 1er)* **L'arrêté pris en application de l'article L. 444-3 peut prévoir une minoration de l'émolument proportionnel applicable aux donations ou legs au profit :**

1° De l'une des personnes publiques mentionnées aux articles L. 1121-1 à L. 1121-6 du code général de la propriété des personnes publiques lorsque la donation ou le legs est destiné au domaine public mobilier ou immobilier ou est destiné à financer l'acquisition de biens relevant de l'un ou de l'autre ;

2° De l'une des personnes morales, autres que celles mentionnées au 1°, exonérées des droits de mutation à titre gratuit en application des articles 794 et 795 du code général des impôts.

La minoration prévue au premier alinéa peut consister en la réduction du taux applicable à la tranche d'assiette égale ou supérieure à 60 000 € à un taux spécifique, qui ne peut être inférieur à 0,45 %. En outre, cette minoration peut prévoir que l'émolument proportionnel n'excède pas un plafond, qui ne peut être inférieur à 200 000 €. — *V. art. A. 444-69-1.*

L'art. R. 444-11-1 est applicable dans les îles Wallis-et-Futuna (Décr. n° 2016-1369 du 12 oct. 2016, art. 2-I).

Art. R. 444-12 **Le remboursement des frais mentionnés au 2° de l'article R. 444-3 peut être forfaitaire ou au coût réel de la dépense engagée par le professionnel pour la réalisation d'une prestation. Lorsque ce remboursement est forfaitaire, le montant du forfait est fixé par l'arrêté conjoint mentionné à l'article L. 444-3, sur la base d'une évaluation moyenne ou d'une valeur de référence appropriée, selon la nature des frais.**

Art. R. 444-12-1 *(Décr. n° 2020-179 du 28 févr. 2020, art. 8)* **I. — L'arrêté mentionné à l'article L. 444-3 peut prévoir une majoration des émoluments dans les départements et collectivités d'outre-mer, afin de tenir compte des caractéristiques et contraintes particulières de chaque territoire et des conditions d'exercice qui en résultent pour les professionnels qui y sont installés. Le taux de majoration ainsi fixé vise à rapprocher le taux de résultat moyen des professionnels installés dans ces départements et collectivités de l'objectif de taux de résultat moyen mentionné à l'article R. 444-7.**

II. — L'effet cumulé des variations résultant respectivement du taux de majoration mentionné au I et de l'application de la méthode de fixation des tarifs définie à la sous-section 2 de la présente section ne peut conduire, pour une profession donnée, à ce que le chiffre d'affaires régulé de la profession puisse varier de plus de 5 % par rapport à la période de référence précédente dans le département ou la collectivité concernée.

III. — Les dispositions du II ne font pas obstacle à ce que, dans le département ou la collectivité concernée, l'émolument perçu en contrepartie d'une prestation donnée évolue de plus de 5 % par rapport à la période de référence précédente.

L'art. 8 du Décr. n° 2020-179 du 28 févr. 2020 entre en vigueur, pour chacune des professions concernées, à la date d'application du prochain arrêté portant fixation de ses tarifs en application de l'art. L. 444-3 C. com. (Décr. préc., art. 16).

SOUS-SECTION 4 DROITS ET OBLIGATIONS DES PROFESSIONNELS

Art. R. 444-13 **I. — Il est interdit aux professionnels mentionnés au premier alinéa de l'article L. 444-1 de demander ou de percevoir en raison des prestations soumises aux tarifs une somme autre que celles fixées par ces tarifs.**

II. — Il leur est également interdit de demander ou de percevoir en raison des prestations mentionnées au troisième alinéa de l'article L. 444-1 une somme en dehors des honoraires stipulés dans la convention d'honoraires prévue par ce texte.

III. — Ces professionnels ont droit au remboursement des sommes dues à des tiers et payées ou avancées par eux pour le compte, selon le cas, du client ou du débiteur.

Remboursement. Il résulte de la combinaison des art. L. 641-1-II, al. 7, celui-ci dans sa rédaction issue de l'Ord. n° 2016-727 du 2 juin 2016, R. 622-4, al. 5 et 6, rendu applicable à la liquidation judiciaire par l'art. R. 641-14, et R. 444-13-III, C. com. et des art. 714 et 715 C. pr. civ., que le commissaire-priseur judiciaire ne peut obtenir du président du tribunal la taxation que des seuls émoluments, honoraires, frais et débours exposés pour l'accomplissement de la mission que lui a confiée le tribunal de la procédure collective ou le juge-commissaire qui l'a désigné. En fixant les honoraires du commissaire-priseur judiciaire à la somme de 11 000 euros, alors que la seule mission donnée par le tribunal à celui-ci consistait en l'inventaire et la prisée des actifs de la société liquidée, de sorte qu'elle n'incluait pas l'accomplissement des diligences relatives au convoyage et au gardiennage des véhicules inventoriés et évalués, qui n'avaient fait l'objet d'aucune autorisation du juge-commissaire, ni d'un accord formel du liquidateur, le premier président a violé les textes susvisés. • Com. 21 oct. 2020, n° 19-17.434 P : *D. 2020. Actu. 2117*.

Art. R. 444-14 **La perception par le professionnel d'une somme en méconnaissance de l'article précédent l'oblige à restitution, sans préjudice d'éventuelles sanctions disciplinaires.**

Art. R. 444-15 **Le droit de rétention appartient aux commissaires-priseurs judiciaires, aux huissiers de justice,** *(Décr. n° 2017-862 du 9 mai 2017, art. 2-IV)* **« aux notaires et aux avocats », pour garantir le paiement des tarifs régis par le présent titre, et, le cas échéant, le remboursement des frais et débours.**

V. note au-dessus de l'art. R. 444-71.

Art. R. 444-16 **Hormis ceux dus au titre d'un mandat de justice, les honoraires perçus en application du troisième alinéa de l'article L. 444-1 sont fixés librement entre le professionnel et le client, dans les conditions et selon les modalités prévues par ce texte et sous le contrôle de l'instance professionnelle désignée pour chaque profession par arrêté du garde des sceaux, ministre de la justice. En cas de contestation, ces honoraires sont fixés par le juge chargé de la taxation.**

SOUS-SECTION 5 RECUEIL DE DONNÉES ET D'INFORMATIONS

Art. R. 444-17 **Les instances représentatives mentionnées au 2° de l'article L. 444-5 sont la** *(Décr. n° 2020-179 du 28 fév. 2020, art. 9 ; Décr. n° 2022-729 du 28 avr. 2022, art. 67, en vigueur le 1er juill. 2022)* **« Chambre nationale des commissaires de justice et** *[ancienne rédaction : Chambre nationale des commissaires-priseurs judiciaires et la Chambre nationale des huissiers de justice,]* **» le Conseil national des greffiers de tribunaux de commerce, le Conseil national des administrateurs judiciaires et des mandataires judiciaires, le Conseil supérieur du notariat et le Conseil national des barreaux.**

Art. R. 444-18 **Les informations statistiques pouvant être recueillies en application du 2° de l'article L. 444-5 sont, pour chaque année civile, notamment une estimation :**

1° Du total des sommes investies nécessaires pour l'acquisition d'offices *(Décr. n° 2017-862 du 9 mai 2017, art. 2-V)* **« ,** *[d']***études ou** *[de]* **cabinets », de leur répartition par déciles, et de la valeur moyenne de la somme investie pour l'acquisition d'un office** *(Décr. n° 2017-862 du 9 mai 2017, art. 2-V)* **« ,** *[d'une]* **étude ou** *[d'un]* **cabinet » ;**

2° Du total des sommes autres que celles mentionnées au 1° investies lors de l'installation, de leur répartition par déciles, et de la valeur moyenne de la somme investie pour une installation ;

3° Du coût total de couverture des risques liés à la responsabilité professionnelle, et du montant moyen de ce coût ;

4° Du nombre et du taux de défaillance des structures d'exercice ;

5° Des valeurs moyennes du chiffre d'affaires, du bénéfice, des immobilisations matérielles et du besoin en fond de roulement par office *(Décr. n° 2017-862 du 9 mai 2017, art. 2-V)* **« , étude ou cabinet », ainsi que d'autres indicateurs comptables précisés en tant que de besoin par arrêté conjoint du ministre de la justice et du ministre chargé de l'économie, après avis de l'Autorité de la concurrence ;**

6° Du nombre total de prestations réalisées et de la somme totale des émoluments perçus au titre de ces prestations *(Décr. n° 2017-862 du 9 mai 2017, art. 2-V)* **« , et s'agissant des avocats, de la répartition par décile de ce nombre et de cette somme » ;**

7° Pour les émoluments proportionnels, du montant moyen de l'émolument perçu pour une prestation, et de la répartition par décile des assiettes de ces émoluments ;

8° Des sommes totales perçues au titre des frais et débours, du montant moyen de ces derniers et de leur répartition par décile ;

9° De la part respective des émoluments et des honoraires au sein du chiffre d'affaires total hors taxes de la profession, et, s'agissant des commissaires-priseurs judiciaires, du temps de travail moyen consacré aux offices publics et ministériels et de celui consacré aux sociétés mentionnées au troisième alinéa de l'article 29 de la loi du 10 juillet 2000 portant réglementation des ventes volontaires de meubles aux enchères publiques ;

10° Du nombre total d'offices *(Décr. n° 2017-862 du 9 mai 2017, art. 2-V)* « , *[d']*études ou *[de]* cabinets », du nombre total de professionnels en exercice au sein de ces offices ou *(Décr. n° 2017-862 du 9 mai 2017, art. 2-V)* « , études ou cabinets » au 1er janvier de l'année civile concernée, et du nombre de personnes y exerçant la profession concernée en qualité de salarié à cette même date.

(Décr. n° 2017-862 du 9 mai 2017, art. 2-V) « S'agissant des avocats, ne sont recueillies en application du présent article que les informations relatives aux structures d'exercice et professionnels ayant réalisé au cours de l'année civile au moins un des actes de procédure listés au tableau 6 annexé à l'article R. 444-3. »

V. note au-dessus de l'art. R. 444-71.

Art. R. 444-19 Les informations statistiques mentionnées à l'article R. 444-18 sont estimées au plan national, ainsi que, pour celles mentionnées aux 1°, 2°, 5° et 10° de cet article, au plan régional et départemental, pour chaque année civile.

Art. R. 444-20 I. — En application du 1° de l'article L. 444-5, les professionnels en exercice au 1er janvier de l'année civile communiquent aux ministres de la justice et de l'économie, aux fins de vérifications statistiques, leurs noms, prénoms, date de naissance et fonctions au sein de l'office ou de l'étude, ainsi que la raison sociale, le numéro SIREN, l'adresse et la date de création de cet office ou de cette étude.

II. — Aux fins du recueil des données utiles prévu par l'article L. 444-5, il est tenu, selon des modalités fixées par arrêté conjoint du ministre de la justice et du ministre chargé de l'économie, une comptabilité analytique qui :

1° Présente distinctement le détail des données relatives aux émoluments et aux honoraires perçus par l'office ou l'étude ;

2° Relate distinctement les charges afférentes à l'activité réglementée et à l'activité libre ;

3° Retrace, le cas échéant, la répartition des charges de l'office ou de l'étude avec une structure juridique qui lui est liée.

(Décr. n° 2017-862 du 9 mai 2017, art. 2-VI) « III. — S'agissant des avocats, le I du présent article ne s'applique qu'aux professionnels mentionnés au douzième alinéa de l'article R. 444-18. »

Les dispositions du II de l'art. R. 444-20 sont applicables à compter du 1er janv. 2017 (Décr. n° 2016-230 du 26 févr. 2016, art. 13-I).

V. note au-dessus de l'art. R. 444-71.

Art. R. 444-21 *(Décr. n° 2018-200 du 23 mars 2018, art. 2)* Les informations et données prévues aux articles R. 444-18 à R. 444-20 sont *(Décr. n° 2020-179 du 28 févr. 2020, art. 10)* « collectées auprès des professionnels mentionnés à l'article L. 444-1 par les instances professionnelles nationales énumérées à l'article R. 444-17 qui les transmettent » annuellement, soit par voie de communication électronique sécurisée, soit par tout autre moyen approprié, aux autorités mentionnées à l'article L. 444-5 par les instances professionnelles nationales énumérées à l'article R. 444-17, selon des modalités prévues par le présent article et, au plus tard, à une date fixée par arrêté conjoint des ministres de la justice et de l'économie. La transmission comprend à la fois les informations et données utiles originaires des professionnels et celles résultant de leur agrégation opérée par les services compétents des instances professionnelles nationales. — *V. art. A. 444-203.*

Les instances professionnelles nationales veillent, par tout moyen, à ce que les informations et données recueillies mentionnées au premier alinéa ne puissent être utilisées ou divulguées en violation de secrets protégés par la loi, notamment du secret des affaires. Chaque instance professionnelle désigne la ou les personnes en charge du respect de la confidentialité de ces informations et données.

Les instances professionnelles nationales élaborent, chacune pour ce qui la concerne, les directives régissant les conditions d'accès, d'usage et de conservation de ces informations et données et la traçabilité de leur consultation, aux fins d'en assurer la sécurité et la confidentialité.

Sans préjudice des obligations qui leur sont propres, les personnes spécialement habilitées par chacune des instances professionnelles nationales pour assurer la collecte, la vérification de cohérence de ces informations et données émanant des professionnels mentionnés à l'article L. 444-1 ainsi que leur agrégation conformément à l'article R. 444-19 et leur transmission aux autorités concernées sont tenues à une obligation de confidentialité à l'égard de ces informations et données. Elles ont seules accès aux informations et données utiles originaires des professionnels recueillies en application de l'article L. 444-5.

Les personnes mentionnées au précédent alinéa n'exercent pas la profession relevant de l'instance pour le compte de laquelle elles effectuent les opérations mentionnées à ce même alinéa.

Ancien art. R. 444-21 *(Annulé par CE n° 398801 du 24 mai 2017)* ***Les informations et données prévues aux articles R. 444-18 à R. 444-20 sont transmises annuellement aux autorités mentionnées à l'article L. 444-5 par les instances professionnelles énumérées à l'article R. 444-17, par l'intermédiaire, le cas échéant, des instances professionnelles régionales ou départementales, selon des modalités et à la date fixées par arrêté conjoint.***

L'art. 2 du Décr. n° 2016-230 du 26 févr. 2016, en tant qu'il insère l'art. R. 444-21, est annulé comme portant au secret industriel et commercial une atteinte disproportionée (CE 24 mai 2017, n° 398801 : D. actu. 3. mai 2017, obs. Portmann).

Secret des affaires. Eu égard à l'intérêt qui s'attache à ce que la détermination des tarifs prenne en compte la réalité des coûts engendrés par les prestations qu'ils concernent et du fonctionnement économique des offices et études dont ils sont destinés à assurer, par péréquation et redistribution, une rémunération raisonnable, la liste des informations recueillies prévue par les art. R. 444-17 à R. 444-20 ne porte pas au secret industriel et commercial une atteinte disproportionnée. En revanche, eu égard, d'une part, à la composition des instances professionnelles représentatives, qui réunissent, en particulier au niveau départemental et régional, des membres de ces professions en activité dans le même ressort géographique que celui des offices et études faisant l'objet du recueil de statistiques, et, d'autre part, au contenu des informations recueillies, qui portent sur la situation économique et financière des offices et études, tant en ce qui concerne les prestations réglementées que les actes concurrentiels, et sont susceptibles de révéler ainsi leur santé financière ainsi que leur stratégie commerciale, le recueil de ces informations par les instances professionnelles est de nature à porter une atteinte disproportionnée au secret industriel et commercial. Par suite, les requérants sont fondés à soutenir qu'en prévoyant que ces informations peuvent être transmises aux ministres de la Justice et de l'Économie et à l'Autorité de la concurrence par l'intermédiaire de ces instances professionnelles et en se bornant à renvoyer à un « arrêté conjoint » la définition des modalités de cette transmission sans l'assortir de garanties, l'art. R. 444-21 porte au secret industriel et commercial de ces professions une atteinte disproportionnée, et doit être, en conséquence, annulé. • CE 24 mai 2017, n° 398801 : *D. actu. 30 mai 2017, obs. Portmann ; AJDA 2017. 1535 ; JCP 2017, n° 649, obs. Touzeil-Divina.*

SECTION II ***REDISTRIBUTION*** ET FONDS INTERPROFESSIONNEL DE L'ACCÈS AU DROIT ET À LA JUSTICE

SOUS-SECTION 1 REDISTRIBUTION INTERPROFESSIONNELLE

Art. R. 444-22 Pour favoriser la couverture de l'ensemble du territoire national par les professions mentionnées à la première phrase de l'alinéa 1er de l'article L. 444-1 et l'accès au droit du plus grand nombre, le fonds interprofessionnel de l'accès au droit et à la justice (FIADJ) assure la distribution d'aides à l'installation ou au maintien de ces professionnels dans les zones géographiques mentionnées à l'article R. 444-26.

§ 1er AIDES À L'INSTALLATION

Art. R. 444-23 Sous réserve des dispositions particulières relatives aux notaires, huissiers de justice et commissaires-priseurs judiciaires dans les départements du Bas-Rhin, du Haut-Rhin et de la Moselle, les aides à l'installation peuvent être octroyées pour l'installation dans un office vacant ou créé ainsi que pour la création ou la reprise d'une étude d'administrateur judiciaire ou de mandataire judiciaire inscrit sur la liste mentionnée à l'article L. 811-2 ou à l'article L. 812-2. Sont éligibles à ces aides les professionnels qui n'ont pas perçu :

1° D'aide de ce type pendant les cinq années civiles précédant l'installation ;

2° Une somme totale supérieure à 210 000 € au titre de bénéfices ou de salaires nets imposables au cours des trois derniers exercices comptables clos ou années civiles précédant l'installation ;

3° Un résultat annuel supérieur à 70 000 € au titre de l'exercice comptable ouvert au cours de l'année civile de réalisation des prestations pour lesquelles l'aide est sollicitée.

Art. R. 444-24 Les aides à l'installation ne peuvent être octroyées qu'au titre des prestations soumises aux tarifs et pour une durée maximum de trente-six mois suivant celui de l'installation.

§ 2 AIDES AU MAINTIEN

Art. R. 444-25 Sont éligibles aux aides au maintien les professionnels répondant aux conditions cumulatives suivantes :

1° Le chiffre d'affaires annuel hors taxes moyen hors aides et hors honoraires réalisé au cours des trois derniers exercices comptables clos est inférieur au premier décile de chiffre d'affaires de la profession concernée, constaté à partir des dernières données disponibles sur une période d'au moins deux ans ;

2° Le bénéfice moyen au cours des trois derniers exercices comptables clos est inférieur à 75 000 € ;

3° Le ratio des charges annuelles rapportées au chiffre d'affaires, calculés sur le dernier exercice clos, n'est pas supérieur à 80 %.

Toutefois, une aide au maintien peut être octroyée à un professionnel ne remplissant pas la condition prévue au 3° sous réserve que, sans compromettre la qualité du service, il mette en œuvre un engagement de réduction de ses coûts selon des modalités précisées par arrêté conjoint du ministre de la justice et du ministre chargé de l'économie quant au délai et aux postes de dépenses concernés.

L'arrêté conjoint mentionné au précédent alinéa précise notamment les conditions dans lesquelles est vérifiée la mise en œuvre de l'engagement de réduction de coût, préalablement au versement de l'aide.

§ 3 DISPOSITIONS COMMUNES

Art. R. 444-26 Un arrêté du ministre de la justice détermine les zones géographiques où peuvent être octroyées des aides au maintien ou des aides à l'installation.

Les zones mentionnées à l'alinéa précédent sont définies notamment en fonction du nombre de professionnels installés, du nombre de projets d'installation, et des besoins identifiés.

Art. R. 444-27 Les aides à l'installation et au maintien prennent la forme de subventions d'un montant fixe versé pour chaque prestation répondant aux conditions suivantes :

1° Leur émolument est proportionnel ;

2° Elles portent sur une assiette monétaire inférieure à un seuil fixé, pour chaque profession concernée, par arrêté conjoint du ministre de la justice et du ministre chargé du budget, qui n'excède pas 80 000 € ;

Art. R. 444-28 Les aides à l'installation et au maintien sont octroyées dans la limite :

1° D'un plafond par prestation défini, pour chaque profession concernée, par l'arrêté prévu au 2° de l'article R. 444-27, et qui n'excède pas 100 € ;

2° D'un plafond global par professionnel de 50 000 € par année civile.

Art. R. 444-29 Les aides à l'installation et les aides au maintien ne sont pas cumulables pour une même prestation.

Art. R. 444-30 Pour une même catégorie de prestations, le montant de subvention versé par prestation au titre du même type d'aide, à l'installation ou au maintien, est identique pour tous les bénéficiaires.

Art. R. 444-31 Le montant de subvention versé par prestation peut varier en fonction du type d'aide, à l'installation ou au maintien.

Art. R. 444-32 Les aides relatives aux prestations réalisées pendant une année civile font l'objet d'un versement unique au cours de l'année civile suivante, à une date arrêtée par le ministre chargé du budget.

Art. R. 444-33 Préalablement à l'octroi de toute aide :

1° La société mentionnée à l'article R. 444-36 informe le demandeur que l'aide est soumise aux dispositions du règlement (UE) n° 360/2012 du 25 avril 2012 relatif à l'application des articles 107 et 108 du traité sur le fonctionnement de l'Union européenne aux aides *de minimis* accordées à des entreprises fournissant des services d'intérêt économique général ;

2° Le demandeur établit, selon un modèle précisé par arrêté conjoint du ministre de la justice et du ministre chargé du budget, une attestation qu'il transmet à la société susmentionnée, précisant le montant total des aides *de minimis* qu'il a perçues au cours des trois derniers exercices fiscaux, dont celui en cours.

Art. R. 444-34 Si le cumul du montant de l'aide envisagée et du montant total mentionné au 2° de l'article R. 444-33 excède 500 000 €, l'aide n'est pas octroyée.

Art. R. 444-35 Toute aide à l'installation ou au maintien versée sans que les conditions prévues par le présent chapitre ne soient remplies donne lieu à remboursement au fonds interprofessionnel de l'accès au droit et à la justice. En cas de refus du bénéficiaire de l'aide de procéder à son remboursement, la société mentionnée à l'article R. 444-36 peut exercer toute action en justice, à l'expiration d'un délai de trois mois à compter de l'envoi d'une mise en demeure restée infructueuse par lettre recommandée avec demande d'avis de réception.

SOUS-SECTION 2 SOCIÉTÉ DE GESTION DU FONDS INTERPROFESSIONNEL DE L'ACCÈS AU DROIT ET À LA JUSTICE

Art. R. 444-36 La personne morale mentionnée au quatrième alinéa de l'article L. 444-2 chargée de la gestion du fonds interprofessionnel de l'accès au droit et à la justice est une société anonyme dont le capital est détenu par l'État. Sa dénomination sociale est : "Société de gestion du fonds interprofessionnel de l'accès au droit et à la justice" (SGFIADJ).

Cette société assure la gestion administrative, comptable et financière du fonds interprofessionnel de l'accès au droit et à la justice. A ce titre, elle est notamment chargée :

1° De fixer le montant des subventions ;

2° D'étudier la recevabilité des demandes d'aides qui lui sont adressées, et de verser les aides à leurs bénéficiaires ;

3° De gérer la trésorerie et d'assurer la surveillance de l'équilibre financier du fonds interprofessionnel de l'accès au droit et à la justice ;

4° De tenir la comptabilité du fonds interprofessionnel de l'accès au droit et à la justice et de rendre compte de sa gestion annuellement aux ministres de la justice et de l'économie ;

5° D'exercer toute action en justice en vue de la restitution des aides indûment perçues.

Art. R. 444-37 Le conseil d'administration de la société de gestion du fonds est composé de cinq administrateurs nommés dans les conditions prévues à l'article L. 225-17, selon les modalités suivantes :

1° Un administrateur nommé par le Premier ministre, choisi parmi les magistrats de la Cour des comptes, président du conseil d'administration ;

2° Quatre administrateurs nommés respectivement par le ministre de la justice, le ministre de l'intérieur, le ministre chargé du budget et le ministre chargé des collectivités territoriales.

Un suppléant est nommé pour chaque administrateur, dans les mêmes conditions que ce dernier. La durée du mandat de chaque administrateur est de quatre ans. Ce mandat n'est pas renouvelable.

Aucun administrateur ne peut détenir d'intérêt, direct ou indirect, dans les domaines d'activité des professions mentionnées à l'article R. 444-22.

En cas d'égalité des voix, celle du président du conseil d'administration est prépondérante.

Art. R. 444-38 Un comité consultatif, dénommé : "Comité consultatif des aides à l'accès au droit et à la justice" (CCAADJ), est créé auprès du conseil d'administration de la société de gestion du fonds.

A la demande du conseil d'administration, le comité donne son avis sur toute question relative à la gestion administrative, comptable et financière du fonds.

Art. R. 444-39 Le Comité consultatif des aides à l'accès au droit et à la justice comprend huit membres :

1° Deux professeurs des universités, respectivement agrégé de droit et agrégé de sciences économiques, coprésidents du comité ;

2° Un administrateur judiciaire ;

3° Un commissaire-priseur judiciaire ;

4° Un greffier de tribunal de commerce ;

5° Un huissier de justice ;

6° Un mandataire judiciaire ;

7° Un notaire.

(Décr. n° 2020-179 du 28 févr. 2020, art. 11) « Les membres du comité sont nommés par arrêté conjoint du ministre de la justice et du ministre chargé du budget, sur proposition du Conseil national des administrateurs judiciaires et des mandataires judiciaires pour les personnes mentionnées au 2° et au 6°, des sections respectives des commissaires-priseurs judiciaires et des huissiers de justice de la Chambre nationale des commissaires de justice pour celles mentionnées au 3° et au 5°, du Conseil national des greffiers de tribunaux de commerce pour celle mentionnée au 4°, du Conseil supérieur du notariat pour celle mentionnée au 7°. »

Des suppléants sont nommés dans les mêmes conditions.

La durée de mandat de chaque membre est de quatre ans. Ce mandat n'est pas renouvelable.

Le ministre de la justice désigne un ou plusieurs rapporteurs auprès du comité.

Art. R. 444-40 Les statuts et le règlement intérieur de la société de gestion du fonds sont approuvés par arrêté conjoint du ministre de la justice et du ministre chargé du budget. Le règlement intérieur du comité consultatif est approuvé dans les mêmes conditions.

Art. R. 444-41 Un décret précise les conditions dans lesquelles la société de gestion du fonds met en œuvre les dispositions de la présente section, notamment pour la gestion des demandes et de l'octroi des aides.

SECTION III DISPOSITIONS PARTICULIÈRES APPLICABLES AUX COMMISSAIRES-PRISEURS JUDICIAIRES, HUISSIERS DE JUSTICE, NOTAIRES ET AVOCATS *(Décr. n° 2017-862 du 9 mai 2017, art. 2-IX)*.

SOUS-SECTION 1 COMMISSAIRES-PRISEURS JUDICIAIRES

Art. R. 444-42 Les dispositions du présent titre s'appliquent aux commissaires-priseurs judiciaires ainsi qu'aux autres officiers publics ou ministériels vendeurs de meubles, à l'exception de celles du paragraphe 1er de la sous-section 1 de la section II en ce qui concerne les notaires et huissiers de justice qui exercent ces fonctions en application du 3° de l'article 1er de la loi du 1er juin 1924 portant introduction des lois commerciales françaises dans les départements du Bas-Rhin, du Haut-Rhin et de la Moselle.

Art. R. 444-43 Lorsque deux ou plusieurs commissaires-priseurs judiciaires interviennent dans une même prisée ou une même vente, il n'est dû aucune rémunération supplémentaire par les parties ; le partage des émoluments, hors remises, se fait suivant les règles fixées par la *(Décr. nº 2020-179 du 28 févr. 2020, art. 12)* « section des commissaires-priseurs judiciaires de la Chambre nationale des commissaires de justice *[ancienne rédaction : Chambre nationale des commissaires-priseurs judiciaires]* ».

La remise respectivement consentie par chaque intervenant est, le cas échéant, déduite de la part lui revenant en application du premier alinéa.

Art. R. 444-44 Lorsque le commissaire-priseur judiciaire est désigné pour une mission d'expertise par une juridiction, ses honoraires sont fixés conformément aux règles applicables à la rémunération des experts.

Art. R. 444-45 Il est interdit aux commissaires-priseurs judiciaires, sous peine de sanction disciplinaire, de partager leurs émoluments avec un tiers ou d'accepter qu'un tiers leur remette tout ou partie de la rétribution par lui reçue.

Art. R. 444-46 Le transport des meubles entre le domicile du vendeur ou de l'acheteur et la salle des ventes ne peut être assumé ni directement ni indirectement par les commissaires-priseurs judiciaires.

Art. R. 444-47 Le procès-verbal de vente doit mentionner avant le début de la vente tous les objets spécifiés sur les catalogues et autres documents de publicité ou exposés comme devant être mis en vente et retirés de la vente ; le motif de retrait est indiqué.

Tous les objets mis en vente sont mentionnés sur le procès-verbal au fur et à mesure de la mise en vente, avec indication du nom et du domicile déclarés par l'acheteur ; si l'objet est retiré après avoir été mis aux enchères, le retrait est mentionné ainsi que le chiffre de la dernière enchère portée avant le retrait.

L'omission des mentions prescrites par le présent article ou la rédaction du procès-verbal postérieurement à la vente est passible d'une sanction disciplinaire.

Art. R. 444-48 Les commissaires-priseurs judiciaires déclarent à la chambre de discipline chaque trimestre le nombre de ventes réalisées et le montant de chacune d'elles.

Le commissaire-priseur judiciaire qui cumule ses fonctions avec celles d'huissier de justice doit faire la déclaration mentionnée au premier alinéa à la chambre de discipline des commissaires-priseurs judiciaires.

SOUS-SECTION 2 HUISSIERS DE JUSTICE

Art. R. 444-49 Lorsque, en application du second alinéa de l'article 16 du décret nº 56-222 du 29 février 1956, un huissier de justice confie la signification d'un acte à un confrère, l'émolument correspondant est versé à l'huissier initialement saisi, puis partagé avec l'huissier significateur. Les règles de partage des émoluments, hors remises, sont les suivantes :

1º L'huissier de justice rédacteur de l'acte perçoit un tiers de l'émolument de la prestation ;

2º L'huissier de justice significateur perçoit deux tiers de l'émolument de la prestation, ainsi que la totalité du remboursement des frais de déplacement.

La remise respectivement consentie par chaque intervenant est, le cas échéant, déduite de la part lui revenant en application du premier alinéa.

Partage des émoluments. Il ne ressort pas des pièces du dossier qu'en estimant respectivement à un et deux tiers la répartition des coûts pertinents supportés par l'huissier de justice rédacteur de l'acte et son confrère significateur et de la rémunération raisonnable due à chacun d'eux, l'auteur du Décr. nº 2016-230 du 26 févr. 2016 ait fait une inexacte application du principe d'une tarification fondée sur les coûts pertinents du service rendu et une rémunération raisonnable prévu au 1er al. de l'art. L. 444-2. Par ailleurs, les requérants ne sauraient utilement invoquer l'atteinte portée par l'art. R. 444-49 à la liberté contractuelle, dès lors que le principe de la réglementation des tarifs des huissiers de justice est prévu par la loi. • CE 24 mai 2017, nº 398801 : *cité ss. art. R. 444-21.*

Art. R. 444-50 La signification d'actes judiciaires ou extrajudiciaires en provenance de l'étranger donne lieu à la perception par l'huissier de justice d'un droit forfaitaire.

La transmission qui lui est faite des actes objet de la signification est accompagnée des paiements correspondants, sauf le cas où le requérant bénéficie de l'assistance judiciaire.

Art. R. 444-51 La signification des actes à l'étranger donne lieu à la perception d'un droit forfaitaire lorsqu'il est établi un acte constatant la date de transmission de la demande de signification ou de notification.

Les prestations complémentaires qui s'avéreraient nécessaires de la part de l'officier ministériel à la préparation des actes transmis pour signification ou notification ne donnent lieu à aucune autre rémunération.

Art. R. 444-52 Préalablement à l'accomplissement de toute prestation devant être immédiatement réalisée, la partie qui requiert l'huissier de justice lui verse une provision suffisante pour couvrir l'émolument correspondant ainsi que les éventuels frais et débours.

Art. R. 444-53 Les dispositions de l'article R. 444-52 ne s'appliquent pas :

1° En cas d'urgence ;

2° En cas d'impossibilité, tenant notamment aux ressources du créancier ;

3° Lorsque le recouvrement ou l'encaissement est effectué sur le fondement d'un titre exécutoire :

a) Mentionné au 6° de l'article L. 111-3 du code des procédures civiles d'exécution ;

b) Constatant une créance née de l'exécution d'un contrat de travail ;

c) Constatant une créance alimentaire ;

4° Lorsque l'huissier de justice instrumente pour le compte d'un comptable public.

Art. R. 444-54 Le droit de rétention prévu à l'article R. 444-15 ne s'applique pas à l'huissier de justice dans les cas prévus au *c* du 3° et au 4° de l'article R. 444-53.

Art. R. 444-55 Les émoluments des prestations mentionnées aux numéros 128 et 129 du tableau 3-1 annexé à l'article R. 444-3, à la charge respectivement du débiteur et du créancier, sont cumulables.

Toutefois, les émoluments de la prestation mentionnée au numéro 129 de ce tableau :

1° Ne sont pas dus dans les cas prévus au 3° de l'article R. 444-53 ;

2° Sont à la charge du contrefacteur lorsque l'huissier de justice recouvre ou encaisse des sommes dues par un contrefacteur condamné dans une procédure de contrefaçon.

Art. R. 444-56 Toute somme remise en paiement entre les mains d'un huissier de justice par un débiteur pour le règlement d'une créance doit être reversée par l'huissier au créancier dans un délai maximum de trois semaines si le paiement est effectué en espèces, de six semaines dans les autres cas. Si le débiteur procède à un paiement de la créance par acomptes successifs, ces délais sont respectivement de six semaines et de trois mois.

Tout manquement à cette règle est passible d'une des sanctions disciplinaires prévues à l'article 3 de l'ordonnance n° 45-1418 du 28 juin 1945 relative à la discipline des notaires et de certains officiers ministériels.

Art. R. 444-57 Les dispositions du présent titre, hormis celles du paragraphe 1er de la sous-section 1 de la section II, sont applicables aux huissiers de justice dans les départements du Bas-Rhin, du Haut-Rhin et de la Moselle. Le tableau 3-2 de l'annexe 4-7 s'y applique exclusivement. — *V. l'annexe 4-7 ss. art. R. 444-3.*

Art. R. 444-58 *(Abrogé par Décr. n° 2020-179 du 28 févr. 2020, art. 14) (Décr. n° 2017-862 du 9 mai 2017, art. 2-VII)* ***Les émoluments sont majorés de 30 % dans les départements de la Guadeloupe, de la Guyane et de la Martinique et de 40 % dans le département de La Réunion.***

V. note au-dessus de l'art. R. 444-71.

SOUS-SECTION 3 NOTAIRES

Art. R. 444-59 Lorsqu'un acte contient plusieurs conventions dérivant ou dépendant les unes des autres, seul est perçu l'émolument de la convention principale.

Si les conventions sont indépendantes et donnent lieu à des droits distincts pour l'enregistrement, la taxe de publicité foncière ou la taxe à la valeur ajoutée, les émoluments sont dus pour chacune d'elles même si elles sont comprises dans un seul acte.

Sont considérés comme un seul acte la convention temporaire et la convention définitive prévue à l'article 1091 du code de procédure civile.

L'émolument est réduit de moitié pour les actes conclus sous condition suspensive : il en est de même pour les actes imparfaits sur lesquels fait défaut la signature de l'une au moins des parties. Dès réalisation des conditions suspensives ou perfection de l'acte, l'émolument est dû en entier, sous déduction de la part perçue sur l'acte conditionnel ou imparfait.

Art. R. 444-60 Sont soumis aux règles applicables en matière d'expertise :

1° La fixation et la perception de la rémunération du notaire commis par justice pour effectuer une mesure d'instruction ou pour remplir une mission ne comportant pas la rédaction d'un acte dont l'émolument est réglementé ;

2° Le versement de la consignation et la perception de la rémunération du notaire désigné en application du 10° de l'article 255 du code civil.

Art. R. 444-61 Préalablement à la signature des actes dont ils sont chargés, les notaires réclament la consignation d'une provision suffisante pour couvrir l'émolument correspondant ainsi que, le cas échéant, les frais et débours.

Art. R. 444-62 S'il est imparti au notaire commis par justice un délai pour procéder à une prestation ou une série de prestations de son ministère, le montant des émoluments correspondants est réduit de moitié lorsque la mission n'est pas remplie dans le délai fixé, et des trois quarts lorsque le double dudit délai est dépassé.

Art. R. 444-63 L'intervention de plusieurs notaires dans la rédaction ou la réception d'un acte n'en augmente pas l'émolument, sauf si l'acte est rétribué en fonction du nombre d'heures passées.

Le partage des émoluments, hors remises, est fixé par les règlements établis en application de l'article 4 de l'ordonnance n° 45-2590 du 2 novembre 1945 relative au statut du notariat et des articles 25 et 26 du décret n° 71-942 du 26 novembre 1971.

La remise respectivement consentie par chaque intervenant est, le cas échéant, déduite de la part lui revenant en application du deuxième alinéa.

Art. R. 444-64 Aucun émolument n'est dû pour l'acte, la copie ou l'extrait déclarés nuls ou inutiles par la faute du notaire.

Art. R. 444-65 Il est interdit aux notaires, sous peine de sanctions disciplinaires, de partager le prix ou le tarif réglementé de leurs prestations avec un tiers ou d'accepter qu'un tiers leur remette tout ou partie de la rétribution par lui reçue à l'occasion soit de la conclusion d'un acte, soit des pourparlers ou démarches qui ont précédé ou accompagné une convention à laquelle ils interviennent à quelque titre que ce soit.

Art. R. 444-66 Les notaires ne peuvent percevoir aucun droit de recette pour l'encaissement ou la garde des capitaux et valeurs déposés pour l'exécution directe d'un acte de vente ou d'emprunt passé dans leur étude.

Les notaires doivent, en cas de dépôt obligatoire ou de consignation de fonds, en vertu de l'article 15 du décret n° 45-0117 du 19 décembre 1945 pris pour l'application du statut du notariat, tenir compte à leurs clients des intérêts qui leur sont servis, sans préjudice des obligations résultant pour eux des articles 547 et 548 du code civil pour les autres fonds appartenant aux clients.

Art. R. 444-67 Les dispositions du présent titre, hormis celles du paragraphe 1er de la sous-section 1 de la section II, sont applicables aux notaires dans les départements du Bas-Rhin, du Haut-Rhin et de la Moselle.

Art. R. 444-68 *(Abrogé par Décr. n° 2020-179 du 28 févr. 2020, art. 14) (Décr. n° 2017-862 du 9 mai 2017, art. 2-VIII)* ***Les émoluments des prestations notariales régis par le présent titre sont majorés de 25 % dans les départements de la Guadeloupe, de la Guyane et de la Martinique et de 40 % dans le département de La Réunion.***

V. note au-dessus de l'art. R. 444-71.

Art. R. 444-69 Les émoluments des prestations notariales régis par le présent titre déterminent les sommes dues aux notaires, lorsqu'ils assistent les agents diplomatiques et consulaires pour l'exercice par ceux-ci de leurs pouvoirs notariaux.

Art. R. 444-70 Le notaire peut renoncer à la totalité des émoluments afférents à un acte déterminé ou aux différents actes reçus à l'occasion d'une même affaire.

SOUS-SECTION 4 AVOCATS

(Décr. nº 2017-862 du 9 mai 2017, art. 2-VII [X])

Les dispositions du Décr. nº 2017-862 du 9 mai 2017 entrent en vigueur à la date d'entrée en vigueur du premier arrêté portant fixation des tarifs réglementés de postulation en matière de saisie immobilière, de partage, de licitation et de sûretés judiciaires en application de l'art. L. 444-3. Toutefois, les dispositions des Décr. nº 60-323 du 2 avr. 1960, nº 72-784 du 25 août 1972, nº 75-785 du 21 août 1975 et nº 77-594 du 7 juin 1977 régissant le tarif de postulation devant les tribunaux de grande instance restent applicables : 1º Aux instances en cours avant le 8 août 2015 ; 2º Et, pour les prestations mentionnées à l'art. R. 444-71, également aux instances en cours avant l'entrée en vigueur du Décr. nº 2017-862 du 9 mai 2017. En outre, les dispositions du Décr. nº 80-608 du 30 juill. 1980 régissant le tarif de postulation devant les cours d'appel restent applicables aux instances en cours avant l'entrée en vigueur de la L. nº 2011-94 du 25 janvier 2011 (Décr. nº 2017-862 du 9 mai 2017, art. 6 et 7).

Les dispositions du Décr. nº 2017-862 du 9 mai 2017 ne sont pas applicables dans les départements de la Moselle, du Bas-Rhin et du Haut-Rhin (Décr. préc., art. 8).

Art. R. 444-71 Les dispositions de la présente sous-section sont applicables aux tarifs relatifs aux prestations de postulation des avocats dans les matières suivantes :

1º La saisie immobilière régie par les articles L. 311-1 à L. 341-1 et R. 311-1 à *(Décr. nº 2018-200 du 23 mars 2018, art. 3)* « R. 334-3 » du code des procédures civiles d'exécution ;

2º Le partage régi par les articles 815 à 892 du code civil et les articles 1358 à 1376 du code de procédure civile ;

3º La licitation régie par les articles 1686 à 1688 du code civil et les articles 1377 et 1378 du code de procédure civile ;

4º Les sûretés judiciaires régies par les articles *(Décr. nº 2018-200 du 23 mars 2018, art. 3)* « L. 531-1 » à L. 533-1 et R. 531-1 à *(Décr. nº 2018-200 du 23 mars 2018, art. 3)* « R. 534-1 » du code des procédures civiles d'exécution et l'hypothèque *(Décr. nº 2021-1888 du 29 déc. 2021, art. 5, en vigueur le 1er janv. 2022)* « légale *[ancienne rédaction : judiciaire]* » régie par l'article *(Décr. nº 2021-1888 du 29 déc. 2021, art. 5, en vigueur le 1er janv. 2022)* « 2401 *[ancienne rédaction : 2412]* » du code civil.

Dans l'attente du recueil des données et informations prévues aux art. R. 444-18 à R. 444-20, et au plus tard jusqu'au 1er sept. 2019, l'arrêté prévu à l'art. L. 444-3 peut fixer provisoirement les émoluments mentionnés à l'art. R. 444-71 à partir de ceux applicables avant l'entrée en vigueur du Décr. nº 2017-862 du 9 mai 2017 (V. la note en tête de la sous-section 4). Toutefois, cet arrêté peut : 1º Prévoir que les tarifs de postulation mentionnés à l'art. R. 444-71 n'incluent pas le droit fixe prévu à l'art. 2 du Décr. nº 60-323 du 2 avr. 1960 et ne sont pas soumis à la règle de plafonnement prévue à l'art. 81 de ce décret ; 2º Fixer le tarif des formalités mentionnées au tableau 6 annexé à l'art. R. 444-3 par référence aux tarifs des formalités identiques ou similaires accomplies par les notaires ; 3º Fixer l'émolument des avocats pour les prestations de postulation relatives à la distribution en matière de saisie immobilière par référence à l'émolument perçu par les mandataires judiciaires en application de l'art. A. 663-28 (Décr. nº 2017-862 du 9 mai 2017, art. 5). — V. Arr. du 6 juill. 2017 (JO 14 juill.) adopté dans les conditions prévues à l'art. 5 du Décr. nº 2017-862 du 9 mai 2017, et fixant les tarifs des avocats pour une période transitoire de deux ans comprise entre le 1er sept. 2017 et le 1er sept. 2019. — V. art. A. 444-187 s.

Art. R. 444-72 L'assiette des émoluments proportionnels perçus par l'avocat pour la réalisation des prestations mentionnées à l'article R. 444-71 est constituée par l'intérêt du litige. Celui-ci est évalué selon des modalités précisées, en tant que de besoin, par l'arrêté fixant ces émoluments en application de l'article L. 444-3.

Art. R. 444-73 Les avocats ne peuvent percevoir aucun droit de recette ou de comptabilité pour l'encaissement ou la garde des fonds maniés en conséquence d'une procédure diligentée par leurs soins.

Art. R. 444-74 Avant tout règlement, les avocats sont tenus de remettre aux parties, même si celles-ci ne le requièrent pas, un document, dénommé "états de frais", présentant le compte détaillé des émoluments, frais et débours dont elles sont redevables.

Les états de frais doivent faire ressortir séparément et distinctement les émoluments, les provisions versées, les frais et les débours, avec mention :

1° Pour les émoluments :

a) Des lignes du tableau 6 annexé à l'article R. 444-3 auxquels ils correspondent ;

b) Des articles du présent code qui en fixent le montant ;

2° Pour les débours, des dispositions de l'article annexe 4-8 les prévoyant.

Il n'est dû aucun émolument pour la rédaction et l'établissement de l'état de frais ni, éventuellement, de ses copies.

Art. R. 444-75 Lorsqu'en application de l'article R. 444-15, l'avocat exerce son droit de rétention sur les actes qu'il a faits, sur les pièces qui lui ont été remises pour soutenir le procès ou les titres qu'il s'est procurés au cours de la procédure, la communication de ces actes, pièces ou titres à tout officier public ou ministériel mandataire de la partie doit toujours être faite à titre provisoire, lorsqu'un intérêt légitime est reconnu par le bâtonnier de l'ordre des avocats près le *(Décr. nº 2019-966 du 18 sept. 2019, art. 8, en vigueur le 1er janv. 2020)* « tribunal judiciaire *[ancienne rédaction : tribunal de grande instance]* » concerné. Il appartient à l'officier public ou ministériel mandataire de la partie de rétablir ces actes, pièces ou titres aux mains de l'avocat lorsqu'ils ne lui sont plus nécessaires.

Art. R. 444-76 Il est interdit aux avocats, sous peine de sanctions disciplinaires, de partager leurs émoluments avec un tiers.

Art. R. 444-77 *(Abrogé par Décr. nº 2020-179 du 28 févr. 2020, art. 14) Dans le département de La Réunion, les émoluments des prestations de postulation régies par le présent titre sont majorés de 40 %.*

TITRE CINQUIÈME DES POUVOIRS D'ENQUÊTE

RÉP. COM. vº *Concurrence (règles de procédure)*, par ARHEL.

Art. R. 450-1 *(Décr. nº 2014-1109 du 30 sept. 2014, art. 33)* « I. — » Les procès-verbaux prévus à l'article L. 450-2 énoncent la nature, la date et le lieu des constatations ou des contrôles effectués. *(Décr. nº 2021-1302 du 7 oct. 2021, art. 1er)* « Ils sont signés d'un agent mentionné à l'article L. 450-1 et par la personne concernée par les investigations. En cas de refus de celle-ci, mention en est faite au procès-verbal. »

Dans le cas prévu à l'article L. 450-1 où *(Décr. nº 2009-139 du 10 févr. 2009, art. 2)* « les agents des services d'instruction de l'Autorité de la concurrence » sont assistés d'un agent d'une autorité de concurrence d'un autre État membre de la Communauté européenne, les procès-verbaux en font mention. Ils indiquent l'identité de cet agent et la date de la décision l'autorisant à assister *(Décr. nº 2009-139 du 10 févr. 2009, art. 2)* « les agents des services d'instruction de l'Autorité ».

(Décr. nº 2014-1109 du 30 sept. 2014, art. 33) « II. — Lorsque les agents constatent des infractions ou manquements dans les conditions prévues au II de l'article L. 450-3-2, ils mentionnent également dans le procès-verbal les modalités de consultation et d'utilisation du site internet, notamment :

« 1° Les noms *[nom]*, qualité et résidence administrative de l'agent verbalisateur ;

« 2° L'identité d'emprunt sous laquelle le contrôle a été conduit ;

« 3° La date et l'heure du contrôle ;

« 4° Les modalités de connexion au site et de recueil des informations. » — *[Décr. nº 2002-689 du 30 avr. 2002, art. 15.]*

Les dispositions issues du Décr. nº 2009-139 du 10 févr. 2009 entrent en vigueur à la date d'entrée en vigueur de la L. nº 2008-776 du 4 août 2008 et de l'Ord. nº 2008-1161 du 13 nov. 2008 (Décr. préc., art. 4).

1. Domaine d'application. Échappent aux prescriptions de l'art. 31 du Décr. de 1986 [abrogé] les procès-verbaux constatant des faits de publicité de nature à induire en erreur qui n'ont, conformément au droit commun, à être signés que de leur seul rédacteur. • Crim. 25 sept. 1995, nº 94-84.727 : *D. Affaires 1996. 12.*

2. Rédaction dans le plus court délai. L'art. 15 du Décr. [C. com., art. R. 450-1] ne fait plus mention d'une rédaction dans les plus brefs délais tel que le prévoyait l'art. 31 du Décr. de 1986. ♦ En ce sens que le point de départ de ce délai devait être fixé à la date de l'accomplissement de la dernière diligence utile à l'enquête, V. • Paris, 13 déc. 1994 : *BID 1995, n° 7-8, p. 31.*

3. Nullité. La procédure pénale relevant, selon l'art. 34 de la Constitution, du domaine de la loi, la méconnaissance éventuelle des dispositions des art. 31 et 32 du Décr. du 29 déc. 1986 [abrogés], pris pour l'application de l'Ord. du 1er déc. 1986 [C. com., art. L. 450-2 s.], ne saurait conduire à l'annulation de la procédure. • Crim. 5 mai 1997, n° 95-82.685 P : *D. Affaires 1997. 1244* (V., sur renvoi, • Angers, 26 févr. 1998 : *BID 2/1999. 20*). ♦ Comp., sur la nullité en cas d'inobservation de la prescription de l'art. 31 du Décr. de 1986 [abrogé], sous réserve du respect de l'art. 385 C. pr. pén. (présentation des exceptions de nullité avant toute défense au fond) : • Crim. 13 nov. 1991, n° 91-83.316 P : *RJDA 1992, n° 175.* ♦ ... Sur l'application, toutefois, de l'art. 802 C. pr. pén. (subordination de la nullité à une atteinte aux intérêts de la partie concernée) : • Chambéry, 24 févr. 1993 : *BID 9/1994. 33.* – V. aussi • Paris, 12 nov. 1991 : *BICC 1992, n° 646* • TGI Lyon, 5 mars 1995 : *BID 1/1998. 18* • T. pol. Pau, 23 mai 1997 : *BID 5/1998. 27.* ♦ Pour d'autres décisions, V. *BID 2/1995. 12.* ♦ V. aussi, note ss. art. L. 450-2.

4. Mention des contrôles. Pour un cas de nullité du procès-verbal motivée par l'absence d'indications de la nature et de l'étendue des contrôles effectués, V. • Paris, 2 avr. 1996 : *D. Affaires 1996. 643.*

5. Nature, date et lieu des constatations. La mention de la nature, de la date et du lieu des constatations effectuées n'étant pas requise à peine de nullité, sont réguliers les procès-verbaux qui indiquent que les intéressés ont été entendus en leurs bureaux, dont l'adresse est précisée. • Paris, 27 sept. 1996 : *D. Affaires 1997. 17.* ♦ Le lieu des constatations s'entend des locaux où la visite a été effectuée ; il ne résulte d'aucune disposition l'obligation pour les enquêteurs de préciser dans le procès-verbal, à peine de nullité de celui-ci, dans quel bureau chaque document saisi a été découvert. • Paris, 1er déc. 2016, n° 2012/11639. ♦ En ce sens que la preuve que les personnes ont eu connaissance de l'objet de l'enquête peut résulter d'une mention sur le procès-verbal ou d'éléments extrinsèques à celui-ci, V. • Cons. conc. n° 97-D-11 du 25 févr. 1997 : *CCC 1997, n° 119, obs. Vogel.*

6. Droits de la défense. V. notes 6 s. ss. art. L. 450-1.

7. Signature de l'enquêteur. Lorsqu'un procès-verbal est dressé par plusieurs enquêteurs [désormais agents mentionnés à l'art. L. 450-1], le défaut de signature de l'un d'eux prive de force probante les constatations auxquelles il a seul procédé, mais n'entraîne pas la nullité du procès-verbal. • Crim. 26 sept. 1994, n° 93-84.098 : *RJDA 1995, n° 43.* ♦ *Contra*, prononçant la nullité : • Paris, 10 juill. 1990 : *Gaz. Pal. 1990. 2. 661, note Marchi.* ♦ La simple mention d'empêchement pour raison de service d'une partie des agents enquêteurs ne saurait faire écarter les dispositions de l'art. 31. • TGI Strasbourg, 17 sept. 1992 : *BICC 1993, n° 90.*

8. Signature de la personne concernée par les investigations. Les signatures requises doivent émaner des témoins et auteurs des investigations et déclarations qui y sont relatées sans que soit requise la signature de toutes les personnes éventuellement présentes. • Com. 9 mai 2001, n° 98-22.150 P. ♦ « La personne concernée par les investigations » est celle ayant effectivement participé auxdites investigations et non le représentant légal de la société pris en cette qualité, s'il n'a pas lui-même été témoin des opérations menées par les enquêteurs. • Paris, 2 avr. 1996 : *préc. note 4.* ♦ La signature requise est celle de la personne qui a assisté aux opérations « relatées dans le procès-verbal ». Dès lors que le procès-verbal critiqué, signé par le seul P-DG, dresse l'inventaire des documents spontanément remis par celui-ci, seules investigations relatées, sa seule signature suffit sans qu'il y ait lieu de requérir la signature de la personne seule présente sur les lieux au moment de l'arrivée des enquêteurs. • Com. 20 nov. 2001, n° 99-16.776 P.

Retenant que la personne concernée qui doit signer le procès-verbal est la personne pénalement responsable, la disposition prévoyant cette signature [arrêt rendu sur le fondement de l'anc. art. R. 141-1 C. consom.] ayant pour finalité de permettre à la personne mise en cause de présenter ses observations et non de valider les constatations des agents verbalisateurs, V. • Crim. 28 sept. 2001 : *Dr. pénal. 2002, n° 33, obs. Robert.*

La signature d'un procès-verbal établi en vertu de l'art. 47 de l'Ord. de 1986 [C. com., art. L. 450-3] a pour objet de donner foi, jusqu'à preuve contraire, aux énonciations qui y sont consignées, soit qu'elles concernent le déroulement des opérations auxquelles procèdent les enquêteurs, soit qu'elles relatent les propos d'une personne faisant l'objet d'une audition ; le défaut de signature de l'un des témoins des investigations ou de l'une des personnes entendues n'est pas en lui-même de nature à entacher le procès-verbal d'irrégularité. • Com. 19 juin 2001, n° 99-13.190 P. ♦ *Contra,* pour une nullité en raison du défaut de signature de la personne entendue, V. • Paris, 17 mai 1994 : *CCC 1994, n° 138, obs. Vogel.* ♦ Il n'est pas nécessaire qu'il y ait un paraphe à chaque page. • Paris, 16 déc. 1994 : *BOCC 28 déc. 1994.*

9. Contestation. La signature sans réserve sur le procès-verbal ne prive pas du droit d'en contester la teneur au moyen de toute voie de droit. • Paris, 9 sept. 1997 : *BOCC 7 oct. 1997.*

10. Mode de preuve. Il ne résulte pas des dispositions de l'art. R. 450-1 que la preuve des faits prévus à l'art. L. 446-2 ne pourrait être rapportée par le ministre chargé de l'économie que par des procès-verbaux, à l'exclusion de tout autre mode de preuve. • Nîmes, 10 mars 2011 : *cité note 9 ss. art. L. 450-2.*

Art. R. 450-2 *(Décr. n° 2009-139 du 10 févr. 2009, art. 2)* « L'ordonnance mentionnée à l'article L. 450-4 indique les voies et délais de recours dont dispose l'occupant des lieux ou son représentant *[.]* »

Les procès-verbaux prévus à l'article L. 450-4 relatent le déroulement de la visite et consignent les constatations effectuées. Ils sont dressés sur-le-champ. Ils comportent l'inventaire des pièces et documents saisis.

Ces procès-verbaux sont signés par les *(Décr. n° 2009-139 du 10 févr. 2009, art. 2)* « agents mentionnés à l'article L. 450-1 », par l'officier de police judiciaire chargé d'assister aux opérations ainsi que, selon le cas, par l'occupant des lieux ou son représentant ou les deux témoins requis conformément au septième alinéa de l'article L. 450-4.

Une copie du procès-verbal est remise à l'occupant des lieux ou à son représentant. En l'absence de l'occupant des lieux ou de son représentant, la copie du procès-verbal est adressée après la visite au responsable de l'entreprise ou de l'organisme concerné par lettre recommandée avec demande d'avis de réception. Les pièces et documents saisis ne peuvent être opposés aux intéressés qu'après qu'ils ont été mis en mesure d'en prendre connaissance. — *[Décr. n° 2002-689 du 30 avr. 2002, art. 16.]*

V. note ss. art. R. 450-1.

Inventaire. Sur la mise en œuvre de l'obligation d'inventaire, V. • Crim. 14 nov. 2007, n° 05-85.739 : *cité note 29 ss. art. L. 450-4.* ♦ Un inventaire ne saurait se réduire à l'énoncé du nom et de la place d'un fichier, alors même que ce fichier, constitué du courrier électronique, était relatif à des sujets très différents et dont un seul était de nature à légitimer la saisie opérée. • TGI Nanterre, 9 avr. 2008 : *Lettre distrib. 7-8/2008. 3.*

Art. R. 450-2-1 *(Décr. n° 2021-1302 du 7 oct. 2021, art. 1er)* Sont susceptibles de faire l'objet de l'application de l'article L. 450-2-1, les actes mentionnés aux titres V et VII du livre IV et aux textes pris pour leur application.

Art. R. 450-2-2 *(Décr. n° 2021-1302 du 7 oct. 2021, art. 1er)* Les actes établis par les agents mentionnés à l'article L. 450-1 peuvent recevoir une signature sous format numérique.

Art. R. 450-2-3 *(Décr. n° 2021-1302 du 7 oct. 2021, art. 1er)* Constituent des procédés de signature sous format numérique au sens de l'article L. 450-2-1 la signature électronique et la signature manuscrite recueillie sous format numérique.

Art. R. 450-2-4 *(Décr. n° 2021-1302 du 7 oct. 2021, art. 1er)* La signature électronique est apposée dans les conditions prévues par les articles 1366 et 1367 du code civil.

Cette signature est au moins d'un niveau avancé reposant sur un certificat qualifié, au sens du règlement (UE) n° 910/2014 du Parlement européen et du Conseil du 23 juillet 2014 sur l'identification électronique et les services de confiance pour les transactions électroniques au sein du marché intérieur.

Art. R. 450-2-5 *(Décr. n° 2021-1302 du 7 oct. 2021, art. 1er)* La signature manuscrite recueillie sous format numérique est valablement apposée si le signataire a été préalablement mis à même de prendre connaissance de l'acte sous un format numérique et si, postérieurement à son recueil, il est apposé sur l'acte une signature électronique par l'un des agents mentionnés à l'article L. 450-1.

Art. D. 450-3 *(Décr. n° 2009-311 du 20 mars 2009)* I. — Le ministre chargé de l'économie informe le rapporteur général de l'Autorité de la concurrence des investigations qu'il souhaite entreprendre sur des faits susceptibles de relever des articles L. 420-1, L. 420-2 et L. 420-5. Il lui transmet les documents en sa possession justifiant le déclenchement d'une enquête. — *V. art. L. 450-5.*

Le rapporteur général peut prendre la direction de ces investigations dans le délai d'un mois à compter de la réception des documents susmentionnés, auquel cas il en informe le ministre. Dans l'hypothèse où le rapporteur général écarte cette possibilité ou n'a pas informé, dans un délai de trente-cinq jours suivant la réception des documents, le ministre des suites données, le ministre chargé de l'économie peut faire réaliser les investigations par ses services.

II. — Le ministre chargé de l'économie informe le rapporteur général de l'Autorité de la concurrence du résultat des investigations auxquelles il aura fait procéder et lui transmet l'ensemble des pièces de la procédure.

Le rapporteur général peut proposer à l'Autorité de la concurrence de se saisir d'office des résultats de l'enquête ; l'Autorité dispose d'un délai de deux mois pour se prononcer à compter de la réception par le rapporteur général des pièces de la procédure. Dans l'hypothèse où le rapporteur général écarte cette possibilité ou si l'Autorité ne donne pas suite à sa proposition dans le délai mentionné ci-dessus, le rapporteur général en informe le ministre. A défaut de notification par le rapporteur général de la décision de l'Autorité dans un délai de soixante-cinq jours suivant la transmission des pièces de la procédure, le ministre chargé de l'économie peut prendre les mesures prévues aux articles L. 462-5 et L. 464-9, ou classer l'affaire.

BIBL. ▸ CLAUDEL, *RTD com. 2009. 563* (direction des investigations).

Art. R. 450-4 *(Décr. n° 2019-1247 du 28 nov. 2019, art. 1er)* I. — La demande d'autorisation de communication des données de connexion mentionnée au deuxième alinéa de l'article L. 450-3-3 précise pour chaque enquête :

1° Le nom de la personne suspectée d'avoir pris part aux infractions et manquements mentionnés au I de l'article L. 450-3-3 ou le nom de toute autre personne pour laquelle l'accès aux données de connexion apparait nécessaire à l'enquête ou, le cas échéant, le numéro de téléphone, l'adresse IP ou toute autre donnée de connexion en possession des enquêteurs et pour lesquels des éléments supplémentaires sont nécessaires à l'enquête ;

2° Les données de connexion ou les types de données de connexion demandés pour chaque personne ou dans chaque cas mentionnés au 1° ;

3° Les périodes au titre desquelles les données de connexion sont demandées ;

4° Les éléments de fait et de droit permettant de justifier cette demande.

Si nécessaire, des demandes complémentaires peuvent être présentées au titre d'une enquête pour laquelle une demande a déjà été introduite.

II. — La demande d'autorisation de communication des données de connexion mentionnée au deuxième alinéa de l'article L. 450-3-3 adressée au contrôleur des demandes de données de connexion et l'autorisation préalable délivrée par celui-ci mentionnée au huitième alinéa de l'article L. 450-3-3 sont formulées par écrit et transmises par tout moyen permettant d'en assurer la confidentialité et d'attester de leur réception.

Art. R. 450-5 *(Décr. n° 2019-1247 du 28 nov. 2019, art. 1er)* Les données transmises par les opérateurs de télécommunication sont recueillies et conservées, jusqu'à leur destruction, selon des modalités propres à garantir leur confidentialité.

Art. R. 450-6 *(Décr. n° 2019-1247 du 28 nov. 2019, art. 1er)* La destruction des données de connexion collectées au cours d'une même enquête, effectuée dans les conditions prévues aux neuvième et dixième alinéas de l'article L. 450-3-3, donne lieu à un procès-verbal établi par les agents mentionnés à l'article L. 450-1. Les demandes d'autorisation d'accès aux données de connexion adressées au contrôleur des demandes de données de connexion ainsi que les autorisations délivrées par ce dernier sont détruites dans les mêmes conditions.

Art. R. 450-7 *(Décr. n° 2019-1247 du 28 nov. 2019, art. 1er)* Le contrôleur des demandes de données de connexion ou, le cas échéant, son suppléant, reçoivent une indemnité dont le montant est fixé par arrêté des ministres chargés de l'économie et du budget.

Art. R. 450-8 *(Décr. n° 2019-1247 du 28 nov. 2019, art. 1er)* L'autorité administrative mentionnée au deuxième alinéa de l'article L. 450-3-3 est :

1° Le directeur général de la concurrence, de la consommation et de la répression des fraudes ou son représentant nommément désigné ;

2° Le chef du service national des enquêtes de la direction générale de la concurrence, de la consommation et de la répression des fraudes ou son représentant nommément désigné ;

3° Le *(Décr. n° 2020-1545 du 9 déc. 2020, art. 28, en vigueur le 1er avr. 2021)* « directeur régional de l'économie, de l'emploi, du travail et des solidarités » ou son représentant nommément désigné ;

4° Le *(Décr. n° 2020-1545 du 9 déc. 2020, art. 28, en vigueur le 1er avr. 2021)* « directeur de l'économie, de l'emploi, du travail et des solidarités » ou son représentant nommément désigné.

TITRE SIXIÈME DE L'AUTORITÉ DE LA CONCURRENCE

CHAPITRE PREMIER DE L'ORGANISATION

Art. R. 461-1 *(Décr. n° 2009-141 du 10 févr. 2009, art. 1er)* « Le président de l'Autorité de la concurrence la représente en justice et dans tous les actes de la vie civile. Dans ce cadre, il signe les actes et pièces au nom de l'Autorité.

« Le président de l'Autorité de la concurrence a qualité pour agir en demande et en défense et présenter des observations devant toute juridiction au nom de cette Autorité. »

Le président de l'Autorité de la concurrence peut, dans les cas prévus par le livre IV, déléguer certaines de ses attributions à un vice-président.

Le président de l'Autorité de la concurrence est suppléé, en cas d'absence ou d'empêchement, par un vice-président. En cas de vacance du poste de président, le vice-président dont la nomination dans cette fonction est la plus ancienne assure l'intérim.

(Abrogé par Décr. n° 2009-141 du 10 févr. 2009, art. 1er) ***« A l'occasion de la procédure de recours devant la cour d'appel de Paris contre ses décisions, le Conseil de la concurrence est représenté par son président ou la personne que ce dernier désigne à cet effet. »*** *— [Décr. n° 2002-689 du 30 avr. 2002, art. 19.] — Sur la procédure de recours, V. art. R. 464-10 s.*

Les modifications apportées par le Décr. n° 2009-141 du 10 févr. 2009 entrent en vigueur à la date d'entrée en vigueur de la L. n° 2008-776 du 4 août 2008 et de l'Ord. n° 2008-1161 du 13 nov. 2008 (Décr. préc., art. 5). — Les actions en justice engagées par le président du Conseil de la concurrence sur le fondement du III de l'art. L. 442-6 [L. 442-4] sont poursuivies par le président de l'Autorité de la concurrence (Décr. préc., art. 4).

1. Substitution des présidents. Le président de l'Autorité de la concurrence se substitue naturellement au président du Conseil de la concurrence et reprend donc à son compte les actions engagées. • T. com. Créteil, 13 oct. 2009 : *D. actu. 2 déc. 2009, obs. Chevrier ; CCC 2010, n° 6, obs. Malaurie-Vignal ; RLC janv.-mars 2010. 40, obs. Béhar-Touchais.*

2. Pouvoirs du président. L'art. R. 461-1 autorise le président de l'Autorité de la concurrence à défendre devant les juridictions au nom de cette autorité. Ces dispositions sont applicables dans le cadre d'un recours contre la décision par laquelle le rapporteur général de l'Autorité refuse la protection du secret des affaires ou accorde la levée de ce secret. Ces dispositions ne méconnaissent aucunement le principe de séparation des pouvoirs inscrit à l'art. 16 DDH. • CE 27 juill. 2016, n° 392182. ♦ Il revient aux requérantes de développer les arguments propres à démontrer que la qualité de représentant de l'Autorité, que les textes attribuent à son président, ferait obstacle à ce que celui-ci soit chargé, en tant qu'organe de cette même autorité, de présenter en son nom des observations devant la cour. • Paris, 23 mai 2017, n° 15/08224.

Art. R. 461-2 *(Décr. n° 2009-141 du 10 févr. 2009, art. 3)* « A l'exception des dépenses relatives aux services d'instruction dont l'ordonnancement est délégué au rapporteur général, le président de l'Autorité de la concurrence peut déléguer sa signature à tout agent d'encadrement pour engager les dépenses et signer les marchés et les contrats. Il peut également déléguer le soin de représenter l'Autorité devant toute juridiction. »

Des régies de recettes et de dépenses peuvent être créées auprès de l'Autorité par arrêté du ministre chargé de l'économie, des finances et de l'industrie dans les conditions prévues par les articles R. 1617-1 et suivants du code général des collectivités territoriales. — *[Décr. n° 2002-689 du 30 avr. 2002, art. 27.]*

Les modifications issues du Décr. n° 2009-141 du 10 févr. 2009 entrent en vigueur à la date d'entrée en vigueur de la L. n° 2008-776 du 4 août 2008 et de l'Ord. n° 2008-1161 du 13 nov. 2008 (Décr. préc., art. 5).

Art. R. 461-3 Le rapporteur général ainsi que le ou les rapporteurs généraux adjoints sont nommés pour quatre ans, parmi les membres du conseil d'État, les magistrats, les fonctionnaires de catégorie A et les personnes pouvant justifier d'une expérience d'au moins cinq ans dans le domaine du droit de la concurrence et titulaires d'un des diplômes permettant d'accéder à un corps de catégorie A. Ils peuvent être renouvelés une fois dans leurs fonctions.

Le rapporteur général anime et contrôle l'activité des rapporteurs. Il veille, notamment :

– à ce que les rapporteurs effectuent des actes tendant à la recherche, à la constatation ou à la sanction des faits concernés par l'instruction des affaires dont il leur a confié l'examen ;

– à la qualité des notifications de griefs, des rapports et autres actes d'instruction effectués par les rapporteurs.

Il peut déléguer à un ou des rapporteurs généraux adjoints tout ou partie des attributions qu'il détient conformément au présent titre.

(Décr. n° 2009-139 du 10 févr. 2009, art. 3) « Il peut aussi déléguer sa signature à un rapporteur général adjoint ou à un agent d'encadrement.

« En cas de vacance du poste de rapporteur général, un intérim est assuré par le rapporteur général adjoint le plus ancien dans la fonction. » – *[Décr. n° 2002-689 du 30 avr. 2002, art. 20.]*

Les modifications issues du Décr. n° 2009-139 du 10 févr. 2009 entrent en vigueur à la date d'entrée en vigueur de la L. n° 2008-776 du 4 août 2008 et de l'Ord. n° 2008-1161 du 13 nov. 2008 (Décr. préc., art. 4).

Art. R. 461-4 Les rapporteurs permanents sont nommés parmi les membres du conseil d'État, les magistrats, les fonctionnaires de catégorie A, les agents contractuels de l'État de niveau équivalent ou les personnalités ayant une compétence économique ou juridique et titulaires d'un des diplômes permettant d'accéder à un corps de catégorie A. – *[Décr. n° 2002-689 du 30 avr. 2002, art. 21.]*

Art. R. 461-5 Le *(Décr. n° 2009-139 du 10 févr. 2009, art. 3)* « rapporteur général » peut faire appel à des rapporteurs extérieurs choisis parmi les membres du Conseil d'État, les magistrats, les fonctionnaires de catégorie A ou les agents contractuels de l'État de niveau équivalent en activité ou ayant fait valoir leurs droits à la retraite. – *[Décr. n° 2002-689 du 30 avr. 2002, art. 22.]*

V. note ss. art. R. 461-3.

Art. R. 461-6 Le président de l'Autorité de la concurrence fixe le nombre et la composition des sections ; il affecte les membres de l'Autorité de la concurrence à chacune d'entre elles.

Chaque section est présidée par le président de l'Autorité de la concurrence ou par l'un des vice-présidents ou, lorsque cela est nécessaire pour permettre un nouvel examen d'une affaire dans une formation différente, par le membre le plus ancien de la section. Elle comprend au moins deux autres membres. Les vice-présidents peuvent se suppléer en cas d'absence ou d'empêchement de l'un d'entre eux. – *[Décr. n° 2002-689 du 30 avr. 2002, art. 23.]*

Art. R. 461-7 *(Abrogé par Décr. n° 2009-139 du 10 févr. 2009, art. 3) « **Le Conseil ne peut valablement délibérer que s'il comprend au moins huit membres en formation plénière et au moins trois membres en section, dont un membre de la catégorie mentionnée au 1° du II de l'article L. 461-1.** »* Une section peut à tout moment décider le renvoi d'une affaire en formation plénière.

*(Abrogé par Décr. n° 2009-139 du 10 févr. 2009, art. 3) « **La commission permanente ne peut délibérer que si trois de ses membres sont présents. En cas d'empêchement d'un de ses membres, la commission est complétée par un membre du Conseil désigné par le président.** »* – *[Décr. n° 2002-689 du 30 avr. 2002, art. 24.]*

V. note ss. art. R. 461-3.

Art. R. 461-8 **L'Autorité de la concurrence établit son règlement intérieur, qui fixe notamment les conditions de son fonctionnement administratif.** *(Décr. n° 2009-139 du 10 févr. 2009, art. 3)* **« Ce règlement intérieur est publié au *Journal officiel* de la République française. »** *— V. Décis. du 30 mars 2009 (JO 4 avr.). —* **C. *compliance*.**

L'organisation de l'Autorité de la concurrence est fixée par décision de son président. *— [Décr. n° 2002-689 du 30 avr. 2002, art. 26.] — V. Décis. du 22 juill. 2020. —* **C. *compliance*.**

V. note ss. art. R. 461-3.

Sur la rémunération de certains services rendus par l'Autorité de la concurrence, V. Décr. n° 2012-822 du 26 juin 2012 (JO 28 juin).

Art. R. 461-9 *(Décr. n° 2009-335 du 26 mars 2009)* **I. — Le conseiller auditeur exerce ses fonctions pour une durée de cinq ans. Son mandat est renouvelable une fois.**

II. — Le conseiller auditeur peut intervenir à la demande d'une partie. Il peut également appeler l'attention du rapporteur général sur le bon déroulement de la procédure, s'il estime qu'une affaire soulève une question relative au respect des droits des parties.

Les parties mises en cause et saisissantes peuvent présenter des observations au conseiller auditeur sur le déroulement de la procédure d'instruction les concernant dans les affaires donnant lieu à une notification de griefs, pour des faits ou des actes intervenus à compter de la réception de la notification de griefs et jusqu'à la réception de la convocation à la séance de l'Autorité.

Le conseiller auditeur recueille, le cas échéant, les observations complémentaires des parties ainsi que celles du rapporteur général sur le déroulement de la procédure. Il peut proposer des mesures destinées à améliorer l'exercice de leurs droits par les parties.

Il conclut ses interventions en rédigeant un rapport remis au président de l'Autorité au plus tard dix jours ouvrés avant la séance. Une copie est adressée au rapporteur général et aux parties concernées.

Le président de l'Autorité de la concurrence peut inviter le conseiller auditeur à assister à la séance et à y présenter son rapport.

Lorsque le conseiller auditeur décide d'appeler l'attention du rapporteur général sur le bon déroulement de la procédure dans une affaire, conformément au premier alinéa ci-dessus, il verse ses observations au dossier.

III. — Pour l'exercice de ses fonctions, le conseiller auditeur bénéficie du concours des services d'instruction de l'Autorité. Il est habilité à demander la communication des pièces du dossier dont il est saisi auprès du rapporteur général de l'Autorité. La confidentialité des documents et le secret des affaires ne lui sont pas opposables.

IV. — Le conseiller auditeur remet chaque année au président de l'Autorité un rapport sur son activité. Ce rapport est joint au rapport public de l'Autorité.

BIBL. ▸ Conseiller auditeur : BOSCO, *CCC 2009, n° 138* (conseiller auditeur « à la française »). – DANY et LE MOULLEC, *RLDA juin 2009. 37* (fin et début d'un suspens). – BARBIER DE LA SERRE et MACÉ DE GASTINES, *RLC juill.-sept. 2009. 66* (un homonyme plus qu'un homologue du conseiller auditeur communautaire). – CLAUDEL, *RTD com. 2009. 564* (un personnage bienvenu aux attributions modestes). – SAINT-ESTEBEN, *RLC oct.-déc. 2009. 125* (quel rôle au sein de l'Autorité de la concurrence ?). – VOILLEMOT, *RDLC 2010, n° 1, p. 218* (même thème). – VOILLEMOT-TRANIÉ, *JCP E 2012, n° 1005* (conseiller auditeur de l'Autorité de la concurrence française).

Conseiller auditeur. Sur la nomination prétendument tardive du conseiller auditeur : estimant que cette nomination n'a pas, concrètement, porté atteinte aux droits de la défense de la société dans la mesure où elle ne l'a pas privée de la possibilité de bénéficier des garanties offertes par l'art. R. 461-9 et qu'elle n'a pas constitué un dysfonctionnement du service permettant de proroger le délai énoncé à l'art. L. 463-2 pour présenter les observations à la notification de griefs : • Aut. conc. n° 10-D-13 du 15 avr. 2010.

Art. R. 461-10 *(Décr. n° 2019-169 du 6 mars 2019, art. 2-I)* **Pour chaque renouvellement par moitié des membres de l'Autorité, le mandat des membres appartenant à la moitié concernée prend fin cinq ans après la date à laquelle le mandat de leur prédécesseur a pris fin.**

Les dispositions de l'art. R. 461-10 s'appliquent sous réserve des dates d'échéance des mandats fixées conformément à l'art. 1er du Décr. n° 2019-169 du 6 mars 2019 (V. ci-dessous) pour organiser le premier renouvellement par moitié du collège de l'Autorité de la concurrence (Décr. préc., art. 2-II).

Décret n° 2019-169 du 6 mars 2019, *fixant les modalités de renouvellement partiel du collège de l'Autorité de la concurrence.* **Art. 1er** I. — Les mandats du membre de l'Autorité de la concurrence nommé pour succéder à celui dont le mandat prend fin le 14 décembre 2021, du vice-président de cette Autorité nommé pour succéder à celui dont le mandat prend fin le 13 novembre 2022 et du vice-président de cette Autorité nommé pour succéder à celui dont le mandat prend fin le 15 avril 2023 prennent fin le 18 septembre 2026.

II. — La durée des mandats des treize membres nommés pour succéder aux membres dont le mandat prend fin le 18 mars 2019 est fixée comme suit :

1° Les deux vice-présidents sont nommés pour des mandats qui prennent fin le 18 mars 2024 ;

2° Au cours de la première réunion du collège suivant la nomination des onze autres membres, ceux d'entre eux qui souhaitent que leur mandat prenne fin le 18 septembre 2021 en informent le collège et il est procédé de la façon suivante :

a) Si cinq membres font part d'un tel souhait, le mandat de ces membres prend fin le 18 septembre 2021. Le mandat des six autres membres prend fin le 18 mars 2024 ;

b) Si plus de cinq de ces onze membres font part d'un tel souhait, un tirage au sort, réalisé entre ceux d'entre eux ayant émis ce souhait, détermine les cinq membres qui exercent leur mandat jusqu'au 18 septembre 2021. Le mandat des six autres membres prend fin le 18 mars 2024 ;

c) Si moins de cinq de ces onze membres font part d'un tel souhait, un tirage au sort, réalisé entre ceux des membres n'ayant pas émis ce souhait, détermine lesquels exercent également leur mandat jusqu'au 18 septembre 2021, de telle sorte que cinq des ces onze membres exercent leur mandat jusqu'à cette date. Le mandat des six autres membres prend fin le 18 mars 2024.

Les opérations de tirage au sort font l'objet d'un procès-verbal signé par le président de l'Autorité, qui le transmet au Premier ministre et au ministre chargé de l'économie.

III. — Un avis publié au *Journal officiel* de la République française précise la date à laquelle le mandat de chacun des membres de l'Autorité prend fin en application du présent article.

CHAPITRE II DES ATTRIBUTIONS

Art. R. 462-1 Les avis rendus en application des articles L. 410-2 et L. 462-2 sont publiés avec les textes auxquels ils se rapportent.

Les avis rendus en application de l'article L. 462-1 et destinés à une commission parlementaire ou au Gouvernement peuvent être publiés par leur destinataire ou, avec l'accord de ce dernier, par l'Autorité de la concurrence. L'Autorité de la concurrence peut publier les avis demandés par d'autres personnes. – *[Décr. n° 2002-689 du 30 avr. 2002, art. 28.]*

Art. R. 462-2 Délégation permanente est donnée au ministre chargé de l'économie pour consulter, au nom du Gouvernement, l'Autorité de la concurrence de sa propre initiative ou à la demande du ministre dont relève le secteur économique concerné, en application des articles L. 410-2, L. 462-1 et L. 462-2. – *[Décr. n° 2002-689 du 30 avr. 2002, art. 29.]*

(Décr. n° 2016-230 du 26 févr. 2016, art. 3) « Pour l'application de l'article L. 462-2-1, délégation permanente est donnée au ministre de la justice et au ministre chargé de l'économie pour consulter, au nom du Gouvernement, l'Autorité de la concurrence. »

Art. R. 462-3 La procédure contradictoire prévue à l'article L. 462-3 comporte la notification d'un rapport effectuée par le rapporteur général aux parties en cause devant la juridiction, au commissaire du Gouvernement auprès de l'Autorité de la concurrence et, le cas échéant, aux autres personnes dont les agissements ont été examinés dans le rapport au regard des articles 81 et 82 du traité instituant la Communauté européenne *[art. 101 et 102 TFUE]* et *(Décr. nº 2017-483 du 6 avr. 2017, art. 13)* « des articles L. 420-1, L. 420-2, L. 420-2-1, L. 420-2-2 et L. 420-5 ». Le rapporteur général fixe aux destinataires un délai de réponse, qui ne peut être inférieur à un mois à compter de la notification du rapport, pour consulter le dossier et présenter des observations écrites.

L'avis de l'Autorité de la concurrence rendu à la juridiction qui l'a consultée est communiqué aux personnes mentionnées au premier alinéa. – *[Décr. nº 2002-689 du 30 avr. 2002, art. 40.]*

Art. R. 462-4 *(Décr. nº 2009-139 du 10 févr. 2009, art. 3)* Les décisions de l'Autorité prévues à l'article L. 464-8 sont annexées au rapport d'activité prévu à l'article L. 461-5.

V. note ss. art. R. 461-3.

Art. R. 462-5 *(Décr. nº 2015-1671 du 14 déc. 2015, en vigueur le 1er janv. 2016)* I. – L'Autorité de la concurrence est informée de façon préalable des accords d'achats groupés mentionnés au premier alinéa de l'article L. 462-10 lorsque les deux conditions suivantes sont réunies :

a) Le chiffre d'affaires total mondial hors taxes de l'ensemble des entreprises ou des groupes de personnes physiques ou morales parties à de tels accords est supérieur à 10 milliards d'euros ;

b) Le chiffre d'affaires total hors taxes réalisé à l'achat en France dans le cadre de ces accords par l'ensemble des entreprises ou des groupes de personnes physiques ou morales parties à de tels accords est supérieur à 3 milliards d'euros.

II. – Pour l'appréciation du seuil mentionné au *b* du I, deux ou plusieurs accords au sens de l'article L. 462-10 conclus au cours d'une période de deux années entre les mêmes entreprises ou groupes de personnes physiques ou morales sont considérés comme un seul accord intervenant à la date du premier.

CHAPITRE III DE LA PROCÉDURE

RÉP. COM. vº *Concurrence (règles de procédure)*, par ARHEL.

SECTION PREMIÈRE DE LA SAISINE

Art. R. 463-1 *(Décr. nº 2021-715 du 2 juin 2021, art. 1er)* « La saisine de l'Autorité de la concurrence est adressée soit par lettre recommandée avec demande d'avis de réception, soit par dépôt au siège de l'Autorité de la concurrence, en quatre exemplaires, soit encore par l'intermédiaire d'une plateforme d'échanges sécurisés de documents électroniques. Elle peut être accompagnée de pièces annexes *[ancienne rédaction : La saisine de l'Autorité de la concurrence fait l'objet d'une lettre recommandée avec demande d'avis de réception ou d'un dépôt au bureau de la procédure, en quatre exemplaires. Elle peut être accompagnée de pièces annexes]*. »

La saisine précise :

– son objet et les dispositions du droit national ou du droit communautaire de la concurrence sur lesquelles la partie saisissante fonde sa demande ;

– les nom, prénoms, dénomination ou forme sociale, profession ou activité, et adresse du domicile ou du siège social du demandeur, ainsi que, le cas échéant, ses statuts et le mandat donné à son représentant. L'Autorité de la concurrence est informée sans délai de tout changement d'adresse par lettre recommandée avec demande d'avis de réception.

Si la saisine n'est pas accompagnée de ces éléments, une demande de régularisation est adressée au demandeur ou à son représentant mandaté, qui doivent y répondre et apporter les compléments dans un délai de deux mois.

Le commissaire du Gouvernement est destinataire d'une copie de toutes les saisines autres que celles émanant du ministre chargé de l'économie. – *[Décr. nº 2002-689 du 30 avr. 2002, art. 30.]*

FORM. PR. COM. vis *Saisine de l'Autorité par lettre recommandée AR ; Saisine de l'Autorité par dépôt au bureau de la procédure*, par CASANOVA.

Art. R. 463-2 **La production de mémoires, pièces justificatives ou observations effectuée devant l'Autorité de la concurrence sous la signature et sous le timbre d'un avocat emporte élection de domicile au cabinet de l'avocat ou au siège de la société d'avocats.** – *[Décr. nº 2002-689 du 30 avr. 2002, art. 30-1.]*

Élection de domicile. En cas d'élection de domicile, l'Autorité est tenue de notifier les actes de procédure à une seule adresse, celle du domicile élu, et non à l'ensemble des avocats désignés pour assister l'entreprise au cours de l'instruction. En effet, le domicile, au sens de l'art. 102 C. civ., est le lieu où une personne a son principal établissement. Le domicile s'entend d'un lieu unique. En conséquence, une personne ne peut élire domicile, pour l'exercice de ses droits, qu'à une seule adresse. Il appartient donc aux services d'instruction de procéder à la formalité de notification du rapport au siège d'un seul cabinet. • Aut. conc. nº 17-D-27 du 21 déc. 2017.

SECTION II DE L'INSTRUCTION

Art. R. 463-3 **Le rapporteur général ou un rapporteur général adjoint peut, à son initiative ou à la demande des parties ou du commissaire du Gouvernement, procéder à la jonction de l'instruction de plusieurs affaires. A l'issue de leur instruction, l'Autorité de la concurrence peut se prononcer par une décision commune. Le rapporteur général ou un rapporteur général adjoint peut également procéder à la disjonction de l'instruction d'une saisine en plusieurs affaires.** – *[Décr. nº 2002-689 du 30 avr. 2002, art. 31.]*

1. Motivation. Une décision de jonction est un acte interne au Conseil réalisé « pour une bonne administration de la justice », non motivé et non susceptible de recours. • Cons. conc. nº 07-D-15 du 9 mai 2007 : *cité note 7 ss. art. L. 463-5.*

2. Notification. Le rapporteur général n'est nullement tenu de notifier à quiconque les décisions de jonction ou de disjonction de l'instruction de plusieurs affaires qu'il peut prendre en application de l'art. R. 463-3 « pour une bonne administration de la justice ». • Aut. conc. nº 17-D-27 du 21 déc. 2017. ♦ Le fait que les décisions de jonction ou de disjonction de plusieurs affaires ont été notifiées aux mises en cause, seulement au moment de l'envoi de la notification des griefs, ne méconnaît donc ni les textes applicables, ni les principes généraux de la procédure. • Aut. conc. nº 18-D-21 du 8 oct. 2018.

3. Recours. Aucun texte ne prévoit un droit de recours à l'encontre des mesures prises en application de l'art. 31 du Décr. nº 2002-689 du 30 avr. 2002 [C. com., art. R. 463-3]. • Paris, 12 déc. 2006 : *cité note 45 ss. art. L. 420-1* (jonction de saisines). ♦ La disjonction de la saisine initiale du Conseil de la concurrence en trois dossiers distincts ne constitue pas une décision susceptible de recours par application des art. L. 464-2 et L. 464-8, les moyens visant à contester cette répartition de la saisine étant irrecevables. • Paris, 29 juin 2004 : *LPA 28 févr. 2005, obs. Arhel* • 21 sept. 2004 : *D. 2004. AJ 2789*. ♦ Les décisions du rapporteur général de l'Autorité de joindre ou disjoindre l'instruction de plusieurs affaires ne sont pas susceptibles d'être examinées par la cour d'appel. • Paris, 10 oct. 2013 : *cité note 3 ss. art. L. 464-2.*

4. Transaction. A supposer qu'il soit considéré que les services d'instruction aient manqué à l'obligation de loyauté en ne faisant pas connaître à la société A, au moment de la négociation de la transaction sur le grief notifié qui portait sur les seules pratiques relatives aux conditions de distribution des produits de la société B pour le territoire considéré et mettait en cause, pour cette distribution, les sociétés C et D, que des pratiques, de nature à recevoir la même qualification juridique pour des faits distincts portant sur la distribution de produits d'autres fournisseurs, susceptibles de lui être imputés, étaient en cours d'instruction, un tel manquement n'aurait pu vicier que la transaction elle-même et n'a pu avoir pour effet de vicier la seconde procédure, dès lors que l'entreprise ne soutient pas que les faits poursuivis entraient dans le périmètre de la transaction et que l'Autorité n'a tiré de la transaction intervenue aucun avantage particulier pour la seconde procédure. • Com. 26 janv. 2022, nº 20-14.000 B : *cité note 2 ss. art. L. 420-2-1.*

Art. R. 463-4 **En application de l'article L. 450-6, le rapporteur général confie l'instruction d'une affaire à un ou plusieurs rapporteurs qu'il désigne. Il peut, en cours d'instruction, modifier cette désignation et confier l'affaire à un nouveau rapporteur.** – *[Décr. nº 2002-689 du 30 avr. 2002, art. 17.]*

Art. R. 463-5 **Lorsque le rapporteur juge utile, pour l'instruction des saisines mentionnées à l'article L. 462-5 et des demandes de mesures conservatoires prévues à l'article L. 464-1 dont il a la charge, et notamment en cas d'urgence, de demander à la direction générale de la concurrence, de la consommation et de la répression des fraudes communication des éléments dont elle dispose déjà, sa demande est transmise**

par le rapporteur général, selon les mêmes modalités que celles qui sont prévues au premier alinéa de l'article L. 450-6. — *[Décr. n° 2002-689 du 30 avr. 2002, art. 18.]*

Communication des pièces. L'art. 18 du Décr. n° 2002-689 du 30 avr. 2002 [C. com., art. R. 463-5]. ne limite pas le champ de la communication, dès lors que les documents (rapports d'enquête, procès-verbaux...) présentent un lien avec la saisine du Conseil et ont été recueillis loyalement. • Cons. conc. n° 06-D-18 du 28 juin 2006 : *cité note 1 ss. art. R. 464-2.*

Art. R. 463-6 **Les auditions auxquelles procède le rapporteur donnent lieu à un procès-verbal, signé par les personnes entendues. En cas de refus de signer, il en est fait mention par le rapporteur. Les personnes entendues peuvent être assistées d'un conseil.** — *[Décr. n° 2002-689 du 30 avr. 2002, art. 32.]*

1. Signature de la personne entendue. Hors le cas prévu par l'art. 20 du Décr. du 29 déc. 1986, qui prévoyait la signature des procès-verbaux par les personnes entendues par le rapporteur en cours de procédure devant le Conseil de la concurrence, il ne pouvait être tiré aucun moyen de nullité d'une telle absence de signature ; ainsi en était-il du compte rendu d'une audition à laquelle avait procédé le rapporteur au cours de l'enquête préparatoire, non signé par la personne entendue. • Com. 14 janv. 1992, n° 89-20.576 P : *D. 1994. Somm. 173, obs. Gavalda et Lucas de Leyssac.*

2. Dossier. L'art. 20 du Décr. de 1986 ne prévoyait pas la mise à la disposition des personnes entendues du dossier, formalité seulement requise, aux termes de l'art. 21 de l'ordonnance [C. com., art. L. 463-2], au stade ultérieur de la procédure. • Paris, 14 déc. 1989 : *D. 1990. IR 37 ; Gaz. Pal. 1990. 1. 195, concl. Jobard.*

3. Assistance d'un conseil. L'exercice effectif de cette garantie essentielle de la défense impose que les intéressés en soient informés. • Paris, 6 déc. 1990 : *Gaz. Pal. 1991. 1. 325, concl. Jobard.* ♦ V. note 8 ss. art. L. 450-1.

4. Témoignages. Des témoignages peuvent être valablement utilisés pour démontrer l'existence d'une pratique anticoncurrentielle dès lors qu'ils ont été obtenus de façon loyale, qu'ils permettent d'identifier les personnes les ayant déposés, qu'ils sont crédibles et, enfin, qu'ils ont été soumis au débat contradictoire afin que les mis en cause soient en mesure de faire valoir leurs observations. • Aut. conc. n° 13-D-11 du 14 mai 2013 : *citée note 22 ss. art. L. 420-2.*

Art. R. 463-7 **Lorsqu'elle estime que l'instruction est incomplète, l'Autorité de la concurrence peut décider de renvoyer l'affaire en tout ou partie à l'instruction. Cette décision n'est pas susceptible de recours.** — *[Décr. n° 2002-689 du 30 avr. 2002, art. 33.]*

Renvoi à l'instruction. Il ressort sans équivoque des termes mêmes de l'art. R. 463-7 que le renvoi à l'instruction n'est nullement une obligation pour l'Autorité, mais une faculté qu'elle est libre d'exercer au vu des éléments du dossier. • Paris, 12 mai 2016, n° 2015/00301 : *cité note 5 ss. art. L. 420-2.* ♦ Ni la loi, ni le règlement ne limitent les situations dans lesquelles le renvoi à l'instruction est possible. • Cons. conc. n° 07-D-09 du 14 mars 2007 : *cité note 7 ss. art. L. 463-2.* ♦ En vertu de l'art. 33 du Décr. n° 2002-689 du 30 avr. 2002 [C. com., art. R. 463-7], le Conseil dispose de la faculté de renvoyer à l'instruction une partie seulement de l'affaire, ce qui signifie qu'il dispose aussi de la faculté de se prononcer sur l'autre partie de l'affaire renvoyée à l'instruction. • Cons. conc. n° 07-D-03 du 24 janv. 2007. ♦ Dès lors qu'il est constaté que l'Autorité de la concurrence, après avoir examiné l'argumentation des sociétés tant sur la procédure suivie que sur la définition provisoire des marchés, n'a tranché définitivement aucun point et n'a pris qu'une mesure interne concernant l'instruction d'une affaire estimée incomplète, la cour d'appel a légalement justifié sa décision déclarant irrecevable les recours contre cette décision renvoyant le dossier à l'instruction. • Com. 7 juin 2011, n° 10-17.044 P : *D. 2011. Actu. 1676, obs. Chevrier ; JCP E 2011, n° 1558 ; RJDA 2011, n° 842.* ♦ L'art. R. 463-7 ne fixe aucune condition pour décider du renvoi à l'instruction. • Paris, 8 avr. 2008 : *cité note 3 ss. art. R. 463-11.* ♦ L'Autorité, dont la décision, qui n'est pas susceptible de recours, constitue une mesure d'ordre interne non susceptible de faire grief aux parties, n'est pas tenue de recueillir les observations orales des parties sur le principe d'un renvoi à l'instruction. • Aut. conc. n° 10-D-28 du 20 sept. 2010. ♦ Il ne peut être soutenu que la demande de renvoi à l'instruction, mesure d'ordre interne, constitue un préjugement de la réalité des manquements à examiner. • Paris, 19 juin 2014 : *CCC 2014, n° 197, obs. Decocq.*

Art. R. 463-8 **Pour l'application de l'article L. 464-1 et des premier et deuxième alinéas de l'article L. 462-8, le rapporteur général peut fixer des délais pour la production de mémoires, pièces justificatives ou observations et pour leur consultation par les intéressés ou par le commissaire du Gouvernement.** — *[Décr. n° 2002-689 du 30 avr. 2002, art. 34.]*

Délais. Lorsque le rapporteur général, usant de la faculté qu'il tient de l'art. 34 du Décr. n° 2002-689 du 30 avr. 2002 [C. com., art. R. 463-8], décide, pour une meilleure organisation des débats, de fixer des délais aux parties, le dépôt de pièces après l'expiration du temps imparti ne saurait justifier, sur ce seul fondement, leur rejet de la procédure dès lors que la partie adverse a bénéficié d'un temps suffisant pour assurer sa défense au regard des pièces ainsi produites. • Cons. conc. n° 03-MC-03 du 4 août 2003 : *D. 2003. AJ 2569.*

Art. R. 463-9 **Le rapporteur général communique aux autorités administratives énumérées à l'annexe 4-6 du présent livre toute saisine relative à des secteurs entrant dans leur champ de compétence. Ces autorités administratives disposent pour faire part de leurs observations éventuelles d'un délai de deux mois, qui peut être réduit par le rapporteur général si l'urgence le nécessite. Ces observations sont jointes au dossier.** – *[Décr. n° 2002-689 du 30 avr. 2002, art. 35.] – V. annexe 4-6, ci-dessous.*

BIBL. ▶ Théophile et Renaudeau, *RDLC 2008, n° 3, p. 67* (les relations entre le Conseil de la concurrence, l'ARCEP, la CRE et le CSA : coopération ou concurrence ?).

ANNEXE 4-6

Liste des autorités administratives mentionnées à l'article R. 463-9

Autorité des marchés financiers.
Commission nationale de l'informatique et des libertés.
Médiateur du cinéma.
Autorité de contrôle prudentiel et de résolution.
Conseil supérieur de l'audiovisuel.
Autorité de régulation des communications électroniques et des postes.
Commission de régulation de l'électricité.

1. Communication de la saisine. L'art. 16 du Décr. n° 86-1309 du 29 déc. 1986 [solution transposable à l'art. R. 463-9] ne précise pas le moment auquel la saisine doit être communiquée à l'autorité administrative concernée et n'impose pas que l'avis de cette dernière soit sollicité dès le stade de la saisine du Conseil ; il suffit que cette disposition soit mise en œuvre dans des conditions compatibles avec le respect du caractère contradictoire de la procédure devant le Conseil. • Com. 23 juin 2004, n° 01-17.896 P : *D. 2004. AJ 2439 ; JCP E 2004, n° 37, p. 1371.* – V. aussi note 3 ss. art. L. 450-6. ♦ Sur la notification des griefs à l'autorité à laquelle a été communiquée la saisine, V. note 2 ss. art. L. 463-2. ♦ Sur la communication de la seule saisine initiale dans le cas où cette saisine a été complétée ultérieurement par d'autres pratiques, V. • Paris, 24 août 2007 : *RDLC 2007, n° 4, p. 133, obs. Michel-Amsellem.*

2. Communication automatique. Aucun texte n'impose l'accord écrit préalable des parties avant la communication d'une saisine aux autorités sectorielles, dès lors que cette communication résulte d'une obligation légale, qui s'impose à l'Autorité de la concurrence en vertu des dispositions de l'art. R. 463-9. • Aut. conc. n° 10-D-32 du 16 nov. 2010.

3. Notification des griefs. Le fait de joindre à la communication de la saisine l'éventuelle notification des griefs intervenue à la suite de la saisine de l'Autorité de la concurrence est laissé à la discrétion de cette dernière. • Aut. conc. n° 12-D-25 du 18 déc. 2012 : *cité note 23 ss. art. L. 420-2.*

Art. R. 463-10 **Le rapporteur général peut à tout moment de la procédure demander aux entreprises mises en cause de communiquer au rapporteur dans le délai de deux mois leur numéro unique d'identification et les chiffres d'affaires nécessaires au calcul du plafond d'une éventuelle sanction, conformément aux dispositions du I de l'article L. 464-2. La lettre de transmission mentionne que ces informations sont communiquées par le rapporteur général au commissaire du Gouvernement.** – *[Décr. n° 2002-689 du 30 avr. 2002, art. 37.]*

Application. Jugeant que les dispositions de l'art. 37 du Décr. du 30 avr. 2002 [C. com., art. R. 463-10] ne peuvent être invoquées que lorsque l'art. L. 464-2 C. com. dans sa rédaction issue de la L. du 15 mai 2001 est applicable à la cause : • Cons. conc. n° 04-D-49 du 28 oct. 2004 : *D. 2004. AJ 3066.*

SECTION III DE LA NOTIFICATION DES GRIEFS ET DU RAPPORT

Art. R. 463-11 **Pour l'application de l'article L. 463-2, la notification des griefs retenus par le rapporteur et la notification du rapport sont faites par le rapporteur général à l'auteur de la saisine, aux ministres intéressés, aux autres parties intéressées et au commis-**

saire du Gouvernement. *(Décr. n° 2021-715 du 2 juin 2021, art. 1er)* **« Ces notifications sont effectuées soit par lettres recommandées avec demande d'avis de réception, soit par l'intermédiaire d'une plateforme d'échanges sécurisés de documents électroniques** *[ancienne rédaction : Ces notifications font l'objet d'envois recommandés avec demande d'avis de réception]*. **»**

Le rapport soumet à la décision de l'Autorité de la concurrence une analyse des faits et de l'ensemble des griefs notifiés. Le commissaire du Gouvernement dispose d'un délai de deux mois pour faire valoir ses observations écrites sur le rapport. Les avis éventuels des ministres intéressés sont transmis par écrit à l'Autorité de la concurrence dans un délai de deux mois par l'intermédiaire du commissaire du Gouvernement. – *[Décr. n° 2002-689 du 30 avr. 2002, art. 36.]*

1. Notification de griefs. Il appartient au Conseil de la concurrence d'examiner le bien-fondé des griefs notifiés, nonobstant la proposition d'abandon de ces griefs ultérieurement formulée. • Cons. conc. n° 03-D-44 du 17 sept. 2003 : *D. 2004. AJ 135*. ♦ La modification du texte (par rapport à l'art. 18 du Décr. n° 86-1309 du 29 déc. 1986) montre bien qu'elle a eu pour objet de permettre au Conseil de se prononcer sur tous les griefs notifiés, y compris ceux que le rapporteur proposait éventuellement d'abandonner dans son rapport, et ce, sans avoir à surseoir à sa décision en renvoyant le dossier à l'instruction, faculté qui est ouverte au Conseil lorsque l'instruction lui paraît incomplète. • Cons. conc. n° 05-D-69 du 15 déc. 2005 : *cité note 1 ss. art. L. 463-5.* ♦ Le Conseil n'est pas lié par les appréciations du rapporteur et doit statuer sur la totalité des griefs notifiés. • Paris, 19 juin 2007 : *cité note 3 ss. art. R. 464-17.* ♦ Il se déduit des dispositions de l'al. 2 de l'art. R. 463-11, que le collège de l'Autorité, qui n'est pas lié par les appréciations du rapporteur, doit se prononcer sur tous les griefs notifiés, y compris ceux que ce dernier propose éventuellement d'abandonner dans son rapport. • Aut. conc. n° 13-D-23 du 30 déc. 2013 : *cité note ss. art. R. 741-5.* ♦ Ni le rapporteur ni le rapporteur général ne sont compétents pour annuler un grief notifié. • Cons. conc. n° 04-D-48 du 14 oct. 2004 : *D. 2004. AJ 2995*.

La notification des griefs est un document synthétique qui contient une description précise des faits reprochés, leur date, leur imputabilité et leur qualification, puis reprend, *in fine*, en les résumant, la rédaction des griefs eux-mêmes dans une formule concise ; elle constitue l'acte d'accusation et doit donc être précise, cette exigence n'excluant pas que les juges d'appel et de cassation recherchent, dans le corps même de la notification des griefs, la portée de ces derniers. • Cons. conc. n° 09-D-06 du 5 févr. 2009.

2. Discussion. Les dispositions de l'art. R. 463-11 ne font nullement obstacle au débat contradictoire qui s'ouvre dès la communication des griefs aux parties et qui se poursuit tout au long de la procédure, non seulement sur la matérialité des faits, mais aussi sur leur analyse par les services d'instruction. • Cons. conc. n° 08-D-12 du 21 mai 2008 : *cité note 3 ss. art. L. 463-7.* ♦ Il résulte du caractère contradictoire de la procédure que l'analyse faite dans le rapport peut évoluer par rapport à celle développée dans la notification des griefs. • Cons. conc. n° 07-D-23 du 12 juill. 2007. ♦ Aucune obligation légale ne fait obligation au rapporteur de répondre dans le détail à l'argumentation des parties, dès lors que son rapport contient l'essentiel des considérations résultant de l'analyse contradictoire des griefs notifiés de façon précise et motivée. En particulier, aucune disposition légale ne fait obligation au rapporteur de revenir sur l'analyse des faits dénoncés dans la saisine mais qui n'ont fait l'objet d'aucun grief. • Même décision. ♦ Sur le débat contradictoire, V. aussi : • Paris, 29 janv. 2008 : *cité note 11 ss. art. L. 464-8.*

Ayant relevé qu'un débat contradictoire avait été offert aux parties, dès la notification des griefs, sur l'ensemble des faits et que les sociétés avaient ainsi pu présenter leurs observations sur les griefs notifiés, puis sur le rapport établi en réponse, et exactement énoncé que le rapport soumet à la décision du Conseil une analyse des faits et de l'ensemble des griefs notifiés, c'est sans violer le principe de la contradiction, que la cour d'appel a décidé que le Conseil n'était pas tenu de rouvrir les débats sur les griefs dont le rapporteur proposait l'abandon. • Com. 6 nov. 2007, n° 06-15.355 : *CCC 2008, n° 17, obs. Decocq ; LPA 28 oct. 2008, obs. AG.*

3. Absence de notification. Seul l'auteur de la saisine (qui s'est, en l'espèce, désisté par la suite) a la qualité pour se prévaloir d'une irrégularité au titre de la non-application des dispositions de l'art. R. 463-11. • Paris, 8 avr. 2008 : *JCP 2008. II. 10209, note Duloum ; CCC 2008, n° 166, obs. Bosco ; RJDA 2008, n° 714 ; RDLC 2008, n° 2, p. 157, obs. Momège.*

Art. R. 463-12 **Lorsque** *(Décr. n° 2009-139 du 10 févr. 2009, art. 3)* **« le rapporteur général » décide, en application de l'article L. 463-3, que l'affaire sera** *(Décr. n° 2009-139 du 10 févr. 2009, art. 3)* **« examinée » par l'Autorité de la concurrence sans établissement préalable d'un rapport, les parties et le commissaire du Gouvernement disposent d'un délai de deux mois à compter de la notification de cette décision pour présenter leurs observations.** – *[Décr. n° 2002-689 du 30 avr. 2002, art. 38.]*

Les modifications issues du Décr. nº 2009-139 du 10 févr. 2009 entrent en vigueur à la date d'entrée en vigueur de la L. nº 2008-776 du 4 août 2008 et de l'Ord. nº 2008-1161 du 13 nov. 2008 (Décr. préc., art. 4).

SECTION IV DU SECRET DES AFFAIRES

Art. R. 463-13 *(Décr. nº 2009-142 du 10 févr. 2009, art. 1er)* **Pour l'application de l'article L. 463-4, lorsqu'une personne demande la protection du secret des affaires à l'égard d'éléments communiqués par elle à l'Autorité de la concurrence ou saisis auprès d'elle par cette dernière, elle indique** *(Décr. nº 2021-715 du 2 juin 2021, art. 1er)* **« soit » par lettre recommandée avec demande d'avis de réception,** *(Décr. nº 2021-715 du 2 juin 2021, art. 1er)* **« soit par l'intermédiaire d'une plateforme d'échanges sécurisés de documents électroniques, » pour chaque information, document ou partie de document en cause, l'objet et les motifs de sa demande. Elle fournit séparément une version non confidentielle et un résumé de chacun de ces éléments. Cette demande doit parvenir à l'Autorité dans un délai d'un mois à compter de la date à laquelle lesdits éléments ont été obtenus par l'Autorité. En cas d'urgence, ce délai peut être réduit par le rapporteur général, notamment afin de permettre l'examen d'une demande de mesures conservatoires par l'Autorité, sans pouvoir être inférieur à quarante-huit heures. Dans ce cas, la demande de protection peut être présentée par tout moyen.**

Lorsqu'une personne communique des éléments au ministre chargé de l'économie ou que ce dernier saisit des éléments auprès d'elle dans le cadre d'une enquête relative *(Décr. nº 2017-483 du 6 avr. 2017, art. 13)* **« aux articles L. 420-1, L. 420-2, L. 420-2-1, L. 420-2-2 et L. 420-5, » cette personne est invitée à signaler par lettre, dans un délai d'un mois à compter de la date à laquelle lesdits éléments ont été obtenus par le ministre, qu'elle demande la protection du secret des affaires, sans préjudice de son droit à invoquer les dispositions de l'article L. 463-4 devant l'Autorité de la concurrence. Cette lettre est jointe à la saisine éventuelle de l'Autorité de la concurrence.**

Lorsque l'instruction de l'affaire par l'Autorité de la concurrence fait apparaître que des informations, documents ou parties de documents pouvant mettre en jeu le secret des affaires n'ont pas pu faire l'objet d'une demande de protection par une personne susceptible de se prévaloir de ce secret, le rapporteur général invite cette personne à présenter, si elle le souhaite, une demande dans les conditions de forme et de délai mentionnées au premier alinéa pour bénéficier de la protection du secret des affaires.

Les art. R. 463-13 à R. 463-15-1 dans leur rédaction issue du Décr. nº 2009-142 du 10 févr. 2009 entrent en vigueur à la date d'entrée en vigueur de la L. nº 2008-776 du 4 août 2008 et de l'Ord. nº 2008-1161 du 13 nov. 2008 (Décr. préc., art. 5).

V. les questions-réponses relatives à la protection du secret des affaires (www.autoritedelaconcurrence.fr), D. 2010. 493, obs. Chevrier ; JCP 2010. Actu. 144 ; CCC 2010. Fiche prat. 1.

BIBL. ► BOURSIER-MAUDERLY, *LPA 7 avr. 2009* (renforcement du secret des affaires : une réalité ?). – CHEYNEL, *RLC avr.-juin 2009. 79* (protection du secret des affaires – nouvelle mouture). – CLAUDEL, *RTD com. 2009. 559* (une procédure de secret des affaires simplifiée et visant à l'efficacité).

Art. R. 463-14 *(Décr. nº 2009-142 du 10 févr. 2009, art. 2)* **Les informations, documents ou parties de documents pour lesquels une demande de protection au titre du secret des affaires n'a pas été présentée sont réputés ne pas mettre en jeu le secret des affaires. Il en est de même des éléments portant sur les ventes, parts de marché, offres ou données similaires de plus de cinq ans au moment où il est statué sur la demande, sauf si, dans des cas exceptionnels, le rapporteur général en décide autrement.**

Dans le cadre de l'instruction par l'Autorité de la concurrence, le rapporteur examine, avant que les éléments concernés du dossier soient rendus accessibles ou communiqués aux parties, les demandes de protection de secrets d'affaires qui ont été formulées. Le rapporteur général notifie au demandeur une décision de traitement confidentiel des informations, documents ou parties de documents en cause. Les actes de procédure sont établis en fonction de cette décision. Le rapporteur général peut aussi rejeter la demande en tout ou en partie si elle n'a pas été présentée conformément aux dispositions du premier alinéa de l'article R. 463-13, si elle l'a été au-delà

du délai imparti ou si elle est manifestement infondée. *(Décr. nº 2017-823 du 5 mai 2017, art. 14)* **« En cas de rejet, il notifie sa décision au demandeur. »**

V. note ss. art. R. 463-13.

Les dispositions issues du Décr. nº 2017-823 du 5 mai 2017 sont applicables dans les îles Wallis-et-Futuna (Décr. préc., art. 21-I).

Art. R. 463-15 *(Décr. nº 2009-142 du 10 févr. 2009, art. 3)* **Lorsque le rapporteur considère qu'une ou plusieurs pièces dans leur version confidentielle sont nécessaires à l'exercice des droits de la défense d'une ou plusieurs parties ou que celles-ci doivent en prendre connaissance pour les besoins du débat devant l'Autorité, il en informe** *(Décr. nº 2021-715 du 2 juin 2021, art. 1er)* **« soit » par lettre recommandée avec demande d'avis de réception** *(Décr. nº 2021-715 du 2 juin 2021, art. 1er)* **« , soit par l'intermédiaire d'une plateforme d'échanges sécurisés de documents électroniques, » la personne qui a fait la demande de protection du secret des affaires contenu dans ces pièces et lui fixe un délai pour présenter ses observations avant que le rapporteur général ne statue. La décision du rapporteur général est notifiée aux intéressés.**

Lorsqu'une partie mise en cause n'a pas eu accès à la version confidentielle d'une pièce qu'elle estime nécessaire à l'exercice de ses droits, elle peut en demander au rapporteur la communication ou la consultation en lui présentant une requête motivée dès sa prise de connaissance de la version non confidentielle et du résumé de cette pièce. Il est alors procédé comme à l'alinéa précédent.

Le rapporteur général fixe, le cas échéant, un délai permettant un débat sur les informations, documents ou parties de document nouvellement communiqués.

V. note ss. art. R. 463-13.

BIBL. ► GRALL et TOURET, *RLDA févr. 2011. 37* (remise en question de la méthode de saisie globale des messageries électroniques dans le cadre des opérations de visites et de saisies). – G. FABRE, *RLC janv.-mars 2012. 60* (saisies globales de messageries et respect du secret professionnel de l'avocat).

1. Demande de déclassement. Il résulte de l'art. R. 463-15 que seuls peuvent demander le déclassement de pièces classées en annexe confidentielle, le rapporteur pour les besoins de son instruction, ou une entreprise mise en cause pour les besoins de l'exercice des droits de la défense. Il n'est donc pas prévu que le saisissant puisse demander le déclassement d'une pièce dont le classement a été demandé par une partie mise en cause, quelle que soit l'origine de la pièce. • Cons. conc. nº 08-D-31 du 10 déc. 2008 : *cité note 41 ss. art. L. 420-2.* ♦ Aux termes du 1er al. de l'art. R. 463-15, le rapporteur peut demander le déclassement de pièces confidentielles lorsqu'il considère qu'elles sont « nécessaires à l'exercice des droits de la défense d'une ou plusieurs parties ou que celles-ci doivent en prendre connaissance pour les besoins du débat devant l'Autorité » ; cette possibilité de déclassement de pièces confidentielles ouverte aux services d'instruction ne doit pas être confondue avec celle prévue au 2e al. du même article qui n'est ouverte qu'aux parties mises en cause pour assurer leur défense. • Aut. conc. nº 14-D-10 du 25 sept. 2014. ♦ Mais la requérante, qui avait la qualité de partie saisissante et demanderesse au prononcé de mesures conservatoires et non de partie mise en cause, n'était, en application du 2e al. de l'art. R. 463-15, et sans encourir le reproche d'atteinte aux principes garantis par l'art. 6 de la Conv. EDH en ce qui concerne l'administration de la preuve et de l'égalité des armes, pas recevable à demander au rapporteur la levée de la confidentialité de certaines pièces de la procédure afin de faire valoir ses droits. • Paris, 5 févr. 2015, nº 2014-21492 : *cité note 3 ss. art. R. 464-1* (conf. par • Com. 4 oct. 2016, nº 15-14.158 : *cité note 5 ss. art. L. 463-7*).

Les requérantes ne sont pas fondées à soutenir qu'une demande de communication visant l'ensemble des messageries (qui doivent être classées globalement dès lors qu'elles sont assimilées à des pièces uniques) est nécessairement vouée à l'échec en raison de la protection apportée par le secret des affaires, puisque la procédure prévue par le second al. de l'art. R. 463-15 ancien avait précisément pour objet de permettre au président du Conseil de la concurrence d'apprécier, en cas d'opposition de la partie bénéficiant du classement en annexe confidentielle, si une autorisation de consultation ou de communication de la pièce doit être accordée ponctuellement. • Paris, 26 janv. 2010 : *CCC 2010, nº 80, obs. Decocq ; RDLC 2010, nº 2, p. 133, obs. Lemaire ; RLC avr.-juin 2010. 75, obs. Lavedan.* ♦ Le déclassement de certains éléments des messageries peut être ordonné, bien qu'elles constituent chacune une pièce unique. • Com. 29 mars 2011, nº 10-12.913 : *CCC 2011, nº 145, obs. Decocq ; RJDA 2011, nº 841 ; RDLC 2011, nº 3, p. 185, obs. Lemaire et Naudin ; RLC juill.-sept. 2011. 66, obs. Lavedan.*

2. Délai. Le déclassement des pièces prévu par l'art. R. 463-15 n'est soumis à aucun délai. • Paris, 4 févr. 2009 : *cité note 45 ss. art. L. 420-1.*

3. Procédure de déclassement. Les procédures de déclassement doivent être proportionnées aux nécessités de l'instruction d'une procédure d'urgence. • Aut. conc. n° 11-D-05 du 23 févr. 2011.

4. Obligation de motivation. C'est à tort que le premier président a rejeté le moyen pris du défaut de motivation de la décision du rapporteur général qui lève la protection au titre du secret des affaires sur certaines pièces, en retenant que l'art. R. 463-15 n'exigeait pas de décision spécialement motivée. • Com. 29 janv. 2020, n° 18-11.725 : *RSC 2020. 955, obs. Sordino* ; *CCC 2020, n° 72, obs. Bosco* ; *RLC mars 2020. 4, obs. Guéna et Perdereau.* ♦ En se déterminant sans expliquer en quoi il était nécessaire, pour les besoins du débat devant l'Autorité, qui dispose elle-même de la version confidentielle des informations communiquées par la société, que d'autres parties à la procédure, dont la partie saisissante, puissent prendre connaissance de ces informations relevant du secret des affaires, le premier président n'a pas donné de base légale à sa décision. • Même arrêt.

Art. R. 463-15-1 *(Décr. n° 2009-142 du 10 févr. 2009, art. 4)* Pour l'application de l'article L. 463-4 dans le cadre de l'examen des projets d'opérations de concentration prévu au titre III, les personnes apportant des informations à l'Autorité de la concurrence lui précisent en même temps celles qui constituent des secrets d'affaires. Le rapporteur général veille à ce que ces informations soient réservées à l'Autorité et au commissaire du Gouvernement et à ce que soient constituées, si nécessaire, des versions non confidentielles des documents les contenant.

Les dispositions des articles R. 463-13 à R. 463-15 ne sont pas applicables.

V. note ss. art. R. 463-13.

SECTION V DE L'EXPERTISE

Art. R. 463-16 Lorsqu'en application de l'article L. 463-8 le rapporteur général décide de faire appel à un ou des experts, sa décision définit l'objet de l'expertise, fixe le délai de sa réalisation et évalue les honoraires prévisibles correspondants.

Lorsque l'expertise est demandée par une partie et acceptée par le rapporteur général, ce dernier lui demande de consigner le montant d'une provision égale aux honoraires prévus de l'expert. Si plusieurs parties doivent procéder à une telle consignation, le rapporteur général indique dans quelle proportion chacune doit consigner.

Le rapporteur général peut décider d'accorder aux experts qui le demandent une avance forfaitaire, qui ne peut excéder 25 % des honoraires prévus.

Le ou les experts informent le rapporteur chargé de l'instruction de l'affaire de l'avancement des opérations d'expertise. Le ou les experts doivent prendre en considération les observations des parties, qui peuvent être adressées par écrit ou être recueillies oralement, et doivent les joindre à leur rapport si elles sont écrites et si la partie concernée le demande. Ils doivent faire mention, dans leur rapport, de la suite qu'ils leur ont donnée.

Le rapport d'expertise est remis au rapporteur chargé de l'instruction de l'affaire. Ce dernier le joint en annexe à sa notification de griefs, à son rapport ou à sa proposition de non-lieu ou, s'il est remis après l'envoi de son propre rapport, l'adresse aux parties et au commissaire du Gouvernement afin qu'ils puissent faire part de leurs observations éventuelles. Ces observations sont faites dans la réponse à la notification de griefs, au rapport du rapporteur ou à la proposition de non-lieu, ou bien en séance.

Même si plusieurs experts ont été désignés, un seul rapport est rédigé, qui fait apparaître les points d'accord et les points de divergence éventuels.

A la remise du rapport d'expertise, le rapporteur général arrête définitivement le montant des honoraires d'expertise et fait procéder à leur paiement. – *[Décr. n° 2002-689 du 30 avr. 2002, art. 41.]*

Expertise. S'agissant de la participation des rapporteurs à la première réunion d'expertise, ni l'art. R. 463-16, ni aucun autre article du code de commerce ne l'interdisent. • Aut. conc. n° 15-D-10 du 11 juin 2015 : *cité note 29 ss. art. L. 420-2.*

CHAPITRE IV DES DÉCISIONS ET DES VOIES DE RECOURS

SECTION PREMIÈRE DES DÉCISIONS

Art. R. 464-1 La demande de mesures conservatoires mentionnée à l'article L. 464-1 ne peut être formée qu'accessoirement à une saisine au fond de l'Autorité de la

concurrence. Elle peut être présentée à tout moment de la procédure et doit être motivée. — *[Décr. n° 2002-689 du 30 avr. 2002, art. 42.]*

FORM. PR. COM. v^is *Saisine par lettre recommandée AR avec demande de mesures conservatoires ; Saisine par dépôt au bureau de la procédure avec demande de mesures conservatoires,* par CASANOVA.

1. Caractère accessoire. L'examen des mesures conservatoires étant devenu sans objet, en raison de l'annulation de la procédure d'appel d'offres qui a retiré tout caractère d'urgence à la situation examinée, les pratiques mises en œuvre n'étant en effet plus susceptibles de porter une atteinte grave et immédiate au sens de l'art. L. 464-1, il n'en résulte pas pour autant que la saisine au fond soit, elle-même, devenue sans objet. • Cons. conc. n° 09-D-10 du 27 févr. 2009 : *cité note 25 ss. art. L. 420-1.* ♦ S'il est exact que l'annulation de l'appel d'offres a rejailli sur l'offre du soumissionnaire qui se trouve en conséquence anéantie (n'ayant plus de cause et ne pouvant plus produire aucun effet), elle n'a pas fait disparaître le comportement du soumissionnaire qui s'était matérialisé dans son offre, et ne constitue pas un obstacle au contrôle de ce comportement au regard des règles de la concurrence. • Paris, 9 mars 2010 : *D. 2010. 1920, note Malaurie-Vignal ; AJDA 2010. 1246, note Nicinski ; JCP E 2010, n° 1386, note Bazex ; CCC 2010, n° 129, obs. Decocq ; RJDA 2010. 665, note Grynfogel ; RDLC 2010, n° 2, p. 81, obs. Wachsmann ; RLC juill.-sept. 2010. 37, obs. Destours* (conf. par • Com. 21 juin 2011, n° 10-15.754 : *CCC 2011, n° 222, obs. Decocq ; RJDA 2012, n° 91 ; RLC oct.-déc. 2011. 54, obs. Destours*).

2. Motivation. Le renvoi à la saisine au fond pour les développements relatifs à la qualification des pratiques dénoncées ne constitue pas une cause d'irrecevabilité de la demande de mesures conservatoires. • Aut. conc. n° 14-MC-01 du 30 juill. 2014.

3. Poursuite implicite. L'Autorité, ayant ni déclaré irrecevable la saisine au fond assortie d'une demande accessoire de mesures conservatoires, ni rejeté cette saisine pour les motifs énoncés par l'art. L. 462-8, n'est pas tenue de rappeler la poursuite de l'instruction afférente à la saisine au fond, qui était en effet implicite. • Paris, 5 févr. 2015, n° 2014/21492 : *BOCC 7 mai 2015.*

Art. R. 464-2 **Lorsque l'Autorité de la concurrence envisage de faire application du I de l'article L. 464-2 relatif à l'acceptation d'engagements proposés par les entreprises, le rapporteur fait connaître aux entreprises ou organismes concernés son évaluation préliminaire des pratiques en cause.** *(Décr. n° 2021-715 du 2 juin 2021, art. 1er)* **« Cette évaluation peut soit être notifiée par procès-verbal transmis par courrier ou par l'intermédiaire d'une plateforme d'échanges sécurisés de documents électroniques, soit, lorsque l'Autorité est saisie d'une demande de mesures conservatoires, être présentée oralement en séance** *[ancienne rédaction : Cette évaluation peut être faite par courrier, par procès-verbal ou, lorsque l'Autorité est saisie d'une demande de mesures conservatoires, par la présentation d'un rapport oral en séance]*. **» Une copie de l'évaluation est adressée à l'auteur de la saisine et au commissaire du Gouvernement, sauf lorsqu'elle est présentée oralement lors d'une séance en présence des parties.**

(Décr. n° 2021-715 du 2 juin 2021, art. 1er) **« Le délai imparti aux entreprises ou organismes pour formaliser leurs engagements à l'issue de l'évaluation préliminaire est fixé soit par le rapporteur dans le cas où cette évaluation a été notifiée par procès-verbal transmis par courrier ou par l'intermédiaire d'une plateforme d'échanges sécurisés de documents électroniques, soit par l'Autorité de la concurrence dans le cas où cette évaluation a été présentée oralement en séance** *[ancienne rédaction : Le délai imparti aux entreprises ou organismes pour formaliser leurs engagements à l'issue de l'évaluation préliminaire est fixé, soit par le rapporteur dans le cas où l'évaluation a été faite par courrier ou par procès-verbal, soit par l'Autorité de la concurrence dans le cas où cette évaluation a été présentée oralement en séance]*. **» Ce délai ne peut, sauf accord des entreprises ou organismes concernés, être inférieur à un mois.**

A réception des engagements proposés par les entreprises ou organismes concernés à l'issue du délai mentionné au deuxième alinéa, le rapporteur général communique leur contenu à l'auteur ou aux auteurs de la saisine ainsi qu'au commissaire du Gouvernement. Il publie également, par tout moyen, un résumé de l'affaire et des engagements pour permettre aux tiers intéressés de présenter leurs observations. Il fixe un délai, qui ne peut être inférieur à un mois à compter de la date de communication ou de publication du contenu des engagements, pour la production des observations des parties, du commissaire du Gouvernement et, le cas échéant, des tiers intéressés. Ces observations sont versées au dossier.

(Décr. nº 2021-715 du 2 juin 2021, art. 1er) **« Les parties et le commissaire du Gouvernement sont convoqués à la séance trois semaines au moins avant le jour de la séance, soit par l'envoi d'une lettre du rapporteur général, soit par l'intermédiaire d'une plateforme d'échanges sécurisés de documents électroniques. La convocation est accompagnée de la proposition d'engagements. Les parties et le commissaire du Gouvernement peuvent présenter des observations orales lors de la séance** *[ancienne rédaction : Les parties et le commissaire du Gouvernement sont convoqués à la séance par l'envoi d'une lettre du rapporteur général accompagnée de la proposition d'engagements trois semaines au moins avant le jour de la séance. Ils peuvent présenter des observations orales lors de la séance].* **»** – *[Décr. nº 2002-689 du 30 avr. 2002, art. 42-1.]*

V. le communiqué de procédure de l'Autorité de la concurrence du 2 mars 2009 relatif aux engagements en matière de concurrence : www.autoritedelaconcurrence.fr

BIBL. ▶ CHEYNEL, *RLC 2006, nº 6, p. 74* (formalisation de la procédure d'acceptation des engagements). – MOMÈGE, *RDLC 2006, nº 1, p. 183* (modalités d'application de la procédure d'engagements). – GRANDVUILLEMIN, *JCP E 2009, nº 22, p. 16* (procédure d'engagements : état des lieux après le communiqué de procédure du 2 mars 2009). – RAMEAU, *RLC juin 2019. 44* (le contentieux indemnitaire après des engagements en matière de concurrence : quelle valeur probatoire accorder à la décision de la Commission européenne ou de l'Autorité de la concurrence ?).

1. Moment des engagements. Des sociétés ne sont pas fondées à demander, après la notification du rapport, le bénéfice de la procédure d'engagement, qui, conformément à la pratique du Conseil consacrée par le Décr. du 27 déc. 2005, a pour objet de répondre à des préoccupations de concurrence résultant d'une « évaluation préliminaire » nécessairement antérieure à la notification des griefs. • Cons. conc. nº 06-D-18 du 28 juin 2006 : *D. 2006. AJ 2098, obs. Chevrier ; JCP E 2006, nº 43-44, p. 1831, note Dieny ; RDLC 2006, nº 3, p. 92, obs. Claudel.* ♦ Si la procédure d'engagements ne peut, en droit interne, être mise en œuvre qu'avant toute notification de griefs, cette procédure peut être mise en œuvre après que le rapporteur a fait connaître aux entreprises concernées son évaluation préliminaire des pratiques en cause. • Paris, 19 déc. 2013 : *cité note 10.* ♦ La pratique décisionnelle de l'Autorité ne tient compte de la mise en place de programmes de conformité que lorsque l'entreprise recourt à la procédure de non-contestation des griefs et prend des engagements. • Aut. conc. nº 12-D-27 du 20 déc. 2012 : *D. actu. 24 janv. 2013, obs. Chevrier ; CCC 2013, nº 62, obs. Bosco ; CCE 2013, nº 56, obs. Pironon ; RLC avr.-juin 2013. 34, obs. Sélinsky.*

2. Évaluation préliminaire. L'évaluation préliminaire de concurrence sur laquelle se fonde la procédure ne saurait se confondre avec une qualification des pratiques telle que cette qualification peut être retenue dans une décision du Conseil, ni même avec la qualification proposée par les services d'instruction dans une notification de griefs. Dans ces conditions, l'acceptation par une entreprise d'entrer dans une procédure d'engagements afin de répondre à une préoccupation de concurrence exprimée par le Conseil n'est en rien assimilable à une reconnaissance de pratique anticoncurrentielle de la part de l'entreprise proposant des engagements ; de même, la décision du Conseil conduisant, le cas échéant, à accepter ces engagements, ne peut être assimilée à une décision qualifiant une pratique au regard du titre III du code de commerce. • Cons. conc. nº 06-D-20 du 13 juill. 2006 : *CCC 2006, nº 199, obs. Decocq ; RLC oct.-déc. 2006. 32, obs. Sélinsky.*

La procédure d'engagement présente des spécificités, et en particulier des mesures d'instruction allégées par rapport à la procédure habituelle, comportant une simple évaluation préliminaire des pratiques en cause en vue d'identifier des préoccupations de concurrence, sans qu'il soit nécessaire de procéder à la qualification de comportements au sens des art. L. 420-1 ou L. 420-2, ni *a fortiori* à la constatation d'une infraction à ces dispositions, et ne nécessitant dès lors pas la détermination exacte du marché pertinent. • Paris, 16 oct. 2007 : *D. 2007. AJ 2729, obs. Chevrier ; CCC 2007, nº 297, obs. Malaurie-Vignal ; RJDA 2007, nº 1282 ; CCE 2007, nº 152, obs. Chagny ; RLC janv.-mars 2008. 85, note Cheynel.*

L'évaluation préliminaire à laquelle se livre le rapporteur n'a pas pour objet de prouver ou d'écarter la réalité et l'imputabilité d'infractions au droit de la concurrence en vue de les sanctionner. • Com. 12 mai 2015, nº 14-10.792 P : *D. 2015. Actu. 1149 ; JCP E 2015, nº 1267 ; CCC 2015, nº 183, obs. Decocq ; RJDA 2015, nº 530 ; RLC juill.-août 2015. 44, obs. Sélinsky.* ♦ La cour d'appel, ayant fait ressortir que l'Autorité avait, au terme d'une procédure autonome, épuisé sa saisine, a, sans méconnaître les exigences des art. 6 de la Conv. EDH, 47 de la Charte des droits fondamentaux de l'UE et 5 du Règl. nº 1/2003, justement retenu que la décision critiquée n'était pas constitutive d'un non-lieu partiel et ne s'inscrivait pas dans le champ d'application des art. L. 462-8 et L. 464-6. • Même décision.

Le § 16 du communiqué de procédure du 2 mars 2009, qui synthétise la pratique décisionnelle, ne méconnaît pas les art. L. 464-2 et

R. 464-2 lorsqu'il se borne à rappeler qu'il appartient au rapporteur de ne pas établir d'évaluation préliminaire s'il estime nécessaire de notifier des griefs à l'entreprise concernée ou s'il n'est pas en mesure d'identifier des préoccupations de concurrence sans mettre en œuvre des mesures d'instruction ou d'investigation approfondies. En effet, c'est aux services d'instruction de se prononcer, au cours de l'instruction conduite sous la seule direction du rapporteur général, sur la question de savoir s'il convient de mettre en œuvre la procédure d'engagements prévue aux art. L. 464-2 et R. 464-2. • Aut. conc. nº 16-D-14 du 23 juin 2016 : *RDC 2016. 727, obs. Prieto.*

3. Négociation des engagements. Le fait que le Conseil a pris une part active dans le débat entre les parties sur les engagements proposés, qui tient au caractère consensuel de cette phase de la procédure et à ce qu'il apprécie, en définitive, la pertinence des engagements et leur donne force exécutoire, ne caractérise nulle immixtion de sa part dans l'instruction de l'affaire. • Paris 6 nov. 2007 : *cité note ss. art. R. 464-8.* ♦ Les prévisions de l'art. R. 464-2 s'inscrivent dans le cadre bien déterminé d'une procédure souple et rapide qui vise, non point à emporter l'adhésion du plaignant dont les demandes pourraient excéder ce qui est strictement nécessaire ou règlement des préoccupations de concurrence, mais uniquement à apporter une réponse satisfaisante de l'autorité publique à ces dernières. Il s'agit donc d'un outil de pure régulation et non d'une procédure de sanction ; l'esprit des textes réglementant cette dernière procédure étant d'ailleurs bien de donner au principe d'égalité des armes un autre relief que dans la procédure d'engagements. • Paris, 6 oct. 2009 : *RLC janv.-mars 2010. 72 et 73, obs. Cheynel ; Gaz. Pal. 2010. 1697, et les obs.* ♦ La mission de défense de l'ordre public économique de l'Autorité l'habilite à rendre des décisions d'engagements, non pas pour satisfaire la demande d'une partie plaignante, mais pour mettre fin à des situations susceptibles d'être préjudiciables à la concurrence. • Aut. conc. nº 12-D-18 du 20 sept. 2012 : *RDLC 2012, nº 4, p. 159, obs. Tran Thiet et Berg ; RLC oct.-déc. 2013. 127, note Guibert et Patat.* ♦ Ainsi, la procédure d'engagements ne vise pas à emporter la conviction des plaignants dont les demandes pourraient excéder ce qui est strictement nécessaire au règlement de préoccupations de concurrence, mais uniquement à apporter une réponse satisfaisante de l'Autorité à ces dernières. • Paris, 19 déc. 2013 : *cité note 10.* ♦ Il en résulte que les parties plaignantes ne peuvent, sauf erreur manifeste, remettre en cause devant la cour d'appel les appréciations de la décision de l'Autorité selon lesquelles certains faits dénoncés ne suscitent pas, en l'état des éléments du dossier, de préoccupations de concurrence. • Même décision. ♦ Il appartient à l'Autorité de vérifier que les engagements proposés sont de nature à mettre un terme au risque identifié ; l'Autorité devant par ailleurs s'assurer que les conditions de mise en œuvre de ces engagements les rendent effectifs et garantissent à court terme un bénéfice réel pour le fonctionnement de la concurrence sur le marché (difficultés engendrées par une mise en œuvre progressive des engagements). • Aut. conc. nº 09-D-32 du 26 oct. 2009 : *RDLC 2010, nº 1, p. 105, obs. Wachsmann et Thomas ; RDC 2010. 635, obs. Prieto.*

4. Contradictoire. Lorsque la procédure d'engagements est mise en œuvre, les parties à la procédure doivent, sous réserve des dispositions de l'art. L. 463-4, avoir accès à l'intégralité des documents sur lesquels s'est fondé le rapporteur pour établir l'évaluation préliminaire et à l'intégralité de ceux soumis au Conseil pour statuer sur les engagements. • Com. 4 nov. 2008, nº 07-21.275 P : *D. 2008. AJ 2863, obs. Chevrier ; JCP E 2008, nº 49, p. 27 ; CCC 2008, nº 274, obs. Bazex ; RJDA 2009, nº 272 ; RLC janv.-mars 2009. 66, note Cheynel ; RDLC 2009, nº 1, p. 189, obs. Lemaire.* – Et pour une application intransigeante : • Paris, 26 nov. 2008 : *D. actu. 2 déc. 2008, obs. Chevrier ; CCC 2009, nº 15, obs. Bosco ; RDC 2009. 122, obs. Prieto* (cassée par • Com. 2 févr. 2010, nº 08-70.450 : *CCC 2010, nº 106, obs. Bosco ; RDLC 2010, nº 2, p. 135, obs. Lemaire et Naudin*). ♦ Il appartient à la cour d'appel, saisie par une partie d'une demande tendant à l'annulation de la décision du Conseil faute pour elle d'avoir eu accès à l'intégralité du dossier, de vérifier, au besoin d'office, si le défaut de communication de certaines pièces a porté atteinte à ses intérêts. • Com. 4 nov. 2008, nº 07-21.275 P : *préc.* – V. aussi • Com. 2 févr. 2010, nº 08-70.449 P : *D. 2010. AJ 437, obs. Chevrier ; JCP E 2010, nº 1266 ; CCC 2010, nº 106, obs. Bosco ; RJDA 2010, nº 560 ; RDLC 2010, nº 2, p. 135, obs. Lemaire et Naudin ; RLC avr.-juin 2010. 78, obs. Barbier de la Serre.* ♦ Il convient d'écarter les arguments soutenant que le principe du contradictoire n'a pas été violé au motif que les parties ont reçu communication des mêmes pièces, le complet respect de la contradiction commandant que toutes les parties à la procédure aient accès à l'intégralité des documents visés par la décision d'engagements. • Paris, 1er juin 2010 : *D. actu. 7 juin 2010, obs. Chevrier ; JCP E 2010, nº 1580 ; CCC 2010, nº 217, obs. Decocq ; RDLC 2010, nº 3, p. 161, obs. Lemaire ; RLC oct.-déc. 2010. 62, obs. Christol.* ♦ Comp. : la cour ne peut pas s'arrêter à la faculté qui aurait été offerte au requérant d'obtenir communication des documents mais doit bien au contraire vérifier, au besoin d'office, si le défaut de communication de certaines pièces a concerné également la partie mise en cause et porté concrètement atteinte au principe de la contradiction. • Paris, 6 oct. 2009 : *préc. note 3.* ♦ S'il ne convient pas, à ce stade du raisonnement consistant à déterminer si l'accès aux documents a été intégral, d'apprécier l'utilité des pièces au regard des actes adoptés, la considération que l'intégralité des pièces n'a pas été communiquée ne suffit en revanche pas à la cour si elle ne peut s'assurer en outre de ce que le défaut de communication de certaines pièces a porté concrètement atteinte aux intérêts d'une des parties. • Paris, 1er juin 2010 : ♁ *préc.* ♦ Le défaut de communication de pièces en violation du principe du contradictoire n'est susceptible de constituer une atteinte concrète à l'intérêt des parties que s'il est établi qu'en l'absence de cette irrégularité les engagements n'auraient pas été adoptés ou auraient eu un contenu différent. • Même arrêt.

Contra, jugeant que lorsque est mise en œuvre la procédure d'engagements, au cours de laquelle il n'est pas procédé à la qualification des comportements au sens de l'art. L. 420-1 ou L. 420-2, ni *a fortiori* à la constatation d'une infraction aux mêmes dispositions, le contradictoire est assuré dès lors que les parties ont accès aux pièces qui renseignent sur la teneur des pratiques en cause, c'est-à-dire aux éléments qui fondent les préoccupations de concurrence qui leur sont adressées ; il s'agit, outre la saisine et ses annexes, de l'évaluation préliminaire et de l'ensemble des observations versées au dossier. • Cons. conc. n° 07-D-45 du 13 déc. 2007 : *RDLC 2008, n° 1, p. 112, obs. Debroux* (annulée par • Paris, 26 nov. 2008 : ♁ *D. actu. 2 déc. 2008, obs. Chevrier ; CCC 2009, n° 15, obs. Bosco ; RDC 2009. 122, obs. Prieto* ; cassée par • Com. 2 févr. 2010, ♁ n° 08-70.449 P : *préc.*).

5. Réexamen des engagements. En matière d'engagements, le Conseil raisonne dans une situation de marché donnée ; si des changements significatifs interviennent sur le marché, il peut être amené à réexaminer la pertinence des engagements acceptés au vu des nouvelles circonstances de fait. • Cons. conc. n° 07-D-46 du 13 déc. 2007 : *RDLC 2008, n° 1, p. 112, obs. Debroux* (annulée par • Paris, 26 nov. 2008 : *D. actu. 2 déc. 2008, obs. Chevrier ; CCC 2009, n° 15, obs. Bosco ; RDC 2009. 122, obs. Prieto*). ♦ L'entreprise peut, conformément au point 46 du communiqué de procédure du 2 mars 2009, apporter à tout moment à l'Autorité des éléments tendant à démontrer la nécessité d'une révision des engagements avant le terme fixé, au regard des changements intervenus sur le marché en cause, tels par exemple qu'un changement important des éléments de fait ou de droit sur lesquels repose la décision. • Aut. conc. n° 10-D-30 du 28 oct. 2010 : *D. actu. 5 nov. 2010, obs. Constantin ; RLC janv.-févr. 2011. 33, obs. Cholet.* ♦ Le fait de demander une révision ne saurait garantir que cette révision soit accordée ; lorsqu'elle est saisie d'une telle demande, l'Autorité apprécie les éléments de droit ou de fait qui sont avancés pour motiver la demande ; en tout état de cause, il ne saurait y avoir d'automaticité dans la révision des engagements souscrits. • Aut. conc. n° 13-D-17 du 20 sept. 2013 : *D. 2013. Actu. 2268, obs. Delpech ; RDC 2014. 102, obs. Prieto.* – V. aussi • Aut. conc. n° 13-D-18 du 20 sept. 2013 : *eod. loc.*

6. Suivi des engagements. La procédure prévue au I de l'art. L. 464-2 met fin à la procédure et aucune disposition ne prévoit la participation du saisissant au suivi des engagements pris vis-à-vis de l'Autorité de la concurrence. • Aut. conc. n° 09-D-11 du 18 mars 2009. ♦ Un mandataire chargé du suivi des engagements ne peut en aucun cas se substituer à l'Autorité pour en apprécier leur portée, ni lier l'Autorité dans l'appréciation qu'elle peut porter sur un non-respect des engagements pris devant elle. • Aut. conc. n° 20-D-07 du 7 avr. 2020. ♦ Si l'une des parties à la procédure ne respecte pas un ou plusieurs de ses engagements, ce non-respect pourra être sanctionné mais en aucun cas, il ne pourra délier l'autre partie de ses propres engagements. • Aut. conc. n° 10-D-01 du 11 janv. 2010 : *cité note 7.* ♦ Le principe d'interprétation stricte des injonctions s'étend aux engagements. • Aut. conc. n° 10-D-21 du 30 juin 2010 : *D. actu. 20 juill. 2010, obs. Chevrier ; RDLC 2010, n° 4, p. 207, obs. Lemaire et Cousin.* ♦ Le contrôle de l'exécution de la décision doit porter sur le respect des engagements pris individuellement et dont chacun a valeur obligatoire. La circonstance que certains engagements aient été partiellement respectés ne saurait faire échec à un constat d'inexécution. Le respect formel de la lettre d'un engagement peut également être insatisfait s'il s'avère que des modifications parallèles aboutissent à le vider en tout ou partie de sa portée. • Aut. conc. n° 15-D-02 du 26 févr. 2015 : *D. actu. 10 mars 2015, obs. Constantin ; RLC avr.-juin 2015. 23, obs. Sélinsky* • n° 18-D-09 du 21 juin 2018. ♦ Les engagements, comme les injonctions, sont d'interprétation stricte. Cette interprétation ne peut cependant avoir pour effet de limiter l'appréciation du respect d'un engagement comme d'une injonction à des considérations purement formelles. • Aut. conc. n° 20-D-03 du 20 févr. 2020. ♦ L'examen du respect des engagements est centré dans un premier temps et à titre principal sur le respect formel des engagements, dont la vérification est distincte d'un réexamen des engagements au regard des évolutions de marché. L'interprétation stricte des engagements s'appuie à cet égard sur une analyse rigoureuse des termes utilisés dans le libellé de l'engagement. Cependant, l'effet du manquement sur la concurrence que les engagements visaient à préserver sera, le cas échéant, pris en considération si les parties ont adopté un comportement de contournement, ayant pour effet de limiter la portée des engagements et de produire les effets anticoncurrentiels que ces engagements devaient prévenir. L'effet du manquement sur la concurrence peut également être utilisé pour apprécier la gravité du non-respect. Ce n'est que lorsque l'Autorité est amenée à examiner si l'entreprise a pris des mesures susceptibles de constituer un contournement de ses engagements de nature à limiter leur portée qu'il est nécessaire de les examiner au regard de la finalité des engagements. • Aut. conc. n° 20-D-07 du 7 avr. 2020.

L'appréciation de la gravité du non-respect des engagements peut s'analyser à la lumière de la jurisprudence applicable au non-respect d'injonctions. Au même titre que le non-respect d'injonctions, le non-respect d'engagements constitue donc une pratique grave en elle-même ; une telle pratique est d'autant plus grave que la prise d'engagements a lieu à l'initiative des parties mises en cause qui les proposent, et qu'en contrepartie de ceux-ci elles peuvent bénéficier d'une réduction de sanction importante. • Aut. conc. n° 10-D-21 du 30 juin 2010 : *préc.* ♦ Indépendamment de la gravité intrinsèque de l'infraction, il convient d'apprécier l'incidence que le comportement a pu avoir sur la concurrence que les engagements visaient à préserver. Cet exercice ne se confond pas avec un examen des effets actuels ou même potentiels de l'infraction constatée, sur le marché ou plus généralement sur l'économie ; indépendamment de tels effets, qui peuvent éventuellement être pris en considération, c'est nécessairement par rapport à la situation concurrentielle que la décision visait à préserver qu'il faut raisonner. • Aut. conc. n° 15-D-02 du 26 févr. 2015 : *préc.*

7. Domaine des engagements. La procédure d'engagement ne doit résoudre que les préoccupations de concurrence identifiées dans l'évaluation préliminaire. • Aut. conc. n° 12-D-17 du 5 juill. 2012 : *cité note 20 ss. art. L. 464-2.* ♦ La délimitation, par le rapporteur, du champ des préoccupations de concurrence relève des pouvoirs d'appréciation des services d'instruction. La décision par laquelle l'Autorité rend obligatoires les engagements proposés par les parties atteste que ceux-ci ont été considérés comme mettant un terme aux préoccupations de concurrence identifiées, et clôt la saisine au fond. Mais aucun effet juridique supplémentaire ne saurait être conféré à cette décision ; en particulier, cette décision ne préjuge en rien de l'appréciation que l'Autorité pourrait éventuellement porter sur les autres aspects des contrats de distribution en cause, que ceux-ci aient été ou non évoqués dans la saisine ou lors de la séance. • Aut. conc. n° 10-D-01 du 11 janv. 2010 : *D. actu. 15 janv. 2010, obs. Chevrier ; CCE 2010, n° 24, obs. Chagny.* – V. aussi note 10. ♦ En principe, l'Autorité de la concurrence ne rend pas obligatoires des engagements qui excèdent la résolution des préoccupations de concurrence, bien qu'elle puisse, au besoin, donner acte de mesures complémentaires proposées par l'entreprise concernée, par exemple pour faciliter la mise en œuvre des engagements acceptés. • Aut. conc. n° 10-D-30 du 28 oct. 2010 : *préc. note 5.* ♦ Si les engagements rendus obligatoires sont effectivement souscrits pour l'avenir, ils résultent de préoccupations de concurrence relatives à des pratiques antérieures susceptibles de donner lieu à des infractions au droit de la concurrence ; comme tels, ils doivent être différenciés de la régulation sectorielle qui peut conduire une autorité spécialisée à énoncer *ex ante* un standard applicable aux opérateurs intéressés. • Paris, 19 déc. 2013 : 🏛 *cité note 10.* ♦ Si l'Autorité peut être amenée à s'exprimer dans un avis sur la structure et le fonctionnement d'un marché sans que sa compétence soit *a priori* limitée, la procédure d'engagements ne lui permet pas d'imposer à un acteur des engagements qui iraient au-delà des préoccupations de concurrence relevées. Ainsi, les engagements proposés, qu'ils soient comportementaux ou structurels, se doivent d'être pertinents, crédibles, vérifiables et proportionnels (c'est-à-dire à la fois nécessaires et suffisants) pour mettre un terme à toutes les préoccupations de concurrence identifiées, de telle sorte qu'ils apparaissent comme strictement dépendants du cadre juridique particulier de l'affaire. • Aut. conc. n° 14-D-11 du 2 oct. 2014 : *RDC 2015. 112, obs. Prieto.*

8. Tiers certificateur. Il n'existe *a priori* aucun obstacle juridique à ce que soit prévu un tiers certificateur dans des engagements acceptés par l'Autorité de la concurrence. Toutefois, les demandes concernant l'intervention d'un tiers certificateur excèdent, en l'espèce, ce qui est nécessaire pour dissiper les préoccupations de concurrence exprimées sur ce point et il n'est donc pas utile de modifier les engagements à cet égard. • Aut. conc. n° 10-D-20 du 25 juin 2010.

9. Valeur d'exemple. La nature particulière de la publicité s'appliquant en matière d'engagements et le terme rapide de la procédure qui peut résulter de leur adoption sont de nature à favoriser un audit des pratiques dans les entreprises placées dans une situation comparable et le cas échéant l'application de remèdes dans l'esprit des engagements qui auront été publiés. • Aut. conc. n° 12-D-29 du 21 déc. 2012.

10. Effets des engagements. Si l'Autorité accepte les engagements, elle clôt la procédure avant toute appréciation et qualification définitive des faits ; il en résulte notamment qu'une décision d'engagements ne peut être utilisée comme premier terme d'une réitération, qu'elle n'exclut pas l'exercice d'une action en justice par une des parties à la procédure et qu'elle ne permet pas à l'Autorité, si elle est saisie d'une plainte visant des pratiques ayant déjà fait l'objet d'une décision d'engagements, de classer cette plainte sur le fondement du principe *non bis in idem.* • Paris, 19 déc. 2013 : 🏛 *D. actu. 13 janv. 2014, obs. Chevrier ; CCC 2014, n° 48, obs. Decocq.* ♦ L'adoption d'une décision d'acceptation d'engagement n'a aucunement vocation de certifier la conformité au droit de la concurrence des pratiques en cause ; identifiant des préoccupations de concurrence, la décision d'engagements peut contenir des éléments suffisant en soi à fonder une action en responsabilité sur le terrain du droit commun. • Paris, 12 sept. 2018, n° 18/04914 : *RLC nov. 2018. 4, obs. Baudu.*

Art. R. 464-3 Pour l'application des dispositions relatives à la liquidation de l'astreinte prévues au II de l'article L. 464-2, l'Autorité de la concurrence se prononce après sa saisine dans les conditions prévues à l'article L. 462-5. Sa décision est précédée de l'établissement d'un rapport évaluant le montant définitif de l'astreinte. Ce rapport est adressé aux parties et au commissaire du Gouvernement, qui disposent d'un délai d'un mois pour présenter leurs observations écrites. Les parties et le commissaire du Gouvernement peuvent également présenter des observations orales lors de la séance. – *[Décr. n° 2002-689 du 30 avr. 2002, art. 42-2.]*

Art. R. 464-4 Lorsque le rapporteur général propose à l'Autorité de la concurrence de faire application des dispositions du III de l'article L. 464-2, les parties et le commissaire du Gouvernement en sont informés *(Décr. n° 2021-715 du 2 juin 2021, art. 1er)* « soit » par l'envoi d'une lettre du rapporteur général *(Décr. n° 2021-715 du 2 juin 2021, art. 1er)* « , soit par l'intermédiaire d'une plateforme d'échanges sécurisés de documents électroniques, » trois semaines au moins avant le jour de la séance. – *[Décr. n° 2002-689 du 30 avr. 2002, art. 43.]*

1. Observations préalables à la transaction. Dès lors que la société a choisi de ne pas contester la réalité des griefs notifiés et d'accepter la proposition de transaction que lui a soumise le rapporteur général, elle a renoncé aux observations précédemment déposées, par lesquelles elle avait contesté les griefs. C'est donc à juste titre que ce document, devenu sans objet et sans portée procédurale, a été retiré du dossier dans lequel il avait été coté lors de sa réception par les services de l'Autorité. Il ne peut donc être transmis aux autres parties à la procédure. • Paris, 6 juill. 2017, n° 2017/07296.

2. Confidentialité entourant la transaction. Les échanges des parties mises en cause avec les services d'instruction afin d'aboutir à une transaction doivent demeurer confidentiels, ce que justifient les impératifs de la mission de protection de l'ordre public économique, dont est investie l'Autorité. En effet, dans le cadre de cette procédure spécifique, l'entreprise en cause accepte de ne pas contester les griefs, ainsi que le montant même de la sanction infligée, ce qui revient à une renonciation à ses droits de la défense et à son droit au recours sur ces points. Cette renonciation requiert, pour être efficace, que cette partie puisse bénéficier d'une confidentialité des échanges qui se déroulent entre elle et l'Autorité. Il s'ensuit que les échanges entre les services d'instruction et la société, à laquelle des griefs avaient été notifiés, afin de mener à bien la transaction et qui ne figurent pas au dossier, quand bien même certains d'entre eux auraient-ils été consignés par écrit, sont confidentiels. • Paris, 6 juill. 2017, n° 2017/07296.

3. Procès-verbal de transaction. La confidentialité de la procédure de transaction légitime que le procès-verbal de celle-ci ne soit pas communiqué à la partie saisissante. En effet, aucune disposition légale n'impose d'adresser aux autres parties, avant le rapport ou avant la séance, ce procès-verbal, qui n'engage que l'entreprise qui le signe. Il s'ensuit que les pièces relatives à la procédure de transaction, dont le procès-verbal qui le consigne, n'ont pas vocation à être communiquées aux autres parties, qui ne bénéficient que d'un droit à être informées de la proposition qu'entend formuler le rapporteur général à l'Autorité de faire application des dispositions du III de l'art. L. 464-2. Et il s'en déduit que la confidentialité de la transaction est indépendante de la procédure de protection du secret des affaires et qu'il est dès lors inopérant que cette protection n'ai pas été demandée. • Paris, 6 juill. 2017, n° 2017/07296. ♦ Le procès-verbal n'a pas vocation à être porté à la connaissance de tiers à la procédure de transaction, et c'est à juste titre que l'Autorité ne l'a pas communiqué à la requérante. Il n'en résulte, pour autant, aucune atteinte au principe du contradictoire, puisque cet acte ne comporte pas d'examen des pratiques en cause, ni quant à leur réalité, ni quant à leur qualification juridique, et se borne à attester l'accord des intéressées à la proposition de transaction du rapporteur général, laquelle, selon les termes mêmes de l'art. L. 464-2-III, a pour seul objet de fixer « le montant minimal et le montant maximal de la sanction pécuniaire envisagée ». • Paris, 26 oct. 2017, n° 2017/01658 (conf. par • Com. 24 juin 2020, n° 17-28.115 : *RSC 2020. 953, obs. Sordino* ; *CCC 2020, n° 144, obs. Bosco*).

Art. R. 464-5 *(Décr. n° 2021-568 du 10 mai 2021, en vigueur le 11 juin 2021)* « La démarche mentionnée au IV de l'article L. 464-2 est effectuée par le biais d'une demande adressée soit au directeur général de la concurrence, de la consommation et de la répression des fraudes, soit au rapporteur général de l'Autorité de la concurrence. La demande est adressée par lettre recommandée avec demande d'avis de réception, par l'intermédiaire d'une plateforme d'échanges sécurisés de documents électroniques, oralement ou par tout autre moyen approprié prévu par l'administration ou par l'Autorité de la concurrence.

« Le directeur général de la concurrence, de la consommation et de la répression des fraudes, le rapporteur général de l'Autorité de la concurrence ou un rapporteur désigné par lui à cet effet accuse, par écrit, réception de cette demande. Par dérogation à l'article R. 112-5 du code des relations entre le public et l'administration, cet accusé de réception ne mentionne que la date et l'heure de réception.

« La déclaration du demandeur est recueillie par un enquêteur de la direction générale de la concurrence, de la consommation et de la répression des fraudes ou un rapporteur de l'Autorité de la concurrence et fait l'objet d'un procès-verbal de déclaration. »

Le directeur général de la concurrence, de la consommation et de la répression des fraudes et le rapporteur général s'informent réciproquement de toute démarche faite auprès d'eux en application du premier alinéa du présent article ainsi que de l'existence d'une éventuelle enquête ou instruction se rapportant aux pratiques en cause et déjà en cours avant cette démarche.

(Abrogé par Décr. n° 2021-568 du 10 mai 2021, à compter du 11 juin 2021) ***« Un rapporteur de l'Autorité de la concurrence élabore des propositions d'exonération de sanctions et précise les conditions auxquelles l'Autorité de la concurrence pourrait soumettre cette exonération dans son avis de clémence. Son rapport est adressé, au moins trois semaines avant la séance, à l'entreprise ou organisme concerné et au commissaire du Gouvernement. »***

Lorsque le bénéfice des dispositions du IV de l'article L. 464-2 a été demandé, le rapport d'enquête ou la notification de griefs et le rapport du rapporteur peuvent comporter une appréciation *(Décr. n° 2021-568 du 10 mai 2021, en vigueur le 11 juin 2021)* « du respect par le demandeur des conditions qui s'imposent à lui ». – *[Décr. n° 2002-689 du 30 avr. 2002, art. 44.]*

V. le communiqué de procédure de l'Autorité de la concurrence du 2 mars 2009 relatif au programme de clémence français : www.autoritedelaconcurrence.fr

BIBL. ▶ CLAUDEL, *RTD com. 2021. 580* (la procédure de clémence codifiée et toilettée).

1. Demande de clémence. Le Décr. n° 2002-689 du 30 avr. 2002, notamment son art. 44, d'une part, et le communiqué de procédure du 11 avr. 2006, d'autre part, ne soumettent la représentation de l'entreprise ou de l'organisme effectuant une demande de clémence à aucun formalisme. • Aut. conc. n° 13-D-12 du 28 mai 2013 : *RLDA juill.-août 2013. 47, obs. Farache ; RLC juill.-sept. 2013. 28, obs. Sélinsky.* ♦ Il n'appartient pas au demandeur de clémence mais à l'Autorité, sous le contrôle juridictionnel de la cour d'appel de Paris, elle-même placée sous celui de la Cour de cassation, de qualifier des pratiques d'anticoncurrentielles. • Même décision. ♦ La coopération attendue du demandeur n'est *pas épuisée par le seul fait* de présenter sa demande de clémence ; elle reste nécessaire tout au long de la période séparant le dépôt de cette demande de la tenue de la séance du collège, en passant par les différentes étapes de la phase préliminaire d'enquête et de la procédure d'instruction. • Même décision.

2. Avis de clémence. Si l'avis de clémence, qui est le seul acte par lequel ont été définies les conditions auxquelles est subordonnée l'exonération de sanction, doit être versé au dossier au stade de la notification de griefs afin que toutes les parties puissent en avoir connaissance, le rapport préalable, qui se borne à élaborer des propositions d'exonération de sanctions en les soumettant au Conseil de la concurrence, ne doit être adressé qu'à l'entreprise demanderesse à l'octroi du bénéfice de la clémence sans être communiqué aux parties destinataires de la notification de griefs, selon les dispositions de l'art. 44 du Décr. n° 2002-689 du 30 avr. 2002 [C. com., art. R. 464-5]. • Cons. conc. n° 06-D-09 du 11 avr. 2006 : *cité note 32 ss. art. L. 464-2* (conf. par • Paris, 24 avr. 2007 : *cité note 41 ss. art. L. 464-2*). ♦ Le point 27 du communiqué de procédure du 11 avr. 2006, en précisant que l'entreprise transmet aux autorités de concurrence françaises les informations et preuves relatives à l'entente présumée nécessaires à l'examen de sa demande de clémence, n'empêche pas la communication de documents postérieurement au délai de marqueur, mais seulement avant l'avis de clémence. • Aut. conc. n° 13-D-12 du 28 mai 2013 : *préc. note 1.*

3. Ordre de clémence. Le procès-verbal consignant une demande de clémence, puis l'avis de clémence délivré au bénéfice d'une partie à la procédure qui se déroulera ensuite, détermine à tout le moins le positionnement de cette partie dans l'ordre de celles qui peuvent ensuite accomplir la même démarche. Le procès-verbal de réception des pièces communiquées fait, par ailleurs, entrer l'Autorité en possession de celles-ci, qui permettront ensuite d'apprécier la valeur ajoutée d'autres pièces qui seraient déposées par des demandeurs de clémence ultérieurs. En tant que tels, ces actes ont donc un impact sur la place des demandeurs de clémence ultérieurs dans l'ordre d'entrée dans cette procédure et, s'ils ne peuvent faire l'objet d'un recours immédiat, leur irrégularité procédurale doit pouvoir être contestée par ceux-ci, dans le cadre du recours formé contre la décision de sanction, dès lors qu'ils remplissent les conditions de qualité et d'intérêt à agir. • Paris, 2 févr. 2017, n° 2013/13058 : *cité note 32 ss. art. L. 464-2.*

4. Communiqué « clémence ». Le communiqué de procédure du 2 mars 2009 n'a pas valeur législative ou réglementaire et constitue une grille d'analyse pour les parties et l'Autorité. Dans cette mesure, son application n'est pas soumise aux principes d'applicabilité de la loi dans le temps et il est sans effet qu'il ait été adopté postérieurement aux pratiques et à l'avis de clémence dont a bénéficié la société. En revanche, et puisqu'il comporte des règles applicables à une sanction, une partie peut invoquer son application en vertu du principe selon lequel une disposition relative à une sanction plus douce que le régime antérieur doit être mise en œuvre de façon immédiate. • Paris, 27 oct. 2016, n° 15/01673.

Art. R. 464-5-1 *(Décr. n° 2021-568 du 10 mai 2021, en vigueur le 11 juin 2021)* I. — L'exonération totale des sanctions pécuniaires prévue au IV de l'article L. 464-2 est accordée lorsque les conditions suivantes sont remplies :

1° Le demandeur satisfait aux conditions fixées à l'article R. 464-5-4 ;

2° Il révèle sa participation à une pratique prohibée par l'article L. 420-1 ;

3° Il est le premier à fournir des éléments d'information qui :

a) Soit permettent, au moment où la direction générale de la concurrence, de la consommation et de la répression des fraudes ou l'Autorité de la concurrence reçoivent la demande, de procéder à des opérations de visite et de saisie ou à des perquisitions dans le cadre d'une procédure pénale en rapport avec la pratique en cause, à condition qu'elles n'aient pas déjà en leur possession des éléments d'information qu'elles estiment suffisants pour permettre de procéder à de telles opérations de visite et de saisie ou qu'il n'ait pas déjà été procédé à de telles opérations ou perquisitions ;

b) Soit sont suffisants pour permettre à l'Autorité de la concurrence d'établir l'existence de la pratique en cause, à condition que la direction générale de la concurrence, de la consommation et de la répression des fraudes ou l'Autorité de la concurrence n'aient pas déjà en leur possession des éléments d'information que cette dernière estime suffisants pour lui permettre d'établir l'existence de cette pratique et qu'aucun autre demandeur n'ait déjà rempli les conditions pour bénéficier de l'exonération totale de sanctions pécuniaires en application du *a* du présent 3°.

II. — Un demandeur ayant pris des mesures pour contraindre d'autres entreprises ou associations d'entreprises à participer à la pratique en cause ou à continuer à y participer est exclu du bénéfice de l'exonération totale de sanctions pécuniaires.

Art. R. 464-5-2 *(Décr. n° 2021-568 du 10 mai 2021, en vigueur le 11 juin 2021)* I. — L'exonération partielle de sanctions pécuniaires prévue au IV de l'article L. 464-2 est accordée lorsque les conditions suivantes sont remplies :

1° Le demandeur satisfait aux conditions fixées à l'article R. 464-5-4 ;

2° Il révèle sa participation à une pratique prohibée par l'article L. 420-1 ;

3° Il fournit des éléments d'information qui comportent une valeur ajoutée significative afin d'établir l'existence de la pratique en cause, par rapport à ceux qui se trouvent déjà en la possession de la direction générale de la concurrence, de la consommation et de la répression des fraudes ou de l'Autorité de la concurrence au moment de la demande.

II. — Lorsqu'un demandeur est le premier à fournir des éléments d'information décisifs permettant à l'Autorité d'établir des éléments de fait supplémentaires conduisant à une augmentation des sanctions pécuniaires infligées aux participants à la pratique en cause par rapport à celles qui auraient été infligées en l'absence de ces éléments, l'Autorité de la concurrence ne le prend pas en compte pour déterminer le montant de la sanction infligée au demandeur ayant fourni ces éléments d'information.

Art. R. 464-5-3 *(Décr. n° 2021-568 du 10 mai 2021, en vigueur le 11 juin 2021)* I. — Le demandeur peut solliciter du directeur général de la concurrence, de la consommation et de la répression des fraudes ou du rapporteur général de l'Autorité de la concurrence l'attribution d'une place dans l'ordre d'arrivée en vue de bénéficier de l'exonération totale ou partielle de sanctions pécuniaires mentionnée au IV de l'article L. 464-2. Les autorités saisies fixent un délai afin de permettre au demandeur de rassembler les éléments d'information requis.

II. – Les éléments d'information fournis par le demandeur durant le délai mentionné au I sont réputés avoir été communiqués à la date de réception de la demande, telle que constatée dans le courrier ou le procès-verbal marquant sa place dans l'ordre d'arrivée.

III. – Le demandeur fournit les éléments d'information dont il dispose en lien avec la pratique en cause, notamment :

1° Son nom et son adresse ;

2° Les circonstances ayant conduit à l'introduction de la demande ;

3° Les noms de toutes les autres entreprises ou associations d'entreprises qui participent ou ont participé à la pratique en cause ;

4° Les produits et les territoires concernés ;

5° La durée et la nature de la pratique en cause ;

6° Des renseignements sur toute autre demande d'exonération totale ou partielle de sanctions pécuniaires présentée par le passé ou susceptible d'être présentée à l'avenir à toute autre autorité de concurrence concernant la pratique en cause.

Art. R. 464-5-4 *(Décr. nº 2021-568 du 10 mai 2021, en vigueur le 11 juin 2021)* Afin de se voir accorder une exonération totale ou partielle de sanctions pécuniaires, le demandeur est tenu de remplir l'ensemble des conditions suivantes :

1° Il doit mettre fin à sa participation à la pratique prohibée sans délai et au plus tard immédiatement après avoir déposé sa demande, sauf pour ce qui serait, de l'avis du rapporteur général de l'Autorité de la concurrence, raisonnablement nécessaire à la préservation de l'intégrité de l'enquête ;

2° Il doit apporter à l'Autorité de la concurrence une coopération véritable, totale, permanente et rapide dès le dépôt de sa demande et tout au long de la procédure d'enquête et d'instruction, ce qui implique en particulier de :

a) Lui fournir sans délai tous les éléments d'information de la nature de ceux mentionnés au III de l'article R. 464-5-3 supplémentaires concernant la pratique en cause, qui viendraient en sa possession ou auxquels il pourrait avoir accès, comprenant notamment une description détaillée de cette pratique et de sa nature, de la nature et de l'usage des produits en cause, des territoires sur lesquels cette pratique est susceptible de produire des effets, ainsi qu'une estimation de sa durée de mise en œuvre ;

b) Se tenir à la disposition de l'Autorité de la concurrence pour répondre rapidement à toute demande de sa part visant à contribuer à l'établissement des faits constitutifs de la pratique en cause ;

c) Mettre ses représentants légaux et salariés actuels à la disposition de l'Autorité de la concurrence, et fournir des efforts raisonnables pour en faire de même avec ses anciens représentants légaux et salariés ;

d) S'abstenir de détruire, de falsifier ou de dissimuler des informations ou des éléments de preuves pertinents se rapportant à la pratique en cause ;

e) S'abstenir de divulguer l'existence ou la teneur de sa demande avant que l'Autorité de la concurrence n'ait communiqué ses griefs aux parties, sauf si elle y donne préalablement son accord ;

f) Ne remettre en cause à aucun moment devant l'Autorité de la concurrence, et ce jusqu'au terme de la procédure, les éléments d'information qu'il lui a révélés dans le cadre de la procédure, notamment en ce qui concerne la matérialité des faits qu'il a dénoncés ou l'existence même de la pratique ;

3° Lorsqu'il envisage d'adresser une demande à l'Autorité de la concurrence, le demandeur ne doit pas avoir détruit ou falsifié de preuves de la pratique en cause, ni avoir divulgué son intention de présenter une demande ou la teneur de celle-ci, sauf à d'autres autorités de concurrence.

Art. R. 464-5-5 *(Décr. nº 2021-568 du 10 mai 2021, en vigueur le 11 juin 2021)* I. – Un demandeur ayant sollicité une exonération totale ou partielle de sanctions pécuniaires auprès de la Commission européenne, soit pour l'attribution d'une place dans l'ordre d'arrivée en vue de bénéficier d'une telle exonération, soit par le dépôt d'une demande complète, peut, si cette demande se réfère à une pratique prohibée couvrant les territoires de plus de trois États membres, soumettre à l'Autorité de la concurrence une demande sommaire concernant la même pratique.

II. – La demande sommaire mentionnée au I, qui est soumise aux conditions prévues aux trois premiers alinéas de l'article R. 464-5, comporte les éléments mentionnés aux 1° et 3° à 6° du III de l'article R. 464-5-3, ainsi que la mention des État membres où les preuves de la pratique en cause sont susceptibles de se trouver.

Les clarifications que l'Autorité de la concurrence peut demander lorsqu'elle est saisie d'une demande sommaire ne peuvent concerner que les éléments mentionnés à l'alinéa précédent.

III. – Lorsqu'elle est saisie d'une demande sommaire, l'Autorité de la concurrence vérifie si elle a déjà reçu une autre demande, sommaire ou complète, de la part d'un autre demandeur, concernant la même pratique. En l'absence d'une telle autre demande, et si elle estime que la demande sommaire dont elle est saisie comporte les éléments mentionnés au premier alinéa du II du présent article, le rapporteur général ou un rapporteur désigné par lui informe le demandeur de l'acceptation de sa demande.

IV. – Lorsque la Commission européenne a informé l'Autorité de la concurrence de ce qu'elle n'a pas l'intention d'instruire l'affaire en tout ou en partie, le demandeur a la possibilité de soumettre au rapporteur général de l'Autorité de la concurrence une demande complète. A titre exceptionnel, lorsque cela s'avère strictement nécessaire pour la délimitation d'une affaire ou pour son attribution, le rapporteur général ou un rapporteur désigné par lui peut inviter le demandeur à soumettre une demande complète avant que la Commission européenne n'ait informé l'Autorité de la concurrence de ce qu'elle n'a pas l'intention d'instruire l'affaire en tout ou en partie.

V. – Le rapporteur général de l'Autorité de la concurrence peut fixer au demandeur un délai maximal pour le dépôt de sa demande complète ainsi que des éléments d'information correspondants.

Lorsque le demandeur dépose sa demande complète dans le délai imparti, celle-ci est réputée avoir été déposée au moment du dépôt de la demande sommaire, pour autant que cette dernière porte sur les mêmes produits et les mêmes territoires et sur la même durée de la pratique en cause que la demande introduite auprès de la Commission européenne, qui peut avoir été mise à jour.

Art. R. 464-6 *(Décr. nº 2021-715 du 2 juin 2021, art. 1er)* « Les convocations aux séances de l'Autorité de la concurrence sont adressées trois semaines au moins avant le jour de la séance, soit par lettres recommandées avec demande d'avis de réception, soit par l'intermédiaire d'une plateforme d'échanges sécurisés de documents électroniques *[ancienne rédaction : Les convocations aux séances de l'Autorité de la concurrence sont adressées par envois recommandés avec demande d'avis de réception trois semaines au moins avant le jour de la séance]*. » Ce délai peut être réduit par le rapporteur général lorsque l'Autorité de la concurrence se réunit pour statuer en application de l'article L. 464-1.

Le rapporteur qui a instruit une affaire peut présenter des observations orales lors de la séance au cours de laquelle elle est examinée.

Les parties qui souhaitent l'audition d'une personne lors de la séance doivent en faire la demande au président de l'Autorité de la concurrence quinze jours au moins avant cette séance. – *[Décr. nº 2002-689 du 30 avr. 2002, art. 39.]*

Convocation. Le non-respect du délai de « trois semaines au moins » ne peut être invoqué que si la requérante démontre à l'appui de son recours avoir, de ce fait, subi un grief, notamment en raison de l'impossibilité de présenter des observations en temps utile. • Paris, 17 mai 2005 : *RLC 2005, nº 4, p. 80, obs. Cheynel.*

Art. R. 464-7 Pour l'application de l'article L. 464-6, l'auteur de la saisine et le commissaire du Gouvernement disposent d'un délai de deux mois pour faire valoir leurs observations écrites. Ils peuvent présenter des observations orales lors de la séance. – *[Décr. nº 2002-689 du 30 avr. 2002, art. 45.]*

Art. R. 464-8 *(Décr. nº 2009-185 du 17 févr. 2009, art. 1er)* « I. – » Les décisions de l'Autorité de la concurrence sont notifiées *(Décr. nº 2021-715 du 2 juin 2021, art. 1er)*

« soit par lettre recommandée avec demande d'avis de réception, soit par l'intermédiaire d'une plateforme d'échanges sécurisés de documents électroniques » :

1° Pour les décisions mentionnées à l'article L. 464-1, à l'auteur de la demande de mesures conservatoires, aux personnes contre lesquelles la demande est dirigée et au commissaire du Gouvernement ;

2° Pour les décisions mentionnées à l'article L. 462-8, à l'auteur de la saisine et au ministre chargé de l'économie ;

3° Pour les décisions mentionnées à l'article L. 464-6, à l'auteur de la saisine, aux personnes dont les agissements ont été examinés par le rapporteur au regard *(Décr. n° 2017-483 du 6 avr. 2017, art. 13)* **« des articles L. 420-1, L. 420-2, L. 420-2-1, L. 420-2-2 et L. 420-5 » ainsi que, le cas échéant, des articles 81 et 82 du traité instituant la Communauté européenne** *[art. 101 et 102 TFUE]* **et au ministre chargé de l'économie ;**

4° Pour les décisions prises suivant les modalités prévues par les articles L. 463-2, L. 463-3, L. 464-2, L. 464-3 et L. 464-5, aux personnes destinataires de la notification de griefs ou du rapport ainsi qu'aux entreprises ou organismes ayant souscrit des engagements et au ministre chargé de l'économie ; — *[Décr. n° 2002-689 du 30 avr. 2002, art. 46.]*

(Décr. n° 2009-139 du 10 févr. 2009, art. 3) **« 5° Pour les décisions mentionnées au dernier alinéa de l'article L. 461-3 prises à la suite d'une saisine du ministre chargé de l'économie en application du quatrième alinéa de l'article L. 464-9, aux parties concernées et au ministre chargé de l'économie. »**

(Abrogé par Décr. n° 2009-312 du 20 mars 2009, art. 1er) (Décr. n° 2009-185 du 17 févr. 2009, art. 1er) ***« II. — Les décisions de l'Autorité de la concurrence mentionnées à l'article L. 470-7-1 sont publiées sur le site internet de l'Autorité. Leur publicité peut être limitée pour tenir compte de l'intérêt légitime des parties et des personnes citées à ce que leurs secrets d'affaires ne soient pas divulgués. »*** — *V. art. D. 464-8-1.*

Les dispositions issues des Décr. nos 2009-139 du 10 févr. 2009 et 2009-185 du 17 févr. 2009 entrent en vigueur à la date d'entrée en vigueur de la L. n° 2008-776 du 4 août 2008 et de l'Ord. n° 2008-1161 du 13 nov. 2008 (Décr. préc., art. 4 et 2).

Engagements. Il s'évince de la combinaison des art. L. 464-2 et L. 464-8, nonobstant la rédaction plus limitée de l'art. R. 464-8 qui restreint la notification de la décision d'acceptation des engagements aux entreprises ou organismes ayant souscrit des engagements, qu'une société, qui est en cause devant le Conseil en qualité de partie saisissante, et qui justifie d'un intérêt dès lors que les engagements contenus dans la décision sont susceptibles de produire des effets juridiques sur sa situation personnelle, est recevable à exercer un recours contre la décision d'acceptation des engagements. • Paris, 6 nov. 2007 : *CCC 2008, n° 18, obs. Decocq ; RJDA 2008, n° 86 ; RLC janv.-mars 2008. 85, note Cheynel ; RDLC 2008, n° 1, p. 127, obs. Prieto* (décision cassée par : • Com. 4 nov. 2008, n° 07-21.275 P : *cité note 4 ss. art. R. 464-2*).

Art. D. 464-8-1 *(Décr. n° 2009-312 du 20 mars 2009, art. 2)* **Les décisions de l'Autorité de la concurrence mentionnées à l'article** *(Décr. n° 2017-305 du 9 mars 2017, art. 2-II)* **« L. 490-11** *[ancienne rédaction : L. 470-7-1]* **» sont publiées sur le site internet de l'Autorité. Leur publicité peut être limitée pour tenir compte de l'intérêt légitime des parties et des personnes citées à ce que leurs secrets d'affaires ne soient pas divulgués.** — *V. www.autoritedelaconcurrence.fr*

BIBL. ► CHEYNEL, *RLC avr.-juin 2009. 90* (publicité des décisions en matière de pratiques anticoncurrentielles et de contrôle des concentrations). – FAURE-MOSSMANN, *LPA 23 avr. 2012* (les *peines complémentaires* de publicité, publication-sanction, en droit boursier et en droit de la concurrence).

1. Diffusion électronique. Même affectée d'erreurs, une diffusion électronique ne saurait produire de quelconques effets de droit, notamment pas ceux d'une violation du secret du délibéré, dès lors qu'elle n'a pas été antérieure à la date à laquelle la décision a été rendue, soit le jour de la fin du délibéré et dès lors que cette version électronique mentionnait expressément « vous voudrez bien noter que l'envoi, pour information, d'une décision par courriel ne revêt pas un caractère de notification faisant courir les délais de recours contentieux. Cette dernière interviendra, en effet, ultérieurement et sera effectuée par voie postale en recommandé avec AR. En cas de recours devant la cour d'appel, seule l'ampliation certifiée conforme accompagnée de la notification revêt un caractère officiel ». • Paris, 24 nov. 2009 : *D. actu. 30 nov. 2009, obs. Chevrier.*

2. Secret des affaires. Il résulte des art.

L. 490-11 et D. 464-8-1 qu'il appartient à l'Autorité de la concurrence de décider si la publicité des décisions qu'elle prend doit être limitée pour tenir compte de l'intérêt légitime qui s'attache au respect du secret des affaires. Ainsi, lorsqu'elle publie la décision par laquelle elle a prononcé des mesures conservatoires en faisant apparaître des informations susceptibles de relever du secret des affaires, notamment celles qui avaient été reconnues comme telles par le rapporteur général au cours de l'instruction de l'affaire, l'Autorité prend une décision distincte de la décision prononçant les mesures conservatoires. Mais, dès lors que, pour se prononcer sur les modalités de publication de sa décision, l'Autorité doit tenir compte à la fois de la protection du secret des affaires et de l'intérêt public qui s'attache à la publication de la motivation de sa décision, y compris la publication d'informations susceptibles d'être protégées au titre du secret des affaires, cette décision distincte peut être regardée comme n'étant pas détachable de la décision par laquelle l'Autorité a prononcé les mesures conservatoires, laquelle ressortit, en vertu de l'art. L. 464-7, à la compétence de la cour d'appel de Paris. Dans ces conditions, il apparaît que le litige est susceptible de relever de la compétence de la juridiction judiciaire. • CE 20 mars 2020, n° 429279 : *RJDA 2020, n° 393.*

3. Recours. La décision prise par l'Autorité de la concurrence, sur le fondement des dispositions de l'art. D. 464-8-1, de limiter ou non la publicité d'une décision prise sur le fondement de l'art. L. 464-1, est indissociable de cette décision elle-même. Dès lors, sa contestation relève également de la cour d'appel de Paris. • T. confl. 5 oct. 2020, n° C4193 : *AJDA 2020. 1882, obs. Maupin ; RJDA 2020, n° 665.*

Art. R. 464-9 **Pour l'application de l'article L. 464-3, l'Autorité de la concurrence se prononce après avoir été saisie dans les conditions prévues par l'article L. 462-5. Sa décision est précédée de l'établissement d'un rapport qui est adressé aux parties et au commissaire du Gouvernement, qui disposent d'un délai de deux mois pour présenter leurs observations écrites. En cas d'urgence, ce délai peut être ramené à un mois par le rapporteur général. Les parties et le commissaire du Gouvernement peuvent également présenter des observations orales lors de la séance.** – *[Décr. n° 2002-689 du 30 avr. 2002, art. 47.]*

Examen du respect d'injonction. Lorsqu'elle n'a pas été saisie d'une demande spécifique en ce sens dans les conditions prévues à l'art. L. 462-5, aucune disposition légale, ni aucun principe jurisprudentiel, ne permettent à l'Autorité de la concurrence de mettre en œuvre, sans avoir à se saisir d'office, la procédure prévue à l'art. L. 464-3. Il en est notamment ainsi lorsque l'Autorité est saisie de pratiques anticoncurrentielles sur le seul fondement des dispositions des art. L. 420-1 ou L. 420-2. • Aut. conc. n° 10-D-12 du 15 avr. 2010 : *D. actu. 3 mai 2010, obs. Chevrier ; RDLC 2010, n° 3, p. 81, obs. Debroux ; RLC juill.-sept. 2010. 52, obs. Lavedan.* ♦ En effet, si l'Autorité peut, sans avoir à se saisir d'office, retenir les pratiques révélées par les investigations auxquelles elle a procédé à la suite de sa saisine qui, quoique non visées expressément dans celle-ci, ont le même objet ou le même effet, il n'en est pas de même lorsqu'une infraction révélée au cours des investigations est sanctionnée selon des règles de procédure distinctes de celles qui répriment les pratiques visées par la saisine. Tel est le cas de l'inexécution d'une injonction, réprimée par les dispositions de l'art. L. 464-3 alors que la sanction des pratiques anticoncurrentielles est régie par les dispositions de l'art. L. 464-2. Dans ce cas de figure, il appartient alors au rapporteur général de proposer à l'Autorité de se saisir d'office de l'examen du respect de l'injonction prononcée. • Même décision.

Art. R. 464-9-1 *(Décr. n° 2009-140 du 10 févr. 2009, art. 1er)* **Le ministre chargé de l'économie communique, par lettre recommandée avec demande d'avis de réception, aux entreprises qu'il soupçonne de pratiques mentionnées** *(Décr. n° 2017-483 du 6 avr. 2017, art. 13)* **« aux articles L. 420-1, L. 420-2, L. 420-2-1, L. 420-2-2 et L. 420-5 » et qui répondent aux conditions de chiffres d'affaires spécifiées au premier alinéa de l'article L. 464-9 les faits constatés de nature à constituer les infractions qui leur sont imputées. Cette communication est accompagnée d'un rapport administratif d'enquête. Ce rapport met en évidence les faits constatés, leur qualification juridique et leur imputabilité. Les entreprises concernées sont informées des mesures envisagées à leur égard, à savoir une injonction et une somme à verser au Trésor public à titre de transaction, ou l'une de ces deux mesures seulement. Les entreprises destinataires peuvent consulter le dossier sous réserve de la protection du secret des affaires.**

Les entreprises destinataires sont invitées à formuler des observations écrites et disposent pour ce faire d'un délai de deux mois à compter de la réception du courrier. Ce délai peut être prorogé à leur demande d'une nouvelle période ne pouvant excéder deux mois. Les entreprises peuvent également présenter dans le délai imparti des observations orales au signataire du courrier. Elles peuvent se faire assister d'un conseil.

Les art. R. 464-9-1 à R. 464-9-3 entrent en vigueur à la date d'entrée en vigueur de la L. n° 2008-776 du 4 août 2008 et de l'Ord. n° 2008-1161 du 13 nov. 2008 (Décr. n° 2009-140 du 10 févr. 2009, art. 2).

BIBL. ▶ CLAUDEL, *RDLC 2008, n° 4, p. 133* (avant-projet de décret sur les micro-PAC). – NOURISSAT, *RLC avr.-juin 2009. 94* (décret de procédure pour les micro-PAC : de sous-garanties pour un droit de seconde zone ?). – CLAUDEL, *RTD com. 2009. 558* (une ébauche de procédure contradictoire pour les micro-PAC).

Art. R. 464-9-2 *(Décr. n° 2009-140 du 10 févr. 2009, art. 1er)* **Après examen des observations reçues, le ministre chargé de l'économie informe, par lettre recommandée avec demande d'avis de réception, chaque entreprise concernée de sa décision. Il peut classer l'affaire ou enjoindre aux entreprises de prendre les mesures de nature à mettre fin aux pratiques anticoncurrentielles constatées et leur indiquer la somme proposée à titre de transaction, ou l'une de ces deux dernières mesures seulement.**

Pour chaque entreprise concernée, la décision indique les délais dans lesquels l'entreprise doit exécuter l'injonction et payer la somme proposée à titre de transaction au Trésor public.

L'entreprise destinataire de la décision dispose d'un délai d'un mois à compter de la notification de celle-ci pour l'accepter en la contresignant. A défaut de réponse dans ce délai, l'entreprise est réputée avoir refusé de transiger et d'exécuter l'injonction.

L'Autorité de la concurrence est informée de chaque injonction prononcée et de chaque transaction conclue.

V. note ss. art. R. 464-9-1.

Art. R. 464-9-3 *(Décr. n° 2009-140 du 10 févr. 2009, art. 1er)* **Dans le cas où l'entreprise a refusé les mesures notifiées ou n'a pas exécuté l'injonction ou encore n'a pas versé la somme prévue par la transaction, le ministre chargé de l'économie saisit l'Autorité de la concurrence. Les observations formulées par les entreprises destinataires de l'injonction ou de la transaction dans le cadre de la procédure ne sont pas transmises à l'Autorité de la concurrence.**

Le refus ou l'acceptation d'une ou de plusieurs entreprises concernées est sans effet sur la situation des autres entreprises ayant fait l'objet de la même procédure.

V. note ss. art. R. 464-9-1.

Procédure de transaction. Conformément à l'art. R. 464-9-3, le refus ou l'acceptation d'une transaction par une ou par plusieurs des entreprises concernées est sans effet sur la situation des autres entreprises ayant fait l'objet de la même procédure. • Aut. conc. n° 16-D-02 du 27 janv. 2016 : *BRDA 2016, n° 5, p. 12.* ♦ La communication des observations des parties, dans le cadre de la saisine de l'Autorité par le ministre de l'économie à la suite d'un refus de transaction, est explicitement exclue par l'art. R. 464-9-3. Dès lors, cette non-transmission du mémoire d'observation déposé par les parties est également justifiée et les entreprises en cause ne peuvent se prévaloir d'une quelconque atteinte à leurs droits. • Même décision.

Art. R. 464-9-4 *(Décr. n° 2014-1109 du 30 sept. 2014, art. 34)* **Pour l'exercice des compétences prévues aux articles R. 464-9-1 et R. 464-9-2, peuvent signer au nom du ministre et par délégation :**

1° Les *(Décr. n° 2020-1545 du 9 déc. 2020, art. 28, en vigueur le 1er avr. 2021)* **« directeurs régionaux de l'économie, de l'emploi, du travail et des solidarités » ;**

2° Les *(Décr. n° 2020-1545 du 9 déc. 2020, art. 28, en vigueur le 1er avr. 2021)* **« directeurs de l'économie, de l'emploi, du travail et des solidarités » ;**

3° Les chefs des pôles "concurrence, consommation et répression des fraudes".

SECTION II **DES RECOURS EXERCÉS DEVANT LA COUR D'APPEL DE PARIS CONTRE LES DÉCISIONS DE L'AUTORITÉ DE LA CONCURRENCE** *(Ord. n° 2008-1161 du 13 nov. 2008, art. 4).*

BIBL. GÉN. ▶ CANIVET, *RJ com. 1992. 185* (le juge et l'autorité de marché). – TRUCHET, *Mél. Jeanneau, Dalloz, 2002, p. 539* (le mythe de l'unification du contentieux de la concurrence). ▶ Décr. n° 2005-1667 du 27 déc. 2005 : CHEYNEL, *RLC 2006, n° 6, p. 73.*

Art. R. 464-10 **Par dérogation aux dispositions du titre VI du livre II du** *(Décr. n° 2008-484 du 22 mai 2008, art. 22)* **« code de procédure civile », les recours exercés**

devant la cour d'appel de Paris contre les décisions de l'Autorité de la concurrence sont formés, instruits et jugés conformément aux dispositions de la présente section *(Décr. n° 2017-823 du 5 mai 2017, art. 1er)* **« et de la section IV ».** – *[Décr. n° 87-849 du 19 oct. 1987, art. 1er.]*

Les dispositions issues du Décr. n° 2017-823 du 5 mai 2017 sont applicables aux recours et aux demandes de sursis à exécution introduits à compter du 1er sept. 2017 (Décr. préc., art. 20).

Les dispositions issues du Décr. n° 2017-823 du 5 mai 2017 sont applicables dans les îles Wallis-et-Futuna (Décr. préc., art. 21-I).

1. Dérogation au code de procédure civile. Le Décr. n° 87-849 du 19 oct. 1987 [C. com., art. R. 464-10 s.] ne comportant aucune disposition relative à la tenue de l'audience, et dès lors que les dispositions du NCPC [renommé C. pr. civ.] ne cèdent que devant les dispositions expressément contraires de ce décret ou aménageant des modalités propres à l'exercice des recours contre les décisions du Conseil de la concurrence, la cour d'appel [de Paris] a pu statuer dans les conditions prévues à l'art. 786 NCPC [renommé C. pr. civ.]. • Com. 9 juin 2004, n° 03-16.668 P : *D. 2004. AJ 2227 ; JCP E 2004, n° 32-35, p. 1273 ; CCC 2004, n° 141, obs. Malaurie-Vignal ; RJDA 2004, n° 1393.* – V. aussi • Paris, 22 sept. 2004 : *D. 2004. AJ 2788* (art. 328 à 330 NCPC [renommé C. pr. civ.]). ♦ La cour, usant de la faculté d'entendre toute personne susceptible de l'éclairer, prévue par l'art. 27 C. pr. civ., lequel est applicable en vertu des dispositions de l'art. R. 464-10 C. com., peut admettre qu'une autorité administrative puisse formuler des observations orales à l'audience. • Paris, 31 oct. 2014 : *cité note 3 ss. art. R. 464-17.*

2. Dérogation expresse. Aux termes de l'art. R. 464-10, il n'est expressément dérogé qu'au titre VI du livre II du code de procédure civile. • Com. 3 mars 2009, n° 08-14.435 P : *cité note 5 ss. art. R. 464-12* • 3 mars 2009, n° 08-13.767 P : *eod. loc.* ♦ Les art. 31 et 122 C. pr. civ., qui ne relèvent pas du livre II de ce code, échappent aux dérogations prévues par l'art. R. 464-10 C. com. et sont donc applicables en l'espèce. Il en résulte que si une partie devant l'Autorité de la concurrence peut introduire un recours d'une décision prise par celle-ci, relevant de l'une de celles mentionnées au 1er al. de l'art. L. 464-8, ce droit doit s'exercer dans les conditions applicables à l'action en justice prévues par le code de procédure civile ; en particulier, les parties requérantes au recours doivent justifier d'un intérêt à agir, sous peine de se voir déclarées, éventuellement d'office, irrecevables en leur recours ou en leurs demandes, sans examen au fond. • Paris, 24 sept. 2015, n° 2014/17586 : *CCC 2015, n° 285, obs. Bosco ; CCE 2016, n° 2, obs. Caron.* ♦ Ainsi, l'éventuel non-respect par une société de l'injonction de l'Autorité à son égard ne suffit pas à créer un intérêt à agir rendant le recours en réformation introduit par le requérant recevable, puisque, pour répondre à une telle situation, le législateur a prévu une voie d'action appropriée aux art. L. 464-2 et L. 464-3, permettant à l'Autorité de faire respecter ses injonctions. • Même arrêt.

Art. R. 464-11 *(Décr. n° 2012-840 du 29 juin 2012, art. 1er)* **L'Autorité de la concurrence est partie à l'instance selon les modalités prévues au présent chapitre.**

Sur l'arrêt de la CJUE ayant entraîné la réécriture de l'art. R. 464-11 par le Décr. n° 2012-840 du 29 juin 2012, V. note ss. art. 35 du Règl. CE n° 1-2003 du 16 déc. 2002, App., v° Concurrence.

BIBL. ▶ Bosco, *CCC 2012, n° 260* (mise en conformité du code de commerce avec la jurisprudence *VEBIC*, une réforme en trompe-l'œil ?). – Lemaire et Naudin, *RDLC 2012, n° 4, p. 148* (qualité de partie à l'instance devant la cour d'appel). – Claudel, *RTD com. 2012. 736* (qualité de partie à l'instance officiellement reconnue à l'Autorité de la concurrence).

Qualité de partie à l'instance. Il appartient aux requérantes de démontrer en quoi l'acquisition par l'Autorité de la concurrence de la qualité de partie à l'instance dans le cadre de la procédure de recours rendrait désormais contraire au principe de l'égalité des armes le dépôt par elle d'observations écrites. • Paris, 23 mai 2017, n° 15/08224.

SOUS-SECTION 1 DES RECOURS PRÉVUS À L'ARTICLE L. 464-8

Art. R. 464-12 Les recours prévus à l'article L. 464-8 sont formés par une déclaration écrite en triple exemplaire déposée contre récépissé au greffe de la cour d'appel de Paris contenant, à peine de nullité :

1° Si le demandeur est une personne physique, ses nom, prénoms, profession *(Décr. n° 2017-823 du 5 mai 2017, art. 2)* **« , domicile, nationalité, date et lieu de naissance ainsi que, le cas échéant, le numéro unique d'identification de l'entreprise ; si le demandeur est une personne morale, sa dénomination, sa forme, son siège social et l'organe qui la représente ainsi que le numéro unique d'identification de l'entreprise**

[ancienne rédaction : et domicile ; si le demandeur est une personne morale, sa dénomination, sa forme, son siège social et l'organe qui la représente] **» ; dans le cas où la déclaration est faite au nom du ministre chargé de l'économie, elle indique la dénomination et l'adresse du service mentionné au deuxième alinéa de l'article R. 464-26 ;**

2° L'objet du recours *(Décr. n° 2017-823 du 5 mai 2017, art. 2)* **« ainsi que, le cas échéant, la partie de la décision sur laquelle porte la demande de réformation ».**

(Décr. n° 2017-823 du 5 mai 2017, art. 2) **« Le demandeur au recours joint à la déclaration une copie de la décision de l'Autorité de la concurrence** *[ancienne rédaction : Lorsque la déclaration ne contient pas l'exposé des moyens invoqués, le demandeur doit, à peine d'irrecevabilité prononcée d'office, déposer cet exposé au greffe dans les deux mois qui suivent la notification de la décision de l'Autorité de la concurrence]***. »** — *[Décr. n° 87-849 du 19 oct. 1987, art. 2.]*

FORM. PR. COM. v° *Déclaration de recours devant la cour d'appel de Paris*, par CASANOVA.

Les dispositions issues du Décr. n° 2017-823 du 5 mai 2017 sont applicables aux recours et aux demandes de sursis à exécution introduits à compter du 1er sept. 2017 (Décr. préc., art. 20).

Les dispositions issues du Décr. n° 2017-823 du 5 mai 2017 sont applicables dans les îles Wallis-et-Futuna (Décr. préc., art. 21-I).

1. Dépôt d'une déclaration écrite. Les recours formés par lettres simples ou recommandées reçues ou transmises au greffe de la cour doivent être déclarées d'office irrecevables. • Paris, 18 oct. 1991 : *Gaz. Pal. 1992. 1. 60, note Marchi.* ♦ Même solution, pour une lettre recommandée avec avis de réception, • Paris, 26 juin 2001 : *BOCC 31 janv. 2002.* ♦ ... Pour une assignation, prévue, elle, par l'art. R. 464-20 : • Paris, 1er juin 2010 : *cité note 2 ss. art. L. 464-7.* ♦ Seules des irrégularités quant au contenu de la déclaration sont sanctionnées par la nullité du recours ; ainsi, la cour n'est pas, en l'absence de déclaration au greffe, valablement saisie et le recours formé par lettre recommandée avec avis de réception, n'étant pas celui prévu par les textes, ne peut qu'être déclaré irrecevable. • Paris, 19 juin 2014 : *BOCC 7 juill. 2014.* ♦ Jugeant que les recours en annulation ou en réformation des décisions de l'Autorité de la concurrence ne constituent pas des appels et ne peuvent donc pas être présentés par la voie électronique du réseau privé virtuel des avocats (RPVA), V. • Paris, 7 avr. 2016, n° 2015/00883 : *CCC 2016, n° 151, obs. Decocq.*

2. Objet du recours. Il est satisfait à l'exigence de préciser l'objet du recours, dès lors que la décision attaquée est exactement spécifiée dans l'acte de recours et que la finalité du recours – réformation ou annulation, selon les termes de l'art. 15 de l'Ord. du 1er déc. 1986 [C. com., art. L. 464-8] – se déduit suffisamment de la nature du dispositif de la décision. • Paris, 28 juin 1994 : *Gaz. Pal. 1994. 2. 654, concl. Jobard.* ♦ Lorsque la saisine du ministre de l'Économie ne formule aucune critique à l'encontre de la décision du Conseil qu'elle vise et se borne à se référer à l'arrêt de la cour d'appel de Paris dont elle sollicite la confirmation alors que par l'effet de la cassation prononcée celui-ci n'existe plus, la déclaration de saisine ne contient pas l'objet du recours. • Com. 26 mars 2002, n° 99-20.703 P : *D. 2002. AJ 1830, obs. Chevrier.*

3. Exposé des moyens invoqués. L'art. 2 (3°) [C. com., art. R. 464-12, al. 4] s'applique aux moyens nouveaux qui pourraient être contenus dans un mémoire en réplique et qui sont donc irrecevables passé le délai de deux mois. • Com. 8 nov. 1994, n° 92-20.285 P. ♦ Le recours non motivé, tendant seulement à l'annulation et, en cas de besoin, à la réformation de la décision, doit être déclaré irrecevable pour défaut d'énoncé des moyens dans les deux mois suivant la décision. • Com. 10 janv. 1995, n° 93-11.178 P. ♦ V. aussi, déclarant irrecevable un recours au motif que l'exposé des moyens n'avait été développé que dans des mémoires communiqués par l'appelant plus de deux mois après notification de la décision du Conseil : • Paris, 20 oct. 1998 : *JCP E 1998, n° 47, p. 1808* • 29 avr. 2003 : *BOCC 11 juill. 2003.* ♦ V. égal. note 5 ss. art. L. 464-8.

En ce sens que le moyen d'annulation tiré de la présence du rapporteur au délibéré ne peut être soulevé pour la première fois devant la Cour de cassation et que la cour de Paris n'est pas tenue de le soulever d'office, V. • Com. 27 mars 2001, n° 99-10.045 P : *D. 2001. AJ 1537, obs. Chevrier ; RTD com. 2001. 875, obs. Claudel* • 9 mai 2001, n° 98-22.150 P : *CCC 2001, n° 138, obs. Malaurie-Vignal ; RJDA 2001, n° 1264* • 19 juin 2001, n° 99-13.190 P • 9 oct. 2001, n° 98-21.987 P : *JCP E 2001, n° 47, p. 1840* • 20 nov. 2001, n° 99-16.776 P.

4. Sanction. Il résulte de la combinaison des art. 1032, 1033 NCPC [renommé C. pr. civ.] (saisine de la juridiction de renvoi après cassation) et de l'art. 2 du Décr. du 19 oct. 1987 [dans sa rédaction antérieure, devenue C. com., art. R. 464-12] que la sanction du défaut des mentions requises est une fin de non-recevoir et non une nullité. • Com. 26 mars 2002, n° 99-20.703 P : *D. 2002. AJ 1830, obs. Chevrier.* ♦ V. désormais la nouvelle rédaction de l'art. 2 [C. com., art. R. 464-12] issue du Décr. n° 2005-1667 du 27 déc. 2005.

5. Moyens invoqués devant la juridiction de renvoi. La cour, saisie comme juridiction de renvoi par les déclarations prévues par l'art. 1034 C. pr. civ., n'est pas pour autant saisie d'un nouveau recours contre la décision du Conseil de la concurrence. • Paris, 2 avr. 2008 : *D. 2008. AJ 1273, obs. Chevrier ; CCC 2008, n° 167, obs. Decocq.* ♦ Les dispositions spéciales de l'art. R. 464-12 C. com., qui dérogent à la procédure civile de droit commun, font obstacle à l'application de l'art. 632 C. pr. civ. qui autorise les parties à invoquer de nouveaux moyens à l'appui de leurs prétentions devant la juridiction de renvoi ; il en résulte que la cour, saisie sur renvoi après cassation, doit prononcer l'irrecevabilité des moyens qui n'ont pas été exposés dans les conditions de délai prévues par l'art. R. 464-12 précité. • Même arrêt. ♦ Il convient, en effet, de ne pas confondre la déclaration par laquelle la juridiction de renvoi est saisie, prévue par l'art. 1034 C. pr. civ., avec la déclaration de recours définie par l'art. R. 464-12 C. com. • Même arrêt. ♦ En statuant ainsi alors que la procédure de renvoi après cassation est régie par le titre XVI du livre premier du code de procédure civile et non par le titre VI de son livre II, la cour d'appel a violé l'art. 632 C. pr. civ., ensemble les art. R. 464-10 et R. 464-12 C. com. • Com. 3 mars 2009, n° 08-13.767 P : *D. 2009. AJ 805, obs. Chevrier ; JCP E 2009, n° 12, p. 7 ; CCC 2009, n° 140, obs. Decocq ; RJDA 2009, n° 894 ; RDLC 2009, n° 2, p. 183, obs. Momège.* ♦ Mais aux termes de l'art. 631 C. pr. civ., devant la cour de renvoi, l'instruction est reprise en l'état de la procédure atteinte par la cassation ; or, en l'espèce, la cassation n'étant que partielle, l'arrêt est devenu irrévocable en ce qu'il a déclaré irrecevable le recours incident de l'association UFC-Que choisir qui ne peut alors former un nouveau recours devant la juridiction de renvoi. • Paris, 11 mars 2009 : *D. actu. 24 mars 2009, obs. Chevrier ; RTD com. 2010. 75, obs. Claudel ; CCC 2009, n° 140, obs. Decocq.*

Art. R. 464-13 *(Décr. n° 2017-823 du 5 mai 2017, art. 3)* **Dans les cinq jours qui suivent le dépôt de la déclaration et à peine de caducité de cette dernière relevée d'office, le demandeur en adresse une copie, par lettre recommandée avec demande d'avis de réception, d'une part, aux parties auxquelles la décision de l'Autorité de la concurrence a été notifiée, mentionnées en annexe de la lettre de notification prévue au deuxième alinéa de l'article R. 464-30, et d'autre part, à l'Autorité de la concurrence et au ministre chargé de l'économie. Dans le même délai et sous la même sanction, il justifie auprès du greffe de ces notifications.** — *Reprise de la substance de l'anc. art. R. 464-14.*

V. notes ss. art. R. 464-12.

FORM. PR. COM. v° *Lettre recommandée AR informant les parties qu'un recours au fond a été introduit contre une décision de l'Autorité de la concurrence*, par CASANOVA.

1. Notification du recours. L'art. 5 du Décr. n° 87-849 du 19 août 1987 [C. com., art. R. 464-15] précisant que le greffe de la cour d'appel notifie au ministre de l'Économie, dès l'enregistrement d'un recours formé contre la décision du Conseil de la concurrence, un exemplaire de la déclaration de la partie requérante si le ministre n'est pas demandeur au recours, l'omission de la formalité prévue par l'art. 4 du même décret [C. com., art. R. 464-14] ne saurait faire grief au ministre, qu'il fût ou non auteur de la saisine du Conseil, puisque cette notification lui permet, s'il n'a pas introduit de recours principal, de faire, le cas échéant, un recours incident. • Com. 8 juill. 1997, n° 96-10.373 P : *D. Affaires 1997. 1070 ; Procédures 1997, n° 236, note Croze.*

2. Copie de la notification. L'envoi d'une copie de la déclaration de recours aux parties auxquelles la décision du Conseil de la concurrence a été notifiée a pour seule finalité de faire courir le délai d'un éventuel recours incident ou d'une jonction volontaire à l'instance, ainsi que le prévoient les art. R. 464-16 et R. 464-17, et n'a pas pour effet de les rendre partie à la procédure. • Paris, 20 nov. 2007 : *CCC 2008, n° 19, obs. Decocq ; RDLC 2008, n° 1, p. 111, obs. Claudel.* ♦ La notification a pour objectif de permettre à toutes les parties devant l'Autorité de la concurrence de former un recours incident à la suite d'un premier recours. Le fait que l'auteur du recours ne produise pas d'élément permettant de constater qu'il a aussi notifié son recours directement à une partie ne saurait entraîner l'irrecevabilité de leur recours, dès lors que celui-ci a été notifié à l'avocat commun des parties, auprès duquel celles-ci avaient élu domicile devant l'Autorité, dont la lettre de notification mentionnait cette seule adresse. • Paris, 2 févr. 2017, n° 2013/13058 : *cité note 32 ss. art. L. 464-2.*

Ancien art. R. 464-13 ***La déclaration de recours mentionne la liste des pièces et documents justificatifs produits. Les pièces et documents mentionnés dans la déclaration sont remis au greffe de la cour d'appel en même temps que la déclaration. Le demandeur au recours joint à la déclaration une copie de la décision attaquée.***

Lorsque le demandeur au recours n'est pas représenté, il informe sans délai le greffe de la cour de tout changement de domicile. — *[Décr. n° 87-849 du 19 oct. 1987, art. 3.]*

Liste des pièces et documents produits. S'il résulte des dispositions des art. R. 464-12 et R. 464-13 que les pièces et documents justificatifs non mentionnés dans la déclaration de recours et non remis au greffe en même temps que la déclaration sont d'office irrecevables, c'est à la condition que leur production ne soit pas justifiée par le respect des droits de la défense. • Paris, 11 mars 2009 : *cité note 5 ss. art. R. 464-12.*

Art. R. 464-14 *(Décr. nº 2017-823 du 5 mai 2017, art. 4)* **L'Autorité de la concurrence, dès qu'elle est avisée du recours, transmet au greffe de la cour le dossier de l'affaire qui comporte les procès-verbaux et rapports d'enquête, les griefs, les observations, le rapport, les documents et les mémoires mentionnés à l'article L. 463-2.** — *Anc. 2e al. de l'art. R. 464-15.*

V. notes ss. art. R. 464-12.

1. Transmission du dossier. Dès lors qu'il est constaté que l'Autorité de la concurrence a adressé au greffe de la cour une copie intégrale de la procédure, dans sa version confidentielle, cette copie comprenant l'intégralité des pièces de la procédure, y compris celles couvertes par le secret des affaires, ainsi que le procès-verbal d'acceptation de la proposition de transaction, et qu'à cette même date une version non-confidentielle du dossier, identique à celle remise au requérant, occultant cette fois les pièces protégées par le secret des affaires et excluant le procès-verbal d'acceptation de la proposition de transaction, a également été adressée à la cour, il en résulte que l'Autorité a bien transmis au greffe de la cour d'appel l'ensemble des pièces de procédure et éléments produits ou échangés devant elle, permettant d'apprécier la régularité de la décision, conformément aux dispositions du 2e al. de l'art. R. 464-15 [devenu l'art. R. 464-14] qui lui sont applicables. • Paris, 6 juill. 2017, nº 2017/07296.

2. Procès-verbal de séance. Le procès-verbal de séance du Conseil de la concurrence, qui est une pièce de la procédure, doit être transmis au greffe de la cour afin que celle-ci soit en mesure, par la demande qui peut lui en être faite par les parties, d'apprécier la régularité formelle de la séance, eu égard à sa composition, aux interventions, et à l'existence d'éventuels incidents. • Paris, 9 mai 2000 : *Gaz. Pal. 21-22 juill. 2000, p. 13.*

V. note ss. art. R. 464-13.

Art. R. 464-15 *(Décr. nº 2017-823 du 5 mai 2017, art. 5)* **Lorsque la déclaration de recours ne contient pas l'exposé des moyens invoqués, le demandeur dépose au greffe, à peine de caducité relevée d'office, des observations écrites contenant cet exposé dans les deux mois qui suivent la notification de la décision de l'Autorité de la concurrence.**

Sous la même sanction et dans le même délai, le demandeur dépose en outre au greffe la liste des pièces et documents justificatifs qu'il entend produire ainsi que les pièces et documents énumérés dans cette liste.

Sous la même sanction et dans le même délai, le demandeur adresse, par lettre recommandée avec demande d'avis de réception, copie de ses observations écrites et de la liste des pièces et documents justificatifs produits aux parties auxquelles la décision de l'Autorité de la concurrence a été notifiée, à l'Autorité de la concurrence ainsi qu'au ministre chargé de l'économie s'il n'est pas demandeur au recours, et justifie auprès du greffe de cette notification.

Sous la même sanction, dans le même délai et dans les mêmes formes, il adresse en outre à l'Autorité de la concurrence et au ministre chargé de l'économie s'il n'est pas demandeur au recours une copie des pièces et documents justificatifs produits, et justifie auprès du greffe de cette notification.

V. notes ss. art. R. 464-12.

Art. R. 464-15-1 *(Décr. nº 2017-823 du 5 mai 2017, art. 6)* **Lorsque le demandeur au recours n'est pas représenté, il informe sans délai le greffe de la cour, les parties devant la juridiction de recours ainsi que le ministre chargé de l'économie, lorsqu'il n'est pas partie à l'instance, de tout changement de domicile.**

V. notes ss. art. R. 464-12.

Art. R. 464-16 **Un recours incident peut être formé alors même que son auteur serait forclos pour exercer un recours à titre principal. Dans ce dernier cas, le recours n'est toutefois pas recevable s'il est formé plus d'un mois après la réception de la** *(Décr. nº 2017-823 du 5 mai 2017, art. 7)* **« notification prévue au troisième alinéa de l'article R. 464-15** *[ancienne rédaction : lettre prévue à l'article R. 464-14]* **» ou si le recours principal n'est pas lui-même recevable.**

Le recours incident est formé selon les modalités prévues à l'article R. 464-12. Il est dénoncé, dans les conditions prévues à l'article *(Décr. n° 2017-823 du 5 mai 2017, art. 7)* « R. 464-13, aux parties devant la juridiction de recours et au ministre chargé de l'économie lorsqu'il n'est pas partie à l'instance *[ancienne rédaction : R. 464-14, aux demandeurs au recours à titre principal]* ». – *[Décr. n° 87-849 du 19 oct. 1987, art. 6.]*

(Décr. n° 2017-823 du 5 mai 2017, art. 7) « A peine de caducité du recours incident relevée d'office, le demandeur à ce recours dépose au greffe, dans les deux mois de la notification qui lui a été faite en application du troisième alinéa de l'article R. 464-15, les documents énumérés au premier et au deuxième alinéas du même article.

« Sous la même sanction et dans le même délai, il adresse, par lettre recommandée avec demande d'avis de réception, copie de ses observations écrites et de la liste des pièces et documents justificatifs qu'il entend produire aux parties devant la juridiction de recours ainsi qu'au ministre chargé de l'économie lorsqu'il n'est pas partie à l'instance, et justifie auprès du greffe de cette notification.

« Sous la même sanction, dans le même délai et dans les mêmes formes, il adresse en outre à l'Autorité de la concurrence et au ministre chargé de l'économie, lorsqu'il n'est pas partie à l'instance, une copie des pièces et documents justificatifs produits, et justifie auprès du greffe de cette notification. »

V. notes ss. art. R. 464-12.

1. Dénonciation du recours incident. Jugeant que la dénonciation, à peine d'irrecevabilité, du recours incident dans les cinq jours qui suivent le dépôt de la déclaration, ne vaut qu'à l'égard des demandeurs au recours à titre principal et non des demandeurs au recours incident : • Paris, 9 nov. 2004 : *D. 2005. AJ 74, obs. Chevrier*.

2. Portée du recours incident. La combinaison des art. R. 464-14, R. 464-15 et R. 464-16 n'établit aucun lien nécessaire entre les modalités de la notification du recours incident et sa portée ; dès lors rien n'interdit, spécialement au ministre chargé de l'économie, de réclamer par cette voie l'aggravation des sanctions prononcées contre toutes les entreprises, même celles n'ayant pas formé de recours à titre principal. • Paris, 8 avr. 2008, n° 2008/01092.

3. Recevabilité du recours incident. Les textes ne font pas de distinction selon que le recours est principal ou incident ; ni selon qu'il émane d'une entreprise qui avait saisi l'Autorité de la concurrence ou d'une entreprise qui avait été mise en cause. • Paris, 23 sept. 2010 : *BOCC 22 oct. 2010.*

Art. R. 464-17 *(Décr. n° 2017-823 du 5 mai 2017, art. 8)* « Lorsque le recours risque d'affecter les droits ou les charges d'autres personnes qui étaient parties en cause devant l'Autorité de la concurrence, ces personnes peuvent intervenir à l'instance devant la cour d'appel.

« L'intervention volontaire est formée, à peine d'irrecevabilité relevée d'office, par déclaration écrite et motivée déposée au greffe dans les conditions prévues à l'article R. 464-12 dans le délai d'un mois à compter de la réception de la notification prévue au troisième alinéa de l'article R. 464-15.

« Sous la même sanction et dans le même délai, la partie intervenante notifie, par lettre recommandée avec demande d'avis de réception, son intervention aux parties devant la juridiction de recours ainsi qu'au ministre chargé de l'économie lorsqu'il n'est pas partie à l'instance.

« A peine d'irrecevabilité de l'intervention relevée d'office, la partie intervenante dépose au greffe, dans les deux mois de la notification qui lui a été faite en application du troisième alinéa de l'article R. 464-15, les documents énumérés au premier et au deuxième alinéas du même article.

« Sous la même sanction, dans le même délai et dans les mêmes formes, elle adresse, par lettre recommandée avec demande d'avis de réception, copie de ses observations écrites et de la liste des pièces et documents justificatifs qu'elle entend produire aux parties devant la juridiction de recours ainsi qu'au ministre chargé de l'économie lorsqu'il n'est pas partie à l'instance et justifie auprès du greffe de cette notification.

« Sous la même sanction et dans le même délai, elle adresse en outre à l'Autorité de la concurrence et au ministre chargé de l'économie lorsqu'il n'est pas partie à l'instance une copie des pièces et documents justificatifs produits, et justifie auprès du greffe de cette notification.

« Les demandes de communication ou de production de pièces ou de catégories de pièces formées en vue d'une action en dommages et intérêts par la partie intervenante, qu'elle ait été partie ou non devant l'Autorité de la concurrence, sont régies par les dispositions de l'alinéa 2 de l'article L. 483-1 et par celles des articles L. 483-4 à L. 483-11. »

A tout moment, le premier président ou son délégué ou la cour peut mettre d'office en cause ces mêmes personnes. Le greffe notifie la décision de mise en cause par lettre recommandée avec demande d'avis de réception.

V. notes ss. art. R. 464-12.

Ancien art. R. 464-17 ***Lorsque le recours risque d'affecter les droits ou les charges d'autres personnes qui étaient parties en cause devant l'Autorité de la concurrence, ces personnes peuvent se joindre à l'instance devant la cour d'appel par déclaration écrite et motivée déposée au greffe dans les conditions prévues à l'article R. 464-12 dans le délai d'un mois après la réception de la lettre prévue à l'article R. 464-14. Elle est notifiée aux demandeurs au recours.***

A tout moment, le premier président ou son délégué ou la cour peut mettre d'office en cause ces mêmes personnes. Le greffe notifie la décision de mise en cause par lettre recommandée avec demande d'avis de réception. — *[Décr. nº 87-849 du 19 oct. 1987, art. 7.]*

1. Droits de la défense. La cour d'appel, lorsqu'elle statue sur le recours contre une décision d'irrecevabilité du Conseil de la concurrence, ne saurait se prononcer sur la recevabilité de la saisine sans entendre ou appeler en la cause les personnes ou entreprises visées par la plainte, le droit au double degré de juridiction ne pouvant en pareil cas être utilement opposé. • Paris, 25 janv. 1994 : *CCC 1994, nº 53.*

2. Mise en cause d'office. En ce sens que la cour d'appel de Paris ne saurait mettre en cause d'office des sociétés qui n'ont jamais été destinataires de la notification de la décision du Conseil et du recours exercé contre cette décision, V. • Paris, 26 sept. 2000 : *CCC 2001, nº 10, obs. Malaurie-Vignal.* ♦ Dès lors que les organes des procédures collectives n'ont pas été appelés dans la cause, il convient de les mettre d'office en cause, selon les modalités prévues par l'art. R. 464-17, l'affaire devant dès lors être renvoyée. • Paris, 11 mars 2009 : *D. actu. 16 mars 2009, obs. Chevrier ; CCC 2009, nº 145, obs. G. D.* – V. aussi note 9 ss. art. L. 463-1.

3. Intervention. La demande d'intervention déposée au greffe au-delà du délai d'un mois prévu par l'art. 7 du Décr. du 19 oct. 1987 [C. com., art. R. 464-17] est irrecevable, le demandeur ne pouvant se prévaloir du défaut de communication spéciale et préalable, à son endroit, des pièces produites par les requérants au soutien de leurs recours, qu'aucun texte ne prévoit à ce stade de la procédure. • Paris, 19 juin 2007 : *CCC 2007, nº 208, obs. Decocq ; RLC oct.-déc. 2007. 20, obs. Sélinsky ; RDLC 2007, nº 3, p. 137, obs. Michel-Amsellem.*

Il résulte des dispositions des art. L. 462-5 et R. 464-2 C. com., que la procédure suivie devant le Conseil est, sous certaines conditions, accessible aux acteurs du secteur et aux tiers intéressés et qu'ainsi l'intervention de tiers devant la cour n'est pas incompatible avec la nature propre de ce contentieux ; il suit de là que les art. 330 s. C. pr. civ. sont applicables en la cause. • Paris, 4 févr. 2009 : *cité note 45 ss. art. L. 420-1.* ♦ L'intervention volontaire s'apprécie au regard des art. 329 et 330 C. pr. civ., auxquelles il n'est pas dérogé par les art. R. 464-10 s. C. com., et qui sont donc applicables devant la cour de Paris statuant sur les recours formés contre les décisions du Conseil de la concurrence. • Paris, 29 avr. 2009 : *cité note 6 ss. art. L. 463-1.* ♦ Jugeant, toutefois, que l'intervention volontaire de la part d'une autorité administrative, qui ne défend pas une de ses propres décisions et qui n'a pas la qualité de partie, est irrecevable en application des dispositions de l'art. R. 464-17, lequel, par dérogation aux dispositions du code de procédure civile, réserve le droit d'intervenir aux seules personnes qui ont été partie en cause devant l'Autorité de la concurrence. • Paris, 31 oct. 2014 : *D. actu. 7 nov. 2014, obs. Delpech.*

4. Motivation. Il résulte de la combinaison des art. R. 464-12 et R. 464-17 que, lorsque la déclaration ne comporte pas les motifs de l'intervention, ceux-ci peuvent être déposés dans les deux mois qui suivent la notification de la décision de l'Autorité de la concurrence, sous peine d'irrecevabilité relevée d'office. • Com. 1er mars 2011, nº 09-72.655 P : *D. 2011. Actu. 813, obs. Chevrier ; RJDA 2011, nº 579 ; RLC juill.-sept. 2011. 74, obs. Barbier de la Serre.* ♦ Cassation de l'arrêt jugeant que le renvoi de l'art. R. 464-17 à l'art. R. 464-12 ne peut concerner que l'al. 1er (1º et 2º) dudit article, relatif à la forme de la déclaration, dans la mesure où l'al. 2, qui autorise le déclarant à déposer son acte au greffe sans en exposer les moyens et à exprimer ceux-ci plus tardivement, ne bénéficie nécessairement qu'à l'auteur d'un recours, principal ou incident, puisque l'art. R. 464-17, quant à lui, impose à l'intervenant de fixer sa motivation dès sa déclaration. • Paris, 24 nov. 2009 : *D. actu. 30 nov. 2009, obs. Chevrier ; CCC 2010, nº 16, obs. Decocq.* ♦ Et sur renvoi après la cassation, jugeant que la réserve de l'intervenant relative à la précision ultérieure de « moyens à l'appui de son intervention » ne peut être interprétée comme une référence à l'art. R. 464-12, 2° qui ne trouve application que lorsque la déclaration ne comporte pas les motifs de l'intervention ; cette réserve ne pouvant être comprise que comme l'indication que l'intervenant entendait conclure à nouveau. • Paris, 28 mars 2013 : *CCC 2013, n° 138, obs. Decocq.* ♦ Et, confirmant cette solution, jugeant que la déclaration d'intervention se référant expressément à la décision de l'Autorité dont il était sollicité la confirmation et déclarant approuver la motivation tant en fait qu'en droit, il ne pouvait être soutenu que la déclaration d'intervention n'était pas motivée au sens de l'art. R. 464-17 : • Com. 20 janv. 2015, n° 13-16.745 P : *cité note 1 ss. art. 3 du Règl. CE n° 1/2003 du 16 déc. 2002, App., v° Concurrence.* ♦ La brièveté d'une motivation, ou la référence qu'elle fait à une autre motivation connue des autres parties au procès, satisfait aux exigences de la loi si elle ne porte pas atteinte aux droits de la défense. • Paris, 24 nov. 2009 : *préc.*

Art. R. 464-18 *(Décr. n° 2017-823 du 5 mai 2017, art. 9)* **Le premier président de la cour d'appel ou son délégué fixe les délais dans lesquels les parties à l'instance se communiquent leurs observations écrites, les adressent au ministre chargé de l'économie lorsqu'il n'est pas partie à l'instance et en déposent copie au greffe de la cour.**

Il fixe les délais dans lesquels le ministre chargé de l'économie, lorsqu'il n'est pas partie à l'instance, peut produire des observations écrites. Il fixe également la date des débats.

Le greffe notifie ces délais aux parties ainsi qu'au ministre chargé de l'économie lorsqu'il n'est pas partie à l'instance et les convoque à l'audience prévue pour les débats par lettre recommandée avec demande d'avis de réception.

Le ministre chargé de l'économie, lorsqu'il n'est pas partie à l'instance, notifie aux parties à l'instance ses observations écrites par lettre recommandée avec demande d'avis de réception.

V. notes ss. art. R. 464-12.

Ancien art. R. 464-18 *Le premier président de la cour d'appel ou son délégué fixe les délais dans lesquels les parties à l'instance doivent se communiquer leurs observations écrites et en déposer copie au greffe de la cour. Il fixe les délais dans lesquels l'Autorité de la concurrence et le ministre chargé de l'économie, lorsqu'il n'est pas partie à l'instance, peuvent produire des observations écrites. Il fixe également la date des débats.*

Le greffe notifie ces délais aux parties, à l'Autorité de la concurrence et au ministre chargé de l'économie lorsqu'il n'est pas partie à l'instance, et les convoque à l'audience prévue pour les débats par lettre recommandée avec demande d'avis de réception.

Les observations présentées par l'Autorité de la concurrence et le ministre chargé de l'économie, lorsqu'il n'est pas partie à l'instance, sont portées par le greffe à la connaissance des parties à l'instance. — [Décr. n° 87-849 du 19 oct. 1987, art. 8.]

1. Observations écrites. La faculté offerte au Conseil par l'art. R. 464-18 de présenter, dans la procédure du recours, des observations écrites, portées à la connaissance des parties, ne porte pas atteinte par elle-même aux droits de l'entreprise poursuivie à un procès équitable, dès lors que cette dernière dispose de la faculté de répliquer par écrit et oralement à ces observations. • Paris, 24 juin 2008 : *cité note 5 ss. art. L. 463-5.* ♦ *Contra* : viole l'art. 6 de la Conv. EDH, le Conseil de la concurrence qui adresse à la cour d'appel de Paris des observations écrites qui modifient, en les aggravant, les données qu'il avait retenues contre les entreprises dans sa décision déférée, alors même que les entreprises en cause avaient eu connaissance d'observations et y avaient répliqué. • Paris, 9 avr. 2002 : *JCP E 2003, n° 13, p. 559, obs. Raynaud ; CCC 2002, n° 177, obs. Malaurie-Vignal ; RSC 2003. 578, obs. Fourgoux.* ♦ Comp., jugeant que les dispositions de l'art. 9, al. 1er du Décr. n° 87-849 du 19 oct. 1987, [C. com., art. R. 464-18, al. 1er] prévoyant que le Conseil, qui n'est pas partie à l'instance, a la faculté de présenter des observations écrites, ne sont pas de nature à fausser le débat dans la mesure où les parties ont la possibilité de répliquer aux observations. • Com. 27 janv. 1998, n° 96-11.080 P : *D. Affaires 1998. 836, obs. A. M. ; JCP 1998. IV. 1580* • 20 févr. 2007, n° 06-13.498 : *CCC 2007, n° 153, obs. Decocq* • Paris, 9 nov. 2004 : *cité note 1 ss. art. R. 464-16.* ♦ Encore faut-il qu'ils puissent effectivement le faire. • Com. 6 oct. 1992, n° 96-11.080 P. ♦ ... Et qu'il en soit tenu compte, ce qui n'est pas le cas lorsque la cour se prononce au visa du premier mémoire sans viser le mémoire déposé ultérieurement en réponse aux observations écrites formulées par le Conseil ou faire état des répliques à ces observations apportées par le mémoire récapitulatif. • Com. 13 oct. 2009, n° 08-17.269 P : *cité note 4 ss. art. L. 463-5.*

L'Autorité de la concurrence tient, en vertu de ses caractéristiques *sui generis* dont il découle qu'elle ne peut être partie à une procédure puisqu'elle inflige des sanctions, des dispositions cumulées des art. L. 461-4, al. 7 et R. 461-1, al. 2, le droit de présenter, dans la procédure de recours, des observations écrites portées à la connaissance des parties. Il ne s'agit alors pas d'un mémoire en défense d'une administration devant son juge, mais d'une prérogative expressément affirmée par la loi par exception au code de procédure civile applicable devant la juridiction judiciaire ; ces dispositions, dont la constitutionnalité pour la première et la légalité pour la seconde n'ont fait l'objet d'aucun recours approprié, ne méconnaissent pas en elles-mêmes l'exigence d'un procès équitable, dès lors que les parties disposent de la faculté de répliquer par écrit et oralement à ces observations. • Paris, 23 sept. 2010 : *D. actu. 5 oct. 2010, obs. Chevrier.*

2. Principe d'impartialité. Le principe d'impartialité ne fait pas obstacle à ce qu'un membre de la formation qui a rendu la décision déférée participe à l'élaboration des observations écrites présentées à la cour d'appel en application de l'art. R. 464-18. • Paris, 24 juin 2008 : *préc. note 1.* ♦ En ce qu'elle soutient que l'art. L. 464-8 a pour effet de permettre à l'Autorité de la concurrence de participer à l'instance devant la cour d'appel de Paris, la question prioritaire de constitutionnalité ne tend, sous le couvert de la critique de cette disposition législative, qu'à contester la conformité à la Constitution des dispositions réglementaires contenues à l'art. R. 464-18. • Cass., QPC, 30 nov. 2010, n° 10-17.044.

3. Demande nouvelle. Il n'est pas interdit à l'Autorité d'expliciter son argumentation devant la cour d'appel, dès lors qu'il n'apparaît pas que ces observations comportent un élément nouveau de nature à aggraver la culpabilité ou la condamnation des parties en cause. • Com. 31 janv. 2012, n° 10-25.772 P. ♦ L'Autorité étant seulement habilitée en vertu de l'art. R. 464-18 à présenter des observations à la cour, une demande de révocation du sursis à exécution ne peut qu'être déclarée irrecevable. • Paris, 29 oct. 2009, n° 2008/23812. ♦ Mais rien n'empêche l'Autorité, partie à la procédure et autorisée selon l'art. R. 464-18 à déposer des observations écrites, à soulever un moyen de procédure. • Paris, 19 juin 2014 : *cité note 1 ss. art. R. 464-12.*

4. Respect des délais. Le dépassement du délai imposé aux parties pour se communiquer leurs observations et les déposer au greffe de la cour, ne constitue pas une formalité substantielle sanctionnée par l'irrecevabilité des mémoires. • Paris, 19 juin 2014 : *BOCC 7 juill. 2014.*

Art. R. 464-19 *(Décr. n° 2012-840 du 29 juin 2012, art. 1er)* **Le ministre chargé de l'économie, lorsqu'il n'est pas partie à l'instance, et l'Autorité de la concurrence peuvent présenter des observations orales à l'audience à leur demande ou à la demande du premier président ou de la cour.**

V. la note et la Bibl. ss. art. R. 464-11.

1. Observations orales du ministre. Est irrecevable le moyen de nullité tiré de l'inobservation des dispositions de l'art. 9 du Décr. n° 87-849 du 19 oct. 1987 [C. com., art. R. 464-19], le président de la cour d'appel saisie d'un recours contre une décision du Conseil de la concurrence ayant permis au représentant du ministre de l'Économie de présenter des observations orales à l'audience, dès lors que ce moyen n'a pas été invoqué avant la clôture des débats. • Com. 12 janv. 1993, n° 91-11.533 P.

2. Observations orales de l'Autorité. En l'absence de toute précision contraire relative à l'entrée en vigueur du Décr. n° 2009-141 du 10 févr. 2009, les règles qu'il édicte sont d'application immédiate y compris aux instances en cours. Nonobstant la disparition de toute référence à l'Autorité de la concurrence dans la rédaction de l'art. R. 464-19 [ancien] qui ne concerne plus que le ministre chargé de l'économie, rien ne s'oppose à ce que le représentant de l'Autorité formule des observations orales lors des débats devant la cour d'appel de Paris saisie d'un recours contre sa décision. • Paris, 16 juin 2009 : *D. actu. 22 juin 2009, obs. Chevrier ; RLC oct.-déc. 2009. 83, obs. Cheynel* (conf. par • Com. 21 juin 2011, n° 09-67.793 P : *cité note 40 ss. art. L. 450-4*). ♦ ... En effet, il résulte des dispositions combinées des art. R. 451-1, al. 2, R. 461-2, al. 1er, R. 464-11, R. 464-15 et R. 464-18, que le président de l'Autorité de la concurrence ou son délégué a qualité pour représenter l'Autorité en justice et présenter des observations en son nom devant toute juridiction. Devant la cour de Paris statuant sur les recours prévus par les art. L. 464-7 et L. 464-8, sans être partie à l'instance, l'Autorité doit être présente à la procédure dont tous les actes lui sont notifiés ; elle a la faculté de présenter des observations écrites et elle est « convoquée » à l'audience. Dès lors son représentant doit être admis à présenter oralement des observations à l'audience. • Même arrêt. ♦ V. désormais la rédaction de l'art. R. 464-19 issue du Décr. n° 2012-840 du 29 juin 2012.

SOUS-SECTION 2 DES RECOURS PRÉVUS À L'ARTICLE L. 464-7

Art. R. 464-20 **Les recours prévus à l'article L. 464-7 sont portés devant la cour d'appel par voie d'assignation à une audience préalablement indiquée par le premier président ou son délégué.**

A peine de nullité, l'assignation contient, outre les mentions prescrites pour les actes d'huissier de justice, l'objet du recours avec un exposé des moyens.

(Décr. n° 2017-823 du 5 mai 2017, art. 10) « Sous la même sanction, une copie de la décision attaquée est jointe à l'assignation.

« A peine de caducité du recours relevée d'office, l'assignation est délivrée à toutes les parties auxquelles la décision de l'Autorité de la concurrence a été notifiée, mentionnées en annexe de la lettre de notification prévue au deuxième alinéa de l'article R. 464-30, ainsi qu'au ministre chargé de l'économie.

« Sous la même sanction, une copie de l'assignation est déposée en triple exemplaire au greffe de la cour d'appel au plus tard dans les cinq jours qui suivent celui de sa signification.

« Par ailleurs, une copie » de l'assignation est immédiatement notifiée à la diligence de l'huissier de justice à l'Autorité de la concurrence par lettre recommandée avec demande d'avis de réception.

Les dispositions issues du Décr. n° 2017-823 du 5 mai 2017 sont applicables aux recours et aux demandes de sursis à exécution introduits à compter du 1er sept. 2017 (Décr. préc., art. 20).

Les dispositions issues du Décr. n° 2017-823 du 5 mai 2017 sont applicables dans les îles Wallis-et-Futuna (Décr. préc., art. 21-I).

Ancien art. R. 464-20 *Les recours prévus à l'article L. 464-7 sont portés devant la cour d'appel par voie d'assignation à une audience préalablement indiquée par le premier président ou son délégué.*

A peine de nullité, l'assignation contient, outre les mentions prescrites pour les actes d'huissier de justice, l'objet du recours avec un exposé des moyens.

Sous la même sanction :

1° Une copie de la décision attaquée est jointe à l'assignation ;

2° Une copie de l'assignation est déposée en triple exemplaire au greffe de la cour d'appel au plus tard dans les cinq jours qui suivent celui de sa signification.

A peine d'irrecevabilité du recours prononcée d'office, l'assignation est délivrée à toutes les parties en cause devant l'Autorité de la concurrence ainsi qu'au ministre chargé de l'économie.

Une copie de l'assignation est immédiatement notifiée à la diligence de l'huissier de justice à l'Autorité de la concurrence par lettre recommandée avec demande d'avis de réception. – [Décr. n° 87-849 du 19 oct. 1987, art. 10.]

FORM. PR. COM. v° *Assignation devant la cour d'appel de Paris suite à une décision de l'Autorité de la concurrence ordonnant des mesures conservatoires*, par CASANOVA.

1. Recours contre des mesures conservatoires. Ayant été formalisé, en méconnaissance des prescriptions de l'art. 10 du Décr. n° 87-849 du 19 oct. 1987 [C. com., art. R. 464-10], par une déclaration au greffe, le recours formé par une société contre la décision rejetant sa demande de mesures conservatoires est irrecevable. • Paris, 6 nov. 1991 : *Gaz. Pal. 1992. 1. 359, concl. Jobard et note Marchi ; JCP 1992. II. 21886, note Suzanne.* ♦ Réservant la voie de l'assignation à l'art. R. 464-20, pour la refuser au recours de l'art. R. 464-12, V. • Paris, 1er juin 2010 : *cité note 2 ss. art. L. 464-7.* ♦ S'il résulte de la combinaison des art. 1033 NCPC [renommé C. pr. civ.] et 10 du Décr. du 19 oct. 1987 [C. com., art. R. 464-10] que la déclaration de saisine de la cour d'appel de Paris après cassation d'un arrêt ayant statué sur le recours formé à l'encontre d'une décision du Conseil de la concurrence rendue en matière de mesures conservatoires doit contenir la mention de l'objet du recours, avec un exposé des moyens, le défaut d'indication de celui-ci constitue un vice de forme, lequel ne peut entraîner la nullité de l'acte qu'à charge pour celui qui l'invoque de prouver le grief que lui cause l'irrégularité. • Paris, 14 janv. 2003 : *BOCC 27 févr. 2003.*

2. Conclusions complémentaires. La procédure de recours concernant une décision de l'Autorité de la concurrence prononçant des mesures conservatoires n'est pas régie par des dispositions particulières de mise en état. Compte tenu de l'urgence dans laquelle il convient d'examiner un tel recours, il est admis que les parties peuvent, sous réserve du respect mutuel de leurs droits de la défense, déposer des conclusions jusqu'au moment de l'audience. • Paris, 31 oct. 2014 : *cité note 3 ss. art. R. 464-17.*

Art. R. 464-21 *(Décr. n° 2012-840 du 29 juin 2012, art. 1er)* Le ministre chargé de l'économie, lorsqu'il n'est pas partie à l'instance, et l'Autorité de la concurrence ont la faculté de présenter des observations écrites et orales. Ces dernières sont présentées à leur demande ou à la demande du premier président ou de la cour.

SOUS-SECTION 3 DES DEMANDES DE SURSIS À EXÉCUTION

Art. R. 464-22 Les demandes de sursis à exécution prévues *(Décr. n° 2017-823 du 5 mai 2017, art. 11)* « aux articles L. 464-7 et L. 464-8 *[ancienne rédaction : à l'article L. 464-8]* » sont portées par voie d'assignation devant le premier président de la cour d'appel de Paris, selon les modalités du deuxième alinéa de l'article 485 du *(Décr. n° 2008-484 du 22 mai 2008, art. 22)* « code de procédure civile ». — *[Décr. n° 87-849 du 19 oct. 1987, art. 12.]*

V. notes ss. art. R. 464-20.

FORM. PR. COM. V[is] *Assignation devant le premier président de la cour d'appel de Paris à fin de sursis à exécution d'une décision au fond ; Requête afin d'assigner à jour fixe dans une procédure de sursis à exécution d'une décision au fond,* par CASANOVA.

Art. R. 464-23 A peine de nullité, l'assignation contient, outre les mentions prescrites pour les actes d'huissier de justice, l'exposé des moyens invoqués à l'appui de la demande de sursis.

Sous la même sanction, elle précise la date à laquelle a été formé le recours contre la décision dont le sursis à exécution est demandé. — *[Décr. n° 87-849 du 19 oct. 1987, art. 13.]*

Art. R. 464-24 *(Décr. n° 2017-823 du 5 mai 2017, art. 12)* « A peine de caducité de la demande relevée d'office *[ancienne rédaction : A peine d'irrecevabilité de la demande prononcée d'office]* », l'assignation est délivrée à *(Abrogé par Décr. n° 2017-823 du 5 mai 2017, art. 12)* « *toutes les parties en cause devant* » l'Autorité de la concurrence et au ministre chargé de l'économie. *(Abrogé par Décr. n° 2017-823 du 5 mai 2017, art. 12)* « *Une copie de l'assignation est immédiatement notifiée à la diligence de l'huissier de justice à l'Autorité de la concurrence par lettre recommandée avec demande d'avis de réception.* » — *[Décr. n° 87-849 du 19 oct. 1987, art. 14.]*

V. notes ss. art. R. 464-20.

SECTION III DES RECOURS EXERCÉS DEVANT LE PREMIER PRÉSIDENT DE LA COUR D'APPEL DE PARIS CONTRE CERTAINES DÉCISIONS DU RAPPORTEUR GÉNÉRAL DE L'AUTORITÉ DE LA CONCURRENCE

(Décr. n° 2017-823 du 5 mai 2017, art. 13)

Les dispositions issues du Décr. n° 2017-823 du 5 mai 2017 sont applicables dans les îles Wallis-et-Futuna (Décr. préc., art. 21-I).

Art. R. 464-24-1 Par dérogation aux dispositions du titre VI du livre II du code de procédure civile, les recours prévus à l'article L. 464-8-1 sont formés, instruits et jugés conformément aux dispositions de la présente section et de la section IV.

Art. R. 464-24-2 Le rapporteur général de l'Autorité de la concurrence est partie à l'instance selon les modalités prévues à la présente section et de la section IV.

Art. R. 464-24-3 Le recours prévu à l'article L. 464-8-1 est formé dans un délai de dix jours à compter de la notification de la décision du rapporteur général de l'Autorité de la concurrence. Il est porté devant le premier président de la cour d'appel ou son délégué par voie d'assignation à une audience préalablement indiquée par ce dernier.

A peine de nullité, l'assignation contient, outre les mentions prescrites pour les actes d'huissier de justice, l'objet du recours avec un exposé des moyens.

Sous la même sanction, une copie de la décision attaquée est jointe à l'assignation.

A peine de caducité du recours relevée d'office, l'assignation est délivrée au rapporteur général ainsi que, le cas échéant, à la partie mise en cause ayant demandé au rapporteur général l'accès à la version confidentielle d'une pièce qu'elle estime nécessaire à l'exercice de ses droits, dans le délai fixé par l'ordonnance du premier président ou de son délégué.

Sous la même sanction, une copie de l'assignation est déposée en triple exemplaire au greffe de la cour d'appel au plus tard dans les cinq jours qui suivent celui de sa signification.

Le premier président de la cour d'appel de Paris ou son délégué statue dans le mois du recours.

Art. R. 464-24-4 Le délai de recours et le recours exercé dans ce délai à l'encontre de la décision du rapporteur général de l'Autorité de la concurrence refusant la protection du secret des affaires ou levant la protection accordée ne sont pas suspensifs.

Toutefois, le premier président de la cour d'appel de Paris ou son délégué peut ordonner qu'il soit sursis à exécution de la décision si celle-ci est susceptible d'entraîner des conséquences manifestement excessives.

Art. R. 464-24-5 La demande de sursis à exécution est portée par voie d'assignation selon les modalités du second alinéa de l'article 485 du code de procédure civile.

Art. R. 464-24-6 A peine de nullité, l'assignation contient, outre les mentions prescrites pour les actes d'huissier de justice, l'exposé des moyens invoqués à l'appui de la demande de sursis.

Sous la même sanction, elle précise la date à laquelle a été formé le recours contre la décision dont le sursis à exécution est demandé.

Art. R. 464-24-7 A peine de caducité de la demande relevée d'office, l'assignation est délivrée au rapporteur général de l'Autorité de la concurrence ainsi que, le cas échéant, à la partie mise en cause ayant demandé au rapporteur général l'accès à la version confidentielle d'une pièce qu'elle estime nécessaire à l'exercice de ses droits.

Art. R. 464-24-8 Le pourvoi en cassation prévu à l'article L. 464-8-1 est formé dans un délai de dix jours à compter de la notification de l'ordonnance du premier président ou de son délégué.

Le pourvoi est instruit et jugé selon les règles applicables à la procédure avec représentation obligatoire sous réserve des délais de remise et de notification des mémoires prévus aux articles 978 et 982 du code de procédure civile qui sont réduits à un mois.

SECTION IV **DISPOSITIONS COMMUNES AUX DIFFÉRENTES DEMANDES** *(Décr. nº 2017-823 du 5 mai 2017, art. 15).*

Art. R. 464-25 Les notifications entre parties ont lieu par lettre recommandée avec demande d'avis de réception ou par notification directe entre les avocats *(Abrogé par Décr. nº 2012-634 du 3 mai 2012, art. 21) « ou les avoués »* des parties. Les pièces de procédure doivent être déposées au greffe en triple exemplaire. – *[Décr. nº 87-849 du 19 oct. 1987, art. 15.]*

Désignation d'un avoué. Dès lors que les parties à l'instance ont désigné un avoué pour les y représenter, c'est à lui et non aux avocats que doivent être notifiées les écritures et productions. • Com. 16 mai 2000, nº 99-12.872 P.

Art. R. 464-25-1 *(Décr. nº 2017-823 du 5 mai 2017, art. 16)* Les parties comparantes qui présentent leurs prétentions par écrit et sont assistées ou représentées par un avocat sont tenues de formuler expressément leurs prétentions et les moyens de fait et de droit sur lesquels chacune de ces prétentions est fondée avec indication pour chaque prétention des pièces invoquées et de leur numérotation.

Un bordereau énumérant les pièces justifiant ces prétentions est annexé à leurs observations écrites.

Ces observations écrites comprennent distinctement un exposé des faits et de la procédure, une discussion des prétentions et des moyens ainsi qu'un dispositif récapitulant les prétentions.

Les moyens qui n'auraient pas été formulés dans les écritures précédentes doivent être présentés de manière formellement distincte. La cour d'appel ou son premier président ne statue que sur les prétentions énoncées au dispositif et n'examine les moyens au soutien de ces prétentions que s'ils sont invoqués dans la discussion.

Les parties doivent reprendre, dans leurs dernières écritures, les prétentions et moyens précédemment présentés ou invoqués dans leurs observations écrites antérieures. A défaut, elles sont réputées les avoir abandonnés et la cour d'appel ou son premier président ne statue que sur les dernières écritures déposées.

Les dispositions issues du Décr. n° 2017-823 du 5 mai 2017 sont applicables dans les îles Wallis-et-Futuna (Décr. préc., art. 21-I).

Art. R. 464-26 *(Décr. n° 2017-823 du 5 mai 2017, art. 17)* **« Devant la cour d'appel ou son premier président, les parties se défendent elles-mêmes. Elles ont la faculté de se faire assister ou représenter par un avocat. »**

Le ministre chargé de l'économie est représenté par le directeur général de la concurrence, de la consommation et de la répression des fraudes ou son délégué. – *[Décr. n° 87-849 du 19 oct. 1987, art. 16.]*

V. notes ss. art. R. 464-25-1.

Art. R. 464-27 **Le ministère public peut prendre communication des affaires dans lesquelles il estime devoir intervenir.** – *[Décr. n° 87-849 du 19 oct. 1987, art. 17.]*

Ministère public. S'agissant de l'examen d'un pourvoi contre un arrêt de la cour d'appel de Paris statuant sur recours contre une décision du Conseil de la concurrence, le ministère public agit comme partie jointe ce qui exclut qu'il puisse se pourvoir en cassation. • Com. 25 janv. 2005, n° 03-20.842 P : *D. 2005. Pan. 1434, obs. Claudel ; CCC 2005, n° 86, obs. Malaurie-Vignal ; RJDA 2005, n° 626 ; RLC 2005, n° 3, p. 74, note Nourissat.*

Art. R. 464-28 **Les décisions de la cour d'appel de Paris ou de son premier président sont notifiées par lettre recommandée avec demande d'avis de réception par le greffe de la cour aux parties à l'instance** *(Décr. n° 2017-823 du 5 mai 2017, art. 18)* **« et, le cas échéant, au ministre chargé de l'économie lorsqu'il n'est pas partie à l'instance. »**

(Abrogé par Décr. n° 2012-840 du 29 juin 2012, art. 1er) ***« Elles sont portées à la connaissance*** *(Ord. n° 2008-1161 du 13 nov. 2008, art. 4)* ***« de l'Autorité de la concurrence » par lettre simple à l'initiative du greffe. »***

(Décr. n° 2009-139 du 10 févr. 2009, art. 3) **« L'Autorité de la concurrence veille à l'exécution de ses décisions et les publie sur son site internet. Cette publication fait courir le délai de recours à l'égard des tiers. »** – *[Décr. n° 87-849 du 19 oct. 1987, art. 18.]*

Les modifications issues du Décr. n° 2009-139 du 10 févr. 2009 entrent en vigueur à la date d'entrée en vigueur de la L. n° 2008-776 du 4 août 2008 et de l'Ord. n° 2008-1161 du 13 nov. 2008 (Décr. préc., art. 4).

V. notes ss. art. R. 464-25-1.

Art. R. 464-29 *(Décr. n° 2015-521 du 11 mai 2015, art. 1er)* **Les décisions prises par le rapporteur général de l'Autorité de la concurrence en application de l'article L. 463-4 qui accordent la protection du secret des affaires ou qui refusent la levée de ce secret ne peuvent faire l'objet d'un recours qu'avec la décision de l'Autorité sur le fond.**

BIBL. ▸ NDLR, *BRDA 2015, n° 10, p. 13* (Décr. n° 2015-521 du 11 mai 2015). – LENOIR, *RLDA juin 2015. 46* (consécration d'un nouveau contentieux autonome des décisions de l'Autorité de la concurrence en matière de levée des secrets d'affaires). – RUY, *RLC juill.-août 2020. 16* (protection des secrets d'affaires, sujet en mouvement).

Ancien art. R. 464-29 ***Les décisions prises par le*** *(Décr. n° 2009-139 du 10 févr. 2009, art. 3)* ***« rapporteur général » de l'Autorité de la concurrence en application de l'article L. 463-4 ne peuvent faire l'objet d'un recours qu'avec la décision de l'Autorité sur le fond.*** – *[Décr. n° 87-849 du 19 oct. 1987, art. 19.]*

V. 1re note ss. art. R. 464-28.

1. Objet du recours. Les décisions par lesquelles le rapporteur général refuse la protection du secret des affaires ou accorde la levée de ce secret, qui sont sans incidence sur la régularité de la procédure suivie devant l'Autorité de la concurrence, sont susceptibles de faire grief, par elles-mêmes, aux parties dont émanent les pièces ou éléments en cause. En ne permettant de contester leur légalité qu'à l'occasion d'un recours contre la décision rendue par l'Autorité sur le fond, l'art. R. 464-29 [ancien] fait obstacle, le cas échéant, à l'exercice d'un recours ou d'une action en référé contre ces décisions devant le juge compétent. Eu égard à l'ampleur et au caractère potentiellement irréversible des effets de ces décisions, et alors même que le préjudice qu'elles sont susceptibles d'occasionner pourrait être réparé par la voie d'une action indemnitaire, les dispositions de l'art. R. 464-29 [ancien] portent atteinte au droit à un recours juridictionnel effectif qui découle de l'art. 16 DDHC, sans que les garanties offertes par les textes, notamment la possibilité de saisir un conseiller-auditeur, donnée par l'art. L. 461-4, ou la sanction prévue par l'art. L. 463-6, permettent de compenser cette atteinte, ni que les contraintes liées à l'instruction des affaires puissent permettre de regarder cette atteinte comme n'étant pas excessive. • CE 10 oct. 2014 : *AJCA 2014. 386, obs. Luc ; JCP E 2014. Actu. 849 ; CCC 2015, n° 18, obs. Decocq ; RJDA 2014, n° 940 ; RLDA déc. 2014. 35, note Lenoir ; Dr. et patr. 1/2015. 24, note Garinot.* ♦ V. la nouvelle rédaction issue du Décr. n° 2015-521 du 11 mai 2015.

2. Juridiction compétente. En l'absence de disposition législative expresse en attribuant la contestation à la juridiction judiciaire, les décisions par lesquelles le rapporteur général de l'Autorité de la concurrence refuse la protection du secret des affaires ou accorde la levée de ce secret, lesquelles sont détachables de la procédure suivie devant l'Autorité, relèvent, conformément au droit commun, de la juridiction administrative et, en vertu du 4° de l'art. R. 311-1 CJA, de la compétence en premier et dernier ressort du Conseil d'État. • CE 10 oct. 2014 : *préc. note 1.*

Art. R. 464-30 Les décisions de l'Autorité de la concurrence *(Décr. n° 2017-823 du 5 mai 2017, art. 19)* « et du rapporteur général » sont notifiées par lettre recommandée avec demande d'avis de réception.

A peine de nullité, la lettre de notification indique le délai de recours ainsi que les modalités selon lesquelles celui-ci peut être exercé. Elle comporte en annexe les noms, qualités et adresses des parties auxquelles la décision de l'Autorité de la concurrence *(Décr. n° 2017-823 du 5 mai 2017, art. 19)* « ou du rapporteur général » a été notifiée. – *[Décr. n° 87-849 du 19 oct. 1987, art. 20.]*

V. notes ss. art. R. 464-25-1.

Art. R. 464-31 Les augmentations de délais prévues à l'article 643 du *(Décr. n° 2008-484 du 22 mai 2008, art. 22)* « code de procédure civile » ne s'appliquent pas aux recours présentés en vertu des dispositions du présent chapitre. – *[Décr. n° 87-849 du 19 oct. 1987, art. 21.]*

TITRE SEPTIÈME DES INJONCTIONS ET SANCTIONS ADMINISTRATIVES *(Décr. n° 2017-305 du 9 mars 2017, art. 2-I).*

(Décr. n° 2014-1109 du 30 sept. 2014, art. 35)

Ancien titre VI bis (Décr. n° 2017-305 du 9 mars 2017, art. 2-I).

Art. R. 470-1 L'injonction mentionnée à l'article *(Décr. n° 2017-305 du 9 mars 2017, art. 2-II)* « L. 470-1 *[ancienne rédaction : L. 465-1]* » peut être contestée par la personne qui en fait l'objet devant le ministre chargé de l'économie. Ce recours est exclusif de tout autre recours hiérarchique. – *Anc. art. R. 465-1 (Décr. n° 2017-305 du 9 mars 2017, art. 2-I).*

Art. R. 470-2 I. – L'autorité administrative mentionnée à l'article *(Décr. n° 2017-305 du 9 mars 2017, art. 2-II)* « L. 470-2 *[ancienne rédaction : L. 465-2]* » est :

1° Le directeur général de la concurrence, de la consommation et de la répression des fraudes ou son représentant nommément désigné ;

2° Le chef du service national des enquêtes de la direction générale de la concurrence, de la consommation et de la répression des fraudes ou son représentant nommément désigné ;

3° Le *(Décr. n° 2020-1545 du 9 déc. 2020, art. 28, en vigueur le 1er avr. 2021)* « directeur régional de l'économie, de l'emploi, du travail et des solidarités » ou son représentant nommément désigné ;

4° Le *(Décr. n° 2020-1545 du 9 déc. 2020, art. 28, en vigueur le 1er avr. 2021)* « directeur de l'économie, de l'emploi, du travail et des solidarités » ou son représentant nommément désigné ;

(Décr. n° 2021-211 du 24 févr. 2021, art. 6) « 5° Le directeur de la direction départementale chargée de la protection des populations ou son représentant nommément désigné ;

« 6° En Guyane, le directeur général de la cohésion et des populations ou son représentant nommément désigné. »

II. – La décision mentionnée à l'article *(Décr. n° 2017-305 du 9 mars 2017, art. 2-II)* « L. 470-2 *[ancienne rédaction : L. 465-2]* » peut être contestée par la personne qui en fait l'objet devant le ministre chargé de l'économie. Ce recours est exclusif de tout autre recours hiérarchique.

III. — La publication prévue au V de l'article *(Décr. n° 2017-305 du 9 mars 2017, art. 2-II)* « L. 470-2 *[ancienne rédaction : L. 465-2]* » peut être effectuée par voie de presse, par voie électronique, ou par voie d'affichage.

La publication peut porter sur tout ou partie de la décision, ou prendre la forme d'un communiqué informant le public des motifs et du dispositif de cette décision.

La diffusion de la décision est faite au *Journal officiel* de la République française, par une ou plusieurs autres publications de presse, ou par un ou plusieurs services de communication au public par voie électronique. Les publications ou les services de communication au public par voie électronique chargés de cette diffusion sont désignés dans la décision. Ils ne peuvent s'opposer à cette diffusion.

L'affichage s'effectue dans les lieux et pour la durée indiqués par la décision ; il ne peut excéder deux mois. En cas de suppression, dissimulation ou lacération des affiches apposées, il est de nouveau procédé à l'affichage.

Les modalités de la publication sont précisées dans la décision prononçant l'amende.

IV. — Le ministre chargé de l'économie est l'ordonnateur compétent pour émettre les titres de perception afférents aux sanctions prononcées en application de l'article *(Décr. n° 2017-305 du 9 mars 2017, art. 2-II)* « L. 470-2 *[ancienne rédaction : L. 465-2]* ». — *Anc. art. R. 465-2 (Décr. n° 2017-305 du 9 mars 2017, art. 2-I).*

TITRE HUITIÈME DES ACTIONS EN DOMMAGES ET INTÉRÊTS DU FAIT DES PRATIQUES ANTICONCURRENTIELLES

(Décr. n° 2017-305 du 9 mars 2017, art. 3)

Les dispositions issues du Décr. n° 2017-305 du 9 mars 2017 sont applicables aux instances introduites à compter du 26 déc. 2014 (Décr. préc., art. 6). — Elles sont applicables à Wallis-et-Futuna (Décr. préc., art. 7).

CHAPITRE PREMIER DE LA RESPONSABILITÉ

SECTION PREMIÈRE DES CONDITIONS DE LA RESPONSABILITÉ

La présente section ne comprend pas de dispositions réglementaires.

SECTION II DES EFFETS DE LA RESPONSABILITÉ

Art. R. 481-1 Le juge peut, après avoir recueilli les observations des parties, solliciter l'Autorité de la concurrence afin d'obtenir des orientations sur l'évaluation du préjudice dont il est demandé réparation.

L'Autorité de la concurrence dispose d'un délai de deux mois pour communiquer ses observations au juge. A défaut de réponse dans ce délai, l'instance est poursuivie à l'initiative des parties ou à la diligence du juge.

CHAPITRE II DE LA PRESCRIPTION DES ACTIONS

Le présent chapitre ne comprend pas de dispositions réglementaires.

CHAPITRE III DE LA COMMUNICATION ET DE LA PRODUCTION DES PIÈCES

SECTION PREMIÈRE DISPOSITIONS GÉNÉRALES

Art. R. 483-1 La catégorie de pièces mentionnée à l'article L. 483-1 est identifiée, de manière aussi précise et étroite que possible, par référence à des caractéristiques communes et pertinentes de ses éléments constitutifs, tels que la nature, l'objet, le moment de l'établissement ou le contenu des documents dont la communication ou la production est demandée.

SECTION II [ABROGÉE] DE LA PROTECTION DES PIÈCES COUVERTES PAR LE SECRET DES AFFAIRES

(*Abrogée par Décr. n° 2018-1126 du 11 déc. 2018, art. 1er*)

V. art. R. 153-1 s.

Art. R. 483-2 *Lors d'une instance en réparation d'un dommage causé par une pratique anticoncurrentielle, la partie ou le tiers qui invoque la protection du secret des affaires pour une pièce dont la communication ou la production est demandée remet au juge, dans le délai que celui-ci fixe, la version confidentielle intégrale de cette pièce, une version non confidentielle et un résumé ainsi qu'un mémoire précisant, pour chaque information ou partie du document en cause, les motifs qui lui confèrent le caractère d'un secret des affaires.*

Il peut, hors la présence de toute autre personne, entendre le détenteur de la pièce, assisté ou représenté par toute personne habilitée.

Art. R. 483-3 *Au vu des éléments qui lui ont été remis ou qu'il a recueillis en application de l'article précédent, le juge statue, sans audience, sur la communication ou la production de la pièce et ses modalités.*

Art. R. 483-4 *Le juge ordonne la communication ou la production intégrale de la pièce lorsqu'il considère qu'elle n'est pas de nature à porter atteinte à un secret des affaires. Il la refuse lorsqu'il considère qu'elle est de nature à porter atteinte au secret des affaires et n'est pas nécessaire à la solution du litige.*

Lorsqu'il considère que seuls certains éléments de la pièce sont de nature à porter atteinte à un secret des affaires sans être nécessaires à la solution du litige ou à l'exercice des droits de la défense, il autorise ou ordonne la communication ou production de la pièce dans une version non confidentielle ou sous forme d'un résumé, selon les modalités qu'il fixe.

Art. R. 483-5 *Lorsqu'il considère que la communication ou la production intégrale de la pièce est de nature à porter atteinte à un secret des affaires mais qu'elle est nécessaire à la solution du litige ou à l'exercice des droits de la défense, le juge l'ordonne dans les conditions prévues par la présente section et selon les modalités qu'il fixe.*

Art. R. 483-6 *Lorsqu'une des parties est une personne morale, le juge, après avoir recueilli son avis, désigne la ou les personnes physiques pouvant, outre ses conseils, avoir accès à la pièce et assister aux débats.*

Art. R. 483-7 *La décision rejetant la demande de communication ou de production de la pièce ou de la catégorie de pièces n'est susceptible de recours qu'avec la décision sur le fond.*

L'ordonnance enjoignant la communication ou la production de la pièce ou de la catégorie de pièces litigieuse peut faire l'objet d'un recours en annulation ou réformation devant le premier président de la cour d'appel de Paris.

Art. R. 483-8 *Le recours prévu à l'article R. 483-7 est exercé dans un délai de dix jours à compter de la notification de l'ordonnance. Le délai de recours et le recours exercé dans ce délai sont suspensifs.*

Ce recours est formé par voie d'assignation à une audience préalablement indiquée par le premier président ou son délégué. A peine de nullité, l'assignation contient, outre les mentions prescrites pour les actes d'huissier de justice, l'objet du recours avec un exposé des moyens et une copie de la décision attaquée y est annexée.

Devant le premier président ou son délégué, les parties ont la faculté de se faire assister ou représenter par un avocat. La procédure est orale. Le premier président ou son délégué statue dans le mois du recours, selon les modalités et conditions prévues par la présente section.

L'ordonnance rendue sur ce recours est susceptible d'un pourvoi en cassation.

Art. R. 483-9 *Le pourvoi en cassation à l'encontre de cette décision est formé dans un délai de dix jours à compter de la notification qui en est faite. Le pourvoi est instruit et jugé selon les règles applicables à la procédure avec représentation obligatoire, sous réserve des délais de remise et de notification des mémoires prévus aux articles 978 et 982 du code de procédure civile qui sont réduits à un mois.*

Art. R. 483-10 *La motivation des décisions préserve, le cas échéant, la confidentialité des informations couvertes par le secret des affaires. A cette fin, il peut en être établi une ver-*

sion non confidentielle à destination des personnes non tenues à l'obligation de confidentialité.

SECTION III DE LA COMMUNICATION ET DE LA PRODUCTION DES PIÈCES FIGURANT DANS LE DOSSIER D'UNE AUTORITÉ DE CONCURRENCE

Art. R. 483-11 Lorsque la pratique anticoncurrentielle invoquée à l'appui d'une action fondée sur l'article L. 481-1 fait également l'objet d'une procédure en cours devant une autorité de concurrence, les parties concernées par cette procédure l'informent de toute demande, qu'elles ont formée ou dont elles sont destinataires, ayant pour objet la communication ou la production de pièces figurant dans le dossier de l'autorité.

Art. R. 483-12 Une autorité de concurrence peut, de sa propre initiative, donner son avis écrit sur une demande de communication ou de production de toute pièce figurant dans son dossier dont la juridiction est saisie. L'autorité de concurrence transmet cet avis aux parties.

Art. R. 483-13 Pour s'assurer qu'une pièce relève de l'interdiction prévue à l'article L. 483-5, le juge peut demander l'avis de l'autorité de concurrence compétente et lui communiquer à cet effet la pièce concernée. Cet avis préserve la confidentialité des informations contenues dans la pièce. Le greffe communique cet avis aux parties et, le cas échéant, au tiers détenteur de ladite pièce.

Le juge peut statuer sans audience, après avoir informé les parties et, le cas échéant, le tiers détenteur de la pièce litigieuse de la date du prononcé de sa décision.

Code de justice administrative

Communication et production des pièces figurant dans le dossier d'une autorité de concurrence

Art. R. 775-12 *(Décr. n° 2017-305 du 9 mars 2017, art. 4)* Lorsque la pratique anticoncurrentielle invoquée fait également l'objet d'une procédure en cours devant une autorité de concurrence, les parties concernées par cette procédure l'informent de toute demande, qu'elles ont formée ou dont elles sont destinataires, ayant pour objet la communication ou la production de pièces figurant dans le dossier de l'autorité.

Art. R. 775-13 *(Décr. n° 2017-305 du 9 mars 2017, art. 4)* Une autorité de concurrence peut, de sa propre initiative, donner son avis écrit sur une demande de communication ou de production de toute pièce figurant dans son dossier dont la juridiction est saisie. L'avis est transmis aux parties.

Art. R. 775-14 *(Décr. n° 2017-305 du 9 mars 2017, art. 4)* Pour s'assurer qu'une pièce relève de l'interdiction prévue à l'article L. 483-5 du code de commerce, le président de la formation de jugement peut, après avoir informé les parties et, le cas échéant, le tiers détenteur de la pièce litigieuse, demander l'avis de l'autorité de concurrence compétente et lui communiquer à cet effet la pièce concernée. Cet avis préserve la confidentialité des informations contenues dans la pièce. Il est communiqué aux parties et, le cas échéant, au tiers détenteur de ladite pièce.

SECTION IV DES SANCTIONS

Art. R. 483-14 Les parties à l'instance, les tiers et leurs représentants légaux peuvent être condamnés par la juridiction saisie au paiement d'une amende civile d'un montant maximum de 10 000 €, sans préjudice des dommages et intérêts qui seraient réclamés, dans l'un quelconque des cas suivants :

1° Le défaut de respect ou le refus de se conformer à une injonction de communication ou de production de pièces ;

2° La destruction de pièces pertinentes en vue de faire obstacle à l'action prévue au présent titre ;

3° Le non-respect des obligations imposées par une injonction du juge protégeant des informations confidentielles ou le refus de s'y conformer.

Le juge peut également tirer toute conséquence de fait ou de droit au préjudice de la partie ayant été à l'origine de l'un quelconque des comportements mentionnés au présent article.

> **Code de justice administrative Art. R. 775-15** *(Décr. nº 2017-305 du 9 mars 2017, art. 4)* Les parties à l'instance, les tiers, et leurs représentants légaux, peuvent être condamnés par la juridiction saisie au paiement d'une amende d'un montant maximum de 10 000 €, sans préjudice des dommages et intérêts qui seraient réclamés, dans l'un quelconque des cas suivants :
>
> 1º Le défaut de respect ou le refus de se conformer à une injonction de communication ou de production de pièces ;
>
> 2º La destruction de pièces pertinentes en vue de faire obstacle à l'action prévue au présent chapitre ;
>
> 3º Le non-respect des obligations imposées par une injonction du juge protégeant des informations confidentielles ou le refus de s'y conformer.
>
> La juridiction peut également tirer toute conséquence de fait ou de droit au préjudice de la partie ayant été à l'origine de l'un quelconque des comportements mentionnés au présent article.

TITRE NEUVIÈME DISPOSITIONS DIVERSES *(Décr. nº 2017-305 du 9 mars 2017, art. 2-I).*

Ancien titre VII (Décr. nº 2017-305 du 9 mars 2017, art. 2-I).

Art. R. 490-1 Lorsque le ministre chargé de l'économie intervient sur le fondement de l'article *(Décr. nº 2017-305 du 9 mars 2017, art. 2-II)* **« L. 490-8** *[ancienne rédaction : L. 470-5]* **», il est dispensé de représentation par un avocat** *(Abrogé par Décr. nº 2012-634 du 3 mai 2012, art. 21)* ***« ou un avoué »***. *— [Décr. nº 2002-689 du 30 avr. 2002, art. 48.] — Anc. art. R. 470-1 (Décr. nº 2017-305 du 9 mars 2017, art. 2-I).*

Art. R. 490-2 *(Décr. nº 2010-1010 du 30 août 2010, art. 5)* **Sont désignés comme représentants du ministre chargé de l'économie devant les juridictions civiles et pénales de première instance et d'appel, pour l'application de l'article** *(Décr. nº 2017-305 du 9 mars 2017, art. 2-II)* **« L. 490-8** *[ancienne rédaction : L. 470-5]* **» du code de commerce** *(Abrogé par Décr. nº 2014-1109 du 30 sept. 2014, art. 36)* ***« et dans l'exercice de leurs attributions respectives »* :**

1º Le directeur général de la concurrence, de la consommation et de la répression des fraudes et, pour ce qui concerne les affaires dont ont été saisies les juridictions du ressort territorial dans lequel ils exercent leurs fonctions, les directeurs régionaux des entreprises, de la concurrence, de la consommation, du travail et de l'emploi *(Décr. nº 2012-839 du 29 juin 2012, art. 4)* **« , les directeurs des directions départementales chargées de la protection des populations »** *(Décr. nº 2021-211 du 24 févr. 2021, art. 7)* **« , les directeurs des entreprises, de la concurrence, de la consommation, du travail et de l'emploi et, en Guyane, le directeur général de la cohésion et des populations » ;**

2º Par exception au 1º, lorsque l'action est fondée sur les dispositions *(Décr. nº 2021-211 du 24 févr. 2021, art. 7)* **« des articles L. 442-1 à L. 442-4 ainsi que L. 442-7 et L. 442-8 » du code de commerce et quelle que soit la juridiction devant laquelle elle est portée, le directeur général de la concurrence, de la consommation et de la répression des fraudes** *(Décr. nº 2012-839 du 29 juin 2012, art. 4)* **«** *[,]* **les directeurs régionaux des entreprises, de la concurrence, de la consommation, du travail et de l'emploi** *(Décr. nº 2021-211 du 24 févr. 2021, art. 7)* **« et, en Guyane, le directeur général de la cohésion et des populations, » ainsi que les directeurs des entreprises, de la concurrence, de la consommation, du travail et de l'emploi », pour les affaires qu'ils ont instruites ;**

3º Pour les affaires instruites par le service national des enquêtes, le chef de ce service. *— Anc. art. R. 470-1-1 (Décr. nº 2017-305 du 9 mars 2017, art. 2-I).*

Arrêté du 24 septembre 2010,

Organisant la suppléance des représentants du ministre chargé de l'économie désignés en application de l'article L. 490-8 du code de commerce.

Art. 1er En cas d'empêchement du directeur général de la concurrence, de la consommation et de la répression des fraudes, le chef de service chargé de la régulation et de la sécurité, le sous-directeur chargé de la politique de la concurrence et le sous-directeur chargé de la politique de la consommation le suppléent pour les attributions conférées aux articles *(Décr. n° 2017-305 du 9 mars 2017, art. 2-II)* « R. 490-2 et R. 490-3 *[ancienne rédaction : R. 470-1-1 et R. 470-1-2]* » du code de commerce.

Pour développer oralement à l'audience les conclusions déposées, et pour les seules attributions conférées à l'article *(Décr. n° 2017-305 du 9 mars 2017, art. 2-II)* « R. 490-2 *[ancienne rédaction : R. 470-1-1]* » du code de commerce, les suppléants désignés à l'alinéa précédent, eux-mêmes empêchés, sont suppléés :

— soit par un agent chargé du contentieux civil des pratiques restrictives de concurrence au sein de la direction générale de la concurrence de la consommation et de la répression des fraudes ;

— soit par un agent chargé du contentieux civil relevant des livres Ier et III du code de la consommation ou un agent chargé du contentieux intracommunautaire au sein du bureau de la protection économique du consommateur de la direction générale de la concurrence, de la consommation et de la répression des fraudes désigné en application des articles 4 et 5 du règlement n° 2006-2004 du Parlement européen et du Conseil du 27 octobre 2004 relatif à la coopération entre les autorités nationales chargées de veiller à l'application de la législation en matière de protection des consommateurs.

Art. 2 En cas d'empêchement du chef du service national des enquêtes pour développer oralement à l'audience les conclusions déposées dans le cadre des attributions conférées à l'article *(Décr. n° 2017-305 du 9 mars 2017, art. 2-II)* « R. 490-2 *[ancienne rédaction : R. 470-1-1]* » du code de commerce, des fonctionnaires de catégorie A désignés par lui pourront le suppléer.

Art. 3 En cas d'empêchement des directeurs régionaux des entreprises, de la concurrence, de la consommation, du travail et de l'emploi *(Arr. du 7 août 2012)* « ou des directeurs des entreprises, de la concurrence, de la consommation, du travail et de l'emploi », les chefs des pôles "concurrence, consommation, répression des fraudes et métrologie" des directions régionales des entreprises, de la concurrence, de la consommation, du travail et de l'emploi *[remplacées, à compter du 1er avr. 2021, par les directions régionales de l'économie, de l'emploi, du travail et des solidarités]* *(Arr. du 7 août 2012)* « ou des directions des entreprises, de la concurrence, de la consommation, du travail et de l'emploi *[remplacées, à compter du 1er avr. 2021, par les directions de l'économie, de l'emploi, du travail et des solidarités]* » les suppléent pour les attributions conférées à l'article *(Décr. n° 2017-305 du 9 mars 2017, art. 2-II)* « R. 490-2 *[ancienne rédaction : R. 470-1-1]* » du code de commerce.

Pour développer oralement à l'audience les conclusions déposées, les suppléants désignés à l'alinéa précédent, eux-mêmes empêchés, sont suppléés par des fonctionnaires de catégorie A désignés par eux.

Art. 4 En cas d'empêchement des directeurs des directions départementales chargées de la protection des populations *(Arr. du 7 août 2012)* « ou du directeur de la direction de la cohésion sociale, du travail, de l'emploi et de la population », les directeurs adjoints *(Arr. du 7 août 2012)* « de ces directions » les suppléent pour les attributions conférées à l'article *(Décr. n° 2017-305 du 9 mars 2017, art. 2-II)* « R. 490-2 *[ancienne rédaction : R. 470-1-1]* » du code de commerce.

Pour développer oralement à l'audience les conclusions déposées, les suppléants désignés à l'alinéa précédent, eux-mêmes empêchés, sont suppléés par des fonctionnaires de catégorie A désignés par eux.

Art. 5 L'arrêté du 12 mars 1987 portant délégation de pouvoirs est abrogé.

Art. R. 490-3 *(Décr. n° 2010-1010 du 30 août 2010, art. 5)* **Devant la Cour de cassation, le ministre chargé de l'économie est, pour l'application de l'article** *(Décr. n° 2017-*

305 du 9 mars 2017, art. 2-II) « L. 490-8 *[ancienne rédaction : L. 470-5]* » du code de commerce, représenté par le directeur général de la concurrence, de la consommation et de la répression des fraudes. *– Anc. art. R. 470-1-2 (Décr. n° 2017-305 du 9 mars 2017, art. 2-I).*

Art. R. 490-4 *(Décr. n° 2010-1010 du 30 août 2010, art. 5)* Un arrêté du ministre chargé de l'économie désigne les agents des services chargés de la concurrence et de la consommation appelés à remplacer les représentants mentionnés aux articles *(Décr. n° 2017-305 du 9 mars 2017, art. 2-II)* « R. 490-2 et R. 490-3 *[ancienne rédaction : R. 470-1-1 et R. 470-1-2]* » en cas d'empêchement de ces derniers. *– Anc. art. R. 470-1-3 (Décr. n° 2017-305 du 9 mars 2017, art. 2-I).*

Art. R. 490-5 Pour l'application du 2 de l'article 15 du règlement (CE) n° 1/2003 du Conseil du 16 décembre 2002 relatif à la mise en œuvre des règles de concurrence prévues aux articles 81 et 82 du traité instituant la Communauté européenne *[art. 101 et 102 TFUE]*, les décisions de justice qui statuent sur le fondement des articles 81 et 82 de ce traité *[art. 101 et 102 TFUE]* sont notifiées par le greffe de la juridiction à la Commission européenne, à l'Autorité de la concurrence et au ministre chargé de l'économie, par lettre recommandée avec accusé de réception. Il est fait mention de cette notification dans le dispositif de la décision. *– [Décr. n° 2002-689 du 30 avr. 2002, art. 48-1.] – Anc. art. R. 470-2 (Décr. n° 2017-305 du 9 mars 2017, art. 2-I). – V. Règl. préc., App., v° Concurrence (II – Droit communautaire).*

Art. R. 490-6 Lorsque le juge envisage de solliciter l'avis de la Commission européenne en application des dispositions du 1 de l'article 15 du règlement (CE) n° 1/2003 du Conseil du 16 décembre 2002 relatif à la mise en œuvre des règles de concurrence prévues aux articles 81 et 82 du traité instituant la Communauté européenne *[art. 101 et 102 TFUE]*, il en avise les parties. A moins qu'elles n'aient déjà conclu sur ce point, il les invite à produire des observations dans un délai qu'il fixe. *– V. Règl. préc., App., v° Concurrence (II – Droit communautaire).*

Dès réception des observations ou à l'expiration du délai, le juge peut solliciter l'avis de la Commission européenne par une décision non susceptible de recours. Il surseoit à statuer jusqu'à la réception de l'avis ou jusqu'à l'expiration d'un délai qu'il fixe.

La décision sollicitant l'avis, ainsi que les observations éventuelles, est adressée à la Commission européenne par le greffe de la juridiction. Cette décision, ainsi que la date de transmission du dossier, est notifiée aux parties par lettre recommandée avec demande d'avis de réception.

Dès la réception de l'avis par la juridiction, celui-ci est notifié par le greffe aux parties qui peuvent présenter des observations. *– [Décr. n° 2002-689 du 30 avr. 2002, art. 48-2.] – Anc. art. R. 470-3 ((Décr. n° 2017-305 du 9 mars 2017, art. 2-I).*

Art. R. 490-7 Lorsque le juge envisage de demander à la Commission européenne des informations en application des dispositions du 1 de l'article 15 du règlement (CE) n° 1/2003 du Conseil du 16 décembre 2002 relatif à la mise en œuvre des règles de concurrence prévues aux articles 81 et 82 du traité instituant la Communauté européenne *[art. 101 et 102 TFUE]*, il en avise les parties. *– V. Règl. préc., App., v° Concurrence (II – Droit communautaire).*

Il notifie la réponse de la Commission européenne aux parties qui peuvent présenter des observations. *– [Décr. n° 2002-689 du 30 avr. 2002, art. 48-3.] – Anc. art. R. 470-4 (Décr. n° 2017-305 du 9 mars 2017, art. 2-I).*

Art. R. 490-8 *(Décr. n° 2010-1010 du 30 août 2010, art. 4-I)* L'autorité administrative mentionnée à l'article *(Décr. n° 2017-305 du 9 mars 2017, art. 2-II)* « L. 490-5 *[ancienne rédaction : L. 470-4-1]* » est *(Abrogé par Décr. n° 2014-1109 du 30 sept. 2014, art. 36)* « *, dans le cadre de leurs compétences respectives,* » le chef du service national *des enquêtes (Abrogé par Décr. n° 2014-1109 du 30 sept. 2014, art. 36)* « *au sein* » de la direction générale de la concurrence, de la consommation et de la répression des fraudes, le directeur régional des entreprises, de la concurrence, de la consommation, du travail et de l'emploi *(Décr. n° 2015-521 du 11 mai 2015, art. 2)* « , le directeur de la direction départementale chargée de la protection des populations ou leur représentant nommément désigné ».

(Décr. n° 2012-839 du 29 juin 2012, art. 5) « Pour l'application du présent article dans les départements et régions d'outre-mer, les références au "directeur régional des entreprises, de la concurrence, de la consommation, du travail et de l'emploi" et au "directeur de la direction départementale chargée de la protection des populations" sont remplacées par la référence au "directeur des entreprises, de la concurrence, de la consommation, du travail et de l'emploi" *(Décr. n° 2021-211 du 24 févr. 2021, art. 7)* « ou, en Guyane, au "directeur général de la cohésion et des populations" ». » — *[Décr. n° 2006-513 du 4 mai 2006, art. 1er, al. 1er.] — Anc. art. R. 470-5 (Décr. n° 2017-305 du 9 mars 2017, art. 2-I).*

Art. R. 490-9 L'autorité administrative mentionnée à l'article *(Décr. n° 2017-305 du 9 mars 2017, art. 2-II)* « R. 490-8 *[ancienne rédaction : R. 470-5]* » transmet la proposition de transaction au procureur de la République dans un délai de trois mois à compter de la clôture du procès-verbal de constatation de l'infraction. Cette proposition précise la somme que l'auteur de l'infraction sera invité à payer au Trésor public, le délai imparti pour son paiement et, s'il y a lieu, les autres obligations résultant pour lui de l'acceptation de la transaction. — *[Décr. n° 2006-513 du 4 mai 2006, art. 1er, al. 2.] — Anc. art. R. 470-6 (Décr. n° 2017-305 du 9 mars 2017, art. 2-I).*

Art. R. 490-10 Lorsque le procureur de la République a donné son accord sur la proposition de transaction, *(Décr. n° 2010-1010 du 30 août 2010, art. 4-II)* « l'autorité administrative mentionnée à l'article » *(Décr. n° 2017-305 du 9 mars 2017, art. 2-II)* « R. 490-8 *[ancienne rédaction : R. 470-5]* » notifie cette dernière en double exemplaire à l'auteur de l'infraction. Cette notification comporte une mention précisant que si la personne ne paie pas, dans le délai imparti, la somme indiquée dans la proposition ou qu'elle ne satisfait pas aux autres obligations le cas échéant souscrites par elle, le procureur de la République décidera, sauf élément nouveau, d'engager les poursuites à son égard.

L'auteur de l'infraction dispose d'un mois, à compter de cette notification, pour y répondre. En cas d'acceptation, l'auteur de l'infraction retourne à l'autorité administrative un exemplaire signé de la proposition.

Dans l'hypothèse où, au terme du délai mentionné à l'alinéa ci-dessus, l'auteur de l'infraction a refusé la proposition ou n'y a pas répondu, l'autorité administrative en informe sans délai le procureur de la République. Ce dernier est également informé par l'autorité administrative du cas où l'auteur de l'infraction n'aurait pas acquitté la somme indiquée dans la proposition, au terme du délai imparti, ou n'aurait pas satisfait aux autres obligations le cas échéant souscrites par lui. — *[Décr. n° 2006-513 du 4 mai 2006, art. 1er, al. 3 à 5.] — Anc. art. R. 470-7 (Décr. n° 2017-305 du 9 mars 2017, art. 2-I).*

LIVRE CINQUIÈME DES EFFETS DE COMMERCE ET DES GARANTIES

TITRE PREMIER DES EFFETS DE COMMERCE

CHAPITRE PREMIER DE LA LETTRE DE CHANGE

RÉP. COM. v^is *Lettre de change ; Effets de commerce,* par GIBIRILA.

SECTION PREMIÈRE DU PAIEMENT

Art. R. 511-1 L'acte constatant le dépôt prévu à l'article L. 511-30 contient la date de la lettre de change, celle de l'échéance et le nom de celui au bénéfice duquel elle a été originairement faite.

En cas de présentation de la lettre postérieurement au dépôt prévu à l'article L. 511-30, le débiteur remet l'acte de dépôt en échange de la lettre de change.

La somme déposée est remise par la Caisse des dépôts et consignations en contrepartie de l'acte de dépôt à celui qui le présente. – *[L. du 24 juill. 1795, art. 2 à 4.]*

SECTION II DES PROTÊTS

RÉP. COM. v^o *Protêt,* par MASSOT-DURIN.

Art. R. 511-2 Les notaires et les huissiers de justice remettent, conformément à l'article L. 511-55 du code de commerce et à l'article L. 131-64 du code monétaire et financier *[V. cet art., App., v^o Banque et financement de l'entreprise]*, deux copies des protêts, faute de paiement de lettres de change acceptées ou de billet à ordre, et trois copies des protêts, faute de paiement de chèques, ou envoient par lettre recommandée, sous pli distinct pour chacun d'eux, une copie des protêts, faute de paiement de lettres de change acceptées ou de billet à ordre, et deux copies des protêts, faute de paiement des chèques, au greffier du tribunal de commerce dans le ressort duquel est situé le domicile de l'accepteur de la lettre de change, du souscripteur du billet à ordre ou du tireur du chèque. – *[Décr. n° 50-737 du 24 juin 1950, art. 1er, al. 1er.]*

Art. R. 511-3 Sur les copies des protêts, le nom de famille de l'accepteur de la lettre de change, du souscripteur du billet à ordre ou du tireur du chèque est porté en lettres capitales.

L'huissier ou le notaire porte également sur ces copies, d'après les renseignements qu'il a pu obtenir, s'ils n'y figurent pas déjà, le domicile de la personne mentionnée à l'alinéa précédent et, le cas échéant, son nom d'usage. – *[Décr. n° 50-737 du 24 juin 1950, art. 1er, al. 2 et 3.]*

Art. R. 511-4 Il est ouvert par chaque greffier un registre dans lequel sont inscrits, par ordre de date et sous un numéro d'ordre, les protêts reçus.

Ce registre est divisé en neuf colonnes destinées à recevoir :

Colonne 1 : le numéro d'ordre, lequel est également porté par le greffier sur les copies du protêt ;

Colonne 2 : la date du protêt ;

Colonne 3 : les nom, prénoms, dénomination sociale ou commerciale, le cas échéant enseigne, profession et domicile du souscripteur du billet à ordre, du tireur du chèque ou de l'accepteur de la lettre de change ;

Colonne 4 : les nom, prénoms, dénomination sociale ou commerciale, le cas échéant enseigne, profession et domicile de celui au profit de qui l'effet ou le chèque a été créé, ou du tireur de la lettre de change ;

Colonne 5 : la date de l'échéance, s'il y a lieu ;

Colonne 6 : le montant de l'effet ;

Colonne 7 : la réponse donnée au protêt ;

Colonne 8 : les nom, qualité et adresse de l'officier public ou ministériel ayant établi le protêt ;

Colonne 9 : la date à laquelle il est procédé à la radiation, la nature des pièces en vertu desquelles il y est procédé et la date du retrait de ces pièces.

Si l'une de ces insertions ne figure pas sur la copie du protêt, le greffier indique dans la colonne correspondante que le renseignement n'est pas en sa possession. – *[Décr. n° 50-737 du 24 juin 1950, art. 2.]*

Art. R. 511-5 Le registre mentionné à l'article R. 511-4 est, avant son ouverture, daté et signé par première et dernière feuille, coté et paraphé en tous ses feuillets par le président du tribunal de commerce. – *[Décr. n° 50-737 du 24 juin 1950, art. 4.]*

Art. R. 511-6 Pour chaque protêt dont il a été reçu copie, le greffier établit en outre une fiche comportant les mentions suivantes : les nom en lettres capitales, prénoms, dénomination sociale ou commerciale, le cas échéant enseigne, profession et domicile de l'accepteur de la lettre de change, du souscripteur du billet à ordre ou du tireur du chèque, la date du protêt, et le numéro d'ordre de l'inscription au registre chronologique mentionné à l'article R. 511-4.

Lorsque la copie du protêt transmise au greffier porte mention du nom d'usage, une fiche est établie au nom de famille et au nom d'usage.

Chaque fiche est classée par le greffier dans un fichier alphabétique qui constitue l'état nominatif des protêts, prévu à l'article L. 511-56. – *[Décr. n° 50-737 du 24 juin 1950, art. 3.]*

Art. R. 511-7 Chaque fiche mentionnée à l'article R. 511-6 énonce :

1° La date du protêt ;

2° Les nom, prénoms, profession et domicile de celui au profit de qui l'effet ou le chèque a été créé, ou le tireur de la lettre de change ;

3° Les nom, prénoms, ou dénomination sociale ou commerciale, profession et domicile du souscripteur du billet à ordre ou du tiré, pour le chèque, ou de l'accepteur de la lettre de change ;

4° La date de l'échéance, s'il y a lieu ;

5° Le montant de l'effet ;

6° La réponse donnée au protêt. – *[L. n° 49-1093 du 2 août 1949, art. 3, al. 2.]*

Art. R. 511-8 Le greffier remet à l'huissier ou au notaire qui a déposé les copies du protêt une de ces copies, après l'avoir datée et signée. Cette copie vaut récépissé. – *[Décr. n° 50-737 du 24 juin 1950, art. 5, al. 1er.]*

Art. R. 511-9 Les extraits du registre mentionné à l'article R. 511-4 sont délivrés sur demande écrite, datée et signée par le requérant, précisant, en lettres capitales pour les noms de famille, les nom, prénoms, dénomination sociale ou commerciale, profession et domicile de celui-ci, ainsi que les nom, prénoms, dénomination sociale ou commerciale, le cas échéant, enseigne, profession et domicile de la personne pouvant faire l'objet de l'inscription. Le nom et l'adresse de celle-ci peuvent toutefois être seuls indiqués par le requérant, s'il atteste qu'il ignore les autres mentions la concernant. Dans ce dernier cas, le greffier ne délivre l'extrait sollicité que si les indications fournies sont suffisantes pour permettre l'identification du débiteur faisant l'objet de la recherche.

Les extraits délivrés comportent les indications mentionnées aux colonnes 1, 2, 3, 4, 5, 6 et 7 du registre mentionné à l'article R. 511-4. – *[Décr. n° 50-737 du 24 juin 1950, art. 6, al. 1er et 2.]*

Art. R. 511-10 S'il n'existe aucune inscription correspondant à l'identité du débiteur signalé ou si l'inscription portée au nom de ce dernier concerne un protêt dont la date est antérieure de plus d'un an ou de moins d'un mois au jour où le greffier est saisi de la demande ou au jour pour lequel l'extrait a été spécialement demandé, le greffier délivre au requérant une attestation reproduisant les indications fournies par celui-ci et indiquant qu'il n'a pas été trouvé d'inscription au registre des protêts.

Si plusieurs inscriptions sont susceptibles de correspondre à l'identité de la personne pour laquelle la recherche est demandée, le greffier délivre tous les extraits pouvant se rapporter à cette personne. – *[Décr. n° 50-737 du 24 juin 1950, art. 6, al. 3 et 4.]*

Art. R. 511-11 Sur dépôt des pièces mentionnées à l'article L. 511-58, le greffier procède à la radiation de l'inscription sur la fiche et porte à la colonne 9 du registre chronologique la mention de radiation prévue à l'article R. 511-4. – *[Décr. n° 50-737 du 24 juin 1950, art. 7.]*

CHAPITRE II DU BILLET À ORDRE

RÉP. COM. v° *Billet à ordre*, par GIBIRILA.

Art. R. 512-1 *(Décr. n° 2007-431 du 25 mars 2007)* Sont applicables au billet à ordre, en tant qu'elles ne sont pas incompatibles avec la nature de ce titre, les dispositions des articles R. 511-1 à R. 511-11.

TITRE DEUXIÈME DES GARANTIES

CHAPITRE PREMIER TENUE DU REGISTRE DES SÛRETÉS MOBILIÈRES ET AUTRES OPÉRATIONS CONNEXES

(Décr. n° 2021-1887 du 29 déc. 2021, art. 1er, en vigueur le 1er janv. 2023)

Les dispositions du Décr. n° 2021-1887 du 29 déc. 2021 entrent en vigueur le 1er janv. 2023. Toutefois, entre en vigueur le 1er janv. 2022 l'art. 1er en ce qu'il s'applique aux hypothèques maritimes et saisies de navires (Décr. préc., art. 15-I).

SECTION PREMIÈRE CONTENU ET FORME ÉLECTRONIQUE DU REGISTRE

Art. R. 521-1 Il est institué au niveau de chaque greffe compétent dans les conditions définies par l'article R. 521-5, un registre dénommé "registre des sûretés mobilières et autres opérations connexes" dont l'objet est de centraliser leurs inscriptions.

Il est également institué, sous la responsabilité du Conseil national des greffiers des tribunaux de commerce, un portail national accessible par le réseau internet permettant la consultation des informations inscrites dans les registres des sûretés mobilières tenus localement par chaque greffier.

Art. R. 521-2 Le registre régi par le présent chapitre assure la publicité :

1° Des gages sans dépossession à l'exception des gages mentionnés au second alinéa de l'article 2338 du code civil ;

2° Des nantissements conventionnels de parts de sociétés civiles, de société*[s]* à responsabilité limitée et de société*[s]* en nom collectif ;

3° Du privilège du vendeur de fonds de commerce ;

4° Du nantissement du fonds de commerce ;

5° Des déclarations de créances en application de l'article L. 141-22 du code de commerce ;

6° Des hypothèques maritimes à l'exclusion de celles qui portent sur les navires enregistrés au registre mentionné à l'article L. 5611-1 du code des transports ;

7° Des actes de saisie sur les navires à l'exclusion de ceux qui portent sur les navires enregistrés au registre mentionné à l'article L. 5611-1 du code des transports ;

8° De tout acte ou jugement translatif, constitutif ou déclaratif de propriété ou de droits réels portant sur un bateau au sens de l'article L. 4111-1 du code des transports ;

9° Des hypothèques fluviales ;

10° Des actes de saisie de bateaux ;

11° Parmi les mesures d'inaliénabilité décidées par le tribunal en application des articles L. 626-14 et L. 642-10 du présent code, de celles qui, le cas échéant, portent sur un bien ayant préalablement fait l'objet d'une inscription au présent registre conformément aux dispositions du premier alinéa des articles R. 626-25 et R. 642-12 du même code ou, à défaut, de celles pour lesquelles les débiteurs sont inscrits au registre du commerce et des sociétés ainsi que de celles qui portent sur des biens d'équipement en application des articles R. 626-26 et R. 642-13 du même code ;

12° Des contrats portant sur un bien qui ont fait l'objet d'une publicité, conformément aux dispositions de l'article L. 624-10 du présent code et dans les conditions *fixées par l'article R. 624-15 du même code* ;

13° Du privilège du Trésor ;

14° Des privilèges de la sécurité sociale et des régimes complémentaires prévus à l'article L. 243-5 du code de la sécurité sociale ;

15° Des warrants agricoles ;

16° Des opérations de crédit-bail en matière mobilière.

Entre en vigueur le 1er janv. 2022 l'art. 1er du Décr. no 2021-1887 du 29 déc. 2021 en ce qu'il s'applique aux hypothèques maritimes et saisies de navires (Décr. préc., art. 15-I).

Pour les hypothèques maritimes et les saisies de navire, V. Arr. du 11 janv. 2022 relatif aux bordereaux d'inscriptions initiales, modificatives, de renouvellement, et de radiation au registre des sûretés mobilières (JO 15 janv.).

Art. R. 521-3 Pour l'application du présent chapitre, le vendeur du fonds de commerce bénéficiant d'un privilège est désigné par le terme de créancier et l'acquéreur du fonds de commerce grevé est désigné par le terme de débiteur ; le bien loué ou le bien objet du contrat mentionné à l'article L. 624-10 est désigné par le terme de bien grevé.

Art. R. 521-4 Le registre prévu à l'article R. 521-1 est tenu sous forme électronique. Il est fait usage d'une signature électronique qualifiée répondant aux exigences du décret no 2017-1416 du 28 septembre 2017 relatif à la signature électronique. – *V. C. civ.*

SECTION II FORMALITÉS

SOUS-SECTION 1 INSCRIPTIONS INITIALES

Art. R. 521-5 L'inscription est portée sur un registre tenu par le greffier compétent. Ce greffier est, selon le cas, le greffier du tribunal de commerce, celui du tribunal judiciaire statuant commercialement ou du tribunal mixte de commerce dans le ressort duquel le débiteur, ou le propriétaire du bien grevé s'il n'est pas le débiteur, est immatriculé à titre principal au registre du commerce et des sociétés.

Si le débiteur ou le propriétaire du bien grevé s'il n'est pas le débiteur n'est pas soumis à l'obligation d'immatriculation au registre du commerce et des sociétés, l'inscription est portée sur le registre dans le ressort duquel est situé son siège ou à défaut son établissement principal ou, s'il n'existe ni siège, ni établissement principal, son lieu d'exercice de l'activité ou l'adresse de l'entreprise fixée au local d'habitation. S'il s'agit d'une personne physique dont la dette garantie a été contractée à titre non professionnel, l'inscription est portée sur le registre dans le ressort duquel est situé son domicile personnel.

A défaut d'immatriculation au registre du commerce et des sociétés, de siège, d'établissement principal, de lieu d'exercice de l'activité ou de domicile personnel sur le territoire français, le greffier compétent est celui du tribunal de commerce de Paris.

Art. R. 521-6 La demande d'inscription est effectuée par le requérant par remise ou transmission par voie postale ou électronique d'un bordereau au greffier compétent. Lorsque le bordereau est établi sous format papier il est dressé en deux exemplaires.

Il comprend les informations suivantes :

1° La catégorie d'inscription parmi celles énumérées à l'article R. 521-1 et sa date de constitution ou d'effet ;

2° La désignation du créancier, du débiteur ou du propriétaire du bien grevé s'il est différent du débiteur et leurs éléments d'identification, soit :

– pour une personne physique, ses prénoms, nom et adresse de l'établissement principal ou à défaut, du lieu d'exercice de l'activité ou l'adresse de l'entreprise fixée au local d'habitation, ou de son domicile personnel s'il s'agit d'une personne physique dont la dette garantie a été contractée à titre non professionnel ainsi que le cas échéant, son numéro unique d'identification complété, s'il y a lieu, par la mention RCS suivie du *nom* de la ville où se trouve le greffe où elle est immatriculée ;

– pour une personne morale, sa forme, sa dénomination sociale, l'adresse de son siège social ou à défaut, celle de l'établissement principal, et son numéro unique d'identification complété, s'il y a lieu, par la mention RCS suivie du nom de la ville où se trouve le greffe où elle est immatriculée ;

– pour le privilège de la sécurité sociale visé à l'article L. 243-5 du code de la sécurité sociale, également, le numéro matricule d'employeur ou de travailleur indépendant du débiteur, la référence de la créance concernée par l'inscription et la désignation et l'adresse de l'organisme créancier ;

– pour le privilège du Trésor donnant lieu à inscription au sens des articles 1929 *quater* du code général des impôts et 379 *bis* du code des douanes, la dénomination du poste comptable ou service assimilé gestionnaire et son adresse ;

– pour les opérations de crédit-bail en matière mobilière, les éléments d'identification concernant le crédit-bailleur et le crédit-preneur ; pour les contrats mentionnés à l'article R. 624-15, les éléments d'identification concernant le débiteur et le propriétaire du bien ;

3° L'élection de domicile dans un État membre de l'Union européenne par le créancier, la déclaration d'adresse valant élection de domicile pour les créanciers résidant au sein de l'Union européenne ;

4° En présence d'une créance garantie, le montant de cette créance garantie en principal ou de la somme des loyers pour les opérations de crédit-bail en matière mobilière, la date de son exigibilité ou les éléments permettant de la déterminer, le cas échéant, l'indication du taux des intérêts ; pour les créances futures, les éléments permettant de les déterminer ; pour le privilège du Trésor, le montant des sommes dues par un redevable à un même poste comptable ou service assimilé dans les conditions des articles 1929 *quater* du code général des impôts et 379 *bis* du code des douanes ; pour le privilège de la sécurité sociale, le montant des sommes dues à l'organisme créancier ; pour le privilège du vendeur du fonds de commerce, les prix de la vente, établis distinctement pour le matériel, les marchandises et les éléments incorporels du fonds ;

5° La désignation du bien grevé avec l'indication des éléments permettant de l'identifier, notamment sa nature, son lieu de situation, sa marque, son numéro de série ou d'immatriculation. Lorsqu'il s'agit d'un ensemble de biens présents ou futurs, leur nature, qualité, et quantité.

Pour les sociétés dont les parts sociales sont nanties, les informations mentionnées au 2° s'agissant des personnes morales ainsi que le nombre de parts sociales nanties, leur valeur nominale et le cas échéant, l'indication que le créancier nanti a été agréé par la société ou les associés.

Lorsqu'il s'agit d'un fonds de commerce, sa désignation et celle de ses succursales avec l'indication précise des éléments qui les constituent et sont compris dans la vente ou le nantissement, la nature de leurs opérations et leur siège, sous réserve de tous autres renseignements propres à les faire connaître ; si la vente ou le nantissement s'étend à d'autres éléments du fonds de commerce que l'enseigne, le nom commercial, le droit au bail et la clientèle, ces éléments sont nommément désignés avec notamment la mention, pour les droits de propriété intellectuelle, des références du titre concerné ;

Le présent 5° n'est pas applicable au privilège du Trésor ni au privilège de la sécurité sociale ;

6° Pour les gages sans dépossession, la catégorie à laquelle le bien affecté en garantie appartient, par référence à une nomenclature fixée par arrêté du garde des sceaux, ministre de la justice ;

7° Le cas échéant, la mention de l'existence d'un pacte commissoire, de l'interdiction pour le constituant d'aliéner les choses fongibles gagées dans les conditions prévues par l'article 2342 du code civil, de l'indication qu'elles peuvent être déplacées, de l'action résolutoire visée au deuxième alinéa de l'article L. 141-6 du code de commerce ou de toute autre disposition contractuelle particulière.

Les modalités d'établissement du bordereau sont fixées par arrêté.

Pour les hypothèques maritimes et les saisies de navire, V. Arr. du 11 janv. 2022 relatif aux bordereaux d'inscriptions initiales, modificatives, de renouvellement, et de radiation au registre des sûretés mobilières (JO 15 janv.).

Art. R. 521-7 Le requérant joint au bordereau, l'original de l'acte constitutif de la sûreté s'il est sous seing privé, l'expédition s'il est authentique ou la copie de ces justificatifs. Pour le privilège du vendeur de fonds commerce, l'acte à remettre doit être l'original de l'acte de cession du fonds de commerce s'il est sous seing privé ou l'expédition s'il est authentique.

L'alinéa précédent n'est pas applicable aux déclarations de créance en cas d'apport du fonds de commerce à une société, ni aux privilèges du Trésor et de la sécurité sociale ni aux opérations de crédit-bail en matière mobilière, ni aux contrats mentionnés à l'article L. 624-10.

Art. R. 521-8 A réception des pièces mentionnées aux articles R. 521-6 et R. 521-7, le greffier attribue un numéro d'ordre à la demande d'inscription et après avoir vérifié la complétude du dossier et la régularité de la demande, procède à l'inscription en reportant sur le registre les informations énumérées à l'article R. 521-6 ainsi que le numéro d'ordre et la date de l'inscription.

Les justificatifs visés à l'article R. 521-7 ainsi que l'un des bordereaux, si deux exemplaires ont été remis, sont annexés à l'inscription.

Le greffier remet un récépissé au requérant comportant les mêmes informations que celles qu'il a inscrites.

Lorsque deux bordereaux ont été remis, il restitue le bordereau restant sur lequel il appose le numéro d'ordre et la date de l'inscription.

Art. R. 521-9 I. Lorsque les ventes ou cessions de fonds de commerce comprennent des marques de produits ou de services, des dessins ou modèles industriels et des droits d'exploitation de logiciels nantis et que les nantissements de ces fonds comprennent des brevets d'invention ou licences, des marques ou des dessins et modèles et des droits d'exploitation de logiciels, le greffier délivre un certificat d'inscription qui comprend les mentions suivantes :

1° La nature, la date et le numéro d'ordre de l'inscription effectuée au greffe ;

2° La forme et la date de l'acte de vente ou de l'acte constitutif du nantissement ;

3° L'identité et l'adresse du créancier nanti et du débiteur ;

4° La désignation du fonds de commerce ainsi que la nature et les références des titres de propriété intellectuelle concernés.

II. — L'inscription à l'Institut national de la propriété industrielle du privilège résultant de la vente ou de la cession ou du nantissement visés au premier alinéa s'effectue par report du certificat d'inscription selon la nature des titres concernés :

1° Au registre national des brevets, au registre national spécial des logiciels ou au registre national des marques, dans les conditions prévues par les textes qui leur sont applicables ;

2° Au registre national des dessins et modèles, à la demande de l'une des parties à l'acte.

Art. R. 521-10 Les inscriptions prennent effet à la date à laquelle elles ont été régulièrement accomplies.

Art. R. 521-11 Sauf disposition contraire, l'inscription produit effet durant cinq ans.

L'inscription peut être renouvelée avant l'arrivée à échéance de ce délai.

Art. R. 521-12 Par exception au premier alinéa de l'article R. 521-11, l'inscription produit effet durant :

– dix ans pour le privilège du vendeur de fonds de commerce, le nantissement du fonds de commerce, les hypothèques maritimes et fluviales ;

– quatre ans pour le privilège du Trésor ;

– deux ans et six mois pour le privilège de la sécurité sociale, l'inscription n'est pas renouvelable ;

– la durée fixée par la décision du tribunal, pour la mesure d'inaliénabilité.

SOUS-SECTION 2 INSCRIPTIONS MODIFICATIVES

Art. R. 521-13 La demande d'inscription modificative est formée auprès du greffier qui a procédé à l'inscription initiale, même en cas de déplacement du lieu d'immatriculation, du siège, de l'établissement principal, du lieu d'exercice de l'activité ou l'adresse de l'entreprise fixée au local d'habitation, ou du domicile personnel hors du ressort du tribunal dont dépend le greffier compétent au moment de l'inscription initiale.

La demande d'inscription modificative est effectuée par le requérant par remise ou transmission par voie postale ou électronique d'un bordereau au greffier compétent. Lorsque le bordereau est établi sous format papier, il est dressé en deux exemplaires. Y figurent l'information sur laquelle porte la demande d'inscription modificative ainsi que la date de l'inscription initiale et son numéro d'ordre.

Les modalités d'établissement du bordereau sont fixées par arrêté.

Pour les hypothèques maritimes et les saisies de navire, V. Arr. du 11 janv. 2022 relatif aux bordereaux d'inscriptions initiales, modificatives, de renouvellement, et de radiation au registre des sûretés mobilières (JO 15 janv.).

Art. R. 521-14 Le requérant justifie de sa demande notamment en communiquant l'original de l'acte s'il est sous seing privé ou une expédition de l'acte s'il est authentique ou la copie de ces justificatifs.

Art. R. 521-15 Pour une demande de renouvellement de l'inscription avant arrivée à échéance des délais mentionnés aux articles R. 521-11 et R. 521-12, l'article R. 521-14 n'est pas applicable.

Art. R. 521-16 Lorsque la demande d'inscription modificative porte sur des informations qui concernent le débiteur ou le propriétaire du bien lorsqu'il n'est pas le débiteur et qui sont visées au 2°, 3° et au 4° de l'article R. 521-6, le greffier remplace les informations inscrites par ces informations. Pour les opérations de crédit-bail en matière mobilière, seules les informations qui concernent le débiteur sont remplacées.

Dans les autres cas, le greffier reporte en marge de l'inscription initiale les informations modificatives avec la date de cette inscription.

Art. R. 521-17 A réception des pièces mentionnées aux articles R. 521-13 et R. 521-14, le greffier procède à l'inscription de la formalité en reportant sur le registre les modifications inscrites sur les bordereaux ainsi que la date de la formalité modificative.

Les justificatifs visés à l'article R. 521-14 ainsi que l'un des bordereaux, si deux exemplaires ont été remis, sont annexés à l'inscription.

Le greffier délivre au requérant un récépissé récapitulant les modifications ainsi que le numéro d'ordre de l'inscription initiale, la date de la formalité ou, lorsque deux bordereaux ont été remis, il restitue le bordereau restant sur lequel il appose le numéro de la formalité et sa date.

L'inscription modificative prend effet à la date à laquelle elle a été régulièrement accomplie

Art. R. 521-18 Les demandes d'inscription modificative portant sur un privilège ou un nantissement visé au I de l'article R. 521-9 s'effectuent également à l'Institut national de la propriété industrielle dans les registres déterminés au II de l'article R. 521-9, sur production d'un certificat de modification délivré par le greffier et qui comporte les modifications mentionnées au premier alinéa de l'article R. 521-17 ainsi que les mêmes mentions que celles qui sont prévues au I de l'article R. 521-9.

SOUS-SECTION 3 RADIATION D'INSCRIPTION

Art. R. 521-19 La demande de radiation d'inscription est formée auprès du greffier qui a procédé à l'inscription initiale même en cas de déplacement du lieu d'immatriculation, du siège, de l'établissement principal, du lieu d'exercice de l'activité ou l'adresse de l'entreprise fixée au local d'habitation, ou du domicile personnel hors du ressort du tribunal dont dépend le greffier compétent au moment de l'inscription initiale.

La demande de radiation est effectuée par le requérant par remise ou transmission par voie postale ou électronique d'un bordereau au greffier compétent. Lorsqu'il est établi sous format papier il est dressé en deux exemplaires. Y figurent la demande de radiation ainsi que la date de l'inscription initiale et son numéro d'ordre.

Les modalités d'établissement du bordereau sont fixées par arrêté.

Pour les hypothèques maritimes et les saisies de navire, V. Arr. du 11 janv. 2022 relatif aux bordereaux d'inscriptions initiales, modificatives, de renouvellement, et de radiation au registre des sûretés mobilières (JO 15 janv.).

Art. R. 521-20 Le créancier inscrit qui requiert la radiation justifie de sa qualité.

Dans les autres cas, le requérant à la radiation en justifie :

1° par la preuve de l'accord des parties ;

2° par une décision de justice passée en force de chose jugée ;

3° par l'acte constatant la vente du bien grevé en application du livre II du code des procédures civiles d'exécution, accompagné d'un récépissé justifiant du paiement du prix et d'une copie de l'extrait des inscriptions au registre faisant apparaitre les inscriptions sur le bien, communiqué par l'huissier de justice chargé de la procédure de saisie mobilière.

Est produit l'original de l'acte ou une expédition de la décision de justice passée en force de chose jugée ou la copie de ces justificatifs.

Art. R. 521-21 Tout requérant à la radiation du crédit-bail mobilier, doit justifier de sa demande par la production d'un des justificatifs mentionnés à l'article R. 521-20.

Art. R. 521-22 A réception des pièces visées aux articles R. 521-19, R. 521-20 ou à l'article R. 521-21 s'il s'agit d'une opération de crédit-bail en matière mobilière, le greffier procède à la radiation de l'inscription en mentionnant la formalité et sa date en marge de l'inscription.

Les justificatifs visés aux articles R. 521-20 ou R. 521-21 ainsi que l'un des bordereaux, si deux exemplaires ont été remis, sont annexés à l'inscription.

Le greffier délivre au requérant un récépissé récapitulant les informations radiées ainsi que le numéro d'ordre de l'inscription initiale, la date de la formalité ou, lorsque deux exemplaires du bordereau ont été remis, il restitue le bordereau restant sur lequel il appose le numéro de la formalité et sa date.

La radiation prend effet à la date à laquelle elle a été régulièrement accomplie.

Art. R. 521-23 L'inscription radiée ou périmée n'apparait plus dans les résultats des demandes de consultation du registre.

Art. R. 521-24 Le greffier radie d'office les inscriptions qui n'ont pas été renouvelées avant l'arrivée à échéance des délais des articles R. 521-11 et R. 521-12. Si l'inscription est prise à nouveau après la péremption de l'inscription, elle ne vaut à l'égard des tiers que du jour de la nouvelle date.

Art. R. 521-25 La radiation à l'Institut national de la propriété industrielle du privilège résultant de la vente ou de la cession du fonds de commerce et du nantissement de fonds de commerce s'effectue également dans les registres déterminés au II de l'article R. 521-9, sur production d'un certificat de radiation délivré par le greffier et qui comporte les mêmes mentions que celles qui sont prévues au I de l'article R. 521-9.

SECTION III **OBLIGATIONS DU GREFFIER ET RECOURS**

Art. R. 521-26 Dans le délai d'un jour franc ouvrable après réception de la demande, le greffier procède aux inscriptions initiales, modificatives et aux radiations requises.

Toutefois, lorsque cette demande est incomplète, il réclame dans ce délai les informations ou pièces manquantes qui sont fournies dans un délai de quinze jours à compter de cette réclamation. A la réception de ces informations ou pièces, le greffier procède à l'inscription dans le délai mentionné au premier alinéa.

A défaut de régularisation de la demande dans les conditions indiquées ci-dessus ou lorsque le greffier estime que la demande n'est pas conforme aux exigences des articles R. 521-6, R. 521-7, R. 521-13, R. 521-14 et R. 521-19 à R. 521-21 ou que les informations déclarées par le requérant ne correspondent pas au contenu des pièces justificatives communiquées, le greffier prend une décision de refus d'inscription qui doit être motivée.

La décision est notifiée au requérant dans le délai mentionné au premier alinéa, par la remise contre récépissé, ou par lettre recommandée avec demande d'avis de réception. Elle peut également être effectuée par voie dématérialisée selon des modalités fixées par arrêté et à condition que le destinataire de la notification ait expressément consenti à ce mode de communication.

Lorsque la complexité du dossier exige un examen particulier de celui-ci, le greffier avise le requérant, dans le délai prévu au premier alinéa et par les mêmes moyens que pour la notification de la décision de refus, que l'inscription sera faite ou que la décision de refus d'inscription sera remise ou notifiée au demandeur dans le délai de cinq jours francs ouvrables après réception de la demande.

Faute par le greffier de respecter les obligations qui lui incombent en application du présent article en ce qui concerne les demandes d'inscriptions principales, modificatives et de radiation, le demandeur peut former un recours dans les conditions prévues par l'article R. 521-27.

Art. R. 521-27 I. — Le recours contre la décision de refus d'inscription, de modification ou de radiation est porté devant le président du tribunal dont dépend le greffier qui a opposé le refus.

Ce recours est formé par lettre recommandée avec demande d'avis de réception adressée *au greffe dans un délai* de quinze jours à compter de la notification de la décision.

Il est motivé et accompagné de toutes pièces utiles.

Toute autre contestation entre le requérant et le greffier peut être portée devant le président du tribunal mentionné au premier alinéa selon la même modalité.

II. — Le président de la juridiction ou le juge délégué à cet effet statue par ordonnance. L'ordonnance est exécutoire de droit à titre provisoire.

Cette ordonnance est notifiée au requérant par lettre recommandée avec demande d'avis de réception. L'acte de notification mentionne le délai et les modalités du recours ouvert à son encontre.

Elle est susceptible d'appel dans un délai de quinze jours.

III. — L'appel de l'ordonnance est formé, instruit et jugé comme en matière gracieuse. Toutefois, les parties sont dispensées du ministère d'avocat.

Le greffier de la cour d'appel adresse une copie de l'arrêt au greffier chargé de la tenue du registre qui exécute la décision.

SECTION IV TARIFS DES PRESTATIONS

Art. R. 521-28 Le tarif des prestations est arrêté conjointement par les ministres de la justice et de l'économie.

SECTION V CONSULTATION DES INFORMATIONS INSCRITES

Art. R. 521-29 Afin de garantir la publicité des informations inscrites, le Conseil national des greffiers des tribunaux de commerce met en place et assure la gestion du portail national mentionné à l'article R. 521-1.

Sous réserve des dispositions de la présente section, les dispositions du titre XXI du livre Ier du code de procédure civile s'appliquent à la communication électronique des actes de procédure que permet ce portail électronique.

Avant le 31 mars de chaque année, le conseil national des greffiers des tribunaux de commerce remet au ministre de la justice un rapport annuel de transparence relatif au fonctionnement du portail mentionné au premier alinéa. Ce rapport contient des informations de nature économique, technique et opérationnelle dont le contenu sera précisé par arrêté du ministre de la justice, garde des sceaux.

Art. R. 521-30 Le portail mentionné à l'article R. 521-29 est consultable gratuitement. Il permet de télécharger un document faisant apparaître les informations prévues à l'article R. 521-33.

Art. R. 521-31 Le greffier auprès duquel une des inscriptions mentionnées à l'article R. 521-1 a été prise délivre sur simple demande un état mentionnant les numéros de ces inscriptions qu'il constate ainsi que leur date et le lieu de leur inscription. Cet état est daté et signé du greffier.

Le greffier dans le registre duquel se trouve une ou plusieurs des inscriptions mentionnées à l'article R. 521-1 délivre, sur simple demande, l'état certifié des inscriptions inscrites à son registre mentionnant pour chacune toutes les informations inscrites.

Chacune des demandes mentionnées aux deux alinéas précédents ne peut porter que sur une seule personne et une ou plusieurs catégories d'inscription parmi celles qui sont mentionnées à l'article R. 521-1.

Elles sont formées dans les conditions de l'article R. 521-32, à l'exception des demandes concernant une personne physique non commerçante, qui doivent impérativement mentionner son adresse.

Art. R. 521-32 Pour la consultation, le requérant indique les éléments suivants :

1° Concernant le propriétaire du bien visé au 5° de l'article R. 521-6 ou, à défaut de bien, le débiteur :

a) S'il s'agit d'une personne physique commerçante : ses nom, prénom et le numéro unique d'identification complété par la mention RCS suivie du nom de la ville où se trouve le greffe où elle est immatriculée ;

b) S'il s'agit d'une personne physique non commerçante ou d'un constituant à titre non professionnel : ses nom, prénom et son adresse pertinente si elle est connue et, s'il y a lieu, son numéro unique d'identification ;

c) S'il s'agit d'une personne morale : sa forme, sa dénomination sociale, l'adresse de son siège ainsi que, le cas échéant, le numéro unique d'identification complété, s'il y a lieu, par la mention RCS suivie du nom de la ville où se trouve le greffe où elle est immatriculée ;

Pour les opérations de crédit-bail en matière mobilière, le requérant indique les informations requises concernant le crédit-preneur. Pour les contrats mentionnés à l'article L. 624-10, le requérant indique les informations requises concernant le débiteur.

2° Concernant l'opération : la catégorie d'inscription parmi celles listées à l'article R. 521-1 ;

3° *Pour les gages sans dépossession :* la catégorie à laquelle le bien appartient par référence à la nomenclature prévue au 6° de l'article R. 521-6.

Chaque consultation ne peut porter que sur une même personne et une ou plusieurs catégories d'inscription.

Pour la consultation des inscriptions portant sur les bateaux et les navires, le requérant peut renseigner uniquement le numéro d'identification ou d'immatriculation du bateau ou navire.

Art. R. 521-33 Chaque consultation fait apparaître l'absence d'inscription ou, en présence d'inscription, les informations inscrites dans les registres des sûretés mobilières tenus par chaque greffier ainsi que l'identification des greffiers qui tiennent ces registres. L'inscription radiée ou périmée n'apparaît plus dans les résultats des demandes de consultation du portail.

Art. R. 521-34 Figurent également dans la consultation, parmi les inscriptions d'hypothèques maritimes et de saisies de navires, celles qui portent sur des navires enregistrés au registre mentionné à l'article L. 5611-1 du code des transports. En ce cas, il est seulement indiqué si le navire fait l'objet d'une hypothèque ou d'une saisie inscrite dans ce registre.

CHAPITRE PREMIER *[ANCIEN]* DISPOSITIONS GÉNÉRALES SUR LE GAGE COMMERCIAL

(Abrogé par Décr. n° 2021-1888 du 29 déc. 2021, art. 5, à compter du 1er janv. 2022)

Ancien art. R. 521-1 *Les dispositions des articles R. 322-3 et R. 322-6 sont applicables aux ventes prévues par l'article L. 521-3, sous réserve des dispositions de l'article R. 521-2. – [Décr. du 29 août 1863, art. 1er.]*

Ancien art. R. 521-2 *Le minimum de la valeur des lots est fixé à 15 € pour les ventes de marchandises de toute espèce faites dans les cas prévus par l'article L. 521-3. – [Décr. du 29 août 1863, art. 3.]*

CHAPITRE II DES DÉPÔTS EN MAGASINS GÉNÉRAUX

SECTION PREMIÈRE DE L'AGRÉMENT, DE LA CESSION ET DE LA CESSATION D'EXPLOITATION

RÉP. COM. v° *Magasins généraux*, par CABRILLAC.

RÉP. PÉN. v° *Magasins généraux*, par PASCHOUD.

Art. R. 522-1 Les demandes d'agrément prévues à l'article L. 522-1 sont déposées à la préfecture par l'exploitant de l'entrepôt intéressé. – *[Décr. n° 45-1754 du 6 août 1945, art. 1er, al. 1er.]*

Art. R. 522-2 Les demandes d'agrément sont accompagnées des pièces suivantes :

(Décr. n° 2021-631 du 21 mai 2021, art. 4, en vigueur le 1er nov. 2021) « 1° Le numéro unique d'identification *[ancienne rédaction : 1° Un extrait du registre du commerce et des sociétés sur lequel il est inscrit]* ; »

2° S'il s'agit d'une société, un exemplaire des statuts et la liste des associés possédant plus de 10 % du capital social ;

3° Un plan des locaux affectés à l'exploitation, avec l'indication de la nature des droits de l'exploitant sur ces locaux ;

4° Un mémoire indiquant l'emplacement de l'établissement, son équipement, ses moyens d'accès ainsi que la nature et le volume du trafic escompté ;

5° Un projet de règlement particulier de l'établissement.

Si le demandeur est une société en formation, les demandes d'agrément sont accompagnées, en substitution des pièces prévues aux 1° et 2°, d'un projet des statuts et de la liste des associés devant souscrire plus de 10 % du capital social. – *[Décr. n° 45-1754 du 6 août 1945, art. 1er, al. 2 à 12.]*

Art. R. 522-3 Le préfet peut exiger toutes pièces propres à établir l'identité, la moralité et la situation financière de l'exploitant. – *[Décr. n° 45-1754 du 6 août 1945, art. 1er, al. 13.]*

Art. R. 522-4 et R. 522-5 *Abrogés par Décr. n° 2011-1772 du 5 déc. 2011, art. 2.*

Art. R. 522-6 Les demandes d'agrément déposées par les entreprises mentionnées à l'article L. 522-11 font l'objet, *(Abrogé par Décr. n° 2011-1772 du 5 déc. 2011, art. 3)* *« avant leur transmission aux organismes mentionnés à l'article R. 522-4, et »* pendant la période de trois mois qui suit le dépôt, d'un affichage à la préfecture ainsi qu'à la mairie et au greffe du tribunal de commerce du lieu de l'entrepôt. Elles font également l'objet, au cours du premier mois, d'une insertion dans un ou plusieurs *(Décr. n° 2020-106 du 10 févr. 2020, art. 13)* « supports » habilités à recevoir les annonces légales.

(Abrogé par Décr. n° 2011-1772 du 5 déc. 2011, art. 3) *« A l'expiration de ce délai de trois mois, les demandes de dérogation sont transmises aux organismes prévus à l'article R. 522-4. »* – *[Décr. n° 45-1754 du 6 août 1945, art. 4, al. 1er et 2.]*

Art. R. 522-7 *Abrogé par Décr. n° 2011-1772 du 5 déc. 2011, art. 2.*

Art. R. 522-8 En statuant sur la demande d'agrément, le préfet vérifie la conformité du projet de règlement particulier qui est présenté avec les dispositions des règlements types. – *[Décr. n° 45-1754 du 6 août 1945, art. 5.]*

Art. R. 522-9 Lorsque l'agrément d'un entrepôt comme magasin général fait l'objet d'un décret ou d'un arrêté ministériel, un exemplaire de ce décret ou de cet arrêté ministériel est notifié par les soins du préfet à la Fédération nationale des prestataires logistiques et des magasins généraux agréés par l'État et à la *(Décr. n° 2010-1463 du 1er déc. 2010, art. 87)* « chambre de commerce et d'industrie territoriale » dans la circonscription de laquelle est situé l'entrepôt intéressé. – *[Décr. n° 45-1754 du 6 août 1945, art. 21.]*

Art. R. 522-10 Le cautionnement imposé par l'arrêté du préfet est fixé à 3,18 € par mètre carré de plancher du magasin et 1,06 € par mètre carré de chantier, avec un minimum de 212 € et un maximum de 2 120 €, applicable à l'ensemble des établissements exploités dans une même commune. – *[Décr. n° 45-1754 du 6 août 1945, art. 7, al. 1er.]*

Art. R. 522-11 Le cautionnement peut être fourni en totalité ou en partie en argent, en rentes, en valeurs admises à la négociation sur un marché réglementé, ou par une première hypothèque sur des immeubles d'une valeur double de la somme garantie. Il peut également être fourni en totalité par l'un des établissements de crédit *(Décr. n° 2014-1315 du 3 nov. 2014, art. 9-5°)* « ou l'une des sociétés de financement habilités » à cet effet ou l'une des institutions ou l'un des établissements mentionnés à l'article L. 518-1 du code monétaire et financier *(Abrogé par Décr. n° 2011-1772 du 5 déc. 2011, art. 4)* « ***, avec l'agrément du tribunal de commerce dans le ressort duquel est situé le magasin.*** – *V.* ***C. mon. fin.***

« Le cautionnement fourni en argent ou en valeurs résulte d'une consignation ou d'une inscription à un compte ouvert à la Caisse des dépôts et consignations au nom de la personne de l'exploitant. » Si le cautionnement est représenté par une hypothèque, la valeur des immeubles est estimée par le *(Décr. n° 2014-551 du 27 mai 2014, art. 4)* « directeur départemental ou, le cas échéant, régional des finances publiques » sur les bases établies pour la perception des droits de mutation en cas de décès.

Pour la conservation de cette garantie, une inscription est prise, dans l'intérêt des tiers, à la diligence et au nom du *(Décr. n° 2014-551 du 27 mai 2014, art. 4)* « directeur départemental ou, le cas échéant, régional des finances publiques ». – *[Décr. n° 45-1754 du 6 août 1945, art. 7, al. 2 à 4.]*

Art. R. 522-12 Les droits de l'exploitant pour le compte duquel l'établissement est vendu ainsi que ceux de ses créanciers se règlent conformément aux dispositions du titre IV du livre Ier relatives à la vente et au nantissement du fonds de commerce. – *[Décr. n° 45-1754 du 6 août 1945, art. 19.]*

SECTION II DES OBLIGATIONS, DES RESPONSABILITÉS ET DES GARANTIES

Art. R. 522-13 Le ou les règlements types prévus à l'article L. 522-13 sont élaborés et modifiés par la Fédération nationale des prestataires logistiques et des magasins généraux agrées *[agréés]* par l'État et soumis à l'homologation du ministre chargé de l'industrie.

Ces règlements comportent pour l'exploitant l'obligation de mettre par priorité et sans préférence ni faveur les emplacements de l'entrepôt disponibles à la présentation de la marchandise à la disposition des personnes voulant opérer le magasinage dans les conditions fixées par les articles L. 522-14 à L. 522-19.

Toutefois, ils peuvent prévoir l'affectation des magasins exclusivement à certaines catégories de marchandises, notamment au regard de leur classement dans les tarifs généraux des compagnies d'assurances contre l'incendie. Ils peuvent également laisser la faculté au magasinier de refuser l'entrée ou le maintien en entrepôt de marchandises qui, par leur état ou leur nature, sont susceptibles de nuire à la bonne conservation des autres marchandises. – *[Décr. n° 45-1754 du 6 août 1945, art. 8.]*

Art. R. 522-14 Si les frais de magasinage et débours afférents aux marchandises prises en magasin général n'ont pas été payés pendant une durée que fixe le règlement type professionnel selon la nature de la marchandise, la vente aux enchères publiques peut, après sommation au déposant, être ordonnée par le président du tribunal de commerce par ordonnance sur requête, sans préjudice des mesures rendues nécessaires par l'état des marchandises. Le juge attribue le produit de la vente au magasin général à concurrence des frais qui lui sont dus. Le surplus est consigné à l'administration du magasin général à la disposition des tiers porteurs du warrant et du récépissé *(Décr. nº 2019-1287 du 3 déc. 2019, art. 1er)* « ou du titulaire du reçu d'entreposage ». – *[Décr. nº 45-1754 du 6 août 1945, art. 9.]*

Art. R. 522-15 Les tarifs annexés au règlement particulier de l'établissement comprennent le coût de l'assurance incendie, qui s'ajoute au coût du magasinage.

Les polices souscrites par l'exploitant doivent comporter de la part des compagnies d'assurances la renonciation à tout recours contre les déposants. – *[Décr. nº 45-1754 du 6 août 1945, art. 10.]*

SECTION III **DU FONCTIONNEMENT ET DU CONTRÔLE**

Art. R. 522-16 Les magasins généraux sont soumis aux mesures générales de police concernant les lieux publics affectés au commerce, sans préjudice des droits du service des douanes lorsqu'ils sont établis dans des locaux placés sous les régimes des entrepôts douaniers prévu par le règlement (CEE) nº 2913/92 du Conseil du 12 octobre 1992 établissant le code des douanes communautaire, et du règlement (CEE) nº 2454/93 de la Commission du 2 juillet 1993 fixant certaines de ses dispositions d'application, et le régime de l'entrepôt fiscal prévu par le code général des impôts. – *[Décr. nº 45-1754 du 6 août 1945, art. 17, al. 1er.]*

Art. R. 522-17 Le préfet surveille l'activité des magasins généraux et contrôle la régularité de leur fonctionnement.

Il a libre accès aux établissements placés sous son contrôle et peut procéder ou faire procéder à toutes les vérifications et enquêtes nécessaires à l'accomplissement de sa mission.

Lorsque l'exploitant est une société, le préfet reçoit communication de toutes modifications intervenues dans la présidence ou la gérance, dans le mois qui suit l'entrée en fonction du nouveau président ou gérant.

(Décr. nº 2019-1287 du 3 déc. 2019, art. 1er) « Lorsque l'exploitant est lié par un contrat au gestionnaire d'une plateforme mentionnée au premier alinéa de l'article L. 522-37-1, le préfet peut, le cas échéant, signaler à ce gestionnaire les manquements commis par cet exploitant. » – *[Décr. nº 45-1754 du 6 août 1945, art. 17, al. 2 à 4.]*

Art. R. 522-18 Les exploitants de magasins généraux sont tenus d'adresser dans le premier mois de chaque année, à l'inspecteur général de l'industrie et du commerce *[au contrôleur budgétaire]* dans la circonscription duquel sont situés leurs établissements, un compte rendu général de leur activité au cours de l'année écoulée.

A ce compte rendu est joint un état indiquant :

1º Le niveau maximum atteint par les stocks des principales marchandises entreposées, suivant une liste qui est fixée pour la région par l'inspection générale de l'industrie et du commerce sur la proposition de la Fédération nationale des prestataires logistiques et des magasins généraux agréés par l'État ;

2º Le montant des avances transcrites sur les warrants. – *[Décr. nº 45-1754 du 6 août 1945, art. 20.]*

Art. R. 522-19 L'inspection générale de l'industrie et du commerce a délégation permanente pour exercer la surveillance et le contrôle des magasins généraux agréés incombant au préfet, dans les conditions prévues à l'article R. 522-17.

L'inspection générale de l'industrie et du commerce informe le préfet des infractions constatées. Le préfet en rend compte à l'autorité qui a contresigné le décret ou pris l'arrêté *d'agrément en* lui proposant, le cas échéant, le retrait de l'agrément dans les cas et formes prévus à l'article L. 522-39. – *[Décr. nº 45-1754 du 6 août 1945, art. 17, al. 5 et art. 22.]*

SECTION IV **DES RÉCÉPISSÉS, DES WARRANTS ET DES REÇUS D'ENTREPOSAGE** *(Décr. nº 2019-1287 du 3 déc. 2019, art. 1er).*

SOUS-SECTION 1 **DES RÉCÉPISSÉS ET DES WARRANTS** *(Décr. nº 2019-1287 du 3 déc. 2019, art. 1er).*

Art. R. 522-20 Les récépissés et warrants délivrés par l'exploitant comportent au recto la mention de l'assurance de la marchandise contre l'incendie par les polices générales du magasin. – *[Décr. nº 45-1754 du 6 août 1945, art. 11.]*

Art. R. 522-21 A toute réquisition du porteur du récépissé et du warrant réunis, la marchandise déposée est fractionnée en autant de fois qu'il lui convient, et le titre d'origine remplacé par autant de récépissés et de warrants qu'il y a de lots. – *[Décr. nº 45-1754 du 6 août 1945, art. 13.]*

Art. R. 522-22 L'administration du magasin général liquide sur la demande du porteur du récépissé ou du warrant les dettes et les frais énumérés à l'article L. 522-32 et dont le privilège prime celui de la créance garantie sur le warrant. Le bordereau de liquidation délivré par l'administration du magasin général porte les numéros du récépissé et du warrant auxquels il se réfère. – *[Décr. nº 45-1754 du 6 août 1945, art. 14.]*

Art. R. 522-23 Sur la présentation du warrant protesté, l'administration du magasin général donne au courtier désigné pour la vente par le porteur du warrant toutes facilités pour y procéder.

Elle ne délivre la marchandise à l'acheteur que sur présentation du procès-verbal de la vente et moyennant :

1º La justification du paiement des droits et frais privilégiés, ainsi que le montant de la somme revenant au porteur du warrant dans la limite de la somme prêtée ;

2º La consignation de l'excédent, s'il en existe, revenant au porteur du récépissé, dans le cas prévu au dernier paragraphe de l'article L. 522-32. – *[Décr. nº 45-1754 du 6 août 1945, art. 15.]*

Art. R. 522-24 Outre les livres ordinaires du commerce et le livre des récépissés et warrants, l'administration du magasin général tient un livret à souches destiné à constater les consignations qui peuvent lui être faites en vertu des articles L. 522-30 et L. 522-32.

Tous ces livres sont cotés et paraphés, par première et dernière feuilles. – *[Décr. nº 45-1754 du 6 août 1945, art. 16.]*

SOUS-SECTION 2 DES REÇUS D'ENTREPOSAGE

(Décr. nº 2019-1287 du 3 déc. 2019, art. 1er)

§ 1er DU FONCTIONNEMENT DU REGISTRE DE REÇUS D'ENTREPOSAGE

Art. R. 522-24-1 Le gestionnaire de la plateforme qui tient le registre mentionné à l'article L. 522-37-1 établit les règles de fonctionnement de ce registre et les conditions de délivrance des reçus d'entreposage par les exploitants des magasins généraux. Dans le respect des dispositions des premier, deuxième et troisième alinéas de l'article L. 522-37-2, ces règles précisent notamment :

1º Les personnes qui peuvent être autorisées par le gestionnaire de la plateforme à consulter le registre et les conditions de cette consultation ;

2º Les modalités d'inscription dans le registre par le gestionnaire de la plateforme ou les exploitants des magasins généraux de la délivrance et la radiation d'un reçu d'entreposage ou du transfert de la propriété des marchandises représentées par un ou plusieurs reçus d'entreposage ;

3º Les modalités d'inscription et de radiation par le gestionnaire de la plateforme d'un gage portant sur la marchandise représentée par un reçu d'entreposage, conformément aux dispositions du paragraphe 2 ;

4º Les conditions dans lesquelles le registre peut être tenu sous forme électronique et dont il est fait usage d'une signature électronique sécurisée dans les conditions prévues par le règlement (UE) nº 910/2014 du Parlement européen et du Conseil du 23 juillet 2014 sur l'identification électronique et les services de confiance pour les transactions électroniques au sein du marché intérieur.

Art. R. 522-24-2 Conformément aux dispositions de l'article L. 522-37-1, les règles de fonctionnement du registre prévues à l'article précédent fixent les informations à *transmettre par les magasins généraux* au gestionnaire de la plateforme pour permettre à ce dernier d'en assurer le contrôle de l'exactitude.

Ce gestionnaire s'assure, au moyen de contrôles sur pièce ou sur place, que ces magasins généraux sont dotés d'une organisation et de procédures permettant d'apprécier l'identité des titulaires de reçus d'entreposage et que leurs exploitants disposent des compétences de nature à garantir la qualité des informations figurant au registre.

§ 2 DU GAGE DES MARCHANDISES REPRÉSENTÉES PAR UN REÇU D'ENTREPOSAGE

Art. R. 522-24-3 Le gage est opposable aux tiers à compter de la date de son inscription mentionnée dans le registre. Cette mention comprend également un numéro attribué par le gestionnaire de la plateforme mentionnée au premier alinéa de l'article L. 522-37-1.

Art. R. 522-24-4 A l'appui de sa demande au gestionnaire de la plateforme d'inscription dans le registre du gage de marchandises représentées par un reçu d'entreposage, le créancier fournit les informations suivantes :

1° La désignation du constituant et du créancier :

a) S'il s'agit d'une personne physique : ses nom, prénoms, date et lieu de naissance, domicile ainsi que, le cas échéant, son numéro unique d'identification complété, s'il y a lieu, par la mention RCS suivie du nom de la ville où se trouve le greffe où elle est immatriculée ;

b) S'il s'agit d'une personne morale : sa forme, sa dénomination sociale, l'adresse de son siège social et son numéro unique d'identification complété, s'il y a lieu, par la mention RCS suivie du nom de la ville où se trouve le greffe où elle est immatriculée ;

2° La date de la constitution du gage ;

3° Le montant de la créance garantie en principal, la date de son exigibilité, le taux d'intérêt ainsi que, le cas échéant, l'existence d'un pacte commissoire ; pour les créances futures, les éléments permettant de les déterminer ;

4° Une description de la marchandise gagée, notamment sa nature, sa qualité, sa quantité et des éléments permettant d'en déterminer la valeur ;

5° Le lieu de conservation de la marchandise.

Le créancier adresse au gestionnaire de la plateforme l'un des originaux de l'acte constitutif du gage.

Le gage est inscrit dès que les informations mentionnées du 1° au 5° sont complètes et à réception de l'original de l'acte constitutif du gage.

Art. R. 522-24-5 Le gage est conservé pendant cinq ans à compter du jour de son inscription. Son effet cesse si l'inscription n'a pas été renouvelée avant l'expiration de ce délai. Dans ce cas, le gestionnaire de la plateforme procède d'office à la radiation de l'inscription.

Art. R. 522-24-6 La demande d'inscription modificative ou de radiation d'un gage inscrit est adressée au gestionnaire de la plateforme par le créancier ou le constituant conformément aux règles de fonctionnement du registre. L'original de l'acte modificatif du gage est adressé au gestionnaire de la plateforme.

L'inscription modificative est accompagnée du numéro de l'inscription initiale au registre et de la mention de la date à laquelle elle est effectuée. L'inscription modificative prend effet à compter de cette dernière.

La radiation de l'inscription au registre peut être requise sur justification, transmise au gestionnaire de la plateforme par le créancier ou le constituant, de l'accord des parties ou d'un acte donnant mainlevée de l'inscription, conformément aux règles de fonctionnement du registre. La radiation peut également intervenir en vertu d'une décision passée en force de chose jugée.

Le gestionnaire de la plateforme délivre au créancier ou au constituant qui le requiert un certificat de radiation. L'inscription radiée ou périmée n'est plus inscrite au registre.

Art. R. 522-24-7 Pour consulter le site d'information accessible en ligne prévu au troisième alinéa de l'article L. 522-37-4, le requérant fournit les éléments suivants :

1° Sur le constituant :

a) S'il s'agit d'une personne physique commerçante : ses nom, prénoms, date et lieu de naissance et le numéro unique d'identification complété, s'il y a lieu, par la mention RCS suivie du nom de la ville où se trouve le greffe où elle est immatriculée ;

b) S'il s'agit d'une personne physique non commerçante ou d'un constituant à titre non professionnel : ses nom, prénoms, date et lieu de naissance et son domicile ;

c) S'il s'agit d'une personne morale : sa forme, sa dénomination sociale, l'adresse de son siège social ainsi que, le cas échéant, le numéro unique d'identification complété, s'il y a lieu, par la mention RCS suivie du nom de la ville où se trouve le greffe où elle est immatriculée ;

2° Sur le bien : sa matière première par référence à la liste prévue au premier alinéa de l'article L. 522-37-1.

Chaque consultation ne peut porter que sur une même personne et une même matière première.

Art. R. 522-24-8 Le gestionnaire de la plateforme délivre à tout requérant un état des marchandises gagées et des reçus d'entreposage s'y rapportant ou indique l'absence de gage sur les marchandises.

Art. R. 522-24-9 Le gestionnaire de la plateforme rejette les demandes d'inscription, de modification ou de radiation qui ne répondent pas aux conditions prévues par les articles R. 522-24-4 et R. 522-24-6. Le rejet précise le motif du refus.

La décision de rejet est notifiée au requérant par lettre recommandée avec demande d'avis de réception ou lui est remise contre récépissé. Elle indique le délai et les modalités du recours ouvert à l'encontre de cette décision.

Art. R. 522-24-10 I. — Le recours contre la décision de refus d'inscription, de modification ou de radiation est porté devant le président du tribunal de commerce dans le ressort duquel est établi le gestionnaire de la plateforme qui a opposé le refus.

Ce recours est formé par lettre recommandée avec demande d'avis de réception adressée au greffe de ce tribunal dans un délai de quinze jours à compter de sa notification.

Il est motivé et accompagné de toutes pièces utiles.

II. — Le président de la juridiction ou le juge délégué à cet effet statue par ordonnance. L'ordonnance est exécutoire de droit à titre provisoire.

Cette ordonnance est notifiée au requérant par lettre recommandée avec demande d'avis de réception. Elle indique le délai et les modalités du recours ouvert à son encontre.

Elle est susceptible d'appel dans un délai de quinze jours.

III. — L'appel de l'ordonnance est formé, instruit et jugé comme en matière gracieuse. Toutefois, la partie est dispensée du ministère d'avocat.

Le greffier de la cour d'appel adresse une copie de l'arrêt au gestionnaire de la plateforme.

SECTION V DES SANCTIONS

Art. R. 522-25 La procédure d'aliénation du magasin général prévue au troisième alinéa de l'article L. 522-39 est engagée dans les trois mois de la décision du retrait d'agrément à titre définitif prise par le préfet. Cette aliénation peut être opérée soit par adjudication, soit par voie de cession amiable. Toutefois, il ne peut être procédé à l'amiable lorsque le chiffre d'affaires réalisé dans le magasin général au cours de l'exercice précédent dépasse une somme fixée par le ministre chargé de l'industrie.

Seules peuvent se présenter à l'adjudication ou acquérir l'établissement à l'amiable les personnes qui y sont autorisées par le préfet. — *[Décr. n° 45-1754 du 6 août 1945, art. 18.]*

CHAPITRE III *[ABROGÉ]* DU WARRANT HÔTELIER

(Abrogé par Décr. n° 2021-1888 du 29 déc. 2021, art. 5, à compter du 1er janv. 2022)

RÉP. COM. v° *Warrant hôtelier*, par CABRILLAC.

Art. R. 523-1 *Le volant et la souche du registre prévu à l'article L. 523-3 portent chacun les mentions suivantes :*

1° Les nom, profession et domicile des parties ;

2° La nature des objets mis en gage, les indications propres à les identifier et à déterminer leur valeur, ainsi que le lieu de leur situation ;

3° L'inexistence d'aucun privilège de vendeur, de nantissement ou de gage sur lesdits objets ;

4° Le nom de la compagnie à laquelle ils sont assurés, ainsi que l'immeuble, pendant toute la durée du prêt, contre l'incendie ;

5° Le montant de la créance garantie et la date de son échéance, ainsi que toutes les clauses et conditions particulières convenues entre les parties ;

6° La date de la notification de l'acte extrajudiciaire adressé au propriétaire, à l'usufruitier ou à leur mandataire légal, et celle de leur réponse ;

7° Le montant du loyer annuel de l'hôtel et la justification que les loyers énumérés à l'article L. 523-2 ont été acquittés. — *[L. du 8 août 1913, art. 3, al. 2.]*

CHAPITRE IV *[ABROGÉ]* DU WARRANT PÉTROLIER

(Abrogé par Décr. n° 2021-1888 du 29 déc. 2021, art. 5, à compter du 1er janv. 2022)

RÉP. COM. v° *Warrant pétrolier*, par CABRILLAC.

Art. R. 524-1 *Le greffier du tribunal de commerce transcrit sur un registre spécial le warrant pétrolier et mentionne sur ce warrant pétrolier le volume et le numéro de la transcrip-*

tion, avec la mention des warrants préexistant[s] sur les mêmes stocks de produits. — [L. du 21 avr. 1932, art. 2, al. 2.]

CHAPITRE V *[ABROGÉ]* DU NANTISSEMENT DE L'OUTILLAGE ET DU MATÉRIEL D'ÉQUIPEMENT

(*Abrogé par Décr. nº 2021-1888 du 29 déc. 2021, art. 5, à compter du 1er janv. 2022*)

RÉP. COM. v° *Nantissement de l'outillage et du matériel d'équipement*, par PICOD.

Art. R. 525-1 *L'inscription du privilège prévue à l'article L. 525-1 est, lorsque l'acquéreur n'a pas la qualité de commerçant, soumise aux formalités fixées aux articles R. 525-2 à R. 525-7.* — [Décr. nº 51-194 du 17 févr. 1951, art. 1er.]

Art. R. 525-2 *Pour inscrire son privilège, le créancier nanti présente lui-même ou fait présenter par un tiers au greffier du tribunal de commerce dans le ressort duquel est domicilié l'acquéreur du bien grevé l'un des originaux de l'acte de vente ou de prêt, constitutif du nantissement, s'il est sous seing privé, ou d'une expédition s'il existe en minute. L'acte sous seing privé reste déposé au greffe.*

Il est joint par le créancier nanti deux bordereaux sur papier non timbré, dont la forme est déterminée par arrêté du garde des sceaux, ministre de la justice. — [Décr. nº 51-194 du 17 févr. 1951, art. 2, al. 1er et 2.] — V. Arr. du 26 déc. 1955 (D. 1956. 27 ; BLD 1956. 49).

Par dérogation au 1º du I de l'art. 5 du Décr. nº 2021-1888 du 29 déc. 2021, les art. R. 525-2, R. 525-3 et R. 525-5 demeurent en vigueur jusqu'au 31 déc. 2022 pour l'application des art. R. 626-28 et R. 642-15 (Décr. préc., art. 7-III).

Art. R. 525-3 *Le papier sur lequel sont établis les bordereaux est fourni par les greffiers aux frais des requérants. Toutefois, les officiers publics ou ministériels peuvent se le procurer eux-mêmes. Ces bordereaux contiennent :*

1º Les nom, prénoms et domicile du créancier et du débiteur, leur profession s'ils en ont une ;

2º La date et la nature du titre ;

3º Le montant de la créance exprimée dans le titre, les conditions relatives aux intérêts et à l'exigibilité ;

4º Le lieu où le matériel est placé et éventuellement la mention que ledit matériel est susceptible d'être déplacé ;

5º Élection du domicile par le créancier nanti dans le ressort du tribunal au greffe duquel l'inscription est requise. — [Décr. nº 51-194 du 17 févr. 1951, art. 2, al. 3 à 8.]

V. note ss. art. R. 525-2.

Descriptif du matériel. L'absence de descriptif du matériel nanti dans le bordereau d'inscription de nantissement ne permet pas de connaître la nature exacte de ce matériel et rend, par conséquent, le nantissement inopposable aux tiers. • Grenoble, 19 janv. 1997 : *JCP 1998. I. 103, nº 28, obs. Delebecque.*

Art. R. 525-4 *Le greffier remet au requérant tant l'expédition du titre que l'un des bordereaux prévus à l'article R. 525-2, après l'avoir revêtu, dès sa réception, de la mention d'inscription, qui comprend la date de celle-ci et le numéro sous lequel elle a été effectuée.*

L'autre bordereau, portant les mêmes mentions, est conservé au greffe. — [Décr. nº 51-194 du 17 févr. 1951, art. 3.]

Art. R. 525-5 *Les greffiers sont tenus d'enliasser et de relier à leurs frais les bordereaux qu'ils conservent en application de l'article R. 525-4.*

Ils tiennent un fichier alphabétique des noms des débiteurs avec l'indication des numéros des inscriptions les concernant. — [Décr. nº 51-194 du 17 févr. 1951, art. 4.]

V. note ss. art. R. 525-2.

Art. R. 525-6 *Les pièces mentionnées à l'article R. 525-2 reçoivent un numéro d'entrée au moment de leur production.*

Ces pièces sont enregistrées sur le registre à souches prévu à l'article R. 143-9 ; il en est délivré un récépissé extrait dudit registre et mentionnant :

1º Le numéro d'entrée apposé sur les pièces ;

2º La date du dépôt des pièces ;

3º Le nombre et la nature de ces pièces avec l'indication du but de ce dépôt ;

4º Le nom des parties ;

5° La nature et la situation du bien grevé et, éventuellement, la mention qu'il est susceptible d'être déplacé.

Le récépissé est daté et signé par le greffier, auquel il est rendu contre remise de la pièce portant, conformément à l'article R. 525-4, la certification que l'inscription du privilège a été effectuée. – [Décr. n° 51-194 du 17 févr. 1951, art. 5.]

Art. R. 525-7 *Le dépôt des actes sous seing privé prévu à l'article R. 525-2 est constaté sur le registre mentionné à l'article R. 143-7.*

Dans la seconde colonne de ce registre est inscrit le procès-verbal du dépôt contenant la date à laquelle ce dernier a été fait, la mention, la date et le coût de l'enregistrement de l'acte, son numéro d'entrée, sa nature, l'indication du nom du créancier et du débiteur, la nature et la situation du bien grevé et, s'il y a lieu, la mention qu'il est susceptible d'être déplacé.

Ce procès-verbal est signé par le greffier. – [Décr. n° 51-194 du 17 févr. 1951, art. 6.]

Art. R. 525-8 *Lorsque l'acquéreur du bien grevé est commerçant, les bordereaux prévus à l'article R. 143-8 doivent indiquer, avec la situation du fonds, le lieu où le matériel grevé est placé et, éventuellement, la mention que le matériel est susceptible d'être déplacé.*

Les pièces désignées audit article sont enregistrées sur le registre mentionné à l'article R. 143-9.

Le greffier procède comme il est dit à l'article R. 525-4.

Le dépôt des actes sous seing privé est constaté sur le registre prévu à l'article R. 143-7. – [Décr. n° 51-194 du 17 févr. 1951, art. 7.]

CHAPITRE VI DE LA PROTECTION DE L'ENTREPRENEUR INDIVIDUEL

(Décr. n° 2022-725 du 28 avr. 2022, art. 2, en vigueur le 15 mai 2022).

SECTION PREMIÈRE DE L'INSAISISSABILITÉ *(Décr. n° 2016-296 du 11 mars 2016, art. 10).*

Art. R. 526-1 *(Décr. n° 2016-296 du 11 mars 2016, art. 11)* Conformément à l'article R. 123-37, sont indiqués dans la demande d'immatriculation au registre du commerce et des sociétés de la personne physique :

1° La déclaration d'insaisissabilité de ses droits sur tout bien foncier non affecté à son usage professionnel, prévue à l'article L. 526-1 ;

2° La renonciation à l'insaisissabilité de ses droits sur la résidence principale prévue à l'article L. 526-3 ;

3° Dans tous les cas, le lieu de la publication de ces déclarations.

Art. R. 526-2 *(Décr. n° 2008-1488 du 30 déc. 2008, art. 9-IV)* Conformément aux dispositions de l'article R. 123-45 et du 2° de l'article R. 123-46, doivent, dans un délai d'un mois, faire l'objet d'une demande d'inscription modificative au registre du commerce et des sociétés :

(Décr. n° 2016-296 du 11 mars 2016, art. 12) « 1° La renonciation à l'insaisissabilité des droits sur la résidence principale de la personne physique immatriculée ou sa révocation, prévues à l'article L. 526-3 ;

« 2° La déclaration d'insaisissabilité des droits de la personne physique immatriculée sur tout bien foncier non affecté à son usage professionnel, prévue à l'article L. 526-1, ou sa révocation prévue à l'article L. 526-3. »

SECTION II DE L'ENTREPRENEUR INDIVIDUEL À RESPONSABILITÉ LIMITÉE

(Décr. n° 2010-1706 du 29 déc. 2010, art. 16)

BIBL. ▶ LEBEL, *JCP E 2011, n° 56* (entrée en application de l'EIRL : les mesures réglementaires de la loi du 15 juin 2010). – NDLR, *BRDA 2011, n° 2, p. 22* (EIRL : décret d'application et arrêté).

SOUS-SECTION 1 DISPOSITIONS COMMUNES

Art. R. 526-3 ***La déclaration d'affectation*** **mentionnée à l'article L. 526-7 contient les informations suivantes :**

1° Les nom, nom d'usage, prénoms, date, lieu de naissance et domicile de l'entrepreneur individuel ;

2° La dénomination utilisée pour l'exercice de l'activité professionnelle à laquelle le patrimoine est affecté, comprenant au moins son nom ou son nom d'usage ; lorsque

l'entrepreneur a procédé à plusieurs déclarations d'affectation, les dénominations utilisées pour chaque affectation de patrimoine doivent être distinctes ;

3° L'adresse de l'établissement principal où est exercée l'activité professionnelle à laquelle le patrimoine est affecté ou à défaut d'établissement l'adresse du local d'habitation où l'entreprise est fixée ;

4° L'objet de l'activité professionnelle à laquelle le patrimoine est affecté ;

5° La date de clôture de l'exercice comptable ;

(Abrogé par Décr. n° 2017-630 du 25 avr. 2017, art. 6-I) ***« 6° Le cas échéant, la mention de l'opposabilité de la déclaration d'affectation aux créanciers dont les droits sont nés antérieurement à son dépôt ; »*** *— En abrogeant le 6°, le Décr. n° 2017-630 du 25 avr. 2017 a renuméroté les 7°, 8° et 9° en 6°, 7° et 8°.*

(Abrogé par Décr. n° 2019-987 du 25 sept. 2019, art. 19, à compter du 1er oct. 2019) ***« 6° Un état descriptif des biens, droits, obligations ou sûretés affectés à l'activité professionnelle en nature, qualité, quantité et valeur. »*** *(Abrogé par Décr. n° 2017-630 du 25 avr. 2017, art. 6-I)* ***« La valeur déclarée est la valeur vénale ou, en l'absence de marché pour le bien considéré, la*** *(Décr. n° 2012-122 du 30 janv. 2012, art. 2)* ***« valeur d'utilité. Lorsque l'entrepreneur individuel relevant d'un régime réel d'imposition et exerçant une activité professionnelle antérieurement à la constitution du patrimoine affecté n'a pas opté pour l'assimilation à une entreprise unipersonnelle à responsabilité limitée ou à une exploitation agricole à responsabilité limitée au sens de l'article 1655 sexies du code général des impôts, il déclare en outre soit la valeur nette comptable des éléments constitutifs du patrimoine affecté telle qu'elle figure dans les comptes du dernier exercice clos à la date de constitution du patrimoine affecté s'il est tenu à une comptabilité commerciale, soit la valeur d'origine de ces éléments telle qu'elle figure au registre des immobilisations du dernier exercice clos diminuée des amortissements déjà pratiqués s'il n'est pas tenu à une telle comptabilité » ; »***

7° Le numéro unique d'identification de l'entreprise délivré conformément à l'article D. 123-235 si la personne est déjà immatriculée.

(Abrogé par Décr. n° 2019-987 du 25 sept. 2019, art. 19, à compter du 1er oct. 2019) ***« 8° Les documents attestant de l'accomplissement des formalités mentionnées aux articles L. 526-9 à L. 526-11. »***

(Décr. n° 2012-122 du 30 janv. 2012, art. 2) **« La déclaration mentionnée au premier alinéa est accompagnée des pièces justifiant de l'identité de l'entrepreneur individuel et de l'obtention des autorisations prévues à l'article** *(Décr. n° 2019-987 du 25 sept. 2019, art. 19, en vigueur le 1er oct. 2019)* **« 388-1-2 » du code civil. »** *— V. cet art. ss. art. L. 121-2.*

(Décr. n° 2019-987 du 25 sept. 2019, art. 19, en vigueur le 1er oct. 2019) **« Lorsque l'entrepreneur individuel affecte à son activité professionnelle des biens, droits, obligations ou sûretés, il dépose au registre, pour y être annexé, l'état descriptif prévu à l'article L. 526-8 ainsi, le cas échéant, que les documents attestant de l'accomplissement des formalités mentionnées aux articles L. 526-9 et L. 526-11. »**

Art. R. 526-3-1 *(Décr. n° 2012-122 du 30 janv. 2012, art. 3)* **Pour l'application du deuxième alinéa de l'article L. 526-6, les biens, droits, obligations et sûretés nécessaires à l'exercice de l'activité professionnelle s'entendent de ceux qui, par nature, ne peuvent être utilisés que dans le cadre de cette activité.**

BIBL. ▶ Lebel, *JCP E 2012, n° 114* (Décr. n° 2012-122 du 30 janv. 2012). – Firley, *BJE 2012. 196* (EIRL et affectation des « biens nécessaires » : les précisions déceptives du Décr. du 30 janv. 2012).

Art. R. 526-4 Un modèle type facultatif *(Décr. n° 2019-987 du 25 sept. 2019, art. 20, en vigueur le 1er oct. 2019)* **« d'état descriptif » est approuvé par arrêté conjoint du garde des sceaux, ministre de la justice, et du ministre chargé de l'économie.** *— V. art. A. 526-1.*

Le centre de formalités des entreprises ou, dans le cas prévu au deuxième alinéa de l'article R. 123-5, le greffe du tribunal de commerce remet gratuitement ce modèle *(Abrogé par Décr. n° 2019-987 du 25 sept. 2019, art. 19, à compter du 1er oct. 2019)* ***« de déclaration »*** **type à l'entrepreneur individuel** *[nouvelle rédaction issue du Décr. n° 2021-300 du 18 mars 2021, art. 26, en vigueur le 1er janv. 2023 : « L'organisme unique mentionné à l'article R. 123-1 met, gratuitement et par voie électronique, ce modèle de déclaration type à disposition de l'entrepreneur individuel »].*

Art. D. 526-5 *(Abrogé par Décr. n° 2019-987 du 25 sept. 2019, art. 21, à compter du 1er oct. 2019)* ***Pour l'application de l'article L. 526-10, le montant de la valeur déclarée est fixé à 30 000 euros.***

Art. R. 526-6 *(Abrogé par Décr. n° 2019-987 du 25 sept. 2019, art. 22, à compter du 1er oct. 2019)* ***La personne chargée de procéder à l'évaluation mentionnée à l'article L. 526-10 décrit et justifie dans son rapport le mode d'évaluation qu'elle a retenu.***

Art. R. 526-7 Un modèle type facultatif d'accord du conjoint commun en biens ou des coïndivisaires donné en application de l'article L. 526-11 est approuvé par arrêté conjoint du garde des sceaux, ministre de la justice, et du ministre chargé de l'économie. — *V. art. A. 526-2.*

Le centre de formalités des entreprises ou, dans les cas prévus au deuxième alinéa de l'article R. 123-5, le greffe du tribunal de commerce remet gratuitement ce modèle à l'entrepreneur individuel *[nouvelle rédaction issue du Décr. n° 2021-300 du 18 mars 2021, art. 26, en vigueur le 1er janv. 2023 : « L'organisme unique mentionné à l'article R. 123-1 met, gratuitement et par voie électronique, ce modèle à disposition de l'entrepreneur individuel »].*

Art. R. 526-8 *(Abrogé par Décr. n° 2017-630 du 25 avr. 2017, art. 7)* ***Pour l'application du deuxième alinéa de l'article L. 526-12, l'entrepreneur porte à la connaissance de chacun des créanciers dont les droits sont nés antérieurement au dépôt de la déclaration d'affectation les informations mentionnées aux 1° à 8° de l'article R. 526-3. Il les informe également de leur droit de faire opposition à cette déclaration d'affectation et du délai dont ils disposent pour agir en justice devant le tribunal compétent selon les règles de droit commun.***

Art. D. 526-9 *(Abrogé par Décr. n° 2017-630 du 25 avr. 2017, art. 7)* ***L'information mentionnée à l'article précédent est effectuée par lettre recommandée avec accusé de réception dans le mois suivant le dépôt de la déclaration d'affectation.***

Art. R. 526-10 *(Abrogé par Décr. n° 2017-630 du 25 avr. 2017, art. 7)* ***L'opposition mentionnée au troisième alinéa de l'article L. 526-12 est formée dans le délai d'un mois à compter de la date de première présentation de l'information individuelle prévue à l'article R. 526-8.***

Art. R. 526-10-1 Les personnes ayant effectué une déclaration d'affectation en application de l'article L. 526-7 et bénéficiant des régimes prévus aux articles 50-0, *(Décr. n° 2019-987 du 25 sept. 2019, art. 23, en vigueur le 1er oct. 2019)* « 64 *bis* » et 102 *ter* du code général des impôts tiennent :

1° Un livre des recettes et, lorsque la nature de leur activité le requiert, un registre des achats, tels que prévus à l'article L. 123-28 ;

2° En date du 31 décembre de chaque année, un relevé actualisant *(Décr. n° 2019-987 du 25 sept. 2019, art. 23, en vigueur le 1er oct. 2019)* « , en valeur et en nature, le patrimoine affecté », selon un modèle type approuvé par arrêté conjoint du garde des sceaux, ministre de la justice, et du ministre chargé de l'économie. Ce relevé fait l'objet d'un dépôt annuel au registre, dans les conditions prévues à l'article L. 526-14, dans le délai de six mois à compter de son établissement. — *V. art. A. 526-3.*

Art. R. 526-10-2 *(Abrogé par Décr. n° 2017-630 du 25 avr. 2017, art. 7) (Décr. n° 2012-122 du 30 janv. 2012, art. 4)* ***Lorsque l'entrepreneur individuel entre dans les prévisions de la dernière phrase du 7° de l'article R. 526-3, la valeur qu'il déclare en application de cette disposition est retenue pour les besoins des obligations comptables prévues aux articles L. 526-13 et L. 526-14.***

Art. R. 526-11 Chaque compte bancaire ouvert par l'entrepreneur pour les besoins de l'activité professionnelle à laquelle un patrimoine a été affecté doit contenir dans son intitulé la dénomination prévue au 2° de l'article R. 526-3 ainsi que les mots : "entrepreneur individuel à responsabilité limitée" ou les initiales : "EIRL".

Art. R. 526-12 Dans le mois suivant la renonciation à l'affectation prévue à l'article L. 526-15, l'entrepreneur individuel en fait porter la mention au registre *(Décr. n° 2019-987 du 25 sept. 2019, art. 24, en vigueur le 1er oct. 2019)* « dont il relève en application de » l'article L. 526-7. Dans les deux mois suivant la renonciation, il dépose audit registre un état descriptif actualisé des biens, droits, obligations ou sûre-*tés affectés à l'activité professionnelle* en nature, qualité, quantité et valeur.

Art. R. 526-13 La cession à titre onéreux à une personne physique ou la transmission à titre gratuit entre vifs du patrimoine affecté *(Décr. n° 2022-709 du 26 avr. 2022, art. 1er)* « , la cession à un entrepreneur individuel ou à une personne morale de ce patrimoine *[ancienne rédaction : la cession de ce patrimoine à une personne morale]* » ou son apport en société sont publiés dans le mois de leur date à la diligence du cédant, du donateur ou de l'apporteur, sous forme d'avis au *Bulletin officiel des annonces civiles et commerciales*.

Cet avis contient les indications suivantes :

1° S'agissant du cédant, du donateur ou de l'apporteur ainsi que du cessionnaire ou du donataire, personnes physiques : les nom, nom d'usage, prénoms, le cas échéant nom commercial ou professionnel, l'objet de l'activité professionnelle à laquelle le patrimoine est affecté, l'adresse de l'établissement principal où est exercée cette activité ou à défaut d'établissement l'adresse du local d'habitation où l'entreprise est fixée, le registre *(Décr. n° 2019-987 du 25 sept. 2019, art. 25, en vigueur le 1er oct. 2019)* « où est inscrite » la déclaration d'affectation mentionnée à l'article L. 526-7 et le numéro unique d'identification de l'entreprise délivré conformément à l'article D. 123-235 ;

2° S'agissant du cessionnaire ou du bénéficiaire de l'apport, personnes morales : la raison sociale ou la dénomination sociale suivie, le cas échéant, du sigle, de la forme, de l'adresse du siège, du montant du capital et du numéro unique d'identification de l'entreprise délivré conformément à l'article D. 123-235, ainsi qu'un état descriptif indiquant la valeur de l'actif, du passif et des sûretés composant le patrimoine affecté, actualisé à la date de la clôture du dernier exercice comptable, établi dans des formes prévues par arrêté conjoint du garde des sceaux, ministre de la justice, et du ministre chargé de l'économie ; *— V. art. A. 526-4.*

3° La date et le lieu du dépôt des déclarations mentionnées au II de l'article L. 526-17.

Art. R. 526-14 Les créanciers mentionnés au quatrième alinéa du III de l'article L. 526-17 saisissent le tribunal compétent selon les règles de droit commun de leur opposition dans le mois suivant la publication mentionnée à l'article R. 526-13.

Art. R. 526-14-1 *(Décr. n° 2015-913 du 24 juill. 2015, art. 7)* Lorsque l'entrepreneur individuel à responsabilité limitée modifie l'activité professionnelle au titre de laquelle il a *(Décr. n° 2019-987 du 25 sept. 2019, art. 26, en vigueur le 1er oct. 2019)* « effectué » une déclaration d'affectation de patrimoine et que cette modification lui impose de s'immatriculer à un autre registre ou répertoire, il demande une nouvelle immatriculation *(Décr. n° 2021-300 du 18 mars 2021, art. 26, en vigueur le 1er janv. 2023)* « par l'intermédiaire de l'organisme unique mentionné à l'article R. 123-1 » et *(Décr. n° 2019-987 du 25 sept. 2019, art. 26, en vigueur le 1er oct. 2019)* « indique, conjointement à cette demande, le lieu et le registre de son immatriculation antérieure aux fins du transfert prévu au sixième alinéa de l'article L. 526-7 ». Si la modification de son activité professionnelle le justifie, l'entrepreneur individuel à responsabilité limitée procède, auprès de l'organisme nouvellement compétent *[nouvelle rédaction issue du Décr. n° 2021-300 du 18 mars 2021, art. 26, en vigueur le 1er janv. 2023 : « par l'intermédiaire de l'organisme unique »]*, à la modification *(Abrogé par Décr. n° 2019-987 du 25 sept. 2019, art. 26, à compter du 1er oct. 2019)* « ***, prévue par le 2° de l'article* L. 526-8,** » de l'objet de l'activité professionnelle mentionné dans la déclaration d'affectation du patrimoine et, le cas échéant, à la modification du patrimoine affecté *(Décr. n° 2021-300 du 18 mars 2021, art. 26, en vigueur le 1er janv. 2023)* « , auprès de l'organisme nouvellement compétent ».

L'organisme nouvellement compétent demande, dans le délai d'un jour franc ouvrable à compter de la nouvelle immatriculation, à l'organisme antérieurement compétent de procéder au transfert dans le délai d'un jour franc ouvrable à compter de la réception de sa demande. L'organisme antérieurement compétent procède d'office à la modification ou à la radiation de l'immatriculation de l'entrepreneur individuel de son registre et informe, par tous moyens, ce dernier des diligences accomplies.

(Décr. n° 2021-300 du 18 mars 2021, art. 4 et 26, en vigueur entre le 1er avr. 2021 et le 31 déc. 2022) « Lorsque le transfert est sollicité par le biais du service informatique mentionné à l'article R. 123-30-14, l'organisme antérieurement compétent et l'organisme nouvellement compétent échangent avec l'entrepreneur individuel par l'intermédiaire de ce service, dans les conditions prévues par l'article R. 123-30-18. »

L'art. R. 526-14-1 issu du Décr. n° 2015-913 du 24 juill. 2015 est applicable dans les îles Wallis-et-Futuna (Décr. préc., art. 12).

SOUS-SECTION 2 DU REGISTRE SPÉCIAL DES ENTREPRENEURS INDIVIDUELS À RESPONSABILITÉ LIMITÉE

Art. R. 526-15 Les entrepreneurs individuels à responsabilité limitée qui ne sont pas tenus de s'immatriculer à un registre de publicité légale *(Décr. n° 2019-987 du 25 sept. 2019, art. 27, en vigueur le 1er oct. 2019)* « effectuent *(Décr. n° 2021-300 du 18 mars 2021, art. 26, en vigueur le 1er janv. 2023)* « , par l'intermédiaire de l'organisme unique mentionné à l'article R. 123-1, » la déclaration d'affectation mentionnée à l'article L. 526-7 pour inscription au » registre spécial tenu au greffe du tribunal de commerce ou du *(Décr. n° 2019-966 du 18 sept. 2019, art. 8, en vigueur le 1er janv. 2020)* « tribunal judiciaire *[ancienne rédaction : tribunal de grande instance]* » statuant commercialement dans le ressort duquel se trouve l'adresse de leur établissement principal ou à défaut d'établissement l'adresse du local d'habitation où l'entreprise est fixée.

Dans les départements du Bas-Rhin, du Haut-Rhin et de la Moselle, le registre spécial mentionné à l'alinéa précédent est tenu pour l'étendue du ressort de chaque *(Décr. n° 2019-966 du 18 sept. 2019, art. 8, en vigueur le 1er janv. 2020)* « tribunal judiciaire *[ancienne rédaction : tribunal de grande instance]* » au greffe des *(Décr. n° 2019-966 du 18 sept. 2019, art. 8, en vigueur le 1er janv. 2020)* « tribunaux judiciaires *[ancienne rédaction : tribunaux d'instance]* » de Colmar, Metz, Mulhouse, Sarreguemines, Saverne, Strasbourg et Thionville.

Art. R. 526-16 Lors de l'immatriculation de l'entrepreneur individuel à responsabilité limitée au registre spécial mentionné à l'article R. 526-15, le greffier indique au registre les informations prévues aux 1° à 5° et *(Décr. n° 2017-630 du 25 avr. 2017, art. 6-II)* « 7° » de l'article R. 526-3.

Sont également mentionnés dans ce registre les événements et décisions prévus *(Décr. n° 2022-709 du 26 avr. 2022, art. 1er, en vigueur le 15 août 2022)* « aux articles *[ancienne rédaction : par les articles]* » *(Abrogé par Décr. n° 2019-987 du 25 sept. 2019, art. 28, à compter du 1er oct. 2019)* « *L. 526-8 (2°),* » L. 526-15 *(Abrogé par Décr. n° 2022-709 du 26 avr. 2022, art. 1er, à compter du 15 août 2022)* « *, L. 526-16* » et L. 526-17.

Une demande d'inscription modificative est présentée dans le délai d'un mois suivant l'événement rendant nécessaire une rectification ou une adjonction aux énonciations prévues aux deux alinéas précédents *(Décr. n° 2021-300 du 18 mars 2021, art. 26, en vigueur le 1er janv. 2023)* « , par l'intermédiaire de l'organisme unique mentionné à l'article R. 123-1 ». La demande est présentée par la personne immatriculée au registre ou par les personnes mentionnées aux articles L. 526-15 *(Abrogé par Décr. n° 2022-709 du 26 avr. 2022, art. 1er, à compter du 15 août 2022)* « *, L. 526-16, premier alinéa,* » et L. 526-17. *(Abrogé par Décr. n° 2022-709 du 26 avr. 2022, art. 1er, à compter du 15 août 2022)* « *Le dépôt de la déclaration de reprise mentionnée au second alinéa de l'article L. 526-16 est effectué par la personne reprenant le patrimoine affecté.* » La demande relative à la cession *(Décr. n° 2022-709 du 26 avr. 2022, art. 1er)* « à un entrepreneur individuel ou à une personne morale du patrimoine affecté, ou à son apport en société, *[ancienne rédaction : du patrimoine affecté à une personne morale ou à son apport en société]* » est présentée par le cédant ou l'apporteur.

Mention d'un nom commercial. Le commerçant auto-entrepreneur, immatriculé au registre spécial des entrepreneurs individuels à responsabilité limitée, ne peut prétendre y faire figurer, du moins en tant que tels, un nom commercial ou une enseigne, fût-ce à titre de simple observation. En revanche, rien ne fait obstacle à ce que son nom commercial ou son enseigne entrent dans la composition de la dénomination incorporant son nom, précédé ou suivi immédiatement des mots « Entrepreneur individuel à responsabilité limitée » ou des initiales « EIRL » qu'il est tenu d'utiliser pour l'exercice de l'activité professionnelle à laquelle le patrimoine est affecté et de le déclarer (Avis CCRCS n° 2012-020 du 30 mai 2012 : *JCP E 2012. Actu. 475*).

Art. R. 526-17 Le lieu et le numéro d'immatriculation au registre spécial, définis dans des conditions prévues par arrêté conjoint du garde des sceaux, ministre de la justice, et du ministre chargé de l'économie, ainsi que l'objet de l'activité professionnelle à laquelle le patrimoine est affecté et la dénomination incorporant le nom ou nom d'usage précédé ou suivi immédiatement des mots : "entrepreneur individuel à responsabilité limitée" ou des initiales : "EIRL" figurent sur les documents et correspondances à usage professionnel de l'intéressé. — *V. art. A. 526-5.*

Art. R. 526-18 *(Décr. n° 2019-987 du 25 sept. 2019, art. 29, en vigueur le 1er oct. 2019)* **Le dépôt au registre spécial mentionné à l'article R. 526-15 de l'état descriptif prévu au I de l'article L. 526-8 ainsi que des documents attestant de l'accomplissement des formalités prévues aux articles L. 526-9 et L. 526-11 en cas d'affectation de biens nouveaux ou de retrait postérieurement à la constitution du patrimoine affecté est régi par les dispositions des articles R. 123-121-2 et R. 123-121-3.**

Art. R. 526-19 **L'entrepreneur individuel à responsabilité limitée dépose au registre spécial mentionné à l'article R. 526-15, dans le délai de six mois suivant la clôture de l'exercice, les documents comptables mentionnés à l'article L. 526-14.**

Art. R. 526-20 **Les déclarations et dépôts au registre spécial mentionné à l'article R. 526-15 peuvent être effectués par voie électronique sous réserve qu'ils puissent être transmis et reçus par cette voie.**

Pour toutes les transmissions par voie électronique mentionnées à l'alinéa précédent, il est fait usage d'une signature électronique sécurisée dans les conditions prévues à l'article *(Décr. n° 2016-1278 du 29 sept. 2016, art. 1er, en vigueur le 1er oct. 2016)* **« 1367 » du code civil et par le décret** *(Décr. n° 2017-1416 du 28 sept. 2017, art. 2-II)* **« n° 2017-1416 du 28 septembre 2017 » pris pour son application. Toutefois, pour les déclarations relatives à l'immatriculation des intéressés** *(Décr. n° 2019-987 du 25 sept. 2019, art. 30, en vigueur le 1er oct. 2019)* **« et le dépôt de l'état descriptif prévu au I de l'article L. 526-8 », cette signature électronique peut résulter de l'usage d'un procédé répondant aux conditions définies à la première phrase du second alinéa de l'article** *(Décr. n° 2016-1278 du 29 sept. 2016, art. 1er, en vigueur le 1er oct. 2016)* **« 1367 » du code civil.**

Le greffier accuse réception de toute transmission qui lui est faite dès que celle-ci lui parvient.

(Décr. n° 2021-300 du 18 mars 2021, art. 4, en vigueur le 1er avr. 2021) **« Lorsque la déclaration ou le dépôt est sollicité par le biais du service informatique mentionné à l'article R. 123-30-14, le greffier échange avec l'entrepreneur individuel à responsabilité limitée par l'intermédiaire de ce service, dans les conditions prévues par l'article R. 123-30-18. »**

Nouvel art. R. 526-20 *(Décr. n° 2021-300 du 18 mars 2021, art. 26, en vigueur le 1er janv. 2023)* ***Les déclarations et dépôts au registre spécial mentionné aux articles R. 526-15 et R. 526-16 sont effectués par voie électronique, par l'intermédiaire de l'organisme unique mentionné à l'article R. 123-1 et dans les conditions prévues aux articles R. 123-6 et R. 123-7.***

Pour toutes les transmissions par voie électronique mentionnées à l'alinéa précédent, il est fait usage d'une signature électronique dans les conditions prévues par l'article R. 123-5.

Le greffier accuse réception selon les modalités prévues par l'article R. 123-6 et R. 123-7 de toute transmission qui lui est faite.

Art. R. 526-20-1 *(Décr. n° 2015-913 du 24 juill. 2015, art. 8) (Décr. n° 2019-987 du 25 sept. 2019, art. 31, en vigueur le 1er oct. 2019)* **« Lorsque l'entrepreneur individuel à responsabilité limitée transfère dans le ressort d'un autre tribunal l'établissement où est exercée l'activité professionnelle au titre de laquelle il a effectué une déclaration d'affectation de patrimoine ou, à défaut d'établissement, le local d'habitation où l'entreprise est fixée, il demande une nouvelle immatriculation** *(Décr. n° 2021-300 du 18 mars 2021, art. 26, en vigueur le 1er janv. 2023)* **« par l'intermédiaire de l'organisme unique mentionné à l'article R. 123-1 » et indique, conjointement à cette demande, le lieu et le registre de son immatriculation antérieure. »**

Le greffier nouvellement compétent demande, dans le délai d'un jour franc ouvrable à compter de la nouvelle immatriculation, au greffier du tribunal dans le ressort duquel était exercée l'activité de procéder au transfert dans le délai d'un jour franc ouvrable à compter de la réception de sa demande. Le greffier antérieurement compétent procède d'office à la modification ou à la radiation de l'immatriculation de l'entrepreneur individuel de son registre *(Abrogé par Décr. n° 2021-300 du 18 mars 2021, art. 26, à compter du 1er janv. 2023)* ***« et informe, par tous moyens, ce dernier des diligences accomplies »***. *(Décr. n° 2021-300 du 18 mars 2021, art. 26, en vigueur le 1er janv. 2023)* **« Chaque greffe informe l'entrepreneur individuel à responsabilité limitée, par l'intermédiaire de l'organisme unique susvisé. »**

(Décr. n° 2021-300 du 18 mars 2021, art. 4 et 26, en vigueur entre le 1er avr. 2021 et le 31 déc. 2022) **« Lorsque le transfert est sollicité par le biais du service informatique mentionné à l'article R. 123-30-14, le greffier antérieurement compétent et le greffier**

nouvellement compétent échangent avec l'entrepreneur par l'intermédiaire de ce service, dans les conditions prévues par l'article R. 123-30-18. »

L'art. R. 526-20-1 issu du Décr. n° 2015-913 du 24 juill. 2015 est applicable dans les îles Wallis-et-Futuna (Décr. préc., art. 12).

Art. R. 526-21 En cas de décès de la personne immatriculée, il incombe à ses héritiers ou ayants cause à titre universel de demander *(Décr. n° 2021-300 du 18 mars 2021, art. 26, en vigueur le 1er janv. 2023)* « , par l'intermédiaire de l'organisme unique mentionné à l'article R. 123-1, » sa radiation du registre spécial *(Abrogé par Décr. n° 2022-709 du 26 avr. 2022, art. 1er, à compter du 15 août 2022)* ***« s'ils n'entendent pas poursuivre l'activité professionnelle à laquelle le patrimoine est affecté dans les conditions prévues à l'article L. 526-16 »***.

Lorsque le greffier a reçu la preuve du décès d'une personne immatriculée, et faute par les héritiers ou ayants cause à titre universel de se conformer aux dispositions de l'alinéa précédent, il procède d'office *(Décr. n° 2022-709 du 26 avr. 2022, art. 1er, en vigueur le 15 août 2022)* « et sans délai » à la radiation de cette personne *(Abrogé par Décr. n° 2022-709 du 26 avr. 2022, art. 1er, à compter du 15 août 2022)* ***« un an après la date du décès »*** *(Décr. n° 2021-300 du 18 mars 2021, art. 26, en vigueur le 1er janv. 2023)* « et transmet concomitamment un dossier auprès du guichet unique électronique mis en œuvre par l'organisme unique mentionné à l'article R. 123-1, conformément aux dispositions du même article ».

Art. R. 526-22 Dans le délai d'un mois avant la cessation totale de son activité professionnelle ou dans le délai d'un mois à compter de celle-ci, l'entrepreneur individuel à responsabilité limitée demande *(Décr. n° 2021-300 du 18 mars 2021, art. 26, en vigueur le 1er janv. 2023)* « , par l'intermédiaire de l'organisme unique mentionné à l'article R. 123-1, » sa radiation du registre spécial mentionné à l'article R. 526-15 en indiquant la date de cessation.

Art. R. 526-23 Lorsque la mention de la renonciation de l'entrepreneur individuel à responsabilité limitée à l'affectation, de la cession à titre onéreux ou de la transmission à titre gratuit entre vifs du patrimoine affecté à une personne physique, de la cession *(Décr. n° 2022-709 du 26 avr. 2022, art. 1er)* « à un entrepreneur individuel ou à une personne morale de ce patrimoine *[ancienne rédaction : de ce patrimoine à une personne morale]* » ou de son apport en société a été portée au registre spécial prévu à l'article R. 526-15, le greffier procède d'office et sans délai à la radiation de la personne immatriculée *(Décr. n° 2021-300 du 18 mars 2021, art. 26, en vigueur le 1er janv. 2023)* « et transmet concomitamment un dossier auprès du guichet unique électronique mis en œuvre par l'organisme unique mentionné à l'article R. 123-1, conformément aux dispositions du même article ».

Art. R. 526-24 En cas de non-respect des dispositions du troisième alinéa de l'article R. 526-16 *(Décr. n° 2015-417 du 14 avr. 2015, art. 8, en vigueur le 1er juill. 2015)* « et de l'article R. 526-22 », le juge commis à la surveillance du registre du commerce et des sociétés du ressort rend soit d'office, soit à la requête du procureur de la République ou de toute personne justifiant y avoir intérêt une ordonnance enjoignant à l'intéressé de faire procéder à la mention et, s'il y a lieu, à sa radiation.

L'ordonnance du juge est notifiée à l'intéressé dans les conditions prévues à l'article *(Décr. n° 2015-417 du 14 avr. 2015, art. 8, en vigueur le 1er juill. 2015)* « R. 123-140 *[ancienne rédaction : R. 123-40]* ». Les voies de recours sont exercées conformément aux dispositions des articles R. 123-141 et R. 123-142.

L'ordonnance est exécutée dans le délai de quinze jours à compter du jour où elle est devenue définitive. A défaut, le greffier procède d'office à la mention et s'il y a lieu à la radiation à l'expiration de ce délai. *(Décr. n° 2021-300 du 18 mars 2021, art. 26, en vigueur le 1er janv. 2023)* « Dans les deux cas, il transmet concomitamment un dossier auprès du guichet unique électronique mis en œuvre par l'organisme unique mentionné à l'article R. 123-1, conformément aux dispositions du même article. »

Art. R. 526-25 *(Décr. n° 2019-1080 du 23 oct. 2019, art. 2) (Décr. n° 2022-709 du 26 avr. 2022, art. 1er)* « La désaffiliation de l'entrepreneur individuel à responsabilité limitée de l'organisme de sécurité sociale dont il relève prononcée *[ancienne rédaction : La radiation de l'entrepreneur individuel de son affiliation à l'organisme de sécurité sociale]* » en application des deux premiers alinéas de l'article L. 613-4 du code de la sécurité sociale emporte sa radiation du registre spécial auquel il est immatriculé.

Le greffier procède d'office à la radiation du registre spécial mentionné au premier alinéa dès qu'il est informé *(Décr. n° 2021-300 du 18 mars 2021, art. 26, en vigueur le*

1er *janv. 2023)* « , par l'intermédiaire de l'organisme unique mentionné à l'article R. 123-1, » de la radiation de l'entrepreneur individuel *(Décr. n° 2022-709 du 26 avr. 2022, art. 1er)* « à responsabilité limitée » prononcée par l'organisme de sécurité sociale. *(Décr. n° 2021-300 du 18 mars 2021, art. 26, en vigueur le 1er janv. 2023)* « Il informe l'organisme unique des diligences accomplies. »

SECTION III DU STATUT DE L'ENTREPRENEUR INDIVIDUEL

(Décr. n° 2022-725 du 28 avr. 2022, art. 2, en vigueur le 15 mai 2022)

Art. R. 526-26 I. — Pour l'application du deuxième alinéa de l'article L. 526-22, les biens, droits, obligations et sûretés dont l'entrepreneur individuel est titulaire, utiles à l'activité professionnelle, s'entendent de ceux qui, par nature, par destination ou en fonction de leur objet, servent à cette activité, tels que :

1° Le fonds de commerce, le fonds artisanal, le fonds agricole, tous les biens corporels ou incorporels qui les constituent et les droits y afférents et le droit de présentation de la clientèle d'un professionnel libéral ;

2° Les biens meubles comme la marchandise, le matériel et l'outillage, le matériel agricole, ainsi que les moyens de mobilité pour les activités itinérantes telles que la vente et les prestations à domicile, les activités de transport ou de livraison ;

3° Les biens immeubles servant à l'activité, y compris la partie de la résidence principale de l'entrepreneur individuel utilisée pour un usage professionnel ; lorsque ces immeubles sont détenus par une société dont l'entrepreneur individuel est actionnaire ou associé et qui a pour activité principale leur mise à disposition au profit de l'entrepreneur individuel, les actions ou parts d'une telle société ;

4° Les biens incorporels comme les données relatives aux clients, les brevets d'invention, les licences, les marques, les dessins et modèles, et plus généralement les droits de propriété intellectuelle, le nom commercial et l'enseigne ;

5° Les fonds de caisse, toute somme en numéraire conservée sur le lieu d'exercice de l'activité professionnelle, les sommes inscrites aux comptes bancaires dédiés à cette activité, notamment au titre des articles L. 613-10 du code de la sécurité sociale et L. 123-24 du présent code, ainsi que les sommes destinées à pourvoir aux dépenses courantes relatives à cette même activité.

II. — Lorsque l'entrepreneur individuel est tenu à des obligations comptables légales ou réglementaires, son patrimoine professionnel est présumé comprendre au moins l'ensemble des éléments enregistrés au titre des documents comptables, sous réserve qu'ils soient réguliers et sincères et donnent une image fidèle du patrimoine, de la situation financière et du résultat de l'entreprise. Sous la même réserve, les documents comptables sont présumés identifier la rémunération tirée de l'activité professionnelle indépendante, qui est comprise dans le patrimoine personnel de l'entrepreneur individuel.

Art. R. 526-27 Pour l'exercice de l'activité professionnelle mentionnée au premier alinéa de l'article L. 526-22, et sans préjudice des articles D. 123-235 et D. 123-236, l'entrepreneur individuel utilise une dénomination incorporant son nom ou nom d'usage précédé ou suivi immédiatement des mots : "entrepreneur individuel" ou des initiales : "EI".

La dénomination figure sur les documents et correspondances à usage professionnel de l'intéressé.

Chaque compte bancaire dédié à son activité professionnelle ouvert par l'entrepreneur individuel doit contenir la dénomination dans son intitulé.

Au sens et pour l'application de l'article L. 526-23, à défaut d'immatriculation, la première utilisation de la dénomination vaut date déclarée de début d'activité pour identifier le premier acte exercé en qualité d'entrepreneur individuel.

Art. D. 526-28 *(Décr. n° 2022-799 du 12 mai 2022, art. 1er, en vigueur le 15 mai 2022)* I. — A peine de nullité, l'acte de renonciation prévu par l'article L. 526-25 du code de commerce contient les informations suivantes concernant l'entrepreneur individuel renonçant à la protection de son patrimoine personnel et le bénéficiaire de la renonciation :

1° En ce qui concerne l'entrepreneur individuel renonçant à la protection de son patrimoine personnel :

a) Les nom de naissance, nom d'usage, prénoms, nationalité, date et lieu de naissance et domicile de l'entrepreneur individuel ;

b) L'activité ou les activités professionnelles et, s'il en est utilisé, le nom commercial et l'enseigne ainsi que les numéros et codes caractérisant l'activité ou les activités visés aux 1° à 3° de l'article R. 123-223 ;

c) L'adresse de l'établissement principal où est exercée l'activité professionnelle, ou, à défaut d'établissement, l'adresse du local d'habitation où l'entrepreneur est fixée ;

d) Le numéro unique d'identification de l'entreprise, délivré conformément à l'article D. 123-235 si l'entrepreneur est déjà immatriculé, ou, lorsqu'elle est antérieure à la date d'immatriculation, la date déclarée du début d'activité ;

2° En ce qui concerne le bénéficiaire de la renonciation :

a) Si le bénéficiaire de la renonciation est une personne physique :

— les nom de naissance, nom d'usage, prénoms, date, lieu de naissance et domicile du bénéficiaire de la renonciation ;

— le cas échéant, l'activité ou les activités professionnelles exercées, l'adresse de l'établissement principal où est exercée l'activité professionnelle, ou, à défaut d'établissement, l'adresse du local d'habitation où l'entreprise est fixée et, s'il en est utilisé, le nom commercial et l'enseigne ainsi que les numéros et codes caractérisant l'activité ou les activités visés aux 1° à 3° de l'article R. 123-223 et le numéro unique d'identification de l'entreprise délivré conformément à l'article D. 123-235 ;

b) Si le bénéficiaire de la renonciation est une personne morale :

— la raison sociale ou la dénomination sociale, suivie, le cas échéant, du sigle et de la forme ;

— l'adresse du siège social ou de l'établissement, ou, à défaut, l'adresse du local d'habitation où l'entreprise est fixée ;

— le numéro unique d'identification de l'entreprise, délivré conformément à l'article D. 123-235 ;

— l'indication que le bénéficiaire de la renonciation est un établissement de crédit ou une société de financement au sens de l'article L. 511-1 du code monétaire et financier.

II. — Sous la même sanction, l'acte de renonciation contient les informations suivantes concernant l'engagement au titre duquel la renonciation est sollicitée :

1° La date de l'engagement ;

2° L'objet de l'engagement ;

3° La date d'échéance de l'engagement, c'est-à-dire la date contractuelle prévue pour le remboursement total des sommes dues au titre de l'engagement, étant précisé que celle-ci peut être prorogée soit par un accord des parties soit par une décision judiciaire ;

4° Le montant de l'engagement ou les éléments permettant de le déterminer ; ces éléments, une fois spécifiés dans l'acte de renonciation fixent définitivement le plafond pour lequel une même renonciation vaut ;

5° La date de demande de la renonciation.

III. — Le bénéficiaire de la renonciation informe l'entrepreneur individuel des conséquences de celle-ci sur ses patrimoines.

IV. — Lorsque l'entrepreneur individuel et le bénéficiaire de la renonciation entendent réduire le délai de réflexion au terme duquel la renonciation intervient, dans les conditions prévues au second alinéa de l'article L. 526-25, l'acte de renonciation porte, de la main de l'entrepreneur individuel, la mention manuscrite suivante : "Je déclare par la présente renoncer au bénéfice du délai de réflexion de sept jours francs, fixé conformément aux dispositions de l'article L. 526-25 du code de commerce. En conséquence, ledit délai est réduit à trois jours francs."

V. — A peine de nullité, l'entrepreneur individuel et le bénéficiaire de la renonciation apposent leur signature sur l'acte, ainsi que la date et le lieu. Il peut être fait usage d'une signature électronique qualifiée répondant aux exigences du décret n° 2017-1416 du 28 septembre 2017 relatif à la signature électronique.

Art. D. 526-29 *(Décr. nº 2022-799 du 12 mai 2022, art. 1er, en vigueur le 15 mai 2022)* Un modèle type d'acte de renonciation est approuvé par arrêté du ministre chargé de l'économie. — *V. art. A. 526-6.*

Si le bénéficiaire de la renonciation est un établissement de crédit ou une société de financement au sens de l'article L. 511-1 du code monétaire et financier, il remet gratuitement un exemplaire du modèle type à l'entrepreneur individuel qui en fait la demande.

Art. D. 526-30 *(Décr. nº 2022-799 du 12 mai 2022, art. 2, en vigueur le 15 mai 2022)* I. — Le cédant, le donateur ou l'apporteur publie, à sa diligence, le transfert universel du patrimoine professionnel prévu à l'article L. 526-27, sous forme d'avis au Bulletin officiel des annonces civiles et commerciales, au plus tard un mois après sa réalisation.

Cet avis contient les indications suivantes :

1° S'agissant du cédant, du donateur ou de l'apporteur : les nom de naissance, nom d'usage, prénoms, le cas échéant nom commercial ou professionnel, l'activité professionnelle ou les activités professionnelles exercées ainsi que les numéros et codes caractérisant cette activité ou ces activités visés aux 1° à 3° de l'article R. 123-223, l'adresse de l'établissement principal ou, à défaut d'établissement, l'adresse du local d'habitation où l'entreprise est fixée et le numéro unique d'identification de l'entreprise délivré conformément à l'article D. 123-235 ;

2° S'agissant du cessionnaire, du donataire ou du bénéficiaire de l'apport : les nom de naissance, nom d'usage, prénoms, le cas échéant nom commercial ou professionnel, l'adresse de l'établissement principal ou, à défaut d'établissement, l'adresse du local d'habitation où l'entreprise est fixée, le cas échéant, la raison sociale ou la dénomination sociale suivie du sigle, de la forme, de l'adresse du siège, du montant du capital et du numéro unique d'identification de l'entreprise délivré conformément à l'article D. 123-235 ainsi que, le cas échéant, les numéros et codes caractérisant l'activité ou les activités professionnelles exercées visés aux 1° à 3° de l'article R. 123-223.

II. — L'avis mentionné au I est accompagné d'un état descriptif des biens, droits, obligations ou sûretés composant le patrimoine professionnel, tel qu'il résulte du dernier exercice comptable clos actualisé à la date du transfert, ou, pour les entrepreneurs individuels qui ne sont pas soumis à des obligations comptables, à la date qui résulte de l'accord des parties.

L'état descriptif est établi dans des formes prévues par arrêté du ministre chargé de l'économie. — *V. art. A. 526-7.*

Art. D. 526-31 *(Décr. n° 2022-799 du 12 mai 2022, art. 2, en vigueur le 15 mai 2022)* Les créanciers mentionnés à l'article L. 526-28 saisissent le tribunal compétent selon les règles de droit commun de leur opposition dans le mois suivant la publication mentionnée à l'article D. 526-30.

Art. D. 526-32 *(Décr. n° 2022-799 du 12 mai 2022, art. 2, en vigueur le 15 mai 2022)* Les dettes de cotisations et contributions sociales mentionnées au cinquième alinéa de l'article L. 526-22 ne peuvent faire l'objet du transfert prévu au deuxième alinéa de l'article L. 526-27.

CHAPITRE VII *[ABROGÉ]* DU GAGE DES STOCKS

(Abrogé par Décr. n° 2021-1888 du 29 déc. 2021, art. 5, à compter du 1er janv. 2022)

BIBL. ▶ DELPECH, *D. 2007. 71.* - BOUTEILLER, *JCP E 2007, n° 4, p. 15* (publicité des gages sans dépossession).

SECTION PREMIÈRE *[ABROGÉE]* DES FORMALITÉS D'INSCRIPTION

Art. R. 527-1 *Pour inscrire son gage, le créancier remet ou adresse au greffier du tribunal de commerce dans le ressort duquel le constituant a son siège ou son domicile l'un des originaux de l'acte constitutif du gage ou une expédition s'il est établi sous forme authentique.* — *[Décr. n° 2006-1803 du 23 déc. 2006, art. 2, al. 1er.]*

Art. R. 527-2 *(Décr. n° 2016-1330 du 6 oct. 2016, art. 1er-I)* *« Un bordereau » en deux exemplaires est joint à l'acte mentionné à l'article R. 527-1.*

Il comporte :

1° La désignation des parties :

a) Pour l'établissement de crédit (Décr. n° 2014-1315 du 3 nov. 2014, art. 9-6°) *« ou la société de financement » créancier : sa forme, sa dénomination sociale, l'adresse de son siège social et son numéro unique d'identification complété par la mention RCS suivie du nom de la ville où se trouve le greffe où il est immatriculé ;*

b) Pour le constituant :

— s'il s'agit d'une personne physique : ses nom, prénoms, date et lieu de naissance, domicile et l'indication du lieu d'exercice de son activité ou de son exploitation principale, ainsi que, le cas échéant, son numéro unique d'identification complété, s'il y a lieu, par la mention RCS suivie du nom de la ville où se trouve le greffe où elle est immatriculée ;

— s'il s'agit d'une personne morale : sa forme, sa dénomination sociale, l'adresse de son siège social et son numéro unique d'identification complété, le cas échéant, par la mention RCS suivie du nom de la ville où se trouve le greffe où elle est immatriculée ;

2° La date de l'acte constitutif du gage (Abrogé par Décr. n° 2016-1330 du 6 oct. 2016, art. 1er-I) *« et l'indication qu'il porte sur des stocks » ;*

(Décr. n° 2016-1330 du 6 oct. 2016, art. 1er-I) *« 3° Le montant de la créance garantie en principal, la date de son exigibilité ou la mention qu'elle est à durée indéterminée, le taux des intérêts ainsi que, le cas échéant, la mention de l'existence d'un pacte commissoire ; pour les créances futures, la mention des éléments permettant de les déterminer ; »*

4° Une description des stocks présents ou futurs engagés, en nature, qualité, quantité et valeur, ainsi que, le cas échéant, la mention que la part des stocks engagés diminue à proportion du désintéressement du créancier ;

5° Le lieu de conservation des stocks engagés et, le cas échéant, la désignation du gardien. – [Décr. n° 2006-1803 du 23 déc. 2006, art. 2, al. 2 à 12.]

L'art. R. 527-2, dans sa rédaction issue du Décr. n° 2014-1315 du 3 nov. 2014 et du Décr. n° 2016-1330 du 6 oct. 2016, est applicable dans les îles Wallis-et-Futuna (Décr. n° 2015-707 du 22 juin 2015, art. 19 ; Décr. n° 2016-1330 du 6 oct. 2016, art. 2-I).

Art. R. 527-3 *Le dépôt de l'acte constitutif du gage est constaté sur un registre spécial tenu par le greffier, qui attribue à l'acte un numéro d'ordre.*

Ce registre peut être tenu sous forme électronique. Dans ce cas, il est fait usage d'une signature électronique sécurisée dans les conditions prévues par l'article (Décr. n° 2016-1278 du 29 sept. 2016, art. 1er, en vigueur le 1er oct. 2016) *« 1367 » du code civil et le décret* (Décr. n° 2017-1416 du 28 sept. 2017, art. 2-II) *« n° 2017-1416 du 28 septembre 2017 » pris pour son application.* – [Décr. n° 2006-1803 du 23 déc. 2006, art. 3.]

Art. R. 527-4 *L'inscription du gage est mentionnée sur les bordereaux. La mention comprend la date de l'inscription et le numéro sous lequel elle a été faite.*

Le greffier remet ou adresse au requérant l'un des bordereaux, au bas duquel il certifie que l'inscription a été faite.

L'autre bordereau, portant les mêmes mentions, est conservé au greffe, aux frais du greffier, avec l'acte constitutif du gage si celui-ci est rédigé sous seing privé. – [Décr. n° 2006-1803 du 23 déc. 2006, art. 4.]

Art. R. 527-5 *Le greffier tient un fichier alphabétique des noms des débiteurs avec l'indication des numéros des inscriptions les concernant. Ce fichier peut être tenu sous forme informatique.* – [Décr. n° 2006-1803 du 23 déc. 2006, art. 5.]

SECTION II *[ABROGÉE]* DES FORMALITÉS MODIFICATIVES

Art. R. 527-6 *La demande d'inscription modificative ou de radiation est portée devant le greffier du tribunal de commerce auprès duquel le gage est inscrit.*

Le bordereau d'inscription modificative est établi par le requérant en deux exemplaires et est déposé ou adressé au greffe par ses soins.

Dès leur réception, le greffier complète les exemplaires par la mention de la date à laquelle l'inscription modificative est faite et du numéro sous lequel cette inscription est portée au registre.

L'un de ces bordereaux est remis ou adressé au requérant, l'autre est conservé au greffe, aux frais du greffier, avec l'acte modificatif si celui-ci est rédigé sous seing privé.

Le greffier porte la référence de la modification en marge du bordereau d'inscription initiale. – [Décr. n° 2006-1803 du 23 déc. 2006, art. 6.]

Art. R. 527-7 *Les modifications affectant les renseignements mentionnés à l'article R. 527-2 sont publiées en marge de l'inscription existante.* – [Décr. n° 2006-1803 du 23 déc. 2006, art. 7.]

Art. R. 527-8 *Lorsque la modification intervenue implique la compétence du greffe d'un tribunal autre que celui mentionné à l'article R. 527-1, le débiteur fait reporter l'inscription modifiée sur le registre du greffe de ce tribunal. Cette inscription est subordonnée à la justification que le débiteur a informé le créancier de ce changement par lettre recommandée avec demande d'avis de réception.*

L'inscription initiale est reportée sur le registre du greffe du tribunal nouvellement compétent et radiée du registre initial. – [Décr. n° 2006-1803 du 23 déc. 2006, art. 8.]

SECTION III *[ABROGÉE]* DES EFFETS DE L'INSCRIPTION

Art. R. 527-9 *Les inscriptions régulièrement faites en application des articles R. 527-1 à R. 527-8 prennent effet à leur date.* – [Décr. n° 2006-1803 du 23 déc. 2006, art. 9.]

Art. R. 527-10 *L'inscription conserve le gage pendant cinq ans à compter du jour de sa date. Son effet cesse si l'inscription n'a pas été renouvelée avant l'expiration de ce délai. Dans ce cas, le greffier procède d'office à la radiation de l'inscription.* – [Décr. n° 2006-1803 du 23 déc. 2006, art. 10.]

SECTION IV *[ABROGÉE]* DE LA RADIATION DE L'INSCRIPTION

Art. R. 527-11 *La radiation de l'inscription peut être requise par le créancier ou le constituant sur justification de l'accord des parties ou d'un acte donnant mainlevée de l'inscription. Elle peut également intervenir en vertu d'une décision passée en force de chose jugée.*

La radiation est faite au moyen d'une mention faite par le greffier en marge de l'inscription.

Le greffier délivre à la personne qui le requiert, à ses frais, un certificat de radiation.

L'inscription radiée ou périmée n'est plus portée sur les états d'inscription. – [Décr. n° 2006-1803 du 23 déc. 2006, art. 11.]

SECTION V *[ABROGÉE]* DES OBLIGATIONS DES GREFFIERS

Art. R. 527-12 *Le greffier chargé de la tenue du registre délivre à tous ceux qui le requièrent l'état des inscriptions existant sur les stocks engagés ou un état mentionnant qu'il n'en existe aucune.*

Les requérants doivent former autant de demandes qu'il y a de débiteurs et de stocks engagés.

L'état est établi sous forme de copies ou extraits, aux frais du requérant. – [Décr. n° 2006-1803 du 23 déc. 2006, art. 12.]

Art. R. 527-13 *Le greffier ne peut refuser les inscriptions et la délivrance des états requis. Il ne peut davantage retarder ces formalités.*

Toutefois le greffier est tenu de rejeter les demandes d'inscription, de modification ou de radiation qui ne répondent pas aux conditions prévues par les articles R. 527-1, R. 527-2, R. 527-6, R. 527-8 et R. 527-11. Le rejet précise le motif du refus. Il est notifié au requérant par lettre recommandée avec demande d'avis de réception ou remis contre récépissé à ce dernier. Il mentionne la possibilité pour le requérant de former un recours contre le rejet de la demande dans un délai de quinze jours à compter de sa notification. – [Décr. n° 2006-1803 du 23 déc. 2006, art. 13.]

SECTION VI *[ABROGÉE]* DES RECOURS

Art. R. 527-14 *Les recours contre les décisions de refus d'inscription ou d'enregistrement des modifications ou de radiation sont portés devant le président du tribunal dont dépend le greffier qui a opposé le refus. Ils sont formés par lettre recommandée avec demande d'avis de réception adressée au greffe.*

Ils sont motivés et accompagnés de toutes pièces utiles.

Le président de la juridiction ou le juge délégué à cet effet statue par ordonnance, au vu de la décision et des éléments produits. – [Décr. n° 2006-1803 du 23 déc. 2006, art. 14.]

Art. R. 527-15 *Les ordonnances rendues par le président de la juridiction ou le juge délégué sont notifiées par lettre recommandée avec demande d'avis de réception au requérant.*

Elles sont susceptibles d'appel dans un délai de quinze jours.

La notification indique la forme et le délai du recours. – [Décr. n° 2006-1803 du 23 déc. 2006, art. 15.]

Art. R. 527-16 *L'appel des ordonnances est formé, instruit et jugé comme en matière gracieuse selon les dispositions des articles 950 à 953 du* (Décr. n° 2008-484 du 22 mai 2008, art. 22) *« code de procédure civile ». Toutefois, la partie est dispensée du ministère d'avocat* (Abrogé par Décr. n° 2012-634 du 3 mai 2012, art. 21) *« ou d'avoué ».*

Le greffier de la cour d'appel adresse une copie de l'arrêt au greffier chargé de la tenue du registre. – [Décr. n° 2006-1803 du 23 déc. 2006, art. 16.]

SECTION VII *[ABROGÉE]* DISPOSITIONS DIVERSES

Art. R. 527-17 *La mise en demeure prévue* (Décr. n° 2016-1330 du 6 oct. 2016, art. 1er-II) *« aux troisième et quatrième alinéas de l'article L. 527-6 » est faite par lettre recommandée avec demande d'avis de réception adressée par le créancier au constituant. Celui-ci dispose d'un délai de quinze jours pour y satisfaire.* – [Décr. n° 2006-1803 du 23 déc. 2006, art. 18.]

LIVRE SIXIÈME DES DIFFICULTÉS DES ENTREPRISES

Le Décr. n° 2005-1677 du 28 déc. 2005, dont les dispositions sont codifiées au livre VI de la partie réglementaire du code de commerce, est entré en vigueur le 1er janv. 2006 (Décr. préc., art. 360). Aux termes de son art. 361, ce texte n'est pas applicable aux procédures en cours, à l'exception des dispositions suivantes : 1° Le chapitre IV du titre IV (codifié aux art. R. 644-1 à R. 644-4) ; 2° Les art. 158 et 159 (codifiés aux art. R. 626-47 et R. 626-48) en ce qu'ils s'appliquent au redressement judiciaire ; 3° Les art. 226 et 306 (codifiés aux art. R. 641-13 et R. 643-19) ; 4° L'art. 309 (codifié à l'art. R. 643-20) ; 5° Les chapitres Ier et II du titre V (codifiés aux art. R. 651-1 à R. 651-6, R. 652-1 et R. 652-2), à l'exception de l'art. 316 (codifié à l'art. R. 651-1) ; 6° L'art. 324 (codifié à l'art. R. 653-2).

Le titre Ier du Décr. n° 2009-160 du 12 févr. 2009 et son art. 154, à l'exception du 2° du I de cet art., entrent en vigueur le 15 févr. 2009. Leurs dispositions sont applicables aux seules procédures ouvertes à compter de cette date, sauf en ce qui concerne : 1° Les dispositions de l'art. 38 (V. art. R. 626-48), qui sont applicables aux plans de sauvegarde en cours d'exécution à cette date ; 2° Les dispositions de l'art. 34 (V. art. R. 626-20), qui sont applicables aux plans de sauvegarde en cours d'exécution à la date d'entrée en vigueur du Décr. n° 2009-1661 du 28 déc. 2009 relatif aux frais de justice en matière commerciale et aux auxiliaires de justice [JO 30 déc.] (Décr. n° 2009-160 du 12 févr. 2009, art. 155-I, mod. par Décr. n° 2009-1661 du 28 déc. 2009, art. 8).

Le Décr. n° 2014-736 du 30 juin 2014 n'est pas applicable aux procédures en cours au jour de son entrée en vigueur, à l'exception des dispositions des art. 65, 128 et 129 [V. art. R. 626-57, R. 663-34 et R. 663-40-1 à R. 663-40-4] (Décr. préc., art. 144).

BIBL. GÉN. ▶ Sur le décret n° 2005-1677 du 28 déc. 2005 : LIENHARD, *D. 2006. Chron. 150*. – ROUSSEL GALLE et GIRARDIN, *JCP E 2006, n° 3, p. 111*. – VALLANSAN, *APC 2006, n° 2 ; RPC 2006. 5*. – MONTÉRAN et LE CORRE, *Gaz. Pal. 22-24 janv. 2006 ; BRDA 2006, n° 2, p. 15*. – TEXIER, *RLDA 2006, n° 1, p. 21*. – VATINET, *JCP S 2006, n° 11, p. 9* (volet social). – CROZE, *Procédures 2006. Étude 4*. – CHAPUT, *JCP 2006. I. 130*. – MACORIG-VENIER, *RTD com. 2006. 189* (prévention des difficultés). – LEGROS, *Dr. sociétés 2006. Étude 9*. ▶ Sur le décret modificatif du 23 déc. 2006 : ROUSSEL GALLE, *JCP E 2007. 48 ; RPC 2007. 26*. – MONTÉRAN, *Gaz. Pal. 2007. Doctr. 78*. – VALLENS, *RLDA 2007, n° 13, p. 21*. ▶ Sur le décret modificatif du 12 févr. 2009 : LIENHARD, *D. 2009. 420*. – ROUSSEL GALLE, *JCP E 2009. Actu. 125*. – TEBOUL, *LPA 24 mars 2009* (aspects procéduraux). – VALLANSAN, *RPC 2009. Étude 5*. ▶ Sur le décret modificatif du 30 juin 2014 : LIENHARD, *D. 2014. Actu. 1447 ; ibid. 1448* (déclaration des créances). – HENRY, *Rev. sociétés 2014. 525*. – *BRDA 2014, n° 15-16, p. 12*. – ROUSSEL GALLE, *RPC 2014. Étude 15 ; JCP E 2014. 1479*.

Art. R. 600-1 **Sans préjudice des dispositions** *(Décr. n° 2018-452 du 5 juin 2018, art. 4)* **« du 2° de l'article L. 721-8 et » de l'article R. 662-7, le tribunal territorialement compétent pour connaître des procédures prévues par le livre VI de la partie législative du présent code est celui dans le ressort duquel le débiteur, personne morale, a son siège ou le débiteur, personne physique, a déclaré l'adresse de son entreprise ou de son activité. A défaut de siège en territoire français, le tribunal compétent est celui dans le ressort duquel le débiteur a le centre principal de ses intérêts en France.**

Toutefois, en cas de changement de siège de la personne morale dans les six mois ayant précédé la saisine du tribunal, le tribunal dans le ressort duquel se trouvait le siège initial demeure seul compétent. Ce délai court à compter de l'inscription modificative au registre du commerce et des sociétés du siège initial. – *[Décr. n° 2005-1677 du 28 déc. 2005, art. 1er.]*

BIBL. ▶ VALLENS, *RTD com. 2019. 1009* (procédures collectives et conflits de compétence).

1. Siège de l'entreprise. Est incompétent le tribunal dans le ressort duquel se trouvent des établissements secondaires d'une société dont le siège est fixé dans le ressort d'un autre tribunal. • Paris, 12 mai 1987 : *D. 1989. Somm. 5, obs. Derrida*. – V. aussi • Com. 14 déc. 1993 : *RJDA 1994, n° 577*.

En cas d'extension de la procédure à d'autres sociétés du même groupe, V. note 7 ss. art. L. 621-2.

S'agissant d'une personne physique (un agriculteur), le siège de l'entreprise correspond au lieu de son domicile professionnel qui peut être distinct du lieu de son habitation. • Com. 17 févr. 1998, n° 95-19.433 P : *D. 1998. IR 82 ; D. Affaires 1998. 429*.

2. Entité économique. Pour une bonne administration de la justice, le tribunal, considérant que trois sociétés incriminées constituent une même entité économique, du fait de la même marque, de l'identité de leur activité, des relations et liens financiers très étroits existant entre elles, dira qu'il y a lieu d'ouvrir une procédure unique de redressement judiciaire. • T. com. Paris, 13 févr. 1986 : *Gaz. Pal. 1986. 1. Somm. 220.* – V. aussi • Paris, 12 mai 1987 : *préc. note 1.*

3. *Transfert du siège social.* Lorsqu'il apparaît qu'un transfert effectif de siège social a eu lieu depuis près de sept ans, et que c'est par la négligence d'un greffe ou d'un autre qu'une inscription modificative n'a pas été portée au RCS mentionnant le transfert du siège social et la fermeture de l'établissement secondaire, le tribunal compétent est exclusivement celui du nouveau siège social. • Basse-Terre, 3 mai 1999 : *Dr. sociétés 2000, n° 29, obs. Chaput.*

Sur l'inopposabilité du transfert du siège social, à défaut des mesures de publicité prévues par l'art. 289 du Décr. n° 67-236 du 23 mars 1967 [devenu C. com., art. R. 210-11], V. • Paris, 13 juin 1989 : *D. 1989. IR 219.*

4. *Siège social fictif.* Dans le cas où il s'avère que le siège social est fictif et que le véritable centre des intérêts de la personne morale est situé dans un autre lieu, il est conforme à l'intérêt des créanciers et à la réalité économique de retenir la compétence du tribunal de commerce où la personne morale a le centre principal de ses intérêts. • Versailles, 1er avr. 1996 : *BICC 1996, n° 854.* ♦ En ce sens, pour un arrêt ayant écarté la compétence du tribunal du siège social au motif que le débiteur n'était propriétaire d'aucun bien dans ce ressort et n'y disposait d'aucun bureau ni infrastructure justifiant l'exercice d'une activité réelle, V. • Com. 5 janv. 1999 : *RJDA 1999, n° 440.*

5. Il appartient au ministère public qui invoque la fictivité du siège social de la démontrer, l'indication donnée dans les statuts s'imposant s'il ne ressort ni des documents ni des circonstances de la cause que le siège social ne correspond pas à la réalité. • Amiens, 15 déc. 1989 : *Gaz. Pal. 1990. 1. Somm. 315.*

V. aussi • Paris, 26 juill. 1991 : *JCP 1991. IV. 422* (Rép. min. n° 28199 : *JOAN Q, 13 nov. 1995, p. 4821*).

6. *Siège social à l'étranger (Décr. du 21 oct. 1994).* S'il n'existe aucune convention internationale donnant compétence au tribunal du lieu du siège d'une société étrangère pour ouvrir une procédure collective, les règles d'ordre public de la loi du 25 janv. 1985 doivent recevoir application. Or, aux termes de l'art. 1er [R. 600-1], al. 1er, à défaut de siège en France, le tribunal territorialement compétent est celui dans le ressort duquel l'entreprise a le centre principal de ses intérêts. • Com. 26 oct. 1999 : *APC 1999, n° 279, obs. Regnaut-Moutier ; BJS 2000. 385, note Menjucq ; RJDA 2000, n° 418.* ♦ Le centre principal des intérêts en France d'une société anglaise se trouve au lieu de situation de locaux que celle-ci a pris en crédit-bail et dans lesquels est exploitée une maison de retraite, dès lors que la prise en crédit-bail des locaux est une forme d'exploitation de ces locaux, même si la gestion de la maison de retraite est confiée à un sous-locataire, et que la seule activité en France de la société est liée au contrat de crédit-bail. • Même arrêt. – Rappr. : • Com. 1er oct. 2002 : *RJDA 2003, n° 152 ; Dr. sociétés 2003, n° 89, note Legros.*

Pour la compétence des juridictions françaises pour ouvrir une procédure de liquidation judiciaire à l'égard d'une société algérienne ayant un établissement situé en France, V. • Com. 21 mars 2006 : *cité note 29 ss. art. L. 620-2.*

7. *Siège social à l'étranger (jurisprudence antérieure au Décr. du 21 oct. 1994).* L'art. 1er donne compétence à un tribunal français pour ouvrir une procédure collective de redressement judiciaire à l'encontre de sociétés ayant leur siège à l'étranger lorsque celles-ci ont une présence commerciale réelle et une activité en France. • T. com. Paris, 23 juill. 1991 : *D. 1992. 232, note Rémery*, conf. par • Paris, 8 juill. 1992 : *D. 1992. 476, note Vasseur ; RJ com. 1993. 7, note Vallens,* puis par • Com. 11 avr. 1995, n° 92-20.032 P : *D. 1995. 640, note Vasseur ; BJS 1995. 697, note Martin-Serf ; JCP E 1995. I. 487, n° 1, obs. Pétel* (précisant que le principal établissement, au sens de l'art. 1er, dans son ancienne rédaction, désigne le principal des établissements secondaires situés en France). ♦ Le principal établissement d'une banque internationale qui exploite des agences de banque à Paris, Marseille et Cannes étant situé à Paris, il s'ensuit que le tribunal de Paris est normalement compétent pour connaître d'une procédure collective ouverte à l'encontre de cette banque, en sa succursale de Paris, comme aussi à celle de Monaco en vertu de l'art. 2, 2°, de la Convention franco-monégasque du 13 sept. 1950. • Mêmes décisions. – V. aussi • Paris, 29 mars 1994 : *D. 1995. Somm. 385, obs. Vasseur*, conf. par • Com. 14 mai 1996, n° 94-16.186 P : *D. 1996. 586, note Vasseur ; D. Affaires 1996. 810 ; BJS 1996. 838, note Martin-Serf* • Paris, 15 juin 1994 : *D. 1995. Somm. 391, obs. Vasseur.*

L'art. 8, al. 1er, du traité franco-belge du 8 juill. 1899, selon lequel le tribunal du lieu du domicile d'un commerçant français ou belge en Belgique est seul compétent pour déclarer la faillite de ce commerçant, ne s'applique pas lorsque la personne en cause n'est pas commerçante. • Civ. 1re, 24 mars 1993, n° 91-15.272 P : *Dr. sociétés 1993, n° 119, obs. Chaput.* ♦ Par application de ce texte, les tribunaux français sont incompétents pour se prononcer sur l'ouverture d'une procédure collective à l'égard d'une société ayant son siège en Belgique ou de son établissement situé en France qui ne peut faire l'objet d'une procédure autonome. • Com. 16 mars 1999 : *BJS 1999. 637, note Menjucq ; RJDA 1999, n° 690.* ♦ De même, cette règle ne permet-elle pas au tribunal du siège d'une société de retenir sa compétence pour se prononcer sur la faillite d'un associé commerçant, fût-il associé commandité d'une société en commandite simple, ayant son domicile dans l'autre État contractant, dès lors que n'a pas été constatée une confusion entre le patrimoine de la personne morale et celui de l'associé commandité, d'où pourrait résulter une unité de fait de la faillite. • Nîmes, 14 sept. 1993 : *Dr. sociétés 1994, n° 113, obs. Chaput.*

Les juridictions françaises n'ont pas compétence pour ouvrir une procédure collective à l'égard d'une société suisse qui a en Suisse son siège, donc sa résidence au sens de l'art. 6, al. 1er, de la convention franco-suisse du 15 juin 1869 [applicable jusqu'au 1er janv. 1992], quand bien même cette société a participé en France à des actes constitutifs d'une société de droit français par l'intermédiaire d'un mandataire. • Com. 8 mars 1994, n° 91-17.872 P : *BJS 1994. 537, note Ramackers ; D. 1994. IR 157.*

8. Changement de siège dans les six mois avant la saisine. Le Décr. du 29 mai 1989, modifiant l'art. 1er et entré en vigueur le 1er juin 1989, est d'application immédiate et s'impose au juge comme comprenant des dispositions d'ordre public. • Versailles, 1er mars 1990 : *Gaz. Pal. 1990. 2. Somm. 455.*

9. Pour des exemples d'application de l'art. 1er, al. 2 [R. 600-1, al. 2], V. • Paris, 21 sept. 2004 : *RTD com. 2005. 176, obs. Vallens* • 4 avr. 2006 : *Dr. sociétés 2006, n° 180, note Legros.* ♦ Pour le refus d'appliquer cette disposition au cas de transfert ayant pour effet de ramener le siège social au lieu réel des activités de la société, V. • Paris, 21 mars 1990 : *JCP E 1991. I. 44, n° 3, obs. Pétel.*

10. L'inscription modificative visée à l'art. 1er, al. 2 [R. 600-1, al. 2], est celle de la radiation de la société au RCS tenu par le greffier du tribunal de l'ancien siège social. Il résulte, en effet, de l'art. 19 du Décr. n° 84-406 du 30 mai 1984 [désormais codifié aux art. R. 123-72 et R. 123-73 C. com.] qu'en cas de transfert de son siège dans le ressort d'un autre tribunal, la personne morale immatriculée doit, dans le mois, demander une nouvelle immatriculation dans le ressort de ce tribunal et que le greffier du nouveau siège notifie dans les quinze jours la nouvelle immatriculation au greffier de l'ancien siège, qui procède d'office à la radiation et notifie l'accomplissement de la formalité à l'assujetti et au greffier du nouveau siège. • Com. 6 janv. 1998, n° 95-18.259 P : *D. Affaires 1998. 205, obs. V. A.-R. ; BJS 1998. 393, note Pétel ; Defrénois 1998. 950, obs. Le Cannu.* ♦ V. aussi, note 3.

11. En ce sens qu'il convient de se référer à la date de saisine initiale du tribunal pour déterminer le tribunal compétent en cas de transfert du siège social (dans l'hypothèse d'une saisine d'office de la cour d'appel intervenue après l'écoulement du délai de six mois), V. • Com. 6 févr. 2001 : *APC 2001, n° 95.*

12. Privilège de juridiction. Les règles de compétence édictées par l'art. R. 600-1 C. com. ne dérogent pas à l'application des dispositions de l'art. 47 C. pr. civ. (reconnaissant à l'avocat partie à un litige la possibilité de saisir une juridiction limitrophe en vertu du privilège de juridiction). • Com. 28 oct. 2008, n° 07-20.801 P : *D. 2008. AJ 2791, obs. Lienhard ; APC 2008, n° 320, obs. Rétif ; JCP E 2009. 1008, n° 2, obs. Pétel ; RPC 2009, n° 75, obs. Soinne* • 31 janv. 2012, n° 10-25.693 P : *D. 2012. Chron. C. cass. 1222, obs. Arbellot ; ibid. Actu. 433, obs. Lienhard ; Rev. sociétés 2012. 191, obs. Roussel Galle ; JCP E 2012. 1227, n° 9, obs. Pétel ; LEDEN 4/2012. 6, obs. F. Legrand ; APC 2012, n° 65, obs. Vallansan ; BJE 2012. 172, note Favario ; RPC 2012, n° 60, obs. Cagnoli.* ♦ Dans le même sens, à propos de la compétence territoriale du juge-commissaire, V. • Com. 12 oct. 2010 : *D. 2010. Actu. 2510, obs. Lienhard ; RTD com. 2011. 180, obs. Vallens ; JCP 2010. 1086, obs. Roussel Galle ; LEDEN 12/2010. 4, obs. Berthelot ; Gaz. Pal. 7-8 janv. 2011, p. 27, obs. Fricero.* ♦ Sur cette question, V. encore Roussel Galle, *RPC 2013. Étude 7.* ♦ *Contra*, désormais, pour les litiges qui relèvent de la compétence du juge-commissaire : art. R. 662-3-1, issu du Décr. n° 2014-736 du 30 juin 2014.

Art. R. 600-2 **Les mesures prévues à l'article L. 611-2 relèvent de la compétence du président du tribunal du lieu du siège du débiteur, personne morale, ou, le cas échéant, du lieu où le débiteur, personne physique, a déclaré l'adresse de son entreprise ou de son activité.**

La compétence territoriale du président du tribunal pour désigner un mandataire *ad hoc* est déterminée par l'article R. 600-1. — *[Décr. n° 2005-1677 du 28 déc. 2005, art. 2.]*

Art. R. 600-3 **Pour l'application de l'article L. 610-1, le siège et le ressort des juridictions commerciales et des** *(Décr. n° 2019-966 du 18 sept. 2019, art. 8, en vigueur le 1er janv. 2020)* **« tribunaux judiciaires » compétents en métropole sont fixés conformément aux tableaux des annexes 6-1 et 6-2 du présent livre.** — [COJ, art. R. 411-1, al. 2.] — *V. Annexes 6-1 et 6-2,*.

Art. R. 600-4 **Pour l'application de l'article L. 610-1, le siège et le ressort des juridictions commerciales et des** *(Décr. n° 2019-966 du 18 sept. 2019, art. 8, en vigueur le 1er janv. 2020)* **« tribunaux judiciaires » compétents dans les départements d'outre-mer**

sont fixés conformément aux tableaux de l'annexe 6-3 et 6-4 du présent livre. – *[COJ, art. R. 921-6, al. 2.]* – *V. Annexes 6-3 et 6-4,* .

TITRE PREMIER DE LA PRÉVENTION DES DIFFICULTÉS DES ENTREPRISES

CHAPITRE PREMIER DE LA PRÉVENTION DES DIFFICULTÉS DES ENTREPRISES, DU MANDAT *AD HOC* ET DE LA PROCÉDURE DE CONCILIATION

SECTION PREMIÈRE DES GROUPEMENTS DE PRÉVENTION AGRÉÉS

Art. D. 611-1 Pour bénéficier de l'agrément prévu à l'article L. 611-1, les groupements de prévention agréés doivent remplir les conditions prévues aux articles D. 611-2 à D. 611-8. – *[Décr. nº 85-910 du 27 août 1985, art. 1er.]*

Art. D. 611-2 Les groupements de prévention agréés sont constitués sous toute forme juridique qui leur confère une personnalité morale de droit privé. – *[Décr. nº 85-910 du 27 août 1985, art. 2.]*

Art. D. 611-3 Les demandes d'agrément sont déposées auprès du préfet de la région dans laquelle le groupement a son siège ; il en accuse réception après s'être assuré que le dossier est complet.

Les demandes indiquent :

1º L'objet du groupement qui correspond à la mission définie à l'article L. 611-1 ;

2º Le ressort dans lequel il assure son activité, qui ne dépasse pas le cadre de la région dans laquelle il a son siège ;

3º Les personnes morales appelées à adhérer au groupement ;

4º Les moyens dont dispose le groupement, et les personnes intervenant en son nom avec l'indication de leurs qualifications professionnelles ;

5º Les méthodes d'analyse des informations comptables et financières ainsi que leur fréquence. – *[Décr. nº 85-910 du 27 août 1985, art. 3.]*

Art. D. 611-4 Toute demande d'agrément est accompagnée des documents suivants :

1º Un exemplaire des statuts et, le cas échéant, du règlement intérieur du groupement ;

2º La justification de l'exécution des formalités prévues par la législation en vigueur pour la création et la régularité du fonctionnement du groupement selon la forme juridique choisie ;

3º La liste des personnes qui dirigent, gèrent ou administrent le groupement avec, pour chacune d'elles, l'indication de leurs nom, prénoms, date et lieu de naissance, nationalité, domicile, profession et nature de l'activité exercée dans le groupement ;

4º Pour chacun des dirigeants, gérants, administrateurs, une attestation selon laquelle il n'a fait l'objet d'aucune incapacité d'exercer le commerce ou une profession, d'aucune interdiction de diriger, gérer, administrer, contrôler une personne morale ou une entreprise individuelle ou artisanale ;

5º Une copie certifiée conforme du contrat d'assurance mentionné à l'article D. 611-5 ;

6º L'engagement prévu à l'article D. 611-5. – *[Décr. nº 85-910 du 27 août 1985, art. 4.]*

Art. D. 611-5 Les groupements s'engagent :

A ne faire aucune publicité, sauf dans les journaux et bulletins professionnels ;

A faire figurer sur leur correspondance et sur tous les documents établis par leurs soins leur qualité de groupements de prévention agréé et les références de la décision d'agrément ;

A informer le préfet des modifications apportées à leur statut et des changements intervenus en ce qui concerne les personnes qui dirigent, gèrent ou administrent les groupements dans le délai d'un mois à compter de la réalisation de ces modifications et changements ;

A exiger de toute personne collaborant à leurs travaux le respect du secret professionnel ;

A souscrire un contrat auprès d'une société d'assurances ou d'un assureur agréé les garantissant contre les conséquences pécuniaires de la responsabilité civile professionnelle qu'ils peuvent encourir en raison des négligences et fautes commises dans l'exercice de leurs activités ;

Au cas où l'agrément leur serait retiré, à en informer leurs adhérents dès réception de la notification de la décision de retrait. – *[Décr. n° 85-910 du 27 août 1985, art. 5.]*

Art. D. 611-6 Le préfet de région dispose d'un délai de trois mois pour accorder ou refuser son agrément.

Le point de départ de ce délai est fixé au jour de la délivrance de l'accusé de réception précisant le caractère complet du dossier de demande déposé par le groupement.

Si le préfet de région n'a pas notifié sa réponse dans le délai qui lui est imparti, le groupement est réputé agréé.

Le retrait de l'agrément, prononcé par le préfet de région, est notifié par lettre au groupement et à toutes les administrations. – *[Décr. n° 85-910 du 27 août 1985, art. 6.]*

Art. D. 611-7 L'agrément est accordé pour une durée maximale de trois ans renouvelable par arrêté du préfet de la région où est situé le siège du groupement.

La décision tient compte notamment :

De la conformité des objectifs du groupement à ceux définis par l'article L. 611-1 ;

De l'adéquation des moyens mis en œuvre aux objectifs poursuivis ;

Des engagements souscrits en application de l'article D. 611-5, de leur respect en cas de demande de renouvellement ;

Des garanties de bonne moralité offertes par les dirigeants, gérants, administrateurs et toutes personnes intervenant au nom du groupement et de leur expérience dans l'analyse des informations comptables et financières ainsi que dans la gestion des entreprises.

L'agrément peut être retiré, selon une procédure identique à celle de son octroi dès lors que les conditions fixées à l'article D. 611-5 ne sont plus respectées. – *[Décr. n° 85-910 du 27 août 1985, art. 7.]*

Art. D. 611-8 Le groupement adresse au préfet de région un exemplaire des conventions conclues avec les établissements de crédit *(Décr. n° 2014-1316 du 3 nov. 2014, art. 7)* « , les sociétés de financement » et les entreprises d'assurance en application du cinquième alinéa de l'article L. 611-1. – *[Décr. n° 85-910 du 27 août 1985, art. 8.]*

Art. D. 611-9 Le concours que l'État et ses établissements publics peuvent prêter aux groupements est sollicité par ces derniers après accord écrit et formulé au cas par cas des entreprises adhérentes en cause.

Les renseignements nominatifs éventuellement délivrés conservent leur caractère confidentiel. L'inobservation de cette règle entraîne de plein droit le retrait de l'agrément dans les formes prévues pour son octroi. – *[Décr. n° 85-910 du 27 août 1985, art. 9.]*

SECTION II DE LA DÉTECTION DES DIFFICULTÉS DES ENTREPRISES PAR LE PRÉSIDENT DU TRIBUNAL *(Décr. n° 2014-736 du 30 juin 2014, art. 2)*.

Art. R. 611-10 Dans le cas prévu au premier alinéa de l'article L. 611-2 *(Décr. n° 2014-736 du 30 juin 2014, art. 3-1°)* « ou lorsqu'il est fait application de l'article L. 611-2-1 », le président du tribunal fait convoquer par le greffier le représentant légal de la personne morale débitrice ou le débiteur personne physique par lettre recommandée avec demande d'avis de réception et par lettre simple, reproduisant les termes du I de l'article L. 611-2 *(Décr. n° 2014-736 du 30 juin 2014, art. 3-1°)* « et, le cas échéant, ceux de l'article L. 611-2-1, » ainsi que des articles R. 611-11 et R. 611-12. *(Décr. n° 2014-736 du 30 juin 2014, art. 3-2°)* « Le cas échéant, la lettre précise la dénomination de l'activité professionnelle exercée par l'entrepreneur individuel à *responsabilité limitée.* » La convocation est envoyée un mois au moins à l'avance. Il est joint une note par laquelle le président du tribunal expose les faits qui ont motivé son initiative. – *[Décr. n° 2005-1677 du 28 déc. 2005, art. 3.]*

Art. R. 611-10-1 *(Décr. n° 2014-736 du 30 juin 2014, art. 4)* En application du second alinéa de l'article L. 611-2-1, le président du tribunal informe l'ordre ou l'autorité compétente dont relève l'intéressé par une note exposant les difficultés de nature à compromettre la continuité de l'activité du professionnel qui ont été portées à sa connaissance. Cette note est transmise par le greffier au représentant légal de l'un ou l'autre de ces organismes par lettre recommandée avec demande d'avis de réception. Le représentant de l'ordre ou de l'autorité compétente est invité à faire connaître au président du tribunal, dans la même forme, les suites données à cette information dans le délai d'un mois.

Art. R. 611-11 L'entretien prévu au premier alinéa de l'article L. 611-2 *(Décr. nº 2009-160 du 12 févr. 2009, art. 2)* « , qui se tient hors la présence du greffier, » donne lieu à l'établissement par le président du tribunal d'un procès-verbal qui ne mentionne que la date et le lieu de l'entretien ainsi que l'identité des personnes présentes. Ce procès-verbal est signé par ces dernières et le président du tribunal.

Si la personne convoquée ne se rend pas à la convocation, un procès-verbal de carence est dressé le jour même par le greffier *(Abrogé par Décr. nº 2021-1218 du 23 sept. 2021, art. 2, à compter du 1er oct. 2021)* « ***aux fins d'application des dispositions du second alinéa du I de l'article L. 611-2*** ». A ce procès-verbal est joint l'avis de réception de la convocation. Une copie de ce procès-verbal est notifiée sans délai par le greffier à la personne convoquée par lettre recommandée avec demande d'avis de réception *(Abrogé par Décr. nº 2021-1218 du 23 sept. 2021, art. 2, à compter du 1er oct. 2021)* « ***reproduisant les termes du second alinéa du I de l'article L. 611-2*** ».

(Décr. nº 2014-736 du 30 juin 2014, art. 5) « Ce procès-verbal mentionne, s'il y a lieu, la dénomination utilisée par l'entrepreneur individuel à responsabilité limitée pour l'exercice de l'activité professionnelle concernée. Il est déposé au greffe. » — *[Décr. nº 2005-1677 du 28 déc. 2005, art. 4.]*

Les dispositions du Décr. nº 2021-1218 du 23 sept. 2021 ne sont pas applicables aux procédures en cours au jour de son entrée en vigueur (Décr. préc., art. 51-I).

Art. R. 611-12 La demande de renseignements prévue au deuxième alinéa de l'article L. 611-2 est adressée dans le délai *(Décr. nº 2021-1218 du 23 sept. 2021, art. 3, en vigueur le 1er oct. 2021)* « de trois mois au plus tard à compter de la date d'envoi de la convocation ». Elle est accompagnée de la copie *(Décr. nº 2021-1218 du 23 sept. 2021, art. 3, en vigueur le 1er oct. 2021)* « de la lettre de convocation adressée au représentant légal de la personne morale débitrice ou au débiteur personne physique et de la note établie en application de l'article R. 611-10 ».

Si la demande a été présentée dans les formes et délai prescrits au premier alinéa, les personnes et organismes interrogés communiquent les renseignements réclamés dans le délai d'un mois. Dans le cas contraire, ils ne sont pas tenus d'y répondre. — *[Décr. nº 2005-1677 du 28 déc. 2005, art. 5.]*

Pour les dispositions transitoires du Décr. nº 2021-1218 du 23 sept. 2021, V. note ss. art. R. 611-11.

Art. R. 611-13 Pour l'application du II de l'article L. 611-2, le président du tribunal rend une ordonnance faisant injonction au représentant légal de la personne morale de déposer les comptes annuels *(Décr. nº 2014-736 du 30 juin 2014, art. 6)* « ou à l'entrepreneur individuel à responsabilité limitée de déposer les documents mentionnés au premier alinéa de l'article L. 526-14 » dans un délai d'un mois à compter de la notification ou de la signification de l'ordonnance, sous peine d'astreinte.

Cette ordonnance fixe le taux de l'astreinte et mentionne, en outre, les lieu, jour et heure de l'audience à laquelle l'affaire sera examinée.

Elle n'est pas susceptible de recours. — *[Décr. nº 2005-1677 du 28 déc. 2005, art. 6.]*

Art. R. 611-14 Le greffier notifie l'ordonnance au représentant légal de la personne morale. La lettre de notification reproduit les dispositions du second alinéa du II de l'article L. 611-2 ainsi que l'article R. 611-15 et le premier alinéa de l'article R. 611-16.

Si la lettre est retournée avec une mention précisant qu'elle n'a pas été réclamée par son destinataire, le greffier fait signifier l'ordonnance. La signification reproduit les dispositions mentionnées à l'alinéa premier.

Si la lettre est retournée avec une mention précisant que le destinataire ne se trouve plus à l'adresse indiquée, l'affaire est retirée du rôle par le président du *(Décr. nº 2014-*

736 du 30 juin 2014, art. 7-1°) « tribunal qui en informe le ministère public. Le greffier » porte la mention de la cessation d'activité sur le registre du commerce et des sociétés.

L'ordonnance portant injonction de faire est conservée à titre de minute au greffe. – *[Décr. n° 2005-1677 du 28 déc. 2005, art. 7.]*

(Décr. n° 2014-736 du 30 juin 2014, art. 7-2°) « Les dispositions du présent article sont applicables à l'entrepreneur individuel à responsabilité limitée à l'exception de la seconde phrase du troisième alinéa. »

Art. R. 611-15 Lorsque l'injonction de faire a été exécutée dans les délais impartis, l'affaire est retirée du rôle par le président du tribunal.

Dans le cas contraire, le greffier constate le non-dépôt des comptes par procès-verbal. – *[Décr. n° 2005-1677 du 28 déc. 2005, art. 8.]*

Art. R. 611-16 En cas d'inexécution de l'injonction de faire qu'il a délivrée, le président du tribunal statue sur la liquidation de l'astreinte.

Il statue en dernier ressort lorsque le montant de l'astreinte n'excède pas le taux de compétence en dernier ressort du tribunal de commerce.

Le montant de la condamnation prononcée *(Abrogé par Décr. n° 2014-736 du 30 juin 2014, art. 8-1°) « à l'encontre du représentant légal de la personne morale »* est versé au Trésor public et recouvré comme en matière de créances étrangères à l'impôt.

La décision est communiquée au Trésor public et signifiée à la diligence du greffier au représentant légal de la personne morale *(Décr. n° 2014-736 du 30 juin 2014, art. 8-2°)* « ou à l'entrepreneur individuel à responsabilité limitée ». L'appel est formé, instruit et jugé selon les règles applicables à la procédure sans représentation obligatoire. *(Décr. n° 2017-1225 du 2 août 2017, art. 15)* « Les voies de recours sont ouvertes au ministère public. » – *[Décr. n° 2005-1677 du 28 déc. 2005, art. 9.]*

Art. R. 611-17 La demande de renseignements prévue au dernier alinéa de l'article L. 611-2 est adressée à compter de l'expiration du délai prévu au premier alinéa de l'article R. 611-13. Elle est écrite et accompagnée de la copie de l'ordonnance mentionnée à l'article R. 611-13 ainsi que du procès-verbal mentionné à l'article R. 611-15.

Si la demande a été présentée dans les formes et délai prescrits au premier alinéa, les personnes et organismes interrogés communiquent les renseignements réclamés dans le délai d'un mois. Dans le cas contraire, ils ne sont pas tenus d'y répondre. – *[Décr. n° 2005-1677 du 28 déc. 2005, art. 10.]*

SECTION III DU MANDAT *AD HOC*

Art. R. 611-18 La demande de désignation d'un mandataire *ad hoc* prévue à l'article L. 611-3 est présentée par écrit. Elle est adressée ou remise au président du tribunal de commerce ou du *(Décr. n° 2019-966 du 18 sept. 2019, art. 8, en vigueur le 1er janv. 2020)* « tribunal judiciaire » selon le cas par le représentant légal de la personne morale ou par le débiteur personne physique et déposée au greffe.

Cette demande expose les raisons qui la motivent. – *[Décr. n° 2005-1677 du 28 déc. 2005, art. 11.]*

(Décr. n° 2009-160 du 12 févr. 2009, art. 3) « Lorsque le débiteur propose un mandataire *ad hoc* à la désignation du président du tribunal, il précise son identité et son adresse. »

Art. R. 611-19 Dès réception de la demande, le président du tribunal fait convoquer, par le greffier, le représentant légal de la personne morale ou le débiteur personne physique pour recueillir ses observations.

Al. 2 abrogé par Décr. n° 2009-160 du 12 févr. 2009, art. 4.

L'ordonnance qui désigne le mandataire *ad hoc* définit l'objet de sa mission *(Décr. n° 2014-736 du 30 juin 2014, art. 9)* « en précisant, si le débiteur est un entrepreneur individuel à responsabilité limitée, l'activité concernée » et fixe les conditions de sa rémunération conformément aux dispositions de la section V du présent chapitre. – *[Décr. n° 2005-1677 du 28 déc. 2005, art. 12.]*

Art. R. 611-20 La décision statuant sur la désignation du mandataire *ad hoc* est notifiée au demandeur. *(Décr. n° 2009-160 du 12 févr. 2009, art. 5)* « En cas de refus de

désignation, celui-ci peut interjeter appel. L'appel est formé, instruit et jugé conformément aux dispositions de l'article R. 611-26. »

La décision nommant le mandataire *ad hoc* est notifiée à ce dernier par le greffier. La lettre de notification reproduit les dispositions de l'article L. 611-13.

Le mandataire *ad hoc* fait connaître sans délai au président du tribunal son acceptation ou son refus. En cas d'acceptation, il lui adresse l'attestation sur l'honneur prévue à l'article L. 611-13. *(Décr. n° 2014-736 du 30 juin 2014, art. 10)* **« Dès réception de cette attestation, le greffier communique par lettre recommandée avec demande d'avis de réception la décision de désignation du mandataire *ad hoc* au commissaire aux comptes du débiteur s'il en a été désigné. »** – *[Décr. n° 2005-1677 du 28 déc. 2005, art. 13.]*

Art. R. 611-21 Lorsque le débiteur en fait la demande, le président du tribunal met fin sans délai à la mission du mandataire *ad hoc*. – *[Décr. n° 2005-1677 du 28 déc. 2005, art. 14.]*

Art. R. 611-21-1 *(Décr. n° 2014-736 du 30 juin 2014, art. 11)* **Le mandataire *ad hoc* fait connaître sans délai au président du tribunal tout élément qui pourrait justifier qu'il soit mis fin à sa mission.**

SECTION IV DE LA PROCÉDURE DE CONCILIATION

Art. R. 611-22 La requête aux fins d'ouverture d'une procédure de conciliation adressée ou remise au président du tribunal en application de l'article L. 611-6 est accompagnée, sous réserve des dispositions particulières applicables au débiteur, des pièces suivantes :

(Décr. n° 2021-631 du 21 mai 2021, art. 4) **« 1° Le numéro unique d'identification ; »**

2° L'état des créances et des dettes accompagné d'un échéancier ainsi que la liste des principaux créanciers ;

3° L'état actif et passif des sûretés ainsi que celui des engagements hors bilan ;

4° Les comptes annuels, le tableau de financement ainsi que la situation de l'actif réalisable et disponible, valeurs d'exploitation exclues, et du passif exigible des trois derniers exercices, si ces documents ont été établis ;

(Décr. n° 2009-160 du 12 févr. 2009, art. 6) **« 5° Une attestation sur l'honneur certifiant l'absence de procédure de conciliation dans les trois mois précédant la date de la demande » ;**

(Décr. n° 2014-736 du 30 juin 2014, art. 12) **« 6° Une déclaration indiquant, le cas échéant, la prise en charge par un tiers des frais de la procédure demandée. »**

Le cas échéant, la requête précise la date de cessation des paiements.

Lorsque le débiteur exerce une profession libérale soumise à un statut législatif ou réglementaire ou dont le titre est protégé, elle précise l'ordre professionnel ou l'autorité dont il relève.

Lorsque le débiteur propose un conciliateur à la désignation du président du tribunal, il précise son identité et son adresse. – *[Décr. n° 2005-1677 du 28 déc. 2005, art. 15.]*

L'art. 4 du Décr. n° 2021-631 du 21 mai 2021 entre en vigueur le 1er nov. 2021. Un décret peut prévoir une date d'entrée en vigueur ultérieure, au plus tard le 1er nov. 2022 (Décr. préc., art. 22).

Art. R. 611-23 Dès réception de la demande, le président du tribunal fait convoquer, par le greffier, le représentant légal de la personne morale débitrice ou le débiteur personne physique pour recueillir ses explications.

L'ordonnance qui désigne le conciliateur définit l'objet de sa mission et fixe les conditions de sa rémunération conformément aux dispositions de la section V du présent chapitre ainsi que la durée de la procédure conformément à l'article L. 611-6. – *[Décr. n° 2005-1677 du 28 déc. 2005, art. 16.]*

Art. R. 611-23-1 *(Décr. n° 2016-1851 du 23 déc. 2016, art. 27, en vigueur le 1er janv. 2017)* **I. – Lorsque les conditions prévues au 4° de l'article L. 721-8 sont réunies, le débiteur adresse ou remet directement au président du tribunal de commerce spécialisé compétent sa requête aux fins d'ouverture d'une procédure de conciliation.**

II. – Lorsqu'un président de tribunal de commerce saisi estime que l'examen de la requête aux fins d'ouverture d'une procédure de conciliation relève de la compétence

d'un tribunal de commerce spécialisé, il peut décider d'office du renvoi de la requête devant ce tribunal. Il statue par ordonnance motivée après avoir entendu ou dûment appelé le débiteur et recueilli l'avis du ministère public. Le greffier du tribunal de commerce saisi transmet aussitôt le dossier au président du tribunal de commerce spécialisé désigné, avec une copie de l'ordonnance de renvoi.

Ces dispositions s'appliquent également en cours de procédure au renvoi au tribunal de commerce spécialisé décidé d'office par le président du tribunal de commerce saisi.

III. — Le renvoi devant le tribunal de commerce spécialisé compétent peut également être demandé par requête motivée du débiteur ou du ministère public près le tribunal de commerce saisi.

Le greffier du tribunal de commerce saisi notifie la requête aux parties sans délai. Le président du tribunal statue sur la demande de renvoi par ordonnance motivée après avoir entendu ou dûment appelé le débiteur et recueilli l'avis du ministère public. S'il est fait droit à la demande de renvoi, le greffier du tribunal de commerce saisi transmet aussitôt le dossier au président du tribunal de commerce spécialisé désigné, avec une copie de l'ordonnance de renvoi.

IV. — Les décisions prises en application du présent article sont des mesures d'administration judiciaire non susceptibles de recours. Elles s'imposent aux parties et à la juridiction de renvoi désignée.

Art. R. 611-24 Le président du tribunal peut faire usage des dispositions du *(Décr. n° 2009-160 du 12 févr. 2009, art. 7)* « cinquième » alinéa de l'article L. 611-6 à tout moment de la procédure de conciliation. — *[Décr. n° 2005-1677 du 28 déc. 2005, art. 17.]*

Art. R. 611-25 L'ordonnance statuant sur la demande est notifiée par le greffier au requérant. En cas de désignation d'un conciliateur, la notification reproduit les dispositions des articles R. 611-27 et R. 611-28.

La décision ouvrant la procédure de conciliation est communiquée sans délai par le greffier au ministère public et, le cas échéant, à l'ordre professionnel ou à l'autorité dont relève le débiteur.

Elle est notifiée au conciliateur. La lettre de notification reproduit les dispositions de l'article L. 611-13 et des articles R. 611-27 et R. 611-28.

Le conciliateur fait connaître sans délai au président du tribunal son acceptation ou son refus. En cas d'acceptation, il lui adresse l'attestation sur l'honneur prévue à l'article L. 611-13. — *[Décr. n° 2005-1677 du 28 déc. 2005, art. 18.]*

Art. R. 611-26 S'il n'est pas fait droit à la demande de désignation d'un conciliateur ou de prorogation de la mission de celui-ci, appel peut être interjeté par le débiteur *(Décr. n° 2009-160 du 12 févr. 2009, art. 8)* « par une déclaration faite ou adressée par lettre recommandée avec demande d'avis de réception au greffe du tribunal. Toutefois, le débiteur est dispensé du ministère de l'avocat » *(Abrogé par Décr. n° 2012-634 du 3 mai 2012, art. 21-5°) « ou de l'avoué ».*

Al. abrogé par Décr. n° 2009-160 du 12 févr. 2009, art. 8.

Le président du tribunal peut, dans un délai de cinq jours à compter de la déclaration d'appel, modifier ou rétracter sa décision.

En cas de modification ou de rétractation, le greffier notifie la décision au débiteur.

Dans le cas contraire, le greffier du tribunal transmet sans délai au greffe de la cour le dossier de l'affaire avec la déclaration d'appel et une copie de la décision. Il avise le débiteur de cette transmission.

L'appel est instruit et jugé selon les règles applicables en matière gracieuse devant le *(Décr. n° 2019-966 du 18 sept. 2019, art. 8, en vigueur le 1er janv. 2020)* « tribunal judiciaire ». — *[Décr. n° 2005-1677 du 28 déc. 2005, art. 19.]*

Art. R. 611-26-1 *(Décr. n° 2009-160 du 12 févr. 2009, art. 9)* L'appel interjeté par le ministère public à l'encontre de l'ordonnance qui ouvre la procédure de conciliation est instruit et jugé selon la procédure sans représentation obligatoire.

Art. R. 611-26-2 *(Décr. n° 2014-736 du 30 juin 2014, art. 13)* La demande mentionnée à la troisième phrase du premier alinéa de l'article L. 611-7 est accompagnée des éléments suivants :

1° La demande d'avis adressée aux créanciers participants, qui reproduit les dispositions du premier alinéa de l'article L. 611-7 et du I de l'article L. 642-2 et sur laquelle chaque créancier a mentionné son avis ou, à défaut, un document justificatif de la demande d'avis ;

2° L'accord du conciliateur pour prendre en charge la mission ;

3° L'accord du débiteur sur les conditions de rémunération dues au titre de cette mission.

L'ordonnance par laquelle le président fait droit à la demande et détermine ou modifie la mission du conciliateur fixe, conformément aux dispositions de la section V du présent chapitre, les conditions de rémunération de cette mission complémentaire. Elle est notifiée par le greffier au requérant et au conciliateur. Les dispositions du deuxième alinéa de l'article R. 611-25 ainsi que celles des articles R. 611-47 et R. 611-50 lui sont applicables.

Art. R. 611-27 En application de l'article L. 611-6, le débiteur peut demander la récusation du conciliateur si ce dernier se trouve dans l'une des situations suivantes :

1° Il a directement ou indirectement un intérêt personnel à la procédure ;

2° Il existe un lien direct ou indirect, quelle qu'en soit la nature, entre le conciliateur et l'un des créanciers ou l'un des dirigeants ou préposés de celui-ci ;

3° Il existe une cause de défiance entre le conciliateur et le débiteur ;

4° Il est dans l'une des situations d'incompatibilité visées à l'article L. 611-13 ;

5° Il a été définitivement radié ou destitué d'une profession réglementée. — *[Décr. nº 2005-1677 du 28 déc. 2005, art. 20.]*

Art. R. 611-28 La demande de récusation est formée dans les quinze jours de la notification de la décision désignant le conciliateur, par acte remis au greffe ou par une déclaration consignée par le greffier dans un procès-verbal.

Elle est motivée et, le cas échéant, accompagnée des pièces propres à la justifier.

Elle suspend la procédure jusqu'à ce qu'une décision définitive statue sur la récusation. — *[Décr. nº 2005-1677 du 28 déc. 2005, art. 21.]*

Art. R. 611-29 Le greffier notifie la demande de récusation au conciliateur, par lettre recommandée avec demande d'avis de réception. La lettre de notification reproduit les deuxième et troisième alinéas du présent article.

Dès réception de la notification de la demande, le conciliateur s'abstient jusqu'à ce qu'il ait été statué sur la récusation.

Dans les huit jours de cette réception, il fait connaître par écrit au président du tribunal soit son acquiescement à la récusation, soit les motifs pour lesquels il s'y oppose. — *[Décr. nº 2005-1677 du 28 déc. 2005, art. 22.]*

Art. R. 611-30 Si le conciliateur acquiesce, il est remplacé sans délai. — *[Décr. nº 2005-1677 du 28 déc. 2005, art. 23.]*

Art. R. 611-31 Si le conciliateur s'oppose à la récusation ou ne répond pas, la demande est examinée par le président du tribunal, le débiteur et le conciliateur entendus ou dûment appelés.

L'ordonnance statuant sur la demande de récusation est notifiée par le greffier au débiteur.

Copie de cette décision est également remise ou adressée au conciliateur. — *[Décr. nº 2005-1677 du 28 déc. 2005, art. 24.]*

Art. R. 611-32 Si la récusation est admise, il est procédé au remplacement du conciliateur sans délai. — *[Décr. nº 2005-1677 du 28 déc. 2005, art. 25.]*

Art. R. 611-33 La décision qui rejette la demande de récusation peut être frappée de recours par le débiteur devant le premier président de la cour d'appel dans un délai de dix jours à compter de la notification.

Le recours est formé par la remise ou l'envoi au greffe de la cour d'appel d'une note en exposant les motifs. — *[Décr. nº 2005-1677 du 28 déc. 2005, art. 26.]*

Art. R. 611-34 Le greffier de la cour d'appel convoque le débiteur et le conciliateur par lettre recommandée avec demande d'avis de réception adressée quinze jours au moins à l'avance. La note mentionnée au second alinéa de l'article R. 611-33 est jointe à la convocation adressée au conciliateur.

Le premier président ou son délégué les entend contradictoirement.

La décision est notifiée par le greffier au débiteur. Le conciliateur en est avisé. – *[Décr. nº 2005-1677 du 28 déc. 2005, art. 27.]*

Art. R. 611-34-1 *(Décr. nº 2014-736 du 30 juin 2014, art. 14)* Le conciliateur fait connaître sans délai au président du tribunal tout élément qui pourrait constituer un motif de récusation ainsi que tout autre motif qui pourrait justifier qu'il soit mis fin à sa mission, dont il n'avait pas connaissance au moment de l'acceptation de sa mission.

Art. R. 611-35 Pour l'application de l'avant-dernier alinéa de l'article L. 611-7 *(Décr. nº 2014-736 du 30 juin 2014, art. 15-1º)* « ou du dernier alinéa de l'article L. 611-10-1 », le débiteur assigne le créancier *(Décr. nº 2021-1218 du 23 sept. 2021, art. 4, en vigueur le 1er oct. 2021)* « mentionné par ces dispositions » devant le président du tribunal qui a ouvert la procédure de conciliation. Celui-ci statue sur les délais *(Décr. nº 2019-1419 du 20 déc. 2019, art. 2)* « selon la procédure accélérée au fond » après avoir recueilli les observations du conciliateur *(Décr. nº 2014-736 du 30 juin 2014, art. 15-1º)* « ou, le cas échéant, du mandataire à l'exécution de l'accord ».

La demande est *(Décr. nº 2009-160 du 12 févr. 2009, art. 10)* « , le cas échéant, » portée à la connaissance de la juridiction saisie de la poursuite, qui surseoit à statuer jusqu'à la décision se prononçant sur les délais.

La décision rendue par le président du tribunal est communiquée à cette juridiction par le greffier. *(Décr. nº 2014-736 du 30 juin 2014, art. 15-2º et 3º)* « Elle est notifiée par le greffier au débiteur et au créancier et communiquée au conciliateur si celui-ci est encore en fonction ou, le cas échéant, au mandataire à l'exécution de l'accord. – *[Décr. nº 2005-1677 du 28 déc. 2005, art. 28.]*

« Le créancier mentionné au cinquième alinéa de l'article L. 611-7 est informé par le greffier, par lettre recommandée avec demande d'avis de réception, de la conclusion de l'accord dès sa constatation ou son homologation ainsi que de toute décision mettant fin à la procédure de conciliation.

« La décision prononçant la résolution de l'accord est portée à la connaissance du créancier selon les mêmes modalités. »

Pour les dispositions transitoires du Décr. nº 2019-1419 du 20 déc. 2019, V. note ss. art. D. 221-5.

Pour les dispositions transitoires du Décr. nº 2021-1218 du 23 sept. 2021, V. note ss. art. R. 611-11.

Le créancier poursuivant ne peut, pour s'opposer au sursis à statuer, soutenir qu'il n'est pas applicable si les poursuites ont été engagées antérieurement au jugement d'ouverture. • Versailles, 19 oct. 2006 : *BICC 2007, nº 479 ; RPC 2007. 37, obs. Roussel Galle ; RTD com. 2007. 830, obs. Macorig-Venier ; RPC 2008, nº 102, obs. Delattre.*

Art. R. 611-36 Le conciliateur peut demander au président du tribunal de mettre fin à sa mission lorsqu'il estime indispensables les propositions faites par lui au débiteur en application du premier alinéa de l'article L. 611-7 et que celui-ci les a rejetées. – *[Décr. nº 2005-1677 du 28 déc. 2005, art. 29.]*

Art. R. 611-37 Lorsque le débiteur en fait la demande, le président du tribunal met fin sans délai à la procédure de conciliation. – *[Décr. nº 2005-1677 du 28 déc. 2005, art. 30.]*

Art. R. 611-38 La décision mettant fin à la procédure de conciliation n'est pas susceptible de recours. – *[Décr. nº 2005-1677 du 28 déc. 2005, art. 31.]*

(Décr. nº 2014-736 du 30 juin 2014, art. 16) « L'ordonnance est communiquée par le greffier au conciliateur et au ministère public. »

Art. R. 611-38-1 *(Décr. nº 2011-236 du 3 mars 2011, art. 9-I)* L'ouverture d'une procédure de sauvegarde, de redressement judiciaire ou de liquidation judiciaire met fin de plein droit à la procédure de conciliation.

Art. R. 611-38-2 *(Décr. nº 2014-736 du 30 juin 2014, art. 17)* Le conciliateur adresse copie du rapport prévu par le dernier alinéa de l'article L. 611-7 au débiteur. Le rapport est déposé au greffe. Il est communiqué par le greffier au ministère public.

Art. R. 611-39 En application du I de l'article L. 611-8, l'accord des parties est constaté par une ordonnance du président du tribunal qui y fait apposer la formule exécutoire par le greffier. La déclaration certifiée du débiteur lui est annexée.

L'accord et ses annexes sont déposés au greffe. Des copies ne peuvent être délivrées qu'aux parties et aux personnes qui peuvent se prévaloir des dispositions de l'accord. Elles valent titre exécutoire. – *[Décr. nº 2005-1677 du 28 déc. 2005, art. 32.]*

Art. R. 611-39-1 *(Décr. nº 2021-1218 du 23 sept. 2021, art. 5, en vigueur le 1er oct. 2021)* Un état de l'intégralité des frais mis à sa charge est préparé par le débiteur, assisté par le conciliateur. Il comprend :

1° La rémunération du conciliateur, si elle a été arrêtée, ou, à défaut, les conditions de cette rémunération telles qu'elles ont été fixées par le président du tribunal, ainsi que la rémunération du mandataire *ad hoc* si un mandat *ad hoc* a immédiatement précédé l'ouverture de la conciliation ;

2° La rémunération de tout intervenant ou expert, désigné par le juge ou auquel le conciliateur a eu recours ;

3° Les honoraires des conseils du débiteur ou ceux réglés par le débiteur dans le cadre de la procédure de conciliation et de la procédure de mandat *ad hoc* qui l'a le cas échéant immédiatement précédée ;

4° Les honoraires des conseils auxquels le créancier a fait appel lorsqu'ils sont mis à la charge du débiteur.

Cet état est signé et déposé au greffe par le débiteur. Avant de constater ou d'homologuer l'accord, le président du tribunal ou le tribunal s'assure de ce dépôt.

Le conciliateur, le président du tribunal, le tribunal et le ministère public peuvent, seuls, en prendre connaissance. Le tribunal qui ouvre une procédure de sauvegarde, de redressement judiciaire, de rétablissement professionnel ou de liquidation judiciaire du débiteur peut d'office ou à la demande du ministère public en obtenir communication. Lorsque les conditions de l'article L. 721-8 sont réunies et que le débiteur est une entreprise ou une des sociétés mentionnées aux *a* à *d* du 1° de cet article, le président du tribunal de commerce spécialisé, ce tribunal et le ministère public peuvent également en obtenir communication.

Pour les dispositions transitoires du Décr. nº 2021-1218 du 23 sept. 2021, V. note ss. art. R. 611-11.

Art. R. 611-40 *Al. 1er abrogé par Décr. nº 2009-160 du 12 févr. 2009, art. 11.*

Les personnes appelées à l'audience d'homologation en application du premier alinéa de l'article L. 611-9 peuvent prendre connaissance de l'accord au greffe du tribunal.

Le jugement ne reprend pas les termes de l'accord. Il mentionne les garanties et privilèges constitués pour en assurer l'exécution. Il précise les montants garantis par le privilège institué par l'article L. 611-11. – *[Décr. nº 2005-1677 du 28 déc. 2005, art. 33.]*

Art. R. 611-40-1 *(Décr. nº 2014-736 du 30 juin 2014, art. 18)* Lorsque le débiteur demande la désignation d'un mandataire à l'exécution de l'accord, le conciliateur est invité à présenter ses observations sur l'intérêt d'une telle mission. Le mandataire ne peut être désigné qu'après avoir exprimé son accord.

Art. R. 611-41 Le jugement statuant sur l'homologation de l'accord est notifié par le greffier au débiteur et aux créanciers signataires de l'accord. Il est communiqué au conciliateur et au ministère public. – *[Décr. nº 2005-1677 du 28 déc. 2005, art. 34.]*

Art. R. 611-42 L'appel du jugement rejetant l'homologation est formé, instruit et jugé selon les règles propres à la procédure en matière gracieuse. Toutefois, les parties sont dispensées du ministère de l'avocat *(Abrogé par Décr. nº 2012-634 du 3 mai 2012, art. 21-5°)* *« ou de l'avoué »*. – *[Décr. nº 2005-1677 du 28 déc. 2005, art. 35.]*

(Décr. nº 2009-160 du 12 févr. 2009, art. 12) « Dans les autres cas, l'appel est formé, instruit et jugé selon les règles propres à la procédure sans représentation obligatoire. »

Art. R. 611-43 Un avis du jugement d'homologation est adressé pour insertion au *Bulletin officiel des annonces civiles et commerciales*. Cette insertion contient l'indication du nom du débiteur, de son siège ou, lorsqu'il est une personne physique, de l'adresse de son entreprise ou de son activité. Il est également mentionné son numéro unique d'identification ainsi que, le cas échéant, le nom de la ville où se trouve le greffe ou la

(Décr. n° 2010-1356 du 11 nov. 2010, art. 25) « chambre de métiers et de l'artisanat de région » où il est immatriculé. *(Décr. n° 2014-736 du 30 juin 2014, art. 19)* « Lorsque l'activité en difficulté est celle à laquelle un entrepreneur individuel à responsabilité limitée a affecté un patrimoine, l'insertion précise le registre où a été *(Décr. n° 2019-987 du 25 sept. 2019, art. 32, en vigueur le 1er oct. 2019)* « inscrite » la déclaration d'affectation. »

Le même avis est publié dans un *(Décr. n° 2020-106 du 10 févr. 2020, art. 12)* « support » d'annonces légales du lieu où le débiteur a son siège ou, lorsqu'il est une personne physique, l'adresse de son entreprise ou de son activité.

Il mentionne que le jugement est déposé au greffe où tout intéressé peut en prendre connaissance.

Ces publicités sont faites d'office par le greffier dans les huit jours de la date du jugement. — *[Décr. n° 2005-1677 du 28 déc. 2005, art. 36.]*

Art. R. 611-44 Sous réserve de l'instance ouverte par la tierce opposition mentionnée à l'article L. 611-10, et en dehors de l'autorité judiciaire, à qui l'accord homologué et le rapport d'expertise peuvent être communiqués en application de l'article L. 621-1, l'accord ne peut être communiqué qu'aux parties et aux personnes qui peuvent s'en prévaloir et le rapport d'expertise qu'au débiteur et au conciliateur. *(Décr. n° 2021-1218 du 23 sept. 2021, art. 6, en vigueur le 1er oct. 2021)* « L'accord ne peut être communiqué au tiers opposant qu'une fois la tierce opposition déclarée recevable. » — *Pour les dispositions transitoires du Décr. n° 2021-1218 du 23 sept. 2021, V. note ss. art. R. 611-11.*

L'accord homologué est transmis par le greffier au commissaire aux comptes du débiteur. — *[Décr. n° 2005-1677 du 28 déc. 2005, art. 37.]*

Art. R. 611-45 *(Décr. n° 2009-160 du 12 févr. 2009, art. 13)* « Pour l'application du deuxième alinéa de l'article L. 611-10-2 », le débiteur justifie de la levée de l'interdiction d'émettre des chèques auprès de l'établissement de crédit qui est à l'origine de cette mesure par la remise d'une copie du jugement homologuant l'accord, à laquelle il joint un relevé des incidents de paiement.

L'établissement de crédit qui est à l'origine de l'interdiction informe la Banque de France de la levée de cette interdiction aux fins de régularisation. — *[Décr. n° 2005-1677 du 28 déc. 2005, art. 38.]*

Art. R. 611-46 *(Décr. n° 2009-160 du 12 févr. 2009, art. 14)* La demande de résolution de l'accord constaté ou homologué présentée en application de l'article L. 611-10-3 est formée par assignation. Toutes les parties à l'accord ainsi que les créanciers *(Décr. n° 2021-1218 du 23 sept. 2021, art. 7, en vigueur le 1er oct. 2021)* « à l'égard desquels il a été fait » en application du cinquième alinéa de l'article L. 611-7 *(Décr. n° 2014-736 du 30 juin 2014, art. 20)* « ou du dernier alinéa de l'article L. 611-10-1 » sont mis en cause par le demandeur, le cas échéant sur injonction du tribunal.

Le jugement rendu est communiqué au ministère public et notifié par le greffier aux créanciers mentionnés à l'alinéa précédent.

La décision prononçant la résolution de l'accord homologué fait l'objet des publicités prévues à l'article R. 611-43. — *[Décr. n° 2005-1677 du 28 déc. 2005, art. 39.]*

Pour les dispositions transitoires du Décr. n° 2021-1218 du 23 sept. 2021, V. note ss. art. R. 611-11.

Art. R. 611-46-1 *(Décr. n° 2014-736 du 30 juin 2014, art. 21)* Lorsque l'ouverture de la procédure de conciliation est demandée par un entrepreneur individuel à responsabilité limitée, les dispositions de la présente section ne s'appliquent qu'au patrimoine qui fait l'objet de cette demande. Toutefois, les situations d'incompatibilité du conciliateur sont appréciées en considération de l'ensemble des patrimoines dont le demandeur est titulaire.

SECTION V ***DE LA RÉMUNÉRATION DU MANDATAIRE AD HOC, DU CONCILIATEUR, DU MANDATAIRE À L'EXÉCUTION DE L'ACCORD ET DE L'EXPERT*** *(Décr. n° 2014-736 du 30 juin 2014, art. 22).*

Art. R. 611-47 Les conditions de *[la]* rémunération du mandataire *ad hoc*, du conciliateur *(Décr. n° 2014-736 du 30 juin 2014, art. 23)* « *[,]* du mandataire à l'exécution de l'accord » et de l'expert mentionnées à l'article L. 611-14 comprennent les critères sur la base desquels elle sera arrêtée, son montant maximal et *(Décr. n° 2014-736 du 30 juin 2014, art. 23)* « , le cas échéant, le montant ou les modalités de versement des provisions ». – *[Décr. n° 2005-1677 du 28 déc. 2005, art. 40.]*

Art. R. 611-47-1 *(Décr. n° 2014-736 du 30 juin 2014, art. 24)* Les propositions faites par le mandataire *ad hoc* ou le conciliateur au débiteur sur les conditions de sa rémunération sont jointes à la demande mentionnée à l'article R. 611-18 ou à la requête mentionnée à l'article R. 611-22. Les propositions faites par le conciliateur sont transmises sans délai par le greffier au ministère public.

Le président ne peut désigner un mandataire *ad hoc* ou un conciliateur dont la désignation ne lui a pas été proposée par le débiteur qu'après avoir obtenu l'accord de celui-ci sur les conditions de sa rémunération.

En l'absence d'avis du ministère public, le président ne peut ouvrir la procédure de conciliation avant l'expiration d'un délai de quarante-huit heures à compter de la transmission prévue au premier alinéa.

Art. R. 611-48 L'accord du débiteur sur les conditions de rémunération du mandataire *ad hoc*, du conciliateur ou de l'expert est consigné par écrit préalablement à leur désignation. Il est annexé à l'ordonnance de désignation. – *[Décr. n° 2005-1677 du 28 déc. 2005, art. 41.]*

Art. R. 611-49 Si le mandataire *ad hoc*, le conciliateur ou l'expert estime au cours de sa mission que le montant maximal de la rémunération fixé par l'ordonnance qui l'a désigné est insuffisant, il en informe le président du tribunal.

Le président du tribunal fixe les nouvelles conditions de la rémunération en accord avec le débiteur *(Décr. n° 2014-736 du 30 juin 2014, art. 25)* « et après avoir recueilli l'avis du ministère public en cas de recours à la conciliation ». L'accord est consigné par écrit.

A défaut d'accord, il est mis fin à sa mission. – *[Décr. n° 2005-1677 du 28 déc. 2005, art. 42.]*

Art. R. 611-50 Le greffier notifie l'ordonnance arrêtant la rémunération au mandataire *ad hoc*, au conciliateur *(Décr. n° 2014-736 du 30 juin 2014, art. 26-1°)* « , au mandataire à l'exécution de l'accord » et à l'expert, ainsi qu'au débiteur. *(Décr. n° 2014-736 du 30 juin 2014, art. 26-1° et 2°)* « La décision prise en cas de recours à la conciliation est communiquée sans délai au ministère public.

« Elle peut être frappée d'un recours par le débiteur, le mandataire *ad hoc*, le conciliateur, le mandataire à l'exécution de l'accord ou l'expert ; elle peut l'être également par le ministère public sauf si elle porte sur la rémunération du mandataire *ad hoc*. Dans tous les cas, le recours est porté devant le premier président de la cour d'appel. »

Le recours est formé, instruit et jugé dans les délais et conditions prévus par les articles 714 à 718 du code de procédure civile. – *[Décr. n° 2005-1677 du 28 déc. 2005, art. 43.]*

Art. R. 611-51 *(Décr. n° 2014-736 du 30 juin 2014, art. 27)* Les conditions de rémunération de la mission ayant pour objet l'organisation d'une cession partielle ou totale de l'entreprise sont fixées après avis du ministère public. Le président du tribunal arrête cette rémunération à l'issue de cette mission. Sa décision est communiquée par le greffier au ministère public. Les dispositions de l'article R. 611-50 sont applicables.

Lorsque la cession préparée dans le cadre de la conciliation est mise en œuvre après l'ouverture d'une procédure de sauvegarde, de redressement judiciaire ou de liquidation judiciaire par la même personne en exécution du mandat de justice qui lui a été confié par la juridiction qui a ouvert cette procédure collective, la rémunération n'est due qu'au titre de ce dernier mandat.

Art. R. 611-52 *(Décr. n° 2014-736 du 30 juin 2014, art. 27)* La décision qui prévoit le bénéfice de provisions au mandataire à l'exécution de l'accord, en application de l'article R. 611-47, peut préciser qu'elles seront allouées au terme de chacune des années de l'exécution de l'accord. Le montant annuel de la provision est fixé par ordonnance communiquée par le greffier au ministère public.

CHAPITRE II DES DISPOSITIONS APPLICABLES AUX PERSONNES MORALES DE DROIT PRIVÉ NON COMMERÇANTES AYANT UNE ACTIVITÉ ÉCONOMIQUE

Art. R. 612-1 Les personnes morales de droit privé non commerçantes ayant une activité économique, mentionnées à l'article L. 612-1, sont tenues d'établir des comptes annuels et de désigner au moins un commissaire aux comptes et un suppléant lorsqu'elles dépassent, à la fin de l'année civile ou à la clôture de l'exercice, les chiffres ci-dessous fixés pour deux des trois critères suivants :

1° Cinquante pour le nombre de salariés ; les salariés pris en compte sont ceux qui sont liés à la personne morale par un contrat de travail à durée indéterminée ; le nombre de salariés est égal à la moyenne arithmétique des effectifs à la fin de chaque trimestre de l'année civile ou de l'exercice comptable lorsque celui-ci ne coïncide pas avec l'année civile ;

2° 3 100 000 € pour le montant hors taxes du chiffre d'affaires ou des ressources ; le montant hors taxes du chiffre d'affaires est égal au montant des ventes de produits et services liés à l'activité courante ; le montant des ressources est égal au montant des cotisations, subventions et produits de toute nature liés à l'activité courante ; *(Abrogé par Décr. n° 2012-721 du 9 mai 2012, art. 6-1°)* ***« toutefois, pour les associations professionnelles ou interprofessionnelles collectant la participation des employeurs à l'effort de construction, le montant des ressources, qui s'entendent des sommes recueillies au sens de l'article R. 313-25 du code de la construction et de l'habitation, est fixé à 750 000 € ; »***

3° 1 550 000 € pour le total du bilan ; celui-ci est égal à la somme des montants nets des éléments d'actif.

Les personnes morales mentionnées au premier alinéa ne sont plus tenues à l'obligation d'établir des comptes annuels lorsqu'elles ne dépassent pas les chiffres fixés pour deux des trois critères définis ci-dessus pendant deux exercices successifs. Il est mis fin dans les mêmes conditions au mandat du commissaire aux comptes par l'organe délibérant appelé à statuer sur les comptes annuels.

Les dispositions du présent article relatives à l'établissement de comptes annuels ou à la désignation d'un commissaire aux comptes s'appliquent sans préjudice des dispositions réglementaires propres à certaines formes de personnes morales entrant dans l'une des catégories mentionnées à l'article L. 612-1. – *[Décr. n° 2005-1677 du 28 déc. 2005, art. 44.]*

Art. R. 612-2 Les comptes annuels comprennent un bilan, un compte de résultat et une annexe. Ils sont établis selon les principes et méthodes comptables définis aux articles L. 123-12 et suivants et aux articles R. 123-172 à R. 123-208 pris pour leur application, sous réserve des adaptations que rend nécessaires la forme juridique ou la nature de l'activité de ces personnes morales. Les plans comptables applicables à ces personnes morales sont fixés par règlement *(Ord. n° 2009-79 du 22 janv. 2009, art. 6)* « de l'Autorité des normes comptables ». Si des particularités d'activité, de structure ou d'opérations le justifient, des adaptations peuvent être apportées, dans les mêmes formes, aux dispositions de ces plans comptables.

Les comptes annuels sont soumis, en même temps qu'un rapport de gestion, à l'approbation de l'organe délibérant au plus tard dans les six mois de la clôture de l'exercice et transmis aux commissaires aux comptes quarante-cinq jours au moins avant la réunion à laquelle ils doivent être approuvés. Le délai de six mois peut être prolongé à la demande du représentant légal de la personne morale, par ordonnance du président du *(Décr. n° 2019-966 du 18 sept. 2019, art. 8, en vigueur le 1er janv. 2020)* « tribunal judiciaire », statuant sur requête. – *[Décr. n° 2005-1677 du 28 déc. 2005, art. 45.]*

Art. R. 612-3 Les personnes morales de droit privé non commerçantes ayant une activité économique qui, à la fin de l'année civile ou à la clôture de l'exercice, comptent trois cents salariés ou plus ou dont le montant du chiffre d'affaires hors taxes ou des ressources est supérieur ou égal à 18 000 000 €, sont tenues d'établir les documents mentionnés à l'article L. 612-2. Ces critères sont définis selon les dispositions prévues à l'article R. 612-1.

Elles ne sont plus tenues à cette obligation lorsqu'elles ne dépassent aucun des chiffres fixés pour ces critères pendant deux exercices successifs.

Les dispositions des articles R. 232-3 à R. 232-7 sont applicables, sous réserve des adaptations que rend nécessaires la forme juridique de ces personnes morales. — *[Décr. n° 2005-1677 du 28 déc. 2005, art. 46.]*

Art. R. 612-4 Lorsque le commissaire aux comptes met en œuvre la procédure d'alerte prévue à l'article L. 612-3, il est fait application soit des dispositions des articles R. 234-1 et suivants si la personne morale a un organe collégial chargé de l'administration distinct de l'organe chargé de la direction, soit des articles *(Décr. n° 2007-812 du 10 mai 2007, art. 6)* « R. 234-5 » et suivants dans les autres cas.

Pour l'application de ces deux dispositions, le président du tribunal compétent est celui du *(Décr. n° 2019-966 du 18 sept. 2019, art. 8, en vigueur le 1er janv. 2020)* « tribunal judiciaire ». — *[Décr. n° 2005-1677 du 28 déc. 2005, art. 47.]*

Art. D. 612-5 Le montant visé au premier alinéa de l'article L. 612-4 est fixé à 153 000 €. — *[Décr. n° 2006-335 du 21 mars 2006, art. 1er.] — Le Décr. n° 2006-335 du 21 mars 2006 [dont l'art. 1er est codifié à l'art. D. 612-5 C. com.] est applicable aux exercices comptables des associations ouverts à compter du 1er janv. 2006 (Décr. préc., art. 4).*

Art. R. 612-6 Le rapport mentionné au premier alinéa de l'article L. 612-5 contient :

1° L'énumération des conventions soumises à l'approbation de l'organe délibérant ou jointes aux documents communiqués aux adhérents en l'absence d'organe délibérant ;

2° Le nom des administrateurs intéressés ou des personnes intéressées assurant un rôle de mandataire social ;

3° La désignation de la personne ayant passé une convention dans les conditions du deuxième alinéa de l'article L. 612-5 ;

4° La nature et l'objet desdites conventions ;

5° Les modalités essentielles de ces conventions notamment l'indication des prix ou tarifs pratiqués, des ristournes et commissions consenties, des délais de paiement accordés, des intérêts stipulés, des sûretés conférées et, le cas échéant, toutes autres indications permettant à l'organe délibérant ou aux adhérents d'apprécier l'intérêt qui s'attachait à la conclusion des conventions analysées. — *[Décr. n° 2005-1677 du 28 déc. 2005, art. 48.]*

Art. R. 612-7 Lorsque le rapport est établi par le commissaire aux comptes, le représentant légal de la personne morale avise ce dernier des conventions mentionnées à l'article L. 612-5 dans le délai d'un mois à compter de la conclusion desdites conventions. — *[Décr. n° 2005-1677 du 28 déc. 2005, art. 49.]*

TITRE DEUXIÈME DE LA SAUVEGARDE

CHAPITRE PREMIER DE L'OUVERTURE DE LA PROCÉDURE

SECTION PREMIÈRE DE LA SAISINE ET DE LA DÉCISION DU TRIBUNAL

Art. R. 621-1 La demande d'ouverture de la procédure de sauvegarde est déposée par le représentant légal de la personne morale ou par le débiteur personne physique au greffe du tribunal compétent. Elle expose la nature des difficultés qu'il rencontre et les raisons pour lesquelles il n'est pas en mesure de les surmonter. *(Décr. n° 2009-160 du 12 févr. 2009, art. 15)* « Elle précise s'il s'engage à établir l'inventaire dans les conditions prévues à l'article L. 622-6-1 ainsi que le délai nécessaire à l'établissement de celui-ci ou s'il demande la désignation par le tribunal d'une personne chargée de réaliser l'inventaire en application du sixième alinéa de l'article L. 621-4. »

A cette demande sont jointes, outre les comptes annuels du dernier exercice, les pièces ci-après :

(Décr. n° 2021-631 du 21 mai 2021, art. 4) « 1° Le numéro unique d'identification ; »

2° Une situation de trésorerie *(Abrogé par Décr. n° 2009-160 du 12 févr. 2009, art. 15)* « *datant de moins de huit jours* » ;

3° Un compte de résultat prévisionnel ;

4° Le nombre des salariés employés à la date de la demande *(Décr. n° 2020-100 du 7 févr. 2020, art. 6)* « , déterminé conformément aux dispositions de l'article R. 130-1

du code de la sécurité sociale, » et le montant du chiffre d'affaires, défini conformément aux dispositions du *(Décr. nº 2020-100 du 7 févr. 2020, art. 6)* **« sixième » alinéa de l'article** *(Décr. nº 2015-903 du 23 juill. 2015, art. 3)* **« D. 123-200 », apprécié à la date de clôture du dernier exercice comptable ;** — *Les dispositions du Décr. nº 2015-903 du 23 juill. 2015 s'appliquent aux comptes afférents aux exercices ouverts à compter du 1er janv. 2016 (Décr. préc., art. 5). — Celles des art. 6 à 10 du Décr. nº 2020-100 du 7 févr. 2020 ne s'appliquent pas aux procédures ouvertes à la date d'entrée en vigueur dudit Décr. (Décr. préc., art. 15, JO 8 févr.).*

5° L'état chiffré des créances et des dettes avec l'indication *(Décr. nº 2011-236 du 3 mars 2011, art. 9-II)* **«** *[,]* **selon le cas, du nom ou de la dénomination et du domicile ou siège » des créanciers ainsi que, par créancier ou débiteur, le montant total des sommes à payer et à recouvrer au cours d'une période de trente jours à compter de la demande ;** *(Décr. nº 2014-736 du 30 juin 2014, art. 28-2°)* **« lorsque la demande est formée par un entrepreneur individuel à responsabilité limitée pour l'activité à laquelle un patrimoine a été affecté, les dettes portées sur l'état chiffré sont celles qui sont affectées à ce patrimoine et celles qui sont nées à l'occasion de l'exercice de cette activité ; »**

6° L'état actif et passif des sûretés ainsi que celui des engagements hors bilan ;

7° L'inventaire sommaire des biens du débiteur *(Décr. nº 2014-736 du 30 juin 2014, art. 28-3°)* **« ou, si un patrimoine a été affecté à l'activité en difficulté, des biens affectés à l'exercice de cette activité » ;**

8° Le nom et l'adresse des représentants *(Décr. nº 2021-1218 du 23 sept. 2021, art. 8, en vigueur le 1er oct. 2021)* **« de la délégation du personnel du comité social et économique » habilités à être entendus par le tribunal s'ils ont déjà été désignés ;** — *Pour les dispositions transitoires du Décr. nº 2021-1218 du 23 sept. 2021, V. note ss. art. R. 611-11.*

9° Une attestation sur l'honneur certifiant l'absence de mandat ***ad hoc*** **ou de procédure de conciliation dans les dix-huit mois précédant la date de la demande ou, dans le cas contraire, mentionnant la date de la désignation du mandataire** ***ad hoc*** **ou de l'ouverture de la procédure de conciliation ainsi que l'autorité qui y a procédé ;** *(Décr. nº 2014-736 du 30 juin 2014, art. 28-4°)* **« lorsque la demande est faite par un entrepreneur à responsabilité limitée, ces informations ne concernent que l'activité en difficulté ; »**

10° Lorsque le débiteur exerce une profession libérale soumise à un statut législatif ou réglementaire ou dont le titre est protégé, la désignation de l'ordre professionnel ou de l'autorité dont il relève ;

11° Lorsque le débiteur exploite une ou des installations classées au sens du titre Ier du livre V du code de l'environnement, la copie de la décision d'autorisation *(Décr. nº 2010-368 du 13 avr. 2010, art. 43-I)* **« ou d'enregistrement » ou la déclaration ;**

(Décr. nº 2009-160 du 12 févr. 2009, art. 15) **« 12° Lorsque le débiteur propose un administrateur à la désignation du tribunal, l'indication de l'identité et de l'adresse de la personne concernée. »**

Ces documents doivent être datés, signés et certifiés sincères et véritables par le débiteur. Ceux qui sont mentionnés aux *(Décr. nº 2009-160 du 12 févr. 2009, art. 15 ; Décr. nº 2021-631 du 21 mai 2021, art. 4)* **« 2° à 7°, à l'exception du 4°, sont établis à la date de la demande ou dans les sept jours qui précèdent ».**

Dans le cas où l'un ou l'autre de ces documents ne peut être fourni ou ne peut l'être qu'incomplètement, la demande indique les motifs qui empêchent cette production. — *[Décr. nº 2005-1677 du 28 déc. 2005, art. 50.]*

Le Décr. nº 2015-1009 du 18 août 2015 remplace, aux art. R. 621-1, al. 6, R. 621-11, al. 2, R. 631-1 (4°), D. 641-10 et R. 663-3, la référence à l'art. R. 123-200 par une référence à l'art. D. 123-200 (V. Décr. préc., art. 12, en vigueur le 1er oct. 2015). Le Décr. nº 2015-903 du 23 juill. 2015 avait déjà procédé à ce remplacement, mais portait une date d'entrée en vigueur différente (V. 4° ci-dessus).

Pour l'entrée en vigueur du Décr. nº 2021-631 du 21 mai 2021, V. ndlr ss. art. R. 611-22.

Art. R. 621-2 **Avant qu'il ne soit statué sur l'ouverture de la procédure, le greffier, à la demande du président du tribunal, avise le représentant légal de la personne morale débitrice ou le débiteur personne physique qu'il doit réunir le comité** *(Décr. nº 2021-1354 du 16 oct. 2021, art. 43)* **« social et économique », pour que soient désignées les**

personnes habilitées à être entendues par le tribunal et à exercer les voies de recours conformément à l'article L. 661-10. Une copie de cet avis est adressée par le greffier au secrétaire du comité *(Décr. n° 2021-1354 du 16 oct. 2021, art. 43)* **« social et économique ». Le procès-verbal de désignation est déposé au greffe.** – *[Décr. n° 2005-1677 du 28 déc. 2005, art. 51.]*

V. notes 3 s. ss. art. L. 621-1.

Art. R. 621-2-1 *(Décr. n° 2014-736 du 30 juin 2014, art. 29)* **Lorsque le nombre de salariés employés par le débiteur** *(Décr. n° 2020-100 du 7 févr. 2020, art. 7)* **« , déterminé conformément aux dispositions du 4° de l'article R. 621-1, » est au moins égal à 50, les institutions de garantie mentionnées à l'article L. 3253-14 du code du travail sont invitées par le greffier à faire connaître la personne habilitée à les représenter à l'audience. Les observations prévues au cinquième alinéa de l'article L. 621-4 peuvent également être recueillies par écrit ; elles sont alors communiquées au débiteur et au ministère public par le greffe.**

Pour les dispositions transitoires du Décr. n° 2020-100 du 7 févr. 2020, V. note ss. art. R. 621-1.

Art. R. 621-3 La décision du tribunal de commettre un juge, avant de statuer, en application de l'article L. 621-1, pour recueillir tous les renseignements sur la situation financière, économique et sociale de l'entreprise, est rendue dans les mêmes conditions que celles prévues aux deux premiers alinéas du même article, pour l'ouverture de la procédure.

Le rapport de ce juge, auquel est annexé le rapport de l'expert, lorsqu'il en a été désigné, est déposé au greffe et communiqué par le greffier au débiteur et au ministère public.

Le greffier informe le comité *(Décr. n° 2021-1218 du 23 sept. 2021, art. 9, en vigueur le 1er oct. 2021)* **« social et économique » que leurs** *[ses]* **représentants peuvent prendre connaissance du rapport au greffe et** *(Décr. n° 2021-1354 du 16 oct. 2021, art. 43)* **« l'avise » en même temps de la date de l'audience.** – *[Décr. n° 2005-1677 du 28 déc. 2005, art. 52.]*

Pour les dispositions transitoires du Décr. n° 2021-1218 du 23 sept. 2021, V. note ss. art. R. 611-11.

Jurisprudence relative à l'ancien art. 13 du Décr. n° 85-1388 du 27 déc. 1985

1. Désignation d'un juge. Sur le caractère, obligatoire ou non, de cette désignation, V. • Paris, 24 oct. 1989 : *Rev. dr. bancaire 1990. 86, obs. Campana et Calendini.*

La décision de désigner un juge commis, n'étant pas un jugement au sens de l'art. 455 NCPC [C. pr. civ.], n'a pas à être motivée. • Paris, 15 mai 1998 : *D. Affaires 1998. 1048, obs. A. L. ; RJ com. 1999. 426, obs. Legrand.*

2. Rapport. Le magistrat commis par le tribunal saisi d'une assignation en redressement judiciaire pour recueillir tous renseignements sur la situation financière, économique et sociale d'une entreprise, ne peut, à l'audience du jugement d'ouverture de la procédure de redressement judiciaire qui *le désigne* en qualité de juge-commissaire, présenter un rapport qu'en qualité de juge commis et non de juge-commissaire. • Com. 3 avr. 1990, n° 88-18.844 P : *D. 1990. IR 109.*

3. Aucune disposition réglementaire ne fait obligation au juge commis par le tribunal de convoquer les représentants de l'entreprise avant de déposer son rapport au greffe. • Com. 28 janv. 1997 : *RPC 1997. 408, obs. Cadiou.*

4. Procédure d'appel. Sur l'impossibilité, pour une cour d'appel, de mettre en œuvre directement les dispositions relatives à l'enquête préalable, V. • Paris, 5 févr. 1986 : *Gaz. Pal. 1988. 2. Somm. 302.*

5. Juge des référés. En ce sens qu'il n'appartient pas au juge des référés d'appliquer l'art. 13, cette attribution étant réservée au président du tribunal ou au tribunal ; qu'en tout état de cause, l'art. 13 ne lui permet pas de désigner un enquêteur ou un expert, mais seulement de commettre un juge, V. • Versailles, 26 janv. 1995 : *Gaz. Pal. 1995. 1. Somm. 71.*

6. Mesure d'expertise de droit commun. En ce sens que l'art. 13 n'exclut pas le recours à une mesure d'expertise du droit commun, dans les conditions des art. 265 s., NCPC [C. pr. civ.], V. • Com. 31 mars 1992, n° 90-13.217 P : *D. 1992. Somm. 376, obs. Honorat.*

Art. R. 621-4 Le tribunal statue, le cas échéant, sur le rapport du juge commis. *(Décr. n° 2014-736 du 30 juin 2014, art. 30)* **« Celui-ci ne peut siéger ni participer au délibéré. » Si le jugement ne peut être rendu sur-le-champ, le prononcé en est renvoyé à une prochaine audience dont la date est communiquée, lors de l'audience, au débiteur.**

Le jugement d'ouverture de la procédure prend effet à compter de sa date. – *[Décr. nº 2005-1677 du 28 déc. 2005, art. 55.]*

1. L'art. 14 [R. 621-4] ci-dessus déroge aux dispositions de l'art. 66 du Décr. du 30 mai 1984 [C. com., art. L. 123-9] (selon lequel les personnes assujetties à l'immatriculation au RCS ne peuvent opposer aux tiers les faits ou actes sujets à mention que si ces derniers ont été publiés au registre). • Com. 11 mars 1997 : *RPC 1998. 43, obs. Cadiou.*

2. Les débats l'ayant précédé ayant eu lieu à une date où l'ouverture de la procédure de redressement judiciaire du défendeur n'était pas encore intervenue, un jugement (prononçant la résolution d'un contrat) est opposable aux organes de son redressement judiciaire, peu important qu'il ait été rendu le jour même du jugement prononçant l'ouverture de cette procédure. • Com. 9 juill. 1996, nº 94-18.676 P : *RJDA 1996, nº 1535.*

3. En ce sens que les dispositions de l'art. 21 [R. 621-8] qui organisent la publicité du jugement avec insertion au BODACC ne dérogent pas à celles de l'art. 14 [R. 621-4], qui sont d'ordre public, et n'ont donc pas pour effet de reporter au jour de la publication la date d'effet du jugement d'ouverture vis-à-vis des tiers. V. • Rennes, 19 nov. 1999 : *JCP E 2000, nº 46, p. 1812, note Humann* • Grenoble, 13 nov. 2001 : *Rev. huiss. 2002. 121, obs. Putman.*

4. Tous les effets du jugement d'ouverture devant s'appliquer à compter de sa date, laquelle est réputée se situer entre zéro et vingt-quatre heures le jour de la décision, est donc nul le virement effectué le jour du jugement, la loi interdisant à compter de ce jour le paiement de toute créance antérieure. • Limoges, 29 oct. 1991 : *Dr. sociétés oct. 1992, nº 204, obs. Chaput.* ♦ Comp., jugeant, au regard de l'art. 43 de la loi du 9 juill. 1991 (devenu l'art. L. 211-2 C. pr. exéc. ; V. note 72 ss. art. L. 622-21), que la « survenance » du jugement d'ouverture, qui se situe nécessairement au moment de son prononcé et non à la date de sa prise d'effet éventuellement rétroactive, ne saurait remettre en cause l'attribution immédiate qu'emporte l'acte de saisie lorsque celui-ci est antérieur : • Caen, 29 avr. 1997 : *RPC 1997. 417, obs. crit. Cadiou* • 10 oct. 1995 : *ibid. 1998. 91, obs. crit. Canet.*

V. aussi note 3 ss. art. L. 631-17.

Art. R. 621-5 **Lorsqu'il apparaît que le débiteur ne remplit pas les conditions requises pour l'ouverture d'une procédure de sauvegarde, le tribunal rejette la demande.**

(Abrogé par Décr. nº 2014-736 du 30 juin 2014, art. 31) ***« S'il estime devoir se saisir d'office en vue de l'ouverture d'une procédure de redressement judiciaire ou de liquidation judiciaire, il est fait application des dispositions de l'article R. 631-3. »*** – *[Décr. nº 2005-1677 du 28 déc. 2005, art. 56.]*

Art. R. 621-6 **Le jugement qui ouvre la procédure de sauvegarde est notifié au débiteur par le greffier dans les huit jours de la date du jugement.** – *[Décr. nº 2005-1677 du 28 déc. 2005, art. 60.]*

Art. R. 621-7 **Le greffier adresse sans délai une copie du jugement ouvrant la procédure :**

1º Aux mandataires de justice désignés ;

2º Au procureur de la République ;

3º Au *(Décr. nº 2014-551 du 27 mai 2014, art. 4-2º)* **« directeur départemental ou, le cas échéant, régional des finances publiques » du département dans lequel le débiteur a son siège et à celui du département où se trouve le principal établissement.** – *[Décr. nº 2005-1677 du 28 déc. 2005, art. 61.]*

Art. R. 621-7-1 *(Décr. nº 2014-736 du 30 juin 2014, art. 32)* **Le greffier informe la personne chargée de réaliser l'inventaire de sa désignation par tout moyen.**

Art. R. 621-8 **Le jugement d'ouverture de la procédure de sauvegarde est mentionné avec l'indication des pouvoirs conférés à l'administrateur, lorsqu'il en a été désigné, au registre du commerce et des sociétés s'il s'agit d'un commerçant ou d'une personne morale immatriculée à ce registre.** *(Décr. nº 2018-452 du 5 juin 2018, art. 5)* **« En outre, pour les procédures ouvertes à compter du 26 juin 2018, le jugement est mentionné avec l'indication de la nature *principale, secondaire* ou territoriale de la *procédure d'insolvabilité* au sens des paragraphes 1, 2 ou 4 de l'article 3 du règlement (UE) nº 2015/848 du 20 mai 2015 relatif aux procédures d'insolvabilité, de la juridiction compétente pour connaître du recours à l'encontre de la décision d'ouverture de la procédure d'insolvabilité pour un motif de compétence internationale et du délai imparti pour former ce recours, et du délai imparti pour la déclaration des créances**

avec les références électroniques du portail prévu par les articles L. 814-2 et L. 814-13. »

A la demande du greffier du tribunal qui a ouvert la procédure, les mêmes mentions sont portées sur le répertoire des métiers ou sur le répertoire des entreprises dans les départements du Bas-Rhin, du Haut-Rhin et de la Moselle, s'il s'agit d'une entreprise artisanale.

S'il s'agit d'une personne non immatriculée au registre du commerce et des sociétés ou aux répertoires mentionnés au deuxième alinéa, les mentions sont portées sur un registre ouvert à cet effet au greffe du *(Décr. n° 2019-966 du 18 sept. 2019, art. 8, en vigueur le 1er janv. 2020)* « tribunal judiciaire ». Dans ce cas, le greffier indique, selon le cas, le siège ou l'adresse du débiteur, les nom, prénoms et adresse du représentant légal de la personne morale débitrice ou du débiteur personne physique.

(Décr. n° 2014-736 du 30 juin 2014, art. 33-1°) « Si une déclaration d'affectation a été faite conformément à l'article L. 526-7, mention du jugement d'ouverture est également portée, à la demande du greffier du tribunal qui l'a prononcé, conformément aux 1°, 3° et 4° de cet article, soit sur le registre spécial mentionné à l'article R. 526-15 ou celui mentionné à l'article R. 134-6 du présent code, soit sur le registre prévu par l'article L. 311-2 du code rural et de la pêche maritime. »

Un avis du jugement est adressé pour insertion au *Bulletin officiel des annonces civiles et commerciales*. Cette insertion contient l'indication du nom du débiteur *(Décr. n° 2014-736 du 30 juin 2014, art. 33-2°)* « ou, lorsque la procédure est ouverte à raison de l'activité d'un entrepreneur individuel à responsabilité limitée à laquelle un patrimoine est affecté, la dénomination prévue par le dernier alinéa de l'article L. 526-6 », selon le cas de son siège ou de son adresse professionnelle, de son numéro unique d'identification ainsi que, s'il y a lieu, du nom de la ville du greffe ou de la *(Décr. n° 2010-1356 du 11 nov. 2010, art. 25-2°)* « chambre de métiers et de l'artisanat de région » où il est immatriculé *(Décr. n° 2014-736 du 30 juin 2014, art. 33-2°)* « ou, si un patrimoine a été affecté à l'activité en difficulté et selon le cas, de la ville où le greffe tient le registre prévu par l'article L. 526-7 ou *[de]* celle où est située la chambre d'agriculture mentionnée par ce texte », de l'activité exercée *(Décr. n° 2015-1009 du 18 août 2015, art. 3-1°, en vigueur le 1er oct. 2015)* « , de la date du jugement qui a ouvert la procédure et, le cas échéant, de celle de la cessation des paiements fixée par le tribunal si elle est différente ». Elle précise également le nom et l'adresse du mandataire judiciaire et de l'administrateur s'il en a été désigné avec, dans ce cas, l'indication des pouvoirs qui lui sont conférés. Elle comporte *(Abrogé par Décr. n° 2015-1009 du 18 août 2015, art. 3-2°, à compter du 1er oct. 2015)* « *enfin* » l'avis aux créanciers d'avoir à déclarer leurs créances entre les mains du mandataire judiciaire et le délai imparti pour cette déclaration. *(Décr. n° 2015-1009 du 18 août 2015, art. 3-3°, en vigueur le 1er oct. 2015)* « Elle indique enfin les références électroniques du portail prévu par les articles L. 814-2 et L. 814-13. » *(Décr. n° 2018-452 du 5 juin 2018, art. 5)* « En outre, pour les procédures ouvertes à compter du 26 juin 2018, cette insertion précise la nature principale, secondaire ou territoriale de la procédure d'insolvabilité au sens des paragraphes 1, 2 ou 4 de l'article 3 du règlement (UE) n° 2015/848 du 20 mai 2015 relatif aux procédures d'insolvabilité et la juridiction compétente pour connaître du recours à l'encontre de la décision d'ouverture de la procédure pour un motif de compétence internationale, ainsi que le délai pour former ce recours. »

Le même avis est publié dans un *(Décr. n° 2020-106 du 10 févr. 2020, art. 12)* « support » d'annonces légales du lieu où le débiteur a son siège ou son adresse professionnelle et, le cas échéant, ses établissements secondaires.

Le greffier procède d'office à ces publicités dans les quinze jours de la date du jugement. — *[Décr. n° 2005-1677 du 28 déc. 2005, art. 63.]*

BIBL. ▶ VALLENS, *D. 2016. Chron. 732* (pour la publicité des jugements de redressement et de liquidation judiciaires).

1. Publicité foncière. Le jugement d'ouverture est soumis aux seules formalités de publicité édictées à l'art. 21 [R. 621-8] ci-dessus, à l'exclusion de celles prévues à l'art. 28-2° du Décr. n° 55-22 du 4 janv. 1955. • Com. 7 juill. 1992, n° 90-17.756 P : *D. 1992. 433, note Derrida*.

2. Publicité irrégulière. S'il ne résulte pas des art. R. 621-8, al. 4 [5], R. 631-7 et R. 661-2 C. com.

que l'avis du jugement d'ouverture de la procédure de redressement judiciaire inséré au *Bulletin officiel des annonces civiles et commerciales* doit mentionner la date de cessation des paiements que ce jugement fixe, l'indication de cette date, lorsqu'elle figure dans l'insertion, doit être exacte. • Com. 27 janv. 2015 : *D. 2015. Actu. 316 ; RTD com. 2015. 376, obs. Martin-Serf ; JCP E 2015. 1108, note Brignon ; DP diff. entr., Bull. n° 367, obs. Rémery ; APC 2015, n° 64, obs. Vallansan ; LEDEN 3/2015. 5, obs. Staes ; Gaz. Pal. 1er-5 mai 2015, p. 18, obs. Reille ; BJE 2015. 151, note Thullier.* ♦ V., désormais, exigeant la mention de la date de la cessation des paiements lorsqu'elle est différente de celle du jugement d'ouverture : art. R. 621-8, al. 5, dans sa rédaction issue du Décr. n° 2015-1009 du 18 août 2015. ♦ Dès lors que l'avis relatif au jugement d'ouverture permet l'identification de la société mise en redressement judiciaire malgré l'absence d'indication du numéro c'immatriculation, il y a lieu de rejeter la demande tendant à faire constater la nullité de la publication. • Com. 5 févr. 2002 : *RJDA 2002, n° 522.* – V. aussi • Com. 9 nov. 2004 : *RJDA 2005, n° 424.* ♦ Sur la sanction de la publicité irrégulière, V. • Com. 6 juill. 1993 : *Rev. huiss. 1994. 1125, note Lièvremont.* ♦ V. aussi note 7 ss. ancien art. 66 du Décr. n° 85-1388 du 27 déc. 1985, ss. art. R. 622-21 C. com.

3. Jugement d'extension de la procédure. V. note 5 ss. art. R. 661-2.

Art. R. 621-8-1 *(Décr. n° 2009-160 du 12 févr. 2009, art. 16)* **Pour l'application du deuxième alinéa de l'article L. 621-2, le tribunal est saisi par voie d'assignation aux fins d'extension de la procédure** *(Décr. n° 2014-736 du 30 juin 2014, art. 34-1°)* **« ou de réunion des patrimoines de l'entrepreneur individuel à responsabilité limitée » ou, le cas échéant, dans les formes et selon la procédure prévues à l'article** *(Abrogé par Décr. n° 2014-736 du 30 juin 2014, art. 34-1°) « R. 631-3 ou »* **R. 631-4.**

Le jugement est signifié au débiteur soumis à la procédure et au débiteur visé par l'extension, à la diligence du greffier, dans les huit jours de son prononcé. Il est communiqué, dans le même délai, aux personnes citées à l'article R. 621-7.

(Décr. n° 2014-736 du 30 juin 2014, art. 34-2°) **« L'identification du destinataire de l'assignation et de la signification prévues aux deux alinéas précédents ainsi que de la convocation mentionnée à l'article R. 631-4 est complétée, le cas échéant, par la dénomination de l'entrepreneur individuel à responsabilité limitée ainsi que l'objet de l'activité professionnelle à laquelle le patrimoine a été affecté. »**

Le jugement qui prononce l'extension *(Décr. n° 2014-736 du 30 juin 2014, art. 34-3°)* **« ou ordonne la réunion » fait l'objet des publicités prévues à l'article R. 621-8.** *(Décr. n° 2014-736 du 30 juin 2014, art. 34-4°)* **« Toutefois, en cas d'appel du ministère public en application de l'article L. 661-1 ou en cas d'arrêt de l'exécution provisoire ordonnée en vertu du** *(Décr. n° 2019-1333 du 11 déc. 2019, art. 16, en vigueur le 1er janv. 2020)* **« quatrième » alinéa de l'article R. 661-1, ces publicités ne sont effectuées par le greffier du tribunal qu'au vu de l'arrêt de la cour d'appel qui lui est transmis par le greffier de cette cour dans les huit jours de son prononcé. »**

Le Décr. n° 2019-1333 du 11 déc. 2019 est applicable aux instances en cours au 1er janv. 2020 (Décr. préc., art. 55-I).

Art. R. 621-8-2 *(Décr. n° 2012-1190 du 25 oct. 2012, art. 2)* **Pour l'application du quatrième alinéa de l'article L. 621-2, le juge détermine le montant des sommes pour la garantie desquelles la mesure conservatoire est ordonnée au vu du passif déclaré dans la procédure collective ouverte ou, si le délai mentionné au premier alinéa de l'article R. 622-24 n'est pas expiré, au vu des relevés mentionnés à l'article R. 625-1.**

Art. R. 621-9 **La période d'observation ouverte par le jugement peut être** *(Décr. n° 2021-1218 du 23 sept. 2021, art. 10, en vigueur le 1er oct. 2021)* **« renouvelée », en application de l'article L. 621-3, pour une durée maximale de six mois.**

Le président fixe l'affaire au rôle du tribunal au plus tard dix jours avant l'expiration de chaque période d'observation. Le greffier convoque à cette audience le débiteur, les mandataires de justice, les contrôleurs et en avise le ministère public.

Le tribunal statue sur *(Décr. n° 2021-1218 du 23 sept. 2021, art. 10, en vigueur le 1er oct. 2021)* **« le renouvellement » de la période d'observation après avis du ministère public. Il recueille préalablement les observations du débiteur, de l'administrateur, du mandataire judiciaire et des contrôleurs.**

La décision *(Décr. n° 2021-1218 du 23 sept. 2021, art. 10, en vigueur le 1er oct. 2021)* **« renouvelant » la période d'observation est communiquée aux personnes mentionnées à l'article R. 621-7 et aux contrôleurs.** *(Décr. n° 2014-736 du 30 juin 2014, art. 35)*

« Elle est mentionnée aux registres ou répertoires prévus aux trois premiers alinéas de l'article R. 621-8. » — *[Décr. n° 2005-1677 du 28 déc. 2005, art. 64.]*

Pour les dispositions transitoires du Décr. n° 2021-1218 du 23 sept. 2021, V. note ss. art. R. 611-11.

Art. R. 621-10 Dans le jugement d'ouverture ou à tout moment de la procédure, le tribunal peut désigner un juge-commissaire suppléant qui exerce les attributions du juge-commissaire momentanément empêché. — *[Décr. n° 2005-1677 du 28 déc. 2005, art. 65.]*

Aucune disposition légale ou réglementaire ne prévoit la suppléance automatique d'un juge-commissaire (suppléant) empêché par le président de la juridiction consulaire. • Besançon, 19 févr. 1993 : *RPC 1994. 25, obs. Dureuil.*

Art. R. 621-11 Les seuils fixés en application du quatrième alinéa de l'article L. 621-4 sont pour le chiffre d'affaires hors taxes de 3 000 000 € et pour le nombre de salariés de vingt.

Le montant du chiffre d'affaires est défini conformément aux dispositions du *(Décr. n° 2020-100 du 7 févr. 2020, art. 8)* « sixième » alinéa de l'article *(Décr. n° 2015-903 du 23 juill. 2015, art. 3)* « D. 123-200 ». Il est apprécié à la date de clôture du dernier exercice comptable. — *Les dispositions du Décr. n° 2015-903 du 23 juill. 2015 s'appliquent aux comptes afférents aux exercices ouverts à compter du 1er janv. 2016 (Décr. préc., art. 5).*

Le nombre de salariés à prendre en compte est le nombre des salariés employés par le débiteur à la date de la demande d'ouverture de la procédure *(Décr. n° 2020-100 du 7 févr. 2020, art. 8)* « , déterminé conformément aux dispositions du 4° de l'article R. 621-1 ». — *[Décr. n° 2005-1677 du 28 déc. 2005, art. 53.]*

Pour les dispositions transitoires du Décr. n° 2020-100 du 7 févr. 2020, V. note ss. art. R. 621-1.

Art. R. 621-11-1 *(Décr. n° 2016-400 du 1er avr. 2016, art. 2)* I. — Le nombre d'établissements secondaires mentionné au 1° de l'article L. 621-4-1 est de trois.

Le seuil mentionné au *(Décr. n° 2020-100 du 7 févr. 2020, art. 9)* « sixième » alinéa de ce même article correspond à un chiffre d'affaires net de 20 millions d'euros. Ce montant est défini conformément aux dispositions du cinquième alinéa de l'article D. 123-200 et est apprécié à la date de clôture du dernier exercice comptable.

II. — Le deuxième administrateur judiciaire et le deuxième mandataire judiciaire prévus à l'article L. 621-4-1 doivent être inscrits depuis dix ans au moins sur la liste mentionnée aux articles L. 811-2 et L. 812-2 et être titulaires, associés ou salariés d'une étude employant au moins quinze salariés. *(Décr. n° 2020-100 du 7 févr. 2020, art. 9)* « Le nombre de salariés à prendre en compte est le nombre de salariés employés par l'étude à la date de la demande d'ouverture de la procédure, défini conformément aux dispositions du septième alinéa de l'article D. 123-200. »

L'art. R. 621-11-1 est applicable aux procédures collectives ouvertes à compter de la publication du Décr. n° 2016-400 du 1er avr. 2016 (Décr. préc., art. 22-I, JO 3 avr.).

Pour les dispositions transitoires du Décr. n° 2020-100 du 7 févr. 2020, V. note ss. art. R. 621-1.

Art. R. 621-12 Lorsque, en application des articles L. 811-2 ou L. 812-2, le tribunal désigne pour exercer les fonctions d'administrateur judiciaire ou de mandataire judiciaire une personne physique qui n'est pas inscrite sur l'une des listes prévues par ces articles, celle-ci lui adresse sans délai l'attestation sur l'honneur prévue au quatrième alinéa de l'article L. 811-2 ou au troisième alinéa du II de l'article L. 812-2, la justification de la garantie et de l'assurance prévues à l'article L. 814-5 ainsi que le nom du commissaire aux comptes assurant, en application de l'article L. 811-11-1, le contrôle de sa comptabilité spéciale. — *[Décr. n° 2005-1677 du 28 déc. 2005, art. 54.]*

Art. R. 621-13 Lorsque l'administrateur judiciaire ou le mandataire judiciaire désigné n'est pas inscrit sur l'une des listes prévues aux articles L. 811-2 ou L. 812-2, il est joint, par le greffier, à la copie du jugement mentionnée à l'article R. 621-7, un document reproduisant les termes selon le cas de l'article L. 811-2 ou de l'article L. 812-2, de l'article L. 811-11-1, de l'article L. 814-5 *(Décr. n° 2016-1851 du 23 déc. 2016, art. 30, en vigueur le 1er janv. 2017)* « , du dernier alinéa de l'article L. 621-4 », des articles L. 622-18, L. 626-25 et L. 641-8, de l'article R. 621-12 ainsi que des articles R. 814-24 et R. 814-38. – *[Décr. n° 2005-1677 du 28 déc. 2005, art. 62.]*

Art. R. 621-14 Dans les dix jours du prononcé du jugement d'ouverture, le représentant légal de la personne morale débitrice ou le débiteur personne physique, assisté de l'administrateur s'il en a été désigné, réunit le comité *(Décr. n° 2021-1218 du 23 sept. 2021, art. 11, en vigueur le 1er oct. 2021)* « social et économique » ou, à défaut, les salariés. Les salariés élisent alors leur représentant par vote secret au scrutin uninominal à un tour. – *Pour les dispositions transitoires du Décr. n° 2021-1218 du 23 sept. 2021, V. note ss. art. R. 611-11.*

Le procès-verbal de désignation du représentant des salariés, ou le procès-verbal de carence établi dans les conditions du deuxième alinéa de l'article L. 621-4, est immédiatement déposé au greffe du tribunal. – *[Décr. n° 2005-1677 du 28 déc. 2005, art. 57.]*

En raison des fonctions et prérogatives attribuées au représentant des salariés, la méconnaissance des règles régissant leur désignation ou leur remplacement porte atteinte à l'intérêt collectif de la profession (cassation du jugement ayant déclarée irrecevable l'intervention volontaire du syndicat au soutien de l'action du salarié). • Soc. 15 juin 2011, n° 10-60.392 P : *D. 2011. Actu. 1752 ; APC 2011, n° 196, obs. Fin-Langer ; LEDEN 9/2011. 7, obs. G. Dedessus-Le-Moustier ; Gaz. Pal. 7-8 oct. 2011, p. 32, obs. Gailhbaud ; BJE 2011. 344, note Donnette.*

Art. R. 621-15 Le *(Décr. n° 2019-966 du 18 sept. 2019, art. 8, en vigueur le 1er janv. 2020)* « tribunal judiciaire » est saisi des contestations relatives à la désignation du représentant des salariés par *(Décr. n° 2019-1333 du 11 déc. 2019, art. 16, en vigueur le 1er janv. 2020)* « requête ».

Cette *(Décr. n° 2019-1333 du 11 déc. 2019, art. 16, en vigueur le 1er janv. 2020)* « requête » n'est recevable que si elle est faite dans les deux jours suivant la désignation du représentant des salariés.

Dans les cinq jours de sa saisine, le *(Décr. n° 2019-966 du 18 sept. 2019, art. 8, en vigueur le 1er janv. 2020)* « tribunal judiciaire » statue en dernier ressort, sans frais ni forme de procédure et sur simple avertissement qu'il donne deux jours à l'avance à toutes les parties intéressées.

La décision du *(Décr. n° 2019-966 du 18 sept. 2019, art. 8, en vigueur le 1er janv. 2020)* « tribunal judiciaire » est notifiée par le greffier dans les deux jours.

Le délai du pourvoi en cassation est de cinq jours. Le pourvoi est formé, instruit et jugé dans les conditions fixées par les articles 999 à 1008 du code de procédure civile. – *[Décr. n° 2005-1677 du 28 déc. 2005, art. 58.]*

Pour les dispositions transitoires du Décr. n° 2019-1333 du 11 déc. 2019, V. note ss. art. R. 621-8-1.

1. Compétence. L'art. 16 [R. 621-15] ne prévoit la compétence du tribunal d'instance, qui statue en dernier ressort, qu'en ce qui concerne les contestations relatives à l'élection, prévue par l'art. 10 de la loi du 25 janv. 1985 [C. com., art. L. 621-4], du représentant des salariés dans les dix jours du prononcé du jugement d'ouverture de la procédure de redressement judiciaire ; la contestation d'une élection antérieure à l'ouverture de la procédure collective, non prévue par un texte légal, relève des règles de procédure de droit commun et le jugement rendu est susceptible d'appel. • Soc. 12 nov. 1996 : *D. 1996. IR 267* .

2. Délai de contestation. La contestation de la désignation du représentant des salariés doit intervenir, à peine de forclusion, dans les deux jours de celle-ci ; ce délai ne court qu'à compter de la proclamation nominative des résultats de l'élection ou, à défaut, de l'accomplissement de la formalité de dépôt du procès-verbal au greffe ; il en va de même en cas de remplacement du représentant des salariés. • Soc. 15 juin 2011 : *cité ss. art. R. 621-14.* ♦ De même, le délai de deux jours pour contester le procès-verbal de carence qui est établi lorsqu'aucun représentant des salariés ne peut être désigné ou élu ne court qu'à compter de l'accomplissement de la formalité de dépôt du procès-verbal au greffe. • Soc. 7 déc. 2016, n° 16-10.826 P : *APC 2017, n° 45, obs. Fin-Langer ; BJE 2017. 237, note Donnette-Boissière ; RPC 2017, n° 86, obs. Jacotot.*

Art. R. 621-16 Le licenciement du représentant des salariés désigné en application de l'article L. 621-4 est régi par les dispositions des articles R. 436-1 à R. 436-8 et de l'article R. 436-10 du code du travail. – *[Décr. n° 2005-1677 du 28 déc. 2005, art. 59.]*

SECTION II DES ORGANES DE LA PROCÉDURE ET DES CONTRÔLEURS

Art. R. 621-17 *(Décr. nº 2014-736 du 30 juin 2014, art. 36-1º)* « Pour l'application du quatrième alinéa de l'article L. 621-7, le juge-commissaire est saisi par voie de requête déposée ou adressée au greffe. Le greffier convoque par lettre recommandée avec demande d'avis de réception le demandeur ainsi que, selon les cas, l'administrateur, le mandataire judiciaire ou l'expert ; il avise le ministère public de la date de l'audience. »

Lorsqu'une demande de remplacement de l'administrateur, de l'expert ou du mandataire judiciaire est portée devant le tribunal par le ministère public ou par le juge-commissaire ou lorsque le tribunal se saisit d'office aux mêmes fins, la convocation de la personne dont le remplacement ou la révocation est en cause est faite dans les formes et selon la procédure prévue à l'article R. 631-3 ou R. 631-4, selon le cas. Il en va de même lorsqu'une demande de révocation de l'un des contrôleurs est portée devant le tribunal par le ministère public.

Le tribunal statue après avis du ministère public, si celui-ci n'est pas demandeur.

Les dispositions qui précèdent s'appliquent pour l'adjonction d'un ou de plusieurs administrateurs ou d'un ou de plusieurs mandataires judiciaires. — *[Décr. nº 2005-1677 du 28 déc. 2005, art. 72.]*

(Décr. nº 2009-160 du 12 févr. 2009, art. 17) « Lorsque l'administrateur ou le mandataire judiciaire demande son remplacement en application du *(Décr. nº 2014-736 du 30 juin 2014, art. 36-2º)* « sixième » alinéa de l'article L. 621-7, la demande est formée par lettre simple adressée au juge-commissaire. L'ordonnance rendue par le président du tribunal est communiquée au ministère public par le greffier, qui en avise, par lettre simple, l'administrateur ou le mandataire judiciaire qui est remplacé, l'administrateur ou le mandataire judiciaire désigné pour le remplacer ainsi que le débiteur. »

1. Respect des droits de la défense. Doit être annulée la mesure de remplacement décidée par un tribunal sans avoir observé toutes les formalités qui sont destinées à éviter que soit prononcée, au mépris des droits de la défense, une décision qui s'apparente à une sanction disciplinaire. • Montpellier, 10 août 1994 : *RPC 1995. 289, obs. Dureuil.*

2. Le rapport du juge-commissaire étant une formalité substantielle dont l'omission entraîne la nullité du jugement relatif à la nomination ou au remplacement du liquidateur, l'appel-nullité d'un liquidateur est à la fois recevable et bien fondé. • Paris, 17 janv. 1991 : *D. 1992. Somm. 7, obs. Derrida* .

Art. R. 621-18 Le mandataire de justice qui cesse ses fonctions rend ses comptes à celui qui le remplace, en présence du juge-commissaire, le débiteur entendu ou appelé à la diligence du greffier du tribunal. — *[Décr. nº 2005-1677 du 28 déc. 2005, art. 73.]*

Art. R. 621-19 Le mandataire judiciaire prend toute mesure pour informer et consulter les créanciers.

Les créanciers qui en font la demande par lettre recommandée avec demande d'avis de réception au mandataire judiciaire sont tenus informés par celui-ci des étapes essentielles de la procédure au fur et à mesure du déroulement de celle-ci. — *[Décr. nº 2005-1677 du 28 déc. 2005, art. 70.]*

Art. R. 621-20 Dans le délai de deux mois après le jugement d'ouverture, le mandataire judiciaire et l'administrateur, lorsqu'il en a été désigné, adressent un rapport au juge-commissaire et au ministère public sur le déroulement de la procédure et la situation économique et financière dans laquelle se trouve le débiteur. Ce rapport est déposé au greffe. — *[Décr. nº 2005-1677 du 28 déc. 2005, art. 71.]*

Art. R. 621-21 Le juge-commissaire statue par ordonnance sur les demandes, contestations et revendications relevant de sa compétence ainsi que sur les réclamations formulées contre les actes de l'administrateur, du mandataire judiciaire et du commissaire à l'exécution du plan. *(Décr. nº 2014-736 du 30 juin 2014, art. 37)* « Le juge-commissaire est saisi par requête *(Abrogé par Décr. nº 2019-1333 du 11 déc. 2019, art. 16, à compter du 1er janv. 2020)* ***« ou par déclaration au greffe de la juridiction »***, sauf s'il en est disposé autrement. »

Si le juge-commissaire n'a pas statué dans un délai raisonnable, le tribunal peut être saisi à la demande d'une partie ou du ministère public.

Les ordonnances du juge-commissaire sont déposées sans délai au greffe qui les communique aux mandataires de justice et les notifie aux parties et aux personnes dont les droits et obligations sont affectés. Sur sa demande, elles sont communiquées au ministère public.

Ces ordonnances peuvent faire l'objet d'un recours devant le tribunal dans les dix jours de la communication ou de la notification, par déclaration faite contre récépissé ou adressée par lettre recommandée avec demande d'avis de réception au greffe.

Le ministère public peut également saisir le tribunal par requête motivée, dans les dix jours de la communication qui lui est faite de l'ordonnance.

L'examen du recours est fixé à la première audience utile du tribunal, les intéressés et les mandataires de justice étant avisés. – *[Décr. n° 2005-1677 du 28 déc. 2005, art. 67.]*

Pour les dispositions transitoires du Décr. n° 2019-1333 du 11 déc. 2019, V. note ss. art. R. 621-8-1.

BIBL. ▸ ROLLAND, *RPC 2012. Étude 23* (voies de recours contre les ordonnances du juge-commissaire : droit commun et droit spécial).

1. Point de départ du délai de recours. Il résulte de l'art. 651, al. 3, C. pr. civ. qu'est autorisée la notification d'un jugement par voie de signification à l'initiative d'une partie, alors même que la loi la prévoit en la forme ordinaire à la diligence du greffe ; les ordonnances du juge-commissaire [accueillant la demande en revendication d'un bien vendu sous réserve de propriété] ayant été signifiées au sous-acquéreur, à l'initiative du créancier revendiquant, par acte d'huissier reproduisant de manière très apparente l'art. R. 621-21 C. com., cette signification a fait courir le délai de recours de dix jours ouvert par ce texte. • Com. 10 mars 2015 : *D. 2015. Actu. 678 ; APC 2015, n° 93, obs. Cagnoli ; LEDEN 4/2015. 6, obs. Staes ; Gaz. Pal. 1er-5 mai 2015, p. 40, obs. Le Corre-Broly ; BJE 2015. 232, note Laroche ; RJDA 2015, n° 770 ; Dr. sociétés 2016, n° 16, note Legros.*

2. Qualité pour agir. Pour l'irrecevabilité du recours formé par un créancier nommé contrôleur, V. note 3 ss. art. L. 622-20.

3. Recours formé par un mandataire de justice. Si, en application de l'art. 651, al. 3, C. pr. civ, la notification à l'égard des mandataires de justice peut être faite à l'initiative d'une partie, cette dernière doit procéder par voie de signification. • Com. 24 janv. 2018, n° 16-20.197 P : *D. 2018. Actu. 166 ; RTD com. 2018. 215, obs. Vallens ; JCP E 2018. 1159, n° 5, obs. Tehrani ; APC 2018, n° 60, obs. Cagnoli ; LEDEN 3/2018. 4, obs. Staes ; RJDA 2018, n° 343 ; Gaz. Pal. 10 juill. 2018, p. 60, obs. Le Corre-Broly.*

4. Décisions statuant sur le relevé de forclusion. V. note 11 ss. art. L. 622-26.

Décret n° 85-1388 du 27 décembre 1985. Ancien art. 25 *(Abrogé par Décr. n° 2005-1677 du 28 déc. 2005, art. 354) Le juge-commissaire statue par ordonnance sur les demandes, contestations et revendications relevant de sa compétence ainsi que sur les réclamations formulées contre les actes de l'administrateur, du représentant des créanciers, du commissaire à l'exécution du plan, du liquidateur et du représentant des salariés.*

Si le juge-commissaire n'a pas statué dans un délai raisonnable, le tribunal peut se saisir d'office ou être saisi à la demande d'une partie.

(Décr. n° 94-910 du 21 oct. 1994) « Les ordonnances du juge-commissaire sont immédiatement déposées au greffe et notifiées par le greffier aux mandataires de justice, aux parties et, le cas échéant, aux personnes désignées dans l'ordonnance, par lettre recommandée avec demande d'avis de réception. Sur sa demande, ces ordonnances sont communiquées au procureur de la République. Elles peuvent faire l'objet de recours dans les huit jours de la notification par déclaration faite contre récépissé ou adressée par lettre recommandée avec demande d'avis de réception au greffe. »

(Décr. n° 2004-518 du 10 juin 2004, art. 3-I) « Dans les quinze jours du dépôt au greffe de l'ordonnance, le tribunal peut se saisir d'office, aux fins d'annulation ou de réformation de celle-ci, dans les formes prévues à l'article 8. Il peut être saisi aux mêmes fins, par le procureur de la République, dans les quinze jours de la communication qui lui est faite de l'ordonnance, dans les formes prévues à l'article 9. »

(Décr. n° 94-910 du 21 oct. 1994) « L'examen du recours est fixé à la première audience utile du tribunal, les intéressés et les mandataires étant avisés. »

1. Compétence du tribunal. Les ordonnances rendues par le juge-commissaire lorsqu'il ordonne la continuation des contrats en cours ne sont susceptibles que d'un recours devant le tribunal de commerce. • Civ. 2e, 5 mai 1993, n° 91-19.254 P : *RJDA 1993, n° 949.*

2. Selon l'art. 25, le recours contre les ordonnances du juge-commissaire est porté devant le tribunal à l'exception du recours contre les ordonnances statuant sur l'admission des créances au passif qui, conformément à l'art. 102 de la loi, est porté devant la cour d'appel. • Paris, 26 oct. 1993 : *D. 1994. IR 7 ; LPA 27 juill. 1994, p. 49, note Dadouche.*

3. Pour un arrêt ouvrant la voie du contredit, V. • Dijon, 4 juill. 1995 : *RPC 1996. 330, obs. crit. Soinne.*

4. Tribunal statuant à la place du juge-commissaire. Pour des applications de l'art. 25, al. 2, V. • Com. 5 juill. 2005 : *cité note 2 ss. art. L. 624-17 C. com.* (créancier exerçant une action en restitution) • T. com. Paris, 12 juill. 1994 : *Gaz. Pal. 1994. 2. Somm. 784* (créancier sollicitant sa nomination aux fonctions de contrôleur).

5. L'art. 25, al. 2, ne s'applique pas à la procédure de vérification des créances, qui échappe à la compétence du tribunal. • Com. 19 mars 2002 : *RPC 2003. 23, obs. Legrand.*

6. Viole les art. 25, al. 2, et 70, al. 1er, le tribunal qui, dans un jugement rendu en dernier ressort, se prononce sur la demande en relevé de forclusion soumise au juge-commissaire sans constater soit que celui-ci n'avait pas statué dans un délai raisonnable, soit qu'il n'était plus en fonctions. • Com. 5 déc. 1995 : *D. 1996. 125, note Derrida.*

7. Irrecevabilité des actions en nullité. Le tribunal qui accueille une action principale en nullité dirigée contre une décision du juge-commissaire commet un excès de pouvoir. • Com. 27 avr. 1993, n° 90-16.639 P : *D. 1993. IR 131.* – V. aussi • Com. 1er oct. 1997, n° 94-16.697 P : *D. 1997. IR 231.* ♦ Les ordonnances du juge-commissaire, même lorsque celui-ci excède ses pouvoirs, ne peuvent faire l'objet que d'un recours, conformément aux dispositions de l'art. 25, al. 3. • Com. 2 févr. 1999 : *APC 1999, n° 128.*

8. Respect du contradictoire. BIBL. Soinne, *LPA 27 mars 1996.* ♦ L'exigence du respect du principe du contradictoire s'impose même dans le cadre d'une procédure orale et même devant le tribunal de commerce statuant sur le recours contre une ordonnance du juge commissaire exercé conformément à l'art. 25. • Paris, 4 juill. 1997 : *RJ com. 1998. 202, obs. Legrand.* ♦ Sur le caractère contradictoire de la procédure de revendication, V. • Grenoble, 3 févr. 1988 : *Gaz. Pal. 1988. 2. 477, note Benezera.*

9. Délai de recours (jurisprudence antérieure au Décr. du 21 oct. 1994). L'art. 669 NCPC [C. pr. civ.], selon lequel la date de l'expédition de la notification est celle qui figure sur le cachet du bureau d'émission, s'applique. • Paris, 27 janv. 1995 : *RPC 1995. 484, obs. Soinne* • 19 mai 1995 : *ibid.* Sur la sanction d'une computation erronée, V. • Paris, 21 févr. 1989 : *D. 1989. IR 91.*

10. Aucune disposition de la loi du 25 janv. 1985 et du Décr. du 27 déc. 1985 n'excluant l'application des règles générales de l'art. 643 NCPC [C. pr. civ.], le délai est augmenté de deux mois pour les personnes qui demeurent à l'étranger. • Civ. 2e, 25 févr. 1997, n° 94-19.233 P : *D. 1997. IR 77 ; Dr. sociétés 1997, n° 62, obs. Chaput.*

11. Le délai fixé par l'art. 25, lorsque la notification aux parties intéressées est faite par lettre recommandée avec avis de réception, court à partir du premier acte permettant la remise, soit à partir de la première présentation au destinataire. • T. com. Paris, 11 sept. 1998 : *Gaz. Pal. 1999. 2. Somm. 616 ; RPC 2000. 202, obs. Soinne.*

12. Les dispositions de l'art. 25, al. 3, relatives au point de départ des recours, de portée générale, doivent recevoir application même au cas particulier où la voie de l'appel est encore ouverte. • Paris, 2 févr. 1990 : *D. 1991. Somm. 239, obs. Honorat ; Gaz. Pal. 1991. 2. Somm. 428.*

13. Dès lors que l'ordonnance n'a pas été rendue à la requête de l'auteur du recours, et qu'elle ne renfermait aucune disposition quant aux destinataires et à la forme de sa notification, le délai prévu à l'art. 25 n'a pu courir, à l'égard de l'auteur du recours, qu'à compter de la formalité du dépôt au greffe de l'ordonnance, non assimilable à son prononcé. • Com. 16 mars 1993, n° 90-20.161 P.

14. Les ordonnances du juge-commissaire n'ayant pas, avant l'intervention du Décr. du 21 oct. 1994, à être notifiées aux mandataires de justice de la procédure collective, lesquels en recevaient communication lors de leur dépôt au greffe, il en résultait qu'à l'égard de ces derniers le délai du recours dont ces ordonnances pouvaient faire l'objet courait à compter du dépôt qui en avait été fait au greffe. Il en était ainsi même lorsque le juge-commissaire avait, de manière erronée, ordonné la notification de sa décision aux mandataires de justice et quelle que fût la qualité en laquelle ceux-ci avaient figuré à l'instance. • Com. 30 mars 1993, n° 91-19.620 P : *D. 1993. IR 102.* – Comp. : • Douai, 12 sept. 1991 : *Gaz. Pal. 1993. 2. 340.* ♦ Comp., désormais : art. 25, al. 3, dans sa rédaction issue du Décr. n° 94-910 du 21 oct. 1994.

15. Sous l'empire de l'ancien art. 25, al. 3, lorsque le juge ne s'était pas prononcé sur la forme de la notification, cette omission ne pouvait entraîner la modification du point de départ du recours par substitution de la date de dépôt au greffe de l'ordonnance à la date de notification. • Com. 2 nov. 1993, n° 91-20.423 P : *D. 1994. IR 8.* ♦ V. aussi • Com. 16 mars 1999, n° 96-18.978 P : *D. 1999. IR 104 ; JCP E 1999, n° 39, p. 1531, obs. Pétel.* ♦ Comp., désormais : art. 25, al. 3, dans sa rédaction issue du Décr. n° 94-910 du 21 oct. 1994, qui prévoit la forme de la notification.

16. Il résulte de l'art. 6, § 1, de la Conv. EDH que, lorsqu'une ordonnance du juge-commissaire n'a pas été notifiée au débiteur, le dépôt au greffe de l'ordonnance ne peut avoir pour effet de priver ce dernier de l'exercice du recours prévu par l'art. 25, et que son opposition à l'ordonnance est recevable. • Paris, 19 mai 1995 : *D. 1996. Somm. 87, obs. Honorat* • Dijon, 23 mai 1995 : *Gaz. Pal. 6-7 mai 1996.* ♦ V. déjà, sous l'empire de la loi de 1967, • Com. 17 mai 1994, n° 91-21.627 P : *D. 1994. 510, note Derrida ; LPA 3 févr. 1995, p. 21, note Courtier.*

De même, ne donne pas de base légale à sa décision, au regard dudit art. 6, la cour d'appel qui, pour confirmer le jugement ayant déclaré irrecevable l'opposition d'un crédit-bailleur à l'encontre d'une ordonnance du juge-commissaire ayant autorisé le liquidateur à vendre le matériel loué en crédit-bail à la société mise en liquidation judiciaire et ce, sans prévoir la notification de l'ordonnance au crédit-bailleur, retient que le recours a été formé plus de huit jours après le dépôt au greffe de l'ordonnance du juge-commissaire, sans rechercher – dès lors qu'il était soutenu par le crédit-bailleur que les dispositions de l'art. 115 de la loi du 25 janv. 1985 [C. com., ancien art. L. 621-115] ne pouvaient lui être opposées en raison de la continuation du contrat de crédit-bail par l'administrateur – si le crédit-bailleur pouvait se voir privé d'exercer un recours contre une décision rendue à son insu et concernant directement ses droits et obligations. • Com. 11 mars 1997, n° 94-14.437 P : *D. 1997. IR 87 ; D. Affaires 1997. 483 ; JCP E 1997. I. 681, n° 6, obs. Cabrillac.* ♦ En l'absence de notification au crédit-bailleur de l'ordonnance donnant acte au vendeur sous réserve de propriété de sa revendication de matériel et de sa propriété, le délai de recours prévu par l'art. 25 n'a pu courir à son égard. • Com. 30 mars 1999 : *APC 1999, n° 126.* ♦ V. notes 9 s. ss. art. L. 624-9 C. com.

En ce sens que lorsque les cautions, engagées par contrat accessoire, n'ont pas été désignées dans l'ordonnance ayant relevé les créanciers de leur forclusion, pour recevoir notification de celle-ci, leur recours, formé plus de huit jours après le dépôt au greffe de l'ordonnance, doit être déclaré tardif par application de l'art. 25, V. • Com. 26 mai 1999, n° 97-14.276 P : *JCP E 1999, n° 39, p. 1531, obs. Pétel ; APC 1999, n° 177, obs. Regnaut-Moutier ; RPC 2000. 201, obs. Soinne.* ♦ *Contra*, • T. com. Nanterre, 18 déc. 1998 : *APC 1999, n° 110, obs. Regnaut-Moutier.*

Comp., décidant qu'il importe peu que l'ordonnance du juge-commissaire autorisant le licenciement pour motif économique d'un salarié d'une société faisant l'objet d'une procédure simplifiée de redressement judiciaire ait été ou non notifiée personnellement audit salarié, dès lors qu'elle a été régulièrement transmise à la société en redressement judiciaire, au représentant des salariés et à celui des créanciers conformément à l'art. 25 [ancienne rédaction] ; et que, l'ordonnance n'ayant pas été frappée de recours par le salarié, ce dernier est irrecevable à contester la cause économique du licenciement, lequel se trouve définitivement acquis : • Soc. 5 mars 1997 : *D. 1997. 522, note Bailly*. – V. aussi • Versailles, 20 févr. 2001 : *Gaz. Pal. 2001. Somm. 1728.*

17. Forme du recours (jurisprudence antérieure au Décr. du 21 oct. 1994). Une lettre missive ne répondait pas aux exigences de l'ancien art. 25, al. 3, suivant lequel les ordonnances du juge-commissaire pouvaient faire l'objet d'un recours par simple déclaration au greffe. • Com. 27 mars 1990, n° 88-17.769 P : *D. 1990. IR 102* • 5 oct. 1993 : *RPC 1994. 27, obs. Dureuil* • 6 févr. 2001 : *APC 2001, n° 146.* – *Contra* : • T. com. Senlis, 6 nov. 1992 : *RJDA 1993, n° 63.* ♦ Conformément à l'art. 74 NCPC [C. pr. civ.], cette exception devait, à peine d'irrecevabilité, être soulevée avant toute défense au fond ou fin de non-recevoir. • Paris, 3 févr. 1995 : *RPC 1995. 485, obs. Soinne.* ♦ Mais en l'absence de registre tenu au greffe du tribunal de la procédure collective pour inscrire les recours formés à l'encontre des ordonnances du juge-commissaire, et en raison du dysfonctionnement du greffe qui en résultait, le dépôt au rang des minutes du greffe d'une lettre missive pouvait valoir déclaration au greffe du recours, au sens de l'art. 25, al. 3. • Com. 13 avr. 1999, n° 96-19.428 P. ♦ Comp., désormais : art. 25, al. 3, dans sa rédaction issue du Décr. n° 94-910 du 21 oct. 1994.

En ce sens que le nouvel al. 3 de l'art. 25 n'est pas applicable aux procédures collectives ouvertes avant la date d'entrée en vigueur du Décr. du 21 oct. 1994, V. • Com. 22 avr. 1997 : *RPC 1998. 63, obs. Soinne* • Orléans, 14 déc. 1994 : *JCP 1995. IV. 1221* • Amiens, 27 mars 1998 : *Gaz. Pal. 2000. Somm. 2208, obs. Canet.*

Sur la validité des déclarations déposées au greffe par les avocats et sur lesquelles le greffe a apposé un cachet précisant la date, V. • Com. 28 janv. 1997, n° 94-20.475 P : *D. 1997. IR 72.*

18. Signature du greffier. En ce sens que les ordonnances du juge-commissaire doivent être signées par le greffier à peine de nullité, V. • Com. 18 mars 2003, n° 01.15.264 P : *APC 2003, n° 135, obs. Cagnoli.*

19. Notifications aux personnes désignées. Dans le cadre de la liquidation, la désignation par le juge-commissaire des personnes auxquelles son ordonnance doit être notifiée va au-delà de la simple information et a pour objet de mettre en mouvement d'éventuels recours de la part des offrants écartés qui, en améliorant leur proposition, permettent un meilleur apurement du passif. • Paris, 22 févr. 1991 : *D. 1991. IR 96.* ♦ Est donc recevable l'opposition faite par un acquéreur potentiel ainsi désigné. • Même arrêt.

20. Cession d'actifs dans le cadre de la liquidation judiciaire. V. note 4 ss. art. L. 661-5 C. com.

21. Pouvoirs du tribunal. Le tribunal est saisi de l'entier litige par le recours exercé en vertu de l'art. 25. • Com. 27 mai 2003, n° 00-18.571 P : *D. 2003. AJ 1693 ; JCP E 2003, n° 40, p. 1570, obs. Pétel.* ♦ Ainsi, en ordonnant la vente aux enchères publiques de l'actif du débiteur en liquidation judiciaire comme étant le mode de réalisation des actifs le plus adapté aux circonstances de l'espèce, le tribunal ne commet aucun excès de pouvoir. • Même arrêt.

22. Notification des jugements rendus sur recours. Les art. 25 et 161 disposent que tant les ordonnances du juge-commissaire que les arrêts rendus par la cour d'appel, en matière de redressement ou liquidation judiciaires, sont notifiés aux parties par les soins du greffier ; il en va de même pour les jugements rendus sur recours des ordonnances du juge-commissaire. • Com. 3 déc. 2003, n° 00-21.589 P : *D. 2004. 1079, note Cagnoli et Le Bars ; RTD com. 2004. 160, obs. Vallens*

23. Recours contre les jugements du tribunal. V. ancien art. L. 623-4 (2) C. com., ss. art. L. 661-4 C. com. ♦ Sur la recevabilité de l'appel contre un jugement statuant sur le recours formé contre une ordonnance rendue par le juge-commissaire, ayant fait une inexacte application de l'art. 25, V. note 11 ss. ancien art. L. 623-4 C. com., ss. art. L. 661-4 C. com. ♦ V. aussi, en cas d'excès de pouvoir du tribunal, • Com. 27 avr. 1993 : *préc. note 7.*

Art. R. 621-22 *(Abrogé par Décr. n° 2014-736 du 30 juin 2014, art. 38)* ***Le juge-commissaire ne peut siéger, à peine de nullité du jugement, lorsque le tribunal statue sur un recours formé contre une de ses ordonnances.*** *— [Décr. n° 2005-1677 du 28 déc. 2005, art. 68.] — Disposition désormais reprise à l'art. L. 662-7.*

Est entaché de nullité le jugement rendu par le tribunal présidé par le juge-commissaire, qui a rejeté l'opposition formée contre l'ordonnance, même si la décision ne mentionne pas le juge-commissaire parmi les trois juges qui ont délibéré, le terme « siéger » s'appliquant à l'évidence à toute participation à la formation de jugement. • Paris, 9 avr. 1991 : *D. 1992. Somm. 8, obs. Derrida ; Gaz. Pal. 1992. 2. 519, note Marchi.* ♦ Cette irrégularité exceptionnelle, spécialement sanctionnée par le législateur, est d'une gravité telle qu'elle rend recevable l'appel-nullité interjeté par le débiteur. Dans ce cas, jugé qu'il convient de renvoyer la cause devant le tribunal afin qu'il soit statué dans les formes prévues aux art. 25 et 26 [R. 621-21 et R. 621-22]. • Même arrêt. ♦ Dans le même sens : • Basse-Terre, 2 déc. 1996 : *Gaz. Pal. 1997. 1. Somm. 154, obs. Vray.*

Art. R. 621-23 **Avant de désigner un technicien en application de l'article L. 621-9, le juge-commissaire recueille les observations du débiteur.** *(Décr. n° 2014-736 du 30 juin 2014, art. 39)* **« Toutefois, lorsqu'il apparaît fondé de ne pas appeler de partie adverse, le juge-commissaire statue non contradictoirement. »**

Dès l'achèvement de la mission du technicien, le juge-commissaire arrête sa rémunération en fonction notamment des diligences accomplies, de la qualité du travail fourni et du respect des délais impartis.

Lorsque le juge-commissaire envisage de fixer cette rémunération à un montant inférieur au montant demandé, il doit au préalable inviter le technicien à formuler des observations.

Le juge-commissaire délivre au technicien, sur sa demande, un titre exécutoire. — *[Décr. n° 2005-1677 du 28 déc. 2005, art. 69.]*

Art. R. 621-24 **Le créancier demandant à être nommé contrôleur en application du premier alinéa de l'article L. 621-10 doit en faire la déclaration au greffe. Il indique le montant de sa ou de ses créances, ainsi que, le cas échéant, la nature des sûretés dont il est titulaire.**

(Décr. n° 2014-736 du 30 juin 2014, art. 40-1°) **« Les créanciers et institutions mentionnés au deuxième alinéa de l'article L. 621-10, qui demandent à être désignés contrôleurs, en font la déclaration au greffe, transmettent leur demande par lettre recommandée avec demande d'avis de réception ; ils indiquent, selon les mêmes modalités, le nom de la personne qui les représente dans ces fonctions. Le délai prévu par l'alinéa suivant n'est pas applicable. »**

Aucun contrôleur ne peut être désigné par le juge-commissaire avant l'expiration d'un délai de vingt jours à compter du prononcé du jugement d'ouverture de la procédure.

Le cas échéant, l'ordre professionnel ou l'autorité compétente dont relève le débiteur déclare au greffe *(Décr. nº 2014-736 du 30 juin 2014, art. 40-2º)* « ou transmet par lettre recommandée avec demande d'avis de réception » le nom de la personne qu'il a désignée pour le représenter dans sa fonction de contrôleur. En l'absence de cette déclaration, son représentant légal exerce cette fonction.

Le créancier qui demande à être désigné contrôleur atteste sur l'honneur qu'il remplit les conditions prévues au *(Décr. nº 2014-736 du 30 juin 2014, art. 40-3º)* « troisième » alinéa de l'article L. 621-10. – *[Décr. nº 2005-1677 du 28 déc. 2005, art. 74.]*

Art. R. 621-25 Les fonctions du juge-commissaire et des contrôleurs prennent fin au jour où le compte rendu de fin de mission de l'administrateur judiciaire, du mandataire judiciaire et, le cas échéant, du commissaire à l'exécution du plan, a été approuvé. – *[Décr. nº 2005-1677 du 28 déc. 2005, art. 75.]*

Art. R. 621-26 Pour l'application de l'article L. 621-12, le tribunal est saisi par voie de requête ou, le cas échéant, dans les formes et selon la procédure prévue à l'article *(Abrogé par Décr. nº 2015-1009 du 18 août 2015, art. 4, à compter du 1er oct. 2015)* « *R. 631-3 ou* » R. 631-4.

Il statue après avoir entendu ou dûment appelé le mandataire judiciaire, l'administrateur lorsqu'il en a été désigné, les contrôleurs et les représentants *(Décr. nº 2021-1218 du 23 sept. 2021, art. 12, en vigueur le 1er oct. 2021)* « de la délégation du personnel du comité social et économique », et après avoir recueilli l'avis du ministère public.

Le jugement par lequel le tribunal convertit la procédure de sauvegarde en une procédure de redressement judiciaire est signifié à la diligence du greffier dans les huit jours de son prononcé aux personnes qui ont qualité pour interjeter appel, à l'exception du ministère public.

Il est communiqué aux personnes citées à l'article R. 621-7 et fait l'objet des publicités prévues à l'article R. 621-8. – *[Décr. nº 2005-1677 du 28 déc. 2005, art. 76.]*

Pour les dispositions transitoires du Décr. nº 2021-1218 du 23 sept. 2021, V. note ss. art. R. 611-11.

CHAPITRE II DE L'ENTREPRISE AU COURS DE LA PÉRIODE D'OBSERVATION

Art. R. 622-1 La demande de modification de la mission de l'administrateur est adressée par requête au tribunal qui statue après avoir recueilli les observations du débiteur ainsi que celles de l'administrateur, du mandataire judiciaire et du ministère public lorsqu'ils ne sont pas demandeurs.

Toute décision modifiant la mission de l'administrateur est notifiée au débiteur. Elle est communiquée aux personnes citées à l'article R. 621-7 et mentionnée aux registres ou répertoires prévus *(Décr. nº 2014-736 du 30 juin 2014, art. 41)* « aux trois premiers alinéas de l'article R. 621-8 ». – *[Décr. nº 2005-1677 du 28 déc. 2005, art. 77.]*

SECTION PREMIÈRE DES MESURES CONSERVATOIRES

Art. R. 622-2 Dès le jugement d'ouverture, le débiteur est tenu de signaler à l'administrateur ou, à défaut, au mandataire judiciaire, tous ses établissements et d'en faciliter l'accès, de communiquer la liste du personnel ainsi que tous éléments permettant de déterminer les salaires et indemnités à payer. – *[Décr. nº 2005-1677 du 28 déc. 2005, art. 78.]*

Art. R. 622-3 Dans le cas où des comptes annuels n'ont pas été établis ou mis à sa disposition, l'administrateur, lorsqu'il en a été désigné, dresse à l'aide de tout document ou renseignement disponible un état de la situation. – *[Décr. nº 2005-1677 du 28 déc. 2005, art. 79.]*

Art. R. 622-4 L'inventaire prévu à l'article L. 622-6 est réalisé, le débiteur ou ses ayants droit connus, présents ou appelés.

Al. 2 abrogé par Décr. n° 2009-160 du 12 févr. 2009, art. 18.

Le débiteur remet à la personne désignée pour dresser l'inventaire la liste des biens gagés, nantis ou placés sous sujétion douanière ainsi que celle des biens qu'il détient en dépôt, location ou crédit-bail, ou sous réserve de propriété ou, plus généralement, qui sont susceptibles d'être revendiqués par des tiers. *(Décr. n° 2014-736 du 30 juin 2014, art. 42)* **« Il énumère les biens dont il est susceptible de demander la reprise dans les conditions prévues par l'article L. 624-19. » Cette liste est annexée à l'inventaire.**

Le cas échéant, lorsqu'il n'est pas immatriculé au registre du commerce et des sociétés ou au répertoire des métiers, il informe le mandataire judiciaire de la déclaration d'insaisissabilité à laquelle il a procédé en application de l'article L. 526-1.

L'inventaire est déposé au greffe du tribunal par celui qui l'a réalisé. Celui-ci en remet une copie au débiteur, à l'administrateur, lorsqu'il en a été désigné, et au mandataire judiciaire.

Le président du tribunal ou son délégué arrête la rémunération de la personne désignée pour dresser l'inventaire *(Abrogé par Décr. n° 2009-160 du 12 févr. 2009, art. 18)* ***« et réaliser la prisée »*, au vu d'un compte détaillé, le cas échéant selon le tarif qui lui est applicable.**

En l'absence de tarif réglementé, les dispositions des deuxième et troisième alinéas de l'article R. 621-23 sont applicables. — *[Décr. n° 2005-1677 du 28 déc. 2005, art. 80.]*

Il résulte de la combinaison des art. L. 641-1, II, al. 7, celui-ci dans sa rédaction issue de l'Ord. n° 2016-727 du 2 juin 2016, R. 622-4, al. 5 et 6, rendu applicable à la liquidation judiciaire par l'art. R. 641-14, et R. 444-13, III, C. com. et des art. 714 et 715 C. pr. civ. que le commissaire-priseur judiciaire ne peut obtenir du président du tribunal la taxation que des seuls émoluments, honoraires, frais et débours exposés pour l'accomplissement de la mission que lui a confiée le tribunal de la procédure collective ou le juge-commissaire qui l'a désigné. • Com. 21 oct. 2020, n° 19-17.434 P : *D. 2020. Actu. 2117* ; *LEDEN 12/2020. 2, obs. Camensuli-Feuillard.*

Art. R. 622-4-1 *(Décr. n° 2009-160 du 12 févr. 2009, art. 19)* **Lorsque l'inventaire est établi par le débiteur en application de l'article L. 622-6-1, celui-ci tient informés l'administrateur, lorsqu'il en a été désigné, et le mandataire judiciaire du déroulement des opérations. Ces mandataires de justice ainsi que le juge-commissaire et le ministère public peuvent requérir communication de tous actes ou documents relatifs à l'inventaire.**

Le débiteur annexe à l'inventaire la liste mentionnée au deuxième alinéa de l'article R. 622-4 et procède à l'information prévue au troisième alinéa du même article.

L'inventaire est déposé au greffe du tribunal par le débiteur qui en remet une copie à l'administrateur, lorsqu'il en a été désigné, et au mandataire judiciaire.

Pour l'application du deuxième alinéa de l'article L. 622-6-1, la demande est formée par requête déposée ou adressée au greffe. Le greffier convoque le débiteur par lettre recommandée avec demande d'avis de réception et avise de la date de l'audience l'administrateur, lorsqu'il en a été désigné, le mandataire judiciaire et le ministère public. En cas de saisine d'office, une note par laquelle le juge-commissaire expose les faits de nature à motiver sa saisine est jointe à la convocation et aux avis.

Art. R. 622-5 **La liste des créanciers établie par le débiteur conformément à l'article L. 622-6 comporte les nom ou dénomination, siège ou domicile de chaque créancier avec l'indication du montant des sommes dues au jour du jugement d'ouverture, des *sommes à échoir* et de leur date d'échéance, de la nature de la créance, des sûretés et privilèges dont chaque créance est assortie. Elle comporte l'objet des principaux contrats en cours.**

Dans les huit jours qui suivent le jugement d'ouverture, le débiteur remet la liste à l'administrateur et au mandataire judiciaire. Celui-ci la dépose au greffe. — *[Décr. n° 2005-1677 du 28 déc. 2005, art. 81.]*

(Décr. n° 2014-736 du 30 juin 2014, art. 43) **« Pour l'application du troisième alinéa de l'article L. 622-24,** *(Décr. n° 2015-1009 du 18 août 2015, art. 5, en vigueur le 1er oct. 2015)* **« toute » déclaration faite par le débiteur, dans le délai fixé par le premier alinéa de l'article R. 622-24, doit comporter les éléments prévus aux deux premiers alinéas de l'article L. 622-25 et, le cas échéant, ceux prévus par le 2° de l'article R. 622-23. »**

Art. R. 622-5-1 *(Décr. n° 2021-1218 du 23 sept. 2021, art. 13, en vigueur le 1er oct. 2021)* Le débiteur porte à la connaissance du mandataire judiciaire l'identité des personnes physiques coobligées ou ayant consenti une sûreté personnelle ou ayant affecté ou cédé un bien en garantie.

Le mandataire judiciaire les informe de la possibilité qui leur est offerte de solliciter le bénéfice des dispositions de la procédure prévue aux articles L. 711-1 et suivants du code de la consommation.

Pour les dispositions transitoires du Décr. n° 2021-1218 du 23 sept. 2021, V. note ss. art. R. 611-11.

SECTION II DE LA GESTION DE L'ENTREPRISE

Art. R. 622-6 *(Décr. n° 2009-160 du 12 févr. 2009, art. 20)* Lorsque le juge-commissaire statue sur une demande d'autorisation présentée par le débiteur en application du II de l'article L. 622-7, le greffier convoque le débiteur, l'administrateur, lorsqu'il en a été désigné, le mandataire judiciaire et, s'il y a lieu, les créanciers titulaires de sûretés spéciales sur les biens dont la vente est envisagée. – *[Décr. n° 2005-1677 du 28 déc. 2005, art. 82.]*

(Décr. n° 2014-736 du 30 juin 2014, art. 44) « La demande d'autorisation portant sur un acte susceptible d'avoir une incidence déterminante sur l'issue de la procédure est formée par requête du débiteur et, s'il en a été nommé, de l'administrateur judiciaire sauf s'il n'a qu'une mission de surveillance. Sur la demande du juge-commissaire, le greffe du tribunal adresse copie de la requête au ministère public au plus tard huit jours avant la date de l'audience. »

La convocation du représentant des créanciers [mandataire judiciaire] constitue une formalité substantielle. • TGI Annecy, 28 mai 1999 : *RPC 2000. 204, obs. Soinne.*

Art. R. 622-7 En cas de vente d'un bien visé au premier alinéa de l'article L. 622-8, *(Décr. n° 2021-1218 du 23 sept. 2021, art. 14, en vigueur le 1er oct. 2021)* « la quote-part du prix est remise » à l'administrateur ou, à défaut, au mandataire judiciaire en vue de son versement à la Caisse des dépôts et consignations. Les fonds sont indisponibles pendant la période d'observation.

Toutefois, des paiements provisionnels peuvent être effectués dans les conditions définies au deuxième alinéa de l'article L. 622-8. *(Décr. n° 2009-160 du 12 févr. 2009, art. 21)* « Sur avis du débiteur et de l'administrateur s'il en a été désigné ou, à défaut, du mandataire judiciaire », le juge-commissaire saisi d'une demande d'un des créanciers statue au vu de la déclaration de créance, des documents justificatifs de la déclaration de créance et, le cas échéant, de la garantie prévue au même article. La provision est allouée à hauteur d'un montant non sérieusement contestable en fonction de ces éléments et du rang de collocation de la créance.

Sur ordonnance du juge-commissaire, les fonds indûment versés sont restitués sur première demande du mandataire de justice habilité. – *[Décr. n° 2005-1677 du 28 déc. 2005, art. 83.]*

Pour les dispositions transitoires du Décr. n° 2021-1218 du 23 sept. 2021, V. note ss. art. R. 611-11.

Art. R. 622-8 Le juge-commissaire statue sur la requête aux fins de substitution formée conformément au troisième alinéa de l'article L. 622-8 après avoir entendu le débiteur, l'administrateur, le créancier en cause et le mandataire judiciaire, ou ceux-ci convoqués par le greffier.

Les radiations et inscriptions de sûretés sont requises par le demandeur ou le bénéficiaire sur injonction faite par le juge-commissaire dans son ordonnance. Les frais y afférents sont à la charge du débiteur. La radiation ne peut intervenir qu'après constitution de la garantie substituée. – *[Décr. n° 2005-1677 du 28 déc. 2005, art. 84.]*

SECTION III DE LA POURSUITE DE L'ACTIVITÉ

Art. R. 622-9 A la fin de chaque période d'observation fixée par le tribunal et, à tout moment, à la demande du ministère public ou du juge-commissaire, le débiteur informe ces derniers, l'administrateur s'il en a été désigné, le mandataire judiciaire et

les contrôleurs des résultats de l'exploitation, de la situation de trésorerie et de sa capacité à faire face aux dettes mentionnées au I de l'article L. 622-17. – *[Décr. n° 2005-1677 du 28 déc. 2005, art. 85.]*

Art. R. 622-10 *(Décr. n° 2009-160 du 12 févr. 2009, art. 22)* **Pour l'application du premier alinéa de l'article L. 622-10, le tribunal est saisi par voie de requête. Le jugement qui ordonne la cessation partielle de l'activité est communiqué aux personnes citées à l'article R. 621-7 et mentionné aux registres ou répertoires prévus** *(Décr. n° 2014-736 du 30 juin 2014, art. 45)* **« aux trois premiers alinéas de l'article R. 621-8 ».**

Art. R. 622-11 *(Décr. n° 2009-160 du 12 févr. 2009, art. 23)* **« Pour l'application des deuxième et troisième alinéas de l'article L. 622-10, le tribunal est saisi par voie de requête ou, le cas échéant, dans les formes et selon la procédure prévues à l'article R. 631-3 ou R. 631-4. »**

Le jugement qui convertit la procédure en redressement judiciaire ou prononce la liquidation judiciaire est notifié au débiteur dans les huit jours de son prononcé. Lorsqu'il n'est pas demandeur, il lui est signifié dans le même délai.

Ce jugement est, en outre, signifié à la diligence du greffier, dans le même délai, aux personnes qui ont qualité pour interjeter appel, à l'exception du ministère public.

Il est communiqué aux personnes citées à l'article R. 621-7 et fait l'objet des publicités prévues à l'article R. 621-8. – *[Décr. n° 2005-1677 du 28 déc. 2005, art. 86, al. 2 à 5.]*

Art. R. 622-12 La décision par laquelle le tribunal met fin à la procédure en application de l'article L. 622-12 est sans délai suivie d'un compte rendu de fin de mission déposé par les mandataires de justice dans les conditions des articles R. 626-39 et R. 626-40. Elle est communiquée aux personnes citées à l'article R. 621-7 et fait l'objet des publicités prévues à l'article R. 621-8. L'article R. 626-41 est applicable. – *[Décr. n° 2005-1677 du 28 déc. 2005, art. 87.]*

Sur la radiation d'office du registre du commerce et des sociétés des mentions relatives à la procédure de sauvegarde lorsqu'il est mis fin à cette procédure en application de l'art. L. 622-12 C. com., V. art. R. 123-135 (1°).

Art. R. 622-13 Le greffier avise le cocontractant de la décision du juge-commissaire accordant à l'administrateur la prolongation prévue au *(Décr. n° 2009-160 du 12 févr. 2009, art. 24)* **« 1° du III » de l'article L. 622-13.**

Le juge-commissaire constate, sur la demande de tout intéressé, la résiliation de plein droit des contrats dans les cas prévus *(Décr. n° 2009-160 du 12 févr. 2009, art. 24)* **« au III » de l'article L. 622-13 et à l'article L. 622-14, ainsi que la date de cette résiliation.** – *[Décr. n° 2005-1677 du 28 déc. 2005, art. 88.]*

(Décr. n° 2009-160 du 12 févr. 2009, art. 24) **« La demande de résiliation présentée par l'administrateur en application du IV de l'article L. 622-13 est formée par requête adressée ou déposée au greffe. Le greffier convoque le débiteur et le cocontractant par lettre recommandée avec demande d'avis de réception et avise l'administrateur de la date de l'audience. »**

BIBL. ► R. MARTIN, *Ann. loyers 1997. 1163 et 1165.*

1. Juridiction des référés. La compétence donnée au juge-commissaire par l'art. 61-1 *[R. 622-13] ci-dessus,* introduit par le Décr. du 21 oct. 1994, pour constater la résiliation de plein droit des contrats poursuivis après l'ouverture de la procédure collective n'exclut pas la compétence du juge des référés, appelé à statuer en application de la clause résolutoire insérée au bail et de l'art. 25 du Décr. du 30 sept. 1953 [C. com., art. L. 145-41], indépendamment du déroulement de la procédure collective. • Com. 10 juill. 2001, n° 99-10.397 P : *D. 2001. AJ 2830, obs. Lienhard ; APC 2001, n° 177, obs. Regnaut-Moutier ; JCP E 2002. 175, n° 14, obs. Pétel ; Gaz. Pal. 2002. 74, note Brault.* ♦ V. aussi note 5.

2. Résiliation judiciaire. L'art. 61-1 [R. 622-13] ne vise que le cas où le bailleur demande la résiliation de plein droit du bail, et non pas le cas où il demande la résiliation judiciaire. • Pau, 26 juin 2000 : *APC 2000, n° 216* • TGI Bobigny, 7 nov. 1995 : *Gaz. Pal. 1996. 1. 82.* ♦ V. aussi, jugeant qu'aucun texte relatif aux procédures collectives n'exclut la compétence du juge de droit commun (tribunal d'instance) pour prononcer, à la suite d'un manquement du preneur, la résiliation judiciaire d'un bail conclu entre un commerçant et un non commerçant, • Dijon, 4 juill. 1995 : *RPC 1998. 68, obs. crit. Soinne.*

3. Pour la nécessité d'un constat par le juge-commissaire, V. note 52 ss. art. L. 622-13.

4. Notification aux créanciers inscrits. En ce sens que la demande doit être notifiée aux créanciers inscrits sur le fonds, en application de l'art. 14 de la loi du 17 mars 1909 [devenu C. com., art. L. 143-2], V., par analogie, • Civ. 3e, 22 janv. 1997 : *Rev. loyers 1997. 254, note Gallet.*

5. Expulsion. L'art. 61-1 [R. 622-13] ne fait nullement échec aux dispositions du code de procédure civile donnant compétence au président du TGI, statuant en référé, notamment en matière de locations commerciales, pour allouer au bailleur une provision et ordonner l'expulsion du preneur, mesures qui sont le corrolaire de la constatation de la résiliation du bail et échappent totalement à l'appréciation du magistrat consulaire. • Paris, 28 juin 1996 : *JCP E 1996. Pan. 1009 ; Gaz. Pal. 1997. 1. Somm. 141, obs. Brault* • 26 nov. 2003 : *Loyers et copr. 2004, n° 112, note Brault.* – V. aussi • Aix-en-Provence, 6 mai 1997 : *JCP E 1998, n° 10, p. 380, obs. Brault* (compétence du juge des référés du TGI pour constater la résiliation et ordonner l'expulsion, sur le fondement de l'art. 25 du Décr. du 30 sept. 1953, devenu l'art. L. 145-41 C. com.). – *Contra* : • TGI La Roche-sur-Yon, réf., 28 oct. 1996 : *Rev. loyers 1999. 24, obs. Gallet.*

Art. R. 622-14 **La décision du juge-commissaire qui autorise les** *(Décr. n° 2021-1887 du 29 déc. 2021, art. 3-I)* **« apports de trésorerie mentionnés au 2° et les délais de paiement mentionnés au 3° » du III de l'article L. 622-17 est transcrite sur le registre tenu à cet effet au greffe du tribunal avec l'indication de l'identité du débiteur,** *(Décr. n° 2021-1887 du 29 déc. 2021, art. 3-I)* **« du montant des apports de trésorerie, de l'identification de l'apporteur ou du cocontractant et de l'échéance du prêt » ou des délais de paiement.** — *[Décr. n° 2005-1677 du 28 déc. 2005, art. 89.]*

Les dispositions du I et du III de l'art. 3 du Décr. n° 2021-1887 du 29 déc. 2021 s'appliquent aux procédures de sauvegarde, de redressement et de liquidation judiciaire ouvertes à compter du 1er oct. 2021 (Décr. préc., art. 15-II).

Art. R. 622-15 *(Décr. n° 2009-160 du 12 févr. 2009, art. 26)* **« L'administrateur, lorsqu'il en a été désigné, tient le mandataire judiciaire informé des créances mentionnées au I de l'article L. 622-17** *(Décr. n° 2014-736 du 30 juin 2014, art. 46-1°)* **« dont il a eu connaissance dans les conditions prévues au » IV du même article.**

« La liste de ces créances est transmise par l'administrateur ou, à défaut, le mandataire judiciaire, dès la cessation de leurs fonctions, au commissaire à l'exécution du plan, ou au liquidateur, selon le cas, qui la complète. »

Le commissaire à l'exécution du plan ou le liquidateur dépose cette liste au greffe du tribunal à l'issue du délai d'un an qui suit la fin de la période d'observation, où tout intéressé peut en prendre connaissance. Le greffier fait publier au *Bulletin officiel des annonces civiles et commerciales* une insertion indiquant ce dépôt *(Décr. n° 2009-160 du 12 févr. 2009, art. 26)* **« et le délai pour présenter une contestation ».**

Tout intéressé peut contester cette liste devant le juge-commissaire dans un délai d'un mois à compter de la publication.

Les créances rejetées de cette liste par le juge-commissaire sont réputées avoir été déclarées dans les conditions de l'article L. 622-24. Dans ce cas, le créancier adresse au mandataire judiciaire les informations prévues à l'article L. 622-25 et à l'article R. 622-23 *(Décr. n° 2014-736 du 30 juin 2014, art. 46-2° et 3°)* **« ; si ces informations ont déjà été transmises par le créancier ou pour son compte à l'occasion d'une déclaration faite conformément à l'article L. 622-24 et sur l'admission de laquelle il n'a pas été statué, le créancier en conserve le bénéfice. Toutefois, le mandataire judiciaire peut opposer au créancier les délais prévus à l'article L. 622-24 lorsque celui-ci a reçu, pour la même créance, un avertissement d'avoir à déclarer sa créance.** — *[Décr. n° 2005-1677 du 28 déc. 2005, art. 90.]*

« Lorsque l'information prévue au premier alinéa a été faite par la voie du portail mentionné aux articles L. 814-2 et L. 814-13, les documents justificatifs peuvent également être transmis par la même voie. »

1. L'absence d'inscription d'une créance sur la liste des créances postérieures instituée par l'art. R. 622-15, qui n'est sanctionnée que par la perte du privilège du paiement prioritaire, est sans effet sur le droit de poursuite du créancier devant la juridiction de droit commun, lorsque sa créance répond aux conditions de l'art. L. 622-17. • Com. 28 juin 2016, n° 14-21.668 P : *D. 2016. Actu. 1494 ; Rev. sociétés 2016. 550, obs. Henry ; RTD com. 2016. 851, obs. Martin-Serf ; JCP E 2016. 1596, note Boissin et Reille ; RJDA 2016, n° 709 ; LEDEN 10/2016. 3, obs. Berthelot ; Gaz. Pal. 18 oct. 2016, p. 55, obs. Boustani ; RPC 2016, n° 214, obs. Rolland ; ibid. 2017, n° 147, obs. Saint-Alary-Houin.*

2. Les créances [liées à la poursuite d'un contrat

de crédit-bail], nées et à naître postérieurement au jugement d'ouverture, ne peuvent être admises au passif de la société crédit-preneur mais doivent être inscrites sur la liste des créances prévue à l'art. R. 622-15, al. 1er ; cette inscription est cependant sans effet sur l'obligation du crédit-preneur de payer les loyers à leur échéance et le droit du crédit-bailleur de l'y contraindre. • Versailles, 21 févr. 2008 : *D. 2008. AJ 1054*.

Art. R. 622-16 **Le débiteur, l'administrateur s'il en a été désigné et, le cas échéant, le mandataire judiciaire indiquent au juge-commissaire et au ministère public, lorsqu'ils en font la demande, le solde des comptes bancaires de l'entreprise ainsi que celui des comptes ouverts à la Caisse des dépôts et consignations.**

Si la poursuite de l'activité l'exige, le juge-commissaire peut modifier la répartition des sommes entre, d'une part, les comptes de l'entreprise et, d'autre part, les comptes ouverts à la Caisse des dépôts et consignations. – *[Décr. n° 2005-1677 du 28 déc. 2005, art. 91.]*

Art. R. 622-17 **La déclaration à l'administration fiscale faite en application de l'article L. 622-19 incombe au débiteur.** – *[Décr. n° 2005-1677 du 28 déc. 2005, art. 92.]*

Art. R. 622-18 **En application du premier alinéa de l'article L. 622-20, l'action d'un créancier nommé contrôleur, dans l'intérêt collectif des créanciers, n'est recevable qu'après une mise en demeure adressée au mandataire judiciaire par lettre recommandée avec demande d'avis de réception restée infructueuse pendant deux mois à compter de la réception de celle-ci.** – *[Décr. n° 2005-1677 du 28 déc. 2005, art. 93.]*

Art. R. 622-19 **Conformément au II de l'article L. 622-21, les procédures de distribution du prix de vente d'un immeuble et les procédures de distribution du prix de vente d'un meuble ne faisant pas suite à une procédure d'exécution ayant produit un effet attributif avant le jugement d'ouverture, en cours au jour de ce jugement, sont caduques. Les fonds sont remis au mandataire judiciaire, le cas échéant par le séquestre qui par cette remise est libéré à l'égard des parties.**

Si le tribunal arrête un plan, le mandataire judiciaire remet ces fonds au commissaire à l'exécution du plan aux fins de répartition.

Lorsque la procédure de distribution du prix de vente d'un immeuble mentionnée au premier alinéa a été ouverte dans les conditions prévues au premier alinéa de l'article *(Décr. n° 2012-783 du 30 mai 2012, art. 2, en vigueur le 1er juin 2012)* **« R. 331-3 du code des procédures civiles d'exécution » et que l'acquéreur a accompli les formalités de purge ou a été dispensé d'y procéder, celui-ci peut saisir le** *(Décr. n° 2019-966 du 18 sept. 2019, art. 8, en vigueur le 1er janv. 2020)* **« tribunal judiciaire » aux fins de faire prononcer la radiation des inscriptions.**

L'acquéreur joint à sa demande un justificatif du paiement du prix, un état des inscriptions sur formalité, la justification de l'accomplissement des formalités de purge ou de l'obtention de l'accord des créanciers inscrits pour l'en dispenser et la justification du paiement des frais préalables de vente mentionnés à l'article 2209 du code civil.

Le greffier convoque les créanciers qui n'ont pas donné mainlevée de leurs inscriptions, à domicile élu, par lettre recommandée avec demande d'avis de réception. La convocation comporte l'indication qu'ils disposent d'un délai de trente jours à compter de la réception de la lettre recommandée pour faire opposition au paiement du prix par déclaration au greffe ou par lettre recommandée avec demande d'avis de réception.

Le juge statue sur les oppositions et ordonne la radiation des inscriptions. – *[Décr. n° 2005-1677 du 28 déc. 2005, art. 94.]*

Le Décr. n° 2006-936 du 27 juill. 2006 n'est pas applicable aux procédures collectives ouvertes avant le 1er janv. 2006, ni aux ventes d'immeubles et aux procédures subséquentes de distribution de prix, lorsque ces ventes ont été ordonnées avant son entrée en vigueur [1er janv. 2007] au cours d'une procédure collective ouverte après le 1er janv. 2006 (Décr. préc., art. 168).

BIBL. ▸ Staes, *RPC 2012. Étude 18* (critère de la caducité des procédures de distribution en cours : effet attributif des voies d'exécution ou de la distribution ?). – Fabriès-Lecea, *ibid. Étude 19* (application dans le temps et légalité du texte).

1. La procédure de distribution du prix de cession d'un fonds de commerce ayant fait l'objet, avant le jugement d'ouverture, d'un séquestre conventionnel en cours à la date de ce jugement constitue une procédure de distribution du prix de vente d'un meuble ne faisant pas suite à une procédure d'exécution ayant produit un effet attributif avant le jugement d'ouverture au sens des dispositions de l'art. R. 622-19 dans sa rédaction issue du décret du 27 juill. 2006. • Com. 8 juin 2010, n° 09-68.591 P : *D. 2010. Actu. 1478, obs. Lienhard ; Rev. sociétés 2010. 411, obs. Roussel Galle ; JCP E 2010. 1742, n° 4, obs. Pétel ; Procédures 2010, n° 318, obs. Rolland ; LEDEN 9/2010. 1, obs. F.-X. Lucas et M. Sénéchal ; APC 2010, n° 194, obs. Lebel ; RJDA 2010, n° 1168* (V. l'arrêt d'appel : • Paris, pôle 5, ch. 8, 2 juin 2009 : *D. 2009. AJ 1691 ; Gaz. Pal. 26-28 juill. 2009, p. 28, obs. Roussel Galle*). – V. aussi • Cass., avis, 25 juin 2010 : *Bull. civ. n° 3 ; BICC 1er oct. 2010, rapp. Espel et obs. Bonhomme ; JCP E 2010. 1837, note Lebel.* ♦ V. désormais, art. L. 622-21, dans sa réd. issue de l'Ord. n° 2008-1345 du 18 déc. 2008, visant, sans distinction, les « procédures de distribution ».

2. Le liquidateur ne peut pas se prévaloir des dispositions de l'art. R. 622-19, al. 1er, dès lors que la procédure de saisie-vente a produit son effet attributif antérieurement au jugement d'ouverture de sorte que les biens vendus étaient sortis du patrimoine du débiteur à cette date. • Com. 27 mars 2012 : *cité note 77 ss. art. L. 622-21.*

3. Dès lors que c'est sur la déclaration de l'état de cessation des paiements du débiteur en date du 28 déc. 2006, en cours d'exécution de son plan de continuation, que le tribunal a prononcé la résolution du plan et ouvert concomitamment une procédure de liquidation judiciaire par jugement du 18 janv. 2007, cette nouvelle procédure est soumise aux dispositions de l'art. R. 622-19 applicable aux procédures ouvertes à compter du 1er janv. 2006. • Com. 13 sept. 2011, n° 10-14.721 P : *D. 2011. Actu. 2271, obs. Lienhard ; APC 2011, n° 250, obs. Fin-Langer ; LEDEN 11/2011. 3, obs. Rubellin ; RJDA 2012, n° 74 ; Gaz. Pal. 20-21 janv. 2012, p. 31, obs. Roussel Galle.*

4. Si les fonds séquestrés à la suite d'une opposition au paiement du prix de la cession amiable d'un fonds de commerce n'ont pas encore été distribués à la date d'ouverture du redressement judiciaire et doivent être remis au mandataire judiciaire, c'est, aux termes des art. R. 622-19, al. 2, et R. 641-24, al. 2, seulement aux fins de répartition, soit dans le cadre du plan qui sera arrêté, soit, en cas de conversion, au titre des opérations de la liquidation judiciaire, les fonds étant alors remis par le mandataire judiciaire au commissaire à l'exécution du plan ou au liquidateur ; il en résulte que ces fonds n'ont pas vocation à financer une poursuite d'activité et que le prix de cession du fonds de commerce ne peut donc être utilisé par l'administrateur judiciaire ou le débiteur dans l'intérêt du redressement de ce dernier. • Com. 17 nov. 2015, n° 14-19.504 P : *D. 2015. Actu. 2438 ; JCP E 2016. 1198, n° 4, obs. Pétel ; LEDEN 1/2016. 4, obs. Camensuli-Feuillard ; APC 2016, n° 1, obs. Staes ; BJS 2016. 112, note Pelletier ; RPC 2016, n° 32, obs. Cagnoli ; RJDA 2016, n° 465.*

Art. R. 622-20 **L'instance interrompue en application de l'article L. 622-22 est reprise à l'initiative du créancier demandeur, dès que celui-ci a produit à la juridiction saisie de l'instance une copie de la déclaration de sa créance** *(Décr. n° 2014-736 du 30 juin 2014, art. 47)* **« ou tout autre élément justifiant de la mention de sa créance sur la liste prévue par l'article L. 624-1 » et mis en cause le mandataire judiciaire ainsi que, le cas échéant, l'administrateur lorsqu'il a pour mission d'assister le débiteur ou le commissaire à l'exécution du plan.**

Les décisions passées en force de chose jugée rendues après reprise d'instance sont à la demande du mandataire judiciaire portées sur l'état des créances par le greffier du tribunal ayant ouvert la procédure. – *[Décr. n° 2005-1677 du 28 déc. 2005, art. 95.]*

1. Aucune disposition de la loi n'impose au créancier bénéficiaire d'une décision passée en force de chose jugée rendue après reprise d'une instance en cours, de faire porter sa créance par le greffier sur l'état des créances, dans un certain délai, à peine de forclusion. • Com. 21 févr. 2006, n° 04-20.135 P : *D. 2006. AJ 719, obs. Lienhard ; JCP E 2006, n° 14-15, p. 671, obs. Pétel ; APC 2006, n° 58, obs. Regnaut-Moutier ; RDBF 2006, n° 70, obs. F.-X. Lucas ; Gaz. Pal. 30 avr.-4 mai 2006, p. 46, obs. Le Corre ; RPC 2006. 273, obs. Staes ; RTD. com. 2006. 666, obs. Martin-Serf.*

2. Il résulte de l'art. 65 [R. 622-20], al. 2, ci-dessus que les créances ayant fait l'objet des décisions visées par ce texte échappent au contrôle du juge-commissaire, qui n'a pas à se prononcer sur leur admission, non plus que sur leur caractère privilégié ou chirographaire ; c'est à la juridiction saisie de l'instance qu'il appartient de se prononcer sur le caractère privilégié ou chirographaire de la créance, malgré les termes de l'art. 48 de la loi. • Lyon, 7 mai 1992 : *BICC 1993, n° 79.*

V. également note 15 ss. art. L. 622-22.

SECTION IV DE LA DÉCLARATION DE CRÉANCES

Art. R. 622-21 **Le mandataire judiciaire, dans le délai de quinze jours à compter du jugement d'ouverture, avertit les créanciers connus d'avoir à lui déclarer leurs créances dans le délai mentionné à l'article R. 622-24.**

Les cocontractants mentionnés aux articles L. 622-13 et L. 622-14 bénéficient d'un délai d'un mois à compter de la date de la résiliation de plein droit ou de la notification de la décision prononçant la résiliation pour déclarer au passif la créance résultant de cette résiliation. Il en est de même des créanciers d'indemnités et pénalités mentionnées au *(Décr. nº 2009-160 du 12 févr. 2009, art. 27)* **« 2° » du III de l'article L. 622-17 en cas de résiliation d'un contrat régulièrement poursuivi.**

L'avertissement du mandataire judiciaire reproduit les dispositions légales et réglementaires relatives aux délais et formalités à observer pour la déclaration des créances, pour la demande en relevé de forclusion et pour les actions en revendication et en restitution. Cet avertissement reproduit également les articles L. 621-10, R. 621-19 *(Décr. nº 2015-1009 du 18 août 2015, art. 6, en vigueur le 1er oct. 2015)* **« , R. 621-24 et D. 814-58-3 ».** *(Décr. nº 2014-736 du 30 juin 2014, art. 48)* **« Le cas échéant, l'avertissement précise que la créance a été portée par le débiteur sur la liste prévue par l'article L. 622-6 conformément aux dispositions du second alinéa de l'article R. 622-5. » Les créanciers titulaires d'une sûreté publiée ou liés au débiteur par un contrat publié sont avertis personnellement ou, s'il y a lieu, à domicile élu, par lettre recommandée avec demande d'avis de réception.**

Les institutions mentionnées à l'article L. 143-11-4 du code du travail déclarent les créances figurant sur les relevés prévus à l'article L. 625-1, y compris celles qu'elles refusent de régler pour quelque cause que ce soit. Le délai de déclaration prend fin quinze jours après l'expiration des délais de règlement prévus au troisième alinéa de l'article L. 143-11-7 du code du travail. – *[Décr. nº 2005-1677 du 28 déc. 2005, art. 96.]*

BIBL. ▶ ROUSSEL GALLE, *RPC 2006. 266* (délai de déclaration des créances nées de la résiliation d'un contrat en cours).

1. Défaut d'avertissement : relevé de forclusion. Le défaut d'envoi de l'avertissement prévu à l'art. R. 622-21 C. com. au créancier lui-même ou, s'il est en liquidation judiciaire, à son liquidateur, n'a pas pour effet de dispenser le créancier retardataire ou son liquidateur, ès qualités, d'établir qu'avant l'expiration du délai de déclaration des créances, sa défaillance n'était pas due à son fait. • Com. 8 juin 2010, nº 09-15.769 P : *D. 2010. Actu. 1549* ; *Rev. sociétés 2010. 410, obs. Roussel Galle* ; *LEDEN 7/2010. 2, obs. Rubellin* ; *RJDA 2010, nº 1171.* ♦ V. déjà, dans le régime antérieur : note 5 ss. ancien art. 66 du Décr. nº 85-1388 du 27 déc. 1985.

2. Indemnité de résiliation (art. R. 622-21, al. 2). N'est pas forclos le cocontractant mentionné à l'art. L. 622-13 C. com. qui a déclaré une créance d'indemnité de résiliation du contrat, fût-elle éventuelle, avant que le délai prévu par l'art. R. 622-21, al. 2, n'ait commencé à courir, dès lors qu'il a procédé à la déclaration à titre conservatoire de la créance devant résulter de la résiliation du contrat dans le délai de l'art. R. 622-24. • Com. 5 nov. 2013, nº 12-20.263 P : *D. 2013. Actu. 2639, obs. Lienhard* ; *RTD com. 2014. 186, obs. Martin-Serf* ; *APC 2013, nº 281, obs. Cagnoli* ; *RLDA déc. 2013. 18, obs. Lebel* ; *Gaz. Pal. 12-14 janv. 2014, p. 30, obs. Le Corre* ; *BJE 2014. 28, note Benilsi.* ♦ Dans l'hypothèse inverse d'une déclaration faite après l'expiration du délai de l'art. R. 622-21, al. 2, V. note 14 ss. art. L. 622-24.

Décret nº 85-1388 du 27 décembre 1985, Ancien art. 66 *(Abrogé par Décr. nº 2005-1677 du 28 déc. 2005, art. 354) Le représentant des créanciers, dans le délai de (Décr. nº 94-910 du 21 oct. 1994) « quinze jours » à compter du jugement d'ouverture, avertit les créanciers connus d'avoir à lui déclarer leurs créances dans un délai de (Décr. nº 88-430 du 21 avr. 1988) « deux mois » à compter de la publication du jugement d'ouverture au BODACC. Ce dernier délai est augmenté de (Décr. nº 88-430 du 21 avr. 1988) « deux mois » pour les créanciers domiciliés hors de la France métropolitaine.*

(Décr. nº 94-910 du 21 oct. 1994) « Les cocontractants mentionnés aux articles L. 621-28 [désormais L. 622-13] et L. 621-29 du code de commerce bénéficient d'un délai supplémentaire d'un mois à compter de la date de la résiliation de plein droit ou de la notification de la date de la décision prononçant la résiliation pour déclarer au passif la créance éventuelle résultant de ladite résiliation. Il en est de même des créanciers d'indemnités et pénalités mentionnées au 3° [du III] de l'article L. 621-32 du code de commerce en cas de résiliation d'un contrat régulièrement poursuivi.

« L'avertissement du représentant des créanciers reproduit les dispositions légales et réglementaires relatives aux délais et formalités à observer pour la déclaration des créances, pour la demande en relevé de forclusion et pour les actions en revendication et en restitution. Cet aver-

tissement reproduit également les dispositions des articles L. 621-13 du code de commerce et 31-1 du présent décret. Les créanciers titulaires d'une sûreté ayant fait l'objet d'une publication ou d'un contrat de bail [crédit-bail] *publié sont avertis par lettre recommandée avec demande d'avis de réception. »*

Les institutions mentionnées à l'article L. 143-11-4 du code du travail [devenu C. trav., art. R. 3253-4] *déclarent les créances figurant sur les relevés prévus à l'article L. 621-125 du code de commerce* [devenu C. com., art. L. 625-1] *y compris celles qu'elles refusent de régler pour quelque cause que ce soit. Le délai de déclaration prend fin quinze jours après l'expiration des délais de règlement prévus au troisième alinéa de l'article L. 143-11-7 du code du travail.*

(Abrogé par Décr. n° 94-910 du 21 oct. 1994) *« Pour le cocontractant mentionné à l'article 37 de la loi du 25 janvier 1985, le délai de déclaration expire quinze jours après la date à laquelle la renonciation à continuer le contrat est acquise si cette date est postérieure à celle de la publication prévue au premier alinéa ci-dessus. »*

BIBL. ▶ Chaput, *RPC 1988. 149* (responsabilité du représentant des créanciers). – Le Corre-Broly, *Banque et Dr. 1-2/1998. 3* (contenu de la déclaration de créance du crédit-bailleur) ; *ibid. mars-avr. 1998. 20* (avertissement du créancier par le représentant des créanciers). – Deleneuville, *RPC 2002. 34* (délai de déclaration).

1. Caractère obligatoire. L'avis au créancier d'avoir à déclarer la créance s'impose au représentant des créanciers, même si le créancier a connaissance de la procédure et si celui-ci a déjà manifesté son intention de produire sa créance. • T. com. Roubaix-Tourcoing, 2 oct. 1986 : *Gaz. Pal. 1987. 1. 27. – Contra,* • T. com. Paris, 15 oct. 1987 : *Gaz. Pal. 1987. 2. 780, note Marchi.*

2. Créanciers connus. Il ne résulte d'aucune disposition de la loi ou de son décret d'application que le mandataire judiciaire aurait l'obligation de pallier la carence du débiteur dans l'établissement de la liste des créanciers en recherchant lui-même ceux des créanciers qui bénéficient d'une sûreté ayant fait l'objet d'une publication ; pas plus, il n'a l'obligation, dans le but de découvrir ou afin de rechercher d'éventuels créanciers titulaires de sûretés réelles, de vérifier la consistance passive et active du patrimoine du débiteur. • Paris, 28 nov. 1997 : *D. 1998. IR 22.* ♦ Les créanciers connus visés par l'art. 66 sont ceux qui figurent sur la liste déposée par le débiteur à l'appui de sa déclaration de cessation de paiement (art. 6, (4°)), ceux qui figurent sur la liste officielle établie par le débiteur en application de l'art. 69, ceux dont l'existence est révélée par l'examen des livres et documents comptables remis par le débiteur en application de l'art. 46, et ceux dont l'existence s'évince de la connaissance d'un bien immobilier ou mobilier révélé à l'ouverture de la procédure. • Bordeaux, 27 nov. 1995 : *RPC 1996. 57, obs. Dureuil.* ♦ S'agissant d'un bien immobilier, l'obligation d'avertir les créanciers inscrits pèse sur le représentant des créanciers dès l'instant où il connaît l'existence de ce bien, car il a alors l'obligation professionnelle d'identifier ces créanciers par tous moyens utiles, et notamment par la levée immédiate de copies, extraits, actes ou états en application des art. 38-1 s. du Décr. du 14 oct. 1955. Ne saurait constituer un obstacle sérieux à l'accomplissement de cette diligence le fait que l'inscription serait prise en une conservation des hypothèques éloignée du lieu d'ouverture de la procédure collective. • Même arrêt. ♦ V. Décr. n° 55-1350 du 14 oct. 1955. – C. civ.

3. Forme de l'avertissement. L'art. 66 n'imposant pas la forme du mode d'envoi, la production de la liste des créanciers avertis par le représentant des créanciers est un justificatif suffisant de l'accomplissement de cette formalité. • Versailles, 13 nov. 1997 : *BICC 1998, n° 851.*

4. Reproduction des dispositions légales et réglementaires. Il ne résulte d'aucun texte que l'absence de reproduction des dispositions légales et réglementaires visées à l'art. 66, al. 3, affecterait la validité de l'avertissement en ce qui concerne l'opposabilité de la forclusion. • Paris, 6 févr. 1998 : *Gaz. Pal. 1998. I. Somm. 216.*

5. Défaut d'avertissement (jurisprudence partiellement antérieure à la loi du 10 juin 1994). Avant l'intervention de la loi du 10 juin 1994, le défaut de l'avertissement prévu à l'art. 66 n'avait, en aucun cas, pour effet de dispenser le créancier retardataire d'établir que sa défaillance n'était pas due à son fait. • Com. 11 oct. 1988 : *D. 1989. Somm. 13, obs. Derrida ; Bull. civ. IV, n° 267* • 29 janv. 1991 : *ibid. IV, n° 44 ; D. 1991. Somm. 239, obs. Honorat* • 19 déc. 2006, n° 05-19.257 P : *D. 2007. AJ 228, obs. Lienhard ; Gaz. Pal. 13-14 avr. 2007, p. 47, obs. Le Corre-Broly.* – V. aussi • Com. 11 oct. 1994, n° 92-14.771 P : *Defrénois 1995. 977, obs. Sénéchal* • Caen, 11 févr. 1999 : *RPC 1999. 213, obs. Larrieu* (avertissement envoyé à une adresse erronée). – Comp. : • Douai, 19 oct. 1989 : *RTD com. 1990. 262, obs. Martin-Serf* • T. com. Saumur, 24 janv. 1995 : *RJ com. 1995. 341, obs. Gallet.* ♦ V. aussi, relevant de forclusion le créancier en cas de fraude du débiteur, • T. com. Paris, 12 mai 1989 : *Rev. dr. bancaire 1990. 141, obs. Campana et Calendini* • T. com. Marseille, 12 déc. 1991 : *RPC 1992. 82, obs. Dureuil.* ♦ Comp., après la L. n° 94-475 du 10 juin 1994 : ancien art. L. 621-46, al. 2, C. com. (ss. art. L. 622-26), selon lequel la forclusion n'est pas opposable aux créanciers titulaires d'une sûreté ayant fait l'objet d'une publication ou d'un contrat de crédit-bail publié, à défaut d'avertissement personnel. ♦ Sur la date d'application de cette nouvelle disposition, V. notes 2 s. ss. ancien art. L. 621-46 C. com., ss. art. L. 622-26 C. com. ♦ Cette jurisprudence demeure, bien sûr, applicable en cas de défaut d'avertissement d'un créancier non visé par le nouvel art. 53, al. 2 [C. com., ancien art. L. 621-46, al. 2] : V. • Com. 7 déc. 1999 : *D. 2000. AJ 33* ; *APC 2000, nº 4, obs. Vallansan.*

6. Mais le représentant des créanciers pouvait être responsable à titre personnel du préjudice subi par un créancier hypothécaire, résultant de la non-déclaration de sa créance, en raison de l'absence d'avertissement. • Grenoble, 14 déc. 1992 : *Banque 1993. 94, obs. Guillot.* ♦ V. aussi, pour un liquidateur judiciaire, • Paris, 18 févr. 1994 : *D. 1994. IR 95.* ♦ Comp., pour un partage de responsabilité entre le créancier et le mandataire : • Com. 3 juin 1997, nº 94-21.982 P : *RJDA 1997, nº 1402.* ♦ V. aussi note 6 ss. art. L. 622-6 C. com.

Le dirigeant d'une société débitrice n'a pas d'obligation d'informer le créancier (une entreprise d'affacturage subrogée) du prononcé du redressement judiciaire de sa société. • Com. 20 janv. 1998 : *D. Affaires 1998. 336, obs. X. D. ; JCP 1998. II. 10121, note Dagorne-Labbe ; Defrénois 1998. 952, obs. Le Cannu ; RTD com. 2000. 172, obs. Martin-Serf* . – V. aussi Pérochon, *Mél. Alfandari, Dalloz, p. 149.* ♦ S'agissant de la mise en liquidation judiciaire d'une caution, V. • Com. 23 juin 1998 : *D. Affaires 1998. 1363, obs. J. F. ; RTD com. 2000. 172, obs. Martin-Serf* .

7. Délai de deux mois. En vertu des dispositions de l'art. 668 NCPC [C. pr. civ.], la date de notification de la déclaration de créance effectuée par voie postale est, à l'égard du créancier qui y procède, celle de l'expédition ; on ne peut donc soutenir que la date de la déclaration est celle de la réception par le représentant des créanciers. • Com. 28 janv. 1997, nº 94-21.125 P : *D. 1997. Somm. 214, obs. Honorat* ; *JCP E 1997. I. 651, nº 13, obs. Cabrillac ; Rev. dr. bancaire 1997. 78, obs. Campana et Calendini* • 9 juill. 2002 : *RPC 2003. 318, obs. Legrand* • Versailles, 30 oct. 1991 : *JCP E 1992. I. 168, nº 12, obs. Cabrillac.* ♦ Selon l'art. 669, al. 3º, NCPC [C. pr. civ.], la date de réception d'une notification faite par lettre recommandée avec demande d'avis de réception est celle qui est apposée par l'Administration des postes lors de la remise de la lettre à son destinataire. • Com. 28 avr. 1998, nº 96-16.440 P : *D. 1998. IR 141* ; *D. Affaires 1998. 1004, obs. V. A.-R.* ♦ V. C. pr. civ., art. 668 et 669. – **C. pr. civ.**

Le délai de deux mois est un délai préfix. • Paris, 6 déc. 1991 : *RPC 1992. 83, obs. Dureuil* • 25 juin 1993 : *D. 1993. IR 223.* ♦ En cas d'irrégularité de la publication (erreurs portant sur le nom et le sigle, omission du numéro d'immatriculation au RCS) prévue par l'art. 21, formalité d'ordre public, l'insertion n'a pu faire courir le délai de déclaration des créances, applicable à tous les créanciers. • Com. 14 févr. 1995, nº 93-10.151 P : *D. 1996. Somm. 85, obs. A. Honorat* ; *Defrénois 1995. 1301, obs. J. Honorat* (V. l'arrêt confirmé : • Aix-en-Provence, 29 oct. 1992 : *RJ com. 1993. 285, note Auque et Lemistre*) • Com. 5 févr. 2002 : *APC 2002, nº 84* (erreur portant sur la date du jugement d'ouverture) • 4 mars 2003, nº 00-11.553 P : *D. 2003. AJ 831, obs. Lienhard* ; *RDBF 2003, nº 231, obs. F.-X. Lucas* • 12 avr. 2005, nº 03-20.691 P : *D. 2005. AJ 1227, obs. Lienhard* ; *Gaz. Pal. 6-7 juill. 2005, p. 26, obs. Le Corre ; RTD com. 2005. 601, obs. Martin-Serf* (erreur portant sur la date du jugement d'ouverture). ♦ *A fortiori,* en l'absence de publication du jugement d'ouverture au BODACC, le délai ne court pas et le créancier n'a pas à être relevé d'une forclusion inexistante. • Com. 20 juin 1995, nº 93-16.549 P : *D. 1995. IR 176.* – Rappr. : • Com. 17 mars 1998, nº 95-20.027 P : *D. 1998. IR 109* ; *D. Affaires 1998. 626 ; JCP E 1998, nº 37, p. 1397, obs. Cabrillac.* ♦ ... La publication du jugement de conversion en liquidation judiciaire étant sans influence sur le délai de déclaration des créances. • Com. 9 janv. 2001, nº 98-11.002 P : *D. 2001. AJ 548, obs. Lienhard* ; *JCP E 2001, nº 18, p. 753, obs. Pétel ; RDBF 2001, nº 68, obs. F.-X. Lucas ; RJ com. 2001. 320, note Courtier ; RTD com. 2002. 365, obs. Martin-Serf* .

Le défaut de publication du jugement d'ouverture dans un journal d'annonces légales du lieu de l'établissement secondaire du débiteur ne fait pas obstacle à l'écoulement du délai de déclaration des créances. • Com. 16 oct. 2001 : *RPC 2002. 97, obs. Legrand.*

Sur le point de départ en cas d'annulation du jugement d'ouverture, V. note 6 ss. art. R. 631-6 C. com.

La déclaration de créance peut être effectuée avant la publication au BODACC du jugement ouvrant la procédure collective. • Com. 9 déc. 1997 : *RJDA 1998, nº 468.*

8. Computation du délai. La disposition de l'art. 642 NCPC (désormais art. 642 C. pr. civ., selon lequel, notamment, le délai qui expirerait normalement un samedi, un dimanche ou un jour férié ou chômé, est prorogé jusqu'au premier jour ouvrable suivant) n'est que l'expression en matière procédurale d'une règle de portée générale applicable à la notification de tous les actes juridiques ou judiciaires. Il en est ainsi quelle que soit la qualification du délai et quand bien même il s'agirait d'un délai préfix, comme le délai de déclaration. • Com. 17 févr. 1998, nº 95-18.686 P : *D. 1998. IR 78* ; *D. Affaires 1998. 429 ; Procédures 1998, nº 91, obs. Croze ; JCP E 1998, nº 37, p. 1398, obs. Pétel.*

9. Prolongation de deux mois. Le délai de déclaration des créances ne constitue pas un délai de comparution au sens de l'art. 644 NCPC [C. pr. civ.] et la prolongation prévue par l'art. 66, al. 1er, du décret ne bénéficie qu'aux seuls créanciers domiciliés hors de la France métropolitaine (et non pas aux créanciers domiciliés en France métropolitaine lorsque la procédure collective est ouverte hors de la France métropolitaine). • Com. 23 nov. 1999, n° 96-21.034 P : *D. 2000. AJ 31, obs. A. L.* ; *APC 2000, n° 5, obs. Vallansan ; JCP E 2000, nos 18-19, p. 752, obs. Pétel ; Procédures 2000, n° 66, obs. Laporte ; RTD com. 2000. 185, obs. Vallens*. ♦ L'allongement du délai de déclaration de créance prévu par l'art. 66, al. 1er, du décret ne peut être étendu aux créanciers domiciliés dans un département ou territoire d'outre-mer ayant à déclarer leurs créances dans une procédure ouverte dans le même département ou territoire. • Com. 13 juill. 2010, n° 09-13.103 P : *D. 2010. Actu. 1865, obs. Lienhard* ; *JCP E 2010. 1744, note Roussel Galle ; LEDEN 9/2010. 2, obs. Parachkévova ; Gaz. Pal. 15-16 oct. 2010, p. 32, obs. Le Corre-Broly ; RJDA 2010, n° 1170 ; RPC 2011, n° 37, obs. F. Legrand et M.-N. Legrand.* ♦ Si la convention conclue entre le créancier, domicilié à l'étranger, et le débiteur prévoit l'élection de domicile des parties à Marseille pour attribuer aux juridictions de cette ville la compétence pour toutes les contestations à naître de l'exécution du contrat, cette élection n'est pas opposable au créancier tenu de déclarer sa créance dans la procédure collective ouverte devant une autre juridiction, et celui-ci bénéficie, dès lors, d'un délai supplémentaire pour déclarer sa créance. • Com. 19 févr. 2002, n° 99-15.579 P : *D. 2002. AJ 1141* ; *RTD com. 2002. 546, obs. Vallens*.

Pour l'inapplicabilité de la prorogation de délai prévue par l'art. 66 au délai de l'action en relevé de forclusion, V. note 15 ss. art. L. 622-26 C. com.

10. Délai supplémentaire d'un mois. Doivent être déclarées dans les deux mois à compter de la publication du jugement d'ouverture du redressement judiciaire toutes les créances, même éventuelles, dont l'origine est antérieure à ce jugement, et la faculté ouverte par l'art. 66, al. 2, n'a pour effet que d'allonger la période de déclaration de certaines créances. • Com. 24 oct. 1995 : *Rev. dr. bancaire 1996. 130, obs. Campana et Calendini.* ♦ Le délai supplémentaire, prévu par l'art. 66, pour déclarer la créance résultant de la résiliation court à compter de la réception de la réponse de l'administrateur. • Com. 18 mars 2003 : *cité note 39 ss. art. L. 622-13 C. com.* ♦ Lorsque l'administrateur judiciaire décide de ne pas poursuivre un contrat en cours sans avoir au préalable été mis en demeure, le délai supplémentaire d'un mois pour déclarer la créance résultant de la résiliation court à compter de la date de notification de la décision prononçant cette résiliation. • Com. 16 juin 2004, n° 02-14.942 P : *D. 2004. AJ 1974* ; *RPC 2004. 228, obs. Roussel Galle ; RTD com. 2004. 807, obs. Martin-Serf*. ♦ Pour l'application de l'art. 644 NCPC (désormais, art. 644 C. pr. civ., prévoyant un allongement du délai au profit des personnes résidant à l'étranger), V. • Lyon, 27 nov. 2003 : *RPC 2005. 42, obs. Roussel Galle.* – Comp. note 9.

Ancien art. 119 *(Abrogé par Décr. n° 2005-1677 du 28 déc. 2005, art. 354) Le jugement prononçant la liquidation judiciaire est rendu en audience publique. Il est signifié à la diligence du greffier aux personnes autres que le procureur de la République qui ont qualité pour en interjeter appel. Il fait l'objet des publicités prévues à l'article 21. Une copie de ce jugement est adressée immédiatement par le greffier aux autorités citées à l'article 19.*

(Décr. n° 94-910 du 21 oct. 1994) « Le tribunal ordonne, dans les limites compatibles avec le délai d'un an prévu à l'article L. 621-46 du code de commerce et le délai fixé par le tribunal dans les conditions de l'article L. 621-103 du même code, l'allongement du délai de déclaration des créances qui court à compter de la publication du jugement d'ouverture au BODACC. » L'insertion mentionne, dans ce cas, l'allongement du délai de déclaration des créances.

BIBL. ► DELENEUVILLE, *RPC 2002. 34* (délai de déclaration). – LE CORRE, *D. 2004. 1002* (conséquences de l'absence d'allongement du délai de déclaration des créances).

1. Le créancier qui n'a pas déclaré sa créance dans le délai légal à la suite de l'ouverture du redressement judiciaire peut déclarer sa créance dans le délai imparti par le tribunal, lors du prononcé de la liquidation judiciaire, dès lors que sa créance n'est pas éteinte au jour de cette déclaration faite avant l'expiration du délai d'un an prévu à l'art. 53 de la loi du 25 janv. 1985 [C. com., ancien art. L. 621-46]. • Com. 19 févr. 2002, n° 99-10.801 P : *D. 2002. AJ 1068, obs. Lienhard* ; *APC 2002, n° 76, obs. Regnaut-Moutier ; JCP E 2002, n° 39, p. 1524, obs. Cabrillac et Pétel ; JCP 2003. II. 10048, note Ayissi Manga ; RJ com. 2002. 279, note Courtier ; RTD com. 2002. 366, obs. Martin-Serf* • Paris, 30 mars 2004 : *D. 2004. AJ 1165*.

2. Faute par le tribunal d'ordonner l'allongement du délai de déclaration des créances, le prononcé du jugement de liquidation judiciaire après une période d'observation est sans influence sur ce délai qui court à compter de la publication du jugement de redressement judiciaire. • Com. 29 oct. 2002, n° 99-18.499 P :

D. 2002. AJ 3078, obs. Lienhard ; *APC 2002, n° 246, obs. Vallansan* ; *JCP E 2003, n° 5, p. 219, obs. Pételˈ* ; *RTD com. 2003. 162, obs. Martin-Serf* (V. l'arrêt cassé : • Paris, 11 juin 1999 : *APC 1999, n° 216, obs. Regnaut-Moutier* ; *RTD com. 2001. 229, obs. Martin-Serf*).

Art. R. 622-22 En application du *(Décr. n° 2014-736 du 30 juin 2014, art. 49)* « sixième » alinéa de l'article L. 622-24, les créanciers dont les créances, nées régulièrement après le jugement d'ouverture autres que celles mentionnées au I de l'article L. 622-17, résultent d'un contrat à exécution successive déclarent leurs créances, pour la totalité des sommes échues et à échoir, sur la base d'une évaluation, dans un délai de deux mois à compter de la publication du jugement d'ouverture au *Bulletin officiel des annonces civiles et commerciales*.

Lorsque le contrat est conclu postérieurement à ce jugement, les créanciers déclarent leurs créances pour la totalité des sommes échues et à échoir, sur la base d'une évaluation, dans un délai de deux mois à compter de la première échéance impayée, qu'elle ait été ou non régularisée. — *[Décr. n° 2005-1677 du 28 déc. 2005, art. 97.]*

Art. R. 622-23 Outre les indications prévues à l'article L. 622-25, la déclaration de créance contient :

1° Les éléments de nature à prouver l'existence et le montant de la créance si elle ne résulte pas d'un titre ; à défaut, une évaluation de la créance si son montant n'a pas encore été fixé ;

2° Les modalités de calcul des intérêts dont le cours n'est pas arrêté, cette indication valant déclaration pour le montant ultérieurement arrêté ;

3° L'indication de la juridiction saisie si la créance fait l'objet d'un litige ;

(Décr. n° 2021-1218 du 23 sept. 2021, art. 15, en vigueur le 1er oct. 2021) « 4° La date de la sûreté et les éléments de nature à prouver son existence, sa nature et son assiette, si cette sûreté n'a pas fait l'objet d'une publicité. » — *Pour les dispositions transitoires du Décr. n° 2021-1218 du 23 sept. 2021, V. note ss. art. R. 611-11.*

A cette déclaration sont joints sous bordereau les documents justificatifs ; ceux-ci peuvent être produits en copie. A tout moment, le mandataire judiciaire peut demander la production de documents qui n'auraient pas été joints. — *[Décr. n° 2005-1677 du 28 déc. 2005, art. 98.]*

1. Portée de l'art. R. 622-23. V. note 11 ci-dessous et note 20 ss. art. L. 622-25.

2. Évaluation de la créance. En application de l'art. 50 de la loi du 25 janv. 1985 [C. com., art. L. 622-24] et de l'art. 67 du Décr. du 27 déc. 1985 [C. com., art. R. 622-23], une créance dont le montant n'est pas encore fixé doit être déclarée sur la base d'une évaluation effectuée au moment de la déclaration, ce qui est distinct d'une déclaration faite à titre « provisionnel ». • Com. 15 févr. 2000 : *RJDA 2000, n° 563* • 21 janv. 2003 : *RJDA 2003, n° 620* ; *Procédures 2003, n° 148, note Laporte.*

Ne contient pas l'évaluation provisoire exigée à défaut de titre, la lettre, adressée en copie au représentant des créanciers, par laquelle le locataire commercial de la société en redressement judiciaire demande des informations sur le sort du bail et sur les intentions de l'administrateur de maintenir les effets d'un congé avec offre de payer une indemnité d'éviction. • Com. 19 mars 1996, n° 94-13.630 P : *D. 1996. IR 101* ; *D. Affaires 1996. 557.*

3. L'art. 67 [R. 622-23], 1°, n'impartissant aucun délai au déclarant pour confirmer son évaluation ou pour la réduire, celui-ci a le droit de le faire jusqu'à ce que le juge statue. • Com. 27 mai 2003, n° 00-17.716 P : *D. 2003. AJ 1631, obs. Lienhard* ; *APC 2003, n° 157, obs. Regnaut-Moutier* ; *RDBF 2003, n° 232, obs. F.-X. Lucas* ; *JCP 2004. II. 10020, note Galliard (2e arrêt)* ; *RTD com. 2003. 817, obs. Martin-Serf*.

4. Il résulte des art. L. 622-24, al. 3 [réd. issue de L. n° 2005-845 du 26 juill. 2005], et R. 622-23, 1°, C. com. que le juge qui statue sur l'admission d'une créance au passif doit se prononcer dans les limites du montant indiqué dans la déclaration de cette créance, y compris lorsque, non encore définitivement fixé, il l'a été sur la base d'une évaluation ; celle-ci ne peut être augmentée après l'expiration du délai légal de déclaration. • Com. 3 nov. 2010, n° 09-72.029 P : *D. 2010. Actu. 2701, obs. Lienhard* ; *RTD com. 2011. 414, obs. Martin-Serf* ; *RJDA 2011, n° 63* ; *Gaz. Pal. 7-8 janv. 2011, p. 40, obs. Le Corre-Broly* ; *LPA 29 avr. 2011, obs. Zattara-Gros* ; *BJE 2011. 133, note Brignon.*

5. Modalités de calcul des intérêts. Si les modalités de calcul des intérêts, dont le cours n'est pas arrêté, doivent être indiquées dans la déclaration de créance, cette obligation n'existe pas à l'égard des intérêts échus. • Com. 23 nov. 1999 : *D. 2000. AJ 15* ; *Procédures 2000, n° 98, obs. Laporte.*

L'art. R. 622-23 n'exige l'indication des modalités de calcul des intérêts dont le cours n'est pas arrêté que dans le cas où leur montant ne peut être calculé au jour de la déclaration de la créance ; la déclaration incluant le montant, déjà calculé, des intérêts à échoir, elle n'a pas, ni l'ordonnance d'admission du juge-commissaire, à en prévoir les modalités de calcul. • Com. 5 mai 2015, n° 14-13.213 P : *D. 2015. Actu. 1093 ; Rev. sociétés 2015. 547, obs. Henry ; RTD com. 2015. 585, obs. Martin-Serf ; JCP E 2015. 1339, note Brignon ; LEDEN 6/2015. 3, obs. Pelletier ; Gaz. Pal. 19-21 juill. 2015, p. 22, obs. Le Corre ; RJDA 2015, n° 681 ; RPC 2016, n° 5, obs. F. et M.-N. Legrand* • Com. 7 nov. 2018, n° 17-22.194 P : *D. 2018. Actu. 2181 ; Rev. sociétés 2018. 748, obs. Henry ; RTD com. 2019. 208, obs. Martin-Serf ; LEDEN 1/2019. 4, obs. Jazottes ; RJDA 2019, n° 110.* – V. déjà • Com. 2 mars 1993, n° 90-21.353 P : *D. 1993. IR 77.* ♦ Le montant de la créance à admettre est celui existant au jour de l'ouverture de la procédure collective ; c'est donc à cette date que le juge-commissaire qui admet une créance d'intérêts dont le cours n'est pas arrêté doit se placer pour déterminer, soit les modalités de calcul des intérêts, soit leur montant, si celui-ci peut être calculé, sans qu'il ait, au moment de l'admission, à tenir compte d'événements postérieurs pouvant influer sur le cours des intérêts à échoir. • Com. 1er juill. 2020, n° 19-10.331 P : *D. 2020. Pan. 1860, obs. F.-X. Lucas ; Rev. sociétés 2020. 511, obs. Henry ; RTD com. 2020. 948, obs. Martin-Serf ; LEDEN 9/2020. 4, obs. Jazottes ; APC 2020, n° 214, obs. Vallansan ; RJDA 2020, n° 585 ; RDBF 2020, n° 117, obs. Houin-Bressand ; RPC 2021, n° 57, obs. F. Legrand.* ♦ Ainsi, le juge-commissaire peut admettre les intérêts à échoir pour leur montant déjà calculé, sans prendre en considération les modalités d'un plan ou les sommes pour lesquelles le créancier sera effectivement retenu dans les répartitions et les dividendes. • Com. 13 févr. 2019, n° 17-26.361 P : *D. 2019. Actu. 381 ; JCP E 2019. 1206, n° 14, obs. Tehrani ; LEDEN 4/2019. 4, obs. Jazottes ; RJDA 2019, n° 356 ; BJE 5-6/2019. 40, note Perruchot-Triboulet ; RDBF 2019, n° 100, obs. Houin-Bressand ; RPC 2019, n° 137, obs. F. Legrand.* ♦ Aucun texte n'oblige le créancier à distinguer, dans la déclaration de créance, le montant des intérêts à échoir du montant du capital à échoir. • Com. 5 mai 2015 : *préc.* ♦ V. aussi note 1 ss. art. L. 622-25.

La déclaration de créances relatives à des prêts hypothécaires qui renvoie, pour les intérêts reportés capitalisés et pour les intérêts en cours, aux modalités de calcul fixées par les contrats, satisfait aux exigences de l'art. 67 [R. 622-23], al. 2, dès lors que les contrats de prêts annexés à la déclaration contiennent la mention précise des *modalités de calcul des intérêts.* • Com. 14 oct. 1997 : *RJDA 1998, n° 188.* ♦ En revanche, une banque ne satisfait pas au formalisme exigé par l'art. 67 [R. 622-23], en mentionnant sur sa déclaration de créance les intérêts postérieurs « pour mémoire », cette seule mention ne pouvant être considérée comme suffisante et la carence de la banque ne pouvant être suppléée par le fait que les modalités de calcul figuraient dans l'acte de prêt notarié et étaient rappelées de manière sibylline en tête du décompte certifié sincère. • Com. 21 janv. 2003 : *RJDA 2003, n° 619.* – Dans le même sens, V. • Com. 15 mars 2005 : *cité note 19 ss. art. L. 622-25.* ♦ V. aussi note 7 ss. art. L. 624-2. ♦ En ce sens que le juge ne peut retenir le mode de calcul des intérêts échus, figurant dans la déclaration, pour le calcul des intérêts à échoir, V. • Com. 24 nov. 1998 : *D. Affaires 1999. 34, obs. V. A.-R.* ♦ V. aussi note 1 ss. art. L. 622-25.

6. ***Documents justificatifs.*** Les documents justificatifs de la créance pouvant être produits en copie, la créance ne peut être rejetée d'office pour défaut de production de l'original. • Com. 9 juill. 1996, n° 93-12.297 P : *D. 1996. IR 211 ; RTD com. 1997. 121, obs. Cabrillac.*

7. Il ne peut être fait grief au représentant des créanciers de n'avoir pas fait usage de la faculté, prévue à l'art. 67 [R. 622-23], de demander la production de documents qui n'auraient pas été joints à la déclaration de créance. • Com. 26 mai 1999 : *Procédures 1999, n° 203, obs. Laporte.*

8. Lorsque le débiteur ou le liquidateur conteste la déclaration de créance en invoquant l'absence ou l'insuffisance des justifications produites à l'appui de celle-ci, il appartient au créancier de verser aux débats, le cas échéant, des pièces complémentaires sans que la cour d'appel soit tenue de l'y inviter. • Com. 2 juin 2015, n° 14-10.931 P : *D. 2015. Actu. 1271 ; RTD com. 2015. 750, obs. Martin-Serf ; JCP E 2015. 1422, n° 5, obs. Pétel ; LEDEN 9/2015. 6, obs. Staes ; RJDA 2015, n° 683 ; RDBF 2015, n° 165, obs. Houin-Bressand.* ♦ En revanche, il résulte des art. L. 622-25, al. 1er, et R. 622-23 C. com. que le juge-commissaire qui estime que la créance déclarée n'est pas suffisamment justifiée ne peut la rejeter sans inviter au préalable le créancier déclarant à produire les documents justificatifs faisant défaut. • Com. 5 juin 2012, n° 11-17.603 P : *D. 2012. Actu. 1541, obs. Lienhard ; RTD com. 2013. 345, obs. Martin-Serf ; JCP E 2012. 1508, n° 5, obs. Pétel ; LEDEN 7/2012. 5, obs. Staes ; RJDA 2012, n° 877 ; Gaz. Pal. 12-13 oct. 2012, p. 29, obs. Le Corre.*

9. Pour la possibilité de produire les justificatifs de la créance après le délai de déclaration, en réponse à la lettre de contestation du mandataire, V. • Com. 15 févr. 2005 : *APC 2005, n° 53, obs. Vallansan ; Gaz. Pal. 29-30 avr. 2005, p. 37, obs. Le Corre.*

10. Sur la sanction du défaut de production des justificatifs, V. note 20 ss. art. L. 622-25.

11. ***Litige en cours.*** Si, par application des dispositions de l'art. R. 622-23, 3°, C. com., la déclaration de créance doit indiquer la juridiction saisie lorsque la créance fait l'objet d'un litige, cette mention, dont l'omission n'est pas sanctionnée par la nullité de la déclaration, ne concerne que les instances en cours à l'ouverture de la procédure collective. • Com. 26 mars 2013, n° 12-13.673 P : *D. 2013. Actu. 904, obs. Lienhard* ; *RTD com. 2013. 343, obs. Martin-Serf* ; *APC 2013, n° 105, obs. Vallansan* ; *RJDA 2013, n° 537* ; *Gaz. Pal. 12-13 juill. 2013, p. 24, obs. Le Corre.*

Art. R. 622-24 **Le délai de déclaration fixé en application de l'article L. 622-26 est de deux mois à compter de la publication du jugement d'ouverture au *Bulletin officiel des annonces civiles et commerciales*.** *(Décr. n° 2014-736 du 30 juin 2014, art. 50-1°)* **« Le même délai est applicable à l'information prévue par le troisième alinéa de l'article L. 622-24. »**

Lorsque la procédure est ouverte par une juridiction qui a son siège sur le territoire de la France métropolitaine, le délai *(Décr. n° 2014-736 du 30 juin 2014, art. 50-2°)* **« de déclaration » est augmenté de deux mois pour les créanciers qui ne demeurent pas sur ce territoire.**

Lorsque la procédure est ouverte par une juridiction qui a son siège dans un département ou une collectivité d'outre-mer, le délai *(Décr. n° 2014-736 du 30 juin 2014, art. 50-2°)* **« de déclaration » est augmenté de deux mois pour les créanciers qui ne demeurent pas dans ce département ou cette collectivité.** — *[Décr. n° 2005-1677 du 28 déc. 2005, art. 99.]*

1. Extension de procédure à l'égard d'un codébiteur solidaire. Chacun des codébiteurs solidaires s'engageant distinctement à l'égard du même créancier, le jugement qui étend à l'un la procédure collective ouverte à l'égard de l'autre fait courir au profit de ce créancier, à compter de sa date de publication, un nouveau délai pour déclarer sa créance quand bien même il l'a déjà déclarée au passif de la procédure initialement ouverte ; il en résulte que ce créancier, lorsqu'il est titulaire d'une sûreté régulièrement publiée, doit être averti personnellement d'avoir à déclarer sa créance au passif de celui à qui la procédure a été étendue. • Com. 28 juin 2017, n° 16-16.746 P : *D. 2017. Actu. 1357* ; *Rev. sociétés 2017. 524, obs. Roussel Galle* ; *JCP E 2017. 1478, note Cerati-Gauthier* ; *APC 2017, n° 225, obs. Favario* ; *RJDA 2017, n° 739* ; *RDBF 2017, n° 221, obs. Houin-Bressand* ; *BJE 2017. 403, note Bézert.*

2. Créancier demeurant à l'étranger. Après avoir constaté que le délai de déclaration de l'art. R. 622-24, al. 1er, n'était pas expiré lorsque le cessionnaire de la créance en est devenu titulaire par un acte auquel la société débitrice était représentée, de sorte que la cession de créance lui est opposable, une cour d'appel retient à bon droit que l'appréciation du lieu où demeure le créancier doit se faire en considération de la personne du créancier cessionnaire déclarant, de sorte que la déclaration de créance effectuée par celui-ci à l'intérieur du délai de quatre mois de l'art. R. 622-24, al. 2, n'est pas forclose. • Com. 15 oct. 2013, n° 12-22.008 P : *D. 2013. Actu. 2462* ; *Rev. sociétés 2013. 725, obs. Henry* ; *RTD com. 2014. 185, obs. Martin-Serf* ; *JCP E 2014. 1020, n° 6, obs. Pétel* ; *APC 2013, n° 276, obs. Robine* ; *LEDEN 12/2013. 2, obs. Borga* ; *LPA 20 janv. 2014, note Sortais* ; *BJE 2014. 30, note Le Corre-Broly.* – V. Dalmau, *RPC 2014. Étude 18.* ♦ L'art. 855 C. pr. civ. [relatif à l'élection de domicile en France pour les demandeurs résidant à l'étranger] n'est pas applicable à la déclaration de créance. • Com. 5 nov. 2013, n° 12-20.234 P : *D. 2013. Actu. 2639* ; *RTD com. 2014. 183, obs. Martin-Serf* ; *Gaz. Pal. 12-14 janv. 2014, p. 10, obs. Le Corre* ; *BJS 2014. 109, note Mouial-Bassilana* ; *RJDA 2014, n° 143* ; *LEDEN 5/2014. 2, obs. Martineau-Bourgninaud.*

3. Sur le régime antérieur au Décr. du 28 déc. 2005, V. la jurisprudence reproduite ss. l'ancien art. 66 du Décr. du 27 déc. 1985, ss. art. R. 622-21 C. com.

Art. R. 622-25 **Lorsque le juge-commissaire a relevé le créancier de sa forclusion après le dépôt de la liste des créances prévu à l'article L. 624-1 et que sa décision est devenue définitive, il statue sur la créance dans les conditions de l'article L. 624-2. Une mention est portée par le greffier sur l'état des créances.**

Les frais de l'instance en relevé de forclusion sont supportés par le créancier défaillant. *(Décr. n° 2014-736 du 30 juin 2014, art. 51)* **« Toutefois, le juge peut décider que les frais seront supportés par le débiteur qui n'a pas mentionné la créance sur la liste prévue par l'article L. 622-6 ou n'a pas porté utilement cette créance à la connaissance du mandataire judiciaire dans le délai prévu par l'article R. 622-24. »** — *[Décr. n° 2005-1677 du 28 déc. 2005, art. 100.]*

Frais de l'instance. Les frais de l'instance doivent être entièrement supportés par les créanciers défaillants lorsque ceux-ci sont relevés de leur forclusion, sans qu'il y ait à distinguer entre les dépens relatifs aux deux degrés de juridiction. • Com. 29 mai 1990, n° 88-16.434 P : *D. 1990. IR 162*. ♦ Ainsi, les dépens d'appel ne peuvent être mis à la charge du débiteur, même lorsque celui-ci a été débouté de son recours contre l'ordonnance ayant relevé un créancier de la forclusion. • Même arrêt. – Dans le même sens : • Com. 2 févr. 1993, n° 89-10.594 P. ♦ Comp., désormais : art. R. 622-25, dans sa réd. issue du Décr. n° 2014-736 du 30 juin 2014.

Art. R. 622-26 Les instances et les procédures civiles d'exécution suspendues en application du deuxième alinéa de l'article L. 622-28 sont poursuivies à l'initiative des créanciers bénéficiaires de garanties mentionnés au dernier alinéa de cet article sur justification du jugement arrêtant le plan, selon les dispositions applicables à l'opposabilité de ce plan à l'égard des garants.

En application du troisième alinéa de l'article L. 622-28, ces créanciers peuvent pratiquer des mesures conservatoires dans les conditions prévues aux articles *(Décr. n° 2012-783 du 30 mai 2012, art. 2, en vigueur le 1er juin 2012)* « R. 511-1 et suivants du code des procédures civiles d'exécution ». – *[Décr. n° 2005-1677 du 28 déc. 2005, art. 101.] – V. lesdits art. au* ***C. pr. exéc.***

V. note 9 ss. art. L. 626-11.

CHAPITRE III DE L'ÉLABORATION DU BILAN ÉCONOMIQUE, SOCIAL ET ENVIRONNEMENTAL

Art. R. 623-1 *(Décr. n° 2009-160 du 12 févr. 2009, art. 28)* L'administrateur dépose au greffe et communique aux autorités et personnes mentionnées à l'article L. 626-8, par lettre recommandée avec demande d'avis de réception, le bilan établi conformément à l'article L. 623-1.

Art. R. 623-2 Le bilan environnemental prévu à l'article L. 623-1 est réalisé à la demande de l'administrateur par le débiteur ou par un technicien désigné par le juge-commissaire, si ce dernier estime nécessaire une telle intervention.

Ce bilan porte sur l'identification et la description du ou des sites où sont exploités la ou les installations classées et de leur environnement, l'existence de pollutions potentielles, les mesures d'urgence de mise en sécurité déjà prises, prévues ou à prendre et les mesures réalisées afin de surveiller l'impact de l'exploitation sur l'environnement.

Il est établi selon les rubriques fixées par un arrêté pris par le garde des sceaux, ministre de la justice, et par le ministre chargé des installations classées. – *[Décr. n° 2005-1677 du 28 déc. 2005, art. 102, al. 2 à 4.] – V. art. A. 623-1.*

CHAPITRE IV DE LA DÉTERMINATION DU PATRIMOINE DU DÉBITEUR

SECTION PREMIÈRE DE LA VÉRIFICATION ET DE L'ADMISSION DES CRÉANCES

SOUS-SECTION 1 DE LA VÉRIFICATION DES CRÉANCES

Art. R. 624-1 La vérification des créances est faite par le mandataire judiciaire, le débiteur et, le cas échéant, les contrôleurs désignés, présents ou dûment appelés.

Si une créance autre que celle mentionnée à l'article L. 625-1 est discutée, le mandataire judiciaire en avise le créancier ou son mandataire par lettre recommandée avec demande d'avis de réception. Le délai de trente jours prévu à l'article L. 622-27 court à partir de la réception de la lettre. Cette lettre précise l'objet de la discussion, indique le montant de la créance dont l'inscription est proposée et rappelle les dispositions de l'article L. 622-27. – *[Décr. n° 2005-1677 du 28 déc. 2005, art. 103.]*

(Décr. n° 2014-736 du 30 juin 2014, art. 52) « Le délai prévu par le deuxième alinéa de l'article L. 624-1 est de trente jours. Il court à compter de la date à laquelle le débiteur a été mis en mesure, par le mandataire judiciaire, de formuler ses observations. Lorsque le débiteur ne participe pas à la vérification des créances, le délai court à compter de la réception de la lettre recommandée avec demande d'avis de réception

qui lui est adressée par le mandataire judiciaire. Cette lettre comporte les propositions d'admission, de rejet ou de renvoi mentionnées au premier alinéa de l'article L. 624-1.

« Il appartient au mandataire judiciaire de justifier de la date à laquelle il a sollicité les observations du débiteur. »

1. Participation du débiteur. Seul le débiteur a qualité pour se prévaloir de l'irrégularité de la procédure de vérification des créances, née du fait que le liquidateur n'a pas recueilli ses observations. • Com. 19 nov. 2003, n° 02-13.826 P : *D. 2003. AJ 3050 ; LPA 17 févr. 2004, p. 12, note F.-X. Lucas ; BJS 2004. 214, note Pétel ; RTD com. 2004. 593, obs. Martin-Serf*. ♦ Une société en liquidation judiciaire qui, par la personne de son ancien dirigeant, a participé à la procédure de vérification des créances sans invoquer le défaut de pouvoir de celui-ci, n'est pas recevable à contester l'état des créances établi à l'issue de ladite procédure en se prévalant de l'éventuelle irrégularité de cette dernière. • Com. 3 juin 2009, n° 08-12.279 P : *D. 2009. AJ 1604 ; RTD com. 2010. 197, obs. Martin-Serf ; LEDEN, sept. 2009, p. 3, obs. F.-X. Lucas ; APC 2009, n° 214, obs. Pagnucco ; Rev. sociétés 2009. 662, note Le Corre*. ♦ La caution n'a pas qualité pour se prévaloir de l'irrégularité de la procédure de vérification des créances résultant du défaut de pouvoir du gérant de la société en liquidation judiciaire. • Com. 13 févr. 2007 : *cité note 2 ss. art. R. 624-3.*

2. Il ne saurait être exigé du débiteur qu'il rapporte la preuve de son défaut de convocation par le liquidateur pour la vérification des créances. • Com. 28 mars 2018, n° 17-10.600 P : *D. 2018. Actu. 717 ; Rev. sociétés 2018. 413, obs. Roussel Galle ; DP diff. entr., Bull. n° 402, obs. Rémery ; LEDEN 5/2018. 2, obs. Staes ; APC 2018, n° 119, obs. Dumery ; RJDA 2018, n° 519 ; RDBF 2018, n° 78, obs. Houin-Bressand ; Procédures 2018, n° 219, note Rolland.*

3. Lettre du représentant des créanciers. La lettre visée par les art. 54 de la loi du 25 janv. 1985 [C. com., art. L. 622-27] et 72 du Décr. du 27 déc. 1985 [C. com., art. R. 624-1] doit indiquer l'objet de la contestation de la créance afin que le créancier puisse faire connaître ses explications sur les points contestés. • Com. 20 juin 2000 : *RDBF 2000, n° 158, obs. F.-X. Lucas ; APC 2000, n° 180, obs. Vallansan* • 27 juin 2006, n° 05-13.696 P : *D. 2006. AJ 1893, obs. Lienhard ; Gaz. Pal. 6-7 oct. 2006, p. 26, obs. Le Corre ; RTD com. 2006. 915, obs. Martin-Serf ; RDBF 2007, n° 24, obs. F.-X. Lucas.* ♦ La lettre du représentant des créanciers, non conforme aux prescriptions de l'art. 72 [R. 624-1], al. 2 ci-dessus, ne peut faire courir à l'encontre du créancier le délai prévu par l'art. 54 de la loi [C. com., art. L. 622-27]. • Com. 5 déc. 1995, n° 93-18.803 P : *D. Affaires 1996. 182 ; Dr. sociétés 1996, n° 35, obs. Chaput ; JCP E 1996. I. 554, n° 16, obs. Pétel.*

4. Dès lors que la lettre se borne, conformément aux dispositions de l'art. 67 [R. 622-23], à demander à la banque créancière de joindre à sa déclaration des documents justificatifs, sans lui faire connaître si la créance est discutée et, dans l'affirmative, sur quoi porte la discussion, l'absence de réponse n'empêche pas la banque d'interjeter appel de l'ordonnance du juge-commissaire de rejet de la créance. • Com. 14 mai 1996, n° 94-15.314 P : *D. 1996. IR 143 ; D. Affaires 1996. 809 ; JCP 1996. II. 22657, rapp. Rémery.*

5. Sur la portée d'une lettre adressée à l'avocat du créancier, V. note 11 ss. art. L. 622-27.

6. Il n'est pas interdit au mandataire judiciaire de soutenir devant le juge-commissaire une autre proposition que celle formulée dans la lettre de contestation et de relever appel de toute décision de celui-ci rendu en matière d'admission des créances. • Com. 29 mai 2019, n° 18-14.911 P : *cité note 1 ss. art. L. 622-27 ; JCP E 2019. 1375, n° 15, obs. Pétel.*

Art. R. 624-2 **La liste des créances contenant les indications prévues à l'article L. 622-25 et à l'article R. 622-23 ainsi que les propositions du mandataire judiciaire et les observations du débiteur** *(Décr. n° 2014-736 du 30 juin 2014, art. 53-1°)* **« , avec indication de leur date, » est déposée au greffe pour être sans délai remise au juge-commissaire. Elle est communiquée à l'administrateur, s'il en a été désigné, et, le cas échéant, au commissaire à l'exécution du plan.**

Les créanciers dont la créance n'a pas été portée définitivement sur la liste des créances, dans le délai prévu par l'article L. 624-1, peuvent demander à être relevés de la forclusion prévue par le *(Décr. n° 2014-736 du 30 juin 2014, art. 53-2°)* **« quatrième » alinéa de l'article L. 622-24 selon les modalités prévues par l'article L. 622-26.**

Après le dépôt au greffe de cette liste, celle-ci est complétée par le greffier agissant à la demande du mandataire judiciaire ou du créancier intéressé, par l'inscription des créances définitivement fixées à l'issue d'une instance judiciaire ou administrative et de celles admises à la suite d'un relevé de forclusion intervenu après le dépôt de l'état des créances. — *[Décr. n° 2005-1677 du 28 déc. 2005, art. 104.]*

SOUS-SECTION 2 DE L'ADMISSION DES CRÉANCES

Art. R. 624-3 *(Décr. n° 2009-160 du 12 févr. 2009, art. 29)* **« Les décisions d'admission sans contestation sont matérialisées par l'apposition de la signature du juge-commissaire sur la liste des créances établie par le mandataire judiciaire.**

« Le greffier avise par lettre simple les créanciers ou leur mandataire de cette admission. Ces avis précisent le montant pour lequel la créance est admise ainsi que les sûretés *(Abrogé par Décr. n° 2021-1218 du 23 sept. 2021, art. 16, à compter du 1er oct. 2021)* ***« et privilèges »*** **dont elle est assortie et reproduisent les dispositions des articles L. 622-27 et L. 624-3. »**

Le mandataire judiciaire et l'administrateur, lorsqu'il en a été désigné, sont avisés contre récépissé des décisions rendues. – *[Décr. n° 2005-1677 du 28 déc. 2005, art. 105.]*

Pour les dispositions transitoires du Décr. n° 2021-1218 du 23 sept. 2021, V. note ss. art. R. 611-11.

1. Erreur matérielle. BIBL. Rouger, *RPC 2001. 182.* ♦ Viole les art. 1351 C. civ. (autorité de la chose jugée) et 462 NCPC (désormais, art. 462 C. pr. civ., relatif à la rectification) le juge-commissaire qui, sur requête du représentant des créanciers, rectifie une ordonnance passée en force de chose jugée et admettant un créancier à titre privilégié en ajoutant au dispositif de celle-ci les mots « sous réserve de la validité du nantissement ». • Com. 17 déc. 1996 : *D. 1997. 177, rapp. Rémery*.

2. Décision d'admission complémentaire. L'absence de mention, dans l'état publié au BODACC, d'une créance déclarée, qui fait obstacle à ce que la décision du juge-commissaire ait l'autorité de la chose jugée à l'égard du créancier, autorise l'admission de la créance par une décision ultérieure résultant d'un état complémentaire (irrecevabilité du recours de la caution contre la décision d'admission). • Com. 1er févr. 2000 : *RJDA 2000, n° 565 ; JCP E 2000, n° 45, p. 1764, note Le Corre*. – Dans le même sens, V. • Com. 5 févr. 2002, n° 98-15.310 P : *JCP E 2002, n° 12, p. 499 ; RDBF 2002, n° 189, obs. F.-X. Lucas ; RPC 2003. 24, obs. Legrand* • 13 févr. 2007, n° 05-20.413 P : *D. 2007. AJ 803, obs. Lienhard ; RDBF 2007, n° 73, obs. F.-X. Lucas.*

3. Preuve de la créance. C'est au créancier qu'il incombe de prouver l'existence et le montant d'une créance contestée par la caution et dont il n'est pas justifié, si elle a été déclarée à la liquidation judiciaire du débiteur, qu'elle ait été admise. • Com. 11 oct. 1994, n° 92-18.344 P : *Dr. sociétés 1995, n° 8, obs. Chaput.*

4. Montant à admettre. Le montant de la créance à admettre doit être celui existant au jour de l'ouverture de la procédure collective. • Com. 20 juin 2001 : *cité note 2 ss. art. L. 624-2* • 8 juin 2010, n° 09-14.624 P : *D. 2010. Actu. 1622 ; RTD com. 2011. 417, obs. Martin-Serf ; JCP E 2010. 1742, n° 9, obs. Cabrillac ; RJDA 2010, n° 1174.* ♦ Les paiements effectués par les cautions de la société débitrice entre les mains d'une banque créancière, postérieurement au jugement d'ouverture de la procédure collective, n'affectent pas le montant de la créance à admettre, peu important que les cautions aient conventionnellement accepté de ne faire valoir leurs droits contre le débiteur principal qu'après que le créancier eut été intégralement désintéressé. • Com. 2 févr. 1999, n° 95-15.291 P : *D. 1999. IR 63 ; D. Affaires 1999. 636, obs. J. F. ; JCP E 1999, n° 18-19, p. 810, obs. Cabrillac ; Banque et Dr. 7-8/1999. 47, obs. Guillot.*

5. Prescription de la créance. Dès lors qu'un créancier est admis au passif, la prescription trentenaire [dans le régime antérieur à la L. n° 2008-561 du 17 juin 2008] découlant de l'ordonnance du juge-commissaire portant admission de la créance se substitue à la prescription décennale [dans le régime antérieur à la L. n° 2008-561 du 17 juin 2008] édictée par l'art. 189 *bis* [L. 110-4] C. com. ou à toute autre prescription relative à la nature de la créance. • Com. 12 mai 1998, n° 96-12.194 P : *D. 1999. Somm. 71, obs. Honorat ; D. Affaires 1998. 1006 ; Quot. jur. 25 juin 1998, p. 4, note P. M.* ♦ La décision d'admission de la créance au passif de la procédure collective du débiteur principal est opposable à la caution en ce qui concerne la substitution de la prescription trentenaire à la prescription décennale. • Com. 13 avr. 1999 : *RJDA 1999, n° 700 ; RPC 2000. 57, obs. Kerckhove* • 15 oct. 2002 : *RDBF 2003, n° 33, obs. F.-X. Lucas* • 5 déc. 2006, n° 05-11.761 P : *D. 2007. AJ 229 ; RPC 2008. 83, obs. Perot-Reboul et Patureau.* ♦ Dans le même sens, pour l'opposabilité au codébiteur solidaire, V. • Com. 30 oct. 2007, n° 04-16.655 P : *D. 2007. AJ 2952, obs. Lienhard ; Gaz. Pal. 23-24 janv. 2008, p. 65, obs. Le Corre.* ♦ ... Au tiers constituant d'une sûreté réelle en garantie de la dette du débiteur, V. • Com. 17 nov. 2009 : *cité note 141 ss. art. L. 622-24.* ♦ ... A l'associé en nom, obligé au paiement de la dette sociale, V. • Com. 29 sept. 2009, n° 08-19.777 P : *D. 2009. AJ 2422, obs. Lienhard ; APC 2009, n° 276, obs. Pagnucco ; Dr. sociétés 2009, n° 225, note Gallois-Cochet ; RJ com. 2009. 334, note Sortais ; JCP E 2010. 1011, n° 10, obs. Cabrillac ; BJS 2010. 64, note Rubellin.* ♦ De même, lorsqu'à l'obligation contractuelle, soumise à la prescription quinquennale édictée par l'art. 2277 [ancien] C. civ., s'est substituée celle découlant de l'ordonnance rendue par le juge-commissaire portant admission de la créance d'un crédit-bailleur, dans les droits duquel une banque caution est subrogée, le bénéfice de cette ordonnance, comme celui de toute autre décision de justice opposable à l'une et l'autre des cautions engagées au profit du crédit-bailleur, se prescrit suivant le droit commun (loi de 1967). • Com. 16 avr. 1996 : *D. Affaires 1996. 686.* – V., sur renvoi, • Dijon, 18 nov. 1997 : *Gaz. Pal. 1998. 1. Somm. 289, obs. Vray.* ♦ Mais si, à défaut de réclamation, la décision d'admission de la créance est opposable à la caution tant en ce qui concerne l'existence et le montant de la créance que la substitution de la prescription trentenaire à la prescription originaire, cette opposabilité est tenue en échec lorsque l'action du créancier contre la caution, fût-elle solidaire, se trouve atteinte par la forclusion à la date de la déclaration de créance (à propos de la forclusion prévue par l'anc. art. L. 311-37 [désormais art. L. 218-2] C. consom.). • Com. 19 nov. 1996, nº 94-17.909 P : *D. 1997. Somm. 165, obs. Aynès ; D. Affaires 1997. 158 ; Quot. jur. 5 déc. 1996, p. 6, note P. M.* ♦ Comp., jugeant, pour les créances fiscales, que la production par le receveur des impôts de ses créances a eu pour effet d'interrompre la prescription sans pour autant que l'admission de celles-ci par la décision du juge-commissaire ait eu pour effet, eu égard à la nature de l'avis de mise en recouvrement, qui vaut par lui-même titre exécutoire au profit du Trésor public, et aux dispositions particulières de l'art. 1975 CGI, de substituer à la prescription décennale une prescription trentenaire : • CE 3 juin 1992 : *Dr. sociétés 1992, nº 223, obs. Chaput ; RTD com. 1993. 181, obs. Martin-Serf.*

6. Sur la recevabilité d'un appel formé contre une décision rejetant sa créance, par un créancier auquel n'avait pas été notifiée l'ordonnance par laquelle le juge-commissaire avait mis fin aux fonctions du représentant des créanciers, V. • Com. 16 oct. 1990, nº 88-17.103 P : *D. 1991. Somm. 333, obs. Honorat.*

7. Autorité de la chose jugée de la décision d'admission. BIBL. Lebois, *RPC 2002. 234.* ♦ Le commissaire à l'exécution du plan d'une société, dont les actions ont été achetées grâce à un prêt garanti par le nantissement des titres du *cédant*, ne peut demander la nullité des sûretés dès lors que la créance des prêteurs, déclarée au passif, a été portée à l'état des créances contre lequel il n'a élevé aucune réclamation dans le délai de quinze jours suivant la publication au BODACC et qui a donc acquis autorité de chose jugée. • Com. 5 déc. 1995, nº 93-20.981 P : *Rev. huiss. 1997. 446, note Courtier.* ♦ De même, l'action en nullité, qui vise à mettre à néant rétroactivement un contrat de crédit-bail ayant donné naissance à des créances, dont la décision d'admission à un caractère irrévocable, est incompatible avec le caractère définitif de la chose jugée concernant l'existence, la nature et le montant de la créance du crédit-bailleur. • Com. 14 oct. 1997, nº 95-15.544 P : *D. 1998. Somm. 96, obs. Honorat ; D. Affaires 1998. 31, obs. O. B. ; Rev. dr. bancaire 1998. 71, obs. Campana et Calendini.*

Sur la recevabilité de l'action en nullité de la période suspecte, V. note 1 ss. art. L. 632-1.

Une créance ayant été irrévocablement admise au passif d'une société, faute de réclamation dans le délai légal, la chose ainsi jugée s'impose à la caution qui ne peut pas contester l'existence de la créance dans son principe, ni en faire modifier le montant, et ne peut davantage faire prononcer la nullité de la convention principale. • Com. 11 juin 1996, nº 93-16.058 P : *D. 1996. IR 174* • 9 janv. 2001 : *RJDA 2001, nº 611.* – V. aussi • Com. 12 nov. 1997 : *RJDA 1998, nº 313.* ♦ Le jugement, devenu irrévocable, qui arrête le montant de la créance d'un créancier sur le débiteur est opposable de ce chef à tout codébiteur solidaire, et donc, à la caution solidaire. • Com. 22 avr. 1997, nº 95-11.532 P : *RJDA 1997, nº 1110.* ♦ Mais la décision d'admission n'est pas opposable à la caution, qui demeure fondée à faire valoir les exceptions qu'aurait pu faire valoir le débiteur, lorsque le dépôt au greffe de l'état des créances n'a pas fait l'objet de la publicité prévue par l'art. 83 du Décr. du 27 déc. 1985. • Com. 20 juin 2000 : *RDBF 2000, nº 160, obs. F.-X. Lucas.* ♦ Par ailleurs, il résulte de la combinaison des art. 1208, 1351, 2021 [2298] C. civ. et 48 de la L. nº 84-148 du 1er mars 1984 [C. mon. fin., art. L. 313-22, *App. vº Banque et financement de l'entreprise*] que, nonobstant la chose jugée par l'admission définitive d'une créance à la procédure collective d'un débiteur, la caution solidaire du paiement de cette créance peut opposer au créancier toutes les exceptions qui lui sont personnelles (en l'occurrence, la déchéance du droit aux intérêts en raison de l'inexécution de l'obligation d'information annuelle de la caution, par la banque, prévue audit art. 48). • Com. 22 avr. 1997 : *D. 1997. IR 121 ; D. Affaires 1997. 671.* ♦ V. art. L. 313-22 C. mon. fin., App., vº *Banque et financement de l'entreprise.*

Pour l'autorité de la chose jugée de la décision d'admission de la créance du bailleur à l'égard du colocataire sodidaire du débiteur en liquidation judiciaire, V. • Com. 24 juin 2003, nº 00-18.078 P : *D. 2003. AJ 2011.*

S'il est vrai que la décision du juge de la procédure collective rendue dans les rapports entre le créancier et le débiteur principal s'impose à la caution, il n'en demeure pas moins que le créancier peut poursuivre et obtenir la condamnation de la caution devant le juge du cautionnement avant toute déclaration de créance ou, si la déclaration a été faite, avant toute admission, en établissant l'existence et le montant de sa créance selon les règles du droit commun. • Com. 18 janv. 2000, nº 96-16.833 P : *D. 2000. AJ 97, obs.*

Lienhard ; *APC 2000, n° 28, obs. Vallansan ; JCP E 2000, n°s 18-19, p. 754, obs. Cabrillac ; RPC 2000. 133, obs. Kerckhove ; RTD com. 2001. 514, obs. Martin-Serf* • 11 févr. 2004 : *Rev. contrats 2004. 745, obs. Houtcieff.* ♦ En raison du caractère accessoire du cautionnement, le juge du cautionnement, saisi d'une action en paiement par le créancier contre la caution, est tenu de respecter la décision passée en force de chose jugée par le juge compétent de la procédure collective dans les rapports entre le créancier et le débiteur principal, et concernant l'existence ainsi que le montant de la créance. • Com. 18 janv. 2000, n° 96-20.798 P : *D. 2001. Somm. 695, obs. Aynès* ; *D. 2000. AJ 97, obs. Lienhard* ; *APC 2000, n° 28, obs. Vallansan ; JCP E 2000, n°s 18-19, p. 754, obs. Cabrillac ; RPC 2000. 133, obs. Kerckhove ; RTD com. 2001. 514, obs. Martin-Serf* • 17 sept. 2002 : *cité note 31 ss. ancien art. L. 621-46 ss. art. L. 622-26.* ♦ En revanche, tant qu'une telle décision n'est pas intervenue, et sauf la faculté discrétionnaire qu'il conserve de surseoir à statuer dans l'intérêt d'une bonne administration de la justice, le juge du cautionnement est juge de l'exception par application de l'art. 49 NCPC [C. pr. civ.] et, par suite, tenu de statuer sur toutes les exceptions inhérentes à la dette invoquées par la caution, sa décision ne s'imposant que dans les rapports entre le créancier et la caution. • Mêmes arrêts.

L'autorité de la chose jugée attachée à la décision admettant la créance d'une caution porte uniquement sur l'existence et le montant de la créance (et non sur le concours entre un créancier du débiteur et la caution de celui-ci exerçant son recours personnel). • Com. 23 juin 1998 : *D. Affaires 1998. 1365, obs. V. A.-R. ; Quot. jur. 28 juill. 1998, p. 5 ; JCP E 1998, n° 52, p. 2066, obs. Cabrillac et Pétel ; RTD com. 1999. 501, obs. Martin-Serf*. – V. aussi note 1 ss. art. L. 632-4.

L'admission de la créance de la caution au passif du débiteur principal s'impose aux sous-cautions. • Com. 29 mai 2001, n° 98-16.325 P : *D. 2001. AJ 1948, obs. Lienhard* ; *APC 2001, n° 153, obs. Regnaut-Moutier ; Banque et Dr. 7-8/2001. 56, obs. Jacob ; JCP E 2001, n° 38, p. 1471, obs. Cabrillac ; Dr. et patr. 11/2001. 111, obs. Monsèrié-Bon ; RJ com. 2002. 370, note Nemedeu.*

Si la décision d'admission des créances, devenue irrévocable, est opposable au codébiteur solidaire en ce qui concerne l'existence et le montant des créances, elle n'a pas d'effet sur l'exigibilité de la dette à l'égard des coobligés. • Com. 15 juin 2011 : *cité note 2 ss. art. L. 643-1 ; RTD com. 2012. 612, obs. Martin-Serf* .

L'autorité de la chose jugée attachée à la décision d'admission de la créance du cessionnaire au passif de la procédure collective du cédant ne fait pas obstacle à ce que le débiteur cédé puisse opposer au cessionnaire l'exception d'inexécution de son obligation par le cédant (dans le cadre d'une cession « Dailly »). • Com. 1er avr. 2008, n° 06-21.458 P : *D. 2008. AJ 1138* ; *Banque et Dr. 7-8/2008. 16, obs. Bonneau ; Gaz. Pal. 27-29 juill. 2008, p. 49, obs. Bonhomme ; ibid., p. 58, obs. Le Corre ; JCP E 2008. 2062, n° 10, obs. Cabrillac ; RTD com. 2009. 208, obs. Martin-Serf* .

Sur la possibilité de compensation pour connexité d'une créance définitivement admise, V. note 53 ss. art. L. 622-7.

8. Annulation de l'ordonnance d'admission. La cassation d'un arrêt qui prononce une condamnation entraîne, par application de l'art. 625, al. 2, NCPC [C. pr. civ.], l'annulation de l'ordonnance du juge-commissaire qui a admis au passif d'une procédure collective la créance née de cette condamnation. • Com. 13 mai 2003, n° 00-16.012 P : *JCP E 2003, n° 40, p. 1572, obs. Pétel.*

9. Notification d'une décision d'admission. Les notifications adressées aux créanciers par le greffier mentionnant leur admission au passif, au vu des décisions prises par le juge-commissaire, font foi jusqu'à inscription de faux. • Com. 19 mars 2002 : *RPC 2003. 23, obs. Legrand.* ♦ Si les notifications faites en application de l'art. 73 [R. 624-3] contiennent des indications erronées quant aux voies de recours susceptibles d'être exercées et aux formalités consécutives à l'insertion au BODACC du dépôt de l'état des créances, ces erreurs n'affectent en rien la validité de ces notifications au reçu desquelles les créanciers ne pouvaient pas douter de leur admission au passif. • Même arrêt.

10. Lorsque plusieurs décisions sont notifiées par la voie postale par un même envoi, l'enveloppe doit contenir, outre chacune des notifications, un document récapitulatif permettant l'identification de chacune de ces décisions. • Civ. 2e, 21 juin 1995, n° 93-12.451 P : *D. 1995. IR 173.*

11. Appel des décisions du juge-commissaire. V. art. R. 624-7.

Art. R. 624-4 **Lorsque la compétence du juge-commissaire est contestée ou que ce juge soulève d'office son incompétence** *(Décr. n° 2014-736 du 30 juin 2014, art. 54-1°)* **« ou encore en présence d'une contestation sérieuse », le greffier convoque par lettre recommandée avec demande d'avis de réception le débiteur, le créancier, le mandataire judiciaire et l'administrateur, lorsqu'il en a été désigné.** *(Décr. n° 2014-736 du 30 juin 2014, art. 54-1°)* **« La convocation du créancier reproduit les dispositions du deuxième alinéa de l'article L. 624-1 et du troisième alinéa de l'article R. 624-3. »**

Ces dispositions sont applicables lorsque le juge-commissaire est appelé à statuer sur une contestation de créance. *(Décr. n° 2009-160 du 12 févr. 2009, art. 30)* **« Toutefois,**

il n'y a pas lieu à convocation du créancier lorsque celui-ci n'a pas contesté la proposition du mandataire judiciaire dans le délai prévu à l'article L. 622-27. — *[Décr. nº 2005-1677 du 28 déc. 2005, art. 106.]*

« Les décisions statuant sur la compétence *(Décr. nº 2014-736 du 30 juin 2014, art. 54-2º)* **« , sur l'existence d'une contestation sérieuse » ou sur la contestation d'une créance sont notifiées au débiteur et au créancier ou à son mandataire par le greffier, dans les huit jours.**

« Ces notifications précisent le montant pour lequel la créance est admise ainsi que les sûretés et privilèges dont elle est assortie et reproduisent les dispositions des articles L. 622-27 et L. 624-3.

« Le mandataire judiciaire et l'administrateur, lorsqu'il en a été désigné, sont avisés contre récépissé des décisions rendues. »

1. Contestation de créances. Le juge-commissaire ne peut statuer sur les créances contestées sans convocation préalable du débiteur. • Com. 2 nov. 2016, nº 14-29.292 P : *D. 2016. Actu. 2279 ; JCP E 2016. 1661, nº 7, obs. Pétel; APC 2016, nº 296, obs. Cagnoli ; LEDEN 12/2016. 2, obs. Camensuli-Feuillard ; RJDA 2017, nº 34 ; RDBF 2017, nº 91, obs. Houin-Bressand.* ♦ Aucune disposition ne subordonne le maintien de la contestation d'une créance, émise par le débiteur au cours de la vérification des créances, à l'existence d'observations de sa part sur les réponses reçues des créanciers en application de l'art. L. 622-27, ou à la présence du débiteur au rendez-vous fixé par le liquidateur pour la signature de la liste des créances. • Même arrêt.

2. Le délai de notification de huit jours prévu à l'art. 73, al. 4 [R. 624-4, al. 3], n'est pas prescrit à peine de nullité de celle-ci. • Com. 17 mars 1992, nº 90-17.394 P : *D. 1992. Somm. 254, obs. Derrida* .

3. Appel des décisions du juge-commissaire. V. art. R. 624-7.

Art. R. 624-5 *(Décr. nº 2014-736 du 30 juin 2014, art. 55)* **« Lorsque le juge-commissaire se déclare incompétent ou constate l'existence d'une contestation sérieuse, il renvoie, par ordonnance spécialement motivée, les parties à mieux se pourvoir et invite, selon le cas, le créancier, le débiteur ou le mandataire judiciaire à saisir la juridiction compétente dans un délai d'un mois à compter de la notification ou de la réception de l'avis délivré à cette fin, à peine de forclusion à moins** *(Décr. nº 2017-891 du 6 mai 2017, art. 5, en vigueur le 1er sept. 2017)* **« d'appel » dans les cas où cette voie de recours est ouverte. »**

Les tiers intéressés ne peuvent former tierce opposition contre la décision rendue par la juridiction compétente que dans le délai d'un mois à compter de sa transcription sur l'état des créances. — *[Décr. nº 2005-1677 du 28 déc. 2005, art. 107.]*

1. Le délai de forclusion prévu à l'art. R. 624-5 s'applique aussi lorsque le juge-commissaire constate que la contestation ne relève pas de son pouvoir juridictionnel et sursoit à statuer après avoir invité les parties à saisir le juge compétent. • Com. 13 mai 2014, nº 13-13.284 P : *D. 2014. Actu. 1093, obs. Lienhard ; ibid. Pan. 2148, obs. Le Corre ; Rev. sociétés 2014. 405, obs. Henry ; Gaz. Pal. 29 juin-1er juill. 2014, p. 14, note Boustani ; JCP E 2014. 615, obs. Cagnoli ; APC 2014, nº 170, obs. Vallansan ; RPC 2014, nº 92, obs. Cagnoli ; RJDA 2014, nº 787 ; BJE 2014. 310, note Rubellin.* ♦ Pour des applications, V. • Com. 23 sept. 2014, nº 13-22.539 P : *D. 2014. Actu. 1936, obs. Lienhard ; JCP E 2014. 1637, nº 8, obs. Pétel; APC 2014, nº 301, obs. Cagnoli ; LEDEN 11/2014. 3, obs. Théron ; Gaz. Pal. 18-20 janv. 2015, p. 27, obs. Le Corre ; RJDA 2015, nº 511* • 27 sept. 2016, nº 14-18.998 P : *D. 2017. Pan. 1943, obs. Le Corre ; RTD com. 2017. 427, obs. Martin-Serf ; JCP E 2016. 1661, nº 8, obs. Pétel; APC 2016, nº 233, obs. Borga ; Gaz. Pal. 10 janv. 2017, p. 72, obs. Le Corre.*

2. S'il résulte des art. L. 624-2 et R. 624-5 que l'instance introduite devant la juridiction compétente pour trancher, sur l'invitation du juge-commissaire, une contestation sérieuse dont une créance déclarée est l'objet s'inscrit dans la procédure de vérification du passif à laquelle le débiteur lui-même est personnellement partie, au titre d'un droit propre, de sorte qu'il peut être désigné pour saisir la juridiction compétente, toute autre partie à cette procédure, tel le liquidateur en sa qualité de représentant de l'intérêt collectif des créanciers, est toutefois recevable à saisir cette juridiction et c'est seulement en l'absence de saisine de celle-ci par l'une des parties à l'instance en contestation de créance que la forclusion prévue par le second texte précité peut être encourue par la partie désignée. • Com. 2 mars 2022, nº 20-21.712 B : *D. 2022. Actu. 460* .

3. Si l'art. R. 624-5 impose au juge-commissaire de désigner la partie qui devra saisir le juge compétent pour trancher la contestation qui a été déclarée sérieuse, une ordonnance qui, en désignant toutes les parties, ne respecte pas cette règle, est entachée d'une erreur de droit qui ne peut être réparée en application de l'art. 462 C. pr. civ. et, faute d'avoir fait l'objet d'une voie de recours, est irrévocable. • Com. 11 mars 2020, n° 18-23.586 P : *D. 2020. Pan. 1861, obs. Cagnoli ; Rev. sociétés 2020. 381, obs. Henry ; RTD com. 2020. 461, obs. Martin-Serf ; JCP E 2020. 1353, n° 11, obs. Pétel ; LEDEN 4/2020. 4, obs. Jazottes ; RJDA 2020, n° 320 ; DP diff. entr., Bull. n° 425, obs. Dizel ; APC 2020, n° 137, obs. Théron ; RPC 2020, n° 53, obs. Borga ; BJE 7-8/2020. 18, note de Lajarte-Moukoko ; RDBF 2020, n° 115, obs. Houin-Bressand.*

4. Il résulte de la combinaison des art. R. 624-5 et R. 662-3 que la juridiction compétente pour trancher la contestation sérieuse dont une créance déclarée au passif d'une procédure collective fait l'objet n'est pas le tribunal de la procédure collective mais celui que déterminent une clause attributive de compétence ou, à défaut, les règles de droit commun. • Com. 1er juill. 2020, n° 18-25.522 P : *D. 2020. Pan. 1862, obs. Cagnoli ; Rev. sociétés 2020. 513, obs. Reille ; RTD com. 2020. 946, obs. Martin-Serf ; JCP E 2020. 1353, n° 12, obs. Pétel ; LEDEN 9/2020. 3, obs. Ollu ; APC 2020, n° 193, obs. Staes ; Gaz. Pal. 13 oct. 2020, p. 77, obs. Le Corre ; RJDA 2020, n° 581 ; RDBF 2020, n° 116, obs. Houin-Bressand ; Dr. sociétés 2021, n° 26, note Legros.*

5. L'instance introduite devant la juridiction compétente par l'une des parties à la procédure de vérification des créances sur l'invitation du juge-commissaire s'inscrit dans cette même procédure, laquelle est indivisible entre le créancier, le débiteur et le mandataire judiciaire ou le liquidateur ; il en résulte que la partie qui saisit le juge compétent doit mettre en cause devant ce juge les deux autres parties (irrecevabilité de la demande du créancier qui, saisissant le tribunal compétent dans le délai imparti, n'avait cependant pas assigné le débiteur, titulaire d'un droit propre en matière de vérification du passif). • Com. 5 sept. 2018, n° 17-15.978 P : *D. 2019. Pan. 1909, obs. Cagnoli ; JCP E 2019. 1001, note Berthelot ; LEDEN 10/2018. 2, obs. Staes ; Procédures 2018, n° 339, note Rolland ; BJE 2018. 447, note Théron ; Gaz. Pal. 15 janv. 2019, p. 74, obs. Le Corre ; Dr. sociétés 2019, n° 96, note Legros ; RJ com. 2019. 269, obs. Dumont.*

6. Le juge-commissaire qui, en application de l'art. R. 624-5, dans sa rédaction issue du Décr. n° 2014-736 du 30 juin 2014, constate l'existence d'une contestation sérieuse, renvoie les parties à mieux se pourvoir et invite l'une d'elles à saisir le juge compétent pour trancher cette contestation, reste compétent, une fois la contestation tranchée ou la forclusion acquise, pour statuer sur la créance déclarée, en l'admettant ou en la rejetant. • Com. 11 mars 2020, n° 18-23.586 P : *préc. note 3.*

Art. R. 624-6 **A la requête du Trésor public, le juge-commissaire, après avoir recueilli l'avis du mandataire judiciaire, prononce l'admission définitive des créances admises à titre provisionnel en application du** *(Décr. n° 2014-736 du 30 juin 2014, art. 56)* **« quatrième » alinéa de l'article L. 622-24 et qui ont fait l'objet d'un titre exécutoire ou ne sont plus contestées. Lorsque le juge-commissaire n'est plus en fonctions, le président du tribunal, saisi par requête du représentant du Trésor public, prononce l'admission définitive. Les décisions sont portées sur l'état des créances.**

Les décisions rendues en méconnaissance des dispositions du *(Décr. n° 2014-736 du 30 juin 2014, art. 56)* **« quatrième » alinéa de l'article L. 622-24 sont susceptibles d'appel.** — *[Décr. n° 85-1388 du 27 déc. 1985, art. 74.]*

Art. R. 624-7 **Le recours contre les décisions du juge-commissaire statuant sur l'admission des créances est formé devant la cour d'appel.** — *[Décr. n° 2005-1677 du 28 déc. 2005, art. 108.]*

1. Le délai d'appel de dix jours dont le mandataire judiciaire dispose à l'encontre de la décision rendue par le juge-commissaire statuant sur la contestation d'une créance court à compter de la date du récépissé de l'avis qui lui est donné de cette décision en application de l'art. R. 624-4, al. 5. • Com. 10 juill. 2012, n° 11-18.867 P : *D. 2012. Actu. 1953 ; JCP E 2012. 1757, n° 15, obs. Pétel ; LEDEN 9/2012. 6, obs. Staes ; APC 2012, n° 229, obs. Cagnoli ; Gaz. Pal. 12-13 oct. 2012, p. 17, obs. Le Corre.* ♦ Comp., auparavant : • Com. 17 oct. 2000, n° 97-21.212 P : *D. 2000. AJ 412, obs. Lienhard ; ibid. 2001. Somm. 3428, obs. Honorat ; JCP E 2001, n° 5, p. 220, obs. Pétel.*

2. Il résulte des art. L. 624-3 C. com., 366 du décret du 28 déc. 2005 [C. com., art. R. 662-1] et 899 NCPC [C. pr. civ.] que l'appel des ordonnances du juge-commissaire en matière de contestation de créance doit être interjeté par déclaration au greffe de la cour par un avoué à la cour ; l'appel interjeté par le débiteur directement au greffe de la cour est irrecevable. • Paris, 12 juin 2007 : *D. 2007. AJ 1789.*

3. Lorsqu'il forme seul appel contre la décision d'admission d'une créance, le débiteur doit intimer, non seulement le créancier, mais aussi le mandataire judiciaire, et respecter à l'égard de chacun d'eux les règles de la procédure d'appel. • Com. 2 nov. 2016, n° 14-25.536 P : *D. 2016.*

Actu. 2279 ; *APC 2016, n° 297, obs. Vallansan ; RJDA 2017, n° 37 ; RPC 2017, n° 11, obs. Cagnoli ; RDBF 2017, n° 93, obs. Houin-Bressand.* ♦ En application des dispositions des art. 908 et 911 C. pr. civ., le débiteur est tenu, à peine de caducité de sa déclaration d'appel, de signifier ses conclusions au mandataire judiciaire intimé n'ayant pas constitué avocat. • Même arrêt.

4. En l'absence de mise en cause du débiteur, il incombe à la cour d'appel de relever d'office l'irrecevabilité de l'appel eu égard au lien d'indivisibilité unissant les parties à l'instance relative à l'admission des créances. • Com. 15 nov. 2016, n° 14-29.885 P : *D. 2016. Actu. 2334* ; *RTD com. 2017. 181, obs. Martin-Serf* ; *LEDEN 1/2017. 3, obs. Camensuli-Feuillard ; RJDA 2017, n° 102 ; RPC 2017, n° 6, obs. Vallansan ; RDBF 2017, n° 93, obs. Houin-Bressand.*

5. L'administrateur judiciaire n'a pas, quand le débiteur est soumis à une procédure de sauvegarde, à être intimé sur l'appel d'un créancier contestant le rejet de la créance qu'il a déclarée. • Com. 20 avr. 2017, n° 15-18.182 P : *D. 2017. Actu. 917* ; *RTD com. 2017. 437, obs. Vallens* ; *APC 2017, n° 155, obs. Pedemons ; DP diff. entr., Bull. n° 392, obs. Rémery ; LEDEN 6/2017. 3, obs. Staes ; RJDA 2017, n° 486 ; Gaz. Pal. 27 juin 2017, p. 57, obs. Le Corre ; RPC 2017, n° 137, obs. Lebel.*

Décret n° 2007-431 du 25 mars 2007,

Relatif à la partie réglementaire du code de commerce.

Art. 4 Les dispositions suivantes sont applicables aux procédures de redressement et de liquidation judiciaires ouvertes avant le 1er janvier 2006 :

1° Le juge-commissaire ne peut rejeter en tout ou en partie une créance ou se déclarer incompétent qu'après avoir entendu ou dûment appelé le créancier, le débiteur, l'administrateur lorsqu'il a pour mission d'assurer l'administration et le représentant des créanciers ;

2° Lorsque la matière est de la compétence du tribunal qui a ouvert le redressement ou la liquidation judiciaire, le recours contre les décisions du juge-commissaire qui décide de l'admission ou du rejet des créances ou constate soit qu'une instance est en cours, soit que la contestation ne relève pas de sa compétence est porté devant la cour d'appel.

Lorsque la matière est de la compétence d'une autre juridiction, la notification de la décision d'incompétence prononcée par le juge-commissaire fait courir un délai de deux mois, au cours duquel le demandeur doit saisir la juridiction compétente à peine de forclusion.

3° Les décisions d'admission ou de rejet des créances ou d'incompétence prononcées par le juge-commissaire sont portées sur un état qui est déposé au greffe du tribunal. Toute personne intéressée, à l'exclusion de celles mentionnées à l'article L. 621-105 peut en prendre connaissance et former réclamation dans le délai fixé à l'article 83 du décret n° 85-1388 du 27 décembre 1985 relatif au redressement et à la liquidation judiciaire des entreprises. — *V. lesdits art. aux éd. 2007 et antérieures du* ***C. com.***

Le juge-commissaire statue sur la réclamation, après avoir entendu ou dûment appelé le représentant des créanciers et les parties intéressées.

Le recours contre la décision du juge-commissaire statuant sur la réclamation est porté devant la cour d'appel.

4° La décision rendue par la juridiction saisie dans les conditions prévues au deuxième alinéa du 2° ci-dessus est portée sur l'état mentionné au 3° ci-dessus. Les tiers intéressés ne peuvent former tierce opposition contre cette décision que dans le délai d'un mois à compter de sa transcription sur l'état au greffe du tribunal.

L'art. 4 ci-dessus reprend les dispositions des art. 101 à 104 de la L. n° 85-98 du 25 janv. 1985, qui avaient été abrogés par l'Ord. n° 2000-912 du 18 sept. 2000 à compter de l'entrée en vigueur de la partie réglementaire du code de commerce.

1. Rejet d'une créance (art. 4, 1°). V. notes 2, 5 et 13 ss. art. L. 624-2 C. com.

2. Délai de deux mois (art. 4, 2°). L'obligation imposée au demandeur par l'art. 102, al. 3 [art. 4, 2°], de saisir la juridiction compétente dans le délai de deux mois à compter de la décision d'incompétence du juge-commissaire, si elle est sanctionnée par la forclusion, n'est pas une condition de recevabilité du recours que le demandeur peut exercer, à ses risques et périls, contre cette décision. • Com. 10 oct. 1995 : *cité note 2 ss. art. L. 624-3 C. com.*

3. Réclamations des créanciers. Si un créancier autre que celui dont la créance est en cause a la faculté, comme toute personne intéressée au sens de l'art. 103 [art. 4, 3°], de former une réclamation contre les décisions du juge-commissaire portées sur l'état des créances, c'est à la condition d'invoquer un intérêt personnel et distinct de celui des autres créanciers pour discuter de l'existence, du montant ou de la nature de la créance. • Com. 13 mai 2003, n° 01-14.173 P : *D. 2003. AJ 1761, obs. Lienhard* ; *APC 2003, n° 160, obs. Regnaut-Moutier ; JCP E 2003,*

n° 40, p. 1572, obs. Pételn; RTD com. 2003. 820, obs. Martin-Serf. ♦ ... Que le représentant des créanciers soit ou non toujours en fonction. • Com. 30 janv. 2007 : *RTD com. 2007. 457, obs. Vallens*.

4. Réclamations du débiteur ou du dirigeant social. Le débiteur ne peut relever appel des décisions d'admission portées sur l'état des créances, l'indication par le greffe de l'existence d'une voie de recours inexistante ne pouvant avoir pour effet d'ouvrir un recours au débiteur. • Com. 9 nov. 2004 : *RJDA 2005, n° 297 ; RTD com. 2005. 173, obs. Vallens*. ♦ Le président du conseil d'administration de la société débitrice, agissant en sa qualité de représentant légal de cette société, qui aurait dû former un recours contre la décision d'admission du créancier conformément aux dispositions de l'art. 102 [ancien art. L. 621-105], est irrecevable à former une réclamation en application de l'art. 103 [art. 4, 3°], laquelle n'est pas ouverte au débiteur, mais seulement aux tiers. • Com. 28 nov. 2000 : *APC 2001, n° 3*. ♦ Si le dirigeant de la société débitrice, à titre personnel, peut, en sa qualité de tiers, former une réclamation contre la décision d'admission d'un créancier, son recours, lorsqu'il n'a pas été fait par déclaration au greffe, mais porté sur l'état des créances, est irrecevable. • Même arrêt. ♦ Le dirigeant de société poursuivi en paiement des dettes sociales, qui est une personne intéressée au sens de l'art. 103 [art. 4, 3°], est recevable à former une réclamation contre l'état des créances. • Com. 28 sept. 2004 : *D. 2005. Pan. 299, obs. Le Corre ; RJDA 2005, n° 428*. – *Contra* : • Com. 18 févr. 2003 : *RTD com. 2003. 383, obs. Vallens*.

5. Réclamations de l'administrateur. En ce sens que, lorsqu'il n'est pas chargé de l'administration de l'entreprise du débiteur, l'administrateur ne peut se voir reconnaître la qualité de « personne intéressée » visée par l'art. 103, al. 1er [art. 4, 3°], V. • Com. 28 févr. 1995 : *RPC 1995. 291, obs. Dureuil*. ♦ V. aussi note 24 ss. art. L. 624-2 C. com.

6. Réclamations du commissaire à l'exécution du plan. Le commissaire à l'exécution qui, dans la procédure de vérification des créances, succède à l'administrateur, n'est pas une personne intéressée au sens de l'art. 103 [art. 4, 3°] et n'a pas qualité pour former une réclamation contre l'état des créances. • Com. 13 oct. 1998, n° 95-17.670 P : *D. Affaires 1998. 1863 ; JCP E 1998, n° 52, p. 2067, obs. Cabrillac ; RTD com. 1999. 970, obs. Martin-Serf*.

7. Réclamations des cautions. En application de l'art. 103 de la loi, [art. 4, 3°] la caution solidaire du débiteur peut, comme toute personne intéressée, à l'exclusion de celles mentionnées à l'art. 102 de la loi [ancien art. L. 621-105], contester l'état des créances déposé au greffe dans les conditions prévues par les art. 103 *préc.* et 83 du Décr. du 27 déc. 1985. • Com. 3 mai 1994, n° 92-16.158 P : *D. 1994. IR 156 ; JCP E 1994. II. 627, note Wagner* • 16 mars 1999, n° 96-21.920 P : *D. 1999. IR 103 ; D. Affaires 1999. 674, obs. P. P. ; RTD com. 1999. 971, obs. Martin-Serf ; APC 1999, n° 94, obs. Vallansan ; RPC 2000. 57, obs. Kerckhove*. – V. aussi • Com. 24 oct. 1995, n° 93-19.625 P. ♦ V. note 34 ss. art. L. 624-2 C. com.

8. La caution a la possibilité, dans sa réclamation fondée sur l'art. 103 [art. 4, 3°], de contester la validité des déclarations de créance. • Com. 16 oct. 2001, n° 98-19.316 P : *D. 2001. AJ 3275, obs. Lienhard ; APC 2001, n° 247, obs. Vallansan ; RDBF 2001, n° 236, obs. F.-X. Lucas*.

9. En revanche, si, en application de l'art. 103 [art. 4, 3°], la caution, qu'elle soit simple ou solidaire, a la faculté, comme toute personne intéressée, à l'exclusion de celles mentionnées à l'art. 102 [C. com., ancien art. L. 621-105], de contester les décisions du juge-commissaire, et si elle peut, à l'appui de ce recours, discuter de l'existence, du montant ou de la nature de la créance en cause, peu important que le moyen invoqué ne soit pas propre à la caution, celle-ci n'est pas recevable à se prévaloir de l'extinction de la créance, pour défaut de déclaration dans le délai légal après que le créancier a été irrévocablement relevé de la forclusion encourue. • Com. 20 mai 1997, n° 95-12.853 P : *D. 1997. Somm. 313, obs. Honorat ; D. Affaires 1997. 764*.

10. Réclamations des créanciers. Des créanciers ont un intérêt personnel et distinct de celui des autres créanciers à agir, dès lors que le succès de leur contestation – portant sur le caractère privilégié d'une créance – pourrait leur permettre d'obtenir une position plus avantageuse lors des répartitions après la réalisation des actifs du débiteur. • Com. 2 juin 2021, n° 19-24.154 P : *D. actu. 16 juin 2021, obs. Ferrari ; RTD com. 2021. 922, obs. Martin-Serf ; JCP E 2021. 1411, note Houssin ; DP diff. entr., Bull. n° 437, obs. Rémery ; LEDEN 7/2021. 4, obs. Azevedo ; APC 2021, n° 162, obs. Revel Pedemons ; RJDA 2021, n° 729*.

11. Réclamations des tiers constituants d'une sûreté réelle. Le tiers constituant d'une sûreté réelle est une personne intéressée au sens de l'art. 103 [art. 4, 3°] ; faute d'avoir exercé le recours qui lui est ouvert en application de ce texte, la décision passée en force de chose jugée rendue par le juge compétent de la procédure collective dans les rapports entre le créancier et le débiteur s'impose au tiers constituant, quant à l'existence et au montant de la créance assortie de la sûreté. • Com. 7 mars 2006, n° 04-13.762 P : *D. 2006. AJ 782, obs. Lienhard ; RTD com. 2006. 660, obs. Martin-Serf*.

12. Réclamations de coïndivisaires. L'art. 815-17, al. 3, C. civ. reconnaissant aux créan-

ciers personnels d'un indivisaire la faculté de provoquer le partage au nom de leur débiteur et, aux coïndivisaires, celle d'arrêter le cours de l'action en partage en acquittant l'obligation au nom et en l'acquit du débiteur, une cour d'appel estime justement qu'en l'absence d'une décision définitive d'admission de créances au passif de la liquidation judiciaire de l'indivisaire, l'épouse, coïndivisaire, n'était pas en mesure de connaître le montant de la dette qu'elle devrait payer pour arrêter le cours de l'action et, en conséquence, que le partage ne pouvait être ordonné. • Civ. 1re, 20 déc. 1993, n° 92-11.189 P : *D. 1994. 358, note Derrida et Honorat* ; *RTD civ. 1994. 393, obs. Patarin* ; *ibid. 1994. 895, obs. Zénati*. – V. aussi • Versailles, 30 janv. 1997 : *D. Affaires 1997. 575.*

13. Réclamations du cessionnaire de l'actif. V. note 9 ss. art. L. 624-3 C. com.

14. Recours devant la cour d'appel. Pour l'irrecevabilité de l'appel de l'ancien dirigeant de la société en liquidation judiciaire contre la décision du juge-commissaire statuant sur une réclamation au sens de l'art. 103 [art. 4, 3°], faute d'avoir été partie en première instance, V. • Com. 19 nov. 2003, n° 02-13.826 P : *D. 2003. AJ 3050*. ♦ V. aussi note 11 ss. art. L. 661-4.

SOUS-SECTION 3 DE L'ÉTAT DES CRÉANCES

Art. R. 624-8 Les décisions prononcées par le juge-commissaire sont portées par le greffier sur la liste des créances mentionnée au premier alinéa de l'article R. 624-2. Cette liste ainsi complétée et les relevés des créances résultant du contrat de travail constituent l'état des créances.

Cet état est déposé au greffe du tribunal, où toute personne peut en prendre connaissance.

Le greffier fait publier au *Bulletin officiel des annonces civiles et commerciales* une insertion indiquant ce dépôt et le délai pour présenter une réclamation.

Tout intéressé peut présenter une réclamation devant le juge-commissaire dans le délai d'un mois à compter de la publication. *(Décr. n° 2021-1218 du 23 sept. 2021, art. 17, en vigueur le 1er oct. 2021)* « Les personnes mentionnées au second alinéa de l'article L. 624-3-1 ne peuvent se voir opposer l'état des créances en l'absence de signification de la décision d'admission prévue à l'article L. 624-2. A leur égard, le délai d'un mois prévu pour présenter une réclamation court à compter cette signification.

« En cas d'appel, les personnes coobligées ou ayant consenti une sûreté personnelle ou ayant affecté ou cédé un bien en garantie qui n'ont pas été appelées dans la cause peuvent former tierce-opposition. » – *[Décr. n° 2005-1677 du 28 déc. 2005, art. 109.]*

Pour les dispositions transitoires du Décr. n° 2021-1218 du 23 sept. 2021, V. note ss. art. R. 611-11.

BIBL. ► LE CORRE, *Gaz. Pal. 29 juin-1er juill. 2014, p. 6* (recours du dirigeant social après admission des créances).

1. État des créances. L'état des créances, même visé par le juge-commissaire, ne confère pas à ce relevé le caractère d'un titre exécutoire au sens de l'art. R. 145-1 [R. 3252-1] C. trav., qui permettrait au liquidateur judiciaire de faire procéder à la saisie des rémunérations dues au débiteur par son employeur, à concurrence du passif de sa procédure collective. • Com. 2 mai 2001, n° 97-19.536 P : *D. 2001. IR 1671* ; *APC 2001, n° 143, obs. Salvat* ; *Procédures 2001, n° 151, note Laporte* ; *RDBF 2001, n° 157, obs. Delleci* ; *RTD com. 2001. 773, obs. Vallens*.

2. Le dépôt d'un document ne comportant aucune décision du juge-commissaire statuant sur les créances ne peut constituer le dépôt de l'état des créances. • Com. 7 déc. 1999, n° 97-16.491 P : *D. 2000. AJ 58, obs. Lienhard* ; *JCP E 2000, n° 17, p. 699, obs. Cabrillac* ; *RTD com. 2000. 186, obs. Vallens*.

3. Dès lors que la créance rectificative, résultant de la résiliation du contrat de crédit-bail, a été régulièrement déclarée en application des dispositions de l'art. R. 622-21 et que cette créance, qui n'a pas été contestée, a été omise sur l'état des créances, le créancier est recevable à saisir le juge-commissaire pour que celui-ci statue sur cette créance. • Com. 17 sept. 2013, n° 12-20.498 P : *D. 2013. Actu. 2222* ; *JCP E 2014. 1020, n° 8, obs. Pétel* ; *APC 2013, n° 235, obs. Cagnoli* ; *Procédures 2013, n° 351, note Rolland.*

4. Réclamations des créanciers. Des créanciers ont un intérêt personnel et distinct de celui des autres créanciers à agir dès lors que le succès de leur contestation – portant sur le caractère privilégié d'une créance – pourrait leur permettre d'obtenir une position plus avantageuse lors des répartitions après la réalisation des actifs du débiteur. • Com. 2 juin 2021, n° 19-24.154 P : *D. actu. 16 juin 2021, obs. Ferrari* ; *RTD com. 2021.*

922, obs. Martin-Serf ; JCP E 2021. 1411, note Houssin ; ibid. 1424, n° 14, obs. Pétel ; DP diff. entr., Bull. n° 437, obs. Rémery ; LEDEN 7/2021. 4, obs. Azevedo ; APC 2021, n° 162, obs. Revel Pedemons ; RJDA 2021, n° 729.

5. Réclamations des tiers. L'art. 83 du décret du 27 déc. 1985 [C. com., art. R. 624-8] et l'art. 4, 3°, du décret du 25 mars 2007 [V. ss. art. R. 624-7] n'interdisent pas que le recours ouvert à toute personne intéressée autre que le créancier, le débiteur, l'administrateur ou le représentant des créanciers puisse être formé dès que le réclamant a connaissance de l'état des créances qu'il conteste. • Com. 21 févr. 2012, n° 10-27.594 P : *D. 2012. Actu. 679, obs. Lienhard ; RJDA 2012, n° 519.*

6. L'autorité de chose jugée qui s'attache à la décision irrévocable d'admission d'une créance au passif de la liquidation d'une société civile s'impose à ses associés, de sorte que, s'il n'a pas présenté contre une telle décision la réclamation prévue par l'art. R. 624-8, dans le délai fixé par ce texte, l'associé d'une société civile en liquidation judiciaire est sans intérêt à former tierce opposition à la décision, antérieure, condamnant la société au paiement de ladite créance et sur le fondement de laquelle celle-ci a été admise. • Com. 20 janv. 2021, n° 19-13.539 P : *D. 2021. Actu. 132 ; Rev. sociétés 2021. 201, obs. Henry ; RTD com. 2021. 429, obs. Martin-Serf ; DP diff. entr., Bull. n° 433, obs. Rémery ; JCP E 2021. 1191, n° 11, obs. Pétel ; LEDEN 2/2021. 2, obs. Ollu ; APC 2021, n° 57, obs. Théron ; Procédures 2021, n° 104, note Rolland ; BJS 4/2021. 59, note F.-X. Lucas ; RJDA 2021, n° 324 ; Dr. sociétés 2021, n° 66, note Legros ; BJE 5-6/2021. 39, note Maraud ; RJ com. 2021. 273, obs. Favario ; RPC 2021, n° 59, obs. Borga.*

7. Les cautions du débiteur pouvant former réclamation contre l'état des créances déposé au greffe du tribunal de commerce par le juge-commissaire, en qualité de tiers intéressés conformément aux dispositions de l'art. R. 624-8 C. com., la tierce opposition contre l'arrêt confirmant l'ordonnance d'admission de la créance ne leur est pas ouverte. • Com. 6 déc. 2011, n° 10-25.571 P : *D. 2012. Actu. 7 ; Banque et Dr. 1-2/2012. 58, obs. Rontchevsky ; RJDA 2012, n° 313 ; BJE 2012. 88, note Brena ; Gaz. Pal. 27-28 avr. 2012, p. 39, obs. Le Corre-Broly.*

8. Le tiers détenteur d'un bien immobilier, poursuivi par le créancier titulaire d'une sûreté sur ce bien en vertu de son droit de suite, est une personne intéressée au sens des art. L. 624-3-1 et R. 624-8 et est, en conséquence, recevable à former la réclamation prévue par ces textes pour contester la décision rendue par le juge-commissaire dans les rapports entre le créancier et le débiteur quant à l'existence et au montant de la créance assortie de la sûreté. • Com. 5 avr. 2016, n° 14-20.467 P : *D. 2016. Actu. 838 ; LEDEN 5/2016. 2, obs. Camensuli-Feuillard ; Gaz. Pal. 28 juin 2016, p. 67, obs. Le Corre ; BJE 2016. 320, note Perruchot-Triboulet ; RJDA 2016, n° 881.*

9. Sur les personnes ayant qualité pour former une réclamation, V., à titre indicatif, notes 3 s. ss. art. 4 du Décr. n° 2007-431 du 25 mars 2007, ss. art. R. 624-7.

Art. R. 624-9 L'état des créances mentionné à l'article R. 624-8 est complété par :

1° Lorsque la matière est de la compétence d'une autre juridiction, les décisions rendues par la juridiction compétente ;

2° Les décisions mentionnées au premier alinéa de l'article R. 624-11 ;

3° Les décisions rendues par la cour d'appel statuant sur les recours formés contre les décisions du juge-commissaire. – *[Décr. n° 2005-1677 du 28 déc. 2005, art. 110.]*

Art. R. 624-10 Les réclamations des tiers mentionnées au dernier alinéa de l'article R. 624-8 sont formées par *(Décr. n° 2019-1333 du 11 déc. 2019, art. 16, en vigueur le 1er janv. 2020)* **« requête remise ou adressée au greffe ». Elles sont mentionnées sur l'état des créances par le greffier.**

Le greffier convoque les parties intéressées ou leur mandataire par lettre recommandée avec demande d'avis de réception et avise le mandataire judiciaire et l'administrateur, lorsqu'il en a été désigné.

Le recours contre les décisions du juge-commissaire statuant sur une réclamation est formé devant la cour d'appel. – *[Décr. n° 2005-1677 du 28 déc. 2005, art. 111.]*

Pour les dispositions transitoires du Décr. n° 2019-1333 du 11 déc. 2019, V. note ss. art. R. 621-8-1.

Art. R. 624-11 Le créancier dont les droits ont été reconnus par une décision d'une autre juridiction passée en force de chose jugée adresse au greffier du tribunal qui a ouvert la procédure une expédition de cette décision.

Le greffier avise le mandataire judiciaire ainsi que l'administrateur et le commissaire à l'exécution du plan, s'il y a lieu, de toute modification ainsi apportée à l'état des créances. – *[Décr. n° 2005-1677 du 28 déc. 2005, art. 112.]*

SECTION II DES DROITS DU CONJOINT

Art. R. 624-12 Le conjoint du débiteur doit être entendu ou dûment convoqué avant toute décision autorisant la vente des biens de la communauté.

Lorsque, au cours de la procédure, la dissolution de la communauté existant entre le débiteur et son conjoint devient opposable aux tiers, ce conjoint est entendu ou dûment convoqué avant toute décision autorisant la vente des biens de l'indivision. – *[Décr. n° 2005-1677 du 28 déc. 2005, art. 113.]*

SECTION III DES DROITS DU VENDEUR DE MEUBLES, DES REVENDICATIONS ET DES RESTITUTIONS

Art. R. 624-13 La demande en revendication d'un bien est adressée dans le délai prévu à l'article L. 624-9 par lettre recommandée avec demande d'avis de réception à l'administrateur s'il en a été désigné ou, à défaut, au débiteur. Le demandeur en adresse une copie au mandataire judiciaire.

A défaut d'acquiescement dans le délai d'un mois à compter de la réception de la demande, le demandeur doit, sous peine de forclusion, saisir le juge-commissaire au plus tard dans un délai d'un mois à compter de l'expiration du délai de réponse.

Avant de statuer, le juge-commissaire recueille les observations des parties intéressées.

La demande en revendication emporte de plein droit demande en restitution. – *[Décr. n° 2005-1677 du 28 déc. 2005, art. 114.]*

BIBL. ▶ DIESBECQ et LAVERRIÈRE, *JCP E 2005, n° 25, p. 1053* (prorogation des délais de revendication à raison de la distance et computation).

1. Portée de la procédure préalable. V. note 1 ss. art. L. 624-17.

2. Nature de la demande en revendication adressée au mandataire. La demande en revendication d'un bien visée à l'art. 85-1 [R. 624-13], al. 1er, ne constitue pas une demande en justice. • Com. 6 mars 2001, n° 98-15.099 P : *D. 2001. AJ 1099, obs. Lienhard ; APC 2001, n° 91, obs. Vallansan ; Procédures 2001, n° 128, obs. Laporte ; RTD com. 2001. 524, obs. Vallens ; JCP E 2001, n° 38, p. 1472, obs. Cabrillac et Pétel.* ♦ Dès lors, une demande en revendication ne peut être déclarée irrecevable aux motifs qu'elle est signée par un préposé pour le compte du chef du contentieux, que la société requérante n'a ni prouvé ni offert de prouver l'existence d'une délégation de pouvoir consentie à ce signataire et qu'un acte irrégulier ne peut produire effet. • Même arrêt. – Dans le même sens, V. • Com. 5 nov. 2003 : *RJDA 2004, n° 346 ; RPC 2004. 379, obs. Monsèrié-Bon.*

3. Forme de la demande en revendication. Une lettre qui n'invite pas son destinataire à se prononcer sur le droit de propriété du bailleur sur le bien ne vaut pas demande en revendication. • Com. 12 mars 2013, n° 11-24.729 P : *D. 2013. 1249, note Pailler ; ibid. Actu. 768, obs. Lienhard ; ibid. Pan. 2375, obs. Le Corre ; RTD com. 2013. 350, obs. Martin-Serf ; LEDEN 4/2013. 4, obs. Rubellin ; APC 2013, n° 98, obs. Voinot ; Gaz. Pal. 1er-4 mai 2013, p. 33, obs. Le Corre-Broly ; JCP E 2013. 1434, n° 6, obs. Pétel ; RJDA 2013, n° 540 ; BJE 2013. 228, note Laroche ; RPC 2013, n° 134, obs. Monsèrié-Bon.*

4. Destinataire de la demande en revendication. L'art. R. 624-13, al. 1er, n'exige pas que la lettre recommandée avec demande d'avis de réception contenant la demande de revendication soit adressée au débiteur lorsque ce dernier est assisté d'un administrateur ou représenté par le liquidateur. • Com. 2 nov. 2016, n° 14-18.898 P : *D. 2016. Actu. 2279 ; RTD com. 2017. 431, obs. Martin-Serf ; RJDA 2017, n° 99.*

5. Information du mandataire judiciaire. Si l'art. R. 624-13 impose au revendiquant d'adresser au mandataire judiciaire une copie de la lettre recommandée contenant la demande de revendication qu'il doit envoyer à l'administrateur dans le délai prescrit à l'art. L. 624-9, aucun texte ne sanctionne la méconnaissance de cette formalité, édictée pour l'information du mandataire, lequel, selon l'art. L. 624-17, n'a pas à prendre position sur la revendication dans l'hypothèse d'une procédure de redressement judiciaire comportant la désignation d'un administrateur. • Com. 3 oct. 2018, n° 17-10.557 P : *D. 2019. Pan. 1911, obs. F.-X. Lucas ; Rev. sociétés 2018. 750, obs. Reille ; RTD com. 2018. 1020, obs. Martin-Serf ; JCP E 2018. 1621, note Lebel ; LEDEN 11/2018. 5, obs. Laroche ; APC 2018, n° 261, obs. Cagnoli ; RJDA 2018, n° 929 ; Gaz. Pal. 15 janv. 2019, p. 75, obs. Le Corre-Broly ; BJE 2019. 22, note Laroche ; RDBF 2019, n° 61, obs. Houin-Bressand.*

6. Acquiescement de l'administrateur. Pour un exemple de défaut d'acquiescement résultant d'un désaccord entre l'administrateur et le revendiquant sur la valeur des marchandises revendiquées, V. • Com. 3 mai 2016, n° 14-24.586 P : *D. 2016. Actu. 997 ; RTD com. 2017. 190, obs. Martin-Serf ; JCP E 2016. 1465, n° 9, obs. Pétel ; APC 2016, n° 135, obs. Petit ; RJDA*

2016, n° 712 ; BJE 2016. 324, note Le Mesle ; Gaz. Pal. 18 oct. 2016, p. 63, obs. Le Corre-Broly.

7. Saisine du juge-commissaire. Seule la demande en revendication faite dans les formes prescrites par les dispositions de l'art. 85-1 [R. 624-13] permet de saisir le juge-commissaire. • Com. 10 mai 2000 : *RJDA 2000, n° 893.*

8. Dès lors que la procédure préliminaire de la revendication d'un bien devant l'administrateur ou, à défaut, devant le débiteur, ou le liquidateur, prévue par les art. R. 624-13 et R. 641-31, qui constitue un préalable obligatoire à la saisine du juge-commissaire, a été suivie, le revendiquant est recevable à saisir ce juge d'une demande de revendication du prix de ce bien. • Com. 5 déc. 2018, n° 17-15.973 P : *D. 2019. Pan. 1911, obs. F.-X. Lucas ; Rev. sociétés 2019. 217, obs. Reille ; JCP E 2019. 1206, n° 15, obs. Tehrani ; APC 2019, n° 19, obs. Thiberge ; LEDEN 2/2019. 3, obs. Cavelier ; RJDA 2019, n° 115 ; BJE 3-4/2019. 55, note Laroche ; Gaz. Pal. 16 avr. 2019, p. 76, obs. Le Corre-Broly.* ♦ Ainsi, la demande de revendication de biens vendus avec réserve de propriété ou de leur prix de revente formée par un créancier devant le juge-commissaire est recevable dès lors que le créancier, en respectant les délais prévus par la loi, a, au préalable, adressé au liquidateur une demande de revendication des biens, lequel n'y a pas acquiescé. • Même arrêt.

9. Le délai d'un mois pour saisir le juge-commissaire, prévu par l'art. 85-1 [R. 624-13], court à compter de l'expiration du délai imparti au mandataire de justice pour répondre à la demande en revendication qu'il a reçue. • Com. 28 sept. 2004, n° 03-11.876 P : *D. 2004. AJ 2715 ; APC 2004, n° 210, obs. Le Corre ; JCP E 2005, n° 1-2, p. 31, obs. Cabrillac et Pétel ; RPC 2005. 376, obs. Monsèrié-Bon.* ♦ La décision expresse de l'administrateur judiciaire de rejeter la demande en revendication s'analyse en un défaut d'acquiescement au sens de l'art. 85-1 [R. 624-13], al. 2, et le délai de forclusion prévu par ce texte pour saisir le juge-commissaire, qui court à compter de l'expiration du délai imparti au mandataire de justice pour répondre à la demande en revendication qu'il a reçue, est applicable. • Com. 2 nov. 2005, n° 04-16.593 P : *D. 2005. AJ 2874, obs. Lienhard ; APC 2005, n° 242, obs. Vallansan.* ♦ La lettre de l'administrateur judiciaire sollicitant du revendiquant des justificatifs n'a pas pour conséquence de différer le point de départ du délai de saisine du juge-commissaire au-delà de l'expiration du délai ouvert par la lettre initiale de revendication. • Orléans, 19 sept. 2002 : *RJDA 2002, n° 1302.* ♦ L'augmentation de délai prévue par l'art. 643 NCPC [désormais art. 643 C. pr. civ., prévoyant une augmentation des délais pour les personnes demeurant à l'étranger] ne s'applique pas à l'action en revendication portée devant le juge-commissaire. • Com. 28 sept. 2004 : *préc.* ♦ Conformément à l'art. 668 NCPC [C. pr. civ.], la date de notification par voie postale est, à l'égard de celui qui y procède, notamment un créancier à une procédure collective, la date de l'expédition. • Poitiers, 7 sept. 2004 : *D. 2004. AJ 2572.* ♦ V. aussi, sur la forclusion résultant de la saisine du juge-commissaire après l'expiration du délai d'un mois visé à l'art. 85-1 [R. 624-13], al. 2, • Com. 3 avr. 2001 : *cité note 30 ss. art. L. 624-9.*

10. Dès lors que la demande en revendication a été adressée au liquidateur judiciaire dans le délai prévu par l'art. L. 621-115 C. com. [dans sa réd. antérieure à L. 26 juill. 2005] et que l'acquiescement de ce dernier a été porté à la connaissance du revendiquant dans le délai qui lui était imparti pour saisir le juge-commissaire, la forclusion attachée à l'absence de saisine de ce dernier ne peut plus être opposée au revendiquant. • Com. 7 févr. 2006, n° 04-11.867 P : *D. 2006. AJ 576, obs. Lienhard (1re esp.) ; JCP E 2006, n° 14-15, p. 671, obs. Cabrillac ; APC 2006, n° 51, obs. Vallansan ; Gaz. Pal. 30 avr.-4 mai 2006, p. 50, obs. Le Corre-Broly ; RJ com. 2006. 398, note Sortais ; RPC 2006. 362, obs. Monsèrié-Bon ; RTD com. 2007. 232, obs. Martin-Serf.*

11. Il résulte des art. 853 NCPC [C. pr. civ.] et 85-1, al. 2, du Décr. du 27 déc. 1985 [C. com., art. R. 624-13] que la personne qui saisit, pour le compte d'un tiers, le juge-commissaire d'une demande en revendication doit, si elle n'est pas avocat, être munie d'un pouvoir spécial donné par écrit (nullité de la requête en revendication présentée par un huissier de justice non investi d'un pouvoir spécial et écrit). • Com. 5 juill. 2005, n° 04-11.132 P : *D. 2005. AJ 1998, obs. Lienhard ; APC 2005, n° 205, obs. Fricero ; Gaz. Pal. 4-5 nov. 2005, p. 55, obs. Pérochon ; RPC 2005. 375, obs. Monsèrié-Bon ; JCP E 2006, n° 2, p. 76, obs. Pétel.* ♦ Ce pouvoir doit accompagner la requête engageant l'action en revendication devant le juge-commissaire ou être produit dans le délai légal de celle-ci. • Même arrêt. ♦ V. aussi, pour l'irrecevabilité de la requête en revendication formée par un préposé du revendiquant dont le pouvoir d'agir en revendication n'était pas établi, • Orléans, 19 janv. 2006 : *RJDA 2006, n° 439.*

Art. R. 624-13-1 *(Décr. n° 2014-736 du 30 juin 2014, art. 57)* **La demande formée en application de l'article L. 624-19 est adressée à l'administrateur, s'il en a été désigné, dans le délai prévu à l'article L. 624-9 par lettre recommandée avec demande d'avis de réception. L'entrepreneur individuel à responsabilité limitée en adresse copie au mandataire judiciaire. A défaut d'acquiescement par l'administrateur transmis dans le délai d'un mois à compter de la réception de la demande, le demandeur doit, à peine de**

forclusion, saisir le juge-commissaire dans le délai prévu au deuxième alinéa de l'article R. 624-13.

En l'absence d'administrateur, l'entrepreneur individuel à responsabilité limitée saisit le juge-commissaire par requête dans le délai de l'article L. 624-9.

Avant de statuer, le juge-commissaire recueille les observations du demandeur, de l'administrateur judiciaire, le cas échéant, et du mandataire judiciaire.

Art. R. 624-14 Pour l'application de l'article L. 624-10, la demande en restitution est faite par le propriétaire du bien par lettre recommandée avec demande d'avis de réception à l'administrateur, s'il en a été désigné, ou, à défaut, au débiteur. Une copie de cette demande est adressée au mandataire judiciaire.

A défaut d'accord dans le délai d'un mois à compter de la réception de la demande ou en cas de contestation, le juge-commissaire peut être saisi à la diligence du propriétaire afin qu'il soit statué sur les droits de ce dernier. Même en l'absence de demande préalable en restitution, le juge-commissaire peut également être saisi à cette même fin par l'administrateur ou par le débiteur. – *[Décr. n° 2005-1677 du 28 déc. 2005, art. 116.]*

1. L'action en restitution n'est qu'une simple faculté ouverte au propriétaire dispensé de faire reconnaître son droit de propriété et n'est soumise à aucun délai. • Com. 18 sept. 2012 : *cité note 3 ss. art. L. 624-10 ; RPC 2013, n° 137, obs. Monsèrié-Bon.*

2. V. notes ss. art. L. 624-17 et note 14 ss. anc. art. L. 623-4, ss. art. L. 661-4.

Art. R. 624-15 Pour bénéficier des dispositions de l'article L. 624-10, les contrats qui y sont mentionnés doivent avoir été publiés avant le jugement d'ouverture selon les modalités qui leur sont applicables.

Aux mêmes fins, en l'absence de réglementation particulière, le propriétaire du bien doit avoir fait publier le contrat avant le jugement d'ouverture, selon le cas, au registre mentionné à l'article R. 313-4 du code monétaire et financier ou au registre prévu au troisième alinéa de l'article R. 621-8 du présent code. – *[Décr. n° 2005-1677 du 28 déc. 2005, art. 117.]*

Ne répond pas aux exigences de l'art. R. 624-15 l'enregistrement du contrat de cession [d'un droit au bail commercial] auprès des services des impôts. • Com. 5 nov. 2013 : *cité note 6 ss. art. L. 624-9 ; BJE 2014. 32, note Laroche ; RDBF 2014, n° 66, obs. Houin-Bressand.*

Art. R. 624-16 En cas de revendication du prix des biens en application de l'article L. 624-18, les sommes correspondantes payées par le sous-acquéreur postérieurement à l'ouverture de la procédure doivent être versées par le débiteur *(Décr. n° 2009-160 du 12 févr. 2009, art. 31)* « ou l'administrateur » entre les mains du mandataire judiciaire. Celui-ci les remet au créancier revendiquant à concurrence de sa créance. – *[Décr. n° 2005-1677 du 28 déc. 2005, art. 115.]*

Les sous-acquéreurs des biens vendus sous réserve de propriété, auxquels les biens ont été directement livrés et qui ne se sont pas acquittés du prix auprès de l'acquéreur à la date d'ouverture de la procédure collective de celui-ci, peuvent se libérer valablement entre les mains du liquidateur de la société revendiquante. • Com. 20 sept. 2005, n° 04-14.702 P : *D. 2005. AJ 2445, obs. Lienhard ; APC 2005, n° 215, obs. Vallansan ; RDBF 2005, n° 211, obs. Legeais ; JCP E 2006, n° 2, p. 77, obs. Cabrillac.* ♦ Solution confirmée par l'art. R. 624-16.

SECTION IV DISPOSITIONS PARTICULIÈRES AUX SOCIÉTÉS

(Décr. n° 2014-736 du 30 juin 2014, art. 58)

Art. R. 624-17 Pour l'application du second alinéa de l'article L. 622-20, le mandataire judiciaire met en demeure l'associé ou l'actionnaire défaillant par lettre recommandée avec demande d'avis de réception. Cette lettre reproduit les dispositions de l'article L. 624-20.

Art. R. 624-18 Le délai mentionné à l'article R. 228-26 est applicable à la mise en demeure prévue par le second alinéa de l'article L. 622-20.

CHAPITRE V DU RÈGLEMENT DES CRÉANCES RÉSULTANT DU CONTRAT DE TRAVAIL

Art. R. 625-1 Au vu des documents ou à partir des informations fournies par les salariés, par le débiteur, par l'administrateur ainsi que par le représentant des salariés, le mandataire judiciaire vérifie les créances résultant d'un contrat de travail et en établit des relevés. Cette vérification a lieu même en l'absence de la vérification des créances chirographaires.

Le débiteur tient à la disposition du représentant des salariés les éléments à partir desquels le mandataire judiciaire a établi les relevés et notamment le livre de paye et le registre du personnel. Le représentant des salariés appose sa signature sur les relevés en formulant au besoin des réserves ou observations. En l'absence de signature, le juge-commissaire entend le représentant des salariés.

Les relevés sont, à la diligence du mandataire judiciaire, visés par le juge-commissaire. Ils sont remis par le mandataire judiciaire aux institutions mentionnées à l'article L. 143-11-4 du code du travail avant l'expiration des délais prévus, pour chaque catégorie de créances, à l'article L. 143-11-7 du même code. – *[Décr. nº 2005-1677 du 28 déc. 2005, art. 118.]*

Art. R. 625-2 Les relevés des créances résultant du contrat de travail mentionnent l'identité de chaque salarié, la nature de son contrat de travail, la date de son entrée dans l'entreprise, l'emploi occupé et sa qualification, l'exercice ou non d'un mandat social, la date de rupture du contrat de travail, les sommes déjà versées et celles qui restent à payer. Le montant de ces sommes est calculé déduction faite des prélèvements légaux et conventionnels, y compris lorsque ces sommes correspondent à des créances définitivement établies par décision de justice. – *[Décr. nº 2005-1677 du 28 déc. 2005, art. 119.]*

Il appartient au représentant des créanciers de porter sur le relevé des créances déposé au greffe du tribunal de commerce, les créances résultant du contrat de travail, déduction faite des prélèvements légaux et conventionnels, y compris lorsque les créances ont été définitivement établies par décision de justice sans tenir compte de ces déductions. • Soc. 4 mars 1997, nº 93-46.558 P.

Art. R. 625-3 Le mandataire judiciaire informe par tout moyen chaque salarié de la nature et du montant des créances admises ou rejetées et lui indique la date du dépôt au greffe du relevé des créances. Il rappelle que le délai de forclusion prévu à l'article L. 625-1 court à compter de la publication prévue au troisième alinéa ci-après. Les salariés dont les créances sont admises sont informés au moment du paiement.

Le salarié dont la créance a été omise peut être relevé de la forclusion par le conseil de prud'hommes dans le délai prévu au *(Décr. nº 2009-160 du 12 févr. 2009, art. 32)* « troisième » alinéa de l'article L. 622-26. Le relevé de forclusion bénéficie aux institutions mentionnées à l'article L. 143-11-4 du code du travail.

La publicité mentionnée à l'article L. 625-1 est faite à la diligence du mandataire judiciaire par la publication, dans un *(Décr. nº 2020-106 du 10 févr. 2020, art. 12)* « support » habilité à recevoir les annonces légales dans le département du siège de la personne morale ou du lieu où le débiteur personne physique a déclaré l'adresse de son entreprise ou de son activité et, le cas échéant, dans le département de chacun de ses établissements secondaires, d'un avis indiquant que l'ensemble des relevés des créances est déposé au greffe du tribunal. Cette publication intervient au plus tard trois mois après l'expiration de la dernière période de garantie prévue par l'article L. 143-11-1 du code du travail.

L'avis signé par le mandataire judiciaire est daté du jour de la publication prévue au troisième alinéa ci-dessus. Cette date fait courir le délai de forclusion prévu à l'article L. 625-1. – *[Décr. nº 2005-1677 du 28 déc. 2005, art. 120.]*

En application de l'art. R. 625-3, le salarié dont la créance a été omise peut être relevé de la forclusion par le conseil de prud'hommes sous la seule condition d'agir à cette fin dans le délai de six mois prévu à l'art. L. 622-26, al. 3. • Soc. 24 janv. 2018, nº 16-16.503 P : *D. 2018. Actu. 239 ; LEDEN 4/2018. 7, obs. Dedessus-Le-Moustier ; APC 2018, nº 70, obs. Fin-Langer ; BJE 2018. 222, note Jacotot.*

Art. R. 625-4 Le mandataire judiciaire ou le commissaire à l'exécution du plan restitue aux institutions mentionnées à l'article L. 143-11-4 du code du travail les sommes avancées par elles qui n'ont pas été perçues par les salariés lorsque le délai de validité du titre de paiement est expiré. Ces institutions versent les sommes dues aux salariés qui en font la demande. – *[Décr. nº 2005-1677 du 28 déc. 2005, art. 122.]*

Art. R. 625-5 Le débiteur donne toutes les informations utiles au mandataire judiciaire et à l'administrateur, s'il en a été désigné, sur les instances en cours devant la juridiction prud'homale à la date du jugement d'ouverture. – *[Décr. n° 2005-1677 du 28 déc. 2005, art. 123.]*

Art. R. 625-6 Les institutions mentionnées à l'article L. 143-11-4 du code du travail font connaître au mandataire judiciaire leur refus de régler une créance figurant sur un relevé, dans les mêmes délais que ceux qui sont prévus à l'article L. 143-11-7 du même code, pour le versement des sommes impayées. Ces institutions indiquent la nature et le montant de la créance refusée ainsi que les motifs de leur refus.

Le mandataire judiciaire avertit le salarié du refus par les institutions mentionnées ci-dessus de régler la créance et en avise le représentant des salariés. – *[Décr. n° 2005-1677 du 28 déc. 2005, art. 121.]*

Art. R. 625-7 Les recours prévus à l'article L. 625-6 sont exercés dans le délai d'un mois. – *[Décr. n° 2005-1677 du 28 déc. 2005, art. 124.]*

CHAPITRE VI DU PLAN DE SAUVEGARDE

SECTION PREMIÈRE DE L'ÉLABORATION DU PROJET DE PLAN

SOUS-SECTION 1 DE LA CONVOCATION DES ASSEMBLÉES

Art. R. 626-1 Pour l'application de l'article L. 626-3, les assemblées sont convoquées conformément aux dispositions du livre II, sous réserve des dispositions de la présente section. – *[Décr. n° 2005-1677 du 28 déc. 2005, art. 125.]*

Art. R. 626-2 Pour les sociétés anonymes et les sociétés en commandite par actions, outre les indications mentionnées aux articles R. 225-66 et R. 225-73, l'avis de convocation doit comporter :

1° La date à laquelle se réunira éventuellement la deuxième assemblée, à défaut pour la première d'avoir atteint le quorum requis ;

2° Le rappel du délai prévu au premier alinéa de l'article R. 626-3.

Le délai entre les deux assemblées est de six jours au moins. – *[Décr. n° 2005-1677 du 28 déc. 2005, art. 126.]*

Art. R. 626-3 Par dérogation à l'article R. 225-72, la demande d'inscription *(Décr. n° 2010-1619 du 23 déc. 2010)* « d'un point ou » d'un projet de résolution par les actionnaires à l'ordre du jour de l'assemblée est envoyée au siège social quinze jours au moins avant la date de l'assemblée réunie sur première convocation. – *[Décr. n° 2005-1677 du 28 déc. 2005, art. 127.]*

Les dispositions du Décr. n° 2010-1619 du 23 déc. 2010 s'appliquent aux assemblées tenues à compter du 1er janv. 2011 (Décr. préc., art. 13).

SOUS-SECTION 2 *[ABROGÉE]* DU REMPLACEMENT DE DIRIGEANTS DE L'ENTREPRISE

(Abrogée par Décr. n° 2009-160 du 12 févr. 2009, art. 33)

Art. R. 626-4 à R. 626-6 *Abrogés par Décr. n° 2009-160 du 12 févr. 2009, art. 33.*

SOUS-SECTION 3 DE LA CONSULTATION DES CRÉANCIERS

Art. R. 626-7 *(Décr. n° 2011-236 du 3 mars 2011)* I. – Pour l'application des deuxième et troisième alinéas de l'article L. 626-5, les propositions pour le règlement des dettes sont communiquées par lettre recommandée avec demande d'avis de réception, par le mandataire judiciaire, à chaque créancier consulté ayant déclaré sa créance.

II. – La lettre adressée aux créanciers auxquels sont proposés des délais et remises précise la forme choisie pour la consultation. En cas de consultation individuelle, elle contient la reproduction des dispositions des deux premières phrases du deuxième alinéa de l'article L. 626-5. En cas de consultation collective, elle comporte la convocation prévue à l'article R. 626-8.

Sont joints à cette lettre :

1° Un état de la situation active et passive avec ventilation du passif privilégié et du passif chirographaire ;

2° L'ensemble des propositions relatives au règlement des dettes et l'indication des garanties offertes ;

3° L'avis du mandataire judiciaire ainsi que des contrôleurs s'il en a été nommé.

III. — La lettre adressée aux créanciers auxquels est proposée une conversion de créances en titres donnant ou pouvant donner accès au capital contient la reproduction des dispositions du troisième alinéa de l'article L. 626-5.

Sont joints à cette lettre, outre les éléments d'information mentionnés aux 1°,2° et 3° ci-dessus :

1° Un document établi par l'administrateur ou, s'il n'en a pas été nommé, par le débiteur, exposant l'origine, l'importance et la nature des difficultés de l'entreprise ;

2° Un compte de résultat prévisionnel ;

3° La liste des créanciers destinataires d'une proposition de conversion.

Art. R. 626-8 Lorsque le mandataire judiciaire décide de recueillir collectivement l'accord des créanciers *(Décr. n° 2011-236 du 3 mars 2011, art. 3-1°)* « auxquels sont proposés des délais de paiement et des remises de dette », ceux-ci sont convoqués à une réunion tenue sous sa présidence, aux lieu, jour et heure fixés dans la lettre mentionnée à l'article R. 626-7. Un avis de convocation peut en outre être inséré dans un *(Décr. n° 2020-106 du 10 févr. 2020, art. 12)* « support » d'annonces légales du lieu du siège de la personne morale ou de l'adresse de l'entreprise ou de l'activité du débiteur personne physique.

Les créanciers peuvent se faire représenter par une personne munie d'un pouvoir spécial.

Le mandataire judiciaire fait aux créanciers un rapport sur l'état de la procédure ainsi que sur les conditions de la poursuite de l'activité du débiteur depuis son ouverture.

L'accord de chaque créancier présent ou représenté sur les propositions *(Décr. n° 2011-236 du 3 mars 2011, art. 3-2°)* « portant sur des délais et remises » est recueilli par écrit. — *[Décr. n° 2005-1677 du 28 déc. 2005, art. 132.]*

SOUS-SECTION 4 DU RÈGLEMENT DES CRÉANCES PUBLIQUES

BIBL. GÉN. ▶ Sur le décret du 6 avr. 2009 : TEBOUL, *LPA 20 avr. 2009*. - ROUSSEL GALLE, *DP diff. entr., Bull. n° 303, avr. 2009*. - SERLOOTEN, *RPC 2009. Étude 10*. ▶ Régime antérieur : LAGARDE, *Gaz. Pal. 2007. Doctr. 853*. - MILSAN, *JCP E 2007. 1901*. - DRIGUEZ, *LPA 3 août 2007* (critère de la concomitance des remises de dettes publiques et privées). - GOURDAIN, *D. 2007. 2546* (remise des créances publiques : le frein de l'art. R. 626-13). - COCHETEUX, *LPA 21 déc. 2007*. - MACORIG-VENIER, *RTD com. 2007. 827*. - RÉTIF, *Dr. et patr. 2/2008. 30*. - TOGNACCIOLI, *RPC 2008. 14*.

Art. D. 626-9 *(Décr. n° 2009-385 du 6 avr. 2009)* Les remises de dettes consenties, pour l'application de l'article L. 626-6, par les administrations financières, les organismes de sécurité sociale, *(Décr. n° 2014-524 du 22 mai 2014, art. 18)* « Pôle emploi » pour le compte de l'organisme gestionnaire du régime d'assurance chômage, les institutions régies par le livre IX du code de la sécurité sociale et les institutions régies par le livre VII du code rural et de la pêche maritime sont opérées dans les conditions et selon les modalités définies par les articles D. 626-10 à D. 626-15.

Les dispositions des art. D. 626-9 à D. 626-15 sont applicables aux demandes en cours d'instruction à la date de publication du Décr. n° 2009-385 du 6 avr. 2009 [JO 8 avr.] (Décr. préc., art. 2).

Art. D. 626-10 *(Décr. n° 2009-385 du 6 avr. 2009)* Les dettes susceptibles d'être remises correspondent :

1° Aux pénalités, intérêts de retard, intérêts moratoires, amendes fiscales ou douanières, majorations, frais de poursuite, quel que soit l'impôt ou le produit divers du budget de l'État auquel ces pénalités ou frais s'appliquent ;

2° Aux majorations de retard, frais de poursuite, pénalités et amendes attachés aux cotisations et contributions sociales recouvrées par les organismes de sécurité sociale et par les institutions régies par le livre IX du code de la sécurité sociale et par les institutions régies par le livre VII du code rural et de la pêche maritime ;

3° Aux majorations de retard, frais de poursuite et pénalités attachés aux contributions et cotisations recouvrées par *(Décr. n° 2014-524 du 22 mai 2014, art. 18)* « Pôle emploi » pour le compte de l'organisme gestionnaire du régime d'assurance chômage ;

4° Aux cotisations et contributions sociales patronales d'origine légale ou conventionnelle qu'un employeur est tenu de verser au titre de l'emploi de personnel salarié ;

5° Aux droits au principal afférents aux seuls impôts directs perçus au profit de l'État et des collectivités territoriales ;

6° Aux créances de l'État étrangères à l'impôt et au domaine, aux redevances domaniales, aux redevances pour services rendus et aux autres produits divers du budget de l'État.

Les remises de dettes sont consenties par priorité sur les frais de poursuite, les majorations et amendes, puis sur les intérêts de retard et les intérêts moratoires, et enfin sur les droits et les sommes dus au principal. Les dettes dues au principal ne peuvent pas faire l'objet d'une remise totale.

Pour l'entrée en vigueur, V. ss. art. D. 626-9.

Il résulte de la combinaison des art. L. 243-5 CSS et D. 626-10 C. com. que les accessoires de la dette de cotisations sociales sont remis de plein droit, tandis que la remise facultative d'une partie des sommes dues en principal est laissée à l'appréciation de la commission instituée par l'art. D. 626-14 C. com. • Com. 27 janv. 2015, n° 13-25.649 P : *D. 2015. Actu. 318 ; LEDEN 3/2015. 2, obs. Favario ; RPC 2015, n° 30, obs. Lebel ; Gaz. Pal. 1er-5 mai 2015, p. 30, obs. Roussel Galle ; BJE 2015. 144, note Macorig-Venier ; RJDA 2015, n° 444* • 31 mai 2016, n° 14-20.075 P : *D. 2016. Actu. 1253 ; LEDEN 7/2016. 4, obs. Favario ; APC 2016, n° 165, obs. Vallansan ; RJDA 2016, n° 631 ; BJE 2016. 318, note Macorig-Venier ; Gaz. Pal. 18 oct. 2016, p. 58, obs. Lebel.*

Art. D. 626-11 *(Décr. n° 2009-385 du 6 avr. 2009)* Peuvent être remises les dettes exigibles à la date de réception de la demande de remise, valant saisine de la commission mentionnée à l'article D. 626-14, et dues aux administrations, organismes et institutions mentionnés à l'article D. 626-9.

Pour l'entrée en vigueur, V. ss. art. D. 626-9.

Art. D. 626-12 *(Décr. n° 2009-385 du 6 avr. 2009)* En cas d'ouverture d'une procédure de conciliation, le débiteur ou le conciliateur saisit, y compris par voie dématérialisée, la commission mentionnée à l'article D. 626-14 de la demande de remise de dettes. Cette saisine a lieu, sous peine de forclusion, dans un délai de *(Décr. n° 2021-1218 du 23 sept. 2021, art. 18, en vigueur le 1er oct. 2021)* « cinq » mois à compter de la date d'ouverture de la procédure. *(Décr. n° 2021-1218 du 23 sept. 2021, art. 18, en vigueur le 1er oct. 2021)* « Elle ne peut être effectuée après la fin de la procédure. »

A. — Cette demande est accompagnée *(Décr. n° 2021-1218 du 23 sept. 2021, art. 18, en vigueur le 1er oct. 2021)* « ou complétée par l'envoi dans le délai prévu au premier alinéa » :

1° De l'état actif et passif des sûretés ainsi que de celui des engagements hors bilan ;

2° Des comptes annuels et des tableaux de financement des trois derniers exercices, si ces documents ont été établis, ainsi que de la situation de l'actif réalisable et disponible et du passif exigible ;

3° Du montant des dettes privées. Les dettes privées correspondent à l'ensemble des concours consentis par les créanciers autres que ceux mentionnés à l'article D. 626-9.

B. — Elle peut être utilement complétée *(Décr. n° 2021-1218 du 23 sept. 2021, art. 18, en vigueur le 1er oct. 2021)* « , dans le délai prévu au premier alinéa, » par tous documents, notamment :

1° Un plan de trésorerie prévisionnel ;

2° Un état prévisionnel des commandes ;

3° Le montant des remises sollicitées ou obtenues auprès des créanciers privés.

Pour l'entrée en vigueur, V. note ss. art. D. 626-9.

Pour les dispositions transitoires du Décr. n° 2021-1218 du 23 sept. 2021, V. note ss. art. R. 611-11.

Art. D. 626-13 *(Décr. n° 2009-385 du 6 avr. 2009)* En cas d'ouverture d'une procédure de sauvegarde ou de redressement judiciaire, l'administrateur judiciaire ou le mandataire judiciaire saisit, y compris par voie dématérialisée, la commission mentionnée à l'article D. 626-14 de la demande de remise de dettes. Cette saisine a lieu, sous peine de forclusion, dans un délai de *(Décr. n° 2021-1218 du 23 sept. 2021, art. 19, en vigueur le 1er oct. 2021)* « six » mois à compter de la date d'ouverture de la procédure. *(Décr. n° 2021-1218 du 23 sept. 2021, art. 19, en vigueur le 1er oct. 2021)* « Elle ne peut être effectuée après la fin de la procédure. »

A. — Cette demande est accompagnée *(Décr. n° 2021-1218 du 23 sept. 2021, art. 19, en vigueur le 1er oct. 2021)* « ou complétée par l'envoi dans le délai prévu au premier alinéa » :

1° De l'état actif et passif des sûretés ainsi que de celui des engagements hors bilan ;

2° Des comptes annuels et des tableaux de financement des trois derniers exercices, si ces documents ont été établis, ainsi que de la situation de l'actif réalisable et disponible et du passif exigible ;

3° Du montant des dettes privées. Les dettes privées correspondent à l'ensemble des concours consentis par les créanciers autres que ceux mentionnés à l'article D. 626-9.

B. — Elle peut être utilement complétée *(Décr. n° 2021-1218 du 23 sept. 2021, art. 19, en vigueur le 1er oct. 2021)* « , dans le délai prévu au premier alinéa, » par tous documents, notamment :

1° Un plan de trésorerie prévisionnel ;

2° Un état prévisionnel des commandes ;

3° Le montant des remises sollicitées ou obtenues auprès des créanciers privés.

La commission peut également être saisie d'une demande de remise de dettes présentée dans le cadre d'une saisine du tribunal aux fins d'une modification substantielle du plan.

Pour l'entrée en vigueur, V. note ss. art. D. 626-9.

Pour les dispositions transitoires du Décr. n° 2021-1218 du 23 sept. 2021, V. note ss. art. R. 611-11.

Art. D. 626-14 *(Décr. n° 2009-385 du 6 avr. 2009)* Les demandes de remise de dettes sont examinées au sein d'une commission réunissant les chefs des services financiers et les représentants des organismes et institutions intéressés.

La composition et les conditions de fonctionnement de cette commission sont fixées par le décret n° 2007-686 du 4 mai 2007 instituant dans chaque département une commission des chefs des services financiers et des représentants des organismes de sécurité sociale et de l'assurance chômage pour l'examen de la situation des débiteurs retardataires.

Le président de la commission recueille les décisions des administrations, organismes et institutions représentés et en assure la notification. Lorsqu'elle est favorable, la notification précise les montants d'abandon de créances publiques ainsi que les conditions qui y sont attachées vis-à-vis des créanciers privés. Le président peut déléguer sa signature à l'un des membres de la commission.

Le défaut de réponse dans un délai de deux mois à partir de la date de réception de l'ensemble des éléments mentionnés aux articles D. 626-12 et D. 626-13 vaut décision de rejet.

Pour l'entrée en vigueur, V. ss. art. D. 626-9.

Art. D. 626-15 *(Décr. n° 2009-385 du 6 avr. 2009)* Les remises de dettes ont pour objet de faciliter la restructuration financière de l'entreprise en difficulté, la poursuite de son activité économique et le maintien de l'emploi. La remise de dettes n'est pas justifiée dès lors que l'entreprise n'est plus viable. Elle ne doit pas représenter un avantage économique injustifié pour l'entreprise bénéficiaire. Les efforts des créanciers publics sont coordonnés avec ceux des autres créanciers en vue de faciliter le redressement durable de l'entreprise et permettre le recouvrement de recettes publiques futures.

La recevabilité de la demande de remise est subordonnée à la constatation que le débiteur, ou, s'il est une personne morale, ses organes ou ses représentants, n'a pas fait l'objet depuis au moins dix ans d'une condamnation définitive pour l'une des infractions sanctionnées par les articles L. 8224-1, L. 8224-2, L. 8224-3 et L. 8224-5 du code du travail.

L'examen de la demande est effectué en tenant compte :
— des efforts consentis par les créanciers autres que ceux mentionnés à l'article D. 626-9 ;
— des efforts financiers consentis par les actionnaires et les dirigeants ;
— de la situation financière du débiteur et des perspectives de son rétablissement pérenne ;
— du comportement habituel du débiteur vis-à-vis des créanciers mentionnés à l'article D. 626-9 ;
— des éventuels autres efforts consentis par ces créanciers portant sur les cessions de rang de privilège ou d'hypothèque ou l'abandon de ces sûretés ou les délais de paiement déjà accordés.

Pour l'entrée en vigueur, V. ss. art. D. 626-9.

Décret nº 2007-154 du 5 février 2007,

Désignant les autorités compétentes au sein des administrations financières pour statuer sur les demandes de remise présentées en application de l'article L. 626-6 du code de commerce.

Art. 1er En ce qui concerne les administrations financières, le pouvoir de statuer sur les demandes de remise présentées dans le cadre de la procédure définie par le décret *[nº 2007-153]* du 5 février 2007 susvisé *[art. D. 626-9 à D. 626-15 C. com.]*, pris en application de l'article L. 626-6 du code de commerce, appartient :

1° *(Décr. nº 2014-551 du 27 mai 2014, art. 59-1°)* « S'agissant des impôts et des pénalités fiscales, d'une part, et des frais de poursuites, intérêts moratoires et majorations afférents, d'autre part, au directeur départemental ou, le cas échéant, régional des finances publiques ou au directeur chargé d'un service à compétence nationale ou d'une direction spécialisée pour les créances établies à l'initiative de ces services ; »

2° *Abrogé par Décr. nº 2014-551 du 27 mai 2014, art. 59-2°.*

3° S'agissant des créances recouvrées par les services de la direction générale des douanes et droits indirects, au directeur régional des douanes et droits indirects ;

4° S'agissant des produits divers du budget de l'État, majorations, frais de poursuites et intérêts y afférents, au *(Décr. nº 2014-551 du 27 mai 2014, art. 59-3°)* « directeur départemental ou, le cas échéant, régional des finances publiques » ou au comptable *(Décr. nº 2014-551 du 27 mai 2014, art. 59-3°)* « de la direction générale des finances publiques » qui a pris en charge les ordres de recettes ;

5° S'agissant des frais de poursuites afférents aux produits et redevances du domaine de l'État *(Décr. nº 2014-551 du 27 mai 2014, art. 59-4°)* « [,] au directeur départemental ou, le cas échéant, régional des finances publiques » ou au comptable spécialisé du Domaine.

Les responsables mentionnés aux alinéas précédents peuvent déléguer leur signature aux agents placés sous leur autorité.

SECTION II DU JUGEMENT ARRÊTANT LE PLAN ET DE L'EXÉCUTION DU PLAN

SOUS-SECTION 1 DE L'ARRÊTÉ DU PLAN

Art. R. 626-17 **Dès le dépôt au greffe du projet de plan par le débiteur, le greffier convoque, par lettre recommandée avec demande d'avis de réception, le débiteur, les représentants** *(Décr. nº 2021-1218 du 23 sept. 2021, art. 20, en vigueur le 1er oct. 2021)* **« de la délégation du personnel du comité social et économique » et les contrôleurs.** — *Pour les dispositions transitoires du Décr. nº 2021-1218 du 23 sept. 2021, V. note ss. art. R. 611-11.*

Le ministère public ainsi que l'administrateur et le mandataire judiciaire sont avisés de la date de l'audience. — *[Décr. nº 2005-1677 du 28 déc. 2005, art. 133.]*

Art. R. 626-18 **Le tribunal statue avant l'expiration des délais prévus à l'article L. 621-3.**

Lorsqu'il n'est pas présenté de projet de plan en temps utile, le tribunal peut être saisi aux fins de clôture de la procédure par le ministère public, par tout créancier ou par les mandataires de justice. Il statue, le débiteur ayant été entendu ou appelé.

Le jugement de clôture est notifié au débiteur et fait l'objet des publicités prévues à l'article R. 621-8.

La clôture de la procédure est prononcée dans les conditions de l'article L. 626-9.

Les mandataires de justice déposent sans délai un compte rendu de fin de mission dans les conditions des articles R. 626-39 et R. 626-40. L'article R. 626-41 est applicable. – *[Décr. n° 2005-1677 du 28 déc. 2005, art. 134.]*

Art. R. 626-19 Les seuils fixés en application de l'article L. 626-9 au-delà desquels les débats relatifs à l'arrêté du plan doivent avoir lieu en présence du ministère public sont ceux fixés à l'article R. 621-11. – *[Décr. n° 2005-1677 du 28 déc. 2005, art. 135.]*

Art. R. 626-20 Le jugement arrêtant le plan est communiqué par le greffier aux personnes mentionnées au 3° de l'article R. 621-7 et fait l'objet des publicités prévues à l'article R. 621-8. – *[Décr. n° 2005-1677 du 28 déc. 2005, art. 136.]*

(Décr. n° 2009-160 du 12 févr. 2009, art. 34) « Si le plan est toujours en cours à l'expiration d'un délai de deux ans à compter de son arrêté, les mentions relatives à la procédure et à l'exécution du plan sont, à l'initiative du débiteur, radiées des registres ou répertoires sur lesquels elles ont été portées. Cette radiation fait obstacle à toute nouvelle mention relative à l'exécution du plan.

« Les dispositions de l'alinéa qui précède ne sont pas applicables aux mentions relatives aux mesures d'inaliénabilité décidées par le tribunal et aux décisions prononçant la résolution du plan. »

Les dispositions de l'art. 34 du Décr. n° 2009-160 du 12 févr. 2009 sont applicables aux plans de sauvegarde en cours d'exécution à la date d'entrée en vigueur du Décr. n° 2009-1661 du 28 déc. 2009 relatif aux frais de justice en matière commerciale et aux auxiliaires de justice [JO 30 déc.] (Décr. n° 2009-160 du 12 févr. 2009, art. 155-I, mod. par Décr. n° 2009-1661 du 28 déc. 2009, art. 8).

Sur la radiation d'office du registre du commerce et des sociétés des mentions relatives à la procédure de sauvegarde lorsque le plan de sauvegarde est toujours en cours à l'expiration d'un délai de trois ans à compter de son arrêté, V. C. com., art. R. 123-135 (4°).

Art. R. 626-21 Le jugement arrêtant ou rejetant le plan est notifié au débiteur et aux représentants *(Décr. n° 2021-1218 du 23 sept. 2021, art. 20, en vigueur le 1er oct. 2021)* « de la délégation du personnel du comité social et économique » et porté à la connaissance du ministère public et des mandataires de justice par le greffier, dans les huit jours de la date du jugement. Il est en outre notifié par le greffier à toute personne tenue de l'exécuter, conformément à l'article L. 626-10. – *[Décr. n° 2005-1677 du 28 déc. 2005, art. 137.]*

Pour les dispositions transitoires du Décr. n° 2021-1218 du 23 sept. 2021, V. note ss. art. R. 611-11.

Art. R. 626-22 Lorsque la décision rejetant le plan est devenue définitive et qu'il n'a pas été fait application des dispositions du deuxième *(Décr. n° 2009-160 du 12 févr. 2009, art. 35)* « ou du troisième » alinéa de l'article L. 622-10, le tribunal se saisit d'office aux fins de clôture de la procédure. Il statue dans les conditions de l'article L. 626-9.

Le jugement de clôture est notifié au débiteur et fait l'objet des publicités prévues à l'article R. 621-8.

Les mandataires de justice déposent sans délai un compte rendu de fin de mission dans les conditions des articles R. 626-39 et R. 626-40. L'article R. 626-41 est applicable. – *[Décr. n° 2005-1677 du 28 déc. 2005, art. 138.]*

SOUS-SECTION 2 *DE L'EXÉCUTION DU PLAN*

Art. R. 626-23 Le tribunal qui a arrêté le plan demeure compétent pour connaître des conditions de son exécution nonobstant le changement du lieu du siège social de la personne morale ou de l'adresse de l'entreprise ou de l'activité du débiteur personne physique. – *[Décr. n° 2005-1677 du 28 déc. 2005, art. 139.]*

Art. R. 626-24 Pour l'application de l'article L. 626-13, le débiteur justifie de la levée de l'interdiction d'émettre des chèques auprès de l'établissement de crédit qui est à l'origine de cette mesure par la remise d'une copie du jugement arrêtant le plan, à laquelle il joint un relevé des incidents de paiement.

L'établissement de crédit qui est à l'origine de l'interdiction informe la Banque de France de la levée de cette interdiction aux fins de régularisation. – *[Décr. nº 2005-1677 du 28 déc. 2005, art. 140.]*

Art. R. 626-25 La mesure d'inaliénabilité prévue à l'article L. 626-14 est, à la diligence du commissaire à l'exécution du plan, mentionnée aux registres publics sur lesquels les biens déclarés inaliénables et les droits qui les grèvent sont inscrits *(Abrogé par Décr. nº 2021-1887 du 29 déc. 2021, art. 3-II, à compter du 1er janv. 2023)* ***« ou, à défaut, aux registres mentionnés à l'article R. 621-8 ».***

(Décr. nº 2021-1887 du 29 déc. 2021, art. 3-II, en vigueur le 1er janv. 2023) « A défaut, elle est mentionnée au registre prévu à l'article R. 521-1 si le débiteur est immatriculé au registre du commerce et des sociétés, ou, selon le cas, aux registres mentionnés aux deuxième et troisième alinéas de l'article R. 621-8. »

La publicité mentionne la durée de l'inaliénabilité. – *[Décr. nº 2005-1677 du 28 déc. 2005, art. 141.]*

Art. R. 626-26 Lorsqu'en application de l'article L. 626-14, la décision arrêtant ou modifiant le plan prononce l'inaliénabilité temporaire de biens mobiliers d'équipement du débiteur, et est passée en force de chose jugée, le commissaire à l'exécution du plan demande l'inscription de la mesure d'inaliénabilité sur le registre prévu à l'article *(Décr. nº 2021-1887 du 29 déc. 2021, art. 3-II, en vigueur le 1er janv. 2023)* « R. 521-1 *[ancienne rédaction : R. 143-9]* ». – *[Décr. nº 51-194 du 17 févr. 1951, art. 8.]*

Art. R. 626-27 Le commissaire à l'exécution du plan présente une copie de la décision rendue au greffier du tribunal de commerce dans le ressort duquel le débiteur, personne morale, a son siège ou le débiteur, personne physique, a déclaré l'adresse de son entreprise ou de son activité. Y sont joints les bordereaux d'inscription qui contiennent :

1º Les nom, prénoms et l'adresse de l'entreprise ou de l'activité du débiteur s'il s'agit d'une personne physique, la dénomination sociale ou commerciale et l'adresse du siège du débiteur s'il s'agit d'une personne morale, les mentions prévues aux 1º et 2º de l'article R. 123-237 ou le numéro d'immatriculation au répertoire des métiers ;

2º La date de la décision rendue ;

3º La désignation sommaire des biens d'équipement frappés d'inaliénabilité temporaire, le lieu où ils se trouvent entreposés, l'indication, le cas échéant, qu'ils peuvent être déplacés ;

4º La durée de la mesure d'inaliénabilité. – *[Décr. nº 51-194 du 17 févr. 1951, art. 9, al. 1er à 5.]*

Nouvel art. R. 626-27 *(Décr. nº 2021-1887 du 29 déc. 2021, art. 3-II, en vigueur le 1er janv. 2023)* ***Le commissaire à l'exécution du plan indique également sur le bordereau prévu à l'article R. 521-6 si le bien peut être déplacé et la durée de la mesure d'inaliénabilité.***

Art. R. 626-28 *(Abrogé par Décr. nº 2021-1887 du 29 déc. 2021, art. 3-II, à compter du 1er janv. 2023)* ***Le greffier porte sur les bordereaux la mention de la date à laquelle l'inscription est effectuée et le numéro sous lequel elle est portée au registre mentionné à l'article R. 626-26.***

Les bordereaux sont établis, conservés et l'un d'eux remis au débiteur dans les conditions prévues aux articles R. 525-2, R. 525-3 et R. 525-5.

Le greffier tient un fichier alphabétique des débiteurs avec l'indication des numéros des inscriptions les concernant. – *[Décr. nº 51-194 du 17 févr. 1951, art. 9, al. 6 à 8.]*

Art. R. 626-29 *(Abrogé par Décr. nº 2021-1887 du 29 déc. 2021, art. 3-II, à compter du 1er janv. 2023)* ***Les bordereaux reçoivent un numéro d'entrée au moment où ils sont produits.***

Ces pièces sont enregistrées sur le registre mentionné à l'article R. 626-26 ; il est délivré un récépissé extrait dudit registre mentionnant :

1º Le numéro d'entrée apposé sur les pièces comme il est dit au premier alinéa ;

2º La date du dépôt des pièces ;

3° Le nombre et la nature des pièces avec l'indication du but de ce dépôt ;

4° Le nom ou la dénomination du débiteur ;

5° La nature et la situation des biens inaliénables et, éventuellement, la mention qu'ils peuvent être déplacés. — *[Décr. n° 51-194 du 17 févr. 1951, art. 10.]*

Art. R. 626-30 *(Abrogé par Décr. n° 2021-1887 du 29 déc. 2021, art. 3-II, à compter du 1er janv. 2023)* ***« Le greffier mentionne, en marge du bordereau d'inscription, la radiation totale ou partielle de la mesure d'inaliénabilité portant sur des biens dont le tribunal a autorisé l'aliénation en application du premier alinéa de l'article L. 626-14.***

« Lorsque le délai fixé pour la mesure d'inaliénabilité temporaire décidée par le jugement est expiré, le greffier mentionne d'office en marge de l'inscription, la radiation de celle-ci. Il délivre un certificat de radiation au débiteur qui le demande.

« Il est tenu de délivrer à tous ceux qui le requièrent l'état des inscriptions existantes avec la mention, le cas échéant, des radiations partielles. »

Les frais de radiation sont inclus dans le coût de l'inscription. — *[Décr. n° 51-194 du 17 févr. 1951, art. 11.]*

Art. R. 626-31 **Le tribunal statue sur l'autorisation prévue à l'article L. 626-14 sur requête du débiteur au vu du rapport du commissaire à l'exécution du plan.**

Sa décision est notifiée au débiteur et communiquée au ministère public et au commissaire à l'exécution du plan. Elle est soumise aux recours prévus à l'encontre des décisions modifiant le plan. — *[Décr. n° 2005-1677 du 28 déc. 2005, art. 142.]*

Art. R. 626-32 **Pour l'application de l'article L. 626-16, les assemblées compétentes sont convoquées dans les formes et délais prévus aux articles R. 626-1 à R. 626-3.** — *[Décr. n° 2005-1677 du 28 déc. 2005, art. 143.]*

Art. R. 626-32-1 *(Décr. n° 2014-736 du 30 juin 2014, art. 59)* **Lorsque le tribunal a modifié, conformément à l'article L. 626-16-1, les conditions de vote, mention doit en être faite lors de la convocation des assemblées compétentes.**

Art. R. 626-33 **Le délai d'un an prévu au** *(Décr. n° 2011-236 du 3 mars 2011, art. 4)* **« quatrième » alinéa de l'article L. 626-18 court à compter du jour du jugement arrêtant le plan.** — *[Décr. n° 2005-1677 du 28 déc. 2005, art. 144.]*

Art. R. 626-33-1 *(Décr. n° 2014-736 du 30 juin 2014, art. 60)* **L'acceptation des délais et remises portant sur les créances mentionnées à l'article L. 626-20 ne peut être qu'expresse.**

Art. R. 626-34 **Le montant maximal de chaque créance remboursable sans remise ni délai en application du II de l'article L. 626-20 est de** *(Décr. n° 2014-736 du 30 juin 2014, art. 61)* **« 500 » €.** — *[Décr. n° 2005-1677 du 28 déc. 2005, art. 145.]*

Art. R. 626-35 **La demande de substitution de garanties prévue à l'article L. 626-22 est faite par le débiteur au créancier en cause. A défaut d'accord de celui-ci, elle peut être demandée au tribunal par requête.**

Le tribunal statue, le débiteur, le créancier et le commissaire à l'exécution du plan entendus ou dûment appelés.

Le débiteur procède à ses frais à la radiation et à l'inscription des sûretés. La radiation ne peut intervenir qu'après constitution de la garantie substituée. — *[Décr. n° 2005-1677 du 28 déc. 2005, art. 146.]*

Art. R. 626-36 **Après le versement à la Caisse des dépôts et consignations fait en application de l'article L. 626-22, des paiements provisionnels peuvent être effectués dans les conditions définies au deuxième alinéa de l'article L. 622-8. Le commissaire à l'exécution du plan répartit le prix entre les créanciers, effectue le paiement et procède à la radiation des inscriptions.**

En cas de vente d'un immeuble, le prix est versé après l'accomplissement par l'acquéreur des formalités de purge des hypothèques prescrites par les articles *(Décr. n° 2021-1888 du 29 déc. 2021, art. 5, en vigueur le du 1er janv. 2022)* **« 2464 » et suivants du code civil et suivant la procédure d'ordre définie aux articles R. 643-3 à R. 643-14.**

Les créanciers inscrits du chef d'un précédent propriétaire et titulaires d'un droit de suite sont avertis par le commissaire à l'exécution du plan par lettre recommandée

avec demande d'avis de réception qu'ils ont l'obligation de produire leur créance à la procédure d'ordre dans le délai d'un mois à compter de l'avertissement.

La production de la créance mentionne la sûreté inscrite sur le bien. Un décompte des sommes dues en principal, intérêts et accessoires et les documents justificatifs sont joints à la production.

A défaut de production dans le délai mentionné au troisième alinéa, le créancier est déchu des droits de participer à la distribution.

En cas de réduction des dividendes, en application du deuxième alinéa de l'article L. 626-22, l'état de collocation dressé par le commissaire à l'exécution du plan mentionne les modalités de calcul de cette réduction. – *[Décr. nº 2005-1677 du 28 déc. 2005, art. 147.]*

Art. R. 626-37 Le recours prévu à l'article R. 643-11 est ouvert au débiteur. Le greffier adresse à celui-ci une copie de l'état de collocation. Cet avis précise le délai et les modalités du recours. – *[Décr. nº 2005-1677 du 28 déc. 2005, art. 148.]*

Art. R. 626-38 L'administrateur rend compte au juge-commissaire de l'exécution des actes permettant la mise en œuvre du plan conformément à l'article L. 626-24.

Le mandataire judiciaire rend compte de sa mission au juge-commissaire qui met fin à celle-ci, après avoir constaté l'achèvement de la vérification des créances et le versement des sommes dues aux salariés en application de l'article L. 143-11-7 du code du travail. – *[Décr. nº 2005-1677 du 28 déc. 2005, art. 150.]*

Art. R. 626-39 Lorsque l'administrateur ou le mandataire judiciaire a accompli sa mission, il dépose au greffe un compte rendu de fin de mission. Tout intéressé peut en prendre connaissance.

(Décr. nº 2014-736 du 30 juin 2014, art. 62) « Lorsque le mandataire judiciaire a été informé de la mise en œuvre d'une procédure administrative d'établissement de l'impôt, il en informe les comptables publics compétents par lettre recommandée avec demande d'avis de réception quinze jours au moins avant la date de ce dépôt. »

Ce compte rendu est communiqué par le greffier au ministère public et notifié par le mandataire de justice au débiteur et aux contrôleurs par lettre recommandée avec demande d'avis de réception. Cette notification précise qu'ils peuvent former des observations devant le juge-commissaire dans un délai de quinze jours.

Le juge-commissaire approuve le compte rendu de fin de mission, le cas échéant au vu des observations présentées. Il peut demander au mandataire de justice de lui produire tout justificatif. Sa décision est déposée au greffe. Elle n'est pas susceptible de recours. – *[Décr. nº 2005-1677 du 28 déc. 2005, art. 151.]*

Art. R. 626-40 Le compte rendu de fin de mission comporte :

1º La reddition des comptes telle qu'elle ressort de l'édition analytique du mandat dans la comptabilité spéciale de l'administrateur ou du mandataire judiciaire. Le classement analytique distingue, par nature, les opérations de recettes et dépenses ;

2º Le détail des débours et des émoluments perçus tels qu'ils ont été arrêtés, avec la référence au tarif prévu par les textes ;

3º Les rétributions que le mandataire de justice a prélevées sur sa rémunération au profit d'un intervenant extérieur au titre du mandat, en application des articles L. 811-1 et L. 812-1 ;

(Décr. nº 2009-160 du 12 févr. 2009, art. 36) « 4º La rémunération des experts désignés par le tribunal et des techniciens désignés par le juge-commissaire, y compris les officiers publics ou ministériels. » – *[Décr. nº 2005-1677 du 28 déc. 2005, art. 152.]*

Art. R. 626-41 Dès le dépôt au greffe du compte rendu de fin de mission des mandataires de justice, le greffier adresse au débiteur, aux contrôleurs ainsi qu'au ministère public le compte détaillé de ses émoluments, de ses frais et de ses débours établi selon les dispositions des articles R. 743-140 à R. 743-157. Ce compte est déposé au greffe et annexé à celui des mandataires de justice. Il est complété si le greffier est appelé à régler postérieurement d'autres frais. – *[Décr. nº 2005-1677 du 28 déc. 2005, art. 153.]*

Art. R. 626-42 Lorsque le compte rendu de fin de mission de l'administrateur et du mandataire judiciaire a été approuvé, la procédure fait l'objet d'une ordonnance de clôture rendue par le président du tribunal.

Cette décision est une mesure d'administration judiciaire non susceptible de recours.

Elle est communiquée aux personnes citées à l'article R. 621-7 et mentionnée aux registres et répertoires prévus *(Décr. nº 2014-736 du 30 juin 2014, art. 63)* « aux trois premiers alinéas de l'article R. 621-8 ». – *[Décr. nº 2005-1677 du 28 déc. 2005, art. 154.]*

Art. R. 626-43 Sans préjudice des dispositions de l'article R. 626-51, le commissaire à l'exécution du plan fait un rapport annuel sur l'exécution des engagements du débiteur et sur les paiements et répartitions auxquels il a procédé. Ce rapport est déposé au greffe, communiqué au ministère public et tenu à la disposition de tout créancier. – *[Décr. nº 2005-1677 du 28 déc. 2005, art. 149.]*

Art. R. 626-44 Lorsque le remplacement du commissaire à l'exécution du plan est demandé par le ministère public ou que le tribunal se saisit d'office aux mêmes fins, la convocation de l'intéressé est faite selon le cas dans les formes et selon la procédure prévues à l'article *[aux articles]* R. 631-3 ou R. 631-4. – *[Décr. nº 2005-1677 du 28 déc. 2005, art. 155.]*

(Décr. nº 2009-160 du 12 févr. 2009, art. 37) « La demande de remplacement présentée par le commissaire à l'exécution du plan est formée par lettre simple. L'ordonnance rendue par le président du tribunal est communiquée au ministère public par le greffier, qui en avise, par lettre simple, le commissaire à l'exécution du plan qui est remplacé, celui désigné pour le remplacer ainsi que le débiteur. »

Art. R. 626-45 La demande présentée par le débiteur en application de l'article L. 626-26 *(Décr. nº 2019-1333 du 11 déc. 2019, art. 16, en vigueur le 1er janv. 2020)* « ou par le commissaire à l'exécution du plan est faite par requête. »

Le greffier convoque, par lettre recommandée avec demande d'avis de réception, le débiteur, les contrôleurs, les représentants *(Décr. nº 2021-1218 du 23 sept. 2021, art. 21, en vigueur le 1er oct. 2021)* « de la délégation du personnel du comité social et économique » qui sont désignés conformément à l'article R. 621-2. Il avise de la date de l'audience le ministère public ainsi que le commissaire à l'exécution du plan.

Lorsque la modification porte sur les modalités d'apurement du passif, le greffier en informe les créanciers intéressés par lettre recommandée avec demande d'avis de réception. Ceux-ci disposent *(Abrogé par Décr. nº 2021-1218 du 23 sept. 2021, art. 21, à compter du 1er oct. 2021)* « *alors* » d'un délai de *(Décr. nº 2021-1218 du 23 sept. 2021, art. 21, en vigueur le 1er oct. 2021)* « vingt et un jours à compter de la réception de cette information » pour faire valoir leurs observations par lettre recommandée avec demande d'avis de réception au commissaire à l'exécution du plan.

Le jugement est notifié conformément aux dispositions de l'article R. 626-21. – *[Décr. nº 2005-1677 du 28 déc. 2005, art. 156.]*

Pour les dispositions transitoires du Décr. nº 2019-1333 du 11 déc. 2019, V. note ss. art. R. 621-8-1.

En cas de modification du plan de sauvegarde ou du plan de redressement arrêté dans une procédure ouverte avant le 22 mai 2020, les dispositions de l'art. R. 626-45 dans sa rédaction résultant de l'art. 21 du Décr. nº 2021-1218 du 23 sept. 2021 sont applicables (Décr. préc., art. 51-II).

Aucune disposition légale ou réglementaire ne déduit de l'absence d'observations adressées au commissaire à l'exécution du plan par un créancier informé par le greffier, en application de l'art. R. 626-45, al. 3, sur une proposition de modification du plan portant sur les modalités d'apurement du passif, l'acceptation par celui-ci de la modification proposée. • Com. 29 sept. 2021, nº 20-10.436 B : *D. 2021. Chron. C. cass. 2262, obs. Barbot ; Rev. sociétés 2021. 732, obs. Reille ; JCP E 2021. 1460, note Jonzo ; LEDEN 11/2021. 5, obs. J.-B. Barbièri ; RJDA 2021, nº 787 ; APC 2021, nº 258, obs. Borga ; BJE 1-2/2022. 21, note Poujade ; Dr. sociétés 2022, nº 35, note Legros.* ♦ Sur la notion de « créanciers intéressés », V. • Paris, 21 juin 1996 : *RPC 1996. 452, obs. Soinne.*

Art. R. 626-46 Une copie du jugement modifiant le plan est adressée par le greffier aux personnes mentionnées au 3° de l'article R. 621-7. Le jugement fait l'objet des publicités prévues à l'article R. 621-8. – *[Décr. nº 2005-1677 du 28 déc. 2005, art. 157.]*

Art. R. 626-47 Le commissaire à l'exécution du plan signale, dans un rapport adressé au président du tribunal et au ministère public, l'inexécution du plan de la part du débiteur ou de toute autre personne.

Le rapport fait état des observations du débiteur et propose éventuellement les solutions qui seraient de nature à permettre l'exécution du plan.

Le commissaire à l'exécution du plan rend compte de sa mission au président du tribunal. – *[Décr. nº 2005-1677 du 28 déc. 2005, art. 158.]*

Les art. 158 et 159 du Décr. nº 2005-1677 du 28 déc. 2005 [C. com., art. R. 626-47 et R. 626-48] sont applicables aux procédures en cours au 1er janv. 2006 en ce qu'ils s'appliquent au redressement judiciaire (Décr. préc., art. 361).

Art. R. 626-47-1 *(Décr. nº 2014-736 du 30 juin 2014, art. 65)* **Pour l'exécution de la mission prévue par le premier alinéa du I de l'article L. 626-27, le commissaire à l'exécution du plan saisit le président du tribunal aux fins d'obtention d'un titre exécutoire, s'il n'en dispose pas. Le président statue par ordonnance.**

L'art. R. 626-47-1 est applicable aux procédures en cours au jour de l'entrée en vigueur du Décr. nº 2014-736 du 30 juin 2014 (Décr. préc., art. 144).

Art. R. 626-48 En application du I de l'article L. 626-27, le tribunal est saisi aux fins de résolution du plan par voie de requête ou, le cas échéant, dans les formes et selon la procédure prévue à l'article *(Abrogé par Décr. nº 2014-736 du 30 juin 2014, art. 66)* **«** *R. 631-3 ou* **» R. 631-4. Il statue dans les conditions de l'article L. 626-9, le commissaire à l'exécution du plan étant entendu ou dûment appelé et présentant son rapport en lieu et place de celui de l'administrateur.**

Lorsque le tribunal décide la résolution du plan en application du *(Décr. nº 2009-160 du 12 févr. 2009, art. 38)* **« troisième » alinéa du I de l'article L. 626-27, il** *(Décr. nº 2009-160 du 12 févr. 2009, art. 38)* **« ouvre, dans le même jugement, une procédure, selon le cas, de redressement judiciaire ou de » liquidation judiciaire du débiteur.** *– Les dispositions du Décr. nº 2009-160 du 12 févr. 2009 sont applicables aux plans de sauvegarde en cours d'exécution au 15 févr. 2009 (Décr. préc., art. 155-I).*

Le jugement est signifié à la diligence du greffier dans les huit jours de son prononcé aux personnes qui ont qualité pour interjeter appel, à l'exception du ministère public. Il est communiqué aux personnes mentionnées à l'article R. 621-7.

Le jugement qui décide la résolution du plan fait l'objet des publicités prévues à l'article R. 621-8. – *[Décr. nº 2005-1677 du 28 déc. 2005, art. 159.]*

V. note ss. art. R. 626-47.

Art. R. 626-49 Pour l'application du III de l'article L. 626-27, le commissaire à l'exécution du plan transmet au greffier la liste des créances admises à ce plan en déduisant, pour chacune d'elles, les sommes déjà perçues. Le greffier porte cette liste sur l'état des créances de la nouvelle procédure. – *[Décr. nº 2005-1677 du 28 déc. 2005, art. 159-1.]*

(Décr. nº 2014-736 du 30 juin 2014, art. 67) **« Dans les mêmes conditions, les créances portées sur la liste mentionnée à l'article R. 622-15 ou à l'article R. 641-39 et qui n'ont pas été rejetées sont portées par le greffier sur l'état des créances de la nouvelle procédure. »**

Art. R. 626-50 Lorsqu'il est saisi en application de l'article L. 626-28, le tribunal statue au vu d'un rapport établi par le commissaire à l'exécution du plan.

La décision du tribunal est communiquée au ministère public.

A l'initiative du débiteur, les décisions relatives à la procédure sont radiées des registres sur lesquels elles ont été portées. – *[Décr. nº 2005-1677 du 28 déc. 2005, art. 160.] – Sur la radiation d'office du registre du commerce et des sociétés, V. art. R. 123-135 (3º).*

Art. R. 626-51 Dans les deux mois qui suivent l'achèvement de sa mission, le commissaire à l'exécution du plan dépose un compte rendu de fin de mission dans les conditions des articles R. 626-39 et R. 626-40. L'article R. 626-41 est applicable. – *[Décr. nº 2005-1677 du 28 déc. 2005, art. 161.]*

SECTION III **DES CLASSES DE PARTIES AFFECTÉES**

(Décr. nº 2021-1218 du 23 sept. 2021, art. 22, en vigueur le 1er oct. 2021)

Pour les dispositions transitoires du Décr. nº 2021-1218 du 23 sept. 2021, V. note ss. art. R. 611-11.

Art. R. 626-52 Les seuils fixés en application de l'article L. 626-29 sont de :

1° 250 salariés et 20 millions d'euros de chiffre d'affaires net ; ou

2° 40 millions d'euros de chiffre d'affaires net.

Ces seuils sont appréciés à la date de la demande d'ouverture de la procédure.

Art. R. 626-53 Lorsque le tribunal n'a pas désigné d'administrateur et que le juge-commissaire autorise qu'il soit fait application des dispositions des articles L. 626-29 à L. 626-34, le juge-commissaire désigne un administrateur aux fins d'exercer les missions qui lui sont dévolues par les articles L. 626-30 à L. 626-34.

Art. R. 626-54 La décision par laquelle le juge-commissaire autorise qu'il soit fait application des dispositions des articles L. 626-29 à L. 626-34 est une mesure d'administration judiciaire.

Art. R. 626-55 L'administrateur avise par tout moyen chaque partie affectée qu'elle est membre d'une classe et lui fait connaître les modalités lui permettant de communiquer par voie électronique.

Sous réserve des dispositions de la présente section, les dispositions de la sous-section 5 de la section IV du chapitre IV du titre Ier du livre VIII sont applicables.

Vaut consentement à la transmission par voie électronique l'utilisation de ces modalités de communication électronique.

L'administrateur invite, par l'avis mentionné au premier alinéa, les parties affectées à lui faire connaître par tout moyen l'existence d'un accord mentionné au II de l'article L. 626-30, au plus tard dans un délai de dix jours à compter de la réception ou de la publication de cet avis.

Les modalités de transmission des actes de procédure par voie électronique sont définies par arrêté du garde des sceaux, ministre de la justice.

Art. R. 626-56 Le débiteur remet sans délai à l'administrateur la liste des créances ainsi que le montant de chacune d'entre elles, certifié par son ou ses commissaires aux comptes ou, lorsqu'il n'en a pas été désigné, établi par son expert-comptable. Lorsque les détenteurs de capital sont affectés par le projet de plan, la liste est complétée par des informations relatives aux modalités de participation au capital du débiteur, aux statuts et aux droits des détenteurs de capital. Ces informations sont accompagnées de tout document ou pièce justificative utile.

Art. R. 626-57 Pour l'application du deuxième alinéa de l'article L. 626-30-1, le transfert d'une créance née antérieurement au jugement d'ouverture est porté à la connaissance de l'administrateur par lettre recommandée avec demande d'avis de réception.

Art. R. 626-58 I. — Pour l'application du V de l'article L. 626-30, l'administrateur arrête le montant, calculé toutes taxes comprises, des créances détenues par les membres des classes appelées à se prononcer.

Au moins vingt et un jours avant la date du vote, il notifie à chaque partie affectée, sur le fondement du V de l'article L. 620-30, les modalités de répartition en classes et de calcul des voix retenues, au sein de la ou des classes auxquelles elle est affectée. Par le même acte, l'administrateur précise les critères retenus pour la composition des classes de parties affectées et dresse la liste de celles-ci. L'administrateur soumet également ces modalités de répartition et de calcul au débiteur et au mandataire judiciaire. Il en informe le ministère public.

II. — La notification mentionnée au premier alinéa est transmise par voie électronique, sauf dans les cas suivants :

1° En l'absence de consentement du destinataire au sens de l'article R. 626-55 ;

2° Pour une cause étrangère à l'administrateur qui l'accomplit.

Dans ces deux cas, elle peut être adressée par tout moyen conférant date certaine.

Les modalités de cette communication électronique sont définies par arrêté du garde des *sceaux, ministre de la justice*.

En présence d'obligataires ou de détenteurs de capital affectés par le projet de plan, ceux-ci sont avisés des modalités de répartition en classes et de calcul des voix conformément aux dispositions des articles R. 626-61 et R. 626-62.

III. — En présence d'une clause d'indexation du taux d'intérêt, le montant des intérêts restant à échoir au jour du jugement d'ouverture de la procédure est calculé au taux applicable à la date de ce jugement. Les créances en monnaie étrangère sont converties en euros selon le cours du change à la date du même jugement.

Art. R. 626-58-1 La qualité de partie affectée et les modalités de répartition en classes et de calcul des voix correspondant aux créances ou droits permettant d'exprimer un vote peuvent être contestées par chaque partie affectée, le débiteur, l'administrateur, le mandataire judiciaire et le ministère public. Le juge-commissaire est saisi de cette contestation par requête dans un délai de dix jours à compter de la notification prévue au premier alinéa de l'article R. 626-58, à peine d'irrecevabilité.

Le débiteur, l'administrateur, le mandataire judiciaire, même dans le cas où ils ne sont pas demandeurs, et la partie affectée, si elle est l'auteur de la contestation ou si ses droits font l'objet de celle-ci, sont convoqués par tout moyen et sans délai par le greffe.

Le juge-commissaire recueille les observations de l'administrateur et l'avis du ministère public. Si le juge-commissaire ne statue pas dans un délai de dix jours à compter de sa saisine, le tribunal peut être saisi par requête par toute personne mentionnée au premier alinéa ainsi que par le ministère public. Dans ce cas, le tribunal exerce les pouvoirs du juge-commissaire et statue dans un délai de dix jours à compter de sa saisine.

La décision du juge-commissaire ou du tribunal est notifiée par le greffe aux parties convoquées à l'audience. Elle est communiquée au ministère public.

Un appel peut être formé par les parties mentionnées à l'alinéa précédent à l'encontre de cette décision, dans un délai de cinq jours à compter de sa notification. Le ministère public peut également interjeter appel dans le même délai à compter de la communication de cette même décision. La cour d'appel statue dans un délai de quinze jours à compter de sa saisine L'appel est formé, instruit et jugé suivant les modalités prévues par les premier au sixième alinéas de l'article R. 661-6, à l'exclusion du 2° de cet article.

Dès qu'il a été statué par décision devenue définitive sur la contestation, et au moins trois jours avant la date du vote, l'administrateur actualise, s'il y a lieu, les modalités de constitution des classes et de répartition des droits de vote. Il en informe les parties affectées, le mandataire judiciaire et le ministère public.

Art. R. 626-59 L'administrateur invite le mandataire judiciaire et les représentants de la délégation du personnel du comité social et économique à présenter leurs observations à chacune des classes avant que celles-ci ne se prononcent sur le projet de plan.

Art. R. 626-60 Sans préjudice des dispositions des articles R. 626-61 et R. 626-62, l'administrateur est seul compétent pour décider des modalités de convocation des classes. Il est également seul compétent pour décider des modalités de déroulement du vote par les classes, à l'exception des classes de détenteurs de capital qui statuent dans les conditions prévues à l'article L. 626-30-2. S'il décide notamment que le vote a lieu à distance ou par voie électronique, sa décision ne peut faire l'objet d'aucune contestation. Sont scrutateurs de la classe les deux parties affectées qui sont titulaires des créances ou droits les plus importants en montant pour les créances et en valeur nominale pour les droits et qui acceptent cette fonction. L'absence de scrutateurs n'est pas une cause de nullité.

Chaque partie affectée est informée du projet de plan, au plus tard dix jours avant le vote des classes.

Art. R. 626-61 Pour l'application du V de l'article L. 626-30 et de l'article L. 626-30-2, les obligataires sont le cas échéant répartis au sein d'une ou de plusieurs classes de parties affectées. Un avis de convocation des obligataires est inséré à l'initiative de l'administrateur dans un support habilité à recevoir les annonces légales dans le département du siège social du débiteur et, en outre, si le débiteur a fait publiquement appel à l'épargne ou si toutes ses obligations ne revêtent pas la forme nominative, au *Bulletin des annonces légales obligatoires*. Cet avis contient les indications prévues à l'article R. 228-66 et l'indication du lieu mentionné à l'article R. 626-61.

Si toutes les obligations émises par le débiteur sont nominatives, les insertions prévues à l'alinéa précédent peuvent être remplacées par une convocation adressée à chaque obligataire par lettre recommandée avec demande d'avis de réception. Dans le cas d'obligations indivises, les convocations sont adressées à tous les co-indivisaires. Lorsque les obligations sont grevées d'un usufruit, la convocation est adressée au nu-propriétaire.

Le délai entre la date soit de l'insertion contenant l'avis de convocation, soit de l'envoi des lettres de convocation et la date du vote par les obligataires est au moins de quinze jours.

L'avis mentionné au premier alinéa et la convocation mentionnée au deuxième alinéa comportent les informations mentionnées au I de l'article R. 626-58.

L'invitation mentionnée au troisième alinéa de l'article R. 626-55 est insérée dans l'avis prévu par le troisième alinéa du présent article ou à la convocation prévue par le deuxième alinéa.

Chaque obligataire a le droit, pendant le délai de dix jours qui précède le vote, de prendre par lui-même ou par mandataire connaissance du projet de plan.

Art. R. 626-62 I. — Pour l'application du V de l'article L. 626-30 et de l'article L. 626-30-2, les détenteurs de capital sont répartis au sein d'une ou plusieurs classes de parties affectées et convoqués conformément aux dispositions du livre II, sous réserve des dispositions du présent article.

II. — Le délai entre la date soit de l'insertion ou de la dernière des insertions contenant un avis de convocation, soit de l'envoi des lettres, soit de la transmission de la convocation par voie de communication électronique et la date du vote de la classe des détenteurs de capital est au moins de dix jours.

L'avis prévu par le I de l'article R. 225-73 est publié au *Bulletin des annonces légales obligatoires* au plus tard vingt et un jours avant la date de la réunion de la classe des détenteurs de capital. Cet avis contient les informations mentionnées au I de l'article R. 626-58. A défaut d'avis publié, ces informations figurent dans l'avis de convocation à l'assemblée.

III. — Par dérogation à l'article R. 225-72, la demande d'inscription d'un point ou d'un projet de résolution par les détenteurs de capital à l'ordre du jour de l'assemblée est envoyée au siège social du débiteur, quinze jours au moins avant la date de la réunion de la classe des détenteurs de capital. Ce délai est rappelé dans les documents mentionnés au II.

IV. — Pour les sociétés anonymes et les sociétés en commandite par actions, l'avis de convocation doit comporter les indications mentionnées aux articles R. 225-66 et R. 225-73 et le rappel du délai prévu au III.

V. — Le délai prévu au deuxième alinéa de l'article R. 225-89 et au premier alinéa de l'article R. 225-90 est réduit à dix jours. La liste des actionnaires mentionnée au second alinéa de l'article R. 225-90 est arrêtée le onzième jour qui précède la réunion de l'assemblée.

Art. R. 626-63 Les seuils fixés en application du *a* du 5° de l'article L. 626-32 sont de :

1° 250 salariés et 20 millions d'euros de chiffre d'affaires net ; ou

2° 40 millions d'euros de chiffres d'affaires net.

Ces seuils sont appréciés à la date de la demande d'ouverture de la procédure.

Art. R. 626-64 I. — Au plus tard dans un délai de dix jours à compter du vote des classes sur le projet de plan, la partie affectée, qui a voté contre le projet de plan et qui entend contester le respect de la condition prévue au 4° de l'article L. 626-31 ou du cinquième ou du dixième alinéa de l'article L. 626-32, saisit le tribunal par requête déposée au greffe contre récépissé.

Le greffe convoque l'ensemble des parties à l'audience portant sur l'examen du projet de plan, ainsi que le comité social et économique, par lettre recommandée avec demande d'avis de réception. Il joint à cette convocation la copie des requêtes déposées en application du premier alinéa. Lorsqu'il est saisi de telles requêtes, le tribunal détermine la valeur de l'entreprise du débiteur, au besoin en ordonnant une expertise. Après avoir recueilli l'avis du ministère public, il statue, dans un même jugement, sur cette valeur, les contestations relatives à l'application de l'article L. 626-31 ou de l'article L. 626-32 et sur l'arrêt du plan demandé par l'administrateur ou le débiteur avec l'accord de l'administrateur.

II. – La décision prise par le tribunal en application de l'article L. 626-31 ou de l'article L. 626-32 peut faire l'objet d'un recours formé devant la cour d'appel dans un délai de dix jours à compter soit de sa notification, soit, pour l'appel formé par le ministère public, de sa communication. Ce recours peut être exercé par chaque partie, le débiteur, l'administrateur, le mandataire judiciaire ou le ministère public. L'appel est formé, instruit et jugé suivant les modalités prévues par les premier au sixième alinéas de l'article R. 661-6, à l'exclusion du 2° de cet article.

Art. D. 626-65 Le projet de plan prévu à l'article L. 626-30-2 doit comporter au minimum les informations suivantes :

1° L'identité du débiteur ;

2° L'actif et le passif du débiteur au moment de la présentation du plan de restructuration, y compris la valeur nette comptable des actifs, une description de la situation économique du débiteur et de la situation des salariés, et une description des causes et de l'ampleur des difficultés du débiteur ;

3° Les parties affectées, ainsi que leurs créances ou droits concernés par le plan de restructuration ;

4° Les classes dans lesquelles les parties affectées ont été regroupées aux fins de l'adoption du plan de restructuration, ainsi que le montant des créances et la valeur nominale des droits dans chaque classe ;

5° Les parties qui ne sont pas affectées par le plan de restructuration, ainsi qu'une description des raisons pour lesquelles il est proposé de ne pas les inclure parmi les parties concernées ;

6° L'identité du ou des administrateurs judiciaires et mandataires judiciaire désignés ;

7° Les conditions du plan de restructuration, incluant notamment :

– les éventuelles mesures de restructuration ;

– la durée proposée de toute mesure de restructuration proposée ;

– le rappel des modalités d'information et de consultation du comité social et économique ;

– le cas échéant, les conséquences générales sur l'emploi, par exemple licenciements, modalités de travail à temps partiel ou similaires ;

– les éventuels nouveaux financements anticipés dans le cadre du plan de restructuration et les raisons pour lesquelles le nouveau financement est nécessaire pour mettre en œuvre ce plan ;

8° Un exposé des motifs expliquant pourquoi le plan de restructuration offre une perspective raisonnable d'éviter la cessation des paiements du débiteur ou de garantir sa viabilité, et comprenant les conditions préalables nécessaires au succès du plan.

CHAPITRE VII DISPOSITIONS PARTICULIÈRES EN L'ABSENCE D'ADMINISTRATEUR JUDICIAIRE

Art. R. 627-1 En l'absence d'administrateur, le cocontractant adresse au débiteur la mise en demeure prévue à l'article L. 622-13, par lettre recommandée avec demande d'avis de réception. Il en informe simultanément le mandataire judiciaire en lui adressant copie de cette mise en demeure par lettre recommandée avec demande d'avis de réception.

Le mandataire judiciaire doit, sans délai, faire part de son avis au débiteur et au cocontractant.

A défaut de réponse du mandataire dans le délai de quinze jours à compter de la réception par le débiteur de la mise en demeure, ce dernier peut saisir le juge-commissaire.

(Décr. n° 2009-160 du 12 févr. 2009, art. 46) « La saisine du juge-commissaire suspend le délai de réponse prévu au 1° du III de l'article L. 622-13. Le greffier avise le cocontractant de cette saisine et de son effet suspensif.

« Les dispositions de l'article R. 622-13 sont applicables lorsque le débiteur exerce la faculté ouverte à l'administrateur de demander la résiliation des contrats en cours. Le débiteur joint à sa requête l'avis conforme du mandataire judiciaire s'il l'a obtenu. Le greffier avise le mandataire judiciaire, aux lieu et place de l'administrateur, de la date de l'audience. » – *[Décr. n° 2005-1677 du 28 déc. 2005, art. 169.]*

CHAPITRE VIII DE LA SAUVEGARDE ACCÉLÉRÉE

(Décr. nº 2014-736 du 30 juin 2014, art. 76)

SECTION PREMIÈRE DE L'OUVERTURE DE LA PROCÉDURE *(Décr. nº 2021-1218 du 23 sept. 2021, art. 24, en vigueur le 1er oct. 2021).*

Art. R. 628-1 La procédure de sauvegarde accélérée est soumise aux dispositions réglementaires applicables à la procédure de sauvegarde à l'exception des articles R. 621-20, R. 621-26, R. 622-11, R. 622-13, R. 626-17, R. 626-18 et R. 626-22 et de la section III du chapitre IV et sous réserve des dispositions du présent chapitre.

Art. R. 628-2 *(Décr. nº 2021-1218 du 23 sept. 2021, art. 25, en vigueur le 1er oct. 2021)* « I. — » En complément des pièces et informations mentionnées à l'article R. 621-1, la demande d'ouverture de la procédure expose les éléments démontrant que le projet de plan remplit les conditions prévues par le deuxième alinéa de l'article L. 628-1. La preuve du soutien prévu par ce texte, recueillie auprès des *(Décr. nº 2021-1218 du 23 sept. 2021, art. 25, en vigueur le 1er oct. 2021)* « parties affectées », est apportée par tout moyen au plus tard au moment où le juge statue.

Lorsque le débiteur n'est pas en cessation des paiements et demande à être dispensé de procéder à l'inventaire, cette demande remplace les éléments prévus par la dernière phrase du premier alinéa de l'article R. 621-1.

Pour l'application du 5° de l'article R. 621-1, la demande précise, également, les dettes ayant fait l'objet d'une négociation dans le cadre de la procédure de conciliation en cours.

Le cas échéant, la demande précise la date de cessation des paiements.

Sont également joints :

1° Une copie de la décision d'ouverture de la procédure de conciliation ;

2° Un tableau de financement et, lorsque le débiteur établit des comptes consolidés, un tableau des flux de trésorerie ;

3° Un budget de trésorerie pour les trois mois à venir ;

4° Un plan de financement prévisionnel ;

5° Le projet de plan mentionné au deuxième alinéa de l'article L. 628-1.

Les documents prévus aux 2° à 4° sont datés, signés et certifiés sincères par le débiteur. Ils sont établis à la date de la demande ou dans les sept jours qui précèdent. Si l'un des documents ne peut être fourni ou ne peut l'être qu'incomplètement, la demande indique les motifs qui empêchent cette production.

(Décr. nº 2021-1218 du 23 sept. 2021, art. 25, en vigueur le 1er oct. 2021) « II. — Lorsque le débiteur demande l'ouverture d'une procédure dont les effets sont limités aux créanciers mentionnés au troisième alinéa de l'article L. 628-1 :

« 1° La demande d'ouverture de la procédure de sauvegarde accélérée expose, outre les éléments prévus à l'article R. 628-2, ceux relatifs à la nature de l'endettement du débiteur ;

« 2° Les sociétés de financement, les établissements de crédit et ceux assimilés sont ceux mentionnés à l'article L. 511-1 du code monétaire et financier, les institutions mentionnées à l'article L. 518-1 du même code, les établissements intervenant en libre établissement ou en libre prestation de services sur le territoire des États parties à l'accord sur l'Espace économique européen mentionnés au livre V du même code et toute autre entité auprès de laquelle le débiteur a conclu une opération de crédit ;

« 3° Pour l'application du 5° de l'article R. 621-1, l'état chiffré des dettes distingue les dettes qui ne seront pas soumises aux effets de la procédure en cas d'ouverture et, parmi les autres, celles ayant fait l'objet d'une négociation dans le cadre de la procédure de conciliation en cours. »

Pour les dispositions transitoires du Décr. nº 2021-1218 du 23 sept. 2021, V. note ss. art. R. 611-11.

Art. D. 628-3 *(Abrogé par Décr. nº 2021-1218 du 23 sept. 2021, art. 26, à compter du 1er oct. 2021) Les seuils fixés en application de l'article L. 628-1 sont de vingt salariés, 3 000 000 euros de chiffre d'affaires hors taxe et 1 500 000 euros pour le total du bilan.*

Le total du bilan et le montant du chiffre d'affaires sont définis conformément aux (Décr. nº 2020-101 du 7 févr. 2020, art. 8) « cinquième et sixième » alinéas de l'article D. 123-

200 et sont appréciés à la date de clôture du dernier exercice comptable. Le nombre de salariés à prendre en compte est le nombre de salariés employés par le débiteur à la date de la demande d'ouverture de la procédure** (Décr. nº 2020-101 du 7 févr. 2020, art. 8) **« , déterminé conformément aux dispositions du 4º de l'article R. 621-1 ».

Les dispositions des art. 8 à 11 du Décr. nº 2020-101 du 7 févr. 2020 ne s'appliquent pas aux procédures ouvertes à la date d'entrée en vigueur dudit Décr. (Décr. préc., art. 15, JO 8 févr.).

Pour les dispositions transitoires du Décr. nº 2021-1218 du 23 sept. 2021, V. note ss. art. R. 611-11.

Art. R. 628-4 **Le rapport du conciliateur prévu par l'article L. 628-2 est déposé au greffe et communiqué par le greffier au débiteur et au ministère public. Il est complété par tout élément permettant d'apprécier la pertinence du projet du plan, notamment au regard des conditions économiques et financières de la poursuite de l'activité énoncées par ce projet, et l'ampleur du soutien des** *(Décr. nº 2021-1218 du 23 sept. 2021, art. 27, en vigueur le 1er oct. 2021)* **« parties affectées » exigé par l'article L. 628-1. Il comporte également un avis sur l'exactitude de la liste des créances ayant fait l'objet d'une négociation dans le cadre de la procédure de conciliation telle qu'elle résulte de l'état chiffré joint à la demande d'ouverture.**

Le tribunal statue sur l'ouverture de la procédure après avoir entendu le conciliateur.

Pour les dispositions transitoires du Décr. nº 2021-1218 du 23 sept. 2021, V. note ss. art. R. 611-11.

Art. R. 628-5 *(Décr. nº 2021-1218 du 23 sept. 2021, art. 28, en vigueur le 1er oct. 2021)* **Les pièces et actes visés à l'article L. 628-2 sont communiqués sans délai par le greffier au ministère public.**

Pour les dispositions transitoires du Décr. nº 2021-1218 du 23 sept. 2021, V. note ss. art. R. 611-11.

Art. R. 628-6 **Le délai de vingt jours prévu à l'article R. 621-24 avant l'expiration duquel le juge-commissaire ne peut désigner aucun contrôleur est réduit à quinze jours.**

Art. R. 628-7 **Lorsque le ministère public demande la clôture de la procédure, il présente au tribunal une requête indiquant les faits de nature à motiver cette demande. Le président du tribunal, par les soins du greffier, fait convoquer le débiteur par lettre recommandée avec demande d'avis de réception à comparaître dans le délai qu'il fixe.**

A cette convocation est jointe la requête du ministère public.

SECTION II DES EFFETS DE LA SAUVEGARDE ACCÉLÉRÉE *(Décr. nº 2021-1218 du 23 sept. 2021, art. 24, en vigueur le 1er oct. 2021).*

Art. R. 628-8 **Dans les dix jours du jugement d'ouverture, le débiteur dépose au greffe deux exemplaires de la liste des créances prévue par l'article L. 628-7. Le greffier en remet un exemplaire au mandataire judiciaire.**

La liste comporte les éléments mentionnés aux deux premiers alinéas de l'article L. 622-25 et, à la première phrase de l'article R. 622-5 ainsi qu'au 2º de l'article R. 622-23. *(Décr. nº 2021-1218 du 23 sept. 2021, art. 29, en vigueur le 1er oct. 2021)* **« Lorsque les détenteurs de capital sont affectés par le projet de plan, la liste est complétée par des informations relatives aux modalités de participation au capital du débiteur, aux statuts et aux droits des détenteurs de capital. Ces informations sont accompagnées de tout document ou pièce justificative utiles. »** — *Pour les dispositions transitoires du Décr. nº 2021-1218 du 23 sept. 2021, V. note ss. art. R. 611-11.*

Si les informations portées sur cette liste et celles portées sur la liste prévue à l'article L. 622-6 diffèrent, seules les premières sont prises en considération.

Art. R. 628-9 **Dans les huit jours suivant la remise de la liste par le greffier, le mandataire judiciaire communique par lettre recommandée avec demande d'avis de réception, ou, le cas échéant, par la voie du portail mentionné aux articles L. 814-2 et L. 814-13, à chaque créancier concerné les informations relatives aux créances dont il est titulaire telles qu'elles résultent de la liste et porte à sa connaissance les dispositions de l'article L. 628-7 et du présent article.**

Cette information vaut avertissement au sens des articles L. 622-24 et R. 622-21.

Art. R. 628-10 Dans le jugement qui ouvre la procédure, le tribunal fixe la date de l'audience à l'issue de laquelle il sera statué sur le projet de plan. Dans les huit jours, le greffier avise le ministère public, l'administrateur et le mandataire judiciaire de la date de cette audience et convoque, par lettre recommandée avec demande d'avis de réception, le débiteur, les représentants *(Décr. n° 2021-1218 du 23 sept. 2021, art. 30, en vigueur le 1er oct. 2021)* « de la délégation du personnel du comité social et économique » et les contrôleurs *(Décr. n° 2015-1009 du 18 août 2015, art. 7, en vigueur le 1er oct. 2015)* « déjà connus. Les contrôleurs désignés ultérieurement par le juge-commissaire sont convoqués dans les mêmes conditions sans délai. »

Pour les dispositions transitoires du Décr. n° 2021-1218 du 23 sept. 2021, V. note ss. art. R. 611-11.

Art. R. 628-11 Le tribunal peut être saisi à tout moment pour statuer sur le projet de plan ou aux fins de clôture de la procédure par requête du débiteur, du ministère public, de l'administrateur ou du mandataire judiciaire *(Abrogé par Décr. n° 2021-1218 du 23 sept. 2021, art. 31, à compter du 1er oct. 2021) « ou par assignation d'un créancier »*. Lorsqu'il est saisi par voie de requête, le président du tribunal fait convoquer le débiteur par le greffier par lettre recommandée avec demande d'avis de réception. Le ministère public, l'administrateur et le mandataire judiciaire sont avisés de la date de l'audience par le greffier.

Pour les dispositions transitoires du Décr. n° 2021-1218 du 23 sept. 2021, V. note ss. art. R. 611-11.

Art. R. 628-12 Le jugement de clôture est notifié au débiteur, communiqué aux personnes citées à l'article R. 621-7 et fait l'objet des publicités prévues à l'article R. 621-8. L'administrateur et le mandataire judiciaire déposent sans délai un compte rendu de fin de mission dans les conditions des articles R. 626-39 et R. 626-40. L'article R. 626-41 est applicable.

Art. R. 628-13 *(Décr. n° 2021-1218 du 23 sept. 2021, art. 32, en vigueur le 1er oct. 2021)* Dans le cas prévu au troisième alinéa de l'article L. 628-1, l'avis du jugement d'ouverture adressé pour insertion au *Bulletin officiel des annonces civiles et commerciales* et dans un support d'annonces légales contient, outre les informations prévues par les cinquième et sixième alinéas de l'article R. 621-8, la reproduction des dispositions du troisième alinéa de l'article L. 628-1.

Pour les dispositions transitoires du Décr. n° 2021-1218 du 23 sept. 2021, V. note ss. art. R. 611-11.

Art. R. 628-14 *(Abrogé par Décr. n° 2021-1218 du 23 sept. 2021, art. 33, à compter du 1er oct. 2021) **L'avis du jugement d'ouverture adressé pour insertion au Bulletin officiel des annonces civiles et commerciales et dans un** (Décr. n° 2020-106 du 10 févr. 2020, art. 12) **« support » d'annonces légales contient, outre les informations prévues par les cinquième et sixième alinéas de l'article R. 621-8, la reproduction des dispositions de l'article L. 628-9.***

Pour les dispositions transitoires du Décr. n° 2021-1218 du 23 sept. 2021, V. note ss. art. R. 611-11.

Art. R. 628-15 *(Abrogé par Décr. n° 2021-1218 du 23 sept. 2021, art. 33, à compter du 1er oct. 2021) **Le délai de vingt jours prévu à l'article R. 621-24 avant l'expiration duquel le juge-commissaire ne peut désigner aucun contrôleur est réduit à huit jours.***

Pour les dispositions transitoires du Décr. n° 2021-1218 du 23 sept. 2021, V. note ss. art. R. 611-11.

Art. R. 628-16 *(Abrogé par Décr. n° 2021-1218 du 23 sept. 2021, art. 33, à compter du 1er oct. 2021) **Lorsque le juge-commissaire a réduit le délai prévu au troisième alinéa de l'article L. 626-30-2 en deçà de quinze jours, l'administrateur accomplit les diligences prévues aux articles R. 626-58 et R. 626-61-1 trois jours avant la date du vote du comité. Le délai minimum [minimal] prévu par l'article R. 626-60 entre la convocation de l'assemblée générale des obligataires et le vote est alors réduit à dix jours et le droit conféré à chaque obligataire par l'article R. 626-61 de prendre connaissance du projet de plan s'exerce dans les dix jours qui précèdent la réunion de cette assemblée.***

Pour les dispositions transitoires du Décr. n° 2021-1218 du 23 sept. 2021, V. note ss. art. R. 611-11.

Art. R. 628-17 *(Abrogé par Décr. n° 2021-1218 du 23 sept. 2021, art. 33, à compter du 1er oct. 2021)* ***Le délai entre la date soit de l'insertion ou de la dernière des insertions contenant un avis de convocation, soit de l'envoi des lettres, soit de la transmission de la convocation par voie de communication électronique, et la date de l'assemblée des actionnaires est au moins de dix jours sur première convocation.***

Pour les dispositions transitoires du Décr. n° 2021-1218 du 23 sept. 2021, V. note ss. art. R. 611-11.

Art. R. 628-18 *(Abrogé par Décr. n° 2021-1218 du 23 sept. 2021, art. 33, à compter du 1er oct. 2021)* ***L'avis prévu par le I de l'article R. 225-73 est publié au Bulletin des annonces légales obligatoires au plus tard vingt et un jours avant la tenue de l'assemblée des actionnaires.***

La demande d'inscription d'un point ou d'un projet de résolution par les actionnaires à l'ordre du jour de l'assemblée est envoyée au siège social du débiteur quinze jours au moins avant la date de l'assemblée réunie sur première convocation.

Pour les dispositions transitoires du Décr. n° 2021-1218 du 23 sept. 2021, V. note ss. art. R. 611-11.

Art. R. 628-19 *(Abrogé par Décr. n° 2021-1218 du 23 sept. 2021, art. 33, à compter du 1er oct. 2021)* ***Le délai prévu au deuxième alinéa de l'article R. 225-89 et au premier alinéa de l'article R. 225-90 est réduit à dix jours. La liste des actionnaires mentionnée au second alinéa de l'article R. 225-90 est arrêtée le onzième jour qui précède la réunion de l'assemblée.***

Pour les dispositions transitoires du Décr. n° 2021-1218 du 23 sept. 2021, V. note ss. art. R. 611-11.

TITRE TROISIÈME DU REDRESSEMENT JUDICIAIRE

CHAPITRE PREMIER DE L'OUVERTURE ET DU DÉROULEMENT DE LA PROCÉDURE

SECTION PREMIÈRE DE L'OUVERTURE DE LA PROCÉDURE

SOUS-SECTION 1 DE LA SAISINE ET DE LA DÉCISION DU TRIBUNAL

Art. R. 631-1 La demande d'ouverture de la procédure de redressement judiciaire est déposée par le représentant légal de la personne morale ou par le débiteur personne physique au greffe du tribunal compétent.

A cette demande sont jointes, outre les comptes annuels du dernier exercice, les pièces ci-après :

1° L'état du passif exigible et de l'actif disponible ainsi qu'une déclaration de cessation des paiements ; *(Décr. n° 2014-736 du 30 juin 2014, art. 77-1°)* « lorsque l'activité en difficulté est exercée par un entrepreneur individuel à responsabilité limitée, cet état est complété, le cas échéant, par la liste des autres créances dont le paiement est poursuivi sur le patrimoine en cause ; »

(Décr. n° 2021-631 du 21 mai 2021, art. 4) « 2° Le numéro unique d'identification ; »

3° Une situation de trésorerie datant de moins d'un mois ;

4° Le nombre des salariés employés à la date de la demande, *(Décr. n° 2020-100 du 7 févr. 2020, art. 10)* « déterminé conformément aux dispositions de l'article R. 130-1 du code de la sécurité sociale, » le nom et l'adresse de chacun d'entre eux et le montant du chiffre d'affaires, défini conformément aux dispositions du *(Décr. n° 2020-100 du 7 févr. 2020, art. 10)* « sixième » alinéa de l'article *(Décr. n° 2015-903 du 23 juill. 2015, art. 3)* « D. 123-200 », apprécié à la date de clôture du dernier exercice comptable ; *— Les dispositions du Décr. n° 2015-903 du 23 juill. 2015 s'appliquent aux comptes afférents aux exercices ouverts à compter du 1er janv. 2016 (Décr. préc., art. 5). — Pour les dispositions transitoires du Décr. n° 2020-100 du 7 févr. 2020, V. note ss. art. R. 621-1.*

5° L'état chiffré des créances et des dettes avec l'indication *(Décr. n° 2011-236 du 3 mars 2011, art. 9-II)* « *[,]* selon le cas, du nom ou de la dénomination et du domicile ou siège » des créanciers et, pour les salariés, le montant global des sommes impayées ;

6° L'état actif et passif des sûretés ainsi que celui des engagements hors bilan ;

7° L'inventaire sommaire des biens du débiteur *(Décr. n° 2014-736 du 30 juin 2014, art. 77-2°)* « ou, si un patrimoine a été affecté à l'activité en difficulté, des biens affectés à l'exercice de cette activité » ;

8° S'il s'agit d'une personne morale comportant des membres responsables solidairement des dettes sociales, la liste de ceux-ci avec l'indication de leur nom et domicile ;

9° Le nom et l'adresse des représentants *(Décr. n° 2021-1218 du 23 sept. 2021, art. 34, en vigueur le 1er oct. 2021)* « de la délégation du personnel du comité social et économique » habilités à être entendus par le tribunal s'ils ont déjà été désignés ; — *Pour les dispositions transitoires du Décr. n° 2021-1218 du 23 sept. 2021, V. note ss. art. R. 611-11.*

10° Une attestation sur l'honneur certifiant l'absence de mandat *ad hoc* ou de procédure de conciliation *(Décr. n° 2014-736 du 30 juin 2014, art. 77-3°)* « relatives au patrimoine en cause » dans les dix-huit mois précédant la date de la demande ou, dans le cas contraire, mentionnant la date de la désignation du mandataire *ad hoc* ou de l'ouverture de la procédure de conciliation ainsi que l'autorité qui y a procédé ;

11° Lorsque le débiteur exerce une profession libérale soumise à un statut législatif ou réglementaire ou dont le titre est protégé, la désignation de l'ordre professionnel ou de l'autorité dont il relève ;

12° Lorsque le débiteur exploite une ou des installations classées au sens du titre Ier du livre V du code de l'environnement, la copie de la décision d'autorisation *(Décr. n° 2010-368 du 13 avr. 2010, art. 43-I)* « ou d'enregistrement » ou la déclaration.

Ces documents sont datés, signés et certifiés sincères et véritables par le demandeur. Ceux qui sont mentionnés aux 1°, *(Abrogé par Décr. n° 2021-631 du 21 mai 2021, art. 4) « 2°, »* 5°, 6°, 7° et 8° sont établis à la date de la demande *(Décr. n° 2009-160 du 12 févr. 2009, art. 47)* « ou dans les sept jours qui précèdent ».

Dans le cas où l'un ou l'autre de ces documents ne peut être fourni ou ne peut l'être qu'incomplètement, la demande indique les motifs qui empêchent cette production. — *[Décr. n° 2005-1677 du 28 déc. 2005, art. 170.]*

Pour l'entrée en vigueur du Décr. n° 2021-631 du 21 mai 2021, V. note ss. art. R. 611-22.

1. Qualité pour déclarer la cessation des paiements. La déclaration de cessation des paiements, qui doit être considérée comme un acte de gestion effectué dans l'intérêt de la société, peut être accomplie par un seul gérant de SARL, sans que son cogérant ait à être appelé en la cause. • Orléans, 5 nov. 1998 : *Dr. sociétés 1999, n° 97.* ♦ Pour une déclaration de cessation des paiements déposée par un administrateur de société anonyme délégué à cet effet par le conseil d'administration, V. • Paris, 31 janv. 2002 : *Dr. sociétés 2003, n° 9, note Legros.*

N'étant personnellement créancier ni de la société, ni même de ses deux autres associés, un associé d'une société civile de moyens n'a aucune qualité à demander le redressement judiciaire de la société, l'action ne pouvant pas davantage être analysée comme une déclaration de cessation des paiements, le demandeur ayant perdu sa qualité de cogérant par suite de sa démission. • Paris, 20 oct. 1995 : *Dr. sociétés 1996, n° 31, obs. Chaput.*

2. Déclaration par avocat. La déclaration de cessation des paiements, lorsqu'elle n'émane pas du débiteur lui-même, ne peut être reçue qu'en vertu d'un pouvoir spécial, qui n'est pas inclus dans la mission de représentation et d'assistance des avocats. • Com. 19 juill. 1988 (loi de 1967) : *D. 1989. Somm. 5, obs. Derrida.*

3. Liquidation amiable. Le liquidateur amiable, comme le dirigeant de la personne morale, est visé par l'obligation de déclarer l'état de cessation des paiements. • Paris, 6 mars 2008 : *Gaz. Pal. 27-29 juill. 2008, p. 27, obs. Lebel.*

4. Mandat ad hoc. V. note 1 ss. art. L. 611-3.

5. Déclaration abusive. En ce sens que le débiteur, en déposant son bilan alors que sa situation ne le justifie pas, engage sa responsabilité à l'égard du mandataire judiciaire qui a exposé inutilement des frais, V. • Grenoble, 23 oct. 2002 : *RDBF 2003, n° 115, obs. F.-X. Lucas.*

Art. R. 631-2 L'assignation d'un créancier précise la nature et le montant de la créance et contient tout élément de preuve de nature à caractériser la cessation des paiements du débiteur. Lorsqu'il s'agit d'une exploitation agricole, le créancier joint à sa demande une attestation, délivrée par le greffier, de la saisine du président du *(Décr. n° 2019-966 du 18 sept. 2019, art. 8, en vigueur le 1er janv. 2020)* « tribunal judiciaire » *(Décr. n° 2014-736 du 30 juin 2014, art. 78-1°)* « en application de l'article L. 351-2 du code rural et de la pêche maritime ».

La demande d'ouverture d'une procédure de redressement judiciaire est à peine d'irrecevabilité, qui doit être soulevée d'office, exclusive de toute autre demande *(Décr. n° 2014-736 du 30 juin 2014, art. 78-2°)* **« relative au même patrimoine »** *(Décr. n° 2009-160 du 12 févr. 2009, art. 48)* **« , à l'exception d'une demande d'ouverture d'une procédure de liquidation judiciaire formée à titre subsidiaire ».** — *[Décr. n° 2005-1677 du 28 déc. 2005, art. 171.]*

1. *Contenu de l'assignation.* Selon l'art. R. 631-2, auquel renvoie l'art. R. 640-1, l'assignation du créancier doit préciser la nature et le montant de la créance et contenir tout élément de preuve de nature à caractériser la cessation des paiements du débiteur, sans qu'il soit requis d'y faire figurer l'indication des procédures ou voies d'exécution engagées pour le recouvrement de la créance. • Com. 16 mars 2010 : *cité note 25 ss. art. L. 620-2.*

2. *Titre exécutoire.* Le créancier qui assigne son débiteur en redressement judiciaire n'a pas à justifier d'un titre exécutoire, pourvu que sa créance soit certaine, liquide et exigible. • Com. 28 juin 2017, n° 16-10.025 P : *D. 2017. Actu. 1357 ; Rev. sociétés 2017. 519, obs. Henry ; JCP E 2017. 1540, note Legros ; APC 2017, n° 227, obs. Cagnoli ; RJDA 2017, n° 735.*

3. *Exclusivité de la demande.* Les dispositions de l'art. R. 631-2, al. 2, dans sa rédaction antérieure au Décr. du 12 févr. 2009, rendu applicable à la liquidation judiciaire par l'art. R. 640-1, ne s'appliquent pas à la demande d'extension d'une telle procédure. • Com. 9 juill. 2013 : *D. 2013. Actu. 1831, obs. Lienhard ; JCP E 2013. 1644, note Legros ; LEDEN 9/2013. 5, obs. Favario ; Gaz. Pal. 29 sept.-1er oct. 2013, p. 16, obs. Reille ; APC 2013, n° 216, obs. Cagnoli ; BJE 2013. 353, note Sortais ; RPC 2014, n° 49, obs. Saintourens.*

4. Les art. R. 631-2, al. 2, et R. 640-1, al. 2, n'interdisent pas au créancier poursuivant de présenter, en outre, une demande de remboursement de frais hors dépens en application de l'art. 700 C. pr. civ. • Com. 17 juin 2020, n° 19-10.464 P : *cité note 13 ss. art. L. 620-2 ; DP diff. entr., Bull. n° 427, obs. Rémery.*

Décret n° 85-1388 du 27 décembre 1985. Ancien art. 7 *(Abrogé par Décr. n° 2005-1677 du 28 déc. 2005, art. 354) L'assignation d'un créancier doit préciser la nature et le montant de la créance et contenir l'indication des procédures ou voies d'exécution* (Abrogé par Décr. n° 94-910 du 21 oct. 1994) *« éventuellement » engagées pour le recouvrement de la créance.*

(Décr. n° 89-339 du 29 mai 1989) *« Lorsqu'il s'agit d'une exploitation agricole, le créancier joint à sa demande une attestation, délivrée par le greffier, de la saisine du président du tribunal de grande instance aux fins de désignation d'un conciliateur ».* — Le Décr. du 29 mai 1989 entre en vigueur le 1er juin 1989 (art. 17).

(Décr. n° 94-910 du 21 oct. 1994) *« La demande tendant à la liquidation judiciaire doit être accompagnée des éléments de nature à établir que l'entreprise a cessé toute activité ou que le redressement est manifestement impossible. »*

(Abrogé par Décr. n° 94-910 du 21 oct. 1994) *« Sauf dans le cas d'inexécution d'un règlement amiable, » la demande d'ouverture d'une procédure de redressement judiciaire* (Décr. n° 94-910 du 21 oct. 1994) *« ou de liquidation judiciaire » est à peine d'irrecevabilité qui doit être soulevée d'office, exclusive de toute autre demande.*

BIBL. ▶ Calmels, *Gaz. Pal. 1986. 1. Doctr. 304.* – Laporte, *Procédures 2002, Chron. 1.*

1. *Qualité de créancier.* V. note 1 ss. art. R. 631-1 C. com.

2. *Nature et montant de la créance.* En ce sens qu'est recevable une demande d'ouverture de procédure collective d'un créancier n'ayant *qu'une créance à recouvrer*, dès lors que l'actif disponible du débiteur ne lui permet pas de faire face à sa dette exigible envers le créancier, V. • Com. 8 mars 1994, n° 90-12.941 P : *D. 1994. IR 80 ; Dr. sociétés 1994, n° 90, obs. Chaput.*

3. *Preuve à la charge du créancier.* Le créancier n'a pas à prouver que le débiteur ne l'a pas payé parce qu'il ne pouvait pas le faire et pas seulement par mauvaise volonté. • Com. 8 mars 1994 : *préc. note 2.*

4. *Voies d'exécution engagées.* L'assignation d'un créancier contient, à peine d'irrecevabilité de la demande qui doit être relevée d'office, l'indication des procédures ou voies d'exécution engagées pour le recouvrement de la créance. • Com. 1er mars 2005, n° 03-12.425 P : *D. 2005. AJ 712, obs. Lienhard ; ibid. Pan. 2012, obs. F.-X. Lucas ; APC 2005, n° 63, obs. Regnaut-Moutier ; JCP E 2005, n° 24, p. 1024, note Legros ; RTD com. 2005. 419, obs. Vallens ; Gaz. Pal. 5-7 juill. 2005, p. 13, obs. Le Corre ; ibid. 21-22 juin 2006, p. 40, obs. Robine ; Defrénois 2005. 1916, obs. Gibirila.* ♦ Viole l'art. 7, al. 1er, dans sa rédaction issue du Décr. du 21 oct. 1994, la cour d'appel qui retient que l'indication, dans l'assignation du créancier, des procédures ou voies d'exécution engagées pour le recouvrement de la créance, à la supposer requise par ce texte, ne constitue qu'une condition de pure forme, de sorte que la nullité n'est encourue qu'en cas de démonstration d'un grief. • Même arrêt. ♦ Au contraire, l'art. 7, al. 1er, exigeant seulement, dans sa rédaction antérieure au Décr. du 21 oct. 1994, l'indication, dans l'assignation du créancier, des procédures ou voies d'exécution *éventuellement* engagées pour le recouvrement de la créance, il n'était pas nécessaire qu'un créancier entreprenne des poursuites ou voies d'exécution avant d'assigner une société en ouverture de redressement judiciaire. • Com. 13 mars 1990, n° 88-17.458 P : *D. 1990. IR 86*.

5. Exclusivité de la demande. Est irrecevable la demande alternative portant à la fois sur l'ouverture d'une procédure collective et le paiement de la créance. • Paris, 3 oct. 1989 : *Rev. dr. bancaire 1990. 86, obs. Campana et Calendini.* ♦ En revanche, viole l'art. 7, l'arrêt qui déclare irrecevable la demande d'un organisme de sécurité sociale en vue de l'ouverture d'une procédure de redressement judiciaire faute de paiement à l'audience d'une créance de cotisations, alors que l'assignation ne contenait aucune prétention ayant pour objet la condamnation du débiteur au paiement desdites cotisations et ne tendait qu'au redressement judiciaire. • Com. 26 mai 1992, n° 90-16.983 P.

6. Est irrecevable l'assignation tendant à titre principal à ce que la procédure de redressement judiciaire ouverte à l'égard d'une société, et qui avait déjà abouti au prononcé de la liquidation judiciaire, soit étendue à d'autres débiteurs ayant encore la maîtrise de leurs biens, en raison de la confusion des patrimoines relevée, et, à titre subsidiaire, à la condamnation des défendeurs au paiement d'une certaine somme. • Com. 1er déc. 1992, n° 90-20.409 P : *Dr. sociétés 1993, n° 31, obs. Chaput* • 17 févr. 1998, n° 95-14.839 P : *D. Affaires 1998. 427, obs. A. L. ; BJS 1998. 656, note Le Cannu* (extension d'une SARL à une SCI).

7. Toutefois, l'art. 7 n'interdit pas les demandes reconventionnelles qui ne sont qu'une réponse à la demande principale. • Paris, 23 févr. 1988 : *Gaz. Pal. 1988. 2. Somm. 302.*

8. Il n'est pas interdit au créancier qui a agi en paiement contre le débiteur de former contre celui-ci une demande distincte aux fins d'ouverture d'une procédure de redressement judiciaire. • Com. 5 déc. 1995 : *Dr. sociétés 1996, n° 32, obs. Chaput.*

9. La demande d'ouverture d'une procédure de redressement judiciaire formée subsidiairement à une demande de liquidation judiciaire n'est pas une autre demande au sens de l'art. 7, dès lors qu'elle tend aussi à l'ouverture d'une procédure collective. • Com. 29 mai 2001 : *RJDA 2001, n° 1126 ; RPC 2002. 58, obs. Deleneuville.*

10. Sur l'impossibilité, pour le créancier qui assigne son débiteur en redressement judiciaire, de demander en outre une indemnité au titre des frais non recouvrables (art. 700 C. pr. civ.), V. • Paris, 31 janv. 2006 : *RTD com. 2006. 486, obs. Vallens*.

11. Demande abusive. Commet une faute et doit être condamné au paiement des frais de procédure, le créancier qui demande l'ouverture d'une procédure de redressement judiciaire à l'égard de son débiteur, dès lors qu'il ne pouvait déduire d'une lettre de ce dernier lui faisant une offre de règlement, même faible, un état de cessation des paiements caractérisé, et que, en délivrant successivement deux assignations en redressement judiciaire, il entendait exercer sur lui un moyen de pression, contrairement aux art. 3 de la loi [C. com., ancien art. L. 621-1] et 7, al. 2, du décret. • Com. 5 déc. 1989 : *Bull. civ. IV, n° 305 ; D. 1990. IR 8 ; RTD com. 1990. 108, obs. Haehl*. ♦ De même, doit être condamnée, pour procédure abusive, une URSSAF ayant assigné en redressement judiciaire, dès lors, d'une part, que la demande de mise en redressement judiciaire ne peut être utilisée comme moyen de pression pour obtenir le règlement de dettes et qu'il existe des procédures amiables ou judiciaires adaptées à une demande de règlement, et, d'autre part, que le débiteur a établi de manière incontestable qu'il disposait et dispose d'une trésorerie suffisante pour régler immédiatement sa dette. • Com. 1er oct. 1997, n° 95-13.262 P : *D. 1997. IR 231 ; D. Affaires 1997. 1258 ; RDBB 1998. 20, obs. Campana et Calendini ; JCP E 1998, n° 12, p. 469, obs. F.-X. Lucas.* – V. aussi • Com. 16 mars 1993 : *Dr. sociétés 1993, n° 115, obs. Chaput* • Versailles, 13 avr. 1995 : *RPC 2002. 57, obs. Deleneuville* • Paris, 18 févr. 1997 : *RPC 1999. 21, obs. Cadiou* • Metz, 25 nov. 1999 : *ibid. 2002. 52, obs. Deleneuville.*

En revanche, un créancier ne détourne pas la procédure de redressement judiciaire de sa finalité pour contraindre son débiteur à accélérer son paiement dès lors qu'il pouvait avoir une légitime croyance en l'état de cessation des paiements de son débiteur, qui ne s'était pas spontanément acquitté de sa dette après une première condamnation, était resté sans réaction après le commandement de payer qui lui avait été délivré et n'avait pas respecté le protocole relatif au rééchelonnement de sa dette. • Pau, 23 mars 2000 : *RPC 2002. 57, obs. Deleneuville.*

12. Mode de saisine. La pratique consistant à saisir le tribunal de commerce par voie de requête est irrégulière. • Versailles, 6 mars 1997 : *Gaz. Pal. 1997. 2. Somm. 352 ; RPC 1998. 226, obs. Cadiou.*

13. Représentation. S'agissant d'une demande de redressement judiciaire, la représentation n'est pas obligatoire. • Paris, 14 mars 1997 : *JCP E 1997. Pan. 637.* ♦ V. art. 853 C. pr. civ.

Art. R. 631-3 *(Décr. n° 2014-736 du 30 juin 2014, art. 79)* **« Lorsque le tribunal exerce son pouvoir d'office et à moins que les parties intéressées n'aient été invitées préalablement à présenter leurs observations, le tribunal fait convoquer le débiteur à la diligence du greffier, par lettre recommandée avec demande d'avis de réception, à comparaître dans le délai qu'il fixe.**

« A la convocation est jointe une note dans laquelle sont exposés les faits de nature à motiver l'exercice par le tribunal de son pouvoir d'office. »

Le greffier adresse copie de cette note au ministère public. — *[Décr. n° 2005-1677 du 28 déc. 2005, art. 172.]*

Jurisprudence partiellement relative à l'ancien art. R. 631-3.

1. Convocation. La mention du rappel de l'affaire ou la comparution du débiteur ne peuvent suppléer à l'absence d'une convocation faite en vue de la conversion d'office du redressement en liquidation et dans les formes prévues par l'art. R. 631-3, sans le respect desquelles la saisine du tribunal est irrégulière. • Com. 1er mars 2016, n° 14-21.997 P : *D. 2016. Actu. 597 ; LEDEN 4/2016. 5, obs. Staes ; BJE 2016. 181, note Rossi ; RJDA 2016, n° 466 ; Procédures 2016, n° 204, note Rolland ; Gaz. Pal. 28 juin 2016, p. 63, obs. Lebel ; Dr. sociétés 2016, n° 152, note Legros.* ♦ La convocation régulière à l'audience pour examen du plan, la comparution du représentant de la société débitrice ou la demande de conversion formée à l'audience par les organes de la procédure ou le ministère public ne peuvent suppléer à l'absence d'invitation préalable faite aux parties de présenter leurs observations ou de convocation en vue de la conversion d'office du redressement en liquidation judiciaire dans les formes prévues par l'article R. 631-3, sans le respect desquelles la saisine d'office est irrégulière. • Com. 20 juin 2018, n° 17-13.204 P : *D. 2018. Actu. 1308 ; RTD com. 2018. 1023, obs. Saint-Alary-Houin ; RPC 2018, n° 143, obs. Lebel ; APC 2018, n° 208, obs. Salhi ; LEDEN 9/2018. 6, obs. Camensuli-Feuillard ; RJDA 2018, n° 751 ; Procédures 2018, n° 301, note Rolland ; Gaz. Pal. 9 oct. 2018, p. 70, obs. Giorgini ; BJE 2018. 438, note Staes.* ♦ N'a pas excédé ses pouvoirs, un tribunal de commerce qui, après avoir mis en redressement judiciaire une société, s'est ultérieurement saisi d'office en vue d'ordonner une expertise ayant pour objet la recherche des conditions contestables de l'acquisition par la société de parts d'une autre société et, éventuellement, la mise en redressement judiciaire des vendeurs de ces parts, ceux-ci ayant été dûment convoqués par le président du tribunal conformément aux dispositions de l'art. 8 [R. 631-3]. • Com. 31 mars 1992, n° 90-13.217 P : *D. 1992. Somm. 376, obs. Derrida.*

2. Note du président. Il résulte de la combinaison des art. R. 631-3 et R. 631-24, al. 1er, que, lorsque le tribunal se saisit d'office, pendant la période d'observation, en vue de convertir le redressement judiciaire en liquidation judiciaire en application de l'art. L. 631-15, II, le président du tribunal fait convoquer le débiteur à la diligence du greffier, par acte d'huissier de justice, et qu'à la convocation doit être jointe une note par laquelle le président expose les faits de nature à motiver cette saisine d'office (cassation pour violation de l'art. 16 C. pr. civ. [respect du contradictoire] et des art. R. 631-3 et R. 631-24, al. 1er, préc.). • Com. 9 févr. 2010, n° 09-10.925 P : *D. 2010. AJ 500 ; RTD com. 2010. 431, obs. Vallens ; JCP E 2010. 1324, note Rolland ; LEDEN 4/2010. 5, obs. Staes ; Dr. sociétés 2010, n° 122, note Legros ; RJDA 2010, n° 658 ; RPC 2010, n° 93, obs. Cagnoli ; Gaz. Pal. 2-3 juill. 2010, p. 28, obs. Voinot.* ♦ En l'absence de la note prévue par l'art. 8 [R. 631-3], al. 2, il ne peut suffire, pour satisfaire à ce texte, que la personne citée ait eu connaissance des faits de nature à motiver la saisine d'office. • Com. 25 juin 1996, n° 93-17.122 P.

Une ordonnance du président constitue la note visée à l'art. 8 [R. 631-3], al. 2. • Riom, 13 mars 1991 : *Gaz. Pal. 1992. 2. Somm. 537.*

L'art. 8 [R. 631-3] n'exige pas que les faits soient relatés dans l'acte de citation, et si ce texte prévoit que les faits doivent être exposés dans une note du président, jointe à la convocation, rien n'interdit au président de s'approprier le rapport adressé par le mandataire-liquidateur au juge-commissaire, d'y renvoyer comme étant la note exposant les faits justifiant la saisine et de le joindre à son ordonnance. • Lyon, 11 janv. 2001 : *D. 2002. Somm. 204, obs. Derrida ; Procédures 2001, n° 59, obs. Laporte.* – V. aussi • Versailles, 12 déc. 1996 : *RPC 2003. 162, obs. Martin-Serf.*

Sur le contenu de la note, V. • Com. 20 janv. 1998 : *D. Affaires 1999. 716, obs. A. L.*

Art. R. 631-4 **Lorsque le ministère public demande l'ouverture de la procédure** *(Décr. n° 2015-1009 du 18 août 2015, art. 8, en vigueur le 1er oct. 2015)* **« par requête, celle-ci indique » les faits de nature à motiver cette demande. Le président du tribunal, par les soins du greffier, fait convoquer le débiteur par** *(Décr. n° 2014-736 du 30 juin 2014, art. 80)* **« lettre recommandée avec demande d'avis de réception » à comparaître dans le délai qu'il fixe.**

A cette convocation est jointe la requête du ministère public. — *[Décr. n° 2005-1677 du 28 déc. 2005, art. 173.]*

Sur les modalités de la convocation par le président du tribunal d'un dirigeant de personne morale, V. • Cass., avis, 4 avr. 2016, n° 16-70.001 P : *D. 2016. Actu. 839* ; *BICC 1er oct. 2016, rapp. Vaissette et concl. Le Mesle* ; *APC 2016, n° 129, obs. Rolland* ; *Dr. sociétés 2016, n° 110, note Legros* ; *RJDA 2016, n° 558* ; *RPC 2016, n° 201, obs. Martin-Serf.*

Art. R. 631-5 **Lorsque, dans le cas prévu au deuxième alinéa de l'article L. 631-3, le tribunal** *(Abrogé par Décr. n° 2014-736 du 30 juin 2014, art. 81-1°)* **« *décide de se saisir d'office ou* » est saisi sur la requête du ministère public,** *(Décr. n° 2014-736 du 30 juin 2014, art. 81-2°)* **« l'article R. 631-4 est applicable » aux héritiers du débiteur dont l'adresse est connue. S'il existe des héritiers dont l'adresse est inconnue, le président du** *(Décr. n° 2019-966 du 18 sept. 2019, art. 8, en vigueur le 1er janv. 2020)* **« tribunal judiciaire » se saisissant d'office, ou saisi sur la requête du ministère public, de l'administrateur ou du mandataire judiciaire désigne un mandataire chargé de les représenter.** — *[Décr. n° 2005-1677 du 28 déc. 2005, art. 174.]*

Art. R. 631-6 *(Décr. n° 2009-160 du 12 févr. 2009, art. 49)* **La cour d'appel qui annule ou infirme un jugement statuant sur l'ouverture de la procédure de redressement judiciaire peut, d'office, ouvrir la procédure de redressement judiciaire ou de liquidation judiciaire.**

Jurisprudence relative à l'ancien art. 11 du Décr. n° 85-1388 du 27 déc. 1985

1. ***Domaine d'application.*** Il résulte de la combinaison des art. 562 NCPC [C. pr. civ.], 6 (1) Conv. EDH et 11 du Décr. du 27 déc. 1985 que lorsque l'appel tend à l'annulation du jugement pour irrégularité de la saisine de la juridiction de première instance, la cour d'appel qui annule l'acte introductif et le jugement, n'a pas le pouvoir de prononcer d'office le redressement ou la liquidation judiciaires d'un dirigeant d'une personne morale. • Com. 4 janv. 2005, n° 03-11.465 P : *D. 2005. AJ 280, obs. Lienhard* ; *ibid. Pan. 2012, obs. F.-X. Lucas* ; *JCP E 2005, n° 13, p. 583, note Cagnoli* ; *ibid., n° 17, p. 706, obs. Pétel* ; *Gaz. Pal. 2005. 1101, note Gerbay* ; *Dr. sociétés 2005, n° 89, note Legros* ; *RPC 2005. 134, obs. Gorrias* ; *Dr. et pr. 2005. 217, obs. Gibirila* • 24 mai 2005 : *RJDA 2005, n° 1253* ; *Dr. sociétés 2006, n° 22, note Legros.* ♦ Contra, auparavant : • Com. 13 juin 1989 : *Bull. civ. IV, n° 185* ; *RTD com. 1989. 732, obs. Haehl* • 9 mai 1990, n° 89-10.219 P : *D. 1990. IR 149* • 19 janv. 1993, n° 91-11.819 P • 26 mai 1998, n° 96-11.491 P : *D. Affaires 1998. 1176* ; *Quot. jur. 7 juill. 1998, p. 5, note P. M.* ♦ V. aussi, dans le régime issu du décret du 28 déc. 2005, note ss. art. R. 640-2.

2. Les dispositions de l'art. 11 sont applicables en cas de rétractation par la cour d'appel d'un jugement de redressement judiciaire frappé de tierce opposition. • Com. 14 déc. 1993, n° 91-18.635 P : *D. 1994. IR 43* .

3. En revanche, une cour d'appel ne peut user de la faculté ouverte par l'art. 11 du décret d'ouvrir elle-même d'office une procédure collective lorsque le délai préfix prévu à l'art. 17 de la loi [C. com., ancien art. L. 621-15] pour la mise en redressement judiciaire d'un commerçant radié du RCS est expiré au jour de sa saisine. • Com. 10 oct. 1995, n° 93-11.441 P : *D. 1996. Somm. 86, obs. Honorat* ; *D. Affaires 1995. 180.*

4. ***Absence d'effet rétroactif.*** L'annulation du jugement qui a ouvert la procédure de redressement judiciaire, et qui est exécutoire par provision, ne fait pas disparaître rétroactivement les actes accomplis en vertu de cette procédure. • Paris, 30 sept. 1991 : *D. 1992. Somm. 5, obs. Derrida* . ♦ L'annulation par la cour d'appel du jugement d'ouverture ne s'étend pas aux déclarations de créances régulièrement effectuées avant cette annulation, dès lors que la cour d'appel ouvre elle-même le redressement judiciaire du débiteur. • Com. 25 mai 1993, n° 91-13.704 P • 8 mars 1994 : *ibid. IV, n° 99* ; *D. 1994. IR 80* .

5. Lorsque la cour d'appel prononce le redressement judiciaire en usant des pouvoirs qu'elle tient de l'art. 11, l'annulation du jugement ayant prononcé le redressement judiciaire ne s'étend pas au plan de cession arrêté en suite de ce jugement. • Com. 14 déc. 1993 : *préc. note 2.*

En revanche, l'annulation par la cour d'appel du jugement d'ouverture du redressement judiciaire d'une société prive de tout fondement juridique le jugement, rendu postérieurement à cette annulation, ayant arrêté le plan de cession des actifs de cette société. • Com. 29 févr. 2000, n° 97-11.852 P : *D. 2000. AJ 189* .

6. L'annulation du jugement d'ouverture ouvre de nouveaux délais de déclaration et de forclusion aux créanciers n'ayant pas déclaré leurs créances. • Com. 1er juill. 1997, n° 94-21.894 P : *D. 1998. Somm. 98, obs. Honorat* ; *D. Affaires 1997. 1009* ; *JCP E 1998, n° 1-2, p. 31, obs. Cabrillac* ; *RDBB 1998. 21, obs. Campana et Calendini.* (V. l'arrêt cassé : • Paris, 20 sept. 1994 : *Rev. dr. bancaire 1995. 82, obs. Campana et Calendini*).

7. ***Organes de la procédure.*** La cour d'appel n'a pas l'obligation de désigner elle-même les organes de la procédure et peut charger le tribunal de procéder lui-même à cette désignation. • Com. 26 mai 1998 : *préc. note 1.*

8. ***Frais de procédure collective.*** Les frais de

procédure collective peuvent être laissés à la charge de la société débitrice, après annulation du jugement qui avait ouvert à son encontre, sur assignation de l'URSSAF, une procédure de redressement judiciaire, dès lors que ladite société n'avait consigné les sommes réclamées que postérieurement au jugement d'ouverture, tandis qu'elle avait été régulièrement convoquée, ainsi que sa gérante, dix mois auparavant en chambre du conseil, qu'elle n'avait pas mis à profit ce délai pour s'acquitter d'une dette modique et que seule l'ouverture de la procédure collective avait mis fin à ses atermoiements. • Com. 14 mai 1996 : *D. 1996. IR 162.* ♦ Comp. note 11 ss. art. R. 631-2.

Art. R. 631-7 **Les articles R. 621-2 à R. 621-4, R. 621-7 à R. 621-9 et R. 621-14 à R. 621-16 sont applicables à la procédure de redressement judiciaire sous réserve des dispositions de la présente section.** — *[Décr. n° 2005-1677 du 28 déc. 2005, art. 176.]*

Art. R. 631-7-1-A *(Décr. n° 2021-1218 du 23 sept. 2021, art. 35, en vigueur le 1er oct. 2021)* **Pour l'application du deuxième alinéa de l'article L. 631-7, le président fait convoquer par le greffier à l'audience le débiteur, les mandataires de justice, les contrôleurs et avise de la date de l'audience le ministère public.**

Le tribunal statue sur la demande de prolongation de la période d'observation après avoir entendu les observations du débiteur, de l'administrateur, du mandataire judiciaire et des contrôleurs.

La décision prolongeant la période d'observation est communiquée aux personnes mentionnées à l'article R. 621-7 et aux contrôleurs. Elle est mentionnée aux registres ou répertoires prévus aux trois premiers alinéas de l'article R. 621-8.

Pour les dispositions transitoires du Décr. n° 2021-1218 du 23 sept. 2021, V. note ss. art. R. 611-11.

Art. R. 631-7-1 *(Décr. n° 2012-1190 du 25 oct. 2012, art. 3)* **La mesure conservatoire prise en application du quatrième alinéa de l'article L. 621-2, dès sa signification au défendeur mentionné à ce texte, est portée sans délai à la connaissance des personnes désignées conformément à l'article R. 621-2.**

Art. R. 631-8 **Le cas échéant, le greffier avertit les créanciers poursuivants qu'ils peuvent prendre connaissance au greffe du rapport mentionné au deuxième alinéa de l'article R. 621-3 et les avise en même temps de la date de l'audience.** — *[Décr. n° 2005-1677 du 28 déc. 2005, art. 177.]*

Art. R. 631-9 **Pour l'application de l'article R. 621-11, le nombre des salariés à prendre en compte est apprécié à la date de la demande ou, en cas de saisine d'office, à la date de la convocation du débiteur.** — *[Décr. n° 2005-1677 du 28 déc. 2005, art. 178.]*

Art. R. 631-10 **Pour l'application de l'article R. 621-4, si le jugement ne peut être rendu sur-le-champ, la date de son prononcé est communiquée au débiteur et, le cas échéant, au créancier poursuivant.** — *[Décr. n° 2005-1677 du 28 déc. 2005, art. 179.]*

Art. R. 631-11 **Lorsqu'il apparaît que le débiteur ne remplit pas les conditions requises pour l'ouverture d'une procédure de redressement judiciaire, le tribunal rejette la demande.**

(Abrogé par Décr. n° 2014-736 du 30 juin 2014, art. 82) (Décr. n° 2009-160 du 12 févr. 2009, art. 50) ***« A défaut d'avoir été saisi d'une demande aux fins d'ouverture d'une procédure de liquidation judiciaire, formée à titre subsidiaire dans l'acte introductif d'instance ou à l'audience en présence du débiteur ou de son représentant, et si le tribunal estime devoir se saisir d'office en vue de l'ouverture d'une telle procédure, il est fait application des dispositions de l'article R. 631-3. »*** — *[Décr. n° 2005-1677 du 28 déc. 2005, art. 180.]*

Il résulte de la combinaison des art. L. 640-5, R. 631-3 et R. 631-11 C. com. que, lorsque le tribunal estime devoir se saisir d'office aux fins d'ouverture d'une procédure de liquidation judiciaire, après avoir été saisi de l'ouverture d'une procédure de redressement judiciaire par le créancier, le président du tribunal fait convoquer le débiteur à la diligence du greffier, par acte d'huissier de justice, et qu'à la convocation doit être jointe une note par laquelle le président expose les faits de nature à motiver cette saisine d'office. • Com. 13 mai 2014, n° 13-13.745 P : *D. 2014. Actu. 1149, obs. Lienhard ; JCP E 2014. 1333, note Cerati-Gauthier ; LEDEN 7/2014. 4, obs. Favario ; APC 2014, n° 194, obs. Rolland ; Dr. sociétés 2014, n° 153, note Legros.*

Art. R. 631-12 Le jugement qui statue sur l'ouverture de la procédure est notifié au débiteur ou au créancier, lorsqu'il est demandeur, par le greffier dans les huit jours de son prononcé. Lorsque le débiteur n'est pas demandeur, le jugement lui est signifié dans le même délai. – *[Décr. n° 2005-1677 du 28 déc. 2005, art. 181.]*

Art. R. 631-13 La décision par laquelle le tribunal modifie la date de cessation des paiements est notifiée au débiteur, communiquée aux personnes mentionnées à l'article R. 621-7 et fait l'objet des publicités prévues à l'article R. 621-8. – *[Décr. n° 2005-1677 du 28 déc. 2005, art. 182.]*

Art. R. 631-14 A leur demande, l'administrateur délivre *(Décr. n° 2009-160 du 12 févr. 2009, art. 51)* « aux personnes » dont les parts représentatives de leurs droits sociaux sont virées au compte spécial prévu à l'article L. 631-10 un certificat leur permettant de participer aux assemblées de la société.

Sauf décision contraire du tribunal, il est mis fin à ce compte spécial, à la demande de la personne intéressée la plus diligente après l'adoption du plan de redressement ou après la clôture des opérations.

En cas d'incessibilité ou de cession de parts sociales, *(Décr. n° 2009-160 du 12 févr. 2009, art. 51)* « titres de capital ou valeurs mobilières donnant accès au capital prononcée en application de l'article L. 631-19-1 », il est mis fin au compte spécial après que la décision ordonnant la cession ou levant la mesure d'incessibilité est passée en force de chose jugée. – *[Décr. n° 2005-1677 du 28 déc. 2005, art. 183.]*

Art. R. 631-14-1 *(Décr. n° 2012-1190 du 25 oct. 2012, art. 4)* Le montant des sommes pour la garantie desquelles la mesure conservatoire est ordonnée ne peut excéder le montant des dommages et intérêts demandés en réparation du préjudice causé par la faute invoquée.

Art. R. 631-15 *(Décr. n° 2009-160 du 12 févr. 2009, art. 52)* Les rémunérations ou subsides prévus à l'article L. 631-11 sont fixés par le juge-commissaire par décision spécialement motivée, l'administrateur, le mandataire judiciaire et le débiteur personne physique ou le dirigeant entendus ou dûment appelés.

SOUS-SECTION 2 DES ORGANES DE LA PROCÉDURE ET DES CONTRÔLEURS

Art. R. 631-16 Les articles R. 621-10 à R. 621-25, à l'exclusion du premier alinéa de l'article R. 621-23 et de l'article R. 621-20, sont applicables à la procédure de redressement judiciaire. – *[Décr. n° 2005-1677 du 28 déc. 2005, art. 185.]*

SECTION II DU DÉROULEMENT DE LA PROCÉDURE

SOUS-SECTION 1 DE LA MODIFICATION DE LA MISSION DE L'ADMINISTRATEUR

Art. R. 631-17 L'article R. 622-1 est applicable à la procédure de redressement judiciaire. – *[Décr. n° 2005-1677 du 28 déc. 2005, art. 186.]*

SOUS-SECTION 2 DES MESURES CONSERVATOIRES AU COURS DE LA PÉRIODE D'OBSERVATION

Art. R. 631-18 Les articles R. 622-2 à *(Décr. n° 2021-1218 du 23 sept. 2021, art. 36, en vigueur le 1er oct. 2021)* « R. 622-5-1 » *(Décr. n° 2009-160 du 12 févr. 2009, art. 53)* « , à l'exclusion de l'article R. 622-4-1, » sont applicables à la procédure de redressement judiciaire. – *[Décr. n° 2005-1677 du 28 déc. 2005, art. 187.]*

(Décr. n° 2014-736 du 30 juin 2014, art. 83) « Le greffier informe la personne chargée de réaliser l'inventaire de sa désignation par tout moyen. »

(Décr. n° 2009-160 du 12 févr. 2009, art. 53) « Les règles prévues aux quatrième à sixième alinéas de l'article R. 622-4 sont applicables à la prisée des actifs du débiteur effectuée en cas d'ouverture d'une procédure de redressement judiciaire ou de conversion d'une procédure de sauvegarde en un redressement judiciaire. »

Pour les dispositions transitoires du Décr. n° 2021-1218 du 23 sept. 2021, V. note ss. art. R. 611-11.

SOUS-SECTION 3 DE LA GESTION DE L'ENTREPRISE AU COURS DE LA PÉRIODE D'OBSERVATION

Art. R. 631-19 Les articles R. 622-6 à R. 622-8 sont applicables à la procédure de redressement judiciaire. – *[Décr. nº 2005-1677 du 28 déc. 2005, art. 188.]*

(Décr. nº 2009-160 du 12 févr. 2009, art. 54) « L'article R. 622-6 est également applicable lorsque la demande d'autorisation présentée sur le fondement du II de l'article L. 622-7 émane de l'administrateur.

« Pour l'application du deuxième alinéa de l'article R. 622-7, le juge-commissaire saisi d'une demande de paiement provisionnel statue sur avis de l'administrateur s'il en a été désigné ou, à défaut, du débiteur et du mandataire judiciaire. »

SOUS-SECTION 4 DE LA POURSUITE DE L'ACTIVITÉ DE L'ENTREPRISE AU COURS DE LA PÉRIODE D'OBSERVATION

Art. R. 631-20 Les articles R. 622-9 et R. 622-13 à R. 622-20 sont applicables à la procédure de redressement judiciaire, sous réserve des dispositions de la présente sous-section. – *[Décr. nº 2005-1677 du 28 déc. 2005, art. 189.]*

Art. R. 631-21 L'administrateur, lorsqu'il en a été désigné, est tenu des obligations d'information qui incombent au débiteur en application des articles R. 622-9 et R. 622-16. – *[Décr. nº 2005-1677 du 28 déc. 2005, art. 190.]*

Art. R. 631-22 Pour l'application de l'article R. 622-17, l'obligation de déclaration incombe à l'administrateur, lorsqu'il a pour mission d'administrer seul l'entreprise.

Pour l'application de l'article R. 622-20, l'administrateur est mis en cause quelle que soit sa mission. – *[Décr. nº 2005-1677 du 28 déc. 2005, art. 191.]*

Art. R. 631-23 *(Décr. nº 2009-160 du 12 févr. 2009, art. 55)* Aux fins de prononcé de la cessation partielle de l'activité en application du II de l'article L. 631-15, le tribunal est saisi par voie de requête ou, le cas échéant, dans les formes et selon la procédure prévues aux articles R. 631-3 ou R. 631-4.

Le jugement qui ordonne la cessation partielle de l'activité est communiqué aux personnes citées à l'article R. 621-7 et mentionné aux registres ou répertoires prévus *(Décr. nº 2014-736 du 30 juin 2014, art. 84)* « aux trois premiers alinéas de l'article R. 621-8 ». – *[Décr. nº 2005-1677 du 28 déc. 2005, art. 192, al. 1er.]*

Art. R. 631-24 Aux fins de prononcé de la liquidation judiciaire, le tribunal est saisi par voie de requête ou, le cas échéant, dans les formes et selon la procédure prévues aux articles R. 631-3 ou R. 631-4.

Le jugement qui prononce la liquidation judiciaire est notifié au débiteur dans les huit jours de son prononcé. Lorsque le débiteur n'est pas demandeur, le jugement lui est signifié dans le même délai.

Ce jugement est, en outre, signifié à la diligence du greffier, dans le même délai, aux personnes qui ont qualité pour interjeter appel, à l'exception du ministère public.

Il est communiqué aux personnes citées à l'article R. 621-7 et fait l'objet des publicités prévues à l'article R. 621-8. – *[Décr. nº 2005-1677 du 28 déc. 2005, art. 192, al. 2 à 5.]*

Si l'art. R. 631-24, al. 1er, prévoit que le tribunal est saisi par voie de requête d'une demande de conversion de la procédure de redressement en liquidation judiciaire au cours de la période d'observation, ce texte n'interdit pas de procéder par voie d'assignation. • Com. 17 nov. 2015, ☎ 14-19.504 : *cité note 4 ss. art. R. 622-19.* ♦ La mention évoquant la liquidation faite par l'administrateur judiciaire dans son rapport ne constitue pas une demande de conversion du redressement en liquidation judiciaire. • Com. 24 mai 2018, ☎ nº 16-27.296 P : *D. 2018. Actu. 1149 ✎ ; JCP E 2018. 1387, note Ghandour ; LEDEN 7/2018. 3, obs. Camensuli-Feuillard ; APC 2018, nº 181, obs. Rolland ; RPC 2018, nº 142, obs. Lebel ; RJDA 2018, nº 752 ; BJE 2018. 356, note Staes ; Dr. sociétés 2019, nº 14, note Legros.* ♦ V. notes ss. art. R. 631-3.

Art. R. 631-25 La décision par laquelle le tribunal met fin à la procédure en application de l'article L. 631-16 est suivie sans délai d'un compte rendu de fin de mission déposé par les mandataires de justice dans les conditions des articles R. 626-39 et

R. 626-40. Elle est communiquée aux personnes mentionnées à l'article R. 621-7 et fait l'objet des publicités prévues à l'article R. 621-8. L'article R. 626-41 est applicable. – *[Décr. nº 2005-1677 du 28 déc. 2005, art. 193.]*

Sur la radiation d'office du registre du commerce et des sociétés des mentions relatives à la procédure de redressement judiciaire lorsqu'il est mis fin à cette procédure en application de l'art. L. 631-16 C. com., V. art. R. 123-135 (2º).

SOUS-SECTION 5 DE LA SITUATION DES SALARIÉS AU COURS DE LA PÉRIODE D'OBSERVATION

Art. R. 631-26 L'ordonnance rendue par le juge-commissaire en application de l'article L. 631-17 indique le nombre des salariés dont le licenciement est autorisé ainsi que les activités et catégories professionnelles concernées.

L'ordonnance est notifiée au *(Décr. nº 2021-1218 du 23 sept. 2021, art. 37, en vigueur le 1er oct. 2021)* **« comité social et économique » ou, le cas échéant, au représentant des salariés. Elle est transmise au ministère public, à l'administrateur et au mandataire judiciaire.** – *[Décr. nº 2005-1677 du 28 déc. 2005, art. 194.]*

Pour les dispositions transitoires du Décr. nº 2021-1218 du 23 sept. 2021, V. note ss. art. R. 611-11.

1. Juge-commissaire. Il appartient à l'administrateur judiciaire sous le contrôle prud'homal, de désigner les salariés à licencier. L'ordonnance rendue par le juge-commissaire n'a donc pas à dresser la liste nominative des salariés licenciés. • Soc. 18 juin 1997, nº 96-40.279 P : *RPC 1997. 357, obs. Taquet.* ♦ Une liste nominative des salariés licenciés n'a pas à être dressée et serait en toute hypothèse dépourvue d'effet. • Soc. 27 oct. 1998 : *D. 1998. IR 247 ; JCP E 1999, nº 44-45, p. 1773, obs. Coursier* • 5 oct. 2004, nº 02-42.111 P : *D. 2005. 293, obs. Le Corre ; APC 2004, nº 220, obs. Masquefa-Neau-Leduc.*

2. En application de l'art. R. 631-26, des licenciements économiques ne peuvent être valablement prononcés en vertu d'une autorisation de licencier donnée par la juridiction qui arrête un plan de cession qu'à la condition que cette décision précise, dans son dispositif, le nombre de salariés dont le licenciement est autorisé, ainsi que les activités et catégories professionnelles concernées (dans le cas où l'ordonnance du juge-commissaire renvoyait à une annexe qui n'était pas signée). • Soc. 23 mars 2016, nº 14-22.950 P : *cité note 9 ss. art. L. 631-17.*

3. Conseil de prud'hommes. Il résulte des dispositions de l'art. L. 511-1, al. 3 [abrogé], C. trav. et de l'art. 45 de la loi du 25 janv. 1985 [C. com., ancien art. L. 621-37, abrogé par L. nº 2005-845 du 26 juill. 2005 ; V., désormais, C. com., art. L. 631-17] que le conseil de prud'hommes demeure compétent pour statuer, dans le cadre de l'ordonnance rendue par le juge-commissaire tel qu'il est délimité par l'art. 63 [R. 631-26] ci-dessus et au regard de la situation individuelle des salariés licenciés, sur les demandes formées par ces derniers contre leur employeur. • Soc. 6 mars 1990, nº 89-40.028 P : *D. 1990. Somm. 218, obs. Honorat.* – V. aussi • Versailles, 20 févr. 2001 : *Gaz. Pal. 2001. Somm. 1728.*

4. Il résulte de l'art. 45 de la loi [C. com., art. L. 631-17] que l'autorité d'une ordonnance du juge-commissaire qui autorise les licenciements n'est attachée, par l'effet de l'art. 63 [R. 631-26] du décret, qui en précise le contenu, outre l'indication du nombre de salariés dont le licenciement est autorisé ainsi que des activités professionnelles concernées, qu'à l'existence d'une suppression ou transformation d'emploi ou d'une modification du contrat de travail consécutive à des difficultés économiques, à une mutation technologique ou à une réorganisation nécessaire à la sauvegarde de la compétitivité de l'entreprise. Par contre, cette autorité ne saurait s'étendre à la question de la situation individuelle des salariés au regard de l'obligation de reclassement qui pèse sur l'employeur et qui relève de la compétence du juge prud'homal. • Soc. 3 mars 1998, nº 95-45.201 P : *D. 1998. 418, note Bailly ; JCP E 1998, nº 36, p. 1363, note Serret* • 8 juin 1999, nº 96-44.811 P : *D. 2000. Somm. 6, obs. Derrida* • 1er mars 2000 : *RPC 2000. 109, obs. Taquet.* ♦ ... Ni au droit individuel du salarié inclus dans un licenciement collectif de contester la régularité de la procédure prévue à l'art. L. 321-1 [L. 1233-1 s.] C. trav. et de demander, conformément à l'art. L. 122-14-4, dernier al. [L. 1235-13], du même code, l'allocation d'une indemnité calculée en fonction de son préjudice. • Soc. 12 janv. 1999, nº 96-41.756 P : *JCP E 1999, nos 18-19, p. 812, obs. Pétel ; ibid., nos 44-45, p. 1773, obs. Coursier.*

5. Toutefois, la régularité de l'ordonnance ne saurait être remise en cause devant le juge prud'homal dès lors que cette décision n'a pas fait l'objet d'un recours et ce même si les salariés prétendent qu'ils n'ont eu connaissance de sa teneur qu'en cours d'instance. • Toulouse, 15 sept. 1995 : *BICC 1996, nº 341.*

SOUS-SECTION 6 DE LA DÉCLARATION DE CRÉANCES

Art. R. 631-27 Les articles R. 622-21 à R. 622-26 sont applicables à la procédure de redressement judiciaire. – *[Décr. nº 2005-1677 du 28 déc. 2005, art. 195.]*

SOUS-SECTION 7 DE L'ÉLABORATION DU PLAN *[BILAN]* ÉCONOMIQUE, SOCIAL ET ENVIRONNEMENTAL

Art. R. 631-28 Les articles R. 623-1 et R. 623-2 sont applicables à la procédure de redressement judiciaire. *(Abrogé par Décr. nº 2009-160 du 12 févr. 2009, art. 56)* ***« Toutefois, l'administrateur, lorsqu'il en a été désigné, est tenu des obligations d'information qui incombent au débiteur en application de ces articles. »*** – *[Décr. nº 2005-1677 du 28 déc. 2005, art. 196.]*

SOUS-SECTION 8 DE LA VÉRIFICATION ET DE L'ADMISSION DES CRÉANCES

Art. R. 631-29 Les articles R. 624-1, à l'exclusion du premier alinéa, et R. 624-2 à R. 624-11 sont applicables à la procédure de redressement judiciaire.

La vérification des créances est faite par le mandataire judiciaire en présence du débiteur ou celui-ci appelé, de l'administrateur s'il a pour mission d'assurer l'administration de l'entreprise et, le cas échéant, des contrôleurs désignés, présents ou dûment appelés. – *[Décr. nº 2005-1677 du 28 déc. 2005, art. 197.]*

SOUS-SECTION 9 DES DROITS DU CONJOINT DU DÉBITEUR

Art. R. 631-30 Le conjoint du débiteur est entendu ou dûment convoqué avant toute décision ordonnant ou autorisant la vente des biens de la communauté.

Lorsque, au cours de la procédure, la dissolution de la communauté existant entre le débiteur et son conjoint devient opposable aux tiers, ce conjoint est entendu ou dûment convoqué avant toute décision ordonnant ou autorisant la vente des biens de l'indivision. – *[Décr. nº 2005-1677 du 28 déc. 2005, art. 198.]*

SOUS-SECTION 10 DES DROITS DU VENDEUR DE MEUBLES, DES REVENDICATIONS ET DES RESTITUTIONS

Art. R. 631-31 Les articles R. 624-13 à *(Décr. nº 2007-1851 du 26 déc. 2007)* « R. 624-16 » sont applicables à la procédure de redressement judiciaire. – *[Décr. nº 2005-1677 du 28 déc. 2005, art. 199.]*

SOUS-SECTION 11 DU RÈGLEMENT DES CRÉANCES RÉSULTANT D'UN CONTRAT DE TRAVAIL

Art. R. 631-32 Les articles R. 625-1 à R. 625-7 sont applicables à la procédure de redressement judiciaire. – *[Décr. nº 2005-1677 du 28 déc. 2005, art. 200.]*

Art. R. 631-33 Lorsque des instances sont en cours devant la juridiction prud'homale à la date du jugement d'ouverture du redressement judiciaire, les informations relatives à l'objet et aux circonstances du litige ainsi que les éléments justificatifs sont transmis par le mandataire judiciaire aux institutions mentionnées à l'article L. 143-11-4 du code du travail, mises en cause devant la juridiction prud'homale conformément à l'article L. 631-18 du présent code. – *[Décr. nº 2005-1677 du 28 déc. 2005, art. 201.]*

SOUS-SECTION 12 DU PROJET DE PLAN

Art. R. 631-34 Les articles R. 626-1 à *(Décr. nº 2009-160 du 12 févr. 2009, art. 57)* « R. 626-3, relatifs à la convocation des assemblées, » sont applicables à la procédure de redressement judiciaire.

Toutefois, pour l'application de l'article L. 626-3, l'administrateur convoque les assemblées si les dirigeants n'y procèdent pas. – *[Décr. nº 2005-1677 du 28 déc. 2005, art. 202.]*

(Décr. nº 2021-1218 du 23 sept. 2021, art. 38, en vigueur le 1er oct. 2021) « Pour l'application du troisième alinéa de l'article L. 631-19, la partie affectée qui entend soumettre des propositions transmet celles-ci au débiteur et à l'administrateur, par tout moyen, au plus tard quinze jours avant la date du vote sur le projet de plan présenté par le débiteur. Les propositions des parties affectées transmises dans ce délai avec l'ensemble des informations prévues, sont présentées aux classes par l'administrateur, suivant les modalités prévues pour le vote sur le projet de plan du débiteur. » – *Pour les dispositions transitoires du Décr. nº 2021-1218 du 23 sept. 2021, V. note ss. art. R. 611-11.*

Art. R. 631-34-1 *(Décr. nº 2009-160 du 12 févr. 2009, art. 58)* Lorsque le ministère public demande, en application de l'article L. 631-19-1, que l'adoption du plan soit subordonnée au remplacement d'un ou *[de]* plusieurs dirigeants, il saisit le tribunal par une requête indiquant les faits de nature à motiver cette demande.

Le président du tribunal fait convoquer, à la diligence du greffier, le ou les dirigeants de la personne morale dont le remplacement est demandé, quinze jours au moins avant l'audience, par acte d'huissier de justice. A cette convocation est jointe la requête du ministère public.

Le tribunal statue après avoir entendu ou dûment appelé, le cas échéant, le débiteur, l'administrateur s'il en a été désigné, le mandataire judiciaire ainsi que les représentants *(Décr. nº 2021-1218 du 23 sept. 2021, art. 39, en vigueur le 1er oct. 2021)* « de la délégation du personnel du comité social et économique ».

Le jugement est signifié à la diligence du greffier à chaque dirigeant en cause et au représentant légal de la personne morale. Les personnes citées à l'article R. 621-7 ainsi que les représentants *(Décr. nº 2021-1218 du 23 sept. 2021, art. 39, en vigueur le 1er oct. 2021)* « de la délégation du personnel du comité social et économique » sont avisés de ce jugement.

Pour les dispositions transitoires du Décr. nº 2021-1218 du 23 sept. 2021, V. note ss. art. R. 611-11.

La demande du ministère public tendant à la cession forcée des parts sociales du dirigeant doit être faite dans les formes et délais prescrits par l'art. R. 631-34-1. • Com. 22 mai 2013, nº 12-15.305 P : *D. 2013. Actu. 1343, obs. Lienhard ; Rev. sociétés 2013. 521, obs. Roussel Galle ; JCP E 2013. 1357, note Cerati-Gauthier ; LEDEN 7/2013. 1, obs. F.-X. Lucas ; Gaz. Pal. 12-13 juill. 2013, p. 18, obs. Lebel ; BJE 2013. 244, note Favario ; APC 2013, nº 144, obs. Delattre ; RJDA 2013, nº 1039.*

Art. R. 631-34-2 *(Décr. nº 2009-160 du 12 févr. 2009, art. 58)* L'administrateur s'il en a été désigné ou le mandataire judiciaire convoque les organes sociaux compétents aux fins de délibérer sur la demande de remplacement.

Le tribunal statue sur le plan au vu de cette délibération.

Art. R. 631-34-3 *(Décr. nº 2009-160 du 12 févr. 2009, art. 58)* Le mandataire prévu au deuxième alinéa de l'article L. 631-19-1 peut être l'administrateur judiciaire.

Art. R. 631-34-4 *(Décr. nº 2009-160 du 12 févr. 2009, art. 58)* Les articles R. 626-7 et R. 626-8, relatifs à la consultation des créanciers, et la sous-section 4 de la section I du chapitre VI du titre II du présent livre, relative au règlement des créances publiques, sont applicables à la procédure de redressement judiciaire.

Art. R. 631-34-5 *(Décr. nº 2014-736 du 30 juin 2014, art. 85)* Lorsque les assemblées mentionnées à l'article L. 626-3 ont été appelées, en vain, à reconstituer les capitaux propres devenus inférieurs à la moitié du capital social, le procès-verbal des délibérations précise, le cas échéant, le sens du vote de chaque associé ou actionnaire.

La feuille de présence est annexée à ce procès-verbal.

Art. R. 631-34-6 *(Décr. nº 2014-736 du 30 juin 2014, art. 85)* La demande formée par l'administrateur judiciaire conformément à l'article L. 631-9-1 est faite auprès du président du tribunal par assignation de la société. Le président du tribunal statue sur cette demande par ordonnance de référé.

L'ordonnance fixe l'ordre du jour de l'assemblée. Elle est susceptible d'appel.

Art. R. 631-34-7 *(Décr. nº 2014-736 du 30 juin 2014, art. 85)* **Pour l'application de l'article L. 631-9-1, les assemblées sont convoquées et tenues conformément aux dispositions non contraires du livre II.**

SOUS-SECTION 13 DU JUGEMENT ARRÊTANT LE PLAN

Art. R. 631-35 **Les articles R. 626-17 à R. 626-51,** *(Décr. nº 2009-160 du 12 févr. 2009, art. 59)* **« à l'exclusion de l'article R. 626-18, des deuxième et troisième alinéas de l'article R. 626-20, et de l'article R. 626-22 », sont applicables à la procédure de redressement judiciaire.** – *[Décr. nº 2005-1677 du 28 déc. 2005, art. 203.]*

(Décr. nº 2009-160 du 12 févr. 2009, art. 59) **« Le greffier procède aux convocations et avis mentionnés à l'article R. 626-17 dès le dépôt au greffe du projet de plan par l'administrateur.**

« Pour l'application de l'article R. 626-48, lorsque le tribunal décide la résolution du plan en application du troisième alinéa du I de l'article L. 626-27, il ouvre, dans le même jugement, la liquidation judiciaire du débiteur. »

Sur la radiation d'office du registre du commerce et des sociétés des mentions relatives à la procédure de redressement judiciaire lorsque le plan de redressement est toujours en cours à l'expiration d'un délai de cinq ans à compter de son arrêté, V. art. R. 123-135 (5º).

Art. R. 631-36 **Lorsqu'en application du** *(Décr. nº 2014-736 du 30 juin 2014, art. 86)* **« III » de l'article L. 631-19 l'administrateur ou le débiteur prévoit dans son projet de plan des licenciements pour motif économique, il joint au rapport déposé au greffe ou il produit à l'audience les documents suivants :**

(Décr. nº 2021-1218 du 23 sept. 2021, art. 40, en vigueur le 1er oct. 2021) **« 1º Le procès-verbal des délibérations du comité social et économique consulté en application de l'article L. 1233-58 du code du travail ; »** – *Pour les dispositions transitoires du Décr. nº 2021-1218 du 23 sept. 2021, V. note ss. art. R. 611-11.*

2º La copie de la lettre informant l'autorité administrative, en application de l'article L. 321-8 *[L. 1233-60]* **du code du travail, du projet de licenciement.**

Le jugement arrêtant le plan indique le nombre de salariés dont le licenciement est autorisé ainsi que les activités et catégories professionnelles concernées. – *[Décr. nº 2005-1677 du 28 déc. 2005, art. 204.]*

L'autorité du jugement arrêtant un plan qui prévoit des licenciements pour motif économique n'est attachée par l'effet de l'art. 64 [R. 631-36] qu'à l'existence d'une suppression ou transformation d'emploi ou d'une modification du contrat de travail consécutives à des difficultés économiques, à une mutation technologique ou à une réorganisation nécessaire à la sauvegarde de la compétitivité de l'entreprise et ne saurait s'étendre à la question de la situation individuelle des salariés au regard de l'obligation de reclassement qui pèse sur l'employeur. • Soc. 10 mai 1999 : *D. 1999. IR 148 ; RTD com. 1999. 965, obs. Saint-Alary-Houin* • 20 oct. 1999 : *APC 2000, nº 39.*

V. aussi notes ss. art. L. 631-19.

SOUS-SECTION 14 DES COMITÉS DE CRÉANCIERS

Art. R. 631-37 **Les articles R. 626-52 à** *(Décr. nº 2021-1218 du 23 sept. 2021, art. 41, en vigueur le 1er oct. 2021)* **« D. 626-65 » sont applicables à la procédure de redressement judiciaire.** *(Décr. nº 2009-160 du 12 févr. 2009, art. 60)* **« L'administrateur, avec le concours du débiteur, exerce les prérogatives dévolues à ce dernier** *(Abrogé par Décr. nº 2021-1218 du 23 sept. 2021, art. 41, à compter du 1er oct. 2021)* ***« par les articles R. 626-57-2 et R. 626-61 »*. »** – *[Décr. nº 2005-1677 du 28 déc. 2005, art. 205.]*

Pour les dispositions transitoires du Décr. nº 2021-1218 du 23 sept. 2021, V. note ss. art. R. 611-11.

SOUS-SECTION 15 DISPOSITIONS PARTICULIÈRES EN L'ABSENCE D'ADMINISTRATEUR JUDICIAIRE

Art. R. 631-38 **L'article R. 627-1 est applicable à la procédure de redressement judiciaire. Le mandataire judiciaire exerce les fonctions dévolues à l'administrateur par l'article R. 631-14.** – *[Décr. nº 2005-1677 du 28 déc. 2005, art. 206.]*

SOUS-SECTION 16 DE LA CESSION PARTIELLE OU TOTALE DE L'ENTREPRISE

Art. R. 631-39 Sans préjudice de l'application des deux premiers alinéas de l'article R. 642-40, l'administrateur *(Abrogé par Décr. n° 2009-160 du 12 févr. 2009, art. 61)* *« s'il en a été désigné, »* communique au greffe les caractéristiques essentielles de l'entreprise ou de la ou des branches d'activité susceptibles d'être cédées en application de l'article L. 631-22. Il fixe le délai dans lequel les offres peuvent lui être soumises en application de l'article L. 631-13. Tout intéressé peut prendre connaissance de ces informations au greffe.

L'administrateur porte le délai fixé pour le dépôt des offres à la connaissance du mandataire judiciaire et des contrôleurs.

Toute offre doit être communiquée à l'administrateur dans le délai qu'il a fixé. Sauf accord entre le débiteur, le représentant des salariés, le mandataire judiciaire et les contrôleurs, le délai entre la réception d'une offre par l'administrateur et l'audience au cours de laquelle le tribunal examine cette offre est de quinze jours au moins. — *[Décr. n° 2005-1677 du 28 déc. 2005, art. 207.]*

Art. R. 631-40 Les articles R. 642-1 à R. 642-21 *(Décr. n° 2009-160 du 12 févr. 2009, art. 62)* « , à l'exclusion du premier alinéa de l'article R. 642-10, » sont applicables à la cession mentionnée à l'article L. 631-22. — *[Décr. n° 2005-1677 du 28 déc. 2005, art. 208.]*

(Décr. n° 2009-160 du 12 févr. 2009, art. 62) « Le mandataire judiciaire exerce les missions dévolues au liquidateur par les articles R. 642-8, R. 642-18, R. 642-20 et R. 642-21. »

Art. R. 631-41 *Abrogé par Décr. n° 2009-160 du 12 févr. 2009, art. 63.*

Art. R. 631-42 Lorsque la cession totale ou partielle de l'entreprise a été ordonnée par le tribunal en application de l'article L. 631-22, le mandataire judiciaire reçoit le prix de cession nonobstant la passation des actes par l'administrateur.

Lorsque le débiteur bénéficie d'un plan de redressement, le mandataire judiciaire remet le prix au commissaire à l'exécution du plan.

Lorsque le débiteur est soumis à une liquidation judiciaire, le mandataire judiciaire conserve le prix en sa qualité de liquidateur ou le remet au liquidateur désigné par le tribunal. — *[Décr. n° 2005-1677 du 28 déc. 2005, art. 210.]*

SOUS-SECTION 17 DE LA CLÔTURE DE LA PROCÉDURE

Art. R. 631-43 Lorsque le compte rendu de fin de mission de l'administrateur et du mandataire judiciaire ont été approuvés *[a été approuvé]* par le juge-commissaire, la procédure fait l'objet d'une ordonnance de clôture rendue par le président du tribunal.

Cette décision est une mesure d'administration judiciaire non susceptible de recours.

Elle est communiquée aux personnes citées à l'article R. 621-7 et mentionnée aux registres et répertoires prévus *(Décr. n° 2014-736 du 30 juin 2014, art. 87)* « aux trois premiers alinéas de l'article R. 621-8 ». — *[Décr. n° 2005-1677 du 28 déc. 2005, art. 211.]*

CHAPITRE II DE LA NULLITÉ DE CERTAINS ACTES

Le présent chapitre ne comprend pas de dispositions réglementaires.

TITRE QUATRIÈME DE LA LIQUIDATION JUDICIAIRE ET DU RÉTABLISSEMENT PROFESSIONNEL *(Décr. n° 2014-736 du 30 juin 2014, art. 88).*

CHAPITRE PRÉLIMINAIRE DE L'OUVERTURE ET DU DÉROULEMENT DE LA LIQUIDATION JUDICIAIRE

Art. R. 640-1 La demande d'ouverture de la procédure de liquidation judiciaire est présentée selon les modalités prévues aux articles R. 631-1 *(Décr. n° 2009-160 du 12 févr. 2009, art. 64)* « , R. 631-2, à l'exception du deuxième alinéa, *(Décr. n° 2015-1009 du 18 août 2015, art. 9-1°, en vigueur le 1er oct. 2015)* « R. 631-4 » et » *(Abrogé par Décr. n° 2014-736 du 30 juin 2014, art. 89)* *« R. 631-3 à »* R. 631-5.

(Décr. n° 2009-160 du 12 févr. 2009, art. 64) **« La demande d'ouverture d'une procédure de liquidation judiciaire présentée par un créancier est à peine d'irrecevabilité, qui doit être soulevée d'office, exclusive de toute autre demande, à l'exception d'une demande d'ouverture d'une procédure de redressement judiciaire formée à titre subsidiaire. »**

Les éléments de nature à établir que le redressement est manifestement impossible doivent être joints à la demande du débiteur, à l'assignation d'un créancier, à la *(Décr. n° 2015-1009 du 18 août 2015, art. 9-2°, en vigueur le 1er oct. 2015)* **« demande » du ministère public** *(Abrogé par Décr. n° 2015-1009 du 18 août 2015, art. 9-2°, à compter du 1er oct. 2015)* ***« , à la note du président du tribunal en cas de saisine d'office »*** **ou au rapport du juge commis par le tribunal.** – *[Décr. n° 2005-1677 du 28 déc. 2005, art. 212.]*

V. note 1 ss. art. R. 631-2.

Art. R. 640-1-1 *(Décr. n° 2014-736 du 30 juin 2014, art. 90)* **Lorsque le débiteur, personne physique, demande également le bénéfice d'une procédure de rétablissement professionnel, il précise [,] en complément de l'inventaire, les modalités d'évaluation de ses biens. L'inventaire ainsi complété est établi à la date de la demande.**

Il doit, en outre, attester qu'il satisfait aux conditions prévues par les articles L. 645-1 et L. 645-2.

Les conditions prévues aux deux derniers alinéas de l'article R. 631-1 sont applicables.

Art. R. 640-2 **La cour d'appel qui annule un jugement statuant sur l'ouverture de la procédure de liquidation judiciaire ou son prononcé peut, d'office, ouvrir la procédure de liquidation judiciaire ou la prononcer.** *(Décr. n° 2009-160 du 12 févr. 2009, art. 65)* **« En cas d'infirmation d'un jugement ouvrant la procédure de liquidation judiciaire, elle peut, d'office, ouvrir la procédure de redressement judiciaire. »** — *[Décr. n° 2005-1677 du 28 déc. 2005, art. 213.]*

Il résulte de la combinaison des art. 562 C. pr. civ. et R. 640-2 C. com., dans sa rédaction antérieure au décr. du 12 févr. 2009, que lorsque l'appel tend à l'annulation du jugement pour irrégularité de la saisine de la juridiction de première instance, la cour d'appel qui annule l'acte introductif et le jugement n'a pas le pouvoir de prononcer d'office la liquidation judiciaire du débiteur (cassation pour violation de l'art. 6, § 1, de la Conv. EDH et des art. préc.). • Com. 17 nov. 2009 : *D. 2009. AJ 2930, obs. Lienhard ; Procédures 2010, n° 2, obs. Perrot ; ibid., n° 14, obs. Rolland ; Gaz. Pal. 8-9 janv. 2010, p. 16, obs. Reille ; Dr. sociétés 2010, n° 57, note Legros.* ♦ Comp., lorsque l'irrégularité affecte non l'acte de saisine de la juridiction mais la régularité de la procédure de première instance : note 9 ss. art. L. 621-1.

CHAPITRE PREMIER DU JUGEMENT DE LIQUIDATION JUDICIAIRE

SECTION PREMIÈRE DE LA SAISINE ET DE LA DÉCISION DU TRIBUNAL

Art. R. 641-1 **Les dispositions des articles R. 621-2 à R. 621-4, R. 621-7,** *(Décr. n° 2009-160 du 12 févr. 2009, art. 66 ; Décr. n° 2014-736 du 30 juin 2014, art. 91)* **« R. 621-7-1, R. 621-8-1, à l'exception du dernier alinéa,** *(Décr. n° 2012-1190 du 25 oct. 2012, art. 5)* **« R. 621-8-2, » R. 621-10 » et R. 621-12 à R. 621-16** *(Décr. n° 2012-1190 du 25 oct. 2012, art. 5)* **« , ainsi que l'article R. 631-7-1, » sont applicables à la procédure de liquidation judiciaire sous réserve des dispositions de la présente section.** – *[Décr. n° 2005-1677 du 28 déc. 2005, art. 214.]*

Art. R. 641-2 **Le cas échéant, le greffier avertit les créanciers poursuivants qu'ils peuvent prendre connaissance au greffe du rapport mentionné au second alinéa de l'article R. 621-3 et les avise en même temps de la date de l'audience.** – *[Décr. n° 2005-1677 du 28 déc. 2005, art. 215.]*

Art. R. 641-3 *(Décr. n° 2016-400 du 1er avr. 2016, art. 3)* **I. — Lorsque le tribunal désigne au moins un deuxième mandataire judiciaire en qualité de liquidateur en application des dispositions de l'article L. 641-1-2, le nombre d'établissements secondaires mentionné au 1° de l'article L. 621-4-1 et le seuil mentionné au cinquième alinéa de ce même article sont ceux fixés aux deux premiers alinéas de l'article R. 621-11-1.**

II. — Le deuxième mandataire judiciaire doit être inscrit depuis dix ans au moins sur la liste mentionnée à l'article L. 812-2 et être titulaire, associé ou salarié d'une étude employant au moins quinze salariés.

L'art. R. 641-3 est applicable aux procédures collectives ouvertes à compter de la publication du Décr. nº 2016-400 du 1er avr. 2016 (Décr. préc., art. 22-I, JO 3 avr.).

Art. R. 641-4 **Pour l'application de l'article R. 621-4, si le jugement ne peut être rendu sur-le-champ, la date de son prononcé est communiquée au débiteur et, le cas échéant, au créancier poursuivant.** — *[Décr. nº 2005-1677 du 28 déc. 2005, art. 217.]*

Art. R. 641-5 **Lorsqu'il apparaît que le débiteur ne remplit pas les conditions requises pour l'ouverture d'une procédure de liquidation judiciaire, le tribunal rejette la demande.**

(Abrogé par Décr. nº 2014-736 du 30 juin 2014, art. 92) (Décr. nº 2009-160 du 12 févr. 2009, art. 68) ***« A défaut d'avoir été saisi d'une demande aux fins d'ouverture d'une procédure de redressement judiciaire, formée à titre subsidiaire dans l'acte introductif d'instance ou à l'audience en présence du débiteur ou de son représentant et si le tribunal estime devoir se saisir d'office en vue de l'ouverture d'une telle procédure, il est fait application des dispositions de l'article R. 631-3. »*** — *[Décr. nº 2005-1677 du 28 déc. 2005, art. 218.]*

Jurisprudence antérieure au décret du 12 févr. 2009.

1. Pouvoirs du tribunal. Il appartient au tribunal qui décide que les conditions ne sont pas remplies pour ouvrir une liquidation judiciaire et qui souhaite ouvrir un redressement judiciaire de rejeter la demande du créancier concernant la première procédure et de se saisir d'office pour ouvrir la seconde, en appliquant les dispositions de l'art. R. 631-3 C. com. • Besançon, 8 août 2007 : *APC 2008, nº 155, obs. Vallansan.* ♦ Il n'appartient pas au tribunal de faire injonction au débiteur de faire lui-même une demande d'ouverture de procédure de redressement judiciaire. • Même arrêt. ♦ Comp. : art. R. 641-5, al. 2, dans sa réd. issue du Décr. nº 2009-160 du 12 févr. 2009.

2. Pouvoirs de la cour d'appel. Il n'est pas au pouvoir de la cour, qui infirme un jugement statuant sur l'ouverture de la procédure de liquidation judiciaire sur l'assignation d'un créancier, d'ouvrir elle-même une procédure de redressement judiciaire. • Paris, 26 févr. 2008 : *APC 2008, nº 142, obs. Cagnoli ; Gaz. Pal. 27-29 juill. 2008, p. 32, obs. Lebel.* ♦ Solution infirmée par l'art. R. 640-2 dans sa réd. issue du Décr. nº 2009-160 du 12 févr. 2009.

Art. R. 641-6 **Le jugement statuant sur l'ouverture de la procédure de liquidation judiciaire est notifié au débiteur ou au créancier par le greffier dans les huit jours de son prononcé. Lorsque le débiteur n'est pas demandeur, le jugement lui est signifié dans le même délai.**

Il est communiqué aux personnes mentionnées à l'article R. 621-7. — *[Décr. nº 2005-1677 du 28 déc. 2005, art. 219.]*

Art. R. 641-7 **Le jugement ouvrant la procédure de liquidation judiciaire** *(Décr. nº 2014-736 du 30 juin 2014, art. 93)* **«, prononçant son extension ou ordonnant la réunion de patrimoines du même entrepreneur individuel à responsabilité limitée » fait l'objet des mesures de publicité prévues à l'article R. 621-8.**

Toutefois, en cas d'appel du ministère public en application de l'article L. 661-1 ou en cas d'arrêt de l'exécution provisoire ordonnée en vertu du *(Décr. nº 2019-1333 du 11 déc. 2019, art. 16, en vigueur le 1er janv. 2020)* **« quatrième » alinéa de l'article R. 661-1, ces publicités ne sont effectuées par le greffier du tribunal qu'au vu de l'arrêt de la cour d'appel qui lui est transmis par le greffier de la cour d'appel dans les huit jours de son prononcé.** — *[Décr. nº 2005-1677 du 28 déc. 2005, art. 220.]*

Pour les dispositions transitoires du Décr. nº 2019-1333 du 11 déc. 2019, V. note ss. art. R. 621-8-1.

Art. R. 641-8 *(Décr. nº 2016-1851 du 23 déc. 2016, art. 2, en vigueur le 1er janv. 2017)* **I. — Le greffier joint à la copie du jugement mentionnée à l'article R. 621-7 un document reproduisant les termes du II du présent article, ainsi que :**

1º Ceux des articles L. 812-2, L. 814-5, L. 814-10, du dernier alinéa du II de l'article L. 641-1, des articles L. 641-8, R. 814-24 et R. 814-38, si le liquidateur est une personne choisie sur le fondement du premier alinéa du II de l'article L. 812-2 ;

2° Ceux des articles L. 812-2, L. 812-8-1, L. 814-5, L. 814-10-1, L. 814-10-2, du dernier alinéa du II de l'article L. 641-1, du premier alinéa de l'article L. 641-8 et des articles R. 814-24 et R. 814-41-1, si le liquidateur est une personne choisie sur le fondement du III de l'article L. 812-2.

II. — Lorsque le liquidateur désigné par le tribunal est une personne mentionnée au premier alinéa du II et au III de l'article L. 812-2, celle-ci adresse sans délai l'attestation sur l'honneur prévue au troisième alinéa du II de cet article, la justification de la garantie et de l'assurance prévues à l'article L. 814-5 ainsi que le nom du commissaire aux comptes assurant le contrôle de sa comptabilité spéciale en application, selon le cas, de l'article L. 811-11-1 ou du III de l'article L. 814-10-1.

III. — Pour l'application du troisième alinéa du III de l'article L. 812-2, la copie de cette attestation est adressée au magistrat du parquet général chargé des inspections de la cour d'appel dans le ressort de laquelle la personne a son domicile professionnel.

Art. D. 641-8-1 *(Décr. n° 2016-1851 du 23 déc. 2016, art. 3, en vigueur le 1er janv. 2017)* Le montant du chiffre d'affaires mentionné au III de l'article L. 812-2 est défini conformément aux dispositions du *(Décr. n° 2020-101 du 7 févr. 2020, art. 9)* « sixième » alinéa de l'article D. 123-200. Il est apprécié à la date de clôture du dernier exercice comptable.

L'absence de salarié mentionnée au III de l'article L. 812-2 est appréciée sur une période de six mois précédant le jour de l'ouverture de la procédure.

Pour les dispositions transitoires du Décr. n° 2020-101 du 7 févr. 2020, V. note ss. art. D. 628-3.

Art. R. 641-9 La décision par laquelle le tribunal modifie la date de cessation des paiements est notifiée au débiteur par le greffier, communiquée aux personnes mentionnées à l'article R. 621-7 et fait l'objet des publicités prévues à l'article R. 621-8. — *[Décr. n° 2005-1677 du 28 déc. 2005, art. 222.]*

V. note 4 ss. art. R. 661-3.

SECTION II DES CONDITIONS D'APPLICATION DE LA LIQUIDATION JUDICIAIRE SIMPLIFIÉE

Art. D. 641-10 *(Décr. n° 2009-160 du 12 févr. 2009, art. 71)* Les seuils prévus par l'article L. 641-2, pour l'application obligatoire de la procédure de liquidation judiciaire simplifiée, sont fixés pour le chiffre d'affaires hors taxes à *(Décr. n° 2019-1208 du 21 nov. 2019, art. 1er)* « 750 000 € et pour le nombre de salariés à 5.

« Les seuils prévus par l'article L. 644-5 sont fixés pour le chiffre d'affaires hors taxes à 300 000 € et pour le nombre de salariés à 1. »

Le montant du chiffre d'affaires est défini conformément aux dispositions du *(Décr. n° 2020-101 du 7 févr. 2020, art. 10)* « sixième » alinéa de l'article *(Décr. n° 2015-903 du 23 juill. 2015, art. 3)* « D. 123-200 ». Il est apprécié à la date de clôture du dernier exercice comptable. — *Les dispositions du Décr. n° 2015-903 du 23 juill. 2015 s'appliquent aux comptes afférents aux exercices ouverts à compter du 1er janv. 2016 (Décr. préc., art. 5). — V. note ss. art. R. 621-1.*

Le nombre de salariés mentionné au premier ou au deuxième alinéa ne doit pas avoir été dépassé au cours des six mois précédant l'ouverture de la procédure. *(Décr. n° 2020-101 du 7 févr. 2020, art. 10)* « Il est déterminé conformément aux dispositions l'article R. 130-1 du code de la sécurité sociale. »

Le Décr. n° 2019-1208 du 21 nov. 2019 entre en vigueur le lendemain de sa date de publication. Il s'applique aux procédures ouvertes à compter de cette date (Décr. préc., art. 2, JO 22 nov.).

Pour les dispositions transitoires du Décr. n° 2020-101 du 7 févr. 2020, V. note ss. art. D. 628-3.

SECTION III DES ORGANES DE LA PROCÉDURE ET DES CONTRÔLEURS

Art. R. 641-11 *(Décr. n° 2009-160 du 12 févr. 2009, art. 72)* « A l'exception de l'article R. 621-20 et *(Décr. n° 2014-736 du 30 juin 2014, art. 94)* « de la première phrase » du premier alinéa de l'article R. 621-23, les dispositions des articles R. 621-17 à R. 621-24 et R. 622-18 sont applicables aux organes de la procédure et aux contrôleurs. »

Le juge-commissaire statue dans les conditions de l'article R. 621-21 sur les réclamations formulées contre les actes du liquidateur.

Les obligations d'information incombant au mandataire judiciaire en application des articles R. 621-18 et R. 621-19 incombent au liquidateur. – *[Décr. n° 2005-1677 du 28 déc. 2005, art. 224.]*

Art. R. 641-12 Lorsqu'une demande de remplacement du liquidateur est formée devant le tribunal, en application *(Décr. n° 2009-160 du 12 févr. 2009, art. 73)* « de l'article L. 641-1-1 », les dispositions de l'article R. 621-17 sont applicables. Il en est de même pour une demande d'adjonction d'un ou de plusieurs liquidateurs *(Décr. n° 2009-160 du 12 févr. 2009, art. 73)* « ou lorsque le liquidateur demande son remplacement ». – *[Décr. n° 2005-1677 du 28 déc. 2005, art. 225.]*

Art. R. 641-13 Les fonctions du juge-commissaire et des contrôleurs prennent fin au jour où le compte rendu de fin de mission du liquidateur a été approuvé. – *[Décr. n° 2005-1677 du 28 déc. 2005, art. 226.]*

L'art. 226 du Décr. n° 2005-1677 du 28 déc. 2005 [C. com., art. R. 641-13] est applicable aux procédures en cours au 1er janv. 2006 (Décr. préc., art. 361).

SECTION IV DES MESURES CONSERVATOIRES

Art. R. 641-14 Les articles R. 622-2 à *(Décr. n° 2021-1218 du 23 sept. 2021, art. 42, en vigueur le 1er oct. 2021)* « R. 622-5-1 » *(Décr. n° 2009-160 du 12 févr. 2009, art. 74)* « , à l'exclusion de l'article R. 622-4-1, » sont applicables à la procédure de liquidation judiciaire. Le liquidateur exerce les fonctions dévolues au mandataire judiciaire par ces dispositions. – *[Décr. n° 2005-1677 du 28 déc. 2005, art. 227.]*

(Décr. n° 2009-160 du 12 févr. 2009, art. 74) « Les règles prévues aux quatrième à sixième alinéas de l'article R. 622-4 sont applicables à la prisée des actifs du débiteur effectuée en cas d'ouverture d'une procédure de liquidation judiciaire ou de prononcé d'une telle procédure au cours d'une procédure de sauvegarde. »

Pour les dispositions transitoires du Décr. n° 2021-1218 du 23 sept. 2021, V. note ss. art. R. 611-11.

Art. R. 641-15 Le juge-commissaire peut ordonner l'apposition des scellés sur tout ou partie des biens du débiteur. Dans ce cas, il est procédé selon les règles prévues pour les scellés après décès.

Il est donné avis de l'apposition des scellés au juge-commissaire qui l'a ordonnée.

Lorsque le débiteur exerce une profession libérale soumise à un statut législatif ou réglementaire ou dont le titre est protégé, l'apposition des scellés a lieu en présence d'un représentant de l'ordre professionnel ou de l'autorité dont il relève. – *[Décr. n° 2005-1677 du 28 déc. 2005, art. 228.]*

Art. R. 641-16 Les biens, documents et effets dispensés ou extraits de scellés par décision du juge-commissaire sont inventoriés sans délai avec estimation de leur valeur par la personne chargée de réaliser l'inventaire. Leur état est décrit sommairement dans le procès-verbal d'apposition des scellés. – *[Décr. n° 2005-1677 du 28 déc. 2005, art. 229.]*

Art. R. 641-17 Le liquidateur ou l'administrateur, s'il en a été désigné un, requiert la levée des scellés en vue des opérations d'inventaire. – *[Décr. n° 2005-1677 du 28 déc. 2005, art. 230.]*

SECTION V DU MAINTIEN DE L'ACTIVITÉ

Art. R. 641-18 Le maintien de l'activité peut être autorisé dans les conditions prévues à l'article L. 641-10 pour une période qui ne peut excéder trois mois, sous réserve des dispositions applicables aux exploitations agricoles.

Cette autorisation peut être prolongée une fois, pour la même période, à la demande du ministère public. – *[Décr. n° 2005-1677 du 28 déc. 2005, art. 231.]*

Art. R. 641-19 Les seuils au-delà desquels le tribunal désigne un administrateur pour administrer l'entreprise sont identiques aux seuils fixés par l'article R. 621-11. – *[Décr. n° 2005-1677 du 28 déc. 2005, art. 232.]*

Art. R. 641-20 Le liquidateur ou l'administrateur qui assure l'administration de l'entreprise après l'ouverture ou le prononcé de la liquidation judiciaire tient informés le juge-commissaire et le ministère public des résultats de l'activité à l'issue de la période pendant laquelle elle a été poursuivie. – *[Décr. n° 2005-1677 du 28 déc. 2005, art. 233.]*

Art. R. 641-21 *(Décr. n° 2009-160 du 12 févr. 2009, art. 75)* Le greffier avise le cocontractant de la décision du juge-commissaire accordant au liquidateur, ou à l'administrateur lorsqu'il en a été désigné, la prolongation prévue au 1° du III de l'article L. 641-11-1.

Le juge-commissaire constate, sur la demande de tout intéressé, la résiliation de plein droit des contrats dans les cas prévus au III de l'article L. 641-11-1 et à l'article L. 641-12 ainsi que la date de cette résiliation.

La demande de résiliation présentée par l'administrateur ou, à défaut, le liquidateur en application du IV de l'article L. 641-11-1 est formée par requête adressée ou déposée au greffe. Le greffier convoque le débiteur et le cocontractant par lettre recommandée avec demande d'avis de réception et avise l'administrateur ou, à défaut, le liquidateur de la date de l'audience.

Les dispositions du présent article sont également applicables lorsque le maintien de l'activité n'a pas été autorisé.

Art. R. 641-22 *(Décr. n° 2021-1887 du 29 déc. 2021, art. 3-III)* Les dispositions de l'article R. 622-14 sont applicables à la liquidation judiciaire.

Pour les dispositions transitoires du Décr. n° 2021-1887 du 29 déc. 2021, V. note ss. art. R. 622-14.

SECTION VI DES INSTANCES INTERROMPUES ET DES PROCÉDURES D'ORDRE EN COURS

Art. R. 641-23 Les articles R. 622-19 et R. 622-20 sont applicables à la procédure de liquidation judiciaire. – *[Décr. n° 2005-1677 du 28 déc. 2005, art. 234.]*

Art. R. 641-24 Pour l'application de l'article R. 622-19, les fonds sont remis au liquidateur aux fins de répartition.

En cas de prononcé de la liquidation judiciaire pendant le cours d'une période d'observation, le mandataire judiciaire les remet au liquidateur à cette fin. – *[Décr. n° 2005-1677 du 28 déc. 2005, art. 235.]*

Lorsque l'immeuble d'un débiteur mis en liquidation judiciaire a été vendu sur saisie immobilière, le juge compétent pour constater la caducité de la procédure de distribution du prix de vente n'ayant pas produit son effet attributif avant le jugement d'ouverture, en vertu de l'art. R. 622-19, rendu applicable à la liquidation judiciaire par l'art. R. 641-23, et pour ordonner, en conséquence, la remise des fonds au liquidateur aux fins de répartition, en vertu de l'art. R. 641-24, est non pas le juge des référés, mais le juge de l'exécution, en application de l'art. L. 213-6 COJ. • Com. 21 oct. 2020, n° 19-15.171 P : *D. 2020. Chron. C. cass. 2477, obs. Barbot ; BJE 1-2/2021. 41, note Hugon ; RJDA 2021, n° 38 ; RDBF 2021, n° 16, obs. S. Piedelièvre ; Gaz. Pal. 13 avr. 2021, p. 70, obs. Guastella.* ♦ Le juge des référés n'étant pas compétent pour se prononcer sur la demande du liquidateur tendant à ce que les fonds lui soient remis aux fins de répartition, en vertu de l'art. R. 641-24, le fait que l'obligation de remise ne soit pas sérieusement contestable est sans incidence. • Même arrêt.

SECTION VII DE LA DÉCLARATION DES CRÉANCES

Art. R. 641-25 Les articles R. 622-21 à R. 622-25 sont applicables à la procédure de liquidation judiciaire. Le liquidateur exerce les fonctions dévolues au mandataire judiciaire par ces dispositions. – *[Décr. n° 2005-1677 du 28 déc. 2005, art. 236.]*

Art. R. 641-26 Les instances et les procédures civiles d'exécution suspendues en application du deuxième alinéa de l'article L. 622-28 sont poursuivies à l'initiative des créanciers bénéficiaires de garanties mentionnés au dernier alinéa de cet article sur justification du jugement prononçant la liquidation judiciaire.

En application du troisième alinéa de l'article L. 622-28, ces créanciers peuvent pratiquer des mesures conservatoires dans les conditions prévues aux articles *(Décr.*

n° 2012-783 du 30 mai 2012, art. 2, en vigueur le 1er juin 2012) « R. 511-1 et suivants du code des procédures civiles d'exécution ». — *[Décr. n° 2005-1677 du 28 déc. 2005, art. 237.]* — *V. lesdits art. au* **C. pr. exéc.**

SECTION VIII DE LA VÉRIFICATION ET DE L'ADMISSION DES CRÉANCES

Art. R. 641-27 Le liquidateur, dans les deux mois de son entrée en fonctions, remet au juge-commissaire un état mentionnant l'évaluation des actifs et du passif privilégié et chirographaire.

Au vu de cet état et après avoir recueilli les observations du liquidateur, le juge-commissaire décide s'il y a lieu ou non, conformément à l'article L. 641-4, d'engager ou de poursuivre la vérification des créances chirographaires. — *[Décr. n° 2005-1677 du 28 déc. 2005, art. 238.]*

La mesure par laquelle le juge-commissaire dispense de la vérification des créances, ou remet en cause cette décision en ordonnant la vérification, est une mesure d'administration judiciaire qui n'a pas autorité de chose jugée, de sorte qu'elle peut être modifiée à tout moment. • Com. 17 sept. 2013, n° 12-30.158 P : *D. 2013. Chron. C. cass. 2555, obs. Guillou ; Rev. sociétés 2013. 730, obs. Roussel Galle ; RTD com. 2014. 199, obs. Vallens ; JCP E 2014. 1020, n° 1, obs. Pétel ; APC 2013, n° 242, obs. Cagnoli ; BJE 2013. 371, note Théron.*

Art. R. 641-28 Les articles R. 624-1 à R. 624-11 sont applicables à la procédure de liquidation judiciaire. Le liquidateur exerce les fonctions dévolues au mandataire judiciaire par ces dispositions. — *[Décr. n° 2005-1677 du 28 déc. 2005, art. 239.]*

Art. R. 641-29 Lorsque la liquidation judiciaire est prononcée au cours d'une procédure de sauvegarde ou de redressement judiciaire, le liquidateur complète la liste des créances mentionnées à l'article R. 624-2. Il dépose la liste ainsi complétée au greffe. Tout créancier peut en prendre connaissance. — *[Décr. n° 2005-1677 du 28 déc. 2005, art. 240.]*

SECTION IX DES DROITS DU CONJOINT DU DÉBITEUR

Art. R. 641-30 Le conjoint du débiteur doit être entendu ou dûment convoqué avant toute décision ordonnant ou autorisant la vente des biens de la communauté.

Lorsque, au cours de la procédure, la dissolution de la communauté existant entre le débiteur et son conjoint devient opposable aux tiers, ce conjoint est entendu ou dûment convoqué avant toute décision ordonnant ou autorisant la vente des biens de l'indivision. — *[Décr. n° 2005-1677 du 28 déc. 2005, art. 241.]*

SECTION X DES DROITS DU VENDEUR DE MEUBLES, DES REVENDICATIONS ET DES RESTITUTIONS

Art. R. 641-31 *(Décr. n° 2014-736 du 30 juin 2014, art. 95)* I. — Les articles R. 624-13 à R. 624-15 sont applicables à la procédure de liquidation judiciaire sous réserve des dispositions suivantes :

La demande formée sur le fondement des articles L. 624-9, L. 624-10, L. 624-18 ou L. 624-19 est adressée au liquidateur. Le demandeur en adresse une copie à l'administrateur judiciaire, s'il en a été désigné.

Même en l'absence de demande préalable de restitution, le juge-commissaire peut être saisi par le liquidateur.

II. — En cas de revendication du prix des biens en application de l'article L. 624-18, les sommes correspondantes payées par le sous-acquéreur postérieurement à l'ouverture de la procédure sont remises au créancier revendiquant par le liquidateur.

Art. R. 641-32 Le bien qui ne fait pas l'objet d'une demande en restitution peut être vendu selon les formes prévues au titre IV du livre VI de la partie législative du présent code à l'expiration d'un délai d'un mois après l'envoi d'une mise en demeure au propriétaire. Cette mise en demeure, qui peut être envoyée dès l'ouverture de la procédure, est adressée par le liquidateur au dernier domicile connu du propriétaire par lettre recommandée avec demande d'avis de réception.

Le prix de vente est consigné par le liquidateur à la Caisse des dépôts et consignations et, sous déduction des frais, est tenu à la disposition du créancier, qui en est averti par le liquidateur par lettre recommandée avec demande d'avis de réception. Après clôture de la procédure, le montant ainsi consigné est restitué au créancier ou à ses ayants droit par la Caisse des dépôts et consignations sur ordonnance du président. – *[Décr. nº 2005-1677 du 28 déc. 2005, art. 243.]*

Art. R. 641-32-1 *(Décr. nº 2014-736 du 30 juin 2014, art. 96)* Le bien mentionné à l'article L. 624-19 qui ne fait pas l'objet d'une reprise dans les conditions prévues par ce texte peut être vendu. Il est fait application des dispositions du premier alinéa de l'article R. 641-32 lorsque ce bien fait l'objet d'un contrat publié.

SECTION XI DU RÈGLEMENT DES CRÉANCES RÉSULTANT DU CONTRAT DE TRAVAIL

Art. R. 641-33 Les articles R. 625-1 à R. 625-7 sont applicables à la procédure de liquidation judiciaire. Le liquidateur exerce les fonctions dévolues par ces dispositions au mandataire judiciaire. Il remplit l'obligation mise à la charge du débiteur par le deuxième alinéa de l'article R. 625-1. – *[Décr. nº 2005-1677 du 28 déc. 2005, art. 244.]*

Art. R. 641-34 Lorsque des instances sont en cours devant la juridiction prud'homale à la date du jugement d'ouverture de la liquidation judiciaire, les informations relatives à l'objet et aux circonstances du litige ainsi que les éléments justificatifs sont transmis par le liquidateur aux institutions mentionnées à l'article L. 143-11-4 du code du travail, mises en cause devant la juridiction prud'homale conformément à l'article L. 641-14 du présent code. – *[Décr. nº 2005-1677 du 28 déc. 2005, art. 245.]*

SECTION XII DISPOSITIONS DIVERSES

Art. R. 641-35 *(Décr. nº 2014-736 du 30 juin 2014, art. 97)* Sauf dispositions contraires du présent titre, les dispositions réglementaires relatives aux actions qui relèvent de la compétence du mandataire judiciaire sont applicables lorsqu'elles sont poursuivies ou introduites par le liquidateur conformément à l'article L. 641-4.

Les dispositions des articles R. 624-17 et R. 624-18 sont également applicables lorsque la mise en demeure est faite par le liquidateur.

Art. R. 641-36 Lorsque le débiteur exerce une profession libérale soumise à un statut législatif ou réglementaire ou dont le titre est protégé, le tribunal désigne, lors de l'ouverture de la procédure, le représentant de l'ordre professionnel ou de l'autorité compétente dont, le cas échéant, il relève, aux fins d'exercer les actes de la profession.

Ce représentant peut déléguer cette mission à l'un des membres de la profession, en activité ou retraité.

Les rémunérations ou subsides prévus à l'article L. 631-11 sont fixés par le juge-commissaire après avis du liquidateur et de l'administrateur, lorsqu'il en a été désigné.

Pour l'application du premier alinéa, le juge-commissaire fixe la rémunération de la personne chargée d'exercer les actes de la profession. – *[Décr. nº 2005-1677 du 28 déc. 2005, art. 247.]*

Art. R. 641-37 Le liquidateur peut faire fonctionner sous sa signature les comptes bancaires du débiteur pendant un délai de six mois à compter du jugement prononçant la liquidation ou, au-delà, pendant la durée du maintien de l'activité autorisée par le tribunal en application de l'article L. 641-10. L'utilisation ultérieure de ces comptes est subordonnée à l'autorisation du juge-commissaire délivrée après avis du ministère public.

En cas de maintien de l'activité, cette disposition bénéficie à l'administrateur, lorsqu'il en a été désigné. – *[Décr. nº 2005-1677 du 28 déc. 2005, art. 248.]*

Art. R. 641-38 Outre les informations trimestrielles mentionnées à l'article L. 641-7, le liquidateur remet à tout moment, à leur demande, et au moins le 31 décembre de chaque année, au juge-commissaire et au procureur de la République un rapport de liquidation indiquant :

1° Le montant du passif admis ou, à défaut, l'état de la vérification des créances ;
2° L'état des opérations de réalisation d'actif ;
3° L'état de répartition aux créanciers ;

4° L'état des sommes détenues à la Caisse des dépôts et consignations ;
5° Les perspectives d'évolution et de clôture de la procédure.
Le débiteur et tout créancier peuvent prendre connaissance de ce rapport au greffe. – *[Décr. nº 2005-1677 du 28 déc. 2005, art. 249.]*

Art. R. 641-39 La liste des créances mentionnées au I de l'article L. 641-13, portées à la connaissance de l'administrateur lorsqu'il en a été désigné ou du liquidateur, en application du IV du même article, est déposée, par le liquidateur, au greffe à l'issue du délai de six mois à compter de la publication du jugement ouvrant ou prononçant la liquidation ou, le cas échéant, à l'issue du délai d'un an à compter de celle du jugement arrêtant le plan de cession de l'entreprise. Tout intéressé peut en prendre connaissance. Le greffier fait publier au *Bulletin officiel des annonces civiles et commerciales* une insertion indiquant ce dépôt.

Tout intéressé peut contester cette liste devant le juge-commissaire dans un délai d'un mois à compter de la publication.

Les créances rejetées par le juge-commissaire sont réputées avoir été déclarées dans les conditions prévues par l'article L. 622-24.

Dans ce cas, le créancier adresse au *(Décr. nº 2009-160 du 12 févr. 2009, art. 78)* « liquidateur » les informations prévues à l'article L. 622-25 et à l'article R. 622-23. *(Décr. nº 2014-736 du 30 juin 2014, art. 98)* « Si ces informations ont déjà été transmises par le créancier ou pour son compte à l'occasion d'une déclaration faite conformément à l'article L. 622-24 et sur l'admission de laquelle il n'a pas été statué, le créancier en conserve le bénéfice. Toutefois, le liquidateur peut opposer au créancier les délais prévus à l'article L. 622-24 lorsque celui-ci a reçu, pour la même créance, un avertissement d'avoir à déclarer sa créance. – *[Décr. nº 2005-1677 du 28 déc. 2005, art. 250.]*

« Lorsque l'information prévue au premier alinéa a été faite par la voie du portail mentionné aux articles L. 814-2 et L. 814-13, les documents justificatifs peuvent être transmis par la même voie. »

Art. R. 641-40 En application de l'article L. 641-15, le liquidateur peut, sur ordonnance du juge-commissaire, demander au représentant légal de la personne morale ou au débiteur personne physique ou à tout autre salarié du débiteur pouvant recevoir des informations utiles de transférer de façon automatique le courrier électronique de leurs messageries professionnelles vers l'adresse électronique qu'il leur désigne.

(Décr. nº 2009-160 du 12 févr. 2009, art. 79) « A cette fin, le liquidateur et, le cas échéant, l'administrateur peuvent également requérir l'assistance de tout salarié du débiteur.

« L'ordonnance du juge-commissaire désigne les personnes physiques dont le courrier électronique est transféré au liquidateur et, le cas échéant, à l'administrateur.

« Le liquidateur et l'administrateur détruisent sans délai les messages transférés dépourvus de caractère professionnel.

« Dès l'achèvement de sa mission, l'administrateur transfère au liquidateur les messages encore en sa possession. A la clôture de la liquidation, le liquidateur détruit les messages transférés qu'il a pu conserver. » – *[Décr. nº 2005-1677 du 28 déc. 2005, art. 251.]*

CHAPITRE II DE LA RÉALISATION DE L'ACTIF

SECTION PREMIÈRE DE LA CESSION DE L'ENTREPRISE

Art. R. 642-1 L'auteur de l'offre atteste qu'il ne tombe pas sous le coup des incapacités prévues au premier alinéa de l'article L. 642-3 et joint, lorsqu'il est tenu de les établir, ses comptes annuels relatifs aux trois derniers exercices et ses comptes prévisionnels. Sans préjudice du IV de l'article L. 642-2, les offres et documents qui y sont joints ne sont communiqués qu'au juge-commissaire et au procureur de la République.

Les modifications des offres effectuées dans les conditions du V de l'article L. 642-2 sont communiquées par le liquidateur ou l'administrateur s'il en a été désigné, aux personnes mentionnées au IV de l'article L. 642-2.

A peine d'irrecevabilité, aucune modification ne peut être apportée à une offre *(Décr. nº 2009-160 du 12 févr. 2009, art. 80)* « moins de deux jours ouvrés avant la date fixée pour l'audience d'examen des offres par le tribunal ». *(Décr. n° 2014-736 du 30 juin 2014, art. 99)* « Lorsque le tribunal décide de ne pas faire application du premier alinéa de l'article L. 642-2, il fixe la date de l'audience d'examen des offres ; d'autres offres de reprise peuvent parvenir au liquidateur ou à l'administrateur, s'il en a été désigné, au plus tard huit jours avant cette date. »

En cas de renvoi de l'affaire à une audience ultérieure, le tribunal peut fixer un nouveau délai pour la présentation de nouvelles offres *(Décr. n° 2009-160 du 12 févr. 2009, art. 80)* « ou l'amélioration des offres préalablement déposées ». – *[Décr. n° 2005-1677 du 28 déc. 2005, art. 252.]*

BIBL. ▸ GOURDAIN, *JCP E 2007. 2584* (amélioration de l'offre de cession d'entreprise : jusqu'à quand ?).

Art. R. 642-2 Les seuils prévus par le deuxième alinéa de l'article L. 642-5 au-delà desquels les débats relatifs à l'arrêté du plan de cession doivent avoir lieu en présence du ministère public sont identiques aux seuils fixés par l'article R. 621-11. – *[Décr. n° 2005-1677 du 28 déc. 2005, art. 253.]*

Art. R. 642-3 Les personnes appelées à l'audience au cours de laquelle il est débattu de l'arrêté du plan de cession sont convoquées selon les modalités prévues à l'article R. 626-17.

Lorsque le plan de cession prévoit des licenciements pour motif économique, le liquidateur, ou l'administrateur lorsqu'il en a été désigné, produit à l'audience les documents mentionnés à l'article R. 631-36. Le jugement arrêtant le plan indique le nombre de salariés dont le licenciement est autorisé ainsi que les activités et catégories professionnelles concernées. – *[Décr. n° 2005-1677 du 28 déc. 2005, art. 254.]*

Art. R. 642-4 Le jugement arrêtant le plan de cession de l'entreprise est communiqué par le greffier aux personnes mentionnées à l'article R. 621-7 et fait l'objet des publicités prévues à l'article R. 621-8.

Il est signifié à la diligence du greffier dans les huit jours de la date du jugement aux personnes, autres que le procureur de la République, le cocontractant ou le bailleur, qui ont qualité pour interjeter appel. – *[Décr. n° 2005-1677 du 28 déc. 2005, art. 255.]*

Art. R. 642-5 La demande présentée en application de l'article L. 642-6 est faite par *(Décr. n° 2019-1333 du 11 déc. 2019, art. 16, en vigueur le 1er janv. 2020)* « requête » du cessionnaire.

Le jugement modifiant le plan de cession est communiqué par le greffier aux personnes citées à l'article R. 621-7 et mentionné aux registres ou répertoires prévus *(Décr. n° 2014-736 du 30 juin 2014, art. 100)* « aux trois premiers alinéas de l'article R. 621-8 ».

Il est signifié à la diligence du greffier dans les huit jours de la date du jugement aux personnes, autres que le procureur de la République, qui ont qualité pour interjeter appel. – *[Décr. n° 2005-1677 du 28 déc. 2005, art. 258.]*

Pour les dispositions transitoires du Décr. n° 2019-1333 du 11 déc. 2019, V. note ss. art. R. 621-8-1.

Art. R. 642-6 Les personnes appelées à l'audience au cours de laquelle il est débattu *de la modification* du plan de cession sont convoquées selon les modalités prévues à l'article R. 626-17. – *[Décr. n° 2005-1677 du 28 déc. 2005, art. 259.]*

Art. R. 642-7 Lorsque le tribunal est appelé à se prononcer sur la cession des contrats mentionnés à l'article L. 642-7, ou à constater le transfert d'une sûreté mentionnée à son article L. 642-12, le ou les cocontractants ou le ou les titulaires de la sûreté sont convoqués à l'audience, quinze jours au moins avant la date d'audience, par lettre recommandée avec demande d'avis de réception, par le greffier sur les indications de l'administrateur, lorsqu'il en a été désigné, ou du liquidateur. – *[Décr. n° 2005-1677 du 28 déc. 2005, art. 260.]*

Sur les mesures d'adaptation liées à l'urgence sanitaire (Covid-19), V. Ord. n° 2020-596 du 20 mai 2020, art. 7, App., v° Sociétés commerciales.

1. Convocation du cocontractant. L'art. 105 [R. 642-7] ne requiert que la convocation du ou des cocontractants sans prévoir celle du cessionnaire. • Paris, 26 janv. 1996 : *D. 1997. Somm. 7, obs. Derrida*.

2. Jugé que le cocontractant ne saurait prétendre à la nullité du jugement qui emporte cession du contrat du fait qu'il n'a pas été convoqué conformément à l'art. 105 [R. 642-7], cette formalité n'étant pas prescrite à peine de nullité et son inobservation n'ayant entraîné aucun grief. • Limoges, 13 août 1986 : *D. 1987. 44, note Derrida ; JCP 1986. II. 20693, note Cabrillac ; Gaz. Pal. 1986. 2. 722, note Martin.* – Dans le même sens : • Paris, 17 mars 2000 : *D. 2000. AJ 249, obs. Pisoni*. – *Contra* : • Agen, 15 janv. 1990 : *Rev. huiss. 1990. 115, note D. M.* – V. aussi • Com. 28 mars 1995, n° 93-11.641 P : *D. 1995. IR 208 ; Quot. jur. 13 juin 1995, p. 4, note P. B.*

3. Convocation du titulaire de la sûreté. L'art. 105 [R. 642-7] prévoit la convocation des titulaires d'une sûreté uniquement lorsque le tribunal est appelé à se prononcer sur « le transfert d'un nantissement » [transfert d'une sûreté] dans les conditions de l'art. 93 de la loi [C. com., art. L. 642-12]. Dès lors, il ne peut être imputé à faute à une banque, non partie à la procédure d'affectation d'une quote-part aux biens grevés et de répartition des fonds, de ne pas être intervenue auprès du tribunal. • Com. 26 mai 1999, n° 96-14.675 P : *D. 1999. IR 161*.

Art. R. 642-8 Lorsqu'en application du *(Décr. n° 2009-160 du 12 févr. 2009, art. 81)* « quatrième » alinéa de l'article L. 642-7 il y a désaccord entre les parties sur la valeur du bien objet du contrat de crédit-bail, le tribunal fixe cette valeur, au besoin après expertise, dans le plan de cession ou, à défaut, à la requête de l'une ou l'autre des parties.

Les sommes qui restent dues au sens de l'article L. 642-7 sont, à peine de nullité du paiement, versées par le cessionnaire au liquidateur, qui les remet sans délai au crédit-bailleur. Ces sommes viennent en déduction de la créance admise du crédit-bailleur lorsqu'elles sont relatives à des loyers impayés au jour du jugement d'ouverture. – *[Décr. n° 2005-1677 du 28 déc. 2005, art. 261.]*

Art. R. 642-9 Dès l'accomplissement des actes de cession, le liquidateur ou l'administrateur, lorsqu'il en a été désigné, en fait rapport. Ce rapport est déposé au greffe du tribunal. – *[Décr. n° 2005-1677 du 28 déc. 2005, art. 256.]*

Art. R. 642-10 Le prix de cession de l'entreprise est réparti par le liquidateur conformément aux dispositions de la première section du chapitre III du présent titre.

Lorsque la cession porte sur un fonds de commerce, le cessionnaire peut, après avoir payé le prix, saisir le juge-commissaire pour faire prononcer la radiation des inscriptions grevant le fonds ; les dispositions de l'article R. 642-38 sont applicables. Toutefois aucune justification de la purge n'est nécessaire. – *[Décr. n° 2005-1677 du 28 déc. 2005, art. 257.]*

Art. R. 642-11 L'administrateur *(Décr. n° 2009-160 du 12 févr. 2009, art. 82)* « ou, à défaut, le liquidateur » rend compte au juge-commissaire de l'exécution des actes permettant la mise en œuvre du plan conformément à l'article L. 642-8.

Lorsqu'il a accompli sa mission, il dépose au greffe un compte rendu de fin de mission dans les conditions des articles R. 626-39 et R. 626-40. L'article R. 626-41 est applicable. – *[Décr. n° 2005-1677 du 28 déc. 2005, art. 262.]*

Art. R. 642-12 La mesure d'inaliénabilité prévue à l'article L. 642-10 est, à la diligence *(Décr. n° 2009-160 du 12 févr. 2009, art. 83)* « de l'administrateur ou, à défaut, » du liquidateur, mentionnée aux registres publics sur lesquels les biens déclarés inaliénables et les droits qui les grèvent sont inscrits *(Abrogé par Décr. n° 2021-1887 du 29 déc. 2021, art. 3-IV, à compter du 1er janv. 2023)* ***« ou, à défaut, aux registres mentionnés à l'article R. 621-8 ».***

(Décr. n° 2021-1887 du 29 déc. 2021, art. 3-IV, en vigueur le 1er janv. 2023) « A défaut, elle est mentionnée au registre prévu à l'article R. 521-1 si le débiteur est immatriculé au registre du commerce et des sociétés, ou, selon le cas, aux registres mentionnés aux deuxième et troisième alinéas de l'article R. 621-8. »

La publicité mentionne la durée de l'inaliénabilité. – *[Décr. n° 2005-1677 du 28 déc. 2005, art. 263.]*

Art. R. 642-13 Lorsque, en application de l'article L. 642-10, la décision arrêtant ou modifiant le plan prononce l'inaliénabilité temporaire de biens mobiliers d'équipement du cessionnaire et est passée en force de chose jugée, l'administrateur judiciaire, ou, à défaut, le *(Décr. n° 2009-160 du 12 févr. 2009, art. 84)* « liquidateur », demande l'inscription de la mesure d'inaliénabilité sur le registre prévu à l'article *(Décr. n° 2021-1887 du 29 déc. 2021, art. 3-IV, en vigueur le 1er janv. 2023)* « R. 521-1 *[ancienne rédaction : R. 143-9]* ». — *[Décr. n° 51-194 du 17 févr. 1951, art. 8.]*

Art. R. 642-14 L'administrateur judiciaire, ou à défaut le *(Décr. n° 2009-160 du 12 févr. 2009, art. 84)* « liquidateur », présente une copie de la décision rendue au greffier du tribunal de commerce dans le ressort duquel le cessionnaire, personne morale, a son siège ou le cessionnaire, personne physique, a déclaré l'adresse de son entreprise ou de son activité. Y sont joints les bordereaux d'inscription, qui contiennent :

1° Les nom, prénoms et l'adresse de l'entreprise ou de l'activité du cessionnaire s'il s'agit d'une personne physique, la dénomination sociale ou commerciale et l'adresse du siège du débiteur s'il s'agit d'une personne morale, les mentions prévues aux 1° et 2° de l'article R. 123-237 ou le numéro d'immatriculation au répertoire des métiers ;

2° La date de la décision rendue ;

3° La désignation sommaire des biens d'équipement frappés d'inaliénabilité temporaire, le lieu où ils se trouvent entreposés, l'indication, le cas échéant, qu'ils peuvent être déplacés ;

4° La durée de la mesure d'inaliénabilité. — *[Décr. n° 51-194 du 17 févr. 1951, art. 9, al. 1er à 5.]*

Nouvel art. R. 642-14 *(Décr. n° 2021-1887 du 29 déc. 2021, art. 3-IV, en vigueur le 1er janv. 2023)* ***L'administrateur judiciaire, ou à défaut le liquidateur, indique également sur le bordereau prévu à l'article R. 521-6 si le bien peut être déplacé et la durée de la mesure d'inaliénabilité.***

Art. R. 642-15 *(Abrogé par Décr. n° 2021-1887 du 29 déc. 2021, art. 3-IV, à compter du 1er janv. 2023)* ***Le greffier porte sur les bordereaux la mention de la date à laquelle l'inscription est effectuée et le numéro sous lequel elle est portée au registre mentionné à l'article R. 642-13.***

Les bordereaux sont établis, conservés et l'un d'eux remis au cessionnaire dans les conditions prévues aux articles R. 525-2, R. 525-3-et R. 525-5.

Le greffier tient un fichier alphabétique des cessionnaires avec l'indication des numéros des inscriptions les concernant. — *[Décr. n° 51-194 du 17 févr. 1951, art. 9, al. 6 à 8.]*

Art. R. 642-16 *(Abrogé par Décr. n° 2021-1887 du 29 déc. 2021, art. 3-IV, à compter du 1er janv. 2023)* ***Les bordereaux reçoivent un numéro d'entrée au moment où ils sont produits.***

Ces pièces sont enregistrées sur le registre mentionné à l'article R. 642-13 ; il est délivré un récépissé extrait dudit registre mentionnant :

1° Le numéro d'entrée apposé sur les pièces comme il est dit au premier alinéa ;

2° La date du dépôt des pièces ;

3° Le nombre et la nature des pièces avec l'indication du but de ce dépôt ;

4° Le nom ou la dénomination du cessionnaire ;

5° La nature et la situation des biens inaliénables et, éventuellement, la mention qu'ils peuvent être déplacés. — *[Décr. n° 51-194 du 17 févr. 1951, art. 10.]*

Art. R. 642-17 *(Abrogé par Décr. n° 2021-1887 du 29 déc. 2021, art. 3-IV, à compter du 1er janv. 2023)* ***« Lorsque le délai fixé pour la mesure d'inaliénabilité temporaire décidée par le jugement est expiré, le greffier mentionne d'office en marge de l'inscription, la radiation de celle-ci. Il délivre un certificat de radiation au cessionnaire qui le demande.***

« Il est tenu de délivrer à tous ceux qui le requièrent l'état des inscriptions existantes. »

Les frais de radiation sont inclus dans le coût de l'inscription. — *[Décr. n° 51-194 du 17 févr. 1951, art. 11.]*

Art. R. 642-17-1 *(Décr. n° 2009-160 du 12 févr. 2009, art. 85)* Le tribunal statue sur l'autorisation prévue à l'article L. 642-10 sur requête du cessionnaire.

La décision est notifiée au cessionnaire et communiquée au ministère public par le greffier. Elle est soumise aux recours prévus à l'encontre des décisions modifiant le plan de cession.

Art. R. 642-18 Le liquidateur signale, dans un rapport adressé au juge-commissaire et au procureur de la République et déposé au greffe, l'inexécution du plan par le cessionnaire.

Pour l'application du deuxième alinéa de l'article L. 642-11, le cessionnaire est convoqué par le greffier par lettre recommandée avec demande d'avis de réception pour être entendu par le tribunal.

Les autres personnes appelées à l'audience sont convoquées selon les modalités prévues à l'article R. 626-17.

Le tribunal se prononce sur la résolution du plan de cession dans les conditions des deux premiers alinéas de l'article L. 642-5.

Le jugement prononçant la résolution du plan de cession est communiqué par le greffier aux personnes mentionnées à l'article R. 621-7 et fait l'objet des mesures de publicité prévues à l'article R. 621-8.

Il est signifié à la diligence du greffier dans les huit jours de la date de son prononcé aux personnes, autres que le procureur de la République, qui ont qualité pour interjeter appel. – *[Décr. n° 2005-1677 du 28 déc. 2005, art. 264.]*

Art. R. 642-19 Le tribunal vérifie que les conditions requises par l'article L. 642-12 sont remplies et constate dans le jugement arrêtant le plan les sûretés dont la charge est transmise.

Un extrait du jugement est adressé par le greffier aux personnes mentionnées à l'article R. 642-7. – *[Décr. n° 2005-1677 du 28 déc. 2005, art. 265.]*

Art. R. 642-20 Dans le cas prévu au troisième alinéa de l'article L. 642-12, le cessionnaire informe préalablement le liquidateur de tout projet d'aliénation d'un bien cédé. Il est également tenu d'en informer le tribunal si l'aliénation n'était pas envisagée lors du dépôt de son offre dans les conditions du 7° du II de l'article L. 642-2.

Le liquidateur, informé par le cessionnaire dans les conditions du premier alinéa ou d'office, avertit sans délai le juge-commissaire et les créanciers bénéficiant d'un droit de suite s'il y en a. – *[Décr. n° 2005-1677 du 28 déc. 2005, art. 266.]*

Art. R. 642-21 Le liquidateur signale, dans un rapport adressé au juge-commissaire et au procureur de la République et déposé au greffe, toute atteinte aux éléments pris en location-gérance ainsi que le défaut d'exécution par le locataire-gérant de ses obligations. Ce rapport fait état des observations du locataire-gérant et propose éventuellement les solutions qui seraient de nature à permettre l'exécution du plan. – *[Décr. n° 2005-1677 du 28 déc. 2005, art. 267.]*

SECTION II DE LA CESSION DES ACTIFS DU DÉBITEUR

SOUS-SECTION 1 DES VENTES DES IMMEUBLES

§ 1er DISPOSITIONS COMMUNES AUX VENTES PAR VOIE D'ADJUDICATION JUDICIAIRE ET PAR VOIE D'ADJUDICATION AMIABLE *(Décr. n° 2009-160 du 12 févr. 2009, art. 86).*

Art. R. 642-22 Le juge-commissaire qui ordonne, en application de l'article L. 642-18, la vente des immeubles par voie d'adjudication judiciaire ou amiable détermine :

1° La mise à prix de chacun des biens à vendre et les conditions essentielles de la vente ;

2° Les modalités de la publicité compte tenu de la valeur, de la nature et de la situation des biens ;

(Décr. n° 2009-160 du 12 févr. 2009, art. 87) « 3° Les modalités de visite des biens. »

Lorsque la vente est poursuivie par un créancier, en application de l'article L. 643-2, la mise à prix est déterminée en accord avec le créancier poursuivant.

Le juge-commissaire peut préciser qu'à défaut d'enchères atteignant cette mise à prix la vente pourra se faire sur une mise à prix inférieure qu'il fixe. – *[Décr. n° 2005-1677 du 28 déc. 2005, art. 268.]*

Art. R. 642-23 *L'ordonnance est notifiée* à la diligence du greffier par lettre recommandée avec demande d'avis de réception au débiteur et aux créanciers inscrits à domicile élu dont les noms sont indiqués dans l'ordonnance *(Abrogé par Décr. n° 2009-160 du 12 févr. 2009, art. 88)* *« ainsi qu'aux créanciers bénéficiant du privilège général immobilier ».* *(Décr. n° 2009-160 du 12 févr. 2009, art. 88)* « Les contrôleurs en sont avisés par le greffier. »

L'ordonnance produit les effets du commandement prévu à l'article *(Décr. n° 2012-783 du 30 mai 2012, art. 2, en vigueur le 1er juin 2012)* **« R. 321-1 du code des procédures civiles d'exécution » ;** *(Décr. n° 2012-1462 du 26 déc. 2012, art. 35, en vigueur le 1er janv. 2013)* **« elle est publiée au fichier immobilier à la diligence du liquidateur ou du créancier poursuivant », dans les conditions prévues pour ledit commandement.**

(Décr. n° 2012-1462 du 26 déc. 2012, art. 35, en vigueur le 1er janv. 2013) **« Le service de la publicité foncière » procède à la formalité de publicité de l'ordonnance même si des commandements ont été antérieurement publiés. Ces commandements cessent de produire effet à compter de la publication de l'ordonnance.** — *[Décr. n° 2005-1677 du 28 déc. 2005, art. 269.]*

1. Notification de l'ordonnance. Aucun domicile n'étant élu dans le cadre de la procédure collective, le domicile élu auquel doit avoir lieu la notification prévue par l'art. R. 642-23 ne peut être que celui élu par le créancier inscrit dans l'inscription elle-même. • Com. 26 févr. 2020, n° 18-21.575 P: *D. 2020. Actu. 485 ; RJDA 2020, n° 280 ; BJE 5-6/2020. 34, note Favre-Rochex.*

2. Péremption. La sanction de la péremption prévue par les art. R. 321-20 et R. 321-21 C. pr. exéc. s'applique à l'ordonnance du juge-commissaire ordonnant la vente d'un immeuble d'un débiteur en liquidation judiciaire par adjudication judiciaire ; le juge de l'exécution est compétent pour statuer sur une demande de prorogation des effets d'une telle ordonnance. • Cass., avis, 18 avr. 2018, n° 18-70.005 P: *D. 2018. Actu. 845 ; RTD com. 2018. 486, obs. Vallens ; JCP E 2018. 1429, n° 6, obs. Pétel ; LEDEN 5/2018. 3, obs. Staes ; DP diff. entr., Bull. n° 403, obs. Rémery ; Procédures 2018, n° 181, note Laporte ; Dr. et pr. 2018. 113, note Vinckel ; RJDA 2018, n° 662 ; APC 2018, n° 159, obs. Salhi ; RPC 2018, n° 145, obs. Cagnoli.* – V. Neveu et Bottin, *RPC 2018. Étude 21.*

3. Alsace-Moselle. Il résulte de la combinaison des art. R. 642-23 et R. 670-5 C. com. et de l'art. L. 341-1 C. pr. exéc., qui réservent l'application des règles du droit local en matière de saisie immobilière, que, si l'ordonnance du juge-commissaire produisant les effets du commandement valant saisie immobilière doit être publiée, dans les départements du Bas-Rhin, du Haut-Rhin et de la Moselle, au livre foncier, l'absence de publication de l'ordonnance dans les deux mois de sa signification n'est pas sanctionnée par sa caducité. • Com. 13 déc. 2016, n° 14-29.732 P: *D. 2017. Actu. 5 ; LEDEN 2/2017. 3, obs. Rubellin ; Gaz. Pal. 28 mars 2017, p. 61, obs. Hoonakker.*

Art. R. 642-24 *(Décr. n° 2009-160 du 12 févr. 2009, art. 89)* **« Lorsque le juge-commissaire, en application du deuxième alinéa de l'article L. 642-18, autorise le liquidateur à reprendre la procédure de saisie immobilière suspendue par le jugement d'ouverture de la procédure de liquidation judiciaire, il fixe la mise à prix, les modalités de la publicité et les modalités de visite du bien. Il statue dans les conditions prévues à l'article R. 642-36-1. »**

L'ordonnance du juge-commissaire est, à la requête du liquidateur, mentionnée en marge de la copie du commandement *(Décr. n° 2012-1462 du 26 déc. 2012, art. 35, en vigueur le 1er janv. 2013)* **« publié au fichier immobilier ».**

Le créancier qui avait engagé la procédure de saisie immobilière remet au liquidateur, contre récépissé, les pièces de la poursuite. Ses frais de procédure lui sont restitués dans l'ordre. — *[Décr. n° 2005-1677 du 28 déc. 2005, art. 270.]*

Lorsque le juge-commissaire autorise le liquidateur à reprendre la procédure de saisie immobilière suspendue par le jugement de liquidation judiciaire, il fixe, quel que soit le stade auquel la procédure de saisie immobilière a été arrêtée, la mise à prix, les modalités de la publicité et les modalités de visite du bien, de sorte que, saisie par l'effet dévolutif de l'appel, il incombe à la cour d'appel de compléter en ce sens l'ordonnance du juge-commissaire. • Com. 11 avr. 2018, n° 16-23.607 P: *D. 2018. Actu. 797 ; JCP E 2018. 1429, n° 7, obs. Pétel ; LEDEN 5/2018. 4, obs. Camensuli-Feuillard ; RDBF 2018, n° 74, obs. S. Piedelièvre ; BJE 2018. 261, note Hugon ; RJDA 2018, n° 659 ; APC 2018, n° 151, obs. Hoonakker.*

Art. R. 642-25 *(Décr. n° 2009-160 du 12 févr. 2009, art. 90)* **Le poursuivant ou le notaire commis établit un cahier des conditions de vente.**

Par exception à l'article *(Décr. n° 2012-783 du 30 mai 2012, art. 2, en vigueur le 1er juin 2012)* **« R. 322-10 du code des procédures civiles d'exécution », le cahier des conditions de vente contient :**

1° L'énonciation de l'ordonnance qui a ordonné la vente avec la mention de sa publication ;

2° La désignation de l'immeuble à vendre, l'origine de propriété, les servitudes grevant l'immeuble, les baux consentis sur celui-ci et le procès-verbal de description ;

3° La mention de la mise à prix, des conditions de la vente et des modalités de paiement du prix selon les règles prévues au deuxième alinéa de l'article R. 643-3.

Art. R. 642-26 Le liquidateur ne peut, en qualité de mandataire, être déclaré adjudicataire des immeubles du débiteur. – *[Décr. n° 2005-1677 du 28 déc. 2005, art. 272.]*

§ 2 DISPOSITIONS PARTICULIÈRES À LA VENTE PAR VOIE D'ADJUDICATION JUDICIAIRE *(Décr. n° 2009-160 du 12 févr. 2009, art. 91).*

Art. R. 642-27 La vente par voie d'adjudication judiciaire est soumise aux dispositions *(Décr. n° 2012-783 du 30 mai 2012, art. 5-I-1°, en vigueur le 1er juin 2012)* « des titres Ier et II du livre III du code des procédures civiles d'exécution » et dans la mesure où il n'y est pas dérogé par les dispositions du présent livre. – *[Décr. n° 2005-1677 du 28 déc. 2005, art. 273.]*

Art. R. 642-28 L'ordonnance qui ordonne la vente par voie d'adjudication judiciaire » rendue à la demande du liquidateur ou d'un créancier poursuivant comporte, outre les indications mentionnées à l'article R. 642-22, les énonciations exigées aux 1°, 5°, 10° de l'article *(Décr. n° 2012-783 du 30 mai 2012, art. 2, en vigueur le 1er juin 2012)* « R. 321-3 du code des procédures civiles d'exécution ». – *[Décr. n° 2005-1677 du 28 déc. 2005, art. 274.]*

Art. R. 642-29 Le juge-commissaire peut autoriser le liquidateur ou le créancier à poursuivre simultanément la vente de plusieurs immeubles, même s'ils sont situés dans des ressorts de *(Décr. n° 2019-966 du 18 sept. 2019, art. 8, en vigueur le 1er janv. 2020)* « tribunaux judiciaires » différents.

Il décide si la vente de ces biens sera poursuivie devant le juge de l'exécution du *(Décr. n° 2019-966 du 18 sept. 2019, art. 8, en vigueur le 1er janv. 2020)* « tribunal judiciaire » dans le ressort duquel chaque immeuble se trouve ou devant celui dans le ressort duquel est situé *(Décr. n° 2009-160 du 12 févr. 2009, art. 92)* « l'adresse de l'entreprise ou de l'activité déclarée par le débiteur personne physique ou le siège du débiteur personne morale ». – *[Décr. n° 2005-1677 du 28 déc. 2005, art. 275.]*

Art. R. 642-29-1 *(Décr. n° 2009-160 du 12 févr. 2009, art. 93)* Le cahier des conditions de vente est déposé par le poursuivant au greffe du juge de l'exécution du *(Décr. n° 2019-966 du 18 sept. 2019, art. 8, en vigueur le 1er janv. 2020)* « tribunal judiciaire » compétent dans un délai de deux mois à compter de la publication de l'ordonnance du juge-commissaire.

Par exception *(Décr. n° 2012-783 du 30 mai 2012, art. 5-I-2°, en vigueur le 1er juin 2012)* « aux sous-sections 2 et 4 de la section Ire et aux sections II et III du chapitre II du titre II du livre III du code des procédures civiles d'exécution », au plus tard le cinquième jour ouvrable suivant le dépôt du cahier des conditions de vente, le poursuivant avise, par acte d'huissier de justice, les créanciers inscrits à domicile élu et, si la vente porte sur un bien de la communauté, le conjoint du débiteur, de la date de l'audience d'adjudication. La date est fixée, à sa diligence, dans un délai compris entre deux et quatre mois suivant celle de l'avis.

Outre les mentions prescrites pour les actes d'huissier de justice, l'avis contient, à peine de nullité :

1° L'indication des lieu, jour et heure de l'audience d'adjudication du juge de l'exécution ;

2° La sommation de prendre connaissance du cahier des conditions de vente et l'indication du greffe du juge de l'exécution ainsi que du cabinet de l'avocat du poursuivant où celui-ci peut être consulté ;

3° L'indication, en caractères très apparents, qu'à peine d'irrecevabilité, seules les *contestations relatives à un acte de procédure postérieur à l'ordonnance du juge-*commissaire peuvent être soulevées, dans les quinze jours de l'acte ou, le cas échéant, de sa notification, par conclusions d'avocat déposées au greffe du juge de l'exécution.

Aux fins du 3°, l'avis vaut notification du cahier des conditions de vente.

En cas de contestation formée en application du 3°, les parties sont convoquées à une audience par le greffe du juge de l'exécution, conformément *(Décr. n° 2012-783 du*

30 mai 2012, art. 2, en vigueur le 1er juin 2012) « au troisième alinéa de l'article R. 311-6 du code des procédures civiles d'exécution ».

Lorsque les délais mentionnés au premier et au deuxième alinéas ont été dépassés, le juge de l'exécution déclare l'ordonnance du juge-commissaire non avenue, à moins qu'il ne soit justifié d'un motif légitime.

Art. R. 642-29-2 *(Décr. nº 2009-160 du 12 févr. 2009, art. 93)* Seules sont applicables à la cession des actifs du débiteur par voie d'adjudication judiciaire celles des dispositions *(Décr. nº 2012-783 du 30 mai 2012, art. 5-I-3º, en vigueur le 1er juin 2012)* « de la section IV du chapitre II du titre II du livre III du code des procédures civiles d'exécution » qui sont mentionnées ci-après.

A l'audience d'adjudication, il est procédé comme il est dit à la *(Décr. nº 2012-783 du 30 mai 2012, art. 5-I-3º, en vigueur le 1er juin 2012)* « sous-section 3 de la section IV susmentionnée ».

L'article *(Décr. nº 2012-783 du 30 mai 2012, art. 2, en vigueur le 1er juin 2012)* « R. 322-58 du même code » est applicable au paiement des frais taxés.

Outre les mentions prescrites pour tout jugement, le jugement d'adjudication vise l'ordonnance du juge-commissaire ayant ordonné la vente, les jugements tranchant les contestations et le cahier des conditions de vente. Il désigne le poursuivant. Il mentionne les éléments énumérés aux troisième et quatrième phrases de l'article *(Décr. nº 2012-783 du 30 mai 2012, art. 2, en vigueur le 1er juin 2012)* « R. 322-59 du même code ».

Le jugement d'adjudication est notifié par le poursuivant au débiteur, aux créanciers inscrits, à l'adjudicataire, ainsi qu'à toute personne ayant élevé une contestation tranchée par la décision.

Les modalités de recours à l'encontre de ce jugement sont fixées par les dispositions du deuxième alinéa de l'article *(Décr. nº 2012-783 du 30 mai 2012, art. 2, en vigueur le 1er juin 2012)* « R. 322-60 du même code ».

Les dispositions des articles *(Décr. nº 2012-783 du 30 mai 2012, art. 2, en vigueur le 1er juin 2012)* « R. 322-61 à R. 322-63 du même code » sont applicables au titre de vente.

La vente par adjudication judiciaire produit les effets prévus par l'article *(Décr. nº 2012-783 du 30 mai 2012, art. 2, en vigueur le 1er juin 2012)* « R. 322-64 du même code ».

La surenchère est régie par les articles *(Décr. nº 2012-783 du 30 mai 2012, art. 2, en vigueur le 1er juin 2012)* « R. 322-50 à R. 322-55 du même code ».

La réitération des enchères est régie par les articles *(Décr. nº 2012-783 du 30 mai 2012, art. 2, en vigueur le 1er juin 2012)* « R. 322-66 à R. 322-72 du même code ».

§ 3 DISPOSITIONS PARTICULIÈRES À LA VENTE PAR VOIE D'ADJUDICATION AMIABLE *(Décr. nº 2009-160 du 12 févr. 2009, art. 94).*

Art. R. 642-30 L'ordonnance qui ordonne la vente par voie d'adjudication amiable comporte, outre les indications mentionnées à l'article R. 642-22, les énonciations exigées au 5º de l'article *(Décr. nº 2012-783 du 30 mai 2012, art. 2, en vigueur le 1er juin 2012)* « R. 321-3 du code des procédures civiles d'exécution ». Elle désigne le notaire qui procédera à l'adjudication. – *[Décr. nº 2005-1677 du 28 déc. 2005, art. 276.]*

Art. R. 642-31 Le notaire informe par lettre recommandée avec demande d'avis de réception les créanciers inscrits portés sur l'état délivré après publication de l'ordonnance d'avoir à prendre communication du cahier des *(Décr. nº 2009-160 du 12 févr. 2009, art. 95)* « conditions de vente » déposé en son étude deux mois au moins avant la date fixée pour l'adjudication et d'y faire inscrire leurs dires et observations un mois au moins avant cette date. Par la même lettre, le notaire convoque les créanciers à la vente.

Si un créancier formule un dire, il saisit le juge de l'exécution du *(Décr. nº 2019-966 du 18 sept. 2019, art. 8, en vigueur le 1er janv. 2020)* « tribunal judiciaire » dans les huit jours à peine de déchéance, par assignation du liquidateur à comparaître à la première audience éventuelle utile. Il en informe immédiatement le notaire qui invite les autres personnes sommées à contester le dire. Le jugement est communiqué par le liquidateur au notaire qui modifie s'il y a lieu le cahier des *(Décr. n° 2009-160 du 12 févr. 2009, art. 95)* « conditions de vente ».

Le liquidateur, le débiteur et les créanciers inscrits sont convoqués à la vente par le notaire au moins un mois à l'avance. – *[Décr. n° 2005-1677 du 28 déc. 2005, art. 277.]*

Art. R. 642-32 Avant l'ouverture des enchères *[,]* le notaire se fait remettre par les enchérisseurs une caution bancaire irrévocable ou un chèque de banque conformément à l'article *(Décr. n° 2012-783 du 30 mai 2012, art. 2, en vigueur le 1er juin 2012)* « R. 322-41 du code des procédures civiles d'exécution ». Lorsque l'adjudicataire est défaillant, la somme versée ou la caution apportée est acquise pour être distribuée avec l'actif réalisé.

Le notaire rappelle que les enchères partiront du montant de la mise à prix fixé conformément à l'article R. 642-22.

Les enchères peuvent être faites sans ministère d'avocat. Elles sont pures et simples. Si aucune enchère n'atteint le montant de la mise à prix, le notaire constate l'offre la plus élevée et peut adjuger le bien à titre provisoire pour le montant de cette offre. Le juge-commissaire qui a fixé la mise à prix, saisi à la requête du notaire ou de tout intéressé, peut soit déclarer l'adjudication définitive et la vente réalisée, soit ordonner qu'une nouvelle vente aura lieu suivant l'une des formes prescrites par l'article L. 642-18. Si la nouvelle vente est une vente aux enchères, il fixe le délai de la nouvelle vente sans que ce délai puisse être inférieur à quinze jours, la mise à prix ainsi que les modalités de publicité.

Le titre de vente consiste dans l'expédition du cahier des conditions de vente revêtue de la formule exécutoire, à la suite de laquelle est transcrit un procès-verbal d'adjudication dressé par le notaire. – *[Décr. n° 2005-1677 du 28 déc. 2005, art. 278.]*

Art. R. 642-33 Dans les quinze jours qui suivent l'adjudication, toute personne peut faire surenchère du dixième par *(Décr. n° 2019-1333 du 11 déc. 2019, art. 16, en vigueur le 1er janv. 2020)* « requête remise ou adressée » au greffe du juge de l'exécution du *(Décr. n° 2019-966 du 18 sept. 2019, art. 8, en vigueur le 1er janv. 2020)* « tribunal judiciaire » dans le ressort duquel réside le notaire qui a procédé à la vente.

Le surenchérisseur dénonce cette *(Décr. n° 2019-1333 du 11 déc. 2019, art. 16, en vigueur le 1er janv. 2020)* « requête » par acte d'huissier de justice à la personne ou au domicile de l'adjudicataire dans le délai de l'article *(Décr. n° 2012-783 du 30 mai 2012, art. 2, en vigueur le 1er juin 2012)* « R. 322-52 du code des procédures civiles d'exécution » et informe le notaire de cette *(Décr. n° 2019-1333 du 11 déc. 2019, art. 16, en vigueur le 1er janv. 2020)* « requête ». Le tribunal, par le jugement qui valide la surenchère, renvoie la nouvelle adjudication devant le même notaire qui procède selon le cahier des *(Décr. n° 2009-160 du 12 févr. 2009, art. 95)* « conditions de vente » précédemment dressé.

Lorsqu'une seconde adjudication a lieu après surenchère, aucune autre surenchère des mêmes biens ne peut avoir lieu. – *[Décr. n° 2005-1677 du 28 déc. 2005, art. 279.]*

Pour les dispositions transitoires du Décr. n° 2019-1333 du 11 déc. 2019, V. note ss. art. R. 621-8-1.

1. Délai. Le point de départ du délai de surenchère est fixé au jour où l'adjudication provisoire est déclarée définitive par le juge-commissaire, même si l'ordonnance de ce dernier a fait l'objet d'un recours en vertu de l'art. 25 [R. 621-21]. • Grenoble, 30 juin 1992 : *D. 1992. Somm. 374, obs. Honorat.*

2. Compétence territoriale. La règle énoncée par l'art. 135 [R. 642-33], al. 1er, étant une règle de fond d'ordre public, il s'ensuit que la surenchère formée devant le greffe d'un tribunal territorialement incompétent doit être frappée d'une nullité absolue relevée d'office. • TGI Guéret, 11 févr. 1992 : *D. 1993. Somm. 280, obs. Julien.*

Art. R. 642-34 S'il y a lieu à *(Décr. n° 2009-160 du 12 févr. 2009, art. 96)* « réitération des enchères », la procédure est poursuivie devant le juge de l'exécution du *(Décr. n° 2019-966 du 18 sept. 2019, art. 8, en vigueur le 1er janv. 2020)* « tribunal judiciaire » dans le ressort duquel réside le notaire qui a procédé à la vente. Une copie authentique du procès-verbal d'adjudication est déposée au greffe du juge de l'exécu-

tion du *(Décr. n° 2019-966 du 18 sept. 2019, art. 8, en vigueur le 1er janv. 2020)* **« tribunal judiciaire ».** – *[Décr. n° 2005-1677 du 28 déc. 2005, art. 280.]*

Art. R. 642-35 La vente par voie d'adjudication amiable est soumise aux dispositions des articles *(Décr. n° 2012-783 du 30 mai 2012, art. 2, en vigueur le 1er juin 2012)* **« R. 322-39, R. 322-41, troisième alinéa, R. 322-42, R. 322-44, R. 322-45, R. 322-46, R. 322-48, deuxième et troisième alinéas, R. 322-62, troisième et quatrième alinéas** *[,]* **et R. 322-66 à R. 322-72 du code des procédures civiles d'exécution ».** – *[Décr. n° 2005-1677 du 28 déc. 2005, art. 281.] – V. **C. pr. exéc.***

§ 4 DISPOSITIONS PARTICULIÈRES À LA VENTE DE GRÉ À GRÉ *(Décr. n° 2009-160 du 12 févr. 2009, art. 97).*

Art. R. 642-36 L'autorisation de vente de gré à gré d'un ou plusieurs immeubles, délivrée en application de l'article L. 642-18, détermine le prix de chaque immeuble et les conditions essentielles de la vente.

L'ordonnance est notifiée conformément au premier alinéa de l'article R. 642-23.

Le liquidateur passe les actes nécessaires à la réalisation de la vente. Il ne peut, en qualité de mandataire, se porter acquéreur des immeubles du débiteur. – *[Décr. n° 2005-1677 du 28 déc. 2005, art. 282.]*

§ 5 DISPOSITIONS COMMUNES À TOUTES LES VENTES *(Décr. n° 2009-160 du 12 févr. 2009, art. 98).*

Art. R. 642-36-1 *(Décr. n° 2009-160 du 12 févr. 2009, art. 98)* **Le juge-commissaire statue sur la vente après avoir recueilli les observations des contrôleurs et entendu ou dûment appelé le débiteur et son conjoint lorsque celui-ci se trouve dans l'une des situations prévues à l'article R. 641-30, ainsi que le liquidateur.**

Art. R. 642-37 La décision qui, soit dans le jugement prononçant la liquidation judiciaire, soit ultérieurement, accorde les délais mentionnés à l'avant-dernier alinéa de l'article L. 642-18, fixe l'indemnité d'occupation due par le débiteur. – *[Décr. n° 2005-1677 du 28 déc. 2005, art. 283.]*

Art. R. 642-37-1 *(Décr. n° 2009-160 du 12 févr. 2009, art. 99)* **Le recours contre les ordonnances du juge-commissaire rendues en application de l'article L. 642-18 est formé devant la cour d'appel.**

1. Le recours de l'art. R. 642-37-1 est ouvert aux parties et aux personnes, dont les droits et obligations sont affectés par ces décisions, dans les dix jours de leur communication ou notification. • Com. 18 mai 2016, n° 14-19.622 P : *D. 2016. Chron. C. cass. 2245, obs. Arbellot ; RTD com. 2016. 856, obs. Vallens ; JCP E 2016. 1361, note Brignon ; APC 2016, n° 155, obs. Cagnoli ; LEDEN 7/2016. 4, obs. Camensuli-Feuillard ; BJE 2016. 429, note Vallens.* ♦ Un créancier hypothécaire inscrit sur l'immeuble cédé est recevable à former ce recours. • Même arrêt. ♦ De même, une société, en sa qualité de prétendue propriétaire de l'immeuble dont la cession a été ordonnée sur le fondement de l'art. L. 642-18, dispose du recours devant la cour d'appel prévu par l'art. R. 642-37-1, de sorte que la voie de la tierce opposition devant le juge-commissaire, contre cette ordonnance, lui est fermée. • Com. 3 avr. 2019, n° 17-28.954 P : *D. 2019. Actu. 758 ; RTD com. 2019. 772, obs. Vallens ; LEDEN 6/2019. 6, obs. Croze ; RJDA 2019, n° 452 ; BJE 7-8/2019. 46, note Théron ; RPC 2019, n° 129, obs. Cagnoli ; JCP E 2020. 1023, note Berthelot.* ♦ Si un créancier hypothécaire a qualité pour former le recours prévu par l'art. R. 642-37-1 contre l'ordonnance du juge-commissaire autorisant la vente de l'immeuble hypothéqué, il doit justifier, en outre, de son intérêt à agir en démontrant que ses droits et obligations sont affectés par cette décision ; tel n'est pas le cas lorsque le prix de vente de l'immeuble fixé par le juge-commissaire permet le paiement intégral de la créance hypothécaire. • Com. 1er juill. 2020, n° 19-11.337 : *RJDA 2020, n° 509.*

2. L'auteur d'une offre d'acquisition de gré à gré d'un actif d'un débiteur en liquidation judiciaire, n'ayant aucune prétention à soutenir au sens des art. 4 et 31 C. pr. civ., n'est pas recevable à exercer un recours contre la décision du juge-commissaire rejetant son offre. • Com. 23 sept. 2014 : *RJDA 2015, n° 206.*

SOUS-SECTION 2 DE LA VENTE DES AUTRES BIENS

Art. R. 642-37-2 *(Décr. n° 2009-160 du 12 févr. 2009, art. 100)* **Le juge-commissaire statue sur la vente après avoir recueilli les observations des contrôleurs et entendu ou dûment appelé le débiteur et son conjoint, lorsque celui-ci se trouve dans l'une des situations prévues à l'article R. 641-30, ainsi que le liquidateur.**

Art. R. 642-37-3 *(Décr. n° 2009-160 du 12 févr. 2009, art. 100)* **Les ordonnances rendues en application de l'article L. 642-19 sont, à la diligence du greffier, notifiées au débiteur et communiquées par lettre simple aux contrôleurs.**

Les recours contre ces décisions sont formés devant la cour d'appel.

1. Ouverture du recours. Le recours de l'art. R. 642-37-3 est ouvert aux parties et aux personnes dont les droits et obligations sont affectés par les ordonnances du juge-commissaire rendues en application de l'art. L. 642-19 (irrecevabilité de la tierce opposition formée par le bailleur contre l'ordonnance autorisant la cession du bail sur le fondement de l'art. L. 642-19 au motif qu'il disposait du recours prévu par l'art. R. 642-37-3). • Com. 20 sept. 2017, n° 16-15.829 P : *D. 2017. Actu. 1830, obs. Lienhard ; JCP E 2017. 1688, n° 6, obs. Pétel ; DP diff. entr., Bull. n°s 395/396, obs. Rémery ; LEDEN 11/2017. 3, obs. Staes ; RJDA 2017, n° 749 ; RPC 2018, n° 14, obs. Cagnoli.* – V. aussi • Com. 24 janv. 2018, n° 16-18.795 P : *D. 2018. Actu. 239 ; RTD com. 2018. 216, obs. Vallens ; JCP E 2018. 1201, note Berthelot ; RJDA 2018, n° 342.*

2. Pourvoi en cassation. En raison de l'abrogation de l'art. L. 661-5 C. com. par l'Ord. du 18 déc. 2008, le pourvoi en cassation contre l'arrêt statuant sur le recours contre une ordonnance du juge-commissaire autorisant la vente de biens mobiliers du débiteur n'est plus réservé au ministère public ni subordonné à la justification d'un excès de pouvoir. • Com. 8 juill. 2014, n° 13-19.395 P : *D. 2014. Actu. 1542 ; RJDA 2014, n° 791.*

Art. R. 642-38 **En cas de cession d'un fonds de commerce, le cessionnaire peut saisir le juge-commissaire pour faire prononcer la radiation des inscriptions. Il joint à sa demande un état des inscriptions, la justification de l'accomplissement des formalités de purge ou de l'accord des créanciers inscrits pour l'en dispenser, et la justification du paiement des frais préalables de vente.**

Le greffier du tribunal avise par lettre recommandée avec demande d'avis de réception les créanciers qui n'ont pas donné mainlevée de leurs inscriptions qu'ils disposent d'un délai de trente jours à compter de l'envoi de la lettre pour contester, par *(Décr. n° 2019-1333 du 11 déc. 2019, art. 16, en vigueur le 1er janv. 2020)* **« requête » ou par lettre recommandée avec demande d'avis de réception, la demande de radiation pour tout motif tiré du non-paiement du prix.** – *[Décr. n° 2005-1677 du 28 déc. 2005, art. 284.]*

Pour les dispositions transitoires du Décr. n° 2019-1333 du 11 déc. 2019, V. note ss. art. R. 621-8-1.

Art. R. 642-39 *(Décr. n° 2014-736 du 30 juin 2014, art. 101)* **Pour l'application du deuxième alinéa de l'article L. 642-20, le juge-commissaire est saisi par le ministère public, le liquidateur ou le débiteur. Lorsque la vente de gré à gré au profit d'une même personne porte sur un ou plusieurs biens pour un prix, hors taxe, supérieur au taux de compétence en dernier ressort du** *(Décr. n° 2019-966 du 18 sept. 2019, art. 8, en vigueur le 1er janv. 2020)* **« tribunal judiciaire », le liquidateur établit un rapport sur les diligences effectuées pour la recherche d'un cessionnaire.**

SECTION III DISPOSITIONS COMMUNES

Art. R. 642-40 **En application de l'article L. 642-22, la publicité des cessions d'entreprises et des réalisations d'actifs est faite par les mandataires de justice au moyen d'un service informatique accessible par l'internet.**

Toute cession d'entreprise fait l'objet d'une publicité par voie de presse. Son étendue est définie par le juge-commissaire. Le juge-commissaire détermine s'il y a lieu d'effectuer une publicité par voie de presse pour les actifs de faible valeur.

Le liquidateur, ou l'administrateur lorsqu'il en a été désigné, communique au greffe les caractéristiques essentielles de l'entreprise ou de la ou des branches d'activité susceptibles d'être cédées. Tout intéressé peut prendre connaissance de ces informations au greffe. – *[Décr. n° 2005-1677 du 28 déc. 2005, art. 286.]*

(Décr. n° 2014-736 du 30 juin 2014, art. 102) « Pour l'application du deuxième alinéa de l'article L. 642-2, le tribunal s'assure que, *(Décr. n° 2015-1009 du 18 août 2015, art. 10, en vigueur le 1er oct. 2015)* « compte tenu de la nature de l'activité en cause, les démarches » effectuées par le mandataire *ad hoc* ou le conciliateur désigné en application des articles L. 611-3 ou L. 611-6 ont assuré une publicité suffisante de la préparation de la cession. »

Art. R. 642-41 Lorsqu'en application de l'article L. 642-24, il y a lieu, pour le juge-commissaire, d'autoriser le liquidateur à compromettre ou à transiger, le greffier convoque le débiteur à l'audience quinze jours avant celle-ci en joignant à cette convocation la copie de la requête du liquidateur.

Si le compromis ou la transaction doit être soumis à l'homologation du tribunal, le débiteur est convoqué dans les mêmes conditions. — *[Décr. n° 2005-1677 du 28 déc. 2005, art. 287.]*

CHAPITRE III DE L'APUREMENT DU PASSIF

SECTION PREMIÈRE DU RÈGLEMENT DES CRÉANCIERS

Art. R. 643-1 Lorsque la vente est poursuivie par un créancier en application de l'article L. 643-2, la mise à prix est fixée par le juge-commissaire en accord avec le créancier poursuivant. — *[Décr. n° 2005-1677 du 28 déc. 2005, art. 288.]*

Art. R. 643-2 Le juge-commissaire, saisi de la demande d'un créancier sur le fondement de l'article L. 643-3, statue après avis du liquidateur au vu des documents justificatifs de l'admission définitive de la créance dont il est demandé un paiement provisionnel et, le cas échéant, de la garantie prévue au second alinéa de l'article susmentionné.

La provision est allouée à hauteur d'un montant déterminé en fonction de l'existence, du montant et du rang des autres créances, dues ou susceptibles d'être ultérieurement dues.

Sur ordonnance du juge-commissaire, les fonds indûment versés sont restitués sur première demande du liquidateur. — *[Décr. n° 2005-1677 du 28 déc. 2005, art. 289.]*

Art. R. 643-3 L'adjudicataire fait publier *(Décr. n° 2012-1462 du 26 déc. 2012, art. 35, en vigueur le 1er janv. 2013)* « au service de la publicité foncière » l'acte ou le jugement d'adjudication dans les deux mois de sa date et en cas d'appel dans les deux mois de l'arrêt confirmatif, sous peine de *(Décr. n° 2009-160 du 12 févr. 2009, art. 102)* « réitération des enchères » à la diligence du liquidateur.

Dans les trois mois de l'adjudication, l'adjudicataire verse au compte de dépôt ouvert par le liquidateur à la Caisse des dépôts et consignations la totalité du prix de l'adjudication y compris les intérêts au taux légal à compter du jour où la vente est devenue définitive jusqu'au jour du paiement. Passé ce délai, le liquidateur lui enjoint par lettre recommandée avec demande d'avis de réception de faire le versement sous peine de *(Décr. n° 2009-160 du 12 févr. 2009, art. 102)* « réitération des enchères ».

En cas de vente de gré à gré, le notaire chargé de la vente remet le prix, dès sa perception, au liquidateur.

Le prix de vente ne peut faire l'objet d'aucun prélèvement par le liquidateur jusqu'à ce que soit justifié par l'acquéreur qu'il a conduit à son terme la procédure de purge ou qu'il a obtenu des créanciers inscrits la dispense d'y procéder.

En cas de surenchère, le prix est restitué sans délai à l'acquéreur par le liquidateur, par l'intermédiaire du notaire. — *[Décr. n° 2005-1677 du 28 déc. 2005, art. 290.]*

Compétence. V. note 10 ss. art. L. 641-4.

Art. R. 643-4 Dès la publication de la vente, le liquidateur requiert *(Décr. n° 2012-1462 du 26 déc. 2012, art. 35, en vigueur le 1er janv. 2013)* « du service de la publicité foncière l'état des inscriptions subsistantes conformément à l'article 2449 du code civil », en vue de régler l'ordre entre les créanciers et procéder à la distribution du prix.

En cas de vente de gré à gré, le liquidateur soit d'office, soit requis par l'acquéreur ou par tout intéressé procède à l'ouverture de l'ordre, après accomplissement, par l'acquéreur, des formalités de purge prescrites par les articles *(Décr. nº 2021-1888 du 29 déc. 2021, art. 5, en vigueur le 1er janv. 2022)* « **2464** » et suivants du code civil et versement du prix à la Caisse des dépôts et consignations. – *[Décr. nº 2005-1677 du 28 déc. 2005, art. 291.]*

Art. R. 643-5 Les créanciers inscrits du chef d'un précédent propriétaire et titulaires d'un droit de suite *(Décr. nº 2014-736 du 30 juin 2014, art. 103)* « ou du chef de l'entrepreneur individuel à responsabilité limitée sur un bien affecté au patrimoine en cause en garantie d'une créance affectant un autre patrimoine » sont avertis par le liquidateur par lettre recommandée avec demande d'avis de réception qu'ils ont l'obligation de produire leur créance à la procédure d'ordre dans le délai de deux mois à compter de l'avertissement. Cet avis reproduit les deuxième et troisième alinéas du présent article.

La production mentionne la sûreté inscrite sur le bien. Un décompte des sommes dues en principal, intérêts et accessoires et les documents justificatifs sont joints à la production.

A défaut de production dans le délai mentionné au premier alinéa, le créancier est déchu du droit de participer à la distribution. – *[Décr. nº 2005-1677 du 28 déc. 2005, art. 292.]*

Art. R. 643-6 Après le versement du prix de vente en cas d'adjudication ou l'accomplissement, par l'acquéreur, des formalités de purge en cas de vente de gré à gré, le liquidateur dresse l'état de collocation au vu des inscriptions, des créances admises et de la liste des créances mentionnées à l'article L. 641-13. Il peut, s'il l'estime utile, convoquer les créanciers inscrits, l'adjudicataire ou l'acquéreur. L'état est déposé par ses soins au greffe du tribunal devant lequel s'est déroulée la procédure. Toute personne peut prendre connaissance de cet état.

Le greffier avertit les créanciers et l'adjudicataire ou l'acquéreur du dépôt de l'état de collocation par une insertion dans un ou plusieurs *(Décr. nº 2020-106 du 10 févr. 2020, art. 13)* « supports » d'annonces légales et par une insertion au ***Bulletin officiel des annonces civiles et commerciales*** contenant l'indication du journal *[support]* d'annonces légales dans lequel a été faite la première insertion et la mention du délai de recours prévu à l'article R. 643-11.

Le greffier adresse en outre, sauf dispense du juge-commissaire, à chaque créancier colloqué et à chaque créancier inscrit sur l'immeuble à domicile élu, une copie de l'état de collocation et indique le délai et les modalités du recours prévu à l'article R. 643-11.

L'état de collocation est adressé aux institutions mentionnées à l'article L. 143-11-4 *[L. 3253-14]* du code du travail lorsqu'elles en auront fait la demande préalable. – *[Décr. nº 2005-1677 du 28 déc. 2005, art. 293.]*

1. Le créancier hypothécaire exerçant son droit de suite et de préférence doit être colloqué sans avoir à déclarer sa créance au passif de la procédure collective ouverte à l'encontre de l'adjudicataire du bien grevé. • Com. 11 juin 2002, nº 00-20.981 P : *D. 2002. AJ 2470 ; JCP E 2002, nº 38, p. 1484, note Rémery ; ibid. 2003, nº 5, p. 221, obs. Cabrillac ; RTD com. 2003. 364, obs. Martin-Serf ; Defrénois 2003. 417, obs. Théry.* – Dans le même sens, V. • Com. 10 mars 2004, nº 02-16.474 P : *D. 2004. Somm. 2146, obs. Le Corre ; ibid. 2710, obs. Aynès ; Banque et Dr. 5-6/2004. 45, obs. Jacob.* ♦ Comp., désormais : art. R. 643-5, dans sa réd. issue du Décr. nº 2005-1677 du 28 déc. 2005.

2. Sur la loi applicable à la répartition entre créanciers hypothécaires et privilégiés du prix d'adjudication d'un immeuble en cas de procédure collective ouverte à l'étranger, V. • Com. 12 mars 2013, nº 11-27.748 P : *D. 2013. Actu. 768 ; Rev. crit. DIP 2013. 649, Rapp. Rémery et note d'Avout ; LEDEN 4/2013. 7, obs. Mélin ; RJDA 2013, nº 441 ; BJE 2013. 177, note Henry ; RPC 2014, nº 13, obs. Mastrullo.*

Art. R. 643-7 S'il ne s'élève aucune contestation, le liquidateur est tenu dans les quinze jours qui suivent l'expiration du délai prévu au premier alinéa de l'article R. 643-11 de procéder à la clôture de l'ordre. Il dépose le procès-verbal de clôture de l'ordre au greffe du tribunal devant lequel s'est déroulée la procédure de liquidation judiciaire.

A compter du dépôt du procès-verbal de clôture de l'ordre, la collocation des créanciers est définitivement arrêtée en capital et intérêts. Toutefois, les intérêts de la somme ainsi liquidée continuent de courir au bénéfice des créanciers au taux servi par la Caisse des dépôts et consignations. – *[Décr. nº 2005-1677 du 28 déc. 2005, art. 294.]*

Sur le droit des créanciers inscrits aux intérêts servis par la Caisse des dépôts et consignations, V. • Com. 3 déc. 2003, nº 01-01.400 P : *JCP E 2004, nº 22, p. 857, obs. Cabrillac ; APC 2004, nº 51, obs. Salvat.*

Art. R. 643-8 Lorsque le prix de vente a été payé selon les modalités prévues à l'article R. 643-3 et que des créanciers n'ont pas donné mainlevée de leurs inscriptions, le liquidateur fait prononcer la radiation des inscriptions. A cette fin, il saisit le juge de l'exécution du *(Décr. nº 2019-966 du 18 sept. 2019, art. 8, en vigueur le 1er janv. 2020)* « tribunal judiciaire » devant lequel s'est déroulée la procédure de liquidation judiciaire ou dans le ressort duquel cette procédure s'est déroulée. Il joint à sa demande l'état des inscriptions, l'état de collocation et la justification du paiement des frais préalables de vente mentionnés à l'article 2209 du code civil. Il transmet le procès-verbal de clôture de l'ordre lorsque celui-ci est établi.

Après l'accomplissement des formalités de purge et le versement du prix de vente, l'acquéreur peut également saisir le juge de l'exécution du tribunal prévu à l'alinéa précédent pour faire prononcer la radiation des inscriptions. Il joint à sa demande un état des inscriptions, la justification de l'accomplissement des formalités de purge ou de l'obtention de l'accord des créanciers inscrits pour en dispenser, et la justification du paiement des frais préalables de vente mentionnés ci-dessus.

Le greffier de cette juridiction avise les créanciers qui n'ont pas donné mainlevée de leurs inscriptions, à domicile élu, par lettre recommandée avec demande d'avis de réception qu'ils disposent d'un délai de trente jours à compter de l'envoi de la lettre recommandée pour faire opposition au paiement du prix par déclaration au greffe ou par lettre recommandée avec demande d'avis de réception.

Le juge de l'exécution statue sur les oppositions et ordonne la radiation des inscriptions. – *[Décr. nº 2005-1677 du 28 déc. 2005, art. 295.]*

Art. R. 643-9 Le liquidateur remet *(Décr. nº 2012-1462 du 26 déc. 2012, art. 35, en vigueur le 1er janv. 2013)* « au service de la publicité foncière » une expédition du procès-verbal de clôture de l'ordre, de l'ordonnance du juge des ordres prononçant la radiation des inscriptions ou l'acte par lequel les créanciers ont donné mainlevée de leurs inscriptions.

(Décr. nº 2012-1462 du 26 déc. 2012, art. 35, en vigueur le 1er janv. 2013) « Le service de la publicité foncière » procède à la radiation des inscriptions mais reste tenu de procéder à l'inscription définitive prévue aux articles *(Décr. nº 2012-783 du 30 mai 2012, art. 2, en vigueur le 1er juin 2012)* « R. 533-1 et suivants du code des procédures civiles d'exécution ». – *[Décr. nº 2005-1677 du 28 déc. 2005, art. 296.] – V. lesdits art. au **C. pr. exéc.***

Art. R. 643-10 Le liquidateur fixe les frais de radiation et de poursuite de l'ordre qui sont colloqués suivant les règles prévues à l'article L. 641-13. Il liquide en outre les frais de chaque créancier colloqué en rang utile, détermine les sommes qui leur sont dues et en effectue le paiement. – *[Décr. nº 2005-1677 du 28 déc. 2005, art. 297.]*

Art. R. 643-11 Les contestations sont formées dans le délai de trente jours à compter de l'insertion au *Bulletin officiel des annonces civiles et commerciales* avisant du dépôt de l'état de collocation. Elles sont faites par *(Décr. nº 2019-1333 du 11 déc. 2019, art. 16, en vigueur le 1er janv. 2020)* « requête remise ou adressée au greffe » du juge de l'exécution du *(Décr. nº 2019-966 du 18 sept. 2019, art. 8, en vigueur le 1er janv. 2020)* « tribunal judiciaire » devant lequel s'est déroulée la procédure de liquidation judiciaire ou dans le ressort duquel la procédure s'est déroulée.

La contestation est, à peine d'irrecevabilité, dénoncée, dans les dix jours de son dépôt au greffe, aux créanciers en cause et au liquidateur par acte d'huissier de justice. Cet acte indique que les créanciers et le liquidateur doivent constituer avocat dans le délai de quinze jours à compter de la dénonciation.

Il est statué sur les contestations selon la procédure applicable devant le juge de l'exécution. Les articles *(Décr. nº 2012-783 du 30 mai 2012, art. 2, en vigueur le 1er juin 2012)* « R. 311-4, R. 311-6 premier alinéa et R. 311-7 du code des procédures civiles d'exécution » sont applicables. — *[Décr. nº 2005-1677 du 28 déc. 2005, art. 298.]*

Pour les dispositions transitoires du Décr. nº 2019-1333 du 11 déc. 2019, V. note ss. art. R. 621-8-1.

1. Le délai de trente jours pour former une contestation à l'état de collocation est un délai uniforme dont le point de départ ne peut varier en fonction des notifications individuelles dont le juge-commissaire peut discrétionnairement dispenser le greffier. • Com. 13 févr. 2007, nº 05-17.794 P : *D. 2007. AJ 731 ; JCP E 2007. 1450, nº 5, obs. Cabrillac ; Gaz. Pal. 13-14 avr. 2007, p. 37, obs. M. Sénéchal.*

2. La dénonciation de la contestation à l'état de collocation prévue à l'art. 148 du décr. du 27 déc. 1985 [C. com., art. R. 643-11] doit être faite, à peine d'irrecevabilité, outre au liquidateur, au créancier dont la créance est contestée et à ceux qui lui sont postérieurs. • Com. 16 sept. 2008, nº 07-13.135 P : *D. 2008. AJ 2425 ; APC 2008, nº 273, obs. Salvat ; JCP E 2009. 1008, nº 10, obs. Cabrillac ; RJ com. 2009. 64, obs. Sortais.*

3. Les contestations à l'état de collocation, dressé en matière de distribution par voie d'ordre du prix de vente d'un immeuble, doivent, lorsqu'elles sont soumises à la cour d'appel, être jugées sur les conclusions du ministère public, cette communication étant d'ordre public. • Com. 30 mars 2005, nº 03-19.029 P : *D. 2005. AJ 1227, obs. Lienhard ; APC 2005, nº 134, obs. Salvat.*

Art. R. 643-12 En cas de contestation, le liquidateur peut néanmoins régler l'ordre et délivrer les titres de paiement pour les créances antérieures à celles qui sont contestées. Il peut même régler l'ordre pour les créances postérieures, en réservant une somme suffisante pour les créances contestées. — *[Décr. nº 2005-1677 du 28 déc. 2005, art. 299.]*

Art. R. 643-13 Dans les huit jours qui suivent l'expiration du délai d'appel et en cas d'appel dans les huit jours de la signification de l'arrêt, le liquidateur règle définitivement l'ordre des créances contestées et des créances postérieures conformément aux articles R. 643-7 à R. 643-10. — *[Décr. nº 2005-1677 du 28 déc. 2005, art. 300.]*

Art. R. 643-14 En cas d'adjudication sur *(Décr. nº 2009-160 du 12 févr. 2009, art. 96)* « réitération des enchères » intervenant dans le cours de l'ordre et même après le règlement définitif, le liquidateur modifie l'état de collocation, le montant des sommes dues aux créanciers inscrits au procès-verbal de l'ordre suivant les résultats de l'adjudication et effectue les paiements correspondants. — *[Décr. nº 2005-1677 du 28 déc. 2005, art. 301.]*

Art. R. 643-15 Pour l'application de la présente section, en cas de retour au liquidateur d'une lettre de notification qui n'a pu être remise à son destinataire, le liquidateur procède par voie de signification. — *[Décr. nº 2005-1677 du 28 déc. 2005, art. 302.]*

SECTION II DE LA CLÔTURE DES OPÉRATIONS DE LIQUIDATION JUDICIAIRE

Art. R. 643-16 L'insuffisance d'actif est caractérisée lorsque le produit de la réalisation des actifs du débiteur et des actions et procédures engagées dans l'intérêt de l'entreprise ou des créanciers ne permet plus de désintéresser, même partiellement, les créanciers. — *[Décr. nº 2005-1677 du 28 déc. 2005, art. 303.]*

En ce sens que l'insuffisance d'actif n'est pas caractérisée lorsque, compte tenu de la rémunération du débiteur, il reste une quotité saisissable permettant de désintéresser partiellement les créanciers, V. • Com. 5 mars 2002, nº 98-22.646 P : *D. 2002. AJ 1422.*

Art. R. 643-17 Le greffier, au plus tard deux mois avant l'expiration du délai fixé par le tribunal, en application du premier alinéa de l'article L. 643-9, pour l'examen de la clôture de la procédure, fait convoquer à cette fin le débiteur par acte d'huissier de justice. Il avise le liquidateur et les contrôleurs de la date de l'audience.

Lorsqu'il est fait application du *(Décr. nº 2014-736 du 30 juin 2014, art. 104)* « quatrième » alinéa du même article, il est procédé aux convocations et avis mentionnés à l'alinéa précédent. Toutefois, le débiteur ou le créancier, lorsqu'il est demandeur, est convoqué à la diligence du greffier par lettre recommandée avec demande d'avis de réception. — *[Décr. n° 2005-1677 du 28 déc. 2005, art. 304.]*

Art. R. 643-18 Le tribunal statue sur la clôture de la procédure sur le rapport du liquidateur.

(Décr. n° 2014-736 du 30 juin 2014, art. 105) « Le cas échéant, le liquidateur est désigné pour exercer la mission prévue au troisième alinéa de l'article L. 643-9 à moins que n'existe un conflit d'intérêts. Par décision motivée, le tribunal peut, à la demande du débiteur ou du ministère public, désigner une autre personne dans les conditions prévues à l'article L. 812-2. Le mandataire désigné est soumis aux mêmes obligations que celles qui auraient été applicables au liquidateur s'il avait poursuivi les instances en cours et réparti les sommes issues de celles-ci. »

Le jugement prononçant la clôture de la procédure pour extinction du passif ou pour insuffisance d'actif fait l'objet des publicités prévues à l'article R. 621-8. Le jugement est notifié par le greffier au débiteur.

Lorsque le tribunal autorise, par ce jugement, la reprise des actions individuelles de tout créancier à l'encontre du débiteur, il en est fait mention dans ces publicités. Dans ce cas, le jugement est signifié au débiteur à la diligence du greffier dans les huit jours de son prononcé.

Lorsque cette autorisation est postérieure au jugement prononçant la clôture de la procédure, la décision du tribunal fait l'objet des mêmes publicités et est signifiée au débiteur dans les mêmes conditions. — *[Décr. n° 2005-1677 du 28 déc. 2005, art. 305.]*

S'il résulte de la combinaison des al. 4 et 5 de l'art. R. 643-18 que le jugement qui, postérieurement à celui clôturant la liquidation judiciaire pour insuffisance d'actif, autorise, à titre exceptionnel, la reprise des actions individuelles des créanciers doit être signifié au débiteur dans les huit jours de son prononcé, le non-respect de ce délai n'est pas sanctionné par la nullité pour irrégularité de l'acte de signification délivré après son expiration, de sorte que cet acte fait courir le délai d'appel. • Com. 9 déc. 2020, n° 19-14.441 P : *D. 2021. Actu. 5 ; LEDEN 2/2021. 3, obs. Camensuli-Feuillard ; RJDA 2021, n° 182 ; BJE 3-4/2021. 40, note Vallens ; Dr. sociétés 2021, n° 54, note Legros.* ♦ Sur le délai d'appel, V. note 5 ss. art. R. 661-3.

Art. R. 643-19 Dans les deux mois qui suivent l'achèvement de sa mission, le liquidateur dépose un compte rendu de fin de mission dans les conditions prévues par les articles R. 626-39 et R. 626-40. L'article R. 626-41 est applicable. — *[Décr. n° 2005-1677 du 28 déc. 2005, art. 306.]*

(Décr. n° 2014-736 du 30 juin 2014, art. 106) « Lorsque le liquidateur judiciaire a été informé de la mise en œuvre d'une procédure administrative d'établissement de l'impôt, il en informe les comptables publics compétents par lettre recommandée avec demande d'avis de réception quinze jours au moins avant la date de ce dépôt.

« Le mandataire désigné en application du troisième alinéa de l'article L. 643-9 dépose un compte rendu de fin de mission dans les mêmes conditions. Le cas échéant, le président du tribunal exerce les fonctions attribuées à cette fin au juge-commissaire. »

L'art. 306 du Décr. n° 2005-1677 du 28 déc. 2005 [C. com., art. R. 643-19] est applicable aux procédures en cours au 1er janv. 2006 (Décr. préc., art. 361).

Art. R. 643-20 Le créancier dont la créance a été admise et qui recouvre son droit de poursuite individuelle conformément à l'article L. 643-11 peut obtenir, par ordonnance du président du tribunal rendue sur requête, le titre prévu au V du même article. La caution ou le co-obligé mentionné au II du même article peut, dans les mêmes conditions, obtenir un titre exécutoire sur justification du paiement effectué. *(Décr. n° 2009-160 du 12 févr. 2009, art. 103)* « La procédure de l'injonction de payer prévue aux articles 1405 et suivants du code de procédure civile n'est pas applicable. »

Lorsque la créance a été admise lors de la procédure, le président du tribunal qui a ouvert celle-ci est compétent. Lorsque la créance n'a pas été vérifiée, la compétence du tribunal est déterminée selon les règles du droit commun.

L'ordonnance vise l'admission définitive du créancier et le jugement de clôture pour insuffisance d'actif. Elle contient l'injonction de payer et est revêtue par le greffier de la formule exécutoire.

Dans le cas prévu aux I, II et III de l'article L. 643-11, l'ordonnance est rendue, le débiteur entendu ou appelé. – *[Décr. n° 2005-1677 du 28 déc. 2005, art. 309.]*

L'art. 309 du Décr. n° 2005-1677 du 28 déc. 2005 [C. com., art. R. 643-19] est applicable aux procédures en cours au 1er janv. 2006 (Décr. préc., art. 361).

Art. R. 643-21 **Si le débiteur fait l'objet d'une mesure d'interdiction d'émettre des chèques prise en application de l'article L. 131-73 du code monétaire et financier, le liquidateur se fait remettre par la Banque de France un relevé des incidents de paiement de chèques enregistrés au nom de l'intéressé** *(Décr. n° 2014-736 du 30 juin 2014, art. 107)* **« et, si le débiteur est un entrepreneur individuel à responsabilité limitée, des incidents de paiement afférents au patrimoine visé par la procédure » et le dépose au greffe. Le greffier conserve ce relevé pendant cinq ans à compter du jugement d'ouverture de la procédure.** – *[Décr. n° 2005-1677 du 28 déc. 2005, art. 307.]*

Art. R. 643-22 **Pour l'application de l'article L. 643-12, le débiteur justifie de la suspension de l'interdiction d'émettre des chèques auprès de l'établissement de crédit qui est à l'origine de cette mesure par la remise d'une copie du jugement de clôture, à laquelle il joint un relevé des incidents de paiement.**

L'établissement de crédit qui est à l'origine de l'interdiction informe la Banque de France de la suspension de cette interdiction aux fins de régularisation. – *[Décr. n° 2005-1677 du 28 déc. 2005, art. 308.]*

Art. R. 643-23 **Si la mesure d'interdiction d'émettre des chèques ayant fait l'objet d'une suspension en application de l'article L. 643-12 reprend ses effets à la suite du recouvrement par les créanciers de leur droit de poursuite individuelle, l'ordonnance revêtue de la formule exécutoire visée au** *(Décr. n° 2009-160 du 12 févr. 2009, art. 104)* **« V » de l'article L. 643-11 est notifiée par le greffier, aux frais du créancier poursuivant, à la Banque de France, accompagnée du relevé des incidents de paiement de chèques mentionné à l'article R. 643-22.** – *[Décr. n° 2005-1677 du 28 déc. 2005, art. 310.]*

Art. R. 643-24 **Le tribunal statue sur la reprise de la procédure de liquidation judiciaire prévue à l'article L. 643-13 après avoir entendu ou dûment appelé le débiteur. La décision de reprise de la procédure fait l'objet des avis et publicités prévus aux articles R. 621-7 et R. 621-8. Elle est signifiée au débiteur et, le cas échéant, notifiée au créancier demandeur.** – *[Décr. n° 2005-1677 du 28 déc. 2005, art. 311.]*

CHAPITRE IV DE LA LIQUIDATION JUDICIAIRE SIMPLIFIÉE

Le chapitre IV est applicable aux procédures en cours au 1er janv. 2006 (Décr. n° 2005-1677 du 28 déc. 2005, art. 361).

Art. R. 644-1 *(Décr. n° 2009-160 du 12 févr. 2009, art. 105)* **« Lorsque la décision sur l'application à la procédure des règles de la liquidation judiciaire simplifiée, prévue au chapitre IV du titre IV du livre VI, relève de la compétence du président du tribunal, celui-ci statue d'office au vu du rapport du liquidateur. »**

Cette décision est une mesure d'administration judiciaire non susceptible de recours. Elle est communiquée au débiteur et au liquidateur et est mentionnée aux registres ou répertoires prévus *(Décr. n° 2014-736 du 30 juin 2014, art. 108)* **« aux trois premiers alinéas de l'article R. 621-8 ».** – *[Décr. n° 2005-1677 du 28 déc. 2005, art. 312.]*

BIBL. ▶ VALLANSAN, *APC 2007, n° 7.*

Le jugement du tribunal qui ouvre ou prononce lui-même la liquidation judiciaire simplifiée ou la décision de son président qui, après rapport du liquidateur, applique à la liquidation déjà ouverte ou prononcée les règles de la liquidation simplifiée, peuvent être modifiés à tout moment, *dans les conditions prévues à l'art.* L. 644-6 ; ce jugement ou cette décision constituent des mesures d'administration judiciaire non susceptibles de recours. • Com. 2 juin 2021, n° 19-25.556 P : *D. 2021. Actu. 1077 ; Rev. sociétés 2021. 546, obs. Roussel Galle ; JCP E 2021. 1424, n° 8, obs. Tehrani ; LEDEN 7/2021. 4, obs. Camensuli-Feuillard ; APC 2021, n° 158, obs. Rolland ; Gaz. Pal. 26 oct. 2021, p. 67, obs. Ferrari ; RJDA 2021, n° 732 ; RPC 2022, n° 4, obs. Cagnoli.* – V. déjà : • Com. 4 mars 2008, n° 07-10.033 P : *D. 2008. AJ 847, obs. Lienhard ; ibid. Chron. C. cass. 1233, obs. Orsini ; APC 2008, n° 105, obs. Staes ; Gaz. Pal. 27-29 juill. 2008, p. 39, obs. Voinot ; RPC 2008, n° 53, obs. Gorrias ; JCP E 2008. 2062, n° 7, obs. Cabrillac ; RTD com. 2008. 631, obs. Vallens ; RJ com. 2008. 378, obs. Sortais.*

Art. R. 644-2 *(Décr. n° 2009-160 du 12 févr. 2009, art. 106)* « L'état des créances complété par le » projet de répartition établi par le liquidateur à l'issue de la procédure de vérification et d'admission des créances et de la réalisation des biens est déposé au greffe où tout intéressé peut en prendre connaissance. Un avis de ce dépôt est publié au *Bulletin officiel des annonces civiles et commerciales* ainsi que dans un *(Décr. n° 2020-106 du 10 févr. 2020, art. 12)* « support » d'annonces légales.

(Décr. n° 2014-736 du 30 juin 2014, art. 109-1°) « Lorsque l'état des créances ne fait l'objet que d'un dépôt au greffe conformément aux dispositions de la dernière phrase du premier alinéa de l'article L. 644-4, le liquidateur notifie aux créanciers mentionnés *(Décr. n° 2021-1218 du 23 sept. 2021, art. 43, en vigueur le 1er oct. 2021)* « aux 1° à 6° de l'article L. 643-8 » le dépôt au greffe de cet état par lettre recommandée avec demande d'avis de réception. Lorsque ces créanciers ont déclaré leur créance par la voie du portail mentionné aux articles L. 814-2 et L. 814-13, le liquidateur leur notifie le dépôt au greffe de l'état des créances par la même voie. » — *Pour les dispositions transitoires du Décr. n° 2021-1218 du 23 sept. 2021, V. note ss. art. R. 611-11.*

Le délai dans lequel *(Décr. n° 2009-160 du 12 févr. 2009, art. 106)* « il peut être formé réclamation » devant le juge-commissaire, en application de l'article L. 644-4, est d'un mois à compter de la publication *(Décr. n° 2014-736 du 30 juin 2014, art. 109-2°)* « de l'avis de dépôt au greffe de l'état des créances ou de la notification de ce dépôt ». — *[Décr. n° 2005-1677 du 28 déc. 2005, art. 313.]*

Art. R. 644-3 La décision par laquelle le juge-commissaire statue sur les contestations formées contre *(Décr. n° 2009-160 du 12 févr. 2009, art. 107)* « l'état des créances complété par » le projet de répartition fait l'objet des mesures de publicité prévues à l'article R. 644-2. Elle est notifiée par le greffier aux créanciers intéressés. Ceux-ci peuvent former un recours dans les délais et selon les formes prévus à l'article R. 621-21. — *[Décr. n° 2005-1677 du 28 déc. 2005, art. 314.]*

Art. R. 644-4 Lorsque le tribunal envisage, en application de l'article L. 644-6, de ne plus faire application des règles de la liquidation judiciaire simplifiée, il fait convoquer le débiteur à l'audience par le greffier par lettre recommandée avec demande d'avis de réception.

Il statue au vu d'un rapport du liquidateur.

(Décr. n° 2014-736 du 30 juin 2014, art. 110) « La décision est communiquée par le greffier au débiteur et au liquidateur et transmise par celui-ci au ministère public. Elle n'est pas susceptible de recours.

« Mention de la décision est portée sur les registres et répertoires prévus aux trois premiers alinéas de l'article R. 621-8. »

CHAPITRE V DU RÉTABLISSEMENT PROFESSIONNEL

(Décr. n° 2014-736 du 30 juin 2014, art. 111)

Art. R. 645-1 La valeur de réalisation de l'actif mentionné au premier alinéa de l'article L. 645-1 est inférieure à *(Décr. n° 2021-1218 du 23 sept. 2021, art. 44, en vigueur le 1er oct. 2021)* « 15 000 » euros. Cet actif est déclaré conformément à l'article R. 640-1-1.

Pour les dispositions transitoires du Décr. n° 2021-1218 du 23 sept. 2021, V. note ss. art. R. 611-11.

BIBL. ▶ DEGENHARDT, *BJE 2014. 335* (détermination de l'actif : faut-il prendre en compte les biens acquis sous réserve de propriété et le patrimoine affecté de l'EIRL ?).

Art. R. 645-2 Lorsque le tribunal ouvre la procédure de rétablissement professionnel à la demande du débiteur, il sursoit à statuer sur la demande d'ouverture de la procédure de liquidation judiciaire faite par ce dernier et, le cas échéant, sur l'assignation du créancier ou sur la requête du ministère public aux mêmes fins.

Art. R. 645-3 Lorsqu'il apparaît que le débiteur ne remplit pas les conditions requises pour bénéficier de la procédure de rétablissement professionnel, le tribunal rejette sa demande et statue sur la demande d'ouverture de la procédure de liquidation judiciaire.

Art. R. 645-4 Le jugement statuant sur la demande d'ouverture de la procédure de rétablissement professionnel est notifié par le greffier au débiteur par lettre recommandée avec demande d'avis de réception au débiteur dans les huit jours de son prononcé. La lettre de notification reprend les dispositions du premier alinéa de l'article L. 645-9 et des articles L. 645-11 et L. 645-12.

Le jugement est communiqué aux personnes mentionnées à l'article R. 621-7 et, le cas échéant, à l'ordre professionnel ou à l'autorité dont relève le débiteur.

Art. R. 645-5 *(Décr. nº 2016-1851 du 23 déc. 2016, art. 4, en vigueur le 1er janv. 2017)* I. — Le greffier joint à la copie du jugement mentionnée à l'article R. 645-4 un document reproduisant les termes du II du présent article, ainsi que :

1º Ceux des articles L. 645-4, L. 812-2, L. 814-5, L. 814-10, R. 814-24 et R. 814-38, si le mandataire judiciaire est une personne choisie sur le fondement du premier alinéa du II de l'article L. 812-2 ;

2º Ceux des articles L. 645-4, L. 812-2, L. 812-8-1, L. 814-5, L. 814-10-1, L. 814-10-2, R. 814-24 et R. 814-41-1, si le mandataire judiciaire est une personne choisie sur le fondement du III de l'article L. 812-2.

II. — Lorsque le mandataire judiciaire désigné par le tribunal est une personne mentionnée au II ou III de l'article L. 812-2, celle-ci adresse sans délai l'attestation sur l'honneur prévue au troisième alinéa du II de cet article, la justification de la garantie et de l'assurance prévues à l'article L. 814-5 ainsi que le nom du commissaire aux comptes assurant le contrôle de sa comptabilité spéciale en application, selon le cas, de l'article L. 811-11-1 ou du III de l'article L. 814-10-1.

III. — Pour l'application du troisième alinéa du III de l'article L. 812-2, la copie de cette attestation est adressée au magistrat du parquet général chargé des inspections de la cour d'appel dans le ressort de laquelle la personne a son domicile professionnel.

Les art. 4 à 11 du Décr. nº 2016-1851 du 23 déc. 2016 ne sont applicables qu'aux procédures ouvertes après l'entrée en vigueur de ce décret (Décr. préc., art. 53-III).

Art. R. 645-6 Le président du tribunal est compétent pour remplacer le juge commis empêché ou ayant cessé ses fonctions. La décision par laquelle il est pourvu au remplacement est une mesure d'administration judiciaire.

Art. R. 645-7 Pour l'application du premier alinéa de l'article L. 645-6, la procédure est celle prévue à l'article R. 611-35 et le juge commis exerce les pouvoirs attribués par ce texte au président du tribunal.

Art. R. 645-8 Les actes nécessaires à la conservation des droits du débiteur et à la préservation de ses biens font l'objet d'un compte rendu remis au juge commis dont copie est transmise au ministère public par le mandataire judiciaire *(Décr. nº 2016-1851 du 23 déc. 2016, art. 5, en vigueur le 1er janv. 2017)* « ou par la personne choisie sur le fondement du premier alinéa du II ou du III de l'article L. 812-2 ».

Pour les dispositions transitoires du Décr. nº 2016-1851 du 23 déc. 2016, V. note ss. art. R. 645-5.

Art. R. 645-9 L'état chiffré des créances et des dettes mentionné au 5º de l'article R. 631-1 peut être complété par le débiteur dans les quinze jours suivant le jugement d'ouverture de la procédure de rétablissement professionnel. Le débiteur porte sans délai ces modifications à la connaissance du mandataire judiciaire *(Décr. nº 2016-1851 du 23 déc. 2016, art. 6, en vigueur le 1er janv. 2017 ; Décr. nº 2017-1225 du 2 août 2017, art. 16)* « ou de la personne choisie sur le fondement du premier alinéa du II ou du III de l'article L. 812-2 ».

Pour les dispositions transitoires du Décr. nº 2016-1851 du 23 déc. 2016, V. note ss. art. R. 645-5.

Art. R. 645-10 Pour l'application de l'article L. 645-8, le mandataire judiciaire *(Décr. nº 2016-1851 du 23 déc. 2016, art. 7, en vigueur le 1er janv. 2017)* « ou la personne choisie sur le fondement du premier alinéa du II ou du III de l'article L. 812-2 » informe par lettre simple les créanciers connus de l'ouverture de la procédure de rétablissement professionnel. Cette lettre reproduit les dispositions des articles L. 645-8, L. 645-11 et R. 645-19 et comprend en annexe copie de l'inventaire des biens du débiteur et de la liste des créances déclarées par ce dernier.

Pour les dispositions transitoires du Décr. nº 2016-1851 du 23 déc. 2016, V. note ss. art. R. 645-5.

Art. R. 645-11 Le mandataire judiciaire *(Décr. n° 2016-1851 du 23 déc. 2016, art. 7, en vigueur le 1er janv. 2017)* « ou la personne choisie sur le fondement du premier alinéa du II ou du III de l'article L. 812-2 » informe, par lettre recommandée avec demande d'avis de réception, de l'ouverture de la procédure de rétablissement professionnel, les cautions et les personnes coobligées ou ayant consenti une sûreté personnelle ou ayant affecté un bien en garantie, dont l'existence a été portée à sa connaissance par le débiteur ou par un créancier.

Pour les dispositions transitoires du Décr. n° 2016-1851 du 23 déc. 2016, V. note ss. art. R. 645-5.

Art. R. 645-12 A tout moment de l'enquête, le mandataire judiciaire *(Décr. n° 2016-1851 du 23 déc. 2016, art. 7, en vigueur le 1er janv. 2017)* « ou la personne choisie sur le fondement du premier alinéa du II ou du III de l'article L. 812-2 » qui se heurte à une difficulté, peut demander par lettre simple au juge commis de fixer un délai de réponse aux demandes de renseignements faites en application de l'article L. 645-5.

Pour les dispositions transitoires du Décr. n° 2016-1851 du 23 déc. 2016, V. note ss. art. R. 645-5.

Art. R. 645-13 Le rapport du mandataire judiciaire *(Décr. n° 2016-1851 du 23 déc. 2016, art. 8, en vigueur le 1er janv. 2017)* « ou de la personne choisie sur le fondement du premier alinéa du II ou du III de l'article L. 812-2 » est transmis par celui-ci au juge commis et au ministère public.

Pour les dispositions transitoires du Décr. n° 2016-1851 du 23 déc. 2016, V. note ss. art. R. 645-5.

Art. R. 645-14 Après avoir recueilli l'avis du ministère public, le juge commis dépose son rapport au greffe du tribunal au plus tard trois jours avant l'audience. Toutefois, lorsqu'est demandée *[lorsque est]* l'ouverture de la procédure de liquidation judiciaire en application des dispositions de l'article L. 645-9, le rapport peut être déposé et porté à la connaissance du débiteur le jour de l'audience.

Art. R. 645-15 La demande faite par le débiteur en application du deuxième alinéa de l'article L. 645-9 est déposée par celui-ci au greffe.

Le juge commis qui renvoie l'affaire devant le tribunal conformément à l'article L. 645-10 fait convoquer le débiteur à comparaître dans le délai qu'il fixe par les soins du greffier, par lettre recommandée avec demande d'avis de réception. Le greffier informe le débiteur, le cas échéant, qu'il peut prendre connaissance du rapport du juge commis au greffe.

En cas de requête du ministère public, il est fait application de l'article R. 631-4.

Art. R. 645-16 Le juge commis ne peut siéger dans la formation collégiale, ni participer à son délibéré, sous peine de nullité du jugement.

Art. R. 645-17 Le jugement de clôture comprend l'état chiffré des créances effacées avec l'indication, selon le cas, du nom ou de la dénomination et du domicile ou siège des créanciers.

Il entraîne la caducité de la demande d'ouverture de la procédure de liquidation judiciaire.

Art. R. 645-18 Le jugement de clôture est notifié au débiteur et communiqué au ministère public par le greffier. A leur demande, les créanciers dont les dettes sont effacées peuvent obtenir du greffier un extrait certifié conforme du jugement.

Art. R. 645-19 Un avis du jugement de clôture est adressé pour insertion au *Bulletin officiel des annonces civiles et commerciales*. Cette insertion contient l'indication du nom du débiteur, de son adresse professionnelle, de son numéro unique d'identification ainsi que, s'il y a lieu, du nom du greffe ou de la chambre des *[de]* métiers et de l'artisanat de région où il est immatriculé, de l'activité exercée et de la date du jugement ainsi que du tribunal qui l'a rendu.

Le même avis est publié dans un *(Décr. n° 2020-106 du 10 févr. 2020, art. 12)* « support » d'annonces légales du lieu où le débiteur a son adresse professionnelle.

Le greffier procède d'office à ces publicités dans les quinze jours de la date du jugement.

Toutefois, en cas d'appel du ministère public en application du dernier alinéa de l'article R. 661-1 ou en cas d'arrêt de l'exécution provisoire ordonnée en vertu du *(Décr. nº 2019-1333 du 11 déc. 2019, art. 16, en vigueur le 1er janv. 2020)* « quatrième » alinéa de l'article R. 661-1, ces publicités ne sont effectuées par le greffier du tribunal qu'au vu de l'arrêt de la cour d'appel qui lui est transmis par le greffier de cette cour dans les huit jours de son prononcé.

Un avis est également adressé pour insertion dans les registres ou répertoires prévus aux trois premiers alinéas de l'article R. 621-8.

Pour les dispositions transitoires du Décr. nº 2019-1333 du 11 déc. 2019, V. note ss. art. R. 621-8-1.

Art. R. 645-20 Les articles R. 643-21 et R. 643-22 sont applicables lorsque le tribunal prononce la clôture de la procédure de rétablissement professionnel sans liquidation. Le mandataire judiciaire *(Décr. nº 2016-1851 du 23 déc. 2016, art. 7, en vigueur le 1er janv. 2017)* « ou la personne choisie sur le fondement du premier alinéa du II ou du III de l'article L. 812-2 » exerce les fonctions attribuées par l'article R. 643-21 au liquidateur judiciaire.

Pour les dispositions transitoires du Décr. nº 2016-1851 du 23 déc. 2016, V. note ss. art. R. 645-5.

Art. R. 645-21 L'appel du débiteur est fait par une déclaration faite ou adressée par lettre recommandée avec demande d'avis de réception au greffe de la cour d'appel.

L'appel est formé, instruit et jugé suivant la procédure sans représentation obligatoire.

Art. R. 645-22 Le jugement par lequel le tribunal ouvre la procédure de liquidation judiciaire en application de l'article L. 645-9 met fin de plein droit à la procédure de rétablissement professionnel sans que les dettes soient effacées.

Art. R. 645-23 En cas d'infirmation ou d'annulation du jugement ouvrant la procédure de rétablissement professionnel ou la clôturant, la cour d'appel peut, d'office, statuer sur la demande d'ouverture de la procédure de liquidation judiciaire.

Art. R. 645-24 Lorsque le mandataire judiciaire *(Décr. nº 2016-1851 du 23 déc. 2016, art. 9-1º, en vigueur le 1er janv. 2017)* « ou la personne choisie sur le fondement du premier alinéa du II ou du III de l'article L. 812-2 » a accompli sa mission, il dépose au greffe un compte rendu de fin de mission comprenant le détail de ses débours et remet au président du tribunal une copie de ce compte rendu ainsi qu'une copie du rapport mentionné à l'article R. 645-13.

Le président du tribunal, sur les observations du juge commis, fixe par ordonnance le montant de la somme allouée au mandataire judiciaire *(Décr. nº 2016-1851 du 23 déc. 2016, art. 9-2º, en vigueur le 1er janv. 2017)* « ou à la personne choisie sur le fondement du premier alinéa du II ou du III de l'article L. 812-2, » conformément aux dispositions des trois derniers alinéas de l'article R. 663-41. Cette ordonnance n'est pas susceptible de recours.

Pour les dispositions transitoires du Décr. nº 2016-1851 du 23 déc. 2016, V. note ss. art. R. 645-5.

Art. R. 645-25 Dès le dépôt au greffe du compte rendu de fin de mission du mandataire *(Décr. nº 2016-1851 du 23 déc. 2016, art. 10, en vigueur le 1er janv. 2017)* « judiciaire ou de la personne choisie sur le fondement du premier alinéa du II ou du III de l'article L. 812-2 », le greffier adresse au débiteur, ainsi qu'au ministère public *[,]* le compte détaillé de ses émoluments, de ses frais et de ses débours établi selon les dispositions des articles R. 743-140 à R. 743-157. Ce compte est déposé au greffe et annexé à celui du mandataire *(Décr. nº 2016-1851 du 23 déc. 2016, art. 10, en vigueur le 1er janv. 2017)* « judiciaire ou de la personne choisie sur le fondement du premier alinéa du II ou du III de l'article L. 812-2 ». Il est complété si le greffier est appelé à régler postérieurement d'autres frais.

Pour les dispositions transitoires du Décr. nº 2016-1851 du 23 déc. 2016, V. note ss. art. R. 645-5.

TITRE CINQUIÈME DES RESPONSABILITÉS ET DES SANCTIONS

CHAPITRE PREMIER DE LA RESPONSABILITÉ POUR INSUFFISANCE D'ACTIF

Le chapitre Ier est applicable aux procédures en cours au 1er janv. 2006, à l'exception de l'art. 316 [C. com., art. R. 651-1] (Décr. no 2005-1677 du 28 déc. 2005, art. 361).

Art. R. 651-1 **Le tribunal compétent pour statuer dans** *(Décr. no 2014-736 du 30 juin 2014, art. 112-1o)* **« les cas prévus » à l'article L. 651-2 est celui qui a ouvert ou prononcé** *(Décr. no 2009-160 du 12 févr. 2009, art. 108)* **« la liquidation judiciaire »** *(Abrogé par Décr. no 2014-736 du 30 juin 2014, art. 112-2o)* ***« de la personne morale »***. — *[Décr. no 2005-1677 du 28 déc. 2005, art. 316.]*

1. Seul le tribunal de la procédure collective a compétence pour déterminer si la personne poursuivie en comblement du passif a ou non dirigé en fait la personne morale en redressement ou en liquidation judiciaires. • Orléans, 8 mars 2001 : *RJDA 2001, no 589 ; RPC 2001. 262, obs. Martin-Serf.* ♦ Par conséquent, même si les différents contrats passés entre cette personne morale et la ou les personnes poursuivies en paiement de ses dettes contiennent une clause d'arbitrage, les arbitres n'ont pas compétence, fût-ce à titre préjudiciel, pour se prononcer sur la qualité de dirigeant de fait. • Même arrêt.

2. L'action en comblement de passif relève de la compétence du tribunal qui a ouvert la procédure collective, même à l'égard du dirigeant de nationalité étrangère et dont le domicile est à l'étranger. • Com. 5 mai 2004, no 01-02.041 P : *D. 2004. 1796, note Vallens ; ibid. Somm. 2145, obs. Henry ; JCP E 2004, no 36, p. 1350, note Reifegerste ; APC 2004, no 156, obs. Dom ; RTD com. 2004. 601, obs. Mascala ; Rev. sociétés 2004. 715, note Le Corre ; BJS 2004. 1349, note Monsèrié-Bon ; Dr. sociétés 2004, no 211, note Legros ; RPC 2005. 149, obs. Martin-Serf.*

3. Pour l'application des dispositions de l'art. 47 NCPC [désormais, art. 47 C. pr. civ., qui permet à un auxiliaire de justice partie à un litige relevant de la compétence de la juridiction dans le ressort de laquelle il exerce ses fonctions de demander un renvoi devant une juridiction limitrophe], V. • Com. 26 juin 2001, no 98-17.823 P : *D. 2001. AJ 2593, obs. Lienhard ; D. 2002. Somm. 82, obs. Sortais ; ibid. 1481, obs. Honorat ; RTD com. 2001. 777, obs. Vallens ; Dr. sociétés 2001, no 159, note Legros ; RPC 2003. 161, obs. Martin-Serf.*

Art. R. 651-2 *(Décr. no 2009-160 du 12 févr. 2009, art. 109)* **Pour l'application de l'article L. 651-2, le tribunal est saisi, selon le cas, par voie d'assignation ou dans les formes et selon la procédure prévues à l'article R. 631-4.**

BIBL. ▶ LE CORRE, *Gaz. Pal. 26-28 avr. 2009, p. 3.*

1. Il résulte de l'art. 361 du Décr. du 28 déc. 2005 [V. note précédant l'art. R. 651-1] que les dispositions des art. 318, al. 2, et 324 de ce décret [désormais, C. com., art. R. 651-2 et R. 653-2], applicables aux procédures en cours, régissent à compter du 1er janv. 2006 les actions en paiement de l'insuffisance d'actif engagées sur le fondement de l'art. L. 624-3 C. com. dans sa rédaction antérieure à la loi du 26 juill. 2005 et celles tendant au prononcé de la faillite personnelle ou d'autres mesures d'interdiction introduites sur le fondement des art. L. 625-3 à L. 625-6 de ce code. • Com. 30 sept. 2008, no 06-21.895 P : *D. 2008. Chron. C. cass. 2750, obs. Bélaval ; ibid. AJ 2500, obs. Lienhard ; APC 2008, no 276, obs. Saintourens ; Dr. sociétés 2008, no 250, note Legros ; Gaz. Pal. 21-22 janv. 2009, p. 57, obs. Montéran ; BJS 2009. 271, note Rolland ; RPC 2009, no 95, obs. Martin-Serf.* ♦ Dès lors, s'agissant d'une convocation adressée après le 1er janv. 2006, le dirigeant doit être convoqué un mois au moins avant son audition en chambre du conseil. • Même arrêt.

2. Il résulte des dispositions de l'art. R. 651-2, dans sa rédaction antérieure au décret du 12 févr. 2009, que la convocation du dirigeant de la personne morale, poursuivi en paiement des dettes sociales, pour être entendu personnellement par le tribunal, est un préalable obligatoire aux débats et que l'omission de cet acte qui fait obstacle à toute condamnation constitue une fin de non-recevoir. • Com. 22 mai 2012, no 11-12.132 P : *D. 2012. Actu. 1397, obs. Lienhard ; Rev. sociétés 2012. 533, obs. Roussel Galle ; LEDEN 7/2012. 4, obs. Parachkévova ; Gaz. Pal. 3-4 août 2012, p. 36, obs. Montéran ; Dr. sociétés 2012, no 169, note Legros ; RPC 2012, no 213, obs. Martin-Serf.*

3. V. notes 3 s. ss. art. R. 651-5.

Art. R. 651-3 **Les jugements rendus en application de l'article L. 651-2 sont communiqués par le greffier au procureur de la République.** — *[Décr. no 2005-1677 du 28 déc. 2005, art. 320.]*

Art. R. 651-4 Pour l'application de l'article L. 651-3, la mise en demeure faite au mandataire de justice d'engager l'action en responsabilité est délivrée par au moins deux créanciers contrôleurs. Leur action n'est recevable que si cette mise en demeure, adressée au mandataire de justice par lettre recommandée avec demande d'avis de réception, est restée infructueuse pendant deux mois à compter de la réception de la mise en demeure. – *[Décr. nº 2005-1677 du 28 déc. 2005, art. 317.]*

Pour la légalité de l'art. R. 651-4, V. • CE 25 juill. 2013 : *RJDA 2014, nº 259.*

Art. R. 651-5 Pour l'application de l'article L. 651-4, le juge désigné par le président du tribunal peut se faire assister de toute personne de son choix dont les constatations sont consignées dans son rapport. Ce rapport est déposé au greffe et communiqué par le greffier au ministère public. *(Décr. nº 2014-736 du 30 juin 2014, art. 113)* « Au moins un mois avant la date de l'audience, le greffier communique ce rapport aux dirigeants ou à l'entrepreneur individuel à responsabilité limitée mis en cause par lettre recommandée avec demande d'avis de réception. »

Le tribunal statue sur le rapport du juge désigné après avoir entendu ou dûment appelé les contrôleurs. – *[Décr. nº 2005-1677 du 28 déc. 2005, art. 318.]*

(Décr. nº 2012-1190 du 25 oct. 2012, art. 6) « Le montant des sommes pour la garantie desquelles la mesure conservatoire est ordonnée conformément au deuxième alinéa de l'article L. 651-4 ne peut excéder le montant de la demande formée à l'encontre du dirigeant. »

Décret nº 85-1388 du 27 décembre 1985. Ancien art. 164 *(Abrogé par Décr. nº 2005-1677 du 28 déc. 2005, art. 354) (Décr. nº 94-910 du 21 oct. 1994) Pour l'application des articles L. 624-3 à L. 624-7 du code de commerce, le juge désigné par le tribunal peut se faire assister de toute personne de son choix dont les constatations sont consignées dans son rapport. Ce rapport est déposé au greffe et communiqué par le greffier au procureur de la République.*

Le ou les dirigeants mis en cause sont avertis par le greffier qu'ils peuvent prendre connaissance du rapport et sont convoqués huit jours au moins avant leur audition en chambre du conseil, par acte d'huissier de justice ou dans les formes prévues aux articles 8 et 9.

Le tribunal statue, sur rapport du juge désigné, par jugement prononcé en audience publique.

1. Dépôt du rapport au greffe. L'art. 164, tel que modifié par le Décr. du 21 oct. 1994, doit être compris comme exigeant désormais : que le juge-commissaire dépose au greffe un rapport ; que le dirigeant soit avisé par le greffier qu'il peut prendre connaissance de ce rapport. • Versailles, 30 sept. 1999 : *D. 1999. AJ 95 ; RJDA 2000, nº 75.*

La faculté de consultation du dossier au greffe, prévue par l'art. 164 dans sa rédaction issue du décret du 21 oct. 1994, ne dispense pas le greffe de communiquer à la partie qui le demande le rapport communiqué au ministère public (application de l'art. 6, § 1, de la Conv. EDH, disposant que « toute personne a droit à ce que sa cause soit entendue équitablement »). • Com. 10 janv. 2012, nº 10-24.426 P : *D. 2012. Chron. C. cass. 1223, obs. Arbellot ; ibid. Actu. 216, obs. Lienhard ; JCP E 2012. 1227, nº 12, obs. Pétel ; LEDEN 2/2012. 5, obs. Mouial-Bassilana ; APC 2012, nº 35, obs. Delattre ; Gaz. Pal. 27-28 avr. 2012, p. 44, obs. Montéran ; Dr. sociétés 2012, nº 107, note Legros ; BJE 2012. 174, note Favario ; RPC 2012, nº 212, obs. Martin-Serf.* ♦ V., désormais, pour la communication du rapport à la personne mise en cause, art. R. 651-5 dans sa réd. issue du Décr. nº 2014-326 du 30 juin 2014.

L'art. 164 n'opère aucune distinction selon que la procédure est mise en œuvre d'office par le juge ou à la demande du liquidateur par voie d'assignation. • Paris, 2 avr. 2002 : *BICC 2003, nº 300.*

2. Absence de rapport. L'art. 164, al. 3 [R. 651-5, al. 2], ne trouve à s'appliquer qu'en cas d'usage de la faculté ouverte au tribunal par l'art. 184 de la loi du 25 janv. 1985, devenu l'art. L. 624-7 [L. 651-4] C. com., de charger un juge aux fins d'enquête sur la situation patrimoniale des dirigeants de l'entreprise débitrice. • Com. 24 sept. 2003, nº 01-00.477 P : *D. 2003. 2440, obs. Lienhard ; JCP E 2004, nº 6, p. 230, obs. Pétel ; Dr. sociétés 2004, nº 9, note Legros (1re esp.) ; RTD com. 2004. 603, obs. Mascala ; RPC 2004. 270, obs. Dumont.* ♦ Dans le même sens, à propos d'une mesure de faillite personnelle, V. • Com. 27 mars 2012, nº 11-12.188 P : *D. 2012. Actu. 943, obs. Lienhard ; Dr. sociétés 2012, nº 128, note Legros.*

3. Convocation et comparution du dirigeant. La convocation du dirigeant de la personne morale, poursuivi en paiement des dettes sociales, en vue de son audition personnelle par le tribunal est un préalable obligatoire ; l'omission de cet acte, qui fait obstacle à toute condamnation, constitue une fin de non-recevoir. • Com. 28 oct. 2008, nº 07-13.133 P : *D. 2008. AJ 2865, obs. Lienhard ; APC 2008, nº 305, obs.*

Vallansan ; JCP E 2009. 1141, note Legros ; Gaz. Pal. 21-22 janv. 2009, p. 56, obs. Montéran ; RPC 2009, n° 95, obs. Martin-Serf • 10 mars 2009, n° 07-20.632 P : *D. 2009. AJ 871, obs. Lienhard ; Procédures 2009, n° 158, obs. Rolland ; Dr. sociétés 2009, n° 144, note Legros ; BJS 2009. 696, note Le Corre ; Gaz. Pal. 26-28 juill. 2009, p. 51, obs. Montéran ; RPC 2009, n° 95, obs. Martin-Serf.* ♦ Les dirigeants, qui n'ont pas invoqué devant les juges du fond leur absence de convocation en chambre du conseil, sont irrecevables à présenter cette fin de non-recevoir mélangée de fait et de droit, fût-elle d'ordre public, pour la première fois, devant la Cour de cassation. • Com. 10 mars 2009 : *préc.*

La nullité d'un acte de procédure ne peut être prononcée pour vice de forme qu'à la charge pour celui qui l'invoque de prouver le grief que lui cause l'irrégularité commise. • Com. 24 avr. 2007, n° 06-10.273 P : *D. 2007. AJ 1267, obs. Lienhard ; ibid. Chron. C. cass. 2766, obs. Orsini ; APC 2007, n° 108, obs. Cagnoli ; Gaz. Pal. 27-31 mai 2007, p. 11, note Jullien ; JCP E 2007. 1981, note Pétel-Teyssié ; Dr. sociétés 2007, n° 156, note Legros ; BJS 2007. 1157, note Staes ; RPC 2007. 235, obs. Martin-Serf.* – V. aussi Laroche, *RLDA 2007, n° 21, p. 58.* ♦ Dès lors que le dirigeant, qui a été, au préalable, régulièrement assigné en paiement des dettes sociales et a reçu une convocation mentionnant sans équivoque l'obligation d'avoir à se présenter en personne pour être entendu en chambre du conseil, n'invoque aucun grief découlant du fait que cette convocation a été faite par voie de notification et non par acte d'huissier de justice, le moyen tiré de la nullité de la procédure doit être écarté. • Même arrêt. ♦ Dès lors que le dirigeant a été cité pour être entendu personnellement par le tribunal par acte d'huissier délivré selon les modalités de l'art. 659 C. pr. civ. et qu'il a été convoqué par le greffe à la suite du renvoi de l'affaire pour être entendu personnellement, puis qu'il a comparu à l'audience à laquelle l'affaire avait été retenue et a pu s'expliquer et faire valoir ses observations, l'irrégularité invoquée [convocation comportant une adresse erronée] ne constitue qu'un vice de forme et il n'est pas démontré que cette irrégularité a causé un grief. • Com. 19 juin 2012, n° 10-16.890 P : *D. 2012. Actu. 1671 ; Rev. sociétés 2012. 533, obs. Roussel Galle ; BJS 2012. 733, note Mouial-Bassilana ; RJDA 2012, n° 887 ; RLDA sept. 2012. 25, obs. Montéran et Simonnot.*

La convocation des dirigeants ne doit pas être faite nécessairement dans l'acte introductif d'instance. • Com. 6 févr. 2001, n° 98-15.129 P : *D. 2001. AJ 861 ; D. 2002. Somm. 81, obs. Sortais ; Procédures 2001, n° 150, note Laporte* • 25 févr. 2004 : *RTD com. 2004. 377, obs. Vallens.*

4. Mentions de l'assignation. Pour introduire à l'égard du dirigeant une action fondée sur les art. 180 s. de la loi du 25 janv. 1985 [C. com., art. L. 651-2 s.], le liquidateur doit agir par voie d'assignation aux formes et avec les mentions prévues par les art. 56 et 855 NCPC [C. pr. civ.]. • Amiens, 19 févr. 1998 : *Gaz. Pal. 1998. 2. Somm. 705.* ♦ Dans le même sens, à propos d'une action tendant au prononcé d'une interdiction de gérer, V. • Com. 24 nov. 1998 : *RTD com. 1999. 206, obs. Vallens ; JCP E 2000, n° 10, p. 419, note Legros* • 4 oct. 2005 : *Dr. sociétés 2006, n° 4, note Legros.* ♦ V. aussi • Rennes, 26 oct. 2004 : *BICC 2005, n° 1229.*

5. Délai. L'art. 643 NCPC [C. pr. civ.], relatif à l'augmentation d'un mois des délais de comparution pour les personnes demeurant outre-mer, est applicable au délai de huit jours. • Paris, 19 févr. 1991 : *D. 1991. IR 108 ; Gaz. Pal. 1991. 1. 363, note Marchi* • 13 janv. 1995 : *D. 1995. IR 66* • Douai, 13 mars 1997 : *RPC 1997. 413, obs. Cadiou.*

Sur le non-respect du délai de huit jours comme motif d'annulation de la procédure, V. les arrêts cités par F. Bach, *RPC 2000. 66.* ♦ Comp., en l'absence de grief causé au dirigeant : • T. com. Bobigny, 11 mai 1998 : *RPC 2000. 114, obs. Barret.*

6. Audition en chambre du conseil (jurisprudence antérieure à la L. du 26 juill. 2005). V. note 1. ♦ Les art. 164 et 169 du Décr. du 27 déc. 1985 n'étant pas incompatibles avec l'art. 6 (1) de la Conv. EDH, aucun dirigeant ne peut être admis à réclamer, pour lui-même, la publicité des débats devant un tribunal, puisque cette publicité serait contraire, notamment, aux intérêts des codirigeants mis en cause. • Paris, 26 janv. 1996 : *D. 1997. 52, note Bernard.*

En ce sens qu'est mal fondé l'appel-nullité interjeté par des dirigeants contre le jugement ayant refusé qu'il soit procédé à l'audition de chacun en présence des autres, dès lors que chacun des dirigeants poursuivis a été entendu en présence de son conseil, par le tribunal en chambre du conseil, conformément aux dispositions de l'art. 164 et que les intéressés, qui ne sont pas recevables à élever une prétention contre un codirigeant, peuvent librement discuter les procès-verbaux d'audition lors des débats, V. • Com. 14 mars 2000, n° 97-13.336 P : *D. 2000. AJ 212 ; JCP E 2000, n° 25, p. 996, note Cagnoli ; RJDA 2000, n° 787 ; LPA 21 nov. 2000, p. 15, note Gibirila.*

Sur la nécessité d'invoquer la nullité fondée sur l'inobservation des dispositions relatives à la publicité des débats devant la cour d'appel avant leur clôture, V. • Com. 27 oct. 1998 : *RTD com. 1999. 205, obs. Vallens.*

7. Il résulte de l'art. 164 du Décr. du 27 déc. 1985 que le dirigeant n'a pas la faculté de se faire représenter lors de son audition en chambre du conseil et des art. 853 et 855 NCPC [C. pr. civ.] que l'acte introductif d'instance mentionne les conditions dans lesquelles le défendeur peut se faire assister ou représenter devant le tribunal hors cette audition. • Com. 19 févr. 2002, n° 99-

15.359 P : *D. 2002. AJ 1485, obs. Lienhard* ; *APC 2002, n° 133, obs. Regnaut-Moutier* ; *Dr. sociétés 2002, n° 152, note Legros* ; *RPC 2003. 163, obs. Martin-Serf.* ♦ L'assignation n'est pas entachée de nullité pour avoir mentionné la faculté de se faire représenter hors l'audience des plaidoiries. • Même arrêt.

8. *Présence du juge-commissaire (jurisprudence antérieure au Décr. du 21 oct. 1994).* La présence, conformément aux art. 24, 164 [ancien] et 169 du Décr. du 27 déc. 1985, du juge-commissaire dans la juridiction qui statue sur l'ouverture d'une procédure de redressement judiciaire ou sur le prononcé de l'interdiction prévue à l'art. 192 de la loi du 25 janv. 1985 [C. com., ancien art. L. 625-8] à l'encontre du dirigeant d'une personne morale en redressement ou en liquidation judiciaires, n'est pas contraire aux dispositions de l'art. 6 (1) de la Conv. EDH • Com. 3 nov. 1992, n° 90-16.751 P : *D. 1993. 538, note Vallens* • 16 mars 1993 : *ibid.* • 23 janv. 1996, n° 94-13.391 P : *D. 1996. IR 51*. ♦ Le dirigeant condamné au comblement du passif social n'ayant pas précisé en quoi la présidence, par le juge-commissaire, de la formation de jugement, justifiait objectivement ses appréhensions sur le défaut d'impartialité de la juridiction, l'arrêt d'appel n'encourt pas les griefs de la violation de l'art. 6 (1) de la Conv. EDH. • Com. 16 oct. 2001, n° 98-12.568 P : *D. 2001. AJ 3273, obs. Lienhard* ; *D. 2002. Somm. 80, obs. Derrida* ; *JCP E 2002, n° 3, p. 126, obs. Pétel; ibid., nos 18-19, p. 759, obs. Garaud* ; *RPC 2002. 113, obs. Martin-Serf.* ♦ Comp., désormais : art. L. 662-7 C. com.

9. *Impartialité du juge.* Sur la nullité d'une citation à comparaître délivrée à un dirigeant pour le voir « condamner à supporter le passif de la société, prononcer son redressement judiciaire personnel et sa faillite personnelle, en fixer la durée et en ordonner l'exécution provisoire », au motif que le libellé de la citation et le contenu de la note jointe prévue à l'art. 8, al. 2, du Décr. du 27 déc. 1985 dans laquelle le président du tribunal de grande instance tenait pour établi le comportement fautif à ses yeux de la personne visée, pouvaient apparemment laisser penser que le président de la juridiction de jugement ne disposait pas de l'impartialité objective du juge, V. • Com. 3 nov. 1992 : *préc. note 8* • 16 mars 1993 : *préc. note 8.* – V. Eudier, *Mél. Mercadal, Francis Lefebvre, 2002, spéc. p. 36.* ♦ De même, doit être annulée, sur le fondement de l'art. 6 (1) de la Conv. EDH (impartialité du tribunal), l'ordonnance de saisine d'office par laquelle le président du tribunal convoque le dirigeant « en vue d'une mesure de faillite personnelle ou d'interdiction de gérer ». • Metz, 9 sept. 1997 : *LPA 15 déc. 1997, p. 21, note Vallens.* ♦ V. aussi • Grenoble, 11 sept. 1997 : *préc. note 8* • Dijon, 26 janv. 1999 : *RTD com. 1999. 989, obs. Vallens* ; *JCP E 2000, n° 25, p. 988, obs. Garaud* • 25 avr. 2000 : *Dr. sociétés 2000, n° 157, obs. Chaput.*

10. *Délai raisonnable.* Pour une annulation d'une décision, sur le fondement de l'art. 6 de la Conv. EDH en raison de la durée manifestement anormale (6 ans) du délibéré, V. • Paris, 7 nov. 1997 : *D. Affaires 1998. 80, obs. J. F.* ; *JCP 1997. Pan. 1388* ; *RJDA 1998, n° 633.*

11. *Procédure devant la cour d'appel.* Les dispositions de l'art. 164 du Décr. du 27 déc. 1985, relatives à l'audition du dirigeant en chambre du conseil, ne s'appliquent qu'à la procédure de première instance et ne concernent pas la procédure devant la cour d'appel. • Com. 9 mai 1995, n° 92-20.746 P : *D. 1996. Somm. 83, obs. Honorat* • 20 juin 2000 : *RJDA 2000, n° 1148.*

12. *Mesure d'instruction.* BIBL. Rosenfeld et Sexer, *D. Affaires 1995. 145.* ♦ La mission confiée par le juge-commissaire à un expert en diagnostic d'entreprise ne constitue pas une mesure d'expertise au sens des art. 263 s. NCPC [C. pr. civ.], mais une mission d'investigation dans le cadre d'une procédure collective. • Com. 23 juin 1998, n° 96-12.222 P : *D. 1999. Somm. 71, obs. Honorat* ; *D. Affaires 1998. 1324, obs. A. L.* ♦ Dès lors qu'il n'est pas contesté que le rapport a été soumis à la libre discussion des parties, que ce technicien avait organisé une réunion contradictoire et qu'il s'était adjoint un expert-comptable de son choix avec l'autorisation du juge, tout motif de nullité de ces opérations doit être écarté. • Même arrêt. – V. aussi • Com. 25 juin 2002 : *Dr. sociétés 2003, n° 6, note Legros (1re esp.)* • 30 oct. 2000, n° 98-12.671 P : *D. 2000. AJ 438* • 26 avr. 2000 : *RJDA 2000, n° 785* • 24 nov. 1998 : *D. Affaires 1999. 177* • 9 juill. 1996 : *RPC 1996. 325, obs. Soinne* • Paris, 25 janv. 2002 : *RTD com. 2002. 687, obs. Champaud et Danet*. ♦ Sur le défaut d'intérêt légitime des dirigeants de la société en redressement judiciaire à discuter le bien-fondé de l'ordonnance du juge-commissaire désignant un « expert », V. • Com. 11 mai 1999, n° 96-18.896 P : *D. 1999. IR 153* ; *D. Affaires 1999. 1043, obs. P. P.* ; *RJ com. 1999. 410, note Saintourens* ; *RTD com. 1999. 762, obs. Vallens* ; *JCP E 1999, n° 47, p. 1878, note Courtier* ; *RPC 2000. 198, obs. Soinne.* ♦ V. aussi note 9 ss. art. L. 661-4 C. com.

13. Les juges du fond sont souverains pour estimer que le liquidateur a un intérêt légitime à solliciter, en référé, une expertise *in futurum*, sur le fondement de l'art. 145 NCPC [C. pr. civ.], pour rechercher la responsabilité des dirigeants de sociétés dans leur mise en liquidation judiciaire. • Com. 1er oct. 1997, n° 95-13.477 P : *D. 1997. IR 250* ; *D. Affaires 1997. 1330* ; *BJS 1998. 58, note Daigre* ; *RJ com. 1998. 201, obs. Legrand.*

♦ Le juge des référés peut, en vertu d'un pouvoir concurrent de celui du juge-commissaire, ordonner une expertise préventive, telle que prévue par l'art. 145 NCPC [C. pr. civ.]. • Com. 27 oct. 1998 : *Procédures 1999, n° 36, obs. Laporte.*

14. Sur la possibilité, pour les experts commis par le tribunal, d'accéder aux informations tirées d'une procédure pénale en cours à l'encontre des dirigeants, V. note ss. art. L. 621-8.

V. notes 10 ss. art. L. 621-4 et 7 ss. art. 621-9.

Art. R. 651-6 Lorsqu'un dirigeant d'une personne morale *(Décr. n° 2014-736 du 30 juin 2014, art. 114)* **« ou un entrepreneur individuel à responsabilité limitée » est déjà soumis à une procédure de sauvegarde, de redressement ou de liquidation judiciaires, le montant du passif mis à sa charge est déterminé après mise en cause du mandataire judiciaire ou du liquidateur désigné dans la procédure à laquelle il est soumis. La décision de condamnation est portée par le greffier sur l'état des créances de la procédure à laquelle** *(Décr. n° 2014-736 du 30 juin 2014, art. 114)* **« l'intéressé » est soumis ou transmise au greffier compétent pour y procéder.** – *[Décr. n° 2005-1677 du 28 déc. 2005, art. 319.]*

1. Le législateur n'a pas entendu exclure que l'action en comblement de passif intentée sur le fondement de l'art. L. 624-3 anc. C. com., dont le contenu est désormais repris à l'art. L. 651-2, à l'encontre du dirigeant d'une entreprise soumise à une procédure collective puisse l'être à l'encontre d'un dirigeant étant lui-même soumis à une telle procédure, y compris après l'expiration du délai de déclaration des créances dans le cadre de la procédure de redressement ou de liquidation judiciaire de ce dirigeant ; dans cette hypothèse, une telle action déroge nécessairement à l'interdiction du paiement de toute créance posée par l'art. L. 622-7, à l'interdiction des poursuites des créanciers individuels tendant à la condamnation du débiteur au paiement d'une somme d'argent posée par l'art. L. 622-21 et à l'obligation de déclaration des créances posée par l'art. L. 621-43 anc., repris en substance par l'art. L. 622-24. • CE 20 mai 2011 : *D. 2011. Actu. 1552, obs. Lienhard ; JCP E 2011. 1498, note Lebel ; BJS 2011. 812, note Parachkévova ; BJE 2011. 334, note Sortais ; RPC 2011, n° 200, obs. Martin-Serf.* ♦ L'art. R. 651-6 ci-dessus, qui institue une exception à l'obligation de déclaration des créances détenues sur ce dirigeant, n'a pas pour effet de méconnaître les dispositions de l'art. L. 621-43 anc. et n'est pas entaché d'illégalité. • Même arrêt. – V. déjà • Com. 14 mai 2002, n° 99-12.166 P : *D. 2002. AJ 1904 ; APC 2002, n° 145, obs. Vallansan ; Procédures 2002, n° 232, note Laporte* • 22 janv. 2002, n° 98-15.028 P : *D. 2002. AJ 724 ; JCP E 2002, n° 21, p. 855, obs. Pétel ; Dr. sociétés 2002, n° 194, note Legros.*

2. Le juge saisi d'une action en responsabilité pour insuffisance d'actif doit, en application de l'art. R. 651-6, déterminer le montant de l'insuffisance d'actif mis à la charge du dirigeant, cette condamnation devant alors être portée par le greffier sur l'état des créances de la procédure à laquelle l'intéressé est soumis, et il en résulte que le règlement de cette créance suit l'ordre de répartition d'ordre public entre les créanciers de la procédure collective sans que ce créancier bénéficie d'une priorité de paiement ; la saisie conservatoire n'ayant pas été convertie en saisie-attribution avant le jugement d'ouverture de la liquidation judiciaire de la société, l'arrêt de toute procédure d'exécution à compter de ce jugement implique la mainlevée de cette saisie. • Com. 27 nov. 2019, n° 18-19.861 P : *D. 2019. Actu. 2349 ; LEDEN 1/2020. 6, obs. Urbain ; APC 2020, n° 14, obs. Fin-Langer ; BJS 3/2020. 35, note Mazeaud ; Dr. sociétés 2020, n° 40, note Legros ; RJDA 2020, n° 163 ; BJE 3-4/2020. 32, note Favario ; RPC 2020, n° 71, obs. Martin-Serf.*

CHAPITRE II *[ABROGÉ]* DE L'OBLIGATION AUX DETTES SOCIALES

(Abrogé par Décr. n° 2009-160 du 12 févr. 2009, art. 110)

Le chapitre II était applicable aux procédures en cours au 1er janv. 2006 (Décr. n° 2005-1677 du 28 déc. 2005, art. 361).

Art. R. 652-1 ***Le tribunal compétent pour statuer dans le cas prévu à l'article L. 652-1 est celui qui a ouvert ou prononcé la sauvegarde, le redressement ou la liquidation judiciaires de la personne morale.***

Les dispositions des articles *(Décr. n° 2007-1851 du 26 déc. 2007)* ***« R. 651-2 et R. 651-4 à R. 651-6 » sont applicables.*** – *[Décr. n° 2005-1677 du 28 déc. 2005, art. 321.]*

V. notes ss. art. R. 651-1.

Art. R. 652-2 ***Les jugements rendus en application de l'article L. 652-1 sont communiqués par le greffier au procureur de la République.*** – *[Décr. n° 2005-1677 du 28 déc. 2005, art. 322.]*

CHAPITRE III DE LA FAILLITE PERSONNELLE ET DES AUTRES MESURES D'INTERDICTION

Art. R. 653-1 Lorsque les mandataires de justice mentionnés à l'article L. 653-7 ont connaissance de faits prévus aux articles L. 653-3 à L. 653-6 *(Décr. n° 2009-160 du 12 févr. 2009, art. 111)* « et L. 653-8 », ils en informent le procureur de la République et le juge-commissaire.

Pour l'application de l'article L. 653-8, la date retenue pour la cessation des paiements ne peut être différente de celle retenue en application de l'article L. 631-8. – *[Décr. n° 2005-1677 du 28 déc. 2005, art. 323.]*

Art. R. 653-2 *(Décr. n° 2009-160 du 12 févr. 2009, art. 112)* « Pour l'application de l'article L. 653-7, le tribunal est saisi, selon le cas, par voie d'assignation ou dans les formes et selon la procédure prévues à l'article R. 631-4. La mise en demeure faite au mandataire de justice d'engager l'action en sanction est délivrée par au moins deux créanciers contrôleurs. » Leur action n'est recevable que si cette mise en demeure, adressée au mandataire de justice par lettre recommandée avec demande d'avis de réception, est restée infructueuse pendant deux mois à compter de la réception de la mise en demeure. – *[Décr. n° 2005-1677 du 28 déc. 2005, art. 324.]*

L'art. 324 du Décr. n° 2005-1677 du 28 déc. 2005 [C. com., art. R. 653-2] est applicable aux procédures en cours au 1er janv. 2006 (Décr. préc., art. 361).

BIBL. ▸ GOURDAIN, *D. 2008. 1357* (comment assigner en responsabilité pour insuffisance d'actif et/ou en sanction ?).

V. note 1 ss. art. R. 651-2.

Art. R. 653-3 *(Décr. n° 2021-1218 du 23 sept. 2021, art. 45, en vigueur le 1er oct. 2021)* « Lorsque le tribunal prononce la faillite personnelle ou l'interdiction prévue à l'article L. 653-8, il est mentionné dans l'acte de notification du jugement que la procédure pour obtenir le relèvement de ces sanctions est régie par les articles L. 653-11 et R. 653-4 du code de commerce. » – *Pour les dispositions transitoires du Décr. n° 2021-1218 du 23 sept. 2021, V. note ss. art. R. 611-11.*

Indépendamment des mentions portées au casier judiciaire en application du 5e de l'article 768 du code de procédure pénale, les jugements prononçant la faillite personnelle ou l'interdiction prévue à l'article L. 653-8 font l'objet des publicités prévues à l'article R. 621-8 et sont adressés par le greffier aux personnes mentionnées à l'article R. 621-7.

Ces décisions sont signifiées dans les quinze jours de leur date à la diligence, selon le cas, du greffier du tribunal ou de la cour d'appel aux personnes sanctionnées. – *[Décr. n° 2005-1677 du 28 déc. 2005, art. 325.]*

Art. R. 653-4 Toute demande en relevé des déchéances, interdictions et incapacités est adressée par requête à la juridiction qui les a prononcées. Sont joints à la requête tous documents justifiant de la contribution au paiement du passif ou, lorsque l'intéressé a fait l'objet de l'interdiction prévue à l'article L. 653-8, des garanties démontrant sa capacité à diriger ou contrôler l'une ou plusieurs des entreprises ou personnes visées par cet article. Ces garanties peuvent consister en une formation professionnelle.

La juridiction statue après avoir entendu le demandeur et recueilli l'avis du ministère public. – *[Décr. n° 2005-1677 du 28 déc. 2005, art. 326.]*

CHAPITRE IV DE LA BANQUEROUTE ET DES AUTRES INFRACTIONS

Art. R. 654-1 Pour l'application de l'article L. 654-17, la mise en demeure faite au mandataire de justice de se constituer partie civile est délivrée par au moins deux créanciers contrôleurs. Leur action n'est recevable que si cette mise en demeure, adressée au mandataire de justice par lettre recommandée avec demande d'avis de réception, est restée infructueuse pendant deux mois à compter de la réception de la mise en demeure. – *[Décr. n° 2005-1677 du 28 déc. 2005, art. 327.]*

TITRE SIXIÈME DES DISPOSITIONS GÉNÉRALES DE PROCÉDURE

CHAPITRE PREMIER DES VOIES DE RECOURS

Art. R. 661-1 **Les jugements et ordonnances rendus en matière de** *(Décr. nº 2009-160 du 12 févr. 2009, art. 113)* **« mandat *ad hoc*, de conciliation, de » sauvegarde,** *(Décr. nº 2014-736 du 30 juin 2014, art. 115-1º)* **« de redressement judiciaire, de rétablissement professionnel et de liquidation judiciaire » sont exécutoires de plein droit à titre provisoire.**

Toutefois, ne sont pas exécutoires de plein droit à titre provisoire les jugements et ordonnances rendus en application des articles *(Décr. nº 2009-160 du 12 févr. 2009, art. 113)* **« L. 622-8, L. 626-22, du premier alinéa de l'article L. 642-20-1, de l'article L. 651-2, » des articles L. 663-1 à L. 663-4 ainsi que** *(Décr. nº 2012-1190 du 25 oct. 2012, art. 7)* **« les décisions prises sur le fondement de l'article L. 663-1-1 et » les jugements qui prononcent la faillite personnelle ou l'interdiction prévue à l'article L. 653-8.**

(Décr. nº 2019-1333 du 11 déc. 2019, art. 16, en vigueur le 1er janv. 2020) **« Les dispositions des articles 514-1 et 514-2 du code de procédure civile ne sont pas applicables. »**

(Décr. nº 2014-736 du 30 juin 2014, art. 115-2º) **« Par dérogation aux dispositions de l'article** *(Décr. nº 2019-1333 du 11 déc. 2019, art. 16, en vigueur le 1er janv. 2020)* **« 514-3 » du code de procédure civile, le premier président de la cour d'appel, statuant en référé, ne peut arrêter l'exécution provisoire des décisions mentionnées aux deux premiers alinéas du présent article que lorsque les moyens à l'appui de l'appel paraissent sérieux. »** *(Décr. nº 2012-1190 du 25 oct. 2012, art. 7)* **« L'exécution provisoire des décisions prises sur le fondement de l'article L. 663-1-1 peut être arrêtée, en outre, lorsque l'exécution risque d'entraîner des conséquences manifestement excessives. » Dès le prononcé de la décision du premier président arrêtant l'exécution provisoire, le greffier de la cour d'appel en informe le greffier du tribunal.**

En cas d'appel du ministère public d'un jugement mentionné aux articles *(Décr. nº 2014-736 du 30 juin 2014, art. 115-3º)* **« L. 645-11, » L. 661-1, à l'exception du jugement statuant sur l'ouverture de la procédure de sauvegarde ou de redressement judiciaire, L. 661-6 et L. 661-11, l'exécution provisoire est arrêtée de plein droit à compter du jour de cet appel. Le premier président de la cour d'appel peut, sur requête du procureur général, prendre toute mesure conservatoire pour la durée de l'instance d'appel.** – *[Décr. nº 2005-1677 du 28 déc. 2005, art. 328.]*

Les dispositions issues du Décr. nº 2019-1333 du 11 déc. 2019 sont applicables aux instances introduites à compter du 1er janv. 2020 (Décr. préc., art. 55, mod. par Décr. nº 2019-1419 du 20 déc. 2019, art. 22).

BIBL. ▶ HOONAKKER, *D. 2006. Chron. 754*. – VALLENS, *RTD com. 2014. 700* (régime issu de l'Ord. du 12 mars 2014 et du décret du 30 juin 2014).

1. Il résulte des art. L. 626-27, al. 2, et L. 631-19 C. com. et 159 du décret du 28 déc. 2005 [C. com., art. R. 626-48] que lorsque la cessation des paiements du débiteur est constatée au cours de l'exécution du plan, le tribunal décide sa résolution et prononce, par un même jugement, la liquidation judiciaire ; il s'ensuit que l'arrêt de l'exécution provisoire d'un tel jugement, autorisé dans les conditions prévues à l'art. 328 du décret du 28 déc. 2005 [C. com., art. R. 661-1], en ce qu'il statue sur l'ouverture d'une procédure de liquidation judiciaire emporte nécessairement arrêt de l'exécution provisoire du jugement en ce qu'il décide la résolution du plan. • Com. 18 sept. 2007, nº 06-20.289 P : *D. 2007. AJ 2386, obs. Lienhard ; APC 2007, nº 194, obs. Vallansan ; Gaz. Pal. 26-27 oct. 2007, p. 42, obs. Voinot ; JCP E 2007. 2585, note Lebel ; RPC 2008, nº 115, obs. Saintourens.*

2. Le jugement qui a déclaré une vente parfaite et constaté le transfert de propriété de droits immobiliers au profit d'une société à la suite de l'ordonnance du juge-commissaire ayant autorisé cette vente de gré à gré, ayant été rendu en matière de liquidation judiciaire au sens de l'art. R. 661-1 C. com., est assorti de l'exécution provisoire de droit dont l'arrêt ne peut être ordonné. • Com. 1er oct. 2013, nº 12-23.999 P : *D. 2013. Actu. 2335 ; RTD com. 2014. 197, obs. Vallens ; LEDEN 11/2013. 3, obs. Mouial-Bassilana ; BJE 2013. 386, note Le Mesle ; RJDA 2014, nº 54 ; Gaz. Pal. 12-14 janv. 2014, p. 23, obs. Fricero ; RPC 2014, nº 3, obs. Cagnoli.*

3. L'art. R. 661-1 n'ouvrant pas, par une disposition spéciale, la voie du recours en cassation contre la décision d'un premier président de cour d'appel saisi d'une demande tendant à arrêter l'exécution provisoire facultative d'un jugement rendu en matière de responsabilité pour insuffisance d'actif et de faillite personnelle ou d'interdiction de gérer, il y a lieu, conformément à l'art. R. 662-1, 1°, d'appliquer l'art. 525-2 C. pr. civ., selon lequel les décisions arrêtant ou refusant d'arrêter l'exécution provisoire ne peuvent, en droit commun, faire l'objet d'un pourvoi ; il en est, par conséquent, de même de celles qui rectifieraient une erreur matérielle affectant de telles décisions ; il n'est fait exception à l'interdiction du recours en cassation qu'en cas d'excès de pouvoir. • Com. 17 févr. 2021, n° 19-12.417 P : *D. 2021. Actu. 422 ; APC 2021, n° 80, obs. Cagnoli ; LEDEN 5/2021. 4, obs. Minet ; RJDA 2021, n° 419 ; RPC 2021, n° 164, obs. Martin-Serf.*

4. V. note 3 ss. art. L. 652-1.

Décret n° 85-1388 du 27 décembre 1985. Ancien art. 155 *(Abrogé par Décr. n° 2005-1677 du 28 déc. 2005, art. 354) Les jugements et ordonnances rendus en matière de redressement et de liquidation judiciaires sont exécutoires de plein droit à titre provisoire, à l'exception de ceux qui sont mentionnés aux articles L. 621-25, L. 621-80 et au deuxième alinéa de l'article L. 622-21 du code de commerce ainsi que de ceux qui prononcent la faillite personnelle ou l'interdiction prévue à l'article L. 625-8 dudit code.*

L'exécution provisoire des jugements mentionnés au deuxième alinéa de l'article L. 623-9 (Décr. n° 94-910 du 21 oct. 1994) « et aux articles L. 624-3 et L. 624-5 » de ce même code ne peut être arrêtée en cas d'appel que par le premier président de la cour d'appel, statuant en référé, si les moyens invoqués à l'appui de l'appel apparaissent sérieux. (Décr. n° 88-430 du 21 avr. 1988) « Dès le prononcé de la décision du premier président arrêtant l'exécution provisoire, le greffier de la cour d'appel en informe le greffier du tribunal ».

(Décr. n° 94-910 du 21 oct. 1994) « En cas d'appel du ministère public d'un jugement mentionné aux articles L. 623-1 et L. 623-6 du code de commerce, l'exécution provisoire est arrêtée de plein droit à compter du jour de cet appel. Le premier président de la cour d'appel peut, sur requête du procureur général, prendre toute mesure conservatoire pour la durée de l'instance d'appel. »

BIBL. ► VALLENS, *D. 1997. Chron. 111* ; *RTD com. 2004. 815* (sur l'application de l'art. 524 C. pr. civ., dans sa réd. issue du décret n° 2004-836 du 20 août 2004). – DELENEUVILLE, *RPC 1999. 1.*

1. Décisions exécutoires. Le jugement qui reporte la date de la cessation des paiements du débiteur, n'entrant dans aucune des exceptions énumérées par l'art. 155, est exécutoire de plein droit à titre provisoire. • Com. 3 janv. 1989, n° 87-12.510 P.

2. Arrêt d'exécution provisoire. C'est par dérogation aux dispositions de l'art. 524, dernier al., NCPC [dans sa réd. antérieure au Décr. n° 2004-836 du 20 août 2004, devenu art. 524 C. pr. civ.], qui autorise l'aménagement mais non l'arrêt de l'exécution provisoire de droit, que l'art. 155, al. 2, ci-dessus permet au premier président de la cour d'appel d'arrêter l'exécution provisoire de certains jugements rendus en matière de redressement ou de liquidation judiciaires, dont ceux arrêtant le plan de cession de l'entreprise. • Com. 22 févr. 1994, n° 92-14.160 P : *JCP E 1994. I. 394, n° 2, obs. Pétel.*

3. Il suffit qu'un appel ait été formé contre un jugement visé à l'art. 155, al. 2, pour que la demande d'arrêt de l'exécution provisoire soit recevable, le premier président n'ayant pas à juger de la régularité ou de la recevabilité de l'appel, questions qui échappent manifestement à sa compétence. • Limoges, 2 juill. 1986 : *D. 1986. IR 380.* ♦ Le pouvoir reconnu au premier président par l'art. 155 doit le conduire, par l'examen de la décision attaquée, à dire si cette décision n'est pas entachée d'irrégularités formelles tellement manifestes ou grossières, ou si elle a apprécié les faits de la cause d'une manière tellement erronée que, les moyens proposés apparaissant sérieux, l'arrêt de l'exécution provisoire s'impose. • Même arrêt.

4. L'exécution provisoire du jugement d'ouverture ne peut être arrêtée. • Paris, 30 oct. 1990 : *Rev. huiss. 1991. 238.* ♦ ... Pas plus que celle du jugement qui a étendu le redressement judiciaire à une autre société. • Paris, 27 avr. 1993 : *Dr. sociétés 1993, n° 139, obs. Chaput* • Chambéry, 14 oct. 1994 : *Gaz. Pal. 1995. 1. Somm. 214* • T. com. Saint-Gaudens, 25 avr. 1997 : *Dr. sociétés 1997, n° 105, obs. Chaput.*

5. En vertu des art. 177 de la loi [C. com., ancien art. L. 623-9] et 155 du décret, l'exécution provisoire de plein droit des jugements rendus en matière de redressement et de liquidation judiciaires ne peut être arrêtée qu'en cas d'appel du jugement statuant sur la liquidation judiciaire ou arrêtant ou rejetant le plan de continuation ou de cession de l'entreprise. • Com. 23 juin 1998, n° 96-12.632 P : *D. 1999. Somm. 71, obs. Honorat ; D. Affaires 1998. 1535, obs. A. L. ; JCP E 1998, n° 52, p. 2063, obs. Pétel ; Quot. jur. 28 juill. 1998, p. 7, note P. M.* ♦ Le premier président d'une cour d'appel ne peut, pour arrêter l'exécution provisoire du jugement prononçant la résolution du plan de continuation et ouvrant une procédure de redressement judiciaire, considérer que ce jugement participait de la nature même des jugements ayant arrêté un plan de redressement. • Même arrêt. – Dans le même sens, V. • Paris, 12 déc. 2000 : *RJ com. 2001. 139, obs. Neveu.*

6. L'art. 177, al. 2, de la loi [C. com., ancien art. L. 623-9, al. 2] auquel se réfère l'art. 155, al. 2, ci-dessus vise notamment les appels des jugements statuant sur la liquidation judiciaire, sans distinguer selon que cette liquidation est prononcée ou non après une période d'observation. • Paris, 27 janv. 1995 : *Gaz. Pal. 1995. 2. 503, note Vray.* ♦ Le jugement étendant à une personne la procédure de liquidation judiciaire d'une autre personne est un jugement statuant sur la liquidation judiciaire, peu important l'absence de période d'observation. • Com. 11 mai 1999, nº 97-14.132 P : *D. 2000. Somm. 98, obs. Honorat ; JCP E 1999, nº 39, p. 1530, obs. Pételt ; LPA 1er juin 1999, p. 9, note P. M. ; ibid., 28 déc. 1999, p. 15, note Courtier ; RTD com. 1999. 760, obs. Vallens* • Versailles, 21 mars 1996 : *Dr. sociétés 1996, nº 194, obs. Chaput.*

7. Sur l'application de l'art. 155, V. aussi • Paris, 25 août 1987 : *Gaz. Pal. 1987. 2. 735* • 1er sept. 1987 : *ibid.* • Grenoble, 13 mai 1987 : *ibid.* • Lyon, 23 sept. 1988 : *D. 1989. Somm. 13, obs. Derrida* • Angers, 17 nov. 1988 : *Gaz. Pal. 1989. 2. Somm. 305* • Paris, 27 mai 1991 : *D. 1992. Somm. 89, obs. Derrida* • Aix-en-Provence, 10 juill. 1991 : *ibid.* • Paris, 11 juin 1993 : *Dr. sociétés 1993, nº 223, obs. Chaput* • Dijon, 19 janv. 1999 : *Banque et Dr. 11-12/1999. 61, obs. Guillot* • Angers, 30 mars 2001 : *APC 2002, nº 43* • 18 avr. 2001 : *ibid.*

8. Prolongation de la période d'observation. En dehors de circonstances exceptionnelles, il n'est pas opportun que, par le biais d'un appel et d'un arrêt de l'exécution provisoire d'un jugement de liquidation judiciaire, soit prolongée la période d'observation au-delà des limites fixées par l'art. 8 de la loi du 25 janv. 1985 [C. com., ancien art. L. 621-6]. • Lyon, 24 juill. 1987 : *JCP 1987. II. 20911, note Haehl.*

9. Pourvoi en cassation. L'ordonnance du premier président, statuant conformément à *l'art. 155, al. 2, sur une* demande tendant à l'arrêt de l'exécution provisoire d'un jugement ayant prononcé la liquidation judiciaire, décision qui statue sur un incident d'exécution provisoire sans mettre fin à l'instance, ne peut être frappée de pourvoi en cassation indépendamment du jugement sur le fond. • Com. 20 juin 1989 : *Gaz. Pal. 1989. 2. 602.*

10. Décisions non exécutoires de droit. V. C. pr. civ., art. 524. – **C. pr. civ.** ♦ Lorsque, en application de l'art. 195 de la loi [C. com., ancien art. L. 625-10], le tribunal de commerce ordonne l'exécution provisoire de la disposition de son jugement prononçant la faillite personnelle, le premier président est valablement saisi d'une demande d'arrêt de l'exécution provisoire de ce chef formée en application de l'art. 524 NCPC [C. pr. civ.], s'agissant d'une exécution provisoire facultative. • Agen, 15 déc. 1994 : *BICC 1995, nº 254.* ♦ Compte tenu des conséquences d'une telle décision sur l'étendue des droits civils et civiques susceptibles de ne pouvoir être réparées, en cas de réformation, l'arrêt de l'exécution provisoire peut être ordonné, les conséquences personnelles liées à la faillite ne devant résulter que d'une décision définitive. • Même arrêt. ♦ De même, il y a lieu de suspendre l'exécution provisoire de la sanction personnelle prononcée à l'encontre d'un dirigeant social, dès lors qu'une infirmation est possible et que l'exécution provisoire aurait des conséquences manifestement excessives en raison de l'activité actuelle de mandataire social d'une petite société. • Paris, 28 sept. 1993 : *Dr. sociétés 1994, nº 8, obs. Chaput.*

11. Réformation d'une décision exécutoire. La réformation d'un jugement arrêtant un plan de continuation assorti d'une cession partielle d'actifs ne porte pas en elle-même atteinte aux actes accomplis au titre de l'exécution provisoire de ce jugement, lesquels demeurent valables dans la mesure où ils sont conformes à la disposition qui les avait autorisés et où ils ne sont pas affectés d'une cause d'invalidation procédant d'un vice du consentement ou du défaut de capacité de ceux qui y ont concouru et qui justifierait leur annulation par le juge compétent. • Aix-en-Provence, 21 juill. 1993 : *RPC 1996. 438, obs. Soinne.*

12. Responsabilité du mandataire. Il ne peut être reproché au liquidateur judiciaire d'avoir exécuté les jugements et ordonnances rendus en matière de redressement et de liquidation, exécutoires de plein droit à titre provisoire par application des dispositions de l'art. 155. • Douai, 30 mai 1996 : *RPC 1997. 329, obs. Soinne.* ♦ De même, l'exécution par l'administrateur d'une décision exécutoire de plein droit à titre provisoire n'entraîne, sauf gestion dolosive ou action intempestive, aucune responsabilité à son encontre si la mesure qui frappe le débiteur est annulée ou rapportée en appel. • Paris, 16 déc. 1997 : *RPC 2000. 82, obs. Soinne.*

Art. R. 661-2 *(Décr. nº 2009-160 du 12 févr. 2009, art. 114)* **« Sauf dispositions contraires, l'opposition et la tierce opposition sont formées contre les décisions rendues en matière de mandat *ad hoc*, de conciliation, de sauvegarde,** *(Décr. nº 2014-736 du 30 juin 2014, art. 116)* **« de redressement judiciaire, de rétablissement professionnel**

et de liquidation judiciaire », de responsabilité pour insuffisance d'actif, de faillite personnelle ou d'interdiction prévue à l'article L. 653-8, par déclaration au greffe dans le délai de dix jours à compter du prononcé de la décision. »

Al. 2 abrogé par Décr. n° 2009-160 du 12 févr. 2009, art. 114.

Toutefois, pour les décisions soumises aux formalités d'insertion dans un *(Décr. n° 2020-106 du 10 févr. 2020, art. 12)* **« support » d'annonces légales et au *Bulletin officiel des annonces civiles et commerciales*, le délai ne court que du jour de la publication au *Bulletin officiel des annonces civiles et commerciales*. Pour les décisions soumises à la formalité d'insertion dans un** *(Décr. n° 2020-106 du 10 févr. 2020, art. 12)* **« support » d'annonces légales, le délai ne court que du jour de la publication de l'insertion.** – *[Décr. n° 2005-1677 du 28 déc. 2005, art. 329.]*

1. Exclusion du droit commun. L'art. R. 661-2 C. com. est exclusif des règles de droit commun, que la tierce opposition soit principale ou incidente. • Com. 14 juin 2017, n° 15-25.698 P : *D. 2017. Actu. 1246 ; Rev. sociétés 2017. 520, obs. Roussel Galle ; RTD com. 2017. 698, obs. Vallens ; JCP E 2017. 1499, note Stefania ; LEDEN 9/2017. 3, obs. Mouial-Bassilana ; APC 2017, n° 212, obs. Staes ; BJE 2017. 344, note Favario ; RJ com. 2017. 508, obs. Lebel ; RJDA 2017, n° 736 ; ; RPC 2018, n° 103, obs. Cagnoli.* – V. déjà • Com. 14 mai 2002, n° 99-10.325 P : *D. 2002. AJ 1981 ; APC 2002, n° 146, obs. Cagnoli.* ♦ L'ordonnance relevant le créancier de la forclusion est une décision rendue en matière de redressement et de liquidation judiciaires et la tierce opposition contre cette ordonnance, qui ne concerne pas directement les droits et obligations de la caution, doit être formée par celle-ci dans les dix jours à compter de son prononcé (inapplicabilité de l'art. 586, al. 2, C. pr. civ.). • Com. 11 juill. 2006, n° 05-11.508 P : *D. 2006. AJ 2100, obs. Lienhard ; D. 2007. Pan. 46, obs. Le Corre ; RJ com. 2007. 67, obs. Sortais.* ♦ L'art. R. 661-2 étant exclusif de l'application des règles de droit commun, le seul mode de saisine de la cour d'appel d'une opposition à un arrêt, rendu par défaut, ouvrant une liquidation judiciaire, est la déclaration au greffe, de sorte que l'opposition formée par des conclusions adressées par le Réseau privé virtuel des avocats (RPVA) est irrecevable. • Com. 10 mars 2021, n° 19-15.497 P : *D. 2021. Actu. 573 ; LEDEN 5/2021. 4, obs. Camensuli-Feuillard ; Procédures 2021, n° 140, note Rolland ; RJDA 2021, n° 416.*

2. Conditions de recevabilité. La lettre recommandée avec demande d'avis de réception ne peut être assimilée à la déclaration au greffe qu'exige l'art. R. 661-2 ; la tierce opposition faite autrement que par déclaration au greffe est irrecevable comme ne répondant pas au mode de saisine prescrit par la loi, et celui qui invoque l'irrecevabilité n'a pas, en conséquence, à justifier d'un grief. • Com. 17 févr. 2021, n° 19-16.470 P : *D. 2021. Actu. 421 ; LEDEN 4/2021. 4, obs. Camensuli-Feuillard ; APC 2021, n° 81, obs. Rolland ; RJDA 2021, n° 417.* ♦ V. déjà, en ce sens, à propos du dépôt de conclusions : • Com. 6 juill. 1999, n° 97-14.158 P : *D. 2000. Somm. 329, obs. Honorat ; RTD com. 1999. 990, obs. Vallens ; JCP E 2000, n° 4, p. 124, obs. Cabrillac ; RJDA 1999, n° 1113.* ♦ V. aussi, pour l'irrecevabilité de tierces oppositions formées par voie d'assignation : • Com. 26 avr. 2000 : *Procédures 2000, n° 167, obs. Laporte.* ♦ Après avoir relevé que les modalités formelles de la tierce opposition, aussi strictes soient-elles, n'ont pas pour effet de priver les créanciers de l'exercice de ce recours, ceux-ci ayant toute latitude, en cas d'impossibilité pour eux de se déplacer au greffe, de mandater un avocat pour ce faire, et constaté que la déclaration par lettre recommandée avait été adressée au greffe par le conseil du créancier, la cour d'appel a pu retenir que l'exigence d'une présentation au greffe n'avait pas restreint l'accès ouvert à ce créancier d'une manière ou à un point tels que son droit d'accès à un tribunal s'en était trouvé atteint dans sa substance même. • Com. 17 févr. 2021, n° 19-16.470 P : *préc.*

3. Conformité à la Conv. EDH. V. • Com. 27 oct. 1998 : *RTD com. 1999. 204, obs. Vallens .*

4. Point de départ du délai. En application de l'art. 156 [R. 661-2], le délai d'opposition et de tierce opposition est, même en cas d'excès de pouvoir les rendant recevables, de dix jours à compter du prononcé de la décision. • Com. 6 janv. 1998 : *RPC 1999. 30, obs. Cadiou.*

Si le délai de dix jours pour former le recours prévu par l'art. 156 [R. 661-2] s'ouvre à compter du prononcé de la décision, il n'en est pas ainsi, en l'absence de notification, lorsque la décision rendue à l'insu de l'auteur de la tierce opposition concerne directement ses droits et obligations (à propos d'un jugement désignant un mandataire à l'effet de rechercher la responsabilité des tiers opposants). • Com. 7 févr. 2006 : *Gaz. Pal. 30 avr.-4 mai 2006, p. 23, obs. Rohart-Messager.* ♦ V. aussi • Com. 19 mai 2004 : *RDBF 2004, n° 247, obs. F.-X. Lucas.*

Un dirigeant ou un ancien dirigeant, comme un créancier, informés par la publication au BODACC d'un jugement de report de la date de cessation des paiements, qui est susceptible d'avoir une incidence sur leurs droits en application, pour les deux premiers, des dispositions du titre V du livre VI C. com. et, pour le dernier, des art. L. 632-1 et L. 632-2 du même code, ont, dès la date de publication, un intérêt à former tierce opposition à la décision de report s'ils n'y étaient pas parties. • Com. 17 juin 2020, n° 18-25.262 P : *D. 2020. Actu. 1357 ; RTD com. 2020. 712, obs. Martin-Serf ; JCP E 2020. 1353, n° 3, obs. Pétel ; APC 2020, n° 187, obs. Lafaurie ; Dr. sociétés 2020, n° 106, note Legros ; RJDA 2020, n° 514 ; Gaz. Pal. 13 oct. 2020, p. 58, obs. Reille.* ♦ V. déjà, en ce sens : • Com. 14 juin 2017, n° 15-25.698 P : *préc. note 1 ; RTD com. 2017. 1000, obs. Martin-Serf ; LEDEN 11/2017. 5, obs. Rubellin ; RPC 2018, n° 33, obs. Blanc.*

Viole les art. 21, 22 et 156, al. 2, [désormais, art. R. 621-8, R. 631-13 et R. 661-2, al. 3] du décret, l'arrêt qui, pour déclarer irrecevable la tierce opposition formée par une banque contre une décision modifiant la date de cessation des paiements, retient que les décisions de cette sorte n'étaient pas soumises à une publicité par voie d'un avis au BODACC, et que, dès lors, la tierce opposition dont elles pouvaient faire l'objet devait, conformément à l'art. 156 [R. 661-2], al. 1er, être formée dans le délai de dix jours à compter de leur prononcé. • Com. 15 mai 1990, n° 88-19.312 P : *D. 1990. IR 149.*

5. Au regard de la publicité prévue par l'art. 21 [C. com., art. R. 621-8] du décret un jugement prononçant une extension de procédure collective ou décidant la poursuite sous procédure unique de plusieurs procédures collectives, doit être assimilé à un jugement ouvrant le redressement judiciaire d'un débiteur ; il s'ensuit que le délai pour former tierce opposition contre ce jugement ne court que du jour de sa publication au *BODACC*. • Com. 16 mai 2006, n° 05-14.595 P : *D. 2006. AJ 1530, obs. Lienhard ; Gaz. Pal. 14-18 juill. 2006, p. 15, obs. Lebel.* – V. déjà. • Com. 8 oct. 2003 : *D. 2003. 2817, note Le Corre ; LPA 16 févr. 2004, p. 9, obs. Lécuyer.*

6. En ce sens que le délai pour former tierce opposition ne court pas en cas d'erreur sur les éléments d'identification du débiteur dans la publication au BODACC, V. • Com. 17 mars 1998 : *RPC 1999. 30, obs. Cadiou.* – V. aussi • Rennes, 29 mars 1995 : *ibid.*

7. Sanction. A défaut d'avoir été exercée suivant la forme prévue par l'art. 156 [R. 661-2], la tierce opposition est irrecevable et cette fin de non-recevoir peut, conformément à l'art. 123 NCPC [C. pr. civ.], être proposée en tout état de cause, l'art. 112 de ce même code étant dès lors inapplicable. • Com. 9 avr. 1991, n° 89-16.915 P : *D. 1991. IR 165.*

Art. R. 661-3 **Sauf dispositions contraires, le délai d'appel des parties est de dix jours à compter de la notification qui leur est faite des décisions rendues en** *(Décr. n° 2009-160 du 12 févr. 2009, art. 115)* **« matière de mandat *ad hoc*, de conciliation, de sauvegarde,** *(Décr. n° 2014-736 du 30 juin 2014, art. 117-1°)* **« de redressement judiciaire, de rétablissement professionnel et de liquidation judiciaire », de responsabilité pour insuffisance d'actif, de faillite personnelle ou d'interdiction prévue à l'article L. 653-8. »**

Toutefois, le délai dans lequel le débiteur peut interjeter appel du jugement arrêtant ou rejetant le plan de cession de l'entreprise est de dix jours à compter du prononcé du jugement.

Dans les cas prévus au troisième alinéa de l'article L. 642-1 et à l'article L. 642-7, le greffier notifie la décision, dans les quarante-huit heures de son prononcé, au cocontractant, au cessionnaire ou au bailleur. Le délai d'appel est de dix jours à compter de la notification.

(Décr. n° 2009-160 du 12 févr. 2009, art. 115) **« Le délai d'appel du procureur de la République et du procureur général est de dix jours. Ces délais sont comptés à partir de la réception par le procureur de la République de l'avis qui lui est donné de la décision dans les formes prévues, selon le cas, aux articles R. 611-25, R. 611-41 »** *(Décr. n° 2014-736 du 30 juin 2014, art. 117-2°)* **« , R. 621-7 ou R. 645-19. »** – *[Décr. n° 2005-1677 du 28 déc. 2005, art. 330.]*

1. Domaine d'application. Le jugement ayant condamné le créancier saisissant à rapporter à la *liquidation* les sommes reçues postérieurement au prononcé de la liquidation judiciaire, au titre de la saisie-attribution pratiquée antérieurement, n'est pas rendu en matière de redressement et de liquidation judiciaires ; dès lors, l'appel de ce jugement est soumis au droit commun. • Com. 5 nov. 2003, n° 99-20.223 P : *D. 2003. AJ 2964.*

2. Délai de dix jours. Lorsque le jugement de redressement judiciaire a été signifié par le demandeur, le délai d'appel court contre le débiteur qui ne peut invoquer la signification ultérieure par le greffier pour prétendre que le délai d'appel ne court que de cette dernière. • Paris, 22 janv. 1988 : *D. 1989. Somm. 11, obs. Derrida.*

3. Jugement arrêtant le plan de cession (jurispr. relative à l'art. 157 du décret du 27 déc. 1985). Pour les procédures collectives ouvertes après l'entrée en vigueur de la loi du 10 juin 1994 et sous réserve des dispositions applicables au ministère public, l'appel-nullité formé contre un jugement arrêtant un plan de cession est soumis au délai d'appel applicable au cessionnaire prévu par l'art. 157, al. 1er, du décret du 27 déc. 1985, modifié par le décret du 21 oct. 1994 ; dès lors, les appelants disposent d'un délai de dix jours à compter du prononcé du jugement pour former un appel-nullité et, à défaut d'avoir relevé appel dans ce délai, leur recours est irrecevable comme tardif. • Com. 2 oct. 2007, n° 04-19.526 P : *D. 2007. AJ 2610, obs. Lienhard ; APC 2007, n° 209, obs. Rétif ; JCP E 2008. 1207, n° 8, obs. Cabrillac.*

4. Jugement de report de la date de cessation des paiements. Il résulte des art. R. 641-9 et R. 661-3 que le liquidateur judiciaire peut interjeter appel du jugement statuant sur sa demande de report de la date de la cessation des paiements dans les dix jours de la communication qui lui est faite de la décision. • Com. 5 oct. 2010 : *cité note 5 ss. art. L. 653-8.*

5. Jugement autorisant la reprise des poursuites individuelles. Le délai d'appel du jugement autorisant la reprise des actions individuelles des créanciers, que ce jugement soit celui de clôture de la liquidation judiciaire ou un jugement postérieur, lequel obéit au même régime, est le délai de dix jours prévu par l'art. R. 661-3, al. 1er, ces décisions étant, au sens de ce texte, rendues en matière de liquidation judiciaire. • Com. 9 déc. 2020, n° 19-14.441 P : *cité ss. art. R. 643-18.*

6. Représentant des créanciers. Est recevable l'appel du représentant des créanciers à qui le jugement prononçant le redressement judiciaire n'a jamais été signifié. • Versailles, 3 mars 1988 : *D. 1988. IR 103.* – V. aussi • Douai, 19 nov. 1987 : *D. 1989. Somm. 13, obs. Derrida* • Paris, 25 sept. 1998 : *D. Affaires 1998. 1746, obs. A. L.*

7. Exclusion du droit commun. En matière de redressement judiciaire ou de liquidation judiciaire, les voies de recours restent soumises aux conditions de forme et de délai qui leur sont propres, sans qu'il y ait lieu de distinguer selon qu'elles tendent à la réformation, à l'annulation ou à la rétractation de la décision attaquée. • Com. 15 janv. 1991, n° 89-18.185 P : *D. 1992. Somm. 91, obs. Derrida ; JCP E 1991. II. 165, note Barret ; Gaz. Pal. 1992. 1. 85, note Marchi* • 26 avr. 1994, n° 92-18.966 P : *D. 1994. 542, note Derrida* (confirmant • Montpellier, 29 juill. 1992 : *D. 1992. Somm. 357, obs. Vasseur*) • 14 mars 1995 : *préc. note 1* • 3 juin 1997, n° 94-12.934 P • 13 avr. 2010 : *préc. note 4.*

En application de l'art. 157, al. 3 [R. 661-3, al. 4], l'appel du procureur de la République doit être interjeté dans le délai de dix jours à compter de la réception de l'avis qui lui est donné du jugement, même s'il déclare agir comme partie principale sur le fondement de l'art. 423 NCPC [C. pr. civ.]. • Com. 8 juill. 2003, n° 01-13.693 P : *D. 2003. AJ 2173 ; APC 2003, n° 204, obs. Cagnoli ; RTD com. 2003. 827, obs. Vallens ; RPC 2005. 162, obs. O. Barret.*

8. Omission de l'indication du délai et des modalités d'appel dans la notification. Est nulle, conformément à l'art. 680 NCPC [C. pr. civ.], la signification n'indiquant pas la possibilité d'appel ni le délai de cette voie de recours. • Paris, 9 mai 1997 : *RJ com. 1998. 203, obs. Legrand* • Com. 13 oct. 1998 : *RJDA 1998, n° 1392 ; Procédures 1999, n° 34, obs. Laporte ; APC 1998, n° 148* (ordonnance de rejet d'une créance). ♦ Dans le même sens, pour un délai erroné, V. • Civ. 2e, 16 déc. 1999 : *RTD com. 2000. 462, obs. Vallens* • Com. 29 mai 2001, n° 98-17.469 P : *APC 2001, n° 160, obs. Regnaut-Moutier* • Paris, 28 mars 1997 : *RPC 1998. 242, obs. Cadiou.*

9. En ce sens que la notification de l'ordonnance de rejet d'une créance doit indiquer devant quelle juridiction doit être formalisé l'acte d'appel, V. • Civ. 2e, 3 mai 2001, n° 99-18.326 P : *D. 2001. AJ 1797, obs. Lienhard.*

10. Fin de non-recevoir d'ordre public. Selon l'art. 125 C. pr. civ., les juges doivent relever d'office les fins de non-recevoir d'ordre public lorsqu'elles résultent de l'inobservation des délais dans lesquels doivent être exercées les voies de recours. • Com. 17 mai 2011, n° 10-16.526 P : *D. 2011. Actu. 1550 ; BJE 2011. 263, note De Lajarte ; Gaz. Pal. 7-8 oct. 2011, p. 29, obs. Le Corre-Broly ; RJDA 2011, n° 952.*

Art. R. 661-4 **L'appel du procureur de la République et du procureur général est fait par une déclaration d'appel remise ou adressée au greffe de la cour d'appel.**

Lorsque cette déclaration est faite par voie postale, la date de l'acte d'appel est celle de l'expédition.

Lorsque l'appel du procureur de la République ou du procureur général est interjeté à l'encontre d'un jugement mentionné aux articles L. 661-6, L. 661-9 ou rendu en application des chapitres Ier *(Abrogé par Décr. n° 2009-160 du 12 févr. 2009, art. 116) « , II »* **et III du titre V du livre VI de la partie législative du présent code, l'appelant en informe immédiatement, par tout moyen, le greffier du tribunal et les mandataires de justice. Le greffier de la cour d'appel notifie par lettre simple cet appel au débiteur et aux personnes mentionnées au 4° de l'article R. 661-6.** — [*Décr. n° 2005-1677 du 28 déc. 2005, art. 331.*]

Forme de l'appel. Le procureur de la République est autorisé à faire appel par voie postale, notamment par télécopie, en respectant les dispositions de l'art. 158 [R. 661-4]. • Amiens, 15 déc. 1989 : *Gaz. Pal. 1990. 1. Somm. 315* • Versailles, 9 juill. 1993 : *ibid. 1994. 2. Somm. 445.*

Art. R. 661-5 **La personne exerçant une voie de recours au nom** *(Décr. n° 2021-1218 du 23 sept. 2021, art. 46, en vigueur le 1er oct. 2021)* **« de la délégation du personnel du comité social et économique » ou, le cas échéant, le représentant des salariés doit, à peine d'irrecevabilité, justifier de son habilitation.** — *[Décr. n° 2005-1677 du 28 déc. 2005, art. 332.]*

Pour les dispositions transitoires du Décr. n° 2021-1218 du 23 sept. 2021, V. note ss. art. R. 611-11.

En l'absence dans les textes de précisions à ce sujet, l'habilitation est donnée dans les conditions prévues pour la désignation même du représentant des salariés. • Paris, 4 juill. 1997 : *JCP E 1997. Pan. 909.* ♦ V. art. R. 621-14.

Art. R. 661-6 **L'appel des jugements rendus en application des articles L. 661-1, L. 661-6** *(Décr. n° 2018-452 du 5 juin 2018, art. 6)* **« , des chapitres Ier et III du titre V, de la section II du chapitre II et du chapitre IV du titre IX » du livre VI de la partie législative du présent code, est formé, instruit et jugé suivant les modalités de la procédure avec représentation obligatoire prévue par les articles 901 à 925 du code de procédure civile, sous réserve des dispositions qui suivent :**

1° Les mandataires de justice qui ne sont pas appelants doivent être intimés.

Dans tous les cas, le procureur général est avisé de la date de l'audience ;

2° L'appel des jugements arrêtant ou rejetant le plan de cession est soumis à la procédure à jour fixe ;

3° Dans les cas autres que ceux qui sont mentionnés au 2° ci-dessus et sauf s'il est recouru à la procédure à jour fixe, l'affaire est instruite conformément aux dispositions *(Décr. n° 2009-1524 du 9 déc. 2009, art. 13)* **« de l'article 905 » du code de procédure civile. Le président de la chambre peut toutefois décider que l'affaire sera instruite** *(Décr. n° 2012-1451 du 24 déc. 2012, art. 13, en vigueur le 1er févr. 2013)* **« sous le contrôle d'un magistrat de la chambre dans les conditions prévues par les articles** *(Décr. n° 2021-1218 du 23 sept. 2021, art. 47, en vigueur le 1er oct. 2021)* **« 907 à 916 » du même code ».** — *Les dispositions du Décr. n° 2009-1524 du 9 déc. 2009 s'appliquent aux appels formés à compter du 1er janv. 2011. Elles s'appliquent aux instances consécutives à un renvoi après cassation lorsque la juridiction de renvoi est saisie à compter du 11 mai 2017 (Décr. préc., art. 15, dans sa réd. issue du Décr. n° 2017-891 du 6 mai 2017, art. 52).*

4° Lorsqu'ils ne sont pas parties à l'instance d'appel, les représentants *(Décr. n° 2021-1218 du 23 sept. 2021, art. 47, en vigueur le 1er oct. 2021)* **« de la délégation du personnel du comité social et économique » et, le cas échéant, le représentant des salariés ainsi que, le cas échéant, le cessionnaire, le cocontractant mentionné à l'article L. 642-7, les titulaires des sûretés mentionnées à l'article L. 642-12 ou le bénéficiaire de la location-gérance sont convoqués pour être entendus par la cour. La convocation est faite par lettre simple du greffier ;**

5° Aucune intervention n'est recevable dans les dix jours qui précèdent la date de l'audience ;

6° La cour d'appel statue au fond dans les quatre mois suivant le prononcé des jugements mentionnés à l'article L. 661-6. — *[Décr. n° 2005-1677 du 28 déc. 2005, art. 333.]*

Pour les dispositions transitoires du Décr. n° 2019-1333 du 11 déc. 2019, V. note ss. art. R. 621-8-1.

Pour les dispositions transitoires du Décr. n° 2021-1218 du 23 sept. 2021, V. note ss. art. R. 611-11.

1. Représentation obligatoire. L'appel du débiteur contre le jugement prononçant sa liquidation judiciaire est irrecevable dans la mesure où il a été formé par simple lettre déposée au greffe du tribunal sans mention de la constitution d'avoué, cette procédure, en vertu de l'art. 899, al. 1er, NCPC [C. pr. civ.], étant obligatoire et ne pouvant être considérée comme contraire à l'art. 6 Conv. EDH. • Pau, 30 mars 2004 : *JCP E 2004, n° 41, p. 1568.* ♦ Comp. • Nancy, 1er oct. 1991 : *JCP 1992. II. 21902, note crit. Giverdon et Lecharny* • 25 oct. 1991 : *ibid.*

2. Appel à l'instance de l'administrateur judiciaire. L'appel contre un jugement ouvrant une procédure de redressement judiciaire est irrecevable faute d'appel à l'instance de l'administrateur judiciaire désigné. • Com. 3 déc. 2003, n° 01-00.485 P : *D. 2003. AJ 139*. ♦ Mais à défaut d'avoir été appelé à l'instance, l'administrateur judiciaire, par son intervention volontaire, permet la régularisation de la procédure. • Même arrêt.

3. Liquidateur intimé en cas d'extension de la procédure. En raison de l'unicité de la procédure de liquidation judiciaire découlant d'une décision d'extension fondée sur la confusion du patrimoine des débiteurs, ceux-ci ont un liquidateur judiciaire unique de sorte qu'il importe peu que le débiteur appelant d'une telle décision n'ait pas précisé en intimant ce liquidateur que celui-ci était aussi intimé en qualité de liquidateur de sa propre liquidation judiciaire. • Com. 6 déc. 2011, n° 10-24.885 P : *D. 2012. Chron. C. cass. 1226, obs. Arbellot ; ibid. Actu. 6, obs. Lienhard ; LEDEN 2/2012. 4, obs. Favario ; RPC 2012, n° 6, obs. Cagnoli ; RJDA 2012, n° 321 ; Gaz. Pal. 27-28 avr. 2012, p. 14, obs. Reille ; BJE 2012. 170, note Staes ; Dr. sociétés 2012, n° 170, note Legros.*

4. Conversion du redressement en liquidation judiciaire. Il résulte de l'art. R. 661-6, 1°, que les mandataires de justice qui ne sont pas appelants doivent être intimés sur l'appel d'un jugement de conversion d'un redressement judiciaire en liquidation judiciaire. • Com. 14 juin 2017, n° 15-20.229 P : *cité note 2 ss. art. L. 661-9.*

5. Résolution du plan. Il résulte de l'art. R. 661-6, 1°, que le débiteur qui fait appel du jugement qui prononce la résolution de son plan et sa liquidation judiciaire doit intimer les mandataires de justice qui ne sont pas appelants, y compris le liquidateur désigné par ce jugement ; en cas d'omission, l'appel peut être régularisé par une assignation en intervention forcée de ce mandataire. • Com. 11 oct. 2016, n° 14-28.889 P : *D. 2016. Actu. 2060 ; RTD com. 2016. 860, obs. Vallens ; JCP E 2017. 1033, note Rolland ; APC 2016, n° 278, obs. Staes ; RPC 2017, n° 10, obs. Cagnoli.*

6. Inapplicabilité du principe d'indivisibilité au ministère public. Il résulte de la combinaison des art. L. 661-1, 2°, et R. 661-6, 1°, C. com., et de l'art. 424 C. pr. civ. que, si le débiteur qui fait appel du jugement prononçant sa liquidation judiciaire doit intimer les mandataires de justice, à raison du lien d'indivisibilité existant, en cette matière, entre le débiteur et ces mandataires, un tel lien n'existe pas à l'égard du ministère public, partie jointe, auquel il appartient seulement à la cour d'appel de communiquer l'affaire. • Com. 9 sept. 2020, n° 18-26.824 P : *D. 2020. Actu. 1790 ; Rev. sociétés 2020. 716, obs. Henry ; LEDEN 10/2020. 2, obs. Camensuli-Feuillard ; BJE 11-12/2020. 37, note Vallens ; RJDA 2020, n° 654 ; RPC 2020, n° 144, obs. Cagnoli ; Dr. sociétés 2021, n° 11, note Legros ; Gaz. Pal. 13 avr. 2021, p. 51, obs. Goujon-Bethan.*

7. Procédure à jour fixe. Il résulte des dispositions de l'art. R. 661-6, 2° et 3°, dans sa rédaction issue du Décr. n° 2012-1451 du 24 déc. 2012, que lorsque dans un même jugement, le tribunal rejette un plan de redressement et arrête un plan de cession, l'appel de cette décision, ouvert au débiteur tant en application de l'art. L. 661-1, 6°, que de l'art. L. 661-1, III, doit néanmoins être formé, instruit et jugé selon la procédure à jour fixe. • Com. 23 oct. 2019, n° 18-17.926 P : *cité note 2 ss. art. L. 661-1.*

8. L'art. 160-II [R. 661-6, 2°] s'impose également au ministère public. • Poitiers, 25 mars 1992 : *JCP 1992. IV. 2951.* ♦ Aucune disposition légale ne dispense le ministère public de présenter au premier président, au plus tard dans les huit jours de la déclaration d'appel, la requête exigée par les art. 917 à 919 NCPC [C. pr. civ.], imposée par le législateur pour limiter les retards procéduraux et favoriser la survie des entreprises. Si une telle requête n'a pas été déposée dans le délai imparti, la déclaration d'appel du ministère public devient caduque sans que puissent être invoquées les dispositions de l'art. 114 NCPC [C. pr. civ.], la sanction de l'inobservation des délais de procédure ne relevant pas du régime des nullités pour vice de forme. • Poitiers, 2 févr. 1994 : *JCP 1994. IV. 1689.*

9. Toutefois, l'emploi par le ministère public de la procédure ordinaire au lieu et place de la procédure à jour fixe n'affecte pas le lien d'instance régulièrement formé par la déclaration, de sorte que l'appel est recevable. • Com. 14 mai 1996, n° 94-21.847 P : *D. 1998. Somm. 1, obs. Derrida ; D. Affaires 1996. 751 ; Rev. huiss. 1997. 781, note Courtier.* ♦ L'irrégularité de la requête en fixation de la date d'audience présentée plus de huit jours après la déclaration d'appel par le ministère public au premier président n'a pas pour effet de vicier la déclaration d'appel elle-même et, par voie de conséquence, d'entraîner l'irrecevabilité du recours formé par déclaration au greffe de la cour d'appel dans les dix jours du prononcé du jugement arrêtant le plan de cession. L'irrégularité de la requête ne peut être sanctionnée que par le refus du premier président d'autoriser l'assignation à jour fixe et non par la cour d'appel à qui l'ordonnance de fixation s'impose, sauf rétractation. • Com. 20 janv. 1998 : *D. Affaires 1998. 340, obs. V. A.-R. ; JCP 1998. II. 10021, rapp. Rémery.* – V. aussi • Besançon, 13 févr. 2001 : *RPC 2002. 166, obs. Gorrias.*

10. Convocation du cocontractant. La convocation du cocontractant devant la cour d'appel ne s'impose que lorsque la cession du contrat, dans le cadre d'un plan de cession d'entreprise, est envisagée. • Com. 23 janv. 1996, n° 94-13.391 P : *D. 1997. Somm. 6, obs. Derrida ; D. Affaires 1996. 328.*

11. Principe du contradictoire. Sur l'obligation de respecter le principe du contradictoire, V. • Com. 15 oct. 1991 : *D. 1991. IR 280.*

12. Intervention d'un candidat repreneur évincé. V. note 13 ss. ancien art. L. 661-6.

13. Application du droit commun. Lorsque conformément à l'art. R. 661-6, 3°, C. com., le président de la chambre saisie décide que l'affaire sera instruite sous le contrôle d'un magistrat de la chambre dans les conditions prévues aux art. 763 à 787 C. pr. civ., les dispositions de l'art. 908 du même code ne s'appliquent pas. • Civ. 2e, 3 déc. 2015, n° 14-20.912 P : *D. 2015. Actu. 2558 ; RTD com. 2016. 861, obs. Vallens ; LEDEN 1/2016. 6, obs. Staes ; Gaz. Pal. 12 avr. 2016, p. 61, obs. Fricero ; RPC 2016, n° 35, obs. Cagnoli.*

Art. R. 661-7 **Le greffier de la cour d'appel transmet dans les huit jours du prononcé de l'arrêt une copie de celui-ci au greffier du tribunal pour l'accomplissement des mesures de publicité prévues à l'article R. 621-8 lorsque l'arrêt infirme une décision soumise à la publicité.**

Il notifie l'arrêt aux parties et, par remise contre récépissé, au procureur général. Il informe les personnes mentionnées au 4° de l'article R. 661-6 du prononcé de l'arrêt. – *[Décr. n° 2005-1677 du 28 déc. 2005, art. 334.]*

La notification faite au représentant des créanciers [mandataire judiciaire] par le greffier de la cour d'appel, en la forme ordinaire prévue par l'art. 161 [R. 661-7], al. 2, de l'arrêt retenant le plan de continuation [de redressement] d'une entreprise en redressement judiciaire est régulière, car il n'incombe pas au greffier de notifier au préalable l'arrêt à l'avoué [avocat] du représentant des créanciers, bien que la procédure soit avec représentation obligatoire. Dès lors, la société débitrice ayant, dans le délai de deux mois pour former pourvoi (art. 612 C. pr. civ.) ouvert par cette notification, fait signifier l'arrêt au représentant des créanciers, après notification à son avoué, cette seconde notification par voie de signification faite dans le délai ouvert par la première a eu pour effet d'ouvrir un nouveau délai de deux mois à compter de sa date, rendant ainsi recevable le pourvoi dudit représentant formé après l'expiration du premier délai de deux mois. • Com. 6 févr. 1996, n° 92-19.032 P : *RJDA 1996, n° 695.*

Art. R. 661-8 **Le pourvoi en cassation du ministère public est fait par une déclaration au greffe de la Cour de cassation selon les règles prévues au premier alinéa de l'article R. 661-4.** – *[Décr. n° 2005-1677 du 28 déc. 2005, art. 335.]*

CHAPITRE II AUTRES DISPOSITIONS

Art. R. 662-1 **A moins qu'il n'en soit disposé autrement par le présent livre :**

1° Les règles du code de procédure civile sont applicables dans les matières régies par le livre VI de la partie législative du présent code ;

2° Les notifications des décisions auxquelles procède le greffier sont faites par lettre recommandée avec demande d'avis de réception, conformément aux dispositions de la section IV du chapitre III du titre XVII du livre Ier du code de procédure civile ; – *[Décr. n° 2005-1677 du 28 déc. 2005, art. 336.]*

(Décr. n° 2014-736 du 30 juin 2014, art. 118) **« 3° Les notifications et communications adressées au débiteur personne physique par lettre recommandée avec demande d'avis de réception sont régulièrement faites à l'adresse préalablement indiquée au greffe du tribunal à l'ouverture de la procédure ou en cours de procédure. La date de la notification est celle de la signature de l'avis de réception. Toutefois, lorsque l'avis de réception n'a pas été signé par son destinataire ou une personne munie d'un pouvoir à cet effet, la date de la notification est celle de la présentation de la lettre recommandée. Les lettres de l'administrateur, du mandataire judiciaire ou du liquidateur sont transmises à cette même adresse ;**

« 4° Les notifications et lettres adressées au débiteur, personne morale de droit privé, peuvent l'être au domicile de son représentant légal ou du mandataire *ad hoc* désigné conformément au II de l'article L. 641-9. »

1. Les jugements statuant sur les recours formés contre les ordonnances rendues par le juge-commissaire, qui ne sont pas visés par les dispositions spéciales de la loi du 26 juill. 2005 réglementant les voies de recours, sont susceptibles de recours dans les termes du droit commun. • Com. 7 févr. 2012, n° 10-26.164 P : *D. 2012. Actu. 430, obs. Lienhard ; LEDEN 3/2012. 5, obs. Favario ; Procédures 2012, n° 122, note Rolland ; RJDA 2012, n° 425 ; RLDA avr. 2012. 16, obs. Lebel ; RPC 2012, n° 62, obs. Cagnoli ; RJ com. mai-juin 2012. 62, note Sortais.*

2. Pour l'obligation de respecter le principe de la contradiction dans le cadre de la procédure de sanction d'un dirigeant, V. • Com. 3 déc. 2013, n° 12-29.334 P : *D. 2013. Actu. 2910 ; Rev. sociétés 2014. 202, obs. Roussel Galle ; LEDEN 2/2014. 4, obs. Favario ; Dr. sociétés 2014, n° 88, note Legros ; Gaz. Pal. 29 juin-1er juill. 2014, p. 38, obs. Montéran* • 4 mai 2017, n° 15-24.504 P : *D. 2017. Actu. 976 ; BJE 2017. 286, note Favario ; LEDEN 9/2017. 4, obs. Staes ; Dr. sociétés 2017, n° 152, note Legros ; RPC 2018, n° 10, obs. Cagnoli.*

Art. R. 662-1-1 *(Décr. n° 2012-1190 du 25 oct. 2012, art. 8)* Les mesures conservatoires prévues aux articles L. 621-2, L. 631-10-1 *(Décr. n° 2018-452 du 5 juin 2018, art. 7)* « , L. 651-4, L. 692-2, L. 692-4 et L. 692-9 » sont soumises aux dispositions de la partie réglementaire du code des procédures civiles d'exécution sous réserve des dispositions du présent livre.

Art. R. 662-1-2 *(Décr. n° 2012-1190 du 25 oct. 2012, art. 8)* Les mesures conservatoires mentionnées aux articles L. 621-2, L. 631-10-1 et L. 651-4 sont mises en œuvre à l'initiative de l'administrateur judiciaire, du mandataire judiciaire ou, le cas échéant, du liquidateur.

Art. R. 662-2 Les formes de procéder applicables devant le *(Décr. n° 2019-966 du 18 sept. 2019, art. 8, en vigueur le 1er janv. 2020)* « tribunal judiciaire » dans les matières prévues par le livre VI de la partie législative du présent code sont déterminées par les articles 853 et suivants du code de procédure civile pour tout ce qui n'est pas réglé par ce livre et par le présent livre.

Toute partie qui ne se présente pas personnellement ne peut être représentée que par un avocat. — *[Décr. n° 2005-1677 du 28 déc. 2005, art. 337.]*

Art. R. 662-3 Sans préjudice des pouvoirs attribués en premier ressort au juge-commissaire, le tribunal saisi d'une procédure de sauvegarde, de redressement judiciaire ou de liquidation judiciaire connaît de tout ce qui concerne la sauvegarde, le redressement et la liquidation judiciaires, *(Décr. n° 2009-160 du 12 févr. 2009, art. 117)* « l'action en responsabilité pour insuffisance d'actif, » la faillite personnelle ou l'interdiction prévue à l'article L. 653-8, à l'exception des actions en responsabilité civile exercées à l'encontre de l'administrateur, du mandataire judiciaire, du commissaire à l'exécution du plan ou du liquidateur qui sont de la compétence du *(Décr. n° 2019-966 du 18 sept. 2019, art. 8, en vigueur le 1er janv. 2020)* « tribunal judiciaire ». — *[Décr. n° 2005-1677 du 28 déc. 2005, art. 339.]*

1. Tribunal de la procédure. Il résulte de l'art. 174 [R. 662-3] que le tribunal saisi d'une procédure de redressement judiciaire n'est compétent que pour connaître des contestations nées de la procédure collective ou sur lesquelles cette procédure exerce une influence juridique. • Com. 8 juin 1993, n° 90-13.821 P : *Rev. huiss. 1994. 72, note Vidal.*

Le tribunal de la procédure est compétent pour ordonner les mesures conservatoires ou de remise en état qui s'imposent, soit pour prévenir un dommage imminent, soit pour faire cesser un trouble manifestement illicite. • Com. 6 févr. 1996 : *RJDA 1996, n° 828.*

2. Relève de la compétence du tribunal saisi de la procédure collective l'action en nullité, exercée par le liquidateur, de l'acquisition d'un fonds par une personne dessaisie en vertu de l'art. 152 [L. 641-9]. • Paris, 6 mars 1991 : *D. 1991. IR 127.*

3. En vertu de l'art. L. 281 LPF, la juridiction administrative est compétente pour connaître des contestations relatives au recouvrement des impositions mentionnées au premier al. de l'art. L. 199 LPF lorsqu'elles portent sur l'existence de l'obligation de payer, le montant de la dette, l'exigibilité de la somme réclamée ou tout autre motif ne remettant pas en cause l'assiette et le calcul de l'impôt ; toutefois, le tribunal de la procédure collective est, quelle que soit la nature des créances en cause, seul compétent pour connaître des contestations relatives à la mise en œuvre des règles propres à la procédure collective. • T. confl. 13 avr. 2015 : *D. 2015. Actu. 917, obs. de Montecler ; Gaz. Pal. 19-21 juill. 2015, p. 22, obs. Le Corre ; RJDA 2015, n° 588 ; BJE 2015. 311, note Dedeurwaerder ; RPC 2015, n° 195, obs. Vabres.* ♦ Ainsi, la contestation soulevée par les débiteurs auxquels le trésorier a fait délivrer un commandement, invoquant la suspension des poursuites en se prévalant de l'absence de déclaration de créance, qui se rattache au déroulement de la procédure de redressement judiciaire, ressortit à la compétence de la juridiction de l'ordre judiciaire. • T. confl. 26 mai 2003 : *Bull. civ. n° 16 ; D. 2003. AJ 2010 ; RTD com. 2004. 153, obs. Martin-Serf ; LPA 7 nov. 2003, note Brandeau.* ♦ De même, la juridiction saisie du redressement judiciaire est seule compétente pour statuer sur une demande fondée sur le principe de la suspension des poursuites individuelles dirigées contre le débiteur en ce qui concerne les effets d'un avis à tiers détenteur, qu'il ait ou non acquis un caractère définitif avant le jugement d'ouverture de la procédure collective, une telle contestation n'entrant pas dans les prévisions de l'art. L. 281 LPF. • Com. 2 oct. 1990, n° 88-13.709 P. ♦ En revanche, la juridiction administrative est compétente pour connaître de la responsabilité des services fiscaux en cas de déclaration prématurée d'une créance fiscale au passif d'un redevable en redressement judiciaire. • T. confl. 15 oct. 2012, n° C3869 P : *BJE 2013. 41, note Dedeurwaerder.*

4. Le tribunal de la procédure collective est

compétent pour connaître de la demande du liquidateur en mainlevée des saisies conservatoires, fondée sur la règle de l'arrêt des poursuites individuelles, propre à cette procédure collective et faite en vue de réaliser les actifs de la société en liquidation. • Com. 1er févr. 2000 : *RJDA 2000, n° 554.*

5. L'action en nullité d'un contrat de vente immobilière, fondée sur l'art. L. 632-1, I, 2°, C. com., est née de la procédure collective et soumise à son influence juridique, et relève, par conséquent, de la compétence spéciale et d'ordre public du tribunal de la procédure collective édictée à l'art. R. 662-3, qui déroge aux règles de compétence de droit commun. • Com. 18 mai 2017, n° 15-23.973 P : *D. 2017. Actu. 1117 ; RTD com. 2017. 695, obs. Martin-Serf ; DP diff. entr., Bull. n° 393, obs. Rémery ; APC 2017, n° 196, obs. Boustani ; LEDEN 7/2017. 4, obs. Reille ; RJDA 2017, n° 562 ; BJE 2017. 343, note Favario ; Gaz. Pal. 10 oct. 2017, p. 71, obs. Roussel Galle ; RPC 2018, n° 9, obs. Cagnoli.* ♦ Dans le même sens, pour l'action en nullité d'une transaction, V. • Soc. 12 juin 2019, n° 17-26.197 P : *cité note 4 ss. art. L. 632-4 ; BJE 9-10/2019. 46, note Donnette-Boissière ; RPC 2019, n° 142, obs. Taquet.* ♦ Lorsque deux litiges connexes sont pendants, l'un devant le tribunal de grande instance, juridiction de droit commun compétente pour en connaître en application de l'art. L. 211-3 COJ, et l'autre devant le tribunal de commerce, juridiction d'exception dotée, s'agissant d'une action en nullité d'un acte conclu en période suspecte, née de la procédure collective et soumise à son influence juridique, d'une compétence exclusive d'ordre public, par application de l'art. R. 662-3 C. com., chacune des deux juridictions saisies doit conserver la connaissance de l'affaire qui lui est soumise. • Com. 7 avr. 2009, n° 08-16.884 P : *D. 2009. AJ 1138 ; APC 2009, n° 150, obs. Rolland ; LEDEN, juin 2009, p. 2, obs. Staes ; Gaz. Pal. 26-28 juill. 2009, p. 31, obs. Roussel Galle ; RJDA 2009, n° 982.* ♦ L'action paulienne, distincte de l'action en annulation des actes passés pendant la période suspecte, ne relève pas de la compétence exclusive du tribunal de la procédure collective, prévue par l'art. R. 662-3 C. com. • Com. 16 juin 2015, n° 14-13.970 P : *D. 2015. Actu. 1366 ; JCP E 2015. 1422, n° 2, obs. Pétel ; APC 2015, n° 200, obs. Staes ; LEDEN 9/2015. 5, obs. Rubellin ; BJE 2015. 374, note Sautonie-Laguionie.* ♦ Pour l'inapplicabilité d'une clause compromissoire, V. note 15 ss. art. L. 632-4.

6. L'action de l'administrateur judiciaire consistant en une demande de restitution du solde de comptes bancaires de ses administrées n'est diligentée qu'à raison et dans le cadre de la procédure collective, et comme telle relève bien de la compétence spéciale édictée par l'art. 174. • Versailles, 17 févr. 1995 : *Gaz. Pal. 1996. 1. Somm. 181.*

7. La contestation, au seul motif qu'elle serait susceptible de constituer un dommage imminent, de la résiliation unilatérale par le cocontractant du débiteur d'un contrat à durée indéterminée régulièrement poursuivi après le jugement d'ouverture d'une procédure collective ne subit pas l'influence juridique de cette procédure, dès lors que ne sont pas en cause les règles propres à la résiliation des contrats en cours continués. • Com. 5 sept. 2018, n° 17-10.975 P : *D. 2019. Pan. 1906, obs. Cagnoli ; JCP E 2019. 1000, n° 3, obs. Tehrani ; LEDEN 10/2018. 2, obs. Rubellin ; RJDA 2018, n° 852 ; BJE 2018. 441, note Staes ; Gaz. Pal. 15 janv. 2019, p. 62, obs. Kendérian ; RJ com. 2019. 272, obs. Némoz-Rajot.*

8. La résiliation du bail ayant été constatée par une ordonnance du juge-commissaire, la demande tendant à faire restituer les lieux par un occupant sans droit ni titre n'est pas une contestation née de la procédure collective et n'est pas soumise à l'influence directe de cette procédure, de sorte que la règle de compétence édictée par l'art. 174 [R. 662-3] n'est pas applicable. • Com. 6 mars 2001, n° 98-12.835 P : *D. 2001. AJ 1469 ; RTD com. 2001. 523, obs. Vallens ; Gaz. Pal. 8-9 août 2001, p. 16, note Brault.* ♦ Le juge des référés commerciaux est compétent pour connaître de la demande d'expulsion de l'immeuble commun, préalablement à sa réalisation, dirigée par le liquidateur contre l'épouse du débiteur à laquelle la jouissance du domicile conjugal avait été attribuée par ordonnance de non-conciliation postérieure au jugement d'ouverture. • Paris, 9 févr. 1990 : *Gaz. Pal. 1991. 1. Somm. 58.* ♦ V. aussi, sur la compétence du juge des référés pour statuer sur la demande d'un crédit-bailleur tendant à la constatation de l'acquisition d'une clause résolutoire pour défaut de règlement des loyers échus postérieurement au prononcé du redressement judiciaire du crédit-preneur et au paiement de ces loyers, note 69 ss. art. L. 622-13.

9. L'action d'une banque, tendant au remboursement d'un prêt consenti à un débiteur après l'ouverture de sa procédure collective, n'est pas née de cette procédure et la circonstance que le juge soit amené, pour trancher la contestation, à faire application des règles du droit des procédures collectives pour déterminer les conséquences à tirer du dessaisissement du débiteur, ne suffit pas à la soumettre à l'influence juridique de la procédure collective. • Com. 3 avr. 2019, n° 18-10.469 P : *D. 2019. Pan. 1906, obs. Cagnoli ; Rev. sociétés 2019. 423, obs. Henry ; JCP E 2019. 1375, n° 2, obs. Tehrani ; APC 2019, n° 130, obs. Théron ; RPC 2019, n° 62, obs. Cagnoli ; LEDEN 7/2019. 2, obs. Rubellin ; BJS 7-8/2019. 56, note Fin-Langer ; BJE 7-8/2019. 44, note Staes ; RJDA 2019, n° 571 ; RDBF 2019, n° 136, obs. Houin-Bressand.*

10. Sur l'incompétence du tribunal saisi de la procédure collective pour connaître de la question préalable de la validité d'un contrat de sous-traitance conclu et partiellement exécuté avant l'ouverture du redressement judiciaire du sous-traitant, V. • Com. 21 janv. 2003 : *RJDA 2003, n° 611.*

11. Le tribunal saisi de la procédure collective ne peut connaître du litige opposant des particuliers à une banque nonobstant la transaction conclue entre celle-ci et le liquidateur judiciaire d'une société liée aux deux parties en litige. • Paris, 20 nov. 2002 : *D. 2003. 1560, note Sortais.*

12. L'action en remboursement de prix, intentée avant l'ouverture de la procédure collective, par un acheteur de marchandises antérieurement payées par lui et reçues avariées, ne trouve pas sa cause juridique dans la liquidation judiciaire de cet acheteur, laquelle n'exerce aucune influence sur le procès et ne met en jeu aucune règle de la procédure collective. • Com. 14 avr. 1992, n° 90-15.901 P : *D. 1992. Somm. 377, obs. Honorat.* ♦ De même, le tribunal de commerce saisi de la procédure de redressement judiciaire ouverte à l'égard d'une société n'est pas compétent pour connaître de la demande dirigée par cette société contre un non-commerçant, alors que le litige, portant sur des faits antérieurs à l'ouverture du redressement judiciaire, se serait présenté de la même manière si ladite société n'avait pas été soumise à une procédure collective. • Com. 8 juin 1993 : *préc. note 1.* ♦ Dans le même sens : pour des actions en réparation résultant de la résiliation d'un contrat de concession, intervenue avant l'ouverture du redressement judiciaire, intentées par le liquidateur, au nom collectif des créanciers, et par ceux-ci à titre individuel, V. • Com. 17 janv. 1995, n° 92-17.886 P : *D. 1995. IR 66 ; Rev. huiss. 1995. 585, note Vidal.* ♦ ... Pour une demande d'attribution judiciaire d'un gage, détenu par un tiers, V. • Com. 28 janv. 1997, n° 93-21.662 P : *Quot. jur. 6 mars 1997, p. 3.* ♦ ... Pour une action en recouvrement de créances impayées, V. • Lyon, 19 févr. 2004 : *BICC 2005, n° 1638.*

V. aussi, sur le critère de l'antériorité des faits invoqués par rapport à la procédure collective, • Com. 19 nov. 1996 : *RPC 1997. 409, obs. Cadiou* • 28 janv. 1997 : *ibid.*

13. L'action principale introduite par un créancier contre la caution est radicalement indépendante de la procédure collective ouverte à l'encontre du débiteur principal en liquidation, la procédure collective étant par nature sans effet sur le cautionnement, à défaut de quoi cette garantie perdrait sa raison d'être. • Versailles, 1er févr. 1996 : *D. Affaires 1996. 585.* ♦ En ce sens que l'action contre la caution n'est pas soumise à l'influence juridique de la procédure collective ouverte à l'égard du créancier garanti, dans le cas d'un cautionnement pris après l'ouverture de cette procédure, au cours de l'élaboration du plan de redressement, V. • Com. 12 juin 2001 : *RJDA 2001, n° 1227 ; RPC 2003. 106, obs. Gorrias.*

14. S'agissant de déterminer si, à la suite de la résiliation du bail commercial par l'administrateur du bailleur, le preneur remplit ou non les conditions pour pouvoir bénéficier d'une indemnité d'éviction, la règle d'ordre public de l'art. 29 du Décr. du 30 sept. 1953 [C. com., art. R. 145-23], qui donne compétence au tribunal de grande instance du lieu de situation de l'immeuble, doit s'appliquer. • Paris, 5 mai 1999 : *Loyers et copr. 2000, n° 15, obs. Brault.* ♦ Sur la compétence d'attribution du tribunal de grande instance en matière de baux commerciaux, V. aussi • Versailles, 20 mars 1997 : *RJDA 1997, n° 1178.* ♦ En revanche, la demande tendant à ce que l'administrateur soit déclaré tenu de verser au preneur une somme d'argent à valoir sur l'indemnité d'éviction, sur les fonds qu'il détient issus du plan de cession, ne peut relever que de la compétence du tribunal de commerce qui a arrêté le plan, car elle est susceptible d'avoir une incidence sur l'exécution de ce plan. • Paris, 5 mai 1999 : *préc.*

15. L'action en annulation d'un plan social formé par un syndicat étant fondée sur l'inexécution d'obligations résultant de l'art. L. 321-4-1 [L. 1233-61 s.] C. trav. et, par suite, pouvant être engagée en l'absence du redressement judiciaire qui en a été seulement l'occasion, c'est à bon droit qu'une cour d'appel, sans méconnaître l'autorité de la chose jugée attachée à l'ordonnance du juge-commissaire autorisant l'administrateur à procéder à des licenciements pour motif économique pendant la période d'observation, décide que le tribunal de commerce ne peut en connaître et qu'elle relève de la compétence du juge civil de droit commun. • Soc. 14 oct. 1997, n° 96-18.876 P : *D. 1997. IR 229 ; JCP E 1998, n° 1-2, p. 32, obs. Pétel ; ibid. 1998, n° 11, p. 424, note Duquesne* (confirmant • Versailles, 20 juin 1996 : *D. 1996. IR 216*).

16. Juge de l'exécution. BIBL. Liénard, *RPC 1995. 15.* ♦ Seul le juge de l'exécution, en application de l'art. L. 311-12-1 [L. 213-6] COJ, est compétent pour apprécier la régularité de la signification de l'arrêt de liquidation judiciaire, laquelle obéit, comme n'importe quelle autre décision judiciaire, aux règles de droit commun posées par le nouveau code de procédure civile : • Versailles, 5 févr. 1998 : *D. 1998. IR 103.*

17. Conseil de prud'hommes. BIBL. Maggi-Germain, *LPA 12 août 1998* ♦ Le conseil des prud'hommes est incompétent pour fixer l'ordre des paiements des sommes dues aux créanciers d'une société en redressement ou en liquidation judiciaire. • Soc. 3 oct. 1989, n° 87-44.686 P : *D. 1990. Somm. 216, obs. Honorat.*

18. V. aussi note 21.

19. Tribunal des affaires de sécurité sociale. S'agissant de statuer, non sur le sort de la procédure de redressement judiciaire, mais sur celui des cotisations sociales afférentes aux sommes versées aux salariés licenciés, à l'effet de déterminer si une telle créance est née antérieurement ou postérieurement à l'ouverture du redressement judiciaire, le tribunal des affaires de sécurité sociale est compétent pour connaître du litige. • Com. 2 mai 1990, n° 88-16.527 P : *D. 1991. 241, note crit. Pagès* • 9 juill. 1991, n° 89-19.503 P : *D. 1992. Somm. 282, obs. Honorat ; JCP E 1991. I. 100, n° 1, obs. Pétel.*

20. Le tribunal des affaires de sécurité sociale est seul compétent pour connaître de l'opposition à une contrainte décernée par un organisme de sécurité sociale et, en cas d'ouverture d'une procédure de redressement judiciaire à l'égard du débiteur prétendu de cotisations, la juridiction de la sécurité sociale demeure saisie de l'opposition, sauf à constater, s'il y a lieu, la suspension de l'instance. • Soc. 14 juin 1990, n° 87-18.761 P : *D. 1990. IR 194* .

21. Actions en responsabilité civile. Il résulte de l'art. R. 662-3 que le tribunal de la procédure collective n'est pas compétent pour connaître des actions en responsabilité civile exercées contre l'administrateur, le mandataire judiciaire, le commissaire à l'exécution du plan ou le liquidateur, lesquelles relèvent de la compétence du tribunal de grande instance. • Com. 5 déc. 2018, n° 17-20.065 P : *D. 2018. Actu. 2358 ; JCP E 2019. 1119, note Lebel ; RJDA 2019, n° 112 ; RPC 2019, n° 3, obs. Cagnoli.* ♦ Il s'ensuit que la demande indemnitaire formée contre la société civile professionnelle au titre de sa responsabilité civile personnelle n'est pas recevable devant la cour d'appel statuant avec les seuls pouvoirs du tribunal de la procédure collective en matière de résolution du plan et de prononcé de la liquidation judiciaire. • Même arrêt.

Il résulte des art. R. 662-3 et L. 625-1 que la juridiction prud'homale n'est pas compétente pour connaître de la demande incidente formée par un salarié pour obtenir la condamnation du liquidateur de la société qui l'employait à garantir le paiement des sommes fixées au titre des créances salariales, au passif de la liquidation. • Soc. 19 janv. 2022, n° 19-19.313 B : *D. 2022. Actu. 164 ; LEDEN 2/2022. 3, obs. de Frémont.*

La compétence du tribunal de grande instance pour connaître des actions en responsabilité civile exercées à l'encontre du représentant des créanciers n'est pas exclusive de celle du juge des référés statuant sur demande d'extension d'expertise ordonnée dans le cadre des art. 808 et 809 ou de l'art. 145 NCPC [C. pr. civ.]. • Paris, 24 sept. 1997 : *D. Affaires 1997. 1472.*

Le tribunal de la procédure collective n'est pas compétent pour connaître : de l'action intentée par le liquidateur judiciaire contre une société pour des faits de concurrence déloyale, commis après l'ouverture du redressement judiciaire, en violation d'un contrat de concession. • Com. 3 mars 1998 : *JCP E 1998, n° 19, p. 729 ; RJDA 1998, n° 881.* ♦ ... De l'action en responsabilité civile intentée par le liquidateur contre le commissaire aux comptes de la société en liquidation judiciaire. • Com. 15 nov. 2017, n° 16-12.941 : *BJS 2018. 49, note J.-F. Barbièri ; RJDA 2018, n° 146.*

L'action en responsabilité pour soutien abusif, fondée sur l'art. L. 650-1 C. com., n'est pas née de la procédure collective ou soumise à son influence juridique. • Com. 12 juill. 2016, n° 14-29.429 P : *D. 2016. 2554, note Robine ; LEDEN 9/2016. 4, obs. Staes ; APC 2016, n° 212, obs. Fricero ; RJDA 2016, n° 711 ; Gaz. Pal. 18 oct. 2016, p. 64, obs. Lasserre Capdeville ; BJE 2016. 435, note Favario ; RPC 2016, n° 203, obs. Martin-Serf.* ♦ Sur la compétence territoriale du tribunal qui a ouvert la procédure pour connaître d'une action en responsabilité pour rupture abusive de crédit, V. note 12 ss. art. L. 622-20.

N'est pas née de la procédure collective et n'est pas soumise à son influence juridique l'action des salariés d'une société en liquidation judiciaire reposant sur des fautes imputées à la société mère. • Soc. 13 juin 2018, n° 16-25.873 P : *D. 2018. Actu. 1308 ; APC 2018, n° 188, obs. Fin-Langer ; LEDEN 9/2018. 7, obs. Dedessus-Le-Moustier ; Dr. sociétés 2018, n° 196, note Legros.*

22. Action en responsabilité d'une collectivité publique. La prorogation de compétence instituée par l'art. R. 662-3 C. com. au profit du tribunal saisi de la procédure collective ne permet pas de déroger à la compétence d'attribution exclusive des juridictions administratives ; il en résulte que l'ordre de juridiction compétent pour connaître d'une action en responsabilité engagée par une collectivité publique dont le préjudice serait né d'un défaut de déclaration de sa créance par une personne privée doit être déterminé selon les règles habituellement applicables en la matière, peu important que la personne privée en cause soit en liquidation judiciaire (Rép. min. n° 3174 : *JO Sénat Q, 24 juill. 2008, p. 1518*).

23. Fraude du représentant des créanciers. L'appréciation d'un tel comportement relève de la compétence du tribunal de grande instance. • Com. 14 janv. 1997 : *D. 1997. IR 39* .

24. Clause d'arbitrage. Dès lors que le liquidateur, qui n'était pas partie au contrat stipulant la clause compromissoire, agit en responsabilité dans l'intérêt des créanciers contre le franchiseur pour soutien abusif apporté à la société franchisée, ce dont il résulte que ladite clause est étrangère au litige, il y a lieu de rejeter l'exception d'incompétence du tribunal de la procédure au profit du tribunal arbitral. • Com. 14 janv. 2004, n° 02-15.541 P : *D. 2004. AJ 278, obs. Lienhard ; JCP 2004. I. 119, n° 1, obs. Béguin ; APC 2004, n° 77, obs. Fricero.* – Comp. : • Com. 4 mars 2003 : *JCP 2003. I. 164, n° 6, obs. Seraglini.*

25. Clause d'attribution de compétence. L'action exercée par le liquidateur judiciaire d'une société, qui n'est pas née de la procédure collective mais de l'exécution, ou de l'inexécution, d'engagements antérieurs aurait pu exister même s'il n'y avait pas eu ouverture d'une procédure collective. Dès lors, le juge compétent est celui de droit commun ou celui désigné par une clause d'attribution de compétence. • Bourges, 24 oct. 1990 : *BJS 1991. 504, note Sorensen* • Com. 14 avr. 1992 : *préc. note 12.*

26. Dès lors que la contestation dont le tribunal est saisi et qui est relative à des fautes contractuelles commises après le jugement d'ouverture et la résiliation de la convention de franchise par le juge-commissaire n'est pas née de la procédure collective de la société franchisée, qu'elle n'est pas soumise à l'influence juridique de cette procédure, la juridiction désignée par la clause attributive de compétence du contrat de franchise est compétente. • Com. 7 févr. 2012, n° 11-10.851 P : *D. 2012. Actu. 495, obs. Lienhard ; LEDEN 3/2012. 6, obs. Parachkévova ; APC 2012, n° 80, obs. Fin-Langer ; RPC 2012, n° 59, obs. Cagnoli ; RJDA 2012, n° 694.*

27. Sur la mise à l'écart d'une clause attributive de compétence territoriale dans le cadre d'un litige opposant un concessionnaire automobile en redressement judiciaire et son administrateur judiciaire au constructeur automobile à propos de la résolution, sur le fondement de l'art. 37 de la loi du 25 janv. 1985 [C. com., art. L. 622-13], du contrat de concession et portant sur des griefs nés postérieurement à l'ouverture de la procédure collective, V. • Com. 20 févr. 1996 : *D. 1996. IR 102 ; D. Affaires 1996. 490.*

28. Renvoi après cassation. Pour des arrêts ayant écarté l'application de l'art. 174 [R. 662-3], V. • Com. 5 déc. 1995 : *D. 1996. 125, note Derrida* • 14 mai 1996 : *D. 1997. 160, note Perdriau et Derrida.*

29. Renvoi devant une juridiction limitrophe. V. note 3 ss. art. R. 651-1.

Art. R. 662-3-1 *(Décr. n° 2014-736 du 30 juin 2014, art. 119)* **Les dispositions de l'article 47 du code de procédure civile ne sont pas applicables aux litiges qui relèvent de la compétence du seul juge-commissaire.**

Art. R. 662-4 **Les exceptions d'incompétence sont réglées par les articles 75 à 99 du code de procédure civile sous réserve des dispositions des articles** *(Décr. n° 2016-1851 du 23 déc. 2016, art. 28, en vigueur le 1er janv. 2017)* **« R. 611-23-1, R. 662-5 à R. 662-7 et R. 662-18 ».** — *[Décr. n° 2005-1677 du 28 déc. 2005, art. 340.]*

Pour une application, à propos de l'art. 91 C. pr. civ., relatif au contredit, V. • Com. 27 mai 2014, n° 12-29.787 P : *D. 2014. Actu. 1198 ; Gaz. Pal. 5-7 oct. 2014, p. 29, obs. Reille.*

Art. R. 662-5 **Le tribunal, lorsqu'il se déclare incompétent, peut ordonner les mesures conservatoires ou provisoires mentionnées au dernier alinéa de l'article R. 662-7.** — *[Décr. n° 2005-1677 du 28 déc. 2005, art. 341.]*

Art. R. 662-6 **Lorsque sa compétence est contestée, le tribunal, s'il se déclare compétent, statue au fond dans le même jugement.** — *[Décr. n° 2005-1677 du 28 déc. 2005, art. 342.]*

Art. R. 662-7 **Lorsque les intérêts en présence justifient le renvoi de l'une des procédures prévues par le livre VI de la partie législative du présent code devant une autre juridiction en application de l'article L. 662-2, ce renvoi peut être décidé d'office par le président du tribunal saisi, qui transmet sans délai le dossier par ordonnance motivée au premier président de la cour d'appel ou, s'il estime que l'affaire relève d'une juridiction du ressort d'une autre cour d'appel, au premier président de la Cour de cassation.**

Ce renvoi peut également être demandé, par requête motivée *(Décr. n° 2014-736 du 30 juin 2014, art. 120-1°)* **« du débiteur, du créancier poursuivant et du ministère public » près le tribunal saisi ou près du tribunal qu'il estime devoir être compétent, au premier président de la cour d'appel ou de la Cour de cassation.**

(Décr. n° 2014-736 du 30 juin 2014, art. 120-2° et 3°) **« Lorsque la demande n'est pas formée conjointement par les procureurs près les** *(Décr. n° 2019-966 du 18 sept. 2019, art. 8, en vigueur le 1er janv. 2020)* **« tribunaux judiciaires » concernés, celui qui n'en est pas l'auteur fait connaître ses observations au greffe de la cour d'appel ou de la Cour de cassation au plus tard dans les quarante-huit heures de la transmission qui lui en est faite sans délai par le ministère public demandeur. Il en transmet copie au procureur demandeur.**

« Dans les cas prévus au deuxième alinéa, » le greffier du tribunal saisi notifie la requête aux parties sans délai et transmet le dossier à la cour d'appel ou à la Cour de cassation. S'il n'a pas été statué sur l'ouverture de la procédure, le tribunal sursoit à statuer dans l'attente de la décision du premier président de la cour d'appel ou du premier président de la Cour de cassation.

Le premier président de la cour d'appel ou le premier président de la Cour de cassation désigne dans les dix jours de la réception du dossier, après avis du ministère public, la juridiction qui sera saisie de l'affaire. Dans les mêmes conditions, le premier président de la cour d'appel peut, s'il estime que les intérêts en présence justifient le renvoi de l'affaire devant une juridiction du ressort d'une autre cour d'appel, ordonner la transmission du dossier au premier président de la Cour de cassation.

Les décisions du président du tribunal et du premier président de la cour d'appel ou de la Cour de cassation sont notifiées aux parties sans délai par le greffier du tribunal ou de la cour.

Les décisions prises en application du présent article sont des mesures d'administration judiciaire non susceptibles de recours. Ces décisions s'imposent aux parties et à la juridiction de renvoi désignée. *(Décr. nº 2014-736 du 30 juin 2014, art. 120-4º)* « En cas de renvoi de l'affaire, il en est fait mention aux registres ou répertoires mentionnés à l'article R. 621-8 par le greffier du tribunal qui a ouvert, le cas échéant, cette procédure. »

Dans l'attente de la décision du premier président, le tribunal peut désigner un administrateur judiciaire, sous l'autorité d'un juge commis temporairement à cet effet, pour accomplir, notamment, les diligences prévues à l'article L. 622-4. Le tribunal peut également ordonner, à titre de mesures provisoires, l'inventaire des biens et, en cas de procédure de liquidation judiciaire, l'apposition des scellés. — *[Décr. nº 2005-1677 du 28 déc. 2005, art. 343.]*

1. Interdiction des recours. Si les décisions rendues en application de l'art. 3 [R. 662-7] peuvent, en fonction d'informations nouvelles portées à sa connaissance, être librement modifiées par le premier président de la Cour de cassation, en vue d'une meilleure sauvegarde des intérêts en présence, sans qu'il en résulte que ce magistrat aurait ainsi accueilli une demande de rétractation en référé, leur nature exclut que les parties puissent exercer à leur encontre un pourvoi en cassation fût-ce en invoquant l'excès de pouvoir (application de l'art. 3, al. 4, du Décr. du 27 déc. 1985, devenu l'art. R. 662-7, al. 6, C. com., et de l'art. 537 C. pr. civ.) • Com. 17 févr. 1998, nº 96-13.831 P : *D. 1998. 274, note Perdriau et Derrida ; D. Affaires 1998. 675, obs. V. A.-R. ; Quot. jur. 14 avr. 1998, p. 5, note P. M. ; JCP 1998. II. 10171, note Voinot ; RPC 1999. 25, obs. Cadiou.*

2. Effet de la décision. La décision s'impose aux parties et à la juridiction de renvoi désignée, il en résulte qu'elle met fin, par elle-même, à la contrariété existant entre les différents jugements d'ouverture en emportant caducité de plein droit des décisions prononçant le redressement ou la liquidation judiciaires du même débiteur rendues par toutes juridictions autres que celle désignée par le premier président. • Com. 17 févr. 1998 : *préc. note 1.*

Art. R. 662-8 Le président du tribunal, saisi aux fins de désignation d'un mandataire *ad hoc* en application de l'article L. 611-3, peut faire application, avec l'accord du débiteur, des dispositions du premier alinéa de l'article R. 662-7. Il le peut également pendant le cours de la mission du mandataire *ad hoc*.

Le débiteur peut également demander ce renvoi en saisissant par voie de requête le premier président de la cour d'appel ou le premier président de la Cour de cassation.

Les dispositions des troisième à sixième alinéas de l'article R. 662-7 sont alors applicables. — *[Décr. nº 2005-1677 du 28 déc. 2005, art. 344.]*

Art. R. 662-9 *(Décr. nº 2009-160 du 12 févr. 2009, art. 118)* « La demande, faite par l'une des personnes poursuivies au président du tribunal en application du *(Décr. nº 2014-736 du 30 juin 2014, art. 121)* « deuxième » alinéa de l'article L. 662-3 tendant à ce que les débats relatifs aux mesures prises en application des chapitres Ier et III du titre V du livre VI de la partie législative du présent code aient lieu en chambre du conseil, est consignée par le greffier. »

La décision rendue par le président est une mesure d'administration judiciaire non susceptible de recours. — *[Décr. nº 2005-1677 du 28 déc. 2005, art. 345.]*

Art. R. 662-10 Le ministère public est avisé de la date de l'audience par le greffier dans toute affaire qui doit lui être communiquée.

Lorsque les débats doivent avoir lieu en présence du ministère public, le greffier en fait mention dans cet avis. — *[Décr. n° 2005-1677 du 28 déc. 2005, art. 346.]*

Art. R. 662-11 Lorsque le débiteur relève d'un ordre professionnel ou d'une autorité, cet ordre ou cette autorité fait connaître au greffe et aux organes de la procédure la personne habilitée à le représenter. En l'absence d'une telle déclaration, son représentant légal exerce cette fonction. — *[Décr. n° 2005-1677 du 28 déc. 2005, art. 347.]*

Art. R. 662-12 Le tribunal statue sur rapport du juge-commissaire sur tout ce qui concerne la sauvegarde, le redressement et la liquidation judiciaires, *(Décr. n° 2009-160 du 12 févr. 2009, art. 119)* « l'action en responsabilité pour insuffisance d'actif, » la faillite personnelle ou l'interdiction prévue à l'article L. 653-8.

Toutefois, il n'est pas fait de rapport lorsque le tribunal statue sur un recours formé contre une ordonnance de ce juge. — *[Décr. n° 2005-1677 du 28 déc. 2005, art. 348.]*

Art. R. 662-12-1 *(Décr. n° 2014-736 du 30 juin 2014, art. 122)* La note par laquelle le président du tribunal informe le ministère public, conformément aux articles L. 631-3-1 ou L. 640-3-1, est communiquée à ce dernier par le greffier du tribunal. *(Décr. n° 2015-1009 du 18 août 2015, art. 11, en vigueur le 1er oct. 2015)* « Le cas échéant, elle est jointe à l'assignation que le ministère public délivre pour saisir le tribunal ou à la convocation adressée au débiteur en application de l'article R. 631-4. »

Art. R. 662-13 Les jugements rendus par le tribunal sont prononcés en audience publique, à l'exception de ceux rejetant la demande d'ouverture de l'une des procédures prévues au livre VI de la partie législative du présent code et de ceux rejetant l'homologation de l'accord amiable à l'issue d'une procédure de conciliation. — *[Décr. n° 2005-1677 du 28 déc. 2005, art. 349.]*

Art. R. 662-14 Si des fonds dus au débiteur ont été consignés à la Caisse des dépôts et consignations par des tiers, la caisse transfère ces fonds avec les droits, charges et inscriptions qui les grèvent sur le compte de dépôt ouvert par le mandataire de justice qui exerce les fonctions d'administrateur, de commissaire à l'exécution du plan ou de liquidateur. Le mandataire de justice est tenu vis-à-vis de l'acquéreur et des créanciers des obligations qui découlent de ces sûretés. — *[Décr. n° 2005-1677 du 28 déc. 2005, art. 338.]*

Art. R. 662-15 La liste des dossiers qui ont été attribués à chacune des personnes auxquelles un mandat afférent aux procédures régies par le livre VI de la partie législative du présent code a été confié, établie en application de l'article L. 662-6, mentionne, pour chacun des débiteurs concernés, son chiffre d'affaires et le nombre de ses salariés tels qu'ils sont définis par l'article R. 621-11.

(Abrogé par Décr. n° 2009-160 du 12 févr. 2009, art. 120) ***« Ces personnes transmettent au greffier, avant le terme de chaque semestre, le montant du chiffre d'affaires qu'elles ont réalisé au cours du semestre précédent, au titre de l'ensemble des mandats prévus par le livre VI de la partie législative du présent code. Ce montant est annexé par le greffier à la liste qu'il établit. »*** — *[Décr. n° 2005-1677 du 28 déc. 2005, art. 350.]*

Art. R. 662-16 Les informations prévues par l'article L. 662-6 sont portées, par le greffe, à la connaissance du garde des sceaux, ministre de la justice, du procureur de la République près les tribunaux qui ont désigné les personnes concernées, du magistrat inspecteur régional, du magistrat coordonnateur mentionné à l'article R. 811-40 ainsi qu'au Conseil national des administrateurs judiciaires et des mandataires judiciaires, dans les deux mois qui suivent le terme de chaque semestre. — *[Décr. n° 2005-1677 du 28 déc. 2005, art. 351.]*

Art. R. 662-17 *(Décr. n° 2012-1190 du 25 oct. 2012, art. 9)* Le juge-commissaire statue sur la requête par laquelle l'administrateur judiciaire, le mandataire judiciaire ou le liquidateur sollicite l'autorisation prévue *(Décr. n° 2014-736 du 30 juin 2014, art. 123)* « à » l'article L. 663-1-1 *(Abrogé par Décr. n° 2014-736 du 30 juin 2014, art. 123)* ***« ou sur l'affectation des sommes mentionnées au second alinéa de cet article »*** après avoir entendu ou dûment appelé le propriétaire des biens qui font l'objet de la saisie conservatoire et le débiteur.

La demande est examinée en présence du ministère public.

Art. R. 662-18 *(Décr. nº 2016-1851 du 23 déc. 2016, art. 29, en vigueur le 1er janv. 2017)* I. — Le renvoi devant le tribunal de commerce spécialisé en application du troisième alinéa de l'article L. 662-8 est prononcé d'office par le président du tribunal saisi, par ordonnance motivée, après avoir entendu ou dûment appelé le débiteur et recueilli l'avis du ministère public. Le greffier du tribunal de commerce saisi transmet aussitôt le dossier au président du tribunal de commerce spécialisé désigné, avec une copie de l'ordonnance de renvoi.

II. — Le renvoi devant le tribunal de commerce spécialisé compétent peut également être demandé par requête motivée du débiteur, de l'administrateur judiciaire, du mandataire judiciaire ou du ministère public près le tribunal de commerce saisi.

Le greffier du tribunal de commerce saisi notifie la requête aux parties sans délai. Le président du tribunal statue sur la demande de renvoi par ordonnance motivée après avoir entendu ou dûment appelé le débiteur, le mandataire de justice et recueilli l'avis du ministère public. S'il est fait droit à la demande de renvoi, le greffier du tribunal de commerce saisi transmet aussitôt le dossier au président du tribunal de commerce spécialisé désigné, avec une copie de l'ordonnance de renvoi.

III. — Les décisions prises en application du présent article sont des mesures d'administration judiciaire non susceptibles de recours. Elles s'imposent aux parties et à la juridiction de renvoi désignée.

Art. R. 662-19 à R. 662-21 *Abrogés par Décr. nº 2016-230 du 26 févr. 2016, art. 10-7º.*

Pour l'entrée en vigueur du Décr. nº 2016-230 du 26 févr. 2016, V. note en tête de la section II du chap. III du présent titre.

CHAPITRE III DES FRAIS DE PROCÉDURE

Art. R. 663-1 Il ne peut être demandé par le greffier aucune provision au débiteur qui demande l'ouverture d'une procédure de redressement ou de liquidation judiciaire. — *[Décr. nº 2005-1677 du 28 déc. 2005, art. 351-1.]*

Art. R. 663-1-1 *(Abrogé par Décr. nº 2013-1280 du 29 déc. 2013, art. 6) (Décr. nº 2011-1202 du 28 sept. 2011, art. 9)* ***La contribution pour l'aide juridique prévue par l'article 1635 bis Q du code général des impôts n'est pas due pour les procédures prévues par le livre VI du présent code ni pour celles prévues par les articles L. 351-1 à L. 351-7 du code rural et de la pêche maritime.***

L'art. 6 du Décr. nº 2013-1280 du 29 déc. 2013 entre en vigueur le 1er janv. 2014 pour les instances introduites à compter de cette date.

Les dispositions réglementaires relatives à la contribution pour l'aide juridique demeurent applicables dans leur rédaction en vigueur au 31 déc. 2013 pour les instances introduites jusqu'à cette date (Décr. préc., art. 25).

SECTION PREMIÈRE DE LA PRISE EN CHARGE DE CERTAINS FRAIS DE JUSTICE PAR LE TRÉSOR PUBLIC

Art. R. 663-2 Les ordonnances du juge-commissaire, rendues en application de l'article L. 663-1, sont notifiées par le greffier aux mandataires de justice, au débiteur, au Trésor public ainsi qu'au procureur de la République. Elles peuvent faire l'objet d'un recours dans le mois suivant leur notification, par déclaration au greffe faite contre récépissé ou adressée par lettre recommandée avec demande d'avis de réception. Le recours est porté devant la cour d'appel. L'appel est formé, instruit et jugé suivant la procédure sans représentation obligatoire. *(Décr. nº 2009-160 du 12 févr. 2009, art. 121)* « Les mandataires de justice, le débiteur, le Trésor public et le ministère public qui ne sont pas appelants sont intimés. » — *[Décr. nº 85-1388 du 27 déc. 1985, art. 25-1.]*

SECTION II DE LA RÉMUNÉRATION DE L'ADMINISTRATEUR JUDICIAIRE, DU COMMISSAIRE À L'EXÉCUTION DU PLAN, DU MANDATAIRE JUDICIAIRE ET DU LIQUIDATEUR

(Décr. nº 2016-230 du 26 févr. 2016, art. 4)

S'agissant des administrateurs judiciaires, commissaires à l'exécution du plan, mandataires judiciaires et liquidateurs, l'art. 4 ainsi que le 7º de l'art. 10 du Décr. nº 2016-230 du 26 févr. 2016 entrent en vigueur à la date d'entrée en vigueur du premier arrêté portant fixation des tarifs de la profession concernée en application de l'art. L. 444-3 C. com., et au plus tard le 31 mai 2016. Toutefois, les dispositions mentionnées à l'art. 4 et au 7º de l'art. 10 du Décr. préc. restent applicables dans leur rédaction antérieure à ce décret aux procédures ouvertes avant la date d'entrée en vigueur de cet arrêté. Les dispositions du Décr. nº 2016-230 du 26 févr. 2016 sont applicables à Wallis-et-Futuna (Décr. préc., art. 13-III et 14). — L'Arr. susvisé du 28 mai 2016 fixant les tarifs réglementés applicables aux administrateurs judiciaires, commissaires à l'exécution du plan, mandataires judiciaires et liquidateurs est entré en vigueur le 31 mai 2016 (Arr. préc., art. 2).

SOUS-SECTION 1 DE LA RÉMUNÉRATION DE L'ADMINISTRATEUR JUDICIAIRE

Art. R. 663-3 **I. — Les émoluments de l'administrateur judiciaire sont, pour l'accomplissement des diligences résultant de l'application des titres II à IV du livre VI de la partie législative du présent code, soumises aux règles prévues par les articles suivants.**

II. — Pour l'application de la présente section :

a) Le montant du chiffre d'affaires est défini hors taxes conformément aux dispositions du *(Décr. nº 2020-100 du 7 févr. 2020, art. 11)* **« sixième » alinéa de l'article** *(Décr. nº 2018-200 du 23 mars 2018, art. 4)* **« D. 123-200 ». Il est apprécié à la date de clôture du dernier exercice comptable. Pour l'application des articles R. 663-5 à R. 663-8 et R. 663-28, le chiffre d'affaires est celui réalisé pendant la période d'observation ou de maintien de l'activité. Lorsque le débiteur est une personne morale de droit privé non commerçante, la référence au chiffre d'affaires est, le cas échéant, remplacée par la référence aux ressources hors taxes ou produits hors taxes ;**

b) Le total du bilan est défini conformément aux dispositions du *(Décr. nº 2020-100 du 7 févr. 2020, art. 11)* **« cinquième » alinéa de l'article** *(Décr. nº 2018-200 du 23 mars 2018, art. 4)* **« D. 123-200 » et apprécié à la date de clôture du dernier exercice comptable ;**

c) Le nombre des salariés est celui des salariés employés par le débiteur à la date de la demande d'ouverture de la procédure *(Décr. nº 2020-100 du 7 févr. 2020, art. 11)* **« , déterminé conformément aux dispositions du 4º de l'article R. 621-1 ».**

Pour le calcul du nombre de salariés, l'art. R. 663-3 ne distingue pas entre les salariés employés dans le cadre de contrats à durée indéterminée, de contrats à temps partiel ou de contrats aidés. • Com. 17 sept. 2013, nº 11-25.660 : *APC 2013, nº 217, obs. Fin-Langer ; BJE 2013. 394, note Donnette ; Gaz. Pal. 12-14 janv. 2014, p. 19, obs. Bidan ; RJDA 2014, nº 140.*

Art. R. 663-4 **Il est alloué à l'administrateur judiciaire, pour les diligences relatives au diagnostic de la procédure de sauvegarde ou de redressement judiciaire au titre de laquelle il a été désigné, un émolument déterminé par un arrêté pris en application de l'article L. 444-3 en fonction du nombre de salariés employés par le débiteur ou de son chiffre d'affaires.**

(Décr. nº 2018-200 du 23 mars 2018, art. 5) **« Toutefois, lorsque le total du bilan mentionné au b du II de l'article R. 663-3 est supérieur ou égal à un seuil précisé par l'arrêté mentionné au premier alinéa, l'émolument est déterminé uniquement en fonction de ce total de bilan. »**

Cet émolument est versé par le débiteur à l'administrateur judiciaire sans délai dès l'ouverture de la procédure. — *V. art. A. 663-4.*

La rémunération allouée à l'administrateur pour les diligences relatives au diagnostic de la procédure au titre de laquelle il a été désigné est versée par le débiteur sans délai dès l'ouverture de la procédure, et n'est pas conditionnée à l'établissement d'un diagnostic sous forme d'un rapport écrit et distinct du bilan économique, social et environnemental. • Com. 8 juin 2010, nº 09-14.301 P : *D. 2010. Actu. 1551, obs. Lienhard ; APC 2010, nº 181, obs. Cagnoli ; Gaz. Pal. 15-16 oct. 2010, p. 25, obs. Bidan ; RJDA 2010, nº 1167 ; RPC 2011, nº 2, obs. Lebel.*

Art. R. 663-5 Il est alloué à l'administrateur judiciaire, au titre d'une mission d'assistance du débiteur au cours d'une procédure de sauvegarde ou de redressement judiciaire, un émolument déterminé par un arrêté pris en application de l'article L. 444-3 en considération du chiffre d'affaires du débiteur. Au-delà de 20 000 000 €, les dispositions de l'article R. 663-13 sont applicables. – *V. art. A. 663-5.*

Art. R. 663-6 Il est alloué à l'administrateur judiciaire, au titre d'une mission de surveillance au cours d'une procédure de sauvegarde, l'émolument prévu à l'article R. 663-5 diminuée *[diminué]* de 25 %. – *V. art. A. 663-6.*

Art. R. 663-7 Il est alloué à l'administrateur judiciaire, au titre d'une mission d'administration de l'entreprise au cours d'une procédure de redressement ou de liquidation judiciaire, l'émolument prévu à l'article R. 663-5 majoré de 50 %.

Si, en application de l'article L. 631-12, l'administrateur judiciaire est assisté, pour la gestion de l'entreprise, d'un ou de plusieurs experts, la majoration prévue au premier alinéa n'est pas due. – *V. art. A. 663-7.*

Art. R. 663-8 La rémunération prévue aux articles R. 663-5, R. 663-6 et R. 663-7 est acquise lorsque le tribunal soit a mis fin à la procédure de sauvegarde ou de redressement en application des articles L. 622-12 ou L. 631-16, soit a statué sur le plan de sauvegarde ou de redressement, soit a prononcé la liquidation judiciaire du débiteur au cours d'une procédure de sauvegarde ou de redressement judiciaire. Elle est également acquise, dans une procédure de liquidation judiciaire, lorsque le tribunal a arrêté la cession de l'entreprise ou mis fin au maintien de son activité.

Art. R. 663-9 Il est alloué à l'administrateur judiciaire, pour l'élaboration du bilan économique, social et environnemental et l'assistance apportée au débiteur pour la préparation d'un plan de sauvegarde ou de redressement, un émolument déterminé par un arrêté pris en application de l'article L. 444-3 en fonction du nombre de salariés employés par le débiteur ou de son chiffre d'affaires.

(Décr. n° 2018-200 du 23 mars 2018, art. 5) « Toutefois, lorsque le total du bilan mentionné au *b* du II de l'article R. 663-3 est supérieur ou égal à un seuil précisé par l'arrêté mentionné au premier alinéa, l'émolument est déterminé uniquement en fonction de ce total de bilan. »

Cette rémunération est acquise lorsque le tribunal a statué sur le plan de sauvegarde ou de redressement ou a prononcé la liquidation judiciaire du débiteur au cours d'une procédure de sauvegarde ou de redressement judiciaire. Elle est majorée de 50 % en cas d'arrêté du plan.

Lorsque le plan est arrêté conformément aux dispositions du premier alinéa de l'article L. 628-8, la rémunération prévue à l'alinéa précédent est majorée de 50 %.

En cas de nécessité, le président du tribunal fixe, sur proposition du juge-commissaire, le montant d'une provision à valoir sur ce droit. Cette provision ne peut excéder la moitié de ce droit ni les deux tiers du montant mentionné au premier alinéa de l'article R. 663-13. – *V. art. A. 663-8 et A. 663-9.*

L'art. R. 663-9 ne subordonne pas l'octroi de la majoration de rémunération de 50 % en cas d'arrêté du plan à la circonstance que le plan ait été établi et adopté à l'initiative de l'administrateur judiciaire. • Com. 8 juin 2010, n° 09-14.301 P : *cité ss. art. R. 663-4.*

Art. R. 663-10 Il est alloué à l'administrateur judiciaire, lorsque des comités de créanciers sont réunis, un émolument fixé par un arrêté pris en application de l'article L. 444-3 par créancier membre d'un comité, ainsi qu'un autre émolument déterminé par un arrêté pris en application du même article, en fonction du montant des créances prises en compte en application de l'article R. 626-58, lorsque le plan a été arrêté conformément au projet adopté par les comités. – *V. art. A. 663-10.*

Art. R. 663-11 Il est alloué à l'administrateur judiciaire, en cas d'arrêté d'un plan de cession au cours d'une procédure de redressement ou de liquidation judiciaire, un émolument déterminé par un arrêté pris en application de l'article L. 444-3, en considération du montant total hors taxe du prix de cession de l'ensemble des actifs compris dans le plan.

Cette rémunération n'est acquise que sur la justification de la passation de la totalité des actes de cession. — *V. art. A. 663-11.*

La prise en charge d'une créance nantie ainsi que le montant des congés payés et du treizième mois des salariés repris, s'ils constituent des charges supplémentaires pour le repreneur, ne peuvent être assimilés à des éléments d'actif cédés pour le calcul du droit proportionnel alloué à l'administrateur. • Com. 12 juill. 2016, n° 15-50.008 P : *D. 2016. Actu. 1646 ; APC 2016, n° 195, obs. Petit ; LEDEN 9/2016. 1, obs. F.-X. Lucas ; RJDA 2016, n° 705 ; RPC 2016, n° 165, obs. Vallansan ; BJE 2017. 22, note Saint-Alary-Houin.* – V. Baujet et Thévenot, *RPC 2016. Étude 15.*

Art. R. 663-12 Il est alloué à l'administrateur judiciaire un émolument calculé sur le montant de l'augmentation des fonds propres prévue par un plan de sauvegarde ou de redressement et fixé dans les mêmes conditions que celui prévu à l'article R. 663-11.

Cette rémunération n'est acquise que sur la justification du versement de ces fonds. — *V. art. A. 663-12.*

Art. R. 663-13 Par dérogation aux dispositions de la présente sous-section, l'entière rémunération de l'administrateur judiciaire est arrêtée en considération des frais engagés et des diligences accomplies par lui et sans qu'il puisse être fait référence au tarif prévu par la présente sous-section lorsque le total de la rémunération calculée en application de ce tarif excède 100 000 € hors taxes.

Dans le cas prévu au premier alinéa, la rémunération de l'administrateur, qui ne peut être inférieure à 100 000 € hors taxes, est arrêtée par le magistrat de la cour d'appel délégué à cette fin par le premier président, sur proposition du juge-commissaire, au vu d'un état de frais et d'un état descriptif des diligences accomplies. Le magistrat délégué recueille au préalable l'avis du ministère public et demande celui du débiteur. Sa décision peut être frappée de recours devant le premier président de la cour d'appel par l'administrateur, le débiteur ou le ministère public.

La rémunération prévue à l'article R. 663-4 ainsi que les provisions perçues restent acquises à l'administrateur judiciaire, en tant qu'acomptes sur la rémunération, dans la limite du montant arrêté en application des alinéas qui précèdent.

1. Le premier président de la cour d'appel dispose d'un pouvoir souverain pour fixer la rémunération, hors tarif, de l'administrateur judiciaire dans les conditions prévues par l'art. R. 663-13. • Com. 27 nov. 2012, n° 11-23.465 P : *D. 2012. Actu. 2887 ; LEDEN 12/2012. 1, obs. F.-X. Lucas ; DP diff. entr., Bull. n° 343, obs. Rémery ; Gaz. Pal. 18-19 janv. 2013, p. 23, obs. Bidan ; BJE 2013. 102, note Rohart-Messager ; RPC 2013, n° 35, obs. Étienne-Martin.* ♦ V. aussi note ss. art. R. 663-39.

2. Si, dans l'hypothèse où le jugement d'ouverture a désigné deux administrateurs judiciaires, l'un ne peut, au nom de l'autre, demander la fixation des honoraires dus en application de l'art. R. 663-13 et former un recours contre la décision ayant déclaré sa requête irrecevable qu'à la condition qu'il justifie d'un mandat spécial et écrit de la part de celui pour le compte duquel il agit, l'irrégularité de fond résultant de l'absence d'un tel mandat peut être régularisée avant que le juge statue. • Com. 9 juill. 2019, n° 18-16.008 P : *D. 2019. Actu. 1493 ; RJDA 2019, n° 644 ; Gaz. Pal. 15 oct. 2019, p. 53, obs. Berthelot.*

Art. R. 663-13-1 Il est alloué à l'administrateur judiciaire un émolument fixé par un arrêté pris en application de l'article L. 444-3 pour tout contentieux portant sur une demande en revendication ou en restitution ayant donné lieu à une décision du juge-commissaire. — *V. art. A. 663-13.*

SOUS-SECTION 2 DE LA RÉMUNÉRATION DU COMMISSAIRE À L'EXÉCUTION DU PLAN

Art. R. 663-14 Au terme de chacune des années de l'exécution du plan, il est alloué au commissaire à l'exécution du plan, au titre de sa mission de surveillance de l'exécution du plan, des actions qu'il engage ou qu'il poursuit dans l'intérêt collectif des créanciers et de l'exécution des actes permettant la mise en œuvre du plan et de son rapport annuel prévu à l'article R. 626-43, une rémunération égale à la moitié de la rémunération fixée en application de l'article R. 663-4.

Cette rémunération n'est acquise que sur justification du dépôt de ce rapport. — *V. art. A. 663-14.*

Art. R. 663-15 Il peut être alloué, par le président du tribunal ou son délégué, une rémunération au commissaire à l'exécution du plan lorsqu'il a assisté le débiteur dans la préparation d'un projet ayant pour objet une modification substantielle dans les objectifs ou les moyens du plan. Cette rémunération ne peut être supérieure à la moitié de celle fixée en application de l'article R. 663-9. La situation du débiteur est appréciée à la date de la demande au tribunal de la modification du plan.

Il est alloué au commissaire à l'exécution du plan, dans les mêmes conditions, la rémunération prévue au premier alinéa lorsqu'il a présenté au tribunal une demande en résolution du plan. — *V. art. A. 663-15.*

Art. R. 663-16 Il est alloué au commissaire à l'exécution du plan, au titre d'une mission de perception et de répartition des dividendes arrêtés par le plan, une rémunération égale à un émolument déterminé par un arrêté pris en application de l'article L. 444-3, en fonction du montant cumulé des sommes encaissées par l'ensemble des créanciers ou, à défaut d'encaissement par les créanciers, consignées à la Caisse des dépôts et consignations au cours de chacune des années d'exécution du plan.

Lorsqu'il n'est pas fait de répartition entre plusieurs créanciers, un seul d'entre eux étant en mesure de percevoir le dividende, cette rémunération est réduite de moitié.

Les rémunérations prévues au présent article sont arrêtées conformément aux règles de l'article R. 663-13 lorsque le montant de la rémunération calculé en application du premier alinéa du présent article dépasse 15 000 € au titre d'une année. Dans ce cas, les rémunérations ne peuvent être inférieures à 15 000 €. — *V. art. A. 663-16.*

Art. R. 663-17 La rémunération prévue à l'article R. 663-22 est allouée au commissaire à l'exécution du plan au titre des créances qu'il porte sur la liste prévue à l'article R. 622-15. — *V. art. A. 663-17.*

SOUS-SECTION 3 DE LA RÉMUNÉRATION DU MANDATAIRE JUDICIAIRE ET DU LIQUIDATEUR

Art. R. 663-18 Le mandataire judiciaire reçoit, pour l'ensemble de la procédure de sauvegarde ou de redressement judiciaire, un émolument déterminé par un arrêté pris en application de l'article L. 444-3. S'il est ensuite désigné comme liquidateur, il ne peut, à ce titre, prétendre à cette rémunération.

Si, dans une même procédure, un mandataire judiciaire et un liquidateur distinct sont désignés par le tribunal, le mandataire judiciaire reçoit l'intégralité de la rémunération prévue au premier alinéa et le liquidateur en reçoit la moitié.

Lorsqu'un liquidateur est désigné dans une procédure secondaire d'insolvabilité au sens du règlement (CE) n° 1346/2000 du Conseil du 29 mai 2000 relatif aux procédures d'insolvabilité *[remplacé, à compter du 26 juin 2017, par le Règl. (UE) n° 2015/848 du 20 mai 2015]*, il perçoit un second émolument déterminé par un arrêté pris en application de l'article L. 444-3 au titre du devoir d'information auquel il est tenu à l'égard du syndic de la procédure principale. Il en va de même lorsqu'une procédure principale dans laquelle il est désigné est suivie d'une ou de plusieurs procédures secondaires. Dans ce dernier cas, il perçoit autant d'émoluments qu'il existe de procédures secondaires.

La rémunération est versée, sans délai, par le débiteur au liquidateur dès que la décision d'ouverture d'une procédure secondaire est portée à sa connaissance. — *V. art. A. 663-18.*

En ce sens que lorsque le mandataire judiciaire désigné comme représentant des créanciers à un redressement judiciaire au cours duquel est adopté un plan est, par la suite, désigné comme liquidateur au titre d'une procédure de liquidation judiciaire immédiate, ouverte consécutivement à la résolution du plan, il ne peut prétendre au droit fixe au titre de cette dernière mission, V. • Com. 15 févr. 2011, n° 10-10.005 P: *D. 2011. Actu. 672, obs. Lienhard ; Gaz. Pal. 1er-2 avr. 2011, p. 21, obs. Gorrias ; LEDEN 4/2011. 5, obs. F. Legrand ; BJE 2011. 184, note Berthelot* (arrêt rendu au visa des art. 12 et 12-1 du Décr. n° 85-1390 du 27 déc. 1985, dans sa rédaction antérieure au Décr. n° 2006-1709 du 23 déc. 2006).

Art. R. 663-19 Le liquidateur désigné en application des dispositions de l'article L. 641-1 perçoit pour l'ensemble de la procédure de liquidation judiciaire la rémunération prévue à l'article R. 663-18, dès que la décision le désignant est portée à sa connaissance et sous réserve du versement au greffier de la somme prévue au IV de l'article R. 743-142-6.

Les dispositions des articles R. 663-22 à R. 663-25 et R. 663-27 lui sont applicables.

Pour l'application de l'article R. 663-22, la liste des créances est celle de l'article R. 641-39. – *V. art. A. 663-19.*

Art. R. 663-20 En cas de désignation de plusieurs mandataires judiciaires ou de plusieurs liquidateurs, chacun d'entre eux perçoit la rémunération prévue à l'article R. 663-18 selon les modalités, le cas échéant, prévues par le deuxième alinéa de l'article R. 663-18.

Art. R. 663-21 Pour l'application de la présente section, constitue une créance :

1° Le total des sommes déclarées par chaque fournisseur créancier ;

2° Le total des sommes déclarées par chaque prestataire de service créancier au titre de chacun des contrats qu'il a conclus avec le débiteur ;

3° Le total des sommes déclarées par chaque établissement de crédit créancier ou société de financement créancière au titre de chacun des contrats qu'il a conclus avec le débiteur ;

4° Le total des sommes déclarées par chaque organisme social créancier pour chacun des rangs de privilège dont ses créances sont assorties ;

5° Le total des sommes déclarées par le Trésor public par catégorie de créances.

Art. R. 663-22 Il est alloué au mandataire judiciaire, pour l'enregistrement des créances déclarées et non vérifiées ainsi que des créances portées sur la liste prévue à l'article R. 622-15, un émolument par créance déterminé par un arrêté pris en application de l'article L. 444-3. – *V. art. A. 663-20.*

Art. R. 663-23 Il est alloué au mandataire judiciaire, pour la vérification des créances, un émolument déterminé par un arrêté pris en application de l'article L. 444-3 par créance, autre que salariale, inscrite sur l'état des créances mentionné à l'article R. 624-8. – *V. art. A. 663-21.*

Art. R. 663-24 Pour l'établissement des relevés des créances salariales, il est alloué au mandataire judiciaire un émolument déterminé par un arrêté pris en application de l'article L. 444-3, par salarié. – *V. art. A. 663-21 [A. 663-21-1].*

Art. R. 663-25 Il est alloué au mandataire judiciaire un émolument déterminé par un arrêté pris en application de l'article L. 444-3 :

1° Pour la contestation des créances autres que salariales, par créance dont l'admission ou le rejet a donné lieu à une décision du juge-commissaire inscrite sur l'état des créances mentionné à l'article R. 624-8 ;

2° Pour tout contentieux portant sur une demande en revendication ou en restitution ayant donné lieu à une décision du juge-commissaire ;

3° Pour toute instance introduite ou reprise devant la juridiction prud'homale en application des articles L. 625-1 et L. 625-3 et à laquelle il a été mis fin soit par une décision judiciaire au terme d'une instance dans laquelle il a été présent ou représenté, soit par la conclusion d'un accord amiable visé par le juge-commissaire auquel le mandataire judiciaire a été partie. – *V. art. A. 663-22.*

Art. R. 663-26 Lorsqu'il est fait application de l'article L. 631-16 et que le mandataire judiciaire est désigné par le tribunal pour répartir des fonds entre les créanciers, il lui est alloué la rémunération prévue à l'article R. 663-16. – *V. art. A. 663-23.*

Art. R. 663-27 Il est alloué au liquidateur un émolument déterminé par un arrêté pris en application de l'article L. 444-3 au titre de l'ensemble des obligations résultant de la cessation d'activité d'une ou de plusieurs installations classées au sens du titre Ier *du livre V du code de l'environnement.* Cet émolument varie selon que :

1° La ou les installations sont soumises à déclaration ;

2° L'une au moins des installations classées est soumise à autorisation ou enregistrement ;

3° L'une au moins des installations classées figure sur une liste prévue au IV de l'article L. 515-8 du code de l'environnement.

Cet émolument est doublé lorsque l'une au moins des installations classées soumises à autorisation ou à enregistrement a fait l'objet d'un arrêté de l'autorité administrative prescrivant des mesures d'urgence et de mise en sécurité du site. — *V. art. A. 663-24.*

Art. R. 663-27-1 Il est alloué au liquidateur, au titre de la mission de réalisation de l'inventaire qui lui est confiée en application des dispositions du deuxième alinéa de l'article L. 641-2, un émolument déterminé par un arrêté pris en application de l'article L. 444-3. — *V. art. A. 663-25.*

Art. R. 663-28 Il est alloué au liquidateur, au titre d'une mission d'administration de l'entreprise lorsque le maintien de l'activité a été autorisé en application de l'article L. 641-10, un émolument déterminé par un arrêté pris en application de l'article L. 444-3 en fonction du chiffre d'affaires. — *V. art. A. 663-26.*

Art. R. 663-29 I. — Il est alloué au liquidateur des émoluments déterminés par un arrêté pris en application de l'article L. 444-3 :

1° Au titre des cessions d'actifs mobiliers corporels, en fonction du montant total toutes taxes comprises du prix des actifs cédés, déduction faite de la rémunération toutes taxes comprises des intervenants, autres que le liquidateur, ayant participé aux opérations de cession ;

2° Pour tout encaissement de créance ou recouvrement de créance, en fonction du montant total toutes taxes comprises des sommes encaissées ou recouvrées, déduction faite de la rémunération toutes taxes comprises des intervenants, autres que le liquidateur, ayant participé aux recouvrements ;

3° Au titre de la réalisation d'actifs immobiliers et mobiliers incorporels, en fonction du montant du prix, le cas échéant toutes taxes comprises, de chacun des actifs cédés.

II. — La rémunération prévue au présent article n'est pas due au liquidateur au titre de la cession des actifs compris dans un plan de cession. Lorsqu'il n'a pas été désigné d'administrateur judiciaire, il lui est alloué à ce titre l'émolument prévu à l'article R. 663-11.

III. — La rémunération prévue au I du présent article n'est pas due au titre de la cession autorisée en application du premier alinéa de l'article L. 663-1-1 tant que la saisie conservatoire n'a pas fait l'objet d'un acte de conversion. — *V. art. A. 663-27.*

En ce sens que le terme de recouvrement implique l'existence d'une démarche amiable ou judiciaire en vue de la récupération d'un élément d'actif, ce qui exclut les simples encaissements sans intervention de la part du liquidateur, V. • Com. 14 oct. 1997, n° 95-10.245 P : *D. 1998. Somm. 98, obs. Honorat ; D. Affaires 1997. 1291 ; RPC 1998. 174, obs. Soinne ; JCP 1997. II. 22956, note R. Martin ; JCP E 1998, n° 3, p. 80, note Béhar-Touchais.*

Art. R. 663-30 Il est alloué au liquidateur, au terme des répartitions aux créanciers mentionnés à l'article L. 622-24 et des paiements des créances mentionnées au I de l'article L. 641-13, un émolument déterminé par un arrêté pris en application de l'article L. 444-3, en fonction du montant cumulé des sommes encaissées par l'ensemble des créanciers ou consignées à la Caisse des dépôts et consignations.

Lorsqu'il n'est pas fait de répartition entre plusieurs de ces créanciers, un seul d'entre eux étant en mesure de percevoir un versement, cette rémunération est réduite de moitié. — *V. art. A. 663-28.*

Art. R. 663-31 Par dérogation aux dispositions de la présente sous-section, l'entière rémunération du liquidateur est arrêtée en considération des frais engagés et des diligences accomplies par lui et sans qu'il puisse être fait référence au tarif prévu par la présente sous-section lorsque le total de la rémunération calculée en application de ce tarif excède 75 000 € hors taxes.

Dans le cas prévu au premier alinéa, la rémunération du liquidateur, qui ne peut être inférieure à 75 000 € hors taxes, est arrêtée par le magistrat de la cour d'appel délégué à cette fin par le premier président, sur proposition du juge-commissaire, au vu d'un état de frais et d'un état descriptif des diligences accomplies. Le magistrat délégué recueille au préalable l'avis du ministère public et demande celui du débiteur. Sa décision peut être frappée de recours devant le premier président de la cour d'appel par le liquidateur, le débiteur et le ministère public.

L'émolument prévu à l'article R. 663-18 ainsi que les acomptes perçus restent acquis en tant qu'acomptes sur la rémunération dans la limite du montant arrêté en application des alinéas précédents.

Art. R. 663-31-1 Il est alloué au mandataire judiciaire ou au liquidateur judiciaire, au titre des actions engagées par eux en application des dispositions du premier alinéa de l'article L. 653-7 et aboutissant au prononcé d'une sanction prévue aux articles L. 653-3 à L. 653-6 et à l'article L. 653-8, un émolument fixé par un arrêté pris en application de l'article L. 444-3. — *V. art. A. 663-29.*

SOUS-SECTION 4 DISPOSITIONS COMMUNES À LA RÉMUNÉRATION DE L'ADMINISTRATEUR JUDICIAIRE, DU COMMISSAIRE À L'EXÉCUTION DU PLAN, DU MANDATAIRE JUDICIAIRE ET DU LIQUIDATEUR

Art. R. 663-32 Les administrateurs judiciaires, commissaires à l'exécution du plan, mandataires judiciaires et liquidateurs ont droit au remboursement des frais et débours mentionnés sur la liste prévue au 2° de l'article R. 444-3, arrêtés par le président du tribunal ou par son délégué, sur justificatif de leur compte détaillé. Ce remboursement peut être trimestriel.

Art. R. 663-33 Les administrateurs judiciaires, commissaires à l'exécution du plan, mandataires judiciaires et liquidateurs ont droit au remboursement des taxes et droits fiscaux payés par eux pour le compte de l'entreprise.

Art. R. 663-34 Les rémunérations dues au titre de la procédure de sauvegarde, de redressement judiciaire ou de liquidation judiciaire sont arrêtées avant la clôture de la procédure. Sous réserve des dispositions des articles R. 663-13 et R. 663-31, le président du tribunal ou son délégué statue au vu d'un compte détaillé. Lorsque la procédure est de la compétence du *(Décr. n° 2019-966 du 18 sept. 2019, art. 8, en vigueur le 1er janv. 2020)* « tribunal judiciaire », le président du tribunal délègue un magistrat à cette fin.

A l'exception des rémunérations prévues aux articles R. 663-4 et R. 663-18 à R. 663-20 et des provisions et acomptes autorisés, elles ne sont perçues qu'après avoir été arrêtées.

Les rémunérations dues au titre de la procédure de liquidation judiciaire sont arrêtées au vu du rapport de clôture déposé par le liquidateur. Elles ne sont définitivement acquises qu'après leur arrêté définitif par le président du tribunal ou son délégué. Aucune rémunération ne peut être perçue par le liquidateur après l'approbation de son compte rendu de fin de mission, sans préjudice de la perception de l'indemnité prévue par l'article L. 663-3. Toutefois, lorsqu'est demandée la désignation d'un mandataire en application du troisième alinéa de l'article L. 643-9, l'arrêté des rémunérations du liquidateur n'est pas définitif. Des rémunérations complémentaires peuvent, le cas échéant, être perçues par le liquidateur.

Art. R. 663-35 Lorsque plusieurs administrateurs judiciaires, commissaires à l'exécution du plan, mandataires judiciaires ou liquidateurs sont désignés dans une même procédure, chacun des mandataires de justice désignés perçoit une part, convenue entre eux, des émoluments dus au titre de cette procédure. À défaut d'accord, le président du tribunal ou son délégué détermine la part de la rémunération qui revient à chacun après avoir entendu le débiteur et recueilli l'avis du ministère public.

En cas de remplacement de l'un des mandataires de justice et à défaut d'accord entre eux, le président du tribunal ou son délégué partage ces émoluments entre chacun des mandataires successivement désignés en fonction des diligences qu'il a effectuées, après avoir entendu le débiteur et recueilli l'avis du ministère public.

Art. R. 663-36 En cas de nécessité, par dérogation aux dispositions de l'article R. 663-34, le président du tribunal fixe, sur proposition du juge-commissaire, le montant d'acomptes à valoir sur la rémunération du mandataire judiciaire et du liquidateur.

Ces acomptes sont fixés sur justification de l'accomplissement des diligences au titre desquelles leur droit à rémunération est acquis et au vu d'un compte provisoire détaillé de leurs émoluments.

Le montant total des acomptes, qui comprennent le droit prévu aux articles R. 663-18 à R. 663-20, ne peut excéder les deux tiers de la rémunération due au mandataire judiciaire et au liquidateur ni les deux tiers de la somme mentionnée au premier alinéa de l'article R. 663-31. Il ne peut être autorisé plus d'un acompte par semestre.

Art. R. 663-37 S'il advient que des sommes ont été perçues à titre de provision ou d'acomptes et qu'elles se révèlent excéder les montants fixés au dernier alinéa de l'article R. 663-9 et à l'article R. 663-36, elles sont immédiatement restituées.

Art. R. 663-38 La décision autorisant le versement d'une provision ou d'un acompte ou arrêtant les rémunérations des administrateurs judiciaires, commissaires à l'exécution du plan, mandataires judiciaires et liquidateurs peut être contestée par le mandataire de justice concerné, le débiteur ou le ministère public. Elle est, dans les quinze jours de sa date, communiquée au ministère public et, selon le cas, à l'administrateur judiciaire ou au mandataire judiciaire concerné par le greffier de la juridiction et notifiée par lui au débiteur par lettre recommandée avec demande d'avis de réception. La lettre de notification indique le délai et les modalités selon lesquels la contestation peut être portée devant le président du *(Décr. n° 2019-966 du 18 sept. 2019, art. 8, en vigueur le 1er janv. 2020)* « tribunal judiciaire » ou le premier président de la cour d'appel territorialement compétent.

1. La notification par le greffier au débiteur de la décision arrêtant les émoluments du représentant des créanciers, conformément aux dispositions de l'art. 27 du Décr. n° 85-1390 du 27 déc. 1985 dans sa rédaction antérieure au Décr. n° 2006-1709 du 23 déc. 2006, plus de quinze jours après sa date, n'est assortie d'aucune sanction et n'entraîne pas la caducité de cette décision. • Com. 11 mai 2010, n° 09-15.320 P : *D. 2010. Actu. 1276*.

2. Il résulte de l'art. R. 663-38 que la décision statuant sur la rémunération de l'administrateur judiciaire n'a pas à lui être notifiée mais simplement communiquée, de sorte que les règles posées par ce texte sur le contenu de la notification de cette décision, qu'il réserve au débiteur, ainsi que celles posées par l'art. 713 C. pr. civ. auquel l'art. 126 C. pr. civ. renvoie, ne sont pas applicables. • Com. 9 juill. 2019, n° 18-16.008 P : *cité note 2 ss. art. R. 663-13.*

Art. R. 663-39 La demande de taxe peut être faite dans le délai d'un mois à compter de la communication ou de la notification prévue à l'article précédent, oralement ou par écrit, au greffe du *(Décr. n° 2019-966 du 18 sept. 2019, art. 8, en vigueur le 1er janv. 2020)* « tribunal judiciaire » ou de la cour d'appel. Elle est motivée.

Le président du *(Décr. n° 2019-966 du 18 sept. 2019, art. 8, en vigueur le 1er janv. 2020)* « tribunal judiciaire », ou le magistrat délégué par lui à cet effet, statue sur la demande dans les conditions prévues par les articles 709 et 711 à 718 du code de procédure civile.

1. Le recours contre l'ordonnance du magistrat délégué par le premier président de la cour d'appel fixant la rémunération de l'administrateur judiciaire en application de l'art. R. 663-13 peut être formé par voie de télécopie. • Com. 27 nov. 2012, n° 11-23.465 P : *cité ss. art. R. 663-13.*

2. Il résulte des art. R. 663-39 C. com. et 716 C. pr. civ. que le premier président, statuant sur une contestation d'émoluments de mandataires de justice, doit faire convoquer les parties par le greffier quinze jours au moins à l'avance et les entendre contradictoirement. • Com. 4 juill. 2018, n° 17-15.347 P : *D. 2018. Actu. 1487 ; JCP E 2018. 1494, note Berthelot ; LEDEN 9/2018. 3, obs. Camensuli-Feuillard ; RJDA 2018, n° 922 ; RPC 2018, n° 193, obs. Vallansan.*

Art. R. 663-40 Les actions des administrateurs judiciaires, commissaires à l'exécution du plan, mandataires judiciaires et liquidateurs, en matière de rémunération, se prescrivent par six mois à compter de la notification prévue à l'article R. 663-38.

SOUS-SECTION 5 DU MANDATAIRE DÉSIGNÉ EN APPLICATION DU TROISIÈME ALINÉA DE L'ARTICLE L. 643-9

Art. R. 663-40-1 Les dispositions relatives à la rémunération et aux frais et débours du liquidateur sont applicables au mandataire désigné en application du troisième alinéa de l'article L. 643-9.

Les modalités de calcul des émoluments sont déterminées sans tenir compte de la pluralité des missions. La rémunération prévue par l'article R. 663-25 fait, le cas échéant, l'objet d'une répartition selon les missions attribuées au mandataire.

Art. R. 663-40-2 Le juge-commissaire détermine selon quelles modalités les fonds versés en compte de dépôt à la Caisse des dépôts et consignations seront affectés pour l'exécution de cette mission.

Art. R. 663-40-3 Le juge-commissaire, ou, s'il a cessé ses fonctions, le président du tribunal, sur les observations du liquidateur et du mandataire, détermine, après avoir recueilli l'avis du ministère public, la part de la rémunération qui aurait été due au liquidateur s'il avait poursuivi sa mission, qui revient au mandataire ainsi désigné.

Art. R. 663-40-4 La rémunération du mandataire est arrêtée par le président du tribunal au vu d'un compte détaillé. S'il y a lieu, le président arrête alors à titre définitif la rémunération due au liquidateur.

SECTION III DE L'INDEMNISATION DES DOSSIERS IMPÉCUNIEUX

Art. R. 663-41 Le seuil mentionné à l'article L. 663-3 est fixé à la somme de 1 500 € (HT). – *[Décr. nº 85-1390 du 27 déc. 1985, art. 18-1.]*

(Décr. nº 2014-736 du 30 juin 2014, art. 130) « La somme prélevée conformément aux dispositions de l'article L. 663-3-1 est de :

« 1 200 euros (HT) si l'actif déclaré est égal ou inférieur à 1 000 euros ;

« 1 500 euros (HT) si l'actif déclaré est supérieur à 1 000 euros. »

Art. R. 663-42 Le comité d'administration du fonds institué par l'article L. 663-3 est présidé par un magistrat de la Cour des comptes désigné par le premier président de cette juridiction. Il comprend un représentant du garde des sceaux, ministre de la justice et un membre du Conseil national des administrateurs judiciaires et des mandataires judiciaires, désignés, sur proposition de ce conseil, par le garde des sceaux, ministre de la justice. Un représentant de la Caisse des dépôts et consignations est entendu en tant que de besoin par le comité. – *[Décr. nº 85-1390 du 27 déc. 1985, art. 18-2.]*

Art. R. 663-43 La Caisse des dépôts et consignations assure la gestion administrative, comptable et financière du fonds.

A ce titre, elle est chargée :

1° D'effectuer les opérations de prélèvement sur les intérêts servis sur les dépôts mentionnés au troisième alinéa de l'article L. 663-3 ;

2° De verser aux mandataires judiciaires et aux liquidateurs les sommes qui leur sont attribuées en application du deuxième alinéa de l'article L. 663-3 ;

3° De gérer la trésorerie excédentaire du fonds ;

4° D'assurer la surveillance de son équilibre financier ;

5° De tenir sa comptabilité ;

6° De rendre compte de sa gestion. – *[Décr. nº 85-1390 du 27 déc. 1985, art. 18-3.]*

Art. R. 663-44 La Caisse des dépôts et consignations ouvre dans ses livres un compte bancaire spécifique au nom du fonds. – *[Décr. nº 85-1390 du 27 déc. 1985, art. 18-4.]*

Art. R. 663-45 La Caisse des dépôts et consignations précise la nomenclature des comptes bancaires rémunérés à vue et à terme ouverts dans ses livres, destinés à recevoir les fonds déposés en application des articles L. 622-18, L. 626-25 et L. 641-8 *(Décr. nº 2012-1190 du 25 oct. 2012, art. 11)* « , ainsi que les fonds déposés en application de l'article L. 663-1-1 ».

Les intérêts des comptes bancaires *(Décr. nº 2012-1190 du 25 oct. 2012, art. 11)* « , à l'exception de ceux dus au titre de sommes déposées en application de l'article L. 663-1-1, » sont imputés au crédit du compte ouvert au nom du fonds dans les livres de la Caisse des dépôts et consignations.

Le garde des sceaux, ministre de la justice, fixe par arrêté le taux du prélèvement sur les intérêts, sur proposition du comité d'administration du fonds. En cas de modification de ce taux, celui-ci s'applique à tous les intérêts servis à compter de la date d'effet de cette modification, quelle que soit la période au titre de laquelle ces intérêts ont été produits. – *[Décr. nº 85-1390 du 27 déc. 1985, art. 18-5.]*

Art. R. 663-46 Le versement des sommes aux mandataires judiciaires et aux liquidateurs est effectué par la Caisse des dépôts et consignations sur un compte bancaire ouvert au nom du bénéficiaire au vu d'un extrait de la décision qui les accorde *(Décr. n° 2019-1333 du 11 déc. 2019, art. 16, en vigueur le 1er janv. 2020)* « et d'un certificat de non-appel si cette décision ne bénéficie pas de l'exécution provisoire ». — *[Décr. n° 85-1390 du 27 déc. 1985, art. 18-6.]*

Pour les dispositions transitoires du Décr. n° 2019-1333 du 11 déc. 2019, V. note ss. art. R. 661-1.

Art. R. 663-47 Une convention entre le garde des sceaux, ministre de la justice, agissant au nom de l'État et la Caisse des dépôts et consignations précise les modalités selon lesquelles les missions mentionnées aux articles R. 663-43 et R. 663-46 sont assurées par la caisse, ainsi que les modalités de calcul des frais de gestion du fonds, qui sont imputés au débit du compte ouvert au nom de celui-ci. — *[Décr. n° 85-1390 du 27 déc. 1985, art. 18-7.]*

Art. R. 663-48 Lorsqu'il a approuvé le compte rendu de fin de mission du mandataire judiciaire ou du liquidateur, le juge-commissaire propose au tribunal de faire application de l'article L. 663-3 si les conditions prévues par cet article sont réunies. Cette proposition, qu'il joint, dans ce cas, à sa décision d'approbation, mentionne le montant des émoluments perçus par le mandataire de justice et est accompagnée des pièces du compte rendu de fin de mission en justifiant.

Le tribunal se saisit d'office. La décision par laquelle il statue sur l'impécuniosité et fixe le montant de l'indemnité qui sera versée au mandataire judiciaire ou au liquidateur est susceptible d'appel de la part du ministère public, du mandataire judiciaire et du liquidateur. — *[Décr. n° 85-1390 du 27 déc. 1985, art. 18-8.]*

Art. R. 663-49 Lorsque la procédure de liquidation judiciaire est reprise après avoir été clôturée et que le liquidateur a bénéficié de l'indemnisation prévue à l'article L. 663-3, toute demande d'émolument au titre de cette reprise de procédure est transmise pour avis au ministère public. Ce droit à rémunération est réduit du montant de l'indemnisation perçue avant de pouvoir être acquis. — *[Décr. n° 85-1390 du 27 déc. 1985, art. 18-9.]*

Art. R. 663-50 *(Décr. n° 2016-1851 du 23 déc. 2016, art. 11, en vigueur le 1er janv. 2017)* En cas d'ouverture d'une procédure de liquidation judiciaire dans les conditions prévues aux articles L. 645-9 et L. 645-12, l'indemnité prévue aux articles L. 663-3 et R. 663-41 est versée au mandataire judiciaire ou à la personne choisie sur le fondement du premier alinéa du II ou du III de l'article L. 812-2, déduction faite des sommes déjà versées sur le fondement des trois derniers alinéas de l'article R. 663-41.

Pour les dispositions transitoires du Décr. n° 2016-1851 du 23 déc. 2016, V. note ss. art. R. 645-5.

TITRE SEPTIÈME DISPOSITIONS DÉROGATOIRES PARTICULIÈRES AUX DÉPARTEMENTS DE LA MOSELLE, DU BAS-RHIN ET DU HAUT-RHIN

Art. R. 670-1 Les formes de procéder applicables devant les *(Décr. n° 2019-966 du 18 sept. 2019, art. 8, en vigueur le 1er janv. 2020)* « tribunaux judiciaires » des départements du Bas-Rhin, du Haut-Rhin et de la Moselle dans les matières prévues par le présent code sont déterminées par l'article 31 de la loi du 1er juin 1924 portant introduction des lois commerciales françaises dans ces départements et par les articles 37 à 39 de l'annexe du code de procédure civile relative à l'application de ce code dans ces mêmes départements. — *[Décr. n° 85-1388 du 27 déc. 1985, art. 176.]*

(Décr. n° 2013-692 du 30 juill. 2013, art. 1er) « Toutefois, devant le tribunal qui les a désignés, les règles relatives à la représentation obligatoire par avocat ne s'imposent au mandataire *ad hoc*, au conciliateur, à l'administrateur, au mandataire judiciaire, au commissaire à l'exécution du plan et au liquidateur, pour l'exécution de leur mission, que lorsque leur demande est formée par assignation ou par la remise de l'acte mentionné à l'article 31 de l'annexe du code de procédure civile. Elles ne s'imposent à

ceux-ci devant le juge-commissaire que pour les procédures relevant de la section Ire du chapitre IV du titre II du présent livre. » — *Cet al. est applicable aux procédures de conciliation, de sauvegarde, de redressement judiciaire ou de liquidation judiciaire ouvertes à compter du lendemain de la publication du Décr. n° 2013-692 du 30 juill. 2013 (Décr. préc., art. 3, JO 1er août).*

Sur les mesures d'adaptation liées à l'urgence sanitaire (Covid-19), V. Ord. n° 2020-341 du 27 mars 2020, art. 5, App., v° Sociétés commerciales.

Représentation par avocat obligatoire. V. L. 624-9. note 21 ss. art. L. 622-26, et note 45 ss. art.

Art. R. 670-2 **Dans les départements du Bas-Rhin, du Haut-Rhin et de la Moselle, le tribunal de l'exécution connaît :**

1° Des difficultés d'exécution des décisions prises par le juge commissaire en application de l'article L. 642-18 ;

2° Des contestations relatives au règlement de l'ordre par le liquidateur.

Le tribunal d'exécution exerce les attributions conférées par le présent livre au juge des ordres du *(Décr. n° 2019-966 du 18 sept. 2019, art. 8, en vigueur le 1er janv. 2020)* **« tribunal judiciaire ».**

Le liquidateur ne peut, ni en son nom personnel, ni en qualité de mandataire judiciaire, être déclaré adjudicataire des immeubles du débiteur. — *[Décr. n° 85-1388 du 27 déc. 1985, art. 177.]*

Art. R. 670-3 **Dans les départements du Bas-Rhin, du Haut-Rhin et de la Moselle :**

1° L'ordonnance prévue à l'article R. 642-28 comporte, outre les indications mentionnées à l'article R. 642-22, les énonciations figurant à l'article 144 de la loi du 1er juin 1924 mettant en vigueur la législation civile française dans les départements du Bas-Rhin, du Haut-Rhin et de la Moselle ;

2° L'ordonnance prévue à l'article R. 642-30 comporte, outre les indications mentionnées à l'article R. 642-22, les énonciations figurant au deuxième alinéa de l'article 261 de la même loi ;

3° La vente par voie d'adjudication amiable est soumise aux dispositions des articles 249 à 254 de la même loi. — *[Décr. n° 85-1388 du 27 déc. 1985, art. 177-1.]*

Art. R. 670-4 **Dans les départements du Bas-Rhin, du Haut-Rhin et de la Moselle, la répartition du produit des ventes et le règlement de l'ordre des créanciers par le liquidateur mentionnés au** *(Décr. n° 2009-160 du 12 févr. 2009, art. 122)* **« cinquième » alinéa de l'article L. 642-18 sont exclusivement soumis aux dispositions prévues par le présent livre.** — *[Décr. n° 85-1388 du 27 déc. 1985, art. 177-2.]*

Art. R. 670-5 **Pour l'application des dispositions du présent livre dans les départements du Bas-Rhin, du Haut-Rhin et de la Moselle, les mots :** *(Décr. n° 2012-1462 du 26 déc. 2012, art. 35, en vigueur le 1er janv. 2013)* **« "service de la publicité foncière" ou "fichier immobilier" » doivent s'entendre comme signifiant "bureau foncier"** *(Décr. n° 2012-1462 du 26 déc. 2012, art. 35 en vigueur le 1er janv. 2013)* **« ou "livre foncier" ».** — *[Décr. n° 85-1388 du 27 déc. 1985, art. 178.]*

Art. R. 670-6 *Abrogé par Décr. n° 2009-1193 du 7 oct. 2009, art. 101.*

TITRE NEUVIÈME DISPOSITIONS PARTICULIÈRES AUX PROCÉDURES D'INSOLVABILITÉ RELEVANT DU RÈGLEMENT (UE) N° 2015/848 DU 20 MAI 2015 RELATIF AUX PROCÉDURES D'INSOLVABILITÉ

(Décr. n° 2018-452 du 5 juin 2018, art. 8)

BIBL. GÉN. ▶ VALLENS, *RTD com.* 2018. 781

Art. R. 690-1 **Outre les documents mentionnés aux articles R. 621-1, R. 631-1 ou R. 640-1, sont jointes à la demande d'ouverture d'une procédure d'insolvabilité les pièces suivantes :**

1° Tout élément permettant de déterminer la localisation du centre des intérêts principaux ;

2° Toute information relative aux éventuels transferts de siège dans les trois mois précédant la demande d'ouverture ;
3° Toute information relative aux transferts d'actifs dans les trois mois précédant la demande d'ouverture ;
4° Toute information relative aux établissements et aux actifs situés sur le territoire d'un autre État membre ;
5° Toute information relative à l'intégration dans un groupe de sociétés.

CHAPITRE PREMIER DES PROCÉDURES D'INSOLVABILITÉ PRINCIPALES

Art. R. 691-1 Si des *(Décr. n° 2021-1218 du 23 sept. 2021, art. 48, en vigueur le 1er oct. 2021)* « classes de créanciers ont été constituées », l'administrateur judiciaire recueille, par tout moyen, leur avis sur le projet d'engagement mentionné à l'article L. 691-2. Il informe sans délai le juge-commissaire de ces avis.

Pour les dispositions transitoires du Décr. n° 2021-1218 du 23 sept. 2021, V. note ss. art. R. 611-11.

Art. R. 691-2 Le tribunal est saisi par requête des contestations élevées ou des demandes présentées en application de l'article L. 691-3.

Le tribunal statue sur la requête après avoir entendu ou dûment appelé en chambre du conseil le débiteur non dessaisi, le ou les mandataires de justice, les créanciers requérants et avoir recueilli l'avis du ministère public.

Le jugement est notifié au débiteur et au créancier requérant par le greffier qui en adresse copie aux mandataires de justice et au ministère public.

CHAPITRE II DES PROCÉDURES D'INSOLVABILITÉ SECONDAIRES

SECTION PREMIÈRE DE L'OUVERTURE ET DU DÉROULEMENT D'UNE PROCÉDURE D'INSOLVABILITÉ SECONDAIRE

Art. R. 692-1 Outre les pièces mentionnées aux articles R. 621-1, R. 631-1 ou R. 641-1, et à l'article R. 690-1, sont jointes à la demande d'ouverture d'une procédure d'insolvabilité secondaire formée par le débiteur ou le praticien de l'insolvabilité de la procédure d'insolvabilité principale les pièces suivantes, présentées en français ou accompagnées d'une traduction en langue française :

1° La copie de la décision d'ouverture de la procédure d'insolvabilité principale par la juridiction d'un autre État membre ;

2° Les informations permettant de préciser la nature de la procédure d'insolvabilité principale ouverte, notamment si elle est préventive au sens du cinquième alinéa du paragraphe 1 de l'article 1er du règlement (UE) n° 2015/848 du 20 mai 2015 relatif aux procédures d'insolvabilité, si elle permet une restructuration de l'entreprise ou si elle est liquidative ;

3° Le ou les établissements concernés par la demande ainsi que leur localisation ;

4° Une présentation de la situation comptable, économique et financière du ou des établissements situés sur le territoire français et des actifs situés sur le territoire français ;

5° Le nombre de salariés employés dans le ou les établissements situés sur le territoire français ou dont le contrat de travail se rattache à de tels établissements.

Art. R. 692-2 I. — Le tribunal saisi d'une demande d'ouverture d'une procédure d'insolvabilité secondaire en informe sans délai le praticien de l'insolvabilité de la procédure d'insolvabilité principale ouverte sur le territoire d'un autre État membre et le débiteur non dessaisi par lettre recommandée avec demande d'avis de réception qui mentionne le délai et les modalités pour s'opposer à la demande d'ouverture de la procédure d'insolvabilité secondaire et pour solliciter la suspension de l'ouverture de la procédure d'insolvabilité secondaire conformément au paragraphe 3 de l'article 38 du règlement (UE) n° 2015/848 précité.

Le délai prévu au premier alinéa est de 20 jours à compter de la réception de la lettre recommandée avec demande d'avis de réception.

II. – Le tribunal se prononce sur la demande d'ouverture de procédure d'insolvabilité secondaire et sur la demande de suspension mentionnée au paragraphe 3 de l'article 38 du règlement (UE) n° 2015/848 précité au cours de la même audience et par un même jugement. Le jugement qui fait droit à la demande de suspension et sursoit à statuer sur la demande d'ouverture de procédure d'insolvabilité secondaire fixe la date à laquelle la mesure sera réexaminée avant l'expiration du délai de trois mois. Il fait l'objet des mesures de publicité prévues aux cinq premiers alinéas de l'article R. 621-8.

III. – Le jugement statuant sur la demande d'ouverture de la procédure d'insolvabilité secondaire est notifié sans délai au praticien de l'insolvabilité de la procédure d'insolvabilité principale par le greffier.

Le praticien de l'insolvabilité de la procédure d'insolvabilité principale dispose d'un délai de 10 jours à compter de la réception de la lettre recommandée avec demande d'avis de réception, pour exercer le recours mentionné à l'article L. 692-3 à l'encontre de la décision d'ouverture de la procédure d'insolvabilité secondaire.

Art. R. 692-3 Le tribunal statue sur les demandes de mesures provisoires ou conservatoires mentionnées au II de l'article L. 692-2 après avoir entendu ou dûment appelé en chambre du conseil, le débiteur non dessaisi, le praticien de l'insolvabilité de la procédure principale, le cas échéant le créancier qui a demandé la mesure provisoire ou conservatoire, et avoir recueilli l'avis du ministère public.

Art. R. 692-4 Aux fins de l'application de l'article 46 du règlement (UE) n° 2015/848 précité, le mandataire de justice informe sans délai, par lettre recommandée avec demande d'avis de réception ou, s'il y a consenti, par courrier électronique avec demande d'avis de réception, le praticien de l'insolvabilité de la procédure d'insolvabilité principale de toute demande tendant à la cession de l'entreprise ou d'un élément d'actif de la procédure d'insolvabilité secondaire et du délai dont il dispose pour solliciter la suspension de cette cession.

Le praticien de l'insolvabilité de la procédure d'insolvabilité principale peut solliciter par requête, auprès du tribunal ou du juge-commissaire compétent pour ordonner la cession, la suspension de la cession totale ou partielle de l'entreprise ou de la cession d'actifs dans le délai de vingt jours à compter de la réception de la lettre recommandée avec demande d'avis de réception ou du courrier électronique avec demande d'avis de réception mentionné au premier alinéa.

Art. R. 692-5 S'il est fait droit à la demande de suspension prévue à l'article précédent, le tribunal fixe la date à laquelle la mesure sera réexaminée avant l'expiration d'un délai de trois mois.

La mesure suspend les délais de procédure mentionnés aux articles L. 621-3 et L. 643-2.

Art. R. 692-6 En application du III de l'article L. 692-5, dès le dépôt au greffe du projet de plan par le débiteur ou l'administrateur judiciaire, le greffier avise le praticien de l'insolvabilité de la procédure d'insolvabilité principale de la date de l'audience d'examen du plan prévue à l'article L. 626-9 par lettre recommandée avec demande d'avis de réception.

Le praticien de l'insolvabilité de la procédure d'insolvabilité principale transmet le projet de plan qu'il propose, au débiteur et, le cas échéant, à l'administrateur judiciaire, par lettre recommandée avec demande d'avis de réception au plus tard quinze jours avant la date d'examen du projet de plan par le tribunal. L'audience ne peut se tenir avant l'expiration de ce délai.

SECTION II DE L'ABSENCE D'OUVERTURE D'UNE PROCÉDURE D'INSOLVABILITÉ SECONDAIRE SUR LE TERRITOIRE NATIONAL

SOUS-SECTION 1 DE L'ENGAGEMENT PRIS PAR LE PRATICIEN DE L'INSOLVABILITÉ DE LA PROCÉDURE D'INSOLVABILITÉ PRINCIPALE

Art. R. 692-7 I. – Le praticien de l'insolvabilité de la procédure d'insolvabilité principale notifie l'engagement qu'il se propose de prendre en application de l'article 36 du règlement (UE) n° 2015/848 du 20 mai 2015 aux créanciers locaux connus du débiteur qui a un établissement sur le territoire national, par lettre recommandée avec demande d'avis de réception.

Sont joints à cet envoi :

1° Un état de la situation active et passive du débiteur avec ventilation du passif privilégié et du passif chirographaire ;

2° L'ensemble des propositions relatives au règlement des dettes.

II. — L'accord de chaque créancier est recueilli par écrit par le praticien de l'insolvabilité, y compris, si le créancier y a consenti, par voie électronique.

III. — Le praticien de l'insolvabilité de la procédure d'insolvabilité principale peut faire application des dispositions de l'article R. 626-8.

Art. R. 692-8 I. — La requête présentée par le praticien de l'insolvabilité de la procédure d'insolvabilité principale en application de l'article L. 692-8 est accompagnée :

1° De l'engagement ;

2° De la liste des créances des créanciers locaux ;

3° De tout document relatif à la réception de la proposition de l'engagement par les créanciers connus concernés ainsi que des documents mentionnés aux 1° et 2° de l'article R. 692-7, et ;

4° De la preuve de l'accord des créanciers locaux connus concernés.

II. — La décision prise en application de l'article L. 692-8 fait l'objet des mesures de publicité prévues aux cinq premiers alinéas de l'article R. 621-8. Elle est notifiée au praticien de l'insolvabilité requérant et au débiteur. Le greffier adresse sans délai une copie de la décision au ministère public. Le praticien de l'insolvabilité de la procédure d'insolvabilité principale avise par tout moyen et sans délai l'ensemble des créanciers locaux connus de la décision.

III. — La décision est susceptible de recours, selon le cas, dans le délai de dix jours de sa notification ou à compter de sa publication au *Bulletin officiel des annonces civiles et commerciales*.

Art. R. 692-9 Le *(Décr. n° 2019-1419 du 20 déc. 2019, art. 2)* « président du tribunal » est saisi *(Décr. n° 2019-1419 du 20 déc. 2019, art. 2)* « selon la procédure accélérée au fond » des demandes de mesures provisoires ou conservatoires prévues à l'article L. 692-9.

Il statue en chambre du conseil après avoir entendu ou dûment appelé le débiteur non dessaisi, le praticien de l'insolvabilité de la procédure d'insolvabilité principale, le ou les créanciers requérants, et avoir recueilli l'avis du ministère public.

Le jugement est notifié au débiteur, au créancier requérant et au praticien de l'insolvabilité de la procédure d'insolvabilité principale, par le greffier qui en adresse copie au ministère public.

Dernier al. abrogé par Décr. n° 2019-1419 du 20 déc. 2019, art. 2.

Pour les dispositions transitoires du Décr. n° 2019-1419 du 20 déc. 2019, V. note ss. art. D. 221-5.

SOUS-SECTION 2 DES LICENCIEMENTS EN L'ABSENCE D'OUVERTURE D'UNE PROCÉDURE SECONDAIRE

Art. R. 692-10 En application de l'article L. 692-10, dans le cadre d'une procédure analogue au redressement judiciaire ou à une liquidation judiciaire avec maintien d'activité, la demande d'autorisation des licenciements est déposée par le praticien de l'insolvabilité de la procédure d'insolvabilité principale au greffe du tribunal compétent.

A cette demande sont jointes les pièces suivantes :

1° La copie de décision d'ouverture de la procédure d'insolvabilité principale ;

2° Les informations permettant de préciser la nature de la procédure d'insolvabilité principale ouverte, notamment si elle est préventive au sens du cinquième alinéa du paragraphe 1 de l'article 1er du règlement (UE) n° 2015/848 du 20 mai 2015 relatif aux procédures d'insolvabilité, si elle permet une restructuration de l'entreprise ou si elle est liquidative ;

3° La liste des salariés employés à la date de la demande d'ouverture, le nom et l'adresse de chacun d'eux, la catégorie socio-professionnelle à laquelle ils appartiennent, le lieu d'exercice de leur activité et le poste occupé ;

4° Le nom et l'adresse des représentants du personnel habilités à être entendus par le tribunal s'ils ont déjà été désignés.

Le jugement rendu en application de l'article L. 692-10 indique le nombre de salariés dont le licenciement est autorisé ainsi que les activités et catégories professionnelles concernées.

Il est notifié aux représentants du personnel, ainsi qu'au praticien de l'insolvabilité de la procédure d'insolvabilité principale. Il est transmis au ministère public.

Le jugement est exécutoire par provision. Il est susceptible d'appel dans les dix jours de sa notification. Le dernier alinéa de l'article R. 661-3, *[et]* les articles R. 661-4 à R. 661-6 sont applicables.

CHAPITRE III DE L'INFORMATION DES CRÉANCIERS ÉTRANGERS ET DE LA DÉCLARATION DES CRÉANCES

Art. R. 693-1 A moins qu'il n'en soit disposé autrement par le présent chapitre, les dispositions des articles R. 624-1 à R. 624-11 sont applicables aux créanciers étrangers.

Art. R. 693-2 Le mandataire judiciaire informe les créanciers étrangers de l'ouverture de la procédure d'insolvabilité, de l'obligation de déclarer leurs créances, du délai de déclaration des créances et des sanctions encourues en cas de dépassement du délai par lettre recommandée avec demande d'avis de réception ou, s'ils y ont consenti, par courrier électronique avec demande d'avis de réception.

Art. R. 693-3 Les délais prévus aux articles R. 622-22 et R. 622-24 ne sont pas opposables aux créanciers qui n'ont pas été informés selon les modalités prévues à l'article 54 du règlement précité.

Art. R. 693-4 Les créances sont déclarées en langue française ou accompagnées d'une traduction en langue française. Le créancier peut produire la traduction de la déclaration de créance et des pièces justificatives jusqu'à ce que le juge-commissaire statue.

CHAPITRE IV DES PROCÉDURES D'INSOLVABILITÉ CONCERNANT DES MEMBRES D'UN GROUPE DE SOCIÉTÉS ÉTABLIES DANS PLUSIEURS ÉTATS MEMBRES

SECTION PREMIÈRE DE LA SUSPENSION DE LA RÉALISATION DES ACTIFS DANS UNE PROCÉDURE D'INSOLVABILITÉ OUVERTE À L'ENCONTRE D'UN MEMBRE D'UN GROUPE DE SOCIÉTÉS

Art. R. 694-1 Les dispositions des articles R. 692-4 et R. 692-5 sont applicables à la mesure de suspension mentionnée à l'article 60 du règlement (UE) n° 2015/848 précité.

SECTION II DE LA PROCÉDURE DE COORDINATION COLLECTIVE

Art. R. 694-2 Le tribunal, saisi par requête, statue sur l'ouverture de la procédure de coordination collective en chambre du conseil après avoir entendu ou mis en mesure d'être entendus le débiteur, les praticiens de l'insolvabilité concernés, les contrôleurs et après avoir recueilli l'avis du ministère public.

Le jugement est assorti de l'exécution provisoire de plein droit.

Il est notifié au débiteur et aux praticiens de l'insolvabilité concernés, par le greffier qui en adresse copie au ministère public.

Il fait l'objet des mesures de publicité prévues aux cinq premiers alinéas de l'article R. 621-8.

Il est susceptible de recours dans un délai de dix jours à compter de sa notification aux personnes mentionnées au premier alinéa ou à compter de sa publication au *Bulletin officiel des annonces civiles et commerciales*.

Art. R. 694-3 Le tribunal est saisi par requête des demandes présentées en application de l'article L. 694-3. Il statue en chambre du conseil après avoir entendu ou dûment convoqué le coordinateur et les praticiens de l'insolvabilité désignés dans les procédures incluses dans la procédure de coordination.

Art. R. 694-4 Le tribunal statue sur la demande de révocation du coordinateur en chambre du conseil après avoir entendu ou mis en mesure d'être entendus le débiteur, le coordinateur, les praticiens de l'insolvabilité concernés, les contrôleurs et après avoir recueilli l'avis du ministère public.

Art. R. 694-5 Les trois premiers alinéas de l'article R. 621-21 sont applicables aux décisions prises par le juge-commissaire en application des articles L. 694-6, L. 694-8 et L. 694-9.

Art. R. 694-6 Le tribunal est saisi par requête de la demande relative à la suspension de la procédure d'insolvabilité, présentée par le coordinateur en application de l'article L. 694-4.

Il statue sur la demande en chambre du conseil après avoir convoqué le débiteur, les mandataires de justice, le coordinateur, les contrôleurs et après avoir recueilli l'avis du ministère public. Le mandataire judiciaire avise, par tout moyen, les créanciers.

Le jugement fait l'objet des mesures de publicité prévues aux cinq premiers alinéas de l'article R. 621-8. Il est communiqué aux mandataires de justice, aux contrôleurs, au ministère public et au coordinateur.

Art. R. 694-7 Aux fins de mise en œuvre de l'article L. 694-8, le mandataire de justice qui ne suit pas les recommandations du programme de coordination collective informe le juge-commissaire de ses motifs. Le juge-commissaire en fait rapport au tribunal et en avise le ministère public.

CHAPITRE V DE LA COOPÉRATION ET DE LA COMMUNICATION DES PRATICIENS DE L'INSOLVABILITÉ ET DES JURIDICTIONS

Art. R. 695-1 Le juge-commissaire statue sur la demande de communication d'informations confidentielles en application du second alinéa du I de l'article L. 695-2 dans les huit jours de sa saisine après avoir sollicité les observations écrites des mandataires de justice, du débiteur et du ministère public. La décision est notifiée au débiteur, aux mandataires de justice et au procureur de la République.

Art. R. 695-2 Le tribunal, le juge-commissaire ou le mandataire de justice désigné en application de l'article L. 695-3 peuvent exiger que toute demande de communication, de coopération ou d'assistance soit présentée par écrit en langue française ou accompagnée d'une traduction en langue française. La demande peut être présentée, si le tribunal, le juge-commissaire ou le mandataire de justice désigné en application de l'article L. 695-3 y consent, par voie électronique.

Art. R. 695-3 Les personnes mentionnées à la dernière phrase de l'article L. 695-4 sont avisées de la communication par le greffe par tout moyen.

Art. R. 695-4 Si le débiteur remplit les conditions du premier alinéa de l'article L. 626-29, l'administrateur judiciaire avise sans délai le praticien de l'insolvabilité désigné dans une procédure d'insolvabilité ouverte par la juridiction d'un autre État membre à l'égard du débiteur des dates de réunion des *(Décr. n° 2021-1218 du 23 sept. 2021, art. 49, en vigueur le 1er oct. 2021)* « classes de parties affectées », et au plus tard vingt jours avant la date du premier vote.

Pour les dispositions transitoires du Décr. n° 2021-1218 du 23 sept. 2021, V. note ss. art. R. 611-11.

CHAPITRE VI DES DISPOSITIONS APPLICABLES AUX DÉPARTEMENTS ET RÉGIONS D'OUTRE-MER

Le présent chapitre ne comprend pas de dispositions réglementaires.

LIVRE SEPTIÈME DES JURIDICTIONS COMMERCIALES ET DE L'ORGANISATION DU COMMERCE

TITRE PREMIER DU RÉSEAU DES CHAMBRES DE COMMERCE ET D'INDUSTRIE

V. note au-dessus de l'art. R. 712-2.

CHAPITRE PREMIER DE L'ORGANISATION ET DES MISSIONS DU RÉSEAU DES CHAMBRES DE COMMERCE ET D'INDUSTRIE

SECTION PREMIÈRE DES CHAMBRES DE COMMERCE ET D'INDUSTRIE TERRITORIALES, LOCALES ET DÉPARTEMENTALES D'ÎLE-DE-FRANCE *(Décr. nº 2019-1317 du 9 déc. 2019, art. 1er).*

RÉP. COM. vº *Réseau des chambres de commerce et d'industrie*, par LEROY.

SOUS-SECTION 1 DISPOSITIONS GÉNÉRALES

Art. R. 711-1 *(Décr. nº 2016-569 du 10 mai 2016, art. 1er-1º)* Les circonscriptions des chambres de commerce et d'industrie territoriales, locales et départementales d'Île-de-France couvrent l'ensemble du territoire métropolitain et celui des collectivités régies par l'article 73 de la Constitution. La même portion de territoire ne peut figurer dans la circonscription de plus d'une chambre de commerce et d'industrie territoriale, locale ou départementale d'Île-de-France.

BIBL. ► G. DURAND, *JCP 1995. I. 3877* (établissement public économique).

Art. R. 711-2 Les *(Décr. nº 2010-1463 du 1er déc. 2010, art. 87)* « chambres de commerce et d'industrie territoriales » sont instituées *(Décr. nº 2010-1463 du 1er déc. 2010, art. 4)* « par décret » sur la proposition du ministre chargé de leur tutelle. *(Abrogé par Décr. nº 2015-840 du 8 juill. 2015, art. 1er-1º)* « ***L'avis du conseil municipal de la commune désignée pour être le siège de la nouvelle chambre ainsi que celui du*** *(L. nº 2013-403 du 17 mai 2013, art. 1er)* « ***conseil départemental*** » ***et des*** *(Décr. nº 2010-1463 du 1er déc. 2010, art. 87)* « ***chambres de commerce et d'industrie territoriales*** » ***du ou des départements sur le territoire desquels s'étend sa circonscription sont préalablement demandés.*** » — *[L. du 9 avr. 1898, art. 2.]*

Art. R. 711-2-1 *(Décr. nº 2016-569 du 10 mai 2016, art. 1er-2º)* Les chambres de commerce et d'industrie locales sont instituées par décret. Le décret fixe notamment la circonscription et le lieu d'implantation de la chambre de commerce et d'industrie locale.

Lorsqu'une chambre de commerce et d'industrie territoriale est transformée en chambre de commerce et d'industrie locale entre deux renouvellements généraux, les élus de la chambre de commerce et d'industrie territoriale deviennent les élus de la chambre de commerce et d'industrie locale. Ils siègent à la chambre de commerce et d'industrie locale et, le cas échéant, à la chambre de commerce et d'industrie de région jusqu'à la fin de la mandature en cours.

Sauf dispositions législatives ou réglementaires contraires, les dispositions relatives aux chambres de commerce et d'industrie départementales d'Île-de-France sont applicables aux chambres de commerce et d'industrie locales.

Art. R. 711-3 Les *(Décr. nº 2010-1463 du 1er déc. 2010, art. 87)* « chambres de commerce et d'industrie territoriales » *(Décr. nº 2016-1894 du 27 déc. 2016, art. 1er)* « , locales et départementales d'Île-de-France » peuvent s'adjoindre des membres associés en nombre au plus égal à la moitié des membres élus. Les membres associés sont désignés par la chambre après chaque renouvellement parmi des personnalités qualifiées détenant des compétences *(Décr. nº 2010-924 du 3 août 2010, art. 3)* « en matière économique » utiles à l'établissement public *(Abrogé par Décr. nº 2010-924 du 3 août 2010, art. 3)* « ***, notamment parmi les pilotes maritimes dans les chambres dont la circonscription comporte des ports maritimes*** ». — *[Décr. nº 91-739 du 18 juill. 1991, art. 8, al. 1er, 1re phrase, et al. 2.]*

Art. R. 711-4 Les membres associés prennent part aux délibérations avec voix consultative et peuvent représenter les chambres dans toutes les instances auxquelles celles-ci participent *(Décr. n° 2010-1463 du 1er déc. 2010, art. 5)* « , sans pouvoir les engager sur le plan financier ou contractuel ». — *[Décr. n° 91-739 du 18 juill. 1991, art. 8, al. 1er, 2e phrase.]*

Art. D. 711-5 *(Abrogé par Décr. n° 2019-1317 du 9 déc. 2019, art. 1er) (Décr. n° 2010-1463 du 1er déc. 2010, art. 6)* ***En application des articles L. 2211-1, L. 2233-1 et L. 2233-2 du code du travail, les chambres de commerce et d'industrie territoriales ou de région sont autorisées à conclure des accords collectifs de travail, conformément aux dispositions des articles L. 2211-1, L. 3311-1, L. 3312-2, L. 3312-3, L. 3312-5 et L. 3312-6 du même code et sous réserve des accords nationaux conclus par*** *(Décr. n° 2015-536 du 15 mai 2015, art. 2-II)* ***« CCI France » en application de l'article L. 711-16 du présent code, au bénéfice des seuls personnels qu'elles emploient sous contrat relevant du droit du travail.*** — *[Décr. n° 2005-684 du 21 juin 2005, art. 1er.]*

Art. R. 711-6 Les *(Décr. n° 2016-1894 du 27 déc. 2016, art. 1er)* « établissements publics du réseau des chambres de commerce et d'industrie » peuvent délivrer des certificats pour attester de l'origine prévue par *(Décr. n° 2019-1317 du 9 déc. 2019, art. 1er)* « le code des douanes de l'Union européenne », par la convention de Genève pour la simplification des formalités douanières du 3 novembre 1923 et par la convention internationale de Kyoto pour la simplification et l'harmonisation des régimes douaniers du 18 juin 1974.

Chaque année les *(Décr. n° 2016-1894 du 27 déc. 2016, art. 1er)* « établissements publics du réseau des chambres de commerce et d'industrie sont appelés » à présenter au ministre chargé de leur tutelle des propositions en vue de la désignation d'adjoints aux commissaires experts pour les affaires de douane. — *[L. du 9 avr. 1898, art. 16, al. 2 et 3.]*

Art. R. 711-7 *(Abrogé par Décr. n° 2019-1317 du 9 déc. 2019, art. 1er)* ***Les*** *(Décr. n° 2010-1463 du 1er déc. 2010, art. 7)* ***« établissements publics du réseau des chambres de commerce et d'industrie » peuvent saisir*** *(Décr. n° 2010-1463 du 1er déc. 2010, art. 7)* ***« leur autorité de tutelle » de toutes les questions intéressant le fonctionnement des services qui leur sont confiés, et lui transmettent chaque année un compte rendu général de leurs travaux.*** — *[L. du 9 avr. 1898, art. 17, al. 2 et 3.]*

Art. R. 711-8 *(Décr. n° 2010-1463 du 1er déc. 2010, art. 8)* Les établissements du réseau des chambres de commerce et d'industrie peuvent correspondre directement entre eux et avec les pouvoirs publics de leur circonscription pour toutes les questions relatives aux intérêts de l'industrie, du commerce et des services. — *[L. du 9 avr. 1898, art. 18, al. 1er.]*

Art. R. 711-9 et R. 711-10 *Abrogés par Décr. n° 2007-574 du 19 avr. 2007, art. 8-I.*

Art. D. 711-9 *(Abrogé par Décr. n° 2019-1317 du 9 déc. 2019, art. 1er) (Décr. n° 2007-987 du 15 mai 2007, art. 1er, en vigueur le 1er juill. 2007)* ***Les*** *(Décr. n° 2010-1463 du 1er déc. 2010, art. 87)* ***« chambres de commerce et d'industrie territoriales » établissent annuellement, dans le cadre de leur rapport d'activité, un relevé des indicateurs d'activité, de qualité et de performance, prévus à l'article D. 711-56-1, qu'elles transmettent à la*** *(Décr. n° 2010-1463 du 1er déc. 2010, art. 87)* ***« chambre de commerce et d'industrie de région » et à*** *(Décr. n° 2015-536 du 15 mai 2015, art. 2-II)* ***« CCI France ».***

Art. D. 711-10 *(Décr. n° 2007-987 du 15 mai 2007, art. 1er, en vigueur le 1er juill. 2007)* Les *(Décr. n° 2010-1463 du 1er déc. 2010, art. 9 et 87)* « chambres de commerce et d'industrie » *(Abrogé par Décr. n° 2021-300 du 18 mars 2021, art. 5, à compter du 1er avr. 2021)* ***« territoriales, les chambres de commerce et d'industrie départementales d'Île-de-France et les chambres de commerce et d'industrie de région »*** ont notamment une mission de service aux *(Décr. n° 2010-1463 du 1er déc. 2010, art. 9)* « créateurs et repreneurs d'entreprises et aux » entreprises industrielles, commerciales et de services de leur circonscription.

Pour l'exercice de cette mission, elles créent et gèrent des centres de formalités des entreprises et apportent à celles-ci *[nouvelle rédaction issue du Décr. n° 2021-300 du 18 mars*

2021, art. 27, en vigueur le 1er janv. 2023 : « apportent aux entreprises »] toutes informations et tous conseils utiles pour leur développement.

Elles peuvent également créer et assurer directement d'autres dispositifs de conseil et d'assistance aux entreprises, dans le respect du droit de la concurrence et sous réserve de la tenue d'une comptabilité analytique.

Art. D. 711-10-1 *(Décr. n° 2010-1463 du 1er déc. 2010, art. 10)* Dans le cadre de leurs attributions, les chambres de commerce et d'industrie territoriales et les chambres de commerce et d'industrie de région sont autorités compétentes en application de l'article 32 de la loi n° 2010-853 du 23 juillet 2010 relative aux réseaux consulaires, au commerce, à l'artisanat et aux services *(Abrogé par Décr. n° 2020-1253 du 13 oct. 2020, art. 6)* ***« et du décret n° 51-372 du 27 mars 1951 portant application de la loi n° 49-1652 du 31 décembre 1949 réglementant la profession de courtiers en vins dits "courtiers de campagne", »*** *(Décr. n° 2020-1253 du 13 oct. 2020, art. 6)* « . Elles coopèrent à ce titre avec les autorités compétentes des autres États membres de l'Union européenne ou des États parties à l'accord sur l'Espace économique européen. »

Art. R. 711-11 *(Abrogé par Décr. n° 2019-1317 du 9 déc. 2019, art. 1er)* ***Les*** *(Décr. n° 2010-1463 du 1er déc. 2010, art. 11 et 87)* ***« chambres de commerce et d'industrie territoriales et les chambres de commerce et d'industrie de région » peuvent publier le compte rendu de leurs séances.*** *— [L. du 9 avr. 1898, art. 19.]*

Art. R. 711-11-1 *(Décr. n° 2010-1463 du 1er déc. 2010, art. 12)* Les expérimentations mentionnées au quatrième alinéa de l'article L. 711-1 sont cohérentes avec les schémas sectoriels.

Les chambres de commerce et d'industrie territoriales souhaitant procéder à ces expérimentations doivent présenter à leur assemblée et à la chambre de commerce et d'industrie de région une étude présentant le projet, ses objectifs, son financement, l'impact économique attendu, la durée prévue de cette expérimentation qui ne peut dépasser cinq ans renouvelables. L'étude est transmise à l'autorité de tutelle. Les expérimentations font l'objet d'un vote des assemblées générales des chambres concernées.

Les chambres de commerce et d'industrie *(Décr. n° 2019-1317 du 9 déc. 2019, art. 1er)* « locales et » départementales d'Île-de-France peuvent procéder à ces expérimentations dans les mêmes conditions et selon les modalités fixées dans le règlement intérieur de la chambre de commerce et d'industrie de *(Décr. n° 2019-1317 du 9 déc. 2019, art. 1er)* « région à laquelle elles sont rattachées ».

Ces expérimentations donnent lieu tous les deux ans à un bilan relatif à l'impact de la mesure récapitulant les points évoqués dans l'étude mentionnée ci dessus *[ci-dessus]*.

SOUS-SECTION 2 DU FONCTIONNEMENT

Art. R. 711-12 *(Décr. n° 2010-924 du 3 août 2010, art. 4)* Dans les trois semaines qui suivent le dernier jour du scrutin, les membres élus de la chambre de commerce et d'industrie territoriale *(Décr. n° 2016-569 du 10 mai 2016, art. 1er-3°)* « , locale et départementale d'Île-de-France » sont installés par *(Décr. n° 2016-569 du 10 mai 2016, art. 1er-3°)* « l'autorité de tutelle ou son représentant. L'autorité de tutelle » dresse procès-verbal de la séance. *— [Décr. n° 91-739 du 18 juill. 1991, art. 9.]*

Protection fonctionnelle. Aucune disposition légale ni aucun principe général du droit ne fait obligation à une CCI d'accorder sa protection à un élu lorsque celui-ci fait l'objet de poursuites pénales, que les faits incriminés aient ou non un caractère détachable de l'exercice de ses fonctions électives. • CAA Bordeaux, 27 nov. 2007 : *AJDA 2008. 264*.

Art. R. 711-13 *(Décr. n° 2010-1463 du 1er déc. 2010, art. 13)* Après chaque renouvellement, les chambres de commerce et d'industrie territoriales *(Décr. n° 2016-569 du 10 mai 2016, art. 1er-4°)* « , locales » et les chambres départementales d'Île-de-France élisent un bureau composé d'un président, de deux vice-présidents, d'un trésorier, d'un trésorier adjoint et d'un ou deux secrétaires. *(Abrogé par Décr. n° 2019-1317 du 9 déc. 2019, art. 1er)* ***« Après son élection,*** *(Décr. n° 2016-569 du 10 mai 2016, art. 1er-4°)* ***« le trésorier d'une chambre de commerce et d'industrie locale, appelé trésorier local, et » le trésorier d'une chambre de commerce et d'industrie départementale d'Île-de-France, appelé trésorier départemental,*** *(Décr. n° 2016-569 du 10 mai 2016, art. 1er-4°)* ***« reçoivent », dans les***

conditions fixées par le règlement intérieur de la chambre de commerce et d'industrie de région *(Abrogé par Décr. n° 2016-569 du 10 mai 2016, art. 1er-4°)* ***« Paris-Île-de-France », délégation du trésorier de cette chambre. »***

Le président et les deux vice-présidents élus en application de l'alinéa précédent représentent les trois catégories professionnelles mentionnées à l'article L. 713-11. *(Décr. n° 2013-381 du 3 mai 2013, art. 2)* **« Le président et les vice-présidents ne peuvent cumuler leur fonction avec celle de trésorier ou de trésorier adjoint, conformément aux dispositions de l'article R. 712-13 »** *(Décr. n° 2019-1317 du 9 déc. 2019, art. 1er)* **« , ou celle de secrétaire ».**

L'autorité de tutelle peut autoriser l'augmentation du nombre de membres du bureau *(Décr. n° 2013-381 du 3 mai 2013, art. 2)* **« dans la limite de trois membres au plus, pour tenir compte des particularités locales ». Cette augmentation est de droit pour l'application de l'article R. 711-21.**

(Décr. n° 2019-1317 du 9 déc. 2019, art. 1er) **« Le règlement intérieur de la chambre de commerce et d'industrie de région précise, le cas échéant, les délégations de signature accordées au président et au trésorier des chambres de commerce et d'industrie locales ou départementales d'Île-de-France. »** — *[Décr. n° 91-739 du 18 juill. 1991, art. 10, al. 1er à 3.]*

Les dispositions introduites au 3e al. de l'art. R. 711-13 par le Décr. n° 2013-381 du 3 mai 2013 sont applicables à compter du renouvellement général suivant sa publication (Décr. préc., art. 25).

Art. R. 711-14 *(Décr. n° 2010-1463 du 1er déc. 2010, art. 14)* **« Entre deux renouvellements, il est pourvu, lors de l'assemblée générale la plus proche et au plus tard dans les deux mois suivant la** *(Décr. n° 2019-1317 du 9 déc. 2019, art. 1er)* **« vacance du poste au sein du bureau », au remplacement** *(Décr. n° 2019-1317 du 9 déc. 2019, art. 1er)* **« du membre concerné », même si ce point n'a pas été inscrit à l'ordre du jour de cette assemblée, sous réserve d'une information préalable des membres de l'assemblée générale au plus tard cinq jours avant la tenue de la réunion de cette assemblée. » En cas de vacance de la moitié des postes, le bureau est réélu dans sa totalité.**

(Décr. n° 2019-1317 du 9 déc. 2019, art. 1er) **« Si au sein du bureau d'une chambre de commerce et d'industrie territoriale les postes de président, vice-président, trésorier et trésorier adjoint sont vacants »,** *(Décr. n° 2010-1463 du 1er déc. 2010, art. 14)* **« l'autorité de tutelle » assure l'expédition des affaires courantes jusqu'à l'élection d'un nouveau bureau.**

(Décr. n° 2019-1317 du 9 déc. 2019, art. 1er) **« En cas de vacance de l'ensemble des fonctions au sein du bureau d'une chambre de commerce et d'industrie locale ou départementale d'Île-de-France, le bureau de la chambre de commerce et d'industrie de région assure l'expédition des affaires courantes.**

« En cours de mandature, le président de la chambre de commerce et d'industrie territoriale peut proposer à l'assemblée générale de modifier la composition du bureau, ou de remplacer certains de ses membres en dehors des membres de droit prévus à l'article R. 711-21 et dans la limite de la moitié des membres du bureau. » — *[Décr. n° 91-739 du 18 juill. 1991, art. 10, al. 4 et 5.]*

Art. R. 711-15 Les candidats aux fonctions de membre du bureau attestent auprès *(Décr. n° 2016-569 du 10 mai 2016, art. 1er-5°)* **« de l'autorité de tutelle » qu'ils remplissent les conditions prévues à l'article L. 713-4 et qu'ils ne sont frappés d'aucune** ***des incapacités mentionnées*** **à l'article L. 713-3.**

(Décr. n° 2019-1317 du 9 déc. 2019, art. 1er) **« Les candidats à la fonction de président mentionnent dans leur attestation la durée des mandats qu'ils ont déjà accomplis en tant que président d'un établissement public du réseau des chambres de commerce et d'industrie.**

« L'attestation est jointe au procès-verbal de la séance d'installation ou au compte rendu de l'assemblée générale. »

(Décr. n° 2016-569 du 10 mai 2016, art. 1er-5°) **« Nul ne peut être simultanément membre du bureau d'une chambre du réseau des chambres de commerce et d'industrie et membre du bureau d'une chambre du réseau des chambres des** *[de]* **métiers et de l'artisanat. » En cas de cumul, l'intéressé fait connaître** *(Décr. n° 2016-569 du 10 mai 2016, art. 1er-5°)* **« à l'autorité de tutelle », dans les dix jours qui suivent la survenance**

du cumul, celle des deux fonctions qu'il choisit d'exercer. A défaut, il est considéré comme ayant choisi la dernière fonction à laquelle il a été élu. – *[Décr. n° 91-739 du 18 juill. 1991, art. 10, al. 6 et 7.]*

Art. R. 711-16 *(Décr. n° 2016-1894 du 27 déc. 2016, art. 1er)* **L'assemblée générale des chambres de commerce et d'industrie territoriales, locales et départementales d'Île-de-France se réunit chaque fois qu'elle est convoquée par son président ou à la demande du tiers de ses membres ou de l'autorité de tutelle.**

Elle est réunie dans les conditions prévues dans son règlement intérieur, au moins trois fois par an.

Art. R. 711-17 *Abrogé par Décr. n° 2007-574 du 19 avr. 2007, art. 8-I.*

SOUS-SECTION 3 DE LA DÉLÉGATION DES CHAMBRES DE COMMERCE ET D'INDUSTRIE

Art. R. 711-18 **Lorsque, dans la circonscription d'une** *(Décr. n° 2010-1463 du 1er déc. 2010, art. 87)* **« chambre de commerce et d'industrie territoriale », l'existence de bassins d'activités économiques le rend nécessaire, des délégations correspondant à des limites administratives peuvent y être créées par arrêté** *(Décr. n° 2016-1894 du 27 déc. 2016, art. 1er)* **« de l'autorité de tutelle ». Toutefois, aucune délégation ne peut être créée** *(Décr. n° 2010-924 du 3 août 2010, art. 5)* **« au-delà du 15 avril » de l'année au cours de laquelle il est procédé au renouvellement de la** *(Décr. n° 2010-1463 du 1er déc. 2010, art. 87)* **« chambre de commerce et d'industrie territoriale ».** – *[Décr. n° 91-739 du 18 juill. 1991, art. 5, al. 1er.]*

(Décr. n° 2016-1894 du 27 déc. 2016, art. 1er) **« La suppression d'une délégation s'effectue dans les mêmes conditions. Elle peut intervenir entre deux renouvellements généraux, au plus tard le 15 avril de l'année au cours de laquelle il est procédé au renouvellement général de la chambre de commerce et d'industrie territoriale. »**

Art. R. 711-19 *(Décr. n° 2010-924 du 3 août 2010, art. 6) (Décr. n° 2016-1894 du 27 déc. 2016, art. 1er)* **« La délégation est constituée de membres de la chambre de commerce et d'industrie territoriale dont l'activité ou l'entreprise qu'ils représentent se situe dans la circonscription de la délégation et qui ont été identifiés en tant que membres de la chambre et de la délégation lors des opérations électorales. »** *(Décr. n° 2010-1463 du 1er déc. 2010, art. 16)* **« Ces membres de la délégation sont élus au niveau de la circonscription de la chambre de commerce et d'industrie territoriale.**

« Sur proposition de l'assemblée générale de la chambre de commerce et d'industrie territoriale, l'autorité de tutelle peut décider que chaque délégation comprend au minimum un élu par catégorie ou sous-catégorie indépendamment du poids économique de la délégation. » Le nombre de membres de la délégation et leur répartition entre catégories et, le cas échéant, entre sous-catégories professionnelles sont arrêtés par *(Décr. n° 2016-1894 du 27 déc. 2016, art. 1er)* **« l'autorité de tutelle » dans les conditions prévues aux articles** *(Décr. n° 2019-1317 du 9 déc. 2019, art. 1er)* **« R. 711-47 » et R. 713-66.** – *[Décr. n° 91-739 du 18 juill. 1991, art. 5, al. 2 et 3.]*

Art. R. 711-20 **La délégation, qui ne peut se réunir par catégorie professionnelle, soumet à la chambre ses propositions et ses vœux. Elle peut être consultée directement par l'administration sur les problèmes particuliers de sa circonscription.**

La délégation soumet à l'approbation de la *(Décr. n° 2010-1463 du 1er déc. 2010, art. 87)* **« chambre de commerce et d'industrie territoriale » ses règles de fonctionnement, qui sont intégrées au règlement intérieur de la chambre.** – *[Décr. n° 91-739 du 18 juill. 1991, art. 6.]*

Art. R. 711-21 **La délégation élit son président** *(Décr. n° 2010-924 du 3 août 2010, art. 7)* **« qui est de droit membre du bureau de la chambre de commerce et d'industrie territoriale. »**

(Abrogé par Décr. n° 2016-569 du 10 mai 2016, art. 1er-6°) ***« La même personne ne peut pas être simultanément président de la délégation et de la chambre. En cas de cumul, l'intéressé fait connaître au préfet du département du siège de la chambre, dans les cinq jours qui suivent la survenance du cumul, celle des deux fonctions qu'il choisit d'exercer. A défaut, il est réputé avoir renoncé à la présidence de la délégation. »***

La délégation se réunit sur convocation de son président ou à la demande du tiers au moins de ses membres. Elle peut s'adjoindre des membres associés dans les conditions prévues aux articles R. 711-3 et R. 711-4. – *[Décr. nº 91-739 du 18 juill. 1991, art. 7.]*

SOUS-SECTION 4 DES GROUPEMENTS INTERCONSULAIRES

Art. R. 711-22 Peuvent être érigés en établissements publics les groupements que les *(Décr. nº 2010-1463 du 1er déc. 2010, art. 17 et 87)* « chambres de commerce et d'industrie territoriales et les chambres de commerce et d'industrie de région » sont autorisées à former entre elles pour la défense d'intérêts spéciaux et communs.

Ces établissements publics, dénommés "groupements interconsulaires", sont créés par *(Décr. nº 2007-574 du 19 avr. 2007, art. 8-I)* « décret » pris sur le rapport du ministre chargé de la tutelle des chambres de commerce et d'industrie, sur proposition des *(Décr. nº 2010-1463 du 1er déc. 2010, art. 17 et 87)* « chambres de commerce et d'industrie territoriales ou de région » intéressées, après avis du ou des préfets de département et du ou des préfets de région intéressés. – *[Décr. nº 72-950 du 3 oct. 1972, art. 1er.]*

Art. R. 711-23 Les groupements interconsulaires sont autorisés à fonder et à administrer tous établissements à usage de commerce et d'industrie dans les conditions énoncées à l'article *(Décr. nº 2007-574 du 19 avr. 2007, art. 8-I)* « R. 712-28 » et dans la limite des attributions définies par le *(Décr. nº 2010-1463 du 1er déc. 2010, art. 18)* « décret » prévu à l'article R. 711-22. Dans la même limite, ils peuvent participer à toute opération propre à assurer le développement économique de la circonscription des chambres qui les constituent. – *[Décr. nº 72-950 du 3 oct. 1972, art. 2.]*

Art. R. 711-24 Les groupements interconsulaires peuvent être déclarés concessionnaires de travaux publics ou chargés de services publics dans les mêmes conditions que les *(Décr. nº 2010-1463 du 1er déc. 2010, art. 87)* « chambres de commerce et d'industrie territoriales ». La concession peut se rapporter non seulement à des travaux entrepris par l'État, mais aussi à ceux qui sont à la charge des collectivités locales, de leurs établissements publics ou d'associations syndicales. – *[Décr. nº 72-950 du 3 oct. 1972, art. 3.]*

Art. R. 711-25 Le décret prévu à l'article R. 711-22 fixe le nombre de sièges de l'assemblée générale du groupement interconsulaire réservés à chacune des *(Décr. nº 2010-1463 du 1er déc. 2010, art. 19)* « chambres » constituant le groupement ; ce nombre ne peut être inférieur à deux. Le total des sièges ne peut être inférieur à dix ou supérieur à trente, toutefois il peut être dérogé à cette règle lorsque le nombre des chambres participantes est supérieur à dix.

Les présidents des chambres constituant un groupement interconsulaire sont membres de droit de l'assemblée générale de celui-ci. Ils peuvent se faire suppléer par un membre du bureau de leur chambre.

Les autres membres de l'assemblée générale du groupement sont élus dans chaque *(Décr. nº 2010-1463 du 1er déc. 2010, art. 19 et 87)* « chambre de commerce et d'industrie territoriale ou de région » participante par l'ensemble des membres titulaires de celle-ci.

L'élection a lieu dans les quinze jours qui suivent l'installation de la chambre, au scrutin uninominal à un tour. – *[Décr. nº 72-950 du 3 oct. 1972, art. 4.]*

Art. R. 711-26 *(Décr. nº 2010-1463 du 1er déc. 2010, art. 20)* « Les autorités de tutelle des chambres de commerce et d'industrie territoriales ou le cas échéant de région participant au groupement vérifient que la désignation des représentants a été faite dans les conditions prévues à l'article R. 711-25 et communiquent le procès-verbal des opérations au préfet de la région où est situé le siège du groupement. »

Le préfet du département où est situé le siège du groupement procède à l'installation, dans leurs fonctions, des membres du groupement. – *[Décr. nº 72-950 du 3 oct. 1972, art. 5.]*

Art. R. 711-27 Les représentants des *(Décr. nº 2010-1463 du 1er déc. 2010, art. 21 et 87)* « chambres de commerce et d'industrie territoriales ou de région » autres que les présidents, membres de droit, sont élus pour cinq ans. Toutefois, si leur *(Décr. nº 2010-*

1463 du 1er déc. 2010, art. 21) « chambre » est mise en renouvellement une année autre que celle du renouvellement quinquennal, leur mandat vient automatiquement à expiration et la chambre de commerce et d'industrie *(Décr. n° 2010-1463 du 1er déc. 2010, art. 21)* « territoriale ou de région » procède dans les conditions prévues à l'article R. 711-25 à de nouvelles désignations. Si un groupement interconsulaire est créé dans la période qui sépare deux élections quinquennales consulaires, les membres de son assemblée générale sont renouvelés lors du prochain renouvellement quinquennal.

Entre deux renouvellements quinquennaux, des désignations peuvent intervenir dans les conditions fixées à l'article R. 711-25 pour combler les vacances éventuelles.

A partir du jour du renouvellement quinquennal jusqu'au jour de l'installation des nouveaux membres de l'assemblée générale du groupement, celle-ci ne peut se réunir que pour procéder aux actes d'administration conservatoires et urgents. En aucun cas, il ne lui est permis d'engager des dépenses excédant les ressources disponibles de l'exercice courant. – *[Décr. n° 72-950 du 3 oct. 1972, art. 6.]*

Art. R. 711-28 Le bureau du groupement comprend un président, un secrétaire et un trésorier.

(Décr. n° 2013-381 du 3 mai 2013, art. 3) « Pour tenir compte des particularités locales, des missions du groupement interconsulaire et du nombre de chambres le constituant, l'autorité de tutelle peut autoriser l'augmentation du nombre de membres du bureau. »

En cas de vacance, le bureau est complété.

Le bureau prépare, pour les soumettre à l'assemblée générale, les projets de budgets et les comptes du groupement interconsulaire.

Le président représente le groupement interconsulaire auprès des pouvoirs publics et dans tous les actes de la vie civile. Il peut déléguer cette mission pour une période et un objet déterminés par un mandat révocable à tout instant. – *[Décr. n° 72-950 du 3 oct. 1972, art. 8.]*

Art. R. 711-29 L'assemblée se réunit chaque fois qu'elle est convoquée par son président, de sa propre initiative ou sur la demande du ministre chargé de la tutelle des chambres de commerce et d'industrie.

Le président réunit également l'assemblée générale toutes les fois qu'il est saisi d'une demande émanant du tiers de ses membres.

Dans l'intervalle des sessions, le groupement est représenté par le bureau. L'assemblée générale peut déléguer ses pouvoirs au bureau pour une période et un objet déterminés. Cette délégation est révocable à tout instant. – *[Décr. n° 72-950 du 3 oct. 1972, art. 9.]*

Art. R. 711-30 *Abrogé par Décr. n° 2007-574 du 19 avr. 2007, art. 8-I.*

Art. R. 711-31 Le groupement interconsulaire peut être dissous par *(Décr. n° 2007-574 du 19 avr. 2007, art. 8-I)* « décret » pris sur le rapport du ministre chargé de la tutelle des chambres de commerce et d'industrie, sur proposition des chambres intéressées *(Abrogé par Décr. n° 2010-1463 du 1er déc. 2010, art. 22) « ou d'office »*.

L'admission de nouvelles *(Décr. n° 2010-1463 du 1er déc. 2010, art. 22 et 87)* « chambres de commerce et d'industrie territoriales ou de région » à un groupement et le retrait de *(Décr. n° 2010-1463 du 1er déc. 2010, art. 22 et 87)* « chambres de commerce et d'industrie territoriales ou de région » parties à un groupement sont autorisés par *(Décr. n° 2007-574 du 19 avr. 2007, art. 8-I)* « décret ». – *[Décr. n° 72-950 du 3 oct. 1972, art. 14.]*

SECTION II **DES CHAMBRES DE COMMERCE ET D'INDUSTRIE DE RÉGION**

(Décr. n° 2010-924 du 3 août 2010, art. 2).

Art. R. 711-32 *(Décr. n° 2019-1317 du 9 déc. 2019, art. 1er)* I. – Les personnels de droit privé et les agents de droit public employés par les chambres de commerce et d'industrie de région constituent, pour l'application des dispositions du présent titre, le personnel de ces établissements.

II. – Les personnels de droit privé sont recrutés par la chambre de commerce et d'industrie de région conformément au code du travail, aux accords collectifs interprofessionnels étendus, à la convention collective, aux accords collectifs conclus par CCI France et, le cas échéant, aux accords collectifs conclus par la chambre elle-même.

III. — La chambre de commerce et d'industrie de région peut affecter les personnels de droit privé qu'elle recrute, ou mettre à disposition les agents publics, auprès des chambres de commerce et d'industrie territoriales qui lui sont rattachées, après les avoir consultées et dans le respect de la masse salariale prévue dans le budget voté par ces dernières pour l'exercice en cours.

Le contrat de travail conclu par la chambre de commerce et d'industrie de région avec un personnel de droit privé précise l'établissement public dans lequel le salarié est affecté ainsi que les conditions de sa mobilité professionnelle dans la circonscription de la chambre de commerce et d'industrie de région.

La chambre de commerce et d'industrie de région peut mettre fin à une affectation ou à une mise à disposition après avis du président de la chambre de commerce et d'industrie territoriale concernée.

En cas de défaut de versement, par une chambre de commerce et d'industrie territoriale, des dépenses obligatoires prévues au 5° de l'article L. 711-8, la chambre de commerce et d'industrie de région peut déduire les sommes correspondantes du montant de taxe pour frais de chambres allouée à cette chambre de commerce et d'industrie territoriale.

IV. — Lorsque la délégation permanente prévue au 3° *bis* de l'article L. 711-3 lui a été confiée par la chambre de commerce et d'industrie de région à laquelle son établissement est rattaché, le président de la chambre de commerce et d'industrie territoriale conclut les contrats de travail et avenants entre les personnels de droit privé et la chambre de commerce et d'industrie de région, dans le respect du plafond d'emploi fixé par cette dernière et de la masse salariale prévue dans son budget voté.

La décision de délégation précise les missions des personnels qu'elle autorise à recruter. Elle ne peut porter sur le recrutement du directeur général ni, le cas échéant, sur le recrutement des personnels en charge de fonctions mutualisées dans le cadre du schéma régional d'organisation des missions.

La chambre de commerce et d'industrie de région est informée des projets de recrutements dans le cadre de cette délégation.

Les décisions relatives à la rémunération du personnel ainsi qu'à la fin de la relation de travail des agents publics ou du contrat de travail des personnels de droit privé ne peuvent être déléguées.

V. — La délégation donnée aux présidents des chambres de commerce et d'industrie territoriale pour gérer la situation personnelle de leur personnel peut avoir pour objet :

1° La gestion de ses droits à congés ;

2° La gestion et l'aménagement de son temps de travail ;

3° L'exercice du pouvoir disciplinaire, à l'exclusion de la rupture de la relation de travail ;

4° La gestion des emplois et des compétences conformément à la gestion prévisionnelle des emplois et des compétences mise en place au niveau national et au niveau régional ;

5° La gestion des actions de formation professionnelle, dans le cadre de la politique de formation établie par la chambre de commerce et d'industrie de région ;

6° L'organisation, l'aménagement et l'amélioration des conditions de travail et de l'emploi ;

7° Les mesures de prévention en matière de santé et de sécurité au travail conformément à la quatrième partie du code du travail.

VI. — Les actes de délégation sont accordés par le président de la chambre de commerce et d'industrie de région, après autorisation de son assemblée générale. Ils précisent la durée de la délégation, qui ne peut excéder celle de la mandature, ainsi que son périmètre.

Ils sont publiés dans les conditions prévues au règlement intérieur de la chambre.

Licenciement d'un agent d'une CCI. Si les art. L. 711-3 et R. 711-32 permettent aux présidents des CCI de région de donner délégation de compétence aux présidents des chambres de commerce et d'industrie territoriales, ces dispositions doivent toutefois s'interpréter strictement et ne concernent que le recrutement et les seuls actes de gestion du personnel limitativement énumérés. Ainsi, s'agissant d'actes ayant un objet et une portée différents, il appartient aux seuls présidents de CCI de région de prononcer la cessation de fonctions du personnel. • CAA Lyon, 15 févr. 2018, n° 17LY02968 : *AJDA 2018. 1199*.

SOUS-SECTION 1 DES COMPÉTENCES

(Décr. n° 2010-1463 du 1er déc. 2010, art. 24)

Art. R. 711-33 I. — Les chambres de commerce et d'industrie de région fournissent l'avis demandé par le conseil régional sur tout dispositif d'assistance aux créateurs et repreneurs d'entreprises et aux entreprises dont la région envisage la création.

Elles peuvent être consultées par l'État, la région et leurs établissements publics sur toute question relative à l'activité et au développement économique, à la formation professionnelle, à l'aménagement du territoire et à l'environnement de la circonscription régionale.

Elles peuvent, de leur propre initiative, émettre des avis et des vœux sur ces mêmes questions.

Les chambres de commerce et d'industrie territoriales sont informées des avis rendus en application des alinéas qui précèdent par la chambre de commerce et d'industrie de région de rattachement de leur circonscription.

(Décr. n° 2016-1894 du 27 déc. 2016, art. 1er) « II. — *(Décr. n° 2019-1317 du 9 déc. 2019, art. 1er)* « Les fonctions d'appui et de soutien prévues au 6° de l'article L. 711-8 comprennent au moins : »

« 1° La gestion *(Décr. n° 2019-1317 du 9 déc. 2019, art. 1er)* « du personnel qu'elle emploie, comprenant notamment la paie et la formation » ;

« 2° Les services financiers et comptables ;

« 3° Les services d'audit ;

« 4° Les services juridiques ;

« 5° Les achats et les marchés publics ;

« 6° La communication ;

« 7° Les systèmes d'information.

« Ces fonctions d'appui et de soutien peuvent couvrir les services et les équipements gérés par les chambres de commerce et d'industrie qui leur sont rattachées.

« Conformément au I de l'article L. 711-10, elles peuvent déléguer une partie de ces fonctions d'appui et de soutien, à l'exception de celles qui figurent au 1° ci-dessus qui sont exercées à leur niveau, à l'une des chambres qui leur sont rattachées, mais sans qu'une fonction d'appui et de soutien puisse être fractionnée, ou déléguée à plusieurs chambres. »

(Décr. n° 2019-1317 du 9 déc. 2019, art. 1er) « Chaque chambre de commerce et d'industrie de région à laquelle sont rattachées des chambres de commerce et d'industrie territoriales constitue une centrale d'achat au sens du code de la commande publique. »

Art. R. 711-34 *(Décr. n° 2016-1894 du 27 déc. 2016, art. 1er)* Lorsque l'importance d'un établissement, ouvrage ou service géré par une chambre de commerce et d'industrie territoriale excède ses moyens financiers, la gestion ou l'exploitation peut en être confiée à la chambre de commerce et d'industrie de région à laquelle cet établissement gestionnaire est rattaché ;

Cette décision est prise, suivant le cas :

1° Par l'autorité de tutelle, dans le cadre de la tutelle renforcée des articles R. 712-10 et R. 712-11, avec l'accord du concédant si celui-ci n'est pas l'État ;

Les modalités du transfert sont alors inscrites en annexe d'un arrêté préfectoral ;

2° Ou par décisions des chambres concernées adoptées dans les mêmes termes, avec l'accord du concédant.

Les modalités du transfert sont alors précisées par une convention soumise à l'approbation de l'autorité de tutelle dans les conditions du 7° de l'article R. 712-7.

Si nécessaire, le schéma sectoriel et le schéma d'organisation des missions sont actualisés pour tenir compte de ce transfert.

Art. R. 711-34-1 *(Décr. n° 2019-1317 du 9 déc. 2019, art. 1er)* Les chambres de commerce et d'industrie de région veillent à ce que les chambres qui leur sont rattachées mettent à disposition des ressortissants les services et prestations à caractère obligatoire mise à leur charge par la loi ou le règlement. Lorsqu'une chambre de commerce et d'industrie de région constate qu'un de ces services ou qu'une de ces prestations ne sont pas rendus par une chambre de commerce et d'industrie qui lui est rattachée, elle élabore conjointement avec cet établissement des mesures tendant à remédier à cette situation. Ces mesures sont transmises pour information à l'autorité de tutelle et à CCI France.

La persistance de la situation mentionnée à l'alinéa précédent peut être considérée comme une circonstance compromettant le fonctionnement de l'établissement au sens de l'article L. 712-9.

Art. D. 711-34-2 *(Abrogé par Décr. n° 2016-1894 du 27 déc. 2016, art. 1er)* ***En application du premier alinéa de l'article L. 711-8, les chambres de commerce et d'industrie de région favorisent la mutualisation des actions des chambres de commerce et d'industrie territoriales de leur circonscription, notamment par le biais des conventions prévues à l'article D. 711-67-5.***

Elles peuvent à ce titre développer des actions de coopération et proposer la création de services communs au sein de leur circonscription, le cas échéant en concertation avec les établissements du réseau des chambres de métiers et de l'artisanat et des chambres d'agriculture.

Art. D. 711-34-3 *(Abrogé par Décr. n° 2019-1317 du 9 déc. 2019, art. 1er) (Décr. n° 2016-1894 du 27 déc. 2016, art. 1er)* ***Les chambres de commerce et d'industrie de région présentent dans le cadre de leur rapport annuel d'activité le relevé des indicateurs de comptabilité analytique prévus en application de l'article R. 712-19 et dans les conventions d'objectifs et de moyens mentionnées à l'article R. 711-40-1, pour ce qui les concerne, ainsi que pour les chambres de commerce et d'industrie qui leur sont rattachées.***

Ces relevés sont transmis annuellement à CCI France avant le 15 juillet de l'année suivant celle de l'exercice concerné.

SOUS-SECTION 2 DES SCHÉMAS DIRECTEURS, DES SCHÉMAS SECTORIELS ET DES SCHÉMAS RÉGIONAUX D'ORGANISATION DES MISSIONS *(Décr. n° 2019-1317 du 9 déc. 2019, art. 1er).*

Art. R. 711-35 *(Décr. n° 2016-1894 du 27 déc. 2016, art. 1er)* Le schéma directeur de la chambre de commerce et d'industrie de région, défini au 2° de l'article L. 711-8, détermine les limites administratives des chambres de commerce et d'industrie qui lui sont rattachées et, le cas échéant, celles des délégations des chambres de commerce et d'industrie territoriales.

Le schéma directeur est accompagné d'un rapport justifiant les choix effectués au regard des critères mentionnés aux articles L. 711-8 et R. 711-18 et du schéma régional d'aménagement, de développement durable et d'égalité des territoires, mentionné à l'article L. 4251-1 du code général des collectivités territoriales, lorsque ce dernier a été adopté.

Art. R. 711-36 *(Décr. n° 2015-840 du 8 juill. 2015, art. 1er-2°)* Ne peuvent figurer dans le schéma directeur que les chambres de commerce et d'industrie territoriales dont la circonscription correspond au moins à un département ou, à défaut, dont le nombre de ressortissants mesuré par l'étude économique mentionnée à l'article R. 713-66, et qui a été remise au préfet en vue du dernier renouvellement général, est égal ou supérieur à 10 000.

Art. R. 711-37 Le schéma directeur peut prévoir, dans le respect des conditions définies à l'article R. 711-36, la fusion de *(Décr. n° 2010-1463 du 1er déc. 2010, art. 87)* « chambres de commerce et d'industrie territoriales » dont les circonscriptions sont limitrophes mais qui appartiennent à des régions différentes.

La fusion est inscrite dans les schémas directeurs établis et adoptés par les *(Décr. n° 2010-1463 du 1er déc. 2010, art. 87)* « chambres de région » intéressées.

(Abrogé par Décr. n° 2016-1894 du 27 déc. 2016, art. 1er) (Décr. n° 2010-1463 du 1er déc. 2010, art. 25) ***« Lorsque la chambre dont la circonscription excède la circonscription d'une chambre de commerce et d'industrie de région a été créée avant la publication de la loi n° 2010-853 du 23 juillet 2010 relative aux réseaux consulaires, au commerce, à l'artisanat et aux services [JO 24 juill.], elle délibère dans les quatre mois suivant l'entrée en vigueur*** *(Décr. n° 2013-320 du 15 avr. 2013, art. 2)* ***« du décret n° 2010-1463 du 1er décembre***

2010 mettant en œuvre la réforme du réseau des chambres de commerce et d'industrie » pour proposer au ministre chargé de la tutelle de déterminer la chambre de région à laquelle elle souhaite être rattachée. Le décret de création de cette chambre est modifié pour tenir compte du choix proposé. En l'absence de proposition dans les deux mois suivant l'expiration de ce délai, un décret précise la chambre de rattachement. » – [Décr. n° 2006-309 du 16 mars 2006, art. 3.]

Art. R. 711-38 (Décr. n° 2016-1894 du 27 déc. 2016, art. 1er) Le projet de schéma directeur est adopté par l'assemblée générale de la chambre de commerce et d'industrie de région, à la majorité des deux tiers de ses membres en exercice, présents ou représentés.

Il est transmis, accompagné du rapport mentionné à l'article R. 711-35, à l'autorité de tutelle et à CCI France, dans un délai d'un mois après son adoption.

Si le schéma directeur n'a pu être adopté par l'assemblée générale de la chambre de commerce et d'industrie de région ou a été adopté sans que les dispositions du présent code aient été respectées, la chambre de commerce et d'industrie qui ne répond pas aux critères fixés à l'article R. 711-36 peut être fusionnée avec une chambre limitrophe, ou transformée en chambre de commerce et d'industrie locale, par décret pris sur proposition du ministre chargé de la tutelle du réseau des chambres de commerce et d'industrie.

(Décr. n° 2019-1317 du 9 déc. 2019, art. 1er) « La révision du schéma directeur s'opère dans les mêmes conditions. »

Art. R. 711-39 (Abrogé par Décr. n° 2016-1894 du 27 déc. 2016, art. 1er) *(Abrogé par Décr. n° 2010-1463 du 1er déc. 2010, art. 27) « Pour l'application du II de l'article 1600 du code général des impôts, » Le projet de schéma directeur, adopté dans les conditions prévues à l'article R. 711-38, est transmis, avec le rapport mentionné au troisième alinéa de l'article R. 711-35, au préfet de région.*

Le préfet de région transmet le projet de schéma directeur et le rapport y afférent au ministre chargé de la tutelle des chambres de commerce et d'industrie, accompagné de son avis motivé au vu des critères prévus dans le décret.

Dans le cas où le ministre chargé de la tutelle des chambres de commerce et d'industrie estime que le schéma directeur ne satisfait pas aux conditions mentionnées aux articles R. 711-35 et R. 711-36, il fait part au préfet de région de son refus d'approuver le schéma en l'état pour que ce dernier demande à la (Décr. n° 2010-924 du 3 août 2010, art. 2) « chambre de commerce et d'industrie de région » d'en délibérer à nouveau dans un délai de quatre mois.

Le schéma directeur entre en vigueur à compter de la publication au Journal officiel de la République française de l'arrêté du ministre portant décision d'approbation. – [Décr. n° 2006-309 du 16 mars 2006, art. 5.]

Art. R. 711-40 (Abrogé par Décr. n° 2019-1317 du 9 déc. 2019, art. 1er) *La révision du schéma directeur s'opère dans les mêmes conditions que celles prévues pour son adoption.* – [Décr. n° 2006-309 du 16 mars 2006, art. 6.]

Art. R. 711-40-1 (Abrogé par Décr. n° 2019-1317 du 9 déc. 2019, art. 1er) *(Décr. n° 2014-1333 du 5 nov. 2014, art. 2) La convention d'objectifs et de moyens conclue entre le préfet de région et la chambre de commerce et d'industrie de région en application des dispositions du 1 du II de l'article 1600 du code général des impôts est établie en tenant compte :*

1° Des orientations générales définies par le ministre chargé de la tutelle des chambres de commerce et d'industrie et l'assemblée des chambres françaises de commerce et d'industrie [CCI France] ;

(Décr. n° 2016-1894 du 27 déc. 2016, art. 1er) « 2° Du schéma régional d'aménagement et de développement durable et d'égalité des territoires mentionné à l'article L. 4251-1 du code général des collectivités territoriales et du schéma régional de développement économique, d'innovation et d'internationalisation mentionné à l'article L. 4251-13 du même code ; »

3° Des schémas sectoriels de la chambre mentionnés à l'article D. 711-41 du présent code ;

Le budget annuel de la chambre de commerce et d'industrie de région met en œuvre la convention d'objectifs et de moyens.

Art. R. 711-40-2 *(Abrogé par Décr. n° 2019-1317 du 9 déc. 2019, art. 1er) (Décr. n° 2014-1333 du 5 nov. 2014, art. 2)* ***La convention d'objectifs et de moyens de la chambre de commerce et d'industrie de région détermine les objectifs dans les domaines suivants :***

1° L'accompagnement des créateurs et repreneurs d'entreprises dans leur projet ;

2° L'identification et la promotion des modalités de simplification de la vie des entrepreneurs ;

3° Le soutien au développement de la formation et des compétences au profit des entreprises et en vue de faciliter l'insertion des jeunes ;

4° Le renforcement de l'internationalisation des entreprises ;

5° L'accompagnement des chefs d'entreprises dans l'anticipation des mutations économiques et l'adaptation à celles-ci ;

6° La représentation de la diversité du tissu entrepreneurial et la contribution à l'animation et au développement des territoires en partenariat avec les collectivités.

Cette convention précise aussi les objectifs et les conditions de conclusion d'un contrat de progrès interne au réseau.

Art. R. 711-40-3 *(Abrogé par Décr. n° 2019-1317 du 9 déc. 2019, art. 1er) (Décr. n° 2014-1333 du 5 nov. 2014, art. 2)* ***La convention d'objectifs et de moyens est complétée par des indicateurs d'activité, de performance et de résultat quantifiés et adaptés aux priorités retenues et aux moyens disponibles. La liste en est fixée par arrêté du ministre chargé de la tutelle des chambres de commerce et d'industrie.*** *— V. Arr. du 4 mai 2017.*

Ces indicateurs évaluent pour l'ensemble des axes d'action définis à l'article R. 711-40-2 le degré de réalisation des projets et des objectifs opérationnels de la chambre de commerce et d'industrie de région, de chaque chambre de commerce et d'industrie territoriale ou départementale qui lui est rattachée ainsi que l'impact des activités de celles-ci sur la vie des entreprises.

Art. R. 711-40-4 *(Abrogé par Décr. n° 2019-1317 du 9 déc. 2019, art. 1er) (Décr. n° 2014-1333 du 5 nov. 2014, art. 2)* ***La convention d'objectifs et de moyens est conclue dans un délai de six mois suivant chaque renouvellement général des chambres de commerce et d'industrie et porte sur une durée de cinq ans. Elle peut faire l'objet d'avenants et prévoit les modalités de restitution des informations permettant le pilotage opérationnel du réseau des chambres de commerce et d'industrie.***

La chambre de commerce et d'industrie de région transmet un compte rendu d'exécution de la convention d'objectif et de moyens au préfet de région et à l'assemblée des chambres françaises de commerce et d'industrie *[CCI France]* ***pour le 30 juin de chaque année. Le préfet de région transmet ce compte rendu, accompagné de son avis, au ministre chargé de la tutelle des chambres de commerce et d'industrie dans les deux mois à compter de la réception.***

Art. R. 711-41 *(Décr. n° 2016-1894 du 27 déc. 2016, art. 1er)* **Les schémas sectoriels mentionnés au 3° de l'article L. 711-8 s'inscrivent dans le cadre de la stratégie régionale. Ils indiquent l'implantation de tous les établissements, infrastructures, équipements et services gérés par les chambres de commerce et d'industrie de la région concernée.**

Ils fixent les principaux objectifs poursuivis ainsi que leurs modalités de mise en œuvre pour la réalisation des missions prévues à l'article L. 710-1, dans les domaines suivants :

1° Appui aux entreprises comprenant notamment les formalités, la création, la trans*mission et la reprise* d'entreprises, le développement international, l'innovation et l'intelligence économique, le développement durable et l'environnement, le développement collectif des entreprises et l'information économique ;

2° Formation, enseignement et emploi ;

3° Appui aux territoires ;

4° Gestion d'équipements ;

5° Représentation des entreprises.

Ils sont élaborés par les chambres de commerce et d'industrie de région dans le respect des normes d'intervention prévues au 2° de l'article L. 711-16 et en cohérence avec le schéma régional de développement économique d'innovation et d'internationalisation, mentionné à l'article L. 4251-13 du code général des collectivités territoriales, s'il a été adopté.

Chaque schéma sectoriel est accompagné d'un rapport justifiant les choix effectués au regard du schéma régional de développement économique d'innovation et d'internationalisation.

Art. D. 711-41-1 *(Décr. n° 2007-987 du 15 mai 2007, art. 3)* Les *(Décr. n° 2010-1463 du 1er déc. 2010, art. 29 et 87)* « chambres de commerce et d'industrie de région vérifient », lors de l'élaboration et de la révision des schémas sectoriels, *(Décr. n° 2010-1463 du 1er déc. 2010, art. 29)* « le » respect des normes d'intervention et des indicateurs définis par *(Décr. n° 2015-536 du 15 mai 2015, art. 2-II)* « CCI France » *(Abrogé par Décr. n° 2019-1317 du 9 déc. 2019, art. 1er)* « *en application de l'article D. 711-56-1* ».

Les schémas sectoriels peuvent définir des indicateurs supplémentaires au vu des particularités de la zone concernée.

Art. R. 711-42 *(Décr. n° 2016-1894 du 27 déc. 2016, art. 1er)* Les projets de schémas sectoriels sont transmis pour information par le président de la chambre de commerce et d'industrie de région aux présidents des chambres de commerce et d'industrie qui sont rattachées à la chambre de commerce et d'industrie de région ;

Dans un délai qui ne peut pas être inférieur à quinze jours après cette transmission, les schémas sectoriels sont adoptés à la majorité des membres présents ou représentés par l'assemblée générale de la chambre de commerce et d'industrie de région, dans les conditions fixées par le règlement intérieur de la chambre ;

La chambre de commerce et d'industrie de région transmet pour information au préfet de région et à CCI France les schémas sectoriels dans le délai d'un mois après leur adoption.

Art. R. 711-43 *(Décr. n° 2016-1894 du 27 déc. 2016, art. 1er)* Les schémas sectoriels sont révisés dans les mêmes conditions que celles prévues à l'article R. 711-42 :

1° A l'initiative du président de la chambre de commerce et d'industrie de région ;

2° A la demande du ministre chargé de la tutelle des chambres de commerce et d'industrie ou du préfet de région ;

3° A la demande de la majorité des membres de la chambre de commerce et d'industrie de région ;

4° A l'occasion de la modification substantielle du périmètre d'intervention des chambres de commerce et d'industrie, notamment pour la création d'un nouveau secteur d'activités ou d'un nouvel équipement ;

5° A l'occasion de la modification par CCI France des normes d'intervention prévues au 2° de l'article L. 711-16, si le schéma sectoriel n'est pas conforme à ces nouvelles normes ;

(Décr. n° 2019-1317 du 9 déc. 2019, art. 1er) « 6° Pour tenir compte de la convention conclue entre la chambre de commerce et d'industrie de région et la région prévue à l'article L. 4251-18 du code général des collectivités territoriales. »

De nouveaux schémas sectoriels sont adoptés au plus tard le 31 juillet de l'année suivant chaque renouvellement général.

Art. R. 711-44 *(Décr. n° 2016-1894 du 27 déc. 2016, art. 1er)* Le schéma régional d'organisation des missions mentionné au 1er *[1°]* de l'article L. 711-8 décrit les fonctions et les missions qui sont exercées par la chambre de commerce et d'industrie de région et celles qui sont exercées par les chambres de commerce et d'industrie qui lui sont rattachées.

Il s'inscrit dans le cadre de la stratégie régionale mentionnée au 1° de l'article L. 711-8 et tient compte *(Abrogé par Décr. n° 2019-1317 du 9 déc. 2019, art. 1er)* « *, le cas échéant,* » des normes d'intervention adoptées en application du 2° de l'article L. 711-16.

Il prévoit les modalités de gestion opérationnelle et les moyens mis en œuvre :

1° Pour les fonctions d'appui et de soutien de la chambre de commerce et d'industrie de région mentionnées au 6° de l'article L. 711-8 et définies à l'article R. 711-33 ;

2° Pour les missions, équipements et services faisant l'objet d'un schéma sectoriel prévu au 3° de l'article L. 711-8 et définis à l'article R. 711-41.

Il précise également les fonctions et missions mutualisées et celles qui sont déléguées, les missions de proximité prévues à l'article L. 711-3, les modalités *(Décr. n° 2019-*

1317 du 9 déc. 2019, art. 1er) « d'affectation ou » de mises à disposition de personnels et de moyens, les modalités de financement ainsi que les conditions des éventuels transferts de personnels, de biens ou de moyens.

(Décr. nº 2019-1317 du 9 déc. 2019, art. 1er) « Il fixe les conditions de mise en œuvre d'actions communes ou de la mutualisation de moyens avec des établissements du réseau des chambres de métiers et de l'artisanat, prévues notamment dans le cadre du plan d'actions prévu au 9° de l'article L. 711-8. Il peut prévoir également des actions communes et des mutualisations avec d'autres types d'établissements, notamment les chambres d'agriculture. »

Art. R. 711-45 *(Décr. nº 2016-1894 du 27 déc. 2016, art. 1er)* I. — Le projet de schéma régional d'organisation des missions, accompagné du rapport justifiant les choix effectués, établi par le bureau de la chambre de commerce et d'industrie de région, est transmis aux présidents des chambres de commerce et d'industrie qui lui sont rattachées un mois au moins avant l'assemblée générale de la chambre de commerce et d'industrie de région au cours de laquelle il est soumis au vote de ses membres.

Les observations des chambres de commerce et d'industrie rattachées sont jointes au dossier transmis avec l'ordre du jour de l'assemblée générale de la chambre de commerce et d'industrie de région.

Il entre en vigueur et est opposable à l'ensemble des chambres de commerce et d'industrie de la circonscription régionale dès son adoption.

La chambre de commerce et d'industrie de région transmet le schéma régional d'organisation des missions, pour information, à l'autorité de tutelle et à CCI France dans le délai d'un mois après son adoption.

II. — Le schéma régional d'organisation des missions est révisable dans les mêmes conditions que celles de son adoption :

1° A l'initiative du président de la chambre de commerce et d'industrie de région ;

2° A la demande du ministre chargé de la tutelle des chambres de commerce et d'industrie ou du préfet de région ;

3° A la demande de la majorité des membres de la chambre de commerce et d'industrie de région ;

4° Lorsque les modifications des schémas sectoriels ou des normes d'intervention prévues au 2° de l'article L. 711-16 sont de nature à remettre en cause le schéma régional d'organisation des missions.

SOUS-SECTION 3 DE L'ORGANISATION ET DU FONCTIONNEMENT

Art. R. 711-46 *(Abrogé par Décr. nº 2019-1317 du 9 déc. 2019, art. 1er) Toute (Décr. nº 2010-924 du 3 août 2010, art. 2) « chambre de commerce et d'industrie territoriale » (Décr. nº 2013-381 du 3 mai 2013, art. 4) « ou de région » peut faire partie d'une (Décr. nº 2010-924 du 3 août 2010, art. 2) « chambre de commerce et d'industrie de région » dont la circonscription est limitrophe de la sienne, pour participer à une de ses activités spécifiques, sous réserve de lui verser une cotisation à cet effet et d'y être autorisée par (Décr. nº 2010-1463 du 1er déc. 2010, art. 32) « son autorité de tutelle ».*

Cette (Décr. nº 2010-924 du 3 août 2010, art. 2) « chambre de commerce et d'industrie territoriale » (Décr. nº 2013-381 du 3 mai 2013, art. 4) « ou de région », qui est représentée par un de ses membres élus, n'a toutefois pas voix délibérative pour l'élection du bureau de la (Décr. nº 2010-924 du 3 août 2010, art. 2) « chambre de commerce et d'industrie de région » ni pour le vote de son budget.

(Décr. nº 2010-1463 du 1er déc. 2010, art. 32) « En application du III de l'article L. 713-12, une chambre de commerce et d'industrie territoriale assise sur deux régions peut être représentée à l'assemblée générale de la chambre de région à laquelle cette chambre n'est pas rattachée par son président, ou le représentant de ce dernier, et un nombre d'élus, ayant qualité de membres associés, correspondant au prorata des représentations des différentes composantes géographiques de cette chambre de commerce et d'industrie territoriale, pour participer à ses activités spécifiques, sous réserve de lui verser une cotisation à cet effet et d'en informer son autorité de tutelle et leur chambre de commerce et d'industrie de région de rattachement.

« Le nombre de ces représentants n'entre pas dans le calcul mentionné au II de l'article L. 713-5 pour déterminer la nécessité de nouvelles élections, non plus que dans le calcul du quorum prévu au deuxième alinéa de l'article R. 711-71.

« Seuls les membres élus comme titulaires lors des élections de la chambre de commerce et d'industrie de région, conformément au dernier alinéa de l'article L. 713-1, siègent à l'assemblée générale de cette chambre. » — [*Décr. nº 91-739 du 18 juill. 1991, art. 40.*]

Art. R. 711-47 *(Décr. nº 2010-924 du 3 août 2010, art. 8)* I. — Avant le 20 avril de l'année du renouvellement des chambres, un arrêté du préfet de la région où est situé le siège de la chambre de commerce et d'industrie de région détermine le nombre des membres de cette chambre et le nombre des sièges attribués en son sein aux élus de chacune des chambres de commerce et d'industrie territoriales *(Décr. nº 2016-569 du 10 mai 2016, art. 1er-7º)* « , locales ou départementales d'Île-de-France » qui lui sont rattachées *(Abrogé par Décr. nº 2019-1317 du 9 déc. 2019, art. 1er)* *« ainsi [que], le cas échéant, des élus des chambres de commerce et d'industrie territoriales qui sont représentées à son assemblée générale en application des dispositions de l'article R. 711-46 ».*

Le nombre des membres de la chambre de commerce et d'industrie de région *(Abrogé par Décr. nº 2016-569 du 10 mai 2016, art. 1er-7º)* *« est de 30 au minimum et de 100 au maximum. Ce nombre »* est déterminé sur proposition de la chambre de commerce et d'industrie de région en tenant compte des éléments économiques issus de l'étude prévue à l'article R. 713-66.

II. — Au sein de la chambre de commerce et d'industrie de région, la répartition des sièges attribués à chaque chambre de commerce et d'industrie territoriale *(Décr. nº 2016-569 du 10 mai 2016, art. 1er-7º)* « , locale ou départementale d'Île-de-France » est établie à la moyenne, arrondie à l'unité la plus proche, des proportions représentées par chacune d'elles au sein de l'ensemble, mesurées par le nombre des ressortissants, leurs bases de cotisation foncière des entreprises et leurs effectifs salariés. Ces proportions sont fondées sur l'étude économique de pondération régie par l'article R. 713-66.

Toutefois, aucune chambre de commerce et d'industrie territoriale *(Décr. nº 2016-569 du 10 mai 2016, art. 1er-7º)* « , locale ou départementale d'Île-de-France » ne peut disposer de moins de trois sièges, qui doivent être attribués à des représentants de chacune des catégories.

(Abrogé par Décr. nº 2016-569 du 10 mai 2016, art. 1er-7º) *« En outre, aucune chambre de commerce et d'industrie territoriale ne peut disposer de plus de 40 % des sièges, sauf lorsque la chambre de commerce et d'industrie de région ne comporte que deux chambres territoriales. »*

Les effets *(Décr. nº 2016-569 du 10 mai 2016, art. 1er-7º)* « de cette disposition » sont répercutés sur la représentation des autres chambres au sein de la chambre de commerce et d'industrie de région, en suivant la règle de proportionnalité énoncée au premier alinéa.

III. — Pour tenir compte des particularités locales, le préfet de région peut s'écarter, en ce qui concerne le nombre des sièges attribués aux différentes catégories, de la moyenne des proportions définie au II ci-dessus, dans la limite du dixième des sièges à pourvoir *(Décr. nº 2016-1894 du 27 déc. 2016, art. 1er)* « dans chaque catégorie et, le cas échéant, sous-catégorie. »

Lorsqu'il fait application de l'alinéa précédent, le préfet de région en informe les préfets de département intéressés.

(Décr. nº 2010-1175 du 5 oct. 2010, art. 1er) « IV. — Au sein de la chambre de commerce et d'industrie de région de Corse, le même nombre de sièges est attribué à chacune des deux chambres de commerce et d'industrie territoriales. »

(Décr. nº 2016-1894 du 27 déc. 2016, art. 1er) « V. — Le nombre de membres des chambres de commerce et d'industrie locales, départementales d'Île-de-France et territoriales, et leur répartition entre catégories professionnelles et, le cas échéant, sous-catégories, est fixé dans les mêmes conditions. »

Le IV de l'art. R. 711-47 entre en vigueur à la date d'entrée en vigueur du décret créant la chambre de commerce et d'industrie de région de Corse (Décr. nº 2010-1175 du 5 oct. 2010, art. 4). — V. Décr. nº 2010-1184 du 8 oct. 2010 (JO 9 oct.) créant, à compter du 1er janv. 2011, une chambre de commerce et d'industrie de région en Corse.

Art. R. 711-47-1 *(Abrogé par Décr. n° 2016-1894 du 27 déc. 2016, art. 1er) (Décr. n° 2010-924 du 3 août 2010, art. 9)* ***Avant le 20 avril de l'année du renouvellement des chambres, un arrêté du préfet du département où est situé le siège de la chambre de commerce et d'industrie territoriale détermine le nombre des membres de cette chambre et leur répartition entre catégories professionnelles et entre sous-catégories.***

Pour tenir compte de particularités locales, il peut s'écarter, dans cette répartition, de la moyenne des proportions définie au II de l'article R. 711-47, dans la limite du dixième des sièges à pourvoir.

Art. R. 711-47-2 *(Décr. n° 2016-1894 du 27 déc. 2016, art. 1er)* Si une fusion entre plusieurs chambres de commerce et d'industrie rattachées à une même chambre de commerce et d'industrie de région nécessite une élection en dehors de l'année du renouvellement général, l'arrêté de composition de la nouvelle chambre mentionné à l'article R. 711-47 est pris par l'autorité de tutelle sur les bases des études économiques de pondération mentionnées à l'article R. 713-66 et qui lui ont été remises en vue du dernier renouvellement général.

Le nombre de membres élus siégeant à la chambre de commerce et d'industrie de région, et leur répartition entre catégories et éventuellement sous-catégories, correspond, pour la durée restante de la mandature en cours, au total des membres élus qui siégeaient au titre des chambres fusionnées.

Art. R. 711-48 *(Décr. n° 2010-1463 du 1er déc. 2010, art. 34)* La chambre de commerce et d'industrie de région élit, après chaque renouvellement, un bureau composé d'un président, d'un trésorier, d'un trésorier adjoint et d'un ou deux secrétaires. *(Abrogé par Décr. n° 2016-1894 du 27 déc. 2016, art. 1er)* ***« Les présidents des chambres de commerce et d'industrie territoriales rattachées à la chambre de commerce et d'industrie de région sont de droit vice-présidents de la chambre de région et, à ce titre, membres de droit du bureau. »*** *(Abrogé par Décr. n° 2019-1317 du 9 déc. 2019, art. 1er)* ***« Il en est de même des présidents des chambres de commerce et d'industrie départementales d'Île-de-France. »***

(Décr. n° 2013-381 du 3 mai 2013, art. 5) « Pour tenir compte de particularités locales, l'autorité de tutelle peut autoriser l'augmentation du nombre de membres *(Décr. n° 2019-1317 du 9 déc. 2019, art. 1er)* « élus » du bureau dans la limite de trois membres au plus. »

(Décr. n° 2016-1894 du 27 déc. 2016, art. 1er) « Les présidents des chambres de commerce et d'industrie rattachées à la chambre de commerce et d'industrie de région sont de droit vice-présidents de la chambre de région et, à ce titre, membres de droit du bureau.

« La fonction de président de chambre de commerce et d'industrie de région peut être cumulée avec celle de président de chambre de commerce et d'industrie locale ou départementale d'Île-de-France. »

L'un des vice-présidents *(Décr. n° 2019-1317 du 9 déc. 2019, art. 1er)* « de droit » est élu premier vice-président de la chambre de commerce et d'industrie de région.

(Décr. n° 2013-381 du 3 mai 2013, art. 5) « La fonction de président et de vice-président ne peut être cumulée avec celle de trésorier, ou de trésorier adjoint, conformément aux dispositions de l'article R. 712-13, ou de secrétaire. »

Le suppléant à la chambre de commerce et d'industrie de région dont le titulaire est membre du bureau ne le remplace pas de droit au bureau lorsque le siège devient vacant. Le siège est pourvu par l'assemblée générale dans les conditions de l'article R. 711-49.

(Abrogé par Décr. n° 2016-1894 du 27 déc. 2016, art. 1er) ***« Ces membres sont élus pour cinq ans et rééligibles sous réserve de l'application du deuxième alinéa de l'article L. 713-1. »*** – *[Décr. du 28 sept. 1938, art. 3.]*

Art. R. 711-49 *(Décr. n° 2010-1463 du 1er déc. 2010, art. 35)* Entre deux renouvellements, il est pourvu, lors de l'assemblée générale la plus proche et au plus tard dans les deux mois suivant *(Décr. n° 2019-1317 du 9 déc. 2019, art. 1er)* « la vacance du poste », au remplacement de tout membre du bureau *(Abrogé par Décr. n° 2019-1317 du 9 déc. 2019, art. 1er)* ***« dont le siège est devenu vacant »***, même si ce point n'a pas été inscrit à l'ordre du jour de cette assemblée, sous réserve d'une information préalable des membres de l'assemblée générale au plus tard cinq jours avant la tenue de la réunion de cette assemblée.

(Abrogé par Décr. nº 2019-1317 du 9 déc. 2019, art. 1er) ***« En cas de vacance de la moitié des postes, le bureau est réélu dans sa totalité.***

« Si l'ensemble du bureau de la chambre de commerce et d'industrie de région a démissionné, l'autorité de tutelle assure l'expédition des affaires courantes jusqu'à l'élection du nouveau bureau. »

(Décr. nº 2019-1317 du 9 déc. 2019, art. 1er) **« Au cours de la mandature, le président de la chambre de commerce et d'industrie de région peut proposer à l'assemblée générale de modifier la composition du bureau, ou de remplacer certains membres en dehors des membres de droit. »** – *[Décr. nº 91-739 du 18 juill. 1991, art. 39, al. 8 et 9.]*

Art. R. 711-50 **Les** *(Décr. nº 2010-924 du 3 août 2010, art. 2 et 12)* **« chambres de commerce et d'industrie de région peuvent s'adjoindre » des membres associés, qui ont voix consultative et dont le nombre ne peut dépasser la moitié de celui des membres élus.**

(Décr. nº 2010-924 du 3 août 2010, art. 12) **« Les membres associés sont désignés par la chambre de commerce et d'industrie de région après chaque renouvellement parmi les personnalités qualifiées détenant des compétences en matière économique utiles à l'établissement.**

« Les membres associés prennent part aux délibérations avec voix consultative et peuvent représenter la chambre dans toutes les instances auxquelles celle-ci participe *(Décr. nº 2010-1463 du 1er déc. 2010, art. 36)* **« , sans pouvoir les engager sur le plan financier ou contractuel ». »**

(Décr. nº 2019-1317 du 9 déc. 2019, art. 1er) **« En application du III de l'article L. 713-12, une chambre de commerce et d'industrie territoriale assise sur le territoire de deux régions peut être représentée à l'assemblée générale de la chambre de région à laquelle cette chambre n'est pas rattachée par son président, ou le représentant de ce dernier, et un nombre d'élus, ayant qualité de membres associés, correspondant au prorata des représentations des différentes composantes géographiques de cette chambre de commerce et d'industrie territoriale. Le nombre de ces membres associés n'est pas comptabilisé dans le quota prévu au premier alinéa. »** – *[Décr. nº 91-739 du 18 juill. 1991, art. 41.]*

Art. R. 711-51 *(Décr. nº 2010-924 du 3 août 2010, art. 13)* *(Décr. nº 2019-1317 du 9 déc. 2019, art. 1er)* **« L'autorité de tutelle » de la chambre de commerce et d'industrie de région procède à l'installation des nouveaux membres de cette chambre dans les cinq semaines qui suivent le dernier jour du scrutin prévu à l'article R. 713-6.**

(Décr. nº 2019-1317 du 9 déc. 2019, art. 1er) **« Seuls les membres élus comme titulaires lors des élections de la chambre de commerce et d'industrie de région siègent à l'assemblée générale de cette chambre. »**

Art. R. 711-52 **La** *(Décr. nº 2010-924 du 3 août 2010, art. 2)* **« chambre de région » se réunit au moins tous les trois mois et, en outre, chaque fois qu'elle est convoquée par son président de sa propre initiative ou sur la demande du** *(Décr. nº 2007-574 du 19 avr. 2007, art. 8-I)* **« préfet de région ».** *(Décr. nº 2010-1463 du 1er déc. 2010, art. 37)* **« Chaque membre de l'assemblée générale de la chambre de commerce et d'industrie de région peut disposer d'un pouvoir confié par un autre membre de l'assemblée générale. »**

Le président réunit également la *(Décr. nº 2010-924 du 3 août 2010, art. 2)* **« chambre de région » toutes les fois qu'il est saisi d'une demande émanant du tiers de ses membres.**

(Décr. nº 2010-1463 du 1er déc. 2010, art. 37) **« Les réunions de la chambre de commerce et d'industrie de région peuvent se tenir au siège de toute chambre de commerce et d'industrie territoriale ou départementale d'Île-de-France de sa circonscription. »** – *[Décr. du 28 sept. 1938, art. 4, al. 2, et art. 5.]*

Art. R. 711-53 *Abrogé par Décr. nº 2010-1175 du 5 oct. 2010, art. 2. – L'abrogation de l'art. R. 711-53 entre en vigueur à la date d'entrée en vigueur du décret créant la chambre de commerce et d'industrie de région de Corse (Décr. nº 2010-1175 du 5 oct. 2010, art. 4). – V. Décr. nº 2010-1184 du 8 oct. 2010 (JO 9 oct.) créant, à compter du 1er janv. 2011, une chambre de commerce et d'industrie de région en Corse.*

SECTION III DE CCI FRANCE *(Décr. nº 2015-536 du 15 mai 2015, art. 2-II).*

Art. R. 711-54 *Abrogé par Décr. nº 2010-924 du 3 août 2010, art. 2.*

Art. R. 711-55 *(Décr. nº 2019-1317 du 9 déc. 2019, art. 1er)* I. — La stratégie nationale adoptée par l'assemblée générale de CCI France en application du 1° de l'article L. 711-16 est le cadre de référence de la stratégie des chambres de commerce et d'industrie de région prévue au 1° de l'article L. 711-8.

CCI France coordonne l'action des établissements du réseau en tant qu'autorités compétentes dans le cadre des procédures de coopération administrative mentionnées à l'article D. 711-10-1. Les ministères concernés sont, le cas échéant, associés à cette coordination.

CCI France effectue sur le plan national la synthèse des positions adoptées par les établissements du réseau. Elle consolide les informations et les données nécessaires à l'exercice de ses missions définies à l'article L. 711-16 et qui sont transmises, à sa demande, par les établissements du réseau.

La stratégie immobilière du réseau est définie, au moins une fois par mandature, par l'assemblée générale de CCI France. Cette stratégie s'appuie sur l'inventaire détaillé des actifs de l'ensemble des établissements publics du réseau.

II. — L'offre nationale de services adoptée par son assemblée générale est constituée d'un socle commun de services proposés par tous les établissements du réseau, de nature à garantir l'homogénéité des services sur l'ensemble du territoire national.

Les adaptations locales, prévues au 3° de l'article L. 711-16, peuvent prendre la forme de compléments ou de variantes, sans réduire ni modifier substantiellement le contenu de l'offre nationale de services. Les adaptations sont soumises à l'avis de CCI France préalablement à leur vote par l'assemblée générale de la chambre de commerce et d'industrie de région.

CCI France constitue une centrale d'achat au sens du code de la commande publique.

III. — Sur décision de son assemblée générale, CCI France peut assurer la gestion de services proposés aux entreprises industrielles, de commerce ou de services, ou de services bénéficiant à l'ensemble ou à une partie des établissements du réseau, lorsque cette gestion ne peut être convenablement assumée au plan régional ou local.

IV. — Les projets de portée nationale mentionnés au 3° de l'article L. 711-16, décidés par l'assemblée générale de CCI France, s'imposent à l'ensemble des établissements du réseau.

Par décision de son président, CCI France peut confier la maîtrise d'ouvrage de la gestion d'un projet de portée nationale à un autre établissement du réseau, sans délibération de son assemblée générale, après avis conforme de son comité directeur. Ce transfert donne lieu à l'établissement d'une convention avec cet établissement.

V. — Le règlement intérieur de CCI France fixe les modalités de la création, de la composition et du fonctionnement de l'instance de conciliation prévue au 9° de l'article L. 711-16. — *[Décr. nº 64-1200 du 4 déc. 1964, art. 2.]*

Art. R. 711-55-1 *(Décr. nº 2019-1317 du 9 déc. 2019, art. 1er)* Les normes d'intervention élaborées par CCI France en application du 2° de l'article L. 711-16 concernent :

1° Les missions qui sont confiées aux établissements du réseau par les lois et les règlements ;

2° Les missions prioritaires du réseau définies dans le contrat d'objectifs et de performance mentionné à l'article L. 712-2 et les missions exercées dans le cadre de l'offre nationale de service mentionnée au 3° de l'article L. 711-16 ;

3° Les conditions et les modalités communes d'organisation et de fonctionnement des établissements du réseau, et notamment le règlement intérieur des établissements publics du réseau prévu à l'article R. 711-68 ainsi que le cadre d'organisation budgétaire, comptable et financière du réseau des chambres de commerce et d'industrie.

Ces normes d'intervention peuvent être assorties d'indicateurs d'activité et de performance et peuvent préciser les conditions de leur mise en œuvre, notamment en matière de restitution d'informations, et les conditions de la tarification des services concernés. Elles font l'objet d'un vote en assemblée générale de CCI France. Elles s'imposent à tous les établissements publics du réseau dès leur approbation, dans les conditions prévues à l'article R. 712-8, par l'autorité de tutelle, et leur publication sur le site Internet de CCI France.

CCI France peut également élaborer des guides de bonnes pratiques et proposer des indicateurs concernant les autres missions remplies par les établissements du réseau, notamment les missions consultatives, de formation initiale et continue ou les missions de gestion d'infrastructures, d'équipements ou de services.

Ces guides de bonnes pratiques font l'objet d'un vote en assemblée générale de CCI France.

Art. R. 711-55-2 *(Décr. n° 2012-1247 du 7 nov. 2012, art. 25, en vigueur le 1er janv. 2013)* L'assemblée permanente n'est pas soumise aux dispositions du décret n° 2012-1246 du 7 novembre 2012 relatif à la gestion budgétaire et comptable publique.

Art. R. 711-55-3 *(Décr. n° 2019-1317 du 9 déc. 2019, art. 1er)* Les audits diligentés par CCI France en application du 7° de l'article L. 711-16 s'effectuent sur place ou sur pièces demandées à l'établissement audité et, le cas échéant, à la chambre de commerce et d'industrie de région. Ils sont menés par CCI France ou par le cabinet d'audit mandaté à cet effet.

Dans le cas où CCI France diligente et mène un audit concernant une chambre de commerce et d'industrie territoriale, la chambre de commerce et d'industrie de région de rattachement est informée du déclenchement et de l'objet de cet audit.

Dans tous les cas, le président de CCI France communique au président de l'établissement audité les constatations et, le cas échéant, les recommandations adoptées par CCI France. Le président de l'établissement audité peut présenter des observations dans un délai fixé par CCI France. Ce délai ne peut être inférieur à trente jours.

Le président de CCI France transmet le rapport d'audit définitif, accompagné des recommandations et, le cas échéant, des observations émises par l'établissement audité, au président de cet établissement, au président de la chambre de commerce et d'industrie de région et à l'autorité de tutelle de l'établissement audité.

Les recommandations s'imposent à l'établissement audité dans les conditions de délai et de mise en œuvre prévues dans le rapport définitif, sous réserve de leur approbation par l'autorité de tutelle.

Le défaut de respect par l'établissement audité des recommandations qui lui ont été adressées peut donner lieu à une révision du montant du produit de la taxe pour frais de chambres qui lui est affecté en application du 10° de l'article L. 711-16 et du 4° de l'article L. 711-8. Il peut également constituer une circonstance compromettant le fonctionnement de l'établissement au sens du deuxième alinéa de l'article L. 712-9.

Si l'audit a été demandé à CCI France par un établissement du réseau, une convention peut déterminer les conditions de son financement et le remboursement des frais qu'elle a avancés pour sa réalisation.

CCI France peut en outre, de sa propre initiative ou à la demande d'un établissement du réseau ou de sa chambre de commerce et d'industrie de région de rattachement, diligenter des missions d'expertise ou de conseil selon des modalités convenues entre les parties, notamment pour s'assurer du respect des normes d'intervention adoptées en application du 2° de l'article L. 711-16.

Art. D. 711-56 *(Abrogé par Décr. n° 2019-1317 du 9 déc. 2019, art. 1er) (Décr. n° 2015-536 du 15 mai 2015, art. 2-I)* ***« CCI France » établit chaque année le tableau récapitulatif des schémas sectoriels mentionnés au 3° de l'article L. 711-8 et adoptés en les distinguant selon leur domaine d'application. Elle transmet ce document au ministre chargé de la tutelle des chambres de commerce et d'industrie.*** *— [Décr. n° 2006-309 du 16 mars 2006, art. 10.]*

Art. D. 711-56-1 *(Abrogé par Décr. n° 2019-1317 du 9 déc. 2019, art. 1er) (Décr. n° 2007-987 du 15 mai 2007, art. 4)* ***Les missions mentionnées à l'article D. 711-67-2 font l'objet de*** *(Décr. n° 2010-1463 du 1er déc. 2010, art. 39)* ***« normes d'intervention élaborées » par*** *(Décr. n° 2015-536 du 15 mai 2015, art. 2-II)* ***« CCI France » en application du*** *(Décr. n° 2010-1463 du 1er déc. 2010, art. 39)* ***« 2° de l'article L. 711-16.***

« Ces normes d'intervention assorties d'indicateurs d'activité, de qualité et de performance font l'objet d'un vote en assemblée générale de *(Décr. n° 2015-536 du 15 mai 2015, art. 2-II)* ***« CCI France ».***

« (Décr. n° 2015-536 du 15 mai 2015, art. 2-I) « CCI France » peut consolider les informations et données recueillies et gérées par les chambres de commerce et d'industrie territoriales et de région dans le cadre de ses missions définies à l'article L. 711-16. »

Art. D. 711-56-2 *(Abrogé par Décr. n° 2019-1317 du 9 déc. 2019, art. 1er) (Décr. n° 2007-987 du 15 mai 2007, art. 4) (Décr. n° 2015-536 du 15 mai 2015, art. 2-II) « CCI France » peut également élaborer des guides de bonnes pratiques et proposer des indicateurs concernant les autres missions remplies par les établissements du réseau, notamment les missions consultatives, de formation initiale et continue ou les missions de gestion d'infrastructures, d'équipements ou de services.*

Ces guides de bonnes pratiques font l'objet d'un vote en assemblée générale de (Décr. n° 2015-536 du 15 mai 2015, art. 2-I) « CCI France ».

Art. D. 711-56-3 *(Abrogé par Décr. n° 2019-1317 du 9 déc. 2019, art. 1er) (Décr. n° 2007-987 du 15 mai 2007, art. 4) (Décr. n° 2015-536 du 15 mai 2015, art. 2-I) « CCI France » s'assure du respect des normes d'intervention sur la base des relevés transmis par les (Décr. n° 2010-924 du 3 août 2010, art. 2) « chambres de commerce et d'industrie territoriales et les chambres de région » concernant leurs propres indicateurs, ainsi que des consolidations transmises par les (Décr. n° 2010-924 du 3 août 2010, art. 2) « chambres de région ».*

Elle élabore à partir de ces relevés une synthèse nationale annuelle relative à l'application de ces normes par les établissements du réseau, qu'elle transmet au ministre chargé de la tutelle du réseau des chambres de commerce et d'industrie.

Elle examine chaque année en assemblée générale les résultats de cette synthèse.

Elle est en outre chargée, dans le cadre du respect de ces normes, de conseiller les établissements du réseau et peut diligenter, à cet effet, des missions d'expertise.

Art. R. 711-56-4 *(Abrogé par Décr. n° 2019-1317 du 9 déc. 2019, art. 1er) (Décr. n° 2010-1463 du 1er déc. 2010, art. 40) En application du 7° de l'article L. 711-16, (Décr. n° 2015-536 du 15 mai 2015, art. 2-I) « CCI France » diligente et mène des audits relatifs au fonctionnement des établissements publics du réseau de sa propre initiative ou à la demande de l'établissement concerné ou de sa chambre de région.*

Chaque rapport d'audit est communiqué à l'établissement concerné et le cas échéant à sa chambre de région pour observations dans les deux mois à compter de sa réception.

Dans un délai d'un mois à compter de la réception de ces observations par (Décr. n° 2015-536 du 15 mai 2015, art. 2-I) « CCI France » ou à l'expiration du délai mentionné au deuxième alinéa, celle-ci transmet le rapport d'audit, accompagné le cas échéant des observations émises par l'établissement, à l'autorité de tutelle de ce dernier et au ministre chargé de la tutelle des chambres de commerce et d'industrie. Ce rapport peut être communiqué à la chambre de région à sa demande.

Si l'audit concerne plusieurs établissements ou un sujet d'intérêt commun, les conclusions de l'audit sont communiquées à toutes les parties concernées. Si l'audit a été demandé à (Décr. n° 2015-536 du 15 mai 2015, art. 2-II) « CCI France » par un établissement du réseau, une convention peut déterminer les conditions de son financement et le remboursement des frais qu'elle a avancés pour sa réalisation.

Art. R. 711-57 *(Décr. n° 2016-1894 du 27 déc. 2016, art. 1er)* Chaque chambre représentée à CCI France en application du deuxième alinéa de l'article L. 711-15 désigne parmi ses membres élus un suppléant appelé à remplacer, en cas d'empêchement, son président dans toutes les instances de CCI France où il siège.

Art. R. 711-58 *(Décr. n° 2016-569 du 10 mai 2016, art. 1er-8°)* « Dans les six semaines qui suivent » l'expiration du délai prévu pour l'installation des *(Décr. n° 2010-924 du 3 août 2010, art. 2)* « chambres de région » à la suite du renouvellement quinquennal, le président en exercice de l'assemblée convoque une première assemblée constitutive. Celle-ci se tient sous la présidence du doyen d'âge.

(Décr. n° 2010-1463 du 1er déc. 2010, art. 41) « Elle procède en premier lieu à l'élection du président. Elle procède ensuite à l'élection individuellement de chaque membre du bureau prévu à l'article R. 711-59, puis à la constitution du comité directeur prévu à l'article R. 711-60. Pour ces élections, chaque membre de l'assemblée générale dispose d'une voix. »

Tout membre titulaire ou suppléant empêché d'assister à la séance peut donner à un collègue de son choix pouvoir écrit de voter en son nom. Chaque mandataire ne peut recevoir plus d'une procuration. – *[Décr. nº 64-1200 du 4 déc. 1964, art. 4.]*

Art. R. 711-59 *(Décr. nº 2010-1463 du 1er déc. 2010, art. 42)* Le bureau de *(Décr. nº 2015-536 du 15 mai 2015, art. 2-II)* « CCI France » se compose de dix à *(Décr. nº 2011-644 du 9 juin 2011, art. 29)* « quinze » membres, chacun de ses membres disposant d'une voix, à savoir :

Un président et *(Décr. nº 2011-644 du 9 juin 2011, art. 29)* « trois vice-présidents » ;

Un secrétaire ;

Un trésorier ;

Un trésorier adjoint.

Chaque titulaire de l'un des postes précités est élu par l'assemblée générale, séparément à cette qualité par un vote distinct ;

(Décr. nº 2013-381 du 3 mai 2013, art. 6) « Trois » à huit autres membres, élus à l'occasion de l'assemblée générale suivante, convoquée à une date qui ne peut être postérieure au 31 mars de l'année considérée, sur une liste proposée par le président, tenant compte, dans des conditions définies par le règlement intérieur de *(Décr. nº 2015-536 du 15 mai 2015, art. 2-II)* « CCI France », de la taille et de la diversité des établissements du réseau. Le bureau ainsi complété doit au moins comprendre un président de chambre de commerce et d'industrie métropolitaine telle que définie au deuxième alinéa de l'article L. 711-1, un président de chambre de commerce et d'industrie territoriale comportant moins de 10 000 ressortissants, un président de chambre de commerce et d'industrie territoriale comportant un nombre de ressortissants compris entre 10 000 et 30 000 et le président de la chambre de commerce et d'industrie de région Paris-Île-de-France et le président d'une chambre de commerce et d'industrie territoriale ou départementale d'Île-de-France.

(Décr. nº 2019-1317 du 9 déc. 2019, art. 1er) « Entre deux renouvellements, il est pourvu, lors de l'assemblée générale la plus proche et au plus tard dans les deux mois suivant la vacance du poste, au remplacement de tout membre du bureau, même si ce point n'a pas été inscrit à l'ordre du jour de cette assemblée, sous réserve d'une information préalable des membres de l'assemblée générale au plus tard cinq jours avant la tenue de la réunion de cette assemblée.

« Si l'ensemble du bureau a démissionné, le ministre de tutelle assure l'expédition des affaires courantes jusqu'à l'élection d'un nouveau bureau.

« En cours de mandature, le président de CCI France peut proposer à l'assemblée générale de modifier la composition du bureau, ou de remplacer certains membres dans la limite de la moitié des membres du bureau. » – *[Décr. nº 64-1200 du 4 déc. 1964, art. 5.]*

Art. R. 711-60 *(Décr. nº 2010-1463 du 1er déc. 2010, art. 42)* Le comité directeur se compose :

1º Du président de *(Décr. nº 2015-536 du 15 mai 2015, art. 2-II)* « CCI France » ;

2º Des présidents des chambres de commerce et d'industrie de région ;

3º Des membres du bureau non présidents des chambres de commerce et d'industrie de région ;

4º Des présidents des commissions de *(Décr. nº 2015-536 du 15 mai 2015, art. 2-IV)* « CCI France » désignés par le règlement intérieur, lorsqu'ils ne sont pas déjà membres du comité directeur au titre de l'une des dispositions précédentes ;

5º D'un président d'une chambre des collectivités d'outre-mer régies par l'article 74 de la Constitution et de la Nouvelle-Calédonie représentant ces dernières. – *[Décr. nº 64-1200 du 4 déc. 1964, art. 6.]*

Art. R. 711-61 Le président préside les assemblées générales, le comité directeur et le bureau. *(Décr. nº 2013-381 du 3 mai 2013, art. 7)* « En cas d'empêchement, il est suppléé par l'un des vice-présidents choisi dans l'ordre de leur désignation. »

Il représente *(Décr. nº 2015-536 du 15 mai 2015, art. 2-IV)* « CCI France » auprès des pouvoirs publics et dans tous les actes de la vie civile. – *[Décr. nº 64-1200 du 4 déc. 1964, art. 7.]*

Art. R. 711-62 *(Décr. nº 2015-536 du 15 mai 2015, art. 2-III)* « CCI France » se réunit en assemblée générale trois fois par an, aux dates fixées par décision du comité directeur.

(Décr. nº 2015-536 du 15 mai 2015, art. 2-III) « CCI France » se réunit en outre en assemblée générale extraordinaire soit à l'initiative du président, soit à la demande du ministre chargé de la tutelle des chambres de commerce et d'industrie ou du tiers des membres composant l'assemblée. – *[Décr. nº 64-1200 du 4 déc. 1964, art. 8, al. 1er et 2.]*

Art. R. 711-63 *(Décr. nº 2010-1463 du 1er déc. 2010, art. 44)* I. — Les droits de vote à l'assemblée générale se définissent comme suit :

1° Le total des droits de vote des présidents de chambres de commerce et d'industrie territoriales *(Décr. nº 2019-1317 du 9 déc. 2019, art. 1er)* « [,] locales » et départementales d'Île-de-France ainsi que des chambres des collectivités d'outre-mer régies par l'article 74 de la Constitution et de la Nouvelle-Calédonie est égal au total des droits de vote des présidents des chambres de commerce et d'industrie de région ;

2° Chaque président de chambre de commerce et d'industrie territoriale *(Décr. nº 2019-1317 du 9 déc. 2019, art. 1er)* « [,] locale » et départementale d'Île-de-France ainsi que des chambres des collectivités d'outre-mer régies par l'article 74 de la Constitution et de la Nouvelle-Calédonie dispose d'une voix ;

3° Les présidents des chambres de commerce et d'industrie de région disposent, dans des conditions définies par arrêté du ministre en charge de la tutelle des chambres de commerce et d'industrie, d'un nombre de voix établi au prorata du poids économique de leur chambre de commerce et d'industrie de région, déterminé en fonction de l'étude économique mentionnée à l'article R. 713-66 ; – *V. Arr. du 15 déc. 2021 ci-dessous.*

4° Dans les régions où il n'existe qu'une seule chambre de commerce et d'industrie territoriale, dénommée chambre de commerce et d'industrie de région, son président dispose du cumul des voix mentionnées aux 2° et 3° du présent article.

(Décr. nº 2019-1317 du 9 déc. 2019, art. 1er) « II. — Tout membre de l'assemblée générale, président ou suppléant désignés en application de l'article R. 711-57, empêché d'assister à la séance, peut donner à un président ou à un suppléant de son choix, pouvoir écrit de voter en son nom. Chaque mandataire ne peut disposer de pouvoirs qu'émanant de représentants des chambres relevant du ressort de la chambre de région de rattachement ou, pour les présidents de chambres d'outre-mer, d'un président d'une autre chambre d'outre-mer.

« Par dérogation au premier alinéa, lorsqu'il est procédé à des votes concernant des personnes, chaque membre de CCI France ne dispose que d'une voix, qu'il peut confier par procuration à un autre président ou suppléant de la même circonscription régionale, ou, pour un président d'une chambre d'outre-mer, à un président d'une autre chambre d'outre-mer. » – *[Décr. nº 64-1200 du 4 déc. 1964, art. 8, al. 3.]*

Arrêté du 15 décembre 2021,

Relatif à la détermination du nombre de voix des présidents des chambres de commerce et d'industrie de région à l'assemblée générale de CCI France.

Art. R. 711-64 *(Décr. nº 2010-1463 du 1er déc. 2010, art. 44)* L'assemblée générale ne peut délibérer valablement que si le nombre de membres présents ou représentés est au moins égal aux deux tiers des membres en exercice ou si les membres présents représentent les deux tiers des droits de vote.

Dans l'hypothèse où ce quorum ne serait pas atteint, le président de l'assemblée convoque dans les quinze jours qui suivent une nouvelle assemblée générale, qui peut valablement délibérer sans condition de quorum.

L'assemblée générale ne peut délibérer que sur les questions inscrites à l'ordre du jour. *(Abrogé par Décr. nº 2019-1317 du 9 déc. 2019, art. 1er) « Les décisions sont prises à la majorité des membres présents ou représentés, à l'exception des décisions prises à la majorité qualifiée en application des articles R. 711-58, R. 712-14 et R. 712-26, ou de dispositions du règlement intérieur de (Décr. nº 2015-536 du 15 mai 2015, art. 2-II) « CCI France » prises en application du (Décr. nº 2013-381 du 3 mai 2013, art. 8) « septième » alinéa de l'article R. 711-68. »* – *[Décr. nº 64-1200 du 4 déc. 1964, art. 8, al. 4 à 6.]*

Art. R. 711-65 Le comité directeur se réunit sur convocation du président *(Abrogé par Décr. n° 2019-1317 du 9 déc. 2019, art. 1er) « au moins sept fois par an ».*

Il se saisit de toutes les questions entrant dans la compétence de l'assemblée.

Il prépare, pour les soumettre à l'assemblée générale, les projets de budget et les comptes de l'assemblée.

Il établit aux mêmes fins un projet de règlement intérieur.

Il fixe l'ordre du jour et la date des assemblées générales. — *[Décr. n° 64-1200 du 4 déc. 1964, art. 9, al. 1er à 5.]*

Art. R. 711-66 Le comité directeur ne peut délibérer valablement que si le nombre des membres présents ou représentés est au moins égal à la moitié des membres en exercice.

Les décisions sont prises à la majorité des membres présents ou représentés.

Tout membre titulaire ou suppléant empêché d'assister à la séance peut donner à un collègue de son choix pouvoir écrit de voter en son nom. Chaque mandataire ne peut recevoir plus d'une procuration. — *[Décr. n° 64-1200 du 4 déc. 1964, art. 9, al. 6 à 8.]*

Art. R. 711-67 *Abrogé par Décr. n° 2007-574 du 19 avr. 2007, art. 8-I.*

SECTION IV **DISPOSITIONS COMMUNES**

Art. D. 711-67 *(Décr. n° 2019-1317 du 9 déc. 2019, art. 1er)* **I. — Les missions obligatoires remplies par les établissements du réseau des chambres de commerce et d'industrie en vertu de dispositions législatives ou réglementaires et donnant lieu à des prestations et services rendus aux usagers sont exercées dans des conditions qui assurent notamment la continuité du service et sa qualité sur l'ensemble du territoire national, par tous moyens, y compris par voie électronique.**

II. — Sauf disposition contraire, les missions mentionnées au I et qui constituent des missions de service public administratif sont exercées à titre gratuit.

Toutefois, les prestations supplémentaires excédant l'exécution normale de ces services peuvent faire l'objet d'une rémunération pour services rendus, après que le contenu et la tarification de ces prestations ont été portés à la connaissance des usagers.

Art. R. 711-67-1 *(Décr. n° 2021-300 du 18 mars 2021, art. 5, en vigueur le 1er avr. 2021)* **Les chambres de commerce et d'industrie bénéficient, pour l'exercice de la mission mentionnée à l'article D. 711-10, d'un accès aux informations collectées par le service informatique mentionné à l'article R. 123-30-14** *[nouvelle rédaction issue du Décr. n° 2021-300 du 18 mars 2021, art. 27, en vigueur le 1er janv. 2023 : « l'organisme unique mentionné à l'article R. 123-1 »]* **auprès des entreprises ayant une activité commerciale.**

Cet accès se réalise par le biais d'une interface mise en œuvre par CCI France, laquelle peut en déléguer la réalisation, et qui comprend les données suivantes :

a) **Les nom, nom d'usage et prénoms du chef d'entreprise pour les personnes physiques, la dénomination ou la raison sociale pour les personnes morales ;**

b) **La forme juridique de l'entreprise ;**

c) **Le siège de l'entreprise ou l'adresse de l'établissement ;**

d) **Les coordonnées téléphoniques et l'adresse électronique du chef d'entreprise ;**

e) **L'objet de la formalité, ainsi que la date d'effet de l'évènement la justifiant ;**

f) **La ou les activités exercées par l'entreprise au sein de chacun de ses établissements, en précisant l'activité principale de l'entreprise et de chacun de ses établissements ;**

g) **La nature de la gérance, lorsque l'entreprise est une société à responsabilité limitée ;**

h) **Lorsque l'entreprise est déjà immatriculée, le numéro unique d'identification de l'entreprise et, le cas échéant, le nom de la ville où siège le greffe du tribunal de commerce auprès duquel elle est inscrite ;**

i) **L'exercice par le conjoint du chef d'entreprise d'une activité professionnelle régulière dans l'entreprise et le statut choisi à ce titre.**

Art. D. 711-67-2 et D. 711-67-3 *Abrogés par Décr. n° 2019-1317 du 9 déc. 2019, art. 1er.*

Art. D. 711-67-4 *(Décr. n° 2007-987 du 15 mai 2007, art. 5, en vigueur le 1er juill. 2007)* **Sous réserve de l'application de la loi n° 78-17 du 6 janvier 1978 relative à l'informatique, aux fichiers et aux libertés, et en liaison, le cas échéant, avec l'Institut national de la statistique et des études économiques, les** *(Décr. n° 2010-924 du 3 août 2010, art. 2)* **« chambres de commerce et d'industrie »** *(Abrogé par Décr. n° 2021-300 du 18 mars 2021, art. 5, à compter du 1er avr. 2021) « territoriales »* **créent et tiennent à jour un fichier des entreprises de leur circonscription.**

(Abrogé par Décr. n° 2010-1463 du 1er déc. 2010, art. 45) « Les (Décr. n° 2010-924 du 3 août 2010, art. 2) « chambres de commerce et d'industrie territoriales » peuvent constituer des bases de données et d'informations économiques dans le cadre de leurs missions. »

Ces fichiers et bases de données sont alimentés par les informations que les chambres recueillent, produisent, reproduisent, détiennent ou diffusent dans le cadre de leurs missions, notamment celle relative à la création et à la gestion des centres de formalités des entreprises *(Décr. n° 2021-300 du 18 mars 2021, art. 5, en vigueur le 1er avr. 2021)* **« , ainsi que par les informations qu'elles reçoivent du service informatique mentionné à l'article R. 123-30-14 ».**

Les autres établissements du réseau peuvent créer et tenir à jour de tels fichiers et constituer des bases de données et d'informations économiques.

Les *(Décr. n° 2010-924 du 3 août 2010, art. 2)* **« chambres de région » assurent, en tant que de besoin, la coordination des fichiers d'entreprises, des bases de données et des informations économiques collectés par les** *(Décr. n° 2010-924 du 3 août 2010, art. 2)* **« chambres de commerce et d'industrie »** *(Décr. n° 2021-300 du 18 mars 2021, art. 5, en vigueur le 1er avr. 2021)* **« qui leur sont rattachées », notamment en vue de répondre, dans des délais raisonnables, aux questions des pouvoirs publics en application de l'article L. 711-7.**

En application des articles L. 711-11 et L. 711-12, la coordination, en tant que de besoin, des fichiers d'entreprises, des bases de données et des informations économiques collectés par les établissements du réseau, en vue de synthèses nationales, est assurée sous la responsabilité de *(Décr. n° 2015-536 du 15 mai 2015, art. 2-II)* **« CCI France », qui peut en déléguer la réalisation à un organisme émanant du réseau.**

(Décr. n° 2015-536 du 15 mai 2015, art. 2-I) **« CCI France » tient ces synthèses à la disposition du ministre chargé de la tutelle du réseau des chambres de commerce et d'industrie.**

Nouvel art. D. 711-67-4 *(Décr. n° 2021-300 du 18 mars 2021, art. 27, en vigueur le 1er janv. 2023) En application de l'article L. 711-3 et conformément aux orientations prises par leur chambre de commerce et d'industrie de région de rattachement, les chambres de commerce et d'industrie créent et tiennent à jour un fichier des entreprises de leur circonscription et constituent des bases de données et d'informations économiques nécessaires à leurs missions.*

Ces fichiers et bases de données économiques sont alimentés par les informations et données que les chambres de commerce et d'industrie recueillent, produisent, reproduisent, détiennent ou diffusent dans le cadre de leurs missions ou dont elles sont destinataires en application du dernier alinéa de l'article L. 711-3, selon des modalités prévues par l'article R. 711-67-1.

Les chambres de commerce et d'industrie de région assurent la coordination des fichiers d'entreprises, des bases de données et d'information et des informations économiques collectés et gérés par les chambres de commerce et d'industrie qui leur sont rattachées, notamment en vue de répondre dans les délais raisonnables, aux questions des pouvoirs publics en application du 7° de l'article L. 710-1.

CCI France assure la coordination des fichiers d'entreprises, des bases de données et des informations économiques collectées par les établissements du réseau, en vue de synthèses nationales qu'elle tient à la disposition du ministre chargé de la tutelle du réseau des chambres de commerce et d'industrie. Elle peut déléguer la réalisation de cette coordination à un organisme émanant du réseau.

Les données nécessaires aux usages définis à l'article L. 711-3 sont conservées par les chambres de commerce et d'industrie pendant la durée d'existence de l'entreprise et tant que son siège social reste fixé dans leur circonscription.

Art. D. 711-67-5 *(Décr. n° 2007-987 du 15 mai 2007, art. 5, en vigueur le 1er juill. 2007)* **Les établissements du réseau des chambres de commerce et d'industrie peuvent être à l'initiative d'actions de mutualisation et conclure des conventions entre eux à**

l'effet notamment de partager des compétences ou de créer ou conserver à frais communs des services ou des ouvrages.

(Décr. n° 2016-1894 du 27 déc. 2016, art. 1er) « Dans l'hypothèse où la mutualisation n'est pas prévue dans le schéma régional d'organisation des missions, les chambres de commerce et d'industrie territoriales informent, préalablement à la signature de la convention, leur chambre de commerce et d'industrie de région de rattachement. »

Ces conventions peuvent, le cas échéant, associer des établissements du réseau des chambres de métiers et de l'artisanat et des chambres d'agriculture.

Art. D. 711-67-6 *(Décr. n° 2019-1317 du 9 déc. 2019, art. 1er)* Les établissements publics du réseau des chambres de commerce et d'industrie élaborent chaque année un rapport d'activité qu'ils publient sur leur site internet.

Ils transmettent à CCI France, dans les conditions qu'elle fixe, toutes les informations nécessaires à l'exercice de ses missions, notamment les informations relatives au suivi des conventions d'objectifs et de moyens, des budgets, de la comptabilité analytique, du patrimoine, de la mise en œuvre de l'offre de services nationale et des normes d'intervention, ainsi que les réponses aux enquêtes qu'elle diligente

Art. D. 711-67-7 et D. 711-67-8 *Abrogés par Décr. n° 2010-1463 du 1er déc. 2010, art. 90. — V. C. **com.**, éd. 2013 et antérieures.*

Art. R. 711-68 Les établissements *(Décr. n° 2010-924 du 3 août 2010, art. 17)* « publics » du réseau des chambres de commerce et d'industrie adoptent un règlement intérieur relatif à leur organisation et à leur fonctionnement, qui fixe, entre autres dispositions :

1° Les conditions de fonctionnement de leurs différentes instances, en particulier l'assemblée générale, le comité directeur, le bureau, les délégations et les commissions, la périodicité de leurs réunions, les rapports avec *(Abrogé par Décr. n° 2010-924 du 3 août 2010, art. 17) « les délégués consulaires, »* les membres associés et les conseillers techniques ainsi que l'organisation administrative des services ;

(Décr. n° 2010-924 du 3 août 2010, art. 17) « 2° La limite d'âge pour l'élection au bureau, qui ne peut excéder l'âge de soixante-dix ans révolus à la date du dernier jour du scrutin pour l'élection de la chambre ;

« 3° » Les conditions dans lesquelles le président et le trésorier peuvent déléguer leur signature à d'autres membres élus et, le cas échéant, au directeur général ou, sur sa proposition, à d'autres *(Décr. n° 2019-1317 du 9 déc. 2019, art. 1er)* « membres du personnel » de la chambre ;

(Décr. n° 2013-381 du 3 mai 2013, art. 10) « 4° Les conditions dans lesquelles les membres élus, le directeur général ou, sur sa proposition, les autres *(Décr. n° 2019-1317 du 9 déc. 2019, art. 1er)* « membres du personnel » de l'établissement sont habilités à représenter le président » ;

(Décr. n° 2019-1317 du 9 déc. 2019, art. 1er) « 5° La liste, les modalités et les montants des indemnités et des remboursements de frais de personnel. »

Les dispositions prévues *(Décr. n° 2010-924 du 3 août 2010, art. 17)* « au 2° » ci-dessus ne peuvent pas être modifiées dans l'année d'un renouvellement. — *[Décr. n° 91-739 du 18 juill. 1991, art. 45.]*

(Décr. n° 2007-1308 du 5 sept. 2007, art. 2) « Les règlements intérieurs peuvent prévoir l'adoption de certaines délibérations par des majorités qualifiées » *(Décr. n° 2010-1463 du 1er déc. 2010, art. 46)* « sous réserve des dispositions du présent code précisant les conditions de majorité requises pour certaines matières. »

(Décr. n° 2010-924 du 3 août 2010, art. 17) « Ils ne peuvent ni limiter le nombre de mandats que peut exercer un membre ni subordonner l'élection d'un membre au bureau à une durée antérieure de mandat. »

(Décr. n° 2019-1317 du 9 déc. 2019, art. 1er) « Les règlements intérieurs des chambres de commerce et d'industrie territoriales et des chambres de commerce et d'industrie de région sont élaborés conformément à la norme d'intervention adoptée par CCI France, dans un délai de six mois maximum après l'approbation de cette norme par l'autorité de tutelle. Toute modification de cette norme est prise en compte dans les mêmes conditions. »

(Décr. n° 2013-381 du 3 mai 2013, art. 10) « Le règlement intérieur est adopté par l'assemblée générale de chaque établissement *(Décr. n° 2019-1317 du 9 déc. 2019, art. 1er)* « public » de réseau dans les conditions prévues à l'article R. 711-71. »

(Décr. n° 2016-569 du 10 mai 2016, art. 1er-9°) « Les chambres de commerce et d'industrie territoriales ou de région dont la fusion est prévue adoptent, au plus tard lors de leur dernière assemblée, un règlement intérieur provisoire qui doit permettre à la nouvelle chambre issue de cette fusion de fonctionner jusqu'à l'adoption d'un nouveau règlement intérieur. Dans ce cas, les dispositions prévues au 2° peuvent être modifiées l'année du renouvellement général.

« A défaut d'accord entre les chambres, le règlement intérieur provisoire est fixé par l'autorité de tutelle. »

Art. D. 711-69 *Abrogé par Décr. n° 2013-320 du 15 avr. 2013, art. 1er.*

Art. R. 711-70 *(Décr. n° 2019-1317 du 9 déc. 2019, art. 1er)* I. — Les services de CCI France, des chambres de commerce et d'industrie de région et des chambres de commerce et d'industrie territoriales sont dirigés par un directeur général, placé sous l'autorité du président de la chambre.

Les services des chambres de commerce et d'industrie départementales d'Île-de-France ou des chambres de commerce et d'industrie locales sont dirigés par un directeur général délégué, placé sous l'autorité du directeur général de la chambre de commerce et d'industrie de région, en liaison fonctionnelle avec le président de la chambre de commerce et d'industrie départementale ou locale concernée.

Le directeur général ou le directeur général délégué assure, notamment, le secrétariat général de l'assemblée générale, du bureau, des commissions et, en ce qui concerne CCI France, du comité directeur.

Dans le cadre des orientations définies par la chambre, et dans le respect de son règlement intérieur, le directeur général ou le directeur général délégué est chargé de l'animation de l'ensemble des services ainsi que du suivi de leurs activités, de la réalisation de leurs objectifs et du contrôle de leurs résultats dont il rend compte au président.

Le directeur général ou le directeur général délégué assiste les membres élus dans l'exercice de leurs fonctions. A ce titre, il informe les élus des conditions de régularité dans lesquelles les décisions doivent être prises. Il a la charge de leur mise en œuvre et contrôle la régularité de toutes les opérations correspondantes.

Le directeur général ou le directeur général délégué est astreint au devoir de réserve et, dans l'exercice de ses fonctions, au respect du principe de neutralité.

Les directeurs généraux de chambre de commerce et d'industrie de région et de CCI France sont chargés de veiller à la sécurité et à la protection de la santé du personnel placé sous leur autorité. Ils s'assurent du respect des règles d'hygiène et de sécurité.

Les directeurs généraux de chambre de commerce et d'industrie de région peuvent déléguer aux directeurs généraux de chambre de commerce et d'industrie territoriales ou aux directeurs généraux délégués, leurs pouvoirs en matière d'hygiène et de sécurité. Les délégataires peuvent eux-mêmes subdéléguer ces pouvoirs à des personnes disposant de la compétence, de l'autorité et des moyens nécessaires à l'exercice des responsabilités concernées. La subdélégation s'effectue à un niveau de responsabilité permettant une autonomie décisionnelle suffisante en matière d'hygiène et de sécurité.

En cas de vacance du poste de directeur général, et dans l'attente du remplacement effectif, le président de la chambre de commerce et d'industrie de région peut nommer par intérim un collaborateur de sa chambre pour assurer ces fonctions. La durée totale de cet intérim, renouvellement éventuel compris, ne peut pas excéder un an.

Dans ce cas, l'avis du président de CCI France n'est pas requis et le directeur général par intérim ne bénéficie pas, le cas échéant, des dispositions particulières prévues en application du 6° de l'article L. 711-16.

Un directeur général peut, si les circonstances le justifient, exercer ses fonctions à la fois dans une chambre de commerce et d'industrie de région et une chambre de commerce et d'industrie territoriale ou dans plusieurs chambres de commerce et d'industrie territoriales rattachées à une même chambre de commerce et d'industrie de région.

II. — La nomination ou la rupture, à l'initiative de l'employeur, de la relation de travail d'un directeur général interviennent :

1° Pour CCI France, sur décision du président, après consultation du bureau ;

2° Pour une chambre de commerce et d'industrie de région, sur décision du président, après consultation du bureau et avis du président de CCI France ;

3° Pour une chambre de commerce et d'industrie territoriale :

a) S'agissant de la nomination, sur décision de son président, après consultation du bureau, sur avis conforme du président de la chambre de commerce et d'industrie de région, et avis du président de CCI France ;

b) S'agissant de la rupture de la relation de travail, sur proposition motivée de son président, après consultation du bureau, sur avis du président de CCI France, par décision du président de la chambre de commerce et d'industrie de région.

III. — Le président de la chambre de commerce et d'industrie de région adresse la demande d'avis au président de CCI France, par écrit, accompagnée :

1° S'agissant d'une nomination : des coordonnées et du profil du candidat retenu, ainsi que les éléments essentiels de la relation de travail proposée, notamment en termes de rémunération ;

2° S'agissant d'une rupture de la relation de travail : des motifs la justifiant et des conditions d'indemnisation de l'intéressé.

Dans un délai de quinze jours ouvrés à compter de la réception de cette demande, le président de CCI France communique, par écrit, son avis motivé au président de la chambre de région, après, le cas échéant, un entretien avec l'intéressé. Toute demande de précisions interrompt le délai. A compter de l'expiration de ce délai, l'avis est réputé acquis. — *[Décr. nº 91-739 du 18 juill. 1991, art. 47.]*

Directeur général. La décision de licenciement d'un directeur général d'une CCI doit être motivée en droit et en fait au sens de la loi du 11 juill. 1979, quand bien même ce licenciement est prononcé à la discrétion du président de la chambre. • TA Châlons-en-Champagne, 8 févr. 2007 : *AJDA 2007. 847, obs. Raymundie* ♦ Le directeur général d'une CCI ne peut pas, lors de son licenciement, se prévaloir de dispositions de sa convention de recrutement méconnaissant le statut du personnel des chambres de commerce. • CE 10 févr. 2010, nº 314145 : *AJDA 2010. 297, obs. M.-C. M.*

Art. D. 711-70-1 *(Décr. nº 2019-1227 du 26 nov. 2019, art. 1er)* Dans les dispositions suivantes :

— l'expression "employeur" désigne le président de la chambre de commerce et d'industrie de région ou le président de CCI France, si le directeur général concerné est celui de CCI France ;

— l'expression "directeur général" désigne le directeur général d'une chambre de commerce et d'industrie qui a la qualité d'agent public.

I. — Lorsqu'un agent public employé par une chambre de commerce et d'industrie est nommé directeur général, ou lorsqu'un directeur général, est nommé sur un autre poste de directeur général dans le ressort du même employeur, un avenant à sa convention particulière précise les dispositions relatives aux conditions d'exercice de ses nouvelles fonctions et fait référence aux avis du président de CCI France et, lorsqu'il est nommé directeur général d'une chambre de commerce et d'industrie territoriale, du président de la chambre de commerce et d'industrie de région.

Une copie de l'avenant, et de ses modifications éventuelles, est adressée par l'employeur, dans les quinze jours ouvrés suivant la date de sa signature par l'employeur et l'agent intéressé, au président de CCI France et au ministre chargé de la tutelle des chambres de commerce et d'industrie.

II. — La rémunération du directeur général est fixée par l'employeur par référence à la grille de rémunération des directeurs généraux sous contrat de droit privé établie par CCI France et qui tient compte de l'importance et de la diversité des missions que l'établissement public exerce, du nombre de ses ressortissants et de celui des personnels qui y travaillent.

Toute évolution de la rémunération fait l'objet d'un avenant à la convention particulière.

III. — En sa qualité de cadre dirigeant, le directeur général n'est soumis à aucune durée du travail. Il bénéficie toutefois des dispositions relatives aux congés payés et au compte épargne temps du statut du personnel administratif des chambres de commerce et d'industrie mentionné à l'article 1er de la loi nº 52-1311 du 10 décembre

1952 relative à l'établissement obligatoire d'un statut du personnel administratif des chambres d'agriculture, des chambres de commerce et des chambres de métiers.

IV. – La cessation de fonctions du directeur général intervient dans les conditions suivantes :

1° Démission de l'intéressé

La démission ne peut résulter que d'une demande écrite de l'intéressé, adressée à son employeur, marquant sa volonté expresse de quitter son emploi, avec un préavis de trois mois, sauf accord particulier entre les parties. Elle n'a d'effet qu'autant qu'elle est acceptée par l'employeur et prend effet à la date qu'il fixe.

Elle n'ouvre droit ni à l'indemnité de licenciement prévue au 5°, ni au revenu de remplacement prévu à l'article 35-3 *bis* du statut du personnel administratif des chambres de commerce et d'industrie mentionné ci-dessus.

2° Rupture d'un commun accord de la relation de travail

La rupture d'un commun accord de la relation de travail intervient dans les conditions prévues par l'annexe à l'article 33 du statut du personnel administratif des chambres de commerce et d'industrie relative à la cessation d'un commun accord de la relation de travail.

Le projet de rupture de la convention particulière est signé par l'employeur après consultation du bureau de sa chambre de commerce et d'industrie.

3° Départ à la retraite à la demande du directeur général

Le directeur général informe l'employeur, par écrit, au moins six mois à l'avance, sauf accord contraire entre les parties, de sa décision de faire valoir ses droits à la retraite ; cette décision a un caractère définitif.

Le départ à la retraite à la demande du directeur général ouvre droit au versement de l'allocation de fin de carrière prévue à l'article 24 du statut du personnel administratif des chambres de commerce et d'industrie mentionné ci-dessus.

4° Mise à la retraite par décision de l'employeur

La mise à la retraite fait l'objet d'une décision de l'employeur notifiée par lettre recommandée avec demande d'avis de réception six mois au moins avant sa date d'effet, laquelle ne peut intervenir, en tout état de cause, que si le directeur général a atteint l'âge de 65 ans ou plus et à condition de pouvoir prétendre au bénéfice d'une pension de retraite à taux plein sans décote dans le régime général de sécurité sociale.

Tout directeur général est tenu de communiquer à l'employeur qui le demande un relevé de carrière.

A défaut de remplir les conditions prévues au deuxième alinéa du présent 4°, le directeur général peut être mis à la retraite dès lors qu'il peut prétendre au bénéfice d'une pension de retraite à taux plein sans décote dans le régime général de sécurité sociale. La mise à la retraite intervient au plus tard à l'âge de 70 ans.

Le directeur général perçoit, à ce titre, l'allocation de fin de carrière telle que prévue à l'article 24 du statut du personnel administratif des chambres de commerce et d'industrie.

5° Licenciement

La dénonciation de la convention peut être prononcée par mesure unilatérale de l'employeur, sur proposition, pour le directeur général d'une chambre de commerce et d'industrie territoriale, du président de cette chambre.

Elle peut être motivée notamment :

– soit par une divergence de vue faisant obstacle au bon fonctionnement de la *chambre ;*

– soit par une insuffisance professionnelle ;

– soit par un comportement faisant obstacle au bon accomplissement de sa tâche.

La décision de licenciement notifiée au directeur général comporte l'énoncé des motifs justifiant la mesure.

La décision de licenciement motivée par une divergence de vue faisant obstacle au bon fonctionnement de la chambre ne peut être prise avant l'expiration d'un délai de quatre mois après la date de l'élection du président de la chambre de commerce et d'industrie dont il dirige les services.

Le licenciement est soumis à un préavis de trois mois et ouvre droit à une indemnité de licenciement égale à celle versée dans le cadre de l'article 35-2 du statut du personnel administratif des chambres de commerce et d'industrie mentionné ci-dessus.

L'ancienneté à prendre en compte correspond aux années de service accomplies en qualité de directeur général de la chambre et à celles effectuées dans d'autres fonctions auprès du même employeur, ainsi que, le cas échéant, l'ancienneté reprise par la convention du directeur général au titre des services effectués auprès d'autres chambres de commerce et d'industrie.

En cas de licenciement motivé par une insuffisance professionnelle ou par un comportement faisant obstacle au bon accomplissement de sa tâche, l'indemnité de licenciement peut être réduite d'un montant qui ne dépasse pas la moitié de celui résultant de l'application de l'article 35-2 du statut.

Le versement de l'indemnité de licenciement intervient à la date de la cessation effective des fonctions du directeur général. A titre exceptionnel, en cas d'indisponibilité des crédits budgétaires, la part de l'indemnité dépassant une année de traitement peut être versée au plus tard le 15 février de l'exercice budgétaire suivant.

Si le licenciement intervient dans l'une des trois années qui précèdent l'âge auquel intervient normalement le départ à la retraite en application du régime général de la sécurité sociale, le total de l'indemnité ne pourra être supérieur au traitement que l'intéressé aurait perçu pendant le délai restant à courir jusqu'à cette date.

Le directeur général agent public licencié bénéficie du revenu de remplacement prévu à l'article 35-3 *bis* du statut du personnel administratif des chambres de commerce et d'industrie mentionné ci-dessus.

6° Révocation

La révocation, prononcée par l'employeur, est motivée par une faute grave retenue à l'encontre du directeur général agent public. Elle est motivée et notifiée au directeur général par écrit. Elle entraîne, durant la procédure indiquée au V, la suspension de ses fonctions et de sa rémunération par l'employeur.

La révocation n'ouvre pas droit à une indemnité de licenciement.

V. — Les cessations de fonctions mentionnées aux 5° et 6° du IV interviennent dans le respect de la procédure suivante :

— Convocation du directeur général à un entretien par l'employeur ou son délégataire par lettre recommandée avec avis de réception ou lettre remise en main propre contre décharge.

— Communication au directeur général de son dossier ;

— L'entretien a lieu au moins cinq jours ouvrés après la notification de la lettre de convocation.

— Il est mené par l'employeur ou son délégataire. Au cours de cet entretien, le directeur général peut se faire assister par toute personne de son choix ;

— Notification du licenciement ou de la révocation par l'employeur par écrit avec mention des voies et délai de recours.

VI. — Le directeur général agent public d'une chambre de commerce et d'industrie territoriale dont le poste est supprimé du fait d'une transformation de la chambre en chambre de commerce et d'industrie locale ou d'une fusion avec une autre chambre est informé de la suppression de son poste par lettre recommandée avec avis de réception adressée par l'employeur.

Dans les quinze jours ouvrés suivant la date de réception de cette lettre, l'employeur reçoit, au cours d'un entretien, le directeur général pour lui présenter, le cas échéant, les possibilités de reclassement au sein du réseau des chambres de commerce et d'industrie.

Si aucun reclassement n'est proposé, le directeur général est licencié selon la procédure prévue au V.

Si une proposition de reclassement est proposée, le directeur général peut la refuser, dans un délai d'un mois, par lettre recommandée avec avis de réception. A réception de ce courrier, le président de la chambre de commerce et d'industrie de région procède au licenciement selon la procédure prévue au V.

VII. — Une commission mixte de conciliation, composée de deux membres titulaires et de deux membres suppléants désignés parmi les présidents de chambre par le bureau de CCI France, ainsi que de deux membres titulaires et de deux membres suppléants désignés parmi les directeurs généraux par l'association des directeurs généraux des chambres de commerce et d'industrie, peut être saisie pour avis, avant la décision de l'employeur, dans le cas d'une procédure de licenciement ou de révocation prévus aux 5° et 6° du IV et au VI du présent article, par l'employeur ou le directeur général.

Ses modalités de fonctionnement sont fixées par arrêté du ministre chargé de la tutelle des chambres de commerce et d'industrie. — *V. art. A. 711-5.*

Le III de l'art. D. 711-70-1, dans sa rédaction issue du Décr. n° 2019-1227 du 26 nov. 2019, entre en vigueur le 1er janv. 2020. Ledit décret n'est applicable qu'aux procédures de nomination et de cessation de fonctions engagées après son entrée en vigueur (Décr. préc., art. 2).

Art. R. 711-71 *(Décr. n° 2019-1317 du 9 déc. 2019, art. 1er)* « Les chambres de commerce et d'industrie territoriales, locales et départementales d'Île-de-France, et de région ne peuvent se réunir en assemblée générale que toutes catégories et sous-catégories professionnelles confondues lorsque ces dernières sont constituées. »

Les *(Décr. n° 2010-924 du 3 août 2010, art. 2)* « chambres de commerce et d'industrie de région, les chambres de commerce et d'industrie territoriales » *(Décr. n° 2019-1317 du 9 déc. 2019, art. 1er)* « , locales et départementales d'Île-de-France » et les groupements interconsulaires ne peuvent valablement délibérer que si le nombre des membres *(Décr. n° 2019-1317 du 9 déc. 2019, art. 1er)* « élus » présents *(Décr. n° 2010-1463 du 1er déc. 2010, art. 49)* « , ou, s'agissant des chambres de régions, des membres *(Décr. n° 2019-1317 du 9 déc. 2019, art. 1er)* « élus » présents et représentés, » dépasse la moitié du nombre des membres *(Décr. n° 2019-1317 du 9 déc. 2019, art. 1er)* « élus » en exercice.

Lorsque ce nombre n'est pas atteint, il est procédé à une nouvelle convocation de l'assemblée générale. Lors de la deuxième réunion, la délibération est valable si le nombre des membres atteint le tiers du nombre des membres en exercice.

(Décr. n° 2019-1317 du 9 déc. 2019, art. 1er) « Sauf dispositions législatives ou réglementaires particulières ou prévues par le règlement intérieur de la chambre, les délibérations des assemblées générales de CCI France et des chambres de commerce et d'industrie de région sont prises à la majorité absolue des suffrages exprimés des membres présents ou représentés et, pour les autres chambres de commerce et d'industrie, à la majorité absolue des suffrages exprimés des membres présents.

« En cas de partage égal des voix, celle du président est prépondérante. » — *[Décr. n° 91-739 du 18 juill. 1991, art. 48, al. 1er à 4.]*

Art. D. 711-71-1 *(Décr. n° 2010-1463 du 1er déc. 2010, art. 50) (Décr. n° 2016-569 du 10 mai 2016, art. 1er-10°)* « Le président d'un établissement public du réseau des chambres de commerce et d'industrie peut consulter par voie électronique les membres de son bureau, de son assemblée générale et, pour CCI France, de son comité directeur, dans les conditions prévues par le décret n° 2014-1627 du 26 décembre 2014 relatif aux modalités d'organisation des délibérations à distance des instances administratives à caractère collégial. » L'autorité de tutelle est informée simultanément de la consultation de l'assemblée générale et du comité directeur. Le vote est effectué électroniquement dans les conditions applicables en matière de quorum et de majorité.

Art. R. 711-72 L'élection du bureau a lieu au premier et au deuxième tour à la majorité absolue des membres en exercice. Au troisième tour, la majorité relative suffit. En cas de partage égal des voix, le candidat le plus âgé est élu. Le vote par procuration est admis mais chaque membre ne peut disposer que d'une procuration. — *[Décr. n° 91-739 du 18 juill. 1991, art. 48, al. 5.]*

Art. R. 711-73 Les membres sortants siègent jusqu'à l'installation de leurs successeurs.

Toutefois, à compter du *(Décr. n° 2016-569 du 10 mai 2016, art. 1er-11°)* « dernier jour du scrutin » et jusqu'à celui de l'installation des nouveaux membres, *(Décr. n° 2016-569 du 10 mai 2016, art. 1er-11°)* « les membres sortants expédient » les affaires courantes. — *[Décr. n° 91-739 du 18 juill. 1991, art. 49.]*

Art. R. 711-74 *(Décr. n° 2008-12 du 3 janv. 2008)* Les établissements *(Décr. n° 2016-1894 du 27 déc. 2016, art. 1er)* « publics » du réseau des chambres de commerce et d'industrie peuvent transiger dans les conditions prévues aux articles 2044 à 2058 du code civil.

Les transactions sont conclues par l'autorité compétente pour conclure les contrats aux termes du règlement intérieur mentionné à l'article R. 711-68. Ce règlement précise les cas où, notamment du fait de leur faible montant ou de la confidentialité des matières sur lesquelles elles portent, ces transactions sont autorisées par le bureau de l'établissement.

Art. R. 711-74-1 *(Décr. nº 2008-12 du 3 janv. 2008)* Le projet de transaction est soumis à l'approbation de l'autorité de tutelle compétente en application de l'article R. 712-2 au-delà d'un seuil fixé par le ministre chargé de la tutelle des chambres de commerce et d'industrie. — *V. art. A. 711-4.*

Il est réputé approuvé si une décision contraire motivée de l'autorité de tutelle mentionnée au premier alinéa n'a pas été notifiée au président dans le délai de trente jours courant à compter de sa réception.

Art. D. 711-75 *(Décr. nº 2008-12 du 3 janv. 2008)* Les établissements *(Décr. nº 2016-1894 du 27 déc. 2016, art. 1er)* « publics » du réseau des chambres de commerce et d'industrie peuvent par clause compromissoire ou par compromis soumettre à arbitrage tout litige né d'un contrat qu'ils ont conclu et les opposant à l'un de leurs cocontractants.

Art. R. 711-75-1 *(Décr. nº 2008-12 du 3 janv. 2008)* La clause compromissoire et le compromis sont conclus par écrit par l'autorité de l'établissement compétente pour passer le contrat qui en fait l'objet en application du règlement intérieur de l'établissement. Ce règlement définit l'autorité compétente pour prendre les mesures d'exécution de la sentence arbitrale.

Art. D. 711-75-2 *(Décr. nº 2008-12 du 3 janv. 2008)* La clause compromissoire ou le compromis désigne le ou les arbitres ou définit les modalités de choix du ou des arbitres, qui doivent garantir l'impartialité de ceux-ci, les modalités de leur rémunération, les délais dans lesquels le tribunal arbitral doit statuer et les conditions de publication de la sentence arbitrale.

Art. R. 711-75-3 *(Décr. nº 2008-12 du 3 janv. 2008)* Les contrats comprenant des clauses compromissoires et les compromis conclus par les établissements du réseau sont communiqués à l'autorité de tutelle compétente en application de l'article R. 712-2. Le cas échéant, cette autorité est informée des résultats de leur mise en œuvre dans les deux mois de l'adoption de la sentence arbitrale.

SECTION V DES ÉTABLISSEMENTS D'ENSEIGNEMENT SUPÉRIEUR CONSULAIRE

(Décr. nº 2015-720 du 23 juin 2015)

SOUS-SECTION 1 DE L'ÉLECTION DES REPRÉSENTANTS DU PERSONNEL AU CONSEIL D'ADMINISTRATION OU DE SURVEILLANCE D'UN ÉTABLISSEMENT D'ENSEIGNEMENT SUPÉRIEUR CONSULAIRE

Art. R. 711-76 Sont électeurs au conseil d'administration ou de surveillance d'un établissement d'enseignement supérieur consulaire :

1º Les personnels enseignants et les autres salariés de l'établissement d'enseignement supérieur consulaire ;

2º Les personnes mises à la disposition de l'établissement d'enseignement supérieur consulaire dans les conditions prévues au V de l'article 43 de la loi nº 2014-1545 du 20 décembre 2014 relative à la simplification de la vie des entreprises.

Les électeurs doivent être âgés d'au moins seize ans, travailler depuis au moins trois mois dans l'établissement et ne faire l'objet d'aucune interdiction, déchéance ou incapacité relative à leurs droits civiques.

La qualité d'électeur s'apprécie à la date du scrutin.

Art. R. 711-77 Sont éligibles au conseil d'administration ou de surveillance d'un établissement d'enseignement supérieur consulaire les personnels mentionnés à l'article R. 711-76 qui remplissent les conditions suivantes :

1º Être âgés d'au moins dix-huit ans ;

2º Avoir travaillé pendant une durée d'au moins un an au cours des cinq années précédant la date du scrutin dans ledit établissement, dans une chambre de commerce et d'industrie territoriale ou une chambre de commerce et d'industrie de région constituant l'actionnariat de référence de l'établissement, ou dans l'association, mentionnée au VI de l'article 43 de la loi du 20 décembre 2014 susvisée, qui a créé l'établissement.

Art. R. 711-78 Aucune condition de durée d'activité n'est requise pour être électeur ou éligible lorsque, au jour de l'élection, l'établissement d'enseignement supérieur consulaire est créé depuis moins de deux ans.

SOUS-SECTION 2 DES CONVENTIONS SIGNÉES EN APPLICATION DES DISPOSITIONS DE L'ARTICLE L. 711-19

Art. R. 711-79 La convention signée par un établissement d'enseignement supérieur consulaire en application de l'article L. 711-19 précise notamment :

1° Les objectifs académiques poursuivis par l'établissement ;

2° Les principes régissant la composition du corps enseignant de l'établissement ;

3° Les principes régissant les modalités d'accès à l'établissement ;

4° La définition des activités de l'établissement et, le cas échéant, les liens entre ces activités et les activités de formation assurées par les chambres de commerce et d'industrie concernées, leurs filiales et par les filiales de l'établissement d'enseignement supérieur consulaire ;

5° Les orientations relatives à la politique partenariale, notamment au niveau international ;

6° Les modalités selon lesquelles les biens immobiliers appartenant aux chambres de commerce et d'industrie territoriales et aux chambres de commerce et d'industrie de région sont mis à disposition de l'établissement.

La convention précise sa durée, qui ne peut être inférieure à deux ans ni supérieure à dix ans.

CHAPITRE II DE L'ADMINISTRATION DES ÉTABLISSEMENTS DU RÉSEAU DES CHAMBRES DE COMMERCE ET D'INDUSTRIE

Art. R. 712-1 Les fonctions des membres des établissements du réseau des chambres de commerce et d'industrie sont gratuites.

Toutefois, cette gratuité ne fait pas obstacle à l'attribution d'indemnités ou de remboursements de frais dont *(Décr. nº 2019-1317 du 9 déc. 2019, art. 2)* « la liste, les modalités et les montants sont fixés par le règlement intérieur de la chambre de commerce et d'industrie, conformément aux dispositions relatives aux frais professionnels déductibles pour le calcul des cotisations de sécurité sociale et des contributions sociales prévues par le code de sécurité sociale. » — *V. art. A. 712-1.*

Une indemnité globale pour frais de mandat peut, en outre, être attribuée au bureau par l'assemblée générale, selon un barème fixé par arrêté du ministre chargé de la tutelle des chambres de commerce et d'industrie. Ce barème tient compte de l'importance des établissements du réseau, déterminée selon le nombre de leurs ressortissants, et de la valeur du point d'indice prévu par le statut du personnel administratif des chambres de commerce et d'industrie. — *[Décr. nº 91-739 du 18 juill. 1991, art. 54.] — V. art. A. 712-2.*

Art. R. 712-1-1 *(Abrogé par Décr. nº 2016-1894 du 27 déc. 2016, art. 1er) (Décr. nº 2010-1463 du 1er déc. 2010, art. 51)* ***Les modalités du décompte des votes à*** *(Décr. nº 2015-536 du 15 mai 2015, art. 2-II)* ***« CCI France » sont prévues à l'article R. 711-63.***

SECTION PREMIÈRE DES MODALITÉS DE LA TUTELLE

(Décr. nº 2007-574 du 19 avr. 2007, art. 3)

Les dispositions issues du Décr. nº 2007-574 du 19 avr. 2007 entrent en vigueur le 1er juill. 2007 (Décr. préc., art. 12). — Toutes les demandes d'autorisation et d'approbation reçues par le ministre chargé de la tutelle des chambres de commerce et d'industrie à la date d'entrée en vigueur du décret précité restent de sa compétence (Décr. préc., art. 13).

Art. R. 712-2 1° La tutelle administrative et financière de l'État sur *(Décr. nº 2015-536 du 15 mai 2015, art. 2-II)* « CCI France » est exercée par le ministre chargé de la tutelle des chambres de commerce et d'industrie ;

2° *(Décr. n° 2010-1463 du 1er déc. 2010, art. 52)* « La tutelle des chambres de commerce et d'industrie de région et des chambres de commerce et d'industrie territoriales est assurée par le préfet de région, assisté par le *(Décr. n° 2014-551 du 27 mai 2014, art. 4)* « directeur régional des finances publiques ».

« Lorsque le ressort territorial de la chambre régionale de commerce et d'industrie excède les limites de la circonscription administrative régionale, le préfet de région compétent est celui du siège de l'établissement public.

« Lorsque le ressort territorial de la chambre de commerce et d'industrie territoriale dépasse le cadre de la circonscription d'une seule chambre de commerce et d'industrie de région, le préfet de région compétent est celui du siège de la chambre de région à laquelle cette chambre est rattachée.

« 3° La tutelle des groupements interconsulaires est assurée par le préfet de la région où se situe le siège du groupement, assisté du *(Décr. n° 2014-551 du 27 mai 2014, art. 4)* « directeur régional des finances publiques » correspondant. »

(Abrogé par Décr. n° 2010-1463 du 1er déc. 2010, art. 52) « ***4° La tutelle des chambres de commerce et d'industrie est exercée par le préfet assisté par le trésorier-payeur général.***

« Le préfet compétent est celui du siège de l'établissement public.

« Lorsque le ressort territorial de la chambre de commerce et d'industrie dépasse le cadre de la circonscription administrative départementale, le préfet compétent est celui du siège de l'établissement public.

« Par dérogation aux dispositions qui précèdent, la tutelle de la chambre de commerce et d'industrie de Paris est exercée par le préfet de la région d'Île-de-France, assisté par le receveur général des finances, trésorier-payeur général de la région Île-de-France. »

Décret n° 2007-574 du 19 avril 2007,

Relatif aux modalités de la tutelle exercée par l'État sur les établissements du réseau des chambres de commerce et d'industrie.

Art. 1er La tutelle administrative et financière de l'État sur les établissements du réseau des chambres de commerce et d'industrie s'exerce dans le respect de leur autonomie, en tenant compte du caractère électif de la désignation des dirigeants des établissements du réseau consulaire et de la libre représentation des intérêts du commerce et de l'industrie et des services.

Les dispositions issues du Décr. n° 2007-574 du 19 avr. 2007 entrent en vigueur le 1er juill. 2007 (Décr. préc., art. 12). — Toutes les demandes d'autorisation et d'approbation reçues par le ministre chargé de la tutelle des chambres de commerce et d'industrie à la date d'entrée en vigueur du décret précité restent de sa compétence (Décr. préc., art. 13).

Art. R. 712-3 L'autorité de tutelle a accès de droit à toutes les séances des assemblées générales des établissements du réseau des chambres de commerce et d'industrie et du comité directeur de *(Décr. n° 2015-536 du 15 mai 2015, art. 2-II)* « CCI France ». Elle peut se faire représenter. *(Décr. n° 2010-1463 du 1er déc. 2010, art. 53)* « Il en est de même pour les séances de la commission provisoire prévue à l'article L. 712-9. »

Ces établissements informent l'autorité de tutelle des séances de leurs assemblées générales et du comité directeur dans les mêmes conditions et délais que ceux fixés pour les membres par le règlement intérieur de l'établissement.

L'autorité de tutelle peut faire ajouter un ou plusieurs sujets à l'ordre du jour de ces instances.

Art. R. 712-4 1° Lorsqu'un membre d'un établissement du réseau refuse d'exercer tout ou partie des fonctions liées à son mandat ou fixées par le règlement intérieur de l'établissement, ou s'abstient, sans motif légitime, d'assister aux assemblées de l'établissement pendant douze mois consécutifs, l'autorité de tutelle lui adresse une mise en demeure de se conformer à ses obligations.

Si l'intéressé ne défère pas à cette demande dans les deux mois suivant sa notification, cette autorité peut, en application de l'article L. 712-9, prononcer sa suspension ou le démettre d'office de ses fonctions, après l'avoir mis à même de faire valoir ses observations ;

2° La décision de suspension ou de démission d'un membre d'un établissement du réseau pour faute grave est prononcée, en application de l'article L. 712-9, par l'autorité de tutelle après que celle-ci a avisé l'intéressé de la possibilité de se faire assister d'un conseil et l'a mis à même de faire valoir ses observations dans le délai d'un mois.

Art. R. 712-4-1 *(Décr. n° 2010-1463 du 1er déc. 2010, art. 54)* En cas de faute grave du directeur d'un établissement du réseau, excédant la simple faute de service, l'autorité de tutelle peut demander au président de l'établissement de prendre les mesures disciplinaires nécessaires. Si, à l'issue de cette procédure, le président de la chambre de région, sur proposition le cas échéant du président de la chambre territoriale, décide de ne pas prononcer une sanction disciplinaire, il doit en exposer les motifs dans un rapport qui sera communiqué au préfet de région et au ministre en charge de la tutelle des chambres de commerce et d'industrie.

Art. R. 712-5 *(Décr. n° 2010-1463 du 1er déc. 2010, art. 55) (Décr. n° 2019-1317 du 9 déc. 2019, art. 2)* « I. – La décision de suspension ou de dissolution du seul bureau ou de l'assemblée générale et du bureau d'un établissement public du réseau prévue par l'article L. 712-9 est prise par arrêté de l'autorité de tutelle précisant les motifs de la décision.

« En cas de suspension ou de dissolution du bureau, l'arrêté détermine les modalités d'expédition des affaires courantes et fixe, le cas échéant, la date et les modalités de convocation d'une assemblée générale extraordinaire chargée d'élire un nouveau bureau.

« En cas de suspension ou de dissolution de l'assemblée générale et du bureau, l'arrêté fixe la composition de la commission provisoire chargée, jusqu'à la fin de la suspension ou, en cas de dissolution, d'expédier les affaires courantes et de prendre, sous réserve de l'accord exprès de l'autorité de tutelle, les mesures tendant à remédier à la situation ayant justifié la suspension ou la dissolution. La commission peut établir, si nécessaire, et avec la collaboration, pour les chambres de commerce et d'industrie territoriales, de la chambre de commerce et d'industrie de région, et pour les chambres de commerce et d'industrie de région, de CCI France, les budgets nécessaires pour assurer le fonctionnement de la chambre. »

II. – Cette commission se compose de trois à onze membres, désignés comme suit :

1° Pour une chambre de commerce et d'industrie territoriale, parmi les membres ou anciens membres de la chambre ou membres de la chambre de région de rattachement ;

2° Pour une chambre de commerce et d'industrie de région, parmi des présidents ou anciens présidents d'une ou plusieurs chambres de son ressort ou membres ou anciens membres de son assemblée ;

3° Pour *(Décr. n° 2015-536 du 15 mai 2015, art. 2-II)* « CCI France », parmi les présidents ou anciens présidents de chambre de commerce et d'industrie de région et de chambre de commerce et d'industrie ;

4° Pour un groupement interconsulaire, parmi les membres des chambres participant au groupement et, si ce n'est le cas au titre de leur participation à ce groupement, les membres de ou des chambres de commerce et d'industrie de région auxquelles sont rattachées les chambres de commerce et d'industrie territoriales participant au groupement.

L'arrêté du préfet, ou l'arrêté ministériel en ce qui concerne *(Décr. n° 2015-536 du 15 mai 2015, art. 2-II)* « CCI France », nomme au moins un membre ou ancien membre de l'établissement au sein de la commission.

(Décr. n° 2019-1317 du 9 déc. 2019, art. 2) « Un des membres de la commission est désigné, par l'autorité de tutelle, comme ordonnateur et un autre comme trésorier. »

III. – Le président de la commission est tenu de fournir à l'autorité de tutelle selon une fréquence définie par cette dernière des informations sur le fonctionnement de l'établissement public et les conditions dans lesquelles sont expédiées les affaires courantes.

(Décr. n° 2019-1317 du 9 déc. 2019, art. 2) « Les mêmes informations sont communiquées au président de CCI France et, si la mesure concerne une chambre de commerce et d'industrie territoriale, au président de la chambre de commerce et d'industrie de région à laquelle elle est rattachée. »

Art. R. 712-6 Le règlement intérieur des établissements du réseau est exécutoire lorsqu'il a été homologué par l'autorité de tutelle.

Le refus d'homologation opposé à certaines dispositions du règlement intérieur ne fait pas obstacle à l'entrée en vigueur des autres dispositions de ce règlement.

Art. R. 712-6-1 *(Décr. n° 2019-1317 du 9 déc. 2019, art. 2)* Les conventions et accords collectifs soumis à agrément conformément au premier alinéa du 6° de l'article L. 711-16 sont transmis au ministre de tutelle des chambres de commerce et d'industrie, dès leur signature, par CCI France.

L'agrément est acquis tacitement à l'expiration d'un délai d'un mois à compter de la date de réception de ces textes par le ministre de tutelle, à défaut de décision expresse notifiée à CCI France dans ce délai.

Le refus d'agrément fait l'objet d'une décision motivée.

La procédure d'agrément suspend la notification, la publicité et le dépôt des textes concernés, prévus aux articles L. 2231-5 et suivants du code du travail.

Art. R. 712-7 Les délibérations relatives aux actes mentionnés ci-après sont exécutoires dès qu'elles ont été approuvées par l'autorité de tutelle :

1° Le budget primitif, les budgets rectificatifs et le budget exécuté, dans les conditions prévues à l'article R. 712-16 ;

2° Le recours à l'emprunt, au crédit-bail immobilier et à l'émission d'obligations, dans les conditions prévues à la section III ;

3° L'octroi de garanties à des tiers, dans les conditions prévues à l'article R. 712-34 ;

4° Les projets de conventions, d'avenants et de renouvellement de conventions par lesquelles l'établissement reçoit délégation de la gestion de services ou d'équipements publics ;

(Décr. n° 2019-1317 du 9 déc. 2019, art. 2) « 5° Les cessions, prises ou extensions de participation financière dans des sociétés civiles ou commerciales, dans des syndicats mixtes ou groupements d'intérêt public ou privé, ainsi que dans toute personne de droit public ; les créations d'associations ou de tout autre structure distincte dès lors que les comptes de ces associations ou structures sont comprises dans le périmètre de consolidation, en application des dispositions prévues à l'article L. 233-16 ou dans le périmètre de combinaison en application des dispositions de l'article L. 712-6, ainsi que les modifications de l'objet ou du périmètre de ces structures, conduisant à une intégration dans le périmètre de consolidation ou de combinaison ;

« 5° *bis* Les délibérations relatives à un transfert d'activité à une autre personne de droit public ou de droit privé ; »

6° Les délibérations relatives aux aides ou projets d'aides à une ou plusieurs entreprises soumises au contrôle des aides en application *(Décr. n° 2019-1317 du 9 déc. 2019, art. 2)* « du droit de l'Union européenne » ;

7° Les conventions définissant les modalités de transfert de la gestion ou de l'exploitation d'un établissement, ouvrage ou service géré par une *(Décr. n° 2010-1463 du 1er déc. 2010, art. 87)* « chambre de commerce et d'industrie territoriale » à une *(Décr. n° 2010-1463 du 1er déc. 2010, art. 87)* « chambre de commerce et d'industrie de région » lorsque son importance excède les moyens financiers de l'établissement gestionnaire.

Toutefois, les délibérations relatives aux 2° et 3° portant sur un montant inférieur à un seuil fixé par arrêté du ministre chargé de la tutelle des chambres de commerce et d'industrie et du ministre des finances ne sont pas soumises à approbation. — *V. art. A. 712-7 s.*

(Abrogé par Décr. n° 2013-381 du 3 mai 2013, art. 11) (Décr. n° 2010-1463 du 1er déc. 2010, art. 56) « L'approbation des actes mentionnés au 2° est valable pour un délai d'un an à compter de la date de réponse implicite ou explicite. A l'expiration de ce délai, si l'emprunt, le crédit-bail ou l'émission d'obligation n'ont pas été contractés, l'autorisation doit être renouvelée. Exceptionnellement, l'autorisation peut prévoir la mobilisation échelonnée sur plus d'un an, d'un emprunt, par tranches successives, pour financer une opération d'investissement sur plusieurs années. »

(Décr. n° 2010-1463 du 1er déc. 2010, art. 56) « Les établissements publics du réseau communiquent sans délai à l'autorité de tutelle toutes les pièces constitutives d'actes de gestion qu'elle demande. »

Art. R.* 712-8 *(Décr. n° 2010-1463 du 1er déc. 2010, art. 57)* Les décisions mentionnées aux articles R. 712-6 et R. 712-7 sont approuvées par l'autorité de tutelle tacitement à l'expiration d'un délai de deux mois à compter de la date de réception par l'autorité de tutelle de la délibération les adoptant et des documents correspondants, à défaut d'approbation expresse ou d'opposition notifiée à l'établissement pendant ce délai. Les décisions de refus sont motivées.

Lorsque l'autorité de tutelle demande par écrit à l'établissement des informations ou documents complémentaires, ou saisit la mission économique et financière d'une demande d'expertise, le délai mentionné à l'alinéa précédent est suspendu jusqu'à la production de ces informations ou documents ou de cette expertise. Dans le cas des conventions de délégation de service public en matière aéroportuaire ou portuaire, ce délai est également suspendu, lorsque l'avis du délégant *(Abrogé par Décr. n° 2013-420 du 23 mai 2013, art. 10-II)* ***« ou du comité des investissements à caractère économique et social »*** est requis, jusqu'à ce que cet avis soit rendu.

En ce qui concerne les délibérations décidant des aides ou régimes d'aides aux entreprises, dans le cas où le régime d'aides ou le projet d'aide doit être notifié à l'Union européenne, le délai d'approbation de la délibération est suspendu jusqu'à la date de réception par l'autorité de tutelle de la décision des autorités de l'Union européenne.

Art. R. 712-8-1 La chambre ayant accordé une aide à une entreprise est tenue de procéder sans délai à sa récupération si une décision de la Commission européenne ou un arrêt de la Cour de justice des Communautés européennes l'y enjoint, à titre provisoire ou définitif. A défaut, après une mise en demeure restée sans effet dans un délai d'un mois à compter de sa notification, le préfet y procède d'office par tout moyen auprès du bénéficiaire de l'aide.

Art. R. 712-9 *(Décr. n° 2019-1317 du 9 déc. 2019, art. 2)* L'autorité de tutelle peut inscrire d'office au budget d'un établissement public du réseau des chambres de commerce et d'industrie les dépenses obligatoires, et notamment :

1° Les charges de personnel ;

2° Les remboursements d'emprunts ;

3° Les impôts, taxes ou toute charge prévue par une disposition législative ou réglementaire ;

4° Les dépenses découlant de l'exécution d'une décision de justice et les astreintes ;

5° Les dépenses relatives aux élections des membres des chambres de commerce et d'industrie ;

6° Les dépenses découlant de délibérations votées en assemblée générale de CCI France en application de l'article L. 711-15.

L'autorité de tutelle peut également exiger leur mandatement et leur paiement, et à défaut, dans le mois suivant la mise en demeure qui a été faite à l'établissement, y procéder d'office.

Art. R. 712-10 *(Décr. n° 2019-1317 du 9 déc. 2019, art. 2)* L'autorité de tutelle peut mettre en place une tutelle renforcée ou suspendre les instances d'une chambre de commerce et d'industrie, après avoir demandé préalablement à l'établissement de prendre, dans un délai qu'elle fixe, les mesures correctrices nécessaires :

1° Lorsqu'il est constaté au cours de deux exercices budgétaires consécutifs que le fonds de roulement est négatif, ou que la capacité d'autofinancement est insuffisante pour couvrir les annuités d'emprunts ;

2° Lorsque les risques supportés par l'établissement sont excessifs ;

3° Lorsqu'il ressort des résultats d'un contrôle diligenté par l'autorité de tutelle ou d'un audit mentionné à l'article R. 711-55-3 la nécessité de prendre des mesures de gestion ou de gouvernance correctrices significatives ;

4° Lorsque le ou les commissaires aux comptes ont refusé de certifier les comptes ;

5° Lorsqu'est constaté un dysfonctionnement grave dans l'exercice d'une mission de service public ou d'une mission prévue dans la convention d'objectifs et de moyens ;

6° Lorsqu'il apparaît que la gestion de la chambre territoriale risque d'entraîner l'obligation de solidarité financière de la chambre de région en application du 7° de l'article L. 711-8 ;

7° Lorsque le budget de la chambre n'a pas été adopté le 31 mars de l'année suivant l'exercice concerné ou n'a pas été approuvé par l'autorité de tutelle le 31 mai ;

8° Lorsqu'un dysfonctionnement grave affecte la gouvernance de la chambre.

Le président de CCI France et, le cas échéant, le président de la chambre de commerce et d'industrie de région, sont informés des mesures prises et de leurs effets par la chambre de commerce et d'industrie qui fait l'objet d'une tutelle renforcée ou d'une suspension de ses instances. La décision de suspension des instances est prise dans les conditions prévues à l'article R. 712-5.

La persistance des difficultés dans le cadre d'une tutelle renforcée ou d'une suspension peut constituer un motif de dissolution des instances de la chambre conformément au troisième alinéa de l'article L. 712-9.

Art. R. 712-11 Dans le cadre de la tutelle renforcée et sans préjudice des dispositions des articles R. 712-6, R. 712-7 et R. 712-8, les décisions suivantes ne sont exécutoires que lorsqu'elles sont approuvées par l'autorité de tutelle :

(Abrogé par Décr. n° 2013-381 du 3 mai 2013, art. 12) ***« 1° La décision définissant le mandat du ou des commissaires aux comptes et de leurs suppléants ; »*** *— Du fait de l'abrogation du 1° le Décr. n° 2013-381 du 3 mai 2013 a renuméroté les 2° à 6° en 1° à 5°.*

1° Les délibérations portant acquisition, construction, aliénation ou échange d'immeubles ou décidant d'un bail de plus de dix-huit ans ;

2° La délibération d'abondement du budget d'une *(Décr. n° 2010-1463 du 1er déc. 2010, art. 87)* « chambre de commerce et d'industrie territoriale » prévue *(Décr. n° 2013-381 du 3 mai 2013, art. 12)* « au 7° de l'article L. 711-8 » par une *(Décr. n° 2010-1463 du 1er déc. 2010, art. 87)* « chambre de commerce et d'industrie de région » ;

(Décr. n° 2016-1894 du 27 déc. 2016, art. 1er) « 3° Les délibérations relatives aux marchés publics passés selon les procédures formalisées *(Décr. n° 2019-1317 du 9 déc. 2019, art. 2)* « prévues aux articles L. 2124-1 et suivants du code de la commande publique » ; »

4° Les décisions relatives aux recrutements et *(Décr. n° 2019-1317 du 9 déc. 2019, art. 2)* « aux ruptures de la relation de travail à l'initiative de l'employeur » ;

(Décr. n° 2010-1463 du 1er déc. 2010, art. 60) « 5° Les transactions. La condition de seuil prévue à l'article R. 711-74-1 ne s'applique pas. »

Les délibérations mentionnées *(Décr. n° 2013-381 du 3 mai 2013, art. 12)* « aux 2° et 3° de l'article » R. 712-7 sont soumises à approbation quel que soit le montant sur lequel elles portent.

(Abrogé par Décr. n° 2013-381 du 3 mai 2013, art. 12) ***« Dans le cadre de la tutelle renforcée, l'avis rendu, en application de l'article 2 du décret n° 2003-1156 du 28 novembre 2003 sur les transactions avec l'État sur les engagements financiers des chambres en matière de services aéroportuaires, est un avis conforme. »***

Art. R. 712-11-1 *(Abrogé par Décr. n° 2019-1317 du 9 déc. 2019, art. 2) (Décr. n° 2010-1463 du 1er déc. 2010, art. 61)* ***Pour établir la mesure d'audience mentionnée au II de l'article L. 712-11 permettant d'estimer la représentativité des organisations syndicales appelées à siéger à la Commission paritaire nationale des établissements du réseau des chambres de commerce et d'industrie, en application de l'article 2 de la loi n° 52-1311 du 10 décembre 1952 relative à l'établissement obligatoire d'un statut du personnel administratif des chambres d'agriculture, des chambres de commerce et des chambres de métiers, sont pris en compte les suffrages exprimés lors du premier tour des élections des commissions paritaires régionales.***

Ces élections sont organisées selon un scrutin de liste à deux tours et à la représentation proportionnelle avec répartition des restes selon la règle de la plus forte moyenne, avec monopole des candidatures syndicales au premier tour et listes sans étiquette au deuxième tour.

SECTION PREMIÈRE *BIS* DE LA GESTION DU PERSONNEL

(Décr. n° 2019-867 du 21 août 2019, art. 1er)

Art. D. 712-11-2 Le repreneur de tout ou partie de l'activité d'une chambre de commerce et d'industrie informe simultanément chaque agent de droit public concerné et la chambre de commerce et d'industrie qui l'emploie de sa proposition de contrat de droit privé ou d'engagement de droit public prévue à l'article L. 712-11-1 par lettre recommandée avec avis de réception.

Dans un délai maximum d'un mois à compter de la notification de ce courrier, l'agent concerné notifie simultanément sa réponse par courrier recommandé avec avis de réception à la chambre de commerce et d'industrie qui l'emploie et au repreneur.

En cas de refus de l'engagement ou du contrat proposé, sans préjudice des dispositions particulières de l'article 33 *bis* du statut du personnel administratif des chambres de commerce et d'industrie mentionné à l'article 1er de la loi n° 52-1311 du 10 décembre 1952 relative à l'établissement obligatoire d'un statut du personnel administratif des chambres d'agriculture, des chambres de commerce et des chambres de métiers, relatif au licenciement d'un délégué syndical ou d'un représentant du personnel, et dans le respect des principes relatifs aux droits de la défense, la chambre de commerce et d'industrie concernée convoque l'agent public pour un entretien, dans un délai maximum de quinze jours ouvrés après la réception de son courrier.

L'agent concerné peut se faire accompagner, dans le cadre de cet entretien, par tout agent de son choix employé par la même chambre de commerce et d'industrie.

Sans préjudice des propositions de reclassement qui peuvent lui être adressées par la chambre de commerce et d'industrie qui l'emploie, si l'agent confirme son refus d'accepter le contrat ou l'engagement, la chambre de commerce et d'industrie notifie, au moins deux jours ouvrés après l'entretien, le licenciement de l'agent pour refus de transfert, par courrier recommandé avec avis de réception.

Le délai de préavis pour la rupture de la relation de travail est de trois mois à compter de la date de la notification du licenciement. Pendant la durée de ce préavis, l'agent a droit à deux demi-journées d'absence par semaine pour recherche d'emploi. Le cas échéant, la chambre de commerce et d'industrie peut le dispenser de préavis.

Il est accordé à l'agent public ainsi licencié une indemnité de rupture dont le mode de calcul est fixé conformément à l'article 4 de l'annexe 5 à l'article 28 du statut mentionné ci-dessus.

Dans le cas où l'agent licencié pour refus de transfert se trouve dans les conditions requises pour recevoir une pension de retraite à taux plein auprès du régime général de la sécurité sociale, il ne perçoit pas d'indemnité de licenciement mais une allocation de fin de carrière aux lieux et place de celle-ci.

L'agent dont l'engagement sera rompu pour refus de transfert bénéficiera, en tant qu'agent involontairement privé d'emploi, du revenu de remplacement prévu à l'article 35-3 *bis* du statut mentionné ci-dessus.

Art. R. 712-11-3 *(Décr. n° 2019-1317 du 9 déc. 2019, art. 2)* La commission nationale paritaire instaurée en application de l'article 2 de la loi n° 52-1311 du 10 décembre 1952 relative à l'établissement obligatoire d'un statut du personnel administratif des chambres d'agriculture, des chambres de commerce et des chambres des métiers est l'instance chargée de la détermination et du suivi des dispositions relatives à la situation particulière des agents publics du réseau des chambres de commerce et d'industrie, qui exclut les dispositions relatives aux relations collectives de travail, à la santé et à la sécurité au travail mentionnées à l'article L. 712-11.

Les modalités de désignation de ses membres et de son fonctionnement sont fixées par arrêté du ministre chargé de la tutelle du réseau des chambres de commerce et d'industrie.

SECTION II DES RÈGLES BUDGÉTAIRES *(Décr. n° 2007-574 du 19 avr. 2007, art. 2).*

SOUS-SECTION 1 DISPOSITIONS COMMUNES

Art. R. 712-12 *(Décr. n° 2007-574 du 19 avr. 2007, art. 2)* Les règles essentielles de l'organisation et des procédures financières, budgétaires et comptables applicables aux établissements du réseau des chambres de commerce et d'industrie sont conformes aux prescriptions *(Décr. n° 2013-381 du 3 mai 2013, art. 13)* « précisées » par arrêté du ministre chargé de la tutelle des chambres de commerce et d'industrie. — *[Décr. n° 91-739 du 18 juill. 1991, art. 53, al. 1er.] — V. art. A. 712-19 s.*

Art. R. 712-13 *(Décr. n° 2019-1317 du 9 déc. 2019, art. 2)* « Le président de l'établissement public est chargé, dans le respect de la séparation de ses fonctions et de celles de trésorier, de l'exécution du budget. Il émet les factures et signe les contrats desquels découlent des créances, préalablement à leur encaissement. Il émet, à destination du trésorier, les mandats des dépenses préalablement à leur paiement. »

(Décr. n° 2007-574 du 19 avr. 2007, art. 2) « Le trésorier est chargé *(Décr. n° 2010-1463 du 1er déc. 2010, art. 62)* « *[,]* dans le respect de la séparation de ses fonctions et de celles du président*[,]* » de la tenue de la comptabilité, *(Décr. n° 2019-1317 du 9 déc. 2019, art. 2)* « du paiement des dépenses et de l'encaissement des recettes », ainsi que de la gestion de la trésorerie. Il est assisté en tant que de besoin par les services comptables et les régies mentionnées au dernier alinéa.

« Les délégations de signature du président et du trésorier respectent la règle de séparation de leurs compétences respectives.

« Des régies, limitées dans leur objet et leur montant, peuvent être instituées par le président, avec l'accord du trésorier, en ce qui concerne les recettes et les dépenses de faible importance, urgentes ou répétitives. » — *[Décr. n° 91-739 du 18 juill. 1991, art. 53, al. 2 à 5.]*

Art. R. 712-14 *(Décr. n° 2007-574 du 19 avr. 2007, art. 2)* L'assemblée générale de chaque établissement vote chaque année *(Décr. n° 2010-1463 du 1er déc. 2010, art. 63)* « , au plus tard le 30 novembre de l'année précédant celle pour laquelle il est établi, » un budget primitif qui satisfait aux principes généraux applicables aux budgets des établissements publics à caractère administratif, sous réserve des adaptations prévues par le présent titre pour tenir compte des caractères spécifiques des établissements du réseau des chambres de commerce et d'industrie.

(Décr. n° 2010-1463 du 1er déc. 2010, art. 63) « Un arrêté conjoint des ministres en charge de la tutelle des chambres de commerce et d'industrie et du budget peut prévoir le report de cette date jusqu'au 31 mars suivant. » — *[Décr. n° 91-739 du 18 juill. 1991, art. 50, al. 1er.]* — *V. Arr. du 14 oct. 2019 permettant aux chambres de commerce et d'industrie d'adopter leur budget primitif 2020 jusqu'au 31 mars 2020 (JO 20 oct.).*

Art. D. 712-14-1 *(Décr. n° 2010-1463 du 1er déc. 2010, art. 64)* Sont considérées comme des dépenses exceptionnelles au sens du 7° de l'article L. 711-8 des dépenses exposées par la chambre dans l'exercice de ses missions et qui :

1° Soit du fait d'événements imprévisibles et indépendants de sa volonté excèdent ses capacités propres de financement au titre de l'exercice budgétaire en cours ;

2° Soit correspondent à un investissement présentant un caractère de nécessité absolue pour l'exercice de ses missions, mais qui ne peuvent, du fait de leur ampleur, être assurées par la chambre seule.

Art. D. 712-14-2 *(Décr. n° 2010-1463 du 1er déc. 2010, art. 64)* Sont considérées comme des circonstances particulières au sens du 7° de l'article L. 711-8 :

1° L'intervention de la chambre au soutien de l'activité économique de sa circonscription en cas de mutation économique affectant gravement cette activité ;

2° Une tâche confiée à une ou plusieurs chambres de la circonscription, en raison de particularités locales ou à titre expérimental *(Décr. n° 2019-1317 du 9 déc. 2019, art. 2)* « par le préfet », dont ces chambres ne peuvent assurer par elles-mêmes la totalité du financement ;

(Décr. n° 2019-1317 du 9 déc. 2019, art. 2) « 3° Les mesures de restructuration d'une chambre rendues nécessaires par la disparition d'une de ses activités ou de ses ressources ; »

4° la situation dans laquelle une chambre de commerce et d'industrie territoriale ne peut faire face au paiement des dépenses obligatoires qui lui incombent.

Art. D. 712-14-3 *(Décr. n° 2010-1463 du 1er déc. 2010, art. 64)* Les chambres de commerce et d'industrie territoriales qui souhaitent que leur budget soit abondé, au-delà du budget voté, dans les conditions prévues aux articles D. 712-14-1 à D. 712-14-2 en présentent la demande à la chambre de commerce et d'industrie de région à laquelle elles sont rattachées. Cette demande justifie des dépenses exceptionnelles ou des circonstances particulières nécessitant l'abondement. Elle est approuvée par l'assemblée générale de la chambre de commerce et d'industrie territoriale puis transmise à la chambre de commerce et d'industrie de région et, pour information, à l'autorité de tutelle.

La chambre de commerce et d'industrie de région soumet la demande qui lui est présentée à la délibération de son assemblée générale. Sous la réserve du cas mentionné à l'article D. 712-14-4, elle n'est pas tenue de satisfaire à cette demande. Elle notifie sa décision motivée à la chambre de commerce et d'industrie territoriale et transmet cette décision pour information à l'autorité de tutelle *(Décr. n° 2019-1317 du 9 déc. 2019, art. 2)* « ainsi qu'au président de CCI France » dans le délai d'un mois à compter de la date de l'assemblée générale.

Art. D. 712-14-4 *(Décr. n° 2010-1463 du 1er déc. 2010, art. 64)* Dans le cas où une chambre de commerce et d'industrie territoriale se trouve dans la situation prévue au 4° de l'article D. 712-14-2 et est, de plus, placée sous tutelle renforcée en application de l'article R. 712-10, la chambre de commerce et d'industrie de région est tenue de satisfaire à la demande d'abondement qui lui est transmise par l'autorité de tutelle.

L'assemblée générale de la chambre de commerce et d'industrie de région vote, au plus tard au semestre calendaire suivant un nouveau schéma directeur régional assurant la viabilité économique des chambres de commerce et d'industrie qui lui sont rattachées. La chambre territoriale mentionnée au précédent alinéa ne peut pas s'opposer à sa fusion avec une autre chambre de la circonscription alors décidée par la chambre de région. Le quorum relatif à la majorité qualifiée requise pour voter le schéma directeur est calculé en retranchant le nombre de membres représentant la chambre sous tutelle renforcée et les élus de région également membres de cette chambre territoriale ne participent pas au vote.

Art. R. 712-15 *(Décr. n° 2007-574 du 19 avr. 2007, art. 2)* Le budget est un document unique comprenant l'ensemble des comptes retraçant les activités exercées directement par l'établissement et celles dont il contrôle l'exercice par l'intermédiaire de personnes dépendant de lui. Ce caractère unique ne fait pas obstacle à ce que le budget comprenne, dans les conditions fixées par arrêté du ministre chargé de la tutelle des chambres de commerce et d'industrie, des regroupements ou des subdivisions, sous forme de sections comptables ou autres, destinées à individualiser certaines activités, notamment économiques. — *V. art. A. 712-25 à A. 712-27.*

Le budget primitif peut faire l'objet, en cas de nécessité, de budgets rectificatifs.

A l'issue de chaque exercice, l'assemblée générale vote, *(Décr. n° 2019-1317 du 9 déc. 2019, art. 2)* « au plus tard le 31 mai de l'année suivant l'exercice concerné, » d'une part, un budget exécuté, qui retrace les conditions dans lesquelles le budget primitif et les budgets rectificatifs ont été exécutés, et, d'autre part, un bilan, un compte de résultat et une annexe *(Abrogé par Décr. n° 2013-381 du 3 mai 2013, art. 14)* ***« établis dans les conditions prévues à l'article R. 612-2 applicable aux personnes morales de droit privé non commerçantes ayant une activité économique ».*** *(Décr. n° 2010-1463 du 1er déc. 2010, art. 65)* « Lorsque plusieurs chambres de commerce et d'industrie *(Abrogé par Décr. n° 2016-1894 du 27 déc. 2016, art. 1er)* ***« territoriales »*** s'unissent en une seule chambre, l'assemblée générale de la nouvelle chambre vote le budget exécuté du dernier exercice clos de chacune des chambres qui ont fusionné. »

(Abrogé par Décr. n° 2013-381 du 3 mai 2013, art. 14) ***« Le plan comptable applicable aux documents mentionnés ci-dessus est fixé par arrêté conjoint du ministre chargé de la tutelle des chambres de commerce et d'industrie, du garde des sceaux, ministre de la justice, et du ministre chargé du budget. »***

(Décr. n° 2019-1317 du 9 déc. 2019, art. 2) « Les budgets exécutés sont transmis, sous forme dématérialisée, au ministre de tutelle et à CCI France dans les quinze jours suivant leur adoption par l'assemblée générale, dans des conditions fixées par arrêté du ministre chargé de la tutelle des chambres de commerce et d'industrie. » — *[Décr. n° 91-739 du 18 juill. 1991, art. 50, al. 2 à 5.] — V. art. A. 712-41.*

Art. R. 712-15-1 *(Décr. n° 2010-1463 du 1er déc. 2010, art. 66)* La publication des comptes des établissements du réseau prévue à l'article L. 712-6 est assurée par l'établissement dans le mois qui suit son approbation par l'autorité de tutelle. Le support retenu pour la publication est le site internet de l'établissement ou pour les groupements interconsulaires ou établissements ne disposant pas d'un site internet celui de la chambre de région de rattachement ou du siège du groupement interconsulaire.

Les dispositions de l'art. R. 712-15-1 dans sa rédaction issue du Décr. n° 2010-1463 du 1er déc. 2010 sont applicables à compter de l'exercice comptable 2011 (Décr. préc., art. 86).

Art. R. 712-16 *(Décr. n° 2007-574 du 19 avr. 2007, art. 4-II) (Décr. n° 2019-1317 du 9 déc. 2019, art. 2)* « 1° La transmission de la délibération adoptant le budget primitif, les budgets rectificatifs et le budget exécuté est accompagnée d'un rapport détaillant les frais de personnel et présentant leurs principales évolutions, du tableau d'amortissement des emprunts contractés par l'établissement, d'un tableau détaillant les versements au profit d'autres organismes, du programme pluriannuel d'investissement, des décisions juridictionnelles rendues à l'encontre de l'établissement et des réponses aux demandes des chambres régionales des comptes suite à leur inspection. Pour le budget exécuté, sont joints le compte de résultat, le bilan et l'annexe, ainsi que le rapport présenté à l'assemblée générale par le ou les commissaires aux comptes dans le cadre de la certification des comptes annuels. L'autorité de tutelle peut demander des éléments complémentaires en tant que de besoin ; »

2° Lorsque l'établissement gère une délégation de service public en matière portuaire ou aéroportuaire, l'autorité de tutelle sollicite l'avis préalable du délégant sur la partie du budget concernant le service aéroportuaire ou portuaire.

Art. R. 712-17 *(Décr. n° 2007-574 du 19 avr. 2007, art. 4-II)* En cas de refus du budget primitif, l'établissement délibère dans les deux mois sur un nouveau budget, en tenant compte des observations de l'autorité de tutelle.

Art. R. 712-18 *(Décr. n° 2010-1463 du 1er déc. 2010, art. 68)* « Si, avant le 1er janvier, l'établissement n'a pas *(Décr. n° 2019-1317 du 9 déc. 2019, art. 2)* « adopté » un budget primitif à la majorité requise, ou si le budget primitif n'a pas été approuvé par l'autorité de tutelle, le président peut, en prenant pour référence le budget primitif ou le dernier budget rectificatif approuvé par l'autorité de tutelle de l'année précédente, déduction faite d'un pourcentage du montant de recettes et de dépenses s'élevant à 5 %, mettre en recouvrement les recettes et mandater les dépenses dans les conditions suivantes : »

(Décr. n° 2007-574 du 19 avr. 2007, art. 4-III) « 1° Jusqu'à l'approbation du budget de l'établissement, mettre en recouvrement les recettes et engager, liquider et mandater les dépenses *(Abrogé par Décr. n° 2019-1317 du 9 déc. 2019, art. 2) « de la section »* de fonctionnement dans la limite de celles inscrites au budget primitif ou, le cas échéant, dans les budgets rectificatifs de l'année précédente ;

« 2° Mandater les dépenses afférentes au remboursement en capital des annuités de la dette venant à échéance avant l'approbation du budget ;

« 3° Jusqu'à l'approbation du budget, si celle-ci intervient avant le 31 mars, et après délibération de l'assemblée générale, engager, liquider et mandater les dépenses d'investissement, dans la limite du quart des crédits ouverts au budget de l'exercice précédent, non compris les crédits afférents au remboursement de la dette ;

« 4° Au-delà du 31 mars et jusqu'à l'approbation du budget, si l'autorité de tutelle l'autorise et par délibération de l'assemblée générale, engager, liquider et mandater les dépenses d'investissement, non compris les crédits afférents au remboursement de la dette. L'autorisation mentionnée ci-dessus précise le montant et l'affectation des crédits.

« Les crédits mentionnés aux 1°, 2°, 3° et 4° sont inscrits au budget lors de son adoption. Le trésorier paye les mandats et *(Décr. n° 2010-1463 du 1er déc. 2010, art. 68)* « met en recouvrement les recettes » dans les conditions ci-dessus. »

Art. R. 712-18-1 *(Décr. n° 2010-1463 du 1er déc. 2010, art. 69)* Lorsque plusieurs chambres de commerce et d'industrie territoriales s'unissent en une seule chambre, le président de la nouvelle chambre peut mettre en recouvrement les recettes et mandater les dépenses dans les conditions mentionnées aux 1° à 4° de l'article R. 712-18 en prenant pour référence l'agrégation des budgets primitifs ou des derniers budgets rectificatifs approuvés par l'autorité de tutelle de l'année précédente des chambres ayant fusionné, déduction faite d'un pourcentage du montant de recettes et de dépenses s'élevant à 5 %, jusqu'à la présentation du budget primitif du premier exercice de la nouvelle chambre à l'assemblée générale qui doit se réunir au plus tard trois mois après la création de la nouvelle chambre.

Art. R. 712-19 *(Décr. n° 2007-574 du 19 avr. 2007, art. 4-III)* Les comptes des établissements du réseau des chambres de commerce et d'industrie sont établis en application des règlements *(Décr. n° 2013-381 du 3 mai 2013, art. 16)* « de l'Autorité des normes comptables ».

Ces établissements présentent une comptabilité analytique dans des conditions fixées par *(Décr. n° 2010-1463 du 1er déc. 2010, art. 70)* « les normes d'intervention adoptées par *(Décr. n° 2015-536 du 15 mai 2015, art. 2-II)* « CCI France », approuvées par l'autorité de tutelle et le ministre chargé du budget ».

(Décr. n° 2019-1317 du 9 déc. 2019, art. 2) « Les modalités de production des comptes consolidés et des comptes combinés des établissements publics du réseau sont précisées dans une norme d'intervention de CCI France, établie en lien avec la Compagnie nationale des commissaires aux comptes.

« L'entité combinante est la chambre de commerce et d'industrie de région et le périmètre de combinaison intègre l'ensemble des chambres de commerce et d'industrie territoriales qui lui sont rattachées.

« Les comptes combinés sont présentés à l'assemblée générale de la chambre de commerce et d'industrie de région au plus tard le 31 juillet de l'année suivant l'exercice concerné et sont publiés sur le site internet de la chambre.

« Pour les chambres de commerce et d'industrie qui en ont l'obligation, les comptes consolidés, sont présentés à leur assemblée générale au plus tard le 31 juillet de l'année suivant l'exercice concerné et sont publiés sur le site internet de la chambre. »

Art. R. 712-20 *(Décr. n° 2007-574 du 19 avr. 2007, art. 4-I)* Les crédits inscrits au budget des établissements ont un caractère limitatif, sous réserve des aménagements à cette règle résultant d'un arrêté du ministre chargé de la tutelle des chambres de commerce et d'industrie pour tenir compte de leurs besoins spécifiques, notamment en matière industrielle et commerciale, ou pour faire face à des dépenses obligatoires. – *[Décr. n° 91-739 du 18 juill. 1991, art. 51.]*

Art. R. 712-20-1 *(Décr. n° 2010-1463 du 1er déc. 2010, art. 71)* Les projets de délibérations relatifs aux investissements *(Décr. n° 2019-1317 du 9 déc. 2019, art. 2)* « relevant du programme pluriannuel d'investissement » d'une chambre de commerce et d'industrie territoriale sont transmis, un mois avant l'assemblée générale de la chambre de commerce et d'industrie territoriale qui doit les adopter, à la chambre de région. Les observations éventuelles de la chambre de commerce et d'industrie de région sont portées à la connaissance de l'assemblée générale de la chambre de commerce et d'industrie territoriale.

(Décr. n° 2019-1317 du 9 déc. 2019, art. 2) « Les délibérations relatives à un transfert d'activité d'une chambre de commerce et d'industrie territoriale sont transmises dans les mêmes conditions à la chambre de commerce et d'industrie de région. Un avis conforme de la chambre de commerce et d'industrie de région est requis dès lors que ce transfert implique un changement de la situation des personnes qu'elle emploie. »

SOUS-SECTION 2 DISPOSITIONS APPLICABLES AUX CHAMBRES DE COMMERCE ET D'INDUSTRIE DE RÉGION *(Décr. n° 2016-1894 du 27 déc. 2016, art. 1er)*.

Art. R. 712-21 *(Décr. n° 2019-1317 du 9 déc. 2019, art. 2)* Chaque convention d'objectifs et de moyens établie en application du deuxième alinéa de l'article L. 712-2 *décrit les actions financées* en tout ou partie par la taxe pour frais de chambres au niveau régional, dont la prise en compte contribue à la détermination de la part de cette taxe attribuée à chaque établissement public.

Les indicateurs d'activité et de performance annexés au contrat d'objectifs et de performance sont déclinés dans chaque convention d'objectifs et de moyens. Ils évaluent, pour chaque axe du contrat d'objectifs et de performance, le degré de réalisation des projets et des objectifs opérationnels de la chambre de commerce et d'industrie de région et de chaque chambre de commerce et d'industrie territoriale qui lui est rattachée ainsi que l'impact des activités de celles-ci sur la vie des entreprises.

La convention d'objectifs et de moyens est élaborée, avec l'autorité de tutelle, par la chambre de commerce et d'industrie de région, et en lien avec CCI France. Une fois finalisée, elle est signée par le président de la chambre de commerce et d'industrie de région après délibération de son assemblée générale. Elle est transmise à l'autorité de tutelle et au président de CCI France pour signature.

La convention d'objectifs et de moyens est conclue dans un délai de six mois suivant la signature du contrat d'objectifs et de performance national. Elle peut faire l'objet d'avenants.

La chambre de commerce et d'industrie de région transmet un compte rendu d'exécution de la convention d'objectif et de moyens au préfet de région et à CCI France au plus tard le 15 mai de chaque année. Le préfet de région transmet ce compte rendu, accompagné de son avis, au ministre chargé de la tutelle des chambres de commerce et d'industrie et à CCI France au plus tard le 15 juin de chaque année.

CCI France transmet au ministre de tutelle une synthèse annuelle, accompagnée de son avis, au plus tard le 15 juillet de chaque année.

En application du 10° de l'article L. 711-16, le montant du produit de taxe pour frais de chambres attribué annuellement par la chambre de commerce et d'industrie de région à chacune des chambres de commerce et d'industrie territoriales qui lui sont rattachées peut être modulé en cas de non-respect des objectifs fixés dans la convention d'objectifs et de moyens ou d'une décision prise par l'assemblée générale de CCI France.

Art. R. 712-22 *(Abrogé par Décr. n° 2019-1317 du 9 déc. 2019, art. 2) (Décr. n° 2010-1463 du 1er déc. 2010, art. 73)* ***Les projets de budgets, ainsi que les comptes de la chambre de commerce et d'industrie de région sont votés à la majorité des membres présents ou représentés*** *(Décr. n° 2013-381 du 3 mai 2013, art. 17)* ***« à » l'assemblée générale, puis soumis à l'approbation de l'autorité de tutelle.***

Art. R. 712-22-1 *(Décr. n° 2010-1463 du 1er déc. 2010, art. 73) (Décr. n° 2016-1894 du 27 déc. 2016, art. 1er)* « Conformément au 4° de l'article L. 711-8, la chambre de commerce et d'industrie de région répartit le produit des impositions de toute nature qui lui sont affectées par la loi, après avoir déduit la quote-part qui recouvre, outre les dépenses nécessaires à son fonctionnement et aux missions propres qui lui sont confiées par le présent code, le financement des fonctions et missions qu'elle assure conformément au schéma régional d'organisation des missions.

« Après détermination et déduction de cette quote-part, la répartition des ressources fiscales entre les chambres de commerce et d'industrie de sa circonscription est effectuée en conformité avec le schéma régional d'organisation des missions et les schémas sectoriels *(Décr. n° 2019-1317 du 9 déc. 2019, art. 2)* « , sur la base de la convention d'objectifs et de moyens » et permet notamment de contribuer au financement des missions de proximité mentionnées à l'article L. 711-3.

« Dans des conditions précisées dans son règlement intérieur, le bureau de la chambre de commerce et d'industrie de région propose une répartition qui » est portée, pour avis à la commission des finances de la chambre de région, puis à la connaissance des chambres de sa circonscription par le président de la chambre de commerce et d'industrie de région. Le bureau de la chambre de commerce et d'industrie de région peut modifier sa proposition initiale pour tenir compte des observations émises dans l'intervalle par les chambres rattachées ; dans ce cas, le bureau sollicite à nouveau l'avis de la commission des finances de la chambre régionale.

Dans un délai qui ne peut être inférieur à quinze jours après cette transmission, l'assemblée générale de la chambre de commerce et d'industrie de région vote cette répartition sous la forme d'une annexe à son budget. *(Décr. n° 2016-1894 du 27 déc. 2016, art. 1er)* « Ce vote doit intervenir dans des délais permettant aux chambres de commerce et d'industrie territoriales de soumettre au vote de leur assemblée générale un budget primitif avant la date fixée à l'article R. 712-14. »

Art. R. 712-22-2 *(Décr. n° 2010-1463 du 1er déc. 2010, art. 73) (Décr. n° 2016-1894 du 27 déc. 2016, art. 1er)* « Les projets de budgets primitifs ou rectificatifs des chambres de commerce et d'industrie territoriales sont transmis au président de la chambre de commerce et d'industrie de région 15 jours au moins avant l'assemblée générale au cours de laquelle ils sont soumis au vote des membres de la chambre de commerce et d'industrie territoriale. La chambre de commerce et d'industrie de région vérifie la cohérence de ces projets de budgets avec les ressources qu'elle leur a allouées, le schéma régional d'organisation des missions, les schémas sectoriels *(Décr. n° 2019-*

1317 du 9 déc. 2019, art. 2) « , la convention d'objectifs et de moyens », son propre budget et les orientations de la stratégie régionale commune. Ses observations sont communiquées, le cas échéant, aux membres de l'assemblée générale de la chambre de commerce et d'industrie territoriale et à l'autorité de tutelle. »

S'il lui apparaît que le budget d'une chambre de sa circonscription est susceptible d'engager à court ou moyen terme sa solidarité financière en application du 7° de l'article L. 711-8, la chambre de région lui adresse des observations, lui propose des mesures de redressement et en informe l'autorité de tutelle.

Si la chambre de commerce et d'industrie de région doit assurer les besoins en trésorerie nécessaires au paiement des dépenses obligatoires de la chambre de commerce et d'industrie territoriale qui lui est rattachée en application de l'article D. 712-14-4, la répartition des ressources affectées prévue dans le budget primitif de cette chambre de commerce et d'industrie de région peut, en tant que de besoin, être modifiée dans le cadre d'un budget rectificatif. Les éventuels ajustements sont également pris en compte dans les budgets rectificatifs des chambres rattachées *(Décr. n° 2019-1317 du 9 déc. 2019, art. 2)* « et CCI France ».

Art. R. 712-23 *(Abrogé par Décr. n° 2019-1317 du 9 déc. 2019, art. 2) (Décr. n° 2013-381 du 3 mai 2013, art. 19)* ***Il est produit à l'appui du budget de*** *(Décr. n° 2015-536 du 15 mai 2015, art. 2-II)* ***« CCI France » un état certifié par le président de cet établissement indiquant par chambre de commerce et d'industrie de région le montant total des sommes dues, au prorata de leur poids économique déterminé par l'étude mentionnée à l'article R. 713-66.***

SOUS-SECTION 3 DISPOSITIONS APPLICABLES AUX GROUPEMENTS INTERCONSULAIRES

Art. R. 712-24 *(Décr. n° 2007-574 du 19 avr. 2007, art. 2)* Les ressources du groupement interconsulaire proviennent des contributions des chambres de commerce et d'industrie *(Décr. n° 2010-1463 du 1er déc. 2010, art. 74)* « territoriales et de région » participantes, de subventions et de recettes diverses. Les modalités de calcul et de répartition des contributions des *(Décr. n° 2010-1463 du 1er déc. 2010, art. 87)* « chambres de commerce et d'industrie territoriales » *(Décr. n° 2013-381 du 3 mai 2013, art. 20)* « et de région » sont arrêtées par le *(Décr. n° 2007-574 du 19 avr. 2007, art. 5)* « préfet », sur proposition du groupement.

(Décr. n° 2007-574 du 19 avr. 2007, art. 8-II) « Les *(Décr. n° 2010-1463 du 1er déc. 2010, art. 87)* « chambres de commerce et d'industrie territoriales et les chambres de commerce et d'industrie de région » constituant le groupement interconsulaire inscrivent dans leur budget annuel un montant représentant leur part contributive aux dépenses du groupement. Cette dépense constitue pour ces établissements une dépense obligatoire.

« Cette inscription est approuvée par l'autorité de tutelle, soit lors de l'approbation du budget des chambres intéressées, soit lors de l'approbation du budget du groupement interconsulaire.

« Les dépenses nécessaires au fonctionnement du groupement et à l'exploitation des établissements et services que le groupement interconsulaire administre peuvent être inscrites d'office à son budget par l'autorité de tutelle. » — *[Décr. n° 72-950 du 3 oct. 1972, art. 11.]*

SOUS-SECTION 4 DISPOSITIONS APPLICABLES À CCI FRANCE *(Décr. n° 2015-536 du 15 mai 2015, art. 2-II).*

Art. R. 712-25 *(Décr. n° 2019-1317 du 9 déc. 2019, art. 2)* CCI France bénéficie d'impositions de toute nature affectées, des ressources mentionnées à l'article L. 710-1 et de contributions des chambres de commerce et d'industrie.

A défaut de modalités particulières adoptées par l'assemblée générale de CCI France, la répartition des contributions obligatoires des chambres de commerce et d'industrie, prévues à l'article L. 711-15, est effectuée au prorata de leur poids économique, mesuré par l'étude économique mentionnée à l'article R. 713-66 et remise au préfet en vue du dernier renouvellement général.

En cas de non versement d'une contribution obligatoire, CCI France peut déduire le montant correspondant du montant prévu en faveur de la chambre de commerce et d'industrie de région concernée dans le cadre de la répartition de la taxe pour frais de chambres.

Art. R. 712-25-1 *(Décr. nº 2016-569 du 10 mai 2016, art. 1er-13º)* Le fonds de modernisation, de rationalisation et de solidarité financière des chambres de commerce et d'industrie mentionné au 10º de l'article L. 711-16 est géré par CCI France au moyen d'un compte de tiers.

L'affectation des produits du fonds est adoptée par l'assemblée générale de CCI France à la majorité des membres présents ou représentés.

CCI France transmet annuellement au ministre de tutelle, lors de la transmission des comptes relatifs à l'exercice précédent, un rapport sur l'utilisation des sommes affectées au fonds.

Art. R. 712-26 *(Décr. nº 2019-1317 du 9 déc. 2019, art. 2)* Les projets de budgets, ainsi que les comptes, sont arrêtés par la commission des finances de CCI France et adoptés par son assemblée générale dans les conditions prévues à l'article R. 711-71. *– [Décr. nº 64-1200 du 4 déc. 1964, art. 12.]*

Art. R. 712-26-1 *(Décr. nº 2019-1317 du 9 déc. 2019, art. 2)* Le contrat d'objectifs et de performance est signé par le président de CCI France après délibération de son assemblée générale.

CCI France présente à son assemblée générale un compte-rendu d'exécution qui est transmis à l'autorité de tutelle au plus tard le 15 juillet de chaque année.

SECTION III DES EMPRUNTS SOUSCRITS ET DES GARANTIES ACCORDÉES PAR LES ÉTABLISSEMENTS DU RÉSEAU

(Décr. nº 2007-574 du 19 avr. 2007, art. 6)

V. note au-dessus de l'art. R. 712-2.

Art. R. 712-27 Les établissements du réseau peuvent être autorisés à contracter des emprunts pour subvenir ou concourir aux dépenses résultant de leurs actions dans tous les domaines où s'exercent leurs attributions, à l'exception de leurs dépenses de fonctionnement. Ils font face au service des emprunts au moyen de l'ensemble des ressources dont ils disposent en vertu de l'article L. 710-1 du code de commerce.

La transmission à l'autorité de tutelle de la délibération adoptant un projet d'emprunt est accompagnée des documents et informations prévus par un arrêté du ministre chargé de la tutelle des chambres de commerce et d'industrie.

Art. R. 712-28 Les établissements du réseau peuvent, sous réserve de l'approbation de l'autorité de tutelle, se concerter en vue de créer, subventionner et faire fonctionner des établissements, services ou travaux d'intérêt commun.

Ils peuvent, à cet effet, dans les conditions prévues à l'article R. 712-27, contracter des emprunts collectifs dont la charge est répartie entre les établissements participants.

Les décisions relatives à la création, au fonctionnement et au financement de ces établissements ou services communs ne sont exécutoires qu'après décision de l'ensemble des établissements participants et autorisation de l'autorité de tutelle.

Art. R. 712-29 Pour les emprunts concernant les services ou les équipements aéroportuaires et portuaires délégués aux établissements du réseau, l'autorisation est accordée après avis du délégant *(Décr. nº 2013-381 du 3 mai 2013, art. 22)* « demandé par l'établissement délégataire » *(Abrogé par Décr. nº 2013-420 du 23 mai 2013, art. 10-II)* *« et, dans les cas prévus par le décret nº 96-1022 du 27 novembre 1996, dans la limite du montant autorisé par le comité des investissements à caractère économique et social ».*

Art. R. 712-30 Sous réserve des emprunts dont le montant est inférieur au seuil mentionné au dernier alinéa de l'article R. 712-7, l'autorisation d'emprunt est donnée dans les formes prévues à l'article R. 712-8. La simple inscription au budget de l'établissement du produit d'un emprunt n'autorise pas la compagnie consulaire à contracter cet emprunt, même après approbation explicite ou implicite de ce budget par l'autorité compétente. *– V. art. A. 712-7.*

Art. R. 712-31 *(Décr. n° 2013-381 du 3 mai 2013, art. 23)* « L'autorisation des actes mentionnés au 2° de l'article R. 712-7 est valable pour une durée d'un an à compter de la date d'approbation des délibérations relatives à ces actes. A l'issue de ce délai, si l'emprunt, le crédit-bail ou l'émission d'obligation n'ont pas été contractés ou si l'emprunt n'a pas été mobilisé, l'autorisation doit être renouvelée. » *(Décr. n° 2007-574 du 19 avr. 2007, art. 6)* « Toutefois, lorsque l'emprunt concerne une concession portuaire ou aéroportuaire, le délai est porté au 31 décembre de la deuxième année suivant celle de l'approbation.

« L'autorisation peut prévoir la mobilisation échelonnée de l'emprunt sur plus d'un an, par tranches successives, lorsque les travaux doivent être réalisés par étapes. »

Art. R. 712-32 Les emprunts sont réalisés dans les conditions du marché et dans le respect des règles de la commande publique en vigueur ou sous forme de souscription publique avec faculté d'émettre des obligations au porteur ou des obligations transmissibles par endossement.

Les contrats d'emprunts doivent toujours stipuler la faculté de rembourser par anticipation ou de renégocier l'emprunt.

Art. R. 712-33 Les règles prévues aux articles R. 712-27 et R. 712-29 sont applicables aux émissions par un établissement du réseau d'obligations ou à la conclusion d'un contrat de crédit-bail immobilier.

Art. R. 712-34 L'octroi par un établissement du réseau des garanties mentionnées au 3° de l'article R. 712-7 est soumis aux règles suivantes :

1° L'octroi de garantie s'entend de l'octroi de garanties d'emprunts ou de cautionnements accordés à des personnes physiques ou morales de droit privé ou public ;

2° La transmission de la délibération adoptant un projet d'octroi de garantie à un tiers est accompagnée des documents et informations précisant l'objet de la garantie, le statut du tiers bénéficiaire, son objet social et, le cas échéant, les éventuelles autres garanties dont il a pu faire l'objet de la part de l'établissement du réseau au cours des cinq dernières années ;

3° Dans le cas où l'octroi de la garantie entre dans le champ du contrôle des aides publiques par la législation communautaire, le projet est notifié à la Commission européenne à l'initiative de l'autorité de tutelle. Dans ce cas, le délai d'approbation fixé à l'article R. 712-8 est suspendu jusqu'à la réception de la décision des autorités communautaires. En cas de décision négative, le refus d'approbation notifié au président de l'établissement est accompagné de la décision de la Commission européenne.

SECTION IV DES ÉQUIPEMENTS ET SERVICES GÉRÉS PAR DES ÉTABLISSEMENTS DU RÉSEAU DANS LE CADRE DE DÉLÉGATIONS DE SERVICE PUBLIC

(Décr. n° 2007-574 du 19 avr. 2007, art. 7)

V. note au-dessus de l'art. R. 712-2.

Art. R. 712-35 La transmission à l'autorité de tutelle des délibérations relatives aux conventions de délégation est accompagnée :

1° Des perspectives pluriannuelles d'exploitation faisant notamment apparaître les conditions de l'équilibre de cette exploitation ;

2° Du programme pluriannuel d'investissement ;

3° D'indicateurs en matière de ratios prudentiels d'endettement et de niveau du fond de roulement du délégataire permettant d'évaluer sa capacité à assurer le fonctionnement régulier de l'exploitation.

Art. R. 712-36 *(Décr. n° 2010-1463 du 1er déc. 2010, art. 77)* « 1° Les établissements du réseau ne peuvent pas utiliser le produit des impositions de toute nature qui leur sont affectées ou des ressources provenant de leurs autres activités pour assurer l'équilibre d'une convention de délégation de service public leur confiant la gestion d'un service ou d'un équipement public. »

(Abrogé par Décr. n° 2016-1894 du 27 déc. 2016, art. 1er) *« Toutefois, cette interdiction ne s'applique pas :*

« — aux flux de trésorerie intervenant à l'intérieur d'un même exercice budgétaire dès lors que le solde de ces flux en fin d'année est nul ;

« — aux avances consenties par l'établissement délégataire dans le cadre d'une convention avec l'autorité concédante.

« Cette convention fixe le plafond des avances, qui ne peuvent excéder une durée de deux ans, et prévoit l'ensemble des mesures à prendre par l'établissement et l'autorité concédante pour rétablir l'équilibre de l'exploitation déléguée d'un service ou d'un équipement public devenu déficitaire. La convention peut être renouvelée pour une période maximale de deux ans. Les délibérations relatives à la convention et à son renouvellement éventuel sont votées en assemblée générale, après avis de la commission des finances. Elles sont exécutoires dès qu'elles ont été approuvées de façon expresse par l'autorité de tutelle ; »

(Décr. n° 2007-574 du 19 avr. 2007, art. 7) « 2° Lorsque l'exploitation déléguée d'un service ou d'un équipement public devient déficitaire du fait de l'établissement concessionnaire, les mesures correctrices sont prises dans le cadre de la tutelle renforcée ;

« 3° L'établissement transmet annuellement à l'autorité de tutelle un état de l'ensemble des transferts financiers réalisés entre les ressources propres de l'établissement et la concession. »

Art. R. 712-37 L'autorité de tutelle consulte, en tant que de besoin, les collectivités territoriales ou leurs groupements concédants, les services déconcentrés compétents, la *(Décr. n° 2010-1463 du 1er déc. 2010, art. 87)* « chambre de commerce et d'industrie de région et les chambres de commerce et d'industrie territoriales » concernées ainsi que des experts indépendants sur les risques financiers consécutifs à ces investissements encourus par les établissements du réseau des chambres de commerce et d'industrie du fait des délégations de service public qui leur sont confiées ou des participations qu'ils détiennent dans des sociétés qui ont pour objet l'exploitation et la gestion de tout ou partie de l'équipement concerné.

CHAPITRE III DE L'ÉLECTION DES MEMBRES DES CHAMBRES DE COMMERCE ET D'INDUSTRIE TERRITORIALES ET DE RÉGION

(Décr. n° 2021-144 du 11 févr. 2021, art. 2).

L'intitulé de l'ancienne section I « De l'élection des membres des chambres de commerce et d'industrie territoriales et des chambres de commerce et d'industrie de région » est supprimé et l'ancienne section II « De l'élection des délégués consulaires » est abrogée à compter de la fin du mandat des délégués consulaires élus au cours de l'année 2016 (Décr. n° 2021-144 du 11 févr. 2021, art. 2 et 19).

Art. R. 713-1 *(Décr. n° 2021-144 du 11 févr. 2021, art. 3)* I. — Les membres des chambres de commerce et d'industrie locales et des chambres de commerce et d'industrie départementales d'Île-de-France sont élus dans les mêmes conditions que les membres des chambres de commerce et d'industrie territoriales, sous réserve des dispositions spécifiques prévues au présent chapitre.

II. — L'autorité administrative mentionnée à l'article L. 713-17 est, pour l'élection des membres des chambres de commerce et d'industrie territoriales, le préfet du département où est situé le siège de la chambre et, pour l'élection des membres des autres chambres de commerce et d'industrie, le préfet de région.

III. — Au plus tard le 1er juin de l'année du renouvellement général, un arrêté du ministre de tutelle des chambres de commerce et d'industrie fixe les périodes de dépôt des candidatures et de scrutin. La date de clôture du scrutin ne peut être postérieure au troisième mercredi de novembre, à minuit.

En cas de circonstances particulières, les périodes fixées dans l'arrêté mentionné à l'alinéa précédent peuvent être modifiées par arrêté conjoint du ministre de tutelle et du ministre de l'intérieur.

IV. — Dans les cas prévus à l'article R. 711-47-2, les conditions d'organisation et le calendrier des opérations électorales prévues aux articles R. 713-1 à R. 713-6 sont fixées par arrêté du ministre de tutelle.

V. — Lorsqu'une élection doit avoir lieu avant le prochain renouvellement général, à la suite de l'annulation devenue définitive d'une élection ou dans les cas prévus l'article L. 713-5, les conditions d'organisation et le calendrier des opérations électorales prévues aux articles R. 713-1 à R. 713-6 sont fixées par l'autorité de tutelle de la chambre.

SECTION PREMIÈRE DE L'ÉTABLISSEMENT DES LISTES ÉLECTORALES *(Décr. nº 2021-144 du 11 févr. 2021, art. 2).*

Art. R. 713-1-1 *(Décr. nº 2021-144 du 11 févr. 2021, art. 4)* I. — Une commission d'établissement des listes électorales est constituée dans chaque circonscription de chambre de commerce et d'industrie territoriale.

Pour les chambres de commerce et d'industrie locales ou départementales d'Île-de-France, la commission est instituée au niveau régional.

La commission d'établissement des listes électorales est présidée par le juge du tribunal de commerce où est situé le siège de la chambre de commerce et d'industrie concernée, commis à la surveillance du registre du commerce et des sociétés, ou son représentant.

Elle est composée, outre son président, d'un représentant de l'autorité administrative mentionnée au II de l'article R. 713-1 et du président de la chambre de commerce et d'industrie concernée ou d'un membre désigné par lui.

Lorsque la circonscription de la chambre de commerce et d'industrie ou de la commission d'établissement des listes électorales s'étend sur le ressort de plusieurs tribunaux de commerce, le juge commis à la surveillance du registre du commerce et des sociétés et le greffier de chacune de ces juridictions ou leurs représentants participent aux travaux de la commission.

Lorsque la commission d'établissement des listes électorales est constituée au niveau régional, le président de chaque chambre de commerce et d'industrie locale ou départementale, ou son représentant, peut participer aux travaux de la commission.

Le secrétariat de la commission est assuré conjointement par le greffier de la juridiction de première instance compétente en matière commerciale et par le directeur général de la chambre de commerce et d'industrie concernée ou un agent désigné par ses soins au sein de la chambre.

Les services de la chambre de commerce et d'industrie apportent leur assistance au secrétariat de la commission.

La commission se réunit, sur convocation de son président, à compter du 1er janvier de l'année de chaque renouvellement.

II. — En vue de l'établissement des listes électorales, la commission d'établissement des listes électorales collecte les données relatives aux personnes physiques et morales immatriculées au registre du commerce et des sociétés dans la circonscription de la chambre et remplissant les conditions fixées au II de l'article L. 713-1. Elle met à jour ces données en prenant en compte des informations, mises à sa disposition au plus tard le 31 janvier de l'année du renouvellement par les juridictions de première instance compétentes en matière commerciale ainsi que des informations du fichier des entreprises mentionné à l'article D. 711-67-4.

Avant le dernier jour du mois de février de la même année, la chambre de commerce et d'industrie concernée demande aux personnes physiques et morales mentionnées ci-dessus de désigner, au plus tard le 30 avril, les électeurs définis aux articles L. 713-1 à L. 713-3. Ces informations sont transmises à la commission d'établissement des listes électorales.

Les capitaines et pilotes mentionnés au *d* du 1º du II de l'article L. 713-1 demandent leur inscription sur la liste électorale auprès de la commission avant le 30 avril de la même année.

III. — Sur la base des informations collectées conformément au *[aux]* I et II, la commission d'établissement des listes électorales procède à la constitution des listes électorales, établies par catégorie et, le cas échéant, sous-catégorie professionnelle, mentionnées à l'article L. 713-11. La commission instituée au niveau régional établit les listes électorales par circonscription de chambre de commerce et d'industrie départementale et locale.

Les mentions obligatoires figurant sur la liste électorale pour chaque électeur sont précisées par voie d'arrêté du ministre de tutelle. — *V. art. A. 713-1.*

La liste électorale est transmise au préfet à l'autorité administrative mentionnée au II de l'article R. 713-1 au plus tard le 15 juillet de la même année.

IV. – Dans les cas prévus au IV de l'article R. 713-1, la liste électorale est mise à jour, selon les mêmes modalités.

Dans les cas prévus au V de l'article R. 713-1, la liste électorale établie lors du précédent renouvellement est complétée des personnes qui remplissent les conditions fixées à l'article L. 713-1 après le dernier scrutin.

Art. R. 713-2 *(Décr. nº 2010-924 du 3 août 2010, art. 20) (Décr. nº 2021-144 du 11 févr. 2021, art. 5)* « L'autorité administrative mentionnée au II de l'article R. 713-1 » met à la disposition du public, du 16 juillet au 25 août inclus, dans chaque greffe de juridiction de première instance compétente en matière commerciale dans la circonscription de la chambre de commerce et d'industrie *(Décr. nº 2021-144 du 11 févr. 2021, art. 5)* « concernée », au *(Décr. nº 2021-144 du 11 févr. 2021, art. 5)* « siège de cette chambre de commerce et d'industrie » et dans chacune des préfectures territorialement compétentes, un exemplaire des listes électorales sur support papier, sur support physique électronique ou par accès à un fichier numérique.

Le ou les préfets de la circonscription informent les électeurs du dépôt des listes électorales et des lieux et modalités de leur consultation, par voie d'affiches apposées dans les préfectures territorialement compétentes, aux sièges de la chambre de commerce et d'industrie territoriale et de la chambre de commerce et d'industrie de région et, le cas échéant, par tout autre moyen.

Lorsque la consultation des listes électorales est prévue par accès à un fichier numérique, elle s'effectue dans des conditions de sécurité et de confidentialité assurant le respect des dispositions du code électoral.

Tout électeur est autorisé à prendre communication des listes électorales et à en prendre copie à ses frais, sur support papier ou, le cas échéant, sur support physique électronique, auprès de la chambre de commerce et d'industrie *(Décr. nº 2021-144 du 11 févr. 2021, art. 5)* « concernée ». – *[Décr. nº 91-739 du 18 juill. 1991, art. 15.] – V. art. A. 713-1.*

Art. R. 713-3 *(Décr. nº 2021-144 du 11 févr. 2021, art. 5)* Le fait de se livrer à un usage commercial des listes électorales établies pour les élections des membres des chambres de commerce et d'industrie est puni de l'amende prévue par le 5° de l'article 131-13 du code pénal pour les contraventions de la cinquième classe.

Art. R. 713-4 Tout électeur peut présenter, pendant la période de publicité des listes électorales prévue à l'article R. 713-2, une réclamation à la commission d'établissement des listes électorales.

Les réclamations sont déposées au secrétariat de la commission.

(Décr. nº 2010-924 du 3 août 2010, art. 22) « La commission d'établissement des listes électorales statue, au plus tard dans les huit jours suivant la fin de la mise à disposition du public des listes électorales, sur les réclamations. *(Décr. nº 2021-144 du 11 févr. 2021, art. 5)* « Les décisions de la commission d'établissement des listes électorales sont communiquées à l'autorité administrative mentionnée au II de l'article R. 713-1. »

« Dans le même délai, elle modifie ou complète la liste en considération des éléments nouveaux, apparus entre la date prévue au premier alinéa du III de l'article R. 713-1-1 et la date de fin de la période de publicité prévue au premier alinéa de l'article R. 713-2, qui lui sont communiqués par le préfet, par le juge commis à la surveillance du registre du commerce et des sociétés, par la chambre de commerce et d'industrie *(Décr. nº 2021-144 du 11 févr. 2021, art. 5)* « concernée » et par le greffier de la juridiction de première instance compétente en matière commerciale. » – *[Décr. nº 91-739 du 18 juill. 1991, art. 17.]*

Art. R. 713-5 Les décisions de la commission peuvent faire l'objet d'une contestation formée dans les conditions prévues aux *(Décr. nº 2018-350 du 14 mai 2018, art. 3, en vigueur le 1er janv. 2019)* « IV de l'article L. 18, I de l'article L. 20, les *(Décr. nº 2021-144 du 11 févr. 2021, art. 5)* « I et II » de l'article R. 17 et aux articles R. 18 à R. 19-6 du code électoral ». – *V. art. A. 713-3.*

(Décr. nº 2010-924 du 3 août 2010, art. 23) « Les recours prévus aux *(Décr. nº 2018-350 du 14 mai 2018, art. 3, en vigueur le 1er janv. 2019)* « IV de l'article L. 18 et au premier alinéa du I de l'article L. 20 du code électoral » sont formés dans les *(Décr.*

n° 2018-350 du 14 mai 2018, art. 3, en vigueur le 1er janv. 2019) **« sept jours » à compter de la notification de la décision de la commission. »**

Le *(Décr. n° 2019-966 du 18 sept. 2019, art. 8, en vigueur le 1er janv. 2020)* **« tribunal judiciaire** *[ancienne rédaction : tribunal d'instance]* **» territorialement compétent est celui dans le ressort duquel la** *(Décr. n° 2010-924 du 3 août 2010, art. 2 ; Décr. n° 2021-144 du 11 févr. 2021, art. 5)* **« chambre de commerce et d'industrie concernée » a son siège.** — *[Décr. n° 91-739 du 18 juill. 1991, art. 18.]*

Contestation des listes électorales. Jugeant que la contestation des listes électorales aux élections des CCI devant le tribunal d'instance territorialement compétent (art. R. 713-5) n'est pas subordonnée à une réclamation préalable devant la commission d'établissement des listes électorales (art. R. 713-4), V. • Civ. 2e, 21 oct. 2004, n° 04-60.447 P : *JCP 2004. IV. 3306.*

SECTION II **DES CANDIDATURES** *(Décr. n° 2021-144 du 11 févr. 2021, art. 6).*

Art. R. 713-6 *(Abrogé par Décr. n° 2021-144 du 11 févr. 2021, art. 6) (Décr. n° 2010-924 du 3 août 2010, art. 24)* ***I. — Le 1er septembre au plus tard, un arrêté conjoint du ministre de la justice et du ministre chargé de la tutelle des chambres de commerce et d'industrie fixe la période de dépôt des candidatures, la composition des dossiers de candidature et la date de clôture du scrutin, qui ne peut être postérieure au premier mercredi de novembre, à minuit.*** *(Décr. n° 2010-1463 du 1er déc. 2010, art. 78)* ***« Les dates de début de scrutin sont identiques pour le vote par correspondance et pour le vote électronique. »***

En cas de circonstances particulières, les dates fixées dans l'arrêté mentionné à l'alinéa précédent peuvent être modifiées après le 1er septembre par arrêté conjoint du ministre de la justice, du ministre chargé de la tutelle des chambres de commerce et d'industrie et du ministre de l'intérieur.

II. — Lorsqu'une fusion entre chambres rend nécessaire une élection avant le prochain renouvellement général, le déroulement de l'ensemble des opérations prévues aux articles R. 713-1 à R. 713-6 est fixé par arrêté du ministre chargé de la tutelle des chambres de commerce et d'industrie. — *[Décr. n° 91-739 du 18 juill. 1991, art. 23.]*

Art. R. 713-7 **Pour les personnes physiques exerçant l'activité commerciale de pêche prévue à l'article** *(Décr. n° 2021-144 du 11 févr. 2021, art. 6)* **« L. 931-1 du code rural et de la pêche maritime », la durée d'ancienneté de deux ans prévue à l'article L. 713-4 commence à courir à compter de la date à laquelle l'intéressé a exploité son premier navire.** — *[Décr. n° 91-739 du 18 juill. 1991, art. 56.]*

Art. R. 713-8 *(Décr. n° 2010-924 du 3 août 2010, art. 25)* **I. — Tout électeur qui remplit les conditions fixées à l'article L. 713-4 peut se porter candidat dans sa sous-catégorie ou, à défaut, dans sa catégorie professionnelle. Nul ne peut être candidat dans plus d'une sous-catégorie ou catégorie.**

II. — Les candidatures sont présentées soit pour un mandat de membre de chambre de commerce et d'industrie de région qui va de pair avec celui de membre de chambre de commerce et d'industrie territoriale, soit pour un mandat de membre de chambre de commerce et d'industrie territoriale seulement.

A ces candidatures peut être jointe une candidature pour participer à une délégation régie par les articles R. 711-18 et suivants.

(Décr. n° 2016-569 du 10 mai 2016, art. 1er-16°) **« Tout candidat à l'élection de membre d'une chambre de commerce et d'industrie de région se présente avec un suppléant de sexe différent. Les candidatures ne remplissant pas cette condition sont irrecevables. »**

(Décr. n° 2010-1463 du 1er déc. 2010, art. 78) **« Lorsque le nombre de sièges attribués, au sein d'une chambre de commerce et d'industrie de région, à une chambre de commerce et d'industrie territoriale ne permet pas à celle-ci d'avoir un représentant au sein de toutes les sous-catégories retenues pour cette élection, peuvent être candidats l'ensemble des électeurs de la catégorie concernée. Les candidats titulaires sont tenus de se présenter avec un suppléant appartenant à une autre sous-catégorie que la leur. Les électeurs relevant d'une catégorie peuvent voter pour l'ensemble des candidats de cette catégorie. Le résultat de l'élection permet l'affectation du représentant titulaire à une sous-catégorie de la chambre de commerce et d'industrie de région** *[.]* **»**

III. — Nul ne peut être candidat dans plus d'une circonscription de chambre de commerce et d'industrie territoriale.

Nul ne peut être à la fois candidat à l'élection de membre titulaire d'une chambre de commerce et d'industrie de région et suppléant d'un autre candidat.

Nul ne peut figurer en qualité de suppléant sur plusieurs déclarations de candidature.

IV. — L'âge d'éligibilité s'apprécie à la date du dernier jour du scrutin.

Les conditions de durée prévues aux 1° et 2° du I de l'article L. 713-4 s'apprécient à la date de dépôt des candidatures. — *[Décr. n° 91-739 du 18 juill. 1991, art. 19, al. 1er et 2.]*

Art. R. 713-9 *(Décr. n° 2010-924 du 3 août 2010, art. 26)* I. — Les candidatures sont déclarées par écrit à la préfecture du département où est situé le siège de la chambre de commerce et d'industrie territoriale.

Le préfet de département transmet au préfet de la région où est situé le siège de la chambre de commerce et d'industrie de région une copie des candidatures à cette chambre.

II. — Les déclarations de candidature sont recevables à compter du jour fixé par l'arrêté de convocation des électeurs prévu à l'article *(Décr. n° 2021-144 du 11 févr. 2021, art. 6)* « R. 713-1 » et jusqu'au quarantième jour précédant le dernier jour du scrutin, à 12 heures.

(Décr. n° 2021-144 du 11 févr. 2021, art. 6) « La déclaration de candidature indique le nom, les prénoms, le sexe, la date et le lieu de naissance du candidat, sa nationalité, la dénomination sociale et l'adresse de l'entreprise dans laquelle il exerce ses fonctions, le tribunal de commerce dont son entreprise est ressortissante, son numéro d'inscription sur la liste électorale, la catégorie professionnelle et, le cas échéant, la sous-catégorie dans laquelle il se présente. »

La déclaration fait apparaître clairement si l'intéressé est candidat aux deux mandats associés de membre de la chambre de commerce et d'industrie de région et de membre de la chambre de commerce et d'industrie territoriale, ou s'il se présente comme membre de la seule chambre de commerce et d'industrie territoriale.

La candidature en qualité de membre d'une délégation de la chambre de commerce et d'industrie territoriale est signalée en complément de l'une ou l'autre des candidatures mentionnées à l'alinéa précédent.

(Décr. n° 2021-144 du 11 févr. 2021, art. 6) « Chaque candidat titulaire ou suppléant atteste auprès de l'autorité administrative mentionnée au II de l'article R. 713-1, sous forme d'une déclaration sur l'honneur, qu'il remplit les conditions d'éligibilité énumérées à l'article L. 713-4, qu'il n'est frappé d'aucune des incapacités prévues à l'article L. 713-3 et qu'il respecte les obligations prévues au III de l'article R. 713-8. »

III. — La déclaration du candidat à l'élection de membre titulaire de la chambre de commerce et d'industrie de région est accompagnée de la déclaration de candidature de son suppléant, qui en est indissociable. Cette déclaration comporte les mêmes informations et déclarations que celles requises du candidat titulaire et est accompagnée d'une acceptation écrite de la qualité de suppléant.

IV. — Les candidatures peuvent être présentées dans le cadre d'un groupement. *(Décr. n° 2010-1463 du 1er déc. 2010, art. 78)* « Celles-ci sont assorties » d'une déclaration commune signée des candidats qui y adhèrent, et publiée avec les candidatures en application du deuxième alinéa de l'article R. 713-10. Le nombre de membres du groupement ne peut être supérieur au nombre des sièges à pourvoir dans les sous-catégories ou catégories dans lesquelles ils se présentent. L'adhésion au groupement comporte l'engagement de présenter des documents de campagne communs pour l'application des dispositions de l'article R. 713-12. — *V. art. A. 713-4 et A. 713-5.*

(Décr. n° 2016-569 du 10 mai 2016, art. 1er-17°) « Chaque candidat d'un groupement peut donner mandat à un autre membre du groupement pour effectuer toutes les démarches nécessaires à l'enregistrement des candidats du groupement. » — *[Décr. n° 91-739 du 18 juill. 1991, art. 19, al. 3 à 6.]*

Art. R. 713-10 Les déclarations de candidature qui remplissent les conditions prévues par l'article L. 713-4 *(Décr. n° 2010-924 du 3 août 2010, art. 27)* « et par la présente sous-section » sont enregistrées et donnent lieu à la délivrance d'un récépissé.

(Décr. n° 2010-924 du 3 août 2010, art. 27) « Le préfet du département du siège de la chambre assure la publication de la liste des candidats par affichage, au greffe de la juridiction mentionnée au premier alinéa de l'article R. 713-2, dans les préfectures de

la circonscription et aux chambres de commerce et d'industrie territoriales et de région, dans les quatre jours ouvrés suivant la date limite de dépôt des candidatures prévue à l'article R. 713-9. Il peut compléter cette publication par tout autre moyen.

« La campagne électorale débute le cinquième jour ouvré suivant la date limite de dépôt des candidatures et prend fin la veille du dernier jour du scrutin, à zéro heure. » – *[Décr. nº 91-739 du 18 juill. 1991, art. 19, al. 7 à 9.]*

Art. R. 713-11 Aucun retrait ou remplacement d'une candidature n'est accepté après son enregistrement.

Le refus d'enregistrement d'une candidature peut être contesté par le candidat ou son mandataire dans les conditions prévues à l'avant-dernier alinéa de l'article L. 265 du code électoral.

La candidature est enregistrée si le tribunal administratif n'a pas statué dans les trois jours du dépôt de la requête. – *[Décr. nº 91-739 du 18 juill. 1991, art. 20.]*

Art. R. 713-12 *(Décr. nº 2010-924 du 3 août 2010, art. 28)* « Les candidats à une chambre de commerce et d'industrie territoriale *(Abrogé par Décr. nº 2021-144 du 11 févr. 2021, art. 6) « ou locale ou départementale d'Île-de-France »* qui ont recueilli au moins 5 % des suffrages exprimés à cette élection peuvent obtenir le remboursement de leurs frais de campagne par la chambre de commerce et d'industrie territoriale *(Abrogé par Décr. nº 2021-144 du 11 févr. 2021, art. 6) (Abrogé par Décr. nº 2016-569 du 10 mai 2016, art. 1er-18º) (Décr. nº 2016-569 du 10 mai 2016, art. 1er-18º) « ou locale ou départementale d'Île-de-France ». « Pour les chambres d'Île-de-France, le seuil de 5 % des suffrages s'apprécie par département. »*

« En cas de regroupement de candidatures, tous les candidats de ce regroupement sont considérés comme ayant obtenu 5 % des suffrages exprimés dès lors qu'un d'entre eux au moins a atteint ce pourcentage. »

Un arrêté *(Abrogé par Décr. nº 2021-144 du 11 févr. 2021, art. 6) « conjoint du ministre de la justice et »* du ministre chargé de la tutelle des chambres de commerce et d'industrie définit les *(Décr. nº 2010-1463 du 1er déc. 2010, art. 78)* « frais de campagne » et fixe le nombre et les caractéristiques des documents admis à remboursement ainsi que les conditions de celui-ci. – *V. art. A. 713-6.*

(Abrogé par Décr. nº 2021-144 du 11 févr. 2021, art. 6) « Le préfet fixe, par référence aux tarifs fixés en application de l'article L. 52-11-1 du code électoral, les tarifs maximaux d'impression et d'affichage dans les limites desquels le remboursement intervient. » – [Décr. nº 91-739 du 18 juill. 1991, art. 22.] – V. art. A. 713-7.

SECTION III DE LA PRÉPARATION DU SCRUTIN *(Décr. nº 2021-144 du 11 févr. 2021, art. 7).*

Art. R. 713-13 *(Décr. nº 2010-924 du 3 août 2010, art. 29)* La commission prévue à l'article L. 713-17, dénommée "commission d'organisation des élections", compétente pour organiser, dans la circonscription de la chambre de commerce et d'industrie territoriale, les élections des membres de la chambre de commerce et d'industrie de région, de la chambre de commerce et d'industrie territoriale et, s'il y a lieu, des délégations de cette dernière chambre, est présidée par *(Décr. nº 2021-144 du 11 févr. 2021, art. 7)* « l'autorité administrative mentionnée au II de l'article R. 713-1 » ou son représentant et comprend :

1º Le président de la juridiction de première instance compétente en matière commerciale dans le ressort de laquelle est situé le siège de la chambre de commerce et d'industrie territoriale ou son représentant ;

2º Le président de la chambre de commerce et d'industrie territoriale ou *(Décr. nº 2016-569 du 10 mai 2016, art. 1er-19º)* « les présidents des chambres de commerce et d'industrie territoriales lorsque l'élection est faite dans le cadre d'une chambre de commerce et d'industrie territoriale issue d'une fusion. Chaque président peut se faire représenter par un membre qu'il désigne » ;

3º Un membre de la chambre de commerce et d'industrie de région désigné par le président de celle-ci.

La commission peut s'adjoindre, sur décision de son président, autant de collaborateurs que nécessaire.

(Décr. n° 2016-569 du 10 mai 2016, art. 1er-19°) « Le secrétariat de la commission est assuré par le directeur général de la chambre de commerce et d'industrie territoriale ou, lorsque l'élection est faite dans le cadre d'une chambre de commerce et d'industrie territoriale issue d'une fusion, par les directeurs généraux des chambres fusionnées ou leur représentant désigné au sein du personnel *(Abrogé par Décr. n° 2021-144 du 11 févr. 2021, art. 7) « administratif »* de leur chambre. Ils peuvent être assistés d'un représentant de la chambre de commerce et d'industrie de région désigné par le directeur général de celle-ci. »

(Décr. n° 2021-144 du 11 févr. 2021, art. 7) « Pour les élections aux chambres de commerce et d'industrie locale *[locales]* et départementales d'Île-de-France, sur proposition du président de la chambre de commerce et d'industrie de région, le préfet de région constitue une commission au niveau régional. Cette commission comprend les présidents des juridictions de première instance compétentes en matière commerciale dans le ressort desquelles sont situés les sièges des chambres de commerce et d'industrie concernées et leur président, ou leur représentant. Le secrétariat est assuré par le directeur général de la chambre de commerce et d'industrie de région. »

La commission *(Décr. n° 2021-144 du 11 févr. 2021, art. 7)* « peut être assistée, pour les tâches mentionnées au 1° du I » de l'article R. 713-14, d'un représentant de chaque entreprise chargée de l'acheminement du courrier.

(Décr. n° 2021-144 du 11 févr. 2021, art. 7) « L'autorité administrative mentionnée au II de l'article R. 713-1 » installe la commission au plus tard le 15 septembre précédant le scrutin. — *[Décr. n° 91-739 du 18 juill. 1991, art. 21, al. 1er à 7.]*

Art. R. 713-14 *(Décr. n° 2021-144 du 11 févr. 2021, art. 7)* I. — La commission d'organisation des élections est chargée :

1° De mettre à disposition des électeurs, au plus tard treize jours avant le dernier jour du scrutin, les instruments nécessaires au vote, dans des conditions précisées par arrêté du ministre de tutelle ;

2° D'organiser le dépouillement et le recensement des votes, à une date fixée au plus tard le lundi suivant le dernier jour du scrutin ;

3° De proclamer les résultats des élections.

II. — Pour assurer ces opérations, le président de la commission peut solliciter le concours de la chambre de commerce et d'industrie territoriale ou, le cas échéant, de la chambre de commerce et d'industrie de région.

Les envois mentionnés au 1° du I qui ne sont pas parvenus à leur destinataire sont retournés par les entreprises chargées de l'acheminement du courrier à la préfecture, qui les conserve jusqu'à l'expiration des délais du recours contre les élections ou, le cas échéant, jusqu'à l'intervention d'un jugement définitif sur les contestations.

La préfecture établit un état récapitulatif des plis non acheminés aux électeurs et retournés en préfecture à la date prévue à l'article R. 713-18.

Le cachet de l'entreprise d'acheminement du courrier fait foi. — *V. art. A. 713-10.*

Art. R. 713-15 *(Abrogé par Décr. n° 2021-144 du 11 févr. 2021, art. 7) **Un arrêté du ministre chargé de la tutelle des chambres de commerce et d'industrie** (Décr. n° 2016-569 du 10 mai 2016, art. 1er-21°) **« précise les conditions dans lesquelles les documents visés au 2° de l'article R. 713-14 sont mis à disposition des électeurs. Le même arrêté » fixe le format, le libellé et les modalités d'impression des bulletins et des circulaires, ainsi que les modalités de présentation des candidatures sur les bulletins de vote.** — [Décr. n° 91-739 du 18 juill. 1991, art. 21, al. 16.] — V. art. A. 713-7.*

SECTION IV **DU VOTE PAR CORRESPONDANCE** *(Décr. n° 2021-144 du 11 févr. 2021, art. 8).*

Art. R. 713-16 *(Décr. n° 2021-144 du 11 févr. 2021, art. 8)* En ce qui concerne le vote par correspondance, les enveloppes, les bulletins de vote et les circulaires des candidats constituent les instruments nécessaires au vote mentionnés au 1° de l'article R. 713-14. Un arrêté du ministre de tutelle fixe le format, le libellé et les modalités d'impression des enveloppes de vote, des bulletins de vote et des circulaires des candidats, ainsi que les modalités de présentation des candidatures sur les bulletins de vote. — *V. art. A. 713-11 s.*

La commission d'organisation des élections est chargée de vérifier la conformité des instruments de vote aux dispositions de cet arrêté.

Art. R. 713-17 I. – **Les enveloppes d'acheminement des votes sont adressées à la préfecture, qui en dresse un état récapitulatif.** – *V. art. A. 713-13.*

Sous peine de nullité du vote, les enveloppes d'acheminement des votes comportent les mentions suivantes :

1° La dénomination de la chambre *[de commerce et d'industrie] (Décr. nº 2010-924 du 3 août 2010, art. 32)* **« de région et de la chambre de commerce et d'industrie territoriale » ;**

2° La mention "Élection des membres" ;

3° Le nom de l'électeur ;

4° Ses prénoms ;

(Abrogé par Décr. nº 2016-569 du 10 mai 2016, art. 1er-22°) « 5° Sa signature ; »

5° *(Décr. nº 2010-924 du 3 août 2010, art. 32)* **« Son numéro d'inscription sur la liste électorale » ;**

6° La désignation de la catégorie et, le cas échéant, de la sous-catégorie à laquelle il appartient. – *Abrogeant le 5°, le Décr. nº 2016-569 du 10 mai 2016 a renuméroté les 6° et 7° en 5° et 6°.*

Les enveloppes d'acheminement des votes peuvent comporter un dispositif permettant une lecture automatisée *(Abrogé par Décr. nº 2021-144 du 11 févr. 2021, art. 8)* *« , **dans les conditions de sécurité et selon des modalités définies par arrêté du ministre chargé de la tutelle des chambres de commerce et d'industrie pris après avis de la Commission nationale de l'informatique et des libertés** ».* – *V. art. A. 713-11.*

II. – **Sous peine de nullité du vote, les enveloppes de scrutin comportent exclusivement les mentions suivantes :**

1° La dénomination de la chambre de commerce et d'industrie *(Décr. nº 2010-924 du 3 août 2010, art. 32)* **« de région et de la chambre de commerce et d'industrie territoriale » ;**

(Abrogé par Décr. nº 2021-144 du 11 févr. 2021, art. 8) « 2° La mention "Élection des membres" ; »

(Décr. nº 2021-144 du 11 févr. 2021, art. 8) **« 2° » La désignation de la catégorie et, le cas échéant, de la sous-catégorie à laquelle appartient l'électeur.** – *[Décr. nº 91-739 du 18 juill. 1991, art. 25.]*

Art. R. 713-18 *(Décr. nº 2021-144 du 11 févr. 2021, art. 8)* **« A la date fixée au 2° de l'article R. 713-14 », la commission d'organisation des élections, composée le cas échéant en sections, procède aux opérations de dépouillement des votes par correspondance en séance publique et en présence de scrutateurs désignés par le président de la commission et par les candidats ou** *(Décr. nº 2010-924 du 3 août 2010, art. 33)* **« leurs mandataires ».**

Le jour du dépouillement, autant d'urnes qu'il y a de *(Décr. nº 2010-924 du 3 août 2010, art. 33)* **« catégories ou » sous-catégories sont mises en place.**

La commission vérifie que le nombre des enveloppes d'acheminement des votes correspond à celui qui est porté sur l'état récapitulatif mentionné à l'article R. 713-17. Si une différence est constatée, mention en est faite sur le procès-verbal paraphé par chaque membre de la commission.

La commission procède à l'ouverture des enveloppes d'acheminement des votes.

Le président ou un membre de la commission désigné par lui au sein d'une section vérifie que le vote émis correspond à la catégorie et à la sous-catégorie dont relève l'électeur et, dans le cas contraire, écarte ce vote du dépouillement.

Le président, ou un membre de la commission désigné par lui au sein d'une section, constate le vote de chaque électeur en apposant sa signature, éventuellement avec l'assistance de moyens électroniques, en face du nom de l'électeur, sur la copie de la liste électorale qui constitue la liste d'émargement *(Abrogé par Décr. nº 2021-144 du 11 févr. 2021, art. 8)* *« , **dans les conditions de sécurité et d'authentification et selon des modalités définies par arrêté du ministre chargé de la tutelle des chambres de commerce et d'industrie pris après avis de la Commission nationale de l'informatique et des libertés** ».*

Un membre de la commission introduit ensuite chaque enveloppe de scrutin dans l'urne correspondante.

Le recensement des votes est effectué dans les formes décrites aux deuxième et troisième alinéas de l'article L. 65 du code électoral et suivant les règles fixées à l'article L. 66 du même code.

(Décr. n° 2021-144 du 11 févr. 2021, art. 8) « La commission déduit du nombre total d'électeurs les plis non acheminés aux électeurs figurant à l'état récapitulatif prévu au I de l'article R. 713-14.

« Ces plis sont conservés, paraphés par les membres de la commission et annexés au procès-verbal. » — *[Décr. n° 91-739 du 18 juill. 1991, art. 26, al. 1er à 8.]*

Art. R. 713-19 La commission totalise le nombre de suffrages obtenus par chaque candidat de chaque catégorie ou sous-catégorie et attribue les sièges conformément à l'article L. 713-16.

Est considéré comme nul tout bulletin présenté sous une forme autre que celle qui a été validée par la commission, tout bulletin comportant un nombre de noms supérieur à celui des sièges à pourvoir dans la catégorie, la sous-catégorie professionnelle ou la délégation et tout bulletin entaché d'une des irrégularités mentionnées à l'article L. 66 du code électoral.

Est considéré comme nul tout suffrage désignant une personne qui n'est pas candidate.

Les bulletins et les enveloppes entachés de nullité sont conservés, paraphés par les membres de la commission et annexés au procès-verbal dans les conditions prévues par les articles L. 66 et R. 68 du code électoral. — *[Décr. n° 91-739 du 18 juill. 1991, art. 26, al. 9 à 12.]*

Art. R. 713-20 *(Décr. n° 2021-144 du 11 févr. 2021, art. 8)* Toutes les opérations manuelles prévues aux articles R. 713-17 et R. 713-18 peuvent être effectuées avec l'assistance de moyens électroniques. — *[Décr. n° 91-739 du 18 juill. 1991, art. 26, al. 13.]*

SECTION V **DU VOTE ÉLECTRONIQUE** *(Décr. n° 2021-144 du 11 févr. 2021, art. 9).*

Art. R. 713-21 *(Décr. n° 2021-144 du 11 févr. 2021, art. 9)* En ce qui concerne le vote électronique, les instruments nécessaires au vote mentionnés au 1° de l'article R. 713-14 sont l'identifiant, le mot de passe pour accéder à la plateforme de vote ainsi qu'une fiche expliquant les modalités d'accès au système de vote électronique auquel l'électeur se relie pour voter.

Les circulaires des candidats sont mises en ligne sur la plate-forme de vote et sur le site internet de la chambre de commerce et d'industrie concernée.

La commission d'organisation des élections peut décider que les circulaires des candidats sont également envoyées à chaque électeur sur support papier, dans les mêmes conditions que les instruments nécessaires au vote, mentionnés ci-dessus, après avoir vérifié leur conformité aux dispositions définies par arrêté du ministre de tutelle. — *V. art. A. 713-9.*

Art. R. 713-22 Pour voter par voie électronique, l'électeur, après connexion au site internet ou à tout autre réseau accessible à tous les électeurs, s'identifie, exprime son vote et le valide au moyen des instruments d'authentification qui lui ont été attribués. Il vérifie l'inscription sécurisée de son vote par le système de vote électronique. La transmission du vote et l'émargement de l'électeur doivent pouvoir faire l'objet d'une date certaine de réception et d'un accusé de réception électronique. — *[Décr. n° 91-739 du 18 juill. 1991, art. 28.]*

Art. R. 713-23 Les données relatives aux électeurs inscrits sur les listes électorales ainsi que celles relatives à l'expression de leur vote font l'objet, *(Décr. n° 2021-144 du 11 févr. 2021, art. 9)* « dans les conditions prévues à l'article R. 713-26 », de traitements automatisés d'information effectués sur des systèmes informatiques distincts, dédiés et isolés, respectivement dénommés "fichier des électeurs" et "contenu de l'urne électronique".

Le traitement "fichier des électeurs" est établi à partir des listes électorales dressées par la commission d'établissement des listes électorales. Ce traitement permet à la commission d'organisation des élections, d'adresser à chaque électeur les instruments d'authentification mentionnés à l'article R. 713-21, d'identifier les électeurs ayant pris part au vote électronique et d'éditer la liste d'émargement. L'émargement indique l'heure du vote. Les listes d'émargement sont enregistrées sur un support distinct de celui de l'urne électronique, scellé, non réinscriptible, rendant son contenu inaltérable et probant.

Le fichier dénommé "contenu de l'urne électronique" recense les votes exprimés par voie électronique. Les données de ce fichier font l'objet d'un chiffrement et ne doivent pas comporter de lien permettant l'identification des électeurs. – *[Décr. nº 91-739 du 18 juill. 1991, art. 29.]*

Art. R. 713-24 *(Décr. nº 2021-144 du 11 févr. 2021, art. 9)* « A la date fixée au 2º du I de l'article R. 713-14, la commission d'organisation des élections procède aux opérations de dépouillement des votes en séance publique et en présence de scrutateurs désignés par le président de la commission et par les candidats ou leurs mandataires. »

Le président de la commission et l'un *(Décr. nº 2010-924 du 3 août 2010, art. 34)* « au moins » des assesseurs reçoivent chacun une clef de dépouillement distincte, selon des modalités en garantissant la confidentialité, permettant d'accéder aux données du fichier dénommé "contenu de l'urne électronique". Le président reçoit également les éléments permettant la vérification de l'intégrité du système de vote électronique.

Après la clôture des opérations de vote et vérification de l'intégrité du fichier dénommé "contenu de l'urne électronique", le président de la commission d'organisation des élections et l'assesseur mentionné à l'alinéa précédent procèdent publiquement au dépouillement.

Les décomptes des voix par candidat apparaissent lisiblement à l'écran et font l'objet d'une édition sécurisée afin d'être portés au procès-verbal de l'élection.

Le système de vote électronique est verrouillé après le dépouillement de sorte qu'il soit impossible de reprendre ou de modifier le résultat après la décision de clôture du dépouillement prise par la commission.

La commission d'organisation des élections contrôle que le nombre total de votes exprimés par voie électronique correspond au nombre de votants figurant sur la liste d'émargement.

Le nombre total de suffrages exprimés par voie électronique ainsi que le nombre de voix obtenues par chaque candidat sont portés au procès-verbal. – *[Décr. nº 91-739 du 18 juill. 1991, art. 30.]*

Art. R. 713-25 *(Décr. nº 2021-144 du 11 févr. 2021, art. 9)* Sont conservés sous scellés, dans les conditions fixées à l'article 4 de la loi du 6 janvier 1978 relative à l'informatique, aux fichiers et aux libertés, les fichiers supports comprenant la copie des programmes sources et des programmes exécutables, les matériels de vote, les fichiers d'émargement, de résultats et de sauvegarde. Cette conservation s'effectue sous le contrôle de la commission technique nationale prévue à l'article R. 713-25-1, jusqu'à l'expiration des délais de recours contre les opérations électorales de manière à ce que la procédure de décompte des votes puisse, si nécessaire, être exécutée de nouveau.

A l'expiration des délais de recours, ou, dans les cas où une action contentieuse a été engagée, lorsqu'elle a fait l'objet d'une décision définitive, il est procédé à la destruction des fichiers supports sous contrôle de la commission technique nationale.

Seuls sont conservés par les commissions d'organisation des opérations électorales les listes de candidats avec déclarations de candidature et professions de foi ainsi que les procès-verbaux de l'élection. – *[Décr. nº 91-739 du 18 juill. 1991, art. 31.]*

Art. R. 713-25-1 *(Décr. nº 2021-144 du 11 févr. 2021, art. 9)* Une commission technique nationale, dont les membres sont désignés par arrêté du ministre de tutelle, est chargée de contrôler le déroulement du vote électronique.

En cas de dysfonctionnement du système de vote électronique compromettant le bon déroulement du scrutin, la commission technique nationale peut prendre toute mesure d'information et de sauvegarde et, le cas échéant, décider de la suspension des opérations de vote.

Art. R. 713-26 Les modalités d'application de la présente *(Décr. nº 2021-144 du 11 févr. 2021, art. 9)* « section » et d'expertise du système de vote sont fixées par arrêté du ministre chargé de la tutelle des chambres de commerce et d'industrie pris après avis de la Commission nationale de l'informatique et des libertés. – *[Décr. nº 91-739 du 18 juill. 1991, art. 32.]*

SECTION VI **DE LA PROCLAMATION DES RÉSULTATS ET DU CONTENTIEUX DES ÉLECTIONS** *(Décr. nº 2021-144 du 11 févr. 2021, art. 10).*

Art. R. 713-27 *(Décr. nº 2010-924 du 3 août 2010, art. 35)* **Les candidats ayant obtenu le plus grand nombre de voix à l'élection de la chambre de commerce et d'industrie de région sont élus à la chambre de commerce et d'industrie de région ainsi qu'à la chambre de commerce et d'industrie territoriale et, le cas échéant, dans une délégation. Leur suppléant est élu à la chambre de commerce et d'industrie territoriale et, le cas échéant, dans la même délégation.**

Après attribution des sièges pourvus en application de l'alinéa précédent, les candidats ayant obtenu le plus grand nombre de voix à l'élection de la chambre de commerce et d'industrie territoriale sont élus à la chambre de commerce et d'industrie territoriale et, le cas échéant, dans une délégation.

Art. R. 713-27-1 *(Décr. nº 2010-924 du 3 août 2010, art. 36)* **A l'issue du dépouillement, la commission d'organisation des élections dresse, pour chaque élection, un procès-verbal** *(Décr. nº 2021-144 du 11 févr. 2021, art. 10)* **« , établi selon un modèle fixé par arrêté du ministre de tutelle***[,]* **» signé par son président et ses membres et proclame les résultats des élections en public.**

Ces proclamations interviennent au plus tard soixante-douze heures après le début du dépouillement.

(Décr. nº 2021-144 du 11 févr. 2021, art. 10) **« Les listes d'émargement ainsi que les procès-verbaux sont transmis à l'autorité administrative mentionnée au II de l'article R. 731-1. Cette dernière adresse une copie des procès-verbaux » au ministre chargé de la tutelle des chambres de commerce et d'industrie, à la chambre de commerce et d'industrie territoriale et à la chambre de commerce et d'industrie de région.**

Les listes d'émargement *(Abrogé par Décr. nº 2021-144 du 11 févr. 2021, art. 10)* ***« sont transmises au même préfet. Elles »*** **peuvent être consultées à la préfecture** *(Abrogé par Décr. nº 2021-144 du 11 févr. 2021, art. 10)* ***« de département »*** **dans les conditions fixées par l'article L. 68 du code électoral.** – *[Décr. nº 91-739 du 18 juill. 1991, art. 33.]*

Art. R. 713-27-2 *(Décr. nº 2010-924 du 3 août 2010, art. 36)* **A l'issue du dépouillement des élections des membres des chambres de commerce et d'industrie de région, se réunit au niveau régional une commission composée du préfet de région ou de son représentant, du président de la chambre de commerce et d'industrie de région ou de son représentant et d'un représentant élu de chaque chambre de commerce et d'industrie territoriale.**

La commission est régulièrement réunie si elle comporte au moins la moitié de ses membres.

Elle recueille les procès-verbaux des élections à la chambre de région, constate l'élection des candidats à la chambre de commerce et d'industrie de région et en dresse le procès-verbal dont elle adresse une copie au ministre chargé de la tutelle des chambres de commerce et d'industrie, à la chambre de commerce et d'industrie de région et aux chambres de commerce et d'industrie territoriales.

Le secrétariat de la commission est assuré par le directeur général de la chambre de commerce et d'industrie de région ou un agent désigné par ses soins au sein de la chambre de commerce et d'industrie de région.

Art. R. 713-28 **Les recours en annulation des élections aux chambres de commerce et d'industrie** *(Décr. nº 2010-924 du 3 août 2010, art. 37)* **« territoriales et de région » peuvent être formés par tout électeur et par le préfet dans les conditions prévues aux articles L. 248, et R. 119 à R. 122 du code électoral.**

Toutefois, le délai de cinq jours prévu au premier alinéa de l'article R. 119 de ce code court à compter de la proclamation des résultats.

L'appel est formé dans un délai d'un mois devant la cour administrative d'appel dans les conditions fixées aux articles R. 811-1 à R. 811-4 du code de justice administrative. Il est jugé comme affaire urgente.

(*Abrogé par Décr. n° 2015-190 du 18 févr. 2015, art. 3*) « ***Les membres élus restent en fonction jusqu'à ce qu'il ait été définitivement statué sur les réclamations.*** » — [*Décr. n° 91-739 du 18 juill. 1991, art. 34.*]

Art. R. 713-29 **En cas d'annulation partielle ou totale devenue définitive des élections des membres d'une chambre de commerce et d'industrie** (*Décr. n° 2010-924 du 3 août 2010, art. 38*) **« territoriale ou de région » et sauf si cette annulation est prononcée moins d'un an avant un renouvellement général, il est procédé, dans le délai de deux mois, à un nouveau scrutin pour pourvoir les sièges vacants.**

(*Abrogé par Décr. n° 2021-144 du 11 févr. 2021, art. 10*) « ***Dans le cas prévu à l'alinéa précédent ainsi que dans les cas prévus au I et au II de l'article L. 713-5, le préfet arrête les dates et les délais des différentes opérations électorales.*** » — [*Décr. n° 91-739 du 18 juill. 1991, art. 35.*]

Annulation d'une élection. L'annulation d'une élection d'un membre d'une CCI devient définitive au sens des art. R. 713-28 et R. 713-29 dès lors qu'elle a été prononcée par la cour administrative d'appel, quand bien même un pourvoi en cassation aurait été formé. • CE 11 avr. 2014, n° 368401 : *AJDA 2014. 826, obs. de Montecler*.

Art. R. 713-30 **Lorsque les dates fixées par la présente section ou le dernier jour des délais impartis tombent un jour férié ou un samedi, ils sont reportés jusqu'au premier jour ouvrable qui suit.** (*Abrogé par Décr. n° 2021-144 du 11 févr. 2021, art. 10*) « ***Il en est de même pour l'application de l'arrêté préfectoral prévu au deuxième alinéa de l'article R. 713-29.*** » — [*Décr. n° 91-739 du 18 juill. 1991, art. 36.*]

SECTION VII **DISPOSITIONS COMMUNES** (*Décr. n° 2021-144 du 11 févr. 2021, art. 11*).

Art. R. 713-63 (*Abrogé par Décr. n° 2021-144 du 11 févr. 2021, art. 11*) ***Le fait de se livrer à un usage commercial des listes électorales établies pour les élections des délégués consulaires*** (*Décr. n° 2010-924 du 3 août 2010, art. 58*) ***« et des membres des chambres de commerce et d'industrie territoriales et de région » est puni de l'amende prévue par le 5° de l'article 131-13 du code pénal pour les contraventions de la cinquième classe.*** — [*Décr. n° 2004-799 du 29 juill. 2004, art. 34.*]

Art. R. 713-64 (*Abrogé par Décr. n° 2021-144 du 11 févr. 2021, art. 11*) ***En cas d'utilisation par un même électeur au titre de la même qualité des votes par correspondance ou par voie électronique, seul le vote électronique est considéré comme valide.*** — [*C. com., art. L. 713-15, al. 3, 2e phrase.*]

Art. R. 713-65 **Un arrêté du ministre chargé de la tutelle des chambres de commerce et d'industrie fixe, par référence aux nomenclatures d'activités et de produits de l'Institut national de la statistique et des études économiques, la composition des catégories professionnelles prévues au premier alinéa de l'article L. 713-11.** — [*Décr. n° 91-739 du 18 juill. 1991, art. 1er.*] — *V. art. A. 713-26.*

Art. R. 713-66 (*Décr. n° 2010-924 du 3 août 2010, art. 59*) **I. — Lors de chaque renouvellement général,** (*Abrogé par Décr. n° 2015-840 du 8 juill. 2015, art. 1er-3°*) « ***, ainsi qu'en cas de fusion entre chambres,*** » **la chambre de commerce et d'industrie de région et la chambre de commerce et d'industrie territoriale réalisent, chacune pour ce qui la concerne et suivant les critères fixés par les articles L. 713-11, L. 713-12 et L. 713-13, une étude économique de pondération.** — *V. art. A. 713-28.*

Cette étude détermine, d'une part l'importance économique des catégories et, le cas échéant, des sous-catégories professionnelles au sein de la chambre de commerce et d'industrie de région et de la chambre de commerce et d'industrie territoriale (*Décr. n° 2015-840 du 8 juill. 2015, art. 1er-3°*) **« , locale ou départementale d'Île-de-France », d'autre part l'importance économique des circonscriptions des chambres de commerce et d'industrie territoriales** (*Décr. n° 2015-840 du 8 juill. 2015, art. 1er-3°*) **« , locales ou départementales d'Île-de-France » au sein de la chambre de commerce et d'industrie de région à laquelle elles sont rattachées.**

II. — L'étude économique de pondération recueille les données statistiques permettant d'établir, par catégorie, par sous-catégorie et par circonscription de chambre de

commerce et d'industrie territoriale *(Décr. n° 2015-840 du 8 juill. 2015, art. 1er-3°)* « , locale ou départementale d'Île-de-France », les données suivantes :

1° Le nombre de ressortissants *(Abrogé par Décr. n° 2015-840 du 8 juill. 2015, art. 1er-3°) « de la chambre territoriale »* ;

2° La somme des bases d'imposition de la cotisation foncière des entreprises due par ses ressortissants ;

3° Le nombre de salariés qu'ils emploient.

(Décr. n° 2019-1317 du 9 déc. 2019, art. 3) « Le poids économique est déterminé, pour la durée totale de la mandature, par la moyenne arithmétique de ces trois données. »

Si la circonscription d'une chambre de commerce et d'industrie territoriale s'étend sur deux régions, ces données sont établies séparément dans le territoire relevant de chaque région.

(Décr. n° 2015-840 du 8 juill. 2015, art. 1er-3°) « Les données statistiques mentionnées au premier alinéa sont recueillies au plus tard le 30 septembre de l'année précédant celle du renouvellement général. Les bases d'imposition de l'année précédant celle du renouvellement général, fournies par établissement, sont collectées auprès des services fiscaux par la chambre de commerce et d'industrie de région. Le nombre de salariés des établissements, établi à la date du 30 juin de l'année précédant celle du renouvellement général, est collecté auprès des unions de recouvrement des cotisations de sécurité sociale et d'allocations familiales par chaque chambre de commerce et d'industrie territoriale et chaque chambre de commerce et d'industrie de région pour les chambres de commerce et d'industrie locales et départementales d'Île-de-France qui lui sont rattachées. » — *V. art. A. 713-29.*

(Décr. n° 2021-144 du 11 févr. 2021, art. 11) « Pour les chambres départementales d'Île-de-France et les chambres de commerce et d'industrie locales, l'étude économique de pondération est effectuée par la chambre de commerce et d'industrie de région.

« Les données mentionnées aux 1° et 3° sont transmises par chaque chambre de commerce et d'industrie territoriale à la chambre de commerce et d'industrie de région à laquelle elle est rattachée au plus tard le 10 mars de l'année du renouvellement général. La chambre de commerce et d'industrie de région s'assure de la fiabilité et de l'exactitude des données transmises. »

III. — L'étude calcule la proportion que représente au sein de la chambre territoriale *(Décr. n° 2015-840 du 8 juill. 2015, art. 1er-3°)* « , locale ou départementale d'Île-de-France » chaque catégorie professionnelle et, le cas échéant, chaque sous-catégorie pour chacun des trois indicateurs économiques énumérés au II du présent article.

Le même calcul est fait, au sein de la chambre de commerce et d'industrie de région, pour établir les proportions représentées, d'une part par les catégories et sous-catégories, d'autre part par les circonscriptions des chambres de commerce et d'industrie territoriales *(Décr. n° 2015-840 du 8 juill. 2015, art. 1er-3°)* « , locales ou départementales d'Île-de-France.

« IV. — Le nombre des sous-catégories professionnelles définies en application du deuxième alinéa de l'article L. 713-11 est limité à deux. La répartition des électeurs entre ces deux sous-catégories est décidée par la chambre de commerce et d'industrie de région après consultation des chambres de commerce et d'industrie territoriales. »

V. — *(Décr. n° 2015-840 du 8 juill. 2015, art. 1er-3°)* « Les chambres mentionnées au premier alinéa du I transmettent les études économiques de pondération *(Abrogé par Décr. n° 2016-1894 du 27 déc. 2016, art. 1er) « au préfet de département ou »* au préfet de région du siège de la chambre concernée *(Décr. n° 2021-144 du 11 févr. 2021, art. 11)* « , à CCI France et au ministre de tutelle, » au plus tard le 31 mars de l'année du renouvellement général. L'étude économique de pondération de la chambre de commerce et d'industrie de région doit correspondre à l'agrégation des études économiques réalisées par les chambres de commerce et d'industries territoriales, locales ou départementales d'Île-de-France qui lui sont rattachées. »

Si l'étude économique de pondération n'a pas été communiquée *(Décr. n° 2021-144 du 11 févr. 2021, art. 11)* « aux dates requises », ou si les données statistiques ou les calculs qu'elle présente sont inexacts ou défectueux, *(Décr. n° 2016-1894 du 27 déc. 2016, art. 1er)* « l'autorité de tutelle » fait réaliser l'étude nécessaire dans les meilleurs délais aux frais de la chambre défaillante.

(Décr. n° 2019-1317 du 9 déc. 2019, art. 3) « VI. — Cette étude permet de déterminer le poids économique de chaque chambre de commerce et d'industrie de région mentionné au 10° de l'article L. 711-16. » — *[Décr. n° 91-739 du 18 juill. 1991, art. 2, al. 1er à 6.]*

Art. R. 713-67 Les *(Décr. n° 2021-144 du 11 févr. 2021, art. 11)* « données à caractère personnel » collectées et exploitées par les chambres de commerce et d'industrie *(Décr. n° 2010-924 du 3 août 2010, art. 60)* « territoriales et de région » à l'occasion de la préparation de l'étude prévue à l'article R. 713-66 ne font l'objet d'aucune interconnexion avec d'autres fichiers. Elles sont conservées le temps strictement nécessaire à la réalisation de l'étude pour laquelle elles sont collectées et ne sont pas utilisées à d'autres fins. — *[Décr. n° 91-739 du 18 juill. 1991, art. 2, al. 7.] — V. art. A. 713-28.*

Art. R. 713-68 et R. 713-69 *Abrogés par Décr. n° 2010-924 du 3 août 2010, art. 61 et 62.*

Art. R. 713-70 *(Abrogé par Décr. n° 2021-144 du 11 févr. 2021, art. 11) (Décr. n° 2010-924 du 3 août 2010, art. 63) La commission mentionnée à l'article L. 713-14, dénommée "commission d'établissement des listes électorales", est présidée par le juge commis à la surveillance du registre du commerce et des sociétés dans le ressort duquel est situé le siège de la chambre de commerce et d'industrie territoriale ou son représentant. Elle est composée, outre son président, d'un représentant du préfet du département où se trouve le siège de la chambre de commerce et d'industrie territoriale et du président de cette chambre ou d'un membre désigné par ses soins.*

La commission se réunit, sur convocation de son président, à compter du 1er janvier de l'année de chaque renouvellement.

Le secrétariat de la commission est assuré conjointement par le greffier de la juridiction de première instance compétente en matière commerciale et par le directeur général de la chambre de commerce et d'industrie territoriale ou un agent désigné par ses soins au sein de la chambre.

Lorsque la circonscription s'étend sur le ressort de plusieurs tribunaux de commerce, le juge commis à la surveillance du registre du commerce et des sociétés et le greffier de ces juridictions ou leurs représentants participent aux travaux de la commission d'établissement des listes électorales.

La commission peut associer à ses tâches la chambre de commerce et d'industrie territoriale.

Les services de la chambre de commerce et d'industrie territoriale fournissent toute assistance technique au secrétariat de la commission. — [Décr. n° 91-739 du 18 juill. 1991, art. 13 ; Décr. n° 2004-799 du 29 juill. 2004, art. 4.]

Art. R. 713-71 *(Abrogé par Décr. n° 2021-144 du 11 févr. 2021, art. 11) (Décr. n° 2010-1463 du 1er déc. 2010, art. 78) L'étude mentionnée à l'article R. 713-66 est communiquée par les chambres de commerce et d'industrie territoriales, les chambres de commerce et d'industrie départementales d'Île-de-France et les chambres de commerce et d'industrie de région à (Décr. n° 2015-536 du 15 mai 2015, art. 2-II) « CCI France » avant le 31 décembre de l'année du renouvellement. Elle est adressée également au ministre en charge de la tutelle dans les mêmes conditions de délai.*

TITRE DEUXIÈME DU TRIBUNAL DE COMMERCE

RÉP. COM. ET RÉP. PR. CIV. v[is] *Compétence commerciale*, par TAP ; *Procédure commerciale*, par BRUSCHI ; *Tribunal de commerce*, par A. BERNARD.

CHAPITRE PREMIER DE L'INSTITUTION ET DE LA COMPÉTENCE

SECTION PREMIÈRE DISPOSITIONS GÉNÉRALES

Art. R. 721-1 *(Décr. n° 2007-431 du 25 mars 2007)* Les tribunaux de commerce appliquent les principes directeurs du procès civil.

Art. D. 721-2 Le siège et le ressort des tribunaux de commerce sont fixés conformément au tableau de l'annexe 7-1 du présent livre. — *[COJ, art. R. 411-1, al. 1er.] — A compter du 1er janv. 2011, l'annexe 7-1* 🏛 *est remplacée par le tableau de l'annexe C du Décr.*

n° 2008-146 du 15 févr. 2008 (JO 17 févr., rect. JO 22 mars), et modifiée conformément aux indications de l'annexe II du Décr. n° 2009-1629 du 23 déc. 2009 (JO 26 déc.). – A compter du 1er janv. 2013, l'annexe 7-1 est modifiée conformément aux indications de l'annexe A du Décr. n° 2012-1047 du 13 sept. 2012 (JO 14 sept.) et de l'annexe B du Décr. n° 2012-1444 du 24 déc. 2012 (JO 26 déc.).

V. aussi Circ. NOR : JUSB1507102C du 17 mars 2015 portant sur la réforme cantonale et la définition des ressorts des juridictions de l'ordre judiciaire (BOMJ n° 2015-03 du 31 mars 2015).

L'art. D. 721-2 est l'anc. art. R. 721-2 (Décr. n° 2008-522, 2 juin 2008, art. 3).

Annulation du Décr. du 15 févr. 2008. Le Décr. n° 2008-146 du 15 févr. 2008 fixant le siège et le ressort des tribunaux de commerce est annulé à compter de l'expiration d'un délai de six mois courant de la date de la présente décision en tant qu'il a pour effet, en procédant à l'extension du ressort de certains tribunaux de commerce ou en créant de nouveaux tribunaux, de supprimer la compétence commerciale de vingt-trois tribunaux de grande instance. Sous réserve des actions contentieuses engagées à la date de la présente décision, dans lesquelles aurait été soulevée l'illégalité de ce décret, les effets produits par ce dernier antérieurement à la présente annulation sont regardés comme définitifs. • CE 8 juill. 2009, n° 314236 : *AJDA 2010. 398, note Touzeil-Divina ; JCP 2009, n° 37, p. 47 ; Gaz. Pal. 2009. 2566, concl. Guyomar.* – V. le Décr. n° 2009-1629 du 23 déc. 2009, modifiant l'annexe 7-1, à compter du 8 janv. 2010.

Art. D. 721-3 **Le nombre des juges et le nombre des chambres de chaque tribunal de commerce sont fixés conformément aux tableaux de l'annexe 7-2 du présent livre.** – *[COJ, art. R. 411-2 ; Décr. n° 91-692 du 18 juill. 1991, art. 1er.] – V. annexe 7-2 au* ***C. com.***

L'art. D. 721-3 est l'ancien art. R. 721-3 (Décr. n° 2008-522, 2 juin 2008, art. 3).

Art. R. 721-4 **Les costumes des membres du tribunal de commerce sont définis ainsi qu'il suit :**

a) Robe : noire à grandes manches avec revers de velours (pour le président du tribunal de commerce de Paris, lors des audiences solennelles et cérémonies publiques : robe rouge avec des parements de velours noir) ;

b) Simarre : de soie noire ;

c) Toque : noire avec un galon d'argent (deux galons pour le président) ;

d) Cravate : blanche plissée. – *[COJ, art. R. 741-6.]*

SECTION II DE LA COMPÉTENCE

Art. R. 721-5 **Lorsqu'une juridiction commerciale est créée ou lorsque le ressort d'un tribunal de commerce ou d'un** *(Décr. n° 2019-966 du 18 sept. 2019, art. 8, en vigueur le 1er janv. 2020)* **« tribunal judiciaire** *[ancienne rédaction : tribunal de grande instance]* **» statuant en matière commerciale est modifié par suite d'une nouvelle délimitation des circonscriptions administratives ou judiciaires, le tribunal compétent primitivement saisi demeure compétent pour statuer sur les procédures introduites antérieurement à la date de création du tribunal ou de modification du ressort ainsi que sur toutes les procédures qui découlent d'une sauvegarde, d'un redressement judiciaire, d'une liquidation judiciaire, d'un règlement judiciaire, d'une liquidation de biens, ainsi que d'une faillite personnelle ou d'autres sanctions.** – *[COJ, art. R. 411-3.]*

Par dérogation aux art. R. 721-5, R. 741-7, R. 743-159 et R. 743-160, toutes les procédures en cours devant les tribunaux de commerce supprimés en application de l'art. 1er du Décr. n° 2008-146 du 15 févr. 2008 (JO 17 févr.) ou devant les tribunaux de grande instance compétents en application de l'art. L. 721-2 dans les matières attribuées aux tribunaux de commerce sont transférées en l'état aux tribunaux de commerce désormais compétents, sans qu'il y ait lieu de renouveler les actes, formalités et jugements intervenus antérieurement au 1er janv. 2009, à l'exception des assignations données aux parties et aux témoins à fin de comparution personnelle. Les archives et les minutes du greffe des tribunaux de commerce supprimés sont transférées au greffe des tribunaux de commerce désormais compétents. Les frais de transfert de ces archives et minutes sont pris sur le crédit ouvert à cet effet au budget du ministère de la justice (Décr. n° 2008-146, 15 févr. 2008, art. 5).

Pour les départements de la Corrèze, de la Haute-Garonne et de Maine-et-Loire, le Décr. n° 2016-1608 du 25 nov. 2016 attribuant compétence à des tribunaux de grande instance en matière de procédures prévues par le livre VI du code de commerce applicables aux personnes qui ne sont ni commerçants ni artisans entre en vigueur le trentième jour qui suit sa publication au Journal officiel (JO 27 nov.) et les dispositions de l'art. R. 721-5 sont applicables (Décr. préc., art. 2).

Sur l'annulation du Décr. du 15 févr. 2008, V. *D. 721-2 et note ss. art. D. 732-1.* • CE 8 juill. 2009, n° 314236 : *cité note ss. art.*

Art. R. 721-6 **Le tribunal de commerce connaît en dernier ressort des demandes jusqu'à la valeur de** *(Décr. n° 2019-1333 du 11 déc. 2019, art. 16, en vigueur le 1er janv. 2020)* **« 5 000 euros** *[ancienne rédaction : 4 000 €]* **».** — *[COJ, art. R. 411-4.] — L'art. R. 411-4 COJ (devenu C. com., art. R. 721-6) est applicable aux instances introduites à compter du 1er janv. 2003 (Décr. n° 2002-1436 du 3 déc. 2002, art. 30).*

Sur le tribunal mixte de commerce dans les départements d'outre-mer, V. art. R. 732-1 s.

BIBL. ▶ Décr. n° 2002-1436 du 3 déc. 2002 : CHEVALIER, *Procédures 2003. Chron. 1.* – CHEVALIER et MOUSSA, *JCP 2003, n° 4, Actualité, 39.* – JULIEN, *Mél. Normand, Litec, 2003, p. 241, n° 15.*

Abrogation de l'art. 639 anc. C. com. Jugeant que l'ancien taux de compétence en dernier ressort, qui était fixé par l'art. 639 de l'ancien code de commerce, n'était plus applicable au jour de l'ouverture de la procédure (30 janv. 2001), dès lors que ce texte avait été abrogé par l'Ord. n° 2000-912 du 18 sept. 2000 et qu'aucune disposition similaire n'a été reprise jusqu'au Décr. du 3 déc. 2002 : • Paris, 1er oct. 2004 : *D. 2004. AJ 2717* • 9 oct. 2001 : *D. 2001. AJ 3196, obs. Lienhard ; Dr. et pr. 2002. 100, obs. Douchy* (conf. par • Com. 1er févr. 2005, n° 03-14.985 P : *D. 2005. AJ 492, obs. Lienhard ; RJDA 2005, n° 641* • Civ. 3e, 13 sept. 2005, n° 04-15.899 P : *D. 2005. AJ 2381, obs. Lienhard ; JCP 2005. IV. 3179*). ♦ Jugeant au contraire qu'à la date du jugement entrepris (28 févr. 2000) le taux posé par l'art. 639 de l'ancien code de commerce existait encore, V. • Com. 3 oct. 2006, n° 02-13.829 P : *D. 2006. AJ 2602, obs. Lienhard ; RTD civ. 2007. 629, obs. Théry ; JCP E 2006, n° 47, p. 1985 ; RJDA 2007, n° 216 ; Dr. et patr. 2/2007. 116, obs. Amrani-Mekki.* ♦ V. aussi note ss. art. L. 624-4.

SECTION III DU CONSEIL NATIONAL DES TRIBUNAUX DE COMMERCE

Art. R. 721-7 **Un Conseil national des tribunaux de commerce est institué auprès du garde des sceaux, ministre de la justice.** — *[Décr. n° 2005-1201 du 23 sept. 2005, art. 1er.] — Le conseil est renouvelé au-delà du 8 juin 2016 (Décr. n° 2016-747 du 6 juin 2016, art. 2, JO 7 juin).*

Art. R. 721-8 **Le Conseil national des tribunaux de commerce est présidé par le garde des sceaux, ministre de la justice.**

Il comprend en outre :

1° *(Décr. n° 2010-821 du 14 juill. 2010, art. 1er)* **« Cinq » membres de droit :**

a) **Le directeur des services judiciaires ;**

b) **Le directeur des affaires civiles et du sceau ;**

c) **Le directeur des affaires criminelles et des grâces ;**

(Décr. n° 2010-821 du 14 juill. 2010, art. 1er) **«** ***d)*** **Le président de la conférence générale des juges consulaires de France ;**

« ***e)*** **Le président du Conseil national des greffiers des tribunaux de commerce. »**

Le garde des sceaux, ministre de la justice, et les *(Décr. n° 2010-821 du 14 juill. 2010, art. 1er)* **« cinq autres membres de droit du conseil peuvent se faire représenter » ;**

2° *(Décr. n° 2010-821 du 14 juill. 2010, art. 1er)* **« Quatorze » membres désignés par le garde des sceaux :**

a) **Un premier président de cour d'appel ;**

b) **Un procureur général près une cour d'appel ;**

c) **Un membre du Conseil d'État désigné sur proposition du vice-président du Conseil d'État ;**

d) *(Décr. n° 2010-821 du 14 juill. 2010, art. 1er)* **« Neuf juges consulaires, dont deux au plus ayant la qualité de juge honoraire, ayant exercé leur mandat dans un tribunal de commerce pendant au moins deux ans. Les juges consulaires honoraires doivent avoir cessé leur activité juridictionnelle depuis moins de trois ans lors de leur désignation** *[;]* **»**

e) **Deux personnalités qualifiées, dont l'une est désignée sur proposition du président du** *(Décr. n° 2010-886 du 29 juill. 2010, art. 6)* **« Conseil économique, social et environnemental ».**

(Décr. n° 2010-821 du 14 juill. 2010, art. 1er) **« Les membres mentionnés au 2° accomplissent un mandat de quatre ans renouvelable une fois. »**

Un membre suppléant est désigné dans les mêmes conditions pour chaque membre titulaire.

Toute vacance ou perte de la qualité au titre de laquelle ils ont été désignés donne lieu à remplacement pour la durée du mandat restant à courir, si elle survient plus de trois mois avant le terme normal de celui-ci. – *[Décr. n° 2005-1201 du 23 sept. 2005, art. 2.]*

Les modifications issues du Décr. n° 2010-821 du 14 juill. 2010 sont entrées en vigueur le 1er févr. 2011 (Décr. préc., art. 3).

Art. R. 721-9 Les membres du Conseil national des tribunaux de commerce ayant la qualité de juge consulaire sont désignés parmi ceux qui ont fait acte de candidature au plus tard trois mois avant l'expiration du mandat des membres en fonction. – *[Décr. n° 2005-1201 du 23 sept. 2005, art. 3.] – V. art. A. 721-1 et A. 721-2.*

Art. R. 721-10 Lors de sa première réunion et de chaque renouvellement, le conseil élit un vice-président parmi ceux de ses membres qui ont la qualité de juge consulaire en activité ou honoraire. – *[Décr. n° 2005-1201 du 23 sept. 2005, art. 4.]*

Art. R. 721-11 Le garde des sceaux, ministre de la justice, peut consulter le conseil dans les domaines suivants :

1° La formation et la déontologie des juges des tribunaux de commerce ;

2° L'organisation, le fonctionnement et l'activité des tribunaux de commerce ;

3° La compétence et l'implantation des tribunaux de commerce.

Le conseil peut émettre des propositions dans les mêmes domaines. – *[Décr. n° 2005-1201 du 23 sept. 2005, art. 5.]*

Art. R. 721-11-1 *(Décr. n° 2016-514 du 26 avr. 2016, art. 16)* Le Conseil national des tribunaux de commerce élabore un recueil des obligations déontologiques des juges des tribunaux de commerce, qui est rendu public.

Art. R. 721-12 Le conseil peut, à la demande des chefs de cour d'appel ou avec leur accord, procéder à des visites d'information dans les tribunaux de commerce. – *[Décr. n° 2005-1201 du 23 sept. 2005, art. 6.]*

Art. R. 721-13 Le conseil rend compte de son activité dans un rapport annuel remis au garde des sceaux, ministre de la justice. – *[Décr. n° 2005-1201 du 23 sept. 2005, art. 7.] – V. art. A. 721-9.*

Art. R. 721-14 Le garde des sceaux, ministre de la justice, désigne un secrétaire général et définit ses attributions. – *[Décr. n° 2005-1201 du 23 sept. 2005, art. 8.] – V. art. A. 721-8.*

Art. R. 721-15 *(Décr. n° 2010-821 du 14 juill. 2010, art. 2)* « Le conseil se réunit au moins une fois par an en assemblée générale, sur convocation de son président qui en fixe l'ordre du jour. Il se réunit également hors la présence du garde des sceaux, sur convocation et sous la présidence de son vice-président, afin notamment d'adopter les résolutions qui seront présentées au garde des sceaux. »

La convocation à une *(Décr. n° 2010-821 du 14 juill. 2010, art. 2)* « assemblée générale » du conseil est adressée à ses membres au moins quinze jours avant la date de cette *(Décr. n° 2010-821 du 14 juill. 2010, art. 2)* « assemblée générale ». L'ordre du jour figure dans la convocation.

(Abrogé par Décr. n° 2010-821 du 14 juill. 2010, art. 2) ***« Le suppléant du garde des sceaux, ministre de la justice, préside en l'absence de celui-ci les séances du conseil. »***

Le vice-président organise et coordonne les travaux réalisés à la demande *(Décr. n° 2010-821 du 14 juill. 2010, art. 2)* « du président du conseil ». – *[Décr. n° 2005-1201 du 23 sept. 2005, art. 9.]*

Les modifications issues du Décr. n° 2010-821 du 14 juill. 2010 sont entrées en vigueur le 1er févr. 2011 (Décr. préc., art. 3).

Art. R. 721-16 Le conseil ne peut se réunir que si la majorité de ses membres est présente. Il ne peut valablement adopter une délibération qu'à la majorité de quatorze de ses membres. – *[Décr. n° 2005-1201 du 23 sept. 2005, art. 10.]*

Art. R. 721-17 Le conseil arrête son règlement intérieur. – *[Décr. n° 2005-1201 du 23 sept. 2005, art. 11.]*

Art. R. 721-18 Les membres du conseil ont droit à la prise en charge de leurs frais de déplacement dans les conditions fixées par la réglementation applicable aux fonctionnaires de l'État. — *[Décr. nº 2005-1201 du 23 sept. 2005, art. 12.]*

SECTION IV DU SIÈGE ET DU RESSORT DE CERTAINS TRIBUNAUX DE COMMERCE SPÉCIALISÉS

(Décr. nº 2016-217 du 26 févr. 2016)

Art. D. 721-19 Le siège et le ressort des tribunaux de commerce et des chambres commerciales des *(Décr. nº 2019-966 du 18 sept. 2019, art. 8, en vigueur le 1er janv. 2020)* « tribunaux judiciaires *[ancienne rédaction : tribunaux de grande instance]* » des départements du Bas-Rhin, du Haut-Rhin et de la Moselle, spécialement désignés en application de l'article L. 721-8, sont fixés conformément aux tableaux des annexes 7-1-1 et 7-1-2 du présent livre. — *V. Annexes 7-1-1 et 7-1-2 au* **C. com.**

Légalité du Décr. du 26 févr. 2016. La spécialisation de certains tribunaux de commerce décidée par le législateur vise, dans un but d'intérêt général, à attribuer à un nombre réduit de juridictions les contentieux et procédures les plus complexes et sensibles, en renforçant ainsi la professionnalisation des juges consulaires et en limitant les risques de conflits d'intérêts liés à une trop grande proximité entre les acteurs économiques locaux et les tribunaux de commerce. Ainsi que l'a prévu la loi, le décret attaqué a désigné parmi les 134 tribunaux de commerce existants, les tribunaux de commerce qui seraient ainsi spécialisés, au nombre de 18. Malgré l'éloignement et les difficultés pratiques pouvant en résulter pour certains justiciables et professionnels, le fait de n'avoir prévu que 18 tribunaux de commerce spécialisés ne constitue pas, eu égard aux motifs d'intérêt général présidant à cette réforme de l'organisation de ces juridictions, une atteinte disproportionnée au principe d'égalité entre les usagers du service public de la justice et ne procède pas d'une erreur manifeste d'appréciation. • CE 9 oct. 2017, nº 399153 : *AJDA 2018. 84* ; *D. avocats 2017. 346* . ♦ Le pouvoir réglementaire peut légalement prendre en compte, pour fixer la liste des tribunaux de commerce spécialisés, des critères pertinents au regard des objectifs poursuivis, tels que l'activité économique des territoires concernés, le nombre d'entreprises qui y sont implantées, l'activité et les effectifs des tribunaux concernés, l'accessibilité du service public de la justice ainsi que la cohérence du maillage des tribunaux de commerce spécialisés avec le découpage administratif et judiciaire. • Même décision.

Art. D. 721-19-1 *(Décr. nº 2019-167 du 6 mars 2019, art. 1er)* Les frais de transport et de séjour exposés par les présidents des tribunaux de commerce ou les juges délégués par eux mentionnés à l'article L. 721-8 sont remboursés selon la réglementation en vigueur applicable aux agents de l'État.

SECTION V DES INSTANCES DE DÉONTOLOGIE DES JUGES DES TRIBUNAUX DE COMMERCE

(Décr. nº 2016-514 du 26 avr. 2016, art. 17)

Art. R. 721-20 Un collège de déontologie, placé auprès du Conseil national des tribunaux de commerce, est chargé de favoriser la bonne application des principes déontologiques inhérents à l'exercice des fonctions des juges des tribunaux de commerce.

Il lui appartient, à ce titre :

1º De donner des avis sur toute question déontologique concernant personnellement un juge d'un tribunal de commerce, sur saisine de celui-ci, des présidents des tribunaux de commerce ou des premiers présidents des cours d'appel ;

2º D'émettre des recommandations de nature à éclairer les juges des tribunaux de commerce sur les obligations déontologiques et les bonnes pratiques qui s'appliquent à eux dans l'exercice de leurs activités.

Le collège de déontologie rend publics, sous forme anonyme, les avis et recommandations qu'il estime de nature à éclairer l'ensemble des juges des tribunaux de commerce.

Art. R. 721-21 Le collège de déontologie est composé d'un magistrat de l'ordre judiciaire et de deux juges des tribunaux de commerce.

Le magistrat est nommé par un arrêté du garde des sceaux, ministre de la justice.

Les juges des tribunaux de commerce sont élus par l'assemblée générale du Conseil national des tribunaux de commerce parmi ses membres. Le président du collège est nommé par l'assemblée générale du conseil national.

La durée du mandat des membres du collège de déontologie est de deux ans renouvelable une fois.

Art. R. 721-22 Un magistrat du siège désigné par le premier président de chaque cour d'appel parmi les magistrats de la cour est chargé de répondre à toute demande d'avis sur une question déontologique dont le président d'un tribunal de commerce situé dans le ressort de la cour peut le saisir, d'initiative ou sur la demande d'un juge de sa juridiction.

Ce magistrat veille, dans ses avis, au respect des obligations déontologiques figurant dans le recueil mentionné à l'article *(Décr. n° 2017-1163 du 12 juill. 2017, art. 14)* « R. 721-11-1 ». Il prend en compte les avis et recommandations émis par le collège de déontologie prévu à l'article R. 721-20.

CHAPITRE II DE L'ORGANISATION ET DU FONCTIONNEMENT

SECTION PREMIÈRE DE L'ORGANISATION ET DU FONCTIONNEMENT DU TRIBUNAL DE COMMERCE

Art. R. 722-1 L'assemblée générale du tribunal de commerce est composée des juges en exercice du tribunal de commerce. Elle est présidée par le président du tribunal de commerce.

La date et l'ordre du jour de l'assemblée générale sont fixés par ordonnance du président du tribunal de commerce prise quinze jours au moins avant la date de l'assemblée générale.

L'assemblée générale ne peut délibérer que sur les questions inscrites à l'ordre du jour. – *[COJ, art. R. 412-12.]*

Art. R. 722-2 Un bureau est constitué pour chaque réunion de l'assemblée générale. Il est composé du président du tribunal, du vice-président et du premier dans l'ordre du tableau des présidents de chambre présents à l'assemblée générale. En cas d'absence du vice-président, celui-ci est remplacé par le premier dans l'ordre du tableau des présidents de chambre présents et ce dernier est lui-même remplacé par le président de chambre suivant dans l'ordre du tableau. A défaut de président de chambre, il est fait appel au juge le plus ancien présent à l'assemblée générale.

Le bureau veille au bon fonctionnement de l'assemblée, tient les feuilles de présence et de vote, statue sur les quorums, fait procéder au vote et surveille le déroulement des scrutins dont les résultats sont proclamés par le président.

Le greffier du tribunal de commerce assiste à l'assemblée générale et rédige le procès-verbal. Il signe le procès-verbal avec le président qui en transmet une copie aux chefs de la cour d'appel. – *[COJ, art. R. 412-13.]*

Art. R. 722-3 L'assemblée générale ne peut valablement délibérer que si la moitié au moins de ses membres est présente ou représentée.

Si le quorum prévu à l'alinéa précédent n'est pas atteint, l'assemblée est à nouveau convoquée dans le délai d'un mois, sur le même ordre du jour. Elle peut alors valablement délibérer si un quart au moins de ses membres est présent ou représenté. – *[COJ, art. R. 412-14.]*

Art. R. 722-4 Les juges en exercice du tribunal de commerce peuvent se faire représenter à l'assemblée générale par un mandataire choisi parmi les autres juges du tribunal de commerce.

Chaque mandataire ne dispose que d'une seule procuration. – *V. la dérogation liée à l'état d'urgence sanitaire prévue par le Décr. n° 2020-1405 du 18 nov. 2020, art. 7-II, App., v° Tribunaux de commerce.*

La procuration doit être donnée par écrit ; elle est annexée au procès-verbal. – *[COJ, art. R. 412-15.]*

Jusqu'à l'expiration d'un délai d'un mois après la cessation de l'état d'urgence sanitaire déclaré par le Décr. n° 2020-1257 du 14 oct. 2020, et prorogé dans les conditions prévues par l'art. L. 3131-13

CSP, par dérogation au 2e al. de l'art. R. 722-4, chaque mandataire peut disposer de deux procurations afin de représenter les juges en exercice à l'assemblée générale (Décr. n° 2020-1405 du 18 nov. 2020, art. 7).

Art. R. 722-5 Le ministère public est représenté devant le tribunal de commerce dans les conditions fixées aux articles L. 122-2 et *(Décr. n° 2021-867 du 29 juin 2021, art. 7)* « R. 212-12, R. 212-14 et R. 212-15 » du code de l'organisation judiciaire. – *[COJ, art. R. 412-12.]*

Art. R. 722-6 Le président du tribunal de commerce prend par ordonnance les mesures d'administration judiciaire. – *[COJ, art. R. 412-5.]*

SECTION II DU STATUT DES JUGES DES TRIBUNAUX DE COMMERCE *(Décr. n° 2017-1163 du 12 juill. 2017, art. 2).*

SOUS-SECTION 1 DU MANDAT *(Décr. n° 2017-1163 du 12 juill. 2017, art. 2).*

Art. R. 722-7 Au cours de la semaine suivant celle de l'élection des juges nouvellement élus, le procureur général invite les juges du tribunal de commerce établi au siège de la cour d'appel qui n'ont pas encore exercé de fonctions judiciaires dans un tribunal de commerce à se présenter à l'audience de la cour d'appel pour prêter serment.

Lorsque le siège du tribunal de commerce n'est pas établi au siège de la cour d'appel, le procureur de la République près le *(Décr. n° 2019-966 du 18 sept. 2019, art. 8, en vigueur le 1er janv. 2020)* « tribunal judiciaire *[ancienne rédaction : tribunal de grande instance]* » dans le ressort duquel siège le tribunal de commerce invite les juges qui n'ont pas encore exercé de fonctions judiciaires dans un tribunal de commerce à se présenter à l'audience du *(Décr. n° 2019-966 du 18 sept. 2019, art. 8, en vigueur le 1er janv. 2020)* « tribunal judiciaire *[ancienne rédaction : tribunal de grande instance]* » pour prêter serment.

Il est dressé procès-verbal de la réception du serment.

(Décr. n° 2021-144 du 11 févr. 2021, art. 12) « Le mandat des juges consulaires commence le 1er janvier de l'année civile suivant leur élection et s'achève le 31 décembre de l'année civile suivant l'élection de leur successeur. » – *[COJ, art. R. 412-1.]*

Art. R. 722-8 Lorsqu'il y a lieu de procéder à l'élection du président du tribunal de commerce, l'assemblée générale du tribunal est convoquée dans les conditions et les délais prévus au deuxième alinéa de l'article R. 722-1. Sauf dans le cas prévu au premier alinéa de l'article L. 722-12, l'élection doit avoir lieu entre le 20 octobre et le 10 novembre précédant la fin du mandat du président en exercice.

L'ordonnance portant convocation de l'assemblée générale précise que le dépôt des candidatures aux fonctions de président doit être effectué au greffe du tribunal huit jours avant la date de l'assemblée générale. A l'expiration de ce délai, le président procède à la clôture de la liste des candidats et fait aussitôt afficher cette liste au greffe du tribunal.

Par dérogation aux dispositions de l'article R. 722-2, le bureau de l'assemblée générale au cours de laquelle il est procédé à l'élection du président du tribunal est présidé par le doyen d'âge à défaut du président sortant et est composé des deux premiers dans l'ordre du tableau des présidents de chambre présents à l'assemblée générale ou, en l'absence de présidents de chambre, des deux juges les plus anciens présents à l'assemblée générale. – *[COJ, art. R. 412-2.]*

Par dérogation au 1er al. de l'art. R. 722-8, au titre de l'année 2021, l'élection du président du tribunal de commerce a lieu au plus tard le 31 déc. 2021, lorsque le mandat du président en exercice expire en 2021 (Décr. n° 2021-1046 du 6 août 2021, art. 4).

Art. R. 722-9 Les recours relatifs à l'élection du président du tribunal de commerce sont formés par déclaration écrite déposée ou remise au greffe de la cour d'appel dans les dix jours du scrutin. Le recours n'est ouvert qu'aux juges consulaires en exercice du tribunal de commerce et au procureur de la République. Le président dont l'élection est contestée peut valablement être installé et remplir ses fonctions tant qu'il n'a pas été définitivement statué sur le recours.

La cour d'appel statue dans les dix jours de sa saisine après avoir convoqué le requérant et le président dont l'élection est contestée pour les entendre en leurs explications.

Le pourvoi en cassation est formé dans les conditions fixées aux articles 999 à 1008 du *(Décr. nº 2008-484 du 22 mai 2008, art. 22)* « code de procédure civile ». Le délai de pourvoi court à compter de la date de l'arrêt rendu par la cour d'appel ; il est compté dans les conditions fixées aux articles 641 et 642 du *(Décr. nº 2008-484 du 22 mai 2008, art. 22)* « code de procédure civile ». – *[COJ, art. R. 412-3.]*

Art. R. 722-10 L'installation publique du président et des juges nouvellement élus a lieu *(Décr. nº 2021-144 du 11 févr. 2021, art. 12)* « au cours » du mois de janvier. En cas d'élections complémentaires organisées conformément au deuxième alinéa de l'article L. 723-11, l'installation des juges élus a lieu dans un délai de quinze jours à compter de la réception par le procureur général du procès-verbal des opérations électorales.

En cas de création d'un tribunal de commerce, le premier président de la cour d'appel dans le ressort duquel la juridiction consulaire a son siège procède à l'installation publique des juges élus. – *[COJ, art. R. 412-4.]*

Art. R. 722-11 Le président du tribunal de commerce est suppléé dans ses fonctions par un vice-président. Celui-ci est désigné dans les mêmes conditions que celles prévues pour la suppléance en cas d'empêchement à l'article R. 722-12. Il est choisi parmi les juges ayant exercé des fonctions dans un tribunal de commerce pendant trois ans au moins.

L'ordonnance désignant le vice-président peut être modifiée en cours d'année judiciaire, en cas de cessation des fonctions du juge initialement désigné. – *[COJ, art. R. 412-6.]*

Art. R. 722-12 Le président désigne par ordonnance prise dans la première quinzaine du mois de janvier le juge devant le suppléer dans ses fonctions en cas d'empêchement prévu au deuxième alinéa de l'article L. 722-12. – *[COJ, art. R. 412-12, al. 2, 1re phrase.]*

Art. R. 722-13 Chaque chambre du tribunal de commerce est présidée par le président du tribunal ou par un président de chambre désigné dans les conditions fixées aux articles R. 722-14 et R. 722-16.

Le président du tribunal de commerce peut toujours présider une chambre quand il l'estime convenable. – *[COJ, art. R. 412-7.]*

Art. R. 722-14 Les présidents de chambre sont choisis parmi les juges ayant exercé des fonctions dans un tribunal de commerce pendant trois ans au moins et sont désignés chaque année dans la quinzaine de l'installation des juges nouvellement élus par ordonnance du président du tribunal de commerce prise après avis de l'assemblée générale. Cette ordonnance peut être modifiée en cours d'année judiciaire, en cas de cessation des fonctions des juges initialement désignés. – *[COJ, art. R. 412-8.]*

Art. R. 722-15 Chaque année, dans la quinzaine de l'installation des juges nouvellement élus, le président du tribunal fixe, par ordonnance prise après avis de l'assemblée générale, le tableau des juges du tribunal de commerce. Ceux-ci sont inscrits sur le tableau dans l'ordre suivant :

1º Le président du tribunal ;
2º Le vice-président ;
3º Les présidents de chambre ;
4º Les juges.

Le rang des présidents de chambre est fixé par l'ancienneté dans les fonctions de président de chambre exercées dans le tribunal de commerce ; en cas d'égalité dans l'ancienneté, la priorité appartient au plus âgé.

Le rang des juges est fixé par l'ancienneté dans les fonctions judiciaires exercées dans le tribunal de commerce et, entre les juges élus par le même scrutin, par le nombre de voix que chacun d'entre eux a obtenu dans l'élection ; en cas d'égalité de suffrages, la priorité appartient au plus âgé. – *[COJ, art. R. 412-9.]*

Art. R. 722-16 Chaque année, dans *(Décr. nº 2021-144 du 11 févr. 2021, art. 12)* « le mois » de l'installation des juges nouvellement élus, le président du tribunal de commerce fixe, par ordonnance prise après avis de l'assemblée générale, la répartition dans les chambres et services du tribunal des présidents de chambre et juges composant le tribunal. Cette ordonnance précise le nombre, le jour et la nature des audiences. Elle peut être modifiée dans les mêmes formes en cas de cessation des fonctions d'un ou plusieurs des juges composant la juridiction.

Un juge peut être affecté à plusieurs chambres.

En cas d'empêchement du président de chambre ou d'un ou plusieurs des juges composant une chambre d'un tribunal de commerce, celle-ci peut, sous réserve des dispositions des articles L. 722-2 et L. 722-3, être complétée par un ou plusieurs des présidents de chambre ou juges affectés dans les autres chambres du tribunal. En cas d'empêchement du président de chambre, celle-ci est présidée par le premier dans l'ordre du tableau des juges la composant. — *[COJ, art. R. 412-10.]*

Art. R. 722-17 Une expédition des ordonnances rendues par le président du tribunal de commerce en application des articles R. 722-8 et R. 722-11 à R. 722-16 est transmise aux chefs de la cour d'appel. — *[COJ, art. R. 412-11.]*

Art. R. 722-18 Les juges des tribunaux de commerce désireux de résilier leur mandat adressent leur démission au président du tribunal de commerce qui la transmet sans délai au préfet et au procureur de la République. La démission devient définitive à la date où le préfet en accuse réception ou, à défaut, un mois après un nouvel envoi par lettre recommandée avec demande d'avis de réception. — *[COJ, art. R. 412-17.]*

Art. R. 722-19 Sous réserve des dispositions de l'article R. 724-20, les présidents, vice-présidents, présidents de chambre et juges des tribunaux de commerce ayant exercé *(Décr. n° 2021-144 du 11 févr. 2021, art. 12)* « ces fonctions pendant quatorze ans » au moins sont autorisés à se prévaloir de l'honorariat des fonctions qu'ils ont exercées. — *[COJ, art. R. 412-18.] — Pour une dérogation à ces dispositions, V. Décr. n° 88-38 du 13 janv. 1988, art. 11 (D. et ALD 1988. 120).*

Art. R. 722-20 Les juges honoraires d'un tribunal de commerce peuvent assister aux audiences d'installation et, avec voix consultative, aux assemblées générales de ce tribunal. Ils peuvent revêtir aux audiences, aux assemblées générales, et, s'il y a lieu, dans les cérémonies publiques le costume porté par les juges en exercice. — *[COJ, art. R. 412-19.]*

Art. R. 722-21 Le président, le vice-président, les présidents de chambre et les juges en exercice ou honoraires des tribunaux de commerce ne peuvent faire état de leur qualité sans préciser le tribunal de commerce où ils exercent ou ont exercé leurs fonctions ; ils ne peuvent en faire mention dans la publicité et la correspondance commerciale. — *[COJ, art. R. 412-20.]*

SOUS-SECTION 2 DE LA DÉONTOLOGIE

(Décr. n° 2017-1163 du 12 juill. 2017, art. 2)

V. Circ. NOR : JUSB1805096C du 16 févr. 2018 relative à la déclaration d'intérêts des juges des tribunal de commerce (BOMJ n° 2018-02 du 28 févr. 2018).

Art. R. 722-22 La déclaration d'intérêts des juges des tribunaux de commerce mentionnée au I de l'article L. 722-21 comporte les éléments suivants :

1° L'identification du déclarant :

a) Le nom, le prénom et la date de naissance du déclarant ;

b) L'adresse postale, l'adresse électronique et les coordonnées téléphoniques du déclarant ;

c) Les fonctions au titre desquelles le déclarant effectue la déclaration ainsi que la date de la prise de ces fonctions ;

2° Les activités professionnelles donnant lieu à rémunération ou gratification exercées à la date de la prise de fonctions et au cours des cinq dernières années précédentes :

a) L'identification de l'employeur ;

b) La description de l'activité professionnelle exercée ;

c) La période d'exercice de l'activité professionnelle ;

3° Les activités de consultant exercées à la date de la prise de fonctions et au cours des cinq années précédentes :

a) L'identification de l'employeur ;
b) La description de l'activité professionnelle exercée ;
c) La période d'exercice de l'activité professionnelle ;
4° La participation aux organes dirigeants d'un organisme public ou privé ou d'une société à la date de la prise de fonctions et au cours des cinq années précédentes :
a) La dénomination de l'organisme ou la société ;
b) La description de l'activité exercée au sein des organes dirigeants ;
c) La période pendant laquelle le déclarant a participé à des organes dirigeants ;
5° La dénomination de la société dans laquelle le déclarant détient des participations financières directes dans le capital à la date de sa prise de fonctions ;
6° Les activités professionnelles exercées à la date de la prise de fonctions par le conjoint, le partenaire lié par un pacte civil de solidarité ou le concubin :
a) L'identification de l'employeur ;
b) La description de l'activité professionnelle exercée ;
7° Les fonctions bénévoles susceptibles de faire naître un conflit d'intérêts exercées à la date de la prise de fonctions par le déclarant :
a) Le nom et l'objet social de la structure ou de la personne morale dans laquelle les fonctions sont exercées ;
b) La description des activités et des responsabilités exercées ;
8° Les fonctions et mandats électifs exercés à la date de la prise de fonctions par le déclarant :
a) La nature des fonctions et des mandats exercés ;
b) La date de début et de fin de fonction ou de mandat ;
La déclaration complémentaire prévue au sixième alinéa de l'article L. 722-21 indique la nature et la date de l'événement ayant conduit à la modification substantielle des intérêts.

Art. R. 722-23 La déclaration d'intérêts et, le cas échéant, la ou les déclarations complémentaires sont remises par l'intéressé aux autorités mentionnées aux deuxième et troisième alinéas de l'article L. 722-21 sous double pli cacheté revêtu d'une mention relative à leur caractère confidentiel. L'autorité destinataire de la déclaration en accuse réception.

Art. R. 722-24 A l'issue de l'entretien déontologique prévu au cinquième alinéa de l'article L. 722-21, le juge dispose d'un délai de huit jours pour modifier, le cas échéant, sa déclaration d'intérêts et la transmettre dans les formes prévues à l'article R. 722-23.

Art. R. 722-25 L'autorité à laquelle la déclaration a été remise est responsable de la conservation de cette déclaration et des déclarations complémentaires.

Ces déclarations sont conservées sous double pli cacheté. L'enveloppe extérieure est revêtue d'une mention relative à son caractère confidentiel et de la mention "Déclaration d'intérêts" suivie du nom et du prénom du juge. L'enveloppe intérieure comporte les mêmes mentions ainsi qu'un bordereau d'émargement des personnes habilitées à y accéder. Cette enveloppe est revêtue de la signature, du nom et du prénom apposés par la dernière personne ayant accédé à la déclaration.

Art. R. 722-26 La déclaration d'intérêts peut être consultée par le juge concerné ainsi que par l'autorité à laquelle la déclaration a été remise.

La confidentialité de ces déclarations ne fait pas obstacle à leur communication à la Commission nationale de discipline des juges des tribunaux de commerce et au garde des sceaux, ministre de la justice, lorsqu'une procédure disciplinaire est engagée.

Art. R. 722-27 La déclaration d'intérêts et l'actualisation de cette déclaration sont conservées jusqu'à l'expiration d'un délai de cinq ans à compter de la fin des fonctions au titre desquelles elles ont été remises. Elles sont alors détruites dans le respect de la *confidentialité des éléments qu'elles contiennent.*

Toutefois, en cas de poursuites disciplinaires ou pénales fondées sur un manquement en lien avec des éléments contenus dans la déclaration d'intérêts ou son actualisation, la destruction de ces déclarations est suspendue jusqu'à l'expiration du délai au terme duquel les voies de recours contre la décision éventuellement prise à l'issue de la procédure disciplinaire ou pénale engagée sont épuisées.

SOUS-SECTION 3 DE L'OBLIGATION DE FORMATION

(Décr. n° 2018-664 du 27 juill. 2018, en vigueur le 1er nov. 2018)

Les dispositions issues du Décr. n° 2018-664 du 27 juill. 2018 sont applicables en Nouvelle-Calédonie, en Polynésie française et dans les îles Wallis-et-Futuna ; elles ne sont pas applicables à Saint-Pierre-et-Miquelon (Décr. préc., art. 2).

Les Décr. n° 2018-664 du 27 juill. 2018 et n° 2018-1081 du 4 déc. 2018 insèrent à la suite de l'art. R. 722-27 tous les deux une sous-section 3, lesquelles coexistent ainsi.

§ 1er DE LA FORMATION INITIALE

Art. D. 722-28 **Sont soumis à l'obligation de formation initiale prévue à l'article L. 722-17 les juges des tribunaux de commerce élus n'ayant jamais exercé de mandat ou n'ayant pas accompli ladite obligation de formation au cours de leur mandat précédent.**

Art. D. 722-29 **Le délai prévu à l'article L. 722-17 est fixé à vingt mois à compter du premier jour du mois suivant l'élection du juge du tribunal de commerce.**

Par dérogation à l'art. D. 722-29, les juges des tribunaux de commerce élus en 2018 et n'ayant pas exécuté leur obligation de formation initiale à la date du 30 juin 2020, ou élus en 2019 et n'ayant pas exécuté leur obligation de formation initiale à la date du 30 juin 2021, disposent, à compter de ces dates, d'un délai supplémentaire exceptionnel d'un an pour satisfaire à cette obligation. A défaut, conformément à l'art. L. 722-17, ils sont réputés démissionnaires (Décr. n° 2020-482 du 27 avr. 2020, art. 1er et 2).

Par dérogation à l'art. D. 722-29, au titre de l'année 2020, le délai de vingt mois court à compter du premier jour du troisième mois suivant l'élection du juge du tribunal de commerce (Décr. n° 2020-854 du 7 juill. 2020, art. 3).

Par dérogation à l'art. D. 722-29, au titre de l'année 2021, le délai de vingt mois court à compter du 1er janv. 2022 (Décr. n° 2021-1376 du 21 oct. 2021, art. 1er).

Art. D. 722-30 **L'inexécution de l'obligation de formation prévue à l'article L. 722-17 et la date de cessation des fonctions sont constatées par le premier président de la cour d'appel.**

Le premier président de la cour d'appel informe sans délai le juge du tribunal de commerce concerné. Il informe également le garde des sceaux, ministre de la justice, le procureur général près la cour d'appel, ainsi que le président et le greffier du tribunal de commerce concernés.

Art. D. 722-31 **La formation initiale, d'une durée de huit jours, est organisée par l'École nationale de la magistrature.**

Elle porte notamment sur des enseignements relatifs à l'organisation judiciaire, aux principes de la procédure, au fonctionnement d'une juridiction, à la déontologie, ainsi qu'à la technique de rédaction des jugements et de tenue d'une audience.

Art. D. 722-32 **A l'issue de la formation, l'École nationale de la magistrature remet au juge du tribunal de commerce une attestation individuelle de formation, sous réserve d'assiduité. Elle en informe le garde des sceaux, ministre de la justice.**

Le juge du tribunal de commerce remet sans délai l'attestation individuelle de formation au président du tribunal de commerce.

§ 2 DE LA FORMATION CONTINUE

Art. D. 722-33 **La durée de la formation continue est de deux jours au cours d'une année civile.**

Par dérogation à l'art. D. 722-33, la durée de la formation continue des juges des tribunaux de commerce est de deux jours à réaliser entre le 1er janv. 2020 et le 31 déc. 2021 (Décr. n° 2020-482 du 27 avr. 2020, art. 3).

Art. D. 722-34 **La formation continue est organisée sous la responsabilité de l'École nationale de la magistrature.**

§ 3 DISPOSITIONS COMMUNES

Art. D. 722-35 Les frais de déplacement et de séjour exposés par les juges des tribunaux de commerce pour le suivi de la formation initiale et continue leur sont remboursés selon la réglementation en vigueur applicable aux agents de l'État.

SOUS-SECTION 4 DE LA PROTECTION FONCTIONNELLE *(Décr. nº 2019-428 du 9 mai 2019).*

(Décr. nº 2018-1081 du 4 déc. 2018, art. 2)

Les dispositions des art. R. 722-36 à R. 722-42 s'appliquent aux faits survenant à compter de l'entrée en vigueur du Décr. nº 2018-1081 du 4 déc. 2018 (JO 6 déc.). S'agissant des procédures devant la commission d'admission des requêtes, les dispositions de la sous-section 3 s'appliquent aux procédures dont les justiciables saisissent la commission nationale de discipline prévue à l'art. L. 724-2 à compter de son entrée en vigueur (Décr. préc., art. 4).

Art. R. 722-36 La demande de prise en charge des frais exposés dans le cadre d'une instance civile ou pénale ou devant la commission d'admission des requêtes jusqu'au renvoi devant la commission nationale de discipline prévue à l'article L. 724-2, au titre de la protection fonctionnelle est formulée par écrit auprès du garde des sceaux, ministre de la justice. – *Anc. art. R. 722-28 (Décr. nº 2019-428 du 9 mai 2019).*

Art. R. 722-37 La décision de prise en charge au titre de la protection fonctionnelle indique les faits au titre desquels la protection est accordée. Elle précise les modalités d'organisation de la protection, notamment sa durée qui peut être celle de l'instance ou de la procédure. – *Anc. art. R. 722-29 (Décr. nº 2019-428 du 9 mai 2019).*

Art. R. 722-38 Le juge communique au garde des sceaux, ministre de la justice, le nom de l'avocat qu'il a librement choisi et la convention conclue avec lui au titre de l'article 10 de la loi nº 71-1130 du 31 décembre 1971 portant réforme de certaines professions judiciaires et juridiques. – *Anc. art. R. 722-30 (Décr. nº 2019-428 du 9 mai 2019).*

Art. R. 722-39 Sans préjudice de la convention conclue entre l'avocat et le juge au titre de l'article 10 de la loi nº 71-1130 du 31 décembre 1971 portant réforme de certaines professions judiciaires et juridiques, l'État peut conclure une convention avec l'avocat désigné ou accepté par le demandeur et, le cas échéant, avec le demandeur.

La convention détermine le montant des honoraires pris en charge selon un tarif horaire ou un forfait, déterminés notamment en fonction des difficultés de l'affaire. Elle fixe les modalités selon lesquelles les autres frais, débours et émoluments sont pris en charge. Elle règle le cas des sommes allouées au juge au titre des frais exposés et non compris dans les dépens.

L'État règle directement à l'avocat les frais prévus par la convention.

La convention peut prévoir que des frais sont pris en charge au fur et à mesure de leur engagement, à titre d'avances et sur justificatifs.

Le règlement définitif intervient à la clôture de l'instance ou de la procédure sur présentation du compte détaillé prévu à l'article 12 du décret nº 2005-790 du 12 juillet 2005 relatif aux règles de déontologie de la profession d'avocat. – *Anc. art. R. 722-31 (Décr. nº 2019-428 du 9 mai 2019).*

Art. R. 722-40 Dans le cas où la convention prévue à l'article R. 722-31 *[R. 722-39]* du présent code n'a pas été conclue, la prise en charge des frais exposés est réglée directement au juge sur présentation des factures acquittées par lui.

Le montant de prise en charge des honoraires par l'État est limité par des plafonds horaires fixés par arrêté conjoint du garde des sceaux, ministre de la justice et du ministre chargé du budget. – *Anc. art. R. 722-32 (Décr. nº 2019-428 du 9 mai 2019).*

Art. R. 722-41 Si la convention prévue à l'article R. 722-31 *[R. 722-39]* du présent code comporte une clause en ce sens ou en l'absence de convention, l'État peut ne prendre en charge qu'une partie des honoraires lorsque le nombre d'heures facturées ou déjà réglées apparaît manifestement excessif.

Le caractère manifestement excessif s'apprécie au regard des prestations effectivement accomplies par le conseil pour le compte de son client, des pièces et des justificatifs produits ou de la nature des difficultés présentées par le dossier.

Lorsque la prise en charge par l'État ne couvre pas l'intégralité des honoraires de l'avocat, le règlement du solde incombe au juge dans le cadre de ses relations avec son conseil. – *Anc. art. R. 722-33 (Décr. n° 2019-428 du 9 mai 2019).*

Art. R. 722-42 Pour chaque instance ou procédure, le juge peut demander, sur justificatifs, le remboursement de ses frais de déplacement ou d'hébergement liés à l'instance ou à la procédure dans les conditions et selon les modalités de règlements des frais occasionnés par les déplacements prévues par les dispositions applicables aux personnels civils de l'État pour le ministère de la justice.

L'État n'est pas tenu de rembourser les frais engagés par le juge pour des déplacements ou de l'hébergement dont le nombre ou la fréquence sont manifestement sans rapport avec les nécessités de sa défense. – *Anc. art. R. 722-34 (Décr. n° 2019-428 du 9 mai 2019).*

CHAPITRE III DE L'ÉLECTION DES JUGES DES TRIBUNAUX DE COMMERCE

BIBL. ▸ Lesaulnier, *Gaz. Pal. 2015. 96* (le greffier et les élections du président et des juges des tribunaux de commerce).

SECTION PREMIÈRE DE L'ÉLECTORAT

Art. R. 723-1 *(Décr. n° 2021-144 du 11 févr. 2021, art. 13)* « Au cours des deux premiers mois de l'année suivant l'élection des membres des chambres de commerce et d'industrie et des chambres des *[de]* métiers et de l'artisanat », la commission mentionnée à l'article L. 723-3 établit la liste des membres du collège électoral du tribunal de commerce. Cette commission comprend, outre son président, un juge du tribunal de commerce désigné au début de l'année judiciaire par ordonnance du président du tribunal de commerce prise après avis de l'assemblée générale du tribunal de commerce et un représentant du préfet.

La commission se réunit à l'initiative de son président.

Le secrétariat de la commission est assuré par le greffier du tribunal de commerce. – *[COJ, art. R. 413-1.]*

Art. R. 723-2 Pour établir la liste des membres du collège électoral, la commission se fait remettre *(Abrogé par Décr. n° 2021-144 du 11 févr. 2021, art. 13) « une copie, certifiée par le préfet, du procès-verbal de l'élection des délégués consulaires et, »* par le président du tribunal de commerce, une expédition de l'ordonnance fixant le tableau des juges composant la juridiction *(Décr. n° 2021-144 du 11 févr. 2021, art. 13)* « et la liste des anciens membres de la juridiction, ainsi que, par le président de la chambre de commerce et d'industrie et le président de la chambre des *[de]* métiers et de l'artisanat, la liste de leurs membres élus relevant du ressort du tribunal de commerce.

« La commission procède en outre à l'inscription des anciens membres des tribunaux de commerce ainsi qu'à celle des juges dont l'élection est intervenue postérieurement à celle des membres des chambres de commerce et d'industrie et des chambres de métiers et de l'artisanat. La commission inscrit également les membres des chambres de commerce et d'industrie et des chambres de métiers et de l'artisanat élus postérieurement à l'établissement de la liste électorale.

« La commission suspend de la liste des membres du collège électoral les membres élus des chambres du commerce et de l'industrie et des chambres des *[de]* métiers et de l'artisanat ayant fait l'objet d'une décision prévue au premier alinéa de l'article L. 712-9 du code de commerce ou à l'article 19 du code de l'artisanat. »

La commission procède à la radiation des membres du collège électoral qui sont décédés, qui ont démissionné, *(Décr. n° 2021-144 du 11 févr. 2021, art. 13)* « qui sont réputés démissionnaires » *(Abrogé par Décr. n° 2021-1375 du 21 oct. 2021, art. 1er)* « *, qui ont été déclarés déchus de leurs fonctions* » ou qui ont été condamnés à l'une des peines, déchéances ou sanctions prévues aux 1° à 4° de l'article L. 723-2. *(Abrogé par Décr. n° 2021-144 du 11 févr. 2021, art. 13) « La commission procède en outre à l'inscription des juges dont l'élection est intervenue postérieurement à celle des délégués consulaires ainsi qu'à celle des anciens juges des tribunaux de commerce qui demandent à être inscrits en application de l'article L. 723-1. »*

(Décr. nº 2021-144 du 11 févr. 2021, art. 13) « Les électeurs mentionnés au 1° de l'article L. 723-1 appartiennent au collège électoral du ressort du tribunal de commerce jusqu'au terme de leur mandat au sein de la chambre de commerce et de l'industrie ou de la chambre de métiers et de l'artisanat.

« A la qualité d'ancien membre du tribunal de commerce le juge ayant exercé ses fonctions pendant au moins six années et n'ayant pas été réputé démissionnaire.

« Les électeurs mentionnés au 2° de l'article L. 723-1 ne peuvent être inscrits sur la liste des membres du collège électoral de plusieurs tribunaux de commerce. Lorsque ces électeurs sont susceptibles de se trouver dans cette situation, ils sont tenus de solliciter leur retrait de la liste électorale auprès des présidents des juridictions dans lesquelles ils ne souhaitent pas être électeurs. » – *[COJ, art. R. 413-2.]*

V. note ss. art. L. 723-3.

Art. R. 723-3 Au plus tard le 15 juillet de chaque année, la commission arrête la liste électorale qui sera utilisée lors de l'élection prévue à l'article L. 723-11. Cette liste est aussitôt affichée au greffe du tribunal de commerce et le demeure jusqu'au dépouillement du scrutin. Une copie est transmise au préfet. La liste est rectifiée à la diligence du greffier du tribunal de commerce en cas de notification par tout intéressé d'un jugement intervenu dans les conditions fixées par les articles L. 25 et L. 34 du code électoral. Ces rectifications sont aussitôt portées à la connaissance du préfet et, avant le commencement des opérations de dépouillement et de recensement des votes, du président de la commission prévue à l'article L. 723-13. – *[COJ, art. R. 413-3.]*

Par dérogation à l'art. R. 723-3, au titre de l'année 2021, la commission arrête la liste électorale au plus tard le 15 sept. 2021 (Décr. nº 2021-1046 du 6 août 2021, art. 2).

Art. R. 723-4 En cas de modification du ressort de deux ou plusieurs juridictions commerciales, la liste des membres du collège électoral de chacun des tribunaux de commerce concernés par cette modification est rectifiée dans les conditions prévues à l'article R. 723-2. Les greffiers desdites juridictions procèdent entre eux à toutes les communications utiles en vue des inscriptions ou radiations qu'implique cette mise à jour. – *[COJ, art. R. 413-4.]*

SECTION II DU SCRUTIN ET DES OPÉRATIONS ÉLECTORALES

Art. R. 723-5 Les élections prévues au premier alinéa de l'article L. 723-11 ont lieu dans la première quinzaine du mois d'octobre. – *[COJ, art. R. 413-8, al. 1er.]*

Par dérogation à l'art. R. 723-5, les élections prévues au 1er al. de l'art. L. 723-11 ont lieu, au titre de l'année 2021, du 22 nov. au 5 déc. 2021 (Décr. nº 2021-1046 du 6 août 2021, art. 1er).

SOUS-SECTION 1 DES CANDIDATURES ET DES OPÉRATIONS PRÉALABLES AU SCRUTIN

Art. R. 723-6 Les candidatures aux fonctions de juge d'un tribunal de commerce sont déclarées au préfet. Nul ne peut se porter simultanément candidat dans plusieurs tribunaux de commerce.

Les déclarations de candidature sont recevables jusqu'à 18 heures le vingtième jour précédant celui du dépouillement du premier tour de scrutin. Les déclarations doivent être faites par écrit et signées par les candidats. Elles peuvent être individuelles ou collectives.

Chaque candidat accompagne sa déclaration de candidature de la copie d'un titre d'identité et d'*(Décr. nº 2017-1163 du 12 juill. 2017, art. 3)* « une déclaration écrite attestant sur l'honneur qu'il remplit les conditions d'éligibilité fixées aux 1° à 5° de l'article L. 723-4 », qu'il n'est pas frappé de l'une des incapacités, incompatibilités, déchéances ou inéligibilités prévues aux 1° à 4° de l'article L. 723-2 et aux articles *(Décr. nº 2017-1163 du 12 juill. 2017, art. 3)* « L. 722-6-1, L. 722-6-2 et L. 723-7 », qu'il ne fait pas l'objet d'une mesure de suspension prise en application de l'article L. 724-4 et qu'il n'est pas candidat dans un autre tribunal de commerce.

(Décr. nº 2017-1163 du 12 juill. 2017, art. 3) « Pour les candidatures déposées sur le fondement du dernier alinéa de l'article L. 723-4, la déclaration écrite sur l'honneur comprend les mêmes éléments que ceux mentionnés à l'alinéa précédent, à l'exception

de la condition prescrite au 1° de l'article L. 723-4. Elle comprend en outre la déclaration du candidat attestant qu'il remplit les conditions fixées au dernier alinéa du même article *(Abrogé par Décr. n° 2021-1375 du 21 oct. 2021, art. 2)* « *, qu'il a exercé les fonctions de juge de tribunal de commerce pendant au moins trois ans et qu'il dispose d'une résidence dans le ressort du tribunal au sein duquel il se porte candidat* ». »

Le préfet enregistre les candidatures et en donne récépissé. *(Décr. n° 2021-144 du 11 févr. 2021, art. 14)* « Il refuse celles qui ne sont pas assorties de la déclaration exigée aux deux alinéas précédents. Le préfet refuse également les candidatures qui ne remplissent pas les conditions prévues au troisième alinéa du présent article. Il en avise les intéressés du refus par écrit. »

Aucun retrait ou remplacement d'une candidature n'est accepté après son enregistrement.

Les candidatures enregistrées sont affichées à la préfecture le lendemain de la date limite de dépôt des candidatures et portées à la connaissance du procureur général près la cour d'appel. – *[COJ, art. R. 413-5.]*

Par dérogation au 2e al. de l'art. R. 723-6, au titre de l'année 2021, les déclarations de candidature sont recevables jusqu'au treizième jour précédant celui du dépouillement du premier tour de scrutin (Décr. n° 2021-1046 du 6 août 2021, art. 3).

Déclaration sur l'honneur. Si le préfet doit refuser d'enregistrer les candidatures aux élections des juges des tribunaux de commerce qui ne sont pas assorties de la déclaration sur l'honneur, il ne peut, en revanche, légalement fonder un refus d'enregistrement sur la circonstance que le contenu de la déclaration sur l'honneur ne serait pas exact. • CE 19 févr. 2007, n° 264862 : *AJDA 2007. 990 ; Gaz. Pal. 2007. 2815.*

Art. R. 723-7 Le collège électoral est informé, par un arrêté du préfet pris un mois avant la date du dépouillement du premier tour de scrutin, de la date, de l'heure et du lieu fixés pour les opérations de dépouillement et de recensement des votes des premier et deuxième tours de scrutin. Une copie de cet arrêté est adressée à chaque électeur.

Un délai de dix jours ouvrables sépare les dates de dépouillement des deux tours de scrutin. – *[COJ, art. R. 413-6.]*

Art. R. 723-8 La commission prévue à l'article L. 723-13 comprend, outre son président, *(Décr. n° 2020-1616 du 17 déc. 2020, art. 8)* « un juge du tribunal judiciaire désigné par le premier président de la cour d'appel et un fonctionnaire désigné par le préfet ». *(Abrogé par Décr. n° 2020-1616 du 17 déc. 2020, art. 8)* « *Ces trois magistrats sont désignés par le premier président après avis de l'assemblée générale de la cour d'appel.* »

Le secrétariat de la commission est assuré par le greffier du tribunal de commerce. – *[COJ, art. R. 413-7.]*

Le Décr. n° 2020-1616 du 17 déc. 2020 entre en vigueur le lendemain de sa publication. Il prend effet pour chaque commission à l'expiration des mandats en cours à cette date (Décr. préc., art. 11).

SOUS-SECTION 2 DU VOTE PAR CORRESPONDANCE

Art. R. 723-9 Les plis contenant les votes par correspondance sont admis en franchise. – *[COJ, art. R. 413-8.]*

Art. R. 723-10 Le préfet adresse aux électeurs, douze jours au moins avant la date du dépouillement du premier tour de scrutin, deux enveloppes électorales destinées, pour chaque tour de scrutin, à recevoir le bulletin de vote et deux enveloppes d'envoi portant les mentions "Élection des juges du tribunal de commerce. – Vote par correspondance", "Juridiction :"et "Nom, prénoms et signature de l'électeur :". L'une des deux enveloppes d'envoi porte en outre la mention "Premier tour de scrutin", la seconde enveloppe porte la mention "Second tour de scrutin". – *[COJ, art. R. 413-9, al. 1er.]*

Art. R. 723-11 Chaque électeur vote à l'aide d'un bulletin qu'il rédige lui-même. Il peut aussi utiliser l'un des bulletins imprimés envoyés par certains candidats après l'avis de la commission prévue à l'article L. 723-13. Ce bulletin imprimé peut être modifié de façon manuscrite. Chaque électeur ne met sous enveloppe qu'un seul bulletin. Le nombre des candidats désignés par chaque électeur sur son bulletin doit être égal ou inférieur à celui des juges à élire. Les suffrages exprimés en faveur des personnes dont la candidature n'a pas été enregistrée et affichée conformément aux dispositions de l'article R. 723-6 ne sont pas comptés lors du recensement des votes.

Un arrêté du garde des sceaux, ministre de la justice, fixe le format, le libellé et les modalités d'impression des bulletins ainsi que les modalités de présentation des candidatures sur les bulletins de vote. – *V. Arr. du 24 mai 2011 (JO 2 juin).*

Pour chaque tour de scrutin, l'électeur place son bulletin de vote dans l'enveloppe électorale et place cette enveloppe dans l'enveloppe d'envoi prévue pour le tour de scrutin considéré. Il adresse cette deuxième enveloppe au préfet sous pli fermé. – *[COJ, art. R. 413-9, al. 2 à 4.]*

Art. R. 723-12 Le préfet dresse une liste des électeurs dont il a reçu l'enveloppe d'acheminement des votes. La liste est close la veille du dépouillement du premier tour de scrutin à dix-huit heures. Les plis parvenant ultérieurement portent la mention de la date et l'heure auxquelles ils sont parvenus à la préfecture et sont conservés par le préfet. La liste est remise avec les enveloppes cachetées contenant les enveloppes électorales au président de la commission prévue à l'article L. 723-13 avant le début des opérations de dépouillement.

Entre le premier et le second tour de scrutin, le préfet dresse la liste des électeurs dont il a reçu l'enveloppe d'acheminement des votes pour le second tour. Il clôt la liste la veille du dépouillement du second tour de scrutin à dix-huit heures et procède ensuite conformément au premier alinéa. – *[COJ, art. R. 413-9, al. 5 et 6.]*

Art. R. 723-13 La liste d'émargement du vote par correspondance est constituée par la liste d'émargement prévue à l'article R. 723-19. A défaut, une copie de la liste des électeurs prévue au présent article tient lieu de liste d'émargement.

A la clôture du scrutin, le secrétaire de la commission prévue à l'article L. 723-13 porte sur la liste d'émargement, en face du nom de chaque électeur, la mention "vote par correspondance". Le président de la commission ouvre ensuite chaque pli, énonce publiquement le nom de l'électeur, émarge et place dans une urne l'enveloppe contenant le bulletin de vote pour être dépouillé avec les autres. – *[COJ, art. R. 413-9, al. 7 et 8.]*

Art. R. 723-14 Les membres de la commission prévue à l'article L. 723-13 procèdent au dépouillement des bulletins contenus dans l'urne. Les enveloppes d'acheminement des votes et la liste des électeurs ayant voté par correspondance sont annexées à la liste d'émargement et conservées dans les conditions fixées par l'article R. 723-23. – *[COJ, art. R. 413-9, al. 9.]*

Art. R. 723-15 Les dispositions des articles R. 49, R. 52, de l'alinéa premier des articles R. 54 et R. 59, de l'article R. 62, de l'alinéa premier de l'article R. 63, et de l'article R. 68 du code électoral s'appliquent aux opérations électorales organisées en vue de la désignation des juges des tribunaux de commerce. Pour l'application de ces dispositions, la commission prévue à l'article L. 723-13 est substituée au bureau de vote. – *[COJ, art. R. 413-10.]*

SOUS-SECTION 3 DU VOTE ÉLECTRONIQUE

Art. R. 723-16 Le préfet adresse aux électeurs, en même temps que les documents prévus à l'article R. 723-10, une instruction relative aux modalités d'accès au système de vote électronique auquel l'électeur doit se relier pour voter ainsi que les instruments permettant l'expression du vote selon des modalités garantissant sa confidentialité.

Ces instruments permettent l'authentification de l'électeur et la vérification de l'unicité de son vote selon des exigences de sécurité et des modalités définies par arrêté conjoint du garde des sceaux, ministre de la justice, et du ministre de l'intérieur, pris après avis de la Commission nationale de l'informatique et des libertés. – *[COJ, art. R. 413-11.]*

Art. R. 723-17 Pour voter par voie électronique, l'électeur, après connexion au site internet ou à tout autre réseau accessible à tous les électeurs, s'identifie, exprime son vote et le valide au moyen des instruments d'authentification qui lui ont été attribués. Il vérifie l'inscription sécurisée de son vote par le système de vote électronique. La transmission du vote et l'émargement de l'électeur font l'objet d'un accusé de réception électronique sur lequel figure la date de ladite réception. – *[COJ, art. R. 413-12.]*

Art. R. 723-18 En cas d'utilisation par un même électeur au titre de la même qualité des deux modes de vote, seul le vote électronique est considéré comme valide. – *[COJ, art. R. 413-6, al. 2, 2e phrase.]*

Art. R. 723-19 Le jour du dépouillement des votes, le président de la commission prévue à l'article L. 723-13 imprime la liste d'émargement à partir du traitement "fichier des électeurs".

Le président et l'un des membres de la commission reçoivent du préfet chacun une clé de dépouillement distincte, selon des modalités en garantissant la confidentialité, permettant d'accéder aux données du fichier dénommé "contenu de l'urne électronique". Le président reçoit également les éléments permettant la vérification de l'intégrité du système de vote électronique.

Après clôture des opérations de vote et vérification de l'intégrité du fichier dénommé "contenu de l'urne électronique", le président de la commission prévue à l'article L. 723-13 et le membre de celle-ci mentionné à l'alinéa précédent procèdent publiquement au dépouillement.

Les décomptes des voix par candidat doivent apparaître lisiblement à l'écran et faire l'objet d'une édition sécurisée qui est portée au procès-verbal de l'élection.

Le système de vote électronique est verrouillé après le dépouillement de sorte qu'il soit impossible de reprendre ou de modifier le résultat après la décision de clôture du dépouillement prise par la commission.

La commission prévue à l'article L. 723-13 vérifie que le nombre total de votes exprimés par voie électronique correspond au nombre de votants figurant sur la liste d'émargement. Mention des difficultés est portée au procès-verbal.

Le nombre total des suffrages exprimés par voie électronique ainsi que le nombre de voix obtenues par chaque candidat sont portés au procès-verbal. – *[COJ, art. R. 413-13.]*

Art. R. 723-20 Les données relatives aux électeurs inscrits sur les listes électorales ainsi que celles relatives à l'expression du vote font l'objet, selon des modalités fixées par arrêté conjoint du garde des sceaux, ministre de la justice, et du ministre de l'intérieur, pris après avis de la Commission nationale de l'informatique et des libertés, de traitements automatisés d'information effectués sur des systèmes informatiques distincts dénommés "fichier des électeurs" et "contenu de l'urne électronique".

Le traitement "fichier des électeurs" est établi à partir des listes électorales dressées par la commission mentionnée à l'article L. 723-3. Le fichier des électeurs permet au préfet d'adresser à chaque électeur les instruments d'authentification mentionnés à l'article R. 723-16, d'identifier les électeurs ayant pris part au vote électronique et d'éditer la liste d'émargement. L'émargement indique l'heure du vote. Les listes d'émargement doivent être enregistrées sur un support distinct de celui de l'urne électronique, scellé, non réinscriptible, rendant son contenu inaltérable et probant.

Le fichier dénommé "contenu de l'urne électronique" recense les votes exprimés par voie électronique. Les données de ce fichier font l'objet d'un chiffrement et ne doivent pas comporter de lien permettant l'identification des électeurs. – *[COJ, art. R. 413-14.]*

Art. R. 723-21 Jusqu'à l'expiration des délais de recours contentieux, les fichiers supports comprenant la copie des programmes sources et des programmes exécutables, les matériels de vote, les fichiers d'émargement, de résultats et de sauvegarde doivent être conservés sous scellés sous le contrôle de la commission prévue à l'article L. 723-13. La procédure de décompte des votes enregistrés doit, si nécessaire, pouvoir être exécutée de nouveau.

A l'expiration des délais de recours, et si aucun recours n'a été exercé, il est procédé à la destruction des fichiers supports sous le contrôle de la commission prévue à l'article L. 723-13. – *[COJ, art. R. 413-15.]*

SOUS-SECTION 4 DE LA PROCLAMATION DES RÉSULTATS ET DU CONTENTIEUX DE L'ÉLECTION DES JUGES CONSULAIRES

Art. R. 723-22 Les votes sont recensés par la commission prévue à l'article L. 723-13. Les résultats sont proclamés publiquement par le président de cette commission.

La liste des candidats élus, établie dans l'ordre décroissant du nombre de voix obtenu par chacun d'entre eux, est immédiatement affichée au greffe du tribunal de commerce.

Le procès-verbal des opérations électorales est dressé en trois exemplaires revêtus de la signature des membres de la commission. Le premier exemplaire est adressé au procureur général, le deuxième au préfet et le troisième est conservé au greffe du tribunal de commerce. – *[COJ, art. R. 413-16.]*

Art. R. 723-23 La liste d'émargement signée par le président de la commission prévue à l'article L. 723-13 demeure déposée pendant huit jours au greffe du tribunal de commerce où elle est communiquée à tout électeur qui en fait la demande. – *[COJ, art. R. 413-17.]*

Art. R. 723-24 Les contestations relatives à l'électorat, à l'éligibilité et aux opérations électorales organisées *(Décr. nº 2021-144 du 11 févr. 2021, art. 14)* « dans le cadre du présent chapitre » sont de la compétence du *(Décr. nº 2019-966 du 18 sept. 2019, art. 8, en vigueur le 1er janv. 2020)* « tribunal judiciaire *[ancienne rédaction : tribunal d'instance]* » dans le ressort duquel se trouve situé le siège du tribunal de commerce.

Le *(Décr. nº 2019-966 du 18 sept. 2019, art. 8, en vigueur le 1er janv. 2020)* « tribunal judiciaire *[ancienne rédaction : tribunal d'instance]* » statue en dernier ressort. – *[COJ, art. R. 413-11.]*

Compétence. Il résulte de l'art. R. 723-24, pris en application des dispositions des art. L. 723-1 à L. 723-14, que les contestations relatives à l'électorat, à l'éligibilité et aux opérations électorales organisées dans le cadre du chapitre III sont de la compétence du tribunal judiciaire dans le ressort duquel se trouve situé le siège du tribunal de commerce. Dès lors, les contestations relatives aux décisions préliminaires à ces opérations électorales sont également de la compétence judiciaire. • T confl. 10 janv. 2022, nº 4229 : *AJDA 2022. 17, obs. Maupin*.

Art. R. 723-25 Les recours mentionnés à l'article R. 723-24 sont ouverts à tout électeur dans un délai de huit jours à compter de la proclamation des résultats.

Le recours est également ouvert au préfet et au procureur de la République qui peuvent l'exercer dans un délai de quinze jours à compter de la réception du procès-verbal mentionné à l'article R. 723-22. – *[COJ, art. R. 413-18.]*

Art. R. 723-26 Le recours est formé par *(Décr. nº 2019-1333 du 11 déc. 2019, art. 16, en vigueur le 1er janv. 2020)* « requête » *(Abrogé par Décr. nº 2019-1333 du 11 déc. 2019, art. 16, à compter du 1er janv. 2020)* « *orale ou écrite* » faite, remise ou adressée au greffe du *(Décr. nº 2019-966 du 18 sept. 2019, art. 8, en vigueur le 1er janv. 2020)* « tribunal judiciaire *[ancienne rédaction : tribunal d'instance]* ». La *(Décr. nº 2019-1333 du 11 déc. 2019, art. 16, en vigueur le 1er janv. 2020)* « requête » indique les nom, prénoms et adresse du requérant, la qualité en laquelle il agit et l'objet du recours. La *(Décr. nº 2019-1333 du 11 déc. 2019, art. 16, en vigueur le 1er janv. 2020)* « requête » mentionne les nom, prénoms et adresse de la ou des personnes dont l'élection est contestée.

Le recours est porté à la connaissance du président du tribunal de commerce et du procureur de la République par le greffe du *(Décr. nº 2019-966 du 18 sept. 2019, art. 8, en vigueur le 1er janv. 2020)* « tribunal judiciaire *[ancienne rédaction : tribunal d'instance]* ». – *[COJ, art. R. 413-19.]*

Art. R. 723-27 Dans les dix jours du recours, le *(Décr. nº 2019-966 du 18 sept. 2019, art. 8, en vigueur le 1er janv. 2020)* « tribunal judiciaire *[ancienne rédaction : tribunal d'instance]* » statue sans formalité, sans frais et sur simple avertissement donné trois jours à l'avance à toutes les parties en cause. – *[COJ, art. R. 413-20.]*

Art. R. 723-28 La décision du *(Décr. nº 2019-966 du 18 sept. 2019, art. 8, en vigueur le 1er janv. 2020)* « tribunal judiciaire *[ancienne rédaction : tribunal d'instance]* » est notifiée dans les trois jours par le greffe aux parties par lettre recommandée avec demande d'avis de réception. Le greffe en donne avis au préfet et au procureur de la République dans le même délai.

La décision du tribunal n'est pas susceptible d'opposition. – *[COJ, art. R. 413-21.]*

Art. R. 723-29 Le pourvoi en cassation est formé et instruit dans les conditions fixées aux articles 999 à 1008 du *(Décr. nº 2008-484 du 22 mai 2008, art. 22)* « code de procédure civile ». Le délai de pourvoi court à compter de la notification prévue à l'article R. 723-28. – *[COJ, art. R. 413-22.]*

Art. R. 723-30 Les juges dont l'élection est contestée peuvent valablement prêter serment, être installés et siéger tant qu'il n'a pas été définitivement statué sur le recours. – *[COJ, art. R. 413-23.]*

Art. R. 723-31 Les délais mentionnés au présent chapitre sont calculés et prorogés dans les conditions fixées aux articles 640 à 647-1 du *(Décr. n° 2008-484 du 22 mai 2008, art. 22)* « code de procédure civile ». – *[COJ, art. R. 413-24.]*

CHAPITRE IV DE LA DISCIPLINE DES JUGES DES TRIBUNAUX DE COMMERCE

SECTION PREMIÈRE DE LA COMMISSION NATIONALE DE DISCIPLINE

Art. R. 724-1 La Commission nationale de discipline prévue à l'article L. 724-2 siège à la Cour de cassation. Elle est dénommée Commission nationale de discipline des juges des tribunaux de commerce. – *[COJ, art. R. 414-1.]*

Art. R. 724-2 Les membres titulaires et suppléants de la commission sont désignés tous les quatre ans entre le 21 février et le 31 mars. – *[COJ, art. R. 414-3.]*

Art. R. 724-3 L'année où il est procédé au renouvellement des membres de la commission, les premiers présidents des cours d'appel font connaître, le 15 février au plus tard, au premier président de la Cour de cassation le nom du président de chambre ou du conseiller appartenant à leur cour qu'ils proposent de désigner en application du 2° de l'article L. 724-2. – *[COJ, art. R. 414-4.]*

Art. R. 724-4 L'année où il est procédé au renouvellement des membres de la commission, les présidents des tribunaux de commerce font connaître par écrit, le 15 février au plus tard, au secrétaire de la commission les noms, prénoms, adresses, dates et lieux de naissance des juges appartenant à leur juridiction se portant candidats en application du 3° de l'article L. 724-2.

Le secrétaire de la commission établit la liste des candidatures le 20 février au plus tard et en adresse aussitôt une copie à tous les présidents des tribunaux de commerce. – *[COJ, art. R. 414-5.]*

Art. R. 724-5 L'élection des membres de la commission mentionnés au 3° de l'article L. 724-2 a lieu à la majorité des bulletins exprimés. En cas d'égalité de suffrages, le plus âgé est proclamé élu.

Le vote a lieu par correspondance. Chaque président de tribunal de commerce doit rédiger son bulletin de vote en y portant le nom de quatre des candidats. Chaque président de tribunal de commerce place ensuite son bulletin dans une enveloppe sur laquelle il porte la mention "Élection des membres de la Commission nationale de discipline des juges des tribunaux de commerce". Il revêt cette enveloppe de sa signature après y avoir indiqué ses nom et prénoms et y avoir apposé le timbre de sa juridiction, puis il la place, après l'avoir cachetée, dans une seconde enveloppe qu'il adresse, le 10 mars au plus tard, au secrétaire de la commission. – *[COJ, art. R. 414-6.]*

Art. R. 724-6 Le bureau de la Cour de cassation se réunit entre le 15 et le 31 mars sur convocation du premier président. Il procède au dépouillement du scrutin et classe les candidats dans l'ordre dégressif du nombre de voix obtenu par chacun d'eux. Le premier président proclame élus en qualité de titulaires les quatre candidats en tête de la liste et en qualité de suppléants les quatre candidats qui viennent ensuite.

Le bureau de la Cour de cassation règle les difficultés et les contestations relatives à la préparation et au déroulement du scrutin. – *[COJ, art. R. 414-7.]*

Art. R. 724-7 La liste des membres de la Commission nationale de discipline des membres des tribunaux de commerce est publiée au *Journal officiel* de la République française à la diligence du premier président de la Cour de cassation.

Les membres de la commission sont installés dans leurs fonctions par le premier président de la Cour de cassation entre le 10 et le 20 avril suivant leur désignation ou leur élection. – *[COJ, art. R. 414-8.]*

Art. R. 724-8 Le membre de la commission qui désire résilier son mandat adresse sa démission au garde des sceaux, ministre de la justice. La démission n'est définitive qu'après acceptation par le ministre. – *[COJ, art. R. 414-9.]*

Art. R. 724-8-1 *(Décr. nº 2017-1163 du 12 juill. 2017, art. 4)* Lorsqu'une vacance se produit avant la date d'expiration des mandats, le membre de la commission est remplacé et installé dans les trois mois selon les modalités prévues pour la désignation initiale. Le membre ainsi désigné achève le mandat de celui qu'il remplace.

Art. R. 724-9 Le secrétariat de la commission est assuré par le secrétaire général de la première présidence de la Cour de cassation. *(Décr. nº 2017-1163 du 12 juill. 2017, art. 5)* « En cas d'empêchement du secrétaire général, le secrétariat est assuré par un magistrat du siège délégué à cette fin par le premier président. » – *[COJ, art. R. 414-2.]*

Art. R. 724-10 La date et l'ordre du jour des séances de la commission sont fixés par ordonnance du président de la commission. Une copie de l'ordonnance est adressée au garde des sceaux, ministre de la justice, et est jointe à la convocation adressée par le secrétaire de la commission.

Le procès-verbal des séances est signé du président et du secrétaire de la commission. – *[COJ, art. R. 414-10.]*

SECTION II **DE LA PROCÉDURE DISCIPLINAIRE**

Art. R. 724-11 Lorsqu'il saisit la commission en application des articles L. 724-3, L. 724-4 ou R. 724-20, le garde des sceaux, ministre de la justice, *(Décr. nº 2017-1163 du 12 juill. 2017, art. 6)* « ou le premier président de la cour d'appel, » transmet au président de la commission toutes les pièces afférentes à la poursuite. – *[COJ, art. R. 414-11.]*

Art. R. 724-12 *(Décr. nº 2017-1163 du 12 juill. 2017, art. 7)* « Dès la saisine de la commission, son secrétaire informe de celle-ci le juge poursuivi par tout moyen conférant date certaine et mentionnant qu'il peut prendre connaissance, au secrétariat de la commission, des pièces afférentes à la poursuite ou qu'elles peuvent lui être communiquées par voie électronique. »

Le président de la commission désigne parmi les membres de la commission un rapporteur, qui procède à toutes investigations utiles. Le rapporteur entend l'intéressé et, s'il y a lieu, le plaignant et les témoins. Il peut les faire entendre par un magistrat du siège de la cour d'appel auquel il donne délégation. – *[COJ, art. R. 414-12.]*

Art. R. 724-13 Le juge poursuivi peut se faire assister par l'un de ses pairs, par un avocat au Conseil d'État et à la Cour de cassation ou par un avocat inscrit à un barreau.

Le dossier de la procédure doit être mis à la disposition de l'intéressé et de son conseil quarante-huit heures au moins avant chaque séance de la commission ou chaque audition par le rapporteur ou son délégué du juge poursuivi. Celui-ci peut à tout moment de la procédure verser aux débats les pièces qu'il estime utiles et déposer des mémoires en défense. – *[COJ, art. R. 414-13.]*

Art. R. 724-14 Le juge poursuivi est cité à comparaître devant la commission *(Décr. nº 2017-1163 du 12 juill. 2017, art. 8)* « par son secrétaire par tout moyen conférant date certaine à cette citation ». – *[COJ, art. R. 414-14.]*

Art. R. 724-15 *(Décr. nº 2017-1163 du 12 juill. 2017, art. 9)* Le juge poursuivi est tenu de comparaître en personne sauf empêchement dûment justifié. – *[COJ, art. R. 414-15.]*

Art. R. 724-16 Après lecture du rapport et après audition du représentant du garde des sceaux, ministre de la justice, le juge poursuivi est invité à fournir ses explications et moyens de défense sur les faits qui lui sont reprochés. – *[COJ, art. R. 414-16.]*

Art. R. 724-17 *(Décr. nº 2017-1163 du 12 juill. 2017, art. 10)* L'audience de la Commission nationale de discipline est publique. Toutefois, si la protection de l'ordre public ou de la vie privée l'exige ou s'il existe des circonstances spéciales de nature à porter atteinte aux intérêts de la justice, l'accès à la salle d'audience peut être interdit pendant la totalité ou une partie de l'audience, au besoin d'office, par le président.

La commission délibère à huis clos. La décision, qui est motivée, est rendue publiquement.

Art. R. 724-18 Lorsqu'il est saisi en application de l'article L. 724-4, le président de la commission statue par ordonnance rendue dans les dix jours de sa saisine. La décision du président est immédiatement exécutoire. — *[COJ, art. R. 414-18.]*

Art. R. 724-19 Les décisions de la commission rendues en application des articles L. 724-1, L. 724-3 et R. 724-20, et les ordonnances de son président rendues en application de l'article L. 724-4 sont notifiées *(Décr. n° 2017-1163 du 12 juill. 2017, art. 11)* « au juge poursuivi par tout moyen conférant date certaine à cette notification. Elles sont portées à la connaissance du garde des sceaux, ministre de la justice, du premier président de la cour d'appel et du président du tribunal de commerce ».

Le délai de pourvoi est de dix jours à compter de la date de réception de la lettre de la notification. Le pourvoi est formé et instruit conformément aux dispositions des articles 974 à 982 du *(Décr. n° 2008-484 du 22 mai 2008, art. 22)* « code de procédure civile ». *(Abrogé par Décr. n° 2017-1163 du 12 juill. 2017, art. 11)* ***« Il est porté devant l'assemblée plénière de la Cour de cassation. »*** — *[COJ, art. R. 414-19.]*

Art. R. 724-20 La commission peut, sur proposition du garde des sceaux, ministre de la justice, retirer l'honorariat à un ancien juge d'un tribunal de commerce dans les conditions fixées aux articles L. 724-1, L. 724-3, L. 724-5, L. 724-6, R. 724-11 à R. 724-17 et R. 724-19.

Le président de la commission peut aussi, dans les conditions fixées aux articles L. 724-4, R. 724-18 et R. 724-19, interdire temporairement à un ancien membre d'un tribunal de commerce de se prévaloir de l'honorariat.

Les dispositions des deux alinéas qui précèdent ne sont pas applicables lorsque l'intéressé renonce définitivement à se prévaloir de l'honorariat par une déclaration écrite qu'il adresse au garde des sceaux, ministre de la justice, ou au président de la Commission nationale de discipline des juges des tribunaux de commerce si celle-ci est déjà saisie. — *[COJ, art. R. 414-20.]*

Art. R. 724-21 Les délais mentionnés au présent chapitre sont comptés dans les conditions fixées aux articles 641 à 647-1 du *(Décr. n° 2008-484 du 22 mai 2008, art. 22)* « code de procédure civile ». — *[COJ, art. R. 414-21.]*

TITRE TROISIÈME DES JURIDICTIONS COMMERCIALES PARTICULIÈRES

CHAPITRE PREMIER DES DISPOSITIONS APPLICABLES AUX DÉPARTEMENTS DU BAS-RHIN, DU HAUT-RHIN ET DE LA MOSELLE

Art. D. 731-1 Les *(Décr. n° 2019-966 du 18 sept. 2019, art. 8, en vigueur le 1er janv. 2020)* « tribunaux judiciaires *[ancienne rédaction : tribunaux de grande instance]* » de Colmar, Metz, Mulhouse, Sarreguemines, Saverne, Strasbourg et Thionville ont des chambres commerciales. — *[COJ, art. R. 913-1.] — Anc. art. R. 731-1 (Décr. n° 2008-522, 2 juin 2008, art. 3).*

Art. R. 731-2 Le président de la chambre commerciale du *(Décr. n° 2019-966 du 18 sept. 2019, art. 8, en vigueur le 1er janv. 2020)* « tribunal judiciaire *[ancienne rédaction : tribunal de grande instance]* » est désigné conformément aux règles qui régissent la répartition des magistrats du siège dans les chambres du tribunal. — *[COJ, art. R. 913-2.]*

Art. D. 731-3 *(Décr. n° 2008-1162 du 12 nov. 2008)* Le nombre des assesseurs de chambre commerciale des *(Décr. n° 2019-966 du 18 sept. 2019, art. 8, en vigueur le 1er janv. 2020)* « tribunaux judiciaires *[ancienne rédaction : tribunaux de grande instance]* » des départements du Bas-Rhin, du Haut-Rhin et de la Moselle est fixé conformément au tableau de l'annexe 7-4 du présent livre. — *[COJ, art. R. 913-3.] — Anc. art. R. 731-3. — V. annexe 7-4* 🏛 *au* **C. com.**

Art. R. 731-4 Les assesseurs des chambres commerciales sont élus dans les conditions fixées aux articles R. 723-1 à R. 723-31. — *[COJ, art. R. 913-4 ; Décr. n° 91-692 du 18 juill. 1991, art. 1er.]*

Art. R. 731-5 Les dispositions des articles R. 722-7, R. 722-10, R. 722-18 à R. 722-20 et R. 724-1 à R. 724-21 sont applicables aux assesseurs des chambres commerciales. — *[COJ, art. R. 913-4.]*

CHAPITRE II DES DISPOSITIONS APPLICABLES AUX DÉPARTEMENTS ET RÉGIONS D'OUTRE-MER

Art. D. 732-1 Le siège et le ressort des tribunaux mixtes de commerce sont fixés conformément au tableau de l'annexe 7-3 du présent livre. — *[COJ, art. R. 921-6, al. 1er.] — Anc. art. R. 732-1 (Décr. nº 2008-522, 2 juin 2008, art. 3). — V. annexe 7-3* au **C. com.**

Annulation du Décr. du 15 févr. 2008. Le Décr. nº 2008-146 du 15 févr. 2008 fixant le siège et le ressort des tribunaux de commerce est annulé à compter de l'expiration d'un délai de six mois courant de la date de la présente décision en tant qu'il a pour effet, en procédant à l'extension du ressort de certains tribunaux de commerce ou en créant de nouveaux tribunaux, de créer un tribunal mixte de commerce à Saint-Pierre de la Réunion. • CE 8 juill. 2009, nº 314236 : *cité note ss. art. D. 721-2.* – V. le Décr. nº 2009-1629 du 23 déc. 2009, modifiant l'annexe 7-3.

Art. D. 732-2 *(Décr. nº 2008-1162 du 12 nov. 2008)* **Le nombre des juges élus des tribunaux mixtes de commerce des départements et régions d'outre-mer est fixé conformément au tableau de l'annexe 7-4 du présent livre.** — *[COJ, art. R. 921-7 ; Décr. nº 91-692 du 18 juill. 1991, art. 1er.] — Anc. art. R. 732-2. — V. annexe 7-4* au **C. com.**

Art. R. 732-3 Les juges des tribunaux mixtes de commerce sont élus dans les conditions fixées aux articles R. 723-1 à R. 723-31. — *[COJ, art. R. 921-8.]*

Art. R. 732-4 Les dispositions des articles R. 722-7, R. 722-10, R. 722-18 à R. 722-20 et R. 724-1 à R. 724-21 sont applicables aux juges élus des tribunaux mixtes de commerce. — *[COJ, art. R. 921-9.]*

Art. R. 732-5 Les dispositions de l'article R. 721-6 sont applicables au tribunal mixte de commerce. — *[COJ, art. R. 921-10.] — Disposition applicable aux instances introduites à compter du 1er janv. 2003 (Décr. du 3 déc. 2002, art. 30).*

Art. R. 732-6 *(Décr. nº 2012-439 du 30 mars 2012, art. 2)* **La liste des tribunaux mixtes de commerce dont le greffe est assuré par un greffier de tribunal de commerce correspond à celle fixée au tableau de l'annexe 7-3 du présent livre.** — *V. cette annexe ss. art. D. 732-1.*

Art. R. 732-7 *(Décr. nº 2012-439 du 30 mars 2012, art. 3)* **Pour l'application du titre IV du présent livre aux greffes des tribunaux mixtes de commerce assurés par un greffier de tribunal de commerce, les mots : "tribunal de commerce" sont remplacés par les mots : "tribunal mixte de commerce".**

Art. *[R.]* 732-8 *(Décr. nº 2012-439 du 30 mars 2012, art. 3)* **Pour la première nomination du greffier d'un tribunal mixte de commerce inscrit sur la liste prévue à l'article L. 732-3, il y a lieu de recourir à la procédure prévue aux articles R. 742-18 à R. 742-23.**

(Décr. nº 2019-162 du 5 mars 2019, art. 2) **« En vue d'assurer le bon fonctionnement du service public de la justice, le garde des sceaux, ministre de la justice, peut décider de nommer une même personne titulaire de plusieurs offices de greffes créés dans le même ressort de cour d'appel. Dans ce cas, la publicité prévue à l'article R. 742-19 le mentionne. »**

Pour les tribunaux mixtes de commerce qui figurent sur la liste prévue à l'art. L. 732-3, le secrétariat reste assuré par un greffier en chef ou un greffier du ressort du TGI jusqu'à l'entrée en fonctions du greffier de tribunal de commerce (Décr. nº 2012-439 du 30 mars 2012, art. 8).

TITRE QUATRIÈME DU GREFFE DU TRIBUNAL DE COMMERCE

CHAPITRE PREMIER DE L'INSTITUTION ET DES MISSIONS

SECTION PREMIÈRE DISPOSITIONS GÉNÉRALES

Art. R. 741-1 Le greffier assiste les juges du tribunal de commerce à l'audience et dans tous les cas prévus par la loi.

Il assiste le président du tribunal de commerce dans l'ensemble des tâches administratives qui lui sont propres. Il assure son secrétariat.

Il l'assiste dans l'établissement et l'application du règlement intérieur de la juridiction, dans l'organisation des rôles d'audiences et la répartition des juges, dans la préparation du budget et la gestion des crédits alloués à la juridiction. Il procède au classement des archives du président.

Dans les tribunaux de commerce dont la liste est fixée par arrêté du garde des sceaux, ministre de la justice, le greffier, en accord avec le président, affecte en permanence aux tâches prévues aux deuxième et troisième alinéas du présent article un ou plusieurs agents du greffe. Leur nombre, dans chaque juridiction, est fixé par le même arrêté. — *V. art. A. 741-1 et A. 741-2.*

Le ou les agents du greffe ainsi désignés sont placés sous la seule autorité fonctionnelle du président ; ils sont soumis aux règles applicables au personnel des greffes. — *[COJ, art. R. 821-1.]*

BIBL. ▶ LESAULNIER, *Gaz. Pal. 2014. 3625* (le greffier et les élections des membres des CCI et des délégués consulaires) ; *ibid. 2015. 96* (le greffier et les élections du président et des juges des tribunaux de commerce).

Art. R. 741-2 Le greffier dirige, sous l'autorité du président du tribunal et sous la surveillance du ministère public, l'ensemble des services du greffe.

Il assure la tenue des différents registres prévus par les textes en vigueur et tient à jour les dossiers du tribunal. Il met en forme les décisions prises et motivées par les juges.

Il est dépositaire des minutes et archives dont il assure la conservation. Il délivre les expéditions et copies et a la garde des scellés et de toutes sommes déposées au greffe.

Il dresse les actes de greffe et procède aux formalités pour lesquelles compétence lui est attribuée.

Il prépare les réunions du tribunal, dont il rédige et archive les procès-verbaux.

Il tient à jour la documentation générale du tribunal.

Il assure l'accueil du public. — *[COJ, art. R. 821-2.]*

V. Circ. NOR : JUST1816239C du 21 févr. 2018 concernant les préconisations relatives à la sélection des archives des tribunaux de commerce et des tribunaux de l'ordre judiciaire à compétence commerciale et notamment au RCS (BOMJ n° 2018-06 du 29 juin 2018).

BIBL. ▶ BAHANS, *RLDA juill. 2009. 94* (l'authenticité des actes des greffiers des tribunaux de commerce et l'exigence de sécurité juridique en Europe).

Art. R. 741-3 Le greffier assure la tenue du répertoire général des affaires de la juridiction.

Il applique les instructions de tenue du répertoire général élaborées par le ministère de la justice. — *[COJ, art. R. 821-3.] — Dispositions applicables au 1er janv. 2006.*

(Décr. n° 2008-786 du 18 août 2008, art. 1er) « Il transmet les informations statistiques demandées par le ministre de la justice selon les modalités déterminées par celui-ci. »

Art. R. 741-4 *(Abrogé par Décr. n° 2021-300 du 18 mars 2021, art. 28, à compter du 1er janv. 2023)* ***Lorsqu'un centre de formalités des entreprises a été créé par une*** *(Décr. n° 2010-1463 du 1er déc. 2010, art. 87)* ***« chambre de commerce et d'industrie territoriale » ou une*** *(Décr. n° 2010-1356 du 11 nov. 2010, art. 25)* ***« chambre de métiers et de l'artisanat de région », le greffier peut, à la demande de la*** *(Décr. n° 2010-1463 du 1er déc. 2010, art. 87)* ***« chambre de commerce et d'industrie territoriale » ou de la*** *(Décr. n° 2010-1356 du 11 nov. 2010, art. 25)* ***« chambre de métiers et de l'artisanat de région », être autorisé par arrêté du garde des sceaux, ministre de la justice, à exercer tout ou partie des***

activités dévolues aux centres de formalités des entreprises par les articles R. 123-1 et suivants lorsque, dans l'intérêt des usagers, l'ouverture d'une annexe de ces centres apparaît nécessaire dans la ville où la juridiction commerciale a son siège.

En vue de cette autorisation, le greffier soumet au garde des sceaux, ministre de la justice, une convention conclue avec la chambre de commerce ou (Décr. n° 2010-1356 du 11 nov. 2010, art. 25) « de métiers et de l'artisanat de région » déterminant les droits et obligations de chacune des parties. Cette convention doit être approuvée par arrêté conjoint des ministres chargés de l'industrie, du commerce et de l'artisanat.

L'autorisation peut être révoquée par le garde des sceaux, ministre de la justice, notamment lorsque l'exercice de ces activités nuit à l'accomplissement par le greffier de ses obligations ou donne lieu à des réclamations justifiées. — [COJ, art. R. 821-9.]

Art. R. 741-5 Les copies délivrées par les greffiers *(Abrogé par Décr. n° 2009-1150 du 25 sept. 2009) « à titre de simple renseignement et »* relatives aux inscriptions portées aux registres de publicité légale dont ils ont la charge peuvent être diffusées par voie électronique dans les conditions prévues au présent article :

a) Les informations sont diffusées directement par le greffe compétent. Toutefois, les greffiers peuvent s'associer au sein d'un groupement ayant soit l'une des formes autorisées par l'article L. 743-12, soit une forme associative. Ce groupement est chargé de centraliser les appels et de les orienter vers le greffe concerné. Les greffiers peuvent, dans les mêmes conditions, conclure aux mêmes fins des accords avec l'Institut national de la propriété industrielle pour les attributions de celui-ci ;

b) Les informations ne portent que sur les inscriptions figurant, en application des textes législatifs et réglementaires, aux registres dont les greffiers assurent la tenue ;

c) Les informations sont délivrées telles qu'inscrites aux registres ou sur les actes annexés, sans subir de traitement quelconque, sous réserve des dispositions prévues par l'acte réglementaire pris en application de la loi n° 78-17 du 6 janvier 1978 relative à l'informatique, aux fichiers et aux libertés. — *[COJ, art. R. 821-2-1.]*

Infogreffe. S'agissant de la transmission par voie électronique des informations portées aux registres de publicité légale, Infogreffe, qui remplit la mission légale confiée aux greffiers, est tenu d'appliquer la tarification imposée à ses membres en application des dispositions légales (art. L. 743-13 et R. 743-140). • Aut. conc. n° 13-D-23 du 30 déc. 2013 : *AJCA 2014. 36, obs. Luc ; CCE 2014, n° 18, obs. Chagny ; RLC avr.-juin 2014. 36, obs. Rodriguez.* ♦ Les tarifs pratiqués par Infogreffe, pour la transmission par voie électronique des informations juridiques et économiques relatives aux entreprises figurant sur les registres légaux dont les greffiers des tribunaux de commerce ont la charge, doivent être considérés comme n'étant pas soumis aux dispositions de l'art. L. 420-2, par application de l'art. L. 420-4-I-1°. • Même décision.

Art. R. 741-6 Les costumes des greffiers en chef et greffiers sont définis ainsi qu'il suit :

a) Greffier : même costume que les juges consulaires, sans galon à la toque ;

b) Commis-greffier assermenté : robe noire sans simarre et toque noire. — *[COJ, art. R. 741-6.]*

SECTION II DE LA MODIFICATION DU RESSORT DES JURIDICTIONS COMMERCIALES

Art. R. 741-7 En cas de modification du ressort de deux ou plusieurs juridictions commerciales et sous réserve des dispositions des articles R. 743-162 à R. 743-177, le greffier du tribunal antérieurement compétent conserve les minutes, registres, actes, pièces et documents déposés à son greffe avant la modification du ressort. Il a seul qualité pour en délivrer expédition, copie ou extrait en mentionnant toutefois la date de modification du ressort et le tribunal désormais compétent. — *[COJ, art. R. 821-10.]*

V. note ss. art. R. 721-5.

Art. R. 741-8 Jusqu'à l'expiration du délai légal de communication aux tiers, lorsque le greffier du tribunal désormais compétent délivre des expéditions, copies ou extraits de minutes, registres, actes, pièces et documents concernant des personnes physiques ou morales dont le domicile ou dont le siège est situé dans les cantons, communes ou sections de communes précédemment compris dans le ressort d'un autre tribunal, il mentionne sur ces expéditions, copies ou extraits le tribunal antérieurement compétent et la date de modification du ressort. – *[COJ, art. R. 821-11.]*

Art. R. 741-9 En cas de suppression d'une juridiction commerciale, les minutes, registres, actes, pièces et documents déposés au greffe de la juridiction supprimée sont transférés au greffe de la ou des juridictions commerciales désormais compétentes.

Les frais de transfert sont pris en charge par l'État. – *[COJ, art. R. 821-12.]*

SECTION III DU CONSEIL NATIONAL DES GREFFIERS DES TRIBUNAUX DE COMMERCE

Art. R. 741-10 Le Conseil national des greffiers des tribunaux de commerce est composé de membres élus par les greffiers des tribunaux de commerce.

Dans chaque cour d'appel, les greffiers des tribunaux de commerce élisent un membre du Conseil national lorsque le nombre de greffiers exerçant dans le ressort de cette cour excède cinq. Dans le cas contraire, le membre du Conseil national est élu par un collège composé des greffiers du ressort de la cour d'appel et de ceux exerçant dans un ressort de cour d'appel voisin, désigné par arrêté du garde des sceaux, ministre de la justice, après avis du Conseil national.

(Décr. n° 2012-439 du 30 mars 2012, art. 4) « Un membre du Conseil national est élu par un collège composé des greffiers des tribunaux mixtes de commerce figurant sur la liste prévue à l'article L. 732-3. »

Les membres du Conseil national sont élus par moitié tous les deux ans pour quatre ans et renouvelables *(Décr. n° 2019-955 du 13 sept. 2019, art. 1er)* « deux » fois ; *(Décr. n° 2019-955 du 13 sept. 2019, art. 1er)* « ils ne sont rééligibles que six ans après l'expiration de leur troisième mandat ».

Après chaque renouvellement partiel, le Conseil national désigne en son sein, pour deux ans, les membres de sa formation disciplinaire, lesquels élisent leur président. – *[COJ, art. R. 821-13.]*

BIBL. ▶ SOINNE, *RPC 2007. 106* (Conseil national des greffiers des tribunaux de commerce).

Art. R. 741-11 Chaque personne physique exerçant la profession de greffier de tribunal de commerce en activité est électeur et éligible dès sa prestation de serment. Elle cesse de l'être en cas de destitution ou de démission. – *[COJ, art. R. 821-14.]*

Art. R. 741-12 L'organisation des élections est confiée au bureau du Conseil national qui, avant le 15 septembre, fixe la date d'ouverture du scrutin dans la deuxième quinzaine du mois de novembre précédant la date du renouvellement partiel du Conseil national et en assure la publicité. Dès cette fixation, le président avise les électeurs de la date et des modalités des opérations électorales, ainsi que de la date et du lieu des opérations de dépouillement. – *[COJ, art. R. 821-15.]*

Art. R. 741-13 Les déclarations de candidature sont remises contre récépissé, ou adressées par lettre recommandée avec demande d'avis de réception, au plus tard un mois avant la date d'ouverture du scrutin, au président du Conseil national.

Quinze jours au plus tard avant la date d'ouverture du scrutin, le président adresse à chaque électeur et pour chaque candidat un bulletin de vote comprenant le nom et le prénom du candidat, le nom du greffe dont il est titulaire *(Décr. n° 2011-1270 du 11 oct. 2011, art. 2)* « ou salarié », et éventuellement la mention "investi par" suivie du nom ou des initiales de l'organisation professionnelle ou du syndicat auquel il appartient à condition qu'il justifie lors de sa déclaration de candidature de l'autorisation expresse de cette organisation ou de ce syndicat. – *[COJ, art. R. 821-16.]*

Art. R. 741-14 L'élection des membres du Conseil national a lieu au scrutin uninominal majoritaire à un tour.

Le vote a lieu par correspondance. Les bulletins doivent parvenir au président du Conseil national dans les dix jours à compter de la date d'ouverture du scrutin ; à l'issue de cette période, le scrutin est clos.

Chaque bulletin est envoyé sous double enveloppe ; l'enveloppe intérieure, qui contient le bulletin de vote, doit être fermée et ne porter aucune marque distinctive ; l'enveloppe extérieure comportant la mention "élections" porte le nom et la signature de l'électeur et contient l'enveloppe intérieure et une copie d'une pièce d'identité ; les bulletins contenus dans des enveloppes irrégulières sont nuls ; il en est de même de tout bulletin raturé, modifié ou surchargé.

Au fur et à mesure de leur arrivée, les enveloppes extérieures sont placées dans une urne ; après la clôture du scrutin, le bureau du Conseil national procède aux opérations de dépouillement en présence de tout greffier de tribunal de commerce désirant y assister. Après leur retrait de l'urne, les enveloppes extérieures sont ouvertes, le nom de l'électeur est pointé sur la liste des électeurs et l'enveloppe intérieure réintroduite dans l'urne ; lorsque toutes les enveloppes intérieures ont été replacées, les bulletins sont dépouillés et décomptés.

Les résultats sont aussitôt proclamés et un procès-verbal des opérations est établi par le président du Conseil national. – *[COJ, art. R. 821-17.]*

Art. R. 741-15 Les candidats ayant obtenu pour chaque siège le plus grand nombre de suffrages sont proclamés élus.

En cas d'égalité entre plusieurs candidats ayant obtenu le plus grand nombre de suffrages, le plus âgé est proclamé élu. – *[COJ, art. R. 821-18.]*

Art. R. 741-16 Tout greffier de tribunal de commerce peut déférer l'élection des membres du Conseil national à la cour d'appel de Paris dans un délai de dix jours à compter de la proclamation des résultats. Le recours est déposé contre récépissé ou adressé par lettre recommandée avec demande d'avis de réception, au greffier en chef de la cour d'appel ; il est instruit et jugé selon les règles applicables à la procédure sans représentation obligatoire. – *[COJ, art. R. 821-19.]*

Art. R. 741-17 Les membres du Conseil national élisent en leur sein, au scrutin uninominal majoritaire à un tour et pour une période de deux ans, un président, un vice-président et cinq membres, qui constituent le bureau. En cas d'égalité des voix, le plus âgé des candidats est proclamé élu. – *[COJ, art. R. 821-20.]*

Art. R. 741-18 Si un membre du Conseil national cesse ses fonctions avant l'expiration de son mandat, il est pourvu à son remplacement dans le délai de trois mois ; les fonctions du nouveau membre prennent fin lorsque auraient cessé celles du membre qu'il a remplacé.

Le mandat du président, du vice-président et des membres du bureau prend fin lorsque l'intéressé cesse de remplir les conditions pour être membre du Conseil national. – *[COJ, art. R. 821-21.]*

Art. R. 741-19 Les fonctions de membre du Conseil national sont gratuites. Elles ne peuvent donner lieu qu'au remboursement de frais de voyage et de séjour dans les conditions fixées chaque année par le Conseil national.

Le président, le vice-président et les membres du bureau peuvent percevoir, pour frais de représentation, une indemnité dont le montant est fixé par le Conseil national. – *[COJ, art. R. 821-22.]*

Art. R. 741-20 Le Conseil national ne peut délibérer et voter que si deux tiers au moins de ses membres sont présents. En cas de partage égal des voix, celle du président est prépondérante. – *[COJ, art. R. 821-23.]*

Art. R. 741-21 Le Conseil national établit son règlement intérieur régissant son mode de fonctionnement et celui du bureau ; il fixe les pouvoirs du président, du vice-président et du bureau. – *[COJ, art. R. 821-24.]*

Art. R. 741-22 Le Conseil national établit son budget. Il fixe le montant de la cotisation que doit lui verser annuellement chaque greffier de tribunal de commerce. Le non-paiement des cotisations constitue une faute disciplinaire. – *[COJ, art. R. 821-25.]*

Art. R. 741-23 Le Conseil national est chargé notamment d'organiser la formation initiale, *(Décr. n° 2017-893 du 6 mai 2017, art. 2)* « le concours d'accès à la profession de greffier de tribunal de commerce, dans les conditions prévues aux articles R. 742-6-1 et R. 742-6-2, l'entretien de validation du stage, dans les conditions prévues aux articles R. 742-7 à R. 742-15-1, » et la formation permanente des greffiers des tribunaux de commerce ainsi que, le cas échéant, la formation de leur personnel.

Il a également pour mission *(Décr. n° 2017-893 du 6 mai 2017, art. 2)* « d'établir, chaque année, en accord avec les greffiers des tribunaux de commerce la liste de pro-

positions de stages mentionnée à l'article R. 742-9. Il assure le suivi des stages. » – *[COJ, art. R. 821-26.]*

Art. D. 741-24 *(Décr. n° 2007-862 du 14 mai 2007, art. 1er)* **Le Conseil national pourvoit par le biais d'une bourse commune au financement de services d'intérêts collectifs dans les domaines suivants :**

– formation et documentation de la profession ;
– fonctionnement des services communs ;
– archivage ;
– informatique et télématique de la profession ;
– fichiers centraux*[;]*
– communication ;
– recherche et développement.

Le montant de la participation au financement des services d'intérêts collectifs est calculé selon une formule et un nombre de parts déterminés respectivement au tableau n° 1 et au tableau n° 2 figurant à l'annexe 7-4-1 du présent livre. – *V. annexe 7-4-1 ci-dessous, mod. par Décr. n° 2008-21 du 3 janv. 2008.*

Un arrêté détermine chaque année le taux de référence (tr %) en fonction du budget appelé par le Conseil national des greffiers des tribunaux de commerce. – *Le taux de référence est fixé pour l'année 2022 à 1,10 % du total des produits hors taxes comptabilisés pour l'ensemble des offices au titre de l'année 2021 (Arr. du 3 janv. 2022, JO 13 janv.).*

ANNEXE 7-4-1

PARTICIPATION AU FINANCEMENT DE LA BOURSE COMMUNE

PRODUIT HORS TAXES	COEFFICIENT	CALCUL
De 0 à 100 000 € (a)	0	A = 0
De 100 000 à 200 000 € (b)	1	B = (b) x coefficient x (tr %) : nombre de parts
De 200 000 à 500 000 € (c)	1,5	C = (c) x coefficient x (tr %) : nombre de parts
De 500 000 à 1 000 000 € (d)	2	D = (d) x coefficient x (tr %) : nombre de parts
Supérieur à 1 000 000 € (e)	2,5	E = (e) x coefficient x (tr %) : nombre de parts

NOMBRE DE GREFFIERS	NOMBRE DE PARTS
1	1
2	3
3	4,5
4	5,5
5	6,5
+ de 5	Une part par associé supplémentaire

CHAPITRE II DES CONDITIONS D'ACCÈS À LA PROFESSION ET AUX AUTRES PROFESSIONS JUDICIAIRES ET JURIDIQUES

SECTION PREMIÈRE DES CONDITIONS D'ACCÈS À LA PROFESSION DE GREFFIER DE TRIBUNAL DE COMMERCE

SOUS-SECTION 1 DES CONDITIONS D'APTITUDE

§ 1er DES CONDITIONS GÉNÉRALES

Art. R. 742-1 **Nul ne peut avoir vocation à exercer la profession de greffier de tribunal de commerce s'il ne remplit les conditions suivantes :**

1° Être français ;

(Abrogé par Décr. n° 2017-893 du 6 mai 2017, art. 3) ***« 2° Avoir satisfait aux obligations du service national ; »***

3° N'avoir pas fait l'objet d'une condamnation pénale pour des agissements contraires à l'honneur, à la probité ou aux bonnes mœurs ;

4° N'avoir pas fait l'objet d'une sanction disciplinaire ou administrative de destitution, radiation, révocation, mise à la retraite d'office, de retrait d'agrément ou d'autorisation ;

5° N'avoir pas été frappé de faillite personnelle ou de l'interdiction prévue à l'article L. 653-8 ;

6° Être titulaire, sous réserve des dispenses prévues aux articles R. 742-2, R. 742-3, R. 742-4 et R. 742-6 *(Décr. n° 2017-893 du 6 mai 2017, art. 3)* « du diplôme validant la première année de master » en droit ou de l'un des titres ou diplômes reconnus équivalents pour l'exercice de la profession de greffier de tribunal de commerce par arrêté du garde des sceaux, ministre de la justice ; *— V. art. A. 742-1.*

(Décr. n° 2017-893 du 6 mai 2017, art. 3) « 7° Avoir été reçu au concours d'accès à la profession de greffier de tribunal de commerce prévu à l'article R. 742-6-1 ;

« 8° Avoir validé le stage de formation à la profession de greffier de tribunal de commerce, dans les conditions prévues aux articles R. 742-7 à R. 742-15-1. » *— [Décr. n° 87-601 du 29 juill. 1987, art. 1er.]*

Art. R. 742-2 Sont dispensées des conditions de diplôme et de stage prévues aux 6° et *(Décr. n° 2017-893 du 6 mai 2017, art. 4-I)* « 8° » de l'article R. 742-1 les personnes ayant exercé dans un greffe de tribunal de commerce, pendant dix ans au moins, des fonctions de responsabilité impliquant délégation de tout ou partie des pouvoirs du titulaire de l'office.

Sont dispensées de la condition de stage prévue au *(Décr. n° 2017-893 du 6 mai 2017, art. 4-I)* « 8° » de l'article R. 742-1 *(Abrogé par Décr. n° 2017-893 du 6 mai 2017, art. 4-I)* ***« et peuvent être dispensées de la condition d'examen d'aptitude prévue au 8° de l'article R. 742-1, par décision du procureur général près la cour d'appel dans le ressort de laquelle est établi leur domicile, prise après avis du bureau du Conseil national des greffiers des tribunaux de commerce, »*** les personnes pouvant justifier de dix ans d'expérience professionnelle, dont cinq ans au moins à des fonctions de responsabilité au sein d'un greffe de tribunal de commerce impliquant délégation de tout ou partie des pouvoirs du titulaire de l'office. *(Décr. n° 2012-423 du 28 mars 2012, art. 7, en vigueur le 31 mars 2012)* « Ces personnes doivent être titulaires du diplôme prévu au 6° de l'article R. 742-1 ou de l'un des titres ou diplômes reconnus équivalents. » *— [Décr. n° 87-601 du 29 juill. 1987, art. 2.]*

En application de l'art. L. 231-6 CRPA, et par exception à l'application du délai de deux mois prévu à l'art. L. 231-1 du même code, le délai à l'expiration duquel le silence gardé par l'administration vaut décision d'acceptation est de quatre mois pour une demande de dispense de stage et d'examen d'aptitude de greffier de tribunal de commerce (Décr. n° 2014-1278 du 23 oct. 2014, art. 1er).

Dispense de l'examen d'aptitude. Les personnes non titulaires du diplôme exigé par le 6° de l'art. R. 742-1 C. com. sont dispensées de plein droit des conditions de diplôme et de stage à condition d'avoir exercé dans un greffe de tribunal de commerce, pendant dix ans au moins, des fonctions de responsabilité impliquant délégation de tout ou partie des pouvoirs du titulaire de l'office ; elles ne peuvent en revanche prétendre être dispensées de la condition d'examen d'aptitude, sur le fondement du second alinéa de l'art. R. 742-2 par cela seul qu'elles ne sont pas titulaires du diplôme exigé par le 6° de l'art. R. 742-1 et en dépit de ce qu'elles satisfont nécessairement à la condition d'expérience professionnelle exigée par ces dispositions du second alinéa de l'art. R. 742-2. • TA Besançon, 22 oct. 2009 : *AJDA 2010. 175*.

Art. R. 742-3 *(Décr. n° 2017-893 du 6 mai 2017, art. 4-II)* « Sont dispensés de la condition de diplôme prévue au 6° de l'article R. 742-1 : »

1° Les anciens magistrats de l'ordre judiciaire régis par l'ordonnance n° 58-1270 du 22 décembre 1958 portant loi organique relative au statut de la magistrature ;

2° Les anciens avocats précédemment inscrits au tableau, les anciens avoués près les cours d'appel et les anciens avocats à la Cour de cassation et au Conseil d'État ayant exercé leurs fonctions pendant cinq ans au moins ;

3° Les anciens notaires, les anciens huissiers de justice, les anciens commissaires-priseurs judiciaires ayant exercé leurs fonctions pendant cinq ans au moins ;

4° Les personnes ayant été inscrites pendant cinq ans au moins sur une liste de conseils juridiques ;

5° Les anciens syndics et administrateurs judiciaires, les anciens administrateurs judiciaires et mandataires liquidateurs ayant exercé leurs fonctions pendant trois ans au moins ;

6° Les anciens fonctionnaires de la catégorie A ou les personnes assimilées aux fonctionnaires de cette catégorie ayant exercé pendant cinq ans au moins des activités juridiques ou fiscales dans une administration ou un service public.

(Abrogé par Décr. n° 2017-893 du 6 mai 2017, art. 4-II) ***« II. — Peuvent également être dispensées de l'examen prévu au 8° de l'article R. 742-1, par décision du procureur général près la cour d'appel dans le ressort de laquelle est établi leur domicile, prise après avis du bureau du Conseil national des greffiers des tribunaux de commerce, les personnes ayant accompli huit années au moins d'exercice professionnel dans le service juridique d'une entreprise publique ou privée employant au moins trois juristes. »*** *— [Décr. n° 87-601 du 29 juill. 1987, art. 3.]*

Pour l'accès à la profession de greffier de tribunal de commerce des avoués et collaborateurs d'avoués, V. note au **C. com.** 🏛.

En application de l'art. L. 231-6 CRPA, et par exception à l'application du délai de deux mois prévu à l'art. L. 231-1 du même code, le délai à l'expiration duquel le silence gardé par l'administration vaut décision d'acceptation est de quatre mois pour une demande de dispense de diplôme et d'examen d'aptitude de greffier de tribunal de commerce (Décr. n° 2014-1278 du 23 oct. 2014, art. 1er).

Art. R. 742-4 Peuvent être nommées greffiers de tribunal de commerce sans remplir les conditions de diplômes *(Décr. n° 2017-893 du 6 mai 2017, art. 5-I)* « ou de stage prévues respectivement aux 6° et 8° de » l'article R. 742-1 les personnes qui ont suivi avec succès un cycle d'études postsecondaires d'une durée minimale de trois ans, ou d'une durée équivalente à temps partiel dans une université ou un établissement d'enseignement supérieur ou dans un autre établissement d'un niveau équivalent de formation et, le cas échéant, la formation professionnelle requise en plus de ce cycle d'études postsecondaires et qui justifient :

1° De diplômes, certificats ou autres titres permettant l'exercice de la profession dans un État membre de *(Décr. n° 2017-893 du 6 mai 2017, art. 5-I)* « l'Union européenne » ou dans un autre État partie à l'accord sur l'Espace économique européen délivrés :

a) Soit par l'autorité compétente de cet État et sanctionnant une formation acquise de façon prépondérante dans l'Espace économique européen ;

b) Soit par un pays tiers, à condition que soit fournie une attestation émanant de l'autorité compétente de l'État membre ou partie qui a reconnu les diplômes, certificats ou autres titres certifiant que leur titulaire a une expérience professionnelle de trois ans au moins dans cet État ;

2° Ou de l'exercice à plein temps de la profession pendant deux ans au moins au cours des dix années précédentes dans un État membre ou partie qui ne réglemente pas l'accès ou l'exercice de cette profession à condition que cet exercice soit attesté par l'autorité compétente de cet État. Toutefois, la condition d'une expérience professionnelle de deux ans n'est pas exigée lorsque le ou les titres de formation détenus par le demandeur sanctionnent une formation réglementée directement orientée vers l'exercice de la profession. — *[Décr. n° 87-601 du 29 juill. 1987, art. 3-1, al. 1er à 5.]*

Art. R. 742-5 *(Abrogé par Décr. n° 2017-893 du 6 mai 2017, art. 5-II)* ***Sauf si les connaissances qu'il a acquises au cours de son expérience professionnelle sont de nature à rendre cette vérification inutile, la personne concernée par les dispositions de l'article R. 742-4 subit devant le jury prévu à l'article R. 742-17 un examen d'aptitude dont le programme et les modalités sont fixés par arrêté du garde des sceaux, ministre de la justice, après avis du Conseil national des greffiers des tribunaux de commerce :*** *— V. art. A. 742-2 s.*

1° Lorsque sa formation porte sur des matières substantiellement différentes de celles qui figurent aux programmes des diplômes et des examens professionnels mentionnés à l'article R. 742-1 ;

2° Ou lorsqu'une ou plusieurs des activités professionnelles dont l'exercice est subordonné à la possession de ces diplômes et de cet examen ne sont pas réglementées dans l'État membre d'origine ou de provenance ou sont réglementées de manière différente et que cette différence est caractérisée par une formation spécifique requise dans l'État membre d'accueil portant sur des matières substantiellement différentes de celles couvertes par le diplôme dont le demandeur fait état.

La liste des candidats admis à se présenter à cet examen est, après avis du bureau du Conseil national des greffiers des tribunaux de commerce, arrêtée par le garde des sceaux, ministre de la justice. Sa décision précise, le cas échéant, les matières sur lesquelles les candidats doivent être interrogés compte tenu de leur formation initiale et de leur expérience professionnelle.

Nul ne peut se présenter plus de trois fois à l'examen d'aptitude. — [*Décr. n° 87-601 du 29 juill. 1987, art. 3-1, al. 6 à 10.*]

En application de l'art. L. 231-6 CRPA, et par exception à l'application du délai de deux mois prévu à l'art. L. 231-1 du même code, le délai à l'expiration duquel le silence gardé par l'administration vaut décision d'acceptation est de quatre mois pour une demande d'admission à se présenter à l'examen d'aptitude de greffier de tribunal de commerce (Décr. n° 2014-1278 du 23 oct. 2014, art. 1er).

Art. R. 742-6 Les (*Décr. n° 2017-893 du 6 mai 2017, art. 6*) « courtiers interprètes » et conducteurs de navires bénéficiant des dispositions prévues à l'article 5 de la loi n° 2001-43 du 16 janvier 2001 portant diverses dispositions d'adaptation au droit communautaire dans le domaine des transports [*V. ce texte ss. art. L. 131-11*] peuvent être dispensés, par décision du (*Décr. n° 2017-893 du 6 mai 2017, art. 6*) « garde des sceaux, ministre de la justice », après avis du Conseil national des greffiers des tribunaux de commerce, d'une partie du stage prévu au (*Décr. n° 2017-893 du 6 mai 2017, art. 6*) « 8° » de l'article R. 742-1, dans la limite de la moitié de sa durée (*Abrogé par Décr. n° 2017-893 du 6 mai 2017, art. 6*) *« , et de certaines épreuves de l'examen d'aptitude prévu au 8° de l'article R. 742-1 »*. — [*Décr. n° 87-601 du 29 juill. 1987, art. 3-2, 2e phrase.*]

En application de l'art. L. 231-6 CRPA, et par exception à l'application du délai de deux mois prévu à l'art. L. 231-1 du même code, le délai à l'expiration duquel le silence gardé par l'administration vaut décision d'acceptation est de quatre mois pour une demande de dispense partielle de stage et de certaines épreuves de l'examen d'aptitude de greffier de tribunal de commerce (Décr. n° 2014-1278 du 23 oct. 2014, art. 1er).

§ 1-1 DU CONCOURS D'ACCÈS À LA PROFESSION DE GREFFIER DE TRIBUNAL DE COMMERCE

(*Décr. n° 2017-893 du 6 mai 2017, art. 7*)

Art. R. 742-6-1 Peuvent se porter candidates au concours d'accès à la profession de greffier de tribunal de commerce les personnes remplissant les conditions mentionnées aux 1° à 6° de l'article R. 742-1.

Le concours a lieu une fois par an.

Le nombre de places offertes chaque année est fixé par arrêté du garde des sceaux, ministre de la justice, au regard du nombre des personnes inscrites sur la liste d'aptitude prévue à l'article R. 742-16 ou sur le registre des stages prévu à l'article R. 742-11 et des prévisions de nominations pour les trois années à venir.

Le bureau du Conseil national des greffiers des tribunaux de commerce collecte chaque année auprès des offices toute information lui permettant d'établir ces prévisions, qu'il communique au garde des sceaux, ministre de la justice, dans les vingt jours suivant sa demande.

Les modalités d'organisation et le programme des épreuves écrites et orales du concours sont fixés par arrêté du garde des sceaux, ministre de la justice, après avis du Conseil national des greffiers des tribunaux de commerce. — *V. art. A. 742-2 s.*

La liste des personnes admises à concourir est arrêtée par le garde des sceaux, ministre de la justice, au plus tard un mois avant la date de la première épreuve.

Nul ne peut se présenter au concours après trois échecs.

Art. R. 742-6-2 Le concours d'accès à la profession de greffier de tribunal de commerce se déroule devant un jury national qui choisit le sujet des épreuves.

Le jury est composé de deux magistrats de l'ordre judiciaire et d'un greffier de tribunal de commerce, en activité ou honoraires. La présidence est assurée par le magistrat le plus ancien dans le grade le plus élevé.

Le président et les membres du jury sont désignés par arrêté du garde des sceaux, ministre de la justice, pour une période de trois ans renouvelable une fois après avis, en ce qui concerne le greffier de tribunal de commerce, du bureau du Conseil national des greffiers des tribunaux de commerce. Des suppléants sont désignés en nombre égal, dans les mêmes conditions.

Des examinateurs spécialisés peuvent être désignés par arrêté du garde des sceaux, ministre de la justice, pour assister le jury.

Le jury établit la liste des candidats admis dans l'ordre de leur réussite aux épreuves et l'adresse au garde des sceaux, ministre de la justice ainsi qu'au président du Conseil national des greffiers des tribunaux de commerce. Elle est publiée au *Journal officiel* de la République française dans le mois suivant cette transmission.

Le jury peut, dans les conditions fixées par arrêté du garde des sceaux, ministre de la justice, ne pas pourvoir toutes les places offertes.

§ 2 DU STAGE

Art. R. 742-7 Le stage de formation à la profession de greffier de tribunal de commerce est réservé aux *(Décr. nº 2017-893 du 6 mai 2017, art. 8)* « lauréats du concours d'accès à la profession de greffier de tribunal de commerce ». – *[Décr. nº 87-601 du 29 juill. 1987, art. 4.]*

Art. R. 742-8 La durée du stage est d'un an. Elle est réduite à *(Décr. nº 2017-893 du 6 mai 2017, art. 9)* « trois *[ancienne rédaction : six]* » mois pour les personnes mentionnées à l'article R. 742-3. – *[Décr. nº 87-601 du 29 juill. 1987, art. 5.]*

Art. R. 742-9 Le stage est accompli auprès du greffier d'un tribunal de commerce *(Abrogé par Décr. nº 2017-893 du 6 mai 2017, art. 10)* ***« ou d'un tribunal de grande instance à compétence commerciale ».***

(Décr. nº 2017-893 du 6 mai 2017, art. 10) « Le Conseil national des greffiers des tribunaux de commerce établit chaque année, en accord avec les greffiers des tribunaux de commerce, la liste de propositions de stages comportant au moins autant de propositions que de places offertes au concours.

« Les lauréats du concours choisissent leur stage dans l'ordre de leur classement aux épreuves du concours.

« Le Conseil national des greffiers des tribunaux de commerce peut, en cas de circonstances particulières, autoriser un candidat à effectuer un stage ne figurant pas sur la liste. »

Lorsque la durée du stage est d'un an, *(Décr. nº 2017-893 du 6 mai 2017, art. 10)* « le Conseil national des greffiers des tribunaux de commerce peut autoriser le stagiaire à accomplir son stage » pour une période d'au moins neuf mois selon les modalités prévues au premier alinéa du présent article et pour une période n'excédant pas trois mois soit auprès d'un avocat, *(Abrogé par Décr. nº 2017-893 du 6 mai 2017, art. 10)* ***« d'un avoué, d'un conseil juridique, »*** d'un expert-comptable, d'un administrateur judiciaire, d'un mandataire liquidateur, d'un notaire, d'un huissier de justice ou d'un commissaire-priseur judiciaire, soit auprès d'une administration publique ou dans le service juridique ou fiscal d'une entreprise. *(Décr. nº 2017-893 du 6 mai 2017, art. 10)* « Le refus d'autoriser ces modalités d'accomplissement du stage peut être déféré à la cour d'appel de Paris dans le délai d'un mois à compter de sa notification à l'intéressé par lettre recommandée avec demande d'avis de réception. » – *[Décr. nº 87-601 du 29 juill. 1987, art. 6.]*

Art. R. 742-10 Le stagiaire participe à l'activité professionnelle du maître de stage sous la direction et la responsabilité de celui-ci, sans pouvoir se substituer à lui dans les actes de sa fonction *(Décr. nº 2017-893 du 6 mai 2017, art. 11)* « , dans les conditions définies par le Conseil national des greffiers des tribunaux de commerce ».

Le stage doit correspondre à la durée normale du travail telle qu'elle résulte des règlements, conventions collectives, accords ou usages en vigueur pour la catégorie professionnelle considérée. La rémunération du stagiaire est fixée conformément à ces mêmes règlements, conventions collectives, accords ou usages, sous réserve des dispositions du code du travail relatives à la promotion individuelle et au congé de formation des salariés.

Le stage peut être accompli à mi-temps. La période ainsi accomplie ne compte que pour la moitié de sa durée. – *[Décr. nº 87-601 du 29 juill. 1987, art. 7.]*

Art. R. 742-11 Le Conseil national des greffiers des tribunaux de commerce tient un registre sur lequel est inscrit le nom du stagiaire, le nom du ou des maîtres de stage, les dates de commencement et de fin de stage.

(Abrogé par Décr. nº 2017-893 du 6 mai 2017, art. 12-I) « Le Conseil national peut refuser l'inscription du stagiaire sur le registre du stage s'il estime que l'activité professionnelle du maître de stage ne permet pas au stagiaire d'acquérir l'expérience professionnelle définie à l'article R. 742-9. Ce refus peut être déféré à la cour d'appel de Paris dans le délai d'un mois à compter de sa notification à l'intéressé par lettre recommandée avec demande d'avis de réception. » – *[Décr. nº 87-601 du 29 juill. 1987, art. 7-1.]*

Les personnes inscrites sur le registre de stage à la date de l'entrée en vigueur du Décr. nº 2017-893 du 6 mai 2017 poursuivent leur stage selon les modalités en vigueur avant cette date. A l'issue de leur stage, elles peuvent passer le concours prévu à l'art. R. 742-6-1. Les lauréats du concours sont dispensés d'accomplir un nouveau stage, sous réserve que leur stage soit validé dans les conditions prévues à l'art. R. 742-15-1 (Décr. préc., art. 23-I, al. 3).

En application des art. L. 231-4 et L. 231-6 CRPA, le silence gardé pendant deux mois vaut décision de rejet pour les demandes d'inscription sur le registre de stage. Ces dispositions s'appliquent aux demandes présentées à compter du 12 nov. 2015 (Décr. nº 2015-1451 du 10 nov. 2015, art. 1er et 5).

Art. R. 742-12 *(Décr. nº 2017-893 du 6 mai 2017, art. 12-II)* « Le garde des sceaux, ministre de la justice, peut » à tout moment se faire communiquer copie du registre du stage.

Le stagiaire avise le Conseil national de tout changement dans les conditions d'accomplissement du stage. – *[Décr. nº 87-601 du 29 juill. 1987, art. 7-2.]*

Art. R. 742-13 Le stagiaire cesse d'être inscrit sur le registre du stage soit à sa demande, soit *(Décr. nº 2017-893 du 6 mai 2017, art. 12-III)* « lors de son inscription sur la liste d'aptitude prévue à l'article R. 742-16 ». – *[Décr. nº 87-601 du 29 juill. 1987, art. 7-3.]*

Art. R. 742-14 Le stagiaire est radié du registre du stage par décision du Conseil national des greffiers des tribunaux de commerce :

1º S'il fait l'objet d'une condamnation pénale pour des faits contraires à l'honneur ou à la probité ;

2º S'il interrompt son stage pendant plus d'un an sans motif valable ;

(Décr. nº 2017-893 du 6 mai 2017, art. 12-IV) « 3º S'il ne valide pas le stage complémentaire prévu à l'article R. 742-15-1. »

Le stagiaire peut être radié *(Décr. nº 2017-893 du 6 mai 2017, art. 12-IV)* « par décision du Conseil national des greffiers des tribunaux de commerce » :

1º S'il méconnaît gravement les obligations du stage ou s'il commet des faits contraires à l'honneur ou à la probité ;

(Décr. nº 2017-893 du 6 mai 2017, art. 12-IV) « 2º S'il s'abstient, sans motif valable, pendant plus de deux ans après le refus de validation de son stage, d'effectuer le stage complémentaire prévu à l'article R. 742-15-1. »

(Abrogé par Décr. nº 2017-893 du 6 mai 2017, art. 12-IV) « 3º S'il s'abstient, sans motif valable, pendant plus de deux ans, de subir à nouveau ces épreuves après un échec à l'examen d'aptitude. »

Les décisions de radiation, prises après que l'intéressé a été mis en mesure de présenter ses observations, peuvent être déférées dans les deux mois à la cour d'appel de Paris par l'intéressé par lettre recommandée avec demande d'avis de réception. – *[Décr. nº 87-601 du 29 juill. 1987, art. 7-4.]*

Art. R. 742-15 *(Décr. nº 2017-893 du 6 mai 2017, art. 13)* Le stage qui a été régulièrement accompli donne lieu à l'établissement par le maître de stage d'un bilan de stage. Ce document précise la durée de la formation et les modalités de la rémuné-

ration du stagiaire et comporte un descriptif des tâches confiées au stagiaire ainsi que les appréciations détaillées du maître de stage sur le stagiaire et sur la qualité de son travail. Ce bilan est communiqué au stagiaire, qui certifie en avoir pris connaissance et peut, le cas échéant, y faire figurer ses observations.

Le bilan de stage est transmis par le maître de stage au Conseil national des greffiers des tribunaux de commerce dans le délai d'un mois suivant la date de fin de stage. Toutefois, le bilan est transmis au Conseil national au moins un mois avant la date fixée pour l'entretien du stagiaire pour les personnes autorisées à être entendues par la commission au cours des trois derniers mois de stage en application du premier alinéa de l'article R. 742-15-1.

En application des art. L. 231-4 et L. 231-6 CRPA, le silence gardé pendant deux mois vaut décision de rejet pour les demandes de délivrance du certificat de fin de stage. Ces dispositions s'appliquent aux demandes présentées à compter du 12 nov. 2015 (Décr. n° 2015-1451 du 10 nov. 2015, art. 1er et 5).

Art. R. 742-15-1 *(Décr. n° 2017-893 du 6 mai 2017, art. 14)* **A l'issue du stage, le stagiaire se présente devant une commission chargée de valider l'expérience acquise. A l'exception des personnes mentionnées à l'article R. 742-3, le stagiaire peut être autorisé par le Conseil national des greffiers des tribunaux de commerce à se présenter devant cette commission au cours des trois derniers mois de stage.**

Le bilan de stage mentionné à l'article R. 742-15 est remis à la commission, par le Conseil national des greffiers des tribunaux de commerce, au moins dix jours avant la date de l'entretien.

La commission est composée de deux magistrats de l'ordre judiciaire et d'un greffier de tribunal de commerce en activité ou honoraires. Sa présidence est assurée par le magistrat le plus ancien dans le grade le plus élevé.

Le président et les membres de la commission sont désignés par arrêté du garde des sceaux, ministre de la justice, pour une période de trois ans renouvelable une fois, après avis, en ce qui concerne le greffier de tribunal de commerce, du bureau du Conseil national des greffiers des tribunaux de commerce. Des suppléants sont désignés en nombre égal, dans les mêmes conditions.

Les membres de la commission ne peuvent être les mêmes que ceux composant le jury prévu à l'article R. 742-6-2.

Afin d'éclairer son appréciation, la commission peut demander à entendre le maître de stage.

Les conditions de validation du stage et les modalités d'organisation de l'entretien de fin de stage sont fixées par arrêté du garde des sceaux, ministre de la justice. — *V. art. A. 742-13 s.*

Le refus de validation du stage fait l'objet d'une décision motivée de la commission. Le Conseil national des greffiers des tribunaux de commerce propose alors au candidat d'effectuer un stage complémentaire auprès d'un greffe que le Conseil détermine, pour une durée fixée par la commission et qui ne peut être supérieure à celle du stage initial.

A l'issue du stage complémentaire, l'expérience acquise par le stagiaire est évaluée dans les mêmes conditions que celles prévues aux alinéas précédents.

Le refus de validation du stage complémentaire fait l'objet d'une décision motivée de la commission.

La décision de refus de validation du stage ou du stage complémentaire peut être déférée à la cour d'appel de Paris dans le délai de deux mois à compter de sa notification à l'intéressé.

§ 3 DE LA LISTE D'APTITUDE

(Décr. n° 2017-893 du 6 mai 2017, art. 15)

Les personnes ayant réussi l'examen d'aptitude prévu à l'art. R. 742-16, dans sa version applicable avant l'entrée en vigueur du Décr. n° 2017-893 du 6 mai 2017, peuvent être nommées greffier de tribunal de commerce, dans les conditions prévues aux art. R. 742-18 à R. 742-30, dans leur version issue dudit décret, sans avoir passé le concours d'accès à la profession de greffier de tribunal de commerce, ni validé leur stage, pendant une durée de cinq ans à compter de la publication (JO 10 mai) du même décret. Elles sont inscrites par ordre alphabétique sur la liste d'aptitude, dans une section distincte de celle qui comporte la liste des lauréats du concours par ordre de mérite (Décr. préc., art. 23-I, al. 2).

Art. R. 742-16 **Le garde des sceaux, ministre de la justice, établit chaque année, par arrêté publié au *Journal officiel* de la République française, la liste d'aptitude à la profession de greffier de tribunal de commerce.**

Art. R. 742-17 **Sont inscrits sur la liste d'aptitude, les lauréats du concours ayant validé leur stage ou bénéficiant d'une dispense de stage en application des articles R. 742-2 ou R. 742-4, par ordre de réussite au concours. Les lauréats d'une promotion donnée sont inscrits dans cet ordre, à la suite des lauréats de la promotion précédente.**

Art. R. 742-17-1 **Toute personne figurant sur la liste d'aptitude cesse d'y être inscrite à sa demande, à la date de sa nomination en qualité de greffier de tribunal de commerce ou à l'issue d'un délai de cinq ans.**

Un délai supplémentaire de six mois d'inscription sur la liste peut être accordé par le garde des sceaux, ministre de la justice, aux personnes justifiant d'un projet en cours susceptible d'aboutir à une nomination, pour mettre en œuvre ce projet. La demande de prolongation est adressée par téléprocédure sur le site internet du ministère de la justice, au plus tard deux mois avant l'expiration du délai de cinq ans mentionné à l'alinéa précédent. La demande est accompagnée de la copie d'une pièce d'identité et de tout document permettant de justifier du projet.

Les dispositions des art. R. 742-17-1, R. 742-21, R. 742-28 et R. 742-31-1, dans leur version issue du Décr. n° 2017-893 du 6 mai 2017, entrent en vigueur, uniquement en ce qu'elles imposent le recours à la téléprocédure sur le site internet du ministère de la justice, à une date fixée par arrêté du garde des sceaux, ministre de la justice et au plus tard le 30 juin 2017. Jusqu'à cette date, les demandes ayant vocation à être transmises par la téléprocédure sont adressées au garde des sceaux, ministre de la justice, par lettre recommandée avec demande d'avis de réception (Décr. préc., art. 23-III).

SOUS-SECTION 2 DE LA NOMINATION

Les demandes de nomination en qualité de greffier de tribunal de commerce présentées avant l'entrée en vigueur du Décr. n° 2017-893 du 6 mai 2017 restent régies par les dispositions du code de commerce relatives à la nomination des greffiers des tribunaux de commerce, dans leur version antérieure à cette date (Décr. préc., art. 23-I, al. 1er).

Art. R. 742-18 *(Décr. n° 2017-893 du 6 mai 2017, art. 16)* **Peuvent être nommées greffier de tribunal de commerce par arrêté du garde des sceaux, ministre de la justice :**

1° Les personnes inscrites sur la liste d'aptitude prévue à l'article R. 742-16 ;

2° Les personnes qui, ayant réussi le concours et validé le stage dans les conditions prévues à l'article R. 742-15-1 ou bénéficiant d'une dispense de stage, ont vocation à être inscrites sur la liste d'aptitude prévue à l'article R. 742-16 lors de sa prochaine publication ;

3° Les personnes précédemment nommées greffier de tribunal de commerce, sous réserve qu'elles remplissent toujours les conditions prévues aux 1° à *(Décr. n° 2019-162 du 5 mars 2019, art. 3)* **« 5° » de l'article R. 742-1.**

§ 1er NOMINATION AUX OFFICES CRÉÉS OU VACANTS *(Décr. n° 2017-893 du 6 mai 2017, art. 17-I).*

Art. R. 742-19 *(Décr. n° 2017-893 du 6 mai 2017, art. 17-II)* **La création d'un office de greffier de tribunal de commerce fait l'objet d'une publicité par arrêté du garde des sceaux, ministre de la justice,** *(Décr. n° 2019-162 du 5 mars 2019, art. 4)* **« indiquant le montant de l'indemnité et » fixant la date limite de dépôt des candidatures à l'office. Le délai imparti aux candidats pour adresser leur candidature ne peut être inférieur à trente jours à compter de la publication de l'arrêté au *Journal officiel* de la République française.**

Art. R. 742-20 *(Abrogé par Décr. n° 2017-893 du 6 mai 2017, art. 17-III)* ***Le garde des sceaux, ministre de la justice, fixe par arrêté la date limite du dépôt des candidatures à l'office. Le délai imparti aux candidats ne peut être inférieur à trente jours à compter de la publication de l'arrêté au Journal officiel.*** — *[Décr. n° 77-828 du 20 juill. 1977, art. 2.]*

Art. R. 742-21 *(Décr. n° 2017-893 du 6 mai 2017, art. 17-IV)* Chaque candidature est adressée au garde des sceaux, ministre de la justice, par téléprocédure sur le site internet du ministère de la justice.

(Décr. n° 2019-162 du 5 mars 2019, art. 5) « La candidature doit être accompagnée d'un engagement à payer l'indemnité fixée conjointement par le garde des sceaux, ministre de la justice, et le ministre chargé du budget. Lorsque le candidat doit contracter un emprunt, la demande est accompagnée des éléments permettant d'apprécier ses possibilités financières au regard des engagements contractés. »

Le garde des sceaux, ministre de la justice, fait procéder à une enquête sur l'honorabilité et les capacités professionnelles des candidats. Le bureau du Conseil national des greffiers des tribunaux de commerce lui communique, dans les vingt jours suivant sa demande, toute information dont il dispose sur ces deux éléments.

V. note ss. art. R. 742-17-1.

Art. R. 742-22 *(Décr. n° 2017-893 du 6 mai 2017, art. 17-V)* Lorsqu'il sélectionne un lauréat du concours prévu à l'article R. 742-6-1, le garde des sceaux, ministre de la justice, désigne, parmi les candidats issus d'une même promotion, le cas échéant, le candidat le mieux classé.

Lorsqu'il sélectionne une société composée pour tout ou partie de lauréats du concours prévu à l'article R. 742-6-1, le garde des sceaux, ministre de la justice, s'assure qu'il n'y a pas, parmi les autres candidats remplissant les conditions de nomination et *(Abrogé par Décr. n° 2019-162 du 5 mars 2019, art. 6)* « *, s'agissant des offices vacants,* » s'étant engagé à payer l'indemnité *(Abrogé par Décr. n° 2019-162 du 5 mars 2019, art. 6)* « *mentionnée à l'article R. 742-24* », de lauréat issu de la même promotion et mieux classé que l'un quelconque des associés de ladite société.

Lorsque se portent candidates plusieurs sociétés dont chacune comporte un associé mieux classé que l'un des associés de l'autre société et qu'aucun autre candidat remplissant les conditions de l'alinéa précédent n'est mieux placé, le garde des sceaux, ministre de la justice, désigne l'une ou l'autre de ces sociétés.

Art. R. 742-23 En l'absence de candidature *(Abrogé par Décr. n° 2017-893 du 6 mai 2017, art. 17-VI)* « *, ou si aucun candidat n'est proposé par la commission,* » le garde des sceaux, ministre de la justice, peut, dans les conditions prévues à l'article *(Décr. n° 2017-893 du 6 mai 2017, art. 17-VI)* « R. 742-19 », ouvrir un nouveau délai pour le dépôt des candidatures. Celles-ci sont présentées et instruites, conformément aux dispositions *(Décr. n° 2017-893 du 6 mai 2017, art. 17-VI)* « de l'article R. 742-21 ».

Ces dispositions sont également applicables si le garde des sceaux, ministre de la justice, ne retient aucun des candidats *(Abrogé par Décr. n° 2017-893 du 6 mai 2017, art. 17-VI)* « *proposés par la commission* ».

(Décr. n° 2017-893 du 6 mai 2017, art. 17-VI) « Lorsque le candidat nommé est déclaré démissionnaire en application de l'article R. 742-31, le garde des sceaux, ministre de la justice, peut nommer un autre candidat, après nouvel examen des candidatures, dans les conditions prévues à l'article R. 742-21. A défaut d'acceptation de l'intéressé ou si aucun candidat n'est nommé, le garde des sceaux, ministre de la justice, peut ouvrir une nouvelle procédure dans les conditions définies aux articles R. 742-19 et R. 742-21. » – *[Décr. n° 77-828 du 20 juill. 1977, art. 6.]*

Art. R. 742-24 Lorsqu'un office de greffier de tribunal de commerce ne peut être *pourvu par l'exercice* du droit de présentation, cet office est déclaré vacant par décision du garde des sceaux, ministre de la justice, et il y est pourvu dans les conditions prévues aux articles *(Décr. n° 2017-893 du 6 mai 2017, art. 17-VII)* « R. 742-19 » à R. 742-23.

(Décr. n° 2017-893 du 6 mai 2017, art. 17-VII) « La candidature doit être accompagnée d'un engagement à payer l'indemnité fixée par le garde des sceaux, ministre de la justice. Lorsque le candidat doit contracter un emprunt, la demande est accompagnée des éléments permettant d'apprécier ses possibilités financières au regard des engagements contractés. » – *[Décr. n° 77-828 du 20 juill. 1977, art. 7.]*

En application des art. L. 231-4 et L. 231-6 CRPA, le silence gardé pendant deux mois par l'administration vaut décision de rejet de la demande de nomination dans un office vacant d'un greffier de tribunal de commerce (Décr. n° 2014-1277 du 23 oct. 2014, art. 1er).

1. Droit de présentation. Jugeant que le droit de présentation des greffiers des tribunaux de commerce est conforme à la Constitution : • Cons. const. 27 mars 2015, n° 2015-459 QPC : *D. 2015. Actu. 741 ; AJDA 2015. 663, obs. de Montecler*.

2. Vacance. Le garde des Sceaux peut, pour des raisons d'intérêt général, déclarer vacant un office de greffier de tribunal de commerce sans porter atteinte au droit de présentation des ayants droit du dernier titulaire décédé, après cinq années de vacance durant lesquelles des suppléants ont été désignés et des dysfonctionnements sérieux constatés. • CAA Nancy, 18 févr. 2013 : *AJDA 2013. 928, note Wiernasz*. ♦ Si le code de commerce ne subordonne l'exercice du droit de présentation à aucun délai, l'autorité compétente peut, dans l'intérêt d'une bonne administration de la justice, déclarer la vacance si l'office n'a pu être pourvu par l'exercice du droit de présentation dans un délai raisonnable ; il lui appartient à cet effet, sous le contrôle du juge de l'excès de pouvoir, de prendre en compte l'ensemble des circonstances de l'espèce, notamment les conditions de fonctionnement du tribunal, la possibilité d'organiser une suppléance, pendant une période qui doit cependant demeurer limitée, et les diligences effectuées par les titulaires du droit de présentation ; dans un tel cas, la circonstance que la déclaration de vacance intervienne alors qu'une nouvelle présentation d'un successeur a été faite peu avant ne l'entache pas d'illégalité. • CE 11 févr. 2015, n° 367884 : *AJDA 2015. 313, obs. de Montecler ; Gaz. Pal. 2015. 1204, obs. Roussel*. ♦ Sur la constitutionnalité du droit de présentation des greffiers des tribunaux de commerce, V. • Cons. const. 26 mars 2015, n° 2015-459 QPC : *AJDA 2015. 1930, note Froger*.

§ 2 NOMINATION EN CAS DE SUPPRESSION D'OFFICE *(Décr. n° 2017-893 du 6 mai 2017, art. 18-I)*.

Art. R. 742-25 **Le greffier d'un tribunal de commerce supprimé est nommé greffier d'un tribunal de commerce créé sans qu'il y ait lieu de recourir à la procédure prévue aux articles** *(Décr. n° 2017-893 du 6 mai 2017, art. 18-II)* **« R. 742-19 » à R. 742-23, dans les hypothèses suivantes :**

1° Lorsque le tribunal de commerce créé a le même ressort que le tribunal supprimé, la modification affectant seulement la commune siège du tribunal ;

2° Lorsque le ressort du tribunal de commerce créé couvre en partie le ressort du tribunal de commerce supprimé et que son siège se situe dans le ressort du tribunal supprimé ;

3° Lorsque le ressort d'un tribunal de commerce couvre l'intégralité du ressort du tribunal de commerce supprimé ainsi que tout ou partie du ressort d'un *(Décr. n° 2019-966 du 18 sept. 2019, art. 8, en vigueur le 1er janv. 2020)* **« tribunal judiciaire** *[ancienne rédaction : tribunal de grande instance]* **» compétent en application de l'article L. 721-2, dans les matières attribuées aux tribunaux de commerce ;**

4° Lorsque le ressort d'un tribunal de commerce créé couvre l'intégralité du ressort d'un tribunal de commerce supprimé ainsi qu'une partie du ressort d'un ou plusieurs tribunaux de commerce maintenus.

Cette dérogation ne bénéficie au greffier intéressé que pour sa nomination dans un seul office. — *[Décr. n° 77-828 du 20 juill. 1977, art. 8.]*

En application des art. L. 231-4 et L. 231-6 CRPA, le silence gardé pendant deux mois par l'administration vaut décision de rejet de la demande de nomination dans un office créé d'un greffier de tribunal de commerce (Décr. n° 2014-1277 du 23 oct. 2014, art. 1er).

Art. R. 742-26 **Il n'y a pas lieu de recourir à la procédure prévue aux articles** *(Décr. n° 2017-893 du 6 mai 2017, art. 18-II)* **« R. 742-19 » à R. 742-23 pour nommer greffier du nouveau tribunal une personne physique ou morale qui, en application de l'article R. 742-29, est greffier de chacun des tribunaux supprimés.** — *[Décr. n° 77-828 du 20 juill. 1977, art. 8-1, al. 2.]*

Art. R. 742-27 **Il n'y a pas lieu d'attendre l'expiration du délai prévu au premier alinéa de l'article R. 743-169 lorsque des indemnités sont dues, en vertu des dispositions des articles R. 743-169 et R. 743-176, à la suite du regroupement de deux ou plusieurs tribunaux de commerce.** — *[Décr. n° 77-828 du 20 juill. 1977, art. 8-2, al. 1er et 2.]*

§ 3 NOMINATION SUR PRÉSENTATION

(Décr. n° 2017-893 du 6 mai 2017, art. 19-I)

Art. R. 742-27-1 Le greffier de tribunal de commerce qui souhaite exercer son droit de présentation informe le garde des sceaux, ministre de la justice, *(Décr. n° 2019-162 du 5 mars 2019, art. 7)* « par téléprocédure sur le site internet du ministère de la justice, » de ce projet ainsi que du montant de l'indemnité demandée à ce titre, qui correspond à la valeur de l'office.

Sauf lorsque l'indemnité demandée apparaît manifestement excessive, un arrêté du garde des sceaux, ministre de la justice, assure la publicité de cette annonce et précise la date limite de dépôt des candidatures. Le délai imparti aux candidats pour adresser leur candidature ne peut être inférieur à trente jours à compter de la publication de l'arrêté au *Journal officiel* de la République française. Les candidatures sont adressées, par lettre recommandée avec demande d'avis de réception ou tout autre moyen permettant d'en assurer la réception, au greffier du tribunal de commerce.

Le greffier sélectionne son successeur parmi les candidats, dans un délai de six mois à compter de la date limite de dépôt des candidatures. Si ce délai n'est pas respecté, l'office est déclaré vacant en application de *[l'article] (Décr. n° 2019-162 du 5 mars 2019, art. 7)* « R. 742-24 », sauf à ce que le greffier ait expressément notifié au garde des sceaux, ministre de la justice, par téléprocédure sur le site internet du ministère de la justice, dans ce même délai, son intention de se rétracter.

L'obligation de transmission par voie de téléprocédure instaurée pour les échanges avec le garde des sceaux, ministre de la justice, en application des art. R. 742-27-1, R. 743-43-1, R. 743-100, R. 743-107, R. 743-137, R. 743-139 et R. 743-139-5, est applicable aux informations et demandes transmises après la date d'entrée en vigueur du Décr. n° 2019-162 du 5 mars 2019 (Décr. préc., art. 29-II).

Art. R. 742-27-2 Lorsqu'il sélectionne un lauréat du concours prévu à l'article R. 742-6-1, le greffier désigne, parmi les candidats issus d'une même promotion, le candidat le mieux classé, sous réserve que celui-ci s'engage à s'acquitter de l'indemnité demandée.

Lorsqu'il sélectionne une société composée pour tout ou partie de lauréats du concours prévu à l'article R. 742-6-1, le greffier s'assure qu'il n'y a pas, parmi les autres candidats remplissant les conditions pour être nommés et s'étant engagés à payer l'indemnité demandée, de lauréat issu de la même promotion et mieux classé que l'un quelconque des associés de ladite société.

Lorsque se portent candidates plusieurs sociétés dont chacune comporte un associé mieux classé que l'un des associés de l'autre société et qu'aucun autre candidat remplissant les conditions prévus à l'alinéa précédent n'est mieux placé, le greffier désigne l'une ou l'autre de ces sociétés.

Art. R. 742-28 Le candidat *(Décr. n° 2017-893 du 6 mai 2017, art. 19-II)* « sélectionné pour succéder à un » greffier de tribunal de commerce sollicite l'agrément du garde des sceaux, ministre de la justice, dans les formes prévues au présent article.

La demande de nomination est présentée au *(Décr. n° 2017-893 du 6 mai 2017, art. 19-II)* « garde des sceaux, ministre de la justice, par téléprocédure sur le site internet du ministère de la justice ». Elle est accompagnée de toute pièce justificative, et notamment des conventions intervenues entre le titulaire de l'office ou ses ayants droit et le candidat.

(Décr. n° 2017-893 du 6 mai 2017, art. 19-II) « Lorsque ce dernier doit contracter un emprunt, elle est en outre accompagnée des éléments permettant d'apprécier ses possibilités financières au regard des engagements contractés.

« Le Conseil national des greffiers des tribunaux de commerce communique au garde des sceaux, ministre de la justice, dans les vingt jours suivant sa demande, toute information dont il dispose permettant d'apprécier les capacités professionnelles et l'honorabilité du cessionnaire. »

(Abrogé par Décr. n° 2017-893 du 6 mai 2017, art. 19-II) « Le procureur (Décr. n° 2009-452 du 22 avr. 2009, art. 14) « général » transmet le dossier au garde des sceaux, ministre

de la justice, avec son avis motivé. » La nomination est prononcée par le garde des sceaux, ministre de la justice. – *[Décr. 87-601 du 29 juill. 1987, art. 10-1.]*

V. notes ss. art. R. 742-17-1 et R. 742-21.

En application des art. L. 231-4 et L. 231-6 CRPA, le silence gardé pendant deux mois par l'administration vaut décision de rejet de la demande de nomination ou la démission d'un greffier de tribunal de commerce exerçant à titre individuel ainsi que de la demande de nomination d'une société titulaire d'un office de greffier de tribunal de commerce et de ses associés (Décr. nº 2014-1277 du 23 oct. 2014, art. 1er).

§ 4 MULTITITULARITÉ ET BUREAUX ANNEXES *(Décr. nº 2017-893 du 6 mai 2017, art. 19-III).*

Art. R. 742-29 Une même personne peut *(Décr. nº 2019-162 du 5 mars 2019, art. 8)* « , à sa demande, » être nommée greffier de plusieurs tribunaux de commerce dont le siège est situé dans le même ressort de cour d'appel. – *[COJ, art. R. 821-4.]*

Art. R. 742-30 Le garde des sceaux peut décider, dans les limites du ressort d'un tribunal de commerce et avec l'accord du greffier ou sur sa demande, la création d'un ou plusieurs greffes annexes. La décision fixe les conditions d'ouverture de ces greffes au public.

Préalablement à sa décision, le garde des sceaux consulte le Conseil national des greffiers des tribunaux de commerce par lettre recommandée avec demande d'avis de réception. Celui-ci doit faire parvenir ses observations dans les deux mois de sa saisine. Faute de réponse dans ce délai, l'avis est réputé favorable.

Le garde des sceaux peut décider la fermeture du ou des greffes annexes, soit à la demande du greffier, soit d'office, après consultation du Conseil national effectuée dans les formes prévues à l'alinéa précédent. – *[COJ, art. R. 821-4-1.]*

SOUS-SECTION 3 DE L'ENTRÉE EN FONCTIONS, DE LA LIMITE D'ÂGE ET DE L'HONORARIAT *(Décr. nº 2017-893 du 6 mai 2017, art. 20-I).*

Art. R. 742-31 Dans le mois de leur nomination, les greffiers des tribunaux de commerce prêtent serment devant le tribunal de commerce, en ces termes :

"Je jure de loyalement remplir mes fonctions avec exactitude et probité et d'observer en tout les devoirs qu'elles m'imposent."

Ils ne peuvent exercer leurs fonctions qu'à compter du jour de leur prestation de serment.

Tout greffier de tribunal de commerce qui ne prête pas le serment professionnel dans le mois de la publication de sa nomination au *Journal officiel* est déclaré démissionnaire de ses fonctions, sauf s'il peut justifier d'un motif valable. – *[Décr. nº 87-601 du 29 juill. 1987, art. 11.]*

Art. R. 742-31-1 *(Décr. nº 2017-893 du 6 mai 2017, art. 20-II)* La demande d'autorisation de prolongation d'activité prévue à l'article L. 741-1 est présentée au garde des sceaux, ministre de la justice, par téléprocédure sur le site internet du ministère de la justice, au plus tard deux mois avant le soixante-dixième anniversaire de l'intéressé.

V. note ss. art. R. 742-17-1.

Art. R. 742-32 Le titre de greffier honoraire de tribunal de commerce peut être conféré par le procureur général près la cour d'appel aux greffiers des tribunaux de commerce qui ont exercé leurs fonctions pendant au moins vingt ans. – *[Décr. nº 87-601 du 29 juill. 1987, art. 12.]*

En application de l'art. L. 231-5 et L. 231-6 CRPA, et par exception à l'application du délai de deux mois prévu à l'art. L. 231-1 du même code, le délai à l'expiration duquel le silence gardé par l'administration vaut décision d'acceptation est de quatre mois pour une demande d'honorariat pour les greffiers de tribunal de commerce (Décr. nº 2014-1278 du 23 oct. 2014, art. 1er).

SECTION II DES CONDITIONS D'ACCÈS AUX PROFESSIONS JUDICIAIRES ET JURIDIQUES DE CERTAINS GREFFIERS DE TRIBUNAL DE COMMERCE

Art. R. 742-33 Le greffier d'un tribunal de commerce dont au moins l'un des offices est supprimé par suite d'une nouvelle délimitation de circonscriptions judiciaires et qui a exercé ses fonctions pendant *(Décr. n° 2008-786 du 18 août 2008, art. 2)* « trois » ans *[ancienne rédaction : dix ans]* au moins peut, sur demande présentée dans le délai *(Décr. n° 2008-786 du 18 août 2008, art. 2)* « de deux ans *[ancienne rédaction : d'un an]* » à compter de la suppression de son office, accéder aux professions d'administrateur judiciaire, d'avocat, *(Abrogé par Décr. n° 2012-634 du 3 mai 2012, art. 21)* ***« d'avoué, »*** de commissaire-priseur judiciaire, d'huissier de justice, de mandataire judiciaire et de notaire, dans les conditions prévues à la présente section. — *[Décr. n° 99-1017 du 1er déc. 1999, art. 1er.]*

Art. R. 742-34 Le greffier mentionné à l'article R. 742-33 bénéficie d'une dispense de diplôme et d'examen d'aptitude pour l'accès aux professions mentionnées à cet article. — *[Décr. n° 99-1017 du 1er déc. 1999, art. 2.]*

Art. R. 742-35 Le garde des sceaux, ministre de la justice peut, sur proposition de la commission prévue à l'article R. 742-36, faire bénéficier le greffier mentionné à l'article R. 742-33 d'une dispense partielle du stage prévu aux articles L. 811-5 et L. 812-3, *(Abrogé par Décr. n° 2012-634 du 3 mai 2012, art. 21)* ***« au 6° de l'article 4-1 du décret du 19 décembre 1945 pris pour l'application du statut des avoués, »*** à l'article 2 du décret du 19 juin 1973 relatif à la formation professionnelle des commissaires priseurs et aux conditions d'accès à cette profession, à l'article 3 du décret du 5 juillet 1973 relatif à la formation professionnelle dans le notariat et aux conditions d'accès aux fonctions de notaire et au 6° de l'article 1er du décret du 14 août 1975 relatif aux conditions d'accès à la profession d'huissier de justice.

La dispense accordée en application de l'alinéa précédent ne peut aboutir à réduire la durée du stage à moins *(Décr. n° 2008-786 du 18 août 2008, art. 4)* « de six mois *[ancienne rédaction : d'un an]* ».

La commission peut en outre proposer au garde des sceaux, ministre de la justice d'imposer au greffier demandeur de suivre, pendant la durée de son stage, une formation complémentaire liée au caractère particulier de la profession à laquelle il souhaite accéder. — *[Décr. n° 99-1017 du 1er déc. 1999, art. 3.]*

En application de l'art. L. 231-6 CRPA, et par exception à l'application du délai de deux mois prévu à l'art. L. 231-1 du même code, le délai à l'expiration duquel le silence gardé par l'administration vaut décision d'acceptation est de quatre mois pour une demande de dispense partielle de stage de greffier de tribunal de commerce (Décr. n° 2014-1278 du 23 oct. 2014, art. 1er).

Art. R. 742-36 Il est institué une commission compétente pour émettre les propositions de dispense de stage prévues à l'article R. 742-35 ; elle est composée ainsi qu'il suit :

(Abrogé par Décr. n° 2020-1616 du 17 déc. 2020, art. 8) ***« 1° Un magistrat de l'ordre judiciaire, en activité ou honoraire, président ; »***

(Décr. n° 2020-1616 du 17 déc. 2020, art. 8) « 1° Trois » greffiers des tribunaux de commerce nommés sur proposition du Conseil national des greffiers des tribunaux de commerce ; ils ne peuvent siéger lorsqu'ils sont personnellement intéressés ;

(Décr. n° 2020-1616 du 17 déc. 2020, art. 8) « 2° » Deux membres de la profession à laquelle souhaite accéder le candidat, en activité ou honoraires, nommés sur proposition de leur instance représentative nationale.

(Décr. n° 2020-1616 du 17 déc. 2020, art. 8) « Le président, choisi parmi les trois membres greffiers des tribunaux de commerce, et les autres membres de la commission sont nommés pour trois ans, par arrêté du ministre de la justice. » Des membres suppléants sont nommés en nombre égal dans les mêmes conditions. Si l'un des membres cesse d'exercer ses fonctions pour quelque cause que ce soit, il est remplacé pour la durée du mandat restant à courir.

Le secrétariat de la commission est assuré par *(Abrogé par Décr. n° 2020-1616 du 17 déc. 2020, art. 8)* ***« un magistrat ou »*** un fonctionnaire du ministère de la justice. La commission siège au ministère de la justice.

La commission se réunit sur convocation de son président. Elle ne délibère valablement que si *(Décr. n° 2020-1616 du 17 déc. 2020, art. 8)* « , outre le président, » au moins un greffier de tribunal de commerce est présent ainsi qu'un représentant de la profession concernée par la demande de dispense. Elle se prononce à la majorité des voix. En cas de partage égal des voix, celle du président est prépondérante. — *[Décr. n° 99-1017 du 1er déc. 1999, art. 4.]*

Pour les dispositions transitoires du Décr. n° 2020-1616 du 17 déc. 2020, V. note ss. art. R. 723-8.

Art. R. 742-37 Le greffier d'un tribunal de commerce qui souhaite bénéficier des dispositions de l'article R. 742-35 adresse sa demande par lettre recommandée avec demande d'avis de réception, ou la remet contre récépissé, au secrétariat de la commission. La demande est accompagnée de tous renseignements et documents utiles, notamment ceux relatifs à l'expérience professionnelle du demandeur et à ses travaux, diplômes et publications. Le demandeur précise, en outre, la profession qu'il entend choisir et son mode d'exercice, en adressant tous actes ou documents justificatifs.

Le président de la commission peut désigner au sein de celle-ci un ou plusieurs rapporteurs. La commission peut recueillir toute information qu'elle estime utile à l'instruction de la demande, notamment tout renseignement relatif à l'exercice par le greffier demandeur de sa profession et au fonctionnement de son greffe. Elle peut procéder à l'audition du candidat.

La proposition motivée de la commission est formulée dans les trois mois de la réception de la demande ; dans les quinze jours de sa formulation, elle est adressée au garde des sceaux, ministre de la justice. La proposition de la commission est réputée conforme à la demande présentée par le greffier si elle n'est pas émise dans le délai précité.

Le garde des sceaux, ministre de la justice, notifie sa décision au demandeur, par lettre recommandée avec demande d'avis de réception. — *[Décr. n° 99-1017 du 1er déc. 1999, art. 5.]*

Art. R. 742-38 Dans le délai de six mois qui suit l'accomplissement du stage prévu à l'article R. 742-35, le greffier saisit à nouveau la commission afin que celle-ci examine, au vu des appréciations du maître de stage ainsi que de la nature et de la qualité du travail qu'il a effectué, s'il peut accéder à la profession souhaitée. La procédure suivie devant la commission est la même que celle prévue aux trois premiers alinéas de l'article R. 742-37.

Le garde des sceaux, ministre de la justice, notifie sa décision dans les mêmes formes que celles prévues au quatrième alinéa de l'article R. 742-37. Cette décision est caduque si son bénéficiaire n'a pas, dans les cinq ans de la date à laquelle elle lui a été notifiée, sollicité sa nomination aux fonctions pour lesquelles il avait demandé le bénéfice d'une dispense. — *[Décr. n° 99-1017 du 1er déc. 1999, art. 6.]*

SECTION III DE LA FORMATION PROFESSIONNELLE CONTINUE DES GREFFIERS DES TRIBUNAUX DE COMMERCE

(Décr. n° 2011-1230 du 3 oct. 2011, art. 3, en vigueur le 1er janv. 2012)

Art. R. 742-39 La formation continue prévue par l'article L. 743-15 assure la mise à jour et le perfectionnement des connaissances nécessaires à l'exercice de sa profession par le greffier de tribunal de commerce.

La durée de la formation continue est de vingt heures au cours d'une année civile ou de quarante heures au cours de deux années consécutives.

L'obligation de formation continue est satisfaite :

1° Par la participation à des actions de formation à caractère juridique ou professionnel dispensées par le Conseil national des greffiers des tribunaux de commerce ou par des établissements universitaires ;

2° Par la participation à des formations, habilitées par le Conseil national des greffiers des tribunaux de commerce, dispensées par des greffiers des tribunaux de commerce ou des établissements d'enseignement ;

3° Par l'assistance à des colloques ou à des conférences à caractère juridique ayant un lien avec l'activité professionnelle de greffier de tribunal de commerce ;

4° Par le fait de dispenser des enseignements à caractère juridique ayant un lien avec l'activité professionnelle de greffier de tribunal de commerce, dans un cadre universitaire ou professionnel ;

5° Par la publication de travaux à caractère juridique.

Au cours des deux premières années d'exercice professionnel, cette formation inclut dix heures au moins portant sur la gestion d'un office, la déontologie et le statut professionnel. Toutefois, au cours de cette même période, les personnes mentionnées à l'article R. 742-3 consacrent la totalité de leur obligation de formation à ces matières.

Les décisions déterminant les modalités de mise en œuvre des dispositions du présent article par le Conseil national des greffiers des tribunaux de commerce sont notifiées au garde des sceaux, ministre de la justice, dans le délai de trente jours.

Art. R. 742-40 Les greffiers des tribunaux de commerce déclarent, au plus tard le 31 janvier de chaque année civile, au Conseil national des greffiers des tribunaux de commerce les conditions dans lesquelles ils ont satisfait à leur obligation de formation continue au cours de l'année écoulée. Les justificatifs utiles à la vérification du respect de cette obligation sont joints à cette déclaration.

Le Conseil national contrôle l'accomplissement effectif de l'obligation de formation continue des greffiers des tribunaux de commerce en vérifiant les critères des formations suivies ainsi que leur lien nécessaire avec l'activité de greffier de tribunal de commerce.

CHAPITRE III DES CONDITIONS D'EXERCICE

SECTION PREMIÈRE DE L'INSPECTION ET DE LA DISCIPLINE

SOUS-SECTION 1 DE L'INSPECTION

Art. R. 743-1 Sans préjudice des dispositions de l'article *(Décr. n° 2008-522 du 2 juin 2008, art. 1er et 2)* « R. 312-68 » du code de l'organisation judiciaire, chaque greffe de tribunal de commerce fait l'objet d'une inspection au moins une fois tous les quatre ans. Il peut, en outre, être soumis à des inspections occasionnelles inopinées portant sur un domaine particulier de l'activité professionnelle du greffier ou sur l'ensemble de celle-ci.

Chaque inspection est prescrite par le garde des sceaux, ministre de la justice, soit d'office, soit à la demande du président du tribunal de commerce ou du président du Conseil national des greffiers des tribunaux de commerce. Elle est conduite par le procureur de la République. Elle est réalisée par un ou plusieurs inspecteurs désignés par le garde des sceaux, ministre de la justice, parmi les greffiers des tribunaux de commerce en activité ou parmi les greffiers honoraires ayant cessé leur activité depuis moins de trois ans.

Les greffiers ainsi désignés sont choisis sur une liste comprenant quarante noms au moins, établie avant le début de chaque année par le bureau du Conseil national des greffiers des tribunaux de commerce.

Avant le début de chaque année, le bureau du Conseil national adresse également au garde des sceaux, ministre de la justice, la liste des greffiers proposés pour faire l'objet d'une inspection périodique au cours de l'année suivante. – *[COJ, art. R. 821-5.]*

Art. R. 743-2 *(Décr. n° 2016-1905 du 27 déc. 2016, art. 30, en vigueur le 1er janv. 2017)* « L'inspection générale de la justice » peut également, à la demande du garde des sceaux, ministre de la justice, procéder à des inspections occasionnelles inopinées portant sur l'ensemble de l'activité du greffier. Il *[Elle]* peut à cette fin demander le concours des inspecteurs mentionnés à l'article R. 743-1 ou leur avis technique sur la comptabilité du greffe. – *[COJ, art. R. 821-6.]*

Art. R. 743-3 *(Décr. n° 2016-1905 du 27 déc. 2016, art. 30, en vigueur le 1er janv. 2017)* « L'inspection générale de la justice » ainsi que les inspecteurs mentionnés à l'article R. 743-1 disposent, dans l'exécution de leur mission, d'un pouvoir général d'investigation et de contrôle.

Ils peuvent se faire assister d'un expert-comptable et d'un commissaire aux comptes. Les frais occasionnés par cette assistance sont avancés par le Conseil national des greffiers des tribunaux de commerce ; ils sont recouvrés sur le greffier du tribunal de commerce inspecté si celui-ci est l'objet d'une sanction disciplinaire.

Le personnel du greffe inspecté doit répondre aux questions qui lui sont posées par les inspecteurs et doit leur fournir toutes informations utiles à l'accomplissement de leur mission. – *[COJ, art. R. 821-7.] – Les al. 2 et 3 sont entrés en vigueur le 1er janv. 1992 (Décr. n° 91-743 du 31 juill. 1991, art. 10).*

Art. R. 743-4 Sauf dans les cas prévus à l'article R. 743-2, les inspecteurs mentionnés à l'article R. 743-1 adressent un compte rendu de leur mission au procureur de la République. Les inspections occasionnelles donnent lieu à l'établissement d'un rapport détaillé.

Ces documents sont transmis au garde des sceaux, ministre de la justice, à l'issue de chaque inspection. Copie en est communiquée au président du Conseil national des greffiers des tribunaux de commerce et au président du tribunal de commerce lorsque l'inspection a été prescrite à la demande de ce dernier. — *[COJ, art. R. 821-8.]*

SOUS-SECTION 2 DE LA DISCIPLINE

Art. R. 743-5 Les dispositions du *(Décr. n° 2008-484 du 22 mai 2008, art. 22)* « code de procédure civile » s'appliquent pour tout ce qui n'est pas réglé par les dispositions de procédure contenues dans le présent chapitre. — *[COJ, art. R. 822-19.]*

§ 1er DE L'ENQUÊTE DISCIPLINAIRE

Art. R. 743-6 Le président du Conseil national des greffiers des tribunaux de commerce peut, soit de sa propre initiative, soit à la demande du procureur de la République ou sur la plainte de toute personne intéressée, procéder à une enquête sur le comportement d'un greffier du tribunal de commerce.

Il peut désigner à cette fin un rapporteur parmi les membres ou anciens membres du Conseil national des greffiers des tribunaux de commerce. Le rapporteur ainsi désigné ne peut pas siéger dans la formation disciplinaire de ce Conseil appelée à délibérer sur l'affaire.

Il peut être procédé à l'audition de toute personne susceptible d'éclairer l'enquête. Il est dressé un procès-verbal de cette audition, signé par la personne entendue et annexé au rapport d'enquête.

Lorsque la personne entendue est le greffier du tribunal de commerce dont le comportement est mis en cause, une convocation lui est adressée par lettre recommandée avec demande d'avis de réception. Il peut se faire assister d'un avocat ou d'un autre greffier de tribunal de commerce. — *[COJ, art. R. 822-1.]*

Art. R. 743-7 Au vu des éléments recueillis au cours de l'enquête disciplinaire, le président du Conseil national des greffiers des tribunaux de commerce classe l'affaire ou exerce l'action disciplinaire.

Il en avise le procureur de la République, auquel il communique le rapport d'enquête. Le cas échéant, il informe le plaignant de sa décision.

Lorsque le président du Conseil national des greffiers des tribunaux de commerce, saisi d'une demande d'enquête par le procureur de la République ou sur la plainte d'une personne intéressée, décide de ne pas y donner suite, il en avise l'auteur de la demande. — *[COJ, art. R. 822-1-1.]*

§ 2 DE LA PROCÉDURE DEVANT LA FORMATION DISCIPLINAIRE DU CONSEIL NATIONAL DES GREFFIERS DES TRIBUNAUX DE COMMERCE

Art. R. 743-8 La formation disciplinaire du Conseil national des greffiers des tribunaux de commerce est saisie par la dénonciation des faits motivant les poursuites que lui adresse soit le président du Conseil national des greffiers des tribunaux de commerce, soit le procureur de la République.

Lorsque l'action disciplinaire est exercée par le président du Conseil national des greffiers des tribunaux de commerce, ce dernier adresse une copie de l'acte de poursuite, par lettre recommandée avec demande d'avis de réception, au procureur de la République ou, si le greffier est titulaire de plusieurs greffes établis dans le ressort de plusieurs *(Décr. n° 2019-966 du 18 sept. 2019, art. 8, en vigueur le 1er janv. 2020)* « tribunaux judiciaires *[ancienne rédaction : tribunaux de grande instance]* », à chacun des procureurs de la République compétents.

A compter de la réception de l'acte de poursuite, le procureur de la République près le *(Décr. n° 2019-966 du 18 sept. 2019, art. 8, en vigueur le 1er janv. 2020)* « tribunal judiciaire *[ancienne rédaction : tribunal de grande instance]* », désigné le cas échéant conformément au deuxième alinéa de l'article R. 743-12, dispose d'un délai d'un mois pour citer le greffier intéressé devant le *(Décr. n° 2019-966 du 18 sept. 2019, art. 8, en vigueur le 1er janv. 2020)* « tribunal judiciaire *[ancienne rédaction : tribunal de grande instance]* » statuant disciplinairement. S'il use de cette faculté, il notifie une copie de la citation au président du Conseil national des greffiers des tribunaux de commerce et au président de sa formation disciplinaire. A défaut, l'instance se poursuit devant la formation disciplinaire du Conseil national des greffiers des tribunaux de commerce. – *[COJ, art. R. 822-2.]*

Art. R. 743-9 Le greffier du tribunal de commerce appelé à comparaître devant la formation disciplinaire du Conseil national des greffiers des tribunaux de commerce est convoqué au moins quinze jours à l'avance, par lettre recommandée avec demande d'avis de réception, à la diligence de l'autorité qui exerce l'action disciplinaire.

La convocation comporte, à peine de nullité, l'indication précise des faits qui fondent les poursuites et la référence des dispositions législatives ou réglementaires énonçant les obligations auxquelles il est reproché au greffier poursuivi d'avoir contrevenu.

Les pièces du dossier de la procédure disciplinaire, et notamment le rapport d'enquête disciplinaire et ses annexes, sont cotées et numérotées. Le greffier du tribunal de commerce poursuivi ou son conseil peut en prendre connaissance auprès du secrétariat de la formation disciplinaire du Conseil national. – *[COJ, art. R. 822-3.]*

Art. R. 743-10 La formation disciplinaire du Conseil national des greffiers des tribunaux de commerce ne peut valablement délibérer que si tous ses membres titulaires ou suppléants sont présents.

Les débats sont publics. Toutefois, la formation disciplinaire du Conseil national des greffiers des tribunaux de commerce peut, à la demande du procureur de la République, du président du Conseil national des greffiers des tribunaux de commerce ou du greffier poursuivi, ou s'il doit résulter de la publicité de ces débats une atteinte à l'intimité de la vie privée, décider qu'ils auront lieu ou se poursuivront en chambre du conseil. – *[COJ, art. R. 822-4.]*

Art. R. 743-11 Le greffier du tribunal de commerce comparaît en personne. Il peut se faire assister par un avocat et, s'il le désire, par un autre greffier de tribunal de commerce.

Le président du Conseil national des greffiers des tribunaux de commerce est entendu, ainsi que le procureur de la République s'il a exercé l'action disciplinaire.

Le dispositif de la décision disciplinaire est lu en audience publique.

Cette décision est notifiée à l'intéressé, au procureur de la République et au président du Conseil national des greffiers des tribunaux de commerce. La notification est faite dans les quinze jours du prononcé de la décision, par lettre recommandée avec demande d'avis de réception.

Le cas échéant, le plaignant est avisé lorsque la décision est passée en force de chose jugée. – *[COJ, art. R. 822-5.]*

§ 3 DE LA PROCÉDURE DEVANT LE TRIBUNAL JUDICIAIRE STATUANT DISCIPLINAIREMENT *(Décr. n° 2019-966 du 18 sept. 2019, art. 8, en vigueur le 1er janv. 2020).*

Art. R. 743-12 Le *(Décr. n° 2019-966 du 18 sept. 2019, art. 8, en vigueur le 1er janv. 2020)* « tribunal judiciaire *[ancienne rédaction : tribunal de grande instance]* » est saisi, en matière disciplinaire, par la citation délivrée au greffier du tribunal de commerce poursuivi à la requête du procureur de la République ou du président du Conseil national des greffiers des tribunaux de commerce, quinze jours au moins avant l'audience.

Si le greffier du tribunal de commerce est titulaire de plusieurs greffes établis dans le ressort de plusieurs *(Décr. n° 2019-966 du 18 sept. 2019, art. 8, en vigueur le 1er janv. 2020)* « tribunaux judiciaires *[ancienne rédaction : tribunaux de grande instance]* », l'autorité qui prend l'initiative de l'action disciplinaire saisit par requête le premier président de la cour d'appel, aux fins de désignation de la juridiction compétente. La décision du premier président de la cour d'appel est une mesure d'administration judiciaire.

La citation devant le *(Décr. n° 2019-966 du 18 sept. 2019, art. 8, en vigueur le 1er janv. 2020)* « tribunal judiciaire *[ancienne rédaction : tribunal de grande instance]* » statuant en

matière disciplinaire comporte, à peine de nullité, l'indication précise des faits qui fondent les poursuites et la référence des dispositions législatives ou réglementaires énonçant les obligations auxquelles il est reproché au greffier poursuivi d'avoir contrevenu.

Toute personne qui se prétend lésée peut demander des dommages-intérêts au *(Décr. n° 2019-966 du 18 sept. 2019, art. 8, en vigueur le 1er janv. 2020)* **« tribunal judiciaire** *[ancienne rédaction : tribunal de grande instance]* **» saisi.** – *[COJ, art. R. 822-6.]*

Rapport d'inspection. L'assignation délivrée au greffier comportant en annexe 110 pages du rapport d'inspection détaillant les manquements reprochés, la cour d'appel qui a constaté que celui-ci avait eu connaissance du rapport intégral de l'inspection et qu'il le versait lui-même aux débats, en a exactement déduit qu'il ne subissait aucun grief. • Civ. 1re, 25 févr. 2010, n° 09-11.180 P : *cité note ss. art. L. 743-4.*

Art. R. 743-13 **Le greffier du tribunal de commerce cité à comparaître ou son conseil peut prendre connaissance de son dossier auprès du greffe du** *(Décr. n° 2019-966 du 18 sept. 2019, art. 8, en vigueur le 1er janv. 2020)* **« tribunal judiciaire** *[ancienne rédaction : tribunal de grande instance]* **».** – *[COJ, art. R. 822-6-1.]*

Art. R. 743-14 **Le greffier du tribunal de commerce comparaît en personne. Il peut se faire assister par un avocat et, s'il le désire, par un autre greffier de tribunal de commerce.**

Les débats sont publics, le ministère public entendu. Toutefois, le *(Décr. n° 2019-966 du 18 sept. 2019, art. 8, en vigueur le 1er janv. 2020)* **« tribunal judiciaire** *[ancienne rédaction : tribunal de grande instance]* **» peut, à la demande du procureur de la République, du président du Conseil national des greffiers des tribunaux de commerce ou du greffier poursuivi, ou s'il doit résulter de la publicité de ces débats une atteinte à l'intimité de la vie privée, décider qu'ils auront lieu ou se poursuivront en chambre du conseil.**

Le tribunal peut entendre la personne qui se prétend lésée par les faits reprochés au greffier du tribunal de commerce poursuivi.

Il peut ordonner toutes mesures d'instruction et faire procéder à toutes auditions.

Le président du Conseil national des greffiers des tribunaux de commerce est entendu s'il a exercé l'action disciplinaire. – *[COJ, art. R. 822-6-2.]*

Art. R. 743-15 **Le dispositif du jugement est lu en audience publique.**

Le jugement est signifié à l'intéressé. *(Abrogé par Décr. n° 2019-1333 du 11 déc. 2019, art. 16, à compter du 1er janv. 2020)* ***« Il est exécutoire à titre provisoire lorsqu'il prononce l'interdiction temporaire ou la destitution d'un greffier suspendu provisoirement de l'exercice de ses fonctions. »*** – *[COJ, art. R. 822-6-3.]*

§ 4 DE L'ADMINISTRATION PROVISOIRE

Art. R. 743-16 **Les peines disciplinaires du rappel à l'ordre, de l'avertissement, du blâme et du retrait de l'honorariat sont réputées exécutées par la signification qui en est faite.**

Le greffier de tribunal de commerce interdit temporairement ou destitué doit, dès lors que la décision est devenue exécutoire, s'abstenir de tout acte professionnel. Il met immédiatement à la disposition de l'administrateur provisoire l'ensemble des documents et archives du greffe, et notamment les répertoires et livres de comptabilité relatifs à l'année courante et aux années antérieures. – *[COJ, art. R. 822-7.]*

Art. R. 743-17 **En cas d'interdiction temporaire ou de destitution, l'administrateur provisoire nommé en application de l'article L. 743-10 est choisi parmi les greffiers en activité des tribunaux de commerce situés dans le ressort de la cour d'appel ou parmi les employés du greffe visés par l'article R. 742-2. Il peut aussi être choisi parmi les greffiers honoraires des tribunaux de commerce ou parmi les personnes remplissant les conditions générales d'aptitude aux fonctions de greffier de tribunal de commerce.**

L'administrateur perçoit à son profit les émoluments ou honoraires particuliers relatifs aux actes qu'il accomplit. Il paie, à concurrence des produits du greffe, les charges afférentes au fonctionnement de cet office.

Lorsque plusieurs administrateurs provisoires ont été nommés, les émoluments et honoraires perçus sont répartis entre eux à parts égales. Ils peuvent toutefois stipuler une autre répartition, sans que la part de l'un d'eux dans les produits nets de l'office puisse excéder le double de la part revenant à chacun des autres. – *[COJ, art. R. 822-8.]*

Art. R. 743-18 Le procureur de la République notifie sans délai à l'administrateur la décision qui l'a nommé. Si l'administrateur n'est pas greffier de tribunal de commerce en exercice, il prête serment devant le tribunal de commerce auprès duquel il exercera sa mission.

L'administrateur prend ses fonctions à compter, selon le cas, soit de la notification qui lui est faite de la décision l'ayant nommé, soit de sa prestation de serment. – *[COJ, art. R. 822-9.]*

Art. R. 743-19 Dans un délai de huit jours, l'administrateur arrête les comptes de l'office à la date de son entrée en fonctions. Un état de ces comptes est remis au procureur de la République.

Dans le même délai, l'administrateur avise les administrations concernées et les établissements bancaires qui ont ouvert un compte professionnel au nom du greffier destitué. Ces comptes fonctionnent désormais exclusivement sur l'ordre de l'administrateur. – *[COJ, art. R. 822-10.]*

Art. R. 743-20 L'administrateur assume l'activité du greffe et en assure la gestion. Il fait mention de sa qualité dans les actes et documents professionnels qu'il établit pour le compte de l'office. – *[COJ, art. R. 822-11.]*

Art. R. 743-21 Le greffier interdit temporairement ou destitué ne peut faire état de son ancienne qualité de greffier du tribunal de commerce. – *[COJ, art. R. 822-12.]*

§ 5 DE LA SUSPENSION PROVISOIRE

Art. R. 743-22 Le *(Décr. n° 2019-966 du 18 sept. 2019, art. 8, en vigueur le 1er janv. 2020)* « tribunal judiciaire *[ancienne rédaction : tribunal de grande instance]* » est saisi de la demande de suspension provisoire par l'assignation à jour fixe délivrée au greffier du tribunal de commerce à la requête du procureur de la République.

L'audience a lieu en chambre du conseil.

Le tribunal statue après conclusion du ministère public, le greffier entendu ou appelé. Ce dernier peut se faire assister par un avocat et, s'il le désire, par un autre greffier de tribunal de commerce.

Le jugement prononçant la suspension provisoire est exécutoire à titre provisoire sur minute. – *[COJ, art. R. 822-13.]*

Art. R. 743-23 Les dispositions du deuxième alinéa de l'article R. 743-16 et celles des articles R. 743-17 à R. 743-20 sont applicables à la suspension provisoire. Cependant, l'administrateur ou les administrateurs nommés ne perçoivent à leur profit que la moitié des émoluments ou honoraires particuliers relatifs aux actes qu'ils accomplissent. – *[COJ, art. R. 822-14.]*

Suspension provisoire. Il résulte de l'art. R. 822-14 COJ [C. com., art. R. 743-23] que le greffier suspendu provisoirement est créancier d'une fraction des résultats de l'office à raison des actes accomplis par l'administrateur provisoire. • Civ. 2e, 3 juill. 2001, n° 98-14.410 P.

Art. R. 743-24 La cessation de plein droit de la suspension provisoire pour l'une des causes prévues au quatrième alinéa de l'article L. 743-7 ou la décision du *(Décr. n° 2019-966 du 18 sept. 2019, art. 8, en vigueur le 1er janv. 2020)* « tribunal judiciaire *[ancienne rédaction : tribunal de grande instance]* » mettant fin à cette mesure sont notifiées sans délai par le procureur de la République au greffier intéressé et à l'administrateur provisoire.

La mission de l'administrateur prend fin dès réception de cette notification.

Dans un délai de huit jours, le greffier et l'administrateur provisoire arrêtent en commun les comptes de l'office. Un état de ces comptes est remis au procureur de la République. – *[COJ, art. R. 822-15.]*

§ 6 DES VOIES DE RECOURS

Art. R. 743-25 L'appel interjeté contre une décision du *(Décr. n° 2019-966 du 18 sept. 2019, art. 8, en vigueur le 1er janv. 2020)* « tribunal judiciaire *[ancienne rédaction : tribunal de grande instance]* » statuant en matière disciplinaire est formé par simple déclaration au greffe du tribunal.

L'appel n'est ouvert à la personne qui se prétend lésée qu'en ce qui concerne ses intérêts civils. – *[COJ, art. R. 822-16.]*

Art. R. 743-26 L'appel interjeté contre une décision de la formation disciplinaire du Conseil national des greffiers des tribunaux de commerce est formé par simple déclaration au greffe de la cour d'appel de Paris. – *[COJ, art. R. 822-16-1.]*

Art. R. 743-27 Le délai d'appel est d'un mois ; il est réduit à quinze jours en matière de suspension provisoire. – *[COJ, art. R. 822-17.]*

Art. R. 743-28 La procédure suivie devant le *(Décr. n° 2019-966 du 18 sept. 2019, art. 8, en vigueur le 1er janv. 2020)* « tribunal judiciaire *[ancienne rédaction : tribunal de grande instance]* » statuant disciplinairement est applicable devant la cour d'appel. – *[COJ, art. R. 822-18.]*

SECTION II DES MODES D'EXERCICE

SOUS-SECTION 1 DISPOSITIONS COMMUNES AUX DIVERSES SOCIÉTÉS

Art. R. 743-29 La société est titulaire d'un office de greffier de tribunal de commerce. Son siège est celui de l'office.

La société reçoit l'appellation de "société titulaire d'un office de greffier de tribunal de commerce". – *[Décr. n° 71-688 du 11 août 1971, art. 2 ; Décr. n° 93-86 du 21 janv. 1993, art. 2.]*

§ 1er DE LA CONSTITUTION, DE L'IMMATRICULATION ET DE L'ENTRÉE EN FONCTIONS DE LA SOCIÉTÉ

Art. R. 743-30 La société est constituée sous la condition suspensive de sa nomination par le garde des sceaux, ministre de la justice ; la condition est réputée acquise à la date de la publication de l'arrêté prévu à l'article R. 743-31. – *[Décr. n° 71-688 du 11 août 1971, art. 6 ; Décr. n° 93-86 du 21 janv. 1993, art. 6.]*

Art. R. 743-31 La nomination d'une société dans un office de greffier de tribunal de commerce, la nomination de chacun des associés qui exerceront au sein de la société et l'acceptation de leur démission sont prononcées par arrêté du garde des sceaux, ministre de la justice. – *[Décr. n° 71-688 du 11 août 1971, art. 5 ; Décr. n° 93-86 du 21 janv. 1993, art. 5.]*

En application des art. L. 231-4 et L. 231-6 CRPA, le silence gardé pendant deux mois par l'administration vaut décision de rejet de la demande de nomination d'une société titulaire d'un office de greffier de tribunal de commerce et de ses associés (Décr. n° 2014-1277 du 23 oct. 2014, art. 1er).

Art. R. 743-32 *(Décr. n° 2017-611 du 24 avr. 2017, art. 1er)* La demande de nomination de la société est présentée par le mandataire de la société ou, lorsque celle-ci n'est pas encore constituée, par celui des associés conjointement à la demande de nomination de ceux des associés qui entendent exercer la profession dans l'office.

La demande est adressée par téléprocédure sur le site internet du ministère de la justice.

Elle est accompagnée de toutes pièces justificatives, notamment :

1° Des documents permettant de justifier du respect des conditions d'aptitude pour l'exercice de la profession par chacun des associés qui entendent être nommés dans l'office ainsi que du respect des conditions de détention du capital social et des droits de vote ou de composition des organes dirigeants ;

2° Une copie des statuts de la société ;

3° Une copie de toute convention relative aux rapports entre la société et les associés et de toute convention passée entre les associés relative à la société ;

4° Une attestation de chacun des associés indiquant la nature et le montant de son éventuelle participation à une autre société exerçant, directement ou indirectement, une profession juridique ou judiciaire réglementée ;

5° Lorsqu'un ou plusieurs associés doivent contracter un emprunt et que la société demande leur nomination dans un office existant ou vacant, des éléments permettant d'apprécier leur possibilités financières au regard des engagements contractés.

Les dispositions, dans leur version issue du Décr. n° 2017-611 du 24 avr. 2017, des art. R. 743-32, R. 743-44, R. 743-45, R. 743-49, R. 743-126, R. 743-130, R. 743-139-23 et R. 743-139-25, relatives à la présentation des demandes et à la remise des déclarations par voie de téléprocédure sur le site internet du ministère de la justice, entrent en vigueur à une date fixée par arrêté du garde des sceaux, ministre de la justice, et au plus tard le 30 juin 2017. Jusqu'à cette date, les demandes et déclarations sont transmises au garde des sceaux, ministre de la justice, par lettre recommandée avec demande d'avis de réception (Décr. préc., art. 4-I).

Les procédures, engagées avant la date d'entrée en vigueur du Décr. n° 2017-611 du 24 avr. 2017 et relatives aux nominations, aux cessions d'actions ou de parts sociales et aux augmentations de capital, demeurent régies par les dispositions applicables antérieurement à cette date (Décr. préc., art. 4-II).

Art. R. 743-33 *(Décr. n° 2017-611 du 24 avr. 2017, art. 1er)* **I. — Le conseil national des greffiers des tribunaux de commerce communique au garde des sceaux, ministre de la justice, dans les vingt jours suivant sa demande, toute information dont il dispose permettant à celui-ci d'apprécier les capacités professionnelles et l'honorabilité de chacun des associés qui entendent exercer au sein de l'office et de chacune des personnes mentionnées au II qui relèvent de ses attributions.**

II. — Les associés n'exerçant pas la profession au sein de la société ainsi que les représentants légaux qui ne sont pas associés et les personnes physiques membres des organes d'administration, de direction ou de surveillance de la société, doivent présenter des garanties suffisantes en ce qui concerne leur honorabilité.

III. — Le garde des sceaux, ministre de la justice, rejette la demande de nomination si les conditions légales et règlementaires auxquelles elle est soumise, y compris celle mentionnée au II, ne sont pas remplies.

V. 2e note ss. art. R. 743-32.

Art. R. 743-34 **Lorsqu'il est constitué une société entre des greffiers de tribunaux de commerce supprimés et remplacés par un tribunal dont le ressort comprend l'ensemble des ressorts des tribunaux supprimés, cette société peut être nommée greffier du nouveau tribunal de commerce sans qu'il y ait lieu de recourir à la procédure prévue aux articles** *(Décr. n° 2017-893 du 6 mai 2017, art. 21-I)* **« R. 742-19 » à R. 742-23.** — *[Décr. n° 77-828 du 20 juill. 1977, art. 8-1, al. 1er.]*

Art. R. 743-35 **Chacun des arrêtés pris pour l'application des articles R. 743-42, R. 743-47, R. 743-69, R. 743-100, R. 743-101, R. 743-123, R. 743-126 et R. 743-127 modifie ou complète l'arrêté prévu à l'article R. 743-31. Il fixe la liste des greffiers de tribunal de commerce associés en tenant compte du retrait ou de la nomination de certains d'entre eux.**

A la diligence de la société, une copie de chacun de ces arrêtés et des *(Décr. n° 2017-611 du 24 avr. 2017, art. 1er)* **« déclarations adressées au » garde des sceaux, ministre de la justice,** *(Abrogé par Décr. n° 2017-611 du 24 avr. 2017, art. 1er) « prises »* **en application de l'article R. 743-130 est adressée au greffier du tribunal de commerce du lieu du siège social pour être versée au dossier ouvert au nom de la société au registre du commerce et des sociétés.** — *[Décr. n° 71-688 du 11 août 1971, art. 39 et 44-1 ; Décr. n° 93-86 du 21 janv. 1993, art. 24.]*

V. 2e note ss. art. R. 743-32.

Art. R. 743-36 **Si les statuts sont établis par acte sous seing privé, il est établi autant d'*originaux qu*'il est nécessaire pour la remise d'un exemplaire à chaque associé et pour satisfaire aux dispositions des articles R. 743-32 et R. 743-41.** — *[Décr. n° 71-688 du 11 août 1971, art. 9.]*

Art. R. 743-37 **Peuvent faire l'objet d'apports à une société :**

1° L'exercice par un greffier de tribunal de commerce démissionnaire, un gérant d'une société civile professionnelle ou un représentant légal d'une société d'exercice libéral en voie de dissolution ou par un liquidateur d'une société dissoute, du droit de présenter la société pour successeur à l'agrément du garde des sceaux, ministre de la justice ;

2° L'exercice, par un ou plusieurs ayants droit d'un greffier de tribunal de commerce décédé, de leur droit de présenter la société pour successeur de leur auteur à l'agrément du garde des sceaux, ministre de la justice ;

3° Le bénéfice résultant pour la société de la suppression d'un tribunal de commerce limitrophe et de son greffe lorsque la circonscription de ladite juridiction est rattachée au ressort du tribunal de commerce dont la société est titulaire du greffe ;

4° Tous droits incorporels et tous meubles utiles à l'exercice de la profession de greffier de tribunal de commerce ;

5° Les immeubles devant servir à l'établissement du siège de l'office ;

6° Toutes sommes en numéraire. – *[Décr. n° 71-688 du 11 août 1971, art. 11, al. 1er à 6 ; Décr. n° 93-86 du 21 janv. 1993, art. 10.]*

Art. R. 743-38 Sous réserve de la condition suspensive prévue à l'article R. 743-30, les titres de capital ou parts sociales attribués en contrepartie des apports en nature sont réputés libérés par l'engagement pris dans l'acte de société par l'apporteur soit d'exercer son droit de présentation en faveur de la société dans les cas visés aux 1° et 2° de l'article R. 743-37, soit, dans le cas visé au 3° du même article, de renoncer à toute indemnisation du fait de la suppression du greffe du tribunal de commerce limitrophe dont il était titulaire. – *[Décr. n° 71-688 du 11 août 1971, art. 13 ; Décr. n° 93-86 du 21 janv. 1993, art. 11, al. 1er.]*

Art. R. 743-39 Les titres de capital ou parts sociales d'une société titulaire d'un office de greffier de tribunal de commerce ne peuvent être ni donnés en nantissement ni vendus aux enchères publiques. – *[Décr. n° 71-688 du 11 août 1971, art. 12, al. 1er ; Décr. n° 93-86 du 21 janv. 1993, art. 11, al. 2, 1re phrase.]*

Art. R. 743-40 Le retrait des fonds provenant des souscriptions en numéraire est effectué par un mandataire de la société sur la seule justification de la nomination de celle-ci dans les fonctions de greffier de tribunal de commerce. – *[Décr. n° 71-688 du 11 août 1971, art. 15, al. 2 ; Décr. n° 93-86 du 21 janv. 1993, art. 11, al. 2, 2e phrase.]*

Art. R. 743-41 L'immatriculation de la société au registre du commerce et des sociétés est régie par les articles R. 123-31 et suivants, sous réserve des dispositions ci-après :

Une ampliation de l'arrêté de nomination prévu à l'article R. 743-31 est adressée par les associés au greffe du tribunal où a été déposée la demande d'immatriculation au registre du commerce et des sociétés ; au reçu de cette ampliation, le greffier procède à l'immatriculation et en informe *(Décr. n° 2017-611 du 24 avr. 2017, art. 1er)* « le garde des sceaux, ministre de la justice, ainsi que » le procureur *(Décr. n° 2009-452 du 22 avr. 2009, art. 14)* « général près la cour d'appel dans le ressort de laquelle » est fixé le siège de la société. – *[Décr. n° 71-688 du 11 août 1971, art. 16, al. 1er et 2 ; Décr. n° 93-86 du 21 janv. 1993, art. 12, al. 1er et 2.]*

V. note ss. art. R. 742-21.

V. 2e note ss. art. R. 743-32.

Art. R. 743-42 Les dispositions législatives ou réglementaires relatives à la prestation de serment et au dépôt de la signature et du paraphe des personnes physiques nommées dans les fonctions de greffier de tribunal de commerce sont applicables aux membres d'une société titulaire d'un office de greffier de tribunal de commerce exerçant au sein de la société et aux greffiers de tribunal de commerce associés.

La société ne peut entrer en fonction qu'après la prestation de serment de tous ses membres exerçant en son sein. Ceux-ci n'ont le droit d'accomplir les actes de la profession qu'à compter du jour où ils ont prêté serment.

L'associé, précédemment titulaire d'un office de greffier de tribunal de commerce, qui a fait apport de son droit de présentation à la société, n'a pas à renouveler son serment.

Tout associé qui, exerçant ses fonctions au sein de la société, n'a pas prêté serment dans le mois suivant la publication de l'arrêté prévu à l'article R. 743-31 peut, sauf cas de force majeure, être déchu par arrêté du garde des sceaux, ministre de la justice, de sa qualité d'associé, et ses titres de capital ou parts sociales sont cédés dans les conditions fixées aux articles R. 743-102 et R. 743-128. – *[Décr. n° 71-688 du 11 août 1971, art. 17 ; Décr. n° 93-86 du 21 janv. 1993, art. 13.]*

§ 2 DU FONCTIONNEMENT DE LA SOCIÉTÉ

Art. R. 743-43 Toute délibération fait l'objet d'un procès-verbal signé par les associés présents et contenant notamment la date et le lieu de la réunion, son ordre du jour détaillé, l'identité des associés présents et représentés, un résumé des débats, le texte des résolutions mises aux voix et le résultat des votes.

Les procès-verbaux des délibérations des associés, ainsi que, le cas échéant, ceux des délibérations du conseil d'administration ou du conseil de surveillance et du directoire, sont établis sur un registre spécial préalablement coté et paraphé par le président du tribunal de commerce ou l'un des membres du tribunal qu'il désigne à cet effet. Le registre est conservé au siège de la société.

Toutefois, les procès-verbaux peuvent être établis sur des feuilles mobiles numérotées sans discontinuité, paraphées dans les conditions prévues au premier alinéa. Dès qu'une feuille a été remplie, même partiellement, elle doit être jointe à celles précédemment utilisées. Toute addition, suppression, substitution ou inversion de feuilles est interdite. — *[Décr. nº 71-688 du 11 août 1971, art. 20 ; Décr. nº 93-86 du 21 janv. 1993, art. 41.]*

Art. R. 743-43-1 *(Décr. nº 2017-893 du 6 mai 2017, art. 21-II)* Tout projet de cession de titres de capital ou parts sociales devant donner lieu à la nomination d'un greffier de tribunal de commerce exerçant au sein de la société, ainsi que la valeur des titres ou parts à céder, sont portés à la connaissance du garde des sceaux, ministre de la justice *(Décr. nº 2019-162 du 5 mars 2019, art. 9)* « par téléprocédure sur le site internet du ministère de la justice. Il en est de même pour tout projet d'augmentation du capital de la société devant donner lieu à la nomination d'un greffier de tribunal de commerce exerçant au sein de la société ainsi que pour la valeur de l'apport en contrepartie duquel les parts sociales ou titres de capital sont émis. »

Sauf lorsque la valeur des titres ou parts à céder *(Décr. nº 2019-162 du 5 mars 2019, art. 9)* « ou à émettre » apparaît manifestement excessive, un arrêté du garde des sceaux, ministre de la justice, assure la publicité de cette annonce et précise la date limite de dépôt des candidatures. Le délai imparti aux candidats pour adresser leur candidature ne peut être inférieur à trente jours à compter de la publication de l'arrêté au *Journal officiel* de la République française. Les candidatures sont adressées, par lettre recommandée avec demande d'avis de réception ou tout autre moyen permettant d'en assurer la réception, à l'associé cédant *(Décr. nº 2019-162 du 5 mars 2019, art. 9)* « ou à la société dont l'augmentation du capital est envisagée ».

V. note ss. art. R. 742-27-1.

Art. R. 743-44 Toute convention par laquelle l'un des associés cède la totalité ou une fraction de ses titres de capital ou parts sociales à un tiers *(Décr. nº 2017-611 du 24 avr. 2017, art. 1er)* « , en vue de l'exercice par celui-ci de la profession de greffier de tribunal de commerce, » est passée sous la condition suspensive de *(Décr. nº 2017-893 du 6 mai 2017, art. 21-III)* « l'acceptation du cessionnaire par les associés, » et, s'il y a lieu, de l'approbation du retrait du cédant.

(Décr. nº 2017-893 du 6 mai 2017, art. 21-III) « Lorsqu'il sélectionne un lauréat du concours prévu à l'article R. 742-6-1, le cédant désigne, parmi les candidats issus d'une même promotion, le candidat le mieux classé, sous réserve que *(Décr. nº 2019-162 du 5 mars 2019, art. 10)* « celui-ci » s'engage à s'acquitter du prix demandé, et qu'il recueille le consentement de la société. En cas de refus de la société de consentir à la cession au profit du candidat désigné, le cédant peut désigner, sous les mêmes réserves, le candidat de la même promotion classé immédiatement après, ou *(Décr. nº 2019-162 du 5 mars 2019, art. 10)* « le candidat le mieux classé d'une autre promotion », ou un candidat précédemment nommé greffier. »

Lorsque le consentement de la société est acquis dans les conditions prévues par les articles R. 743-99 et R. 743-125, le cessionnaire adresse au garde des sceaux, ministre de la justice, une requête tendant à sa nomination en qualité de greffier de tribunal de commerce associé exerçant au sein de la société.

Cette requête est *(Décr. nº 2017-611 du 24 avr. 2017, art. 1er)* « transmise par téléprocédure sur le site internet du ministère de la justice ».

Elle est accompagnée de l'expédition de l'acte de cession des titres de capital ou des parts sociales, si celui-ci a été établi dans la forme authentique, ou de l'un des originaux de cet acte dans le cas contraire, ainsi que de toutes pièces justificatives, notamment de celles établissant le consentement exprès ou tacite donné par la société à la cession, et de celles exigées de tout candidat aux fonctions de greffier de tribunal de commerce. Lorsque le futur associé doit contracter un emprunt, *(Décr. n° 2017-611 du 24 avr. 2017, art. 1er)* « la requête est accompagnée des éléments permettant d'apprécier ses possibilités financières au regard des engagements contractés ».

Le prix de cession et ses modalités de paiement sont fixés par les parties.

(Décr. n° 2017-611 du 24 avr. 2017, art. 1er) « Le conseil national des greffiers des tribunaux de commerce communique au garde des sceaux, ministre de la justice, dans les vingt jours suivant sa demande toute information dont il dispose permettant à celui-ci d'apprécier les capacités professionnelles et l'honorabilité du cessionnaire. » – *[Décr. n° 71-688 du 11 août 1971, art. 27, al. 1er, 4 à 7 ; Décr. n° 93-86 du 21 janv. 1993, art. 14, al. 1er, 3 à 5.]*

V. notes ss. art. R. 743-32.

En application des art. L. 231-4 et L. 231-6 CRPA, le silence gardé pendant deux mois par l'administration vaut décision de rejet pour la demande de retrait d'un associé d'une société titulaire d'un office de greffier de tribunal de commerce et demandes connexes (Décr. n° 2014-1277 du 23 oct. 2014, art. 1er).

Art. R. 743-45 *(Décr. n° 2017-611 du 24 avr. 2017, art. 1er)* « Toute modification de la répartition ou du nombre des actions ou parts sociales détenues par les associés, qu'ils exercent ou non la profession dont l'exercice constitue l'objet social de la société ou des droits de vote afférents, fait l'objet d'une déclaration au garde des sceaux, ministre de la justice, dans un délai de trente jours, par téléprocédure sur le site internet du ministère de la justice, à la diligence de la société ou de l'un au moins des associés concernés. La déclaration est accompagnée de la copie des statuts et de tout document permettant d'établir l'accord de la société ou des autres associés lorsque celui-ci est requis. »

Il en est de même lorsqu'un des associés d'une société civile professionnelle cède la totalité de ses parts sociales à la société, aux autres associés ou à l'un ou plusieurs d'entre eux et s'il demeure dans la société, étant attributaire de parts d'intérêts. – *[Décr. n° 71-688 du 11 août 1971, art. 29 ; Décr. n° 93-86 du 21 janv. 1993, art. 16.]*

V. notes ss. art. R. 743-32.

Art. R. 743-46 Les articles R. 743-44, R. 743-45, R. 743-100 et R. 743-126 sont également applicables à la cession à titre gratuit de tout ou partie de ses titres de capital ou parts sociales consentie par l'un des associés. – *[Décr. n° 71-688 du 11 août 1971, art. 30 ; Décr. n° 93-86 du 21 janv. 1993, art. 17.]*

Art. R. 743-47 Le nombre des associés peut être augmenté au cours de l'existence de la société, avec ou sans augmentation du capital social.

Tout nouvel associé *(Décr. n° 2017-611 du 24 avr. 2017, art. 1er)* « qui entend exercer au sein de la société » doit remplir les conditions requises pour exercer la profession de greffier de tribunal de commerce et être agréé par le garde des sceaux, ministre de la justice, qui le nomme en qualité de greffier de tribunal de commerce associé. – *[Décr. n° 71-688 du 11 août 1971, art. 40 ; Décr. n° 93-86 du 21 janv. 1993, art. 25.]*

V. 2e note ss. art. R. 743-32.

Art. R. 743-48 Si la nomination du nouvel associé intervient à l'occasion d'une augmentation du capital social, les dispositions des articles R. 743-31, R. 743-32, R. 743-33, R. 743-36 et R. 743-42 *(Décr. n° 2019-162 du 5 mars 2019, art. 11)* « et du deuxième alinéa de l'article R. 743-44 » sont applicables.

La décision d'augmenter le capital social est prise *(Décr. n° 2017-611 du 24 avr. 2017, art. 1er)* « , le cas échéant, » sous la condition suspensive de l'agrément du nouvel associé *(Décr. n° 2017-611 du 24 avr. 2017, art. 1er)* « qui entend exercer au sein de la société » par le garde des sceaux, ministre de la justice. – *[Décr. n° 71-688 du 11 août 1971, art. 42 ; Décr. n° 93-86 du 21 janv. 1993, art. 26.]*

V. 2e note ss. art. R. 743-32.

Art. R. 743-49 La décision de proroger la société doit être immédiatement portée à la connaissance du garde des sceaux, ministre de la justice, par le représentant légal de la société *(Décr. nº 2017-611 du 24 avr. 2017, art. 1er)* « , par téléprocédure sur le site internet du ministère de la justice ». – *[Décr. nº 71-688 du 11 août 1971, art. 44 ; Décr. nº 93-86 du 21 janv. 1993, art. 27.]*

V. notes ss. art. R. 743-32.

§ 3 DE L'EXERCICE DES FONCTIONS DE GREFFIER DE TRIBUNAL DE COMMERCE PAR LA SOCIÉTÉ ET LES ASSOCIÉS

Art. R. 743-50 Sous réserve de l'application des dispositions de la présente section, toutes dispositions législatives et réglementaires relatives à l'exercice des fonctions de greffier de tribunal de commerce par les personnes physiques et spécialement à la déontologie ou à la discipline sont applicables aux sociétés titulaires d'un office de greffier de tribunal de commerce et aux greffiers de tribunal de commerce associés exerçant en son sein. – *[Décr. nº 71-688 du 11 août 1971, art. 48 ; Décr. nº 93-86 du 21 janv. 1993, art. 31.]*

Art. R. 743-51 Dans tous les actes professionnels qu'il accomplit et dans toutes ses correspondances, le greffier de tribunal de commerce indique son titre de greffier de tribunal de commerce, sa qualité d'associé d'une société titulaire d'un office de greffier de tribunal de commerce et l'adresse du siège de cette société. – *[Décr. nº 71-688 du 11 août 1971, art. 45, al. 2 ; Décr. nº 93-86 du 21 janv. 1993, art. 28, al. 2.]*

Art. R. 743-52 Un greffier de tribunal de commerce associé, exerçant au sein d'une société, ne peut exercer la profession de greffier de tribunal de commerce à titre individuel ou en qualité de membre d'une autre société, quelle qu'en soit la forme. – *[Décr. nº 71-688 du 11 août 1971, art. 46 ; Décr. nº 93-86 du 21 janv. 1993, art. 29.]*

Art. R. 743-53 *(Décr. nº 2017-611 du 24 avr. 2017, art. 1er)* « Chaque greffier de tribunal de commerce associé exerce ses fonctions au nom de la société. Il consacre à la société toute son activité professionnelle et informe les autres greffiers associés de cette activité. »

Le greffier de tribunal de commerce associé exerce à titre exclusif la profession de greffier de tribunal de commerce ainsi que toutes les activités qui s'y rattachent. – *[Décr. nº 71-688 du 11 août 1971, art. 47 ; Décr. nº 93-86 du 21 janv. 1993, art. 30.]*

V. 2e note ss. art. R. 743-32.

Art. R. 743-54 Les règles concernant la tenue de la comptabilité des greffiers de tribunal de commerce sont applicables à la société. Tous les registres et documents sont ouverts ou établis au nom de la société. – *[Décr. nº 71-688 du 11 août 1971, art. 51 ; Décr. nº 93-86 du 21 janv. 1993, art. 33.]*

Art. R. 743-55 Chaque société régie par le présent titre est tenue de contracter une assurance de responsabilité professionnelle. – *[Décr. nº 71-688 du 11 août 1971, art. 52 ; Décr. nº 93-86 du 21 janv. 1993, art. 34.]*

Art. R. 743-56 La société ne peut faire l'objet de poursuites disciplinaires indépendamment de celles qui seraient intentées contre les associés. – *[Décr. nº 71-688 du 11 août 1971, art. 53, al. 2 ; Décr. nº 93-86 du 21 janv. 1993, art. 35, al. 2.]*

Art. R. 743-57 *(Décr. nº 2017-611 du 24 avr. 2017, art. 1er)* « Le greffier de tribunal de commerce associé » provisoirement suspendu de ses fonctions ne peut exercer aucune activité professionnelle ; il conserve, pendant la durée de sa suspension, sa qualité d'associé, avec tous droits et obligations qui en découlent.

La décision qui prononce la suspension provisoire d'un ou de plusieurs associés exerçant leurs fonctions au sein de la société, mais non de la totalité d'entre eux, ne commet pas d'administrateur.

La décision qui prononce la suspension provisoire soit de la société, soit de tous les associés exerçant leurs fonctions au sein de la société, commet un ou plusieurs administrateurs provisoires pour accomplir tous les actes professionnels relevant à titre obligatoire du ministère de la société ou de greffier de tribunal de commerce.

En outre, peuvent être désignées en qualité d'administrateurs provisoires les personnes mentionnées au premier alinéa de l'article R. 743-17.

L'administrateur provisoire, qui n'est pas greffier de tribunal de commerce en exercice, prête avant son entrée en fonctions le serment exigé d'un greffier de tribunal de commerce ; de plus, il est tenu d'avoir un cachet portant son nom et sa qualité d'administrateur provisoire.

L'administrateur provisoire procède, au siège de la société, aux actes professionnels qu'il a mission d'accomplir. – *[Décr. n° 71-688 du 11 août 1971, art. 55 ; Décr. n° 93-86 du 21 janv. 1993, art. 37.]*

V. 2e note ss. art. R. 743-32.

Art. R. 743-58 L'associé destitué est déchu de sa qualité de greffier de tribunal de commerce associé et cesse l'exercice de son activité professionnelle à compter du jour où la décision prononçant sa destitution est passée en force de chose jugée. Il perd, à compter de la même date, le droit d'assister et de voter aux assemblées de la société.

Ses titres de capital ou parts sociales sont cédés dans les conditions fixées aux articles R. 743-102 et R. 743-128.

Les dispositions de l'article R. 743-57 sont applicables en cas de destitution.

Les effets de la destitution de la société ou de tous les associés exerçant au sein de la société sont régis par l'article R. 743-66. – *[Décr. n° 71-688 du 11 août 1971, art. 56 ; Décr. n° 93-86 du 21 janv. 1993, art. 38.]*

Art. R. 743-59 A la diligence du ministère public, une expédition de la décision prononçant la destitution de la société ou de tous les associés exerçant en son sein est versée au dossier ouvert au nom de la société au greffe chargé de la tenue du registre du commerce et des sociétés. – *[Décr. n° 71-688 du 11 août 1971, art. 76 ; Décr. n° 93-86 du 21 janv. 1993, art. 52.]*

Art. R. 743-60 Si l'un des associés est temporairement empêché, par cas de force majeure, d'exercer ses fonctions, sa suppléance est assurée par les autres associés exerçant au sein de la société.

Si tous les associés sont simultanément empêchés, par cas de force majeure, d'exercer leurs fonctions, la gestion de l'office est assurée conformément aux dispositions réglementaires en vigueur.

Toutefois, le ou les suppléants sont choisis parmi les personnes énumérées au premier alinéa de l'article R. 743-17, et les dispositions des cinquième et sixième alinéas de l'article R. 743-57 leur sont applicables. – *[Décr. n° 71-688 du 11 août 1971, art. 58 ; Décr. n° 93-86 du 21 janv. 1993, art. 39.]*

Art. R. 743-60-1 *(Décr. n° 2017-611 du 24 avr. 2017, art. 1er)* L'associé qui souhaite bénéficier de l'autorisation de prolongation d'activité prévue au deuxième alinéa de l'article L. 741-1 en informe la société et ses autres associés. Il les informe également de la suite réservée à sa demande.

Art. R. 743-61 Les fonctions de greffier de tribunal de commerce associé *(Décr. n° 2011-1270 du 11 oct. 2011, art. 3)* « ou salarié » sont assimilées à celles de greffiers de tribunal de commerce pour la collation de titre de greffier de tribunal de commerce honoraire. – *[Décr. n° 71-688 du 11 août 1971, art. 59 ; Décr. n° 93-86 du 21 janv. 1993, art. 40.]*

Art. R. 743-62 L'ancienneté des greffiers de tribunal de commerce associés est déterminée compte tenu, s'il y a lieu, du temps de service effectué en qualité de greffier de commerce.

L'ancienneté des sociétés est déterminée par la date d'entrée dans la société du plus ancien de ses membres exerçant en son sein. – *[Décr. n° 71-688 du 11 août 1971, art. 50 ; Décr. n° 93-86 du 21 janv. 1993, art. 32.]*

§ 4 DE LA NULLITÉ, DE LA DISSOLUTION ET DE LA LIQUIDATION DE LA SOCIÉTÉ

Art. R. 743-63 A la diligence du procureur de la République, toute décision judiciaire définitive prononçant la nullité de la société fait l'objet d'une insertion au *Journal officiel* de la République française et d'un dépôt d'une de ces expéditions au dossier ouvert

au nom de la société au greffe chargé de la tenue du registre du commerce et des sociétés. – *[Décr. n° 71-688 du 11 août 1971, art. 70 ; Décr. n° 93-86 du 21 janv. 1993, art. 47.]*

Art. R. 743-64 La nullité de la société ne porte pas atteinte à la validité des actes de leur profession effectués par les greffiers de tribunal de commerce associés exerçant au sein de la société avant la date où cette nullité est devenue définitive. – *[Décr. n° 71-688 du 11 août 1971, art. 71 ; Décr. n° 93-86 du 21 janv. 1993, art. 48.]*

Art. R. 743-65 La nullité de la société n'est opposable aux tiers qu'à compter de l'accomplissement de formalités de publicité prévues par l'article R. 743-63, le deuxième alinéa de l'article R. 743-75 et l'article R. 743-76. – *[Décr. n° 71-688 du 11 août 1971, art. 60 ; Décr. n° 93-86 du 21 janv. 1993, art. 42.]*

Art. R. 743-66 La destitution de tous les associés exerçant au sein de la société ou de la société entraîne de plein droit la dissolution de celle-ci par extinction de son objet.

La décision qui prononce ces destitutions constate la dissolution de la société et ordonne sa liquidation.

Le liquidateur désigné remplit les fonctions de l'administrateur dont la nomination est prévue par l'article R. 743-17.

Les associés destitués ne peuvent être choisis comme liquidateurs. – *[Décr. n° 71-688 du 11 août 1971, art. 75 ; Décr. n° 93-86 du 21 janv. 1993, art. 51.]*

Art. R. 743-67 La société est dissoute de plein droit par le décès simultané de tous les associés ou par le décès du dernier survivant, si tous sont décédés successivement sans qu'à la date du dernier d'entre eux les titres de capital ou parts sociales des autres aient été cédés à des tiers. – *[Décr. n° 71-688 du 11 août 1971, art. 77.]*

Art. R. 743-68 La société est dissoute de plein droit si tous les associés demandent simultanément leur retrait dans les conditions prévues à l'article 21 de la loi n° 66-879 du 29 novembre 1966 relative aux sociétés civiles professionnelles et aux articles R. 743-101 et R. 743-127, ou s'ils ont demandé successivement ce retrait, sans qu'à la date de la dernière demande les parts sociales ou titres de capital des autres associés aient été cédés à des tiers.

La dissolution a lieu à la date de la notification à la société des demandes simultanées de retrait ou de la dernière de ces demandes.

Les dispositions des articles R. 743-69, R. 743-75 et R. 743-114 reçoivent application. – *[Décr. n° 71-688 du 11 août 1971, art. 81.]*

Art. R. 743-68-1 *(Décr. n° 2017-611 du 24 avr. 2017, art. 1er)* La société est dissoute de plein droit lorsque tous les associés exerçant au sein de la société cessent simultanément d'exercer leurs fonctions dans les conditions prévues à l'article L. 741-1 ou, lorsque tous les associés exerçant ont successivement cessé leurs fonctions dans les conditions prévues par cet article sans qu'à la date du départ à la retraite du dernier d'entre eux, les actions ou parts sociales des autres aient été cédées à des tiers.

Art. R. 743-69 La société est réputée démissionnaire de son office à la date de sa dissolution.

La dissolution de la société prend effet, quelle qu'en soit la cause, à la date à laquelle elle est constatée par arrêté du garde des sceaux, ministre de la justice. – *[Décr. n° 71-688 du 11 août 1971, art. 74 ; Décr. n° 93-86 du 21 janv. 1993, art. 49.]*

Art. R. 743-70 La dissolution de la société n'est opposable aux tiers qu'à compter de l'accomplissement de formalités de publicité prévues par les articles R. 743-59, R. 743-63, par le deuxième alinéa de l'article R. 743-75, et par l'article R. 743-76. – *[Décr. n° 71-688 du 11 août 1971, art. 60 ; Décr. n° 93-86 du 21 janv. 1993, art. 42.]*

Art. R. 743-71 Lorsqu'une société est en état de liquidation, sa personnalité morale subsiste pour les besoins de la liquidation jusqu'à la clôture de celle-ci.

La raison sociale ou dénomination sociale est obligatoirement suivie de la mention "Société en liquidation". – *[Décr. n° 71-688 du 11 août 1971, art. 61.]*

Art. R. 743-72 La liquidation est régie par les statuts, sous réserve des dispositions du livre II et de la présente section, sauf dans les cas de nullité et de dissolution par

suite de la destitution de la société. — [*Décr. n° 71-688 du 11 août 1971, art. 62 ; Décr. n° 93-86 du 21 janv. 1993, art. 43.*]

Art. R. 743-73 Le liquidateur est désigné conformément aux statuts, sauf dans les deux cas prévus à l'article R. 743-72, ainsi que *(Décr. n° 2017-611 du 24 avr. 2017, art. 1er)* « dans les cas prévus » à l'article R. 743-74. A défaut, il est désigné soit par la décision judiciaire qui prononce la nullité et la dissolution de la société, soit par la délibération des associés qui constate ou décide cette dissolution.

Sous réserve des dispositions du quatrième alinéa de l'article R. 743-66, le liquidateur peut être choisi soit parmi les associés eux-mêmes, soit parmi les personnes mentionnées à l'article R. 743-17.

(Décr. n° 2017-611 du 24 avr. 2017, art. 1er) « Nul ne peut être désigné liquidateur s'il a atteint la limite d'âge prévue par l'article L. 741-1. »

Il peut être remplacé pour cause d'empêchement ou pour tout autre motif grave par le président du *(Décr. n° 2019-966 du 18 sept. 2019, art. 8, en vigueur le 1er janv. 2020)* « tribunal judiciaire [*ancienne rédaction : tribunal de grande instance*] » statuant en référé à la demande soit du liquidateur lui-même, soit des associés ou de leurs ayants droit, soit du ministère public.

Plusieurs liquidateurs peuvent être désignés. — [*Décr. n° 71-688 du 11 août 1971, art. 63 ; Décr. n° 93-86 du 21 janv. 1993, art. 44.*]

V. 2e note ss. art. R. 743-32.

Art. R. 743-74 En cas de dissolution de la société par suite du décès des associés, le liquidateur est désigné conformément aux dispositions réglementaires applicables à la suppléance des offices publics et ministériels et remplit les fonctions attribuées au suppléant par ces textes, par dérogation aux dispositions de l'article R. 743-73. *(Décr. n° 2017-611 du 24 avr. 2017, art. 1er)* « Il en est de même dans le cas prévu à l'article R. 743-68-1 de la dissolution de la société par suite de la cessation de leurs fonctions par tous les associés exerçant en son sein. » — [*Décr. n° 71-688 du 11 août 1971, art. 78.*]

V. 2e note ss. art. R. 743-32.

Art. R. 743-75 A moins qu'il n'ait été désigné à la requête du procureur de la République, le liquidateur informe celui-ci de sa désignation en lui faisant parvenir copie ou expédition de la délibération des associés, ou de la décision de justice qui l'a nommé dans ses fonctions.

Le liquidateur dépose au greffe chargé de la tenue du registre du commerce et des sociétés où la société est inscrite, pour être versée au dossier ouvert au nom de la société, la copie de l'expédition prévue au premier alinéa dont tout intéressé peut obtenir communication.

Il ne peut entrer en fonctions avant l'accomplissement des formalités précitées. — [*Décr. n° 71-688 du 11 août 1971, art. 73 ; Décr. n° 93-86 du 21 janv. 1993, art. 50.*]

Art. R. 743-76 Le dépôt prévu à l'article R. 743-75 est effectué à la diligence du procureur de la République si celui-ci a provoqué la nomination du liquidateur. — [*Décr. n° 71-688 du 11 août 1971, art. 79, al. 2.*]

Art. R. 743-77 Le liquidateur représente la société pendant la durée de la liquidation de celle-ci et remplit en remplacement des associés tous actes relevant de la profession de greffier de tribunal de commerce.

Les dispositions des deux derniers alinéas de l'article R. 743-57 sont applicables.

A compter de la date de prestation de serment du successeur de la société, le liquidateur cesse d'avoir qualité pour accomplir, au nom de celle-ci, les actes relevant de la profession de greffier de tribunal de commerce. — [*Décr. n° 71-688 du 11 août 1971, art. 64 ; Décr. n° 93-86 du 21 janv. 1993, art. 45.*]

Art. R. 743-78 Le liquidateur dispose des pouvoirs les plus étendus pour procéder à la liquidation de la société. Il est chargé notamment de gérer celle-ci pendant sa liquidation, de réaliser son actif, d'apurer son passif, et, après remboursement du capital social aux associés ou à leurs ayants droit, de répartir entre ceux-ci, conformément aux dispositions des statuts, l'actif provenant de la liquidation.

Les pouvoirs du liquidateur peuvent être précisés par la décision judiciaire ou par la décision des associés, qui lui a conféré ses fonctions. – *[Décr. nº 71-688 du 11 août 1971, art. 65.]*

Art. R. 743-79 Sauf dans le cas où la société est dissoute par l'effet de sa destitution, le liquidateur exerce au nom de la société le droit de présentation prévu par l'article 91 de la loi du 28 avril 1816 sur les finances *(Décr. nº 2019-162 du 5 mars 2019, art. 12)* « , dans les conditions prévues aux articles R. 742-27-1, à l'exception de son dernier alinéa, R. 742-27-2 et R. 742-28 ».

Si, dans le délai d'un an à compter de sa désignation, le liquidateur n'a pas exercé le droit de présentation dont la société est titulaire, l'office est pourvu dans les conditions fixées par les dispositions réglementaires relatives aux offices vacants. Ce délai peut être exceptionnellement prorogé par le garde des sceaux, ministre de la justice. – *[Décr. nº 71-688 du 11 août 1971, art. 66 ; Décr. nº 93-86 du 21 janv. 1993, art. 46.]*

Art. R. 743-80 La décision judiciaire ou la décision de l'assemblée des associés qui nomme le liquidateur fixe sa rémunération.

Celle-ci peut être constituée par une quote-part des produits nets de l'office dont la société est titulaire. – *[Décr. nº 71-688 du 11 août 1971, art. 69 ; Décr. nº 93-86 du 21 janv. 1993, art. 8.]*

SOUS-SECTION 2 DISPOSITIONS APPLICABLES AUX SOCIÉTÉS CIVILES PROFESSIONNELLES

§ 1er DE LA CONSTITUTION DE LA SOCIÉTÉ

Art. R. 743-81 Une personne physique titulaire d'un office de greffier de tribunal de commerce peut constituer une société civile professionnelle qui peut être nommée dans cet office avec :

Une ou plusieurs personnes physiques remplissant les conditions requises pour exercer la profession de greffier de tribunal de commerce ;

Une ou plusieurs personnes physiques titulaires de greffes de tribunaux de commerce limitrophes en cas de suppression de ces juridictions et de rattachement de leur ressort à la circonscription du tribunal de commerce dans le greffe duquel demande à être nommée la société. – *[Décr. nº 71-688 du 11 août 1971, art. 3, al. 1er à 3.]*

Art. R. 743-82 Des personnes physiques remplissant les conditions requises pour exercer la profession de greffier de tribunal de commerce peuvent constituer entre elles une société civile professionnelle qui peut être nommée greffier de tribunal de commerce :

1º Soit en remplacement du titulaire d'un office existant, qui exerce en sa faveur le droit de présentation ;

2º Soit dans un office vacant ;

3º Soit, en cas de création d'un tribunal de commerce, dans l'office de greffier de cette juridiction. – *[Décr. nº 71-688 du 11 août 1971, art. 3, al. 4 à 7.]*

Art. R. 743-83 *(Décr. nº 2017-893 du 6 mai 2017, art. 21-IV)* Lorsque la société est candidate à la nomination dans un office en remplacement du titulaire existant, il est procédé selon les dispositions prévues aux articles R. 742-27-1 et R. 742-27-2. Ces dispositions ne sont toutefois pas applicables dans les cas où le titulaire existant fait usage de son droit de présentation au profit d'une société dont il sera lui-même associé exerçant.

Lorsque la société est candidate à la nomination dans un office créé ou vacant, il est procédé selon les dispositions prévues aux articles R. 742-19 à R. 742-24.

Art. R. 743-83-1 *(Décr. nº 2017-613 du 24 avr. 2017, art. 2)* Une société civile professionnelle constituée par transformation d'une société d'exercice libéral titulaire d'un office doit être agréée par arrêté du garde des sceaux, ministre de la justice.

Les procédures relatives aux sociétés titulaires d'un office de greffier de tribunal de commerce et aux greffiers de tribunaux de commerce salariés, portant notamment sur la nomination ou la cessation de fonction, engagées avant l'entrée en vigueur du Décr. nº 2017-613 du 24 avr. 2017, sont régies par les dispositions du code de commerce dans leur version antérieure à cette date (Décr. préc., art. 18-I). — Les dispositions du code de commerce telles que modifiées par le décret précité entrent en vigueur, en ce qu'elles prévoient les transmissions au garde des sceaux, ministre de la justice, par voie de téléprocédure sur le site internet du ministère de la justice, à une date fixée par arrêté du garde des sceaux, ministre de la justice, et au plus tard le 30 juin 2017. Avant cette date, les transmissions concernées sont effectuées par lettre recommandée avec demande d'avis de réception (Décr. préc., art. 18-II).

Art. R. 743-84 **Sans préjudice de toutes autres mentions utiles et notamment de celles qui sont prévues par les articles 8, 10, 11, 14, 15, 19 et 20 de la loi n° 66-879 du 29 novembre 1966 relative aux sociétés civiles professionnelles, concernant respectivement la** *(Décr. n° 2012-403 du 23 mars 2012, art. 1er)* **« dénomination sociale », la répartition des parts, les gérants, la répartition des bénéfices, les dettes sociales, les cessions de parts ou de celles qui sont prévues par le présent titre, les statuts doivent indiquer :**

1° Les nom, prénoms et domicile des associés ;

2° Le tribunal de commerce au siège duquel est fixé le siège social de la société ;

3° La durée pour laquelle la société est constituée ;

4° La nature et l'évaluation distincte de chacun des apports effectués par les associés ;

5° Le montant du capital social, le nombre et le montant nominal des parts sociales représentatives de ce capital ;

6° Le nombre des parts d'intérêts attribuées à chaque apporteur en industrie ;

7° L'affirmation de la libération totale ou partielle, suivant le cas, des apports concourant à la formation du capital social. — *[Décr. n° 71-688 du 11 août 1971, art. 10.]*

Art. R. 743-85 **L'industrie des associés, laquelle, en vertu de** *(Décr. n° 2019-162 du 5 mars 2019, art. 13)* **« l'article 1843-2 du code civil », ne concourt pas à la formation du capital mais peut donner lieu à l'attribution de parts d'intérêts, peut faire l'objet d'apports à une société civile professionnelle titulaire d'un office de greffier de tribunal de commerce.** — *[Décr. n° 71-688 du 11 août 1971, art. 11, al. 7.]*

Art. R. 743-86 **Le montant nominal des parts sociales ne peut être inférieur à 150 €.**

Les parts d'intérêts correspondant aux apports en industrie sont incessibles et doivent être annulées lorsque leur titulaire quitte la société pour quelque cause que ce soit, y compris la dissolution de celle-ci. — *[Décr. n° 71-688 du 11 août 1971, art. 12, al. 2 et 3.]*

Art. R. 743-87 **Les parts sociales correspondant à des apports en numéraire doivent être libérées, lors de la souscription, du quart au moins de leur valeur nominale.**

La libération du surplus doit intervenir en une ou plusieurs fois, soit aux dates prévues par les statuts, soit sur décision de l'assemblée des associés et au plus tard dans un délai de cinq ans à compter de la nomination de la société. — *[Décr. n° 71-688 du 11 août 1971, art. 14.]*

Art. R. 743-88 **Dans les huit jours de leur réception, les fonds provenant des souscriptions en numéraire sont déposés soit à la Caisse des dépôts et consignations, soit chez un notaire ou dans un établissement de crédit.** — *[Décr. n° 71-688 du 11 août 1971, art. 15, al. 1er.]*

Art. R. 743-89 **La société est dispensée d'insérer dans un** *(Décr. n° 2020-106 du 10 févr. 2020, art. 12)* **« support » d'annonces légales les avis prévus aux articles 22, 24 et 26 du décret n° 78-704 du 3 juillet 1978 relatif à l'application de la loi n° 78-9 du 4 janvier 1978 modifiant le titre IX du livre III du code civil.** — *[Décr. n° 71-688 du 11 août 1971, art. 16, al. 3.]*

§ 2 DU FONCTIONNEMENT DE LA SOCIÉTÉ

Art. R. 743-90 **Par application de l'article 11 de la loi n° 66-879 du 29 novembre 1966, les dispositions relatives aux gérants sont fixées par les statuts.** — *[Décr. n° 71-688 du 11 août 1971, art. 18.]*

Art. R. 743-91 **Les décisions qui excèdent les pouvoirs des gérants sont prises par les associés réunis en assemblée. Les associés tiennent au moins une assemblée générale annuelle.**

D'autres assemblées peuvent avoir lieu sur la demande d'un ou plusieurs associés, représentant au moins la moitié en nombre de ceux-ci ou le quart du capital.

La demande doit préciser les questions à mettre à l'ordre du jour.

Les statuts déterminent les modalités de convocation de l'assemblée. – *[Décr. n° 71-688 du 11 août 1971, art. 19.]*

Art. R. 743-92 Chaque associé dispose d'une seule voix.

Un associé peut se faire représenter à une assemblée par un autre associé porteur d'un mandat écrit.

L'assemblée ne peut délibérer valablement que si les trois quarts au moins des associés sont présents ou représentés.

Si ce quorum n'est pas atteint, les associés peuvent être convoqués une seconde fois et l'assemblée peut être tenue si le nombre des associés présents ou représentés est au moins de deux. – *[Décr. n° 71-688 du 11 août 1971, art. 21.]*

Art. R. 743-93 En dehors des cas prévus par les dispositions de la loi n° 66-879 du 29 novembre 1966 concernant les cessions de parts et par les articles R. 743-94 et R. 743-95, du deuxième alinéa de l'article R. 743-104, et de l'article R. 743-114, les décisions sociales sont prises à la majorité des voix dont disposent les associés présents ou représentés et, sauf dispositions contraires des statuts, détenant au moins la moitié du capital social. – *[Décr. n° 71-688 du 11 août 1971, art. 22.]*

Art. R. 743-94 La modification des statuts, sauf dans les cas de prorogation de la société ou d'augmentation des engagements des associés, est décidée à la majorité des trois quarts des voix de l'ensemble des associés, représentant au moins les trois quarts du capital social.

La prorogation de la société peut être décidée à la majorité des associés détenant les trois quarts au moins du capital social et, sauf dispositions contraires des statuts, la moitié des parts d'industrie.

L'augmentation des engagements des associés ne peut être décidée qu'à l'unanimité. – *[Décr. n° 71-688 du 11 août 1971, art. 23.]*

Art. R. 743-95 Le droit de présentation dont la société est titulaire ne peut être exercé que du consentement unanime des associés. – *[Décr. n° 71-688 du 11 août 1971, art. 24.]*

Art. R. 743-96 Après clôture de chaque exercice, le gérant ou l'un des gérants établit, dans les conditions fixées par les statuts, les comptes annuels de la société et un rapport sur les résultats de la société.

Dans les deux mois qui suivent la clôture de l'exercice, les documents visés à l'alinéa précédent sont soumis à l'approbation de l'assemblée des associés.

A cette fin, ils sont adressés à chaque associé, avec le texte des résolutions proposées, quinze jours au moins avant la réunion de l'assemblée et, au plus tard, avec la convocation de cette assemblée. – *[Décr. n° 71-688 du 11 août 1971, art. 25.]*

Art. R. 743-97 Chaque associé peut, à toute époque, prendre connaissance par lui-même des documents visés à l'article R. 743-96, ainsi que de tous registres et documents comptables dont la tenue est prescrite par les dispositions législatives ou réglementaires relatives à la profession de greffier de tribunal de commerce. – *[Décr. n° 71-688 du 11 août 1971, art. 26.]*

Art. R. 743-98 L'associé unique peut céder, conformément aux dispositions des articles R. 743-44 et R. 743-99, une partie de ses parts sociales à un tiers qui remplit les conditions prescrites par l'article R. 743-81. – *[Décr. n° 71-688 du 11 août 1971, art. 82, al. 1er.]*

Art. R. 743-99 Le projet de cession de parts sociales est notifié à la société et à chacun des associés par lettre recommandée avec demande d'avis de réception.

La société notifie son consentement exprès à la cession dans la même forme. Si elle n'a pas fait connaître sa décision dans le délai de deux mois à compter de la dernière des notifications prévues au premier alinéa, son consentement est implicitement donné. – *[Décr. n° 71-688 du 11 août 1971, art. 27, al. 2 et 3.]*

Art. R. 743-100 Dans le cas où la société refuse de consentir à la cession, elle dispose d'un délai de six mois à compter de la notification de son refus par lettre recommandée avec demande d'avis de réception pour notifier, dans la même forme, à l'associé qui persiste dans son intention de céder ses parts sociales un projet de cession ou d'achat de celles-ci, conformément aux dispositions au *[du]* troisième alinéa de l'article 19 de la loi n° 66-879 du 29 novembre 1966. Ce délai peut être renouvelé par le garde des sceaux, ministre de la justice, à la demande de tous les associés, y compris le cédant. *(Décr. n° 2019-162 du 5 mars 2019, art. 14)* « La demande est faite par téléprocédure sur le site internet du ministère de la justice. »

Si l'acquéreur est un tiers, les dispositions des articles R. 743-44 et R. 743-99 sont applicables, à l'exception de celles concernant la notification à la société elle-même et de celles du deuxième alinéa de l'article R. 743-99. La requête du cessionnaire doit être remise au *(Décr. n° 2017-613 du 24 avr. 2017, art. 3)* « garde des sceaux, ministre de la justice, » avant l'expiration du délai mentionné au premier alinéa *(Décr. n° 2019-162 du 5 mars 2019, art. 14)* « , par téléprocédure sur le site internet du ministère de la justice ».

A défaut d'accord entre les parties, le prix de cession est fixé par un expert désigné dans les conditions prévues à l'article 1843-4 du code civil. Toute clause contraire est réputée non écrite.

Le cessionnaire prend, par écrit, l'engagement de payer le prix ainsi fixé ; son engagement est joint à sa requête et une copie du projet d'acte de cession tient lieu de l'expédition ou de l'un des originaux visés au troisième alinéa de l'article R. 743-44.

Si les parts sociales sont acquises par la société, par les associés ou par l'un ou plusieurs d'entre eux, il est procédé conformément à l'article R. 743-45 ; en ce cas, l'expédition ou l'un des originaux de l'acte de cession est adressé au *(Décr. n° 2017-613 du 24 avr. 2017, art. 3)* « garde des sceaux, ministre de la justice, » avant l'expiration du délai mentionné au premier alinéa.

Lorsque l'associé cédant refuse de signer l'acte portant cession de ses parts à la société, à ses coassociés, à l'un ou plusieurs d'entre eux ou à un tiers, il est passé outre à son refus deux mois après la sommation par lettre recommandée avec demande d'avis de réception qui lui est faite par la société et demeurée infructueuse ; son retrait de la société est prononcé par arrêté du garde des sceaux, ministre de la justice, et le prix de cession des parts est consigné à la diligence du cessionnaire. — *[Décr. n° 71-688 du 11 août 1971, art. 28.]*

V. notes ss. art. R. 742-27-1 et R. 743-83-1.

En application des art. L. 231-4 et L. 231-6 CRPA, le silence gardé pendant deux mois par l'administration vaut décision de rejet de la demande de retrait d'un associé d'une société titulaire d'un office de greffier de tribunal de commerce et demandes connexes, tel le renouvellement du délai prévu au 1er al. de l'art. R. 743-100 (Décr. n° 2014-1277 du 23 oct. 2014, art. 1er).

Art. R. 743-101 *(Décr. n° 2017-613 du 24 avr. 2017, art. 4)* « I. — » Lorsqu'un des associés demande son retrait de la société en cédant la totalité de ses parts sociales, il est procédé conformément aux dispositions des articles R. 743-44, R. 743-99 et R. 743-100.

(Décr. n° 2017-613 du 24 avr. 2017, art. 4) « II. — Lorsqu'un des associés entend demander à la société de satisfaire à l'obligation à laquelle elle est tenue en application de l'article 21 de la loi n° 66-879 du 29 novembre 1966 relative aux sociétés civiles professionnelles, il notifie sa demande par lettre recommandée avec demande d'avis de réception à ses associés ainsi qu'à la société, qui remplit son obligation dans un délai de douze mois à compter de cette notification, sous condition suspensive de l'acceptation du retrait par arrêté du garde des sceaux, ministre de la justice.

« III. — L'associé titulaire de parts d'intérêt qui entend demander son retrait au garde des sceaux, ministre de la justice, en informe la société et ses associés par lettre recommandée avec demande d'avis de réception.

« En application du second alinéa de l'article R. 743-86, la société annule les parts d'intérêt de l'associé qui entend demander son retrait dans un délai de six mois à compter de la notification prévue au précédent alinéa, sous condition suspensive de l'acceptation du retrait par arrêté du garde des sceaux, ministre de la justice. » — *[Décr. n° 71-688 du 11 août 1971, art. 31.]*

V. note ss. art. R. 743-83-1.

Art. R. 743-102 L'associé destitué dispose d'un délai de six mois à compter du jour où sa destitution est devenue définitive pour céder ses parts sociales à un tiers dans les conditions prévues aux articles R. 743-44 et R. 743-99.

Si, à l'expiration de ce délai, aucune cession n'est intervenue, il est procédé conformément aux dispositions de l'article R. 743-100 dans la mesure où celles-ci sont de nature à recevoir application.

L'associé destitué peut également, avant l'expiration du délai précité, céder ses parts sociales à la société, aux autres associés ou à l'un ou plusieurs de ceux-ci, dans les conditions prévues à l'article R. 743-45. – *[Décr. nº 71-688 du 11 août 1971, art. 32.]*

Art. R. 743-102-1 *(Décr. nº 2017-613 du 24 avr. 2017, art. 5)* Afin de se conformer aux exigences légales résultant de l'arrêt de l'exercice de la profession de greffier de tribunal de commerce à la date à laquelle il atteint la limite d'âge ou à celle où expire l'autorisation de poursuite d'activité prévue à l'article L. 741-1, l'associé organise la cession de ses parts sociales, dans les conditions prévues aux articles R. 743-44 et R. 743-99, afin qu'elle prenne effet au plus tard à cette date.

Six mois avant la date à laquelle il atteint la limite d'âge, l'associé informe la société et ses associés, par lettre recommandée avec demande d'avis de réception, de l'état d'avancement de son projet de cession ou, le cas échéant, de l'absence de perspective de cession à cette date. Lorsqu'il bénéficie d'une autorisation de poursuite d'activité, il renouvelle cette information six mois avant son expiration.

Si, à la date à laquelle l'associé atteint la limite d'âge ou à l'expiration de l'autorisation de poursuivre son activité, aucune cession n'est intervenue, la société dispose d'un délai de six mois pour notifier à l'associé un projet de cession ou d'achat de ses parts, dans les conditions prévues à l'article R. 743-100. Tant que la cession ou l'achat de ses parts par la société n'est pas intervenu, l'associé conserve la faculté de céder lui-même ses parts dans les conditions prévues aux articles R. 743-44 et R. 743-99.

V. aussi note ss. art. R. 743-83-1.

Art. R. 743-103 Sous réserve des règles de protection et de représentation des incapables, les dispositions de l'article R. 743-102 sont applicables à la cession des parts sociales de l'associé frappé d'interdiction légale ou placé sous le régime de tutelle des majeurs.

Le délai imparti à l'associé exclu pour céder ses parts à un tiers court à compter du jour où la décision des autres associés prononçant son exclusion lui a été notifiée dans l'une des formes prévues à l'article R. 743-99. – *[Décr. nº 71-688 du 11 août 1971, art. 33.]*

Art. R. 743-104 Le délai prévu au deuxième alinéa de l'article 24 de la loi nº 66-879 du 29 novembre 1966 est fixé à un an à compter du décès de l'associé.

Il peut être renouvelé par le garde des sceaux, ministre de la justice, à la demande des ayants droit de l'associé décédé et avec le consentement de la société donné dans les conditions prévues pour la cession des parts sociales par l'alinéa premier de l'article 19 de la loi précitée. – *[Décr. nº 71-688 du 11 août 1971, art. 34.]*

En application des art. L. 231-4 et L. 231-6 CRPA, le silence gardé pendant deux mois par l'administration vaut décision de rejet de la demande de retrait d'un associé d'une société titulaire d'un office de greffier de tribunal de commerce et demandes connexes, tel le renouvellement du délai prévu à l'art. R. 743-104 (Décr. nº 2014-1277 du 23 oct. 2014, art. 1er).

Art. R. 743-105 Si, pendant le délai prévu à l'article R. 743-104, le ou les ayants droit décident de céder à un tiers étranger à la société les parts sociales de leur auteur, il est procédé conformément aux dispositions des articles R. 743-44, R. 743-99 et R. 743-100.

Pendant le même délai, si la société, les associés survivants ou un ou plusieurs de ceux-ci acceptent, en accord avec le ou les ayants droit de l'associé décédé, d'acquérir les parts sociales de celui-ci, il est procédé conformément aux dispositions de l'article R. 743-45. – *[Décr. nº 71-688 du 11 août 1971, art. 35.]*

Art. R. 743-106 Toute demande d'un ou de plusieurs ayants droit d'un associé décédé tendant à l'attribution préférentielle à leur profit des parts sociales de leur auteur est notifiée à la société et à chacun des associés dans l'une des formes prévues à l'article R. 743-99.

Les modalités de cette attribution sont régies pour le surplus par les dispositions des articles R. 743-44 *(Décr. nº 2019-162 du 5 mars 2019, art. 15)* « , à l'exception de son deuxième alinéa, » et R. 743-99 et, le cas échéant, par celles de l'article R. 743-100. – *[Décr. nº 71-688 du 11 août 1971, art. 36.]*

Art. R. 743-107 Lorsque, à l'expiration du délai prévu à l'article R. 743-104, le ou les ayants droit de l'associé décédé n'ont pas exercé la faculté de céder les parts sociales de leur auteur et si aucun consentement préalable à l'attribution préférentielle n'a été donné par la société, celle-ci dispose d'une année pour acquérir ou faire acquérir les parts sociales de l'associé décédé. Ce délai peut être prorogé de trois mois par le garde des sceaux. *(Décr. nº 2019-162 du 5 mars 2019, art. 16)* « La demande est adressée à ce dernier par téléprocédure sur le site internet du ministère de la justice. »

Si les parts sociales sont cédées à un tiers, les dispositions des articles R. 743-44, R. 743-99 et R. 743-100 sont applicables.

Si elles sont acquises par la société, les associés ou certains d'entre eux, il est procédé conformément aux dispositions de l'article R. 743-45 et du cinquième alinéa de l'article R. 743-100. – *[Décr. nº 71-688 du 11 août 1971, art. 37.]*

V. note ss. art. R. 742-27-1.

En application des art. L. 231-4 et L. 231-6 CRPA, le silence gardé pendant deux mois par l'administration vaut décision de rejet de la demande de retrait d'un associé d'une société titulaire d'un office de greffier de tribunal de commerce et demandes connexes, telle la prorogation du délai prévu à l'art. R. 743-107 (Décr. nº 2014-1277 du 23 oct. 2014, art. 1er).

Art. R. 743-108 La publicité de la cession de parts, accompagnée, le cas échéant, d'une réduction du capital social en application de l'article 21 de la loi nº 66-879 du 29 novembre 1966, est accomplie selon les règles fixées par l'article 52 du décret nº 78-704 du 3 juillet 1978 relatif à l'application de la loi nº 78-9 du 4 janvier 1978 modifiant le titre IX du livre III du code civil.

Dans le cas prévu au sixième alinéa de l'article R. 743-100, cette publicité résulte du dépôt de deux copies certifiées conformes de la sommation adressée au cédant et des pièces justifiant de la signification de cette sommation. – *[Décr. nº 71-688 du 11 août 1971, art. 38.]*

Art. R. 743-109 Si le nouvel associé entre dans la société en acquérant des parts sociales dont les associés ou l'un ou certains de ceux-ci sont titulaires, il est procédé conformément aux articles R. 743-44 et R. 743-99.

Si le nouvel associé entre dans la société en apportant sa seule industrie, les dispositions *(Abrogé par Décr. nº 2019-162 du 5 mars 2019, art. 17)* « *du premier alinéa* » de l'article R. 743-31 sont applicables. – *[Décr. nº 71-688 du 11 août 1971, art. 41.]*

Art. R. 743-110 Si la constitution de réserves au moyen de bénéfices non distribués ou le dégagement de plus-values d'actif dues à l'industrie des associés le permet, il est procédé périodiquement à l'augmentation du capital social et les parts sociales ainsi créées doivent être attribuées à tous les associés, y compris à ceux qui n'ont apporté que leur industrie.

Les statuts fixent les conditions d'application des dispositions de l'alinéa précédent.

Cette augmentation du capital ne peut intervenir avant la libération totale des parts sociales correspondant à des apports en numéraire. – *[Décr. nº 71-688 du 11 août 1971, art. 43.]*

§ 3 DE L'EXERCICE DES FONCTIONS DE GREFFIER DE TRIBUNAL DE COMMERCE PAR LA SOCIÉTÉ ET LES ASSOCIÉS

Art. R. 743-111 L'appellation de "société titulaire d'un office de greffier de tribunal de commerce", à l'exclusion de toute autre, doit accompagner la *(Décr. nº 2012-403 du 23 mars 2012, art. 1er)* « dénomination sociale » dans tous documents et toutes correspondances émanant de la société. – *[Décr. nº 71-688 du 11 août 1971, art. 45, al. 1er.]*

Art. R. 743-112 Les associés s'informant mutuellement de leur activité conformément aux dispositions de l'article R. 743-53 ne peuvent se voir reprocher une violation du secret professionnel. – *[Décr. nº 71-688 du 11 août 1971, art. 47.]*

Art. R. 743-113 Par dérogation aux dispositions de l'article R. 743-57, la participation dans les bénéfices de l'associé provisoirement suspendu est réduite de moitié, l'autre moitié étant attribuée par parts égales aux administrateurs, ou, s'il n'est pas commis d'administrateur, à ceux des associés qui n'ont pas fait l'objet d'une suspension provisoire de l'exercice de leurs fonctions. – *[Décr. n° 71-688 du 11 août 1971, art. 55, al. 1er.]*

§ 4 DE LA DISSOLUTION ET DE LA LIQUIDATION DE LA SOCIÉTÉ

Art. R. 743-114 La société prend fin à l'expiration du temps pour lequel elle a été constituée. Toutefois, la dissolution anticipée de la société peut être décidée, à la majorité des associés disposant des trois quarts au moins du capital social et détenant la moitié au moins des parts d'industrie.

Le liquidateur est désigné à la majorité en nombre des associés détenant la moitié au moins des parts sociales et la moitié des parts d'industrie.

A défaut, il est désigné par ordonnance du président du *(Décr. n° 2019-966 du 18 sept. 2019, art. 8, en vigueur le 1er janv. 2020)* « tribunal judiciaire *[ancienne rédaction : tribunal de grande instance]* » statuant en référé à la demande d'un associé ou du ministère public. – *[Décr. n° 71-688 du 11 août 1971, art. 72.]*

Art. R. 743-115 *(Abrogé par Décr. n° 2017-613 du 24 avr. 2017, art. 6) « L'associé unique peut exercer en faveur d'un tiers le droit de présentation dont la société est titulaire. La société se trouve alors dissoute de plein droit à compter de la date de prestation de serment du nouveau titulaire de l'office. »*

(Décr. n° 2017-613 du 24 avr. 2017, art. 6) « Lorsqu'un associé se retrouve titulaire de la totalité des parts de la société, il » peut demander à être nommé lui-même greffier du tribunal de commerce, en remplacement de la société. Il adresse dans ce cas une requête motivée et accompagnée de toutes justifications au garde des sceaux, ministre de la justice, par *(Décr. n° 2017-613 du 24 avr. 2017, art. 6)* « téléprocédure sur le site internet du ministère de la justice ». La société est dissoute à compter de la nomination de l'associé en qualité de greffier de tribunal de commerce en remplacement de la société.

(Décr. n° 2017-613 du 24 avr. 2017, art. 6) « La société est dissoute dans les conditions prévues à l'article 1844-5 du code civil si, à l'expiration du délai d'un an prévu par ce texte, toutes les parts sociales demeurent réunies en une seule main. L'associé unique est de plein droit liquidateur de la société. » – *[Décr. n° 71-688 du 11 août 1971, art. 82, al. 2 et 3.]*

V. note ss. art. R. 743-83-1.

Art. R. 743-116 *(Abrogé par Décr. n° 2017-613 du 24 avr. 2017, art. 7) « Dans le cas de la dissolution de la société par suite du décès des associés, le liquidateur exerce le droit de présentation dont la société est titulaire. »*

(Décr. n° 2017-613 du 24 avr. 2017, art. 7) « Pour l'application de l'article R. 743-79, si » les ayants droit des associés décédés dans le cas prévu *(Décr. n° 2017-613 du 24 avr. 2017, art. 7)* « à l'article R. 743-67 », ou les associés dans les autres cas de dissolution de la société à l'exception de celui résultant de sa destitution, ont choisi à l'unanimité un candidat à l'office *(Décr. n° 2019-162 du 5 mars 2019, art. 18)* « , parmi les personnes ayant candidaté en application de l'article R. 742-27-1 et » *(Décr. n° 2017-613 du 24 avr. 2017, art. 7)* « dans les conditions prévues à l'article R. 743-44 », le liquidateur exerce le droit de présentation en sa faveur. – *[Décr. n° 71-688 du 11 août 1971, art. 66, al. 1er, 2e phrase, et 80.]*

V. note ss. art. R. 743-83-1.

Art. R. 743-117 Le liquidateur convoque les associés ou leurs ayants droit dans les trois mois suivant la clôture de chaque exercice et leur rend compte de sa gestion des affaires sociales.

Il les convoque également en fin de liquidation pour statuer sur le compte définitif, se faire délivrer quitus et constater la clôture de la liquidation. – *[Décr. n° 71-688 du 11 août 1971, art. 67.]*

Art. R. 743-118 L'assemblée de clôture statue dans les conditions de quorum et de majorité prévues pour l'approbation des comptes annuels de la société.

Si elle ne peut délibérer ou refuse d'approuver les comptes du liquidateur, le *(Décr. nº 2019-966 du 18 sept. 2019, art. 8, en vigueur le 1er janv. 2020)* « tribunal judiciaire *[ancienne rédaction : tribunal de grande instance]* » dans le ressort duquel la société a son siège statue à la demande du liquidateur ou de tout intéressé. — *[Décr. nº 71-688 du 11 août 1971, art. 68.]*

Art. R. 743-119 Dans le cas prévu par le deuxième alinéa de l'article 37 de la loi nº 66-879 du 29 novembre 1966, concernant les sociétés adoptant le statut de sociétés coopératives, l'actif net de la société, subsistant après extinction du passif et remboursement du capital, est réparti entre les associés au prorata des parts détenues par chacun d'eux, y compris les parts d'intérêt correspondant aux apports en industrie. — *[Décr. nº 71-688 du 11 août 1971, art. 84.]*

SOUS-SECTION 3 DISPOSITIONS APPLICABLES AUX SOCIÉTÉS D'EXERCICE LIBÉRAL

Art. R. 743-120 Les sociétés d'exercice libéral de greffiers de tribunaux de commerce *(Abrogé par Décr. nº 2017-611 du 24 avr. 2017, art. 2)* « *à responsabilité limitée, à forme anonyme* *(Décr. nº 2011-1541 du 15 nov. 2011, art. 5)* « *, en commandite par actions et par actions simplifiées* », » sont régies par les dispositions du livre II *(Décr. nº 2017-611 du 24 avr. 2017, art. 2)* « et de la loi nº 90-1258 du 31 décembre 1990 relative à l'exercice sous forme de sociétés des professions libérales soumises à un statut législatif ou réglementaire ou dont le titre est protégé et aux sociétés de participations financières de professions libérales », sous réserve des dispositions de la présente section. — *[Décr. nº 93-86 du 21 janv. 1993, art. 1er.]*

V. 2e note ss. art. R. 743-32.

§ 1er DE LA CONSTITUTION DE LA SOCIÉTÉ

Art. R. 743-121 *(Décr. nº 2017-611 du 24 avr. 2017, art. 2)* I. — Les personnes physiques remplissant les conditions requises pour exercer la profession de greffier de tribunal de commerce, mais qui ne sont pas titulaires d'un office de greffier de tribunal de commerce, peuvent constituer entre elles et, sous réserve des dispositions du II, avec les personnes mentionnées au B du I de l'article 5 et aux 1° et 3° du I de l'article 6 de la loi du 31 décembre 1990 précitée *[nº 90-1258, relative à l'exercice sous forme de sociétés des professions libérales soumises à un statut législatif ou réglementaire ou dont le titre est protégé et aux sociétés de participations financières de professions libérales]*, une société d'exercice libéral qui peut être nommée greffier de tribunal de commerce en remplacement du titulaire d'un office existant ou titulaire d'un office créé ou vacant.

Une ou plusieurs de ces personnes peuvent également constituer avec une personne physique titulaire d'un office de greffier de tribunal de commerce une société d'exercice libéral qui peut être nommée :

1° Dans cet office ;

2° En cas de création d'un tribunal de commerce, dans l'office de greffier de cette juridiction.

II. — Les personnes physiques ou morales qui exercent la profession d'administrateur judiciaire ou de mandataire judicaire ne peuvent détenir, ni directement ni indirectement, d'action ou de part sociale dans une société d'exercice libéral relevant du I. — *[Décr. nº 93-86 du 21 janv. 1993, art. 3.]*

V. 2e note ss. art. R. 743-32.

Art. R. 743-122 *(Décr. nº 2017-893 du 6 mai 2017, art. 21-V)* Lorsque la société est candidate à la nomination dans un office en remplacement du titulaire, il est procédé selon les dispositions prévues aux articles R. 742-27-1 et R. 742-27-2. Ces dispositions ne sont toutefois pas applicables dans les cas où le titulaire existant fait usage de son droit de présentation au profit d'une société dont il sera lui-même associé exerçant.

Lorsque la société est candidate à la nomination dans un office créé ou vacant, il est procédé selon les dispositions prévues aux articles R. 742-19 à R. 742-24.

Art. R. 743-123 Une société d'exercice libéral constituée par transformation d'une société civile professionnelle titulaire d'un office doit être agréée par arrêté du garde des sceaux, ministre de la justice. — *[Décr. nº 93-86 du 21 janv. 1993, art. 9.]*

En application des art. L. 231-4 et L. 231-6 CRPA, le silence gardé pendant deux mois par l'administration vaut décision de rejet de la demande d'agrément d'une SEL constituée par transformation d'une SCP titulaire d'un office (Décr. n° 2014-1277 du 23 oct. 2014, art. 1er).

Art. R. 743-124 La société est dispensée de procéder aux formalités de publicité prévues aux articles R. 210-16 et suivants du présent code. – *[Décr. n° 93-86 du 21 janv. 1993, art. 12, al. 3.]*

§ 2 DU FONCTIONNEMENT DE LA SOCIÉTÉ

Art. R. 743-125 Le consentement de la société à la cession de la totalité ou d'une fraction de titres de capital ou parts sociales est acquis dans les conditions prévues par les articles L. 223-14 et L. 228-24 et par l'article 10 de la loi n° 90-1258 du 31 décembre 1990. – *[Décr. n° 93-86 du 21 janv. 1993, art. 14, al. 2.]*

Art. R. 743-126 Si la société n'agrée pas le cessionnaire proposé, il est procédé conformément aux dispositions des articles L. 223-14 et L. 228-24.

Si l'acquéreur est un tiers à la société, les dispositions des articles R. 743-44 et R. 743-125 sont applicables.

Si les titres de capital ou parts sociales sont acquis par la société ou par un ou plusieurs associés exerçant en son sein, il est procédé conformément à l'article R. 743-45. En ce cas, l'expédition ou l'un des originaux de l'acte de cession est adressé au *(Décr. n° 2017-611 du 24 avr. 2017, art. 2)* « garde des sceaux, ministre de la justice, par téléprocédure sur le site internet du ministère de la justice ».

Le cessionnaire prend, par écrit, l'engagement de payer le prix fixé ; son engagement est joint à sa requête et une copie du projet d'acte de cession tient lieu de l'expédition ou de l'un des originaux *(Décr. n° 2017-611 du 24 avr. 2017, art. 2)* « prévus au quatrième alinéa » de l'article R. 743-44.

Lorsque l'associé cédant refuse de signer l'acte portant cession de ses titres de capital ou parts sociales à la société, à ses coassociés, à l'un ou plusieurs d'entre eux ou à un tiers, il est passé outre à son refus deux mois après la sommation par lettre recommandée avec demande d'avis de réception à lui faite par la société et demeurée infructueuse. Son retrait de la société est prononcé par arrêté du garde des sceaux, ministre de la justice, et le prix de cession des parts est consigné à la diligence du cessionnaire. – *[Décr. n° 93-86 du 21 janv. 1993, art. 15.]*

V. notes ss. art. R. 743-32.

Art. R. 743-127 Lorsqu'un associé demande son retrait de la société en cédant la totalité de ses titres de capital ou parts sociales, il est procédé conformément aux dispositions des articles R. 743-44, R. 743-125 et R. 743-126.

Toutefois, un associé qui entend cesser d'exercer au sein de la société tout en conservant ses titres de capital ou parts sociales *(Abrogé par Décr. n° 2017-611 du 24 avr. 2017, art. 2)* ***« dans les conditions prévues par le 2° du deuxième alinéa de l'article 5 de la loi n° 90-1258 du 31 décembre 1990 »*** peut demander son retrait en qualité d'associé exerçant au sein de la société, après en avoir informé la société et ses associés par lettre recommandée avec demande d'avis de réception. Il perd, à compter de la publication de l'arrêté constatant son retrait, les droits attachés à cette qualité.

Tout retrait d'une société par un associé est prononcé par arrêté du garde des sceaux, ministre de la justice. – *[Décr. n° 93-86 du 21 janv. 1993, art. 18.]*

V. 2e note ss. art. R. 743-32.

Art. R. 743-128 L'associé destitué exerçant au sein de la société dispose d'un délai de six mois à compter du jour où la décision de destitution est passée en force de chose jugée pour céder ses titres de capital ou parts sociales à un tiers à la société dans les conditions prévues aux articles R. 743-44 et R. 743-125.

Si, à l'expiration de ce délai, aucune cession n'est intervenue, il est procédé conformément aux dispositions de l'article R. 743-126.

L'associé destitué peut également, avant l'expiration du délai précité, céder ses titres de capital ou parts sociales à la société, aux autres associés exerçant au sein de la société ou à l'un ou plusieurs de ceux-ci, dans les conditions prévues à l'article R. 743-45, ou à une personne remplissant les conditions prévues au *(Décr. n° 2017-611 du*

24 avr. 2017, art. 2) « B du I de l'article 5 et au 3° du I de l'article 6 » de la loi n° 90-1258 du 31 décembre 1990. – *[Décr. n° 93-86 du 21 janv. 1993, art. 19.]*

V. 2e note ss. art. R. 743-32.

Art. R. 743-129 Sous réserve des règles de protection et de représentation des incapables, les dispositions de l'article R. 743-128 sont applicables à la cession de titres de capital ou de parts sociales de l'associé placé sous le régime de la tutelle des incapables majeurs, s'il ne veut ou ne peut bénéficier des dispositions du *(Décr. n° 2017-611 du 24 avr. 2017, art. 2)* « 2° du B du I » de l'article 5 de la loi n° 90-1258 du 31 décembre 1990, ou de l'associé frappé d'interdiction légale.

Elles sont également applicables à la cession de titres de capital ou de parts sociales de l'associé dont l'exclusion de la société a été décidée dans les cas mentionnés à l'article R. 743-134. – *[Décr. n° 93-86 du 21 janv. 1993, art. 20.]*

V. 2e note ss. art. R. 743-32.

Art. R. 743-130 *(Décr. n° 2017-611 du 24 avr. 2017, art. 2)* Tout projet d'augmentation de capital conduisant à l'entrée, dans la société, d'un nouvel associé qui n'entend pas exercer la profession ou tout projet de convention par laquelle un des associés cède tout ou partie de ses actions ou parts sociales à un tel nouvel associé fait l'objet d'une déclaration préalable au garde des sceaux, ministre de la justice, au moins deux mois avant sa réalisation, dans les conditions prévues au premier alinéa de l'article R. 743-45.

Le garde des sceaux, ministre de la justice, peut s'opposer au projet dans un délai de deux mois après réception de la demande. – *[Décr. n° 93-86 du 21 janv. 1993, art. 21.]*

V. notes ss. art. R. 743-32.

En application des art. L. 231-4 et L. 231-6 CRPA, le silence gardé pendant deux mois par l'administration vaut décision de rejet pour l'agrément des cessions de titres de capital ou de parts sociales des SEL de greffier de tribunal de commerce (Décr. n° 2014-1277 du 23 oct. 2014, art. 1er).

Art. R. 743-131 *Abrogé par Décr. n° 2017-611 du 24 avr. 2017, art. 2.*

V. 2e note ss. art. R. 743-32.

Art. R. 743-132 Dans le cas prévu au cinquième alinéa de l'article R. 743-126, la publicité de la cession de titres de capital et de parts sociales résulte du dépôt au greffe du tribunal chargé de la tenue du registre du commerce et des sociétés du lieu du siège social de la société de deux copies certifiées conformes de la sommation adressée au cédant et des pièces justificatives de la signification de cette sommation. – *[Décr. n° 93-86 du 21 janv. 1993, art. 23.]*

§ 3 DE L'EXERCICE DES FONCTIONS DE GREFFIER DE TRIBUNAL DE COMMERCE PAR LA SOCIÉTÉ ET LES ASSOCIÉS

Art. R. 743-133 Outre les mentions prévues à l'article 2 de la loi n° 90-1258 du 31 décembre 1990, toutes correspondances et tous documents émanant de la société doivent indiquer sa qualité de société titulaire d'un office de greffier de tribunal de commerce. – *[Décr. n° 93-86 du 21 janv. 1993, art. 28, al. 1er.]*

Art. R. 743-134 Tout associé exerçant au sein de la société qui a fait l'objet d'une condamnation disciplinaire passée en force de chose jugée à une peine égale ou supérieure à trois mois d'interdiction dans l'exercice de sa profession, ou d'une condamnation pénale définitive à une peine d'emprisonnement égale ou supérieure à trois mois peut être contraint, à l'unanimité des autres associés exerçant au sein de la société, de se retirer de celle-ci.

Ses titres de capital ou parts sociales sont cédés dans les conditions prévues à l'article R. 743-128. – *[Décr. n° 93-86 du 21 janv. 1993, art. 36.]*

SOUS-SECTION 4 DISPOSITIONS APPLICABLES AUX SOCIÉTÉS EN PARTICIPATION DE GREFFIERS DE TRIBUNAL DE COMMERCE

Art. R. 743-135 Les sociétés en participation prévues à l'article 22 de la loi n° 90-1258 du 31 décembre 1990 reçoivent l'appellation de sociétés en participation de greffiers de tribunal de commerce.

La société n'est pas titulaire d'un office de greffier de tribunal de commerce et chacun des associés exerce ses fonctions au sein de l'office dont il est titulaire.

L'appartenance à la société avec la dénomination de celle-ci doit être indiquée dans les actes professionnels et les correspondances de chaque associé. – *[Décr. nº 93-86 du 21 janv. 1993, art. 53.]*

Art. R. 743-136 La société est constituée sous la condition suspensive de la publicité prévue *(Décr. nº 2019-162 du 5 mars 2019, art. 19)* « à » l'article R. 743-138 entre greffiers de tribunal de commerce personnes physiques. – *[Décr. nº 93-86 du 21 janv. 1993, art. 54.]*

Art. R. 743-137 En vue d'assurer la publicité de la constitution d'une société en participation, les associés adressent les statuts de la société au *(Décr. nº 2019-162 du 5 mars 2019, art. 20)* « garde des sceaux, ministre de la justice, par téléprocédure sur le site internet du ministère de la justice ».

*(Abrogé par Décr. nº 2019-162 du 5 mars 2019, art. 20) « **Si les associés exercent leurs fonctions dans des offices situés dans des ressorts de** (Décr. nº 2009-452 du 22 avr. 2009, art. 14) « **cours d'appel** » **différents, ils informent de cette constitution le procureur** (Décr. nº 2009-452 du 22 avr. 2009, art. 14) « **général** » **du lieu de situation de chacun des offices.** » – [Décr. nº 93-86 du 21 janv. 1993, art. 55.]*

V. notes ss. art. R. 742-21 et R. 742-27-1.

Art. R. 743-138 *(Abrogé par Décr. nº 2019-162 du 5 mars 2019, art. 21) « (Décr. nº 2009-452 du 22 avr. 2009, art. 14) « **Le procureur général mentionné au premier alinéa de l'article R. 743-137 sollicite l'avis des procureurs généraux concernés.** »*

*« **Il transmet au garde des sceaux, ministre de la justice, avec son rapport, le dossier et les avis recueillis.** »*

La constitution de la société en participation est publiée au *Journal officiel* de la République française, à l'initiative du garde des sceaux, ministre de la justice. – *[Décr. nº 93-86 du 21 janv. 1993, art. 56.]*

V. note ss. art. R. 742-21.

En application des art. L. 231-4 et L. 231-6 CRPA, le silence gardé pendant deux mois par l'administration vaut décision de rejet de la demande de constitution d'une société en participation de greffier de tribunal de commerce (Décr. nº 2014-1277 du 23 oct. 2014, art. 1er).

Art. R. 743-139 *(Décr. nº 2019-162 du 5 mars 2019, art. 22)* « En cas de dissolution de la société, la notification de cette dissolution est portée à la connaissance du garde des sceaux, ministre de la justice, par téléprocédure sur le site internet du ministère de la justice par l'associé ou les associés ayant demandé la dissolution.

« La dissolution de la société en participation est publiée au *Journal officiel* de la République française, à l'initiative du garde des sceaux, ministre de la justice. »

Chaque associé reprend l'exercice individuel de ses fonctions à compter de la publication mentionnée au deuxième alinéa. – *[Décr. nº 93-86 du 21 janv. 1993, art. 57.]*

V. notes ss. art. R. 742-21 et R. 742-27-1.

SOUS-SECTION 5 DU SALARIAT

(Décr. nº 2011-1270 du 11 oct. 2011, art. 4)

§ 1er DISPOSITIONS GÉNÉRALES

Art. R. 743-139-1 Les greffiers des tribunaux de commerce salariés sont soumis aux dispositions législatives et réglementaires relatives à l'exercice des fonctions de greffier des tribunaux de commerce par des personnes physiques, à la déontologie et à la discipline des greffiers des tribunaux de commerce ainsi qu'aux dispositions de la présente sous-section.

Art. R. 743-139-2 Sauf lorsqu'il est employé par un greffier de plusieurs tribunaux de commerce, le greffier de tribunal de commerce salarié ne peut exercer ses fonctions qu'au sein d'un seul office.

Il peut accomplir les missions dévolues aux greffiers des tribunaux de commerce à l'exception de celles relatives à l'assistance du président du tribunal de commerce dans les tâches d'administration, d'organisation et de gestion du tribunal.

Art. R. 743-139-3 Le greffier de tribunal de commerce salarié investi d'un mandat au Conseil national des greffiers des tribunaux de commerce ne peut pas participer aux délibérations ni aux votes sur des questions disciplinaires concernant le greffier titulaire de l'office ou les greffiers associés exerçant leurs fonctions au sein de la société titulaire de l'office dans lequel il est employé.

Ceux-ci ne peuvent, lorsqu'ils sont investis d'un tel mandat, participer aux délibérations et aux votes sur des questions disciplinaires concernant un greffier salarié de l'office.

Art. R. 743-139-4 Le titulaire de l'office est civilement responsable du fait de l'activité professionnelle exercée pour son compte par le greffier salarié.

Art. R. 743-139-5 *(Décr. n° 2017-893 du 6 mai 2017, art. 22)* « Tout projet de recrutement d'un greffier salarié est porté à la connaissance du garde des sceaux, ministre de la justice, *(Décr. n° 2019-162 du 5 mars 2019, art. 23)* « par téléprocédure sur le site internet du ministère de la justice. Le garde des sceaux, ministre de la justice, » assure la publicité de cette annonce, par un arrêté qui précise la date limite de dépôt des candidatures. Le délai imparti aux candidats pour adresser leur candidature ne peut être inférieur à trente jours à compter de la publication de l'arrêté au *Journal officiel* de la République française. Les candidatures sont adressées par lettre recommandée avec demande d'avis de réception ou tout autre moyen permettant d'en assurer la réception, au greffier du tribunal de commerce.

« Lorsqu'est sélectionné un lauréat du concours prévu à l'article R. 742-6-1, est recruté, parmi les candidats issus d'une même promotion, le candidat le mieux classé. »

Le contrat de travail est établi par écrit, sous la condition suspensive de la nomination du salarié en qualité de greffier de tribunal de commerce et de sa prestation de serment. La condition est réputée acquise à la date de la prestation de serment.

Il ne peut comporter aucune clause susceptible de limiter la liberté d'établissement ultérieur du salarié ou de porter atteinte à son indépendance. Il précise les conditions de sa rémunération.

Une copie du contrat de travail est adressée, dès sa signature, au président du Conseil national des greffiers des tribunaux de commerce ; il en est de même pour toute modification à ce contrat.

V. note ss. art. R. 742-27-1.

Art. R. 743-139-6 Lorsque le nombre de greffiers de tribunal de commerce *(Décr. n° 2017-613 du 24 avr. 2017, art. 8)* « titulaires ou associés en exercice au sein de l'office devient inférieur à la moitié du nombre de greffiers de tribunal de commerce » salariés, le titulaire de l'office a un délai d'un an pour se mettre en conformité avec les dispositions du premier alinéa de l'article L. 743-12-1.

V. note ss. art. R. 743-83-1.

§ 2 NOMINATION DU GREFFIER DE TRIBUNAL DE COMMERCE SALARIÉ

Art. R. 743-139-7 Le greffier de tribunal de commerce salarié est nommé par arrêté du garde des sceaux, ministre de la justice. L'arrêté précise le nom ou la dénomination sociale du titulaire de l'office au sein duquel le greffier salarié exerce ses fonctions.

En application des art. L. 231-4 et L. 231-6 CRPA, le silence gardé pendant deux mois par l'administration vaut décision de rejet de la demande de nomination d'un greffier de tribunal de commerce salarié (Décr. n° 2014-1277 du 23 oct. 2014, art. 1er).

Art. R. 743-139-8 La demande est présentée conjointement par le titulaire de l'office et le candidat à la nomination aux fonctions de greffier *(Décr. n° 2017-613 du 24 avr. 2017, art. 9)* « de tribunal de commerce salarié sélectionné dans les conditions prévues à l'article R. 743-139-5, au garde des sceaux, ministre de la justice, par téléprocédure sur le site internet du ministère de la justice ».

Elle est accompagnée d'une copie du contrat de travail et de toutes pièces et documents justificatifs nécessaires.

V. note ss. art. R. 743-83-1.

Art. R. 743-139-9 Le *(Décr. n° 2017-613 du 24 avr. 2017, art. 10)* « garde des sceaux, ministre de la justice, » recueille l'avis motivé du bureau du Conseil national des greffiers des tribunaux de commerce, notamment sur *(Décr. n° 2017-613 du 24 avr. 2017, art. 10)* « l'honorabilité », les capacités professionnelles du candidat et sur la conformité du contrat de travail avec les règles professionnelles.

(Décr. n° 2017-613 du 24 avr. 2017, art. 10) « Si, vingt jours après sa saisine, par tout moyen permettant de conférer date certaine, le Conseil national n'a pas adressé au garde des sceaux, ministre de la justice, l'avis qui lui a été demandé, il est réputé avoir émis un avis favorable. »

V. note ss. art. R. 743-83-1.

Art. R. 743-139-10 *Abrogé par Décr. n° 2017-613 du 24 avr. 2017, art. 11.*

§ 3 ENTRÉE EN FONCTIONS

Art. R. 743-139-11 Dans le mois de sa nomination, le greffier salarié prête le serment prévu à l'article R. 742-31. Il ne peut exercer ses fonctions qu'à compter du jour de sa prestation de serment.

Tout greffier salarié qui n'a pas prêté serment dans le mois suivant la publication de l'arrêté prévu à l'article R. 743-139-7 est réputé, sauf cas de force majeure, avoir renoncé à sa nomination.

Le greffier salarié qui devient titulaire de l'office où il exerçait ou associé de la personne morale titulaire de cet office est nommé en sa nouvelle qualité par un arrêté du garde des sceaux, ministre de la justice, qui met fin également à ses fonctions de greffier de tribunal de commerce salarié. Cet arrêté prend effet à la date de sa publication au *Journal officiel*. Le greffier ainsi nommé n'a pas à prêter à nouveau serment.

§ 4 LITIGES NÉS À L'OCCASION DE L'EXÉCUTION D'UN CONTRAT DE TRAVAIL

Art. R. 743-139-12 Le président du Conseil national des greffiers des tribunaux de commerce est saisi en qualité de médiateur de tout litige né à l'occasion de l'exécution du contrat de travail soit par requête déposée contre récépissé au secrétariat du conseil, soit par lettre recommandée avec demande d'avis de réception.

L'acte de saisine précise, à peine d'irrecevabilité, l'identité des parties, l'objet du litige et les prétentions du requérant.

Art. R. 743-139-13 Le président du Conseil national ou, en cas d'absence ou d'empêchement, le vice-président convoque les parties par lettre recommandée avec demande d'avis de réception dans les quinze jours de sa saisine et huit jours au moins avant la date de la séance de médiation.

Une copie de l'acte de saisine est jointe à la convocation de la partie qui n'a pas pris l'initiative de la médiation.

La convocation précise que les intéressés doivent se présenter en personne. Ils peuvent se faire assister d'un conseil.

Art. R. 743-139-14 Le président ou le vice-président du Conseil national, après avoir entendu les intéressés et recueilli toutes informations utiles, propose, si les parties n'ont pu se rapprocher, une solution au litige.

En cas d'accord, total ou partiel, celui-ci est constaté par écrit, signé par les intéressés et le président ou le vice-président. L'original est conservé par le président ; une copie est remise à chacune des parties.

Si aucun accord n'est intervenu, ou en cas d'accord partiel, le président ou le vice-président dresse un procès-verbal mentionnant la solution qu'il propose et les points demeurant en litige. Il en donne une copie à chacune des parties.

Le conseil de prud'hommes ne peut être saisi, à peine d'irrecevabilité, que si le demandeur justifie de la tentative de médiation préalable par une remise d'une copie du procès-verbal prévu au troisième alinéa.

§ 5 CESSATION DES FONCTIONS DE GREFFIER DE TRIBUNAL DE COMMERCE SALARIÉ EN CAS DE RUPTURE DU CONTRAT DE TRAVAIL

Art. R. 743-139-15 L'exercice de ses fonctions d'officier public par le greffier de tribunal de commerce salarié, ainsi que celui de ses mandats professionnels, sont suspendus à compter du jour de la rupture du contrat de travail quelle qu'en soit la cause. Pendant cette suspension, il ne peut plus se prévaloir de la qualité d'officier public ou du titre de greffier de tribunal de commerce.

Pendant une période d'un an, *(Décr. nº 2017-613 du 24 avr. 2017, art. 12)* « s'il est sélectionné conformément aux dispositions de l'article R. 743-139-5, » l'intéressé peut reprendre, sans attendre qu'intervienne l'arrêté prévu au troisième alinéa et sans nouvelle nomination, des fonctions de greffier de tribunal de commerce salarié en déposant une simple déclaration, *(Décr. nº 2017-613 du 24 avr. 2017, art. 12)* « par téléprocédure sur le site internet du ministère de la justice, » accompagnée d'une copie de son contrat de travail, auprès du *(Abrogé par Décr. nº 2017-613 du 24 avr. 2017, art. 12)* ***« procureur général qui en informe le »*** garde des sceaux, ministre de la justice. L'intéressé adresse une copie de cette déclaration au Conseil national des greffiers des tribunaux de commerce.

Le *(Décr. nº 2017-613 du 24 avr. 2017, art. 12)* « garde des sceaux, ministre de la justice, » peut, dans le délai d'un mois, faire opposition, par décision motivée, à l'effet de cette déclaration. *(Abrogé par Décr. nº 2017-613 du 24 avr. 2017, art. 12)* ***« Dans ce cas, l'intéressé doit, pour exercer ses fonctions, solliciter une nouvelle nomination dans les conditions prévues aux articles R. 749-139-7 à R. 749-139-10. Il peut être dispensé de cette procédure par le garde des sceaux, ministre de la justice. »*** En l'absence d'opposition *(Abrogé par Décr. nº 2017-613 du 24 avr. 2017, art. 12)* ***« du procureur général ou en cas de dispense de suivre la procédure de nomination »***, le garde des sceaux, ministre de la justice, constate par arrêté que le greffier de tribunal de commerce salarié a repris l'exercice de ses fonctions. L'arrêté mentionne le nom ou la dénomination sociale du titulaire de l'office au sein duquel celles-ci sont désormais exercées.

Le greffier salarié qui reprend des fonctions doit prêter le serment prévu à l'article R. 742-31.

V. note ss. art. R. 743-83-1.

En application des art. L. 231-4 et L. 231-6 CRPA, le silence gardé pendant deux mois par l'administration vaut décision de rejet de la demande de nomination d'un greffier de tribunal de commerce salarié et demande connexe, telle la dispense de la procédure de nomination (Décr. nº 2014-1277 du 23 oct. 2014, art. 1er).

Art. R. 743-139-16 La retraite du greffier de tribunal de commerce salarié, la rupture conventionnelle de son contrat de travail ou sa démission est portée par l'intéressé ou par la personne titulaire de l'office au sein duquel il exerçait à la connaissance du *(Abrogé par Décr. nº 2017-613 du 24 avr. 2017, art. 13)* ***« procureur général qui transmet le dossier au »*** garde des sceaux, ministre de la justice, *(Décr. nº 2017-613 du 24 avr. 2017, art. 13)* « par téléprocédure sur le site internet du ministère de la justice, » et à celle du Conseil national des greffiers des tribunaux de commerce.

V. note ss. art. R. 743-83-1.

Art. R. 743-139-17 Tout licenciement, envisagé par le titulaire de l'office, d'un greffier de tribunal de commerce salarié est soumis à l'avis d'une commission nationale composée comme suit :

1º Un magistrat, président ;

2º Deux greffiers titulaires d'office ou associés, désignés sur proposition du Conseil national des greffiers des tribunaux de commerce ;

3º Deux greffiers salariés, désignés sur proposition des organisations syndicales les plus représentatives des greffiers des tribunaux de commerce salariés ou, à défaut, du Conseil national des greffiers des tribunaux de commerce ;

Les membres de la commission sont nommés pour quatre ans par arrêté du garde des sceaux, ministre de la justice.

Chacun d'eux a un suppléant nommé dans les mêmes conditions.

Art. R. 743-139-18 Le titulaire de l'office saisit le président de la commission par lettre recommandée avec demande d'avis de réception. La lettre de saisine précise les motifs invoqués au soutien du licenciement envisagé. Une copie de la lettre est adressée au président du Conseil national des greffiers des tribunaux de commerce *(Décr. nº 2017-613 du 24 avr. 2017, art. 14)* « , au garde des sceaux, ministre de la justice, par téléprocédure sur le site internet du ministère de la justice, » et au procureur général près la cour d'appel dans le ressort de laquelle l'office a son siège.

Les parties sont convoquées au moins huit jours avant la date fixée pour la réunion de la commission. Une copie de la lettre de saisine est annexée à la convocation adressée au greffier salarié.

Les parties comparaissent en personne devant la commission. Elles peuvent se faire assister d'un conseil.

V. note ss. art. R. 743-83-1.

Art. R. 743-139-19 Après avoir entendu contradictoirement les parties et le président du Conseil national des greffiers des tribunaux de commerce et provoqué toutes explications ou communication de documents utiles, la commission rend un avis motivé.

Une copie de cet avis est adressée, dans les quinze jours, à chacune d'entre elles, ainsi qu'au président du Conseil national *(Décr. nº 2017-613 du 24 avr. 2017, art. 15)* « , au garde des sceaux, ministre de la justice, » et au procureur général.

V. note ss. art. R. 743-83-1.

Art. R. 743-139-20 Lorsque le titulaire de l'office maintient son intention de licencier le greffier salarié, il lui notifie son licenciement soit par lettre recommandée avec demande d'avis de réception, soit par lettre remise contre émargement.

En cas de faute grave, le titulaire de l'office peut, avant de saisir pour avis la commission prévue à l'article R. 743-139-17, notifier au greffier salarié sa mise à pied immédiate, dans les mêmes formes que celles prévues au premier alinéa. Si la commission n'est pas saisie dans les huit jours de la notification, la mise à pied est de plein droit caduque.

La mise à pied entraîne, dès la notification qui lui en a été faite, la suspension de l'exercice des fonctions d'officier public et des mandats professionnels du greffier salarié.

Dans les cinq jours de la notification du licenciement ou de la mise à pied, le titulaire de l'office en informe, par lettre recommandée avec demande d'avis de réception, le président du Conseil national des greffiers des tribunaux de commerce, le président de la commission de l'article R. 743-139-17 et le procureur général *(Décr. nº 2017-613 du 24 avr. 2017, art. 16)* « , ainsi que le garde des sceaux, ministre de la justice, par téléprocédure sur le site internet du ministère de la justice ».

V. note ss. art. R. 743-83-1.

Art. R. 743-139-20-1 *(Décr. nº 2017-613 du 24 avr. 2017, art. 17)* La limite d'âge prévue à l'article L. 741-1 s'applique aux greffiers des tribunaux de commerce salariés.

V. note ss. art. R. 743-83-1.

SECTION II *BIS* DES SOCIÉTÉS DE PARTICIPATIONS FINANCIÈRES DE PROFESSION LIBÉRALE DE GREFFIERS DES TRIBUNAUX DE COMMERCE

(Décr. nº 2011-1541 du 15 nov. 2011, art. 8)

Art. R. 743-139-21 Les sociétés de participations financières de profession libérale *(Décr. nº 2017-611 du 24 avr. 2017, art. 3)* « constituées, en application de l'article 31-1 de la loi nº 90-1258 du 31 décembre 1990 relative à l'exercice sous forme de sociétés des professions libérales soumises à un statut législatif ou réglementaire ou dont le titre est protégé et aux sociétés de participations financières de professions libérales, en vue de la détention de parts sociales ou d'actions dans des sociétés exerçant la profession de greffier de tribunal de commerce » sont régies par les dispositions du livre II, sous réserve des dispositions de la présente section.

V. 2e note ss. art. R. 743-32.

§ 1er DE LA CONSTITUTION DE LA SOCIÉTÉ

Art. R. 743-139-22 *(Décr. nº 2017-611 du 24 avr. 2017, art. 3)* Les personnes physiques ou morales qui exercent la profession d'administrateur judiciaire ou de mandataire judicaire ne peuvent détenir, ni directement ni indirectement, d'action ou de part sociale dans une société de participations financières relevant de l'article R. 743-139-21.

V. 2e note ss. art. R. 743-32.

Art. R. 743-139-23 La constitution de la société fait l'objet d'une déclaration adressée par un mandataire commun des associés au *(Décr. no 2017-611 du 24 avr. 2017, art. 3)* « garde des sceaux, ministre de la justice, par téléprocédure sur le site internet du ministère de la justice, » ainsi qu'au Conseil national des greffiers des tribunaux de commerce. Une copie des statuts de la société est jointe à la déclaration qui comprend la liste des associés avec indication, selon le cas, de leur profession ou de leur qualité au regard de l'article R. 743-139-22, suivie, pour chacun, de la mention de la part de capital qu'il détient dans la société.

Le *(Abrogé par Décr. no 2017-611 du 24 avr. 2017, art. 3) « procureur général transmet une copie de la déclaration au »* garde des sceaux, ministre de la justice, *(Abrogé par Décr. no 2017-611 du 24 avr. 2017, art. 3) « qui »* dresse la liste des sociétés de participations financières de profession libérale de greffiers des tribunaux de commerce. Un arrêté du garde des sceaux, ministre de la justice, fixe les conditions dans lesquelles cette liste est dressée et mise à jour et les conditions de sa diffusion aux autorités et aux professionnels intéressés. — *V. art. A. 743-7.*

V. notes ss. art. R. 743-32.

Art. R. 743-139-24 L'immatriculation de la société au registre du commerce et des sociétés est régie par les articles R. 123-31 et suivants, sous réserve des dispositions ci-après.

Une copie de la déclaration prévue à l'article R. 743-139-23 est adressée par les associés au greffe du tribunal où a été déposée la demande d'immatriculation au registre du commerce et des sociétés ; au reçu de ce document, le greffier procède à l'immatriculation et en informe le *(Décr. no 2017-611 du 24 avr. 2017, art. 3)* « garde des sceaux, ministre de la justice, ainsi que le » procureur général près la cour d'appel dans le ressort de laquelle est fixé le siège de la société.

La société est dispensée de procéder aux formalités de publicité prévues aux articles R. 210-16 et suivants.

V. 2e note ss. art. R. 743-32.

§ 2 DU FONCTIONNEMENT DE LA SOCIÉTÉ

Art. R. 743-139-25 La société de participations financières de profession libérale de greffiers des tribunaux de commerce fait connaître au Conseil national des greffiers des tribunaux de commerce et au *(Décr. no 2017-611 du 24 avr. 2017, art. 3)* « garde des sceaux, ministre de la justice, par téléprocédure sur le site internet du ministère de la justice, » dans un délai de trente jours à compter de la date à laquelle il se produit, tout changement dans la situation déclarée en application de l'article R. 743-139-23.

V. notes ss. art. R. 743-32.

Art. R. 743-139-26 Si la société de participations financières de profession libérale de greffiers des tribunaux de commerce ne se conforme pas aux dispositions législatives et réglementaires régissant la constitution et le fonctionnement des sociétés de participations financières de profession libérale par les greffiers des tribunaux de commerce, la société est invitée par le *(Décr. no 2017-611 du 24 avr. 2017, art. 3)* « garde des sceaux, ministre de la justice*[,]* » à régulariser la situation.

Si la société n'est pas en mesure de régulariser la situation, le *(Décr. no 2017-611 du 24 avr. 2017, art. 3)* « garde des sceaux, ministre de la justice*[,]* » peut inviter les associés, par lettre recommandée avec demande d'accusé de réception, à prononcer la dissolution anticipée de la société selon les formes prévues par les statuts. Il adresse une copie de ce courrier au procureur de la République près le *(Décr. no 2019-966 du 18 sept. 2019, art. 8, en vigueur le 1er janv. 2020)* « tribunal judiciaire *[ancienne rédaction : tribunal de grande instance]* » dans le ressort duquel est situé le siège de la société et au Conseil national des greffiers des tribunaux de commerce.

V. 2e note ss. art. R. 743-32.

§ 3 DU CONTRÔLE DE LA SOCIÉTÉ

Art. R. 743-139-27 Chaque société de participations financières de profession libérale de greffiers des tribunaux de commerce fait l'objet, au moins une fois tous les quatre ans, d'un contrôle portant sur le respect des dispositions législatives et réglementaires qui régissent la composition de son capital et l'étendue de ses activités. Ce contrôle se déroule dans les conditions prévues aux articles R. 743-1, R. 743-3 et R. 743-4, à l'occasion de l'inspection d'un greffe tenu par une société d'exercice dans laquelle elle détient des participations.

Chaque société de participations peut, en outre, être soumise à des contrôles occasionnels prescrits par le garde des sceaux, soit d'office, soit à la demande du président du Conseil national des greffiers des tribunaux de commerce.

La liste prévue au dernier alinéa de l'article R. 743-1 mentionne les sociétés de participations financières de profession libérale de greffiers des tribunaux de commerce proposées pour faire l'objet d'un contrôle périodique au cours de l'année suivante.

Art. R. 743-139-28 Le non-respect des dispositions régissant la constitution et le fonctionnement des sociétés de participations financières de profession libérale par les greffiers des tribunaux de commerce et *(Décr. n° 2017-611 du 24 avr. 2017, art. 3)* « les personnes qui exercent une autre profession libérale judiciaire ou juridique soumise à un statut législatif ou réglementaire ou dont le titre est protégé » associés d'une telle société ou de sociétés titulaires d'un office faisant l'objet de prises de participations peut donner lieu à des poursuites disciplinaires.

V. 2e note ss. art. R. 743-32.

§ 4 DE LA DISSOLUTION-LIQUIDATION DE LA SOCIÉTÉ

Art. R. 743-139-29 En cas de dissolution de la société, le liquidateur est choisi parmi les associés de la société de participations financières de profession libérale de greffiers des tribunaux de commerce, des sociétés titulaires d'un office ou des greffiers des tribunaux de commerce, des anciens greffiers des tribunaux de commerce ou anciens greffiers des tribunaux de commerce associés. En aucun cas les fonctions de liquidateur ne peuvent être confiées à un associé ayant fait l'objet d'une peine disciplinaire.

Plusieurs liquidateurs peuvent être désignés.

Le liquidateur peut être remplacé pour cause d'empêchement, ou pour tout autre motif grave, par le président du *(Décr. n° 2019-966 du 18 sept. 2019, art. 8, en vigueur le 1er janv. 2020)* « tribunal judiciaire *[ancienne rédaction : tribunal de grande instance]* » du lieu du siège social de la société, statuant sur requête à la demande du liquidateur, des associés ou de leurs ayants droit, ou du procureur de la République.

Art. R. 743-139-30 Le liquidateur procède à la cession des parts ou actions que la société de participations financières de profession libérale de greffiers des tribunaux de commerce détient dans la ou les sociétés d'exercice libéral dans les conditions prévues par l'article R. 743-128.

Art. R. 743-139-31 La dissolution de la société est portée à la connaissance du procureur de la République et du Conseil national des greffiers des tribunaux de commerce à la diligence du liquidateur. Ce dernier leur fait alors parvenir une expédition de la délibération des associés ou de la décision de justice qui l'a nommé dans ses fonctions.

Le liquidateur dépose au greffe chargé de la tenue du registre du commerce et des sociétés où la société est inscrite, pour être versée au dossier ouvert au nom de la société, la copie de l'expédition prévue au premier alinéa dont tout intéressé peut obtenir communication.

Il ne peut entrer en fonctions avant l'accomplissement des formalités précitées.

Le liquidateur informe le procureur de la République et le Conseil national des greffiers des tribunaux de commerce de la clôture des opérations de liquidation.

SECTION III DE LA TARIFICATION DES GREFFIERS DES TRIBUNAUX DE COMMERCE

(Décr. n° 2016-230 du 26 févr. 2016, art. 6)

Les dispositions issues de l'art. 6 du Décr. n° 2016-230 du 26 févr. 2016 entrent en vigueur à la date d'entrée en vigueur du premier arrêté portant fixation des tarifs en application de l'art. L. 444-3. Les dispositions remplacées par ledit art. 6 restent applicables, dans leur rédaction antérieure au Décr. préc., aux prestations effectuées avant le 1er mai 2016 et aux prestations dont la réalisation a donné lieu au versement par le client d'un acompte ou d'une provision, ou à l'engagement par l'un des professionnels intervenant de frais ou débours avant la date d'entrée en vigueur du premier arrêté portant fixation des tarifs de la profession concernée en application de l'art. L. 444-3 (Décr. préc., art. 13-II).

Art. R. 743-140 **Les émoluments dus aux greffiers des tribunaux de commerce pour l'établissement et le contrôle de conformité des actes de leur ministère sont soumis aux dispositions qui suivent.**

Ils comprennent la rémunération de tous travaux, soins, diligences et formalités afférents à l'acte ou à la procédure considérée.

Les diligences de chaque transmission d'acte, décision ou document, par remise en main propre contre récépissé ou par voie électronique sécurisée, donnent lieu à un émolument fixé par un arrêté pris en application de l'article L. 444-3, à l'exception de la transmission d'extrait d'immatriculation du registre du commerce, par voie électronique sécurisée, pour laquelle cette rémunération est égale à un autre émolument déterminé dans les mêmes conditions. Lorsque la transmission se fait sous une autre forme, les débours, y compris les frais de poste et de téléphone, sont remboursés au greffier pour leur montant réel, sauf si un forfait de transmission a été prévu par un arrêté pris en application de l'article L. 444-3.

Il n'est dû aucune rémunération ni remboursement d'aucuns frais au greffier, au titre des transmissions à l'Institut national de la propriété industrielle prévues aux deuxième et troisième alinéas de l'article L. 123-6 du présent code, hormis les éventuelles bases de données qu'il aurait élaborées dans le cadre de l'exploitation privée des données concernées.

BIBL. ▶ Bravard, *RPC 2009. Dossier 19* (les greffiers des tribunaux de commerce au centre du dispositif légal des sûretés mobilières – publicité et prévention).

Art. R. 743-141 **Lorsque le greffier accomplit les opérations prévues au dernier alinéa de l'article L. 143-11-7 du code du travail, il perçoit la rémunération fixée pour celles-ci par le tarif des administrateurs judiciaires en matière commerciale et des mandataires judiciaires au redressement et à la liquidation des entreprises.**

Art. R. 743-142 **I. — Pour la catégorie des actes judiciaires mentionnée au tableau 2 de l'annexe 4-7, l'émolument afférent à chaque prestation :**

1° Comprend le coût d'une copie certifiée conforme, revêtue de la formule exécutoire et d'une copie délivrée à chaque partie ;

2° Fait l'objet d'une minoration en cas de radiation avant le prononcé d'un jugement ou d'une ordonnance, sauf dans le cas où un émolument a été spécialement perçu pour la saisine du tribunal.

II. — Pour toutes les prestations mentionnées au tableau 2 de l'annexe 4-7, l'émolument déterminé par l'arrêté conjoint pris en application de l'article L. 444-3 s'applique aux redevances perçues par les secrétariats-greffes des *(Décr. n° 2019-913 du 30 août 2019, art. 7, en vigueur le 1er janv. 2020)* **« tribunaux judiciaires** *[ancienne rédaction : tribunaux d'instance ou de grande instance]* **» intervenant en matière commerciale ou par ceux des tribunaux mixtes de commerce.** — *V. annexe 4-7 ss. art. R. 444-3.*

Art. R. 743-142-1 **Pour la sous-catégorie des prestations relatives au registre du commerce et des sociétés mentionnée au tableau 2 de l'annexe 4-7, l'émolument de chaque prestation :**

1° Est réclamé par le greffier, lors de sa perception, distinctement du montant des taxes perçues pour le compte de l'Institut national de la propriété industrielle et des frais d'insertion au *Bulletin officiel des annonces civiles et commerciales* ;

2° S'agissant des immatriculations principales, secondaires ou complémentaires, l'émolument mentionné au premier alinéa :

a) Rémunère forfaitairement l'ensemble des formalités liées à l'immatriculation principale, l'immatriculation secondaire ou l'inscription complémentaire et inclut le coût de la radiation ;

b) Inclut également le coût de la délivrance au requérant de cinq extraits, en ce qui concerne l'immatriculation principale, l'immatriculation secondaire ou l'inscription complémentaire, et de quatre extraits, en ce qui concerne la radiation, ainsi que celui des frais postaux ;

c) Fait l'objet d'une minoration fixée par l'arrêté prévu à l'article L. 444-3, lorsque l'immatriculation est effectuée en application des articles R. 743-162 et R. 743-168, en ce qui concerne l'immatriculation principale et l'immatriculation secondaire, y compris les frais postaux ;

3° S'agissant des immatriculations modificatives, l'émolument mentionné au premier alinéa rémunère forfaitairement l'ensemble des formalités liées à l'inscription modificative, et inclut le coût de la délivrance au requérant de quatre extraits et celui des frais postaux ;

4° S'agissant de la publicité des sociétés, l'émolument mentionné au premier alinéa n'est perçu qu'une fois, quel que soit le nombre des actes et des pièces déposés simultanément par un même intéressé ;

5° S'agissant de l'extrait du registre du commerce et des sociétés, l'émolument mentionné au premier alinéa est perçu au titre de la délivrance aux tiers des extraits K *bis* et L *bis*, ou à la personne assujettie en plus des extraits compris dans les forfaits prévus au *b* du 2° et au 3° du présent article, sur leur demande écrite. L'ensemble de ces demandes écrites est répertorié au greffe. — *V. annexe 4-7 ss. art. R. 444-3.*

Art. R. 743-142-2 Pour les immatriculations et inscriptions modificatives au registre des agents commerciaux mentionnées au tableau 2 de l'annexe 4-7, l'émolument afférent à chaque prestation fait l'objet d'une minoration fixée par l'arrêté prévu à l'article L. 444-3 lorsque l'immatriculation ou la radiation est effectuée en application des articles R. 743-162 et R. 743-168 du présent code. — *V. annexe 4-7 ss. art. R. 444-3.*

Art. R. 743-142-3 Pour les dépôts mentionnés au tableau 2 de l'annexe 4-7, respectivement effectués par les entrepreneurs individuels à responsabilité limitée au registre du commerce et des sociétés, au registre des agents commerciaux et au registre des entrepreneurs à responsabilité limitée, l'émolument afférent au dépôt de la déclaration d'affectation du patrimoine, de reprises ou de transfert n'inclut pas le coût de l'insertion au *Bulletin officiel des annonces civiles et commerciales.*

S'agissant des mentions au registre du commerce et des sociétés et au registre des agents commerciaux, il n'est dû aucun émolument au titre du dépôt de la déclaration d'affectation du patrimoine lorsque ce dépôt intervient simultanément à la demande d'immatriculation.

S'agissant des dépôts de déclarations modificatives ou complémentaires d'affectation du patrimoine, l'émolument afférent à la prestation inclut la transmission des documents visés à l'article R. 123-121-3 au service des impôts. — *V. annexe 4-7 ss. art. R. 444-3.*

Art. R. 743-142-4 Pour la catégorie des prestations relatives aux warrants autres qu'agricoles, mentionnée au tableau 2 de l'annexe 4-7, il n'est rien dû au greffier pour les mentions portées sur le registre des avis et oppositions.

Art. R. 743-142-5 Les dispositions suivantes s'appliquent à la catégorie des publicités diverses mentionnée au tableau 2 de l'annexe 4-7 :

1° L'émolument afférent au report d'inscription par le greffier inclut, le cas échéant, toute radiation consécutive ;

2° L'émolument afférent à l'inscription d'un protêt inclut l'ensemble des formalités, notamment la réception de la copie du protêt, la délivrance d'un récépissé et l'inscription sur le registre et fichiers, ainsi que, en ce qui concerne les protêts de chèques, la réception et la transmission de la copie destinée au procureur de la République ;

3° Lorsque l'inscription ou la radiation d'un acte ou jugement translatif, constitutif ou déclaratif de propriété ou de droit réel est requise sur plusieurs bateaux de rivière, l'émolument afférent à cette prestation fait l'objet d'une minoration pour chaque bateau autre que le premier, dans des proportions fixées par l'arrêté conjoint prévu à l'article L. 444-3. – *V. annexe 4-7 ss. art. R. 444-3.*

Art. R. 743-142-6 I. – Pour la catégorie des actes des procédures de liquidation hors sauvegarde ou redressement judiciaires mentionnée au tableau 2 de l'annexe 4-7, l'émolument se décompose en :

1° Un émolument principal et un forfait de transmission, fixés selon un barème tarifaire fixe, dont la grille est progressive en fonction, d'une part, du nombre des salariés et, d'autre part, du chiffre d'affaires de l'entreprise concernée, ces deux caractéristiques étant déterminées conformément aux dispositions de l'article R. 621-11 ou, à défaut, au vu des données disponibles dans le dossier de la procédure ;

2° Deux émoluments accessoires fixes, qui peuvent être perçus, pour le premier, lorsque l'entreprise concernée dispose d'au moins un établissement secondaire et, pour le second, lorsque le nombre des créanciers de l'entreprise concernée est supérieur à 25.

II. – Si l'établissement principal et l'établissement secondaire sont situés dans le ressort de greffes différents, le greffier de la procédure principale reverse la moitié du premier émolument accessoire prévu au 2° du I au greffe de l'établissement secondaire.

III. – L'émolument mentionné au 1° du I n'inclut pas les frais d'huissiers ni les frais relatifs aux *(Décr. nº 2020-106 du 10 févr. 2020, art. 13)* « supports » d'annonces légales et au *Bulletin officiel des annonces civiles et commerciales.*

IV. – Dès l'ouverture ou le prononcé des procédures de liquidation judiciaire mentionnées au premier alinéa du I, une somme de 200 € hors taxes est versée au greffier, à valoir sur l'émolument principal et le forfait de transmission mentionnés au 1° du I. Le solde est exigible à la date de clôture de ces procédures. – *V. annexe 4-7 ss. art. R. 444-3.*

Art. R. 743-142-7 I. – Pour la catégorie des actes de la procédure de rétablissement professionnel mentionnée au tableau 2 de l'annexe 4-7, l'émolument se décompose en :

1° Un émolument principal et un forfait de transmission, fixes par débiteur ;

2° Deux émoluments accessoires fixes, qui peuvent être perçus, pour le premier, pour chaque procédure devant le juge commis statuant sur une demande de report ou de délai de paiement en application de l'article L. 645-6 et, pour le second, en cas d'ouverture d'une procédure de liquidation judiciaire en application de l'article L. 645-9.

II. – L'émolument mentionné au I ne comprend pas les émoluments, les frais et les débours résultant des prestations prévues au titre V du livre VI de la catégorie des "Actes judiciaires" mentionnée au tableau 2 de l'annexe 4-7, ainsi que les frais de copies d'actes ou de pièces délivrées aux parties.

III. – L'émolument mentionné au 1° du I n'inclut pas les frais d'huissiers ni les frais relatifs aux *(Décr. nº 2020-106 du 10 févr. 2020, art. 13)* « supports » d'annonces légales et au *Bulletin officiel des annonces civiles et commerciales.*

IV. – En cas d'ouverture d'une liquidation judiciaire dans les conditions prévues à l'article L. 645-9, l'émolument applicable est celui prévu à l'article R. 743-142-6, déduction faite des sommes dues au titre de l'émolument principal en application du 1° du I. – *V. annexe 4-7 ss. art. R. 444-3.*

Art. R. 743-143 Il n'est dû aucune rémunération pour l'établissement et la délivrance des copies, certificats et extraits de toute nature demandés par les autorités judiciaires ou par le ministère de la justice aux greffiers des tribunaux de commerce.

Art. R. 743-144 Le greffier d'un tribunal de commerce peut délivrer, à titre de simple renseignement, des copies collationnées qui ne sont ni signées, ni revêtues du sceau, ni certifiées conformes des documents de toute nature déposés au greffe dont il peut être légalement donné communication à celui qui en requiert la copie.

Art. R. 743-145 Il n'est dû aucune rémunération :

1° Pour les mentions manuscrites portées à titre d'information interne au greffe, sur les actes ou sur les documents conservés au greffe ou établis par celui-ci ou sur les pièces produites ;

2° Pour les mentions d'office prévues au titre :

a) Des procédures de redressement ou de liquidation judiciaire des entreprises ouvertes à compter du 1er janvier 2006 et de la procédure de rétablissement professionnel instituée par le chapitre V du titre IV du livre VI ;

b) Des informations transmises par le ministère public ou l'autorité administrative, s'agissant d'une décision juridictionnelle passée en force de chose jugée ou d'une décision administrative définitive portant sur un changement dans le libellé des adresses déclarées ;

3° Pour l'inscription au registre du commerce et des sociétés de la décision, rendue par une juridiction d'un État membre de l'Union européenne soumis à l'application du règlement n° 1346-2000 du 29 mai 2000 du Conseil relatif aux procédures d'insolvabilité *(Décr. n° 2018-452 du 5 juin 2018, art. 9)* « ou du règlement (UE) n° 2015-848 du 20 mai 2015 du Parlement européen et du Conseil relatif aux procédures d'insolvabilité », ouvrant une procédure d'insolvabilité en application de l'article 3, paragraphe 1, *(Décr. n° 2018-452 du 5 juin 2018, art. 9)* « de l'un ou l'autre de ces règlements » à l'égard d'une personne physique ou morale, immatriculée au registre précité, dont le centre des intérêts principaux ou le domicile est situé dans cet État ;

4° Lorsque le domiciliataire informe le greffier de la cessation de la domiciliation de l'entreprise dans ses locaux en application des dispositions du 1° de l'article R. 123-168 ;

5° Pour l'accomplissement des obligations imposées aux greffiers par le service du greffe dans un intérêt d'ordre public ou d'administration judiciaire ;

(Décr. n° 2018-452 du 5 juin 2018, art. 9) « 6° Pour les mentions prévues au 2 de l'article 24 du règlement (UE) n° 2015-848 du 20 mai 2015 précité. »

BIBL. ► LESAULNIER, *Gaz. Pal. 2014. 2983* (le greffier du tribunal de commerce et l'aide juridictionnelle).

Décret n° 2007-812 du 10 mai 2007,

Relatif au tarif des greffiers des tribunaux de commerce et modifiant le code de commerce (partie réglementaire).

Art. 4 Il n'est dû aucun émolument pour les mentions d'office prévues au titre :

a) Des procédures relatives à la faillite antérieures au 1er janvier 1968 ;

b) Des procédures de règlement judiciaire et de liquidation de biens en application de la loi n° 67-563 du 13 juillet 1967 ;

c) Des procédures ouvertes en application de l'ordonnance n° 67-820 du 23 septembre 1967 tendant à faciliter le redressement économique et financier de certaines entreprises.

Art. R. 743-146 Lorsque la consultation des inscriptions portées aux registres de publicité légale donne lieu à délivrance d'une copie, cette dernière est facturée selon les modalités prévues par un arrêté pris en application de l'article L. 444-3.

Lorsqu'elle est effectuée par les autorités judiciaires, par le ministère de la justice ou par les administrations publiques précisées par arrêté conjoint des ministres de la justice et de l'économie, la consultation par voie électronique des inscriptions portées aux registres de publicité légale tenus par les greffes ne peut faire l'objet d'aucune facturation, qu'elle ait donné lieu ou non à la délivrance d'une copie, d'un extrait ou d'un certificat.

Art. R. 743-147 Avant tout règlement, les greffiers sont tenus de remettre aux parties, même si celles-ci ne le requièrent pas, le ou les comptes détaillés relatifs aux sommes dont elles sont redevables à quelque titre que ce soit. La facture distingue : les rémunérations hors taxes, les diligences et forfaits de transmission hors taxes, les débours, la taxe sur la valeur ajoutée et le montant total taxes incluses.

En outre, lorsque le greffier a effectué des travaux, formalités, diligences ou missions mentionnés à l'annexe 4-9, il indique le montant des honoraires correspondants sur une ligne spéciale en distinguant leur montant hors taxes et la taxe sur la valeur ajoutée. — *V. annexe 4-9 ss. art. R. 444-3.*

Ce compte doit mentionner pour chaque opération tarifée la référence au numéro figurant dans le tableau annexé correspondant.

Art. R. 743-148 Une comptabilité conforme au plan comptable général est tenue dans chaque greffe de tribunal de commerce.

Art. R. 743-149 Les greffiers des tribunaux de commerce sont également tenus d'établir un ou des registres chronologiques de facturation de tous les actes de greffe et formalités qu'ils accomplissent. Sur ce ou ces registres figure le détail des sommes réclamées au titre des émoluments, forfaits et débours. Sur un autre registre tenu chronologiquement sont portés le détail des sommes perçues ainsi que l'acte ou la formalité correspondante.

Art. R. 743-150 Tout versement en espèces fait à la caisse du greffe donne lieu à la délivrance d'un reçu.

Il n'est toutefois pas délivré de reçu pour les versements faits par l'intermédiaire du compte en banque du greffier.

Il est enjoint aux greffiers de recevoir les chèques de toute nature qui leur sont donnés en paiement, sauf, s'ils le jugent opportun, à ne délivrer les pièces ou à ne procéder à la formalité demandée qu'après encaissement.

Tout papier à en-tête du greffe du tribunal de commerce comporte l'indication du numéro du compte bancaire du greffier.

Art. R. 743-151 Les greffiers des tribunaux de commerce peuvent, avant de procéder aux actes de leur ministère, exiger de la partie qui requiert les actes ou les formalités une provision suffisante pour le paiement des frais, émoluments, débours et rémunérations afférents à ces actes ou formalités.

(Décr. nº 2021-300 du 18 mars 2021, art. 6, en vigueur le 1er avr. 2021) « Dans le cas des procédures *(Décr. nº 2021-300 du 18 mars 2021, art. 29, en vigueur le 1er janv. 2023)* « mentionnées à l'article L. 123-33 et » relatives aux immatriculations, inscriptions modificatives et radiations intervenant au sein du registre du commerce et des sociétés, ainsi que du registre spécial des agents commerciaux et du registre spécial des entreprises individuelles à responsabilité limitée, cette provision est versée, lorsque la partie a recours au service informatique mentionné à l'article R. 123-30-14, auprès de ce dernier, dans les conditions prévues à l'article R. 123-30-20 *[nouvelle rédaction issue du Décr. nº 2021-300 du 18 mars 2021, art. 29, en vigueur le 1er janv. 2023 : « par la partie requérante auprès de l'organisme unique mentionné à l'article R. 123-1, dans les conditions prévues par l'article R. 123-8 »]*. La provision intègre alors le montant des taxes perçues pour le compte de l'Institut national de la propriété industrielle et des frais d'insertion au Bulletin officiel des annonces civiles et commerciales. »

Art. R. 743-152 Le procureur général ou le procureur de la République vérifient, chaque fois qu'ils le jugent utile, les registres et documents de toute nature des greffes de leur ressort. En cas d'infraction, ils font rapport au garde des sceaux, ministre de la justice, et en informent le président du Conseil national des greffiers pour être prise à l'égard du contrevenant telle mesure qu'il appartiendra.

Le président du tribunal de commerce en est avisé. Il peut procéder à la même vérification.

Art. R. 743-153 Lorsque les travaux, formalités, diligences ou missions mentionnés à l'annexe 4 *bis*-3 sont accomplis dans son intérêt exclusif, le représentant de la partie intéressée ne peut réclamer à celle-ci le remboursement des honoraires particuliers perçus par le greffier.

Art. R. 743-154 Toute méconnaissance d'une obligation prévue à la présente section constitue une faute disciplinaire.

Art. R. 743-155 Les dispositions de la présente section ne s'appliquent pas dans les départements du Bas-Rhin, du Haut-Rhin et de la Moselle ni à l'égard des *(Décr. nº 2019-966 du 18 sept. 2019, art. 8, en vigueur le 1er janv. 2020)* « tribunaux judiciaires *[ancienne rédaction : tribunaux de grande instance]* » qui connaissent des matières attribuées aux tribunaux de commerce.

SECTION IV DE LA MODIFICATION DU RESSORT DES JURIDICTIONS COMMERCIALES PAR SUITE D'UNE NOUVELLE DÉLIMITATION DE CIRCONSCRIPTIONS ADMINISTRATIVES OU JUDICIAIRES ET DU TRANSFERT DU GREFFE DES TRIBUNAUX MIXTES DE COMMERCE

(Décr. nº 2012-439 du 30 mars 2012, art. 5).

Art. R. 743-158 Lorsque le ressort d'un tribunal de commerce ou d'un *(Décr. nº 2019-966 du 18 sept. 2019, art. 8, en vigueur le 1er janv. 2020)* « **tribunal judiciaire** *[ancienne rédaction : tribunal de grande instance]* » statuant en matière commerciale est modifié par suite d'une nouvelle délimitation de circonscriptions administratives ou judiciaires, il est procédé conformément aux dispositions des articles R. 743-159 à R. 743-177. *(Décr. nº 2008-786 du 18 août 2008, art. 5)* « Il en est de même lorsqu'un tribunal est créé » *(Décr. nº 2012-439 du 30 mars 2012, art. 6)* « ou lorsque le greffe d'un tribunal mixte de commerce est confié à un greffier de tribunal de commerce ». – *[Décr. nº 69-389 du 18 avr. 1969, art. 1er.]*

Art. R. 743-159 Conformément à l'article R. 721-5, le tribunal primitivement saisi demeure compétent pour statuer sur les procédures introduites antérieurement à la date de modification du ressort ainsi que sur toutes celles qui découlent d'une sauvegarde, d'un redressement judiciaire, d'une liquidation judiciaire, d'un règlement judiciaire, d'une liquidation de biens, ainsi que d'une faillite personnelle ou d'autres sanctions. – *[Décr. nº 69-389 du 18 avr. 1969, art. 2.]*

V. note ss. art. R. 721-5.

Art. R. 743-160 Le greffier du tribunal antérieurement compétent conserve les minutes, registres, actes, pièces et documents déposés avant la modification du ressort, sous réserve des dispositions des articles R. 743-162 à R. 743-168. Il a seul qualité pour en délivrer expédition, copie ou extrait, en mentionnant toutefois la date de modification du ressort et le tribunal désormais compétent. – *[Décr. nº 69-389 du 18 avr. 1969, art. 3.]*

V. note ss. art. R. 721-5.

Art. R. 743-161 Jusqu'à l'expiration du délai légal de communication aux tiers, lorsque le greffier du tribunal désormais compétent délivre des expéditions, copies ou extraits de minutes, registres, actes, pièces et documents concernant des personnes physiques ou morales dont le domicile ou dont le siège est situé dans les cantons, communes ou sections de communes précédemment compris dans le ressort d'un autre tribunal, il mentionne sur ces expéditions, copies ou extraits, le tribunal antérieurement compétent et la date de modification du ressort. – *[Décr. nº 69-389 du 18 avr. 1969, art. 4.]*

Art. R. 743-162 Lorsqu'un établissement commercial, appartenant à une personne physique ou morale, est situé dans un canton, une commune ou une section de commune transférés dans un autre ressort, le greffier du tribunal antérieurement compétent adresse au greffier du tribunal désormais compétent le dossier complet d'immatriculation relatif à cet établissement, sous réserve que l'immatriculation n'ait pas été radiée avant la date de modification du ressort. – *[Décr. nº 69-389 du 18 avr. 1969, art. 5.]*

Art. R. 743-163 *(Décr. nº 2008-786 du 18 août 2008, art. 6)* Si le dossier concerne une immatriculation à titre principal, le greffier du tribunal désormais compétent modifie la mention prévue au 2° de l'article R. 123-237.

Si le dossier concerne une personne physique ou morale déjà titulaire à un titre quelconque des mentions prévues aux 1° et 2° de l'article R. 123-237 au greffe du tribunal désormais compétent, le greffier de ce tribunal classe sous ces mentions le dossier transféré.

Le greffier fait publier dans au moins deux titres de la presse régionale paraissant dans le ressort du tribunal antérieurement compétent une insertion en caractères gras et encadrée, à un emplacement et d'une taille de nature à appeler l'attention du lecteur, mentionnant le transfert des immatriculations par suite de la suppression du tribunal antérieurement compétent.

Il avise l'Institut national de la propriété industrielle des modifications intervenues par l'envoi d'une liste récapitulative.

Art. R. 743-164 Jusqu'à transmission du dossier au greffier du tribunal désormais compétent, les inscriptions modificatives qui devraient être apportées à l'immatriculation sont reçues par le greffier du tribunal antérieurement compétent, qui doit également délivrer toutes copies ou extraits d'immatriculation au registre du commerce. — *[Décr. n° 69-389 du 18 avr. 1969, art. 7.]*

Art. R. 743-165 Sauf dérogation particulière prévue par le décret modifiant le ressort d'un tribunal de commerce ou d'un *(Décr. n° 2019-966 du 18 sept. 2019, art. 8, en vigueur le 1er janv. 2020)* « tribunal judiciaire *[ancienne rédaction : tribunal de grande instance]* » statuant en matière commerciale, le transfert des dossiers prévus à l'article R. 743-162 doit être effectué dans le délai de trois mois à compter de la date de l'entrée en vigueur du décret modifiant la circonscription administrative ou judiciaire intéressée. — *[Décr. n° 69-389 du 18 avr. 1969, art. 8.]*

Art. R. 743-166 Sauf dérogation particulière prévue par le décret modifiant le ressort d'un tribunal de commerce, les diligences imparties par l'article R. 743-163 au greffier du tribunal désormais compétent doivent être accomplies dans le délai de six mois à compter de la réception des pièces prévues à l'article R. 743-162. — *[Décr. n° 69-389 du 18 avr. 1969, art. 9.]*

Art. R. 743-167 Les dispositions des articles R. 743-162 à R. 743-166 sont applicables, en tant que de besoin, au registre des agents commerciaux. — *[Décr. n° 69-389 du 18 avr. 1969, art. 10.]*

Art. R. 743-168 *(Décr. n° 2008-786 du 18 août 2008, art. 7)* Il n'est dû aux greffiers aucun émolument pour les radiations, les réimmatriculations et les inscriptions modificatives rendues nécessaires, en matière de registre du commerce et des sociétés et de registre des agents commerciaux, par la modification du ressort des juridictions commerciales consécutive à une nouvelle délimitation de circonscriptions administratives ou judiciaires.

Art. R. 743-169 Les indemnités qui peuvent être dues, par suite des modifications de ressorts prévues à l'article R. 743-158, entre les greffiers des tribunaux de commerce et les anciens greffiers des tribunaux de commerce non remplacés ou leurs ayants droit sont évaluées et réparties après la *(Décr. n° 2019-162 du 5 mars 2019, art. 24)* « fin de la » deuxième année civile suivant celle au cours de laquelle sont intervenues ces modifications.

(Décr. n° 2019-162 du 5 mars 2019, art. 24) « Le montant et la répartition de ces indemnités sont fixés par le garde des sceaux, ministre de la justice, après proposition éventuelle des parties adressée au cours du premier trimestre suivant la fin de la deuxième année civile suivant celle au cours de laquelle sont intervenues les modifications de ressorts. Cette proposition ne lie pas le garde des sceaux, ministre de la justice. » — *[Décr. n° 69-389 du 18 avr. 1969, art. 12.]*

Art. R. 743-170 *(Abrogé par Décr. n° 2019-162 du 5 mars 2019, art. 25) La commission prévue à l'article R. 743-169 comprend :*

1° Un magistrat du premier grade désigné par le garde des sceaux, ministre de la justice, président ;

2° Deux greffiers de tribunaux de commerce désignés, sur proposition du Conseil national des greffiers des tribunaux de commerce, par le garde des sceaux, ministre de la justice ; ils ne peuvent siéger lorsqu'ils sont personnellement intéressés.

Pour chaque siège, un suppléant est désigné dans les mêmes conditions.

Le secrétariat de la commission est assuré par un magistrat ou un fonctionnaire de l'administration centrale du ministère de la justice.

La commission peut entendre les intéressés et exiger la communication de tout document qu'elle estime utile.

Les fonctions de membre de la commission sont gratuites. — [Décr. n° 69-389 du 18 avr. 1969, art. 12-1.]

Art. R. 743-171 Pour déterminer le montant de l'indemnité, *(Décr. n° 2019-162 du 5 mars 2019, art. 26)* « le garde des sceaux, ministre de la justice, » apprécie la valeur de l'office en tenant compte de la recette nette moyenne au cours des cinq derniers exercices connus précédant le dépôt de la demande d'indemnisation et du solde moyen d'exploitation de l'office au cours de la même période.

La recette nette est égale à la recette encaissée par l'office, telle que retenue pour le calcul de l'imposition des bénéfices, diminuée des débours payés pour le compte des clients et des honoraires rétrocédés.

Le solde d'exploitation est égal à la recette nette augmentée des frais financiers et des pertes diverses et diminuée du montant des produits financiers, des gains divers et de l'ensemble des dépenses nécessitées pour l'exercice de la profession, telles que retenues pour le calcul de l'imposition des bénéfices en application des articles 93 et 93 A du code général des impôts.

Les données utilisées sont celles qui figurent sur la déclaration fiscale annuelle et dans la comptabilité de l'office.

(Décr. n° 2019-162 du 5 mars 2019, art. 26) « Le garde des sceaux, ministre de la justice, » tient également compte, dans son appréciation, des éléments propres à la situation de l'office et de son titulaire. — *[Décr. n° 69-389 du 18 avr. 1969, art. 12-2, al. 1er à 5.]*

Art. R. 743-172 Lorsque les activités d'un greffe supprimé sont reprises par plusieurs greffes, la charge de l'indemnité, dont le montant est déterminé dans les conditions prévues à l'article R. 743-171, est répartie entre ceux-ci en fonction de l'avantage résultant pour chacun d'eux de cette suppression, en prenant en compte notamment le nombre moyen d'immatriculations au registre du commerce et des sociétés et de modifications apportées à ce registre au cours des cinq années précédant la demande d'indemnisation. — *[Décr. n° 69-389 du 18 avr. 1969, art. 12-2, al. 6.]*

Art. R. 743-173 Lorsque la modification prévue à l'article R. 743-158 affecte le ressort d'un *(Décr. n° 2019-966 du 18 sept. 2019, art. 8, en vigueur le 1er janv. 2020)* « tribunal judiciaire *[ancienne rédaction : tribunal de grande instance]* » statuant en matière commerciale *(Décr. n° 2012-439 du 30 mars 2012, art. 7)* « ou le greffe d'un tribunal mixte de commerce », elle donne lieu à indemnisation dans les conditions suivantes :

1° En cas d'augmentation du ressort du *(Décr. n° 2019-966 du 18 sept. 2019, art. 8, en vigueur le 1er janv. 2020)* « tribunal judiciaire *[ancienne rédaction : tribunal de grande instance]* », les greffiers des tribunaux de commerce sont indemnisés par l'État à raison de la suppression de leur office ou de la diminution de leur compétence territoriale ;

2° *(Décr. n° 2012-439 du 30 mars 2012, art. 7)* « En cas de réduction du ressort du *(Décr. n° 2019-966 du 18 sept. 2019, art. 8, en vigueur le 1er janv. 2020)* « tribunal judiciaire *[ancienne rédaction : tribunal de grande instance]* », de suppression de sa compétence commerciale ou lorsque le greffe est confié à un greffier de tribunal de commerce, les greffiers des tribunaux de commerce qui sont créés ou dont le ressort est agrandi ou les greffiers dont l'office est créé versent une indemnité à l'État. »

Dans tous les cas, le montant des indemnités est fixé par arrêté conjoint du garde des sceaux, ministre de la justice, et du ministre chargé du budget *(Abrogé par Décr. n° 2019-162 du 5 mars 2019, art. 27)* « ***, sur proposition de la commission dont la composition est fixée à l'article R. 743-174 et selon la procédure définie à l'article R. 743-175*** ». — *[Décr. n° 69-389 du 18 avr. 1969, art. 12-3.]*

Art. R. 743-174 *(Abrogé par Décr. n° 2019-162 du 5 mars 2019, art. 25)* ***La commission prévue à l'article R. 743-173 comprend :***

1° Un magistrat hors hiérarchie du siège désigné par le garde des sceaux, ministre de la justice, président ;

2° Deux représentants du ministre chargé du budget ;

3° Deux greffiers des tribunaux de commerce désignés, sur proposition du Conseil national des greffiers des tribunaux de commerce, par le garde des sceaux, ministre de la justice ; ils ne peuvent siéger lorsqu'ils sont personnellement intéressés.

Pour chaque siège, un suppléant est désigné dans les mêmes conditions.

Le secrétariat de la commission est assuré par un magistrat ou un fonctionnaire de l'administration centrale du ministère de la justice.

Les fonctions de membre de la commission sont gratuites. — *[Décr. n° 69-389 du 18 avr. 1969, art. 12-4.]*

Art. R. 743-175 *(Abrogé par Décr. n° 2019-162 du 5 mars 2019, art. 25)* ***Le greffier, dans le cas prévu au 1° de l'article R. 743-173, ou l'****(Décr. n° 2012-985 du 23 août 2012, art. 4)* ***« agent judiciaire de l'État », dans le cas prévu au 2° du même article, saisit la commission par lettre recommandée avec demande d'avis de réception.***

Le secrétariat de la commission avise les intéressés de la date à laquelle la demande sera examinée. La commission peut entendre les intéressés, en personne ou par mandataire, le cas échéant à leur demande, et exiger la communication de tout document qu'elle estime utile.

La commission doit se prononcer dans le délai de trois mois à compter du dépôt de la demande accompagnée de l'ensemble des pièces nécessaires à l'instruction du dossier. Le président de la commission transmet la proposition de celle-ci, qui est motivée, au garde des sceaux, ministre de la justice, et au ministre chargé du budget, dans le délai de quinze jours à compter de son adoption. Il la notifie également, dans le même délai, au greffier et à l'*(Décr. n° 2012-985 du 23 août 2012, art. 4)* ***« agent judiciaire de l'État », par lettre recommandée avec demande d'avis de réception. Le procès-verbal de notification est joint au dossier de la commission.***

Le greffier peut, dans le délai de quinze jours à compter de la notification et dans la même forme, faire connaître au garde des sceaux, ministre de la justice, et au ministre chargé du budget que la proposition de la commission ne reçoit pas son agrément. — *[Décr. n° 69-389 du 18 avr. 1969, art. 12-5.]*

Proposition d'indemnisation. Il résulte des dispositions des art. R. 743-173, R. 743-174 et R. 743-175, après leur rapprochement avec celles du Décr. n° 69-389 du 18 avr. 1969 qui, avant la codification par le Décr. n° 2007-431 du 25 mars 2007 des dispositions de nature réglementaire du code de commerce, régissait, par renvoi à l'art. 2 de la L. n° 65-1002 du 30 nov. 1965, les modalités de détermination de l'indemnité due aux greffiers des tribunaux de commerce en cas de modification du ressort des juridictions commerciales, que la commission instituée pour évaluer l'indemnité due par les greffiers en cas d'extension de la compétence territoriale des tribunaux de commerce est chargée, eu égard à ses attributions et à sa composition, de formuler une proposition qui s'impose au ministre de la justice et au ministre chargé du budget, qui fixent alors par arrêté conjoint le montant de ladite indemnité. • CAA Lyon, 1er févr. 2018, n° 15LY02450 : *AJDA 2018. 956*.

Art. R. 743-176 **Les indemnités qui peuvent être dues entre les officiers publics ou ministériels, les anciens officiers publics ou ministériels non encore remplacés ou leurs ayants droit, autres que ceux qui sont mentionnés à l'article R. 743-169, en raison des modifications de compétence territoriale, sont, en l'absence de conventions intervenues entre les intéressés sous le contrôle du garde des sceaux, ministre de la justice, fixées et réparties suivant la procédure suivie en cas de suppression d'offices publics et ministériels.** — *[Décr. n° 69-389 du 18 avr. 1969, art. 13.]*

Art. R. 743-177 **Des arrêtés conjoints peuvent être pris par le garde des sceaux, ministre de la justice, les ministres chargés de l'économie et de l'industrie pour déterminer les modalités d'application de la présente** *(Décr. n° 2019-162 du 5 mars 2019, art. 28)* **« section ».** — *[Décr. n° 69-389 du 18 avr. 1969, art. 16.]*

SECTION V COMPTE AFFECTÉ AUX FONDS DÉTENUS POUR LE COMPTE DE TIERS

(Décr. n° 2009-768 du 23 juin 2009)

Art. R. 743-178 **Sont déposés sur un compte de dépôt, spécialement affecté, ouvert auprès de la Caisse des dépôts et consignations, les fonds suivants détenus par les greffiers des tribunaux de commerce pour le compte de tiers, pour l'exercice de leurs missions ou des mandats reçus :**

1° Les provisions pour expertises judiciaires ;

2° Les séquestres attribués aux greffiers des tribunaux de commerce ;

3° Les sommes reçues en application de l'article L. 3253-15 du code du travail.

Chacune de ces catégories de fonds fait l'objet de l'ouverture d'un compte de dépôt distinct auprès de la Caisse des dépôts et consignations. — *V. Arr. du 13 oct. 2016, ss. art. A. 743-4.*

Art. R. 743-179 Les seuls mouvements autorisés sur les comptes de dépôt mentionnés à l'article R. 743-178 sont :

— en entrée, les sommes reçues par les greffiers des tribunaux de commerce pour le compte de tiers, en application de l'article R. 743-178, ainsi que, le cas échéant, les sommes reçues de la liquidation des placements financiers opérés au titre des missions de séquestre qui leur sont confiées ;

— en sortie, les sommes prélevées et versées en exécution des missions confiées et des mandats reçus et, le cas échéant, les sommes destinées à constituer les placements financiers opérés au titre des missions de séquestre qui leur sont confiées. Un compte de placement identifié est ouvert pour chaque mission de séquestre.

Art. R. 743-180 A tout moment, le total des sommes dont le greffier des tribunaux de commerce est comptable au titre des missions exercées et des mandats reçus en application de l'article R. 743-178 doit être couvert par les fonds, effets ou valeurs appartenant à autrui ayant fait l'objet soit d'un dépôt sur les comptes mentionnés à l'article R. 743-178, soit d'un placement financier tel que prévu à l'article R. 743-179.

La compensation ne peut intervenir, sauf convention contraire, qu'entre les fonds de tiers encaissés et les frais exposés dans un même dossier.

Art. R. 743-181 Dans le cadre d'une comptabilité spéciale tenue dans leurs livres, les greffiers des tribunaux de commerce ouvrent, pour les mandats reçus, un compte qui enregistre l'ensemble des mouvements concernant ces mandats ainsi que les opérations liées à ces mouvements.

Ils tiennent à cet effet au moins un journal général, un grand livre, une balance générale et un répertoire des actes, lesquels doivent pouvoir faire l'objet d'une édition à première demande.

Ils tiennent également un tableau de bord et une liste journalière de chacun des comptes mouvementés.

Une balance générale annuelle et une balance détaillée des dossiers sont arrêtées et sauvegardées le dernier jour ouvré de l'année civile.

Art. R. 743-182 Un arrêté conjoint du ministre chargé de l'économie et du garde des sceaux, ministre de la justice, précise les modalités selon lesquelles sont opérés les mouvements sur les comptes de dépôt visés à l'article R. 743-178, les conditions de la rémunération des sommes déposées sur ces comptes ainsi que le contenu d'une convention type qui définit les rapports entre la Caisse des dépôts et consignations et les greffiers des tribunaux de commerce. — *V. art. A. 743-1 s.*

TITRE CINQUIÈME DE L'AMÉNAGEMENT COMMERCIAL

(Décr. nº 2015-165 du 12 févr. 2015, art. 1er)

Les dispositions du titre V, dans leur rédaction antérieure à la publication du Décr. nº 2015-165 du 12 févr. 2015, en tant qu'elles concernent l'aménagement cinématographique, restent en vigueur jusqu'à l'entrée en vigueur du décret prévu au IV de l'article 57 de la L. nº 2014-626 du 18 juin 2014 (Décr. préc., art. 7). — V. cette précédente rédaction au **C. com.**, *éd. 2015 et antérieures. — V. Décr. nº 2015-268 du 10 mars 2015 relatif à l'aménagement cinématographique (JO 12 mars).*

Les dispositions du Décr. nº 2015-165 du 12 févr. 2015 ne sont pas applicables dans le Département de Mayotte (Décr. préc., art. 5).

BIBL. GÉN. ▶ RENAUX, *Constr.-Urb. 2015, nº 89* (décret d'application Pinel : principales dispositions et limites).

CHAPITRE PREMIER DES COMMISSIONS D'AMÉNAGEMENT COMMERCIAL

SECTION PREMIÈRE DES COMMISSIONS DÉPARTEMENTALES D'AMÉNAGEMENT COMMERCIAL

Art. R. 751-1 Dans chaque département, un arrêté préfectoral, publié au recueil des actes administratifs, désigne :

1° Sur proposition de l'association des maires du département, parmi les membres des organes délibérants des communes et établissements publics de coopération intercommunale du département, dans la limite de trois personnes par catégorie, les personnes mentionnées aux *f* et *g* du 1° du II de l'article L. 751-2 *(Décr. n° 2018-96 du 13 févr. 2018, art. 1er)* « et aux *f* et *g* du 1° du IV du même article ». En cas de pluralité d'associations, ces personnes sont désignées par accord entre les présidents d'associations des maires du département ou, à défaut d'accord, par le préfet. Leur mandat de trois ans est renouvelable une fois. Il prend fin dès que cesse leur mandat d'élu ;

2° Sur propositions respectives du conseil de Paris, du maire de Paris et du conseil régional d'Île-de-France, dans la limite de quatre personnes par catégorie, les conseillers d'arrondissement, adjoints au maire et conseillers régionaux mentionnés aux *c* à *e* du 1° du III de l'article L. 751-2. Leur mandat de trois ans est renouvelable une fois. Il prend fin dès que cesse leur mandat d'élu ;

(Décr. n° 2018-96 du 13 févr. 2018, art. 1er) « 3° Le conseiller à l'Assemblée de Corse mentionné au *e* du 1° du IV de l'article L. 751-2, titulaire, ou l'un de ses suppléants, élu de la même manière dans la limite de trois personnes. Leur mandat de trois ans est renouvelable une fois. Il prend fin dès que cesse leur mandat d'élu ;

« 4° Les personnalités qualifiées mentionnées au 2° du II, au 2° du III et au 2° du IV de l'article L. 751-2. » Leur mandat de trois ans est renouvelable. Si elles perdent la qualité en vertu de laquelle elles ont été désignées, ou en cas de démission, de décès ou de déménagement hors des frontières du département, leur remplaçant est désigné, sans délai, pour la durée du mandat restant à courir ;

(Décr. n° 2019-331 du 17 avr. 2019, art. 1er, en vigueur le 1er oct. 2019) « 5° Les personnalités qualifiées mentionnées au 3° du II, au 3° du III et au 3° du IV de l'article L. 751-2. Leur mandat de trois ans est renouvelable. Si elles perdent la qualité en vertu de laquelle elles ont été désignées, ou en cas de démission, de décès ou de déménagement hors des frontières du département, leur remplaçant est désigné sans délai, pour la durée du mandat restant à courir. Sur les territoires où les intérêts du commerce, de l'industrie, des services, des métiers, des professions libérales et de l'agriculture sont regroupés au sein de chambres consulaires communes, les personnalités qualifiées mentionnées au 3° du II, au 3° du III et au 3° du IV de l'article L. 751-2 peuvent être issues de la même chambre. » — *L'art. 1er du Décr. n° 2019-331 du 17 avr. 2019 relatif à la composition et au fonctionnement des CDAC et aux demandes d'autorisation d'exploitation commerciale est annulé en tant qu'il s'applique aux personnalités qualifiées désignées par la chambre de commerce et d'industrie et la chambre de métiers et de l'artisanat (CE 22 nov. 2021, n° 431734 : BRDA 2022, n° 1, p. 20).*

Jurispr. antérieure au Décr. du 12 févr. 2015

Publication. L'art. R. 751-1 [ancien] ne prévoit de publication au recueil des actes administratifs de la préfecture que du seul arrêté instituant la CDAC ; il ne résulte ni des dispositions de cet article ni d'aucune autre disposition législative ou réglementaire que le ou les arrêtés fixant la composition de la CDAC appelée à examiner une demande d'autorisation doivent être publiés audit recueil. • CAA Bordeaux, 25 janv. 2010 : *Constr.-Urb. 2010, n° 54, obs. Renaux.*

Art. R. 751-2 Pour chaque demande d'autorisation, un arrêté préfectoral fixe la composition de la commission départementale.

(Décr. n° 2018-96 du 13 févr. 2018, art. 1er) « Les élus mentionnés aux *a* à *e* du 1° du II, aux *a* et *b* du 1° du III et aux *a* à *c* du 1° du IV de l'article L. 751-2 » ne peuvent être représentés que par un membre de l'organe délibérant qu'ils président.

Aucune personne ne peut siéger au sein de la commission à deux titres différents.

Aucun élu de la commune d'implantation et, à Paris, aucun élu de l'arrondissement d'implantation ne peut siéger en une autre qualité que celle de représentant de sa commune ou de son arrondissement. Lorsqu'un projet est envisagé sur le territoire de plusieurs communes ou, à Paris, de plusieurs arrondissements, est considéré comme la commune ou l'arrondissement d'implantation la commune ou l'arrondissement sur le territoire duquel est prévue la construction ou la modification des surfaces de vente les plus importantes.

Aucun élu d'une commune ou, à Paris, d'un arrondissement situé dans la zone de chalandise du projet ne peut siéger en qualité de personnalité qualifiée.

Jurispr. antérieure au Décr. du 12 févr. 2015

1. Représentant d'un EPIC. Lorsqu'en application de l'art. R. 751-2 [ancien] le président de l'établissement public de coopération intercommunale auquel appartient la commune où se situe le projet d'équipement commercial désigne nominativement un élu local pour le représenter à la réunion de la commission départementale qui doit se prononcer sur l'autorisation du projet, il n'y a pas d'obligation de faire publier cette décision, qui présente un caractère individuel. • CAA Nancy, 20 janv. 2011 : *AJDA 2011. 777, note Wiernasz*.

2. Non-cumul des mandats. Si l'art. R. 751-2 [ancien] a prévu des modalités de représentation des élus au sein de la CDAC, cette représentation, qui n'induit pas le remplacement de ces élus, ne fait pas échec à l'interdiction du cumul des mandats prévue par l'art. L. 751-2. La circulaire du 18 févr. 2009 tire les conséquences nécessaires de la loi en indiquant que, lorsque le maire de la commune d'implantation du projet est aussi président de EPIC compétent en matière d'aménagement de l'espace et d'élaboration du SCOT et que la zone de chalandise ne comporte qu'une seule commune, le nombre d'élus siégeant dans la commission doit être abaissé du fait de la règle de non-cumul, aucun autre maire de la zone en cause ne pouvant, dans cette hypothèse, être désigné par le préfet. • CE 3 oct. 2011, nº 330137 : *cité note 6 ss. art. L. 751-2.*

3. Composition de la commission. Sur le contentieux relatif au caractère non nominatif de l'arrêté préfectoral fixant la composition de la commission, et la mesure de validation par la L. nº 2008-776 du 4 août 2008, V. **C. com.**, éd. 2015 et antérieures.

Art. R. 751-3 Lorsque la zone de chalandise définie dans le dossier du demandeur dépasse les limites d'un département, le préfet du département de la commune d'implantation détermine le nombre d'élus et de personnalités qualifiées de chacun des autres départements concernés appelés à compléter la commission.

(Décr. nº 2019-331 du 17 avr. 2019, art. 2, en vigueur le 1er oct. 2019) « Pour chacun des autres départements concernés, le nombre d'élus mentionnés au 1° du II, au 1° du III et au 1° du IV de l'article L. 751-2, qui doivent être des élus de communes ou, à Paris, d'arrondissements, situés dans la zone de chalandise du projet, ne peut excéder cinq, le nombre de personnalités qualifiées mentionnées au 2° du II, au 2° du III et au 2° du IV de l'article L. 751-2 ne peut excéder deux *(Annulé par CE nº 431724 du 22 nov. 2021)* ***« et le nombre de personnalités qualifiées mentionnées au 3° du II, au 3° du III et au 3° du IV de l'article L. 751-2 ne peut excéder deux »*** *[ancienne rédaction : Pour chacun des autres départements concernés, le nombre d'élus mentionnés au 1° du II, au 1° du III et au 1° du IV de l'article L. 751-2, qui doivent être des élus de communes ou, à Paris, d'arrondissements situés dans la zone de chalandise du projet, ne peut excéder cinq et le nombre de personnalités qualifiées mentionnées au 2° du II, au 2° du III et au 2° du IV de l'article L. 751-2 ne peut excéder deux]*. »

Sur proposition du préfet de chacun des autres départements concernés, le préfet du département de la commune d'implantation désigne les membres mentionnés au premier alinéa.

Art. R. 751-4 Tout membre de la commission *(Décr. nº 2019-331 du 17 avr. 2019, art. 3, en vigueur le 1er oct. 2019)* « , même sans droit de vote, » remplit un formulaire relatif aux fonctions et mandats qu'il exerce, à ceux qu'il a exercés dans les trois années précédant sa désignation, ainsi qu'à ses intérêts au cours de cette même période.

Aucun membre *(Décr. nº 2019-331 du 17 avr. 2019, art. 3, en vigueur le 1er oct. 2019)* « , même sans droit de vote, » ne peut siéger s'il n'a remis au président de la commission ce formulaire dûment rempli ou s'il a omis de mentionner des intérêts, fonctions *ou mandats.*

Art. R. 751-5 Le secrétariat de la commission départementale est assuré par les services placés sous l'autorité du préfet.

SECTION II DE LA COMMISSION NATIONALE D'AMÉNAGEMENT COMMERCIAL

Art. R. 751-6 Les quatre membres mentionnés au 6° de l'article L. 751-6 sont nommés sur propositions respectives des présidents de l'Association des maires de France, de l'Assemblée des communautés de France, de l'Assemblée des départements de France et de l'Association des régions de France. Leur mandat prend fin dès que cesse leur mandat d'élu.

Chaque autorité de nomination désigne, en même temps que le membre titulaire, un membre suppléant.

Le mandat des membres de la commission n'est pas interrompu par les règles concernant la limite d'âge éventuellement applicable aux intéressés.

Art. R. 751-7 La commission est renouvelée par moitié tous les trois ans.

Le président et les deux vice-présidents sont élus au cours de la première séance de la commission qui suit la fin des nominations consécutives au renouvellement partiel de la commission. Le doyen d'âge fait procéder successivement à l'élection du président, du premier vice-président et du second vice-président. Ils sont élus à la majorité absolue. Si celle-ci n'est pas obtenue au premier tour du scrutin, il est procédé à un second tour. Seuls peuvent s'y présenter les deux candidats qui ont recueilli le plus grand nombre de suffrages au premier tour. En cas d'égalité de suffrages, le plus âgé des candidats est élu. Les votes ont lieu à bulletin secret.

Art. R. 751-8 Le président représente la commission. Il signe les décisions et avis rendus par la commission. Il signe les mémoires produits dans le cadre de recours juridictionnels formés contre ces décisions ou contre les permis de construire valant autorisation d'exploitation commerciale. Il peut déléguer sa signature aux vice-présidents.

Le président est suppléé, en cas d'absence ou d'empêchement, par le premier vice-président ou, en cas d'absence ou d'empêchement du premier vice-président, par le second vice-président ou, en cas d'absence ou d'empêchement du second vice-président, par le plus âgé des membres présents.

Art. R. 751-9 En cas d'absence ou d'empêchement d'un membre titulaire, le membre suppléant est appelé à le remplacer.

En cas d'absence ou d'empêchement à six réunions successives sans motifs d'un membre, le président peut mettre fin au mandat de ce membre. Dans ce cas, l'autorité de nomination désigne un nouveau membre titulaire et un nouveau membre suppléant pour la durée du mandat restant à courir.

En cas de démission ou de décès d'un membre titulaire de la commission, un nouveau membre titulaire et un nouveau membre suppléant sont nommés pour la durée du mandat restant à courir. En cas de démission ou de décès d'un membre suppléant de la commission, un nouveau membre suppléant est nommé pour la durée du mandat restant à courir.

Dans ces deux cas, si ces nominations interviennent moins d'un an avant l'expiration de ce mandat, les nouveaux membres peuvent accomplir un autre mandat de six ans.

Sur demande du président ou de deux de ses membres, la commission délibère sur la démission d'office de l'un de ses membres, dans les conditions prévues au IV de l'article L. 751-7.

Art. R. 751-10 Le secrétariat de la commission est assuré par les services du ministre chargé du commerce. Le commissaire du Gouvernement auprès de la commission est le directeur général des entreprises ou son représentant.

Art. R. 751-11 La commission élabore son règlement intérieur, qui est adopté à une majorité de sept membres.

CHAPITRE II DE L'AUTORISATION COMMERCIALE

SECTION PREMIÈRE DES PROJETS SOUMIS À AUTORISATION

Art. R. 752-1 Pour l'application de l'article L. 752-1, il n'est pas tenu compte de la surface des pharmacies, des commerces de véhicules automobiles et de motocycles et des installations de distribution de carburants.

Pour déterminer la surface de vente des établissements exploités par des pépiniéristes ou des horticulteurs, seules sont prises en compte les surfaces destinées à la vente de produits ne provenant pas de l'exploitation.

Art. R. 752-2 Au sens de l'article L. 752-1, constituent des secteurs d'activité :

1° Le commerce de détail à prédominance alimentaire ;

2° Les autres commerces de détail et les activités de prestation de services à caractère artisanal.

Art. R. 752-3 Pour l'application du présent titre, constitue la zone de chalandise d'un équipement faisant l'objet d'une demande d'autorisation d'exploitation commerciale l'aire géographique au sein de laquelle cet équipement exerce une attraction sur la clientèle. Elle est délimitée en tenant compte notamment de la nature et de la taille de l'équipement envisagé, des temps de déplacement nécessaires pour y accéder, de la présence d'éventuelles barrières géographiques ou psychologiques et de la localisation et du pouvoir d'attraction des équipements commerciaux existants.

SECTION II DE LA DÉCISION OU AVIS DE LA COMMISSION DÉPARTEMENTALE

SOUS-SECTION 1 DE LA DEMANDE D'AUTORISATION D'EXPLOITATION COMMERCIALE

Art. R. 752-4 La demande d'autorisation d'exploitation commerciale est présentée :

a) Soit par le ou les propriétaires du ou des terrains ou immeubles, par toute personne justifiant d'un titre du ou des propriétaires l'habilitant à exécuter les travaux ou par le mandataire d'une de ces personnes ;

b) Soit par une personne ayant qualité pour bénéficier de l'expropriation pour cause d'utilité publique ;

Dans le cas où un permis de construire n'est pas nécessaire, la demande d'autorisation d'exploitation commerciale peut également être présentée par toute personne justifiant d'un titre du ou des propriétaires l'habilitant à exploiter commercialement les immeubles ou par le mandataire de cette personne.

1. Titre autorisant l'exploitation. La production, d'une part, d'une délibération du conseil municipal de la commune approuvant le projet d'urbanisme de la zone prévoyant notamment la cession en faveur du demandeur de terrains d'une superficie d'environ un hectare et, d'autre part, d'un accord-cadre en vertu duquel, pour ce qui concerne le terrain d'assiette appartenant au domaine public de la commune, celle-ci s'est engagée à céder un terrain, est suffisante pour regarder le demandeur comme justifiant d'un titre l'autorisant à construire ou à exploiter commercialement l'immeuble au sens de l'art. R. 752-7 [ancien]. • CE 26 janv. 2007, n° 278642 : *Gaz. Pal. 2008. 3348* (jurisprudence transposable au nouvel art. R. 752-4).

2. Condition suspensive. Ayant retenu qu'il appartenait à l'acquéreur d'un local commercial de faire les démarches afin d'obtenir l'autorisation administrative d'exploitation d'un fonds de commerce délivrée par la CDEC, à défaut pour le futur exploitant de le faire, et constaté que la SCI ne justifiait pas avoir accompli les démarches nécessaires à la réalisation de cette condition, la cour d'appel a pu en déduire que la condition suspensive était réputée accomplie du fait que la SCI, débitrice de l'obligation, avait empêché la réalisation de cette condition (C. civ., art. 1304-3). • Civ. 3e, 10 sept. 2008, n° 07-16.177 P : *D. 2008. AJ 2285 ; CCC 2009, n° 2, obs. Leveneur ; RJDA 2009, n° 196.*

Art. R. 752-5 La demande d'autorisation d'exploitation commerciale précise la qualité en laquelle le demandeur agit et la nature du projet.

Un arrêté du ministre chargé du commerce fixe le modèle de la demande d'autorisation d'exploitation commerciale ou du dossier joint à la demande de permis de construire valant autorisation d'exploitation commerciale.

Présentation de la demande. Les dispositions de l'arrêté ministériel qui, en application de l'art. 18-1, dern. al., du Décr. du 9 mars 1993 [C. com., art. R. 752-5], précisent les modalités selon lesquelles doivent être présentées les demandes d'autorisation d'exploitation commerciale ne peuvent avoir pour objet, ni légalement avoir pour effet, d'imposer des formalités autres que celles résultant du décret ou qui sont nécessairement impliquées par lui (carte faisant apparaître la localisation des commerces de la zone de chalandise). • CE 26 janv. 2007, n° 278462 : *RJDA 2007, n° 1287 ; Constr.-Urb. 2007, n° 86, obs. Renaux.*

Art. R. 752-6 *(Décr. n° 2015-165 du 12 févr. 2015, art. 1er) (Décr. n° 2019-331 du 17 avr. 2019, art. 4)* « I. — La demande est accompagnée d'un dossier comportant les éléments mentionnés ci-après ainsi que, en annexe, l'analyse d'impact définie au III de l'article L. 752-6. »

1° Informations relatives au projet :

a) Pour les projets de création d'un magasin de commerce de détail : la surface de vente et le secteur d'activité ;

b) Pour les projets de création d'un ensemble commercial :

– la surface de vente globale ;

– la surface de vente et le secteur d'activité de chacun des magasins de plus de 300 mètres carrés de surface de vente ;

– l'estimation du nombre de magasins de moins de 300 mètres carrés de surface de vente et de la surface de vente totale de ces magasins ;

c) Pour les projets de création ou d'extension d'un point permanent de retrait :

– une description du point de retrait ;

– le nombre de pistes de ravitaillement, y compris les places de stationnement dédiées ;

– les mètres carrés d'emprise au sol, bâtis ou non, affectés au retrait des marchandises ;

d) Pour les projets d'extension d'un ou *[de]* plusieurs magasins de commerce de détail :

– le secteur d'activité et la classe, au sens de la nomenclature d'activités française (NAF), du ou des magasins dont l'extension est envisagée ;

– la surface de vente existante ;

– l'extension de surface de vente demandée ;

– la surface de vente envisagée après extension ;

e) Pour les projets de changement de secteur d'activité :

– la surface de vente du magasin et le secteur d'activité abandonné ;

– la surface de vente et le secteur d'activité envisagé ;

f) Pour les projets de modification substantielle : une description du projet autorisé, des modifications envisagées et du projet après modifications ;

g) Autres renseignements :

– si le projet s'intègre dans un ensemble commercial existant : une liste des magasins de cet ensemble commercial exploités sur plus de 300 mètres carrés de surface de vente, ainsi qu'à titre facultatif, la mention des enseignes de ces magasins ;

– si le projet comporte un parc de stationnement : le nombre total de places, le nombre de places réservées aux personnes à mobilité réduite et, le cas échéant, le nombre de places dédiées à l'alimentation des véhicules électriques ou hybrides rechargeables, le nombre de places non imperméabilisées et le nombre de places dédiées à l'autopartage et au covoiturage ;

– les aménagements paysagers en pleine terre ;

– les activités annexes éventuelles n'entrant pas dans le champ d'application de la loi ;

(Décr. nº 2019-331 du 17 avr. 2019, art. 4) « 2° Cartes ou plans relatifs au projet :

« *a)* Un plan de masse faisant apparaître la surface de vente des magasins de commerce de détail, ensembles commerciaux ou points permanents de retrait ;

« *b)* Un plan faisant apparaître l'organisation du projet sur la ou les parcelles de terrain concernées : emplacements et superficies des bâtiments, des espaces destinés au stationnement et à la manœuvre des véhicules de livraison et des véhicules de la clientèle et au stockage des produits, des espaces verts ;

« *c)* Une carte ou un plan de la desserte du lieu d'implantation du projet par les transports collectifs, voies piétonnes et pistes cyclables ;

« *d)* Une carte ou un plan des principales voies et aménagements routiers desservant le projet ainsi que les aménagements projetés dans le cadre du projet ;

« *e)* En cas de projet situé dans ou à proximité d'une zone commerciale : le plan ou la carte de cette zone ;

« 3° » Effets du projet en matière d'aménagement du territoire.

Le dossier comprend une présentation des effets du projet sur l'aménagement du territoire, incluant les éléments suivants :

a) Prise en compte de l'objectif de compacité des bâtiments et aires de stationnement ; — *En abrogeant l'anc. a) le Décr. n° 2019-331 du 17 avr. 2019 a renuméroté les anc. b) à g) en nouv. a) à f) du 4° devenu 3°.*

b) Évaluation des flux journaliers de circulation des véhicules générés par le projet sur les principaux axes de desserte du site, ainsi que des capacités résiduelles d'accueil des infrastructures de transport existantes ;

c) Évaluation des flux journaliers de circulation des véhicules de livraison générés par le projet et description des accès au projet pour ces véhicules ;

d) Indication de la distance du projet par rapport aux arrêts des moyens de transports collectifs, de la fréquence et de l'amplitude horaire de la desserte de ces arrêts ;

e) Analyse prévisionnelle des flux de déplacement dans la zone de chalandise, tous modes de transport confondus, selon les catégories de clients ;

f) En cas d'aménagements envisagés de la desserte du projet : tous documents garantissant leur financement et leur réalisation effective à la date d'ouverture de l'équipement commercial *(Décr. n° 2019-331 du 17 avr. 2019, art. 4)* « pour les aménagements pris en charge au moins pour partie par les collectivités territoriales, la mention des principales caractéristiques de ces aménagements, une estimation des coûts indirects liés aux transports supportés par les collectivités comprenant la desserte en transports en commun, ainsi qu'une présentation des avantages, économiques et autres, que ces aménagements procureront aux collectivités ;

« 4° » Effets du projet en matière de développement durable.

Le dossier comprend une présentation des effets du projet en matière de développement durable, incluant les éléments suivants :

a) Présentation des mesures, autres que celles résultant d'obligations réglementaires, destinées à réduire la consommation énergétique des bâtiments ;

(Décr. n° 2019-331 du 17 avr. 2019, art. 4) « *b)* Le cas échéant, description des énergies renouvelables intégrées au projet et de leur contribution à la performance énergétique des bâtiments, et fourniture d'une liste descriptive des produits, équipements et matériaux de construction utilisés dans le cadre du projet et dont l'impact environnemental et sanitaire a été évalué sur l'ensemble de leur cycle de vie ;

« *c)* Le cas échéant, dans les limites fixées aux articles L. 229-25 et R. 229-47 du code de l'environnement, description des émissions directes et indirectes de gaz à effet de serre que le projet est susceptible de générer et les mesures envisagées pour les limiter ; »

d) Description des mesures propres à limiter l'imperméabilisation des sols ;

e) Description des mesures propres à limiter les pollutions associées à l'activité, notamment en matière de gestion des eaux pluviales et de traitement des déchets ;

f) Description des nuisances visuelles, lumineuses, olfactives et sonores générées par le projet et des mesures propres à en limiter l'ampleur ;

g) Le cas échéant, si le projet n'est pas soumis à étude d'impact, description des zones de protection de la faune et de la flore sur le site du projet et des mesures de compensation envisagées ;

(Décr. n° 2019-331 du 17 avr. 2019, art. 4) « 5° » Effets du projet en matière de protection des consommateurs.

Le dossier comprend une présentation des effets du projet en matière de protection des consommateurs, incluant les éléments suivants :

a) Distance du projet par rapport aux principales zones d'habitation de la zone de chalandise ;

b) Le cas échéant, contribution du projet à l'amélioration du confort d'achat, notamment par un gain de temps et de praticité et une adaptation à l'évolution des modes de consommation ;

c) Le cas échéant, description des mesures propres à valoriser les filières de production locales ;

d) Évaluation des risques naturels, technologiques ou miniers et, le cas échéant, description des mesures propres à assurer la sécurité des consommateurs ;

(Décr. n° 2019-331 du 17 avr. 2019, art. 4) « 6° » Effets du projet en matière sociale.

Le dossier peut comprendre tout élément relatif à la contribution du projet en matière sociale, notamment :

a) Les partenariats avec les commerces de centre-ville et les associations locales ;

b) Les accords avec les services locaux de l'État chargés de l'emploi.

(Décr. n° 2019-331 du 17 avr. 2019, art. 4) « II. – L'analyse d'impact comprend, après un rappel des éléments mentionnés au 1° du I, les éléments et informations suivants :

« 1° Informations relatives à la zone de chalandise et à l'environnement proche du projet :

« *a)* Une carte ou un plan indiquant, en les superposant, les limites de la commune d'implantation, celles de l'établissement public de coopération intercommunale dont est membre la commune d'implantation, et celles de la zone de chalandise, accompagné :

« – des éléments justifiant la délimitation de la zone de chalandise ;

« – de la population de chaque commune ou partie de commune comprise dans cette zone, de la population totale de cette zone et de son évolution entre le dernier recensement authentifié par décret et le recensement authentifié par décret dix ans auparavant ;

« – d'une description de la desserte actuelle et future (routière, en transports collectifs, cycliste, piétonne) et des lieux exerçant une attraction significative sur la population de la zone de chalandise, notamment les principaux pôles d'activités commerciales, ainsi que du temps de trajet véhiculé moyen entre ces lieux et le projet ;

« – lorsqu'il est fait état d'une fréquentation touristique dans la zone de chalandise, des éléments justifiant les chiffres avancés.

« Seront signalées, le cas échéant, les opérations de revitalisation de territoire définies au I de l'article L. 303-2 du code de la construction et de l'habitation, avec identification des secteurs d'intervention tels que prévus au II de ce même article L. 303-2 ;

« *b)* Une carte ou un plan de l'environnement du projet, accompagné d'une description faisant apparaître, dans le périmètre des communes limitrophes de la commune d'implantation incluses dans la zone de chalandise définie pour le projet, le cas échéant :

« – la localisation des activités commerciales (pôles commerciaux et rues commerçantes, halles et marchés) et, le cas échéant, des locaux commerciaux vacants ;

« – la localisation des autres activités (agricoles, industrielles, tertiaires) et des équipements publics ;

« – la localisation, en centre-ville et en périphérie, des éventuelles friches, notamment commerciales ou industrielles, susceptibles d'accueillir le projet. Une friche au sens du présent article s'entend de toute parcelle inexploitée et en partie imperméabilisée ;

« – la localisation des zones d'habitat (en précisant leur nature : collectif, individuel, social) ;

« – la desserte actuelle et future (routière, en transports collectifs, cycliste, piétonne).

« Seront signalés, le cas échéant : les opérations d'urbanisme, les programmes de logement, les quartiers prioritaires de la politique de la ville et les zones franches urbaines et les disponibilités foncières connues ;

« *c)* La description succincte et la localisation, à partir d'un document cartographique, des principaux pôles commerciaux situés à proximité de la zone de chalandise ainsi que le temps de trajet véhiculé moyen entre ces pôles et le projet ;

« 2° Présentation de la contribution du projet à l'animation des principaux secteurs existants, notamment en matière de complémentarité des fonctions urbaines et d'équilibre territorial ; en particulier, contribution, y compris en termes d'emploi, à l'animation, la préservation ou la revitalisation du tissu commercial des centres-villes de la commune d'implantation et des communes limitrophes incluses dans la zone de chalandise définie pour le projet, avec mention, le cas échéant, des subventions, mesures et dispositifs de toutes natures mis en place sur les territoires de ces communes en faveur du développement économique ;

« 3° Présentation des effets du projet en matière de protection des consommateurs, en particulier en termes de variété, de diversification et de complémentarité de l'offre proposée par le projet avec l'offre existante, incluant les éléments suivants.

« L'analyse d'impact précise, pour chaque information, ses sources, sauf carence justifiée, et, pour chaque calcul, sa méthode. »

L'art. R. 752-6, dans sa rédaction résultant du Décr. n° 2019-331 du 17 avr. 2019, est applicable aux demandes d'autorisation d'exploitation commerciale déposées à compter du 1er janv. 2020 (Décr. préc., art. 12).

BIBL. ▶ VANDERMEEREN, *BRDA 2019, n° 10, p. 67* (contenu de la demande d'autorisation d'exploitation commerciale).

Ancien art. R. 752-6 *La demande est accompagnée d'un dossier comportant les éléments suivants :*

1° Informations relatives au projet :

a) Pour les projets de création d'un magasin de commerce de détail : la surface de vente et le secteur d'activité ;

b) Pour les projets de création d'un ensemble commercial :

— la surface de vente globale ;

— la surface de vente et le secteur d'activité de chacun des magasins de plus de 300 mètres carrés de surface de vente ;

— l'estimation du nombre de magasins de moins de 300 mètres carrés de surface de vente et de la surface de vente totale de ces magasins ;

c) Pour les projets de création ou d'extension d'un point permanent de retrait :

— une description du point de retrait ;

— le nombre de pistes de ravitaillement, y compris les places de stationnement dédiées ;

— les mètres carrés d'emprise au sol, bâtis ou non, affectés au retrait des marchandises ;

d) Pour les projets d'extension d'un ou [de] plusieurs magasins de commerce de détail :

— le secteur d'activité et la classe, au sens de la nomenclature d'activités française (NAF), du ou des magasins dont l'extension est envisagée ;

— la surface de vente existante ;

— l'extension de surface de vente demandée ;

— la surface de vente envisagée après extension ;

e) Pour les projets de changement de secteur d'activité :

— la surface de vente du magasin et le secteur d'activité abandonné ;

— la surface de vente et le secteur d'activité envisagé ;

f) Pour les projets de modification substantielle : une description du projet autorisé, des modifications envisagées et du projet après modifications ;

g) Autres renseignements :

— si le projet s'intègre dans un ensemble commercial existant : une liste des magasins de cet ensemble commercial exploités sur plus de 300 mètres carrés de surface de vente, ainsi qu'à titre facultatif, la mention des enseignes de ces magasins ;

— si le projet comporte un parc de stationnement : le nombre total de places, le nombre de places réservées aux personnes à mobilité réduite et, le cas échéant, le nombre de places dédiées à l'alimentation des véhicules électriques ou hybrides rechargeables, le nombre de places non imperméabilisées et le nombre de places dédiées à l'autopartage et au covoiturage ;

— les aménagements paysagers en pleine terre ;

— les activités annexes éventuelles n'entrant pas dans le champ d'application de la loi ;

2° Informations relatives à la zone de chalandise et à l'environnement proche du projet :

a) Une carte ou un plan indiquant les limites de la zone de chalandise, accompagné :

— des éléments justifiant la délimitation de la zone de chalandise ;

— de la population de chaque commune ou partie de commune comprise dans cette zone, de la population totale de cette zone et de son évolution entre le dernier recensement authentifié par décret et le recensement authentifié par décret dix ans auparavant ;

— d'une description de la desserte actuelle et future (routière, en transports collectifs, cycliste, piétonne) et des lieux exerçant une attraction significative sur la population de la zone de chalandise, notamment les principaux pôles d'activités commerciales, ainsi que du temps de trajet véhiculé moyen entre ces lieux et le projet ;

— lorsqu'il est fait état d'une fréquentation touristique dans la zone de chalandise, des éléments justifiant les chiffres avancés ;

b) Une carte ou un plan de l'environnement du projet, dans un périmètre d'un kilomètre autour de son site d'implantation, accompagné d'une description faisant apparaître, le cas échéant :

— la localisation des activités commerciales (pôles commerciaux et rues commerçantes, halles et marchés) ;

— la localisation des autres activités (agricoles, industrielles, tertiaires) ;

— la localisation des équipements publics ;

— la localisation des zones d'habitat (en précisant leur nature : collectif, individuel, social) ;

— la desserte actuelle et future (routière, en transports collectifs, cycliste, piétonne).

Seront signalés, le cas échéant : les opérations d'urbanisme, les programmes de logement, les quartiers prioritaires de la politique de la ville et les zones franches urbaines, les disponibilités foncières connues ;

c) La description succincte et la localisation, à partir d'un document cartographique, des principaux pôles commerciaux situés à proximité de la zone de chalandise ainsi que le temps de trajet véhiculé moyen entre ces pôles et le projet ;

3° Cartes ou plans relatifs au projet :

a) Un plan de masse faisant apparaître la surface de vente des magasins de commerce de détail, ensembles commerciaux ou points permanents de retrait ;

b) Un plan faisant apparaître l'organisation du projet sur la ou les parcelles de terrain concernées : emplacements et superficies des bâtiments, des espaces destinés au stationnement et à la manœuvre des véhicules de livraison et des véhicules de la clientèle et au stockage des produits, des espaces verts ;

c) Une carte ou un plan de la desserte du lieu d'implantation du projet par les transports collectifs, voies piétonnes et pistes cyclables ;

d) Une carte ou un plan des principales voies et aménagements routiers desservant le projet ainsi que les aménagements projetés dans le cadre du projet ;

e) En cas de projet situé dans ou à proximité d'une zone commerciale : le plan ou la carte de cette zone ;

4° Effets du projet en matière d'aménagement du territoire.

Le dossier comprend une présentation des effets du projet sur l'aménagement du territoire, incluant les éléments suivants :

a) Contribution à l'animation des principaux secteurs existants ;

b) Prise en compte de l'objectif de compacité des bâtiments et aires de stationnement ;

c) Évaluation des flux journaliers de circulation des véhicules générés par le projet sur les principaux axes de desserte du site, ainsi que des capacités résiduelles d'accueil des infrastructures de transport existantes ;

d) Évaluation des flux journaliers de circulation des véhicules de livraison générés par le projet et description des accès au projet pour ces véhicules ;

e) Indication de la distance du projet par rapport aux arrêts des moyens de transports collectifs, de la fréquence et de l'amplitude horaire de la desserte de ces arrêts ;

f) Analyse prévisionnelle des flux de déplacement dans la zone de chalandise, tous modes de transport confondus, selon les catégories de clients ;

g) En cas d'aménagements envisagés de la desserte du projet : tous documents garantissant leur financement et leur réalisation effective à la date d'ouverture de l'équipement commercial ;

5° Effets du projet en matière de développement durable.

Le dossier comprend une présentation des effets du projet en matière de développement durable, incluant les éléments suivants :

a) Présentation des mesures, autres que celles résultant d'obligations réglementaires, destinées à réduire la consommation énergétique des bâtiments ;

b) Le cas échéant, description des énergies renouvelables intégrées au projet et de leur contribution à la performance énergétique des bâtiments ;

c) Le cas échéant, fourniture d'une liste descriptive des produits et équipements de construction et de décoration utilisés dans le cadre du projet et dont l'impact environnemental et sanitaire a été évalué sur l'ensemble de leur cycle de vie ;

d) Description des mesures propres à limiter l'imperméabilisation des sols ;

e) Description des mesures propres à limiter les pollutions associées à l'activité, notamment en matière de gestion des eaux pluviales et de traitement des déchets ;

f) Description des nuisances visuelles, lumineuses, olfactives et sonores générées par le projet et des mesures propres à en limiter l'ampleur ;

g) Le cas échéant, si le projet n'est pas soumis à étude d'impact, description des zones de protection de la faune et de la flore sur le site du projet et des mesures de compensation envisagées ;

6° Effets du projet en matière de protection des consommateurs.

Le dossier comprend une présentation des effets du projet en matière de protection des consommateurs, incluant les éléments suivants :

a) Distance du projet par rapport aux principales zones d'habitation de la zone de chalandise ;
b) Le cas échéant, contribution du projet à l'amélioration du confort d'achat, notamment par un gain de temps et de praticité et une adaptation à l'évolution des modes de consommation ;
c) Le cas échéant, description des mesures propres à valoriser les filières de production locales ;
d) Évaluation des risques naturels, technologiques ou miniers et, le cas échéant, description des mesures propres à assurer la sécurité des consommateurs ;
7° Effets du projet en matière sociale.
Le dossier peut comprendre tout élément relatif à la contribution du projet en matière sociale, notamment :
a) Les partenariats avec les commerces de centre-ville et les associations locales ;
b) Les accords avec les services locaux de l'État chargés de l'emploi.

Surface de vente. La surface de vente est celle des lieux accessibles au public et directement liés à la vente. Par suite, en se fondant, pour juger que les surfaces du hall d'entrée du magasin et de sa caisse centrale avaient pu légalement ne pas être intégrées dans la surface de vente du projet, sur la circonstance que ces surfaces ne seraient pas utilisées pour présenter des produits à la vente, la cour administrative d'appel n'a pas commis d'erreur de droit. • CE 6 juin 2018, nº 405608 : *AJDA 2018. 1195, obs. Pastor ; RJDA 2018, nº 778.*

Art. R. 752-6-1 *(Décr. nº 2019-331 du 17 avr. 2019, art. 5)* **I. — L'habilitation prévue au III de l'article L. 752-6 est accordée à toute personne morale remplissant les conditions suivantes :**

1° Ne pas avoir fait l'objet, ni aucun de ses représentants légaux ou salariés, d'une condamnation correctionnelle ou criminelle, prononcée par une juridiction française ou étrangère, pour une infraction relative à la corruption ou au trafic d'influence, à des détournements, escroqueries ou extorsions au sens du code pénal ;

2° Justifier des moyens et outils de collecte et d'analyse des informations relatives aux effets d'un projet sur l'animation et le développement économique des centres-villes des communes de la zone de chalandise et sur l'emploi à l'échelle de cette même zone ;

3° Justifier que les personnes physiques par lesquelles ou sous la responsabilité desquelles est réalisée l'analyse d'impact mentionnée au II de l'article R. 752-6 sont titulaires d'un titre ou diplôme visé ou homologué de l'enseignement supérieur d'un niveau égal ou supérieur au niveau 3 au sens des dispositions du code du travail relatives au cadre national des certifications professionnelles sanctionnant une formation juridique, économique, comptable ou commerciale ou d'un diplôme étranger d'un niveau comparable.

(Décr. nº 2021-631 du 21 mai 2021, art. 4, en vigueur le 1er nov. 2021) **« Le dossier de demande d'habilitation comprend également le numéro unique d'identification de l'auteur de la demande ou, pour les demandeurs situés hors de France, tout document équivalent à l'extrait d'immatriculation au registre du commerce et des sociétés ainsi que la copie de la pièce d'identité de toutes les personnes physiques visées par la demande** *[ancienne rédaction : Le dossier de demande d'habilitation comprend également l'extrait K bis, de moins de deux mois, ou tout document assimilé ou équivalent, de l'auteur de la demande, ainsi que la copie de la pièce d'identité de toutes les personnes physiques visées par la demande]*. **» Toute modification conduit à la mise à jour, dans le mois, du dossier d'habilitation déposé en préfecture.**

II. — Un organisme habilité ne peut pas établir l'analyse d'impact d'un projet :

1° ***Dans lequel lui-même*****, ou l'un de ses membres, est intervenu, à quelque titre ou stade que ce soit ;**

2° S'il a des liens de dépendance juridique avec le pétitionnaire.

Une déclaration sur l'honneur de ce chef est annexée à l'analyse d'impact par son auteur.

Art. R. 752-6-2 *(Décr. nº 2019-331 du 17 avr. 2019, art. 5)* **I. — Le formulaire de demande d'habilitation est à retirer en préfecture ou sur les sites internet des préfectures. Son contenu est conforme à un modèle fixé par arrêté du ministre chargé de l'économie.** — *V. art. A. 752-1.*

Il est remis, daté et signé, par le représentant légal de l'organisme demandeur et accompagné des pièces justifiant du respect des conditions posées à l'article R. 752-6-1.

II. — La demande d'habilitation est adressée par voie électronique au préfet du département, l'accusé de réception électronique étant envoyé sans délai.

Le préfet dispose d'un mois, à réception de la demande d'habilitation, pour vérifier qu'elle est complète et demander, le cas échéant, des éléments ou informations complémentaires. Passé ce délai d'un mois, la demande d'habilitation est réputée complète.

Le délai d'instruction est de trois mois. Il court à compter de la réception par la préfecture d'une demande d'habilitation complète.

Art. R. 752-6-3 *(Décr. n° 2019-331 du 17 avr. 2019, art. 5)* I. — L'habilitation est accordée pour une durée de cinq ans, sans renouvellement tacite possible. Elle est valable sur l'ensemble du territoire du département.

L'arrêté préfectoral portant habilitation d'un organisme en application du III de l'article L. 752-6 est publié au recueil des actes administratifs de la préfecture.

Il porte un numéro d'identification, auquel est intégrée la date de délivrance de l'habilitation, et la mention de l'identité et de l'adresse complètes de l'organisme habilité.

Ce numéro d'habilitation figure sur l'analyse d'impact au même titre que la date et la signature de l'auteur de l'analyse.

II. — L'habilitation peut être retirée par le préfet si l'organisme ne remplit plus les conditions d'obtention, de mise à jour ou d'exercice mentionnées à l'article R. 752-6-1.

L'organisme bénéficiaire de l'habilitation est informé préalablement des motifs susceptibles de fonder le retrait, avec possibilité de présenter des observations écrites. Il peut être mis en demeure de régulariser sa situation dans un délai de deux mois maximum, ou de cesser toute activité de certification jusqu'à régularisation.

III. — En cas d'impossibilité avérée de mandater un organisme habilité dans le département d'implantation, le préfet de ce département, saisi d'une demande expresse circonstanciée, peut exceptionnellement autoriser le pétitionnaire à choisir un organisme dans la liste établie dans un département limitrophe appartenant à la même région administrative.

Art. R. 752-7 Lorsque le projet ne nécessite pas de permis de construire, la demande précise, outre les éléments prévus à l'article R. 752-5, les éléments suivants :

1° Pour le ou les demandeurs personnes physiques : nom, prénom, adresse, numéro de téléphone et adresse électronique ;

2° Pour le ou les demandeurs personnes morales : raison sociale, forme juridique, adresse, numéro de téléphone et adresse électronique, ainsi que les nom, prénom, numéro de téléphone et adresse électronique de leur représentant ;

3° Localisation, adresse et superficie du ou des terrains.

Lorsque le projet ne nécessite pas de permis de construire, le dossier déposé comprend, outre les éléments prévus à l'article R. 752-6, les éléments suivants :

a) Pour le ou les demandeurs : *(Décr. n° 2021-631 du 21 mai 2021, art. 4, en vigueur le 1er nov. 2021)* « le numéro unique d'identification *[ancienne rédaction : un extrait d'immatriculation au registre du commerce et des sociétés]* » ou, si la société est en cours de constitution, une copie des statuts enregistrés auprès des services fiscaux ;

b) L'indication des terrains concernés, leur superficie totale et un extrait de plan cadastral ;

c) Une description du projet précisant son inscription dans le paysage ou un projet urbain ;

d) Une carte au 1/25 000 indiquant la localisation du projet ;

e) Une vue aérienne ou satellite dûment légendée inscrivant le projet dans son quartier ;

f) Une photographie axonométrique du site actuel et une présentation visuelle du projet permettant d'apprécier sa future insertion par rapport aux constructions avoisinantes et aux paysages, son impact visuel ainsi que le traitement des accès et du terrain ;

g) Un document graphique représentant l'ensemble des façades du projet.

Art. R. 752-8 Lorsque le demandeur accepte de recevoir à une adresse électronique les réponses de l'autorité compétente, les notifications peuvent lui être faites par courrier électronique.

Dans ce cas, le demandeur est réputé avoir reçu ces notifications à la date à laquelle il les consulte à l'aide de la procédure électronique. Il adresse un accusé de réception électronique à l'autorité compétente au moment de la consultation du document. A défaut de consultation à l'issue d'un délai de huit jours après leur envoi, le demandeur est réputé avoir reçu ces notifications.

SOUS-SECTION 2 DU DÉPÔT DES DEMANDES DE PERMIS DE CONSTRUIRE VALANT AUTORISATION D'EXPLOITATION COMMERCIALE

Pour les demandes de permis de construire en cours d'instruction à la date d'entrée en vigueur du Décr. n° 2015-165 du 12 févr. 2015 (JO 14 févr.) et relatives à des projets soumis à une autorisation d'exploitation commerciale, les autorisations d'exploitation commerciale valent avis favorables de la CDAC ou, le cas échéant, de la CNAC (Décr. préc., art. 4-IV).

Art. R. 752-9 Pour les projets nécessitant un permis de construire, la demande accompagnée du dossier est déposée conformément aux dispositions des articles R.* 423-2 et suivants du code de l'urbanisme. Le dossier est transmis au secrétariat de la commission départementale dans les conditions prévues à l'article R. 423-13-2 du même code.

Par dérogation à l'art. R. 752-9 et aux 1er et 2e al. de l'art. R. 752-10, l'art. R. 752-11 et les 1er à 3e al. de l'art. R. 752-12 s'appliquent aux demandes d'autorisation d'exploitation commerciale nécessitant un permis de construire en cours d'instruction devant la CDAC à la date d'entrée en vigueur du Décr. n° 2015-165 du 12 févr. 2015 (Décr. préc., art. 4-I).

Art. R. 752-10 *(Décr. n° 2019-331 du 17 avr. 2019, art. 6)* « Si le dossier de demande d'autorisation d'exploitation commerciale au sens des articles R. 752-4 à R. 752-6 est complet, le secrétariat de la commission en informe le maire. A défaut d'information contraire communiquée au maire par le secrétariat de la commission dans le délai de quinze jours francs suivant la réception du dossier, le dossier est réputé complet. Ce délai court à compter du jour de réception au secrétariat de la commission départementale de la demande d'autorisation d'exploitation commerciale. »

Si le dossier de demande d'autorisation d'exploitation commerciale est incomplet, le secrétariat de la commission informe le maire des pièces manquantes qui doivent figurer dans ce dossier. Dans les trois jours suivant leur réception, le maire transmet les pièces manquantes au secrétariat de la commission.

Le délai d'instruction de la demande d'autorisation d'exploitation commerciale court à compter de la réception par le secrétariat de la commission départementale d'aménagement commercial d'un dossier complet. *(Décr. n° 2019-331 du 17 avr. 2019, art. 6)* « Dès cette réception le préfet, en application du I de l'article L. 751-2, informe, par tout moyen, les maires des communes limitrophes de la commune d'implantation incluses dans la zone de chalandise telle que mentionnée et définie aux articles L. 751-2 et R. 752-3. »

V. note ss. art. R. 752-9.

Par dérogation au 3e al. de l'art. R. 752-10, au 4e al. de l'art. R. 752-12 et au 3e al. de l'art. R. 752-24, pour les demandes d'autorisation d'exploitation commerciale ou de permis de construire en cours d'instruction devant la CDAC à la date d'entrée en vigueur du Décr. n° 2015-165 du 12 févr. 2015, les délais de un et deux mois prévus à l'art. L. 752-4 et au II de l'art. L. 752-14 courent à compter de la date de publication de l'arrêté préfectoral prévu à l'art. R. 751-1 (Décr. préc., art. 4-II).

SOUS-SECTION 3 DU DÉPÔT DES DEMANDES D'AUTORISATION D'EXPLOITATION COMMERCIALE NE NÉCESSITANT PAS UN PERMIS DE CONSTRUIRE

Art. R. 752-11 Pour les projets ne nécessitant pas de permis de construire, la demande accompagnée du dossier est adressée au secrétariat de la commission départementale en deux exemplaires, dont un sur support dématérialisé. Elle est soit adressée par lettre recommandée avec demande d'avis de réception, soit déposée contre décharge, soit envoyée par voie électronique. Dans ce dernier cas, l'accusé de réception électronique est adressé sans délai.

V. note ss. art. R. 752-9.

Art. R. 752-12 Si le dossier est complet, le secrétariat de la commission fait connaître au demandeur la date et le numéro d'enregistrement de sa demande et la date avant laquelle la décision doit lui être notifiée. Le demandeur est en outre informé que, si aucune décision ne lui a été notifiée avant cette date, l'autorisation sera réputée accordée.

Si le dossier est incomplet, le secrétariat de la commission invite le demandeur, par lettre recommandée avec demande d'avis de réception ou, dans le cas prévu à l'article R. 752-8, par courrier électronique, à fournir les pièces manquantes.

A défaut de réception par le demandeur, dans le délai de quinze jours francs suivant la réception du dossier, d'une demande de production d'une pièce manquante, le dossier est réputé complet.

Le délai d'instruction de la demande court à compter de la réception par le secrétariat de la commission d'un dossier complet. *(Décr. nº 2019-331 du 17 avr. 2019, art. 7)* « Dès cette réception le préfet, en application du I de l'article L. 751-2, informe, par tout moyen, les maires des communes limitrophes de la commune d'implantation incluses dans la zone de chalandise telle que visée et définie aux articles L. 751-2 et R. 752-3. »

V. notes ss. art. R. 752-9 et R. 752-10.

Jurispr. antérieure au Décr. du 12 févr. 2015

Décision tacite. Dans le cas où la CDEC a examiné, au cours de sa séance du 9 mai 2003, la demande d'autorisation d'exploitation commerciale, déposée le 16 janv. 2003 par le pétitionnaire, et où la décision du 9 mai 2003 accordant à l'intéressé l'autorisation demandée ne lui a été notifiée que le 20 mai suivant, soit postérieurement à la date à laquelle est née, à l'expiration du délai de quatre mois courant à compter du dépôt de la demande complète du pétitionnaire (C. com., art. L. 752-16 anc.), une décision implicite d'acceptation, la décision explicite intervenue le 9 mai 2003, qui est purement confirmative de la décision explicite du 16 mai 2003, ne s'est pas substituée à celle-ci. • CE 29 oct. 2007, nº 297866 : *RJDA 2008, nº 331.*

SOUS-SECTION 4 DE LA RÉUNION DE LA COMMISSION DÉPARTEMENTALE D'AMÉNAGEMENT COMMERCIAL

Art. R. 752-13 *(Décr. nº 2019-331 du 17 avr. 2019, art. 8)* « I. — » Dix jours au moins avant la réunion, chacun des membres de la commission départementale reçoit, par tout moyen, communication du dossier de la demande d'autorisation d'exploitation commerciale, accompagnée :

1° De l'arrêté préfectoral fixant la composition de la commission ;

2° De l'ordre du jour de la réunion ;

3° Du récépissé prévu à l'article R. *[*]* 423-3 du code de l'urbanisme ou de la lettre d'enregistrement de la demande prévue à l'article R. 752-12 ;

4° Du formulaire prévu à l'article R. 751-4.

Dans le même délai, la date et l'ordre du jour de la réunion sont publiés au recueil des actes administratifs de la préfecture.

Cinq jours au moins avant la réunion, chacun des membres de la commission reçoit, par tout moyen, les rapports d'instruction.

La communication de ces documents aux élus appelés à siéger dans la commission vaut transmission à leurs représentants.

(Décr. nº 2019-331 du 17 avr. 2019, art. 8) « II. — L'étude spécifique mentionnée au V de l'article L. 751-2 décrit l'activité économique, en particulier commerciale, dans la zone de chalandise du projet et fournit, s'il y a lieu, un état des superficies affectées aux exploitations agricoles dans cette zone ainsi que des éléments sur leur évolution au cours des trois dernières années. Elle est datée et signée de ses auteurs, mention apparente de leurs noms et qualités.

« Le préfet qui a demandé une telle étude en rapporte le contenu lors de la réunion de la commission.

« Ces dispositions ne sont pas applicables à la procédure prévue à l'article L. 752-4. »

Jurispr. antérieure au Décr. du 12 févr. 2015

1. *Délai indicatif.* Le fait que l'arrêté désignant nominativement l'ensemble des membres de la commission soit intervenu au-delà du délai d'un mois est sans incidence sur la régularité de la procédure dès lors que ce délai ne présente qu'un caractère indicatif. • CAA Bordeaux, 25 janv. 2010 : *cité note ss. art. R. 751-1.*

2. Destinataire de la communication. Sur la distinction entre membres suppléants et remplaçants de membres titulaires, sous l'empire des art. 8, 9 et 23 du Décr. du 9 mars 1993, V. • CE 23 juin 2014, n° 355054 : *AJDA 2014. 1982 ; AJDI 2014. 807.*

3. Délai de communication. La méconnaissance du délai prévu par l'art. 23 du Décr. du 9 mars 1993 [C. com., art. R. 752-13] pour la communication aux membres de la CDEC des rapports d'instruction de la DDCCRF n'est pas, à elle seule, de nature à entacher d'irrégularité la procédure suivie, dès lors que les membres de la CDEC ont été en mesure de prendre connaissance en temps utile des rapports afin de pouvoir émettre un avis en pleine connaissance de cause sur le projet qui leur est soumis. • CE 14 nov. 2008, n° 297439 : *AJDA 2009. 221 ; RJDA 2009, n° 388 ; Constr.-Urb. 2009, n° 24, obs. Renaux.* ♦ Tel n'est pas le cas lorsque seuls les membres suppléants ont siégé à la commission alors que la convocation, accompagnée de l'ordre du jour et des différents rapports n'a été communiquée qu'aux membres titulaires. • CAA Nantes, 28 oct. 2011 : *AJDA 2011. 2542.* ♦ V. aussi sur l'accusé de réception des courriers de convocation : • CE 24 sept. 2008, n° 308106 : *Constr.-Urb. 2009, n° 24, obs. Renaux.*

Art. R. 752-14 La commission entend le demandeur. Elle peut également entendre, à son initiative ou sur demande écrite au secrétariat de la commission, toute personne dont l'avis présente un intérêt pour l'examen de la demande dont elle est saisie.

(Décr. n° 2019-331 du 17 avr. 2019, art. 9, en vigueur le 1er oct. 2019) « Lorsqu'elle examine la première demande d'autorisation d'exploitation commerciale sollicitée pour un projet, sauf procédure fixée à l'article L. 752-4, la commission départementale entend également les personnes mentionnées au I de l'article L. 751-2, dans la limite de deux associations par commune.

« En vue de cette audition, le maire de la commune d'implantation établit à l'intention de la commission la liste comportant les coordonnées de la personne chargée d'animer le commerce du centre-ville de sa commune, de l'agence du commerce compétente sur le territoire de sa commune et des associations de commerçants de sa commune. Pour leur part, les maires des communes limitrophes de la commune d'implantation incluses dans la zone de chalandise établissent la liste comportant les coordonnées des associations de commerçants de leur commune.

« Les associations de commerçants auditionnées doivent avoir été déclarées en préfecture depuis un an révolu à la date de dépôt de la demande d'autorisation d'exploitation commerciale.

« Parmi les deux associations entendues par commune figure, sous la réserve d'ancienneté requise ci-dessus, l'association justifiant regrouper le plus de commerçants du centre-ville, la seconde association étant celle qui, autre que la première, justifie regrouper le plus grand nombre de commerçants implantés sur le territoire communal. A défaut, sont entendues, pour chaque commune concernée, les deux associations justifiant regrouper le plus grand nombre de commerçants implantés sur le territoire communal. »

Art. R. 752-15 La commission ne peut délibérer que si au moins la majorité de ses membres sont présents.

Si ce quorum n'est pas atteint, une seconde réunion est convoquée. La commission se réunit au minimum trois jours après la date d'envoi de la seconde convocation. La commission ne peut délibérer qu'en présence d'au moins un tiers de ses membres.

(Décr. n° 2019-331 du 17 avr. 2019, art. 10, en vigueur le 1er oct. 2019) « Pour le calcul du quorum, les personnalités qualifiées mentionnées au 3° du II, au 3° du III et au 3° du IV de l'article L. 751-2 ne sont pas prises en compte. »

Art. R. 752-16 La commission se prononce par un vote à bulletins nominatifs. L'autorisation est adoptée à la majorité absolue des membres présents *(Décr. n° 2019-331 du 17 avr. 2019, art. 11, en vigueur le 1er oct. 2019)* « , les personnalités qualifiées mentionnées au 3° du II, au 3° du III et au 3° du IV de l'article L. 751-2 du code de commerce n'étant pas prises en compte. »

L'avis ou la décision est motivé, signé par le président et indique le sens du vote émis par chacun des membres présents.

(Décr. n° 2019-563 du 7 juin 2019, art. 1er) « Lorsque cet avis ou décision est favorable, y est joint le tableau récapitulatif des caractéristiques du projet mentionnées à

l'article R. 752-44. Le modèle de ce tableau est fixé par arrêté du ministre chargé de l'économie. – *V. art. A. 752-4.*

« Pour l'application du deuxième alinéa de l'article L. 752-19, pour le cas où un recours serait exercé contre son avis ou sa décision, la commission désigne, à la majorité absolue de ses membres présents titulaires du droit de vote, celui d'entre eux qui exposera sa position devant la Commission nationale. »

L'art. R. 752-16 dans sa rédaction résultant du Décr. n° 2019-563 du 7 juin 2019 s'applique aux avis et décisions rendus par les commissions d'aménagement commercial à compter du 1er janv. 2020 (Décr. préc., art. 7-I).

Art. R. 752-17 Les membres de la commission gardent le secret tant sur les délibérations que sur les documents dont ils ont eu connaissance à l'occasion de leurs fonctions.

Art. R. 752-18 Dans le délai d'un mois suivant la réunion de la commission, le procès-verbal de la réunion est adressé par tout moyen à chaque membre de la commission ainsi qu'aux services de l'État qui ont instruit la demande.

Art. R. 752-19 Dans les dix jours suivant la réunion de la commission ou la date de l'autorisation tacite, la décision ou l'avis de la commission est :

1° Notifié par le préfet au demandeur et, si le projet nécessite un permis de construire, à l'autorité compétente pour délivrer le permis de construire, soit par la voie administrative contre décharge, soit par lettre recommandée avec demande d'avis de réception, soit, dans le cas prévu à l'article R. 752-8, par courrier électronique ;

2° Publié au recueil des actes administratifs de la préfecture.

Dans le même délai, lorsque le projet répond aux conditions prévues au III de l'article L. 752-17, la décision ou l'avis de la commission est notifié par le préfet à la Commission nationale d'aménagement commercial soit par la voie administrative, soit par lettre recommandée avec demande d'avis de réception, soit par courrier électronique.

En cas de décision ou avis favorable, le préfet fait publier, dans les dix jours suivant la réunion de la commission ou la date de l'autorisation tacite, aux frais du demandeur, un extrait de cette décision ou de cet avis dans deux journaux régionaux ou locaux diffusés dans le département.

Art. R. 752-20 Pour les projets nécessitant un permis de construire, l'autorisation d'exploitation commerciale est périmée dans un délai de trois ans à compter de la date à laquelle le permis de construire est devenu définitif :

1° Pour les surfaces de vente qui n'ont pas été ouvertes au public ;

2° Pour les points permanents de retrait qui n'ont pas été ouverts à la clientèle.

(Décr. n° 2016-1728 du 15 déc. 2016, art. 1er) « Ce délai est prolongé de deux ans pour les projets qui portent sur la réalisation d'une surface de vente de plus de 2 500 mètres carrés jusqu'à 6 000 mètres carrés. Il est prolongé de quatre ans pour les projets portant sur la réalisation d'une surface de vente de plus de 6 000 mètres carrés. »

Pour les projets ne nécessitant pas un permis de construire, l'autorisation d'exploitation commerciale est périmée dans un délai de trois ans à compter de la notification prévue à l'article R. 752-19 ou, le cas échéant, à l'article R. 752-39 :

1° Pour les surfaces de vente qui n'ont pas été ouvertes au public ;

2° Pour les points permanents de retrait qui n'ont pas été ouverts à la clientèle.

En cas de recours devant la juridiction administrative contre l'autorisation d'exploitation commerciale, le délai de trois ans est suspendu jusqu'au prononcé d'une décision juridictionnelle définitive.

Pour les projets nécessitant un permis de construire, les dispositions issues du Décr. n° 2016-1728 du 15 déc. 2016 s'appliquent aux autorisations d'exploitation commerciale en cours de validité à la date de publication [JO 16 déc.] dudit décret (Décr. préc., art. 2).

Délai d'ouverture au public. Même en cas de délivrance d'un permis de construire modificatif, le délai de trois ans court à compter de la date à laquelle le permis de construire initial est devenu définitif, et il ne peut être prorogé par une nouvelle demande d'autorisation d'utilisation des sols. Cette interprétation est formulée sous réserve de l'appréciation souveraine des tribunaux, aucune jurisprudence n'étant connue sur ce point de droit (Rép. min. n° 15175 : *JOAN Q, 25 mars 2007, p. 2647 ; BRDA 2008, n° 7, p. 12 ; JCP N 2008, n° 15, p. 9*).

SOUS-SECTION 5 DE LA PROCÉDURE DE CONSULTATION PRÉVUE À L'ARTICLE L. 752-4

Art. R. 752-21 La procédure prévue à l'article L. 752-4 est applicable à toute demande de permis de construire relative à un projet de création ou d'extension, dans une commune de moins de 20 000 habitants, d'un magasin de commerce de détail ou d'un ensemble commercial dont la surface de vente globale, en cas de réalisation du projet, serait comprise entre 300 et 1 000 mètres carrés.

L'article R. 751-3 n'est pas applicable à la procédure prévue à l'article L. 752-4.

Art. R. 752-22 Le conseil municipal ou l'organe délibérant de l'établissement public de coopération intercommunale doit délibérer dans le délai d'un mois suivant la réception de la demande de permis de construire. Dans les trois jours suivant son adoption, la délibération est transmise par le maire ou le président de l'établissement public de coopération intercommunale au demandeur et affichée pendant un mois à la porte de la mairie de la commune d'implantation.

Art. R. 752-23 La demande d'avis est adressée au secrétariat de la commission départementale par l'autorité compétente pour délivrer le permis de construire ou par le président de l'établissement public mentionné à l'article *(Décr. n° 2015-1783 du 28 déc. 2015, art. 9-I, en vigueur le 1er janv. 2016)* « L. 143-16 » du code de l'urbanisme soit par lettre recommandée avec demande d'avis de réception, soit par voie administrative contre décharge, soit par voie électronique. Elle est motivée et accompagnée de la délibération mentionnée au troisième alinéa de l'article L. 752-4.

Art. R. 752-24 Dès réception de la demande d'avis, le secrétariat de la commission fait connaître au demandeur du permis de construire la date et le numéro d'enregistrement de son dossier et le délai imparti à la commission pour statuer. Le demandeur est en outre informé que, si aucune décision ne lui a été notifiée dans le délai d'un mois, l'avis est réputé favorable.

Le secrétariat de la commission invite le pétitionnaire à transmettre sans délai à la commission toutes pièces susceptibles de permettre à la commission d'apprécier les effets du projet au regard des critères fixés à l'article L. 752-6.

Le délai d'instruction court à compter de la réception par le secrétariat de la commission de la demande d'avis.

V. note ss. art. R. 752-10.

Art. R. 752-25 Dix jours au moins avant la réunion, chacun des membres de la commission reçoit, par tout moyen, communication de la demande d'avis, accompagnée :

1° De l'arrêté préfectoral fixant la composition de la commission ;

2° De l'ordre du jour de la réunion ;

3° De la lettre d'enregistrement de la demande prévue à l'article R. 752-24 ;

4° Du formulaire prévu à l'article R. 751-4 ;

5° Des pièces transmises, le cas échéant, par le demandeur.

Dans le même délai, la date et l'ordre du jour de la réunion sont publiés au recueil des actes administratifs de la préfecture.

Cinq jours au moins avant la réunion, chacun des membres de la commission reçoit, par tout moyen, les rapports d'instruction.

La communication de ces documents aux élus appelés à siéger dans la commission vaut transmission à leurs représentants.

Art. R. 752-26 La commission entend le demandeur à sa demande. Elle peut également entendre, à son initiative ou sur demande écrite au secrétariat de la commission, toute personne dont l'avis présente un intérêt pour l'examen de l'avis dont elle est saisie.

Art. R. 752-27 La commission ne peut délibérer que si au moins la majorité de ses membres sont présents. Si ce quorum n'est pas atteint, la commission est réputée ne pas s'être réunie.

Art. R. 752-28 Les articles R. 752-16 à R. 752-18 s'appliquent à la procédure prévue à l'article L. 752-4.

Art. R. 752-29 Dans les dix jours suivant la réunion de la commission ou la date de l'avis tacite, l'avis de la commission est notifié par le représentant de l'État dans le département au demandeur, à l'autorité compétente pour délivrer le permis de construire et, s'il s'agit d'une personne distincte, à l'auteur de la demande d'avis soit par lettre recommandée avec demande d'avis de réception, soit par la voie administrative contre décharge, soit par courrier électronique.

SOUS-SECTION 6 DE LA SUSPENSION DE LA PROCÉDURE D'EXAMEN DES DEMANDES D'AUTORISATION D'EXPLOITATION COMMERCIALE PRÉVUE À L'ARTICLE L. 752-1-2

(*Décr. n° 2019-795 du 26 juill. 2019, art. 1er*)

Art. R. 752-29-1 La décision du préfet de suspendre l'enregistrement et l'examen en commission départementale d'aménagement commercial d'une demande d'autorisation d'exploitation commerciale relative à un projet mentionné au premier ou au deuxième alinéa de l'article L. 752-1-2 est prise au cas par cas, selon les caractéristiques du projet.

Art. R. 752-29-2 Dans le délai de quinze jours franc à compter de l'enregistrement d'une demande d'autorisation d'exploitation commerciale au secrétariat de la commission départementale pour un projet mentionné au premier ou au deuxième alinéa de l'article L. 752-1-2, le préfet du département d'implantation du projet peut solliciter, dans l'éventualité de la suspension de la procédure d'autorisation :

a) Pour les projets mentionnés au premier alinéa de l'article L. 752-1-2, l'avis du président de l'établissement public de coopération intercommunale à fiscalité propre dont est membre la commune d'implantation du projet et l'avis de chacun des maires des communes signataires de la convention d'opération de revitalisation de territoire ;

b) Pour les projets mentionnés au deuxième alinéa de l'article L. 752-1-2, l'avis du président de l'établissement public de coopération intercommunale à fiscalité propre signataire de la convention d'opération de revitalisation de territoire, de chacun des maires des communes signataires de cette même convention, du maire de la commune d'implantation du projet et, si celle-ci est membre d'un établissement public de coopération intercommunale à fiscalité propre limitrophe de l'établissement public de coopération intercommunale signataire, l'avis de son président.

La demande d'avis du préfet comporte :

a) Pour les projets mentionnés au premier alinéa de l'article L. 752-1-2, un exposé des caractéristiques du projet et des données propres aux secteurs d'intervention définis dans la convention inclus dans la zone de chalandise, de nature à justifier la suspension de la procédure devant la commission départementale ;

b) Pour les projets mentionnés au deuxième alinéa de l'article L. 752-1-2, un exposé des caractéristiques du projet et des objectifs poursuivis par l'opération de revitalisation susceptibles d'être gravement compromis par le projet, de nature à justifier la suspension de la procédure devant la commission départementale.

L'envoi de la demande d'avis fait courir un délai de réponse de quinze jours, au terme duquel le préfet a sept jours pour prendre, le cas échéant, un arrêté de suspension. Si les demandes d'avis ne sont pas envoyées le même jour, le délai imparti au préfet pour prendre, le cas échéant, un arrêté de suspension court à l'expiration du délai de réponse le plus tardif.

Art. R. 752-29-3 Lorsqu'une demande d'autorisation d'exploitation commerciale a été déposée auprès de la commission départementale pour un projet mentionné au premier alinéa de l'article L. 752-1-2, le président de l'établissement public de coopération intercommunale à fiscalité propre dont est membre la commune d'implantation et chacun des maires des communes signataires de la convention d'opération de revitalisation de territoire peuvent saisir conjointement le préfet du département d'implantation du projet d'une demande de suspension de l'enregistrement et de l'examen de cette demande.

Lorsqu'une demande d'autorisation d'exploitation commerciale a été déposée auprès de la commission départementale pour un projet mentionné au deuxième alinéa de l'article L. 752-1-2, le président de l'établissement public de coopération intercommunale à fiscalité propre signataire de la convention d'opération de revitalisation de territoire, chacun des maires des communes signataires de cette convention, le maire de la commune d'implantation du projet et, si celle-ci est membre d'un établissement public de coopération intercommunale à fiscalité propre limitrophe de l'établissement public de coopération intercommunale signataire, son président peuvent saisir conjointement le préfet du département d'implantation du projet d'une demande de suspension de l'enregistrement et de l'examen de cette demande.

La demande de suspension comporte :

a) Pour les projets mentionnés au premier alinéa de l'article L. 752-1-2, un exposé des caractéristiques du projet et des données propres aux secteurs d'intervention définis dans la convention inclus dans la zone de chalandise, de nature à justifier la suspension de la procédure devant la commission départementale ;

b) Pour les projets mentionnés au deuxième alinéa de l'article L. 752-1-2, un exposé des caractéristiques du projet et des objectifs poursuivis par l'opération de revitalisation susceptibles d'être gravement compromis par le projet, de nature à justifier la suspension de la procédure devant la commission départementale d'aménagement commercial.

La demande de suspension doit parvenir au préfet au plus tard vingt-et-un jours francs après l'enregistrement, par le secrétariat de la commission départementale, de la demande d'autorisation d'exploitation commerciale. Si la demande de suspension est adressée au préfet en plusieurs envois distincts, le plus tardif d'entre eux doit parvenir à ce dernier dans ce délai de vingt-et-un jours.

Si le préfet décide de suspendre la procédure d'autorisation d'exploitation commerciale du projet, il a quinze jours, à compter de la réception de la demande complète de suspension, pour prendre son arrêté.

L'absence de suite donnée à cette demande par le préfet dans le délai qui lui est imparti ne fait pas naître une décision tacite de suspension.

Art. R. 752-29-4 Les communications prévues aux articles R. 752-29-2 et R. 752-29-3 entre le préfet, d'une part, et les présidents d'établissements publics de coopération intercommunale à fiscalité propre et les maires, d'autre part, se font par voie électronique.

Art. R. 752-29-5 L'arrêté de suspension prévu aux articles R. 752-29-2 et R. 752-29-3 expose :

1° Les objectifs poursuivis par la convention d'opération de revitalisation de territoire que le projet est susceptible de compromettre, pour l'application du premier alinéa de l'article L. 752-1-2 du présent code, ou de compromettre gravement, au sens du deuxième alinéa de ce même article ;

2° Les caractéristiques du projet identifiées comme constituant un risque pour la réalisation ou la poursuite de ces objectifs ;

3° Les données mentionnées à l'article L. 752-1-2 relatives à la vacance de logements, à la vacance commerciale et au chômage ou tout élément utile relatif à la zone de chalandise contribuant à ce risque. Ces données sont présentées pour une période d'au moins trois ans. Elles sont datées et leurs sources mentionnées.

A peine d'inopposabilité, l'arrêté de suspension mentionne la durée de la suspension, qui ne peut excéder trois ans. Cette durée doit être cohérente avec les motifs de la suspension.

Art. R. 752-29-6 Si, compte tenu de la situation actualisée de la zone de chalandise, les motifs ayant conduit à la suspension de la procédure d'autorisation d'exploitation commerciale le justifient, le préfet peut proroger cette suspension pour une durée supplémentaire d'un an au plus, par un nouvel arrêté pris au plus tard six mois avant le terme initial de la suspension.

Le préfet sollicite préalablement l'avis du ou des présidents d'établissements publics de coopération intercommunale à fiscalité propre et du ou des maires mentionnés, selon les cas, au troisième ou au quatrième alinéa de l'article R. 752-29-2, en leur impartissant un délai de réponse qui ne peut être inférieur à quinze jours. La demande d'avis comporte une mise à jour des éléments mentionnés à l'article R. 752-29-5 et expose les motifs de nature à justifier la prorogation de la suspension de la procédure.

L'arrêté motive la prorogation au regard des données actualisées ayant motivé la suspension et précise le terme définitif de celle-ci.

Art. R. 752-29-7 Les arrêtés prévus aux articles R. 752-29-2, R. 752-29-3 et R. 752-29-6 sont notifiés au pétitionnaire et, en cas de demande de permis de construire valant autorisation d'exploitation commerciale, à l'autorité compétente en matière de permis de construire.

Ils sont publiés au recueil des actes administratifs de l'État dans le département.

Art. R. 752-29-8 Trois mois avant le terme de la suspension, le secrétariat de la commission départementale invite le pétitionnaire à lui transmettre, dans un délai de deux mois, une actualisation des données inscrites dans son dossier de demande d'autorisation d'exploitation commerciale.

Le dossier de demande d'autorisation d'exploitation commerciale actualisé est transmis au service instructeur local et, s'il s'agit d'une demande de permis de construire valant autorisation d'exploitation commerciale, à l'autorité compétente en matière de permis de construire.

Art. R. 752-29-9 La procédure devant la commission départementale reprend son cours, pour le délai restant à courir, au lendemain du dernier jour de suspension.

SECTION III DU RECOURS CONTRE LA DÉCISION OU AVIS DE LA COMMISSION DÉPARTEMENTALE

SOUS-SECTION 1 DE LA PROCÉDURE PRÉVUE AUX I ET II DE L'ARTICLE L. 752-17

Art. R. 752-30 Le délai de recours contre une décision ou un avis de la commission départementale est d'un mois. Il court :

1° Pour le demandeur, à compter de la notification de la décision ou de l'avis ;

2° Pour le préfet et les membres de la commission départementale, à compter de la réunion de la commission ou, en cas de décision ou d'avis tacite, à compter de la date à laquelle l'autorisation est réputée accordée ;

3° Pour toute autre personne mentionnée à l'article L. 752-17, à compter de la plus tardive des mesures de publicité prévues aux troisième et cinquième alinéas de l'article R. 752-19.

Le respect du délai de recours est apprécié à la date d'envoi du recours.

Délai de recours. Il résulte des dispositions des art. R. 752-30 et R. 752-19 que les mesures de publicité qu'elles prévoient n'ont pour effet de déclencher le délai de recours d'un mois contre la décision de la CDAC que si elles comportent tous les éléments d'information nécessaires sur la nature et la consistance du projet en cause. Il n'en va pas ainsi alors que la publication sous-estimait de façon importante la surface de vente créée. • CAA Douai, 13 avr. 2021, n° 19DA00896 : *RJDA 2021, n° 797.*

Art. R. 752-31 Le recours est présenté au président de la Commission nationale d'aménagement commercial par tout moyen sécurisé ou, lorsqu'il est présenté par le préfet, par la voie administrative ordinaire.

A peine d'irrecevabilité, le recours est motivé et accompagné de la justification de la qualité et de l'intérêt donnant pour agir de chaque requérant.

Lorsque le recours est présenté par plusieurs personnes, ses auteurs élisent domicile en un seul lieu. A défaut, les notifications, convocations ou autres actes sont valablement adressés au domicile du premier signataire.

Un avis rendu sur le fondement de l'article L. 752-4 ne peut faire l'objet d'un recours qu'en cas d'avis défavorable. Un tel recours ne peut être présenté que par le demandeur.

Art. R. 752-32 A peine d'irrecevabilité de son recours, dans les cinq jours suivant sa présentation à la commission nationale, le requérant, s'il est distinct du demandeur de l'autorisation d'exploitation commerciale, communique son recours à ce dernier soit par lettre recommandée avec demande d'avis de réception, soit par tout moyen sécurisé.

S'il n'en est pas l'auteur, le préfet du département de la commune d'implantation est informé du dépôt du recours par le secrétariat de la commission nationale. Le préfet informe, par tout moyen, les membres de la commission départementale.

Pour les projets nécessitant un permis de construire, dans les sept jours francs suivant la réception du recours, le secrétariat de la commission nationale informe, par tout moyen, l'autorité compétente en matière de permis de construire du dépôt du recours.

Notification du recours. En vertu des dispositions de l'art. R. 752-32 C. com., la CNAC peut rejeter, comme irrecevable, c'est-à-dire sans en examiner le bien-fondé, le recours d'un professionnel concurrent, notamment après avoir relevé qu'il n'a pas, conformément aux exigences de cet article, notifié au demandeur son recours administratif préalable dirigé contre l'avis favorable rendu par la CDAC. Dans ce cas, ce concurrent doit néanmoins être regardé comme ayant satisfait à l'obligation de saisir préalablement la CNAC avant tout recours contentieux, conformément aux dispositions des art. L. 425-4 C. urb. et L. 752-17 C. com. Le recours contentieux doit alors être dirigé contre la décision de l'autorité administrative compétente qui, pour délivrer le permis de construire valant autorisation d'exploitation commerciale, a pris en compte l'avis favorable de la CDAC ou, le cas échéant, de la CNAC dans le cas où celle-ci aurait statué sur le recours d'une autre personne mentionnée à l'art. L. 752-17. Dès lors, le recours contentieux du concurrent ne peut être rejeté, par la juridiction, comme irrecevable du seul fait que son recours administratif devant la CNAC était irrecevable. Toutefois, si la cour administrative d'appel, saisie en premier et dernier ressort sur le fondement de l'art. L. 600-10 C. urb., estime que le motif d'irrecevabilité opposé par la CNAC était fondé, elle doit par suite rejeter comme irrecevables les moyens présentés devant elle par ce concurrent à l'encontre du permis de construire délivré en tant qu'il tient lieu d'autorisation d'exploitation commerciale ; en revanche, si la juridiction ne confirme pas l'irrecevabilité du recours administratif préalable, il lui appartient de statuer sur les moyens opposés par ce concurrent devant elle à l'encontre de ce permis. • CAA Douai, 7 déc. 2017, n° 16DA00859 : *RDI 2018. 184, obs. Revert* ; *RJDA 2018, n° 465.*

Art. R. 752-33 **Lorsqu'après l'expiration d'un délai de deux mois suivant sa réception par le président de la commission nationale, un requérant retire son recours contre la décision ou l'avis de la commission départementale, la commission nationale peut néanmoins, selon les règles prévues au premier alinéa de l'article R. 752-38, décider de se prononcer sur le projet qui lui est soumis. Elle informe les parties de sa décision dix jours au moins avant la réunion au cours de laquelle le projet sera examiné.**

Art. R. 752-34 **Le délai de quatre mois prévu aux I et II de l'article L. 752-17 court à compter de la réception du recours par le secrétariat de la commission nationale.**

Quinze jours au moins avant la réunion de la commission nationale, les parties *(Décr. n° 2019-563 du 7 juin 2019, art. 2)* **« , et le membre de la commission départementale désigné en application des dispositions du quatrième alinéa de l'article R. 752-16 sont convoqués à la réunion et informés » que la commission nationale ne tiendra pas compte des pièces qui seraient produites moins de dix jours avant la réunion, à l'exception des pièces émanant des autorités publiques.**

Par dérogation à l'art. R. 752-34, pour les demandes d'autorisation d'exploitation commerciale ou de permis de construire en cours d'instruction devant la CNAC à la date d'entrée en vigueur du Décr. n° 2015-165 du 12 févr. 2015, les délais d'un et quatre mois prévus à l'art. L. 752-4 et aux I, II et V de l'art. L. 752-17 courent à compter de la date de publication du décret prévu à l'art. L. 751-5 (Décr. préc., art. 4-III).

Art. R. 752-35 **La commission nationale se réunit sur convocation de son président.**

Cinq jours **au moins avant la réunion, chacun des membres reçoit, par tout moyen, l'ordre du jour ainsi que, pour chaque dossier :**

1° L'avis ou la décision de la commission départementale ;

2° Le procès-verbal de la réunion de la commission départementale ;

3° Le rapport des services instructeurs départementaux ;

4° Le ou les recours à l'encontre de l'avis ou de la décision ;

5° Le rapport du service instructeur de la commission nationale.

Jurispr. antérieure au Décr. du 12 févr. 2015.

1. Auteur de la convocation. Les dispositions de l'art. R. 752-49 [ancien] n'interdisent pas au président de la commission nationale de déléguer la signature des convocations au secrétaire de cette commission. • CE 15 mai 2013, n° 358727 : *RTD com. 2013. 492, obs. Orsoni* .

2. Délai de convocation. Si, contrairement au

règlement intérieur, la convocation des membres de la CNAC a eu lieu moins de huit jours avant la tenue de sa réunion, cette circonstance n'a pas été, en l'espèce, de nature à influer sur le sens de la décision adoptée, dès lors qu'il ne ressort pas des pièces du dossier que le délai de convocation n'ait pas permis à chacun des membres de la commission de prendre connaissance du dossier en vue de délibérer. • CE 15 mai 2013, n° 358727 : *préc. note 1.*

Art. R. 752-36 **La commission nationale peut recevoir des contributions écrites.**

La commission nationale entend toute personne qui en fait la demande écrite au secrétariat, en justifiant les motifs de son audition, au moins cinq jours avant la réunion.

Sont dispensés de justifier les motifs de leur audition : l'auteur du recours devant la commission nationale, le demandeur, *(Décr. n° 2019-563 du 7 juin 2019, art. 2)* **« le membre de la commission départementale d'aménagement commercial mentionné au deuxième alinéa de l'article L. 752-19, » le maire de la commune d'implantation, le président de l'établissement public de coopération intercommunale à fiscalité propre dont est membre la commune d'implantation et le président de l'établissement public compétent en matière de schéma de cohérence territoriale dont est membre la commune d'implantation.**

La commission nationale peut entendre toute autre personne qu'elle juge utile de consulter. Elle peut entendre en deux groupes distincts les personnes défavorables et favorables au projet.

Le secrétariat de la commission nationale instruit et rapporte les dossiers. Le commissaire du Gouvernement présente et communique à la commission nationale les avis des ministres chargés de l'urbanisme et du commerce. Après audition des parties, il donne son avis sur les demandes.

Jurispr. antérieure au Décr. du 12 févr. 2015.

1. *Avis des ministres intéressés.* Il résulte des dispositions des art. L. 752-6, R. 752-16 et R. 752-51 [anciens] qu'il incombe au rapporteur public de recueillir et de présenter à la CNAC les avis de l'ensemble des ministres intéressés avant d'exprimer son propre avis. Le ministre chargé du commerce est au nombre des ministres intéressés, et la circonstance que le rapporteur public appartienne, en vertu de l'art. R. 751-10 [ancien], à ses services ne dispense pas ce dernier de recueillir et présenter l'avis de ce ministre avant de donner son propre avis sur les demandes examinées par la commission. • CE 16 mai 2011, n° 336105 : *AJDA 2011. 1053, obs. Biget ; RJDA 2011, n° 846 ; Constr.-Urb. 2011, n° 109, obs. Renaux.* ♦ Il résulte de la combinaison des dispositions des art. R. 752-51 et R. 752-16 [anciens] que les ministres intéressés, dont l'avis doit être recueilli puis présenté à la commission par le rapporteur public, sont ceux qui ont autorité sur les services chargés d'instruire les demandes, soit les ministres en charge du commerce, de l'urbanisme et de l'environnement. • CE 13 févr. 2012, n° 353218 : *AJDA 2012. 351, obs. R. G. ; RJDA 2012, n° 623 ; Constr.-Urb. 2012, n° 85, obs. Renaux* • 23 oct. 2013, n° 353216 : *AJDI 2014. 61*. ♦ La circonstance que le signataire de l'avis rendu par le ministre chargé du commerce exerce les fonctions de secrétaire général de la CNAC ne l'empêche pas, en sa qualité de chef du bureau de l'aménagement commercial, de signer valablement l'avis exprimé par ce ministre. • Même décision. ♦ Sur la procédure de re-saisine de la CNAC mise en œuvre pour régulariser les autorisations délivrées sans consultation des ministres intéressés, V. • CE 2 mai 2012, n° 353215 : *Constr.-Urb. 2012, n° 131, obs. Renaux.* ♦ Il ne résulte d'aucune disposition légale ni d'aucun principe que la CNAC serait tenue de communiquer les avis des ministres intéressés aux auteurs d'un recours contestant une autorisation accordée à une société pétitionnaire. • CE 30 avr. 2014, n° 362462 : *AJCA 2014. 188, obs. Graboy-Grobesco*.

2. *Délégation de signature.* Cet avis est au nombre des actes dont la validité est subordonnée à la signature par une personne habilitée à engager le ministre concerné (irrégularité de la procédure en raison d'un avis donné par un adjoint à un chef de bureau du ministère de l'écologie ne disposant pas de la délégation de signature du ministre). • CE 15 déc. 2010, n° 327993 : *AJDA 2010. 2454 ; RTD com. 2011. 321, obs. Orsoni*.

Art. R. 752-37 **La commission nationale ne peut délibérer que si au moins six de ses membres sont présents.**

Si ce quorum n'est pas atteint, une seconde réunion est convoquée. La commission nationale se réunit au minimum sept jours après la date d'envoi de la seconde convocation. La commission nationale ne peut valablement délibérer qu'en présence d'au moins quatre de ses membres. Si ce quorum n'est pas atteint, la commission nationale est réputée ne pas s'être réunie.

Art. R. 752-38 L'avis ou la décision est adopté à la majorité des membres présents. En cas de partage égal des voix, la voix du président est prépondérante.

L'avis ou la décision est motivé, signé par le président et indique le nombre de votes favorables et défavorables ainsi que le nombre d'abstentions.

(Décr. nº 2019-563 du 7 juin 2019, art. 2) « Lorsque cet avis ou décision est favorable, y est joint le tableau récapitulatif des caractéristiques du projet mentionnées à l'article R. 752-44. Le modèle de ce tableau est fixé par arrêté du ministre chargé de l'économie. » — *V. art. A. 752-4.*

L'art. R. 752-38 dans sa rédaction résultant du Décr. nº 2019-563 du 7 juin 2019 s'applique aux avis et décisions rendus par les commissions d'aménagement commercial à compter du 1er janv. 2020 (Décr. préc., art. 7-I).

Règle de majorité. Estimant que la majorité des membres présents n'est ni une majorité absolue ni la seule majorité des suffrages exprimés, V. • CAA Douai, 15 juin 2017, nº 17DA00200 : *AJDA 2017. 1550, note Riou.*

Art. R. 752-39 Dans le délai d'un mois suivant la réunion de la commission nationale ou la date de la confirmation tacite, la décision ou l'avis est notifié au requérant, au demandeur, s'il est distinct du requérant, au préfet et, si le projet nécessite un permis de construire, à l'autorité compétente en matière de permis de construire.

Pour les projets relevant de l'article L. 752-1, dans les dix jours suivant la notification, la décision ou l'avis est publié au recueil des actes administratifs de la préfecture du département de la commune d'implantation. En cas d'avis ou de décision favorable, le préfet du département de la commune d'implantation fait publier dans le même délai, aux frais du demandeur, un extrait de cette décision ou de cet avis dans deux journaux régionaux ou locaux diffusés dans le département.

Les décisions et avis de la commission nationale sont rendus publics par voie électronique.

SOUS-SECTION 2 DE LA PROCÉDURE PRÉVUE AUX III À V DE L'ARTICLE L. 752-17

Art. R. 752-40 Lorsqu'un projet se rapporte à un équipement dont la surface de vente est supérieure à 20 000 mètres carrés, le secrétariat de la commission départementale doit, dans un délai de dix jours francs suivant la réception de la demande d'autorisation commerciale, adresser à la commission nationale un exemplaire dématérialisé de la demande accompagnée du dossier.

Art. R. 752-41 Le secrétariat de la commission nationale informe, par tout moyen, les membres de la Commission nationale des demandes d'autorisation d'exploitation commerciale et des décisions ou avis des commissions départementales relevant du V de l'article L. 752-17.

Le délai d'un mois prévu au V de l'article L. 752-17 court à compter de la notification au secrétariat de la commission nationale de l'avis ou de la décision de la commission départementale.

Art. R. 752-42 Sur proposition de son président ou d'au moins de quatre de ses membres, la commission nationale, à la majorité absolue des membres présents, se saisit d'un projet en application du V de l'article L. 752-17.

Le président de la commission nationale notifie la décision de la commission nationale, par lettre recommandée avec demande d'avis de réception ou par courrier électronique sécurisé, au préfet du département de la commune d'implantation, au demandeur et, si le projet nécessite un permis de construire, à l'autorité compétente en matière de permis de construire.

Le respect du délai de saisine est apprécié à la date de la notification de la décision au demandeur.

Art. R. 752-43 Le délai de quatre mois prévu au V de l'article L. 752-17 court à compter de la notification de la décision de saisine au demandeur.

Les articles R. 752-35 à R. 752-39 s'appliquent à la procédure prévue au V de l'article L. 752-17.

La procédure prévue au V de l'article L. 752-17 ne fait pas obstacle aux recours exercés contre la décision ou l'avis de la commission départementale. La commission nationale se prononce sur l'ensemble des saisines et recours afférents à un projet par une seule décision ou un seul avis.

SOUS-SECTION 3 DE LA PROCÉDURE DE SAISINE DIRECTE DE LA COMMISSION NATIONALE D'AMÉNAGEMENT COMMERCIAL

(Décr. nº 2019-563 du 7 juin 2019, art. 3)

Art. R. 752-43-1 L'avis ou la décision de la Commission nationale d'aménagement commercial mentionne, le cas échéant, la faculté pour le pétitionnaire de la saisir directement d'une nouvelle demande d'autorisation selon la procédure prévue à l'article L. 752-21.

Art. R. 752-43-2 Lorsque la réalisation du projet ne nécessite pas de permis de construire, la nouvelle demande est adressée au président de la Commission nationale d'aménagement commercial dans les conditions définies à l'article R. 752-11.

En cas de pluralité de demandeurs, la demande précise en quel lieu ils élisent domicile. A défaut, les notifications, convocations et autres actes sont valablement adressés au domicile du premier cité.

Art. R. 752-43-3 Lorsque la réalisation du projet nécessite un permis de construire, la nouvelle demande est déposée conformément aux dispositions des articles R.* 423-2 et suivants du code de l'urbanisme. Le maire transmet cette demande au secrétariat de la Commission nationale d'aménagement commercial dans les conditions prévues au second alinéa de l'article R. 423-13-2 du même code.

Art. R. 752-43-4 La nouvelle demande comprend, outre l'avis ou la décision de la Commission nationale rendu sur le projet, le dossier actualisé de demande d'autorisation d'exploitation commerciale.

A peine d'irrecevabilité, la demande est accompagnée d'un exposé synthétique des ajustements apportés au projet.

A peine d'irrecevabilité, le demandeur dispose de cinq jours, à compter de la saisine de la Commission nationale, pour notifier la nouvelle demande au préfet du département d'implantation du projet et, s'il y a lieu, à chaque requérant auteur d'une précédente saisine de la Commission nationale sur le même projet. Cette notification comporte une copie de l'exposé synthétique mentionné à l'alinéa précédent. Le préfet informe sans délai les membres de la commission départementale d'aménagement commercial de cette nouvelle demande.

Lorsque la réalisation du projet nécessite un permis de construire, le délai de cinq jours court, sous la même sanction d'irrecevabilité, à compter de la date d'enregistrement de la nouvelle demande en mairie, le récépissé délivré par le maire faisant foi.

Art. R. 752-43-5 Le délai de quatre mois imparti à la Commission nationale pour statuer court à compter de la réception de la nouvelle demande par son secrétariat.

La Commission nationale transmet la nouvelle demande pour avis aux services instructeurs départementaux, sous couvert du préfet.

Le demandeur est convoqué conformément aux dispositions du deuxième alinéa de l'article R. 752-34.

Art. R. 752-43-6 Les dispositions de l'article R. 752-35 sont applicables. Toutefois, les pièces du dossier mentionnées aux troisième à septième alinéas de cet article sont remplacées par les pièces suivantes :

1° L'avis défavorable ou la décision de refus rendu lors de la précédente réunion de la Commission nationale ;

2° La nouvelle demande ;

3° La note éventuellement établie par les services instructeurs locaux sur le projet issu de la nouvelle demande ;

4° Le rapport du service instructeur de la Commission nationale sur la nouvelle demande.

Art. R. 752-43-7 Les dispositions de l'article R. 752-36 sont applicables.

Dans l'hypothèse où la Commission nationale aurait été précédemment saisie par des tiers, ceux-ci ont deux mois, à compter de la notification de la nouvelle demande prévue à l'article R. 752-43-4, pour adresser leurs productions à la Commission nationale. Passé ce délai, la Commission nationale n'en tient pas compte.

Art. R. 752-43-8 Les dispositions des articles R. 752-37 et R. 752-38 sont applicables.

Art. R. 752-43-9 Les dispositions de l'article R. 752-39 sont applicables.

Outre les destinataires mentionnés au premier alinéa de cet article, le nouvel avis ou la nouvelle décision est également notifié, sous la même condition de délai, aux tiers mentionnés à l'article R. 752-43-7 qui ont adressé de nouvelles contributions écrites à la Commission nationale ou ont demandé à être entendus dans le cadre de la nouvelle demande.

SECTION IV DE L'OBLIGATION DE CONFORMITÉ

(Décr. n° 2019-563 du 7 juin 2019, art. 4)

Anc. intitulé de la section IV : « Du contrôle » (Décr. n° 2015-165 du 12 févr. 2015).

SOUS-SECTION 1 DE LA CONFORMITÉ

Art. R. 752-44 Pour tout projet réalisé en exécution d'une autorisation d'exploitation commerciale, la conformité à cette autorisation s'apprécie au regard des éléments caractéristiques du projet suivants :

1° Pour les magasins et ensembles commerciaux :

a) La surface de vente mentionnée, selon les cas, au *a, b, d* ou *e* du 1° du I de l'article R. 752-6, avant et après réalisation du projet, avec, le cas échéant, le détail de la surface de vente de chaque commerce dont la surface de vente atteint ou dépasse 300 m², avant et après réalisation du projet ;

b) Le secteur d'activité mentionné, selon les cas, au *a, b, d* ou *e* du 1° du I du même article, avant et après réalisation du projet, de chaque commerce dont la surface de vente atteint ou dépasse 300 m² ;

c) Le nombre de places de stationnement mentionnées au *g* du 1° du I du même article, avant et après réalisation du projet, avec mention des places dédiées aux véhicules électriques ou hybrides, au co-voiturage, à l'auto-partage, et des places non imperméabilisées ;

2° Pour les points permanents de retrait par la clientèle d'achats au détail commandés par voie électronique, organisés pour l'accès en automobile, le nombre de pistes de ravitaillement et les mètres carrés d'emprise au sol affectés au retrait des marchandises, mentionnés au *c* du 1° du I du même article, avant et après réalisation du projet ;

3° Pour l'ensemble des équipements commerciaux :

a) La superficie totale du lieu d'implantation du projet et les références cadastrales, de la ou des parcelles de terrain mentionnées au *b* du 2° du I du même article ;

b) Le nombre et les sens de circulation des points d'accès et de sortie du site, avant et après réalisation du projet, tels qu'illustrés par les cartes et plans mentionnés aux *b, c* et *d* du 2° du I du même article ;

c) La superficie du site consacrée aux espaces verts mentionnés au *b* du 2° du I du même article, ainsi que, le cas échéant, la superficie et la nature des autres surfaces végétalisées, notamment en toiture, et des autres surfaces non imperméabilisées, avec mention des matériaux ou procédés éventuellement utilisés pour ce faire, aux fins de limiter l'imperméabilisation des sols conformément aux dispositions du *d* du 4° du même I ;

d) Le cas échéant, la superficie et la localisation des panneaux photovoltaïques, ainsi que le nombre et la localisation des éoliennes ou de tout autre dispositif d'énergie renouvelable intégré au projet en application du *b* du 4° du I du même article ;

e) Tous les autres éléments, intrinsèques ou connexes au projet, éventuellement mentionnés expressément par la commission d'aménagement commercial pour motiver son avis favorable ou son autorisation.

Tous ces éléments sont récapitulés dans le tableau joint à l'avis ou à la décision de la commission d'aménagement commercial, mentionné aux articles R. 752-16 et R. 752-38. — *V. art. A. 752-4.*

Les art. R. 752-44, R. 752-44-1, R. 752-44-8 à R. 752-44-17 dans leur rédaction résultant du Décr. n° 2019-563 du 7 juin 2019 s'appliquent aux équipements commerciaux dont l'autorisation d'exploitation commerciale intervient à compter du 1er janv. 2020 ou, pour les projets relevant de l'art. L. 752-1-1, dont l'ouverture au public est prévue à compter de cette même date (Décr. préc., art. 7-II).

Ancien art. R. 752-44 *(Décr. n° 2015-165 du 12 févr. 2015, art. 1er)* ***Sur demande du préfet du département de la commune d'implantation, l'exploitant adresse un plan coté des surfaces de vente ou des pistes de ravitaillement, installations, équipements ou aménagements des magasins de commerce de détail, ensembles commerciaux ou points permanents de retrait ayant fait l'objet d'une autorisation d'exploitation commerciale.***

Art. R. 752-44-1 Sont joints au certificat de conformité prévu à l'article L. 752-23 pour les projets mentionnés à l'article R. 752-44 :

1° Pour les projets ne nécessitant pas de permis de construire :

a) L'autorisation d'exploitation commerciale ;

b) Le justificatif de la date de sa notification en application de l'article R. 752-19, R. 752-39 ou R. 752-43-9 ;

2° Pour les projets soumis à autorisation d'exploitation commerciale nécessitant un permis de construire :

a) L'avis favorable de la commission d'aménagement commercial ;

b) L'arrêté accordant le permis de construire valant autorisation d'exploitation commerciale.

(Annulé par CE nos 433292 et 434451 du 29 déc. 2020) « ***c) La déclaration attestant l'achèvement et la conformité des travaux prévue à l'article L. 462-1 du code de l'urbanisme.*** »

Le certificat de conformité comporte les références de l'arrêté préfectoral d'habilitation de l'organisme qui l'a établi.

V. note ss. art. R. 752-44.

SOUS-SECTION 2 DE L'HABILITATION

Art. R. 752-44-2 L'habilitation prévue au premier alinéa de l'article L. 752-23 est accordée à toute personne morale remplissant les conditions suivantes :

1° Ne pas avoir fait l'objet, ni elle-même ni aucun de ses représentants légaux, membres ou salariés, d'une condamnation correctionnelle ou criminelle, prononcée par une juridiction française ou étrangère, pour une infraction relative à la corruption ou au trafic d'influence, à des détournements, escroqueries ou extorsions au sens du code pénal ;

2° Justifier des moyens et outils de contrôle de la conformité d'un équipement commercial mentionné à l'article L. 752-1 à l'autorisation d'exploitation commerciale ou l'avis favorable délivré par une commission d'aménagement commercial en application des dispositions de l'article L. 752-6 ;

3° Justifier que les personnes physiques par lesquelles ou sous la responsabilité desquelles est établi le certificat de conformité mentionné à l'article R. 752-44-1 sont titulaires d'un titre ou diplôme visé ou homologué de l'enseignement supérieur d'un niveau égal ou supérieur au niveau 3 au sens des dispositions du code du travail relatives au cadre national des certifications professionnelles sanctionnant une formation juridique, économique, commerciale ou d'ingénierie, ou d'un diplôme étranger d'un niveau comparable.

(Décr. n° 2021-631 du 21 mai 2021, art. 4, en vigueur le 1er nov. 2021) « Le dossier de demande d'habilitation comprend également le numéro unique d'identification de l'auteur de la demande ou, pour les demandeurs situés hors de France, tout document équivalent à l'extrait d'immatriculation au registre du commerce et des sociétés, une attestation d'assurance professionnelle à jour et la copie de la pièce d'identité de toutes les personnes physiques visées par la demande *[ancienne rédaction : Le dossier de demande d'habilitation comprend également l'extrait K-bis, de moins de deux mois, ou tout document assimilé ou équivalent, de l'auteur de la demande, une attestation d'assurance professionnelle à jour et la copie de la pièce d'identité de toutes les personnes physiques visées par la demande]*. » Toute modification conduit à la mise à jour, dans le mois, du dossier d'habilitation déposé en préfecture.

Art. R. 752-44-3 Le formulaire de demande d'habilitation est conforme à un modèle fixé par arrêté du ministre chargé de l'économie.

Il est remis, daté et signé par le représentant légal de l'organisme demandeur et accompagné des pièces justifiant du respect des conditions posées à l'article R. 752-44-2. – *V. art. A. 752-2.*

Art. R. 752-44-4 La demande d'habilitation est adressée par voie électronique au préfet, l'accusé de réception électronique étant envoyé sans délai.

Le préfet dispose d'un mois, à réception de la demande d'habilitation, pour vérifier qu'elle est complète et demander, le cas échéant, des éléments ou informations complémentaires. Passé ce délai d'un mois, la demande d'habilitation est réputée complète.

Le délai d'instruction est de trois mois. Il court à compter de la réception par la préfecture d'une demande d'habilitation complète.

Art. R. 752-44-5 L'habilitation est accordée pour une durée de cinq ans, sans renouvellement tacite possible. Elle est valable sur l'ensemble du territoire du département.

L'arrêté préfectoral portant habilitation d'un organisme en application du premier alinéa de l'article L. 752-23 est publié au recueil des actes administratifs de la préfecture.

Il porte un numéro d'identification, auquel est intégrée la date de délivrance de l'habilitation, et la mention de l'identité et de l'adresse complètes de l'organisme habilité.

Ce numéro d'habilitation figure sur le certificat de conformité au même titre que la date et la signature de l'auteur du certificat.

Art. R. 752-44-6 L'habilitation peut être retirée par le préfet si l'organisme ne remplit plus les conditions d'obtention, de mise à jour ou d'exercice, mentionnées à l'article R. 752-44-2.

L'organisme bénéficiaire de l'habilitation est informé préalablement des motifs susceptibles de fonder le retrait, avec possibilité de présenter des observations écrites. Il peut être mis en demeure de régulariser sa situation dans le délai de deux mois maximum ou de cesser toute activité de certification jusqu'à régularisation.

Art. R. 752-44-7 En cas d'impossibilité avérée de mandater un organisme habilité dans le département d'implantation, le préfet de ce département, saisi d'une demande expresse circonstanciée, peut exceptionnellement autoriser le bénéficiaire de l'autorisation d'exploitation commerciale à choisir un organisme dans la liste établie dans un département limitrophe appartenant à la même région administrative.

SOUS-SECTION 3 DU CERTIFICAT DE CONFORMITÉ

Art. R. 752-44-8 Le formulaire intitulé "Certificat de conformité" est conforme à un modèle fixé par arrêté du ministre chargé de l'économie. – *V. art. A. 752-3.*

V. note ss. art. R. 752-44.

Art. R. 752-44-9 Le certificat de conformité est adressé par le bénéficiaire de l'autorisation au préfet, par voie électronique.

Le certificat de conformité est daté et signé par l'organisme qui l'a établi.

V. note ss. art. R. 752-44.

Art. R. 752-44-10 Si le projet autorisé est réalisé ou commercialisé par étapes, il est établi un certificat pour chaque étape, au prorata de chaque réalisation ou commercialisation, dans la limite de la durée de validité de l'autorisation d'exploitation commerciale telle que fixée à l'article R. 752-20. Les dispositions de cet article sont rappelées dans chaque certificat de conformité.

Tous les certificats ainsi établis sont soumis aux conditions de la présente sous-section et portent le visa de l'autorisation d'exploitation commerciale ainsi que les références des certificats précédemment établis.

V. note ss. art. R. 752-44.

Art. R. 752-44-11 Si l'équipement commercial réalisé est d'une surface de vente ou d'une emprise au sol et d'un nombre de pistes moindres que ce qui a été autorisé en application du deuxième alinéa de l'article L. 752-15 et de l'article L. 752-16, il est établi un certificat pour la part du projet qui a été réalisée.

Les dispositions du second alinéa de l'article R. 752-44-10 sont applicables.

V. note ss. art. R. 752-44.

Art. R. 752-44-12 Le certificat de conformité ne peut être assorti de réserves.

Le cas échéant, il mentionne les différences constatées avec l'autorisation d'exploitation commerciale, lesquelles ne peuvent être substantielles au sens de l'article L. 752-15.

Le refus de certification est motivé.

V. note ss. art. R. 752-44.

Art. R. 752-44-13 Le préfet transmet sans délai, par voie électronique, le certificat de conformité pour information au maire de la commune d'implantation et au président de l'établissement public de coopération intercommunale à fiscalité propre dont la commune d'implantation est membre.

Le préfet transmet, sans délai, par voie électronique, le certificat de conformité au service de l'État chargé de la réalisation d'études économiques en matière de commerce mentionné à l'article L. 751-9.

Le certificat de conformité est accompagné du tableau mentionné aux articles R. 752-16 et R. 752-38. La transmission des annexes n'est pas obligatoire.

V. note ss. art. R. 752-44.

SOUS-SECTION 4 DE LA PUBLICITÉ DES PROJETS RELEVANT D'OPÉRATIONS DE REVITALISATION DE TERRITOIRE

Art. R. 752-44-14 Lorsque l'équipement commercial relève de l'article L. 752-1-1, le porteur de projet fait publier, dans deux journaux régionaux ou locaux diffusés dans le département, un avis d'ouverture au public au plus tard un mois avant la date d'ouverture prévue. Le porteur de projet s'entend du propriétaire du terrain ou de l'immeuble ou, le cas échéant, de toute personne habilitée par le propriétaire à construire ou exploiter commercialement cet équipement.

L'équipement commercial y est décrit, avec mention de son adresse exacte d'implantation. L'article L. 752-1-1 du code de commerce et la convention d'opération de revitalisation de territoire applicable, définie à l'article L. 303-2 du code de la construction et de l'habitation, y sont mentionnés.

Le porteur de projet communique au préfet une copie de ces deux publications préalablement à l'ouverture au public.

Si l'équipement comporte plusieurs commerces, les délais de publication et de communication du ou des avis d'ouverture au public s'apprécient commerce par commerce.

V. note ss. art. R. 752-44.

SECTION V DU CONTRÔLE

(Décr. nº 2019-563 du 7 juin 2019, art. 4)

Art. R. 752-44-15 Pour les projets soumis à autorisation d'exploitation commerciale, le préfet dispose d'un délai de deux mois, à compter de la date de réception du certificat, pour contester la conformité de l'équipement commercial réalisé à l'autorisation d'exploitation commerciale délivrée.

V. note ss. art. R. 752-44.

Art. R. 752-44-16 Pour les projets réalisés en application des dispositions de l'article L. 752-1-1, le préfet dispose d'un délai de deux mois à compter de la date de réception des publications mentionnées à l'article R. 752-44-14 pour contester à l'équipement commercial réalisé le bénéfice des dispositions de l'article L. 752-1-1.

V. note ss. art. R. 752-44.

Art. R. 752-44-17 Dans le délai de deux mois mentionné aux articles R. 752-44-15 et R. 752-44-16, le préfet :

1° Peut demander au porteur du projet toute explication relative à la conformité de l'équipement commercial réalisé avec l'autorisation d'exploitation commerciale délivrée ou à l'application, à l'équipement commercial réalisé, des dispositions de l'article L. 752-1-1.

Cette demande est sans incidence sur le cours du délai mentionné au premier alinéa ;

2° S'il estime, le cas échéant en l'absence de réponse satisfaisante à la demande prévue au 1°, que l'exigence de conformité prévue au premier alinéa de l'article L. 752-23 n'est pas satisfaite, met en demeure le porteur de projet de mettre son équipement commercial en conformité avec l'autorisation d'exploitation commerciale délivrée ou avec les dispositions de l'article L. 752-1-1.

Cette mise en demeure interrompt le délai mentionné au premier alinéa et vaut interdiction d'ouvrir au public l'équipement commercial réalisé, sauf mention expresse contraire du préfet.

L'ouverture au public, malgré cette interdiction, constitue une exploitation illicite au sens du II de l'article L. 752-23, passible des mesures et sanctions prévues à ce titre.

En cas d'exploitation illicite révélée postérieurement au délai de deux mois prévu par cet article ou lorsque ce délai n'a pas couru, les dispositions du présent article ne font pas obstacle à la mise en œuvre des mesures et sanctions applicables.

V. note ss. art. R. 752-44.

Art. R. 752-44-18 Pour l'application des dispositions de l'article L. 752-5-1 et du II de l'article L. 752-23, le préfet peut mandater des fonctionnaires habilités à cet effet par le ministre chargé de l'économie pour réaliser des contrôles.

Lorsqu'une infraction aux articles L. 752-1 et L. 752-23 et aux textes pris pour leur application est constatée, l'exploitant concerné en est informé, à charge pour lui, le cas échéant, d'informer le titulaire de l'autorisation d'exploitation commerciale. Il est invité à s'expliquer sous quinze jours francs, son silence valant acquiescement au constat d'infraction.

Si, à l'expiration de ce délai, les agents susmentionnés maintiennent leur constat, ils transmettent un rapport relevant les infractions au préfet, qui met en œuvre, s'il y a lieu, les mesures prévues au II de l'article L. 752-23.

Art. R. 752-44-19 Pour l'application des dispositions de l'article L. 752-5-1 et du II de l'article L. 752-23, le maire, sur le territoire de sa commune, ou, s'il est compétent, le président de l'établissement public de coopération intercommunal, sur le territoire de ses communes membres, peut mandater ses agents habilités à cet effet pour réaliser des contrôles.

Si une infraction aux articles L. 752-1 et L. 752-23, et aux textes pris pour leur application est constatée, l'exploitant concerné en est informé, à charge pour lui, le cas échéant, d'informer le titulaire de l'autorisation d'exploitation commerciale. Il est invité à s'expliquer sous quinze jours francs, son silence valant acquiescement au constat d'infraction.

Si, à l'expiration de ce délai, les agents de la commune ou de l'établissement public de coopération intercommunale maintiennent leur constat, le maire ou le président de cet établissement transmet un rapport relevant les infractions au préfet, qui met en œuvre, s'il y a lieu, les mesures prévues au II de l'article L. 752-23.

SECTION VI DE LA FIN DE L'EXPLOITATION COMMERCIALE *(Décr. n° 2019-563 du 7 juin 2019, art. 5).*

Art. R. 752-45 *(Décr. n° 2019-563 du 7 juin 2019, art. 5)* « Lorsqu'un équipement commercial soumis à autorisation d'exploitation commerciale cesse d'être exploité à des fins commerciales, le propriétaire du site d'implantation notifie la date de la cessation d'exploitation commerciale au préfet du département de la commune d'implantation.

« Un équipement commercial qui n'est pas ouvert au public n'est pas exploité à des fins commerciales. »

Le délai de trois ans prévu à l'article L. 752-1 court à compter de la date de cessation d'exploitation.

Art. R. 752-46 A l'expiration du délai de trois ans prévu à l'article L. 752-1, le ou les propriétaires des immeubles notifient au préfet du département de la commune d'implantation les mesures prévues pour procéder au démantèlement et à la remise en état du site *(Décr. nº 2019-563 du 7 juin 2019, art. 5)* « ainsi que le calendrier des opérations ».

Les opérations de démantèlement et de remise en état du site comprennent :

1º Le démantèlement des installations, y compris les fondations, équipements et aménagements réalisés pour les besoins et à l'occasion de l'exploitation commerciale ;

(Décr. nº 2019-563 du 7 juin 2019, art. 5) « 2º La remise du site en un état qui soit compatible avec la réalisation du projet d'aménagement inscrit dans le document d'urbanisme opposable dans cette zone ; »

3º La valorisation ou l'élimination des déchets de démolition ou de démantèlement dans les filières dûment autorisées à cet effet.

(Décr. nº 2019-563 du 7 juin 2019, art. 5) « Ces opérations doivent être achevées dans les dix-huit mois suivant leur notification au préfet, sauf si, six mois au moins avant le terme du calendrier fixé initialement, le propriétaire du site justifie de difficultés techniques ou administratives indépendantes de sa volonté. Dans ce cas, le préfet peut proroger le délai des opérations de démantèlement et de remise en état.

« Le préfet a trois mois pour répondre à la demande de prorogation par un arrêté motivé qui, le cas échéant, fixe la durée de la prorogation.

« Le silence gardé par le préfet au-delà du délai de trois mois vaut accord de prorogation pour la durée demandée, dans la limite de dix-huit mois. »

Art. R. 752-47 *(Décr. nº 2019-563 du 7 juin 2019, art. 5)* Ne sont pas soumis à l'obligation de démantèlement et de remise en état mentionnée à l'article L. 752-1, les équipements commerciaux :

1º Situés dans des immeubles qui ne sont pas destinés exclusivement au commerce ;

2º Situés dans des immeubles dont certains locaux font l'objet d'une exploitation commerciale ;

3º Faisant l'objet d'un programme de réhabilitation ou d'un changement effectif de destination.

L'obligation cesse en cas de reprise de l'exploitation commerciale ou de survenue d'une des situations précédemment énumérées.

Art. R. 752-48 *(Décr. nº 2019-563 du 7 juin 2019, art. 5)* En cas de non-respect des prescriptions des articles R. 752-45 et R. 752-46, le préfet demande au propriétaire du site d'implantation de lui fournir sous deux mois des explications quant aux mesures prévues et au calendrier des opérations.

Passé ce délai et en l'absence de justifications suffisantes, il met en demeure le propriétaire du site d'implantation de procéder aux opérations de démantèlement et de remise en état dans un délai qu'il fixe.

Il en informe l'autorité compétente en matière de permis de construire.

Art. R. 752-49 *(Décr. nº 2019-563 du 7 juin 2019, art. 5)* Si, à l'expiration du délai imparti mentionné à l'article précédent, le propriétaire des immeubles n'a pas réalisé les mesures nécessaires au démantèlement et à la remise en état prévues à l'article R. 754-2, le préfet peut arrêter, à son encontre, les mesures suivantes :

1º Obliger à consigner entre les mains d'un comptable public, dans un délai qu'il détermine, une somme correspondant au montant prévisionnel des travaux ou opérations à réaliser.

Il est procédé au recouvrement de cette somme comme en matière de créances de l'État étrangères à l'impôt et au domaine.

La somme consignée est restituée, le cas échéant, au fur et à mesure de l'exécution des travaux ou opérations et à échéance au moins trimestrielle ;

2º Faire procéder d'office, en lieu et place de la personne mise en demeure et aux frais de celle-ci, à l'exécution des mesures prescrites.

Lorsqu'il a été fait application du 1º, la somme consignée est utilisée pour régler les dépenses ainsi engagées. Le reliquat éventuel est restitué dans le délai de trois mois suivant la fin des opérations de démantèlement et de remise en état.

TITRE SIXIÈME DES MARCHÉS D'INTÉRÊT NATIONAL ET DES MANIFESTATIONS COMMERCIALES

RÉP. COM. v° *Marchés et halles*, par COURIVAUD.

RÉP. PÉN. v° *Marchés (Police des)*, par KECHICHIAN.

CHAPITRE PREMIER DES MARCHÉS D'INTÉRÊT NATIONAL

SECTION PREMIÈRE DISPOSITIONS GÉNÉRALES

Art. R. 761-1 Le conseil régional délibère sur la demande de classement ou de déclassement d'un marché d'intérêt national après avoir recueilli, dans les conditions prévues à l'article R. 761-3, l'avis de la ou des communes ou du ou des établissements publics de coopération intercommunale sur lesquels le marché est implanté.

L'autorité compétente en application de l'article L. 761-1 se prononce dans un délai de six mois à compter de la date de réception du dossier de demande.

Le contenu des dossiers types de demande ainsi que les modalités de leur transmission et de leur instruction sont définis par arrêté des ministres chargés du commerce et de l'agriculture. – *[Décr. n° 2005-1595 du 19 déc. 2005, art. 1er.] – V. art. A. 761-1 et A. 761-2.*

Art. D. 761-2 En application du premier alinéa de l'article L. 761-2, l'aménagement et la gestion du marché d'intérêt national de Paris-Rungis sont organisés par l'État. – *[Décr. n° 2004-1483 du 23 déc. 2004, art. 1er.]*

Art. R. 761-3 Les communes ou les établissements publics de coopération intercommunale sur le territoire desquels le marché est implanté déterminent eux-mêmes, ou délèguent à la région le pouvoir de déterminer les modalités d'aménagement et de gestion du marché. Chacune de ces missions peut être assurée en régie ou déléguée. – *[Décr. n° 2005-1595 du 19 déc. 2005, art. 2.]*

Art. R. 761-4 Le tarif des redevances ou contributions de toute nature perçues par le gestionnaire est établi soit par le conseil d'administration, soit par l'organe délibérant qui en tient lieu.

Le gestionnaire porte ce tarif à la connaissance des usagers. – *[Décr. n° 2005-1595 du 19 déc. 2005, art. 20.]*

Art. R. 761-5 Le gestionnaire du marché établit un rapport annuel dans les conditions prévues à l'article L. 1411-3 du code général des collectivités territoriales et le transmet aux communes et aux établissements publics de coopération intercommunale sur le territoire desquels est implanté le marché, au conseil régional et au préfet.

Le compte de résultat prévisionnel, prévu à l'article L. 761-3, est produit selon les mêmes modalités.

Lorsque le gestionnaire exerce d'autres activités que l'exploitation du marché d'intérêt national, il tient des comptes séparés relatifs, d'une part, à ladite exploitation, d'autre part, à ses autres activités.

Le ministre chargé de l'agriculture fixe par arrêté les conditions dans lesquelles les producteurs, les opérateurs du marché et, le cas échéant, les gestionnaires lui fournissent des informations économiques et statistiques relatives aux transactions sur les produits commercialisés sur le marché. – *[Décr. n° 2005-1595 du 19 déc. 2005, art. 3.] – V. art. A. 761-3 et A. 761-4.*

Art. R. 761-6 Si l'exploitation financière du marché présente ou laisse prévoir un déséquilibre grave, le préfet chargé de la police du marché peut mettre le gestionnaire en demeure de prendre les mesures nécessaires au rétablissement de l'équilibre. Il en informe les collectivités publiques délégantes ou leurs groupements et, le cas échéant, les collectivités ayant garanti les emprunts contractés par le gestionnaire, ainsi que le conseil régional.

Lorsque, à l'expiration d'un délai de trois mois à compter de la date de réception de la mise en demeure, le gestionnaire n'a pas pris les mesures nécessaires au rétablissement de l'équilibre financier du marché, les ministres chargés du commerce et de l'agriculture peuvent faire usage des pouvoirs prévus au troisième alinéa de l'article L. 761-3. – *[Décr. n° 2005-1595 du 19 déc. 2005, art. 4.]*

SECTION II DU PÉRIMÈTRE DE RÉFÉRENCE ET DE L'AUTORISATION D'INSTALLATION DANS CE PÉRIMÈTRE *(Décr. n° 2011-286 du 18 mars 2011, art. 1er).*

SOUS-SECTION 1 DU PÉRIMÈTRE DE RÉFÉRENCE

Art. R. 761-7 Le projet de création d'un périmètre de référence est arrêté par le préfet de région ou par le préfet de département lorsque toutes les communes du périmètre sont dans le même département. Il est ensuite soumis pour avis au gestionnaire, aux communes ou établissements publics de coopération intercommunale, aux chambres de commerce et d'industrie, aux *(Décr. n° 2010-1356 du 11 nov. 2010, art. 25)* « chambres de métiers et de l'artisanat de région » et aux chambres d'agriculture sur le territoire ou dans le ressort desquels il est situé, selon des modalités qui sont fixées par arrêté des ministres chargés du commerce et de l'agriculture. – *V. art. A. 761-9.*

Le décret mentionné au premier alinéa de l'article L. 761-4 fixe les limites et la durée du périmètre de référence. Cette durée est au maximum de trente ans. – *[Décr. n° 2005-1595 du 19 déc. 2005, art. 5.]*

Art. R. 761-8 Le périmètre de référence peut être étendu au territoire de nouvelles communes selon les modalités prévues à l'article R. 761-7. Seuls sont alors recueillis les avis du gestionnaire et des communes ou établissements publics de coopération intercommunale faisant l'objet de l'extension, ainsi que des organismes consulaires dans le ressort desquels le territoire adjoint au périmètre de référence est situé. – *[Décr. n° 2005-1595 du 19 déc. 2005, art. 6.]*

Art. R. 761-9 La réduction du périmètre de référence excluant certaines communes et la suppression anticipée de celui-ci sont prononcées par arrêté des ministres chargés du commerce et de l'agriculture. – *[Décr. n° 2005-1595 du 19 déc. 2005, art. 7.]* – *V. art. A. 761-10.*

SOUS-SECTION 2 DE L'AUTORISATION D'INSTALLATION DANS UN PÉRIMÈTRE DE RÉFÉRENCE

(Décr. n° 2011-286 du 18 mars 2011, art. 2)

Art. R. 761-10 Les autorisations mentionnées à l'article L. 761-5 sont délivrées par l'autorité compétente mentionnée à l'article R. 761-7.

Art. R. 761-11 Pour l'application de l'article L. 761-5, les projets d'implantation ou d'extension de locaux ou d'ensembles de locaux destinés à recevoir, aux fins de vente autre que de détail, des produits inscrits sur la liste mentionnée à cet article s'entendent :

1° Des projets de constructions nouvelles, d'extension de constructions existantes et de transformation de locaux lorsque ces projets ont pour objet ou pour effet de créer une surface de vente de ces produits dépassant le seuil mentionné au même article, de porter une surface de vente existante au-delà de ce seuil ou d'augmenter une surface de vente existante déjà supérieure à ce seuil ;

2° Des mêmes projets lorsqu'ils portent sur des ensembles de locaux distincts partageant le même accès routier ou la même aire de stationnement offerte à leurs clients.

La surface de vente mentionnée au premier alinéa de l'article L. 761-5 comprend les surfaces consacrées aux produits inscrits sur la liste mentionnée à cet article ainsi que celles des allées qui leur sont exclusivement dédiées.

Art. R. 761-12 Toute personne qui souhaite réaliser un projet soumis à autorisation en application de l'article L. 761-5 adresse sa demande au préfet sous pli recommandé avec demande d'avis de réception, en la déposant contre décharge ou par voie électronique. Dans ce dernier cas, l'accusé de réception électronique est adressé sans délai. – *V. art. A. 761-13.*

Art. R. 761-12-1 La demande d'autorisation comprend deux parties.

La première partie mentionne les éléments permettant l'identification du demandeur, les produits dont la vente en gros est envisagée, les surfaces prévues par le projet ainsi que, le cas échéant, les surfaces actuellement exploitées par le demandeur et les contraintes techniques spécifiques de son projet. A cette partie de la demande d'autorisation sont jointes les pièces attestant de l'immatriculation du demandeur au registre du commerce et des sociétés ou d'une inscription équivalente dans un pays étranger.

La seconde partie précise les conditions de réalisation et d'exploitation des locaux projetés. Sont à ce titre précisés, de façon à permettre à l'autorité compétente d'apprécier les effets prévisibles du projet en matière d'aménagement du territoire et de développement durable :

1° La compatibilité des modes et des flux de transports induits par l'activité de l'installation avec les voies de transport existantes et les flux de véhicules ;

2° Les capacités d'accueil pour le chargement et le déchargement des marchandises ;

3° Les conditions de traitement des déchets et des eaux usées ;

4° La consommation énergétique du grossiste et des acheteurs potentiels ;

5° L'impact sur les paysages et les écosystèmes.

Cette seconde partie est accompagnée d'un plan indicatif faisant apparaître :

1° En cas de construction nouvelle ou de transformation de locaux, la surface de vente projetée et sa localisation ;

2° En cas d'extension, la surface de vente actuellement exploitée et la surface de vente projetée ainsi que leur localisation.

Un arrêté des ministres chargés du commerce et de l'agriculture précise les modalités de présentation de la demande d'autorisation et les pièces justificatives qu'elle doit comporter. — *V. art. A. 761-11 s.*

Art. R. 761-12-2 Si le dossier contient toutes les pièces nécessaires à l'instruction de la demande d'autorisation, le préfet adresse au demandeur dans les quinze jours de réception de la demande un récépissé de dépôt, qui mentionne la date avant laquelle la décision doit lui être notifiée et qui l'avise du fait que, si aucune décision ne lui a été adressée avant cette date, l'autorisation sera réputée accordée.

Si le dossier est incomplet, le préfet, dans les quinze jours de la réception de la demande, indique au demandeur, par lettre recommandée avec demande d'avis de réception, les pièces complémentaires qui doivent être fournies dans un délai de deux mois à compter de l'avis de réception. En l'absence de réponse du demandeur dans ce délai, la procédure est close et le dossier initial est renvoyé au demandeur. Lorsque toutes les pièces ont été produites, il est fait application du premier alinéa.

Art. R. 761-12-3 Le délai d'instruction de la demande d'autorisation est de trois mois. Il court à compter du jour de la décharge ou de l'avis de réception ou de l'accusé de réception électronique prévu à l'article R. 761-12 ou, en cas de mise en œuvre des dispositions du second alinéa de l'article R. 761-12-2, à compter de la réception de la dernière pièce complétant le dossier.

Le délai peut être prorogé d'un mois si la complexité du dossier le justifie ou si le demandeur a fait application des dispositions de l'article R. 761-12-5. Dans ce cas, le préfet en avise le demandeur par lettre motivée avant l'expiration du délai d'instruction initial.

Art. R. 761-12-4 Dès réception de la demande, le préfet transmet une copie de la première partie de celle-ci, telle que définie à l'article R. 761-12-1, au gestionnaire du *marché d'intérêt* national, en vue de savoir s'il dispose des surfaces nécessaires à la réalisation du projet. Le gestionnaire du marché d'intérêt national dispose d'un délai de six semaines pour répondre. A défaut de réponse dans ce délai, il est réputé ne pas disposer des surfaces nécessaires.

Si le gestionnaire du marché d'intérêt national a indiqué ne pas disposer des surfaces nécessaires pour permettre l'implantation ou l'extension envisagée ou n'a pas répondu dans le délai de six semaines, le préfet informe le demandeur qu'il bénéficie d'une autorisation de droit pour réaliser son projet.

Si le gestionnaire du marché d'intérêt national dispose des surfaces nécessaires pour permettre l'implantation ou l'extension envisagée, il transmet au préfet, qui l'adresse sans délai au demandeur, une proposition d'installation dans l'enceinte du marché comprenant le règlement intérieur du marché, un plan de localisation des surfaces de vente, les caractéristiques des terrains ou des installations immobilières susceptibles d'être mises à la disposition du demandeur, les conditions financières de cette mise à disposition ainsi que les conditions de mise à disposition des fluides et de traitement des déchets et des eaux usées. Dans le cas où le demandeur refuse cette proposition ou s'abstient d'y répondre dans un délai de quinze jours, le préfet poursuit l'instruction de la demande d'autorisation.

Art. R. 761-12-5 Le dossier initialement transmis par le demandeur peut ne comprendre que la première partie de la demande telle que définie à l'article R. 761-12-1. En ce cas, les dispositions de l'article R. 761-12-2 ne s'appliquent qu'à la première partie de la demande et le préfet, lorsqu'il adresse la proposition d'installation présentée par le gestionnaire du marché au demandeur, signale à celui-ci qu'il doit, s'il refuse cette proposition, transmettre la seconde partie du dossier de demande dans un délai d'un mois.

En l'absence de réponse du demandeur dans ce délai ou, si le préfet a indiqué au demandeur, par lettre recommandée avec demande d'avis de réception, que la seconde partie de la demande transmise est incomplète, en l'absence de transmission des pièces complémentaires dans les quinze jours de l'avis de réception, la procédure est close et le dossier est renvoyé au demandeur.

Art. R. 761-12-6 La décision du préfet est motivée et mentionne les délais et voies de recours.

Elle est notifiée au demandeur soit par la voie administrative contre décharge, soit par lettre recommandée avec demande d'avis de réception, soit par courrier électronique dans les conditions prévues au quatrième alinéa du présent article. Elle est publiée au recueil des actes administratifs de la préfecture.

Lorsque les courriers sont adressés au demandeur par lettre recommandée avec demande d'avis de réception, l'intéressé est réputé en avoir reçu notification à la date de présentation du courrier.

Lorsque la demande précise que le demandeur accepte de recevoir à une adresse électronique les réponses de l'autorité compétente, les notifications lui sont adressées par courrier électronique. Le demandeur adresse un accusé de réception électronique à l'autorité compétente au moment de la consultation du document. A défaut de consultation à l'issue d'un délai de trois jours après leur envoi, le demandeur est réputé avoir reçu ces notifications.

Art. R. 761-12-7 A défaut de décision expresse notifiée par le préfet avant l'expiration du délai d'instruction, l'autorisation est réputée accordée. Mention en est faite au recueil des actes administratifs de la préfecture.

SECTION III DE L'ORGANISATION GÉNÉRALE DES MARCHÉS D'INTÉRÊT NATIONAL

SOUS-SECTION 1 DISPOSITIONS COMMUNES À TOUS LES MARCHÉS D'INTÉRÊT NATIONAL

Art. R. 761-13 Le marché est clos. – *[Décr. nº 2005-1595 du 19 déc. 2005, art. 11.]*

Art. R. 761-14 Les usagers du marché d'intérêt national ou de ses établissements annexes sont :

1º Les vendeurs professionnels et courtiers ;

2º Les producteurs, leurs groupements et leurs organisations, qui ne peuvent vendre que leur propre production ;

3º Les acheteurs professionnels ;

4º Les autres usagers admis par le gestionnaire, notamment les exploitants et utilisateurs des services, aménagements, installations appartenant au marché ou établis dans son enceinte. – *[Décr. nº 2005-1595 du 19 déc. 2005, art. 13.]*

Art. R. 761-15 Les usagers mentionnés au 1º de l'article R. 761-14 font la preuve de leur immatriculation en France au registre du commerce et des sociétés ou d'une inscription équivalente dans un pays étranger garantissant la licéité de leur activité.

Les usagers mentionnés au 2° de l'article R. 761-14 justifient par tout moyen de leur qualité auprès du gestionnaire du marché.

(Décr. nº 2008-1488 du 30 déc. 2008, art. 10) **« Les acheteurs sur le marché font la preuve soit de leur immatriculation en France au registre du commerce et des sociétés ou au répertoire des métiers** *(Abrogé par Décr. nº 2015-731 du 24 juin 2015, art. 1er-12º, à compter du 19 déc. 2015)* **«** ***, soit de la dispense d'immatriculation prévue à l'article L. 123-1-1 ou au V de l'article 19 de la loi nº 96-603 du 5 juillet 1996 relative au développement et à la promotion du commerce et de l'artisanat*** **»** *[V. cet art., App., vº Artisans]*, **soit d'une inscription équivalente dans un pays étranger garantissant la licéité de leur activité. »**

Le demandeur fournit une traduction en français des documents établis dans une langue étrangère. – *[Décr. nº 2005-1595 du 19 déc. 2005, art. 14.]*

Immatriculation au RCS. Lors de leur demande d'immatriculation au RCS, les personnes physiques et les sociétés installant, respectivement, leur établissement ou leur siège à l'intérieur d'un MIN, n'ont à justifier, du chef de cet établissement ou siège, que de la réalité de l'adresse déclarée. Cette justification peut résulter de la production de l'autorisation d'occupation d'un emplacement aménagé ou non, ou d'un contrat de bail si le MIN est installé sur une dépendance du domaine privé d'une collectivité territoriale (Avis CCRCS nº 2012-012 du 23 mars 2012).

Art. R. 761-16 **Les usagers du marché sont notamment tenus aux obligations suivantes :**

1° Se conformer aux dispositions du règlement intérieur du marché ainsi qu'aux textes législatifs et réglementaires applicables à leurs activités ;

2° Ne pas nuire à l'image et à la notoriété du marché ;

3° Respecter leurs obligations contractuelles envers le gestionnaire ;

4° Acquitter les redevances et contributions de toute nature perçues par le gestionnaire. – *[Décr. nº 2005-1595 du 19 déc. 2005, art. 15.]*

Art. R. 761-17 **Chaque marché dispose d'un règlement intérieur établi par le gestionnaire et approuvé par le préfet chargé de la police du marché.**

Le règlement intérieur prévoit notamment :

1° Les heures de vente pour chaque produit et selon chaque pratique de vente ainsi que les heures d'accès aux installations et activités accessoires du marché ;

2° Les modalités d'accès des usagers au marché et celles selon lesquelles le gestionnaire peut autoriser d'autres personnes à y pénétrer ;

3° Les obligations des usagers, et notamment, pour les vendeurs, l'obligation de déclarer au gestionnaire du marché les tonnages reçus, le volume des ventes, les entrées en entrepôt, les mouvements de stocks et de tenir une comptabilité appropriée aux activités autorisées sur le marché ;

4° Les conditions d'utilisation des services, installations ou moyens communs mis à la disposition des usagers par le gestionnaire du marché ;

5° Les modalités de contrôle, par le gestionnaire, des installations et des opérations faites sur le marché ;

6° Les conditions dans lesquelles les autorisations et titres d'occupation sont attribués et, le cas échéant, retirés ou abrogés ;

7° Les conditions dans lesquelles **le gestionnaire peut soit à la demande du titulaire du titre d'occupation, soit de sa propre initiative, dans l'intérêt de l'hygiène ou de la salubrité du marché ou du bon fonctionnement du service, modifier l'emplacement donnant lieu au titre d'occupation ; les frais afférents au transfert sont mis à la charge du titulaire, si le transfert est opéré à sa demande, et à la charge du gestionnaire, s'il est accompli à l'initiative de ce dernier.**

Toute modification du règlement intérieur est approuvée par le préfet chargé de la police du marché. – *[Décr. nº 2005-1595 du 19 déc. 2005, art. 16.]*

Art. R. 761-18 **Un conseil de discipline est institué dans chaque marché. Sauf en cas d'avertissement, il est saisi par l'autorité compétente, en application de l'article R. 761-19, pour infliger la sanction envisagée.**

Sa composition et son fonctionnement sont fixés par arrêté des ministres chargés du commerce et de l'agriculture. – *[Décr. n° 2005-1595 du 19 déc. 2005, art. 17.] – V. art. A. 761-15.*

Art. R. 761-19 Les usagers peuvent faire l'objet de sanctions disciplinaires pour infraction aux règles qui régissent le marché. L'intéressé doit être mis à même de présenter ses observations, dans les conditions prévues *(Ord. n° 2015-1341 du 23 oct. 2015, art. 3 et 6, en vigueur le 1er janv. 2016)* « aux articles L. 121-1 et L. 121-2 du code des relations entre le public et l'administration *[ancienne rédaction : à l'article 24 de la loi n° 2000-321 du 12 avril 2000 relative aux droits des citoyens dans leurs relations avec les administrations]* ».

Ces sanctions sont :

1° L'avertissement ;

2° L'avertissement comportant une sanction pécuniaire d'un montant égal à l'amende pour contravention de la troisième classe ;

3° Le blâme comportant une sanction pécuniaire d'un montant égal à l'amende pour contravention de la quatrième classe ;

4° La suspension pour une durée qui ne peut dépasser trois mois ;

5° L'exclusion comportant, s'il y a lieu, retrait du contrat d'occupation.

L'avertissement et le blâme sont prononcés par le gestionnaire.

La suspension et l'exclusion sont prononcées par le préfet chargé de la police du marché, après avis du conseil de discipline. – *[Décr. n° 2005-1595 du 19 déc. 2005, art. 18.]*

Sanctions. Lorsqu'il est compétent pour fixer certaines règles d'exercice d'une activité, le pouvoir réglementaire l'est également pour prévoir des sanctions administratives qui, par leur objet et leur nature, sont en rapport avec cette réglementation. Le pouvoir réglementaire, compétent, sur le fondement de l'art. L. 761-10, pour fixer l'organisation générale des MIN, l'est donc également pour définir le régime des sanctions applicables aux usagers de ces marchés en cas d'infraction aux règles qui régissent le marché. • CE 9 déc. 2016, n° 383421 : *AJDA 2016. 2414, obs. Pastor*. ♦ Si, en vertu de l'art. R. 761-22, l'autorisation de s'établir sur un MIN est donnée par son gestionnaire, dans le cas des MIN dont l'État n'a pas conservé la gestion, le préfet, lorsqu'il prononce la sanction prévue au 5° de l'art. R. 761-19, avec retrait du contrat d'occupation, agit comme autorité de tutelle, pour le compte du gestionnaire du MIN. Dès lors, la rupture de la relation contractuelle entre le gestionnaire et l'usager concerné est réputée émaner du gestionnaire du marché, partie au contrat. En conséquence, en jugeant que l'art. R. 761-19 était entaché d'illégalité, dès lors qu'en permettant au préfet de retirer une convention légalement conclue entre le gestionnaire du MIN et un usager de ce marché, il portait à la liberté de contracter une atteinte dont le principe aurait dû être prévu dans la loi, la cour a commis une erreur de droit. • Même décision (censure de • CAA Marseille, 2 juin 2014 : *RFDA 2014. 1003, concl. Felmy*).

Art. R. 761-20 Un comité technique consultatif est institué auprès du gestionnaire du marché.

Il débat de toutes questions relatives au fonctionnement du marché.

Sa composition et son fonctionnement sont fixés par arrêté des ministres chargés du commerce et de l'agriculture. – *[Décr. n° 2005-1595 du 19 déc. 2005, art. 19.] – V. art. A. 761-16.*

Art. R. 761-21 En l'absence de périmètre de référence, l'extension ou la réduction de l'enceinte du marché ainsi que son transfert à l'intérieur d'un même département sont décidés par le gestionnaire.

Si un tel périmètre a été créé :

1° L'extension ou la réduction de l'enceinte du marché est approuvée par arrêté du préfet chargé de la police du marché ;

2° A la demande du gestionnaire, de la collectivité délégante ou, de sa propre initiative, pour des raisons d'ordre public, le préfet chargé de la police du marché peut décider du transfert de celui-ci à l'intérieur du périmètre de référence. Les frais de déménagement des vendeurs professionnels et courtiers sont pris en charge par l'autorité qui a demandé le transfert. – *[Décr. n° 2005-1595 du 19 déc. 2005, art. 12.]*

SOUS-SECTION 2 DISPOSITIONS APPLICABLES AUX MARCHÉS D'INTÉRÊT NATIONAL INSTALLÉS SUR LE DOMAINE PUBLIC

Art. R. 761-22 L'autorisation de s'établir sur le marché d'intérêt national est donnée par son gestionnaire. Elle est précédée d'une publicité appropriée.

Il peut s'agir :

1° Soit d'une autorisation d'occupation exclusive d'un emplacement aménagé ou d'un terrain ;

2° Soit d'une autorisation d'occupation non exclusive d'un emplacement dans une installation aménagée : carreau, salle, surface couverte ou quai affectés à l'utilisation commune de certaines catégories ou de l'ensemble des vendeurs, conformément aux conditions spéciales définies par le règlement intérieur.

L'autorisation d'occupation impose au bénéficiaire l'obligation d'exploiter sous sa responsabilité personnelle.

La décision d'autorisation d'occupation est notifiée à l'intéressé par le gestionnaire. Elle fixe la nature et les caractéristiques des installations autorisées et des activités que le titulaire s'engage à y exercer, la date de son entrée en vigueur et sa durée, qui ne peut excéder la date de mise à disposition du terrain par la personne publique propriétaire. – *[Décr. nº 2005-1595 du 19 déc. 2005, art. 21.]*

Art. R. 761-23 L'attribution d'une autorisation d'occupation exclusive peut être subordonnée à l'acquittement, par le demandeur, d'un droit de première accession fixé dans les conditions prévues à l'article L. 761-3.

Sans préjudice de l'application de l'article R. 761-24, le titulaire de cette autorisation ne peut disposer de tout ou partie de son emplacement au profit d'un tiers.

Le gestionnaire peut, sur demande individuelle, autoriser le titulaire d'une autorisation d'occupation exclusive à opérer, dans son emplacement, des aménagements conformes à la destination de celui-ci. Il ne peut refuser cette autorisation si les services généraux ou les moyens communs du marché ne satisfont pas le besoin invoqué. – *[Décr. nº 2005-1595 du 19 déc. 2005, art. 22.]*

Art. R. 761-24 Le titulaire d'une autorisation d'occupation exclusive peut, lorsqu'il exerce son activité sur le marché depuis trois ans au moins, présenter au gestionnaire un successeur qui sera subrogé dans ses droits et ses obligations. Lorsque le titulaire vient à décéder, le même droit de présentation appartient à ses ayants droit qui peuvent en faire usage au bénéfice de l'un d'eux.

Le gestionnaire ne peut refuser à la personne présentée comme successeur l'autorisation de s'établir à titre exclusif dans un emplacement du marché si elle remplit les conditions prévues à l'article R. 761-15 et si elle exerce les mêmes activités que son prédécesseur. – *[Décr. nº 2005-1595 du 19 déc. 2005, art. 23.]*

SOUS-SECTION 3 DISPOSITIONS APPLICABLES AUX MARCHÉS D'INTÉRÊT NATIONAL INSTALLÉS SUR LE DOMAINE PRIVÉ D'UNE COLLECTIVITÉ TERRITORIALE ET À CEUX INSTALLÉS SUR DES IMMEUBLES APPARTENANT À DES PERSONNES PRIVÉES

Art. R. 761-25 Les occupants des marchés d'intérêt national installés sur une dépendance du domaine privé d'une collectivité territoriale ne peuvent être que des preneurs à bail.

En cas de gestion déléguée du marché d'intérêt national, la ou les collectivités délégantes habilitent, dans le contrat de délégation de service public, le gestionnaire à conclure des baux avec les occupants du marché.

L'occupant, quelle que soit la nature de son bail, ne peut exercer sous forme de location-gérance, ni sous-louer son emplacement à un tiers. – *[Décr. nº 2005-1595 du 19 déc. 2005, art. 24.]*

Art. R. 761-26 Lorsqu'un marché d'intérêt national est installé pour tout ou partie sur des immeubles privés, l'organisme gestionnaire est soit propriétaire desdits immeubles, soit preneur à bail pendant toute la durée de sa mission d'exploitation du marché. – *[Décr. nº 2005-1595 du 19 déc. 2005, art. 25.]*

CHAPITRE II DES MANIFESTATIONS COMMERCIALES

RÉP. COM. v° *Manifestations commerciales*, par COURIVAUD.

Art. R. 762-1 La demande d'enregistrement d'un parc d'exposition est adressée par son exploitant *(Abrogé par Décr. n° 2018-81 du 9 févr. 2018, art. 1er, à compter du 1er juill. 2018)* « *, par lettre recommandée avec demande d'avis de réception, ou remise* » au préfet du département où se trouvent ses installations *(Décr. n° 2018-81 du 9 févr. 2018, art. 1er, en vigueur le 1er juill. 2018)* « par voie électronique ». Si l'emprise du parc d'exposition et de ses dépendances s'étend sur plusieurs départements, l'enregistrement est réalisé auprès du département où est situé l'accès principal de ce parc d'exposition. Une demande est faite pour chaque parc qui constitue un ensemble clos sans accès direct et privatif vers un autre parc d'exposition.

Le dossier de demande d'enregistrement comporte une déclaration et des pièces justificatives définies par un arrêté du ministre chargé du commerce. – *[Décr. n° 2006-85 du 27 janv. 2006, art. 1er, al. 1er et 2.] – V. art. A. 762-2.*

Art. R. 762-2 Si le dossier de demande d'enregistrement est complet, le préfet adresse à l'exploitant du parc d'exposition, par voie *(Décr. n° 2018-81 du 9 févr. 2018, art. 1er, en vigueur le 1er juill. 2018)* « électronique », un récépissé d'enregistrement de chaque parc dans le délai d'un mois à compter de la réception de ce dossier. Si le dossier est incomplet, le préfet notifie à l'intéressé la liste des pièces manquantes dans un délai de quinze jours à compter de sa réception. A défaut de production des éléments complémentaires manquants, la demande d'enregistrement ne peut faire l'objet d'un récépissé d'enregistrement. – *[Décr. n° 2006-85 du 27 janv. 2006, art. 1er, al. 3.]*

Art. R. 762-3 Tout changement dans les éléments figurant dans la demande d'enregistrement initiale d'un parc d'exposition fait l'objet d'une déclaration modificative au préfet dans des conditions identiques à la procédure initiale. – *[Décr. n° 2006-85 du 27 janv. 2006, art. 1er, al. 4.]*

Art. R. 762-4 Les manifestations commerciales devant faire l'objet d'une déclaration au titre du programme annuel par un parc d'exposition sont :

1° Les salons professionnels tels que définis par l'article L. 762-2 ;

2° Les manifestations commerciales, usuellement dénommées "salons", ouvertes au public et dans lesquelles un ensemble de personnes physiques ou morales relevant d'une branche professionnelle ou d'un ensemble de branches professionnelles expose d'une façon collective et temporaire des biens ou offre des services relevant d'une liste limitative de produits ou services déterminés par l'organisateur, qui peuvent faire l'objet d'une vente directe avec enlèvement de la marchandise ou exécution du contrat de services ;

3° Les manifestations commerciales, usuellement dénommées "foires", dans lesquelles un ensemble de personnes physiques ou morales expose d'une façon collective et temporaire des biens ou offre des services qui peuvent faire l'objet d'une vente directe avec enlèvement de la marchandise ou exécution du contrat de services.

Les manifestations mentionnées au 3° du III de l'article L. 310-2 n'ont pas à faire l'objet d'une déclaration au titre du programme annuel. – *[Décr. n° 2006-85 du 27 janv. 2006, art. 2.]*

Art. R. 762-5 L'exploitant d'un parc d'exposition enregistré adresse, pour chaque année civile, la déclaration du programme annuel des manifestations commerciales telles que définies à l'article R. 762-4 se tenant dans son parc, au préfet du département d'implantation de ce parc, avant le 1er octobre de l'année précédant la tenue des manifestations commerciales inscrites dans ce programme. – *V. art. A. 762-3.*

L'exploitant du parc déclare les principales caractéristiques de chaque manifestation commerciale, qu'il recueille auprès de son organisateur. La liste de ces caractéristiques est définie par un arrêté du ministre chargé du commerce. Lorsque la manifestation s'est tenue précédemment, ses caractéristiques chiffrées sont certifiées dans des conditions fixées par arrêté du ministre chargé du commerce.

(Décr. n° 2018-81 du 9 févr. 2018, art. 1er, en vigueur le 1er juill. 2018) « La déclaration du programme annuel est transmise par l'exploitant du parc d'exposition par voie électronique. »

Elle donne lieu à la délivrance d'un accusé de réception, par voie *(Abrogé par Décr. nº 2018-81 du 9 févr. 2018, art. 1er, à compter du 1er juill. 2018)* **« postale ou »** électronique. *(Décr. nº 2018-81 du 9 févr. 2018, art. 1er, en vigueur le 1er juill. 2018)* « Le » préfet veille à ce que la transmission soit assurée de manière sécurisée, conformément à l'article *(Décr. nº 2016-1278 du 29 sept. 2016, art. 1er, en vigueur le 1er oct. 2016)* « 1366 » du code civil. L'exploitant du parc adresse par voie *(Abrogé par Décr. nº 2018-81 du 9 févr. 2018, art. 1er, à compter du 1er juill. 2018)* **« postale ou »** électronique une copie de ce récépissé aux organisateurs des manifestations faisant l'objet de la déclaration annuelle. – *[Décr. nº 2006-85 du 27 janv. 2006, art. 3, al. 1er et 2.] – V. art. A. 762-7 et A. 762-8.*

Art. R. 762-6 Si le dossier de déclaration de programme annuel est complet, le préfet adresse, par voie *(Décr. nº 2018-81 du 9 févr. 2018, art. 1er, en vigueur le 1er juill. 2018)* « électronique », un récépissé de déclaration à l'exploitant du parc d'exposition dans le délai d'un mois à compter de la réception de ce dossier. Si le dossier est incomplet, le préfet notifie à l'intéressé la liste des éléments manquants dans un délai de quinze jours à compter de la réception du dossier. A défaut de production des éléments complémentaires manquants, la déclaration ne peut faire l'objet d'un récépissé de déclaration que pour les manifestations dont le dossier est complet. – *[Décr. nº 2006-85 du 27 janv. 2006, art. 3, al. 3.] – V. art. A. 762-5.*

Art. R. 762-7 Toute modification du programme annuel ou des principales caractéristiques des manifestations qui y figurent fait l'objet d'une déclaration modificative immédiate au préfet dans des conditions identiques à la procédure initiale de déclaration du programme annuel. – *[Décr. nº 2006-85 du 27 janv. 2006, art. 3, al. 4.]*

Art. R. 762-8 La première déclaration de programme annuel peut être effectuée en même temps que la demande d'enregistrement du parc d'exposition. – *[Décr. nº 2006-85 du 27 janv. 2006, art. 3, al. 5.]*

Art. R. 762-9 En cas d'absence de dépôt de la déclaration complète dans les délais prévus à l'article R. 762-5, les manifestations commerciales qui se tiennent dans le parc sont assujetties, suivant le cas, au régime de déclaration prévu aux articles R. 762-10 à R. 762-12, ou aux demandes d'autorisation prévues au I de l'article L. 310-2. Dans ce cas, l'exploitant du parc d'exposition informe par voie *(Décr. nº 2018-81 du 9 févr. 2018, art. 1er, en vigueur le 1er juill. 2018)* « électronique » avant le 1er novembre de l'année précédant la tenue des manifestations commerciales les organisateurs de celles pour lesquelles il n'a pas obtenu de récépissé de déclaration. – *[Décr. nº 2006-85 du 27 janv. 2006, art. 3, al. 6.]*

Art. R. 762-10 L'organisateur d'un salon professionnel tel que défini à l'article L. 762-2 qui ne se tient pas dans un parc d'exposition enregistré adresse une déclaration préalable *(Décr. nº 2018-81 du 9 févr. 2018, art. 1er, en vigueur le 1er juill. 2018)* « par voie électronique » au préfet du département où se tient la manifestation deux mois au moins avant le début de celle-ci.

Le déclarant fournit les principales caractéristiques de la manifestation. La liste de ces caractéristiques est définie par un arrêté du ministre chargé du commerce. Lorsque la manifestation s'est tenue précédemment, ses caractéristiques chiffrées sont certifiées dans des conditions fixées par arrêté du ministre chargé du commerce. – *V. art. A. 762-4.*

Le préfet délivre un récépissé de déclaration *(Décr. nº 2018-81 du 9 févr. 2018, art. 1er, en vigueur le 1er juill. 2018)* « par voie électronique » dans un délai maximum de quinze jours à compter de la réception du dossier complet de cette déclaration. Si la déclaration est incomplète, il notifie à l'intéressé la liste des éléments manquants dans un délai de quinze jours à compter de sa réception.

A défaut de production des éléments complémentaires manquants dans les dix jours à compter de cette notification, la déclaration ne peut faire l'objet d'un récépissé de déclaration. – *[Décr. nº 2006-85 du 27 janv. 2006, art. 4, al. 1er à 4.]*

Art. R. 762-11 Lorsqu'un des éléments de la déclaration initiale est modifié avant ou pendant la tenue de la manifestation, déclaration en est faite immédiatement au préfet du département dans les conditions fixées par arrêté du ministre chargé du commerce. – *[Décr. nº 2006-85 du 27 janv. 2006, art. 4, al. 5.]*

Art. R. 762-12 *(Décr. n° 2018-81 du 9 févr. 2018, art. 1er, en vigueur le 1er juill. 2018)* **Un arrêté du ministre chargé du commerce précise les modalités selon lesquelles il est procédé aux formalités prévues au présent chapitre par voie électronique. Cet arrêté prévoit la mise en place à cet effet d'un dispositif de télé-service.** – *[Décr. n° 2006-85 du 27 janv. 2006, art. 4, al. 6.] – V. art. A. 762-8.*

Art. D. 762-13 **La valeur maximale des marchandises pouvant être proposées à la vente sur place, pour l'usage personnel de l'acquéreur, à l'occasion d'un salon professionnel tel que défini par l'article L. 762-2, est fixée à 80 € toutes taxes comprises.** – *[Décr. n° 2006-768 du 29 juin 2006, art. 1er.]*

Art. R. 762-14 **Les manifestations commerciales déclarées dans les conditions prévues aux articles R. 762-5 à R. 762-12 font l'objet d'une publicité** *(Décr. n° 2018-81 du 9 févr. 2018, art. 1er, en vigueur le 1er juill. 2018)* **« , par l'administration et » par voie électronique, dans des conditions fixées par arrêté du ministre chargé du commerce.** – *[Décr. n° 2006-85 du 27 janv. 2006, art. 5.] – V. Arr. du 12 juin 2006 (JO 5 juill.).*

Sur le traitement automatisé relatif aux manifestations commerciales, V. art. A. 762-10 s.

LIVRE HUITIÈME DE QUELQUES PROFESSIONS RÉGLEMENTÉES

TITRE PREMIER DES ADMINISTRATEURS JUDICIAIRES, DES MANDATAIRES JUDICIAIRES ET DES EXPERTS EN DIAGNOSTIC D'ENTREPRISE

CHAPITRE PREMIER DES ADMINISTRATEURS JUDICIAIRES

SECTION PREMIÈRE DE L'ACCÈS À LA PROFESSION

SOUS-SECTION 1 DES ADMINISTRATEURS JUDICIAIRES MEMBRES DE LA COMMISSION NATIONALE D'INSCRIPTION ET DE DISCIPLINE *(Décr. nº 2016-109 du 3 févr. 2016, art. 2-I).*

Art. R. 811-1 et R. 811-2 *Abrogés par Décr. nº 2016-109 du 3 févr. 2016, art. 2-II.*

Art. R. 811-3 L'élection des administrateurs judiciaires et de leurs suppléants, membres de la commission nationale, est organisée par le Conseil national des administrateurs judiciaires et des mandataires judiciaires. Elle a lieu au scrutin majoritaire plurinominal à un tour.

Ne peuvent prendre part aux opérations électorales les administrateurs judiciaires qui, depuis la date à laquelle a été arrêtée la liste, ont fait l'objet d'une suspension provisoire, d'une interdiction temporaire, d'une radiation ou d'un retrait de la liste.

L'électeur vote pour trois candidats titulaires et leurs suppléants. Il barre sur le bulletin qui lui a été adressé le nom de ceux qu'il ne retient pas. Les bulletins sont valables même s'ils portent moins de noms qu'il y a de membres à élire. Lorsque les bulletins comportent plus de noms qu'il y a de membres à élire, seuls sont comptés les trois premiers noms inscrits, dans l'ordre de préférence indiqué par l'électeur. Tout bulletin surchargé est nul.

Sont élus les trois candidats titulaires et leurs suppléants qui ont obtenu le plus grand nombre de voix. En cas d'égalité des voix, le plus âgé des candidats titulaires l'emporte. — *[Décr. nº 85-1389 du 27 déc. 1985, art. 3.]*

Art. R. 811-4 Tout administrateur judiciaire peut déférer les élections à la cour d'appel de Paris dans le délai de cinq jours à compter de la proclamation des résultats. La réclamation est adressée par lettre recommandée avec demande d'avis de réception au greffier en chef de la cour d'appel, qui en avise le commissaire du gouvernement.

Le recours peut aussi être exercé par le commissaire du gouvernement. — *[Décr. nº 85-1389 du 27 déc. 1985, art. 3-1.]*

Art. R. 811-5 En cas de vacance du siège d'un titulaire et de son suppléant, il est pourvu à leur remplacement par le premier candidat et son suppléant non élus. S'il n'y a plus de candidat non élu, il est procédé à une élection au scrutin majoritaire à un tour selon les modalités prévues à l'article R. 811-3. — *[Décr. nº 85-1389 du 27 déc. 1985, art. 3-2.]*

Art. R. 811-6 Les autres modalités de l'élection des administrateurs judiciaires à la commission nationale et notamment celles du vote par correspondance sont déterminées par le bureau du Conseil national des administrateurs judiciaires et des mandataires judiciaires selon des règles soumises à l'approbation du garde des sceaux, ministre de la justice. — *[Décr. nº 85-1389 du 27 déc. 1985, art. 3-3.] — V. art. A. 811-1.*

SOUS-SECTION 2 DES CONDITIONS D'INSCRIPTION SUR LA LISTE DES ADMINISTRATEURS JUDICIAIRES

§ 1er DE L'EXAMEN D'ACCÈS AU STAGE PROFESSIONNEL, DU STAGE PROFESSIONNEL, DE L'EXAMEN D'APTITUDE AUX FONCTIONS D'ADMINISTRATEUR JUDICIAIRE *(Décr. n° 2016-400 du 1er avr. 2016, art. 4).*

Art. R. 811-7 Ne peuvent être admises à se présenter à l'examen d'accès au stage professionnel prévu à l'article L. 811-5 que les personnes titulaires de l'un des titres ou diplômes ci-après :

1° Maîtrise en droit ;

2° Maîtrise en sciences économiques ou maîtrise de sciences de gestion ;

3° Diplôme revêtu du visa du ministre chargé de l'éducation nationale, délivré par un établissement d'enseignement supérieur de commerce et de gestion reconnu par l'État et autorisé à délivrer un tel diplôme ;

4° Autres titres et diplômes sanctionnant un deuxième cycle d'enseignement supérieur ou d'un niveau équivalent et figurant sur une liste fixée par arrêté conjoint du garde des sceaux, ministre de la justice, et du ministre chargé de l'éducation nationale ; *— V. art. A. 811-2.*

5° Certificat d'aptitude aux fonctions de commissaire aux comptes ou diplôme d'expertise comptable ;

6° Diplôme d'études supérieures comptables et financières régi par le décret n° 88-80 du 22 janvier 1988 relatif au diplôme préparatoire aux études comptables et financières, au diplôme d'études comptables et financières, au diplôme d'études supérieures comptables et financières et abrogeant le décret n° 81-537 du 12 mai 1981 relatif au diplôme d'études comptables supérieures ;

7° Diplôme d'études approfondies en droit ou en gestion des entreprises ;

8° Diplôme d'études supérieures spécialisées en droit ou diplôme d'études supérieures spécialisées en administration des entreprises (ancien certificat d'aptitude à l'administration des entreprises). *— [Décr. n° 85-1389 du 27 déc. 1985, art. 4, al. 1 à 10.]*

Art. R. 811-8 Les titulaires du diplôme d'études comptables supérieures régi antérieurement par le décret n° 81-537 du 12 mai 1981 relatif au diplôme d'études comptables supérieures sont considérés pour l'application du présent chapitre comme titulaires du diplôme d'études supérieures comptables et financières. *— [Décr. n° 85-1389 du 27 déc. 1985, art. 4, al. 11.]*

Art. R. 811-9 L'examen d'accès au stage est organisé par le Conseil national des administrateurs judiciaires et des mandataires judiciaires selon un programme et des modalités fixés par arrêté du garde des sceaux, ministre de la justice. *— V. art. A. 811-3 s.*

Nul ne peut se présenter plus de trois fois à l'examen. *— [Décr. n° 85-1389 du 27 déc. 1985, art. 4-1.]*

Art. R. 811-10 Le jury de l'examen d'accès au stage est composé ainsi qu'il suit :

1° Un magistrat de l'ordre judiciaire *(Décr. n° 2017-1225 du 2 août 2017, art. 17)* « ou un conseiller à la Cour de cassation ou un avocat général près cette cour, en service extraordinaire », président ;

2° Un magistrat de l'ordre judiciaire ;

3° Un professeur ou un maître de conférences de droit ;

4° Un professeur ou un maître de conférences de sciences économiques ou de gestion ;

5° Deux administrateurs judiciaires.

En cas de partage égal des voix, celle du président est prépondérante. *— [Décr. n° 85-1389 du 27 déc. 1985, art. 4-2.]*

Art. R. 811-11 Les membres du jury sont nommés par arrêté du garde des sceaux, ministre de la justice, après avis, en ce qui concerne les administrateurs judiciaires, du Conseil national des administrateurs judiciaires et des mandataires judiciaires.

Des suppléants sont nommés en nombre égal dans les mêmes conditions.

Le président et les membres du jury sont nommés pour une période de *(Décr. n° 2016-109 du 3 févr. 2016, art. 3)* « trois ans », renouvelable une fois. *— [Décr. n° 85-1389 du 27 déc. 1985, art. 4-3.]*

Art. R. 811-12 Lorsqu'un membre est définitivement empêché en cours de mandat, il est remplacé par une personne appartenant à la même catégorie pour la durée du mandat restant à courir. – *[Décr. nº 85-1389 du 27 déc. 1985, art. 4-4.]*

Art. R. 811-13 En application des dispositions de l'article L. 811-5, sont dispensés de l'examen d'accès au stage professionnel :

1º Les mandataires judiciaires ayant exercé leur profession pendant trois ans au moins ;

2º Les avocats, les notaires, *(Décr. nº 2016-400 du 1er avr. 2016, art. 5-1º)* « les commissaires-priseurs judiciaires, » les huissiers de justice, les greffiers des tribunaux de commerce, les experts-comptables et les commissaires aux comptes, ayant exercé leur profession pendant cinq ans au moins ;

(Décr. nº 2016-400 du 1er avr. 2016, art. 5-2º) « 3º Les personnes titulaires de l'un des titres ou diplômes mentionnés à l'article R. 811-7, justifiant de cinq ans au moins de pratique professionnelle comptable, juridique ou financière dans le domaine de l'administration, du financement, de la restructuration, dont les fusions-acquisitions, ou de la reprise d'entreprises, notamment en difficulté ;

« 4º Les personnes ayant exercé les fonctions de collaborateur d'un administrateur judiciaire pendant une durée de cinq ans. » – *[Décr. nº 85-1389 du 27 déc. 1985, art. 4-5.]*

Les dispositions du chap. II du Décr. nº 2016-400 du 1er avr. 2016 sont applicables aux demandes de dispense et aux demandes d'inscription reçues par la commission nationale d'inscription et de discipline à compter de la publication de ce décret (Décr. préc., art. 22-II, JO 3 avr.).

Art. R. 811-14 Le secrétaire de la commission tient un registre sur lequel est inscrit le nom du stagiaire, le nom du ou des maîtres de stage, les dates de commencement et de fin de stage.

Toute inscription sur le registre de stage est portée à la connaissance du Conseil national dans le délai de huit jours. – *[Décr. nº 85-1389 du 27 déc. 1985, art. 5.]*

Art. R. 811-15 La durée du stage est de trois ans au moins et de six ans au plus.

Le stage consiste dans la pratique d'activités permettant d'acquérir une expérience suffisante dans le domaine professionnel des administrateurs judiciaires, en qualité de collaborateur d'un administrateur judiciaire et sous son contrôle direct.

Le stage peut être accompli pour une période n'excédant pas le tiers de sa durée auprès d'une personne exerçant une autre profession juridique réglementée ou auprès d'un expert-comptable ou d'un commissaire aux comptes dans les conditions prévues à l'article R. 811-16, ou dans les services juridiques ou financiers d'un *(Décr. nº 2014-1315 du 3 nov. 2014, art. 9-9º)* « établissement de crédit ou d'une société de financement régis » par le code monétaire et financier. – *[Décr. nº 85-1389 du 27 déc. 1985, art. 6.]*

Art. R. 811-16 Il est passé entre le candidat stagiaire et le maître de stage une convention qui précise la durée du stage et la nature des tâches demandées au stagiaire, ainsi que les modalités de sa rémunération. Une copie en est adressée par le stagiaire au secrétariat de la commission. – *[Décr. nº 85-1389 du 27 déc. 1985, art. 7.]*

Art. R. 811-17 Le stage correspond à la durée normale du travail telle qu'elle résulte des règlements, conventions collectives, accords ou usages en vigueur pour la catégorie professionnelle considérée ; il est rémunéré conformément à ces mêmes règlements, conventions collectives, accords ou usages. Il ne doit pas avoir été interrompu pendant plus d'un an sauf motif légitime.

Al. abrogé par Décr. nº 2016-400 du 1er avr. 2016, art. 16. – [Décr. nº 85-1389 du 27 déc. 1985, art. 8.]

L'art. 16 du Décr. nº 2016-400 du 1er avr. 2016 entre en vigueur à compter de la publication de l'arrêté prévu à l'art. R. 811-28-2 (Décr. préc., art. 22-III). Ledit Arr. du 7 mars 2017 a été publié au JO du 25 mars.

Art. R. 811-18 Le stage qui a été régulièrement accompli donne lieu à la délivrance d'une attestation établie par le maître de stage ; ce document précise les appréciations de ce dernier, la nature des tâches et la qualité du travail effectués par le stagiaire ; il est communiqué au stagiaire qui certifie en avoir pris connaissance et peut apporter ses observations *(Décr. nº 2016-400 du 1er avr. 2016, art. 6)* « écrites ». Il est ensuite transmis par le maître de stage au secrétaire de la commission. Le commissaire du gouvernement, le cas échéant après enquête, délivre le certificat de fin de stage. Le refus de délivrance du certificat, qui est motivé, est notifié à l'intéressé par lettre recommandée avec demande d'avis de réception. L'intéressé peut le déférer dans les mêmes formes à la commission dans le délai d'un mois à compter de la notification qui lui en a été faite. La commission statue alors dans les conditions prévues aux articles R. 811-33 à R. 811-35. – *[Décr. n° 85-1389 du 27 déc. 1985, art. 9.]*

Pour l'entrée en vigueur des dispositions du Décr. n° 2016-400 du 1er avr. 2016, V. note ss. art. R. 811-13.

Art. R. 811-19 Le jury de l'examen d'aptitude prévu à l'article L. 811-5 est composé ainsi qu'il suit :

1° Un magistrat de l'ordre judiciaire *(Décr. n° 2017-1225 du 2 août 2017, art. 17)* « ou un conseiller à la Cour de cassation ou un avocat général près cette cour, en service extraordinaire », président ;

2° Un magistrat de l'ordre judiciaire ;

3° Un membre d'une juridiction commerciale du premier degré ;

4° Une personne qualifiée en matière *(Décr. n° 2018-262 du 11 avr. 2018, art. 2)* « juridique, économique, sociale ou financière » ;

5° Deux administrateurs judiciaires *(Décr. n° 2018-262 du 11 avr. 2018, art. 2)* « dont l'un est inscrit sur la liste prévue à l'article L. 811-2 avec la mention de la spécialité civile et l'autre avec la mention de la spécialité commerciale ».

En cas de partage égal des voix, celle du président est prépondérante. – *[Décr. n° 85-1389 du 27 déc. 1985, art. 10.]*

Art. R. 811-20 Les membres du jury sont nommés par arrêté du garde des sceaux, ministre de la justice, après avis, en ce qui concerne les administrateurs judiciaires, du Conseil national des administrateurs judiciaires et des mandataires judiciaires.

Des suppléants sont nommés en nombre égal dans les mêmes conditions.

Le président et les membres du jury sont nommés pour une période de *(Décr. n° 2016-109 du 3 févr. 2016, art. 3)* « trois ans », renouvelable une fois. – *[Décr. n° 85-1389 du 27 déc. 1985, art. 10-1.]*

Art. R. 811-21 Lorsqu'un membre est définitivement empêché en cours de mandat, il est remplacé par une personne appartenant à la même catégorie pour la durée du mandat restant à courir. – *[Décr. n° 85-1389 du 27 déc. 1985, art. 10-2.]*

Art. R. 811-22 L'examen d'aptitude est organisé par le Conseil national des administrateurs judiciaires et des mandataires judiciaires. Ne peuvent être admises à s'y présenter que les personnes titulaires du certificat de fin de stage délivré dans les conditions fixées à l'article R. 811-18 *(Décr. n° 2016-400 du 1er avr. 2016, art. 7)* « ainsi que les personnes dispensées de stage professionnel en application des dispositions du I de l'article R. 811-25 et les personnes mentionnées au deuxième alinéa de l'article R. 811-28-2 ». – *[Décr. n° 85-1389 du 27 déc. 1985, art. 11.]*

Pour l'entrée en vigueur des dispositions du Décr. n° 2016-400 du 1er avr. 2016, V. note ss. art. R. 811-13.

Art. R. 811-23 *(Décr. n° 2018-262 du 11 avr. 2018, art. 3)* L'examen d'aptitude comporte deux options, au choix du candidat, l'une en matière commerciale, l'autre en matière civile.

Le programme et les modalités de cet examen, comprenant des épreuves à caractère théorique et pratique et un mémoire de stage, sont fixés par arrêté du garde des sceaux, ministre de la justice. Certaines des épreuves peuvent être communes aux deux options.

Chaque candidat peut choisir l'une des options, ou les deux. Lorsqu'un candidat choisit les deux options, les épreuves correspondantes sont subies au cours de la même session.

Le succès à l'examen ouvre droit à la mention de la spécialité correspondant à l'option choisie.

V. art. A. 811-13 s.

Art. R. 811-24 En cas de premier échec à l'examen d'aptitude, le candidat peut poursuivre son stage. Le certificat de fin de stage initial demeure valide. *(Décr. nº 2016-1851 du 23 déc. 2016, art. 31, en vigueur le 1er janv. 2017)* « Nul ne peut se présenter plus de trois fois à l'examen d'aptitude. » – *[Décr. nº 85-1389 du 27 déc. 1985, art. 11-2.]*

Les dispositions de l'art. 14 du Décr. nº 2004-518 du 10 juin 2004 [dont est issu l'art. R. 811-24 ci-dessus] relatives à l'examen d'aptitude n'entreront en vigueur qu'à compter de la date du renouvellement du jury chargé de cet examen. Par dérogation à l'art. 14, les personnes mentionnées au premier al. du V [personnes inscrites sur le registre de stage à la date de promulgation de la L. nº 2003-7 du 3 janv. 2003 ou ayant obtenu un certificat de fin de stage à la date de publication du décret précité du 10 juin 2004] peuvent se présenter trois fois à l'examen d'aptitude. Les examens subis antérieurement à la date du renouvellement du jury sont pris en compte au titre de ces trois sessions (Décr. préc., art. 108-III, JO 11 juin, mod. par Décr. nº 2006-1709 du 23 déc. 2006, art. 42).

Art. R. 811-25 *(Décr. nº 2016-400 du 1er avr. 2016, art. 9)* I. – En application des dispositions du huitième alinéa de l'article L. 811-5, sont dispensés de stage professionnel :

– les mandataires judiciaires, les avocats, les notaires, les commissaires-priseurs judiciaires, les huissiers de justice, les greffiers des tribunaux de commerce, les anciens avoués, les experts-comptables, les commissaires aux comptes ayant exercé leur profession pendant dix ans au moins ;

– les personnes ayant exercé pendant une durée de dix ans au moins les fonctions de collaborateur d'un administrateur judiciaire ;

– les personnes titulaires de l'un des titres ou diplômes mentionnés à l'article R. 811-7 et justifiant de quinze ans au moins de pratique professionnelle comptable, juridique ou financière *(Décr. nº 2016-1851 du 23 déc. 2016, art. 32-I, en vigueur le 1er janv. 2017)* « , dans le domaine de l'administration, du financement, de la restructuration, dont les fusions-acquisitions, » ou de la reprise d'entreprises, notamment en difficulté.

II. – La durée du stage professionnel est d'un an au moins pour :

– les mandataires judiciaires, les avocats, les notaires, les commissaires-priseurs judiciaires, les huissiers de justice, les greffiers des tribunaux de commerce, les anciens avoués, les experts-comptables, les commissaires aux comptes ayant exercé leur profession pendant cinq ans au moins ;

– les personnes titulaires de l'un des titres ou diplômes mentionnés à l'article R. 811-7 et justifiant de dix ans au moins de pratique professionnelle comptable, juridique ou financière *(Décr. nº 2016-1851 du 23 déc. 2016, art. 32-I, en vigueur le 1er janv. 2017)* « , dans le domaine de l'administration, du financement, de la restructuration, dont les fusions-acquisitions, » ou de la reprise d'entreprises, notamment en difficulté.

Pour l'entrée en vigueur des dispositions du Décr. nº 2016-400 du 1er avr. 2016, V. note ss. art. R. 811-13.

Art. R. 811-26 *(Décr. nº 2016-400 du 1er avr. 2016, art. 9)* I. – Les mandataires judiciaires qui ont été inscrits pendant cinq ans au moins sur la liste mentionnée à l'article L. 812-2 et qui ont, le cas échéant, effectué le stage dans les conditions prévues au II de l'article R. 811-25 sont dispensés de toutes les épreuves de l'examen d'aptitude. Ils sont inscrits sur la liste des administrateurs judiciaires *(Décr. nº 2018-262 du 11 avr. 2018, art. 4)* « avec la mention de la spécialité commerciale, » sous condition suspensive d'avoir été retirés de la liste des mandataires judiciaires dans les conditions prévues aux articles R. 811-36 et R. 812-20.

II. – Sont dispensés de l'épreuve de procédure civile et de droit pénal des affaires de l'examen d'aptitude :

1º Les avocats, les notaires, les commissaires-priseurs judiciaires, les huissiers de justice, les greffiers des tribunaux de commerce ;

2º Les personnes titulaires de l'un des titres ou diplômes mentionnés à l'article R. 811-7 et justifiant de cinq ans au moins de pratique professionnelle juridique dans le domaine de l'administration, du financement, de la restructuration, dont les fusions-acquisitions, ou de la reprise d'entreprises, notamment en difficulté.

III. – Sont dispensés de l'épreuve de l'examen d'aptitude portant sur la gestion d'un cabinet d'administrateur judiciaire :

1° Les personnes ayant exercé pendant une durée de cinq ans au moins les fonctions de collaborateur d'un administrateur judiciaire ;

2° Les experts-comptables et les commissaires aux comptes ;

3° Les personnes titulaires de l'un des titres ou diplômes mentionnés à l'article R. 811-7 et justifiant de cinq ans au moins de pratique professionnelle comptable ou financière *(Décr. nº 2016-1851 du 23 déc. 2016, art. 32-II, en vigueur le 1er janv. 2017)* « , » dans le domaine de l'administration, du financement, de la restructuration, dont les fusions-acquisitions, ou de la reprise d'entreprises, notamment en difficulté.

IV. — Pour les personnes dispensées totalement de stage professionnel en application des dispositions du I de l'article R. 811-25, l'épreuve de l'examen d'aptitude de présentation et de discussion avec le jury portant sur un mémoire de stage est remplacée par une épreuve de présentation et de discussion avec le jury portant sur l'expérience professionnelle du candidat.

Pour l'entrée en vigueur des dispositions du Décr. nº 2016-400 du 1er avr. 2016, V. note ss. art. R. 811-13.

Art. R. 811-27 Peuvent être inscrites sur la liste des administrateurs judiciaires *(Décr. nº 2018-262 du 11 avr. 2018, art. 4)* « avec la mention de la spécialité commerciale », en application du dernier alinéa de l'article L. 811-5, les personnes qui ont suivi avec succès un cycle d'études post-secondaires d'une durée minimale de trois ans ou d'une durée équivalente à temps partiel dans une université ou un établissement d'enseignement supérieur ou dans un autre établissement d'un niveau équivalent de formation, et, le cas échéant, la formation professionnelle requise en plus de ce cycle d'études et qui justifient :

1° De diplômes, certificats ou autres titres permettant l'exercice de la profession dans un État membre de la Communauté européenne ou dans un État partie à l'accord sur l'Espace économique européen délivrés :

a) Soit par l'autorité compétente de cet État et sanctionnant une formation acquise de façon prépondérante dans l'un de ces États ;

b) Soit par un pays tiers, à condition que soit fournie une attestation émanant de l'autorité compétente de l'État membre ou partie qui a reconnu les diplômes, certificats ou autres titres certifiant que leur titulaire a une expérience professionnelle de trois ans au moins dans cet État ;

2° Ou de l'exercice à plein temps de la profession pendant deux ans au moins au cours des dix années précédentes dans un État membre ou partie qui ne réglemente pas l'accès ou l'exercice de cette profession, à condition que cet exercice soit attesté par l'autorité compétente de cet État. Toutefois, la condition d'une expérience professionnelle de deux ans n'est pas exigée lorsque le ou les titres détenus par le demandeur sanctionnent une formation réglementée directement orientée vers l'exercice de la profession. — *[Décr. nº 85-1389 du 27 déc. 1985, art. 13-1, al. 1er à 6.]*

Art. R. 811-28 Sauf si les connaissances qu'elles ont acquises au cours de leur expérience professionnelle sont de nature à rendre cette vérification inutile, les personnes mentionnées à l'article R. 811-27 subissent devant le jury prévu à l'article R. 811-10 un examen de contrôle des connaissances, organisé par le Conseil national, dont le programme et les modalités sont fixés par arrêté du garde des sceaux, ministre de la justice :

1° Lorsque leur formation porte sur des matières substantiellement différentes de celles qui figurent au programme des titres et diplômes mentionnés aux articles R. 811-7 et R. 811-8 et de l'examen de stage professionnel mentionné au R. 811-9 ;

2° Ou lorsqu'une ou plusieurs des activités professionnelles dont l'exercice est subordonné à la possession de ces diplômes et de cet examen ne sont pas réglementées dans l'État membre d'origine ou de provenance ou sont réglementées de manière différente et que cette différence est caractérisée par une formation spécifique requise dans l'État membre d'accueil portant sur des matières substantiellement différentes de celles couvertes par le diplôme dont le demandeur fait état. — *[Décr. nº 85-1389 du 27 déc. 1985, art. 13-1, al. 7 à 9.]*

V. art. A. 811-31 s.

§ 2 DES CONDITIONS D'EXPÉRIENCE OU DE STAGE COMPLÉMENTAIRES AU DIPLÔME DE MASTER MENTIONNÉ À L'ARTICLE L. 811-5

(Décr. n° 2016-400 du 1er avr. 2016, art. 14)

L'art. 14 du Décr. n° 2016-400 du 1er avr. 2016 entre en vigueur à compter de la publication de l'arrêté prévu à l'art. R. 811-28-2 (Décr. n° 2016-400 du 1er avr. 2016, art. 22-III). Ledit Arr. du 7 mars 2017 a été publié au JO du 25 mars.

Art. R. 811-28-1 Peuvent solliciter leur inscription *(Décr. n° 2018-262 du 11 avr. 2018, art. 5)* « avec la mention de la spécialité commerciale » sur la liste mentionnée à l'article L. 811-2 auprès de la commission nationale d'inscription et de discipline :

1° Les personnes titulaires du diplôme de master mentionné au 5° de l'article L. 811-5, délivré par un établissement accrédité dans les conditions prévues à l'article L. 613-1 du code de l'éducation, qui justifient de cinq ans au moins d'expérience professionnelle en tant que collaborateur d'un administrateur judiciaire ;

2° Les personnes titulaires de ce diplôme de master qui justifient de huit ans au moins de pratique professionnelle comptable, juridique ou financière dans le domaine de l'administration, du financement, de la restructuration, dont les fusions-acquisitions, ou de la reprise d'entreprises, notamment en difficulté.

La commission procède à l'audition du candidat au cours d'un entretien portant sur son expérience professionnelle dans le domaine de l'administration ou de la liquidation des entreprises en difficulté et statue dans les conditions prévues aux articles R. 811-33 à R. 811-35.

V. art. A. 811-24.

Art. R. 811-28-2 Peuvent solliciter leur inscription *(Décr. n° 2018-262 du 11 avr. 2018, art. 5)* « avec la mention de la spécialité commerciale » sur la liste mentionnée à l'article L. 811-2 auprès de la commission nationale d'inscription et de discipline, statuant sur leur demande d'inscription dans les conditions prévues aux articles R. 811-33 à R. 811-35, les personnes titulaires du diplôme de master mentionné au 5° de l'article L. 811-5, délivré par un établissement accrédité dans les conditions prévues à l'article L. 613-1 du code de l'éducation, qui justifient avoir accompli un stage répondant aux conditions des articles R. 811-28-3 et R. 811-28-4 qui ne peut être inférieur à trente mois dans une étude d'administrateur judiciaire inscrit sur la liste mentionnée à l'article L. 811-2. Le stagiaire participe à l'activité professionnelle du maître de stage sous la direction et la responsabilité de celui-ci. Il exécute les actes juridiques et de gestion relatifs aux procédures de sauvegarde, de redressement judiciaire, de liquidation judiciaire et, le cas échéant, de mandat *ad hoc* ou d'administration provisoire prononcée sur le fondement de la loi n° 65-557 du 10 juillet 1965 fixant le statut de la copropriété des immeubles bâtis. La liste de ces actes est fixée par arrêté du garde des sceaux, ministre de la justice. Dans la mesure des mandats qui lui sont confiés, le maître de stage a l'obligation de faire exécuter ces actes au stagiaire.

Le stagiaire qui n'a pas, après trente-six mois de stage, exécuté l'ensemble de ces actes peut demander à être admis à se présenter à l'examen d'aptitude aux fonctions d'administrateur judiciaire dans les conditions prévues aux articles R. 811-19 à R. 811-24. La réussite à cet examen le dispense de justifier de l'exécution de ces actes lorsqu'il présente sa demande d'inscription devant la commission nationale d'inscription et de discipline.

Les dispositions des articles R. 811-14, R. 811-16 et R. 811-17 sont applicables au stage mentionné au premier alinéa.

V. art. A. 811-25.

Art. R. 811-28-3 Le stagiaire rédige un rapport de stage dans lequel il décrit les procédures auxquelles il a participé et les actes qu'il a accomplis ainsi qu'un mémoire de stage portant sur un sujet d'économie, de droit ou de gestion de son choix. Il remet ces documents au terme de son stage au maître de stage.

Le stage qui a été régulièrement accompli donne lieu à la délivrance d'une attestation établie par le maître de stage. Ce document atteste de la durée du stage et de l'exécution par le stagiaire de l'ensemble des actes juridiques et de gestion mentionnés au premier alinéa de l'article R. 811-28-2 ; il comporte également les appréciations portées sur la qualité de son travail par le maître de stage et les observations de celui-ci sur le mémoire de stage. Il est communiqué au stagiaire qui certifie en avoir pris connaissance et peut apporter ses observations écrites. Ce document, accompagné du mémoire et du rapport de stage, est ensuite transmis par le maître de stage à la commission nationale d'inscription et de discipline.

Le maître de stage adresse une copie de l'attestation et du rapport de stage au magistrat désigné par le garde des sceaux, ministre de la justice, en application du premier alinéa de l'article R. 811-40.

Art. R. 811-28-4 La commission nationale d'inscription et de discipline délivre le certificat de fin de stage au stagiaire qui a satisfait aux obligations mentionnées aux articles R. 811-28-2 et R. 811-28-3.

Si la commission estime que le stagiaire n'a pas satisfait à ces obligations, elle peut soit refuser la délivrance du certificat de fin de stage, soit prolonger le stage au sein d'une autre étude pour une période d'une année renouvelable une fois.

Dans ce dernier cas, la commission fixe, dans sa décision de prolongation de stage pour un an, la liste des actes juridiques et de gestion que l'intéressé doit exécuter, et dont il doit rendre compte dans le rapport de stage, et précise s'il doit rédiger un nouveau mémoire de stage.

Le stage accompli conformément à la décision de prolongation donne lieu à la délivrance d'une attestation établie par le maître de stage. Ce document atteste de la durée du stage et de l'exécution par le stagiaire de l'ensemble des actes juridiques et de gestion figurant dans la décision de prolongation ; il comporte également les appréciations portées sur la qualité de son travail par le maître de stage et, s'il y a lieu, les observations de celui-ci sur le mémoire de stage. Il est communiqué au stagiaire qui certifie en avoir pris connaissance et peut apporter ses observations écrites. Ce document, accompagné du rapport de stage et, s'il y a lieu, du mémoire de stage, est ensuite transmis par le maître de stage à la commission nationale d'inscription et de discipline. Le maître de stage adresse une copie de l'attestation et du rapport de stage au magistrat désigné par le garde des sceaux, ministre de la justice, en application du premier alinéa de l'article R. 811-40.

A l'issue de l'année de prolongation, la commission délivre le certificat de fin de stage au stagiaire qui a satisfait aux obligations fixées par elle dans sa décision de prolongation ou, si elle estime que le stagiaire n'a pas satisfait à ces obligations, elle peut soit refuser la délivrance du certificat de fin de stage, soit prolonger le stage au sein de la même étude pour une ultime période d'une année. Les dispositions des deux alinéas précédents sont applicables à la seconde prolongation de stage. A l'issue de la seconde année de prolongation, la commission peut, en fonction de son appréciation de la satisfaction par le stagiaire des obligations fixées dans la décision de seconde prolongation, soit délivrer le certificat de fin de stage, soit refuser la délivrance de celui-ci.

Lorsqu'elle statue sur la délivrance du certificat de fin de stage, la commission siège en présence du président et de deux au moins de ses membres. Lorsqu'un des membres ou le président de la commission a autorité sur le stagiaire ou a des liens de parenté ou d'alliance avec lui jusqu'au quatrième degré inclusivement, il s'abstient de siéger. Aucun refus de délivrance ne peut être prononcé par la commission sans que l'intéressé ait été entendu ou appelé quinze jours au moins à l'avance par lettre recommandée avec demande d'avis de réception.

Les décisions de refus de délivrance ou de prolongation de stage doivent être motivées. Elles sont notifiées à l'intéressé et au président du Conseil national des administrateurs judiciaires et des mandataires judiciaires. La lettre de notification, adressée par lettre recommandée avec demande d'avis de réception, fait mention, à peine de nullité, du délai de recours et des modalités suivant lesquelles ce recours peut être exercé.

Le silence gardé par la commission au terme d'un délai de quatre mois à compter de la réception du dossier complet de la demande de délivrance de certificat de fin de stage vaut décision d'acceptation.

§ 3 DE L'OBTENTION D'UNE SPÉCIALITÉ PAR L'ADMINISTRATEUR JUDICIAIRE DÉJÀ INSCRIT SUR LA LISTE MENTIONNÉE À L'ARTICLE L. 811-2

(Décr. n° 2018-262 du 11 avr. 2018, art. 6)

Art. R. 811-28-5 L'administrateur justifiant d'une pratique professionnelle de quatre années au moins dans la spécialité sollicitée, sanctionnée par un examen de contrôle des connaissances, peut faire inscrire la mention de cette spécialité sur la liste prévue à l'article L. 811-2. – *V. art. A. 811-26 s.*

Art. R. 811-28-6 L'examen mentionné à l'article R. 811-28-5 est ouvert aux administrateurs judiciaires inscrits sur la liste nationale mentionnée à l'article L. 811-2. Il est organisé par le Conseil national des administrateurs judiciaires et des mandataires judiciaires selon un programme et des modalités fixés par arrêté du garde des sceaux, ministre de la justice. La réussite à cet examen donne lieu à la délivrance d'un certificat de réussite.

Art. R. 811-28-7 I. – Le jury de l'examen mentionné à l'article R. 811-28-5 est composé ainsi qu'il suit :

1° Un professeur de l'enseignement supérieur ou maître de conférences chargé d'un enseignement juridique dans le domaine de la spécialité demandée, président ;

2° Un magistrat de l'ordre judiciaire ;

3° Un administrateur judiciaire inscrit sur la liste prévue à l'article L. 811-2 avec la mention de la spécialité demandée.

II. – Les dispositions des articles R. 811-11 et R. 811-12 sont applicables à ce jury.

SOUS-SECTION 3 DE LA PROCÉDURE D'INSCRIPTION SUR LA LISTE DES ADMINISTRATEURS JUDICIAIRES ET DE LA RÉVISION DE LA LISTE

Art. R. 811-29 A la réception du dossier complet d'une personne mentionnée à l'article R. 811-27, un récépissé lui est délivré. La commission nationale se prononce par décision motivée dans un délai de quatre mois à compter de la délivrance du récépissé.

La décision par laquelle la commission nationale arrête la liste des candidats soumis à l'examen de contrôle des connaissances précise, le cas échéant, les matières sur lesquelles chacun des candidats est interrogé compte tenu de sa formation initiale et de son expérience professionnelle.

La commission statue dans les conditions prévues aux articles R. 811-33 à R. 811-35.

Nul ne peut se présenter plus de trois fois à l'examen. – *[Décr. n° 85-1389 du 27 déc. 1985, art. 13-1, al. 10 à 13.]*

Art. R. 811-30 *(Décr. n° 2017-796 du 5 mai 2017, art. 1er-1°)* « La commission nationale inscrit sur la liste les sociétés d'administrateurs judiciaires prévues par la première phrase du premier alinéa de l'article L. 811-7 et les sociétés pluri-professionnelles d'exercice prévues par l'article L. 811-7-1-A ainsi que chacun des associés exerçant la profession. » Le nom de chacun de ceux-ci est suivi de la mention de la raison ou dénomination sociale.

L'appartenance aux autres groupements ou sociétés prévus par l'article L. 811-7 est immédiatement portée à la connaissance de la commission. – *[Décr. n° 85-1389 du 27 déc. 1985, art. 14.]*

Art. R. 811-31 La demande d'inscription sur la liste des administrateurs judiciaires est adressée par lettre recommandée avec demande d'avis de réception au secrétaire de la commission. Elle est accompagnée des pièces justificatives suivantes :

1° Les documents établissant l'état civil et la nationalité du candidat ;

2° Une copie des titres et diplômes dont il entend se prévaloir ou à défaut une attestation des autorités habilitées à les délivrer ;

3° Le cas échéant, l'attestation de réussite à l'examen d'aptitude ;

(Décr. n° 2016-400 du 1er avr. 2016, art. 10) « 4° Le cas échéant, les documents justifiant qu'il remplit les conditions du I de l'article R. 811-26 ;

« 5° Le cas échéant, les documents justifiant qu'il remplit les conditions de l'article R. 811-28-1 ;

« 6° Le cas échéant, le certificat de fin de stage mentionné à l'article R. 811-28-4. »

(Décr. n° 2018-262 du 11 avr. 2018, art. 7) « L'attestation prévue au 3° comporte la mention de l'option choisie. »

Le candidat indique en outre ses activités professionnelles antérieures et le lieu où il envisage d'établir son domicile professionnel.

(Décr. n° 2018-262 du 11 avr. 2018, art. 7) « Il précise la spécialité, civile ou commerciale, qu'il souhaite voir mentionner sur la liste. »

Le commissaire du Gouvernement demande le bulletin n° 2 du casier judiciaire de l'intéressé et fait diligenter une enquête de moralité.

Lorsque le dossier est complet, le président de la commission désigne un rapporteur parmi les membres titulaires ou suppléants de celle-ci. – *[Décr. n° 85-1389 du 27 déc. 1985, art. 15.]*

Pour l'entrée en vigueur des dispositions du Décr. n° 2016-400 du 1er avr. 2016, V. note ss. art. R. 811-13.

Art. R. 811-31-1 *(Décr. n° 2018-262 du 11 avr. 2018, art. 8)* Lorsque l'administrateur judiciaire souhaite modifier la mention de la spécialité, civile ou commerciale, sur la liste prévue à l'article L. 811-2 ou y adjoindre une nouvelle mention, sa demande de modification ou d'adjonction est adressée par lettre recommandée avec demande d'avis de réception au secrétariat de la commission.

Elle est accompagnée du certificat de réussite mentionné à l'article R. 811-28-6 correspondant à la mention de spécialité sollicitée.

La commission statue sur la demande de modification ou d'adjonction dans les conditions prévues aux articles R. 811-33 à R. 811-35.

Art. R. 811-32 La demande d'inscription d'une société *(Abrogé par Décr. n° 2016-902 du 1er juill. 2016, art. 1er-2°)* « *civile professionnelle ou d'une société d'exercice libéral* » est accompagnée des pièces mentionnées à l'article R. 814-60. – *[Décr. n° 85-1389 du 27 déc. 1985, art. 16, al. 1er.]*

Art. R. 811-33 Avant de statuer, la commission demande l'avis *(Décr. n° 2011-1660 du 29 nov. 2011, art. 2-1°, en vigueur le 1er déc. 2011)* « motivé » du Conseil national par lettre recommandée avec demande d'avis de réception. Le conseil dispose d'un mois pour donner cet avis.

La commission prend, après avoir entendu le commissaire du Gouvernement, une décision d'inscription ou de refus d'inscription ; elle peut aussi ordonner un complément d'information. Les décisions de refus doivent être motivées. – *[Décr. n° 85-1389 du 27 déc. 1985, art. 17.]*

(Décr. n° 2011-1660 du 29 nov. 2011, art. 2-2°, en vigueur le 1er déc. 2011) « La commission peut entendre toute personne dont l'audition lui paraît utile. »

Art. R. 811-34 La commission ne peut statuer, en matière d'inscription, qu'en présence du président et de *(Décr. n° 2016-109 du 3 févr. 2016, art. 4)* « cinq » au moins de ses membres. Lorsque l'un des membres ou le président de la commission a autorité sur le demandeur ou a des liens de parenté ou d'alliance avec lui jusqu'au quatrième degré inclusivement, il s'abstient de siéger. Aucun refus d'inscription ne peut être prononcé par la commission sans que l'intéressé ait été entendu ou appelé quinze jours au moins à l'avance par lettre recommandée avec demande d'avis de réception. – *[Décr. n° 85-1389 du 27 déc. 1985, art. 18.]*

Il n'est pas exigé que toutes les catégories auxquelles appartiennent les membres de la commission soient représentées lors de l'examen des candidatures. • Civ. 1re, 28 janv. 1992, n° 87-19.370 P : *D. 1992. Somm. 375, obs. Honorat*.

Art. R. 811-35 La décision de la commission est notifiée à l'intéressé, au président du Conseil national *(Décr. n° 2016-109 du 3 févr. 2016, art. 5)* « et au commissaire du Gouvernement par lettre recommandée avec demande d'avis de réception. Elle est également notifiée au garde des sceaux, ministre de la justice, en la forme administrative. » Lorsqu'une décision d'inscription est prise, une copie en est adressée au président de la caisse de garantie.

La lettre de notification fait mention, à peine de nullité, du délai de recours et des modalités suivant lesquelles ce recours peut être exercé. — *[Décr. n° 85-1389 du 27 déc. 1985, art. 19.]*

Les dispositions de l'art. 5 du Décr. n° 2016-109 du 3 févr. 2016 s'appliquent aux jurys dont les arrêtés de désignation seront publiés après l'entrée en vigueur de ce décret (Décr. préc., art. 19, JO 5 févr.).

Art. R. 811-36 La commission procède à la mise à jour de la liste des administrateurs judiciaires au moins une fois par an. Elle tient compte des transferts de domicile professionnel, des changements d'adresse des locaux professionnels et de la création ou de la suppression des bureaux annexes. Elle supprime le nom de ceux qui sont décédés, ont démissionné, ont fait l'objet d'une mesure de radiation ou de retrait. Les modifications sont adressées par la commission au procureur général près la cour d'appel dans le ressort de laquelle l'administrateur judiciaire concerné a son domicile professionnel, ainsi qu'à celui ou à ceux près les cours d'appel dans le ressort desquelles l'administrateur judiciaire a un ou plusieurs bureaux annexes.

L'administrateur judiciaire dont le nom a été retiré de la liste peut solliciter à nouveau son inscription lorsque la cause du retrait a disparu.

(Décr. n° 2011-1660 du 29 nov. 2011, art. 4, en vigueur le 1er déc. 2011) « Lorsqu'elle est saisie de cette demande ou en application de l'article L. 811-6, la commission statue dans les conditions mentionnées à l'article R. 811-43. »

La commission ne supprime de la liste le nom de l'administrateur judiciaire qui a démissionné qu'après avoir vérifié que ses dossiers ont été répartis entre les autres administrateurs judiciaires et ont donné lieu à une reddition des comptes et que l'administrateur judiciaire démissionnaire ne détient plus de fonds de tiers. — *[Décr. n° 85-1389 du 27 déc. 1985, art. 21.]*

Pour l'application de l'art. R. 811-36, al. 2 et 3, le délai à l'expiration duquel le silence gardé par la commission vaut décision de rejet de la demande de réinscription est fixé à huit mois (V. Décr. n° 2014-1277 du 23 oct. 2014, applicable aux demandes présentées à compter du 12 nov. 2014).

Art. R. 811-37 La demande de retrait de la liste des administrateurs judiciaires *(Décr. n° 2011-1660 du 29 nov. 2011, art. 5, en vigueur le 1er déc. 2011)* « présentée par un administrateur judiciaire » est adressée par lettre recommandée avec demande d'avis de réception au secrétaire de la commission. Elle est accompagnée :

1° D'une attestation du commissaire aux comptes qui assure le contrôle de la comptabilité spéciale de l'administrateur judiciaire certifiant que l'ensemble des comptes de tiers ouverts au nom du professionnel à la Caisse des dépôts et consignations présente un solde nul en comptabilité et que les états de rapprochement bancaire ne font apparaître aucun chèque ou autre moyen de paiement en circulation ;

2° D'une attestation de la Caisse des dépôts et consignations certifiant que l'ensemble des comptes de tiers en numéraire, effets, valeurs et titres ouverts au nom du professionnel sont clôturés. — *[Décr. n° 85-1389 du 27 déc. 1985, art. 21-A.]*

Pour l'application de l'art. R. 811-37, le délai à l'expiration duquel le silence gardé par la commission vaut décision d'acceptation de la demande de retrait est fixé à quatre mois (V. Décr. n° 2014-1278 du 23 oct. 2014, applicable aux demandes présentées à compter du 12 nov. 2014).

Art. R. 811-38 Si l'administrateur judiciaire a été autorisé à poursuivre le traitement d'un ou de plusieurs dossiers, la commission s'assure qu'une décision motivée a été rendue pour chacun d'entre eux et que l'intéressé respecte et est en mesure de respecter les dispositions des articles L. 811-10, L. 811-16 et L. 814-5. — *[Décr. n° 85-1389 du 27 déc. 1985, art. 21-1.]*

Art. R. 811-39 Chaque année, et au plus tard le 31 décembre, les administrateurs judiciaires retirés de la liste et autorisés à poursuivre le traitement d'un ou plusieurs dossiers en font la déclaration auprès du procureur de la République du lieu de leur domicile, du Conseil national des administrateurs judiciaires et des mandataires judiciaires, de la Caisse de garantie, du magistrat inspecteur régional compétent pour le ressort de la cour d'appel du lieu de leur domicile ainsi que du magistrat chargé de coordonner l'activité des magistrats inspecteurs régionaux. — *[Décr. n° 85-1389 du 27 déc. 1985, art. 21-2.]*

SECTION II DE LA SURVEILLANCE, DE L'INSPECTION ET DE LA DISCIPLINE

SOUS-SECTION 1 DE LA SURVEILLANCE ET DE L'INSPECTION

Art. R. 811-40 Un magistrat désigné par le garde des sceaux, ministre de la justice, parmi les magistrats des parquets généraux est chargé, pour le ressort d'une ou plusieurs cours d'appel, de l'inspection des administrateurs judiciaires, y compris de ceux qui sont désignés dans les conditions du deuxième alinéa de l'article L. 811-2. Un magistrat suppléant est désigné dans les mêmes conditions.

Un magistrat désigné par le ministre et placé auprès du directeur des affaires civiles et du sceau coordonne l'activité des magistrats inspecteurs régionaux. *(Décr. n° 2016-1851 du 23 déc. 2016, art. 34, en vigueur le 1er janv. 2017)* « Un magistrat suppléant est désigné dans les mêmes conditions. » — *[Décr. n° 85-1389 du 27 déc. 1985, art. 55.]*

Art. D. 811-40-1 *(Décr. n° 2011-1908 du 20 déc. 2011, art. 1er)* La situation financière prévue à l'article L. 811-11 est adressée par le conseil national au magistrat coordonnateur mentionné à l'article R. 811-40.

Les dispositions du Décr. n° 2011-1908 du 20 déc. 2011 sont applicables aux exercices ouverts à compter du 1er janv. 2012 (Décr. préc., art. 3).

Art. R. 811-41 *(Décr. n° 2016-1851 du 23 déc. 2016, art. 35, en vigueur le 1er janv. 2017)* Les magistrats inspecteurs régionaux effectuent des inspections à la demande du commissaire du Gouvernement ou du magistrat coordonnateur. Ils peuvent également en effectuer d'office. Ils informent le magistrat coordonnateur des inspections qu'ils envisagent de réaliser.

Le magistrat coordonnateur peut, d'office, effectuer toute inspection.

Art. R. 811-42 Pour l'exercice de leurs attributions, ces magistrats disposent d'un pouvoir général d'investigation, de vérification et de contrôle.

Ils peuvent se faire assister pour procéder aux inspections de toutes personnes inscrites sur la liste des commissaires aux comptes établie en application de l'article L. 822-1 ainsi que de tout expert ou toute personne de leur choix. Les frais occasionnés par cette assistance sont avancés par le Conseil national. Ils sont recouvrés sur le professionnel inspecté si celui-ci est l'objet d'une sanction disciplinaire.

(Décr. n° 2016-1851 du 23 déc. 2016, art. 36, en vigueur le 1er janv. 2017) « Ils peuvent aussi se faire assister d'un ou plusieurs administrateurs judiciaires et solliciter le concours des inspections générales de l'État.

« Le professionnel inspecté peut demander à un *(Décr. n° 2017-1225 du 2 août 2017, art. 4-1°)* « autre professionnel de son choix exerçant des missions identiques ou similaires, » de l'assister lors de l'inspection. Il peut également demander au commissaire aux comptes ayant procédé à la vérification de sa comptabilité en application de l'article R. 814-29 ou à un expert-comptable de son choix, d'assister à l'inspection. »

L'audition d'un administrateur judiciaire *(Décr. n° 2017-1225 du 2 août 2017, art. 4-2°)* « ou d'une personne désignée dans les conditions du deuxième alinéa de l'article L. 811-2 » par un magistrat inspecteur donne lieu à l'établissement d'un procès-verbal signé par l'intéressé et le magistrat. — *[Décr. n° 85-1389 du 27 déc. 1985, art. 57.]*

Art. R. 811-42-1 *(Décr. n° 2016-1851 du 23 déc. 2016, art. 37, en vigueur le 1er janv. 2017)* Dans un délai de deux mois à compter de l'achèvement des opérations d'inspection, le magistrat ayant procédé à l'inspection établit un projet de rapport et l'adresse par lettre recommandée avec demande d'avis de réception au professionnel inspecté. Celui-ci dispose d'un délai d'un mois à compter de la réception pour formuler ses observations.

A l'issue de ce délai, un rapport définitif est établi par le magistrat ayant procédé à l'inspection, auquel sont annexées les éventuelles observations du professionnel inspecté. Ce rapport est adressé à l'intéressé, au commissaire du Gouvernement, au président du Conseil national et, selon le cas, au magistrat inspecteur régional compétent ou au magistrat coordonnateur *(Décr. n° 2017-1225 du 2 août 2017, art. 5)* « ainsi que, le cas échéant, à l'ordre professionnel ou à l'organe représentatif dont relève le professionnel inspecté ».

SOUS-SECTION 2 DE LA DISCIPLINE

§ 1er DE LA PROCÉDURE DISCIPLINAIRE

Art. R. 811-43 La commission ne peut statuer en matière disciplinaire qu'en présence du président et de *(Décr. n° 2016-109 du 3 févr. 2016, art. 6)* « huit » au moins de ses membres. – *[Décr. n° 85-1389 du 27 déc. 1985, art. 22.]*

Art. R. 811-44 Le président du Conseil national est tenu de signaler au commissaire du Gouvernement les faits dont il a connaissance et qui pourraient justifier une poursuite disciplinaire. – *[Décr. n° 85-1389 du 27 déc. 1985, art. 23.]*

Art. R. 811-45 L'administrateur judiciaire poursuivi disciplinairement est cité à comparaître par lettre recommandée avec demande d'avis de réception quinze jours au moins à l'avance. La citation précise, à peine de nullité, les faits qui la motivent. – *[Décr. n° 85-1389 du 27 déc. 1985, art. 24.]*

Art. R. 811-46 L'administrateur judiciaire cité à comparaître devant la commission peut prendre connaissance de son dossier auprès du secrétariat. Il comparaît en personne ; il peut se faire assister par un avocat de son choix et, s'il le désire, par un administrateur judiciaire inscrit. – *[Décr. n° 85-1389 du 27 déc. 1985, art. 25.]*

Art. R. 811-47 La commission peut entendre l'auteur de la plainte. Elle peut faire recueillir tous renseignements et faire procéder à toutes auditions. – *[Décr. n° 85-1389 du 27 déc. 1985, art. 26.]*

Art. R. 811-48 Le président de la commission désigne pour chaque affaire en qualité de rapporteur l'un de ses membres. Les débats devant la commission sont publics. Toutefois, celle-ci peut décider que les débats ne seront pas publics si l'administrateur judiciaire poursuivi en fait expressément la demande ou s'il doit résulter de leur publicité une atteinte à l'ordre public *(Décr. n° 2018-1126 du 11 déc. 2018, art. 1er)* « ou à un secret protégé par la loi ». Il en est fait mention dans la décision.

La commission statue publiquement après avoir entendu le rapporteur, le commissaire du Gouvernement et, s'il y a lieu, l'autorité qui a engagé l'action disciplinaire ainsi que l'administrateur judiciaire poursuivi, son conseil et, le cas échéant, le professionnel qui l'assiste.

Le commissaire du Gouvernement n'assiste pas au délibéré.

Le président du Conseil national peut présenter ses observations, le cas échéant, par l'intermédiaire d'un membre du conseil. – *[Décr. n° 85-1389 du 27 déc. 1985, art. 27.]*

Art. R. 811-49 Le secrétaire de la commission notifie par lettre recommandée, avec demande d'avis de réception, la décision à l'intéressé, *(Abrogé par Décr. n° 2016-109 du 3 févr. 2016, art. 7-1°)* « *au garde des sceaux, ministre de la justice,* » au président du Conseil national, à la Caisse de garantie, au commissaire du Gouvernement et au procureur général lorsqu'il a engagé l'action disciplinaire. *(Décr. n° 2016-109 du 3 févr. 2016, art. 7-2°)* « Il notifie également cette décision au garde des sceaux, ministre de la justice, en la forme administrative. »

La notification indique le délai et les modalités du recours ouvert à l'encontre de la décision.

La décision est également portée à la connaissance du procureur général près la cour d'appel dans le ressort de laquelle l'administrateur judiciaire a son domicile professionnel et, le cas échéant, un bureau annexe.

Si l'action disciplinaire est consécutive à une plainte, l'auteur de celle-ci est informé par le commissaire du Gouvernement. – *[Décr. n° 85-1389 du 27 déc. 1985, art. 28.]*

§ 2 DE LA SUSPENSION PROVISOIRE

Art. R. 811-50 Dans les cas prévus à l'article L. 811-13 la suspension provisoire est prononcée par le *(Décr. n° 2019-966 du 18 sept. 2019, art. 8, en vigueur le 1er janv. 2020)* « tribunal judiciaire » saisi soit par le procureur de la République, soit par le président du Conseil national des administrateurs judiciaires et des mandataires judiciaires, par assignation à jour fixe.

Lorsque l'action est engagée par le procureur de la République, celui-ci en informe le président du Conseil national. Lorsque l'action est engagée par le président du Conseil national, celui-ci notifie au ministère public une copie de l'assignation qu'il a fait délivrer. — *[Décr. n° 85-1389 du 27 déc. 1985, art. 29.]*

Art. R. 811-51 Les débats devant le *(Décr. n° 2019-966 du 18 sept. 2019, art. 8, en vigueur le 1er janv. 2020)* « tribunal judiciaire » sont publics. Toutefois, celui-ci peut décider que les débats ne seront pas publics si l'administrateur judiciaire poursuivi en fait expressément la demande ou s'il doit résulter de leur publicité une atteinte à l'ordre public *(Décr. n° 2018-1126 du 11 déc. 2018, art. 1er)* « ou à un secret protégé par la loi ». Il en est fait mention dans la décision. La juridiction statue publiquement, après que le ministère public a prononcé ses conclusions et que l'administrateur judiciaire a été entendu ou appelé.

Le président du Conseil national peut présenter ses observations, le cas échéant, par l'intermédiaire d'un membre du conseil. — *[Décr. n° 85-1389 du 27 déc. 1985, art. 29-1.]*

Art. R. 811-52 La décision est notifiée par le greffe, par lettre recommandée avec demande d'avis de réception, à l'intéressé et au président du Conseil national. Elle indique le délai et les modalités du recours ouvert à l'encontre de la décision. — *[Décr. n° 85-1389 du 27 déc. 1985, art. 29-2.]*

Art. R. 811-53 La cessation de plein droit de la suspension provisoire en application de l'article L. 811-13 et les décisions mettant fin à la suspension provisoire sont immédiatement notifiées par le procureur de la République à l'administrateur judiciaire et à l'administrateur provisoire désigné.

La mission de l'administrateur provisoire prend fin dès réception de cette notification. — *[Décr. n° 85-1389 du 27 déc. 1985, art. 29-3.]*

Art. R. 811-54 L'appel en matière de suspension provisoire est formé par déclaration au greffe de la cour d'appel. L'appelant notifie son appel aux autres parties par lettre recommandée avec demande d'avis de réception. — *[Décr. n° 85-1389 du 27 déc. 1985, art. 29-4.]*

Art. R. 811-55 L'appel est formé dans un délai de quinze jours qui court, à l'égard du ministère public, du jour de la décision. Il en est de même pour l'administrateur judiciaire si la décision a été rendue en sa présence ou en présence de son défenseur. Dans les autres cas, le délai court à compter de la notification de la décision, et notamment lorsque le président du Conseil national a été à l'origine de la saisine du tribunal.

En cas d'appel d'une partie, un délai supplémentaire de huit jours est accordé à l'autre partie pour former un appel incident. — *[Décr. n° 85-1389 du 27 déc. 1985, art. 29-5.]*

Art. R. 811-56 Le recours est instruit et jugé selon les règles applicables à la procédure sans représentation obligatoire. Le président du conseil national ou son représentant peut être entendu, s'il en fait la demande, par la cour d'appel.

La décision de la cour d'appel est notifiée, par lettre recommandée avec demande d'avis de réception, aux personnes mentionnées à l'article R. 811-50. — *[Décr. n° 85-1389 du 27 déc. 1985, art. 29-6.]*

Art. R. 811-57 *Al. abrogé par Décr. n° 2019-1333 du 11 déc. 2019, art. 16, à compter du 1er janv. 2020.*

Le commissaire du Gouvernement assure l'exécution des sanctions disciplinaires *(Abrogé par Décr. n° 2011-1660 du 29 nov. 2011, art. 6, à compter du 1er déc. 2011)* « *et des mesures de suspension provisoire* ». Il informe les procureurs généraux près les cours d'appel des décisions passées en force de chose jugée prononçant l'interdiction temporaire ou la radiation ou ordonnant une mesure de suspension provisoire ; ceux-ci portent ces décisions à la connaissance des juridictions de leur ressort.

En outre, le commissaire du Gouvernement requiert, le cas échéant, l'administrateur provisoire désigné dans les conditions prévues à l'article R. 811-58 de procéder à l'information des présidents des juridictions ayant décerné des mandats à l'administrateur judiciaire. — *[Décr. n° 85-1389 du 27 déc. 1985, art. 30.]*

Pour les dispositions transitoires du Décr. n° 2019-1333 du 11 déc. 2019, V. note ss. art. R. 661-1.

SECTION III DE LA DÉSIGNATION D'UN ADMINISTRATEUR PROVISOIRE

Art. R. 811-58 Lorsque, pour quelque cause que ce soit, un administrateur judiciaire se trouve dans l'impossibilité d'exercer ses fonctions, le procureur de la République près le *(Décr. n° 2019-966 du 18 sept. 2019, art. 8, en vigueur le 1er janv. 2020)* « tribunal judiciaire » dans le ressort duquel l'administrateur judiciaire a son domicile professionnel requiert le président du *(Décr. n° 2019-966 du 18 sept. 2019, art. 8, en vigueur le 1er janv. 2020)* « tribunal judiciaire », statuant sur requête, de désigner sans délai, pour accomplir les actes nécessaires à la gestion du cabinet, un administrateur provisoire choisi parmi les personnes inscrites sur la liste des administrateurs judiciaires ou parmi celles qui remplissent les conditions pour y être inscrites.

L'administrateur provisoire est habilité à exercer les mandats de justice confiés à l'administrateur judiciaire empêché.

Aucun mandat de justice ne peut être confié à l'administrateur judiciaire qui se trouve dans l'impossibilité d'exercer ses fonctions par l'effet d'une peine d'interdiction temporaire. – *[Décr. n° 85-1389 du 27 déc. 1985, art. 31.]*

Art. R. 811-59 L'administrateur provisoire désigné dans les conditions prévues à l'article précédent a droit à une rémunération fixée par le président du *(Décr. n° 2019-966 du 18 sept. 2019, art. 8, en vigueur le 1er janv. 2020)* « tribunal judiciaire » qui a procédé à sa désignation.

Cette décision est susceptible de recours selon les dispositions des articles 714 à 718 du code de procédure civile. – *[Décr. n° 85-1389 du 27 déc. 1985, art. 32.]*

SECTION IV DU SALARIAT

(Décr. n° 2016-400 du 1er avr. 2016, art. 18)

SOUS-SECTION 1 DISPOSITIONS GÉNÉRALES

Art. R. 811-60 L'administrateur judiciaire salarié ne peut exercer ses fonctions qu'au sein d'une seule étude.

Le titulaire de l'étude est civilement responsable du fait de l'activité professionnelle exercée pour son compte par l'administrateur judiciaire salarié.

La qualité d'administrateur judiciaire salarié est assimilée à celle d'administrateur judiciaire pour la collation au titre d'administrateur judiciaire honoraire.

Art. R. 811-61 L'administrateur judiciaire salarié investi d'un mandat de membre de la commission nationale d'inscription et de discipline ne peut pas participer aux délibérations ni aux votes sur des questions disciplinaires concernant l'administrateur judiciaire titulaire de l'étude ou les administrateurs judiciaires associés exerçant leurs fonctions au sein de la société titulaire de l'étude dans laquelle il est employé.

Ceux-ci ne peuvent, lorsqu'ils sont investis d'un tel mandat, participer aux délibérations et aux votes sur des questions disciplinaires concernant un administrateur salarié de l'étude.

Art. R. 811-62 Le contrat de travail est établi par écrit, sous la condition suspensive de l'inscription sur la liste mentionnée à l'article L. 811-2 du salarié en qualité d'administrateur judiciaire et de sa prestation de serment. La condition est réputée acquise à la date de la prestation de serment.

Il ne peut comporter aucune clause susceptible de limiter la liberté d'établissement ultérieur du salarié ou de porter atteinte à son indépendance. Il précise les conditions de sa rémunération.

Une copie du contrat de travail est adressée, dès sa signature, au président du Conseil national des administrateurs judiciaires et des mandataires judiciaires ; il en est de même pour toute modification à ce contrat.

Art. R. 811-63 Lorsque le nombre d'administrateurs judiciaires en exercice au sein de l'étude devient inférieur à la moitié du nombre d'administrateurs judiciaires salariés, le titulaire de l'étude a un délai d'un an pour se mettre en conformité avec les dispositions du deuxième alinéa de l'article L. 811-7-1.

SOUS-SECTION 2 LITIGES NÉS À L'OCCASION DE L'ÉXÉCUTION D'UN CONTRAT DE TRAVAIL

Art. R. 811-64 Le président du Conseil national des administrateurs judiciaires et des mandataires judiciaires est saisi en qualité de médiateur de tout litige né à l'occasion de l'exécution du contrat de travail soit par requête déposée contre récépissé au secrétariat du Conseil national, soit par lettre recommandée avec demande d'avis de réception.

L'acte de saisine précise, à peine d'irrecevabilité, l'identité des parties, l'objet du litige et les prétentions du requérant.

Art. R. 811-65 Le président du Conseil national convoque les parties par lettre recommandée avec demande d'avis de réception dans les quinze jours de sa saisine et huit jours au moins avant la date de la séance de médiation.

Une copie de l'acte de saisine est jointe à la convocation de la partie qui n'a pas pris l'initiative de la médiation.

La convocation précise que les intéressés doivent se présenter en personne et peuvent se faire assister d'un conseil.

En cas d'absence ou d'empêchement, le président du Conseil national est remplacé par le vice-président qui est alors investi de la qualité de médiateur.

Art. R. 811-66 Le président du Conseil national, après avoir entendu les intéressés et recueilli toutes informations utiles, propose, si les parties n'ont pu se rapprocher, une solution au litige.

En cas d'accord, total ou partiel, celui-ci est constaté par écrit, signé par les intéressés et le président. L'original est conservé par le président ; une copie est remise à chacune des parties.

Si aucun accord n'est intervenu, ou en cas d'accord partiel, le président dresse un procès-verbal mentionnant la solution qu'il propose et les points demeurant en litige. Il en donne une copie à chacune des parties.

Le conseil de prud'hommes ne peut être saisi, à peine d'irrecevabilité, que si le demandeur justifie de la tentative de médiation préalable par une remise d'une copie du procès-verbal prévu au troisième alinéa.

SOUS-SECTION 3 CESSATION DES FONCTIONS D'ADMINISTRATEUR JUDICIAIRE SALARIÉ EN CAS DE RUPTURE DU CONTRAT DE TRAVAIL

Art. R. 811-67 La démission de l'administrateur judiciaire salarié, la rupture conventionnelle de son contrat de travail ou sa retraite est portée par l'employeur à la connaissance de la commission nationale d'inscription et de discipline et à celle du Conseil national des administrateurs judiciaires et des mandataires judiciaires.

Art. R. 811-68 Tout licenciement envisagé par l'employeur d'un administrateur judiciaire salarié est soumis à la procédure de médiation préalable prévue aux articles R. 811-65 à R. 811-67.

En cas de faute grave, l'employeur peut, avant de saisir le président du Conseil national, notifier à l'administrateur judiciaire salarié sa mise à pied immédiate, par lettre recommandée avec demande d'avis de réception. Si le président du Conseil national n'est pas saisi dans les huit jours de la notification, la mise à pied est de plein droit caduque.

La mise à pied entraîne, dès la notification qui lui en a été faite, la suspension de l'exercice des fonctions et des mandats professionnels de l'administrateur judiciaire salarié.

Dans les huit jours de la notification du licenciement ou de la mise à pied, l'employeur en informe, par lettre recommandée avec demande d'avis de réception, le président du Conseil national et la commission nationale d'inscription et de discipline.

CHAPITRE II DES MANDATAIRES JUDICIAIRES

SECTION PREMIÈRE DE L'ACCÈS À LA PROFESSION

SOUS-SECTION 1 DES MANDATAIRES JUDICIAIRES MEMBRES DE LA COMMISSION NATIONALE D'INSCRIPTION ET DE DISCIPLINE *(Décr. nº 2016-109 du 3 févr. 2016, art. 8-I).*

Art. R. 812-1 et R. 812-2 *Abrogés par Décr. nº 2016-109 du 3 févr. 2016, art. 8-II.*

Art. R. 812-3 Les dispositions prévues aux articles R. 811-3, R. 811-4, R. 811-5 et R. 811-6 relatives à l'élection à la commission nationale des administrateurs judiciaires et de leurs suppléants sont applicables à l'élection à la commission nationale des mandataires judiciaires et de leurs suppléants. – *[Décr. nº 85-1389 du 27 déc. 1985, art. 35.]*

SOUS-SECTION 2 DES CONDITIONS D'INSCRIPTION SUR LES LISTES DE MANDATAIRES JUDICIAIRES

§ 1er DE L'EXAMEN D'ACCÈS AU STAGE PROFESSIONNEL, DU STAGE PROFESSIONNEL, DE L'EXAMEN D'APTITUDE AUX FONCTIONS DE MANDATAIRE JUDICIAIRE *(Décr. nº 2016-400 du 1er avr. 2016, art. 11).*

Art. R. 812-4 Ne peuvent être admises à se présenter à l'examen d'accès au stage professionnel prévu à l'article L. 812-3 que les personnes titulaires des titres ou diplômes mentionnés *(Décr. nº 2007-1851 du 26 déc. 2007)* « aux articles R. 811-7 et R. 811-8 ». – *[Décr. nº 85-1389 du 27 déc. 1985, art. 36.]*

Art. R. 812-5 Les règles relatives au stage professionnel définies aux articles R. 811-9, R. 811-10, R. 811-11, R. 811-12, R. 811-14 et R. 811-16 sont applicables aux mandataires judiciaires. – *[Décr. nº 85-1389 du 27 déc. 1985, art. 36-1.] – Sur le programme et les modalités de l'examen d'accès au stage professionnel, V. art. A. 812-3 s.*

Art. R. 812-6 Le jury de l'examen d'accès au stage est celui prévu à l'article R. 811-10. Toutefois, le professeur ou le maître de conférences de sciences économiques ou de gestion est remplacé par un professeur ou un maître de conférences de droit et les deux administrateurs judiciaires sont remplacés par deux mandataires judiciaires désignés dans les mêmes conditions. – *[Décr. nº 85-1389 du 27 déc. 1985, art. 36-2.]*

Art. R. 812-7 En application des dispositions de l'article L. 812-3, bénéficient de la dispense de l'examen d'accès au stage :

1° Les administrateurs judiciaires ayant exercé leur profession pendant trois ans au moins ;

2° Les avocats, notaires, commissaires-priseurs judiciaires, huissiers de justice, greffiers des tribunaux de commerce, experts-comptables, commissaires aux comptes ayant exercé leur profession pendant cinq ans au moins ;

(Décr. nº 2016-400 du 1er avr. 2016, art. 12) « 3° Les personnes ayant exercé les fonctions de collaborateur d'un mandataire judiciaire pendant une durée de cinq ans au moins ;

« 4° Les personnes titulaires de l'un des titres ou diplômes mentionnés à l'article R. 811-7, justifiant de cinq ans au moins de pratique professionnelle comptable, juridique ou financière dans le domaine de l'administration, du financement, de la restructuration, dont les fusions-acquisitions, ou de la reprise d'entreprises, notamment en difficulté. » – *[Décr. nº 85-1389 du 27 déc. 1985, art. 37, al. 1er à 3.]*

Pour l'entrée en vigueur des dispositions du Décr. nº 2016-400 du 1er avr. 2016, V. note ss. art. R. 811-13.

Art. R. 812-8 La durée du stage est de trois ans au moins et de six ans au plus.

Le stage consiste dans la pratique d'activités permettant d'acquérir une expérience suffisante dans le domaine des procédures collectives, en qualité de collaborateur d'un mandataire judiciaire et sous son contrôle direct.

Le stage peut être accompli pour une période n'excédant pas le tiers de sa durée auprès d'une personne exerçant une profession juridique réglementée ou auprès d'un expert-comptable ou d'un commissaire aux comptes ou dans les services juridiques et financiers d'un établissement de crédit *(Décr. n° 2014-1315 du 3 nov. 2014, art. 9-10°)* « ou d'une société de financement ». — *[Décr. n° 85-1389 du 27 déc. 1985, art. 38.]*

Art. R. 812-9 Les dispositions du premier alinéa de l'article R. 811-17 relatives au stage sont applicables aux personnes inscrites sur le registre de stage. *(Abrogé par Décr. n° 2016-400 du 1er avr. 2016, art. 17) « Le commissaire du Gouvernement adresse au garde des sceaux, ministre de la justice, dans les quinze jours de leur notification, les décisions de dispense fondées sur le deuxième alinéa de l'article R. 811-17. » — [Décr. n° 85-1389 du 27 déc. 1985, art. 40.]*

L'art. 17 du Décr. n° 2016-400 du 1er avr. 2016 entre en vigueur à compter de la publication de l'arrêté prévu à l'art. R. 812-18-2 (Décr. préc., art. 22-III).

Art. R. 812-10 Les dispositions de l'article R. 811-18 relatives au certificat de stage ainsi qu'au refus de délivrance de ce certificat sont applicables aux personnes inscrites sur le registre de stage. — *[Décr. n° 85-1389 du 27 déc. 1985, art. 41.]*

Art. R. 812-11 Le jury chargé de procéder à l'examen *(Décr. n° 2016-1851 du 23 déc. 2016, art. 33, en vigueur le 1er janv. 2017)* « d'aptitude » des mandataires judiciaires est celui prévu à l'article R. 811-19. Toutefois, les deux administrateurs judiciaires sont remplacés par deux mandataires judiciaires nommés après avis du Conseil national des administrateurs judiciaires et des mandataires judiciaires. Les articles R. 811-20 et R. 811-21 sont applicables. — *[Décr. n° 85-1389 du 27 déc. 1985, art. 42.]*

Art. R. 812-12 Les dispositions des articles R. 811-22 à R. 811-24 relatives à l'examen d'aptitude sont applicables aux candidats à la profession de mandataire judiciaire.

L'examen est organisé dans les conditions définies à l'article R. 811-22. — *[Décr. n° 85-1389 du 27 déc. 1985, art. 43.] — Art. A. 812-13 s.*

Art. R. 812-13 *(Décr. n° 2016-400 du 1er avr. 2016, art. 13)* I. — En application des dispositions du huitième alinéa de l'article L. 812-3, sont dispensés de stage professionnel :

— les administrateurs judiciaires, les avocats, les notaires, les commissaires-priseurs judiciaires, les huissiers de justice, les greffiers des tribunaux de commerce, les anciens avoués, les experts-comptables, les commissaires aux comptes ayant exercé leur profession pendant dix ans au moins ;

— les personnes ayant exercé pendant une durée de dix ans au moins les fonctions de collaborateur d'un mandataire judiciaire ;

— les personnes titulaires de l'un des titres ou diplômes mentionnés à l'article R. 811-7 et justifiant de quinze ans au moins de pratique professionnelle comptable, juridique ou financière *(Décr. n° 2016-1851 du 23 déc. 2016, art. 32-I, en vigueur le 1er janv. 2017)* « , dans le domaine de l'administration, du financement, de la restructuration, dont les fusions-acquisitions, » ou de la reprise d'entreprises, notamment en difficulté.

II. — La durée du stage professionnel est d'un an au moins pour :

— les administrateurs judiciaires, les avocats, les notaires, les commissaires-priseurs judiciaires, les huissiers de justice, les greffiers des tribunaux de commerce, les anciens avoués, les experts-comptables, les commissaires aux comptes ayant exercé leur profession pendant cinq ans au moins ;

— les personnes titulaires de l'un des titres ou diplômes mentionnés à l'article R. 811-7 et justifiant de dix ans au moins de pratique professionnelle comptable, juridique ou financière *(Décr. n° 2016-1851 du 23 déc. 2016, art. 32-I, en vigueur le 1er janv. 2017)* « , dans le domaine de l'administration, du financement, de la restructuration, dont les fusions-acquisitions, » ou de la reprise d'entreprises, notamment en difficulté.

Pour l'entrée en vigueur des dispositions du Décr. n° 2016-400 du 1er avr. 2016, V. note ss. art. R. 811-13.

Art. R. 812-14 *(Décr. n° 2016-400 du 1er avr. 2016, art. 13)* I. — Les administrateurs judiciaires qui ont été inscrits pendant cinq ans au moins sur la liste mentionnée à l'article L. 812-2 et qui ont, le cas échéant, effectué le stage dans les conditions prévues au II de l'article R. 812-13 sont dispensés de toutes les épreuves de l'examen d'aptitude. Ils sont inscrits sur la liste des mandataires judiciaires sous condition suspensive d'avoir été retirés de la liste des administrateurs judiciaires dans les conditions prévues aux articles R. 811-36 et R. 812-20.

II. – Sont dispensés de l'épreuve de procédure civile et de droit pénal des affaires de l'examen d'aptitude :

1° Les avocats, les notaires, les commissaires-priseurs judiciaires, les huissiers de justice, les greffiers des tribunaux de commerce ;

2° Les personnes titulaires de l'un des titres ou diplômes mentionnés à l'article R. 811-7 et justifiant de cinq ans au moins de pratique professionnelle juridique dans le domaine de l'administration, du financement, de la restructuration, dont les fusions-acquisitions, ou de la reprise d'entreprises, notamment en difficulté.

III. – Sont dispensés de l'épreuve de l'examen d'aptitude portant sur la gestion d'un cabinet de mandataire judiciaire :

1° Les personnes ayant exercé pendant une durée de cinq ans au moins les fonctions de collaborateur d'un mandataire judiciaire ;

2° Les experts-comptables et les commissaires aux comptes ;

3° Les personnes titulaires de l'un des titres ou diplômes mentionnés à l'article R. 811-7 et justifiant de cinq ans au moins de pratique professionnelle comptable ou financière *(Décr. n° 2016-1851 du 23 déc. 2016, art. 32-II, en vigueur le 1er janv. 2017)* « , » dans le domaine de l'administration, du financement, de la restructuration, dont les fusions-acquisitions, ou de la reprise d'entreprises, notamment en difficulté.

IV. – Pour les personnes dispensées de stage professionnel en application des dispositions du I de l'article R. 812-13, l'épreuve de l'examen d'aptitude de présentation et de discussion avec le jury portant sur un mémoire de stage est remplacée par une épreuve de présentation et de discussion avec le jury portant sur l'expérience professionnelle du candidat.

Pour l'entrée en vigueur des dispositions du Décr. n° 2016-400 du 1er avr. 2016, V. note ss. art. R. 811-13.

Art. R. 812-15 Peuvent être inscrites sur la liste des mandataires judiciaires, en application du dernier alinéa de l'article L. 812-3, les personnes qui ont suivi avec succès un cycle d'études d'une durée minimale de trois ans ou d'une durée équivalente à temps partiel dans une université ou un établissement d'enseignement supérieur ou dans un autre établissement de même niveau de formation et, le cas échéant, la formation professionnelle requise en plus de ce cycle d'études et qui justifient :

1° De diplômes, certificats ou autres titres permettant l'exercice de la profession dans un État membre de la Communauté européenne ou dans un État partie à l'accord sur l'Espace économique européen délivrés :

a) Soit par l'autorité compétente de cet État et sanctionnant une formation acquise de façon prépondérante dans la Communauté européenne ou dans un État partie à l'accord sur l'Espace économique européen ;

b) Soit par un pays tiers, à condition que soit fournie une attestation émanant de l'autorité compétente de l'État membre qui a reconnu les diplômes, certificats ou autres titres certifiant que leur titulaire a une expérience professionnelle de trois ans au moins dans cet État ;

2° Ou de l'exercice à plein temps de la profession pendant deux ans au moins au cours des dix années précédentes dans un État membre qui ne réglemente pas l'accès ou l'exercice de cette profession, à condition que cet exercice soit attesté par l'autorité compétente de cet État. – *[Décr. n° 85-1389 du 27 déc. 1985, art. 45-1, al. 1er à 5.]*

Art. R. 812-16 Sauf si les connaissances qu'elles ont acquises au cours de leur expérience professionnelle sont de nature à rendre cette vérification inutile, les personnes mentionnées à l'article R. 812-15 subissent devant le jury chargé de l'examen d'accès au stage un examen de contrôle des connaissances, organisé par le Conseil national des administrateurs judiciaires et des mandataires judiciaires, dont le programme et les modalités sont fixés par arrêté du garde des sceaux, ministre de la justice :

1° Lorsque leur formation porte sur des matières substantiellement différentes de celles qui figurent au programme des titres et diplômes mentionnés à l'article R. 811-7 et de l'examen de stage professionnel mentionné à l'article R. 811-9 ;

2° Ou lorsqu'une ou plusieurs des activités professionnelles dont l'exercice est subordonné à la possession de ces diplômes et de cet examen ne sont pas réglementées dans l'État membre d'origine ou de provenance ou sont réglementées de manière différente et que cette différence est caractérisée par une formation spécifique requise dans l'État membre d'accueil portant sur des matières substantiellement différentes de celles couvertes par le diplôme dont le demandeur fait état. – *[Décr. n° 85-1389 du 27 déc. 1985, art. 45-1, al. 6 à 8.]*

V. art. A. 812-25 s.

Art. R. 812-17 A la réception du dossier complet d'une personne mentionnée à l'article R. 812-15, un récépissé lui est délivré. La commission nationale se prononce par décision motivée dans un délai de quatre mois à compter de la délivrance du récépissé.

La décision par laquelle la commission nationale arrête la liste des candidats soumis à l'examen de contrôle des connaissances précise, le cas échéant, les matières sur lesquelles chacun des candidats est interrogé compte tenu de sa formation initiale.

La commission statue dans les conditions prévues aux articles R. 811-33 à R. 811-35.

Nul ne peut se présenter plus de trois fois à l'examen. – *[Décr. n° 85-1389 du 27 déc. 1985, art. 45-1, al. 9 à 12.]*

Art. R. 812-18 *(Décr. n° 2017-796 du 5 mai 2017, art. 1er-2°)* « La commission nationale inscrit sur la liste les sociétés de mandataires judiciaires prévues par la première phrase du premier alinéa de l'article L. 812-5 et les sociétés pluri-professionnelles d'exercice prévues par l'article L. 812-5-1-A ainsi que chacun des associés exerçant la profession. » Le nom de chacun de ceux-ci est suivi de la mention de la raison ou dénomination sociale de la société.

L'appartenance aux autres groupements ou sociétés prévus par l'article L. 812-5 est immédiatement portée à la connaissance de la commission. – *[Décr. n° 85-1389 du 27 déc. 1985, art. 46.]*

§ 2 DES CONDITIONS D'EXPÉRIENCE OU DE STAGE COMPLÉMENTAIRES AU DIPLÔME DE MASTER MENTIONNÉ À L'ARTICLE L. 812-3

(Décr. n° 2016-400 du 1er avr. 2016, art. 15)

Les dispositions du présent paragraphe entrent en vigueur à compter de la publication de l'arrêté prévu à l'art. R. 812-18-2 (Décr. n° 2016-400 du 1er avr. 2016, art. 22-III).

Art. R. 812-18-1 Peuvent solliciter leur inscription sur la liste mentionnée à l'article L. 812-2 auprès de la commission nationale d'inscription et de discipline :

1° Les personnes titulaires du diplôme de master mentionné au 5° de l'article L. 812-3, délivré par un établissement accrédité dans les conditions prévues à l'article L. 613-1 du code de l'éducation, qui justifient de cinq ans au moins d'expérience professionnelle en tant que collaborateur d'un mandataire judiciaire ;

2° Les personnes titulaires de ce diplôme de master qui justifient de huit ans au moins de pratique professionnelle comptable, juridique ou financière dans le domaine de l'administration, du financement, de la restructuration, dont les fusions-acquisitions, ou de la reprise d'entreprises, notamment en difficulté.

La commission procède à l'audition du candidat au cours d'un entretien portant sur son expérience professionnelle dans le domaine de l'administration ou de la liquidation des entreprises en difficulté et statue dans les conditions prévues aux articles R. 811-33 à R. 811-35.

Art. R. 812-18-2 Peuvent solliciter leur inscription sur la liste mentionnée à l'article L. 812-2 auprès de la commission nationale d'inscription et de discipline, statuant sur leur demande d'inscription dans les conditions prévues aux articles R. 811-33 à R. 811-35, les personnes titulaires du diplôme de master mentionné au 5° de l'article L. 812-3, délivré par un établissement accrédité dans les conditions prévues à l'article L. 613-1 du code de l'éducation, qui justifient avoir accompli un stage répondant aux conditions des articles R. 812-18-3 et R. 812-18-4 qui ne peut être inférieur à trente mois dans une étude de mandataire judiciaire inscrit sur la liste mentionnée à l'article L. 812-2. Le stagiaire participe à l'activité professionnelle du maître de stage sous la direction et la responsabilité de celui-ci. Il exécute les actes juridiques et de gestion relatifs aux procédures de sauvegarde, de redressement judiciaire, de liquidation judiciaire et de rétablissement professionnel. La liste de ces actes est fixée par arrêté du garde des sceaux, ministre de la justice. Dans la mesure des mandats qui lui sont confiés, le maître de stage a l'obligation de faire exécuter ces actes au stagiaire.

Le stagiaire qui n'a pas, après trente-six mois de stage, exécuté l'ensemble de ces actes peut demander à être admis à se présenter à l'examen d'aptitude aux fonctions de mandataire judiciaire dans les conditions prévues aux articles R. 811-19 à R. 811-24. La réussite à cet examen le dispense de justifier de l'exécution de ces actes lorsqu'il présente sa demande d'inscription devant la commission nationale d'inscription et de discipline.

Les dispositions des articles R. 811-14, R. 811-16 et R. 811-17 sont applicables au stage mentionné au premier alinéa.

V. art. A. 812-24.

Art. R. 812-18-3 Le stagiaire rédige un rapport de stage dans lequel il décrit les procédures auxquelles il a participé et les actes qu'il a accomplis ainsi qu'un mémoire de stage portant sur un sujet d'économie, de droit ou de gestion de son choix. Il remet ces documents au terme de son stage au maître de stage.

Le stage qui a été régulièrement accompli donne lieu à la délivrance d'une attestation établie par le maître de stage. Ce document atteste de la durée du stage et de l'exécution par le stagiaire de l'ensemble des actes juridiques et de gestion mentionnés au premier alinéa de l'article R. 812-18-2 ; il comporte également les appréciations portées sur la qualité de son travail par le maître de stage et les observations de celui-ci sur le mémoire de stage. Il est communiqué au stagiaire qui certifie en avoir pris connaissance et peut apporter ses observations écrites. Il transmet ce document, accompagné du mémoire et du rapport de stage, à la commission nationale d'inscription et de discipline.

Le maître de stage adresse une copie de l'attestation et du rapport de stage au magistrat désigné par le garde des sceaux, ministre de la justice, en application du premier alinéa de l'article R. 811-40.

Art. R. 812-18-4 La commission nationale d'inscription et de discipline délivre le certificat de fin de stage au stagiaire qui a satisfait aux obligations mentionnées aux articles R. 812-18-2 et R. 812-18-3.

Si la commission estime que le stagiaire n'a pas satisfait à ces obligations, elle peut soit refuser la délivrance du certificat de fin de stage, soit prolonger le stage au sein d'une autre étude pour une période d'une année renouvelable une fois.

Dans ce dernier cas, la commission fixe, dans sa décision de prolongation de stage pour un an, la liste des actes juridiques et de gestion que l'intéressé doit exécuter, et dont il doit rendre compte dans le rapport de stage, et précise s'il doit rédiger un nouveau mémoire de stage.

Le stage accompli conformément à la décision de prolongation donne lieu à la délivrance d'une attestation établie par le maître de stage. Ce document atteste de la durée du stage et de l'exécution par le stagiaire de l'ensemble des actes juridiques et de gestion figurant dans la décision de prolongation ; il comporte également les appréciations portées sur la qualité de son travail par le maître de stage et, s'il y a lieu, les observations de celui-ci sur le mémoire de stage. Il est communiqué au stagiaire qui certifie en avoir pris connaissance et peut apporter ses observations écrites. Ce document, accompagné du rapport de stage et, s'il y a lieu, du mémoire de stage, est ensuite transmis par le maître de stage à la commission nationale d'inscription et de discipline. Le maître de stage adresse une copie de l'attestation et du rapport de stage au magistrat désigné par le garde des sceaux, ministre de la justice, en application du premier alinéa de l'article R. 811-40.

A l'issue de l'année de prolongation, la commission délivre le certificat de fin de stage au stagiaire qui a satisfait aux obligations fixées par elle dans sa décision de prolongation ou, si elle estime que le stagiaire n'a pas satisfait à ces obligations, elle peut soit refuser la délivrance du certificat de fin de stage, soit prolonger le stage au sein de la même étude pour une ultime période d'une année. Les dispositions des deux alinéas précédents sont applicables à la seconde prolongation de stage. A l'issue de la seconde année de prolongation, la commission peut, en fonction de son appréciation de la satisfaction par le stagiaire des obligations fixées dans la décision de seconde prolongation, soit délivrer le certificat de fin de stage, soit refuser la délivrance de celui-ci.

Lorsqu'elle statue sur la délivrance du certificat de fin de stage, la commission siège en présence du président et de deux au moins de ses membres. Lorsqu'un des membres ou le président de la commission a autorité sur le stagiaire ou a des liens de parenté ou d'alliance avec lui jusqu'au quatrième degré inclusivement, il s'abstient de siéger. Aucun refus de délivrance ne peut être prononcé par la commission sans que l'intéressé ait été entendu ou appelé quinze jours au moins à l'avance par lettre recommandée avec demande d'avis de réception.

Les décisions de refus de délivrance ou de prolongation de stage doivent être motivées. Elles sont notifiées à l'intéressé et au président du Conseil national des administrateurs judiciaires et des mandataires judiciaires. La lettre de notification, adressée par lettre recommandée avec demande d'avis de réception, fait mention, à peine de nullité, du délai de recours et des modalités suivant lesquelles ce recours peut être exercé.

Le silence gardé par la commission au terme d'un délai de quatre mois à compter de la réception du dossier complet de la demande de délivrance de certificat de fin de stage vaut décision d'acceptation.

SOUS-SECTION 3 DE LA PROCÉDURE D'INSCRIPTION SUR LES LISTES DE MANDATAIRES JUDICIAIRES

Art. R. 812-19 Les dispositions relatives à la procédure d'inscription des administrateurs judiciaires prévues aux articles R. 811-31 à R. 811-35 *(Décr. nº 2018-262 du 11 avr. 2018, art. 9)* « , à l'exception des huitième et dixième alinéas de l'article R. 811-31 et à l'exception de l'article R. 811-31-1, » sont applicables aux mandataires judiciaires. – *[Décr. nº 85-1389 du 27 déc. 1985, art. 47.]*

Art. R. 812-20 Les dispositions des articles R. 811-36 à R. 811-39 relatives à la tenue et à la mise à jour de la liste des administrateurs judiciaires sont applicables *(Décr. nº 2011-1660 du 29 nov. 2011, art. 7, en vigueur le 1er déc. 2011)* « aux mandataires judiciaires ». – *[Décr. nº 85-1389 du 27 déc. 1985, art. 51.]*

SECTION II DE LA SURVEILLANCE, DE L'INSPECTION ET DE LA DISCIPLINE

Art. R. 812-21 Les dispositions des articles R. 811-40 à *(Décr. nº 2016-1851 du 23 déc. 2016, art. 38, en vigueur le 1er janv. 2017)* « R. 811-42-1 » relatives à la surveillance et à l'inspection des administrateurs judiciaires sont applicables aux mandataires judiciaires *(Décr. nº 2017-1225 du 2 août 2017, art. 6)* « et aux personnes désignées dans les conditions du premier alinéa du II de l'article L. 812-2 ».

Art. R. 812-21-1 *(Décr. nº 2016-1851 du 23 déc. 2016, art. 12, en vigueur le 1er janv. 2017)* Les dispositions relatives à la surveillance et à l'inspection des mandataires judiciaires, sont applicables aux personnes mentionnées au III de l'article L. 812-2 sous réserve des dispositions suivantes :

1° Les dispositions relatives à la communication de la situation financière au Conseil national des administrateurs judiciaires et des mandataires judiciaires ne sont pas applicables ;

2° Les magistrats qui procèdent à l'inspection d'une personne mentionnée au III de l'article L. 812-2, peuvent se faire assister, en plus des personnes énumérées au *(Décr. nº 2017-1225 du 2 août 2017, art. 7-1°)* « troisième » alinéa de l'article *(Décr. nº 2017-1225 du 2 août 2017, art. 7-2°)* « R. 811-42 », d'un ou *[de]* plusieurs huissiers de justice ou commissaires-priseurs judiciaires, selon le cas ;

3° Les frais occasionnés par l'assistance des personnes mentionnées au 2° et de celles énumérées au deuxième alinéa de l'article *(Décr. nº 2017-1225 du 2 août 2017, art. 7-2°)* « R. 811-42 » sont pris en charge, selon le cas, par la chambre régionale des huissiers de justice compétente ou par la chambre de discipline des commissaires-priseurs judiciaires compétente. Ils peuvent être recouvrés sur le professionnel inspecté si celui-ci fait l'objet d'une sanction disciplinaire ;

4° Le rapport mentionné au dernier alinéa de l'article R. 811-42-1 est également adressé, selon le cas, au président de la chambre régionale des huissiers de justice

compétente ou à celui de la chambre de discipline des commissaires-priseurs judiciaires compétente.

Art. R. 812-22 **Les dispositions des articles R. 811-43 à R. 811-56 relatives à la procédure disciplinaire devant la commission nationale et à la procédure de suspension provisoire devant le** *(Décr. nº 2019-966 du 18 sept. 2019, art. 8, en vigueur le 1er janv. 2020)* **« tribunal judiciaire » des administrateurs judiciaires sont applicables aux mandataires judiciaires.** — *[Décr. nº 85-1389 du 27 déc. 1985, art. 53.]*

Art. R. 812-22-1 *(Décr. nº 2016-1851 du 23 déc. 2016, art. 13, en vigueur le 1er janv. 2017)* **Les dispositions relatives à la procédure disciplinaire devant la Commission nationale d'inscription et de discipline des administrateurs judiciaires et des mandataires judiciaires et celles relatives à la procédure de suspension provisoire devant le** *(Décr. nº 2019-966 du 18 sept. 2019, art. 8, en vigueur le 1er janv. 2020)* **« tribunal judiciaire », des mandataires judiciaires, sont applicables aux personnes mentionnées au III de l'article L. 812-2 sous réserve des dispositions suivantes :**

1º La commission ne peut statuer en matière disciplinaire qu'en présence du président et de dix au moins de ses membres ;

2º Le président de la chambre régionale des huissiers de justice compétente ou celui de la chambre de discipline des commissaires-priseurs judiciaires compétente à l'égard des personnes mentionnées au III de l'article L. 812-2 sont soumis à l'obligation prévue à l'article R. 811-44. Ils disposent des mêmes prérogatives et sont rendus destinataires des mêmes notifications que celles prévues au profit du président du Conseil national des administrateurs judiciaires et des mandataires judiciaires par les articles R. 811-48 et R. 811-49, s'agissant de la procédure disciplinaire, et par les articles R. 811-50 à R. 811-52, R. 811-55 et R. 811-56, s'agissant de la procédure de suspension provisoire ;

3º Le professionnel cité à comparaître peut se faire assister d'un mandataire judiciaire inscrit, d'un huissier de justice ou d'un commissaire-priseur judiciaire.

Art. R. 812-23 **Les dispositions des articles R. 811-57 à R. 811-59 relatives à l'exécution des sanctions disciplinaires et des mesures de suspension provisoire et relatives à l'administration provisoire sont applicables aux mandataires judiciaires.**

Toutefois, pour l'application de l'article R. 811-58, l'administrateur provisoire est choisi parmi les personnes inscrites sur la liste des mandataires judiciaires ou parmi celles qui remplissent les conditions pour y être inscrites. — *[Décr. nº 85-1389 du 27 déc. 1985, art. 54.]*

Art. R. 812-23-1 *Al. abrogé par Décr. nº 2019-1333 du 11 déc. 2019, art. 16, à compter du 1er janv. 2020.*

(Décr. nº 2016-1851 du 23 déc. 2016, art. 14, en vigueur le 1er janv. 2017) **Le commissaire du Gouvernement près la Commission nationale d'inscription et de discipline des administrateurs judiciaires et des mandataires judiciaires assure l'exécution des sanctions disciplinaires.**

Il informe les procureurs généraux près les cours d'appel des décisions passées en force de chose jugée prononçant l'interdiction temporaire ou définitive ou ordonnant une mesure de suspension provisoire ; ceux-ci portent ces décisions à la connaissance des juridictions de leur ressort.

Pour les dispositions transitoires du Décr. nº 2019-1333 du 11 déc. 2019, V. note ss. art. R. 661-1.

Art. R. 812-23-2 *(Décr. nº 2016-1851 du 23 déc. 2016, art. 14, en vigueur le 1er janv. 2017)* **Lorsqu'une personne mentionnée au III de l'article L. 812-2 se trouve dans l'impossibilité d'exercer ses fonctions en raison d'une mesure de suspension ou d'une mesure d'interdiction prononcée dans les conditions prévues aux 3º et 4º du II de l'article L. 814-10-2, le procureur de la République près le** *(Décr. nº 2019-966 du 18 sept. 2019, art. 8, en vigueur le 1er janv. 2020)* **« tribunal judiciaire » dans le ressort duquel cette personne a son domicile professionnel requiert le président du** *(Décr. nº 2019-966 du 18 sept. 2019, art. 8, en vigueur le 1er janv. 2020)* **« tribunal judiciaire », statuant sur requête, de désigner sans délai un administrateur provisoire pour exercer les mandats de justice confiés au professionnel empêché ainsi que les actes nécessaires**

à la gestion de ces mandats. L'administrateur est choisi, selon le cas, parmi les huissiers de justice ou les commissaires-priseurs judiciaires.

Le commissaire du Gouvernement près la Commission nationale requiert l'administrateur provisoire désigné de procéder à l'information des présidents des juridictions ayant décerné des mandats à la personne mentionnée au III de l'article L. 812-2.

Les dispositions relatives à la rémunération de l'administrateur provisoire prévues à l'article R. 811-59 sont applicables.

SECTION III DU SALARIAT

(Décr. n° 2016-400 du 1er avr. 2016, art. 19)

Art. R. 812-24 Les dispositions des articles R. 811-60 à R. 811-68 sont applicables aux mandataires judiciaires salariés.

CHAPITRE III DES EXPERTS EN DIAGNOSTIC D'ENTREPRISE

Le présent chapitre ne comprend pas de dispositions réglementaires.

CHAPITRE IV DISPOSITIONS COMMUNES

SECTION PREMIÈRE DE LA COMMISSION NATIONALE D'INSCRIPTION ET DE DISCIPLINE ET DES RECOURS CONTRE LES DÉCISIONS DE LA COMMISSION *(Décr. n° 2016-109 du 3 févr. 2016, art. 9).*

Art. R. 814-1 *(Décr. n° 2016-109 du 3 févr. 2016, art. 10)* I. — Les magistrats du parquet, commissaires du Gouvernement auprès de la Commission nationale d'inscription et de discipline des administrateurs judiciaires et des mandataires judiciaires, ainsi que leur suppléant, sont désignés par le garde des sceaux, ministre de la justice. *(Décr. n° 2016-1851 du 23 déc. 2016, art. 15, en vigueur le 1er juill. 2017)* « Les personnes, titulaires ou suppléantes, appelées à siéger au sein de cette commission en application du onzième alinéa de l'article L. 814-1, sont désignées dans les conditions prévues à l'article 32-A du décret du 19 décembre 1945 pris pour l'application du statut des commissaires-priseurs judiciaires et à l'article 74-2 du décret du 29 février 1956 pris pour l'application de l'ordonnance du 2 novembre 1945 relative au statut des huissiers de justice. »

II. — Le mandat du président, du vice-président, des membres de la commission ainsi que celui de leurs suppléants prend effet à la date de la première réunion qui suit leur désignation. Pour cette première réunion, la commission se réunit sur convocation de son secrétaire.

Lorsqu'un membre est définitivement empêché en cours de mandat, il est procédé à son remplacement. Les fonctions du nouveau membre expirent à la date à laquelle auraient cessé celles du membre qu'il remplace.

III. — Le secrétariat de la commission est assuré par un ou plusieurs fonctionnaires du ministère de la justice. La commission rend compte de son activité dans un rapport annuel remis au garde des sceaux, ministre de la justice. Le secrétariat de la commission est chargé de la préparation du rapport annuel d'activité, sous l'autorité du président de la commission.

Les premières personnes désignées en application de l'art. 15 du Décr. n° 2016-1851 du 23 déc. 2016 [le texte vise par erreur l'art. 30] pour siéger au sein de la Commission nationale d'inscription et de discipline des administrateurs judiciaires et des mandataires judiciaires, le sont pour la durée du mandat restant à courir des membres de cette commission au jour de leur nomination (Décr. préc., art. 53-II).

Art. R. 814-1-1 *(Décr. n° 2016-109 du 3 févr. 2016, art. 11)* Les membres de la Commission nationale d'inscription et de discipline ont droit à la prise en charge de leurs frais de déplacement dans les conditions fixées par la réglementation applicable aux fonctionnaires de l'État.

Art. D. 814-1-2 *(Décr. n° 2019-276 du 4 avr. 2019)* Le président de la Commission nationale d'inscription et de discipline des administrateurs judiciaires et des mandataires judiciaires ou son suppléant perçoit, dans la limite d'un plafond annuel, une indemnité forfaitaire pour chaque séance de la commission qu'il préside.

Les membres de la commission titulaires ou suppléants autres que le président perçoivent, dans la limite d'un plafond annuel, soit une indemnité forfaitaire pour chaque séance de la commission à laquelle ils participent, soit une indemnité forfaitaire pour les rapports dont ils sont chargés par le président.

(Décr. nº 2020-1421 du 19 nov. 2020, en vigueur le 1er déc. 2020) « Les deux magistrats du parquet titulaires et leur suppléant, désignés pour exercer les fonctions de commissaire du Gouvernement auprès de la commission, perçoivent, dans la limite d'un plafond annuel, une indemnité forfaitaire pour chaque séance à laquelle ils participent. »

Le montant de ces indemnités et leurs plafonds annuels sont fixés par arrêté conjoint du garde des sceaux, ministre de la justice, du ministre chargé de la fonction publique et du ministre chargé du budget. — *V. Arr. du 11 avr. 2019 (JO 16 avr.), mod. par Arr. du 15 oct. 2020 (JO 21 nov.).*

Art. R. 814-2 Un recours contre la décision de la commission statuant en matière d'inscription peut être exercé devant la cour d'appel de Paris par l'intéressé, le garde des sceaux, ministre de la justice, le commissaire du Gouvernement et le président du Conseil national, dans le délai d'un mois à compter de la date de réception de la lettre de notification de la décision.

Le recours est formé soit par déclaration au greffe de la cour d'appel, soit par lettre recommandée avec demande d'avis de réception adressée au greffier en chef.

Le greffier en chef en avise, selon le cas, l'intéressé, le garde des sceaux, ministre de la justice, le commissaire du Gouvernement ou le président du Conseil national.

Le recours est instruit et jugé selon les règles applicables à la procédure sans représentation obligatoire. — *[Décr. nº 85-1389 du 27 déc. 1985, art. 20.]*

L'art. R. 814-1 a été renuméroté R. 814-2 par le Décr. nº 2016-109 du 3 févr. 2016, art. 12 (JO 5 févr.).

Art. R. 814-2-1 Un recours peut être exercé devant la cour d'appel de Paris, dans le délai d'un mois à compter de la notification de la décision de la commission statuant en matière disciplinaire *(Décr. nº 2011-1660 du 29 nov. 2011, art. 8-1º, en vigueur le 1er déc. 2011)* « ou sur le fondement du premier alinéa de l'article L. 811-6 », par l'intéressé, le garde des sceaux, ministre de la justice, et le commissaire du Gouvernement. Il peut également être exercé, dans le même délai, par *(Décr. nº 2011-1660 du 29 nov. 2011, art. 8-2º, en vigueur le 1er déc. 2011)* « le ministère public » *(Décr. nº 2016-1851 du 23 déc. 2016, art. 16, en vigueur le 1er janv. 2017)* « , le président du Conseil national et, selon le cas, par le président de la chambre régionale des huissiers de justice compétente ou le président de la chambre de discipline des commissaires-priseurs judiciaires compétente » lorsqu'ils ont engagé l'action *(Abrogé par Décr. nº 2011-1660 du 29 nov. 2011, art. 8-2º, à compter du 1er déc. 2011)* « *disciplinaire* ». Il est formé soit par déclaration remise contre récépissé au greffe de la cour d'appel de Paris, soit par lettre recommandée avec demande d'avis de réception adressée au greffier en chef.

Le recours est instruit et jugé selon les règles applicables à la procédure sans représentation obligatoire.

La décision de la cour d'appel est notifiée, par le greffe, par lettre recommandée avec demande d'avis de réception, aux personnes mentionnées à l'alinéa premier. — *[Décr. nº 85-1389 du 27 déc. 1985, art. 28-1.]*

L'art. R. 814-2 a été renuméroté R. 814-2-1 par le Décr. nº 2016-109 du 3 févr. 2016, art. 12 (JO 5 févr.).

SECTION II DE LA REPRÉSENTATION DES PROFESSIONS AUPRÈS DES POUVOIRS PUBLICS

Art. R. 814-3 Le Conseil national établit un ensemble de règles professionnelles soumis à l'approbation du garde des sceaux, ministre de la justice. — *V. Arr. du 18 juill. 2018* 🏛.

Le garde des sceaux, ministre de la justice peut demander au Conseil national d'actualiser ou de réviser ces règles dans un délai qu'il lui impartit.

Ces règles prévoient notamment :

1° Les modalités d'organisation et de financement de la formation professionnelle ;

2° L'harmonisation des méthodes comptables utilisées par chaque professionnel, la tenue quotidienne obligatoire d'une comptabilité permettant de s'assurer de la représentation des fonds, effets, titres et autres valeurs appartenant à autrui, et l'agrément des systèmes informatiques de tenue de la comptabilité ;

3° Les conditions de délégation de signature au sein de l'étude et de conservation des pièces justificatives ainsi que les autres mesures propres à assurer la sécurité dans la gestion des dossiers et la gestion des fonds de tiers ;

4° Les conditions dans lesquelles l'administrateur judiciaire ou le mandataire judiciaire fait connaître à l'autorité mandante les intérêts économiques et financiers qu'il détient, directement ou indirectement, et qui peuvent faire obstacle à l'attribution d'un mandat dans une affaire déterminée ;

5° Les modalités de présentation des demandes des administrateurs judiciaires et des mandataires judiciaires aux fins d'arrêté de leurs émoluments ainsi que les autres mesures propres à permettre le contrôle du respect des règles relatives à leur tarif ;

6° L'harmonisation de la présentation de leur compte rendu de fin de mission par les administrateurs judiciaires et les mandataires judiciaires ;

7° Les conditions dans lesquelles les administrateurs judiciaires et les mandataires judiciaires portent à la connaissance du Conseil national les informations économiques et sociales issues des procédures au titre desquelles ils interviennent ;

8° Les conditions dans lesquelles l'administrateur judiciaire ou le mandataire judiciaire qui demande son retrait de la liste ou qui cesse l'exercice individuel de sa profession organise le transfert des dossiers qui lui ont été confiés et des fonds qu'il détient.

(Décr. nº 2016-1851 du 23 déc. 2016, art. 39, en vigueur le 1er janv. 2017) « Le non-respect des règles professionnelles peut entraîner des poursuites disciplinaires. »

Si ces règles n'ont pas été actualisées ou révisées par le Conseil national dans le délai imparti, elles le sont par le garde des sceaux, ministre de la justice. – *[Décr. nº 85-1389 du 27 déc. 1985, art. 54-1, al. 2 à 10.]*

Art. D. 814-3-1 *(Décr. nº 2011-1908 du 20 déc. 2011, art. 2)* Lorsqu'elles établissent ou sont tenues d'établir des comptes annuels dans les conditions définies aux articles L. 123-12 à L. 123-22, les personnes exerçant la profession d'administrateur judiciaire ou de mandataire judiciaire communiquent ces comptes au conseil national dans le délai mentionné au dernier alinéa de l'article L. 811-11.

Dans les autres cas, elles communiquent au conseil national, dans le même délai, les éléments suivants :

1° Une situation de trésorerie établie à l'ouverture de l'exercice comptable de l'étude ;

2° Une situation de trésorerie établie à la clôture de l'exercice comptable de l'étude ;

3° Le chiffre d'affaires hors taxes avant rétrocessions ;

4° Le montant des honoraires versés et rétrocédés ;

5° Les salaires et charges de personnel ;

6° Les dotations aux amortissements ;

7° Les redevances de crédit-bail ;

8° Les locations mobilières et immobilières ;

9° Le résultat net réalisé avant impôt ;

10° Le montant des investissements réalisés ;

11° Le montant détaillé des emprunts restant à rembourser et des concours bancaires courants ;

12° Le montant des loyers non échus sur les contrats de crédit-bail.

Les dispositions du Décr. nº 2011-1908 du 20 déc. 2011 sont applicables aux exercices ouverts à compter du 1er janv. 2012 (Décr. préc., art. 3).

Art. R. 814-3-2 *(Décr. nº 2016-1851 du 23 déc. 2016, art. 17, en vigueur le 1er janv. 2017)* Les règles professionnelles établies par le Conseil national relatives aux questions énumérées aux 2° à 6° et au 8° de l'article R. 814-3 sont applicables aux personnes mentionnées au *(Décr. nº 2017-1225 du 2 août 2017, art. 8)* « deuxième alinéa de l'article L. 811-2 et au premier alinéa du II et du » III de l'article L. 812-2. Leur non-respect peut entraîner des poursuites disciplinaires.

Art. R. 814-4 *(Décr. nº 2017-1225 du 2 août 2017, art. 2-1º, en vigueur le 1er oct. 2017)* « I. – » Pour l'exercice de ses attributions en matière de formation professionnelle, le Conseil national constitue une commission de formation professionnelle, composée des membres suivants :

1º Le président et le vice-président du Conseil national ;

2º Un administrateur judiciaire et un mandataire judiciaire désignés par Conseil national ;

3º Un administrateur judiciaire et un mandataire judiciaire désignés par la caisse de garantie ;

4º Un magistrat de l'ordre judiciaire désigné par le garde des sceaux, ministre de la justice ;

5º Un juge consulaire désigné par la conférence des juges consulaires de France ;

6º Trois professeurs, maîtres de conférences ou chargés d'enseignement choisis par le Conseil national.

(Décr. nº 2017-1225 du 2 août 2017, art. 2-2º, en vigueur le 1er oct. 2017) « II. – » Cette commission assiste le Conseil national dans l'organisation de l'enseignement professionnel en vue de la préparation à l'examen d'aptitude aux fonctions d'administrateur judiciaire et de mandataire judiciaire. Elle met les candidats stagiaires en relation avec les professionnels, facilite la réalisation des stages et en assure le suivi. Elle recommande notamment l'affectation dans une étude des stagiaires qui n'ont pas trouvé de stage. Elle assiste le Conseil national dans l'organisation de la formation continue des professionnels en activité. Le Conseil national valide, après avis de la commission, les formations autres que celles qu'il organise. *(Décr. nº 2017-1225 du 2 août 2017, art. 2-2º, en vigueur le 1er oct. 2017)* « Il vérifie leur lien direct avec l'activité professionnelle exercée. » – *[Décr. nº 85-1389 du 27 déc. 1985, art. 54-1, al. 11 à 18.]*

(Décr. nº 2017-1225 du 2 août 2017, art. 2-3º, en vigueur le 1er oct. 2017) « III. – Le rapport mentionné au quatrième alinéa de l'article L. 814-2 expose les orientations générales retenues en matière de formation continue. Il précise le nombre et la nature des formations validées ainsi que la nature des organismes qui les ont dispensées. »

Art. R. 814-5 Le Conseil national des administrateurs judiciaires et des mandataires judiciaires est composé de seize membres, huit membres représentant les administrateurs judiciaires et huit membres représentant les mandataires judiciaires.

Les membres sont élus au scrutin de liste à la représentation proportionnelle par deux collèges, l'un composé des personnes physiques inscrites sur la liste nationale des administrateurs judiciaires, l'autre composé des personnes physiques inscrites sur la liste nationale des mandataires judiciaires. Chaque collège élit huit membres. Le vote a lieu sans panachage ni vote préférentiel.

Les membres du Conseil national sont élus pour une période de quatre ans, renouvelable une fois. Ils ne sont rééligibles pour un mandat supplémentaire qu'après un intervalle de quatre ans, après l'expiration, le cas échéant, de leur second mandat. – *[Décr. nº 85-1389 du 27 déc. 1985, art. 54-2.]*

Art. R. 814-6 Le bureau du Conseil national organise l'élection. Il détermine les modalités applicables, notamment celles du vote par correspondance, autres que celles prévues par le présent titre, selon des règles soumises à l'approbation du garde des sceaux, ministre de la justice.

Chaque déclaration de candidature indique le titre de la liste présentée. Elle comporte les nom et prénoms du candidat, son domicile professionnel, sa signature, la date à laquelle il a été inscrit sur la liste nationale, ou, lorsqu'il s'agit d'un mandataire judiciaire, la liste régionale si son inscription sur celle-ci est antérieure à l'établissement de la liste nationale.

Chaque liste comprend au moins quatre candidats. Nul ne peut être candidat sur plus d'une liste. – *[Décr. nº 85-1389 du 27 déc. 1985, art. 54-3.]*

Art. R. 814-7 Il est attribué à chaque liste autant d'élus que le nombre de suffrages lui revenant contient de fois le quotient électoral. Le quotient électoral est égal au nombre total des suffrages obtenus par les différentes listes divisé par le nombre de délégués à élire.

Au cas où aucun siège ne peut être pourvu ou s'il reste des sièges à pourvoir, les sièges restants sont attribués sur la base de la plus forte moyenne.

A cet effet, le nombre de voix obtenues par chaque liste est divisé par le nombre, augmenté d'une unité, des sièges attribués à la liste. Les différentes listes sont placées dans l'ordre décroissant des moyennes ainsi obtenues. Le premier siège non pourvu est attribué à la liste ayant la plus forte moyenne.

Il est procédé successivement à la même opération pour chacun des sièges non pourvus, jusqu'au dernier.

Dans le cas où deux listes ont la même moyenne et où il ne reste qu'un siège à pourvoir, il est attribué à la liste qui a obtenu le plus grand nombre de voix.

Si deux listes ont obtenu le même nombre de voix, le candidat le plus âgé est proclamé élu. – *[Décr. n° 85-1389 du 27 déc. 1985, art. 54-6.]*

Art. R. 814-8 Si un membre du Conseil national vient à cesser ses fonctions pour quelque cause que ce soit avant l'expiration de leur durée normale, il est pourvu à son remplacement, dans les trois mois, par le premier candidat non élu de la liste. S'il n'y a plus de candidat non élu sur la liste, il est procédé à une élection au scrutin majoritaire uninominal à un tour par le collège auquel appartenait l'intéressé.

Dans tous les cas, les fonctions du nouveau membre expirent à la date à laquelle auraient pris fin celles du membre qu'il remplace. Si la durée de son mandat est inférieure à deux ans, l'intéressé est éligible pour une période de quatre ans immédiatement renouvelable pour une durée égale. – *[Décr. n° 85-1389 du 27 déc. 1985, art. 54-8.]*

Art. R. 814-9 Tout administrateur judiciaire ou tout mandataire judiciaire peut déférer l'élection des membres du Conseil national à la cour d'appel de Paris dans un délai de dix jours à compter de la proclamation des résultats. La réclamation est remise contre récépissé ou adressée par lettre recommandée avec demande d'avis de réception au greffier en chef de la cour d'appel. Le recours est instruit et jugé selon les règles applicables à la procédure sans représentation obligatoire. – *[Décr. n° 85-1389 du 27 déc. 1985, art. 54-9.]*

Art. R. 814-10 Les membres du Conseil national élisent en leur sein, de manière paritaire, un président, un vice-président et quatre membres, qui constituent le bureau.

Le bureau est élu au scrutin uninominal majoritaire à un tour pour une période de deux ans.

En cas d'égalité des voix, le plus âgé des candidats est proclamé élu.

Le président et le vice-président appartiennent, en alternance, l'un à la profession des administrateurs judiciaires, l'autre à la profession des mandataires judiciaires.

Le président sortant n'est rééligible à cette fonction et à celle de vice-président qu'après un intervalle de quatre années au moins. – *[Décr. n° 85-1389 du 27 déc. 1985, art. 54-10.]*

Art. R. 814-11 Le mandat du président, du vice-président et des membres du bureau prend fin lorsqu'ils cessent de remplir les conditions pour être membres du Conseil national. Il est alors pourvu à leur remplacement dans le délai de trois mois. En ce cas, les fonctions du nouveau membre expirent à l'époque où auraient cessé celles du membre qu'il a remplacé. – *[Décr. n° 85-1389 du 27 déc. 1985, art. 54-11.]*

Art. R. 814-12 Les fonctions de membre du Conseil national et celles de membre du bureau de ce conseil sont gratuites et ne peuvent donner lieu qu'au remboursement de frais de voyage et de séjour, dans les conditions fixées par le Conseil national.

Le président peut percevoir, pour frais de représentation, une indemnité dont le montant est fixé par le Conseil national. – *[Décr. n° 85-1389 du 27 déc. 1985, art. 54-12.]*

Art. R. 814-13 Le Conseil national ne peut valablement délibérer qu'en présence de cinq membres au moins de chaque collège, le bureau de deux membres au moins de chaque profession.

En cas de partage égal des voix, le président a voix prépondérante. – *[Décr. n° 85-1389 du 27 déc. 1985, art. 54-13.]*

Art. R. 814-14 Le Conseil national des administrateurs judiciaires et des mandataires judiciaires établit son budget. Il dresse, le 1er mars de chaque année, son bilan pour les opérations de l'année précédente. Ce bilan est certifié par un commissaire aux comptes choisi par le bureau.

Il fixe le montant de la cotisation que verse annuellement au conseil national chaque administrateur judiciaire et chaque mandataire judiciaire ainsi que la fraction de cette cotisation affectée à la formation professionnelle. – *[Décr. nº 85-1389 du 27 déc. 1985, art. 54-14.]*

Art. R. 814-15 Le Conseil national élabore un règlement intérieur qui régit son mode de fonctionnement et celui du bureau et fixe les prérogatives des organes du Conseil. Ce règlement et ses modifications ultérieures doivent être adoptées par une majorité des deux tiers du Conseil.

Le président du Conseil national convoque celui-ci au moins une fois par trimestre et chaque fois qu'il le juge utile. Il le convoque également sur un ordre du jour déterminé à la demande de quatre membres du Conseil ou du garde des sceaux, ministre de la justice. – *[Décr. nº 85-1389 du 27 déc. 1985, art. 54-15.]*

SECTION III DE LA GARANTIE DE LA REPRÉSENTATION DES FONDS, DE LA RESPONSABILITÉ CIVILE PROFESSIONNELLE, DE LA RÉMUNÉRATION ET DE LA FORMATION PROFESSIONNELLE CONTINUE *(Décr. nº 2017-1225 du 2 août 2017, art. 3-I, en vigueur le 1er oct. 2017).*

SOUS-SECTION 1 DE LA GARANTIE DE LA REPRÉSENTATION DES FONDS ET DE LA RESPONSABILITÉ CIVILE PROFESSIONNELLE

Art. R. 814-16 La caisse de garantie instituée à l'article L. 814-3 a son siège à Paris. – *[Décr. nº 85-1389 du 27 déc. 1985, art. 71.]*

Art. R. 814-17 La caisse de garantie est gérée par un conseil d'administration composé de douze membres, dont six administrateurs judiciaires et six mandataires judiciaires, inscrits sur les listes nationales.

Ces membres sont élus pour cinq ans. Les six administrateurs judiciaires sont élus par les personnes physiques inscrites sur la liste nationale des administrateurs judiciaires et les six mandataires judiciaires par celles inscrites sur la liste nationale des mandataires judiciaires.

En cas de vacance d'un siège pour quelque cause que ce soit, notamment lorsque le professionnel concerné a obtenu son transfert d'inscription de la liste nationale des administrateurs judiciaires sur la liste nationale des mandataires judiciaires ou réciproquement, le siège est pourvu par le premier candidat non élu dans la catégorie professionnelle concernée.

S'il n'y a plus de candidat non élu, il est procédé à une élection au scrutin uninominal majoritaire à un tour.

Dans tous les cas, les fonctions des nouveaux membres expirent à la date à laquelle auraient cessé celles des membres qu'ils remplacent. – *[Décr. nº 85-1389 du 27 déc. 1985, art. 72, al. 1er à 5.]*

Art. R. 814-18 Les élections sont organisées par le conseil d'administration de la caisse de garantie qui détermine les modalités qui leur sont applicables selon des règles soumises à l'approbation du garde des sceaux, ministre de la justice. Le bureau chargé du dépouillement des votes comprend le président, le vice-président, le secrétaire et le trésorier du conseil d'administration de la caisse.

Les candidats qui, dans chaque collège, ont obtenu le plus grand nombre de voix sont élus.

Les réclamations sont portées devant la cour d'appel de Paris.

Les membres de la caisse ne sont rééligibles qu'une fois.

Sous réserve des dispositions du présent article, les règles de l'article R. 811-3 sont applicables à l'élection des membres du conseil d'administration. – *[Décr. nº 85-1389 du 27 déc. 1985, art. 72, al. 6 à 10.]*

V. art. A. 814-3.

Art. R. 814-19 Le conseil d'administration élit parmi ses membres un président, un vice-président, un secrétaire et un trésorier.

Les décisions sont prises à la majorité des voix. En cas de partage égal des voix, celle du président est prépondérante.

Le magistrat du parquet chargé des fonctions de commissaire du Gouvernement auprès de la caisse de garantie et son suppléant sont désignés par le garde des sceaux, ministre de la justice.

Le président et le vice-président du Conseil national des administrateurs judiciaires et des mandataires judiciaires ou leur représentant désigné parmi les membres du Conseil national siègent au sein du conseil d'administration de la caisse avec voix consultative. – *[Décr. n° 85-1389 du 27 déc. 1985, art. 73.]*

Art. R. 814-20 Le conseil d'administration fixe les dépenses de gestion de la caisse de garantie et gère son actif.

Il établit, avant le 31 mars de chaque année, le bilan de la caisse pour les opérations de l'année précédente. Ce bilan est certifié par un commissaire aux comptes choisi par le conseil d'administration de la caisse de garantie.

Le conseil d'administration réunit une assemblée générale des cotisants pour lui présenter ce bilan. – *[Décr. n° 85-1389 du 27 déc. 1985, art. 74.]*

Art. R. 814-21 Le montant des cotisations des administrateurs judiciaires et des mandataires judiciaires inscrits est fixé chaque année par le conseil d'administration de la caisse de garantie sur la base du montant des fonds non distribués par le professionnel au 31 décembre de l'année précédente pour la garantie en matière de représentation des fonds et sur celle du chiffre d'affaires de l'étude pour la garantie concernant la responsabilité civile professionnelle.

En cas de désaccord du commissaire du Gouvernement sur le montant des cotisations, celui-ci est fixé par arrêté conjoint du ministre chargé de l'économie et du garde des sceaux, ministre de la justice. – *[Décr. n° 85-1389 du 27 déc. 1985, art. 75.]*

V. notes ss. art. L. 814-3.

Art. R. 814-22 Les fonds disponibles de la caisse de garantie sont obligatoirement déposés à la Caisse des dépôts et consignations. Ils peuvent être placés en obligations et autres valeurs émises ou garanties par un État membre de la Communauté européenne. – *[Décr. n° 85-1389 du 27 déc. 1985, art. 76.]*

Art. R. 814-23 Les contrats d'assurance de responsabilité civile professionnelle doivent prévoir une garantie minimale de 800 000 € par sinistre et par an pour chaque personne assurée. – *[Décr. n° 85-1389 du 27 déc. 1985, art. 78.]*

Art. R. 814-24 Les garanties dont doivent justifier l'administrateur judiciaire non inscrit sur la liste nationale, désigné dans les conditions prévues par le deuxième alinéa de l'article L. 811-2 et le mandataire judiciaire non inscrit sur la liste nationale, désigné dans les conditions prévues par le premier alinéa du II *(Décr. n° 2016-1851 du 23 déc. 2016, art. 18, en vigueur le 1er janv. 2017)* « ou du III » de l'article L. 812-2, doivent être au moins équivalentes à celles prévues à l'article R. 814-23.

Lorsque l'assurance a été souscrite par l'intermédiaire de la caisse de garantie, ses modalités en sont fixées, après avis du commissaire du Gouvernement, par accord entre le professionnel non inscrit et la caisse. – *[Décr. n° 85-1389 du 27 déc. 1985, art. 79.]*

Art. R. 814-25 Le président du conseil d'administration de la caisse de garantie informe le procureur général près la cour d'appel dans le ressort de laquelle l'intéressé a son domicile professionnel, le commissaire du Gouvernement près la commission d'inscription et de discipline, le magistrat coordonnateur mentionné à l'article R. 811-40, ainsi que le président du Conseil national, de toute action en responsabilité civile professionnelle exercée contre un administrateur judiciaire ou un mandataire judiciaire. – *[Décr. n° 85-1389 du 27 déc. 1985, art. 79-1.]*

Art. R. 814-26 La caisse de garantie peut souscrire des contrats d'assurance groupe permettant le service, au profit de ses adhérents qui souhaitent en bénéficier, de prestations en matière de retraite complémentaire et de prévoyance sociale. – *[Décr. n° 85-1389 du 27 déc. 1985, art. 80.]*

SOUS-SECTION 2 DE LA RÉMUNÉRATION

Art. R. 814-27 La rémunération des administrateurs judiciaires au titre des mandats qui leur sont confiés en matière civile est fixée sur justification de l'accomplissement de leur mission par le président de la juridiction les ayant désignés.

Cette décision est susceptible de recours selon les règles des articles 714 à 718 du code de procédure civile. – *[Décr. n° 85-1389 du 27 déc. 1985, art. 104.]*

Art. R. 814-28 Le président de la juridiction qui confie une mission à un administrateur judiciaire, en matière civile, peut fixer le montant d'une provision à valoir sur la rémunération de ce professionnel. – *[Décr. n° 85-1389 du 27 déc. 1985, art. 105.]*

SOUS-SECTION 3 DE LA FORMATION PROFESSIONNELLE CONTINUE

(Décr. n° 2017-1225 du 2 août 2017, art. 3-II, en vigueur le 1er oct. 2017)

Art. R. 814-28-1 La durée de la formation professionnelle prévue par l'article L. 814-9 est de vingt heures au cours d'une année civile ou de quarante heures au cours de deux années consécutives.

Art. R. 814-28-2 La formation continue porte sur les domaines juridique, économique, financier, comptable, social et sur la déontologie. Elle est en lien direct avec l'activité professionnelle exercée.

Art. R. 814-28-3 Le Conseil national des administrateurs judiciaires et mandataires judiciaires définit les orientations générales et les différentes matières sur lesquelles porte l'obligation de formation.

Au cours des deux premières années d'exercice professionnel, la formation inclut dix heures au moins portant sur la déontologie des administrateurs judiciaires et mandataires judiciaires, le statut professionnel et la gestion d'un office.

Art. R. 814-28-4 Les activités validées au titre de l'obligation de formation continue sont :

1° La participation aux actions *(Décr. n° 2019-1143 du 7 nov. 2019, art. 7)* « d'adaptation et de développement des compétences, d'acquisition, d'entretien ou de perfectionnement des connaissances et de formation relatives à l'économie et à la gestion de l'entreprise ». Le Conseil national des administrateurs judiciaires et des mandataires judiciaires retient parmi elles celles qu'il estime prioritaires ;

2° L'assistance à des colloques, à des conférences ou à des séminaires *(Abrogé par Décr. n° 2019-1143 du 7 nov. 2019, art. 7) « organisés dans les conditions définies à l'article L. 6353-1 du code du travail »*, dans la limite de dix heures par an ;

3° L'assistance à des programmes d'autoformation encadrée ou à des formations ou enseignements à distance, dans la limite de dix heures par an ;

4° L'animation de formation, de colloque, de conférence et de séminaire et la dispense d'enseignement dans un cadre professionnel ou universitaire ;

5° La publication de travaux à caractère technique ou la participation à ceux-ci.

Art. R. 814-28-5 Les formations mentionnées aux 1° à 4° de l'article R. 814-28-4 sont accomplies auprès du Conseil national des administrateurs judiciaires et des mandataires judiciaires, des établissements universitaires ou d'organismes de formation, enregistrés ou ayant déposé une déclaration d'activité en cours d'enregistrement, *conformément* aux dispositions des articles L. 6351-1 à L. 6351-8 et R. 6351-1 à R. 6351-7 du code du travail.

Art. R. 814-28-6 Les organismes dispensant des formations définies aux 1° à 4° de l'article R. 814-28-4 délivrent à la personne ayant accompli les activités validées au titre de la formation continue, une attestation mentionnant les objectifs, le contenu, la durée, et la date de réalisation de l'activité. Lorsqu'il s'agit d'un colloque, d'une conférence ou d'un séminaire, ce document atteste de la présence du professionnel à cette manifestation.

Art. R. 814-28-7 Les administrateurs judiciaires et mandataires judiciaires déclarent, au plus tard le 31 janvier, auprès du Conseil national des administrateurs judiciaires et mandataires judiciaires les conditions dans lesquelles ils ont satisfait à leur obligation de formation continue au cours de l'année écoulée. Les justificatifs utiles à la vérification du respect de cette obligation sont joints à cette déclaration.

Le Conseil national adresse chaque année, au plus tard le 31 mars, au magistrat coordonnateur mentionné au deuxième alinéa de l'article R. 811-40, la liste des administrateurs judiciaires et mandataires judiciaires qui n'ont pas satisfait à leur obligation de formation professionnelle continue et précise les mesures mises en œuvre aux fins de la faire respecter.

SECTION IV **DE LA COMPTABILITÉ, DU DÉPÔT DE FONDS, DES CONTRÔLES ET DISPOSITIONS DIVERSES**

SOUS-SECTION 1 **DE LA TENUE DE LA COMPTABILITÉ ET DU DÉPÔT DES FONDS**

Art. R. 814-29 Les administrateurs judiciaires et les mandataires judiciaires ouvrent, pour chaque mandat reçu, dans le cadre d'une comptabilité spéciale, un compte qui enregistre l'ensemble des mouvements concernant ce mandat ainsi que les opérations liées à ces mouvements.

La comptabilité spéciale de chaque administrateur judiciaire et de chaque mandataire judiciaire, arrêtée au 30 juin et au 31 décembre, fait l'objet d'un contrôle effectué par un commissaire aux comptes. Le mandataire de justice avise par lettre recommandée avec demande d'avis de réception le commissaire aux comptes choisi qui donne sa réponse dans les mêmes formes.

L'administrateur judiciaire et le mandataire judiciaire désignent un commissaire aux comptes suppléant dont les fonctions sont exercées dans les conditions prévues à l'article L. 823-1.

Le magistrat inspecteur régional et le magistrat coordonnateur mentionné à l'article R. 811-40 sont informés, dans les quinze jours, de toutes les décisions de nomination et de cessation de fonctions du commissaire aux comptes et de son suppléant. – *[Décr. n° 85-1389 du 27 déc. 1985, art. 58.]*

Art. R. 814-30 Le commissaire aux comptes informe le magistrat inspecteur régional, le magistrat coordonnateur mentionné à l'article R. 811-40 et le président du Conseil national des anomalies ou irrégularités, affectant ou non la représentation des fonds, dont il a connaissance au cours de l'exécution de sa mission. Il révèle les faits délictueux dont il a connaissance aux procureurs de la République près les *(Décr. n° 2019-966 du 18 sept. 2019, art. 8, en vigueur le 1er janv. 2020)* « tribunaux judiciaires » dans le ressort desquels le mandataire de justice a son domicile professionnel et, le cas échéant, son ou ses bureaux annexes.

Le commissaire aux comptes fait parvenir, avant le 15 mars et le 15 septembre de chaque année, au magistrat inspecteur régional, au magistrat coordonnateur, au procureur de la République près le *(Décr. n° 2019-966 du 18 sept. 2019, art. 8, en vigueur le 1er janv. 2020)* « tribunal judiciaire » dans le ressort duquel le mandataire de justice a son domicile professionnel ou un bureau annexe et au président du conseil national, une attestation de vérification de la comptabilité spéciale du mandataire de justice intéressé.

Cette attestation indique le montant des fonds, effets, titres et autres valeurs détenus par catégorie de mission et par établissement de crédit et mentionne toute anomalie ou irrégularité constatée.

Tout professionnel faisant l'objet d'une décision de retrait de la liste professionnelle, pour quelque motif que ce soit, en avise sans délai le commissaire aux comptes qu'il a désigné conformément à l'article R. 814-29. Celui-ci, dans le délai d'un mois à compter de la réception de cet avis, remet aux autorités mentionnées au deuxième alinéa une attestation de vérification de la comptabilité spéciale, établie au jour de la cessation des fonctions. – *[Décr. n° 85-1389 du 27 déc. 1985, art. 58-2.]*

Art. R. 814-31 Chaque mandat, judiciaire ou amiable, reçu par l'administrateur judiciaire ou le mandataire judiciaire est inscrit par ordre chronologique d'arrivée à l'étude sur un répertoire mentionnant notamment le numéro d'ordre, le nom de la juridiction mandante ou la qualité du mandant, la date de la décision de désignation, le nom de l'affaire, la nature de la mission, l'identification des établissements financiers auprès desquels les fonds sont déposés, la date et les modalités de l'achèvement de la mission. – *[Décr. n° 85-1389 du 27 déc. 1985, art. 59.]*

Art. R. 814-32 La comptabilité spéciale des administrateurs judiciaires et des mandataires judiciaires est tenue en partie double. Elle comprend obligatoirement un livre journal, des journaux auxiliaires, un grand livre, des grands livres auxiliaires des comptes individuels ouverts pour chaque mandat, une balance, un recueil des états périodiques et des reçus pour les versements d'espèces.

Elle respecte les règles professionnelles prévues à l'article R. 814-3. – *[Décr. n° 85-1389 du 27 déc. 1985, art. 60.]*

Art. R. 814-33 Les journaux auxiliaires mentionnent par ordre chronologique l'ensemble des opérations mentionnées à l'article R. 814-29.

Ils indiquent pour chaque opération la date, le nom de l'affaire, le libellé de l'opération et son montant. S'il s'agit d'une recette en espèces, le numéro du reçu est indiqué au regard de celle-ci dans une colonne du livre journal réservée à cet effet. – *[Décr. n° 85-1389 du 27 déc. 1985, art. 61.]*

Art. R. 814-34 Des états sont établis chaque trimestre par les administrateurs judiciaires et les mandataires judiciaires pour tous les mandats n'ayant pas fait l'objet d'une reddition des comptes.

Ces états mentionnent pour chaque mandat : le numéro de l'affaire au répertoire, le nom de celle-ci, le nom de la juridiction mandante ou la qualité du mandant, la date de la décision de désignation, la nature de la mission concernée, les mouvements comptables enregistrés pour l'affaire depuis l'origine, les mouvements et le solde par compte ouvert à la Caisse des dépôts et consignations et dans d'autres établissements financiers, ainsi que l'ensemble des fonds, effets, titres ou valeurs appartenant à autrui et, le cas échéant, les espèces disponibles aux mains du professionnel. – *[Décr. n° 85-1389 du 27 déc. 1985, art. 63.]*

Art. R. 814-35 L'administrateur judiciaire ou le mandataire judiciaire adresse les états prévus à l'article précédent dans les quinze jours qui suivent l'achèvement du trimestre au greffe du tribunal de commerce et, s'il y a lieu, du *(Décr. n° 2019-966 du 18 sept. 2019, art. 8, en vigueur le 1er janv. 2020)* « tribunal judiciaire », ainsi qu'au procureur de la République près le *(Décr. n° 2019-966 du 18 sept. 2019, art. 8, en vigueur le 1er janv. 2020)* « tribunal judiciaire » dans le ressort duquel il a son domicile professionnel, pour l'ensemble de ses mandats. Il adresse ces mêmes états au greffe du tribunal de commerce et, s'il y a lieu, du *(Décr. n° 2019-966 du 18 sept. 2019, art. 8, en vigueur le 1er janv. 2020)* « tribunal judiciaire », ainsi qu'aux procureurs de la République près les *(Décr. n° 2019-966 du 18 sept. 2019, art. 8, en vigueur le 1er janv. 2020)* « tribunaux judiciaires » dans le ressort desquels il a son ou ses bureaux annexes, pour ses mandats concernant ces bureaux annexes. – *[Décr. n° 85-1389 du 27 déc. 1985, art. 64.]*

Art. R. 814-36 Un reçu numéroté est délivré pour toute remise du fonds en espèces. La série des numéros est ininterrompue, les reçus doivent être utilisés dans l'ordre numérique. Chaque reçu mentionne le nom et l'adresse du mandataire de justice, la date de la recette, son montant en lettres et en chiffres, le nom et l'adresse de la partie versante, le nom de l'affaire à laquelle ce règlement s'applique et la cause de celui-ci. – *[Décr. n° 85-1389 du 27 déc. 1985, art. 65.]*

Art. R. 814-37 A tout moment, le total des sommes dont l'administrateur judiciaire ou le mandataire judiciaire est comptable au titre d'un mandat doit être couvert par les fonds, effets, titres et autres valeurs appartenant à autrui déposés sur les comptes ouverts à la Caisse des dépôts et consignations et dans d'autres établissements financiers, et par les espèces en caisse.

Les fonds détenus au titre d'un mandat ne peuvent en aucun cas être utilisés au bénéfice d'un autre mandat. – *[Décr. n° 85-1389 du 27 déc. 1985, art. 66.]*

Art. D. 814-37-1 *(Décr. n° 2017-304 du 8 mars 2017, art. 1er, en vigueur le 1er mai 2017)* Les seuils mentionnés à l'article L. 814-15 sont fixés :

1° A 250 salariés employés par le débiteur à la date de la demande d'ouverture de la procédure *(Décr. n° 2020-101 du 7 févr. 2020, art. 11)* « , ce nombre étant déterminé conformément aux dispositions du 4° de l'article R. 621-1 » ;

2° A 20 millions d'euros de chiffre d'affaires, défini conformément aux dispositions du *(Décr. n° 2020-101 du 7 févr. 2020, art. 11)* « sixième » alinéa de l'article D. 123-200, apprécié à la date de clôture du dernier exercice comptable.

Les dispositions du Décr. n° 2017-304 du 8 mars 2017 ne s'appliquent qu'aux procédures ouvertes à compter du 1er mai 2017 (Décr. préc., art. 3).

Pour les dispositions transitoires du Décr. n° 2020-101 du 7 févr. 2020, V. note ss. art. D. 628-3.

Art. R. 814-38 Les dispositions des articles R. 814-29 à R. 814-41 s'appliquent également aux mandataires de justice autorisés à poursuivre un ou plusieurs dossiers en cours après leur retrait de la liste professionnelle, dans les conditions prévues aux articles L. 811-8 et L. 812-6, ainsi qu'aux personnes physiques désignées par les tribunaux dans les conditions prévues par le deuxième alinéa de l'article L. 811-2 et par le premier alinéa du II de l'article L. 812-2. — *[Décr. n° 85-1389 du 27 déc. 1985, art. 66-1.]*

Art. R. 814-39 Les sommes disponibles déposées sur les comptes bancaires ouverts au nom du débiteur ayant fait l'objet d'un jugement arrêtant un plan de cession doivent être versées à la Caisse des dépôts et consignations dans les quinze jours du prononcé de ce jugement. Ces comptes bancaires peuvent néanmoins continuer à fonctionner, pour la couverture des effets ou moyens de paiement émis avant la date du jugement. — *[Décr. n° 85-1389 du 27 déc. 1985, art. 68.]*

Art. R. 814-40 Lorsqu'un administrateur judiciaire ou un mandataire judiciaire dépose des fonds à la Caisse des dépôts et consignations sur un compte global rémunéré, il fait apparaître une fois par trimestre et à la fin de sa mission, en comptabilité spéciale ainsi que sur les états prévus à l'article R. 814-34, les sommes provenant des intérêts produits au profit de chaque entreprise. Ces sommes sont calculées au prorata des soldes moyens de chaque entreprise tels qu'ils apparaissent dans la comptabilité spéciale. — *[Décr. n° 85-1389 du 27 déc. 1985, art. 68-1.]*

Art. R. 814-41 Les administrateurs judiciaires dans l'exercice des mandats qui leur sont confiés en matière civile sont tenus de déposer à un compte ouvert à leur nom à la Caisse des dépôts et consignations, dès leur réception, tous les fonds qu'ils ont reçus dans le cadre des missions de justice, y compris les provisions pour frais et honoraires.

Ces sommes ne peuvent faire l'objet d'un retrait à leur profit qu'après fixation de leurs honoraires ou provisions par le juge. De même, tous les titres dont ils assurent la gestion sont remis pendant la durée de leur mission à la Caisse des dépôts et consignations. — *[Décr. n° 85-1389 du 27 déc. 1985, art. 69.]*

Art. R. 814-41-1 *(Décr. n° 2016-1851 du 23 déc. 2016, art. 19, en vigueur le 1er janv. 2017)* Les dispositions de la présente sous-section sont applicables aux personnes mentionnées au III de l'article L. 812-2[,] à l'exception des articles R. 814-38 et R. 814-41, y compris lorsqu'elles ont été autorisées à poursuivre un ou plusieurs dossiers en cours après la cessation de *(Décr. n° 2017-1225 du 2 août 2017, art. 9)* « leurs » fonctions dans les conditions prévues à l'article L. 812-6.

Le président, selon le cas, de la chambre régionale des huissiers de justice compétente ou de la chambre de discipline des commissaires-priseurs judiciaires compétente est également destinataire de l'information prévue au premier alinéa de l'article R. 814-30.

SOUS-SECTION 2 DES CONTRÔLES

Art. R. 814-42 *(Décr. n° 2016-1851 du 23 déc. 2016, art. 20, en vigueur le 1er janv. 2017)* Chaque professionnel est soumis tous les trois ans à un contrôle qui porte sur l'ensemble de son activité.

Par dérogation à l'alinéa précédent, la personne mentionnée au III de l'article L. 812-2 est soumise à un contrôle, qui porte sur l'activité pour laquelle elle a été désignée, lorsque le nombre des mandats ainsi exercés dépasse un seuil fixé par décret, sans que le délai entre deux contrôles puisse être inférieur à trois ans.

Les professionnels et personnes mentionnés aux alinéas précédents peuvent en outre, à tout moment, être soumis à un contrôle occasionnel qui porte soit sur une question particulière, soit sur l'ensemble de leur activité.

Peuvent également être soumis à un contrôle occasionnel les mandataires de justice retirés des listes professionnelles ou les personnes mentionnées au III de l'article L. 812-2, qui sont autorisés à poursuivre un ou plusieurs dossiers en cours en vertu des articles L. 811-8 et L. 812-6.

(Décr. n° 2017-1225 du 2 août 2017, art. 10) « Peuvent de même être soumis à un contrôle occasionnel les personnes mentionnées au deuxième alinéa de l'article L. 811-2 ou au premier alinéa du II de l'article L. 812-2. »

Pour la légalité du Décr. n° 2016-1851 du 23 déc. 2016, V. • CE 28 déc. 2017, n° 408420 : *APC 2018, n° 89, obs. F. Legrand.*

Art. D. 814-42-1 *(Décr. n° 2016-1851 du 23 déc. 2016, art. 20, en vigueur le 1er janv. 2017)* Le seuil mentionné à l'article R. 814-42 est fixé à dix mandats.

Art. R. 814-42-2 *(Décr. n° 2016-1851 du 23 déc. 2016, art. 20, en vigueur le 1er janv. 2017)* Le contrôle occasionnel est prescrit par le président du Conseil national, le procureur de la République, le procureur général, le garde des sceaux, ministre de la justice, les commissaires du Gouvernement près la Commission nationale d'inscription et de discipline, les magistrats inspecteurs régionaux ou le magistrat coordonnateur mentionné à l'article R. 811-40.

Les contrôleurs peuvent recueillir les observations des présidents des juridictions civiles et commerciales du premier degré dans le ressort desquelles le mandataire de justice contrôlé a son domicile professionnel, le cas échéant un bureau annexe, et dans le ressort desquelles il s'est vu confier une mission. Les contrôleurs peuvent recueillir les observations du procureur de la République près ces juridictions, du commissaire aux comptes chargé du contrôle de la comptabilité spéciale de l'intéressé, du trésorier-payeur général, le cas échéant des instances professionnelles représentatives, *(Décr. n° 2017-1225 du 2 août 2017, art. 11)* « de l'ordre professionnel ou de l'organe représentatif dont relève le professionnel, » ainsi que de l'association pour la gestion du régime d'assurance des créances des salariés.

Art. R. 814-43 Avant la fin de chaque année, le président du Conseil national adresse au garde des sceaux, ministre de la justice, la liste des membres de l'une et de l'autre professions que le bureau du conseil a désignés comme devant faire l'objet du contrôle périodique au cours de l'année suivante. Cette liste est également adressée au commissaire du Gouvernement près *(Décr. n° 2016-1851 du 23 déc. 2016, art. 21-1°, en vigueur le 1er janv. 2017)* « de la Commission nationale d'inscription et de discipline », ainsi qu'au magistrat coordonnateur mentionné à l'article R. 811-40. — *[Décr. n° 85-1389 du 27 déc. 1985, art. 54-17.]*

(Décr. n° 2016-1851 du 23 déc. 2016, art. 21-2°, en vigueur le 1er janv. 2017) « Avant la fin de chaque année, les magistrats inspecteurs régionaux adressent au garde des sceaux, ministre de la justice et au magistrat coordonnateur mentionné à l'article R. 811-40, la liste des personnes mentionnées au III de l'article L. 812-2 devant faire l'objet du contrôle périodique au cours de l'année suivante. Le magistrat coordonnateur transmet cette liste au président du Conseil national, au commissaire du Gouvernement près la Commission nationale d'inscription et de discipline, et, selon le cas, à la chambre régionale des huissiers de justice compétente ou à la chambre de discipline des commissaires-priseurs judiciaires compétente. »

Art. R. 814-44 *(Décr. n° 2016-1851 du 23 déc. 2016, art. 22, en vigueur le 1er janv. 2017)* I. — Avant la fin du troisième trimestre de chaque année, le président du Conseil national soumet à l'agrément du garde des sceaux, ministre de la justice, une liste des administrateurs judiciaires et des mandataires judiciaires susceptibles de procéder aux contrôles au cours de l'année suivante. Cette liste comprend au moins vingt administrateurs judiciaires et au moins quarante mandataires judiciaires.

II. — Le président de *(Décr. n° 2022-729 du 28 avr. 2022, art. 67, en vigueur le 1er juill. 2022)* « la Chambre nationale des commissaires de justice » soumettent *[soumet]*, selon les mêmes modalités, une liste des membres de leur profession respective *[sa profession]* susceptibles de procéder aux contrôles au cours de l'année suivante, à l'agrément du garde des sceaux, ministre de la justice. Cette liste comprend au moins quarante huissiers de justice et au moins vingt commissaires-priseurs judiciaires.

III. – Le garde des sceaux, ministre de la justice, peut refuser son agrément à l'un ou *[à]* plusieurs des professionnels figurant sur les listes soumises. Le président du Conseil national et, selon le cas, celui de *(Décr. n° 2022-729 du 28 avr. 2022, art. 67, en vigueur le 1er juill. 2022)* « la Chambre nationale des commissaires de justice » disposent d'un délai de quinze jours à compter de la notification de la décision de refus d'agrément pour proposer une liste complémentaire.

IV. – Le garde des sceaux, ministre de la justice, agrée par arrêté les *(Abrogé par Décr. n° 2017-1225 du 2 août 2017, art. 12)* « *autres* » personnes spécialement habilitées à procéder à des contrôles occasionnels, dont les noms lui sont soumis par le président du Conseil national, *[et]* celui de *(Décr. n° 2022-729 du 28 avr. 2022, art. 67, en vigueur le 1er juill. 2022)* « la Chambre nationale des commissaires de justice ».

Art. R. 814-45 Le contrôle est effectué par trois contrôleurs :

1° Deux administrateurs judiciaires ou mandataires judiciaires figurant sur la liste prévue à l'article R. 814-44 et n'exerçant pas leur activité dans le même ressort de cour d'appel que le professionnel contrôlé, dont l'un peut être remplacé, dans le cas d'un contrôle occasionnel, par l'une des personnes spécialement habilitées à cette fin ;

2° Un commissaire aux comptes figurant sur une liste établie pour six ans par le garde des sceaux, ministre de la justice, sur proposition du Conseil national des administrateurs judiciaires et des mandataires judiciaires après avis de la Compagnie nationale des commissaires aux comptes, qui ne peut être celui habituellement chargé du contrôle de la comptabilité du professionnel ;

(Décr. n° 2016-1851 du 23 déc. 2016, art. 23-1°, en vigueur le 1er janv. 2017) « 3° Lorsque le contrôle porte sur une personne mentionnée au III de l'article L. 812-2, le second mandataire judiciaire mentionné au 1° est remplacé, selon le cas, par un huissier de justice ou un commissaire-priseur judiciaire n'exerçant pas son activité dans le même ressort de cour d'appel que le professionnel contrôlé. »

Ces contrôleurs sont désignés dans le cas d'un contrôle triennal *(Décr. n° 2016-1851 du 23 déc. 2016, art. 23-2°, en vigueur le 1er janv. 2017)* « ou périodique » par le président du Conseil national et dans le cas d'un contrôle occasionnel par l'autorité qui a prescrit celui-ci.

Un arrêté du garde des sceaux, ministre de la justice, fixe l'étendue minimale des vérifications auxquelles les contrôleurs doivent procéder. – *V. art. A. 814-4 s.*

Les frais occasionnés par la présence lors des contrôles du commissaire aux comptes prévu au 2° sont avancés par le Conseil national *(Décr. n° 2016-1851 du 23 déc. 2016, art. 23-3°, et 4°, en vigueur le 1er janv. 2017)* « lorsque le contrôle porte sur un administrateur judiciaire ou un mandataire judiciaire inscrit sur les listes nationales *(Décr. n° 2017-1225 du 2 août 2017, art. 13)* « ou sur une personne mentionnée au deuxième alinéa de l'article L. 811-2 ou au premier alinéa du II de l'article L. 812-2 ».

« Lorsque le contrôle porte sur *[une]* personne mentionnée au III de l'article L. 812-2, les frais occasionnés par la présence, lors des contrôles, d'un mandataire judiciaire et d'un huissier de justice ou d'un commissaire-priseur judiciaire, ainsi que du commissaire aux comptes, sont pris en charge, selon le cas, par la chambre régionale des huissiers de justice ou la chambre de discipline des commissaires-priseurs judiciaires compétentes. » – *[Décr. n° 85-1389 du 27 déc. 1985, art. 54-19.]*

Art. R. 814-46 Les contrôles occasionnels peuvent être effectués de manière inopinée. – *[Décr. n° 85-1389 du 27 déc. 1985, art. 54-20.]*

Art. R. 814-47 Le professionnel contrôlé peut demander à un confrère de son choix de l'assister lors du contrôle. Il peut également demander au commissaire aux comptes ayant procédé à la vérification de sa comptabilité en application de l'article R. 814-29 ou à un expert-comptable de son choix d'assister au contrôle. – *[Décr. n° 85-1389 du 27 déc. 1985, art. 54-21.]*

Art. R. 814-48 Si les contrôleurs découvrent des irrégularités ayant trait à la gestion et à la représentation des fonds, titres, effets et autres valeurs détenus pour le compte de tiers, ils en avisent immédiatement le procureur général, le magistrat inspecteur régional, le commissaire du Gouvernement près *(Décr. n° 2016-109 du 3 févr. 2016,* *art. 13-2°)* « la Commission nationale d'inscription et de discipline », le magistrat coordonnateur mentionné à l'article R. 811-40 *(Décr. n° 2016-1851 du 23 déc. 2016, art. 24, en vigueur le 1er janv. 2017)* « , le président du Conseil national et, selon les cas, le président de la chambre régionale des huissiers de justice compétente ou le président de la chambre de discipline des commissaires-priseurs judiciaires compétente » *(Décr. n° 2017-1225 du 2 août 2017, art. 14)* « ainsi que l'ordre professionnel ou l'organe représentatif dont relève le professionnel ».

Dans un délai de deux mois à compter de l'achèvement des opérations de contrôle, les contrôleurs établissent un projet de rapport et l'adressent par lettre recommandée avec demande d'avis de réception au professionnel contrôlé. Celui-ci dispose d'un délai d'un mois à compter de la réception pour formuler ses observations.

A l'issue de ce délai, un rapport définitif est établi par les contrôleurs, auquel sont annexées les éventuelles observations du professionnel contrôlé. Ce rapport est adressé au président du Conseil national et aux autorités mentionnées au premier alinéa. — *[Décr. n° 85-1389 du 27 déc. 1985, art. 54-22.]*

Art. R. 814-49 Lorsque les contrôleurs font preuve de négligence ou d'incapacité dans l'accomplissement de leur mission, ils sont passibles de retrait d'agrément sans préjudice, le cas échéant, de poursuites disciplinaires. — *[Décr. n° 85-1389 du 27 déc. 1985, art. 54-23.]*

SOUS-SECTION 3 DE L'HONORARIAT, DU COSTUME D'AUDIENCE ET DU SERMENT

Art. R. 814-50 Le titre d'administrateur judiciaire honoraire ou de mandataire judiciaire honoraire peut être conféré par *(Décr. n° 2016-109 du 3 févr. 2016, art. 14-1°)* « la Commission nationale d'inscription et de discipline ».

L'honorariat ne peut être conféré qu'aux personnes ayant exercé leur activité pendant vingt ans au moins. Sont prises en compte les périodes pendant lesquelles l'intéressé a exercé en qualité de syndic administrateur judiciaire, d'administrateur judiciaire et liquidateur de sociétés, d'administrateur judiciaire séquestre près le *(Décr. n° 2019-966 du 18 sept. 2019, art. 8, en vigueur le 1er janv. 2020)* « tribunal judiciaire » de Paris, d'administrateur judiciaire, ou de mandataire judiciaire.

La demande est adressée par lettre recommandée avec demande d'avis de réception au commissaire du Gouvernement près *(Décr. n° 2016-109 du 3 févr. 2016, art. 14-2°)* « la Commission nationale d'inscription et de discipline ».

Le commissaire du Gouvernement fait procéder à une enquête par les procureurs généraux près les cours d'appel dans le ressort desquelles l'intéressé a eu ses domiciles professionnels. La commission se prononce *(Décr. n° 2016-109 du 3 févr. 2016, art. 14-3°)* « dans les conditions prévues à l'article R. 811-34 ».

La décision est notifiée à l'intéressé par lettre recommandée avec demande d'avis de réception.

La décision de la commission qui rejette la demande tendant à l'attribution de l'honorariat est susceptible de recours dans les conditions prévues à l'article *(Décr. n° 2016-109 du 3 févr. 2016, art. 14-4°)* « R. 814-2 ».

Le retrait de l'honorariat peut être prononcé par la commission sur la demande du commissaire du Gouvernement, selon les modalités prévues aux quatrième et sixième alinéas. — *[Décr. n° 85-1389 du 27 déc. 1985, art. 91.]*

Pour l'application de l'art. R. 814-50, le délai à l'expiration duquel le silence gardé par la commission vaut décision d'acceptation de la demande est fixé à quatre mois (V. Décr. n° 2014-1278 du 23 oct. 2014, applicable aux demandes présentées à compter du 12 nov. 2014).

Art. R. 814-51 Dans l'exercice de leurs fonctions, les administrateurs judiciaires et les mandataires judiciaires inscrits sur les listes dressées par *(Décr. n° 2016-109 du 3 févr. 2016, art. 13-3°)* « la Commission nationale d'inscription et de discipline » portent la toge, fermée par devant, à manches larges, la toque noire, et la cravate pareille à celle des juges. — *[Décr. n° 85-1389 du 27 déc. 1985, art. 92.]*

Art. R. 814-52 Dans le mois de leur inscription, les administrateurs judiciaires et les mandataires judiciaires prêtent serment devant la cour d'appel dans le ressort de laquelle est situé leur domicile professionnel, en ces termes : "Je jure d'exercer mes fonctions avec honneur, dignité, indépendance et probité, et de me conformer en toute occasion aux lois et règlements de ma profession".

Ils ne peuvent exercer leurs fonctions qu'à compter du jour de leur prestation de serment.

Tout administrateur judiciaire ou mandataire judiciaire qui ne prête pas serment dans le mois de son inscription est déclaré démissionnaire de ses fonctions et retiré des listes par *(Décr. n° 2016-109 du 3 févr. 2016, art. 13-4°)* « la Commission nationale d'inscription et de discipline », sauf s'il peut justifier d'un motif valable. — *[Décr. n° 85-1389 du 27 déc. 1985, art. 92-1.]*

SOUS-SECTION 4 DU LIEU D'EXERCICE DE LA PROFESSION

Art. R. 814-53 L'administrateur judiciaire ou le mandataire judiciaire, personne physique ou personne morale, déjà inscrit et titulaire d'une étude déclare toute ouverture d'un bureau annexe au commissaire du Gouvernement près *(Décr. n° 2016-109 du 3 févr. 2016, art. 13-4°)* « la Commission nationale d'inscription et de discipline » ainsi qu'au président du Conseil national.

Est considéré comme un bureau annexe tout local dans lequel l'administrateur judiciaire ou le mandataire judiciaire, personne physique ou personne morale, reçoit à titre professionnel des tiers et exerce ses missions légales, lorsqu'il est situé dans le ressort d'un *(Décr. n° 2019-966 du 18 sept. 2019, art. 8, en vigueur le 1er janv. 2020)* « tribunal judiciaire » autre que celui dans lequel est situé son domicile professionnel ou son siège social. — *[Décr. n° 85-1389 du 27 déc. 1985, art. 82-1.]*

Art. R. 814-54 La déclaration est adressée quatre mois au moins avant la date prévue pour l'ouverture du bureau, par lettre recommandée avec demande d'avis de réception. Elle indique :

1° Le lieu du domicile professionnel ou du siège social de l'intéressé et le lieu où il envisage d'ouvrir un bureau annexe ;

2° Les dispositions prises par l'intéressé pour assurer ses missions à son domicile professionnel ou à son siège social et dans le bureau annexe, les conditions de fonctionnement de celui-ci ainsi que les mesures adoptées pour assurer toute liaison avec le bureau principal. — *[Décr. n° 85-1389 du 27 déc. 1985, art. 82-2.]*

Art. R. 814-55 Le commissaire du Gouvernement fait diligenter une enquête. Il demande l'avis des procureurs de la République près les tribunaux dans le ressort desquels sont situés le domicile professionnel ou le siège social de l'intéressé et, le cas échéant, son ou ses bureaux annexes. Il demande également l'avis du Conseil national par lettre recommandée avec demande d'avis de réception.

Il peut refuser l'ouverture du bureau annexe si celle-ci ne permet pas au professionnel d'exercer ses mandats conformément aux règles de la profession. La décision du commissaire du Gouvernement, qui doit intervenir dans les trois mois à compter de la réception de la déclaration et qui doit être motivée en cas de refus, est notifiée à l'intéressé, aux procureurs de la République dont l'avis a été sollicité et au président du Conseil national par lettre recommandée avec demande d'avis de réception.

La décision du commissaire du Gouvernement peut être déférée à la commission par l'intéressé, les procureurs de la République dont l'avis a été sollicité et le président du Conseil national, dans le délai d'un mois à compter de la notification, par lettre recommandée avec demande d'avis de réception. La commission statue alors dans les conditions prévues aux articles R. 811-33 à R. 811-35 et *(Décr. n° 2016-109 du 3 févr. 2016, art. 17)* « R. 814-2 ». — *[Décr. n° 85-1389 du 27 déc. 1985, art. 82-3.]*

Pour l'application de l'art. R. 814-55, le délai à l'expiration duquel le silence gardé par la commission vaut décision d'acceptation de la demande d'autorisation d'ouverture est fixé à quatre mois (V. Décr. n° 2014-1278 du 23 oct. 2014, applicable aux demandes présentées à compter du 12 nov. 2014).

Art. R. 814-56 *(Décr. n° 2006-1709 du 23 déc. 2006, art. 11-II)* L'administrateur judiciaire ou le mandataire judiciaire, personne physique ou personne morale, qui transfère son domicile professionnel ou son siège doit déclarer ce transfert au commissaire du Gouvernement près *(Décr. n° 2016-109 du 3 févr. 2016, art. 13-4°)* « la Commission nationale d'inscription et de discipline » ainsi qu'au président du Conseil national. La

procédure prévue aux articles R. 814-54 et R. 814-55 est applicable. – *[Décr. n° 85-1389 du 27 déc. 1985, art. 82-5.]*

Art. R. 814-57 *(Décr. n° 2006-1709 du 23 déc. 2006, art. 11-II)* **L'administrateur judiciaire ou le mandataire judiciaire, exerçant au sein d'une société, qui quitte cette société pour exercer sa profession à titre individuel doit déclarer son installation au commissaire du Gouvernement près** *(Décr. n° 2016-109 du 3 févr. 2016, art. 13-4°)* **« la Commission nationale d'inscription et de discipline » ainsi qu'au président du Conseil national. La procédure prévue aux articles R. 814-54 et R. 814-55 est applicable.** – *[Décr. n° 85-1389 du 27 déc. 1985, art. 82-6.]*

Art. R. 814-58 Il est procédé comme en matière civile pour tout ce qui n'est pas réglé par le présent titre. – *[Décr. n° 85-1389 du 27 déc. 1985, art. 113-4.]*

SOUS-SECTION 5 DU PORTAIL ÉLECTRONIQUE

(Décr. n° 2015-1009 du 18 août 2015, art. 2, en vigueur le 1er oct. 2015)

Art. R. 814-58-1 Sous réserve des dispositions de la présente sous-section, les dispositions du titre XXI du livre Ier du code de procédure civile s'appliquent à la communication électronique des actes de procédure que permet le portail électronique mis en place par le Conseil national des administrateurs judiciaires et des mandataires judiciaires en application des articles L. 814-2 et L. 814-13.

Art. R. 814-58-2 Les tiers destinataires ou émetteurs des actes de procédure, mentionnés au second alinéa de l'article L. 814-13, consentent ou demandent expressément à recourir à la communication électronique en s'inscrivant sur le portail électronique et en communiquant les données à caractère personnel et informations mentionnées en annexe au présent article. – *V. Annexe ci-dessous.*

Préalablement à leur inscription, ils sont informés de la faculté de révoquer à tout moment leur consentement à recourir au portail électronique ainsi que des droits d'accès et de rectification dont ils disposent en application des articles 39 et 40 de la loi n° 78-17 du 6 janvier 1978 relative à l'informatique, aux fichiers et aux libertés.

ANNEXE À L'ARTICLE R. 814-58-2 DU CODE DE COMMERCE

DONNÉES ET INFORMATIONS COMMUNIQUÉES LORS DE L'INSCRIPTION SUR LE PORTAIL

(Décr. n° 2015-1009 du 18 août 2015, art. 18, en vigueur le 1er oct. 2015)

Contenu de la déclaration	1° Identité de l'intéressé (nom de famille, prénoms), date et lieu de naissance et domicile pour les personnes physiques ; dénomination sociale, forme juridique, nom de famille et prénom du représentant légal, siège social pour les personnes morales ; 2° Adresse de courrier électronique, ainsi qu'un numéro de téléphone pouvant recevoir des messages rédigés si l'intéressé dispose de la possibilité d'accéder à un service de téléphonie permettant de recevoir des messages.

Art. D. 814-58-3 Peuvent faire l'objet d'une communication électronique, conformément à l'article L. 814-13, les actes de procédure suivants :

1° ***Concernant les créances :***

a) **La demande et les informations prévues par le second alinéa de l'article R. 621-19 ;**

b) **La déclaration prévue à l'article L. 622-24 ;**

c) **La transmission prévue au deuxième alinéa de l'article L. 628-7 ;**

d) **L'information prévue au IV des articles L. 622-17 et L. 641-13 ;**

e) **L'avis et la réponse du créancier prévus à l'article L. 622-27 ;**

f) **La déclaration de créance de dommages et intérêts prévue au V des articles L. 622-13 et L. 641-11-1 ;**

2° Concernant les biens :

a) **Les revendications et demandes de restitution prévues à la section III du chapitre IV du titre II du livre VI ;**

b) L'acquiescement et la contestation par l'administrateur ou le liquidateur prévus aux articles L. 624-17 et L. 641-14-1 ;

3° Concernant les contrats en cours :

a) La mise en demeure adressée à l'administrateur ou au liquidateur conformément aux articles L. 622-13 ou L. 641-11-1 ;

b) La réponse faite à la mise en demeure par l'administrateur ou le liquidateur dans le délai prévu aux articles L. 622-13 ou L. 641-11-1.

Art. R. 814-58-4 La communication électronique des actes de procédure prévus par l'article D. 814-58-3 dont l'envoi doit être réalisé par lettre recommandée avec accusé de réception s'effectue par lettre recommandée électronique adressée par la voie du portail électronique. Le service d'envoi recommandé électronique offert par le portail électronique répond aux conditions fixées au paragraphe 36 de l'article 3 du règlement (UE) n° 910/2014 du Parlement européen et du Conseil du 23 juillet 2014 sur l'identification électronique et les services de confiance pour les transactions électroniques au sein du marché intérieur et abrogeant la directive 1999/93/CE.

V. Arr. du 1er oct. 2015 relatif à la mise en œuvre du portail électronique prévu aux art. L. 814-2 et L. 814-13 C. com.

Art. R. 814-58-5 I. – L'utilisation du portail électronique est gratuite pour les tiers mentionnés au second alinéa de l'article L. 814-13, sous réserve de l'alinéa suivant.

Les frais de la lettre recommandée électronique adressée par la voie du portail électronique n'excèdent pas un montant fixé par arrêté du ministre de la justice. – *Ce montant est fixé à 3,94 euros hors taxes pour l'envoi d'une lettre recommandée avec avis de réception dont le poids ne dépasse pas trente mégaoctets (Arr. du 17 sept. 2015, en vigueur le 1er oct. 2015, JO 22 sept.).*

Les sommes perçues en application de l'alinéa précédent sont versées sans délai à la Caisse des dépôts et consignations sur un compte de dépôt, ouvert au nom du Conseil national, dont les modalités de fonctionnement seront déterminées par arrêté du ministre de la justice. – *V. Arr. du 17 sept. 2015.*

II. – Le rapport prévu par le troisième alinéa de l'article L. 814-2 comporte une analyse des comptes relatifs à la gestion du portail électronique.

Arrêté du 17 septembre 2015,

Déterminant les modalités de fonctionnement du compte de dépôt mentionné à l'article R. 814-58-5 du code de commerce.

Art. 1er Le compte de dépôt mentionné à l'article R. 814-58-5 du code de commerce ne peut donner lieu à des retraits d'espèce, à la mise à disposition de formules de chèques, de cartes de paiement ou de crédit et ne peut domicilier aucune autorisation de prélèvement. Il ne peut faire l'objet d'une position débitrice.

Art. 2 Une convention est signée entre la Caisse des dépôts et consignations et le Conseil national des administrateurs judiciaires et des mandataires judiciaires afin de déterminer les modalités de fonctionnement du compte de dépôt mentionné à l'article précédent.

Art. 3 Le présent arrêté entre en vigueur le 1er octobre 2015.

Art. R. 814-58-6 Les données à caractère personnel et informations enregistrées dans le portail électronique prévu au deuxième alinéa de l'article L. 814-2 sont les suivantes :

1° S'agissant des débiteurs soumis à une procédure de sauvegarde, de redressement judiciaire ou de liquidation judiciaire, les informations mentionnées au cinquième alinéa de l'article R. 621-8 ;

2° S'agissant des personnes mentionnées au premier alinéa de l'article L. 814-13, les informations les concernant mentionnées au cinquième alinéa de l'article R. 621-8 ;

3° S'agissant des tiers destinataires ou émetteurs des actes mentionnés au second alinéa de l'article L. 814-13, les données et informations mentionnées à l'annexe de l'article R. 814-58-2 ainsi que, le cas échéant, les données et informations mentionnées en annexe au présent article. – *V. Annexe ci-dessous.*

ANNEXE À L'ARTICLE R. 814-58-6 DU CODE DE COMMERCE

Données et informations pouvant être enregistrées dans le portail électronique s'agissant des tiers destinataires ou émetteurs des actes mentionnés au second alinéa de l'article L. 814-13

Pièces à joindre pour les personnes physiques non exploitant*[s]* d'une entreprise individuelle	1° Une copie *recto verso* de l'une des pièces d'identité en cours de validité suivantes : – carte nationale d'identité française ou étrangère ; – passeport français ou étranger ; – permis de conduire français ou étranger ; – carte de combattant délivrée par les autorités françaises ; – carte d'identité ou carte de circulation délivrée par les autorités militaires françaises ; – carte de séjour temporaire, carte de résident, carte de ressortissant d'un État membre de l'Union européenne ou de l'Espace économique européen ; 2° Un document officiel attestant de l'activité professionnelle, le cas échéant ; 3° Un justificatif d'identité de la personne physique ayant reçu pouvoir d'établir la déclaration au nom et pour le compte du déclarant ; 4° Les coordonnées bancaires.
Pièces à joindre pour une entreprise individuelle	1° Un des documents d'identification suivants : – extrait original attestant de l'existence juridique de l'entreprise établi par le greffe compétent et datant de moins de trois mois ; – certificat d'entreprise délivré par l'INSEE et comportant les numéros d'identification ; – carte d'identification d'entreprise délivrée par la chambre des métiers ; 2° Un justificatif d'identité de la personne physique ayant reçu pouvoir d'établir la déclaration au nom et pour le compte du déclarant ; 3° Les coordonnées bancaires.
Pièces à joindre pour une personne morale de droit privé	1° Un des documents d'identification suivants : – extrait original attestant de l'existence juridique de la société établi par le greffe compétent et datant de moins de trois mois ; – extrait original d'immatriculation au répertoire des métiers de moins de trois mois ; – journal d'annonces légales datant de moins de deux ans mentionnant le nom du représentant légal et l'adresse du siège de la personne morale ; – les statuts ou toutes autres pièces justificatives attestant de l'existence légale de la personne morale et faisant apparaître le nom de son représentant légal, l'adresse de son siège ainsi que la preuve de la déclaration auprès des organismes compétents ; 2° Un justificatif d'identité de la personne physique ayant reçu, le cas échéant, pouvoir d'établir la déclaration au nom et pour le compte de la personne morale ; 3° Les coordonnées bancaires.
Pièces à joindre pour une personne morale de droit public autre que l'État ou les collectivités territoriales	1° Les statuts établis par la loi, le règlement ou les délibérations et conventions constitutives ; 2° Un document émanant de l'organe compétent attestant de la capacité de l'auteur de la déclaration à engager la personne morale ; 3° Un justificatif d'identité de la personne physique ayant reçu pouvoir d'établir la déclaration au nom et pour le compte de la personne morale ; 4° Les coordonnées bancaires.
Pièces à joindre pour l'État et les collectivités territoriales	1° Un document émanant de l'organe compétent attestant de la capacité de l'auteur de la déclaration à engager la personne morale ; 2° Un justificatif d'identité de la personne physique ayant reçu pouvoir d'établir la déclaration au nom et pour le compte de la personne morale ; 3° Les coordonnées bancaires.

Art. R. 814-58-7 I. – Les données à caractère personnel et informations mentionnées à l'article R. 814-58-6 sont détruites à l'expiration d'un délai de cinq ans à compter de la révocation du consentement à la communication électronique ou, en l'absence de révocation, à compter de la décision définitive de clôture de la procédure de sauvegarde, de redressement judiciaire ou de liquidation judiciaire.

Lorsque l'ouverture de la procédure a fait l'objet d'une décision définitive de réformation ou d'annulation, elles sont détruites dans l'année de cette décision.

II. – Les actions réalisées dans le portail électronique font l'objet d'un enregistrement comprenant l'identifiant de la personne, la date et l'heure de l'accès. Ces informations sont conservées pendant la même durée que les données à caractère personnel et informations mentionnées à l'article R. 814-58-6 auxquelles elles ont été associées.

Art. R. 814-58-8 Les personnes mentionnées aux 2° et 3° de l'article R. 814-58-6 ainsi que leurs salariés habilités ou les personnes auxquelles a été donné pouvoir d'effectuer les actes de procédure dématérialisés en cause accèdent aux données et informations mentionnées à l'article R. 814-58-6, relatives aux actes de procédure qu'ils ont transmis ou dont ils ont été destinataires, dans la limite de leurs qualités, de leurs attributions et du besoin d'en connaître.

Art. R. 814-58-9 I. – Le droit d'opposition prévu à l'article 38 de la loi n° 78-17 du 6 janvier 1978 relative à l'informatique, aux fichiers et aux libertés ne s'applique pas au portail électronique en ce qui concerne les personnes mentionnées aux 1° et 2° de l'article R. 814-58-6.

II. – Les droits d'accès et de rectification prévus aux articles 39 et 40 de cette même loi s'exercent auprès du Conseil national des administrateurs judiciaires et des mandataires judiciaires.

SECTION V DES SOCIÉTÉS D'ADMINISTRATEURS JUDICIAIRES ET DE MANDATAIRES JUDICIAIRES

SOUS-SECTION 1 DISPOSITIONS COMMUNES AUX DIVERSES SOCIÉTÉS CONSTITUÉES POUR L'EXERCICE EN COMMUN DE LA PROFESSION *(Décr. n° 2016-902 du 1er juill. 2016, art. 1er-3°).*

§ 1er DE LA CONSTITUTION, DE L'INSCRIPTION SUR LA LISTE, DES STATUTS ET DE L'IMMATRICULATION

Art. R. 814-59 *(Décr. n° 2017-796 du 5 mai 2017, art. 1er-3°)* Les dispositions de la présente sous-section sont applicables aux sociétés constituées pour l'exercice de la profession d'administrateur judiciaire ou celle de mandataire judiciaire.

Sous réserve des dispositions du décret n° 2017-794 du 5 mai 2017 relatif à la constitution, au fonctionnement et au contrôle des sociétés pluri-professionnelles d'exercice de professions libérales juridiques, judiciaires et d'expertise-comptable prévues au titre IV *bis* de la loi n° 90-1258 du 31 décembre 1990, elles sont également applicables aux sociétés pluri-professionnelles d'exercice régies par le titre IV *bis* de la loi n° 90-1258 du 31 décembre 1990 relative à l'exercice sous forme de sociétés des professions libérales soumises à un statut législatif ou réglementaire ou dont le titre est protégé et aux sociétés de participations financières de professions libérales et constituées notamment pour l'exercice de l'une de ces deux professions, à l'exception des articles R. 814-70 et R. 814-90.

Art. R. 814-60 La demande d'inscription d'une société est présentée collectivement par les associés *(Décr. n° 2016-902 du 1er juill. 2016, art. 1er-5°)* « ou par ceux des associés » exerçant en son sein ou par le représentant légal de la société. Elle est adressée à *(Décr. n° 2016-109 du 3 févr. 2016, art. 13-5°)* « la Commission nationale d'inscription et de discipline » par lettre recommandée avec demande d'avis de réception ou remise contre récépissé.

Elle est accompagnée d'un dossier qui comprend à peine d'irrecevabilité de la demande :

1° Un exemplaire des statuts de la société ;

2° Une copie de la décision d'inscription sur la liste nationale de chaque associé exerçant en son sein ;

3° Une attestation du greffier du tribunal de commerce du lieu du siège social, constatant le dépôt au greffe de la demande et des pièces nécessaires à l'immatriculation ultérieure de la société au registre du commerce et des sociétés ;

(Décr. n° 2016-902 du 1er juill. 2016, art. 1er-5°) « 4° La liste des associés exerçant la profession d'administrateur judiciaire ou de mandataire judiciaire au sein de la société avec leurs nom, prénoms et domicile ;

« 5° Dans le cas d'une demande d'inscription d'une société d'exercice libéral dont une part du capital social est détenu par des associés mentionnés au 6° du B du I de l'article 5 de la loi n° 90-1258 du 31 décembre 1990 relative à l'exercice sous forme de sociétés des professions libérales soumises à un statut législatif ou réglementaire ou dont le titre est protégé, la liste de ces associés précisant pour chacun d'eux leurs nom, prénoms, domicile et profession, la part de capital qu'ils détiennent et, si l'associé est une personne morale, la raison ou la dénomination sociale, le siège social et la part de capital que cette personne morale détient ;

« 6° Dans le cas d'une demande d'inscription d'une société prévue au deuxième alinéa de l'article L. 811-7 ou de l'article L. 812-5 *(Décr. n° 2017-796 du 5 mai 2017, art. 1er-4°)* « ou d'une société pluri-professionnelle d'exercice prévue à l'article L. 811-7-1-A ou à l'article L. 812-5-1-A », autre que celle mentionnée au 5°, la liste des associés qui n'exercent pas la profession d'administrateur judiciaire ou de mandataire judiciaire précisant pour chacun d'eux leurs nom, prénoms, domicile et profession, la part de capital qu'ils détiennent et, si l'associé est une personne morale, la raison ou la dénomination sociale, le siège social et la part du capital social que cette personne morale détient ainsi que tout élément permettant d'établir que les exigences de détention de capital prévues par la loi du 31 décembre 1990 précitée sont satisfaites ;

« 7° » Le cas échéant, un exemplaire de la délibération de l'assemblée des associés habilitant le représentant légal à demander l'inscription.

Le commissaire du Gouvernement demande le bulletin n° 2 du casier judiciaire *(Décr. n° 2016-902 du 1er juill. 2016, art. 1er-5°)* « des associés et » des membres des organes de gestion, de direction, d'administration ou de surveillance qui ne sont pas administrateur ou mandataire judiciaire. – *[Décr. n° 85-1389 du 27 déc. 1985, art. 16, al. 2 à 4 ; Décr. n° 93-892 du 6 juill. 1993, art. 4 ; Décr. n° 93-1112 du 20 sept. 1993, art. 4.]*

Le délai à l'expiration duquel le silence gardé par l'administration sur les demandes d'inscription sur la liste des sociétés d'administrateurs judiciaires et sur la liste des sociétés de mandataires judiciaires présentées en application de l'art. R. 814-60 vaut décision d'acceptation est de quatre mois (Décr. n° 2016-902 du 1er juill. 2016, art. 2).

Art. R. 814-61 La Commission nationale d'inscription et de discipline *(Abrogé par Décr. n° 2016-109 du 3 févr. 2016, art. 15-1°) « des administrateurs judiciaires »* statue sur la demande d'inscription dans les conditions prévues aux articles R. 811-33 à R. 811-35.

Al. 2 abrogé par Décr. n° 2016-109 du 3 févr. 2016, art. 15-2°.

Art. R. 814-62 *(Décr. n° 2016-902 du 1er juill. 2016, art. 1er-6°)* La Commission nationale d'inscription et de discipline ne peut refuser l'inscription de la société que si la société ne satisfait pas aux conditions d'exercice de la profession prévues au titre Ier du livre VIII ou aux conditions de détention du capital social et des droits de vote ou *de composition des organes dirigeants* prévues à l'article L. 811-7 ou à l'article L. 812-5 *(Décr. n° 2017-796 du 5 mai 2017, art. 1er-5°)* « ou, pour une société pluriprofessionnelle d'exercice, à l'article L. 811-7-1-A ou à l'article L. 812-5-1-A et à l'article 31-6 de la loi du 31 décembre 1990 précitée ».

Art. R. 814-63 L'un des originaux de l'acte modificatif des statuts, si celui-ci est sous seing privé, ou une expédition de cet acte s'il a été établi en la forme authentique, est adressé par *(Décr. n° 2016-902 du 1er juill. 2016, art. 1er-7°)* « le représentant légal de la société », dans un délai d'un mois à compter de sa date, par lettre recommandée avec demande d'avis de réception, à la commission *(Décr. n° 2016-902 du 1er juill. 2016, art. 1er-7°)* « nationale d'inscription et de discipline ». Il est accompagné de toutes pièces justificatives, notamment, si la modification des statuts résulte d'une cession de parts sociales ou de titres de capital, de celles qui établissent le prix de cette cession. – *[Décr. nº 86-1176 du 5 nov. 1986, art. 39, al. 1er.]*

Art. R. 814-64 *(Décr. nº 2016-902 du 1er juill. 2016, art. 1er-8º)* « Toute modification de la répartition ou du nombre des actions ou parts sociales détenues par les associés exerçant la profession ou des droits de vote y afférents, ainsi que toute modification des statuts, fait l'objet, dans les trente jours, d'une déclaration à la Commission nationale d'inscription et de discipline, par lettre recommandée avec demande d'avis de réception, à la diligence de la société ou de l'un au moins des associés concernés. La déclaration est accompagnée de la copie des statuts et de tout document permettant d'établir l'accord de la société ou des autres associés lorsque celui-ci est requis. »

Al. 2 abrogé par Décr. nº 2016-109 du 3 févr. 2016, art. 16-2º.

Si *(Décr. nº 2016-902 du 1er juill. 2016, art. 1er-8º)* « la modification n'est pas conforme » aux dispositions législatives ou réglementaires, la commission *(Abrogé par Décr. nº 2016-109 du 3 févr. 2016, art. 16-3º) « concernée »* peut imposer un délai de régularisation ; s'il n'a pas été procédé à la régularisation dans le délai imparti, la commission prononce, même d'office, la radiation de la liste dans les formes prévues pour l'inscription. – *[Décr. nº 86-1176 du 5 nov. 1986, art. 39, al. 3 ; Décr. nº 93-892 du 6 juill. 1993, art. 7, al. 1er ; Décr. nº 93-1112 du 20 sept. 1993, art. 7, al. 1er.]*

Pour l'application de l'art. R. 814-64, le silence gardé pendant deux mois par la commission vaut décision de rejet de la demande d'approbation des modifications (V. Décr. nº 2014-1277 du 23 oct. 2014, applicable aux demandes présentées à compter du 12 nov. 2014).

Pour la légalité du Décr. nº 2016-902 du 1er juill. 2016, V. • CE 28 déc. 2017, nº 403106 : *APC 2018, nº 89, obs. F. Legrand.*

Art. R. 814-65 *(Décr. nº 2016-109 du 3 févr. 2016, art. 13-7º)* « La Commission nationale d'inscription et de discipline » procède aux modifications de la liste qui résultent de celles des statuts. – *[Décr. nº 86-1176 du 5 nov. 1986, art. 39, al. 2.]*

Art. R. 814-66 *(Décr. nº 2016-109 du 3 févr. 2016, art. 13-6º)* « La Commission nationale d'inscription et de discipline » est saisie de toute difficulté. Ses décisions sont susceptibles de recours, dans les conditions prévues à l'article *(Décr. nº 2016-109 du 3 févr. 2016, art. 17)* « R. 814-2 ». – *[Décr. nº 93-892 du 6 juill. 1993, art. 8 et 45 ; Décr. nº 93-1112 du 20 sept. 1993, art. 8 et 45.]*

Art. R. 814-67 Si les statuts sont établis par acte sous seing privé, il en est dressé autant d'originaux qu'il est nécessaire pour la remise d'un exemplaire au siège social et à chaque associé et pour satisfaire aux dispositions de la présente section. – *[Décr. nº 86-1176 du 5 nov. 1986, art. 6.]*

Art. R. 814-68 Peuvent faire l'objet d'apports à une société d'administrateurs judiciaires et de mandataires judiciaires *(Décr. nº 2017-796 du 5 mai 2017, art. 1er-6º)* « ou à une société pluri-professionnelle d'exercice prévue à l'article L. 811-7-1-A ou à l'article L. 812-5-1-A », en propriété ou en jouissance :

1º Tous droits incorporels, à l'exclusion de ceux qui, d'une manière directe ou indirecte, auraient pour objet ou effet de conférer une valeur patrimoniale à l'activité de mandataire de justice, tous meubles et immeubles utiles à l'exercice de la profession ;

2º Toutes sommes en numéraire. – *[Décr. nº 86-1176 du 5 nov. 1986, art. 8, al. 1er à 3]*

Art. R. 814-69 L'immatriculation de la société et les formalités de publicité au registre du commerce et des sociétés sont régies par la section I du chapitre III du titre II du livre Ier relative au registre du commerce et des sociétés, sous réserve des dispositions des articles R. 814-70 et R. 814-127. – *[Décr. nº 86-1176 du 5 nov. 1986, art. 14 ; Décr. nº 93-892 du 6 juill. 1993, art. 9, al. 1er ; Décr. nº 93-1112 du 20 sept. 1993, art. 9, al. 1er.]*

Art. R. 814-70 Une ampliation de la décision d'inscription de la société sur la liste des administrateurs judiciaires ou sur celle des mandataires judiciaires est adressée par les associés de la société au greffe du tribunal où a été déposée la demande d'immatriculation au registre du commerce et des sociétés.

Au reçu de l'ampliation, le greffier procède à l'immatriculation de la société.

En cas de refus d'immatriculation, il en informe *(Décr. nº 2017-796 du 5 mai 2017, art. 1er-7º)* « la Commission nationale d'inscription et de discipline ». – *[Décr. nº 86-1176 du 5 nov. 1986, art. 15 ; Décr. nº 93-892 du 6 juill. 1993, art. 9, al. 2 ; Décr. nº 93-1112 du 20 sept. 1993, art. 9, al. 2.]*

Art. R. 814-71 En cas de constitution de sociétés par voie de fusion ou de scission, les articles R. 814-59 à R. 814-62, R. 814-69, R. 814-70, R. 814-117 *(Décr. nº 2017-796 du 5 mai 2017, art. 1er-8º)* « , R. 814-122-1 » et R. 814-148 sont applicables. – *[Décr. nº 86-1176 du 5 nov. 1986, art. 57 ; Décr. nº 93-892 du 6 juill. 1993, art. 6 ; Décr. nº 93-1112 du 20 sept. 1993, art. 6.]*

§ 2 DE L'ORGANISATION ET DU FONCTIONNEMENT DE LA SOCIÉTÉ

Art. R. 814-72 *(Décr. nº 2017-796 du 5 mai 2017, art. 1er-9º)* En aucun cas une valeur représentative d'une clientèle correspondant à l'activité d'administrateur judiciaire ou de mandataire judiciaire ne peut être inscrite à l'actif du bilan de la société, y compris lorsque celle-ci est une société pluri-professionnelle d'exercice prévue à l'article L. 811-7-1-A ou à l'article L. 812-5-1-A.

Art. R. 814-73 Si l'acte portant cession de titres de capital ou de parts sociales est établi sous seing privé, il en est dressé autant d'originaux qu'il est nécessaire pour la remise d'un exemplaire à chaque partie et pour satisfaire aux formalités requises. – *[Décr. nº 86-1176 du 5 nov. 1986, art. 24.]*

Art. R. 814-74 Toute convention par laquelle un des associés *(Décr. nº 2017-796 du 5 mai 2017, art. 1er-10º)* « exerçant la profession d'administrateur judiciaire ou celle de mandataire judiciaire » cède en vue de l'exercice de la profession au sein de la société la totalité ou une fraction de ses titres de capital ou parts sociales à un tiers *(Décr. nº 2017-796 du 5 mai 2017, art. 1er-10º)* « exerçant la même profession » est passée sous la condition suspensive de l'inscription de ce tiers sur la liste. – *[Décr. nº 86-1176 du 5 nov. 1986, art. 22, al. 2 ; Décr. nº 93-892 du 5 nov. 1993, art. 10, al. 1er ; Décr. nº 93-1112 du 20 sept. 1993, art. 10, al. 1er.]*

Art. R. 814-75 Tout nouvel associé qui entend exercer au sein de la société *(Décr. nº 2017-796 du 5 mai 2017, art. 1er-11º)* « la profession d'administrateur judiciaire ou celle de mandataire judiciaire » produit le certificat d'inscription sur la liste. – *[Décr. nº 93-892 du 6 juill. 1993, art. 16 ; Décr. nº 93-1112 du 20 sept. 1993, art. 16.]*

Art. R. 814-76 *Abrogé par Décr. nº 2016-902 du 1er juill. 2016, art. 1er-9º.*

Art. R. 814-77 Les articles *(Décr. nº 2016-902 du 1er juill. 2016, art. 1er-10º)* « R. 814-64 » et R. 814-80 sont également applicables à la transmission à titre gratuit de tout ou partie de ses titres de capital ou parts sociales consentie par l'un des associés. – *[Décr. nº 93-892 du 6 juill. 1993, art. 12 ; Décr. nº 93-1112 du 20 sept. 1993, art. 12.]*

Art. R. 814-78 Le commissaire du Gouvernement près la Commission nationale *(Abrogé par Décr. nº 2017-796 du 5 mai 2017, art. 1er-12º) « compétente »* peut solliciter du commissaire aux comptes mentionné à l'article R. 814-29 un rapport spécial sur les conditions financières de la cession des parts sociales ou titres de capital afin de permettre à la commission d'examiner, en application de l'article R. 814-64, leur conformité avec les dispositions législatives ou réglementaires. – *[Décr. nº 86-1176 du 5 nov. 1986, art. 23, al. 1er.]*

Art. R. 814-79 En aucun cas, une valeur représentative d'une clientèle *(Décr. nº 2017-796 du 5 mai 2017, art. 1er-13º)* « correspondant à l'activité d'un administrateur judiciaire ou d'un mandataire judiciaire » ne peut être prise en compte dans le calcul de la valeur des parts sociales ou des titres de capital. – *[Décr. nº 86-1176 du 5 nov. 1986, art. 23, al. 2.]*

Art. R. 814-80 L'associé qui a été radié de la liste en application de l'article *[des articles]* L. 811-12 ou L. 812-9, qui a fait l'objet d'un retrait en application de l'article *[des articles]* L. 811-6 ou L. 812-4, ou qui a été contraint de se retirer de la société en application de l'article *[des articles]* R. 814-93 ou R. 814-140, dispose d'un délai de six mois à compter, selon le cas, du jour de l'acceptation de sa démission, du jour où la décision de radiation ou de retrait est devenue définitive, ou de celui où la décision des autres associés de l'exclure de la société lui a été notifiée par lettre recommandée avec demande d'avis de réception, *(Décr. n° 2016-902 du 1er juill. 2016, art. 1er-11°)* « pour reprendre l'exercice d'une profession juridique ou judiciaire ou, à défaut, pour céder ses actions ou parts sociales à la société, à ses coassociés ou à un tiers à la société, afin de satisfaire aux conditions de détention du capital social et des droits de vote prévues à l'article L. 811-7 ou à l'article L. 812-5 ». — *[Décr. n° 86-1176 du 5 nov. 1986, art. 28, al. 1er ; Décr. n° 93-892 du 6 juill. 1993, art. 13 et 14 ; Décr. n° 93-1112 du 20 sept. 1993, art. 13 et 14.]*

(Décr. n° 2017-796 du 5 mai 2017, art. 1er-14°) « Dans le cas d'une société pluri-professionnelle d'exercice, l'associé dispose du même délai pour reprendre l'exercice d'une profession mentionnée à l'article 31-3 de la loi du 31 décembre 1990 précitée et correspondant à l'objet social de la société ou, à défaut, pour céder ses actions ou parts sociales dans la société à ses coassociés ou à un tiers à la société, dans les conditions prévues à l'article R. 814-64, de façon à satisfaire les conditions de détention du capital social et des droits de vote prévues à l'article 31-6 de la même loi. »

Art. R. 814-81 Toute décision de proroger la société est immédiatement portée à la connaissance de *(Décr. n° 2016-109 du 3 févr. 2016, art. 13-8°)* « la Commission nationale d'inscription et de discipline ». — *[Décr. n° 93-892 du 6 juill. 1993, art. 17 ; Décr. n° 93-1112 du 20 sept. 1993, art. 17.]*

§ 3 DE L'EXERCICE DE LA PROFESSION SOUS LA FORME D'UNE SOCIÉTÉ

Art. R. 814-82 Sous réserve de l'application de la présente section, les dispositions législatives et réglementaires relatives à l'exercice de la profession d'administrateur judiciaire ou de mandataire judiciaire sont applicables aux associés *(Décr. n° 2016-902 du 1er juill. 2016, art. 1er-12°)* « exerçant la profession » et, lorsqu'elles peuvent être appliquées à des personnes morales, à la société elle-même. — *[Décr. n° 86-1176 du 5 nov. 1986, art. 40 ; Décr. n° 93-892 du 6 juill. 1993, art. 18 ; Décr. n° 93-1112 du 20 sept. 1993, art. 18.]*

Art. R. 814-83 *(Décr. n° 2017-796 du 5 mai 2017, art. 1er-15°)* Lorsque le tribunal nomme une société, il désigne en son sein un ou plusieurs associés exerçant l'activité d'administrateur judiciaire ou de mandataire judiciaire pour la représenter dans l'accomplissement du mandat qui lui est confié.

Il résulte des art. L. 812-2, III, et R. 814-83 C. com. qu'une société de mandataires judiciaires désignée en qualité de liquidateur est représentée, pour l'accomplissement de cette mission, par le ou les mandataires judiciaires associés nommés par le tribunal en application de ces textes. • Com. 22 janv. 2013, n° 11-29.028 P : *D. 2013. Actu. 302 ; JCP E 2013. 1216, n° 3, obs. Pétel ; BJS 2013. 216, note Saintourens ; LEDEN 3/2013. 5, obs. Rubellin ; APC 2013, n° 62, obs. Le Bars ; RPC 2013, n° 39, obs. Cagnoli ; BJE 2013. 164, note Favario ; RPC 2013, n° 68, obs. F. et M.-N. Legrand.*

Art. R. 814-84 Un administrateur judiciaire ou un mandataire judiciaire associé exerçant au sein d'une société ne peut exercer sa profession à titre individuel ou en qualité de membre d'une autre société, quelle qu'en soit la forme. — *[Décr. n° 93-892 du 6 juill. 1993, art. 20 ; Décr. n° 93-1112 du 20 sept. 1993, art. 20.]*

Art. R. 814-85 Chaque administrateur judiciaire associé exerçant au sein d'une société exerce les fonctions d'administrateur judiciaire au nom de la société.

Chaque mandataire judiciaire associé exerçant au sein d'une société exerce les fonctions de mandataire judiciaire au nom de la société. — *[Décr. n° 93-892 du 6 juill. 1993, art. 21 ; Décr. n° 93-1112 du 20 sept. 1993, art. 21.]*

Lorsque le mandat de justice est exercé par une société de mandataires judiciaires, le juge désigne celui ou ceux des associés qui conduiront la mission au sein de la société et en son nom, de sorte qu'un mandataire judiciaire associé exerçant au sein d'une société ne peut exercer sa profession à titre individuel et exerce nécessairement ses fonctions au nom de la société. • Com. 27 nov. 2012, n° 11-25.628 P : *D. 2012. Actu. 2887, obs. Lienhard ; JCP E 2013. 1216, n° 2, obs. Pétel ; LEDEN 1/2013. 4, obs. Berthelot ; APC 2013, n° 14, obs. Cagnoli ; Gaz. Pal. 18-19 janv. 2013, p. 24, obs. Gorrias ; RJDA 2013, n° 246 ; BJS 2013. 216, note Saintourens ; BJE 2013. 162, note Favario.*

Art. R. 814-86 Les associés exerçant au sein de la société doivent lui consacrer toute leur activité professionnelle, l'informer et s'informer mutuellement de cette activité. – *[Décr. nº 93-892 du 6 juill. 1993, art. 22 ; Décr. nº 93-1112 du 20 sept. 1993, art. 22.]*

Art. R. 814-87 Le nom de chacun des associés sur la liste nationale des administrateurs judiciaires ou sur la liste nationale des mandataires judiciaires est suivi de la mention de la raison ou dénomination sociale de la société au sein de laquelle il exerce.

En annexe de la liste nationale est dressée la liste des sociétés *(Abrogé par Décr. nº 2017-796 du 5 mai 2017, art. 1er-16º)* « ***d'administrateurs judiciaires ou de mandataires judiciaires*** » avec les indications suivantes :

1º Dénomination sociale ou raison sociale ;

2º Lieu du siège social ;

3º Noms de tous les associés exerçant en son sein ;

(Décr. nº 2017-796 du 5 mai 2017, art. 1er-16º) « 4º Dans le cas d'une société pluri-professionnelle d'exercice, le nom des associés exerçant l'une des autres professions prévue au titre IV *bis* de la loi nº 90-1258 du 31 décembre 1990 précitée et leur profession exercée au sein de la société. » – *[Décr. nº 93-892 du 6 juill. 1993, art. 23 ; Décr. nº 93-1112 du 20 sept. 1993, art. 23.]*

Art. R. 814-88 Tous les registres et documents prévus par les textes législatifs ou réglementaires sont ouverts et établis au nom de la société. – *[Décr. nº 86-1176 du 5 nov. 1986, art. 43 ; Décr. nº 93-892 du 6 juill. 1993, art. 24 ; Décr. nº 93-1112 du 20 sept. 1993, art. 24.]*

Art. R. 814-89 La dénomination ou la raison sociale d'une société *(Abrogé par Décr. nº 2017-796 du 5 mai 2017, art. 1er-17º)* « ***d'administrateurs judiciaires ou de mandataires judiciaires*** » figure dans tous documents et correspondances émanant de la société. Elle est complétée par les mentions prévues aux 1º et 2º de l'article R. 123-237.

Dans les actes professionnels, chaque associé exerçant au sein de la société indique la dénomination ou la raison sociale de la société *(Abrogé par Décr. nº 2017-796 du 5 mai 2017, art. 1er-17º)* « ***d'administrateurs judiciaires ou de mandataires judiciaires*** » dont il fait partie. – *[Décr. nº 86-1176 du 5 nov. 1986, art. 41 ; Décr. nº 93-892 du 6 juill. 1993, art. 19 et 43 ; Décr. nº 93-1112 du 20 sept. 1993, art. 19 et 43.]*

Art. R. 814-90 Les procès-verbaux des délibérations des associés ainsi que ceux des délibérations du conseil d'administration et du conseil de surveillance sont établis sur un registre spécial préalablement coté et paraphé par le secrétaire de *(Décr. nº 2016-109 du 3 févr. 2016, art. 13-9º)* « la Commission nationale d'inscription et de discipline ». Le registre est conservé au siège de la société.

Toutefois, les procès-verbaux peuvent être établis sur des feuilles mobiles numérotées sans discontinuité, paraphées dans les conditions prévues au premier alinéa. Dès qu'une feuille a été remplie, même partiellement, elle est jointe à celles précédemment utilisées. Toute addition, suppression, substitution ou inversion de feuilles est interdite. – *[Décr. nº 93-892 du 6 juill. 1993, art. 32 ; Décr. nº 93-1112 du 20 sept. 1993, art. 32.]*

Art. R. 814-91 La société adhère à la caisse de garantie prévue à l'article L. 814-3. Il lui appartient de justifier des assurances prévues par l'article L. 814-4, répondant aux conditions de l'article R. 814-23, notamment pour l'application du deuxième alinéa de l'article 16 de la loi nº 66-879 du 29 novembre 1966 relative aux sociétés civiles professionnelles ou du deuxième alinéa de l'article 16 de la loi nº 90-1258 du 31 décembre 1990. – *[Décr. nº 86-1176 du 5 nov. 1986, art. 44 ; Décr. nº 93-892 du 6 juill. 1993, art. 25 ; Décr. nº 93-1112 du 20 sept. 1993, art. 25.] – V. les lois préc. au* **C. sociétés.**

(Décr. nº 2017-796 du 5 mai 2017, art. 1er-18º) « Dans les sociétés pluri-professionnelles d'exercice, la garantie offerte par la caisse de garantie ne couvre que les dommages survenus dans le cadre de l'exercice des professions d'administrateur judiciaire ou de mandataire judiciaire. »

Art. R. 814-92 En cas d'interdiction temporaire ou de suspension provisoire d'un ou de plusieurs associés *(Décr. nº 2017-796 du 5 mai 2017, art. 1er-19º)* « exerçant la profession d'administrateur judiciaire ou de mandataire judiciaire », mais non de la totalité d'entre eux, ou de la société, il n'y a pas lieu de commettre d'administrateur provisoire.

En cas d'interdiction temporaire ou de suspension provisoire de la société ou de tous les associés *(Décr. n° 2017-796 du 5 mai 2017, art. 1er-19°)* « exerçant la profession d'administrateur judiciaire ou de mandataire judiciaire », le procureur de la République près le *(Décr. n° 2019-966 du 18 sept. 2019, art. 8, en vigueur le 1er janv. 2020)* « tribunal judiciaire » dans le ressort duquel la société a son siège *(Décr. n° 2016-902 du 1er juill. 2016, art. 1er-13°)* « ou, si son siège n'est pas situé en France, son domicile professionnel » requiert le président du *(Décr. n° 2019-966 du 18 sept. 2019, art. 8, en vigueur le 1er janv. 2020)* « tribunal judiciaire », statuant sur requête, de désigner sans délai, pour accomplir les actes nécessaires à la gestion de la société, un administrateur provisoire choisi parmi les personnes mentionnées, suivant la profession concernée, soit à l'article R. 811-58, soit à l'article R. 812-23. Les dispositions du deuxième alinéa de l'article R. 811-58, des articles R. 811-59 et R. 812-23 sont applicables selon que la société exerce l'une ou l'autre des professions. — *[Décr. n° 86-1176 du 5 nov. 1986, art. 47-1 et 47-2 ; Décr. n° 93-892 du 6 juill. 1993, art. 28, al. 2 à 4, et art. 30, al. 1er ; Décr. n° 93-1112 du 20 sept. 1993, art. 28, al. 2 à 4, et art. 30, al. 1er.]*

Art. R. 814-93 L'associé qui a été radié de la liste ou qui a été retiré de celle-ci en application de l'article L. 811-6, de l'article L. 811-12, de l'article L. 812-4 ou de l'article L. 812-9 perd sa qualité d'associé et cesse d'exercer son activité professionnelle dès que la décision prononçant la radiation ou le retrait est définitive.

Ses titres de capital ou parts sociales sont cédés *(Décr. n° 2016-902 du 1er juill. 2016, art. 1er-14°)* « , le cas échéant, » dans les conditions fixées aux articles R. 814-80 et R. 814-128.

Les dispositions des articles R. 814-92 et R. 814-153 sont applicables en cas de radiation ou de retrait de la liste.

Les effets de la radiation de la société ou de tous les associés *(Décr. n° 2017-796 du 5 mai 2017, art. 1er-19°)* « exerçant la profession d'administrateur judiciaire ou de mandataire judiciaire » ou du retrait de tous les associés *(Décr. n° 2017-796 du 5 mai 2017, art. 1er-19°)* « exerçant la profession d'administrateur judiciaire ou de mandataire judiciaire » sont régis par les dispositions des articles R. 814-100 à R. 814-108. — *[Décr. n° 86-1176 du 5 nov. 1986, art. 48 ; Décr. n° 93-892 du 6 juill. 1993, art. 29 ; Décr. n° 93-1112 du 20 sept. 1993, art. 29.]*

Art. R. 814-94 A la diligence de *(Décr. n° 2016-109 du 3 févr. 2016, art. 13-9°)* « la Commission nationale d'inscription et de discipline », une expédition de la décision passée en force de chose jugée prononçant la radiation ou le retrait de la liste de la société ou de tous les associés exerçant en son sein *(Décr. n° 2017-796 du 5 mai 2017, art. 1er-20°)* « la profession d'administrateur judiciaire ou de mandataire judiciaire » est versée au dossier ouvert au nom de la société au greffe chargé de la tenue du registre du commerce et des sociétés. — *[Décr. n° 93-892 du 6 juill. 1993, art. 41 ; Décr. n° 93-1112 du 20 sept. 1993, art. 41.]*

Art. R. 814-95 Les fonctions d'administrateur judiciaire associé sont assimilées à celles d'administrateur judiciaire pour la collation du titre d'administrateur judiciaire honoraire.

Les fonctions de mandataire judiciaire associé sont assimilées à celles de mandataire judiciaire pour la collation du titre de mandataire judiciaire honoraire. — *[Décr. n° 93-892 du 6 juill. 1993, art. 31 ; Décr. n° 93-1112 du 20 sept. 1993, art. 31.]*

§ 4 DE LA NULLITÉ, DE LA DISSOLUTION ET DE LA LIQUIDATION DE LA SOCIÉTÉ

Art. R. 814-96 La nullité de la société ne porte pas atteinte à la validité des actes professionnels accomplis par les administrateurs judiciaires ou les mandataires judiciaires associés avant la date où cette nullité est devenue définitive. — *[Décr. n° 93-892 du 6 juill. 1993, art. 39 ; Décr. n° 93-1112 du 20 sept. 1993, art. 39.]*

Art. R. 814-97 A la diligence de *(Décr. n° 2016-109 du 3 févr. 2016, art. 13-9°)* « la Commission nationale d'inscription et de discipline », toute décision judiciaire passée en force de chose jugée prononçant la nullité de la société fait l'objet d'un dépôt d'une de ses expéditions au dossier ouvert au nom de la société au greffe chargé de la tenue du registre du commerce et des sociétés. — *[Décr. n° 93-892 du 6 juill. 1993, art. 38 ; Décr. n° 93-1112 du 20 sept. 1993, art. 38.]*

Art. R. 814-98 **La nullité de la société n'est opposable aux tiers qu'à compter de l'accomplissement des formalités de publicité prévues par la section I du chapitre III du titre II du livre I relative au registre du commerce et des sociétés.** – *[Décr. nº 93-892 du 6 juill. 1993, art. 33 ; Décr. nº 93-1112 du 20 sept. 1993, art. 33.]*

Art. R. 814-99 **La société prend fin dans les cas prévus à l'article 1844-7 du code civil. La dissolution anticipée prévue au 4° de cet article est décidée dans les conditions de majorité requises pour les modifications des statuts.**

En outre, la société est dissoute de plein droit :

1° Par le décès du dernier survivant des associés *(Décr. nº 2016-902 du 1er juill. 2016, art. 1er-15°)* **« exerçant la profession », sans qu'à cette date les parts sociales ou les titres de capital des autres associés** *(Décr. nº 2016-902 du 1er juill. 2016, art. 1er-15°)* **« exerçant la profession » aient été cédés à des tiers ;**

2° Par la décision devenue définitive qui prononce la radiation ou le retrait de la liste de la société ou de tous les associés *(Décr. nº 2016-902 du 1er juill. 2016, art. 1er-15°)* **« exerçant la profession » en application de l'article L. 811-6, de l'article L. 811-12, de l'article L. 812-4 ou de l'article L. 812-9. La décision qui prononce la radiation ou le retrait de la liste constate la dissolution de la société et ordonne sa liquidation.** – *[Décr. nº 86-1176 du 5 nov. 1986, art. 49, al. 1er à 3 et 5 ; Décr. nº 93-892 du 6 juill. 1993, art. 40, al. 1er et 2 ; Décr. nº 93-1112 du 20 sept. 1993, art. 40, al. 1er et 2.]*

Art. R. 814-100 **La dissolution de la société entraîne sa liquidation, hormis les cas prévus à l'article 1844-4 du code civil et au premier alinéa de l'article L. 236-3.** – *[Décr. nº 86-1176 du 5 nov. 1986, art. 50.]*

Art. R. 814-101 **La dissolution de la société n'est opposable aux tiers qu'à compter de l'accomplissement des formalités de publicité prévues par la section I du chapitre III du titre II du livre I relative au registre du commerce et des sociétés.** – *[Décr. nº 86-1176 du 5 nov. 1986, art. 50 ; Décr. nº 93-892 du 6 juill. 1993, art. 33 ; Décr. nº 93-1112 du 20 sept. 1993, art. 33.] – V. art. R. 123-66 s.*

Art. R. 814-102 **La liquidation est régie par les statuts, sous réserve des dispositions du code civil et de celles du livre II du présent code et du présent paragraphe.** – *[Décr. nº 93-892 du 6 juill. 1993, art. 34 ; Décr. nº 93-1112 du 20 sept. 1993, art. 34.]*

Art. R. 814-103 **Le liquidateur est choisi parmi les associés ou, à défaut, parmi les administrateurs judiciaires ou les mandataires judiciaires inscrits, selon que la société exerce l'une ou l'autre de ces professions.**

En aucun cas, les fonctions de liquidateur ne peuvent être confiées à une personne contre laquelle a été prononcée une sanction disciplinaire, une mesure de retrait ou de suspension provisoire.

Plusieurs liquidateurs peuvent être désignés.

Le liquidateur désigné remplit les fonctions de l'administrateur provisoire. – *[Décr. nº 86-1176 du 5 nov. 1986, art. 51 ; Décr. nº 93-892 du 6 juill. 1993, art. 35, al. 1er et 3, et art. 40, al. 3 et 4 ; Décr. nº 93-1112 du 20 sept. 1993, art. 35, al. 1er et 3, et art. 40, al. 3 et 4.]*

Art. R. 814-104 **La décision judiciaire ou la décision de l'assemblée des associés qui nomme le liquidateur fixe sa rémunération.** – *[Décr. nº 93-892 du 6 juill. 1993, art. 36 ; Décr. nº 93-1112 du 20 sept. 1993, art. 36.]*

Art. R. 814-105 **Le liquidateur peut être remplacé pour cause d'empêchement ou tout motif grave, à la demande soit du liquidateur lui-même, soit des associés ou de leurs ayants droit, par** *(Décr. nº 2019-1419 du 20 déc. 2019, art. 2)* **« décision » du président du** *(Décr. nº 2019-966 du 18 sept. 2019, art. 8, en vigueur le 1er janv. 2020)* **« tribunal judiciaire » dans le ressort duquel est situé le siège social.**

Le président statue *(Décr. nº 2019-1419 du 20 déc. 2019, art. 2)* **« selon la procédure accélérée au fond ».** – *[Décr. nº 86-1176 du 5 nov. 1986, art. 53 ; Décr. nº 93-892 du 6 juill. 1993, art. 35, al. 2 ; Décr. nº 93-1112 du 20 sept. 1993, art. 35, al. 2.]*

Pour les dispositions transitoires du Décr. nº 2019-1419 du 20 déc. 2019, V. note ss. art. D. 221-5.

Art. R. 814-106 **Le liquidateur ne peut entrer en fonctions avant d'avoir accompli les formalités de publicité au registre du commerce et des sociétés et informé de la**

dissolution de la société *(Décr. n° 2016-109 du 3 févr. 2016, art. 13-10°)* « la Commission nationale d'inscription et de discipline », en joignant copie de l'acte qui l'a nommé. — *[Décr. n° 86-1176 du 5 nov. 1986, art. 52.]*

Art. R. 814-107 Le liquidateur ne peut exercer les mandats de justice confiés à la société que s'il y est habilité par la juridiction qui les a décernés. — *[Décr. n° 86-1176 du 5 nov. 1986, art. 54.]*

Art. R. 814-108 Le liquidateur informe *(Décr. n° 2017-796 du 5 mai 2017, art. 1er-21°)* « la Commission nationale d'inscription et de discipline des administrateurs judiciaires et des mandataires judiciaires » de la clôture de la liquidation. — *[Décr. n° 86-1176 du 5 nov. 1986, art. 55 ; Décr. n° 93-892 du 6 juill. 1993, art. 37 ; Décr. n° 93-1112 du 20 sept. 1993, art. 37.]*

SOUS-SECTION 2 DISPOSITIONS APPLICABLES AUX SOCIÉTÉS CIVILES PROFESSIONNELLES

§ 1er DE LA CONSTITUTION

Art. R. 814-109 Deux ou plusieurs personnes physiques inscrites sur la liste nationale prévue à l'article L. 811-2 ou sur la liste nationale prévue à l'article L. 812-2 peuvent constituer entre elles une société civile professionnelle pour l'exercice en commun de leur profession d'administrateur judiciaire ou de mandataire judiciaire.

La même faculté appartient aux personnes remplissant les conditions pour être inscrites sur cette liste, sous réserve que chacune d'elles obtienne son inscription au plus tard en même temps que celle de la société.

Ces sociétés reçoivent l'appellation de sociétés civiles professionnelles d'administrateurs judiciaires ou de mandataires judiciaires.

Chaque associé a la qualité d'administrateur judiciaire associé, ou de mandataire judiciaire associé. — *[Décr. n° 86-1176 du 5 nov. 1986, art. 1er et 2.]*

Art. R. 814-109-1 *(Décr. n° 2016-902 du 1er juill. 2016, art. 1er-16°)* La société est constituée sous la condition suspensive de son inscription sur la liste nationale des administrateurs judiciaires prévue par l'article L. 811-2 ou sur la liste nationale des mandataires judiciaires prévue par l'article L. 812-2.

Art. R. 814-110 Les sociétés civiles professionnelles d'administrateurs judiciaires et sociétés civiles professionnelles de mandataires judiciaires sont régies par les dispositions du décret n° 78-704 du 3 juillet 1978 relatif à l'application de la loi n° 78-9 du 4 janvier 1978 modifiant le titre IX du livre III du code civil, sous réserve des dispositions de la présente section. — *[Décr. n° 86-1176 du 5 nov. 1986, art. 56.] — V. le Décr. préc. au* ***C. sociétés.***

Art. R. 814-111 Les statuts satisfont aux prescriptions des articles 8, 11, 14, 15, 19, 20 et 24 de la loi n° 66-879 du 29 novembre 1966. Ils indiquent en outre :

1° Les nom, prénoms et domicile de chaque associé ;

2° La durée pour laquelle la société est constituée ;

3° L'adresse du siège social ;

4° La nature et l'évaluation distincte de chacun des apports faits par les associés ;

5° Le montant du capital social, le montant, le nombre et la répartition des parts sociales représentatives de ce capital ;

6° Le nombre des parts d'intérêts attribuées à chaque apporteur en industrie ;

7° L'affirmation de la libération totale ou partielle, selon le cas, des apports concourant à la formation du capital social. — *[Décr. n° 86-1176 du 5 nov. 1986, art. 7.] — V. la L. n° 66-879 du 29 nov. 1966 au* ***C. sociétés.***

Art. R. 814-112 Le siège social de la société civile professionnelle est fixé au domicile professionnel commun à plusieurs ou à tous les associés ou au domicile professionnel de l'un d'eux. — *[Décr. n° 86-1176 du 5 nov. 1986, art. 42.]*

Art. R. 814-113 *(Décr. n° 2017-796 du 5 mai 2017, art. 1er-22°)* « La Commission nationale d'inscription et de discipline » peut solliciter d'un commissaire aux comptes mentionné à l'article R. 814-29 un avis sur la valeur des apports en nature. – *[Décr. nº 86-1176 du 5 nov. 1986, art. 8, al. 4.]*

Art. R. 814-114 Les parts sociales ne peuvent être données en nantissement.

Leur montant nominal ne peut être inférieur à 150 €. – *[Décr. nº 86-1176 du 5 nov. 1986, art. 10.]*

Art. R. 814-115 Les parts d'intérêts attribuées aux apporteurs en industrie sont incessibles. Elles sont annulées lorsque leur titulaire perd la qualité d'associé pour quelque cause que ce soit. – *[Décr. nº 86-1176 du 5 nov. 1986, art. 11.]*

Art. R. 814-116 Les parts sociales correspondant à des apports en numéraire doivent être libérées, lors de la souscription, de la moitié au moins de leur valeur nominale.

La libération du surplus intervient, en une ou plusieurs fois, soit aux dates prévues par les statuts, soit par décision de l'assemblée des associés et au plus tard dans le délai de deux ans à compter de l'inscription de la société sur la liste.

Dans les huit jours de leur réception, les fonds provenant de la libération des apports en numéraire sont déposés, pour le compte de la société, à la Caisse des dépôts et consignations, chez un notaire ou dans un établissement de crédit.

Le retrait de ces fonds est effectué par le mandataire de la société sur la justification de l'inscription de celle-ci sur la liste des administrateurs judiciaires ou la liste des mandataires judiciaires. – *[Décr. nº 86-1176 du 5 nov. 1986, art. 12.]*

Art. R. 814-117 La société ou son liquidateur est dispensé d'insérer dans un *(Décr. nº 2020-106 du 10 févr. 2020, art. 12)* « support » habilité à recevoir des annonces légales les avis et actes prévus aux articles 22, 24, 26, 27 et 29 du décret nº 78-704 du 3 juillet 1978. – *[Décr. nº 86-1176 du 5 nov. 1986, art. 13.] – V. le Décr. préc. au **C. sociétés.***

§ 2 DE L'ORGANISATION ET DU FONCTIONNEMENT

Art. R. 814-118 Les décisions qui excèdent les pouvoirs du ou des gérants sont prises par les associés réunis en assemblée générale.

L'assemblée est réunie au moins une fois par an. Elle est également réunie lorsqu'un ou plusieurs associés, représentant au moins la moitié en nombre de ceux-ci ou le quart du capital, en font la demande au gérant en indiquant l'ordre du jour.

A défaut de dispositions contraires des statuts, les convocations sont effectuées conformément à l'article 40 du décret nº 78-704 du 3 juillet 1978. – *[Décr. nº 86-1176 du 5 nov. 1986, art. 16.]*

Art. R. 814-119 Les procès-verbaux des délibérations des associés sont établis sur un registre spécial préalablement coté et paraphé par le greffier chargé de la tenue du registre du commerce et des sociétés où est immatriculée la société. Le registre est conservé au siège social. Il peut être consulté par tout associé. – *[Décr. nº 86-1176 du 5 nov. 1986, art. 17.]*

Art. R. 814-120 Chaque associé dispose d'un nombre de voix égal quel que soit le nombre de parts qu'il possède.

Un associé peut donner mandat écrit à un autre associé de le représenter à l'assemblée. Toutefois, un associé ne peut être porteur de plus de deux mandats.

L'assemblée ne délibère valablement que si les trois quarts au moins des associés sont présents ou représentés. Si ce quorum n'est pas atteint, les associés sont convoqués une nouvelle fois et l'assemblée délibère valablement si le tiers des associés au moins est présent ou représenté. – *[Décr. nº 86-1176 du 5 nov. 1986, art. 18.]*

Art. R. 814-121 Sous réserve des dispositions de l'article 19 de la loi nº 66-879 du 29 novembre 1966 et de celles des articles R. 814-99, R. 814-122, *(Décr. nº 2017-796 du 5 mai 2017, art. 1er-23º)* « R. 814-122-1, » R. 814-124, R. 814-130, R. 814-131, R. 814-140, les décisions sont prises à la majorité des voix des associés présents ou représentés.

Dans tous les cas, les statuts peuvent prévoir, pour certaines décisions, une majorité qualifiée ou l'unanimité des associés. – *[Décr. nº 86-1176 du 5 nov. 1986, art. 19.] – V. L. nº 66-879 du 29 nov. 1966 au **C. sociétés.***

Art. R. 814-122 La modification des statuts, y compris la prorogation de la société, est décidée à la majorité des trois quarts des voix de l'ensemble des associés.

L'augmentation des engagements des associés ne peut être décidée qu'à l'unanimité. – *[Décr. nº 86-1176 du 5 nov. 1986, art. 20.]*

Art. R. 814-122-1 *(Décr. nº 2017-795 du 5 mai 2017, art. 1er)* La majorité requise pour approuver une des opérations mentionnées au premier alinéa de l'article 27 de la loi nº 66-879 du 29 novembre 1966 relative aux sociétés civiles professionnelles est celle prévue au premier alinéa de l'article R. 814-122.

Art. R. 814-123 La répartition des bénéfices a lieu conformément aux statuts.

Toutefois, la rémunération des apports en capital ne peut excéder les deux tiers des bénéfices. – *[Décr. nº 86-1176 du 5 nov. 1986, art. 21.]*

Art. R. 814-124 Sauf stipulation contraire des statuts, les parts sociales peuvent être librement cédées à un associé. – *[Décr. nº 86-1176 du 5 nov. 1986, art. 22, al. 1er.]*

Art. R. 814-125 Lorsqu'un associé décide de céder tout ou partie de ses parts à un tiers, le projet de cession est notifié à la société et à chaque associé par lettre recommandée avec demande d'avis de réception.

Dans les deux mois de la notification qui lui est faite du projet de cession, la société fait connaître, dans les mêmes formes, son consentement ou son refus. Le silence gardé par la société pendant ce délai vaut consentement implicite à la cession. – *[Décr. nº 86-1176 du 5 nov. 1986, art. 25.]*

Art. R. 814-126 Si la société refuse de consentir à la cession, elle est tenue, dans les six mois de la notification de son refus, de notifier à l'associé par lettre recommandée avec demande d'avis de réception un projet de cession ou de rachat de ses parts qui implique engagement du cessionnaire ou de la société de se porter acquéreur.

Si le prix proposé pour la cession ou le rachat n'est pas accepté par le cédant, il est fixé conformément aux dispositions de l'article 1843-4 du code civil.

Si l'associé cédant refuse de signer l'acte portant cession de ses parts au prix ainsi fixé, il est passé outre à ce refus deux mois après la sommation qui lui est adressée par lettre recommandée avec demande d'avis de réception par la société et qui est demeurée infructueuse.

Si la cession porte sur la totalité des parts sociales détenues par l'associé, celui-ci perd sa qualité d'associé à l'expiration du délai prévu à l'alinéa précédent.

Le prix de cession des parts est consigné à la diligence du cessionnaire à la Caisse des dépôts et consignations. – *[Décr. nº 86-1176 du 5 nov. 1986, art. 26.]*

Art. R. 814-127 Dans le cas prévu au troisième alinéa de l'article R. 814-126, la publicité de la cession des parts sociales est accomplie par le dépôt au registre du commerce et des sociétés de deux copies certifiées conformes de la sommation adressée au cédant accompagnées de la justification de la notification ou de la signification de cette sommation. – *[Décr. nº 86-1176 du 5 nov. 1986, art. 34.]*

Art. R. 814-128 Si à l'expiration du délai prévu à l'article R. 814-80 aucune cession n'est intervenue, la société procède à la cession ou au rachat des parts dans les conditions prévues aux deuxième et troisième alinéas de l'article R. 814-135. – *[Décr. nº 86-1176 du 5 nov. 1986, art. 28, al. 2.]*

Art. R. 814-129 Sous réserve des règles de protection et de représentation *(Décr. nº 2017-796 du 5 mai 2017, art. 1er-24º)* « des personnes protégées », les dispositions des articles R. 814-80 et R. 814-128 sont applicables à la cession des parts sociales de l'associé frappé d'interdiction légale ou placé sous le régime de la tutelle. – *[Décr. nº 86-1176 du 5 nov. 1986, art. 29.]*

Art. R. 814-130 Le délai prévu au deuxième alinéa de l'article 24 de la loi nº 66-879 du 29 novembre 1966 pour la cession des parts de l'associé décédé est fixé à un an à compter de la date du décès.

Il peut être prorogé une fois pour une durée d'un an par accord intervenu entre les ayants droit de l'associé décédé et la société, donné dans les conditions prévues pour la cession des parts sociales par le premier alinéa de l'article 19 de la même loi. – *[Décr. nº 86-1176 du 5 nov. 1986, art. 30.] – V. L. nº 66-879 du 29 nov. 1966 au* **C. *sociétés*.**

Art. R. 814-131 Toute demande d'un ou plusieurs ayants droit d'un associé décédé tendant, par application du deuxième alinéa de l'article 24 de la loi n° 66-879 du 29 novembre 1966, à l'attribution préférentielle à leur profit des parts sociales de leur auteur est notifiée à la société et à chacun des associés par lettre recommandée avec demande d'avis de réception. En cas de désaccord, la valeur des droits sociaux est fixée dans les conditions prévues par l'article 1843-4 du code civil. – *[Décr. n° 86-1176 du 5 nov. 1986, art. 31.] – V. L. n° 66-879 du 29 nov. 1966 au* ***C. sociétés.***

Art. R. 814-132 Si, à l'expiration du délai prévu à l'article R. 814-130, les ayants droit de l'associé décédé n'ont pas exercé la faculté de céder les parts sociales de leur auteur et si aucun consentement préalable à l'attribution préférentielle n'a été donné par la société, celle-ci dispose d'une année pour acquérir elle-même, ou faire acquérir par un ou plusieurs associés ou par un tiers, les parts sociales de l'associé décédé.

Le cas échéant, la procédure prévue par les deuxième, troisième et cinquième alinéas de l'article R. 814-126 est applicable. – *[Décr. n° 86-1176 du 5 nov. 1986, art. 32.]*

Art. R. 814-133 La cession de parts sociales est rendue opposable à la société et aux tiers dans les conditions prévues par l'article 1865 du code civil. – *[Décr. n° 86-1176 du 5 nov. 1986, art. 33.]*

Art. R. 814-134 Si les réserves constituées au moyen de bénéfices non distribués ou de plus-values d'actif dues à l'industrie des associés le permettent, il est procédé périodiquement, dans les conditions prévues aux statuts, à l'augmentation du capital social. Les parts sociales ainsi créées sont attribuées aux associés, y compris à ceux qui n'ont apporté que leur industrie, selon les critères de répartition des bénéfices fixés par l'article R. 814-123.

L'augmentation du capital social ne peut intervenir avant la libération totale des parts sociales correspondant à des apports en numéraire. – *[Décr. n° 86-1176 du 5 nov. 1986, art. 35.]*

Art. R. 814-135 Lorsqu'un associé entend se retirer de la société en application de l'article 21 de la loi n° 66-879 du 29 novembre 1966, il notifie sa décision à la société par lettre recommandée avec demande d'avis de réception.

Dans les six mois de cette notification, la société est tenue de notifier à l'associé, dans les mêmes formes, soit un projet de cession de ses parts à un ou plusieurs associés ou à un tiers inscrit, selon le cas, sur la liste des administrateurs judiciaires ou sur la liste des mandataires judiciaires sur laquelle la société est inscrite ou remplissant les conditions pour y être inscrit, soit un projet de rachat de ces parts par la société. Cette notification implique un engagement du cessionnaire ou de la société de se porter acquéreur.

Le cas échéant, il est fait application des deuxième, troisième, quatrième et cinquième alinéas de l'article R. 814-126. – *[Décr. n° 86-1176 du 5 nov. 1986, art. 27.] – V. L. n° 66-879 du 29 nov. 1966 au* ***C. sociétés.***

Art. R. 814-136 Le retrait d'un associé qui a apporté exclusivement son industrie est notifié à la société par lettre recommandée avec demande d'avis de réception. Il prend effet à la date que l'associé indique ou, à défaut, à celle de cette notification.

Toutefois, les statuts peuvent prévoir que le retrait ne prendra effet qu'à l'expiration d'un délai, sans que celui-ci puisse excéder six mois à compter de la notification faite par l'associé. – *[Décr. n° 86-1176 du 5 nov. 1986, art. 36.]*

Art. R. 814-137 L'associé titulaire de parts sociales peut, à la condition d'en informer la société par lettre recommandée avec demande d'avis de réception, cesser l'activité professionnelle qu'il exerce au sein de cette société avant la fin de la procédure de cession ou de rachat de ses parts. Il respecte, le cas échéant, le délai fixé par les statuts, sans que celui-ci puisse excéder six mois à compter de la notification de la cessation d'activité. – *[Décr. n° 86-1176 du 5 nov. 1986, art. 37.]*

Art. R. 814-138 L'associé perd, à compter de sa cessation d'activité, les droits attachés à sa qualité d'associé, à l'exception toutefois des rémunérations afférentes aux apports en capital et de sa part éventuelle dans le capital, les réserves et les plus-values d'actif ; il cesse à la même date d'être soumis aux incompatibilités et interdictions attachées à sa qualité d'associé. – *[Décr. n° 86-1176 du 5 nov. 1986, art. 38.]*

Art. R. 814-139 La société peut faire l'objet de poursuites disciplinaires indépendamment de celles qui seraient intentées contre les associés. – *[Décr. n° 86-1176 du 5 nov. 1986, art. 45.]*

Art. R. 814-140 Tout associé qui fait l'objet d'une mesure disciplinaire définitive comportant une sanction égale ou supérieure à trois mois d'interdiction peut être contraint, à l'unanimité des autres associés, de se retirer de la société.

L'associé qui fait l'objet d'une suspension provisoire en application de l'article *[des articles]* L. 811-13 ou L. 814-4 peut, à l'expiration d'un délai d'un an à compter de la date de la décision de suspension, s'il n'a pas été mis fin à celle-ci, être contraint de se retirer de la société suivant les modalités mentionnées à l'alinéa précédent.

Les associés exclus perdent du jour où la décision d'exclusion leur a été notifiée les droits attachés à la qualité d'associé, à l'exception des rémunérations afférentes à leurs apports en capital.

Ses parts sociales sont cédées dans les conditions prévues aux articles R. 814-80 et R. 814-128. – *[Décr. n° 86-1176 du 5 nov. 1986, art. 46.]*

Art. R. 814-141 L'associé interdit temporairement ou suspendu provisoirement ne peut exercer aucune activité professionnelle pendant la durée de la mesure d'interdiction ou de suspension, mais conserve pendant le même temps sa qualité d'associé avec tous les droits et obligations qui en découlent, à l'exclusion de sa vocation aux bénéfices professionnels. – *[Décr. n° 86-1176 du 5 nov. 1986, art. 47.]*

§ 3 DE LA NULLITÉ, DE LA DISSOLUTION ET DE LA LIQUIDATION

Art. R. 814-142 La dissolution anticipée prévue au 4° de l'article 1844-7 du code civil est décidée à la majorité des trois quarts des voix de l'ensemble des associés.

Art. R. 814-143 En dehors des cas prévus au troisième alinéa de l'article R. 814-99, la société civile professionnelle est dissoute de plein droit par la notification à la société des demandes simultanées de retrait des associés faites en application de l'article 21 de la loi n° 66-879 du 29 novembre 1966 ou, en cas de demandes successives, par la dernière d'entre elles, sans qu'à cette date les parts sociales des autres associés aient été cédées à des tiers. – *[Décr. n° 86-1176 du 5 nov. 1986, art. 49, al. 4.] – V. L. n° 66-879 du 29 nov. 1966 au* ***C. sociétés.***

Art. R. 814-144 Dans le cas prévu par le second alinéa de l'article 37 de la loi n° 66-879 du 29 novembre 1966, l'actif net de la société subsistant après extinction du passif et remboursement du capital est réparti entre les associés au prorata des parts détenues par chacun d'eux, y compris les parts correspondant aux apports en industrie. – *[Décr. n° 86-1176 du 5 nov. 1986, art. 58.] – V. L. n° 66-879 du 29 nov. 1966 au* ***C. sociétés.***

SOUS-SECTION 3 DISPOSITIONS APPLICABLES AUX SOCIÉTÉS D'EXERCICE LIBÉRAL

Art. R. 814-145 *(Décr. n° 2016-1218 du 13 sept. 2016, art. 1er-1°)* I. – Un ou plusieurs administrateurs judiciaires peuvent constituer, entre eux et avec les personnes mentionnées au B du I de l'article 5 et aux 1° et 3° du I de l'article 6 de la loi n° 90-1258 du 31 décembre 1990 relative à l'exercice sous forme de sociétés des professions libérales soumises à un statut législatif ou réglementaire ou dont le titre est protégé et aux sociétés de participations financières de professions libérales, une société d'exercice libéral.

II. – Un ou plusieurs mandataires judiciaires peuvent constituer, entre eux et avec les personnes mentionnées au B du I de l'article 5 et aux 1° et 3° du I de l'article 6 de la loi du 31 décembre 1990 précitée, une société d'exercice libéral.

III. – Les personnes physiques ou morales qui exercent la profession de greffier de tribunal de commerce ne peuvent détenir, ni directement ni indirectement, d'action ou de part sociale dans une société d'exercice libéral relevant du I ou du II. – *V. L. n° 90-1258 du 31 déc. 1990 au* ***C. sociétés.***

Art. R. 814-146 Les sociétés d'exercice libéral *(Décr. n° 2016-1218 du 13 sept. 2016, art. 1er-2°)* « constituées pour l'exercice de la profession » d'administrateurs judiciaires ou de mandataires judiciaires *(Abrogé par Décr. nº 2016-1218 du 13 sept. 2016, art. 1er-2º)* ***« à responsabilité limitée, à forme anonyme*** *(Décr. nº 2012-536 du 20 avr. 2012, art. 4)* ***« , par actions simplifiées »*** ***et en commandite par actions »*** **sont régies par les dispositions du livre II** *(Décr. nº 2016-1218 du 13 sept. 2016, art. 1er-2º)* **« et de la loi nº 90-1258 du 31 décembre 1990 », sous réserve des dispositions de la présente section.** – *[Décr. nº 93-892 du 6 juill. 1993, art. 1er ; Décr. nº 93-1112 du 20 sept. 1993, art. 1er.] – V. L. nº 90-1258 du 31 déc. 1990 au* ***C. sociétés.***

Art. R. 814-146-1 *(Décr. nº 2016-902 du 1er juill. 2016, art. 1er-17º)* **La société est constituée sous la condition suspensive de son inscription sur la liste nationale des administrateurs judiciaires prévue par l'article L. 811-2 ou sur la liste nationale des mandataires judiciaires prévue par l'article L. 812-2.**

(Décr. nº 2017-796 du 5 mai 2017, art. 1er-25º) **« Les dispositions du présent article ne sont pas applicables aux sociétés pluri-professionnelles d'exercice. »**

Art. R. 814-147 *(Décr. nº 2016-109 du 3 févr. 2016, art. 13-11º)* **« La Commission nationale d'inscription et de discipline » est informée des modifications apportées à la liste des associés** *(Abrogé par Décr. nº 2016-1218 du 13 sept. 2016, art. 1er-3º)* ***« mentionnés au deuxième alinéa de l'article 5 de la loi nº 90-1258 du 31 décembre 1990 »*** **et au montant de leur participation au capital.** – *[Décr. nº 93-892 du 6 juill. 1993, art. 7, al. 2 ; Décr. nº 93-1112 du 20 sept. 1993, art. 7, al. 2.]*

Art. R. 814-148 La société est dispensée de procéder aux formalités de publicité prévues aux articles R. 210-16 et suivants. – *[Décr. nº 93-892 du 6 juill. 1993, art. 9, al. 3 ; Décr. nº 93-1112 du 20 sept. 1993, art. 9, al. 3.]*

Art. R. 814-149 Lorsque le consentement de la société est acquis dans les conditions prévues par les articles L. 223-14 et L. 228-24 et 10 de la loi nº 90-1258 du 31 décembre 1990, le cessionnaire demande à *(Décr. nº 2016-109 du 3 févr. 2016, art. 13-12º)* **« la Commission nationale d'inscription et de discipline », par lettre recommandée avec demande d'avis de réception ou par remise contre récépissé, son inscription sur la liste mentionnée au deuxième alinéa de l'article R. 814-87.**

Sa demande est accompagnée, à peine d'irrecevabilité, d'une attestation du transfert sur les registres de titres de la société ou de l'acte de cession des titres de capital ou des parts sociales ainsi que de toutes pièces justificatives, notamment de celles qui sont exigées des personnes demandant leur inscription sur la liste. – *[Décr. nº 93-892 du 6 juill. 1993, art. 10, al. 2 et 3 ; Décr. nº 93-1112 du 20 sept. 1993, art. 10, al. 2 et 3.] – V. L. nº 90-1258 du 31 déc. 1990 au* ***C. sociétés.***

Art. R. 814-150 Sous réserve des règles de protection et de représentation des *(Décr. nº 2017-796 du 5 mai 2017, art. 1er-26º)* **« personnes protégées », les dispositions de l'article R. 814-80 sont applicables à la cession des titres de capital ou parts sociales de l'associé placé sous le régime de la tutelle, s'il ne veut ou ne peut bénéficier des dispositions du** *(Décr. nº 2016-1218 du 13 sept. 2016, art. 1er-4º)* **« 2º du B du I » de l'article 5 de la loi nº 90-1258 du 31 décembre 1990, ou de l'associé frappé d'interdiction légale.** – *[Décr. nº 93-892 du 6 juill. 1993, art. 15 ; Décr. nº 93-1112 du 20 sept. 1993, art. 15.] – V. L. nº 90-1258 du 31 déc. 1990 au* ***C. sociétés.***

Art. R. 814-151 La société ne peut faire l'objet de poursuites disciplinaires indépendamment de celles qui seraient intentées contre les associés exerçant en son sein. – *[Décr. nº 93-892 du 6 juill. 1993, art. 26, al. 2 ; Décr. nº 93-1112 du 20 sept. 1993, art. 26, al. 2.]*

Art. R. 814-152 Tout associé exerçant *(Décr. nº 2017-796 du 5 mai 2017, art. 1er-27º)* **« la profession d'administrateur judiciaire ou de mandataire judiciaire » au sein de la société, qui a fait l'objet d'une sanction disciplinaire définitive égale ou supérieure à trois mois d'interdiction d'exercice de sa profession ou d'une condamnation pénale définitive à une peine d'emprisonnement égale ou supérieure à trois mois peut être contraint, à l'unanimité des autres associés exerçant au sein de la société, de se retirer de celle-ci.**

Ses titres de capital ou parts sociales sont cédés dans les conditions prévues *(Décr. n° 2017-796 du 5 mai 2017, art. 1er-27°)* « aux articles R. 814-64, R. 814-74 » et R. 814-149. – *[Décr. n° 93-892 du 6 juill. 1993, art. 27 ; Décr. n° 93-1112 du 20 sept. 1993, art. 27.]*

Art. R. 814-153 L'associé interdit de ses fonctions n'est pas de ce seul fait privé de sa qualité d'associé. Il conserve tous les droits et obligations qui en découlent. – *[Décr. n° 93-892 du 6 juill. 1993, art. 28, al. 1er ; Décr. n° 93-1112 du 20 sept. 1993, art. 28, al. 1er.]*

Art. R. 814-154 L'associé provisoirement suspendu exerçant au sein de la société conserve, pendant la durée de sa suspension, sa qualité d'associé avec tous les droits et obligations qui en découlent. Toutefois, ses revenus liés à l'exercice professionnel sont réduits de moitié, l'autre moitié étant attribuée par parts égales aux administrateurs provisoires associés ou non ou, s'il n'est pas commis d'administrateur provisoire, à ceux des associés exerçant au sein de la société qui n'ont pas fait l'objet d'une suspension provisoire de leurs fonctions. – *[Décr. n° 93-892 du 6 juill. 1993, art. 30, al. 2 ; Décr. n° 93-1112 du 20 sept. 1993, art. 30, al. 2.]*

SOUS-SECTION 4 DISPOSITIONS APPLICABLES AUX SOCIÉTÉS EN PARTICIPATION

Art. R. 814-155 Les sociétés en participation prévues par l'article 22 de la loi n° 90-1258 du 31 décembre 1990 reçoivent l'appellation de sociétés en participation d'administrateurs judiciaires ou de mandataires judiciaires.

Leur constitution fait l'objet de l'insertion d'un avis dans le *Bulletin officiel des annonces civiles et commerciales*.

L'avis contient la dénomination sociale et la liste des associés. – *[Décr. n° 93-892 du 6 juill. 1993, art. 42 ; Décr. n° 93-1112 du 20 sept. 1993, art. 42.] – V. L. n° 90-1258 du 31 déc. 1990 au* ***C. sociétés***.

Art. R. 814-156 Dans la quinzaine de la publication, une copie de cet avis et un exemplaire de la convention qui fonde la société en participation sont remis contre récépissé ou expédiés par lettre recommandée avec demande d'avis de réception à *(Décr. n° 2016-109 du 3 févr. 2016, art. 13-12°)* « la Commission nationale d'inscription et de discipline » qui peut, dans un délai d'un mois, mettre en demeure les associés, par lettre recommandée avec demande d'avis de réception, de modifier la convention pour la mettre en conformité avec les règles applicables à la profession. – *[Décr. n° 93-892 du 6 juill. 1993, art. 44 ; Décr. n° 93-1112 du 20 sept. 1993, art. 44.]*

Art. R. 814-157 Le retrait ou l'admission d'un associé donne lieu à la publication mentionnée aux deuxième et troisième alinéas de l'article R. 814-155 et, pour le nouvel associé, les dispositions des articles R. 814-66 et R. 814-156 sont applicables. – *[Décr. n° 93-892 du 6 juill. 1993, art. 46 ; Décr. n° 93-1112 du 20 sept. 1993, art. 46.]*

SECTION VI DES SOCIÉTÉS DE PARTICIPATIONS FINANCIÈRES DE PROFESSIONS LIBÉRALES D'ADMINISTRATEURS JUDICIAIRES OU DE MANDATAIRES JUDICIAIRES

(Décr. n° 2012-536 du 20 avr. 2012, art. 5)

Art. R. 814-158 Les sociétés de participations financières de professions libérales *(Décr. n° 2016-1218 du 13 sept. 2016, art. 2-1°)* « constituées, en application du titre IV de la loi n° 90-1258 du 31 décembre 1990 relative à l'exercice sous forme de sociétés des professions libérales soumises à un statut législatif ou réglementaire ou dont le titre est protégé et aux sociétés de participations financières de professions libérales, en vue de la détention de parts sociales ou d'action dans des sociétés exerçant la profession d'administrateur judiciaire ou celle de mandataire judicaire » sont régies par les dispositions du livre II, à l'exception de celles qui attribuent compétence au tribunal de commerce, sous réserve des dispositions de la présente section. *(Décr. n° 2016-1218 du 13 sept. 2016, art. 2-1°)* « Ces sociétés sont dénommées respectivement "société de participation financière de profession libérale d'administrateur judiciaire" et "société de participation financière de profession libérale de mandataire judiciaire". » – *V. L. n° 90-1258 du 31 déc. 1990 au* ***C. sociétés***.

SOUS-SECTION 1 DE LA CONSTITUTION DE LA SOCIÉTÉ

Art. R. 814-159 *(Décr. n° 2016-1218 du 13 sept. 2016, art. 2-2°)* Les personnes physiques ou morales qui exercent la profession de greffier de tribunal de commerce ne peuvent détenir, ni directement ni indirectement, d'action ou de part sociale dans une société de participation financière de profession libérale d'administrateur judiciaire ou dans une société de participation financière de profession libérale de mandataire judiciaire.

Art. R. 814-160 La constitution de la société fait l'objet d'une déclaration adressée par lettre recommandée avec avis de réception par un mandataire commun désigné par les associés à la commission nationale d'inscription et de discipline compétente.

Une copie des statuts de la société est jointe à la déclaration qui comprend la liste des associés avec indication, selon le cas, de leur profession ou de leur qualité, suivie, pour chacun, de la mention de la part de capital qu'il détient dans la société.

Art. R. 814-161 Le secrétaire de la commission nationale d'inscription et de discipline compétente adresse une copie de la déclaration et des statuts au procureur général près la cour d'appel dans le ressort de laquelle la société a son siège *(Abrogé par Décr. n° 2016-1218 du 13 sept. 2016, art. 2-3°)* ***« ainsi qu'au Conseil national des administrateurs judiciaires et des mandataires judiciaires »***.

Il dresse la liste des sociétés de participations financières de professions libérales d'administrateurs judiciaires ou de mandataires judiciaires dont les conditions de tenue et mise à jour sont fixées par arrêté du garde des sceaux. — *V. art. A. 814-7.*

Art. R. 814-162 L'immatriculation de la société au registre du commerce et des sociétés est régie par les articles R. 123-31 et suivants, sous réserve des dispositions ci-après.

Une copie de la déclaration mentionnée à l'article R. 814-160 est adressée par le mandataire des associés au greffe du tribunal où a été déposée la demande d'immatriculation au registre du commerce et des sociétés ; à la réception de ce document, le greffier procède à l'immatriculation et en informe la commission nationale d'inscription et de discipline compétente.

La société est dispensée de procéder aux formalités de publicité prévues aux articles R. 210-16 et suivants.

SOUS-SECTION 2 DU FONCTIONNEMENT DE LA SOCIÉTÉ ET DE SON CONTRÔLE

Art. R. 814-163 La société de participations financières de professions libérales d'administrateurs judiciaires ou de mandataires judiciaires fait connaître à la commission nationale compétente ainsi qu'au procureur général près la cour d'appel dans le ressort de laquelle est situé son siège *(Abrogé par Décr. n° 2016-1218 du 13 sept. 2016, art. 2-4°)* ***« et au Conseil national des administrateurs judiciaires et mandataires judiciaires »***, dans un délai de trente jours à compter de la date à laquelle il se produit, tout changement dans la situation déclarée en application de l'article R. 814-160.

Art. R. 814-164 Si la société de participations financières de professions libérales d'administrateurs judiciaires ou de mandataires judiciaires ne se conforme pas aux dispositions législatives et réglementaires en vigueur, elle peut être invitée à régulariser la situation par le procureur général près la cour d'appel dans le ressort de laquelle est situé son siège ou le commissaire du Gouvernement près la commission nationale d'inscription et de discipline compétente. L'invitation est faite par lettre recommandée avec demande d'accusé de réception, dont copie est adressée au magistrat coordonnateur mentionné à l'article R. 811-40.

Si la société ne régularise pas la situation dans le délai indiqué, le procureur général ou le commissaire du Gouvernement peuvent inviter les associés, selon les mêmes modalités, à prononcer la dissolution anticipée de la société.

Art. R. 814-165 Lorsque plusieurs personnes désignées dans le cadre de la procédure collective détiennent, directement ou indirectement, des participations dans une même société, elles en informent sans délai la juridiction.

Art. R. 814-166 Chaque société de participations financières de professions libérales d'administrateurs judiciaires ou de mandataires judiciaires fait l'objet, au moins une fois tous les trois ans, d'un contrôle portant sur le respect des dispositions législatives et réglementaires qui régissent la composition de son capital et l'étendue de ses activités.

Avant la fin de chaque année, le président du conseil national adresse au garde des sceaux, ministre de la justice, la liste des sociétés que le bureau du conseil a désignées comme devant faire l'objet du contrôle périodique au cours de l'année suivante. Cette liste est également adressée au commissaire du Gouvernement près de la commission d'inscription et de discipline qui a procédé à leur inscription ainsi qu'au magistrat coordonnateur mentionné à l'article R. 811-40.

Chaque société de participations financières peut, en outre, être soumise à des contrôles occasionnels, prescrits conformément au *(Décr. n° 2016-1851 du 23 déc. 2016, art. 25, en vigueur le 1er janv. 2017)* « premier alinéa de l'article R. 814-42-2 ».

Les dispositions des articles R. 814-44 à R. 814-46, à l'exception du *(Décr. n° 2016-1851 du 23 déc. 2016, art. 25, en vigueur le 1er janv. 2017)* « sixième alinéa de l'article R. 814-45 », et du deuxième alinéa de l'article R. 814-48 sont applicables à ces contrôles.

Art. R. 814-167 Le non-respect des dispositions régissant la constitution et le fonctionnement des sociétés de participations financières de professions libérales par les administrateurs judiciaires ou les mandataires judiciaires *(Décr. n° 2016-1218 du 13 sept. 2016, art. 2-5°)* « associés d'une telle société » peut donner lieu à des poursuites disciplinaires.

SOUS-SECTION 3 DE LA DISSOLUTION ET DE LA LIQUIDATION DE LA SOCIÉTÉ

Art. R. 814-168 En cas de dissolution de la société de participations financières, le liquidateur est choisi parmi les associés ou, à défaut, par le président du *(Décr. n° 2019-966 du 18 sept. 2019, art. 8, en vigueur le 1er janv. 2020)* « tribunal judiciaire » du lieu du siège social de la société.

Le liquidateur peut être remplacé pour cause d'empêchement, ou pour tout autre motif grave, sur décision du président du *(Décr. n° 2019-966 du 18 sept. 2019, art. 8, en vigueur le 1er janv. 2020)* « tribunal judiciaire » du lieu du siège social de la société statuant sur requête, à la demande du liquidateur, des associés ou de leurs ayants droit, ou du procureur de la République.

En aucun cas les fonctions de liquidateur ne peuvent être confiées à un associé ayant fait l'objet d'une peine disciplinaire. Elles ne peuvent être confiées, pour une société de participations financières de professions libérales d'administrateurs judiciaires à un mandataire judiciaire et, pour une société de participations financières de professions libérales de mandataires judiciaires, à un administrateur judiciaire.

Art. R. 814-169 La dissolution de la société est portée à la connaissance de la commission nationale d'inscription et de discipline compétente *(Décr. n° 2016-1218 du 13 sept. 2016, art. 2-6°)* « et du procureur général ». Le liquidateur fait parvenir à chacun d'eux une expédition de la délibération des associés ou de la décision de justice qui l'a nommé dans ses fonctions.

Le liquidateur dépose au greffe chargé de la tenue du registre du commerce et des sociétés où la société est inscrite, pour être versée au dossier ouvert au nom de la société, la copie de l'expédition prévue au premier alinéa dont tout intéressé peut obtenir communication.

Il ne peut entrer en fonctions avant l'accomplissement des formalités précitées.

Le liquidateur informe les personnes et organes mentionnés au premier alinéa de la clôture des opérations de liquidation.

TITRE DEUXIÈME DES COMMISSAIRES AUX COMPTES

CHAPITRE PRÉLIMINAIRE DISPOSITIONS GÉNÉRALES

(Décr. n° 2016-1026 du 26 juill. 2016, art. 2)

Art. D. 820-1 Une personne ou une entité est qualifiée d'entité d'intérêt public en application du 6° du III de l'article L. 820-1 lorsque*[,]* à la clôture de deux exercices

consécutifs, le total de son bilan consolidé ou combiné est supérieur à 5 milliards d'euros. Elle perd cette qualification dès lors qu'elle n'a pas dépassé le seuil fixé pendant deux exercices consécutifs.

Art. R. 820-1-1 *(Décr. nº 2020-292 du 21 mars 2020, art. 2)* **Pour l'application du présent titre, le terme "missions" désigne les missions mentionnées au premier alinéa de l'article L. 820-1-1 et le terme "prestations" désigne les services et attestations fournis par un commissaire aux comptes, en dehors ou dans le cadre d'une mission légale.**

CHAPITRE PREMIER DE L'ORGANISATION ET DU CONTRÔLE DE LA PROFESSION

SECTION PREMIÈRE DE L'ORGANISATION DE LA PROFESSION *(Décr. nº 2016-1026 du 26 juill. 2016, art. 3-1º).*

SOUS-SECTION 1 DU HAUT CONSEIL DU COMMISSARIAT AUX COMPTES *(Décr. nº 2016-1026 du 26 juill. 2016, art. 3-1º).*

§ 1er DE L'ORGANISATION ET DU FONCTIONNEMENT DU HAUT CONSEIL

(Décr. nº 2016-1026 du 26 juill. 2016, art. 5)

Art. R. 821-1 **Le Haut conseil délibère sur :**

1º Le budget annuel et ses modifications en cours d'année ;

2º Le compte financier et l'affectation des résultats ;

3º Le règlement comptable et financier, qui est transmis au garde des sceaux, ministre de la justice, et au ministre chargé du budget ;

4º Les conditions générales de recrutement, d'emploi et de rémunération du personnel ainsi que sur les conditions et les modalités de remboursement des frais de déplacement et de séjour des membres et agents du Haut conseil ;

5º Les conditions générales de passation des conventions et marchés ;

6º Les conditions générales d'emploi des fonds disponibles et de placement des réserves ;

7º Les acquisitions, échanges et aliénations de biens immobiliers ;

8º Les emprunts ;

9º Les transactions au-delà d'un montant qu'il fixe, sur proposition du président ;

10º Les dons et legs ;

11º Le règlement intérieur *(Abrogé par Décr. nº 2017-540 du 12 avr. 2017, art. 28-1º, à compter du 1er juin 2017)* ***« qui est homologué par arrêté du garde des sceaux, ministre de la justice, et publié au* Journal officiel *de la République française ».*** *— V. ledit règlement intérieur résultant de la Décis. nº 2020-01 du 14 mai 2020 (JO 23 mai).*

Art. R. 821-2 **Pour l'organisation et le fonctionnement du Haut conseil, son président :**

1º Représente le Haut conseil en justice et agit en son nom ;

2º Nomme aux emplois, fixe les rémunérations et les indemnités sous réserve des dispositions des articles R. 821-10 et R. 821-13 ; pour l'application du code du travail, il exerce les compétences du chef d'entreprise ;

***3º* A autorité sur l'ensemble des personnels des services. Il fixe l'organisation des services ;**

4º Signe tous les actes relatifs à la compétence du Haut conseil ;

5º Peut transiger dans les conditions fixées au 9º de l'article R. 821-1 et par les articles 2044 à 2058 du code civil, et accorder des remises gracieuses dans les conditions fixées par l'article R. 821-14-11 ;

6º Est ordonnateur des recettes et des dépenses ;

7º Peut créer des régies de recettes et de dépenses dans les conditions fixées par l'article R. 821-14-16 ;

8º Passe au nom du Haut conseil les contrats, conventions et marchés ;

9º Tient la comptabilité des engagements de dépenses dans les conditions définies par le règlement comptable et financier ;

10° Gère les disponibilités et décide des placements.

Art. R. 821-3 I. – Le Haut conseil se réunit au moins une fois par trimestre, sur convocation de son président, à l'initiative de celui-ci ou à la demande de quatre de ses membres ou du commissaire du Gouvernement.

Le délai de convocation est de quinze jours. Il peut être réduit à huit jours en cas d'urgence.

L'ordre du jour est fixé par le président, qui inscrit notamment toute question présentée par le commissaire du Gouvernement ou par quatre membres au moins.

Le Haut conseil ne délibère valablement que si sept de ses membres au moins sont présents. Ce quorum est ramené à cinq membres lorsque le Haut conseil statue *(Décr. n° 2017-540 du 12 avr. 2017, art. 28-2°, en vigueur le 1er juin 2017)* « sur des cas individuels hors les membres de la formation restreinte ».

Lorsque le quorum n'est pas atteint, le Haut conseil délibère valablement dans un délai minimal de huit jours quel que soit le nombre des membres présents, après une nouvelle convocation portant sur le même ordre du jour.

II. – Le bureau du Haut conseil se réunit sur convocation de son président. Il ne délibère valablement que si tous ses membres sont présents.

Art. R. 821-4 Le Haut conseil et le bureau peuvent, dans les conditions définies par le règlement intérieur, recourir aux formes de délibérations collégiales à distance prévues par l'ordonnance n° 2014-1329 du 6 novembre 2014 relative aux délibérations à distance des instances administratives à caractère collégial.

Les délibérations du Haut conseil et du bureau sont notifiées au commissaire du Gouvernement. Celui-ci peut, en application de l'article L. 821-4, demander une seconde délibération, par décision motivée, dans un délai de cinq jours ouvrables à compter de la notification.

Art. R. 821-5 Lorsqu'il statue en formation restreinte, le Haut conseil se réunit sur convocation du président de cette formation. Le délai de convocation est de quinze jours. Il peut être réduit à huit jours en cas d'urgence.

L'ordre du jour est fixé par le président de la formation restreinte. Le secrétariat est assuré par *(Décr. n° 2020-292 du 21 mars 2020, art. 3)* « un agent du Haut conseil désigné à cet effet ».

La formation ne délibère valablement que si trois de ses membres au moins sont présents.

Art. R. 821-6 I. – Lorsque, en application de l'article L. 822-16, le Haut conseil du commissariat aux comptes est saisi d'une demande d'avis portant sur le code de déontologie de la profession de commissaire aux comptes, il rend son avis dans un délai d'un mois.

II. – Le Haut conseil peut être saisi de toute question entrant dans ses compétences par le garde des sceaux, ministre de la justice, le ministre chargé de l'économie, le procureur général près la Cour des comptes, le président de la Compagnie nationale des commissaires aux comptes, l'Autorité des marchés financiers ou l'Autorité de contrôle prudentiel et de résolution. Il peut également se saisir d'office.

Art. R. 821-7 *(Décr. n° 2020-292 du 21 mars 2020, art. 4)* « Le Haut conseil rend compte de l'exercice de ses missions et de ses moyens dans un rapport annuel établi en application de l'article 21 de la loi n° 2017-55 du 20 janvier 2017 portant statut général des autorités administratives indépendantes et des autorités publiques indépendantes. Le cas échéant, les observations du commissaire du Gouvernement sont annexées à ce rapport. »

Le rapport est adressé *(Décr. n° 2020-292 du 21 mars 2020, art. 4)* « avant le 1er juin » au garde des sceaux, ministre de la justice *(Décr. n° 2020-292 du 21 mars 2020, art. 4)* « et au Parlement ». Il est publié sur le site internet du Haut conseil.

Le Haut conseil publie, dans son rapport annuel ou sur tout autre support, les informations mentionnées à l'article 28 du règlement (UE) n° 537/2014.

Art. R. 821-8 Les fonctions de commissaire du Gouvernement sont exercées par le directeur des affaires civiles et du sceau ou son représentant.

§ 2 DES MEMBRES ET DES SERVICES DU HAUT CONSEIL

(Décr. nº 2016-1026 du 26 juill. 2016, art. 6)

Art. R. 821-9 Les fonctions de membre du Haut conseil sont incompatibles avec toute fonction au sein de la Compagnie nationale des commissaires aux comptes ou d'une compagnie régionale.

Art. R. 821-9-1 *Abrogé par Décr. nº 2017-540 du 12 avr. 2017, art. 28-3º, à compter du 1er juin 2017.*

Art. R. 821-10 *(Décr. nº 2020-173 du 27 févr. 2020, art. 8)* Les agents du Haut Conseil ont droit au remboursement de leurs frais de déplacement et de séjour dans les conditions prévues par le règlement intérieur.

Art. R. 821-11 Sous réserve des dispositions de l'article L. 821-3-1, les services du Haut conseil sont dirigés, sous l'autorité du président, par un directeur général.

Le directeur général est nommé par le président pour une durée de trois ans renouvelable parmi les magistrats de la Cour des comptes, les magistrats, les administrateurs de l'Assemblée nationale ou du Sénat ou les fonctionnaires de catégorie A. Le président peut également nommer directeur général un agent contractuel de droit public mis à disposition par un autre employeur public.

Le président peut donner délégation au directeur général pour signer tous actes relatifs au fonctionnement, à l'exercice des missions et à la représentation du Haut conseil en justice et dans les actes de la vie civile et, dans la limite de ses attributions, à tout agent du Haut conseil placé sous l'autorité du directeur général.

Dans les matières relevant de sa compétence, le directeur général peut déléguer sa signature dans les limites qu'il détermine et désigner les agents habilités à le représenter. Le directeur général peut, par délégation du président, tenir la comptabilité des engagements de dépenses dans les conditions définies par le règlement comptable et financier.

Art. R. 821-12 Le directeur général assiste aux délibérations du Haut conseil ne statuant pas en formation restreinte.

Art. R. 821-13 Le directeur général reçoit, en sus de sa rémunération fixée contractuellement avec le Haut conseil, une indemnité forfaitaire de fonction qui est fixée par arrêté du garde des sceaux, ministre de la justice. *— V. Arr. du 29 juill. 2016 (JO 19 août), mod. par Arr. du 27 févr. 2020, art. 14 (JO 28 févr.).*

Art. R. 821-14 Le rapporteur général est nommé par le président du Haut conseil parmi les magistrats de l'ordre judiciaire pour une durée de trois ans renouvelable. *(Décr. nº 2017-540 du 12 avr. 2017, art. 28-4º, en vigueur le 1er juin 2017)* « Il reçoit, en sus de sa rémunération fixée contractuellement avec le Haut conseil, une indemnité forfaitaire de fonction qui est fixée par arrêté du garde des sceaux, ministre de la justice. »

(Décr. nº 2020-292 du 21 mars 2020, art. 5) « Le rapporteur général peut, en cas d'absence ou d'empêchement, donner délégation à un enquêteur habilité en application de l'article R. 824-2, à l'exception des dispositions du troisième alinéa de cet article, pour prendre les décisions et signer les actes relevant de sa compétence.

« Chaque délégation est nominative et établie par écrit, pour une durée déterminée. »

Art. R. 821-14-1 *(Décr. nº 2020-292 du 21 mars 2020, art. 6)* « Le personnel des services du Haut conseil est composé conformément à l'article 16 de la loi nº 2017-55 du 20 janvier 2017 portant statut général des autorités administratives indépendantes et des autorités publiques indépendantes. »

Le Haut conseil peut mettre à disposition des agents contractuels de droit public et des *(Décr. nº 2020-292 du 21 mars 2020, art. 6)* « agents contractuels de droit privé » auprès d'un autre employeur public, d'un organisme de l'Union européenne ou international, ou se voir mettre à disposition du personnel par un autre employeur public. Ces mises à disposition font l'objet d'une convention conclue entre le Haut conseil et l'autre employeur.

Art. R. 821-14-2 *(Décr. nº 2020-292 du 21 mars 2020, art. 7)* « I. — » Les agents contractuels de droit public, les *(Décr. nº 2020-292 du 21 mars 2020, art. 7)* « agents contractuels » de droit privé ainsi que les agents publics détachés ou mis à disposition auprès du Haut conseil, qui composent le personnel de ses services, sont électeurs et éligibles aux institutions représentatives du personnel dans les conditions prévues par le code du travail.

Ces institutions représentatives exercent leurs compétences à l'égard de l'ensemble de ces personnels.

(Décr. n° 2020-292 du 21 mars 2020, art. 7) « II. – Le Haut conseil peut adhérer pour ses agents contractuels de droit privé à un régime de retraite complémentaire.

« III. – Le Haut conseil peut mettre en place, pour l'ensemble de son personnel, des garanties de prévoyance aux conditions fixées par le livre IX du code de la sécurité sociale. »

§ 3 DU RÉGIME BUDGÉTAIRE ET COMPTABLE DU HAUT CONSEIL

(Décr. n° 2016-1026 du 26 juill. 2016, art. 7-I)

Art. R. 821-14-3 *(Décr. n° 2008-876 du 29 août 2008, art. 6)* L'exercice budgétaire et comptable débute le 1er janvier et s'achève le 31 décembre.

Le Haut conseil arrête le budget chaque année avant le début de l'exercice. Le budget comporte la prévision des recettes attendues et des dépenses nécessitées par l'exercice des missions confiées au Haut conseil. Il peut être modifié en cours d'année. Les crédits inscrits au budget n'ont pas un caractère limitatif.

Les délibérations du Haut conseil relatives au budget et à ses modifications sont exécutoires de plein droit à l'issue du délai dont dispose le commissaire du Gouvernement pour demander une seconde délibération.

Art. R. 821-14-4 *(Décr. n° 2008-876 du 29 août 2008, art. 6) (Décr. n° 2016-1026 du 26 juill. 2016, art. 7-II-1°)* « Le Haut conseil est doté d'un comptable public dénommé "agent comptable", nommé par arrêté conjoint du garde des sceaux, ministre de la justice, et du ministre chargé du budget. »

L'agent comptable est responsable personnellement et pécuniairement dans les conditions de l'article 60 de la loi n° 63-156 du 23 février 1963 de finances pour 1963 et du décret n° 2008-228 du 5 mars 2008 relatif à la constatation et à l'apurement des débets des comptables publics et assimilés.

Il est chargé :

a) De la tenue de la comptabilité du Haut conseil ;

(Décr. n° 2018-196 du 21 mars 2018, art. 2) « *b)* Du recouvrement de la contribution forfaitaire instituée au II de l'article L. 821-5, ainsi que des cotisations instituées aux I et II de l'article L. 821-6-1 ; »

c) Du recouvrement de toutes les autres recettes du Haut conseil ;

d) Du paiement des dépenses et du maniement des fonds et des mouvements de comptes de disponibilités.

(Décr. n° 2016-1026 du 26 juill. 2016, art. 7-II-2°) « L'agent comptable peut se voir confier, à la demande du président, la comptabilité analytique *(Abrogé par Décr. n° 2018-196 du 21 mars 2018, art. 2) « et la comptabilité matière »*. »

L'agent comptable peut nommer des mandataires qui sont agréés par le *(Décr. n° 2016-1026 du 26 juill. 2016, art. 7-VI)* « président du Haut conseil ».

Art. R. 821-14-5 *(Décr. n° 2008-876 du 29 août 2008, art. 6)* Les comptes du Haut conseil sont établis selon les règles du plan comptable général. Celui-ci peut faire l'objet d'adaptations proposées par le *(Décr. n° 2016-1026 du 26 juill. 2016, art. 7-VI)* « président du Haut conseil » après avis du Haut conseil et approuvées par le ministre chargé du budget et par le garde des sceaux, ministre de la justice.

L'agent comptable établit un compte financier au terme de chaque exercice. Le compte financier comprend le compte de résultat, le bilan, l'annexe, la balance générale des comptes à la clôture de l'exercice, le tableau de rapprochement des prévisions et des réalisations effectives et, le cas échéant, la balance des comptes spéciaux.

Le compte financier du Haut conseil est préparé par l'agent comptable et soumis par le *(Décr. n° 2016-1026 du 26 juill. 2016, art. 7-VI)* « président du Haut conseil » qui entend l'agent comptable. Le compte financier arrêté par le Haut conseil est transmis à la Cour des comptes par le *(Décr. n° 2016-1026 du 26 juill. 2016, art. 7-VI)* « président du Haut conseil », accompagné des délibérations du Haut conseil relatives au budget, à ses modifications et au compte financier, et de tous les autres documents demandés par les ministres ou par la cour, dans les quatre mois qui suivent la clôture de l'exercice.

Le rapport annuel fait une présentation du compte financier et reproduit le compte de résultat et le bilan.

Art. R. 821-14-6 *(Décr. n° 2018-196 du 21 mars 2018, art. 3)* La contribution forfaitaire prévue au II de l'article L. 821-5 est acquittée par les personnes qui sollicitent leur inscription sur la liste mentionnée au II de l'article L. 822-1 auprès de l'agent comptable du Haut Conseil au moment du dépôt de leur demande d'inscription.

Art. R. 821-14-7 *(Décr. n° 2018-196 du 21 mars 2018, art. 3)* I. — Les commissaires aux comptes inscrits sur la liste mentionnée au I de l'article L. 822-1 sont tenus de déclarer au Haut Conseil du commissariat aux comptes avant le 31 mars de chaque année le montant total des honoraires qu'ils ont facturés au cours de l'année civile précédente aux personnes ou entités dont ils certifient les comptes, en distinguant le montant des honoraires facturés aux entités d'intérêt public. *(Décr. n° 2020-292 du 21 mars 2020, art. 8)* « Cette déclaration est faite même en l'absence de facturation d'honoraire. »

Les modalités de cette déclaration sont fixées par le Haut Conseil du commissariat aux comptes.

II. — Le Haut Conseil du commissariat aux comptes liquide les cotisations mentionnées aux I et II de l'article L. 821-6-1 sur la base des déclarations mentionnées au I du présent article.

Art. R. 821-14-7-1 *Abrogé par Décr. n° 2018-196 du 21 mars 2018, art. 11.*

Art. R. 821-14-8 *(Décr. n° 2008-876 du 29 août 2008, art. 6)* L'agent comptable est tenu de faire diligence pour assurer le recouvrement de toutes les ressources du Haut conseil. Les recettes sont recouvrées par l'agent comptable soit spontanément, soit en exécution des instructions du *(Décr. n° 2018-196 du 21 mars 2018, art. 4)* « président. A l'exception de la contribution mentionnée au II de l'article L. 821-5 et des cotisations mentionnées aux I et II de l'article L. 821-6-1, dont le recouvrement relève de la procédure de l'état exécutoire, l'agent comptable adresse aux débiteurs les factures correspondantes et reçoit leurs règlements. » Tous les droits acquis au cours d'un exercice doivent être pris en compte au titre de cet exercice.

Art. R. 821-14-9 *(Décr. n° 2008-876 du 29 août 2008, art. 6)* Lorsque les créances du Haut Conseil *(Décr. n° 2018-196 du 21 mars 2018, art. 5)* « autres que la contribution mentionnée au II de l'article L. 821-5 et les cotisations mentionnées aux I et II de l'article L. 821-6-1, » n'ont pu être recouvrées à l'amiable, les poursuites sont conduites conformément aux usages du commerce ou peuvent faire l'objet d'états rendus exécutoires par le *(Décr. n° 2018-196 du 21 mars 2018, art. 5)* « président ». Les états exécutoires peuvent être notifiés aux débiteurs par lettre recommandée avec accusé de réception. Leur recouvrement est poursuivi jusqu'à opposition devant la juridiction compétente.

Art. R. 821-14-10 *(Décr. n° 2008-876 du 29 août 2008, art. 6)* L'agent comptable procède aux poursuites. Celles-ci peuvent, à tout moment, être suspendues sur ordre écrit du *(Décr. n° 2018-196 du 21 mars 2018, art. 5)* « président » si la créance est l'objet d'un litige. Le *(Décr. n° 2018-196 du 21 mars 2018, art. 6)* « président » suspend également les poursuites si, en accord avec l'agent comptable, il estime que la créance est irrécouvrable ou que l'octroi d'un délai par l'agent comptable est conforme à l'intérêt du Haut conseil.

Art. R. 821-14-11 *(Décr. n° 2008-876 du 29 août 2008, art. 6)* Le *(Décr. n° 2016-1026 du 26 juill. 2016, art. 7-VI)* « président du Haut conseil » peut décider, après l'avis conforme de l'agent comptable :

1° En cas de gêne des débiteurs, d'accorder une remise gracieuse des créances du Haut conseil, *(Décr. n° 2018-196 du 21 mars 2018, art. 7)* « sauf pour la contribution mentionnée au II *[de]* l'article L. 821-5 et les cotisations mentionnées aux I et II à l'article L. 821-6-1 » ;

(Décr. nº 2018-196 du 21 mars 2018, art. 7) « 1° *bis* Sur demande justifiée des débiteurs, d'accorder la remise totale ou partielle de l'intérêt de retard ou des majorations dus en application de l'article L. 821-7 ; »

2° Une admission en non-valeur des créances du Haut conseil, en cas d'irrécouvrabilité avérée ou d'insolvabilité des débiteurs.

Le Haut conseil fixe le montant au-delà duquel *(Décr. nº 2018-196 du 21 mars 2018, art. 7)* « les remises mentionnées aux 1° et 1° *bis* sont soumises » à son approbation.

Lorsque la remise gracieuse, totale ou partielle, concerne une dette de l'agent comptable, l'avis prévu par l'article 9 du décret nº 2008-228 du 5 mars 2008 relatif à la constatation et à l'apurement des débets des comptables publics et assimilés est rendu par le Haut conseil.

Art. R. 821-14-12 *(Décr. nº 2008-876 du 29 août 2008, art. 6)* L'agent comptable est tenu d'exercer :

1° En matière de recettes, le contrôle :

– de l'autorisation de percevoir les recettes ;

– de la mise en recouvrement des créances et de la régularité des réductions et des annulations des ordres de recettes, dans la limite des éléments dont il dispose ;

(Décr. nº 2016-1026 du 26 juill. 2016, art. 7-IV-1°) « – de l'exacte liquidation des recettes *(Abrogé par Décr. nº 2018-196 du 21 mars 2018, art. 8)* « *, incluant le reversement par la Compagnie nationale des commissaires aux comptes des droits et contributions mentionnés à l'article L. 821-5* » ; »

2° En matière de dépenses, le contrôle :

– de la qualité de l'ordonnateur ou de son délégué ;

– de la disponibilité des crédits ;

– de l'exacte imputation des dépenses aux chapitres qu'elles concernent selon leur nature ou leur objet ;

– de la validité de la créance dans les conditions prévues au 4° ;

– du caractère libératoire du règlement ;

3° En matière de patrimoine, le contrôle :

– de la conservation des droits, privilèges et hypothèques ;

– de la conservation des biens dont il tient la comptabilité matière ;

4° En ce qui concerne la validité de la créance, le contrôle :

– de la justification du service fait et de l'exactitude des calculs de liquidation ;

(Décr. nº 2016-1026 du 26 juill. 2016, art. 7-IV-2°) « – des pièces justificatives mentionnées à l'article R. 821-14-15 ; »

– de l'application des règles de prescription et de déchéance.

Art. R. 821-14-13 *(Décr. nº 2008-876 du 29 août 2008, art. 6)* L'agent comptable suspend le paiement des dépenses lorsqu'il constate, à l'occasion de l'exercice de ses contrôles, des irrégularités ou que les certifications délivrées par le *(Décr. nº 2016-1026 du 26 juill. 2016, art. 7-VI)* « président du Haut conseil » sont inexactes. Il en informe le *(Décr. nº 2016-1026 du 26 juill. 2016, art. 7-VI)* « président du Haut conseil ».

Lorsque l'agent comptable a suspendu le paiement des dépenses, le *(Décr. nº 2016-1026 du 26 juill. 2016, art. 7-VI)* « président du Haut conseil » peut, par écrit et sous sa responsabilité, requérir l'agent comptable de payer. L'agent comptable défère à la réquisition et rend compte au ministre chargé du budget, qui transmet l'ordre de réquisition à la Cour des comptes.

Par dérogation aux dispositions du deuxième alinéa, l'agent comptable doit refuser de déférer à l'ordre de réquisition lorsque la suspension du paiement est motivée par :

1° L'absence de justification du service fait ;

2° Le caractère non libératoire du règlement ;

3° Le manque de fonds disponibles.

Dans les cas de refus de la réquisition, l'agent comptable rend immédiatement compte au ministre chargé du budget.

Art. R. 821-14-14 *(Décr. nº 2008-876 du 29 août 2008, art. 6) (Décr. nº 2016-1026 du 26 juill. 2016, art. 7-V)* « Toutes les dépenses doivent être liquidées et ordonnancées au cours de l'exercice auquel elles se rattachent. Les ordres de dépenses sont appuyés des pièces justificatives nécessaires. » *(Abrogé par Décr. nº 2020-292 du 21 mars 2020,* *art. 9) « Le président matérialise l'acceptation de la dépense en apposant sa signature sur les bordereaux de mandats, les mandats certifiant le service fait et les mandats de payer. »*

L'agent comptable peut payer sans ordonnancement préalable certaines catégories de dépenses dans les conditions prévues par le règlement comptable et financier.

Art. R. 821-14-15 *(Décr. nº 2008-876 du 29 août 2008, art. 6)* La liste des pièces justificatives de recettes et de dépenses est préparée par l'agent comptable et proposée par le *(Décr. nº 2018-196 du 21 mars 2018, art. 9)* « président » à l'agrément du ministre chargé du budget. En cas de perte, destruction ou vol des justifications remises à l'agent comptable, le ministre chargé du budget peut autoriser ce dernier à pourvoir à leur remplacement. Les pièces justificatives sont conservées dans les archives de l'agent comptable pendant dix ans au moins à partir de la date de clôture de l'exercice auquel elles se rapportent.

Art. R. 821-14-16 *(Décr. nº 2008-876 du 29 août 2008, art. 6)* Des régies de recettes et de dépenses peuvent être créées auprès du Haut conseil par décision *(Décr. nº 2016-1026 du 26 juill. 2016, art. 7-VII)* « de son président » sur avis conforme de l'agent comptable dans les conditions fixées par le *(Décr. nº 2019-798 du 26 juill. 2019, art. 20, en vigueur le 1er août 2019)* « décret nº 2019-798 du 26 juillet 2019 » relatif aux régies de recettes et aux régies d'avances des organismes publics et par le règlement comptable et financier.

Art. R. 821-14-17 *(Décr. nº 2021-29 du 14 janv. 2021, art. 5, en vigueur le 1er oct. 2021)* Les disponibilités du Haut Conseil sont déposées au Trésor dans les conditions définies aux articles 46, 47 et 197 du décret nº 2012-1246 du 7 novembre 2012 relatif à la gestion budgétaire et comptable publique.

Ancien art. R. 821-14-17 *(Décr. nº 2008-876 du 29 août 2008, art. 6) **Le Haut conseil dépose ses fonds au Trésor. Il peut également ouvrir des comptes auprès d'un établissement de crédit ou d'un établissement mentionné au titre Ier du livre V du code monétaire et financier. Les fonds du Haut conseil peuvent donner lieu à rémunération et faire l'objet de placements selon les conditions générales définies par le Haut conseil.***

Art. R. 821-14-18 *(Décr. nº 2008-876 du 29 août 2008, art. 6)* Les comptes de l'agent comptable du Haut conseil sont jugés directement par la Cour des comptes. Le contrôle de la gestion de l'agent comptable est également assuré par le receveur général des finances.

Art. R. 821-14-19 *(Décr. nº 2016-1026 du 26 juill. 2016, art. 7-X)* Le Haut conseil est soumis aux dispositions *(Décr. nº 2018-1075 du 3 déc. 2018, art. 13)* « du code de la commande publique ».

Sur les dispositions transitoires du Décr. nº 2018-1075 du 3 déc. 2018, V. ce texte, art. 16 (JO 5 déc.).

§ 4 DES RELATIONS DU HAUT CONSEIL AVEC SES HOMOLOGUES ÉTRANGERS *(Décr. nº 2016-1026 du 26 juill. 2016, art. 8).*

Art. R. 821-15 *Abrogé par Décr. nº 2016-1026 du 26 juill. 2016, art. 93.*

Art. R. 821-16 *(Décr. nº 2016-1026 du 26 juill. 2016, art. 10)* Lorsque, dans le cadre *de la coopération* avec les autorités des autres États membres de l'Union européenne exerçant des compétences analogues aux siennes ou avec les autorités européennes mentionnées au 9º du I de l'article L. 821-1, le Haut conseil est saisi par l'une de ces autorités d'une demande d'information, de documents ou d'assistance, son président prend sans délai les mesures nécessaires à la collecte des informations et documents ou à la réalisation des opérations de contrôle qui sont l'objet de la demande.

Lorsque la demande requiert la réalisation d'une enquête, le président saisit le rapporteur général à cette fin. Le rapporteur général informe le président des suites données à cette demande.

Sous réserve des dispositions de l'article R. 821-17, les éléments recueillis sont communiqués sans délai à l'autorité requérante, selon le cas, par le président ou par le rapporteur général.

En cas d'empêchement, le président du Haut conseil ou, le cas échéant, le rapporteur général, en informe sans délai l'autorité requérante, en précisant la nature des difficultés rencontrées.

Art. R. 821-17 Le *(Décr. nº 2016-1026 du 26 juill. 2016, art. 11-1º)* « président du Haut conseil ou le rapporteur général » refuse de donner suite à une demande d'information, de documents ou d'assistance mentionnée à l'article R. 821-16 lorsque :

a) Des personnes employées ou ayant été employées par l'autorité requérante ne sont pas soumises au secret professionnel ;

b) La demande est motivée par des fins étrangères à l'accomplissement des missions de l'autorité requérante, à la surveillance et au contrôle des personnes en charge du contrôle légal des comptes ou à la mise en œuvre de procédures se rapportant à l'exercice du commissariat aux comptes ;

c) Il existe un risque sérieux que les informations ou documents requis soient divulgués à d'autres personnes ou autorités qu'à l'autorité requérante, à moins que cette divulgation ne soit autorisée dans le cadre de procédures établies par des dispositions législatives, réglementaires ou administratives se rapportant à l'exercice du contrôle légal des comptes ;

d) La communication des éléments demandés serait de nature à porter atteinte à la souveraineté, à la sécurité ou à l'ordre public français ;

e) Une procédure pénale a déjà été engagée en France sur la base des mêmes faits et contre les mêmes personnes ;

f) Les personnes visées par la requête ont déjà été sanctionnées pour les mêmes faits par une décision définitive ;

(Décr. nº 2020-292 du 21 mars 2020, art. 10) « *g)* Le respect de la règlementation applicable en matière de protection des données personnelles n'est pas assuré. »

Le *(Décr. nº 2016-1026 du 26 juill. 2016, art. 11-1º)* « président du Haut conseil ou le rapporteur général » peut aussi refuser de donner suite à une demande d'information, de documents ou d'assistance lorsqu'une procédure civile ou *(Décr. nº 2016-1026 du 26 juill. 2016, art. 11-2º)* « une procédure de sanction » a déjà été engagée en France sur la base des mêmes faits et contre les mêmes personnes. — *[Décr. nº 69-810 du 12 août 1969, art. 1er-4-2.]*

Art. R. 821-18 Les informations et documents reçus par le Haut conseil dans le cadre de la coopération avec les autorités compétentes d'autres États membres de *(Décr. nº 2016-1026 du 26 juill. 2016, art. 12)* « l'Union » européenne exerçant des compétences analogues aux siennes ne peuvent être utilisés qu'aux fins de l'exercice de ses missions ou dans le cadre de procédures se rapportant à l'exercice du commissariat aux comptes. — *[Décr. nº 69-810 du 12 août 1969, art. 1er-4-3.]*

Art. R. 821-19 *(Décr. nº 2016-1026 du 26 juill. 2016, art. 13)* I. — Lorsque le Haut conseil conclut que des actes contraires au statut régissant les commissaires aux comptes ou aux règles gouvernant l'exercice du commissariat aux comptes ont été commis sur le territoire d'un autre État membre de l'Union européenne, son président en informe l'autorité compétente de cet État en précisant les motifs qui l'ont conduit à cette conclusion et les éléments de fait qui en sont à l'origine.

Lorsque le Haut conseil est informé par une autorité compétente que de tels actes ont été commis sur le territoire français, il prend les mesures appropriées et informe cette autorité des suites données à sa demande.

II. — Le rapporteur général peut demander à l'autorité d'un État membre exerçant des compétences analogues à celles du Haut conseil d'effectuer une enquête sur le territoire de cet État. Il peut également demander que des agents du Haut conseil soient autorisés à accompagner ceux de l'autorité compétente de cet État au cours de l'enquête.

Il informe le président du Haut conseil de cette demande.

Art. R. 821-19-1 *(Décr. nº 2016-1026 du 26 juill. 2016, art. 14)* Le Haut conseil informe l'organe mentionné au paragraphe 2 de l'article 30 du règlement (UE) nº 537/2014 de l'ensemble des mesures administratives et des sanctions prononcées conformément aux dispositions du présent titre.

Art. R. 821-20 Le Haut conseil peut, dans les conditions prévues *(Décr. nº 2016-1026 du 26 juill. 2016, art. 15-1º)* « aux articles L. 821-12-3 et L. 824-15 », conclure des conventions de coopération avec des autorités d'États non membres *(Décr. nº 2015-545 du 18 mai 2015, art. 25, en vigueur le 1er juin 2015)* « de l'Union européenne » exerçant des compétences analogues aux siennes et qui ont été reconnues par la Commission comme répondant aux critères d'adéquation mentionnés au 3 de l'article 47 de la *(Décr. nº 2015-545 du 18 mai 2015, art. 25, en vigueur le 1er juin 2015)* « directive 2006/43/CE du 17 mai 2006 du Parlement européen et du Conseil modifiée par la directive 2014/56/UE ». – *Le Décr. nº 2015-545 du 18 mai 2015 est applicable dans les îles Wallis-et-Futuna (Décr. préc., art. 29).*

Ces conventions ne peuvent porter que sur des échanges d'informations et de documents relatifs au contrôle légal des comptes *(Décr. nº 2016-1026 du 26 juill. 2016, art. 15-2º)* « , ainsi que de rapports de contrôle ou d'enquête, » de personnes ou d'entités émettant des valeurs mobilières sur les marchés de capitaux de l'État concerné ou entrant dans le périmètre de consolidation de ces personnes ou entités.

Ces conventions comportent des stipulations assurant le respect, dans les échanges avec les autorités des États tiers, des prescriptions fixées par les articles R. 821-17 et R. 821-18. Elles précisent les modalités de la coopération envisagée. Elles garantissent notamment :

a) La communication des informations et documents d'autorité compétente à autorité compétente ;

b) L'exposé par l'autorité requérante des motifs de sa demande de coopération ;

c) Le respect des dispositions relatives à la protection des données personnelles ;

d) L'utilisation des informations et documents communiqués aux seules fins de la supervision publique des personnes en charge de fonctions de contrôle légal des comptes ;

(Décr. nº 2016-1026 du 26 juill. 2016, art. 15-3º) « *e)* La protection des intérêts commerciaux des personnes ou entités contrôlées, y compris leurs droits de propriété industrielle et intellectuelle. » – *[Décr. nº 69-810 du 12 août 1969, art. 1er-4-5.]*

Art. R. 821-21 Le projet de convention est communiqué aux membres du Haut conseil ainsi qu'au commissaire du Gouvernement un mois au moins avant la séance au cours de laquelle il sera examiné.

La délibération du Haut conseil approuvant le projet de convention est notifiée au garde des sceaux, ministre de la justice, et au commissaire du Gouvernement.

Le garde des sceaux, ministre de la justice, peut former un recours contre cette délibération devant le Conseil d'État dans le délai d'un mois à compter de sa notification.

Une fois la délibération définitive, la convention est signée par le président du Haut conseil.

(Décr. nº 2016-1026 du 26 juill. 2016, art. 16) « Elle est publiée par le Haut conseil, notamment par voie électronique. » – *[Décr. nº 69-810 du 12 août 1969, art. 1er-4-6.]*

Art. R. 821-21-1 *(Décr. nº 2016-1026 du 26 juill. 2016, art. 17)* I. – Lorsque le Haut conseil communique des informations ou documents confidentiels à une autorité d'un État non membre de l'Union européenne, il exige que ces informations ou documents ne puissent être divulgués à des tiers qu'avec son consentement exprès et sous réserve que cette divulgation réponde aux seules fins pour lesquelles le Haut conseil a donné *son consentement, ou qu*'elle soit requise par le droit de l'Union ou le droit national, ou qu'elle soit nécessaire dans le cadre de procédures judiciaires dans l'État concerné.

II. – Le Haut conseil ne divulgue les informations ou documents confidentiels reçus de l'autorité compétente d'un État non membre de l'Union européenne que si cette divulgation est requise par le droit de l'Union européenne ou le droit national ou, si elle est prévue par une convention de coopération, à la condition d'avoir recueilli le consentement exprès de l'autorité en question.

Art. R. 821-22 *(Décr. nº 2016-1026 du 26 juill. 2016, art. 18)* Les modalités selon lesquelles le président du Haut conseil ou le rapporteur général exercent les compétences prévues aux articles R. 821-16 à R. 821-19 et celles résultant des conventions prévues à l'article R. 821-20 sont précisées par le Haut conseil dans son règlement intérieur.

SOUS-SECTION 2 DE L'ORGANISATION PROFESSIONNELLE *(Décr. nº 2016-1026 du 26 juill. 2016, art. 19).*

§ 1er DE LA COMPAGNIE NATIONALE ET DES COMPAGNIES RÉGIONALES *(Décr. nº 2016-1026 du 26 juill. 2016, art. 19-1º).*

Art. R. 821-23 **La Compagnie nationale des commissaires aux comptes instituée par l'article L. 821-6 regroupe tous les commissaires aux comptes ainsi que toutes les sociétés de commissaires aux comptes inscrits sur la liste conformément à la section I du chapitre II du présent titre.** – *[Décr. nº 69-810 du 12 août 1969, art. 25.]*

L'art. R. 821-28 a été renuméroté R. 821-23 par le Décr. nº 2016-1026 du 26 juill. 2016, art. 19-1º.

Art. R. 821-24 **Les compagnies régionales de commissaires aux comptes instituées par l'article L. 821-6 regroupent les commissaires aux comptes** *(Décr. nº 2016-1026 du 26 juill. 2016, art. 20)* **« qui leur sont rattachés en application de l'article R. 822-1 ».** – *[Décr. nº 69-810 du 12 août 1969, art. 26.]*

(Décr. nº 2020-667 du 2 juin 2020, art. 1er) **« Lorsqu'il est procédé à des regroupements de compagnies régionales en application du troisième alinéa de l'article L. 821-6, des représentations territoriales peuvent être créées dans le ressort d'une compagnie régionale. Une représentation territoriale ne peut être implantée dans le ressort de la cour d'appel où siège déjà la compagnie régionale issue de ce regroupement.**

« La représentation territoriale met en œuvre les décisions prises par le conseil régional.

« La création, la suppression, le ressort territorial, les modalités de fonctionnement et de financement de la représentation territoriale font l'objet de décisions du conseil régional. »

L'art. R. 821-29 a été renuméroté R. 821-24 par le Décr. nº 2016-1026 du 26 juill. 2016, art. 19-1º.

Art. R. 821-25 *(Décr. nº 2020-667 du 2 juin 2020, art. 1er)* **La Compagnie nationale concourt à la réalisation des objectifs fixés par l'article L. 821-6 pour le bon exercice de la profession par ses membres.**

La Compagnie nationale représente la profession et défend ses intérêts moraux et matériels. Elle peut présenter aux ministres intéressés toute proposition relative aux intérêts de ses membres. Elle accompagne les professionnels en s'appuyant sur les compagnies régionales.

Les compagnies régionales concourent à l'action de la Compagnie nationale dans le respect de ses décisions. Elles assurent l'administration et la gestion de la profession dans leur ressort.

La Compagnie nationale et les compagnies régionales contribuent à la formation et au perfectionnement professionnel de leurs membres, ainsi qu'à la formation des candidats aux fonctions de commissaires aux comptes et peuvent assister les professionnels dans leurs démarches d'inscription.

Art. R. 821-26 *(Décr. nº 2016-1026 du 26 juill. 2016, art. 22)* **« La Compagnie nationale communique chaque année au Haut conseil, avant le 30 septembre, les déclarations d'activité mentionnées au V de l'article R. 823-10. En cas de non-respect de cette obligation, le Haut conseil peut, après mise en demeure infructueuse de la Compagnie nationale, demander aux commissaires aux comptes et sociétés de commissaires aux comptes de lui adresser directement leurs déclarations d'activité selon les formes et modalités qu'il détermine.**

« Lorsque les contrôles mentionnés à l'article L. 821-9 font l'objet d'une convention de délégation par le Haut conseil à la Compagnie nationale, celle-ci transmet au directeur général, à sa demande, les documents retraçant les opérations menées.

« La Compagnie nationale adresse chaque année au Haut conseil un rapport sur les contrôles réalisés en application de l'article L. 821-9 qui détaille la nature, l'objet et les résultats de ces contrôles *(Abrogé par Décr. nº 2020-667 du 2 juin 2020, art. 1er)* ***« ainsi que les suites auxquelles ils ont donné lieu »*. »**

Dernier al. *abrogé par Décr. nº 2020-667 du 2 juin 2020, art. 1er. – [Décr. nº 69-810 du 12 août 1969, art. 28, al. 5 à 9.]*

L'art. R. 821-31 a été renuméroté R. 821-26 par le Décr. n° 2016-1026 du 26 juill. 2016, art. 19-1°.

Art. R. 821-27 *Abrogé par Décr. n° 2020-667 du 2 juin 2020, art. 1er.*

Art. R. 821-28 Les membres de la compagnie régionale se réunissent une fois par an en assemblée, sur la convocation du président de la compagnie. L'accès de l'assemblée est interdit à ceux qui ne sont pas à jour du paiement de leurs cotisations professionnelles un mois avant la date de ladite assemblée. – *[Décr. n° 69-810 du 12 août 1969, art. 42.]*

L'art. R. 821-33 a été renuméroté R. 821-28 par le Décr. n° 2016-1026 du 26 juill. 2016, art. 19-1°.

Art. R. 821-29 Lorsqu'il exerce en société, chaque commissaire aux comptes associé, actionnaire, membre des organes de gestion, de direction, d'administration ou de surveillance de la société participe à l'assemblée de la compagnie régionale à laquelle il appartient personnellement. – *[Décr. n° 69-810 du 12 août 1969, art. 173, al. 1er.]*

L'art. R. 821-34 a été renuméroté R. 821-29 par le Décr. n° 2016-1026 du 26 juill. 2016, art. 19-1°.

Art. R. 821-30 L'assemblée de la compagnie régionale est présidée par le président de la compagnie, assisté des autres membres du bureau du conseil régional.

Elle délibère à la majorité des membres présents. En cas de partage égal des voix, celle du président est prépondérante. – *[Décr. n° 69-810 du 12 août 1969, art. 43.]*

L'art. R. 821-35 a été renuméroté R. 821-30 par le Décr. n° 2016-1026 du 26 juill. 2016, art. 19-1°.

Art. R. 821-31 L'assemblée élit pour *(Décr. n° 2020-667 du 2 juin 2020, art. 1er)* **« quatre » ans deux censeurs choisis parmi les personnes physiques membres de la compagnie et chargés de lui faire ultérieurement rapport sur la gestion financière du conseil régional au cours des exercices pendant lesquels ils auront été en fonction.**

Les membres du conseil régional ne peuvent être censeurs. Les fonctions de censeur sont gratuites, mais leurs titulaires peuvent prétendre au remboursement des frais de déplacement et de séjour. – *[Décr. n° 69-810 du 12 août 1969, art. 44.]*

L'art. R. 821-36 a été renuméroté R. 821-31 par le Décr. n° 2016-1026 du 26 juill. 2016, art. 19-1°.

Art. R. 821-32 L'assemblée entend le rapport moral et financier du conseil régional pour l'exercice écoulé et le rapport des censeurs sur la gestion financière du conseil régional. Elle statue sur ces rapports. – *[Décr. n° 69-810 du 12 août 1969, art. 45.]*

L'art. R. 821-37 a été renuméroté R. 821-32 par le Décr. n° 2016-1026 du 26 juill. 2016, art. 19-1°.

Art. R. 821-33 L'assemblée ne peut débattre que des questions inscrites à son ordre du jour par le conseil régional.

Celui-ci est tenu d'inscrire à l'ordre du jour les questions qui lui sont soumises à cet effet quinze jours au moins avant la date fixée pour la réunion, soit par le quart au moins des membres de la compagnie ayant droit de vote, soit par le procureur général près la cour d'appel *(Décr. n° 2020-667 du 2 juin 2020, art. 1er)* **« ou l'une des cours d'appel situées dans le ressort de la compagnie régionale ».** – *[Décr. n° 69-810 du 12 août 1969, art. 46.]*

L'art. R. 821-38 a été renuméroté R. 821-33 par le Décr. n° 2016-1026 du 26 juill. 2016, art. 19-1°.

Art. R. 821-34 *Abrogé par Décr. n° 2020-667 du 2 juin 2020, art. 1er.*

Art. R. 821-35 *(Décr. n° 2020-667 du 2 juin 2020, art. 1er)* **Le règlement intérieur de la Compagnie nationale fixe les modalités des élections nationale et régionales.**

La date de dépouillement du scrutin est fixée par le Conseil national entre le 15 et le 30 septembre de l'année d'expiration du mandat des élus.

Les votes s'effectuent par voie électronique.

§ 2 DU CONSEIL NATIONAL *(Décr. n° 2016-1026 du 26 juill. 2016, art. 19-2°).*

Art. R. 821-36 Le Conseil national des commissaires aux comptes siège à Paris. – *[Décr. n° 69-810 du 12 août 1969, art. 50.]*

L'art. R. 821-41 a été renuméroté R. 821-36 par le Décr. n° 2016-1026 du 26 juill. 2016, art. 19-2°.

Art. R. 821-37 *(Décr. n° 2020-667 du 2 juin 2020, art. 1er)* I. – Le Conseil national est composé de soixante membres désignés pour une durée de quatre ans, qui comprennent l'ensemble des présidents de compagnies régionales et des commissaires aux comptes élus.

Il comprend pour moitié des commissaires aux comptes exerçant une ou plusieurs missions de certification auprès d'entités d'intérêt public et pour moitié des commissaires aux comptes n'exerçant pas de mission de certification auprès d'entités d'intérêt public.

Un premier collège d'électeurs est composé des commissaires aux comptes personnes physiques à jour de leurs cotisations professionnelles, exerçant une ou plusieurs missions de certification auprès d'entités d'intérêt public. Un second collège est composé des commissaires aux comptes personnes physiques à jour de leurs cotisations professionnelles, n'exerçant pas de mission de certification auprès d'entités d'intérêt public.

Lorsqu'il exerce en société, chaque commissaire aux comptes relève du collège auquel appartient la société.

La Compagnie nationale répartit les commissaires aux comptes entre les deux collèges en fonction de leur activité au 30 juin de l'année d'expiration des mandats.

Seules sont éligibles les personnes physiques exerçant une ou plusieurs missions de certification au 30 juin de l'année d'expiration des mandats.

Le nombre de commissaires aux comptes élus au sein de chacun des collèges est déterminé en soustrayant le nombre de présidents de compagnies régionales relevant de sa catégorie des trente sièges qui lui sont attribués.

II. – Le vote par chacun des collèges se déroule au scrutin secret, de liste, à un tour avec dépôt de liste comportant autant de candidats que de sièges attribués à chacun des collèges, sans adjonction ni suppression de noms et sans modification de l'ordre de présentation.

La liste de candidats mentionnée au précédent alinéa est complétée par une réserve comportant un nombre de candidats égal à un sixième des sièges à pourvoir.

Les listes qui n'ont pas obtenu au moins 15 % des suffrages exprimés ne sont pas admises à la répartition des sièges.

Au sein de chacun des collèges, pour les sièges restant à pourvoir après attribution des sièges aux présidents de compagnies régionales, il est attribué à la liste qui a recueilli le plus grand nombre de suffrages exprimés un nombre de sièges égal à un quart du nombre des sièges à pourvoir arrondi, le cas échéant, à l'entier supérieur. En cas d'égalité de suffrages entre les listes arrivées en tête, ces sièges sont attribués à la liste dont les candidats ont la moyenne d'âge la plus élevée.

Les autres sièges sont répartis entre toutes les listes à la représentation proportionnelle selon la règle de la plus forte moyenne.

Les sièges sont attribués aux candidats dans l'ordre de présentation sur chaque liste.

Si plusieurs listes ont la même moyenne, pour l'attribution du dernier siège, celui-ci revient à la liste qui a obtenu le plus grand nombre de suffrages. En cas d'égalité de suffrages, le siège est attribué au plus âgé des candidats, susceptible d'être proclamé élu.

Les mandats en cours au jour de l'entrée en vigueur du Décr. n° 2020-667 du 2 juin 2020, des commissaires aux comptes élus en application des art. R. 821-37, R. 821-39, R. 821-40, R. 821-54, R. 821-55, R. 821-58, et des commissaires aux comptes désignés en application de l'art. R. 821-38 sont prorogés jusqu'au 31 oct. 2020 (Décr. préc., art. 5, al. 1er, JO 4 juin).

Art. R. 821-38 *(Décr. n° 2020-667 du 2 juin 2020, art. 1er)* Si un siège du Conseil national devient vacant avant la date normale du renouvellement, il est pourvu dans le délai de trois mois par le candidat le mieux placé de la même liste à l'issue du scrutin, le cas échéant en ayant recours aux candidats de la réserve mentionnée au deuxième alinéa de l'article R. 821-37. Le mandat du nouveau membre expire à la même date que celui de son prédécesseur.

Les dispositions de l'article R. 821-67 sont applicables aux membres du Conseil national.

Pour la prorogation des mandats, en cours au jour de l'entrée en vigueur du Décr. nº 2020-667 du 2 juin 2020, des commissaires aux comptes désignés en application de l'art. R. 821-38, V. 2e NDLR ss. art. R. 821-37.

Art. R. 821-39 *(Décr. nº 2020-667 du 2 juin 2020, art. 1er)* En cas d'absence ou d'empêchement, les membres du Conseil national élus au sein des deux collèges sont remplacés par le premier candidat disponible de la même liste le mieux placé à l'issue du scrutin.

Lorsque l'absence ou l'empêchement concerne un membre du Conseil national siégeant en qualité de président d'une compagnie régionale, le bureau de ce conseil régional désigne un suppléant appartenant au même collège que le président.

Pour la prorogation des mandats, en cours au jour de l'entrée en vigueur du Décr. nº 2020-667 du 2 juin 2020, des commissaires aux comptes élus en application de l'art. R. 821-39, V. 2e NDLR ss. art. R. 821-37.

Art. R. 821-40 *(Décr. nº 2020-667 du 2 juin 2020, art. 1er)* « Le Conseil national élit parmi ses membres au scrutin secret, selon les modalités fixées aux deux derniers alinéas de l'article R. 821-58 et pour quatre ans, un président, un vice-président et six membres, qui constituent le bureau. Le bureau est composé pour moitié de personnes exerçant des missions de certification auprès d'entités d'intérêt public et pour l'autre moitié de personnes n'exerçant pas de missions de certification auprès d'entités d'intérêt public. Deux membres au moins sont présidents de compagnies régionales.

« Si le président exerce des missions de certification auprès d'entités d'intérêt public, le vice-président ne peut exercer de telles missions. Si le président n'exerce pas de missions de certification auprès d'entités d'intérêt public, le vice-président exerce au moins une de ces missions. »

Sont seules éligibles en qualité de président les personnes qui ont exercé *(Décr. nº 2020-667 du 2 juin 2020, art. 1er)* « les fonctions de membre du Conseil national » pendant une durée d'au moins deux ans ou qui ont été membres du bureau national pendant une durée d'au moins un an.

Si un siège du bureau du Conseil national devient vacant, il est pourvu par le conseil dans le délai de trois mois. Les fonctions du nouveau membre expirent à la même date que celles de son prédécesseur. – *[Décr. nº 69-810 du 12 août 1969, art. 54.]*

L'art. R. 821-45 a été renuméroté R. 821-40 par le Décr. nº 2016-1026 du 26 juill. 2016, art. 19-2º.

Pour la prorogation des mandats, en cours au jour de l'entrée en vigueur du Décr. nº 2020-667 du 2 juin 2020, des commissaires aux comptes élus en application de l'art. R. 821-40, V. 2e NDLR ss. art. R. 821-37.

Le troisième al. de l'art. R. 821-40, le deuxième al. de l'art. R. 821-56 et le deuxième al. de l'art. R. 821-58 ne sont pas applicables aux premières élections du Conseil national, des conseils régionaux et des bureaux de ces conseils, organisées après la publication du Décr. nº 2020-667 du 2 juin 2020 (Décr. préc., art. 5, al. 2, JO 4 juin).

Art. R. 821-41 *Le Conseil* national crée en son sein des commissions spécialisées qui lui rendent compte et ne peuvent représenter la Compagnie nationale.

Il en fixe la compétence, la composition et le fonctionnement. – *[Décr. nº 69-810 du 12 août 1969, art. 54-1.]*

L'art. R. 821-46 a été renuméroté R. 821-41 par le Décr. nº 2016-1026 du 26 juill. 2016, art. 19-2º.

Art. R. 821-42 Le Conseil national se réunit au moins une fois par semestre.

Il peut être convoqué aussi souvent qu'il est nécessaire, par le président, après avis du bureau.

Il doit être convoqué, à la demande du garde des sceaux, ministre de la justice. – *[Décr. nº 69-810 du 12 août 1969, art. 55.]*

L'art. R. 821-47 a été renuméroté R. 821-42 par le Décr. nº 2016-1026 du 26 juill. 2016, art. 19-2º.

Art. R. 821-43 Le bureau du Conseil national se réunit sur la convocation du président, d'un vice-président ou de la moitié de ses membres. – *[Décr. nº 69-810 du 12 août 1969, art. 56.]*

L'art. R. 821-48 a été renuméroté R. 821-43 par le Décr. nº 2016-1026 du 26 juill. 2016, art. 19-2º.

Art. R. 821-44 Le Conseil national et le bureau du Conseil national ne délibèrent valablement que si la moitié au moins de leurs membres sont présents.

Les membres peuvent se faire représenter.

Un membre ne peut disposer de plus de deux mandats.

Les décisions sont prises à la majorité des membres présents ou représentés.

En cas de partage égal des voix, la voix du président est prépondérante. – *[Décr. nº 69-810 du 12 août 1969, art. 57.]*

L'art. R. 821-49 a été renuméroté R. 821-44 par le Décr. nº 2016-1026 du 26 juill. 2016, art. 19-2º.

Art. R. 821-45 Le Conseil national et le bureau tiennent un registre de leurs délibérations.

Le procès-verbal de chaque séance est signé par le président et le secrétaire. – *[Décr. nº 69-810 du 12 août 1969, art. 58.]*

L'art. R. 821-50 a été renuméroté R. 821-45 par le Décr. nº 2016-1026 du 26 juill. 2016, art. 19-2º.

Art. R. 821-46 Le Conseil national est chargé de l'administration de la Compagnie nationale et de la gestion de ses biens.

Il donne son avis, lorsqu'il y est invité par le garde des sceaux, ministre de la justice, sur les projets de loi et de décret qui lui sont soumis, ainsi que sur les questions entrant dans ses attributions.

Il soumet aux pouvoirs publics toutes propositions utiles relatives à l'organisation professionnelle et à la mission des commissaires aux comptes.

Il prend les décisions qui sont de la compétence de la Compagnie nationale en vertu du présent titre, et notamment de ses articles *(Décr. nº 2016-1026 du 26 juill. 2016, art. 27)* « R. 821-25 et R. 821-26 ».

Sur proposition du bureau, il adopte le budget de la Compagnie nationale, en répartit la charge entre les compagnies régionales et adopte son règlement intérieur. – *[Décr. nº 69-810 du 12 août 1969, art. 59.]*

L'art. R. 821-51 a été renuméroté R. 821-46 par le Décr. nº 2016-1026 du 26 juill. 2016, art. 19-2º.

Art. R. 821-47 Sur délégation du Conseil national auquel il rend compte semestriellement, le bureau assure l'administration courante de la Compagnie nationale.

Dans les mêmes conditions :

1º Il coordonne l'action des conseils régionaux, notamment en ce qui concerne la défense des intérêts moraux et matériels de la profession et la discipline générale des commissaires aux comptes ;

2º Il examine les suggestions des conseils régionaux, en leur donnant la suite qu'elles comportent ;

3º Il prévient et concilie les différends d'ordre professionnel entre les conseils régionaux ou entre les commissaires aux comptes n'appartenant pas à une même compagnie régionale. – *[Décr. nº 69-810 du 12 août 1969, art. 60.]*

L'art. R. 821-52 a été renuméroté R. 821-47 par le Décr. nº 2016-1026 du 26 juill. 2016, art. 19-2º.

Art. R. 821-48 *(Décr. nº 2016-1026 du 26 juill. 2016, art. 28)* Le bureau prépare les délibérations du Conseil national dont le président fixe l'ordre du jour.

Il prépare l'avis du Conseil national sur les projets de normes qui lui sont soumis par le Haut conseil en application de l'article L. 821-14.

Il transmet au Haut conseil les informations figurant dans les déclarations d'activité mentionnées au V de l'article R. 823-10.

L'art. R. 821-53 a été renuméroté R. 821-48 par le Décr. n° 2016-1026 du 26 juill. 2016, art. 19-2°.

Art. R. 821-49 **Le Conseil national peut conférer au bureau les pouvoirs qu'il juge convenables pour l'exécution de ses décisions.** – *[Décr. n° 69-810 du 12 août 1969, art. 62.]*

L'art. R. 821-54 a été renuméroté R. 821-49 par le Décr. n° 2016-1026 du 26 juill. 2016, art. 19-2°.

Art. R. 821-50 **Le président élu par le Conseil national représente la Compagnie nationale dans tous les actes de la vie civile et este en justice en son nom. Il porte le titre de président de la Compagnie nationale des commissaires aux comptes.**

Il représente la Compagnie nationale auprès des pouvoirs publics.

Al. abrogé par Décr. n° 2020-292 du 21 mars 2020, art. 11.

Dernier al. abrogé par Décr. n° 2020-667 du 2 juin 2020, art. 1er. – [Décr. n° 69-810 du 12 août 1969, art. 63.]

L'art. R. 821-55 a été renuméroté R. 821-50 par le Décr. n° 2016-1026 du 26 juill. 2016, art. 19-2°.

§ 3 DES CONSEILS RÉGIONAUX *(Décr. n° 2016-1026 du 26 juill. 2016, art. 19-3°).*

Art. R. 821-51 *(Décr. n° 2020-667 du 2 juin 2020, art. 1er)* **Le conseil régional des commissaires aux comptes siège au chef-lieu de la cour d'appel et il est désigné par le nom de ce chef-lieu.**

Lorsqu'il est procédé à des regroupements de compagnies régionales en application du troisième alinéa de l'article L. 821-6, le conseil régional de la compagnie qui en résulte siège à l'un des chefs-lieux des cours d'appel de son ressort. Ce siège ainsi que le nom de la compagnie régionale sont fixés par arrêté du garde des sceaux, ministre de la justice, après avis de la Compagnie nationale et après consultation, par cette dernière, des compagnies régionales intéressées.

Le conseil régional peut, à titre exceptionnel, siéger dans un autre lieu du ressort de la cour d'appel ou de l'une des cours d'appel dont il dépend, avec l'accord des chefs de cour.

Art. R. 821-52 **Le conseil régional est composé de :**

1° *(Décr. n° 2020-667 du 2 juin 2020, art. 1er)* **« Dix » membres si la compagnie régionale comprend moins de** *(Décr. n° 2020-667 du 2 juin 2020, art. 1er)* **« trois cent***[s]* **» membres personnes physiques ;**

2° Douze membres si la compagnie régionale comprend de *(Décr. n° 2020-667 du 2 juin 2020, art. 1er)* **« trois cent***[s]* **à quatre cent quatre-vingt-dix-neuf » membres personnes physiques ;**

3° *(Décr. n° 2020-667 du 2 juin 2020, art. 1er)* **« Seize » membres si la compagnie régionale comprend de** *(Décr. n° 2020-667 du 2 juin 2020, art. 1er)* **« cinq cent***[s]* **à huit cent quatre-vingt-dix-neuf » membres personnes physiques ;**

4° *(Décr. n° 2020-667 du 2 juin 2020, art. 1er)* **« Vingt-deux » membres si la compagnie régionale comprend** *(Décr. n° 2020-667 du 2 juin 2020, art. 1er)* **« au moins neuf cent***[s]* **» membres personnes physiques ;**

5° à 7° *Abrogés par Décr. n° 2020-667 du 2 juin 2020, art. 1er.*

Cette composition est définie sur la base de l'effectif de la liste arrêté au 1er janvier de l'année des élections. – *[Décr. n° 69-810 du 12 août 1969, art. 30.]*

L'art. R. 821-57 a été renuméroté R. 821-52 par le Décr. n° 2016-1026 du 26 juill. 2016, art. 19-3°.

Art. R. 821-53 **Le conseil régional ne peut comprendre plus de la moitié de membres appartenant à une même société.** – *[Décr. n° 69-810 du 12 août 1969, art. 173, al. 2.]*

L'art. R. 821-58 a été renuméroté R. 821-53 par le Décr. n° 2016-1026 du 26 juill. 2016, art. 19-3°.

Art. R. 821-54 *(Décr. n° 2020-667 du 2 juin 2020, art. 1er)* **I. – Les membres du conseil régional sont élus pour une durée de quatre ans, au scrutin secret, de liste à un tour avec dépôt de liste comportant autant de candidats que de sièges à pourvoir,**

sans adjonction ni suppression de noms et sans modification de l'ordre de présentation.

Lorsqu'il est procédé à des regroupements de compagnies régionales en application du troisième alinéa de l'article L. 821-6, chaque liste comporte au moins un candidat du ressort de chacune des compagnies régionales regroupées.

Les listes qui n'ont pas obtenu au moins 15 % des suffrages exprimés ne sont pas admises à la répartition des sièges.

Il est attribué à la liste qui a recueilli le plus grand nombre de suffrages exprimés un nombre de sièges égal à un quart du nombre des sièges à pourvoir arrondi, le cas échéant, à l'entier supérieur. En cas d'égalité de suffrages entre les listes arrivées en tête, ces sièges sont attribués à la liste dont les candidats ont la moyenne d'âge la plus élevée.

Les autres sièges sont répartis entre toutes les listes à la représentation proportionnelle selon la règle de la plus forte moyenne.

Les sièges sont attribués aux candidats dans l'ordre de présentation sur chaque liste.

Si plusieurs listes ont la même moyenne, pour l'attribution du dernier siège, celui-ci revient à la liste qui a obtenu le plus grand nombre de suffrages. En cas d'égalité de suffrages, le siège est attribué au plus âgé des candidats, susceptible d'être proclamé élu.

Si après cette répartition des sièges, le conseil régional ne compte parmi ses membres aucun élu issu d'une cour d'appel du ressort de la compagnie régionale, le dernier siège attribué à la liste arrivée en tête au niveau régional est réattribué à un candidat du ressort de cette cour d'appel appartenant à cette liste.

II. – Sont électeurs les personnes physiques membres de la compagnie régionale, à jour de leurs cotisations professionnelles.

Sont éligibles les personnes physiques, à jour de leurs cotisations professionnelles, exerçant l'activité professionnelle de commissaire aux comptes au 30 juin de l'année d'expiration des mandats. Ne peut être désigné président du conseil régional qu'un commissaire aux comptes qui exerce au moins une mission de certification à cette date.

Pour la prorogation des mandats, en cours au jour de l'entrée en vigueur du Décr. n° 2020-667 du 2 juin 2020, des commissaires aux comptes élus en application de l'art. R. 821-54, V. 2e NDLR ss. art. R. 821-37.

Art. R. 821-55 Si l'effectif du conseil régional est réduit de plus de moitié, il est procédé, dans le délai de deux mois, à une élection partielle pour pourvoir les sièges vacants. Le mandat des membres ainsi élus expire à la même date que celui de leurs prédécesseurs.

Il n'y a pas lieu à élection partielle, si la prochaine élection *(Abrogé par Décr. n° 2020-667 du 2 juin 2020, art. 1er)* « *biennale* » doit intervenir dans le délai de six mois.

Dernier al. *abrogé par Décr. n° 2020-667 du 2 juin 2020, art. 1er. – [Décr. n° 69-810 du 12 août 1969, art. 32.]*

Pour la prorogation des mandats, en cours au jour de l'entrée en vigueur du Décr. n° 2020-667 du 2 juin 2020, des commissaires aux comptes élus en application de l'art. R. 821-55, V. 2e NDLR ss. art. R. 821-37.

Art. R. 821-56 Tout candidat à une élection de membre d'un conseil régional adresse sa candidature au siège du conseil, par lettre recommandée avec demande d'avis de réception, un mois au moins avant la date fixée pour cette élection.

Les membres sortants d'un conseil ne sont immédiatement rééligibles qu'une seule fois. – *[Décr. n° 69-810 du 12 août 1969, art. 32-1.]*

L'art. R. 821-61 a été renuméroté R. 821-56 par le Décr. n° 2016-1026 du 26 juill. 2016, art. 19-3°.

V. 3e NDLR ss. art. R. 821-40.

Art. R. 821-57 *Abrogé par Décr. n° 2020-667 du 2 juin 2020, art. 1er.*

Art. R. 821-58 Le conseil régional élit parmi ses membres au scrutin secret, pour un *(Décr. n° 2020-667 du 2 juin 2020, art. 1er)* « mandat de quatre ans », un président, un ou deux vice-présidents, un secrétaire et un trésorier, qui constituent le bureau. Le

nombre de membres du bureau peut être porté à sept ou neuf si l'effectif de la compagnie régionale est supérieur respectivement à cinq cents ou à mille.

(Décr. nº 2020-667 du 2 juin 2020, art. 1er) **« Le mandat du président n'est pas renouvelable. Le mandat des autres membres du bureau est renouvelable une fois. »**

Les désignations ont lieu à la majorité absolue des voix au premier tour, à la majorité relative au second. – *[Décr. nº 69-810 du 12 août 1969, art. 34.]*

L'art. R. 821-63 a été renuméroté R. 821-58 par le Décr. nº 2016-1026 du 26 juill. 2016, art. 19-3º.

Pour la prorogation des mandats, en cours au jour de l'entrée en vigueur du Décr. nº 2020-667 du 2 juin 2020, des commissaires aux comptes élus en application de l'art. R. 821-58, V. 2e NDLR ss. art. R. 821-37.

Pour les dispositions transitoires du Décr. nº 2020-667 du 2 juin 2020, V. aussi 3e NDLR ss. art. R. 821-40.

Art. R. 821-59 Le conseil régional ne délibère valablement que si la moitié au moins de ses membres sont présents.

En cas d'absence ou d'empêchement d'un ou plusieurs membres et dans la mesure nécessaire pour atteindre le quorum, le conseil régional peut appeler à siéger les membres de la compagnie les plus anciens dans l'ordre d'inscription sur la liste et, à égalité de date d'inscription, les plus âgés.

Les décisions sont prises à la majorité des membres présents. En cas de partage, la voix du président est prépondérante. – *[Décr. nº 69-810 du 12 août 1969, art. 35.]*

L'art. R. 821-64 a été renuméroté R. 821-59 par le Décr. nº 2016-1026 du 26 juill. 2016, art. 19-3º.

Art. R. 821-60 Le conseil régional tient un registre de ses délibérations. Le procès-verbal de chaque séance est signé par le président et le secrétaire. – *[Décr. nº 69-810 du 12 août 1969, art. 36.]*

L'art. R. 821-65 a été renuméroté R. 821-60 par le Décr. nº 2016-1026 du 26 juill. 2016, art. 19-3º.

Art. R. 821-61 Le conseil régional est convoqué par le président lorsque cela est nécessaire et au moins une fois par semestre.

Il est obligatoirement convoqué par le président à la demande *(Abrogé par Décr. nº 2016-1026 du 26 juill. 2016, art. 30)* ***« du procureur général près la cour d'appel ou »*** **de la moitié au moins des membres du conseil. La réunion intervient dans les quinze jours de la réception de la demande par le président.** – *[Décr. nº 69-810 du 12 août 1969, art. 37.]*

L'art. R. 821-66 a été renuméroté R. 821-61 par le Décr. nº 2016-1026 du 26 juill. 2016, art. 19-3º.

Art. R. 821-62 Le conseil régional agit dans le cadre des délibérations de l'assemblée de compagnie régionale conformément aux articles *(Décr. nº 2020-667 du 2 juin 2020, art. 1er)* **« R. 821-28 à R. 821-33 ».** – *[Décr. nº 69-810 du 12 août 1969, art. 38, al. 1er.]*

L'art. R. 821-67 a été renuméroté R. 821-62 par le Décr. nº 2016-1026 du 26 juill. 2016, art. 19-3º.

Art. R. 821-63 *(Décr. nº 2020-667 du 2 juin 2020, art. 1er)* **Le conseil régional a pour *mission :***

1º De mettre en œuvre, dans son ressort, les décisions et de diffuser les messages adoptés par le Conseil national et de poursuivre les consultations professionnelles au niveau régional ;

2º De saisir le Conseil national de toutes requêtes ou suggestions concernant la profession ;

3º D'administrer la compagnie régionale et de gérer son patrimoine en adoptant son règlement intérieur, en fixant et en recouvrant le montant des cotisations dues par les membres de la compagnie régionale pour en couvrir les frais y compris les sommes dues à la Compagnie nationale conformément à l'article R. 821-46 ;

4º De surveiller l'exercice de la profession de commissaire aux comptes dans son ressort ;

5° De mettre à la disposition de ses membres les services d'intérêt commun nécessaires au bon exercice de la profession ;

6° D'assister, le cas échéant, les professionnels qui le souhaitent dans leurs démarches d'inscription ;

7° D'examiner les réclamations des tiers contre les commissaires aux comptes membres de la compagnie régionale, à l'occasion de l'exercice de la profession ou de donner son avis, s'il y est invité par l'une des parties ou par le ministère public, sur l'action en responsabilité intentée contre un commissaire aux comptes en raison d'actes professionnels.

Art. R. 821-64 Le conseil régional transmet au Conseil national les informations mentionnées *(Décr. n° 2016-1026 du 26 juill. 2016, art. 33)* « au V de l'article R. 823-10 ». – *[Décr. n° 69-810 du 12 août 1969, art. 38, al. 15.]*

L'art. R. 821-69 a été renuméroté R. 821-64 par le Décr. n° 2016-1026 du 26 juill. 2016, art. 19-3°.

Art. R. 821-65 Le président élu par le conseil régional porte le titre de président de la compagnie régionale des commissaires aux comptes.

Il représente la compagnie régionale dans tous les actes de la vie civile et pour ester en justice. Il assure l'exécution des décisions du conseil régional ainsi que le respect des décisions du Conseil national dans le ressort de la compagnie régionale et veille au fonctionnement régulier de la compagnie régionale.

Il réunit périodiquement le bureau du conseil régional et le tient informé des décisions et mesures prises dans l'accomplissement de ses fonctions.

Il prévient et concilie, si possible, tout conflit ou toute contestation d'ordre professionnel entre commissaires aux comptes membres de la compagnie régionale.

(Décr. n° 2016-1026 du 26 juill. 2016, art. 34) « Il saisit le Haut conseil de toute question entrant dans les compétences de celui-ci et en avise immédiatement le président de la Compagnie nationale des commissaires aux comptes. » – *[Décr. n° 69-810 du 12 août 1969, art. 39.]*

L'art. R. 821-70 a été renuméroté R. 821-65 par le Décr. n° 2016-1026 du 26 juill. 2016, art. 19-3°.

Art. R. 821-66 Les vice-présidents assistent le président et le remplacent en cas de démission, d'absence ou d'empêchement. A défaut du président ou des vice-présidents, les fonctions du président sont exercées par le doyen d'âge du conseil régional. – *[Décr. n° 69-810 du 12 août 1969, art. 40.]*

L'art. R. 821-71 a été renuméroté R. 821-66 par le Décr. n° 2016-1026 du 26 juill. 2016, art. 19-3°.

Art. R. 821-67 Tout membre d'un conseil qui cesse de remplir les conditions requises pour être éligible cesse de plein droit de faire partie dudit conseil. – *[Décr. n° 69-810 du 12 août 1969, art. 41.]*

L'art. R. 821-72 a été renuméroté R. 821-67 par le Décr. n° 2016-1026 du 26 juill. 2016, art. 19-3°.

SECTION II DU CONTRÔLE DE LA PROFESSION

(Décr. n° 2016-1026 du 26 juill. 2016, art. 35)

Art. R. 821-68 Les dossiers et documents établis par le commissaire aux comptes en application de l'article R. 823-10 sont conservés pendant six ans, même après la cessation des fonctions. Ils sont, pour les besoins des contrôles et des enquêtes, tenus à la disposition des autorités de contrôle, qui peuvent requérir du commissaire aux comptes les explications et les justifications qu'elles estiment nécessaires concernant ces pièces et les opérations qui doivent y être mentionnées.

Art. R. 821-69 Peuvent être désignées contrôleurs les personnes qui justifient d'une formation en matière comptable ou financière, d'une expérience professionnelle d'au moins trois années dans le domaine de la certification des comptes et de l'information financière et qui ont suivi une formation spécifique en matière de contrôle de la qualité dans ces domaines.

Art. R. 821-70 Avant de procéder aux opérations de contrôle, les contrôleurs déclarent au Haut conseil ou, en cas de délégation, à la Compagnie nationale des commissaires aux comptes, qu'ils ne sont pas dans une situation de conflit d'intérêts avec le commissaire aux comptes qu'ils sont chargés de contrôler.

Ils ne peuvent contrôler un commissaire aux comptes si, au cours des trois années précédentes, ils ont été associés, salariés ou collaborateurs de celui-ci.

Art. R. 821-71 Les contrôles mentionnés à l'article L. 821-9 sont réalisés en fonction d'une analyse des risques. Ils portent notamment :

1° Sur les missions de certification sélectionnées par le contrôleur. Celui-ci vérifie notamment le respect des règles d'indépendance, la conformité aux normes mentionnées au I de l'article L. 821-13, l'adéquation des ressources affectées à la réalisation des missions ainsi que les honoraires perçus par le commissaire aux comptes ;

2° Sur le système de contrôle de qualité interne mis en place par le commissaire aux comptes, sauf lorsqu'il s'agit d'une société de commissaires aux comptes inscrite en application de l'article L. 822-1-4 ;

(Décr. nº 2020-292 du 21 mars 2020, art. 12) « 3° Sur les autres missions exercées ou toute autre prestation fournie par lui aux personnes ou entités dont il certifie les comptes. »

Les contrôles sont proportionnés à l'ampleur et à la complexité de l'activité du commissaire aux comptes concerné.

Art. R. 821-72 Les contrôles prévus à l'article L. 821-9 sont effectués sur pièces ou sur place.

Sans préjudice des dispositions de l'article L. 821-12, les contrôleurs peuvent se faire communiquer par le commissaire aux comptes et vérifier sur pièces ou sur place, quel qu'en soit le support, tous documents ou pièces. Ils peuvent également exiger toutes explications sur les dossiers et documents établis en application de l'article R. 823-10, sur les conditions d'exécution par le commissaire aux comptes de sa mission au sein des personnes et entités contrôlées, et sur l'organisation et l'activité globale de la structure d'exercice professionnel, du réseau auquel elle appartient et des personnes ou groupements qui lui sont liés.

Le commissaire aux comptes justifie en outre des diligences accomplies en vue de garantir le respect des règles relatives à son indépendance et aux incompatibilités prévues par les dispositions de l'article L. 822-11-3 et du code de déontologie, et fournit tous renseignements permettant d'apprécier le respect des prescriptions de l'article L. 822-11-3, notamment à raison des prestations réalisées par un membre du réseau auquel il appartient.

Les contrôleurs peuvent obtenir copie des pièces et documents mentionnés au présent article, quel qu'en soit le support. Un bordereau des copies des pièces et documents qui leur sont remis est établi.

A l'issue des opérations de contrôle, les pièces et documents communiqués aux contrôleurs sont restitués.

Art. R. 821-73 Le contrôleur communique au commissaire aux comptes un pré-rapport exposant les opérations de contrôle réalisées et leurs résultats afin que celui-ci présente ses observations dans un délai d'un mois.

Il établit ensuite un rapport définitif qui expose les principales conclusions du contrôle et les observations du commissaire aux comptes.

Le cas échéant, les recommandations formulées par le Haut conseil sont notifiées au commissaire aux comptes par lettre recommandée avec demande d'accusé de réception ou par tout autre moyen permettant de s'assurer de la date de sa réception. Le commissaire aux comptes donne suite aux recommandations dans le délai fixé par celles-ci.

Art. R. 821-74 Le président de la Compagnie nationale des commissaires aux comptes ou, lorsque les contrôles sont mis en œuvre par le Haut conseil en application de l'article L. 821-9, le directeur général du Haut conseil, conserve copie des pièces et documents pendant une durée de six ans dans des conditions permettant d'assurer le maintien de leur confidentialité. A l'issue de ce délai, il est procédé à leur destruction.

Art. R. 821-75 Les contrôles mentionnés à l'article L. 821-9 sont réalisés au moins tous les six ans, selon les orientations, le cadre et les modalités définis par le Haut conseil du commissariat aux comptes.

Ce délai est ramené à trois ans pour les commissaires aux comptes exerçant des missions de certification des comptes auprès des entités d'intérêt public mentionnées au *i* du paragraphe 2 de l'article 26 du règlement (UE) n° 537/2014 du 16 avril 2014.

(Décr. n° 2020-292 du 21 mars 2020, art. 13) « Lorsque le commissaire aux comptes n'a exercé aucune mission de certification au cours des six exercices précédant le contrôle, les dispositions du 1er alinéa ne s'appliquent pas. »

Des conventions définissent les conditions dans lesquelles le Haut conseil peut avoir recours au concours de l'Autorité de contrôle prudentiel et de résolution ou de l'Autorité des marchés financiers pour effectuer les contrôles mentionnés à l'article L. 821-9.

Art. R. 821-76 Lorsque le contrôle porte sur la certification de comptes consolidés, le commissaire aux comptes met à la disposition des contrôleurs la documentation pertinente qu'il conserve sur les contrôles qui ont été effectués sur les comptes des personnes ou entités entrant dans le périmètre de consolidation par les commissaires aux comptes ou les contrôleurs légaux inscrits dans d'autres États.

Lorsqu'un professionnel, inscrit dans un État avec lequel aucun accord de coopération n'a été conclu par le Haut conseil, a certifié les comptes de l'une des personnes ou entités entrant dans le périmètre de consolidation, les commissaires aux comptes veillent à ce que les documents de travail établis par ce professionnel soient dûment fournis, sur leur demande, aux personnes en charge des contrôles mentionnés à l'article L. 821-9.

Ils conservent à cet effet une copie de ces documents ou conviennent avec le contrôleur légal de la personne ou de l'entité concernée qu'ils y auront accès, ou prennent toute autre mesure appropriée pour les obtenir sans restriction et sur demande.

En cas d'empêchement, les commissaires aux comptes joignent à leur dossier tous les éléments de nature à établir les démarches et procédures engagées pour y accéder, ainsi que la réalité des difficultés rencontrées.

Art. D. 821-77 *(Décr. n° 2019-514 du 24 mai 2019, art. 3-1°)* Le délai défini au deuxième alinéa de l'article L. 821-14 est fixé à quatre mois à compter de la demande ou de l'initiative mentionnées au premier alinéa du même article.

Le délai mentionné au troisième alinéa de l'article L. 821-14 est fixé à un mois à compter de la réception du projet de norme par la compagnie nationale des commissaires aux comptes. A l'expiration de ce délai, l'avis est réputé rendu.

Pour les normes en cours d'élaboration à la date d'entrée en vigueur du Décr. n° 2019-514 du 24 mai 2019, les délais mentionnés à l'art. D. 821-77 courent à compter de cette même date (Décr. préc., art. 3-2°, JO 26 mai).

CHAPITRE II DU STATUT DES COMMISSAIRES AUX COMPTES

SECTION PREMIÈRE DE L'INSCRIPTION *(Décr. n° 2016-1026 du 26 juill. 2016, art. 36-I).*

SOUS-SECTION 1 DES CONDITIONS D'INSCRIPTION SUR LA LISTE DES COMMISSAIRES AUX COMPTES *(Décr. n° 2016-1026 du 26 juill. 2016, art. 36-II).*

Art. R. 822-1 *(Décr. n° 2016-1026 du 26 juill. 2016, art. 37-1°)* « Les commissaires aux comptes inscrits sur la liste mentionnée au I de l'article L. 822-1 sont rattachés à la compagnie régionale *(Abrogé par Décr. n° 2020-667 du 2 juin 2020, art. 2) « de la cour d'appel »* dans le ressort de laquelle se trouve :

« 1° Pour les personnes physiques, leur domicile ou l'établissement dans lequel elles exercent leur activité ;

« 2° Pour les sociétés, leur siège social ou, lorsque celui-ci est situé à l'étranger, le premier établissement ouvert sur le territoire national. »

Les commissaires aux comptes inscrits *(Décr. n° 2016-1026 du 26 juill. 2016, art. 37-2°)* « sur la liste mentionnée au I de l'article L. 822-1 » peuvent exercer leur profession sur l'ensemble du territoire *(Décr. n° 2016-1026 du 26 juill. 2016, art. 37-2°)* « national ». – *[Décr. n° 69-810 du 12 août 1969, art. 2, al. 2 à 4.]*

Art. R. 822-2 *(Décr. n° 2013-192 du 5 mars 2013, art. 2, en vigueur le 1er juill. 2013)* **Sont admises à se présenter au certificat d'aptitude aux fonctions de commissaire aux comptes, sous réserve de la délivrance de l'attestation de fin de stage mentionnée au sixième alinéa de l'article R. 822-3, les personnes titulaires d'un diplôme national de master ou d'un titre ou d'un diplôme conférant le grade de master délivré en France ou d'un diplôme obtenu dans un État étranger et jugé de niveau comparable au diplôme national de master par le garde des sceaux, ministre de la justice, et qui, selon le cas :**

1° Ont subi avec succès les épreuves du certificat préparatoire aux fonctions de commissaire aux comptes ;

2° Sont titulaires du diplôme d'études comptables supérieures régi par le décret n° 81-537 du 12 mai 1981 relatif au diplôme d'études comptables supérieures ou du diplôme d'études supérieures comptables et financières ou ont validé au moins quatre des sept épreuves obligatoires du diplôme supérieur de comptabilité et de gestion dans les conditions définies à l'article 50 du décret n° 2012-432 du 30 mars 2012 ;

3° Sont titulaires de diplômes jugés d'un niveau équivalent à ceux mentionnés au 2° par le garde des sceaux, ministre de la justice ;

Le programme et les modalités du certificat d'aptitude aux fonctions de commissaire aux comptes et du certificat préparatoire aux fonctions de commissaire aux comptes sont fixés par un arrêté conjoint du garde des sceaux, ministre de la justice, et du ministre chargé de l'enseignement supérieur.

Les épreuves du certificat d'aptitude et du certificat préparatoire aux fonctions de commissaire aux comptes ont lieu au moins une fois par an, à une date fixée par arrêté du garde des sceaux, ministre de la justice, publié au *Journal officiel* de la République française.

V. art. A. 822-1 s.

Les dispositions de l'art. 2 et de l'art. 3, al. 3, du Décr. n° 2013-192 du 5 mars 2013 ne s'appliquent pas aux candidats au certificat d'aptitude aux fonctions de commissaire aux comptes qui justifient d'une date de début de stage professionnel antérieure à l'entrée en vigueur de ce décret [1er juill. 2013]. Ils sont admis à présenter le certificat d'aptitude aux fonctions de commissaire aux comptes s'ils remplissaient les conditions fixées par la loi à la date où ils ont commencé le stage mentionné à l'art. R. 822-3 (Décr. préc., art. 12).

Les candidats titulaires de l'attestation de fin de stage à la date d'entrée en vigueur du Décr. n° 2013-192 du 5 mars 2013 [1er juill. 2013] disposent d'un délai de six ans à compter de la même date pour obtenir le certificat d'aptitude aux fonctions de commissaire aux comptes. A l'expiration de ce délai, l'attestation de fin de stage devient caduque.

Les candidats déclarés admissibles aux épreuves écrites du certificat d'aptitude aux fonctions de commissaire aux comptes à la date d'entrée en vigueur du décret préc. et qui n'ont pas obtenu la moyenne requise aux épreuves orales d'admission conservent le bénéfice de l'admissibilité pour la session suivante.

Les personnes qui ont passé avec succès les épreuves du certificat d'aptitude aux fonctions de commissaire aux comptes à la date d'entrée en vigueur du décret préc. disposent d'un délai de quatre ans à compter de cette date pour obtenir le diplôme d'expertise comptable (Décr. préc., art. 13).

Art. R. 822-3 **Le stage professionnel prévu au 5° de l'article L. 822-1-1 est d'une durée de trois ans.**

(Décr. n° 2013-192 du 5 mars 2013, art. 3-1°, en vigueur le 1er juill. 2013) **« Il est ouvert aux personnes qui remplissent les conditions pour se présenter au certificat d'aptitude aux fonctions de commissaire aux comptes en application de l'article R. 822-2. »**

Il est accompli chez une personne physique ou dans une société inscrite sur la liste prévue à l'article L. 822-1 et habilitée à cet effet. Il peut être également accompli :

1° Dans la limite de deux ans, chez une personne agréée par un État membre de *(Décr. n° 2013-192 du 5 mars 2013, art. 8, en vigueur le 1er juill. 2013)* **« l'Union européenne » pour exercer le contrôle légal des comptes ;**

2° Dans la limite d'un an, chez toute personne autre que celles qui exercent le contrôle légal des comptes en France et dans les autres États membres de *(Décr. n° 2013-192 du 5 mars 2013, art. 8, en vigueur le 1er juill. 2013)* « l'Union européenne » et offrant des garanties suffisantes quant à la formation des stagiaires.

Le stage professionnel régulièrement accompli donne lieu à la délivrance *(Décr. n° 2013-192 du 5 mars 2013, art. 3-2°, en vigueur le 1er juill. 2013)* « d'une attestation de fin de stage » portant les appréciations du président du conseil régional établies au vu du rapport du maître de stage. Lorsque le stage a été accompli dans le ressort de plusieurs conseils régionaux ou en tout ou partie à l'étranger, le président du conseil régional compétent est désigné dans des conditions fixées par arrêté du garde des sceaux, ministre de la justice.

Un arrêté du même ministre détermine l'autorité compétente au sein de la profession pour autoriser le stagiaire à effectuer tout ou partie du stage à l'étranger ou chez une personne autre que celles qui sont agréées pour exercer le contrôle légal des comptes ainsi que les modalités d'accomplissement de stage et de délivrance *(Décr. n° 2013-192 du 5 mars 2013, art. 3-3°, en vigueur le 1er juill. 2013)* « de l'attestation de fin de stage ». — *V. art. A. 822-9 s.*

Les modalités de l'habilitation à recevoir des stagiaires sont définies par arrêté du garde des sceaux, ministre de la justice, sur proposition de la compagnie nationale *(Décr. n° 2013-192 du 5 mars 2013, art. 3-4°, en vigueur le 1er juill. 2013)* « des commissaires aux comptes ». — *[Décr. n° 69-810 du 12 août 1969, art. 4.]*

(Décr. n° 2013-192 du 5 mars 2013, art. 3-5°, en vigueur le 1er juill. 2013) « Les stagiaires disposent d'un délai de six ans après la date de délivrance de l'attestation de fin de stage pour obtenir le certificat d'aptitude aux fonctions de commissaire aux comptes. Au-delà de ce délai, l'attestation de fin de stage est caduque.

« Les personnes ayant effectué la totalité de leur stage professionnel prévu au 5° de l'article L. 822-1-1 mais dont l'attestation de fin de stage est devenue caduque dans les conditions prévues à l'alinéa précédent accomplissent un nouveau stage dont la durée est d'un an. »

Sur les dispositions transitoires, V. notes ss. art. R. 822-2.

Art. R. 822-4 Lorsque le candidat à l'inscription est titulaire du diplôme d'expertise comptable, les deux tiers au moins du stage prévu par *(Décr. n° 2013-192 du 5 mars 2013, art. 4-1°, en vigueur le 1er juill. 2013)* « l'article 67 du décret n° 2012-432 du 30 mars 2012 relatif à l'exercice de l'activité d'expertise comptable » doivent avoir été accomplis soit chez une personne inscrite sur la liste des commissaires aux comptes et habilitée à recevoir des stagiaires dans les conditions fixées *(Décr. n° 2013-192 du 5 mars 2013, art. 4-1°, en vigueur le 1er juill. 2013)* « au huitième alinéa » de l'article R. 822-3, soit, sous réserve d'une autorisation donnée au stagiaire, dans des conditions fixées par arrêté du garde des sceaux, ministre de la justice, et du ministre chargé du budget, chez une personne agréée dans un État membre de *(Décr. n° 2013-192 du 5 mars 2013, art. 8, en vigueur le 1er juill. 2013)* « l'Union européenne » pour exercer le contrôle légal des comptes. — *[Décr. n° 69-810 du 12 août 1969, art. 3, al. 3.]*

(Décr. n° 2013-192 du 5 mars 2013, art. 4-2°, en vigueur le 1er juill. 2013) « Le candidat à l'inscription, titulaire du diplôme d'expertise comptable, qui ne répond pas aux conditions prévues au premier alinéa peut être autorisé à effectuer deux années de stage supplémentaires pour se conformer à ces conditions. Les dispositions du sixième alinéa de l'article R. 822-3 sont applicables. »

Art. R. 822-5 Peuvent être admises à *(Décr. n° 2013-192 du 5 mars 2013, art. 5-1°, en vigueur le 1er juill. 2013)* « se présenter aux » épreuves du certificat d'aptitude aux fonctions de commissaire aux comptes et sont dispensées *(Décr. n° 2013-192 du 5 mars 2013, art. 5-1°, en vigueur le 1er juill. 2013)* « de tout ou partie du stage » professionnel, en application du premier alinéa de l'article L. 822-1-2, les personnes physiques ayant exercé pendant une durée de quinze ans au moins une activité publique ou privée qui leur a permis d'acquérir dans les domaines financier, comptable et juridique intéressant les sociétés commerciales une expérience jugée suffisante par le garde des sceaux, ministre de la justice.

(Décr. nº 2013-192 du 5 mars 2013, art. 5-2º, en vigueur le 1er juill. 2013) « Les conditions de délivrance de la dispense mentionnée au premier alinéa sont fixées par un arrêté du garde des sceaux, ministre de la justice. » — *V. art. A. 822-2-1.*

Peuvent également être admis à subir l'examen d'aptitude aux fonctions de commissaire aux comptes les anciens syndics et administrateurs judiciaires et les anciens administrateurs judiciaires et mandataires judiciaires ayant exercé leurs fonctions pendant sept ans au moins. Le stage effectué auprès de ces professions est pris en compte pour une durée n'excédant pas un an en ce qui concerne l'accomplissement du stage prévu à l'article R. 822-3. — *[Décr. nº 69-810 du 12 août 1969, art. 5.]*

Pour l'application de l'art. R. 822-5, le délai à l'expiration duquel le silence gardé par l'administration vaut décision d'acceptation de la demande de dispense de stage professionnel est fixé à quatre mois (V. Décr. nº 2014-1278 du 23 oct. 2014, applicable aux demandes présentées à compter du 12 nov. 2014).

Art. R. 822-6 Peuvent être inscrites sur la liste des commissaires aux comptes *(Décr. nº 2016-1026 du 26 juill. 2016, art. 38-1º)* « mentionnée au I de l'article L. 822-1 », en application des dispositions du deuxième alinéa de l'article L. 822-1-2, les personnes déjà agréées par les autorités compétentes d'un autre État membre de *(Décr. nº 2013-192 du 5 mars 2013, art. 8, en vigueur le 1er juill. 2013)* « l'Union européenne » pour l'exercice du contrôle légal des comptes, sous réserve d'avoir subi avec succès une épreuve d'aptitude démontrant une connaissance adéquate des lois, règlements, normes et règles professionnelles nécessaires pour l'exercice du contrôle légal des comptes en France.

(Décr. nº 2013-192 du 5 mars 2013, art. 6-1º, en vigueur le 1er juill. 2013) « Les modalités de cette épreuve sont fixées par arrêté du garde des sceaux, ministre de la justice. — *V. art. A. 822-19 s.*

« Les candidats sont admis à se présenter à l'épreuve d'aptitude par décision du garde des sceaux, ministre de la justice. »

A cette fin, l'intéressé adresse son dossier au garde des sceaux, ministre de la justice. A la réception du dossier complet, un récépissé lui est délivré.

(Décr. nº 2013-192 du 5 mars 2013, art. 6-2º, en vigueur le 1er juill. 2013) « La décision du garde des sceaux, ministre de la justice, précise les matières sur lesquelles le candidat doit être interrogé compte tenu de sa formation initiale. Elle doit être motivée et intervenir dans un délai de *(Décr. nº 2016-1026 du 26 juill. 2016, art. 38-2º)* « quatre » mois à compter de la délivrance du récépissé. Le défaut de réponse dans ce délai vaut *(Décr. nº 2016-1026 du 26 juill. 2016, art. 38-2º)* « acceptation de la demande d'inscription à l'épreuve d'aptitude ». »

Les dispositions du présent article sont également applicables aux personnes qui, quoique non agréées dans un autre État membre de *(Décr. nº 2013-192 du 5 mars 2013, art. 8, en vigueur le 1er juill. 2013)* « l'Union européenne », réunissent les conditions de titre, de diplôme et de formation pratique permettant d'obtenir un tel agrément conformément aux dispositions de la *(Décr. nº 2016-1026 du 26 juill. 2016, art. 38-3º)* « directive 2006/43/CE du Parlement européen et du Conseil, du 17 mai 2006 concernant les contrôles légaux des comptes annuels et des comptes consolidés ». — *[Décr. nº 69-810 du 12 août 1969, art. 5-1.]*

Pour l'application de l'art. R. 822-6, le délai à l'expiration duquel le silence gardé par l'administration vaut décision d'acceptation de la demande d'autorisation à présenter l'épreuve d'aptitude est fixé à quatre mois (V. Décr. nº 2014-1278 du 23 oct. 2014, applicable aux demandes présentées à compter du 12 nov. 2014).

Art. R. 822-7 Peuvent également être inscrites sur la liste des commissaires aux comptes *(Décr. nº 2016-1026 du 26 juill. 2016, art. 39-1º)* « mentionnée au I de l'article L. 822-1, » en application des dispositions du deuxième alinéa de l'article L. 822-1-2 *[,]* les personnes qui ont suivi avec succès un cycle d'études d'une durée minimale de trois ans ou d'une durée équivalente à temps partiel dans une université ou un établissement d'enseignement supérieur ou dans un autre établissement de même niveau de formation, ainsi que la formation professionnelle requise en plus de ce cycle d'études, et qui justifient :

a) D'un diplôme ou d'un titre jugé de même niveau que le certificat d'aptitude aux fonctions de commissaire aux comptes ou le diplôme d'expertise comptable, par le garde des sceaux, ministre de la justice, et permettant l'exercice de la profession dans un État non membre de *(Décr. n° 2013-192 du 5 mars 2013, art. 8, en vigueur le 1er juill. 2013)* « l'Union européenne » admettant les nationaux français à exercer le contrôle légal des comptes ;

b) D'une expérience professionnelle de trois ans jugée suffisante par le garde des sceaux *(Décr. n° 2016-1026 du 26 juill. 2016, art. 39-2°)* « , ministre de la justice, » dans le domaine du contrôle légal des comptes.

L'intéressé doit subir une épreuve d'aptitude dans les conditions prévues à l'article R. 822-6. – *[Décr. n° 69-810 du 12 août 1969, art. 5-2.]*

Pour l'application de l'art. R. 822-7, le délai à l'expiration duquel le silence gardé par l'administration vaut décision d'acceptation de la demande d'autorisation à présenter l'épreuve d'aptitude est fixé à quatre mois (V. Décr. n° 2014-1278 du 23 oct. 2014, applicable aux demandes présentées à compter du 12 nov. 2014).

Art. D. 822-7-1 *(Décr. n° 2013-192 du 5 mars 2013, art. 7, en vigueur le 1er juill. 2013)* Les candidats au certificat préparatoire aux fonctions de commissaire aux comptes, au certificat d'aptitude aux fonctions de commissaire aux comptes, ainsi qu'à l'épreuve d'aptitude mentionnée à l'article R. 822-6, qui présentent un handicap au sens de l'article L. 114 du code de l'action sociale et des familles bénéficient des aménagements rendus nécessaires par leur situation.

Ces aménagements peuvent porter sur :

a) Les conditions de déroulement des épreuves, de nature à permettre aux candidats de bénéficier des conditions matérielles, des aides techniques ou des aides humaines appropriées à leur situation ;

b) Une majoration du temps imparti pour une ou plusieurs épreuves, qui ne peut excéder le tiers du temps normalement prévu pour chacune d'elles, sauf demande du médecin motivée par la situation exceptionnelle du candidat et formulée dans l'avis mentionné au huitième alinéa du présent article ;

c) La conservation, au choix du candidat, durant cinq ans, des notes non éliminatoires obtenues ;

d) L'étalement sur plusieurs sessions du passage des épreuves.

Les candidats sollicitant le bénéfice de ces dispositions adressent leur demande à l'un des médecins désignés par la commission mentionnée à l'article L. 146-9 du code de l'action sociale et des familles pour les épreuves se déroulant en métropole, dans les départements d'outre-mer, à Saint-Pierre-et-Miquelon, à Saint-Martin ou à Saint-Barthélemy, ou désignés par le représentant de l'État, pour les épreuves se déroulant à Mayotte, en Nouvelle-Calédonie ou à Wallis-et-Futuna.

Le médecin rend un avis, qui est adressé au candidat et au président du jury, dans lequel il propose des aménagements. Le président du jury décide des aménagements accordés et notifie sa décision au candidat.

Le président du jury s'assure de l'accessibilité aux personnes handicapées des locaux prévus pour le déroulement des épreuves ainsi que de la mise en place, le cas échéant, des aménagements autorisés pour le candidat.

SOUS-SECTION 2 DE L'ÉTABLISSEMENT ET DE LA TENUE DES LISTES

(Décr. n° 2016-1026 du 26 juill. 2016, art. 36-II)

§ 1er DE L'ÉTABLISSEMENT ET DE LA TENUE DES LISTES DE COMMISSAIRES AUX COMPTES

(Décr. n° 2016-1026 du 26 juill. 2016, art. 40)

Art. R. 822-8 *(Décr. n° 2016-1026 du 26 juill. 2016, art. 41)* L'inscription ainsi que l'établissement et la tenue de la liste mentionnée au I de l'article L. 822-1 sont réalisés par le Haut conseil du commissariat aux comptes ou son délégataire.

Art. R. 822-9 *(Décr. n° 2016-1026 du 26 juill. 2016, art. 41)* La demande d'inscription est déposée ou adressée par lettre recommandée avec demande d'avis de réception au Haut conseil. Elle est accompagnée des pièces justificatives. Le candidat indique, le cas échéant, s'il exerce dans une société.

La demande peut également être présentée par voie électronique, au moyen d'un service informatique accessible par internet, sécurisé et gratuit, permettant au demandeur d'accompagner la demande des pièces justificatives sous forme numérisée. Le Haut conseil en accuse réception par la même voie.

A réception du dossier complet, le Haut conseil délivre au candidat ou à son mandataire un récépissé, qui l'informe que l'absence de réponse dans un délai de quatre mois à compter de la délivrance du récépissé vaut décision d'inscription.

Art. R. 822-10 *(Décr. nº 2016-1026 du 26 juill. 2016, art. 41)* La demande d'inscription d'une société est en outre régie par les dispositions des articles R. 822-40 et suivants.

Art. R. 822-11 *(Décr. nº 2016-1026 du 26 juill. 2016, art. 41)* Le Haut conseil vérifie si le candidat remplit les conditions requises pour être inscrit. Le Haut conseil ou son délégataire recueille sur le candidat tous renseignements utiles et demande le bulletin nº 2 du casier judiciaire.

Il peut convoquer le candidat afin de procéder à son audition.

Lorsque, à la date de sa demande d'inscription*[,]* le candidat se trouve dans l'un des cas d'incompatibilité prévus à l'article L. 822-10, son inscription peut être décidée sous condition suspensive de régularisation de sa situation dans un délai de six mois. L'intéressé justifie auprès du Haut conseil de la fin de cette incompatibilité.

Art. R. 822-12 *(Décr. nº 2016-1026 du 26 juill. 2016, art. 41)* La formulation de la prestation de serment prévue à l'article L. 822-3 est la suivante : "Je jure d'exercer ma profession avec honneur, probité et indépendance, de respecter et faire respecter les lois."

Le serment est prêté, par oral ou par écrit, devant le premier président de la cour d'appel dans le ressort de laquelle se situe la compagnie régionale à laquelle le commissaire aux comptes est rattaché.

Art. R. 822-13 *(Décr. nº 2016-1026 du 26 juill. 2016, art. 41)* La liste mentionnée au I de l'article L. 822-1 est publiée sur le site internet du Haut conseil. Elle est mise à jour mensuellement compte tenu des nouvelles inscriptions, des suppressions des noms résultant des décès ou des démissions, des omissions, des suspensions, des interdictions temporaires *(Décr. nº 2020-292 du 21 mars 2020, art. 14)* « ou définitives », des radiations *(Décr. nº 2020-292 du 21 mars 2020, art. 14)* « ou de toute autre modification » des mentions figurant sur la liste.

Les compagnies régionales et la Compagnie nationale informent le Haut conseil de toute circonstance justifiant une révision de la liste.

Art. R. 822-14 *(Décr. nº 2016-1026 du 26 juill. 2016, art. 41)* La liste mentionnée au I de l'article L. 822-1 est établie par ordre alphabétique avec indication, pour chaque commissaire aux comptes ou société de commissaires aux comptes, de l'année d'inscription initiale et du numéro d'inscription.

Elle est divisée en deux sections : la première pour les personnes physiques, la seconde pour les sociétés.

Sont mentionnés dans la première section :

1º Les nom, prénoms et numéro d'inscription de l'intéressé ;

2º Son adresse professionnelle et ses coordonnées téléphoniques ainsi que, le cas échéant, l'adresse de son site internet ;

3º Lorsque l'intéressé est associé ou salarié d'une personne morale ou exerce ses *fonctions pour le compte* d'une personne morale, la dénomination sociale, la forme juridique, l'adresse du siège social, le numéro d'inscription et, le cas échéant, l'adresse du site internet de celle-ci ;

4º La compagnie régionale de rattachement.

Al. abrogé par Décr. nº 2020-292 du 21 mars 2020, art. 15.

Sont mentionnés dans la seconde section :

1º La dénomination sociale, la forme juridique et le numéro d'inscription de la société ;

2º L'adresse du siège social et les coordonnées téléphoniques de la société ainsi que, le cas échéant, l'adresse de son site internet ;

3º Les noms et adresses professionnelles des associés ou actionnaires, des membres des organes de gestion, de direction, d'administration ou de surveillance de la société ;

4° Les noms et numéros d'inscription des commissaires aux comptes associés de la société ou salariés par elle, ainsi que la liste et l'adresse de ses établissements ;

5° Le cas échéant, l'appartenance de la société à un réseau national ou international dont les membres ont un intérêt économique commun, ainsi que les noms et adresses des cabinets membres de ce réseau et des personnes et entités qui lui sont affiliées, ou l'indication de l'endroit où ces informations sont accessibles au public ;

6° La compagnie régionale de rattachement ;

Al. abrogé par Décr. nº 2020-292 du 21 mars 2020, art. 15.

(Décr. nº 2020-292 du 21 mars 2020, art. 15) « 7° » Lorsque la société est agréée dans un autre État membre de l'Union européenne, la liste fait état de cette inscription en mentionnant, le cas échéant, le nom de l'autorité étrangère d'inscription et le numéro d'enregistrement attribué par cette dernière.

Art. R. 822-15 *(Décr. nº 2016-1026 du 26 juill. 2016, art. 41)* Les commissaires aux comptes ou sociétés de commissaires aux comptes informent sans délai le Haut conseil, par lettre recommandée avec demande d'avis de réception ou par voie électronique, de tout changement intervenu dans leur situation au regard des informations nécessaires à leur inscription. Ils produisent les pièces justificatives relatives à ces changements.

Le Haut conseil procède aux modifications justifiées.

Art. R. 822-16 *(Décr. nº 2016-1026 du 26 juill. 2016, art. 41)* Les sociétés de contrôle légal mentionnées à l'article L. 822-1-4 déposent ou adressent, par lettre recommandée avec demande d'avis de réception, une demande d'inscription auprès du Haut conseil du commissariat aux comptes. La demande comprend les pièces justificatives, datant de moins de trois mois, de leur agrément par une autorité compétente d'un autre État membre de l'Union européenne. Lorsqu'elles sont agréées dans plusieurs autres États membres de l'Union, elles communiquent les pièces justificatives relatives à leur premier agrément.

La demande d'inscription peut également être présentée par voie électronique, au moyen d'un service informatique accessible par internet, sécurisé et gratuit, permettant au demandeur d'accompagner la demande des pièces justificatives sous forme numérisée. Le Haut conseil en accuse réception par la même voie.

Le Haut conseil communique sa décision au demandeur et à l'autorité compétente de l'État membre dans lequel la société est agréée.

La société de contrôle légal est rattachée à la compagnie régionale de Paris lorsqu'elle n'a pas d'établissement sur le territoire français.

§ 2 DE LA LISTE DES CONTRÔLEURS DE PAYS TIERS

(Décr. nº 2016-1026 du 26 juill. 2016, art. 42)

Art. R. 822-17 Les contrôleurs de pays tiers mentionnés au I de l'article L. 822-1-5 sont inscrits par le Haut conseil sur la liste mentionnée au II de l'article L. 822-1. Cette liste comprend les informations mentionnées à l'article R. 822-14, à l'exception de l'indication de la compagnie régionale de rattachement.

La demande d'inscription est accompagnée des pièces justificatives de leur agrément par les autorités compétentes de leur État d'origine ainsi que de tous documents permettant d'attester du respect des conditions prévues au II et au III de l'article L. 822-1-5. Ils justifient également de la publication sur leur site internet du rapport annuel de transparence incluant les informations mentionnées à l'article R. 823-21.

Les dispositions de la deuxième et de la troisième sous-sections *[sous-section]* de la présente section leur sont applicables, à l'exception des articles R. 822-11 et R. 822-12.

Art. R. 822-18 Le Haut conseil publie sur son site internet la liste mentionnée au II de l'article L. 822-1. Elle est mise à jour mensuellement compte tenu des nouvelles inscriptions et de toute autre modification des mentions qui y figurent.

SOUS-SECTION 3 DES RECOURS CONTRE LES DÉCISIONS D'INSCRIPTION

(Décr. nº 2016-1026 du 26 juill. 2016, art. 43)

Art. R. 822-19 Les décisions rendues en matière d'inscription sont susceptibles de recours devant la juridiction administrative.

SECTION II DE LA DÉONTOLOGIE ET DE L'INDÉPENDANCE DES COMMISSAIRES AUX COMPTES

Art. R. 822-20 Le code de déontologie de la profession de commissaire aux comptes est annexé *(Décr. n° 2016-1026 du 26 juill. 2016, art. 45)* « à la section II du chapitre II du titre II du présent livre ». – *[Décr. n° 2005-1412 du 16 nov. 2005, art. 1er.] – V. Annexe 8-1* 🏛.

L'art. R. 822-60 a été renuméroté R. 822-20 par le Décr. n° 2016-1026 du 26 juill. 2016, art. 44.

Art. R. 822-21 *(Décr. n° 2016-1026 du 26 juill. 2016, art. 46)* La nature et la durée des activités susceptibles d'être validées au titre de l'obligation prévue à l'article L. 822-4 sont déterminées par arrêté du garde des sceaux, ministre de la justice, sur proposition de la Compagnie nationale et après avis du Haut conseil. Le commissaire aux comptes rend compte au Haut conseil ou à son délégataire de la mise en œuvre de cette formation. – *V. art. A. 822-28-1 s.*

L'art. R. 822-21 a été renuméroté R. 822-61 par le Décr. n° 2016-1026 du 26 juill. 2016, art. 44.

Art. R. 822-22 *(Décr. n° 2013-192 du 5 mars 2013, art. 9, en vigueur le 1er juill. 2013)* La formation continue particulière prévue à l'article L. 822-4 est de quarante heures. Elle doit être accomplie, par sessions continues ou discontinues, dans les dix-huit mois qui précèdent l'acceptation d'une mission *(Décr. n° 2020-292 du 21 mars 2020, art. 16)* « de certification des comptes » et assure l'actualisation des connaissances et des compétences du commissaire aux comptes concerné.

L'obligation de formation continue particulière est satisfaite par :

1° La participation obligatoire, à raison de vingt heures, au programme spécifique mis en œuvre par la compagnie nationale et les compagnies régionales des commissaires aux comptes ; et

2° La participation volontaire, pour un minimum de vingt heures, à des séminaires de formation, des programmes d'autoformation encadrée ou des formations ou enseignements à distance, selon des modalités définies par arrêté du garde des sceaux, ministre de la justice. – *V. art. A. 822-28-10.*

Le programme de formation continue particulière mentionné au 1° et ses modalités de mise en œuvre sont fixés par la compagnie nationale des commissaires aux comptes.

Les heures de formation continue particulière suivies au titre du présent article sont éligibles à l'obligation de formation continue prévue par l'article *(Décr. n° 2016-1026 du 26 juill. 2016, art. 47)* « R. 822-21 ».

L'art. R. 822-61-1 a été renuméroté R. 822-22 par le Décr. n° 2016-1026 du 26 juill. 2016, art. 44.

Art. R. 822-23 *(Décr. n° 2013-192 du 5 mars 2013, art. 9, en vigueur le 1er juill. 2013)* Les commissaires aux comptes qui n'ont pas exercé de mission *(Décr. n° 2020-292 du 21 mars 2020, art. 17)* « de certification des comptes » pendant trois années consécutives *(Décr. n° 2016-1026 du 26 juill. 2016, art. 48-1°)* « et qui n'ont pas respecté durant cette période l'obligation prévue au I de l'article L. 822-4 » déclarent à la compagnie régionale des commissaires aux comptes dont ils relèvent, préalablement à l'acceptation d'une nouvelle mission *(Décr. n° 2020-292 du 21 mars 2020, art. 17)* « de certification des comptes », les conditions dans lesquelles ils ont satisfait à l'obligation de formation continue particulière mentionnée à l'article L. 822-4.

Ils conservent pendant *(Décr. n° 2016-1026 du 26 juill. 2016, art. 48-2°)* « six » ans à compter de l'acceptation de la nouvelle mission *(Décr. n° 2020-292 du 21 mars 2020, art. 17)* « de certification des comptes » les justificatifs relatifs au respect de cette obligation.

Les compagnies régionales des commissaires aux comptes rendent annuellement compte à la Compagnie nationale du respect par les commissaires aux comptes de leur ressort de leur obligation déclarative.

L'art. R. 822-61-2 a été renuméroté R. 822-23 par le Décr. n° 2016-1026 du 26 juill. 2016, art. 44.

Art. R. 822-24 Les personnes physiques membres de la compagnie qui exercent la profession à titre individuel doivent agir sous leur nom de famille, à l'exclusion de tout pseudonyme ou titre impersonnel. – *[Décr. n° 69-810 du 12 août 1969, art. 73.]*

L'art. R. 822-62 a été renuméroté R. 822-24 par le Décr. n° 2016-1026 du 26 juill. 2016, art. 44.

Art. R. 822-25 Tout membre d'un conseil régional ou du conseil national qui, sans motif valable, refuse ou s'abstient de remplir les obligations ou d'effectuer les travaux que nécessite le fonctionnement normal du conseil ou de la compagnie, est réputé démissionnaire du conseil dont il est membre, sans préjudice de l'action disciplinaire dont il peut être l'objet pour le même motif. – *[Décr. n° 69-810 du 12 août 1969, art. 76, al. 1er.]*

Al. 2 abrogé par Décr. n° 2010-1270 du 25 oct. 2010, art. 7.

L'art. R. 822-63 a été renuméroté R. 822-25 par le Décr. n° 2016-1026 du 26 juill. 2016, art. 44.

Art. R. 822-26 *(Décr. n° 2018-196 du 21 mars 2018, art. 10)* « I. – Lorsqu'un commissaire aux comptes inscrit sur la liste mentionnée au I de l'article L. 822-1 n'a pas *(Décr. n° 2020-292 du 21 mars 2020, art. 18)* « déclaré les informations mentionnées à l'article R. 821-14-7 ou » payé à leur échéance les cotisations dont il est redevable au titre de l'article L. 821-6-1, le Haut Conseil met en demeure l'intéressé d'avoir à respecter ses obligations dans un délai de trente jours à compter de la réception de l'acte.

« Faute de régularisation dans ce délai, le Haut Conseil du commissariat aux comptes convoque le commissaire aux comptes par lettre recommandée avec demande d'avis de réception et l'entend dans un délai de deux mois. L'intéressé peut se faire assister par un commissaire aux comptes ou un avocat ou représenter par un avocat.

« En l'absence de motif légitime, le Haut Conseil procède à son omission.

« II. – Lorsqu'un commissaire aux comptes inscrit sur la liste mentionnée au I de l'article L. 822-1 n'a pas payé à leur échéance les cotisations, dont il est redevable envers la Compagnie nationale ou les compagnies régionales au titre de l'article L. 821-6, le conseil régional met en demeure l'intéressé d'avoir à respecter ses obligations dans un délai de trente jours à compter de la réception de l'acte.

« Faute de régularisation dans ce délai, il saisit le Haut Conseil du commissariat aux comptes qui procède conformément aux deuxième et troisième alinéas du I du présent article.

« III. – » *(Décr. n° 2016-1026 du 26 juill. 2016, art. 49-3°)* « L'omission emporte interdiction de faire état de la qualité de commissaire aux comptes. Les dispositions des articles R. 824-25 et R. 824-27 sont applicables. »

(Décr. n° 2010-1270 du 25 oct ; 2010, art. 8) « Les décisions en matière d'omission sont prises dans les mêmes formes et donnent lieu aux mêmes recours qu'en matière d'inscription.

« La réitération de ce comportement constitue un manquement passible de poursuites disciplinaires. »

L'art. R. 822-64 a été renuméroté R. 822-26 par le Décr. n° 2016-1026 du 26 juill. 2016, art. 44.

Art. R. 822-27 *(Décr. n° 2020-667 du 2 juin 2020, art. 2)* « Tout commissaire aux comptes inscrit peut demander à être omis provisoirement de la liste mentionnée au I de l'article L. 822-1. »

La demande, adressée au conseil régional par lettre recommandée avec demande d'avis de réception, doit être motivée et indiquer notamment la nouvelle activité que l'intéressé se propose d'exercer ainsi que la date à laquelle il souhaite se retirer provisoirement de la compagnie.

Le conseil régional transmet la demande *(Décr. n° 2016-1026 du 26 juill. 2016, art. 50-1°)* « au Haut conseil », qui statue *(Décr. n° 2020-292 du 21 mars 2020, art. 19)* « sur cette demande » selon la procédure prévue *(Décr. n° 2016-1026 du 26 juill. 2016, art. 50-1°)* « à » la section I du chapitre II du présent titre.

L'intéressé a la faculté d'entreprendre sa nouvelle activité, même si la décision *(Décr. n° 2016-1026 du 26 juill. 2016, art. 50-2°)* « du Haut conseil » n'est pas encore intervenue, à la condition d'en informer le conseil régional dans les conditions prévues au

deuxième alinéa, au moins huit jours à l'avance, d'être à jour de ses cotisations professionnelles et de cesser préalablement son activité de commissaire aux comptes. – *[Décr. nº 69-810 du 12 août 1969, art. 78.]*

L'art. R. 822-65 a été renuméroté R. 822-27 par le Décr. nº 2016-1026 du 26 juill. 2016, art. 44.

Art. R. 822-28 *(Décr. nº 2016-1026 du 26 juill. 2016, art. 51)* **« Le Haut conseil » fait droit à la demande, en omettant l'intéressé de la liste, s'il apparaît que sa nouvelle activité ou son comportement n'est pas de nature à porter atteinte aux intérêts moraux de la** *(Décr. nº 2016-1026 du 26 juill. 2016, art. 51)* **« profession ».**

A compter de la notification de la décision prononçant l'omission de la liste, l'intéressé n'est plus membre de la *(Décr. nº 2016-1026 du 26 juill. 2016, art. 51)* **« profession ». Il ne peut exercer en son nom et sous sa responsabilité la profession de commissaire aux comptes ni faire usage de ce titre. Toutefois, la décision n'a pas pour effet d'éteindre l'action disciplinaire en raison de faits commis antérieurement.**

Le règlement intérieur de la *(Décr. nº 2016-1026 du 26 juill. 2016, art. 51)* **« profession » détermine les conditions dans lesquelles il peut continuer, sur sa demande, à bénéficier des avantages réservés aux membres de la** *(Décr. nº 2016-1026 du 26 juill. 2016, art. 51)* **« profession ».** – *[Décr. nº 69-810 du 12 août 1969, art. 79.]*

L'art. R. 822-66 a été renuméroté R. 822-28 par le Décr. nº 2016-1026 du 26 juill. 2016, art. 44.

Art. R. 822-29 Le commissaire aux comptes omis de la liste en application des articles *(Décr. nº 2016-1026 du 26 juill. 2016, art. 52-1º)* **« R. 822-25, R. 822-26 et R. 822-28 » peut demander sa réinscription selon la procédure prévue à la section I du chapitre II du présent titre, à condition d'être à jour** *(Décr. nº 2016-1026 du 26 juill. 2016, art. 52-2º)* **« des cotisations dues » à la date de son omission. Les conditions d'aptitude professionnelle s'apprécient conformément aux dispositions en vigueur au jour de sa première inscription.** – *[Décr. nº 69-810 du 12 août 1969, art. 80.]*

L'art. R. 822-67 a été renuméroté R. 822-29 par le Décr. nº 2016-1026 du 26 juill. 2016, art. 44.

Art. R. 822-30 Le titre de commissaire aux comptes honoraire peut être conféré par le conseil régional aux membres de la compagnie dont la démission a été acceptée, qui ont été inscrits sur la liste pendant vingt ans au moins et qui ont eu pendant la durée de leur inscription une activité professionnelle jugée suffisante.

Les commissaires aux comptes honoraires restent soumis à la juridiction disciplinaire. Leurs droits et leurs devoirs sont déterminés *(Décr. nº 2020-292 du 21 mars 2020, art. 20)* **« par la deuxième phrase de l'article 3 et les articles 8, 9 et 14 du » code de déontologie.** – *[Décr. nº 69-810 du 12 août 1969, art. 81.]*

L'art. R. 822-68 a été renuméroté R. 822-30 par le Décr. nº 2016-1026 du 26 juill. 2016, art. 44.

Art. R. 822-31 L'activité de commissaire aux comptes exercée à titre individuel dans les conditions prévues par le présent titre entraîne l'affiliation de celui qui l'exerce à l'organisation autonome d'allocations vieillesse des professions libérales instituées par l'article L. 621-3 du code de la sécurité sociale. – *[Décr. nº 69-810 du 12 août 1969, art. 83.]*

L'art. R. 822-69 a été renuméroté R. 822-31 par le Décr. nº 2016-1026 du 26 juill. 2016, art. 44.

SECTION II *BIS* DE L'ORGANISATION DE L'EXERCICE PROFESSIONNEL

(Décr. nº 2016-1026 du 26 juill. 2016, art. 53, en vigueur le 1er janv. 2017)

Art. R. 822-32 Les modalités d'organisation et de fonctionnement des structures d'exercice du commissariat aux comptes, qu'elles soient en nom propre ou sous forme de société, doivent permettre au commissaire aux comptes d'être en conformité avec les exigences légales et réglementaires et celles du code de déontologie et d'assurer au mieux la prévention des risques et la bonne exécution de sa mission.

Elles tiennent compte de l'ampleur et de la complexité des activités exercées au sein de ces structures.

Art. R. 822-33 Chaque structure d'exercice du commissariat aux comptes doit satisfaire aux exigences suivantes :

1° Disposer des moyens permettant au commissaire aux comptes :

a) D'adapter, en fonction de l'ampleur de la mission, le temps et les ressources humaines qui y sont consacrés ainsi que les techniques mises en œuvre ;

b) De contrôler le respect des règles applicables à la profession et de procéder à une appréciation régulière des risques ;

c) De garantir la continuité et la régularité de ses activités de certification des comptes, notamment par l'utilisation de systèmes, de ressources et de procédures appropriés ;

2° Mettre en œuvre :

a) Des procédures assurant que les conditions d'exercice de chaque mission de certification des comptes respectent les exigences déontologiques, notamment en matière d'indépendance vis-à-vis de la personne ou de l'entité contrôlée et permettant de décider rapidement des mesures de sauvegarde si celles-ci s'avèrent nécessaires ;

b) Des procédures assurant l'absence de toute intervention des actionnaires ou dirigeants de la société de commissaires aux comptes et, le cas échéant, du réseau pouvant compromettre l'indépendance et l'objectivité de la personne mentionnée au premier alinéa de l'article L. 822-9 ;

c) Des procédures assurant le contrôle et la protection de ses systèmes de traitement de l'information ;

d) Des mécanismes assurant le respect des décisions et des procédures définies au sein de la structure d'exercice ;

e) Des procédures assurant que le recours à des tiers, collaborateurs ou experts, pour la réalisation des travaux requis au titre de la mission de certification, ne porte pas atteinte à la qualité du contrôle de qualité interne prévu au *j*, ni à la capacité du Haut conseil à surveiller le respect, par le commissaire aux comptes, de la réglementation en vigueur ;

f) Des procédures assurant la gestion et l'enregistrement des incidents qui ont ou peuvent avoir une conséquence grave sur la qualité de ses activités de certification des comptes ;

g) Des procédures assurant une politique de rémunération appropriée notamment par des incitations à la performance garantes de la qualité de la mission de certification. Les revenus issus des services autres que la certification ne sont pas pris en compte pour l'évaluation de la performance et la rémunération des personnes participant à la mission de certification ou en mesure d'en influencer le déroulement ;

h) Des procédures permettant aux salariés de signaler tous les manquements à la réglementation applicable à la profession ainsi qu'au règlement (UE) n° 537/2014 ;

i) Des procédures permettant l'exécution des missions de certification des comptes et l'organisation du dossier mentionné à l'article R. 823-10 et assurant la formation des salariés ainsi que l'encadrement et le contrôle de leurs activités ;

j) Un dispositif de contrôle de qualité interne, placé sous la responsabilité d'un commissaire aux comptes, personne physique, inscrit sur la liste mentionnée au I de l'article L. 822-1, assurant notamment le respect des exigences prévues au *i*. Ce dispositif est évalué annuellement et les conclusions de cette évaluation ainsi que toute mesure proposée en vue de modifier le dispositif sont conservées pendant un délai de six ans ;

3° Les commissaires aux comptes soumis aux obligations de l'article L. 822-14 mettent en place un mécanisme de rotation progressive conformément au paragraphe 7 de l'article 17 du règlement (UE) n° 537/2014 ;

4° Constituer une documentation appropriée sur la manière dont elle satisfait aux exigences du présent article et la diffuser à ses salariés ;

5° Conserver pendant une durée d'au moins six ans une mention de tous les manquements à la réglementation applicable à la profession, à l'exception des manquements mineurs, et de leurs conséquences ainsi que des mesures prises pour y remédier. Ces mesures font l'objet d'un rapport annuel communiqué aux personnes appropriées au sein de la structure. Lorsque le commissaire aux comptes demande conseil à des tiers, il conserve une copie de cette demande et de la réponse obtenue ;

6° Conserver toute réclamation écrite portant sur la réalisation d'une mission de certification des comptes pendant un délai de six ans.

Art. R. 822-34 Une norme d'exercice professionnel peut simplifier les exigences prévues à l'article R. 822-33 pour la certification des comptes des petites entreprises, au sens du 2 de l'article 3 de la directive 2013/34/UE du Parlement européen et du Conseil du 26 juin 2013 relative aux états financiers annuels, aux états financiers consolidés et aux rapports y afférents de certaines formes d'entreprises, modifiant la directive 2006/43/CE du Parlement européen et du Conseil et abrogeant les directives 78/660/CEE et 83/349/CEE du Conseil.

Art. R. 822-35 Les travaux du commissaire aux comptes relatifs à la certification des comptes d'une entité d'intérêt public font l'objet d'une revue indépendante avant la signature des rapports prévus au dernier alinéa de l'article L. 823-9 et au III de l'article L. 823-16. La revue indépendante a pour objet de vérifier que le signataire pouvait raisonnablement parvenir aux conclusions qui figurent dans les projets de rapport.

La revue indépendante est réalisée par un commissaire aux comptes inscrit sur la liste mentionnée au I de l'article L. 822-1 qui ne participe pas à la mission de certification sur laquelle elle porte.

Lorsque tous les commissaires aux comptes de la société ont participé à la réalisation de la mission, ou lorsque le commissaire aux comptes exerce à titre individuel, la revue indépendante est réalisée par un commissaire aux comptes extérieur à la structure d'exercice.

La transmission de documents ou d'informations au réviseur indépendant aux fins du présent article ne constitue pas une violation du secret professionnel. Les documents ou informations transmis au réviseur aux fins du présent article sont couverts par le secret professionnel.

Lors de la mise en œuvre de la revue indépendante, le réviseur indépendant consigne les éléments mentionnés au paragraphe 4 de l'article 8 du règlement (UE) n° 537/2014.

Le réviseur indépendant évalue les éléments mentionnés au paragraphe 5 de l'article 8 du règlement (UE) n° 537/2014.

Le réviseur échange avec la personne mentionnée au premier alinéa de l'article L. 822-9 ou avec le commissaire aux comptes personne physique sur les conclusions de la revue.

La société de commissaires aux comptes met en place une procédure de règlement des désaccords entre le réviseur indépendant et la personne mentionnée au premier alinéa de l'article L. 822-9.

Le commissaire aux comptes ou la société de commissaires aux comptes et le réviseur indépendant consignent les résultats de la revue indépendante ainsi que les considérations qui sous-tendent ces résultats.

SECTION III DE LA RESPONSABILITÉ CIVILE

Art. R. 822-36 *(Décr. n° 2020-667 du 2 juin 2020, art. 2)* « Tout commissaire aux comptes inscrit sur la liste mentionnée au I de l'article L. 822-1 » doit être couvert par une assurance garantissant la responsabilité prévue à l'article L. 822-17, dans les limites et conditions fixées par arrêté conjoint du garde des sceaux, ministre de la justice, et du *(Décr. n° 2016-1026 du 26 juill. 2016, art. 54)* « ministre chargé de l'économie ». – *[Décr. n° 69-810 du 12 août 1969, art. 84.] – V. art. A. 822-29 s.*

L'art. R. 822-70 a été renuméroté R. 822-36 par le Décr. n° 2016-1026 du 26 juill. 2016, art. 54.

Art. R. 822-37 L'obligation d'assurance prévue à l'article *(Décr. n° 2016-1026 du 26 juill. 2016, art. 56)* « R. 822-36 » est applicable aux sociétés de commissaires aux comptes dans les conditions prévues à l'article *(Décr. n° 2016-1026 du 26 juill. 2016, art. 56)* « R. 822-60 ».

L'art. R. 822-71 a été renuméroté R. 822-37 par le Décr. n° 2016-1026 du 26 juill. 2016, art. 55.

SECTION IV DES SOCIÉTÉS DE COMMISSAIRES AUX COMPTES

SOUS-SECTION 1 DISPOSITIONS COMMUNES AUX DIVERSES SOCIÉTÉS

§ 1er DE LA CONSTITUTION, DE L'INSCRIPTION ET DE L'IMMATRICULATION

Art. R. 822-38 Si les statuts sont établis par acte sous seing privé, il en est dressé autant d'originaux qu'il est nécessaire pour la remise d'un exemplaire à chaque associé et pour satisfaire aux dispositions du présent titre. — *[Décr. n° 69-810 du 12 août 1969, art. 132.]*

L'art. R. 822-72 a été renuméroté R. 822-38 par le Décr. n° 2016-1026 du 26 juill. 2016, art. 55.

Art. R. 822-39 *(Décr. n° 2016-1026 du 26 juill. 2016, art. 57)* Le siège des sociétés de commissaires aux comptes est fixé dans le ressort de la compagnie régionale à laquelle est rattaché le plus grand nombre d'actionnaires ou d'associés. Si deux ou plusieurs compagnies régionales comptent le même nombre d'actionnaires ou *[d']*associés, le siège peut être fixé au choix des actionnaires ou associés dans l'une de celles-ci.

Si le plus grand nombre d'actionnaires ou d'associés est rattaché à une autre compagnie régionale par suite d'une modification de la détention du capital social, la société dispose d'un délai d'un an pour transférer son siège social.

L'art. R. 822-73 a été renuméroté R. 822-39 par le Décr. n° 2016-1026 du 26 juill. 2016, art. 55.

Pour l'application de l'art. R. 822-39, le siège des sociétés de commissaires aux comptes inscrites sur la liste mentionnée au I de l'art. L. 822-1 avant la date d'entrée en vigueur du Décr. n° 2020-667 du 2 juin 2020 ne peut pas être modifié du seul fait des regroupements de compagnies régionales des commissaires aux comptes (Décr. préc., art. 5, al. 3, JO 4 juin).

Art. R. 822-40 La société est constituée sous la condition suspensive de son inscription sur la liste établie *(Décr. n° 2016-1026 du 26 juill. 2016, art. 58)* « par le Haut conseil ». — *[Décr. n° 69-810 du 12 août 1969, art. 6 et 129, al. 1er.]*

L'art. R. 822-74 a été renuméroté R. 822-40 par le Décr. n° 2016-1026 du 26 juill. 2016, art. 55.

Art. R. 822-41 La demande d'inscription d'une société est présentée collectivement par les associés et adressée *(Décr. n° 2016-1026 du 26 juill. 2016, art. 59-1°)* « au Haut conseil dans les conditions prévues aux articles R. 822-8 à R. 822-11 ».

Il y est joint :

1° Un exemplaire des statuts ;

2° Une requête de chaque associé sollicitant l'inscription de la société ;

3° La liste des actionnaires ou associés précisant pour chacun d'eux : les nom, prénoms, domicile, l'inscription sur la liste des commissaires aux comptes, et *(Décr. n° 2012-607 du 30 avr. 2012, art. 14-1°)* « le nombre de droits de vote » que les actionnaires ou associés détiennent ;

4° La liste des personnes qui sont membres des organes de gestion, de direction, d'administration ou de surveillance de la société. Les commissaires aux comptes membres des organes de gestion, de direction, d'administration ou de surveillance produisent la justification de leur inscription sur la liste des commissaires aux comptes. *(Décr. n° 2012-607 du 30 avr. 2012, art. 14-2°)* « Toutefois, en cas de demande d'inscription d'une société concomitante avec la demande d'inscription d'un commissaire aux comptes mentionné par le présent alinéa, celui-ci joint la justification de sa demande d'inscription. » *(Décr. n° 2016-1026 du 26 juill. 2016, art. 59-2°)* « Le Haut conseil vérifie au moment où il statue sur la demande d'inscription de la société que tous les commissaires aux comptes visés par le présent alinéa ont été inscrits ; »

5° Une attestation du greffier du tribunal de commerce du lieu du siège social constatant le dépôt au greffe de la demande et des pièces nécessaires à l'immatriculation ultérieure de la société au registre du commerce et des sociétés. — *[Décr. n° 69-810 du 12 août 1969, art. 9, art. 130, al. 1er à 5, art. 167, al. 1er, 2 et 6, et art. 169-5.]*

L'art. R. 822-75 a été renuméroté R. 822-41 par le Décr. n° 2016-1026 du 26 juill. 2016, art. 55.

Art. R. 822-42 La demande d'inscription d'une société peut être présentée par le représentant légal de la société. La requête signée par le représentant légal de la société accompagnée de la délibération de l'assemblée générale constitutive des actionnaires ou associés autorisant ce représentant à demander l'inscription de la société doivent être jointes à la demande. – *[Décr. n° 69-810 du 12 août 1969, art. 167, al. 3.]*

L'art. R. 822-76 a été renuméroté R. 822-42 par le Décr. n° 2016-1026 du 26 juill. 2016, art. 55.

Art. R. 822-43 L'enregistrement et la transmission de la demande d'inscription de la société répondent aux conditions prévues à l'article *(Décr. n° 2016-1026 du 26 juill. 2016, art. 60)* « R. 822-9 ».

Le *(Décr. n° 2016-1026 du 26 juill. 2016, art. 60)* « Haut conseil ou son délégataire » demande le bulletin n° 2 du casier judiciaire des membres des organes de gestion, de direction, d'administration ou de surveillance qui ne sont pas commissaires aux comptes. – *[Décr. n° 69-810 du 12 août 1969, art. 9.]*

L'art. R. 822-77 a été renuméroté R. 822-43 par le Décr. n° 2016-1026 du 26 juill. 2016, art. 55.

Art. R. 822-44 Une copie de la demande d'inscription est adressée par chacun des associés au président de la compagnie régionale dont il est membre. – *[Décr. n° 69-810 du 12 août 1969, art. 130, al. 6.]*

L'art. R. 822-78 a été renuméroté R. 822-44 par le Décr. n° 2016-1026 du 26 juill. 2016, art. 55.

Art. R. 822-45 *(Décr. n° 2016-1026 du 26 juill. 2016, art. 61)* Si une société de commissaires aux comptes transfère son siège social hors du ressort de la compagnie régionale à laquelle elle est rattachée, elle en informe sans délai le Haut conseil.

L'art. R. 822-79 a été renuméroté R. 822-45 par le Décr. n° 2016-1026 du 26 juill. 2016, art. 55.

Art. R. 822-46 La société de commissaires aux comptes qui se transforme en société de commissaires aux comptes d'une autre forme demande la modification correspondante de son inscription sur la liste. La demande est adressée *(Décr. n° 2016-1026 du 26 juill. 2016, art. 63-1°)* « au Haut conseil » qui s'assure, avant de procéder à cette modification, de la conformité des nouveaux statuts avec les dispositions législatives et réglementaires régissant la société.

En cas de non-conformité, *(Décr. n° 2016-1026 du 26 juill. 2016, art. 63-2°)* « le Haut conseil » impartit un délai de régularisation. Si la situation n'a pas été régularisée à l'expiration de ce délai, *(Décr. n° 2016-1026 du 26 juill. 2016, art. 63-2°)* « le Haut conseil » prononce la radiation. – *[Décr. n° 69-810 du 12 août 1969, art. 164.]*

(Décr. n° 2012-607 du 30 avr. 2012, art. 16 ; Décr. n° 2016-1026 du 26 juill. 2016, art. 63-3°) « La demande de modification est reçue et examinée dans les conditions prévues par l'article R. 822-15. »

L'art. R. 822-82 a été renuméroté R. 822-46 par le Décr. n° 2016-1026 du 26 juill. 2016, art. 62.

Art. R. 822-47 La société ne peut être immatriculée au registre du commerce et des sociétés et exercer la profession de commissaire aux comptes qu'après son inscription sur la liste. – *[Décr. n° 69-810 du 12 août 1969, art. 129, al. 2 et art. 169-4, al. 2.]*

L'art. R. 822-83 a été renuméroté R. 822-47 par le Décr. n° 2016-1026 du 26 juill. 2016, art. 62.

Art. R. 822-48 La demande d'immatriculation de la société au registre du commerce et des sociétés est établie dans les conditions prévues au livre Ier.

L'avis inséré au *Bulletin officiel des annonces civiles et commerciales* contient les indications prévues à l'article R. 123-157. – *[Décr. n° 69-810 du 12 août 1969, art. 137-1, 169-6 et 169-7.]*

L'art. R. 822-84 a été renuméroté R. 822-48 par le Décr. n° 2016-1026 du 26 juill. 2016, art. 62.

Art. R. 822-49 Le *(Décr. n° 2016-1026 du 26 juill. 2016, art. 64)* « Haut conseil » adresse une ampliation de la décision d'inscription de la société sur la liste au greffe du tribunal où a été déposée la demande d'immatriculation de la société au registre du commerce et des sociétés. La production de cette ampliation justifie que la société dispose de l'autorisation nécessaire à l'exercice de son activité et que les membres disposent eux-mêmes de l'autorisation, des diplômes ou des titres nécessaires à l'exercice de cette activité.

Au reçu de cette ampliation le greffier procède à l'immatriculation de la société.

En cas de refus d'immatriculation de la société il en informe le *(Décr. n° 2016-1026 du 26 juill. 2016, art. 64)* « Haut conseil ». – *[Décr. n° 69-810 du 12 août 1969, art. 137-2.]*

L'art. R. 822-85 a été renuméroté R. 822-49 par le Décr. n° 2016-1026 du 26 juill. 2016, art. 62.

§ 2 DE L'ORGANISATION ET DU FONCTIONNEMENT

Art. R. 822-50 Toute cession par l'un des associés de la totalité ou d'une fraction de ses titres de capital ou parts sociales à un tiers en vue de l'exercice de la profession au sein de la société est faite sous la condition suspensive de l'inscription sur la liste du nouvel associé. – *[Décr. n° 69-810 du 12 août 1969, art. 147, al. 1er, et art. 169-11, al. 1er.]*

L'art. R. 822-87 a été renuméroté R. 822-50 par le Décr. n° 2016-1026 du 26 juill. 2016, art. 62.

Art. R. 822-51 L'un des originaux ou une expédition de l'acte de cession des titres ou parts et, le cas échéant, de l'acte modifiant les statuts de la société est transmis pour information *(Décr. n° 2016-1026 du 26 juill. 2016, art. 65)* « au Haut conseil ». – *[Décr. n° 69-810 du 12 août 1969, art. 156, al. 2, et art. 169-12.]*

L'art. R. 822-88 a été renuméroté R. 822-51 par le Décr. n° 2016-1026 du 26 juill. 2016, art. 62.

Art. R. 822-52 En cas de retrait ou d'entrée d'associés, d'actionnaires, de membres des organes de gestion, de direction, d'administration ou de surveillance *(Décr. n° 2020-292 du 21 mars 2020, art. 21)* « [,] la société demande au Haut conseil la modification des mentions figurant sur la liste du I de l'article L. 822-1 ».

Si *(Décr. n° 2020-292 du 21 mars 2020, art. 21)* « le Haut conseil » constate que la société, à la suite de l'opération, demeure constituée en conformité avec les dispositions législatives ou réglementaires qui la régissent, notamment l'article L. *(Décr. n° 2016-1026 du 26 juill. 2016, art. 66-2°)* « 822-1-3, » l'inscription de la société sur la liste *(Décr. n° 2016-1026 du 26 juill. 2016, art. 66-2°)* « est modifiée ».

Dans le cas contraire, *(Décr. n° 2016-1026 du 26 juill. 2016, art. 66-3°)* « le Haut conseil lui impartit » un délai de régularisation. Si la situation n'a pas été régularisée à l'expiration de ce délai, *(Décr. n° 2016-1026 du 26 juill. 2016, art. 66-3°)* « il » prononce la radiation de la société.

(Abrogé par Décr. n° 2016-1026 du 26 juill. 2016, art. 66-4°) « ***Cette décision est susceptible de recours de la part de la société concernée, devant le Haut conseil du commissariat aux comptes, dans les conditions prévues aux articles R. 822-24 et suivants. Ce recours est suspensif.*** » – *[Décr. n° 69-810 du 12 août 1969, art. 157, 169 et 169-13.]*

L'art. R. 822-89 a été renuméroté R. 822-52 par le Décr. n° 2016-1026 du 26 juill. 2016, art. 62.

§ 3 DE L'EXERCICE DE LA PROFESSION PAR LA SOCIÉTÉ

Art. R. 822-53 L'appellation de "société de commissaires aux comptes" ne peut être utilisée que par les *(Décr. n° 2020-667 du 2 juin 2020, art. 2)* « sociétés inscrites sur la liste mentionnée au I de l'article L. 822-1 ». – *[Décr. n° 69-810 du 12 août 1969, art. 74.]*

L'art. R. 822-90 a été renuméroté R. 822-53 par le Décr. n° 2016-1026 du 26 juill. 2016, art. 62.

Art. R. 822-54 Sauf dérogation prévue par le présent titre concernant les élections aux conseils et instances de la compagnie, les *(Décr. n° 2020-667 du 2 juin 2020, art. 2)* « sociétés inscrites sur la liste mentionnée au I de l'article L. 822-1 » bénéfi-

cient des mêmes droits et sont soumises aux mêmes obligations que les personnes physiques. – *[Décr. n° 69-810 du 12 août 1969, art. 68.]*

L'art. R. 822-91 a été renuméroté R. 822-54 par le Décr. n° 2016-1026 du 26 juill. 2016, art. 62.

Art. R. 822-55 **Sous réserve de l'application des dispositions du présent titre, toutes dispositions législatives et réglementaires relatives à l'exercice de la profession de commissaire aux comptes sont applicables aux sociétés et à leurs membres exerçant au sein de la société.** – *[Décr. n° 69-810 du 12 août 1969, art. 169-17.]*

L'art. R. 822-92 a été renuméroté R. 822-55 par le Décr. n° 2016-1026 du 26 juill. 2016, art. 62.

Art. R. 822-56 **Outre les mentions prévues à l'article R. 123-237, dans toutes les correspondances et tous les documents émanant de la société, la raison ou dénomination sociale est accompagnée de la désignation de société de commissaires aux comptes complétée par l'indication de sa forme juridique.** – *[Décr. n° 69-810 du 12 août 1969, art. 170.]*

L'art. R. 822-93 a été renuméroté R. 822-56 par le Décr. n° 2016-1026 du 26 juill. 2016, art. 62.

Art. R. 822-57 **Dans les actes professionnels, la personne qui exerce les fonctions de commissaire aux comptes au nom de la société indique la raison ou dénomination sociale de la société dont il est membre.** – *[Décr. n° 69-810 du 12 août 1969, art. 171.]*

L'art. R. 822-95 a été renuméroté R. 822-57 par le Décr. n° 2016-1026 du 26 juill. 2016, art. 67-I.

Art. R. 822-58 **Les associés ou actionnaires s'informent mutuellement de leur activité au sein de la société. La communication de ces informations entre associés ou actionnaires ne constitue pas une violation du secret professionnel.** – *[Décr. n° 69-810 du 12 août 1969, art. 172.]*

L'art. R. 822-96 a été renuméroté R. 822-58 par le Décr. n° 2016-1026 du 26 juill. 2016, art. 67-I.

Art. R. 822-59 **Les registres, répertoires et documents prévus par les textes réglementaires sont ouverts et établis au nom de la société.** – *[Décr. n° 69-810 du 12 août 1969, art. 174, al. 1er.]*

L'art. R. 822-97 a été renuméroté R. 822-59 par le Décr. n° 2016-1026 du 26 juill. 2016, art. 67-I.

Art. R. 822-60 **L'obligation d'assurance prévue à l'article** *(Décr. n° 2016-1026 du 26 juill. 2016, art. 67-II)* **« R. 822-36 » est applicable aux sociétés de commissaires aux comptes, sans préjudice de l'obligation des associés ou des actionnaires, de contracter personnellement une assurance.**

L'assurance de la responsabilité civile professionnelle exigée par le troisième alinéa de l'article 16 de la loi n° 66-879 du 29 novembre 1966 est contractée par la société. – *[Décr. n° 69-810 du 12 août 1969, art. 174, al. 2 et 3.]*

L'art. R. 822-98 a été renuméroté R. 822-60 par le Décr. n° 2016-1026 du 26 juill. 2016, art. 67-I.

Art. R. 822-61 *(Décr. n° 2016-1026 du 26 juill. 2016, art. 68)* **« Sous réserve des articles R. 822-62 et R. 822-63, les dispositions du chapitre IV relatives à la discipline des commissaires aux comptes sont applicables à la société et aux actionnaires ou associés. »**

La société peut faire l'objet de poursuites disciplinaires indépendamment de celles qui seraient intentées contre les actionnaires ou associés. – *[Décr. n° 69-810 du 12 août 1969, art. 175.]*

L'art. R. 822-99 a été renuméroté R. 822-61 par le Décr. n° 2016-1026 du 26 juill. 2016, art. 67-I.

Art. R. 822-62 **Les statuts peuvent prévoir que tout actionnaire ou associé condamné à la sanction disciplinaire** *(Décr. n° 2020-292 du 21 mars 2020, art. 22)* **« ou pénale »**

de l'interdiction temporaire pour une durée égale ou supérieure à trois mois, est contraint, par l'unanimité des autres actionnaires ou associés, de se retirer de la société. Lorsqu'il s'agit d'une société civile professionnelle, ses parts sociales sont alors cédées dans les conditions prévues à l'article *(Décr. nº 2016-1026 du 26 juill. 2016, art. 69-1º)* « R. 822-90 ». Lorsqu'il s'agit d'une autre société de commissaires aux comptes, l'actionnaire ou l'associé dispose d'un délai de six mois à compter du jour où la décision prononçant son exclusion lui a été notifiée, *(Décr. nº 2016-1218 du 13 sept. 2016, art. 3-1º)* « pour céder ses actions ou parts sociales dans la société ». *(Décr. nº 2020-292 du 21 mars 2020, art. 22)* « Les conditions et modalités de la cession, applicables lorsque l'actionnaire ou l'associé n'a pas procédé à la cession dans ce délai, sont déterminées par les statuts. »

L'actionnaire ou associé interdit temporairement ou suspendu provisoirement *(Abrogé par Décr. nº 2016-1026 du 26 juill. 2016, art. 69-2º) « par le garde des sceaux »* conserve, en dépit de son incapacité à exercer toute activité professionnelle de commissaire aux comptes, sa qualité d'actionnaire ou d'associé avec tous les droits et obligations qui en découlent. Il ne perçoit dans ce cas *(Décr. nº 2020-292 du 21 mars 2020, art. 22)* « aucune rémunération autre que celle liée à la détention de ses actions ou parts sociales.

« Les dispositions du deuxième alinéa du présent article sont applicables jusqu'à ce que la cession soit définitive. »

Toutefois, lorsqu'il est membre de l'organe de gestion, de direction, d'administration ou de surveillance d'une société de commissaire aux comptes, il ne peut pas exercer ses fonctions au sein de l'un de ces organes pendant la durée de la mesure de suspension ou d'interdiction dont il est l'objet. — *[Décr. nº 69-810 du 12 août 1969, art. 176.]*

L'art. R. 822-100 a été renuméroté R. 822-62 par le Décr. nº 2016-1026 du 26 juill. 2016, art. 67-I.

Art. R. 822-63 L'actionnaire ou associé radié de la liste cesse d'exercer son activité professionnelle de commissaire aux comptes à compter *(Décr. nº 2020-292 du 21 mars 2020, art. 23)* « de la notification de la décision de radiation ». Lorsqu'il s'agit d'une société civile professionnelle, ses parts sociales sont cédées dans les conditions fixées à l'article *(Décr. nº 2016-1026 du 26 juill. 2016, art. 70-I)* « R. 822-89 ». Lorsqu'il s'agit d'une autre société de commissaires aux comptes, l'actionnaire ou l'associé dispose d'un délai de six mois à compter *(Décr. nº 2020-292 du 21 mars 2020, art. 23)* « de la notification de la décision de radiation », *(Décr. nº 2016-1218 du 13 sept. 2016, art. 3-1º)* « pour céder ses actions ou parts sociales dans la société » *(Décr. nº 2020-292 du 21 mars 2020, art. 23)* « , le cas échéant en respectant la procédure d'agrément prévue par les articles L. 223-14 et L. 228-24. Si à l'expiration de ce délai aucune cession n'est intervenue, la société dispose d'un délai de six mois pour notifier aux actionnaires ou associés, un projet de cession des actions ou parts sociales de l'actionnaire ou de l'associé radié à un tiers ou à un associé ou actionnaire, ou un projet de rachat de ces mêmes actions ou parts sociales par elle-même. Si le prix proposé pour la cession ou le rachat n'est pas accepté par le cédant, il est fixé conformément à l'article 1843-4 du code civil. Si l'associé refuse de signer l'acte de cession d'actions ou de parts sociales, la cession résulte de la sommation effectuée dans les formes prévues par l'article 1690 du code civil et demeurée infructueuse. » — *[Décr. nº 69-810 du 12 août 1969, art. 177.]*

L'art. R. 822-101 a été renuméroté R. 822-63 par le Décr. nº 2016-1026 du 26 juill. 2016, art. 67-I.

Art. R. 822-64 Sous réserve des règles de protection et de représentation des majeurs protégés par la loi, les dispositions des articles *(Décr. nº 2016-1026 du 26 juill. 2016, art. 70-II)* « R. 822-63 et R. 822-89 » sont applicables à la cession des titres de capital ou parts sociales de l'associé frappé d'interdiction légale ou placé sous le régime de la tutelle. — *[Décr. nº 69-810 du 12 août 1969, art. 151, al. 1er.]*

L'art. R. 822-102 a été renuméroté R. 822-64 par le Décr. nº 2016-1026 du 26 juill. 2016, art. 67-I.

§ 4 DE LA DISSOLUTION ET DE LA LIQUIDATION

Art. R. 822-65 La société prend fin à l'expiration du temps pour lequel elle a été constituée. Toutefois, la dissolution anticipée peut être décidée par les trois quarts au moins des associés disposant ensemble des trois quarts des voix. – *[Décr. n° 69-810 du 12 août 1969, art. 158 et 169-14.]*

L'art. R. 822-103 a été renuméroté R. 822-65 par le Décr. n° 2016-1026 du 26 juill. 2016, art. 67-I.

Art. R. 822-66 La société est dissoute de plein droit par le décès simultané de tous les associés ou par le décès du dernier survivant des associés si tous sont décédés successivement, sans qu'à la date du décès du dernier d'entre eux, les parts sociales ou les titres de capital des autres aient été cédés à des tiers. – *[Décr. n° 69-810 du 12 août 1969, art. 160.]*

L'art. R. 822-104 a été renuméroté R. 822-66 par le Décr. n° 2016-1026 du 26 juill. 2016, art. 67-I.

Art. R. 822-67 La liquidation est régie par les statuts, sous réserve des dispositions du code civil, et de celles du livre II et du présent paragraphe du présent code. – *[Décr. n° 69-810 du 12 août 1969, art. 169-15.]*

L'art. R. 822-105 a été renuméroté R. 822-67 par le Décr. n° 2016-1026 du 26 juill. 2016, art. 67-I.

Art. R. 822-68 Sauf en cas de radiation de la société, le liquidateur peut être choisi parmi les associés. Les fonctions de liquidateur ne peuvent être confiées à un commissaire aux comptes ayant fait l'objet d'une mesure disciplinaire. – *[Décr. n° 69-810 du 12 août 1969, art. 162 et 169-16, al. 1er.]*

L'art. R. 822-106 a été renuméroté R. 822-68 par le Décr. n° 2016-1026 du 26 juill. 2016, art. 67-I.

Art. R. 822-69 Plusieurs liquidateurs peuvent être désignés.

L'acte de nomination du liquidateur, quelle que soit sa forme, est adressé par ce dernier *(Décr. n° 2016-1026 du 26 juill. 2016, art. 71-I)* « au Haut conseil ».

La décision judiciaire ou la décision de l'assemblée des associés qui nomme le liquidateur fixe sa rémunération. – *[Décr. n° 69-810 du 12 août 1969, art. 163, al. 1er, et art. 169-16, al. 3 à 5.]*

L'art. R. 822-107 a été renuméroté R. 822-69 par le Décr. n° 2016-1026 du 26 juill. 2016, art. 67-I.

Art. R. 822-70 Le liquidateur informe *(Décr. n° 2016-1026 du 26 juill. 2016, art. 71-II)* « le Haut conseil » de la clôture de la liquidation. – *[Décr. n° 69-810 du 12 août 1969, art. 163, al. 2, et art. 169-16, al. 6.]*

L'art. R. 822-108 a été renuméroté R. 822-70 par le Décr. n° 2016-1026 du 26 juill. 2016, art. 67-I.

SOUS-SECTION 2 DISPOSITIONS APPLICABLES AUX SOCIÉTÉS CIVILES PROFESSIONNELLES

§ 1er *DE LA CONSTITUTION*

Art. R. 822-71 Deux ou plusieurs commissaires aux comptes peuvent constituer entre eux une société civile professionnelle, pour l'exercice en commun de leur profession.

Cette société reçoit l'appellation de société civile professionnelle de commissaires aux comptes. – *[Décr. n° 69-810 du 12 août 1969, art. 128, al. 1er et 2.]*

L'art. R. 822-109 a été renuméroté R. 822-71 par le Décr. n° 2016-1026 du 26 juill. 2016, art. 67-I.

Art. R. 822-72 Les statuts satisfont aux prescriptions des articles 8, 11, 14, 15, 19, 20 et 24 de la loi n° 66-879 du 29 novembre 1966. Ils indiquent en outre :

1° Les nom, prénoms et domicile de chaque associé ;

2° La durée pour laquelle la société est constituée ;
3° L'adresse du siège social ;
4° La nature et l'évaluation distincte de chacun des apports faits par les associés ;
5° Le montant du capital social, le montant, le nombre et la répartition des parts sociales représentatives de ce capital ;
6° Le nombre des parts d'intérêts attribuées à chaque apporteur en industrie ;
7° L'affirmation de la libération totale ou partielle, selon le cas, des apports concourant à la formation du capital social. — *[Décr. n° 69-810 du 12 août 1969, art. 133.] — V. L. n° 66-879 du 29 nov. 1966. —* ***C. sociétés.***

L'art. R. 822-110 a été renuméroté R. 822-72 par le Décr. n° 2016-1026 du 26 juill. 2016, art. 67-I.

Art. R. 822-73 Par application de l'article 11 de la loi n° 66-879 du 29 novembre 1966, les statuts organisent la gérance et déterminent les pouvoirs des gérants. — *[Décr. n° 69-810 du 12 août 1969, art. 138.]*

L'art. R. 822-111 a été renuméroté R. 822-73 par le Décr. n° 2016-1026 du 26 juill. 2016, art. 67-I.

Art. R. 822-74 Peuvent être apportés en société, en propriété ou en jouissance :
1° Tous droits incorporels, mobiliers ou immobiliers ;
2° Tous documents et archives et, d'une manière générale, tous objets mobiliers à usage professionnel ;
3° Les immeubles ou locaux utiles à l'exercice de la profession ;
4° Toutes sommes en numéraire ;
5° L'industrie des associés, laquelle en vertu de l'article 10 de la loi n° 66-879 du 29 novembre 1966 ne concourt pas à la formation du capital mais peut donner lieu à l'attribution de parts en industrie. — *[Décr. n° 69-810 du 12 août 1969, art. 134.]*

L'art. R. 822-112 a été renuméroté R. 822-74 par le Décr. n° 2016-1026 du 26 juill. 2016, art. 67-I.

Art. R. 822-75 Les parts sociales ne peuvent être données en nantissement.
Les parts en industrie attribuées aux apporteurs en industrie sont incessibles et sont annulées lorsque leur titulaire perd sa qualité d'associé pour quelque cause que ce soit. — *[Décr. n° 69-810 du 12 août 1969, art. 135.]*

L'art. R. 822-113 a été renuméroté R. 822-75 par le Décr. n° 2016-1026 du 26 juill. 2016, art. 67-I.

Art. R. 822-76 Les parts sociales représentant un apport en numéraire doivent être libérées, lors de la souscription, de la moitié au moins de leur montant nominal.
La libération du surplus doit intervenir, en une ou plusieurs fois, soit aux dates prévues par les statuts, soit sur décision de l'assemblée des associés et au plus tard dans le délai de deux ans à compter de l'inscription de la société sur la liste.
Dans les huit jours de leur réception, les fonds provenant de la libération des apports en numéraire sont déposés, pour le compte de la société, à la Caisse des dépôts et consignations, chez un notaire ou dans un établissement de crédit. Le retrait de ces fonds est effectué par le mandataire de la société sur justification de l'inscription de celle-ci sur la liste. — *[Décr. n° 69-810 du 12 août 1969, art. 136.]*

L'art. R. 822-114 a été renuméroté R. 822-76 par le Décr. n° 2016-1026 du 26 juill. 2016, art. 67-I.

Art. R. 822-77 Par dérogation aux articles 22, 24 et 26 du décret n° 78-704 du 3 juillet 1978 relatif à l'application de la loi n° 78-9 du 4 janvier 1978 modifiant le titre IX du livre III du code civil, la société est dispensée d'insérer dans un *(Décr. n° 2020-106 du 10 févr. 2020, art. 12)* « support » habilité à recevoir des annonces légales les avis prévus auxdits articles. — *[Décr. n° 69-810 du 12 août 1969, art. 137.] — V. les textes préc. au* ***C. sociétés.***

L'art. R. 822-115 a été renuméroté R. 822-77 par le Décr. n° 2016-1026 du 26 juill. 2016, art. 67-I.

§ 2 DE L'ORGANISATION ET DU FONCTIONNEMENT

Art. R. 822-78 Les décisions qui excèdent les pouvoirs des gérants sont prises par les associés réunis en assemblée.

L'assemblée est réunie au moins une fois par an. Elle est aussi réunie lorsque plusieurs associés, représentant au moins la moitié en nombre et le quart en capital, en font la demande, en indiquant l'ordre du jour.

Les modalités de convocation de l'assemblée sont fixées par les statuts. – *[Décr. nº 69-810 du 12 août 1969, art. 139.]*

L'art. R. 822-116 a été renuméroté R. 822-78 par le Décr. nº 2016-1026 du 26 juill. 2016, art. 67-I.

Art. R. 822-79 Toute délibération de l'assemblée donne lieu à l'établissement d'un procès-verbal signé par les associés présents qui contient notamment, la date et le lieu de la réunion, les questions inscrites à l'ordre du jour, l'identité des associés présents ou représentés, un résumé des débats, le texte des résolutions mises aux voix et le résultat des votes.

Les procès-verbaux sont établis sur un registre spécial préalablement coté et paraphé par le greffier chargé de la tenue du registre où est immatriculée la société et conservé au siège social. – *[Décr. nº 69-810 du 12 août 1969, art. 140.]*

L'art. R. 822-117 a été renuméroté R. 822-79 par le Décr. nº 2016-1026 du 26 juill. 2016, art. 67-I.

Art. R. 822-80 Les statuts fixent le nombre des voix dont dispose chaque associé.

Un associé peut donner mandat écrit à un autre associé de le représenter à l'assemblée.

L'assemblée ne délibère valablement que si les trois quarts au moins des associés sont présents ou représentés. Si ce quorum n'est pas atteint, les associés sont convoqués une nouvelle fois et l'assemblée délibère valablement si deux associés au moins sont présents. – *[Décr. nº 69-810 du 12 août 1969, art. 141.]*

L'art. R. 822-118 a été renuméroté R. 822-80 par le Décr. nº 2016-1026 du 26 juill. 2016, art. 67-I.

Art. R. 822-81 Sous réserve des dispositions de la loi nº 66-879 du 29 novembre 1966 et du présent paragraphe imposant des conditions spéciales de majorité, les décisions sont prises à la majorité des voix dont disposent les associés présents ou représentés.

Toutefois, les statuts peuvent prévoir une majorité plus forte ou même l'unanimité des associés pour toutes les décisions ou seulement pour celles qu'ils énumèrent. – *[Décr. nº 69-810 du 12 août 1969, art. 142.]*

L'art. R. 822-119 a été renuméroté R. 822-81 par le Décr. nº 2016-1026 du 26 juill. 2016, art. 67-I.

Art. R. 822-82 La modification des statuts et la prorogation de la société sont décidées à la majorité des trois quarts des voix dont dispose l'ensemble des associés présents ou représentés. – *[Décr. nº 69-810 du 12 août 1969, art. 143.]*

L'art. R. 822-120 a été renuméroté R. 822-82 par le Décr. nº 2016-1026 du 26 juill. 2016, art. 67-I.

Art. R. 822-83 Après la clôture de chaque exercice, les gérants établissent, dans les conditions fixées par les statuts, les comptes annuels de la société et un rapport sur les résultats de celle-ci.

Les documents mentionnés à l'alinéa précédent sont soumis à l'approbation de l'assemblée des associés dans le délai de six mois qui suit la clôture de chaque exercice. A cette fin, ils sont adressés à chaque associé, avec le texte des résolutions proposées, quinze jours au moins avant la réunion de l'assemblée et, au plus tard, avec la convocation de cette assemblée. – *[Décr. nº 69-810 du 12 août 1969, art. 144.]*

L'art. R. 822-121 a été renuméroté R. 822-83 par le Décr. nº 2016-1026 du 26 juill. 2016, art. 67-I.

Art. R. 822-84 Chaque associé peut, à toute époque, prendre connaissance par lui-même des rapports et comptes sociaux concernant les exercices antérieurs, des registres de procès-verbaux, des dossiers et documents établis conformément à l'article R. 823-10, et plus généralement de tous documents détenus par la société. – *[Décr. n° 69-810 du 12 août 1969, art. 145.]*

L'art. R. 822-122 a été renuméroté R. 822-84 par le Décr. n° 2016-1026 du 26 juill. 2016, art. 67-I.

Art. R. 822-85 Si les réserves constituées au moyen de bénéfices non distribués ou de plus-values d'actif dues à l'industrie des associés le permettent, il est procédé périodiquement à l'augmentation du capital social. Les parts sociales créées à cet effet sont réparties entre les associés, y compris ceux qui n'ont apporté que leur industrie. Les statuts fixent les conditions d'application du présent alinéa.

Le capital ne peut être augmenté par incorporation de réserves avant la libération intégrale des parts sociales souscrites en numéraire. – *[Décr. n° 69-810 du 12 août 1969, art. 146.]*

L'art. R. 822-123 a été renuméroté R. 822-85 par le Décr. n° 2016-1026 du 26 juill. 2016, art. 67-I.

Art. R. 822-86 Un associé ne peut céder tout ou partie de ses parts sociales à un tiers étranger à la société que si le cessionnaire est préalablement agréé par la société dans les conditions prévues au premier alinéa de l'article 19 de la loi n° 66-879 du 29 novembre 1966.

Le projet de cession est notifié à la société et à chacun des associés, soit dans les formes prévues par l'article 1690 du code civil, soit par lettre recommandée avec demande d'avis de réception. – *[Décr. n° 69-810 du 12 août 1969, art. 147, al. 2.]*

L'art. R. 822-124 a été renuméroté R. 822-86 par le Décr. n° 2016-1026 du 26 juill. 2016, art. 67-I.

Art. R. 822-87 Si la société refuse d'agréer le cessionnaire, elle notifie, dans le délai de six mois à compter de la notification de son refus, dans les formes prévues à l'article précédent, dans les mêmes formes à l'associé qui persiste dans son intention de céder ses parts sociales, un projet de cession conformément aux dispositions du troisième alinéa de l'article 19 de la loi n° 66-879 du 29 novembre 1966. Cette notification implique un engagement du cessionnaire ou de la société qui se porte acquéreur. – *V. L. n° 66-879 du 29 nov. 1966, art. 19, al. 3. –* **C. *sociétés.***

Si le prix proposé pour la cession n'est pas accepté par le cédant, il est fixé conformément aux dispositions de l'article 1843-4 du code civil. – *[Décr. n° 69-810 du 12 août 1969, art. 148.]*

L'art. R. 822-125 a été renuméroté R. 822-87 par le Décr. n° 2016-1026 du 26 juill. 2016, art. 67-I.

Art. R. 822-88 Lorsqu'un associé entend se retirer de la société en application de l'article 21 de la loi n° 66-879 du 29 novembre 1966, il notifie sa décision à la société dans l'une des formes prévues à l'article *(Décr. n° 2016-1026 du 26 juill. 2016, art. 71-III)* « R. 822-86 ».

La société dispose de six mois à compter de cette notification pour notifier à l'associé, dans la même forme, un projet de cession de ses parts à un tiers ou à un associé ou un projet de rachat des parts par la société. Cette notification implique un engagement du cessionnaire ou de la société qui se porte acquéreur.

Si le prix proposé pour la cession ou le rachat n'est pas accepté par le cédant, il est fixé conformément aux dispositions de l'article 1843-4 du code civil. – *[Décr. n° 69-810 du 12 août 1969, art. 149.]*

L'art. R. 822-126 a été renuméroté R. 822-88 par le Décr. n° 2016-1026 du 26 juill. 2016, art. 67-I.

Art. R. 822-89 L'associé qui est personnellement radié de la liste dispose d'un délai de six mois à compter *(Décr. n° 2020-292 du 21 mars 2020, art. 24)* « de la notification de la décision de radiation » pour céder ses parts sociales, soit à un tiers dans les conditions prévues aux articles *(Décr. n° 2016-1026 du 26 juill. 2016, art. 71-IV)* « R. 822-50 et R. 822-86 », soit aux associés ou à l'un ou plusieurs d'entre eux, soit à la société.

Si à l'expiration de ce délai aucune cession n'est intervenue, il est procédé conformément aux dispositions de l'article *(Décr. nº 2016-1026 du 26 juill. 2016, art. 71-IV)* **« R. 822-87 ».**

Si l'associé refuse de signer l'acte de cession de ses parts sociales qui lui est proposé, il est exclu de plein droit de la société, deux mois après la sommation dans l'une des formes prévues à l'article *(Décr. nº 2016-1026 du 26 juill. 2016, art. 71-IV)* **« R. 822-86 », à lui faite par la société et demeurée infructueuse. Le prix de cession des parts est consigné à la diligence du cessionnaire.** – *[Décr. nº 69-810 du 12 août 1969, art. 150.]*

L'art. R. 822-127 a été renuméroté R. 822-89 par le Décr. nº 2016-1026 du 26 juill. 2016, art. 67-I.

Art. R. 822-90 **Les dispositions de l'article** *(Décr. nº 2016-1026 du 26 juill. 2016, art. 71-V)* **« R. 822-89 » sont applicables à la cession des parts sociales de l'associé dont l'exclusion de la société a été décidée pour condamnation dans les conditions prévues à l'article** *(Décr. nº 2016-1026 du 26 juill. 2016, art. 71-V)* **« R. 822-62 ». Le délai imparti à l'associé exclu pour céder ses parts court du jour où la décision des autres associés prononçant son exclusion lui a été notifiée dans l'une des formes prévues à l'article** *(Décr. nº 2016-1026 du 26 juill. 2016, art. 71-V)* **« R. 822-86 ».** – *[Décr. nº 69-810 du 12 août 1969, art. 151, al. 2.]*

L'art. R. 822-128 a été renuméroté R. 822-90 par le Décr. nº 2016-1026 du 26 juill. 2016, art. 67-I.

Art. R. 822-91 **Le délai prévu par le deuxième alinéa de l'article 24 de la loi nº 66-879 du 29 novembre 1966 pour la cession des parts de l'associé décédé est fixé à un an à compter du décès de l'associé.**

Il peut être renouvelé par le président de la compagnie régionale, à la demande des ayants droit de l'associé décédé et avec le consentement de la société donné dans les conditions prévues pour la cession des parts sociales par le premier alinéa de l'article 19 de la même loi. – *[Décr. nº 69-810 du 12 août 1969, art. 152.]*

L'art. R. 822-129 a été renuméroté R. 822-91 par le Décr. nº 2016-1026 du 26 juill. 2016, art. 67-I.

Art. R. 822-92 **Si, pendant le délai prévu à l'article précédent, les ayants droit décident de céder les parts sociales de leur auteur à un tiers étranger à la société, il est procédé conformément aux dispositions des articles** *(Décr. nº 2016-1026 du 26 juill. 2016, art. 71-VI)* **« R. 822-50, R. 822-86 et R. 822-87 ».** – *[Décr. nº 69-810 du 12 août 1969, art. 153.]*

L'art. R. 822-130 a été renuméroté R. 822-92 par le Décr. nº 2016-1026 du 26 juill. 2016, art. 67-I.

Art. R. 822-93 **Toute demande d'un ou plusieurs ayants droit d'un associé décédé tendant à l'attribution préférentielle à leur profit des parts sociales de leur auteur est notifiée à la société et à chacun des associés dans l'une des formes prévues par l'article** *(Décr. nº 2020-667 du 2 juin 2020, art. 2)* **« R. 822-86 ».**

Les modalités de cette attribution sont régies par l'article *(Décr. nº 2020-667 du 2 juin 2020, art. 2)* **« R. 822-50 » et, le cas échéant, par celles de l'article** *(Décr. nº 2020-667 du 2 juin 2020, art. 2)* **« R. 822-87 ».** – *[Décr. nº 69-810 du 12 août 1969, art. 154.]*

L'art. R. 822-131 a été renuméroté R. 822-93 par le Décr. nº 2016-1026 du 26 juill. 2016, art. 67-I.

Art. R. 822-94 **Lorsqu'à l'expiration du délai prévu à l'article** *(Décr. nº 2016-1026 du 26 juill. 2016, art. 71-VII)* **« R. 822-91 », les ayants droit de l'associé décédé n'ont pas exercé la faculté de céder les parts sociales de leur auteur et si aucun consentement préalable à l'attribution préférentielle n'a été donné par la société, celle-ci dispose de six mois pour acquérir ou faire acquérir les parts sociales de l'associé décédé. En cas de litige, il est fait application des dispositions de l'article 1843-4 du code civil.** – *[Décr. nº 69-810 du 12 août 1969, art. 155.]*

L'art. R. 822-132 a été renuméroté R. 822-94 par le Décr. nº 2016-1026 du 26 juill. 2016, art. 67-I.

Art. R. 822-95 La publicité de la cession des parts est accomplie conformément aux dispositions de l'article 52 du décret n° 78-704 du 3 juillet 1978. Dans le cas prévu au troisième alinéa de l'article *(Décr. n° 2016-1026 du 26 juill. 2016, art. 71-VIII)* « R. 822-89 », la publicité de la cession est accomplie par le dépôt, dans les mêmes conditions, de deux copies certifiées conformes de la sommation adressée au cédant, accompagnées de la justification de la sommation ou de la signification de cette sommation. – *[Décr. n° 69-810 du 12 août 1969, art. 156, al. 1er.] – V. Décr. n° 78-704 du 3 juill. 1978, art. 52.* – ***C. sociétés.***

L'art. R. 822-133 a été renuméroté R. 822-95 par le Décr. n° 2016-1026 du 26 juill. 2016, art. 67-I.

§ 3 DE LA DISSOLUTION ET DE LA LIQUIDATION

Art. R. 822-96 S'il ne subsiste qu'un seul associé, celui-ci peut, dans le délai d'un an, céder une partie de ses parts sociales à un tiers inscrit sur la liste.

A défaut, la société est dissoute à la date d'expiration du délai. – *[Décr. n° 69-810 du 12 août 1969, art. 161.]*

L'art. R. 822-134 a été renuméroté R. 822-96 par le Décr. n° 2016-1026 du 26 juill. 2016, art. 67-I.

SOUS-SECTION 3 DISPOSITIONS APPLICABLES AUX SOCIÉTÉS AUTRES QUE LES SOCIÉTÉS CIVILES PROFESSIONNELLES

Art. R. 822-97 Les sociétés de commissaires aux comptes autres que les sociétés civiles professionnelles sont soumises aux dispositions des sous-sections 1 et 3 de la présente section. – *[Décr. n° 69-810 du 12 août 1969, art. 165.]*

L'art. R. 822-135 a été renuméroté R. 822-97 par le Décr. n° 2016-1026 du 26 juill. 2016, art. 67-I.

Art. R. 822-98 Les sociétés d'exercice libéral à responsabilité limitée, à forme anonyme ou par actions simplifiées de commissaires aux comptes sont régies par les dispositions du livre II du présent code, sous réserve des dispositions des sous-sections 1 et 3 de la présente section. – *[Décr. n° 69-810 du 12 août 1969, art. 169-2.]*

L'art. R. 822-136 a été renuméroté R. 822-98 par le Décr. n° 2016-1026 du 26 juill. 2016, art. 67-I.

Art. R. 822-99 et R. 822-100 *Abrogés par Décr. n° 2016-1218 du 13 sept. 2016, art. 3-2°.*

Art. R. 822-101 En dehors des pièces mentionnées à l'article *(Décr. n° 2016-1026 du 26 juill. 2016, art. 71-X)* « R. 822-41 » la demande d'inscription présentée par une société d'exercice libéral est assortie de la liste des actionnaires ou associés n'ayant pas la qualité de commissaire aux comptes, précisant pour chacun d'eux : les noms, prénoms, domicile, profession ainsi que leurs fonctions dans la société et le nombre de titres de capital ou de parts sociales que ces actionnaires ou associés détiennent.

La liste prévue au 4° de l'article *(Décr. n° 2016-1026 du 26 juill. 2016, art. 71-X)* « R. 822-41 » est complétée pour chacune des personnes mentionnées de l'indication de leur qualité de commissaire aux comptes. – *[Décr. n° 69-810 du 12 août 1969, art. 167, al. 4 et 5.]*

L'art. R. 822-139 a été renuméroté R. 822-101 par le Décr. n° 2016-1026 du 26 juill. 2016, art. 67-I.

Art. R. 822-102 L'assemblée des associés ne délibère valablement que si les trois quarts au moins des associés sont présents ou représentés. Si ce quorum n'est pas atteint, les associés sont convoqués une nouvelle fois avec le même ordre du jour et l'assemblée délibère valablement si deux associés au moins sont présents. – *[Décr. n° 69-810 du 12 août 1969, art. 169-8.]*

L'art. R. 822-140 a été renuméroté R. 822-102 par le Décr. n° 2016-1026 du 26 juill. 2016, art. 67-I.

Art. R. 822-103 Sous réserve des dispositions de la loi n° 90-1258 du 31 décembre 1990 et de la présente section imposant des conditions spéciales de majorité, les décisions sont prises à la majorité des voix dont disposent les associés présents ou représentés.

Toutefois, les statuts peuvent prévoir une majorité plus forte pour toutes les décisions ou seulement pour celles qu'ils énumèrent. — *[Décr. n° 69-810 du 12 août 1969, art. 169-9.]*

L'art. R. 822-141 a été renuméroté R. 822-103 par le Décr. n° 2016-1026 du 26 juill. 2016, art. 67-I.

Art. R. 822-104 La modification des statuts et la prorogation de la société sont décidées à la majorité des trois quarts des voix dont dispose l'ensemble des associés présents ou représentés. — *[Décr. n° 69-810 du 12 août 1969, art. 169-10.]*

L'art. R. 822-142 a été renuméroté R. 822-104 par le Décr. n° 2016-1026 du 26 juill. 2016, art. 67-I.

Art. R. 822-105 Le consentement de la société, requis pour la cession par l'un des associés de la totalité ou d'une fraction de ses titres de capital ou parts sociales à un tiers en vue de l'exercice de la profession au sein de la société, est acquis dans les conditions prévues par les articles L. 223-14 et L. 228-24 et 10 de la loi n° 90-1258 du 31 décembre 1990. — *[Décr. n° 69-810 du 12 août 1969, art. 169-11, al. 2.] — V. L. n° 90-1258 du 31 déc. 1990, art. 10. —* ***C. sociétés.***

L'art. R. 822-143 a été renuméroté R. 822-105 par le Décr. n° 2016-1026 du 26 juill. 2016, art. 67-I.

Art. R. 822-106 Le liquidateur peut être remplacé pour cause d'empêchement ou pour motif grave sur décision du président du *(Décr. n° 2019-966 du 18 sept. 2019, art. 8, en vigueur le 1er janv. 2020)* « tribunal judiciaire » du lieu du siège social de la société, statuant en référé, à la demande soit du liquidateur lui-même, soit des associés, des actionnaires ou de leurs ayants droit. — *[Décr. n° 69-810 du 12 août 1969, art. 169-16, al. 2.]*

L'art. R. 822-144 a été renuméroté R. 822-106 par le Décr. n° 2016-1026 du 26 juill. 2016, art. 67-I.

SOUS-SECTION 4 DISPOSITIONS APPLICABLES AUX SOCIÉTÉS EN PARTICIPATION

Art. R. 822-107 Les articles 1871 à 1873 du code civil relatifs aux sociétés en participation sont applicables à la profession de commissaire aux comptes dans les conditions prévues par la présente sous-section. — *[Décr. n° 69-810 du 12 août 1969, art. 178-1.]*

L'art. R. 822-145 a été renuméroté R. 822-107 par le Décr. n° 2016-1026 du 26 juill. 2016, art. 67-I.

Art. R. 822-108 La constitution d'une société en participation donne lieu à l'insertion d'un avis dans un *(Décr. n° 2020-106 du 10 févr. 2020, art. 12)* « support » habilité à recevoir les annonces légales au siège de la société, s'il en existe un, ou au lieu d'exercice de chacun des associés. L'avis contient la dénomination, l'objet et, le cas échéant, l'adresse du siège de la société. — *[Décr. n° 69-810 du 12 août 1969, art. 178-2.]*

L'art. R. 822-146 a été renuméroté R. 822-108 par le Décr. n° 2016-1026 du 26 juill. 2016, art. 67-I.

Art. R. 822-109 L'appartenance à la société, avec la dénomination de celle-ci, doit être indiquée dans les actes professionnels et les correspondances de chaque associé. — *[Décr. n° 69-810 du 12 août 1969, art. 178-3.]*

L'art. R. 822-147 a été renuméroté R. 822-109 par le Décr. n° 2016-1026 du 26 juill. 2016, art. 67-I.

Art. R. 822-110 Les dispositions de la sous-section 1 relative aux dispositions communes aux sociétés de commissaires aux comptes ne sont pas applicables aux sociétés en participation. — *[Décr. n° 69-810 du 12 août 1969, art. 178-4.]*

L'art. R. 822-148 a été renuméroté R. 822-110 par le Décr. n° 2016-1026 du 26 juill. 2016, art. 67-I.

SOUS-SECTION 5 DES SOCIÉTÉS DE PARTICIPATIONS FINANCIÈRES DE PROFESSION LIBÉRALE DE COMMISSAIRES AUX COMPTES

(Décr. nº 2011-1892 du 14 déc. 2011)

Art. R. 822-111 Les sociétés de participations financières de profession libérale de commissaires aux comptes constituées sur le fondement de l'article 31-1 de la loi nº 90-1258 du 31 décembre 1990 relative à l'exercice sous forme de sociétés des professions libérales soumises à un statut législatif ou réglementaire ou dont le titre est protégé et aux sociétés de participations financières de professions libérales sont régies par les dispositions du livre II du présent code, sous réserve des dispositions de la présente sous-section.

L'art. R. 822-149 a été renuméroté R. 822-111 par le Décr. nº 2016-1026 du 26 juill. 2016, art. 67-I.

§ 1er DE LA CONSTITUTION DE LA SOCIÉTÉ

Art. R. 822-112 *Abrogé par Décr. nº 2016-1218 du 13 sept. 2016, art. 3-3º.*

Art. R. 822-113 La constitution de la société fait l'objet d'une déclaration adressée par les associés, qui désignent un mandataire commun, à la Compagnie nationale des commissaires aux comptes. Une copie des statuts de la société est jointe à la déclaration, qui comprend la liste des associés avec indication, selon le cas, de leur profession ou de leur qualité suivie, pour chacun, de la mention de la part de capital qu'il détient dans la société.

L'art. R. 822-151 a été renuméroté R. 822-113 par le Décr. nº 2016-1026 du 26 juill. 2016, art. 67-I.

Art. R. 822-114 Un arrêté du garde des sceaux, ministre de la justice, fixe les conditions dans lesquelles la liste des sociétés de participations financières de profession libérale de commissaires aux comptes est tenue, mise à jour, publiée et transmise annuellement au Haut conseil du commissariat aux comptes par la Compagnie nationale des commissaires aux comptes. — *V. art. A. 822-34.*

L'art. R. 822-152 a été renuméroté R. 822-114 par le Décr. nº 2016-1026 du 26 juill. 2016, art. 67-I.

Art. R. 822-115 L'immatriculation de la société au registre du commerce et des sociétés est régie par les articles R. 123-31 et suivants, sous réserve des dispositions ci-après.

Al. 2 abrogé par Décr. nº 2016-1218 du 13 sept. 2016, art. 3-4º.

La société est dispensée de procéder aux formalités de publicité prévues aux articles R. 210-16 et suivants.

L'art. R. 822-153 a été renuméroté R. 822-115 par le Décr. nº 2016-1026 du 26 juill. 2016, art. 67-I.

§ 2 DU FONCTIONNEMENT ET DU CONTRÔLE DE LA SOCIÉTÉ

Art. R. 822-116 La société de participations financières de profession libérale de commissaires aux comptes fait connaître à la Compagnie nationale des commissaires aux comptes, dans un délai de trente jours à compter de la date à laquelle il se produit, tout changement dans la situation déclarée en application de l'article *(Décr. nº 2016-1026 du 26 juill. 2016, art. 71-XIII)* « R. 822-113 ».

L'art. R. 822-154 a été renuméroté R. 822-116 par le Décr. nº 2016-1026 du 26 juill. 2016, art. 67-I.

Art. R. 822-117 Si la société de participations financières de profession libérale de commissaires aux comptes cesse de se conformer aux dispositions législatives et réglementaires en vigueur, la Compagnie nationale des commissaires aux comptes l'invite à régulariser la situation.

Si la société ne régularise pas sa situation, la Compagnie nationale des commissaires aux comptes peut inviter les associés, par lettre recommandée avec demande d'accusé de réception, à prononcer la dissolution anticipée de la société selon les formes prévues par ses statuts. Elle adresse une copie de ce courrier au *(Décr. n° 2016-1026 du 26 juill. 2016, art. 71-XIV)* « rapporteur général du Haut conseil ».

L'art. R. 822-155 a été renuméroté R. 822-117 par le Décr. n° 2016-1026 du 26 juill. 2016, art. 67-I.

Art. R. 822-118 Chaque société de participations financières de profession libérale de commissaires aux comptes fait l'objet, au moins une fois tous les quatre ans, d'un contrôle portant sur le respect des dispositions législatives et réglementaires qui régissent la composition de son capital et l'étendue de ses activités.

Chaque société de participations financières peut, en outre, être soumise à des contrôles occasionnels prescrits par la Compagnie nationale des commissaires aux comptes.

Ces contrôles sont effectués par la Compagnie nationale des commissaires aux comptes ou les compagnies régionales et se déroulent selon les règles décidées par la Compagnie nationale.

La liste prévue à l'article *(Décr. n° 2016-1026 du 26 juill. 2016, art. 71-XV)* « R. 822-114 » mentionne les sociétés de participations financières de profession libérale de commissaires aux comptes proposées pour faire l'objet d'un contrôle périodique au cours de l'année suivante.

L'art. R. 822-156 a été renuméroté R. 822-118 par le Décr. n° 2016-1026 du 26 juill. 2016, art. 67-I.

Art. R. 822-119 Le non-respect des dispositions régissant la constitution et le fonctionnement des sociétés de participations financières de professions libérales par les commissaires aux comptes *(Abrogé par Décr. n° 2016-1218 du 13 sept. 2016, art. 3-5°)* ***« et par les personnes visées au 5°*** *(Décr. n° 2016-1026 du 26 juill. 2016, art. 71-XVI)* ***« du B » de l'article 5 de la loi n° 90-1258 du 31 décembre 1990 mentionnée ci-dessus »*** associées d'une telle société peut donner lieu à des poursuites disciplinaires.

L'art. R. 822-157 a été renuméroté R. 822-119 par le Décr. n° 2016-1026 du 26 juill. 2016, art. 67-I.

§ 3 DE LA DISSOLUTION ET DE LA LIQUIDATION DE LA SOCIÉTÉ

Art. R. 822-120 En cas de dissolution de la société, le liquidateur est choisi parmi les associés de la société de participations financières de profession libérale de commissaires aux comptes.

Plusieurs liquidateurs peuvent être désignés.

Le liquidateur peut être remplacé pour cause d'empêchement, ou pour tout autre motif grave, sur décision du président du *(Décr. n° 2019-966 du 18 sept. 2019, art. 8, en vigueur le 1er janv. 2020)* « tribunal judiciaire » du lieu du siège social de la société statuant sur requête, à la demande du liquidateur, des associés ou de leurs ayants droit, ou du procureur de la République.

En aucun cas les fonctions de liquidateur ne peuvent être confiées à un associé ayant fait l'objet d'une peine disciplinaire.

L'art. R. 822-158 a été renuméroté R. 822-120 par le Décr. n° 2016-1026 du 26 juill. 2016, art. 67-I.

Art. R. 822-121 La dissolution de la société est portée à la connaissance de la Compagnie nationale des commissaires aux comptes à la diligence du liquidateur, qui *(Décr. n° 2016-1026 du 26 juill. 2016, art. 71-XVII)* « lui » fait parvenir une expédition de la délibération des associés ou de la décision de justice qui l'a nommé dans ses fonctions.

Le liquidateur dépose au greffe chargé de la tenue du registre du commerce et des sociétés où la société est inscrite, pour être versée au dossier ouvert au nom de la société, la copie de l'expédition prévue au premier alinéa dont tout intéressé peut obtenir communication.

Il ne peut entrer en fonctions avant l'accomplissement des formalités précitées.

L'art. R. 822-159 a été renuméroté R. 822-121 par le Décr. n° 2016-1026 du 26 juill. 2016, art. 67-I.

Art. R. 822-122 Le liquidateur procède à la cession des parts ou actions que la société de participations financières de profession libérale de commissaires aux comptes détient dans la ou les sociétés d'exercice libéral.

L'art. R. 822-160 a été renuméroté R. 822-122 par le Décr. n° 2016-1026 du 26 juill. 2016, art. 67-I.

Art. R. 822-123 Le liquidateur informe la Compagnie nationale des commissaires aux comptes de la clôture des opérations de liquidation.

L'art. R. 822-161 a été renuméroté R. 822-123 par le Décr. n° 2016-1026 du 26 juill. 2016, art. 67-I.

§ 4 DISPOSITIONS FINALES

Art. R. 822-124 Les dispositions de la sous-section 1 relative aux dispositions communes aux sociétés de commissaires aux comptes ne sont pas applicables aux sociétés de participations financières de profession libérale de commissaires aux comptes.

L'art. R. 822-162 a été renuméroté R. 822-124 par le Décr. n° 2016-1026 du 26 juill. 2016, art. 67-I.

CHAPITRE III DE L'EXERCICE DU CONTRÔLE LÉGAL, DES AUTRES MISSIONS ET DES PRESTATIONS EXERCÉES PAR LES COMMISSAIRES AUX COMPTES *(Décr. n° 2020-292 du 21 mars 2020, art. 25).*

SECTION PREMIÈRE DE LA NOMINATION, DE LA RÉCUSATION ET DE LA RÉVOCATION DES COMMISSAIRES AUX COMPTES

Art. D. 823-1 *(Décr. n° 2019-514 du 24 mai 2019, art. 1er)* Les seuils mentionnés au premier alinéa de l'article L. 823-2-2 relatif à la désignation d'un commissaire aux comptes sont ceux définis à l'article D. 221-5.

Le total cumulé du bilan, le montant cumulé hors taxe du chiffre d'affaires et le nombre moyen cumulé de salariés sont déterminés en additionnant le total du bilan, le montant hors taxe du chiffre d'affaires et le nombre moyen de salariés définis conformément aux *(Décr. n° 2020-101 du 7 févr. 2020, art. 12)* « cinquième, sixième et septième » alinéas de l'article D. 123-200, des entités comprises dans l'ensemble mentionné au premier alinéa de l'article L. 823-2-2.

La personne ou l'entité n'est plus tenue de désigner un commissaire aux comptes dès lors que l'ensemble qu'elle forme avec les sociétés qu'elle contrôle n'a pas dépassé les chiffres cumulés fixés pour deux de ces trois critères pendant les deux exercices précédant l'expiration du mandat du commissaire aux comptes.

Pour les dispositions transitoires du Décr. n° 2020-101 du 7 févr. 2020, V. note ss. art. D. 210-21.

Art. D. 823-1-1 *(Décr. n° 2019-514 du 24 mai 2019, art. 1er)* Pour l'application du troisième alinéa de l'article L. 823-2-2 relatif à la désignation d'un commissaire aux comptes, le total du bilan est fixé à 2 000 000 €, le montant du chiffre d'affaires hors taxes à 4 000 000 € et le nombre moyen de salariés employés au cours de l'exercice à vingt-cinq.

La société n'est plus tenue de désigner un commissaire aux comptes dès lors qu'elle n'a pas dépassé les chiffres fixés pour *(Décr. n° 2020-101 du 7 févr. 2020, art. 13)* « deux de ces trois » critères pendant les deux exercices précédant l'expiration du mandat du commissaire aux comptes.

Art. R. 823-2 Tout commissaire aux comptes chargé *(Décr. n° 2016-1026 du 26 juill. 2016, art. 72-1°)* « d'une mission de certification des comptes auprès » d'une personne ou entité notifie dans le délai de huit jours sa nomination au conseil régional de la compagnie dont il est membre, soit par lettre recommandée avec demande d'avis de réception soit par voie électronique. Dans ce dernier cas, le conseil régional accuse sans délai réception de la notification en mentionnant la date de la réception. Le conseil régional communique l'information au Conseil national.

Si le commissaire aux comptes ou la société de commissaire aux comptes à laquelle il appartient transfère son domicile ou son siège hors du ressort de la cour d'appel *(Décr. n° 2016-1026 du 26 juill. 2016, art. 72-2°)* **« près de laquelle se trouve la compagnie régionale à laquelle il est rattaché », il renouvelle cette déclaration de mandat au conseil régional de sa nouvelle compagnie régionale de rattachement, dans les formes prévues à l'alinéa précédent.** – *[Décr. n° 69-810 du 12 août 1969, art. 65.]*

Art. R. 823-3 **Dans les cas prévu par l'article L. 823-4, le commissaire aux comptes est désigné par le président du tribunal de commerce, statuant en référé.** – *[Décr. n° 67-236 du 23 mars 1967, art. 187.]*

Art. R. 823-4 **La communication aux commissaires aux comptes des documents détenus par les tiers, prévue à l'article L. 823-14, est autorisée par le président du tribunal de commerce, statuant en référé.** – *[Décr. n° 67-236 du 23 mars 1967, art. 190.]*

Art. R. 823-5 **Dans les cas prévus aux articles L. 823-6 et L. 823-7, le** *(Décr. n° 2019-1419 du 20 déc. 2019, art. 2)* **« président du tribunal » de commerce statue** *(Décr. n° 2019-1419 du 20 déc. 2019, art. 2)* **« selon la procédure accélérée au fond » sur la récusation ou le relèvement de fonctions d'un commissaire aux comptes. La demande de récusation ou de relèvement de fonctions est formée contre le commissaire aux comptes et la personne ou l'entité auprès de laquelle il a été désigné. La demande de récusation du commissaire aux comptes est présentée dans les trente jours de sa désignation.**

Lorsque la demande émane du procureur de la République, elle est présentée par requête *(Abrogé par Décr. n° 2019-1419 du 20 déc. 2019, art. 2)* ***« ; lorsqu'elle émane de l'Autorité des marchés financiers*** *(Décr. n° 2016-1026 du 26 juill. 2016, art. 73-1°)* ***« ou de l'Autorité de contrôle prudentiel et de résolution », elle est faite par lettre recommandée avec demande d'avis de réception ».***

(Abrogé par Décr. n° 2019-1419 du 20 déc. 2019, art. 2) ***« Le délai d'appel est de quinze jours. »*** **L'appel est formé et jugé selon les règles applicables à la procédure** *(Décr. n° 2016-1026 du 26 juill. 2016, art. 73-2°)* **« prévue à l'article 905 du code de procédure civile » ou à la procédure à jour fixe.**

Lorsque le commissaire aux comptes est relevé de ses fonctions, il est remplacé par le commissaire aux comptes suppléant. – *[Décr. n° 67-236 du 23 mars 1967, art. 188.]*

Pour les dispositions transitoires du Décr. n° 2019-1419 du 20 déc. 2019, V. note ss. art. D. 221-5.

Art. R. 823-6 *(Décr. n° 2016-1026 du 26 juill. 2016, art. 74)* **« Si un membre de la compagnie est relevé de ses fonctions de commissaire aux comptes en application de l'article L. 823-7, le greffier de la juridiction qui a rendu la décision en informe le Haut conseil, dans le délai de huit jours par lettre recommandée avec demande d'avis de réception et lui adresse une copie du jugement.**

« Le Haut conseil la transmet sans délai à la Compagnie nationale et au conseil régional compétent. Il en informe les personnes contrôlées et les commissaires aux comptes suppléants. »

Il en va de même en cas de récusation prononcée sur le fondement de l'article L. 823-6. – *[Décr. n° 69-810 du 12 août 1969, art. 70.]*

Art. R. 823-6-1 *(Décr. n° 2016-1026 du 26 juill. 2016, art. 75)* **L'entité d'intérêt public qui sollicite du bureau du Haut conseil l'autorisation de prolonger le mandat de son commissaire aux comptes, en application du III de l'article L. 823-3-1, lui adresse par lettre recommandée avec demande d'avis de réception ou par tout autre moyen permettant de s'assurer de la date de sa réception, au plus tard six mois avant l'expiration du mandat, une demande comprenant :**

1° Les documents relatifs à la désignation initiale du commissaire aux comptes concerné et aux précédents renouvellements de son mandat ;

2° Les éléments établissant que les conditions prévues au 4 de l'article 17 du règlement (UE) n° 537/2014 du 16 avril 2014 sont remplies ;

3° Les raisons justifiant la nécessité de prolonger le mandat au-delà de la durée maximale applicable ;

4° Une déclaration du commissaire aux comptes indiquant qu'il accepte la prolongation de son mandat, certifiant que la prolongation demandée ne porte pas atteinte à son indépendance et exposant les mesures de sauvegarde mises en place.

A réception du dossier complet, un accusé de réception est délivré à l'auteur de la demande.

Le bureau peut solliciter de l'entité d'intérêt public ou du commissaire aux comptes toute information ou document complémentaire de nature à éclairer sa décision. Il peut entendre les représentants de l'entité d'intérêt public ou le commissaire aux comptes concerné. Il peut faire appel à des experts.

Le bureau se prononce par décision motivée dans un délai de trois mois à compter de la réception du dossier complet. Le silence gardé pendant ce délai vaut acceptation.

La décision du bureau est notifiée à l'entité d'intérêt public qui a formulé la demande par lettre recommandée avec demande d'avis de réception ou par tout autre moyen permettant de s'assurer de la date de sa réception. Une copie de la décision est adressée au commissaire aux comptes concerné.

Art. R. 823-6-2 *(Décr. n° 2016-1026 du 26 juill. 2016, art. 75)* Le commissaire aux comptes d'une entité d'intérêt public peut interroger le bureau du Haut conseil sur la détermination de la date de départ de son mandat initial, en application du V de l'article L. 823-3-1. Il joint à sa demande :

1° Les documents relatifs à sa désignation initiale et, le cas échéant, aux précédents renouvellements de son mandat ;

2° Un exposé des circonstances de droit et de fait qui le conduisent à s'interroger sur la date de départ du mandat initial.

Le bureau du Haut conseil accuse réception de la demande et indique à l'intéressé le délai envisagé de traitement de sa question.

Le bureau peut solliciter de l'entité d'intérêt public ou du commissaire aux comptes toute information ou document complémentaire nécessaire à l'examen de la question.

Il peut entendre les représentants de l'entité d'intérêt public ou le commissaire aux comptes concerné. Il peut faire appel à des experts.

La réponse du bureau est adressée au commissaire aux comptes qui a formulé la demande, par lettre recommandée avec demande d'avis de réception.

SECTION II DE LA MISSION DE CONTRÔLE LÉGAL DU COMMISSAIRE AUX COMPTES *(Décr. n° 2020-292 du 21 mars 2020, art. 25).*

Art. R. 823-7 *(Décr. n° 2016-1026 du 26 juill. 2016, art. 76)* Dans leur rapport à l'assemblée générale ordinaire, les commissaires aux comptes précisent, outre les mentions prévues à l'article R. 822-56 :

1° L'identité de la personne ou de l'entité dont ils certifient les comptes en précisant l'organe à qui le rapport est destiné ;

2° Les comptes annuels ou consolidés qui font l'objet du rapport et l'exercice auquel ils se rapportent ;

3° Les règles et méthodes comptables appliquées pour établir les comptes ;

4° L'étendue de leur mission, ainsi que les normes d'exercice professionnel conformément auxquelles elle a été accomplie ;

5° Le cas échéant, les incertitudes significatives liées à des événements ou à des circonstances susceptibles de mettre en cause la continuité de l'exploitation.

Ils formulent s'il y a lieu toute observation utile.

Les commissaires aux comptes déclarent :

1° Soit certifier que les comptes annuels ou consolidés sur lesquels porte le rapport sont réguliers et sincères et qu'ils donnent une image fidèle du résultat des opérations de l'exercice écoulé ainsi que de la situation financière et du patrimoine de la personne ou de l'entité ou de l'ensemble des personnes et entités comprises dans la consolidation à la fin de l'exercice ;

2° Soit assortir la certification de réserves ;

3° Soit refuser la certification des comptes ;

4° Soit être dans l'impossibilité de certifier les comptes.

Ils justifient de leurs appréciations et précisent les motifs de leurs réserves, de leur refus ou de leur impossibilité de certifier.

Lorsque la mission de certification porte sur les comptes d'une entité d'intérêt public, la justification des appréciations consiste en une description des risques d'anomalies significatives les plus importants, y compris lorsque ceux-ci sont dus à une fraude, et indique les réponses apportées pour faire face à ces risques.

Les commissaires aux comptes font état de leurs observations sur la sincérité et la concordance avec les comptes annuels des informations données dans le rapport de gestion de l'exercice et dans les documents adressés aux actionnaires sur la situation financière de la société et de l'ensemble des entreprises comprises dans la consolidation ainsi que sur les comptes annuels et les comptes consolidés.

Ils attestent spécialement l'exactitude et la sincérité des informations mentionnées aux *(Décr. n° 2020-667 du 2 juin 2020, art. 3)* « deux premiers alinéas de l'article L. 225-37-3 et aux cinquième et sixième alinéas du même article.

« Ils formulent leur conclusion sur le respect, dans la présentation des comptes inclus dans le rapport financier annuel mentionné au I de l'article L. 451-1-2 du code monétaire et financier, du format d'information électronique unique défini par le règlement européen délégué n° 2019/815 du 17 décembre 2018. »

Ils respectent, lorsque la certification concerne les comptes d'une entité d'intérêt public, les exigences prévues à l'article 10 du règlement (UE) n° 537/2014 du Parlement européen et du Conseil du 16 avril 2014.

Le rapport est signé par le commissaire aux comptes, personne physique, ou, lorsque le mandat est confié à une société de commissaires aux comptes, par la personne mentionnée au premier alinéa de l'article L. 822-9.

Les dispositions de l'art. R. 823-7 dans sa rédaction issue du Décr. n° 2016-1026 du 26 juill. 2016 sont applicables au rapport du commissaire aux comptes portant sur la certification des comptes des exercices ouverts postérieurement à l'entrée en vigueur de ce décret (Décr. préc., art. 94-II, JO 28 juill.).

Art. D. 823-7-1 *(Décr. n° 2008-1492 du 30 déc. 2008)* Pour l'application du deuxième alinéa de l'article *(Décr. n° 2020-292 du 21 mars 2020, art. 26)* « L. 441-14 », les commissaires aux comptes *(Décr. n° 2015-1553 du 27 nov. 2015, art. 2)* « attestent, dans le rapport mentionné à l'article R. 823-7, de la sincérité des informations mentionnées à l'article *(Décr. n° 2021-211 du 24 févr. 2021, art. 8)* « D. 441-6 » et de leur concordance avec les comptes annuels et présentent leurs observations, le cas échéant ».

L'art. D. 823-7-1, dans sa rédaction issue du Décr. n° 2015-1553 du 27 nov. 2015, est applicable aux comptes afférents aux exercices ouverts à compter du 1er juill. 2016 (Décr. préc., art. 3).

Art. R. 823-7-2 *(Décr. n° 2020-292 du 21 mars 2020, art. 27)* Le rapport identifiant les risques financiers, comptables et de gestion auxquels est exposée la société, mentionné à l'article L. 823-12-1, est signé par le commissaire aux comptes, personne physique, ou, lorsque le mandat est confié à une société de commissaires aux comptes, par la personne mentionnée au premier alinéa de l'article L. 822-9.

Il est remis aux dirigeants de la société et tenu, par ceux-ci, à la disposition des organes d'administration ou de surveillance et de leurs membres.

SECTION III DES MODALITÉS D'EXERCICE DES MISSIONS ET DES PRESTATIONS DU COMMISSAIRE AUX COMPTES *(Décr. n° 2020-292 du 21 mars 2020, art. 28).*

Art. R. 823-8 Si plusieurs commissaires aux comptes sont en fonction, ils peuvent procéder séparément à leurs investigations, vérifications et contrôles, mais ils établissent un rapport commun.

En cas de désaccord entre les commissaires, le rapport indique les différentes opinions exprimées. — *[Décr. n° 67-236 du 23 mars 1967, art. 189.]*

Art. R. 823-9 Les commissaires aux comptes sont convoqués à toute assemblée d'actionnaires ou d'associés ou à toutes réunions de l'organe compétent au plus tard lors de la convocation des actionnaires, associés ou membres de cet organe.

Ils sont convoqués, s'il y a lieu, aux réunions des organes collégiaux d'administration ou de direction et de l'organe de surveillance, selon le cas, en même temps que ces organes.

La convocation des commissaires aux comptes est faite par lettre recommandée avec demande d'avis de réception. – *[Décr. nº 67-236 du 23 mars 1967, art. 192.]*

Art. R. 823-10 *(Décr. nº 2016-1026 du 26 juill. 2016, art. 77)* I. – Le commissaire aux comptes tient à jour la liste des personnes et des entités auprès desquelles il *(Décr. nº 2020-292 du 21 mars 2020, art. 29)* « accomplit des missions ou des prestations ». Les sociétés de commissaires aux comptes tiennent cette liste par commissaire aux comptes *(Décr. nº 2020-292 du 21 mars 2020, art. 29)* « réalisant des missions ou des prestations » en leur nom.

II. – Le commissaire aux comptes constitue pour chaque personne ou entité *(Décr. nº 2020-292 du 21 mars 2020, art. 29)* « dans laquelle il exerce des missions ou des prestations » un dossier contenant :

1º Le nom, l'adresse, le siège social de la personne ou de l'entité concernée ;

2º Le cas échéant, les noms des commissaires aux comptes personnes physiques associés, actionnaires ou dirigeants de la société de commissaires aux comptes qui signent le rapport mentionné à l'article R. 823-7 *(Décr. nº 2020-292 du 21 mars 2020, art. 29)* « ou tout autre document de restitution des travaux réalisés » ;

3º Pour chaque exercice, le montant des honoraires facturés au titre de la mission de certification des comptes ainsi que ceux facturés au titre d'autres *(Décr. nº 2020-292 du 21 mars 2020, art. 29)* « missions ou prestations ».

III. – Le commissaire aux comptes constitue pour chaque mission de certification des comptes un dossier de travail qui comprend :

1º Les éléments consignés en application du II de l'article L. 820-3 du code de commerce ;

2º L'ensemble des documents reçus de la personne ou l'entité contrôlée, ainsi que ceux qui sont établis par lui et notamment le plan de mission, le programme de travail, la date, la durée, le lieu, l'objet de son intervention, ainsi que toutes autres indications permettant d'étayer les rapports prévus aux articles R. 823-7 *(Décr. nº 2020-292 du 21 mars 2020, art. 29)* « , R. 823-7-2 » et R. 823-21-1.

Ce dossier est clôturé au plus tard 60 jours après la signature du rapport prévu à l'article R. 823-7.

IV. – Le commissaire aux comptes établit une comptabilité spéciale de l'ensemble des rémunérations. Cette comptabilité fait ressortir pour chaque personne ou entité *(Décr. nº 2020-292 du 21 mars 2020, art. 29)* « auprès de laquelle il exerce des missions ou des prestations » le montant des sommes facturées en distinguant les honoraires, le remboursement des frais de déplacement et de séjour et la rémunération pour les activités professionnelles à l'étranger.

Elle fait ressortir, pour les entités d'intérêt public dont les comptes sont certifiés, le montant total des sommes facturées en distinguant :

1º Les honoraires facturés au titre de la mission de certification des comptes ;

2º Les honoraires facturés au titre de services autres que la certification dont la réalisation est confiée au commissaire aux comptes par une disposition législative ou réglementaire ;

3º Les honoraires facturés au titre de services autres que la certification fournis à la demande de l'entité d'intérêt public ;

4º Le remboursement des frais de déplacement et de séjour et la rémunération pour les activités professionnelles à l'étranger.

L'information donnée en application des 2º et 3º distingue les honoraires facturés à l'entité d'intérêt public dont le commissaire aux comptes certifie les comptes, et ceux facturés à l'entité qui la contrôle et à celles qu'elle contrôle au sens des I et II de l'article L. 233-3, ainsi que le pays tiers ou l'État membre d'origine des honoraires.

(Décr. nº 2020-292 du 21 mars 2020, art. 29) « V. – Le commissaire aux comptes établit chaque année une déclaration d'activité comportant les informations mentionnées aux 1º et 4º du IV ainsi que les informations suivantes :

« 1º Les personnes et entités auprès desquelles il exerce des missions de certification des comptes ;

« 2º Pour chacune de ces personnes et entités, le total du bilan, des produits d'exploitation et des produits financiers ainsi que le nombre d'heures de travail correspondant à l'exercice de la mission de certification ;

« 3° La liste de ses salariés, leurs mandats, les missions auxquelles ils participent, ainsi que le nombre d'heures qu'ils ont effectuées et, s'agissant des personnes morales, la liste de leurs associés ;

« 4° Pour les autres missions ou prestations, la liste des personnes ou entités, la nature des missions ou prestations effectuées et le montant total des honoraires facturés.

« Le commissaire aux comptes adresse cette déclaration d'activité, le cas échéant par voie électronique, à la compagnie régionale, laquelle en transmet un exemplaire à la Compagnie nationale. La Compagnie nationale transmet une copie de ces informations au Haut conseil du commissariat aux comptes. »

Art. R. 823-11 Les travaux *(Décr. n° 2020-292 du 21 mars 2020, art. 30)* « de contrôle légal » du ou des commissaires aux comptes font l'objet d'un plan de mission et d'un programme de travail annuels, établis par écrit, qui tiennent compte de la forme juridique de la personne ou de l'entité contrôlée, de sa taille, de la nature de ses activités, du contrôle éventuellement exercé par l'autorité publique, de la complexité de la mission, de la méthodologie et des technologies spécifiques utilisées par le ou les commissaires aux comptes.

Le plan de mission décrit l'approche générale des travaux.

Le programme de travail définit la nature et l'étendue des diligences estimées nécessaires, au cours de l'exercice, à la mise en œuvre du plan, compte tenu des prescriptions légales et des normes d'exercice professionnel ; il indique le nombre d'heures de travail affectées à l'accomplissement de ces diligences *(Abrogé par Décr. n° 2016-1026 du 26 juill. 2016, art. 78-1°) « et les honoraires correspondants »*.

Le plan de mission et le programme de travail sont versés au dossier prévu au *(Décr. n° 2016-1026 du 26 juill. 2016, art. 78-2°)* « II » de l'article R. 823-10. — *[Décr. n° 69-810 du 12 août 1969, art. 119.]*

Art. R. 823-12 Les diligences estimées nécessaires à l'exécution du programme de travail doivent comporter pour un exercice, en fonction du montant du bilan de la personne ou de l'entité, augmenté du montant des produits d'exploitation et des produits financiers, hors TVA, un nombre d'heures de travail normalement compris entre les chiffres suivants :

Montant total du bilan et des produits d'exploitation et des produits financiers, hors taxes, et nombre normal d'heures de travail :

– jusqu'à 305 000 € : 20 à 35 heures ;
– de 305 000 à 760 000 € : 30 à 50 heures ;
– de 760 000 à 1 525 000 € : de 40 à 60 heures ;
– de 1 525 000 à 3 050 000 € : 50 à 80 heures ;
– de 3 050 000 à 7 622 000 € : 70 à 120 heures ;
– de 7 622 000 à 15 245 000 € : 100 à 200 heures ;
– de 15 245 000 à 45 735 000 € : 180 à 360 heures ;
– de 45 735 000 à 122 000 000 € : 300 à 700 heures. — *[Décr. n° 69-810 du 12 août 1969, art. 120.]*

Art. R. 823-13 Lorsqu'au cours de la procédure d'alerte l'appréciation par le commissaire aux comptes du caractère satisfaisant de la réponse des dirigeants ou des décisions prises par eux rend nécessaires des diligences particulières, le nombre d'heures prévu par le programme de travail peut être augmenté au plus d'un tiers. — *[Décr. n° 69-810 du 12 août 1969, art. 121.]*

Art. R. 823-14 Si le nombre d'heures de travail normalement nécessaires à la réalisation du programme de travail du ou des commissaires aux comptes apparaît excessif ou insuffisant, le président de la compagnie régionale est saisi par la partie la plus diligente d'une demande de dérogation aux nombres indiqués à l'article R. 823-12. Cette demande indique le nombre d'heures estimées nécessaires et les motifs de la dérogation demandée. Elle est présentée préalablement à la réalisation de la mission. L'autre partie fait connaître son avis.

Le président de la compagnie régionale rend sa décision dans les quinze jours de la demande. Cette décision peut faire l'objet d'un recours devant *(Décr. n° 2020-292 du 21 mars 2020, art. 31)* « le président de la compagnie nationale » qui est saisie *[saisi]* et statue dans les conditions prévues à l'article R. 823-18. *(Décr. n° 2020-292 du 21 mars 2020, art. 31)* « La partie la plus diligente dispose d'un délai de dix jours à compter de la notification de la décision du président de la compagnie régionale pour saisir le président de la compagnie nationale, qui rend sa décision dans un délai d'un mois à compter de sa saisine. La décision du président de la compagnie nationale peut faire l'objet d'un recours devant la formation restreinte du Haut conseil du commissariat aux comptes, qui est saisie et qui statue dans les conditions prévues respectivement aux articles R. 823-18 alinéa 4 et R. 823-19. »

Cette procédure ne s'applique pas si le dépassement des limites fixées aux articles R. 823-12 et R. 823-13 recueille l'accord des parties. – *[Décr. n° 69-810 du 12 août 1969, art. 122.]*

Art. R. 823-15 *(Décr. n° 2020-292 du 21 mars 2020, art. 32)* « Pour les missions de certification des comptes, » le montant de la vacation horaire est fixé d'un commun accord entre le ou les commissaires aux comptes et la personne ou l'entité contrôlée, préalablement à l'exercice de la mission.

Les frais de déplacement et de séjour engagés par les commissaires aux comptes dans l'exercice de leurs fonctions sont remboursés par la personne ou l'entité, sur justification. – *[Décr. n° 69-810 du 12 août 1969, art. 123.]*

Art. R. 823-16 Les dispositions de l'article R. 823-12 ne s'appliquent pas à la rémunération de chaque activité ou mission prévue au deuxième alinéa de l'article L. 823-9. – *[Décr. n° 69-810 du 12 août 1969, art. 124.]*

Art. R. 823-17 Les dispositions des articles R. 823-12 et R. 823-13 ne sont pas applicables aux :

1° Personnes et entités dont le montant du bilan augmenté du montant des produits d'exploitation et des produits financiers, hors taxes, excède 122 000 000 € ;

2° Personnes et entités qui émettent des valeurs mobilières admises aux négociations sur un marché réglementé ;

3° Entreprises régies par le code des assurances et le code de la mutualité ;

4° *(Décr. n° 2014-1315 du 3 nov. 2014, art. 9-13°)* « Établissements de crédit, sociétés de financement, compagnies financières holding et entreprises mères de société de financement » régis par le code monétaire et financier ;

5° Sociétés d'investissement régies par l'ordonnance n° 45-2710 du 2 novembre 1945 relative aux sociétés d'investissement ;

6° Sociétés de développement régional régies par l'article *(Décr. n° 2014-1315 du 3 nov. 2014, art. 9-13°)* « R. 515-3 » du code monétaire et financier ;

7° Associations et fondations lorsqu'elles sont tenues ou lorsqu'elles décident d'avoir un commissaire aux comptes ;

8° Sociétés d'économie mixte de construction régies par l'article L. 321-1 du code de l'urbanisme ;

9° Organismes d'habitation à loyer modéré soumis aux règles de la comptabilité des entreprises de commerce régis par les articles L. 411-2 et suivants du code de la construction et de l'habitation ;

10° *(Décr. n° 2008-460 du 15 mai 2008)* « Organismes mentionnés à l'article L. 114-8 du code de la sécurité sociale ; »

11° Institutions et organismes régis par le livre IX du code de la sécurité sociale ;

12° Administrateurs et mandataires judiciaires ;

(Décr. n° 2009-1664 du 28 déc. 2009) « 13° Syndicats professionnels de salariés ou d'employeurs et leurs unions, et associations de salariés ou d'employeurs mentionnés à l'article L. 2135-1 du code du travail ; »

(Décr. n° 2015-357 du 27 mars 2015, art. 1er-IV) « 14° Comités d'entreprise et comités centraux d'entreprise régis par le titre II du livre III de la deuxième partie du code du travail. » – *Cet al. s'applique aux exercices ouverts à compter du 1er janv. 2016 (Décr. n° 2015-357 du 27 mars 2015, art. 3).*

Le montant des honoraires est alors fixé d'un commun accord entre le commissaire aux comptes et la personne ou l'entité, eu égard à l'importance effective du travail nécessaire à l'accomplissement de la mission légale de contrôle. – *[Décr. n° 69-810 du 12 août 1969, art. 125.]*

Art. R. 823-17-1 *(Décr. nº 2020-292 du 21 mars 2020, art. 33)* **Pour les missions autres que la certification des comptes et pour les prestations, une lettre de mission doit être établie par les parties préalablement à la réalisation de la mission ou de la prestation. Elle précise notamment les engagements des parties et le montant des honoraires, qui tient compte de l'importance des diligences à mettre en œuvre.**

Art. R. 823-18 *(Décr. nº 2016-1026 du 26 juill. 2016, art. 80) (Décr. nº 2020-292 du 21 mars 2020, art. 34)* **« Pour les missions de certification des comptes, » en cas de désaccord entre le ou les commissaires aux comptes et les dirigeants de la personne ou de l'entité contrôlée sur le montant de la rémunération, le président de la compagnie régionale, saisi par écrit par la partie intéressée, s'efforce de concilier les parties.**

Lorsque les commissaires aux comptes sont rattachés à des compagnies régionales distinctes, la tentative de conciliation est conduite par le président de la compagnie régionale qui a été saisi le premier.

Le président de la compagnie régionale dispose d'un délai de trois mois pour parvenir à une conciliation. A défaut, il notifie aux parties l'échec de la conciliation par lettre recommandée avec demande d'avis de réception.

(Décr. nº 2020-292 du 21 mars 2020, art. 34) **« La partie la plus diligente dispose d'un délai d'un mois à compter de cette notification pour saisir du litige la formation restreinte du Haut conseil du commissariat aux comptes, par lettre recommandée avec demande d'avis de réception adressée au président de cette formation. Elle peut également saisir la formation restreinte du Haut conseil selon les mêmes modalités si, à l'expiration du délai de trois mois mentionné à l'alinéa précédent, l'avis d'échec de la conciliation ne lui a pas été notifié. »**

Al. abrogés par Décr. nº 2020-292 du 21 mars 2020, art. 34.

Art. R. 823-19 *Al. abrogés par Décr. nº 2020-292 du 21 mars 2020, art. 35.*

(Décr. nº 2020-292 du 21 mars 2020, art. 35) **« Le secrétariat de la formation restreinte cite les parties à comparaître devant celle-ci quinze jours au moins avant l'audience, par lettre recommandée avec demande d'avis de réception. Le cas échéant, les avocats des parties sont avisés de la date d'audience par le secrétariat de la formation restreinte par lettre simple. »**

(Décr. nº 2012-607 du 30 avr. 2012, art. 29-1º et 2º) **« Dès réception de la citation à comparaître** *(Abrogé par Décr. nº 2016-1026 du 26 juill. 2016, art. 81-5º) « devant le Haut conseil »*, **les parties peuvent prendre connaissance du dossier. Elles peuvent se faire assister ou représenter par un avocat. Les parties et leur avocat peuvent se faire délivrer copie de tout ou partie des pièces du dossier pour l'usage exclusif de la procédure.**

« Les débats devant *(Décr. nº 2020-292 du 21 mars 2020, art. 35)* **« la formation restreinte » sont publics. Toutefois,** *(Décr. nº 2020-292 du 21 mars 2020, art. 35)* **« la formation restreinte » peut décider que les débats ne seront pas publics si les parties en font expressément la demande ou s'il doit résulter de la publicité une atteinte à l'ordre public** *(Décr. nº 2018-1126 du 11 déc. 2018, art. 1er)* **« ou à un secret protégé par la loi ». »**

Le *(Décr. nº 2020-292 du 21 mars 2020, art. 35)* **« secrétariat de la formation restreinte » notifie la décision aux intéressés par lettre recommandée avec demande d'avis de réception** *(Abrogé par Décr. nº 2016-1026 du 26 juill. 2016, art. 81-6º) « et contre émargement ou récépissé au magistrat chargé du ministère public ».* — *[Décr. nº 69-810 du 12 août 1969, art. 126-1.]*

(Décr. nº 2012-607 du 30 avr. 2012, art. 29-5º) **« Le cas échéant, les avocats des parties reçoivent copie de la décision par lettre simple. »**

Art. R. 823-20 **La décision rendue par** *(Décr. nº 2016-1026 du 26 juill. 2016, art. 82)* **« la formation restreinte du Haut conseil » en matière d'honoraires peut faire l'objet d'un pourvoi devant la Cour de cassation à l'initiative des intéressés** *(Abrogé par Décr. nº 2016-1026 du 26 juill. 2016, art. 82) « ou du magistrat chargé du ministère public »*, **dans les conditions fixées aux articles 612 et suivants du code de procédure civile.** — *[Décr. nº 69-810 du 12 août 1969, art. 126-2.]*

Art. R. 823-21 *(Décr. nº 2016-1026 du 26 juill. 2016, art. 83)* **Le commissaire aux comptes désigné auprès d'une entité d'intérêt public ou d'une société de financement**

(Décr. nº 2020-292 du 21 mars 2020, art. 36) « pour une mission de contrôle légal » publie sur son site internet un rapport de transparence, relatif notamment à sa propre structure, établi conformément aux dispositions de l'article 13 du règlement (UE) nº 537/2014 du 16 avril 2014, dans les quatre mois suivant la clôture de l'exercice.

Le commissaire aux comptes informe le Haut conseil de cette publication et, le cas échéant, de la mise à jour du rapport.

Il en informe également l'Autorité des marchés financiers ou l'Autorité de contrôle prudentiel et de résolution lorsqu'il est désigné auprès d'une personne ou d'une entité assujettie à leur contrôle.

Le rapport doit pouvoir être consulté sur le site internet pendant au moins cinq ans à compter du jour de sa publication.

Si le commissaire aux comptes est associé ou salarié d'une société de commissaires aux comptes, l'établissement et la publication du rapport de transparence incombent à celle-ci.

Les dispositions de l'art. R. 823-21 dans sa rédaction issue du Décr. nº 2016-1026 du 26 juill. 2016 sont applicables aux exercices ouverts postérieurement à l'entrée en vigueur de ce décret (Décr. préc., art. 94-III, JO 28 juill.).

Art. R. 823-21-1 *(Décr. nº 2016-1026 du 26 juill. 2016, art. 84)* Le rapport complémentaire établi en application du III de l'article L. 823-16 est remis au comité spécialisé mentionné à l'article L. 823-19 ou à l'organe exerçant les fonctions de ce comité, au plus tard à la date de signature du rapport mentionné à l'article R. 823-7.

A la demande du Haut conseil, le commissaire aux comptes lui communique sans délai ce rapport.

A la demande de l'Autorité des marchés financiers ou de l'Autorité de contrôle prudentiel et de résolution, le commissaire aux comptes leur communique sans délai ce rapport lorsqu'il a trait à la certification des comptes d'une personne ou d'une entité soumise au contrôle d'une de ces autorités.

Art. R. 823-21-2 *(Décr. nº 2016-1026 du 26 juill. 2016, art. 84)* Le commissaire aux comptes qui, en application du III de l'article L. 823-18, demande à être autorisé à dépasser le plafond d'honoraires prévu au II du même article adresse au bureau du Haut conseil une demande comprenant :

1º Les documents relatifs aux honoraires facturés, au cours des trois derniers exercices, pour sa mission de certification des comptes annuels et consolidés de l'entité d'intérêt public dont il est chargé de certifier les comptes et, le cas échéant, de la personne qui la contrôle et des personnes qui sont contrôlées par elle, au sens des I et II de l'article L. 233-3 ;

2º Les documents relatifs aux honoraires facturés, pour les trois mêmes exercices, au titre de services autres que la certification des comptes à l'entité d'intérêt public dont il est chargé de certifier les comptes et, le cas échéant, à la personne qui la contrôle et aux personnes qui sont contrôlées par elle, au sens des I et II de l'article L. 233-3 ;

3º Un exposé de la nature et du montant des prestations envisagées qui entraîneraient un dépassement du plafond ;

4º Un exposé établi par le comité spécialisé de l'entité d'intérêt public mentionné à l'article L. 823-19 des raisons qui justifient qu'à titre exceptionnel ces prestations doivent être fournies par le commissaire aux comptes.

Un accusé de réception est délivré à l'intéressé à réception du dossier complet.

Le bureau peut solliciter du commissaire aux comptes ou de l'entité d'intérêt public toute information ou document complémentaire de nature à éclairer sa décision. Il peut entendre le commissaire aux comptes ou les membres du comité spécialisé de l'entité d'intérêt public. Il peut faire appel à des experts.

Le bureau se prononce par décision motivée dans un délai d'un mois à compter de la réception du dossier complet. Le silence gardé pendant ce délai vaut acceptation de la demande.

La décision du bureau est notifiée au demandeur par lettre recommandée avec demande d'avis de réception.

Art. R. 823-21-3 *(Décr. nº 2016-1026 du 26 juill. 2016, art. 84)* Le commissaire aux comptes d'une entité d'intérêt public communique à la demande du comité spécialisé mentionné à l'article L. 823-19 ou de l'organe exerçant les fonctions de ce comité les constatations et conclusions du Haut conseil du commissariat aux comptes consécutives aux contrôles réalisés en application de l'article L. 821-9 qui concernent :

1° L'évaluation de la conception du système de contrôle interne de qualité ;

2° L'évaluation du contenu du dernier rapport de transparence ;

3° Le contrôle de la mission de certification des comptes de l'entité d'intérêt public concernée.

Les dispositions de l'art. R. 823-21-3 dans sa rédaction issue du Décr. nº 2016-1026 du 26 juill. 2016 sont applicables aux contrôles engagés postérieurement à l'entrée en vigueur de ce décret (Décr. préc., art. 94-IV, JO 28 juill.).

Art. R. 823-22 *Abrogé par Décr. nº 2020-100 du 7 févr. 2020, art. 12.*

CHAPITRE IV DES SANCTIONS

(Décr. nº 2016-1026 du 26 juill. 2016, art. 85)

SECTION PREMIÈRE DE LA NATURE DES MANQUEMENTS ET DES SANCTIONS

La présente section ne comporte pas de dispositions réglementaires.

SECTION II DE LA PROCÉDURE

Art. R. 824-1 Les notifications et convocations prévues par le présent chapitre sont effectuées par lettre recommandée avec demande d'avis de réception, remise en main propre contre récépissé, acte d'huissier ou par tout autre moyen permettant de s'assurer de la date de sa réception.

Lorsqu'une notification est effectuée par un huissier de justice, celui-ci procède selon les modalités prévues par les articles 555 à 563 du code de procédure pénale. Sa rémunération est tarifée conformément aux articles R. 181 à R. 184 du code de procédure pénale.

Art. R. 824-2 I. — Peuvent être habilitées en qualité d'enquêteurs les personnes qui justifient d'une expérience professionnelle d'au moins trois années dans les domaines juridique, comptable ou financier ou dans le domaine de la certification des comptes ou de l'information financière et n'ayant pas fait l'objet de l'une des condamnations mentionnées à l'article L. 500-1 du code monétaire et financier.

Le rapporteur général habilite les enquêteurs de manière individuelle pour une durée de trois ans renouvelable.

Lorsque, pour les besoins spécifiques d'une enquête, le rapporteur général souhaite recourir, en raison de ses compétences propres, à un agent du Haut conseil ne disposant pas d'une habilitation pour effectuer des enquêtes, il lui délivre une habilitation limitée à cette enquête.

II. — L'enquêteur ne peut réaliser une enquête si, au cours des trois années précédentes, il a été associé, salarié ou collaborateur d'une des personnes mentionnées dans la procédure ou d'une personne liée à cette dernière. Avant d'engager une enquête, il déclare qu'il n'est pas dans une situation de conflit d'intérêts avec la ou les personnes visées. Le cas échéant, le rapporteur général sollicite de l'enquêteur toute information complémentaire lui permettant de s'assurer de l'absence de conflit d'intérêts.

III. — Le rapporteur général délivre un ordre de mission aux enquêteurs qu'il désigne pour effectuer une enquête. L'ordre de mission indique l'identité de l'enquêteur et l'objet de sa mission.

Art. R. 824-3 Lorsqu'il effectue des actes d'enquête au sein de locaux professionnels, l'enquêteur informe le commissaire aux comptes ou le dirigeant de la personne morale concernée de l'objet des vérifications qu'il compte entreprendre au plus tard au moment d'entreprendre les vérifications.

L'enquêteur ne peut pénétrer dans les locaux de la personne contrôlée que pendant les heures normales de fonctionnement et en présence du responsable ou de son représentant.

Il présente l'ordre de mission à toute personne auprès de qui il effectue un acte d'enquête.

Art. R. 824-4 Les actes d'enquête réalisés dans des locaux professionnels font l'objet d'un procès-verbal auquel est annexé l'inventaire des pièces et documents dont l'enquêteur a pris copie.

Le procès-verbal indique l'objet de l'enquête, l'identité de l'enquêteur, la nature, la date et le lieu des constatations opérées. Il mentionne, le cas échéant, les motifs qui ont empêché ou entravé le bon déroulement de l'enquête.

L'enquêteur peut ordonner la conservation sur place de tout élément, quel qu'en soit le support. Il consigne cette demande dans le procès-verbal en précisant la durée de cette conservation et les conditions de son renouvellement.

Le procès-verbal est signé par l'enquêteur et par le responsable des lieux ou son représentant. En cas de refus de signer, mention en est faite au procès-verbal.

Le procès-verbal est notifié à la personne concernée par l'enquête.

Art. R. 824-5 L'enquêteur peut convoquer et entendre toute personne susceptible de lui fournir tout renseignement utile à l'accomplissement de sa mission.

La convocation est adressée à l'intéressé huit jours au moins avant la date de l'audition *(Décr. n° 2020-292 du 21 mars 2020, art. 37)* « , sauf renonciation à ce délai par la personne concernée ». Elle fait référence à l'ordre de mission et rappelle à la personne convoquée qu'elle peut se faire assister du conseil de son choix.

Il est dressé procès-verbal de l'audition. La personne entendue peut consigner ses observations sur le procès-verbal. Le procès-verbal est signé par l'intéressé et, le cas échéant, par son conseil, ainsi que par l'enquêteur. En cas de refus de signer, mention en est faite au procès-verbal.

(Décr. n° 2020-292 du 21 mars 2020, art. 37) « Lorsque l'enquêteur souhaite entendre l'intéressé par un système de visioconférence ou d'audioconférence, la convocation adressée dans les conditions prévues par le précédent alinéa doit en faire état, préciser que la conférence sera enregistrée et solliciter l'accord exprès de la personne concernée.

« Lorsque l'enquêteur a entendu l'intéressé par un système de visioconférence ou d'audioconférence, l'enregistrement audiovisuel ou sonore auquel ces opérations donnent lieu fait l'objet d'un procès-verbal de transcription soumis pour signature à l'intéressé. A cet effet, ce procès-verbal, accompagné de l'enregistrement, lui est adressé dans un délai de dix jours à compter de la date de la visioconférence ou de l'audioconférence. La personne peut consigner ses observations sur le procès-verbal. En l'absence de retour du procès-verbal signé dans un délai de dix jours à compter de sa réception par la personne entendue, mention du refus de signer est faite au procès-verbal. »

Copie du procès-verbal est remise à la personne entendue.

Art. R. 824-6 Lorsque le rapporteur général ou un enquêteur confie à un commissaire aux comptes inscrit sur la liste mentionnée au 5° de l'article L. 824-5 la réalisation de vérifications ou d'actes d'enquête, il établit un ordre de mission indiquant l'identité de son titulaire et les vérifications et actes autorisés.

(Décr. n° 2020-292 du 21 mars 2020, art. 38) « Le commissaire aux comptes mentionné au premier alinéa peut recevoir une rémunération du Haut conseil à ce titre, sur la base d'un tarif horaire et d'un nombre d'heures fixés par le Haut conseil, sur proposition s'agissant du nombre d'heures, du rapporteur général. »

Avant d'effectuer sa mission, le commissaire aux comptes ainsi désigné atteste auprès du rapporteur général qu'il répond aux conditions mentionnées au II de l'article R. 824-2.

Le commissaire aux comptes présente l'ordre de mission à toute personne auprès de qui il effectue un acte d'enquête.

Il peut procéder aux actes et auditions prévus aux articles R. 824-4 et R. 824-5 dès lors qu'ils sont décidés par le rapporteur général ou par un enquêteur et effectués sous le contrôle de ce dernier.

Il respecte les exigences fixées par les articles R. 824-3 à R. 824-5.

Il établit un procès-verbal des actes effectués.

(Décr. n° 2017-540 du 12 avr. 2017, art. 28-5°, en vigueur le 1er juin 2017) « Il a droit au remboursement de ses frais de déplacement et de séjour dans les conditions prévues par le règlement intérieur du Haut conseil. »

Art. R. 824-7 I. – Lorsqu'en application du 6° de l'article L. 824-5, le rapporteur général ou un enquêteur fait appel à un ou *[à]* plusieurs experts, sa décision définit l'objet de l'expertise, fixe le délai de sa réalisation et évalue les honoraires prévisibles correspondants.

Préalablement aux opérations d'expertise, les experts désignés attestent auprès du rapporteur général qu'ils répondent aux conditions mentionnées au II de l'article R. 824-2.

Les honoraires et frais d'expertise sont à la charge du Haut conseil. Toutefois, la formation *(Décr. nº 2020-292 du 21 mars 2020, art. 39)* « restreinte » peut, dans sa décision sur le fond, mettre ces dépenses à la charge de la personne sanctionnée.

Lorsque l'expertise est demandée par une partie et acceptée par le rapporteur général, celui-ci lui demande de consigner entre les mains du Haut conseil le montant d'une provision égale aux honoraires prévus de l'expert. Si la demande est faite par plusieurs personnes, le rapporteur général indique dans quelle proportion chacune doit consigner.

II. – L'expert informe le rapporteur général ou l'enquêteur qui l'a désigné de l'avancement des opérations d'expertise. Il prend en considération les observations de la personne concernée par l'enquête, qui sont adressées par écrit ou recueillies oralement, et les joint à son rapport si elles sont écrites et si la personne intéressée le demande. Il fait mention, dans son rapport, de la suite qu'il a donnée à ces observations.

Même si plusieurs experts ont été désignés, un seul rapport est rédigé, qui fait apparaître les points d'accord et les points de divergence éventuels. Le rapport est remis au rapporteur général ou à l'enquêteur qui en adresse une copie à la personne intéressée afin qu'elle puisse faire part de ses observations éventuelles.

Art. R. 824-8 I. – Lorsque le rapporteur général envisage de saisir le Haut conseil d'une demande de suspension provisoire d'un commissaire aux comptes en application de l'article L. 824-7, il le notifie avec l'indication des griefs à l'intéressé et met ce dernier en demeure de présenter ses observations dans un délai de quinze jours à compter de la réception de la notification. En cas d'urgence, ce délai est ramené à soixante-douze heures.

II. – Lorsque le Haut conseil est saisi directement d'une demande de suspension provisoire, il transmet cette demande au rapporteur général afin que ce dernier recueille les observations du commissaire aux comptes concerné conformément au I.

III. – Lorsque la suspension provisoire est suivie d'une sanction disciplinaire, la durée de la suspension est imputée sur la durée de l'interdiction temporaire éventuellement prononcée.

IV. – La décision du Haut conseil qui prononce la suspension provisoire ou qui y met fin est notifiée au commissaire aux comptes concerné. Elle est communiquée à l'autorité qui, en application de l'article L. 824-7, l'a saisi de la demande.

Art. R. 824-9 La démission du commissaire aux comptes ne fait pas obstacle à ce que l'action disciplinaire soit exercée pour des faits commis pendant l'exercice de ses fonctions.

Art. R. 824-10 Lorsque le Haut conseil est saisi par le rapporteur général du rapport d'enquête mentionné à l'article L. 824-8, son président convoque les membres du collège, hors les membres de la formation restreinte, afin de délibérer sur les suites à donner au rapport.

Le rapporteur général ou l'enquêteur en charge du dossier est entendu si le collège l'estime nécessaire.

Le collège délibère à la majorité des voix des membres présents.

Art. R. 824-11 Lorsque le collège, dans la formation mentionnée à l'article précédent, considère que les faits sont susceptibles de justifier l'engagement d'une procédure de sanction, la lettre de notification des griefs mentionnée à l'article L. 824-8 informe la personne poursuivie qu'elle peut prendre connaissance du dossier et obtenir copie des pièces, le cas échéant par voie électronique, et qu'elle peut se faire assister par le conseil de son choix.

(Décr. nº 2020-292 du 21 mars 2020, art. 40) « La lettre de notification des griefs mentionne que la personne poursuivie dispose d'un délai de deux mois à compter de la réception de cette lettre, pour transmettre au rapporteur général ses observations écrites sur ces griefs.

« Toutefois, lorsque des circonstances exceptionnelles le justifient, le rapporteur général peut, par une décision non susceptible de recours, accorder un délai supplémentaire d'un mois pour la production des observations des parties.

« La lettre indique également que l'intéressé est tenu de communiquer au Haut conseil toute nouvelle adresse à laquelle les notifications devront lui être faites et qu'à défaut de communication d'une nouvelle adresse, toute notification faite à l'adresse à laquelle la notification des griefs lui est parvenue sera réputée faite à personne. »

Art. R. 824-12 *Abrogé par Décr. nº 2020-292 du 21 mars 2020, art. 48.*

Art. R. 824-13 *(Décr. nº 2020-292 du 21 mars 2020, art. 41)* Une copie de la notification des griefs accompagnée d'une copie du rapport d'enquête et du dossier d'enquête est transmise pour saisine par le rapporteur général au président de la formation restreinte dès son envoi à la personne poursuivie.

Le rapport final accompagné des observations de la personne poursuivie et de l'entier dossier est adressé par le rapporteur général au président de la formation restreinte.

Le rapporteur général adresse une copie du rapport final à la personne poursuivie, dans les conditions mentionnées à l'article R. 824-1.

Art. R. 824-14 et R. 824-15 *Abrogés par Décr. nº 2020-292 du 21 mars 2020, art. 48.*

Art. R. 824-16 La personne poursuivie est convoquée devant la formation *(Décr. nº 2020-292 du 21 mars 2020, art. 42)* « restreinte » dans un délai qui ne peut être inférieur à un mois avant la date de la séance.

(Décr. nº 2020-292 du 21 mars 2020, art. 42) « Le président de la compagnie régionale des commissaires aux comptes dont relève la personne poursuivie est avisé de la séance et de sa faculté de demander à être entendu. »

La convocation mentionne la composition de la formation. Elle indique à la personne poursuivie la faculté qui lui est offerte d'être entendue, en personne ou représentée par son conseil. Elle mentionne que ses observations écrites doivent parvenir à la formation *(Décr. nº 2020-292 du 21 mars 2020, art. 42)* « restreinte » et au rapporteur général au plus tard huit jours francs avant la séance.

Lorsque l'affaire est renvoyée à une audience ultérieure, le délai minimal de convocation peut être ramené à sept jours.

Art. R. 824-17 Lorsqu'un membre de la formation *(Décr. nº 2020-292 du 21 mars 2020, art. 43)* « restreinte » estime en conscience devoir s'abstenir, il informe le président de la formation qu'il ne siégera pas.

Art. R. 824-18 I. — La demande de récusation d'un membre de la formation *(Décr. nº 2020-292 du 21 mars 2020, art. 44)* « restreinte » est formée par le rapporteur général, par la personne poursuivie ou par son conseil dans un délai de huit jours francs à compter de la *(Décr. nº 2020-292 du 21 mars 2020, art. 44)* « réception de la convocation mentionnée à l'article R. 824-16 ». Elle indique, à peine d'irrecevabilité, les motifs de la récusation et est, le cas échéant, accompagnée des pièces de nature à la justifier.

II. — La demande de récusation est communiquée immédiatement au président de la formation *(Décr. nº 2020-292 du 21 mars 2020, art. 44)* « restreinte » et au membre qui en fait l'objet.

Le membre concerné fait connaître son acquiescement à la demande, ou les motifs pour lesquels il s'y oppose. En cas d'opposition, la formation *(Décr. nº 2020-292 du 21 mars 2020, art. 44)* « restreinte » se prononce sur la demande hors sa présence. L'auteur de la demande est informé immédiatement et par tout moyen de la date de cette réunion, de la possibilité de présenter des observations orales et de se faire assister ou représenter.

III. — La décision de la formation *(Décr. nº 2020-292 du 21 mars 2020, art. 44)* « restreinte » sur la demande de récusation est notifiée immédiatement à l'auteur de la demande, aux autres personnes intéressées et au rapporteur général. Elle ne peut donner lieu à recours qu'avec la décision statuant sur les griefs.

La récusation ne remet pas en cause les délibérations adoptées par la formation *(Décr. nº 2020-292 du 21 mars 2020, art. 44)* « restreinte » en présence du membre récusé avant la demande de récusation.

Art. R. 824-19 Le président de la formation *(Décr. nº 2020-292 du 21 mars 2020, art. 45)* « restreinte » assure la police de la séance. Il peut faire entendre toute personne dont l'audition lui paraît utile et peut faire procéder, par le rapporteur général, à toute investigation complémentaire, au besoin par la désignation d'un ou *[de]* plusieurs experts dans les conditions définies à l'article R. 824-7.

Le rapporteur général ou l'enquêteur en charge du dossier présente le rapport final prévu à l'article L. 824-8. La personne poursuivie et, le cas échéant, son conseil, présentent la défense. Dans tous les cas, la personne poursuivie et son conseil doivent pouvoir prendre la parole en dernier.

Si la personne poursuivie dûment convoquée ne comparaît pas, la formation *(Décr. nº 2020-292 du 21 mars 2020, art. 45)* « restreinte » peut prendre une décision en son absence. Toutefois, si elle estime nécessaire sa comparution personnelle, elle peut renvoyer l'affaire à une audience ultérieure.

La formation *(Décr. nº 2020-292 du 21 mars 2020, art. 45)* « restreinte » délibère en la seule présence de ses membres et du secrétaire de séance.

La décision est prise à la majorité des membres. En cas de partage égal des voix, celle du président est prépondérante.

Le secrétaire de séance établit un compte rendu de la séance. Le compte rendu est signé par le président de la formation *(Décr. nº 2020-292 du 21 mars 2020, art. 45)* « restreinte » et le secrétaire de séance. Il est transmis aux personnes qui ont pris part à la délibération.

SECTION III DES DÉCISIONS ET DES VOIES DE RECOURS

Les dispositions des art. R. 822-26 à R. 822-31 et R. 822-47 à R. 822-51 dans leur version antérieure à l'entrée en vigueur du Décr. nº 2016-1026 du 26 juill. 2016 demeurent applicables aux recours et aux appels formés avant le 17 juin 2016 contre les décisions rendues par les commissions régionales d'inscription et contre les décisions des mêmes commissions statuant en chambres régionales de discipline (Décr. préc., art. 94-V, JO 28 juill.). — V. les art. préc., ***C. com.****, éd. 2017.*

Art. R. 824-20 La décision énonce les considérations de droit et de fait sur lesquelles elle se fonde. Elle indique le délai de recours devant le Conseil d'État. Le cas échéant, elle mentionne ceux des frais de la procédure qui sont à la charge de la personne à l'encontre de laquelle la sanction a été prononcée. Elle est signée par le président et mentionne les noms des personnes qui ont statué.

Lorsqu'elle prononce une injonction de mettre un terme à un manquement et de s'abstenir de le réitérer, la décision mentionne le délai au terme duquel la personne sanctionnée est tenue d'avoir fait cesser le ou les manquements constatés.

La décision est notifiée aux personnes intéressées et au président du Haut conseil.

Copie de la décision est adressée au rapporteur général, au président de la Compagnie nationale, au président de la compagnie régionale compétente et à la personne qui a saisi le rapporteur général des faits ayant justifié l'engagement de la procédure de sanction en application de l'article L. 824-4.

Lorsque la personne poursuivie est inscrite au tableau de l'ordre des experts-comptables, la décision est également notifiée au commissaire du Gouvernement auprès de la chambre nationale de discipline du Conseil supérieur de l'ordre des experts-comptables.

Ces diligences sont accomplies dans le délai d'un mois à compter du prononcé de la décision.

Art. R. 824-21 Lorsque la décision concerne un commissaire aux comptes agréé dans un autre État membre de l'Union européenne, le Haut conseil en informe les autorités compétentes de cet État.

Art. R. 824-22 La décision est publiée sur le site internet du Haut conseil pour une durée qui ne peut être inférieure à cinq ans. Elle peut être rendue publique dans les conditions prévues à l'article L. 824-13.

Art. R. 824-23 Le recours de pleine juridiction devant le Conseil d'État est formé dans les conditions prévues par le code de justice administrative.

Le président du Haut conseil ou la personne sanctionnée peut former un recours incident dans un délai de deux mois à compter de la notification qui lui est faite du recours initial.

Art. R. 824-24 *(Décr. n° 2020-292 du 21 mars 2020, art. 46)* Lorsque la formation restreinte prononce une sanction pécuniaire, le président du Haut conseil émet un titre de perception après que la décision est devenue définitive.

En cas de sursis à exécution dans les conditions prévues aux articles L. 824-2 et L. 824-3, le délai de prescription pour émettre le titre de perception est suspendu.

La sanction pécuniaire est recouvrée comme en matière de créances étrangères à l'impôt et au domaine.

Art. R. 824-25 L'interdiction temporaire et la radiation emportent, pendant la durée de la sanction dans le premier cas, à titre définitif dans le second cas, interdiction d'exercer la profession de commissaire aux comptes.

La personne ainsi sanctionnée ne peut faire état de la qualité de commissaire aux comptes.

Art. R. 824-26 Les commissaires aux comptes temporairement interdits ou radiés restituent aux sociétés dont ils sont chargés de certifier les comptes les documents qu'ils détiennent pour le compte de ces sociétés, ainsi que les sommes déjà perçues qui ne correspondent pas au remboursement de frais engagés ou à un travail effectivement accompli.

Art. R. 824-27 En cas de suspension provisoire, d'interdiction temporaire ou de radiation, le président de la compagnie régionale informe aussitôt de cette mesure les personnes auprès desquelles le commissaire aux comptes exerçait ses fonctions.

(Décr. n° 2020-292 du 21 mars 2020, art. 47) « En l'absence de commissaire aux comptes suppléant, lorsqu'une sanction de suspension provisoire, d'interdiction temporaire ou de radiation est prononcée à l'encontre d'une société inscrite sur la liste mentionnée au I de l'article L. 822-1, le président de la compagnie régionale dont relève cette société désigne, après avoir sollicité l'avis des personnes auprès desquelles la société de commissaires aux comptes exerçait ses fonctions, pour chacune de ces personnes, un autre commissaire aux comptes avec l'accord de ce dernier, pour poursuivre la mission. Les fonctions du commissaire aux comptes ainsi désigné prennent fin à la date d'expiration du mandat confié au commissaire aux comptes sanctionné, sauf si l'empêchement n'a qu'un caractère temporaire. Dans ce dernier cas, lorsque la période de suspension ou d'interdiction a cessé, le titulaire reprend ses fonctions après l'approbation des comptes par l'assemblée générale ou l'organe compétent. »

Le commissaire aux comptes suspendu ou interdit temporairement d'exercer ne peut participer à l'activité des organismes professionnels dont il est membre.

La suspension ou l'interdiction temporaire est un des cas d'empêchement pour l'application de l'article L. 823-1.

SECTION IV **DE LA COOPÉRATION EN MATIÈRE DE SANCTIONS**

La présente section ne comporte pas de dispositions réglementaires.

LIVRE NEUVIÈME DISPOSITIONS RELATIVES À L'OUTRE-MER

RÉP. COM. v° *Outre-mer*, par BONDIL.

TITRE PREMIER A OBSERVATOIRES DES PRIX ET DES REVENUS

(*Décr. n° 2013-608 du 9 juill. 2013, art. 1er*)

Art. D. 910-1 C I. — En Guadeloupe, en Martinique, en Guyane et à La Réunion, l'observatoire des prix, des marges et des revenus mentionné à l'article L. 910-1 C comprend, outre son président, les membres suivants :

a) Le représentant de l'État dans le département et la région d'outre-mer ainsi que :

— le directeur régional des finances publiques ou son représentant ;

— le directeur régional ou interrégional de l'Institut national de la statistique et des études économiques ou son représentant ;

— le directeur régional des entreprises, de la concurrence, de la consommation, du travail et de l'emploi ou son représentant ;

b) Les parlementaires élus dans le ressort de chaque département et région ;

c) Le président du conseil régional ou son représentant ;

d) Le président du conseil général ou son représentant ;

e) Un maire d'une commune du ressort du département et de la région, proposé par le président de l'Association des maires ;

f) Le président du conseil économique, social et environnemental régional ou son représentant ;

g) Trois représentants des chambres consulaires :

— le président de la chambre de commerce et d'industrie ou son représentant ;

— le président de la chambre de métiers et de l'artisanat ou son représentant ;

— le président de la chambre d'agriculture ou son représentant ;

h) Huit représentants des organisations syndicales des salariés du secteur privé et du secteur public désignés, selon les modalités prévues à l'article R. 2623-9 du code du travail, par le représentant de l'État ;

i) Trois représentants des organisations syndicales d'employeurs désignés, selon les modalités prévues à l'article R. 2623-9 du code du travail, par le représentant de l'État ;

j) Trois personnalités qualifiées désignées à raison de leur compétence ou de leur connaissance en matière de formation des prix et des revenus par le représentant de l'État sur proposition du président de l'observatoire ;

k) Le directeur régional de l'Institut d'émission des départements d'outre-mer ou son représentant ;

l) Un représentant de chaque association de défense des consommateurs agréée dans les conditions fixées aux articles (*Décr. n° 2016-884 du 29 juin 2016, art. 2, en vigueur le 1er juill. 2016*) « R. 811-1 » et suivants du code de la consommation.

Un vice-président est désigné parmi les membres de l'observatoire par un vote à la majorité absolue, pour une durée identique à celle du mandat du président.

II. — A Mayotte, l'observatoire des prix, des marges et des revenus mentionné à l'article L. 910-1 C comprend, outre son président, les membres suivants :

a) Le représentant de l'État à Mayotte ainsi que :

— le directeur régional des finances publiques ou son représentant ;

— le représentant local de l'Institut national de la statistique et des études économiques ou son représentant ;

— le directeur régional des entreprises, de la concurrence, de la consommation, du travail et de l'emploi ou son représentant ;

b) Les parlementaires élus à Mayotte ;

c) Le président du conseil général ou son représentant ;

d) Un maire d'une commune de Mayotte proposé par le président de l'association des maires ;

e) Le président du conseil économique et social de Mayotte ou son représentant ;

f) Trois représentants des chambres consulaires :

— le président de la chambre de commerce et d'industrie ou son représentant ;

– le président de la chambre de métiers et de l'artisanat ou son représentant ;

– le président de la chambre d'agriculture, de la pêche et de l'aquaculture ou son représentant ;

g) Huit représentants des organisations syndicales des salariés du secteur privé et du secteur public désignés, selon les modalités prévues à l'article L. 412-1 du code du travail applicable à Mayotte, par le représentant de l'État.

Jusqu'à l'entrée en vigueur de l'article L. 412-1 du code du travail applicable à Mayotte, la représentativité des organisations syndicales est déterminée en application de l'article 11 de l'ordonnance du 7 juin 2012 susvisée ;

h) Trois représentants des organisations syndicales d'employeurs désignés par le représentant de l'État ;

i) Trois personnalités qualifiées désignées à raison de leur compétence ou de leur connaissance en matière de formation des prix et des revenus par le représentant de l'État sur proposition du président de l'observatoire ;

j) Le directeur local de l'Institut d'émission des départements d'outre-mer ou son représentant ;

k) Un représentant de chaque association de défense des consommateurs agréée dans les conditions fixées aux articles *(Décr. n° 2016-884 du 29 juin 2016, art. 2, en vigueur le 1er juill. 2016)* « R. 811-1 » et suivants du code de la consommation.

Un vice-président est désigné parmi les membres de l'observatoire par un vote à la majorité absolue, pour une durée identique à celle du mandat du président.

III. – A Saint-Pierre-et-Miquelon, l'observatoire des prix, des marges et des revenus mentionnés *[mentionné]* à l'article L. 910-1 C comprend, outre son président, les membres suivants :

a) Le représentant de l'État à Saint-Pierre-et-Miquelon ainsi que :

– le directeur des finances publiques de Saint-Pierre-et-Miquelon ou son représentant ;

– le directeur de la cohésion sociale, du travail, de l'emploi et de la population de Saint-Pierre-et-Miquelon ou son représentant ;

b) Les parlementaires élus à Saint-Pierre-et-Miquelon ;

c) Le président du conseil territorial ou son représentant ;

d) Les maires des communes de l'archipel ou leur représentant ;

e) Le président du conseil économique, social et culturel ou son représentant ;

f) Le président de la chambre d'agriculture, de commerce, d'industrie, de métier et de l'artisanat ou son représentant ;

g) Deux représentants des organisations syndicales des salariés du secteur privé et du secteur public désignés, selon les modalités prévues à l'article R. 2623-9 du code du travail, par le représentant de l'État ;

h) Deux représentants des organisations syndicales d'employeurs désignés, selon les modalités prévues à l'article R. 2623-9 du code du travail, par le représentant de l'État ;

i) Deux personnalités qualifiées désignées à raison de leur compétence ou de leur connaissance en matière de formation des prix et des revenus par le représentant de l'État sur proposition du président de l'observatoire ;

j) Le directeur local de l'Institut d'émission des départements d'outre-mer ou son représentant ;

k) Un représentant de chaque association de défense des consommateurs agréée dans les conditions fixées aux articles *(Décr. n° 2016-884 du 29 juin 2016, art. 2, en vigueur le 1er juill. 2016)* « R. 811-1 » et suivants du code de la consommation.

Un vice-président est désigné parmi les membres de l'observatoire par un vote à la majorité absolue, pour une durée identique à celle du mandat du président.

IV. – Dans les îles Wallis-et-Futuna, l'observatoire des prix, des marges et des revenus mentionné à l'article L. 910-1 C comprend, outre son président, les membres suivants :

a) Le représentant de l'État dans le territoire des îles Wallis-et-Futuna ainsi que :

– le directeur des finances publiques des îles Wallis-et-Futuna ou son représentant ;

– le chef du service des affaires économiques des îles Wallis-et-Futuna ou son représentant ;

— le chef du service des douanes et des contributions diverses des îles Wallis-et-Futuna ou son représentant ;

b) Les parlementaires élus dans les îles Wallis-et-Futuna ;

c) Le président de l'Assemblée territoriale ou son représentant ;

d) Les trois représentants de la chefferie des trois royaumes ;

e) Un représentant du Comité consultatif économique et social ;

f) Le président de la chambre du commerce, de l'industrie, des métiers et de l'agriculture des îles Wallis-et-Futuna ou son représentant ;

g) Deux représentants des organisations syndicales de salariés représentatives, au sens de la réglementation en matière de droit du travail applicable localement ayant le même objet, désignés par le représentant de l'État ;

h) Deux représentants des organisations syndicales d'employeurs désignés par le représentant de l'État ;

i) Un représentant de chaque association de défense des consommateurs ;

j) Le directeur local de l'Institut d'émission d'outre-mer ou son représentant ;

k) Le chef du service territorial des statistiques ou son représentant ;

l) Deux personnalités qualifiées désignées à raison de leur compétence ou de leur connaissance en matière de formation des prix et des revenus par le représentant de l'État sur proposition du président de l'observatoire.

Un vice-président est désigné parmi les membres de l'observatoire par un vote à la majorité absolue, pour une durée identique à celle du mandat du président.

(Décr. n° 2016-1394 du 17 oct. 2016, art. 1er) « V. — A Saint-Barthélemy, l'observatoire des prix, des marges et des revenus mentionné à l'article L. 910-1-C comprend, outre son président, les membres suivants :

« *a)* Le représentant de l'État dans la collectivité ainsi que :

« — le directeur régional des finances publiques de la Guadeloupe ou son représentant ;

« — le directeur régional de l'Institut national de la statistique et des études économiques de la Guadeloupe ou son représentant ;

« — le directeur des entreprises, de la concurrence, de la consommation, du travail et de l'emploi de la Guadeloupe ou son représentant ;

« *b)* Les parlementaires élus de Saint-Barthélemy ;

« *c)* Le président du Conseil territorial ou son représentant ;

« *d)* Le président du Conseil économique, social et culturel de Saint-Barthélemy ou son représentant ;

« *e)* Le président de la chambre économique multiprofessionnelle de Saint-Barthélemy ;

« *f)* Quatre personnalités qualifiées désignées à raison de leur compétence ou de leur connaissance de l'économie du territoire par le représentant de l'État sur proposition du président de l'observatoire ;

« *g)* Le directeur de l'agence de Guadeloupe de l'Institut d'émission des départements d'outre-mer ou son représentant ;

« *h)* Un représentant de chaque association de défense des consommateurs agréée dans les conditions fixées aux articles R. 811-1 et suivants du code de la consommation.

« Un vice-président est désigné parmi les membres de l'observatoire par un vote à la *majorité absolue, pour une* durée identique à celle du mandat du président.

« VI. — A Saint-Martin, l'observatoire des prix, des marges et des revenus mentionné à l'article L. 910-1-C comprend outre son président, les membres suivants :

« *a)* Le représentant de l'État dans la collectivité ainsi que :

« — le directeur régional des finances publiques de la Guadeloupe ou son représentant ;

« — le directeur régional de l'Institut national de la statistique et des études économiques de la Guadeloupe ou son représentant ;

« — le directeur des entreprises, de la concurrence, de la consommation, du travail et de l'emploi de la Guadeloupe ou son représentant ;

« *b)* Les parlementaires élus de Saint-Martin ;

« *c)* Le président du Conseil territorial ou son représentant ;

« *d)* Le président du Conseil économique[,] social et culturel de Saint-Martin ou son représentant ;

« *e)* Le président de la chambre consulaire interprofessionnelle de Saint-Martin ;

« *f)* Deux représentants des organisations syndicales des salariés du secteur privé et du secteur public désignés, selon les modalités prévues à l'article R. 2623-9 du code du travail, par le représentant de l'État ;

« *g)* Deux représentants des organisations syndicales d'employeurs désignés selon les modalités prévues à l'article R. 2623-9 du code du travail ;

« *h)* Deux personnalités qualifiées désignées à raison de leur compétence ou de leur connaissance en matière de formation des prix et des revenus par le représentant de l'État sur proposition du président de l'observatoire ;

« *i)* Le directeur de l'agence de Guadeloupe de l'Institut d'émission des départements d'outre-mer ou son représentant ;

« *j)* Un représentant de chaque association de défense des consommateurs agréée dans les conditions fixées aux articles R. 811-1 et suivants du code de la consommation.

« Un vice-président est désigné parmi les membres de l'observatoire par un vote à la majorité absolue, pour une durée identique à celle du mandat du président. »

Pour l'application du l du I, du k du II et du k du III de l'art. D. 910-1 C, le président de l'observatoire pourra accepter la représentation d'associations représentatives des intérêts des consommateurs locaux non agréées selon les dispositions des art. R. 811-1 s. C. consom., durant un an à compter de la publication du Décr. n° 2013-608 du 9 juill. 2013 (JO 11 juill.). A l'expiration de ce délai, ces associations devront justifier de l'agrément ou d'une demande en cours d'instruction pour continuer à siéger au sein de l'observatoire. Pour l'application du l [i] du IV de l'art. D. 910-1 C, le président de l'observatoire pourra accepter la représentation d'associations représentatives des intérêts des consommateurs locaux non agréées au sens de la réglementation applicable localement ayant le même objet (Décr. préc., art. 2).

Les dispositions du IV de l'art. D. 910-1 C sont applicables aux îles Wallis-et-Futuna. Elles entrent en vigueur le dixième jour qui suit la publication (JO 11 juill.) du Décr. n° 2013-608 du 9 juill. 2013 (Décr. préc., art. 5).

TITRE PREMIER DISPOSITIONS SPÉCIFIQUES À SAINT-PIERRE-ET-MIQUELON

Art. R. 910-1 *(Décr. n° 2007-431 du 25 mars 2007)* Ne sont pas applicables à Saint-Pierre-et-Miquelon les dispositions suivantes :

1° Les articles *(Abrogé par Décr. n° 2019-1048 du 11 oct. 2019, art. 1er, à compter du 1er janv. 2020)* « *R. 121-3, R. 121-4,* » R. 123-209 à R. 123-219, D. 145-12 à D. 145-19, D. 146-1 et D. 146-2 ;

2° *(Décr. n° 2007-1851 du 26 déc. 2007, art. 4-II)* « Les articles R. 229-1 à R. 229-26 et R. 252-1 » ;

3° Les articles *(Décr. n° 2017-305 du 9 mars 2017, art. 2-II)* « R. 490-5 à R. 490-10 *[ancienne rédaction : R. 470-2 à R. 470-7]* » ;

4° Les articles R. 522-1 à R. 522-25 ;

(Décr. n° 2016-1851 du 23 déc. 2016, art. 40, en vigueur le 1er janv. 2017) « 5° Les articles R. 611-23-1, R. 662-4 dans sa version résultant du décret n° 2016-1851 du 23 décembre 2016 relatif à la désignation des huissiers de justice et des commissaires-priseurs judiciaires dans certaines procédures relatives aux entreprises en difficulté et modifiant le code de commerce, R. 662-18, R. 670-1 à R. 670-7 » *(Décr. n° 2018-452 du 5 juin 2018, art. 10)* « , et le titre IX du livre VI ; »

(Décr. n° 2013-796 du 29 août 2013, art. 1er ; Décr. n° 2021-144 du 11 févr. 2021, art. 15) « 6° Les articles R. 711-6, R. 711-18 à R. 711-31, R. 712-24, D. 721-2 à R. 721-4 et R. 721-7 à R. 761-26 ainsi que les dispositions relatives aux chambres de commerce et d'industrie de région des chapitres Ier, II et III du titre Ier du livre VII. »

Art. R. 910-2 *(Décr. n° 2007-431 du 25 mars 2007)* Pour l'application du présent code à Saint-Pierre-et-Miquelon, les termes énumérés ci-après sont remplacés comme suit :

1° *(Décr. n° 2019-913 du 30 août 2019, art. 7, en vigueur le 1er janv. 2020)* « Tribunal judiciaire » par "tribunal de première instance";

2° "Cour d'appel" par "tribunal supérieur d'appel" ;

3° "Tribunal de commerce" ou "justice consulaire" par "tribunal de première instance statuant en matière commerciale" ;

4° "Premier président de la cour d'appel" par "président du tribunal supérieur d'appel" ;

5° "Procureur de la République" et "procureur général" par "procureur de la République près le tribunal supérieur d'appel" ;

6° "Département" ou "arrondissement" par "collectivité territoriale" ;

7° "*Bulletin officiel des annonces civiles et commerciales*" par "Recueil des actes administratifs de la collectivité territoriale" ;

(Décr. nº 2013-796 du 29 août 2013, art. 2) « 8° "Préfet du département" ou "préfet de région" par "préfet de la collectivité" ; »

(Décr. nº 2014-571 du 2 juin 2014, art. 1er, en vigueur le 1er juill. 2014) « 9° "Chambre de commerce et d'industrie" ou "chambre de commerce et d'industrie territoriale" par "chambre d'agriculture, de commerce, d'industrie, de métiers et de l'artisanat". »

Art. R. 910-3 *(Décr. nº 2007-431 du 25 mars 2007)* Les renvois aux dispositions du code général des impôts sont remplacés par les dispositions de droit fiscal applicables localement.

Art. R. 910-4 *(Décr. nº 2007-431 du 25 mars 2007)* Les références faites, par des dispositions du présent code applicables à Saint-Pierre-et-Miquelon, à d'autres articles du présent code, ne concernent que les articles rendus applicables dans la collectivité avec les adaptations prévues dans les chapitres ci-dessous.

Art. R. 910-5 *(Décr. nº 2007-431 du 25 mars 2007)* En l'absence d'adaptation, les références faites par des dispositions du présent code applicables à Saint-Pierre-et-Miquelon, à des dispositions qui n'y sont pas applicables, sont remplacées par les références aux dispositions ayant le même objet applicables localement.

Art. R. 910-6 *(Décr. nº 2007-431 du 25 mars 2007)* Les articles faisant référence à la Communauté européenne sont applicables dans le respect de la décision d'association prévue à l'article 187 du traité instituant la Communauté européenne *[art. 203 TFUE]*. Les références à l'accord sur l'Espace économique européen ne sont pas applicables.

Art. R. 910-7 *(Décr. nº 2021-300 du 18 mars 2021, art. 30, en vigueur le 1er janv. 2023)* I. — La référence au règlement (UE) 2016/679 du Parlement européen et du Conseil du 27 avril 2016 relatif à la protection des personnes physiques à l'égard du traitement des données à caractère personnel et à la libre circulation de ces données est remplacée par la référence aux règles en vigueur en métropole en vertu de ce règlement.

II. — La référence au règlement (UE) nº 910/2014 du Parlement européen et du Conseil du 23 juillet 2014 sur l'identification électronique et les services de confiance pour les transactions électroniques au sein du marché intérieur est remplacée par la référence aux règles en vigueur en métropole en vertu de ce règlement.

III. — La référence à la directive 2005/36/CE du Parlement européen et du Conseil du 7 septembre 2005 relative à la reconnaissance des qualifications professionnelles est remplacée par la référence aux règles en vigueur en métropole en vertu de cette directive.

IV. — La référence à la directive 2006/123/CE du Parlement européen et du Conseil du 12 décembre 2006 relative aux services dans le marché intérieur est remplacée par la référence aux règles en vigueur en métropole en vertu de cette directive.

CHAPITRE PREMIER DISPOSITIONS D'ADAPTATION DU LIVRE Ier

Art. R. 911-1 *(Décr. nº 2007-431 du 25 mars 2007)* A l'article R. 121-5, les mots : "I de l'article L. 121-4" sont remplacés par : "l'article L. 121-4".

Art. R. 911-2 *(Décr. nº 2007-431 du 25 mars 2007)* Les dérogations prévues par les articles R. 123-203, R. 123-204, R. 123-207 et R. 123-208 sont applicables aux personnes physiques soumises à un régime simplifié d'imposition par la réglementation en vigueur à Saint-Pierre-et-Miquelon.

CHAPITRE II DISPOSITIONS D'ADAPTATION DU LIVRE II

Art. R. 912-1 *(Décr. n° 2019-1118 du 31 oct. 2019, art. 13)* **Pour l'application des articles R. 221-3, R. 221-4, R. 223-26, R. 225-20, R. 225-22, R. 225-24, R. 225-47, R. 225-49, R. 225-51, R. 225-106 et R. 227-1-1, la référence à l'article 26 du règlement (UE) n° 910-2014 du Parlement européen et du Conseil du 23 juillet 2014 sur l'identification électronique et les services de confiance pour les transactions électroniques au sein du marché intérieur est remplacée par la référence aux règles en vigueur en métropole en vertu de l'article 26 du règlement (UE) du 23 juillet 2014 précité.**

CHAPITRE III DISPOSITIONS D'ADAPTATION DU LIVRE III

Art. R. 913-1 *(Décr. n° 2007-431 du 25 mars 2007)* **L'article R. 330-1 est ainsi rédigé :**

Art. R. 330-1 Le contenu du document mentionné au deuxième alinéa de l'article L. 330-3 est fixé par un arrêté du représentant de l'État.

CHAPITRE IV DISPOSITIONS D'ADAPTATION DU LIVRE IV

Art. R. 914-1 **Les articles R. 420-3 et R. 420-4 sont ainsi rédigés : "Pour l'application de l'article L. 420-7, le siège et le ressort des juridictions compétentes dans la collectivité territoriale de Saint-Pierre-et-Miquelon sont fixés conformément aux tableaux de l'annexe** *[des annexes]* **9-4 et 9-5 du présent livre."** – *[COJ, art. R. 952-6, al. 2.] – V. annexes 9-4 et 9-5 au* ***C. com.***

Art. D. 914-2 *(Décr. n° 2009-1384 du 11 nov. 2009, art. 4-I) (Décr. n° 2021-211 du 24 févr. 2021, art. 9)* **« Les articles D. 442-2 et D. 442-3 » sont ainsi rédigés :**
"Pour l'application *(Décr. n° 2019-599 du 17 juin 2019, art. 1er)* **« du III de l'article L. 442-4 », le siège et le ressort des juridictions compétentes dans la collectivité territoriale de Saint-Pierre-et-Miquelon sont fixés conformément aux tableaux des annexes 9-6 et 9-7 du présent livre."** – *V. annexes 9-6 et 9-7 au* ***C. com.***

Les art. D. 914-2 et D. 924-2 et les annexes 9-6 et 9-7 sont entrés en vigueur le 1er déc. 2009. La juridiction primitivement saisie demeure compétente pour statuer sur les procédures introduites antérieurement à cette date (Décr. n° 2009-1384 du 11 nov. 2009, art. 8).

Art. R. 914-2-1 *(Abrogé par Décr. n° 2020-179 du 28 févr. 2020, art. 14) (Décr. n° 2016-230 du 26 févr. 2016, art. 7)* ***Les tarifs des prestations des huissiers de justice régis par le titre IV bis (partie réglementaire) sont majorés de 30 % à Saint-Pierre-et-Miquelon.***

Art. R. 914-3 *(Décr. n° 2012-839 du 29 juin 2012, art. 9)* **Pour l'application** *(Décr. n° 2021-211 du 24 févr. 2021, art. 9)* **« des articles R. 470-2 et R. 490-2 » du code de commerce, la référence au "directeur de la direction départementale chargée de la protection des populations" est remplacée par la référence au "directeur de la cohésion sociale, du travail, de l'emploi et de la population".**

CHAPITRE V DISPOSITIONS D'ADAPTATION DU LIVRE V

Le présent chapitre ne comprend pas de dispositions réglementaires.

CHAPITRE VI DISPOSITIONS D'ADAPTATION DU LIVRE VI

Art. R. 916-1 **A l'article R. 600-3, les mots : "en métropole" sont remplacés par les mots : "dans la collectivité territoriale de Saint-Pierre-et-Miquelon", et les mots : "aux tableaux des annexes 6-1 et 6-2 du présent livre" sont remplacés par les mots : "aux tableaux des annexes 9-2 et 9-3 du présent livre."** – *[COJ, art. R. 952-6, al. 1er.] – V. annexes 9-2 et 9-3 au* ***C. com.***

CHAPITRE VII DISPOSITIONS D'ADAPTATION DU LIVRE VII

(Décr. n° 2015-190 du 18 févr. 2015, art. 1er et 2)

Art. R. 917-1 **L'article R. 711-1 est ainsi rédigé :**

Art. R. 711-1 La chambre d'agriculture, de commerce, d'industrie, de métiers et de l'artisanat de Saint-Pierre-et-Miquelon a son siège à Saint-Pierre et sa circonscription s'étend à la collectivité territoriale de Saint-Pierre-et-Miquelon.

Art. D. 917-2 L'article D. 711-9 est ainsi rédigé :

Art. D. 711-9 La chambre d'agriculture, de commerce, d'industrie, de métiers et de l'artisanat de Saint-Pierre-et-Miquelon établit annuellement dans le cadre de son rapport d'activité un relevé des indicateurs d'activité, de qualité et de performance, prévus à l'article D. 711-56-1, qu'elle transmet à l'Assemblée des chambres françaises de commerce et d'industrie.

Art. D. 917-3 A l'article D. 711-10 :

a) Le premier alinéa est ainsi rédigé :

"La chambre d'agriculture, de commerce, d'industrie, de métiers et de l'artisanat de Saint-Pierre-et-Miquelon a notamment une mission de service aux entreprises agricoles, industrielles, commerciales, artisanales et de services de la collectivité." ;

b) Au deuxième alinéa, les mots : "elles créent et gèrent" et : "apportent" sont remplacés respectivement par les mots : "elle crée et gère" et : "apporte" ;

c) Au troisième alinéa, les mots : "elles peuvent" sont remplacés par les mots : "elle peut".

Art. R. 917-4 A l'article R. 711-13 :

a) Le deuxième alinéa est ainsi rédigé :

"Le président et les deux vice-présidents représentent chacun des trois collèges prévus à l'article L. 917-1-1." ;

b) Le troisième alinéa n'est pas applicable.

Art. R. 917-5 A l'article R. 711-15 :

a) Au premier alinéa, après les mots : "membres du bureau", sont insérés les mots : "élus au titre du collège représentant les activités du secteur de l'industrie, du commerce et des services" ;

b) Le deuxième alinéa est remplacé par deux alinéas ainsi rédigés :

"Les candidats aux fonctions de membre du bureau élus au titre du collège représentant les activités du secteur de l'agriculture attestent auprès du préfet qu'ils remplissent les conditions prévues au C du I de l'article R. 917-17.

"Les candidats aux fonctions de membre du bureau élus au titre du collège représentant les activités du secteur des métiers et de l'artisanat attestent auprès du préfet qu'ils remplissent les conditions prévues à l'article 5 et au II de l'article 6 du décret n° 99-433 du 27 mai 1999 relatif à la composition des chambres de métiers et à leur élection."

Art. D. 917-6 L'article D. 711-67 est ainsi rédigé :

Art. D. 711-67 La chambre d'agriculture, de commerce, d'industrie, de métiers et de l'artisanat de Saint-Pierre-et-Miquelon exerce les missions notamment de consultation, de représentation et de services aux entreprises des secteurs d'activité relevant de son champ de compétence défini à l'article L. 917-1.

Art. D. 917-7 Au premier alinéa de l'article D. 711-67-1, les mots : "de l'industrie, du commerce et des services" sont remplacés par les mots : "de l'agriculture, du commerce, de l'industrie, des services et de l'artisanat" et les mots : "les établissements du *réseau des chambres* de commerce et d'industrie" sont remplacés par les mots : "la chambre d'agriculture, de commerce, d'industrie, de métiers et de l'artisanat de Saint-Pierre-et-Miquelon".

Art. D. 917-8 A l'article D. 711-67-2, les mots : "par les établissements du réseau des chambres de commerce et d'industrie" sont remplacés par les mots : "par la chambre d'agriculture, de commerce, d'industrie, de métiers et de l'artisanat de Saint-Pierre-et-Miquelon" et les mots : ", telles que définies par les normes d'intervention mentionnées à l'article D. 711-56-1" sont supprimés. Il est ajouté une phrase :

"Les missions obligatoires relevant des compétences des établissements du réseau des chambres de commerce et d'industrie sont définies par les normes d'intervention mentionnées à l'article D. 711-56-1."

Art. R. 917-9 Le premier et le deuxième alinéa de l'article R. 711-71 sont remplacés par les dispositions suivantes :

"La chambre d'agriculture, de commerce, d'industrie, de métiers et de l'artisanat de Saint-Pierre-et-Miquelon se réunit en assemblée générale tous collèges confondus.

"La chambre ne peut valablement délibérer que si le nombre des membres présents dépasse la moitié du nombre des membres en exercice."

Art. R. 917-10 Au premier alinéa de l'article R. 712-1, les mots : "des établissements du réseau des chambres de commerce et d'industrie" sont remplacés par les mots : "de la chambre d'agriculture, de commerce, d'industrie, de métiers et de l'artisanat de Saint-Pierre-et-Miquelon".

Art. R. 917-11 L'article R. 712-2 est ainsi rédigé :

Art. R. 712-2 La tutelle sur la chambre d'agriculture, de commerce, d'industrie, de métiers et de l'artisanat de Saint-Pierre-et-Miquelon est assurée par le préfet de la collectivité territoriale de Saint-Pierre-et-Miquelon, assisté par le trésorier-payeur général.

Art. R. 917-12 A l'article R. 712-4-1, les mots : "le président de la chambre de région, sur proposition le cas échéant du président de la chambre territoriale," sont remplacés par les mots : "le président de la chambre d'agriculture, de commerce, d'industrie, de métiers et de l'artisanat".

Art. R. 917-13 Le dernier alinéa de l'article R. 712-8 et le troisième alinéa de l'article R. 712-11 ne sont pas applicables.

Art. R. 917-14 Au premier alinéa de l'article R. 712-16, les mots : "des informations relatives à l'emploi de la taxe pour frais de chambre" sont supprimés.

Art. R. 917-15 Le quatrième alinéa de l'article R. 712-34 n'est pas applicable.

Art. R. 917-16 *(Décr. n° 2021-144 du 11 févr. 2021, art. 15)* A l'article R. 713-1-1 :

a) Le quatrième alinéa du I est complété par les mots : "ainsi que le directeur de l'agriculture et de la forêt de Saint-Pierre-et-Miquelon ou son représentant, pour ce qui concerne l'établissement de la liste électorale du collège représentant les activités du secteur agricole." ;

b) Au premier alinéa du II, les mots : "31 janvier" sont remplacés par les mots : "31 mars" ;

c) Après le deuxième alinéa du II, il est inséré un alinéa ainsi rédigé :

"La chambre procède de même à l'égard des entreprises inscrites au répertoire des métiers tenu par elle en vue de la désignation des électeurs relevant des activités définies à l'annexe du décret n° 98-247 du 2 avril 1998 relatif à la qualification artisanale et au répertoire des métiers. Dans le même but, elle interroge également les agriculteurs et les entreprises agricoles inscrites au registre des agriculteurs prévu au I de l'article R. 917-17" ;

d) Au premier alinéa du III, les mots : "par catégorie et, le cas échéant, sous-catégorie professionnelle, mentionnées à l'article L. 713-11" sont remplacés par les mots : "par collège".

Art. R. 917-17 Le premier alinéa de l'article R. 713-8 est remplacé par les dispositions suivantes :

"I. – A. – Tout électeur qui remplit les conditions fixées à l'article L. 713-4 peut se porter candidat dans le collège représentant les activités du secteur de l'industrie, du commerce et des services.

"B. – Tout électeur qui remplit les conditions fixées par l'article 5 et le II de l'article 6 du décret n° 99-433 du 27 mai 1999 relatif à la composition des chambres de métiers et à leur élection peut se porter candidat dans le collège représentant les activités du secteur des métiers et de l'artisanat.

"C. – 1° Sont électeurs au collège représentant les activités du secteur de l'agriculture les personnes physiques et les dirigeants sociaux des personnes morales inscrites au registre des agriculteurs de Saint-Pierre-et-Miquelon remplissant les conditions suivantes :

"*a)* Être âgés de dix-huit ans accomplis ;

"*b)* Être assujettis à la caisse de prévoyance sociale de Saint-Pierre-et-Miquelon.

"Les électeurs ne doivent pas avoir fait l'objet de l'une des condamnations mentionnées à l'article L. 713-3 ;

"2° Sont éligibles au collège représentant les activités du secteur de l'agriculture les personnes physiques et morales remplissant les conditions fixées au 1° et qui sont immatriculées au registre des agriculteurs depuis au moins deux ans à la date de clôture du scrutin ;

"3° *a)* Le préfet de la collectivité territoriale de Saint-Pierre-et-Miquelon prévoit les modalités de création et de fonctionnement du registre des agriculteurs de Saint-Pierre-et-Miquelon et les conditions d'inscription des personnes physiques et morales à ce registre ;

"*b)* Le préfet de la collectivité territoriale de Saint-Pierre-et-Miquelon établit et tient à jour le registre des agriculteurs de Saint-Pierre-et-Miquelon.

"Nul ne peut être candidat dans plus d'un collège."

Art. R. 917-18 L'article R. 713-9 est ainsi rédigé :

Art. R. 713-9 Les candidatures sont déclarées par écrit à la préfecture.

Les déclarations de candidature sont recevables à compter du jour fixé par l'arrêté de convocation des électeurs prévu à l'article R. 713-6 et jusqu'au quarantième jour précédant le dernier jour du scrutin à 12 heures.

La déclaration de candidature indique le nom, les prénoms, le sexe, la date et le lieu de naissance du candidat relevant du collège représentant les activités du commerce, de l'industrie et des services, sa nationalité, la dénomination sociale et l'adresse de l'entreprise dans laquelle il exerce ses fonctions, le collège dans lequel il se présente et son numéro d'inscription sur la liste électorale.

Chaque candidat atteste auprès du préfet, sous forme d'une déclaration sur l'honneur, qu'il remplit les conditions d'éligibilité énumérées à l'article L. 713-4 et qu'il n'est frappé d'aucune des incapacités prévues à l'article L. 713-3.

Chaque candidat relevant du collège représentant les activités du secteur de l'agriculture atteste auprès du préfet, sous forme d'une déclaration sur l'honneur, qu'il remplit les conditions prévues au C du I de l'article R. 917-17.

Chaque candidat relevant du collège représentant les activités du secteur des métiers et de l'artisanat atteste auprès du préfet, sous forme de déclaration sur l'honneur, qu'il remplit les conditions prévues au B du I de l'article R. 917-17.

Art. R. 917-19 A l'article R. 713-10 :

a) Après les mots : "de candidature", sont insérés les mots : "au collège représentant les activités du secteur de l'industrie, du commerce et des services" ;

b) Il est ajouté à la fin de ce premier alinéa la phrase suivante :

"Il en est de même pour les déclarations de candidature au collège représentant les activités du secteur de l'agriculture remplissant les conditions prévues au C du I de l'article R. 917-17 et pour celles qui remplissent les conditions prévues au B du I du même article pour les candidats au titre du collège représentant les activités du secteur de l'artisanat et des métiers."

Art. R. 917-20 *(Décr. n° 2021-144 du 11 févr. 2021, art. 15)* Au troisième alinéa de l'article R. 713-12, les mots : "du ministre de la justice et du ministre chargé de la tutelle des chambres de commerce et d'industrie" sont remplacés par les mots : "du ministre de tutelle des chambres de commerce et d'industrie, du ministre de tutelle des chambres d'agriculture, du ministre de tutelle des chambres de métiers et de l'artisanat et du ministre chargé de l'outre-mer".

Art. R. 917-21 A l'article R. 713-13 :

a) Le premier alinéa est ainsi rédigé :

"La commission prévue à l'article L. 713-17, dénommée "commission d'organisation des élections", compétente pour organiser, dans la circonscription de la chambre d'agriculture, de commerce, d'industrie, de métiers et de l'artisanat de Saint-Pierre-et-Miquelon, est présidée par le préfet de la collectivité territoriale de Saint-Pierre-et-Miquelon et comprend :" ;

b) Abrogé par Décr. n° 2021-144 du 11 févr. 2021, art. 15.

c) Le 3° n'est pas applicable.

Art. R. 917-22 et R. 917-23 *Abrogés par Décr. n° 2021-144 du 11 févr. 2021, art. 15.*

Art. R. 917-24 A l'article R. 713-17 :

a) *(Décr. n° 2021-144 du 11 févr. 2021, art. 15)* « Au 6° du I et au 2° du II », les mots : "de la catégorie et, le cas échéant, de la sous-catégorie à laquelle" sont remplacés par les mots : "du collège auquel".

b) *Abrogé par Décr. n° 2021-144 du 11 févr. 2021, art. 15.*

Art. R. 917-25 A l'article R. 713-18 :

a) Au deuxième alinéa, les mots : "catégories ou sous-catégories" sont remplacés par le mot : "collèges" ;

b) Au cinquième alinéa, les mots : "à la catégorie et à la sous-catégorie" sont remplacés par les mots : "au collège".

Art. R. 917-26 A l'article R. 713-19 :

a) Au premier alinéa, les mots : "catégorie ou sous-catégorie" sont remplacés par le mot : "collège" ;

b) Au deuxième alinéa, les mots : "la catégorie, la sous-catégorie professionnelle ou la délégation" sont remplacés par les mots : "le collège".

Art. R. 917-27 *(Décr. n° 2021-144 du 11 févr. 2021, art. 15)* A l'article R. 713-27-1, le troisième alinéa est remplacé par les dispositions suivantes :

"Les procès-verbaux sont transmis au préfet de la collectivité territoriale qui en adresse une copie au ministre de tutelle des chambres d'agriculture, au ministre de tutelle des chambres de commerce et d'industrie, au ministre de tutelle des chambres de métiers et de l'artisanat et à la chambre d'agriculture, de commerce, d'industrie, de métiers et de l'artisanat de Saint-Pierre-et-Miquelon."

Art. R. 917-28 et R. 917-29 *Abrogés par Décr. n° 2021-144 du 11 févr. 2021, art. 15.*

Art. R. 917-30 A l'article R. 713-65 :

a) Après les mots : "L. 713-11", sont ajoutés les mots : " ; ces catégories professionnelles constituent les activités relevant du collège représentant les activités du secteur de l'industrie, du commerce et des services" ;

b) Il est ajouté les deux alinéas suivants :

"Les activités relevant du collège représentant les activités du secteur de l'agriculture sont fixées par l'arrêté du préfet de la collectivité territoriale de Saint-Pierre-et-Miquelon relatif au registre des agriculteurs prévu à l'article R. 917-17 ;

"Les activités relevant du collège représentant les activités du secteur de l'artisanat et des métiers sont celles fixées par l'annexe du décret n° 98-247 du 2 avril 1998 relatif à la qualification artisanale et au répertoire des métiers."

Art. R. 917-31 A l'article R. 713-66 :

a) Le premier alinéa du I est ainsi rédigé :

"Lors de chaque renouvellement général, la chambre d'agriculture, de commerce, d'industrie, de métiers et de l'artisanat de Saint-Pierre-et-Miquelon réalise suivant les critères fixés par les articles L. 713-11, L. 713-12 et L. 713-13 une étude économique de pondération." ;

b) Le deuxième alinéa du I est ainsi rédigé :

"Cette étude détermine l'importance économique des collèges prévus à l'article L. 917-1-1." ;

c) Au II, les mots : "par catégorie, par sous-catégorie et par circonscription de chambre de commerce et d'industrie territoriale" sont remplacés par les mots : "par collège" ;

d) *Abrogé par Décr. n° 2021-144 du 11 févr. 2021, art. 15.*

e) Le 2° du II n'est pas applicable ;

f) Au III, les mots : "de la chambre territoriale chaque catégorie professionnelle et, le cas échéant, chaque sous-catégorie" sont remplacés par les mots : "de la chambre d'agriculture, de commerce, d'industrie, de métiers et de l'artisanat de Saint-Pierre-et-Miquelon chaque collège" ;

g) Il est ajouté l'alinéa suivant :

"Le nombre des membres de chaque collège est pair."

Art. R. 917-32 et R. 917-33 *Abrogés par Décr. n° 2021-144 du 11 févr. 2021, art. 15.*

CHAPITRE VIII DISPOSITIONS D'ADAPTATION DU LIVRE VIII

Le présent chapitre ne comprend pas de dispositions réglementaires.

TITRE DEUXIÈME DISPOSITIONS APPLICABLES À MAYOTTE

Art. R. 920-1 *(Décr. n° 2007-431 du 25 mars 2007)* **Sous réserve des adaptations prévues dans les chapitres ci-après, les dispositions suivantes du code sont applicables** *(Décr. n° 2011-338 du 29 mars 2011, art. 7, en vigueur le 1er avr. 2011)* **« dans le Département de Mayotte » :**

1° Le livre Ier, à l'exception des articles *(Abrogé par Décr. n° 2019-1048 du 11 oct. 2019, art. 1er, à compter du 1er janv. 2020)* **« R. 121-3, R. 121-4, » R. 122-1 à R. 122-17,** *(Décr. n° 2007-750 du 9 mai 2007, art. 39)* **« R. 123-171-1, » R. 123-209 à R. 123-219, R. 132-1 à R. 133-2, D. 145-12 à D. 145-19, D. 146-1 et D. 146-2 ;**

2° Le livre II, à l'exception *(Décr. n° 2007-1851 du 26 déc. 2007, art. 4-II)* **« des articles R. 229-1 à R. 229-26 et R. 252-1 » ;**

3° Le livre III, à l'exception *(Décr. n° 2013-884 du 1er oct. 2013, art. 17)* **« de l'article R. 321-18-1 » ;**

4° Le livre IV, à l'exception des articles R. 463-16, *(Décr. n° 2017-305 du 9 mars 2017, art. 2-II)* **« R. 490-5 à R. 490-10** *[ancienne rédaction : R. 470-2 à R. 470-7]* **» ;**

5° Le livre V *(Abrogé par Décr. n° 2011-1772 du 5 déc. 2011, art. 5) « , à l'exception des articles R. 522-1 à R. 522-25 » ;*

(Décr. n° 2016-1851 du 23 déc. 2016, art. 41, en vigueur le 1er janv. 2017) **« 6° Le livre VI, à l'exception des articles R. 611-23-1, R. 625-4, R. 662-4 dans sa version résultant du décret n° 2016-1851 du 23 décembre 2016 relatif à la désignation des huissiers de justice et des commissaires-priseurs judiciaires dans certaines procédures relatives aux entreprises en difficulté et modifiant le code de commerce, R. 662-18, R. 670-1 à R. 670-7 ; »**

(Décr. n° 2013-796 du 29 août 2013, art. 7) **« 7° Les titres Ier à IV du livre VII, à l'exception des dispositions relatives aux chambres de commerce et d'industrie de région et des articles R. 712-24 et R. 713-7 ; »**

8° Le livre VIII.

Art. R. 920-2 *(Décr. n° 2007-431 du 25 mars 2007)* **Pour l'application du présent code** *(Décr. n° 2011-338 du 29 mars 2011, art. 7, en vigueur le 1er avr. 2011)* **« dans le Département de Mayotte », les termes énumérés ci-après sont remplacés comme suit :**

1° à 8° Abrogés par Décr. n° 2011-338 du 29 mars 2011, art. 7, à compter du 1er avr. 2011.

9° "préfet" ou "sous-préfet" par "représentant de l'État à Mayotte" ;

(Décr. n° 2013-796 du 29 août 2013, art. 8) **« 10° "chambre de commerce et d'industrie territoriale" par "chambre de commerce et d'industrie de Mayotte" ; »**

11° "chambre d'agriculture" par "chambre d'agriculture, de la pêche, et de l'aquaculture de Mayotte" ;

12° "chambres des *[de]* **métiers et de l'artisanat de région" par "chambre de métiers et de l'artisanat de Mayotte".**

Art. R. 920-3 *Abrogé par Décr. n° 2018-953 du 31 oct. 2018, art. 11.*

Art. R. 920-4 *(Décr. n° 2007-431 du 25 mars 2007)* **Les références faites, par des dispositions du présent code applicables à Mayotte, à d'autres articles du présent code, ne concernent que les articles rendus applicables à Mayotte avec les adaptations prévues dans les chapitres ci-dessous.**

Art. R. 920-5 *(Décr. n° 2007-431 du 25 mars 2007)* **En l'absence d'adaptation, les références faites par des dispositions du présent code applicables à Mayotte à des dispositions qui n'y sont pas applicables, sont remplacées par les références aux dispositions ayant le même objet applicables localement.**

Art. R. 920-6 *Abrogé par Décr. n° 2018-953 du 31 oct. 2018, art. 11.*

Art. R. 920-7 *(Décr. n° 2007-431 du 25 mars 2007)* **Les articles faisant référence à la Communauté européenne sont applicables dans le respect de la décision d'association**

prévue à l'article 187 du traité instituant la Communauté européenne *[art. 203 TFUE]*. **Les références à l'accord sur l'Espace économique européen ne sont pas applicables.**

CHAPITRE PREMIER DISPOSITIONS D'ADAPTATION DU LIVRE Ier

Art. R. 921-1 *(Décr. n° 2007-431 du 25 mars 2007)* **A l'article R. 121-5, les mots : "I de l'article L. 121-4" sont remplacés par : "l'article L. 121-4".**

Art. R. 921-2 **Au deuxième alinéa de l'article R. 123-80, après les termes : "à l'article R. 123-166", les mots : "à l'exception des actes et pièces mentionnés aux articles R. 123-103 à R. 123-117, et L. 123-9" sont insérés.** – *[Décr. n° 84-406 du 30 mai 1984, art. 87, al. 1er.]*

Art. R. 921-3 *Abrogé par Décr. n° 2012-928 du 31 juill. 2012, art. 19, à compter du 1er sept. 2012.*

Art. R. 921-4 **Pour l'application des articles R. 123-103 à R. 123-117, les actes et pièces mentionnés à ces articles sont communiqués par les greffiers dans les conditions prévues à l'article R. 123-150.** – *[Décr. n° 84-406 du 30 mai 1984, art. 87, al. 1er.]*

CHAPITRE II DISPOSITIONS D'ADAPTATION DU LIVRE II

Art. R. 922-1 *Abrogé par Décr. n° 2018-953 du 31 oct. 2018, art. 11.*

CHAPITRE III DISPOSITIONS D'ADAPTATION DU LIVRE III

Art. R. 923-1 *(Décr. n° 2007-431 du 25 mars 2007)* **L'article R. 330-1 est ainsi rédigé :**

Art. R. 330-1 Le contenu du document mentionné au deuxième alinéa de l'article L. 330-3 est fixé par un arrêté du représentant de l'État.

CHAPITRE IV DISPOSITIONS D'ADAPTATION DU LIVRE IV

Art. R. 924-1 **Les articles R. 420-3 et R. 420-4 sont ainsi rédigés :**

"Pour l'application de l'article L. 420-7, le siège et le ressort des juridictions compétentes *(Décr. n° 2011-338 du 29 mars 2011, art. 7, en vigueur le 1er avr. 2011)* **« dans le Département de Mayotte » sont fixés conformément aux tableaux des annexes 9-4 et 9-5 du présent livre."** – *[COJ, art. R. 943-4, al. 3.] – V. note ss. art. R. 914-1.*

Art. D. 924-2 *(Décr. n° 2009-1384 du 11 nov. 2009, art. 4-II) (Décr. n° 2021-211 du 24 févr. 2021, art. 9)* **« Les articles D. 442-2 et D. 442-3 » sont ainsi rédigés :**

"Pour l'application *(Décr. n° 2019-599 du 17 juin 2019, art. 1er)* **« du III de l'article L. 442-4 », le siège et le ressort des juridictions compétentes** *(Décr. n° 2011-338 du 29 mars 2011, art. 7, en vigueur le 1er avr. 2011)* **« dans le Département de Mayotte » sont fixés conformément aux tableaux des annexes 9-6 et 9-7 du présent livre."** – *V. notes ss. art. D. 914-2.*

Art. R. 924-3 *(Abrogé par Décr. n° 2020-179 du 28 févr. 2020, art. 14) (Décr. n° 2016-230 du 26 févr. 2016, art. 8)* ***Les tarifs des prestations des huissiers de justice régis par le titre IV bis (partie réglementaire) sont majorés de 30 % à Mayotte.***

Art. R. 924-4 *(Abrogé par Décr. n° 2020-179 du 28 févr. 2020, art. 14) (Décr. n° 2016-230 du 26 févr. 2016, art. 8)* ***Les tarifs des prestations notariales régis par le titre IV bis (partie réglementaire) sont majorés de 40 % à Mayotte.***

CHAPITRE V DISPOSITIONS D'ADAPTATION DU LIVRE V

Le présent chapitre ne comprend pas de dispositions réglementaires.

CHAPITRE VI DISPOSITIONS D'ADAPTATION DU LIVRE VI

Art. R. 926-1 *(Décr. n° 2011-338 du 29 mars 2011, art. 7, en vigueur le 1er avr. 2011)* **A l'article R. 600-3, les mots : "en métropole" sont remplacés par les mots : "dans le département de Mayotte", et les mots : "aux tableaux des annexes 6-1 et 6-2 du pré-**

sent livre" sont remplacés par les mots : "aux tableaux des annexes *(Décr. n° 2016-1851 du 23 déc. 2016, art. 42, en vigueur le 1er janv. 2017)* **« 6-3 et 6-4 » du présent livre".** – *[COJ, art. R. 943-4, al. 2.]*

CHAPITRE VII DISPOSITIONS D'ADAPTATION DU LIVRE VII

Les dispositions issues du Décr. n° 2013-381 du 3 mai 2013 portant diverses dispositions relatives au réseau des chambres de commerce et d'industrie ne s'appliquent pas au département de Mayotte (Décr. préc., art. 26).

Art. R. 927-1 L'article R. 711-1 est ainsi rédigé :

Art. 711-1 La chambre de commerce et d'industrie de Mayotte, dont la circonscription est Mayotte, a son siège à Mamoudzou. – *[Décr. n° 2006-379 du 27 mars 2006, art. 3.]*

Art. R. 927-1-1 *(Décr. n° 2014-1333 du 5 nov. 2014, art. 3-I)* **Pour l'application à Mayotte de l'article R. 711-40-1, les mots : "préfet de région" sont remplacés par les mots : "représentant de l'État" et les mots : "chambre de commerce et d'industrie de région" sont remplacés par les mots : "chambre de commerce et d'industrie de Mayotte".**

Art. R. 927-1-2 *(Décr. n° 2014-1333 du 5 nov. 2014, art. 3-I)* **Pour l'application à Mayotte de l'article R. 711-40-2, les mots : "la chambre de commerce et d'industrie de région" sont remplacés par les mots : "la chambre de commerce et d'industrie de Mayotte".**

Art. R. 927-1-3 *(Décr. n° 2014-1333 du 5 nov. 2014, art. 3-I)* **Pour l'application à Mayotte de l'article R. 711-40-3, les mots : "la chambre de commerce et d'industrie de région et de chaque chambre de commerce et d'industrie territoriale ou départementale qui lui est rattachée" sont remplacés par les mots : "la chambre de commerce et d'industrie de Mayotte".**

Art. R. 927-1-4 *(Décr. n° 2014-1333 du 5 nov. 2014, art. 3-I)* **Pour l'application à Mayotte de l'article R. 711-40-4, les mots : "préfet de région" sont remplacés par les mots : "représentant de l'État".**

Art. R. 927-1-5 *(Décr. n° 2013-796 du 29 août 2013, art. 9)* **Le 2° de l'article R. 712-2 est remplacé par les dispositions suivantes :**

"La tutelle de la chambre de commerce et d'industrie de Mayotte est exercée par le représentant de l'État à Mayotte assisté par le directeur local des finances publiques." *– Anc. art. R. 927-1-1 (Décr. n° 2014-1333 du 5 nov. 2014, art. 3-II).*

Art. R. 927-1-6 *(Décr. n° 2013-796 du 29 août 2013, art. 10)* **A l'article R. 712-4-1, les mots : "le président de la chambre de région, sur proposition le cas échéant du président de la chambre territoriale," sont remplacés par les mots : "le président de la chambre de commerce et d'industrie de Mayotte".** *– Anc. art. R. 927-1-2 (Décr. n° 2014-1333 du 5 nov. 2014, art. 3-II).*

Art. R. 927-2 *(Décr. n° 2007-574 du 19 avr. 2007, art. 8-IV)* **Après l'article R. 713-6, est inséré l'article suivant :**

Art. R. 713-6-1 Le vote à l'urne prévu à l'article 16 de l'ordonnance n° 2005-43 du *20 janvier 2005* est organisé pour l'élection des membres de la chambre de commerce et d'industrie de Mayotte dans les conditions suivantes :

I. — La commission d'établissement des listes électorales prévue à l'article 15 de l'ordonnance n° 2005-43 du 20 janvier 2005 fait établir par le préfet les cartes électorales et les remet aux maires qui les adressent aux électeurs au plus tard dans la troisième semaine qui précède la date du scrutin. La carte d'électeur qui n'a pu être remise à son titulaire est transmise par le maire au bureau de vote où elle demeure à la disposition de l'électeur jusqu'au jour du scrutin. Un arrêté du préfet fixe le format, les mentions et les modalités d'impression des cartes électorales.

II. — L'électeur peut donner procuration à un autre électeur inscrit dans la même catégorie et sous-catégorie professionnelle, si elle existe.

La procuration mentionne l'identité du mandant et du mandataire ainsi que la catégorie, et la sous-catégorie professionnelle, si elle existe, de chacun d'eux.

Chaque électeur ne peut disposer que d'une seule procuration. Si plusieurs procurations sont établies au nom du même électeur, celle qui lui a été adressée en premier lieu est seule valable.

Les articles L. 71, L. 72, L. 74 à L. 77, les premier, deuxième, troisième et quatrième alinéas de l'article R. 73, le premier alinéa de l'article R. 74, les premier et deuxième alinéas de l'article R. 75, les troisième, quatrième et cinquième alinéas de l'article R. 76, les articles R. 78 et R. 79 du code électoral s'appliquent au vote par procuration.

III. — Le représentant de l'État à Mayotte fixe le siège et les heures d'ouverture des bureaux de vote.

Les bureaux de vote sont constitués du maire ou de son délégué, président, et de deux conseillers municipaux ou, à défaut, électeurs consulaires qu'il désigne.

Si un électeur ne peut présenter au bureau de vote sa carte électorale, il est autorisé à voter au vu de la liste électorale en produisant un des titres d'identité prévus par l'article R. 60 du code électoral.

IV. — Il est procédé au dépouillement le jour même du scrutin.

Est nul tout bulletin distinct du modèle validé dans les conditions prévues à l'article R. 713-13, tout bulletin portant un nombre de noms supérieur à celui des sièges à pourvoir dans la catégorie ou, le cas échéant, la sous-catégorie professionnelle concernée et tout bulletin entaché d'une des irrégularités mentionnées à l'article L. 66 du code électoral.

Seuls les suffrages en faveur des candidats déclarés sont pris en compte.

V. — A l'issue du dépouillement, le président du bureau de vote dresse le procès-verbal des opérations électorales et le remet dans les vingt-quatre heures à la commission des opérations électorales prévue à l'article R. 713-13.

VI. — Par dérogation aux dispositions du deuxième alinéa de l'article R. 713-27, la commission dispose d'un délai de quatre jours suivant celui du scrutin pour proclamer les résultats. – *[Décr. n° 91-739 du 18 juill. 1991, art. 60.]*

Art. R. 927-3 *(Décr. n° 2007-574 du 19 avr. 2007, art. 8-IV)* **Pour l'application à Mayotte de l'article R. 713-66, les deuxième à sixième alinéas sont remplacés par les dispositions suivantes :**

Art. R. 713-66, al. 2 à 6 L'étude décrit la répartition des membres entre catégories professionnelles et, le cas échéant, entre sous-catégories professionnelles. Elle est élaborée à partir des données suivantes :

1° Chiffres d'affaires, par catégorie ou sous-catégorie, des entreprises soumises au paiement de l'impôt sur les sociétés ;

2° Effectifs, par catégorie ou sous-catégorie, des entreprises à jour du paiement de la patente ;

3° Répartition, par catégorie ou sous-catégorie, des entreprises inscrites au registre du commerce. – *[Décr. n° 91-739 du 18 juill. 1991, art. 59, al. 1er à 5.]*

Art. R. 927-4 *(Décr. n° 2007-574 du 19 avr. 2007, art. 8-IV)* **A l'article R. 721-6,** *(Décr. n° 2019-1333 du 11 déc. 2019, art. 16, en vigueur le 1er janv. 2020)* **« les mots : "5 000" sont remplacés par les mots : "460" ».** – *[COJ, art. R. 943-2-1.]*

CHAPITRE VIII DISPOSITIONS D'ADAPTATION DU LIVRE VIII

Le présent chapitre ne comprend pas de dispositions réglementaires.

TITRE TROISIÈME DISPOSITIONS APPLICABLES EN NOUVELLE-CALÉDONIE

Art. R. 930-1 *(Décr. n° 2007-431 du 25 mars 2007)* **Sous réserve des adaptations prévues dans les chapitres ci-après, les dispositions suivantes du code sont applicables en Nouvelle-Calédonie :**

1° Le livre Ier, à l'exception des articles R. 121-3, R. 121-4, R. 122-1 à R. 122-17, *(Décr. n° 2007-750 du 9 mai 2007, art. 39)* **« R. 123-171-1, » R. 123-209 à R. 123-**

219, D. 123-235, D. 123-236, R. 127-1 à R. 134-17, R. 143-23, R. 145-9 à D. 145-19, R. 145-22 à D. 146-2. Les articles R. 123-220 à *(Décr. n° 2021-1500 du 17 nov. 2021, art. 2, en vigueur le 1er janv. 2022)* « R. 123-34-1 *[R. 123-234-1]* » ne sont applicables qu'en ce qu'ils concernent les institutions et services de l'État et les personnes morales de droit public administratif dont le siège est situé en Nouvelle-Calédonie, ainsi que leurs établissements. *(Décr. n° 2013-563 du 26 juin 2013, art. 2, en vigueur le 30 juin 2013)* « Les articles R. 121-6 et R. 123-55 sont applicables dans leur rédaction en vigueur le lendemain de la publication du décret n° 2008-1488 du 30 décembre 2008 *[JO 31 déc.]* ». *(Décr. n° 2021-1500 du 17 nov. 2021, art. 2, en vigueur le 1er janv. 2022)* « Les articles R. 123-220, R. 123-222, R. 123-232 et R. 123-234-1 sont applicables dans leur version résultant du décret n° 2021-1500 du 17 novembre 2021 ; »

2° Le livre II, à l'exception *(Décr. n° 2007-1851 du 26 déc. 2007, art. 4-II)* « des articles R. 229-1 à R. 229-26 et R. 252-1 ». *(Décr. n° 2013-563 du 26 juin 2013, art. 3, en vigueur le 30 juin 2013)* « L'article D. 223-2 est applicable dans sa rédaction en vigueur le lendemain de la publication du décret n° 2008-1419 du 19 décembre 2008 *[JO 27 déc.]*. Les articles R. 223-20-1, R. 223-24, R. 225-98 et R. 227-1 sont applicables dans leur rédaction en vigueur le lendemain de la publication du décret n° 2009-234 du 25 février 2009 *[JO 27 févr.]* » ;

3° Le livre III, à l'exception des articles R. 310-1 à R. 310-19, R. 321-1 à R. 321-73 ; *(Décr. n° 2013-563 du 26 juin 2013, art. 5-II, en vigueur le 30 juin 2013)* « 4° Le titre V du livre IV, à l'exception de l'article D. 450-3 ; » — *Du fait de l'insertion d'un nouveau 4°, le Décr. n° 2013-563 du 26 juin 2013 a renuméroté les 4°, 5°, 6° et 7° en 5°, 6°, 7° et 8° (Décr. préc., art. 5-I).*

5° Le livre V, à l'exception des articles R. 522-1 à R. 522-25 ;

6° Le livre VI, à l'exception des articles R. 600-1, R. 600-2, R. 600-4 à R. 611-50, R. 621-1 à R. 663-40, R. 663-42 à R. 663-44, des deux premiers alinéas de l'article R. 663-45, des articles R. 663-47, R. 663-48 et R. 670-1 à R. 670-7 ;

7° Le titre II du livre VII dans sa rédaction issue du *(Décr. n° 2021-144 du 11 févr. 2021, art. 16)* « décret n° 2021-144 du 11 février 2021 », à l'exception des articles R. 721-7 à R. 722-6, R. 722-8, R. 722-9, R. 722-11 à R. 722-17, R. 723-4, R. 723-9 à R. 723-31 ;

8° Le titre II du livre VIII *(Décr. n° 2012-607 du 30 avr. 2012, art. 34)* « , à l'exception des articles R. 822-149 à R. 822-162, dans sa rédaction en vigueur le lendemain de la publication » *(Décr. n° 2013-192 du 5 mars 2013, art. 15, en vigueur le 1er juill. 2013)* « du décret n° 2013-192 du 5 mars 2013 *[JO 7 mars]* ». *(Décr. n° 2013-563 du 26 juin 2013, art. 4, en vigueur le 30 juin 2013)* « L'article R. 823-7-1 est applicable dans sa rédaction en vigueur le lendemain de la publication du décret n° 2009-234 du 25 février 2009 *[JO 27 févr.]* ».

Art. R. 930-2 *(Décr. n° 2007-431 du 25 mars 2007)* Pour l'application du présent code dans le territoire, les termes énumérés ci-après sont remplacés comme suit :

1° *(Décr. n° 2019-913 du 30 août 2019, art. 7, en vigueur le 1er janv. 2020)* « Tribunal judiciaire » par "tribunal de première instance" ;

2° "Tribunal de commerce" ou "justice consulaire" par "tribunal mixte de commerce" ;

3° "Conseil de prud'hommes" par "tribunal du travail" ;

4° "*Bulletin officiel des annonces civiles et commerciales*" par "*Journal officiel de la Nouvelle-Calédonie*" ;

5° "Département" ou "arrondissement" par "Nouvelle-Calédonie" ou par "province" ;

6° "Préfet" ou "sous-préfet" par "représentant de l'État en Nouvelle-Calédonie".

Art. R. 930-3 *(Décr. n° 2007-431 du 25 mars 2007)* Les références faites, par des dispositions du présent code applicables en Nouvelle-Calédonie, à d'autres articles du présent code, ne concernent que les articles rendus applicables en Nouvelle-Calédonie avec les adaptations prévues dans les chapitres ci-dessous.

Art. R. 930-4 *(Décr. n° 2007-431 du 25 mars 2007)* En l'absence d'adaptation, les références faites par des dispositions du présent code applicables en Nouvelle-Calédonie, à des dispositions qui n'y sont pas applicables, sont remplacées par les références aux dispositions ayant le même objet applicables localement.

Art. R. 930-5 *(Décr. n° 2007-431 du 25 mars 2007)* Les références faites, par des dispositions du présent code applicables en Nouvelle-Calédonie, à des dispositions du code du travail n'y sont applicables que s'il existe une disposition applicable localement ayant le même objet.

Art. R. 930-6 *(Décr. n° 2007-431 du 25 mars 2007)* Les références faites, par des dispositions du présent code applicables en Nouvelle-Calédonie, à des dispositions relative*[s]* à la procédure civile n'y sont applicables que s'il existe une disposition applicable localement ayant le même objet.

Art. R. 930-7 *(Décr. n° 2007-431 du 25 mars 2007)* Les références à l'immatriculation au répertoire des métiers sont remplacées par les références à l'immatriculation faite conformément à la réglementation applicable en Nouvelle-Calédonie.

Art. R. 930-8 *(Décr. n° 2007-431 du 25 mars 2007)* Les articles faisant référence à la Communauté européenne sont applicables dans le respect de la décision d'association prévue à l'article 187 du traité instituant la Communauté européenne *[art. 203 TFUE]*. Les références à l'accord sur l'Espace économique européen ne sont pas applicables.

CHAPITRE PREMIER DISPOSITIONS D'ADAPTATION DU LIVRE Ier

Art. R. 931-1 *(Décr. n° 2007-431 du 25 mars 2007)* A l'article R. 121-5, les mots : "du I de l'article L. 121-4" sont remplacés par les mots : "de l'article L. 121-4".

Art. R. 931-2 Au deuxième alinéa de l'article R. 123-80, après les termes : "à l'article R. 123-166", les mots : "à l'exception des actes et pièces mentionnés aux articles R. 123-103 à R. 123-117, et à l'article L. 123-9" sont ajoutés. – *[Décr. n° 84-406 du 30 mai 1984, art. 87, al. 1er.]*

Art. R. 931-3 *Abrogé par Décr. n° 2012-928 du 31 juill. 2012, art. 19, à compter du 1er sept. 2012.*

Art. R. 931-4 Pour l'application des articles R. 123-103 à R. 123-117, les actes et pièces mentionnés à ces articles sont communiqués par les greffiers dans les conditions prévues à l'article R. 123-150. – *[Décr. n° 84-406 du 30 mai 1984, art. 87, al. 1er.]*

CHAPITRE II DISPOSITIONS D'ADAPTATION DU LIVRE II

Art. R. 932-1 *(Décr. n° 2007-431 du 25 mars 2007)* Aux articles R. 232-6, R. 232-7, R. 234-2, R. 234-3, R. 234-5 et R. 234-6, les mots : "au comité d'entreprise" sont remplacés par les mots : "aux délégués du personnel".

CHAPITRE III DISPOSITIONS D'ADAPTATION DU LIVRE III

Art. R. 933-1 *(Décr. n° 2007-431 du 25 mars 2007)* L'article R. 330-1 est ainsi rédigé :

Art. R. 330-1 Le contenu du document mentionné au deuxième alinéa de l'article L. 330-3 est fixé par un arrêté du représentant de l'État.

CHAPITRE IV DISPOSITIONS D'ADAPTATION DU LIVRE IV

Art. R. 934-1 *(Décr. n° 2013-563 du 26 juin 2013, art. 6, en vigueur le 30 juin 2013)* Pour l'application des articles R. 450-1 et R. 450-2 à la Nouvelle-Calédonie, la référence aux agents mentionnés à l'article L. 450-1 est remplacée par la référence aux agents assermentés de la Nouvelle-Calédonie mentionnés à l'article 86 de la loi organique n° 99-209 du 19 mars 1999 relative à la Nouvelle-Calédonie.

CHAPITRE V DISPOSITIONS D'ADAPTATION DU LIVRE V

Le présent chapitre ne comprend pas de dispositions réglementaires.

CHAPITRE VI DISPOSITIONS D'ADAPTATION DU LIVRE VI

Art. R. 936-1 A l'article R. 600-3, les mots : "en métropole" sont remplacés par les mots : "en Nouvelle-Calédonie", et les mots : "aux tableaux des annexes 6-1 et 6-2 du présent livre" sont remplacés par les mots : "aux tableaux des annexes 9-2 et 9-3 du présent livre". — *[COJ, art. R. 932-11, al. 2.] — V. note ss. art. R. 916-1.*

Art. R. 936-2 *(Décr. n° 2007-431 du 25 mars 2007)* Les dispositions de l'article R. 663-49 sont remplacées par les dispositions suivantes :

"Lorsque la procédure de liquidation judiciaire est reprise après avoir été clôturée et qu'elle permet le versement d'une rémunération au liquidateur alors que ce dernier a bénéficié de l'indemnisation prévue à l'article L. 663-3, le montant de l'indemnisation perçue est déduit de cette rémunération."

CHAPITRE VII DISPOSITIONS D'ADAPTATION DU LIVRE VII

Art. R. 937-1 A l'article R. 721-2, les mots : "au tableau de l'annexe 7-1 du présent livre" sont remplacés par les mots : "au tableau de l'annexe 9-1 du présent livre". — *[COJ, art. R. 932-11, al. 1er.] — V. annexe 9-1 au* **C. com.**

Art. D. 937-2 A l'article R. 721-3, les mots : "et le nombre des chambres de chaque tribunal de commerce" sont remplacés par les mots : "du tribunal mixte de commerce de Nouméa", et les mots : "aux tableaux de l'annexe 7-2 du présent livre" sont remplacés par les mots : "au tableau de l'annexe 9-1 du présent livre". — *[Décr. n° 93-1090 du 15 sept. 1993, art. 1er.] — V. note ss. art. R. 937-1.*

Art. R. 937-3 Pour l'application du chapitre III du titre II du livre VII, les dispositions suivantes sont ajoutées :

"L'élection générale des juges des tribunaux mixtes de commerce a lieu dans la première quinzaine du mois d'octobre." — *[COJ, art. R. 932-36.]*

Par dérogation à l'art. R. 937-3, les élections organisées pour pourvoir aux postes vacants ont lieu, au titre de l'année 2020, dans la seconde quinzaine du mois de novembre 2020 (Décr. n° 2020-854 du 7 juill. 2020, art. 5).

Art. R. 937-4 A l'article R. 723-1, les mots : *(Décr. n° 2021-144 du 11 févr. 2021, art. 16)* « "Au cours des deux premiers mois de l'année suivant l'élection des membres des chambres de commerce et d'industrie et des chambres de métiers et de l'artisanat" », et "prise après avis de l'assemblée générale du tribunal de commerce" sont supprimés. — *[COJ, art. R. 932-14.]*

Art. R. 937-5 Au premier alinéa de l'article R. 723-2, les mots : "du procès-verbal de l'élection des *(Décr. n° 2021-144 du 11 févr. 2021, art. 16)* « membres élus des chambres de commerce et d'industrie et des chambres de métiers et de l'artisanat », et, par le président du tribunal de commerce, une expédition de l'ordonnance fixant le tableau des juges composant la juridiction" sont remplacés par les mots : "de la liste électorale utilisée pour l'élection des juges des chambres de commerce du territoire".

Au deuxième alinéa de l'article R. 723-2, les mots : "des juges dont l'élection est intervenue postérieurement à celle *(Décr. n° 2021-144 du 11 févr. 2021, art. 16)* « des membres des chambres de commerce et d'industrie et des chambres de métiers et de l'artisanat » ainsi qu'à celle des anciens juges des tribunaux de commerce *(Décr. n° 2021-144 du 11 févr. 2021, art. 16)* « des anciens membres des tribunaux de commerce ainsi qu'à celle »" sont remplacés par les mots : "des anciens membres des tribunaux mixtes de commerce et des chambres de commerce et d'industrie qui demandent à être inscrits en application des articles L. 723-1 dans sa rédaction applicable en *Nouvelle-Calédonie*". — *[COJ, art. R. 932-15.]*

Art. R. 937-6 A l'article R. 723-3, les mots : "qui en adresse un exemplaire dans chaque mairie, où elle est tenue à la disposition du public" sont ajoutés après les mots : "Elle est transmise au haut-commissaire de la République". — *[COJ, art. R. 932-16.]*

Art. R. 937-7 Au deuxième alinéa de l'article R. 723-6, les mots : "jusqu'à 18 heures le vingtième jour précédant celui du dépouillement du premier tour de scrutin" sont remplacés par les mots : "jusqu'au vingtième jour précédant celui du scrutin".

Au troisième alinéa du même article, les mots : "prévues aux 1° à 4° de l'article L. 723-2 et aux articles *(Décr. n° 2017-1163 du 12 juill. 2017, art. 12-II)* « L. 722-6-1, L. 722-6-2 et L. 723-7 »" sont remplacés par les mots : "*(Décr. n° 2017-1163 du*

12 juill. 2017, art. 12-II) « prévues aux 1° à 5° de l'article L. 723-2 et aux articles L. 722-6-1, L. 722-6-2 et L. 723-7 dans leur rédaction applicable en Nouvelle-Calédonie »". – *[COJ, art. R. 932-17.]*

Art. R. 937-8 Pour l'application de la section III du chapitre III du titre II du livre VII, les dispositions suivantes sont ajoutées :

"I. – L'élection des juges d'un tribunal mixte de commerce a lieu dans la commune où le tribunal a son siège.

"Le collège électoral est convoqué par un arrêté du haut-commissaire de la République pris deux mois avant la date du scrutin. Cet arrêté fixe la date, les heures et le lieu du scrutin.

"Chaque électeur est en outre convoqué individuellement.

"II. – Chaque électeur, après que la commission électorale a vérifié son identité, vote à l'aide d'un bulletin qu'il rédige lui-même. Il peut aussi utiliser l'un des bulletins imprimés mis par certains candidats, avec l'approbation de la commission électorale, à la disposition des électeurs dans la salle du scrutin. Ce bulletin imprimé peut être modifié de façon manuscrite. Chaque électeur ne met sous enveloppe et ne dépose dans l'urne qu'un seul bulletin.

"Le nombre des candidats désignés par chaque électeur sur son bulletin est égal ou inférieur à celui des juges à élire.

"Les suffrages exprimés en faveur des personnes dont la candidature n'a pas été enregistrée et affichée conformément aux dispositions de l'article R. 723-6 ne sont pas comptés lors du recensement des votes.

"III. – Tout électeur désirant voter par procuration fait établir celle-ci par acte dressé sans frais par le tribunal de première instance de sa résidence.

"L'électeur ne peut désigner en qualité de mandataire qu'un autre électeur inscrit sur la même liste électorale que lui.

"Le tribunal de première instance peut être saisi à tout moment jusqu'à l'avant-veille du scrutin à midi.

"L'électeur justifie devant le tribunal de première instance de son identité. Il produit en outre un certificat établi par le greffier du tribunal mixte de commerce attestant de son inscription et de celle de son mandataire sur la liste électorale mentionnée à l'article R. 723-3.

"L'électeur se présente en personne devant le tribunal de première instance. La présence du mandataire n'est pas indispensable.

"Le tribunal de première instance dresse l'acte de procuration en deux originaux : l'un est remis à l'électeur, le second, auquel est annexé le certificat établi par le greffier du tribunal mixte de commerce, est conservé au rang des minutes du tribunal de première instance.

"La validité de la procuration est limitée à la seule élection pour laquelle elle est établie.

"Lors du scrutin, le mandataire remet au président de la commission électorale l'acte de procuration établi par le tribunal de première instance. Le secrétaire de la commission électorale porte sur la liste d'émargement, en face du nom de l'électeur ayant demandé à voter par procuration, la mention de cette demande et le nom du mandataire désigné par la procuration, et, en face du nom de l'électeur désigné en qualité de mandataire, la mention de cette qualité et du nom de l'électeur représenté. La procuration est annexée à la liste d'émargement et conservée dans les conditions fixées par l'article R. 723-19.

"IV. – Tout électeur désirant voter par correspondance en fait la demande auprès du haut-commissaire de la République. Cette demande est recevable jusqu'au trentième jour précédant la date du scrutin. La demande, formulée par écrit et signée par l'électeur, indique ses nom, prénoms et domicile ainsi que la qualité lui donnant droit à participer au vote.

"Si la demande est tardive ou si l'intéressé ne figure pas sur la liste électorale mentionnée à l'article R. 723-3, le haut-commissaire de la République avise aussitôt l'intéressé du rejet de sa demande en lui donnant les motifs de son refus.

"Lorsque le haut-commissaire de la République fait droit à la demande, il adresse à l'électeur, vingt jours avant la date du scrutin, une enveloppe électorale destinée à recevoir le bulletin de vote et une enveloppe d'envoi portant la mention "Élection des juges du tribunal mixte de commerce. – Vote par correspondance" et les nom et prénoms de l'électeur.

"Lors du scrutin, l'électeur place son bulletin de vote dans l'enveloppe électorale sans la cacheter et place cette enveloppe dans l'enveloppe d'envoi. Il cachette cette deuxième enveloppe et l'adresse au haut-commissaire de la République sous pli fermé.

"Le haut-commissaire de la République dresse la liste des électeurs ayant demandé à voter par correspondance. Il y mentionne ceux des électeurs dont il a reçu l'enveloppe électorale. La liste est close la veille du scrutin à dix-huit heures. Les plis parvenant ultérieurement sont retournés aux électeurs avec la mention de la date et de l'heure auxquelles ils sont parvenus au haut-commissariat. La liste est remise, avec les enveloppes cachetées contenant les enveloppes électorales, au président de la commission électorale immédiatement après que celui-ci a ouvert le scrutin.

"Le secrétaire de la commission électorale porte sur la liste d'émargement, en face du nom de chaque électeur autorisé à voter par correspondance, la mention "Vote par correspondance". Le président de la commission électorale ouvre ensuite chaque pli, énonce publiquement le nom de l'électeur, émarge et place dans l'urne, pour être dépouillée avec les autres, l'enveloppe contenant le bulletin de vote.

"A la clôture du scrutin, les enveloppes électorales et la liste des électeurs autorisés à voter par correspondance sont annexées à la liste d'émargement et conservées dans les conditions fixées par l'article R. 723-19.

"Lorsqu'il y a lieu de procéder à des élections complémentaires, la date du scrutin et le calendrier des opérations électorales sont fixés par arrêté du haut-commissaire de la République." – *[COJ, art. R. 932-18, R. 932-20, R. 932-21, R. 932-22 et R. 932-24.]*

Art. R. 937-9 Pour l'application de l'article R. 723-24, après les mots : "dans le ressort duquel se trouve situé le siège du tribunal de commerce", sont insérés les mots : "qui statue en dernier ressort". – *[COJ, art. R. 932-42.]*

Art. R. 937-10 *(Décr. n° 2011-579 du 25 mai 2011, art. 1er)* Les actes énumérés aux tableaux 2 à 6 de l'annexe 7-5 du livre VII donnent lieu à la perception d'une redevance pour service rendu par la régie de recettes instituée auprès du greffe du tribunal de première instance de Nouméa aux taux et dans les conditions définis à ces tableaux et par les articles R. 743-140 à R. 743-157.

Sont attribués au greffe du tribunal mixte de commerce de Nouméa les produits résultant de la redevance prévue à l'art. 1er du Décr. n° 2011-579 du 25 mai 2011 instituant une redevance pour les prestations fournies par le greffe du tribunal mixte de commerce de Nouméa et perçue par la régie de recettes instituée auprès du greffe du tribunal de première instance. Les crédits correspondants sont ouverts selon la procédure prévue à l'art. 17-II de la L. org. n° 2001-692 du 1er août 2001 relative aux lois de finances (Décr. n° 2011-586 du 25 mai 2011).

CHAPITRE VIII DISPOSITIONS D'ADAPTATION DU LIVRE VIII

Art. R. 938-1 Pour l'application en Nouvelle-Calédonie du titre II du livre VIII, les références à la "commission régionale d'inscription", à la "chambre régionale de discipline" et à la "chambre régionale des comptes" sont remplacées, respectivement, par les références à la "commission territoriale d'inscription", à la "chambre territoriale de discipline" et à la "chambre territoriale des comptes". – *[Décr. n° 69-810 du 12 août 1969, art. 189.]*

TITRE QUATRIÈME DISPOSITIONS APPLICABLES EN POLYNÉSIE FRANÇAISE

Art. R. 940-1 *(Décr. n° 2007-431 du 25 mars 2007)* Sous réserve des adaptations prévues dans les chapitres ci-après, les dispositions suivantes du code sont applicables en Polynésie française :

1° Les articles R. 123-220 à *(Décr. n° 2021-1500 du 17 nov. 2021, art. 2, en vigueur le 1er janv. 2022)* « « R. 123-34-1 *[R. 123-234-1]* », en ce qu'ils concernent les institutions et services de l'État et les personnes morales de droit public administratif dont le siège est situé en Polynésie française, ainsi que leurs établissements. *(Décr. n° 2021-1500 du 17 nov. 2021, art. 2, en vigueur le 1er janv. 2022)* « Les articles R. 123-220,

R. 123-222, R. 123-232 et R. 123-234-1 sont applicables dans leur version résultant du décret n° 2021-1500 du 17 novembre 2021 ; »

2° Le titre II du livre VII dans sa rédaction issue du *(Décr. n° 2021-144 du 11 févr. 2021, art. 17)* « décret n° 2021-144 du 11 février 2021 », à l'exception des articles R. 721-7 à R. 722-6, R. 722-8, R. 722-9, R. 722-11 à R. 722-17, R. 723-4, R. 723-9 à R. 723-31.

Art. R. 940-2 *(Décr. n° 2007-431 du 25 mars 2007)* Pour l'application du présent code en Polynésie française, les termes énumérés ci-après sont remplacés comme suit :

1° *(Décr. n° 2019-913 du 30 août 2019, art. 7, en vigueur le 1er janv. 2020)* « Tribunal judiciaire » par "tribunal de première instance" ;

2° "Tribunal de commerce" ou "justice consulaire" par "tribunal mixte de commerce" ;

3° "Conseil de prud'hommes" par "tribunal du travail" ;

4° "Département" ou "arrondissement" par "Polynésie française" ;

6° "Préfet" ou "sous-préfet" par "représentant de l'État en Polynésie française".

Notons une erreur dans l'énumération contenue à l'art. R. 940-2 puisque l'on passe du 4° au 6° sans 5°.

Art. R. 940-3 Pour l'application de l'article *(Décr. n° 2009-160 du 12 févr. 2009, art. 154-II, en vigueur le 15 févr. 2009)* « L. 610-1 », le siège et le ressort des juridictions commerciales compétentes en Polynésie française sont fixés conformément aux tableaux des annexes 9-2 et 9-3 au présent code. – *[COJ, art. R. 932-11, al. 2.] – V. note ss. art. R. 916-1.*

CHAPITRE PREMIER DISPOSITIONS D'ADAPTATION DU LIVRE Ier

Le présent chapitre ne comprend pas de dispositions réglementaires.

CHAPITRE II DISPOSITIONS D'ADAPTATION DU LIVRE II

Le présent chapitre ne comprend pas de dispositions réglementaires.

CHAPITRE III DISPOSITIONS D'ADAPTATION DU LIVRE III

Le présent chapitre ne comprend pas de dispositions réglementaires.

CHAPITRE IV DISPOSITIONS D'ADAPTATION DU LIVRE IV

Le présent chapitre ne comprend pas de dispositions réglementaires.

CHAPITRE V DISPOSITIONS D'ADAPTATION DU LIVRE V

Le présent chapitre ne comprend pas de dispositions réglementaires.

CHAPITRE VI DISPOSITIONS D'ADAPTATION DU LIVRE VI

Le présent chapitre ne comprend pas de dispositions réglementaires.

CHAPITRE VII DISPOSITIONS D'ADAPTATION DU LIVRE VII

Art. R. 947-1 A l'article R. 721-2, les mots : "au tableau de l'annexe 7-1 du présent livre" sont remplacés par les mots : "au tableau de l'annexe 9-1 du présent livre". – *[COJ, art. R. 932-11, al. 1er.] – V. note ss. art. R. 937-1.*

Art. D. 947-2 A l'article R. 721-3, les mots : "et le nombre des chambres de chaque tribunal de commerce" sont remplacés par les mots : "du tribunal mixte de commerce de Papeete", et les mots : "aux tableaux de l'annexe 7-2 du présent livre" sont remplacés par les mots : "au tableau de l'annexe 9-1 du présent livre". – *[Décr. n° 93-1090 du 15 sept. 1993, art. 1er.] – V. note ss. art. R. 937-1.*

Art. R. 947-3 Pour l'application du chapitre III du titre II du livre VII, les dispositions suivantes sont ajoutées :

"L'élection générale des juges des tribunaux mixtes de commerce a lieu dans la première quinzaine du mois d'octobre."– *[COJ, art. R. 932-36.]*

Par dérogation à l'art. R. 947-3, les élections organisées pour pourvoir aux postes vacants ont lieu, au titre de l'année 2020, dans la seconde quinzaine du mois de novembre 2020 (Décr. nº 2020-854 du 7 juill. 2020, art. 5).

Art. R. 947-4 A l'article R. 723-1, les mots : *(Décr. nº 2021-144 du 11 févr. 2021, art. 17)* « "Au cours des deux premiers mois de l'année suivant l'élection des membres des chambres de commerce et d'industrie et des chambres de métiers et de l'artisanat" » et "prise après avis de l'assemblée générale du tribunal de commerce" sont supprimés. – *[COJ, art. R. 932-14.]*

Art. R. 947-5 Au premier alinéa de l'article R. 723-2, les mots : "du procès-verbal de l'élection des *(Décr. nº 2021-144 du 11 févr. 2021, art. 17)* « membres élus des chambres de commerce et d'industrie et des chambres de métiers et de l'artisanat », et, par le président du tribunal de commerce, une expédition de l'ordonnance fixant le tableau des juges composant la juridiction" sont remplacés par les mots : "de la liste électorale utilisée pour l'élection des juges des chambres de commerce du territoire".

Au deuxième alinéa de l'article R. 723-2, les mots : "des juges dont l'élection est intervenue postérieurement à celle des *(Décr. nº 2021-144 du 11 févr. 2021, art. 17)* « des membres des chambres de commerce et d'industrie et des chambres de métiers et de l'artisanat » ainsi qu'à celle des anciens juges des tribunaux de commerce *(Décr. nº 2021-144 du 11 févr. 2021, art. 17)* « des anciens membres des tribunaux de commerce ainsi qu'à celle »" sont remplacés par les mots : "des anciens membres des tribunaux mixtes de commerce et des chambres de commerce et d'industrie qui demandent à être inscrits en application des articles *[de l'article]* L. 723-1 dans sa rédaction applicable en Polynésie française". – *[COJ, art. R. 932-15.]*

Art. R. 947-6 A l'article R. 723-3, les mots : "qui en adresse un exemplaire dans chaque mairie, où elle est tenue à la disposition du public" sont ajoutés après les mots : "Elle est transmise au haut-commissaire de la République". – *[COJ, art. R. 932-16.]*

Art. R. 947-7 Au deuxième alinéa de l'article R. 723-6, les mots : "jusqu'à 18 heures le vingtième jour précédant celui du dépouillement du premier tour de scrutin" sont remplacés par les mots "jusqu'au vingtième jour précédant celui du scrutin".

Au troisième alinéa du même article, les mots : "prévues aux 1° à 4° de l'article L. 723-2 et aux articles *(Décr. nº 2017-1163 du 12 juill. 2017, art. 13-II)* « L. 722-6-1, L. 722-6-2 et L. 723-7 »" sont remplacés par les mots : "*(Décr. nº 2017-1163 du 12 juill. 2017, art. 13-II)* « prévues aux 1° à 4° de l'article L. 723-2 et aux articles L. 722-6-1, L. 722-6-2 et L. 723-7 dans leur rédaction applicable en Polynésie française »". – *[COJ, art. R. 932-17.]*

Art. R. 947-8 Pour l'application de la section III du chapitre III du titre II du livre VII, les dispositions suivantes sont ajoutées :

"I. – L'élection des juges d'un tribunal mixte de commerce a lieu dans la commune où le tribunal a son siège.

"Le collège électoral est convoqué par un arrêté du haut-commissaire de la République pris deux mois avant la date du scrutin. Cet arrêté fixe la date, les heures et le lieu du scrutin.

"Chaque électeur est en outre convoqué individuellement.

"II. – Chaque électeur, après que la commission électorale a vérifié son identité, vote *à l'aide d'un bulletin* qu'il rédige lui-même. Il peut aussi utiliser l'un des bulletins imprimés mis par certains candidats, avec l'approbation de la commission électorale, à la disposition des électeurs dans la salle du scrutin. Ce bulletin imprimé peut être modifié de façon manuscrite. Chaque électeur ne met sous enveloppe et ne dépose dans l'urne qu'un seul bulletin.

"Le nombre des candidats désignés par chaque électeur sur son bulletin est égal ou inférieur à celui des juges à élire.

"Les suffrages exprimés en faveur des personnes dont la candidature n'a pas été enregistrée et affichée conformément aux dispositions de l'article R. 723-6 ne sont pas comptés lors du recensement des votes.

"III. – Tout électeur désirant voter par procuration fait établir celle-ci par acte dressé sans frais par le tribunal de première instance de sa résidence.

"L'électeur ne peut désigner en qualité de mandataire qu'un autre électeur inscrit sur la même liste électorale que lui.

"Le tribunal de première instance peut être saisi à tout moment jusqu'à l'avant-veille du scrutin à midi.

"L'électeur justifie devant le tribunal de première instance de son identité. Il produit en outre un certificat établi par le greffier du tribunal mixte de commerce attestant de son inscription et de celle de son mandataire sur la liste électorale mentionnée à l'article R. 723-3.

"L'électeur se présente en personne devant le tribunal de première instance. La présence du mandataire n'est pas indispensable.

"Le tribunal de première instance dresse l'acte de procuration en deux originaux : l'un est remis à l'électeur, le second, auquel est annexé le certificat établi par le greffier du tribunal mixte de commerce, est conservé au rang des minutes du tribunal de première instance.

"La validité de la procuration est limitée à la seule élection pour laquelle elle est établie.

"Lors du scrutin, le mandataire remet au président de la commission électorale l'acte de procuration établi par le tribunal de première instance. Le secrétaire de la commission électorale porte sur la liste d'émargement, en face du nom de l'électeur ayant demandé à voter par procuration, la mention de cette demande et le nom du mandataire désigné par la procuration, et, en face du nom de l'électeur désigné en qualité de mandataire, la mention de cette qualité et du nom de l'électeur représenté. La procuration est annexée à la liste d'émargement et conservée dans les conditions fixées par l'article R. 723-19.

"IV. — Tout électeur désirant voter par correspondance en fait la demande auprès du haut-commissaire de la République. Cette demande est recevable jusqu'au trentième jour précédant la date du scrutin. La demande, formulée par écrit et signée par l'électeur, indique ses nom, prénoms et domicile ainsi que la qualité lui donnant droit à participer au vote.

"Si la demande est tardive ou si l'intéressé ne figure pas sur la liste électorale mentionnée à l'article R. 723-3, le haut-commissaire de la République avise aussitôt l'intéressé du rejet de sa demande en lui donnant les motifs de son refus.

"Lorsque le haut-commissaire de la République fait droit à la demande, il adresse à l'électeur, vingt jours avant la date du scrutin, une enveloppe électorale destinée à recevoir le bulletin de vote et une enveloppe d'envoi portant la mention "Élection des juges du tribunal mixte de commerce. — Vote par correspondance" et les nom et prénoms de l'électeur.

"Lors du scrutin, l'électeur place son bulletin de vote dans l'enveloppe électorale sans la cacheter et place cette enveloppe dans l'enveloppe d'envoi. Il cachette cette deuxième enveloppe et l'adresse au haut-commissaire de la République sous pli fermé.

"Le haut-commissaire de la République dresse la liste des électeurs ayant demandé à voter par correspondance. Il y mentionne ceux des électeurs dont il a reçu l'enveloppe électorale. La liste est close la veille du scrutin à dix-huit heures. Les plis parvenant ultérieurement sont retournés aux électeurs avec la mention de la date et de l'heure auxquelles ils sont parvenus au haut-commissariat. La liste est remise, avec les enveloppes cachetées contenant les enveloppes électorales, au président de la commission électorale immédiatement après que celui-ci a ouvert le scrutin.

"Le secrétaire de la commission électorale porte sur la liste d'émargement, en face du nom de chaque électeur autorisé à voter par correspondance, la mention "Vote par correspondance". Le président de la commission électorale ouvre ensuite chaque pli, énonce publiquement le nom de l'électeur, émarge et place dans l'urne, pour être dépouillée avec les autres, l'enveloppe contenant le bulletin de vote.

"A la clôture du scrutin, les enveloppes électorales et la liste des électeurs autorisés à voter par correspondance sont annexées à la liste d'émargement et conservées dans les conditions fixées par l'article R. 723-19.

"V. — Lorsqu'il y a lieu de procéder à des élections complémentaires, la date du scrutin et le calendrier des opérations électorales sont fixés par arrêté du haut-commissaire de la République." — *[COJ, art. R. 932-18, R. 932-20, R. 932-21, R. 932-22 et R. 932-24.]*

Art. R. 947-9 Pour l'application de l'article R. 723-24, après les mots : "dans le ressort duquel se trouve situé le siège du tribunal de commerce", sont insérés les mots : "qui statue en dernier ressort". – *[COJ, art. R. 932-42.]*

CHAPITRE VIII DISPOSITIONS D'ADAPTATION DU LIVRE VIII

Le présent chapitre ne comprend pas de dispositions réglementaires.

TITRE CINQUIÈME DISPOSITIONS APPLICABLES DANS LES ÎLES WALLIS-ET-FUTUNA

Art. R. 950-1 *(Décr. n° 2007-431 du 25 mars 2007)* Sous réserve des adaptations prévues dans les chapitres ci-après, les dispositions suivantes du code sont applicables dans les îles Wallis-et-Futuna :

(Décr. n° 2017-630 du 25 avr. 2017, art. 8-I) « 1° Les dispositions du livre Ier mentionnées dans la colonne de gauche du tableau ci-après sont applicables dans les îles Wallis-et-Futuna dans leur rédaction indiquée dans la colonne de droite du même tableau » ;

DISPOSITIONS APPLICABLES	DANS LEUR RÉDACTION EN VIGUEUR le lendemain de la publication du
TITRE Ier. – DE L'ACTE DE COMMERCE	
TITRE II. – DES COMMERÇANTS	
Chapitre Ier. – De la définition et du statut	
Articles R. 121-1 à R. 121-5	Décret n° 2007-431 du 27 mars 2007
Chapitre III. – Des obligations générales des commerçants	
Article R. 123-1	Décret n° 2020-118 du 12 février 2020
Articles R. 123-2 à R. 123-4	Décret n° 2007-431 du 27 mars 2007
Article R. 123-5	Décret n° 2020-118 du 12 février 2020
Articles R. 123-6 à R. 123-27	Décret n° 2007-431 du 27 mars 2007
Article R. 123-28	Décret n° 2007-1851 du 26 décembre 2007
Article R. 123-29	Décret n° 2007-431 du 27 mars 2007
Article R. 123-30	Décret n° 2020-118 du 12 février 2020
Articles R. 123-31 à R. 123-36	Décret n° 2007-431 du 27 mars 2007
Article R. 123-37	Décret n° 2022-709 du 26 avril 2022
Article R. 123-38	Décret n° 2020-106 du 10 février 2020
Article R. 123-39	Décret n° 2007-750 du 9 mai 2007
Articles R. 123-40 et R. 123-41	Décret n° 2007-431 du 27 mars 2007
Article R. 123-42	Décret n° 2019-987 du 25 septembre 2019
Articles R. 123-43 et R. 123-44	Décret n° 2007-431 du 27 mars 2007
Articles R. 123-45 et R. 123-46	Décret n° 2022-709 du 26 avril 2022

DISPOSITIONS APPLICABLES	DANS LEUR RÉDACTION EN VIGUEUR le lendemain de la publication du
Article R. 123-47	Décret n° 2007-431 du 27 mars 2007
Article R. 123-48	Décret n° 2015-913 du 24 juillet 2015
Article R. 123-49	Décret n° 2007-750 du 9 mai 2007
Article R. 123-49-1	Décret n° 2019-987 du 25 septembre 2019
Article R. 123-50	Décret n° 2007-431 du 27 mars 2007
Article R. 123-51	Décret n° 2007-750 du 9 mai 2007
Article R. 123-52	Décret n° 2010-1706 du 29 décembre 2010
Article R. 123-53	Décret n° 2020-1 du 2 janvier 2020
Article R. 123-54	Décret n° 2020-106 du 10 février 2020
Articles R. 123-55 à R. 123-59	Décret n° 2007-431 du 27 mars 2007
Article R. 123-60	Décret n° 2020-106 du 10 février 2020
Articles R. 123-61 à R. 123-67	Décret n° 2007-431 du 27 mars 2007
Articles R. 123-68 et R. 123-69	Décret n° 2007-750 du 9 mai 2007
Article R. 123-70	Décret n° 2020-106 du 10 février 2020
Articles R. 123-71 à R. 123-72	Décret n° 2007-431 du 27 mars 2007
Article R. 123-73	Décret n° 2007-750 du 9 mai 2007
Article R. 123-74	Décret n° 2007-431 du 27 mars 2007
Article R. 123-75	Décret n° 2015-417 du 14 avril 2015
Article R. 123-76	Décret n° 2007-431 du 27 mars 2007
Article R. 123-77	Décret n° 2020-118 du 12 février 2020
Article R. 123-79	Décret n° 2007-431 du 27 mars 2007
Article R. 123-80	Décret n° 2012-928 du 31 juillet 2012
Article D. 123-80-2	Décret n° 2015-1905 du 30 décembre 2015
Article R. 123-81	Décret n° 2007-431 du 27 mars 2007
Article R. 123-82	Décret n° 2007-750 du 9 mai 2007
Article R. 123-83	Décret n° 2010-1706 du 29 décembre 2010
Article R. 123-84	Décret n° 2012-928 du 31 juillet 2012
Articles R. 123-85 à R. 123-87	Décret n° 2007-431 du 27 mars 2007
Article R. 123-88	Décret n° 2007-750 du 9 mai 2007
Articles R. 123-89 à R. 123-95	Décret n° 2007-431 du 27 mars 2007

DISPOSITIONS APPLICABLES	DANS LEUR RÉDACTION EN VIGUEUR le lendemain de la publication du
Article R. 123-96	Décret n° 2019-987 du 25 septembre 2019
Article R. 123-97	Décret n° 2015-913 du 24 juillet 2015
Article R. 123-98	Décret n° 2012-928 du 31 juillet 2012
Articles R. 123-99 à R. 123-101	Décret n° 2007-431 du 27 mars 2007
Article R. 123-102	Décret n° 2012-928 du 31 juillet 2012
Article R. 123-103	Décret n° 2020-1742 du 29 décembre 2020
Articles R. 123-104 et R. 123-105	Décret n° 2012-928 du 31 juillet 2012
Article R. 123-106	Décret n° 2007-431 du 27 mars 2007
Article R. 123-107	Décret n° 2019-1097 du 28 octobre 2019
Article R. 123-108	Décret n° 2015-545 du 18 mai 2015
Article R. 123-109	Décret n° 2007-431 du 27 mars 2007
Article R. 123-110	Décret n° 2012-928 du 31 juillet 2012
Article R. 123-111	Décret n° 2014-1063 du 18 septembre 2014
Article R. 123-111-1	Décret n° 2019-1207 du 20 novembre 2019
Articles R. 123-112 et R. 123-113	Décret n° 2012-928 du 31 juillet 2012
Article R. 123-114	Décret n° 2007-431 du 27 mars 2007
Article R. 123-118	Décret n° 2012-928 du 31 juillet 2012
Articles R. 123-119 et R. 123-120	Décret n° 2007-431 du 27 mars 2007
Article R. 123-121	Décret n° 2007-431 du 27 mars 2007
Article R. 123-121-1	Décret n° 2007-750 du 9 mai 2007
Articles R. 123-121-2 à R. 123-121-4	Décret n° 2019-987 du 25 septembre 2019
Article R. 123-122	Décret n° 2014-736 du 30 juin 2014
Article R. 123-123	Décret n° 2007-431 du 27 mars 2007
Article R. 123-124	Décret n° 2015-417 du 14 avril 2015
Article R. 123-125	Décret n° 2007-750 du 9 mai 2007
Article R. 123-126	Décret n° 2007-431 du 27 mars 2007
Article R. 123-126-1	Décret n° 2019-987 du 25 septembre 2019
Article R. 123-127	Décret n° 2007-431 du 27 mars 2007

DISPOSITIONS APPLICABLES	DANS LEUR RÉDACTION EN VIGUEUR le lendemain de la publication du
Article R. 123-128	Décret n° 2007-750 du 9 mai 2007
Article R. 123-129	Décret n° 2007-431 du 27 mars 2007
Article R. 123-130	Décret n° 2012-928 du 31 juillet 2012
Articles R. 123-131 et R. 123-132	Décret n° 2007-431 du 27 mars 2007
Articles R. 123-133 et R. 123-134	Décret n° 2007-750 du 9 mai 2007
Article R. 123-135	Décret n° 2020-106 du 10 février 2020
Articles R. 123-136 et R. 123-137	Décret n° 2007-431 du 27 mars 2007
Article R. 123-138	Décret n° 2012-928 du 31 juillet 2012
Articles R. 123-139 et R. 123-140	Décret n° 2007-431 du 27 mars 2007
Article R. 123-141	Décret n° 2008-484 du 22 mai 2008
Articles R. 123-142 et R. 123-147	Décret n° 2007-431 du 27 mars 2007
Article R. 123-148	Décret n° 2008-484 du 22 mai 2008
Articles R. 123-149 et R. 123-152	Décret n° 2007-431 du 27 mars 2007
Articles R. 123-153 à R. 123-154	Décret n° 2007-431 du 27 mars 2007
Article R. 123-154-1	Décret n° 2019-1007 du 20 novembre 2019
Articles R. 123-155 et R. 123-156	Décret n° 2007-431 du 27 mars 2007
Article R. 123-157	Décret n° 2020-106 du 10 février 2020
Article R. 123-158	Décret n° 2007-431 du 27 mars 2007
Article R. 123-159	Décret n° 2007-750 du 9 mai 2007
Articles R. 123-160 et R. 123-161	Décret n° 2007-431 du 27 mars 2007
Article R. 123-162	Décret n° 2019-1207 du 20 novembre 2019
Articles R. 123-163 à R. 123-166	Décret n° 2007-431 du 27 mars 2007
Articles R. 123-166-1 à R. 123-166-5	Décret n° 2009-1695 du 30 décembre 2009
Article R. 123-167	Décret n° 2007-431 du 27 mars 2007
Article R. 123-168	Décret n° 2012-928 du 31 juillet 2012

DISPOSITIONS APPLICABLES	DANS LEUR RÉDACTION EN VIGUEUR le lendemain de la publication du
Article R. 123-169	Décret nº 2007-431 du 27 mars 2007
Article R. 123-169-1	Décret nº 2007-750 du 9 mai 2007
Articles R. 123-170 et R. 123-171	Décret nº 2007-431 du 27 mars 2007
Article R. 123-172	Décret nº 2007-431 du 27 mars 2007
Article R. 123-173	Décret nº 2015-903 du 23 juillet 2015
Articles R. 123-174 à R. 123-176	Décret nº 2007-431 du 27 mars 2007
Article R. 123-177	Décret nº 2015-903 du 23 juillet 2015
Article R. 123-178	Décret nº 2007-431 du 27 mars 2007
Articles R. 123-179 à R. 123-184	Décret nº 2015-903 du 23 juillet 2015
Article R. 123-185	Décret nº 2007-431 du 27 mars 2007
Articles R. 123-186 à R. 123-190	Décret nº 2015-903 du 23 juillet 2015
Articles R. 123-191 et R. 123-192	Décret nº 2007-431 du 27 mars 2007
Article R. 123-193	Décret nº 2015-903 du 23 juillet 2015
Article R. 123-194	Décret nº 2007-431 du 27 mars 2007
Articles R. 123-195 et R. 123-197-1	Décret nº 2015-903 du 23 juillet 2015
Article R. 123-199	Décret nº 2007-431 du 27 mars 2007
Article R. 123-199-1	Décret nº 2009-267 du 9 mars 2009
Article R. 123-203	Décret nº 2007-431 du 27 mars 2007
Article R. 123-204	Décret nº 2015-903 du 23 juillet 2015
Articles R. 123-207 et R. 123-208	Décret nº 2007-431 du 27 mars 2007
Articles R. 123-209 et R. 123-210	Décret nº 2007-431 du 27 mars 2007
Articles R. 123-211 et R. 123-212	Décret nº 2020-106 du 10 février 2020
Articles R. 123-213 à R. 123-219	Décret nº 2007-431 du 27 mars 2007
Article R. 123-220	Décret nº 2021-1500 du 17 novembre 2021
Article R. 123-221	Décret nº 2007-431 du 27 mars 2007
Article R. 123-222	Décret nº 2021-1500 du 17 novembre 2021
Articles R. 123-223 à R. 123-228	Décret nº 2007-431 du 27 mars 2007

DISPOSITIONS APPLICABLES	DANS LEUR RÉDACTION EN VIGUEUR le lendemain de la publication du
Articles R. 123-229 à R. 123-231	Décret n° 2007-431 du 27 mars 2007
Article R. 123-232	Décret n° 2021-1500 du 17 novembre 2021
Articles R. 123-233 et R. 123-234	Décret n° 2007-431 du 27 mars 2007
Article R. 123-234-1	Décret n° 2021-1500 du 17 novembre 2021
Articles D. 123-235 et D. 123-236	Décret n° 2007-431 du 27 mars 2007
Article R. 123-237	Décret n° 2022-725 du 28 avril 2022
Article R. 123-238	Décret n° 2007-431 du 27 mars 2007
Chapitre VII. – Du contrat d'appui au projet d'entreprise pour la création ou la reprise d'une activité économique	
Articles R. 127-1 à R. 127-3	Décret n° 2007-431 du 27 mars 2007
TITRE III. – DES COURTIERS, DES COMMISSIONNAIRES, DES TRANSPORTEURS ET DES AGENTS COMMERCIAUX	
Chapitre Ier. – Des courtiers	
Article R. 131-7	Décret n° 2014-1315 du 3 novembre 2014
Chapitre II. – Des commissionnaires	
Article R. 132-1	Décret n° 2007-431 du 27 mars 2007
Chapitre III. – Des transporteurs	
Articles R. 133-1 et R. 133-2	Décret n° 2007-431 du 27 mars 2007
Chapitre IV. – Des agents commerciaux	
Articles R. 134-1 à R. 134-4	Décret n° 2007-431 du 27 mars 2007
Article R. 134-5	Décret n° 2019-987 du 25 septembre 2019
Article R. 134-6	Décret n° 2022-709 du 26 avril 2022
Article R. 134-7	Décret n° 2010-1706 du 29 décembre 2010
Articles R. 134-8 à R. 134-11	Décret n° 2007-431 du 27 mars 2007
Article R. 134-12	Décret n° 2022-725 du 28 avril 2022
Article R. 134-13	Décret n° 2010-1706 du 29 décembre 2010
Article R. 134-13-1	Décret n° 2019-987 du 25 septembre 2019
Article R. 134-14	Décret n° 2007-431 du 27 mars 2007
Article R. 134-15	Décret n° 2010-1310 du 2 novembre 2010
Articles R. 134-16 et R. 134-17	Décret n° 2007-431 du 27 mars 2007

DISPOSITIONS APPLICABLES	DANS LEUR RÉDACTION EN VIGUEUR le lendemain de la publication du
TITRE IV. – DU FONDS DE COMMERCE	
Chapitre Ier. – De la vente du fonds de commerce	
Articles R. 141-1 et R. 141-1-1	Décret n° 2020-106 du 10 février 2020
Article R. 141-2	Décret n° 2007-431 du 27 mars 2007
Article R. 146-1	Décret n° 2021-1887 du 29 décembre 2021
Chapitre III. – Dispositions communes à la vente et au nantissement de fonds de commerce	
Articles R. 143-1 à R. 143-3	Décret n° 2007-431 du 27 mars 2007
Article R. 143-4	Décret n° 2021-1887 du 29 décembre 2021
Article R. 143-5	Décret n° 2007-431 du 27 mars 2007
Articles R. 143-10, R. 143-18 et R. 143-22	Décret n° 2021-1887 du 29 décembre 2021
Article R. 143-23	Décret n° 2008-484 du 22 mai 2008
Chapitre IV. – De la location-gérance	
Article R. 144-1	Décret n° 2020-106 du 10 février 2020
Articles D. 144-2 à D. 144-5	Décret n° 2007-431 du 27 mars 2007
Chapitre V. – Du bail commercial	
Articles R. 145-1 à R. 145-4	Décret n° 2007-431 du 27 mars 2007
Article R. 145-5	Décret n° 2014-1317 du 3 novembre 2014
Articles R. 145-6 à D. 145-19	Décret n° 2007-431 du 27 mars 2007
Article R. 145-20	Décret n° 2014-1317 du 3 novembre 2014
Articles R. 145-21 à R. 145-25	Décret n° 2007-431 du 27 mars 2007
Articles R. 145-26 et R. 145-29	Décret n° 2019-1333 du 11 décembre 2019
Article R. 145-30	Décret n° 2007-431 du 27 mars 2007
Article R. 145-31	Décret n° 2019-1333 du 11 décembre 2019
Articles R. 145-32 et R. 145-33	Décret n° 2007-431 du 27 mars 2007
Articles R. 145-35 à R. 145-37	Décret n° 2014-1317 du 3 novembre 2014
Article R. 145-38	Décret n° 2016-296 du 11 mars 2016
Chapitre VI. – Des gérants-mandataires	
Articles D. 146-1 et D. 146-2	Décret n° 2007-431 du 27 mars 2007

DISPOSITIONS APPLICABLES	DANS LEUR RÉDACTION EN VIGUEUR le lendemain de la publication du
TITRE V. – DE LA PROTECTION DU SECRET DES AFFAIRES	
Chapitre II. – Des actions en prévention, en cessation ou en réparation d'une atteinte au secret des affaires	
Article R. 152-1	Décret n° 2019-1333 du 11 décembre 2019
Chapitre III. – Des mesures générales de protection du secret des affaires devant les juridictions civiles ou commerciales	
Articles R. 153-1 à R. 153-10	Décret n° 2018-1126 du 11 décembre 2018

(Décr. n° 2019-1419 du 20 déc. 2019, art. 23, en vigueur le 1er janv. 2020) « 2° Le livre II, à l'exception des articles R. 229-1 à R. 229-26 et R. 252-1 ; »

(Décr. n° 2020-106 du 10 févr. 2020, art. 14) « L'article R. 210-3 est applicable dans sa rédaction résultant du décret n° 2020-106 du 10 février 2020 ; »

(Décr. n° 2019-1419 du 20 déc. 2019, art. 23, en vigueur le 1er janv. 2020) « Les articles R. 210-6 et R. 210-7 sont applicables dans leur rédaction résultant du décret n° 2019-1097 du 28 octobre 2019 ; »

(Décr. n° 2020-106 du 10 févr. 2020, art. 14) « Les articles R. 210-11 et R. 210-16 sont applicables dans leur rédaction résultant du décret n° 2020-106 du 10 février 2020 ; »

(Décr. n° 2019-1419 du 20 déc. 2019, art. 23, en vigueur le 1er janv. 2020) « Les articles R. 221-3 et R. 221-4 sont applicables dans leur rédaction résultant du décret n° 2019-1118 du 31 octobre 2019 ;

« L'article R. 221-5 est applicable dans sa rédaction résultant du décret n° 2019-1419 du 20 décembre 2019 ;

« L'article R. 223-10 est applicable dans sa rédaction résultant du décret n° 2017-1165 du 12 juillet 2017 ;

« L'article R. 223-11 est applicable dans sa rédaction résultant du décret n° 2019-1419 du 20 décembre 2019 ;

« Les articles R. 223-20, R. 223-20-2 et R. 223-20-3 sont applicables dans leur rédaction résultant du décret n° 2018-146 du 28 février 2018 ;

« L'article R. 223-26 est applicable dans sa rédaction résultant du décret n° 2019-1118 du 31 octobre 2019 ;

« L'article R. 223-30 est applicable dans sa rédaction résultant du décret n° 2019-1419 du 20 décembre 2019 ; »

(Décr. n° 2020-106 du 10 févr. 2020, art. 14) « L'article R. 223-36 est applicable dans sa rédaction résultant du décret n° 2020-106 du 10 février 2020 ; »

(Décr. n° 2020-1742 du 29 déc. 2020, art. 12, en vigueur le 1er janv. 2021) « L'article R. 224-3 est applicable dans sa rédaction résultant du décret n° 2020-1742 du 29 décembre 2020 ; »

Al. *abrogés par Décr. n° 2020-1742 du 29 déc. 2020, art. 12, à compter du 1er janv. 2021.*

(Décr. n° 2019-1419 du 20 déc. 2019, art. 23, en vigueur le 1er janv. 2020) « L'article R. 225-13 est applicable dans sa rédaction résultant du décret *(Décr. n° 2020-1742 du 29 déc. 2020, art. 12, en vigueur le 1er janv. 2021)* « n° 2020-1742 du 29 décembre 2020 » ;

« Les articles R. 225-20, R. 225-22 et R. 225-24 sont applicables dans leur rédaction résultant du décret n° 2019-1118 du 31 octobre 2019 ; »

(Décr. n° 2020-106 du 10 févr. 2020, art. 14) « L'article R. 225-27 est applicable dans sa rédaction résultant du décret n° 2020-106 du 10 février 2020 ; »

(Décr. n° 2019-1419 du 20 déc. 2019, art. 23, en vigueur le 1er janv. 2020) « L'article R. 225-30 est applicable dans sa rédaction résultant du décret n° 2017-630 du 25 avril 2017 ; »

(Décr. n° 2020-1742 du 29 déc. 2020, art. 12, en vigueur le 1er janv. 2021) **« Les articles R. 225-33 et R. 225-34 sont applicables dans leur rédaction résultant du décret n° 2020-1742 du 29 décembre 2020 ; »**

(Décr. n° 2019-1419 du 20 déc. 2019, art. 23, en vigueur le 1er janv. 2020) **« Les articles R. 225-34-2, R. 225-34-3 et R. 225-34-4 sont applicables dans leur rédaction résultant du décret n° 2019-1308 du 6 décembre 2019 ;**

« Les articles R. 225-47, R. 225-49 et R. 225-51 sont applicables dans leur rédaction résultant du décret n° 2019-1118 du 31 octobre 2019 ;

« L'article R. 225-57 est applicable dans sa rédaction résultant du décret n° 2017-630 du 25 avril 2017 ; »

(Décr. n° 2020-1742 du 29 déc. 2020, art. 12, en vigueur le 1er janv. 2021) **« L'article R. 225-60 est applicable dans sa rédaction résultant du décret n° 2020-1742 du 29 décembre 2020 ; »**

(Décr. n° 2019-1419 du 20 déc. 2019, art. 23, en vigueur le 1er janv. 2020) **« L'article R. 225-60-2 est applicable dans sa rédaction résultant du décret n° 2019-1308 du 6 décembre 2019 ;**

« Les articles R. 225-61-1, R. 225-61-2, R. 225-63 et R. 225-66 sont applicables dans leur rédaction résultant du décret n° 2018-146 du 28 février 2018 ; »

(Décr. n° 2020-1742 du 29 déc. 2020, art. 12, en vigueur le 1er janv. 2021) **« Les articles R. 225-67, R. 225-70, R. 225-72, R. 225-73, R. 225-79, R. 225-80, R. 225-81, R. 225-82 et R. 225-86 sont applicables dans leur rédaction résultant du décret n° 2020-1742 du 29 décembre 2020 ; »**

(Décr. n° 2019-1419 du 20 déc. 2019, art. 23, en vigueur le 1er janv. 2020) **« Les articles R. 225-95, R. 225-97 et R. 225-99 sont applicables dans leur rédaction résultant du décret n° 2018-146 du 28 février 2018 ;**

« L'article R. 225-102 est applicable dans sa rédaction résultant du décret n° 2017-1174 du 18 juillet 2017 ; »

(Décr. n° 2020-1742 du 29 déc. 2020, art. 12, en vigueur le 1er janv. 2021) **« L'article R. 225-103 est applicable dans sa rédaction résultant du décret n° 2020-1742 du 29 décembre 2020 ; »**

(Décr. n° 2019-1419 du 20 déc. 2019, art. 23, en vigueur le 1er janv. 2020) **« L'article R. 225-104 est applicable dans sa rédaction résultant du** *(Décr. n° 2020-100 du 7 févr. 2020, art. 13 ; Décr. n° 2020-1742 du 29 déc. 2020, art. 12, en vigueur le 1er janv. 2021)* **« décret n° 2020-1742 du 29 décembre 2020 » ;**

« L'article D. 225-104-1 est applicable dans sa rédaction résultant du décret n° 2017-1174 du 18 juillet 2017 ; »

(Décr. n° 2020-1742 du 29 déc. 2020, art. 12, en vigueur le 1er janv. 2021) **« L'article R. 225-105 est applicable dans sa rédaction résultant du décret n° 2020-1742 du 29 décembre 2020 ;**

« Les articles R. 225-105-1 et R. 225-105-2 sont applicables dans leur rédaction résultant du décret n° 2017-1265 du 9 août 2017 ; »

« L'article R. 225-106 est applicable dans sa rédaction résultant du décret n° 2019-1118 du 31 octobre 2019 ; »

(Décr. n° 2020-1742 du 29 déc. 2020, art. 12, en vigueur le 1er janv. 2021) **« Les articles R. 225-114, R. 225-115, R. 225-116 et R. 225-117 sont applicables dans leur rédaction résultant du décret n° 2020-1742 du 29 décembre 2020 ;**

« Les articles R. 225-120, R. 225-122, R. 225-129, R. 225-130, R. 225-133, R. 225-*136, R. 225-136-1*, R. 225-140, R. 225-143, R. 225-145, R. 225-150, R. 225-151 et R. 225-153 sont applicables dans leur rédaction résultant du décret n° 2020-1742 du 29 décembre 2020 ;

« L'article R. 225-160 est applicable dans sa rédaction résultant du décret n° 2020-1742 du 29 décembre 2020 ;

« L'article R. 225-160-4 est applicable dans sa rédaction résultant du décret n° 2017-1253 du 9 août 2017 ; »

(Décr. n° 2019-1419 du 20 déc. 2019, art. 23, en vigueur le 1er janv. 2020) **« Les articles R. 225-163 et R. 225-164-1 sont applicables dans leur rédaction résultant du décret n° 2019-1419 du 20 décembre 2019 ;**

(Décr. n° 2020-106 du 10 févr. 2020, art. 14) **« L'article R. 225-166 est applicable dans sa rédaction résultant du décret n° 2020-106 du 10 février 2020 ; »**

(Décr. n° 2020-1742 du 29 déc. 2020, art. 12, en vigueur le 1er janv. 2021) **« Les articles R. 226-1 et R. 226-2 sont applicables dans leur rédaction résultant du décret n° 2020-1742 du 29 décembre 2020 ; »**

(Décr. n° 2019-1419 du 20 déc. 2019, art. 23, en vigueur le 1er janv. 2020) **« L'article R. 227-1 est applicable dans sa rédaction résultant du décret n° 2019-1419 du 20 décembre 2019 ; »**

« L'article R. 227-1-1 est applicable dans sa rédaction résultant du décret n° 2019-1118 du 31 octobre 2019 ;

« L'article R. 227-2 est applicable dans sa rédaction résultant du décret n° 2019-1097 du 28 octobre 2019 ;

« Les articles R. 228-7, R. 228-8 et R. 228-10 sont applicables dans leur rédaction résultant du décret n° 2018-1226 du 24 décembre 2018 ; »

(Décr. n° 2020-106 du 10 févr. 2020, art. 14) **« L'article R. 228-12 est applicable dans sa rédaction résultant du décret n° 2017-1253 du 9 août 2017 ; »**

(Décr. n° 2020-1742 du 29 déc. 2020, art. 12, en vigueur le 1er janv. 2021) **« L'article R. 228-17 est applicable dans sa rédaction résultant du décret n° 2020-1742 du 29 décembre 2020 ; »**

(Décr. n° 2019-1419 du 20 déc. 2019, art. 23, en vigueur le 1er janv. 2020) **« L'article R. 228-24 est applicable dans sa rédaction résultant du décret n° 2020-106 du 10 février 2020 ; »**

(Décr. n° 2020-1742 du 29 déc. 2020, art. 12, en vigueur le 1er janv. 2021) **« L'article R. 228-46 est applicable dans sa rédaction résultant du décret n° 2020-1742 du 29 décembre 2020 ; »**

(Décr. n° 2019-1419 du 20 déc. 2019, art. 23, en vigueur le 1er janv. 2020) **« L'article R. 228-51 est applicable dans sa rédaction résultant du décret n° 2019-1097 du 28 octobre 2019 ;**

« L'article R. 228-60 est applicable dans sa rédaction résultant du décret n° 2017-1165 du 12 juillet 2017 ; »

(Décr. n° 2020-106 du 10 févr. 2020, art. 14) **« L'article R. 228-61 est applicable dans sa rédaction résultant du décret n° 2020-106 du 10 février 2020 ;**

« L'article R. 228-67 est applicable dans sa rédaction résultant du décret n° 2020-106 du 10 février 2020 ;

« L'article R. 228-79 est applicable dans sa rédaction résultant du décret n° 2020-106 du 10 février 2020 ; »

(Décr. n° 2019-1419 du 20 déc. 2019, art. 23, en vigueur le 1er janv. 2020) **« L'article R. 228-83 est applicable dans sa rédaction résultant du décret n° 2017-1165 du 12 juillet 2017 ; »**

(Décr. n° 2020-1742 du 29 déc. 2020, art. 12, en vigueur le 1er janv. 2021) **« Les articles R. 229-16, R. 229-21 et R. 229-25 sont applicables dans leur rédaction résultant du décret n° 2020-1742 du 29 décembre 2020 ; »**

(Décr. n° 2020-100 du 7 févr. 2020, art. 13) **« L'article R. 232-2 est applicable dans sa rédaction résultant du décret n° 2020-100 du 7 février 2020 ; »**

(Décr. n° 2019-1419 du 20 déc. 2019, art. 23, en vigueur le 1er janv. 2020) **« L'article R. 232-22 est applicable dans sa rédaction résultant du décret n° 2019-1207 du 20 novembre 2019 ; »**

(Décr. n° 2020-106 du 10 févr. 2020, art. 14) **« L'article R. 233-2 est applicable dans sa rédaction résultant du décret n° 2020-106 du 10 février 2020 ; »**

(Décr. n° 2020-100 du 7 févr. 2020, art. 13) **« L'article R. 233-16 est applicable dans sa rédaction résultant du décret n° 2020-100 du 7 février 2020 ; »**

(Décr. n° 2020-1742 du 29 déc. 2020, art. 12, en vigueur le 1er janv. 2021) **« L'article R. 236-6 est applicable dans sa rédaction résultant du décret n° 2020-1742 du 29 décembre 2020 ; »**

(Décr. n° 2020-106 du 10 févr. 2020, art. 14) **« L'article R. 236-11 est applicable dans sa rédaction résultant du décret n° 2020-106 du 10 février 2020 ;**

« Les articles R. 237-2, R. 237-8 et R. 237-16 sont applicables dans leur rédaction résultant du décret n° 2020-106 du 10 février 2020 ; »

(Décr. n° 2019-1419 du 20 déc. 2019, art. 23, en vigueur le 1er janv. 2020) **« L'article R. 247-2 est applicable dans sa rédaction résultant du décret** *(Décr. n° 2020-1742 du*

29 déc. 2020, art. 12, en vigueur le 1er janv. 2021) **« n° 2020-1742 du 29 décembre 2020 » ; »**

(Décr. n° 2019-1486 du 27 déc. 2019, art. 3) **« Les articles R. 236-5, R. 236-5-1 et R. 236-5-2 sont applicables dans leur rédaction issue du décret n° 2019-1486 du 27 décembre 2019 » ;**

(Décr. n° 2021-669 du 27 mai 2021, art. 1er) **« L'article R. 210-21 est applicable dans sa rédaction résultant du décret n° 2021-669 du 27 mai 2021. »**

(Décr. n° 2020-1742 du 29 déc. 2020, art. 12, en vigueur le 1er janv. 2021) **« Les articles R. 22-10-1 à R. 22-10-40 sont applicables dans leur rédaction résultant du décret n° 2020-1742 du 29 décembre 2020. »** – *L'abrogation des art. R. 210-20, R. 225-2 à R. 225-12, R. 225-29-1, R. 225-29-2, D. 225-29-3, R. 225-30-1, R. 225-56-1, R. 225-57-1, R. 225-73-1, R. 225-82-1, R. 225-82-2, R. 225-82-3, R. 225-85, R. 225-106-1, R. 225-119, R. 225-138, R. 225-157 et R. 226-1-1 est étendue aux îles Wallis-et-Futuna (Décr. n° 2020-1742 du 29 déc. 2020, art. 12-III, en vigueur le 1er janv. 2021).*

3° Le livre III, à l'exception des articles R. 321-1 à R. 321-73 ;

(Décr. n° 2017-305 du 9 mars 2017, art. 7-II) **« 4° Les dispositions du livre IV mentionnées dans la colonne de gauche du tableau ci-après sont applicables dans les îles Wallis-et-Futuna dans leur rédaction indiquée dans la colonne de droite du même tableau » ;** – *Tableau mod. par Décr. n° 2020-1617 du 17 déc. 2020, art. 1er, Décr. n° 2021-1302 du 7 oct. 2021, art. 4 et Décr. n° 2022-483 du 4 avr. 2022, art. 2.*

DISPOSITIONS APPLICABLES	DANS LEUR RÉDACTION RÉSULTANT DU
TITRE II	
Articles R. 420-1 à R. 420-5	décret n° 2007-431 du 25 mars 2007
TITRE III	
Article R. 430-2	décret n° 2021-715 du 2 juin 2021
Articles R. 430-3 et R. 430-4	décret n° 2019-339 du 18 avril 2019
Articles R. 430-5, R. 430-6, R. 430-7, R. 430-9 et R. 430-10	décret n° 2009-139 du 10 février 2009
Article D. 430-8	décret n° 2009-186 du 17 février 2009
TITRE IV	
Article D. 440-1	décret n° 2021-211 du 24 février 2021
Article D. 440-2	décret n° 2022-483 du 4 avril 2022
Articles D. 440-3 à D. 440-13, R. 442-1, R. 442-4 et D. 443-2	décret n° 2021-211 du 24 février 2021
TITRE IV *BIS*	
Articles R. 444-1, R. 444-4, R. 444-8, R. 444-11 à R. 444-14, R. 444-16, R. 444-19, R. 444-22 à R. 444-38, R. 444-40, R. 444-41, R. 444-44 à R. 444-56, R. 444-59 à R. 444-66, R. 444-69, R. 444-70	décret n° 2016-230 du 26 février 2016
Article R. 444-11-1	décret n° 2016-1369 du 12 octobre 2016

DISPOSITIONS APPLICABLES	DANS LEUR RÉDACTION RÉSULTANT DU
Articles R. 444-3, R. 444-9, R. 444-15, R. 444-18, R. 444-20, R. 444-72 à R. 444-76	décret n° 2017-862 du 9 mai 2017
Article R. 444-71	décret n° 2018-200 du 23 mars 2018
Articles R. 444-2, R. 444-5 à R. 444-7, R. 444-10, R. 444-10-1, R. 444-12-1, R. 444-17, R. 444-21, R. 444-39 et R. 444-43	décret n° 2020-179 du 28 février 2020
TITRE V	
Article R. 450-1	décret n° 2021-1302 du 7 octobre 2021
Article R. 450-2	décret n° 2007-431 du 25 mars 2007
Articles R. 450-2-1 à R. 450-2-5	décret n° 2021-1302 du 7 octobre 2021
TITRE VI	
Articles R. 461-1 à R. 461-8	décret n° 2007-431 du 25 mars 2007
Article R. 461-10	décret n° 2019-169 du 6 mars 2019
Article R. 462-1	décret n° 2007-431 du 25 mars 2007
Article R. 462-2*[,]* alinéa 1	décret n° 2007-431 du 25 mars 2007
Article R. 462-2*[,]* alinéa 2	décret n° 2016-230 du 26 février 2016
Articles R. 462-3 et R. 462-4	décret n° 2007-431 du 25 mars 2007
Article R. 463-1	décret n° 2021-715 du 2 juin 2021
Articles R. 463-2 à R. 463-10	décret n° 2007-431 du 25 mars 2007
Article R. 463-11	décret n° 2021-715 du 2 juin 2021
Article R. 463-12	décret n° 2007-431 du 25 mars 2007
Article R. 463-13	décret n° 2021-715 du 2 juin 2021
Article R. 463-14	décret n° 2017-823 du 5 mai 2017
Article R. 463-15	décret n° 2021-715 du 2 juin 2021
Article R. 463-15-1	décret n° 2009-142 du 10 février 2009
Article R. 464-1	décret n° 2007-431 du 25 mars 2007
Article R. 464-2	décret n° 2021-715 du 2 juin 2021
Article*[s]* R. 464-4 et R. 464-5	décret n° 2021-715 du 2 juin 2021
Article R. 464-6	décret n° 2021-715 du 2 juin 2021
Article R. 464-7	décret n° 2007-431 du 25 mars 2007

DISPOSITIONS APPLICABLES	DANS LEUR RÉDACTION RÉSULTANT DU
Article R. 464-8	décret n° 2021-715 du 2 juin 2021
Article R. 464-8-1	décret n° 2009-312 du 20 mars 2009
Articles R. 464-9-1 à R. 464-9-3	décret n° 2009-140 du 10 février 2009
Article R. 464-9-4	décret n° 2014-1109 du 30 septembre 2014
Article R. 464-10	décret n° 2017-823 du 5 mai 2017
Article R. 464-11	décret n° 2012-840 du 29 juin 2012
Articles R. 464-12 à R. 464-18	décret n° 2017-823 du 5 mai 2017
Article R. 464-19	décret n° 2012-840 du 29 juin 2012
Article R. 464-20	décret n° 2017-823 du 5 mai 2017
Article R. 464-21	décret n° 2012-840 du 29 juin 2012
Article R. 464-22	décret n° 2017-823 du 5 mai 2017
Article R. 464-23	décret n° 2007-431 du 27 mars 2007
Article R. 464-24	décret n° 2017-823 du 5 mai 2017
Articles R. 464-24-1 à R. 464-24-8	décret n° 2017-823 du 5 mai 2017
Article R. 464-25	décret n° 2007-431 du 25 mars 2007
Article R. 464-25-1	décret n° 2017-823 du 5 mai 2017
Article R. 464-26	décret n° 2017-823 du 5 mai 2017
Article R. 464-27	décret n° 2007-431 du 25 mars 2007
Article R. 464-28	décret n° 2017-823 du 5 mai 2017
Article R. 464-29	décret n° 2015-521 du 11 mai 2015
Article R. 464-30	décret n° 2017-823 du 5 mai 2017
Article R. 464-31	décret n° 2008-484 du 22 mai 2008
TITRE VIII	
Articles R. 481-1 et R. 483-1	décret n° 2017-305 du 9 mars 2017
Articles R. 483-11 à R. 483-14	décret n° 2017-305 du 9 mars 2017
TITRE IX	
Article R. 490-1	décret n° 2017-305 du 9 mars 2017
Article R. 490-2	décret n° 2021-211 du 24 février 2021
Articles R. 490-3 à R. 490-7	décret n° 2017-305 du 9 mars 2017
Article R. 490-8	décret n° 2021-211 du 24 février 2021

DISPOSITIONS APPLICABLES	DANS LEUR RÉDACTION RÉSULTANT DU
Articles R. 490-9 et R. 490-10	décret n° 2017-305 du 9 mars 2017

(Décr. n° 2017-630 du 25 avr. 2017, art. 8-I) « 5° Le livre V dans les conditions suivantes :

« *a)* Le titre Ier ;

« *b)* *(Décr. n° 2021-1888 du 29 déc. 2021, art. 6, en vigueur le 1er janv. 2022)* « Le chapitre II *[ancienne rédaction : Les chapitres Ier à V]* » du titre II ;

« *c)* Les dispositions du chapitre VI du titre II mentionnées dans la colonne de gauche du tableau ci-après, dans leur rédaction indiquée dans la colonne de droite du même tableau :

DISPOSITIONS APPLICABLES	DANS LEUR RÉDACTION EN VIGUEUR le lendemain de la publication du
Articles R. 526-1 et R. 526-2	Décret n° 2017-630 du 25 avril 2017
Article R. 526-3	Décret n° 2019-987 du 25 septembre 2019
Article R. 526-3-1	Décret n° 2012-122 du 30 janvier 2012
Article R. 526-4	Décret n° 2019-987 du 25 septembre 2019
Article R. 526-7	Décret n° 2010-1706 du 29 décembre 2010
Articles R. 526-8 à R. 526-10	Décret n° 2017-630 du 25 avril 2017
Article R. 526-10-2	Décret n° 2017-630 du 25 avril 2017
Article R. 526-11	Décret n° 2010-1706 du 29 décembre 2010
Article R. 526-12	Décret n° 2019-987 du 25 septembre 2019
Article R. 526-13	Décret n° 2022-709 du 26 avril 2022
Article R. 526-14	Décret n° 2010-1706 du 29 décembre 2010
Articles R. 526-14-1 et R. 526-15	Décret n° 2019-987 du 25 septembre 2019
Article R. 526-16	Décret n° 2022-709 du 26 avril 2022
Article R. 526-17	Décret n° 2010-1706 du 29 décembre 2010
Article R. 526-18	Décret n° 2019-987 du 25 septembre 2019
Article R. 526-19	Décret n° 2010-1706 du 29 décembre 2010
Articles R. 526-20 et R. 526-20-1	Décret n° 2019-987 du 25 septembre 2019
Article R. 526-21	Décret n° 2022-709 du 26 avril 2022
Article R. 526-22	Décret n° 2010-1706 du 29 décembre 2010
Article R. 526-23	Décret n° 2022-709 du 26 avril 2022

DISPOSITIONS APPLICABLES	DANS LEUR RÉDACTION EN VIGUEUR le lendemain de la publication du
Article R. 526-24	Décret n° 2015-417 du 14 avril 2015
Articles R. 526-26 à *[et]* R. 526-27	Décret n° 2022-725 du 28 avril 2022

(Abrogé par Décr. n° 2021-1888 du 29 déc. 2021, art. 6, à compter du 1er janv. 2022) « d) Les dispositions du chapitre VII du titre II ;

« L'article R. 527-16 est applicable dans sa rédaction issue du décret n° 2008-484 du 22 mai 2008. »

(Décr. n° 2016-1851 du 23 déc. 2016, art. 43, en vigueur le 1er janv. 2017) « 6° Le livre VI dans les conditions suivantes : »

(Décr. n° 2017-1225 du 2 août 2017, art. 18) « *a)* Les dispositions du titre I mentionnées dans la colonne de gauche du tableau ci-après, dans leur rédaction indiquée dans la colonne de droite du même tableau : » — *Tableau mod. par Décr. n° 2021-1218 du 23 sept. 2021, art. 50, en vigueur le 1er oct. 2021.*

DISPOSITIONS APPLICABLES	DANS LEUR RÉDACTION RÉSULTANT DU
Chapitre Ier	
D. 611-1 à D. 611-7	Décret n° 2007-431 du 25 mars 2007
D. 611-8	Décret n° 2014-1316 du 3 novembre 2014
D. 611-9	Décret n° 2007-431 du 25 mars 2007
R. 611-10	Décret n° 2014-736 du 30 juin 2014
R. 611-11 et R. 611-12	Décret n° 2021-1218 du 23 septembre 2021
R. 611-13 et R. 611-14	Décret n° 2014-736 du 30 juin 2014
R. 611-15	Décret n° 2007-431 du 25 mars 2007
R. 611-16	Décret n° 2017-1225 du 2 août 2017
R. 611-17	Décret n° 2007-431 du 25 mars 2007
R. 611-18	Décret n° 2009-160 du 12 février 2009
R. 611-19 et R. 611-20	Décret n° 2014-736 du 30 juin 2014
R. 611-21	Décret n° 2007-431 du 25 mars 2007
R. 611-21-1	Décret n° 2014-736 du 30 juin 2014
R. 611-22	Décret n° 2014-736 du 30 juin 2014
R. 611-23	Décret n° 2007-431 du 25 mars 2007
R. 611-23-1	Décret n° 2016-1851 du 23 décembre 2016
R. 611-24	Décret n° 2009-160 du 12 février 2009
R. 611-25	Décret n° 2007-431 du 25 mars 2007

DISPOSITIONS APPLICABLES	DANS LEUR RÉDACTION RÉSULTANT DU
R. 611-26 et R. 611-26-1	Décret nº 2009-160 du 12 février 2009
R. 611-26-2	Décret nº 2014-736 du 30 juin 2014
R. 611-27 à R. 611-34	Décret nº 2007-431 du 25 mars 2007
R. 611-34-1	Décret nº 2014-736 du 30 juin 2014
R. 611-35	Décret nº 2021-1218 du 23 septembre 2021
R. 611-36 et R. 611-37	Décret nº 2007-431 du 25 mars 2007
R. 611-38	Décret nº 2014-736 du 30 juin 2014
R. 611-38-1	Décret nº 2011-236 du 3 mars 2011
R. 611-38-2	Décret nº 2014-736 du 30 juin 2014
R. 611-39	Décret nº 2007-431 du 25 mars 2007
R. 611-39-1	Décret nº 2021-1218 du 23 septembre 2021
R. 611-40	Décret nº 2009-160 du 12 février 2009
R. 611-40-1	Décret nº 2014-736 du 30 juin 2014
R. 611-41	Décret nº 2007-431 du 25 mars 2007
R. 611-42	Décret nº 2009-160 du 12 février 2009
R. 611-43	Décret nº 2020-106 du 10 février 2020
R. 611-44	Décret nº 2021-1218 du 23 septembre 2021
R. 611-45	Décret nº 2009-160 du 12 février 2009
R. 611-46	Décret nº 2021-1218 du 23 septembre 2021
R. 611-46-1	Décret nº 2014-736 du 30 juin 2014
R. 611-47 et R. 611-47-1	Décret nº 2014-736 du 30 juin 2014
R. 611-48	Décret nº 2007-431 du 25 mars 2007
R. 611-49 à R. 611-52	Décret nº 2014-736 du 30 juin 2014
Chapitre II	
R. 612-1	Décret nº 2012-721 du 9 mai 2012
R. 612-2	Ordonnance nº 2009-79 du 22 janvier 2009
R. 612-3	Décret nº 2007-431 du 25 mars 2007
R. 612-4	Décret nº 2007-812 du 10 mai 2007
R. 612-5 à R. 612-7	Décret nº 2007-431 du 25 mars 2007

(Décr. nº 2016-1851 du 23 déc. 2016, art. 43, en vigueur le 1er janv. 2017) « b) *(Décr. nº 2017-891 du 6 mai 2017, art. 51-II, en vigueur le 1er sept. 2017)* « Les dispositions des

(Décr. n° 2019-1333 du 11 déc. 2019, art. 56, en vigueur le 1er janv. 2020) **« chapitres Ier, IV et VI » du titre II mentionnées dans la colonne de gauche du tableau ci-après, dans leur rédaction indiquée dans la colonne de droite du même tableau, ainsi que les chapitres II et III du titre II, le chapitre V à l'exception de l'article R. 625-4 et les** *(Décr. n° 2019-1333 du 11 déc. 2019, art. 56, en vigueur le 1er janv. 2020)* **« chapitres VII et VIII » de ce même titre : »**

DISPOSITIONS APPLICABLES	DANS LEUR RÉDACTION RÉSULTANT DU
	Chapitre Ier
R. 621-1	Décret n° 2021-1218 du 23 septembre 2021
R. 621-2	Décret n° 2021-1354 du 16 octobre 2021
R. 621-2-1	Décret n° 2020-100 du 7 février 2020
R. 621-3	Décret n° 2021-1354 du 16 octobre 2021
R. 621-4	Décret n° 2014-736 du 30 juin 2014 pris pour l'application de l'ordonnance n° 2014-326 du 12 mars 2014 portant réforme de la prévention des difficultés des entreprises et des procédures collectives
R. 621-5	Décret n° 2014-736 du 30 juin 2014 pris pour l'application de l'ordonnance n° 2014-326 du 12 mars 2014 portant réforme de la prévention des difficultés des entreprises et des procédures collectives
R. 621-6	Décret n° 2007-431 du 25 mars 2007 relatif à la partie réglementaire du code de commerce
R. 621-7	Décret n° 2014-551 du 27 mai 2014 portant adaptation de dispositions pour faire suite à la fusion de la direction générale des impôts et de la direction générale de la comptabilité publique
R. 621-7-1	Décret n° 2014-736 du 30 juin 2014 pris pour l'application de l'ordonnance n° 2014-326 du 12 mars 2014 portant réforme de la prévention des difficultés des entreprises et des procédures collectives
R. 621-8	Décret n° 2020-106 du 10 février 2020
R. 621-8-1	Décret n° 2019-1333 du 11 décembre 2019
R. 621-8-2	Décret n° 2012-1190 du 25 octobre 2012 pris pour l'application de la loi n° 2012-346 du 12 mars 2012 relative aux mesures conservatoires en matière de sauvegarde, de redressement judiciaire ou de liquidation judiciaire et aux biens qui en font l'objet
R. 621-9	Décret n° 2021-1218 du 23 septembre 2021
R. 621-10	Décret n° 2007-431 du 25 mars 2007 relatif à la partie réglementaire du code de commerce
R. 621-11	Décret n° 2020-100 du 7 février 2020

DISPOSITIONS APPLICABLES	DANS LEUR RÉDACTION RÉSULTANT DU
R. 621-12	Décret n° 2007-431 du 25 mars 2007 relatif à la partie réglementaire du code de commerce
R. 621-13	Décret n° 2016-1851 du 23 décembre 2016 relatif à la désignation des huissiers de justice et des commissaires-priseurs judiciaires dans certaines procédures relatives aux entreprises en difficulté et modifiant le code de commerce
R. 621-14	Décret n° 2021-1218 du 23 septembre 2021
R. 621-15	Décret n° 2019-1333 du 11 décembre 2019
R. 621-17	Décret n° 2014-736 du 30 juin 2014 pris pour l'application de l'ordonnance n° 2014-326 du 12 mars 2014 portant réforme de la prévention des difficultés des entreprises et des procédures collectives
R. 621-18 à R. 621-20	Décret n° 2007-431 du 25 mars 2007 relatif à la partie réglementaire du code de commerce
R. 621-21	Décret n° 2019-1333 du 11 décembre 2019
R. 621-22 à R. 621-24	Décret n° 2014-736 du 30 juin 2014
R. 621-25	Décret n° 2007-431 du 25 mars 2007 relatif à la partie réglementaire du code de commerce
R. 621-26	Décret n° 2021-1218 du 23 septembre 2021
R. 624-1 et R. 624-2	Décret n° 2014-736 du 30 juin 2014
R. 624-3	Décret n° 2021-1218 du 23 septembre 2021
R. 624-4	Décret n° 2014-736 du 30 juin 2014
R. 624-5	Décret n° 2017-891 du 6 mai 2017
R. 624-6	Décret n° 2014-736 du 30 juin 2014
R. 624-7	Décret n° 2007-431 du 25 mars 2007
R. 624-8	Décret n° 2021-1218 du 23 septembre 2021
R. 624-9	Décret n° 2007-431 du 25 mars 2007
R. 624-10	Décret n° 2019-1333 du 11 décembre 2019
R. 624-11 à R. 624-13	Décret n° 2007-431 du 25 mars 2007
R. 624-13-1	Décret n° 2014-736 du 30 juin 2014
R. 624-14 et R. 624-15	Décret n° 2007-431 du 25 mars 2007
R. 624-16	Décret n° 2009-160 du 12 février 2009
R. 624-17 et R. 624-18	Décret n° 2014-736 du 30 juin 2014

DISPOSITIONS APPLICABLES	DANS LEUR RÉDACTION RÉSULTANT DU
	Chapitre VI
R. 626-1 et R. 626-2	Décret n° 2007-431 du 25 mars 2007
R. 626-3	Décret n° 2010-1619 du 23 décembre 2010
R. 626-7 et R. 626-8	Décret n° 2011-236 du 3 mars 2011
R. 626-17	Décret n° 2021-1218 du 23 septembre 2021
R. 626-18 et R. 626-*[19]*	Décret n° 2007-431 du 25 mars 2007
R. 626-20	Décret n° 2009-160 du 12 février 2009
R. 626-21	Décret n° 2021-1218 du 23 septembre 2021
R. 626-22	Décret n° 2009-160 du 12 février 2009
R. 626-23 à R. 626-24	Décret n° 2007-431 du 25 mars 2007
R. 626-25 à R. 626-30	Décret n° 2021-1887 du 29 décembre 2021
R. 626-31 à R. 626-32	Décret n° 2007-431 du 25 mars 2007
R. 626-32-1	Décret n° 2014-736 du 30 juin 2014
R. 626-33	Décret n° 2011-236 du 3 mars 2011
R. 626-33-1 et R. 626-34	Décret n° 2014-736 du 30 juin 2014
R. 626-35 à R. 626-38	Décret n° 2007-431 du 25 mars 2007
R. 626-39	Décret n° 2014-736 du 30 juin 2014
R. 626-40	Décret n° 2009-160 du 12 février 2009
R. 626-41 à R. 626-43	Décret n° 2007-431 du 25 mars 2007
R. 626-44	Décret n° 2009-160 du 12 février 2009
R. 626-45	Décret n° 2021-1218 du 23 septembre 2021
R. 626-46 et R. 626-47	Décret n° 2007-431 du 25 mars 2007
R. 626-47-1 à R. 626-49	Décret n° 2014-736 du 30 juin 2014
R. 626-50 et R. 626-51	Décret n° 2007-431 du 25 mars 2007
R. 626-52 à R. 626-64	Décret n° 2021-1218 du 23 septembre 2021

(Décr. n° 2021-1218 du 23 sept. 2021, art. 50, en vigueur le 1er oct. 2021) « Les articles R. 622-5-1, R. 622-7, R. 622-23, R. 628-2, R. 628-4, R. 628-5, R. 628-8, R. 628-10, R. 628-11 et R. 628-13 sont applicables dans les îles Wallis-et-Futuna dans leur rédaction issue du décret n° 2021-1218 du 23 septembre 2021 *(Décr. n° 2021-1887 du 29 déc. 2021, art. 14, 2°, b, en vigueur le 1er oct. 2021)* « et l'article R. 622-14 est applicable dans sa rédaction issue du décret n° 2021-1887 du 29 décembre 2021 » ; »

« *c)* Le titre III ;

(Décr. nº 2020-100 du 7 févr. 2020, art. 13) « L'article R. 631-1 est applicable dans sa rédaction issue du décret *(Décr. nº 2021-1218 du 23 sept. 2021, art. 50, en vigueur le 1er oct. 2021)* « nº 2021-1218 du 23 septembre 2021 » ; »

« *d)* Les dispositions du chapitre préliminaire et des *(Décr. nº 2019-1333 du 11 déc. 2019, art. 56, en vigueur le 1er janv. 2020)* « chapitres Ier, II, III et V » du titre IV mentionnées dans la colonne de gauche du tableau ci-après, dans leur rédaction indiquée dans la colonne de droite du même tableau, ainsi que *(Décr. nº 2019-1333 du 11 déc. 2019, art. 56, en vigueur le 1er janv. 2020)* « le chapitre IV » de ce même titre :

DISPOSITIONS APPLICABLES	DANS LEUR RÉDACTION RÉSULTANT DU
Chapitre préliminaire	
R. 640-1	Décret nº 2015-1009 du 18 août 2015 relatif à la mise en œuvre du portail électronique prévu aux articles L. 814-2 et L. 814-13 du code de commerce
R. 640-1-1	Décret nº 2014-736 du 30 juin 2014 pris pour l'application de l'ordonnance nº 2014-326 du 12 mars 2014 portant réforme de la prévention des difficultés des entreprises et des procédures collectives
R. 640-2	Décret nº 2009-160 du 12 février 2009 pris pour l'application de l'ordonnance nº 2008-1345 du 18 décembre 2008 portant réforme du droit des entreprises en difficulté et modifiant les procédures de saisie immobilière et de distribution du prix d'un immeuble
Chapitre Ier	
R. 641-2 et R. 641-4	Décret nº 2007-431 du 25 mars 2007 relatif à la partie réglementaire du code de commerce
R. 641-5 et R. 641-6	Décret nº 2014-736 du 30 juin 2014 pris pour l'application de l'ordonnance nº 2014-326 du 12 mars 2014 portant réforme de la prévention des difficultés des entreprises et des procédures collectives
R. 641-7	Décret nº 2019-1333 du 11 décembre 2019
R. 641-8	Décret nº 2009-160 du 12 février 2009 pris pour l'application de l'ordonnance nº 2008-1345 du 18 décembre 2008 portant réforme du droit des entreprises en difficulté et modifiant les procédures de saisie immobilière et de distribution du prix d'un immeuble
R. 641-9	Décret nº 2007-431 du 25 mars 2007 relatif à la partie réglementaire du code de commerce
R. 641-11	Décret nº 2014-736 du 30 juin 2014 pris pour l'application de l'ordonnance nº 2014-326 du 12 mars 2014 portant réforme de la prévention des difficultés des entreprises et des procédures collectives

DISPOSITIONS APPLICABLES	DANS LEUR RÉDACTION RÉSULTANT DU
R. 641-12	Décret nº 2009-160 du 12 février 2009 pris pour l'application de l'ordonnance nº 2008-1345 du 18 décembre 2008 portant réforme du droit des entreprises en difficulté et modifiant les procédures de saisie immobilière et de distribution du prix d'un immeuble
R. 641-13	Décret nº 2007-431 du 25 mars 2007 relatif à la partie réglementaire du code de commerce
R. 641-14	Décret nº 2021-1218 du 23 septembre 2021
R. 641-15 à R. 641-20	Décret nº 2007-431 du 25 mars 2007 relatif à la partie réglementaire du code de commerce
R. 641-21	Décret nº 2009-160 du 12 février 2009 pris pour l'application de l'ordonnance nº 2008-1345 du 18 décembre 2008 portant réforme du droit des entreprises en difficulté et modifiant les procédures de saisie immobilière et de distribution du prix d'un immeuble
R. 641-22	Décret nº 2021-1887 du 29 décembre 2021
R. 641-23 à R. 641-25	Décret nº 2007-431 du 25 mars 2007 relatif à la partie réglementaire du code de commerce
R. 641-26	Décret nº 2012-783 du 30 mai 2012 relatif à la partie réglementaire du code des procédures civiles d'exécution
R. 641-27 à R. 641-30	Décret nº 2007-431 du 25 mars 2007 relatif à la partie réglementaire du code de commerce
R. 641-31	Décret nº 2014-736 du 30 juin 2014 pris pour l'application de l'ordonnance nº 2014-326 du 12 mars 2014 portant réforme de la prévention des difficultés des entreprises et des procédures collectives
R. 641-32	Décret nº 2007-431 du 25 mars 2007 relatif à la partie réglementaire du code de commerce
R. 641-32-1	Décret nº 2014-736 du 30 juin 2014 pris pour l'application de l'ordonnance nº 2014-326 du 12 mars 2014 portant réforme de la prévention des difficultés des entreprises et des procédures collectives
R. 641-33 et R. 641-34	Décret nº 2007-431 du 25 mars 2007 relatif à la partie réglementaire du code de commerce
R. 641-35	Décret nº 2014-736 du 30 juin 2014 pris pour l'application de l'ordonnance nº 2014-326 du 12 mars 2014 portant réforme de la prévention des difficultés des entreprises et des procédures collectives
R. 641-36 à R. 641-38	Décret nº 2007-431 du 25 mars 2007 relatif à la partie réglementaire du code de commerce

DISPOSITIONS APPLICABLES	DANS LEUR RÉDACTION RÉSULTANT DU
R. 641-39	Décret n° 2014-736 du 30 juin 2014 pris pour l'application de l'ordonnance n° 2014-326 du 12 mars 2014 portant réforme de la prévention des difficultés des entreprises et des procédures collectives
R. 641-40	Décret n° 2009-160 du 12 février 2009 pris pour l'application de l'ordonnance n° 2008-1345 du 18 décembre 2008 portant réforme du droit des entreprises en difficulté et modifiant les procédures de saisie immobilière et de distribution du prix d'un immeuble
	Chapitre II
R. 642-1	Décret n° 2014-736 du 30 juin 2014
R. 642-2 à R. 642-4	Décret n° 2007-431 du 25 mars 2007
R. 642-5	Décret n° 2019-1333 du 11 décembre 2019
R. 642-6 et R. 642-7	Décret n° 2007-431 du 25 mars 2007
R. 642-8	Décret n° 2009-160 du 12 février 2009
R. 642-9 et R. 642-10	Décret n° 2007-431 du 25 mars 2007
R. 642-11	Décret n° 2009-160 du 12 février 2009
R. 642-12 à R. 642-17	Décret n° 2021-1887 du 29 déc. 2021
R. 642-17-1	Décret n° 2009-160 du 12 février 2009
R. 642-18 à R. 642-21	Décret n° 2007-431 du 25 mars 2007
R. 642-22	Décret n° 2009-160 du 12 février 2009
R. 642-23	Décret n° 2012-783 du 30 mai 2012
R. 642-24	Décret n° 2009-160 du 12 février 2009
R. 642-25	Décret n° 2012-783 du 30 mai 2012
R. 642-26	Décret n° 2007-431 du 25 mars 2007
R. 642-27 et R. 642-28	Décret n° 2012-783 du 30 mai 2012
R. 642-29	Décret n° 2009-160 du 12 février 2009
R. 642-29-1 à R. 642-30	Décret n° 2012-783 du 30 mai 2012
R. 642-31	Décret n° 2009-160 du 12 février 2009
R. 642-32	Décret n° 2012-783 du 30 mai 2012
R. 642-33	Décret n° 2019-1333 du 11 décembre 2019
R. 642-34	Décret n° 2009-160 du 12 février 2009
R. 642-35	Décret n° 2012-783 du 30 mai 2012

DISPOSITIONS APPLICABLES	DANS LEUR RÉDACTION RÉSULTANT DU
R. 642-36	Décret n° 2007-431 du 25 mars 2007
R. 642-36-1	Décret n° 2009-160 du 12 février 2009
R. 642-37	Décret n° 2007-431 du 25 mars 2007
R. 642-37-1 à R. 642-37-3	Décret n° 2009-160 du 12 février 2009
R. 642-38	Décret n° 2019-1333 du 11 décembre 2019
R. 642-39	Décret n° 2014-736 du 30 juin 2014
R. 642-40	Décret n° 2015-1009 du 18 août 2015
R. 642-41	Décret n° 2007-431 du 25 mars 2007
Chapitre III	
R. 643-1 et R. 643-2	Décret n° 2007-431 du 25 mars 2007
R. 643-3	Décret n° 2009-160 du 12 février 2009
R. 643-4	Décret n° 2007-431 du 25 mars 2007
R. 643-5	Décret n° 2014-736 du 30 juin 2014
R. 643-6	Décret n° 2020-106 du 10 février 2020
R. 643-7 et R. 643-8	Décret n° 2007-431 du 25 mars 2007
R. 643-9	Décret n° 2012-783 du 30 mai 2012
R. 643-10	Décret n° 2007-431 du 25 mars 2007
R. 643-11	Décret n° 2019-1333 du 11 décembre 2019
R. 643-12 et R. 643-13	Décret n° 2007-431 du 25 mars 2007
R. 643-14	Décret n° 2009-160 du 12 février 2009
R. 643-15 et R. 643-16	Décret n° 2007-431 du 25 mars 2007
R. 643-17 à R. 643-19	Décret n° 2014-736 du 30 juin 2014
R. 643-20	Décret n° 2009-160 du 12 février 2009
R. 643-21	Décret n° 2014-736 du 30 juin 2014
R. 643-22	Décret n° 2007-431 du 25 mars 2007
R. 643-23	Décret n° 2009-160 du 12 février 2009
R. 643-24	Décret n° 2007-431 du 25 mars 2007
Chapitre V	
R. 645-1	Décret n° 2021-1218 du 23 septembre 2021
R. 645-2 à R. 645-8	Décret n° 2014-736 du 30 juin 2014

DISPOSITIONS APPLICABLES	DANS LEUR RÉDACTION RÉSULTANT DU
R. 645-9	Décret n° 2017-1225 du 2 août 2017
R. 645-10 à R. 645-18	Décret n° 2014-736 du 30 juin 2014
R. 645-19	Décret n° 2020-106 du 10 février 2020
R. 645-20 à R. 645-25	Décret n° 2014-736 du 30 juin 2014

(Décr. n° 2021-1218 du 23 sept. 2021, art. 50, en vigueur le 1er oct. 2021) « L'article R. 644-2 est applicable dans les îles Wallis-et-Futuna dans sa rédaction résultant du décret n° 2021-1218 du 23 septembre 2021 ; »

« *e)* Le titre V ;

« *f)* *(Décr. n° 2019-1333 du 11 déc. 2019, art. 56, en vigueur le 1er janv. 2020)* « Les dispositions des chapitres Ier à III du titre VI » mentionnées dans la colonne de gauche du tableau ci-après, dans leur rédaction indiquée dans la colonne de droite du même tableau :

DISPOSITIONS APPLICABLES	DANS LEUR RÉDACTION RÉSULTANT DU
	Chapitre I
R. 661-1	Décret n° 2019-1333 du 11 décembre 2019
R. 661-2 et R. 661-3	Décret n° 2014-736 du 30 juin 2014
R. 661-4	Décret n° 2009-160 du 12 février 2009
R. 661-5	Décret n° 2021-1218 du 23 septembre 2021
R. 661-6	Décret n° 2021-1218 du 23 septembre 2021
R. 661-7 et R. 661-8	Décret n° 2007-431 du 25 mars 2007
	Chapitre II
R. 662-1	Décret n° 2014-736 du 30 juin 2014 pris pour l'application de l'ordonnance n° 2014-326 du 12 mars 2014 portant réforme de la prévention des difficultés des entreprises et des procédures collectives
R. 662-1-1 et R. 662-1-2	Décret n° 2012-1190 du 25 octobre 2012 pris pour l'application de la loi n° 2012-346 du 12 mars 2012 relative aux mesures conservatoires en matière de sauvegarde, de redressement judiciaire ou de liquidation judiciaire et aux biens qui en font l'objet
R. 662-2	Décret n° 2008-484 du 22 mai 2008 relatif à la procédure devant la Cour de cassation

DISPOSITIONS APPLICABLES	DANS LEUR RÉDACTION RÉSULTANT DU
R. 662-3	Décret n° 2009-160 du 12 février 2009 pris pour l'application de l'ordonnance n° 2008-1345 du 18 décembre 2008 portant réforme du droit des entreprises en difficulté et modifiant les procédures de saisie immobilière et de distribution du prix d'un immeuble
R. 662-3-1	Décret n° 2014-736 du 30 juin 2014 pris pour l'application de l'ordonnance n° 2014-326 du 12 mars 2014 portant réforme de la prévention des difficultés des entreprises et des procédures collectives
R. 662-4	Décret n° 2008-484 du 22 mai 2008 relatif à la procédure devant la Cour de cassation
R. 662-5 et R. 662-6	Décret n° 2007-431 du 25 mars 2007 relatif à la partie réglementaire du code de commerce
R. 662-7	Décret n° 2014-736 du 30 juin 2014 pris pour l'application de l'ordonnance n° 2014-326 du 12 mars 2014 portant réforme de la prévention des difficultés des entreprises et des procédures collectives
R. 662-8	Décret n° 2007-431 du 25 mars 2007 relatif à la partie réglementaire du code de commerce
R. 662-9	Décret n° 2014-736 du 30 juin 2014 pris pour l'application de l'ordonnance n° 2014-326 du 12 mars 2014 portant réforme de la prévention des difficultés des entreprises et des procédures collectives
R. 662-10	Décret n° 2007-431 du 25 mars 2007 relatif à la partie réglementaire du code de commerce
R. 662-11	Décret n° 2007-431 du 25 mars 2007 relatif à la partie réglementaire du code de commerce
R. 662-12	Décret n° 2009-160 du 12 février 2009 pris pour l'application de l'ordonnance n° 2008-1345 du 18 décembre 2008 portant réforme du droit des entreprises en difficulté et modifiant les procédures de saisie immobilière et de distribution du prix d'un immeuble
R. 662-12-1	Décret n° 2015-1009 du 18 août 2015 relatif à la mise en œuvre du portail électronique prévu aux articles L. 814-2 et L. 814-13 du code de commerce
R. 662-13 et R. 662-14	Décret n° 2007-431 du 25 mars 2007 relatif à la partie réglementaire du code de commerce

DISPOSITIONS APPLICABLES	DANS LEUR RÉDACTION RÉSULTANT DU
R. 662-15	Décret n° 2009-160 du 12 février 2009 pris pour l'application de l'ordonnance n° 2008-1345 du 18 décembre 2008 portant réforme du droit des entreprises en difficulté et modifiant les procédures de saisie immobilière et de distribution du prix d'un immeuble
R. 662-16	Décret n° 2007-431 du 25 mars 2007 relatif à la partie réglementaire du code de commerce
R. 662-17	Décret n° 2014-736 du 30 juin 2014 pris pour l'application de l'ordonnance n° 2014-326 du 12 mars 2014 portant réforme de la prévention des difficultés des entreprises et des procédures collectives
	Chapitre III
R. 663-1	Décret n° 2007-431 du 25 mars 2007 relatif à la partie réglementaire du code de commerce
R. 663-2	Décret n° 2009-160 du 12 février 2009 pris pour l'application de l'ordonnance n° 2008-1345 du 18 décembre 2008 portant réforme du droit des entreprises en difficulté et modifiant les procédures de saisie immobilière et de distribution du prix d'un immeuble
R. 663-3	Décret n° 2020-100 du 7 février 2020
R. 663-4 à R. 663-40	Décret n° 2016-230 du 26 février 2016
R. 663-41	Décret n° 2014-736 du 30 juin 2014 pris pour l'application de l'ordonnance n° 2014-326 du 12 mars 2014 portant réforme de la prévention des difficultés des entreprises et des procédures collectives
R. 663-42 à R. 663-44	Décret n° 2007-431 du 25 mars 2007 relatif à la partie réglementaire du code de commerce
R. 663-45	Décret n° 2012-1190 du 25 octobre 2012 pris pour l'application de la loi n° 2012-346 du 12 mars 2012 relative aux mesures conservatoires en matière de sauvegarde, de redressement judiciaire ou de liquidation judiciaire et aux biens qui en font l'objet
R. 663-46	Décret n° 2019-1333 du 11 décembre 2019
R. 663-47 à R. 663-49	Décret n° 2007-431 du 25 mars 2007
R. 663-50	Décret n° 2016-1851 du 23 décembre 2016 relatif à la désignation des huissiers de justice et des commissaires-priseurs judiciaires dans certaines procédures relatives aux entreprises en difficulté et modifiant le code de commerce

(Décr. n° 2020-106 du 10 févr. 2020, art. 14) « L'article R. 661-2 est applicable dans les îles Wallis-et-Futuna dans sa rédaction résultant du décret n° 2020-106 du 10 février 2020 ; »

« *g)* Le titre VIII ; »

7° Le titre II du livre VII, à l'exception des articles R. 721-2 à R. 721-4 et R. 721-7 à R. 724-21 ;

(Décr. n° 2019-1333 du 11 déc. 2019, art. 56, en vigueur le 1er janv. 2020) « L'article R. 721-6 est applicable dans sa rédaction résultant du décret n° 2019-1333 du 11 décembre 2019. »

(Décr. n° 2020-106 du 10 févr. 2020, art. 14) « Les articles R. 743-89, R. 743-142-6 et R. 743-142-7 sont applicables dans leur rédaction résultant du décret n° 2020-106 du 10 février 2020 ; »

(Décr. n° 2016-1851 du 23 déc. 2016, art. 43, en vigueur le 1er janv. 2017) « 8° Le titre Ier du livre VIII dans les conditions suivantes :

« *a)* Les dispositions du chapitre Ier mentionnées dans la colonne de gauche du tableau ci-après, dans leur rédaction indiquée dans la colonne de droite du même tableau :

DISPOSITIONS APPLICABLES	DANS LEUR RÉDACTION RÉSULTANT DU
	Chapitre Ier
R. 811-3 à R. 811-9	Décret n° 2007-431 du 25 mars 2007
R. 811-10	Décret n° 2017-1225 du 2 août 2017
R. 811-11	Décret n° 2016-109 du 3 février 2016 relatif à la Commission nationale d'inscription et de discipline des administrateurs judiciaires et des mandataires judiciaires
R. 811-12	Décret n° 2007-431 du 25 mars 2007 relatif à la partie réglementaire du code de commerce
R. 811-13	Décret n° 2016-400 du 1er avril 2016 relatif aux administrateurs judiciaires et aux mandataires judiciaires
R. 811-14 à R. 811-16	Décret n° 2007-431 du 25 mars 2007 relatif à la partie réglementaire du code de commerce
R. 811-17	Décret n° 2016-400 du 1er avril 2016 relatif aux administrateurs judiciaires et aux mandataires judiciaires
R. 811-18	Décret n° 2016-400 du 1er avril 2016 relatif aux administrateurs judiciaires et aux mandataires judiciaires
R. 811-19	Décret n° 2018-262 du 11 avril 2018
R. 811-20	Décret n° 2016-109 du 3 février 2016 relatif à la Commission nationale d'inscription et de discipline des administrateurs judiciaires et des mandataires judiciaires
R. 811-21	Décret n° 2007-431 du 25 mars 2007 relatif à la partie réglementaire du code de commerce
R. 811-22	Décret n° 2016-400 du 1er avril 2016 relatif aux administrateurs judiciaires et aux mandataires judiciaires
R. 811-23	Décret n° 2018-262 du 11 avril 2018

DISPOSITIONS APPLICABLES	DANS LEUR RÉDACTION RÉSULTANT DU
R. 811-24	Décret n° 2007-431 du 25 mars 2007 relatif à la partie réglementaire du code de commerce
R. 811-25	Décret n° 2016-400 du 1er avril 2016
R. 811-26	Décret n° 2018-262 du 11 avril 2018
R. 811-28-1 et R. 811-28-2	Décret n° 2018-262 du 11 avril 2018
R. 811-28-3 et R. 811-28-4	Décret n° 2016-400 du 1er avril 2016
R. 811-28-5 à R. 811-28-7	Décret n° 2018-262 du 11 avril 2018
R. 811-30	Décret n° 2007-431 du 25 mars 2007 relatif à la partie réglementaire du code de commerce
R. 811-31 et R. 811-31-1	Décret n° 2018-262 du 11 avril 2018
R. 811-32	Décret n° 2007-431 du 25 mars 2007 relatif à la partie réglementaire du code de commerce
R. 811-33	Décret n° 2011-1660 du 29 novembre 2011 pris pour l'application des 1°, 2° et 4° de l'article 20 de la loi n° 2011-331 du 28 mars 2011 de modernisation des professions judiciaires ou juridiques et certaines professions réglementées
R. 811-34 et R. 811-35	Décret n° 2016-109 du 3 février 2016 relatif à la Commission nationale d'inscription et de discipline des administrateurs judiciaires et des mandataires judiciaires
R. 811-36 et R. 811-37	Décret n° 2011-1660 du 29 novembre 2011 pris pour l'application des 1°, 2° et 4° de l'article 20 de la loi n° 2011-331 du 28 mars 2011 de modernisation des professions judiciaires ou juridiques et certaines professions réglementées
R. 811-38 et R. 811-39	Décret n° 2007-431 du 25 mars 2007 relatif à la partie réglementaire du code de commerce
R. 811-40	Décret n° 2016-1851 du 23 décembre 2016 portant diverses dispositions relatives aux procédures du livre VI du code de commerce et aux professionnels désignés
D. 811-40-1	Décret n° 2007-431 du 25 mars 2007 relatif à la partie réglementaire du code de commerce
R. 811-41	Décret n° 2016-1851 du 23 décembre 2016
R. 811-42 et R. 811-42-1	Décret n° 2017-1225 du 2 août 2017
R. 811-43	Décret n° 2016-109 du 3 février 2016 relatif à la Commission nationale d'inscription et de discipline des administrateurs judiciaires et des mandataires judiciaires

DISPOSITIONS APPLICABLES	DANS LEUR RÉDACTION RÉSULTANT DU
R. 811-44 et R. 811-47	Décret nº 2007-431 du 25 mars 2007
R. 811-48	Décret nº 2018-1126 du 11 décembre 2018
R. 811-49	Décret nº 2016-109 du 3 février 2016 relatif à la Commission nationale d'inscription et de discipline des administrateurs judiciaires et des mandataires judiciaires
R. 811-50	Décret nº 2007-431 du 25 mars 2007
R. 811-51	Décret nº 2018-1126 du 11 décembre 2018
R. 811-52 à R. 811-56	Décret nº 2007-431 du 25 mars 2007
R. 811-57	Décret nº 2019-1333 du 11 décembre 2019
R. 811-58	Décret nº 2007-431 du 25 mars 2007 relatif à la partie réglementaire du code de commerce
R. 811-59	Décret nº 2008-484 du 22 mai 2008 relatif à la procédure devant la Cour de cassation

« *b)* Les dispositions des sections *(Décr. nº 2017-1225 du 2 août 2017, art. 18)* « I à IV » du chapitre IV mentionnées dans la colonne de gauche du tableau ci-après sont applicables dans les îles Wallis-et-Futuna aux administrateurs judiciaires, dans leur rédaction indiquée dans la colonne de droite du même tableau, ainsi que la section V du chapitre V :

DISPOSITIONS APPLICABLES	DANS LEUR RÉDACTION RÉSULTANT DU
	Section I
R. 814-1 à R. 814-2-1	Décret nº 2016-109 du 3 février 2016 relatif à la Commission nationale d'inscription et de discipline des administrateurs judiciaires et des mandataires judiciaires
	Section II
R. 814-3	Décret nº 2016-1851 du 23 décembre 2016
D. 814-3-1	Décret nº 2011-1908 du 20 décembre 2011
R. 814-3-2 et R. 814-4	Décret nº 2017-1225 du 2 août 2017
R. 814-5 à R. 814-15	Décret nº 2007-431 du 25 mars 2007
	Section III
R. 814-16 à R. 814-26	Décret nº 2007-431 du 25 mars 2007 relatif à la partie réglementaire du code de commerce
R. 814-27	Décret nº 2008-484 du 22 mai 2008 relatif à la procédure devant la Cour de cassation

DISPOSITIONS APPLICABLES	DANS LEUR RÉDACTION RÉSULTANT DU
R. 814-28	Décret n° 2007-431 du 25 mars 2007 relatif à la partie réglementaire du code de commerce
R. 814-28-1 à R. 814-28-6	Décret n° 2017-1225 du 2 août 2017
	Section IV
R. 814-29 à R. 814-37	Décret n° 2007-431 du 25 mars 2007
D. 814-37-1	Décret n° 2017-304 du 8 mars 2017
R. 814-28 *[R. 814-38]* à R. 814-41	Décret n° 2007-431 du 25 mars 2007
R. 814-41-1 et R. 814-42	Décret n° 2017-1225 du 2 août 2017
R. 814-42-1	Décret n° 2016-1851 du 23 décembre 2016
R. 814-42-2	Décret n° 2017-1225 du 2 août 2017
R. 814-43	Décret n° 2007-431 du 25 mars 2007
R. 814-44	Décret n° 2017-1225 du 2 août 2017
R. 814-45 à R. 814-47	Décret n° 2007-431 du 25 mars 2007
R. 814-48	Décret n° 2017-1225 du 2 août 2017
R. 814-49	Décret n° 2007-431 du 25 mars 2007 relatif à la partie réglementaire du code de commerce
R. 814-50 à R. 814-53	Décret n° 2016-109 du 3 février 2016 relatif à la Commission nationale d'inscription et de discipline des administrateurs judiciaires et des mandataires judiciaires
R. 814-54	Décret n° 2007-431 du 25 mars 2007 relatif à la partie réglementaire du code de commerce
R. 814-55 à R. 814-58	Décret n° 2016-109 du 3 février 2016 relatif à la Commission nationale d'inscription et de discipline des administrateurs judiciaires et des mandataires judiciaires
R. 814-58-1 à R. 814-58-9	Décret n° 2015-1009 du 18 août 2015 relatif à la mise en œuvre du portail électronique prévu aux articles L. 814-2 et L. 814-13 du code de commerce

(Décr. n° 2020-106 du 10 févr. 2020, art. 14) « L'article R. 814-117 est applicable dans les îles Wallis-et-Futuna dans sa rédaction résultant du décret n° 2020-106 du 10 février 2020 ; »

(Décr. n° 2019-1419 du 20 déc. 2019, art. 23, en vigueur le 1er janv. 2020) « 9° Le titre II du livre VIII, à l'exception des articles R. 822-111 à R. 822-124, dans sa rédaction issue du décret n° 2016-1026 du 26 juillet 2016.

« Toutefois, les articles R. 821-1, R. 821-3 *(Abrogé par Décr. n° 2020-292 du 21 mars 2020, art. 85)* « , *R. 821-14* » et R. 822-20 sont applicables dans leur rédaction résultant du décret n° 2017-540 du 12 avril 2017 ;

« L'article R. 823-5 est applicable dans sa rédaction résultant du décret n° 2019-1419 du 20 décembre 2019 ; »

(Décr. n° 2021-211 du 24 févr. 2021, art. 9) « L'article D. 823-7-1 est applicable dans sa rédaction résultant du décret n° 2021-211 du 24 février 2021. »

(Décr. n° 2020-292 du 21 mars 2020, art. 85 ; Décr. n° 2020-667 du 2 juin 2020, art. 4) « Sont applicables dans leur rédaction résultant du décret n° 2020-292 du 21 mars 2020 les articles R. 820-1-1, R. 821-5, R. 821-7, R. 821-14, R. 821-14-1, R. 821-14-2, R. 821-14-7, R. 821-14-14, R. 821-17, R. 821-48, R. 821-64, R. 821-71, R. 821-72, R. 821-75, R. 822-13, R. 822-14, R. 822-22, R. 822-23, R. 822-26, R. 822-30, R. 822-52, R. 822-62, R. 822-63, R. 822-89, R. 823-7-2, R. 823-10, R. 823-11, R. 823-14, R. 823-15, R. 823-17-1, R. 823-18, R. 823-19, R. 823-21, R. 824-4, R. 824-5, R. 824-6, R. 824-7, R. 824-11, R. 824-13, R. 824-16, R. 824-17, R. 824-18, R. 824-19, R. 824-22, R. 824-24 et R. 824-27. »

(Décr. n° 2020-667 du 2 juin 2020, art. 4) « Les articles R. 821-24, R. 821-25, R. 821-26, R. 821-31, R. 821-33, R. 821-35, R. 821-37, R. 821-38, R. 821-39, R. 821-40, R. 821-50, R. 821-51, R. 821-52, R. 821-54, R. 821-55, R. 821-58, R. 821-62, R. 821-63, R. 822-1, R. 822-27, R. 822-36, R. 822-54, R. 822-93, R. 823-7 sont applicables dans leur rédaction résultant du décret n° 2020-667 du 2 juin 2020. »

(Décr. n° 2019-1419 du 20 déc. 2019, art. 23, en vigueur le 1er janv. 2020) « Les articles R. 824-6 et R. 824-14 sont applicables dans leur rédaction résultant du décret n° 2017-540 du 12 avril 2017 » ;

(Décr. n° 2020-106 du 10 févr. 2020, art. 14) « Les articles R. 822-77 et R. 822-108 sont applicables dans les îles Wallis-et-Futuna dans leur rédaction résultant du décret n° 2020-106 du 10 février 2020. »

Art. D. 950-1-1 *(Décr. n° 2019-514 du 24 mai 2019, art. 4)* Sous réserve des adaptations prévues dans les chapitres ci-après, les dispositions suivantes du code sont applicables dans les îles Wallis-et-Futuna :

(Décr. n° 2019-1207 du 20 nov. 2019, art. 8) « 1° Les dispositions du livre I mentionnées dans la colonne de gauche ci-après sont applicables dans les îles Wallis-et-Futuna dans leur rédaction indiquée dans la colonne de droite du même tableau.

DISPOSITIONS APPLICABLES	DANS LEUR RÉDACTION RÉSULTANT DU
TITRE II	
Chapitre III : Des obligations générales des commerçants	
Article D. 123-80-1	Décret n° 2020-119 du 12 février 2020
Article D. 123-200	Décret n° 2020-101 du 7 février 2020

« 2° » Les dispositions du livre II mentionnées dans la colonne de gauche ci-après sont applicables dans les îles Wallis-et-Futuna dans leur rédaction indiquée dans la colonne de droite du même tableau.

DISPOSITIONS APPLICABLES	DANS LEUR RÉDACTION RÉSULTANT DU
TITRE PREMIER	
SECTION PREMIÈRE	
SECTION IV Du décompte des effectifs	
Article D. 210-21	Décret n° 2020-101 du 7 février 2020

DISPOSITIONS APPLICABLES	**DANS LEUR RÉDACTION RÉSULTANT DU**
TITRE II	
Chapitre I Des sociétés en nom collectif	
Article D. 221-5	Décret n° 2020-101 du 7 février 2020
Chapitre III Des sociétés à responsabilité limitée	
Article D. 223-27	Décret n° 2019-514 du 24 mai 2019
Chapitre V Des sociétés anonymes	
Article D. 225-104-1	Décret n° 2017-1174 du 18 juillet 2017
Article D. 225-104-2	Décret n° 2020-101 du 7 février 2020
Article D. 225-164-1	Décret n° 2020-101 du 7 février 2020
Chapitre VII Des sociétés par actions simplifiées	
Article D. 227-1	Décret n° 2020-101 du 7 février 2020
Article D. 227-3	Décret n° 2017-630 du 25 avril 2017
Chapitre X Des sociétés dont les titres sont admis aux négociations sur un marché réglementé ou sur un système multilatéral de négociation	
Article D. 22-10-16	Décret n° 2020-1742 du 29 décembre 2020

(Décr. n° 2021-1137 du 31 août 2021, art. 2) « 3° Les dispositions du livre IV mentionnées dans la colonne de gauche ci-après sont applicables dans les îles Wallis-et-Futuna dans leur rédaction indiquée dans la colonne de droite du même tableau.

DISPOSITIONS APPLICABLES	**DANS LEUR RÉDACTION RÉSULTANT DU**
Titre IV	
Chapitre III : Dispositions spécifiques aux produits agricoles et aux denrées alimentaires	
Article D. 443-3	décret n° 2021-1137 du 31 août 2021
Article D. 443-4	décret n° 2021-1137 du 31 août 2021

« 4° » *(Décr. n° 2020-101 du 7 févr. 2020, art. 14)* Les dispositions du livre VI mentionnées dans la colonne de gauche ci-après sont applicables dans les îles Wallis-et-Futuna dans leur rédaction indiquée dans la colonne de droite du même tableau. – *Tableau mod. par Décr. n° 2021-1218 du 23 sept. 2021, art. 50, en vigueur le 1er oct. 2021.*

DISPOSITIONS APPLICABLES	**DANS LEUR RÉDACTION RÉSULTANT DU**
Titre II	
[Chapitre VI : Du plan de sauvegarde]	
D. 626-12 et D. 626-13	Décret n° 2021-1218 du 23 septembre 2021

DISPOSITIONS APPLICABLES	DANS LEUR RÉDACTION RÉSULTANT DU
D. 626-25	Décret n° 2021-1218 du 23 septembre 2021
Chapitre VIII : De la sauvegarde accélérée	
D. 628-3	Décret n° 2020-101 du 7 février 2020
Titre IV	
Chapitre Ier : Du jugement de liquidation judiciaire	
D. 641-8-1	Décret n° 2020-101 du 7 février 2020
D. 641-10	Décret n° 2020-101 du 7 février 2020

(Décr. n° 2021-1137 du 31 août 2021, art. 2) « 5° » *(Décr. n° 2019-1207 du 20 nov. 2019, art. 8)* Les dispositions du livre VIII mentionnées dans la colonne de gauche ci-après sont applicables dans les îles Wallis-et-Futuna dans leur rédaction indiquée dans la colonne de droite du même tableau.

DISPOSITIONS APPLICABLES	DANS LEUR RÉDACTION RÉSULTANT DU
TITRE Ier	
Chapitre IV : Dispositions communes	
Article D. 814-37-1	Décret n° 2020-101 du 7 février 2020
TITRE II	
Chapitre Ier De l'organisation et du contrôle de la profession	
Article D. 821-77	Décret n° 2020-101 du 7 février 2020
Chapitre III De l'exercice du contrôle légal	
Article D. 823-1	Décret n° 2020-101 du 7 février 2020
Article D. 823-1-1	Décret n° 2020-101 du 7 février 2020
Article D. 823-7-1	Décret n° 2021-211 du 24 février 2021

Art. R. 950-2 *(Décr. n° 2007-431 du 25 mars 2007)* Pour l'application du présent code dans les îles Wallis-et-Futuna, les termes énumérés ci-après sont remplacés comme suit :

1° *(Décr. n° 2019-913 du 30 août 2019, art. 7, en vigueur le 1er janv. 2020)* « Tribunal judiciaire » par "tribunal de première instance" ;

2° "tribunal de commerce" ou "justice consulaire" par "tribunal de première instance statuant en matière commerciale" ;

3° "conseil de prud'hommes" par "tribunal du travail" ;

4° "*Bulletin officiel des annonces civiles et commerciales*" par "*Journal officiel* du territoire" ;

5° "département" ou "arrondissement" par "territoire" ;

6° "préfet" ou "sous-préfet" par "représentant de l'État dans le territoire" ;

(Décr. n° 2014-571 du 2 juin 2014, art. 1er, en vigueur le 1er juill. 2014) « 7° "maire" ou "maire de la commune" par "chef de circonscription" ; »

8° "chambre régionale des comptes" par "chambre territoriale des comptes de Nouvelle-Calédonie".

Art. R. 950-3 *(Décr. n° 2007-431 du 25 mars 2007)* **Les références faites, par des dispositions du présent code applicables dans les îles Wallis-et-Futuna, à d'autres articles du présent code, ne concernent que les articles rendus applicables dans les îles Wallis-et-Futuna avec les adaptations prévues dans les chapitres ci-dessous.**

Art. R. 950-4 *(Décr. n° 2007-431 du 25 mars 2007)* **En l'absence d'adaptation, les références faites par des dispositions du présent code applicables dans les îles Wallis-et-Futuna, à des dispositions qui n'y sont pas applicables, sont remplacées par les références aux dispositions ayant le même objet applicables localement.**

Art. R. 950-5 *(Décr. n° 2007-431 du 25 mars 2007)* **Les références faites, par des dispositions du présent code applicables dans les îles Wallis-et-Futuna, à des dispositions du code du travail n'y sont applicables que s'il existe une disposition applicable localement ayant le même objet.**

Art. R. 950-6 *(Décr. n° 2007-431 du 25 mars 2007)* **Les références à l'immatriculation au répertoire des métiers sont remplacées par les références à l'immatriculation faite conformément à la réglementation applicable dans les îles Wallis-et-Futuna.**

Art. R. 950-7 *(Décr. n° 2007-431 du 25 mars 2007)* **Les articles faisant référence à la Communauté européenne sont applicables dans le respect de la décision d'association prévue à l'article 187 du traité instituant la Communauté européenne** *[art. 203 TFUE]*. **Les références à l'accord sur l'Espace économique européen ne sont pas applicables.**

CHAPITRE PREMIER DISPOSITIONS D'ADAPTATION DU LIVRE Ier

Art. R. 951-1 *(Décr. n° 2007-431 du 25 mars 2007)* **A l'article R. 121-5, les mots : "du I de l'article L. 121-4" sont remplacés par : "de l'article L. 121-4".**

Art. R. 951-2 *(Abrogé par Décr. n° 2016-296 du 11 mars 2016, art. 20)* ***Au deuxième alinéa de l'article R. 123-80, après les termes : "à l'article R. 123-166", les mots : "à l'exception des actes et pièces mentionnés aux articles R. 123-103 à R. 123-117, et à l'article L. 123-9" sont ajoutés.*** *— [Décr. n° 84-406 du 30 mai 1984, art. 87, al. 1er.]*

L'abrogation résultant du Décr. n° 2016-296 du 11 mars 2016 entre en vigueur à la date prévue au IV de l'art. 60 de la L. n° 2015-990 du 6 août 2015 (Décr. préc., art. 21). Elle s'applique dans les îles Wallis-et-Futuna (Décr. préc., art. 22).

Art. R. 951-3 *Abrogé par Décr. n° 2012-928 du 31 juill. 2012, art. 19, à compter du 1er sept. 2012.*

Art. R. 951-4 *(Décr. n° 2007-431 du 25 mars 2007)* **Les dérogations prévues par les articles R. 123-203, R. 123-204, R. 123-207 et R. 123-208 sont applicables aux personnes physiques soumises à un régime simplifié d'imposition par la réglementation en vigueur localement.**

CHAPITRE II DISPOSITIONS D'ADAPTATION DU LIVRE II

Art. R. 952-1 *(Décr. n° 2007-431 du 25 mars 2007)* **Aux articles R. 232-6, R. 232-7, R. 234-2, R. 234-3, R. 234-5 et R. 234-6, les mots : "au comité d'entreprise" sont remplacés par les mots : "aux délégués du personnel".**

Art. R. 952-2 *(Décr. n° 2015-903 du 23 juill. 2015, art. 4-II)* **Pour l'application de l'article L. 233-16, les mots : "24 000 000 euros" sont remplacés par les mots : "2 864 000 000 francs CFP" et les mots : "48 000 000 euros" sont remplacés par les mots : "5 728 000 000 francs CFP".**

Les dispositions issues du Décr. n° 2015-903 du 23 juill. 2015 s'appliquent aux comptes afférents aux exercices ouverts à compter du 1er janv. 2016 (Décr. préc., art. 5).

Art. R. 952-3 *(Décr. n° 2019-1118 du 31 oct. 2019, art. 13)* **Pour l'application des articles R. 221-3, R. 221-4, R. 223-26, R. 225-20, R. 225-22, R. 225-24, R. 225-47, R. 225-49, R. 225-51, R. 225-106 et R. 227-1-1, la référence à l'article 26 du règle-**

ment (UE) n° 910-2014 du Parlement européen et du Conseil du 23 juillet 2014 sur l'identification électronique et les services de confiance pour les transactions électroniques au sein du marché intérieur est remplacée par la référence aux règles en vigueur en métropole en vertu de l'article 26 du règlement (UE) du 23 juillet 2014 précité.

CHAPITRE III DISPOSITIONS D'ADAPTATION DU LIVRE III

Art. R. 953-1 *(Décr. n° 2007-431 du 25 mars 2007)* L'article R. 330-1 est ainsi rédigé :

Art. R. 330-1 Le contenu du document mentionné au deuxième alinéa de l'article L. 330-3 est fixé par un arrêté du représentant de l'État.

CHAPITRE IV DISPOSITIONS D'ADAPTATION DU LIVRE IV

Art. R. 954-1 *(Décr. n° 2007-431 du 25 mars 2007)* Les articles R. 420-3 et R. 420-4 sont ainsi rédigés : "Pour l'application de l'article L. 420-7, le siège et le ressort des juridictions compétentes à Wallis-et-Futuna sont fixés conformément aux tableaux des annexes 9-2 et 9-3 du présent livre ". — *V. note ss. art. R. 916-1.*

Art. R. 954-2 *(Abrogé par Décr. n° 2020-179 du 28 févr. 2020, art. 14) (Décr. n° 2016-230 du 26 févr. 2016, art. 9-II)* ***Les tarifs des prestations des huissiers de justice régis par le titre IV bis (partie réglementaire) sont majorés de 30 % dans les îles Wallis-et-Futuna.***

Art. R. 954-3 *(Abrogé par Décr. n° 2020-179 du 28 févr. 2020, art. 14) (Décr. n° 2016-230 du 26 févr. 2016, art. 9-II)* ***Les tarifs des prestations notariales régis par le titre IV bis (partie réglementaire) sont majorés de 25 % dans les îles Wallis-et-Futuna.***

CHAPITRE V DISPOSITIONS D'ADAPTATION DU LIVRE V

Art. D. 955-1 *(Abrogé par Décr. n° 2019-987 du 25 sept. 2019, art. 34, à compter du 1er oct. 2019) (Décr. n° 2017-630 du 25 avr. 2017, art. 8-II)* ***Pour l'application de l'article L. 526-10, le montant de la valeur déclarée est fixé à 4 000 000 francs CFP.***

Art. R. 955-2 *(Décr. n° 2017-630 du 25 avr. 2017, art. 8-II)* Pour l'application des articles R. 526-3 et R. 526-13, les mots : "numéro unique d'identification de l'entreprise délivré conformément à l'article D. 123-235" sont remplacés par les mots : "numéro d'inscription de l'entreprise au registre des patentes".

CHAPITRE VI DISPOSITIONS D'ADAPTATION DU LIVRE VI

Art. R. 956-1 A l'article R. 600-3, les mots : "en métropole" sont remplacés par les mots : "dans les îles Wallis-et-Futuna", et les mots : "aux tableaux des annexes 6-1 et 6-2 du présent livre" sont remplacés par les mots : "aux tableaux des annexes 9-2 et 9-3 du présent livre". — *[COJ, art. R. 934-1.] — V. note ss. art. R. 916-1.*

Art. R. 956-2 *(Décr. n° 2021-1218 du 23 sept. 2021, art. 50, en vigueur le 1er oct. 2021)* Pour l'application du livre VI dans les îles Wallis-et-Futuna, les références au comité social et économique sont remplacées par les références à l'institution représentative des salariés localement compétente.

CHAPITRE VII DISPOSITIONS D'ADAPTATION DU LIVRE VII

Art. R. 957-1 *(Décr. n° 2007-431 du 25 mars 2007)* A l'article R. 721-2, les mots : "au tableau de l'annexe 7-1 du présent livre" sont remplacés par les mots : "au tableau de l'annexe 9-1 du présent livre". — *V. note ss. art. R. 937-1.*

CHAPITRE VIII DISPOSITIONS D'ADAPTATION DU LIVRE VIII

Art. R. 958-1 *Abrogé par Décr. n° 2016-1851 du 23 déc. 2016, art. 44, à compter du 1er janv. 2017.*

Art. R. 958-2 *(Abrogé par Décr. n° 2020-292 du 21 mars 2020, art. 85) (Décr. n° 2016-1026 du 26 juill. 2016, art. 87)* ***Pour l'application dans les îles Wallis-et-Futuna du titre II***

du livre VIII, les références à la "commission régionale de discipline" et à la "chambre régionale des comptes" sont remplacées, respectivement, par les références à la "commission territoriale de discipline" et à la "chambre territoriale des comptes".

TITRE SIXIÈME DISPOSITIONS SPÉCIFIQUES À SAINT-BARTHÉLEMY

(Décr. nº 2010-72 du 19 janv. 2010)

Les dispositions issues du Décr. nº 2013-381 du 3 mai 2013 portant diverses dispositions relatives au réseau des chambres de commerce et d'industrie ne s'appliquent pas à la chambre économique de Saint-Barthélemy (Décr. préc., art. 26).

CHAPITRE PREMIER DISPOSITIONS D'ADAPTATION DU LIVRE Ier

(Décr. nº 2010-72 du 19 janv. 2010)

Art. R. 961-1 L'État peut, par convention, confier à un organisme qualifié implanté localement les tâches dévolues aux organismes désignés aux 1°, 2° et 6° de l'article R. 123-3 pour la gestion et la création des centres de formalités des entreprises.

Nouvel art. R. 961-1 *(Décr. nº 2021-300 du 18 mars 2021, art. 30, en vigueur le 1er janv. 2023) I. — La référence au règlement (UE) 2016/679 du Parlement européen et du Conseil du 27 avril 2016 relatif à la protection des personnes physiques à l'égard du traitement des données à caractère personnel et à la libre circulation de ces données est remplacée par la référence aux règles en vigueur en métropole en vertu de ce règlement.*

II. — La référence au règlement (UE) nº 910/2014 du Parlement européen et du Conseil du 23 juillet 2014 sur l'identification électronique et les services de confiance pour les transactions électroniques au sein du marché intérieur est remplacée par la référence aux règles en vigueur en métropole en vertu de ce règlement.

III. — La référence à la directive 2005/36/CE du Parlement européen et du Conseil du 7 septembre 2005 relative à la reconnaissance des qualifications professionnelles est remplacée par la référence aux règles en vigueur en métropole en vertu de cette directive.

IV. — La référence à la directive 2006/123/CE du Parlement européen et du Conseil du 12 décembre 2006 relative aux services dans le marché intérieur est remplacée par la référence aux règles en vigueur en métropole en vertu de cette directive.

CHAPITRE II DISPOSITIONS D'ADAPTATION DU LIVRE II

(Décr. nº 2019-1118 du 31 oct. 2019, art. 13)

Art. R. 962-1 Pour l'application des articles R. 221-3, R. 221-4, R. 223-26, R. 225-20, R. 225-22, R. 225-24, R. 225-47, R. 225-49, R. 225-51, R. 225-106 et R. 227-1-1, la référence à l'article 26 du règlement (UE) n° 910-2014 du Parlement européen et du Conseil du 23 juillet 2014 sur l'identification électronique et les services de confiance pour les transactions électroniques au sein du marché intérieur est remplacée par la référence aux règles en vigueur en métropole en vertu de l'article 26 du règlement (UE) du 23 juillet 2014 précité.

CHAPITRE III DISPOSITIONS D'ADAPTATION DU LIVRE III

(Décr. nº 2014-571 du 2 juin 2014, art. 1er, en vigueur le 1er juill. 2014)

Art. R. 963-1 Pour l'application de l'article R. 310-3 à Saint-Barthélemy, les mots : "chambre de commerce et d'industrie territoriale" sont remplacés par les mots : "chambre économique multiprofessionnelle de Saint-Barthélemy".

Art. R. 963-2 Pour l'application des articles R. 310-2 à R. 310-7 à Saint-Barthélemy, les mots : "maire de la commune" et le mot : "maire" sont remplacés par les mots : "président du conseil territorial".

CHAPITRE V DISPOSITIONS D'ADAPTATION DU LIVRE V

(Décr. nº 2021-300 du 18 mars 2021, art. 30, en vigueur le 1er janv. 2023)

Art. R. 965-1 Pour l'application de l'article R. 526-20, la référence au règlement (UE) n° 910/2014 du Parlement européen et du Conseil du 23 juillet 2014 sur l'identification électronique et les services de confiance pour les transactions électroniques au sein du marché intérieur est remplacée par la référence aux règles en vigueur en métropole en vertu de ce règlement.

CHAPITRE VI DISPOSITIONS SPÉCIFIQUES AU LIVRE VI

(Décr. n° 2016-1851 du 23 déc. 2016, art. 45, en vigueur le 1er janv. 2017)

Art. R. 966-1 Les dispositions des articles R. 611-23-1, R. 662-4 dans sa version résultant du décret n° 2016-1851 du 23 décembre 2016 relatif à la désignation des huissiers de justice et des commissaires-priseurs judiciaires dans certaines procédures relatives aux entreprises en difficulté et modifiant le code de commerce et R. 662-18 *(Décr. n° 2018-452 du 5 juin 2018, art. 10)* « ainsi que le titre IX du livre VI » ne sont pas applicables.

TITRE SEPTIÈME DISPOSITIONS SPÉCIFIQUES À SAINT-MARTIN

(Décr. n° 2010-72 du 19 janv. 2010)

Les dispositions issues du Décr. n° 2013-381 du 3 mai 2013 portant diverses dispositions relatives au réseau des chambres de commerce et d'industrie ne s'appliquent pas à la chambre consulaire interprofessionnelle de Saint-Martin (Décr. préc., art. 26).

CHAPITRE PREMIER DISPOSITIONS D'ADAPTATION DU LIVRE Ier

(Décr. n° 2010-72 du 19 janv. 2010)

Art. R. 971-1 *(Abrogé par Décr. n° 2021-300 du 18 mars 2021, art. 30, à compter du 1er janv. 2023)* ***L'État peut, par convention, confier à un organisme qualifié implanté localement les tâches dévolues aux organismes désignés aux 1°, 2° et 6° de l'article R. 123-3 pour la gestion et la création des centres de formalités des entreprises.***

CHAPITRE III DISPOSITIONS D'ADAPTATION DU LIVRE III

(Décr. n° 2014-571 du 2 juin 2014, art. 1er, en vigueur le 1er juill. 2014)

Art. R. 973-1 Pour l'application de l'article R. 310-3 à Saint-Martin, les mots : "chambre de commerce et d'industrie territoriale" sont remplacés par les mots : "chambre consulaire interprofessionnelle de Saint-Martin".

Art. R. 973-2 Pour l'application des articles R. 310-2 à R. 310-7 à Saint-Martin, les mots : "maire de la commune" et le mot : "maire" sont remplacés par les mots : "président du conseil territorial".

CHAPITRE VI DISPOSITIONS SPÉCIFIQUES AU LIVRE VI

(Décr. n° 2016-1851 du 23 déc. 2016, art. 46, en vigueur le 1er janv. 2017)

Art. R. 976-1 Les dispositions des articles R. 611-23-1, R. 662-4 dans sa version résultant du décret n° 2016-1851 du 23 décembre 2016 relatif à la désignation des huissiers de justice et des commissaires-priseurs judiciaires dans certaines procédures relatives aux entreprises en difficulté et modifiant le code de commerce, et R. 662-18 ne sont pas applicables.

TROISIÈME PARTIE : ARRÊTÉS

(Arr. du 14 janv. 2009)

LIVRE PREMIER DU COMMERCE EN GÉNÉRAL

TITRE PREMIER DE L'ACTE DE COMMERCE

Le présent titre ne comprend pas de dispositions pour les arrêtés.

TITRE DEUXIÈME DES COMMERÇANTS

CHAPITRE PREMIER DE LA DÉFINITION ET DU STATUT

Le présent chapitre ne comprend pas de dispositions pour les arrêtés.

CHAPITRE II DES COMMERÇANTS ÉTRANGERS

Le présent chapitre ne comprend pas de dispositions pour les arrêtés.

CHAPITRE III DES OBLIGATIONS GÉNÉRALES DES COMMERÇANTS

SECTION PRÉLIMINAIRE DES CENTRES DE FORMALITÉS DES ENTREPRISES

RÉP. COM. v° *Centres de formalités des entreprises*, par BEDER.

Art. A. 123-1 **Les formulaires liés aux déclarations de création ou de modification de situation ou à la cessation d'activité de l'entreprise et la liste des pièces justificatives homologués par la direction chargée de la réforme de l'État en application du dernier alinéa de l'article R. 123-7 sont accessibles gratuitement à partir du portail de l'administration française "service-public. fr".** — *[Arr. du 11 avr. 2002, art. 2.]*

L'entrée en vigueur des formulaires de déclaration et de la liste des pièces justificatives homologués par la commission pour les simplifications administratives en application du dernier al. de l'art. 4 du Décr. n° 96-650 du 19 juill. 1996 relatif aux centres de formalités des entreprises, en vue de l'accomplissement de formalités énumérées à l'annexe II de ce même décret peut être différée de trois mois au plus à compter de la date à laquelle cette homologation est intervenue. Ces dispositions s'appliquent à toute modification d'un formulaire ou d'une liste de pièces justificatives homologués (Arr. du 11 avr. 2002, art. 1er).

Art. A. 123-2 **Il ne peut être demandé au déclarant une information ou une pièce qui n'ait pas été prescrite par les dispositions législatives et réglementaires.** — *[Arr. du 23 avr. 2007, art. 1er.]*

BIBL. ▶ Rédaction DO, *Dr. sociétés 2007. Fiche prat. 4.*

Art. A. 123-3 **I. — Les documents mentionnés à l'article R. 123-23 sont conformes aux caractéristiques techniques suivantes :**

1° Formulaire électronique contenant l'ensemble des données nécessaires à la formalité :

Le formulaire de déclaration électronique est établi en message formé écrit en langage XML *(extensible markup language)* dont les spécifications sont consultables sur internet sur le site public http://www. pme. gouv. fr ;

2° Les pièces numérisées exigibles :

Ces pièces sont numérisées dans les formats de fichiers électroniques images suivants :

JPEG *(joint photography expert group* ISO 10918) ;

PDF/A *(portable document format* ISO 19005-1) ;

PDF *(portable document format*, version propriétaire Adobe).

La compression et la résolution graphique des images permettent une qualité de restitution des caractères garantissant la lisibilité des pièces numérisées ;

3° Les pièces numériques exigibles :

Les documents numériques sont établis dans les formats suivants :

***Open document format* (bureautique, format ouvert ISO 26300) ;**

Rich text format (texte enrichi, format propriétaire Microsoft dans leur version 97/2000/XP) ;

TXT (texte unicode) ;

DOC et XLS (bureautique, formats propriétaires Microsoft dans leur version 97/2000/XP) ;

PDF/A (*portable document format* ISO 19005-1) ;

PDF (*portable document format*, version propriétaire Adobe).

II. — Les fichiers des documents électroniques mentionnés au I du présent article peuvent être rassemblés et compressés dans une archive au format ZIP conformément aux spécifications courantes au 1er avril 2007. — *[Arr. du 23 avr. 2007, art. 2.]*

Art. A. 123-4 Une déclaration électronique effectuée par une entreprise est acceptée par les organismes mentionnés à l'article R. 123-21 lorsque les conditions suivantes sont remplies :

I. — En ce qui concerne la création :

1° Les fichiers qui la composent sont conformes aux prescriptions de l'article A. 123-3 ;

2° Les documents qui la composent ont fait l'objet d'une numérisation. La copie du justificatif d'identité est numérisée après avoir été préalablement revêtue d'une mention manuscrite d'attestation sur l'honneur de conformité à l'original, d'une date et de la signature manuscrite de la personne qui effectue la déclaration ;

3° En cochant la case informatique prévue à cet effet, le déclarant déclare sur l'honneur l'exactitude des éléments déclarés conformément à la formule suivante : "Je déclare sur l'honneur l'exactitude des informations de la formalité et signe la présente déclaration n° ..., faite à..., le...".

II. — En ce qui concerne les autres formalités :

La liste des certificats et procédés de signature électronique qui peuvent alors être utilisés pour la signature électronique des documents à l'occasion d'une modification de situation, de la cessation de l'activité ou de la radiation d'une entreprise est consultable à l'adresse suivante : http://www. telecom. gouv. fr/rubriques-menu/entreprises-economie-numerique/certificats-references-pris-v1/categories-familles-certificats-references-pris-v-1-506. html.

III. — Lorsque la déclaration comporte une demande d'inscription au registre du commerce et des sociétés ou au répertoire des métiers, l'acquittement des frais d'inscription correspondants est effectué au moyen d'une carte bancaire dont la personne qui effectue la déclaration est titulaire.

(Arr. du 6 août 2021, art. 3, en vigueur le 1er sept. 2021) « IV. — L'attestation sur l'honneur établie par le conjoint, le partenaire lié par un pacte civil de solidarité ou *(Abrogé par Arr. du 9 mai 2022, art. 2)* « *, dans le secteur agricole,* » par le concubin du chef d'exploitation agricole, ou d'une entreprise, lorsqu'il exerce une activité professionnelle régulière dans l'entreprise quel que soit son secteur d'activité, ou sur l'exploitation agricole, dirigée par son conjoint, son partenaire ou *(Abrogé par Arr. du 9 mai 2022, art. 2)* « *, dans le secteur agricole,* » » — *[Arr. du 23 avr. 2007, art. 3.] — V. Arr. du 6 août 2021, ci-dessous. — V. aussi l'Arr. du 6 août 2021 relatif à l'attestation sur l'honneur du conjoint, du partenaire lié par un PACS ou du concubin du chef d'exploitation ou d'entreprise agricole, qui exerce une activité professionnelle régulière dans l'exploitation ou dans l'entreprise agricole (JO 13 août).*

BIBL. ▶ CASTAGNÉ, *JCP N 2021, n° 1299* (conjoint du chef d'entreprise : l'attestation sur l'honneur de A à Z).

Arrêté du 6 août 2021,

Relatif à l'attestation sur l'honneur du conjoint ou du partenaire lié par un pacte civil de solidarité qui exerce une activité régulière dans l'entreprise commerciale, artisanale ou libérale dirigée par son conjoint ou son partenaire.

Art. 1er I. — Le conjoint *(Arr. du 9 mai 2022, art. 1er)* « , le partenaire lié par un pacte civil de solidarité ou le concubin » du chef d'une entreprise commerciale, artisanale ou libérale qui exerce une activité professionnelle régulière au sein de cette entreprise établit une attestation sur l'honneur comportant les informations prévues à l'article 2 du présent arrêté et conformément au modèle figurant en annexe.

II. — L'attestation sur l'honneur dûment remplie et signée par le conjoint *(Arr. du 9 mai 2022, art. 1er)* « , le partenaire lié par un pacte civil de solidarité ou le concubin » accompagne la déclaration de création d'entreprise ou de modification effectuée par le chef d'entreprise auprès du centre de formalités des entreprises, ou du service informatique mentionné à l'article R. 123-30-14 du code de commerce et, à compter du 1er janvier 2023, auprès de l'organisme unique mentionné à l'article R. 123-1 du code de commerce.

III. — L'attestation sur l'honneur établie par le conjoint *(Arr. du 9 mai 2022, art. 1er)* « , le partenaire lié par un pacte civil de solidarité ou le concubin » est transmise par le centre de formalité des entreprises ou le service informatique mentionné à l'article R. 123-30-14 du code de commerce et, à compter du 1er janvier 2023, auprès de l'organisme unique mentionné à l'article R. 123-1 du code de commerce, exclusivement à l'organisme mentionné à l'article L. 213-1 ou L. 752-4 du code de la sécurité sociale dont relève l'entreprise. En cas de divergence entre les informations communiquées par les deux membres du couple, l'organisme destinataire susmentionné en informe le chef d'entreprise et son conjoint ou partenaire lié par un pacte civil de solidarité. Le cas échéant, il appartient au chef d'entreprise d'effectuer une déclaration modificative auprès du centre de formalités des entreprises ou du service informatique mentionné à l'article R. 123-30-14 du code de commerce et, à compter du 1er janvier 2023, auprès de l'organisme unique mentionné à l'article R. 123-1 du code de commerce.

Art. 2 *(Arr. du 9 mai 2022, art. 1er)* L'attestation sur l'honneur est établie par le conjoint, le partenaire lié par un pacte civil de solidarité ou le concubin qui travaille régulièrement dans l'entreprise et comporte les informations suivantes :

1° Identification du conjoint, du partenaire lié par un pacte civil de solidarité ou du concubin du chef d'entreprise commerciale, artisanale ou libérale :

a) Nom et prénoms, numéro d'identification au répertoire national d'identification des personnes physiques, adresse du domicile personnel, adresse courriel ;

b) Nature du lien juridique avec le chef d'entreprise ;

2° Identification de l'entreprise commerciale, artisanale ou libérale :

a) Nom et prénoms du chef d'entreprise, numéro d'identification au répertoire national d'identification des personnes physiques ;

b) S'il s'agit d'une société : dénomination ou raison sociale, numéro unique d'identification s'il est déjà attribué, adresse du siège social ;

3° Statut juridique du conjoint, du partenaire lié par un pacte civil de solidarité ou du concubin travaillant régulièrement au sein de l'entreprise commerciale, artisanale ou libérale :

a) Statut choisi par le conjoint, le partenaire ou le concubin : conjoint collaborateur, salarié ou associé ;

b) Date d'effet du statut choisi dans l'entreprise ;

4° Engagement sur l'honneur du conjoint, du partenaire ou du concubin de participer régulièrement à l'activité professionnelle non salariée de son conjoint, son partenaire lié par un pacte civil de solidarité ou son concubin.

Art. 3 *V. C. com., art. A. 123-4-IV.*

Art. 3 *bis* *(Arr. du 9 mai 2022, art. 1er)* I. — Pour l'application de l'article 1er du présent arrêté dans la collectivité d'outre-mer de Saint-Pierre-et-Miquelon, les mots : "l'organisme mentionné à l'article L. 213-1 ou L. 752-4 du code de la sécurité sociale" sont remplacés par les mots : "la caisse de prévoyance sociale instituée par l'article 3 de l'ordonnance n° 77-1102 du 26 septembre 1977 portant extension et adaptation au département de Saint-Pierre-et-Miquelon de diverses dispositions relatives aux affaires sociales".

II. — Pour l'application de l'article 1er du présent arrêté à Mayotte, les mots : "l'organisme mentionné à l'article L. 213-1 ou L. 752-4 du code de la sécurité sociale" sont remplacés par les mots : "la caisse de sécurité sociale instituée par l'article 22 de l'ordonnance n° 96-1122 du 20 décembre 1996 relative à l'amélioration de la santé publique, à l'assurance maladie, maternité, invalidité, décès et autonomie, au financement de la sécurité sociale à Mayotte et à la caisse de sécurité sociale de Mayotte".

Art. 4 Le présent arrêté entre en vigueur à partir du 1er septembre 2021.

ANNEXE

MODÈLE D'ATTESTATION SUR L'HONNEUR DU CONJOINT, DU PARTENAIRE LIÉ PAR UN PACTE CIVIL DE SOLIDARITÉ, OU DU CONCUBIN TRAVAILLANT RÉGULIÈREMENT DANS L'ENTREPRISE COMMERCIALE, ARTISANALE OU LIBÉRALE DIRIGÉE PAR SON CONJOINT OU SON PARTENAIRE

(Arr. du 9 mai 2022, art. 1er)

Conjoint travaillant au sein de l'entreprise commerciale, artisanale ou libérale.

Attestation sur l'honneur relative au statut choisi.

Le conjoint du chef d'entreprise est soit son époux, soit son partenaire lié par un pacte civil de solidarité (PACS), soit son concubin.

IDENTITÉ DU CONJOINT DU CHEF D'ENTREPRISE :

Nom : .... Prénoms : ....

Nº de sécurité sociale : |_|_|_|_|_|_|_|_|_|_|_|_|_|_|_|

Adresse : ....

Code postal : |_|_|_|_|_| Commune : ....

Adresse courriel : ....@....................................

Lien avec le chef d'entreprise : ....

O Concubin O Epoux O Partenaire lié par un PACS

ENTREPRISE :

Nom du chef d'entreprise : .... Prénom(s) : ....

Nº de sécurité sociale : |_|_|_|_|_|_|_|_|_|_|_|_|_|_|_|

Si votre travail s'effectue au sein d'une société, veuillez préciser : ....

Dénomination ou raison sociale de la société : ....

Nº SIREN si connu : |_|_|_|_|_|_|_|_|_|

Adresse du siège social : ....

Code postal : |_|_|_|_|_| Commune : ....

STATUT AU SEIN DE L'ENTREPRISE :

Date d'effet : |_|_|_|_|_|_|_|_|

Statut du conjoint : ....

Cochez la case correspondant au statut choisi :

O **Salarié** : statut pouvant être choisi par le conjoint qui exerce une activité professionnelle régulière dans l'entreprise en percevant un salaire. Comme pour tout salarié, une déclaration préalable à l'embauche doit avoir été effectuée auprès de l'organisme social compétent pour l'entreprise.

O **Associé** (si société) : statut pouvant être choisi par le conjoint du dirigeant d'une société qui exerce une activité professionnelle régulière dans l'entreprise et détient des parts sociales dans la société. Les formalités ont été réalisées au niveau de la société.

O **Collaborateur** : statut pouvant être choisi par le conjoint d'un entrepreneur individuel, du gérant associé unique d'une SARL unipersonnelle (EURL), ou du gérant associé majoritaire d'une SARL ou SELARL, qui exerce une activité professionnelle régulière dans l'entreprise sans être rémunéré, et sans être associé. Le conjoint collaborateur ne perçoit pas de rémunération et n'a pas de contrat de travail. Ce statut est limité à une durée totale de 5 ans.

ENGAGEMENT DU CONJOINT :

Je soussigné(e), certifie sur l'honneur, participer régulièrement à l'activité professionnelle non salariée de mon époux, partenaire lié par un PACS ou concubin.

Fait à : ...., le : ....

Signature du demandeur :

Attestation à transmettre en application des articles L. 121-4 et R. 121-5 du code de commerce pour les secteurs du commerce, de l'artisanat et des professions libérales.

Les informations sont transmises aux organismes sociaux destinataires (URSAFF et CGSS). Pour les résidents de Saint-Barthélemy, de Mayotte ou de Saint-Pierre-et-Miquelon, cette demande sera transmise respectivement à la caisse de mutualité sociale agricole du Poitou, à la caisse de sécurité sociale mahoraise ou à la caisse de prévoyance sociale.

Le règlement (UE) 2016/679 modifié du Parlement européen et du Conseil du 27 avril 2016 (RGPD) et la loi nº 78-17 du 6 janvier 1978 modifiée relative à l'informatique, aux fichiers et aux libertés s'appliquent aux données personnelles des personnes physiques figurant dans cette attestation. Ils leur garantissent un droit d'accès et de rectification ainsi qu'un droit d'opposition à la réutilisation de ces données par des tiers, pour les données à caractère personnel les concernant, auprès du responsable de traitement concerné.

Justificatif d'identité. Le justificatif d'identité se rapporte au mandataire lorsque la personne tenue à immatriculation recours à un tel intermédiaire pour l'exécution de la formalité. De même, les mentions manuscrites appelées à y être portées avant numérisation incombent audit mandataire. Ces mentions ne s'imposent en revanche pas pour les copies numérisées qu'il lui appartient par ailleurs de fournir pour le RCS, à savoir la copie : de la carte d'identité ou du passeport en cours de validité de son mandant, pour une immatriculation ; de la procuration dont il doit justifier, sauf si son pouvoir d'effectuer la formalité résulte des actes ou pièces par ailleurs déposés à l'appui de la demande (Avis CCRCS n° 2015-024 du 27 nov. 2015 : *BRDA 2016, n*[os] *6, p. 20*).

Art. A. 123-5 Chaque centre de formalités des entreprises indique les coordonnées électroniques auxquelles l'ensemble des fichiers constituant le dossier de déclaration est transmis lorsque le déclarant fait usage d'une transmission par voie d'échange de données informatiques. La transmission est effectuée au centre compétent par l'intermédiaire soit d'une messagerie électronique Atlas 400, soit par une messagerie électronique utilisant le réseau internet à condition que le dossier unique de déclaration soit compressé et signé dans les conditions fixées à l'article A. 123-4. – *[Arr. du 23 avr. 2007, art. 4.]*

Art. A. 123-6 L'accusé de réception prévu à l'article R. 123-25, délivré par les centres de formalités des entreprises, leurs services communs ou les greffiers dans les conditions prévues à l'article R. 123-22, comporte les mentions suivantes :

1° Le nom, l'adresse postale et électronique ainsi que le numéro de téléphone du centre de formalités destinataire ;

2° Les formules suivantes :

"Le dossier de déclaration d'entreprise que vous avez adressé au centre de formalités des entreprises/au greffe de... a été reçu le... à..." ;

"Le présent accusé de réception vous est adressé automatiquement. Si votre dossier est complet, vous recevrez prochainement un récépissé de dépôt de dossier de création d'entreprise par voie postale ou électronique. Si votre dossier est incomplet, il vous sera demandé de le compléter dans un délai qui vous sera alors précisé." – *[Arr. du 23 avr. 2007, art. 5.]*

Art. A. 123-7 La commission prévue à l'article R. 123-28 comprend un représentant de chacun des ministres assurant la tutelle des organismes gestionnaires de centres de formalité des entreprises et des organismes destinataires, en qualité de membre de droit :

1° Le directeur des affaires civiles et du sceau ;

2° Le directeur général des *(Arr. du 18 déc. 2009)* « finances publiques » ;

3° Le directeur de la sécurité sociale ;

4° Le *(Décr. n° 2014-1048 du 15 sept. 2014, art. 4)* « directeur général des entreprises » ;

5° Le directeur *(Arr. du 18 déc. 2009)* « général des infrastructures, des transports et de la mer » ;

6° Le directeur *(Arr. du 18 déc. 2009)* « général des politiques agricole, agroalimentaire et des territoires » ;

7° Le directeur général *(Arr. du 18 déc. 2009)* « de l'Institut national de la statistique et des études économiques » ;

(Abrogé par Arr. du 18 déc. 2009) « ***8° Le directeur général de l'Institut national de la statistique et des études économiques.*** »

(Abrogé par Décr. n° 2019-1379 du 18 déc. 2019, art. 9, à compter du 1er *janv. 2020)* « ***Le président du comité de coordination du registre du commerce et des sociétés mentionné à l'article R. 123-81 ou son représentant participe aux réunions de la commission, sans voix délibérative.*** »

Les membres de droit de la commission peuvent se faire représenter par une ou plusieurs personnes désignées au sein de leur administration.

La commission désigne en son sein un président et un vice-président. Leur mandat est d'un an renouvelable.

Le secrétariat de la commission est assuré par la *(Décr. n° 2014-1048 du 15 sept. 2014, art. 4)* « direction générale des entreprises ».

La commission fixe son règlement intérieur. – *[Arr. du 1*[er] *oct. 2007, art. 1*[er]*.]*

Art. A. 123-8 La commission se réunit, au moins une fois par an, sur décision de son président. Le cas échéant, il peut être fait appel sur une question particulière à toute personnalité qualifiée, qui siège alors avec voix consultative.

La commission procède à l'examen des questions inscrites à l'ordre du jour et dont elle est saisie conformément à l'article A. 123-10.

Elle peut, en outre, à la demande de l'un de ses membres, délibérer sur toute autre question relative au fonctionnement des centres de formalités des entreprises et à l'application des dispositions législatives et réglementaires ayant des incidences sur ce fonctionnement.

Elle examine les projets de formulaires permettant aux entreprises de déclarer leur création ou la modification de leur situation et propose ces formulaires à l'homologation. — *[Arr. du 1er oct. 2007, art. 2.]*

Art. A. 123-9 Lorsque la commission estime qu'une question relative aux centres de formalités des entreprises doit faire l'objet d'une étude particulière, elle peut constituer un groupe de travail. Ce groupe est présidé par un des membres de la commission.

Les groupes ainsi constitués sont ouverts à des représentants des centres de formalités des entreprises et de leurs réseaux, aux organismes destinataires des déclarations d'entreprise et à toute personne susceptible d'apporter une contribution à leurs travaux. — *[Arr. du 1er oct. 2007, art. 3.]*

Art. A. 123-10 La commission est saisie par les organismes gestionnaires des centres de formalités des entreprises, par les organismes destinataires des formalités, ainsi que par ses membres de droit. Le président peut également décider de l'inscription d'un point à l'ordre du jour.

Les lettres de saisine sont adressées au secrétariat de la commission qui les communique au président en vue de la désignation d'un rapporteur et de la fixation d'une date de réunion.

(Abrogé par Décr. no 2019-1379 du 18 déc. 2019, art. 9, à compter du 1er janv. 2020) ***« Lorsque la commission de coordination est saisie d'une question qui relève de la compétence du comité de coordination du registre du commerce et des sociétés, le secrétariat de la commission la transfère au président du comité. »*** — *[Arr. du 1er oct. 2007, art. 4.]*

Art. A. 123-11 Les avis rendus par la commission sont communiqués au demandeur. *(Abrogé par Décr. no 2019-1379 du 18 déc. 2019, art. 9, à compter du 1er janv. 2020)* ***« Ils sont transmis au comité de coordination du registre du commerce et des sociétés. »*** La commission décide, le cas échéant, leur publication. Cette publication se fait en ligne, sur le site internet du ministère chargé du commerce et de l'artisanat.

La commission établit un rapport annuel destiné aux ministres mentionnés à l'article A. 123-7. Elle peut formuler toute proposition, y compris de disposition législative ou réglementaire, de nature à remédier aux difficultés ou anomalies dont elle a eu à connaître. — *[Arr. du 1er oct. 2007, art. 5.]*

Art. A. 123-11-1 *(Arr. du 7 mai 2021, art. 1er, en vigueur le 12 mai 2021)* I. — Les transmissions électroniques du service informatique mentionné à l'article R. 123-30-14 vers les organismes destinataires et les autorités compétentes sont réalisées, en application de l'article R. 123-30-18 et des conditions de forme prévues par les dispositions en vigueur, selon les modalités suivantes :

1° S'agissant des informations, sous la forme de fichiers au format texte conformes à la norme UTF-8 ;

2° S'agissant des pièces, sous la forme de fichiers au format image conformes à la norme ISO 19005-1.

II. — Les transmissions électroniques des organismes destinataires et des autorités compétentes vers le service informatique mentionné à l'article R. 123-30-14, en application de l'article R. 123-30-18, sont effectuées conformément aux distinctions opérées par cet article et selon les modalités suivantes :

1° S'agissant des informations relatives à l'accusé de réception et à son contenu, aux décisions d'acceptation, de rejet, ou de demande de transmission additionnelle d'informations ou de pièces, aux éventuels dépassements des délais prévisibles et aux notifications d'accomplissement de prestation, sous la forme de fichiers au format texte conformes à la norme UTF-8 ;

2° S'agissant des informations relatives à la liste des éléments complémentaires que le déclarant doit faire parvenir par l'intermédiaire du service informatique susmentionné et de celles relatives, en cas de décision de rejet, aux motifs de cette décision ainsi qu'aux délais et voies de recours, sous la forme de fichiers au format texte conformes à la norme UTF-8 ou sous la forme de fichiers au format image conformes à la norme ISO 19005-1.

Nouvel art. A. 123-11-1 *(Arr. du 7 mai 2021, art. 2, en vigueur le 1er janv. 2023) I. — Les transmissions électroniques de l'organisme unique mentionné à l'article R. 123-1 vers les organismes destinataires et les autorités compétentes sont réalisées, en application de l'article R. 123-7 et des conditions de forme prévues par les dispositions en vigueur, selon les modalités suivantes :*

1° S'agissant des informations, sous la forme de fichiers au format texte conformes à la norme UTF-8 ;

2° S'agissant des pièces, sous la forme de fichiers au format image conformes à la norme ISO 19005-1.

II. — Les transmissions électroniques des organismes destinataires et des autorités compétentes vers l'organisme unique mentionné à l'article R. 123-1, en application de l'article R. 123-7, sont réalisées sous la forme de fichier[s] au format texte et sont conformes à la norme UTF-8.

L'information relative aux motifs de décisions de rejet est satisfaite par l'indication, sous la forme de fichier[s] au format texte conforme à la norme UTF-8, d'un ou plusieurs motifs de rejet choisis parmi une liste, auquel est joint un fichier au format image conforme à la norme ISO 19005-1, correspondant au courrier de notification de la décision de rejet.

L'information relative à la liste des éléments complémentaires est satisfaite par l'indication, sous la forme de fichier[s] au format texte conforme à la norme UTF-8 :

1° Du champ dont le remplissage par le déclarant est erroné ;

2° De la pièce justificative dont la transmission par le déclarant n'est pas conforme aux exigences attendues ;

3° En cas d'impossibilité de recours aux cas prévus aux 1° et 2°, d'un descriptif littéral des compléments attendus.

Art. A. 123-11-2 *(Arr. du 30 mars 2021, art. 1er, en vigueur le 1er avr. 2021)* I. — Le paiement de frais légaux au bénéfice d'un organisme destinataire ou d'une autorité compétente est réalisé par le déclarant auprès du service informatique mentionné à l'article R. 123-30-14 selon les moyens suivants :

a) Par le recours à une carte de paiement émise par un établissement de crédit ou par une institution ou un service mentionné à l'article L. 518-1 du code monétaire et financier ;

b) Par un compte d'avance de paiement ouvert auprès de l'organisme en charge du service informatique susmentionné, selon des modalités fixées par cet organisme.

II. — Le virement des fonds perçus par le service informatique mentionné à l'article R. 123-30-14 doit être réalisé au bénéfice des organismes destinataires et des autorités compétentes avant le sixième jour de chaque mois, pour l'ensemble des prestations dont la notification d'accomplissement a été reçue par ce service au cours du mois précédent.

Nouvel art. A. 123-11-2 *(Arr. du 30 mars 2021, art. 1er, en vigueur le 1er avr. 2021) I. — Le paiement de frais légaux au bénéfice d'un organisme destinataire ou d'une autorité compétente est réalisé par le déclarant auprès (Arr. du 30 mars 2021, art. 2, en vigueur le 1er janv. 2023) « de l'organisme unique mentionné à l'article R. 123-1 » selon les moyens suivants :*

a) Par le recours à une carte de paiement émise par un établissement de crédit ou par une institution ou un service mentionné à l'article L. 518-1 du code monétaire et financier ;

b) Par un compte d'avance de paiement ouvert auprès (Arr. du 30 mars 2021, art. 2, en vigueur le 1er janv. 2023) « l'organisme unique susmentionné », selon des modalités fixées par cet organisme.

II. — Le virement des fonds perçus par (Arr. du 30 mars 2021, art. 2, en vigueur le 1er janv. 2023) « l'organisme unique mentionné à l'article R. 123-1 » doit être réalisé au bénéfice des organismes destinataires et des autorités compétentes avant le sixième jour de chaque mois, pour l'ensemble des prestations dont la notification d'accomplissement a été reçue par (Arr. du 30 mars 2021, art. 2, en vigueur le 1er janv. 2023) « cet organisme » au cours du mois précédent.

SECTION PREMIÈRE DU REGISTRE DU COMMERCE ET DES SOCIÉTÉS

RÉP. COM. *v° Registre du commerce et des sociétés*, par BEDER.

Sur la répression de certaines infractions en matière de registre du commerce et des sociétés, V. art. L. 123-4, L. 123-5, L. 123-10 et L. 123-11.

V. Circ. du 6 mai 1988 relative à l'Arr. du 9 févr. 1988 (D. et ALD 1988. 315).

V. Circ. du 13 févr. 1987 (D. et ALD 1987. 159) relative au registre du commerce et des sociétés (justification de l'immatriculation des sociétés en vue du retrait des fonds correspondant à leur capital social).

SOUS-SECTION 1 DES PERSONNES TENUES À L'IMMATRICULATION

§ 1er DE L'OBLIGATION D'IMMATRICULATION

Le présent paragraphe ne comprend pas de dispositions pour les arrêtés.

§ 2 DES DÉCLARATIONS INCOMBANT AUX PERSONNES TENUES À L'IMMATRICULATION

SOUS-§ 1er DES DÉCLARATIONS INCOMBANT AUX PERSONNES PHYSIQUES

Le présent sous-paragraphe ne comprend pas de dispositions pour les arrêtés.

SOUS-§ 2 DES DÉCLARATIONS INCOMBANT AUX PERSONNES MORALES

SOUS-SOUS-§ 1er *DES DÉCLARATIONS AUX FINS D'IMMATRICULATION*

Art. A. 123-12 Dans sa demande d'immatriculation, la caisse d'épargne et de prévoyance déclare, en application de l'article R. 123-62, en ce qui concerne la personne morale :

1° Sa dénomination suivie, le cas échéant, de son sigle ;

2° Le montant de sa dotation statutaire ;

3° L'adresse de son siège social ;

4° La date de clôture de l'exercice social ;

5° La date du dépôt au greffe des statuts ;

6° La liste des établissements secondaires. — *[Arr. du 23 mai 1985, art. 1er.]*

Art. A. 123-13 La caisse d'épargne et de prévoyance déclare, en outre, les nom, nom d'usage, pseudonyme, prénoms, domicile personnel, date et lieu de naissance et renseignements relatifs à la nationalité prévus à l'article R. 123-37 des :

1° Personnes ayant le pouvoir général d'engager la caisse d'épargne et de prévoyance vis-à-vis des tiers ;

2° Membres du conseil d'orientation et de surveillance et commissaire aux comptes. — *[Arr. du 23 mai 1985, art. 1er.]*

Art. A. 123-14 Sont, en outre, déclarés dans la demande d'immatriculation pour les caisses d'épargne et de prévoyance résultant d'une fusion ou d'une scission les dénominations, forme juridique ou siège social de toutes les caisses d'épargne y ayant participé. — *[Arr. du 23 mai 1985, art. 1er.]*

Art. A. 123-15 Sont déclarés dans la demande d'immatriculation d'une caisse d'épargne et de prévoyance, en ce qui concerne son établissement, les renseignements prévus à l'article R. 123-38, exception faite de ceux prévus aux 6°, 7° et 8°. — *[Arr. du 23 mai 1985, art. 1er.]*

Art. A. 123-16 Dans leur demande d'immatriculation, les associations mentionnées à l'article L. 213-8 du code monétaire et financier déclarent, en application de l'article R. 123-62 :

1° Le titre de l'association, suivi, le cas échéant, du sigle ;

2° L'adresse de son siège ;

3° Son objet, indiqué sommairement ;

4° La date de clôture de l'exercice ;

5° La date de la déclaration préalable à la préfecture ou à la sous-préfecture ou de l'inscription au registre du *(Décr. no 2019-966 du 18 sept. 2019, art. 8, en vigueur le 1er janv. 2020)* « tribunal judiciaire *[ancienne rédaction : tribunal d'instance]* » pour les associations d'Alsace-Moselle, la date du *Journal officiel* où a eu lieu l'insertion qui a rendu publique l'association ;

6° La date du dépôt au greffe des statuts ;

7° La date de la décision de l'assemblée générale d'émettre des obligations. — *[Arr. du 27 janv. 1986, art. 1er.]*

Art. A. 123-17 Les associations mentionnées à l'article A. 123-16 déclarent, en outre, dans leur demande d'immatriculation les nom, nom d'usage, pseudonyme, prénoms, domicile personnel, date et lieu de naissance et renseignements concernant la nationalité prévus à l'article R. 123-37 pour les personnes chargées de la direction, de l'administration et du contrôle et les commissaires aux comptes. — *[Arr. du 27 janv. 1986, art. 1er.]*

Art. A. 123-18 Dans sa demande d'immatriculation, le groupement européen d'intérêt économique déclare, en application de l'article R. 123-62 :

1° En ce qui concerne le groupement :

a) Sa dénomination, son nom commercial, s'il en est utilisé un ;

b) L'adresse du siège ;
c) Son objet ;
d) Sa durée, lorsqu'elle n'est pas indéterminée ;
e) Le montant de la participation dans le groupement de chacun de ses membres ;
f) Pour chaque personne physique membre du groupement, les renseignements prévus aux 1°, 2° et 3° de l'article R. 123-37 ainsi que, s'il y a lieu, les numéros d'identification de ces personnes avec l'indication du nom du greffe ou de la *(Décr. n° 2010-1356 du 11 nov. 2010, art. 25)* « chambre de métiers et de l'artisanat de région » où elles sont immatriculées ou du registre de l'État où elles sont établies ; le cas échéant, l'indication des personnes exonérées des dettes nées antérieurement à leur entrée dans le groupement ;
g) Pour chaque personne morale membre du groupement, les renseignements prévus aux 1°, 2° et 4° de l'article R. 123-53 et, le cas échéant, les numéros d'identification de ces personnes avec l'indication du nom du greffe ou de la *(Décr. n° 2010-1356 du 11 nov. 2010, art. 25)* « chambre de métiers et de l'artisanat de région » où elles sont immatriculées, ou du registre de l'État où elles ont leur siège ; s'il y a lieu, l'indication des personnes exonérées des dettes nées antérieurement à leur entrée dans le groupement ;
h) Pour les gérants et les personnes chargées du contrôle de la gestion et du contrôle des comptes, leurs nom, nom d'usage, pseudonyme, prénoms, date et lieu de naissance, domicile personnel et renseignements relatifs à la nationalité prévus à l'article R. 123-37 ;
2° En ce qui concerne son établissement, les renseignements prévus à l'article R. 123-38, exception faite de ceux prévus aux 6°, 7° et 8° s'il s'agit d'un groupement à objet non commercial. — *[Arr. du 20 juin 1989, art. 1er.]*

Art. A. 123-19 L'ouverture en France d'un établissement par un groupement européen d'intérêt économique ayant son siège hors de France donne lieu, par application de l'article 10 du règlement CEE n° 2137-85 du Conseil des Communautés européennes du 25 juillet 1985 relatif à l'institution d'un groupement européen d'intérêt économique *[V. ce texte au* **C. *sociétés***], aux formalités prévues aux articles A. 123-18, A. 123-58 et A. 123-75.

Sont déposés au plus tard en même temps que la demande d'immatriculation, outre les documents prévus à l'article A. 123-58, les documents dont le dépôt au registre de l'État membre du siège est obligatoire. Ces documents sont déposés conformément aux prescriptions de l'article R. 123-120-1. — *[Arr. du 20 juin 1989, art. 4.]*

SOUS-SOUS-§ 2 *DES DÉCLARATIONS AUX FINS D'IMMATRICULATION SECONDAIRE HORS DU RESSORT DE L'ÉTABLISSEMENT PRINCIPAL*

Art. A. 123-20 En vertu de la dérogation prévue au deuxième alinéa de l'article R. 123-63, les caisses d'épargne et de prévoyance ne sont pas tenues de demander une immatriculation secondaire au registre du commerce et des sociétés quand elles ouvrent un établissement secondaire. — *[Arr. du 23 mai 1985.]*

Art. A. 123-21 En vertu de la dérogation prévue au deuxième alinéa de l'article R. 123-63, les associations mentionnées à l'article L. 213-8 du code monétaire et financier et qui sont immatriculées au registre du commerce et des sociétés sont dispensées de demander leur immatriculation secondaire. — *[Arr. du 27 janv. 1986.]*

SOUS-SOUS-§ 3 *DES DÉCLARATIONS AUX FINS D'INSCRIPTIONS MODIFICATIVES ET COMPLÉMENTAIRES*

Art. A. 123-22 En vertu de la dérogation prévue au deuxième alinéa de l'article R. 123-67, les caisses d'épargne et de prévoyance ne sont pas tenues de demander une inscription complémentaire au registre du commerce et des sociétés quand elles ouvrent un établissement secondaire. — *[Arr. du 23 mai 1985.]*

Art. A. 123-23 En vertu de la dérogation prévue au deuxième alinéa de l'article R. 123-67, les associations mentionnées à l'article L. 213-8 du code monétaire et financier et qui sont immatriculées au registre du commerce et des sociétés sont dispensées de demander leur inscription complémentaire. — *[Arr. du 27 janv. 1986.]*

Art. A. 123-24 En cas de modification intervenue entre la date d'immatriculation et celle du remboursement de toutes les obligations, dans les statuts, l'administration ou la direction des associations mentionnées à l'article A. 123-23, cette modification est mentionnée au registre du commerce et des sociétés sur justification de l'accomplissement des formalités de déclaration à la préfecture ou la sous-préfecture ou d'inscription au *(Décr. nº 2019-966 du 18 sept. 2019, art. 8, en vigueur le 1er janv. 2020)* « tribunal judiciaire *[ancienne rédaction : tribunal d'instance]* » pour les associations d'Alsace-Moselle. – *[Arr. du 27 janv. 1986.]*

Art. A. 123-25 La cession par un membre d'un groupement européen d'intérêt économique de sa participation dans celui-ci, ou d'une fraction de celle-ci, donne lieu à l'inscription modificative prévue à l'article R. 123-66. – *[Arr. du 20 juin 1989, art. 6.]*

Art. A. 123-26 La nomination du ou des liquidateurs d'un groupement européen d'intérêt économique donne lieu à l'inscription modificative prévue à l'article R. 123-66. – *[Arr. du 20 juin 1989, art. 7.]*

SOUS-SOUS-§ 4 *DES DÉCLARATIONS AUX FINS DE RADIATION*

Le présent sous-sous-paragraphe ne comprend pas de dispositions pour les arrêtés.

SOUS-SOUS-§ 5 *DE LA LANGUE DES DÉCLARATIONS*

Le présent sous-sous-paragraphe ne comprend pas de dispositions pour les arrêtés.

SOUS-§ 3 DES DÉCLARATIONS INCOMBANT AUX RÉPRESENTATIONS OU AGENCES COMMERCIALES DES ÉTATS, COLLECTIVITÉS OU ÉTABLISSEMENTS PUBLICS ÉTRANGERS

Le présent sous-paragraphe ne comprend pas de dispositions pour les arrêtés.

SOUS-§ 4 DISPOSITIONS COMMUNES

Art. A. 123-27 *Abrogé par Arr. du 31 juill. 2012, art. 2, à compter du 1er sept. 2012. – V.* ***C. com.****, éd. 2015 et antérieures.*

SOUS-SECTION 2 DE LA TENUE DU REGISTRE ET DES EFFETS ATTACHÉS À L'IMMATRICULATION

BIBL. ▸ AZZOUZ, *JCP N 1988. Prat., p. 117.* ▸ Commentaire du décret et de l'arrêté du 2 juill. 1998 : COUTANT, *Gaz. Pal. 1998. 2. Doctr. 1147.*

§ 1er DISPOSITIONS GÉNÉRALES

Art. A. 123-28 *(Arr. du 31 juill. 2012, art. 3, en vigueur le 1er sept. 2012)* « Le registre national du commerce et des sociétés comprend, *(Abrogé par Arr. du 30 déc. 2015, art. 2)* « *sous la forme d'un second original ou de documents électroniques visés et, le cas échéant, complétés par les greffiers et dont le contenu et la valeur juridique sont équivalents aux exemplaires d'inscription et aux actes et pièces déposés au registre* » :

« 1° L'ensemble des inscriptions des registres du commerce et des sociétés tenus dans chaque greffe ;

« 2° L'ensemble des actes et pièces déposés à ces registres.

« Le registre national du commerce et des sociétés ne comprend pas les pièces justificatives versées aux dossiers des registres à l'appui des demandes d'inscription ou de dépôt. »

Ces dossiers sont conservés et mis à jour dans les mêmes conditions que ceux tenus par les greffiers. – *[Arr. du 9 févr. 1988, art. 5.]*

V. note ss. art. L. 123-6. – V. aussi ss. art. D. 123-80-2 et A. 123-31.

Art. A. 123-29 Le greffier appose sur chaque dossier d'immatriculation et pour la seule gestion de ces dossiers un numéro de gestion composé des chiffres de l'année en cours, suivi de la lettre A s'il s'agit d'une personne physique, de la lettre B s'il s'agit d'une société commerciale, de la lettre C s'il s'agit d'un groupement d'intérêt économique et d'un groupement européen d'intérêt économique, de la lettre D s'il s'agit d'une société civile, de la lettre E s'il s'agit d'une société européenne, de la lettre F s'il s'agit d'une société d'exercice libéral, de la lettre G s'il s'agit d'un EPIC, de la lettre H s'il s'agit d'une autre personne morale ; et d'un numéro d'ordre chronologique annuel.

Le numéro de gestion est porté sur les formulaires d'inscription modificative ou de radiation constituant le dossier, sur les actes des personnes physiques et des personnes morales classés en annexe ainsi que sur le fichier du registre du commerce et des sociétés.

Ce numéro est utilisé dans les rapports entre les greffes et l'Institut national de la propriété industrielle. – *[Arr. du 9 févr. 1988, art. 21.]*

Lettres de classement. Sur l'attribution de la lettre B ou D comme préfixe à leur numéro de gestion selon qu'une caisse de crédit mutuel opte pour le statut d'une société commerciale par la forme ou a le statut civil, V. * Avis CCRCS n° 2013-031 du 15 nov. 2013.

Art. A. 123-30 *(Arr. du 31 juill. 2012, art. 4, en vigueur le 1er sept. 2012) (Arr. du 30 déc. 2015, art. 3)* **« Les fichiers transmis à l'Institut national de la propriété industrielle au titre du I de l'article D. 123-80-1 sont conformes à la norme ISO 19005-1 et au standard d'échange de données pour l'archivage (SEDA).**

« En plus des données imposées par ce standard, ces fichiers sont accompagnés des métadonnées essentielles à leur indexation, notamment la dénomination sociale, le numéro SIREN, l'adresse, la date d'inscription ou du dépôt au greffe, le type d'acte, la date de clôture et l'année de clôture des comptes annuels, le type d'événement, le type de document, la nature du document, le code du greffe, le numéro de gestion, le numéro du dépôt, les nom, type, taille et nombre de pages des fichiers, la cote archivistique fournie par l'Institut national de la propriété industrielle, le mode de transmission, *(Arr. du 23 juin 2020, art. 1er)* **« les index de pages des informations relatives aux bénéficiaires effectifs en cas de déclaration prévue au premier alinéa de l'article L. 561-46 du code monétaire et financier » et, pour les comptes annuels ayant fait l'objet d'une déclaration de confidentialité en application des premier et deuxième alinéas de l'article R. 123-111-1, l'indicateur de confidentialité correspondant à la déclaration de la société. »**

Chaque document transmis par le greffier est visé par ses soins.

(Abrogé par Arr. du 30 déc. 2015, art. 3) ***« Lorsque la transmission est effectuée par voie électronique, »*** **Le visa du greffier est matérialisé par une signature électronique répondant aux conditions prévues à l'article** *(Décr. n° 2016-1278 du 29 sept. 2016, art. 1er, en vigueur le 1er oct. 2016)* **« 1367 » du code civil ;** *(Abrogé par Arr. du 30 déc. 2015, art. 3)* ***« dans ce cas, »*** **la transmission est accompagnée d'un bordereau attestant l'exactitude des informations transmises.**

(Arr. du 30 déc. 2015, art. 3) **« Le bordereau électronique prévu à l'alinéa précédent mentionne :**

« *a)* Le greffe du lieu d'inscription ou de dépôt ;

« *b)* La date de l'inscription ou du dépôt ;

« *c)* Le numéro de gestion prévu à l'article A. 123-29 dans le cas des inscriptions ou le numéro du dépôt des actes et pièces, les documents comptables faisant l'objet d'une série distincte de celle des autres actes (A les actes des sociétés, B les documents comptables, R les ordonnances rendues en matière de sociétés, P les actes des personnes physiques *(Abrogé par Arr. du 23 juin 2020, art. 1er)* ***« , E les documents relatifs au bénéficiaire effectif »*) ;**

« *d)* Les mentions prévues aux 1° et 2° de l'article R. 123-237 du code de commerce, sauf pour les actes se rapportant à des sociétés non immatriculées ;

« e) La mention : **"DÉCLARATION DE CONFIDENTIALITÉ JOINTE : comptes annuels (compte de résultat) non communicables (communicable) aux tiers en application de l'article R. 123-111-1 du code de commerce" dans le cas du dépôt de comptes annuels accompagné d'une déclaration de confidentialité en application du premier ou du deuxième alinéa de l'article R. 123-111-1 » ;**

(Arr. du 23 juin 2020, art. 1er) **« *f)* La mention : "INFORMATIONS RELATIVES AUX BÉNÉFICIAIRES EFFECTIFS : les informations confidentielles sont communicables aux seules personnes habilitées en application des articles R. 561-57 à R. 561-58 du code monétaire et financier" dans le cas de la déclaration prévue au premier alinéa de l'article L. 561-46 du code monétaire et financier. »**

Lorsqu'une déclaration d'immatriculation est accompagnée du dépôt de statuts ou d'actes, le greffier mentionne la date du dépôt sur l'exemplaire de la déclaration

d'immatriculation destiné à l'Institut national de la propriété industrielle ou sur le bordereau électronique mentionné à l'alinéa précédent. — *[Arr. du 9 févr. 1988, art. 22.]*

V. note ss. art. L. 123-6. — V. aussi ss. art. D. 123-80-2 et A. 123-31.

Art. A. 123-31 *(Arr. du 30 déc. 2015, art. 4)* I. — Les fichiers de rediffusion prévus au II de l'article D. 123-80-1 sont transmis au format texte pour les résultats des retraitements des informations contenues dans les inscriptions ainsi que, s'ils existent dans ce format, pour les résultats des retraitements des actes et pièces, dont les comptes annuels. Ces fichiers sont conformes à la norme ISO/CEI-8859-1. Ils sont accompagnés de leurs empreintes MD5 ainsi que de la documentation technique associée complète et à jour.

Ces fichiers intègrent l'ensemble des informations saisies, notamment la dénomination sociale, le numéro SIREN, l'adresse, la date d'inscription ou du dépôt au greffe, le type d'acte, la date de clôture et l'année de clôture des comptes annuels, le type d'événement, le type de document, la nature du document, le code du greffe, le numéro de gestion, le numéro du dépôt, les nom, type, taille et nombre de pages des fichiers *(Abrogé par Arr. du 23 juin 2020, art. 2)* « *, l'indicateur de confidentialité correspondant au document relatif au bénéficiaire effectif en cas de dépôt prévu au deuxième alinéa de l'article L. 561-46 du code monétaire et financier* » et, pour les comptes annuels faisant l'objet d'une déclaration de confidentialité en application des premier et deuxième alinéas de l'article R. 123-111-1, l'indicateur de confidentialité correspondant à la déclaration de la société.

II. — Les fichiers de rediffusion prévus au II de l'article D. 123-80-1 sont transmis au format image pour les résultats des retraitements des informations contenues dans les inscriptions, actes et pièces. Ces fichiers sont conformes à la norme ISO 19005-1.

Ils sont accompagnés des métadonnées essentielles à leur indexation, notamment la dénomination sociale, le numéro SIREN, l'adresse, la date d'inscription ou du dépôt au greffe, le type d'acte, la date de clôture et l'année de clôture des comptes annuels, le type d'événement, le type de document, la nature du document, le code du greffe, le numéro de gestion, le numéro du dépôt, les nom, type, taille et nombre de pages des fichiers, *(Arr. du 23 juin 2020, art. 2)* « les index de pages des informations relatives aux bénéficiaires effectifs en cas de déclaration prévue au premier alinéa de l'article L. 561-46 du code monétaire et financier » et, pour les comptes annuels ayant fait l'objet d'une déclaration de confidentialité en application des premier et deuxième alinéas de l'article R. 123-111-1, l'indicateur de confidentialité correspondant à la déclaration de la société.

V. note ss. art. L. 123-6. — V. aussi ss. art. D. 123-80-2 et Arr. ci-dessous.

Arrêté du 30 décembre 2015,

Relatif aux modalités de transmission et de mise à disposition des informations constitutives du registre national du commerce et des sociétés.

Art. 7 I. — Les fichiers de rediffusion prévus à l'article 4 du décret n° 2015-1905 du 30 décembre 2015 relatif aux modalités de transmission et de mise à disposition des informations constitutives du Registre national du commerce et des sociétés *[V. ss. art. D. 123-80-2]*, sont transmis au format texte pour les résultats des retraitements des informations contenues dans les inscriptions ainsi que, s'ils existent dans ce format, pour les résultats des retraitements des actes et pièces, dont les comptes annuels. Ces fichiers sont conformes à la norme ISO/CEI-8859-1. Ils sont accompagnés de leurs empreintes MD5, ainsi que de la documentation technique associée complète et à jour.

Ces fichiers intègrent l'ensemble des informations saisies, notamment la dénomination sociale, le numéro SIREN, l'adresse, la date d'inscription ou du dépôt au greffe, le type d'acte, la date de clôture et l'année de clôture des comptes annuels, le type d'événement, le type de document, la nature du document, le code du greffe, le numéro de gestion, le numéro du dépôt, les nom, type, taille et nombre de pages des fichiers et, pour les comptes annuels faisant l'objet d'une déclaration de confidentialité en application des premier et deuxième alinéas de l'article R. 123-111-1 du code de commerce, l'indicateur de confidentialité correspondant à la déclaration de la société.

II. — Les fichiers de rediffusion prévus à l'article 4 du décret n° 2015-1905 du 30 décembre 2015 relatif aux modalités de transmission et de mise à disposition des informations constitutives du Registre national du commerce et des sociétés, sont transmis au format image pour les résultats des retraitements des informations contenues dans les inscriptions, actes et pièces. Ces fichiers sont conformes à la norme ISO 19005-1.

Ils sont accompagnés des métadonnées essentielles à leur indexation, notamment la dénomination sociale, le numéro SIREN, l'adresse, la date d'inscription ou du dépôt au greffe, le type d'acte, la date de clôture et l'année de clôture des comptes annuels, le type d'événement, le type de document, la nature du document, le code du greffe, le numéro de gestion, le numéro du dépôt, les nom, type, taille et nombre de pages des fichiers et, pour les comptes annuels ayant fait l'objet d'une déclaration de confidentialité en application des premier et deuxième alinéas de l'article R. 123-111-1 du code de commerce, l'indicateur de confidentialité correspondant à la déclaration de la société.

Art. 8 Les dispositions prévues aux articles A. 123-28, A. 123-30, A. 123-31 et A. 123-33 du code de commerce sont applicables aux greffiers tenant le registre du commerce et des sociétés dans le ressort des juridictions mentionnées à l'article L. 731-1 et dans les juridictions mentionnées à l'article L. 732-1 à l'expiration du douzième mois suivant la date prévue au IV de l'article 60 de la loi n° 2015-990 du 6 août 2015 pour la croissance, l'activité et l'égalité des chances économiques. Avant cette date, ces greffiers appliquent les dispositions générales suivantes :

I. — Le registre national du commerce et des sociétés comprend, sous la forme d'un second original ou de documents électroniques visés et, le cas échéant, complétés par les greffiers et dont le contenu et la valeur juridique sont équivalents aux exemplaires d'inscription et aux actes et pièces déposés au registre :

1° L'ensemble des inscriptions des registres du commerce et des sociétés tenus dans chaque greffe ;

2° L'ensemble des actes et pièces déposés à ces registres.

Le registre national du commerce et des sociétés ne comprend pas les pièces justificatives versées aux dossiers des registres à l'appui des demandes d'inscription ou de dépôt.

Ces dossiers sont conservés et mis à jour dans les mêmes conditions que ceux tenus par les greffiers.

II. — Le greffier transmet à l'Institut national de la propriété industrielle, le cas échéant par voie électronique, un exemplaire complet et lisible de chaque demande dans un délai maximum de quinze jours à compter de l'inscription.

Chaque document transmis par le greffier est visé par ses soins.

Lorsque la transmission est effectuée par voie électronique, le visa du greffier est matérialisé par une signature électronique répondant aux conditions prévues à l'article *(Décr. n° 2016-1278 du 29 sept. 2016, art. 1er, en vigueur le 1er oct. 2016)* « 1367 » du code civil ; dans ce cas, la transmission est accompagnée d'un bordereau attestant l'exactitude des informations transmises.

Lorsqu'une déclaration d'immatriculation est accompagnée du dépôt de statuts ou d'actes, le greffier mentionne la date du dépôt sur l'exemplaire de la déclaration d'immatriculation destiné à l'Institut national de la propriété industrielle ou sur le bordereau électronique mentionné à l'alinéa précédent.

III. — Le greffier transmet à l'Institut national de la propriété industrielle, le cas échéant par voie électronique, un exemplaire de chacun des actes, statuts ou documents comptables, accompagnés le cas échéant de la déclaration de confidentialité des comptes annuels, déposés dans les quinze jours de leur dépôt, accompagnés d'un bordereau qui mentionne :

1° Le greffe du lieu de dépôt ;

2° La date et le numéro du dépôt, le numéro de dépôt des documents comptables faisant l'objet d'une série distincte de celle des autres actes (A les actes des sociétés, B les documents comptables, R les ordonnances rendues en matière de société, P les actes des personnes physiques) ;

3° Les mentions prévues aux 1° et 2° de l'article R. 123-237, sauf pour les actes se rapportant à des sociétés non immatriculées.

Chaque document transmis par le greffier est visé par ses soins.

Lorsque la transmission est faite par voie électronique, le bordereau utilisé est le même que celui prévu au troisième alinéa du II du présent article.

IV. — Les mentions et radiations faites d'office ainsi que les inscriptions rapportées par le greffier font l'objet d'une transmission spéciale à l'Institut national de la propriété industrielle, le cas échéant par voie électronique, sur les documents prévus à cet effet et conformes aux modèles homologués.

Art. 9 Le présent arrêté est applicable dans les îles Wallis-et-Futuna.

Art. 10 Le présent arrêté entre en vigueur à la date prévue au IV de l'article 60 de la loi n° 2015-990 du 6 août 2015 pour la croissance, l'activité et l'égalité des chances économiques, à l'exception des dispositions prévues à l'article 7 qui entrent en vigueur le 1er janvier 2016.

Art. A. 123-32 *(Arr. du 31 juill. 2012, art. 4, en vigueur le 1er sept. 2012)* **Le greffier envoie à l'Institut national de la propriété industrielle, dans** *(Arr. du 30 déc. 2015, art. 5)* **« un délai de quinze jours à compter de l'inscription ou du dépôt des actes et pièces au registre du commerce et des sociétés », les redevances perçues au titre de ces dispositions pour le compte de cet établissement.** — *[Arr. du 9 févr. 1988, art. 28.]*

V. note ss. art. L. 123-6. — V. aussi ss. art. D. 123-80-2 et A. 123-31.

Art. A. 123-33 *(Arr. du 30 déc. 2015, art. 6)* **Les mentions et radiations faites d'office sur le registre du commerce et des sociétés ainsi que les inscriptions rapportées par le greffier font l'objet d'une transmission à l'Institut national de la propriété industrielle, réalisée selon les modalités prévues à l'article D. 123-80-1.**

V. note ss. art. L. 123-6. — V. aussi ss. art. D. 123-80-2 et A. 123-31.

Art. A. 123-34 *(Abrogé par Décr. n° 2019-1379 du 18 déc. 2019, art. 9, à compter du 1er janv. 2020)* ***Le président du comité de coordination prévu à l'article R. 123-81 ainsi que les deux personnes chargées de la tenue du registre proposés par le président du Conseil national des greffiers des tribunaux de commerce sont nommés par le garde des sceaux, ministre de la justice, pour une période de cinq ans renouvelable. Des suppléants peuvent leur être désignés.***

Le directeur des affaires civiles et du sceau, le directeur général de l'Institut national de la propriété industrielle peuvent se faire représenter par une ou plusieurs personnes.

Le comité se réunit sur décision de son président, en présence de l'ensemble de ses membres ou de leurs suppléants. Le président a la faculté de désigner un secrétaire général choisi parmi des personnes qualifiées pour leur expérience *(Abrogé par Arr. du 31 juill. 2012, art. 6, à compter du 1er sept. 2012)* ***« au sein du comité ».***

La direction des affaires civiles et du sceau en assure le secrétariat dont elle peut toutefois confier la charge à l'un de ses membres *(Arr. du 31 juill. 2012, art. 6, en vigueur le 1er sept. 2012)* ***« ou au secrétaire général du comité ».*** — *[Arr. du 9 févr. 1988, art. 6, al. 1er à 4.]*

Art. A. 123-35 *(Abrogé par Décr. n° 2019-1379 du 18 déc. 2019, art. 9, à compter du 1er janv. 2020)* ***Les greffiers, les centres de formalités des entreprises, les professionnels mandatés, les administrations ou organismes destinataires des formalités peuvent saisir le comité. Le comité ne peut être valablement saisi que par une demande écrite adressée au secrétariat. Chaque demande est instruite par un rapporteur désigné à cet effet. Le projet de rapport est présenté en réunion plénière du comité.*** — *[Arr. du 9 févr. 1988, art. 7.]*

Pour les centres de formalités créés par les chambres consulaires, la saisine du comité est faite par l'intermédiaire, selon le cas, de l'Assemblée des chambres françaises de commerce et d'industrie, de l'Assemblée permanente de la chambre des métiers et de l'artisanat et de l'Assemblée permanente des chambres d'agriculture (Arr. du 2 juill. 1998, art. 5).

Art. A. 123-36 *(Abrogé par Décr. n° 2019-1379 du 18 déc. 2019, art. 9, à compter du 1er janv. 2020)* ***Le comité rend des avis qui sont communiqués au demandeur et décide s'ils sont publiés.***

Les avis sont publiés sur le site internet du ministère de la justice.

Le comité peut, en outre, établir un rapport au ministre compétent, suggérant des solutions pour remédier aux difficultés ou anomalies dont il a eu à connaître ou des propositions de modification des dispositions législatives ou réglementaires applicables. — *[Arr. du 9 févr. 1988, art. 8.]*

Art. A. 123-37 La tenue du registre par le greffier comprend la conservation et la mise à jour :

1° Du fichier alphabétique des personnes physiques et morales immatriculées dans le ressort du tribunal ;

2° De la collection des dossiers individuels ;

3° De la collection des dossiers annexes.

Le fichier alphabétique est tenu selon un procédé informatique. — *[Arr. du 9 févr. 1988, art. 1er.]*

Art. A. 123-38 Le fichier alphabétique indique :

1° Pour les personnes physiques, leurs nom de naissance, nom d'usage, prénoms, date et lieu de naissance, l'activité exercée et l'adresse de l'établissement ou, à défaut, du local d'habitation. Le cas échéant, la commune de rattachement administratif pour les personnes sans domicile ni résidence fixe sur le territoire français, le marché principal pour les personnes ressortissantes de l'Union européenne ou d'un État partie à l'accord sur l'Espace économique européen, non domiciliées en France et exerçant une activité ambulante sur le territoire français ;

2° Pour les sociétés, la raison ou la dénomination sociale, la forme juridique, le cas échéant, que la société est constituée d'un associé unique, le statut légal particulier et l'activité exercée, l'adresse du siège social, si ce siège n'est pas situé dans le ressort du tribunal, celui du premier établissement dans son ressort ;

3° Pour les groupements d'intérêt économique et les autres personnes morales, la dénomination, l'objet et l'adresse du siège. — *[Arr. du 9 févr. 1988, art. 2.]*

Art. A. 123-39 Chaque dossier individuel comprend un original, sous forme papier ou électronique, des inscriptions faites soit sur déclaration, soit d'office, ainsi que les pièces sous forme papier ou électronique conservées au greffe. — *[Arr. du 9 févr. 1988, art. 3.]*

Art. A. 123-40 Chaque dossier annexe ouvert au nom d'une personne physique ou morale comprend un exemplaire des actes et pièces déposés en application des articles R. 123-82, R. 123-102 et R. 123-121-1 *(Arr. du 31 juill. 2012, art. 7, en vigueur le 1er sept. 2012)* « à R. 123-121-4 ». — *[Arr. du 9 févr. 1988, art. 4.]*

Art. A. 123-41 Les notifications faites aux centres de formalités des entreprises en application de l'article R. 123-83 précisent le nom de la personne tenue à l'immatriculation, ou la raison ou la dénomination sociale, le numéro unique d'identification, la date de l'inscription et son motif.

(Arr. du 29 déc. 2010, art. 2) « L'avis mentionné au troisième alinéa de l'article R. 123-83 est constitué d'un écrit, formalisé le cas échéant par voie électronique, qui mentionne :

« 1° Les nom, nom d'usage, prénoms et domicile de l'entrepreneur individuel ;

« 2° La dénomination utilisée pour l'exercice de l'activité professionnelle à laquelle le patrimoine est affecté ;

« 3° L'adresse de l'établissement principal où est exercée l'activité professionnelle à laquelle le patrimoine est affecté ou, à défaut d'établissement, l'adresse du local d'habitation où l'entreprise est fixée ;

« 4° L'objet de l'activité professionnelle à laquelle le patrimoine est affecté ;

« 5° La date de clôture de l'exercice comptable ;

« 6° Le *numéro unique* d'identification de l'entreprise délivré conformément à l'article D. 123-235 ;

« 7° La date, le lieu et le registre *(Abrogé par Arr. du 25 sept. 2019, art. 2, à compter du 1er oct. 2019) « de dépôt »* de la déclaration d'affectation. » — *[Arr. du 9 févr. 1988, art. 26.]*

§ 2 DES INSCRIPTIONS SUR DÉCLARATION

SOUS-§ 1er DE LA PRÉSENTATION DES DÉCLARATIONS

Art. A. 123-42 Toute demande d'immatriculation à titre principal ou secondaire au registre du commerce et des sociétés, d'inscription complémentaire, modificative ou de radiation est établie dans les conditions prévues aux articles R. 123-84, R. 123-85,

R. 123-87, R. 123-88, R. 123-89, R. 123-90 sur les documents mentionnés à l'article A. 123-44. – *[Arr. du 9 févr. 1988, art. 9.]*

Art. A. 123-43 Lorsque plusieurs inscriptions modificatives sont connexes et concernent la même immatriculation, elles peuvent être effectuées sur la même déclaration, dans la mesure où elles sont réalisées dans le délai réglementaire d'un mois.

Une même déclaration peut comprendre une inscription complémentaire et des inscriptions modificatives connexes déclarées dans les délais réglementaires. – *[Arr. du 9 févr. 1988, art. 10.]*

Unicité de déclaration. Une même déclaration peut comprendre plusieurs inscriptions modificatives dans la mesure où elles concernent la même immatriculation, entretiennent entre elles un lien étroit et sont déclarées dans le délai réglementaire d'un mois (Avis CCRCS n° 2015-08 du 19 mars 2015 : *JCP E 2015. Actu. 317*). ♦ Un seul émolument est dû au greffier pour sa prestation relative à plusieurs inscriptions modificatives dès lors qu'elles résultent d'une seule déclaration souscrite dans les conditions de l'art. A. 123-43 (Avis CCRCS n° 2018-003 des 25 avr. et 19 déc. 2018 : *BRDA 2019, n° 3, p. 17*). ♦ La demande d'immatriculation d'une SCI (sur formulaire M0) suivie le jour même d'une demande d'inscription modificative (sur formulaire M3) pour actualiser l'identification des associés désignés dans la demande d'immatriculation sont constitutives de deux formalités distinctes donnant lieu chacune à l'émolument dû au greffier (Avis CCRCS n° 2018-015 du 19 déc. 2018).

Art. A. 123-44 Les déclarations sont faites *(Abrogé par Arr. du 31 juill. 2012, art. 8, à compter du 1er sept. 2012) « en deux exemplaires »* sur des documents conformes aux modèles enregistrés par la direction chargée de la réforme de l'État. Les déclarations transmises par voie électronique sont établies à partir du même modèle. – *[Arr. du 9 févr. 1988, art. 11.]*

Art. A. 123-45 Toute demande d'immatriculation principale ou secondaire, d'inscription modificative et, le cas échéant, de radiation est accompagnée des pièces justifiant les mentions contenues dans la demande.

Les pièces justificatives sont définies à l'annexe 1-1 au présent livre. – *V. cette annexe ss. art. A. 123-50.*

Elles sont conservées par le greffe.

Elles ne font pas partie du registre public et ne peuvent être communiquées aux tiers.

La validité des pièces justificatives est appréciée à la date du dépôt du dossier unique. – *[Arr. du 9 févr. 1988, art. 12.]*

1. Justification de la publication. L'attestation de parution d'une annonce légale dans un journal habilité à recevoir les annonces légales est délivrée par la société éditrice du journal retenu. Dans l'hypothèse où cette société fait appel à un intermédiaire chargé de réunir et centraliser les annonces à paraître, cette attestation peut être délivrée par cet intermédiaire qui doit alors justifier de sa qualité à agir au nom du JAL (Avis CCRCS n° 2012-003 du 16 févr. 2012).

2. Justification de la réalité du siège social. Dans l'hypothèse où les associés d'une société en formation se sont engagés, pour le compte de celle-ci et avant son immatriculation, à acquérir ou à prendre en location-gérance un fonds de commerce, la justification de la réalité du siège social peut résulter de la promesse signée (Avis CCRCS n° 2013-008 du 14 févr. 2013 : *JCP E 2013. Actu. 293 ; BRDA 2013, n° 9, p. 4 ; BJS 2014. 270, obs. Etain*).

3. Justificatif d'identité. Un ressortissant algérien n'est pas tenu de produire au greffe une carte de résident ou une demande de renouvellement de celle-ci ; il est justifié de son identité par la copie d'une carte nationale d'identité ou d'un passeport en cours de validité (Avis CCRCS n° 2014-22 du 8 déc. 2014 : *JCP E 2015. Actu. 317*). ♦ L'Arr. du 11 oct. 2016 relatif aux commerçants étrangers n'a pas modifié cette solution, sachant que le commerçant peut en outre produire une copie de la carte de séjour temporaire ou pluriannuelle ou le certificat de résidence algérien, portant la mention « vie privée et familiale » ou « commerçant », en sa qualité d'étranger résidant en France (Avis CCRCS n° 2017-010 du 30 mai 2017).

Art. A. 123-46 Lors d'une demande d'immatriculation résultant du transfert du siège d'un établissement ou du changement d'adresse de l'entreprise fixée au local d'habitation dans le ressort d'un autre tribunal, le requérant est dispensé de la production des pièces justificatives concernant les mentions non modifiées de la nouvelle immatriculation qui figure sur l'extrait de la précédente immatriculation fournie.

(Arr. du 31 juill. 2012, art. 9, en vigueur le 1er sept. 2012) « Dans le cas prévu à l'alinéa précédent, si l'adresse ou le siège antérieurs et la nouvelle adresse ou le nouveau siège se trouvent tous les deux dans le ressort d'un tribunal dont la gestion du greffe est assurée selon les modalités fixées aux articles L. 741-1 et suivants, le requérant est également dispensé de la production de l'extrait d'immatriculation du siège ou de l'adresse antérieurs dont le greffier du nouveau registre est chargé de l'obtention. La transmission de l'extrait entre les greffes est faite par voie électronique et sans frais pour le requérant. »

En cas d'événements modificatifs concomitants à la décision de transfert de siège ou de l'établissement relatifs à ceux-ci, la déclaration est faite au lieu de la nouvelle immatriculation.

A la réception de la notification mentionnée aux derniers alinéas des articles R. 123-49 et R. 123-110, le greffier de l'ancien siège ou de l'établissement mentionne d'office sur l'extrait du registre de la personne immatriculée la date, la nature et l'objet des actes déposés au greffe du nouveau siège ou du nouvel établissement. — *[Arr. du 9 févr. 1988, art. 15.]*

EIRL. En cas de transfert du siège de son établissement ou de changement d'adresse de l'entreprise fixée au local d'habitation dans le ressort d'un autre tribunal, l'EIRL n'est pas tenu, en ce qui concerne son patrimoine affecté, de produire de pièces justificatives particulières auprès du greffe de la nouvelle immatriculation (Avis CCRCS n° 2013-025 du 4 oct. 2013 : *JCP E 2013. Actu. 864*).

Art. A. 123-47 Lors d'une demande d'inscription modificative, le requérant fournit les pièces prévues à l'annexe 1-1 au présent livre, strictement nécessaires à la justification des changements et des adjonctions intervenus. — *[Arr. du 9 févr. 1988, art. 16.]* — *V. cette annexe ss. art. A. 123-50.*

Titre de séjour. Le bureau de représentation en France d'une société étrangère étant dépourvu de la personnalité juridique et n'effectuant aucun acte de commerce, son gérant, qu'il soit français ou étranger, n'a donc pas vocation à effectuer, en tant que tel, des actes de commerce et n'acquiert donc pas la qualité de commerçant, de telle sorte qu'il n'a pas à être détenteur d'un titre de séjour de commerçant étranger pour que soit enregistré au RCS le changement de gérant intervenu en sa faveur. • Paris, 12 janv. 2010 : *RJDA 2010, n° 628.*

Art. A. 123-48 Les déclarations des caisses d'épargne et de prévoyance sont faites *(Abrogé par Arr. du 31 juill. 2012, art. 8, à compter du 1er sept. 2012)* « *en deux exemplaires* » sur des documents conformes aux modèles utilisés pour les déclarations des personnes morales au registre du commerce et des sociétés. — *[Arr. du 23 mai 1985.]*

Art. A. 123-49 Les demandes d'immatriculation des caisses d'épargne et de prévoyance ou, le cas échéant, d'inscription modificative sont accompagnées des pièces justificatives suivantes :

1° Le récépissé du dépôt des actes et pièces si la formalité n'est pas concomitante au dépôt ;

2° En cas de fusion ou de scission, un extrait d'immatriculation de chacune des caisses d'épargne participant à l'opération de fusion ou de scission ;

3° Pour les personnes physiques ayant le pouvoir général d'engager les caisses d'épargne et de prévoyance, pour les membres du conseil d'orientation et de surveillance, tous documents officiels justificatifs de l'identité et de la nationalité et, s'ils sont étrangers, les titres qui les habilitent à séjourner sur le territoire français ;

4° Pour les personnes morales, membres du conseil d'orientation et de surveillance, un extrait de l'immatriculation au registre du commerce et des sociétés ou le titre justifiant leur capacité juridique et pour le représentant permanent qui n'est pas le président du conseil d'administration ou le gérant de la personne morale, une copie de la décision lui conférant cette qualité ;

5° Pour les commissaires aux comptes, la justification de leur inscription sur la liste des commissaires aux comptes. — *[Arr. du 23 mai 1985.]*

Art. A. 123-50 Les demandes d'immatriculation et d'inscription modificative des groupements européens d'intérêt économique sont accompagnées des pièces justificatives prévues par l'annexe 1-1 au présent livre. — *[Arr. du 20 juin 1989, art. 10.]*

ANNEXE 1-1

(ANNEXE AUX ARTICLES A. 123-45, A. 123-47, A. 123-50, A. 134-2)

ANNEXE 0

Dispositions générales applicables à toutes les demandes

1. Lorsque le déclarant n'est pas en mesure de produire une ou plusieurs des pièces justificatives prévues par les annexes suivantes, il peut saisir par requête le juge commis à la surveillance du registre aux fins d'être dispensé, le cas échéant, de produire ces pièces.

2. Lorsque la personne tenue à l'immatriculation n'est pas en mesure de justifier de son identité par la pièce prescrite aux annexes, il peut en justifier par tout document officiel.

3. Dans tous les cas où les formalités sont effectuées par mandataire, celui-ci justifie d'une procuration.

4. Des justificatifs complémentaires peuvent être demandés au déclarant en cas de nécessité dûment justifiée par une situation particulière, lorsque la pièce produite est insuffisante ; des justificatifs complémentaires peuvent être nécessaires en application de textes spécifiques.

5. Lorsque la pièce mentionnée aux annexes suivantes est une décision définitive, il peut s'agir d'une ordonnance, d'un jugement ou d'un arrêt, et une copie de celui-ci est fournie accompagnée :

— d'un certificat de l'avocat *(Abrogé par Décr. nº 2012-634 du 3 mai 2012, art. 21)* « *ou de l'avoué* » attestant son caractère définitif ; ou

— d'un certificat de non-appel ou de non-pourvoi.

6. Les pièces et actes produits sont traduits en langue française et certifiés conformes, lorsque le greffier n'est pas en mesure de les comprendre dans leur langue d'origine.

ANNEXE I

Demande d'immatriculation des personnes physiques

1. Renseignements relatifs à la personne

1. 1. Identification de la personne tenue à l'immatriculation.

1. 1. 1. Français et ressortissants d'un État membre de l'UE.

Copie de la carte nationale d'identité ou du passeport en cours de validité.

1. 1. 2. Personne ressortissant d'un État membre de l'Espace économique européen ou d'un État avec lequel ont été conclus des accords.

Copie de la carte nationale d'identité ou du passeport en cours de validité.

1. 1. 3. Étrangers.

(Arr. du 11 oct. 2016, art. 2, en vigueur le 1er nov. 2016) « 1. 1. 3. 1. Personne ne résidant pas en France :

« Copie de la carte nationale d'identité ou du passeport en cours de validité.

« 1. 1. 3. 2. Personne résidant en France :

« — copie du visa de long séjour valant titre de séjour (VLS/TS) portant la mention "passeport talent" délivré sur le fondement du 5º, 6º, 7º, 8º ou 10º de l'article L. 313-20 *[art. L. 421-16, L. 421-17, L. 421-18, L. 421-19 ou L. 421-21 à compter du 1er mai 2021]* du code de l'entrée et du séjour des étrangers et du droit d'asile ;

« — ou copie du visa de long séjour valant titre de séjour (VLS/TS) portant les mentions "entrepreneur/profession libérale" ou "vie privée et familiale" ;

« — ou copie de la carte *[de]* séjour temporaire ou pluriannuelle ou certificat de résidence algérien, portant la mention "vie privée et familiale" (ou copie de son récépissé de renouvellement) ;

« — ou copie de la carte de séjour temporaire ou pluriannuelle portant la mention "entrepreneur/profession libérale", ou certificat de résidence algérien portant la mention "commerçant" (ou copie de leur récépissé de première demande) ;

« — ou copie de la carte de séjour "compétence et talent" ;

« — ou copie de la carte de séjour pluriannuelle portant la mention "passeport talent" délivrée sur le fondement du 5º de l'article L. 313-20 *[art. L. 421-16 à compter du 1er mai 2021]* du code de l'entrée et du séjour des étrangers et du droit d'asile (ou copie de son récépissé de première demande) ;

« — ou copie de la carte de séjour pluriannuelle portant la mention "passeport talent" délivrée sur le fondement du 6º, 7º, 8º ou 10º de l'article L. 313-20 *[L. 421-17, L. 421-18, L. 421-19 ou L. 421-21 à compter du 1er mai 2021]* du code de l'entrée et du séjour des étrangers et du droit d'asile ;

« — ou copie de la carte de résident (ou copie de son récépissé de renouvellement) » ;

(Arr. du 27 avr. 2022, art. 2) « — ou copie du document provisoire de séjour prévu à l'article L. 581-3 du code de l'entrée et du séjour des étrangers et du droit d'asile pour les bénéficiaires de la protection temporaire. »

1. 2. Identification du conjoint qui a opté pour un statut en application de l'article L. 121-4.

Conjoint collaborateur, conjoint salarié : justificatif d'identité faisant état du mariage.

1. 3. Conditions d'exercice.

1. 3. 1. Pour toutes les personnes mentionnées au 1. 1, attestation sur l'honneur, sur papier libre, relative à l'absence de condamnation ou de sanction civile ou administrative de nature à interdire l'exercice d'une activité commerciale, faisant apparaître la filiation.

1. 3. 2. Activité commerciale non sédentaire.

(Abrogé par Arr. du 21 janv. 2010, art. 2) « 1. 3. 2. 1. Ambulants.

« Copie de l'attestation de déclaration d'activités non sédentaires délivrée par l'autorité préfectorale. »

1. 3. 2. 2. Forains.

Copie de l'attestation valant titre provisoire de circulation délivrée par l'autorité préfectorale.

1. 3. 3. Activité réglementée.

Copie de l'autorisation provisoire ou définitive, du diplôme ou du titre, conformément à l'article R. 123-95.

1. 3. 4. Personne ayant le pouvoir d'engager l'assujetti.

Personnes ayant le pouvoir dans l'établissement d'engager à titre habituel par leur signature l'assujetti : pièces prescrites par les rubriques 1. 1, 1. 3. et, le cas échéant, 1. 3. 3. de la présente annexe.

1. 4. Déclaration d'insaisissabilité.

Attestation notariée relative à l'insaisissabilité.

2. Renseignements relatifs à l'établissement

2. 1. Justificatif de la jouissance des locaux ou justificatif de l'adresse de l'entreprise fixée au local d'habitation, par tout document établi au nom de la personne tenue à l'immatriculation permettant de justifier la réalité de l'adresse déclarée.

2. 2. Origine d'un fonds de commerce acquis ou reçu :

— par achat, licitation, attribution par voie de partage : copie de l'acte enregistré et attestation de parution dans un journal d'annonces légales ou copie de celui-ci ;

— par voie de donation : copie de l'acte de donation ;

— par dévolution successorale, sans partage ni licitation : copie de l'acte de notoriété ou de l'intitulé d'inventaire ;

— par location-gérance : pour le locataire-gérant, copie du contrat de location-gérance et attestation de parution dans un journal d'annonces légales ou copie de celui-ci ;

— par gérance-mandat : pour le mandataire, copie du contrat de gérance-mandat et attestation de parution dans un journal d'annonces légales ou copie de celui-ci ;

— dans le cadre d'un plan de cession, pour la gestion d'un fonds de commerce cédé : copie du jugement ordonnant le plan de cession.

2. 3. Établissement situé dans un État membre de l'Union européenne.

Extrait d'immatriculation ou document équivalent.

ANNEXE II

Demande d'inscription modificative des personnes physiques

Lors de la demande d'inscription modificative, les pièces devant être présentées sont celles établissant les changements et adjonctions intervenus.

1. Renseignements relatifs à la personne

1. 1. Identification de la personne immatriculée.

1. 1. 1. Changement de nationalité.

Copie de la décision attributive de la nationalité française ou document équivalent en cas d'adoption d'une nationalité étrangère, ou copie du *Journal officiel* de la République française.

1. 1. 2. Changement de nom de naissance ou de prénom.

Copie de la carte nationale d'identité portant mention du nouveau nom.

1. 1. 3. Tutelle ou curatelle de la personne immatriculée.

Copie de la décision définitive ordonnant de telles mesures ou en donnant mainlevée.

1. 1. 4. Décès de la personne immatriculée.

Extrait de l'acte de décès.

1. 2. Conditions d'exercice.

1. 2. 1. Activité commerciale non sédentaire.

(Abrogé par Arr. du 21 janv. 2010, art. 2) « 1. 2. 1. 1. Ambulants.

« Copie de l'attestation provisoire délivrée pour l'exercice d'une activité non sédentaire par l'autorité préfectorale. »

1. 2. 1. 2. Forains.

Copie de l'attestation valant titre provisoire de circulation délivrée par l'autorité préfectorale.

1. 2. 2. Activité réglementée.

Copie de l'autorisation provisoire ou définitive du diplôme ou du titre, conformément à l'article R. 123-95.

1. 2. 3. Personne ayant le pouvoir d'engager l'assujetti.

Pour les personnes ayant le pouvoir dans l'établissement d'engager à titre habituel par leur signature l'assujetti : pièces prescrites par la rubrique 1. 1. de l'annexe I et le cas échéant le 1. 1. 1. et le 1. 1. 2. ci-dessus.

2. Renseignements relatifs à l'établissement

2. 1. Inscriptions modificatives ou complémentaires.

2. 1. 1. Transfert de l'établissement principal dans le ressort du même greffe :

— justificatif de la jouissance des locaux ou justificatif de l'adresse de l'entreprise fixée au local d'habitation, par tout document établi au nom de la personne tenue à l'immatriculation permettant de justifier la réalité de l'adresse déclarée ;

— origine du fonds de commerce acquis ou reçu :

— par achat, licitation, attribution par voie de partage : copie de l'acte enregistré et attestation de parution dans un journal d'annonces légales ou copie de celui-ci ;

— par voie de donation : copie de l'acte de donation ;

— par dévolution successorale, sans partage ni licitation : copie de l'acte de notoriété ou de l'intitulé d'inventaire ;

— par location-gérance : pour le locataire-gérant, copie du contrat de location-gérance et attestation de parution dans un journal d'annonces légales ou copie de celui-ci ;

— par gérance-mandat : pour le mandataire, copie du contrat de gérance-mandat et attestation de parution dans un journal d'annonces légales ou copie de celui-ci ;

— dans le cadre d'un plan de cession, pour la gestion du fonds de commerce cédé : copie du jugement ordonnant le plan de cession.

2. 1. 2. Ouverture d'un établissement secondaire.

Origine du fonds de commerce acquis ou reçu :

— par achat, licitation, attribution par voie de partage : copie de l'acte enregistré et attestation de parution dans un journal d'annonces légales ou copie de celui-ci ;

— par voie de donation : copie de l'acte de donation ;

— par dévolution successorale, sans partage ni licitation : copie de l'acte de notoriété ou de l'intitulé d'inventaire ;

— par location-gérance : pour le locataire-gérant, copie du contrat de location-gérance et attestation de parution dans un journal d'annonces légales ou copie de celui-ci ;

— par gérance-mandat : pour le mandataire, copie du contrat de gérance-mandat et attestation de parution dans un journal d'annonces légales ou copie de celui-ci ;

— dans le cadre d'un plan de cession, pour la gestion du fonds de commerce cédé : copie du jugement ordonnant le plan de cession.

2. 2. Mention d'un établissement immatriculé dans un État membre de la Communauté européenne.

Extrait d'immatriculation ou document équivalent.

ANNEXE III

DEMANDE D'IMMATRICULATION DES SOCIÉTÉS DE DROIT FRANÇAIS

1. Renseignements relatifs à la personne

1. 1. Identification de la société.

Attestation de parution dans un journal d'annonces légales ou copie de celui-ci ; pour les sociétés en nom collectif ou en commandite simple, copie de l'insertion.

Le cas échéant, copie du récépissé de dépôt des actes constitutifs de la société déposés au greffe avant la demande d'immatriculation.

1. 2. Identification des dirigeants.

1. 2. 1. Pour les personnes physiques, associés et tiers, ayant le pouvoir de diriger, de gérer ou d'engager à titre habituel la société, ainsi que les administrateurs, les membres du directoire, les membres du conseil de surveillance.

1. 2. 1. 1. Si la personne est immatriculée au RCS à titre personnel :

— extrait de l'immatriculation datant de moins de trois mois ou carte nationale d'identité ;

— attestation sur l'honneur, sur papier libre, relative à l'absence de condamnation ou de sanction civile ou administrative de nature à interdire l'exercice d'une activité commerciale, faisant apparaître la filiation.

1. 2. 1. 2. Si la personne est mentionnée au RCS en qualité de dirigeant de personne morale :

— extrait de l'immatriculation datant de moins de trois mois ou carte nationale d'identité ;

— attestation sur l'honneur, sur papier libre, relative à l'absence de condamnation ou de sanction civile ou administrative de nature à interdire l'exercice d'une activité commerciale, faisant apparaître la filiation.

1. 2. 1. 3. Si la personne n'est pas immatriculée au RCS :

1. 2. 1. 3. 1. Français et ressortissants d'un État membre de l'Union européenne :

— copie de la carte nationale d'identité ou du passeport en cours de validité ;

— attestation sur l'honneur, sur papier libre, relative à l'absence de condamnation ou de sanction civile ou administrative de nature à interdire l'exercice d'une activité commerciale, faisant apparaître la filiation.

1. 2. 1. 3. 2. Personnes ressortissantes d'un État membre de l'Espace économique européen ou d'un État avec lequel ont été conclus des accords :

— copie de la carte nationale d'identité ou passeport en cours de validité ;

— attestation sur l'honneur, sur papier libre, relative à l'absence de condamnation ou de sanction civile ou administrative de nature à interdire l'exercice d'une activité commerciale, faisant apparaître la filiation.

1. 2. 1. 3. 3. Étrangers.

1. 2. 1. 3. 3. 1. Personne ne résidant pas en France :

copie de la carte nationale d'identité ou du passeport en cours de validité ;

(Abrogé par Arr. du 11 oct. 2016, art. 3, à compter du 1er nov. 2016) « *— récépissé du dépôt de déclaration préalable délivré par la préfecture du lieu d'exercice de l'activité (uniquement pour les sociétés commerciales et/ou artisanales) ;* »

— attestation sur l'honneur, sur papier libre, relative à l'absence de condamnation ou de sanction civile ou administrative de nature à interdire l'exercice d'une activité commerciale, faisant apparaître la filiation.

(Arr. du 11 oct. 2016, art. 3, en vigueur le 1er nov. 2016) « 1. 2. 1. 3. 3. 2. Personne résidant en France :

« — pièces prescrites par la rubrique 1. 1. 3. 2 de l'annexe I ; pour une société civile, tout document justifiant de l'identité du déclarant ;

« — attestation sur l'honneur, sur papier libre, relative à l'absence de condamnation ou de sanction civile ou administrative de nature à interdire l'exercice d'une activité commerciale, faisant apparaître la filiation. »

1. 2. 2. Pour les personnes morales :

Extrait de l'immatriculation au RCS datant de moins de trois mois ou, pour les personnes morales non immatriculées au RCS, titre justifiant leur existence, le cas échéant traduit en langue française.

Le cas échéant, dans les cas où il y a une obligation légale de désigner un représentant permanent de la personne morale : pièces prescrites par la rubrique 1. 2. 1 et copie de la décision lui conférant cette qualité.

Pour les personnes relevant de la législation d'un État non membre de la Communauté européenne ou partie à l'accord sur l'Espace économique européen ou pour les personnes non immatriculées : pièces prescrites par la rubrique 1. 2. 1 ci-dessus.

1. 2. 3. Pour les commissaires aux comptes :

— lettre d'acceptation de la mission ;

— si le commissaire aux comptes n'est pas encore mentionné sur la liste publiée, attestation d'inscription sur la liste.

1. 2. 4. Pour les associés indéfiniment et solidairement responsables.

1. 2. 4. 1. Français et ressortissants d'un État membre de l'Union européenne :

— copie de la carte nationale d'identité ou du passeport en cours de validité ;

— attestation sur l'honneur, sur papier libre, relative à l'absence de condamnation ou de sanction civile ou administrative de nature à interdire l'exercice d'une activité commerciale, faisant apparaître la filiation.

1. 2. 4. 2. Personnes ressortissantes d'un État membre de l'Espace économique européen ou d'un État avec lequel ont été conclus des accords :

— copie de la carte nationale d'identité ou du passeport en cours de validité ;

— attestation sur l'honneur, sur papier libre, relative à l'absence de condamnation ou de sanction civile ou administrative de nature à interdire l'exercice d'une activité commerciale, faisant apparaître la filiation.

1. 2. 4. 3. Étrangers.

1. 2. 4. 3. 1. Personne ne résidant pas en France :

— copie de la carte nationale d'identité ou du passeport en cours de validité ;

(Abrogé par Arr. du 11 oct. 2016, art. 3, à compter du 1er nov. 2016) « *— récépissé du dépôt de déclaration préalable délivré par la préfecture du lieu d'exercice de l'activité (uniquement pour les activités commerciales, industrielles ou artisanales) ;* »

— attestation sur l'honneur, sur papier libre, relative à l'absence de condamnation ou de sanction civile ou administrative de nature à interdire l'exercice d'une activité commerciale, faisant apparaître la filiation.

(Arr. du 11 oct. 2016, art. 3, en vigueur le 1er nov. 2016) « 1. 2. 4. 3. 2. Personne résidant en France :

« — pièces prescrites par la rubrique 1. 1. 3. 2 de l'annexe I ; pour une société civile dont les associés sont indéfiniment et solidairement responsables, tout document justifiant de l'identité du déclarant ;

« — attestation sur l'honneur, sur papier libre, relative à l'absence de condamnation ou de sanction civile ou administrative de nature à interdire l'exercice d'une activité commerciale, faisant apparaître la filiation. »

1. 2. 4. 4. Personnes morales :

— extrait de l'immatriculation au RCS datant de moins de trois mois ou pour les personnes morales non immatriculées : titre justifiant leur existence, traduit le cas échéant en langue française.

1. 2. 5. Pour les associés indéfiniment responsables :

— pour une personne physique : copie de la carte nationale d'identité ou du passeport en cours de validité ;

— pour les personnes morales : extrait de l'immatriculation datant de moins de trois mois ou, pour les personnes morales non immatriculées, titre justifiant leur existence, traduit le cas échéant en langue française.

1. 2. 6. Identification des personnes ayant le pouvoir de diriger, de gérer ou d'engager à titre habituel par leur signature :

— copie de la carte nationale d'identité ou du passeport en cours de validité ;

— le cas échéant, pour un étranger, *(Arr. du 11 oct. 2016, art. 3, en vigueur le 1er nov. 2016)* « les pièces prescrites par la rubrique 1. 1. 3. 2. de l'annexe I » ;

— attestation sur l'honneur, sur papier libre, relative à l'absence de condamnation ou de sanction civile ou administrative de nature à interdire l'exercice d'une activité commerciale, faisant apparaître la filiation.

1. 2. 7. Identification du conjoint qui a opté pour un statut en application de l'article L. 121-4.

Conjoint collaborateur, conjoint associé : justificatif d'identité faisant état du mariage.

1. 3. Conditions d'exercice.

(Abrogé par Arr. du 21 janv. 2010, art. 2) « 1. 3. 1. Activité commerciale non sédentaire.

« Copie de l'attestation provisoire de déclaration d'activités non sédentaires délivrée par l'autorité préfectorale. »

1. 3. 2. Activité réglementée.

Copie de l'autorisation provisoire ou définitive, du diplôme ou du titre conformément à l'article R. 123-95.

2. Renseignements relatifs au siège

2. 1. Justificatif de la jouissance des locaux où est installé le siège par tout document établi au nom de la société permettant de justifier la réalité de l'adresse déclarée.

2. 2. Si le représentant légal use de la faculté d'installer le siège à son domicile pour une durée limitée, justificatif de son domicile par tout document établi à son nom permettant de justifier la réalité de l'adresse déclarée.

2. 3. Occupation de locaux en commun : si le siège social est situé dans les locaux occupés en commun par une ou plusieurs entreprises, copie du contrat de domiciliation mentionné aux articles R. 123-167 et suivants *(Arr. du 31 juill. 2012, art. 13, en vigueur le 1er sept. 2012)* « indiquant les références de l'agrément préfectoral prévu par l'article L. 123-11-3 » et extrait du RCS ou du répertoire des métiers du domiciliataire, sauf si celui-ci est immatriculé dans le même greffe ou s'il est une personne morale française de droit public ou une association regroupant des personnes morales françaises de droit public.

3. Renseignements relatifs à l'établissement

3. 1. Acquisition d'un fonds de commerce.

Par achat, licitation : copie de l'acte et attestation de parution dans un journal d'annonces légales ou copie de celui-ci.

Par donation : copie de l'acte.

Par apport : copie de l'acte et attestation de parution dans un journal d'annonces légales ou copie de celui-ci.

3. 2. Location-gérance d'un fonds de commerce.

Copie du contrat de location-gérance et attestation de parution dans un journal d'annonces légales ou copie de celui-ci.

3. 3. Gérance-mandat d'un fonds de commerce.

Copie du contrat de gérance-mandat et attestation de parution dans un journal d'annonces légales ou copie de celui-ci.

3. 4. Gestion d'un fonds de commerce cédé dans le cadre d'un plan de cession.

Copie du jugement ordonnant un plan de cession.

3. 5. Fusion par création d'une société nouvelle, scission au profit de sociétés nouvelles, apport partiel d'actif, régime fusion/scission.

Extrait du RCS des sociétés participant avec mention de l'opération et attestation de parution dans un journal d'annonces légales ou copie de celui-ci.

3. 6. Mention des établissements immatriculés dans un pays de la Communauté européenne.

Extrait d'immatriculation.

ANNEXE IV

Demande d'inscription modificative des sociétés de droit français

Lors de la demande d'inscription modificative, les pièces devant être présentées sont celles demandées dans l'annexe précédente et établissant les changements et adjonctions intervenus.

Le cas échéant, attestation de parution dans un journal d'annonces légales ou copie de celui-ci, ou, pour les sociétés en nom collectif ou en commandite simple, copie de l'insertion.

1. Renseignements relatifs à la personne

1. 1. Lorsque le dépôt au greffe des actes a été effectué avant la déclaration de modification, copie du récépissé du dépôt.

1. 2. Extrait d'immatriculation datant de moins de trois mois de chacune des sociétés participant à l'opération de fusion et de scission.

1. 3. Identification des dirigeants : pièces établissant les modifications de situation prévues à l'annexe précédente ou au 1 de l'annexe II.

2. Renseignements relatifs à l'établissement

2. 1. Ouverture d'un établissement sur transfert dans le ressort du même greffe.

2. 1. 1. Transfert du siège.

2. 1. 1. 1. Justificatif de la jouissance des locaux où est installé le siège par tout document établi au nom de la société permettant de justifier la réalité de l'adresse déclarée.

2. 1. 1. 2. Si le représentant légal use de la faculté d'installer le siège à son domicile pour une durée limitée, justificatif de son domicile par tout document permettant de justifier la réalité de l'adresse déclarée.

2. 1. 1. 3. Occupation de locaux en commun : si le siège social est situé dans les locaux occupés en commun par une ou plusieurs entreprises, copie du contrat de domiciliation mentionné aux articles R. 123-167 et suivants *(Arr. du 31 juill. 2012, art. 13, en vigueur le 1er sept. 2012)* « indiquant les références de l'agrément préfectoral prévu par l'article L. 123-11-3 » et extrait du RCS ou du répertoire des métiers du domiciliataire, sauf si celui-ci est immatriculé dans le même greffe ou s'il est une personne morale française de droit public ou une association regroupant des personnes morales françaises de droit public.

2. 1. 2. Transfert de l'établissement principal.

Origine d'un fonds de commerce acquis ou reçu :

— par achat, licitation, attribution par voie de partage : copie de l'acte enregistré et attestation de parution dans un journal d'annonces légales ou copie de celui-ci ;

— par voie de donation : copie de l'acte de donation ;

— par apport : copie du traité d'apport et attestation de parution dans un journal d'annonces légales ou *copie de celui-ci ; pour l'apport* à une société en nom collectif ou en commandite simple, copie de l'insertion ;

— par location-gérance : pour le locataire-gérant, copie du contrat de location-gérance et attestation de parution dans un journal d'annonces légales ou copie de celui-ci ;

— par gérance-mandat : pour le mandataire, copie du contrat de gérance-mandat et attestation de parution dans un journal d'annonces légales ou copie de celui-ci ;

— dans le cadre d'un plan de cession, pour la gestion du fonds de commerce cédé : copie du jugement ordonnant le plan de cession.

2. 2. Inscriptions complémentaires.

2. 2. 1. Ouverture d'un établissement secondaire.

Origine du fonds de commerce acquis ou reçu :

— par achat, licitation, attribution par voie de partage : copie de l'acte enregistré et attestation de parution dans un journal d'annonces légales ou copie de celui-ci ;

— par voie de donation : copie de l'acte de donation ;

— par apport : copie du traité d'apport et attestation de parution dans un journal d'annonces légales ou copie de celui-ci ;

— par location-gérance : pour le locataire-gérant, copie du contrat de location-gérance et attestation de parution dans un journal d'annonces légales ou copie de celui-ci ;

— par gérance-mandat : pour le mandataire, copie du contrat de gérance-mandat et attestation de parution dans un journal d'annonces légales ou copie de celui-ci ;

— dans le cadre d'un plan de cession, pour la gestion du fonds de commerce cédé : copie du jugement ordonnant le plan de cession.

2. 2. 2. Transfert d'un établissement secondaire.

Origine du fonds de commerce acquis ou reçu :

— par achat, licitation, attribution par voie de partage : copie de l'acte enregistré et attestation de parution dans un journal d'annonces légales ou copie de celui-ci ;

— par voie de donation : copie de l'acte de donation ;

— par apport : copie du traité d'apport et attestation de parution dans un journal d'annonces légales ou copie de celui-ci ;

— par location-gérance : pour le locataire-gérant, copie du contrat de location-gérance et attestation de parution dans un journal d'annonces légales ou copie de celui-ci ;

— par gérance-mandat : pour le mandataire, copie du contrat de gérance-mandat et attestation de parution dans un journal d'annonces légales ou copie de celui-ci ;

— dans le cadre d'un plan de cession, pour la gestion du fonds de commerce cédé : copie du jugement ordonnant le plan de cession.

2. 3. Mention d'un établissement immatriculé dans un État membre de la Communauté européenne.

Extrait d'immatriculation.

ANNEXE V

Demande d'immatriculation dans le ressort d'un nouveau greffe d'une personne physique ou morale déjà immatriculée au RCS

1. Immatriculation principale suite au transfert

1. 1. Transfert du siège d'une personne morale :

— extrait d'immatriculation du précédent siège datant de moins de trois mois ; *(Arr. du 31 juill. 2012, art. 13, en vigueur le 1er sept. 2012)* « sauf application du deuxième alinéa de l'article A. 123-46 *[;]* »

— justificatif de la jouissance des locaux où est installé le siège par tout document établi au nom de la société permettant de justifier la réalité de l'adresse déclarée ;

— si le représentant légal use de la faculté d'installer le siège à son domicile pour une durée limitée, justificatif de son domicile par tout document établi à son nom permettant de justifier la réalité de l'adresse déclarée ;

— occupation de locaux en commun : si le siège social est situé dans les locaux occupés en commun par une ou plusieurs entreprises, copie du contrat de domiciliation mentionné aux articles R. 123-167 et suivants *(Arr. du 31 juill. 2012, art. 13, en vigueur le 1er sept. 2012)* « indiquant les références de l'agrément préfectoral prévu par l'article L. 123-11-3 » et extrait du RCS ou du répertoire des métiers du domiciliataire, sauf si celui-ci est immatriculé dans le même greffe ou s'il est une personne morale française de droit public ou une association regroupant des personnes morales françaises de droit public ;

— lorsque le dépôt des actes décidant le transfert a été effectué avant la déclaration de modification, copie du récépissé de dépôt ;

— le cas échéant, attestation de parution dans un journal d'annonces légales ou copie de celui-ci.

1. 2. Transfert de l'établissement principal pour une personne physique :

— extrait de la précédente immatriculation principale datant de moins de trois mois ; *(Arr. du 31 juill. 2012, art. 13, en vigueur le 1er sept. 2012)* « sauf application du deuxième alinéa de l'article A. 123-46 *[;]* »

— justificatif de la jouissance des locaux ou justificatif de l'adresse de l'entreprise fixée au local d'habitation, par tout document établi au nom de la personne tenue à l'immatriculation permettant de justifier la réalité de l'adresse déclarée ;

— origine d'un fonds de commerce acquis ou reçu :

— par achat, licitation, attribution par voie de partage : copie de l'acte enregistré et attestation de parution dans un journal d'annonces légales ou copie de celui-ci ;

— par voie de donation : copie de l'acte de donation ;

— par dévolution successorale, sans partage ni licitation, copie de l'acte de notoriété ou de l'intitulé d'inventaire ;

— par location-gérance : pour le locataire-gérant, copie du contrat de location-gérance et attestation de parution dans un journal d'annonces légales ou copie de celui-ci ;

— par gérance-mandat : pour le mandataire, copie du contrat de gérance-mandat et attestation de parution dans un journal d'annonces légales ou copie de celui-ci ;

— dans le cadre d'un plan de cession, pour la gestion du fonds de commerce cédé, copie du jugement ordonnant le plan de cession.

2. Immatriculation secondaire

2. 1. Ouverture d'un établissement secondaire :

— extrait de l'immatriculation principale datant de moins de trois mois ;

— origine du fonds de commerce acquis ou reçu :

— par achat, licitation, attribution par voie de partage : copie de l'acte enregistré et attestation de parution dans un journal d'annonces légales ou copie de celui-ci ;

— par voie de donation : copie de l'acte de donation ;

— par dévolution successorale, sans partage ni licitation ; copie de l'acte de notoriété ou de l'intitulé d'inventaire ;

— par location-gérance : pour le locataire-gérant, copie du contrat de location-gérance et attestation de parution dans un journal d'annonces légales ou copie de celui-ci ;

— par gérance-mandat : pour le mandataire, copie du contrat de gérance-mandat et attestation de parution dans un journal d'annonces légales ou copie de celui-ci ;

— dans le cadre d'un plan de cession, pour la gestion du fonds de commerce cédé : copie du jugement ordonnant le plan de cession.

2. 2. Ouverture d'un établissement sur transfert.

2. 2. 1. Transfert d'un établissement principal :

— extrait d'immatriculation du précédent établissement principal datant de moins de trois mois ;

— origine du fonds de commerce acquis ou reçu :

— par achat, licitation, attribution par voie de partage : copie de l'acte enregistré et attestation de parution dans un journal d'annonces légales ou copie de celui-ci ;

— par voie de donation : copie de l'acte de donation ;

— par dévolution successorale, sans partage ni licitation : copie de l'acte de notoriété ou de l'intitulé d'inventaire ;

— par location-gérance : pour le locataire-gérant, copie du contrat de location-gérance et attestation de parution dans un journal d'annonces légales ou copie de celui-ci ;

— par gérance-mandat : pour le mandataire, copie du contrat de gérance-mandat et attestation de parution dans un journal d'annonces légales ou copie de celui-ci ;

— dans le cadre d'un plan de cession, pour la gestion du fonds de commerce cédé : copie du jugement ordonnant le plan de cession.

2. 2. 2. Transfert d'un établissement secondaire :

— extrait de l'immatriculation du précédent établissement secondaire datant de moins de trois mois ;

— origine du fonds de commerce acquis ou reçu :

— par achat, licitation, attribution par voie de partage : copie de l'acte enregistré et attestation de parution dans un journal d'annonces légales ou copie de celui-ci ;

— par voie de donation : copie de l'acte de donation ;

— par apport : copie de l'acte et attestation de parution dans un journal d'annonces légales ou copie de celui-ci ;

— par location-gérance : pour le locataire-gérant, copie du contrat de location-gérance et attestation de parution dans un journal d'annonces légales ou copie de celui-ci ;

— par gérance-mandat : pour le mandataire, copie du contrat de gérance-mandat et attestation de *parution dans* un journal d'annonces légales ou copie de celui-ci ;

— dans le cadre d'un plan de cession, pour la gestion du fonds de commerce cédé : copie du jugement ordonnant le plan de cession.

ANNEXE VI

DEMANDE D'IMMATRICULATION ET D'INSCRIPTION MODIFICATIVE DES SOCIÉTÉS COMMERCIALES DONT LE SIÈGE EST SITUÉ À L'ÉTRANGER

1. Renseignements relatifs à la personne

1. 1. Identification de la société.

Lorsque le dépôt au greffe des statuts traduits en langue française a été effectué avant la demande d'immatriculation, copie du récépissé du dépôt.

Extrait de l'immatriculation au registre des sociétés étranger ou titre justifiant l'existence, traduit, le cas échéant, en langue française.

1. 2. Identification des personnes ayant le pouvoir d'engager la société en France.

1. 2. 1. Français et ressortissants d'un État membre de l'Union européenne :

— copie de la carte nationale d'identité ou du passeport en cours de validité ;

— attestation sur l'honneur relative à l'absence de condamnation ou de sanction civile ou administrative de nature à interdire l'exercice d'une activité commerciale, faisant apparaître la filiation.

1. 2. 2. Personnes ressortissantes d'un État membre de l'Espace économique européen ou d'un État avec lequel ont été conclus des accords particuliers :

— copie de la carte nationale d'identité ou passeport en cours de validité ;

— attestation sur l'honneur, sur papier libre, relative à l'absence de condamnation ou de sanction civile ou administrative de nature à interdire l'exercice d'une activité commerciale, faisant apparaître la filiation.

1. 2. 3. Étrangers.

1. 2. 3. 1. Personne ne résidant pas en France :

— copie de la carte nationale d'identité ou du passeport en cours de validité ;

(Abrogé par Arr. du 11 oct. 2016, art. 4, à compter du 1er nov. 2016) « — récépissé du dépôt de déclaration préalable ; »

— attestation sur l'honneur, sur papier libre, relative à l'absence de condamnation ou de sanction civile ou administrative de nature à interdire l'exercice d'une activité commerciale, faisant apparaître la filiation.

(Arr. du 11 oct. 2016, art. 4, en vigueur le 1er nov. 2016) « 1. 2. 3. 2. Personne résidant en France :

« — pièces prescrites par la rubrique 1.1.3.2 de l'annexe I ;

« — attestation sur l'honneur, sur papier libre, relative à l'absence de condamnation ou de sanction civile ou administrative de nature à interdire l'exercice d'une activité commerciale, faisant apparaître la filiation. »

1. 3. Conditions d'exercice.

(Abrogé par Arr. du 21 janv. 2010, art. 2) « 1. 3. 1. Activité commerciale non sédentaire.

« Copie de l'attestation provisoire de déclaration d'activités non sédentaires délivrée par l'autorité préfectorale. »

1. 3. 2. Activité réglementée.

Copie de l'autorisation provisoire ou définitive du diplôme ou du titre conformément à l'article R. 123-95.

1. 3. 3. Personne ayant le pouvoir d'engager l'assujetti.

Pour les personnes ayant le pouvoir dans l'établissement d'engager à titre habituel par leur signature l'assujetti : pièces prescrites au 1. 2 ci-dessus.

2. Renseignements relatifs au premier établissement en France

2. 1. Justificatif de la jouissance des locaux ou justificatif de l'adresse de l'entreprise fixée au local d'habitation, par tout document établi au nom de la personne tenue à l'immatriculation permettant de justifier la réalité de l'adresse déclarée.

2. 2. Origine du fonds de commerce acquis ou reçu :

— par achat, licitation, attribution par voie de partage : copie de l'acte enregistré et attestation de parution dans un journal d'annonces légales ou copie de celui-ci ;

— par voie de donation : copie de l'acte de donation ;

— par apport : copie de l'acte et attestation de parution dans un journal d'annonces légales ou copie de celui-ci ;

— par location-gérance : pour le locataire-gérant, copie du contrat de location-gérance et attestation de parution dans un journal d'annonces légales ou copie de celui-ci ;

— par gérance-mandat : pour le mandataire, copie du contrat de gérance-mandat et attestation de parution dans un journal d'annonces légales ou copie de celui-ci ;

— dans le cadre d'un plan de cession, pour la gestion du fonds de commerce cédé : copie du jugement ordonnant le plan de cession.

3. Ouverture d'un établissement dans le ressort d'un nouveau greffe

3. 1. Immatriculation principale suite au transfert du premier établissement :

— extrait d'immatriculation de la précédente immatriculation datant de moins de trois mois ;

— justificatif de la jouissance des locaux où est installé le siège par tout document établi au nom de la société permettant de justifier la réalité de l'adresse déclarée ;

— si le représentant légal use de la faculté d'installer le siège à son domicile pour une durée limitée, justificatif de son domicile par tout document établi à son nom permettant de justifier la réalité de l'adresse déclarée ;

— occupation de locaux en commun : si le siège social est situé dans les locaux occupés en commun par une ou plusieurs entreprises : copie du contrat de domiciliation mentionné aux articles R. 123-167 et suivants *(Arr. du 31 juill. 2012, art. 13, en vigueur le 1er sept. 2012)* « indiquant les références de l'agrément préfectoral prévu par l'article L. 123-11-3 » et extrait du RCS ou du répertoire des métiers du domiciliataire, sauf si celui-ci est immatriculé dans le même greffe ou s'il est une personne morale française de droit public ou une association regroupant des personnes morales françaises de droit public ;

— origine du fonds de commerce acquis ou reçu :

— par achat, licitation, attribution par voie de partage : copie de l'acte enregistré et attestation de parution dans un journal d'annonces légales ou copie de celui-ci ;

— par voie de donation : copie de l'acte de donation ;

— par apport : copie de l'acte et attestation de parution dans un journal d'annonces légales ou copie de celui-ci ;

— par location-gérance : pour le locataire-gérant, copie du contrat de location-gérance et attestation de parution dans un journal d'annonces légales ou copie de celui-ci ;

— par gérance-mandat : pour le mandataire, copie du contrat de gérance-mandat et attestation de parution dans un journal d'annonces légales ou copie de celui-ci ;

— dans le cadre d'un plan de cession, pour la gestion du fonds de commerce cédé : copie du jugement ordonnant le plan de cession.

3. 2. Immatriculation secondaire suite à l'ouverture d'un nouvel établissement :

— extrait de l'immatriculation principale datant de moins de trois mois ;

— origine du fonds de commerce acquis ou reçu :

— par achat, licitation, attribution par voie de partage : copie de l'acte enregistré et attestation de parution dans un journal d'annonces légales ou copie de celui-ci ;

— par voie de donation : copie de l'acte de donation ;

— par apport : copie de l'acte et attestation de parution dans un journal d'annonces légales ou copie de celui-ci ;

— par location-gérance : pour le locataire-gérant, copie du contrat de location-gérance et attestation de parution dans un journal d'annonces légales ou copie de celui-ci ;

— par gérance-mandat : pour le mandataire, copie du contrat de gérance-mandat et attestation de parution dans un journal d'annonces légales ou copie de celui-ci ;

— dans le cadre d'un plan de cession, pour la gestion du fonds de commerce cédé : copie du jugement ordonnant le plan de cession.

ANNEXE VII

Demande d'immatriculation des groupements d'intérêt économique et des groupements européens d'intérêt économique

1. Renseignements relatifs à la personne

1. 1. Identification du groupement.

Lorsque le dépôt au greffe des actes constitutifs du groupement a été effectué avant la demande d'immatriculation, copie du récépissé de dépôt.

1. 2. Membres du groupement.

1. 2. 1. Personnes physiques.

1. 2. 1. 1. Immatriculées au RCS.

Extrait de l'immatriculation datant de moins de trois mois.

1. 2. 1. 2. Non immatriculées au RCS.

1. 2. 1. 2. 1. Français et ressortissants d'un État membre de l'UE.

Copie de la carte nationale d'identité ou du passeport en cours de validité.

1. 2. 1. 2. 2. Personne ressortissant d'un État membre de l'Espace économique européen ou d'un État avec lequel ont été conclus des accords particuliers.

Copie de la carte nationale d'identité ou du passeport en cours de validité.

1. 2. 1. 2. 3. Étrangers.

1. 2. 1. 2. 3. 1. Personne ne résidant pas en France :

— copie de la carte nationale d'identité ou du passeport en cours de validité.

(Arr. du 11 oct. 2016, art. 5, en vigueur le 1er nov. 2016) « 1. 2. 1. 2. 3. 2. Personne résidant en France : « Pièces prescrites par la rubrique 1. 1. 3. 2 de l'annexe I. »

1. 2. 2. Personnes morales.

Immatriculées au RCS : extrait de l'immatriculation datant de moins de trois mois.

Non immatriculées au RCS : titre établissant leur existence.

1. 3. Personnes chargées d'administrer ou de contrôler la gestion et les comptes du groupement.

1. 3. 1. Personnes immatriculées au RCS.

Extrait d'immatriculation datant de moins de trois mois.

1. 3. 2. Personnes non immatriculées au RCS.

1. 3. 2. 1. Personnes physiques.

1. 3. 2. 1. 1. Français et ressortissants d'un État membre de l'Union européenne.

Copie de la carte nationale d'identité ou du passeport en cours de validité.

1. 3. 2. 1. 2. Personnes ressortissants d'un État membre de l'Espace économique européen ou d'un État avec lequel ont été conclus des accords particuliers :

Copie de la carte nationale d'identité ou du passeport en cours de validité.

1. 3. 2. 1. 3. Étrangers.

1. 3. 2. 1. 3. 1. Personnes ne résidant pas en France.

— copie de la carte nationale d'identité ou du passeport en cours de validité ;

(Abrogé par Arr. du 11 oct. 2016, art. 5, à compter du 1er nov. 2016) « — récépissé du dépôt de déclaration préalable délivré par la préfecture du lieu d'exercice de l'activité. »

(Arr. du 11 oct. 2016, art. 5, en vigueur le 1er nov. 2016) « 1. 3. 2. 1. 3. 2. Personne résidant en France : « Pièces prescrites par la rubrique 1. 1. 3. 2 de l'annexe I. »

1. 3. 2. 2. Personnes morales :

— titre établissant leur existence ;

— copie de la pièce portant désignation du représentant permanent.

1. 4. Conditions d'exercice.

1. 4. 1. Attestation sur l'honneur, sur papier libre, relative à l'absence de condamnation ou de sanction civile ou administrative de nature à interdire l'exercice d'une activité commerciale, faisant apparaître la filiation pour les personnes mentionnées à l'article A. 123-50.

1. 4. 2. Activité réglementée : copie de l'autorisation provisoire ou définitive, du diplôme ou du titre, conformément à l'article R. 123-95.

2. Renseignements relatifs au siège

2. 1. Justificatif de la jouissance des locaux où est installé le siège par tout document établi au nom du groupement permettant de justifier la réalité de l'adresse déclarée.

2. 2. Si le représentant légal use de la faculté d'installer le siège à son domicile pour une durée limitée, justificatif de son domicile par tout document établi à son nom permettant de justifier la réalité de l'adresse déclarée.

2. 3. Occupation de locaux en commun : si le siège social est situé dans les locaux occupés en commun par une ou plusieurs entreprises, copie du contrat de domiciliation mentionné aux articles R. 123-167 et suivants *(Arr. du 31 juill. 2012, art. 13, en vigueur le 1er sept. 2012)* « indiquant les références de l'agrément préfectoral prévu par l'article L. 123-11-3 » et extrait du RCS ou du répertoire des métiers du domiciliataire, sauf si celui-ci est immatriculé dans le même greffe ou s'il est une personne morale française de droit public ou une association regroupant des personnes morales françaises de droit public.

3. Renseignements relatifs à l'établissement

3. 1. Acquisition d'un fonds de commerce par un groupement à objet commercial :

— par achat, licitation : copie de l'acte et attestation de parution dans un journal d'annonces légales ou copie de celui-ci ;

— par donation : copie de l'acte ;

— par apport : copie de l'acte et attestation de parution dans un journal d'annonces légales ou copie de celui-ci.

3. 2. Location-gérance d'un fonds de commerce par un groupement à objet commercial.

Copie du contrat de location-gérance et attestation de parution dans un journal d'annonces légales ou copie de celui-ci.

3. 3. Gérance-mandat d'un fonds de commerce par un groupement à objet commercial.

Copie du contrat de gérance-mandat et attestation de parution dans un journal d'annonces légales ou copie de celui-ci.

3. 4. Gestion d'un fonds de commerce cédé dans le cadre d'un plan de cession.

Copie du jugement ordonnant un plan de cession.

4. Immatriculation secondaire

Extrait de l'immatriculation principale datant de moins de trois mois.

Origine du fonds de commerce acquis ou reçu par le groupement à objet commercial :

— par achat, licitation, attribution par voie de partage : copie de l'acte enregistré et attestation de parution dans un journal d'annonces légales ou copie de celui-ci ;

— par voie de donation : copie de l'acte de donation ;

— par location-gérance : pour le locataire-gérant, copie du contrat de location-gérance et attestation de parution dans un journal d'annonces légales ou copie de celui-ci ;

— par gérance-mandat : pour le mandataire, copie du contrat de gérance-mandat et attestation de parution dans un journal d'annonces légales ou copie de celui-ci ;

— dans le cadre d'un plan de cession, pour la gestion du fonds de commerce cédé : copie du jugement ordonnant le plan de cession.

ANNEXE VIII

Demande d'inscription modificative des groupements d'intérêt économique et des groupements européens d'intérêt économique

Lors de la demande d'inscription modificative, les pièces devant être présentées sont celles demandées dans l'annexe précédente et établissant les changements ou adjonctions intervenus.

1. Renseignements relatifs à la personne

Lorsque le dépôt au greffe des actes modificatifs du groupement a été effectué avant la demande d'inscription modificative, copie du récépissé de dépôt.

1. 1. Identification des dirigeants.

Pièces établissant les modifications de situations prévues à l'annexe précédente ou au 1 de l'annexe II.

2. Renseignements relatifs au siège et à l'établissement

2. 1. Justificatif de la jouissance des locaux où est installé le siège par tout document établi au nom du groupement permettant de justifier la réalité de l'adresse déclarée

2. 2. Si le représentant légal use de la faculté d'installer le siège à son domicile pour une durée limitée, justificatif de son domicile par tout document établi à son nom permettant de justifier la réalité de l'adresse déclarée.

2. 3. Occupation de locaux en commun : si le siège du groupement est situé dans les locaux occupés en commun par une ou plusieurs entreprises : copie du contrat de domiciliation mentionné aux articles R. 123-167 et suivants *(Arr. du 31 juill. 2012, art. 13, en vigueur le 1er sept. 2012)* « indiquant les références de l'agrément préfectoral prévu par l'article L. 123-11-3 » et extrait du RCS ou du répertoire des métiers du domiciliataire, sauf si celui-ci est immatriculé dans le même greffe ou s'il est une personne morale française de droit public ou une association regroupant des personnes morales françaises de droit public.

2. 4. Fonds de commerce acquis ou reçu par un groupement à objet commercial.

Par achat, licitation : copie de l'acte et attestation de parution dans un journal d'annonces légales ou copie de celui-ci.

Par voie de donation : copie de l'acte de donation.

Par apport : copie de l'acte et attestation de parution dans un journal d'annonces légales ou copie de celui-ci.

Par location-gérance : copie du contrat de location-gérance et attestation de parution dans un journal d'annonces légales ou copie de celui-ci.

Par gérance-mandat : copie du contrat de gérance-mandat et attestation de parution dans un journal d'annonces légales ou copie de celui-ci.

Dans le cadre d'un plan de cession, pour la gestion du fonds de commerce cédé : copie du jugement ordonnant un plan de cession.

2. 5. Transfert du siège ou d'un établissement.

2. 5. 1. Dans tous les cas pour le siège :

— justificatif de la jouissance des locaux où est installé le siège ou justificatif du domicile du *représentant légal où est fixé le siège*, par tout document établi au nom de la personne tenue à l'immatriculation ou de son représentant permettant de justifier la réalité de l'adresse déclarée :

— occupation de locaux en commun : si le siège du groupement est situé dans les locaux occupés en commun par une ou plusieurs entreprises, copie du contrat de domiciliation mentionné aux articles R. 123-167 et suivants *(Arr. du 31 juill. 2012, art. 13, en vigueur le 1er sept. 2012)* « indiquant les références de l'agrément préfectoral prévu par l'article L. 123-11-3 » et extrait du RCS ou du répertoire des métiers du domiciliataire, sauf si celui-ci est immatriculé dans le même greffe ou s'il est une personne morale française de droit public ou une association regroupant des personnes morales françaises de droit public.

2. 5. 2. Transfert dans le ressort d'un autre greffe.

S'il s'agit du transfert du siège : pièces prévues au 1. 1 de l'annexe V et copie du récépissé de dépôt au greffe du nouveau siège, des actes décidant le transfert du siège si la formalité n'est pas concomitante au dépôt.

S'il s'agit du transfert d'un établissement : pièces prévues au 1. 2 ou 2. 2 de l'annexe V.

2. 6. Immatriculation secondaire :

— extrait de l'immatriculation principale datant de moins de trois mois ;

— origine du fonds de commerce acquis ou reçu par le groupement à objet commercial :

— par achat, licitation, attribution par voie de partage : copie de l'acte enregistré et attestation de parution dans un journal d'annonces légales ou copie de celui-ci ;

— par voie de donation : copie de l'acte de donation ;

— par dévolution successorale, sans partage ni licitation : copie de l'acte de notoriété ou de l'intitulé d'inventaire ;

— par location-gérance : pour le locataire-gérant, copie du contrat de location-gérance et attestation de parution dans un journal d'annonces légales ou copie de celui-ci ;

— par gérance-mandat : pour le mandataire, copie du contrat de gérance-mandat et attestation de parution dans un journal d'annonces légales ou copie de celui-ci ;

— dans le cadre d'un plan de cession, pour la gestion du fonds de commerce cédé : copie du jugement ordonnant le plan de cession.

2. 7. Activité réglementée.

Copie de l'autorisation provisoire ou définitive du diplôme ou du titre conformément à l'article R. 123-95.

ANNEXE IX

Demande d'immatriculation et d'inscription modificative des autres personnes morales

1. Renseignements relatifs à la personne

1. 1. Établissement public français.

1. 1. 1. Situation juridique.

1. 1. 1. 1. Immatriculation :

— copie du *Journal officiel* mentionnant l'acte qui a autorisé sa création ou copie de l'acte ayant créé l'établissement ;

— copie de la décision nommant les personnes chargées de le représenter ou de l'administrer.

1. 1. 1. 2. Inscription modificative.

Copie du *Journal officiel* mentionnant l'acte qui en a modifié l'organisation ou son fonctionnement ou copie du ou des actes ayant décidé les modifications.

1. 1. 2. Personnes chargées de le représenter ou de l'administrer.

Pièces identiques à celles exigées pour un dirigeant de société, à l'exception de l'attestation de non-condamnation.

1. 2. Représentation ou agence commerciale des États, collectivités ou établissements publics étrangers.

Personnes chargées de le représenter : certificat de l'autorité diplomatique ou consulaire dont elles relèvent attestant la réalité et le caractère officiel de la représentation ou de l'agence indiquant les nom, prénoms et domicile des personnes physiques ayant le pouvoir général de l'engager.

1. 3. Autres personnes morales.

1. 3. 1. Titre établissant leur existence.

1. 3. 2. Pour les personnes ayant le pouvoir de les engager à titre habituel :

— copie de la carte nationale d'identité ou du passeport en cours de validité accompagnée d'une déclaration de l'intéressé faisant connaître sa filiation si celle-ci ne figure pas sur le document fourni ;

— ou document équivalent pour les étrangers, s'il y a lieu tout document justifiant la nationalité et sa traduction en langue française.

2. Renseignements relatifs à l'établissement

2. 1. Justificatif de la jouissance des locaux où est installé le siège par tout document établi au nom de la société permettant de justifier la réalité de l'adresse déclarée.

2. 2. Si le représentant légal use de la faculté d'installer le siège à son domicile pour une durée limitée, justificatif de son domicile par tout document établi à son nom permettant de justifier la réalité de l'adresse déclarée.

2. 3. Occupation de locaux en commun : si le siège social est situé dans les locaux occupés en commun par une ou plusieurs entreprises, copie du contrat de domiciliation mentionné aux articles R. 123-167 et suivants *(Arr. du 31 juill. 2012, art. 13, en vigueur le 1er sept. 2012)* « indiquant les références de l'agrément préfectoral prévu par l'article L. 123-11-3 » et extrait du RCS ou du répertoire des métiers du domiciliataire, sauf si celui-ci est immatriculé dans le même greffe ou s'il est une personne morale française de droit public ou une association regroupant des personnes morales françaises de droit public.

2. 4. Acquisition d'un fonds de commerce.

Par achat, licitation : copie de l'acte.

Par voie de donation : copie de l'acte de donation.

2. 5. Activité réglementée.

Copie de l'autorisation provisoire ou définitive du diplôme ou du titre conformément à l'article R. 123-95.

2. 6. Autres personnes morales.

Pièces justifiant les renseignements exigés par la législation particulière.

ANNEXE X

DEMANDES DE RADIATION

1. Radiation des personnes physiques

En cas de décès de la personne immatriculée : extrait de l'acte de décès.

Pour les ambulants ainsi que pour les forains n'ayant en France ni domicile ni résidence fixe : original de la carte de commerçant ambulant ou du titre de circulation sur lequel le greffe porte la mention de la radiation ainsi que sa date.

2. Radiation des personnes morales

Si la formalité n'est pas concomitante au dépôt : récépissé du dépôt d'actes de nullité, de clôture des comptes de liquidation ou de fusion.

En cas de demande de radiation d'une immatriculation secondaire par suite de fusion et de scission : extrait du registre du commerce et des sociétés du siège portant mention de l'opération.

Le cas échéant, attestation de parution dans un journal d'annonces légales ou copie de celui-ci.

SOUS-§ 2 DU CONTRÔLE ET DE L'ENREGISTREMENT DES DEMANDES

Art. A. 123-51 **Le juge commis à la surveillance du registre du commerce et des sociétés demande le bulletin nº 2 du casier judiciaire :**

1° Des personnes physiques soumises à immatriculation et des personnes physiques ayant le pouvoir d'engager à titre habituel la personne tenue à l'immatriculation ;

2° Des personnes physiques mentionnées à l'article R. 123-54, mentionnées au registre du commerce et des sociétés en vertu de l'immatriculation des sociétés commerciales, à l'exclusion des commissaires aux comptes ;

3° Des gérants des groupements européens d'intérêt économique, des personnes physiques membres des groupements d'intérêt économique, administrateurs et personnes chargées du contrôle de la gestion et du contrôle des comptes de ces groupements, à l'exclusion des commissaires aux comptes ;

4° Des gérants des sociétés civiles ;

5° Des personnes physiques mentionnées au registre du commerce et des sociétés, par suite de l'immatriculation d'une coopérative agricole, à l'exclusion des commissaires aux comptes ;

6° Des personnes ayant le pouvoir général d'engager les caisses d'épargne et de prévoyance vis-à-vis des tiers et des membres des conseils d'orientation et de surveillance.

Ces personnes attestent, au préalable, qu'elles n'ont été l'objet d'aucune condamnation pénale ni de sanction civile ou administrative de nature à leur interdire de gérer, d'administrer ou diriger une personne morale et, s'il s'agit d'un commerçant, de nature *à lui interdire* d'exercer une activité commerciale.

Au cas où le casier judiciaire révèle l'existence d'une interdiction d'exercer le commerce ou d'une condamnation de nature à interdire l'exercice de l'activité entreprise, le juge ordonne la radiation de l'immatriculation ou de l'inscription après en avoir préalablement avisé la personne concernée.

Lorsque la personne physique concernée par la radiation est l'une de celles mentionnées aux 2°, 3°, 4° et 5° ci-dessus, le juge avise également la personne morale et lui demande de régulariser le cas échéant sa situation.

Lorsqu'une autorisation administrative est accordée à titre provisoire et ne devient définitive qu'après l'immatriculation au registre du commerce et des sociétés, le greffier adresse à l'autorité administrative compétente un extrait de l'immatriculation dès vérification du casier judiciaire. – *[Arr. du 9 févr. 1988, art. 17.]*

1. Fondés de pouvoir. Le gérant technique d'un salon de coiffure n'est pas le fondé de pouvoir de son employeur, à moins qu'il ne soit dit qu'il l'est effectivement. • Douai, 6 juill. 1993 : *Gaz. Pal. 1994. 2. Somm. 788, obs. Foucart* (décision rendue sous l'empire du 2° de l'art. 17 de l'Arr. du 9 févr. 1988).

2. Injonction. La procédure de l'art. 17 de l'Arr. du 9 févr. 1988 [art. A. 123-51 C. com.] indique que le juge commis ordonne la radiation de l'immatriculation ou de l'inscription après en avoir avisé préalablement la personne concernée, ainsi que la société, en l'invitant à régulariser éventuellement la situation, à l'exclusion de la voie de l'injonction faite au mandataire social, dont l'incapacité est constatée et par là même son défaut de qualité, d'avoir à solliciter une inscription modificative. • Versailles, 11 mars 2004 : *JCP E 2004, n° 24, p. 939.*

Art. A. 123-52 **Le déclarant peut demander au greffier la délivrance d'une attestation précisant la date inscrite au registre d'arrivée prévu à l'article R. 123-92.** – *[Arr. du 9 févr. 1988, art. 20, al. 2.]*

Art. A. 123-53 **Le registre chronologique prévu à l'article R. 123-98 est tenu selon un procédé informatique.** – *[Arr. du 9 févr. 1988, art. 20, al. 1er.]*

(Arr. du 20 avr. 2010, art. 1er) **« Pour l'application de l'article R. 123-101-1, le greffier certifie l'identité des informations enregistrées sur support électronique pour la tenue du registre du commerce et des sociétés avec celles reçues conformément aux articles R. 123-92 à R. 123-98 en apposant au moins une fois par jour, sur le registre mentionné au premier alinéa, sa signature électronique sécurisée, telle que définie par le décret** *(Décr. n° 2017-1416 du 28 sept. 2017, art. 2-II)* **« n° 2017-1416 du 28 septembre 2017 » pris pour l'application de l'article** *(Décr. n° 2016-1278 du 29 sept. 2016, art. 1er, en vigueur le 1er oct. 2016)* **« 1367 » du code civil et relatif à la signature électronique. »**

Art. A. 123-54 **Le greffier notifie au requérant le numéro unique d'identification délivré par l'Institut national de la statistique et des études économiques dès sa réception.**

Il rappelle au requérant l'obligation de porter sur ses papiers d'affaires, outre les mentions obligatoires découlant des textes particuliers régissant la forme juridique de l'entreprise, les mentions prévues à l'article R. 123-237. – *[Arr. du 9 févr. 1988, art. 23.]*

Dans tous les textes réglementaires, la référence aux mentions visées aux 1 et 2 de l'art. R. 123-237 (anciens 1° et 2° de l'art. 72 du Décr. n° 84-406 du 30 mai 1984 relatif au registre du commerce et des sociétés) est substituée à la référence au numéro d'immatriculation au registre du commerce et des sociétés (Décr. n° 98-550 du 2 juill. 1998, art. 35).

§ 3 DES DÉPÔTS EN ANNEXE AU REGISTRE

SOUS-§ 1er DES DÉPÔTS INCOMBANT AUX PERSONNES MORALES DONT LE SIÈGE EST SUR LE TERRITOIRE FRANÇAIS

SOUS-SOUS-§ 1er *DU DÉPÔT DES ACTES CONSTITUTIFS*

Art. A. 123-55 **Les caisses d'épargne et de prévoyance déposent les actes énumérés au 1° de l'article R. 123-103 suivant les modalités prévues par les articles R. 123-102 et suivants.** – *[Arr. du 23 mai 1985.]*

Art. A. 123-56 **Les statuts des caisses d'épargne et de prévoyance déposés en annexe au registre du commerce et des sociétés sont visés au préalable par** *(L. n° 2009-715 du 18 juin 2009, art. 2)* **« l'organe central des caisses d'épargne et des banques populaires ».** – *[Arr. du 23 mai 1985.]*

Art. A. 123-57 **Les associations mentionnées à l'article A. 123-16 déposent en annexe au registre du commerce et des sociétés, au plus tard en même temps que leur demande d'immatriculation, en application du dernier alinéa de l'article R. 123-103 :**

1° *(Arr. du 31 juill. 2012, art. 10, en vigueur le 1er sept. 2012)* **« Une copie » de leurs statuts ;**

2° *(Arr. du 31 juill. 2012, art. 10, en vigueur le 1er sept. 2012)* **« Une copie » de la déclaration ou de l'inscription pour les associations d'Alsace-Moselle ou du *Journal officiel* qui a rendu publique l'association ;**

3° *(Arr. du 31 juill. 2012, art. 10, en vigueur le 1er sept. 2012)* « Une copie » d'extraits des procès-verbaux de délibération des instances ayant désigné les organes de direction et de contrôle ou le conseil d'administration ;

4° *(Arr. du 31 juill. 2012, art. 10, en vigueur le 1er sept. 2012)* « Une copie » du procès-verbal des délibérations de l'assemblée générale constatant la décision d'émettre des obligations. — *[Arr. du 27 janv. 1986.]*

Art. A. 123-58 Les groupements européens d'intérêt économique mentionnés à l'article A. 123-18 déposent au plus tard en même temps que leur demande d'immatriculation :

1° *(Arr. du 31 juill. 2012, art. 11, en vigueur le 1er sept. 2012)* « Une expédition du contrat de groupement, s'il a été établi par acte authentique, ou l'original, s'il a été établi » par acte sous seing privé ; celui-ci indique, le cas échéant, le nom et la résidence du notaire au rang des minutes duquel il a été déposé ;

2° *(Arr. du 31 juill. 2012, art. 11, en vigueur le 1er sept. 2012)* « Une copie » des actes de nomination des gérants du groupement, avec l'indication qu'ils peuvent agir seuls ou qu'ils agissent conjointement. — *[Arr. du 20 juin 1989, art. 2.]*

SOUS-SOUS-§ 2 *DU DÉPÔT DES ACTES MODIFICATIFS*

Art. A. 123-59 Le projet de transfert hors de France du siège d'un groupement européen d'intérêt économique, établi par le ou les gérants, est déposé au greffe du tribunal où le groupement est immatriculé. — *[Arr. du 20 juin 1989, art. 5, al. 1er.]*

Art. A. 123-60 La décision constatant la clôture de la liquidation d'un groupement européen d'intérêt économique est déposée par le liquidateur *(Abrogé par Arr. du 31 juill. 2012, art. 12, à compter du 1er sept. 2012) « **en double exemplaire** »* au greffe du tribunal où le groupement est immatriculé. — *[Arr. du 20 juin 1989, art. 8, al. 1er.]*

SOUS-SOUS-§ 3 *DU DÉPÔT DES DOCUMENTS COMPTABLES ET DE LA DÉCLARATION DE CONFIDENTIALITÉ DES COMPTES ANNUELS (Arr. du 15 oct. 2014, art. 3).*

Art. A. 123-61 Pour effectuer la transmission électronique des documents comptables prévue au *(Arr. du 15 oct. 2014, art. 4)* « second » alinéa de l'article R. 123-111, *(Arr. du 15 oct. 2014, art. 4)* « accompagnés le cas échéant de la déclaration de confidentialité des comptes annuels, » la société conclut un accord avec le greffe territorialement compétent.

Le modèle de cet accord est établi par le directeur des services judiciaires, le président du Conseil national des greffiers des tribunaux de commerce et le directeur général de l'Institut national de la propriété industrielle.

L'accord prévoit les formats d'échanges, l'ordre de transmission des documents aux greffes.

La réception des documents est constatée par un récépissé électronique.

Si l'envoi est incomplet, son contenu ne peut être diffusé et le déclarant est invité par le greffe à fournir les pièces manquantes dans les conditions prévues aux alinéas précédents.

Le dépôt est validé par le greffe lorsqu'il a constaté que l'envoi est complet et régulier. Le greffe adresse un certificat de dépôt électronique au déclarant. Les documents sont alors transmis par voie électronique à l'Institut national de la propriété industrielle. — *[Arr. du 9 févr. 1988, art. 28-1.]*

Les dispositions issues de l'Arr. du 15 oct. 2014 sont applicables dans les îles Wallis-et-Futuna (Arr. préc., art. 7).

Art. A. 123-61-1 *(Arr. du 30 mai 2016, art. 3)* Un modèle type de déclaration de confidentialité des comptes annuels prévue au premier alinéa de l'article R. 123-111-1 figure à l'annexe 1-5 au présent livre.

Un modèle type de déclaration de confidentialité des comptes annuels prévue au deuxième alinéa de l'article R. 123-111-1 figure à l'annexe 1-5-1.

(Arr. du 20 nov. 2019, art. 1er) « Un modèle type de déclaration de publication simplifiée des comptes annuels prévue au troisième alinéa de l'article R. 123-111-1 figure à l'annexe 1-5-2. »

Les dispositions issues de l'Arr. du 30 mai 2016 s'appliquent aux comptes afférents aux exercices clos à compter du 31 déc. 2015 et déposés à compter du 7 août 2016 (Arr. préc., art. 5).

ANNEXE 1-5 À L'ARTICLE A. 123-61-1

MODÈLE TYPE DE DÉCLARATION DE CONFIDENTIALITÉ DES COMPTES ANNUELS – MICRO-ENTREPRISE *(Arr. du 30 mai 2016, art. 3)*

1. Déclarant *(Informations telles que figurant au RCS)*
Dénomination ou raison sociale de la personne morale ....
Immatriculée au RCS, numéro Identité et qualité du représentant légal signataire ....
(Arr. du 30 mai 2016, art. 3) « 2. Objet de la déclaration
« Déclare que les comptes annuels de l'exercice clos le... et qui sont déposés en annexe au registre du commerce et des sociétés ne seront pas rendus publics en application de l'article L. 232-25 du code de commerce et du premier alinéa de l'article L. 524-6-6 du code rural et de la pêche maritime. »
3. Engagement du déclarant
Le (la) soussigné(e) atteste sur l'honneur que les renseignements contenus dans la présente déclaration sont exacts et que la société susvisée répond à la définition des microentreprises au sens de l'article L. 123-16-1 du code de commerce, n'est pas mentionnée à l'article L. 123-16-2 et n'a pas pour activité la gestion des titres de participations et de valeurs mobilières.
Toute fausse déclaration de confidentialité des comptes annuels constitue un faux et un usage de faux passible des peines d'amende et d'emprisonnement prévues aux articles 441-1 et suivants du code pénal.
Fait à ...., le ....
Signature

ANNEXE 1-5-1

MODÈLE TYPE DE DÉCLARATION DE CONFIDENTIALITÉ DES COMPTES ANNUELS – PETITE ENTREPRISE

(Arr. du 30 mai 2016, art. 4)

1. Déclarant *(Informations telles que figurant au RCS)*
Dénomination ou raison sociale de la personne morale ....
Immatriculée au RCS, numéro ....
Identité et qualité du représentant légal signataire ....
2. Objet de la déclaration
Demande que le compte de résultat de l'exercice clos le ..., distinct des autres documents comptables, et qui est déposé en annexe au registre du commerce et des sociétés ne sera pas rendu public en application du deuxième alinéa de l'article L. 232-25 du code de commerce et du deuxième alinéa de l'article L. 524-6-6 du code rural et de la pêche maritime.
3. Engagement du déclarant
Le (la) soussigné(e) atteste sur l'honneur que les renseignements contenus dans la présente déclaration sont exacts et que la société susvisée répond à la définition des petites entreprises au sens de l'article L. 123-16 du code de commerce, n'est pas mentionnée à l'article L. 123-16-2 du code de commerce et n'appartient pas à un groupe au sens de l'article L. 233-16 du code de commerce ou de l'article L. 524-6-1 du code rural et de la pêche maritime.
Toute fausse déclaration relative à la demande de confidentialité du compte de résultat constitue un faux et un usage de faux passible des peines d'amende et d'emprisonnement prévues aux articles 441-1 et suivants du code pénal.
Fait à ...., le ....
Signature

ANNEXE 1-5-2

MODÈLE TYPE DE DÉCLARATION DE PUBLICATION SIMPLIFIÉE DES COMPTES ANNUELS - MOYENNE ENTREPRISE

(Arr. du 20 nov. 2019, art. 2)

1. Déclarant *(Informations telles que figurant au RCS)*
Dénomination ou raison sociale de la personne morale
Immatriculée au RCS, numéro
Identité et qualité du représentant légal signataire
2. Objet de la déclaration
Déclare que le bilan et l'annexe de l'exercice clos le ., distincts des autres documents comptables et qui sont déposés en annexe au registre du commerce et des sociétés, seront publiés selon une présentation simplifiée en application du troisième alinéa de l'article L. 232-25 du code de commerce.

3. Engagement du déclarant

Le (la) soussigné(e) atteste sur l'honneur que les renseignements contenus dans la présente déclaration sont exacts et que la société susvisée répond à la définition des moyennes entreprises au sens de l'article L. 123-16 du code de commerce, n'est pas mentionnée à l'article L. 123-16-2 du même code et n'appartient pas à un groupe au sens de l'article L. 233-16 du même code.

Toute fausse déclaration relative à la demande de publication simplifiée du bilan et de l'annexe constitue un faux et un usage de faux passible des peines d'amende et d'emprisonnement prévues aux articles 441-1 et suivants du code pénal.

Fait à ...., le ....

Signature

Art. A. 123-62 **Les caisses d'épargne et de prévoyance déposent les comptes annuels, la décision d'affectation des résultats, le rapport annuel du directeur général ou du directoire, le rapport annuel des commissaires aux comptes suivant les modalités prévues par les articles R. 123-102 et suivants.** – *[Arr. du 23 mai 1985.]*

SOUS-§ 2 DES DÉPÔTS INCOMBANT AUX SOCIÉTÉS DONT LE SIÈGE EST À L'ÉTRANGER

Le présent sous-paragraphe ne comprend pas de dispositions pour les arrêtés.

SOUS-§ 3 DISPOSITIONS COMMUNES

Le présent sous-paragraphe ne comprend pas de dispositions pour les arrêtés.

SOUS-§ 4 DISPOSITIONS PROPRES AUX PERSONNES PHYSIQUES

Art. A. 123-63 **Un modèle d'attestation de délivrance de l'information, donnée par la personne physique qui s'immatricule, à son conjoint commun en biens sur les conséquences des dettes contractées dans l'exercice de sa profession sur les biens communs figure à l'annexe 1-2 au présent livre.** – *[Arr. du 4 juill. 2007, art. 1er.]*

ANNEXE 1-2

(ANNEXE AUX ARTICLES A. 123-63 ET A. 134-2)

Modèle d'attestation de délivrance de l'information donnée à son conjoint commun en biens sur les conséquences des dettes contractées dans l'exercice de sa profession sur les biens communs.

Je soussigné *(nom et prénom de la personne immatriculée)* déclare sous ma responsabilité, conformément à l'article R. 123-121-1, avoir informé mon conjoint M. /Mme *(rayer la mention inutile)*, avec lequel/laquelle je me suis marié(e) sans contrat de mariage (1) ou bien avec un contrat de mariage qui prévoit des biens communs aux époux, sur les conséquences des dettes contractées dans l'exercice de ma profession sur ces biens communs.

Fait à .... le ....*(Signature de la personne immatriculée)*

(1) La mention relative à l'absence de contrat de mariage ne signifie pas que le régime légal français est applicable.

§ 4 DES INSCRIPTIONS D'OFFICE

SOUS-§ 1er DES INSCRIPTIONS MODIFICATIVES

Le présent sous-paragraphe ne comprend pas de dispositions pour les arrêtés.

SOUS-§ 2 DES RADIATIONS

Art. A. 123-64 **Si l'activité entreprise ne peut être exercée sans autorisation administrative, à l'exception du cas de non-renouvellement de cette autorisation, le greffier informe l'autorité administrative compétente des radiations d'office auxquelles il procède.** – *[Arr. du 9 févr. 1988, art. 27.]*

§ 5 DU CONTENTIEUX

Le présent paragraphe ne comprend pas de dispositions pour les arrêtés.

§ 6 DE LA PUBLICITÉ DU REGISTRE

SOUS-§ 1er DE LA COMMUNICATION ET DE L'INSCRIPTION DES ACTES

Art. A. 123-65 **Les extraits du registre du commerce et des sociétés sont délivrés par les greffiers conformément à un modèle approuvé par** *(Décr. nº 2019-1379 du 18 déc. 2019, art. 9, en vigueur le 1er janv. 2020)* **« arrêté du garde des sceaux, ministre de la justice ».** — *V. Délib. CCRCS nº 2013-015 du 27 mars 2013 portant approbation des modèles d'extraits du RCS (www. textes. justice. gouv. fr/art_pix/2013-015_KBis. pdf).*

Ils peuvent être soit imprimés, soit édités automatiquement avec les mêmes rubriques que l'imprimé disposées dans le même ordre, soit résulter de la duplication de la demande d'immatriculation et comporter, en tout état de cause, la signature du greffier. — *[Arr. du 9 févr. 1988, art. 29.]*

Modèle d'extraits Kbis. Les extraits K*bis* doivent comporter le cas échéant une rubrique « Condition d'exercice » se rapportant aux « déclaration, autorisation, titre ou diplôme » dont la personne immatriculée doit justifier lorsque son activité fait l'objet d'une réglementation particulière. Il appartient au greffier d'y apporter en regard l'indication de l'autorité dont elle émane et de sa durée de validité, lorsque la justification requise a été produite lors de la demande d'immatriculation ; lorsque la réglementation particulière de l'activité exercée prévoit que la déclaration ou la demande d'autorisation est effectuée après l'immatriculation, la mention « En attente de la production de la pièce justifiant de la capacité » doit être apposée, et il est prescrit que « la pièce justificative est fournie au greffe dans les quinze jours de sa délivrance par l'autorité compétente » (Avis CCRCS nº 2016-019 du 18 oct. 2016).

Art. A. 123-66 **Les copies du registre du commerce et des sociétés peuvent être délivrées par voie électronique. Il est alors précisé que seul un document signé fait foi.**

Pour cette délivrance les greffiers se conforment aux dispositions de l'article R. 741-5 et l'Institut national de la propriété industrielle à celles de l'article R. 123-153. — *[Arr. du 9 févr. 1988, art. 30.]*

Art. A. 123-67 **Sous réserve des dispositions de l'article R. 123-154, les greffiers et l'Institut national de la propriété industrielle sont habilités à répondre à des demandes relatives à des inscriptions radiées.**

Toutefois, au terme d'un délai de cinq ans, l'Institut national de la propriété industrielle peut ne conserver les documents que sur un support de substitution fiable et durable. — *[Arr. du 9 févr. 1988, art. 34.]*

Droit à l'oubli. L'art. 6, § 1, sous e), l'art. 12, sous b), et l'art. 14, 1er al., sous a), de la Dir. 95/46/CE du 24 oct. 1995, relative à la protection des personnes physiques à l'égard du traitement des données à caractère personnel et à la libre circulation de ces données, lus en combinaison avec l'art. 3 de la Dir. 68/151/CEE du 9 mars 1968, tendant à coordonner les garanties qui sont exigées des sociétés pour protéger les intérêts tant des associés que des tiers, doivent être interprétés en ce sens que, en l'état actuel du droit de l'Union, il appartient aux États membres de déterminer si les personnes physiques peuvent demander à l'autorité chargée de la tenue, respectivement, du registre central, du registre du commerce ou du registre des sociétés de vérifier, sur la base d'une appréciation au cas par cas, s'il est exceptionnellement justifié, pour des raisons prépondérantes et légitimes tenant à leur situation particulière, de limiter, à l'expiration d'un délai suffisamment long après la dissolution de la société concernée, l'accès aux données à caractère personnel les concernant, inscrites dans ce registre, aux tiers justifiant d'un intérêt spécifique à la consultation de ces données. • CJUE 9 mars 2017, nº C-398/15 : *RTD com. 2017. 379, obs. A. Lecourt ; Rev. sociétés 2018. 79, note Reygrobellet ; RJDA 2017, nº 406 ; CCE 2017, nº 66, obs. Metallinos ; Légipresse 2017. 494, note Pautrot.*

Art. A. 123-68 *(Arr. du 15 oct. 2014, art. 6)* **« Sous réserve des dispositions de l'article R. 123-154-1, » l'Institut national de la propriété industrielle et les greffes délivrent les renseignements sur les documents comptables sous forme de copie ou en communication.**

Toutefois, pour les documents comptables antérieurs à ceux établis au titre des cinq derniers exercices, ces renseignements ne sont délivrés par l'Institut national de la propriété industrielle que sous forme d'extraits. — *[Arr. du 9 févr. 1988, art. 35-1.]*

Les dispositions issues de l'Arr. du 15 oct. 2014 sont applicables dans les îles Wallis-et-Futuna (Arr. préc., art. 7).

Art. A. 123-68-1 *(Arr. du 23 juin 2016, art. 1er)* I. — Pour l'application du deuxième alinéa de l'article L. 232-25, les catégories de personnes morales qui financent ou investissent, directement ou indirectement, dans les entreprises, ou fournissent des prestations au bénéfice de ces personnes morales sont les suivantes :

1° Pour les personnes morales qui financent ou investissent :

a) Les établissements de crédit et sociétés de financement mentionnés à l'article L. 511-1 du code monétaire et financier ainsi que les personnes mentionnées aux articles L. 511-22 et L. 511-23 du même code ;

b) Les compagnies financières holding et entreprises mères de société de financement mentionnées à l'article L. 517-1 du code monétaire et financier ;

c) Les entreprises d'investissement mentionnées à l'article L. 531-4 du code monétaire et financier ainsi que les personnes mentionnées aux articles L. 532-18 et L. 532-18-1 du même code ;

d) Les sociétés de gestion de placements collectifs mentionnées à l'article L. 543-1 du code monétaire et financier ;

e) Les sociétés de libre partenariat mentionnées à l'article L. 214-162-1 du code monétaire et financier ;

f) L'établissement mentionné à l'article L. 518-2 du code monétaire et financier ;

g) Les entreprises d'assurance et de réassurance mentionnées aux articles L. 310-1 et L. 310-1-1 du code des assurances ainsi que les personnes mentionnées à l'article L. 310-3-1 du même code ;

h) Les institutions de prévoyance et leurs unions régies par le titre III du livre IX du code de la sécurité sociale ;

i) Les mutuelles et leurs unions régies par le livre II du code de la mutualité ;

j) Les intermédiaires en assurance ou en réassurance mentionnés à l'article L. 511-1 du code des assurances ainsi que les personnes mentionnées à l'article L. 515-2 du même code ;

k) Les sociétés exerçant à titre habituel la location de biens professionnels sans être agréées en tant qu'établissement de crédit ou société de financement ;

2° Pour les prestataires fournissant des services aux personnes morales qui financent ou investissent :

a) Les dépositaires centraux mentionnés à l'article L. 441-1 du code monétaire et financier et les gestionnaires de systèmes de règlement interbancaires mentionnés au I de l'article L. 330-1 du même code ;

b) Les entreprises de marché mentionnées à l'article L. 421-2 du code monétaire et financier ou les personnes qui opèrent un marché réglementé mentionné à l'article L. 422-1 du même code ;

c) Les établissements de paiement mentionnés à l'article L. 522-1 du code monétaire et financier ainsi que les personnes mentionnées à l'article L. 522-13 du même code ;

d) Les intermédiaires en opérations de banque et en services de paiement mentionnées à l'article L. 519-1 du code monétaire et financier ;

e) Les établissements de monnaie électronique mentionnés à l'article L. 526-1 du code monétaire et financier ainsi que les personnes mentionnées aux articles L. 526-25 et L. 526-26 du même code ;

f) Les conseillers en investissements financiers mentionnés à l'article L. 541-1 du code monétaire et financier ;

g) Les prestataires de service en recherche en investissement et d'analyse financière au sens de l'article L. 544-1 du code monétaire et financier ;

h) Les agences de notation de crédit mentionnées à l'article L. 544-4 du code monétaire et financier ;

i) Les agents liés à un prestataire de services d'investissement mentionnés à l'article L. 545-1 du code monétaire et financier ;

j) Les conseillers en investissements participatifs mentionnés à l'article L. 547-1 du code monétaire et financier ;

k) Les intermédiaires en financement participatif mentionnés à l'article L. 548-2 du code monétaire et financier ;

l) Les sociétés spécialisées en information de solvabilité et de prévention de défaillance.

II. – Les personnes mentionnées au I du présent article accompagnent leur demande d'accès aux comptes annuels d'une société en vertu du premier alinéa de l'article R. 123-154-1 d'une attestation établie conformément au modèle type figurant à l'annexe 1-6 du présent livre.

L'art. A. 123-68-1 s'applique aux comptes afférents aux exercices clos à compter du 31 déc. 2015 et déposés à compter du 7 août 2016 (Arr. du 23 juin 2016, art. 3).

ANNEXE 1-6 À L'ARTICLE A. 123-68-1

MODÈLE TYPE D'ATTESTATION PRÉVUE PAR L'ARTICLE A. 123-68-1

(Arr. du 23 juin 2016, art. 2)

1. Déclarant.

Dénomination ou raison sociale de la personne morale.

Le cas échéant, le numéro d'immatriculation au RCS.

Identité et qualité du représentant légal signataire.

2. Objet de la déclaration.

Le (la) soussigné(e) atteste sur l'honneur que la personne morale qu'il (elle) représente appartient à, au moins, l'une des catégories de personnes définies à l'article A. 123-68-1 du code de commerce :

1° Personnes morales qui financent ou investissent, directement ou indirectement, dans les entreprises : *(préciser la catégorie)* ;

2° Prestataires fournissant des services aux personnes morales qui financent ou investissent, directement ou indirectement, dans les entreprises : *(préciser la catégorie)* ;

3. Engagement du déclarant.

Le (la) soussigné(e) s'engage à ne pas communiquer à des tiers les comptes annuels dont il (elle) a obtenu la communication en vertu du premier alinéa de l'article R. 123-154-1.

Toute fausse attestation sur l'honneur constitue un faux et un usage de faux passible des peines d'amende et d'emprisonnement prévues aux articles 441-1 et suivants du code pénal.

Fait à ...., le ....

Signature.

Art. A. 123-69 Pour l'application de l'article R. 123-151 ne peuvent être utilisés comme critères de recherche :

1° La capacité des personnes ;

2° Les décisions intervenues dans les procédures de sauvegarde, de redressement et de liquidation judiciaire prononçant des sanctions personnelles ou patrimoniales à l'égard des commerçants ou des dirigeants de personne morale ;

3° Les mesures d'incapacité ou d'interdiction d'exercer une activité commerciale ou professionnelle de gérer, d'administrer ou de diriger une personne morale résultant d'une décision judiciaire ou administrative ;

4° Les actes de poursuite pénale et les sanctions pénales. – *[Arr. du 9 févr. 1988, art. 31.]*

Art. A. 123-70 Les demandes de renseignements relatives à l'état futur des dossiers peuvent être exécutées sur abonnement. Elles entraînent la délivrance d'un extrait ou d'une copie, soit à intervalle régulier dont la périodicité ne peut être inférieure à quinze jours, soit à l'occasion de toute inscription qu'elle soit portée d'office ou sur déclaration. – *[Arr. du 9 févr. 1988, art. 32.]*

Art. A. 123-71 Les greffiers et l'Institut national de la propriété industrielle sont habilités à répondre à toute demande statistique. – *[Arr. du 9 févr. 1988, art. 33.]*

Art. A. 123-72 L'Institut national de la propriété industrielle ne délivre pas de renseignements sur les immatriculations et autres inscriptions effectuées avant le 1er mars 1954. – *[Arr. du 9 févr. 1988, art. 35.]*

Art. A. 123-73 L'Institut national de la propriété industrielle délivre les renseignements sur les immatriculations et autres opérations s'y rapportant concernant les registres du commerce d'Algérie jusqu'au 30 juin 1962. – *[Arr. du 9 févr. 1988, art. 36.]*

SOUS-§ 2 DE LA PUBLICATION AU *BULLETIN OFFICIEL DES ANNONCES CIVILES ET COMMERCIALES*

Art. A. 123-74 L'avis au *Bulletin officiel des annonces civiles et commerciales* prévu à l'article R. 123-155 contient pour les caisses d'épargne et de prévoyance :

1° Les références de l'immatriculation ;

2° La dénomination suivie, le cas échéant, du sigle ;

3° Le montant de la dotation statutaire ;

4° L'adresse du siège ;

5° La forme juridique ;

6° Les nom, nom d'usage, pseudonyme et prénoms des :

a) Personnes ayant le pouvoir général d'engager la caisse d'épargne et de prévoyance vis-à-vis des tiers ;

b) Membres du conseil d'orientation et de surveillance, et commissaires aux comptes. – *[Arr. du 23 mai 1985.]*

Art. A. 123-75 L'avis d'immatriculation au *Bulletin officiel des annonces civiles et commerciales*, prévu à l'article R. 123-155, contient pour les groupements européens d'intérêt économique :

1° Les références de l'immatriculation ;

2° La dénomination ;

3° L'adresse du siège ;

4° L'objet ;

5° La durée du groupement lorsqu'elle n'est pas indéterminée ;

6° Les nom ou raison ou dénomination sociale, la forme juridique, le domicile ou siège social et, le cas échéant, les références d'immatriculation de chacun des membres du groupement ;

7° Les établissements secondaires ;

8° Les noms, nom d'usage, pseudonyme et prénoms des gérants avec l'indication qu'ils peuvent agir seuls ou qu'ils agissent conjointement ;

9° La clause exonérant un nouveau membre du paiement des dettes nées antérieurement à son entrée dans le groupement. – *[Arr. du 20 juin 1989, art. 3.]*

Art. A. 123-76 Le dépôt du projet de transfert hors de France d'un groupement européen d'intérêt économique mentionné à l'article A. 123-59 donne lieu à l'insertion d'un avis au *Bulletin officiel des annonces civiles et commerciales*. L'avis est établi et adressé par le greffier au bulletin dans les huit jours à compter du dépôt du projet de transfert du siège. Il contient les références de l'immatriculation, la dénomination, l'adresse du siège du groupement ainsi que le lieu où le transfert du siège est envisagé. – *[Arr. du 20 juin 1989, art. 5, al. 2.]*

Art. A. 123-77 La cession par un membre de sa participation dans un groupement d'intérêt économique européen, ou d'une fraction de celle-ci, donne lieu à l'insertion au *Bulletin officiel des annonces civiles et commerciales* d'un avis établi par le greffier. L'avis contient la dénomination du groupement, les références de l'immatriculation et l'indication de la cession intervenue. – *[Arr. du 20 juin 1989, art. 6.]*

Art. A. 123-78 La nomination du ou des liquidateurs d'un groupement européen d'intérêt économique *donne lieu* à l'insertion au *Bulletin officiel des annonces civiles et commerciales* d'un avis établi par le greffier. L'avis contient la dénomination du groupement, ses références d'immatriculation, les nom, prénoms et domicile du ou des liquidateurs.

Lorsque la nomination du ou des liquidateurs intervient en même temps que la décision prononçant la dissolution ou la nullité, l'avis prévu à l'article R. 123-159 est seul publié. Il indique dans ce cas les nom, nom d'usage, pseudonyme, prénoms et domicile du ou des liquidateurs. – *[Arr. du 20 juin 1989, art. 7.]*

Art. A. 123-79 La décision constatant la clôture de la liquidation d'un groupement européen d'intérêt économique donne lieu à la publication au *Bulletin officiel des annonces civiles et commerciales* d'un avis établi et adressé par le greffier au bulletin dans les huit jours du dépôt.

L'avis contient :

1° La dénomination du groupement ;

2° L'adresse du siège ;

3° Les références d'immatriculation au registre du commerce et des sociétés ;

4° Les nom, nom d'usage, pseudonyme et prénoms et domicile des liquidateurs ;

5° La date de réunion de l'assemblée de clôture, si les comptes des liquidateurs ont été approuvés par elle ou, à défaut, la date de la décision de justice constatant la clôture de la liquidation, avec l'indication du tribunal. – *[Arr. du 20 juin 1989, art. 8.]*

Art. A. 123-80 Dans le mois suivant la publication au *Bulletin officiel des annonces civiles et commerciales* de l'avis de constitution ou de clôture de la liquidation d'un groupement, le greffier établit et adresse un avis à l'Office des publications officielles des Communautés européennes.

L'avis contient la dénomination du groupement, les références d'immatriculation, la date et le lieu de son immatriculation, la date et le numéro du bulletin dans lequel a été publié l'avis de constitution ou de clôture de la liquidation. – *[Arr. du 20 juin 1989, art. 9.]*

§ 7 DISPOSITIONS DIVERSES

Le présent paragraphe ne comprend pas de dispositions pour les arrêtés.

SOUS-SECTION 3 DE LA DOMICILIATION DES PERSONNES MORALES IMMATRICULÉES

La présente sous-section ne comprend pas de dispositions pour les arrêtés.

SOUS-SECTION 4 DE LA PUBLICATION D'AVIS RELATIFS À LA SOCIÉTÉ EUROPÉENNE

La présente sous-section ne comprend pas de dispositions pour les arrêtés.

SECTION II DE LA COMPTABILITÉ DES COMMERÇANTS

La présente section ne comprenait pas de dispositions pour les arrêtés lors de la publication de l'Arr. du 14 janv. 2009 relatif à la partie Arrêtés du code de commerce. – Un Arr. du 21 janv. 2010 a « complété la section II du chapitre III du titre II du livre Ier de la partie Arrêtés du code de commerce par une sous-section 3 » rédigée comme ci-après, sans qu'il existe, toutefois, de sous-sections 1 et 2.

SOUS-SECTION 3 DES ACTIVITÉS COMMERCIALES ET ARTISANALES AMBULANTES

(Arr. du 21 janv. 2010, art. 1er)

Art. A. 123-80-1 La déclaration prévue à l'article L. 123-29 comporte, pièces justificatives à l'appui, les éléments suivants :

1° Pour une personne morale, la raison sociale ou la dénomination suivie, le cas échéant, du sigle, l'activité et l'adresse du siège social ainsi que les nom de naissance et, le cas échéant, nom d'usage, prénoms, date, lieu de naissance, nationalité de leur représentant légal ;

2° Pour une personne physique, les nom de naissance et, le cas échéant, nom d'usage, prénoms, date et lieu de naissance, nationalité, activité commerciale ou artisanale exercée et domicile ou commune de rattachement ;

En outre :

3° Si le déclarant est assujetti à immatriculation au registre du commerce et des sociétés, un extrait datant de moins de trois mois des inscriptions portées audit registre ;

4° Si le déclarant est assujetti à immatriculation au répertoire des métiers, un extrait datant de moins de trois mois des inscriptions portées audit répertoire ;

5° A défaut d'une immatriculation à un registre de publicité légale :

a) Pour les personnes physiques bénéficiant de la dispense d'immatriculation prévue par l'article L. 123-1-1 du code de commerce ou par le V de l'article 19 de la loi n° 96-603 du 5 juillet 1996 relative au développement et à la promotion du commerce et de l'artisanat *[V. cet art., App., v° Artisans]*, le certificat d'inscription au répertoire des entreprises et des établissements (SIRENE) ou, dans le cas d'un renouvellement, une attestation sur l'honneur certifiant qu'il bénéficie toujours de cette disposition ;

b) Pour les associations exerçant une activité commerciale, le certificat d'inscription au répertoire des entreprises et des établissements (SIRENE) ainsi que la copie de leur statut ;

c) Pour les ressortissants de l'Union européenne, personnes physiques et morales qui ne disposent pas d'établissement en France mais qui ont déclaré leur activité commerciale ou artisanale dans un autre pays de l'Union européenne, la preuve de cette déclaration ;

6° Une copie de la pièce d'identité ou, le cas échéant, d'un titre de circulation ou du titre de séjour du déclarant ;

7° Deux photographies d'identité récentes.

Le déclarant dispose d'un délai d'un mois, à compter de la réception de la notification de la liste des pièces justificatives manquantes, pour les transmettre au centre de formalités des entreprises qui les lui a réclamées. A défaut, une nouvelle déclaration doit être effectuée conformément à l'article L. 123-29.

Art. A. 123-80-2 Lorsque la déclaration est effectuée concomitamment à une déclaration de création d'entreprise remise au centre de formalités des entreprises géré par une *(Décr. nº 2010-1463 du 1er déc. 2010, art. 87)* « chambre de commerce et d'industrie territoriale » ou par une *(Décr. nº 2010-1356 du 11 nov. 2010, art. 25)* « chambre de métiers et de l'artisanat de région », la remise de la déclaration d'entreprise et de ses justificatifs vaut remise de la déclaration prévue à l'article L. 123-29. Le déclarant produit en complément deux photographies d'identité récentes.

Dans ce cas, la *(Décr. nº 2010-1463 du 1er déc. 2010, art. 87)* « chambre de commerce et d'industrie territoriale » ou la *(Décr. nº 2010-1356 du 11 nov. 2010, art. 25)* « chambre de métiers et de l'artisanat de région » conserve une copie de cette déclaration et des pièces justificatives dans un dossier propre au déclarant ou à l'entreprise qui les a déposées.

La déclaration d'activité ambulante d'une personne physique dont le domicile n'est pas situé dans le ressort du centre de formalités des entreprises compétent pour recevoir sa déclaration de création d'entreprise peut être reçue par ce centre, qui la transmet au CFE compétent pour traiter la déclaration d'activité ambulante.

Art. A. 123-80-3 La carte permettant l'exercice d'une activité commerciale ou artisanale ambulante, prévue par l'article L. 123-29, est signée par le président de la chambre consulaire ou son représentant.

Elle comporte les mentions suivantes :

1° Le nom de naissance et, le cas échéant, le nom d'usage du titulaire, les prénoms, la date et le lieu de naissance, la nationalité, l'adresse du domicile ;

2° Le numéro unique d'identification (SIREN) de l'entreprise pour le compte de laquelle le titulaire exerce une activité ambulante ;

3° La raison sociale ou le nom commercial suivi, le cas échéant, du sigle, l'adresse du siège social ;

4° La nature de l'activité commerciale ou artisanale ambulante exercée ;

5° L'identification de la chambre consulaire qui a délivré la carte ;

6° La date de délivrance de la carte ;

7° La date d'expiration de la validité de la carte ;

8° Un numéro d'ordre.

La carte comporte en outre une photographie d'identité du titulaire.

Art. A. 123-80-4 Hormis le cas de la cessation d'activité, toute déclaration modificative portant sur les mentions des 1°, 3° ou 4° de l'article A. 123-80-3 entraîne la délivrance d'une nouvelle carte, après remise de la carte devenue obsolète, et après production :

— si le déclarant est assujetti à immatriculation au registre du commerce et des sociétés, d'un extrait datant de moins de trois mois des inscriptions portées audit registre ;

— si le déclarant est assujetti à immatriculation au répertoire des métiers, d'un extrait datant de moins de trois mois des inscriptions portées audit répertoire ;

— pour les déclarants visés au 5° de l'article A. 123-80-1, les justificatifs de la modification ou des modifications déclarées, accompagnés, pour ceux qui bénéficient de la dispense d'immatriculation prévue par l'article L. 123-1-1 du code de commerce ou par le V de l'article 19 de la loi n° 96-603 du 5 juillet 1996 relative au développement et à la promotion du commerce et de l'artisanat *[V. cet art., App., v° Artisans]*, d'une attestation sur l'honneur certifiant qu'ils bénéficient toujours de cette disposition ;
— de deux photographies d'identité récentes.

Art. A. 123-80-5 Le montant de la redevance prévu à l'article R. 123-208-3 du code de commerce est fixé à *(Arr. du 19 juill. 2019, en vigueur le 1er août 2019)* « 30 euros ».

Les dispositions issues de l'Arr. du 19 juill. 2019 entrent en vigueur au 1er août 2019. Elles sont applicables aux déclarations dont le dossier complet est reçu à compter de cette date (Arr. préc., art. 2).

Art. A. 123-80-6 Lorsque le déclarant en fait la demande, le certificat provisoire prévu au quatrième alinéa de l'article R. 123-208-3 est délivré par la chambre de commerce et d'industrie ou la *(Décr. n° 2010-1356 du 11 nov. 2010, art. 25)* « chambre de métiers et de l'artisanat de région » compétente sur présentation de la notification de l'immatriculation à un registre de publicité légale ou du certificat d'inscription au répertoire des entreprises et des établissements (SIRENE). Il mentionne que la carte permettant l'exercice d'une activité commerciale ou artisanale ambulante est en cours d'établissement. Il comporte, en fonction de la situation du déclarant, les éléments du 1° ou du 2° de l'article A. 123-80-1. Il précise que, la carte devant être délivrée dans le mois qui suit la remise du certificat en application de l'article R. 123-208-3, ce certificat perd toute validité à compter d'une date qu'il indique.

Art. A. 123-80-7 Les bénéficiaires des dispositions prévues au quatrième alinéa de l'article R. 123-208-3 remettent leur certificat provisoire à l'autorité compétente au moment de la délivrance de la carte.

A l'occasion du renouvellement de déclaration prévu par l'article R. 123-208-4, les bénéficiaires remettent leur ancienne carte à l'autorité compétente au moment de la délivrance de la nouvelle carte.

Art. A. 123-80-8 Le dossier relatif à une déclaration d'activité commerciale ou artisanale ambulante est conservé jusqu'à la date du premier anniversaire de la date de renouvellement de la déclaration ou de la cessation d'activité de la personne lorsque cette cessation intervient avant le renouvellement.

SECTION III DISPOSITIONS DIVERSES

SOUS-SECTION 1 DU *BULLETIN OFFICIEL DES ANNONCES CIVILES ET COMMERCIALES*

La présente sous-section ne comprend pas de dispositions pour les arrêtés.

SOUS-SECTION 2 DU SYSTÈME NATIONAL D'IDENTIFICATION ET DU RÉPERTOIRE DES ENTREPRISES ET DE LEURS ÉTABLISSEMENTS

§ 1er DES DEMANDES D'INSCRIPTION ET DE MODIFICATIONS *(Arr. du 28 mars 2022).*

Art. A. 123-81 *(Arr. du 28 mars 2022)* Sont habilités à demander l'inscription au répertoire national mentionné à l'article R. 123-220 ou la modification des renseignements figurant dans ce même répertoire :

1° Les organismes mentionnés à l'article R. 123-3 ;
2° Le service informatique mentionné à l'article R. 123-30-14 ;
3° Le ministère en charge de la vie associative.

Art. A. 123-82 *(Arr. du 28 mars 2022)* Sont de plus habilités à demander l'inscription au répertoire national mentionné à l'article R. 123-220 ou la modification des renseignements figurant dans ce même répertoire :

1° Les ministères, pour les services et établissements qui les concernent : les services d'administration centrale, services déconcentrés de l'État et établissements publics nationaux non soumis à immatriculation au registre du commerce et des sociétés ;

2° Les préfectures pour les collectivités territoriales, les établissements publics locaux non soumis à immatriculation au registre du commerce et des sociétés et les services déconcentrés de l'État situés dans leur circonscription, à l'exclusion des services et établissements publics relevant des forces armées ;

3° Les préfectures et les services déconcentrés des finances publiques pour les établissements publics administratifs locaux et les autres personnes morales locales de droit public administratif non soumis à immatriculation au registre du commerce et des sociétés en dehors des établissements publics d'enseignement, situés dans leur circonscription ;

4° Les rectorats pour les établissements d'enseignement publics situés dans leur circonscription ;

5° Les agences régionales de santé pour les établissements publics de santé et sociaux ou médico-sociaux situés dans leur circonscription.

Art. A. 123-83 Dans le cadre des opérations de mise à jour du répertoire, *(Arr. du 28 mars 2022)* « l'Institut national de la statistique et des études économiques » peut procéder à des enquêtes administratives sous réserve des dispositions prévues aux articles R. 123-228 à R. 123-230. — *[Arr. du 2 mai 1983, art. 3.]*

§ 2 DES PERSONNES INSCRITES *(Arr. du 28 mars 2022)*.

Art. A. 123-84 *(Arr. du 28 mars 2022)* « Les personnes mentionnées à l'article R. 123-220 » susceptibles d'être inscrites immédiatement au répertoire national des entreprises et des établissements sont celles visées par au moins une des dispositions prévues ci-après :

1° Les personnes morales passibles de l'impôt sur les sociétés ou qui rentrent dans le champ d'application des articles 238 *ter*, 239 *ter*, 239 *quater*, 239 *quater* A, 239 *quinquies* et 239 *septies* du code général des impôts ;

2° Les assujettis aux taxes sur le chiffre d'affaires ou à la taxe sur les salaires ;

3° Les personnes physiques ou morales dont les revenus appartiennent à la catégorie des bénéfices non commerciaux ;

4° Les personnes physiques ou morales dont les revenus appartiennent à la catégorie des bénéfices industriels et commerciaux ;

5° Les personnes physiques ou morales dont les revenus appartenant à la catégorie des bénéfices agricoles sont déterminés d'après le bénéfice réel. — *[Arr. du 6 nov. 1974, art. 1er et 2.]*

Art. A. 123-85 Sont susceptibles d'être inscrits au répertoire *(Abrogé par Arr. du 28 mars 2022)* « *national* » des entreprises et de leurs établissements, à la demande des unions de recouvrement des cotisations de sécurité sociale et d'allocations familiales ou des organismes en faisant fonction et éventuellement des caisses régionales d'assurance maladie, les employeurs et travailleurs indépendants des professions non agricoles assujetties au versement des cotisations de sécurité sociale et d'allocations familiales dans les conditions prévues par le code de la sécurité sociale. — *[Arr. du 17 déc. 1974, art. 1er.]*

(Abrogé par Arr. du 28 mars 2022) (Arr. du 14 avr. 2010, art. 2) « Sont également susceptibles d'être inscrits au répertoire national des entreprises et de leurs établissements, à la demande du service de la statistique et de la prospective du ministère chargé de l'agriculture, les personnes physiques et morales exploitant une unité de production entrant dans le champ défini par l'arrêté du 11 mai 2009 fixant les unités de production concernées par le recensement général de l'agriculture en 2010. »

Art. A. 123-86 Aucun établissement dépendant *(Arr. du 28 mars 2022)* « des forces armées » ne peut faire l'objet d'une inscription au répertoire en dehors des modalités d'inscription qui sont définies par un arrêté conjoint *(Arr. du 28 mars 2022)* « du ministre chargé de la défense ou du ministre chargé de l'intérieur et du ministre chargé de l'économie ». — *[Arr. du 2 mai 1983, art. 4.] — V. Arr. du 3 avr. 1984 (JO 13 avr. NC) fixant des modalités particulières pour l'inscription des établissements relevant du ministère de la défense, mod. par Arr. du 6 oct. 1988 (JO 28 oct.).*

§ 3 DES FINALITÉS DU TRAITEMENT *(Arr. du 28 mars 2022).*

Art. A. 123-87 Le traitement informatisé du système national d'identification et du répertoire des entreprises et établissements (SIRENE) régi par les articles R. 123-220 et suivants est mis en œuvre par l'Institut national de la statistique et des études économiques en liaison avec les administrations et organismes mentionnés à l'article R. 123-224.

L'objet de ce traitement est :

1° L'identification *(Arr. du 28 mars 2022)* « des personnes mentionnées à l'article R. 123-220 » ;

2° La production de statistiques concernant ces unités ;

3° La coordination des systèmes d'information *(Arr. du 28 mars 2022)* « des administrations définies au 1° de l'article L. 100-3 du code des relations entre le public et l'administration » ;

4° La communication à toutes personnes ou organismes qui en font la demande des informations figurant au répertoire dans les conditions et limites définies à *(Arr. du 28 mars 2022)* « l'article R. 123-232 ;

« 5° La fourniture de l'identité des dirigeants des personnes mentionnées à l'article R. 123-220 ;

« 6° La fourniture aux organismes mentionnés à l'article *[R.]* 123-232 d'information permettant de lutter contre la fraude suivant les modalités définies à ce même article. » — *[Arr. du 13 mai 1987, art. 1er.]*

Art. A. 123-88 *(Abrogé par Arr. du 28 mars 2022) Les catégories d'informations nominatives enregistrées sont, en ce qui concerne les personnes physiques, les suivantes :*

1° Les nom, nom d'usage, prénoms, l'adresse légale, la date et le lieu de naissance, le numéro d'identification SIREN, ainsi que l'éventuelle cessation d'activité ;

2° Pour chacun de leurs établissements : sa dénomination usuelle, son adresse, son numéro d'identification SIRET et si nécessaire la date et l'origine de sa création ;

3° Les numéros de la nomenclature d'activités définie par le décret n° 2007-1888 portant approbation des nomenclatures d'activités et de produits françaises, attribués par l'INSEE pour caractériser leur activité (y compris celle de chacun des établissements) ;

4° Les catégories correspondant à l'importance de l'effectif salarié total et par établissement. — [Arr. du 13 mai 1987, art. 2.]

§ 4 DES DESTINATAIRES DES INFORMATIONS *(Arr. du 28 mars 2022).*

Art. A. 123-89 *(Abrogé par Arr. du 28 mars 2022) Les destinataires de ces informations sont :*

1° Les administrations et les organismes mentionnés à l'article R. 123-224 ;

2° Les personnes ou organismes qui en font la demande, sauf en ce qui concerne les dates et lieux de naissance des personnes physiques, dans les conditions définies aux articles A. 123-91 à A. 123-96. — [Arr. du 13 mai 1987, art. 3.]

§ 5 DES DROITS DES PERSONNES INSCRITES ET DE L'ACCÈS AUX INFORMATIONS *(Arr. du 28 mars 2022).*

Art. A. 123-90 *(Arr. du 28 mars 2022)* Les droits à l'effacement, à la portabilité et d'opposition prévus respectivement par les articles 51, 55 et 56 de la loi du 6 janvier 1978 visée *[n° 78-17, relative à l'informatique, aux fichiers et aux libertés]* ne s'appliquent pas.

Les droits d'accès aux données et de limitation du traitement prévus par les articles 49 et 53 de cette même loi s'exercent auprès de l'Institut national de la statistique et des études économiques.

Le droit de rectification prévu par l'article 50 de cette même loi s'exerce auprès de l'Institut national de la statistique et des études économiques pour les données d'état-civil *[état civil]* (nom, nom d'usage, prénoms, sexe, date et lieu de naissance, date de décès) et auprès des organismes mentionnés à l'article R. 123-3 pour toutes les autres données.

Art. A. 123-91 *(Abrogé par Arr. du 28 mars 2022) L'accès au service public d'information à vocation générale créé par le dernier alinéa de l'article R. 123-232 donne lieu au*

paiement d'une redevance dont les tarifs sont fixés par arrêté du ministre chargé de l'économie et des finances. *– [Arr. du 13 mai 1987, art. 5.]*

Art. A. 123-92 *(Abrogé par Arr. du 28 mars 2022)* ***L'INSEE peut passer avec des sociétés ou organismes spécialisés des conventions les chargeant de la diffusion du répertoire pour son compte et sous son contrôle.*** *– [Arr. du 13 mai 1987, art. 6.]*

Art. A. 123-93 *(Abrogé par Arr. du 28 mars 2022)* ***Les acquéreurs des informations du répertoire ne peuvent, sauf en cas de convention particulière passée avec l'INSEE, ni rediffuser à des tiers, à titre gratuit ou onéreux, ni transférer hors du territoire national les informations nominatives.*** *– [Arr. du 13 mai 1987, art. 7.]*

Art. A. 123-94 *(Abrogé par Arr. du 28 mars 2022)* ***Les acquéreurs des informations nominatives issues du répertoire SIRENE ne peuvent les utiliser qu'à des fins administratives, statistiques ou économiques. En particulier, les candidats et partis politiques ne peuvent les utiliser dans un but de propagande électorale ou de recherche de financement.*** *– [Arr. du 13 mai 1987, art. 8.]*

Art. A. 123-95 **La diffusion des renseignements inscrits dans** *(Arr. du 28 mars 2022)* **« le répertoire national mentionné à l'article R. 123-220 » concernant les établissements** *(Arr. du 28 mars 2022)* **« des forces armées » est soumise à un accord préalable** *(Arr. du 28 mars 2022)* **« du ministre en charge des établissements concernés ».** *– [Arr. du 13 mai 1987, art. 9.]*

Art. A. 123-96 *(Arr. du 30 juill. 2015, en vigueur le 1er janv. 2016)* **Toute personne physique peut demander soit directement lors de ses formalités de création ou de modification, soit par** *(Arr. du 28 mars 2022)* **« courriel ou téléprocédure accessibles sur le site insee.fr », que les informations du répertoire la concernant ne puissent être utilisées par des tiers autres que les organismes habilités au titre de l'article R. 123-224 ou** *(Arr. du 28 mars 2022)* **« les administrations définies au 1° de l'article L. 100-3 du code des relations entre le public et l'administration », à des fins de prospection** *(Abrogé par Arr. du 28 mars 2022)* **«** ***, notamment commerciale*** **».**

Art. A. 123-97 *(Arr. du 28 mars 2022)* **Les données personnelles mentionnées à l'article R. 123-222 sont conservées jusqu'à la fin de la cinquième année suivant le décès de la personne concernée. Au-delà de cette durée, les données sont conservées sous forme d'archive intermédiaire.**

La désignation de la ou des personnes de contact avec l'administration parmi les représentants légaux, l'adresse électronique de contact et le numéro de téléphone sont conservées *[conservés]* **pendant un an après la date de fin du rôle de contact avec l'administration.**

Art. A. 123-98 *(Arr. du 28 mars 2022)* **Les traces des connexions aux téléprocédures permettant de consulter ou de mettre à jour le répertoire national mentionné à l'article R. 123-220 sont conservées pendant un an.**

SOUS-SECTION 3 DU NUMÉRO UNIQUE D'IDENTIFICATION DES ENTREPRISES

La présente sous-section ne comprend pas de dispositions pour les arrêtés.

SOUS-SECTION 4 DES MENTIONS SUR LES PAPIERS D'AFFAIRES

La présente sous-section ne comprend pas de dispositions pour les arrêtés.

CHAPITRE IV DES SOCIÉTÉS COOPÉRATIVES DE COMMERÇANTS DÉTAILLANTS

Le présent chapitre ne comprend pas de dispositions pour les arrêtés.

CHAPITRE V DES MAGASINS COLLECTIFS DE COMMERÇANTS INDÉPENDANTS

Le présent chapitre ne comprend pas de dispositions pour les arrêtés.

CHAPITRE VI DES SOCIÉTÉS DE CAUTION MUTUELLE

Le présent chapitre ne comprend pas de dispositions pour les arrêtés.

CHAPITRE VII DU CONTRAT D'APPUI AU PROJET D'ENTREPRISE POUR LA CRÉATION OU LA REPRISE D'UNE ACTIVITÉ ÉCONOMIQUE

Le présent chapitre ne comprend pas de dispositions pour les arrêtés.

CHAPITRE VIII DES INCAPACITÉS D'EXERCER UNE PROFESSION COMMERCIALE OU INDUSTRIELLE

Le présent chapitre ne comprend pas de dispositions pour les arrêtés.

CHAPITRE IX DU TUTORAT EN ENTREPRISE

Le présent chapitre ne comprend pas de dispositions pour les arrêtés.

TITRE TROISIÈME DES COURTIERS, DES COMMISSIONNAIRES, DES TRANSPORTEURS ET DES AGENTS COMMERCIAUX

CHAPITRE PREMIER DES COURTIERS

SECTION PREMIÈRE DES COURTIERS EN GÉNÉRAL

(Arr. du 14 mars 2012, art. 2)

La présente section ne comprend pas de dispositions pour les arrêtés.

SECTION II DES COURTIERS DE MARCHANDISES ASSERMENTÉS

(Arr. du 14 mars 2012, art. 2)

SOUS-SECTION 1 CONDITIONS D'ASSERMENTATION

Art. A. 131-1 **Les attestations prévues au 2° du I et au 2° du II de l'article R. 131-1 doivent être conformes aux modèles annexés au présent article.**

ANNEXE 1-3 (annexe à l'article A. 131-1)

ATTESTATION PRÉVUE PAR L'ARTICLE R. 131-1 (I, 2°) DU CODE DE COMMERCE

En vue de l'inscription d'une personne physique sur la liste des courtiers de marchandises assermentés

Je soussigné(e) ....

Né(e) le .... à ....

Demeurant,

Déclare prendre connaissance des dispositions de l'article L. 131-13 du code de commerce aux termes desquelles :

"Nul ne peut être inscrit sur la liste des courtiers de marchandises assermentés d'une cour d'appel s'il ne remplit les conditions suivantes :

"1° Être français ou ressortissant d'un État membre de l'Union européenne ou d'un autre État partie à l'accord sur l'Espace économique européen ;

"2° N'avoir pas été frappé de faillite personnelle ou d'une autre sanction en application du titre V du livre VI ou des dispositions antérieurement applicables et n'avoir pas été l'auteur de faits contraires à l'honneur ou à la probité ayant donné lieu à condamnation pénale ou de faits ayant donné lieu à une sanction disciplinaire ou administrative de destitution, radiation, révocation, de retrait d'agrément ou d'autorisation dans la profession exercée antérieurement ;

"3° Être inscrit au registre du commerce et des sociétés à titre personnel ;

"4° Être habilité à diriger des ventes volontaires de meubles aux enchères publiques et avoir exercé son activité pendant deux ans au moins dans la spécialité professionnelle pour laquelle l'inscription est demandée (à compter du 1er janvier 2015) ;

"5° Avoir subi avec succès depuis moins de trois ans l'examen d'aptitude dans une ou plusieurs spécialités professionnelles pour lesquelles l'inscription est demandée ;

"6° Avoir sa résidence dans le ressort de la cour d'appel."

Certifie sur l'honneur n'avoir pas été l'auteur de faits ayant donné lieu à une sanction disciplinaire ou administrative de destitution, radiation, révocation, de retrait d'agrément ou d'autorisation dans la profession que j'exerçais, le cas échéant, antérieurement.

Fait à .... le ....

Signature

ANNEXE 1-4 (annexe à l'article A. 131-1)

ATTESTATION PRÉVUE PAR L'ARTICLE R. 131-1 (II, 2°) DU CODE DE COMMERCE

En vue de l'inscription d'une personne morale sur la liste des courtiers de marchandises assermentés

Dirigeant de personne morale

Je soussigné(e) ....

Né(e) le .... à ....

Demeurant ....,

Dirigeant de la société ....,

Fonction occupée : ....

Déclare prendre connaissance des dispositions de l'article L. 131-14 du code de commerce aux termes desquelles :

"En vue de l'inscription d'une personne morale sur la liste des courtiers de marchandises assermentés d'une cour d'appel, il doit être justifié :

"1° Que ses dirigeants n'ont pas fait l'objet d'une condamnation pénale définitive pour des faits contraires à l'honneur, à la probité ou aux bonnes mœurs ou de faits de même nature ayant donné lieu à une sanction disciplinaire ou administrative de destitution, radiation, révocation, de retrait d'agrément ou d'autorisation dans la profession qu'ils exerçaient antérieurement ;

"2° Que la personne morale exerce une activité de courtage de marchandises depuis au moins deux ans dans la spécialité professionnelle pour laquelle l'inscription est demandée ;

"3° Que les activités auxquelles se livre la personne morale ne sont pas incompatibles avec les fonctions de courtier de marchandises assermenté ;

"4° Qu'elle compte parmi ses dirigeants, associés ou salariés au moins une personne remplissant les conditions prévues aux 1°, 2°, 4° (à compter du 1er janvier 2015) et 5° de l'article L. 131-13 du code de commerce ;

"5° Qu'elle a son siège social, une succursale ou un établissement en rapport avec sa spécialité dans le ressort de la cour d'appel."

Certifie sur l'honneur n'avoir pas été l'auteur de faits ayant donné lieu à une sanction disciplinaire ou administrative de destitution, radiation, révocation, de retrait d'agrément ou d'autorisation dans la profession que j'exerçais, le cas échéant, antérieurement.

Fait à, ... le ....

Signature

SOUS-SECTION 2 FONCTIONS DES COURTIERS DE MARCHANDISES ASSERMENTÉS

La présente sous-section ne comprend pas de dispositions pour les arrêtés.

SOUS-SECTION 3 LA DISCIPLINE DES COURTIERS DE MARCHANDISES ASSERMENTÉS

La présente sous-section ne comprend pas de dispositions pour les arrêtés.

SOUS-SECTION 4 LE CONSEIL NATIONAL DES COURTIERS DE MARCHANDISES ASSERMENTÉS

Art. A. 131-2 (*Arr. du 28 sept. 2018, art. 1er*) **Les courtiers de marchandises assermentés inscrits sur les listes de cours d'appel en nombre inférieur à neuf sont regroupés par cours d'appel, pour les élections au Conseil national des courtiers de marchandises assermentés, dans les conditions suivantes :**

— cours d'appel d'Agen, de Bordeaux, de Pau et de Toulouse ;

— cours d'appel d'Aix-en-Provence, de Bastia, de Montpellier et de Nîmes ;
— cours d'appel de Besançon, de Chambéry, de Colmar, de Dijon, de Grenoble, de Lyon, de Metz, de Nancy et de Reims ;
— cours d'appel de Caen, de Rennes et de Rouen ;
— cours d'appel d'Angers, de Bourges, de Limoges, d'Orléans, de Poitiers et de Riom ;
— cours d'appel d'Amiens, de Douai, de Paris et de Versailles.

CHAPITRE II DES COMMISSIONNAIRES

Le présent chapitre ne comprend pas de dispositions pour les arrêtés.

CHAPITRE III DES TRANSPORTEURS

Le présent chapitre ne comprend pas de dispositions pour les arrêtés.

CHAPITRE IV DES AGENTS COMMERCIAUX

RÉP. COM. v° *Agent commercial*, par LELOUP.

Art. A. 134-1 Tout requérant dépose en personne ou par mandataire auprès du greffier du tribunal de commerce une déclaration en double exemplaire aux termes de laquelle il affirme exercer sa profession dans les conditions prévues par le présent code. — *[Arr. du 8 janv. 1993, art. 2.]*

Art. A. 134-2 A l'appui de sa déclaration, le requérant présente :

I. — Dans tous les cas, un exemplaire de l'écrit signé avec un mandant, mentionnant le contenu du contrat d'agence, ou, à défaut, tout document établissant l'existence d'un tel contrat, traduit, le cas échéant, en langue française ; et, en outre,

II. — Pour les personnes physiques :

1° Les documents relatifs à l'identification mentionnés aux 1. 1, et le cas échéant aux 1. 2 et 1. 4. de l'annexe I de l'annexe 1-1 au présent livre ; — *V. cette annexe ss. art. A. 123-50.*

2° Un bulletin ou une demande d'affiliation à une caisse d'assurance vieillesse de non-salariés et un bulletin ou une demande d'affiliation à une caisse d'allocations familiales ;

3° L'attestation de délivrance de l'information, donnée conformément à l'article R. 134-5 à son conjoint commun en biens sur les conséquences des dettes contractées dans l'exercice de sa profession sur les biens communs, établie conformément au modèle figurant à l'annexe 1-2 au présent livre ; — *V. cette annexe ss. art. A. 123-63.*

III. — Pour les personnes morales :

1° Un extrait du registre du commerce et des sociétés datant de moins de trois mois ;

2° Pour les dirigeants, selon le cas, les documents mentionnés aux 1. 2. 1, 1. 2. 2, 1. 2. 4, 1. 2. 5, 1. 2. 6, 1. 2. 7 de l'annexe III de l'annexe 1-1 au présent livre ; — *V. cette annexe ss. art. A. 123-50.*

3° Pour les personnes mentionnées au 2° ci-dessus, un bulletin ou une demande d'affiliation à une caisse d'assurance vieillesse de non-salariés ou de salariés et, pour la société, un bulletin ou une demande d'affiliation à une caisse d'allocations familiales. — *[Arr. du 8 janv. 1993, art. 3.]*

Art. A. 134-3 Le greffier informe le juge commis à la surveillance du registre du commerce et des sociétés du dépôt de la déclaration afin que celui-ci demande le bulletin n° 2 du casier judiciaire dans les conditions prévues à l'article A. 123-51.

Dès réception de ce bulletin, un numéro d'immatriculation est attribué, s'il y a lieu, au déclarant et le greffier remet à celui-ci un exemplaire de la déclaration prévue à l'article A. 134-1 qui tient lieu de récépissé.

Le bulletin n° 2 du casier judiciaire et les pièces énumérées aux I et 1° du III de l'article A. 134-2 restent annexés à l'exemplaire de la déclaration déposée au greffe.

Les étrangers qui ne sont pas inscrits au registre du commerce et des sociétés justifient en outre, par la production d'un extrait de casier judiciaire de leur pays d'origine ou d'un document équivalent délivré par une autorité judiciaire ou administrative de leur pays d'origine, traduit, le cas échéant, en langue française, qu'ils n'ont encouru aucune des condamnations ou sanctions mentionnées à l'article A. 123-51.

Pour les étrangers qui justifient de l'absence dans leur pays de l'institution du casier judiciaire ou d'un registre équivalent ainsi que pour les réfugiés, ce document peut être remplacé par une déclaration sur l'honneur qu'ils n'ont encouru aucune des condamnations ou sanctions mentionnées à l'article A. 123-51. – *[Arr. du 8 janv. 1993, art. 4.]*

Interdiction de gérer. Compte tenu de la nature civile de l'activité d'agent commercial, seule une décision d'interdiction d'exercer une activité de cette nature peut faire obstacle à l'immatriculation au registre spécial des agents commerciaux. Ainsi, seules l'interdiction d'exercer l'activité d'agent commercial prononcée par une juridiction répressive et la faillite personnelle, qui emporte interdiction de diriger une entreprise ayant une activité indépendante, font obstacle à l'immatriculation au registre spécial. Il en résulte qu'une personne frappée d'une interdiction limitée à celle « de gérer toute entreprise commerciale ou artisanale » peut être immatriculée, en son nom propre, au registre spécial (Avis CCRCS n° 2012-011 du 23 mars 2012).

Art. A. 134-4 L'immatriculation est renouvelée sous le même numéro par période de cinq années avant la fin de chacune d'elles. Le requérant dépose à cette fin une déclaration dans les termes de l'article A. 134-1 et produit les pièces mentionnées à l'article A. 134-2. – *[Arr. du 8 janv. 1993, art. 5.]*

Art. A. 134-5 La déclaration modificative prévue au dernier alinéa de l'article R. 134-6 est faite en double exemplaire. L'un des exemplaires reste déposé au greffe, l'autre est remis au déposant et tient lieu de récépissé.

Le greffier reçoit la déclaration modificative sur présentation des pièces mentionnées à l'article A. 134-2 et rendues nécessaires par cette déclaration. Le bulletin n° 2 du casier judiciaire est également demandé, conformément à l'article A. 134-3, pour les personnes exerçant nouvellement les fonctions mentionnées à l'article A. 123-51. – *[Arr. du 8 janv. 1993, art. 6.]*

TITRE QUATRIÈME DU FONDS DE COMMERCE

Le présent titre ne comprend pas de dispositions pour les arrêtés.

LIVRE DEUXIÈME DES SOCIÉTÉS COMMERCIALES ET DES GROUPEMENTS D'INTÉRÊT ÉCONOMIQUE

TITRE PREMIER DISPOSITIONS PRÉLIMINAIRES

SECTION PREMIÈRE DE LA CONSTITUTION DE LA SOCIÉTÉ ET DE LA MODIFICATION DE SES STATUTS

La présente section ne comprend pas de dispositions pour les arrêtés.

SECTION II DE LA DISSOLUTION DE LA SOCIÉTÉ

La présente section ne comprend pas de dispositions pour les arrêtés.

SECTION III DES FORMALITÉS DE PUBLICITÉ

Art. A. 210-1 *(Arr. du 27 mai 2021, art. 1er)* Pour délivrer l'avis mentionné au III de l'article R. 210-21, l'organisme tiers indépendant réalise les diligences suivantes :

1° Il examine l'ensemble des documents détenus par la société utiles à la formation de son avis, notamment les rapports annuels mentionnés au 3° de l'article L. 210-10 ;

2° Il interroge le comité de mission ou le référent de mission sur son appréciation de l'exécution du ou des objectifs mentionnés au 2° de l'article L. 210-10 ainsi que, s'il y a lieu, les parties prenantes sur l'exécution du ou des objectifs qui les concernent ;

3° Il interroge l'organe en charge de la gestion de la société sur la manière dont la société exécute son ou ses objectifs mentionnés au 2° de l'article L. 210-10, sur les actions menées et sur les moyens financiers et non financiers affectés, comportant le cas échéant l'application de référentiels, normes ou labels sectoriels formalisant de bonnes pratiques professionnelles, que la société met en œuvre pour les exécuter ;

4° Il s'enquiert de l'existence d'objectifs opérationnels ou d'indicateurs clés de suivi et de mesures des résultats atteints par la société à la fin de la période couverte par la vérification pour chaque objectif mentionné au 2° de l'article L. 210-10. Le cas échéant, il examine par échantillonnage les procédures de mesure de ces résultats, en ce compris les procédures de collecte, de compilation, d'élaboration, de traitement et de contrôle des informations, et réalise des tests de détails, s'il y a lieu par des vérifications sur site ;

5° Il procède à toute autre diligence qu'il estime nécessaire à l'exercice de sa mission, y compris, s'il y a lieu, par des vérifications sur site au sein de la société ou, avec leur accord, des entités concernées par un ou plusieurs objectifs mentionnés au 2° de l'article L. 210-10.

Art. A. 210-2 *(Arr. du 27 mai 2021, art. 1er)* L'organisme tiers indépendant rend un avis motivé qui comprend les éléments suivants :

1° La preuve de son accréditation ;

2° Les objectifs et le périmètre de la vérification ;

3° Les diligences qu'il a mises en œuvre, en mentionnant les principaux documents consultés et les entités ou personnes qui ont fait l'objet de ses vérifications et précisant, le cas échéant, les difficultés rencontrées dans l'accomplissement de sa mission ;

4° Une appréciation, pour chaque objectif mentionné au 2° de l'article L. 210-10, depuis la dernière vérification ou, à défaut, depuis la date à laquelle les conditions prévues à l'article L. 210-10 ont été satisfaites :

a) Des moyens mis en œuvre pour le respecter ;

b) Des résultats atteints à la fin de la période couverte par la vérification, si possible exprimés de manière quantitative par rapport à l'objectif et, le cas échéant, aux objectifs opérationnels ou indicateurs clés de suivi ;

c) De l'adéquation des moyens mis en œuvre au respect de l'objectif au regard de l'évolution des affaires sur la période ;

d) Le cas échéant, l'existence de circonstances extérieures à la société ayant affecté le respect de l'objectif ;

5° Au regard de l'ensemble des éléments de son appréciation, une conclusion motivée déclarant, pour chaque objectif mentionné au 2° de l'article L. 210-10 :

a) Soit que la société respecte son objectif ;
b) Soit que la société ne respecte pas son objectif ;
c) Soit qu'il lui est impossible de conclure.

TITRE DEUXIÈME DISPOSITIONS PARTICULIÈRES AUX DIVERSES SOCIÉTÉS COMMERCIALES

CHAPITRE PREMIER DES SOCIÉTÉS EN NOM COLLECTIF

Le présent chapitre ne comprend pas de dispositions pour les arrêtés.

CHAPITRE II DES SOCIÉTÉS EN COMMANDITE SIMPLE

Le présent chapitre ne comprend pas de dispositions pour les arrêtés.

CHAPITRE III DES SOCIÉTÉS À RESPONSABILITÉ LIMITÉE

Le présent chapitre ne comprend pas de dispositions pour les arrêtés.

CHAPITRE IV DISPOSITIONS GÉNÉRALES APPLICABLES AUX SOCIÉTÉS PAR ACTIONS

Le présent chapitre ne comprend pas de dispositions pour les arrêtés.

CHAPITRE V DES SOCIÉTÉS ANONYMES

SECTION PREMIÈRE DE LA CONSTITUTION DES SOCIÉTÉS ANONYMES

La présente section ne comprend pas de dispositions pour les arrêtés.

SECTION II DE LA DIRECTION ET DE L'ADMINISTRATION DES SOCIÉTÉS ANONYMES

La présente section ne comprend pas de dispositions pour les arrêtés.

SECTION III DES ASSEMBLÉES D'ACTIONNAIRES

Art. A. 225-1 *(Arr. du 13 mai 2013, art. 2)* **Afin de procéder à la vérification prévue au** *(Arr. du 14 sept. 2018)* **« V » de l'article L. 225-102-1, l'organisme tiers indépendant obtient une attestation d'accréditation délivrée par le Comité français d'accréditation (COFRAC) ou par un autre organisme, signataire de l'accord européen multilatéral pris dans le cadre de la coordination européenne des organismes d'accréditation (EA).**

Pour l'exercice en cours à la date de la publication de l'Arr. du 13 mai 2013 (JO 14 juin), l'organisme tiers indépendant appelé à vérifier, en application du 7e al. de l'art. L. 225-102-1, les informations devant figurer, en vertu de son 5e al., dans le rapport présenté par le conseil d'administration ou le directoire de la société est désigné parmi les organismes accrédités ou, à défaut, parmi les organismes ayant déposé une demande d'accréditation dont la recevabilité a été admise par l'organisme d'accréditation (Arr. préc., art. 3).

Ancien art. A. 225-1 *S'agissant des rejets dans l'air, l'eau et le sol affectant gravement l'environnement, le rapport mentionné à l'article L. 225-102-1 renseigne, compte tenu de l'activité de la société, les éléments de la liste suivante :*

1° Émissions dans l'air de gaz à effet de serre, de substances concourant à l'acidification, à l'eutrophisation ou à la pollution photochimique, de composés organiques persistants ;

2° Émissions dans l'eau et le sol de substances concourant à l'acidification ou à l'eutrophisation, de substances toxiques pour l'environnement aquatique ;

3° Émissions dans l'air et dans l'eau de métaux toxiques, de substances radioactives, de substances cancérigènes, mutagènes ou nuisibles pour la reproduction. – [Arr. du 30 avr. 2002, art. 1er.]

Art. A. 225-2 *(Arr. du 14 sept. 2018)* **Pour délivrer l'avis mentionné au *a* du II de l'article R. 225-105-2, l'organisme tiers indépendant prend connaissance des informations mentionnées au I de l'article R. 225-105. Le cas échéant, il signale les informations manquantes ainsi que les informations mentionnées aux 2° et 3° du I de l'article**

R. 225-105 qui ont été omises sans que soient fournies les explications prévues au sixième alinéa du I de ce même article. Pour donner son avis sur les explications relatives à l'absence de certaines informations en application du sixième alinéa de l'article R. 225-105, l'organisme tiers indépendant prend en considération, le cas échéant, les bonnes pratiques professionnelles pouvant être formalisées dans un référentiel sectoriel.

Art. A. 225-3 *(Arr. du 13 mai 2013, art. 2)* I. — Pour délivrer son avis motivé *(Arr. du 14 sept. 2018)* « mentionné au *a* du II de l'article R. 225-105-2 », l'organisme tiers indépendant s'assure de la mise en place par la société de processus de collecte visant à l'exhaustivité et à la cohérence des informations devant être mentionnées dans *(Arr. du 14 sept. 2018)* « la déclaration ». S'il identifie des irrégularités au cours de sa mission, il les décrit.

A cette fin :

— il identifie les personnes qui, au sein de la société, sont en charge des processus de collecte et, le cas échéant, sont responsables des procédures de contrôle interne et de gestion des risques ;

— il s'enquiert de l'existence de procédures de contrôle interne et de gestion des risques mises en place par la société ;

— il examine par échantillonnage les processus de collecte, de compilation, de traitement et de contrôle des informations et réalise des tests de détails *(Arr. du 14 sept. 2018)* « , le cas échéant, par des vérifications sur site ».

Pour les données chiffrées, les tests incluent, notamment, la réalisation de calculs qui lui permettent de s'assurer de l'efficacité des processus de collecte des informations prévues à l'article *(Arr. du 14 sept. 2018)* « R. 225-105 ».

Pour les informations qualitatives, telles que des études, des diagnostics ou des exemples de bonnes pratiques, ces tests comprennent, notamment, la consultation des sources documentaires et, si possible, de leurs auteurs.

Al. 8 abrogé par Arr. du 14 sept. 2018.

(Arr. du 14 sept. 2018) « II. — L'organisme tiers indépendant exprime son avis motivé en déclarant :

« — soit qu'il n'a pas relevé d'anomalie significative de nature à remettre en cause la conformité de la déclaration aux dispositions de l'article R. 225-105 et la sincérité des informations fournies ;

« — soit que la conformité de la déclaration ou la sincérité des informations fournies appellent de sa part des réserves, décrites dans son rapport ;

« — soit qu'il lui est impossible d'exprimer une conclusion sur la déclaration. »

III. — L'organisme tiers indépendant clôt son avis motivé sur la sincérité des informations en déclarant :

— soit qu'il n'a pas relevé d'anomalie significative de nature à mettre en cause la sincérité des informations présentées ;

— soit que la sincérité des informations présentées appelle de sa part des réserves, décrites dans son rapport.

S'il l'estime utile, l'organisme tiers indépendant peut par ailleurs attirer, par des observations, l'attention sur des éléments relatifs aux procédures utilisées ou au contenu de certaines informations, aux fins d'en améliorer la fiabilité.

Art. A. 225-4 *(Arr. du 13 mai 2013, art. 2)* Au titre des diligences qu'il a mises en œuvre pour conduire sa mission, l'organisme tiers indépendant présente :

a) La preuve de son accréditation ;

(Arr. du 14 sept. 2018) « *b)* Les travaux accomplis, le périmètre couvert et, pour les données chiffrées, les taux de couverture des informations testées ; »

c) Abrogé par Arr. du 14 sept. 2018 ;

d) Les moyens mobilisés et le calendrier et la durée de sa mission ;

e) Le nombre d'entretiens qui ont été conduits ;

f) Le périmètre de ses travaux lorsque la société établit des comptes consolidés.

SECTION IV **DES MODIFICATIONS DU CAPITAL SOCIAL ET DE L'ACTIONNARIAT DES SALARIÉS**

La présente section ne comprend pas de dispositions pour les arrêtés.

SECTION V DU CONTRÔLE DES SOCIÉTÉS ANONYMES

La présente section ne comprend pas de dispositions pour les arrêtés.

SECTION VI DE LA TRANSFORMATION DES SOCIÉTÉS ANONYMES

La présente section ne comprend pas de dispositions pour les arrêtés.

SECTION VII DE LA DISSOLUTION DES SOCIÉTÉS ANONYMES

La présente section ne comprend pas de dispositions pour les arrêtés.

SECTION VIII DE LA RESPONSABILITÉ CIVILE

La présente section ne comprend pas de dispositions pour les arrêtés.

SECTION IX DES SOCIÉTÉS ANONYMES À PARTICIPATION OUVRIÈRE

La présente section ne comprend pas de dispositions pour les arrêtés.

CHAPITRE VI DES SOCIÉTÉS EN COMMANDITE PAR ACTIONS

Le présent chapitre ne comprend pas de dispositions pour les arrêtés.

CHAPITRE VII DES SOCIÉTÉS PAR ACTIONS SIMPLIFIÉES

Le présent chapitre ne comprend pas de dispositions pour les arrêtés.

CHAPITRE VIII DES VALEURS MOBILIÈRES ÉMISES PAR LES SOCIÉTÉS PAR ACTIONS

Le présent chapitre ne comprend pas de dispositions pour les arrêtés.

CHAPITRE IX DE LA SOCIÉTÉ EUROPÉENNE

Le présent chapitre ne comprend pas de dispositions pour les arrêtés.

TITRE TROISIÈME DISPOSITIONS COMMUNES AUX DIVERSES SOCIÉTÉS COMMERCIALES

CHAPITRE PREMIER DU CAPITAL VARIABLE

Le présent chapitre ne comprend pas de dispositions pour les arrêtés.

CHAPITRE II DES COMPTES SOCIAUX

Le présent chapitre ne comprend pas de dispositions pour les arrêtés.

CHAPITRE III DES FILIALES, DES PARTICIPATIONS ET DES SOCIÉTÉS CONTRÔLÉES

SECTION PREMIÈRE DES NOTIFICATIONS ET DES INFORMATIONS

Art. A. 233-1 Le pourcentage prévu à l'article L. 233-8 est fixé à 5 %. – *[Arr. du 14 déc. 1989, art. 1er.]*

SECTION II DES COMPTES CONSOLIDÉS

La présente section ne comprend pas de dispositions pour les arrêtés.

SECTION III DES PARTICIPATIONS RÉCIPROQUES

La présente section ne comprend pas de dispositions pour les arrêtés.

CHAPITRE IV DE LA PROCÉDURE D'ALERTE

Le présent chapitre ne comprend pas de dispositions pour les arrêtés.

CHAPITRE V DES NULLITÉS

Le présent chapitre ne comprend pas de dispositions pour les arrêtés.

CHAPITRE VI DE LA FUSION ET DE LA SCISSION

Le présent chapitre ne comprend pas de dispositions pour les arrêtés.

CHAPITRE VII DE LA LIQUIDATION

Le présent chapitre ne comprend pas de dispositions pour les arrêtés.

CHAPITRE VIII DES INJONCTIONS DE FAIRE

Le présent chapitre ne comprend pas de dispositions pour les arrêtés.

CHAPITRE IX DE LA LOCATION D'ACTIONS ET DE PARTS SOCIALES

Le présent chapitre ne comprend pas de dispositions pour les arrêtés.

TITRE QUATRIÈME DISPOSITIONS PÉNALES

Le présent titre ne comprend pas de dispositions pour les arrêtés.

TITRE CINQUIÈME DES GROUPEMENTS D'INTÉRÊT ÉCONOMIQUE

Le présent titre ne comprend pas de dispositions pour les arrêtés.

LIVRE TROISIÈME DE CERTAINES FORMES DE VENTES ET DES CLAUSES D'EXCLUSIVITÉ

TITRE PREMIER DES LIQUIDATIONS, DES VENTES AU DÉBALLAGE, DES SOLDES ET DES VENTES EN MAGASINS D'USINE

SECTION PREMIÈRE DES LIQUIDATIONS

Art. A. 310-1 La déclaration préalable de vente en liquidation, prévue à l'article L. 310-1, mentionne l'identité ou la dénomination sociale du vendeur, le nom, l'adresse et le numéro unique d'identification de l'établissement commercial concerné, ainsi que le motif, la date de début et la durée de la liquidation. Elle est signée par le vendeur ou par une personne ayant qualité pour le représenter.

Cette déclaration est établie conformément au modèle figurant en annexe 3-1 au présent livre. — *[Arr. du 26 janv. 2005, art. 1er.]*

ANNEXE 3-1 (ANNEXE À L'ARTICLE A. 310-1)

MODÈLE DE DÉCLARATION PRÉALABLE À UNE VENTE EN LIQUIDATION

1. Déclarant

Nom, prénoms : ....

Nom d'usage (le cas échéant) : ....

Pour les personnes morales, nom et prénom du représentant légal ou statutaire : ....

Adresse : ....

Complément d'adresse : ....

Code postal : ....

Localité de destination : ....

Téléphone : ....

2. Établissement commercial concerné par l'opération de liquidation

Nom de l'enseigne : ....

Adresse : ....

Code postal : ....

Complément d'adresse : ....

Nature de l'activité : ....

N° d'immatriculation SIRET de l'établissement : ....

3. Objet de la déclaration

Motif générateur (cocher) :

◆ Cessation d'activité.

◆ Suspension saisonnière d'activité.

◆ Changement d'activité.

◆ Modification substantielle des conditions d'exploitation.

Nature des marchandises liquidées : ....

Date de début de la liquidation : ....

Durée : ....

4. Pièces jointes à la déclaration (1)

Inventaire des marchandises concerné par l'opération de liquidation conforme à l'article R. 310-2 du code de commerce.

Extrait récent du RCS.

5. Engagement du déclarant

Je soussigné(e), auteur de la présente déclaration, ... (2), certifie exacts les renseignements qui y sont contenus et m'engage à respecter les dispositions des articles L. 310-1, R. 310-1 et suivants, A. 310-1 et suivants du code de commerce.

Date et signature

Toute fausse déclaration préalable de vente en liquidation constitue un faux et usage de faux passible des peines d'amende et d'emprisonnement prévues aux articles 441-1 et suivants du code pénal.

6. Cadre réservé à l'administration

Date d'arrivée : .... N° d'enregistrement : ....

Date limite de notification de la liste des pièces à fournir : ....

Date d'arrivée du dossier complet : ....

Date de délivrance et numéro de récépissé de déclaration : ....

Observations : ....

(1) Toute pièce justifiant, selon le motif de la demande, de la perspective d'une cessation de commerce, d'une suspension saisonnière, d'un changement d'activité ou d'une modification substantielle des conditions d'exploitation et, notamment, en cas de prévision de travaux, le(s) devis correspondant(s).

(2) Nom et prénom du déclarant.

Art. A. 310-2 **La déclaration est accompagnée des documents suivants :**

1° Toute pièce justifiant, selon le motif de la demande, de la perspective d'une cessation de commerce, d'une suspension saisonnière, d'un changement d'activité ou d'une modification substantielle des conditions d'exploitation et, notamment, en cas de prévision de travaux, le ou les devis correspondants ;

2° Un inventaire détaillé des marchandises concernées par l'opération de liquidation comportant au minimum les renseignements suivants : nature et dénomination précise des articles, quantités, prix de vente, prix d'achat moyen hors taxe. Les produits dont le prix de vente unitaire est inférieur à 5 € peuvent être décrits par lots homogènes ;

3° Le cas échéant, si la déclaration est faite par un mandataire, une copie de sa procuration. – *[Arr. du 26 janv. 2005, art. 2.]*

Art. A. 310-3 **Le récépissé de déclaration prévu à l'article R. 310-3 mentionne l'identité ou la dénomination sociale du déclarant, le nom, l'adresse et le numéro unique d'identification de l'établissement commercial concerné par la liquidation, ainsi que le motif, la date de début et sa durée. Il est daté. Il est établi conformément au modèle figurant en annexe 3-2 au présent livre.** – *[Arr. du 26 janv. 2005, art. 3.]*

ANNEXE 3-2 (ANNEXE À L'ARTICLE A. 310-3)

Préfecture du département de : ....

Vente en liquidation.

(Art. L. 310-1, R. 310-1 et suivants du code de commerce)

Récépissé de déclaration n°

Date de réception du dossier complet : ....

Nom ou dénomination sociale du déclarant : ....

Nom commercial de l'établissement : ....

Adresse : ....

Numéro unique d'identification de l'établissement commercial (SIRET) : ....

Nature de l'activité : ....

Date de début de la liquidation : ....

Durée : ....

Motif : ....

Date : ....

Visa : ....

Article L. 310-1 du code de commerce

Sont considérées comme liquidations les ventes accompagnées ou précédées de publicité et annoncées comme tendant, par une réduction de prix, à l'écoulement accéléré de la totalité ou d'une partie des marchandises d'un établissement commercial à la suite d'une décision, quelle qu'en soit la cause, de cessation, de suspension saisonnière ou de changement d'activité, ou de modification substantielle des conditions d'exploitation.

Les liquidations sont soumises à déclaration préalable auprès de l'autorité administrative dont relève le lieu de la liquidation. Cette déclaration comporte la cause et la durée de la liquidation qui ne peut excéder deux mois. Elle est accompagnée d'un inventaire des marchandises à liquider. Lorsque l'événement motivant la liquidation n'est pas intervenu au plus tard dans les six mois qui suivent la déclaration, le déclarant est tenu d'en informer l'autorité administrative compétente.

Pendant la durée de la liquidation, il est interdit de proposer à la vente d'autres marchandises que celles figurant à l'inventaire sur le fondement duquel la déclaration préalable a été déposée.

Article L. 310-5 du code de commerce (extrait)

Est puni d'une amende de 15 000 € :

1° Le fait de procéder à une liquidation sans la déclaration préalable mentionnée à l'article L. 310-1 ou en méconnaissance des conditions prévues à cet article [...].

Art. A. 310-4 **L'information sur le lieu de vente est assurée par le déclarant durant toute la durée de l'opération de liquidation au moyen de l'affichage d'une copie du récépissé de déclaration délivrée par la** *(Arr. du 24 juin 2014, en vigueur le 1er juill. 2014)* **« mairie » qui est lisible de la voie publique.**

Pour les établissements pratiquant la vente par correspondance, les éléments d'information figurant à l'article A. 310-3 sont portés à la connaissance des consommateurs. *— [Arr. du 26 janv. 2005, art. 4.]*

Art. A. 310-5 **Dans le cas d'un changement de date de l'opération de liquidation dans les conditions prévues par l'article R. 310-6, une copie de la lettre informant le** *(Arr. du 24 juin 2014, en vigueur le 1er juill. 2014)* **« maire » du report est affichée sur le lieu de vente à côté de la copie du récépissé de déclaration du dossier initial dans les conditions prévues à l'article A. 310-4.**

Pour les établissements pratiquant la vente à distance, la date de la lettre au *(Arr. du 24 juin 2014, en vigueur le 1er juill. 2014)* **« maire » et les motifs du report sont portés à la connaissance des consommateurs.** *— [Arr. du 26 janv. 2005, art. 5.]*

Art. A. 310-6 **Toute publicité relative à une opération de liquidation mentionne la date du récépissé de déclaration ainsi que la nature des marchandises sur lesquelles porte l'opération si celle-ci ne concerne pas la totalité des produits de l'établissement.** *— [Arr. du 26 janv. 2005, art. 6.]*

SECTION II DES VENTES AU DÉBALLAGE

La présente section ne comprend pas de dispositions pour les arrêtés.

V. toutefois Arr. du 9 janv. 2009 ss. art. R. 310-8.

SECTION III DES SOLDES

Art. A. 310-7 **Les produits offerts ou disponibles à la vente au détail, de quelque façon que ce soit, sous forme de soldes tels que définis par l'article L. 310-3, sont signalés par une mention indiquant qu'il s'agit de "soldes".** *— [Arr. du 22 sept. 1989, art. 1er.]*

Art. A. 310-8 **Cette mention est effectuée dans des conditions de présentation identiques à celles prévues, pour la mention du prix, aux articles 4, 5, 6, 9, 10, 11 et 14 de l'arrêté du 3 décembre 1987 relatif à l'information du consommateur sur les prix.** *— [Arr. du 22 sept. 1989, art. 2.] — V. l'Arr. préc. au* ***C. consom.***

Art. A. 310-9 **Lorsque l'opération de soldes concerne l'ensemble des produits disponibles dans le point de vente, une seule indication parfaitement lisible peut en informer le consommateur.** *— [Arr. du 22 sept. 1989, art. 3.]*

SECTION IV DES VENTES EN MAGASINS OU DÉPÔTS D'USINE

La présente section ne comprend pas de dispositions pour les arrêtés.

SECTION V DES SANCTIONS

La présente section ne comprend pas de dispositions pour les arrêtés.

TITRE DEUXIÈME DES VENTES AUX ENCHÈRES PUBLIQUES

CHAPITRE PREMIER DES VENTES VOLONTAIRES DE MEUBLES AUX ENCHÈRES PUBLIQUES

SECTION PREMIÈRE DISPOSITIONS GÉNÉRALES

SOUS-SECTION 1 LES OPÉRATEURS DE VENTES VOLONTAIRES DE MEUBLES AUX ENCHÈRES PUBLIQUES *(Arr. du 19 mars 2012, art. 2)*.

§ 1er DE LA DÉCLARATION

(Arr. du 19 mars 2012, art. 3)

Art. A. 321-1 **Les attestations prévues au 2° du I et au 4° du II de l'article R. 321-1 doivent être conformes aux modèles annexés au présent article.**

ANNEXE 3-2-1 (ANNEXE À L'ARTICLE A. 321-1)

(Arr. du 19 mars 2012, art. 10)

ATTESTATION PRÉVUE PAR L'ARTICLE R. 321-1-I (2°) DU CODE DE COMMERCE

OPÉRATEUR DE VENTES VOLONTAIRES DE MEUBLES AUX ENCHÈRES PUBLIQUES Y COMPRIS PAR VOIE ÉLECTRONIQUE

Personne physique

Je soussigné(e) ....

Né(e) le .... à ....

Demeurant ....

Déclare prendre connaissance des dispositions de l'article L. 321-4 du code de commerce, modifié par la loi n° 2011-850 du 20 juillet 2011 de libéralisation des ventes volontaires de meubles aux enchères publiques, aux termes desquelles :

"Seuls peuvent organiser et réaliser des ventes volontaires de meubles aux enchères publiques et des ventes aux enchères par voie électronique les opérateurs remplissant les conditions définies au présent article.

"I. — S'il s'agit d'une personne physique, l'opérateur de ventes volontaires de meubles aux enchères publiques doit :

"1° Être français ou ressortissant d'un État membre de l'Union européenne ou d'un autre État partie à l'accord sur l'Espace économique européen ;

"2° N'avoir pas été l'auteur de faits ayant donné lieu à une condamnation pénale définitive pour des agissements contraires à l'honneur, à la probité ou aux bonnes mœurs ou de faits de même nature ayant donné lieu à une sanction disciplinaire ou administrative de destitution, radiation, révocation, de retrait d'agrément ou d'autorisation dans la profession qu'il exerçait antérieurement ;

"3° Avoir la qualification requise pour diriger une vente ou être titulaire d'un titre, d'un diplôme ou d'une habilitation reconnus équivalents en la matière ;

"4° Avoir préalablement déclaré son activité auprès du Conseil des ventes volontaires de meubles aux enchères publiques institué par l'article L. 321-18".

Certifie sur l'honneur n'avoir pas été l'auteur de faits ayant donné lieu à une condamnation pénale définitive pour des agissements contraires à l'honneur, à la probité ou aux bonnes mœurs ou de faits de même nature ayant donné lieu à une sanction disciplinaire ou administrative de destitution, radiation, révocation, de retrait d'agrément ou d'autorisation dans la profession que j'exerçais, le cas échéant, antérieurement.

Fait à .... le ....

Signature

ANNEXE 3-2-2 (ANNEXE À L'ARTICLE A. 321-1)

(Arr. du 19 mars 2012, art. 10)

ATTESTATION PRÉVUE PAR L'ARTICLE R. 321-1-II (4°) DU CODE DE COMMERCE

OPÉRATEUR DE VENTES VOLONTAIRES DE MEUBLES AUX ENCHÈRES PUBLIQUES Y COMPRIS PAR VOIE ÉLECTRONIQUE

Dirigeant de personne morale

Je soussigné(e) ....

Né(e) le .... à ....

Demeurant ....

Dirigeant de l'opérateur de vente volontaire de meubles aux enchères publiques ....

Fonction occupée ....

Déclare prendre connaissance des dispositions de l'article L. 321-4 du code de commerce, modifié par la loi n° 2011-850 du 20 juillet 2011 de libéralisation des ventes volontaires de meubles aux enchères publiques, aux termes desquelles :

"Seuls peuvent organiser et réaliser des ventes volontaires de meubles aux enchères publiques et des ventes aux enchères par voie électronique les opérateurs remplissant les conditions définies au présent article.

"II. — S'il s'agit d'une personne morale, l'opérateur de ventes volontaires de meubles aux enchères publiques doit :

"1° Être constitué en conformité avec la législation d'un État membre de l'Union européenne ou d'un autre État partie à l'accord sur l'Espace économique européen et avoir son siège statutaire, son administration centrale ou son principal établissement sur le territoire de l'un de ces États membres ou parties ;

"2° Disposer d'au moins un établissement en France, y compris sous forme d'agence, de succursale ou de filiale ;

"3° Comprendre parmi ses dirigeants, associés ou salariés au moins une personne remplissant les conditions mentionnées aux 1° à 3° du I ;

"4° Justifier que ses dirigeants n'ont pas fait l'objet d'une condamnation pénale définitive pour des agissements contraires à l'honneur, à la probité ou aux bonnes mœurs ou n'ont pas été les auteurs de faits de même nature ayant donné lieu à une sanction disciplinaire ou administrative de destitution, radiation, révocation, de retrait d'agrément ou d'autorisation dans la profession qu'ils exerçaient antérieurement ;

"5° Avoir préalablement déclaré son activité auprès du Conseil des ventes volontaires de meubles aux enchères publiques institué par l'article L. 321-18".

Certifie sur l'honneur n'avoir pas été l'auteur de faits ayant donné lieu à une condamnation pénale définitive pour des agissements contraires à l'honneur, à la probité ou aux bonnes mœurs ou de faits de même nature ayant donné lieu à une sanction disciplinaire ou administrative de destitution, radiation, révocation, de retrait d'agrément ou d'autorisation dans la profession que j'exerçais, le cas échéant, antérieurement.

Fait à .... le ....

Signature.

§ 2 DE L'ASSURANCE ET DU CAUTIONNEMENT

Le présent paragraphe ne comprend pas de dispositions pour les arrêtés.

§ 3 DES QUALIFICATIONS REQUISES

Art. A. 321-2 *Abrogé par Arr. du 15 mai 2015, art. 2.*

Art. A. 321-3 *(Arr. du 15 mai 2015, art. 3)* **Sont admis en dispense d'un diplôme national de licence en droit requis pour diriger des ventes volontaires de meubles aux enchères publiques :**

1° Tout diplôme national sanctionnant un niveau de formation correspondant au moins à trois années d'études après le baccalauréat dans les disciplines juridiques, économiques, commerciales ou de gestion ;

2° Tout diplôme conférant le grade de licence ou le grade de master, sanctionnant des études dans les disciplines juridiques, économiques, commerciales ou de gestion ;

3° Tout diplôme visé par le ministre chargé de l'enseignement supérieur, sanctionnant un niveau de formation correspondant au moins à trois années d'études après le baccalauréat, dans les disciplines juridiques, économiques, commerciales ou de gestion ;

4° Tout diplôme sanctionnant un niveau de formation correspondant au moins à trois années d'études après le baccalauréat dans les disciplines juridiques, économiques, commerciales ou de gestion délivrés par la faculté libre autonome et cogérée d'économie et de droit de Paris jusqu'en 2018 inclus.

Art. A. 321-4 *(Arr. du 15 mai 2015, art. 4)* **Sont admis en dispense d'un diplôme national de licence en histoire de l'art, ou en arts appliqués, ou en archéologie ou en arts plastiques requis pour diriger des ventes volontaires de meubles aux enchères publiques :**

1° Tout diplôme national sanctionnant un niveau de formation correspondant au moins à trois années d'études après le baccalauréat en histoire de l'art, en arts appliqués, en archéologie ou en arts plastiques ;

2° Tout diplôme conférant le grade de licence ou le grade de master, sanctionnant des études en histoire de l'art, en arts appliqués, en archéologie ou en arts plastiques ;

3° Le diplôme de premier cycle de l'École du Louvre ;

4° Le diplôme d'archiviste paléographe délivré par l'École nationale des chartes ;

5° Le diplôme de bi-licence droit-histoire de l'art et archéologie de l'université Paris-I ;

6° Le diplôme de licence bi-disciplinaire droit-histoire de l'art de l'université Lyon-II ;

7° Le diplôme de licence droit-histoire de l'art de l'université de Brest ;

8° Le diplôme de "spécialiste conseil en biens et services culturels" de l'Institut d'études supérieures des arts (IESA), délivré jusqu'en 2018 inclus.

Art. A. 321-5 **L'examen d'aptitude prévu à l'article R. 321-19 a lieu au moins une fois par an.**

Les dates et lieux des épreuves sont fixés, après avis de la *(Décr. n° 2022-729 du 28 avr. 2022, art. 67, en vigueur le 1er juill. 2022)* **« Chambre nationale des commissaires de justice** *[ancienne rédaction : Chambre nationale des commissaires-priseurs judiciaires]* **»** *(Arr. du 19 mars 2014, art. 2)* **« et du Conseil national des courtiers de marchandises assermentés », par le conseil des ventes volontaires de meubles aux enchères publiques qui en assure une publicité suffisante deux mois au moins avant la date de la première épreuve, notamment par des insertions dans les revues professionnelles spécialisées et par** *(Arr. du 19 mars 2014, art. 2)* **« une information sur les sites internet du Conseil des ventes volontaires de meubles aux enchères publiques, de la** *(Décr. n° 2022-729 du 28 avr. 2022, art. 67, en vigueur le 1er juill. 2022)* **« Chambre nationale des commissaires de justice** *[ancienne rédaction : Chambre nationale des commissaires-priseurs judiciaires]* **» et du Conseil national des courtiers de marchandises assermentés ».** — *[1er Arr. du 25 sept. 2006, art. 1er.] — Anc. art. A. 321-4 (Arr. du 19 mars 2012, art. 6).*

Art. A. 321-6 **Les candidatures sont adressées au conseil des ventes volontaires de meubles aux enchères publiques par lettre recommandée avec demande d'avis de réception** *(Arr. du 19 mars 2014, art. 3)* **« ou par tout autre moyen équivalent, » au plus tard un mois avant la date de la première épreuve de la session.**

Le dossier de candidature comprend, avec, s'il y a lieu, leur traduction en français, les pièces suivantes :

(Arr. du 19 mars 2014, art. 3, en vigueur le 1er janv. 2015) **« 1° Une requête du candidat, établie sur le modèle figurant à l'annexe 3-2-3 au présent livre, accompagnée de tout document officiel justificatif de son identité et de sa nationalité. Cette requête mentionne, notamment, la langue vivante étrangère choisie par le candidat, sur la liste figurant à l'annexe 3-3 au présent livre** *[ancienne rédaction : Tous documents officiels justificatifs de l'identité et de la nationalité du candidat]* **; »** — *V. les annexes 3-2-3 et 3-3 au* **C. com.**

2° Tous justificatifs permettant de vérifier que le candidat remplit les conditions prévues à l'article R. 321-19. — *[1er Arr. du 25 sept. 2006, art. 2.] — Anc. art. A. 321-5 (Arr. du 19 mars 2012, art. 6).*

Art. A. 321-7 **Le Conseil des ventes volontaires de meubles aux enchères publiques arrête trois semaines avant la date de la première épreuve de chaque session la liste des candidats admis à subir les épreuves de l'examen d'aptitude.**

Des convocations individuelles mentionnant le jour, l'heure et le lieu des épreuves sont adressées à chaque candidat quinze jours au moins à l'avance. — *[1er Arr. du 25 sept. 2006, art. 3.] — Anc. art. A. 321-6 (Arr. du 19 mars 2012, art. 6).*

Art. A. 321-8 Les épreuves de l'examen sont orales et se déroulent en séance publique.

Le conseil des ventes volontaires de meubles aux enchères publiques assure le secrétariat du jury.

L'examen dont le programme figure à l'annexe 3-3 au présent livre comprend *(Arr. du 19 mars 2014, art. 4, en vigueur le 1er janv. 2015)* **« quatre** *[ancienne rédaction : trois]* **» interrogations portant respectivement sur :** — *V. cette annexe (JO 20 janv. 2009) au* ***C. com.*** 🏛.

1° Des matières juridiques, la réglementation professionnelle *(Arr. du 19 mars 2014, art. 4, en vigueur le 1er janv. 2015)* **« et la déontologie », ainsi que des matières économiques et comptables ; la note est affectée d'un coefficient 3 ;**

2° La connaissance des arts et techniques, ainsi que l'identification et l'estimation des objets d'art ; la note est affectée d'un coefficient 4 ;

3° La pratique des ventes volontaires de meubles aux enchères publiques ; la note est affectée d'un coefficient 3 ;

(Arr. du 19 mars 2014, art. 4, en vigueur le 1er janv. 2015) **« 4° La langue vivante étrangère choisie par le candidat lors du dépôt de son dossier ; la note est affectée d'un coefficient 1. »**

Chaque interrogation *(Arr. du 19 mars 2014, art. 4, en vigueur le 1er janv. 2015)* **«, à l'exception de celle visée au 4° », notée sur 20, a une durée de vingt minutes et est précédée de vingt minutes de préparation.**

(Arr. du 19 mars 2014, art. 4, en vigueur le 1er janv. 2015) **« L'interrogation mentionnée au 4°, notée également sur 20, a une durée de quinze minutes. »**

Les notes inférieures à 7/20 sont éliminatoires. — *[1er Arr. du 25 sept. 2006, art. 4.] — Anc. art. A. 321-7 (Arr. du 19 mars 2012, art. 6).*

Art. A. 321-9 L'admission est prononcée par le jury si la moyenne des notes obtenues par le candidat est égale ou supérieure à 10 sur 20.

A l'issue des épreuves, le jury dresse la liste des candidats déclarés admis, laquelle est affichée dans les locaux du conseil des ventes volontaires de meubles aux enchères publiques *(Arr. du 19 mars 2014, art. 5)* **« , de la** *(Décr. n° 2022-729 du 28 avr. 2022, art. 67, en vigueur le 1er juill. 2022)* **« Chambre nationale des commissaires de justice** *[ancienne rédaction : Chambre nationale des commissaires-priseurs judiciaires]* **» et du Conseil national des courtiers de marchandises assermentés ainsi que sur le site internet de ces organismes ».**

Le conseil des ventes volontaires de meubles aux enchères publiques délivre à chaque candidat admis une attestation de réussite à l'examen d'aptitude. — *[1er Arr. du 25 sept. 2006, art. 5.] — Anc. art. A. 321-8 (Arr. du 19 mars 2012, art. 6).*

SOUS-§ 1er DE L'EXAMEN D'ACCÈS AU STAGE

Art. A. 321-10 L'examen d'accès au stage prévu au 4° de l'article R. 321-18 et *(Arr. du 19 mars 2014, art. 6)* **« aux articles R. 321-20 à R. 321-25 » a lieu au moins une fois par an.**

Les dates et lieux **des épreuves sont fixés, après avis de la** *(Décr. n° 2022-729 du 28 avr. 2022, art. 67, en vigueur le 1er juill. 2022)* **« Chambre nationale des commissaires de justice** *[ancienne rédaction : Chambre nationale des commissaires-priseurs judiciaires]* **»** *(Arr. du 19 mars 2014, art. 6)* **« et du Conseil national des courtiers de marchandises assermentés », par le conseil des ventes volontaires de meubles aux enchères publiques qui en assure une publicité suffisante deux mois au moins avant la date de la première épreuve, notamment par des insertions dans les revues professionnelles spécialisées et par** *(Arr. du 19 mars 2014, art. 6)* **« une information sur les sites internet du Conseil des ventes volontaires de meubles aux enchères publiques de la** *(Décr. n° 2022-729 du 28 avr. 2022, art. 67, en vigueur le 1er juill. 2022)* **« Chambre nationale des commissaires de justice** *[ancienne rédaction : Chambre nationale des commissaires-priseurs judiciaires]* **» et du Conseil national des courtiers de marchandises assermentés ainsi que par une**

diffusion auprès d'établissements d'enseignement supérieur ». — *[2e Arr. du 25 sept. 2006, art. 1er.] — Anc. art. A. 321-9 (Arr. du 19 mars 2012, art. 7).*

Art. A. 321-11 **Les candidatures sont adressées au conseil des ventes volontaires de meubles aux enchères publiques par lettre recommandée avec demande d'avis de réception** *(Arr. du 19 mars 2014, art. 7)* **« ou par tout autre moyen équivalent, » au plus tard un mois avant la date de la première épreuve de la session.**

Le dossier de candidature comprend *(Arr. du 19 mars 2014, art. 7)* **« , avec, s'il y a lieu, leur traduction en français, les pièces suivantes » :**

1° Une requête de l'intéressé *(Arr. du 19 mars 2014, art. 7)* **« établie sur le modèle figurant à l'annexe 3-3-1 au présent livre, mentionnant, éventuellement, pour l'épreuve facultative, la langue vivante étrangère choisie par le candidat, sur la liste figurant à l'annexe 3-4 au présent livre » ;** — *V. les annexes 3-3-1 et 3-4 au* **C. com.**

2° Tous documents officiels justificatifs de l'identité et de la nationalité du candidat ;

3° Une copie des diplômes prévus au 3° de l'article R. 321-18 ou la justification de leur dispense ;

4° Le cas échéant, la justification de la dispense des épreuves de l'examen d'accès au stage ;

(Abrogé par Arr. du 19 mars 2014, art. 7) ***« 5° L'indication de la langue vivante étrangère choisie pour l'épreuve d'admission. »*** — *[2e Arr. du 25 sept. 2006, art. 2.] — Anc. art. A. 321-10 (Arr. du 19 mars 2012, art. 7).*

Art. A. 321-12 **Le conseil des ventes volontaires de meubles aux enchères publiques arrête trois semaines avant la date de la première épreuve de chaque session la liste des candidats admis à subir les épreuves de l'examen d'accès au stage.**

Des convocations individuelles mentionnant le jour, l'heure et le lieu des épreuves sont adressées à chaque candidat au moins quinze jours à l'avance. — *[2e Arr. du 25 sept. 2006, art. 3.] — Anc. art. A. 321-11 (Arr. du 19 mars 2012, art. 7).*

Art. A. 321-13 **L'examen comprend des épreuves écrites d'admissibilité et des épreuves orales d'admission portant sur le programme figurant à l'annexe 3-4 au présent livre.** — *V. cette annexe (JO 20 janv. 2009) au* **C. com.**

Le conseil des ventes volontaires de meubles aux enchères publiques assure le secrétariat du jury. — *[2e Arr. du 25 sept. 2006, art. 4.] — Anc. art. A. 321-12 (Arr. du 19 mars 2012, art. 7).*

Art. A. 321-14 **Les épreuves écrites d'admissibilité comprennent :**

1° Une épreuve théorique d'une durée de quatre heures portant sur des sujets juridiques, en rapport avec les activités de ventes publiques de meubles et dont la note est affectée d'un coefficient 3 ;

2° Une épreuve théorique d'une durée de quatre heures portant sur la connaissance des arts et techniques et dont la note est affectée d'un coefficient 3. — *[2e Arr. du 25 sept. 2006, art. 5.] — Anc. art. A. 321-13 (Arr. du 19 mars 2012, art. 7).*

Art. A. 321-15 **Les candidats peuvent se servir des codes ou recueils de lois et décrets ne contenant aucune indication de doctrine ou de jurisprudence, sans autre note que des références à des textes législatifs ou réglementaires.**

Tout candidat ayant procuré ou utilisé des documents non autorisés est exclu de la salle et sa composition est annulée. Dans ce cas, le conseil des ventes volontaires de meubles aux enchères publiques peut interdire au candidat de se représenter aux épreuves de l'examen pour une durée ne pouvant excéder deux années. — *[2e Arr. du 25 sept. 2006, art. 6.] — Anc. art. A. 321-14 (Arr. du 19 mars 2012, art. 7).*

Art. A. 321-16 **La correction des épreuves d'admissibilité est organisée de manière à préserver l'anonymat de chaque candidat.**

Chaque composition est examinée par deux correcteurs et reçoit une note de 0 à 20. Cette note est affectée du coefficient prévu pour l'épreuve correspondante.

L'admissibilité est prononcée par le jury si la moyenne des notes obtenues par le candidat est égale ou supérieure à 10 sur 20.

Le jury arrête, par ordre alphabétique, la liste des candidats déclarés admissibles. Celle-ci est affichée dans les locaux du conseil des ventes volontaires de meubles aux enchères publiques *(Arr. du 19 mars 2014, art. 8)* **« , de la** *(Décr. no 2022-729 du*

28 avr. 2022, art. 67, en vigueur le 1er juill. 2022) **« Chambre nationale des commissaires de justice** *[ancienne rédaction : Chambre nationale des commissaires-priseurs judiciaires]* **» et du Conseil national des courtiers de marchandises assermentés ainsi que sur les sites internet de ces organismes ».**

L'admissibilité n'est valable que pour la session au cours de laquelle celle-ci a été acquise. – *[2e Arr. du 25 sept. 2006, art. 7.] – Anc. art. A. 321-15 (Arr. du 19 mars 2012, art. 7).*

Art. A. 321-17 **Nul ne peut se présenter aux épreuves d'admission s'il n'a été déclaré admissible par le jury.**

Les épreuves d'admission sont orales et se déroulent en séance publique. Elles comprennent :

1° Un exposé de dix minutes, après une préparation de trente minutes, sur une question tirée au sort par le candidat et portant sur l'histoire de l'art, suivi d'une discussion de vingt minutes avec le jury destinée à apprécier la culture générale du candidat ; la note est affectée d'un coefficient 4 ;

2° Une interrogation d'une durée de quinze minutes portant sur une matière juridique autre que celle qui a été traitée à l'écrit par le candidat ainsi que sur des matières économiques et comptables ; la note est affectée d'un coefficient 3 ;

(Arr. du 19 mars 2014, art. 9) **« 3° Une épreuve d'anglais consistant en une interrogation d'une durée de quinze minutes ; la note est affectée d'un coefficient 1 ;**

« 4° Une interrogation facultative, d'une durée de quinze minutes, portant sur la langue vivante étrangère choisie par le candidat lors du dépôt de son dossier ; la note est affectée d'un coefficient 1. » – *[2e Arr. du 25 sept. 2006, art. 8.] – Anc. art. A. 321-16 (Arr. du 19 mars 2012, art. 7).*

Art. A. 321-18 **Les épreuves sont notées de 0 à 20.**

Chaque note est affectée du coefficient prévu pour l'épreuve correspondante.

Les notes inférieures à 7/20 *(Arr. du 19 mars 2014, art. 10, en vigueur le 1er janv. 2015)* **« [,] à l'exception de celle obtenue à l'épreuve facultative de langue, » sont éliminatoires.** – *[2e Arr. du 5 sept. 2006, art. 9.] – Anc. art. A. 321-17 (Arr. du 19 mars 2012, art. 7).*

Art. A. 321-19 **L'admission est prononcée par le jury si la moyenne des notes obtenues par le candidat à l'ensemble des épreuves d'admissibilité et d'admission est égale ou supérieure à 10 sur 20.**

(Arr. du 19 mars 2014, art. 11, en vigueur le 1er janv. 2015) **« La note obtenue à l'épreuve facultative de langue n'est prise en compte, pour le calcul de la moyenne, que si elle est supérieure à 10 sur 20. »** – *[2e Arr. du 25 sept. 2006, art. 10.] – Anc. art. A. 321-18 (Arr. du 19 mars 2012, art. 7).*

Art. A. 321-20 **Le jury arrête la liste des candidats déclarés admis. Celle-ci est affichée dans les locaux du conseil des ventes volontaires de meubles aux enchères publiques** *(Arr. du 19 mars 2014, art. 12, en vigueur le 1er janv. 2015)* **« , de la** *(Décr. no 2022-729 du 28 avr. 2022, art. 67, en vigueur le 1er juill. 2022)* **« Chambre nationale des commissaires de justice** *[ancienne rédaction : Chambre nationale des commissaires-priseurs judiciaires]* **» et du Conseil national des courtiers de marchandises assermentés. Elle est également publiée sur le site internet de ces organismes ».**

Le conseil des ventes volontaires de meubles aux enchères publiques délivre l'attestation de réussite à l'examen d'accès au stage. – *[2e Arr. du 25 sept. 2006, art. 11.] – Anc. art. A. 321-19 (Arr. du 19 mars 2012, art. 7).*

SOUS-§ 2 DU STAGE

Le présent sous-paragraphe ne comprend pas de dispositions pour les arrêtés.

§ 4 DES MESURES D'INFORMATION ET DE PUBLICITÉ

Le présent paragraphe ne comprend pas de dispositions pour les arrêtés.

SOUS-SECTION 2 LE CONSEIL DES VENTES VOLONTAIRES DE MEUBLES AUX ENCHÈRES PUBLIQUES

La présente sous-section ne comprend pas de dispositions pour les arrêtés.

SECTION II DE LA LIBRE PRESTATION DE SERVICES DE L'ACTIVITÉ DE VENTES VOLONTAIRES DE MEUBLES AUX ENCHÈRES PUBLIQUES PAR LES RESSORTISSANTS DES ÉTATS MEMBRES DE L'UNION EUROPÉENNE ET DES ÉTATS PARTIES À L'ACCORD SUR L'ESPACE ÉCONOMIQUE EUROPÉEN *(Arr. du 19 mars 2012, art. 4).*

SOUS-SECTION 1 DES PROCÉDURES DE DÉCLARATION ET D'INFORMATION

La présente sous-section ne comprend pas de dispositions pour les arrêtés.

SOUS-SECTION 2 *[ABROGÉE]* DES QUALIFICATIONS REQUISES

(Abrogée par Arr. du 23 sept. 2009, art. 3)

Les art. A. 321-20 à A. 321-25 (numérotation antérieure à l'Arr. du 19 mars 2012) ont été abrogés par Arr. du 23 sept. 2009, art. 3.

SECTION III DE L'ÉTABLISSEMENT EN FRANCE DES PERSONNES HABILITÉES À DIRIGER DES VENTES VOLONTAIRES DE MEUBLES AUX ENCHÈRES PUBLIQUES DANS UN AUTRE ÉTAT MEMBRE DE L'UNION EUROPÉENNE OU PARTIE À L'ACCORD SUR L'ESPACE ÉCONOMIQUE EUROPÉEN *(Arr. du 19 mars 2012, art. 4).*

(Arr. du 23 sept. 2009, art. 2)

Art. A. 321-27 Le dossier mentionné à l'article R. 321-66 comprend les pièces suivantes :

1° La copie des documents justifiant de l'identité, de la nationalité et du domicile du demandeur ;

2° Les copies certifiées conformes des attestations de compétences, titres de formation ou titres de formation assimilée ou des documents justifiant des droits acquis obtenus par le demandeur donnant accès à l'activité de ventes volontaires de meubles aux enchères publiques ;

3° Pour les titulaires d'un diplôme, certificat ou titre délivré par un pays tiers et reconnu par un État membre de *(Arr. du 19 mars 2012, art. 4)* « l'Union » européenne ou partie à l'accord sur l'Espace économique européen, une attestation émanant de l'autorité compétente de cet État membre ou partie, certifiant de la durée de l'exercice professionnel sur son territoire et des dates correspondantes ;

4° *(Arr. du 4 juill. 2011)* « La preuve par tout moyen » que le requérant a exercé à temps plein *(Arr. du 23 juin 2017, art. 2)* « ou à temps partiel », au cours des dix dernières années, l'activité de ventes volontaires de meubles aux enchères publiques, et précisant les dates de cet exercice, si ni l'accès à cette activité ou son exercice, ni la formation y conduisant ne sont réglementés dans son État d'origine ;

5° Tout document en original ou en copie permettant d'apprécier si le demandeur remplit les conditions prévues à l'article R. 321-65 du code de commerce ainsi que le contenu détaillé *(Arr. du 23 juin 2017, art. 2)* « de la formation ou *[du]* cycle d'études suivi » et de la formation professionnelle initiale et continue reçue ;

6° Un document de l'autorité compétente de son État d'origine attestant qu'il n'a pas fait l'objet de condamnations pénales pour des faits contraires à l'honneur ou à la probité ni d'une sanction disciplinaire ou administrative de destitution, radiation, révocation, retrait d'agrément ou d'autorisation pour des faits de même nature dans la profession qu'il exerçait antérieurement, ou une attestation datant de moins de trois mois délivrée par l'autorité judiciaire ou administrative compétente et, le cas échéant, par un notaire ou un organisme professionnel, établissant que l'intéressé a déclaré sous serment ou solennellement, si un tel serment n'existe pas dans cet État, qu'il n'a pas fait l'objet de telles condamnations ou sanctions.

Le cas échéant, les pièces justificatives, sauf celles relatives à l'identité et à la nationalité du demandeur, doivent être accompagnées de leur traduction en langue française. A l'exception des documents mentionnés au 1° et au 5°, cette traduction est effectuée par un traducteur inscrit sur la liste nationale des experts judiciaires ou sur l'une des listes d'experts judiciaires dressées par les cours d'appel ou par un traducteur

habilité à intervenir auprès des autorités judiciaires ou administratives d'un autre État membre de *(Arr. du 19 mars 2012, art. 4)* **« l'Union » européenne ou d'un État partie à l'accord sur l'Espace économique européen.** — *Anc. art. A. 321-26 (Arr. du 19 mars 2012, art. 8).*

Art. A. 321-28 *(Arr. du 23 juin 2017, art. 3)* **La décision du conseil des ventes volontaires de meubles aux enchères publiques prévue à l'article R. 321-66 comporte en particulier les informations suivantes :**

1° Le niveau de qualification professionnelle requis en France et le niveau de la qualification professionnelle que possède le requérant conformément à la classification figurant à l'article 11 de la directive 2005/36/CE du Parlement européen et du Conseil du 7 septembre 2005 modifiée relative à la reconnaissance des qualifications professionnelles ;

2° Les différences substantielles visées à l'article R. 321-67, et les raisons pour lesquelles ces différences ne peuvent être comblées par les connaissances, aptitudes et compétences acquises au cours de l'expérience professionnelle ou de l'apprentissage tout au long de la vie ayant fait l'objet, à cette fin, d'une validation en bonne et due forme par un organisme compétent ;

3° Les matières du programme de l'épreuve d'aptitude et la durée du stage d'adaptation proposés au requérant.

Art. A. 321-29 *(Arr. du 23 juin 2017, art. 4)* **Le conseil des ventes volontaires de meubles aux enchères publiques organise l'épreuve d'aptitude prévue à l'article R. 321-67 dans un délai maximal de six mois à compter de la décision imposant une épreuve d'aptitude au requérant.**

Art. A. 321-30 Le conseil des ventes volontaires de meubles aux enchères publiques assure une publicité suffisante, quatre mois au moins à l'avance, de la date fixée pour l'épreuve, notamment par des insertions dans les revues professionnelles, par un affichage dans ses locaux et dans ceux de la *(Décr. n° 2022-729 du 28 avr. 2022, art. 67, en vigueur le 1er juill. 2022)* **« Chambre nationale des commissaires de justice** *[ancienne rédaction : Chambre nationale des commissaires-priseurs judiciaires]* **» et par une diffusion sur son site internet.** — *Anc. art. A. 321-29 (Arr. du 19 mars 2012, art. 8).*

Art. A. 321-31 Des convocations individuelles mentionnant le jour, l'heure et le lieu de l'épreuve sont adressées à chaque candidat quinze jours au moins à l'avance par lettre recommandée avec demande d'avis de réception ou par tout autre moyen équivalent. — *Anc. art. A. 321-30 (Arr. du 19 mars 2012, art. 8).*

Art. A. 321-32 L'épreuve d'aptitude, dont le programme figure à l'annexe 3-5 au présent livre, comprend au plus trois entretiens, d'une durée de vingt minutes chacun, portant respectivement sur des matières juridiques, la pratique des ventes volontaires de meubles aux enchères publiques et la réglementation professionnelle. — *Anc. art. A. 321-31 (Arr. du 19 mars 2012, art. 8). — V. annexe (JO 3 oct. 2009) au* ***C. com.***

Art. A. 321-33 Les entretiens se déroulent publiquement.

Chaque entretien est noté sur 20 et est précédé de trente minutes de préparation.

Le conseil des ventes volontaires de meubles aux enchères publiques assure le secrétariat du jury. — *Anc. art. A. 321-32 (Arr. du 19 mars 2012, art. 8).*

Art. A. 321-34 L'admission est prononcée par le jury si la moyenne des notes obtenues par le candidat est égale ou supérieure à 10 sur 20.

A l'issue de l'épreuve, le jury dresse la liste des candidats déclarés admis, laquelle est affichée dans les locaux du conseil des ventes volontaires de meubles aux enchères publiques et accessible sur son site internet.

Le conseil délivre à chaque candidat admis une attestation de réussite à l'épreuve d'aptitude. — *Anc. art. A. 321-33 (Arr. du 19 mars 2012, art. 8).*

Art. A. 321-35 Le stage d'adaptation prévu à l'article R. 321-67 visant à compléter la formation professionnelle du demandeur comprend un enseignement pratique et, le cas échéant, un enseignement théorique en matière artistique, économique, comptable et juridique, dispensés sous le contrôle du conseil des ventes volontaires de meubles aux enchères publiques et selon les modalités qu'il détermine.

Le stage d'adaptation s'effectue en France et à plein temps. A titre exceptionnel, il peut être fractionné en périodes mensuelles.

La convention de stage d'adaptation ne peut contenir de dispositions moins avantageuses, notamment en matière de gratification, que celles applicables aux personnes admises à suivre la deuxième année du stage prévu à l'article R. 321-18 (5°). – *Anc. art. A. 321-34 (Arr. du 19 mars 2012, art. 8).*

Art. A. 321-36 Les travaux de pratique professionnelle sont effectués auprès *(Arr. du 19 mars 2012, art. 5)* « d'un opérateur » de ventes volontaires de meubles aux enchères publiques. Le conseil des ventes volontaires de meubles aux enchères publiques procède à l'affectation du stagiaire en tenant compte de ses choix. En aucun cas, le stagiaire ne peut être affecté *(Arr. du 19 mars 2012, art. 5)* « chez un opérateur » de ventes volontaires dans *(Arr. du 19 mars 2012, art. 5)* « lequel » il aurait directement ou indirectement des intérêts financiers ou un lien de quelque nature que ce soit avec l'un des dirigeants, salariés ou associés. – *Anc. art. A. 321-35 (Arr. du 19 mars 2012, art. 8).*

Art. A. 321-37 Les attributions de maître de stage sont remplies par une personne habilitée à diriger des ventes volontaires de meubles aux enchères publiques.

Lorsque la durée du stage excède une année, le conseil des ventes volontaires de meubles aux enchères publiques s'assure à l'issue d'une première période de douze mois puis tous les six mois du bon déroulement du stage et de l'acquisition de connaissances par le stagiaire. A cet effet, il recueille les observations du maître de stage et organise un entretien avec le stagiaire destiné à évaluer ses connaissances pratiques.

A l'issue du stage, le maître de stage adresse au conseil un rapport de stage établi conformément au modèle figurant en annexe 3-5 au présent livre. – *V. cette annexe (JO 3 oct. 2009) au* ***C. com.*** 🏛.

Le conseil reconnaît la qualification du demandeur lorsque les résultats de l'évaluation du stage sont positifs. Il délivre au stagiaire un certificat de bon accomplissement du stage d'adaptation.

Dans le cas contraire, le conseil peut, après avoir entendu le stagiaire, prolonger la durée du stage d'adaptation dans les limites de l'article R. 321-67. – *Anc. art. A. 321-36 (Arr. du 19 mars 2012, art. 8).*

SECTION IV *[ABROGÉE]* DES EXPERTS AGRÉÉS PAR LE CONSEIL DES VENTES VOLONTAIRES DE MEUBLES AUX ENCHÈRES PUBLIQUES

(Abrogée par Arr. du 19 mars 2012, art. 9)

La présente section ne comprenait pas de dispositions pour les arrêtés.

SECTION V DISPOSITIONS DIVERSES

La présente section ne comprend pas de dispositions pour les arrêtés.

CHAPITRE II DES AUTRES VENTES AUX ENCHÈRES

Le présent chapitre ne comprend pas de dispositions pour les arrêtés.

TITRE TROISIÈME DES CLAUSES D'EXCLUSIVITÉ

Le présent titre ne comprend pas de dispositions pour les arrêtés.

V. Arr. du 21 févr. 1991, art. 1er, relatif à l'information du consommateur dans le secteur de la franchise, codifié à l'art. A. 441-1.

LIVRE QUATRIÈME DE LA LIBERTÉ DES PRIX ET DE LA CONCURRENCE

TITRE PREMIER DISPOSITIONS GÉNÉRALES

Le présent titre ne comprend pas de dispositions pour les arrêtés.

TITRE DEUXIÈME DES PRATIQUES ANTICONCURRENTIELLES

Le présent titre ne comprend pas de dispositions pour les arrêtés.

TITRE TROISIÈME DE LA CONCENTRATION ÉCONOMIQUE

Le présent titre ne comprend pas de dispositions pour les arrêtés.

TITRE QUATRIÈME DE LA TRANSPARENCE, DES PRATIQUES RESTRICTIVES DE CONCURRENCE ET D'AUTRES PRATIQUES PROHIBÉES

CHAPITRE PREMIER DE LA TRANSPARENCE

Art. A. 441-1 Toute personne vendant des produits ou fournissant des services, liée par un accord de franchise à un franchiseur, informe le consommateur de sa qualité d'entreprise indépendante, de manière lisible et visible, sur l'ensemble des documents d'information, notamment de nature publicitaire, ainsi qu'à l'intérieur et à l'extérieur du lieu de vente. – *[Arr. du 21 févr. 1991, art. 1er.]*

RÉP. COM. v° *Franchise*, par DISSAUX.

V. note de service n° 5724 du 21 mai 1991 (BOCC 30 mai).

Pour les sanctions pénales, V. art. R. 441-1.

1. Nature de l'information. L'Arr. du 21 févr. 1991 n'a pas créé de logo spécifique. La note n° 5724 du 21 mai 1991 *(BOCC 30 mai)* a précisé que les mentions « commerçant indépendant », « commerce indépendant » ou « entreprise indépendante » répondent aux conditions prévues par l'arrêté si elles accompagnent le nom ou la raison sociale du propriétaire du magasin (Rép. min. n° 2466 : *JOAN Q, 23 août 1993, p. 2644*).

2. Qualité d'entreprise indépendante. **BIBL.** Cutajar, *RJDA 2002. 3* (la franchise hôtelière à l'épreuve de la fictivité). – Regnault, *LPA 29 juill. 2005* (pour une application raisonnée des dispositions de l'art. L. 781-1-2° [7321-2] C. trav.). – Peskine, *RDT 2008. 371* (entre subordination et indépendance : en quête d'une troisième voie). – N. Ferrier, *D. 2008. 2011* (à propos de la recodification prétendument à droit constant du droit du travail). – Dossier, *Journ. sociétés 10/2013. 11* (distribution et droit du travail : frères ennemis ?). ♦ Les franchisés qui exploitent en leur nom une entreprise doivent assumer les charges de tout entrepreneur. • Douai, 6 févr. 2003 : *BICC 2004, n° 255.* ♦ Sur la requalification d'un contrat de franchise en contrat de gérance salariée en raison de l'absence de liberté dans l'exploitation du commerce et de la détermination du prix de vente des marchandises par le fournisseur, V. • Com. 3 mai 1995, n° 93-12.981 : *D. 1997. 10, note Amiel-Cosme ; JCP E 1995. II. 748, note Leveneur.* – V. aussi • Soc. 25 févr. 1998, n° 95-44.096 P : *JCP E 1998, n° 14, p. 536, obs. Morvan* • Montpellier, 6 janv. 1999 : *D. 2001. Somm. 296, obs. Ferrier* • Nîmes, 5 juill. 2002 : *Cah. dr. entr. 2003, n° 3, p. 21, obs. Mainguy ; RJDA 2003, n° 251* (conf. par • Soc. 8 févr. 2005, n° 03-40.731 : *D. 2006. Pan. 516, obs. Ferrier ; JCP E 2005, n° 31-34, p. 1328, obs. Mainguy)* • Nancy, 4 déc. 2002 : *BICC 2003, n° 386* • Nîmes, 20 déc. 2002 : *D. 2003. Somm. 2431, obs. Ferrier* • 13 déc. 2006 : *RD transp. 2007, n° 53, obs. Paulin* • Montpellier, 15 déc. 2004 : *JCP 2005. IV. 2231.* ♦ Pour une requalification d'un contrat de gérance-mandat en matière hôtelière en contrat de travail, V. • Paris, 7 juin 2001 : *RJDA 2002, n° 41. – Contra :* • Paris, 14 déc. 2001 : *RJDA 2002, n° 380* • Cons. prud'h. Angers, 24 juin 2002 : *Lettre distrib. 1/2003, p. 2* • Soc. 26 nov. 2003, n° 02-60.674. ♦ V. aussi, précisant que dès lors que les conditions d'application de l'art. 781-1, 2°, [7321-2] C. trav. sont réunies, il y a lieu d'appliquer les dispositions de ce code sans qu'il soit besoin d'établir l'existence d'un lien de subordination : • Soc. 4 déc. 2001, n° 99-41.265 P : *D. 2002. 1934, note Kenfack ; LPA 11 avr. 2002, note Picca et Sauret ; CCC 2002, n° 55, obs. Leveneur ; JCP 2002. I. 148, n° 20, obs. Constantin* (et sur renvoi • Paris, 13 janv. 2004 : *Lettre distrib. 2/2004, p. 3*). ♦ Et il est indifférent que le pseudo-franchisé ait créé une entreprise unipersonnelle à responsabilité limitée pour exercer son activité : • Soc. 21 févr. 2007, n° 05-45.048 : *CCC 2007, n° 120, obs. Malaurie-Vignal.* ♦ Sur les conséquences de l'application de l'art. L. 781-1 [7321-2] C. trav. à un franchisé, V. • Aix-en-Provence, 5 oct. 2005 : *Lettre distrib. 11/2005, p. 3.* ♦ V., rappelant que la qualité de commerçant indépendant est un élément essentiel au contrat de franchise : • Paris, 18 juin 2003 : *CCC 2004, n° 19, obs. Leveneur.* ♦ Pour un contrat de « commission-affiliation » requalifié en contrat d'agent commercial, V. • Paris, 13 sept. 2006 : *cité note 3 ss. art. L. 134-1.*

3. Immixtion du franchiseur. Le fait qu'une société ait accordé sa franchise à un certain nombre de commerçants ne la rend pas redevable des factures de marchandises livrées à ces derniers, même si elle a reçu sans protester les factures litigieuses, dès lors qu'elle n'a pas manifesté la volonté de les régler. • Com. 3 juill. 1990, n° 87-20.028 P. ♦ L'accord de règlement selon lequel, dans le cadre d'un contrat de distribution, le franchisé doit verser l'ensemble de ses recettes sur un compte spécial mis à la disposition du franchiseur, ne constitue pas un acte de gestion du seul franchiseur et ne peut, par conséquent, caractériser la gestion de fait susceptible d'entraîner une condamnation en comblement du passif, dès lors que cet accord permet simplement d'assurer au franchiseur le paiement de ses créances et non de gérer les entreprises franchisées. • Toulouse, 4 mai 2005 : *JCP E 2006, n° 2, p. 82.* ♦ En revanche, le franchiseur qui, dès le début des relations contractuelles, s'est immiscé dans la gestion de la société franchisée et a exercé au sein de celle-ci des pouvoirs de direction est devenu gérant de fait de la société. • Rouen, 14 mars 1992 : *RJDA 1992, n° 816.* ♦ Ainsi, s'est livré à une immixtion dans la gestion de la société franchisée dépassant les obligations à sa charge résultant du contrat de franchise, et en était en réalité le dirigeant de fait, le franchiseur qui détenait les documents comptables, sociaux et bancaires nécessaires pour gérer cette entreprise, conservait la signature bancaire, préparait tous les documents administratifs et les titres de paiement signés ensuite par la personne morale, établissait les déclarations fiscales et sociales, contrôlait l'embauche du personnel et a participé à la poursuite d'une activité déficitaire pendant plusieurs mois bien qu'il connût l'insuffisance de la trésorerie. • Com. 9 nov. 1993, n° 91-18.351 P : *D. 1995. Somm. 79, obs. Ferrier ; JCP 1994. II. 22304, note Virassamy ; Rev. sociétés 1994. 321, note le Tourneau .* ♦ V. aussi pour une immixtion abusive du franchiseur qui prive son distributeur de toute autonomie dans les campagnes publicitaires, les aménagements du point de vente, la politique de prix et la gestion des stocks et ne lui laisse un pouvoir direct que sur la gestion du fonds avec la tenue de la comptabilité et la gestion du personnel : • Com. 23 sept. 2014, n° 12-35.120 : *Rev. sociétés 2015. 446, note Lecourt ; CCC 2015, n° 11, obs. M. M.-V.* ♦ S'immisce dans la gestion du magasin des franchisés, le franchiseur qui, par divers mécanismes, obtient de ces derniers non seulement le transfert de l'essentiel de la tenue de la comptabilité de leur magasin mais également une délégation de signature bancaire sur les comptes dont les franchisés étaient titulaires, lui permettant ainsi de recevoir toutes les correspondances de la banque. • Com. 16 déc. 1997, n° 95-21.555 P : *Quot. jur., 13 janv. 1998, p. 4.*

V. aussi, condamnant un franchiseur apparaissant, au vu des documents signés par le client du franchisé, comme le cocontractant de ce client : • Com. 17 oct. 1995, n° 94-10.106 P : *D. 1997. Somm. 57, obs. Ferrier ; RJDA 1996, n° 3 ; CCC 1996, n° 4, obs. Leveneur ; LPA 26 avr. 1996, note Batteur.*

4. Partie civile. Sur la constitution de partie civile par franchisé du chef d'exercice illégal de la profession d'expert comptable, dans une action dirigée contre le groupement franchiseur qui tenait irrégulièrement la comptabilité de ce dernier, V. • Crim. 5 nov. 1997, n° 96-83.508 P.

Art. A. 441-2 *(Arr. du 20 mars 2017, art. 1er)* **Les modèles de tableaux mentionnés au III *[IV]* de l'article D. 441-4 sont annexés au présent article.**

ANNEXE 4-1 À L'ARTICLE A. 441-2

MODÈLE TYPE DE TABLEAUX UTILISÉS POUR PRÉSENTER LES INFORMATIONS RELATIVES AUX DÉLAIS DE PAIEMENT DES FOURNISSEURS ET DES CLIENTS MENTIONNÉS À L'ARTICLE D. 441-4

(Arr. du 20 mars 2017, art. 1er)

Factures reçues et émises non réglées à la date de clôture de l'exercice dont le terme est échu (tableau prévu au I de l'article D. 441-4)

V. ce tableau au **C. com.**

Factures reçues et émises ayant connu un retard de paiement au cours de l'exercice (tableau prévu au II de l'article D. 441-4)

V. ce tableau au **C. com.**

CHAPITRE II DES PRATIQUES RESTRICTIVES DE CONCURRENCE

Le présent chapitre ne comprend pas de dispositions pour les arrêtés.

CHAPITRE III AUTRES PRATIQUES PROHIBÉES

Le présent chapitre ne comprend pas de dispositions pour les arrêtés.

TITRE QUATRIÈME *BIS* DE CERTAINS TARIFS RÉGLEMENTÉS

(Arr. du 26 févr. 2016, art. 2)

CHAPITRE PREMIER FIXATION DES TARIFS

SECTION PREMIERE TARIFS DES COMMISSAIRES-PRISEURS JUDICIAIRES

L'Arr. du 26 févr. 2016 fixant les tarifs réglementés des commissaires-priseurs judiciaires est adopté dans les conditions prévues à l'art. 12 du Décr. n° 2016-230 du 26 févr. 2016 (V. 2e note ss. art. R. 444-3). Il fixe les tarifs des commissaires-priseurs judiciaires pour une période transitoire de trois mois, comprise entre le 1er mars et le 31 mai 2016 (Arr. préc., art. 1er).

Les dispositions de la section I entrent en vigueur le 1er mars 2016. Toutefois, en application de l'art. 13 du Décr. n° 2016-230 du 26 févr. 2016 (V. note au-dessus de l'art. R. 444-1), et par dérogation au 1er al. de l'art. A. 444-1, les prestations des commissaires-priseurs judiciaires mentionnées à l'annexe 4-7 (V. ss. art. R. 444-3) effectuées avant le 1er mai 2016, ou dont la réalisation a donné lieu, avant le 1er mars 2016, au versement par le client d'un acompte ou d'une provision, ou à l'engagement par l'un des commissaires-priseurs judiciaires intervenant de frais ou débours, donnent lieu à la perception d'émoluments fixés conformément aux dispositions du Décr. n° 85-382 du 29 mars 1982 fixant le tarif des commissaires-priseurs judiciaires, dans sa rédaction antérieure au Décr. n° 2016-230 du 26 févr. 2016 (Arr. du 26 févr. 2016, art. 3).

Les modifications issues de l'Arr. du 28 févr. 2020 entrent en vigueur le 1er mars 2020. Toutefois, les émoluments des prestations effectuées avant le 1er janv. 2021, ou dont la réalisation a donné lieu, avant le 1er mars 2020, au versement par le client d'un acompte ou d'une provision, ou à l'engagement par l'un des commissaires-priseurs judiciaires intervenant de frais ou débours restent régis par l'ancien tarif (Arr. du 28 févr. 2020, art. 10, mod. par Arr. du 28 avr. 2020, art. 3).

Art. A. 444-1 **Les prestations figurant au tableau 1 de l'annexe 4-7 donnent lieu à la perception d'émoluments fixés conformément aux dispositions respectives des sous-sections 1 et 2 de la présente section.** — *V. annexe 4-7 ss. art. R. 444-3.*

Les remises sur les émoluments proportionnels sont régies par la sous-section 3 de cette même section.

Les dispositions de la présente section s'appliquent aux commissaires-priseurs judiciaires ainsi qu'aux autres officiers publics ou ministériels vendeurs de meubles, notamment les notaires et huissiers de justice qui exercent ces fonctions en application du 3° de l'article 1er de la loi du 1er juin 1924 portant introduction des lois commerciales françaises dans les départements du Bas-Rhin, du Haut-Rhin et de la Moselle.

(Arr. du 27 févr. 2018, en vigueur le 1er mars 2018) **« Les émoluments applicables** *(Arr. du 23 févr. 2022, art. 2, en vigueur le 1er mars 2022)* **« jusqu'au 29 février 2024 » sont ceux qui sont prévus par la présente section. »**

SOUS-SECTION 1 TARIFS DES ACTES

Art. A. 444-2 **La prisée figurant au numéro 1 du tableau mentionné à l'article A. 444-1 donne lieu à la perception d'un émolument proportionnel :**

1° En cas de liquidation judiciaire : à la valeur de réalisation de chaque article ;

2° Dans tous les autres cas, y compris en cas de redressement judiciaire : à la moyenne entre la valeur d'exploitation et la valeur de réalisation ;

Selon le barème suivant : – *Tableau issu de l'Arr. du 28 févr. 2020, art. 3, en vigueur le 1er mars 2020.*

TRANCHES D'ASSIETTE	TAUX APPLICABLE
De 0 à 1 725 €	1,488 %
De 1 726 € à 4 600 €	0,496 %
De 4 601 € à 34 500 €	0,248 %
Plus de 34 501 €	0,099 %

L'émolument mentionné au premier alinéa ne s'applique pas à l'appréciation des objets remis en gage dans le cadre d'un prêt consenti par une caisse de crédit municipal effectuée dans les conditions prévues à l'article D. 514-2 du code monétaire et financier, qui est rémunérée selon les modalités prévues à l'article D. 514-5 du même code.

Art. A. 444-3 La vente judiciaire aux enchères publiques de meubles corporels ou incorporels, figurant au numéro 4 du tableau mentionné à l'article A. 444-1, donne lieu à la perception d'un émolument proportionnel au produit de chaque lot, selon le barème suivant : – *Tableau issu de l'Arr. du 28 févr. 2020, art. 4, en vigueur le 1er mars 2020.*

	Taux applicable
a) Part à la charge du vendeur	4,96 %
b) Part à la charge de l'acheteur	11,90 %
Total	16,86 %

Si le total à la charge des vendeurs est, pour l'ensemble de la vente, inférieur à *(Arr. du 28 févr. 2020, art. 4, en vigueur le 1er mars 2020)* « 45,63 » euros, l'émolument est porté à cette somme, et réparti entre les vendeurs.

L'émolument mentionné au premier alinéa ne s'applique pas à la vente de l'objet gagé dans le cadre d'un prêt consenti par une caisse de crédit municipal dans les conditions prévues à l'article D. 514-17 du code monétaire et financier, qui est rémunérée selon les modalités prévues aux premier et troisième alinéas de l'article D. 514-18 du même code.

Art. A. 444-4 Le retrait d'un lot, dans l'intérêt du vendeur, figurant au numéro 5 du tableau mentionné à l'article A. 444-1 donne lieu à la perception d'un émolument, à la charge du vendeur, proportionnel au chiffre de la dernière enchère portée avant le retrait, à un taux égal au sixième de celui figurant au barème de l'article A. 444-3.

Art. A. 444-5 Donnent lieu à la perception d'un émolument de vacation égal à *(Arr. du 28 févr. 2020, art. 5, en vigueur le 1er mars 2020)* « 22,82 » € par demi-heure, chaque demi-heure supplémentaire étant due en entier*[,]* les prestations figurant aux numéros suivants du tableau mentionné à l'article A. 444-1 :

1° Numéro 2 (inventaire purement descriptif) ;
2° Numéro 3 (récolement d'inventaire) ;
3° Numéro 6 (assistance aux référés et enregistrement de l'ordonnance) ;
4° Numéro 7 (assistance à l'essai et au poinçonnage des matières précieuses).

SOUS-SECTION 2 TARIFS DES FORMALITÉS

Art. A. 444-6 L'expédition et l'extrait de procès-verbal de vente, figurant au numéro 8 du tableau mentionné à l'article A. 444-1, donnent lieu à la perception d'un émolument de *(Arr. du 28 févr. 2020, art. 6, en vigueur le 1er mars 2020)* « 0,68 » € par page.

Art. A. 444-7 Donnent lieu à la perception d'un émolument fixe de *(Arr. du 28 févr. 2020, art. 7, en vigueur le 1er mars 2020)* « 6,85 » € les dépôts, levées d'état et réquisitions figurant aux numéros suivants du tableau mentionné à l'article A. 444-1 :

1° Numéro 9 (dépôt à la Caisse des dépôts et consignations) ;
2° Numéro 10 (levée d'état au service d'immatriculation des voitures automobiles) ;
3° Numéro 11 (levée d'état au greffe du tribunal de commerce) ;
4° Numéro 12 (réquisition d'état de situation des contributions).

Art. A. 444-8 **I. — En cas de vente forcée, après transmission du dossier par l'huissier de justice au commissaire-priseur judiciaire, ce dernier peut accepter de reporter la vente en cas de versement d'acompte, sur demande écrite du débiteur, sans que le nombre de ces reports puisse être supérieur à cinq.**

II. — Dans le cas prévu au I, la prestation figurant au numéro 13 du tableau mentionné à l'article A. 444-1 donne lieu à la perception d'un émolument fixe de *(Arr. du 28 févr. 2020, art. 8, en vigueur le 1er mars 2020)* **« 6,85 » € à l'occasion de chaque report.**

III. — Si la vente n'a pas lieu par suite du paiement de sa dette par le débiteur, la prestation figurant au numéro 14 du tableau mentionné à l'article A. 444-1 donne lieu à la perception d'un émolument fixe de *(Arr. du 28 févr. 2020, art. 8, en vigueur le 1er mars 2020)* **« 68,45 » €.**

IV. — Si la vente a lieu, les émoluments perçus en application du II s'imputent sur ceux perçus en application de l'article A. 444-3.

SOUS-SECTION 3 REMISES

Art. A. 444-9 **Les remises prévues au cinquième alinéa de l'article L. 444-2 sur les émoluments proportionnels mentionnés aux premiers alinéas des articles A. 444-2 à A. 444-4 sont consenties dans la limite d'un taux qui ne peut excéder** *(Arr. du 28 févr. 2020, art. 9, en vigueur le 1er mars 2020)* **« 20 % ». Ces remises s'appliquent à la part d'émolument calculée sur les tranches d'assiette supérieures ou égales à un seuil ainsi fixé :**

1° 1 000 000 € pour les émoluments prévus à l'article A. 444-2 ;
2° 6 000 € pour les émoluments prévus à l'article A. 444-3.

En application du IV de l'article R. 444-10, les prisées et ventes judiciaires réalisées dans le cadre d'un mandat de justice ne donnent pas lieu à la remise prévue au premier alinéa.

SECTION II TARIFS DES HUISSIERS DE JUSTICE

(Arr. du 26 févr. 2016, art. 2)

L'Arr. du 26 févr. 2016 fixant les tarifs réglementés des huissiers de justice est adopté dans les conditions prévues à l'art. 12 du Décr. no 2016-230 du 26 févr. 2016 (V. 2e note ss. art. R. 444-3). Il fixe les tarifs des huissiers de justice pour une période transitoire de deux ans comprise entre le 1er mars 2016 et le 28 février 2018 (Arr. préc., art. 1er).

Les dispositions de la section II entrent en vigueur le 1er mars 2016. Toutefois, en application de l'art. 13 du Décr. no 2016-230 du 26 févr. 2016 (V. note au-dessus de l'art. R. 444-1), et par dérogation au 1er al. de l'art. A. 444-10, les prestations des huissiers de justice mentionnées à l'annexe 4-7 (V. ss. art. R. 444-3) effectuées avant le 1er mai 2016, ou dont la réalisation a donné lieu, avant le 1er mars 2016, au versement par le client d'un acompte ou d'une provision, ou à l'engagement par l'un des huissiers de justice intervenant de frais ou débours, donnent lieu à la perception d'émoluments fixés conformément aux dispositions suivantes, dans leur rédaction antérieure au Décr. no 2016-230 du 26 févr. 2016 : 1) Décr. no 69-540 du 6 juin 1969 portant règlement d'administration publique et fixant le tarif des actes spéciaux aux huissiers de justice des départements du Bas-Rhin, du Haut-Rhin et de la Moselle, ainsi que Décr. no 73-760 du 27 juill. 1973 fixant le tarif des actes spéciaux aux huissiers de justice des départements du Bas-Rhin, du Haut-Rhin et de la Moselle s'agissant des prestations figurant au tableau 3-2 de l'annexe 4-7 ; 2) Décr. no 96-1080 du 12 déc. 1996 portant fixation du tarif des huissiers de justice en matière civile et commerciale, s'agissant des prestations figurant aux tableaux 3-1 et 3-3 de l'annexe 4-7. Par dérogation au 2e al. de l'art. A. 444-10, ces dispositions fixent également le montant des remboursements au titre des frais engagés et des indemnités versées en cas de recours à la force publique, lors de la réalisation des prestations mentionnées au deuxième alinéa du présent article (Arr. du 26 févr. 2016, art. 3).

Les modifications issues de l'Arr. du 28 févr. 2020 entrent en vigueur le 1er mars 2020. Toutefois, les émoluments des prestations effectuées avant le 1er janv. 2021, ou dont la réalisation a donné lieu, avant le 1er mars 2020, au versement par le client d'un acompte ou d'une provision, ou à l'engagement par l'un des huissiers de justice intervenant de frais ou débours restent régis par l'ancien tarif (Arr. du 28 févr. 2020, art. 29, mod. par Arr. du 28 avr. 2020, art. 2).

Art. A. 444-10 Les prestations figurant aux tableaux 3-1 à 3-3 de l'annexe 4-7 donnent lieu à la perception d'émoluments fixés conformément aux dispositions respectives des sous-sections 1 à 4 de la présente section. — *V. l'annexe 4-7 ss. art. R. 444-3.*

(Arr. du 28 févr. 2020, art. 2, en vigueur le 1er mars 2020) « Ces émoluments sont majorés de 30 % dans les îles Wallis-et-Futuna, à Saint-Pierre-et-Miquelon et à Mayotte, de 29 % dans les départements de la Guadeloupe et de la Martinique, de 27 % dans le département de la Guyane et de 37 % dans le département de La Réunion. »

Les remboursements forfaitaires de frais et débours sont régis par la sous-section 5 de la présente section.

Les remises sur les émoluments proportionnels sont régies par la sous-section 6 de cette même section.

Les dispositions de la présente section sont applicables dans les départements du Bas-Rhin, du Haut-Rhin et de la Moselle. Celles de sa sous-section 2 s'appliquent exclusivement aux huissiers de justice de ces trois départements.

(Arr. du 27 févr. 2018, en vigueur le 1er mars 2018) « Les émoluments applicables *(Arr. du 23 févr. 2022, art. 2, en vigueur le 1er mars 2022)* « jusqu'au 29 février 2024 » sont ceux qui sont prévus par la présente section. »

SOUS-SECTION 1 TARIFS DES ACTES

§ 1er CONVOCATIONS EN JUSTICE ET SIGNIFICATIONS

Art. A. 444-11 Les prestations figurant aux numéros 1 à 4 du tableau 3-1 *[mentionné à l'article A. 444-10]* donnent lieu à la perception des émoluments suivants : — *Tableau issu de l'Arr. du 28 févr. 2020, art. 3, en vigueur le 1er mars 2020.*

NUMÉRO DE LA PRESTATION (tableau 3-1 de l'article annexe 4-7)	DÉSIGNATION DE LA PRESTATION	ÉMOLUMENT
1	Assignation	18,09 €
2	Signification de décision de justice	25,53 €
3	Signification des autres titres exécutoires	25,53 €
4	Signification de requête et d'ordonnance d'injonction de payer	25,53 €

Art. A. 444-12 Si, à compter de la demande du client, les prestations suivantes sont réalisées dans un délai inférieur au délai de référence précisé dans le tableau ci-dessous, elles donnent lieu à la perception de l'émolument majoré prévu à l'article R. 444-11, qui remplace celui prévu à l'article A. 444-11. Le tarif majoré applicable est alors le suivant : — *Tableau issu de l'Arr. du 28 févr. 2020, art. 4, en vigueur le 1er mars 2020.*

NUMÉRO DE LA PRESTATION (tableau 3-1 de l'article annexe 4-7)	DÉSIGNATION DE LA PRESTATION	DÉLAI DE RÉFÉRENCE	TARIF MAJORÉ
1	Assignation	24 heures	89,28 €
2	Signification de décision de justice	24 heures	89,28 €
3	Signification de l'ordonnance de fixation de la date d'audience de l'ordonnance de protection	48 heures	*(Arr. du 21 juill. 2020, art. 2, en vigueur le 1er janv. 2021)* « 41,66 € *[ancienne rédaction : 42 €]* »

L'huissier de justice indique, sur l'acte qu'il dresse, les dates et heures respectives de la demande du client et de la réalisation de la prestation. Il y précise également les raisons justifiant l'urgence.

Secret professionnel. Les mentions prévues au dern. al. de l'art. A. 444-12, qui sont portées sur l'acte sous réserve du secret professionnel auquel est tenu l'huissier de justice en sa qualité d'officier public et ministériel, ont pour objet de justifier l'application du tarif majoré. Les moyens tirés de ce que ces dispositions méconnaîtraient le principe du secret professionnel et seraient entachées d'incompétence, dès lors que l'art. L. 444-3 n'habilite les ministres de la Justice et de l'Économie qu'à fixer le tarif de chaque prestation, doivent, par suite, être écartés. • CE 24 mai 2017, n° 398801 : *cité ss. art. R. 444-21.*

§ 2 INFORMATION DES PARTIES ET DES TIERS

Art. A. 444-13 Les prestations figurant aux numéros 5 à 40 du tableau 3-1 *[mentionné à l'article A. 444-10]* **donnent lieu à la perception des émoluments suivants : –** *Tableau issu de l'Arr. du 28 févr. 2020, art. 5, en vigueur le 1er mars 2020.*

NUMÉRO DE LA PRESTATION (tableau 3-1 de l'article annexe 4-7)	DÉSIGNATION DE LA PRESTATION	ÉMOLUMENT
5	Dénonciation de saisie-attribution	32,98 €
6	Signification au tiers saisi de l'acquiescement du débiteur	27,66 €
7	Signification au tiers saisi du certificat de non-contestation	27,66 €
8	Dénonciation au débiteur de la saisie-vente pratiquée entre les mains d'un tiers détenteur	32,98 €
9	Dénonciation d'opposition au créancier premier saisissant et au débiteur	24,47 €
10	Dénonciation d'opposition et sommation au créancier premier saisissant de notifier toute proposition amiable de vente	27,66 €
11	Sommation au créancier premier saisissant de procéder aux formalités de mise en vente forcée	20,21 €
12	Signification de la date de vente au débiteur	20,21 €
13	Dénonciation au débiteur du procès-verbal d'indisponibilité du certificat d'immatriculation	32,98 €
14	Dénonciation au débiteur de la saisie des droits d'associé et des valeurs mobilières, prévue à l'article R. 232-6 du code des procédures civiles d'exécution	32,98 €
15	Signification à la société ou à la personne morale émettrice d'un certificat de non-contestation avec ordre de vente	27,66 €
16	Signification à la société du cahier des charges	27,66 €

NUMÉRO DE LA PRESTATION (tableau 3-1 de l'article annexe 4-7)	DÉSIGNATION DE LA PRESTATION	ÉMOLUMENT
17	Signification au débiteur, à la société et aux autres créanciers opposants, s'il y a lieu, de la date de vente de parts d'associé et de valeurs mobilières	20,21 €
18	Signification au débiteur ou au créancier saisissant du procès-verbal d'expulsion, prévue aux articles R. 432-2 et R. 433-7 du code des procédures civiles d'exécution	27,66 €
19	Dénonciation au débiteur de la saisie conservatoire des créances	32,98 €
20	Dénonciation au tiers des actes de poursuite de la procédure	32,98 €
21	Signification au tiers saisi de l'acte de conversion en saisie-attribution de la saisie conservatoire des créances avec demande de paiement	27,66 €
22	Signification au débiteur de l'acte de conversion en saisie-attribution de la saisie conservatoire des créances	27,66 €
23	Signification au tiers saisi du certificat de non-contestation et sommation de payer	27,66 €
24	Dénonciation au débiteur du procès-verbal de saisie conservatoire de meubles entre les mains d'un tiers	32,98 €
25	Dénonciation au tiers des actes de poursuite de la procédure	32,98 €
26	Signification au débiteur de l'acte de conversion en saisie-vente de la saisie conservatoire de meubles avec commandement de payer	27,66 €
27	Signification au tiers détenteur de l'acte de conversion en saisie-vente de la saisie conservatoire de meubles	27,66 €
28	Dénonciation au créancier premier saisissant de la saisie conservatoire de meubles	27,66 €
29	Signification à l'officier vendeur d'un acte de conversion en saisie-vente de la saisie conservatoire de meubles	27,66 €
30	Dénonciation au débiteur de la saisie conservatoire des droits d'associé et des valeurs mobilières	32,98 €
31	Dénonciation au tiers saisi de l'acte de conversion en saisie-vente de la saisie conservatoire des droits d'associé et des valeurs mobilières	27,66 €

NUMÉRO DE LA PRESTATION (tableau 3-1 de l'article annexe 4-7)	DÉSIGNATION DE LA PRESTATION	ÉMOLUMENT
32	Dénonciation au débiteur du dépôt des bordereaux d'inscription ou de la signification du nantissement	32,98 €
33	Signification pour purge aux créanciers inscrits	20,21 €
34	Dénonciation au créancier inscrit de la saisie-vente d'un ou plusieurs éléments d'un fonds de commerce	27,66 €
35	Dénonciation au créancier inscrit de la demande en résiliation de bail de l'immeuble dans lequel s'exploite un fonds de commerce	25,53 €
36	Dénonciation à la caution du commandement de payer les loyers et sommation de payer	25,53 €
37	Signification de mémoire	25,53 €
38	Procès-verbal d'offres réelles	32,98 €
39	Dénonciation au débiteur de la saisie-revendication entre les mains d'un tiers	32,98 €
40	Signification d'une proposition de redressement	32,98 €

§ 3 MISES EN DEMEURE ET COMMANDEMENTS DE PAYER

Art. A. 444-14 Les prestations figurant aux numéros 41 à 49 du tableau 3-1 *[mentionné à l'article A. 444-10]* donnent lieu à la perception des émoluments suivants : — *Tableau issu de l'Arr. du 28 févr. 2020, art. 6, en vigueur le 1er mars 2020.*

NUMÉRO DE LA PRESTATION (tableau 3-1 de l'article annexe 4-7)	DÉSIGNATION DE LA PRESTATION	ÉMOLUMENT
41	Injonction de communiquer et commandement de payer	20,21 €
42	Commandement de payer précédant la saisie-vente	20,21 €
43	Signification du certificat de non-paiement valant commandement de payer	26,59 €
44	Commandement de payer les loyers et les charges	25,53 €
45	Commandement de payer les charges de copropriété	25,53 €

NUMÉRO DE LA PRESTATION (tableau 3-1 de l'article annexe 4-7)	DÉSIGNATION DE LA PRESTATION	ÉMOLUMENT
46	Commandement de payer et dénonciation au débiteur de la saisie des biens placés dans un coffre-fort	32,98 €
47	Commandement de payer et dénonciation au débiteur de l'acte de conversion en saisie-vente de la saisie conservatoire des droits d'associé et des valeurs mobilières	27,66 €
48	Protêt	18,08 €
49	Commandement de payer et la dénonciation au débiteur du procès-verbal d'appréhension à la demande du créancier gagiste, prévus à l'article R. 222-6 du code des procédures civiles d'exécution	27,66 €

Art. A. 444-15 A l'exception de celles figurant aux numéros 46, 47 et 49 du tableau 3-1 *[mentionné à l'article A. 444-10]*, les prestations mentionnées à l'article A. 444-14 donnent également lieu à la perception d'un émolument dénommé : "droit d'engagement de poursuites", ainsi fixé :

1° Si le montant de la créance est inférieur ou égal à 76 €, le droit d'engagement de poursuites est fixé à 4,29 € ;

2° Au-delà du seuil de 76 € mentionné au 1°, le droit d'engagement de poursuites est, dans la limite de 268,13 €, proportionnel au montant de la créance, selon le barème suivant : – *Tableau issu de l'Arr. du 28 févr. 2020, art. 7, en vigueur le 1er mars 2020.*

TRANCHES D'ASSIETTE (montant de la créance)	TAUX APPLICABLE
De 0 à 304 €	5,60 %
De 305 € à 912 €	2,80 %
De 913 € à 3 040 €	1,40 %
Plus de 3 040 €	0,28 %

Le droit d'engagement de poursuites ne peut être perçu qu'une seule fois dans le cadre du recouvrement d'une même créance.

Il est à la charge du débiteur si le coût de l'acte au titre duquel il est alloué incombe à ce dernier et à la charge du créancier dans tous les autres cas.

Il reste acquis à l'huissier de justice quelle que soit l'issue de la tentative de recouvrement.

Selon que le coût de l'acte est à la charge du débiteur ou du créancier, il s'impute respectivement sur l'émolument fixé à l'article A. 444-31 ou sur celui fixé à l'article A. 444-32.

§ 4 INDISPONIBILITÉS, NANTISSEMENTS, OPPOSABILITÉS

Art. A. 444-16 Les prestations figurant aux numéros 50 à 78 du tableau 3-1 donnent lieu à la perception des émoluments suivants : – *Tableau issu de l'Arr. du 28 févr. 2020, art. 8, en vigueur le 1er mars 2020.*

NUMÉRO DE LA PRESTATION (tableau 3-1 de l'article annexe 4-7)	DÉSIGNATION DE LA PRESTATION	ÉMOLUMENT
50	Acte de saisie-attribution	43,61 €
51	Acte de saisie-attribution, en cas de compte clôturé ou de solde négatif	21,27 €
52	Acte de saisie-vente ou acte de saisie-vente transformée en réception de deniers	37,23 €
53	Acte de saisie-vente transformée en carence	20,21 €
54	Acte d'opposition-jonction	36,17 €
55	Acte de saisie de récoltes sur pied	77,36 €
56	Acte de déclaration à la préfecture	41,49 €
57	Acte de saisie de droits d'associé et de valeurs mobilières	37,23 €
58	Acte de saisie conservatoire sur les biens meubles corporels	44,68 €
59	Acte de saisie conservatoire de créances	39,36 €
60	Acte de saisie conservatoire de droits d'associé et de valeurs mobilières	37,23 €
61	Signification à la société du nantissement des parts sociales	22,33 €
62	Signification à la société ou à la personne morale émettrice du nantissement des valeurs mobilières	22,33 €
63	Signification aux créanciers de l'acte de nantissement de l'outillage et du matériel d'équipement	25,53 €
64	Acte de saisie des biens placés dans un coffre-fort	37,23 €
65	Acte de saisie-revendication de biens meubles corporels	53,20 €
66	Acte d'appréhension, prévu à l'article R. 222-4 du code des procédures civiles d'exécution	45,75 €
67	Acte d'immobilisation ou d'enlèvement d'un véhicule	45,75 €
68	Acte de saisie de navire ou aéronef	77,66 €
69	Acte de saisie-contrefaçon	77,66 €
70	Commandement de payer valant saisie immobilière	63,83 €

NUMÉRO DE LA PRESTATION (tableau 3-1 de l'article annexe 4-7)	DÉSIGNATION DE LA PRESTATION	ÉMOLUMENT
71	Commandement de payer au débiteur principal avec mention du commandement valant saisie délivré au tiers détenteur	44,68 €
72	Dénonciation au conjoint lorsque le bien est le siège du logement de la famille et qu'il appartient en propre à l'un des époux	39,36 €
73	Saisie des fruits	39,36 €
74	Opposition au paiement du prix de cession d'un lot de copropriété	39,36 €
75	Opposition au prix de vente du fonds de commerce ou de cession du droit au bail	39,36 €
76	Opposition à partage (entre les mains d'un notaire)	39,36 €
77	Signification au débiteur de la cession de créances et autres droits incorporels	23,41 €
78	Signification au débiteur de la créance donnée en gage	23,41 €

Art. A. 444-17 Les prestations mentionnées à l'article A. 444-16 donnent également lieu à la perception du droit d'engagement de poursuite mentionné à l'article A. 444-15, à l'exception de celles figurant aux numéros suivants du tableau 3-1 *[mentionné à l'article A. 444-10]* :

1° Numéro 51 (acte de saisie-attribution, en cas de compte clôturé ou de solde négatif) ;

2° Numéro 55 (acte de saisie de récoltes sur pied) ;

3° Numéro 63 (signification aux créanciers de l'acte de nantissement de l'outillage et du matériel d'équipement) ;

4° Numéro 65 (acte de saisie-revendication de biens meubles corporels) ;

5° Numéro 66 (acte d'appréhension prévu à l'article R. 222-4 du code des procédures civiles d'exécution) ;

6° Numéro 67 (acte d'immobilisation ou d'enlèvement d'un véhicule) ;

7° Numéro 68 (acte de saisie de navire ou aéronef) ;

8° Numéro 69 (acte de saisie-contrefaçon) ;

9° Numéro 71 (commandement de payer au débiteur principal avec mention du commandement valant saisie délivré au tiers détenteur) ;

10° Numéro 72 (dénonciation au conjoint lorsque le bien est le siège du logement de la famille et qu'il appartient en propre à l'un des époux) ;

11° Numéro 73 (saisie des fruits) ;

12° Numéro 77 (signification au débiteur de la cession de créances et autres droits incorporels) ;

13° Numéro 78 (signification au débiteur de la créance donnée en gage).

Art. A. 444-18 Lorsque la réalisation des prestations suivantes requiert un délai d'exécution supérieur à la durée de référence précisée dans le tableau ci-dessous, elles *[elle]* donnent *[donne]* lieu à la perception d'un émolument complémentaire de vacation égal à *(Arr. du 28 févr. 2020, art. 9, en vigueur le 1er mars 2020)* « 74,40 » € par demi-heure, chaque demi-heure supplémentaire étant due en entier :

NUMÉRO DE LA PRESTATION (tableau 3-1 de l'annexe 4-7)	DÉSIGNATION DE LA PRESTATION	DURÉE D'EXÉCUTION de référence
55	Acte de saisie de récoltes sur pied	45 minutes
57	Acte de saisie de droits d'associé et de valeurs mobilières	20 minutes
60	Acte de saisie conservatoire de droits d'associé et de valeurs mobilières	20 minutes
68	Acte de saisie de navire ou aéronef	45 minutes
69	Acte de saisie-contrefaçon	45 minutes

Les heures de début et de fin de réalisation de la prestation sont indiquées par l'huissier de justice sur l'acte qu'il dresse. L'exécution débute lorsque l'huissier de justice arrive sur les lieux de réalisation de la prestation.

§ 5 MISES EN DEMEURE ET COMMANDEMENTS D'EXÉCUTER UNE OBLIGATION DE FAIRE OU *[DE]* NE PAS FAIRE

Art. A. 444-19 **Les prestations figurant aux numéros 79 à 92 du tableau 3-1** *[mentionné à l'article A. 444-10]* **donnent lieu à la perception des émoluments suivants :** – *Tableau issu de l'Arr. du 28 févr. 2020, art. 10, en vigueur le 1er mars 2020.*

NUMÉRO DE LA PRESTATION (tableau 3-1 de l'article annexe 4-7)	DÉSIGNATION DE LA PRESTATION	ÉMOLUMENT
79	Sommation de faire ou de ne pas faire	22,34 €
81	Dénonciation au débiteur du procès-verbal d'immobilisation du véhicule avec injonction	30,85 €
82	Commandement à la personne tenue de la remise de délivrer ou de restituer	24,47 €
83	Sommation au tiers de remettre le bien	31,92 €
84	Commandement à la personne tenue de la remise de délivrer ou de restituer	31,92 €
85	Sommation au débiteur d'assister à l'ouverture du coffre-fort	24,47 €
86	Commandement de quitter les lieux	26,60 €
87	Sommation aux créanciers opposants de prendre communication du cahier des charges	26,60 €
88	Assignation du débiteur saisi à comparaître devant le juge de l'exécution à une audience d'orientation	26,60 €
89	Dénonciation aux créanciers inscrits valant assignation à comparaître	26,60 €

NUMÉRO DE LA PRESTATION (tableau 3-1 de l'article annexe 4-7)	DÉSIGNATION DE LA PRESTATION	ÉMOLUMENT
90	Sommation de prendre communication du cahier des charges	26,60 €
91	Sommation de prendre parti	31,92 €
92	Mise en demeure du locataire d'avoir à justifier qu'il occupe le logement	
	a) par acte séparé	53,20 €
	b) contenu dans un commandement	21,28 €

Art. A. 444-20 **Si, à compter de la demande du client, les prestations suivantes sont réalisées dans un délai inférieur au délai de référence précisé dans le tableau ci-dessous, elles donnent lieu à la perception d'un émolument majoré dans les conditions prévues à l'article A. 444-12 :** — *Tableau issu de l'Arr. du 28 févr. 2020, art. 11, en vigueur le 1er mars 2020.*

NUMÉRO DE LA PRESTATION (tableau 3-1 de l'article annexe 4-7)	DÉSIGNATION DE LA PRESTATION	DÉLAI DE RÉFÉRENCE	TARIF MAJORÉ
88	Assignation du débiteur saisi à comparaître devant le juge de l'exécution à une audience d'orientation	24 heures	89,28 €
89	Dénonciation aux créanciers inscrits valant assignation à comparaître	24 heures	89,28 €
90	Sommation de prendre communication du cahier des charges	24 heures	89,28 €
91	Sommation de prendre parti	24 heures	89,28 €

§ 6 MISES EN VENTE FORCÉE DES BIENS SAISIS

Art. A. 444-21 **Les prestations figurant aux numéros 93 à 97 du tableau 3-1** *[mentionné à l'article A. 444-10]* **donnent lieu à la perception des émoluments suivants :** — *Tableau issu de l'Arr. du 28 févr. 2020, art. 12, en vigueur le 1er mars 2020.*

NUMÉRO DE LA PRESTATION (tableau 3-1 de l'article annexe 4-7)	DÉSIGNATION DE LA PRESTATION	ÉMOLUMENT
93	Certification d'accomplissement des formalités de publicité de vente	37,23 €

NUMÉRO DE LA PRESTATION (tableau 3-1 de l'article annexe 4-7)	DÉSIGNATION DE LA PRESTATION	ÉMOLUMENT
94	Acte de vérification et d'enlèvement	56,38 €
95	Acte d'inventaire et d'enlèvement des biens placés dans un coffre-fort	56,38 €
96	Procès-verbal d'apposition d'avis	45,75 €
97	Procès-verbal d'inventaire	56,38 €

Art. A. 444-22 **Lorsque la réalisation des prestations suivantes requiert un délai d'exécution supérieur à la durée de référence précisée dans le tableau ci-dessous, elles** *[elle]* **donnent** *[donne]* **lieu à la perception d'un émolument complémentaire de vacation dans les conditions prévues à l'article A. 444-18 :**

NUMÉRO DE LA PRESTATION (tableau 3-1 de l'annexe 4-7)	DÉSIGNATION DE LA PRESTATION	DURÉE D'EXÉCUTION de réference
94	Acte de vérification et d'enlèvement	45 minutes
95	Acte d'inventaire et d'enlèvement des biens placés dans un coffre-fort	30 minutes
97	Procès-verbal d'inventaire	30 minutes

§ 7 SUSPENSIONS DES POURSUITES ET DIFFICULTÉS DE SIGNIFICATION

Art. A. 444-23 **Les prestations figurant aux numéros 98 à 101 du tableau 3-1** *[mentionné à l'article A. 444-10]* **donnent lieu à la perception des émoluments suivants : –** *Tableau issu de l'Arr. du 28 févr. 2020, art. 13, en vigueur le 1er mars 2020.*

NUMÉRO DE LA PRESTATION (tableau 3-1 de l'article annexe 4-7)	DÉSIGNATION DE LA PRESTATION	ÉMOLUMENT
98	Acte de tentative d'exécution, notamment en l'absence de l'occupant du local ou si ce dernier *en refuse* l'accès	20,22 €
99	Acte attestant la découverte de la nouvelle adresse du destinataire hors du ressort de compétence de l'huissier de justice	20,22 €
100	Acte constatant une difficulté d'exécution, notamment en cas d'appel interjeté par le débiteur	20,22 €
101	Acte constatant une suspension d'exécution ou une recherche infructueuse	14,89 €

§ 8 DIVERS

Art. A. 444-24 **Les prestations figurant aux numéros 102 à 111 du tableau 3-1** *[mentionné à l'article A. 444-10]* **donnent lieu à la perception des émoluments suivants :** *— Tableau issu de l'Arr. du 28 févr. 2020, art. 14, en vigueur le 1er mars 2020.*

NUMÉRO DE LA PRESTATION (tableau 3-1 de l'article annexe 4-7)	Désignation de la prestation	Émolument
102	Mainlevée quittance au tiers saisi	20,22 €
103	Mainlevée de saisie-vente et la mainlevée d'opposition-jonction	18,08 €
104	Acte de consignation et mainlevée totale ou partielle de saisie-vente, après la vente amiable par le débiteur	37,24 €
105	Procès-verbal de consignation (offres réelles)	32,98 €
106	Procès-verbal d'expulsion ou reprise des lieux	152,14 €
107	Procès-verbal de consignation (expulsion)	37,24 €
108	Procès-verbal de destruction	24,47 €
109	Congés et demandes de renouvellement de bail commercial, prévus aux articles L. 145-9 et L. 145-10	45,75 €
110	Congés et offres de renouvellement de bail rural	77,66 €
111	Constatation de l'abandon du local d'habitation avec inventaire des meubles laissés sur place	56,39 €

Congés et renouvellement de bail commercial (ligne 109). V. note 3 ss. art. R. 444-3.

Art. A. 444-25 **Si, à compter de la demande du client, les prestations suivantes sont réalisées dans un délai inférieur au délai de référence précisé dans le tableau ci-dessous, elles donnent lieu à la perception d'un émolument majoré dans les conditions prévues à l'article A. 444-12 :** *— Tableau issu de l'Arr. du 28 févr. 2020, art. 15, en vigueur le 1er mars 2020.*

NUMÉRO DE LA PRESTATION (tableau 3-1 de l'annexe 4-7)	DÉSIGNATION DE LA PRESTATION	DÉLAI DE RÉFÉRENCE	TARIF MAJORÉ
109	Congés et demandes de renouvellement de bail commercial, prévus aux articles L. 145-9 et L. 145-10	24 heures	89,28 €
110	Congés et offres de renouvellement de bail rural	24 heures	89,28 €

Art. A. 444-26 **Lorsque la réalisation des prestations suivantes requiert un délai d'exécution supérieur à la durée de référence précisée dans le tableau ci-dessous, elles don-**

nent lieu à la perception d'un émolument complémentaire de vacation dans les conditions prévues à l'article A. 444-18 :

NUMÉRO DE LA PRESTATION (tableau 3-1 de l'annexe 4-7)	DÉSIGNATION DE LA PRESTATION	DURÉE D'EXÉCUTION de référence
106	Procès-verbal d'expulsion ou reprise des lieux	15 minutes

Art. A. 444-27 **L'établissement d'un état des lieux à frais partagés entre le bailleur et le locataire figurant au numéro 112 du tableau 3-1** *[mentionné à l'article A. 444-10]* **donne lieu à la perception d'un émolument fonction de la superficie du bien locatif, selon le barème suivant :** *– Tableau issu de l'Arr. du 28 févr. 2020, art. 16, en vigueur le 1er mars 2020.*

SUPERFICIE DU BIEN LOCATIF	ÉMOLUMENT
Inférieure ou égale à 50 m^2	109,58 €
Supérieure à 50 m^2 et inférieure ou égale à 150 m^2	127,67 €
Supérieur*[e]* à 150 m^2	191,51 €

Art. A. 444-28 **Les prestations figurant aux numéros 113 à 126 du tableau 3-1** *[mentionné à l'article A. 444-10]* **donnent lieu à la perception des émoluments suivants :** *– Tableau issu de l'Arr. du 28 févr. 2020, art. 17, en vigueur le 1er mars 2020.*

NUMÉRO DE LA PRESTATION (tableau 3-1 de l'article annexe 4-7)	DÉSIGNATION DE LA PRESTATION	ÉMOLUMENT
113	Délivrance du titre exécutoire par l'huissier dans le cadre de la procédure prévue à l'article 1244-4 du code civil	24,80 €
114	Procès-verbal de description des lieux (saisie immobilière)	109,58 €
115	Opposition à mariage	32,98 €
116	*Signification* en provenance d'un autre État	48,36 €
117	Transmission de la demande de signification ou de notification dans un autre État étranger	35,11 €
118	Procès-verbal d'apposition des scellés sans diligences particulières	109,58 €
119	Procès-verbal d'apposition des scellés donnant lieu à des diligences particulières	142,57 €

NUMÉRO DE LA PRESTATION (tableau 3-1 de l'article annexe 4-7)	DÉSIGNATION DE LA PRESTATION	ÉMOLUMENT
120	Procès-verbal de carence, prévu au deuxième alinéa de l'article 1304 du code de procédure civile	32,98 €
121	Sommation d'assister aux opérations de levée des scellés	24,47 €
122	Acte d'inventaire lors de la levée des scellés	56,39 €
123	Procès-verbal de levée des scellés	109,58 €
124	État descriptif	63,84 €
125	État descriptif avec diligences particulières	96,82 €
126	Procès-verbal de déplacement des scellés	32,98 €

Art. A. 444-29 **Lorsque la réalisation des prestations suivantes requiert un délai d'exécution supérieur à la durée de référence précisée dans le tableau ci-dessous, elle donne lieu à la perception d'un émolument complémentaire de vacation dans les conditions prévues à l'article A. 444-18 :**

NUMÉRO DE LA PRESTATION (tableau 3-1 de l'annexe 4-7)	DÉSIGNATION DE LA PRESTATION	DURÉE D'EXÉCUTION de référence
114	Procès-verbal de description des lieux	60 minutes
115	Opposition à mariage	10 minutes

Art. A. 444-30 **La prestation d'assistance du greffier en chef figurant au numéro 127 du tableau 3-1** *[mentionné à l'article A. 444-10]* **donne lieu à la perception d'un émolument fonction du montant total le plus élevé des sommes inscrites comme dépenses ou ressources dans le compte de l'année, selon le barème suivant :** – *Tableau issu de l'Arr. du 28 févr. 2020, art. 18, en vigueur le 1er mars 2020.*

TOTAL LE PLUS ÉLEVÉ DES SOMMES INSCRITES comme dépenses ou ressources dans le compte de l'année	ÉMOLUMENT
Inférieure ou égale à 25 000 €	85,11 €
Supérieure à 25 000 € et inférieure ou égale à 40 000 €	106,39 €
Supérieure à 40 000 € et inférieure ou égale à 70 000 €	127,67 €
Supérieure à 70 000 €	170,23 €

Art. A. 444-31 La prestation de recouvrement ou d'encaissement figurant au numéro 128 du tableau 3-1 *[mentionné à l'article A. 444-10]* donne lieu à la perception, d'un émolument ainsi fixé :

1° Si le montant de la créance est inférieur ou égal à 44 €, un émolument fixe de *(Arr. du 28 févr. 2020, art. 19, en vigueur le 1er mars 2020)* « 4,25 » € ;

2° Au-delà du seuil de 44 € mentionné au 1°, dans la limite de 550 €, un émolument proportionnel aux sommes encaissées ou recouvrées au titre du principal de la créance ou du montant de la condamnation, à l'exclusion des dépens, selon le barème suivant : — *Tableau issu de l'Arr. du 28 févr. 2020, art. 19, en vigueur le 1er mars 2020.*

TRANCHES D'ASSIETTE	TAUX APPLICABLE
De 0 à 125 €	9,67 %
De 125 € à 610 €	6,29 %
De 610 € à 1 525 €	3,38 %
Plus de 1 525 €	0,29 %

Les taux mentionnés dans ce barème sont doublés lorsque le recouvrement ou l'encaissement est effectué sur le fondement d'un titre exécutoire constatant une créance alimentaire.

Art. A. 444-32 La prestation de recouvrement ou d'encaissement figurant au numéro 129 du tableau 3-1 *[mentionné à l'article A. 444-10]* donne lieu à la perception d'un émolument ainsi fixé :

1° Si le montant de la créance est inférieur ou égal à 188 €, un émolument fixe de *(Arr. du 28 févr. 2020, art. 20, en vigueur le 1er mars 2020)* « 21,28 » € ;

2° Au-delà du seuil de 188 € mentionné au 1°, dans la limite de 5 540 €, un émolument proportionnel aux sommes encaissées ou recouvrées au titre de la créance en principal ou du montant de la condamnation, à l'exclusion des dépens, selon le barème suivant : — *Tableau issu de l'Arr. du 28 févr. 2020, art. 20, en vigueur le 1er mars 2020.*

TRANCHES D'ASSIETTE	TAUX APPLICABLE
De 0 à 125 €	11,61 %
De 125 € à 610 €	10,64 %
De 610 € à 1 525 €	10,16 %
De 1 525 € à 52 400 €	3,87 %
Plus de 52 400 €	2,98 %

En cas de paiement par acomptes successifs, cet émolument proportionnel est calculé sur la totalité des sommes encaissées ou recouvrées et non sur chaque acompte.

Art. A. 444-33 L'établissement d'un procès-verbal constatant que le destinataire de la signification est sans domicile, ni résidence ni lieu de travail connus, conformément aux dispositions de l'article 659 du code de procédure civile, figurant au numéro 130 du tableau 3-1 *[mentionné à l'article A. 444-10]*, donne lieu à la perception d'un émolument de *(Arr. du 28 févr. 2020, art. 21, en vigueur le 1er mars 2020)* « 14,90 » €.

SOUS-SECTION 2 TARIFS DES ACTES SPÉCIAUX DE PROCÉDURE LOCALE DANS LES DÉPARTEMENTS DU BAS-RHIN, DU HAUT-RHIN ET DE LA MOSELLE

§ 1er SIGNIFICATIONS À LA DILIGENCE DES PARTIES

Art. A. 444-34 **Les prestations figurant aux numéros 131 à 134 du tableau 3-2** *[mentionné à l'article A. 444-10]* **donnent lieu à la perception des émoluments suivants :** – *Tableau issu de l'Arr. du 28 févr. 2020, art. 22, en vigueur le 1er mars 2020.*

NUMÉRO DE LA PRESTATION (tableau 3-2 de l'article annexe 4-7)	DÉSIGNATION DE LA PRESTATION	ÉMOLUMENT
131	Signification 503 cpc – rappel de l'art. 797 cpc	25,53 €
132	Signification ordonnance rendue sur requête – art 167 loi 1er juin 1924 (et 950 cpc)	25,53 €
133	Signification d'une ordonnance de taxe	25,53 €
134	Signification d'une décision rendue par le Tribunal d'Instance en matière de Droit Local (pouvoir immédiat)	25,53 €

Art. A. 444-35 **Si, à compter de la demande du client, les prestations mentionnées à l'article A. 444-34 sont réalisées dans un délai inférieur à 24 heures, elles donnent lieu à la perception d'un émolument majoré dans les conditions prévues à l'article A. 444-12.**

§ 2 SAISIES

Art. A. 444-36 **Les prestations figurant aux numéros 135, 137 et 141 du tableau 3-2** *[mentionné à l'article A. 444-10]* **donnent lieu à la perception des émoluments suivants :** *– Tableau issu de l'Arr. du 28 févr. 2020, art. 23, en vigueur le 1er mars 2020.*

NUMÉRO DE LA PRESTATION (tableau 3-2 de l'article annexe 4-7)	DÉSIGNATION DE LA PRESTATION	ÉMOLUMENT
135	Mise en demeure de régulariser la vente	20,21 €
137	Commandement de payer avant exécution forcée immobilière	63,84 €
141	Signification du cahier des charges	26,60 €

Art. A. 444-37 **Donnent également lieu à la perception du droit d'engagement des poursuites prévu à l'article A. 444-15 les prestations figurant aux numéros suivants du tableau 3-2** *[mentionné à l'article A. 444-10]* **:**

1° Numéro 135 (mise en demeure de régulariser la vente) ;

2° Numéro 137 (commandement de payer avant exécution forcée immobilière).

Art. A. 444-38 Les prestations figurant aux numéros suivants du tableau 3-2 *[mentionné à l'article A. 444-10]* donnent lieu à la perception d'émoluments égaux à six dixièmes des émoluments fixes et proportionnels, et du droit gradué, calculés en application du *a* de l'article 34 du décret n° 47-817 du 9 mai 1947 relatif aux droits et émoluments des avocats postulants des départements du Haut-Rhin, du Bas-Rhin et de la Moselle :

1° Numéro 136 (requête en inscription hypothèque judiciaire) ;
2° Numéro 138 (requête en vente forcée immobilière) ;
3° Numéro 139 (requête en adhésion vente forcée immobilière) ;
4° Numéro 140 (requête en administration forcée immobilière).

§ 3 DIVERS

Art. A. 444-39 Les prestations figurant aux numéros 143 à 145, 146 et 149 du tableau 3-2 *[mentionné à l'article A. 444-10]* donnent lieu à la perception des émoluments suivants : — *Tableau issu de l'Arr. du 28 févr. 2020, art. 24, en vigueur le 1er mars 2020.*

NUMÉRO DE LA PRESTATION (tableau 3-2 de l'article annexe 4-7)	DÉSIGNATION DE LA PRESTATION	ÉMOLUMENT
143	Sommation de payer ou de délaisser – art 142 loi du 1/06/1924	20,21 €
144	Signification d'un PV de débats – art 147 loi du 1/06/1924	25,53 €
145	Convocation – art 147 loi du 1/06/1924	25,53 €
146	Convocation – art 225 loi du 1/06/1924	25,53 €
149	Sommation au Tiers Détenteur (art. 142 loi du 1er juin 1924)	20,21 €

Art. A. 444-40 Si, à compter de la demande du client, elles sont réalisées dans un délai inférieur à 24 heures, la signification et les convocations mentionnées à l'article A. 444-39 (numéros 144 à 146 du tableau 3-2 *[mentionné à l'article A. 444-10]*) donnent lieu à la perception d'un émolument majoré dans les conditions prévues à l'article A. 444-12.

Art. A. 444-41 Les sommations mentionnées à l'article A. 444-39 (numéros 143 et 149 du tableau 3-2 *[mentionné à l'article A. 444-10]*) donnent également lieu à la perception du droit d'engagement des poursuites prévu à l'article A. 444-15.

Art. A. 444-42 Les prestations figurant aux numéros suivants du tableau 3-2 *[mentionné à l'article A. 444-10]* donnent lieu à la perception d'émoluments calculés selon les modalités prévues à l'article A. 444-38 :

1° Numéro 147 (requête en ouverture de procédure de partage judiciaire) ;
2° Numéro 148 (requête en inscription d'hypothèque d'exécution forcée) ;
3° Numéro 150 (requête en transcription et d'inscription d'une hypothèque judiciaire).

SOUS-SECTION 3 TARIFS DES FORMALITÉS, REQUÊTES ET DILIGENCES

Art. A. 444-43 Les prestations figurant aux numéros 151 à 203 du tableau 3-3 *[mentionné à l'article A. 444-10]* donnent lieu à la perception par l'huissier de justice des émoluments suivants : — *Tableau issu de l'Arr. du 28 févr. 2020, art. 25, en vigueur le 1er mars 2020.*

NUMÉRO DE LA PRESTATION la prestation (tableau 3-3 de l'article annexe 4-7)	DÉSIGNATION DE LA PRESTATION	ÉMOLUMENT
151	Requête aux fins de recherche des informations	21,28 €
152	Copie des pièces accompagnant le bordereau annexé à l'assignation, par tranche de 100 feuilles	21,28 €
153	Requête au greffe aux fins de saisie des rémunérations ou en intervention	29,79 €
154	Notification à l'employeur d'un acte de saisie des rémunérations lorsque le courrier revient non réclamé au tribunal	25,53 €
155	Requête au secrétariat-greffe du juge de l'exécution aux fins de délivrance d'un certificat de non-contestation (saisie-attribution)	21,28 €
156	Établissement du certificat de non-contestation par l'huissier de justice qui a procédé à la saisie-attribution	21,28 €
157	Dénonciation de la saisine du juge de l'exécution à l'huissier de justice en matière de contestation de saisie-attribution	14,90 €
158	Saisine du juge de l'exécution sur la difficulté d'exécution	21,28 €
159	Information aux parties de la difficulté d'exécution et des lieux, jour et heure de l'audience, prévue à l'article R. 151-3 du code des procédures civiles d'exécution	21,28 €
160	Réquisition du concours de la force publique au préfet	29,79 €
161	Notification au procureur et au créancier du refus du concours de la force publique	21,28 €
162	Requête au juge de l'exécution aux fins d'autorisation de saisie-vente	21,28 €

NUMÉRO DE LA PRESTATION la prestation (tableau 3-3 de l'article annexe 4-7)	DÉSIGNATION DE LA PRESTATION	ÉMOLUMENT
163	Requête au juge de l'exécution aux fins de désignation d'un séquestre	14,90 €
164	Communication au créancier saisissant et aux créanciers opposants des propositions de vente amiable	21,28 €
165	Information des lieux, jour et heure de la vente	14,90 €
166	Notification à la personne tenue de délivrer ou de restituer le bien de l'acte de la remise volontaire ou de l'appréhension du bien	10,64 €
167	Notification à la personne tenue de délivrer ou de restituer le bien de la sommation de remettre	14,90 €
168	Requête au juge de l'exécution aux fins d'une autorisation spéciale d'appréhension dans les locaux servant à l'habitation du tiers	21,28 €
169	Notification au tiers de l'acte de saisie-appréhension	14,90 €
170	Requête au juge de l'exécution aux fins d'injonction d'avoir à délivrer ou restituer un bien meuble	21,28 €
171	Requête au juge de l'exécution aux fins de saisie-revendication	21,28 €
172	Mainlevée au préfet de la saisie par déclaration à la préfecture	14,90 €
173	Lettre au débiteur l'informant de l'immobilisation de son véhicule	21,28 €
174	Information au créancier gagiste des propositions de vente amiable ou de la mise en vente aux enchères du véhicule	21,28 €

NUMÉRO DE LA PRESTATION la prestation (tableau 3-3 de l'article annexe 4-7)	DÉSIGNATION DE LA PRESTATION	ÉMOLUMENT
175	Requête au secrétariat-greffe du juge de l'exécution d'un certificat de non-contestation	21,28 €
176	Rédaction du cahier des charges en matière de saisie des droits d'associé et des valeurs mobilières non admises à la cote officielle ou à celle du second marché	63,84 €
177	Notification à la société d'une copie du cahier des charges	14,90 €
178	Notification au représentant de l'État de l'assignation aux fins de constat de la résiliation	29,79 €
179	Information au représentant de l'État du commandement d'avoir à quitter les lieux	29,79 €
180	Notification à la personne expulsée de la consignation du produit de la vente	10,64 €
181	Notification à la personne expulsée de la mise sous enveloppe scellée des papiers et documents de nature personnelle	10,64 €
182	Notification du procès-verbal d'expulsion au percepteur	21,28 €
183	Requête aux fins de pratiquer une mesure conservatoire	53,20 €
184	Projet de répartition du prix en matière de distribution de deniers	53,20 €
185	Notification du projet de répartition amiable au débiteur et à chacun des créanciers	21,28 €
186	Convocation du débiteur et de tous les créanciers et dressant les points de désaccord	10,64 €

NUMÉRO DE LA PRESTATION la prestation (tableau 3-3 de l'article annexe 4-7)	DÉSIGNATION DE LA PRESTATION	ÉMOLUMENT
187	Acte constatant le désaccord des créanciers et dressant les points de désaccord	34,05 €
188	Requête aux fins d'injonction de payer ou de faire	21,28 €
189	Rédaction du bordereau en vue de la publication du commandement	42,56 €
190	Mention en marge au bureau des hypothèques	42,56 €
191	Levée d'extraits de la matrice cadastrale	14,90 €
192	Levée d'états des renseignements sommaires et des inscriptions d'hypothèques	14,90 €
193	Levée d'états au greffe du tribunal de commerce	10,64 €
194	Levée d'états auprès des services d'immatriculation des véhicules	17,02 €
195	Réquisitions d'état civil	10,64 €
196	Appels de cause	1,06 €
197	Actes du palais	1,06 €
198	Lettres de convocation des parties à l'état des lieux "locatif" (loi du 6 juillet 1989)	14,90 €
199	Demande de paiement direct	34,05 €
200	Demande de paiement direct faute d'accord entre les parties	14,90 €
201	Notification de la modification ou de la mainlevée de la demande	14,90 €

NUMÉRO DE LA PRESTATION la prestation (tableau 3-3 de l'article annexe 4-7)	DÉSIGNATION DE LA PRESTATION	ÉMOLUMENT
202	Inventaire en cas de succession vacante	53,20 €
203	Délivrance d'une copie de l'inventaire dressé en cas de succession vacante	21,28 €

Saisie des droits d'associé (ligne 176). V. note 3 ss. art. R. 444-3.

Art. A. 444-44 En cas de délais de paiement accordés à un débiteur, poursuivi en vertu d'une décision de justice ou d'un acte ou d'un titre en forme exécutoire, la prestation figurant au numéro 204 du tableau 3-3 *[mentionné à l'article A. 444-10]* donne lieu à la perception, par l'huissier de justice ayant reçu mandat de gérer le dossier, d'un émolument fixe de *(Arr. du 28 févr. 2020, art. 26, en vigueur le 1er mars 2020)* « 6,37 » € par acompte versé, à l'exception du versement du solde.

Cet émolument, qui est à la charge du débiteur, n'est dû qu'à l'issue d'un délai de six mois à compter du premier versement effectué par le débiteur après la délivrance du titre.

Pour la gestion d'un même dossier, le montant total des émoluments perçus en application du présent article ne peut excéder *(Arr. du 28 févr. 2020, art. 26, en vigueur le 1er mars 2020)* « 32,74 » €.

Art. A. 444-45 Le signalement à la commission de coordination des actions de prévention des expulsions locatives, figurant au numéro 205 du tableau 3-3 *[mentionné à l'article A. 444-10]*, donne lieu à la perception d'un émolument de *(Arr. du 28 févr. 2020, art. 27, en vigueur le 1er mars 2020)* « 9,92 » € par commandement de payer.

SOUS-SECTION 4 ÉMOLUMENTS FIXES

Art. A. 444-46 Lorsque les actes, formalités ou requêtes sont relatifs à une obligation pécuniaire déterminée, les émoluments fixes indiqués aux sous-sections 1 à 3 de la présente section sont multipliés par les coefficients suivants :

1° Si le montant de l'obligation est compris entre 0 et 128 euros : coefficient 0,5 ;

2° Si ce montant est supérieur à 128 euros et inférieur ou égal à 1280 euros : coefficient 1 ;

3° S'il est supérieur à 1 280 euros : coefficient 2.

Art. A. 444-47 Les coefficients prévus à l'article A. 444-46 ne sont applicables ni aux émoluments complémentaires de vacation, ni aux émoluments des prestations figurant aux numéros suivants du tableau 3-1 *[mentionné à l'article A. 444-10]* :

1° Numéro 113 (délivrance du titre exécutoire par l'huissier dans le cadre de la procédure prévue à l'article *(Décr. no 2016-1278 du 29 sept. 2016, art. 1er, en vigueur le 1er oct. 2016)* « L. 125-1 du code des procédures civiles d'exécution ») ;

2° Numéro 116 de ce tableau (signification en provenance d'un autre État) *[;]*

3° Numéro 127 (assistance du greffier en chef) *[;]*

4° Numéro 130 (établissement d'un procès-verbal constatant que le destinataire de la signification est sans domicile, ni résidence ni lieu de travail connus).

SOUS-SECTION 5 REMBOURSEMENT DES FRAIS ET DÉBOURS

§ 1er FRAIS DE DÉPLACEMENT

Art. A. 444-48 Les frais de déplacement mentionnés au *a* du 3° du I de l'annexe 4-8 font l'objet d'un remboursement forfaitaire :

1° Égal à trente-deux fois la taxe kilométrique ferroviaire en 1re classe pour chaque acte signifié, en dehors du cas prévu au 2°, et chaque procès-verbal dressé par les soins de l'huissier de justice ;

2° Égal à 8,80 € pour les significations réalisées exclusivement par voie électronique.

Art. A. 444-49 Dans les départements d'outre-mer, pour tout déplacement à plus de 2 kilomètres des limites de la commune où est situé l'office, les frais de déplacement mentionnés au *a* du 3° du I de l'annexe 4-8 font l'objet d'un remboursement forfaitaire :

1° Égal au prix du billet aller et retour pour la distance parcourue, si le déplacement a lieu par un service de transport en commun ;

2° Égal à 45 centimes d'euro par kilomètre parcouru, si le déplacement a lieu par véhicule automobile ;

3° Égal au prix du billet aller et retour, si le déplacement doit avoir lieu obligatoirement par bateau ou avion.

Ce remboursement n'est dû qu'une seule fois pour la totalité des actes délivrés ou dressés par l'huissier de justice lors d'un même déplacement. — *V. annexe 4-8 ss. art. R. 444-3.*

§ 2 INDEMNITÉS VERSÉES EN CAS DE RECOURS À LA FORCE PUBLIQUE

Art. A. 444-50 Les indemnités, versées aux conseillers municipaux, fonctionnaires municipaux, autorités de gendarmerie ou témoins, mentionnées aux *e* et *g* du 3° du I de l'annexe 4-8 sont les suivantes :

1° Pour être présents à l'ouverture des portes et meubles fermant à clef : 6,60 € ;

2° Pour prêter main-forte à l'exécution d'une mesure d'expulsion : 11,00 €. — *V. annexe 4-8 ss. art. R. 444-3.*

Art. A. 444-51 Les indemnités, versées aux fonctionnaires de la police nationale, mentionnées au*[x]* *f* et *g* du 3° du I de l'annexe 4-8 sont les suivantes :

1° Pour être présents à l'ouverture des portes et meubles fermant à clef : 19,80 € ;

2° Pour prêter main-forte à l'exécution d'une mesure d'expulsion : 33,00 €. — *V. annexe 4-8 ss. art. R. 444-3.*

SOUS-SECTION 6 REMISES

Art. A. 444-52 Les remises prévues *(Arr. du 28 févr. 2020, art. 28, en vigueur le 1er mars 2020)* « à la première phrase du sixième alinéa » de l'article L. 444-2 sont consenties dans les conditions suivantes :

1° Les remises sur le droit d'engagement de poursuites mentionné à l'article A. 444-15 s'appliquent à la part d'émolument calculée sur les tranches de montants de créance supérieurs ou égaux à 3 040 euros avec un taux de remise maximal de *(Arr. du 28 févr. 2020, art. 28, en vigueur le 1er mars 2020)* « 20 % » ;

2° Les remises sur les émoluments proportionnels de recouvrement et d'encaissement mentionnés à l'article A. 444-32 s'appliquent à la part d'émolument calculée sur les tranches de montants encaissés ou recouvrés supérieurs ou égaux à 52 400 euros avec un taux de remise maximal de *(Arr. du 28 févr. 2020, art. 28, en vigueur le 1er mars 2020)* « 20 % ».

SECTION III TARIFS DES NOTAIRES

L'Arr. du 26 févr. 2016 fixant les tarifs réglementés des notaires est adopté dans les conditions prévues à l'art. 12 du Décr. n° 2016-230 du 26 févr. 2016 (V. 2e note ss. art. R. 444-3). Il fixe les tarifs des notaires pour une période transitoire de deux ans, comprise entre le 1er mars 2016 et le 28 février 2018 (Arr. préc., art. 1er).

Les dispositions de la section III entrent en vigueur le 1er mars 2016. Toutefois, en application de l'art. 13 du Décr. n° 2016-230 du 26 févr. 2016 (V. note au-dessus de l'art. R. 444-1), et par dérogation aux art. A. 444-53, A. 444-174 et A. 444-175, les prestations figurant au tableau 5 de l'annexe 4-7 (V. ss. art. R. 444-3), effectuées avant le 1er mai 2016, ou dont la réalisation a donné lieu, avant le 1er mars 2016, au versement par le client d'un acompte ou d'une provision, ou à l'engagement par l'un des notaires intervenant de frais ou débours, donnent lieu à la perception d'émoluments fixés conformément aux dispositions du Décr. n° 78-262 du 8 mars 1978 portant fixa-

tion du tarif des notaires, dans leur rédaction antérieure au Décr. n° 2016-230 du 26 févr. 2016 (Arr. du 26 févr. 2016, art. 3).

Les modifications issues de l'Arr. du 28 févr. 2020 entrent en vigueur le 1er mars 2020. Toutefois, les émoluments des prestations effectuées avant le 1er janv. 2021, ou dont la réalisation a donné lieu, avant le 1er mars 2020, au versement par le client d'un acompte ou d'une provision, ou à l'engagement par l'un des notaires intervenant de frais ou débours restent régis par l'ancien tarif (Arr. du 28 févr. 2020, art. 129, mod. par Arr. du 28 avr. 2020, art. 1er).

Art. A. 444-53 **Les prestations figurant au tableau 5 de l'annexe 4-7 donnent lieu à la perception d'émoluments fixés conformément aux dispositions respectives des sous-sections 1 et 2 de la présente section.** — *V. annexe 4-7 ss. art. R. 444-3.*

(Arr. du 28 févr. 2020, art. 2, en vigueur le 1er mars 2020) **« Ces émoluments sont majorés de 25 % dans les îles Wallis-et-Futuna et dans les départements de la Guadeloupe et de la Martinique, de 23 % dans le département de la Guyane, et de 37 % dans les départements de la Réunion et de Mayotte. »**

Les remises sur les émoluments proportionnels sont régies par la sous-section 3 de cette même section.

L'écrêtement, prévu à l'article R. 444-9, du total des émoluments perçus au titre de certaines mutations de biens ou droits immobiliers est régi par sa sous-section 4.

Les dispositions de la présente section sont applicables dans les départements du Bas-Rhin, du Haut-Rhin et de la Moselle. Celles de sa sous-section 5 s'y appliquent exclusivement.

(Arr. du 27 févr. 2018, en vigueur le 1er mars 2018) **« Les émoluments applicables** *(Arr. du 25 févr. 2022, art. 2, en vigueur le 1er mars 2022)* **« jusqu'au 29 février 2024 » sont ceux qui sont prévus par la présente section. »**

Art. A. 444-54 **Sauf dispositions contraires de la présente section, les émoluments proportionnels sont perçus sur le capital énoncé dans les actes, augmenté de la valeur des charges figurant dans lesdits actes ou sur l'évaluation retenue pour la liquidation des droits et taxes, si elle est supérieure. Sont considérées comme charges les sommes que, dans l'acte et outre le prix, les parties s'engagent à payer ainsi que les prestations en nature qu'elles s'engagent à fournir.**

Si le mode de calcul prévu à l'alinéa précédent ne peut être appliqué, les émoluments sont perçus sur la valeur estimative déclarée à l'acte des biens qui y sont énoncés.

A défaut d'accord entre les parties et le notaire sur cette valeur estimative, les émoluments sont perçus sur la valeur vénale déterminée par le juge chargé de la taxation.

L'assiette de l'émolument est arrondie à l'euro le plus proche.

Art. A. 444-55 **Lorsque, réalisée par un seul acte, une convention porte sur des biens de nature différente mais soumis à une même tarification, l'émolument est calculé sur la valeur totale de ces biens.**

Art. A. 444-56 **Pour les mutations à titre gratuit, l'évaluation de l'usufruit et de la nue-propriété est établie conformément aux dispositions de l'article 669 du code général des impôts.**

Toutefois, la donation avec réserve d'usufruit au profit du donateur donne droit au même émolument que celle qui porte sur la pleine propriété.

Art. A. 444-57 **Les émoluments proportionnels sont arrondis au centime d'euro le plus proche.**

Art. A. 444-58 **Les émoluments prévus par la présente section sont :**

1° S'agissant des émoluments, affectés d'un coefficient respectivement égal à 1 ou à 5/7e, selon qu'ils s'appliquent à un acte reçu en minute ou un acte reçu en brevet ;

2° S'agissant des émoluments proportionnels, applicables aux prestations relatives à des biens ou droits d'une valeur supérieure ou égale à 500 €, sauf dans les cas où un seuil plus élevé est précisé à la sous-section 1 de la présente section.

Pour les biens ou droits dont la valeur est inférieure au seuil de 500 € mentionné au 2° de l'alinéa précédent, la prestation donne lieu à la perception d'un émolument fixe, dont le montant en euros est égal au produit de ce seuil et du taux applicable à la première tranche d'assiette du barème correspondant.

SOUS-SECTION 1 ACTES

§ 1er ACTES RELATIFS PRINCIPALEMENT À LA FAMILLE

SOUS-§ 1er *ACTES CONCERNANT LA TRANSMISSION DU PATRIMOINE PAR SUCCESSION OU DONATION*

Art. A. 444-59 L'attestation notariée (numéro 1 du tableau 5 *[mentionné à l'article A. 444-53]*) donne lieu à la perception d'un émolument proportionnel, selon le barème suivant : — *Tableau issu de l'Arr. du 28 févr. 2020, art. 3, en vigueur le 1er mars 2020.*

TRANCHES D'ASSIETTE	TAUX APPLICABLE
De 0 à 6 500 €	1,935 %
De 6 500 € à 17 000 €	1,064 %
De 17 000 € à 30 000 €	0,726 %
Plus de 30 000 €	0,532 %

Art. A. 444-60 Les prestations figurant aux numéros 2 à 5 du tableau 5 *[mentionné à l'article A. 444-53]* donnent lieu à la perception des émoluments suivants : — *Tableau issu de l'Arr. du 28 févr. 2020, art. 4, en vigueur le 1er mars 2020.*

NUMÉRO DE LA PRESTATION (tableau 5 de l'article annexe 4-7)	DÉSIGNATION DE LA PRESTATION	ÉMOLUMENT
2	Certificat successoral européen (modification, rectification, retrait)	56,60 €
3	Testaments (partage testamentaire, testament partage, testament authentique ou mystique ou codicille en la même forme)	113,19 €
4	Garde du testament olographe avant le décès	26,41 €
5	Procès-verbal d'ouverture et de description du testament olographe	26,41 €

Art. A. 444-61 Le consentement à exécution de testament ou de donation entre *époux* (numéro 6 du tableau 5 *[mentionné à l'article A. 444-53]*) donne lieu à la perception :

1° D'un émolument proportionnel, selon le barème suivant, si le consentement vaut délivrance : — *Tableau issu de l'Arr. du 28 févr. 2020, art. 5, en vigueur le 1er mars 2020.*

TRANCHES D'ASSIETTE	TAUX APPLICABLE
De 0 à 6 500 €	1,935 %
De 6 500 € à 17 000 €	1,064 %

TRANCHES D'ASSIETTE	TAUX APPLICABLE
De 17 000 € à 30 000 €	0,726 %
Plus de 30 000 €	0,532 %

2° D'un émolument fixe de *(Arr. du 28 févr. 2020, art. 5, en vigueur le 1er mars 2020)* **« 75,46 € », dans les cas autres que celui prévu au 1°.**

Art. A. 444-62 **Le cantonnement de l'émolument par le légataire ou le conjoint survivant (numéro 7 du tableau 5** *[mentionné à l'article A. 444-53]*) **donne lieu à la perception d'un émolument proportionnel à la somme cantonnée, selon le barème suivant :** *– Tableau issu de l'Arr. du 28 févr. 2020, art. 6, en vigueur le 1er mars 2020.*

TRANCHES D'ASSIETTE	TAUX APPLICABLE
De 0 à 6 500 €	2,58 %
De 6 500 € à 17 000 €	1,064 %
De 17 000 € à 30 000 €	0,709 %
Plus de 30 000 €	0,532 %

Art. A. 444-63 **La déclaration de succession (numéro 8 du tableau 5** *[mentionné à l'article A. 444-53]*) **donne lieu à la perception d'un émolument proportionnel à l'actif brut total, en ce compris s'il y a communauté, participation ou société d'acquêts, les biens qui en dépendent, selon le barème suivant :** *– Tableau issu de l'Arr. du 28 févr. 2020, art. 7, en vigueur le 1er mars 2020.*

TRANCHES D'ASSIETTE	TAUX APPLICABLE
De 0 à 6 500 €	1,548 %
De 6 500 € à 17 000 €	0,851 %
De 17 000 € à 30 000 €	0,580 %
Plus de 30 000 €	0,426 %

Lorsque le notaire établit une déclaration de succession comprenant des meubles ayant fait l'objet d'une prisée donnant lieu à la perception d'un émolument prévu par la section I du présent chapitre, aucun émolument ne peut être perçu par le notaire sur la partie de l'actif brut correspondant à la valeur prisée de ces meubles.

Art. A. 444-64 **Les actes de délivrance de legs (numéros 9 et 10 du tableau 5** *[mentionné à l'article A. 444-53]*) **donnent lieu à la perception d'un émolument proportionnel :**

1° Selon le barème suivant, s'agissant de l'acte avec décharge, quittance ou acceptation : *– Tableau issu de l'Arr. du 28 févr. 2020, art. 8, en vigueur le 1er mars 2020.*

TRANCHES D'ASSIETTE	TAUX APPLICABLE
De 0 à 6 500 €	1,935 %

TRANCHES D'ASSIETTE	TAUX APPLICABLE
De 6 500 € à 17 000 €	1,064 %
De 17 000 € à 30 000 €	0,726 %
Plus de 30 000 €	0,532 %

2° Selon le barème suivant, s'agissant de l'acte sans décharge ni quittance ou sur la décharge, la quittance ou acceptation ultérieure : — *Tableau issu de l'Arr. du 28 févr. 2020, art. 8, en vigueur le 1er mars 2020.*

TRANCHES D'ASSIETTE	TAUX APPLICABLE
De 0 à 6 500 €	0,967 %
De 6 500 € à 17 000 €	0,532 %
De 17 000 € à 30 000 €	0,363 %
Plus de 30 000 €	0,266 %

Art. A. 444-65 **Les transports de droits successifs (numéros 11 et 12 du tableau 5** *[mentionné à l'article A. 444-53]*) **donnent lieu à la perception d'un émolument proportionnel :**

1° Selon le barème suivant, s'agissant du transport de droits successifs faisant cesser l'indivision : — *Tableau issu de l'Arr. du 28 févr. 2020, art. 9, en vigueur le 1er mars 2020.*

TRANCHES D'ASSIETTE	TAUX APPLICABLE
De 0 à 6 500 €	2,580 %
De 6 500 € à 17 000 €	1,064 %
De 17 000 € à 60 000 €	0,709 %
Plus de 60 000 €	0,532 %

2° Selon le barème suivant, dans les cas autres que celui prévu au 1° : — *Tableau issu de l'Arr. du 28 févr. 2020, art. 9, en vigueur le 1er mars 2020.*

TRANCHES D'ASSIETTE	TAUX APPLICABLE
De 0 à 6 500 €	3,870 %
De 6 500 € à 17 000 €	1,596 %
De 17 000 € à 60 000 €	1,064 %
Plus de 60 000 €	0,799 %

Art. A. 444-66 **La notoriété (numéros 13 à 15 du tableau 5** *[mentionné à l'article A. 444-53]*) **donne lieu à la perception :**

1° D'un émolument fixe de *(Arr. du 28 févr. 2020, art. 10, en vigueur le 1er mars 2020)* **« 56,60 € », s'agissant d'une notoriété après décès, constatant la dévolution successorale ;**

2° D'un émolument proportionnel, selon le barème suivant, s'agissant d'une notoriété constatant la prescription acquisitive : — *Tableau issu de l'Arr. du 28 févr. 2020, art. 10, en vigueur le 1er mars 2020.*

TRANCHES D'ASSIETTE	TAUX APPLICABLE
De 0 à 6 500 €	0,774 %
De 6 500 € à 17 000 €	0,426 %
De 17 000 € à 30 000 €	0,290 %
Plus de 30 000 €	0,213 %

3° D'un émolument fixe de *(Arr. du 28 févr. 2020, art. 10, en vigueur le 1er mars 2020)* **« 56,60 € », dans les cas autres que ceux prévus aux 1° et 2°.**

Art. A. 444-67 **Les actes relatifs à une donation entre vifs (numéros 16 à 19 du tableau 5** *[mentionné à l'article A. 444-53]*) **donnent lieu à la perception d'un émolument proportionnel à la valeur en pleine propriété (y compris en cas de réserve d'usufruit) des biens donnés par chaque donateur :**

1° Selon le barème suivant, s'agissant de la donation entre vifs acceptée sans distinction de ligne : — *Tableau issu de l'Arr. du 28 févr. 2020, art. 11, en vigueur le 1er mars 2020.*

TRANCHES D'ASSIETTE	TAUX APPLICABLE
De 0 à 6 500 €	4,837 %
De 6 500 € à 17 000 €	1,995 %
De 17 000 € à 60 000 €	1,330 %
Plus de 60 000 €	0,998 %

2° Selon le barème suivant, s'agissant de la donation entre vifs non acceptée : — *Tableau issu de l'Arr. du 28 févr. 2020, art. 11, en vigueur le 1er mars 2020.*

TRANCHES D'ASSIETTE	TAUX APPLICABLE
De 0 à 6 500 €	3,483 %
De 6 500 € à 17 000 €	1,437 %
De 17 000 € à 60 000 €	0,957 %
Plus de 60 000 €	0,718 %

3° Selon le barème suivant, en cas d'acceptation de la donation : *— Tableau issu de l'Arr. du 28 févr. 2020, art. 11, en vigueur le 1er mars 2020.*

TRANCHES D'ASSIETTE	TAUX APPLICABLE
De 0 à 6 500 €	1,355 %
De 6 500 € à 17 000 €	0,559 %
De 17 000 € à 60 000 €	0,373 %
Plus de 60 000 €	0,280 %

4° Selon le barème suivant, en cas de donation entre vifs portant uniquement sur des créances, espèces ou des valeurs mobilières cotées : *— Tableau issu de l'Arr. du 28 févr. 2020, art. 11, en vigueur le 1er mars 2020.*

TRANCHES D'ASSIETTE	TAUX APPLICABLE
De 0 à 6 500 €	2,322 %
De 6 500 € à 17 000 €	0,958 %
De 17 000 € à 60 000 €	0,639 %
Plus de 60 000 €	0,479 %

Art. A. 444-68 Les donations partages (numéros 20 et 21 du tableau 5 *[mentionné à l'article A. 444-53]***) donnent lieu à la perception d'un émolument proportionnel :**

1° A la valeur en pleine propriété (y compris en cas de réserve d'usufruit) des biens donnés par chaque donateur, y compris les rapports, selon le barème suivant, s'agissant de la donation-partage conjonctive ;

2° A la valeur en pleine propriété (y compris en cas de réserve d'usufruit) des biens partagés, y compris les rapports, selon le barème suivant, s'agissant de la donation-partage réalisée par une seule personne ;

Selon le barème suivant : *— Tableau issu de l'Arr. du 28 févr. 2020, art. 12, en vigueur le 1er mars 2020.*

TRANCHES D'ASSIETTE	TAUX APPLICABLE
De 0 à 6 500 €	4,837 %
De 6 500 € à 17 000 €	1,995 %
De 17 000 € à 60 000 €	1,330 %
Plus de 60 000 €	0,998 %

Art. A. 444-69 Les actes relatifs aux donations entre époux (numéros 22 et 23) du tableau mentionné à l'article A. 444-53 donnent lieu à la perception des émoluments suivants : *— Tableau issu de l'Arr. du 28 févr. 2020, art. 13, en vigueur le 1er mars 2020.*

NUMÉRO DE LA PRESTATION (tableau 5 de l'article annexe 4-7)	DÉSIGNATION DE LA PRESTATION	ÉMOLUMENT
22	Donation entre époux, pendant le mariage	113,20€
23	Révocation de donation entre époux, de testament, de mandat ou de substitution	26,41€

Art. A. 444-69-1 *(Arr. du 17 oct. 2016, art. 1er)* **I. – Pour les donations ou legs mentionnés aux 1° et 2° de l'article R. 444-11-1, le taux applicable est, le cas échéant, réduit à 0,45 % pour la tranche d'assiette supérieure ou égale à 60 000 € s'il est supérieur à ce pourcentage. En outre, l'émolument proportionnel perçu par le notaire ne peut dans ce cas excéder 200 000 €.**

II. – Les deux plafonnements prévus au I s'appliquent à la somme des émoluments perçus par le notaire, qui sont, le cas échéant, écrêtés au prorata de leurs montants respectifs, lorsque le notaire perçoit plusieurs émoluments en application des dispositions suivantes :

1° S'agissant des legs, les articles A. 444-59, A. 444-63, et A. 444-64, notamment son 2° ;

2° S'agissant des donations entre vifs non acceptées, le 2° et le 3° de l'article A. 444-67.

SOUS-§ 2 *ACTES CONCERNANT LA PROTECTION DES MEMBRES DE LA FAMILLE*

Art. A. 444-70 **L'option par le conjoint survivant pour l'acquisition ou l'attribution de biens propres du prédécédé ou pour le prélèvement de biens communs (numéro 24 du tableau 5** *[mentionné à l'article A. 444-53]***) donne lieu à la perception d'un émolument proportionnel, selon le barème suivant :** – *Tableau issu de l'Arr. du 28 févr. 2020, art. 14, en vigueur le 1er mars 2020.*

TRANCHES D'ASSIETTE	TAUX APPLICABLE
De 0 à 6 500 €	3,870 %
De 6 500 € à 17 000 €	1,596 %
De 17 000 € à 60 000 €	1,064 %
Plus de 60 000 €	0,799 %

En cas d'option pour l'attribution de biens propres ou pour le prélèvement de biens communs, l'émolument perçu est imputé à due concurrence sur l'émolument de la liquidation et du partage si ceux-ci interviennent dans la même étude.

Art. A. 444-71 **L'option par les héritiers pour le maintien des formes et modalités de règlement de la prestation compensatoire qui incombait à l'époux débiteur décédé (numéro 25 du tableau 5** *[mentionné à l'article A. 444-53]***) donne lieu à la perception d'un émolument proportionnel, selon le barème suivant :** – *Tableau issu de l'Arr. du 28 févr. 2020, art. 15, en vigueur le 1er mars 2020.*

TRANCHES D'ASSIETTE	TAUX APPLICABLE
De 0 à 6 500 €	0,967 %
De 6 500 € à 17 000 €	0,532 %
De 17 000 € à 30 000 €	0,363 %
Plus de 30 000 €	0,266 %

Art. A. 444-72 **Les actes de renonciation (numéros 26 et 27 du tableau 5** *[mentionné à l'article A. 444-53]*) **donnent lieu à la perception des émoluments suivants :** — *Tableau issu de l'Arr. du 28 févr. 2020, art. 16, en vigueur le 1er mars 2020.*

NUMÉRO DE LA PRESTATION (tableau 5 de l'article annexe 4-7)	DÉSIGNATION DE LA PRESTATION	ÉMOLUMENT
26	Renonciation à l'action en retranchement	150,93 €
27	Renonciation anticipée à l'action en réduction ou en revendication	150,93 €

Art. A. 444-73 **L'acceptation ou déclaration d'emploi (numéro 28 du tableau 5** *[mentionné à l'article A. 444-53]*) **donne lieu à la perception :**

1° D'un émolument fixe de *(Arr. du 28 févr. 2020, art. 17, en vigueur le 1er mars 2020)* **« 26,41 € », lorsque l'emploi ou le remploi a été fait au moyen d'un placement ayant donné lieu dans l'étude à un émolument proportionnel ;**

2° D'un émolument proportionnel, selon le barème suivant, dans les cas autres que celui prévu au 1° : — *Tableau issu de l'Arr. du 28 févr. 2020, art. 17, en vigueur le 1er mars 2020.*

TRANCHES D'ASSIETTE	TAUX APPLICABLE
De 0 à 6 500 €	1,290 %
De 6 500 € à 17 000 €	0,532 %
De 17 000 € à 60 000 €	0,355 %
Plus de 60 000 €	0,266 %

Art. A. 444-74 **La déclaration d'emploi par acte séparé (numéro 29 du tableau 5** *[mentionné à l'article A. 444-53]*) **donne lieu à la perception de l'émolument proportionnel prévu au 2° de l'article A. 444-73.**

Art. A. 444-75 **Les constitutions de pension alimentaire et rente indexée (numéros 30 et 31 du tableau 5** *[mentionné à l'article A. 444-53]*) **donnent lieu à la perception :**

1° D'un émolument proportionnel :

a) **Soit au capital formé de dix fois la prestation annuelle, si la pension alimentaire ou la rente est constituée en vertu des articles 205 et 373-2-3 du code civil ;**

b) **Soit à l'estimation de la pension alimentaire dans la convention homologuée par le juge en cas de divorce par consentement mutuel, lorsque cette pension doit être versée pour une durée inférieure à dix ans,**

Selon le barème suivant : – *Tableau issu de l'Arr. du 28 févr. 2020, art. 18, en vigueur le 1er mars 2020.*

TRANCHES D'ASSIETTE	TAUX APPLICABLE
De 0 à 6 500 €	0,967 %
De 6 500 € à 17 000 €	0,532 %
De 17 000 € à 30 000 €	0,363 %
Plus de 30 000 €	0,266 %

2° D'un émolument proportionnel au capital formé de dix fois la prestation annuelle, dans les cas autres que ceux prévus aux *a* et *b* du 1°, selon le barème suivant : – *Tableau issu de l'Arr. du 28 févr. 2020, art. 18, en vigueur le 1er mars 2020.*

TRANCHES D'ASSIETTE	TAUX APPLICABLE
De 0 à 6 500 €	1,935 %
De 6 500 € à 17 000 €	1,064 %
De 17 000 € à 30 000 €	0,726 %
Plus de 30 000 €	0,532 %

Art. A. 444-76 *(Arr. du 28 oct. 2016, art. 2)* **« La constitution de rente perpétuelle ou de rente viagère portant sur un immeuble (numéro 32 du tableau 5** *[mentionné à l'article A. 444-53]***), ainsi que le rachat de rente viagère portant sur un immeuble donne lieu à la perception d'un émolument proportionnel au capital formé de vingt fois la rente perpétuelle et de dix fois la rente viagère, selon le barème suivant : »** – *Tableau issu de l'Arr. du 28 févr. 2020, art. 19, en vigueur le 1er mars 2020.*

TRANCHES D'ASSIETTE	TAUX APPLICABLE
De 0 à 6 500 €	3,870 %
De 6 500 € à 17 000 €	1,596 %
De 17 000 € à 60 000 €	1,064 %
Plus de 60 000 €	0,799 %

Art. A. 444-77 Le compte de tutelle (numéro 33 du tableau 5 *[mentionné à l'article A. 444-53]***) donne lieu à la perception d'un émolument proportionnel au chapitre le plus élevé en recette ou en dépense, selon le barème suivant :** – *Tableau issu de l'Arr. du 28 févr. 2020, art. 20, en vigueur le 1er mars 2020.*

TRANCHES D'ASSIETTE	TAUX APPLICABLE
De 0 à 6 500 €	2,580 %
De 6 500 € à 17 000 €	1,064 %
De 17 000 € à 60 000 €	0,709 %
Plus de 60 000 €	0,532 %

S'il y a liquidation préalable dans le même acte, l'émolument de liquidation est perçu, en outre, sur la part revenant à celui auquel le compte est rendu sans, toutefois, que l'émolument puisse être cumulé en ce qui touche les valeurs figurant dans la liquidation et dans le compte.

Art. A. 444-78 Le récépissé ou arrêté de compte de tutelle, par acte séparé (numéro 34 du tableau 5 *[mentionné à l'article A. 444-53]*) donne lieu, sous réserve que l'acte ne contienne pas de convention ouvrant droit aux émoluments proportionnels, à la perception d'un émolument fixe de *(Arr. du 28 févr. 2020, art. 21, en vigueur le 1er mars 2020)* « 75,46 € ».

Art. A. 444-79 Les actes relatifs au mandat posthume (numéros 35 à 38 du tableau 5 *[mentionné à l'article A. 444-53]*) donnent lieu à la perception des émoluments suivants : *— Tableau issu de l'Arr. du 28 févr. 2020, art. 22, en vigueur le 1er mars 2020.*

NUMÉRO DE LA PRESTATION (tableau 5 de l'article annexe 4-7)	DÉSIGNATION DE LA PRESTATION	ÉMOLUMENT
34	Établissement du mandat posthume	113,20 €
35	Acceptation du mandat posthume par acte séparé	56,59 €
36	Révocation par le mandant	56,59 €
37	Renonciation par le mandataire	56,59 €

Art. A. 444-79-1 *(Arr. du 28 oct. 2016, art. 3)* Les actes relatifs au mandat de protection future prévu au troisième alinéa de l'article 477 du code civil donnent lieu à la perception des émoluments prévus à l'article A. 444-79.

Art. A. 444-80 L'examen des comptes du mandataire désigné au titre d'un mandat de protection future (numéro 39 du tableau 5 *[mentionné à l'article A. 444-53]*) donne lieu à la perception d'un émolument fonction du chapitre le plus élevé, en recettes ou en dépenses, au titre de l'année à laquelle se rapportent les comptes, selon le barème suivant : *— Tableau issu de l'Arr. du 28 févr. 2020, art. 23, en vigueur le 1er mars 2020.*

CHAPITRE LE PLUS ÉLEVÉ, EN RECETTES OU EN DÉPENSES, au titre de l'année à laquelle se rapportent les comptes	ÉMOLUMENT
Inférieur ou égal à 25 000 €	113,20 €
Supérieur à 25 000 € et inférieur ou égal à 65 000 €	188,66 €
Supérieur à 65 000 €	339,58 €

SOUS-§ 3 ACTES RELATIFS À LA PÉRENNITÉ DES LIENS FAMILIAUX

Art. A. 444-81 Le pacte civil de solidarité initial ou modificatif (numéro 40 du tableau 5 *[mentionné à l'article A. 444-53]*) donne lieu à la perception d'un émolument fixe de *(Arr. du 28 févr. 2020, art. 24, en vigueur le 1er mars 2020)* « 84,51 € ».

Art. A. 444-82 Le contrat de mariage, la contre-lettre, le changement de régime matrimonial (numéro 41 du tableau 5 *[mentionné à l'article A. 444-53]*) donnent lieu à la perception :

1° Lorsqu'il n'y a ni apports ni dots ou lorsque la valeur des biens dont la propriété est déclarée est inférieure ou égale à 30 800 €, d'un émolument fixe de *(Arr. du 28 févr. 2020, art. 25, en vigueur le 1er mars 2020)* « 188,68 € » ;

2° Lorsque cette valeur dépasse le seuil de 30 800 € mentionné au 1°, d'un émolument proportionnel à cette valeur, selon le barème suivant : *– Tableau issu de l'Arr. du 28 févr. 2020, art. 25, en vigueur le 1er mars 2020.*

TRANCHES D'ASSIETTE	TAUX APPLICABLE
De 0 à 6 500 €	1,290 %
De 6 500 € à 17 000 €	0,532 %
De 17 000 € à 60 000 €	0,355 %
Plus de 60 000 €	0,266 %

Les dots, sans distinction de lignes, donnent lieu en sus à la perception des émoluments prévus à l'article *(Arr. du 28 oct. 2016, art. 4)* **« A. 444-67 » pour les donations entre vifs.**

Art. A. 444-83 **L'élaboration d'un projet de liquidation du régime matrimonial (numéro 42 du tableau 5** *[mentionné à l'article A. 444-53]*) **donne lieu à un émolument selon le barème suivant :** *– Tableau issu de l'Arr. du 28 févr. 2020, art. 26, en vigueur le 1er mars 2020.*

TRANCHES D'ASSIETTE	TAUX APPLICABLE
De 0 à 6 500 €	2,515 %
De 6 500 € à 17 000 €	1,038 %
De 17 000 € à 60 000 €	0,692 %
Plus de 60 000 €	0,519 %

(Arr. du 28 oct. 2016, art. 5) **« Lorsque le notaire désigné par le juge en application du 10° de l'article 255 du code civil établit l'acte de partage, l'émolument perçu en application du présent article s'impute sur celui perçu au titre de la rédaction de l'acte de partage conformément à l'article A. 444-121. »**

Art. A. 444-84 *(Arr. du 9 déc. 2021, art. 1er)* **« Le recueil du consentement » dans le cadre d'une procréation médicalement assistée (numéro 43 du tableau 5** *[mentionné à l'article A. 444-53]*) **donne lieu à la perception d'un émolument fixe de** *(Arr. du 28 févr. 2020, art. 27, en vigueur le 1er mars 2020)* **« 75,46 € ».**

Art. A. 444-84-1 *(Arr. du 9 déc. 2021, art. 2)* **La reconnaissance conjointe anticipée prévue à l'article 342-11 du code civil et la reconnaissance de paternité ou de maternité faite par acte authentique prévue à l'article 316 du même code donnent lieu à la perception d'un émolument fixe de 75,46 €.**

La reconnaissance conjointe prévue au IV de l'art. 6 de la L. n° 2021-1017 du 2 août 2021 relative à la bioéthique donne lieu à la perception de l'émolument prévu à l'art. A. 444-84-1 (Arr. du 9 déc. 2021, art. 3).

§ 2 ACTES RELATIFS PRINCIPALEMENT AUX BIENS IMMOBILIERS ET FONCIERS

SOUS-§ 1er *ACTES RELATIFS À LA PROPRIÉTÉ ET LA MUTATION DE PROPRIÉTÉ*

Art. A. 444-85 **Les cahiers des charges (numéros 44 à 46 du tableau 5** *[mentionné à l'article A. 444-53]*) **donnent lieu à la perception des émoluments suivants :** *– Tableau issu de l'Arr. du 28 févr. 2020, art. 28, en vigueur le 1er mars 2020.*

NUMÉRO DE LA PRESTATION (tableau 5 de l'article annexe 4-7)	DÉSIGNATION DE LA PRESTATION	ÉMOLUMENT
44	Établissement d'un cahier des charges en vue d'une adjudication pour une vente immobilière	113,20 €
45	Établissement d'un cahier des charges en vue d'une adjudication pour une vente immobilière, si la tentative d'adjudication reste sans effet	188,66 €
46	Établissement d'un cahier des charges en vue d'une adjudication pour une vente mobilière	75,46 €

L'émolument n'est dû que s'il n'y a pas d'adjudication.

Art. A. 444-86 Les certificats de propriété et autres certificats ou attestations constatant le transfert de propriété de biens de nature mobilière (numéro 47 du tableau 5 *[mentionné à l'article A. 444-53]*) **donnent lieu à la perception :**

1° Lorsque la valeur des biens transmis est inférieure à 3 120 €, d'un émolument fixe de *(Arr. du 28 févr. 2020, art. 29, en vigueur le 1er mars 2020)* **« 15,09 € » ;**

2° Lorsque cette valeur dépasse le seuil de 3 120 € mentionné au 1°, d'un émolument proportionnel égal à *(Arr. du 28 févr. 2020, art. 29, en vigueur le 1er mars 2020)* **« 0,484 % » de cette valeur.**

Art. A. 444-87 Les licitations (numéros 48 à 50 du tableau 5 *[mentionné à l'article A. 444-53]*) **donnent lieu à la perception :**

1° En cas de licitation de gré à gré :

***a)* Si l'indivision cesse, d'un émolument proportionnel à l'ensemble des biens licités, selon le barème suivant :** – *Tableau issu de l'Arr. du 28 févr. 2020, art. 30, en vigueur le 1er mars 2020.*

TRANCHES D'ASSIETTE	TAUX APPLICABLE
De 0 à 6 500 €	2,580 %
De 6 500 € à 17 000 €	1,064 %
De 17 000 € à 60 000 €	0,709 %
Plus de 60 000 €	0,532 %

***b)* Dans le cas contraire, d'un émolument proportionnel à la part acquise, selon le barème suivant :** – *Tableau issu de l'Arr. du 28 févr. 2020, art. 30, en vigueur le 1er mars 2020.*

TRANCHES D'ASSIETTE	TAUX APPLICABLE
De 0 à 6 500 €	3,870 %
De 6 500 € à 17 000 €	1,596 %
De 17 000 € à 60 000 €	1,064 %
Plus de 60 000 €	0,798 %

2° En cas de licitation par adjudication volontaire, d'un émolument proportionnel au prix de chaque lot, selon le barème suivant : – *Tableau issu de l'Arr. du 28 févr. 2020, art. 30, en vigueur le 1er mars 2020.*

TRANCHES D'ASSIETTE	TAUX APPLICABLE
De 0 à 6 500 €	7,740 %
De 6 500 € à 17 000 €	3,193 %
De 17 000 € à 60 000 €	2,128 %
Plus de 60 000 €	1,596 %

3° En cas de licitation par adjudication judiciaire :

***a)* Si le cahier des charges est rédigé par le notaire, d'un émolument proportionnel selon le barème suivant :** – *Tableau issu de l'Arr. du 28 févr. 2020, art. 30, en vigueur le 1er mars 2020.*

TRANCHES D'ASSIETTE	TAUX APPLICABLE
De 0 à 6 500 €	7,256 %
De 6 500 € à 17 000 €	2,993 %
De 17 000 € à 60 000 €	1,995 %
Plus de 60 000 €	1,497 %

***b)* Si le cahier des charges est rédigé par l'avocat, d'un émolument proportionnel selon le barème suivant :** – *Tableau issu de l'Arr. du 28 févr. 2020, art. 30, en vigueur le 1er mars 2020.*

TRANCHES D'ASSIETTE	TAUX APPLICABLE
De 0 à 6 500 €	3,870 %
De 6 500 € à 17 000 €	1,596 %
De 17 000 € à 60 000 €	1,064 %
Plus de 60 000 €	0,798 %

Art. A. 444-88 L'origine de propriété par acte séparé (numéro 51 du tableau 5 *[mentionné à l'article A. 444-53]***) donne lieu à la perception d'un émolument de** *(Arr. du 28 févr. 2020, art. 31, en vigueur le 1er mars 2020)* **« 3,78 € » par mutation relatée.**

Art. A. 444-89 La résiliation ou résolution de vente (numéro 52 du tableau 5 *[mentionné à l'article A. 444-53]***) donne lieu à la perception d'un émolument proportionnel, selon le barème suivant :** – *Tableau issu de l'Arr. du 28 févr. 2020, art. 32, en vigueur le 1er mars 2020.*

TRANCHES D'ASSIETTE	TAUX APPLICABLE
De 0 à 6 500 €	1,935 %
De 6 500 € à 17 000 €	0,799 %
De 17 000 € à 60 000 €	0,532 %
Plus de 60 000 €	0,399 %

Art. A. 444-90 **Le transfert de propriété ou de jouissance entre collectivités territoriales et/ ou établissements publics (numéro** *(Arr. du 8 août 2019, art. 2)* **« 53 » du tableau 5** *[mentionné à l'article A. 444-53]*) **donne lieu à la perception d'un émolument proportionnel, selon le barème suivant :** *— Tableau issu de l'Arr. du 28 févr. 2020, art. 33, en vigueur le 1er mars 2020.*

TRANCHES D'ASSIETTE	TAUX APPLICABLE
De 0 à 6 500 €	1,935 %
De 6 500 € à 17 000 €	0,799 %
De 17 000 € à 60 000 €	0,532 %
Plus de 60 000 €	0,399 %

Art. A. 444-90-1 *(Arr. du 8 août 2019, art. 1er)* **I. — Le transfert de propriété à titre gratuit des biens mobiliers et immobiliers mentionnés à l'article L. 719-14 du code de l'éducation donne lieu à la perception d'un émolument proportionnel, selon le barème suivant :** *— Tableau issu de l'Arr. du 28 févr. 2020, art. 34, en vigueur le 1er mars 2020.*

TRANCHES D'ASSIETTE	TAUX APPLICABLE
De 0 à 10 000 000 €	0,393 %
De 10 000 000 € à 200 000 000 €	0,0785 %
Plus de 200 000 000 €	0,0079 %

II. — L'émolument proportionnel mentionné au I est calculé sur la valeur totale des biens faisant l'objet de la décision de transfert prise par l'État ou l'établissement public *d'aménagement* **de Paris-Saclay au bénéfice de l'établissement public à caractère scientifique, culturel et professionnel.**

Art. A. 444-91 **La vente ou cession de gré à gré (numéro 54 du tableau 5** *[mentionné à l'article A. 444-53]*) **donne lieu à la perception d'un émolument proportionnel, selon le barème suivant :** *— Tableau issu de l'Arr. du 28 févr. 2020, art. 35, en vigueur le 1er mars 2020.*

TRANCHES D'ASSIETTE	TAUX APPLICABLE
De 0 à 6 500 €	3,870 %

TRANCHES D'ASSIETTE	TAUX APPLICABLE
De 6 500 € à 17 000 €	1,596 %
De 17 000 € à 60 000 €	1,064 %
Plus de 60 000 €	0,799 %

Art. A. 444-92 La première vente en l'état futur d'achèvement ou achevé de locaux d'habitation, appartements ou maisons individuelles d'immeubles HLM n'ayant jamais été habités (numéro 55 du tableau 5 *[mentionné à l'article A. 444-53]*) donne lieu à la perception d'un émolument proportionnel, dont le taux est fonction du nombre d'unités principales d'habitation concernées par le permis de construire, selon le barème suivant : *— Tableau issu de l'Arr. du 28 févr. 2020, art. 36, en vigueur le 1er mars 2020.*

TRANCHES D'ASSIETTE	TAUX APPLICABLE			
	Selon que le permis de construire concerne (en nombre d'unités principales d'habitation)			
	Au plus 100 unités	Plus de 100 et moins de 250 unités	250 ou plus de 250, et moins de 500 unités	500 ou plus de 500 unités
De 0 à 6 500 €	2,322 %	1,935 %	1,548 %	1,290 %
De 6 500 € à 17 000 €	0,957 %	0,799 %	0,639 %	0,532 %
De 17 000 € à 60 000 €	0,639 %	0,532 %	0,426 %	0,355 %
Plus de 60 000 €	0,479 %	0,399 %	0,319 %	0,266 %

Art. A. 444-93 Les premières ventes à terme ou locations-ventes de locaux, appartements ou maisons mentionnés à l'article A. 444-92 (numéros 56 et 57 du tableau 5 *[mentionné à l'article A. 444-53]*) donnent lieu à la perception :

1° Lorsque le transfert de propriété s'opère par la constatation de l'achèvement de l'immeuble :

a) Sur le premier acte, d'un émolument proportionnel non dégressif égal à celui correspondant à la tranche supérieure de l'émolument de vente, en tenant compte des distinctions établies à l'article A. 444-92 en fonction du nombre d'unités principales d'habitation concernées par le permis de construire ;

b) Sur le second acte notarié constatant le transfert de propriété, d'un émolument calculé selon les modalités prévues à l'article A. 444-92, diminué de l'émolument perçu sur le premier acte prévu au *a* du présent 1° ;

2° Lorsque le transfert de propriété s'opère par la constatation du paiement intégral du prix :

a) Sur le premier acte, d'un émolument calculé selon les modalités prévues à l'article A. 444-92 ;

b) Sur le deuxième acte portant constatation du paiement intégral du prix et transfert de propriété, d'un émolument proportionnel, selon le barème suivant : *— Tableau issu de l'Arr. du 28 févr. 2020, art. 37, en vigueur le 1er mars 2020.*

TRANCHES D'ASSIETTE	TAUX APPLICABLE
De 0 à 6 500 €	1,161 %
De 6 500 € à 17 000 €	0,639 %

TRANCHES D'ASSIETTE	TAUX APPLICABLE
De 17 000 € à 30 000 €	0,436 %
Plus de 30 000 €	0,319 %

Art. A. 444-94 La revente de locaux, appartements ou maisons mentionnés à l'article A. 444-92, passée dans l'office du notaire qui a reçu le premier acte de vente, et intervenant dans un délai de trois ans à compter de la première vente (numéro 58 du tableau 5 *[mentionné à l'article A. 444-53]*) donne lieu à la perception d'émoluments calculés en application des articles A. 444-92 et A. 444-93.

Art. A. 444-95 La première vente en l'état futur d'achèvement ou achevé de locaux d'habitation compris dans un immeuble ou dans un ensemble immobilier autre que HLM ayant fait l'objet d'un même permis de construire (numéro 59 du tableau 5 *[mentionné à l'article A. 444-53]*) donne lieu à la perception d'un émolument proportionnel, dont le taux est fonction du nombre d'unités principales d'habitation concernées par le permis de construire, selon le barème suivant : *— Tableau issu de l'Arr. du 28 févr. 2020, art. 38, en vigueur le 1er mars 2020.*

TRANCHES D'ASSIETTE	TAUX APPLICABLE Selon que le permis de construire concerne (en nombre d'unités principales d'habitation)					
	Au plus 10 unités	Plus de 10 et moins de 25 unités	25 ou plus de 25 unités, et moins de 100 unités	100 ou plus de 100 unités, et moins de 250 unités	250 ou plus de 250 unités, et moins de 500 unités	500 ou plus de 500 unités
De 0 à 6 500 €	3,870 %	3,096 %	2,580 %	1,935 %	1,548 %	1,290 %
De 6 500 € à 17 000 €	1,596 %	1,277 %	1,064 %	0,798 %	0,639 %	0,532 %
De 17 000 € à 60 000 €	1,064 %	0,851 %	0,709 %	0,532 %	0,426 %	0,355 %
Plus de 60 000 €	0,799 %	0,639 %	0,532 %	0,399 %	0,319 %	0,266 %

Art. A. 444-96 La première vente à terme d'un local d'habitation mentionné à l'article A. 444-95 (numéro 60 du tableau 5 *[mentionné à l'article A. 444-53]*) donne lieu à la perception :

1° Sur le premier acte contenant le contrat de vente à terme proprement dit, d'un émolument proportionnel non dégressif égal à celui correspondant à la tranche supérieure de l'*émolument de* vente, en tenant compte des distinctions établies à l'article A. 444-95 en fonction du nombre d'unités principales d'habitation concernées par le permis de construire ;

2° Sur le second acte notarié portant transfert de propriété après achèvement des travaux de construction, d'un émolument calculé selon les modalités prévues à l'article A. 444-95, diminué de l'émolument déjà perçu en vertu du 1° du présent article, augmenté de *(Arr. du 28 févr. 2020, art. 39, en vigueur le 1er mars 2020)* « 79,24 € ».

Art. A. 444-97 La revente d'un local d'habitation mentionné à l'article A. 444-95, passée dans l'office du notaire qui a reçu le premier acte de vente, et intervenant dans un délai de trois ans à compter de la première vente (numéro 61 du tableau 5 *[mentionné à l'article A. 444-53]*) donne lieu à la perception d'émoluments calculés en application des articles A. 444-95 et A. 444-96.

Art. A. 444-98 Les ventes de locaux HLM à usage locatif (numéros 62 à 64 du tableau 5 *[mentionné à l'article A. 444-53]*) donnent lieu à la perception d'un émolument proportionnel, dont le taux est fonction du type de vente, selon le barème suivant : – *Tableau issu de l'Arr. du 28 févr. 2020, art. 40, en vigueur le 1er mars 2020.*

TRANCHES D'ASSIETTE	VENTE DE GRÉ À GRÉ	VENTE PAR ADJUDICATION VOLONTAIRE	VENTE PAR ADJUDICATION JUDICIAIRE
De 0 à 6 500 €	2,322 %	4,644 %	3,483 %
De 6 500 € à 17 000 €	0,958 %	1,916 %	1,437 %
De 17 000 € à 60 000 €	0,639 %	1,277 %	0,958 %
Plus de 60 000 €	0,479 %	0,958 %	0,718 %

Art. A. 444-99 Les ventes, cessions à titre gratuit ou apports de terrains à bâtir, équipés ou avec obligation, pour le vendeur, de les équiper, consentis par les départements, communes, établissements publics et sociétés d'équipement, à des organismes d'HLM (numéro 65 du tableau 5 *[mentionné à l'article A. 444-53]*) donnent lieu à la perception d'un émolument proportionnel, selon le barème suivant : – *Tableau issu de l'Arr. du 28 févr. 2020, art. 41, en vigueur le 1er mars 2020.*

TRANCHES D'ASSIETTE	TAUX APPLICABLE
De 0 à 6 500 €	2,322 %
De 6 500 € à 17 000 €	0,958 %
De 17 000 € à 60 000 €	0,639 %
Plus de 60 000 €	0,479 %

Art. A. 444-100 Les actes relatifs à la location-accession à la propriété immobilière (numéros 66 et 67 du tableau 5 *[mentionné à l'article A. 444-53]*) donnent lieu à la perception d'un émolument proportionnel :

1° Au prix de vente, lors de la conclusion du contrat initial ;

2° Au prix constaté lors de la levée de l'option, pour l'acte de transfert de propriété,

Selon le barème suivant : – *Tableau issu de l'Arr. du 28 févr. 2020, art. 42, en vigueur le 1er mars 2020.*

TRANCHES D'ASSIETTE	TAUX APPLICABLE
De 0 à 6 500 €	1,935 %
De 6 500 € à 17 000 €	0,799 %
De 17 000 € à 60 000 €	0,532 %
Plus de 60 000 €	0,399 %

Art. A. 444-101 Sans préjudice des honoraires éventuellement perçus au titre de la prestation mentionnée au *h* du 4° du I de l'annexe 4-9, les ventes de fonds de commerce, d'éléments de fonds de commerce, d'unités de production, de branches d'activité d'entreprise (numéro 68 du tableau 5 *[mentionné à l'article A. 444-53]*) donnent lieu, lorsqu'elles sont soumises à publicité foncière, à la perception d'un émolument proportionnel à la valeur des biens soumis à cette publicité, selon le barème suivant : – *Tableau issu de l'Arr. du 28 févr. 2020, art. 43, en vigueur le 1er mars 2020.*

TRANCHES D'ASSIETTE	TAUX APPLICABLE
De 0 à 6 500 €	3,870 %
De 6 500 € à 17 000 €	1,596 %
De 17 000 € à 60 000 €	1,064 %
Plus de 60 000 €	0,799 %

Art. A. 444-102 **Les ventes par adjudication judiciaire de tous biens et droits autres que meubles et objets mobiliers, arbres en détail, et bateaux (numéro 69 du tableau 5** *[mentionné à l'article A. 444-53]*) **donnent lieu, à la perception :**

1° Si le cahier des charges *[est]* **rédigé par le notaire, d'un émolument proportionnel, selon le barème suivant :** – *Tableau issu de l'Arr. du 28 févr. 2020, art. 44, en vigueur le 1er mars 2020.*

TRANCHES D'ASSIETTE	TAUX APPLICABLE
De 0 à 6 500 €	7,256 %
De 6 500 € à 17 000 €	2,993 %
De 17 000 € à 60 000 €	1,995 %
Plus de 60 000 €	1,497 %

2° Si le cahier des charges est rédigé par l'avocat, d'un émolument proportionnel, selon le barème suivant : – *Tableau issu de l'Arr. du 28 févr. 2020, art. 44, en vigueur le 1er mars 2020.*

TRANCHES D'ASSIETTE	TAUX APPLICABLE
De 0 à 6 500 €	3,870 %
De 6 500 € à 17 000 €	1,596 %
De 17 000 € à 60 000 €	1,064 %
Plus de 60 000 €	0,799 %

Lorsque le montant de l'adjudication ne dépasse pas 30 €, le notaire n'a droit qu'au remboursement de ses débours, dûment justifiés.

L'émolument est calculé séparément sur le prix d'adjudication de chaque lot, même si plusieurs lots distincts sont adjugés séparément au même adjudicataire. Toutefois, l'émolument est calculé sur le prix des lots réunis si l'adjudication a lieu après la réunion totale ou partielle des lots mis en vente.

Art. A. 444-102-1 *(Arr. du 28 oct. 2016, art. 6)* **Les ventes par adjudication volontaire de tous biens et droits autres que meubles et objets mobiliers, arbres en détail et bateaux donnent lieu à la perception d'un émolument proportionnel, selon le barème suivant :** – *Tableau issu de l'Arr. du 28 févr. 2020, art. 45, en vigueur le 1er mars 2020.*

TRANCHES D'ASSIETTE	TAUX APPLICABLE
De 0 à 6 500 €	7,74 %
De 6 500 € à 17 000 €	3,192 %
De 17 000 € à 60 000 €	2,129 %

TRANCHES D'ASSIETTE	TAUX APPLICABLE
Plus de 60 000 €	1,597 %

SOUS-§ 2 *ACTES RELATIFS PRINCIPALEMENT AUX BAUX ET À LA GESTION DES BIENS IMMOBILIERS ET FONCIERS*

Art. A. 444-103 **Les baux de gré à gré et les sous-baux (numéros 70 à 77 du tableau 5** *[mentionné à l'article A. 444-53]*) **donnent lieu, à la perception :**

1° S'il s'agit d'un bail d'habitation ou professionnel et d'habitation, sans préjudice des honoraires éventuellement perçus au titre de la prestation mentionnée au *b* du 4° du I de l'annexe 4-9, d'un émolument égal à un demi-mois de loyer ;

2° S'il s'agit d'un bail à ferme, à nourriture, à métayage :

***a)* Pour le premier bail, d'un émolument proportionnel au montant cumulé des loyers des trois premières années augmentés des charges, et de la moitié des loyers des années suivantes augmentés des charges, selon le barème** *[suivant]* : *— Tableau issu de l'Arr. du 28 févr. 2020, art. 46, en vigueur le 1er mars 2020.*

TRANCHES D'ASSIETTE	TAUX APPLICABLE
De 0 à 6 500 €	1,645 %
De 6 500 € à 17 000 €	0,905 %
De 17 000 € à 30 000 €	0,617 %
Plus de 30 000 €	0,452 %

***b)* Pour le renouvellement ou la prorogation du bail mentionné au *a*, d'un émolument fixe de** *(Arr. du 28 févr. 2020, art. 46, en vigueur le 1er mars 2020)* **« 56,60 € » ;**

***c)* Pour le bail à long terme, d'un émolument proportionnel au montant total des loyers dus pour la durée du bail augmentés des charges, selon le barème prévu au *a* ;**

***d)* Pour l'établissement du bail cessible en dehors du cadre familial, d'un émolument proportionnel au montant total des loyers dus pour la durée du bail augmentés des charges, selon le barème prévu au *a* ;**

***e)* Pour la cession du bail mentionné au *d*, d'un émolument proportionnel au prix de cession, selon le barème suivant :** *— Tableau issu de l'Arr. du 28 févr. 2020, art. 46, en vigueur le 1er mars 2020.*

TRANCHES D'ASSIETTE	TAUX APPLICABLE
De 0 à 6 500 €	3,870 %
De 6 500 € à 17 000 €	1,596 %
De 17 000 € à 60 000 €	1,064 %
Plus de 60 000 €	0,799 %

3° Pour le bail à cheptel, d'un émolument proportionnel à la somme servant de base à la perception des droits d'enregistrement ou, à défaut, à l'évaluation des parties, selon le barème suivant : *— Tableau issu de l'Arr. du 28 févr. 2020, art. 46, en vigueur le 1er mars 2020.*

TRANCHES D'ASSIETTE	TAUX APPLICABLE
De 0 à 6 500 €	3,289 %

TRANCHES D'ASSIETTE	TAUX APPLICABLE
De 6 500 € à 17 000 €	1,809 %
De 17 000 € à 30 000 €	1,234 %
Plus de 30 000 €	0,905 %

4° Pour le bail à vie, à durée illimitée ou emphytéotique, d'un émolument proportionnel à la somme retenue pour les besoins de la publicité foncière, selon le barème prévu au 3°.

Art. A. 444-104 **Les baux à construction ou à réhabilitation (numéro 78 du tableau 5** *[mentionné à l'article A. 444-53]***) donnent lieu à la perception d'un émolument composé :**

1° D'une composante proportionnelle aux versements effectués à quelque titre que ce soit pendant les cinq premières années du bail (à l'exclusion des charges d'entretien et de réparations), augmentés de la valeur des constructions et droits sociaux remis pendant la même période, selon le barème suivant : *— Tableau issu de l'Arr. du 28 févr. 2020, art. 47, en vigueur le 1er mars 2020.*

TRANCHES D'ASSIETTE	TAUX APPLICABLE
De 0 à 6 500 €	3,289 %
De 6 500 € à 17 000 €	1,809 %
De 17 000 € à 30 000 €	1,234 %
Plus de 30 000 €	0,905 %

2° D'une composante proportionnelle aux éléments définis au 1°, respectivement retenus :

***a)* Pour la totalité de leur valeur, lorsqu'ils sont afférents à la période courue entre la sixième année du bail et la vingtième année incluse ;**

***b)* Pour la moitié de cette valeur, s'ils se rapportent à la période comprise entre la vingt et unième année du bail et la soixantième année incluse ;**

***c)* Pour le quart de cette valeur, pour la période comprise entre la soixante et unième année et l'expiration du bail ;**

Selon le barème suivant : *— Tableau issu de l'Arr. du 28 févr. 2020, art. 47, en vigueur le 1er mars 2020.*

TRANCHES D'ASSIETTE	TAUX APPLICABLE
De 0 à 6 500 €	1,258 %
De 6 500 € à 17 000 €	0,692 %
De 17 000 € à 30 000 €	0,472 %
Plus de 30 000 €	0,346 %

3° D'une composante proportionnelle à la valeur résiduelle des constructions ou droits sociaux à remettre en fin de bail estimée dans l'acte par les parties, selon le barème suivant : *— Tableau issu de l'Arr. du 28 févr. 2020, art. 47, en vigueur le 1er mars 2020.*

TRANCHES D'ASSIETTE	TAUX APPLICABLE
De 0 à 6 500 €	2,322 %

TRANCHES D'ASSIETTE	TAUX APPLICABLE
De 6 500 € à 17 000 €	1,277 %
De 17 000 € à 30 000 €	0,871 %
Plus de 30 000 €	0,639 %

Art. A. 444-105 *(Arr. du 26 févr. 2016, art. 2)* **Le bail par adjudication, y compris le cahier des charges (numéro 79 du tableau 5** *[mentionné à l'article A. 444-53]*) *[,]* **donne lieu, à la perception d'un émolument proportionnel selon le barème suivant :** *— Tableau issu de l'Arr. du 28 févr. 2020, art. 48, en vigueur le 1er mars 2020.*

TRANCHES D'ASSIETTE	TAUX APPLICABLE
De 0 à 6 500 €	3,281 %
De 6 500 € à 17 000 €	1,805 %
De 17 000 € à 30 000 €	1,231 %
Plus de 30 000 €	0,902 %

Art. A. 444-106 **Les cessions de bail (numéros 80 à 82 du tableau 5** *[mentionné à l'article A. 444-53]*) **donnent lieu à la perception :**

1° S'il s'agit d'une cession de bail à construction, d'un émolument composé :

a) **D'une composante égale à l'émolument prévu à l'article A. 444-104 en matière de bail à construction, calculé sur les versements restant à effectuer et les valeurs des constructions et droits sociaux restant à remettre au bailleur, les périodes définies commençant à courir du jour de la cession ;**

b) **D'une composante égale à l'émolument proportionnel au prix prévu aux articles A. 444-90 à A. 444-100 en matière de vente d'immeubles, en tenant le cas échéant compte des règles applicables aux ventes de locaux d'habitation neufs ;**

2° S'il s'agit d'une cession de bail autre qu'à construction ou d'une cession de concession immobilière :

a) **Pure et simple, d'un émolument proportionnel au loyer des années restant à courir, selon le barème suivant :** *— Tableau issu de l'Arr. du 28 févr. 2020, art. 49, en vigueur le 1er mars 2020.*

TRANCHES D'ASSIETTE	TAUX APPLICABLE
De 0 à 6 500 €	1,645 %
De 6 500 € à 17 000 €	0,905 %
De 17 000 € à 30 000 €	0,617 %
Plus de 30 000 €	0,452 %

b) **Avec stipulation de prix, d'un émolument proportionnel au prix de cession payé au cédant seulement dans le cas où cet émolument serait supérieur à celui prévu au a, selon le barème suivant :** *— Tableau issu de l'Arr. du 28 févr. 2020, art. 49, en vigueur le 1er mars 2020.*

TRANCHES D'ASSIETTE	TAUX APPLICABLE
De 0 à 6 500 €	3,870 %
De 6 500 € à 17 000 €	1,596 %

TRANCHES D'ASSIETTE	TAUX APPLICABLE
De 17 000 € à 60 000 €	1,064 %
Plus de 60 000 €	0,798 %

Art. A. 444-107 La concession immobilière (numéro 83 du tableau 5 *[mentionné à l'article A. 444-53]*) donne lieu à la perception d'un émolument proportionnel au montant total des loyers dus pour la durée du bail augmentés des charges, selon le barème suivant : *— Tableau issu de l'Arr. du 28 févr. 2020, art. 50, en vigueur le 1er mars 2020.*

TRANCHES D'ASSIETTE	TAUX APPLICABLE
De 0 à 6 500 €	1,645 %
De 6 500 € à 17 000 €	0,905 %
De 17 000 € à 30 000 €	0,617 %
Plus de 30 000 €	0,452 %

Art. A. 444-108 Le bail, la cession, l'exploitation ou la vente de mines et carrières (numéro 84 du tableau 5 *[mentionné à l'article A. 444-53]*) donnent lieu à la perception d'un émolument proportionnel au prix stipulé ou, à défaut, à l'évaluation donnée à l'acte des matières qui seront extraites ou des superficies qui seront exploitées, lorsque la redevance est fixée par volume ou poids d'extraction ou encore par superficie exploitée, selon le barème suivant : *— Tableau issu de l'Arr. du 28 févr. 2020, art. 51, en vigueur le 1er mars 2020.*

TRANCHES D'ASSIETTE	TAUX APPLICABLE
De 0 à 6 500 €	3,870 %
De 6 500 € à 17 000 €	1,596 %
De 17 000 € à 60 000 €	1,064 %
Plus de 60 000 €	0,799 %

Art. A. 444-109 Les résiliations ou résolutions de bail (numéros 85 et 86 du tableau 5 *[mentionné à l'article A. 444-53]*) donnent lieu à la perception :

1° D'un émolument proportionnel au loyer des années restant à courir, selon le barème suivant, s'agissant de la résiliation ou résolution pure et simple : *— Tableau issu de l'Arr. du 28 févr. 2020, art. 52, en vigueur le 1er mars 2020.*

TRANCHES D'ASSIETTE	TAUX APPLICABLE
De 0 à 6 500 €	0,822 %
De 6 500 € à 17 000 €	0,452 %
De 17 000 € à 30 000 €	0,308 %
Plus de 30 000 €	0,226 %

2° D'un émolument proportionnel, selon le barème suivant, s'agissant de la résiliation ou résolution avec stipulation de prix : *— Tableau issu de l'Arr. du 28 févr. 2020, art. 52, en vigueur le 1er mars 2020.*

TRANCHES D'ASSIETTE	TAUX APPLICABLE
De 0 à 6 500 €	3,87 %
De 6 500 € à 17 000 €	1,60 %
De 17 000 € à 60 000 €	1,064 %
Plus de 60 000 €	0,799 %

SOUS-§ 3 *ACTES RELATIFS PRINCIPALEMENT AUX CONTRATS ET CONVENTIONS LIÉS AUX BIENS IMMOBILIERS ET FONCIERS*

Art. A. 444-110 **Le contrat de construction (numéro 87 du tableau 5** *[mentionné à l'article A. 444-53]*) **donne lieu à la perception d'un émolument proportionnel au prix convenu, selon le barème suivant :** – *Tableau issu de l'Arr. du 28 févr. 2020, art. 53, en vigueur le 1er mars 2020.*

TRANCHES D'ASSIETTE	TAUX APPLICABLE
De 0 à 6 500 €	1,645 %
De 6 500 € à 17 000 €	0,905 %
De 17 000 € à 30 000 €	0,617 %
Plus de 30 000 €	0,452 %

Art. A. 444-111 **Le contrat de promotion immobilière (numéro 88 du tableau 5** *[mentionné à l'article A. 444-53]*) **donne lieu à la perception d'un émolument proportionnel à la rémunération convenue du promoteur, selon le barème suivant :** – *Tableau issu de l'Arr. du 28 févr. 2020, art. 54, en vigueur le 1er mars 2020.*

TRANCHES D'ASSIETTE	TAUX APPLICABLE
De 0 à 6 500 €	1,645 %
De 6 500 € à 17 000 €	0,033 %
Plus de 17 000 €	0,001 %

Art. A. 444-112 **La convention d'indivision (numéro 89 du tableau 5** *[mentionné à l'article A. 444-53]*) **donne lieu à la perception :**

1° Lorsque la valeur de l'assiette définie à l'article A. 444-54 est inférieure ou égale à 29 800 €, d'un émolument fixe de *(Arr. du 28 févr. 2020, art. 55, en vigueur le 1er mars 2020)* **« 264,12 € » ;**

2° Lorsque cette valeur dépasse le seuil de 29 800 € mentionné au 1°, d'un émolument proportionnel, selon le barème suivant : – *Tableau issu de l'Arr. du 28 févr. 2020, art. 55, en vigueur le 1er mars 2020.*

TRANCHES D'ASSIETTE	TAUX APPLICABLE
De 0 à 6 500 €	1,548 %
De 6 500 € à 17 000 €	0,851 %
De 17 000 € à 30 000 €	0,580 %
Plus de 30 000 €	0,426 %

Art. A. 444-113 **La déclaration de mobilier pour éviter une confusion (numéro 90 du tableau 5** *[mentionné à l'article A. 444-53]*) **donne lieu à la perception d'un émolument de** *(Arr. du 28 févr. 2020, art. 56, en vigueur le 1er mars 2020)* **« 113,20 € ».**

Art. A. 444-114 **Le lotissement de biens indivis (numéro 91 du tableau 5** *[mentionné à l'article A. 444-53]*) **donne lieu à la perception :**

1° D'un émolument proportionnel, selon le barème suivant, en cas de tirage au sort ou d'attribution amiable : – *Tableau issu de l'Arr. du 28 févr. 2020, art. 57, en vigueur le 1er mars 2020.*

TRANCHES D'ASSIETTE	TAUX APPLICABLE
De 0 à 6 500 €	4,837 %
De 6 500 € à 17 000 €	1,995 %
De 17 000 € à 60 000 €	1,330 %
Plus de 60 000 €	0,998 %

2° D'un émolument proportionnel, selon le barème suivant, s'il n'y a ni tirage au sort ni attribution : *— Tableau issu de l'Arr. du 28 févr. 2020, art. 57, en vigueur le 1er mars 2020.*

TRANCHES D'ASSIETTE	TAUX APPLICABLE
De 0 à 6 500 €	2,902 %
De 6 500 € à 17 000 €	1,197 %
De 17 000 € à 60 000 €	0,799 %
Plus de 60 000 €	0,599 %

Art. A. 444-115 Les prestations en matière de mitoyenneté ou servitudes (numéros 92 et 93 du tableau 5 *[mentionné à l'article A. 444-53]*) **donnent lieu, à la perception :**

1° En cas de constitution, convention modificative ou cession de mitoyenneté ou servitudes :

***a)* Lorsque la valeur de l'assiette définie à l'article A. 444-54 est inférieure ou égale à 4 875 €, d'un émolument fixe de** *(Arr. du 28 févr. 2020, art. 58, en vigueur le 1er mars 2020)* **« 188,66 € » ;**

***b)* Lorsque cette valeur dépasse le seuil de 4 875 € mentionné au 1°, d'un émolument proportionnel, selon le barème suivant :** *— Tableau issu de l'Arr. du 28 févr. 2020, art. 58, en vigueur le 1er mars 2020.*

TRANCHES D'ASSIETTE	TAUX APPLICABLE
De 0 à 6 500 €	3,870 %
De 6 500 € à 17 000 €	1,596 %
De 17 000 € à 60 000 €	1,064 %
Plus de 60 000 €	0,799 %

2° En cas d'abandon de mitoyenneté ou servitudes, d'un émolument fixe de *(Arr. du 28 févr. 2020, art. 58, en vigueur le 1er mars 2020)* **« 26,41 € ».**

Art. A. 444-116 *(Arr. du 28 oct. 2016, art. 7)* **Les prestations en matière de règlement de copropriété ou de descriptif (numéros 94 et 95 du tableau 5** *[mentionné à l'article A. 444-53]*) **donnent lieu à la perception d'un émolument :**

1° De *(Arr. du 28 févr. 2020, art. 59, en vigueur le 1er mars 2020)* **« 377,31 € », pour l'établissement de l'acte de règlement de copropriété ou du descriptif ;**

2° De *(Arr. du 28 févr. 2020, art. 59, en vigueur le 1er mars 2020)* **« 188,66 € » pour :**

***a)* La mise en conformité du règlement ou du descriptif aux obligations légales ; ou**

***b)* La modification du règlement ou du descriptif afin de prendre en compte la volonté des copropriétaires ou des parties ;**

3° De *(Arr. du 28 févr. 2020, art. 59, en vigueur le 1er mars 2020)* **« 11,32 € » par lot, pour l'établissement du descriptif ;**

4° De *(Arr. du 28 févr. 2020, art. 59, en vigueur le 1er mars 2020)* « 5,66 € » par lot, pour :

a) La mise en conformité du descriptif aux obligations légales ; ou

b) La modification du descriptif afin de prendre en compte la volonté des copropriétaires ou des parties.

Les émoluments prévus au*[x]* 2°, 3° et 4° sont, le cas échéant, perçus en sus de celui prévu au 1 *[1°]*.

§ 3 ACTES RELATIFS PRINCIPALEMENT À L'ACTIVITÉ ÉCONOMIQUE

SOUS-§ 1er *ACTES RELATIFS PRINCIPALEMENT AU PATRIMOINE ET [À] LA PROPRIÉTÉ DE L'ACTIVITÉ ÉCONOMIQUE*

Art. A. 444-117 Les prestations en matière d'échange (numéros 96 et 97 du tableau 5 *[mentionné à l'article A. 444-53]*) donnent lieu à la perception :

1° S'agissant de l'échange bilatéral, d'un émolument proportionnel à la valeur du plus fort des deux lots échangés, selon le barème suivant : *— Tableau issu de l'Arr. du 28 févr. 2020, art. 60, en vigueur le 1er mars 2020.*

TRANCHES D'ASSIETTE	TAUX APPLICABLE
De 0 à 6 500 €	3,870 %
De 6 500 € à 17 000 €	1,596 %
De 17 000 € à 60 000 €	1,064 %
Plus de 60 000 €	0,799 %

2° S'agissant de l'échange multilatéral, d'un émolument proportionnel à la valeur globale des biens échangés, selon le barème suivant : *— Tableau issu de l'Arr. du 28 févr. 2020, art. 60, en vigueur le 1er mars 2020.*

TRANCHES D'ASSIETTE	TAUX APPLICABLE
De 0 à 6 500 €	2,580 %
De 6 500 € à 17 000 €	1,064 %
De 17 000 € à 60 000 €	0,709 %
Plus de 60 000 €	0,532 %

Art. A. 444-118 L'abandon de biens ou droits (numéro 98 du tableau 5 *[mentionné à l'article A. 444-53]*) donne lieu à la perception :

1° S'agissant de l'abandon unilatéral par acte séparé, d'un émolument fixe de *(Arr. du 28 févr. 2020, art. 61, en vigueur le 1er mars 2020)* « 26,41 € » ;

2° S'agissant de l'abandon accepté dans le même acte, d'un émolument proportionnel, selon le barème suivant : *— Tableau issu de l'Arr. du 28 févr. 2020, art. 61, en vigueur le 1er mars 2020.*

TRANCHES D'ASSIETTE	TAUX APPLICABLE
De 0 à 6 500 €	1,935 %

TRANCHES D'ASSIETTE	TAUX APPLICABLE
De 6 500 € à 17 000 €	1,064 %
De 17 000 € à 30 000 €	0,726 %
Plus de 30 000 €	0,532 %

Art. A. 444-119 **La vente à réméré (numéro 99 du tableau 5** *[mentionné à l'article A. 444-53]*) **donne lieu à la perception d'un émolument proportionnel, selon le barème suivant :** — *Tableau issu de l'Arr. du 28 févr. 2020, art. 62, en vigueur le 1er mars 2020.*

TRANCHES D'ASSIETTE	TAUX APPLICABLE
De 0 à 6 500 €	3,870 %
De 6 500 € à 17 000 €	1,596 %
De 17 000 € à 60 000 €	1,064 %
Plus de 60 000 €	0,799 %

Le rachat de biens vendus à réméré donne lieu à la perception d'un émolument proportionnel, selon le barème suivant : — *Tableau issu de l'Arr. du 28 févr. 2020, art. 62, en vigueur le 1er mars 2020.*

TRANCHES D'ASSIETTE	TAUX APPLICABLE
De 0 à 6 500 €	1,935 %
De 6 500 € à 17 000 €	1,064 %
De 17 000 € à 30 000 €	0,726 %
Plus de 30 000 €	0,532 %

Art. A. 444-120 **Le partage de sociétés de construction (numéro 100 du tableau 5** *[mentionné à l'article A. 444-53]*) **donne lieu à la perception d'un émolument proportionnel, selon le barème suivant :** — *Tableau issu de l'Arr. du 28 févr. 2020, art. 63, en vigueur le 1er mars 2020.*

TRANCHES D'ASSIETTE	TAUX APPLICABLE
De 0 à 6 500 €	0,967 %
De 6 500 € à 17 000 €	0,532 %
De 17 000 € à 30 000 €	0,363 %
Plus de 30 000 €	0,266 %

En cas de partage partiel, le montant des émoluments supportés par chaque copartageant sortant de la société ne pourra être supérieur au montant de ceux dont il aurait été redevable si le partage avait été total.

Art. A. 444-121 Le partage volontaire ou judiciaire (numéro 101 du tableau 5 *[mentionné à l'article A. 444-53]*) donne lieu à la perception :

1° D'un émolument proportionnel à l'actif brut, déduction faite seulement des legs particuliers, selon le barème suivant : *— Tableau issu de l'Arr. du 28 févr. 2020, art. 64, en vigueur le 1er mars 2020.*

TRANCHES D'ASSIETTE	TAUX APPLICABLE
De 0 à 6 500 €	4,837 %
De 6 500 € à 17 000 €	1,995 %
De 17 000 € à 60 000 €	1,330 %
Plus de 60 000 €	0,998 %

2° D'un émolument proportionnel non dégressif de *(Arr. du 28 févr. 2020, art. 64, en vigueur le 1er mars 2020)* « 0,484 % » sur les reprises en nature.

L'émolument prévu au 1° n'est perçu qu'une seule fois sur les valeurs qui figurent dans plusieurs opérations successives comprises dans un même acte de liquidation.

Art. A. 444-122 Le partage de biens indivis (numéro 102 du tableau 5 *[mentionné à l'article A. 444-53]*) donne lieu à la perception d'un émolument proportionnel, selon le barème suivant : *— Tableau issu de l'Arr. du 28 févr. 2020, art. 65, en vigueur le 1er mars 2020.*

TRANCHES D'ASSIETTE	TAUX APPLICABLE
De 0 à 6 500 €	2,580 %
De 6 500 € à 17 000 €	1,064 %
De 17 000 € à 60 000 €	0,709 %
Plus de 60 000 €	0,532 %

Art. A. 444-123 La liquidation sans partage (numéro 103 du tableau 5 *[mentionné à l'article A. 444-53]*) donne lieu à la perception d'un émolument proportionnel, selon le barème suivant : *— Tableau issu de l'Arr. du 28 févr. 2020, art. 66, en vigueur le 1er mars 2020.*

TRANCHES D'ASSIETTE	TAUX APPLICABLE
De 0 à 6 500 €	1,935 %
De 6 500 € à 17 000 €	0,799 %
De 17 000 € à 60 000 €	0,532 %
Plus de 60 000 €	0,399 %

Art. A. 444-124 En application du deuxième alinéa de l'article L. 444-1, les ventes par adjudication judiciaire de meubles et objets mobiliers, d'arbres en détail et de bateaux (numéro 104 du tableau 5 *[mentionné à l'article A. 444-53]*) donnent lieu à la perception des émoluments prévus à la section I pour les commissaires-priseurs judiciaires.

Art. A. 444-125 Les prestations en matière d'affectation d'un bien immobilier dans le patrimoine de l'entrepreneur individuel à responsabilité limitée (numéros 105 à 108 du tableau 5 *[mentionné à l'article A. 444-53]*) donnent lieu à la perception des émoluments suivants : — *Tableau issu de l'Arr. du 28 févr. 2020, art. 67, en vigueur le 1er mars 2020.*

NUMÉRO DE LA PRESTATION (tableau 5 de l'article annexe 4-7)	DÉSIGNATION DE LA PRESTATION	ÉMOLUMENT
105	Établissement de l'acte et dépôt prévus à l'article L. 526-9	113,20 €
106	Renonciation à l'affectation prévue à l'article *[L.]* 526-15	113,20 €
107	Acte comportant reprise, cession ou apport du bien affecté, prévu aux articles L. 526-16 et L. 526-17	113,20 €
108	Évaluation d'un bien immobilier dont la valeur doit être déclarée en vertu de l'article L. 526-10	113,20 €

SOUS-§ 2 *ACTES RELATIFS PRINCIPALEMENT AUX PRÊTS, DETTES ET SÛRETÉS PARTICIPANT À L'ACTIVITÉ ÉCONOMIQUE*

Art. A. 444-126 L'acte de consentement à l'antériorité (numéro 109 du tableau 5 *[mentionné à l'article A. 444-53]*) donne lieu à la perception d'un émolument proportionnel à la somme profitant effectivement de l'antériorité, selon le barème suivant : — *Tableau issu de l'Arr. du 28 févr. 2020, art. 68, en vigueur le 1er mars 2020.*

TRANCHES D'ASSIETTE	TAUX APPLICABLE
De 0 à 6 500 €	0,645 %
De 6 500 € à 17 000 €	0,266 %
De 17 000 € à 60 000 €	0,177 %
Plus de 60 000 €	0,133 %

Art. A. 444-127 L'antichrèse et le cautionnement par acte séparé (numéros 110 et 111 du tableau 5 *[mentionné à l'article A. 444-53]*) donnent lieu à la perception :

1° Lorsque l'antichrèse ou le cautionnement est consenti par un tiers dans l'acte principal : au quart des émoluments de l'acte principal ;

2° Lorsqu'il n'y a pas d'acte principal : aux émoluments qui auraient été perçus sur cet acte ;

3° Dans les autres cas que ceux prévus aux 1° et 2° : à la moitié des émoluments de l'acte principal.

Art. A. 444-128 La compensation (numéro 112 du tableau 5 *[mentionné à l'article A. 444-53]*) donne lieu à la perception d'un émolument proportionnel aux sommes compensées, selon le barème suivant : — *Tableau issu de l'Arr. du 28 févr. 2020, art. 69, en vigueur le 1er mars 2020.*

TRANCHES D'ASSIETTE	TAUX APPLICABLE
De 0 à 6 500 €	1,935 %
De 6 500 € à 17 000 €	1,064 %
De 17 000 € à 30 000 €	0,726 %
Plus de 30 000 €	0,532 %

Art. A. 444-129 La vente à la société de crédit-bail dans le cadre d'un crédit-bail ou d'une cession-bail (numéro 113 du tableau 5 *[mentionné à l'article A. 444-53]*) donne lieu à la perception d'un émolument proportionnel, qui varie selon que la vente à la société de crédit-bail est réalisée par l'utilisateur ou par un tiers, selon le barème suivant : — *Tableau issu de l'Arr. du 28 févr. 2020, art. 70, en vigueur le 1er mars 2020.*

TRANCHES D'ASSIETTE	TAUX APPLICABLE	
	Vente réalisée à la société de crédit-bail :	
	Par un tiers	Par l'utilisateur
De 0 à 6 500 €	3,870 %	1,290 %
De 6 500 € à 17 000 €	1,596 %	0,532 %
De 17 000 € à 60 000 €	1,064 %	0,355 %
Plus de 60 000 €	0,799 %	0,266 %

Art. A. 444-130 Le crédit-bail (numéro 114 du tableau 5 *[mentionné à l'article A. 444-53]*) donne lieu à la perception d'un émolument proportionnel au montant de l'investissement, selon le barème suivant : — *Tableau issu de l'Arr. du 28 févr. 2020, art. 71, en vigueur le 1er mars 2020.*

TRANCHES D'ASSIETTE	TAUX APPLICABLE
De 0 à 6 500 €	2,580 %
De 6 500 € à 17 000 €	1,064 %
De 17 000 € à 60 000 €	0,709 %
Plus de 60 000 €	0,532 %

Art. A. 444-131 **La vente à l'utilisateur** (*Arr. du 28 oct. 2016, art. 8*) **« dans le cadre d'une opération de crédit-bail » (numéro 115 du tableau 5** *[mentionné à l'article A. 444-53]*) **donne lieu à la perception d'un émolument proportionnel à la valeur résiduelle de l'immeuble, selon le barème suivant :** – *Tableau issu de l'Arr. du 28 févr. 2020, art. 72, en vigueur le 1er mars 2020.*

TRANCHES D'ASSIETTE	TAUX APPLICABLE
De 0 à 6 500 €	3,870 %
De 6 500 € à 17 000 €	1,596 %
De 17 000 € à 60 000 €	1,064 %
Plus de 60 000 €	0,799 %

Art. A. 444-132 **Les cessions de crédit-bail (numéros 116 et 117 du tableau 5** *[mentionné à l'article A. 444-53]*) **donnent lieu à la perception :**

1° S'agissant de la cession pure et simple, d'un émolument proportionnel au montant de l'investissement résiduel à la date de la cession, selon le barème suivant : – *Tableau issu de l'Arr. du 28 févr. 2020, art. 73, en vigueur le 1er mars 2020.*

TRANCHES D'ASSIETTE	TAUX APPLICABLE
De 0 à 6 500 €	2,580 %
De 6 500 € à 17 000 €	1,064 %
De 17 000 € à 60 000 €	0,709 %
Plus de 60 000 €	0,532 %

2° S'agissant de la cession moyennant un prix, d'un émolument proportionnel au prix de cession payé au cédant, selon le barème suivant, dans le cas où cet émolument est supérieur à celui prévu au 1° : – *Tableau issu de l'Arr. du 28 févr. 2020, art. 73, en vigueur le 1er mars 2020.*

TRANCHES D'ASSIETTE	TAUX APPLICABLE
De 0 à 6 500 €	3,870 %
De 6 500 € à 17 000 €	1,596 %
De 17 000 € à 60 000 €	1,064 %
Plus de 60 000 €	0,799 %

Art. A. 444-133 **La dation en paiement (numéro 118 du tableau 5** *[mentionné à l'article A. 444-53]*) **donne lieu à la perception d'un émolument proportionnel, selon le barème suivant :** – *Tableau issu de l'Arr. du 28 févr. 2020, art. 74, en vigueur le 1er mars 2020.*

TRANCHES D'ASSIETTE	TAUX APPLICABLE
De 0 à 6 500 €	3,870 %
De 6 500 € à 17 000 €	1,596 %
De 17 000 € à 60 000 €	1,064 %
Plus de 60 000 €	0,799 %

Art. A. 444-134 **Les délégations de créances (numéros 119 à 121 du tableau 5** *[mentionné à l'article A. 444-53]*) **donnent lieu à la perception :**

1° S'agissant des délégations parfaites, d'un émolument proportionnel au total de la somme déléguée :

a) **Lorsqu'elle intervient par acte séparé, selon le barème suivant :** – *Tableau issu de l'Arr. du 28 févr. 2020, art. 75, en vigueur le 1er mars 2020.*

TRANCHES D'ASSIETTE	TAUX APPLICABLE
De 0 à 6 500 €	2,580 %
De 6 500 € à 17 000 €	1,064 %
De 17 000 € à 60 000 €	0,709 %
Plus de 60 000 €	0,532 %

b) **Lorsqu'elle intervient dans un acte dont elle n'est pas l'objet principal, selon le barème suivant :** – *Tableau issu de l'Arr. du 28 févr. 2020, art. 75, en vigueur le 1er mars 2020.*

TRANCHES D'ASSIETTE	TAUX APPLICABLE
De 0 à 6 500 €	1,290 %
De 6 500 € à 17 000 €	0,532 %
De 17 000 € à 60 000 €	0,355 %
Plus de 60 000 €	0,266 %

2° S'agissant des délégations imparfaites, d'un émolument fixe de *(Arr. du 28 févr. 2020, art. 75, en vigueur le 1er mars 2020)* **« 26,41 € ».**

Art. A. 444-135 **La distribution de deniers par contribution (numéro 122 du tableau 5** *[mentionné à l'article A. 444-53]*) **donne lieu à la perception d'un émolument proportionnel à l'actif brut, selon le barème suivant :** – *Tableau issu de l'Arr. du 28 févr. 2020, art. 76, en vigueur le 1er mars 2020.*

TRANCHES D'ASSIETTE	TAUX APPLICABLE
De 0 à 6 500 €	3,870 %
De 6 500 € à 17 000 €	1,596 %
De 17 000 € à 60 000 €	1,064 %
Plus de 60 000 €	0,799 %

Art. A. 444-136 **L'acte d'affectation hypothécaire (numéro 123 du tableau 5** *[mentionné à l'article A. 444-53]*) **donne lieu, à la perception :**

1° Lorsque l'affectation hypothécaire est consentie par un tiers dans l'acte principal : au quart des émoluments de l'acte principal ;

2° Lorsqu'il n'y a pas d'acte principal : aux émoluments qui auraient été perçus sur cet acte ;

3° Dans les autres cas que ceux prévus aux 1° et 2° : à la moitié des émoluments de l'acte principal.

Art. A. 444-137 **La division d'hypothèque, dans le cas de partage de société de construction ou de vente de logements dépendant d'un même ensemble immobilier (numéro 124 du tableau 5** *[mentionné à l'article A. 444-53]*) *[,]* **donne lieu à la perception d'un émolument proportionnel au total des créances garanties, selon le barème suivant :** *— Tableau issu de l'Arr. du 28 févr. 2020, art. 77, en vigueur le 1er mars 2020.*

TRANCHES D'ASSIETTE	TAUX APPLICABLE
De 0 à 6 500 €	0,242 %
De 6 500 € à 17 000 €	0,133 %
De 17 000 € à 30 000 €	0,091 %
Plus de 30 000 €	0,067 %

Art. A. 444-138 **Les prestations relatives à l'hypothèque rechargeable (numéros 125 à 127 du tableau 5** *[mentionné à l'article A. 444-53]*) **donnent lieu à la perception d'un émolument proportionnel :**

1° S'agissant de la convention de rechargement d'une hypothèque, selon le barème suivant : *— Tableau issu de l'Arr. du 28 févr. 2020, art. 78, en vigueur le 1er mars 2020.*

TRANCHES D'ASSIETTE	TAUX APPLICABLE
De 0 à 6 500 €	0,774 %
De 6 500 € à 17 000 €	0,426 %
De 17 000 € à 30 000 €	0,290 %
Plus de 30 000 €	0,213 %

2° S'agissant de l'avenant transformant la dernière hypothèque conventionnelle inscrite antérieurement à l'entrée en vigueur de l'ordonnance n° 2006-346 du 23 mars 2006, en hypothèque rechargeable, selon le barème suivant : *— Tableau issu de l'Arr. du 28 févr. 2020, art. 78, en vigueur le 1er mars 2020.*

TRANCHES D'ASSIETTE	TAUX APPLICABLE
De 0 à 6 500 €	0,484 %
De 6 500 € à 17 000 €	0,264 %
De 17 000 € à 30 000 €	0,180 %
Plus de 30 000 €	0,133 %

Lorsque les actes mentionnés au 1° et au 2° sont reçus simultanément, ils ne donnent lieu à la perception que de l'émolument prévu au 1°.

Art. A. 444-139 **Les prêts hypothécaires destinés à financer une activité professionnelle (numéro 128 du tableau 5** *[mentionné à l'article A. 444-53]*) **donnent lieu à la per-**

ception d'un émolument proportionnel, selon le barème suivant : – *Tableau issu de l'Arr. du 28 févr. 2020, art. 79, en vigueur le 1er mars 2020.*

TRANCHES D'ASSIETTE	TAUX APPLICABLE
De 0 à 6 500 €	2,128 %
De 6 500 € à 17 000 €	0,878 %
De 17 000 € à 60 000 €	0,585 %
Plus de 60 000 €	0,439 %

Art. A. 444-140 Les translations d'hypothèque (numéros 129 et 130 du tableau 5 *[mentionné à l'article A. 444-53]*) donnent lieu à la perception :

1° Lorsque la translation porte sur la totalité du gage, aux mêmes émoluments que ceux prévus à l'article A. 444-136 en matière d'affectation hypothécaire ;

2° Lorsque la translation est partielle, aux émoluments mentionnés au 1°, perçus sur une somme fixée en appliquant au montant de la créance le rapport existant entre la valeur du bien dégrevé et celle de la totalité du gage.

Art. A. 444-141 Les mainlevées (numéros 131 à 134 du tableau 5 *[mentionné à l'article A. 444-53]*) donnent lieu à la perception :

1° S'agissant de la mainlevée de saisie, d'un émolument fixe de *(Arr. du 28 févr. 2020, art. 80, en vigueur le 1er mars 2020)* « 26,41 € » ;

2° S'agissant de la mainlevée d'inscription hypothécaire, de privilège, de nantissement, de gage et réduction d'hypothèque :

a) Définitive ou partielle réduisant la créance, d'un émolument proportionnel au capital évalué au bordereau d'inscription ou à concurrence duquel la mainlevée est consentie ;

b) Réduisant le gage ou le nantissement, d'un émolument proportionnel à la valeur déclarée à l'acte du bien dégrevé, sans pouvoir excéder l'émolument calculé comme au 1° sur la créance garantie ;

c) Réduisant la créance et le gage ou le nantissement, d'un émolument proportionnel à la valeur déclarée à l'acte du bien dégrevé, sans pouvoir excéder l'émolument calculé comme au 1°,

Selon le barème suivant : – *Tableau issu de l'Arr. du 28 févr. 2020, art. 80, en vigueur le 1er mars 2020.*

TRANCHES D'ASSIETTE	ÉMOLUMENTS
De 0 à 77 090 €	78 €
Plus de 77 090 €	150 €

Art. A. 444-142 Le prêt viticole ou agricole, ainsi que le prêt maritime (numéros 135 et 136 du tableau 5 *[mentionné à l'article A. 444-53]*) donnent lieu à la perception d'un émolument proportionnel, selon le barème suivant : – *Tableau issu de l'Arr. du 28 févr. 2020, art. 81, en vigueur le 1er mars 2020.*

TRANCHES D'ASSIETTE	TAUX APPLICABLE
De 0 à 6 500 €	1,290 %
De 6 500 € à 17 000 €	0,532 %
De 17 000 € à 60 000 €	0,355 %
Plus de 60 000 €	0,266 %

Art. A. 444-143 **Le prêt, l'obligation avec ou sans garantie, la reconnaissance de dette, et l'ouverture de crédit (numéro 137 du tableau 5** *[mentionné à l'article A. 444-53]*) **donnent lieu à la perception d'un émolument proportionnel, selon le barème suivant :** *— Tableau issu de l'Arr. du 28 févr. 2020, art. 82, en vigueur le 1er mars 2020.*

TRANCHES D'ASSIETTE	TAUX APPLICABLE
De 0 à 6 500 €	1,290 %
De 6 500 € à 17 000 €	0,532 %
De 17 000 € à 60 000 €	0,355 %
Plus de 60 000 €	0,266 %

En cas de prêts par plusieurs personnes physiques au même emprunteur, dans le même acte, aux mêmes conditions, l'émolument est calculé sur le montant global des capitaux empruntés.

Art. A. 444-144 **Les prêts conventionnés, prêts d'épargne logement et prêts complémentaires ou d'anticipation de ceux-ci, ainsi que les autres prêts du secteur aidé (numéro 138 du tableau 5** *[mentionné à l'article A. 444-53]*) **donnent lieu à la perception d'un émolument proportionnel, selon le barème suivant :** *— Tableau issu de l'Arr. du 28 févr. 2020, art. 83, en vigueur le 1er mars 2020.*

TRANCHES D'ASSIETTE	TAUX APPLICABLE
De 0 à 6 500 €	1,290 %
De 6 500 € à 17 000 €	0,532 %
De 17 000 € à 60 000 €	0,355 %
Plus de 60 000 €	0,266 %

Art. A. 444-145 *(Arr. du 28 oct. 2016, art. 9)* **Les prestations relatives à l'insaisissabilité des droits de l'entrepreneur individuel sur tout bien foncier, bâti ou non bâti, mentionnés au deuxième alinéa de l'article L. 526-1 (numéros 139 à 141 du tableau 5** *[mentionné à l'article A. 444-53]*) **donnent lieu à la perception des émoluments suivants :** *— Tableau issu de l'Arr. du 28 févr. 2020, art. 84, en vigueur le 1er mars 2020.*

NUMÉRO DE LA PRESTATION (tableau 5 de l'article annexe 4-7)	DÉSIGNATION DE LA PRESTATION	ÉMOLUMENT
139	Déclaration d'insaisissabilité de la résidence principale, prévue aux articles L. 526-1 et L. 526-2	113,20 €
140	Renonciation à l'insaisissabilité des droits sur la résidence principale ou à la déclaration mentionnée au numéro 139, prévue à la première phrase du deuxième alinéa de l'article L. 526-3	24,53 €
141	Révocation de la renonciation mentionnée au numéro 140, prévue à la quatrième phrase du deuxième aliéna de l'article L. 526-3	49,05 €

Art. A. 444-146 Les prestations liées à l'endossement (numéros 142 à 144 du tableau 5 *[mentionné à l'article A. 444-53]*) donnent lieu à la perception :

1° S'agissant de l'endossement de copie exécutoire à ordre mentionnée dans la loi n° 76-519 du 15 juin 1976 relative à certaines formes de transmission des créances, sans négociation, d'un émolument fixe de *(Arr. du 28 févr. 2020, art. 85, en vigueur le 1er mars 2020)* « 52,82 € » ;

2° S'agissant de l'endossement de la copie mentionnée au 1°, avec négociation, d'un émolument proportionnel au capital de la créance transmise, selon le barème suivant : *– Tableau issu de l'Arr. du 28 févr. 2020, art. 85, en vigueur le 1er mars 2020.*

TRANCHES D'ASSIETTE	TAUX APPLICABLE
De 0 à 6 500 €	3,870 %
De 6 500 € à 17 000 €	1,596 %
De 17 000 € à 60 000 €	1,064 %
Plus de 60 000 €	0,799 %

3° S'agissant de l'endossement dans les autres cas que ceux prévus au*[x]* 1° et 2°, d'un émolument proportionnel, selon le barème suivant : *– Tableau issu de l'Arr. du 28 févr. 2020, art. 85, en vigueur le 1er mars 2020.*

TRANCHES D'ASSIETTE	TAUX APPLICABLE
De 0 à 6 500 €	1,935 %
De 6 500 € à 17 000 €	1,064 %
De 17 000 € à 30 000 €	0,726 %
Plus de 30 000 €	0,532 %

Art. A. 444-147 La réalisation de crédit ou de prêt conditionnel (numéro 145 du tableau 5 *[mentionné à l'article A. 444-53]*) donne lieu à la perception d'un émolument de *(Arr. du 28 févr. 2020, art. 86, en vigueur le 1er mars 2020)* « 26,41 € ».

Art. A. 444-148 Le nantissement et le gage ainsi que le warrant agricole (numéros 146 et 147 du tableau 5 *[mentionné à l'article A. 444-53]*) donnent lieu à la perception :

1° Lorsqu'il est consenti par un tiers dans l'acte principal : au quart des émoluments de l'acte principal ;

2° Lorsqu'il n'y a pas d'acte principal : aux émoluments qui auraient été perçus sur cet acte ;

3° Dans les autres cas que ceux prévus aux 1° et 2° : à la moitié des émoluments de l'acte principal.

Art. A. 444-149 La cession de biens par un débiteur à ses créanciers (numéro 148 du tableau 5 *[mentionné à l'article A. 444-53]*) donne lieu à la perception d'un émolument proportionnel *[à la]* valeur des biens, selon le barème suivant : *– Tableau issu de l'Arr. du 28 févr. 2020, art. 87, en vigueur le 1er mars 2020.*

TRANCHES D'ASSIETTE	TAUX APPLICABLE
De 0 à 6 500 €	3,870 %
De 6 500 € à 17 000 €	1,596 %
De 17 000 € à 60 000 €	1,064 %
Plus de 60 000 €	0,799 %

SOUS-§ 3 *ACTES RELATIFS PRINCIPALEMENT AUX CONTRATS ET CONVENTIONS LIÉS À L'ACTIVITÉ ÉCONOMIQUE*

Art. A. 444-150 **Le compromis prévu au titre XVI du livre III du code civil (numéro 149 du tableau 5** *[mentionné à l'article A. 444-53]*) **donne lieu à la perception d'un émolument fixe de** *(Arr. du 28 févr. 2020, art. 88, en vigueur le 1er mars 2020)* **« 7,54 € ».**

Art. A. 444-151 **Le contrat de franchisage (numéro 150 du tableau 5** *[mentionné à l'article A. 444-53]*) **donne lieu à la perception d'un émolument proportionnel au total des redevances, selon le barème suivant :** *— Tableau issu de l'Arr. du 28 févr. 2020, art. 89, en vigueur le 1er mars 2020.*

TRANCHES D'ASSIETTE	TAUX APPLICABLE
De 0 à 6 500 €	1,645 %
De 6 500 € à 17 000 €	0,905 %
De 17 000 € à 30 000 €	0,617 %
Plus de 30 000 €	0,452 %

Art. A. 444-152 **Les contrôles de légalité à l'occasion d'événements affectant l'existence des sociétés européennes (numéros 151 et 152 du tableau 5** *[mentionné à l'article A. 444-53]*) **donnent lieu, à la perception des émoluments suivants :** *— Tableau issu de l'Arr. du 28 févr. 2020, art. 90, en vigueur le 1er mars 2020.*

NUMÉRO DE LA PRESTATION (tableau 5 de l'article annexe 4-7)	DÉSIGNATION DE LA PRESTATION	ÉMOLUMENT
151	Certificat de légalité pour les fusions	377,31 €
152	Certificat de légalité pour les transferts de siège	264,12 €

Art. A. 444-153 **Les devis et marchés (numéros 153 et 154 du tableau 5** *[mentionné à l'article A. 444-53]*) **donnent lieu à la perception d'un émolument proportionnel :**

1° S'agissant du devis et marché vente, selon le barème suivant : *— Tableau issu de l'Arr. du 28 févr. 2020, art. 91, en vigueur le 1er mars 2020.*

TRANCHES D'ASSIETTE	TAUX APPLICABLE
De 0 à 6 500 €	3,870 %
De 6 500 € à 17 000 €	1,596 %
De 17 000 € à 60 000 €	1,064 %
Plus de 60 000 €	0,799 %

2° S'agissant du devis et marché bail, selon le barème suivant : *— Tableau issu de l'Arr. du 28 févr. 2020, art. 91, en vigueur le 1er mars 2020.*

TRANCHES D'ASSIETTE	TAUX APPLICABLE
De 0 à 6 500 €	1,645 %

TRANCHES D'ASSIETTE	TAUX APPLICABLE
De 6 500 € à 17 000 €	0,899 %
De 17 000 € à 30 000 €	0,613 %
Plus de 30 000 €	0,450 %

Art. A. 444-154 La promesse d'attribution faite dans un procès-verbal d'adjudication judiciaire (numéro 155 du tableau 5 *[mentionné à l'article A. 444-53]*) donne lieu aux mêmes émoluments qu'en cas de vente par adjudication judiciaire.

Art. A. 444-155 L'acte d'inventaire (numéro 156 du tableau 5 *[mentionné à l'article A. 444-53]*) donne lieu à la perception d'un émolument de *(Arr. du 28 févr. 2020, art. 92, en vigueur le 1er mars 2020)* « 75,46 € ».

Art. A. 444-156 La liquidation de reprise par acte séparé (numéro 157 du tableau 5 *[mentionné à l'article A. 444-53]*) donne lieu à la perception des émoluments suivants :

1° Un émolument proportionnel aux sommes payées ou garanties, selon le barème suivant : — *Tableau issu de l'Arr. du 28 févr. 2020, art. 93, en vigueur le 1er mars 2020.*

TRANCHES D'ASSIETTE	TAUX APPLICABLE
De 0 à 6 500 €	3,846 %
De 6 500 € à 17 000 €	1,587 %
De 17 000 € à 60 000 €	1,058 %
Plus de 60 000 €	0,793 %

2° Un émolument proportionnel aux sommes qui sont déterminées, sans paiement ni garanties, selon le barème suivant : — *Tableau issu de l'Arr. du 28 févr. 2020, art. 93, en vigueur le 1er mars 2020.*

TRANCHES D'ASSIETTE	TAUX APPLICABLE
De 0 à 6 500 €	1,935 %
De 6 500 € à 17 000 €	0,798 %
De 17 000 € à 60 000 €	0,532 %
Plus de 60 000 €	0,399 %

3° Un émolument proportionnel aux reprises en nature de *(Arr. du 28 févr. 2020, art. 88, en vigueur le 1er mars 2020)* « 0,484 % » non dégressif.

Art. A. 444-157 L'ordre amiable, avec ou sans quittance (numéro 158 du tableau 5 *[mentionné à l'article A. 444-53]*), donne lieu à la perception d'un émolument proportionnel à l'actif brut, selon le barème suivant : — *Tableau issu de l'Arr. du 28 févr. 2020, art. 94, en vigueur le 1er mars 2020.*

TRANCHES D'ASSIETTE	TAUX APPLICABLE
De 0 à 6 500 €	3,870 %
De 6 500 € à 17 000 €	1,596 %
De 17 000 € à 60 000 €	1,064 %

TRANCHES D'ASSIETTE	TAUX APPLICABLE
Plus de 60 000 €	0,799 %

Art. A. 444-158 Sans préjudice des honoraires éventuellement perçus au titre de la prestation mentionnée au *g* du 4° du I de l'annexe 4-9, en matière de sociétés (numéro 159 du tableau 5 *[mentionné à l'article A. 444-53]*), les actes relatifs à des biens faisant l'objet d'une publicité foncière donnent lieu à la perception d'un émolument proportionnel, selon le barème suivant : — *Tableau issu de l'Arr. du 28 févr. 2020, art. 95, en vigueur le 1er mars 2020.*

TRANCHES D'ASSIETTE	TAUX APPLICABLE
De 0 à 6 500 €	1,935 %
De 6 500 € à 17 000 €	0,798 %
De 17 000 € à 60 000 €	0,532 %
Plus de 60 000 €	0,399 %

Art. A. 444-159 Sans préjudice des honoraires éventuellement perçus au titre de la prestation mentionnée au *d* du 4° du I de l'annexe 4-9, en matière d'association (numéro 160 du tableau 5 *[mentionné à l'article A. 444-53]*), les actes relatifs à des biens faisant l'objet d'une publicité foncière donnent lieu à la perception d'un émolument proportionnel, selon le barème suivant : — *Tableau issu de l'Arr. du 28 févr. 2020, art. 96, en vigueur le 1er mars 2020.*

TRANCHES D'ASSIETTE	TAUX APPLICABLE
De 0 à 6 500 €	3,870 %
De 6 500 € à 17 000 €	1,596 %
De 17 000 € à 60 000 €	1,064 %
Plus de 60 000 €	0,799 %

Art. A. 444-160 Les règlements d'indemnité en cas d'expropriation pour cause d'utilité publique (numéros 161 à 163 du tableau 5 *[mentionné à l'article A. 444-53]*) donnent lieu à la perception d'un émolument proportionnel :

1° Avant expropriation prononcée, selon le barème suivant : — *Tableau issu de l'Arr. du 28 févr. 2020, art. 97, en vigueur le 1er mars 2020.*

TRANCHES D'ASSIETTE	TAUX APPLICABLE
De 0 à 6 500 €	3,870 %
De 6 500 € à 17 000 €	1,596 %
De 17 000 € à 60 000 €	1,064 %
Plus de 60 000 €	0,799 %

2° Après expropriation prononcée :

a) Sans traité d'adhésion, selon le barème suivant : — *Tableau issu de l'Arr. du 28 févr. 2020, art. 97, en vigueur le 1er mars 2020.*

TRANCHES D'ASSIETTE	TAUX APPLICABLE
De 0 à 6 500 €	1,935 %
De 6 500 € à 17 000 €	1,064 %
De 17 000 € à 30 000 €	0,726 %
Plus de 30 000 €	0,532 %

b) **Avec traité d'adhésion, selon le barème suivant :** *— Tableau issu de l'Arr. du 28 févr. 2020, art. 97, en vigueur le 1er mars 2020.*

TRANCHES D'ASSIETTE	TAUX APPLICABLE
De 0 à 6 500 €	3,870 %
De 6 500 € à 17 000 €	1,596 %
De 17 000 € à 60 000 €	1,064 %
Plus de 60 000 €	0,799 %

Art. A. 444-161 **Les quittances (numéros 164 à 166 du tableau 5** *[mentionné à l'article A. 444-53]*) **donnent lieu à la perception d'un émolument proportionnel :**

1° S'agissant de la quittance pure et simple ou dans les cas prévus par les articles *(Décr. no 2016-1278 du 29 sept. 2016, art. 1er, en vigueur le 1er oct. 2016)* **« 1346 et 1346-2 » du code civil, selon le barème suivant :** *— Tableau issu de l'Arr. du 28 févr. 2020, art. 98, en vigueur le 1er mars 2020.*

TRANCHES D'ASSIETTE	TAUX APPLICABLE
De 0 à 6 500 €	1,935 %
De 6 500 € à 17 000 €	1,064 %
De 17 000 € à 30 000 €	0,726 %
Plus de 30 000 €	0,532 %

2° S'agissant de la quittance judiciaire, selon le barème suivant : *— Tableau issu de l'Arr. du 28 févr. 2020, art. 98, en vigueur le 1er mars 2020.*

TRANCHES D'ASSIETTE	TAUX APPLICABLE
De 0 à 6 500 €	2,580 %
De 6 500 € à 17 000 €	1,064 %
De 17 000 € à 60 000 €	0,709 %
Plus de 60 000 €	0,532 %

3° S'agissant de la subrogation, prévue à l'article *(Décr. no 2016-1278 du 29 sept. 2016, art. 1er, en vigueur le 1er oct. 2016)* **« 1346-1 » du code civil, selon le barème suivant :** *— Tableau issu de l'Arr. du 28 févr. 2020, art. 98, en vigueur le 1er mars 2020.*

TRANCHES D'ASSIETTE	TAUX APPLICABLE
De 0 à 6 500 €	2,580 %

TRANCHES D'ASSIETTE	TAUX APPLICABLE
De 6 500 € à 17 000 €	1,064 %
De 17 000 € à 60 000 €	0,709 %
Plus de 60 000 €	0,532 %

Art. A. 444-162 **Les transports de droits litigieux (numéro 167 du tableau 5** *[mentionné à l'article A. 444-53]*) **donnent lieu à la perception d'un émolument proportionnel, selon le barème suivant :** *— Tableau issu de l'Arr. du 28 févr. 2020, art. 99, en vigueur le 1er mars 2020.*

TRANCHES D'ASSIETTE	TAUX APPLICABLE
De 0 à 6 500 €	3,870 %
De 6 500 € à 17 000 €	1,596 %
De 17 000 € à 60 000 €	1,064 %
Plus de 60 000 €	0,799 %

§ 4 ACTES DIVERS

Art. A. 444-163 **Les actes complémentaires, interprétatifs, rectificatifs, ainsi que les autorisations en général (numéros 168 à 170 du tableau 5** *[mentionné à l'article A. 444-53]*) **donnent lieu à la perception des émoluments suivants :** *— Tableau issu de l'Arr. du 28 févr. 2020, art. 100, en vigueur le 1er mars 2020.*

NUMÉRO DE LA PRESTATION (tableau 5 de l'article annexe 4-7)	DÉSIGNATION DE LA PRESTATION	ÉMOLUMENT
168	Acte complémentaire ou interprétatif	75,46 €
169	Acte rectificatif	3,78 €
170	Autorisations (en général)	26,41 €

Art. A. 444-163-1 *(Arr. du 28 oct. 2016, art. 10)* **Le contrat de fiducie et ses actes subséquents, lorsqu'ils requièrent un acte notarié en application du deuxième alinéa de l'article 2012 du code civil ou du deuxième alinéa de l'article 2019 du même code, donnent lieu, ensemble, à la perception des émoluments suivants :** *— Tableau issu de l'Arr. du 28 févr. 2020, art. 101, en vigueur le 1er mars 2020.*

PRESTATIONS COUVERTES PAR L'ÉMOLUMENT	TRANCHES D'ASSIETTE	TAUX APPLICABLE
Ensemble, l'établissement de tous les actes (contrat de fiducie et actes subséquents)	De 0 à 6 500 €	3,87 %
	De 6 500 € à 17 000 €	1,596 %
	De 17 000 € à 60 000 €	1,064 %
	Plus de 60 000 €	0,799 %

Art. A. 444-163-2 *(Arr. du 28 oct. 2016, art. 10)* **L'établissement par acte authentique de la promesse de vente d'une durée de plus de dix-huit mois prévue à l'article L. 290-1 du code de la construction et de l'habitat donne lieu à la perception des**

émoluments suivants : – *Tableau issu de l'Arr. du 28 févr. 2020, art. 102, en vigueur le 1er mars 2020.*

TRANCHES D'ASSIETTE	TAUX APPLICABLE
De 0 à 6 500 €	0,967 %
De 6 500 € à 17 000 €	0,399 %
De 17 000 € à 60 000 €	0,266 %
Plus de 60 000 €	0,199 %

Art. A. 444-163-3 *(Arr. du 28 oct. 2016, art. 10)* **Les actes relatifs aux autorisations d'occupation temporaire du domaine public mentionnées aux articles L. 1311-5 et suivants du code général des collectivités territoriales et qui sont constitutives de droits réels donnent lieu à la perception des émoluments suivants :** – *Tableau issu de l'Arr. du 28 févr. 2020, art. 103, en vigueur le 1er mars 2020.*

TRANCHES D'ASSIETTE	TAUX APPLICABLE
De 0 à 6 500 €	3,289 %
De 6 500 € à 17 000 €	1,809 %
De 17 000 € à 60 000 €	1,233 %
Plus de 60 000 €	0,905 %

Art. A. 444-163-4 *(Arr. du 28 oct. 2016, art. 10)* **Les actes relatifs au consentement à l'adoption réalisés en application de l'article 348-3 du code civil donnent lieu à la perception d'un émolument de** *(Arr. du 28 févr. 2020, art. 104, en vigueur le 1er mars 2020)* **« 77,11 € ».**

Art. A. 444-163-5 *(Arr. du 28 oct. 2016, art. 10)* **L'attestation de propriété qui est délivrée à la suite de la dissolution automatique d'une société civile immobilière n'ayant pas été immatriculée et qui entraîne une indivision entre les anciens associés donne lieu à la perception des émoluments suivants :** – *Tableau issu de l'Arr. du 28 févr. 2020, art. 105, en vigueur le 1er mars 2020.*

TRANCHES D'ASSIETTE	TAUX APPLICABLE
De 0 à 6 500 €	1,548 %
De 6 500 € à 17 000 €	0,852 %
De 17 000 € à 60 000 €	0,581 %
Plus de 60 000 €	0,426 %

Art. A. 444-163-6 *(Arr. du 28 oct. 2016, art. 10)* **L'attestation de propriété qui est délivrée à la suite du constat de la survenance d'une condition résolutoire entraînant la révocation d'une donation en application de l'article 960 du code civil donne lieu à la perception des émoluments suivants :** – *Tableau issu de l'Arr. du 28 févr. 2020, art. 106, en vigueur le 1er mars 2020.*

TRANCHES D'ASSIETTE	TAUX APPLICABLE
De 0 à 6 500 €	1,548 %

TRANCHES D'ASSIETTE	TAUX APPLICABLE
De 6 500 € à 17 000 €	0,852 %
De 17 000 € à 60 000 €	0,581 %
Plus de 60 000 €	0,426 %

Art. A. 444-164 Le compte d'administration légale, d'acceptation de la succession à concurrence de l'actif net, de copropriété, d'exécution testamentaire, de gestion de mandat, de séquestre et autres (numéro 171 du tableau 5 *[mentionné à l'article A. 444-53]*) donne lieu à la perception d'un émolument proportionnel au chapitre le plus élevé en recette ou en dépense, avec un minimum de perception de *(Arr. du 28 févr. 2020, art. 107 en vigueur le 1er mars 2020)* « 75,46 € » par compte, selon le barème suivant : — *Tableau issu de l'Arr. du 28 févr. 2020, art. 107, en vigueur le 1er mars 2020.*

TRANCHES D'ASSIETTE	TAUX APPLICABLE
De 0 à 6 500 €	2,580 %
De 6 500 € à 17 000 €	1,064 %
De 17 000 € à 60 000 €	0,709 %
Plus de 60 000 €	0,532 %

Lorsque le compte est rendu à des personnes ayant des intérêts distincts, l'émolument est calculé séparément sur les recettes ou dépenses concernant chaque intéressé.

Art. A. 444-165 La décharge, par acte séparé, de cautionnement, d'exécution testamentaire, de mandat, d'objets mobiliers, de pièces, de solidarité et autres (numéro 172 du tableau 5 *[mentionné à l'article A. 444-53]*), donne lieu à la perception d'un émolument de *(Arr. du 28 févr. 2020, art. 108, en vigueur le 1er mars 2020)* « 26,41 € ».

Art. A. 444-166 Le dépôt d'actes sous seing privé autres que les testaments olographes (numéro 173 du tableau 5 *[mentionné à l'article A. 444-53]*) donne lieu à la perception :

1° Si le dépôt est fait par toutes les personnes qui ont signé l'acte déposé avec reconnaissance de leurs signatures, à un émolument égal à celui auquel aurait donné lieu l'acte authentique contenant la même convention ;

2° Si le dépôt n'est pas fait par toutes les personnes visées au 1° ou si celles-ci ne requièrent pas la reconnaissance de leurs écritures et signatures, à la moitié de l'émolument prévu au 1°.

Art. A. 444-167 Les procès-verbaux de dire *[dires]*, de protestation *[protestations]*, de difficulté *[difficultés]*, de bornage, de carence et les procurations (numéros 174 à 176 du tableau 5 *[mentionné à l'article A. 444-53]*) donnent lieu à la perception des émoluments suivants : — *Tableau issu de l'Arr. du 28 févr. 2020, art. 109, en vigueur le 1er mars 2020.*

NUMÉRO DE LA PRESTATION (tableau 5 de l'article annexe 4-7)	DÉSIGNATION DE LA PRESTATION	ÉMOLUMENT
174	Procès-verbal de dires, de protestations, de difficultés, de bornage	188,66 €
175	Procès-verbal de carence	75,46 €

NUMÉRO DE LA PRESTATION (tableau 5 de l'article annexe 4-7)	DÉSIGNATION DE LA PRESTATION	ÉMOLUMENT
176	Procuration	26,41 €

Art. A. 444-167-1 *(Arr. du 17 août 2017, art. 1er)* **Lorsque le notaire élabore intégralement un projet de procuration authentique engageant pleinement sa responsabilité en ce qui concerne le contenu de cet acte nonobstant la signature de ce dernier par un notaire étranger, et qu'en outre il est chargé de la bonne transmission du projet de procuration au notaire étranger, le tarif de la prestation n° 176 mentionné à l'article A. 444-167 du code de commerce est applicable.**

L'alinéa précédent est applicable lorsque, pour les besoins de la délivrance d'une procuration en dehors du territoire national, une prestation de notaire étranger remplace la prestation des chancelleries diplomatiques et consulaires donnant lieu à la perception des droits prévus au chapitre III (ligne 10) du tableau figurant à la première partie de l'annexe du décret n° 81-778 du 13 août 1981 susvisé *[fixant le tarif des droits à percevoir dans les chancelleries diplomatiques et consulaires et, en territoire français, par le ministère des relations extérieures]*.

Art. A. 444-168 **La prorogation de délai (numéro 177 du tableau 5** *[mentionné à l'article A. 444-53]*) **donne lieu à la perception d'un émolument proportionnel, selon le barème suivant :** *— Tableau issu de l'Arr. du 28 févr. 2020, art. 110, en vigueur le 1er mars 2020.*

TRANCHES D'ASSIETTE	TAUX APPLICABLE
De 0 à 6 500 €	1,935 %
De 6 500 € à 17 000 €	1,064 %
De 17 000 € à 30 000 €	0,726 %
Plus de 30 000 €	0,532 %

SOUS-SECTION 2 FORMALITÉS

§ 1er FORMALITÉS RELATIVES AU CRÉDIT ET À L'IMMOBILIER

Art. A. 444-169 **Les prestations figurant aux numéros 178 à 180 du tableau 5** *[mentionné à l'article A. 444-53]* **donnent lieu à la perception des émoluments suivants :** *— Tableau issu de l'Arr. du 28 févr. 2020, art. 111, en vigueur le 1er mars 2020.*

NUMÉRO DE LA PRESTATION (tableau 5 de l'article annexe 4-7)	DÉSIGNATION DE LA PRESTATION	ÉMOLUMENT
178	Attestation de créancier	7,54 €
179	Paiement à des entrepreneurs des fonds versés par organismes de crédit (par règlement)	7,54 €

NUMÉRO DE LA PRESTATION (tableau 5 de l'article annexe 4-7)	DÉSIGNATION DE LA PRESTATION	ÉMOLUMENT
180	Ensemble des demandes de documents cadastraux, notamment l'extrait cadastral, le document d'arpentage, et les formulaires de division de parcelle	11,32 €

Art. A. 444-170 **La vérification de la situation pénale de l'acquéreur auprès du casier judiciaire (numéro 181 du tableau 5** *[mentionné à l'article A. 444-53]*) **donne lieu à la perception des émoluments suivants :**

1° En cas d'acquisition par une ou plusieurs personnes physiques ou par une personne morale jusqu'à cinq associés inclus : *(Arr. du 28 févr. 2020, art. 112, en vigueur le 1er mars 2020)* **« 37,73 € » par dossier ;**

2° En cas d'acquisition par une personne morale, au-delà de cinq associés : *(Arr. du 28 févr. 2020, art. 112, en vigueur le 1er mars 2020)* **« 75,46 € » par dossier.**

Le renouvellement de l'extrait de casier judiciaire, avec réinitialisation de la demande, donne lieu à la perception d'un nouvel émolument fixé selon les modalités prévues aux 1° et 2° du présent article.

Art. A. 444-171 **Les prestations figurant aux numéros 182 à 195 du tableau 5** *[mentionné à l'article A. 444-53]* **donnent lieu à la perception des émoluments suivants :** – *Tableau issu de l'Arr. du 28 févr. 2020, art. 113, en vigueur le 1er mars 2020.*

NUMÉRO DE LA PRESTATION (tableau 5 de l'article annexe 4-7)	DÉSIGNATION DE LA PRESTATION	ÉMOLUMENT
182	Vérification du respect des dispositions de l'article L. 711-2 du code de la construction et de l'habitation dans le cadre de l'élaboration de l'acte authentique mentionné au premier alinéa de l'article L. 711-5 du même code	15,09 €
183	Immatriculation d'office du syndicat de copropriétaires dans les cas prévus au deuxième alinéa de l'article L. 711-5 du code de la construction et de l'habitation	18,87 €
184	Immatriculation du syndicat de copropriétaires d'un immeuble mis en copropriété dans le cas prévu au I de l'article L. 711-4 du code de la construction et de l'habitation	18,87 €
185	Copie figurée ou collationnée, pour publicité foncière (par page)	1,13 €
186	Demande de subvention dans le cadre d'un échange de biens ruraux	18,87 €
187	Notification nécessaire à la purge d'un droit de préemption (par notification)	37,73 €
188	Réquisition de publication ou de mention en matière de publicité foncière	18,87 €

NUMÉRO DE LA PRESTATION (tableau 5 de l'article annexe 4-7)	DÉSIGNATION DE LA PRESTATION	ÉMOLUMENT
189	Inscription d'une hypothèque légale par le notaire sans acte notarié	18,87 €
190	Mention en marge d'une convention de rechargement	18,87 €
191	Bordereau d'inscription en suite immédiate d'un acte	7,54 €
192	Renouvellement d'inscription	37,73 €
193	Demande d'état (par réquisition)	3,77 €
194	Actes destinés à être publiés au fichier immobilier : actes d'état civil, attestations, demandes de cadastre, copies authentiques, copies sur papier libre, copies publicité foncière, extraits d'acte, réquisitions d'état	339,58 €
195	Transmission au Conseil supérieur du notariat des informations relatives aux mutations d'immeubles à titre onéreux nécessaires à l'exercice de la mission de service public prévue à l'article 6-1 de l'ordonnance n° 45-2590 du 2 novembre 1945 relative au statut du notariat	15,31 €

§ 2 FORMALITÉS RELATIVES AUX DÉMARCHES ADMINISTRATIVES ET FISCALES

Art. A. 444-172 **Les prestations figurant aux numéros 196 à 211 du tableau mentionné à l'article A. 444-53 donnent lieu à la perception des émoluments suivants :** — *Tableau issu de l'Arr. du 28 févr. 2020, art. 114, en vigueur le 1er mars 2020.*

Numéro de la prestation (tableau 5 de l'article annexe 4-7)	Désignation de la prestation	Émolument
196	Ensemble des demandes concernant l'état civil des personnes physiques et l'immatriculation des personnes morales (actes de l'état civil)	11,24 €
197	Attestation en général ou la certification écrite d'une situation de fait ou de droit délivrée par le notaire (par attestation délivrée)	3,77 €
198	Demande de renseignements en matière de législation sociale (par demande)	3,77 €
199	Remise au greffe de procès-verbal de difficultés, testament ou autres actes (pour toutes les pièces comprises dans la même remise, frais de déplacement en sus)	18,87 €
200	Formalités de publicité d'une déclaration de pacte civil de solidarité reçu par un notaire (pour les deux partenaires)	11,32 €

Numéro de la prestation (tableau 5 de l'article annexe 4-7)	Désignation de la prestation	Émolument
201	Formalités de publicité d'une modification de pacte civil de solidarité reçu par un notaire (pour les deux partenaires)	11,32 €
202	Formalités de publicité d'une dissolution de pacte civil de solidarité reçu par un notaire (pour les deux partenaires)	11,32 €
(Abrogé par Arr. du 25 févr. 2022, art. 3, à compter du 1er mars 2022) « *203*	*Rédaction et envoi d'une requête au juge des tutelles*	*37,73 €* »
204	Obtention de tout document nécessaire à la rédaction d'un acte et non tarifé par ailleurs	56,60 €
205	Demande d'autorisation de cumul	37,73 €
206	Établissement de la déclaration et paiement de l'impôt sur les plus-values	56,60 €
207	Demande de paiement fractionné ou différé des droits quand la garantie proposée est hypothécaire	37,73 €
208	Demande de paiement fractionné ou différé des droits dans les cas autres que celui prévu au numéro 202 du présent tableau	75,46 €
209	Démarches pour l'application de la réglementation applicable en matière de relations financières avec l'étranger	45,28 €
210	Demande de dégrèvement ou de restitution de droits ou taxes, lorsqu'il n'y a pas de démarches auprès de l'administration	37,73 €
211	Rédaction d'imprimés administratifs relatifs à la taxe sur la valeur ajoutée	18,87 €

Art. A. 444-172-1 *(Arr. du 28 oct. 2016, art. 12)* **Les démarches concernant l'obtention et la vérification d'un certificat de mesurage ou d'un document composant le dossier de diagnostic technique donnent lieu à la perception d'un émolument fixe conformément au tableau ci-après :** — *Tableau issu de l'Arr. du 28 févr. 2020, art. 115, en vigueur le 1er mars 2020.*

NUMÉRO DE LA PRESTATION (tableau 35 *[5]* de l'article annexe 4-7)	DÉSIGNATION DE LA PRESTATION	ÉMOLUMENT
220	Certificat de mesurage en application l'article 46 de la loi n° 65-557 du 10 juillet 1965 fixant le statut de la copropriété des immeubles bâtis	15,09 €

NUMÉRO DE LA PRESTATION (tableau 35 *[5]* de l'article annexe 4-7)	DÉSIGNATION DE LA PRESTATION	ÉMOLUMENT
221	Chacun des documents composant le dossier de diagnostic technique prévu à l'article L. 271-4 du code de la construction et de l'habitation, mentionnés au I de cet article	15,09 €

§ 3 AUTRES FORMALITÉS DIVERSES

Art. A. 444-173 **Les prestations figurant aux numéros 212 à 219 du tableau 5** *[mentionné à l'article A. 444-53]* **donnent lieu à la perception des émoluments suivants :** – *Tableau issu de l'Arr. du 28 févr. 2020, art. 116, en vigueur le 1er mars 2020.*

NUMÉRO DE LA PRESTATION (tableau 5 de l'article annexe 4-7)	DÉSIGNATION DE LA PRESTATION	ÉMOLUMENT
212	Copie exécutoire, authentique, par extrait	1,13 €
213	Copie sur papier libre	0,38 €
214	Archivage numérisé des actes	0,19 €
215	Extrait d'acte, y compris le bordereau récapitulatif	18,87 €
216	Notification, sauf en matière de préemption	15,09 €
217	Demande de remise de pénalité, pour des faits non imputables au notaire	37,73 €
218	Rédaction d'affiches ou d'insertions dans les journaux en vue de publications diverses (par texte rédigé)	37,73 €
219	Consultation de fichier public	11,32 €

Art. A. 444-173-1 *(Arr. du 20 janv. 2017, art. 2)* **Le dépôt au rang des minutes de la convention prévue à l'article 229-1 du code civil donne lieu à la perception d'un émolument fixe conformément au tableau ci-après :**

NUMÉRO DE LA PRESTATION (tableau 5 de l'article annexe 4-7)	DÉSIGNATION DE LA PRESTATION	ÉMOLUMENT
222	Dépôt au rang des minutes de la convention prévue à l'article 229-1 du code civil	41,20 €

L'art. A. 444-173-1 est applicable dans les îles Wallis-et-Futuna (Arr. du 20 janv. 2017, art. 3).

SOUS-SECTION 3 REMISES

Art. A. 444-174 **Les remises prévues** *(Arr. du 28 févr. 2020, art. 118, en vigueur le 1er mars 2020)* **« à la première phrase du sixième alinéa » de l'article L. 444-2 sont**

consenties par les notaires sur les émoluments proportionnels fixés à la sous-section 1 de la présente section selon les modalités suivantes :

1° Dans la limite d'un taux de remise maximal de 40 % applicable à la part d'émolument calculée sur les tranches d'assiette supérieures ou égales à 10 millions €, le cas échéant pour la portion fixée au III de l'article R. 444-10, pour les prestations mentionnées au II de cet article, portant sur la mutation ou le financement de biens ou droits à usage non résidentiel ou résidentiel social ou sur la mutation de parts, actions, ou biens exonérés de droits de mutation en application des articles 787 B et 787 C du code général des impôts ;

2° Dans la limite d'un taux de remise maximal de *(Arr. du 28 févr. 2020, art. 118, en vigueur le 1er mars 2020)* **« 20 % » applicable à la part d'émolument calculée sur les tranches d'assiette supérieures ou égales à** *(Arr. du 28 févr. 2020, art. 118, en vigueur le 1er mars 2020)* **« 100 000 € », pour les autres prestations.**

(Arr. du 28 févr. 2020, art. 118, en vigueur le 1er mars 2020) **« Le taux des remises mentionnées à la deuxième phrase du sixième alinéa de l'article L. 444-2 peut être convenu entre le professionnel et son client pour la part d'émoluments excédant le seuil d'émoluments de 200 000 €. Les émoluments pris en compte pour la détermination de ce seuil sont ceux qui résultent de l'application des tarifs fixés par la présente section, après application des remises éventuellement consenties par le professionnel en application des alinéas précédents. »**

SOUS-SECTION 4 ÉCRÊTEMENT DE CERTAINS ÉMOLUMENTS

Art. A. 444-175 **Pour l'application de l'article R. 444-9, le notaire procède au calcul de la somme des émoluments fixés par les sous-sections 1 et 2 de la présente section, s'agissant respectivement de l'acte de mutation immobilière et des formalités liées à son accomplissement, desquels il déduit, le cas échéant, les remises qu'il a consenties dans les conditions prévues à l'article A. 444-174.**

Si la somme mentionnée à l'alinéa précédent excède 10 % de la valeur du bien ou du droit faisant l'objet de la mutation, le total des émoluments perçus par le notaire au titre de cette mutation est écrêté à ce montant, sans pouvoir être inférieur à 90 €.

Le détail des émoluments et des remises mentionnés au premier alinéa, ainsi que le montant de l'écrêtement pratiqué en application du deuxième alinéa, sont portés, sous le nom du client débiteur, sur le registre de frais d'actes prévu par l'article 18 du décret n° 45-0117 du 19 décembre 1945 pris pour l'application du statut du notariat.

SOUS-SECTION 5 DISPOSITIONS SPÉCIALES AUX DÉPARTEMENTS DU BAS-RHIN, DU HAUT-RHIN ET DE LA MOSELLE

(Arr. du 28 oct. 2016, art. 13)

Art. A. 444-176 **En application du second alinéa de l'article R. 444-4, les prestations rendues en application de dispositions de droit local applicables dans les départements du Bas-Rhin, du Haut-Rhin et de la Moselle donnent lieu à la perception d'émoluments dans les conditions prévues à la présente sous-section.**

Art. A. 444-177 **Les actes et formalités relatifs au livre foncier** *[issu du]* **décret n° 2009-1193 du 7 octobre 2009 relatif au livre foncier et à son informatisation dans les départements du Bas-Rhin, du Haut-Rhin et de la Moselle susvisé donnent** *[lieu]* **à la perception des émoluments suivants :**

1° La requête en délivrance d'un certificat de non-dommageabilité prévu par la loi d'Alsace-Lorraine du 19 juin 1906 sur le certificat de non-dommageabilité donne lieu à la perception d'un émolument fixe conformément au tableau ci-après : – *Tableau issu de l'Arr. du 28 févr. 2020, art. 119, en vigueur le 1er mars 2020.*

DÉSIGNATION DE LA PRESTATION	ÉMOLUMENT
Requête en délivrance d'un certificat de non-dommageabilité	37,73 €

2° Les requêtes au livre foncier donnent lieu à la perception d'un émolument conformément aux tableaux ci-après : – *Tableau issu de l'Arr. du 28 févr. 2020, art. 119, en vigueur le 1er mars 2020.*

<table>
<tr><th colspan="2">DÉSIGNATION DE LA PRESTATION</th><th>ÉMOLUMENT</th></tr>
<tr><td colspan="2">a) Requête en exécution immédiate d'un acte et réquisition</td><td>22,63 €</td></tr>
<tr><td colspan="2">b) Réponse à ordonnance intermédiaire</td><td>37,73 €</td></tr>
<tr><td colspan="2">c) Requête en exécution différée d'un acte (prénotation)</td><td>37,73 €</td></tr>
<tr><td colspan="2">d) Requête en inscription séparée d'un droit</td><td>22,63 €</td></tr>
<tr><td rowspan="5">e) Inscription de propriété par suite de décès ou en exécution d'une convention matrimoniale (article 44 de la loi du 1er juin 1924 mettant en vigueur la législation civile française dans les départements du Bas-Rhin, du Haut-Rhin et de la Moselle</td><td>Tranches d'assiette</td><td>Taux applicable</td></tr>
<tr><td>De 0 à 6 500 €</td><td>1,9235 %</td></tr>
<tr><td>De 6 501 € à 17 000 €</td><td>1,064 %</td></tr>
<tr><td>De 17 001 € à 30 000 €</td><td>0,726 %</td></tr>
<tr><td>Plus de 30 000 €</td><td>0,532 %</td></tr>
<tr><td rowspan="5">f) Option par le conjoint survivant pour l'acquisition ou l'attribution de biens propres du précédé ou pour le prélèvement de biens communs</td><td>Tranches d'assiette</td><td>Taux applicable</td></tr>
<tr><td>De 0 à 6 500 €</td><td>3,870 %</td></tr>
<tr><td>De 6 501 € à 17 000 €</td><td>1,596 %</td></tr>
<tr><td>De 17 001 € à 60 000 €</td><td>1,064 %</td></tr>
<tr><td>Plus de 60 000 €</td><td>0,799 %</td></tr>
<tr><td rowspan="5">g) Autres requêtes</td><td>Requête au juge du livre foncier aux fins de jonction de plusieurs requêtes en inscription, en application de l'article 85 du décret n° 2009-1193 du 7 octobre 2009</td><td rowspan="5">18,86 €</td></tr>
<tr><td>Requête au juge du livre foncier en désistement d'une requête en inscription, en application de l'article 87 du décret n° 2009-1193 du 7 octobre 2009</td></tr>
<tr><td>Requête en inscription de l'envoi en possession, en application de l'article 59 du décret n° 2009-1193</td></tr>
<tr><td>Requête en radiation de l'inscription du privilège visée à l'article 43 du décret n° 2009-1193 du 7 octobre 2009</td></tr>
<tr><td>Requête en radiation de l'inscription de l'hypothèque visée à l'article 44 du décret n° 2009-1193 du 7 octobre 2009</td></tr>
</table>

DÉSIGNATION DE LA PRESTATION		ÉMOLUMENT
	Requête en radiation de la mention d'exécution forcée accompagnant une requête en inscription de la propriété de l'adjudicataire, en application de l'article 97 du décret n° 2009-1193 du 7 octobre 2009	
	Requête en radiation des inscriptions mentionnées au premier alinéa de l'article 166 de la loi du 1er juin 1924 et à l'article 204 de ladite loi, en application de l'article 98 du décret n° 2009-1193 du 7 octobre 2009	
	Requête en radiation de la prénotation ou du privilège du vendeur mentionnés à l'article 100 du décret n° 2009-1193 du 7 octobre 2009	
	Requête en rectification d'une mention ou d'une inscription incomplète, incorrecte ou radiée par erreur dans les conditions prévues à l'article 92 du décret n° 2009-1193 du 7 octobre 2009	
	Requête en rétablissement d'une inscription totalement ou partiellement détruite ou disparue, en application de l'article 93 du décret n° 2009-1193 du 7 octobre 2009	
h) Requête en réinscription d'un droit par suite de péremption de l'inscription initiale		37,73 €
i) Requête en radiation de droits autres que privilèges et hypothèques et réquisition		18,86 €
j) Retrait d'une requête		37,73 €
k) Requête en renouvellement d'inscription de privilèges et hypothèques		37,73 €
l) Formalités relatives au privilège du vendeur visé à l'article 43 du décret n° 2009-1193 du 7 octobre 2009, et le cas échéant du droit de résolution	Requête en inscription du privilège du vendeur visé à l'article 43 du décret n° 2009-1193 du 7 octobre 2009, et simultanément du droit de résolution	18,86 €
	Requête en inscription séparée du privilège du vendeur	

DÉSIGNATION DE LA PRESTATION		ÉMOLUMENT
	Requête en inscription séparée de droit de résolution	
	Requête en radiation du droit de résolution par suite de terme extinctif à date certaine (article 95 du décret n° 2009-1193 du 7 octobre 2009)	
m) Mainlevée de droits autres que privilèges et hypothèques	**Tranches d'assiette**	**Taux applicable**
	De 0 à 6 500 €	0,484 %
	De 6 501 € à 17 000 €	0,266 %
	De 17 001 € à 30 000 €	0,181 %
	Plus de 30 000 €	0,133 %

3° Le consentement à l'inscription d'une prénotation prévue par l'article 39 de la loi du 1er juin 1924 donne lieu à la perception d'un émolument égal à la moitié de l'émolument de l'acte constitutif du droit prénoté. Cet émolument est imputé sur l'acte définitif si ce dernier est régularisé par le même notaire.

4° Les actes et formalités afférents à la prescription acquisitive prévue par l'article 44-1 de la loi du 1er juin 1924 donne *[donnent]* **lieu à la perception des émoluments suivants :** — *Tableau issu de l'Arr. du 28 févr. 2020, art. 119, en vigueur le 1er mars 2020.*

DÉSIGNATION DE LA PRESTATION		ÉMOLUMENT
a) Requête au juge du livre foncier aux fins d'inscription d'un droit portant sur un immeuble acquis par prescription ou par accession prévu par l'article 44-1 de la loi du 1er juin 1924 mettant en vigueur la législation civile française dans les départements du Bas-Rhin, du Haut-Rhin et de la Moselle	**Tranches d'assiette**	**Taux applicable**
	De 0 à 6 500 €	0,774 %
	De 6 501 € à 17 000 €	0,426 %
	De 17 001 € à 30 000 €	0,290 %
	Plus de 30 000 €	0,213 %
b) Requête en exécution du jugement au livre foncier		22,63 €
c) Acte de notoriété constatant la prescription acquisitive si l'immeuble n'est pas inscrit au livre foncier	**Tranches d'assiette**	**Taux applicable**
	De 0 à 6 500 €	0,774 %
	De 6 501 € à 17 000 €	0,426 %
	De 17 001 € à 30 000 €	0,290 %
	Plus de 30 000 €	0,213 %
d) Attestation à titre de preuve de prescription acquisitive		3,78 €
e) Production des pièces cadastrales		11,32 €
f) Production d'autres preuves		56,68 €

Art. A. 444-178 **En matière de succession, les actes et formalités afférents à l'affirmation sous foi de serment donnent lieu à la perception des émoluments prévus par le tableau ci-après :** – *Tableau issu de l'Arr. du 28 févr. 2020, art. 120, en vigueur le 1er mars 2020.*

DÉSIGNATION DE LA PRESTATION		ÉMOLUMENT
a) Rédaction		75,46 €
Requête en délivrance : b) du certificat d'héritier ou d'un certificat d'exécuteur testamentaire c) du certificat d'héritier restreint d) de l'envoi en possession	**Tranches d'assiette**	**Taux applicable**
	De 0 à 1 067 €	0,706 %
	De 1 068 € à 2 134 €	0,471 %
	De 2 135 € à 3 963 €	0,236 %
	De 3 964 € à 9 146 €	0,118 %
	Plus de 9 146 €	0,059 %

Art. A. 444-179 **Les actes et formalités relatifs au partage judiciaire et aux ventes volontaires judiciaires donnent lieu à la perception d'émoluments conformément au tableau ci-après :** – *Tableau issu de l'Arr. du 28 févr. 2020, art. 121, en vigueur le 1er mars 2020.*

DÉSIGNATION DE LA PRESTATION			ÉMOLUMENT
a) Actes et formalités pris en application de l'article 221 de la loi du 1er juin 1924 mettant en vigueur la législation civile française dans les départements du Bas-Rhin, du Haut-Rhin et de la Moselle (ouverture)	Demande de partage judiciaire		37,73 €
	Désignation du fondé de pouvoir à l'étranger		26,41 €
	Dépôt au rang des minutes du notaire du mandat de fondé de pouvoir à l'étranger avec reconnaissance d'écriture et de signature		26,41 €
	Dépôt au rang des minutes du notaire du mandat de fondé de pouvoir à l'étranger sans reconnaissance d'écriture et de signature		18,86 €
b) Demande relative à une proposition de partage en application de l'article 224 de la loi du 1er juin 1924 mettant en vigueur la législation civile française dans les départements du Bas-Rhin, du Haut-Rhin et de la Moselle			56,58 €
c) Actes et formalités pris en application de l'article 225 de la loi du 1er juin 1924 mettant en vigueur la législation civile française dans les départements du Bas-Rhin, du Haut-Rhin et de la Moselle (débats)	Convocations et communication des propositions de partage	Rédaction	37,73 €
		Par convocation	15,09 €
	Procès-verbal des débats avec présence des parties		188,66 €
	Procès-verbal des débats en l'absence des parties		75,46 €
	Transmission au greffe du procès-verbal des débats		18,86 €

DÉSIGNATION DE LA PRESTATION			ÉMOLUMENT
d) Actes et formalités pris en application de l'article 227 de la loi du 1er juin 1924 mettant en vigueur la législation civile française dans les départements du Bas-Rhin, du Haut-Rhin et de la Moselle (expertise)	Procès-verbal d'assermentation		188,66 €
	Rédaction du rapport d'expertise rédigé par le notaire sur déclaration de l'expert		188,66 €
	Avis que l'expertise a été dressée, par intéressé		15,09 €
	Délivrance, à la demande de l'intéressé, d'une copie du rapport d'expertise en application du dernier alinéa de l'article 227		15,09 €
e) Actes et formalités pris en application de l'article 231 de la loi du 1er juin 1924 mettant en vigueur la législation civile française dans les départements du Bas-Rhin, du Haut-Rhin et de la Moselle (tirage au sort)	Convocation au tirage au sort	Rédaction	37,73 €
		Par convocation	15,09 €
	Procès-verbal de tirage au sort		188,66 €
f) Actes et formalités pris en application de l'article 232 de la loi du 1er juin 1924 mettant en vigueur la législation civile française dans les départements du Bas-Rhin, du Haut-Rhin et de la Moselle (difficultés)	Procès-verbal de difficultés		188,66 €
	Remise au greffe du procès-verbal		18,86 €
	Renvoi des parties à se pourvoir par voie d'assignation		18,86 €
g) Actes et formalités pris en application de l'article 232 de la loi du 1er juin 1924 mettant en vigueur la législation civile française dans les départements du Bas-Rhin, du Haut-Rhin et de la Moselle (partage)	Rédaction de l'acte de partage	**Tranches d'assiette**	**Taux applicable**
		De 0 à 6 500 €	4,837 %
		De 6 501 € à 17 000 €	1,995 %
		De 17 001 € à 60 000 €	1,330 %
		Plus de 60 000 €	0,998 %
	Transmission de la minute au tribunal		37,73 €
	Information des non-comparants	Rédaction	15,09 €
		Par notification	15,09 €
h) Fixation du jour de la passation de l'acte de partage prévue à l'article 234 de la loi du 1er juin 1924 mettant en vigueur la législation civile française dans les départements du Bas-Rhin, du Haut-Rhin et de la Moselle		Rédaction	37,73 €
		Par notification	15,09 €
i) Retrait de procédure, par copartageant			37,73 €

DÉSIGNATION DE LA PRESTATION		ÉMOLUMENT	
j) Actes et formalités pris en application de l'article 245 de la loi du 1er juin 1924 mettant en vigueur la législation civile française dans les départements du Bas-Rhin, du Haut-Rhin et de la Moselle (cahier des charges)	Établissement du cahier des charges sur les conditions de la vente	188,66 €	
	Convocation pour lecture	Rédaction	37,73 €
		Par convocation	15,09 €
	Procès-verbal de lecture	188,66 €	
	37,73 €	37,50 €	
k) Publications prévues par les articles 246 et 247 de la loi du 1er juin 1924 mettant en vigueur la législation civile française dans les départements du Bas-Rhin, du Haut-Rhin et de la Moselle, par texte et par copartageant		37,73 €	
l) Envoi de l'affiche prévu par l'article 248 de la loi du 1er juin 1924 mettant en vigueur la législation civile française dans les départements du Bas-Rhin, du Haut-Rhin et de la Moselle, par envoi		15,09 €	
m) Procès-verbal d'adjudication prévu par l'article 250 de la loi du 1er juin 1924 mettant en vigueur la législation civile française dans les départements du Bas-Rhin, du Haut-Rhin et de la Moselle		**Tranches d'assiette**	**Taux applicable**
		De 0 à 6 500 €	7,256 %
		De 6 501 € à 17 000 €	2,993 %
		De 17 001 € à 60 000 €	1,995 %
		Plus de 60 000 €	1,497 %
n) Procuration pour enchères prévu par l'article 253 de la loi du 1er juin 1924 mettant en vigueur la législation civile française dans les départements du Bas-Rhin, du Haut-Rhin et de la Moselle		26,41 €	
o) Déclaration de commande prévue par l'article 254 de la loi du 1er juin 1924 mettant en vigueur la législation civile française dans les départements du Bas-Rhin, du Haut-Rhin et de la Moselle, par copartageant		37,73 €	
p) Actes et formalités pris en application de l'article 254 de la loi du 1er juin 1924 mettant en vigueur la législation civile française dans les départements du Bas-Rhin, du Haut-Rhin et de la Moselle (enchères)	Ratification d'adjudication inférieure à la mise à prix, par copartageant ratifiant	37,73 €	
	Demande de nouvelles enchères	37,73 €	

DÉSIGNATION DE LA PRESTATION			**ÉMOLUMENT**
q) Autres ventes volontaires en justice, mentionnées à l'article 261 de la loi du 1er juin 1924 mettant en vigueur la législation civile française dans les départements du Bas-Rhin, du Haut-Rhin et de la Moselle			75,46 €
Actes et formalités relatifs à l'aliénation des biens immobiliers d'une personne protégée	r) Demande au tribunal des tutelles au titre de l'article 257 de la loi du 1er juin 1924 mettant en vigueur la législation civile française dans les départements du Bas-Rhin, du Haut-Rhin et de la Moselle		37,73 €
	s) Actes et formalités pris en application de l'article 258 de la loi du 1er juin 1924 mettant en vigueur la législation civile française dans les départements du Bas-Rhin, du Haut-Rhin et de la Moselle	Déclaration de l'acte d'assentiment des intéressés à la vente	37,73 €
		Requête en homologation	37,73 €
		Retrait de procédure	37,73 €
	t) Consentement des intéressés à la vente en application de l'article 259 de la loi du 1er juin 1924 mettant en vigueur la législation civile française dans les départements du Bas-Rhin, du Haut-Rhin et de la Moselle		37,73 €
	u) Requête en autorisation de vente par adjudication en application de l'article 260 de la loi du 1er juin 1924 mettant en vigueur la législation civile française dans les départements du Bas-Rhin, du Haut-Rhin et de la Moselle		37,73 €
	v) Requête en vente volontaire d'immeuble par acceptation de succession à concurrence de l'actif net ou en vacance de succession en application de l'article 261 de la loi du 1er juin 1924 mettant en vigueur la législation civile française dans les départements duBas-Rhin, du Haut-Rhin et de la Moselle		37,73 €
	w) Requête en autorisation de vente en cas de personne protégée étrangère en application de l'article 262 de la loi du 1er juin 1924 mettant en vigueur la législation civile française dans les départements du Bas-Rhin, du Haut-Rhin et de la Moselle		37,73 €

Art. A. 444-180 Les actes et formalités relatifs à l'exécution forcée immobilière donnent lieu à la perception d'émoluments conformément au tableau ci-après : — *Tableau issu de l'Arr. du 28 févr. 2020, art. 122, en vigueur le 1er mars 2020.*

DÉSIGNATION DE LA PRESTATION			ÉMOLUMENT
a) Actes et formalités pris en application de l'article 141 de la loi du 1er juin 1924 mettant en vigueur la législation civile française dans les départements du Bas-Rhin, du Haut-Rhin et de la Moselle	Demande introductive		75,45 €
	Désignation du fondé de pouvoir à l'étranger		26,41 €
b) Actes et formalités pris en application de l'article 145 de la loi du 1er juin 1924 mettant en vigueur la législation civile française dans les départements du Bas-Rhin, du Haut-Rhin et de la Moselle	Requête en désignation du curateur		37,73 €
	Requête au tribunal des tutelles en nomination d'administrateur des biens de non-présent (article 113 du code civil)		37,73 €
c) Actes et formalités pris en application de l'article 147 de la loi du 1er juin 1924 mettant en vigueur la législation civile française dans les départements du Bas-Rhin, du Haut-Rhin et de la Moselle	Convocation	Rédaction	37,73 €
		Par convocation	15,09 €
	Procès-verbal des débats		113,20 €
	Mise à jour au livre foncier		3,78 €
d) Établissement du cahier des charges prévu par l'article 148 de la loi du 1er juin 1924 mettant en vigueur la législation civile française dans les départements du Bas-Rhin, du Haut-Rhin et de la Moselle			188,66 €
e) Désignation d'un fondé de pouvoir (article 21 annexe du code de procédure civile)			26,41 €
f) Dépôt de procuration entre les mains du notaire (article 22 annexe du code de procédure civile)	Dépôt avec reconnaissance d'écriture et de signature		26,41 €
	Dépôt sans reconnaissance d'écriture et de signature		18,87 €
g) Légalisation de signature (article 22 annexe du code de procédure civile)			18,87 €
h) Visite des lieux et procès-verbal			188,86 €
i) Publications en application de l'article 150 de la loi du 1er juin 1924 mettant en vigueur la législation civile française dans les départements du Bas-Rhin, du Haut-Rhin et de la Moselle	Affichage, par texte et par destinataire		37,73 €
	Envoi d'exemplaires, par destinataires		15,09 €

DÉSIGNATION DE LA PRESTATION			ÉMOLUMENT	
j) Actes et formalités pris en application en application des articles 153 et 157 de la loi du 1er juin 1924 mettant en vigueur la législation civile française dans les départements du Bas-Rhin, du Haut-Rhin et de la Moselle	Procès-verbal d'adjudication, le cahier des charges étant automatiquement rédigé par le notaire		Tranches d'assiette	Taux applicable
			De 0 à 6 500 €	7,257 %
			De 6 501 € à 17 000 €	2,999 %
			De 17 001 € à 60 000 €	1,995 %
			Plus de 60 000 €	1,497 %
	Abandon de procédure		37,73 €	
k) Déclaration de command prévu par l'article 155 de la loi du 1er juin 1924 mettant en vigueur la législation civile française dans les départements du Bas-Rhin, du Haut-Rhin et de la Moselle			37,73 €	
l) Notification de séquestre judiciaire de l'immeuble prévue par l'article 164 de la loi du 1er juin 1924, par notification			15,09 €	
m) Actes et formalités pris en application de l'article 195 de la loi du 1er juin 1924 mettant en vigueur la législation civile française dans les départements du Bas-Rhin, du Haut-Rhin et de la Moselle	Distribution amiable		Tranches d'assiette	Taux applicable
			De 0 à 6 500 €	3,870 %
			De 6 501 € à 17 000 €	1,596 %
			De 17 001 € à 60 000 €	1,064 %
			Plus de 60 000 €	0,799 %
	Retrait de procédure		37,73 €	
n) Actes et formalités relatifs à l'ouverture de la procédure de distribution en application de l'article 196 de la loi du 1er juin 1924 mettant en vigueur la législation civile française dans les départements du Bas-Rhin, du Haut-Rhin et de la Moselle Ouverture de la procédure de distribution – Procès-verbal	Procès-verbal d'ouverture		75,46 €	
	Sommation de produire	Rédaction	37,73 €	
		Par signification	15,09 €	
o) Procès-verbal de production prévu par l'article 197 de la loi du 1er *juin 1924 mettant en vigueur* la *législation civile française* dans les départements du Bas-Rhin, du Haut-Rhin et de la Moselle			188,86 €	

<table>
<tr><th colspan="3">DÉSIGNATION DE LA PRESTATION</th><th>ÉMOLUMENT</th></tr>
<tr><td rowspan="2">p) Actes et formalités relatifs à la collocation prévue par l'article 200 de la loi du 1er juin 1924 mettant en vigueur la législation civile française dans les départements du Bas-Rhin, du Haut-Rhin et de la Moselle</td><td colspan="2">État de collocation</td><td>moitié des émoluments pour distribution amiable</td></tr>
<tr><td colspan="2">Clôture de collocation</td><td>moitié des émoluments pour distribution amiable</td></tr>
<tr><td rowspan="4">q) Actes et formalités prévus par l'article 201 de la loi du 1er juin 1924 mettant en vigueur la législation civile française dans les départements du Bas-Rhin, du Haut-Rhin et de la Moselle</td><td rowspan="2">Fixation du jour</td><td>Rédaction</td><td>37,73 €</td></tr>
<tr><td>Par notification</td><td>15,09 €</td></tr>
<tr><td rowspan="2">Sommation de comparaître et avis</td><td>Rédaction</td><td>37,73 €</td></tr>
<tr><td>Par notification</td><td>15,09 €</td></tr>
<tr><td colspan="3">r) Mandat de représentation en exécution forcée, administration forcée ou distribution</td><td>26,41 €</td></tr>
</table>

Art. A. 444-181 **Les actes et formalités relatifs aux ventes réalisées dans le cadre d'une procédure collective donnent lieu à la perception :**

1° Des émoluments prévus à l'article A. 444-180 ;

2° S'agissant de la notification aux créanciers de l'ordonnance de vente sur demande du tribunal ou du liquidateur, d'un émolument de *(Arr. du 28 févr. 2020, art. 123, en vigueur le 1er mars 2020)* **« 15,09 € » par notification.**

Art. A. 444-182 **Les actes et formalités relatifs à la procédure de purge donnent lieu à la perception :**

1° S'agissant de l'offre de purge, de la moitié des émoluments prévus pour la distribution amiable par l'article A. 444-180 ;

2° S'agissant de la procédure de revente sur surenchère, des émoluments prévus par l'article A. 444-180 ;

3° S'agissant de l'envoi des offres de purge aux huissiers, d'un émolument fixe de *(Arr. du 28 févr. 2020, art. 124, en vigueur le 1er mars 2020)* **« 37,73 € ».**

Art. A. 444-183 **Les actes et formalités relatifs aux associations et fondations donnent lieu à la perception d'émoluments conformément au tableau ci-après :** — *Tableau issu de l'Arr. du 28 févr. 2020, art. 125, en vigueur le 1er mars 2020.*

<table>
<tr><th>DÉSIGNATION DE LA PRESTATION</th><th colspan="2">ÉMOLUMENT</th></tr>
<tr><td rowspan="5">a) Rédaction des statuts, en cas d'apport de biens soumis à publicité foncière</td><td>Tranches d'assiette</td><td>Taux applicable</td></tr>
<tr><td>De 0 à 6 500 €</td><td>3,87 %</td></tr>
<tr><td>De 6 501 € à 17 000 €</td><td>1,596 %</td></tr>
<tr><td>De 17 001 € à 60 000 €</td><td>1,064 %</td></tr>
<tr><td>Plus de 60 000 €</td><td>0,799 %</td></tr>
<tr><td>b) Requête en inscription de l'association (article 28 annexe du code de procédure civile)</td><td colspan="2">37,73 €</td></tr>
</table>

DÉSIGNATION DE LA PRESTATION	ÉMOLUMENT	
c) Partage ou dévolution après dissolution	Tranches d'assiette	Taux applicable
	De 0 à 6 500 €	4,837 %
	De 6 501 € à 17 000 €	1,996 %
	De 17 001 € à 60 000 €	1,33 %
	Plus de 60 000 €	0,998 %

Art. A. 444-184 Les pourvois en matière de livre foncier, de certificat d'héritier, de certificat d'exécuteur testamentaire, de certificat de non-dommageabilité, d'associations, d'exécution forcée, d'administration forcée, de partage judiciaire, et de procédure de taxe donnent lieu à à la perception d'un émolument fixe de *(Arr. du 28 févr. 2020, art. 128, en vigueur le 1er mars 2020)* « 98,10 € ».

Art. A. 444-185 L'établissement d'une procuration en matière de partage judiciaire, d'exécution forcée, de soumission à l'exécution forcée dans un acte, et d'administration forcée donne lieu à la perception d'un émolument fixe de *(Arr. du 28 févr. 2020, art. 127, en vigueur le 1er mars 2020)* « 26,41 € ».

Art. A. 444-186 La légalisation authentique prévue par l'article 56 du décret n° 2009-1193 du 7 octobre 2009 susvisé, ainsi que la légalisation dans le cadre d'une requête séparée au livre foncier, donne lieu à la perception d'un émolument fixe de *(Arr. du 28 févr. 2020, art. 127, en vigueur le 1er mars 2020)* « 18,86 € ».

SECTION IV TARIFS DES AVOCATS

(Arr. du 6 juill. 2017, art. 2, en vigueur le 1er sept. 2017)

La section IV, issue de l'Arr. du 6 juill. 2017, entre en vigueur le 1er sept. 2017.

Par dérogation à l'art. A. 444-187, en matière de saisie immobilière, de partage, de licitation, et de sûretés judiciaires : 1° Les dispositions régissant le tarif de postulation devant les tribunaux judiciaires mentionnées aux 1°, 2°, 3° et 4° de l'art. 6 du Décr. n° 2017-862 du 9 mai 2017 restent applicables aux instances en cours avant le 1er sept. 2017 ; 2° Les dispositions régissant le tarif de postulation devant les cours d'appel mentionnées au 5° de l'art. 6 du Décr. n° 2017-862 du 9 mai 2017 restent applicables aux instances en cours avant l'entrée en vigueur de la L. n° 2011-94 du 25 janv. 2011 ; 3° Les tarifs fixés par l'Arr. du 6 juill. 2017 restent applicables aux instances ouvertes à partir du 1er sept. 2017 et jusqu'au 31 août 2019 inclus ; 4° Les tarifs fixés par l'Arr. du 8 août 2019 restent applicables aux instances ouvertes entre le 1er sept. 2019 et jusqu'au 31 août 2021 inclus (Arr. du 2 août 2021, art. 2).

Les dispositions des Arr. du 6 juill. 2017, du 8 août 2019 et du 2 août 2021 ne sont pas applicables dans les départements de la Moselle, du Bas-Rhin et du Haut-Rhin. Elles sont applicables dans les îles Wallis-et-Futuna (Arr. du 6 juill. 2017, art. 4 et 5 ; Arr. du 8 août 2019, art. 3 et 4 ; Arr. du 2 août 2021, art. 3 et 4).

Art. A. 444-187 Les prestations figurant au tableau 6 de l'annexe 4-7 *[V. ss. art. R. 444-3]* donnent lieu à la perception d'émoluments fixés conformément aux dispositions respectives des sous-sections 1 à 5 de la présente section.

Les remboursements forfaitaires de frais et débours sont régis par la sous-section 6 de cette même section.

Les remises sur les émoluments proportionnels sont régies par la sous-section 7 de cette même section.

(Arr. du 8 août 2019, art. 1er) « Les émoluments applicables jusqu'au 31 août *(Arr. du 2 août 2021, art. 1er)* « 2023 » sont ceux qui sont prévus par la présente section. »

V. note ci-dessus.

SOUS-SECTION 1 INTÉRÊT DU LITIGE

Art. A. 444-188 En matière de saisie immobilière et de licitation, sauf dispositions contraires, l'intérêt du litige correspond au prix d'adjudication du bien. En cas de vente par lots, l'intérêt du litige correspond au prix de chaque lot, sauf si l'adjudication a lieu après réunion totale ou partielle des lots mis en vente.

Pour les demandes en partage, l'intérêt du litige est défini selon les règles applicables à l'assiette des émoluments des notaires précisées aux articles A. 444-54 et A. 444-55.

En matière de sûretés judiciaires, l'intérêt du litige correspond au montant de la garantie prise en sûreté.

Art. A. 444-189 Le cas échéant, le montant des dommages et intérêts prononcés par le juge est pris en compte pour l'évaluation de l'intérêt du litige.

Art. A. 444-190 L'assiette de l'émolument est arrondie à l'euro le plus proche.

SOUS-SECTION 2 ACTES ET FORMALITÉS CONCERNANT LA SAISIE IMMOBILIÈRE ET LA LICITATION PAR ADJUDICATION JUDICIAIRE

Art. A. 444-191 I. — A l'exception des cas mentionnés au II et au III, les actes réalisés en matière de saisie immobilière et de licitation par adjudication judiciaire (numéros 1, 2 et 3 du tableau 6 *[de l'annexe 4-7 ; V. ss. art. R. 444-3]*) donnent lieu à la perception de l'émolument perçu par les notaires en application du 1° de l'article A. 444-102, ainsi réparti entre les avocats en cause :

1° L'avocat poursuivant en perçoit les trois quarts ;

2° L'avocat de l'adjudicataire en perçoit le quart restant.

II. — En cas de surenchère, l'avocat ayant poursuivi la première vente et l'avocat surenchérisseur perçoivent ensemble l'émolument prévu au 1° du I. Le rapport entre l'émolument de l'un et de l'autre doit être égal au rapport entre, d'une part, le prix d'adjudication primitif et, d'autre part, la différence entre le prix d'adjudication sur la surenchère et le prix d'adjudication primitif.

III. — En cas de réitération d'enchère, l'avocat poursuivant perçoit la totalité de l'émolument prévu au I.

IV. — En cas d'abandon de la procédure après le dépôt du cahier des conditions de vente ou du cahier des charges, il est alloué à l'avocat poursuivant 37,5 % de l'émolument prévu au I, sur le montant de la mise à prix.

V. — En cas de vente amiable sur autorisation judiciaire, *(Arr. du 8 août 2019, art. 1er)* « ou de vente de gré à gré dans les conditions prévues au deuxième alinéa de l'article L. 322-1 du code des procédures civiles d'exécution » l'avocat poursuivant perçoit l'émolument perçu par les notaires en application de l'article A. 444-91.

Art. A. 444-192 Les actes réalisés en matière de distribution du prix (numéro 4 du tableau 6 *[de l'annexe 4-7 ; V. ss. art. R. 444-3]*) donnent lieu à la perception de l'émolument perçu par les mandataires judiciaires en application de l'article A. 663-28.

(Arr. du 2 août 2021, art. 1er) « Lorsque la distribution est soumise aux dispositions de l'article R. 332-1 du code des procédures civiles d'exécution, cet émolument est réduit de moitié. »

Art. A. 444-193 Les formalités accomplies en matière de saisie immobilière et de *licitation* par adjudication judiciaire donnent lieu à la perception des émoluments suivants :

NUMÉRO DE LA PRESTATION (tableau 6 de l'annexe 4-7)	DÉSIGNATION DE LA PRESTATION	ÉMOLUMENT
5	Réquisitions et demandes de renseignements sur la personne du débiteur saisi	11,54 €, pour l'ensemble

NUMÉRO DE LA PRESTATION (tableau 6 de l'annexe 4-7)	DÉSIGNATION DE LA PRESTATION	ÉMOLUMENT
6	Réquisitions et demandes de renseignements sur l'immeuble saisi	11,54 €, par réquisition ou demande
7	Rédaction du bordereau de publication et éventuellement du bordereau rectificatif, en application des articles R. 321-6 et R. 321-7 du code des procédures civiles d'exécution	1,15 €, par page
8	Publication du commandement de payer au service de la publicité foncière	346,16 €
9	Publication au service de la publicité foncière de la décision de justice ordonnant la suspension des voies d'exécution, le report de la vente ou la prorogation du commandement de payer, en application de l'article R. 321-22 du code des procédures civiles d'exécution	346,16 €
10	Rédaction de la dénonciation au conjoint du commandement de payer en application du premier alinéa de l'article R. 321-1 du code des procédures civiles d'exécution	15,38 €
11	S'il existe un tiers détenteur de l'immeuble saisi, rédaction du commandement à fin de saisie à tiers détenteur, en application de l'article R. 321-4 du code des procédures civiles d'exécution	1,15 €, par page
12	Mention en marge de publication du commandement de payer de l'assignation à comparaître à l'audience d'orientation et des dénonciations, en application de l'article R. 322-9 du code des procédures civiles d'exécution	3,85 €
13	Rédaction du cahier des conditions de la vente ou du cahier des charges	0,38 €, par page
14	Dépôt au greffe du cahier des conditions de la vente, de la copie de l'assignation et du procès-verbal de descriptif de l'immeuble saisi, en application des articles R. 322-10 et R. 322-11 du code des procédures civiles d'exécution	19,23 €
15	Dire au cahier des conditions de la vente pour renseignements complémentaires	19,23 €
16	Rédaction d'une signification de jugement à avocat et à partie	15,38 €
17	Lettre en recommandé avec accusé de réception au syndic de copropriété concernant l'amiante et l'état de l'immeuble saisi, en application des articles R. 1334-14 à R. 1334-29-7 du code de la santé publique	57,69 €
18	Déclaration au greffe pour informations complémentaires	19,23 €

NUMÉRO DE LA PRESTATION (tableau 6 de l'annexe 4-7)	DÉSIGNATION DE LA PRESTATION	ÉMOLUMENT
19	Si l'immeuble saisi est soumis à un droit de préemption urbain, rédaction de la déclaration d'intention d'aliéner et envoi en mairie en cinq exemplaires	38,46 €
20	Formalités de publicité légale prévues aux articles R. 322-32 à R. 322-70 du code des procédures civiles d'exécution	38,46 €, par insertion
21	Dépôt au greffe de l'avis de publicité pour apposition	19,23 €
22	Lettre en recommandé avec accusé de réception au locataire ou, si l'immeuble est occupé par le propriétaire, à la mairie, en application de l'article L. 616 du code de la construction et de l'habitation	15,38 €
23	Rédaction d'une notification aux fins de purge des droits de préemption et de substitution, en application de l'article 10 de la loi n° 75-1351 du 31 décembre 1975 relative à la protection des occupants de locaux à usage d'habitation	38,46 €
24	Levée auprès du greffe du certificat constatant le défaut de consignation du prix ou de paiement des frais, en application de l'article R. 322-67 du code des procédures civiles d'exécution	57,60 €
25	Rédaction d'une sommation de payer à l'avocat de l'adjudicataire	15,38 €
26	Déclaration d'adjudicataire au greffe, en application de l'article R. 322-46 du code des procédures civiles d'exécution	19,23 €
27	Concernant les lots de copropriété, notification au syndic de l'avis de mutation en application de l'article 5-1 du décret n° 67-223 du 17 mars 1967	15,38 €
28	Concernant les lots de copropriété, notification au syndic du transfert de propriété en application de l'article 6 du décret n° 67-223 du 17 mars 1967	15,38 €
29	Concernant les lots de copropriété, notification aux créanciers inscrits de l'opposition à la vente formulée par le syndic, en application de l'article 6-1 du décret n° 67-223 du 17 mars 1967	15,38 €
30	Dépôt d'une déclaration de surenchère au greffe du juge de l'exécution	19,23 €
31	Rédaction de la dénonciation de la surenchère au créancier poursuivant, au premier adjudicataire et au débiteur saisi au greffe	15,38 €

NUMÉRO DE LA PRESTATION (tableau 6 de l'annexe 4-7)	DÉSIGNATION DE LA PRESTATION		ÉMOLUMENT
32	S'il n'existe qu'un seul créancier, notification au débiteur du montant versé au créancier poursuivant, en application de l'article R. 332-1 du code des procédures civiles d'exécution		15,38 €
33	S'il existe plusieurs créanciers	Notification de la demande de la déclaration actualisée des créances, en application de l'article R. 332-2 du code des procédures civiles d'exécution	15,38 €
34		Notification du projet de distribution du prix aux créanciers, en application des articles R. 332-4 et R. 332-5 du code des procédures civiles d'exécution	15,38 €
35		Notification du projet de distribution du prix au syndic de copropriété, au débiteur saisi et au Trésor public	15,38 €
36	Réquisition auprès du service de la publicité foncière aux fins de radiation des inscriptions et publications		3,85 €, par réquisition

SOUS-SECTION 3 ACTES ET FORMALITÉS CONCERNANT LE PARTAGE ET LA LICITATION PAR ADJUDICATION VOLONTAIRE

Art. A. 444-194 I. – Les actes réalisés dans le cadre d'une demande contestée en partage de biens meubles ou immeubles, y compris en cas de licitation par adjudication volontaire (numéro 37 du tableau 6 *[de l'annexe 4-7 ; V. ss. art. R. 444-3]*), donnent lieu à la perception :

1° En cas d'instance contradictoire, d'un émolument proportionnel selon le barème suivant :

TRANCHES D'ASSIETTE	TAUX APPLICABLE
De 0 à 1068 €	3,6 %
De 1 069 € à 2 135 €	2,4 %
De 2 136 € à 3 964 €	1,2 %
De 3 965 à 9 147 €	0,6 %
Plus de 9 147 €	0,3 %

2° En cas d'instance par défaut :

a) Si l'instance est terminée par un jugement par défaut susceptible d'opposition, d'un émolument proportionnel correspondant à 25 % de celui fixé au 1° ;

b) Si l'instance est terminée par un jugement réputé contradictoire, d'un émolument proportionnel correspondant à 50 % de celui fixé au 1° ;

c) Dans le cas mentionné au *b*, en cas de pluralité de demandeurs ou de défendeurs, et lorsqu'au moins un avocat a déposé des conclusions, de l'émolument fixé au 1°.

II. – Les actes réalisés dans le cadre d'une demande non contestée en partage de biens immeubles (numéro 38 du tableau 6 *[de l'annexe 4-7 ; V. ss. art. R. 444-3]*) donnent lieu à la perception de la moitié de l'émolument fixé au I.

Art. A. 444-195 Les actes réalisés dans le cadre d'une demande contestée en homologation du projet d'état liquidatif des biens à partager (numéro 39 du tableau 6 *[de l'annexe 4-7 ; V. ss. art. R. 444-3]*) donnent lieu à la perception de l'émolument fixé au I de l'article A. 444-194.

Art. A. 444-196 La publication du jugement au service de la publicité foncière (numéro 40 du tableau 6 *[de l'annexe 4-7 ; V. ss. art. R. 444-3]*) donne lieu à la perception d'un émolument fixe de 346,16 €.

SOUS-SECTION 4 ACTES ET FORMALITÉS CONCERNANT LES SÛRETÉS JUDICIAIRES

Art. A. 444-197 Les actes réalisés pour l'inscription d'une sûreté judiciaire avec demande d'obtention d'un titre exécutoire (numéro 41 du tableau 6 *[de l'annexe 4-7 ; V. ss. art. R. 444-3]*) donnent lieu à la perception de l'émolument fixé au 1° de l'article A. 444-194.

Art. A. 444-198 Les actes réalisés pour l'inscription d'une sûreté judiciaire sans demande d'obtention d'un titre exécutoire (numéro 42 du tableau 6 *[de l'annexe 4-7 ; V. ss. art. R. 444-3]*) donnent lieu à la perception de la moitié de l'émolument fixé au 1° de l'article A. 444-194.

Art. A. 444-199 Les formalités accomplies en matière de sûretés judiciaires donnent lieu à la perception des émoluments suivants :

NUMÉRO DE LA PRESTATION (tableau 6 de l'annexe 4-7)	DÉSIGNATION DE LA PRESTATION	ÉMOLUMENT	
43	Réquisitions et demandes de renseignements sur la personne du débiteur	11,54 €, pour l'ensemble	
44	Réquisitions et demandes de renseignements sur l'immeuble	11,54 €, par réquisition ou demande	
45	Réquisitions et demandes de renseignements sur la société	11,54 €, par réquisition ou demande	
46	Formalités de publicité provisoire, en application des articles R. 532-1 à R. 532-9 du code des procédures civiles d'exécution	Tranches d'assiette	Taux applicable
		De 0 à 6 500 €	2,630 %
		De 6 500 € à 17 000 €	1,085 %
		De 17 000 € à 60 000 €	0,723 %
		Plus de 60 000 €	0,542 %

NUMÉRO DE LA PRESTATION (tableau 6 de l'annexe 4-7)	DÉSIGNATION DE LA PRESTATION	ÉMOLUMENT	
47	Formalités de publicité définitive en application des articles R. 533-1 à R. 533-6 du code des procédures civiles d'exécution	**Tranches d'assiette**	**Taux applicable**
		De 0 à 6 500 €	2,630 %
		De 6 500 € à 17 000 €	1,085 %
		De 17 000 € à 60 000 €	0,723 %
		Plus de 60 000 €	0,542 %

SOUS-SECTION 5 INCIDENTS

Art. A. 444-200 Les actes et formalités réalisés en matière d'incidents (numéro 48 du tableau 6 *[de l'annexe 4-7 ; V. ss. art. R. 444-3]*) donnent lieu aux émoluments suivants :

1° Si l'incident présente le caractère d'une demande principale, l'avocat perçoit l'émolument fixé à l'article A. 444-194 ;

2° Si l'incident n'a pas le caractère d'une demande principale et donne lieu à un jugement mettant fin à la procédure, l'avocat perçoit la moitié de l'émolument fixé au 1° de l'article A. 444-194.

SOUS-SECTION 6 REMBOURSEMENT DES FRAIS ET DÉBOURS

Art. A. 444-201 Les frais de déplacement mentionnés au *a* du 7° du I de l'annexe 4-8 *[V. ss. art. R. 444-3]* font l'objet d'un remboursement forfaitaire égal à celui prévu pour les huissiers de justice aux articles A. 444-48 et A. 444-49.

SOUS-SECTION 7 REMISES

Art. A. 444-202 Les remises prévues au *(Arr. du 2 août 2021, art. 1er)* « dernier » alinéa de l'article L. 444-2 sont consenties par les avocats sur les émoluments proportionnels fixés à la présente section dans la limite d'un taux de remise maximal de *(Arr. du 2 août 2021, art. 1er)* « 20 % » applicable à la part d'émolument calculée sur les tranches d'assiette supérieures ou égales à 100 000 €.

En cas d'intervention d'une pluralité d'avocats dans la réalisation de l'une des prestations mentionnées au tableau 6 de l'annexe 4-7 *[V. ss. art. R. 444-3]*, la remise respectivement consentie par chaque intervenant est, le cas échéant, déduite de la part lui revenant.

CHAPITRE II RECUEIL DE DONNÉES ET D'INFORMATIONS

(Arr. du 11 sept. 2018, art. 1er)

Art. A. 444-203 Les instances nationales professionnelles énumérées à l'article R. 444-17, à l'exception du Conseil national des barreaux, transmettent au plus tard le 30 juin de chaque année, soit par voie de communication électronique sécurisée dans un format informatique ouvert de nature à assurer son interopérabilité, soit par tout autre moyen approprié, aux ministres de la justice et de l'économie et à l'Autorité de la concurrence, les tableaux établis conformément aux modèles figurant respectivement au I et au II de l'annexe 4-2 du présent livre.

Par dérogation à l'art. A. 444-203, pour les années civiles 2016 et 2017, les instances nationales professionnelles énumérées à l'art. R. 444-17, à l'exception du Conseil national des barreaux, transmettent aux ministres de la justice et de l'économie et à l'Autorité de la concurrence les tableaux prévus à l'art. A. 444-203 au plus tard le 1er oct. 2018 (Arr. du 11 sept. 2018, art. 3).

Les dispositions de l'Arr. du 11 sept. 2018 relatives aux informations figurant aux colonnes L1, L2, M1 et M2 du document prévu au I de l'annexe 4-2 à l'art. A. 444-203 sont applicables aux tableaux transmis à compter du 1er janv. 2019. Ces informations sont transmises, pour l'année civile 2018, telles qu'estimées par les professionnels mentionnés à la 1re phrase du 1er al. de l'art. L. 444-1 (Arr. préc., art. 4).

ANNEXE 4-2 À L'ARTICLE A. 444-203

(Arr. du 11 sept. 2018, art. 2)

I. Modèle de tableau prévu à l'article A. 444-203

Numéro SIREN de l'office ou de l'étude	A	B	C	D	E	F	G	H	I	J	K	L1	L2	M1	M2	N	O
…																	
…																	
…/ …																	

Légende : Ce tableau contient autant de lignes que la profession compte d'offices ou d'études. Les informations mentionnées dans le tableau sont calculées pour chaque année civile, par office ou étude soumis à la tenue d'une comptabilité distincte. Dans le cas d'une société titulaire d'un office ou d'une étude, il est ainsi établi une ligne unique pour l'office ou l'étude. Dans le cas d'une société titulaire de plusieurs offices ou études, il est établi une ligne par office ou étude.

Les colonnes A à O correspondent aux informations suivantes :

A	Raison sociale ou dénomination sociale de l'office ou de l'étude	
B	Adresse de l'office ou de l'étude	
C	Code postal de l'office ou de l'étude	
D	Ville de l'office ou de l'étude	
E	Code communal INSEE de l'office ou de l'étude	
F	Forme juridique de l'office ou de l'étude	Indiquer si l'office ou l'étude est constitué sous la forme d'une entreprise individuelle ou d'une société. Précisez la forme sociale.
G	Régime de déclaration de l'office ou de l'étude	Indiquer si l'office ou l'étude procède à une déclaration de bénéfices non commerciaux selon le régime de la déclaration contrôlée, à une déclaration d'impôt sur les sociétés selon le régime normal, ou à une déclaration d'impôt sur les sociétés selon le régime simplifié.
H	Date de clôture de l'exercice comptable	
I	Nombre total de professionnels en exercice au sein de l'office ou de l'étude (au 1er janvier de l'année civile)	Indiquer exclusivement le nombre de professionnels en exercice, sans intégrer les personnes exerçant la profession en qualité de salarié. Les professionnels en exercice sont les personnes physiques titulaires d'un office ou d'une étude, ou ayant la qualité d'associé d'une personne morale titulaire d'un office ou d'une étude et exerçant une des professions mentionnées à la première phrase de l'alinéa 1er de l'article L. 444-1 du code de commerce au sein de cet office ou étude.

J	Nombre total de personnes exerçant la profession concernée en qualité de salarié au sein de l'office ou de l'étude (au 1er janvier de l'année civile)	Indiquer exclusivement le nombre de personnes physiques exerçant en qualité de salarié une des professions mentionnées à la première phrase de l'alinéa 1er de l'article L. 444-1 du code de commerce au sein de cet office ou étude.
K	Chiffre d'affaires de l'office ou de l'étude – en euros	Le chiffre d'affaires de l'office ou de l'étude est égal au montant total hors taxes des sommes rémunérant les prestations réalisées au cours de l'année civile (ensemble des émoluments et honoraires). Il correspond, selon le régime de déclaration de l'office ou de l'étude : a) au montant net des recettes en cas de déclaration de bénéfices non commerciaux selon le régime de la déclaration contrôlée ; b) au chiffre d'affaires net en cas de déclaration d'impôt sur les sociétés selon le régime normal ; c) aux ventes de marchandises et à la production vendue de biens et de services en cas de déclaration d'impôt sur les sociétés selon le régime simplifié.
L1	Total des émoluments de l'office ou de l'étude – en euros	Les émoluments sont les sommes perçues par le professionnel en contrepartie des prestations dont les tarifs sont régis par le titre IV *bis* de la partie législative du code de commerce.
L2	Total des émoluments de l'office ou de l'étude – en pourcentage du total du chiffre d'affaires	Le total des émoluments comprend les émoluments rétrocédés par d'autres offices ou études. Les émoluments rétrocédés à d'autres offices ou études sont déduits du total.
M1	Total des honoraires de l'office ou de l'étude – en euros	Les honoraires sont les sommes perçues par les professionnels en contrepartie des prestations dont les tarifs ne sont pas régis par le titre IV *bis* de la partie législative du code de commerce.
M2	Total des honoraires de l'office ou de l'étude – en pourcentage du total du chiffre d'affaires	Le total des honoraires comprend les honoraires rétrocédés par d'autres offices ou études. Les honoraires rétrocédés à d'autres offices ou études sont déduits du total.
N	Résultat de l'office ou de l'étude – en euros	Le résultat de l'office ou de l'étude est égal à la différence entre les produits et les charges de l'année civile ; il correspond, selon le régime de déclaration de l'office ou de l'étude : a) à l'excédent ou déficit du compte de résultat en cas de déclaration de bénéfices non commerciaux selon le régime de la déclaration contrôlée ; b) au résultat courant avant impôts en cas de déclaration d'impôt sur les sociétés selon le régime normal ; c) à la somme du résultat courant et du résultat financier en cas de déclaration d'impôt sur les sociétés selon le régime simplifié. En cas de déclaration d'impôt sur les sociétés, doit être ajouté au résultat l'ensemble des rémunérations perçues au titre de la gérance et déclarées en application des articles L. 114-12, L. 131-6, L. 136-3 et R. 131-1 du code de la sécurité sociale.
O	Taux de résultat de l'office ou de l'étude – en pourcentage	Le taux de résultat est égal au rapport entre le résultat et le chiffre d'affaires.

II. Modèle de tableau prévu à l'article A. 444-203

Périmètre géographique (national ou départemental)			Entreprises individuelles	Sociétés soumises à l'impôt sur le revenu	Sociétés soumises à l'impôt sur les sociétés	Total des offices et études
A	Nombre d'offices ou études					
B	Nombre de professionnels en exercice					
C	Chiffre d'affaires	Montant total				
		1er décile				
		Moyenne				
		Dernier décile				
D	Émoluments	Montant total				
		% du montant total du chiffre d'affaires				
E	Honoraires	Montant total				
		% du montant total du chiffre d'affaires				
F	Résultat	Montant total				
		1er décile				
		Moyenne				
		Dernier décile				
G	Taux de résultat	1er décile				
		Moyenne				
		Dernier décile				

Légende : Le tableau est établi au plan national. Il est également établi au plan départemental s'agissant des informations relatives au taux de résultat.
Il est renseigné à partir des informations figurant dans le tableau prévu au I de l'Annexe 4-2 à l'article A. 444-203. Les informations mentionnées dans le tableau sont calculées pour chaque année civile, par office ou étude.

TITRE CINQUIÈME DES POUVOIRS D'ENQUÊTE

Art. A. 450-1 Les *(Abrogé par Arr. du 18 mars 2015, art. 1er) « fonctionnaires de catégorie A et de catégorie B, » (Arr. du 23 avr. 2010, art. 1er)* « agents de la concurrence, de la consommation et de la répression des fraudes » sont habilités, en application *(Arr. du 8 oct. 2009)* « de l'article L. 450-1 », à procéder aux enquêtes dans les conditions prévues au présent livre. – *[Arr. du 22 janv. 1993, art. 1er.]*

Art. A. 450-2 Toutefois, seuls les fonctionnaires de catégorie A *(Arr. du 18 mars 2015, art. 2)* « et de catégorie B, agents de la concurrence, de la consommation et de la répression des fraudes » mentionnés à l'article A. 450-1 sont habilités à procéder aux visites et aux saisies prévues par l'article L. 450-4 *(Abrogé par Arr. du 18 mars 2015, art. 2) « ; ils peuvent être assistés, lors des opérations, par un ou plusieurs fonctionnaires de catégorie B désignés parmi ceux définis à l'article A. 450-1 ».* – *[Arr. du 22 janv. 1993, art. 2.]*

Art. A. 450-3 Les fonctionnaires *(Arr. du 18 mars 2015, art. 3)* « de catégorie A et de catégorie B mentionnés à l'article A. 450-2 » sont habilités à procéder aux visites et saisies pour l'application de l'article *(Décr. no 2017-305 du 9 mars 2017, art. 2-II)* « L. 490-9 *[ancienne rédaction : L. 470-6]* ». – *[Arr. du 22 janv. 1993, art. 3.]*

Art. A. 450-4 *(Abrogé par Arr. du 18 mars 2015, art. 4) Les fonctionnaires de catégorie C (Arr. du 23 avr. 2010, art. 1er) « [,] agents de la concurrence, de la consommation et de la répression des fraudes[,] » sont habilités pour la recherche et la constatation des seules infractions passibles de peines contraventionnelles ; pour les autres infractions, ils assistent les fonctionnaires mentionnés à l'article A. 450-1.* – *[Arr. du 22 janv. 1993, art. 4.]*

Art. A. 450-5 *Abrogé par Arr. du 23 avr. 2010, art. 2. – V.* ***C. com.****, éd. 2015 et antérieures.*

TITRE SIXIÈME DE L'AUTORITÉ DE LA CONCURRENCE *(Arr. du 9 sept. 2020, art. 1er).*

CHAPITRE PREMIER DE L'ORGANISATION *(Arr. du 9 sept. 2020, art. 1er).*

CHAPITRE II DES ATTRIBUTIONS

(Arr. du 9 sept. 2020, art. 1er ; Arr. du 23 juill. 2021, art. 1er)

L'Arr. du 23 juill. 2021 « ajoute » un chapitre II « Des attributions », un art. A. 462-1 et une annexe 4-3 alors que ces chapitre, article et annexe avaient déjà été ajoutés par un Arr. du 9 sept. 2020. Nous avons choisi de conserver les deux versions de l'art. A. 462-1 et de l'annexe 4-3, les premières n'ayant pas été « remplacées » selon la terminologie employée.

Art. A. 462-1 *(Arr. du 9 sept. 2020, art. 1er)* **I. – Les dispositions du présent article sont applicables :**

1° au dossier d'information communiqué en application des dispositions combinées du I et du IV de l'article L. 462-10 ;

2° au rapport prévu au II du même article.

II. – Le dossier d'information et le rapport comprennent les éléments énumérés à l'annexe 4-3 du présent livre. Ils sont adressés à l'Autorité de la concurrence par tout moyen permettant de conférer date certaine.

III. – Si l'Autorité de la concurrence constate que le dossier ou le rapport mentionné au I est incomplet ou n'est pas conforme aux dispositions de l'annexe 4-3 du présent livre, elle demande que le dossier ou le rapport soit complété ou rectifié dans le délai qu'elle fixe.

Les dispositions de l'Arr. du 9 sept. 2020 relatives à la communication à l'Autorité de la concurrence du dossier d'information, prévu en application des dispositions combinées du I et du IV de l'art. L. 462-10 et du I de l'annexe 4-3 de l'art. A. 462-1, s'appliquent aux accords mis en œuvre à partir du premier jour du cinquième mois suivant la publication (JO 17 sept. 2020) dudit arrêté (Arr. préc., art. 4).

Dans le cas où les informations prévues au I de l'art. L. 462-10 et au I de l'annexe 4-3 de l'art. A. 462-1 n'ont pas été transmises à l'Autorité de la concurrence du fait que l'accord a été mis en œuvre avant la date prévue à l'art. 4 de l'Arr. du 9 sept. 2020, l'Autorité de la concurrence peut demander aux parties, en complément du rapport prévu au 1er al. du II du même art. L. 462-10, de lui transmettre ces informations. Celles-ci sont actualisées à leur date de transmission (Arr. préc., art. 5).

ANNEXE 4-3 À L'ARTICLE A. 462-1

(Arr. du 9 sept. 2020, art. 2)

I. — *Dossier d'information prévu aux I et IV de l'article L. 462-10.*

1. Description de l'opération, comprenant :

a) Une copie des accords soumis à l'obligation de communication et de l'ensemble de leurs annexes accompagnée, si nécessaire, d'une traduction en langue française de ces documents ;

b) Une présentation de l'objet de la coopération (périmètre et objet de la négociation commune) ;

c) Une présentation des aspects juridiques de l'opération, précisant notamment les modalités juridiques choisies pour la mise en œuvre de l'accord, ainsi que les dispositifs mis en place afin de prévenir les risques de pratiques anticoncurrentielles ;

d) Une présentation des aspects financiers de l'opération, mentionnant notamment les montants pertinents aux fins d'appréciation du franchissement des seuils de l'article R. 462-5 du code de commerce, ainsi que les produits (avec pour chacun une estimation de leur volume et valeur) que chacune des entreprises parties à l'accord envisage d'acheter ou de référencer et/ou les services qu'elle envisage de rendre dans le cadre de l'accord ;

e) Une présentation des objectifs économiques de l'opération, comportant notamment une évaluation des avantages attendus, à l'amont et à l'aval ;

f) La liste des États dans lesquels l'opération est susceptible d'avoir un effet à l'amont ou à l'aval ;

g) Le cas échéant, le mandat des conseils ou personnes chargées du dossier d'information.

2. Présentation des entreprises parties aux accords et des groupes auxquels elles appartiennent, comprenant, pour chacune des entreprises ou groupes :

a) La liste des éventuelles centrales auxquelles participent directement ou indirectement les parties à l'accord, et les adhérents de ces centrales ainsi que les catégories de produits ou de services concernés par l'activité de ces centrales ;

b) La liste des accords en vigueur relevant du I de l'article L. 462-10.

3. Marchés concernés :

Le dossier d'information comprend une définition de chaque marché d'approvisionnement et de chaque marché aval concerné ainsi qu'une description précise des arguments ayant conduit à la délimitation proposée et, pour chaque marché concerné, les informations suivantes :

a) Une estimation de l'importance du marché en valeur et en volume ;

b) La part de marché des parties à l'accord et des groupes auxquels elles appartiennent ;

c) La part de marché des principaux opérateurs concurrents (soit ceux pesant plus de 5 % des achats d'au moins une des parties aux accords) ;

d) L'identité, l'adresse, le numéro de téléphone et l'adresse électronique des responsables compétents des fournisseurs de produits ou acheteurs de prestations de services entrant dans le champ de l'accord ainsi que la part que chacun représente dans le total des achats de chacune des entreprises ou groupes mentionnés au 2 sur chaque marché considéré.

4. Description détaillée de la méthodologie ayant conduit à la sélection de fournisseurs ou de marchés et le cas échéant à leur exclusion de l'accord et liste des fournisseurs et marchés.

5. Déclaration concluant le dossier d'information :

Le dossier d'information se conclut par la déclaration suivante, signée par ou au nom de toutes les parties :

"Les soussignés déclarent que les informations fournies dans le présent dossier d'information sont, à leur connaissance, sincères, exactes et complètes, que toutes les estimations sont présentées comme telles et constituent les estimations les plus précises des faits en cause, et que tous les avis exprimés sont sincères.

"Ils connaissent les dispositions de l'article L. 450-8 du code de commerce."

II. — *Rapport prévu aux II et IV de l'article L. 462-10.*

1. Actualisation des informations figurant dans le dossier d'information prévu au I de l'article L. 462-10 et au I de la présente annexe :

Les entreprises transmettent une version actualisée à la date de transmission du rapport de l'ensemble des informations figurant dans le dossier d'information.

2. Dans le cas où la demande de l'Autorité de la concurrence le spécifie, l'identité, l'adresse, le numéro de téléphone et l'adresse électronique des responsables compétents des principaux opérateurs, concurrents des fournisseurs de produits ou acheteurs de prestations de services entrant dans le champ de l'accord, qui fournissent également les parties à titre individuel.

3. Présentation des effets de l'accord :

Pour chaque marché concerné, les entreprises fournissent les informations sur :

a) Les effets concurrentiels de l'accord à l'amont et en particulier sur les fournisseurs inclus ou susceptibles d'être inclus dans le périmètre de l'accord, et sur les fournisseurs non inclus dans l'accord ;

b) Les bénéfices pour les consommateurs finaux et/ou les clients des parties, notamment en termes de prix, de qualité des produits et d'innovation.

4. Déclaration concluant le rapport :

Le rapport se conclut par la déclaration suivante, signée par ou au nom de toutes les parties :

"Les soussignés déclarent que les informations fournies dans le présent rapport sont, à leur connaissance, sincères, exactes et complètes, que toutes les estimations sont présentées comme telles et constituent les estimations les plus précises des faits en cause, et que tous les avis exprimés sont sincères.

"Ils connaissent les dispositions de l'article L. 450-8 du code de commerce."

Art. A. 462-1 *(Arr. du 23 juill. 2021, art. 1er)* **En application du IV et du V de l'article L. 462-9-1, l'instrument uniforme est établi conformément au modèle joint en annexe 4-3 du présent livre.**

ANNEXE 4-3 À L'ARTICLE A. 462-1

Instrument uniforme pour les demandes fondées sur les articles 25 et 26 de la directive 2019/1

(Arr. du 23 juill. 2021, art. 2)

☐ **Demande de notification des griefs préliminaires et d'autres documents conformément à l'art. 25 de la directive 2019/1/UE**

☐ **Demande d'exécution des décisions infligeant des sanctions pécuniaires ou des astreintes conformément à l'art. 26 de la directive 2019/1/UE**

A. – Autorité requérante (*)

1. Nom (*) :
2. Numéro et voie/ boite postale (*) :
3. Code postal et ville (*) :
4. Pays (*) :
5. Personne (s) à contacter (*) :
6. Téléphone (code du pays) (code régional) (*) :
7. Fax (code du pays) (code régional) :
8. Adresse électronique (*) :

B. – Autorité requise (*)

1. Nom (*) :
2. Numéro et voie/ boite postale (*) :
3. Code postal et ville (*) :
4. Pays (*) :
5. Téléphone (code du pays) (code régional) (*) :
6. Fax (code du pays) (code régional) :
7. Adresse électronique (*) :

C. – Destinataire

☐ **Personne physique** (uniquement pour les demandes en application de l'article 25 de la directive 2019/1/UE)

1. Nom (*) :
2. Prénom(s) (*) :
3. Date de naissance :
4. Lieu de naissance :
5. Numéro et voie (*) :
6. Code postal et ville (*) :
7. Pays (*) :
8. Fax (code du pays) (code régional) :
9. Adresse électronique :
10. Autres précisions pour l'identification :

D. – En cas de demande de notification de griefs préliminaires et d'autres documents

Nature du document
☐ Griefs préliminaires relatifs à une infraction présumée à l'article 101 ou 102 du TFUE
☐ Décision d'application de l'article 101 ou 102 du TFUE
☐ Autre acte procédural adopté dans le cadre de procédures de mise en œuvre
☐ Autre document pertinent lié à l'application de l'article 101 ou 102 du TFUE, y compris les documents relatifs à l'exécution des décisions infligeant des sanctions pécuniaires ou des astreintes

☐ **Personne morale**
1. Nom (*) :
2. Forme sociale (*) :
3. Nom du registre et numéro d'enregistrement (s'il y a lieu/ s'il est connu) :
4. Numéro et voie (*) :
5. Code postal et ville (*) :
6. Pays (*) :
7. Fax (code du pays) (code régional) :
8. Adresse électronique :

E. – En cas de demande d'exécution de décisions infligeant des sanctions pécuniaires ou des astreintes

1. Type de demande
☐ Sanction pécuniaire
☐ Astreinte

2. Informations sur la décision permettant l'exécution dans l'État membre de l'autorité requérante* :

3. Date à laquelle les sanctions pécuniaires ou astreintes ont été imposées :
4. Date de notification de la décision :
5. Date à laquelle la décision est devenue définitive* :
6. Date d'exigibilité de la sanction pécuniaire :
7. Montant de la sanction pécuniaire ou de l'astreinte* :
8. Montant et mode de calcul du montant à recouvrer par l'autorité requise :
9. Le cas échéant : informations sur le lieu de paiement de la sanction pécuniaire ou de l'astreinte (coordonnées de l'entité qui reçoit le paiement et numéro de compte bancaire) :

10. Informations démontrant les efforts raisonnables faits par l'autorité requérante pour exécuter la décision sur son propre territoire* :

11. Le cas échéant : raisons pour lesquelles l'autorité requérante n'a pas fait d'efforts raisonnables pour exécuter la décision sur son propre territoire :

F. – Résumé des faits et circonstances pertinents (*)

G. – Résumé de la copie de l'acte joint à notifier ou à exécuter (*)

H. – Période au cours de laquelle la notification ou l'exécution devrait avoir lieu (telle que : les délais réglementaires ou les délais de prescription) (*)

I. – Liste des annexes

Date : Signature et/ou cachet :

(*) Information obligatoire (cf. art. 25-27 de la directive 2019/1)
A remplir par l'autorité requise :

J. – Clôture de la notification
Date et adresse de la notification/de la tentative ☐ Au nom de l'autorité requise, je confirme par la présente, en cochant cette case, que la notification a été effectuée conformément à la législation et aux pratiques nationales de l'État membre de l'autorité requise ☐ Confirmation de la notification jointe ☐ Échec de la tentative de notification ☐ Le décompte des frais est joint.
Date : Signature et/ou cachet :

K. – Clôture du recouvrement
Date et adresse du recouvrement/de la tentative : *Click here to enter text.* ☐ Le recouvrement a été effectué. Le montant demandé a pu être recouvré en totalité. ☐ Recouvrement incomplet/échec de la tentative de recouvrement*[:] Click here to enter text.* ☐ Le décompte des frais est joint.
Date : Signature et/ou cachet :

TITRE SEPTIÈME DISPOSITIONS DIVERSES

Le présent titre ne comprend pas de dispositions pour les arrêtés.

LIVRE CINQUIÈME DES EFFETS DE COMMERCE ET DES GARANTIES

TITRE PREMIER DES EFFETS DE COMMERCE

(Arr. du 29 déc. 2010, art. 3)

Le présent titre ne comprend pas de dispositions pour les arrêtés.

TITRE II DES GARANTIES

(Arr. du 29 déc. 2010, art. 3)

CHAPITRE PREMIER DISPOSITIONS GÉNÉRALES SUR LE GAGE COMMERCIAL

Le présent chapitre ne comprend pas de dispositions pour les arrêtés.

CHAPITRE II DES DÉPÔTS EN MAGASINS GÉNÉRAUX

Le présent chapitre ne comprend pas de dispositions pour les arrêtés.

CHAPITRE III DU WARRANT HÔTELIER

Le présent chapitre ne comprend pas de dispositions pour les arrêtés.

CHAPITRE IV DU WARRANT PÉTROLIER

Le présent chapitre ne comprend pas de dispositions pour les arrêtés.

CHAPITRE V DU NANTISSEMENT DE L'OUTILLAGE ET DU MATÉRIEL D'ÉQUIPEMENT

Le présent chapitre ne comprend pas de dispositions pour les arrêtés.

CHAPITRE VI DE LA PROTECTION DE L'ENTREPRENEUR INDIVIDUEL

(Arr. du 12 mai 2022, art. 1er, en vigueur le 15 mai 2022).

SECTION PREMIÈRE DE L'ENTREPRENEUR INDIVIDUEL À RESPONSABILITÉ LIMITÉE *(Arr. du 12 mai 2022, art. 1er, en vigueur le 15 mai 2022).*

Art. A. 526-1 **Le modèle type** *(Arr. du 25 sept. 2019, art. 3, en vigueur le 1er oct. 2019)* **« d'état descriptif » figurant en annexe 5-1 est approuvé.**

ANNEXE 5-1 (ANNEXE AUX ARTICLES A. 526-1 ET A. 526-2)

Annexe I Modèle type d'état descriptif

Modèle d'état descriptif des biens, droits, obligations, sûretés affectés à l'exercice de l'activité professionnelle (1) par un entrepreneur individuel à responsabilité limitée

(Arr. du 25 sept. 2019, art. 6, en vigueur le 1er oct. 2019)

A. ÉLÉMENTS D'ACTIF

Fiche Signalétique (2)	Description (3)	Valeur Déclarée	Sûretés (4) grevant le bien (le cas échéant)	Documents à annexer (5)
A1				
A2				
A3				
...	...	...	...	...
Total	____	____	____	____

B. ÉLÉMENTS DE PASSIF

ÉLÉMENT	DESCRIPTION (6)	EN COURS
B1 B2 B3 …	…	…
Total		

Fait le ....
A ....
Signature de la personne :

Modèle de fiche signalétique par élément figurant dans le tableau A

— Description (et localisation si bien immobilier) : bien (meuble, immeuble, liquidités...), droit (droit d'usage...), obligation (créance, avance et acompte versé sur commande...), sûreté bénéficiant à l'EIRL (caution, gage, nantissement, hypothèque... en faveur de l'EIRL)

— Nature (élément détenu en pleine-propriété, en nue-propriété ou en usufruit, bien indivis, bien commun...)

— Qualité (élément neuf ou d'occasion...)

— Quantité

— Valeur déclarée (7)

(1) Il s'agit :

— des biens, droits, obligations et sûretés dont bénéficie l'entrepreneur individuel à responsabilité limitée (EIRL), nécessaires à son activité professionnelle. Ces éléments doivent être obligatoirement affectés, à l'exception des terres utilisées pour l'exercice d'une exploitation agricole pour lesquelles l'affectation reste possible, mais n'est pas obligatoire. Exemples :

— installations, biens d'équipements spécifiques ;

— droit de présentation de la clientèle (activité libérale, activité non commerciale) ;

— fonds de commerce, fonds artisanal, fonds agricole... ;

— parts de société civile de moyens (SCM) ou de société civile professionnelle (SCP).

— des éléments que l'entrepreneur utilise dans le cadre de sa profession et qu'il décide d'affecter : il peut s'agir de biens à usage mixte (par exemple véhicules employés à titre professionnel et à titre personnel).

Attention : ne peuvent pas figurer dans le patrimoine affecté les éléments qui ne sont ni nécessaires ni utilisés pour l'exercice de l'activité professionnelle.

(2) Détail : voir le modèle de fiche signalétique à remplir pour chaque élément figurant dans le tableau A.

(3) Description : la description doit être sommaire : il y a lieu de globaliser les biens de même nature ou relevant d'un même ensemble dont la valeur unitaire n'excède pas 500 euros. La description doit préciser la localisation si le bien concerné est un bien immobilier.

(4) Préciser la nature des sûretés affectant le bien le cas échéant : gage, nantissement, hypothèque... et le montant de la créance garantie.

(5) Préciser le ou lesquels :

— si le bien affecté est un bien immobilier, l'acte notarié et le justificatif de l'accomplissement des formalités de publicité foncière doivent être joints ;

— si le bien affecté est un bien commun ou indivis, l'accord du conjoint ou des coïndivisaires doit être joint.

(6) Préciser s'il s'agit d'emprunts, de dettes de fournisseurs ou d'un passif de nature sociale ou fiscale.

(7) Valeur vénale ou, en l'absence de marché, valeur d'utilité.

Pour les créances : indiquer le montant restant dû.

Pour les sûretés : indiquer le montant de l'engagement garanti.

Annexe II Modèle type d'accord du conjoint à l'affectation par l'entrepreneur individuel à responsabilité limitée d'un bien commun à son activité professionnelle

Modèle d'accord du conjoint en cas d'affectation de biens communs par un entrepreneur individuel à responsabilité limitée

Je soussigné *(nom et prénom, date et lieu de naissance, domicile)*,

conjoint de M. /Mme *(rayer la mention inutile) (nom et prénom de l'entrepreneur individuel à responsabilité limitée)*, relevant d'un régime matrimonial prévoyant une communauté de biens entre époux,

déclare, conformément à l'article L. 526-11 du code de commerce :

— donner mon accord à l'affectation par M./Mme *(rayer la mention inutile) (nom et prénom de l'entrepreneur individuel à responsabilité limitée*, entrepreneur individuel à responsabilité limitée exerçant sous la dénomination EIRL *(à compléter)*, du (des) bien(s) commun(s) suivant(s) à son activité professionnelle :

(lister le[s] bien[s] commun[s] affecté[s])

— avoir été informé(e) que les créanciers auxquels la déclaration d'affectation est opposable et dont les droits sont nés à l'occasion de l'exercice de l'activité professionnelle à laquelle un patrimoine comprenant le(s) bien(s) commun(s) susmentionné(s) est affecté ont pour seul gage général le patrimoine affecté ;

— avoir été informé(e) qu'un même bien commun ne peut entrer dans la composition que d'un seul patrimoine affecté.

Fait à ....

Le ....

Signature du conjoint

Annexe III Modèle type d'accord du coïndivisaire à l'affectation par l'entrepreneur individuel à responsabilité limitée d'un bien indivis à son activité professionnelle

Modèle d'accord du coïndivisaire en cas d'affectation de bien indivis par un entrepreneur individuel à responsabilité limitée

Je soussigné *(nom et prénom, date et lieu de naissance, domicile)*,

propriétaire indivis avec M./Mme *(rayer la mention inutile) (nom et prénom de l'entrepreneur individuel à responsabilité limitée)* du (des) bien(s) suivants :

(lister le[s] bien[s] indivis affecté[s])

déclare, conformément à l'article L. 526-11 du code de commerce :

— donner mon accord à l'affectation par M./Mme *(rayer la mention inutile) (nom et prénom de l'entrepreneur individuel à responsabilité limitée* entrepreneur individuel à responsabilité limitée exerçant sous la dénomination EIRL *(à compléter)*, du (des) bien(s) indivis susmentionné(s), à son activité professionnelle ;

— avoir été informé(e) que les créanciers auxquels la déclaration d'affectation est opposable et dont les droits sont nés à l'occasion de l'exercice de l'activité professionnelle à laquelle un patrimoine comprenant le(s) bien(s) indivis susmentionné(s) est affecté ont pour seul gage général le patrimoine affecté ;

— avoir été informé(e) qu'un même bien indivis ne peut entrer dans la composition que d'un seul patrimoine affecté.

Fait à ....

Le ....

Signature du coïndivisaire

Art. A. 526-2 Les modèles types d'accords du conjoint ou du coïndivisaire, donnés, en application de l'article L. 526-11, à l'affectation par l'entrepreneur individuel à responsabilité limitée d'un bien commun ou indivis à son activité professionnelle, figurant en annexe 5-1 sont approuvés. — *V. cette annexe 5-1 ss. art. A. 526-1.*

Art. A. 526-3 *(Arr. du 28 sept. 2011, art. 1er)* **Le modèle type du relevé d'actualisation** *(Arr. du 25 sept. 2019, art. 4, en vigueur le 1er oct. 2019)* **« du patrimoine affecté » prévu à l'article R. 526-10-1 figurant en annexe 5-2 est approuvé.**

ANNEXE 5-2 (ANNEXE À L'ARTICLE A. 526-3)

Annexe I Modèle type de relevé d'actualisation du patrimoine affecté

Modèle type de relevé d'actualisation du patrimoine affecté correspondant aux obligations comptables simplifiées auxquelles est soumise l'activité professionnelle des personnes bénéficiant des régimes définis aux articles 50-0, 64 bis et 102 ter du code général des impôts (régime fiscal de la micro-entreprise)

(Arr. du 25 sept. 2019, art. 7, en vigueur le 1er oct. 2019)

I. — Renseignements généraux

Nom :

Prénom :

Dénomination de l'EIRL :

N° SIREN

Date d'établissement du présent relevé d'actualisation (1) :

31 décembre ....

II. — Actualisation du patrimoine affecté à l'exercice de l'activité professionnelle à la clôture de l'exercice

A. — ÉLÉMENTS D'ACTIF (2)

FICHE signalétique (3)	DESCRIPTION (4)	DATE d'acquisition	VALEUR DÉCLARÉE ou prix d'acquisition (5)	SÛRETÉS GREVANT LE BIEN (6) (le cas échéant)
A1				
A2				
A3				
...	...	...	...	...
Total	X	X		X

B. — ÉLÉMENTS DE PASSIF

ÉLÉMENT	DESCRIPTION (7)	ENCOURS
B1		
B2		
B3		
...	...	...
Total	X	

C. — ÉVOLUTION

	EXERCICE N – 1	EXERCICE N (au 31 décembre...., date d'établissement du présent relevé d'actualisation)
Total de l'actif		
Total du passif		

Fait le ....

A ....

Signature de la personne :

(1) Le relevé d'actualisation du patrimoine affecté prévu à l'article R. 526-10-1 du code de commerce doit être établi le 31 décembre de chaque année et faire l'objet d'un dépôt au registre de publicité légale dont relève l'EIRL en application de l'article L. 526-7, dans le délai de six mois suivant son établissement.

(2) Il s'agit de :

— l'ensemble des biens, droits, obligations et sûretés dont bénéficie l'EIRL, nécessaires à son activité professionnelle ou utilisés pour l'exercice de celle-ci, qui ont fait l'objet d'une affectation à l'activité professionnelle lors de la constitution du patrimoine affecté ou postérieurement ;

— l'ensemble des actifs acquis au cours de l'exercice ou des exercices antérieurs à l'occasion de l'activité de l'EIRL, et notamment le montant de l'avoir en caisse et le solde créditeur du ou des comptes bancaires ouverts par l'EIRL, comprenant l'ensemble des revenus perçus au cours de l'exercice ou des exercices antérieurs que l'EIRL a choisi de ne pas reverser dans son patrimoine non affecté.

(3) Pour les éléments qui figuraient déjà dans l'état descriptif ou dans le relevé d'actualisation de l'exercice précédent : joindre une copie de la fiche signalétique correspondante.

(4) Description : la description doit être sommaire : il y a lieu de globaliser les biens de même nature ou relevant d'un même ensemble dont la valeur unitaire n'excède pas 500 euros. La description doit préciser la localisation si le bien concerné est un bien immobilier.

(5) Pour les éléments qui étaient déjà affectés ou acquis au 1er janvier : la valeur est celle comptabilisée dans l'état descriptif ou dans le relevé d'actualisation de l'exercice précédent.

Pour les éléments affectés au cours de l'exercice, la valeur est la valeur vénale ou, en l'absence de marché, la valeur d'utilité.

Pour les éléments acquis (d'une tierce partie) au cours de l'exercice, la valeur est :

— le coût d'acquisition pour les biens acquis à titre onéreux ;

— la valeur vénale pour les biens acquis à titre gratuit ou, en l'absence de marché, la valeur d'utilité ;

— le coût de production pour les biens produits par l'EIRL ;

— le montant des sommes à recevoir pour les créances clients.

Pour les sûretés dont l'EIRL bénéficie, indiquer le montant de l'engagement garanti.

(6) Préciser la nature des sûretés grevant le bien et le montant de la créance garantie.

(7) Il s'agit de l'ensemble des emprunts et dettes affectés à l'activité professionnelle de l'EIRL ou nés au cours de l'exercice ou des exercices antérieurs à l'occasion de cette activité ; préciser s'il s'agit d'emprunts, de dettes fournisseurs, avec le solde restant dû, ou d'un passif de nature fiscale ou sociale.

Art. A. 526-4 **L'état descriptif du patrimoine affecté prévu au 2° de l'article R. 526-13 et destiné à être publié au *Bulletin officiel des annonces civiles et commerciales* contient les informations suivantes, fournies par le cédant ou l'apporteur :**

1° La valeur globale de l'actif ;

2° La liste des sûretés dont bénéficie l'entrepreneur individuel à responsabilité limitée et les montants des créances garanties par elles ;

3° La valeur globale du passif ;

4° La liste des biens du patrimoine grevés d'une sûreté et, pour chacun des biens concernés, la nature de la sûreté et le montant de la créance garantie.

Les valeurs mentionnées aux 1° et 3° sont celles figurant dans les comptes de l'entrepreneur individuel à responsabilité limitée du dernier exercice clos précédant la date de la cession ou de l'apport en société.

Art. A. 526-5 **Le lieu** *(Abrogé par Arr. du 25 sept. 2019, art. 5, à compter du 1er oct. 2019)* **« *de dépôt* » de la déclaration d'affectation du patrimoine au registre spécial mentionné à l'article R. 526-17 est le greffe du tribunal de commerce ou du** *(Décr. nº 2019-966 du 18 sept. 2019, art. 8, en vigueur le 1er janv. 2020)* **« tribunal judiciaire** *[ancienne rédaction : tribunal de grande instance]* **» statuant commercialement dans le ressort duquel se trouve l'adresse de l'établissement principal ou, à défaut d'établissement, du local d'habitation où l'entreprise est fixée de l'entrepreneur individuel à responsabilité limitée. L'obligation de faire figurer ce lieu sur les documents et correspondances à usage professionnel de l'intéressé est remplie lorsque y sont mentionnés les mots et initiales "registre spécial des entrepreneurs individuels à responsabilité limitée de", "registre spécial des EIRL de" ou "RSEIRL de" suivis du nom de la ville où est situé ce tribunal.**

Le numéro d'immatriculation au registre spécial des entrepreneurs individuels à responsabilité limitée, mentionné au même texte, est constitué du numéro unique d'identification délivré conformément à l'article D. 123-235.

SECTION II *DE L'ENTREPRENEUR INDIVIDUEL*

(Arr. du 12 mai 2022, art. 1er, en vigueur le 15 mai 2022)

Art. A. 526-6 **Le modèle type d'acte de renonciation prévu à l'article D. 526-29 figurant en annexe 5-3 est approuvé.**

ANNEXE 5-3 (ANNEXE À L'ARTICLE A. 526-6)

MODÈLE D'ACTE DE RENONCIATION À LA PROTECTION DU PATRIMOINE PERSONNEL DE L'ENTREPRENEUR INDIVIDUEL

(Arr. du 12 mai 2022, art. 2, en vigueur le 15 mai 2022)

I. — Identités de l'entrepreneur individuel renonçant à la protection de son patrimoine personnel et du bénéficiaire de la renonciation

1. Identité de l'entrepreneur individuel

Nom de naissance : ....

Nom d'usage, le cas échéant : ....

Prénoms (dans l'ordre de l'état civil) : ....

Nationalité : ....

né(e) le .... à .... *(dépt) (pays si à l'étranger)*

Adresse du domicile : ....

code postal : .... commune : ....

Activité(s) professionnelle(s) exercée(s) : ....

Nom commercial (le cas échéant) : ....

Enseigne (le cas échéant) : ....

Code APE / NAF(A) : ....

Adresse de l'établissement principal ou du local d'habitation où l'entreprise est fixée : ....

code postal : .... commune : ....

Numéro unique d'identification : .... ou date déclarée de début d'activité : ....

2. Identité du bénéficiaire de la renonciation personne physique

Nom de naissance : ....
Nom d'usage le cas échéant : ....
Prénoms (dans l'ordre de l'état civil) : ....
né(e) le .... à .... *(dépt) (pays si à l'étranger)*
Adresse du domicile : ....
code postal : .... commune : .... *(pays si à l'étranger)*
Activité(s) professionnelle(s) exercée(s) (le cas échéant) : ....
Le cas échéant, adresse de l'établissement ou du local d'habitation où l'entreprise est fixée : .....
code postal : ....commune : .... *(pays si à l'étranger)*
Nom commercial (le cas échéant) : ....
Enseigne (le cas échéant) : ....
Code APE / NAF(A) (le cas échéant) : ....
Numéro unique d'identification (le cas échéant) : ....
2 *bis.* Identité du bénéficiaire de la renonciation personne morale
Raison sociale ou dénomination sociale : ....
Sigle et forme : ....
Adresse du siège social ou de l'établissement ou du local d'habitation où l'entreprise est fixée : ..
code postal : .... commune : .... *(pays si à l'étranger)*
Numéro unique d'identification : ....
Le bénéficiaire est un établissement de crédit ou une société de financement au sens de l'article L. 511-1 du code monétaire financier : *oui non*
II. — Engagement au titre duquel l'entrepreneur individuel entend renoncer à la protection de son patrimoine personnel
Date de l'engagement : ....
Objet de l'engagement : ....
Date d'échéance de l'engagement *(il s'agit de la date contractuelle prévue pour le remboursement total des sommes dues au titre de l'engagement, étant précisé que celle-ci peut être prorogée soit par un accord des parties soit par une décision judiciaire)* : ....
Montant de l'engagement ou éléments permettant de le déterminer : ces éléments, une fois spécifiés dans l'acte de renonciation fixent définitivement le plafond pour lequel une même renonciation vaut : .... *(si montant en euros, l'écrire en toutes lettres)*
Date de demande de la renonciation : ....
III. — Information à destination de l'entrepreneur individuel sur les conséquences de la renonciation à la protection de son patrimoine personnel par le bénéficiaire de la renonciation (le contenu de l'information délivrée au titre du III de l'article D. 526-28 du code de commerce peut être annexé aux présentes)
IV. — Renoncement au bénéfice du délai de réflexion de sept jours francs (le cas échéant)
Lorsque l'entrepreneur individuel et le bénéficiaire de la renonciation entendent réduire le délai de réflexion au terme duquel la renonciation intervient, dans les conditions prévues au second alinéa de l'article L. 526-25, l'acte de renonciation porte, de la main de l'entrepreneur individuel, la mention manuscrite suivante : "Je déclare par la présente renoncer au bénéfice du délai de réflexion de sept jours francs, fixé conformément aux dispositions de l'article L. 526-25 du code de commerce. En conséquence, ledit délai est réduit à trois jours francs.".
Fait à .... le ....
Signature de l'entrepreneur individuel ¦ Signature du bénéficiaire de la renonciation

Art. A. 526-7 L'état descriptif du patrimoine professionnel prévu au II de l'article D. 526-30 et destiné à être publié au *Bulletin officiel des annonces civiles et commerciales* contient les informations suivantes, fournies par le cédant, le donateur ou l'apporteur :

1° La valeur globale de l'actif ;

2° La liste des sûretés dont bénéficie l'entrepreneur individuel et les montants des créances garanties par elles ;

3° La valeur globale du passif ;

4° La liste des biens du patrimoine professionnel grevés d'une sûreté et, pour chacun des biens concernés, la nature de la sûreté et le montant de la créance garantie.

Les valeurs mentionnées aux 1° et 3° sont celles figurant dans les comptes de l'entrepreneur individuel du dernier exercice clos précédant la date de la cession, de la donation ou de l'apport en société actualisé à la date du transfert, ou, lorsque l'entrepreneur individuel n'est pas soumis à des obligations comptables, à la date qui résulte de l'accord des parties.

CHAPITRE VII DU GAGE DES STOCKS

Le présent chapitre ne comprend pas de dispositions pour les arrêtés.

LIVRE SIXIÈME DES DIFFICULTÉS DES ENTREPRISES

TITRE PREMIER DE LA PRÉVENTION DES DIFFICULTÉS DES ENTREPRISES

Le présent titre ne comprend pas de dispositions pour les arrêtés.

TITRE DEUXIÈME DE LA SAUVEGARDE

CHAPITRE PREMIER DE L'OUVERTURE DE LA PROCÉDURE

Le présent chapitre ne comprend pas de dispositions pour les arrêtés.

CHAPITRE II DE L'ENTREPRISE AU COURS DE LA PÉRIODE D'OBSERVATION

Le présent chapitre ne comprend pas de dispositions pour les arrêtés.

CHAPITRE III DE L'ÉLABORATION DU BILAN ÉCONOMIQUE, SOCIAL ET ENVIRONNEMENTAL

Art. A. 623-1 **Le bilan environnemental prévu à l'article L. 623-1 est établi selon les rubriques fixées à l'annexe 6-1 au présent livre.** — *[Arr. du 12 déc. 2005.]* — *V. Annexe 6-1* 🏛.

CHAPITRE IV DE LA DÉTERMINATION DU PATRIMOINE DU DÉBITEUR

Le présent chapitre ne comprend pas de dispositions pour les arrêtés.

CHAPITRE V DU RÈGLEMENT DES CRÉANCES RÉSULTANT DU CONTRAT DE TRAVAIL

Le présent chapitre ne comprend pas de dispositions pour les arrêtés.

CHAPITRE VI DU PLAN DE SAUVEGARDE

Le présent chapitre ne comprend pas de dispositions pour les arrêtés.

CHAPITRE VII DISPOSITIONS PARTICULIÈRES EN L'ABSENCE D'ADMINISTRATEUR JUDICIAIRE

Le présent chapitre ne comprend pas de dispositions pour les arrêtés.

TITRE TROISIÈME DU REDRESSEMENT JUDICIAIRE

Le présent titre ne comprend pas de dispositions pour les arrêtés.

TITRE QUATRIÈME DE LA LIQUIDATION JUDICIAIRE

Le présent titre ne comprend pas de dispositions pour les arrêtés.

TITRE CINQUIÈME DES RESPONSABILITÉS ET DES SANCTIONS

Le présent titre ne comprend pas de dispositions pour les arrêtés.

TITRE SIXIÈME DES DISPOSITIONS GÉNÉRALES DE PROCÉDURE

(Arr. du 28 mai 2016)

CHAPITRE PREMIER DES VOIES DE RECOURS

Le présent chapitre ne comprend pas de dispositions pour les arrêtés

CHAPITRE II AUTRES DISPOSITIONS

Le présent chapitre ne comprend pas de dispositions pour les arrêtés

CHAPITRE III DES FRAIS DE PROCÉDURE

SECTION PREMIÈRE DE LA PRISE EN CHARGE DE CERTAINS FRAIS POUR LE TRÉSOR PUBLIC

La présente section ne comporte pas de dispositions pour les arrêtés

SECTION II DE LA RÉMUNÉRATION DE L'ADMINISTRATEUR JUDICIAIRE, DU COMMISSAIRE À L'EXÉCUTION DU PLAN, DU MANDATAIRE JUDICIAIRE ET DU LIQUIDATEUR

(Arr. du 28 mai 2016, en vigueur le 31 mai 2016)

Les dispositions de la présente section ne sont pas applicables aux procédures ouvertes avant le 31 mai 2016 (Arr. du 28 mai 2016, art. 2).

Pour la légalité de l'Arr. du 28 mai 2016, V. CE 24 mai 2017, n° 398801.

Art. A. 663-3 Les prestations figurant aux tableaux 4-1 à 4-3 de l'article Annexe 4-7 donnent lieu à la perception d'émoluments fixés conformément aux dispositions respectives de la sous-section 1 pour les administrateurs judiciaires (tableau 4-1), de la sous-section 2 pour les commissaires à l'exécution du plan (tableau 4-2), et de la sous-section 3 pour les mandataires judiciaires et liquidateurs (tableau 4-3).

Les émoluments applicables *(Arr. du 23 févr. 2022, art. 3, en vigueur le 1er mars 2022)* « jusqu'au 29 février 2024 *[ancienne rédaction, issue de l'Arr. du 28 févr. 2020, en vigueur le 1er mars 2020 : jusqu'au 28 février 2022]* » sont ceux qui sont prévus par la présente section.

Par dérogation à l'art. A. 663-3 ci-dessus, les prestations figurant aux tableaux 4-1 à 4-3 de l'art. annexe 4-7 donnent lieu, pour les procédures ouvertes avant le 1er mars 2020, à la perception d'émoluments fixés conformément aux dispositions de la section II du chapitre III du titre VI du livre VI de la partie Arrêtés du C. com. dans leur rédaction antérieure à l'Arr. modificatif du 28 févr. 2020 (Arr. préc., art. 21).

SOUS-SECTION 1 DE LA RÉMUNÉRATION DE L'ADMINISTRATEUR JUDICIAIRE

Art. A. 663-4 L'émolument prévu au premier alinéa de l'article R. 663-4*[,]* au titre du diagnostic de la procédure de sauvegarde ou de redressement judiciaire (numéro 1 du tableau 4-1), est ainsi fixé :

1° Lorsque le total du bilan du débiteur est inférieur à 3 650 000 €, cet émolument varie en fonction du nombre de salariés employés par le débiteur ou du montant de son chiffre d'affaires, selon le barème suivant :

NOMBRE DE SALARIÉS	CHIFFRE D'AFFAIRES EN €	ÉMOLUMENT EN € *(Arr. du 28 févr. 2020, en vigueur le 1er mars 2020)*
De 0 à 5	De 0 à 750 000	940,50 €
De 6 à 19	De 750 001 à 3 000 000	1881,00 €
De 20 à 49	De 3 000 001 à 7 000 000	3 762,00 €
De 50 à 149	De 7 000 001 à 20 000 000	7 524,00 €
A compter de 150	Au-delà de 20 000 000	9 405,00 €

Lorsque le débiteur relève de deux tranches de rémunération différentes au titre respectivement du nombre de salariés employés et du montant de son chiffre d'affaires, il y a lieu de se référer à la tranche la plus élevée.

2° Lorsque le total du bilan du débiteur est compris entre 3 650 000 € et 10 000 000 €, cet émolument est d'un montant fixe de *(Arr. du 28 févr. 2020, en vigueur le 1er mars 2020)* « 7 524 » €, quel que soit le nombre de salariés ou le montant de son chiffre d'affaires ;

3° Lorsque le total du bilan du débiteur est supérieur à 10 000 000 €, cet émolument est d'un montant fixe de *(Arr. du 28 févr. 2020, en vigueur le 1er mars 2020)* « 9 405 » €, quel que soit le nombre de salariés ou le montant de son chiffre d'affaires.

Sur les dispositions transitoires de l'Arr. du 28 févr. 2020, V. note ss. art. A. 663-3.

Art. A. 663-5 L'émolument prévu à l'article R. 663-5*[,]* au titre de la mission d'assistance du débiteur (numéro 4 du tableau 4-1), est fixé proportionnellement au chiffre d'affaires de ce débiteur, selon le barème suivant :

CHIFFRE D'AFFAIRES EN €	TAUX DE L'ÉMOLUMENT EN % *(Arr. du 28 févr. 2020, en vigueur le 1er mars 2020)*
De 0 à 150 000	1,881
De 150 001 à 750 000	0,941
De 750 001 à 3 000 000	0,564
De 3 000 001 à 7 000 000	0,376
De 7 000 001 à 20 000 000	0,282

Sur les dispositions transitoires de l'Arr. du 28 févr. 2020, V. note ss. art. A. 663-3.

Art. A. 663-6 Conformément aux dispositions de l'article R. 663-6, la mission de surveillance au cours de la procédure de sauvegarde (numéro 5 du tableau 4-1) donne lieu à la perception de l'émolument fixé à l'article A. 663-5 diminué de 25 %.

Art. A. 663-7 Conformément aux dispositions du premier alinéa de l'article R. 663-7, la mission d'administration de l'entreprise au cours d'une procédure de redressement ou de liquidation judiciaire (numéro 6 du tableau 4-1) donne lieu à la perception de l'émolument fixé à l'article A. 663-5 majoré de 50 %.

Art. A. 663-8 L'émolument prévu au premier alinéa de l'article R. 663-9*[,]* au titre de l'élaboration du bilan économique, social et environnemental et de l'assistance apportée au débiteur pour la préparation d'un plan de sauvegarde ou de redressement (numéro 2 du tableau 4-1), est ainsi fixé :

1° Lorsque le total du bilan du débiteur est inférieur à 3 650 000 €, cet émolument varie en fonction du nombre de salariés employés par le débiteur ou du montant de son chiffre d'affaires, selon le barème suivant :

NOMBRE DE SALARIÉS	CHIFFRE D'AFFAIRES EN €	ÉMOLUMENT EN € *(Arr. du 28 févr. 2020, en vigueur le 1er mars 2020)*
De 0 à 5	De 0 à 750 000	1 410,75 €
De 6 à 19	De 750 001 à 3 000 000	1 881,00 €
De 20 à 49	De 3 000 001 à 7 000 000	5 643,00 €
De 50 à 149	De 7 000 001 à 20 000 000	9 405,00 €
A compter de 150	Au-delà de 20 000 000	14 107,50 €

Lorsque le débiteur relève de deux tranches de rémunération différentes au titre respectivement du nombre de salariés employés et du montant de son chiffre d'affaires, il y a lieu de se référer à la tranche la plus élevée.

2° Lorsque le total du bilan du débiteur est compris entre 3 650 000 € et 10 000 000 €, cet émolument est fixé à *(Arr. du 28 févr. 2020, en vigueur le 1er mars*

2020) « 9 405 » € quel que soit le nombre de salariés ou le montant de son chiffre d'affaires ;

3° Lorsque le total du bilan du débiteur est supérieur à 10 000 000 €, cet émolument est fixé à *(Arr. du 28 févr. 2020, en vigueur le 1er mars 2020)* « 14 107,50 » € quel que soit le nombre de salariés ou le montant de son chiffre d'affaires.

Sur les dispositions transitoires de l'Arr. du 28 févr. 2020, V. note ss. art. A. 663-3.

Art. A. 663-9 Conformément aux dispositions du troisième alinéa de l'article R. 663-9, la rémunération prévue à l'article A. 663-8 est majorée de 50 % en cas d'arrêté du plan de sauvegarde ou de redressement.

Lorsque le plan de sauvegarde ou de redressement est arrêté dans les conditions prévues au premier alinéa de l'article L. 628-8 (numéro 8 du tableau 4-1), la rémunération prévue au premier alinéa est majorée de 50 % conformément aux dispositions du quatrième alinéa de l'article R. 663-9.

Art. A. 663-10 L'émolument prévu à l'article R. 663-10 au titre de la réunion des comités de créanciers (numéro 3 du tableau 4-1) est fixé à *(Arr. du 28 févr. 2020, en vigueur le 1er mars 2020)* « 141,08 € » par créancier membre d'un comité.

L'émolument prévu à ce même article (numéro 7 du tableau 4-1) en cas d'arrêt du plan conformément au projet adopté par les comités est fixé[,] proportionnellement au montant des créances prises en compte en application de l'article R. 626-58, au taux de *(Arr. du 28 févr. 2020, en vigueur le 1er mars 2020)* « 0,094 » %.

Sur les dispositions transitoires de l'Arr. du 28 févr. 2020, V. note ss. art. A. 663-3.

Art. A. 663-11 L'émolument prévu à l'article R. 663-11 au titre de l'arrêté d'un plan de cession au cours d'une procédure de redressement ou de liquidation judiciaire (numéro 9 du tableau 4-1) est fixé proportionnellement au montant total hors taxes du prix de cession de l'ensemble des actifs compris dans le plan, selon le barème suivant :

TRANCHES D'ASSIETTE EN €	TAUX DE L'ÉMOLUMENT EN % *(Arr. du 28 févr. 2020, en vigueur le 1er mars 2020)*
De 0 à 15 000	4,703
De 15 001 à 50 000	3,762
De 50 001 à 150 000	2,822
De 150 001 à 300 000	1,411
Au-delà de 300 000	0,941

Sur les dispositions transitoires de l'Arr. du 28 févr. 2020, V. note ss. art. A. 663-3.

Art. A. 663-12 L'émolument prévu à l'article R. 663-12 au titre de l'augmentation des fonds propres prévue par le plan de sauvegarde ou de redressement (numéro 10 du tableau 4-1) est fixé proportionnellement au montant de cette augmentation selon le barème prévu à l'article A. 663-11.

Art. A. 663-13 L'émolument prévu à l'article R. 663-13-1 au titre du contentieux portant sur une demande en revendication ou en restitution ayant donné lieu à une décision du juge-commissaire (numéro 11 du tableau 4-1) est fixé à *(Arr. du 28 févr. 2020, en vigueur le 1er mars 2020)* « 94,05 » €.

Sur les dispositions transitoires de l'Arr. du 28 févr. 2020, V. note ss. art. A. 663-3.

SOUS-SECTION 2 DE LA RÉMUNÉRATION DU COMMISSAIRE À L'EXÉCUTION DU PLAN

Art. A. 663-14 L'émolument prévu à l'article R. 663-14 au titre de la mission de surveillance de l'exécution du plan, des actions engagées ou poursuivies dans l'intérêt collectif des créanciers, de l'exécution des actes permettant la mise en œuvre du plan et du rapport annuel prévu à l'article R. 626-43 (numéro 1 du tableau 4-2) est égal à 50 % de celui fixé à l'article A. 663-4.

Art. A. 663-15 Conformément aux dispositions de l'article R. 663-15, la rémunération due au titre de l'assistance du débiteur dans la préparation d'un projet ayant pour objet une modification substantielle dans les objectifs ou les moyens du plan (numéro 2 du tableau 4-2) ou au titre de la présentation au tribunal d'une demande en résolution du plan (numéro 3 de ce tableau) ne peut être supérieure à 50 % de l'émolument fixé à l'article A. 663-8.

Art. A. 663-16 L'émolument prévu à l'article R. 663-16 au titre de la mission de perception et de répartition des dividendes arrêté par le plan (numéro 4 du tableau 4-2) est fixé proportionnellement au montant cumulé des sommes encaissées par l'ensemble des créanciers ou, à défaut d'encaissement par les créanciers, au montant cumulé des sommes consignées à la Caisse des dépôts et consignations au cours de chacune des années d'exécution du plan, selon le barème suivant :

TRANCHES D'ASSIETTE EN €	TAUX DE L'ÉMOLUMENT EN % *(Arr. du 28 févr. 2020, en vigueur le 1er mars 2020)*
De 0 à 15 000	3,292
De 15 001 à 50 000	2,351
De 50 001 à 150 000	1,411
De 150 001 à 300 000	0,470
Au-delà de 300 000	0,235

Sur les dispositions transitoires de l'Arr. du 28 févr. 2020, V. note ss. art. A. 663-3.

Art. A. 663-17 Conformément aux dispositions de l'article R. 663-17, l'émolument prévu au titre de l'inscription des créances sur la liste prévue à l'article R. 622-15 (numéro 5 du tableau 4-2) donne lieu à la perception d'un émolument égal à celui fixé à l'article A. 663-20.

SOUS-SECTION 3 DE LA RÉMUNÉRATION DU MANDATAIRE JUDICIAIRE ET DU LIQUIDATEUR

Art. A. 663-18 L'émolument prévu au premier alinéa de l'article R. 663-18 au profit du mandataire judiciaire pour l'ensemble de la procédure de sauvegarde ou de redressement judiciaire (numéro 1 du tableau 4-3) est fixé à *(Arr. du 28 févr. 2020, en vigueur le 1er mars 2020)* « 2 351,25 » €.

L'émolument prévu au troisième alinéa de cet article au profit du liquidateur (numéro 2 du tableau 4-3) est également fixé à *(Arr. du 28 févr. 2020, en vigueur le 1er mars 2020)* « 2 351,25 » €.

Sur les dispositions transitoires de l'Arr. du 28 févr. 2020, V. note ss. art. A. 663-3.

Art. A. 663-19 Conformément aux dispositions de l'article R. 663-19, le liquidateur*[,]* désigné en application des dispositions de l'article L. 641-1, perçoit*[,]* pour l'ensemble de la procédure de liquidation judiciaire, l'émolument prévu à l'article A. 663-18.

Art. A. 663-20 L'émolument prévu à l'article R. 663-22 au titre de l'enregistrement des créances déclarées et non vérifiées, ainsi que des créances portées sur la liste prévue à l'article R. 622-15 (numéro 3 du tableau 4-3), est fixé à :

1° *(Arr. du 28 févr. 2020, en vigueur le 1er mars 2020)* « 4,70 » € par créance lorsque le montant de la créance est inférieur à 150 € ;

2° *(Arr. du 28 févr. 2020, en vigueur le 1er mars 2020)* « 9,41 » € par créance lorsque le montant de la créance est égal ou supérieur à 150 €.

Sur les dispositions transitoires de l'Arr. du 28 févr. 2020, V. note ss. art. A. 663-3.

Art. A. 663-21 L'émolument prévu à l'article R. 663-23 au titre de la vérification des créances non salariales (numéro 4 du tableau 4-3) varie en fonction du montant de la créance selon le barème suivant :

MONTANT DE LA CRÉANCE EN €	ÉMOLUMENT EN € (PAR CRÉANCE) *(Arr. du 28 févr. 2020, en vigueur le 1er mars 2020)*
De 40 à 150	28,22
Supérieur ou égal à 150	47,03

Sur les dispositions transitoires de l'Arr. du 28 févr. 2020, V. note ss. art. A. 663-3.

Art. A. 663-21-1 *(Arr. du 28 févr. 2020, en vigueur le 1er mars 2020)* L'émolument prévu à l'article R. 663-24 au titre de l'établissement des relevés des créances salariales (numéro 5 du tableau 4-7) est fixé à 112,86 € par salarié.

Sur les dispositions transitoires de l'Arr. du 28 févr. 2020, V. note ss. art. A. 663-3.

Art. A. 663-22 Est fixé à *(Arr. du 28 févr. 2020, en vigueur le 1er mars 2020)* « 94,05 » € l'émolument prévu à l'article R. 663-25 au titre de :

1° La contestation des créances autres que salariales dont l'admission ou le rejet a donné lieu à une décision du juge-commissaire inscrite sur l'état des créances mentionné à l'article R. 624-8 (numéro 6 du tableau 4-3) ;

2° Tout contentieux portant sur une demande en revendication ou en restitution ayant donné lieu à une décision du juge-commissaire (numéro 7 du tableau 4-3) ;

3° Toute instance introduite ou reprise devant la juridiction prud'homale en application des articles L. 625-1 et L. 625-3 et à laquelle il a été mis fin soit par une décision judiciaire au terme d'une instance dans laquelle le mandataire judiciaire a été présent ou représenté, soit par la conclusion d'un accord amiable visé par le juge-commissaire auquel le mandataire judiciaire a été partie (numéro 8 du tableau 4-3).

Sur les dispositions transitoires de l'Arr. du 28 févr. 2020, V. note ss. art. A. 663-3.

Art. A. 663-23 Conformément aux dispositions de l'article R. 663-26, l'émolument dû au titre de la mission de répartition des fonds entre les créanciers confiée par le tribunal au mandataire judiciaire en application de l'article L. 631-16 (numéro 9 du tableau 4-3) est fixé conformément à l'article A. 663-16.

Art. A. 663-24 L'émolument prévu à l'article R. 663-27 au titre des obligations résultant de la cessation d'activité d'une ou de plusieurs installations classées au sens du titre Ier du livre V du code de l'environnement (numéro 10 du tableau 4-3) est fixé à :

1° *(Arr. du 28 févr. 2020, en vigueur le 1er mars 2020)* « 470,25 » € lorsque la ou les installations classées sont soumises à déclaration ;

2° *(Arr. du 28 févr. 2020, en vigueur le 1er mars 2020)* « 1 410,75 » € lorsque l'une au moins des installations classées est soumise à autorisation ou à enregistrement ;

3° *(Arr. du 28 févr. 2020, en vigueur le 1er mars 2020)* « 4 232,25 » € lorsque l'une au moins des installations classées figure sur une liste prévue au IV de l'article L. 515-8 du code de l'environnement.

Sur les dispositions transitoires de l'Arr. du 28 févr. 2020, V. note ss. art. A. 663-3.

Art. A. 663-25 L'émolument prévu à l'article R. 663-27-1 au titre de l'inventaire réalisé en application des dispositions du deuxième alinéa de l'article L. 641-2 (numéro 11 du tableau 4-3) est fixé à *(Arr. du 28 févr. 2020, en vigueur le 1er mars 2020)* « 94,05 » €.

Sur les dispositions transitoires de l'Arr. du 28 févr. 2020, V. note ss. art. A. 663-3.

Art. A. 663-26 L'émolument prévu à l'article R. 663-28 au titre de la mission d'administration de l'entreprise, lorsque le maintien de l'activité a été autorisé en application de l'article L. 641-10 (numéro 12 du tableau 4-3), est fixé proportionnellement au montant du chiffre d'affaires, selon le barème suivant :

CHIFFRE D'AFFAIRES EN €	TAUX DE L'ÉMOLUMENT EN % *(Arr. du 28 févr. 2020, en vigueur le 1er mars 2020)*
De 0 à 150 000	2,822
De 150 001 à 750 000	1,411
De 750 001 à 3 000 000	0,846

Sur les dispositions transitoires de l'Arr. du 28 févr. 2020, V. note ss. art. A. 663-3.

Art. A. 663-27 I. – Les émoluments prévus au I de l'article R. 663-29 sont fixés proportionnellement :

1° Au montant du total toutes taxes comprises du prix des actifs cédés, déduction faite de la rémunération toutes taxes comprises des intervenants, autres que le liquidateur, ayant participé aux opérations de cession, s'agissant des cessions d'actifs mobiliers corporels (numéro 13 du tableau 4-3) ;

2° Au montant total toutes taxes comprises des sommes encaissées ou recouvrées, déduction faite de la rémunération toutes taxes comprises des intervenants, autres que le liquidateur, ayant participé aux recouvrements, s'agissant de tout encaissement ou recouvrement de créance (numéro 14 du tableau 4-3) ;

3° Au montant du prix, le cas échéant toutes taxes comprises, de chacun des actifs cédés, s'agissant de la réalisation d'actifs immobiliers et mobilier[s] incorporels *(Annulé par CE n° 420243 du 28 déc. 2018, à compter du 28 déc. 2018) (Arr. du 27 févr. 2018, en vigueur le 1er mars 2018)* ***« (numéro 15 du tableau 4-3) »***.

Selon le barème suivant :

TRANCHES D'ASSIETTE EN €	TAUX DE L'ÉMOLUMENT EN % *(Arr. du 28 févr. 2020, en vigueur le 1er mars 2020)*
De 0 à 15 000	4,703
De 15 001 à 50 000	3,762
De 50 001 à 150 000	2,822
De 150 001 à 300 000	1,411
Au-delà de 300 000	0,941

Pour l'application de ce barème, l'assiette des montants pris en compte est nette des intérêts servis par la Caisse des dépôts et consignations.

II. – Conformément aux dispositions du II de l'article R. 663-29, l'émolument perçu par le liquidateur au titre de la cession des actifs compris dans un plan de cession est fixé conformément à l'article A. 663-11, à condition qu'aucun administrateur judiciaire n'a *[n'ait]* été désigné *(Annulé par CE n° 420243 du 28 déc. 2018, à compter du 28 déc. 2018) (Arr. du 27 févr. 2018, en vigueur le 1er mars 2018)* ***« (numéro 17 du tableau 4-3) »***.

Sur les dispositions transitoires de l'Arr. du 28 févr. 2020, V. note ss. art. A. 663-3.

Art. A. 663-28 L'émolument prévu à l'article R. 663-30 au titre de la répartition aux créanciers mentionnés à l'article L. 622-24 et des paiements des créances mentionnées au I de l'article L. 641-13 (numéro 16 du tableau 4-3) est fixé proportionnellement au montant cumulé des sommes encaissées par l'ensemble des créanciers ou consignées à la Caisse des dépôts et consignations, selon le barème suivant :

TRANCHES D'ASSIETTE EN €	TAUX DE L'ÉMOLUMENT EN % *(Arr. du 28 févr. 2020, en vigueur le 1er mars 2020)*
De 0 à 15 000	4,232
De 15 001 à 50 000	3,292
De 50 001 à 150 000	2,351
De 150 001 à 300 000	1,411
Au-delà de 300 000	0,705

Sur les dispositions transitoires de l'Arr. du 28 févr. 2020, V. note ss. art. A. 663-3.

Art. A. 663-29 **L'émolument prévu à l'article R. 663-31-1 au titre des actions engagées en application des dispositions du premier alinéa de l'article L. 653-7 est fixé à 300 euros par action engagée aboutissant au prononcé d'une sanction prévue aux articles L. 653-3 à L. 653-6 et à l'article L. 653-8 (numéro 18 du tableau 4-3).**

Cet émolument est doublé en cas de confirmation de la sanction en appel.

TITRE SEPTIÈME DISPOSITIONS DÉROGATOIRES PARTICULIÈRES AUX DÉPARTEMENTS DE LA MOSELLE, DU BAS-RHIN ET DU HAUT-RHIN

Le présent titre ne comprend pas de dispositions pour les arrêtés.

LIVRE SEPTIÈME DES JURIDICTIONS COMMERCIALES ET DE L'ORGANISATION DU COMMERCE

TITRE PREMIER DU RÉSEAU DES CHAMBRES DE COMMERCE ET D'INDUSTRIE

CHAPITRE PREMIER DE L'ORGANISATION ET DES MISSIONS DU RÉSEAU DES CHAMBRES DE COMMERCE ET D'INDUSTRIE

SECTION PREMIÈRE DES CHAMBRES DE COMMERCE ET D'INDUSTRIE TERRITORIALES

SOUS-SECTION 1 DISPOSITIONS GÉNÉRALES

Art. A. 711-1 *(Arr. du 18 mars 2011, art. 1er)* La commission paritaire prévue à l'article 1er de la loi n° 52-1311 du 10 décembre 1952 relative à l'établissement obligatoire d'un statut du personnel administratif des chambres d'agriculture, des chambres de commerce et des chambres de métiers et chargée d'établir le statut du personnel administratif des chambres de commerce et d'industrie est composée comme suit :

a) Un représentant du ministre chargé de leur tutelle, président de la commission ;

b) Une délégation patronale composée comme suit :

– cinq présidents *(Abrogé par Arr. du 20 juin 2011)* « *ou membres du bureau* » de chambres de commerce et d'industrie *(Abrogé par Arr. du 9 juill. 2015, art. 1er)* « *territoriales ou de région* », désignés par le bureau de *(Arr. du 9 juill. 2015, art. 1er)* « CCI France » ;

– le président de *(Arr. du 9 juill. 2015, art. 1er)* « CCI France » ;

c) Une délégation du personnel composée de six représentants du personnel et répartie en trois collèges : "cadres", "agents de maîtrise" et "employés". Les membres de la délégation sont désignés à l'issue de la consolidation des résultats du premier tour aux élections des commissions paritaires des établissements du réseau, en application de l'article R. 712-11-1, par les organisations syndicales représentatives appelées à siéger à la commission paritaire nationale, parmi leurs candidats aux élections des commissions paritaires des établissements du réseau des chambres de commerce et d'industrie. *– V. Arr. du 28 avr. 2017 (JO 5 mai).*

Le nombre de sièges attribué à chaque collège s'établit selon la règle du quotient électoral et du plus fort reste.

Chaque délégation peut être accompagnée de conseillers techniques dans les conditions prévues par les règles de fonctionnement de la commission paritaire nationale annexées au statut du personnel administratif des chambres de commerce et d'industrie.

Le bureau de *(Arr. du 9 juill. 2015, art. 1er)* « CCI France » et les organisations syndicales désignent également des membres suppléants qui ne peuvent siéger en commission paritaire nationale qu'en remplacement d'un titulaire.

Le secrétariat de la commission paritaire est assuré par la direction chargée de la tutelle des chambres de commerce et d'industrie.

Le *ministre chargé de leur tutelle* peut convoquer aux réunions de la commission paritaire, à titre consultatif, des personnalités qualifiées pour certaines questions techniques ou administratives, notamment en ce qui concerne l'application du statut au personnel des chambres de commerce et d'industrie des départements d'outre-mer. – *[Arr. du 19 mars 1953, art. 1er.]*

Art. A. 711-2 *Abrogé par Arr. du 7 févr. 2013. – V.* ***C. com.****, éd. 2015 et antérieures.*

SOUS-SECTION 2 DU FONCTIONNEMENT

Art. A. 711-3 Le membre d'une *(Décr. n° 2010-924 du 3 août 2010, art. 2)* « chambre de commerce et d'industrie territoriale » qui met fin à son mandat adresse sa démission à l'autorité de tutelle.

La démission de l'intéressé devient définitive à la date de son acceptation écrite par l'autorité de tutelle ou, à défaut, un mois à compter de la date d'envoi de la démission à celle-ci, constatée par tout moyen permettant d'attester de la réception.

L'autorité de tutelle informe le président de la *(Décr. n° 2010-924 du 3 août 2010, art. 2)* « chambre de commerce et d'industrie territoriale » de cette démission. – *[Arr. du 30 juill. 2004, art. 3.]*

SOUS-SECTION 3 DE LA DÉLÉGATION DES CHAMBRES DE COMMERCE ET D'INDUSTRIE

La présente sous-section ne comprend pas de dispositions pour les arrêtés.

SOUS-SECTION 4 DES GROUPEMENTS INTERCONSULAIRES

La présente sous-section ne comprend pas de dispositions pour les arrêtés.

SECTION II DES CHAMBRES DE COMMERCE ET D'INDUSTRIE DE RÉGION

La présente section ne comprend pas de dispositions pour les arrêtés.

SECTION III DE L'ASSEMBLÉE DES CHAMBRES FRANÇAISES DE COMMERCE ET D'INDUSTRIE

La présente section ne comprend pas de dispositions pour les arrêtés.

SECTION IV DISPOSITIONS COMMUNES

Art. A. 711-4 En application de l'article R. 711-74-1, le seuil en deçà duquel l'approbation de l'autorité de tutelle mentionnée à l'article R. 712-2 n'est pas requise est fixé à 100 000 € par opération ou à 30 % du marché en matière de marchés de travaux publics. – *[Arr. du 30 nov. 2007, art. 13.]*

Art. A. 711-5 *(Arr. du 1er juill. 2021, art. 1er)* I. – Les membres de la commission mixte de conciliation prévue au *[à l'article]* D. 711-70-1 ainsi que leurs suppléants sont désignés pour cinq ans dans le mois qui suit l'assemblée générale d'installation de CCI France, prévue à l'article R. 711-58 :

1° Les représentants des présidents de chambre de commerce et d'industrie sont désignés par le bureau de CCI France parmi les présidents en exercice ;

2° Les représentants des directeurs généraux de CCI sont désignés par l'association des directeurs généraux de CCI parmi les directeurs généraux en exercice.

Le bureau de CCI France et l'Association des directeurs généraux transmettent au secrétariat de la commission mixte de conciliation, ainsi qu'au ministre de tutelle le ou les noms des personnes désignées.

En cas de départ d'un membre titulaire ou suppléant, le bureau de CCI France ou l'Association des directeurs généraux de CCI désignent dans les mêmes formes le nouveau membre qui siège jusqu'à la prochaine désignation des titulaires et suppléants de la commission.

II. – Le secrétariat de la commission mixte de conciliation est assuré par CCI France qui désigne parmi ses collaborateurs la personne assurant le rôle de secrétaire.

Un membre titulaire qui serait empêché en informe le secrétariat et se fait remplacer par son suppléant.

En particulier, constitue un cas d'empêchement la situation selon laquelle un membre fait partie de la même chambre de commerce et d'industrie de région que le directeur général faisant l'objet d'une mesure de licenciement ou de révocation.

III. – Le président de la chambre de commerce et d'industrie employeur ou le directeur général agent public qui souhaite saisir pour avis la commission mixte de conciliation dans le cadre d'une procédure de licenciement ou de révocation adresse au secrétariat de cette commission sa demande par courrier recommandé avec avis de réception. Ce courrier comporte toutes précisions utiles permettant à la commission mixte de conciliation de donner son avis sur la procédure en question.

La réception du courrier de saisine suspend la procédure de licenciement ou de révocation.

Dans les cinq jours ouvrés suivant la réception de la saisine, le secrétariat de la commission mixte de conciliation transmet une copie de la demande, éventuellement accompagnée des pièces jointes, aux membres titulaires de cette instance ainsi qu'à la partie qui n'est pas à l'origine de la saisine, c'est-à-dire soit au directeur général mis en cause, soit au président de l'établissement public du réseau des chambres de commerce et d'industrie concerné.

Le membre qui serait empêché en raison de son appartenance à la même chambre de commerce et d'industrie employeur que le directeur général mis en cause se fait remplacer dans les conditions prévues au II.

Le secrétariat convoque les membres titulaires à une réunion qui doit se tenir dans le délai maximum de quinze jours ouvrés suivant la réception de la saisine.

Les parties sont informées de la date de la réunion et de la possibilité d'être entendues, y compris par tout moyen de communication à distance.

IV. — Après avoir examiné le dossier et entendu les parties qui le souhaitent, les membres de la commission mixte de conciliation délibèrent.

Si un accord se dégage entre la majorité des membres présents, ceux-ci adoptent un avis motivé qu'ils signent.

Sans accord sur ce texte, l'avis comporte la position motivée de chacun des membres présents.

V. — Dans un délai de trois jours ouvrés suivant la réunion et au plus tard un mois après la date de réception de la saisine, le secrétariat de la commission mixte de conciliation adresse aux demandeurs, par courrier recommandé avec avis de réception, copie de l'avis de cette instance. Il adresse également, pour information, cette copie à l'autre partie.

La procédure de licenciement ou de révocation cesse d'être suspendue à la date de première présentation de ce courrier.

Les membres désignés par Arr. du 28 avr. 2017 portant nomination à la commission mixte de conciliation du réseau des CCI siègent jusqu'au renouvellement de ses membres tel que prévu au I de l'art. A. 711-5, sous réserve qu'ils remplissent les conditions prévues au I de ce même article (Arr. du 1er juill. 2021, art. 2).

CHAPITRE II DE L'ADMINISTRATION DES ÉTABLISSEMENTS DU RÉSEAU DES CHAMBRES DE COMMERCE ET D'INDUSTRIE

Art. A. 712-1 En application de l'article R. 712-1, les frais admis à remboursement sur justificatifs sont les frais de transport, d'hébergement et de restauration engagés dans le cadre de leur mandat par les membres *(Arr. du 16 oct. 2013, art. 1er)* « des établissements du réseau des chambres de commerce et d'industrie ». — *[Arr. du 30 juill. 2004, art. 1er.]*

Art. A. 712-2 *(Arr. du 3 avr. 2017)* L'indemnité mensuelle globale de frais de mandat que l'assemblée générale de CCI France et de chaque chambre de commerce et d'industrie territoriale et de région peut attribuer aux membres de son bureau est fixée dans les limites du barème suivant :

CATÉGORIE	NOMBRE DE RESSORTISSANTS	POINTS D'INDICE
1	moins de 5 000	300
2	de 5 000 à 9 999	450
3	de 10 000 à 29 999	600
4	de 30 000 à 99 999	750
5	100 000 et plus	900

Art. A. 712-3 *(Arr. du 3 avr. 2017)* Pour l'application du barème fixé à l'article A. 712-2 :

1° CCI France relève de la catégorie 5 ;

2° Les chambres de commerce et d'industrie locales et les chambres de commerce et d'industrie départementales d'Île-de-France relèvent de la catégorie immédiatement inférieure de celle des chambres de commerce et d'industrie territoriales comportant le même nombre de ressortissants. L'indemnité est votée par l'assemblée générale de la chambre de commerce et d'industrie de région auxquelles les chambres sont rattachées ;

3° Les délégations des chambres de commerce et d'industrie territoriales créées en application de l'article R. 711-18 et dont les circonscriptions couvrent celles d'un ou plusieurs départements relèvent de la catégorie 1. L'indemnité est votée par l'assemblée générale de la chambre de commerce et d'industrie territoriale, au bénéfice du président de la délégation.

Art. A. 712-4 *(Arr. du 3 avr. 2017)* « L'indemnité votée par l'assemblée générale, pour une durée qui ne peut excéder celle de la mandature, est normalement dévolue au président. »

Toutefois, le bureau peut décider que tout ou partie de cette indemnité est dévolue à un ou plusieurs autres de ses membres. Dans ce cas, l'assemblée générale *(Arr. du 16 oct. 2013, art. 4)* « compétente » peut majorer l'indemnité au maximum d'une somme équivalant à 150 points d'indice, quel que soit le nombre des bénéficiaires. – *[Arr. du 11 juin 1992, art. 3.]*

Art. A. 712-5 *(Arr. du 3 avr. 2017)* Les indemnités prévues aux articles précédents ne peuvent en aucun cas se cumuler en faveur d'un même bénéficiaire.

Art. A. 712-6 Une copie de la délibération de l'assemblée générale et, le cas échéant, de la décision du bureau, mentionnées aux articles A. 712-2 et A. 712-4, est adressée dans les quinze jours à l'autorité de tutelle. – *[Arr. du 11 juin 1992, art. 5.]*

SECTION PREMIÈRE DES MODALITÉS DE LA TUTELLE

Art. A. 712-7 *(Arr. du 31 oct. 2012, art. 2)* Le montant à prendre en compte, pour l'application des dispositions prévues aux articles A. 712-8 à A. 712-16, est :

– pour une chambre de commerce et d'industrie de région, le produit de la taxe pour frais de chambres perçu au titre de l'année précédant celle de la demande ;

– pour une chambre de commerce et d'industrie territoriale, le montant des sommes reçues l'année précédant celle de la demande en application du 4° de l'article L. 711-8 ;

– pour un groupement interconsulaire, le montant des sommes reçues l'année précédant celle de la demande au titre des contributions prévues à l'article R. 712-24 ;

– pour l'Assemblée française des chambres de commerce et d'industrie, le montant des sommes reçues l'année précédant celle de la demande au titre de l'article R. 712-25.

Art. A. 712-8 *(Arr. du 31 oct. 2012, art. 3)* Le seuil en deçà duquel l'approbation préalable de l'autorité de tutelle n'est pas requise en matière d'autorisation d'emprunt est fixé, par opération, et sous réserve des dispositions de l'article A. 712-9, à un pourcentage de 5 % du montant défini, par type d'établissement, à l'article A. 712-7.

Art. A. 712-9 Quel que soit le résultat du pourcentage effectué en application des articles A. 712-7 et A. 712-8, le montant de l'emprunt en deçà duquel la demande d'autorisation préalable n'est pas requise est plafonné dans tous les cas et par opération :

1° A 300 000 € pour les établissements du réseau dont le montant *(Arr. du 31 oct. 2012, art. 4)* « de ressources défini à l'article A. 712-7 » est inférieur à 10 millions d'euros ;

2° A 600 000 € pour les établissements du réseau dont le montant *(Arr. du 31 oct. 2012, art. 4)* « de ressources défini à l'article A. 712-7 est égal ou » supérieur à 10 millions d'euros. – *[Arr. du 30 nov. 2007, art. 3.]*

Art. A. 712-10 L'approbation préalable de l'autorité de tutelle est requise en matière d'opération de crédit-bail immobilier, en application du 2° de l'article R. 712-7, si une des deux conditions suivantes est remplie :

1° Lorsque le montant du loyer est supérieur à 5 % du *(Arr. du 31 oct. 2012, art. 5)* « montant de ressources défini, par type d'établissement, à l'article A. 712-7 » ;

2° Lorsque la levée de l'option d'acquisition intervient contractuellement après l'expiration de la quinzième année de location. – *[Arr. du 30 nov. 2007, art. 4.]*

Art. A. 712-11 Quel que soit le résultat du calcul effectué en application de l'article A. 712-10 et la date de l'opération d'acquisition, le montant du loyer annuel en deçà duquel la demande d'autorisation préalable n'est pas requise est plafonné, dans tous les cas et par opération :

1° A 300 000 € pour les établissements du réseau dont le montant *(Arr. du 31 oct. 2012, art. 6)* « de ressources défini, par type d'établissement, à l'article A. 712-7 » est inférieur à 10 millions d'euros ;

2° A 600 000 € pour les établissements du réseau dont le montant *(Arr. du 31 oct. 2012, art. 6)* « de ressources défini, par type d'établissement, à l'article A. 712-7 est égal ou » supérieur à 10 millions d'euros. – *[Arr. du 30 nov. 2007, art. 5.]*

Art. A. 712-12 *(Arr. du 31 oct. 2012, art. 7)* « Le seuil en deçà duquel l'approbation préalable de l'autorité de tutelle n'est pas requise en matière d'émission d'obligations à taux fixe, en application du 2° de l'article R. 712-7, est de 5 % du montant défini, par type d'établissement, à l'article A. 712-7 *[.]* »

Pour l'appréciation de ce seuil, l'émission d'obligations est considérée participer de la même opération si elle se produit au cours de la même période de trois ans à compter de l'émission du premier coupon, sans référence à l'usage affecté à l'emprunt. *(Arr. du 31 oct. 2012, art. 7)* « Le montant à prendre en compte pour permettre le calcul du pourcentage de 5 % correspond alors au montant de l'année antérieure à la première année de lancement de l'emprunt. » – *[Arr. du 30 nov. 2007, art. 6.]*

Art. A. 712-13 Le seuil en deçà duquel l'approbation préalable de l'autorité de tutelle n'est pas requise en matière d'émission d'obligations à taux variable, en application du 2° de l'article R. 712-7, est réduit de moitié par rapport au seuil mentionné à l'article A. 712-12.

Pour l'appréciation de ce seuil, l'émission d'obligations est considérée participer de la même opération si elle se produit au cours de la même période de trois ans à compter de l'émission du premier coupon, sans référence à l'usage affecté à l'emprunt. *(Arr. du 31 oct. 2012, art. 8)* « Le montant à prendre en compte pour permettre le calcul du pourcentage de 2,5 % correspond au montant de l'année antérieure à la première année de lancement de l'emprunt. » – *[Arr. du 30 nov. 2007, art. 7.]*

Art. A. 712-14 I. – Quel que soit le résultat du calcul effectué en application du premier alinéa de l'article A. 712-12, le montant de l'émission des obligations, au cours de la période de référence mentionnée au deuxième alinéa du même article, c'est-à-dire en cumulant le cas échéant le montant des émissions de coupons déjà intervenues au cours de l'année ou des deux années précédentes, en deçà duquel la demande d'autorisation préalable n'est pas requise, est plafonné dans tous les cas :

1° A 300 000 € pour les établissements du réseau dont le montant *(Arr. du 31 oct. 2012, art. 9)* « de ressources défini, par type d'établissement, à l'article A. 712-7 » est inférieur à 10 millions d'euros ;

2° A 600 000 € pour les établissements du réseau dont le montant *(Arr. du 31 oct. 2012, art. 9)* « de ressources défini, par type d'établissement, à l'article A. 712-7 est égal ou » supérieur à 10 millions d'euros.

(Arr. du 31 oct. 2012, art. 9) « II. – Dans les cas mentionnés à l'article A. 712-13, ce plafond est fixé à la moitié des deux seuils mentionnés au I du présent article, respectivement pour les établissements dont le montant de ressources défini à l'article A. 712-7 est inférieur à 10 millions d'euros et pour ceux pour lesquels ce montant est égal ou supérieur à 10 millions d'euros. » – *[Arr. du 30 nov. 2007, art. 8.]*

Art. A. 712-15 Le seuil en deçà duquel l'approbation préalable de l'autorité de tutelle n'est pas requise en matière de garantie octroyée à un tiers *(Abrogé par Arr. du 31 oct. 2012, art. 10)* *« pour les chambres de commerce et d'industrie territoriales »* est fixé, par opération, à un pourcentage de 5 % du *(Arr. du 31 oct. 2012, art. 10)* « montant de ressources défini, par type d'établissement, à l'article A. 712-7 », sous réserve des dispositions des articles A. 712-17 et A. 712-18. – *[Arr. du 30 nov. 2007, art. 9.]*

Art. A. 712-16 *Abrogé par Arr. du 31 oct. 2012, art. 11. – V.* ***C. com.****, éd. 2015 et antérieures.*

Art. A. 712-17 Lorsque le montant cumulé des garanties encore en vigueur octroyées par la chambre, tous bénéficiaires confondus, dépasse les seuils indiqués *(Arr. du 31 oct. 2012, art. 12)* « à l'article » A. 712-15 *(Abrogé par Arr. du 31 oct. 2012, art. 12)* « *et A. 712-16* », tout nouvel octroi de garantie, quel que soit son destinataire, fait l'objet d'une demande d'autorisation à l'autorité de tutelle.

Toutefois, le montant des garanties à considérer pour l'application du premier alinéa ne comprend pas les garanties accordées à des organismes compris dans son périmètre de consolidation comptable, ni les garanties accordées par la chambre à des tiers (fournisseurs, administrations, bailleurs...) lorsqu'elles sont requises dans le cadre de son exploitation courante. – *[Arr. du 30 nov. 2007, art. 11.]*

Art. A. 712-18 En tout état de cause, ce montant ne peut dépasser le seuil de "l'équivalent subvention brut" correspondant au seuil *de minimis* pour les garanties octroyées aux entreprises, fixé par les règlements de la Commission européenne relatifs à la détermination du seuil des aides *de minimis* pour l'application du règlement n° 994/98 du 7 mai 1998 sur l'application des articles 92 et 93 du traité instituant la Communauté européenne à certaines catégories d'aides d'État horizontales. – *[Arr. du 30 nov. 2007, art. 12.] – V. désormais le Règl. (UE) 2015/1588 du 13 juill. 2015 sur l'application des art. 107 et 108 TFUE à certaines catégories d'aides d'État horizontales (JOUE L 248 du 24 sept. 2015).*

SECTION II DES RÈGLES BUDGÉTAIRES

SOUS-SECTION 1 DISPOSITIONS COMMUNES

Art. A. 712-19 Les exercices comptables et budgétaires des établissements du réseau des chambres de commerce et d'industrie coïncident avec l'année civile. Tout report de crédit d'un exercice sur le suivant fait l'objet d'une nouvelle inscription dans le budget primitif ou d'un éventuel budget rectificatif de cet exercice suivant. – *[Arr. du 26 déc. 1991, art. 1er.]*

Art. A. 712-20 Le budget primitif de chaque établissement est adopté par son assemblée générale au plus tard le 30 novembre de l'année précédant l'exercice auquel il se rapporte.

Aucun budget rectificatif ne peut être voté après l'adoption du budget primitif de l'exercice suivant ni, en tout état de cause, après la clôture de l'exercice.

Le budget exécuté, auquel sont joints le compte de résultat, le bilan et l'annexe, est adopté par son assemblée générale au plus tard le 30 juin de l'année suivant l'exercice auquel il se rapporte. – *[Arr. du 26 déc. 1991, art. 2.]*

Art. A. 712-21 L'autorité de tutelle de l'établissement peut demander des éléments complémentaires à présenter avec les documents budgétaires. – *[Arr. du 26 déc. 1991, art. 3.]*

Art. A. 712-22 Les budgets primitifs, les éventuels budgets rectificatifs et les budgets exécutés sont transmis, pour approbation, à l'autorité de tutelle dans les quinze jours suivant leur adoption. – *[Arr. du 26 déc. 1991, art. 4.]*

Art. A. 712-23 Toutefois, les dépenses ou les charges financées par une augmentation, par rapport à l'exercice précédent, de la taxe pour frais de *(Décr. n° 2010-1463 du 1er déc. 2010, art. 87)* « chambre de commerce et d'industrie territoriale » ne peuvent être engagées qu'après notification du montant de cette taxe, et dans les limites correspondantes, ou après accord de l'autorité responsable de cette notification. – *[Arr. du 26 déc. 1991, art. 6, al. 7.]*

Art. A. 712-24 L'approbation de tout budget primitif ou rectificatif ne tenant pas compte du montant notifié de la taxe pour frais de *(Décr. n° 2010-1463 du 1er déc. 2010, art. 87)* « chambre de commerce et d'industrie territoriale » est implicitement refusée.

Dans ce cas, l'établissement doit adopter et transmettre un budget rectificatif dans les deux mois suivant la notification du montant de la taxe pour frais de *(Décr. n° 2010-1463 du 1er déc. 2010, art. 87)* « chambre de commerce et d'industrie territoriale ».

Pendant cette période, l'établissement peut néanmoins exécuter le budget en cours de révision, sur la base du montant notifié. – *[Arr. du 26 déc. 1991, art. 7.]*

Art. A. 712-25 Afin d'individualiser certaines activités notamment économiques, les budgets et les comptes sont divisés en services budgétaires regroupant eux-mêmes des sections comptables. – *[Arr. du 26 déc. 1991, art. 8.]*

Art. A. 712-26 L'ouverture d'un service budgétaire intitulé "service général" est obligatoire.

En outre, les services budgétaires suivants sont ouverts dès lors qu'ils correspondent à une activité effective de l'établissement :

– service Formation ;
– service Ports ;
– service Aéroports ;
– service Collecte et gestion de la participation des employeurs à l'effort de construction (PEEC).

Dans le cas où l'établissement effectue des opérations d'aménagement ou de construction à destination principale d'une cession immédiate ou différée de biens immobiliers à des tiers, et présentant une importance significative, elle ouvre, en outre, un service budgétaire intitulé "Aménagements".

Enfin, dans le cas où l'établissement exerce une ou plusieurs activités de type industriel ou commercial non couvertes par les services énumérés ci-dessus et présentant une importance significative, elle ouvre, en outre, un service budgétaire supplémentaire intitulé "Divers".

Aucun autre service budgétaire ne peut être ouvert sans autorisation du ministre chargé de la tutelle des chambres de commerce et d'industrie. – *[Arr. du 26 déc. 1991, art. 9.]*

Art. A. 712-27 A l'intérieur de ces services budgétaires, des sections comptables sont ouvertes conformément à l'annexe 7-1 au présent livre, dès lors qu'elles correspondent à une activité effective de l'établissement. – *V. cette annexe (JO 20 janv. 2009) au* **C. com.**

D'autres sections comptables peuvent être ouvertes dans les conditions fixées par le ministre chargé de la tutelle des chambres de commerce et d'industrie. – *[Arr. du 26 déc. 1991, art. 10.]*

Art. A. 712-28 Les budgets primitifs, rectificatifs et exécutés des établissements sont constitués des documents énumérés aux annexes II et III de l'annexe 7-1 au présent livre. – *[Arr. du 26 déc. 1991, art. 11.] – V. cette annexe (JO 20 janv. 2009) au* **C. com.**

Art. A. 712-29 Ne présentent pas un caractère limitatif les dépenses ou les charges *inscrites au budget des établissements*, dans les cas suivants :

1° Les charges correspondent à des dotations aux amortissements ou aux provisions ;

2° Les charges supplémentaires correspondent à des dépenses obligatoires, notamment en matière de charges sociales, d'impôt, de taxes et de versements assimilés, d'impôt sur les bénéfices, d'astreintes et de dépenses découlant de l'exécution de décisions de justice ;

3° L'augmentation des charges de personnel (salaires et traitements, charges sociales, taxe sur les salaires) résulte d'une décision de la commission paritaire nationale, non connue lors de l'adoption du budget ;

4° L'augmentation des dépenses ou des charges est liée à un accroissement du volume d'une activité économique, et le supplément de ces dépenses ou de ces charges est intégralement couvert par des recettes ou des produits nouveaux de cette activité ; ces dépenses ou ces charges ne peuvent toutefois pas concerner le recrutement de personnels supplémentaires permanents ;

5° Les charges correspondent à des contributions versées aux services, à l'exception des contributions versées aux concessions.

Parmi les recettes ou les produits, seuls présentent un caractère limitatif les transferts de charges (produits d'exploitation, produits financiers, produits exceptionnels) ainsi que les emprunts et autres dettes financières. – *[Arr. du 26 déc. 1991, art. 12.]*

Art. A. 712-30 Les augmentations de crédits n'entrant pas dans le cadre des atténuations ou exceptions mentionnées à l'article A. 712-29 ne peuvent résulter que d'un budget rectificatif.

Toutefois, ce dernier peut être adopté suivant une procédure simplifiée, en ce qui concerne certaines augmentations de crédits ; le ministre chargé de la tutelle des chambres de commerce et d'industrie fixe les conditions, et notamment la forme, auxquelles satisfont les délibérations correspondantes. – *[Arr. du 26 déc. 1991, art. 13.]*

Art. A. 712-31 Les dépenses et les charges ainsi que les recettes et les produits font l'objet, respectivement, de l'émission d'un mandat ou d'un titre de perception préalablement à leur paiement ou à leur encaissement. Il peut être dérogé à cette règle pour le fonctionnement des régies d'avances et des régies de recettes et pour le paiement des dépenses obligatoires, notamment :

1° Les rémunérations du personnel et les charges sociales ;

2° Le service de la dette ;

3° Les impôts, taxes et versements assimilés ;

4° L'impôt sur les bénéfices ;

5° Les astreintes ;

6° Les dépenses découlant de l'exécution des décisions de justice ;

7° Les dépenses relatives aux élections des délégués consulaires et des membres des établissements du réseau. – *[Arr. du 26 déc. 1991, art. 14.]*

Art. A. 712-32 Au plus tard lors de la séance suivant son installation, l'assemblée générale de chaque établissement élit, en son sein, une commission des finances ainsi qu'une commission des marchés.

Les membres de la commission des finances de l'assemblée des chambres françaises de commerce et d'industrie sont nommés selon des règles spécifiques fixées par le règlement intérieur de cette dernière. – *[Arr. du 26 déc. 1991, art. 15.]*

Art. A. 712-33 La commission des finances examine les budgets, le bilan, le compte de résultat et l'annexe, préalablement à leur adoption par l'assemblée générale ; elle lui présente un compte rendu de cet examen.

La commission des marchés examine, préalablement à leur signature, les projets de marché à passer par l'établissement. – *[Arr. du 26 déc. 1991, art. 16.]*

Art. A. 712-34 La composition et les règles générales de fonctionnement de la commission des finances ainsi que de la commission des marchés sont précisées par le ministre chargé de la tutelle des chambres de commerce et d'industrie. – *[Arr. du 26 déc. 1991, art. 17.]*

Art. A. 712-35 Le président peut déléguer sa signature en matière d'exécution du budget et d'émission de titres de perception et de mandats à des membres élus de l'établissement, à l'exception du trésorier et de ses délégataires.

Il peut également déléguer cette signature à des agents permanents de l'établissement non délégataires du trésorier ; la délégation ne peut alors porter que sur les engagements de dépenses et les actes dont découle une créance au profit de l'établissement. – *[Arr. du 26 déc. 1991, art. 18.]*

Art. A. 712-36 Le trésorier peut déléguer sa signature, en matière d'exécution des opérations de dépenses, de recettes ou de gestion de la trésorerie, au trésorier adjoint ou à d'autres membres élus de l'établissement, à l'exception du président ou de ses délégataires.

Il peut également déléguer cette signature à des agents permanents de l'établissement non délégataires du président ; la délégation ne peut alors porter que sur la signature des titres de paiement et des documents relatifs aux opérations de trésorerie. – *[Arr. du 26 déc. 1991, art. 19.]*

Art. A. 712-37 Une révision comptable est effectuée, avant adoption du budget exécuté, par le commissaire aux comptes nommé par l'établissement en application de l'article L. 712-6, dans les conditions fixées par l'autorité de tutelle. – *[Arr. du 26 déc. 1991, art. 20.]*

Art. A. 712-38 Le rapport du commissaire aux comptes chargé de la révision comptable est transmis aux membres de la commission des finances et de l'assemblée générale préalablement à l'examen du budget exécuté ; il est également transmis à l'autorité de tutelle, en même temps que le budget exécuté. – *[Arr. du 26 déc. 1991, art. 21.]*

Art. A. 712-39 Un chapitre spécifique du règlement intérieur regroupe l'ensemble de ses dispositions budgétaires, comptables et financières. – *[Arr. du 26 déc. 1991, art. 22.]*

Art. A. 712-40 Il est institué une commission nationale des diligences comptables chargée de rendre des avis sur tout problème relatif à l'application des règles comptables et budgétaires.

Cette commission comprend, outre son président, quatorze membres, dont sept représentent l'institution consulaire et les sept autres les administrations intéressées.

Tous ses membres ainsi que le président sont nommés par le ministre chargé de la tutelle des chambres de commerce et d'industrie ; ceux représentant l'institution consulaire le sont sur proposition du président de l'assemblée des chambres françaises de commerce et d'industrie.

La commission se réunit sur un ordre du jour fixé par le président. A cet ordre du jour figurent les points dont l'inscription est demandée par le ministre chargé de la tutelle des chambres de commerce et d'industrie. – *[Arr. du 26 déc. 1991, art. 23.]*

Art. A. 712-41 Le plan comptable applicable aux *(Décr. n° 2010-1463 du 1er déc. 2010, art. 87)* « chambres de commerce et d'industrie territoriales, aux chambres de commerce et d'industrie de région », à l'assemblée des chambres françaises de commerce et d'industrie et aux groupements interconsulaires est consultable auprès du ministère de tutelle des chambres de commerce et d'industrie, dans les préfectures, à l'assemblée des chambres françaises de commerce et d'industrie, dans les *(Décr. n° 2010-1463 du 1er déc. 2010, art. 87)* « chambres de commerce et d'industrie territoriales, les chambres de commerce et d'industrie de région » ainsi que les groupements interconsulaires. – *[Arr. du 3 déc. 1991, art. 1er.]*

Art. A. 712-42 Une instruction par voie de circulaire apportera toutes précisions utiles à l'application de la présente sous-section. – *[Arr. du 26 déc. 1991, art. 26.]*

SOUS-SECTION 2 DISPOSITIONS APPLICABLES AUX CHAMBRES RÉGIONALES

La présente sous-section ne comprend pas de dispositions pour les arrêtés.

SOUS-SECTION 3 DISPOSITIONS APPLICABLES AUX GROUPEMENTS INTERCONSULAIRES

La présente sous-section ne comprend pas de dispositions pour les arrêtés.

SOUS-SECTION 4 DISPOSITIONS APPLICABLES À L'ASSEMBLÉE DES CHAMBRES FRANÇAISES DE COMMERCE ET D'INDUSTRIE

La présente sous-section ne comprend pas de dispositions pour les arrêtés.

SECTION III DES EMPRUNTS SOUSCRITS ET DES GARANTIES ACCORDÉES PAR LES ÉTABLISSEMENTS DU RÉSEAU

La présente section ne comprend pas de disposition pour les arrêtés.

SECTION IV DES ÉQUIPEMENTS ET SERVICES GÉRÉS PAR DES ÉTABLISSEMENTS DU RÉSEAU DANS LE CADRE DE DÉLÉGATIONS DE SERVICE PUBLIC

La présente section ne comprend pas de dispositions pour les arrêtés.

CHAPITRE III DE L'ÉLECTION DES MEMBRES DES CHAMBRES DE COMMERCE ET D'INDUSTRIE TERRITORIALES ET DE RÉGION

(Arr. du 21 mai 2021, art. 2).

L'intitulé de l'ancienne section I « De l'élection des membres des chambres de commerce et d'industrie territoriales et des chambres de commerce et d'industrie de région » est supprimé et l'ancienne section II « De l'élection des délégués consulaires », comprenant les anc. art. A. 713-14 à A. 713-25, est abrogée (Arr. du 21 mai 2021, art. 2).

SECTION PREMIÈRE DE L'ÉTABLISSEMENT DES LISTES ÉLECTORALES *(Arr. du 21 mai 2021, art. 2).*

Art. A. 713-1 **I. — Les listes électorales prévues aux articles** *(Arr. du 13 août 2010, art. 2)* **« R. 713-1-1 » et R. 713-2 sont destinées :**

1° A être mises à disposition du public dans les conditions fixées à l'article R. 713-2 ;

(Arr. du 21 mai 2021, art. 3) **« 2° A l'envoi des instruments nécessaires au vote mentionnés à l'article R. 713-14 ; »**

3° A servir de support à l'émargement lors du dépouillement du scrutin.

II. — *(Arr. du 13 août 2010, art. 2)* **« Les listes électorales dressées** *(Arr. du 21 mai 2021, art. 3)* **« en application du III de l'article R. 713-1-1 » sont regroupées pour chaque circonscription de chambre de commerce et d'industrie territoriale** *(Arr. du 11 juill. 2016, art. 1er)* **« , locale ou départementale d'Île-de-France » en une liste unique, laquelle est subdivisée en catégories et, le cas échéant, en sous-catégories professionnelles. »**

III. — Les listes portent la mention de la dénomination de la chambre *(Arr. du 13 août 2010, art. 2)* **« de commerce et d'industrie de région et de la chambre de commerce et d'industrie territoriale »** *(Arr. du 11 juill. 2016, art. 1er)* **« , locale ou départementale d'Île-de-France ». Elles comportent pour chaque électeur les informations suivantes :**

1° *(Arr. du 13 août 2010, art. 2)* **« La catégorie et, le cas échéant, la sous-catégorie de l'électeur ; »**

2° Un numéro d'ordre sur la liste ;

3° *(Arr. du 13 août 2010, art. 2)* **« Le numéro SIRET de l'établissement ; »**

4° La dénomination sociale de l'entreprise ;

5° Les nom, prénoms *(Abrogé par Arr. du 21 mai 2021, art. 3)* **« ,** ***nationalité*** **» et date de naissance de l'électeur ;**

(Arr. du 21 mai 2021, art. 3) **« 6° L'adresse de correspondance de l'électeur, son adresse électronique personnelle ou nominative professionnelle ainsi que son numéro de téléphone portable personnel ou nominatif professionnel pour l'expédition des instruments nécessaires au vote prévus au I, 2°, ci-dessus ; »**

7° L'adresse professionnelle de l'électeur pour répondre aux objectifs prévus au I, 1° et 3°, ci-dessus.

(Abrogé par Arr. du 21 mai 2021, art. 3) **« *8° L'adresse de messagerie internet de l'électeur dans le cas où cette mention est nécessaire aux opérations de vote.* »**

(Arr. du 13 août 2010, art. 2) **« La date de naissance figurant au 5° ainsi que les informations mentionnées** *(Arr. du 21 mai 2021, art. 3)* **« au 6° » ci-dessus ne figurent pas sur les listes électorales mises à disposition du public en application de l'article R. 713-2. »** — *[Arr. du 30 juill. 2004, art. 2.]*

Art. A. 713-2 et A. 713-3 *Abrogés par Arr. du 21 mai 2021, art. 4.*

SECTION II DES CANDIDATURES *(Arr. du 21 mai 2021, art. 5).*

Art. A. 713-4 *(Arr. du 21 mai 2021, art. 5)* **Trente jours au moins avant le dernier jour du scrutin, les candidats remettent, pour validation, à la commission d'organisation des élections, un exemplaire de leur bulletin de vote et de leur circulaire.**

En cas de candidatures présentées dans le cadre d'un groupement, le mandataire du groupement remet dans les mêmes conditions un exemplaire du bulletin de vote et une circulaire uniques pour l'ensemble des candidats du groupement. Le classement des candidatures sur ce bulletin de vote unique respecte l'ordre d'enregistrement des candidatures à la préfecture.

Art. A. 713-5 *(Arr. du 21 mai 2021, art. 5)* Les bulletins de vote précisent, pour chacun des candidats, titulaire ou suppléant :

a) Son nom et son prénom usuel ;

b) Sa profession ou son secteur d'activité ;

c) La commune de son activité ;

d) Le cas échéant, l'intitulé du groupement sous l'égide duquel il se présente ;

e) Le siège pour lequel il se présente : mandat de membre titulaire ou de membre suppléant de la chambre de région associé au mandat de membre de la chambre territoriale, locale ou départementale d'Île-de-France, ou mandat de la seule chambre territoriale, locale ou départementale d'Île-de-France ;

f) Le cas échéant, en complément de l'une ou l'autre des candidatures mentionnées à l'alinéa précédent, mention de la candidature en qualité de membre d'une délégation de la chambre territoriale ;

g) La catégorie professionnelle et, le cas échéant, la sous-catégorie professionnelle dans lesquelles il se présente.

Pour le vote électronique, la présentation du bulletin de vote doit garantir une stricte égalité entre les candidats.

Art. A. 713-6 *(Arr. du 21 mai 2021, art. 5)* Lorsqu'il est procédé au vote par voie électronique, les frais de campagne remboursés aux candidats en application de l'article R. 713-12 s'entendent du coût du papier et de l'impression des circulaires, lorsque la commission d'organisation des élections décide leur envoi sur support papier, dans les conditions prévues à l'article R. 713-21.

Dans ce cas, chaque groupement sous l'étiquette duquel des candidatures sont présentées dans la circonscription, chaque candidat isolé peuvent prétendre au remboursement des frais de reproduction d'un seul modèle de circulaire par catégorie ou, le cas échéant, sous-catégorie professionnelle présentant les caractéristiques prévues au 2° de l'article A. 713-7.

Le nombre de circulaires admis à remboursement ne peut excéder celui effectivement remis, conformément à l'article A. 713-9.

Art. A. 713-7 *(Arr. du 21 mai 2021, art. 5)* Lorsqu'il est procédé à un vote par correspondance, les frais de campagne remboursés aux candidats en application de l'article R. 713-12 s'entendent du coût du papier et de l'impression des bulletins de vote et des circulaires présentant les caractéristiques suivantes :

1° Bulletins de vote imprimés dans les conditions prévues à l'article R. 30 du code électoral, exclusivement recto et comportant les mentions précisées à l'article A. 713-5 ;

2° Circulaires dans les conditions prévues à l'article R. 29 du code électoral.

Le nombre de bulletins et de circulaires admis à remboursement ne peut excéder celui effectivement remis, conformément à l'article A. 713-9.

Art. A. 713-7-1 *(Arr. du 21 mai 2021, art. 5)* Le montant maximum de remboursement des dépenses engagées par les candidats est fixé, dans chaque circonscription de chambre de commerce et d'industrie de région, par le préfet de région en prenant comme cadre de référence les dispositions de l'arrêté en vigueur fixant les tarifs maxima de remboursement des frais d'impression et d'affichage des documents électoraux pour les élections municipales, communautaires et métropolitaines.

La demande de remboursement est adressée à la chambre de commerce et d'industrie territoriale, ou*[,]* pour les chambres de commerce et d'industrie locales et départementales d'Île-de-France, à la chambre de commerce et d'industrie de région, sous pli recommandé avec avis de réception, dans le délai de quinze jours suivant la date de la proclamation des résultats des élections.

A la demande de remboursement est joint un exemplaire de chacun des documents susceptibles d'être pris en compte pour la détermination du droit à remboursement ainsi que les pièces justificatives correspondant aux frais réellement exposés.

Après visa, le président en exercice de la chambre de commerce et d'industrie concernée donne suite à la demande de remboursement qui constitue pour l'établissement une dépense obligatoire. Une copie de cette décision est transmise, sans délai, pour information au préfet de région.

Dans le délai d'un mois suivant la réception de la demande visée par le président, la chambre de commerce et d'industrie concernée fait procéder au paiement des sommes dues.

SECTION III **DE LA PRÉPARATION DU SCRUTIN** *(Arr. du 21 mai 2021, art. 6).*

Art. A. 713-8 *(Arr. du 21 mai 2021, art. 6)* I. — Lorsqu'il est procédé au vote par voie électronique, l'envoi des instruments de vote aux électeurs est effectué par mail ou par voie postale. Dans ce dernier cas, ils sont adressés dans une enveloppe dont le format et les mentions qui y sont portées sont fixées à l'annexe 7-2. — *V. l'annexe 7-2 sur le Code en ligne* .

Les envois postaux contiennent :

— un porte-adresse *(Abrogé par Arr. du 2 oct. 2021, art. 1er)* « *dont les mentions et dimensions sont fixées à l'annexe 7-2* » contenant les identifiants de l'électeur pour se connecter sur la plateforme de vote et la notice explicative ;

— les circulaires des candidats lorsqu'il est fait application des dispositions du 3e alinéa de l'article R. 713-21.

II. — Pour le vote par correspondance, le matériel de vote est envoyé aux électeurs par voie postale dans une enveloppe dont le format et les mentions qui y sont portées sont fixées à l'annexe 7-2, comprenant*[:]*

— un porte-adresse dont les dimensions et les mentions sont fixées à l'annexe 7-2 ;

— le bulletin unique de vote ou les bulletins de vote ;

— les circulaires des candidats ainsi que les références des sites internet où elles peuvent être consultées ;

— l'enveloppe d'acheminement du vote et l'enveloppe de vote dont les dimensions et les mentions qui y sont portées sont fixées à l'annexe 7-2.

Les instruments de vote envoyés aux électeurs mentionnent les liens internet vers lesquels ils peuvent consulter les circulaires.

Art. A. 713-9 *(Arr. du 21 mai 2021, art. 6)* I. — Lorsqu'il est fait application du 3e alinéa de l'article R. 713-21, les candidats ou leurs mandataires remettent, vingt et un jour*[s]* au plus tard avant le dernier jour du scrutin, au secrétariat de la commission d'organisation des élections, un nombre de circulaires égal au nombre d'électeurs inscrits dans la catégorie ou, le cas échéant, sous-catégorie, plus 5 % afin de les joindre à l'envoi des instruments de vote aux électeurs.

Au plus tard treize jours avant le dernier jour du scrutin, les circulaires des candidats sont mises à la disposition des électeurs sur le site internet de la plate-forme de vote à distance et sur le site internet de la chambre de commerce et d'industrie concernée, dans une rubrique "élections", respectant les dispositions prévues à l'article L. 49 du code électoral.

II. — Lorsqu'il est procédé à un vote par correspondance, les candidats ou leurs mandataires remettent dans le même délai prévu au I au secrétariat de la commission d'organisation des élections un nombre de bulletins de vote et de circulaires égal au nombre d'électeurs inscrits dans la catégorie ou, le cas échéant, sous-catégorie, plus 5 %. En cas de mise sous pli automatisée, le nombre de bulletins de vote supplémentaire est au moins de 200.

Au plus tard treize jours avant le dernier jour du scrutin, les circulaires des candidats sont mises à la disposition des électeurs sur le site internet de la chambre de commerce et d'industrie concernée, dans une rubrique "élections", respectant les dispositions prévues à l'article L. 49 du code électoral.

Art. A. 713-10 *(Abrogé par Arr. du 11 juill. 2016, art. 1er)* « ***Les enveloppes d'acheminement des circulaires, des bulletins de vote et des instruments nécessaires au vote font mention***

de la disposition prévue au dernier alinéa (Arr. du 13 août 2010, art. 12) « du II » de l'article R. 713-14. »

Les enveloppes contenant *(Arr. du 21 mai 2021, art. 6)* « les instruments nécessaires au vote » sont closes. – *[Arr. du 30 juill. 2004, art. 8.]*

Art. A. 713-10-1 *(Arr. du 2 oct. 2021, art. 1er)* Les modèles de procès-verbal, visés à l'article R. 713-7-1 *[R. 713-27-1]*, sont fixés à l'annexe 7-2-1. – *V. cette annexe sur le Code en ligne.*

SECTION IV DU VOTE PAR CORRESPONDANCE *(Arr. du 21 mai 2021, art. 7).*

Art. A. 713-11 *(Arr. du 11 juill. 2016, art. 1er)* Les enveloppes d'acheminement du vote, prévues au I de l'article R. 713-17, sont d'une dimension de 110 mm × 220 mm et répondent aux spécifications qui figurent à l'annexe 7.2 au présent livre. Elles peuvent comporter des mentions supplémentaires. – *V. cette annexe (JO 20 oct. 2010) au* ***C. com.***

Les enveloppes de scrutin contenant les bulletins de vote sont d'une dimension de 90 mm × 139 mm et répondent aux spécifications qui figurent à l'annexe 7.2 au présent livre. Elles peuvent être de couleurs différentes selon les catégories professionnelles ou, le cas échéant, les sous-catégories professionnelles.

Art. A. 713-12 Les enveloppes d'acheminement du vote sont closes.

Art. A. 713-13 L'état récapitulatif des plis reçus à la préfecture mentionné au I de l'article R. 713-17 est tenu à la disposition de chacun des membres de la commission d'organisation des élections. – *[Arr. du 30 juill. 2004, art. 9.]*

SECTION V ÉTUDES ÉCONOMIQUES DE PONDÉRATION *(Arr. du 21 mai 2021, art. 8).*

Art. A. 713-26 Les catégories professionnelles des chambres de commerce et d'industrie correspondant respectivement aux activités du commerce, de l'industrie et des services sont composées conformément aux listes figurant à l'annexe 7-4 au présent livre, par référence aux nomenclatures d'activités et de produits françaises de l'Institut national de la statistique et des études économiques. – *[Arr. du 12 juin 2008, art. 1er.] – V. cette annexe (JO 20 janv. 2009) au* ***C. com.***

Art. A. 713-27 *Abrogé par Arr. du 13 août 2010, art. 21. – V. art. R. 713-27, II, dern. al.*

Art. A. 713-28 *(Arr. du 21 mai 2021, art. 8)* Il est créé dans les chambres de commerce et d'industrie territoriales et de région, en vue de l'étude mentionnée à l'article R. 713-66, un traitement automatisé d'informations nominatives dont l'objet est de déterminer, conformément à l'article R. 711-47, la répartition des membres élus de ces établissements entre catégories et, le cas échéant, sous-catégories professionnelles.

Art. A. 713-29 *(Arr. du 21 mai 2021, art. 8)* Pour les personnes physiques et morales inscrites au registre du commerce et des sociétés ou figurant dans le fichier des entreprises de la chambre de commerce et d'industrie concernée, tel que défini à l'article D. 711-67-4, les catégories d'informations nominatives traitées sont :

1° Le nom ou la dénomination sociale ;
2° Le code NAF ;
3° Le numéro SIRET ;
4° L'adresse ;
5° Le nombre de salariés ;
6° La base nette taxable de l'établissement.

Les informations mentionnées aux 5° et 6° sont collectées dans les conditions prévues au dernier alinéa du II de l'article R. 713-66.

Art. A. 713-30 *(Arr. du 21 mai 2021, art. 8)* Le droit d'accès et de rectification prévus aux article*[s]* 49 et 50 de la loi n° 78-17 du 6 janvier 1978 modifiée relative à l'informatique, aux fichiers et aux libertés s'exercent auprès de la chambre de commerce et d'industrie territoriale, dont le demandeur est ressortissant, ou auprès de la chambre de commerce et d'industrie de région pour les ressortissants des chambres de commerce et d'industrie locales ou départementales d'Île-de-France. Le droit d'opposition prévu au premier alinéa de l'article 56 de la loi n° 78-17 du 6 janvier 1978 modifiée est écarté.

TITRE DEUXIÈME DU TRIBUNAL DE COMMERCE

RÉP. COM. v° *Tribunal de commerce,* par A. BERNARD.

CHAPITRE PREMIER DE L'INSTITUTION ET DE LA COMPÉTENCE

SECTION PREMIÈRE DISPOSITIONS GÉNÉRALES

La présente section ne comprend pas de dispositions pour les arrêtés.

SECTION II DE LA COMPÉTENCE

La présente section ne comprend pas de dispositions pour les arrêtés.

SECTION III DU CONSEIL NATIONAL DES TRIBUNAUX DE COMMERCE

Art. A. 721-1 Les chefs de cour d'appel sont invités, six mois avant la fin du mandat des membres du Conseil national des tribunaux de commerce, par circulaire du directeur des services judiciaires, à recueillir les candidatures des juges consulaires en activité ou honoraires souhaitant être désignés par le garde des sceaux, ministre de la justice, au sein du conseil, en application de l'article R. 721-8. – *[Arr. du 27 sept. 2005, art. 1er.]*

Art. A. 721-2 Les juges consulaires adressent leur candidature par écrit au garde des sceaux, ministre de la justice, et aux chefs de la cour d'appel dans le ressort de laquelle ils exercent leur mandat ou ont exercé leur dernier mandat, dans le délai indiqué à l'article R. 721-9. – *[Arr. du 27 sept. 2005, art. 2.]*

Art. A. 721-3 Les chefs de cour transmettent au garde des sceaux, ministre de la justice, les dossiers de candidature au plus tard quinze jours après l'expiration de ce délai. – *[Arr. du 27 sept. 2005, art. 3.]*

Art. A. 721-4 Le dossier de candidature comporte :

1° La déclaration de candidature datée et signée par le candidat ;

2° Un état de services établi par le candidat et visé par le président du tribunal de commerce ;

3° L'avis motivé du président du tribunal de commerce ;

4° L'avis motivé des chefs de cour. – *[Arr. du 27 sept. 2005, art. 4.]*

Art. A. 721-5 Toute candidature à une désignation de membre titulaire vaut également candidature à une désignation de membre suppléant. – *[Arr. du 27 sept. 2005, art. 5.]*

Art. A. 721-6 Les juges consulaires sont désignés compte tenu de leurs compétences professionnelles et afin d'assurer une représentation équilibrée du territoire national. – *[Arr. du 27 sept. 2005, art. 6.]*

Art. A. 721-7 La direction des services judiciaires assure le secrétariat du Conseil national des tribunaux de commerce. – *[Arr. du 27 sept. 2005, art. 7.]*

Art. A. 721-8 Le secrétaire général du Conseil national des tribunaux de commerce prépare les réunions du conseil, y assiste et en établit les comptes rendus, qui sont signés par le président de séance et diffusés à l'ensemble des membres. – *[Arr. du 27 sept. 2005, art. 8.]*

Art. A. 721-9 Il est chargé de la préparation du rapport annuel d'activité. – *[Arr. du 27 sept. 2005, art. 9.]*

Art. A. 721-10 Il participe à la mise en œuvre de la communication du conseil. – *[Arr. du 27 sept. 2005, art. 10.]*

CHAPITRE II DE L'ORGANISATION ET DU FONCTIONNEMENT

Le présent chapitre ne comprend pas de dispositions pour les arrêtés.

CHAPITRE III DE L'ÉLECTION DES JUGES DES TRIBUNAUX DE COMMERCE

Le présent chapitre ne comprend pas de dispositions pour les arrêtés.

CHAPITRE IV DE LA DISCIPLINE DES JUGES DES TRIBUNAUX DE COMMERCE

Le présent chapitre ne comprend pas de dispositions pour les arrêtés.

TITRE TROISIÈME DES JURIDICTIONS COMMERCIALES PARTICULIÈRES

Le présent titre ne comprend pas de dispositions pour les arrêtés.

TITRE QUATRIÈME DU GREFFE DU TRIBUNAL DE COMMERCE

CHAPITRE PREMIER DE L'INSTITUTION ET DES MISSIONS

SECTION PREMIÈRE DISPOSITIONS GÉNÉRALES

Art. A. 741-1 Le nombre d'agents des greffes des tribunaux de commerce affectés à titre permanent pour assister les présidents des tribunaux de commerce est fixé comme suit :

1° Dans les tribunaux de commerce comprenant un effectif de 25 juges à 30 juges : 1 ou 2 agents ;

2° Dans les tribunaux de commerce comprenant un effectif de 31 juges à 40 juges : 2 ou 3 agents ;

3° Dans les tribunaux de commerce comprenant un effectif de 41 juges à 60 juges : 3 ou 4 agents ;

4° Dans les tribunaux de commerce comprenant un effectif supérieur à 60 juges : 5 agents ou plus. – *[Arr. du 18 mars 1997, art. 1er.]*

Art. A. 741-2 Lorsque le président du tribunal de commerce et le greffier en sont d'accord, il peut être dérogé aux dispositions prévues à l'article A. 741-1. – *[Arr. du 18 mars 1997, art. 2.]*

SECTION II DE LA MODIFICATION DU RESSORT DES JURIDICTIONS COMMERCIALES

La présente section ne comprend pas de dispositions pour les arrêtés.

SECTION III DU CONSEIL NATIONAL DES GREFFIERS DES TRIBUNAUX DE COMMERCE

La présente section ne comprend pas de dispositions pour les arrêtés.

CHAPITRE II DES CONDITIONS D'ACCÈS À LA PROFESSION ET AUX *AUTRES PROFESSIONS* JUDICIAIRES ET JURIDIQUES

SECTION PREMIÈRE DES CONDITIONS D'ACCÈS À LA PROFESSION DE GREFFIER DE TRIBUNAL DE COMMERCE

SOUS-SECTION 1 DES CONDITIONS D'APTITUDE

(Arr. du 11 août 2017, art. 1er)

§ 1er DES CONDITIONS GÉNÉRALES

Art. A. 742-1 Sont admis en dispense du diplôme validant la première année de master en droit pour l'exercice de la profession de greffier de tribunal de commerce tous diplômes sanctionnant un niveau de formation correspondant au moins à quatre années d'études après le baccalauréat dans les disciplines juridiques, délivrés par :

1° Un établissement public à caractère scientifique, culturel et professionnel habilité à le délivrer ;

2° Un établissement d'enseignement supérieur privé reconnu par l'État et autorisé à délivrer un diplôme visé par le ministre chargé de l'enseignement supérieur ;

3° Un institut d'études politiques ;

4° La faculté libre autonome et cogérée d'économie et de droit de Paris.

§ 1er-1 DU CONCOURS D'ACCÈS À LA PROFESSION DE GREFFIER DE TRIBUNAL DE COMMERCE

Art. A. 742-2 L'arrêté du garde des sceaux, ministre de la justice, fixant le nombre de places offertes au concours dans les conditions prévues à l'article R. 742-6-1 est publié au *Journal officiel* de la République française au plus tard le 1er septembre de l'année N-1.

Les dates et lieux des épreuves sont fixés au plus tard quatre mois avant la date de la première épreuve par le président du Conseil national des greffiers des tribunaux de commerce qui en assure la publicité sur le site internet de la profession ainsi que par voie de circulaires diffusées dans chaque office de greffier de tribunal de commerce et par voie d'insertion dans les revues professionnelles ; il en informe aussitôt le garde des sceaux, ministre de la justice, lequel publie l'information sur son site internet.

Art. A. 742-3 Les candidatures sont adressées par téléprocédure sur le site internet du ministère de la justice, au plus tard trois mois avant la date de la première épreuve.

Le dossier de candidature comprend :

1° Une requête de l'intéressé précisant qu'il souhaite se présenter au concours. La requête mentionne les coordonnés *[coordonnées]* du candidat, dont une adresse électronique personnelle valide ;

2° Une copie recto-verso de la carte nationale d'identité de l'intéressé ou une copie de son passeport ou de son certificat de nationalité française ;

3° Une copie de l'un des titres ou diplômes prévus au 6° de l'article R. 742-1 ou la justification de leur dispense.

Art. A. 742-4 Le garde des sceaux, ministre de la justice, arrête la liste des candidats admis à concourir au plus tard un mois avant le début des épreuves ; il transmet sans délai au Conseil national des greffiers des tribunaux de commerce les dossiers de ces candidats.

Des convocations individuelles indiquant le jour, l'heure et le lieu des épreuves sont adressées à chaque candidat, au moins quinze jours à l'avance, par le Conseil national des greffiers des tribunaux de commerce, par lettre recommandée avec demande d'avis de réception ou à l'adresse électronique indiquée par le candidat.

Le Conseil national des greffiers des tribunaux de commerce informe, le cas échéant, le garde des sceaux, ministre de la justice, de la nécessité de désigner des examinateurs spécialisés dans les conditions prévues par le cinquième alinéa de l'article R. 742-6-2.

Art. A. 742-5 Le concours d'accès à la profession de greffier de tribunal de commerce comporte trois épreuves écrites d'admissibilité et deux épreuves orales d'admission portant sur le programme figurant à l'annexe 7-6 au présent livre. Les sujets des épreuves écrites et orales sont déterminés par le jury. — *V. cette annexe (JO 20 août 2017) au* ***C. com.*** 🏛.

Le Conseil national des greffiers des tribunaux de commerce assure le secrétariat du jury.

Art. A. 742-6 Les épreuves écrites d'admissibilité comprennent :

1° Une dissertation d'une durée de trois heures portant sur un sujet de droit civil ou de droit commercial. L'épreuve est affectée d'un coefficient de 3.

2° Une épreuve d'une durée de deux heures destinée à vérifier l'aptitude des candidats à résoudre un ou plusieurs cas pratiques portant sur des sujets de droit commercial. L'épreuve est affectée d'un coefficient de 4.

3° Une épreuve d'une durée de deux heures destinée à vérifier l'aptitude des candidats à résoudre un ou plusieurs cas pratiques portant sur des sujets de procédure civile et commerciale. L'épreuve est affectée d'un coefficient de 4.

Art. A. 742-7 Le président, un ou plusieurs membres du jury ou leurs suppléants, assistés, le cas échéant, par des greffiers de tribunal de commerce désignés à cet effet par le président du jury, assurent la surveillance des épreuves d'admissibilité.

Art. A. 742-8 Pour les épreuves d'admissibilité, les candidats peuvent utiliser les codes et recueils de lois et décrets comportant des références d'articles de doctrine et de jurisprudence, à l'exclusion toutefois des codes annotés et commentés, article par article, par des professionnels du droit.

Ils peuvent également se servir de codes ou recueils de lois et décrets ne contenant aucune indication de doctrine ou de jurisprudence, sans autre note que des références à des textes législatifs ou réglementaires.

Tout candidat ayant procuré ou utilisé des documents non autorisés est exclu de la salle et sa composition est annulée.

Art. A. 742-9 La correction des épreuves d'admissibilité est organisée de manière à préserver l'anonymat de chaque candidat.

Chaque composition est examinée par deux correcteurs et reçoit une note de 0 à 20. Toute note inférieure à 5 sur 20 est éliminatoire.

Le jury détermine, dans le respect de l'anonymat des copies, le nombre total des points nécessaires pour être admissible et, sur cette base, arrête la liste des candidats admis à se présenter aux épreuves d'admission, par ordre alphabétique.

Le résultat des épreuves est notifié à chaque candidat par le Conseil national des greffiers des tribunaux de commerce par lettre recommandée avec demande d'avis de réception ou à l'adresse électronique indiquée par le candidat. Cette notification s'accompagne, pour les candidats déclarés admissibles, de la convocation aux épreuves orales. Elle mentionne également la date limite pour adresser au Conseil national des greffiers des tribunaux de commerce la fiche individuelle de renseignements mentionnée à l'article A. 742-10.

L'admissibilité n'est valable que pour la session au cours de laquelle elle a été acquise.

Art. A. 742-10 Nul ne peut se présenter aux épreuves orales d'admission s'il n'a été déclaré admissible par le jury.

Les épreuves orales d'admission se déroulent en séance publique. Elles comprennent :

1° Une épreuve orale portant sur un sujet se rattachant au droit commercial, à la procédure civile et commerciale, à la réglementation professionnelle du greffier de tribunal de commerce ou à l'organisation et la gestion d'un greffe, suivie d'une conversation avec le jury portant sur les mêmes matières. La durée de l'épreuve est de trente minutes, précédée de trente minutes de préparation. Le sujet d'interrogation est tiré au sort par le candidat. L'épreuve est affectée d'un coefficient de 4.

2° Un entretien avec le jury d'une durée de vingt minutes portant sur le parcours et la motivation du candidat, à partir d'une fiche individuelle de renseignements qu'il aura préalablement remplie, ainsi que sur ses aptitudes à exercer les fonctions de greffier de tribunal de commerce et à en respecter la déontologie. Au cours de l'entretien, le candidat peut être interrogé sur des mises en situation professionnelle. L'épreuve est affectée d'un coefficient de 3.

En vue de l'épreuve d'entretien, le candidat admissible remplit une fiche individuelle de renseignements qu'il adresse au Conseil national des greffiers des tribunaux de commerce dans le délai fixé par celui-ci et avant le début des épreuves d'admission. Ces fiches sont ensuite transmises au jury par le Conseil national des greffiers des tribunaux de commerce. La fiche individuelle de renseignements est disponible sur le site internet du Conseil national des greffiers des tribunaux de commerce.

Art. A. 742-11 Les épreuves orales sont notées de 0 à 20. Toute note inférieure à 5 sur 20 est éliminatoire.

A l'issue des épreuves orales d'admission, le jury établit par ordre de mérite la liste des candidats admis en fonction du total des points obtenus à l'ensemble des épreuves, après application des coefficients correspondants, dans la limite des places offertes au concours.

Si plusieurs candidats ont obtenu le même nombre de points à l'issue des épreuves écrites et orales, la priorité pour l'admission est accordée à celui qui a obtenu la note la plus élevée à la deuxième épreuve écrite d'admissibilité et, en cas d'égalité, au candidat ayant obtenu la note la plus élevée à la troisième épreuve écrite d'admissibilité et, ensuite, en cas de nouvelle égalité, au candidat ayant obtenu la note la plus élevée à la première épreuve orale d'admission.

Le jury peut décider de ne pas pourvoir toutes les places offertes s'il estime que le nombre de candidats présentant les aptitudes requises pour exercer la profession de greffier de tribunal de commerce est inférieur au nombre de places offertes au concours.

Art. A. 742-12 Le jury transmet la liste des candidats admis au garde des sceaux, ministre de la justice, ainsi qu'au président du Conseil national des greffiers des tribunaux de commerce.

Le garde des sceaux, ministre de la justice, publie la liste des candidats admis au *Journal officiel* de la République française dans le mois suivant cette transmission.

Le Conseil national des greffiers des tribunaux de commerce notifie individuellement aux candidats le résultat des épreuves ; il délivre à chaque candidat admis une attestation de réussite au concours.

§ 2 DU STAGE

Art. A. 742-13 L'entretien de fin de stage prévu à l'article R. 742-15-1 a lieu au plus tard trois mois après la date de fin de stage.

La date et le lieu de l'entretien sont fixés par le président du Conseil national des greffiers des tribunaux de commerce.

Une convocation individuelle indiquant le jour, l'heure et l'adresse du lieu de l'entretien est adressée au candidat, au moins un mois à l'avance, par le Conseil national des greffiers des tribunaux de commerce, par lettre recommandée avec demande d'avis de réception ou à l'adresse électronique indiquée par le candidat lors de son inscription au concours d'accès à la profession.

Dans les cas où la commission chargée de valider le stage décide d'entendre le maître de stage en application de l'article R. 742-15-1, son président en informe le président du Conseil national des greffiers des tribunaux de commerce dès la réception du bilan de stage. Le Conseil national des greffiers des tribunaux de commerce en informe le maître de stage dans les meilleurs délais.

Le Conseil national des greffiers des tribunaux de commerce assure le secrétariat de la commission.

Art. A. 742-14 L'entretien de fin de stage, comporte :

1° Une présentation de son stage par le candidat, n'excédant pas dix minutes, portant notamment sur les conditions dans lesquelles le stage a été réalisé et sur les tâches exercées par l'intéressé dans chacun des services du greffe. Pour cette présentation le candidat peut utiliser son bilan de stage ou une fiche de présentation préparée au préalable.

2° Une conversation avec le jury, d'une durée de vingt minutes, pouvant comprendre des questions en lien avec la présentation effectuée, ainsi que des questions théoriques ou de cas pratiques portant sur :

– l'organisation et le fonctionnement d'un tribunal de commerce,
– la procédure civile et commerciale ;
– la tenue des registres de publicité légale,
– les sûretés et privilèges commerciaux,
– la pratique des greffes des tribunaux de commerce ;
– la réglementation professionnelle et l'administration du greffe d'un tribunal de commerce.
– les outils numériques utilisés par la profession.

3° Le cas échéant, l'audition du maître de stage, dont la durée est librement appréciée par le président du jury. Le président du jury met en mesure le candidat de répondre aux observations formulées.

Cet entretien vise à permettre au jury de vérifier l'expérience acquise par le stagiaire durant le stage et de s'assurer de la capacité du stagiaire à exercer les fonctions de greffiers de tribunal de commerce.

L'intervention du maître de stage peut être réalisée par voie de visioconférence ou par un moyen analogue de télécommunication permettant son identification et garantissant sa participation effective.

Art. A. 742-15 A l'issue de l'entretien, la commission décide s'il y a lieu de valider le stage et adresse sa décision au président du Conseil national des greffiers des tribunaux de commerce ainsi qu'au garde des sceaux, ministre de la justice.

Le Conseil national des greffiers des tribunaux de commerce notifie individuellement au stagiaire le résultat de l'entretien. Il délivre au stagiaire ayant validé son stage une attestation de validation de stage.

En cas de refus de la commission de valider le stage, le Conseil national des greffiers des tribunaux de commerce dispose d'un délai de six mois pour proposer un nouveau lieu de stage au candidat.

SOUS-SECTION 2 DE LA NOMINATION

La présente sous-section ne comprend pas de dispositions pour les arrêtés.

SOUS-SECTION 3 DE L'ENTRÉE EN FONCTIONS ET DE L'HONORARIAT

La présente sous-section ne comprend pas de dispositions pour les arrêtés.

SECTION II DES CONDITIONS D'ACCÈS AUX PROFESSIONS JUDICIAIRES ET JURIDIQUES DE CERTAINS GREFFIERS DE TRIBUNAL DE COMMERCE

La présente section ne comprend pas de dispositions pour les arrêtés.

CHAPITRE III DES CONDITIONS D'EXERCICE

SECTION PREMIÈRE COMPTE AFFECTÉ AUX FONDS DÉTENUS POUR LE COMPTE DE TIERS *(Arr. du 6 févr. 2012)*

(Arr. du 23 juin 2009)

Art. A. 743-1 L'encaissement des chèques, stipulés payables au profit du greffier des tribunaux de commerce ou de la société titulaire de l'office, ou endossés à l'ordre du greffier des tribunaux de commerce ou de la société titulaire de l'office, le dépôt des espèces et la domiciliation des virements correspondant aux provisions et sommes mentionnées à l'article R. 743-178 sont effectués sur le compte de dépôt obligatoire affecté à chacune des catégories de fonds mentionnées au même article ouvert par l'office de greffier de tribunaux de commerce auprès de la Caisse des dépôts et consignations.

Art. A. 743-2 La Caisse des dépôts et consignations fournit un relevé de compte journalier au greffier des tribunaux de commerce. Ce relevé indique le numéro de compte de dépôt obligatoire, le solde antérieur, l'enregistrement des versements et des retraits effectués sur ce compte, la date et le nouveau solde.

Art. A. 743-3 Les comptes de dépôt obligatoire affectés aux différentes catégories de fonds ne peuvent donner lieu à des retraits d'espèces, ni à la mise à disposition de cartes de paiement ou de crédit ni domicilier aucune autorisation de prélèvement.

Le titulaire d'un compte de dépôt obligatoire affecté peut procéder, sur ordre exprès, à des virements sur d'autres comptes dans le cadre de l'exécution des missions qui lui sont confiées.

Art. A. 743-4 A l'exception des fonds ou des instruments financiers reçus par le greffier des tribunaux de commerce au titre de l'article L. 3253-15 du code du travail, les dépôts enregistrés sur chaque compte de dépôt obligatoire sont rémunérés par un intérêt calculé au taux et selon les modalités prévus par la décision prise en application de l'article L. 518-23 du code monétaire et financier.

Arrêté du 13 octobre 2016, *fixant le taux de rémunération des sommes versées par les greffiers des tribunaux de commerce sur leurs comptes de dépôt obligatoire ouverts à la Caisse des dépôts et consignations.* **Art. 1er** A l'exception des fonds ou des instruments financiers reçus par les greffiers des tribunaux de commerce au titre de l'article L. 3253-15 du code du travail, les dépôts enregistrés sur chaque compte de dépôt obligatoire ouvert à la Caisse des dépôts et consignations en application des dispositions de l'article R. 743-178 du code de commerce sont rémunérés.

A compter de l'entrée en vigueur du présent arrêté, les sommes déposées par les greffiers des tribunaux de commerce sur leurs comptes de dépôt obligatoire portent intérêt au taux annuel unique et forfaitaire de 0,75 % versé chaque trimestre.

Les intérêts dus :

— au titre des provisions pour expertise judiciaire sont versés au profit du greffier des tribunaux de commerce directement sur le compte fonds propres du greffe ;

— au titre des missions de séquestre, transitent par le compte de dépôt spécialement affecté avant d'être restitués au bénéficiaire du séquestre par le greffier des tribunaux de commerce.

Art. 2 Le présent arrêté abroge l'arrêté du 26 juin 2012.

Art. A. 743-5 Les intérêts obtenus au titre des provisions pour expertises judiciaires sont versés au profit du greffier des tribunaux de commerce sur le compte bancaire professionnel de l'office. Ceux obtenus au titre des missions de séquestre transitent par le compte de dépôt spécialement affecté avant d'être restitués au bénéficiaire du séquestre.

Art. A. 743-6 Une convention est signée entre chaque office de greffier des tribunaux de commerce et la Caisse des dépôts et consignations. Toute stipulation contractuelle contraire aux clauses types figurant à l'annexe 7-6-1 au présent livre sera réputée non écrite. — *V. cette annexe (JO 24 juin 2009) au* **C. *com.***

SECTION II DES SOCIÉTÉS DE PARTICIPATIONS FINANCIÈRES DE PROFESSION LIBÉRALE DE GREFFIERS DES TRIBUNAUX DE COMMERCE

(Arr. du 6 févr. 2012, art. 1er)

Art. A. 743-7 *(Arr. du 6 févr. 2012, art. 1er)* **Le garde des sceaux, ministre de la justice, dresse la liste des sociétés de participations financières de profession libérale de greffiers des tribunaux de commerce qui mentionne les informations suivantes :**

a) La dénomination sociale, la forme juridique et le numéro d'inscription de la société ;

b) L'adresse du siège social ;

c) Les noms et adresses professionnelles des associés ou actionnaires, des membres des organes de gestion, de direction, et, selon le cas, d'administration ou de surveillance de la société.

Le garde des sceaux, ministre de la justice, assure la mise à jour de ces informations. La liste est transmise avant le 31 décembre de chaque année au Conseil national des greffiers des tribunaux de commerce qui en assure la publication par voie électronique. — *V. art. R. 743-139-23.*

SECTION III DE LA TARIFICATION DES GREFFIERS DES TRIBUNAUX DE COMMERCE

(Arr. du 26 févr. 2016, art. 2)

L'Arr. du 26 févr. 2016 fixant les tarifs réglementés des greffiers des tribunaux de commerce est adopté dans les conditions prévues à l'art. 12 du Décr. no 2016-230 du 26 févr. 2016 (V. 2e note ss. art. R. 444-3). Il fixe les tarifs des greffiers des tribunaux de commerce pour une période transitoire de deux ans, comprise entre le 1er mars 2016 et le 28 févr. 2018 (Arr. préc., art. 1er).

Les dispositions de la section III entrent en vigueur le 1er mars 2016. Toutefois, en application de l'art. 13 du Décr. no 2016-230 du 26 févr. 2016 (V. note au-dessus de l'art. R. 444-1), et par dérogation à l'art. A. 743-8, les prestations figurant au tableau 2 de l'annexe 4-7 (V. ss. art. R. 444-3) effectuées avant le 1er mai 2016, ou dont la réalisation a donné lieu, avant le 1er mars 2016, au versement par le client d'un acompte ou d'une provision, ou à l'engagement par l'un des greffiers intervenant de frais ou débours, donnent lieu à la perception d'émoluments fixés conformé-

ment : 1) Aux dispositions de l'art. R. 713-3, de la section III du chapitre III du titre IV du livre VII et de l'annexe 7-5 du code de commerce, et de l'art. 18 du Décr. n° 80-307 du 29 avr. 1980 fixant le tarif général des greffiers des tribunaux de commerce, dans leur rédaction antérieure au Décr. n° 2016-230 du 26 févr. 2016 ; 2) Aux dispositions de l'art. A. 713-2, dans leur rédaction antérieure au présent arrêté. Par dérogation à l'art. A. 743-18, le montant des remboursements au titre des frais engagés lors de la réalisation des prestations mentionnées au 1er al. du II de l'art. 4 de l'Arr. du 26 févr. 2016 est fixé conformément aux dispositions mentionnées au 1° de ce II (Arr. du 26 févr. 2016, art. 4).

Art. A. 743-8 **Les prestations figurant au tableau 2 de l'annexe 4-7 donnent lieu à la perception par le greffier de tribunal de commerce d'émoluments fixés conformément aux dispositions des sous-sections 1 à 9 de la présente section.** – *V. annexe 4-7 ss. art. R. 444-3.*

Les remboursements forfaitaires de frais et débours sont régis par la sous-section 10 de la présente section.

En application du II de l'article R. 743-142, les émoluments mentionnés au premier alinéa s'appliquent aux redevances perçues par les secrétariats greffes des *(Arr. du 30 août 2019, art. 2, en vigueur le 1er janv. 2020)* **« tribunaux judiciaires** *[ancienne rédaction : tribunaux d'instance ou de grande instance]* **» intervenant en matière commerciale ou par ceux des tribunaux mixtes de commerce.**

(Arr. du 27 févr. 2018, en vigueur le 1er mars 2018) **« Les émoluments applicables** *(Arr. du 23 févr. 2022, art. 2, en vigueur le 1er mars 2022)* **« jusqu'au 29 février 2024 » sont ceux qui sont prévus par la présente section. »**

Les modifications issues de l'Arr. du 30 août 2019 sont applicables aux procédures en cours dans les conditions déterminées par les IV à VIII de l'art. 40 du Décr. n° 2019-912 du 30 août 2019 (Arr. préc., art. 3).

Par dérogation à l'art. A. 743-8, les dispositions de la section III du chapitre III du titre IV du livre VII de la partie Arrêtés restent applicables dans leur rédaction antérieure au présent arrêté : – aux prestations effectuées avant le 1er janv. 2021 ; – aux prestations dont la réalisation a donné lieu, avant le 1er mars 2020, au versement par le client d'un acompte ou d'une provision, ou à l'engagement par l'un des greffiers des tribunaux de commerce intervenant de frais ou débours (Arr. du 28 févr. 2020, art. 13, mod. par Arr. du 28 avr. 2020, art. 4).

SOUS-SECTION 1 ACTES JUDICIAIRES

Art. A. 743-9 **I. – Les prestations figurant aux numéros 1 à 38 du tableau mentionné à l'article A. 743-8 donnent lieu à la perception des émoluments suivants :** – *Tableau issu de l'Arr. du 26 avr. 2018, mod. en dernier lieu par Arr. du 28 févr. 2020, art. 3, en vigueur le 1er mars 2020.*

NUMÉRO DE LA PRESTATION (tableau 2 de l'article annexe 4-7)	SOUS-CATÉGORIE	DÉSIGNATION DE LA PRESTATION	ÉMOLUMENT
1	Générique	Acte de greffe	1,13 €
2		Certificat	1,13 €
3		Envoi et exécution d'une commission rogatoire	5,58 €
5		Copie	1,13 €
6		Vérification de dépens	2,24 €
7		Saisine en matière de contentieux des registres de commerce	8,93 €
8		Diligences liées à l'expertise	16,72 €
9		Convocation ou avis	1,13 €
10		Visa, cote et paraphe des livres	2,24 €

NUMÉRO DE LA PRESTATION (tableau 2 de l'article annexe 4-7)	SOUS-CATÉGORIE	DÉSIGNATION DE LA PRESTATION	ÉMOLUMENT
11	Copies certifiées conformes en dehors de toute procédure	Copie certifiée conforme d'un jugement	2,24 €
12		Copie certifiée conforme d'une ordonnance	2,24 €
13		Seconde copie certifiée conforme revêtue de la formule exécutoire	3,35 €
14	Actes de procédure d'injonction de payer	Ordonnance d'injonction de payer	10,04 €
15		Forfait de transmission des ordonnances d'injonction de payer	7,81 €
16		Diligences relatives à l'ordonnance d'injonction de payer, y compris l'extrait d'immatriculation (K *bis* ou L *bis*) ou un certificat de non-inscription, la réception et la conservation de la requête	10,04 €
17		Opposition à injonction de payer	10,04 €
18	Actes relatifs au jugement	Enrôlement, tenue des audiences, mise en forme, avis aux parties dans le cadre d'un jugement, quel que soit le nombre de renvois, pour deux parties	27,88 €
19		Actes visés au numéro 18 du présent tableau, par partie supplémentaire au-delà de deux parties	5,58 €
20		Forfait de transmission d'un jugement, par partie	11,15 €
21	Actes d'instruction avant jugement	Procédure devant un juge rapporteur	7,81 €
22		Contrat ou calendrier de procédure	7,81 €
23		Ordonnances autres que de référés et d'injonctions de payer	6,69 €
24		Prestation de serment	3,35 €
25	Actes relatifs aux référés	Enrôlement, tenue des audiences, mise en forme, avis aux parties dans le cadre d'une ordonnance de référé, quel que soit le nombre de renvois, pour deux parties	16,72 €
26		Actes visés au numéro 25 du présent tableau, par partie supplémentaire au-delà de deux parties	5,58 €
27		Forfait de transmission d'une ordonnance de référé, par partie	8,58 €

NUMÉRO DE LA PRESTATION (tableau 2 de l'article annexe 4-7)	SOUS-CATÉGORIE	DÉSIGNATION DE LA PRESTATION	ÉMOLUMENT
28	Procédures ouvertes après le 1er janvier 2006 en application du livre VI du code de commerce	Diligences en matière d'enquête en application du troisième alinéa de l'article L. 621-1 et de l'article L. 651-4, hors la délivrance des copies ou extraits et des avis, notifications, convocations et communications	11,15 €
29		Réception de la demande de mandat *ad hoc*, de conciliation, de sauvegarde, de redressement judiciaire et de liquidations judiciaires, conformément aux articles R. 611-18, R. 611-22, R. 621-1, R. 631-1 et R. 640-1, hors la délivrance des copies ou extraits	6,69 €
30		Diligences en cas de saisine d'office ou à la requête du procureur de la République, hors la délivrance des copies ou extraits	3,35 €
31		Convocation devant le juge-commissaire	3,35 €
32		Convocation devant le président du tribunal pour un mandat *ad hoc* ou une conciliation en application des articles R. 611-19 et R. 611-23, ou devant le tribunal	3,35 €
33		Avis au créancier en matière d'admission de créances sans débat contradictoire	1,13 €
34		Ordonnances du juge-commissaire après débat contradictoire	6,69 €
35		Diligences relatives à la notification des jugements et des requêtes, aux significations et aux convocations par voie d'huissier	6,69 €
36		Mention sur l'état des créances	1,13 €
37		Dépôt et la conservation des documents, actes ou pièces, y inclus procès-verbal et certificat de dépôt ou reçus de déclaration	2,24 €
38		Extrait établi en vue des mesures de publicité	1,13 €

II. — Pour chacune de ces prestations, l'émolument minoré prévu au 2° du I de l'article R. 743-142 en cas de radiation avant le prononcé d'un jugement ou d'une ordonnance, sauf dans le cas où un émolument a été spécialement perçu pour la saisine du tribunal, est égal à deux tiers de l'émolument fixé au I du présent article.

SOUS-SECTION 2 PRESTATIONS RELATIVES AUX REGISTRES

Art. A. 743-10 I. – Les prestations figurant aux numéros 39 à 84 du tableau mentionné à l'article A. 743-8 donnent lieu à la perception des émoluments suivants : – *Tableau issu de l'Arr. du 28 févr. 2020, art. 4, en vigueur le 1er mars 2020.*

NUMÉRO DE LA PRESTATION (tableau 2 de l'article annexe 4-7)	SOUS-CATÉGORIE	DÉSIGNATION DE LA PRESTATION	ÉMOLUMENT
39	Prestations relatives au registre du commerce et des sociétés	Immatriculation principale, immatriculation secondaire, inscription complémentaire, et radiation d'une personne physique	40,13 €
40		Immatriculation principale, immatriculation secondaire, inscription complémentaire, et radiation d'une personne morale : groupements d'intérêt économique, sociétés commerciales, sociétés non commerciales, établissements publics	49,04 €
41		Immatriculation principale par création d'une entreprise, personne physique	20,07 €
42		Immatriculation principale par création de sociétés commerciales	24,52 €
43		Inscription modificative pour les personnes visées au numéro 39	35,67 €
44		Inscription modificative pour les personnes visées au numéro 40, ainsi que les mentions d'office, sous réserve des cas prévus par l'article R. 143-145	46,82 €
45		Diligences spécifiques en cas de transformation de sociétés	16,72 €
46		Mise à jour des renseignements figurant dans les immatriculations principales aux immatriculations secondaires et dans les immatriculations secondaires aux immatriculations principales des personnes visées au numéro 39	20,07 €
47		Mise à jour des renseignements figurant dans les immatriculations principales aux immatriculations secondaires et dans les immatriculations secondaires aux immatriculations principales des personnes visées au numéro 40	27,88 €

NUMÉRO DE LA PRESTATION (tableau 2 de l'article annexe 4-7)	SOUS-CATÉGORIE	DÉSIGNATION DE LA PRESTATION	ÉMOLUMENT
48		Notification des mises à jour des immatriculations principales et secondaires des personnes visées au numéro 39	6,69 €
49		Notification des mises à jour des immatriculations principales et secondaires des personnes visées au numéro 40	8,93 €
50		Dépôt des comptes annuels	5,58 €
51		Dépôt des comptes annuels assortis d'une déclaration de confidentialité	5,58 €
51-1		Dépôt des comptes annuels assortis du bilan et de l'annexe établis selon une présentation simplifiée et d'une demande de publication de cette présentation simplifiée du bilan et l'annexe.	5,58 €
52		Dépôt d'actes ou de pièces pour la publicité des sociétés, y compris le certificat de dépôt	6,69 €
53		Certificat négatif d'immatriculation, la communication d'actes ou de pièces déposées	1,13 €
54		Certificat attestant que les comptes publics ont été déposés mais ne sont pas rendus publics, ou du caractère simplifié de leur publication	1,13 €
55		Extrait du registre du commerce et des sociétés	2,24 €
56		Relevé historique des événements au registre du commerce et des sociétés	5,58 €
57		Copie des comptes et rapports annuels (quel que soit le nombre de page*[s]*)	6,69 €
58		Copie certifiée conforme (par page)	0,38 €
59		Copie de statuts, actes ou de pièces déposées (forfait)	6,69 €
60		Copie de la déclaration de confidentialité des comptes annuels ou de la déclaration de publication simplifiée des comptes annuels	1,13 €

NUMÉRO DE LA PRESTATION (tableau 2 de l'article annexe 4-7)	SOUS-CATÉGORIE	DÉSIGNATION DE LA PRESTATION	ÉMOLUMENT
61	Prestations relatives au registre des agents commerciaux	Immatriculation, y compris la radiation	6,69 €
62		Inscription modificative	2,24 €
63		Extrait d'inscription de la déclaration	2,24 €
64	Déclarations et dépôts effectués au registre du commerce et des sociétés par les entrepreneurs individuels à responsabilité limitée	Déclaration d'affectation du patrimoine prévue à l'article L. 526-7 du présent code, accompagnée le cas échéant du dépôt de l'état descriptif mentionné au I de l'article L. 526-8, par les personnes déjà immatriculées.	35,67 €
65		Dépôt de la déclaration de reprise ou de transfert, et mentions au registre, prévus aux articles L. 526-16 et au II de l'article L. 526-17 du présent code.	35,67 €
66		Dépôt des documents attestant de l'accomplissement des formalités, mentionnés au troisième alinéa de l'article L. 526-9 et au deuxième alinéa de l'article L. 526-11 du présent code, y compris la transmission aux services fiscaux.	6,69 €
67		Dépôt du bilan annuel ou du document comptable simplifié mentionné à l'article L. 526-14 du présent code au registre.	5,58 €
68		Notification à un autre registre en cas de double immatriculation ou d'immatriculation secondaire	6,69 €
69		Mise à jour des renseignements figurant dans les immatriculations principales aux immatriculations secondaires ou reçus d'un autre registre ou répertoire aux fins de mentions	20,07 €
70		Avis au bulletin officiel des annonces civiles et commerciales relatif à la cession, y compris la délivrance du certificat, en application de l'article L. 526-17 du présent code.	7,81 €

NUMÉRO DE LA PRESTATION (tableau 2 de l'article annexe 4-7)	SOUS-CATÉGORIE	DÉSIGNATION DE LA PRESTATION	ÉMOLUMENT
71	Déclarations et dépôts effectués au registre des agents commerciaux par les entrepreneurs individuels à responsabilité limitée	Copie du bilan annuel, ou du document comptable simplifié, ou de l'état descriptif, ou des documents mentionnés au troisième alinéa de l'article L. 526-9 et au deuxième alinéa de l'article L. 526-11	6,69 €
72		Déclaration d'affectation du patrimoine prévue à l'article L. 526-7 du présent code, accompagnée le cas échéant du dépôt de l'état descriptif mentionné au I de l'article L. 526-8, par les personnes déjà immatriculées.	35,67 €
73		Dépôt de la déclaration de reprise ou de transfert, et mentions au registre, prévus aux articles L. 526-16 et au II de l'article L. 526-17 du présent code.	35,67 €
74		Dépôt des documents attestant de l'accomplissement des formalités, mentionnés au troisième alinéa de l'article L. 526-9 et au deuxième alinéa de l'article L. 526-11 du présent code, y compris la transmission aux services fiscaux.	6,69 €
75		Dépôt du bilan annuel ou du document comptable simplifié mentionné à l'article L. 526-14 du présent code au registre.	5,58 €
76		Avis au bulletin officiel des annonces civiles et commerciales relatif à la cession, y compris la délivrance du certificat, en application de l'article L. 526-17 du présent code.	7,81 €
77		Copie du bilan annuel, ou du document comptable simplifié, ou de l'état descriptif, ou des documents mentionnés au troisième alinéa de l'article L. 526-9 et au deuxième alinéa de l'article L. 526-11.	6,69 €

NUMÉRO DE LA PRESTATION (tableau 2 de l'article annexe 4-7)	SOUS-CATÉGORIE	DÉSIGNATION DE LA PRESTATION	ÉMOLUMENT
78	Prestations relatives au registre des entrepreneurs individuels à responsabilité limitée visés au 3° de l'article L. 526-7	Immatriculation y compris après reprise ou transfert respectivement prévus aux articles L. 526-7 et L. 526-16 et au II de l'article L. 526-17 du présent code, comprenant le cas échéant le dépôt de l'état descriptif et les émoluments de radiation	40,13 €
80		Dépôt des documents attestant de l'accomplissement des formalités, mentionnés au troisième alinéa de l'article L. 526-9 et au deuxième alinéa de l'article L. 526-11 du présent code, y compris la transmission aux services fiscaux.	15,60 €
81		Dépôt du bilan annuel ou du document comptable simplifié mentionné à l'article L. 526-14 du présent code au registre.	5,58 €
82		Avis au bulletin officiel des annonces civiles et commerciales relatif à la cession, y compris la délivrance du certificat, en application de l'article L. 526-17 du présent code.	7,81 €
83		Copie du bilan annuel, ou du document comptable simplifié, ou de l'état descriptif, ou des documents mentionnés au troisième alinéa de l'article L. 526-9 et au deuxième alinéa de l'article L. 526-11.	6,69 €
84		Extrait du registre des entrepreneurs individuels à responsabilité limitée	2,24 €

II. — Les émoluments minorés respectivement prévus au *c* du 2° de l'article R. 743-142-1, s'agissant *[du]* registre du commerce et des sociétés, et à l'article R. 743-142-2, s'agissant du registre des agents commerciaux, pour les immatriculations, modifications et radiations effectuées en application des articles R. 743-162 et R. 743-168 sont ainsi fixés :

1° Un émolument de *(Arr. du 28 févr. 2020, art. 4, en vigueur le 1er mars 2020)* **« 10,04 € » par immatriculation principale ou secondaire au registre du commerce et des sociétés, qui couvre les frais postaux ;**

2° La moitié de l'émolument fixé au I du présent article par immatriculation, inscription modificative ou radiation du registre des agents commerciaux.

Art. A. 743-10-1 *(Arr. du 27 févr. 2018, art. 5, en vigueur le 1er mars 2018)* **Les prestations relatives au registre des bénéficiaires effectifs donnent lieu à la perception d'un émolument fixe conformément au tableau ci-après :** — *Mod. par Arr. du 28 févr. 2020, art. 5, en vigueur le 1er mars 2020.*

Numéro de la prestation (tableau 2 de l'article annexe 4-7)	Sous-catégorie	Désignation de la prestation	Émolument
84-1	Prestations relatives au registre des bénéficiaires effectifs	*(Arr. du 23 févr. 2022, art. 3, en vigueur le 1er mars 2022)* « Déclaration relative » au bénéficiaire effectif mentionné au deuxième alinéa de l'article L. 561-46 du code monétaire et financier, lors de la demande d'immatriculation à un registre de publicité légale ou au plus tard dans les quinze jours à compter de la délivrance du récépissé de dépôt de dossier de création d'entreprise	17,84 €
84-2	*(Arr. du 23 févr. 2022, art. 3, en vigueur le 1er mars 2022)* « Déclaration modificative ou complémentaire à la déclaration relative au bénéficiaire effectif mentionnée » au deuxième alinéa de l'article L. 561-46 du code monétaire et financier		31,21 €

En application du 2e al. de l'art. 5 du Décr. no 2017-1094 du 12 juin 2017, le dépôt du document relatif au bénéficiaire effectif par les personnes morales immatriculées avant le 1er août 2017, et devant intervenir au plus tard le 1er avr. 2018, donne lieu à la perception par le greffier de tribunal de commerce d'un émolument fixe de 39,52 €.

SOUS-SECTION 3 PRIVILÈGES ET SÛRETÉS

Art. A. 743-11 Les prestations figurant aux numéros 85 à 115 du tableau mentionné à l'article A. 743-8 donnent lieu à la perception des émoluments suivants : — *Tableau issu de l'Arr. du 28 févr. 2020, art. 6, en vigueur le 1er mars 2020.*

NUMÉRO DE LA PRESTATION (tableau 2 de l'article annexe 4-7)	SOUS-CATÉGORIE	DÉSIGNATION DE LA PRESTATION	ÉMOLUMENT
85		Première inscription, la radiation totale ou partielle d'une inscription non périmée	1,68 €
86	Privilège du Trésor en matière fiscale	Inscription suivante, le renouvellement d'une inscription ou la subrogation	2,24 €
87		Délivrance d'un état d'inscription positif ou négatif, quel que soit le nombre d'inscriptions révélées	2,24 €
88		Mention d'une contestation en marge d'une inscription	1,13 €

NUMÉRO DE LA PRESTATION (tableau 2 de l'article annexe 4-7)	SOUS-CATÉGORIE	DÉSIGNATION DE LA PRESTATION	ÉMOLUMENT
89	Privilège de la sécurité sociale et des régimes complémentaires	Inscription, y compris radiation totale d'une inscription non périmée :	
		a) Montant des sommes privilégiées inférieur à 20 800 €	7,81 €
		b) Montant des sommes privilégiées supérieur ou égal à 20 800 €	34,56 €
90		Radiation partielle d'une inscription non périmée :	
		a) Montant des sommes privilégiées inférieur à 20 800 €	7,81 €
		b) Montant des sommes privilégiées supérieur ou égal à 20 800 €	34,57 €
91		Renouvellement d'une inscription, subrogation :	
		a) Montant des sommes privilégiées inférieur à 20 800 €	5,58 €
		b) Montant des sommes privilégiées supérieur ou égal à 20 800 €	17,84 €
92		Mention d'une saisie en marge des différentes inscriptions concernant un même débiteur, la radiation partielle ou totale de ces inscriptions	1,13 €
93		Délivrance d'un état d'inscription positif ou négatif, quel que soit le nombre d'inscriptions révélées	2,24 €
94		Délivrance d'un certificat de subrogation, de mention de saisie, de radiation de cette mention, de radiation d'inscription	1,13 €
95	Actes de vente et nantissement des fonds de commerce	Inscription, y compris radiation totale d'une inscription non périmée :	
		a) Montant des sommes privilégiées inférieur à 20 800 €	15,61 €
		b) Montant des sommes privilégiées supérieur ou égal à 20 800 € et inférieur à 41 600 €	69,11 €
		c) Montant des sommes privilégiées supérieur ou égal à 41 600 €	103,67 €

NUMÉRO DE LA PRESTATION (tableau 2 de l'article annexe 4-7)	SOUS-CATÉGORIE	DÉSIGNATION DE LA PRESTATION	ÉMOLUMENT
96		Radiation partielle d'une inscription non périmée :	
		a) Montant des sommes privilégiées inférieur à 20 800 €	7,81 €
		b) Montant des sommes privilégiées supérieur ou égal à 20 800 €	34,57 €
97		Mention d'antériorité ou de subrogation, le renouvellement d'inscription :	
		a) Montant des sommes privilégiées inférieur à 20 800 €	5,58 €
		b) Montant des sommes privilégiées supérieur ou égal à 20 800 €	17,84 €
98		Ensemble des formalités liées au procès-verbal de dépôt, certificat de dépôt et certificat constatant une transcription, une cession d'antériorité ou de radiation	3,35 €
99		Délivrance d'un état d'inscription positif ou négatif, quel que soit le nombre d'inscriptions révélées	2,24 €
100		Rédaction de la déclaration de créance et le certificat constatant cette déclaration	2,24 €
101		Mention de changement de siège de fonds, le certificat d'inscription des ventes, les cessions ou nantissements en ce qu'ils s'appliquent aux brevets d'invention et aux licences, aux marques de fabrique et de commerce, aux dessins et modèles industriels	1,13 €
102		Délivrance des copies de bordereaux d'inscription et des actes de vente sous seing privé déposés au greffe	1,13 €
103		Copie certifiée conforme	2,24 €
104	Actes de nantissement d'un fonds agricole ou d'un fonds artisanal	Les prestations de cette sous-catégorie sont analogues à celles de la sous-catégorie des actes de nantissement de fonds de commerce, mais effectuées dans le cadre d'un nantissement de fonds agricole ou artisanal.	Émoluments égaux à ceux prévus pour les actes ou formalités analogues en cas de nantissement de fonds de commerce.

NUMÉRO DE LA PRESTATION (tableau 2 de l'article annexe 4-7)	SOUS-CATÉGORIE	DÉSIGNATION DE LA PRESTATION	ÉMOLUMENT
105	Actes de nantissement judiciaire	Les prestations de cette sous-catégorie sont analogues, à celles de la sous-catégorie des actes de nantissement de fonds de commerce, mais effectuées dans le cadre d'un nantissement judiciaire.	
106	Actes de gage des stocks	Les prestations de cette sous-catégorie sont analogues, à celles de la sous-catégorie des actes de nantissement de fonds de commerce, mais effectuées dans le cadre d'un gage de stocks.	
107	Actes de nantissement d'outillage ou de matériel	Les prestations de cette sous-catégorie sont analogues, à celles de la sous-catégorie des actes de nantissement de fonds de commerce, mais effectuées dans le cadre d'un nantissement d'outillage ou de matériel.	
108	Actes de gage sur meubles corporels	Gages sur meubles corporels :	
108-1		Inscription, y compris radiation totale d'une inscription non périmée :	
		a) Montant des sommes garanties inférieur à 7 800 €	7,81 €
		b) Montant des sommes garanties supérieur ou égal à 7 800 € et inférieur à 20 800 €	16,72 €
		c) Montant des sommes garanties supérieur ou égal à 20 800 €	50,16 €
108-2		Radiation partielle d'une inscription non périmée :	
		a) Montant des sommes garanties inférieur à 7 800 €	4,46 €
		b) Montant des sommes garanties supérieur ou égal à 7 800 € et inférieur à 20 800 €	8,93 €
		c) Montant des sommes garanties supérieur ou égal à 20 800 €	25,65 €

NUMÉRO DE LA PRESTATION (tableau 2 de l'article annexe 4-7)	SOUS-CATÉGORIE	DÉSIGNATION DE LA PRESTATION	ÉMOLUMENT
108-3		Mention d'antériorité ou de subrogation, le renouvellement d'inscription :	
		a) Montant des sommes garanties inférieur à 7 800 €	4,46 €
		b) Montant des sommes garanties supérieur ou égal à 7 800 € et inférieur à 20 800 €	8,93 €
		c) Montant des sommes garanties supérieur ou égal à 20 800 €	25,65 €
108-4		Ensemble des formalités liées au procès-verbal de dépôt, certificat de dépôt et certificat constatant une transcription, une cession d'antériorité ou de radiation	1,13 €
108-5		Délivrance d'un état d'inscription positif ou négatif, quel que soit le nombre d'inscriptions révélées	2,24 €
108-6		Délivrance des copies de bordereaux d'inscription et des actes de vente sous seing privé déposés au greffe	3,35 €
108-7		Copie certifiée conforme	2,24 €
109	Prestations relatives aux warrants autres qu'agricoles	Établissement du warrant, y compris sa radiation (ensemble le volant, la souche et la transcription du premier endossement) :	
		a) Montant des sommes privilégiées inférieur à 20 800 €	15,61 €
		b) Montant des sommes privilégiées supérieur ou égal à 20 800 €	69,11 €
110		Radiation partielle :	
		a) Montant des sommes privilégiées inférieur à 20 800 €	15,61 €
		b) Montant des sommes privilégiées supérieur ou égal à 20 800 €	69,11 €

NUMÉRO DE LA PRESTATION (tableau 2 de l'article annexe 4-7)	SOUS-CATÉGORIE	DÉSIGNATION DE LA PRESTATION	ÉMOLUMENT
111		Renouvellement du warrant et l'inscription d'avis d'escompte :	
		a) Montant des sommes privilégiées inférieur à 20 800 €	7,81 €
		b) Montant des sommes privilégiées supérieur ou égal à 20 800 €	34,57 €
112		Délivrance d'un état de transcription ou d'un état négatif	2,24 €
113		Certificat de radiation	1,13 €
114		Rédaction de lettre recommandée en cas de formalité obligatoire	0,28 €
115	Actes de nantissement de parts sociales ou de meubles incorporels	Les prestations de cette sous-catégorie sont analogues, à celles de la sous-catégorie des actes de nantissement de fonds de commerce, mais effectuées dans le cadre d'un nantissement de parts sociales ou de meubles incorporels.	Émoluments égaux à ceux prévus pour les actes ou formalités analogues en cas de nantissement de fonds de commerce

SOUS-SECTION 4 PUBLICITÉS

Art. A. 743-12 **I. – Les prestations figurant aux numéros 116 à 136 du tableau mentionné à l'article A. 743-8 donnent lieu à la perception des émoluments suivants :** – *Tableau issu de l'Arr. du 28 févr. 2020, art. 7, en vigueur le 1er mars 2020, mod. par Arr. du 24 janv. 2022, qui a inséré les lignes 136-1 à 136-7.*

Numéro de la prestation (tableau 2 de l'article annexe 4-7)	Sous-catégorie	Désignation de la prestation	Émolument
116	Publicité de crédit-bail en matière mobilière	Inscription principale, y compris la radiation	15,61 €
117		Modification de l'inscription	7,81 €
118		Report d'inscription par le greffier	3,35 €
119		Délivrance de tout état d'inscription positif ou négatif, quel que soit le nombre d'inscriptions	2,24 €
120		Certificat de radiation	1,13 €

Numéro de la prestation (tableau 2 de l'article annexe 4-7)	Sous-catégorie	Désignation de la prestation	Émolument
121, décomposé en :			
121-1	Publicité de contrat de location	Inscription principale, y compris la radiation	15,61 €
121-2		Modification de l'inscription	7,81 €
121-3		Report d'inscription par le greffier	3,35 €
121-4		Délivrance de tout état d'inscription positif ou négatif, quel que soit le nombre d'inscriptions	2,24 €
121-5		Certificat de radiation	1,13 €
122, décomposé en :			
122-1	Inscription sur le registre spécial des prêts et délais	Inscription principale, y compris la radiation	6,69 €
122-2		Modification de l'inscription	3,35 €
122-3		Report d'inscription par le greffier	3,35 €
122-4		Délivrance de tout état d'inscription positif ou négatif, quel que soit le nombre d'inscriptions	2,24 €
122-5		Certificat de radiation	1,13 €
123, décomposé en :			
123-1	Publicité de clause de réserve de propriété	Inscription principale, y compris la radiation	6,69 €
123-2		Modification de l'inscription	3,35 €
123-3		Report d'inscription par le greffier	3,35 €
123-4		Délivrance de tout état d'inscription positif ou négatif, quel que soit le nombre d'inscriptions	2,24 €
123-5		Certificat de radiation	1,13 €

Numéro de la prestation (tableau 2 de l'article annexe 4-7)	Sous-catégorie	Désignation de la prestation	Émolument
124, décomposé en :			
124-1	Publicité de clause d'inaliénabilité	Inscription principale, y compris la radiation	16,72 €
124-2		Modification de l'inscription	8,93 €
124-3		Report d'inscription par le greffier	3,35 €
124-4		Délivrance de tout état d'inscription positif ou négatif, quel que soit le nombre d'inscriptions	2,24 €
124-5		Certificat de radiation	2,24 €
125	Publicité des protêts et des certificats de non-paiement des chèques postaux	Inscription d'un protêt, y compris la radiation :	
		a) Montant des sommes privilégiées inférieur à 20 800 €	7,81 €
		b) Montant des sommes privilégiées supérieur ou égal à 20 800 €	34,57 €
126		Délivrance d'un extrait de registre des protêts positif ou négatif	2,24 €
127	Immatriculation des bateaux de rivière	Inscription et radiation d'un acte ou jugement translatif, constitutif ou déclaratif de propriété ou de droit réel :	
		a) Montant des sommes privilégiées inférieur à 20 800 €	7,81 €
		b) Montant des sommes privilégiées supérieur ou égal à 20 800 €	34,57 €
128		Mention de radiation totale ou partielle d'une inscription hypothécaire :	
		a) Montant de la somme inscrite dans l'acte inférieur à 20 800 €	7,81 €
		b) Montant de la somme inscrite dans l'acte supérieur ou égal à 20 800 €	34,57 €
129		Mention d'antériorité ou de subrogation, et renouvellement d'inscription (sur la valeur de la plus faible inscription faisant l'objet de la subrogation ou du renouvellement) :	
		a) Montant de la somme inscrite dans l'acte inférieur à 20 800 €	5,58 €
		b) Montant de la somme inscrite dans l'acte supérieur ou égal à 20 800 €	17,84 €
130		Déclarations prévues au troisième alinéa de l'article R. 4124-6 du code des transports, mention des changements de domicile élu	1,13 €
131		Acte de déclaration de propriété faite sous serment devant le tribunal de commerce prévu à l'article 101 du code du domaine public fluvial et de la navigation intérieure	4,46 €

Numéro de la prestation (tableau 2 de l'article annexe 4-7)	Sous-catégorie	Désignation de la prestation	Émolument
132		Dépôt de procès-verbal de saisie	1,13 €
133		Délivrance de tout état d'inscription positif ou négatif prévu à l'article R. 4121-4 du code des transports	2,24 €
134		Délivrance de tout certificat	1,13 €
135		Délivrance des copies de tous actes déposés au greffe en application du code du domaine public fluvial et de la navigation intérieure	2,24 €
136		Formalités consécutives au transfert d'immatriculation au greffier du lieu de l'inscription et au greffier de la nouvelle immatriculation	1,13 €
136-1		Inscription de l'hypothèque	
		Montant des sommes privilégiées inférieur ou égal à 100 000 euros	53,63 €
		Montant des sommes privilégiées supérieur à 100 000 euros et jusqu'à dix millions d'euros	125,13 €
		Montant des sommes privilégiées supérieur à dix millions d'euros	893,76 €
136-2		Renouvellement de l'inscription	17,88 €
136-3		Modification de l'inscription, dont subrogation et transfert	35,75 €
136-4		Saisie	
		Montant des sommes privilégiées inférieur ou égal à 100 000 euros	35,75 €
	Immatriculation des navires	Montant des sommes privilégiées supérieur à 100 000 euros et jusqu'à dix millions d'euros	125,13 €
		Montant des sommes privilégiées supérieur à dix millions d'euros	446,88 €
136-5		Radiation de l'inscription (hors radiation d'office)	
		Montant des sommes privilégiées inférieur ou égal à 100 000 euros	53,63 €
		Montant des sommes privilégiées supérieur à 100 000 euros et jusqu'à dix millions d'euros	53,63 €
		Montant des sommes privilégiées supérieur à dix millions d'euros	446,88 €
136-6		Délivrance de tout état d'inscription positif ou négatif	2,24 €
136-7		Délivrance de tout certificat relatif à l'état hypothécaire	2,24 €

II. — Lorsque les conditions prévues au 3° de l'article R. 743-142-5 sont remplies, l'inscription figurant au numéro 127 du tableau mentionné à l'article A. 743-8 donne lieu à la perception d'un émolument minoré, égal à :

1° La moitié de l'émolument prévu au I du présent article, pour les deuxième, troisième, quatrième et cinquième bateaux ;

2° Les deux tiers de cet émolument, pour les sixième, septième, huitième, neuvième et dixième bateaux ;

3° Les trois quarts de cet émolument, par bateau, au-delà du dixième.

SOUS-SECTION 5 PRESTATIONS RELATIVES À LA PROPRIÉTÉ INTELLECTUELLE

Art. A. 743-13 La prestation figurant au numéro 137 du tableau mentionné à l'article A. 743-8 donne lieu à la perception de l'émolument suivant : — *Mod. par Arr. du 28 févr. 2020, art. 8, en vigueur le 1er mars 2020.*

NUMÉRO DE LA PRESTATION (tableau 2 de l'annexe 4-7)	SOUS-CATÉGORIE	DÉSIGNATION DE LA PRESTATION	ÉMOLUMENT
137	Dessins et modèles	Ensemble des formalités de dépôt de dessins et modèles, y compris le récépissé de dépôt	6,69 €

SOUS-SECTION 6 PRESTATIONS DIVERSES

Art. A. 743-14 Les prestations figurant aux numéros 138 à 142 du tableau mentionné à l'article A. 743-8 donnent lieu à la perception des émoluments suivants : — *Tableau issu de l'Arr. du 28 févr. 2020, art. 9, en vigueur le 1er mars 2020.*

NUMÉRO DE LA PRESTATION (tableau 2 de l'article annexe 4-7)	DÉSIGNATION DE LA PRESTATION	ÉMOLUMENT
138	Séquestre judiciaire :	
	a) Montant de la somme inscrite dans l'acte inférieur à 20 800 €	15,61 €
	b) Montant de la somme inscrite dans l'acte supérieur ou égal à 20 800 €	69,11 €
139	Rapport de mer	3,35 €
140	Avis concernant une déclaration afférente à la vente, à la cession, à l'apport en société, à l'attribution par partage ou par licitation d'un fonds de commerce prévus par l'article R. 123-211, y inclus la délivrance du certificat	7,81 €
141	Rédaction des avis d'insertion au Bulletin officiel des annonces civiles et commerciales des certificats de dépôt au greffe de comptes annuels et rapport de l'exercice clos	4,46 €

NUMÉRO DE LA PRESTATION (tableau 2 de l'article annexe 4-7)	DÉSIGNATION DE LA PRESTATION	ÉMOLUMENT
142	Assistance, prévue au premier alinéa du II de l'article R. 713-1-1, du juge commis à la surveillance du registre du commerce et des sociétés pour l'élaboration de la liste des personnes physiques et morales immatriculées relevant de la circonscription et remplissant les conditions fixées au II de l'article L. 713-1 :	
	a) Par personne physique	0,34 €
	b) Par personne morale	0,34 €

SOUS-SECTION 7 PROCÉDURES DE LIQUIDATION HORS SAUVEGARDE ET REDRESSEMENT JUDICIAIRES

Art. A. 743-15 **I. — L'ensemble des prestations réalisées par le greffier de tribunal de commerce dans le cadre d'une procédure de liquidation judiciaire figurant au numéro 143 du tableau mentionné à l'article A. 743-8 donne lieu à la perception d'un émolument principal, qui varie en fonction du nombre de salariés et du chiffre d'affaires de l'entreprise concernée déterminés conformément aux dispositions de l'article R. 621-11, selon le barème suivant :** — *Mod. par Arr. du 28 févr. 2020, art. 10, en vigueur le 1er mars 2020.*

NOMBRE DE SALARIÉS	CHIFFRE D'AFFAIRES	ÉMOLUMENT PRINCIPAL
Aucun salarié		535,00 €
De 1 à 5 salariés		585,17 €
De 6 à 19 salariés	Inférieur à 750 000 €	1 226,06 €
	Supérieur ou égal à 750 000 €	1 382,09 €
De 20 à 150 salariés	Inférieur à 3 000 000 €	2 329,49 €
	Supérieur ou égal à 3 000 000 €	2 875,64 €
Plus de 150 salariés	Inférieur à 20 000 000 €	5 900,63 €
	Supérieur ou égal à 20 000 000 € et inférieur à 50 000 000 €	8 323,74 €
	Supérieur ou égal à 50 000 000 €	13 954,64 €

II. — Les prestations mentionnées au I donnent également lieu à la perception de deux émoluments accessoires :

1° D'un montant de *(Arr. du 28 févr. 2020, art. 10, en vigueur le 1er mars 2020)* **« 167,19 € » par établissement secondaire, à charge pour le greffier de la procédure principale de reverser la moitié du droit au greffe de l'établissement secondaire ;**

2° D'un montant de *(Arr. du 28 févr. 2020, art. 10, en vigueur le 1er mars 2020)* **« 11,15 € » par créancier supplémentaire au-delà de 25 créanciers, dans la limite de** *(Arr. du 28 févr. 2020, art. 10, en vigueur le 1er mars 2020)* **« 111,47 € ».**

SOUS-SECTION 8 PROCÉDURE DE REDRESSEMENT PROFESSIONNEL

Art. A. 743-16 L'ensemble des prestations réalisées par le greffier de tribunal de commerce dans le cadre d'une procédure de rétablissement professionnel figurant au numéro 145 du tableau mentionné à l'article A. 743-8 donne lieu à la perception :

1° D'un émolument principal de *(Arr. du 28 févr. 2020, art. 11, en vigueur le 1er mars 2020)* « 334,39 € » ;

2° De deux émoluments accessoires :

a) D'un montant de *(Arr. du 28 févr. 2020, art. 11, en vigueur le 1er mars 2020)* « 55,73 € » par procédure devant le juge commis statuant sur une demande de report ou de délai de paiement en application de l'article L. 645-6 ;

b) D'un montant de *(Arr. du 28 févr. 2020, art. 11, en vigueur le 1er mars 2020)* « 66,88 € », en cas d'ouverture d'une procédure de liquidation judiciaire en application de l'article L. 645-9.

SOUS-SECTION 9 TRANSMISSIONS

Art. A. 743-17 I. – Les transmissions mentionnées au troisième alinéa de l'article R. 743-140 donnent lieu à la perception des émoluments suivants :

1° S'agissant des diligences de chaque transmission d'acte, décision ou document, par remise en main propre contre récépissé ou par voie électronique sécurisée : *(Arr. du 28 févr. 2020, art. 12, en vigueur le 1er mars 2020)* « 1,68 € » ;

2° S'agissant de la transmission d'extrait d'immatriculation du registre du commerce, par voie électronique sécurisée : *(Arr. du 28 févr. 2020, art. 12, en vigueur le 1er mars 2020)* « 0,57 € ».

II. – Les transmissions figurant au numéro 144 du tableau mentionné à l'article A. 743-8 donnent lieu à la perception d'un émolument, qui varie en fonction du nombre de salariés et du chiffre d'affaires de l'entreprise concernée déterminés conformément aux dispositions de l'article R. 621-11, selon le barème suivant : – *Mod. par Arr. du 28 févr. 2020, art. 12, en vigueur le 1er mars 2020.*

NOMBRE DE SALARIÉS	CHIFFRE D'AFFAIRES	FRAIS DE TRANSMISSION
Aucun salarié		66,88 €
De 1 à 5 salariés		72,46 €
De 6 à 19 salariés	Inférieur à 750 000 €	133,75 €
	Supérieur ou égal à 750 000 €	256,36 €
De 20 à 150 salariés	Inférieur à 3 000 000 €	334,39 €
	Supérieur ou égal à 3 000 000 €	423,55 €
Plus de 150 salariés	Inférieur à 20 000 000 €	664,30 €
	Supérieur ou égal à 20 000 000 € et inférieur à 50 000 000 €	760,16 €
	Supérieur ou égal à 50 000 000 €	847,09 €

III. – Les transmissions figurant au numéro 146 du tableau mentionné à l'article A. 743-8 donnent lieu à la perception d'un émolument de *(Arr. du 28 févr. 2020, art. 12, en vigueur le 1er mars 2020)* « 55,73 € ».

SOUS-SECTION 10 REMBOURSEMENT DES FRAIS ET DÉBOURS

§ 1er FRAIS DE DÉPLACEMENT

Art. A. 743-18 I. – Les frais de déplacement mentionnés au a du 5° du I de l'annexe 4-8 font l'objet d'un remboursement forfaitaire pour la distance parcourue tant à l'aller qu'au retour, égal au prix :

1° Du transport en 1re classe dans le mode de transport concerné, si le déplacement peut avoir lieu par chemin de fer ou par un autre service de transport en commun ;

2° Du transport ferroviaire en 1re classe, d'après le nombre de kilomètres parcourus, à défaut de moyens de transport en commun.

En outre, si le déplacement exige plus d'une journée, il est alloué par journée une indemnité égale à 50 €.

II. – Le remboursement mentionné au I n'est dû qu'une seule fois pour la totalité des actes délivrés ou dressés par le greffier de tribunal de commerce lors d'un même déplacement.

TITRE CINQUIÈME DE L'ÉQUIPEMENT COMMERCIAL

L'intitulé du titre V des parties législative et réglementaire a été modifié, respectivement par la L. nº 2008-776 du 4 août 2008 et le Décr. nº 2008-1212 du 24 nov. 2008, pour devenir « De l'aménagement commercial ».

Art. A. 750-1 La direction générale de la concurrence, de la consommation et de la répression des fraudes (DGCCRF) est autorisée à mettre en œuvre dans ses services déconcentrés et à l'administration centrale un traitement automatisé d'informations comportant des données à caractère personnel intitulé "Base d'aide logicielle à l'inventaire" (BALI). – *[Arr. du 29 août 2007, art. 1er.]*

Art. A. 750-2 Le traitement automatisé a pour finalité de permettre l'instruction des demandes d'autorisation de surfaces commerciales, le contrôle des surfaces autorisées et la participation aux travaux des observatoires départementaux d'équipement commercial mentionnés à l'article L. 751-9. A cette fin, l'application recense les établissements commerciaux soumis à autorisation d'exploitation commerciale en application de l'article L. 752-1. – *[Arr. du 29 août 2007, art. 2.]*

Art. A. 750-3 Les catégories d'informations enregistrées au titre de l'instruction des dossiers figurent au tableau A de l'annexe 7-7. – *V. cette annexe (JO 20 janv. 2009) au* ***C. com.***

Les catégories d'informations enregistrées au titre du recensement et de la mission de contrôle des surfaces autorisées figurent au tableau B de l'annexe 7-7.

Art. A. 750-4 Les personnes autorisées des services déconcentrés et centraux de la direction générale de la concurrence, de la consommation et de la répression des fraudes (DGCCRF) et la direction du commerce, de l'artisanat, des services et des professions libérales (DCASPL) sont destinataires des données visées à l'article A. 750-3. – *[Arr. du 29 août 2007, art. 4.]*

Art. A. 750-5 Le haut fonctionnaire de défense et de sécurité (HFDS), la *(Décr. nº 2010-291 du 18 mars 2010, art. 2)* « direction générale du Trésor *[ancienne rédaction : direction générale du Trésor et de la politique économique]* » (DGTPE), l'Institut national de la *statistique* et des études économiques (INSEE), les directions départementales de l'équipement (DDE), les observatoires départementaux de l'équipement commercial (ODEC) et les observatoires régionaux de l'équipement commercial (OREC) sont destinataires des données enregistrées au titre du recensement et de la mission de contrôle des surfaces autorisées figurant au tableau B de l'annexe 7-7. – *[Arr. du 29 août 2007, art. 5.]* – *V. cette annexe (JO 20 janv. 2009) au* ***C. com.***

Les DDE sont devenues les directions départementales de l'équipement et de l'agriculture (DDEA) depuis leur fusion avec les directions départementales de l'agriculture et de la forêt (DDAF) (Décr. nº 2006-1740 du 23 déc. 2006, art. 1er ; Décr. nº 2008-1234 du 27 nov. 2008, art. 1er).

Art. A. 750-6 Les personnes qui en font la demande peuvent être destinataires des informations suivantes :

A. – Catégories d'informations enregistrées au titre de l'instruction des dossiers :
A-1. Description de la demande.
A-1. 1. Date et objet de la demande (création/extension et surface totale créée).
A-1. 2. Localisation (adresse postale : numéro et rue, commune, Cedex, nom du lotissement commercial, nom du centre commercial, code département) et type d'équipement du projet (ensemble commercial/commerce isolé).
A-1. 3. Enseigne principale.
A-1. 4. Date et décision de la commission départementale d'équipement commercial (CDEC).
A-1. 5. Détail de la décision (nombre de votants, de oui, non et nuls, observations).
A-1. 6. Date et décision de la Commission nationale d'équipement commercial (CNEC).
A-2. Identification du demandeur.
A-2. 1. Numéro SIREN du demandeur, sa dénomination sociale et son adresse postale.
B. – Catégories d'informations enregistrées au titre du recensement et de la mission de contrôle des surfaces autorisées :
B-1. Local commercial.
B-1. 1. Adresse postale (numéro et rue, nom du local commercial, nom du pôle commercial, nom du lotissement commercial, nom du centre commercial, nom du quartier, type de zone de redynamisation urbaine (ZRU), type de zone d'aménagement concerté créée dans un centre urbain (ZACCU), commune, Cedex, nom du canton, nom de l'arrondissement, nom du département, surfaces de vente intérieure, extérieure et totale et/ou nombre de positions de ravitaillement en carburant.
B-1. 2. Date d'autorisation et, le cas échéant, du permis de construire.
B-2. Exploitation commerciale.
B-2. 1. Numéro SIRET, nom de l'établissement commercial (enseigne) et ses codes activité et secteurs activité (codification NAF).
B-2. 2. Nom de l'enseigne, type de magasin, type de réseau, date d'ouverture, date de fermeture, exploité, virtuel (autorisé mais non encore ouvert), commercialité, date de fin de commercialité, date d'extension.
B-3. Identification de l'entreprise qui exploite le magasin.
B-3. 1. Dénomination sociale et numéro SIREN de l'entreprise. – *[Arr. du 29 août 2007, art. 6.]*

Art. A. 750-7 Les informations enregistrées concernant l'entreprise exploitante sont mises à jour et conservées tant que celle-ci figure dans le fichier SIRENE de l'INSEE. Lorsqu'une demande d'autorisation a été instruite, l'identité des demandeurs est apurée automatiquement à l'issue d'un délai d'un an à compter de la décision de la CDEC. – *[Arr. du 29 août 2007, art. 7.]*

Art. A. 750-8 Le droit d'opposition prévu par l'article 38 de la loi n° 78-17 du 6 janvier 1978 relative à l'informatique, aux fichiers et aux libertés ne s'applique pas au traitement mis en place. – *[Arr. du 29 août 2007, art. 8.]*

Art. A. 750-9 Le droit d'accès et de rectification prévu aux articles 39 et 40 de la loi n° 78-17 du 6 janvier 1978 relative à l'informatique, aux fichiers et aux libertés s'exerce auprès des chefs d'unité de la concurrence, de la consommation et de la répression des fraudes du département où le commerce est implanté ou le sera. – *[Arr. du 29 août 2007, art. 9.]*

CHAPITRE PREMIER DES COMMISSIONS D'ÉQUIPEMENT COMMERCIAL ET DES OBSERVATOIRES DÉPARTEMENTAUX D'AMÉNAGEMENT COMMERCIAL

SECTION PREMIÈRE DES COMMISSIONS DÉPARTEMENTALES D'ÉQUIPEMENT COMMERCIAL

La présente section ne comprend pas de dispositions pour les arrêtés.

SECTION II DE LA COMMISSION NATIONALE D'ÉQUIPEMENT COMMERCIAL

La présente section ne comprend pas de dispositions pour les arrêtés.

SECTION III DES OBSERVATOIRES DÉPARTEMENTAUX D'AMÉNAGEMENT COMMERCIAL *(Arr. du 13 nov. 2009, art. 1er-VIII).*

Art. A. 751-1 à A. 751-6 *Abrogés par Arr. du 27 mars 2015, art. 2 (JO 8 avr.). – V.* **C. com.**, *éd. 2015.*

SECTION IV DE L'OBSERVATOIRE D'AMÉNAGEMENT COMMERCIAL D'ÎLE-DE-FRANCE *(Arr. du 13 nov. 2009, art. 1er-VIII).*

Art. A. 751-7 à A. 751-12 *Abrogés par Arr. du 27 mars 2015, art. 2 (JO 8 avr.). – V.* **C. com.**, *éd. 2015.*

SECTION V DES SCHÉMAS DE DÉVELOPPEMENT COMMERCIAL

La présente section ne comprend pas de dispositions pour les arrêtés.

SECTION VI DE L'OBSERVATOIRE NATIONAL DU COMMERCE

La présente section ne comprend pas de dispositions pour les arrêtés.

CHAPITRE II DE L'AUTORISATION COMMERCIALE

SECTION PREMIÈRE DES PROJETS SOUMIS À AUTORISATION

La présente section ne comprend pas de dispositions pour les arrêtés.

SECTION II DE LA DÉCISION DE LA COMMISSION DÉPARTEMENTALE

SOUS-SECTION 1 DE LA DEMANDE D'AUTORISATION

Art. A. 752-1 *(Arr. du 19 juin 2019, art. 1er)* I. – Le formulaire de demande d'habilitation mentionné à l'article R. 752-6-2, dont un modèle est annexé au présent arrêté *[Arr. du 19 juin 2019, ci-dessous]*, porte l'en-tête de la préfecture dans le ressort de laquelle l'habilitation est demandée.

II. – Le formulaire comporte trois rubriques, à renseigner par le demandeur de l'habilitation :

1° L'identité et les coordonnées postales, téléphoniques et électroniques complètes de l'organisme demandeur ;

2° Les noms, prénoms, dates et lieux de naissance, diplômes ou titres de toutes les personnes appelées à réaliser les missions de certification au nom de l'organisme ;

3° La date de la demande d'habilitation, suivie de la signature du représentant légal de l'organisme demandeur.

III. – Le formulaire rappelle :

1° La liste des pièces mentionnées au I de l'article R. 752-6-1, à joindre à la demande d'habilitation : pour chaque personne physique par laquelle ou sous la responsabilité de laquelle seront réalisées des analyses d'impact, un extrait du casier judiciaire datant de moins de trois mois, un justificatif du titre ou diplôme mentionné au 3° du I de l'article R. 752-6-1, et une copie de la pièce d'identité ; pour l'organisme, *(Arr. du 4 janv. 2022, art. 1er)* « le numéro unique d'identification *[ancienne rédaction : un extrait K-bis, ou tout document assimilé, de moins de deux mois]* » et un justificatif des moyens et outils de collecte et d'analyse mentionnés au 2° du I de l'article R. 752-6-1 ;

2° Les modalités de dépôt de la demande d'habilitation mentionnées au II de l'article R. 752-6-2.

Arrêté du 19 juin 2019,

Fixant le contenu du formulaire de demande d'habilitation pour réaliser l'analyse d'impact mentionnée au III de l'article L. 752-6 du code de commerce.

[...]

ANNEXE

Formulaire de demande d'habilitation prévu aux articles R. 752-6-1 et R. 752-6-2 du code de commerce et intercalaire pour la rubrique « personnes affectées à l'activité faisant l'objet de la demande d'habilitation »

(Arr. du 4 janv. 2022, art. 9)

[en-tête de la préfecture émettrice]	**DEMANDE D'HABILITATION** (ARTICLES R. 752-6-1 ET R. 752-6-2 DU CODE DE COMMERCE)

Renseignements administratifs relatifs à l'entité juridique demandant l'habilitation

1/ Statut juridique

Société commerciale / n° unique d'identification :
……………………………………………………………

Société civile (préciser la forme juridique) : ……………………………………………

……………………………………………………………………………………………

2/ Nom et adresse de l'organisme

Nom : ……………………………………………………………………………………

Adresse : …………………………………………………………………………………

……………………………………………………………………………………………

Téléphone : ………………………………………………………………………………

Adresse électronique destinataire des courriels du téléservice : ………………………………

……………………………………………………………

Représentant légal :

Civilité : Madame □ Monsieur □

Nom : ……………………………………………………………………………………

Prénom : …………………………………………………………………………………

Titre et fonctions : ………………………………………………………………………

3/ Personnes affectées à l'activité faisant l'objet de la demande d'habilitation

Nombre de personnes concernées : ***NB : à partir de 4, utiliser un intercalaire***

Intercalaire(s)[1] □

Civilité : Madame □ Monsieur □

Nom : ……………………………………………………………………………………

Prénom : …………………………………………………………………………………

[1] Cocher la case si le dossier comporte au moins un intercalaire

Date et lieu de naissance : ……………………………………………………………………

Diplôme(s) ou titre(s) (intitulé / date et lieu d'obtention) : ………………………………………

……………………………………………………………………………………………

……………………………………………………………………………………………

Civilité : Madame □ Monsieur □

Nom : ……………………………………………………………………………………

Prénom : …………………………………………………………………………………

Date et lieu de naissance : ……………………………………………………………………

Diplôme(s) ou titre(s) (intitulé / date et lieu d'obtention) : ………………………………………

……………………………………………………………………………………………

……………………………………………………………………………………………

Civilité : Madame □ Monsieur □

Nom : ……………………………………………………………………………………

Prénom : …………………………………………………………………………………

Date et lieu de naissance : ……………………………………………………………………

Diplôme(s) ou titre(s) (intitulé / date et lieu d'obtention) : ………………………………………

……………………………………………………………………………………………

……………………………………………………………………………………………

Liste des pièces à joindre à la demande d'habilitation (article R.752-6-1 I du code de commerce) :

- **pour chaque personne physique** par laquelle ou sous la responsabilité de laquelle seront réalisées des analyses d'impact :
  - un extrait du casier judiciaire datant de moins de trois mois,
  - un justificatif du titre ou diplôme mentionné au 3° du I de l'article R. 752-6-1,
  - une copie de la pièce d'identité ;
- **pour l'organisme demandeur** :
  - le numéro unique d'identification,
  - un justificatif des moyens et outils de collecte et d'analyse mentionnés au 2° du I de l'article R. 752-6-1.

La demande d'habilitation est adressée par voie électronique au préfet du département, l'accusé de réception électronique étant envoyé sans délai.

Le préfet dispose d'un mois, à réception de la demande d'habilitation, pour vérifier qu'elle est complète et demander, le cas échéant, des éléments ou informations complémentaires. Passé ce délai d'un mois, la demande d'habilitation est réputée complète.

Le délai d'instruction est de trois mois. Il court à compter de la réception par la préfecture d'une demande d'habilitation complète.[2]

[2] Article R.752-6-2 II du code de commerce

FAIT LE :

NOM, PRENOM ET SIGNATURE DU REPRESENTANT LEGAL :

..

Renseignements administratifs relatifs à l'entité juridique demandant l'habilitation	**INTERCALAIRE N°....../.......** ***NB : après le n° de l'intercalaire, indiquer le nombre total d'intercalaires***

3/ Personnes affectées à l'activité faisant l'objet de la demande d'habilitation

Rappel / Nombre total de personnes concernées :
(dont 3 présentées au formulaire)

Civilité : Madame □ Monsieur □
Nom :..
Prénom :..
Date et lieu de naissance :...
Diplôme(s) ou titre(s) (intitulé / date et lieu d'obtention) :.....................................
....
....

Civilité : Madame □ Monsieur □
Nom :..
Prénom :..
Date et lieu de naissance...
Diplôme(s) ou titre(s) (intitulé / date et lieu d'obtention) :.....................................
....
....

Civilité : Madame □ Monsieur □
Nom :..
Prénom :..
Date et lieu de naissance :...
Diplôme(s) ou titre(s) (intitulé / date et lieu d'obtention) :.....................................
....
....

Art. A. 752-2 *(Arr. du 28 juin 2019, art. 1er)* **I. – Le formulaire de demande d'habilitation mentionné à l'article R. 752-44-3, dont un modèle est annexé à l'arrêté du 28 juin 2019 fixant le contenu du formulaire de demande d'habilitation pour établir le certificat de conformité mentionné au premier alinéa de l'article L. 752-23 du code de commerce** *[V. ci-dessous]*, **porte l'en-tête de la préfecture dans le ressort de laquelle l'habilitation est demandée.**

II. – Le formulaire comporte trois rubriques, à renseigner par le demandeur de l'habilitation :

1° L'identité et les coordonnées postales, téléphoniques et électroniques complètes de l'organisme demandeur ;

2° Les noms, prénoms, dates et lieux de naissance, diplômes ou titres de toutes les personnes appelées à réaliser les missions de certification au nom de l'organisme ;

3° La date de la demande d'habilitation, suivie de la signature du représentant légal de l'organisme demandeur.

III. – Le formulaire rappelle :

1° La liste des pièces mentionnées à l'article R. 752-44-2, à joindre à la demande d'habilitation : pour chaque personne physique par laquelle ou sous la responsabilité de laquelle seront établis les certificats de conformité, un extrait du casier judiciaire datant de moins de trois mois, un justificatif du titre ou diplôme mentionné au 3° de l'article R. 752-44-2, et une copie de la pièce d'identité ; pour l'organisme, *(Arr. du 4 janv. 2022, art. 1er)* « le numéro unique d'identification *[ancienne rédaction : un extrait K-bis, ou tout document assimilé, de moins de deux mois]* », un justificatif des moyens et outils de contrôle mentionnés au 2° de l'article R. 752-44-2 et une attestation d'assurance professionnelle à jour ;

2° Les modalités de dépôt de la demande d'habilitation et les délais d'instruction de la demande mentionnés aux articles R. 752-44-3 et R. 752-44-4.

Arrêté du 28 juin 2019,

Fixant le contenu du formulaire de demande d'habilitation pour établir le certificat de conformité mentionné au premier alinéa de l'article L. 752-23 du code de commerce.
[...]

ANNEXE

FORMULAIRE DE DEMANDE D'HABILITATION PRÉVU AUX ARTICLES R. 752-44-2 ET R. 752-44-3 DU CODE DE COMMERCE ET INTERCALAIRE POUR LA RUBRIQUE « PERSONNES AFFECTÉES À L'ACTIVITÉ FAISANT L'OBJET DE LA DEMANDE D'HABILITATION »

(Arr. du 4 janv. 2022, art. 10)

[en-tête de la préfecture émettrice]	**DEMANDE D'HABILITATION** (ARTICLES R. 752-44-2 ET R. 752-44-3 DU CODE DE COMMERCE)

Renseignements administratifs relatifs à la personne morale demandant l'habilitation

1/ Statut juridique

Société commerciale / n° unique d'identification :
……………………………………………………………………

Société civile (préciser la forme juridique) :……………………………………………………
……………………………………………………………………………………………

2/ Nom et adresse de l'organisme

Nom :……………………………………………………………………………………

Adresse :…………………………………………………………………………………
……………………………………………………………………………………………

Téléphone :………………………………………………………………………………

Adresse électronique destinataire des courriels du téléservice :……………………………
……………………………………………………………………………………………

Représentant légal :
Civilité : Madame □ Monsieur □
Nom :……………………………………………………………………………………
Prénom :…………………………………………………………………………………
Titre et fonctions :………………………………………………………………………
……………………………………………………………………………………………

3/ Personnes affectées à l'activité faisant l'objet de la demande d'habilitation

Nombre de personnes concernées : ***NB : à partir de 4, utiliser un intercalaire***
Intercalaire(s)[3] □

[3] Cocher la case si le dossier comporte au moins un intercalaire

Civilité : Madame □ Monsieur □

Nom : ....

Prénom : ....

Date et lieu de naissance : ....

Diplôme(s) ou titre(s) (intitulé / date et lieu d'obtention) : ....

....

....

Civilité : Madame □ Monsieur □

Nom : ....

Prénom : ....

Date et lieu de naissance : ....

Diplôme(s) ou titre(s) (intitulé / date et lieu d'obtention) : ....

....

....

Civilité : Madame □ Monsieur □

Nom : ....

Prénom : ....

Date et lieu de naissance : ....

Diplôme(s) ou titre(s) (intitulé / date et lieu d'obtention) : ....

....

....

Liste des pièces à joindre à la demande d'habilitation (article R.752-44-2 du code de commerce) **:**

❖ **pour chaque personne physique** par laquelle ou sous la responsabilité de laquelle seront établis les certificats de conformité :

- un extrait du casier judiciaire datant de moins de trois mois,
- un justificatif du titre ou diplôme mentionné au 3° du I de l'article R. 752-44-2,
- une copie de la pièce d'identité ;

❖ **pour l'organisme demandeur** :

- le numéro unique d'identification,
- un justificatif des moyens et outils de contrôle mentionnés au 2° de l'article R. 752-44-2,
- une attestation d'assurance professionnelle à jour.

La demande d'habilitation est adressée par voie électronique au préfet du département, l'accusé de réception électronique étant envoyé sans délai.

Le préfet dispose d'un mois, à réception de la demande d'habilitation, pour vérifier qu'elle est complète et demander, le cas échéant, des éléments ou informations complémentaires. Passé ce délai d'un mois, la demande d'habilitation est réputée complète.

Le délai d'instruction est de trois mois. Il court à compter de la réception par la préfecture d'une demande d'habilitation complète.[4]

Renseignements administratifs relatifs à la personne morale demandant l'habilitation	**INTERCALAIRE N°....../.......** *NB : après le n° de l'intercalaire, indiquer le nombre total d'intercalaires*

3/ Personnes affectées à l'activité faisant l'objet de la demande d'habilitation

Rappel / Nombre total de personnes concernées :
(dont 3 présentées au formulaire)

Civilité : Madame □ Monsieur □

Nom :..

Prénom :..

Date et lieu de naissance :..

Diplôme(s) ou titre(s) (intitulé / date et lieu d'obtention) :.....................................

....

....

Civilité : Madame □ Monsieur □

Nom :..

Prénom :..

Date et lieu de naissance :..

Diplôme(s) ou titre(s) (intitulé / date et lieu d'obtention) :.....................................

....

....

Civilité : Madame □ Monsieur □

Nom :..

Prénom :..

Date et lieu de naissance :..

Diplôme(s) ou titre(s) (intitulé / date et lieu d'obtention) :.....................................

....

....

[4] Article R.752-44-4 du code de commerce

Art. A. 752-3 *(Arr. du 1er oct. 2019, art. 1er)* I. – Le formulaire intitulé "certificat de conformité" mentionné à l'article R. 752-44-8, dont un modèle figure à l'annexe 7-8 au présent livre, est daté et signé par l'organisme habilité mentionné à l'article L. 752-23.

Le formulaire est transmis, par le bénéficiaire de l'autorisation d'exploitation commerciale, à la préfecture du département d'implantation, par voie électronique.

II. – Le formulaire comporte quatre rubriques, à renseigner par le certificateur :

1° L'identification de l'autorisation d'exploitation commerciale, avec son numéro, sa date et son auteur, qu'il s'agisse d'un permis de construire valant autorisation d'exploitation commerciale visant l'avis de la commission d'aménagement commercial, ou d'une décision de commission d'aménagement commercial. La nature du projet, telle que retenue par la commission d'aménagement commercial, et l'adresse du site d'implantation complètent la présentation ;

2° L'identification du bénéficiaire de l'autorisation d'exploitation commerciale, avec, pour une personne physique, ses nom, prénom et adresses, postale et électronique, et, pour une personne morale, le type de société, sa dénomination ou raison sociale et son numéro SIREN, ses adresses postale et électronique, et les nom et prénom de son représentant. En cas de pluralité de bénéficiaires, il est prévu un intercalaire ;

3° L'identification de l'organisme certificateur, avec son numéro d'habilitation, le type de société, sa dénomination ou raison sociale et son numéro SIREN, ses adresses postale et électronique, et les nom et prénom de son représentant ;

4° La réalisation de l'équipement commercial autorisé, totale ou partielle. Dans cette seconde hypothèse, il est indiqué s'il s'agit du premier certificat délivré pour le projet autorisé, ou d'un certificat suivant, en mentionnant, le cas échéant, les dates et auteurs des certificats précédents. Un intercalaire est prévu pour le cas où la réalisation du projet autorisé a déjà donné lieu à plus de cinq certificats. Le certificateur consigne les différences éventuellement constatées, au sens de l'article R. 752-44-12 du code de commerce, et indique, le cas échéant, si des documents ou justificatifs fournis par le bénéficiaire de l'autorisation d'exploitation commerciale sont annexés au certificat.

III. – Le formulaire rappelle :

1° La liste des pièces mentionnées à l'article R. 752-44-1, à joindre au certificat de conformité : pour les projets ne nécessitant pas de permis de construire, l'autorisation d'exploitation commerciale, à laquelle est joint le tableau récapitulatif des caractéristiques du projet, et le justificatif de la date de notification au bénéficiaire de la décision d'autorisation ; pour les projets nécessitant un permis de construire, l'avis favorable de la commission d'aménagement commercial, l'arrêté accordant le permis de construire valant autorisation d'exploitation commerciale, et *(Annulé par CE no 436437 du 2 août 2021)* ***« la déclaration attestant l'achèvement et la conformité des travaux prévue à l'article L. 462-1 du code de l'urbanisme (CERFA no 13408-04) »*** ;

2° Les dispositions de l'article R. 752-20 du code de commerce, sur la durée de validité des autorisations d'exploitation commerciale ;

3° Les dispositions du premier alinéa de l'article R. 752-44-9 et celles de l'article R. 752-44-13 relatives aux modalités de transmission du certificat de conformité au préfet du département d'implantation, puis au maire de la commune d'implantation et au président de l'établissement public de coopération intercommunale dont la commune d'implantation est membre ;

4° Le délai, fixé à l'article L. 752-23, d'un mois avant la date d'ouverture au public de l'équipement commercial autorisé, imparti au bénéficiaire pour communiquer le certificat de conformité au préfet du département d'implantation, à peine d'illicéité de l'exploitation commerciale.

Au 1o du III de l'art. A. 752-3 créé par l'art. 1er de l'Arr. du 1er oct. 2019 fixant le contenu du formulaire intitulé « certificat de conformité » en application de l'art. R. 752-44-8 C. com. et à son art. 2, les mots : « la déclaration attestant l'achèvement et la conformité des travaux prévue à l'article L. 462-1 du code de l'urbanisme (CERFA no 13408-04) » sont annulés (CE 2 août 2021, no 436437).

ANNEXE 7-8
(ANNEXE À L'ARTICLE A. 752-3)

CERTIFICAT DE CONFORMITÉ PRÉVU À L'ARTICLE L. 752-23 DU CODE DE COMMERCE

(Arr. du 1er oct. 2019, art. 2)

CERTIFICAT DE CONFORMITÉ

« AUTORISATION D'EXPLOITATION COMMERCIALE »

(ARTICLES L. 752-23, R. 752-44, R. 752-44-1 ET R. 752-44-8 A R. 752-44-13 DU CODE DE COMMERCE)

A communiquer à la préfecture *[préciser le département]*

A l'adresse électronique suivante (al. 1er de l'article R. 752-44-9 du code de commerce) :

……………………………………………@………………………………………

un mois avant l'ouverture au public de l'équipement commercial autorisé (al. 1 et 2 de l'article L.752-23 du code de commerce).

1/ Identification de l'autorisation d'exploitation commerciale

□ Permis de construire valant autorisation d'exploitation commerciale (PC-AEC)

N° _ _ _ _ _ _ _ _ _ _ _ _ _ _ _ **délivré le** _ _ / _ _ / _ _ _ _

Par ……………………………………………………………………………………

Au visa de l'avis favorable de la CNAC / CDAC[1] *[préciser le département]*

Du _ _ / _ _ / _ _ _ _

□ Décision d'autorisation d'exploitation commerciale (AEC)

N°…………………………………… prise le _ _ / _ _ / _ _ _ _

Par la CNAC / CDAC[2] *[préciser le département]*

Nature du projet[3] et adresse du site d'implantation :

……………………………………………………………………………………

……………………………………………………………………………………

……………………………………………………………………………………

……………………………………………………………………………………

……………………………………………………………………………………

[1] Rayer la mention inutile
[2] Rayer la mention inutile.
[3] Au sens de l'article L.752-1 du code de commerce – cf. avis/décision CDAC/CNAC.

……
……
……
……
……
……
……
……
……
……
……
……

2/ Identification du bénéficiaire de l'autorisation d'exploitation commerciale

NB : si plusieurs bénéficiaires, utiliser un intercalaire. **Intercalaire**[4]

□

Pour les personnes physiques : □ Madame □ Monsieur

Nom :………………………………… Prénom :…………………………………

Adresses : [n°]……… [Voie]…………………………………………………
[complément / lieu-dit]…………………………… [localité]……………………………..
[code postal] _ _ _ _ _
……………………………………………@……………………………………………

Pour les personnes morales :

Dénomination et type de société (SA, SCI…) : ……………………………………
…………………………………………………………………………………………………

Raison sociale :…………………………………………………………………………

N° SIRET : _ _ _ _ _ _ _ _ _ _ _ _ _ _

Adresses : [n°]……… [Voie]…………………………………………………
[complément / lieu-dit]…………………………… [localité]……………………………..
[code postal] _ _ _ _ _ BP : _ _ _ Cedex : _ _
……………………………………………@……………………………………………

Représentée par : □ Madame □ Monsieur Nom :…………………………………..
Prénom :………………………………… Qualité:…………………………………

[4] Cocher la case s'il y a un intercalaire/plus d'un bénéficiaire de l'AEC.

3/ Identification de l'organisme certificateur

N° d'habilitation : ....

Dénomination et type de société (SA, SCI…) : ....

....

Raison sociale : ....

N° SIRET : _

Adresses : [n°]......... [Voie]..

[complément / lieu-dit]..................................... [localité]...

[code postal] _ _ _ _ _ BP : _ _ _ Cedex : _ _

....@...

Représentée par : □ Madame □ Monsieur Nom : ....

Prénom : .... Qualité : ....

4/ Réalisation de l'équipement commercial autorisé

<table>
<tr><td rowspan="3">**Réalisation totale**
du projet autorisé □</td><td colspan="2">**Réalisation partielle** du projet autorisé □</td></tr>
<tr><td rowspan="2">**Certificat initial**[5] □</td><td>**Certificat suivant**[6] □</td></tr>
<tr><td>Nombre de certificats précédents : ....
Date et auteur de chacun :
1) _ _/_ _/_ _ _ _
....
2) _ _/_ _/_ _ _ _
....
3) _ _/_ _/_ _ _ _
....
4) _ _/_ _/_ _ _ _
....
5) _ _/_ _/_ _ _ _
....</td></tr>
</table>

[5] 1ère ouverture au public (d'une partie) de l'équipement commercial autorisé.

[6] Une partie de l'équipement commercial autorisé, certifiée conforme à l'autorisation délivrée par au moins un précédent certificat (art. R. 752-44-10 du code de commerce), est déjà ouverte au public.

		NB : si plus de 5, utiliser un intercalaire. **Intercalaire**[7] ☐

Différences constatées avec l'autorisation d'exploitation commerciale délivrée au sens de l'article R. 752-44-12 du code de commerce[8] :

....

....

....

....

....

....

....

....

....

....

....

....

....

[7] Cocher la case s'il y a un ou plusieurs intercalaires / déjà plus de 5 certificats de conformité à l'AEC mentionnée en partie 1

[8] Le cas échéant, consigner les explications du bénéficiaire.

....

....

....

....

....

....

....

....

....

....

....

....

....

□[9] Le bénéficiaire a fourni des documents explicatifs/justificatifs annexés au présent certificat.

J'atteste que l'équipement commercial réalisé est conforme à l'autorisation d'exploitation commerciale délivrée.

A : .... Le : ....

Signature du déclarant :

Liste des pièces à joindre au certificat de conformité
(art. R.752-44-1 du code de commerce) **:**

❖ **pour les projets ne nécessitant pas de permis de construire** :

l'autorisation d'exploitation commerciale (cf. décision CDAC / CNAC, référencée en partie 1/ ci-dessus, à laquelle est joint le tableau récapitulatif des caractéristiques du projet),

le justificatif de la date de notification au bénéficiaire de la décision d'autorisation (cf. courrier d'accompagnement de la décision d'AEC).

---

[9] Cocher la case s'il y a lieu – **NB** : chaque **annexe** doit être **datée et visée** par le certificateur, comme le certificat lui-même.

❖ **pour les projets nécessitant un permis de construire** :

l'avis favorable de la CDAC / CNAC (cf. avis CDAC / CNAC, référencé en partie 1/ ci-dessus, auquel est joint le tableau récapitulatif des caractéristiques du projet),

l'arrêté accordant le permis de construire valant autorisation d'exploitation commerciale (cf. PC-AEC référencé en partie 1/ ci-dessus) ;

la déclaration attestant l'achèvement et la conformité des travaux prévue à l'article L. 462-1 du code de l'urbanisme.

Article R.752-20 du code de commerce[10] : « *Pour les projets nécessitant un permis de construire, l'autorisation d'exploitation commerciale est périmée dans un délai de trois ans à compter de la date à laquelle le permis de construire est devenu définitif :*
1° Pour les surfaces de vente qui n'ont pas été ouvertes au public ;
2° Pour les points permanents de retrait qui n'ont pas été ouverts à la clientèle.

Ce délai est prolongé de deux ans pour les projets qui portent sur la réalisation d'une surface de vente de plus de 2 500 mètres carrés jusqu'à 6 000 mètres carrés. Il est prolongé de quatre ans pour les projets portant sur la réalisation d'une surface de vente de plus de 6 000 mètres carrés.

Pour les projets ne nécessitant pas un permis de construire, l'autorisation d'exploitation commerciale est périmée dans un délai de trois ans à compter de la notification prévue à l'article R. 752-19 ou, le cas échéant, à l'article R. 752-39 :
1° Pour les surfaces de vente qui n'ont pas été ouvertes au public ;
2° Pour les points permanents de retrait qui n'ont pas été ouverts à la clientèle.

En cas de recours devant la juridiction administrative contre l'autorisation d'exploitation commerciale, le délai de trois ans est suspendu jusqu'au prononcé d'une décision juridictionnelle définitive. ».

Le certificat de conformité est **adressé par le bénéficiaire** de l'autorisation **au préfet** du département d'implantation, par voie électronique (art. R. 752-44-9 du code de commerce) - cf. adresse en tête du tableau ci-dessus -, un mois avant la date d'ouverture au public de l'équipement commercial autorisé. **A défaut, l'exploitation de l'équipement commercial sera réputée illicite** (al. 1 et 2 de l'art. L.752-23 du code de commerce).

Le préfet transmet, sans délai, par voie électronique, le certificat de conformité, pour information :

- au maire de la commune d'implantation et au président de l'établissement public de coopération intercommunale à fiscalité propre dont la commune d'implantation est membre,

- au service de l'Etat chargé de la réalisation des études économiques en matière de commerce mentionné à l'article L. 751-9 du code de commerce (art. R. 752-44-13 du code de commerce).

[10] Rappel prévu à l'article R.752-44-10 du code de commerce

INTERCALAIRE A

2/ Identification du bénéficiaire de l'autorisation d'exploitation commerciale

Nombre total de bénéficiaires (dont celui présenté au formulaire) :

Pour les personnes physiques :

□ Madame □ Monsieur
Nom :…………………………………………… Prénom :……………………………………
Adresses : [n°]……… [Voie]…………………………………………………………………
[complément / lieu-dit]……………………………… [localité]……………………………
[code postal] _ _ _ _ _
………………………………………………@…………………………………………

□ Madame □ Monsieur
Nom :…………………………………………… Prénom :……………………………………
Adresses : [n°]……… [Voie]…………………………………………………………………
[complément / lieu-dit]……………………………… [localité]……………………………
[code postal] _ _ _ _ _
………………………………………………@…………………………………………

□ Madame □ Monsieur
Nom :…………………………………………… Prénom :……………………………………
Adresses : [n°]……… [Voie]…………………………………………………………………
[complément / lieu-dit]……………………………… [localité]……………………………
[code postal] _ _ _ _ _
………………………………………………@…………………………………………

□ Madame □ Monsieur
Nom :…………………………………………… Prénom :……………………………………
Adresses : [n°]……… [Voie]…………………………………………………………………
[complément / lieu-dit]……………………………… [localité]……………………………
[code postal] _ _ _ _ _
………………………………………………@…………………………………………
……………………………………………………………………………………………

Pour les personnes morales :

Dénomination et type de société (SA, SCI…) : ……………………………………………
……………………………………………………………………………………………
Raison sociale :……………………………………………………………………………
N° SIRET : _ _ _ _ _ _ _ _ _ _ _ _ _ _
Adresses : [n°]……… [Voie]…………………………………………………………………
[complément / lieu-dit]……………………………… [localité]……………………………
[code postal] _ _ _ _ _ BP : _ _ _ Cedex : _ _
………………………………………………@…………………………………………
Représentée par : □ Madame □ Monsieur Nom :……………………………………
Prénom :…………………………………………… Qualité:……………………………………

Dénomination et type de société (SA, SCI…) : ……………………………………………
……………………………………………………………………………………………
Raison sociale : ……………………………………………………………………………
N° SIRET : _ _ _ _ _ _ _ _ _ _ _ _ _ _
Adresses : [n°]……… [Voie]………………………………………………………………
[complément / lieu-dit]……………………………… [localité]……………………………
[code postal] _ _ _ _ _ BP : _ _ _ Cedex : _ _
……………………………………………@……………………………………………
Représentée par : □ Madame □ Monsieur Nom : ………………………………………
Prénom : ……………………………………… Qualité: ………………………………………

Dénomination et type de société (SA, SCI…) : ……………………………………………
……………………………………………………………………………………………
Raison sociale : ……………………………………………………………………………
N° SIRET : _ _ _ _ _ _ _ _ _ _ _ _ _ _
Adresses : [n°]……… [Voie]………………………………………………………………
[complément / lieu-dit]……………………………… [localité]……………………………
[code postal] _ _ _ _ _ BP : _ _ _ Cedex : _ _
……………………………………………@……………………………………………
Représentée par : □ Madame □ Monsieur Nom : ………………………………………
Prénom : ……………………………………… Qualité: ………………………………………

Dénomination et type de société (SA, SCI…) : ……………………………………………
……………………………………………………………………………………………
Raison sociale : ……………………………………………………………………………
N° SIRET : _ _ _ _ _ _ _ _ _ _ _ _ _ _
Adresses : [n°]……… [Voie]………………………………………………………………
[complément / lieu-dit]……………………………… [localité]……………………………
[code postal] _ _ _ _ _ BP : _ _ _ Cedex : _ _
……………………………………………@……………………………………………
Représentée par : □ Madame □ Monsieur Nom : ………………………………………
Prénom : ……………………………………… Qualité: ………………………………………

Dénomination et type de société (SA, SCI…) : ……………………………………………
……………………………………………………………………………………………
Raison sociale : ……………………………………………………………………………
N° SIRET : _ _ _ _ _ _ _ _ _ _ _ _ _ _
Adresses : [n°]……… [Voie]………………………………………………………………
[complément / lieu-dit]……………………………… [localité]……………………………
[code postal] _ _ _ _ _ BP : _ _ _ Cedex : _ _
……………………………………………@……………………………………………
Représentée par : □ Madame □ Monsieur Nom : ………………………………………
Prénom : ……………………………………… Qualité: ………………………………………

INTERCALAIRE B	
4/ Réalisation partielle du projet d'équipement commercial autorisé	
Nombre total de certificats antérieurs délivrés au visa de la même AEC : (dont les 5 cités au formulaire)	
Article R.752-20 du code de commerce : « *Pour les projets nécessitant un permis de construire, l'autorisation d'exploitation commerciale est périmée dans un délai de trois ans à compter de la date à laquelle le permis de construire est devenu définitif :* *1° Pour les surfaces de vente qui n'ont pas été ouvertes au public ;* *2° Pour les points permanents de retrait qui n'ont pas été ouverts à la clientèle.* *Ce délai est prolongé de deux ans pour les projets qui portent sur la réalisation d'une surface de vente de plus de 2 500 mètres carrés jusqu'à 6 000 mètres carrés. Il est prolongé de quatre ans pour les projets portant sur la réalisation d'une surface de vente de plus de 6 000 mètres carrés.* *Pour les projets ne nécessitant pas un permis de construire, l'autorisation d'exploitation commerciale est périmée dans un délai de trois ans à compter de la notification prévue à l'article R. 752-19 ou, le cas échéant, à l'article R. 752-39 :* *1° Pour les surfaces de vente qui n'ont pas été ouvertes au public ;* *2° Pour les points permanents de retrait qui n'ont pas été ouverts à la clientèle.* *En cas de recours devant la juridiction administrative contre l'autorisation d'exploitation commerciale, le délai de trois ans est suspendu jusqu'au prononcé d'une décision juridictionnelle définitive.* »	) __/__/____ ……………………………………) __/__/____ ……………………………………) __/__/____ ……………………………………) __/__/____ ……………………………………) __/__/____ ……………………………………) __/__/____ ……………………………………) __/__/____ ……………………………………) __/__/____ ……………………………………) __/__/____ ……………………………………) __/__/____ ……………………………………) __/__/____ ……………………………………) __/__/____ ……………………………………) __/__/____ ……………………………………) __/__/____ ……………………………………) __/__/____ ……………………………………) __/__/____ ……………………………………) __/__/____ …………………………………… *Ajouter autant d'intercalaires B que nécessaire.*

Art. A. 752-4 (*Arr. du 1er oct. 2019, art. 1er*) **I. — Le tableau récapitulatif des caractéristiques du projet, mentionné aux articles R. 752-16, R. 752-38 et R. 752-44, dont un modèle figure à l'annexe 7-9 au présent livre, est renseigné par la commission d'aménagement commercial auteur de l'avis favorable ou de la décision d'autorisation d'exploitation commerciale auquel ou à laquelle il est joint.**

Il contient tous les éléments caractéristiques du projet d'équipement commercial autorisé pour permettre d'apprécier la conformité du projet réalisé avec l'autorisation délivrée.

II. – Le tableau comporte trois parties, à renseigner par la commission d'aménagement commercial :

1° Les éléments caractéristiques communs à tous les équipements commerciaux, en présentant les états actuels et postérieurs à la réalisation du projet : superficie et références cadastrales du site d'implantation ; points d'accès et de sortie du site ; espaces verts et surfaces perméables ; énergies renouvelables ; autres éléments intrinsèques ou connexes au projet mentionnés expressément par la commission dans son avis ou sa décision ;

2° Les éléments caractéristiques propres aux magasins et ensembles commerciaux, en présentant les états actuels et postérieurs à la réalisation du projet : surface de vente et secteurs d'activité ; capacité de stationnement ;

3° Les éléments caractéristiques propres aux points permanents de retrait par la clientèle d'achats au détail commandés par voie télématique, organisés pour l'accès en automobile, en présentant les états actuels et postérieurs à la réalisation du projet : nombre de pistes de ravitaillement et emprise au sol affectée au retrait des marchandises. Est prévue l'hypothèse d'un ensemble commercial comportant plus de cinq cellules commerciales d'une surface de vente d'au moins 300 mètres carrés chacune : les informations requises sont reportées sur une feuille libre, annexée au tableau, portant les références complètes de la commission auteur de l'avis ou de la décision, le numéro et la date de l'avis favorable ou de la décision d'autorisation d'exploitation commerciale.

ANNEXE 7-9
(ANNEXE À L'ARTICLE A. 752-4)

Tableau récapitulatif des caractéristiques du projet prévu aux articles R. 752-16 et R. 752-38 du code de commerce

(Arr. du 1er oct. 2019, art. 2)

TABLEAU RECAPITULATIF DES CARACTERISTIQUES DU PROJET JOINT A L'AVIS / LA DECISION[1] DE LA CDAC / CNAC[2] N° DU / / (articles R. 752-16 / R. 752-38 et R. 752-44 du code de commerce)				
POUR TOUT EQUIPEMENT COMMERCIAL (*a* à *e* du 3° de l'article R. 752-44-3 du code de commerce)				
Superficie totale du lieu d'implantation (en m^2)				
Et références cadastrales du terrain d'assiette (cf. b du 2° du I de l'article art. R 752-6)				
Points d'accès (A) et de sortie (S) du site (cf. *b, c et d du 2° du I de l'article R. 752-6)*	Avant projet	Nombre de A		
		Nombre de S		
		Nombre de A/S		
	Après projet	Nombre de A		
		Nombre de S		
		Nombre de A/S		
Espaces verts et surfaces perméables (cf. *b du 2° et d du 4° du I de l'article R. 752-6)*	Superficie du terrain consacrée aux espaces verts (en m^2)			
	Autres surfaces végétalisées (toitures, façades, autre(s), en m^2)			
	Autres surfaces non imperméabilisées : m^2 et matériaux / procédés utilisés			
Energies renouvelables *(cf. b du 4° de l'article R. 752-6)*	Panneaux photovoltaïques : m^2 et localisation			
	Eoliennes (nombre et localisation)			
	Autres procédés (m^2 / nombre et localisation) et observations éventuelles :			
Autres éléments intrinsèques ou connexes au projet mentionnés expressément par la commission dans son avis ou sa décision				

[1] Rayer la mention inutile.

[2] Rayer la mention inutile et compléter avec le numéro et la date de l'avis ou de la décision.

POUR LES MAGASINS ET ENSEMBLES COMMERCIAUX (*a* à *c* du 1° de l'article R.752-44 du code de commerce)				
Surface de vente *(cf. a, b, d ou e du 1° du I de l'article R. 752-6)* *Et* *Secteurs d'activité (cf. a, b, d et e du 1° du I de l'article R.752-6)*	Avant projet	Surface de vente (SV) totale		
		Magasins de SV ≥300 m²	Nombre	
			SV/magasin[3]	
			Secteur (1 ou 2)	
	Après projet	Surface de vente (SV) totale		
		Magasins de SV ≥300 m²	Nombre	
			SV/magasin[4]	
			Secteur (1 ou 2)	
Capacité de stationnement *(cf. g du 1° du I de l'article R.752-6)*	Avant projet	Nombre de places	Total	
			Electriques/hybrides	
			Co-voiturage	
			Auto-partage	
			Perméables	
	Après projet	Nombre de places	Total	
			Electriques/hybrides	
			Co-voiturage	
			Auto-partage	
			Perméables	

POUR LES POINTS PERMANENTS DE RETRAIT (« DRIVE ») (2° de l'article R.752-44 du code de commerce)		
Nombre de pistes de ravitaillement	Avant projet	
	Après projet	
Emprise au sol affectée au retrait des marchandises (en m²)	Avant projet	
	Après projet	

[3] Si plus de 5 magasins d'une surface de vente (SV) ≥ 300 m², ne pas renseigner cette ligne mais renvoyer à une feuille libre annexée au tableau sur laquelle sont :
- rappelés la commission (CDAC n° département/CNAC), le n° et la date de l'avis ou de la décision ;
- listés, chacun avec sa SV, tous les magasins d'une surface de vente ≥ 300 m² sous la mention « détail des *XX* magasins d'une SV ≥ 300 m² ».

[4] Cf. [(2)]

SOUS-SECTION 2 DE LA PROCÉDURE D'AUTORISATION

La présente sous-section ne comprend pas de dispositions pour les arrêtés.

SOUS-SECTION 3 DISPOSITIONS DIVERSES

La présente sous-section ne comprend pas de dispositions pour les arrêtés.

SECTION III DU RECOURS CONTRE LA DÉCISION DE LA COMMISSION DÉPARTEMENTALE

La présente section ne comprend pas de dispositions pour les arrêtés.

SECTION IV DES CONTRATS PASSÉS À L'OCCASION DE LA RÉALISATION D'UN PROJET AUTORISÉ

La présente section ne comprend pas de dispositions pour les arrêtés.

SECTION V DES SANCTIONS

La présente section ne comprend pas de dispositions pour les arrêtés.

TITRE SIXIÈME DES MARCHÉS D'INTÉRÊT NATIONAL ET DES MANIFESTATIONS COMMERCIALES

CHAPITRE PREMIER DES MARCHÉS D'INTÉRÊT NATIONAL

SECTION PREMIÈRE DISPOSITIONS GÉNÉRALES

Art. A. 761-1 Le dossier type de demande de classement en marché d'intérêt national contient, outre la délibération du conseil régional intéressé, les pièces suivantes :

1° La délibération de la collectivité territoriale ou de l'établissement public de coopération intercommunale requérant l'implantation du marché d'intérêt national sur son territoire et décidant du mode d'aménagement et de gestion dudit marché ;

2° Dans le cas où ladite collectivité ou établissement choisit de déléguer l'aménagement ou la gestion, ou l'aménagement et la gestion, du marché à une personne morale, elle joint au dossier le règlement de consultation, le cahier des charges fixant les droits et obligations du futur délégataire et, notamment, son mode de rémunération ;

3° Un rapport économique et financier intégrant un plan de financement et une étude de viabilité du site avec un bilan prévisionnel ;

4° Un descriptif du site au regard, notamment, de sa compatibilité avec les documents d'urbanisme en vigueur ;

5° Un plan de localisation du marché laissant apparaître, notamment, les dessertes routières et ferroviaires.

Le dossier est adressé au préfet de région, qui le transmet aux ministres de tutelle avec son avis. – *[Arr. du 13 janv. 2006, art. 1er.]*

Art. A. 761-2 Le dossier type de demande de déclassement anticipé du marché d'intérêt national contient, outre la délibération du conseil régional intéressé, les pièces suivantes :

1° La délibération de la commune ou de l'établissement public de coopération intercommunale sur le territoire desquels est implanté le marché d'intérêt national ;

2° Un rapport économique et financier exposant les motifs de la demande, notamment une gestion déficitaire dudit marché ou le constat que celui-ci n'est plus conforme aux dispositions d'organisation générale édictées par les articles R. 761-13 et suivants.

Le dossier est adressé au préfet de région, qui le transmet aux ministres de tutelle avec son avis. – *[Arr. du 13 janv. 2006, art. 2.]*

Art. A. 761-3 Le gestionnaire d'un marché d'intérêt national transmet aux communes et aux établissements publics de coopération intercommunale sur le territoire desquels est implanté le marché, au conseil régional et au préfet les comptes rendus d'activité et financiers suivants :

1° Le bilan de l'année écoulée et un bilan comptable prévisionnel de l'année à venir ;

2° Le compte de résultats de l'année écoulée et un compte de résultats prévisionnel de l'année à venir ;

3° Une analyse détaillée des charges et des produits ainsi que des effectifs employés ;

4° La capacité d'autofinancement, le plan de financement et leur analyse détaillée ;

5° La situation de l'actif réalisable et disponible et du passif exigible ;

6° Un budget prévisionnel des investissements de l'année à venir ;

7° Le cas échéant, un plan quinquennal des investissements à réaliser sur le marché accompagné du plan de financement correspondant ;

8° Un tableau fixant les redevances et contributions annuelles de toute nature à la charge des occupants du marché ;

9° Un tableau montrant l'évolution desdites redevances et contributions annuelles depuis dix ans ;

10° Une estimation annuelle du chiffre d'affaires et des emplois des entreprises installées sur le marché. – *[Arr. du 13 janv. 2006, art. 8.]*

Art. A. 761-4 Les centres du service des nouvelles des marchés sont chargés du recueil, du traitement et de la diffusion d'informations économiques et statistiques relatives aux prix et aux volumes des transactions réalisées sur les marchés d'intérêt national dont le suivi est, compte tenu des volumes précités, inscrit au volet national du programme annuel du service.

Les centres du service des nouvelles des marchés peuvent également assurer le suivi d'autres marchés dans le cadre du volet régional du programme annuel du service. – *[Arr. du 17 juill. 2007, art. 1er.]*

Art. A. 761-5 Les gestionnaires des marchés d'intérêt national concernés sont consultés par le service des nouvelles des marchés préalablement à l'élaboration de la liste des sites à inscrire aux différents volets du programme annuel du service. – *[Arr. du 17 juill. 2007, art. 2.]*

Art. A. 761-6 Afin d'établir les cotations publiées par le ministère de l'agriculture et de la pêche, les agents des centres du service des nouvelles des marchés constatent, avec le concours des usagers, les prix pratiqués sur les emplacements de vente des marchés mentionnés à l'article A. 761-4.

A cet effet, les agents des centres du service des nouvelles des marchés peuvent se faire communiquer tout document permettant la constatation des prix.

Ils peuvent être assistés dans leur mission par les gestionnaires des marchés. – *[Arr. du 17 juill. 2007, art. 3.]*

Art. A. 761-7 Les informations relatives aux volumes des transactions réalisées sur les marchés d'intérêt national sont transmises par leurs gestionnaires au centre concerné du service des nouvelles des marchés, selon des modalités à convenir pour chaque marché entre son gestionnaire et le chef du centre. – *[Arr. du 17 juill. 2007, art. 4.]*

Art. A. 761-8 Le service des nouvelles des marchés tient à la disposition des gestionnaires des marchés d'intérêt national, pour leur propre usage, les informations économiques et statistiques dont ils disposent. – *[Arr. du 17 juill. 2007, art. 5.]*

SECTION II DU PÉRIMÈTRE DE RÉFÉRENCE ET DE L'AUTORISATION D'INSTALLATION DANS CE PÉRIMÈTRE *(Arr. du 18 mars 2011, art. 3).*

SOUS-SECTION 1 DU PÉRIMÈTRE DE RÉFÉRENCE

Art. A. 761-9 Le dossier de création d'un périmètre de référence comprend :

1° Un plan de localisation du périmètre de référence comprenant les communes *(Arr. du 18 mars 2011, art. 1er)* « sur le territoire desquelles s'appliquent les dispositions des articles L. 761-5 à L. 761-7 » ;

2° La liste des *(Arr. du 18 mars 2011, art. 1er)* « produits dont la liste est mentionnée au premier alinéa de l'article L. 761-5 » ;

3° L'avis de chaque commune ou de chaque établissement public de coopération intercommunale compris dans ledit périmètre ;

4° L'avis de la ou des chambres de commerce et d'industrie, de la ou des *(Décr. n° 2010-1356 du 11 nov. 2010, art. 25)* « chambres de métiers et de l'artisanat de région » et de la ou des chambres d'agriculture dans le ressort desquelles est situé le périmètre de référence ;

5° L'avis de l'organisme gestionnaire du marché d'intérêt national s'il est d'ores et déjà désigné.

Le dossier est adressé au préfet de région, qui le transmet aux ministres de tutelle avec son avis. – *[Arr. du 13 janv. 2006, art. 3.]*

Art. A. 761-10 Le dossier de réduction d'un périmètre de référence comprend :

1° Un plan de localisation du périmètre de référence comprenant les communes restant *(Arr. du 18 mars 2011, art. 2)* « sur le territoire desquelles s'appliquent les dispositions des articles L. 761-5 à L. 761-7 » et laissant apparaître les communes qui en sont exclues ;

2° Une liste des communes maintenues dans ledit périmètre et celles qui en sont retirées ;

3° L'avis de l'organisme gestionnaire du marché d'intérêt national concerné ;

4° L'avis de la ou des chambres de commerce et d'industrie, de la ou des *(Décr. n° 2010-1356 du 11 nov. 2010, art. 25)* « chambres de métiers et de l'artisanat de région » et de la ou des chambres d'agriculture dans le ressort desquelles est situé le périmètre de référence.

Le dossier de suppression anticipée d'un périmètre de référence comprend :

1° L'avis de l'organisme gestionnaire du marché d'intérêt national concerné ;

2° L'avis de la ou des chambres de commerce et d'industrie, de la ou des *(Décr. n° 2010-1356 du 11 nov. 2010, art. 25)* « chambres de métiers et de l'artisanat de région » et de la ou des chambres d'agriculture dans le ressort desquelles est situé le périmètre de référence.

Le dossier est adressé au préfet de région, qui le transmet aux ministres de tutelle avec son avis. – *[Arr. du 13 janv. 2006, art. 4.]*

SOUS-SECTION 2 DE L'AUTORISATION D'INSTALLATION DANS UN PÉRIMÈTRE DE RÉFÉRENCE *(Arr. du 18 mars 2011, art. 3)*.

Art. A. 761-11 *(Arr. du 18 mars 2011, art. 4)* La première partie de la demande au préfet mentionnée au premier alinéa de l'article R. 761-12-1 comporte, en deux exemplaires :

1° Le numéro unique d'identification du demandeur et l'identité du demandeur, soit, pour une personne physique, le nom, les prénoms, l'adresse, les numéros de téléphone et de télécopieur, l'adresse électronique et, pour une personne morale, la raison sociale, la forme juridique, l'adresse du siège social, les numéros de téléphone et de télécopieur, l'adresse électronique ;

2° Un extrait d'immatriculation au registre du commerce et des sociétés ou d'une inscription équivalente dans un pays étranger ou, à défaut, si la société est en cours de constitution, une copie des statuts enregistrés auprès des services fiscaux. En cas de demande conjointe, l'identité de chaque demandeur est précisée. Dans le cas d'une demande présentée par un mandataire, le mandat est produit ;

3° La surface de vente globale du projet ;

4° La surface de vente dédiée aux produits dont la liste est mentionnée au premier alinéa de l'article L. 761-5 dans le périmètre de référence ;

5° La surface de réserves ;

6° La surface de stationnement de ses clients ;

7° La surface de stationnement de ses fournisseurs et celle nécessaire aux manœuvres de livraison ;

8° Les surfaces nécessaires à l'installation et au fonctionnement des équpements spécifiques, y compris frigorifiques, et les surfaces nécessaires aux locaux administratifs et sociaux ;

9° Les contraintes techniques éventuelles spécifiques de son projet.

Lorsque la demande d'autorisation porte sur l'extension d'une installation existante, les surfaces indiquées s'entendent après cette extension.

Art. A. 761-12 *(Arr. du 18 mars 2011, art. 4)* Lorsque la première partie du dossier est complète, le préfet informe sans délai le gestionnaire du marché d'intérêt national de la demande et lui transmet une copie de la première partie du dossier, à l'exception de la pièce mentionnée au 2° de l'article A. 761-11.

Il indique au gestionnaire la date limite à laquelle celui-ci doit l'informer sur la disponibilité ou non de surfaces de vente, de locaux techniques et de surfaces de stationnement correspondant à la demande dans l'enceinte du marché.

Art. A. 761-13 *(Arr. du 18 mars 2011, art. 4)* Dans sa réponse à la saisine prévue à l'article R. 761-12, le gestionnaire du marché d'intérêt national indique au préfet s'il dispose ou non de surfaces et installations correspondant à la demande.

S'il dispose de ces surfaces, il fournit au préfet une proposition d'installation comportant :

— un plan de localisation de ces surfaces dans l'enceinte du marché ;

— les caractéristiques des terrains ou des installations immobilières qu'il peut mettre à sa disposition ;

— le règlement intérieur du marché ;

— les conditions de mise à disposition des fluides et de traitement des déchets et des eaux usées ;

— les conditions financières de mise à disposition des terrains ou locaux.

La réponse est transmise au préfet par voie de lettre recommandée avec demande d'avis de réception.

Art. A. 761-13-1 *(Arr. du 18 mars 2011, art. 4)* Dès réception de la réponse du gestionnaire du marché, le préfet en transmet copie sans délai au demandeur.

Si le demandeur ne lui a pas transmis la seconde partie de sa demande, il lui indique la date limite à laquelle le dépôt de cette partie doit être effectué.

Art. A. 761-14 *(Arr. du 18 mars 2011, art. 4)* La seconde partie de la demande au préfet mentionnée au premier alinéa de l'article R. 761-12-1 comporte la totalité des éléments utiles à l'instruction de la demande, soit :

1° Un plan indicatif des surfaces de vente, le cas échéant avant et après l'extension sollicitée ;

2° Des cartes et des plans présentant :

— la localisation du projet sur une carte au 1/25 000 ;

— l'organisation du projet sur la ou les parcelles de terrain concernées : les emplacements et superficies des bâtiments, les espaces destinés au stationnement des véhicules, au stockage des produits, à la manœuvre des véhicules de livraison ; les surfaces nécessaires à l'installation et au fonctionnement des équipements spécifiques, y compris frigorifiques, nécessaires au projet ainsi que les surfaces nécessaires aux locaux administratifs et sociaux ;

— les principales voies et les aménagements routiers et, le cas échéant, les voies ferroviaires ou fluviales desservant le projet ;

— l'environnement du projet, sur une distance d'environ 500 m à partir de son site d'implantation ;

— l'inscription du projet dans son quartier au moyen d'une vue récente réalisée par voie aérienne ou par satellite ;

3° Un document graphique présentant l'insertion du projet de construction par rapport aux constructions avoisinantes et aux paysages ainsi que des éléments relatifs au *traitement des accès* et du terrain, permettant d'apprécier l'impact sur les paysages et sur les écosystèmes ;

4° Les éléments prévisionnels relatifs aux types de véhicules de livraison et de véhicules des acheteurs potentiels et à l'augmentation de trafic prévue par plage horaire ;

5° La description des modalités de traitement des déchets et des eaux usées ;

6° Les éléments prévisionnels relatifs aux consommations énergétiques directes liées au projet, qui peuvent être attestées par un label de qualité pour les locaux à construire ou à rénover et par la signature d'un contrat de performance énergétique pour les locaux existants ;

7° Les éléments prévisionnels relatifs aux consommations énergétiques indirectes liées aux trajets des fournisseurs et des clients, en mentionnant les objectifs de réduction des gaz à effet de serre et d'abaissement des consommations de carburants ;

8° La présentation des contraintes techniques spécifiques éventuelles du projet ;

9° Dans le cas où le projet consiste à accueillir dans un local existant les produits mentionnés à l'article L. 761-5, l'indication de l'activité exercée précédemment dans ce local.

Les cartes et plans mentionnés ci-dessus sont fournis au format A4 ou A3, sauf nécessité de production de documents sous un format supérieur.

Le dossier de demande d'autorisation est transmis en deux exemplaires.

SECTION III DE L'ORGANISATION GÉNÉRALE DES MARCHÉS D'INTÉRÊT NATIONAL

SOUS-SECTION 1 DISPOSITIONS COMMUNES À TOUS LES MARCHÉS D'INTÉRÊT NATIONAL

Art. A. 761-15 Le conseil de discipline est présidé par un représentant du gestionnaire ; le directeur départemental de la concurrence, de la consommation et de la répression des fraudes (DDCCRF), le directeur départemental de l'agriculture et de la forêt et, le cas échéant, le *(Décr. n° 2010-429 du 29 avr. 2010, art. 6)* « directeur régional de l'alimentation, de l'agriculture et de la forêt », ou leurs représentants, y siègent de droit. Ledit conseil comprend deux représentants des opérateurs et usagers, désignés dans les conditions fixées par le règlement intérieur.

Le conseil de discipline auditionne toute personne qu'il juge utile, et notamment un officier de police judiciaire ou son représentant. – *[Arr. du 13 janv. 2006, art. 6.]*

Art. A. 761-16 Un comité technique consultatif est créé auprès du gestionnaire du marché, qui pourvoit à son secrétariat et fixe l'ordre du jour de ses séances.

Il comprend vingt-cinq membres au maximum. Il est composé de représentants :

1° Des administrations publiques ;

2° Des producteurs ;

3° Des opérateurs ;

4° Des usagers.

Les représentants de la première catégorie sont désignés par le préfet chargé de la police du marché. Ceux des trois dernières catégories sont nommés par le gestionnaire, sur la proposition des organisations professionnelles les plus représentatives.

Le fonctionnement du comité technique consultatif est défini par le règlement intérieur des marchés d'intérêt national. – *[Arr. du 13 janv. 2006, art. 7.]*

SOUS-SECTION 2 DISPOSITIONS APPLICABLES AUX MARCHÉS D'INTÉRÊT NATIONAL INSTALLÉS SUR LE DOMAINE PUBLIC

La présente sous-section ne comprend pas de dispositions pour les arrêtés.

SOUS-SECTION 3 DISPOSITIONS APPLICABLES AUX MARCHÉS D'INTÉRÊT NATIONAL INSTALLÉS SUR LE DOMAINE PRIVÉ D'UNE COLLECTIVITÉ TERRITORIALE ET À CEUX INSTALLÉS SUR DES IMMEUBLES APPARTENANT À DES PERSONNES PRIVÉES

La présente sous-section ne comprend pas de dispositions pour les arrêtés.

CHAPITRE II DES MANIFESTATIONS COMMERCIALES

Art. A. 762-1 *(Arr. du 19 mars 2010, art. 1er)* Pour l'application du présent chapitre, les données déclarées sont conformes aux définitions suivantes :

1° Est considérée comme session précédente de la même manifestation celle qui n'a pas fait l'objet de modifications substantielles affectant la liste des produits ou services présentés, le nombre de visiteurs attendus et ayant la même localisation.

(Arr. du 9 févr. 2018, art. 1er, en vigueur le 1er juill. 2018) « 2° La fréquentation est la somme d'entrées journalières sur le site de la manifestation au cours de ses jours officiels d'ouverture. Pour le calcul de la fréquentation, sont pris en compte sur toute la durée d'ouverture de la manifestation le nombre total de visites dites "entrées visi-

teurs" et le nombre d'entrées des personnels des exposants, calculés à partir du nombre de badges journaliers délivrés par l'organisateur. »

Les autres données déclarées répondent aux définitions de la norme NF ISO 25639-1 de janvier 2009 "Terminologie du secteur des foires, salons et congrès ou manifestations commerciales. — Partie 1 : vocabulaire" ou à des spécifications reconnues équivalentes.

Arrêté du 24 avril 2009,

Portant sur la reconnaissance du caractère international des manifestations commerciales.

BIBL. ▶ NDLR, *BRDA 2009, n° 10, p. 10.*

Art. 1er Pour l'application du présent arrêté, les données déclarées doivent être conformes aux définitions inscrites à l'article 1er de l'arrêté du 12 juin 2006 susvisé *[C. com., art. A. 762-1]*.

Art. 2 Une manifestation commerciale bénéficie de la reconnaissance officielle de son caractère international simple et de l'appellation « international » si elle remplit les conditions suivantes :

1. Avoir réuni, au cours de sa session précédente, au moins 10 % d'exposants étrangers par rapport au nombre total d'exposants ; ou avoir accueilli, au cours de sa session précédente, au moins 5 % de visites étrangères par rapport au nombre total de visites ;

2. Pour la session précédant la demande de reconnaissance internationale et pour chaque session durant la validité de la reconnaissance internationale, soumettre au contrôle d'un organisme de certification *(Arr. du 19 mars 2010, art. 1er)* « respectant les conditions fixées à l'article A. 762-9 du code de commerce » les caractéristiques chiffrées prévues au premier alinéa de cet article (le nombre d'exposants étrangers, la surface nette en mètres carrés occupée par les exposants étrangers, le nombre de visites étrangères, le nombre de visites total).

Art. 3 Une manifestation commerciale bénéficie de la reconnaissance officielle de son caractère international confirmé et de l'appellation « international confirmé » dès lors qu'elle satisfait aux conditions suivantes :

1. Correspondre à la définition du salon professionnel (art. L. 762-2 du code de commerce) ;

2. Avoir réuni, au cours de sa session précédente, au moins 20 % d'exposants étrangers par rapport au nombre total d'exposants ;

3. *(Arr. du 21 déc. 2010, art. 1er)* « Avoir accueilli, au cours de la session précédente, au moins 25 % de visiteurs professionnels étrangers, y compris les journalistes, par rapport au nombre total de visiteurs professionnels contrôlés, ou un minimum de 1 000 visiteurs étrangers. »

Le ministre en charge du commerce extérieur peut compléter la liste des manifestations bénéficiant du caractère international confirmé de salons professionnels qui respecteraient les critères fixés à l'article 2.

Art. 4 Les salons internationaux définis à l'article 3 sont présumés éligibles à l'assurance prospection de la COFACE. La liste de ces salons est adressée chaque année pour validation au ministre en charge du commerce extérieur.

D'autres salons peuvent être éligibles à l'assurance prospection de la COFACE, au cas par cas, sur décision du ministre en charge du commerce extérieur.

Art. 5 La reconnaissance du caractère international est valable trois ans.

A l'issue de cette période, l'organisateur peut en demander la prorogation pour une nouvelle période de trois ans sur simple production des éléments fournis dans le dossier initial, relatifs à sa session précédente selon les mêmes modalités que celles de la demande initiale.

Art. A. 762-2 **La demande d'enregistrement d'un parc d'exposition prévue à l'article R. 762-1** *(Abrogé par Arr. du 9 févr. 2018, art. 1er, à compter du 1er juill. 2018)* « , ***transmise en deux exemplaires,*** » **est conforme à l'annexe I de l'annexe 7-10 au présent livre.** — *V. cette annexe 7-10 (JO 20 janv. 2009) au* ***C. com.***

Elle comprend, en outre :

1° Un plan du parc et de ses installations fixes et permanentes ;

2° Dans l'hypothèse où, au sein de la surface close, se tiennent des activités permanentes autres que celles de parc d'exposition : une fiche précisant la nature de ces activités, les surfaces occupées et le nombre de personnes occupées à temps plein par ces activités.

Le récépissé d'enregistrement du parc transmis par le préfet, prévu à l'article R. 762-2, est conforme à l'annexe VII de l'annexe 7-10 au présent livre.

En cas de modification des éléments de la demande initiale d'enregistrement, son exploitant en fait sans délai déclaration au préfet. Le récépissé d'enregistrement modificatif transmis par le préfet est conforme à l'annexe VIII de l'annexe 7-10 au présent livre. — *[Arr. du 12 juin 2006, art. 2.]*

Art. A. 762-3 La déclaration du programme de manifestations se tenant dans un parc d'exposition enregistré, prévue à l'article R. 762-5, établie à partir des éléments recueillis auprès des organisateurs desdites manifestations *(Abrogé par Arr. du 9 févr. 2018, art. 1er, à compter du 1er juill. 2018)* ***« et transmise en deux exemplaires »***, est conforme à l'annexe II de l'annexe 7-10 au présent livre. — *V. cette annexe 7-10 (JO 20 janv. 2009) au* ***C. com.*** .

Les caractéristiques chiffrées relatives à la dernière session, portant sur la surface nette de la manifestation, le nombre d'exposants, le nombre de visites, la fréquentation ainsi que, s'agissant des salons professionnels tels que définis à l'article L. 762-2, le nombre de visiteurs, sont *(Arr. du 9 févr. 2018, art. 1er, en vigueur le 1er juill. 2018)* « contrôlées » par un organisme *(Arr. du 19 mars 2010, art. 1er-II)* « dans les conditions fixées » à l'article A. 762-9.

Les caractéristiques chiffrées relatives à la dernière session, *(Arr. du 9 févr. 2018, art. 1er, en vigueur le 1er juill. 2018)* « contrôlées » par un organisme mentionné à l'article A. 762-9, portant sur le nombre de visiteurs professionnels, le nombre et la surface nette occupée par les exposants étrangers et le nombre de visiteurs étrangers sont fournies à titre facultatif par le déclarant.

Par dérogation, lorsque la surface nette de la manifestation est inférieure à 1 000 mètres carrés, *(Arr. du 24 oct. 2012, art. 2, en vigueur le 1er juill. 2013)* « le contrôle » de ses caractéristiques chiffrées peut être réalisé par l'exploitant du parc qui l'accueille.

Dans l'hypothèse où la manifestation se tient pour la première fois dans le parc d'exposition considéré, ses caractéristiques chiffrées sont données sous forme d'estimations.

Le récépissé de déclaration, transmis par le préfet, prévu à l'article R. 762-6 est conforme à l'annexe IX de l'annexe 7-10 au présent livre.

La déclaration modificative du programme de manifestations se tenant dans un parc d'exposition enregistré, établie à partir des éléments recueillis auprès des organisateurs desdites manifestations *(Abrogé par Arr. du 9 févr. 2018, art. 1er, à compter du 1er juill. 2018)* ***« et transmise en deux exemplaires »***, est conforme à l'annexe III de l'annexe 7-10 au présent livre. S'agissant des modifications apportées à une manifestation déclarée dans le programme initial, seules la dénomination initiale de la manifestation et les caractéristiques modifiées sont déclarées. Le récépissé de déclaration modificative, transmis par le préfet, est conforme à l'annexe X de l'annexe 7-10 au présent livre. — *[Arr. du 12 juin 2006, art. 3.]*

Art. A. 762-4 La déclaration prévue à l'article R. 762-10 *(Abrogé par Arr. du 9 févr. 2018, art. 1er, à compter du 1er juill. 2018)* ***« , transmise en deux exemplaires, »*** est conforme, selon le cas, à l'annexe IV ou à l'annexe V de l'annexe 7-10 au présent livre. — *V. cette annexe 7-10 (JO 20 janv. 2009) au* ***C. com.*** .

Le récépissé de déclaration transmis par le préfet, prévu à l'article R. 762-10, est conforme à l'annexe XI de l'annexe 7-10 au présent livre.

Les caractéristiques chiffrées déclarées obéissent aux obligations de fourniture et de *(Arr. du 24 oct. 2012, art. 2, en vigueur le 1er juill. 2013)* « contrôle » énoncées à l'article A. 762-3.

La déclaration modificative des caractéristiques d'un salon professionnel se tenant hors d'un parc d'exposition enregistré est conforme à l'annexe VI de l'annexe 7-10 au présent livre. Seules la dénomination initiale de la manifestation, la date du récépissé de déclaration initiale et les caractéristiques modifiées sont déclarées. Le récépissé de déclaration modificative, transmis par le préfet, est conforme à l'annexe XII de l'annexe 7-10 au présent livre. – *[Arr. du 12 juin 2006, art. 4.]*

Art. A. 762-5 *(Abrogé par Arr. du 9 févr. 2018, art. 1er, à compter du 1er juill. 2018) Le récépissé de déclaration du programme annuel, prévu à l'article R. 762-6, est affiché dès réception par l'exploitant du parc à l'entrée principale de celui-ci et de façon qu'il soit librement accessible au public jusqu'au 31 décembre de l'exercice auquel il se rapporte.*

Il en est de même des récépissés des déclarations modificatives du programme annuel.

L'organisateur d'un salon professionnel qui a déclaré sa manifestation en application de l'article L. 762-2 affiche pendant toute la durée de ladite manifestation, à l'entrée principale de celle-ci et de façon à ce qu'elles soient librement accessibles au public, les copies de la déclaration, du récépissé de déclaration et, le cas échéant, du récépissé de déclaration modificative. – [Arr. du 12 juin 2006, art. 5.]

Art. A. 762-6 *(Abrogé par Arr. du 9 févr. 2018, art. 1er, à compter du 1er juill. 2018) Copie des récépissés de déclarations prévues aux articles R. 762-6 et R. 762-10 est adressée par le préfet à la chambre de commerce et d'industrie dans le ressort de laquelle doit se tenir la manifestation. – [Arr. du 12 juin 2006, art. 6.]*

Art. A. 762-7 *(Abrogé par Arr. du 9 févr. 2018, art. 1er, à compter du 1er juill. 2018) Dès transmission du récépissé de déclaration au responsable du parc d'exposition ou à l'organisateur du salon professionnel se tenant en dehors d'un parc d'exposition, le préfet communique au ministre chargé du commerce le second exemplaire des déclarations prévues aux articles R. 762-5 et R. 762-10 et, le cas échéant, des déclarations modificatives. – [Arr. du 12 juin 2006, art. 7.]*

Art. A. 762-8 Les déclarations mentionnées aux articles *(Arr. du 9 févr. 2018, art. 1er, en vigueur le 1er juill. 2018)* « R. 762-1, R. 762-5, R. 762-10 et R. 762-11 sont » effectuées par voie électronique par l'intermédiaire du site internet public du ministère chargé du commerce.

(Arr. du 9 févr. 2018, art. 1er, en vigueur le 1er juill. 2018) « L'accusé de réception mentionné à l'article R-762-5 et les récépissés mentionnés aux articles R. 762-2, R. 762-6 et R. 762-10 sont délivrés par voie électronique. »– *[Arr. du 12 juin 2006, art. 8.]*

Art. A. 762-9 *(Arr. du 24 oct. 2012, art. 1er, en vigueur le 1er juill. 2013)* Le contrôle par inspection des caractéristiques chiffrées soumises à déclaration d'une manifestation commerciale est effectué par un organisme tierce partie indépendant des parties engagées, accrédité à cet effet par le Comité français d'accréditation (COFRAC) ou par tout autre organisme membre de la coopération européenne pour l'accréditation et ayant signé les accords de reconnaissance mutuelle multilatéraux.

L'organisme accrédité effectue les opérations définies à l'annexe XIII de l'annexe 7-10 ″Principales opérations en vue du contrôle des caractéristiques chiffrées des manifestations commerciales″ du présent livre. – *V. annexe 7-10 (JO 25 mars 2010) au* **C. com.**.

Les calculs sont réalisés suivant les normes NF ISO 25639-1 de janvier 2009 ″Terminologie du secteur des foires, salons et congrès ou manifestations commerciales. – Partie 1 : vocabulaire″ et NF ISO 25639-2 de janvier 2009 ″Terminologie du secteur des foires, salons et congrès ou manifestations commerciales. – Partie 2 : méthodes de comptage à des fins statistiques ou à des spécifications reconnues équivalentes″.

L'obligation d'accréditation ne s'applique pas aux exploitants de parc lorsque ceux-ci procèdent au contrôle des caractéristiques chiffrées dans le cadre de la dérogation prévue à l'article A. 762-3 du code de commerce.

Art. A. 762-10 Est autorisée la mise en œuvre, par le ministère chargé du commerce, d'un traitement automatisé des données relatives aux parcs d'exposition et aux manifestations commerciales déclarés en application du présent chapitre. – *[Arr. du 7 nov. 2006, art. 1er.]*

Art. A. 762-11 Le traitement automatisé a pour finalité d'assurer :

1° La télédéclaration des manifestations commerciales mentionnées *(Arr. du 9 févr. 2018, art. 1er, en vigueur le 1er juill. 2018)* « aux articles R. 762-4 et R. 762-10, ainsi que la télédéclaration des parcs d'enregistrement mentionnés à l'article R. 762-1 » ;

2° La gestion des données relatives aux parcs d'exposition et aux manifestations commerciales *(Arr. du 9 févr. 2018, art. 1er, en vigueur le 1er juill. 2018)* « communiquées par les déclarants » ;

3° La mise à disposition auprès du public, au moyen d'un site internet, de données relatives aux parcs d'exposition et aux manifestations commerciales déclarés. – *[Arr. du 7 nov. 2006, art. 2.]*

Art. A. 762-12 Les catégories de données enregistrées sont les suivantes :

I. – Données relatives à un parc d'exposition :

1° Données à caractère non personnel relatives aux caractéristiques du parc ;

2° Données à caractère personnel relatives à l'exploitant du parc, personne physique : nom et prénom(s), coordonnées téléphoniques et électroniques, adresse et numéro unique d'identification (SIRET) ;

3° Données à caractère personnel relatives au responsable de la gestion du parc et, le cas échéant, au responsable de la sécurité : nom, prénom(s), coordonnées téléphoniques et électroniques.

II. – Données relatives à une manifestation commerciale :

1° Données à caractère non personnel relatives aux caractéristiques de la manifestation ;

2° Données à caractère personnel relatives à l'organisateur de la manifestation, personne physique : nom et prénom(s), coordonnées téléphoniques et électroniques, adresse et numéro unique d'identification (SIRET) ;

3° Données à caractère personnel relatives à la personne responsable de la manifestation, personne physique : nom, prénom(s), coordonnées téléphoniques et électroniques ;

4° Données à caractère personnel relatives à l'organisme, personne physique, chargé *(Arr. du 24 oct. 2012, art. 2, en vigueur le 1er juill. 2013)* « du contrôle » des caractéristiques chiffrées de la manifestation : nom et prénom(s), adresse et numéro unique d'identification (SIRET) ;

5° Données à caractère personnel relatives au télédéclarant de la manifestation : login et mot de passe d'accès à l'application de télédéclaration.

III. – Données à caractère personnel relatives à l'agent de la préfecture chargé de la gestion des récépissés d'enregistrement de parcs d'exposition et de déclaration de manifestations commerciales : nom et prénom(s), coordonnées électroniques et téléphoniques.

IV. – Données à caractère personnel relatives aux agents de la direction chargée du commerce du ministère chargé du commerce : coordonnées électroniques et téléphoniques, login et mot de passe d'accès à l'application de télédéclaration. – *[Arr. du 7 nov. 2006, art. 3.]*

Art. A. 762-13 Les données faisant l'objet d'une publication sur un site internet sont les suivantes :

I. – Données relatives à un parc d'exposition :

Les données mentionnées aux 1° et 2° du I de l'article A. 762-12.

II. – Données relatives à une manifestation commerciale :

Les données mentionnées aux 1° et 2° du II de l'article A. 762-12.

III. – Données relatives aux agents chargés d'être les interlocuteurs des télédéclarants, en matière d'exercice du droit d'accès et de rectification, au sein de la direction chargée du commerce du ministère chargé du commerce : coordonnées électroniques et téléphoniques. – *[Arr. du 7 nov. 2006, art. 4.]*

Art. A. 762-14 Seuls sont habilités à traiter les données incluses dans le traitement automatisé, dans les limites de leurs missions, les agents de préfecture et de la direction chargée du commerce du ministère chargé du commerce. – *[Arr. du 7 nov. 2006, art. 5.]*

Art. A. 762-15 Peuvent obtenir communication, en ligne ou sur demande écrite auprès de la direction mentionnée à l'article A. 762-14, des données du traitement automatisé qui les concernent :

1° L'exploitant d'un parc d'exposition enregistré ;

2° L'organisateur d'une manifestation commerciale déclarée ;

3° L'organisme de *(Arr. du 24 oct. 2012, art. 2, en vigueur le 1er juill. 2013)* « contrôle » visé à l'article A. 762-12. – *[Arr. du 7 nov. 2006, art. 6.]*

Art. A. 762-16 Les droits d'accès et de rectification prévus aux articles 39 et 40 de la loi n° 78-17 du 6 janvier 1978 relative à l'informatique, aux fichiers et aux libertés s'exercent auprès de la direction chargée du commerce du ministère chargé du commerce. – *[Arr. du 7 nov. 2006, art. 7.]*

Art. A. 762-17 Les données à caractère personnel sont conservées sur support informatique pendant une durée de *(Arr. du 9 févr. 2018, art. 1er, en vigueur le 1er juill. 2018)* « cinq » ans à compter de la date à laquelle est intervenue leur dernière modification.

Les données à caractère non personnel sont conservées sur support informatique pendant une durée de *(Arr. du 9 févr. 2018, art. 1er, en vigueur le 1er juill. 2018)* « dix » ans à compter de la date à laquelle est intervenue leur dernière modification. – *[Arr. du 7 nov. 2006, art. 8.]*

Art. A. 762-18 Le droit d'opposition prévu à l'article 38 de la loi n° 78-17 du 6 janvier 1978 relative à l'informatique, aux fichiers et aux libertés ne s'applique pas au traitement automatisé. – *[Arr. du 7 nov. 2006, art. 9.]*

LIVRE HUITIÈME DE QUELQUES PROFESSIONS RÉGLEMENTÉES

TITRE PREMIER DES ADMINISTRATEURS JUDICIAIRES, DES MANDATAIRES JUDICIAIRES ET DES EXPERTS EN DIAGNOSTIC D'ENTREPRISE

CHAPITRE PREMIER DES ADMINISTRATEURS JUDICIAIRES

SECTION PREMIERE DE L'ACCÈS À LA PROFESSION

SOUS-SECTION 1 DE L'ÉLECTION DES ADMINISTRATEURS JUDICIAIRES MEMBRES DE LA COMMISSION NATIONALE D'INSCRIPTION ET DE DISCIPLINE DES ADMINISTRATEURS JUDICIAIRES ET DES MANDATAIRES JUDICIAIRES *(Arr. du 7 mars 2017, art. 2)*.

Art. A. 811-1 Le règlement fixant les conditions d'élection des administrateurs judiciaires élus au sein de la *(Arr. du 7 mars 2017, art. 3)* « Commission nationale d'inscription et de discipline des administrateurs judiciaires et des mandataires judiciaires » établi, en vertu de l'article R. 811-6, par le bureau du Conseil national des administrateurs judiciaires et des mandataires judiciaires et approuvé par le garde des sceaux, ministre de la justice, figure à l'annexe 8-1 au présent livre. – *[Arr. du 18 avr. 2007.]* – *V. Annexe 8-1* 🏛.

SOUS-SECTION 2 DES CONDITIONS D'INSCRIPTION SUR LA LISTE DES ADMINISTRATEURS JUDICIAIRES

§ 1er DE L'EXAMEN D'ACCÈS AU STAGE PROFESSIONNEL, DU STAGE PROFESSIONNEL, DE L'EXAMEN D'APTITUDE AUX FONCTIONS D'ADMINISTRATEUR JUDICIAIRE *(Arr. du 7 mars 2017, art. 9)*.

Art. A. 811-2 Les titres et diplômes sanctionnant un deuxième cycle d'enseignement supérieur ou d'un niveau équivalent, prévus au 4° de l'article R. 811-7, qui permettent l'accomplissement du stage professionnel d'administrateur judiciaire, sont les suivants :

1° Maîtrise de sciences et techniques comptables et financières ;

2° Maîtrise de méthodes informatiques appliquées à la gestion ;

3° Maîtrise d'économie appliquée de l'université Paris-IX ;

4° Diplôme d'un institut d'études politiques ;

5° Maîtrise d'administration économique et sociale, mention administration et gestion des entreprises ;

6° Titre d'ingénieur économiste délivré par le Conservatoire national des arts et métiers. – *[Arr. du 19 janv. 1987, art. 1er.]*

Art. A. 811-3 L'examen d'accès au stage professionnel d'administrateur judiciaire est organisé au moins une fois par an.

Les dates et lieux des épreuves sont fixés par le garde des sceaux, ministre de la justice, et publiés quatre mois avant la date de la première épreuve au *Journal officiel* de la République française. – *[Arr. du 22 oct. 2007, art. 1er.]*

Art. A. 811-4 I. – Les candidatures sont adressées au secrétaire de la *(Arr. du 7 mars 2017, art. 3)* « Commission nationale d'inscription et de discipline des administrateurs judiciaires et des mandataires judiciaires », par lettre recommandée avec demande d'avis de réception, au plus tard trois mois avant la date de la première épreuve de la session.

II. – Le dossier de candidature comprend :

1° Une requête de l'intéressé ;

2° Tous documents officiels justificatifs de l'identité et de la nationalité du candidat ;

3° Tous documents justificatifs du domicile du candidat ;

4° Une photocopie lisible de l'un des titres ou diplômes énumérés aux articles R. 811-7 et R. 811-8 ou la justification des dispenses prévues par la loi. – *[Arr. du 22 oct. 2007, art. 2.]*

Art. A. 811-5 La commission arrête, deux mois avant la date de la première épreuve de la session, la liste des candidats admis à subir les épreuves de l'examen d'accès au stage professionnel. Des convocations individuelles mentionnant le jour, l'heure et le lieu des épreuves sont adressées à chaque candidat au moins quinze jours à l'avance. – *[Arr. du 22 oct. 2007, art. 3.]*

Art. A. 811-6 L'examen comprend des épreuves écrites d'admissibilité et une épreuve orale d'admission.

Les sujets de ces épreuves sont arrêtés par le jury. – *[Arr. du 22 oct. 2007, art. 4.]*

Art. A. 811-7 Les épreuves écrites d'admissibilité comprennent :

1° Une épreuve d'une durée de trois heures portant sur le droit national des entreprises en difficulté.

La note est affectée d'un coefficient 6.

2° Une épreuve d'une durée de trois heures consistant en la résolution d'un cas pratique de comptabilité correspondant au programme de l'épreuve du DPECF.

La note est affectée d'un coefficient 3.

3° Une épreuve d'une durée de deux heures portant sur le droit des contrats.

La note est affectée d'un coefficient 3.

4° Une épreuve d'une durée d'une heure trente portant sur la gestion financière et le contrôle de gestion correspondant au programme de l'épreuve du DECF.

La note est affectée d'un coefficient 3.

5° Une épreuve d'une durée d'une heure trente portant sur le droit social lié aux procédures collectives.

La note est affectée d'un coefficient 3.

6° Une épreuve d'une durée de deux heures constituée d'une note de synthèse portant sur le droit européen et international des entreprises en difficulté réalisée à partir de documents fournis aux candidats.

La note est affectée d'un coefficient 2.

7° Une épreuve d'une durée d'une heure trente portant sur le droit des sociétés et des groupements.

La note est affectée d'un coefficient 2. – *[Arr. du 22 oct. 2007, art. 5.]*

Art. A. 811-8 Pour les épreuves d'admissibilité, les candidats peuvent utiliser les codes et recueils de lois et décrets comportant des références d'articles de doctrine et de jurisprudence. Ils peuvent également se servir de codes ou recueils de lois et décrets ne contenant aucune indication de doctrine ou de jurisprudence sans autre note que des références à des textes législatifs ou réglementaires. – *[Arr. du 22 oct. 2007, art. 6.]*

Art. A. 811-9 La correction des épreuves écrites est organisée de manière à préserver l'anonymat de chaque candidat. Chaque composition est examinée par deux correcteurs.

Chacune des épreuves d'admissibilité est notée de 0 à 20. Chaque note est affectée du coefficient prévu pour l'épreuve correspondante.

L'admissibilité est prononcée par le jury au vu de la moyenne des notes obtenues par le candidat à l'ensemble des épreuves écrites qu'il a subies, si celle-ci est égale ou supérieure à 10 sur 20.

Le jury arrête par ordre alphabétique la liste des candidats déclarés admissibles. Celle-ci est mise en ligne et consultable gratuitement sur le site internet du Conseil national des administrateurs judiciaires et des mandataires judiciaires.

L'admissibilité n'est valable que pour la session au cours de laquelle elle a été acquise. – *[Arr. du 22 oct. 2007, art. 7.]*

Art. A. 811-10 Nul ne peut se présenter à l'épreuve orale d'admission s'il n'a été déclaré admissible par le jury.

Une convocation individuelle mentionnant le jour, l'heure et le lieu de l'épreuve orale est adressée à chaque candidat admissible au moins quinze jours à l'avance.

L'épreuve est constituée d'une discussion de trente minutes avec le jury orientée sur l'exercice de la profession d'administrateur judiciaire. Elle se déroule en séance publique.

Cette épreuve est notée de 0 à 20. La note est affectée d'un coefficient 3. – *[Arr. du 22 oct. 2007, art. 8.]*

Art. A. 811-11 L'admission est prononcée par le jury au vu de la moyenne des notes obtenues par le candidat à l'ensemble des épreuves écrites et orale qu'il a subies, si celle-ci est égale ou supérieure à 10 sur 20. – *[Arr. du 22 oct. 2007, art. 9.]*

Art. A. 811-12 Le jury arrête la liste des candidats déclarés admis. Cette liste est publiée au *Journal officiel* de la République française. Les résultats sont notifiés individuellement à chaque candidat. – *[Arr. du 22 oct. 2007, art. 10.]*

Art. A. 811-13 L'examen d'aptitude à la profession d'administrateur judiciaire est organisé au moins une fois par an.

Les dates et lieux des épreuves sont fixés par le garde des sceaux, ministre de la justice, et publiés, quatre mois avant la date de la première épreuve, au *Journal officiel* de la République française. – *[Arr. du 22 mars 2006, art. 1er.]*

Art. A. 811-14 I. – Les candidatures sont adressées au secrétaire de la *(Arr. du 7 mars 2017, art. 3)* « Commission nationale d'inscription et de discipline des administrateurs judiciaires et des mandataires judiciaires », par lettre recommandée avec demande d'avis de réception, au plus tard trois mois avant la date de la première épreuve de la session.

II. – Le dossier de candidature comprend :

1° Une requête de l'intéressé *(Arr. du 25 avr. 2018)* « mentionnant la ou les options choisies » ;

2° Tous documents officiels justificatifs de l'identité et de la nationalité du candidat ;

3° Tous documents justificatifs du domicile du candidat ;

4° Une photocopie lisible de l'un des titres ou diplômes énumérés aux articles R. 811-7 et R. 811-8 *(Arr. du 7 mars 2017, art. 4-1°)* « ou du diplôme de master, mentionné au 5° de l'article L. 811-5 » ou la justification des dispenses prévues par la loi ;

5° Une copie du certificat de fin de stage ou la justification de la dispense partielle *(Arr. du 7 mars 2017, art. 4-2°)* « ou totale » de stage ;

6° Le cas échéant, la justification de la dispense d'une ou *[de]* plusieurs épreuves de l'examen d'aptitude. – *[Arr. du 22 mars 2006, art. 2.]*

Art. A. 811-15 La commission arrête, deux mois avant la date de la première épreuve de la session, la liste des candidats admis à subir les épreuves de l'examen d'aptitude professionnelle. Des convocations individuelles mentionnant le jour, l'heure et le lieu des épreuves sont adressées à chaque candidat au moins quinze jours à l'avance. – *[Arr. du 22 mars 2006, art. 3.]*

Art. A. 811-16 *(Arr. du 25 avr. 2018)* « L'examen comprend des épreuves orales et une épreuve écrite. »

Les sujets des épreuves sont arrêtés et composés par le jury. – *[Arr. du 22 mars 2006, art. 4.]*

Art. A. 811-17 *(Arr. du 25 avr. 2018)* « Pour l'examen avec option en matière commerciale, » les épreuves orales comprennent :

1° Une épreuve d'une durée de trente minutes comportant un exposé de dix minutes sur un sujet de culture économique et financière suivie d'une discussion avec le jury.

Les candidats disposent d'une heure pour la préparation de cette épreuve.

La note est affectée d'un coefficient 3.

2° Une interrogation d'une durée de vingt minutes portant sur la procédure civile et le droit pénal des affaires.

La note est affectée d'un coefficient 3.

(Arr. du 7 mars 2017, art. 5) « 3° Une épreuve d'une durée de trente minutes de présentation et de discussion avec le jury portant sur le mémoire de stage que le candidat a rédigé et dont il a choisi le sujet d'économie, de droit ou de gestion ou, pour le

candidat dispensé de stage professionnel en application du I de l'article R. 811-25, sur son expérience professionnelle. »

(Arr. du 25 avr. 2018) « La note est affectée d'un coefficient 3. »

4° Une interrogation d'une durée de vingt minutes portant sur le statut et la déontologie de la profession d'administrateur judiciaire.

La note est affectée d'un coefficient 3.

5° Une interrogation d'une durée de quinze minutes portant sur le droit social et le droit fiscal liés aux procédures collectives.

La note est affectée d'un coefficient 3.

6° Une interrogation d'une durée de vingt minutes portant sur la gestion d'un cabinet d'administrateur judiciaire.

La note est affectée d'un coefficient 2.

7° Une interrogation d'une durée de quinze minutes portant sur l'application du droit européen aux procédures collectives nationales.

La note est affectée d'un coefficient 1. – *[Arr. du 22 mars 2006, art. 5.]*

Art. A. 811-18 L'épreuve écrite *(Arr. du 25 avr. 2018)* « de l'option en matière commerciale », d'une durée de cinq heures, a pour objet le traitement d'un dossier portant sur l'une des missions susceptibles d'être confiées à un administrateur judiciaire *(Arr. du 25 avr. 2018)* « inscrit avec la mention de la spécialité commerciale. »

La note est affectée d'un coefficient 6. – *[Arr. du 22 mars 2006, art. 6.]*

Art. A. 811-19 *(Arr. du 25 avr. 2018)* Pour l'examen avec option en matière civile, les épreuves orales comprennent :

1° Une épreuve d'une durée de trente minutes comportant un exposé de dix minutes sur un sujet se rapportant aux mandats en matière civile, suivi d'une discussion avec le jury.

Les candidats disposent d'une heure pour la préparation de cette épreuve.

La note est affectée d'un coefficient 3 ;

2° Une interrogation d'une durée de vingt minutes portant sur la procédure civile et le droit pénal des affaires.

La note est affectée d'un coefficient 3 ;

3° Une épreuve d'une durée de trente minutes de présentation et de discussion avec le jury portant sur le mémoire de stage que le candidat a rédigé et dont il a choisi le sujet d'économie, de droit ou de gestion ou, pour le candidat dispensé de stage professionnel en application du I de l'article R. 811-25, sur son expérience professionnelle.

La note est affectée d'un coefficient 3 ;

4° Une interrogation d'une durée de vingt minutes portant sur le statut et la déontologie de la profession d'administrateur judiciaire.

La note est affectée d'un coefficient 3 ;

5° Une interrogation d'une durée de quinze minutes portant sur le droit des successions, des régimes matrimoniaux et le droit des incapacités.

La note est affectée d'un coefficient 2 ;

6° Une interrogation d'une durée de quinze minutes portant sur le droit de la copropriété et le droit des associations et fondations.

La note est affectée d'un coefficient 2 ;

7° Une interrogation d'une durée de vingt minutes portant sur la gestion d'un cabinet d'administrateur judiciaire.

La note est affectée d'un coefficient 2.

Art. A. 811-19-1 *(Arr. du 25 avr. 2018)* L'épreuve écrite de l'examen avec option en matière civile, d'une durée de cinq heures, a pour objet le traitement d'un dossier portant sur l'une des missions susceptibles d'être confiées à un administrateur judiciaire inscrit avec la mention de la spécialité civile.

La note est affectée d'un coefficient 6.

Art. A. 811-20 Chacune des épreuves est notée de 0 à 20. Chaque note est affectée du coefficient prévu pour l'épreuve correspondante.

L'aptitude est prononcée par le jury au vu de la moyenne des notes obtenues par le candidat à l'ensemble des épreuves qu'il a subies, si celle-ci est égale ou supérieure à 10 sur 20.

Pour les épreuves écrites, les candidats peuvent utiliser les codes et recueils de lois et décrets comportant des références d'articles de doctrine et de jurisprudence, à l'exclusion toutefois des codes annotés et commentés, article par article, par des professionnels du droit. Ils peuvent également se servir de codes ou recueils de lois et décrets ne contenant aucune indication de doctrine ou de jurisprudence sans autre note que des références à des textes législatifs ou réglementaires.

La correction des épreuves écrites est organisée de manière à préserver l'anonymat de chaque candidat. Chaque composition est examinée par deux correcteurs.

Les épreuves orales se déroulent en séance publique. — *[Arr. du 22 mars 2006, art. 9.]*

Art. A. 811-21 Le jury arrête la liste des candidats déclarés aptes. Cette liste est publiée au *Journal officiel* de la République française. Les résultats sont notifiés individuellement à chaque candidat. — *[Arr. du 22 mars 2006, art. 10.]*

Art. A. 811-22 Par application des dispositions du titre III du décret n° 56-585 du 12 juin 1956 portant fixation du système général de rétribution des agents de l'État ou des personnels non fonctionnaires assurant, à titre d'occupation accessoire, soit une tâche d'enseignement, soit le fonctionnement de jurys d'examens ou de concours, les jurys aux examens d'accès au stage professionnel et d'aptitude aux fonctions d'administrateur judiciaire sont classés dans le groupe I *bis*. — *[Arr. du 10 nov. 1987.]*

§ 2 DES CONDITIONS D'EXPÉRIENCE OU DE STAGE COMPLÉMENTAIRES AU DIPLÔME DE MASTER MENTIONNÉ À L'ARTICLE L. 811-5

(Arr. du 7 mars 2017, art. 10)

Art. A. 811-23 En application de l'article 1er de l'arrêté du 4 février 2014 fixant la nomenclature des mentions du diplôme national de master, l'intitulé du diplôme mentionné à l'article L. 811-5 est le suivant : diplôme national de master, mention "administration et liquidation des entreprises en difficulté".

Art. A. 811-24 Le secrétariat de la Commission nationale d'inscription et de discipline adresse au candidat au moins quinze jours avant l'audition mentionnée à l'article R. 811-28-1 une convocation mentionnant le jour, l'heure et le lieu de cette audition par lettre recommandée avec demande d'avis de réception.

Art. A. 811-25 La liste des actes accomplis par le stagiaire prévue à l'article R. 811-28-2 figure au I de l'annexe 8-1-1 au présent livre. — *V. Annexe 8-1-1*.

V. aussi le référentiel de compétences des métiers d'administrateur judiciaire et de mandataire judiciaire, reproduit en annexe de l'Arr. du 7 mars 2017 (JO 25 mars).

§ 3 DE L'EXAMEN MENTIONNÉ À L'ARTICLE R. 811-28-5

(Arr. du 25 avr. 2018, en vigueur le 1er janv. 2019)

Art. A. 811-26 L'examen de contrôle des connaissances est organisé au moins une fois par an.

Les dates et lieux des épreuves sont fixés par le garde des sceaux, ministre de la justice, et publiés, quatre mois avant la date de la première épreuve, au *Journal officiel* de la République française.

Art. A. 811-27 Les candidatures sont adressées au secrétariat de la Commission nationale d'inscription et de discipline des administrateurs judiciaires et des mandataires judiciaires, par lettre recommandée avec demande d'avis de réception, au plus tard trois mois avant la date de la session.

Le dossier de candidature comprend :

1° Une requête de l'intéressé précisant la spécialité pour laquelle il entend subir un examen de contrôle de ses connaissances ;

2° Tout document justifiant d'une pratique professionnelle de quatre années dans la spécialité sollicitée.

Art. A. 811-28 La commission arrête, deux mois avant la date de la session, la liste des candidats admis à subir l'examen de contrôle des connaissances. Des convocations individuelles mentionnant le jour, l'heure et le lieu de l'épreuve sont adressées à chaque candidat au moins quinze jours avant la tenue de l'épreuve.

Art. A. 811-29 I. – L'examen mentionné à l'article R. 811-28-5 consiste en une épreuve orale qui se déroule en séance publique.

Pour la spécialité commerciale, l'épreuve orale porte sur le droit social et le droit fiscal appliqués aux procédures collectives et sur l'application du droit européen aux procédures collectives nationales.

Pour la spécialité civile, elle porte sur le droit de la copropriété, le droit des successions, le droit des régimes matrimoniaux, le droit des associations et fondations et le droit des incapacités.

II. – L'épreuve orale comprend un exposé de vingt minutes, après une préparation d'une heure, sur un sujet tiré au sort par le candidat.

Cet exposé est suivi d'un entretien avec le jury d'une durée de trente minutes portant sur l'expérience du candidat.

Art. A. 811-30 L'épreuve est notée de 0 à 20.

Le certificat de réussite mentionné à l'article R. 811-28-6 est délivré aux candidats ayant obtenu au moins 10 points sur 20.

§ 4 DE L'EXAMEN DE CONTRÔLE DES CONNAISSANCES MENTIONNÉ À L'ARTICLE L. 811-5

(Arr. du 2 déc. 2020, art. 2)

Art. A. 811-31 I. – Les demandes des personnes mentionnées à l'article R. 811-27 sont adressées au secrétariat de la Commission nationale d'inscription et de discipline des administrateurs judiciaires et des mandataires judiciaires, par lettre recommandée, avec demande d'avis de réception ou tout autre moyen permettant d'en assurer la réception ou d'en déterminer la date au plus tard trois mois avant la date de la première épreuve de la session.

II. – Le dossier comprend :

1° Une requête de l'intéressé ;

2° La copie des documents officiels justifiant de l'identité et de la nationalité du requérant ;

3° Un justificatif du domicile du demandeur ;

4° La copie des diplômes, certificats, titres, attestations visés à l'article R. 811-27 ;

5° Tous documents permettant d'apprécier si le demandeur remplit les conditions prévues par les articles L. 811-5 et R. 811-27 ainsi que le contenu détaillé de la formation ou *[du]* cycle d'études suivi et de la formation professionnelle initiale et continue reçue ;

6° Un document de l'autorité compétente de son État d'origine attestant qu'il n'a pas fait l'objet des condamnations ou sanctions mentionnées aux 2° à 4° de l'article L. 811-5 dans la profession qu'il exerçait antérieurement, ou une attestation datant de moins de trois mois délivrée par l'autorité judiciaire ou administrative compétente et, le cas échéant, par un notaire ou un organisme professionnel, établissant que l'intéressé a déclaré sous serment ou solennellement, si un tel serment n'existe pas dans cet État, qu'il n'a pas fait l'objet de telles condamnations ou sanctions.

Le cas échéant, les pièces justificatives, sauf celles relatives à l'identité et à la nationalité du demandeur, doivent être accompagnées de leur traduction en langue française. A l'exception des documents mentionnés au 2° et au 5°, cette traduction est effectuée par un traducteur inscrit sur la liste nationale des experts judiciaires ou sur l'une des listes d'experts judiciaires dressées par les cours d'appel ou par un traducteur habilité à intervenir auprès des autorités judiciaires ou administratives d'un autre État membre de l'Union européenne ou d'un État partie à l'accord sur l'Espace économique européen.

Art. A. 811-32 L'examen de contrôle des connaissances est organisé au moins une fois par an.

Les dates et lieux des épreuves sont fixés par le garde des sceaux, ministre de la justice, et publiés, quatre mois avant la date de la première épreuve, au *Journal officiel* de la République française.

Art. A. 811-33 La Commission arrête, deux mois avant la date de la première épreuve de la session, la liste des candidats admis à subir les épreuves de l'examen de contrôle des connaissances.

Des convocations individuelles mentionnant le jour, l'heure et le lieu de l'épreuve sont adressées à chaque candidat, quinze jours au moins à l'avance par lettre recommandée avec demande d'avis de réception ou par tout autre moyen permettant d'en assurer la réception ou d'en déterminer la date.

Art. A. 811-34 L'examen de contrôle des connaissances se compose des épreuves suivantes :

1° Une épreuve écrite, d'une durée de cinq heures, ayant pour objet le traitement d'un dossier portant sur une ou plusieurs des missions susceptibles d'être confiées à un administrateur judiciaire.

La note est affectée d'un coefficient 2.

2° Un oral consistant en une interrogation d'une durée de trente minutes portant sur la déontologie, la réglementation de la profession et la gestion d'une étude.

La note est affectée d'un coefficient 1.

3° Un oral consistant en une interrogation d'une durée de trente minutes portant sur une ou plusieurs des matières suivantes, dont la ou les matières de cette même liste visées par la décision de la Commission, le cas échéant, en application de l'article R. 811-29 :

– Droit national des entreprises en difficulté ;
– Droit européen et international des entreprises en difficulté ;
– Droit social lié aux procédures collectives ;
– Droit fiscal lié aux procédures collectives ;
– Comptabilité correspondant au programme de l'épreuve du DSCG ;
– Gestion financière et contrôle de gestion correspondant au programme de l'épreuve du DSCG ;
– Droit des contrats ;
– Droit des sûretés ;
– Droit des sociétés et des groupements ;
– Droit pénal des affaires ;
– Procédure civile ;
– Droit des procédures civiles d'exécution.

La note est affectée d'un coefficient 1.

Les sujets des épreuves sont arrêtés et composés par le jury.

Art. A. 811-35 Pour l'épreuve écrite, les candidats peuvent utiliser les codes et recueils de lois et décrets comportant des références d'articles de doctrine et de jurisprudence, à l'exclusion toutefois des codes annotés et commentés, article par article, par des professionnels du droit.

Ils peuvent également se servir de codes ou recueils de lois et décrets ne contenant aucune indication de doctrine ou de jurisprudence sans autre note que des références à des textes législatifs ou réglementaires.

La correction de l'épreuve écrite est organisée de manière à préserver l'anonymat de chaque candidat. Chaque composition est examinée par deux correcteurs.

Les épreuves orales se déroulent en séance publique.

Art. A. 811-36 Chacune des épreuves est notée de 0 à 20. Chaque note est affectée du coefficient prévu pour l'épreuve correspondante.

L'admission est prononcée par le jury au vu de la moyenne des notes obtenues par le candidat à l'ensemble des épreuves, si celle-ci est égale ou supérieure à 10 sur 20.

Art. A. 811-37 Le jury arrête la liste des candidats déclarés admis. Cette liste est publiée au *Journal officiel* de la République française. Les résultats sont notifiés individuellement à chaque candidat.

Art. A. 811-38 La demande d'inscription sur la liste des personnes mentionnées à l'article R. 811-27 est examinée selon les modalités prévues aux articles R. 811-29 et R. 811-31 à R. 811-35.

SOUS-SECTION 3 DE LA PROCÉDURE D'INSCRIPTION SUR LA LISTE DES ADMINISTRATEURS JUDICIAIRES ET DE LA RÉVISION DE LA LISTE

La présente sous-section ne comprend pas de dispositions pour les arrêtés.

SECTION II DE LA SURVEILLANCE, DE L'INSPECTION ET DE LA DISCIPLINE

La présente section ne comprend pas de dispositions pour les arrêtés.

SECTION III DE LA DÉSIGNATION D'UN ADMINISTRATEUR PROVISOIRE

La présente section ne comprend pas de dispositions pour les arrêtés.

CHAPITRE II DES MANDATAIRES JUDICIAIRES

SECTION PREMIÈRE DE L'ACCÈS À LA PROFESSION

SOUS-SECTION 1 DE L'ÉLECTION DES MANDATAIRES JUDICIAIRES MEMBRES DE LA COMMISSION NATIONALE D'INSCRIPTION ET DE DISCIPLINE DES ADMINISTRATEURS JUDICIAIRES ET DES MANDATAIRES JUDICIAIRES *(Arr. du 7 mars 2017, art. 6)*.

Art. A. 812-1 Le règlement fixant les conditions d'élection des mandataires judiciaires élus au sein de la *(Arr. du 7 mars 2017, art. 3)* « Commission nationale d'inscription et de discipline des administrateurs judiciaires et des mandataires judiciaires » établi, en vertu de l'article R. 812-3, par le bureau du Conseil national des administrateurs judiciaires et des mandataires judiciaires et approuvé par le garde des sceaux, ministre de la justice, figure à l'annexe 8-1 au présent livre. — *[Arr. du 18 avr. 2007.]* — *V. Annexe 8-1* 🏛.

SOUS-SECTION 2 DES CONDITIONS D'INSCRIPTION SUR LES LISTES DE MANDATAIRES JUDICIAIRES

§ 1er DE L'EXAMEN D'ACCÈS AU STAGE PROFESSIONNEL, DU STAGE PROFESSIONNEL, DE L'EXAMEN D'APTITUDE AUX FONCTIONS DE MANDATAIRE JUDICIAIRE *(Arr. du 7 mars 2017, art. 11)*.

Art. A. 812-2 Les titres et diplômes sanctionnant un deuxième cycle d'enseignement supérieur ou d'un niveau équivalent, prévus au 4° de l'article R. 811-7, qui permettent l'accomplissement du stage professionnel de mandataire judiciaire conformément à l'article R. 812-4, sont les suivants :

1° Maîtrise de sciences et techniques comptables et financières ;

2° Maîtrise de méthodes informatiques appliquées à la gestion ;

3° Maîtrise d'économie appliquée de l'université Paris-IX ;

4° Diplôme d'un institut d'études politiques ;

5° Maîtrise d'administration économique et sociale, mention administration et gestion des entreprises ;

6° Titre d'ingénieur économiste délivré par le Conservatoire national des arts et métiers. — *[Arr. du 19 janv. 1987, art. 1er.]*

Art. A. 812-3 L'examen d'accès au stage professionnel de mandataire judiciaire est organisé au moins une fois par an.

Les dates et lieux des épreuves sont fixés par le garde des sceaux, ministre de la justice, et publiés quatre mois avant la date de la première épreuve au *Journal officiel* de la République française. — *[Arr. du 22 oct. 2007, art. 1er.]*

Art. A. 812-4 I. — Les candidatures sont adressées au secrétaire de la *(Arr. du 7 mars 2017, art. 3)* « Commission nationale d'inscription et de discipline des administrateurs judiciaires et des mandataires judiciaires », par lettre recommandée avec demande d'avis de réception, au plus tard trois mois avant la date de la première épreuve de la session.

II. – Le dossier de candidature comprend :

1° Une requête de l'intéressé ;

2° Tous documents officiels justificatifs de l'identité et de la nationalité du candidat ;

3° Tous documents justificatifs du domicile du candidat ;

4° Une photocopie lisible de l'un des titres ou diplômes énumérés aux articles R. 811-7 et R. 811-8 ou la justification des dispenses prévues par la loi. – *[Arr. du 22 oct. 2007, art. 2.]*

Art. A. 812-5 La commission arrête, deux mois avant la date de la première épreuve de la session, la liste des candidats admis à subir les épreuves de l'examen d'accès au stage professionnel. Des convocations individuelles mentionnant le jour, l'heure et le lieu des épreuves sont adressées à chaque candidat au moins quinze jours à l'avance. – *[Arr. du 22 oct. 2007, art. 3.]*

Art. A. 812-6 L'examen comprend des épreuves écrites d'admissibilité et une épreuve orale d'admission.

Les sujets de ces épreuves sont arrêtés par le jury. – *[Arr. du 22 oct. 2007, art. 4.]*

Art. A. 812-7 Les épreuves écrites d'admissibilité comprennent :

1° Une épreuve d'une durée de trois heures portant sur le droit national des entreprises en difficulté.

La note est affectée d'un coefficient 6.

2° Une épreuve d'une durée de trois heures consistant en la résolution d'un cas pratique de comptabilité correspondant au programme de l'épreuve du DPECF.

La note est affectée d'un coefficient 3.

3° Une épreuve d'une durée de deux heures portant sur le droit de la vente et le droit des sûretés.

La note est affectée d'un coefficient 3.

4° Une épreuve d'une durée d'une heure trente portant sur le droit social lié aux procédures collectives.

La note est affectée d'un coefficient 3.

5° Une épreuve d'une durée d'une heure trente portant sur le droit des procédures civiles d'exécution.

La note est affectée d'un coefficient 3.

6° Une épreuve d'une durée de deux heures constituée d'une note de synthèse portant sur le droit européen et international des entreprises en difficulté réalisée à partir de documents fournis aux candidats.

La note est affectée d'un coefficient 2. – *[Arr. du 22 oct. 2007, art. 5.]*

Art. A. 812-8 Pour les épreuves d'admissibilité, les candidats peuvent utiliser les codes et recueils de lois et décrets comportant des références d'articles de doctrine et de jurisprudence. Ils peuvent également se servir de codes ou recueils de lois et décrets ne contenant aucune indication de doctrine ou de jurisprudence sans autre note que des références à des textes législatifs ou réglementaires. – *[Arr. du 22 oct. 2007, art. 6.]*

Art. A. 812-9 La correction des épreuves écrites est organisée de manière à préserver l'anonymat de chaque candidat. Chaque composition est examinée par deux correcteurs.

Chacune des épreuves d'admissibilité est notée de 0 à 20. Chaque note est affectée du coefficient prévu pour l'épreuve correspondante.

L'admissibilité est prononcée par le jury au vu de la moyenne des notes obtenues par le candidat à l'ensemble des épreuves écrites qu'il a subies, si celle-ci est égale ou supérieure à 10 sur 20.

Le jury arrête par ordre alphabétique la liste des candidats déclarés admissibles. Celle-ci est mise en ligne et consultable gratuitement sur le site internet du Conseil national des administrateurs judiciaires et des mandataires judiciaires.

L'admissibilité n'est valable que pour la session au cours de laquelle elle a été acquise. – *[Arr. du 22 oct. 2007, art. 7.]*

Art. A. 812-10 Nul ne peut se présenter à l'épreuve orale d'admission s'il n'a été déclaré admissible par le jury.

Une convocation individuelle mentionnant le jour, l'heure et le lieu de l'épreuve orale est adressée à chaque candidat admissible au moins quinze jours à l'avance.

L'épreuve est constituée d'une discussion de trente minutes avec le jury, orientée sur l'exercice de la profession de mandataire judiciaire. Elle se déroule en séance publique.

Cette épreuve est notée de 0 à 20. La note est affectée d'un coefficient 3. — *[Arr. du 22 oct. 2007, art. 8.]*

Art. A. 812-11 L'admission est prononcée par le jury au vu de la moyenne des notes obtenues par le candidat à l'ensemble des épreuves écrites et orale qu'il a subies, si celle-ci est égale ou supérieure à 10 sur 20. — *[Arr. du 22 oct. 2007, art. 9.]*

Art. A. 812-12 Le jury arrête la liste des candidats déclarés admis. Cette liste est publiée au *Journal officiel* de la République française. Les résultats sont notifiés individuellement à chaque candidat. — *[Arr. du 22 oct. 2007, art. 10.]*

Art. A. 812-13 L'examen d'aptitude à la profession de mandataire judiciaire est organisé au moins une fois par an.

Les dates et lieux des épreuves sont fixés par le garde des sceaux, ministre de la justice, et publiés, quatre mois avant la date de la première épreuve, au *Journal officiel* de la République française. — *[Arr. du 22 mars 2006, art. 1er.]*

Art. A. 812-14 I. — Les candidatures sont adressées au secrétaire de la *(Arr. du 7 mars 2017, art. 3)* « Commission nationale d'inscription et de discipline des administrateurs judiciaires et des mandataires judiciaires », par lettre recommandée avec demande d'avis de réception, au plus tard trois mois avant la date de la première épreuve de la session.

II. — Le dossier de candidature comprend :

1° Une requête de l'intéressé ;

2° Tous documents officiels justificatifs de l'identité et de la nationalité du candidat ;

3° Tous documents justificatifs du domicile du candidat ;

4° Une photocopie lisible de l'un des titres ou diplômes énuméré aux articles R. 811-7 et R. 811-8 *(Arr. du 7 mars 2017, art. 7-1°)* « ou du diplôme de master mentionné au 5° de l'article L. 812-3 » ou la justification des dispenses prévues par la loi ;

5° Une copie du certificat de fin ou la justification de la dispense partielle *(Arr. du 7 mars 2017, art. 7-2°)* « ou totale » de stage ;

6° Le cas échéant, la justification de la dispense d'une ou *[de]* plusieurs épreuves de l'examen d'aptitude. — *[Arr. du 22 mars 2006, art. 2.]*

Art. A. 812-15 La commission arrête, deux mois avant la date de la première épreuve de la session, la liste des candidats admis à subir les épreuves de l'examen d'aptitude professionnelle. Des convocations individuelles mentionnant le jour, l'heure et le lieu des épreuves sont adressées à chaque candidat au moins quinze jours à l'avance. — *[Arr. du 22 mars 2006, art. 3.]*

Art. A. 812-16 L'examen comprend des épreuves orales et une épreuve écrite.

Les sujets des épreuves sont arrêtés et composés par le jury. — *[Arr. du 22 mars 2006, art. 4.]*

Art. A. 812-17 Les épreuves orales comprennent :

1° Une épreuve d'une durée de trente minutes comportant un exposé de dix minutes sur un sujet de culture économique et financière suivie d'une discussion avec le jury.

Les candidats disposent d'une heure pour la préparation de cette épreuve.

La note est affectée d'un coefficient 3.

(Arr. du 7 mars 2017, art. 8) « 2° Une épreuve d'une durée de trente minutes de présentation et de discussion avec le jury portant sur le mémoire de stage que le candidat a rédigé et dont il a choisi le sujet d'économie, de droit ou de gestion ou, pour le candidat dispensé de stage professionnel en application du I de l'article R. 812-13, sur son expérience professionnelle. »

(Arr. du 25 avr. 2018) « La note est affectée d'un coefficient 3. »

3° Une interrogation d'une durée de vingt minutes portant sur la procédure civile et le droit pénal des affaires.

La note est affectée d'un coefficient 3.

4° Une interrogation d'une durée de quinze minutes portant sur le droit social et le droit fiscal liés aux procédures collectives.

La note est affectée d'un coefficient 3.

5° Une interrogation d'une durée de vingt minutes portant sur le statut et la déontologie de la profession de mandataire judiciaire.

La note est affectée d'un coefficient 3.

6° Une interrogation d'une durée de vingt minutes portant sur la gestion d'un cabinet de mandataire judiciaire.

La note est affectée d'un coefficient 2.

7° Une interrogation d'une durée de quinze minutes portant sur l'application du droit européen aux procédures collectives nationales.

La note est affectée d'un coefficient 1. — *[Arr. du 22 mars 2006, art. 5.]*

Art. A. 812-18 L'épreuve écrite, d'une durée de cinq heures, a pour objet le traitement d'un dossier portant sur l'une des missions susceptibles d'être confiées à un mandataire judiciaire.

La note est affectée d'un coefficient 6. — *[Arr. du 22 mars 2006, art. 6.]*

Art. A. 812-19 Chacune des épreuves est notée de 0 à 20. Chaque note est affectée du coefficient prévu pour l'épreuve correspondante.

L'aptitude est prononcée par le jury au vu de la moyenne des notes obtenues par le candidat à l'ensemble des épreuves qu'il a subies, si celle-ci est égale ou supérieure à 10 sur 20.

Pour les épreuves écrites, les candidats peuvent utiliser les codes et recueils de lois et décrets comportant des références d'articles de doctrine et de jurisprudence, à l'exclusion toutefois des codes annotés et commentés, article par article, par des professionnels du droit. Ils peuvent également se servir de codes ou recueils de lois et décrets ne contenant aucune indication de doctrine ou de jurisprudence sans autre note que des références à des textes législatifs ou réglementaires.

La correction des épreuves écrites est organisée de manière à préserver l'anonymat de chaque candidat. Chaque composition est examinée par deux correcteurs.

Les épreuves orales se déroulent en séance publique. — *[Arr. du 22 mars 2006, art. 8.]*

Art. A. 812-20 Le jury arrête la liste des candidats déclarés aptes. Cette liste est publiée au *Journal officiel* de la République française. Les résultats sont notifiés individuellement à chaque candidat. — *[Arr. du 22 mars 2006, art. 9.]*

Art. A. 812-21 Par application des dispositions du titre III du décret du 12 juin 1956 portant fixation du système général de rétribution des agents de l'État ou des personnels non fonctionnaires assurant, à titre d'occupation accessoire, soit une tâche d'enseignement, soit le fonctionnement de jurys d'examens ou de concours, les jurys aux examens d'accès au stage professionnel et d'aptitude aux fonctions de mandataire judiciaire sont classés dans le groupe I *bis*. — *[Arr. du 10 nov. 1987.]*

§ 2 DES CONDITIONS D'EXPÉRIENCE OU DE STAGE COMPLÉMENTAIRES AU DIPLÔME DE MASTER MENTIONNÉ À L'ARTICLE L. 812-3

(Arr. du 7 mars 2017, art. 12)

Art. A. 812-22 En application de l'article 1er de l'arrêté du 4 février 2014 fixant la nomenclature des mentions du diplôme national de master, l'intitulé du diplôme mentionné à l'article L. 812-3 est le suivant : diplôme national de master, mention "administration et liquidation des entreprises en difficulté".

Art. A. 812-23 Les dispositions de l'article A. 811-24 sont applicables aux mandataires judiciaires.

Art. A. 812-24 La liste des actes accomplis par le stagiaire prévue à l'article R. 812-18-2 figure au II de l'annexe 8-1-1 au présent livre. — *V. Annexe 8-1-1* 🏛.

V. aussi le référentiel de compétences des métiers d'administrateur judiciaire et de mandataire judiciaire, reproduit en annexe de l'Arr. du 7 mars 2017 (JO 25 mars) 🏛.

§ 3 DE L'EXAMEN DE CONTRÔLE DES CONNAISSANCES MENTIONNÉ À L'ARTICLE L. 812-3

(Arr. du 2 déc. 2020, art. 3)

Art. A. 812-25 I. — Les demandes des personnes mentionnées à l'article R. 812-15 sont adressées au secrétariat de la Commission nationale d'inscription et de discipline des administrateurs judiciaires et des mandataires judiciaires, par lettre recommandée, avec demande d'avis de réception ou tout autre moyen permettant d'en assurer la réception ou d'en déterminer la date, au plus tard trois mois avant la date de la première épreuve de la session.

II. — Le dossier comprend :

1° Une requête de l'intéressé ;

2° La copie des documents officiels justifiant de l'identité et de la nationalité du requérant ;

3° Un justificatif du domicile du demandeur ;

4° La copie des diplômes, certificats, titres, attestations visés à l'article R. 812-25 ;

5° Tous documents permettant d'apprécier si le demandeur remplit les conditions prévues par les articles L. 812-3 et R. 812-25 ainsi que le contenu détaillé de la formation ou *[du]* cycle d'études suivi et de la formation professionnelle initiale et continue reçue ;

6° Un document de l'autorité compétente de son État d'origine attestant qu'il n'a pas fait l'objet des condamnations ou sanctions mentionnées aux 2° à 4° de l'article L. 812-3 dans la profession qu'il exerçait antérieurement, ou une attestation datant de moins de trois mois délivrée par l'autorité judiciaire ou administrative compétente et, le cas échéant, par un notaire ou un organisme professionnel, établissant que l'intéressé a déclaré sous serment ou solennellement, si un tel serment n'existe pas dans cet État, qu'il n'a pas fait l'objet de telles condamnations ou sanctions.

Le cas échéant, les pièces justificatives, sauf celles relatives à l'identité et à la nationalité du demandeur, doivent être accompagnées de leur traduction en langue française. A l'exception des documents mentionnés au 2° et au 5°, cette traduction est effectuée par un traducteur inscrit sur la liste nationale des experts judiciaires ou sur l'une des listes d'experts judiciaires dressées par les cours d'appel ou par un traducteur habilité à intervenir auprès des autorités judiciaires ou administratives d'un autre État membre de l'Union européenne ou d'un État partie à l'accord sur l'Espace économique européen.

Art. A. 812-26 Les dispositions des articles A. 811-32 à A. 811-33 sont applicables.

Art. A. 812-27 L'examen de contrôle des connaissances se compose des épreuves suivantes :

1° Une épreuve écrite, d'une durée de cinq heures, ayant pour objet le traitement d'un dossier portant sur une ou plusieurs des missions susceptibles d'être confiées à un mandataire judiciaire.

La note est affectée d'un coefficient 2.

2° Un oral consistant en une interrogation d'une durée de trente minutes par le jury portant sur la déontologie, la réglementation de la profession et la gestion d'une étude.

La note est affectée d'un coefficient 1.

3° Un oral consistant en une interrogation d'une durée de trente minutes par le jury portant sur une ou plusieurs des matières suivantes, dont la ou les matières de cette même liste visées par la décision de la Commission, le cas échéant, en application de l'article R. 812-17 :

– Droit national des entreprises en difficulté ;
– Droit européen et international des entreprises en difficulté ;
– Droit social lié aux procédures collectives ;
– *Droit* fiscal lié aux procédures collectives ;
– Comptabilité correspondant au programme de l'épreuve du DSCG ;
– Gestion financière et contrôle de gestion correspondant au programme de l'épreuve du DSCG ;
– Droit des contrats ;
– Droit des sûretés ;
– Droit des sociétés et des groupements ;
– Droit pénal des affaires ;
– Procédure civile ;
– Droit des procédures civiles d'exécution.

La note est affectée d'un coefficient 1.

Les sujets des épreuves sont arrêtés et composés par le jury.

Art. A. 812-28 Les dispositions des articles A. 811-35 à A. 811-37 sont applicables.

Art. A. 812-29 La demande d'inscription sur la liste des personnes mentionnées à l'article R. 812-15 est examinée selon les modalités prévues par les articles R. 812-17 et R. 812-19.

SOUS-SECTION 3 DE LA PROCÉDURE D'INSCRIPTION SUR LES LISTES DE MANDATAIRES JUDICIAIRES

La présente sous-section ne comprend pas de dispositions pour les arrêtés.

SECTION II DE LA SURVEILLANCE, DE L'INSPECTION ET DE LA DISCIPLINE

La présente section ne comprend pas de dispositions pour les arrêtés.

CHAPITRE III DES EXPERTS EN DIAGNOSTIC D'ENTREPRISE

Le présent chapitre ne comprend pas de dispositions pour les arrêtés.

CHAPITRE IV DISPOSITIONS COMMUNES

SECTION PREMIÈRE DU RECOURS CONTRE LES DÉCISIONS DES COMMISSIONS D'INSCRIPTION ET DE DISCIPLINE

La présente section ne comprend pas de dispositions pour les arrêtés.

SECTION II DE LA REPRÉSENTATION DES PROFESSIONS AUPRÈS DES POUVOIRS PUBLICS

Art. A. 814-1 Les règles professionnelles établies, en vertu de l'article R. 814-3, par le Conseil national des administrateurs judiciaires et des mandataires judiciaires et approuvées par le garde des sceaux, ministre de la justice, figurent à l'annexe 8-2 au présent livre. – *[Arr. du 11 avr. 2001.] – Pour lesdites règles professionnelles, V., désormais, Arr. du 18 juill. 2018* 🏛.

Art. A. 814-2 Le règlement fixant les conditions d'élection des administrateurs judiciaires et des mandataires judiciaires au Conseil national prévu à l'article L. 814-2, établi en vertu de l'article R. 814-6 par le bureau du Conseil national des administrateurs judiciaires et des mandataires judiciaires et approuvé par le garde des sceaux, ministre de la justice, figure à l'annexe 8-3 au présent livre. – *[Arr. du 22 nov. 2007.] – V. Annexe 8-3* 🏛.

SECTION III DE LA GARANTIE DE LA REPRÉSENTATION DES FONDS, DE LA RESPONSABILITÉ CIVILE PROFESSIONNELLE ET DE LA RÉMUNÉRATION

SOUS-SECTION 1 DE LA GARANTIE DE LA REPRÉSENTATION DES FONDS ET DE LA RESPONSABILITÉ CIVILE PROFESSIONNELLE

Art. A. 814-3 Le règlement fixant les conditions d'élection des administrateurs judiciaires et des mandataires judiciaires élus membres au sein du conseil d'administration de la caisse de garantie instituée à l'article L. 814-3, établi en vertu de l'article R. 814-18 et approuvé par le garde des sceaux, ministre de la justice, figure à l'annexe 8-4 au présent livre. – *[Arr. du 29 sept. 2006.] – V. Annexe 8-4* 🏛.

SOUS-SECTION 2 DE LA RÉMUNÉRATION

La présente sous-section ne comprend pas de dispositions pour les arrêtés.

SECTION IV DE LA COMPTABILITÉ, DU DÉPÔT DE FONDS, DES CONTRÔLES ET DISPOSITIONS DIVERSES

SOUS-SECTION 1 DE LA TENUE DE LA COMPTABILITÉ ET DU DÉPÔT DE FONDS

La présente sous-section ne comprend pas de dispositions pour les arrêtés.

SOUS-SECTION 2 DES CONTRÔLES

Art. A. 814-4 Les contrôleurs désignés, conformément aux dispositions de l'article R. 814-45, pour effectuer les contrôles des administrateurs judiciaires et des mandataires judiciaires procèdent concomitamment et personnellement aux vérifications minimales prévues *(Arr. du 22 déc. 2016, art. 1er)* « aux documents figurant aux annexes 8-5-1 et 8-5-2 au présent livre ». — *Les dispositions de l'Arr. du 22 déc. 2016 s'appliquent aux contrôles effectués à compter du 1er janv. 2017 (Arr. préc., art. 3) — V. Annexes 8-5-1 et 8-5-2 au JO du 28 déc. 2016.*

A l'issue du contrôle et après un entretien contradictoire avec le professionnel contrôlé, un rapport commun est établi par les contrôleurs. — *[Arr. du 26 juin 2003, art. 1er.]*

Art. A. 814-5 L'étendue des contrôles occasionnels est déterminée par l'autorité qui les prescrit. Ces contrôles peuvent comporter l'ensemble des vérifications minimales mentionnées à l'article A. 814-4. — *[Arr. du 26 juin 2003, art. 2.]*

Art. A. 814-6 Les contrôleurs demandent les documents et organisent les entretiens nécessaires à la réalisation de leur mission de contrôle dans le respect des dispositions du présent livre. Ils sont tenus au secret professionnel.

Le professionnel contrôlé met à la disposition des contrôleurs tous les documents utiles à la réalisation de leur mission. — *[Arr. du 26 juin 2003, art. 3.]*

SOUS-SECTION 3 DE L'HONORARIAT, DU COSTUME D'AUDIENCE ET DU SERMENT

La présente sous-section ne comprend pas de dispositions pour les arrêtés.

SOUS-SECTION 4 DU LIEU D'EXERCICE DE LA PROFESSION

La présente sous-section ne comprend pas de dispositions pour les arrêtés.

SECTION V DES SOCIÉTÉS D'ADMINISTRATEURS JUDICIAIRES ET DE MANDATAIRES JUDICIAIRES

La présente section ne comprend pas de dispositions pour les arrêtés.

SECTION VI DES SOCIÉTÉS DE PARTICIPATIONS FINANCIÈRES DE PROFESSIONS LIBÉRALES D'ADMINISTRATEURS JUDICIAIRES ET DE MANDATAIRES JUDICIAIRES

(Arr. du 20 avr. 2012)

Art. A. 814-7 Le secrétaire de la commission nationale d'inscription et de discipline compétente dresse la liste des sociétés de participations financières de professions libérales d'administrateurs judiciaires ou de mandataires judiciaires qui mentionne les informations suivantes :

a) La dénomination sociale, la forme juridique et le numéro d'inscription de la société ;

b) L'adresse du siège social ;

c) Les noms et adresses professionnelles des associés, des membres des organes de gestion, de direction, et, selon le cas, d'administration ou de surveillance de la société.

Le secrétaire de la commission nationale assure la mise à jour de ces informations.

TITRE DEUXIÈME DES COMMISSAIRES AUX COMPTES

CHAPITRE PREMIER DE L'ORGANISATION ET DU CONTRÔLE DE LA PROFESSION

SECTION PREMIÈRE DU HAUT CONSEIL DU COMMISSARIAT AUX COMPTES

SOUS-SECTION 1 DE L'ORGANISATION

Art. A. 821-1 *Abrogé par Arr. du 20 févr. 2018.*

SOUS-SECTION 2 DU FONCTIONNEMENT

La présente sous-section ne comprend pas de dispositions pour les arrêtés.

SOUS-SECTION 3 DES RELATIONS DU HAUT CONSEIL AVEC SES HOMOLOGUES ÉTRANGERS

La présente sous-section ne comprend pas de dispositions pour les arrêtés.

SECTION II DES CONTRÔLES ET INSPECTIONS DES COMMISSAIRES AUX COMPTES

La présente section ne comprend pas de dispositions pour les arrêtés.

SECTION III DE L'ORGANISATION PROFESSIONNELLE

La présente section ne comprend pas de dispositions pour les arrêtés.

CHAPITRE II DU STATUT DES COMMISSAIRES AUX COMPTES

SECTION PREMIÈRE DE L'INSCRIPTION ET DE LA DISCIPLINE

SOUS-SECTION 1 DE L'INSCRIPTION

§ 1er DES CONDITIONS D'INSCRIPTION SUR LA LISTE

Art. A. 822-1 *(Arr. du 5 mars 2013, art. 2, en vigueur le 1er juill. 2013)* I. — Le certificat préparatoire aux fonctions de commissaire aux comptes prévu à l'article R. 822-2 est organisé chaque année. Les candidats au certificat préparatoire aux fonctions de commissaire aux comptes déposent au siège de la compagnie régionale des commissaires aux comptes de leur domicile, entre le 1er et le 30 janvier, un dossier comprenant :

1° Tous documents officiels justificatifs de leur identité et de leur nationalité ;

2° Un justificatif des diplômes, certificats ou titres dont ils sont titulaires. Les candidats au titre des dispositions du premier alinéa de l'article R. 822-2 justifient de la décision du garde des sceaux les autorisant à se présenter au certificat préparatoire aux fonctions de commissaire aux comptes.

Les pièces produites sont accompagnées, le cas échéant, de leur traduction en langue française par un traducteur agréé auprès des tribunaux français ou habilité à intervenir auprès des autorités judiciaires ou administratives d'un État membre de l'Union européenne ou partie à l'accord sur l'Espace économique européen.

Les candidats qui présentent un handicap au sens de l'article L. 114 du code de l'action sociale et des familles et qui sollicitent le bénéfice d'aménagements pour le déroulement des épreuves en application des dispositions de l'article R. 822-7-1 communiquent, en outre, une copie de la demande adressée en ce sens au président du jury ainsi qu'une copie de l'avis du médecin désigné par la commission mentionnée à l'article L. 146-9 du code de l'action sociale et des familles ou par le représentant de l'État pour les épreuves se déroulant à Mayotte, en Nouvelle-Calédonie ou à Wallis-et-Futuna.

Les dossiers sont adressés par chaque compagnie régionale à la Compagnie nationale des commissaires aux comptes avant le 1er mars.

La liste des candidats autorisés à se présenter au certificat préparatoire aux fonctions de commissaire aux comptes est publiée au *Journal officiel* de la République française par le garde des sceaux, ministre de la justice.

La date et le lieu des épreuves sont notifiés par la Compagnie nationale des commissaires aux comptes, par voie de convocation individuelle.

II. — Le certificat préparatoire comprend des épreuves d'admissibilité et des épreuves d'admission.

A. — Les épreuves d'admissibilité comportent :

1° Une épreuve écrite portant, au choix du jury, sur l'étude d'une ou de plusieurs situations pratiques, d'un ou de plusieurs exercices, d'une ou de plusieurs questions, le cas échéant combinés, portant sur la comptabilité, d'une durée de trois heures (coefficient 3) ;

2° Une épreuve écrite portant, au choix du jury, sur l'étude d'une ou de plusieurs situations pratiques, d'un ou de plusieurs exercices, d'une ou de plusieurs questions, le cas échéant combinés, portant sur les systèmes d'information de gestion et les techniques quantitatives de gestion utilisées en matière d'audit, d'une durée de deux heures (coefficient 2).

Chacune des deux épreuves est notée de 0 à 20 et fait l'objet d'une double correction. L'anonymat de la correction est assuré. Une moyenne de 10/20 est exigée pour l'admissibilité. Toute note inférieure à 6 à l'une des deux épreuves est éliminatoire.

B. — Nul ne peut se présenter aux épreuves d'admission s'il n'a été déclaré admissible.

Les épreuves d'admission, qui sont notées de 0 à 20, comportent :

1° Une interrogation orale sur les matières juridique, comptable, financière et fiscale du programme, d'une durée maximale d'une heure (coefficient 3) ;

2° Une épreuve orale d'anglais appliqué aux affaires se déroulant sous forme de conversation à partir de documents fournis en anglais pouvant servir de support à des questions, des commentaires et des demandes de traduction, d'une durée maximale de trente minutes (coefficient 1).

L'admission est prononcée au vu de la moyenne des notes obtenues par le candidat aux épreuves orales, laquelle ne peut être inférieure à 10/20.

III. — Le programme figure à l'annexe 8-9 au présent livre. — *V. Annexe 8-9*

IV. — Le jury est celui prévu à l'article A. 822-8.

V. — Les résultats sont affichés par les soins du jury et notifiés aux candidats.

Le candidat déclaré admissible qui n'a pas obtenu la moyenne requise aux épreuves d'admission conserve le bénéfice de l'admissibilité pour la session suivante.

Art. A. 822-2 *(Arr. du 5 mars 2013, art. 3, en vigueur le 1er juill. 2013)* Le certificat d'aptitude prévu à l'article R. 822-2 est organisé chaque année.

Les candidats au titre de l'article R. 822-2 déposent au siège de la compagnie régionale des commissaires aux comptes de leur domicile, entre le 1er et le 30 juin, leur demande accompagnée de tous documents officiels justificatifs de leur identité et de leur nationalité et la justification de leur stage professionnel.

Les titulaires d'un diplôme obtenu dans un État étranger, visés au premier alinéa de l'article R. 822-2, justifient de la décision du garde des sceaux les autorisant à se présenter au certificat d'aptitude aux fonctions de commissaire aux comptes.

Les candidats au titre des dispositions du 1° de l'article R. 822-2 justifient de leur réussite au certificat préparatoire aux fonctions de commissaire aux comptes.

Les candidats au titre des dispositions du 2° de l'article R. 822-2 justifient qu'ils sont titulaires du diplôme d'études comptables supérieures régi par le décret n° 81-537 du 12 mai 1981 ou du diplôme d'études supérieures comptables et financières ou qu'ils ont validé au moins quatre des sept épreuves obligatoires du diplôme supérieur de comptabilité et de gestion définies par l'article 50 du décret n° 2012-432 du 30 mars 2012.

Les candidats au titre des dispositions du 3° de l'article R. 822-2 justifient de la décision du garde des sceaux les autorisant à se présenter au certificat d'aptitude aux fonctions de commissaire aux comptes.

Les candidats au titre des dispositions du premier alinéa de l'article R. 822-5 justifient de la décision du garde des sceaux les autorisant à se présenter au certificat d'aptitude aux fonctions de commissaire aux comptes.

Les candidats qui présentent un handicap au sens de l'article L. 114 du code de l'action sociale et des familles et qui sollicitent le bénéfice d'aménagements pour le déroulement des épreuves en application des dispositions de l'article R. 822-7-1 communiquent, en outre, une copie de la demande adressée en ce sens au président du jury ainsi qu'une copie de l'avis du médecin désigné par la commission mentionnée à l'article L. 146-9 du code de l'action sociale et des familles ou par le représentant de l'État pour les épreuves se déroulant à Mayotte, en Nouvelle-Calédonie ou à Wallis-et-Futuna.

Les dossiers sont adressés par chaque compagnie régionale des commissaires aux comptes à la Compagnie nationale des commissaires aux comptes au plus tard le 15 juillet.

La liste des candidats autorisés à se présenter au certificat d'aptitude aux fonctions de commissaire aux comptes est publiée au *Journal officiel* de la République française par le garde des sceaux, ministre de la justice.

La date et le lieu des épreuves sont notifiés par la Compagnie nationale des commissaires aux comptes, par voie de convocation individuelle.

Les dispositions de l'art. 3, al. 3 à 7, de l'Arr. du 5 mars 2013 ne s'appliquent pas aux candidats au certificat d'aptitude aux fonctions de commissaire aux comptes qui justifient d'une date de début de stage professionnel antérieure au 1er juill. 2013. Ils sont admis à présenter le certificat d'aptitude aux fonctions de commissaire aux comptes s'ils remplissaient les conditions fixées par la loi à la date du jour où ils ont commencé le stage mentionné à l'art. R. 822-3.

Les périodes de stage professionnel effectuées avant le 1er juill. 2013 conformément aux dispositions de la partie Arrêtés du code de commerce applicables avant l'entrée en vigueur de l'Arr. du 5 mars 2013 sont validées par le conseil régional compétent (Arr. préc., art. 18).

Art. A. 822-2-1 *(Arr. du 5 mars 2013, art. 4, en vigueur le 1er juill. 2013)* Les candidats titulaires d'un diplôme obtenu dans un État étranger qui souhaitent bénéficier des dispositions du premier alinéa de l'article R. 822-2 adressent au garde des sceaux, ministre de la justice, au plus tard le 30 septembre, un dossier en double exemplaire comprenant :

1° Tous documents officiels justificatifs de leur identité et de leur nationalité ;

2° Tout justificatif des diplômes, certificats ou titres dont ils sont titulaires ;

3° Tout justificatif permettant d'apprécier le contenu et le niveau d'études postsecondaires suivies avec succès.

Les candidats qui souhaitent bénéficier des dispositions du 3° de l'article R. 822-2 adressent au garde des sceaux, ministre de la justice, au plus tard le 30 avril, un dossier en double exemplaire comprenant :

1° Tous documents officiels justificatifs de leur identité et de leur nationalité ;

2° Tout justificatif des diplômes, certificats ou titres dont ils sont titulaires ;

3° Tout justificatif permettant d'apprécier le contenu et le niveau d'études postsecondaires suivies avec succès.

Les candidats au titre des dispositions du premier alinéa de l'article R. 822-5 fournissent au garde des sceaux, ministre de la justice, au plus tard le 30 avril, un dossier en double exemplaire comprenant :

1° Tous documents officiels justificatifs de leur identité et de leur nationalité ;

2° Tout justificatif établissant qu'ils ont exercé pendant une durée de quinze ans au moins une activité publique ou privée qui leur a permis d'acquérir une expérience suffisante dans les domaines financier, comptable et juridique intéressant les sociétés commerciales.

Les pièces produites sont accompagnées, le cas échéant, de leur traduction en langue française par un traducteur agréé auprès des tribunaux français ou habilité à intervenir auprès des autorités judiciaires ou administratives d'un État membre de l'Union européenne ou partie à l'accord sur l'Espace économique européen.

A réception du dossier complet, un récépissé leur est délivré. Les candidats sont admis à se présenter, selon le cas, au certificat préparatoire aux fonctions de commissaire aux comptes ou au certificat d'aptitude aux fonctions de commissaire aux comptes par décision motivée du garde des sceaux. Cette décision doit intervenir dans un délai de deux mois à compter de la délivrance du récépissé. Le défaut de réponse dans ce délai vaut rejet de la demande.

Art. A. 822-3 Le certificat d'aptitude comprend des épreuves écrites d'admissibilité et des épreuves orales d'admission. — *[Arr. du 24 janv. 1994, art. 2, al. 1er.]*

Art. A. 822-4 *(Arr. du 5 mars 2013, art. 5, en vigueur le 1er juill. 2013)* Les épreuves d'admissibilité comportent :

1° Une épreuve écrite, sous forme de cas pratique, portant sur la comptabilité et l'audit, d'une durée de cinq heures (coefficient 4) ;

2° Une épreuve écrite, comprenant l'étude d'un cas ou de situations pratiques pouvant être complétée par le commentaire d'un ou de plusieurs documents, portant sur le droit appliqué à la vie des affaires, d'une durée de quatre heures (coefficient 3) ;

3° Une épreuve écrite, comprenant l'étude d'un cas ou de situations pratiques pouvant être complétée par le commentaire d'un ou de plusieurs documents, en langue française, ainsi que par une ou plusieurs questions portant sur l'économie, les finances et le management, d'une durée de quatre heures (coefficient 2) ;

4° Une épreuve écrite de synthèse portant sur l'ensemble des matières du programme, destinée à apprécier les qualités de réflexion et de rédaction des candidats, d'une durée de trois heures (coefficient 3).

Chacune des quatre épreuves est notée de 0 à 20 et fait l'objet d'une double correction. L'anonymat de la correction est assuré. Une moyenne de 10/20 est exigée pour l'admissibilité ; toute note inférieure à 6/20 à l'une des quatre épreuves est éliminatoire.

Art. A. 822-5 *(Arr. du 5 mars 2013, art. 6, en vigueur le 1er juill. 2013)* Nul ne peut se présenter aux épreuves d'admission s'il n'a été déclaré admissible.

Les épreuves d'admission, qui sont notées de 0 à 20, comportent :

1° Une épreuve d'entretien d'une durée maximale d'une demi-heure, précédée d'une demi-heure de préparation (coefficient 3) ;

2° Une épreuve orale d'anglais appliqué à la vie des affaires se déroulant sous forme de conversation à partir de documents fournis en anglais, pouvant servir de support à des questions, des commentaires et des demandes de traduction, d'une durée maximale d'une demi-heure (coefficient 1).

L'admission est prononcée au vu de la moyenne des notes obtenues par le candidat aux épreuves orales, laquelle ne peut être inférieure à 10/20.

Les dispositions de l'art. 6 de l'Arr. du 5 mars 2013 ne s'appliquent pas aux candidats au certificat d'aptitude aux fonctions de commissaire aux comptes déclarés admissibles aux épreuves écrites à la date d'entrée en vigueur de cet arrêté [1er juill. 2013] qui n'ont pas obtenu la moyenne requise aux épreuves orales d'admission et qui conservent le bénéfice de l'admissibilité pour la session suivante. Le programme et les modalités du certificat d'aptitude aux fonctions de commissaire aux comptes fixées antérieurement à l'entrée en vigueur de cet arrêté sont applicables (Arr. préc., art. 18).

Art. A. 822-6 Le programme figure à l'annexe 8-7 au présent livre. — *[Arr. du 24 janv. 1994, art. 3.] — V. Annexe 8-7* .

Art. A. 822-7 Les résultats sont affichés par les soins du jury et notifiés aux candidats.

Le candidat déclaré admissible aux épreuves écrites qui n'a pas obtenu la moyenne requise aux épreuves orales d'admission conserve le bénéfice de l'admissibilité pour la session suivante. — *[Arr. du 24 janv. 1994, art. 2, al. 12 et 13.]*

Art. A. 822-8 *(Arr. du 5 mars 2013, art. 7, en vigueur le 1er juill. 2013)* Un arrêté du garde des sceaux, ministre de la justice, publié au *Journal officiel* de la République française désigne les membres du jury.

Le jury est composé comme suit :

1° Un magistrat de l'ordre judiciaire, hors hiérarchie, en activité ou honoraire, président ;

2° Un second magistrat de l'ordre judiciaire, en activité ou honoraire ;

3° *Un magistrat de* la Cour des comptes ou un inspecteur des finances ;

4° Un représentant du Haut conseil du commissariat aux comptes ;

5° Un représentant de l'Autorité des marchés financiers ;

6° Un représentant de l'Autorité des normes comptables ;

7° Quatre membres de l'enseignement supérieur, professeurs ou maîtres de conférences ;

8° Deux commissaires aux comptes exerçant également les fonctions d'experts-comptables, désignés sur proposition du conseil supérieur de l'ordre des experts-comptables ;

9° Deux commissaires aux comptes, désignés sur proposition de la Compagnie nationale des commissaires aux comptes.

Des suppléants sont désignés dans les mêmes conditions que les titulaires.

Des examinateurs spécialisés peuvent être adjoints au jury par arrêté du garde des sceaux, ministre de la justice, au plus tard la veille de l'épreuve pour laquelle ils sont désignés. Ils participent aux délibérations du jury avec voie consultative pour l'attribution des notes se rapportant à l'épreuve qu'ils ont évaluée ou corrigée.

Le jury est valablement constitué si sept au moins de ses membres sont présents.

Art. A. 822-8-1 *(Arr. du 5 mars 2013, art. 8, en vigueur le 1er juill. 2013)* Des commissions d'examen, auxquelles peuvent participer les examinateurs spécialisés mentionnés à l'article A. 822-8, présentent au jury, sous l'autorité duquel elles sont placées, des propositions de notation des candidats pour chacune des épreuves orales présentées. Elles sont composées au minimum de trois membres, dont un au moins est issu du jury. Ces commissions ne peuvent comporter plus d'un commissaire aux comptes.

Le jury délibère sur les notes proposées par les commissions d'examen, arrête les notes définitives et établit la liste des candidats admis.

Art. A. 822-9 Le conseil régional habilite les commissaires aux comptes à recevoir des stagiaires après s'être assuré qu'ils offrent des garanties suffisantes quant à la formation de ces stagiaires.

Il dresse une liste des personnes ainsi habilitées. Cette liste peut être consultée par tout intéressé.

Le conseil régional communique une copie des articles A. 822-9 à A. 822-18 au maître de stage lors de son habilitation. — *[Arr. du 4 févr. 1993, art. 1er.]*

Art. A. 822-10 Le stagiaire est tenu de faire connaître au président du conseil régional, par lettre recommandée avec demande d'avis de réception, quinze jours au moins avant le début de son stage :

1° Son nom et son adresse ;

2° Le nom et l'adresse de son maître de stage ;

(Arr. du 5 mars 2013, art. 9, en vigueur le 1er juill. 2013) « 3° Les justificatifs des titres, diplômes, attestations de formation ou autorisations exigées pour se présenter au certificat d'aptitude aux fonctions de commissaire aux comptes. »

Il accompagne cette lettre d'une attestation du maître de stage indiquant qu'il accepte de recevoir le stagiaire et la date du début du stage.

Le stagiaire est tenu aux mêmes obligations en cas de changement de maître de stage. — *[Arr. du 4 févr. 1993, art. 2.]*

Art. A. 822-11 Le stagiaire qui souhaite effectuer une partie de son stage en France chez une personne autre qu'un commissaire aux comptes inscrit sur la liste prévue *(Ord. no 2016-315 du 17 mars 2016, art. 46, en vigueur le 17 juin 2016)* « au I de l'article L. 822-1 », ou tout ou partie de son stage à l'étranger, obtient l'autorisation du conseil régional.

(Arr. du 5 mars 2013, art. 10-1°, en vigueur le 1er juill. 2013) « Elle est délivrée au vu de la ou des pièces suivantes :

« – une attestation délivrée par le maître de stage, par laquelle celui-ci confirme accueillir le stagiaire, en précisant la date retenue pour le début du stage ;

« – le cas échéant, un document émanant de l'autorité compétente de l'État étranger justifiant que la personne chez laquelle le candidat envisage d'effectuer son stage est agréée pour exercer le contrôle légal des comptes et qu'elle offre des garanties suffisantes quant à la formation du stagiaire. »

Cette autorisation mentionne le nom, la qualité et l'adresse du maître de stage ainsi que la date du début du stage.

Le conseil régional compétent est celui dont relevait précédemment le stagiaire ou, si celui-ci n'a pas encore commencé son stage, le conseil régional désigné à cet effet par le conseil national.

Le conseil régional qui a autorisé le stage en assure le contrôle. — *[Arr. du 4 févr. 1993, art. 3.]*

(Arr. du 5 mars 2013, art. 10-2°, en vigueur le 1er juill. 2013) « Le stagiaire qui effectue son stage à l'étranger est soumis aux mêmes obligations de travaux, de formation et de rapports que le stagiaire effectuant son stage en France. »

Art. A. 822-11-1 *(Arr. du 5 mars 2013, art. 11, en vigueur le 1er juill. 2013)* Lorsque le stage a été commencé à l'étranger, la poursuite de celui-ci en France n'est possible que si la période effectuée à l'étranger obtient la validation du conseil régional désigné à cet effet par le conseil national, à la demande du stagiaire. Le conseil régional qui a autorisé le stage en assure le contrôle.

Pour obtenir cette validation, le stagiaire présente au conseil régional un document émanant de l'autorité compétente de l'État étranger justifiant que la personne chez laquelle le stage commencé à l'étranger a été effectué est agréée pour exercer le contrôle légal des comptes et offre des garanties suffisantes quant à la formation du stagiaire.

Art. A. 822-12 La durée du stage est au minimum de trente-deux heures par semaine. Le stage est accompli pendant les heures normales de travail du maître de stage. Dans les six derniers mois du stage, le maître de stage accorde au stagiaire qui le demande un congé non rémunéré d'une durée d'au moins un mois pour la préparation du certificat d'aptitude aux fonctions de commissaire aux comptes.

(Arr. du 5 mars 2013, art. 12, en vigueur le 1er juill. 2013) « Le stage peut être effectué concurremment à celui prévu au premier alinéa de l'article 4 de l'ordonnance nº 45-2138 du 19 septembre 1945 modifiée portant institution de l'ordre des experts-comptables et réglementant le titre de la profession d'expert-comptable. » – *[Arr. du 4 févr. 1993, art. 4.]*

Art. A. 822-13 Le stage a pour objet de préparer le stagiaire à l'exercice de la profession. L'activité du stagiaire ne se limite pas à de simples tâches d'exécution. Elle est dans toute la mesure du possible en relation directe avec les études théoriques qu'il poursuit. Les horaires du stagiaire sont aménagés à cette fin.

Le stagiaire a la possibilité de consacrer une partie de son stage à l'étude de la documentation détenue par le maître de stage pour lui permettre d'approfondir ses connaissances et de se tenir informé de l'actualité intéressant la profession. – *[Arr. du 4 févr. 1993, art. 5.]*

Art. A. 822-14 *(Arr. du 5 mars 2013, art. 13, en vigueur le 1er juill. 2013)* « Le stage est complété par des actions de formation dont le contenu, l'organisation et les modalités de mise en œuvre sont arrêtés par le conseil régional conformément au règlement de stage arrêté par le conseil national de la Compagnie nationale des commissaires aux comptes. Des dispenses peuvent, à titre exceptionnel et sur décision motivée, être octroyées par ce dernier.

« La durée de cette formation est d'au moins vingt-quatre jours sur les trois années de stage.

« Les actions de formation suivies au titre du présent article portent sur les compétences et les connaissances nécessaires à l'exercice du commissariat aux comptes.

« Elles s'inscrivent dans un plan de formation individuel élaboré par le contrôleur des stages. »

Le stagiaire établit des rapports d'activité selon une périodicité fixée par le conseil régional et transmet ces rapports, visés par le maître de stage et accompagnés le cas échéant de ses observations, au contrôleur du stage.

Le conseil régional peut autoriser le stagiaire à suspendre son stage pour une durée totale n'excédant pas trois ans. – *[Arr. du 4 févr. 1993, art. 6.]*

Les dispositions de l'art. 13 de l'Arr. du 5 mars 2013 s'appliquent aux stagiaires non titulaires de l'attestation de fin de stage à la date d'entrée en vigueur de cet arrêté (Arr. préc., art. 18, en vigueur le 1er juill. 2013).

Art. A. 822-15 Le conseil régional nomme un commissaire aux comptes chargé d'assurer le contrôle des stages. Il peut désigner un ou plusieurs contrôleurs adjoints.

Le contrôleur de stage ou l'un des contrôleurs adjoints reçoit les stagiaires sur leur demande à son cabinet. Il peut également les visiter dans les bureaux du maître de stage.

Il reçoit dans les délais qu'il a fixés les rapports d'activités mentionnés à l'article A. 822-14.

Le contrôleur de stage fait part, s'il y a lieu, au stagiaire ou au maître de stage, suivant le cas, de toutes remarques ou suggestions concernant l'assiduité et le comportement du stagiaire, la nature, le nombre et la qualité des travaux effectués et la formation professionnelle acquise.

Le contrôleur de stage ou les contrôleurs adjoints réunissent les stagiaires au moins une fois par semestre.

La convocation aux réunions est adressée au stagiaire trois semaines au moins à l'avance. Le maître de stage est également avisé de cette convocation. La présence des stagiaires à ces réunions est obligatoire, sauf empêchement dûment justifié.

Les contrôleurs de stage font un compte rendu annuel de leur activité au conseil régional et au contrôleur national de stage. — *[Arr. du 4 févr. 1993, art. 7.]*

Art. A. 822-16 Le conseil national désigne un contrôleur national de stage qui oriente et coordonne l'action des contrôleurs régionaux. — *[Arr. du 4 févr. 1993, art. 8.]*

Art. A. 822-17 Le maître de stage établit à l'issue du stage un rapport sur les conditions de déroulement du stage qu'il transmet au conseil régional.

Le président du conseil régional, au vu du rapport du maître de stage et des observations écrites du contrôleur de stage, établit un certificat portant ses appréciations sur le déroulement du stage et précisant si le stage est jugé satisfaisant.

Lorsque plusieurs conseils régionaux ont assuré le contrôle du stage, le président du conseil régional compétent pour délivrer le certificat mentionné ci-dessus est celui dont relevait le stagiaire à l'issue de son stage. Si le stage s'est déroulé en totalité ou a pris fin à l'étranger, ce certificat est délivré par le président du conseil régional qui a donné l'autorisation mentionnée à l'article A. 822-11. — *[Arr. du 4 févr. 1993, art. 9.]*

Art. A. 822-18 Le conseil régional tient un registre sur lequel les stagiaires sont inscrits dans l'ordre d'arrivée des lettres mentionnées à l'article A. 822-10 ou des autorisations mentionnées à l'article A. 822-11.

Il tient également un dossier par stagiaire et par maître de stage. — *[Arr. du 4 févr. 1993, art. 10.]*

Art. A. 822-19 *(Arr. du 5 mars 2013, art. 14, en vigueur le 1er juill. 2013)* « L'épreuve d'aptitude prévue aux articles R. 822-6 et R. 822-7 a lieu au moins une fois par an, à une date fixée par arrêté du garde des sceaux, ministre de la justice, publié au *Journal officiel* de la République française. »

L'organisation matérielle de cette épreuve est confiée à la Compagnie nationale des commissaires aux comptes. — *[Arr. du 4 févr. 1993, art. 1er.]*

Art. A. 822-20 *(Arr. du 5 mars 2013, art. 15, en vigueur le 1er juill. 2013)* Les personnes de nationalité française et les ressortissants d'un autre État membre de l'Union européenne adressent au garde des sceaux, ministre de la justice, au plus tard le 30 avril, un dossier en double exemplaire comprenant :

1° Tous documents officiels justificatifs de leur identité et de leur nationalité ;

2° Les diplômes, certificats ou titres dont ils sont titulaires ;

3° Tout justificatif permettant d'apprécier le contenu et le niveau d'études postsecondaires suivies avec succès et si l'intéressé a accompli le stage professionnel requis.

Les pièces produites sont accompagnées, le cas échéant, de leur traduction en langue française par un traducteur agréé auprès des tribunaux français ou habilité à intervenir auprès des autorités judiciaires ou administratives d'un État membre de l'Union européenne ou partie à l'accord sur l'Espace économique européen.

Les candidats qui présentent un handicap au sens de l'article L. 114 du code de l'action sociale et des familles et qui sollicitent le bénéfice d'aménagements pour le déroulement des épreuves en application des dispositions de l'article R. 822-7-1 communiquent, en outre, une copie de la demande adressée en ce sens au président du jury ainsi qu'une copie de l'avis du médecin désigné par la commission mentionnée à l'article L. 146-9 du code de l'action sociale et des familles ou par le représentant de l'État pour les épreuves se déroulant à Mayotte, en Nouvelle-Calédonie ou à Wallis-et-Futuna.

Art. A. 822-21 *(Arr. du 5 mars 2013, art. 16, en vigueur le 1er juill. 2013)* Les personnes non ressortissantes d'un État membre de l'Union européenne adressent au garde des sceaux, ministre de la justice, au plus tard le 30 avril, un dossier en double exemplaire comprenant les pièces mentionnées à l'article A. 822-20.

Elles présentent, en outre, tous justificatifs permettant d'apprécier si elles bénéficient d'une expérience professionnelle suffisante, au sens du troisième alinéa de l'article R. 822-7.

Art. A. 822-22 Le garde des sceaux, ministre de la justice, publie au *Journal officiel* de la République française la liste des candidats autorisés à se présenter à l'épreuve.

La date et le lieu des épreuves sont notifiés par voie de convocation individuelle par la Compagnie nationale des commissaires aux comptes. – *[Arr. du 4 févr. 1993, art. 4.]*

Art. A. 822-23 L'épreuve d'aptitude se compose d'un écrit et d'un oral qui se déroulent en langue française.

L'écrit et l'oral portent sur les matières fixées par le garde des sceaux, ministre de la justice, dans la décision prévue à l'article R. 822-6, et dont la connaissance est une condition essentielle pour pouvoir exercer la profession de commissaire aux comptes. – *[Arr. du 4 févr. 1993, art. 5, al. 1er et 2.]*

Art. A. 822-24 La durée de l'épreuve écrite est limitée à trente minutes pour chaque matière sur laquelle l'intéressé est interrogé. – *[Arr. du 4 févr. 1993, art. 5, al. 3.]*

Art. A. 822-25 L'oral consiste en un entretien de trente minutes avec les membres du jury. – *[Arr. du 4 févr. 1993, art. 5, al. 4.]*

Art. A. 822-26 L'admission est prononcée au vu de la moyenne obtenue par le candidat aux épreuves écrites et orales à condition que cette moyenne soit supérieure ou égale à 10. – *[Arr. du 4 févr. 1993, art. 5, al. 5.]*

Art. A. 822-27 Les résultats sont affichés par les soins du jury et notifiés au candidat. – *[Arr. du 4 févr. 1993, art. 5, al. 6.]*

Art. A. 822-28 Le jury est celui prévu à l'article A. 822-8. – *[Arr. du 4 févr. 1993, art. 6.]*

§ 2 DE LA COMMISSION RÉGIONALE D'INSCRIPTION ET DE LA TENUE DE LA LISTE

Le présent paragraphe ne comprend pas de dispositions pour les arrêtés.

§ 3 DES RECOURS CONTRE LES DÉCISIONS DE LA COMMISSION RÉGIONALE D'INSCRIPTION

Le présent paragraphe ne comprend pas de dispositions pour les arrêtés.

SOUS-SECTION 2 DE LA DISCIPLINE

La présente sous-section ne comprend pas de dispositions pour les arrêtés.

SECTION II DE LA DÉONTOLOGIE ET DE L'INDÉPENDANCE DES COMMISSAIRES AUX COMPTES

Art. A. 822-28-1 *(Arr. du 20 févr. 2018)* La formation professionnelle continue prévue à l'article L. 822-4 assure la mise à jour et le perfectionnement des connaissances et des compétences nécessaires à la certification des comptes et à l'exercice des missions réalisées par les commissaires aux comptes. Elle correspond aux actions de formation définies aux 2° et 6° de l'article L. 6313-1 du code du travail.

Art. A. 822-28-2 *(Arr. du 23 mars 2009)* La durée de la formation professionnelle *(Arr. du 20 févr. 2018)* « continue » est de cent vingt heures au cours de trois années consécutives. Vingt heures au moins sont accomplies au cours d'une même année. – *[Arr. du 19 déc. 2008, art. 2.]*

Art. A. 822-28-3 *(Arr. du 20 févr. 2018)* L'obligation de formation professionnelle continue est satisfaite :

1° Par la participation à des séminaires de formation, à des programmes d'autoformation encadrée ou à des formations ou enseignements à distance ;

2° Par l'assistance à des colloques ou à des conférences dans la limite de quarante heures au cours de trois années consécutives ;

3° Par la conception ou l'animation de formations, de colloques, de conférences ou d'enseignements, dans un cadre professionnel ou universitaire dans la limite de quarante heures au cours de trois années consécutives ;

4° Par la rédaction et la publication de travaux à caractère technique dans la limite de trente heures au cours de trois années consécutives ;

5° Par la participation à des travaux à caractère technique dans la limite de trente-deux heures au cours de trois années consécutives ;

6° Par la participation au programme de formation continue particulière prévue au II de l'article L. 822-4.

Art. A. 822-28-4 *(Arr. du 20 févr. 2018)* Les formations éligibles au titre du 1° de l'article A. 822-28-3 sont dispensées par des organismes de formation ou des établissements d'enseignement supérieur. Elles satisfont aux conditions définies à l'article L. 6353-1 du code du travail.

Chaque session de formation donne lieu à la remise à chaque participant d'un support pédagogique de formation.

Art. A. 822-28-5 *(Arr. du 20 févr. 2018)* Les colloques ou conférences éligibles au titre du 2° de l'article A. 822-28-3 ont une durée continue d'au moins une heure trente et sont organisés pour au moins vingt participants.

Chaque colloque ou conférence donne lieu à la remise à chaque participant d'une documentation écrite.

A l'issue de chaque colloque ou conférence, il est remis à chaque participant par l'organisme organisateur une attestation de présence. L'attestation est signée par le représentant légal de l'organisateur, ou son délégataire.

Art. A. 822-28-6 *(Arr. du 20 févr. 2018)* Les actions éligibles au titre du 3° de l'article A. 822-28-3 portent sur les actions de formation mentionnées aux 1° et 2° de l'article A. 822-28-3, ainsi que sur les formations dispensées au sein des universités et établissements publics ou par des organismes de formation dans le cadre de la formation initiale des commissaires aux comptes et des experts-comptables.

Si l'intervention initiale est reproduite dans d'autres lieux de formation ou devant des auditoires différents, chaque intervention n'est comptabilisée qu'une fois par an.

Le temps de conception retenu pour les actions mentionnées au présent article est égal au temps de l'action de formation correspondante.

Lorsque le concepteur d'une action de formation en est également l'animateur, est seul éligible à l'obligation de formation professionnelle continue le temps consacré à la conception.

L'animation ou la conception de formations, enseignements, colloques et conférences fait l'objet d'une attestation délivrée au commissaire aux comptes ou d'un justificatif de son intervention par l'organisme qui l'a fait intervenir.

Art. A. 822-28-7 *(Arr. du 20 févr. 2018)* Les publications éligibles au titre du 4° de l'article A. 822-28-3 sont prises en compte l'année de leur dépôt légal.

Pour les essais, les ouvrages et publications d'articles, les deux critères cumulatifs suivants sont retenus :

1° Le contenu :

Les travaux publiés devront traiter de sujets relatifs à des matières techniques ayant un lien avec l'activité de commissaire aux comptes, à la déontologie ou à la réglementation professionnelle.

2° La forme :

L'ensemble des publications considérées doit contenir au minimum 10 000 signes espaces compris, hors titre, chapeaux, abstracts et intertitres. L'équivalence est fixée à trois heures de formation pour 10 000 signes ainsi définis. Une mise à jour correspond au tiers de cette équivalence.

Le commissaire aux comptes conserve au moins un exemplaire original de l'ouvrage ou de la revue ayant accueilli sa publication, et le produit, en cas de demande, lors des contrôles du respect de l'obligation de formation.

Art. A. 822-28-8 *(Arr. du 20 févr. 2018)* I. — La participation aux commissions spécialisées et aux groupes de travail de la Compagnie nationale des commissaires aux comptes, de l'Autorité des normes comptables et de tout organisme similaire œuvrant dans un cadre européen ou international peut entrer dans le décompte de l'obligation de formation, au titre du 5° de l'article A. 822-28-3, pour autant que les personnes intéressées sont actives au sein desdites commissions ou groupes de travail, c'est-à-dire qu'elles exercent les fonctions de président, vice-président ou rapporteur. La seule présence physique aux différentes réunions de ces commissions ou groupes de travail ne peut être prise en compte.

Est seule prise en compte au titre de l'alinéa précédent la participation aux commissions et groupes de travail permettant de satisfaire aux objectifs énoncés à l'article A. 822-28-1 et portant sur les orientations générales et les domaines définis par le Haut Conseil du commissariat aux comptes.

Lorsque l'ordre du jour de la commission ou du groupe de travail prévoit l'intervention d'un rapporteur, la journée de présence équivaut à seize heures d'activité de formation.

Une attestation de présence est délivrée au commissaire aux comptes par la présidence de la Compagnie nationale des commissaires aux comptes ou par les organes concernés.

II. — Est assimilée à la participation à une commission spécialisée et prise en compte au titre de l'obligation de formation la présidence ou la vice-présidence de la Compagnie nationale des commissaires aux comptes ou d'une compagnie régionale des commissaires aux comptes.

Art. A. 822-28-9 *(Arr. du 20 févr. 2018)* Les commissaires aux comptes déclarent annuellement, au plus tard le 31 mars, auprès du Haut Conseil du commissariat aux comptes ou de son délégataire, les conditions dans lesquelles ils ont satisfait à leur obligation de formation professionnelle continue au cours de l'année civile écoulée. Les modalités de cette déclaration sont définies par le Haut Conseil.

Les justificatifs utiles à la vérification du respect de cette obligation sont joints à la déclaration et conservés pour être, le cas échéant, produits lors des contrôles ou des enquêtes. Leur durée de conservation est fixée à six années.

Art. A. 822-28-10 *(Arr. du 20 févr. 2018)* La formation continue particulière mentionnée au 2° de l'article R. 822-22 est satisfaite par la participation aux actions de formation mentionnées au 1° de l'article A. 822-28-3 dans le cadre des orientations générales et des domaines définis par le Haut Conseil du commissariat aux comptes.

Art. A. 822-28-11 à A. 822-28-19 *Abrogés par Arr. du 20 févr. 2018.*

SECTION III DE LA RESPONSABILITÉ CIVILE

Art. A. 822-29 Les contrats d'assurance mentionnés à l'article *(Arr. du 20 févr. 2018)* « R. 822-36 » comportent les garanties conformes ou au moins équivalentes à celles qui sont définies par les clauses spécifiées à l'annexe 8-8 au présent livre. *— V. Annexe 8-8* 🏛.

Ils spécifient en caractères très apparents qu'en cas d'opposition ou de différence entre les termes du contrat et ceux des clauses précitées l'assuré bénéficie de celles de ces dispositions qui lui sont le plus favorables. *— [Arr. du 13 mars 1972, art. 1er.]*

Art. A. 822-30 Chaque commissaire aux comptes, qu'il exerce ses fonctions à titre individuel ou en société, souscrit un tel contrat dans les conditions prévues à l'article *(Arr. du 20 févr. 2018)* « R. 822-36 ». *— [Arr. du 13 mars 1972, art. 2.]*

Art. A. 822-31 Les contrats mentionnés à l'article A. 822-29 ne comportent pas de limite de garantie inférieure à 76 224,51 € par année et par sinistre pour un même assuré. Il peut être stipulé au contrat une franchise qui n'est pas supérieure, en tout état de cause, à 10 % du montant des indemnités dues. *— [Arr. du 13 mars 1972, art. 3.]*

Art. A. 822-32 Ces mêmes contrats comportent une clause de tacite reconduction annuelle. *— [Arr. du 13 mars 1972, art. 4.]*

Art. A. 822-33 Toute contestation relative à la mise en jeu de la garantie relève exclusivement de l'appréciation des tribunaux. *— [Arr. du 13 mars 1972, art. 5.]*

SECTION IV DES SOCIÉTÉS DE COMMISSAIRES AUX COMPTES

SOUS-SECTION 1 DISPOSITIONS COMMUNES AUX DIVERSES SOCIÉTÉS

(Arr. du 14 déc. 2011)

La présente sous-section ne comprend pas de dispositions pour les arrêtés.

SOUS-SECTION 2 DISPOSITIONS APPLICABLES AUX SOCIÉTÉS CIVILES PROFESSIONNELLES

(Arr. du 14 déc. 2011)

La présente sous-section ne comprend pas de dispositions pour les arrêtés.

SOUS-SECTION 3 DISPOSITIONS APPLICABLES AUX SOCIÉTÉS AUTRES QUE LES SOCIÉTÉS CIVILES PROFESSIONNELLES

(Arr. du 14 déc. 2011)

La présente sous-section ne comprend pas de dispositions pour les arrêtés.

SOUS-SECTION 4 DISPOSITIONS APPLICABLES AUX SOCIÉTÉS EN PARTICIPATION

(Arr. du 14 déc. 2011)

La présente sous-section ne comprend pas de dispositions pour les arrêtés.

SOUS-SECTION 5 DES SOCIÉTÉS DE PARTICIPATIONS FINANCIÈRES DE PROFESSION LIBÉRALE DE COMMISSAIRES AUX COMPTES

(Arr. du 14 déc. 2011)

Art. A. 822-34 La Compagnie nationale des commissaires aux comptes dresse la liste des sociétés de participations financières de profession libérale de commissaires aux comptes qui mentionne les informations suivantes :

a) La dénomination sociale, la forme juridique et le numéro d'inscription de la société ;

b) L'adresse du siège social ;

c) Les noms et adresses professionnelles des associés ou actionnaires, des membres des organes de gestion, de direction, et, selon le cas, d'administration ou de surveillance de la société ;

(Arr. du 20 févr. 2018) « *d)* Les noms et numéros d'inscription des commissaires aux comptes associés de la société qui figurent sur la liste mentionnée au I de l'article L. 822-1. »

La Compagnie nationale assure la mise à jour et la publication de ces informations par voie électronique. La liste est transmise avant le 31 décembre de chaque année au Haut conseil du commissariat aux comptes.

CHAPITRE III DE L'EXERCICE DU CONTRÔLE LÉGAL

SECTION PREMIÈRE DE LA NOMINATION, DE LA RÉCUSATION ET DE LA RÉVOCATION DES COMMISSAIRES AUX COMPTES

La présente section ne comprend pas de dispositions pour les arrêtés.

SECTION II DE LA MISSION DU COMMISSAIRE AUX COMPTES

La présente section ne comprend pas de dispositions pour les arrêtés.

SECTION III DES MODALITÉS D'EXERCICE DE LA MISSION

SOUS-SECTION 1 DE LA LETTRE DE MISSION

Art. A. 823-1 *(Arr. du 12 mai 2021)* La norme d'exercice professionnel révisée relative à la lettre de mission, homologuée par le garde des sceaux, ministre de la justice, figure ci-dessous : – *V.* **C. *com.***

SOUS-SECTION 2 DE LA CERTIFICATION DES COMPTES

§ 1er DES PRINCIPES GÉNÉRAUX

Art. A. 823-2 La norme d'exercice professionnel relative aux principes applicables à l'audit des comptes mis en œuvre dans le cadre de la certification des comptes, homologuée par le garde des sceaux, ministre de la justice, figure ci-dessous : – *V.* **C. *com.***

Art. A. 823-2-1 *(Arr. du 12 mai 2021)* La norme d'exercice professionnel relative aux principes spécifiques applicables à l'audit des comptes consolidés, homologuée par le garde des sceaux, ministre de la justice, figure ci-dessous : – *V. C. com.*

Art. A. 823-3 *(Arr. du 21 juin 2011)* La norme d'exercice professionnel relative à l'audit des comptes réalisé par plusieurs commissaires aux comptes, homologuée par le garde des sceaux, ministre de la justice, figure ci-dessous : – *V. C. com.*

Art. A. 823-4 La norme d'exercice professionnel relative à la documentation de l'audit des comptes, homologuée par le garde des sceaux, ministre de la justice, figure ci-dessous : – *V. C. com.*

Art. A. 823-5 La norme d'exercice professionnel relative à la planification de l'audit, homologuée par le garde des sceaux, ministre de la justice, figure ci-dessous : – *V. C. com.*

Art. A. 823-5-1 *(Arr. du 18 déc. 2017)* La norme d'exercice professionnel relative aux communications avec les organes mentionnés à l'article L. 823-16 du code de commerce, homologuée par le garde des sceaux, ministre de la justice, figure ci-dessous : – *V. C. com.*

Art. A. 823-5-2 *(Arr. du 21 juin 2011)* La norme d'exercice professionnel relative à la communication des faiblesses du contrôle interne, homologuée par le garde des sceaux, ministre de la justice, figure ci-dessous : – *V. C. com.*

§ 2 DE L'ANALYSE DES RISQUES

Art. A. 823-6 *(Arr. du 19 juill. 2012)* La norme d'exercice professionnel relative à l'application de la notion de caractère significatif lors de la planification et de la réalisation d'un audit, homologuée par la garde des Sceaux, ministre de la Justice, figure ci-dessous : – *V. C. com.*

Art. A. 823-6-1 *(Arr. du 3 mai 2018)* La norme d'exercice professionnel relative à l'évaluation des anomalies relevées au cours de l'audit, homologuée par le garde des sceaux, ministre de la Justice, figure ci-dessous : – *V. C. com.*

Art. A. 823-7 *(Arr. du 21 juin 2011)* La norme d'exercice professionnel relative à la connaissance de l'entité et de son environnement et à l'évaluation du risque d'anomalies significatives dans les comptes, homologuée par le garde des sceaux, ministre de la justice, figure ci-dessous : – *V. C. com.*

Art. A. 823-8 La norme d'exercice professionnel relative aux procédures d'audit mises en œuvre par le commissaire aux comptes à l'issue de son évaluation des risques homologuée par le garde des sceaux, ministre de la justice, figure ci-dessous : – *V. C. com.*

§ 3 DES TECHNIQUES DE CONTRÔLE

Art. A. 823-9 La norme d'exercice professionnel relative au caractère probant des éléments collectés, homologuée par le garde des sceaux, ministre de la justice, figure ci-dessous : – *V. C. com.*

Art. A. 823-10 La norme d'exercice professionnel relative au caractère probant des éléments collectés (applications spécifiques), homologuée par le garde des sceaux, ministre de la justice, figure ci-dessous : – *V. C. com.*

Art. A. 823-11 La norme d'exercice professionnel relative aux demandes de confirmation des tiers, homologuée par le garde des sceaux, ministre de la justice, figure ci-dessous : – *V. C. com.*

Art. A. 823-12 La norme d'exercice professionnel relative aux procédures analytiques, homologuée par le garde des sceaux, ministre de la justice, figure ci-dessous : – *V. C. com.*

Art. A. 823-13 La norme d'exercice professionnel relative à la sélection des éléments à contrôler, homologuée par le garde des sceaux, ministre de la justice, figure ci-dessous : – *V. C. com.*

Art. A. 823-14 *(Arr. du 21 juin 2011)* La norme d'exercice professionnel relative aux déclarations de la direction, homologuée par le garde des sceaux, ministre de la justice, figure ci-dessous : – *V. C. com.* 🏛.

§ 4 DES CONTRÔLES DES RISQUES SPÉCIFIQUES AU COURS DE LA MISSION

Art. A. 823-15 *(Arr. du 21 juin 2011)* La norme d'exercice professionnel relative à la prise en considération de la possibilité de fraudes lors de l'audit des comptes, homologuée par le garde des sceaux, ministre de la justice, figure ci-dessous : – *V. C. com.* 🏛

Art. A. 823-16 *(Arr. du 21 juin 2011)* La norme d'exercice professionnel relative à la prise en compte du risque d'anomalies significatives dans les comptes résultant du non-respect des textes légaux et réglementaires, homologuée par le garde des sceaux, ministre de la justice, figure ci-dessous : – *V. C. com.* 🏛

Art. A. 823-17 *(Arr. du 24 août 2021)* La norme d'exercice professionnel relative à l'audit des estimations comptables et des informations y afférentes fournies dans l'annexe, homologuée par le garde des sceaux, ministre de la justice, figure ci-dessous : – *V. C. com.* 🏛

Art. A. 823-18 *(Arr. du 26 mai 2017)* La norme d'exercice professionnel relative à la continuité d'exploitation, homologuée par le garde des sceaux, ministre de la justice, figure ci-dessous : – *V. C. com.* 🏛

Art. A. 823-18-1 *(Arr. du 21 juin 2011)* La norme d'exercice professionnel relative aux relations et transactions avec les parties liées, homologuée par le garde des sceaux, ministre de la justice, figure ci-dessous : – *V. C. com.* 🏛

§ 5 DES CONTRÔLES PARTICULIERS

Art. A. 823-19 *(Arr. du 21 juin 2011)* La norme d'exercice professionnel relative aux événements postérieurs à la clôture de l'exercice, homologuée par le garde des sceaux, ministre de la justice, figure ci-dessous : – *V. C. com.* 🏛

Art. A. 823-20 La norme d'exercice professionnel relative aux changements comptables, homologuée par le garde des sceaux, ministre de la justice, figure ci-dessous : – *V. C. com.* 🏛

Art. A. 823-21 La norme d'exercice professionnel relative au contrôle du bilan d'ouverture du premier exercice certifié par le commissaire aux comptes, homologuée par le garde des sceaux, ministre de la justice, figure ci-dessous : – *V. C. com.* 🏛

Art. A. 823-22 La norme d'exercice professionnel relative aux informations relatives aux exercices précédents, homologuée par le garde des sceaux, ministre de la justice, figure ci-dessous : – *V. C. com.* 🏛

§ 6 DE L'UTILISATION DES TRAVAUX D'AUTRES INTERVENANTS

Art. A. 823-23 La norme d'exercice professionnel relative à la prise de connaissance et à l'utilisation des travaux de l'audit interne, homologuée par le garde des sceaux, ministre de la justice, figure ci-dessous : – *V. C. com.* 🏛

Art. A. 823-24 La norme d'exercice professionnel relative à l'intervention d'un expert, homologuée par le garde des sceaux, ministre de la justice, figure ci-dessous : – *V. C. com.* 🏛

Art. A. 823-25 La norme d'exercice professionnel relative à l'utilisation des travaux d'un expert-comptable intervenant dans l'entité, homologuée par le garde des sceaux, ministre de la justice, figure ci-dessous : – *V. C. com.* 🏛

§ 7 DE L'ÉLABORATION DES RAPPORTS DE CERTIFICATION

Art. A. 823-26 *(Arr. du 1er oct. 2018)* La norme d'exercice professionnel relative aux rapports du commissaire aux comptes sur les comptes annuels et consolidés, homologuée par le garde des sceaux, ministre de la justice, figure ci-dessous : – *V. C. com.* 🏛

Art. A. 823-26-1 *(Arr. du 27 janv. 2021)* La norme d'exercice professionnel relative aux diligences du commissaire aux comptes relatives aux comptes annuels et consolidés présentés selon le format d'information électronique unique européen, homologuée par le garde des sceaux, ministre de la justice, figure ci-dessous : – *V.* ***C. com.***

Art. A. 823-27 *(Arr. du 26 mai 2017)* Les normes d'exercice professionnel relatives à la justification des appréciations dans les rapports du commissaire aux comptes sur les comptes annuels et consolidés, homologuées par le garde des sceaux, ministre de la justice, figurent ci-dessous : – *V.* ***C. com.***

§ 8 DE LA CERTIFICATION DES COMPTES ANNUELS DES PETITES ENTREPRISES *(Arr. du 6 juin 2019).*

(Arr. du 2 mars 2009)

Art. A. 823-27-1 *(Arr. du 6 juin 2019)* Les normes d'exercice professionnel relatives à la mission du commissaire aux comptes nommé pour trois exercices prévue à l'article L. 823-12-1 du code de commerce et à la mission du commissaire aux comptes nommé pour six exercices dans des petites entreprises, homologuées par le garde des sceaux, ministre de la justice, figurent ci-dessous :

§ 9 DE LA CERTIFICATION DES COMPTES DES ORGANISMES NATIONAUX DE SÉCURITÉ SOCIALE

(Arr. du 20 déc. 2012)

Les dispositions de l'Arr. du 20 déc. 2012 sont applicables aux exercices ouverts à compter du 1er janv. 2013 (Arr. préc., art. 3).

Art. A. 823-27-2 La norme d'exercice professionnel relative à la certification des comptes des organismes nationaux de sécurité sociale, homologuée par la garde des sceaux, ministre de la justice, figure ci-dessous : – *V.* ***C. com.***

SOUS-SECTION 3 **DES AUTRES INTERVENTIONS DU COMMISSAIRE AUX COMPTES PRÉVUES PAR LES TEXTES LÉGAUX ET RÉGLEMENTAIRES**

Art. A. 823-28 *(Arr. du 12 mai 2021)* La norme d'exercice professionnel relative à l'examen limité de comptes intermédiaires en application de dispositions légales ou réglementaires, homologuée par le garde des sceaux, ministre de la justice, figure ci-dessous : – *V.* ***C. com.***

Art. A. 823-29 *(Arr. du 1er oct. 2018)* La norme d'exercice professionnel relative aux diligences du commissaire aux comptes relatives au rapport de gestion, aux autres documents sur la situation financière et les comptes et aux informations relevant du rapport sur le gouvernement d'entreprise adressés aux membres de l'organe appelé à statuer sur les comptes, homologuée par le garde des sceaux, ministre de la justice, figure ci-dessous : – *V.* ***C. com.***

Art. A. 823-29-1 *Abrogé par Arr. du 1er oct. 2018.*

SOUS-SECTION 4 *[ABROGÉE]* **DES DILIGENCES DIRECTEMENT LIÉES À LA MISSION DE COMMISSAIRE AUX COMPTES**

(Abrogée par Arr. du 20 févr. 2018)

Art. A. 823-30 *à* A. 823-36-2 *Abrogés par Arr. du 20 févr. 2018.*

SOUS-SECTION 4 **DE LA LUTTE CONTRE LE BLANCHIMENT DES CAPITAUX ET LE FINANCEMENT DU TERRORISME** *(Arr. du 20 févr. 2018).*

(Arr. du 20 avr. 2010)

Par suite de l'Arr. du 20 févr. 2018, la sous-section 5 est devenue la sous-section 4 (Arr. préc., art. 8).

Art. A. 823-37 *(Arr. du 18 août 2020)* La norme d'exercice professionnel relative aux obligations du commissaire aux comptes en matière de lutte contre le blanchiment des capitaux et le financement du terrorisme, homologuée par le garde des sceaux, ministre de la justice, figure ci-dessous : – *V.* ***C. com.***

APPENDICE

ARTISANS

RÉP. COM. v° *Artisan*, par Dissaux.

BIBL. GÉN. ▶ Casaux-Labrunée, *Mél. le Tourneau, Dalloz, 2008, p. 183* (l'activité artisanale entre traditions et innovations). – Azarian et Saintourens, *JCP E 2008, n° 41, p. 18* (réformes touchant le statut de l'artisanat par la L. n° 2008-776 du 4 août 2008). – Dejoie et Phan Thanh, *LPA 30 avr. 2009* (définition et avenir du fonds artisanal). – Lebel, *JCP E 2010, n° 430* (création d'un code des métiers et de l'artisanat). – Azarian et Maron, *JCP E 2010, n° 2130* (réformes touchant le droit de l'artisanat par la L. n° 2010-853 du 23 juill. 2010 et ses décrets d'application). – Lebel, *RLDA févr. 2011. 60* (du commerçant et de l'artisan à l'activité commerciale et artisanale). – Le Gars, *Defrénois 2012. 242* (vente du fonds artisanal : éléments de comparaison avec la vente du fonds de commerce). – Legrand, *LPA 13 mai 2013* (EIRL : vers une simplification ?). ▶ Loi n° 2014-626 du 18 juin 2014 : Reygrobellet, *JCP N 2014, n° 1246* (loi nouvelle sur l'artisanat, le commerce et les TPE). – Tisseyre, *D. 2020. 1801* (les petites entreprises et l'après covid-19 – légiférer sur la petite entreprise : un besoin au-delà de la crise sanitaire).

Code de l'artisanat

(Décr. n° 52-849 du 16 juill. 1952 ; L. n° 58-346 du 3 avr. 1958)

TITRE PREMIER **De l'artisan, du maître artisan et du compagnon** *(Décr. n° 55-656 du 20 mai 1955).*

Art. 1er à 3 *Abrogés par Décr. n° 62-235 du 1er mars 1962, art. 37.*

Art. 4 *Abrogé par L. n° 2011-525 du 17 mai 2011, art. 175-I.*

Art. 4 *bis* *(Décr. n° 55-656 du 20 mai 1955)* **Le compagnon est l'ouvrier qualifié travaillant dans une entreprise artisanale et possédant une qualification professionnelle attestée soit par le certificat de compagnon, soit par un apprentissage préalable ou un exercice prolongé du métier.**

BIBL. ▶ Crémieux, *D. 1972. Chron. 235* (contrat d'apprentissage). – Paillet, *JCP E 1981. II. 13627* (responsabilité du fait de l'apprenti).

1. Commerçant. Sur la distinction de droit commun entre l'artisan et le commerçant à propos de la compétence des juridictions commerciales, V. notes 23 s. ss. C. com., art. L. 110-1.

2. Brevet professionnel. Sur l'exigence d'un brevet professionnel pour un coiffeur, V. • Crim. 14 mars 1972, n° 71-91.421 P : *D. 1972. 604, note H. M. ; RTD com. 1973. 64, obs. Jauffret.* ♦ Comp., pour les diplômes coiffeurs hommes et femmes : • Crim. 28 mars 1974, n° 73-90.808 P. ♦ V. L. n° 96-603 du 5 juill. 1996, art. 16.

TITRE II **Des chambres de métiers et de l'artisanat** *(Décr. n° 2017-343 du 16 mars 2017, art. 1er-I).*

Art. 5 *(Décr. n° 55-657 du 20 mai 1955)* **Les** *(Décr. n° 2010-1356 du 11 nov. 2010, art. 25-2° ; Décr. n° 2017-343 du 16 mars 2017, art. 1er-II)* **« chambres de métiers et de l'artisanat » sont, auprès des pouvoirs publics, les organes représentatifs des intérêts généraux de l'artisanat de leur circonscription.**

Sur la réglementation de l'usage de l'appellation « chambre de métiers », V. L. n° 56-1119 du 12 nov. 1956, ss. art. L. 710-1 C. com.

CHAPITRE PREMIER ***Institution et organisation*** *(Décr. n° 55-657 du 20 mai 1955).*

Art. 5-1 *(L. n° 2010-853 du 23 juill. 2010, art. 12)* **Le réseau des chambres de métiers et de l'artisanat se compose de** *(Décr. n° 2019-56 du 30 janv. 2019, art. 1er)* **« CMA France »** *(L.*

n° 2019-486 du 22 mai 2019, art. 42, en vigueur le 1er janv. 2021) **« et des chambres de métiers et de l'artisanat de région, qui sont des établissements publics placés sous la tutelle de l'État et administrés par des dirigeants et collaborateurs d'entreprise élus** *[ancienne rédaction :, des chambres de métiers et de l'artisanat de région, ainsi que des chambres régionales de métiers et de l'artisanat et des chambres de métiers et de l'artisanat départementales et interdépartementales, qui sont des établissements publics placés sous la tutelle de l'État et administrés par des dirigeants et collaborateurs d'entreprise élus]*. **»**

Le réseau des chambres de métiers et de l'artisanat contribue au développement économique des entreprises *(Ord. n° 2021-1189 du 15 sept. 2021, art. 23, en vigueur le 1er janv. 2023)* **« du secteur des métiers et de l'artisanat immatriculées au registre national des entreprises** *[ancienne rédaction : immatriculées au répertoire des métiers]* **» ainsi qu'au développement des territoires, en remplissant en faveur des acteurs économiques et en partenariat avec les structures existantes toute mission d'intérêt général en faveur du secteur de l'artisanat.** *(L. n° 2019-486 du 22 mai 2019, art. 53)* **« Au niveau de la circonscription régionale, son action est complémentaire de celle de la région et compatible avec le schéma régional de développement économique, d'innovation et d'internationalisation mentionné à l'article L. 4251-13 du code général des collectivités territoriales. La compatibilité de cette stratégie avec le schéma régional de développement économique, d'innovation et d'internationalisation est garantie par la signature de conventions entre les régions et les chambres de métiers et de l'artisanat de niveau régional prévues à l'article L. 4251-18 du même code. »**

Sont associées au réseau, dans des conditions fixées par décret en Conseil d'État, les chambres de métiers régies par les articles 103 et suivants du code professionnel local maintenu en vigueur par la loi du 1er juin 1924 mettant en vigueur la législation civile française dans les départements du Bas-Rhin, du Haut-Rhin et de la Moselle.

Les établissements du réseau des chambres de commerce et d'industrie et ceux du réseau des chambres de métiers et de l'artisanat peuvent constituer, à titre expérimental et pour une période de temps déterminée, des groupements interconsulaires pour la défense d'intérêts spéciaux et communs, dont les modalités sont précisées par voie réglementaire (L. n° 2010-853 du 23 juill. 2010, art. 18).

Art. 5-2 *(L. n° 2010-853 du 23 juill. 2010, art. 12) (L. n° 2019-486 du 22 mai 2019, art. 42, en vigueur le 1er janv. 2021)* **« I. — Dans chaque région, il existe une chambre de métiers et de l'artisanat de région. En Corse, la circonscription de l'entité de niveau régional est celle de la collectivité de Corse. Le siège de la chambre de métiers et de l'artisanat de région est fixé par décision de l'autorité administrative compétente. »**

II. — Dans chaque région comportant un seul département, la chambre de métiers et de l'artisanat *(L. n° 2016-298 du 14 mars 2016, art. 3)* **« est une » chambre de métiers et de l'artisanat de région** *(Abrogé par L. n° 2016-298 du 14 mars 2016, art. 3) « et exerce ses fonctions à une date fixée par décret »*.

(L. n° 2019-486 du 22 mai 2019, art. 42, en vigueur le 1er janv. 2021) **« III. — La chambre de métiers et de l'artisanat de région est constituée d'autant de chambres de niveau départemental que de départements dans la région. Les chambres de niveau départemental agissent notamment sur délégation de la chambre de métiers et de l'artisanat de région grâce à un budget d'initiative locale afin d'assurer une offre de services de proximité dans chacun des départements, adaptée aux besoins et particularités des territoires et des bassins économiques. La chambre de métiers et de l'artisanat de niveau régional veille à une répartition équilibrée des ressources budgétaires d'initiative locale entre les départements, dans des conditions fixées par décret.**

« Le nouvel établissement devient l'employeur des personnels employés par les anciens établissements de la circonscription régionale.

« Les chambres de métiers et de l'artisanat de région sont instituées par décret.

« III *bis*. — Les chambres de métiers régies par les articles 103 et suivants du code professionnel local du 26 juillet 1900 pour l'Alsace et la Moselle, maintenu en vigueur par la loi du 1er juin 1924 mettant en vigueur la législation civile française dans les départements du Bas-Rhin, du Haut-Rhin et de la Moselle peuvent décider de devenir des chambres de niveau départemental au sein de la chambre de métiers et de l'artisanat de région à laquelle elles sont associées. Ce choix est acquis à la majorité des chambres de métiers représentant la majorité des ressortissants cotisants ou exonérés de la taxe prévue par la loi n° 48-977 du 16 juin 1948 relative à la taxe pour frais de chambre de métiers applicable dans les départements du Bas-Rhin, du Haut-Rhin et de la Moselle. Le regroupement choisi est opéré sous réserve des dispositions régissant les chambres de métiers des départements du Bas-Rhin, du Haut-Rhin et de la Moselle. »

IV. — Un décret en Conseil d'État fixe les fonctions *(Abrogé par L. n° 2016-298 du 14 mars 2016, art. 3) « administratives »* **qui sont exercées au niveau national ou régional.**

Ancien art. 5-2 (*L. n° 2010-853 du 23 juill. 2010, art. 12*) (*L. n° 2016-298 du 14 mars 2016, art. 3*) ***« I. — Dans chaque région, il existe une chambre de métiers et de l'artisanat de région ou une chambre régionale de métiers et de l'artisanat. En Corse, la circonscription de l'entité de niveau régional est celle de la collectivité territoriale de Corse. Le siège de la chambre de métiers et de l'artisanat de région ou de la chambre régionale de métiers et de l'artisanat est fixé par décision de l'autorité administrative compétente. »***

II. — Dans chaque région comportant un seul département, la chambre de métiers et de l'artisanat (*L. n° 2016-298 du 14 mars 2016, art. 3*) ***« est une » chambre de métiers et de l'artisanat de région*** (*Abrogé par L. n° 2016-298 du 14 mars 2016, art. 3*) ***« et exerce ses fonctions à une date fixée par décret ».***

(*L. n° 2016-298 du 14 mars 2016, art. 3*) ***« III. — Dans chaque région où existe une chambre régionale de métiers et de l'artisanat, la majorité des chambres de métiers et de l'artisanat qui lui sont rattachées, représentant la majorité des ressortissants cotisants ou exonérés de la taxe prévue à l'article 1601 du code général des impôts, peut décider de prendre la forme d'une chambre de métiers et de l'artisanat de région.***

« Pour l'expression de ce choix, il est procédé au vote à bulletin secret des élus au sein de chaque chambre de métiers et de l'artisanat départementale et de chaque chambre de métiers et de l'artisanat interdépartementale. Chaque chambre de métiers et de l'artisanat interdépartementale dispose d'autant de voix que de délégations départementales qui la composent.

« La chambre de métiers et de l'artisanat de région se substitue à la chambre régionale de métiers et de l'artisanat et à l'ensemble des chambres de métiers et de l'artisanat départementales et interdépartementales qui y étaient rattachées. Elle est constituée d'autant de délégations départementales que de départements dans la région.

« Le nouvel établissement devient l'employeur des personnels employés par les anciens établissements de la circonscription régionale.

« Il ne peut être institué une chambre régionale de métiers et de l'artisanat en lieu et place d'une chambre de métiers et de l'artisanat de région. Ces chambres sont exclusivement composées de délégations départementales.

« Les chambres de métiers et de l'artisanat de région sont instituées par décret.

« Pour l'application du présent III à la région Alsace, Champagne-Ardenne et Lorraine, le choix exprimé par les chambres de métiers régies par les articles 103 et suivants du code professionnel local du 26 juillet 1900 pour l'Alsace et la Moselle, maintenu en vigueur par la loi du 1er juin 1924 mettant en vigueur la législation civile française dans les départements du Bas-Rhin, du Haut-Rhin et de la Moselle, est pondéré du nombre de départements et des ressortissants cotisants ou exonérés de la taxe prévue par la loi n° 48-977 du 16 juin 1948 relative à la taxe pour frais de chambre de métiers applicable dans les départements du Bas-Rhin, du Haut-Rhin et de la Moselle. Le regroupement choisi est opéré sous réserve des dispositions régissant les chambres de métiers des départements du Bas-Rhin, du Haut-Rhin et de la Moselle.

« III bis. — Si des chambres de métiers et de l'artisanat départementales d'une même région le décident, elles se regroupent en une chambre de métiers et de l'artisanat interdépartementale. Pour l'expression de ce choix, il est procédé au vote, à bulletin secret, des élus au sein de chaque chambre de métiers et de l'artisanat départementale. Cette chambre se substitue aux chambres de métiers et de l'artisanat départementales qu'elle regroupe et est constituée d'autant de délégations départementales que de départements regroupés.

« Le regroupement entre chambres de métiers et de l'artisanat interdépartementales ou entre chambre de métiers et de l'artisanat interdépartementale et chambres de métiers et de l'artisanat départementales d'une même région intervient sur décision prise à la majorité des élus des établissements concernés. Pour l'expression de ce choix, la chambre de métiers et de l'artisanat interdépartementale dispose d'autant de voix que de délégations départementales qui la composent.

« Le nouvel établissement devient l'employeur des personnels des chambres de métiers et de l'artisanat départementales regroupées, à l'exclusion des personnels qui occupent les fonctions exercées au niveau régional en application du IV du présent article et qui relèvent de la chambre régionale de métiers et de l'artisanat.

« Les chambres de métiers et de l'artisanat interdépartementales sont instituées par décret. »

IV. — Un décret en Conseil d'État fixe les fonctions (*Abrogé par L. n° 2016-298 du 14 mars 2016, art. 3*) ***« administratives » qui sont exercées au niveau national ou régional.***

Les chambres de métiers et de l'artisanat des régions ne comportant qu'un seul département deviennent chambres de métiers et de l'artisanat de région et exercent leurs fonctions à compter du 1er janv. 2011 (Décr. n° 2010-1282 du 26 oct. 2010, art. 1er). — Les chambres de métiers et de l'artisanat départementales rattachées à une chambre régionale de métiers et de l'artisanat entrent en fonction à compter du 1er janv. 2011 (Décr. préc., art. 2).

Par dérogation aux dispositions du I de l'art. 5-2, le ressort territorial des chambres de métiers et de l'artisanat de région et des chambres régionales de métiers et de l'artisanat des nouvelles régions créées par la L. n° 2015-991 du 7 août 2015 est maintenu jusqu'à ce que ces chambres opèrent les regroupements nécessaires et au plus tard jusqu'au 31 mars 2016 (L. préc., art. 5-III, ajouté par Ord. n° 2015-1540 du 26 nov. 2015, art. 2).

Ordonnance n° 2015-1540 du 26 novembre 2015, *relative aux réseaux des chambres de commerce et d'industrie et des chambres de métiers et de l'artisanat.* **Art. 3**

I. — Dans les nouvelles régions issues de la loi n° 2015-29 du 16 janvier 2015 susvisée, les chambres de métiers et de l'artisanat de niveau régional d'une même région sont regroupées sous forme d'une chambre de métiers et de l'artisanat de région ou d'une chambre régionale de métiers et de l'artisanat pour ne former qu'une seule entité dans les conditions définies au présent article.

La forme de chambre de métiers et de l'artisanat de région ou de chambre régionale de métiers et de l'artisanat fait l'objet d'une décision prise au plus tard le 31 janvier 2016 par les membres des chambres de métiers et de l'artisanat départementales et des chambres de métiers et de l'artisanat de région de la nouvelle région.

Il est procédé au vote, à bulletin secret, des membres des chambres de métiers et de l'artisanat départementales et de l'ensemble des sections des chambres de métiers et de l'artisanat de région. Pour ce vote, la chambre de métiers et de l'artisanat de région dispose d'autant de voix que de sections qui la composent. La décision est prise à la majorité des choix exprimés représentant la majorité des ressortissants cotisants ou exonérés de la taxe prévue à l'article 1601 du code général des impôts.

L'absence de choix au 31 janvier 2016 vaut décision d'instituer une chambre régionale de métiers et de l'artisanat.

II. — Pour l'application du I du présent article à la région Alsace-Champagne-Ardenne-Lorraine, le choix exprimé par les chambres de métiers régies par les articles 103 et suivants du code professionnel local du 26 juillet 1900 pour l'Alsace et la Moselle, maintenu en vigueur par la loi du 1er juin 1924 mettant en vigueur la législation civile française dans les départements du Bas-Rhin, du Haut-Rhin et de la Moselle, est pondéré du nombre de départements et des ressortissants cotisants ou exonérés de la taxe prévue par la loi n° 48-977 du 16 juin 1948 relative à la taxe pour frais de chambre de métiers applicable dans les départements du Bas-Rhin, du Haut-Rhin et de la Moselle. Le regroupement choisi est opéré sous réserve des dispositions régissant les chambres de métiers des départements du Bas-Rhin, du Haut-Rhin et de la Moselle.

III. — Dans les régions ayant opté pour le regroupement sous la forme d'une chambre régionale de métiers et de l'artisanat et où l'une des régions anciennes comportait déjà une chambre de métiers et de l'artisanat de région, il est substitué à cette dernière une chambre de métiers et de l'artisanat interdépartementale rattachée à la nouvelle chambre régionale de métiers et de l'artisanat. Cette chambre de métiers et de l'artisanat interdépartementale est composée des sections de la chambre de métiers et de l'artisanat de région à laquelle elle se substitue. Les chambres de métiers et de l'artisanat départementales rattachées à la chambre de métiers et de l'artisanat de région à laquelle est substituée une chambre de métiers et de l'artisanat interdépartementale ainsi que celles rattachées à la chambre régionale de métiers et de l'artisanat regroupée sont rattachées à la nouvelle chambre régionale de métiers et de l'artisanat.

Les chambres de métiers et de l'artisanat départementales rattachées à la chambre de métiers et de l'artisanat de région à laquelle est substituée une chambre de métiers et de l'artisanat interdépartementale ainsi que celles rattachées à la chambre régionale de métiers et de l'artisanat regroupée sont rattachées à la nouvelle chambre régionale de métiers et de l'artisanat.

Le nouvel établissement devient l'employeur des personnels des chambres régionales de métiers et de l'artisanat regroupées, y compris de l'ensemble des personnels qui occupent les fonctions exercées au niveau régional en application du IV de l'article 5-2 du code de l'artisanat.

IV. — Dans les régions ayant opté pour le regroupement sous la forme d'une chambre de métiers et de l'artisanat de région, les chambres de métiers et de l'artisanat départementales des chambres régionales de métiers et de l'artisanat et des chambres de métiers et de l'artisanat de région regroupées ainsi que les sections des chambres de métiers et de l'artisanat de région deviennent des sections de la nouvelle chambre de métiers et de l'artisanat de région.

Le nouvel établissement devient l'employeur des personnels employés par les anciens établissements de la circonscription régionale

V. — Jusqu'au renouvellement électoral en application du II de l'article 5 de la loi n° 2015-991 du 7 août 2015, les membres des chambres de métiers et de l'artisanat de niveau régional sont les élus des chambres regroupées au sein de la région.

Les élus des chambres de métiers et de l'artisanat de région à laquelle est substituée une chambre de métiers et de l'artisanat interdépartementale exercent leurs fonctions en qualité d'élus de cette chambre jusqu'au prochain renouvellement électoral.

VI. — Les établissements publics résultant des choix exprimés dans les conditions définies au présent article sont créés par décret.

VII. — Les articles 5-1, 5-4, 5-5, 7 et 8 du code de l'artisanat sont applicables aux chambres de métiers et de l'artisanat interdépartementales.

Décret n° 2010-1356 du 11 novembre 2010, *mettant en œuvre la réforme du réseau des chambres de métiers et de l'artisanat.* **Art. 27** Pour l'élection du bureau d'une chambre de métiers et de l'artisanat ou d'une chambre régionale de métiers et de l'artisanat issue du renouvellement dont les résultats ont été proclamés le 18 octobre 2010, en application du décret du 27 mai 1999 susvisé, le nombre de membres du bureau est fixé ainsi qu'il suit :

1° Pour les chambres de métiers et de l'artisanat ayant choisi, à la date mentionnée au premier alinéa, le regroupement mentionné au III de l'article 5-2 du code de l'artisanat, dans les régions où plus de la moitié des chambres de métiers et de l'artisanat ont choisi de se regrouper en une chambre de métiers et de l'artisanat de région : au plus six membres ;

2° Pour les chambres de métiers et de l'artisanat, dans les régions où la majorité des chambres de métiers et de l'artisanat a choisi, à la même date, de ne pas se regrouper en une chambre de métiers et de l'artisanat de région en application du III de l'article 5-2 du code de l'artisanat ainsi qu'à Mayotte : au plus douze membres ;

3° Pour les chambres régionales de métiers et de l'artisanat, dans les régions où plus de la moitié des chambres de métiers et de l'artisanat a choisi, à la même date, de se regrouper en une chambre de métiers et de l'artisanat de région en application du III de l'article 5-2 du code de l'artisanat : conformément au premier tableau, relatif aux chambres de métiers et de l'artisanat de région, figurant au I de l'article 19 du code de l'artisanat dans sa rédaction issue du présent décret ;

4° Pour les chambres régionales de métiers et de l'artisanat, dans les régions où la majorité des chambres de métiers et de l'artisanat a choisi, à la même date, de ne pas se regrouper en une chambre de métiers et de l'artisanat de région en application du III de l'article 5-2 du code de l'artisanat : conformément au second tableau, relatif aux chambres régionales de métiers et de l'artisanat, figurant au I de l'article 19 du code de l'artisanat dans sa rédaction issue du présent décret.

Loi n° 2019-486 du 22 mai 2019, *relative à la croissance et la transformation des entreprises.* **Art. 42** I. et II. — *[...]*

III. — A. — A titre transitoire, dans les chambres de métiers et de l'artisanat de région qui n'auraient pas été créées avant le 1er janvier 2021 et jusqu'au plus prochain renouvellement général intervenant au plus tard le 31 décembre 2021 :

1° Les membres de l'assemblée générale de la chambre régionale de métiers et de l'artisanat deviennent membres de l'assemblée générale de la chambre de métiers et de l'artisanat de région ;

2° Les membres du bureau de la chambre régionale de métiers et de l'artisanat deviennent les membres du bureau de la chambre de métiers et de l'artisanat de région, en conservant les mêmes attributions de postes ;

3° Les membres du bureau de la chambre de métiers et de l'artisanat départementale ou interdépartementale, autres que le président et les présidents de délégation, exercent, sur les questions intéressant leurs chambres de métiers et de l'artisanat agissant en tant que chambres de niveau départemental, un rôle consultatif auprès du bureau de la chambre de métiers et de l'artisanat de région ;

4° Les présidents de chambres de métiers et de l'artisanat départementales, les présidents de chambres de métiers et de l'artisanat interdépartementales et les présidents de délégation de chambre de métiers et de l'artisanat interdépartementales deviennent membres de droit du bureau de la chambre de métiers et de l'artisanat de région ;

5° Les membres des chambres de métiers et de l'artisanat départementales et les membres des délégations départementales de chambres de métiers et de l'artisanat interdépartementales deviennent membres des chambres de métiers et de l'artisanat agissant en tant que chambres de niveau départemental de la chambre de métiers et de l'artisanat de région ;

6° Le président de chambre de métiers et de l'artisanat départementale et son premier vice-président exercent respectivement le rôle de président et de vice-président de chambre de métiers et de l'artisanat agissant en tant que chambre de niveau départemental de la chambre de métiers et de l'artisanat de région ;

7° Le président et le premier vice-président de délégation de chambres de métiers et de l'artisanat interdépartementale exercent respectivement le rôle de président et de vice-président de chambres de métiers et de l'artisanat agissant en tant que chambre de niveau départemental de la chambre de métiers et de l'artisanat de région.

B. — Les membres de la chambre de métiers et de l'artisanat agissant en tant que chambre de niveau départemental de la chambre de métiers et de l'artisanat de région :

1° Animent la chambre de métiers et de l'artisanat agissant en tant que chambre de niveau départemental, dans les conditions définies par l'assemblée générale ;

2° Se réunissent au moins tous les deux mois pour se prononcer sur les questions relatives au fonctionnement de la chambre de métiers et de l'artisanat de région dans le département et pour prendre en conséquence toutes mesures utiles, dans la limite des décisions prises par l'assemblée générale ;

3° Présentent un rapport annuel à l'assemblée générale, rendant compte du résultat de leur action sur le département, qui est soumis à l'avis du bureau, dans les conditions fixées par le règlement intérieur de la chambre de métiers et de l'artisanat de région ;

4° Veillent à l'exécution des décisions de l'assemblée générale de la chambre de métiers et de l'artisanat de région dans leur département.

Art. 5-3 *(L. n° 2010-853 du 23 juill. 2010, art. 12)* **Les chambres de métiers et de l'artisanat de région** *(Abrogé par L. n° 2019-486 du 22 mai 2019, art. 42, à compter du 1er janv. 2021)* **« *et les chambres régionales de métiers et de l'artisanat* » assurent la représentation des métiers et de l'artisanat au plan régional.**

Art. 5-4 *(Abrogé par L. n° 2019-486 du 22 mai 2019, art. 42, à compter du 1er janv. 2021) (L. n° 2010-853 du 23 juill. 2010, art. 12)* ***Les chambres de métiers et de l'artisanat départementales*** *(L. n° 2016-298 du 14 mars 2016, art. 3)* ***« et interdépartementales » exercent leurs missions dans le respect des prérogatives reconnues*** *(Abrogé par L. n° 2016-298 du 14 mars 2016, art. 3)* ***« à la chambre de métiers et de l'artisanat de région ou » à la chambre régionale de métiers et de l'artisanat à laquelle elles sont rattachées.***

Art. 5-5 *(Abrogé par L. n° 2019-486 du 22 mai 2019, art. 42, à compter du 1er janv. 2021) (L. n° 2010-853 du 23 juill. 2010, art. 12)* ***La*** *(Abrogé par L. n° 2016-298 du 14 mars 2016, art. 3)* ***« chambre de métiers et de l'artisanat de région ou » la chambre régionale de métiers et de l'artisanat :***

1° Définit la stratégie pour l'activité du réseau dans sa région ou, pour la Corse, dans sa collectivité territoriale *(L. n° 2015-991 du 7 août 2015, art. 2-III)* ***« , compatible avec le schéma régional de développement économique, d'innovation et d'internationalisation prévu à l'article L. 4251-13 du code général des collectivités territoriales » ;***

2° Répartit *(L. n° 2016-298 du 14 mars 2016, art. 3)* ***« , en fonction notamment des projets de budget départementaux et interdépartementaux, » entre les chambres départementales*** *(L. n° 2016-298 du 14 mars 2016, art. 3)* ***« et interdépartementales » qui lui sont rattachées, après déduction de sa propre quote-part, les ressources qui lui sont affectées ;***

3° Abonde, dans des conditions et limites définies par décret, le budget, au-delà du budget voté, d'une chambre qui lui est rattachée pour subvenir à des dépenses exceptionnelles ou faire face à des circonstances particulières.

V. note ss. C. com., art. L. 711-8.

Art. 5-6 *(L. n° 2010-853 du 23 juill. 2010, art. 12)* **Les modalités d'adaptation** *(Abrogé par L. n° 2019-486 du 22 mai 2019, art. 42, à compter du 1er janv. 2021)* **« *des dispositions de l'article***

5-5 » dans le cas du rattachement volontaire à une chambre de métiers et de l'artisanat de région *(Abrogé par L. n° 2019-486 du 22 mai 2019, art. 42, à compter du 1er janv. 2021)* « ***ou à une chambre régionale de métiers et de l'artisanat*** » d'une chambre de métiers de droit local mentionnée au troisième alinéa de l'article 5-1 sont déterminées par décret en Conseil d'État.

Art. 5-7 *(L. n° 2010-853 du 23 juill. 2010, art. 12) (Décr. n° 2019-56 du 30 janv. 2019, art. 1er)* « CMA France » est l'établissement public, placé à la tête du réseau défini à l'article 5-1, habilité à représenter les intérêts des métiers et de l'artisanat auprès de l'État, de l'Union européenne ainsi qu'au plan international.

Son organe délibérant est constitué des présidents en exercice des chambres de métiers et de l'artisanat de région *(L. n° 2019-486 du 22 mai 2019, art. 42, en vigueur le 1er janv. 2021)* « et des présidents des chambres de niveau départemental constituées en application du III de l'article 5-2 et des présidents des chambres de métiers régies par les articles 103 et suivants du code professionnel local du 26 juillet 1900 pour l'Alsace et la Moselle *[ancienne rédaction : et des chambres régionales de métiers et de l'artisanat, de ceux des chambres de métiers et de l'artisanat départementales et des présidents des délégations départementales constituées en application des III et III bis de l'article 5-2]*. »

Art. 5-8 *(L. n° 2010-853 du 23 juill. 2010, art. 12) (Décr. n° 2019-56 du 30 janv. 2019, art. 1er)* « CMA France » assure l'animation de l'ensemble du réseau des chambres de métiers et de l'artisanat. Elle veille au bon fonctionnement du réseau.

A ce titre :

1° Elle élabore la stratégie nationale du réseau des chambres de métiers et de l'artisanat ;

2° Elle définit des normes d'intervention pour les établissements membres du réseau et s'assure du respect de ces normes ;

3° Elle gère les projets nationaux du réseau et elle peut en confier la maîtrise d'ouvrage à un autre établissement du réseau ;

4° Elle définit et suit la mise en œuvre de la politique générale du réseau en matière de gestion des personnels des chambres, négocie et signe les accords nationaux en matière sociale applicables aux personnels des chambres qui sont soumis à un agrément prévu par décret en Conseil d'État s'ils ont un impact sur les rémunérations ;

5° Elle décide en assemblée générale des marchés ou accords-cadres relatifs aux achats de fournitures ou de prestations de services qu'elle passe au nom et pour le compte des établissements du réseau des chambres de métiers et de l'artisanat. Ces décisions s'imposent aux établissements du réseau qui ne sont pas, à la date à laquelle ces décisions sont prises, déjà engagés dans un marché ou un accord-cadre portant sur les mêmes achats. Les modalités de mise en œuvre du présent 5° sont fixées par décret ;

(L. n° 2014-891 du 8 août 2014, art. 9-II) « 6° Elle gère, dans des conditions définies par décret en Conseil d'État, le fonds de financement et d'accompagnement du réseau des chambres de métiers et de l'artisanat. Ce fonds est destiné à fournir aux chambres de métiers et de l'artisanat une ressource collective pour la mise en œuvre des mutualisations et restructurations obligatoires ou décidées par son assemblée générale. Le fonds est alimenté par une contribution obligatoire de chaque établissement du réseau des chambres de métiers et de l'artisanat. Le montant global annuel de la dotation et son affectation sont définis chaque année par l'assemblée générale de *(Décr. n° 2019-56 du 30 janv. 2019, art. 1er)* « CMA France ». »

L'agrément des accords qui ont un impact sur les rémunérations, mentionné au 4° de l'art. 5-8, est délivré par le ministre chargé de l'artisanat. CMA France transmet l'accord au ministre chargé de l'artisanat, accompagné d'une notice explicative relative à son impact sur l'équilibre des comptes des établissements du réseau. A compter de la date de réception de l'accord et de la notice explicative, le ministre chargé de l'artisanat dispose d'un délai d'un mois pour se prononcer. A défaut de notification d'une décision d'opposition dans ce délai, l'agrément est réputé accordé. Toute demande écrite d'information, de documents complémentaires ou de modification de l'accord concerné suspend le délai précité jusqu'à la production de ces informations ou documents ou d'observations sur la demande de modification. Les accords mentionnés au 4° de l'art. 5-8 ne sont applicables qu'après agrément dans les conditions prévues par le présent art. (Décr. n° 2010-1356 du 11 nov. 2010, art. 23).

Art. 5-8-1 et 6 *Abrogés par Décr. n° 2021-168 du 16 févr. 2021, art. 1er.*

Art. 7 *(L. n° 2010-853 du 23 juill. 2010, art. 13)* Les modalités d'organisation et de fonctionnement des établissements publics constituant le réseau des chambres de métiers et de l'artisanat *(Abrogé par L. n° 2019-486 du 22 mai 2019, art. 42, à compter du 1er janv. 2021)* « ***, ainsi que celles du rattachement des chambres de métiers et de l'artisanat départementales*** *(L.*

n° 2016-298 du 14 mars 2016, art. 3) ***« et interdépartementales »*** *(Abrogé par L. n° 2016-298 du 14 mars 2016, art. 3)* ***« aux chambres de métiers et de l'artisanat de région ou » aux chambres régionales de métiers et de l'artisanat »*** **sont fixées par décret en Conseil d'État.**

Art. 8 *(L. n° 2014-873 du 4 août 2014, art. 73-I) (L. n° 2019-486 du 22 mai 2019, art. 42, en vigueur le 1er janv. 2021)* **« Les membres des chambres de niveau départemental et des chambres de métiers et de l'artisanat de région sont élus pour cinq ans en même temps, au scrutin de liste à un tour, sans adjonction ni suppression de noms et sans modification de l'ordre de présentation, par l'ensemble des électeurs** *[ancienne rédaction : Les membres des délégations départementales, des chambres de métiers et de l'artisanat départementales et interdépartementales, des chambres de métiers et de l'artisanat de région et des chambres régionales de métiers et de l'artisanat sont élus pour cinq ans en même temps, au scrutin de liste à un tour, sans adjonction ni suppression de noms et sans modification de l'ordre de présentation, par l'ensemble des électeurs].* **»**

Chaque liste est composée alternativement d'un candidat de chaque sexe.

Un décret en Conseil d'État fixe les modalités d'application du présent article.

Par dérogation à l'art. 8 C. artisanat, lors du prochain renouvellement suivant la promulgation de la L. n° 2014-873 du 4 août 2014, chaque liste est composée d'au moins un candidat de chaque sexe par groupe de trois candidats. Au renouvellement suivant, chaque liste est composée d'au moins deux candidats de chaque sexe par groupe de cinq candidats (L. préc., art. 73-II).

Par dérogation à l'art. 8 C. artisanat, les mandats en cours des membres des sections, des chambres de métiers et de l'artisanat départementales, des chambres de métiers et de l'artisanat de région et des chambres régionales de métiers et de l'artisanat sont prorogés jusqu'à une date qui n'excède pas le terme de l'année 2016 (L. n° 2015-991 du 7 août 2015, art. 5-II).

Art. 9 *et* 10 *Abrogés par Décr. n° 68-47 du 13 janv. 1968.*

Art. 11 *et* 12 *Remplacés par Décr. n° 64-1362 du 30 déc. 1964, art. 4 et 5, eux-mêmes abrogés par Décr. n° 92-1043 du 28 sept. 1992, art. 55, qui a été lui-même abrogé par Décr. n° 99-433 du 27 mai 1999, art. 37.*

Art. 13 *Abrogé par Décr. n° 92-1043 du 28 sept. 1992, art. 55 [abrogé].*

Art. 14 *Abrogé par Décr. n° 68-47 du 13 janv. 1968.*

Art. 15 *(Décr. n° 2004-1164 du 2 nov. 2004, art. 2)* **Sont déclarés démissionnaires d'office par** *(Décr. n° 2017-343 du 16 mars 2017, art. 2)* **« le préfet de région », après avis de l'assemblée générale de la** *(Décr. n° 2010-1356 du 11 nov. 2010, art. 25 ; Décr. n° 2017-343 du 16 mars 2017, art. 2)* **« chambre de métiers et de l'artisanat », les membres qui cessent au cours de leur mandat de répondre aux conditions d'éligibilité prévues par l'article** *(Décr. n° 2010-1356 du 11 nov. 2010, art. 2)* **« 6 du décret n° 99-433 du 27 mai 1999 relatif à la composition** *(Décr. n° 2017-343 du 16 mars 2017, art. 2)* **« des établissements du réseau et de leurs délégations » et à l'élection de leur membre »** *[V. ce texte, infra] (Abrogé par Décr. n° 2017-343 du 16 mars 2017, art. 2)* ***« et ceux qui ne relèvent plus*** *(Abrogé par Décr. n° 2010-651 du 11 juin 2010, art. 31)* ***« , au sein du collège des activités, » de la catégorie à laquelle ils appartenaient au moment de leur élection ».***

Art. 16 *(Décr. n° 2021-168 du 16 févr. 2021, art. 1er)* **Le siège d'une chambre de métiers et de l'artisanat de région est fixé par arrêté pris par le préfet de région après délibération de la chambre.**

Le transfert du siège d'une chambre de métiers et de l'artisanat de région est autorisé par arrêté du préfet de région.

Art. 17 *(Décr. n° 2004-1164 du 2 nov. 2004, art. 3)* **Les** *(Décr. n° 2010-1356 du 11 nov. 2010, art. 25 ; Décr. n° 2017-343 du 16 mars 2017, art. 3)* **« chambres de métiers et de l'artisanat »** *(Décr. n° 2021-168 du 16 févr. 2021, art. 1er)* **« de région » peuvent être supprimées par décret, pris sur le rapport du ministre chargé de l'artisanat** *(Abrogé par Décr. n° 2010-1356 du 11 nov. 2010, art. 3)* ***« , du ministre chargé du travail, de l'emploi, de la formation professionnelle, du ministre chargé de l'éducation nationale »*** **et, le cas échéant, du ministre chargé de l'outre-mer.**

L'assemblée générale d'une *(Décr. n° 2010-1356 du 11 nov. 2010, art. 25 ; Décr. n° 2017-343 du 16 mars 2017, art. 3)* **« chambre de métiers et de l'artisanat »** *(Décr. n° 2021-168 du 16 févr. 2021, art. 1er)* **« de région » peut être dissoute par** *(Décr. n° 2015-1401 du 3 nov. 2015, art. 1er ; Décr. n° 2017-343 du 16 mars 2017, art. 3)* **« arrêté du préfet de région ».**

En cas de dissolution, une commission composée de trois à neuf membres artisans désignés par arrêté *(Décr. n° 2017-346 du 16 mars 2017, art. 3)* **« du préfet de région » admi-**

nistre provisoirement la *(Décr. nº 2010-1356 du 11 nov. 2010, art. 25 ; Décr. nº 2017-343 du 16 mars 2017, art. 3)* « chambre de métiers et de l'artisanat » *(Décr. nº 2021-168 du 16 févr. 2021, art. 1er)* « de région » dans l'attente de nouvelles élections. Les élections pour le remplacement des membres d'une assemblée générale dissoute doivent avoir lieu dans un délai de quatre mois à partir de la publication *(Décr. nº 2017-343 du 16 mars 2017, art. 3)* « de l'arrêté » de dissolution. Toutefois, si une révision *(Décr. nº 2013-591 du 4 juill. 2013, art. 1er)* « de la liste électorale » a été prescrite à la suite de la dissolution, le délai fixé court à partir du jour où la révision *(Décr. nº 2013-591 du 4 juill. 2013, art. 1er)* « de cette liste » a pris fin.

(Décr. nº 2021-168 du 16 févr. 2021, art. 1er) « Lorsque la dissolution intervient avant le terme du mandat quinquennal des membres de l'assemblée générale, il peut être procédé pour le remplacement de ces membres à un vote à l'urne à la demande du préfet de région. »

Si cette dissolution intervient dans les douze mois précédant le renouvellement général, il n'est procédé à aucune élection.

Rien n'exige que la mesure de tutelle prise par l'État lors de la dissolution d'une chambre de métiers soit précédée d'une consultation des organes dirigeants de cet établissement. • CE 29 avr. 2002, nº 235000 : *RTD com. 2002. 670, obs. Orsoni ; JCP 2003. IV. 1371.*

CHAPITRE II *Fonctionnement*

Art. 18 *(Décr. nº 2017-343 du 16 mars 2017, art. 4)* Les fonctions des membres des chambres de métiers et de l'artisanat *(Décr. nº 2021-168 du 16 févr. 2021, art. 2)* « de région et de leurs chambres de niveau départemental ainsi que des chambres de métiers d'Alsace et de Moselle » sont gratuites. Toutefois une délibération peut prévoir, outre le remboursement de frais de déplacement et de représentation, l'attribution :

(Décr. nº 2021-168 du 16 févr. 2021, art. 2) « – d'indemnités de fonctions aux présidents et aux trésoriers et trésoriers adjoints des chambres de métiers et de l'artisanat de région et des chambres de métiers d'Alsace et de Moselle, aux présidents des chambres de niveau départemental et aux vice-présidents des chambres de métiers et de l'artisanat de région ; »

– d'indemnités de vacations aux autres membres des chambres.

Un arrêté conjoint du ministre chargé de l'artisanat et du ministre chargé du budget fixe le montant maximal des indemnités, le montant maximal unitaire et annuel et les modalités d'attribution des vacations, les conditions de remboursement des frais de représentation et de déplacement, ainsi que les règles de cumul de ceux-ci lorsqu'un élu est membre *(Décr. nº 2021-168 du 16 févr. 2021, art. 2)* « , à la fois, de CMA France, d'une chambre de métiers et de l'artisanat de région et d'une chambre de niveau départemental relevant de celle-ci, ou de l'une ou l'autre de ces deux chambres. » – *V. Arr. du 5 févr. 1985 (JO 12 févr.), mod. par Arr. du 12 juin 2001 (JO 20 juin).*

Une délibération peut prévoir l'attribution aux membres associés d'une chambre de métiers et de l'artisanat de région *(Abrogé par Décr. nº 2021-168 du 16 févr. 2021, art. 2)* ***« et d'une chambre de métiers et de l'artisanat départementale et interdépartementale mentionnés à l'article 21 »*** d'indemnités de vacation, et le remboursement de leurs frais de déplacement, selon les conditions fixées par l'arrêté prévu à l'alinéa précédent.

Art. 19 *(Décr. nº 2004-1164 du 2 nov. 2004, art. 5)* I. — L'installation de l'assemblée générale des chambres de métiers et de l'artisanat *(Décr. nº 2021-168 du 16 févr. 2021, art. 2)* « de région » a lieu trente jours au plus tard après la proclamation des résultats des élections, sur convocation du président sortant ou, à défaut, *(Décr. nº 2017-343 du 16 mars 2017, art. 5)* « du préfet de région ».

(Décr. nº 2021-168 du 16 févr. 2021, art. 2) « Le préfet de région procède à cette installation ainsi qu'à la désignation d'un bureau d'âge composé du doyen d'âge, d'un scrutateur et d'un secrétaire qui sont les plus jeunes des membres de l'assemblée générale.

« Le bureau d'âge organise l'élection du bureau et des commissions de la chambre.

« L'assemblée générale élit parmi ses membres en exercice un bureau composé d'un président, d'un ou plusieurs vice-présidents, d'un trésorier, d'un ou deux trésoriers adjoints, d'un secrétaire et d'un ou plusieurs secrétaires adjoints. Pour les chambres dont la circonscription compte plus de dix départements, un troisième trésorier adjoint peut être élu. »

(Abrogé par Décr. nº 2021-168 du 16 févr. 2021, art. 2) (Décr. nº 2017-343 du 16 mars 2017, art. 5) ***« Le bureau d'une chambre de métiers et de l'artisanat départementale comprend au plus douze membres.***

« Le bureau d'une chambre de métiers et de l'artisanat interdépartementale est composé d'un nombre égal de membres par délégation départementale. Il comprend au plus le nombre de membres

du bureau de la chambre régionale de métiers et de l'artisanat à laquelle elle est rattachée, figurant dans la colonne 3 du tableau ci-dessous. »

(Décr. n° 2010-1356 du 11 nov. 2010, art. 4) **« Le bureau d'une chambre de métiers et de l'artisanat de** *(Décr. n° 2021-168 du 16 févr. 2021, art. 2)* **« région » ne peut comprendre plus de membres que celui figurant sur le tableau suivant, y compris les membres de droit : »**
— Tableau issu du Décr. n° 2017-343 du 16 mars 2017, art. 5, mod. par Décr. n° 2021-168 du 16 févr. 2021, art. 2.

NOMBRE DE DÉPARTEMENT(S) dans la région	NOMBRE MAXIMUM de membres du bureau de la chambre de métiers et de l'artisanat de région par département	NOMBRE MAXIMUM DE MEMBRES du bureau de la chambre de métiers et de l'artisanat de région
1 département	12	12
2 départements	12	24
3 départements	8	24
4 départements	6	24
5 départements	5	25
6 départements	4	24
7 départements	3	21
8 départements	3	24
9 départements	2	18
10 départements	2	20
11 départements	2	22
12 départements	2	24
13 départements	2	26

(Abrogé par Décr. n° 2021-168 du 16 févr. 2021, art. 2) (Décr. n° 2010-1356 du 11 nov. 2010, art. 4) ***« Le bureau d'une chambre de métiers et de l'artisanat*** *(Décr. n° 2017-343 du 16 mars 2017, art. 5)* ***« de niveau régional » comprend le même nombre de membres pour chacun des départements de la circonscription régionale concernée. »***

(Abrogé par Décr. n° 2015-1401 du 3 nov. 2015, art. 2-A) ***« Le bureau de la chambre de métiers et de l'artisanat de Mayotte ne peut comprendre plus de douze membres. »***

(Abrogé par Décr. n° 2017-343 du 16 mars 2017, art. 5) ***« Le bureau d'une chambre de métiers et de l'artisanat départementale ne peut comprendre plus de douze membres. »***

(Décr. n° 2021-168 du 16 févr. 2021, art. 2) **« I *bis*. — Le bureau prépare et exécute les délibérations de l'assemblée générale. A ce titre :**

« 1° Il prépare le projet de budget ;

« 2° Il établit l'ordre du jour des assemblées générales ;

« 3° Il autorise le président à agir en justice ;

« 4° Il propose à l'assemblée générale le projet de règlement intérieur ainsi que le projet de grille des emplois et le projet de règlement des services et leurs modifications éventuelles. Les modifications de la grille des emplois sont soumises pour approbation au préfet de région. »

(Décr. n° 2010-1356 du 11 nov. 2010, art. 4) **« II. —** *(Décr. n° 2015-1401 du 3 nov. 2015, art. 2-B)* **« Les membres du bureau d'une chambre de métiers et de l'artisanat de région,** *(Abrogé par Décr. n° 2021-168 du 16 févr. 2021, art. 2)* ***« d'une chambre régionale de métiers et de l'artisanat*** *(Décr. n° 2017-343 du 16 mars 2017, art. 5)* ***« et d'une chambre de métiers et de l'artisanat interdépartementale »,*** **» autres que les membres de droit, sont élus à bulletin secret**

par les membres de l'assemblée générale de la chambre par un premier scrutin destiné à assurer la représentation de chacun des départements de la circonscription régionale concernée en application du I. Puis sont élus, parmi les membres désignés lors du premier scrutin et les membres de droit, les titulaires de chaque poste au sein du bureau. Un scrutin distinct est organisé pour chaque poste. Pour chacun de ces scrutins, l'élection a lieu à la majorité absolue des suffrages exprimés par les membres présents aux deux premiers tours et à la majorité relative au troisième tour. En cas d'égalité des voix, le plus jeune est élu. »

(Décr. nº 2021-168 du 16 févr. 2021, art. 2) « Nul ne peut être simultanément membre du bureau d'une chambre du réseau des chambres de commerce et d'industrie et membre du bureau d'une chambre du réseau des chambres des *[de]* métiers et de l'artisanat. En cas de cumul, l'intéressé fait connaître à l'autorité de tutelle, dans les dix jours qui suivent la survenance du cumul, celle des deux fonctions qu'il choisit d'exercer. A défaut, il est réputé avoir choisi la dernière fonction à laquelle il a été élu.

« Le bureau se réunit au moins tous les deux mois sur convocation de son président, le cas échéant dans les conditions prévues par l'ordonnance nº 2014-1329 du 6 novembre 2014 relative aux délibérations à distance des instances administratives à caractère collégial. Il ne peut délibérer valablement que si le quorum constaté en début de séance dépasse la moitié du nombre des membres en exercice. Les décisions sont prises à la majorité absolue des suffrages exprimés par les membres présents. En cas de partage des voix, celle du président est prépondérante. »

Le bureau est élu après chaque renouvellement *(Décr. nº 2017-343 du 16 mars 2017, art. 5)* « quinquennal » *(Décr. nº 2015-1401 du 3 nov. 2015, art. 2-B)* « ou intégral » de la chambre de métiers et de l'artisanat *(Abrogé par Décr. nº 2017-343 du 16 mars 2017, art. 5) « de région, des chambres régionales de métiers et de l'artisanat, et des chambres de métiers et de l'artisanat départementales. Les membres sortants sont rééligibles »*. Ils demeurent en fonction jusqu'à la date d'installation des membres proclamés élus. A compter de la date des élections, le bureau sortant ne peut procéder qu'aux actes conservatoires et urgents.

Lorsque le bureau n'est plus en mesure d'exercer *(Abrogé par Décr. nº 2015-1401 du 3 nov. 2015, art. 2-B) « normalement »* ses attributions *(Abrogé par Décr. nº 2015-1401 du 3 nov. 2015, art. 2-B) « dans le cadre des règles de fonctionnement prévues au règlement intérieur de la chambre »*, *(Décr. nº 2017-343 du 16 mars 2017, art. 5)* « le préfet de région » peut procéder, par arrêté *(Décr. nº 2017-343 du 16 mars 2017, art. 5)* « motivé », à sa dissolution. Une assemblée générale extraordinaire est convoquée par *(Décr. nº 2010-1356 du 11 nov. 2010, art. 4)* « l'autorité de tutelle » pour procéder au renouvellement du bureau dans les quinze jours suivant cette décision.

(Décr. nº 2017-343 du 16 mars 2017, art. 5) « Le cas échéant, les votes prévus au présent II peuvent s'exercer par voie électronique au moyen d'un procédé préservant le secret du vote » *(Décr. nº 2021-168 du 16 févr. 2021, art. 2)* « dans les conditions prévues par le décret nº 2014-1627 du 26 décembre 2014 relatif aux modalités d'organisation des délibérations à distance des instances administratives à caractère collégial.

« II *bis*. — Le président exerce, dans le respect du principe de neutralité, les attributions suivantes :

« 1º Il représente la chambre en justice et dans tous les actes de la vie civile ;

« 2º Il convoque et préside le bureau ainsi que l'assemblée générale et rend compte de son activité et de celle du bureau à l'assemblée générale. Il assure l'exécution des décisions de l'assemblée générale. Il transmet le compte rendu des séances au ministre chargé de l'artisanat et au préfet de région conformément à l'article 20-1, ainsi qu'aux membres de la chambre ;

« 3º Il prépare avec le bureau le projet de budget et transmet pour approbation au préfet de région les délibérations relatives au budget et aux comptes ;

« 4º *Il nomme aux emp*lois permanents sur proposition du secrétaire général ;

« 5º Il exerce le pouvoir disciplinaire dans le cadre des procédures prévues par le statut du personnel des chambres ;

« 6º Sauf en matière de personnel, il peut conclure des transactions, après y avoir été autorisé pour chaque affaire, par délibération de l'assemblée générale de la chambre ou, en cas d'urgence, après autorisation du bureau. Le projet de transaction est soumis à l'approbation du préfet de région au-delà d'un seuil fixé par arrêté du ministre chargé de l'artisanat. Il est réputé approuvé à défaut de décision contraire motivée du préfet de région notifiée dans un délai de trente jours suivant la réception du projet par le préfet. »

III. — Les fonctions d'ordonnateur des dépenses sont exercées par le président qui peut, avec l'agrément du bureau, les déléguer à un *(Décr. nº 2017-343 du 16 mars 2017, art. 5)* « ou plusieurs élus membres du bureau, à l'exception du trésorier et » *(Décr. nº 2021-168 du 16 févr. 2021, art. 2)* « du ou des trésoriers adjoints ». *(Abrogé par Décr. nº 2021-168 du*

16 févr. 2021, art. 2) ***« Les fonctions de comptable sont exercées par le trésorier qui peut, avec l'agrément du bureau, les déléguer au trésorier adjoint. »*** *(Abrogé par Décr. nº 2017-343 du 16 mars 2017, art. 5)* ***« Les conditions dans lesquelles le président et le trésorier peuvent déléguer leur signature au secrétaire général ou, sur sa proposition, à d'autres agents permanents de la chambre sont fixées par le règlement intérieur prévu à l'article 8 bis du décret du 30 décembre 1964. »***

(Décr. nº 2017-343 du 16 mars 2017, art. 5) « Hors les cas de délégation ou d'absence du délégataire, en » *(Décr. nº 2015-1401 du 3 nov. 2015, art. 2-C)* « cas d'absence ou d'empêchement du président, les fonctions d'ordonnateur sont exercées par un vice-président dans l'ordre du tableau. » *(Abrogé par Décr. nº 2021-168 du 16 févr. 2021, art. 2)* ***« En cas d'absence ou d'empêchement du trésorier, les fonctions de comptable sont assurées par le trésorier adjoint. En cas d'empêchement du trésorier et du trésorier adjoint, une assemblée générale extraordinaire est convoquée par le président, le premier vice-président ou, à défaut, par*** *(Décr. nº 2017-343 du 16 mars 2017, art. 5)* ***« le préfet de région » pour élire leurs remplaçants. »***

(Décr. nº 2015-1401 du 3 nov. 2015, art. 2-C) « Les autres fonctions du président peuvent faire l'objet d'une délégation de signature à un ou plusieurs membres élus de la chambre. »

(Décr. nº 2017-343 du 16 mars 2017, art. 5) « Les conditions dans lesquelles le président et le trésorier peuvent déléguer leur signature au secrétaire général ou, sur sa proposition, à d'autres agents permanents de la chambre sont fixées par le règlement intérieur prévu à l'article 22. »

(Décr. nº 2015-1401 du 3 nov. 2015, art. 2-C) « Les délégations sont écrites et indiquent leur durée. Elles sont transmises *(Décr. nº 2017-343 du 16 mars 2017, art. 5)* « au préfet de région » et publiées.

« Des régies de recettes et des régies d'avances destinées à traiter des opérations de faible importance, urgentes ou répétitives peuvent être instituées par le président, avec l'accord du trésorier, dans des conditions déterminées par arrêté conjoint des ministres chargés de l'artisanat et du budget. »

(Décr. nº 2021-168 du 16 févr. 2021, art. 2) « III *bis*. — Les fonctions de comptable sont exercées par le trésorier. Ce dernier peut, avec l'accord du bureau, les déléguer à un ou plusieurs trésoriers adjoints en fonction de seuils de paiement fixés dans le règlement intérieur.

« Le trésorier est chargé dans le respect de la séparation de ses fonctions et de celles du président de la tenue de la comptabilité, du paiement des dépenses, sur la base des mandats émis préalablement par le président, de l'encaissement des recettes ainsi que de la gestion de la trésorerie. Il certifie le compte de gestion qu'il présente à l'assemblée générale.

« Les actes de gestion comptable, d'ordonnancement et de mandatement des dépenses peuvent faire l'objet de transmissions dématérialisées avec l'ordonnateur.

« En cas d'absence ou d'empêchement du trésorier, les fonctions de comptable sont assurées par le premier trésorier adjoint ou, en cas d'empêchement de ce dernier*[,]* par les autres trésoriers adjoints. En cas d'empêchement à la fois du trésorier et des trésoriers adjoints, une assemblée générale extraordinaire est convoquée par le président, le premier vice-président ou, à défaut, par le préfet de région pour élire leurs remplaçants. »

IV. — La démission du président, des membres du bureau et des autres membres de la chambre est adressée *(Décr. nº 2017-343 du 16 mars 2017, art. 5)* « au préfet de région » par lettre recommandée avec accusé de réception ou tout autre moyen permettant d'en attester la réception par son destinataire.

(Décr. nº 2021-168 du 16 févr. 2021, art. 2) « La démission d'un membre de la chambre de métiers et de l'artisanat de région entraîne sa démission de la chambre de niveau départemental au titre de laquelle il a été élu.

« La démission de la fonction au titre de laquelle un membre est membre de droit du bureau ne vaut pas démission du bureau. La démission de la fonction exercée par un membre du bureau qui n'est pas membre de droit entraîne sa démission du bureau. Dans ce cas, un scrutin est organisé pour désigner un remplaçant au sein du bureau conformément au II. »

(Décr. nº 2015-1401 du 3 nov. 2015, art. 2-D) « Les candidats pour le remplacement du membre démissionnaire doivent être des élus *(Décr. nº 2021-168 du 16 févr. 2021, art. 2)* « du même département » que ce membre. »

Les membres du bureau *(Décr. nº 2015-1401 du 3 nov. 2015, art. 2-D)* « , autres que les membres de droit, » qui se sont abstenus, sans motif légitime, d'assister à *(Décr. nº 2017-343 du 16 mars 2017, art. 5)* « deux » séances consécutives auxquelles ils étaient régulièrement convoqués sont déclarés démissionnaires du bureau par *(Décr. nº 2017-343 du 16 mars 2017, art. 5)* « le préfet de région », après avis de l'assemblée générale de la chambre.

(Décr. nº 2017-343 du 16 mars 2017, art. 5) « Le préfet de région » peut, en cas de faute grave dans l'exercice des fonctions et par arrêté motivé pris après que l'intéressé a été mis à

même de faire valoir ses observations, suspendre ou mettre fin *(Décr. n° 2021-168 du 16 févr. 2021, art. 2)* « au mandat du président ou d'un membre de la chambre, à la fonction d'un membre du bureau, ou à la qualité de membre du bureau. »

(Décr. n° 2010-1356 du 11 nov. 2010, art. 4) « En cas de vacance pour quelque cause que ce soit d'un membre du bureau », il est pourvu à son remplacement au cours de la première réunion de l'assemblée générale de la chambre qui suit la vacance. En cas d'urgence, une assemblée générale extraordinaire peut être convoquée par son président, son premier vice-président ou, à défaut, par *(Décr. n° 2017-343 du 16 mars 2017, art. 5)* « le préfet de région » dans le délai d'un mois pour élire le remplaçant.

Art. 19 *bis* *Abrogé par Décr. n° 2021-168 du 16 févr. 2021, art. 2.*

Art. 19 *ter* *(L. n° 2010-853 du 23 juill. 2010, art. 14)* Les établissements du réseau des chambres de métiers et de l'artisanat sont tenus de nommer au moins un commissaire aux comptes, choisi conformément au *(Ord. n° 2018-1074 du 26 nov. 2018, art. 17)* « code de la commande publique *[ancienne rédaction : code des marchés publics]* ». Ils sont nommés par l'assemblée générale de chaque établissement sur proposition de son président. Les conditions dans lesquelles chaque établissement du réseau publie et transmet à l'autorité de tutelle un bilan, un compte de résultat et une annexe sont déterminées par voie réglementaire.

La peine prévue par l'article L. 242-8 du code de commerce est applicable aux dirigeants des établissements du réseau des chambres de métiers et de l'artisanat qui n'établissent pas chaque année un bilan, un compte de résultat et une annexe.

Chacun des établissements du réseau des chambres de métiers et de l'artisanat tient une comptabilité analytique mise à la disposition des autorités de tutelle et de contrôle afin de justifier que les ressources publiques ont été employées dans le respect des règles de concurrence nationales et communautaires et n'ont pas financé des activités marchandes.

Art. 19 *quater* *(Décr. n° 2021-168 du 16 févr. 2021, art. 2)* Les chambres de niveau départemental mentionnées au III de l'article 5-2 ne disposent pas de la personnalité morale.

Les deux premiers membres élus issus de la liste majoritaire au niveau départemental assurent respectivement la présidence et la vice-présidence de la chambre.

Chaque président est membre de droit du bureau de la chambre de métiers et de l'artisanat de région.

Les présidents des chambres de métiers d'Alsace et de Moselle sont membres de droit du bureau de la chambre de métiers et de l'artisanat de région Grand Est. Les élections du président et du bureau de ces chambres précèdent celles du président et du bureau de la chambre de métiers et de l'artisanat de région Grand Est.

Art. 20 *(Décr. n° 2021-168 du 16 févr. 2021, art. 2)* « I. – » *(Décr. n° 2004-1164 du 2 nov. 2004, art. 7)* Les *(Décr. n° 2010-1356 du 11 nov. 2010, art. 25 ; Décr. n° 2017-343 du 16 mars 2017, art. 8)* « chambres de métiers et de l'artisanat » *(Décr. n° 2021-168 du 16 févr. 2021, art. 2)* « de région » se réunissent en assemblée générale au moins deux fois par an sur convocation du président de la chambre ou, à défaut, *(Décr. n° 2017-343 du 16 mars 2017, art. 8)* « du préfet de région ». Toutefois, sur proposition du bureau ou sur demande d'un tiers des membres, elles sont convoquées pour une assemblée générale extraordinaire par le président ou, en cas de refus de celui-ci, par *(Décr. n° 2017-343 du 16 mars 2017, art. 8)* « le préfet de région ».

(Décr. n° 2021-168 du 16 févr. 2021, art. 2) « A la demande d'au moins un tiers des membres présents, les délibérations sont votées à bulletin secret, le cas échéant par voie électronique au moyen d'un procédé préservant le secret du vote, dans les conditions prévues par le décret du 26 décembre 2014 précité. »

Les membres de l'assemblée générale sont informés au moins huit jours avant la date de la réunion. *(Décr. n° 2021-168 du 16 févr. 2021, art. 2)* « La convocation adressée par tous moyens aux membres indique l'ordre du jour de la séance. Le préfet de région peut demander l'ajout de points à cet ordre du jour.

« Le préfet de région, ou son représentant, qui peut se faire assister des agents appartenant aux administrations compétentes, participe aux séances de l'assemblée générale avec voix consultative*[.]* »

L'assemblée générale ne peut délibérer que si le quorum des membres présents constaté en début de séance dépasse la moitié du nombre des membres en exercice. Si le quorum n'est pas atteint, il est procédé, dans le mois qui suit, à une deuxième assemblée générale, convoquée au moins huit jours avant la date de sa réunion et avec le même ordre du jour. *(Décr. n° 2021-168 du 16 févr. 2021, art. 2)* « Cette assemblée générale se tient alors valablement sans condition de quorum. »

Les décisions sont prises à la majorité absolue *(Décr. nº 2015-1401 du 3 nov. 2015, art. 3)* « des suffrages exprimés par les membres présents ». En cas de partage des voix, celle du président est prépondérante.

Les membres sortants siègent jusqu'à l'installation de leurs successeurs. Toutefois, à compter du jour de l'élection et jusqu'à celui de l'installation des nouveaux membres, la chambre ne peut se réunir que pour procéder à des actes conservatoires et urgents. La chambre ne peut modifier le règlement intérieur ni prendre aucune décision concernant le personnel pendant cette période.

Les membres qui se sont abstenus de se rendre à deux assemblées générales successives sans motif légitime sont déclarés démissionnaires par *(Décr. nº 2017-343 du 16 mars 2017, art. 8)* « le préfet de région », après délibération de l'assemblée générale de la chambre.

(Décr. nº 2021-168 du 16 févr. 2021, art. 2) « II. — L'assemblée générale de la chambre de métiers et de l'artisanat de région :

« 1º Élabore la stratégie du réseau dans la région en cohérence avec le contrat d'objectifs et de performance défini à l'article 1601 du code général des impôts et avec la convention d'objectifs et de moyens définie à l'article 25 ;

« 2º Adopte lors de sa première session ordinaire les comptes de gestion de l'exercice précédent ;

« 3º Vote le budget prévisionnel et le budget rectificatif ;

« 4º Fixe, en application de l'article 18 et dans les limites définies par l'arrêté mentionné à cet article, le montant des indemnités de fonctions, des indemnités de vacation ainsi que les modalités de remboursement des frais de représentation et de déplacement ;

« 5º Nomme le commissaire aux comptes ;

« 6º Élit le bureau après chaque renouvellement de ses membres ;

« 7º Adopte le règlement intérieur et ses modifications qui sont soumis au préfet de la région pour approbation ;

« 8º Élabore le règlement relatif au fonctionnement des services ;

« 9º Fixe le nombre de membres siégeant dans chaque commission permanente et en désigne les membres ;

« 10º Institue des commissions ad hoc pour l'étude de questions spécifiques ;

« 11º Désigne les membres du conseil de la formation en application de l'article R. 6331-63-1 du code du travail ;

« 12º Détermine, le cas échéant, les secteurs d'activités ou les zones géographiques mentionnées au II de l'article 21 et désigne les membres associés intervenant dans ces secteurs ou zones ;

« 13º Désigne les représentants de la chambre auprès de diverses instances et commissions extérieures. »

Art. 20-1 *(Décr. nº 2017-343 du 16 mars 2017, art. 9)* Il est tenu par chaque chambre de métiers et de l'artisanat de région un registre spécial sur lequel sont inscrites, par ordre de date, les délibérations de l'assemblée générale.

Il est dressé un compte rendu de chaque séance de l'assemblée générale auquel est annexé un procès-verbal de présence indiquant les motifs des empêchés. Un exemplaire du compte rendu est adressé dans la quinzaine au ministre chargé de l'artisanat et au préfet de région. Le ministre chargé de l'outre-mer est également destinataire d'un exemplaire du compte rendu de chaque séance des assemblées des chambres de métiers et de l'artisanat d'outre-mer.

Art. 21 *(Décr. nº 2021-168 du 16 févr. 2021, art. 2)* « I. — Des commissions territoriales correspondant à des bassins d'emploi infra-départementaux *[infradépartementaux]* ou interdépartementaux sont obligatoirement créées dans les chambres de métiers et de l'artisanat de région. Elles sont composées de membres élus de ces territoires et de membres associés mentionnés au II. Elles comprennent entre huit et quinze membres. Seules les commissions territoriales correspondant au chef-lieu du département comprennent quinze membres.

« Le territoire et les conditions de leur animation sont définis par l'assemblée générale. Chaque commission territoriale remet au président de la chambre un rapport annuel à l'assemblée générale rendant compte des résultats de son action sur son territoire qui est soumis à l'avis du bureau de la chambre de métiers et de l'artisanat de région dans les conditions fixées par le règlement intérieur de la chambre.

« II. — Des membres associés sont désignés auprès de la chambre de métiers et de l'artisanat de région pour conseiller et assister les ressortissants dans des secteurs d'activité ou des zones géographiques déterminés. Ils sont désignés par l'assemblée générale après chaque renouvellement quinquennal ou intégral par les membres élus, sur proposition des présidents de chambres de niveau départemental mentionnées au III de l'article 5-2. »

Le règlement intérieur fixe le mode de désignation des membres associés et *(Abrogé par Décr. n° 2017-343 du 16 mars 2017, art. 10) « pour chaque collège intéressé »* leur nombre *(Abrogé par Décr. n° 2021-168 du 16 févr. 2021, art. 2) « , limité, sauf dérogation admise par (Décr. n° 2017-343 du 16 mars 2017, art. 10) « le préfet de région », à la moitié au plus du nombre des membres élus ».*

Les membres associés répondent aux conditions d'éligibilité prévues par l'article 6 du décret n° 99-433 du 27 mai 1999 relatif à la composition des *(Décr. n° 2017-343 du 16 mars 2017, art. 10)* « établissements du réseau des chambres de métiers et de l'artisanat et de leurs délégations » et à l'élection de leurs membres. – *V. ce texte, infra.*

III. – Le règlement intérieur précise les missions des membres associés et les modalités de leur participation, à titre consultatif, aux délibérations de l'assemblée générale *(Décr. n° 2021-168 du 16 févr. 2021, art. 2)* « de la chambre de métiers et de l'artisanat de région. »

IV. – *Abrogé par Décr. n° 2021-168 du 16 févr. 2021, art. 2.*

Art. 22 *(Décr. n° 2017-343 du 16 mars 2017, art. 11)* Les chambres de métiers et de l'artisanat *(Décr. n° 2021-168 du 16 févr. 2021, art. 2)* « de région » adoptent, sur proposition du bureau, leur règlement intérieur et son annexe, qui sont transmis, pour approbation, au préfet de région. A défaut d'approbation expresse ou d'opposition notifiée à la chambre au terme d'un délai de deux mois à compter de la réception de la demande par le préfet de région, cette autorisation est réputée accordée. La décision de refus est motivée.

Lorsque le préfet de région demande par écrit à la chambre des informations ou documents complémentaires, le délai mentionné à l'alinéa précédent est suspendu jusqu'à la production de ces informations ou documents.

Le règlement intérieur prévoit notamment la création des cinq commissions suivantes, dont il fixe les règles d'organisation et de fonctionnement :

La commission des affaires générales, chargée notamment des questions relatives au fonctionnement *(Décr. n° 2021-168 du 16 févr. 2021, art. 2)* « , à l'organisation, au patrimoine et au suivi de la convention d'objectifs et de moyens » de la chambre à laquelle elle appartient.

La commission de prévention des conflits d'intérêts, chargée notamment d'examiner et de donner un avis sur toute situation susceptible de créer un conflit d'intérêts entre la chambre et l'un de ses membres.

La commission des finances, chargée notamment de l'examen des documents comptables et financiers préparés par le président et les membres du bureau ainsi que de la vérification et de l'apurement des comptes dressés par le trésorier.

La commission du développement économique et territorial, chargée notamment des questions relatives à l'accompagnement des entreprises dans les différentes phases de leur développement, de l'aménagement et du développement économique des territoires.

La commission de la formation professionnelle, chargée de l'étude de toutes les questions d'apprentissage et de perfectionnement professionnel.

(Abrogé par Décr. n° 2021-168 du 16 févr. 2021, art. 2) « Les chambres de métiers et de l'artisanat départementales et interdépartementales peuvent créer une commission du développement économique et territorial et une commission de la formation professionnelle. Ces commissions se prononcent sur les questions qui relèvent de leurs compétences dans le cadre des orientations fixées par la chambre régionale de métiers et de l'artisanat à laquelle elles sont rattachées. »

Les membres des commissions sont désignés par l'assemblée générale.

Le président et *(Décr. n° 2021-168 du 16 févr. 2021, art. 2)* « le trésorier et le ou les trésoriers adjoints de la chambre, » ne peuvent faire partie de la commission des finances. Le président de la chambre est membre de droit de toutes les autres commissions et peut les présider.

Le règlement intérieur comporte un chapitre particulier concernant l'organisation des services de la chambre. Une annexe du règlement intérieur fixe la grille des emplois de la chambre et détermine le nombre, la nature et l'indice de base des emplois permanents.

La chambre élabore également un règlement relatif au fonctionnement de ses services. Ce règlement est transmis au préfet de région pour information.

Les services de la chambre sont dirigés par un secrétaire général, placé sous l'autorité du président. *(Décr. n° 2021-168 du 16 févr. 2021, art. 2)* « Il peut être assisté d'au plus deux secrétaires généraux adjoints. »

Le règlement intérieur comporte l'emploi *(Décr. n° 2021-168 du 16 févr. 2021, art. 2)* « de secrétaire général » correspondant, qui doit être pourvu en permanence dans les conditions prévues au statut du personnel des chambres de métiers et de l'artisanat établi en application de la loi n° 52-1311 du 10 décembre 1952.

En cas de vacance, si le remplacement ne peut être immédiat, un agent est désigné à titre intérimaire par le président de la chambre de métiers et de l'artisanat. La nomination du secrétaire général doit alors intervenir dans le délai d'un an à compter de la vacance du poste.

Art. 22-1 *Abrogé par Décr. n° 2021-168 du 16 févr. 2021, art. 2.*

Art. 22-2 *(Décr. n° 2017-343 du 16 mars 2017, art. 13)* Les chambres des *[de]* métiers et de l'artisanat de région *(Abrogé par Décr. n° 2021-168 du 16 févr. 2021, art. 2) « et les chambres régionales de métiers et de l'artisanat »* peuvent s'entendre pour organiser un ou plusieurs services en commun *(Décr. n° 2021-168 du 16 févr. 2021, art. 2)* « sous réserve de l'approbation de CMA France. » Les modalités de gestion et de financement de ce ou ces services sont fixées d'un commun accord.

CHAPITRE III *Attributions*

Art. 23 *(Décr. n° 2004-1164 du 2 nov. 2004, art. 9) (Décr. n° 2010-1356 du 11 nov. 2010, art. 10)* « I. — Les chambres de métiers et de l'artisanat de région ont pour attributions : »

1° De tenir le répertoire des métiers ;

(Décr. n° 2021-168 du 16 févr. 2021, art. 3) « 1° *bis* D'assurer la gestion des services d'aide aux formalités des entreprises en application de l'article R. 123-3 du code de commerce ; »

2° *(Abrogé par Décr. n° 2015-810 du 2 juill. 2015, art. 26) « De reconnaître la qualité d'artisan et d'artisan d'art et »* D'attribuer les titres de maître artisan *(Décr. n° 2006-665 du 7 juin 2006, art. 39-III)* « dans les conditions prévues au premier alinéa de l'article 3 *(Décr. n° 2015-810 du 2 juill. 2015, art. 26)* « et au second alinéa de l'article 3 *bis* » du décret n° 98-247 du 2 avril 1998 relatif à la qualification artisanale et au répertoire des métiers » *(Décr. n° 2017-861 du 9 mai 2017, art. 38, en vigueur le 1er juill. 2017)* « ainsi que les qualités d'artisan et d'artisan d'art dans les conditions prévues aux articles 5 et 5 *bis* du même décret » ; *— V. cet art., infra.*

3° D'organiser l'apprentissage dans le secteur des métiers *(Décr. n° 2017-343 du 16 mars 2017, art. 14)* « ; d'encourager la coopération entre les organismes de formation initiale et continue dans le secteur des métiers sous la forme d'une université régionale des métiers et de l'artisanat ; » *(Décr. n° 2021-168 du 16 févr. 2021, art. 3)* « de conclure, le cas échéant, avec les opérateurs de compétences mentionnés à l'article L. 6224-1 du code du travail des conventions de partenariat et des conventions de délégation dans leur champs d'intervention ; de contribuer au développement de l'apprentissage :

« *a)* En accompagnant les entreprises dans la préparation des contrats d'apprentissage préalablement à leur dépôt prévu à l'article L. 6224-1 précité et à toute autre mission concourant à ce dépôt qui pourraient leur être confiées par les opérateurs de compétence ;

« *b)* En assurant la médiation mentionnée à l'article L. 6222-39 du même code, dans des conditions garantissant l'indépendance et la neutralité du médiateur par rapport aux prestations de formation proposée par la chambre de métiers et de l'artisanat ;

« *c)* En participant au contrôle pédagogique des formations par apprentissage conduisant à l'obtention d'un diplôme, dans les conditions définies par l'article L. 6211-2 du même code ;

« *d)* En participant à la formation des maîtres d'apprentissage. Elles peuvent conclure à cette fin des conventions de partenariat avec les opérateurs de compétences ;

« *e)* En concourant au service public mentionné à l'article L. 6111-3 du même code. Elles peuvent à ce titre instituer un service d'orientation professionnelle ;

« *f)* En concourant à l'élaboration des contrats de plan régional de développement des formations et de l'orientation professionnelle mentionnés au IV de l'article L. 214-13 du code de l'éducation et à la mise en œuvre des contrats d'objectifs mentionnés au V du même article. »

4° De favoriser la promotion professionnelle des chefs d'entreprise et des salariés de ce secteur ;

(L. n° 2016-1920 du 29 déc. 2016, art. 10) « 4° *bis* D'évaluer les conditions d'aptitude professionnelle prévues à l'article L. 3120-2-1 du code des transports par un examen. *(L. n° 2019-1428 du 24 déc. 2019, art. 45)* « A ce titre, elles peuvent confier l'organisation des sessions d'examen à des personnes agréées à cette fin par l'autorité administrative, dans des conditions fixées par décret en Conseil d'État. Ces personnes présentent des garanties d'honorabilité, de capacité d'organisation, d'impartialité et d'indépendance. Un décret en Conseil d'État réglemente, après consultation de l'Autorité de la concurrence, le prix que les personnes agréées peuvent percevoir lorsqu'elles organisent l'organisation des sessions d'examen. » Un comité national comprenant notamment des représentants de l'État et des représentants des professionnels intervenant dans le secteur du transport public particulier de

personnes effectue le bilan de la mise en œuvre de cet examen, dans des conditions définies par décret en Conseil d'État. Il peut formuler des recommandations ; »

5° Dans le cadre de la politique de l'aménagement du territoire et conformément aux directives du plan de contribuer, le cas échéant, à l'expansion du secteur des métiers et au maintien ou à l'élargissement des débouchés, notamment par l'organisation d'expositions ;

6° D'améliorer la rentabilité des entreprises, la qualité des produits et des services, les techniques et les méthodes de production et de commercialisation en favorisant la collaboration entre entreprises et la création de services communs ;

7° De créer des œuvres d'entraide et d'assistance ou de concourir au fonctionnement de telles œuvres ;

8° De procéder à toutes études utiles intéressant le secteur des métiers et d'émettre des vœux ou des avis sur les matières relevant de leur compétence ;

9° De participer à la prévention et au traitement des difficultés des entreprises artisanales, en liaison avec les services financiers de l'État, les organismes de recouvrement des cotisations sociales et toutes personnes morales, publiques ou privées concernées ;

(Décr. n° 2010-1356 du 11 nov. 2010, art. 10) « 10° D'animer et de coordonner les actions en faveur des métiers d'art à l'échelon régional ;

« 11° De *(Abrogé par Décr. n° 2021-168 du 16 févr. 2021, art. 3) « définir les orientations et de coordonner l'action des chambres de métiers et de l'artisanat départementales qui leur sont rattachées et celle de leurs* (Décr. n° 2017-343 du 16 mars 2017, art. 14) *« délégations » afin de contribuer au développement économique du territoire régional et de »* fixer, dans le respect des dispositions de la sixième partie du code du travail *(Abrogé par Décr. n° 2017-343 du 16 mars 2017, art. 14) « et en application du décret n° 2004-1165 du 2 novembre 2004 »*, les priorités en matière d'actions de formation en faveur des chefs d'entreprise exerçant une activité artisanale, de leurs conjoints collaborateurs ou associés et de leurs auxiliaires familiaux dans le seul domaine de la gestion et du développement des entreprises, et d'assurer le traitement des demandes de financement de ces actions » ;

(L. n° 2019-486 du 22 mai 2019, art. 43) « 11° *bis* D'établir, après chaque renouvellement général, avec les chambres de commerce et d'industrie de région, un plan des actions ayant vocation à être mutualisées dans l'intérêt des entreprises de leur ressort ; »

(Décr. n° 2021-168 du 16 févr. 2021, art. 3) « 12° De participer à la formation professionnelle initiale et continue. A ce titre, les chambres créent, gèrent ou financent des établissements d'enseignement conformément aux dispositions du titre V du livre III de la sixième partie du code du travail ; »

(Décr. n° 2010-1356 du 11 nov. 2010, art. 10) « 13° D'exercer une mission d'appui et de conseil, en coordination avec *(Ord. n° 2014-1555 du 22 déc. 2014, art. 4, en vigueur le 1er janv. 2015)* « l'agence mentionnée à l'article 50 de la loi du 1er août 2003 *[n° 2003-721, pour l'initiative économique]* », pour le développement international des entreprises et l'exportation de leur production ; » *— Cette agence est dénommée « Business France » (Décr. n° 2014-1571 du 22 déc. 2014).*

(Décr. n° 2021-300 du 18 mars 2021, art. 9, en vigueur le 1er avr. 2021) « 13° *bis* D'exercer une mission d'accompagnement et d'assistance des entreprises lors de leur création, de la modification de leur situation ou de la cessation de leur activité, et dans le cadre de l'ensemble des procédures et formalités nécessaires à l'accès à une activité et à l'exercice de celle-ci. »

(Décr. n° 2010-1356 du 11 nov. 2010, art. 10) « 14° D'être autorités compétentes conformément à l'article 32 de la loi n° 2010-853 du 23 juillet 2010 relative aux réseaux consulaires, au commerce, à l'artisanat et aux services, au décret n° 98-246 du 2 avril 1998 relatif à la qualification professionnelle exigée pour l'exercice des activités prévues à l'article 16 de la loi n° 96-603 du 5 juillet 1996 relative au développement et à la promotion du *commerce et de l'artisanat* et *(Décr. n° 2017-767 du 4 mai 2017, art. 14, en vigueur le 1er juin 2017 ; Décr. n° 2019-987 du 25 sept. 2019, art. 62)* « à l'article 8 de l'ordonnance n° 2016-1809 du 22 décembre 2016 relative à la reconnaissance des qualifications professionnelles de professions réglementées », et de coopérer à ce titre avec les autorités compétentes des autres États membres de l'Union européenne ou des États parties à l'accord sur l'Espace économique européen ; »

(Décr. n° 2021-168 du 16 févr. 2021, art. 3) « 15° De mettre en œuvre les actions prévues par le contrat d'objectifs et de performance mentionné à l'article 1601 du code général des impôts, notamment dans le cadre de la convention d'objectifs et de moyens mentionnée à ce même article. »

Ces attributions s'exercent, conformément à la réglementation propre à chaque matière, sous le contrôle du ministre chargé de l'artisanat et également, pour les questions relevant de sa compétence, du ministre de l'éducation nationale.

Les *(Décr. n° 2010-1356 du 11 nov. 2010, art. 25)* « chambres de métiers et de l'artisanat de région » peuvent également prêter leur concours aux organisations professionnelles du secteur des métiers.

(Décr. n° 2010-1356 du 11 nov. 2010, art. 10) « II. — Les chambres de métiers et de l'artisanat de région peuvent être consultées par les pouvoirs publics sur toute question relative à l'artisanat, au développement économique, à la formation professionnelle et à l'aménagement du territoire dans leur région. Elles peuvent, de leur propre initiative, émettre des avis *(Abrogé par Décr. n° 2017-343 du 16 mars 2017, art. 14)* « *et des vœux* » sur ces questions.

« Elles peuvent être consultées par le conseil régional *(Abrogé par L. n° 2015-991 du 7 août 2015, art. 10-III)* « *sur le schéma régional d'aménagement et de développement du territoire mentionné à l'article L. 4251-1 du code général des collectivités territoriales,* » sur le contrat de plan régional de développement des formations *(L. n° 2014-288 du 5 mars 2014, art. 23-VII)* « et de l'orientation » professionnelles mentionné à l'article L. 214-13 du code de l'éducation et, plus généralement, sur tout dispositif d'appui aux entreprises dont la région envisage la création.

« Elles peuvent être consultées, à leur demande, sur l'élaboration des schémas de cohérence territoriale et des plans locaux d'urbanisme mentionnés à l'article *(Ord. n° 2015-1174 du 23 sept. 2015, art. 9-I, en vigueur le 1er janv. 2016)* « L. 132-7 *[ancienne rédaction : L. 121-4]* » du code de l'urbanisme et peuvent réaliser, de leur propre initiative, les études économiques nécessaires à la préparation des documents prévisionnels d'organisation artisanale.

« III. — » Les *(Décr. n° 2010-1356 du 11 nov. 2010, art. 25)* « chambres de métiers et de l'artisanat de région » peuvent être autorisées par *(Décr. n° 2017-343 du 16 mars 2017, art. 14)* « le préfet de région » dans les domaines relevant de leur compétence à :

1° Adhérer à des syndicats mixtes créés en application des articles L. 5721-1 et suivants du code général des collectivités territoriales ;

2° Participer à des sociétés d'économie mixte et, dans les conditions prévues par la loi n° 43-612 du 17 novembre 1943 sur la gestion des intérêts professionnels, à des sociétés professionnelles ou à des établissements professionnels ;

3° Souscrire des parts ou des actions de sociétés s'inscrivant dans leur domaine de spécialité ;

(Décr. n° 2015-1401 du 3 nov. 2015, art. 6) « 4° Participer à des associations s'inscrivant dans leur domaine de spécialité.

« A défaut d'approbation expresse ou d'opposition notifiée à la chambre au terme d'un délai de deux mois à compter de la réception de la demande par *(Décr. n° 2017-343 du 16 mars 2017, art. 14)* « le préfet de région », ces autorisations sont réputées accordées. Les décisions de refus sont motivées.

« Lorsque *(Décr. n° 2017-343 du 16 mars 2017, art. 14)* « le préfet de région » demande par écrit à la chambre des informations ou documents complémentaires, le délai mentionné à l'alinéa précédent est suspendu jusqu'à la production de ces informations ou documents. »

(Abrogé par Décr. n° 2017-343 du 16 mars 2017, art. 14) « *IV. — Les chambres de métiers et de l'artisanat de région exercent les fonctions administratives prévues au II de l'article 23-1 ci-après, y compris à l'égard des chambres de métiers et de l'artisanat départementales qui leur sont rattachées.* »

Les modifications issues de la L. n° 2015-991 du 7 août 2015 entrent en vigueur à la date de la publication de l'ordonnance prévue au III de l'art. 13 de ladite loi (L. préc., art. 10-VII).

Sur la création, par les chambres de métiers et de l'artisanat de région, de centres de formalités des entreprises, V. C. com., art. R. 123-3.

Loi n° 2005-882 du 2 août 2005, *en faveur des petites et moyennes entreprises.*

Art. 72 Les chambres de métiers et de l'artisanat contribuent au développement économique du territoire. Pour la réalisation d'équipements commerciaux ou artisanaux, elles peuvent se voir déléguer le droit de préemption urbain et être titulaires ou délégataires du droit de préemption institué dans les zones d'aménagement différé.

Elles peuvent également recevoir délégation de l'État, des collectivités territoriales et de leurs établissements publics pour créer ou gérer tout équipement ou service qui intéresse l'exercice de leurs missions.

Art. 23-1 *Abrogé par Décr. n° 2021-168 du 16 févr. 2021, art. 3.*

Art. 23-2 *(Décr. n° 2021-168 du 16 févr. 2021, art. 3)* En application du III de l'article 5-2, les services de proximité assurés par les chambres de niveau départemental relèvent notamment des attributions mentionnées aux 1°, 1° *bis*, 2°, *a* et *d* du 3°, 4° *bis* et 14° du I de l'article 23.

Les chambres de niveau départemental participent à la mise en œuvre des conventions d'objectifs et de moyens mentionnées à l'article 1601 du code général des impôts. Elles désignent les membres associés et les membres des commissions territoriales dans les conditions prévues à l'article 21.

Elles peuvent être consultées par la chambres des *[de]* métiers et de l'artisanat de région sur des questions relatives à l'exercice des missions qui leur sont confiées par ces chambres ou concernant leur circonscription territoriale. Elles peuvent formuler des propositions ou émettre des recommandations sur ces questions.

Art. 23-3 *Abrogé par Décr. n° 2021-168 du 16 févr. 2021, art. 3.*

Art. 24 *(Décr. n° 2017-483 du 6 avr. 2017, art. 10)* Les chambres des *[de]* métiers et de l'artisanat *(Décr. n° 2021-168 du 16 févr. 2021, art. 3)* « de région » organisent les sessions d'examen *(Décr. n° 2021-168 du 16 févr. 2021, art. 3)* « d'accès aux professions de conducteurs de taxi et de conducteur *[conducteurs]* de voiture de transport avec chauffeur » dans le cadre d'un calendrier national fixé par *(Décr. n° 2019-56 du 30 janv. 2019, art. 1er)* « CMA France ». Les chambres régionales de métiers et de l'artisanat assurent la coordination des examens au niveau régional et perçoivent les droits d'inscriptions mentionnés à l'article *(Décr. n° 2021-202 du 23 févr. 2021, art. 1er)* « 24-2 ».

(Abrogé par Décr. n° 2021-202 du 23 févr. 2021, art. 1er) ***« L'organisation des examens respecte les règles de confidentialité, d'impartialité et de déport fixées dans un règlement d'examen approuvé par*** *(Décr. n° 2019-56 du 30 janv. 2019, art. 1er)* ***« CMA France ». »***

Liberté d'établissement des VTC. Si les chambres de métiers et de l'artisanat existant dans chaque région exercent déjà des compétences en matière d'accès à certaines professions artisanales et bénéficient d'une implantation sur l'ensemble du territoire, leur intervention dans la délivrance de la carte professionnelle nécessaire à l'exercice des professions de conducteur de taxi et de conducteur de VTC peut conduire à porter une atteinte illégale à la liberté d'établissement, dans la mesure où peuvent siéger des membres exerçant les professions en cause, susceptibles d'avoir intérêt à restreindre l'accès à ces professions, en particulier celle de conducteur de VTC, et d'agir dans ce but en pesant sur la fréquence et l'organisation des examens, la teneur des sujets ou l'évaluation des capacités des candidats. En conséquence, le Décr. n° 2017-483 du 6 avr. 2017 est annulé en tant qu'il n'édicte pas les dispositions nécessaires pour garantir que l'évaluation des conditions d'aptitude professionnelle des conducteurs de taxi et de VTC par les chambres de métiers et de l'artisanat de région respecte la liberté d'établissement. • CE 5 juill. 2019, n° 413040 : *AJDA 2019. 1423, obs. Sprungard*.

Art. 24-1 *(Décr. n° 2021-202 du 23 févr. 2021, art. 3)* I. — Les examens d'accès aux professions de conducteur de taxi et de voiture de transport avec chauffeur sont organisés selon des modalités spécifiques déterminées au présent article.

II. — Le nombre de sessions d'épreuves écrites d'admissibilité est fixé par les chambres des *[de]* métiers et de l'artisanat en fonction du nombre prévisible de candidats dans leur ressort territorial, et ne peut être inférieur à une session par trimestre.

Une session ne peut être annulée que si aucun candidat ne s'est inscrit sept jours ouvrés avant la date programmée.

III. — Un arrêté du ministre chargé des transports fixe les conditions de désignation des personnes chargées d'évaluer les candidats lors du passage de l'examen, notamment leur niveau de qualification et d'expérience ainsi que leur origine professionnelle.

Un arrêté du ministre chargé des transports détermine :

1° *Pour les membres* des jurys des épreuves de l'examen ainsi que pour toute personne participant à l'organisation de ces épreuves, l'obligation et les modalités de se déporter dès lors qu'existent des éléments susceptibles de mettre en doute leur impartialité et leur indépendance ;

2° Ainsi que les règles déontologiques s'imposant aux évaluateurs des épreuves de l'examen et leurs modalités de leur mise en œuvre dès lors qu'existent des éléments susceptibles de mettre en doute leur impartialité et leur indépendance.

IV. — Une personne exerçant ou ayant déjà exercé l'activité de conducteur de taxi ou de voiture de transport avec chauffeur ne peut participer au choix des sujets des épreuves écrites d'admissibilité ni être membre du jury de ces épreuves.

V. — Le jury des épreuves pratiques d'admission se compose d'au moins deux examinateurs, dont l'un exerce la fonction de président. En cas de partage égal des voix, celle du président du jury est prépondérante.

Le jury de l'épreuve pratique d'admission ne peut pas comporter plus d'une personne exerçant ou ayant déjà exercé l'activité de conducteur de taxi ou de voiture de transport avec chauffeur.

Une personne exerçant ou ayant déjà exercé l'activité de conducteur de taxi ou de voiture de transport avec chauffeur ne peut participer au jury de l'épreuve pratique d'admission que si elle répond à une condition d'expérience professionnelle fixée par arrêté des ministres chargés des transports et de l'économie. Elle ne peut exercer la fonction de président du jury.

Une personne exerçant ou ayant cessé d'exercer l'activité de conducteur de taxi ne peut participer au jury de l'épreuve pratique d'admission d'un candidat à l'examen d'accès à la profession de conducteur de voiture de transport avec chauffeur. Une personne exerçant ou ayant cessé d'exercer l'activité de conducteur de voiture de transport avec chauffeur ne peut participer au jury de l'épreuve pratique d'admission d'un candidat à l'examen d'accès à la profession de conducteur de taxi.

VI. — La profession des membres du jury des épreuves pratiques d'admission est communiquée à chaque candidat au plus tard trois jours ouvrés avant la date de passage de l'épreuve pratique d'admission.

VII. — En cas d'ajournement d'un candidat à l'épreuve pratique d'admission, le jury rédige un avis circonstancié expliquant les raisons de cet ajournement. Cet avis est communiqué au candidat, dans un délai de quinze jours calendaires, selon des conditions fixées par le règlement mentionné à l'article 24-3.

Art. 24-2 *(Décr. n° 2017-483 du 6 avr. 2017, art. 10) (Décr. n° 2021-202 du 23 févr. 2021, art. 4)* « I. — » L'inscription aux sessions de l'examen est subordonnée au paiement par le candidat de droits d'inscription. Par dérogation au second alinéa du II de l'article 26, le montant de ces droits est fixé pour l'ensemble du territoire par arrêté conjoint des ministres chargés respectivement des finances, des transports et de l'artisanat, pris après avis de *(Décr. n° 2019-56 du 30 janv. 2019, art. 1er)* « CMA France ».

Ces droits couvrent les coûts supportés au titre de l'inscription, de l'organisation de la session et de la délivrance de l'attestation.

Ils sont acquittés préalablement à l'inscription à l'examen.

(Décr. n° 2021-202 du 23 févr. 2021, art. 4) « II. — Les chambres des *[de]* métiers et de l'artisanat garantissent à chaque candidat de pouvoir passer les épreuves de l'examen dans leur ressort territorial et d'obtenir les résultats d'admission dans un délai de quatre mois à compter de la date à laquelle il a déposé un dossier réputé complet, sans préjudice du délai fixé au dernier alinéa du présent article en cas d'ajournement à l'épreuve pratique. Cette garantie de délai ne s'applique pas aux candidats dont les dossiers sont déclarés incomplets au terme de leur instruction par la chambres des *[de]* métiers et de l'artisanat compétente.

« Est réputé complet le dossier du candidat qui a mis à la disposition de la chambres des *[de]* métiers et de l'artisanat compétente l'ensemble des pièces nécessaires à son inscription.

« Dans un délai maximal de cinq jours ouvrés à compter du dépôt du dossier par le candidat, la chambre lui adresse, par tout moyen conférant date certaine, un document attestant de ce dépôt et l'informant de la garantie dont il bénéficie au titre du premier alinéa du II présent article.

« Tout candidat ajourné à l'épreuve pratique souhaitant se présenter à nouveau à celle-ci est convoqué dans un délai maximum de deux mois à compter de la notification de la délibération prononçant cet ajournement. Cet engagement ne s'applique pas, toutefois, si, en raison d'une circonstance de droit nouvelle, le candidat ne répond plus aux conditions requises pour se présenter aux examens d'accès aux professions de conducteur de taxi et de voiture de transport avec chauffeur ou s'il est dans l'obligation, eu égard à la teneur des délibérations le concernant, de se soumettre à nouveau aux épreuves d'admissibilité. » — *Anc. art. 24-1 (Décr. n° 2021-202 du 23 févr. 2021, art. 2).*

Art. 24-3 *(Décr. n° 2021-202 du 23 févr. 2021, art. 5)* CMA France approuve un règlement d'examen qui détermine les modalités pratiques d'organisation des examens. Ce règlement d'examen peut compléter les dispositions déontologiques prévues par l'arrêté mentionné au troisième alinéa du III de l'article 24-1 et prévoir les modalités permettant d'assurer que les modalités d'organisation des examens garantissent le respect de la confidentialité des épreuves.

Art. 24-4 *(Décr. n° 2017-483 du 6 avr. 2017, art. 10) (Décr. n° 2021-202 du 23 févr. 2021, art. 6)* « I. — » Les chambres des *[de]* métiers et de l'artisanat publient sur un site dédié :

1° La programmation des sessions et les lieux des épreuves dans chaque département, au moins un mois avant la date prévue ;

2° Pour chaque session, au plus tard un mois après cette dernière, le nombre de candidats, les moyennes des résultats pour chaque épreuve et, pour l'ensemble de l'examen, le taux de réussite et, le cas échéant, le nombre de candidats ajournés par manque de places. Ces données sont détaillées par département ;

3° Les autres données précisées par un arrêté conjoint des ministres chargés, respectivement, des transports et de l'artisanat ;

(Décr. n° 2021-202 du 23 févr. 2021, art. 6) « 4° Le règlement d'examen mentionné à l'article 24-3 ;

« 5° Les modalités de détermination du nombre prévisible de candidats et du nombre de sessions d'épreuves écrites d'admissibilité fixées dans les conditions mentionnées à l'article 24-1.

« Les chambres de métiers et de l'artisanat communiquent aux candidats, lors de leur inscription, l'adresse de ce site, et les informent du contenu qui leur est accessible.

« II. — CMA France publie, sur un site dédié, le règlement d'examen mentionné à l'article 24-3 ainsi que les données mentionnées au 2° du présent article, établies à l'échelle nationale à partir des données détaillées publiées par les chambres des *[de]* métiers et de l'artisanat pour chaque trimestre, et au plus tard deux mois après la fin de ce trimestre.

« III. — Les chambres de métier*[s]* de l'artisanat adressent chaque année au préfet territorialement compétent un rapport réalisé par un organisme indépendant sur le respect par les chambres de métier*[s et]* de l'artisanat de leurs obligations fixées aux articles 24 à 24-5, notamment en termes de délais d'organisation des examens et du nombre de sessions à organiser, ainsi que de respect des garanties d'impartialité et d'indépendance et de publication. » — *Anc. art. 24-2 (Décr. n° 2021-202 du 23 févr. 2021, art. 2).*

Par dérogation aux dispositions du 1° de l'art. 24-2, devenu l'art. 24-4, dans sa rédaction résultant de l'art. 10 du Décr. n° 2017-483 du 6 avr. 2017, la date et les lieux de la première session des examens peuvent être publiés moins d'un mois avant le déroulement de celle-ci (Décr. préc., art. 14-III).

Art. 24-5 *(Décr. n° 2021-202 du 23 févr. 2021, art. 7)* Le contrôle de l'organisation des sessions d'examen d'accès aux professions de conducteur de taxi ou de voiture de transport avec chauffeur et du bon déroulement des épreuves peut être assuré par les fonctionnaires habilités à cet effet par le préfet territorialement compétent, dans des conditions fixées par arrêté des ministres chargés des transports et de l'économie.

Les fonctionnaires mentionnés au premier alinéa peuvent, à leur demande, assister aux travaux d'élaboration et de choix des sujets des épreuves écrites d'admissibilité, à l'évaluation des épreuves ainsi qu'aux délibérations des jurys. Ils ne prennent part ni aux échanges ni aux délibérations des jurys.

Art. 24-6 *(Décr. n° 2017-483 du 6 avr. 2017, art. 10)* Le Comité national des transports publics particuliers de personnes mentionné à l'article D. 3120-16 du code des transports désigne en son sein une formation spécialisée, dénommée "Comité national de suivi des examens des professions du transport public particulier de personnes". Cette formation est chargée d'assurer le suivi de ces examens et de réaliser le bilan prévu au 4° *bis* de l'article 23 du présent code. — *Anc. art. 24-3 (Décr. n° 2021-202 du 23 févr. 2021, art. 2).*

Art. 24-7 *(Décr. n° 2017-483 du 6 avr. 2017, art. 10)* La formation spécialisée prévue à l'article *(Décr. n° 2021-202 du 23 févr. 2021, art. 8)* « 24-6 » comporte au plus 27 membres dont un président et un vice-président. Ses membres sont répartis dans trois sections, chacune propre à l'une des professions du transport public particulier de personnes.

Chaque section est composée à part égales :

1° De représentants des ministres chargés, respectivement, des transports, de l'économie et de l'artisanat ;

2° De représentants de la profession du transport public particulier de personnes concernée ;

3° De représentants des collectivités territoriales.

Un arrêté conjoint des ministres chargés, respectivement, des transports, de l'économie et de l'artisanat fixe le nombre des représentants de chacune de ces catégories, nomme les représentants de l'État, les autres représentants désignés sur proposition du Comité national des transports publics particuliers de personnes ainsi que le président qui est choisi parmi les représentants de l'État et le vice-président, choisi parmi les autres membres. — *Anc. art. 24-4 (Décr. n° 2021-202 du 23 févr. 2021, art. 2).*

Art. 24-8 *(Décr. n° 2017-483 du 6 avr. 2017, art. 10)* Le Comité national de suivi des examens des professions du transport public particulier de personnes établit son règlement intérieur. Son fonctionnement et ses délibérations sont soumis aux dispositions des articles R. 133-3 à R. 133-13 du code des relations entre le public et l'administration.

Ses membres exercent leurs fonctions à titre gratuit. Ils peuvent bénéficier du remboursement de leurs frais de déplacement et de séjour dans les conditions prévues par la réglementation applicable aux fonctionnaires de l'État. – *Anc. art. 24-5 (Décr. n° 2021-202 du 23 févr. 2021, art. 2).*

Art. 24-9 *(Décr. n° 2017-483 du 6 avr. 2017, art. 10)* Pour l'accomplissement de leur mission de suivi des examens, les membres de chacune des sections*[,]* et les personnes qu'elles désignent, disposent d'un droit d'accès aux lieux où se déroulent les épreuves.

Les personnes participant à la préparation ou à l'organisation des examens communiquent à ces derniers, à leur demande, toute information ou document utile. – *Anc. art. 24-6 (Décr. n° 2021-202 du 23 févr. 2021, art. 2).*

Art. 24-10 *(Décr. n° 2017-483 du 6 avr. 2017, art. 10)* Les membres des sections ne doivent ni avoir exercé d'activité au sein des organismes mentionnés au premier alinéa de l'article 5-1 dans les trois années précédant leur nomination, ni exercer d'activités au sein de ces mêmes organismes dans les trois ans suivant la fin de leur fonction.

Ces membres et leurs proches ne doivent exercer aucune activité au sein du réseau consulaire des chambres des *[de]* métiers et de l'artisanat mentionné au premier alinéa de l'article 5-1 ou des prestataires auxquels ce réseau recourt pour l'organisation des examens de conducteurs du transport public particulier de personnes. Pour l'application du présent alinéa, un proche s'entend comme un conjoint, un partenaire d'un pacte civil de solidarité, un ascendant, un descendant au premier degré ou un collatéral au deuxième degré.

Ces membres ne peuvent recevoir d'instructions de la part de personnes exerçant une activité dans les organismes mentionnés au premier alinéa. – *Anc. art. 24-7 (Décr. n° 2021-202 du 23 févr. 2021, art. 2).*

Art. 24-11 *(Décr. n° 2017-483 du 6 avr. 2017, art. 10)* Chaque section de la formation spécialisée rend public, au plus tard le 1er janvier de chaque année, un rapport sur les conditions de déroulement de l'examen qui la concerne et formule des propositions d'amélioration, au bénéfice des candidats.

Les sections peuvent également, à la demande d'au moins un de leurs membres ou des ministres chargés respectivement des transports et de l'artisanat, établir des rapports intermédiaires.

En cas de désaccord sur les recommandations formulées, ces rapports font état de l'opinion de chaque membre. – *Anc. art. 24-8 (Décr. n° 2021-202 du 23 févr. 2021, art. 2).*

Art. 24-12 *(Décr. n° 2021-201 du 23 févr. 2021, art. 1er)* I. – Les chambres de métiers et de l'artisanat de région peuvent confier à des personnes agréées par le préfet de région de leur ressort territorial dans les conditions définies à l'article 24-14 du code de l'artisanat, l'organisation des épreuves écrites d'admissibilité et, le cas échéant, de l'épreuve pratique d'admission de l'examen d'accès aux professions de conducteur de taxi, de conducteur de voiture de transport avec chauffeur, et de conducteur de véhicule motorisé à deux ou trois roues à l'exclusion de la gestion de l'inscription à l'examen, de l'élaboration des sujets des épreuves, de la correction de celles-ci, ainsi que de l'évaluation des candidats.

II. – Les personnes agréées organisant les épreuves écrites d'admissibilité :

1° Convoquent les candidats aux sessions d'épreuves écrites d'admissibilité, sur la base de la liste de candidats inscrits transmise par les chambres de métiers et de l'artisanat de région ;

2° Recueillent les données transmises par les chambres de métiers et de l'artisanat de région pour l'organisation de l'épreuve, notamment les questionnaires à soumettre aux candidats ;

3° Organisent matériellement les sessions des épreuves écrites d'admissibilité en nombre suffisant pour permettre aux chambres de métiers et de l'artisanat compétentes de respecter le nombre de sessions d'épreuves écrites d'admissibilité fixé en application du II de l'article 24-1, ainsi que les délais fixés à l'article 24-2, le cas échéant ;

4° Transmettent aux chambres de métiers et de l'artisanat de région les réponses des candidats ;

5° Communiquent aux candidats le résultat des épreuves écrites d'admissibilité transmis par les chambres de métiers et de l'artisanat départementales ou interdépartementales compétentes.

III. — Les personnes agréées organisant les épreuves pratiques d'admission :

1° Convoquent les candidats aux sessions d'épreuves pratiques, organisées au niveau départemental, sur la base de la liste de candidats déclarés admissibles transmise par les chambres de métiers et de l'artisanat départementales ou interdépartementales ;

2° Convoquent les examinateurs désignés par les chambres de métiers et de l'artisanat de région pour chaque session d'épreuves ;

3° Organisent matériellement les sessions des épreuves pratiques d'admission, en nombre suffisant pour permettre aux chambres de métiers et de l'artisanat compétentes de respecter les délais fixés à l'article 24-2 le cas échéant ;

4° Peuvent mettre à disposition des candidats et des examinateurs, pour le déroulement de l'épreuve, un véhicule équipé d'un dispositif de double commande ;

5° Recueillent les grilles d'évaluation des candidats à l'issue des épreuves pratiques d'admission et les transmettent à la chambre de métiers et de l'artisanat départementale ou interdépartementale compétente ;

6° Communiquent aux candidats les résultats d'admission transmis par les chambres de métiers et de l'artisanat départementales ou interdépartementales compétentes, dans le respect des délais fixés par l'article 24-2 le cas échéant.

IV. — Les chambres de métiers et de l'artisanat de région versent aux personnes agréées, pour chaque candidat pour lequel elles organisent les épreuves écrites d'admissibilité, et, le cas échéant, les épreuves pratiques d'admission mentionnées au I du présent article, un prix unique par type d'épreuve qui est identique, quel que soit le candidat et le site d'examen. Ce prix couvre toutes les prestations nécessaires à un unique passage des épreuves mentionnées au I, à l'exclusion de tout autre produit ou service. Il est arrêté conjointement par le ministre chargé de l'économie et par le ministre chargé des transports en fonction des coûts supportés par les organisateurs et des caractéristiques de l'examen, notamment la durée de ce dernier.

Art. 24-13 *(Décr. n° 2021-201 du 23 févr. 2021, art. 2)* I. — Les personnes agrées mentionnées au I de l'article 24-12 sont choisies par chaque chambre de métiers et de l'artisanat de région en application des règles du droit de la commande publique.

II. — Lorsqu'elles organisent les épreuves écrites d'admissibilité et, le cas échéant, les épreuves pratiques d'admission mentionnées au I de l'article 24-12 du code de l'artisanat, les personnes agréées mentionnées au I de l'article 24-12 :

1° Organisent les épreuves dans des locaux n'abritant aucune activité en lien direct ou indirect avec une activité de transport public particulier de personnes ;

2° N'imposent pas aux candidats d'autres conditions que celles requises pour l'inscription, et assurent leur égal accès aux épreuves organisées, quel que soit leur parcours antérieur ;

3° Déclarent préalablement à la chambres des *[de]* métiers et de l'artisanat de région l'ouverture d'un site d'examen ainsi que l'arrêt d'exploitation d'un site ;

4° Collectent et traitent uniquement et à cette seule fin, les données personnelles des candidats nécessaires à l'organisation des épreuves mentionnées au I de l'article 24-12 ;

5° Se conforment aux législations et réglementations françaises et européennes relatives à la protection des données à caractère personnel ;

6° S'assurent que le personnel employé sur un site d'examen, qui intervient dans l'organisation et assure la supervision des épreuves, présente des garanties d'honorabilité, d'impartialité et d'indépendance, ainsi que les compétences nécessaires pour assurer le bon déroulement des épreuves ;

7° Respectent les conditions fixées par un cahier des charges, établi par la chambre de métiers et de l'artisanat de région conformément aux instructions définies par CMA France, et qui détermine notamment les exigences en termes de couverture territoriale par les sites d'examen et de nombre de *sessions* d'examen à organiser, ainsi que les exigences relatives à la prévention et la lutte contre les fraudes susceptibles d'être commises par les candidats aux examens.

Art. 24-14 *(Décr. n° 2021-201 du 23 févr. 2021, art. 3)* I. — Les personnes à qui est confiée l'organisation des épreuves mentionnées au I de l'article 24-12 sont agréées par le préfet de région compétent, pour une durée maximale de cinq ans, dans des conditions définies par arrêté conjoint du ministre chargé de l'économie et du ministre chargé des transports.

L'agrément peut être suspendu ou retiré à tout moment par le préfet de région, après avoir mis la personne agréée en mesure de présenter ses observations, dès lors que les conditions mentionnées au présent article cessent d'être remplies.

Le contrôle de la situation des personnes agréées au regard des conditions et garanties mentionnées au présent article, et du bon déroulement des examens organisés, peut être assuré par les fonctionnaires habilités par le préfet de région à cet effet.

II. – Pour être agréées, les personnes doivent présenter les garanties d'honorabilité, de capacité d'organisation, d'impartialité et d'indépendance suivantes :

1° Elles ne doivent pas être liées, au sens de l'article L. 2511-8 du code de la commande publique, à une société qui exerce, à titre principal ou secondaire, une activité de transport public particuliers *[particulier]* de personnes, ou de mise en relation au sens de l'article L. 3141-1 du code des transports, ou de prestations de formation à destination des conducteurs de véhicules de transport public particulier de personnes ;

2° Elles doivent justifier d'une expérience en matière d'organisation d'examens en vue de l'obtention de diplômes, de certifications ou d'habilitations reconnues par la réglementation en vigueur, ou de l'épreuve théorique générale du permis de conduire mentionnée au 1° de l'article L. 221-4 du code de la route ;

3° La personne qui assure la direction permanente et effective de l'activité pour le compte de la personne agréée ne doit pas avoir fait l'objet d'une condamnation prononcée par une juridiction française ou par une juridiction étrangère à une peine criminelle ou à une peine correctionnelle pour l'une des infractions prévues à l'article R. 212-4 du code de la route ;

4° La personne qui assure la direction permanente et effective de l'activité pour le compte de la personne agréée ne doit pas être liée, ou avoir été liée, depuis au moins cinq ans, à une société exerçant l'une des activités énumérées au 1° ;

5° La personne qui assure la direction permanente et effective de l'activité pour le compte de la personne agréée ne doit pas avoir assuré la direction de la même activité pour le compte d'un organisateur dont l'agrément a été retiré dans les cinq années qui précèdent.

III. – Le silence gardé pendant plus de quatre mois sur une demande d'agrément vaut décision d'acceptation.

CHAPITRE IV *Ressources*

Art. 25 à 26 *V. au* ***C. com.***

CHAPITRE V *Contrôle administratif et financier* (*Décr. n° 2010-1356 du 11 nov. 2010, art. 12*).

Art. 27 à 33 *V. au* ***C. com.***

TITRE III Du registre des métiers

Art. 34 à 35 *bis* *Abrogés par Décr. n° 62-235 du 1er mars 1962, art. 37.*

Art. 35 *ter* *Al. 1er abrogé par Décr. n° 62-235 du 1er mars 1962, art. 37.*
Al. 2 à 5 abrogés par L. n° 96-603 du 5 juill. 1996, art. 25.

TITRE IV De l'apprentissage artisanal

Art. 36 à 52 *V. au* ***C. com.***

TITRE V Du crédit aux artisans

Art. 53 à 71 *Abrogés par Décr. n° 83-316 du 15 avr. 1983, art. 1er.*

TITRE VI *[ABROGÉ]* Des adjudications et des marchés

(*Abrogé par Décr. n° 2021-168 du 16 févr. 2021, art. 6*)

Art. 73 à 75 *Abrogés par Décr. n° 2021-168 du 16 févr. 2021, art. 6.*

TITRE VII De l'assistance aux artisans sans travail

Art. 76 à 80 *V. au* ***C. com.***

TITRE VIII Dispositions spéciales à l'artisanat dans les départements d'outre-mer

Art. 81 *V. au* ***C. com.***

TITRE VIII *BIS* Dispositions relatives à l'artisanat à Mayotte

Art. 81 *bis* *V. au* ***C. com.***

TITRE VIII *TER* Dispositions relatives à l'artisanat à Saint-Pierre-et-Miquelon

Art. 81 *ter* *V. au C. com.*

TITRE IX Dispositions diverses

Art. 82 *(Décr. nº 2021-168 du 16 févr. 2021, art. 6)* « Ne sont applicables dans les départements du Haut-Rhin, du Bas-Rhin et de la Moselle que les articles 76 à 80 relatifs à l'assistance aux artisans sans travail, ainsi que les articles comprenant une mention expresse des chambres de métiers régies par les articles 103 et suivants du code professionnel local maintenu en vigueur par la loi du 1er juin 1924 précitée. »

(Abrogé par Décr. nº 2021-168 du 16 févr. 2021, art. 6) (Décr. nº 2010-1356 du 11 nov. 2010, art. 16) « *Les 2º et 3º de l'article 5-5 du code de l'artisanat ne s'appliquent pas (Décr. nº 2015-1401 du 3 nov. 2015, art. 18)* « *aux chambres de métiers de la Moselle et d'Alsace.* »

(Décr. nº 2010-1356 du 11 nov. 2010, art. 16) « Sans préjudice des missions qui leur sont attribuées par le code professionnel local maintenu en vigueur par la loi du 1er juin 1924 mettant en vigueur la législation civile française dans les départements du Bas-Rhin, du Haut-Rhin et de la Moselle, les chambres de métiers régies par les articles 103 et suivants de ce code peuvent exercer les missions mentionnées aux I et II de l'article 23 du code de l'artisanat, à l'exception *(Abrogé par Décr. nº 2017-343 du 16 mars 2017, art. 30)* « *, s'agissant des chambres de métiers de la Moselle et d'Alsace,* » de celles mentionnées aux 3º, 10º, 11º, 13º et 14º du I et aux deux premiers alinéas du II de cet article. »

(Abrogé par Décr. nº 2021-168 du 16 févr. 2021, art. 6) (Décr. nº 2015-1401 du 3 nov. 2015, art. 18) « *Les chambres de métiers de la Moselle et d'Alsace peuvent décider de confier l'exercice de tout ou partie des fonctions mentionnées au II de l'article 23-1 à la chambre régionale de métiers et de l'artisanat de rattachement.* »

Art. 82-1 *(Abrogé par Décr. nº 2017-343 du 16 mars 2017, art. 31) (Décr. nº 2015-1401 du 3 nov. 2015, art. 19) Les dispositions des articles 5, 6, 15, 17, 19 bis, 20, 25, 26, 28, 28-1, 28-2, 28-3 et 29 régissant les chambres de métiers et de l'artisanat de région sont applicables aux chambres régionales de métiers et de l'artisanat. Les dispositions de ces articles sont également applicables aux chambres de métiers et de l'artisanat départementales, à l'exception de l'article 25 et du 5º du II de l'article 28-1.*

Décret nº 66-137 du 7 mars 1966,

Relatif à CMA France (Décr. nº 2019-56 du 30 janv. 2019, art. 6).

CHAPITRE PREMIER *Les missions*

(Décr. nº 2010-1356 du 11 nov. 2010, art. 21)

Art. 1er *(Décr. nº 2019-56 du 30 janv. 2019, art. 6)* « CMA France » :

1º Apporte au réseau des chambres des *[de]* métiers et de l'artisanat son appui dans les domaines technique, juridique *(Décr. nº 2021-168 du 16 févr. 2021, art. 7)* « , financier et en matière de ressources humaines » ;

2º Assortit les normes d'intervention qu'elle définit pour les chambres en application du 2º de l'article 5-8 du code de l'artisanat d'indicateurs d'activité, de qualité et de performance *(Décr. nº 2021-168 du 16 févr. 2021, art. 7)* « et veille au respect par les chambres des dispositions législatives et réglementaires qui leur sont applicables ;

« 2º *bis* Élabore une charte déontologique applicable aux membres élus, aux membres associés et aux personnels du réseau ; »

3º Gère les projets et les services de portée nationale intéressant le réseau, et peut assurer la gestion de services à l'usage des chambres lorsque cette gestion ne peut être convenablement assumée au plan régional et local, dans les conditions prévues par son règlement intérieur ;

4º Émet des avis, soit à la demande des pouvoirs publics, soit de sa propre initiative, sur toutes les questions relevant des attributions du réseau des chambres de métiers et de l'artisanat, notamment les questions relatives aux entreprises du secteur des métiers et de l'artisanat, au développement économique, à l'aménagement du territoire et à la formation professionnelle initiale et continue ;

5º Met en œuvre au plan national les délibérations et décisions adoptées par son assemblée générale et en rend compte à cette dernière ;

6° Centralise et gère les données de l'ensemble des chambres et, en application du I *bis* de l'article 19 de la loi n° 96-603 du 5 juillet 1996 relative au développement et à la promotion du commerce et de l'artisanat, les données du répertoire des métiers aux fins, notamment, de recensement, de statistiques, d'information, de publicité et le cas échéant de mise à disposition des tiers. Toutefois, elle n'est pas habilitée à communiquer, à titre gratuit ou onéreux, les relevés individuels d'information recueillis au titre des centres de formalités des entreprises par les chambres *[nouvelle rédaction issue du Décr. n° 2021-300 du 18 mars 2021, art. 41, en vigueur le 1er janv. 2023 : « transmis aux chambres par l'organisme unique mentionné à l'article R. 123-1 du code de commerce »]* en dehors des seules données du répertoire des métiers ;

(Décr. n° 2021-300 du 18 mars 2021, art. 16, en vigueur le 1er avr. 2021) « 6° *bis* Centralise les redevances perçues par le service informatique mentionné à l'article R. 123-30-14 *[nouvelle rédaction issue du Décr. n° 2021-300 du 18 mars 2021, art. 41, en vigueur le 1er janv. 2023 : « l'organisme unique mentionné à l'article R. 123-1 »]* du code de commerce pour le compte de l'ensemble des chambres au titre de la tenue du répertoire des métiers ; »

7° Coordonne l'action des établissements du réseau en tant qu'autorités compétentes dans le cadre des procédures de coopération administrative mentionnées au 14° du I de l'article 23 du code de l'artisanat ; les ministères concernés sont, le cas échéant, associés à cette coordination ;

8° Définit les orientations et met en œuvre la stratégie du réseau dans le domaine du développement international des entreprises artisanales, et peut assurer une mission d'appui et de conseil pour le développement international des entreprises artisanales et l'exportation de leur production, en partenariat avec l'Agence française pour le développement international des entreprises ; — *A compter du 1er janv. 2015 : « l'agence mentionnée à l'art. 50 de la loi n° 2003-721 du 1er août 2003 pour l'initiative économique » (Ord. n° 2014-1555 du 22 déc. 2014) ; elle est dénommée « Business France » (Décr. n° 2014-1571 du 22 déc. 2014).*

(Décr. n° 2021-168 du 16 févr. 2021, art. 7) « 8° *bis* Définit une stratégie de coopération avec d'autres pays tendant au renforcement des compétences des artisans et des collaborateurs de petites entreprises et de corps intermédiaires dans ces pays ; »

9° Établit les statistiques utiles à l'exercice de sa mission, qu'elle communique au ministre chargé de l'artisanat à la demande de ce dernier ;

(Décr. n° 2021-168 du 16 févr. 2021, art. 7) « 10° CMA France assure sur son site internet la publicité des comptes de gestion et des rapports des commissaires aux comptes de l'ensemble des établissements du réseau des chambres de métiers et de l'artisanat au plus tard au 31 décembre de l'année suivant l'exercice sur lequel porte le compte de gestion, sans préjudice des dispositions de l'article 28-2 du code de l'artisanat prescrivant la publication par chaque chambre de ses comptes. »

Art. 2 Au titre du IV de l'article 5-2 du code de l'artisanat, *(Décr. n° 2019-56 du 30 janv. 2019, art. 6)* « CMA France » :

1° Exerce une fonction de veille juridique ;

2° Définit les orientations et met en œuvre la stratégie du réseau dans le *[les]* *(Décr. n° 2021-168 du 16 févr. 2021, art. 7)* « domaines informatique et numérique ; »

3° Assure la communication sur l'action du réseau au niveau national *(Décr. n° 2021-168 du 16 févr. 2021, art. 7)* « , la valorisation du secteur de l'artisanat et des métiers et de la qualité d'artisans et la promotion *[de]* son offre de services au plan national » ;

4° Anime un observatoire des entreprises artisanales ;

5° Recueille et valorise les statistiques que les établissements du réseau lui communiquent à sa demande ; à ce titre, les chambres transmettent l'ensemble des données permettant l'exercice des prérogatives de *(Décr. n° 2019-56 du 30 janv. 2019, art. 6)* « CMA France » ;

(Décr. n° 2021-168 du 16 févr. 2021, art. 7) « 6° Élabore les certifications professionnelles dans les conditions prévues à l'article L. 6113-1 du code du travail. CMA France habilite les organismes de formation professionnelle sous réserve de l'avis des organisations professionnelles concernées représentées au niveau national. Cette habilitation peut être retirée aux organismes ne satisfaisant pas aux dispositions du règlement général de la certification et, le cas échéant, de son règlement particulier, par une instance composée de représentants de CMA France et des organisations professionnelles concernées. »

Art. 3 *(Décr. n° 2019-56 du 30 janv. 2019, art. 6)* « CMA France » peut en outre, par délibération de son assemblée générale, créer et gérer des œuvres et des services communs, notamment pour :

1° Coordonner les actions locales et régionales du réseau ;

2° Répondre aux besoins de formation des agents du réseau ;

3° Verser une aide exceptionnelle de solidarité aux chambres répondant à des conditions fixées chaque année par l'assemblée générale ;

4° Créer et gérer des caisses de secours aux artisans empêchés d'exercer leur activité en raison, notamment, de la survenue de catastrophes naturelles ; ces caisses interviennent, sous forme d'avances remboursables et, le cas échéant, d'aides ;

5° Gérer les sommes perçues et les prestations servies au titre du régime de l'indemnité compensatrice des anciens présidents de chambre de métiers mentionnée à l'article 71 de la loi n° 2005-882 du 2 août 2005 en faveur des petites et moyennes entreprises. *(Décr. n° 2019-56 du 30 janv. 2019, art. 6)* « CMA France » reçoit les cotisations versées par les présidents de chambre de métiers et de l'artisanat de région, les présidents de *(Décr. n° 2017-343 du 16 mars 2017, art. 32)* « délégations », les présidents des chambres de métiers régies par les articles 103 et suivants du code professionnel local maintenu par la loi du 1er juin 1924 mettant en vigueur la législation civile française dans les départements du Bas-Rhin, du Haut-Rhin et de la Moselle, *(Abrogé par Décr. n° 2017-343 du 16 mars 2017, art. 32) « le président de la chambre de métiers et de l'artisanat de Mayotte, »* *(Abrogé par Décr. n° 2021-168 du 16 févr. 2021, art. 7) « les présidents de chambre régionale de métiers et de l'artisanat, et les présidents de chambres de métiers et de l'artisanat départementales* *(Décr. n° 2017-343 du 16 mars 2017, art. 32)* *« et interdépartementales »*, » ainsi que les contributions versées par les chambres.

(Abrogé par Décr. n° 2021-168 du 16 févr. 2021, art. 7) (Décr. n° 2014-1499 du 11 déc. 2014, art. 1er) « En application des articles 5-8 et 5-8-1 du code de l'artisanat et de l'article 1601 du code général des impôts, (Décr. n° 2019-56 du 30 janv. 2019, art. 6) « CMA France » gère le fonds de financement et d'accompagnement du réseau des chambres de métiers et de l'artisanat. »

Art. 3 *bis* *(Décr. n° 2021-168 du 16 févr. 2021, art. 7)* En application du 2° de l'article 5-8 du code de l'artisanat, CMA France peut, à la demande d'un établissement public du réseau, diligenter ou mener des audits relatifs au fonctionnement ou à la situation financière de chambres du réseau. Les conclusions de ces audits sont transmises aux chambres concernées et à l'autorité de tutelle.

Art. 4 La tutelle de *(Décr. n° 2019-56 du 30 janv. 2019, art. 6)* « CMA France » est exercée par le ministre chargé de l'artisanat.

(Décr. n° 2021-168 du 16 févr. 2021, art. 7) « Le contrat d'objectifs et de performance mentionné à l'article 1601 du code général des impôts fixe, pour la mise en œuvre des actions du réseau, des objectifs mesurables sur la base d'indicateurs d'activité, de qualité et de performance. Il est décliné au niveau régional par des conventions d'objectifs et de moyens mentionnées au même article.

« Le bilan annuel d'exécution mentionné au même article est établi par la conférence des présidents. Il est communiqué au bureau avant son adoption par l'assemblée générale. Ce bilan est ensuite transmis au ministre chargé de l'artisanat avant le 1er juillet de chaque année. »

(Décr. n° 2019-56 du 30 janv. 2019, art. 6) « CMA France » répond à toute demande d'information du ministre sur le fonctionnement de l'établissement dans un délai d'un mois.

Art. 5 *(Décr. n° 2019-56 du 30 janv. 2019, art. 6)* « CMA France » peut participer, avec l'accord du ministre de tutelle, à la création et au capital de sociétés civiles ou commerciales, adhérer à des groupements d'intérêt public, créer ou adhérer à des associations ou des fondations, dès lors que l'objet social de ces organismes entre dans le champ de ses compétences.

Art. 6 *(Décr. n° 2019-56 du 30 janv. 2019, art. 6)* « CMA France » a qualité pour défendre, devant les juridictions, les intérêts matériels et moraux des métiers et de l'artisanat.

CHAPITRE II *L'organisation et le fonctionnement*

(Décr. n° 2010-1356 du 11 nov. 2010, art. 21)

Art. 7 *(Décr. n° 2019-56 du 30 janv. 2019, art. 6)* « CMA France » a son siège à Paris.

Art. 8 I. – *(Décr. n° 2019-56 du 30 janv. 2019, art. 6)* « CMA France » se réunit au moins deux fois par an en assemblée générale.

(Décr. n° 2021-168 du 16 févr. 2021, art. 8) « Les présidents en exercice des chambres de métiers et de l'artisanat de région et des chambres de niveau départemental sont membres de droit de l'assemblée générale. »

Sont également membres associés de l'assemblée générale les présidents en exercice des chambres de métiers régies par les articles 103 et suivants du code professionnel local maintenu par la loi du 1er juin 1924 mettant en vigueur la législation civile française dans les départements du Bas-Rhin, du Haut-Rhin et de la Moselle.

II. — A l'assemblée générale, chaque membre dispose d'une voix, à l'exception du président de la chambre de métiers d'Alsace qui dispose *(Décr. nº 2017-343 du 16 mars 2017, art. 33)* « des voix des départements du Bas-Rhin et du Haut-Rhin » *(Abrogé par Décr. nº 2021-168 du 16 févr. 2021, art. 8)* *« , et des présidents des chambres de métiers et de l'artisanat interdépartementales qui siègent à l'assemblée générale avec voix consultative ».*

(Décr. nº 2021-168 du 16 févr. 2021, art. 8) « Lorsqu'un président de chambre cumule la présidence d'une chambre de région et d'une chambre de niveau départemental, le vice-président de la chambre de niveau départemental vote pour cette dernière à l'assemblée générale. »

Lorsqu'un président de chambre représente à la fois une chambre de région ou une chambre régionale et une *(Décr. nº 2017-343 du 16 mars 2017, art. 33)* « délégation » de chambre de région ou une chambre départementale *(Décr. nº 2017-343 du 16 mars 2017, art. 33)* « ou une délégation de chambre interdépartementale », il désigne, pour exprimer le vote de la *(Décr. nº 2017-343 du 16 mars 2017, art. 33)* « délégation » ou de la chambre départementale, un représentant qui en est issu.

Chaque président de chambre peut désigner un vice-président de l'établissement du réseau dont il est président pour le suppléer à l'assemblée générale en cas d'empêchement.

(Décr. nº 2021-168 du 16 févr. 2021, art. 8) « III. — L'assemblée générale de CMA France tient un registre de ses délibérations.

« Un exemplaire du compte-rendu *[compte rendu]* de ces délibérations est transmis au ministre chargé de l'artisanat dans les quinze jours suivant leur adoption. »

Art. 9 I. — Le ministre chargé de l'artisanat et ses représentants ont accès de droit à toutes les séances de l'assemblée générale *(Décr. nº 2021-168 du 16 févr. 2021, art. 8)* « et de toutes ses commissions, ainsi qu'à la conférence des présidents mentionnée à l'article 12. » Le ministre peut faire ajouter un ou plusieurs sujets à l'ordre du jour de ces instances.

II. — L'assemblée générale vote le budget et les comptes de l'établissement. Elle se prononce sur les projets de décisions et sur les questions inscrites à son ordre du jour, et notamment sur les rapports des commissions mentionnées à l'article 15, ainsi que sur le bilan d'exécution mentionné à l'article 4, présenté chaque année par le président.

Le ministre chargé de l'artisanat et les membres de l'assemblée reçoivent au moins quinze jours avant la séance une convocation accompagnée de l'ordre du jour et des documents correspondants.

Le ministre reçoit le procès-verbal de chaque réunion de l'assemblée générale ainsi que les délibérations votées à cette occasion dans le délai d'un mois suivant la date de la réunion.

III. — Des assemblées générales extraordinaires peuvent être convoquées soit à l'initiative du président, soit à la demande du ministre de tutelle, ou encore du tiers des membres composant l'assemblée générale. Le délai de convocation est alors réduit à sept jours.

IV. — L'assemblée générale ne délibère que sur les questions inscrites à l'ordre du jour tel que prévu au II, et sous réserve que le nombre des membres présents soit au moins égal aux deux tiers des membres en exercice.

Les décisions sont prises à la majorité *(Décr. nº 2015-1401 du 3 nov. 2015, art. 22-B)* « absolue des suffrages exprimés par les membres présents » *(Décr. nº 2017-343 du 16 mars 2017, art. 34)* « ayant voix délibérative », sous réserve des dispositions du deuxième alinéa du II de l'article 16.

(Décr. nº 2021-168 du 16 févr. 2021, art. 8) « Lorsque ces décisions concernent la répartition des produits perçus au titre des articles 1601 et 1601-0 A du code général des impôts, elles sont prises à la majorité absolue des suffrages exprimés par les membres présents ayant voix délibérative. Si la majorité absolue n'est pas atteinte, elles sont réputées approuvées si une majorité des deux tiers des membres présents n'y fait pas opposition. »

Lorsqu'au moins un tiers des membres présents le demandent, les délibérations sont votées à bulletin secret *(Décr. nº 2017-343 du 16 mars 2017, art. 34)* « , le cas échéant par voie électronique au moyen d'un procédé préservant le secret du vote ».

Si le quorum n'est pas atteint, une seconde réunion de l'assemblée générale est convoquée, *(Décr. nº 2021-168 du 16 févr. 2021, art. 8)* « dans les trente jours suivants », selon les mêmes modalités. Cette assemblée se tient valablement sans condition de quorum.

Art. 10 *(Décr. nº 2021-168 du 16 févr. 2021, art. 8)* I. — Les délibérations de l'assemblée générale sont exécutoires dès leur approbation par le ministre de tutelle, dans les conditions suivantes :

1° Font l'objet d'une approbation expresse, les délibérations portant sur :

a) Les budgets primitif et rectificatifs, dans les conditions prévues à l'article 18 ;

b) La répartition des produits perçus au titre des articles 1601 et 1601-0 A du code général des impôts ;

2° Font l'objet d'une approbation tacite, les délibérations portant sur :

a) Le règlement intérieur, dans les conditions prévues à l'article 15 ;

b) Le recours au crédit-bail immobilier ;

c) L'octroi de garanties ;

d) Les cessions, prises ou extensions de participation mentionnées à l'article 5 ;

e) L'autorisation de conclure des transactions mentionnée à l'article 13 ;

f) La création des caisses de secours aux artisans mentionnées au 4° de l'article 3 ;

g) Le recours à l'emprunt en vue de subvenir aux dépenses nécessaires à l'exercice des missions de CMA France, à l'exclusion des dépenses ordinaires ;

h) L'ouverture d'une ligne de trésorerie pour faire face à des besoins de court terme.

Toutefois, les délibérations relatives aux *g* et *h* portant sur un montant inférieur à un seuil fixé par arrêté du ministre chargé de l'artisanat ne sont pas soumises à approbation.

Ces délibérations sont approuvées tacitement à défaut d'approbation expresse ou d'opposition notifiée à CMA France dans un délai de deux mois suivant la date de leur réception par le ministre. Les décisions de refus sont motivées.

Lorsque le ministre de tutelle demande par écrit à CMA France des informations ou des documents complémentaires, le délai mentionné à l'alinéa précédent est suspendu jusqu'à la production de ces informations ou documents.

II. — Les décisions prises en assemblée générale sont mises en œuvre selon leur objet, par CMA France ou par les chambres de métiers et de l'artisanat de région.

Arrêté du 17 décembre 2010,

Relatif aux seuils en matière d'emprunt et d'ouverture d'une ligne de trésorerie au-dessous desquels l'autorisation du ministre n'est pas requise par CMA France (Décr. n° 2019-56 du 30 janv. 2019, art. 8).

CHAPITRE Ier. *DE L'EMPRUNT*

Art. 1er Conformément aux dispositions de *(Arr. du 2 juill. 2013, art. 2 ; Décr. n° 2019-56 du 30 janv. 2019, art. 8)* « l'article 10 du décret n° 66-137 du 7 mars 1966 relatif à CMA France », l'approbation préalable du ministre chargé de l'artisanat n'est pas requise en matière d'autorisation d'emprunt pour *(Décr. n° 2019-56 du 30 janv. 2019, art. 8)* « CMA France » lorsque cet emprunt est inférieur ou égal à 5 % du produit de l'année antérieure de la taxe pour frais de chambres perçu par *(Décr. n° 2019-56 du 30 janv. 2019, art. 8)* « CMA France ».

Art. 2 Toutefois, l'approbation du ministre chargé de l'artisanat est requise si, bien qu'inférieures aux montants mentionnés à l'article 1er, les opérations d'emprunt ne respectent pas les trois conditions cumulatives suivantes :

— les annuités de remboursement (capital et intérêts) de l'ensemble des emprunts non amortis sont inférieures ou égales à 10 % du montant cumulé de la taxe pour frais de chambres et du droit d'immatriculation au répertoire des métiers ;

— l'ensemble des emprunts figurant au bilan est inférieur aux capitaux propres ;

— l'ensemble des emprunts non amortis figurant au bilan est inférieur ou égal à trois années de capacité d'autofinancement.

CHAPITRE II. *DE LA LIGNE DE TRÉSORERIE*

Art. 3 Conformément aux dispositions de *(Arr. du 2 juill. 2013, art. 2 ; Décr. n° 2019-56 du 30 janv. 2019, art. 8)* « l'article 10 du décret n° 66-137 du 7 mars 1966 relatif à CMA France », *(Décr. n° 2019-56 du 30 janv. 2019, art. 8)* « CMA France » peut ouvrir une ligne de trésorerie pour faire face à des besoins de court terme sans autorisation du ministre chargé de l'artisanat à condition que :

— le total des montants empruntés sur cette ligne au cours d'un exercice soit inférieur à trois mois de ses charges totales de fonctionnement de l'exercice précédent ;

— cette ligne de trésorerie soit apurée en fin d'exercice.

Art. 11 I. — Les fonctions de président, de trésorier et de membre de l'assemblée générale de *(Décr. n° 2019-56 du 30 janv. 2019, art. 6)* « CMA France » ne peuvent donner lieu qu'à l'octroi des indemnités et remboursements suivants :

1° Pour le président, d'une indemnité mensuelle de fonction et de logement, d'un remboursement des frais de déplacement et d'un remboursement des frais de représentation ;

2° Pour le trésorier, d'une indemnité mensuelle de fonction, d'un remboursement des frais de déplacement et d'un remboursement des frais de représentation sur délégation du président et lorsqu'il représente ce dernier ;

3° Pour les autres membres, de vacations à raison de leur participation, dûment constatée, aux travaux de l'assemblée générale et d'un remboursement des frais de déplacement.

II. — *(Décr. n° 2017-343 du 16 mars 2017, art. 36)* « Un arrêté conjoint du ministre chargé de l'artisanat et du ministre chargé du budget fixe le montant maximal des indemnités, le montant maximal unitaire et annuel et les modalités d'attribution des vacations, les conditions de remboursement des frais de représentation et de déplacement, ainsi que les règles de cumul de ceux-ci avec ceux liés aux fonctions de membre d'une chambres des *[de]* métiers et de l'artisanat de région ou de membre » *(Décr. n° 2021-168 du 16 févr. 2021, art. 8)* « d'une chambre de niveau départemental. »

En début de mandature, l'assemblée générale fixe les montants des indemnités, des vacations et du remboursement des frais de déplacement, dans le respect de l'arrêté mentionné au précédent alinéa.

*(Abrogé par Décr. n° 2017-343 du 16 mars 2017, art. 36) « III. — **Les frais de représentation et de déplacement sont remboursés au vu des justificatifs des frais réellement exposés.** »*

Art. 12 I. — *(Décr. n° 2017-343 du 16 mars 2017, art. 37) (Décr. n° 2019-56 du 30 janv. 2019, art. 6)* « Le bureau de CMA France » est composé d'un président, de vice-présidents élus dans l'ordre de préséance, d'un trésorier et d'un trésorier adjoint, d'un secrétaire et de secrétaires adjoints. » Il ne peut comporter plus de treize membres.

Il est élu *(Décr. n° 2017-343 du 16 mars 2017, art. 37)* « par vote secret » par l'assemblée générale dans les deux mois qui suivent chaque renouvellement quinquennal effectué en application du décret n° 99-433 du 27 mai 1999 relatif à la composition des *(Décr. n° 2017-343 du 16 mars 2017, art. 37)* « établissements du réseau des chambres de métiers et de l'artisanat et de leurs délégations » et à l'élection de leurs membres.

*(Abrogé par Décr. n° 2017-343 du 16 mars 2017, art. 37) « **Les membres sortants sont rééligibles.** »*

L'élection a lieu à la majorité absolue *(Décr. n° 2017-343 du 16 mars 2017, art. 37)* « des suffrages exprimés par les membres présents ayant voix délibérative aux deux premiers tours et à la majorité relative au troisième tour. »

II. — Le bureau se réunit au moins tous les deux mois sur convocation de son président. Il prépare les questions et les projets de délibérations soumis au vote de l'assemblée générale et établit son ordre du jour. Il tient informée cette dernière de l'application des délibérations et des recommandations votées par elle. En cas d'urgence, il peut prendre des décisions sous réserve de ratification de la prochaine assemblée générale.

(Décr. n° 2021-168 du 16 févr. 2021, art. 8) « Sur proposition de la conférence des présidents, il présente à l'assemblée générale les décisions relatives à la répartition mentionnée à l'article 1601 du code général des impôts.

« Il présente également à l'assemblée générale le projet de budget de CMA France, ainsi qu'un projet de budget annexe relatif aux projets nationaux mutualisés du réseau. La répartition mentionnée à l'alinéa ci-dessus est annexée au projet de budget. »

Le ministre de tutelle peut demander au président d'inscrire à l'ordre du jour de la prochaine réunion du bureau les sujets à propos desquels il souhaite recueillir son avis.

(Décr. n° 2021-168 du 16 févr. 2021, art. 8) « Le bureau ne peut délibérer valablement que si le quorum des membres présents constaté en début de séance dépasse la moitié du nombre des membres en exercice. Les décisions sont prises à la majorité absolue des suffrages exprimés par les membres présents. En cas de partage des voix, celle du président est prépondérante.

« Le cas échéant, les votes du bureau peuvent s'exercer par voie électronique au moyen d'un procédé préservant le secret du vote, y compris dans les conditions prévues par le décret n° 2014-1627 du 26 décembre 2014 relatif aux modalités d'organisation des délibérations à distance des instances administratives à caractère collégial.

« III. — La conférence des présidents est composée des présidents des chambres de métiers et de l'artisanat de région et du trésorier de CMA France.

« Les présidents peuvent se faire assister par leurs secrétaires généraux.

« Le bureau de CMA France désigne parmi les présidents des chambres de métiers et de l'artisanat de région d'outre-mer un représentant pour siéger au sein de cette conférence.

« La conférence se réunit au moins une fois par an.

« Le cas échéant, elle procède à un vote par voie électronique dans les conditions prévues par le décret du 26 décembre 2014 précité.

« La conférence des présidents présente au bureau de CMA France un projet de répartition des produits perçus au titre des articles 1601 et 1601-0 A du code général des impôts. Elle émet des avis sur le contrat d'objectifs et de performance et sur les conventions d'objectifs et de moyens ainsi que sur leur mise en œuvre et leurs modifications. Elle soumet des propositions au bureau de CMA France sur des dispositifs nationaux ayant une incidence sur le réseau. »

Art. 13 *(Décr. n° 2021-168 du 16 févr. 2021, art. 8)* « I. — La présidence des assemblées générales, du bureau et de la conférence des présidents est assurée par le président de CMA France. » En cas d'empêchement, de décès ou de démission, ce dernier est suppléé par un vice-président, dans l'ordre de préséance, jusqu'à l'élection du nouveau président.

Le président peut déléguer sa signature à l'un des vice-présidents *(Décr. n° 2021-168 du 16 févr. 2021, art. 8)* « ou au directeur général » dans les conditions prévues au règlement intérieur.

(Décr. n° 2021-168 du 16 févr. 2021, art. 8) « Il agit en justice au nom de CMA France et la représente » auprès des pouvoirs publics et dans tous les actes de la vie civile.

Il exerce les fonctions d'ordonnateur des dépenses et peut les déléguer, avec l'accord du bureau, à un vice-président. Les fonctions de comptable sont assurées par le trésorier et le trésorier adjoint.

(Décr. n° 2021-168 du 16 févr. 2021, art. 8) « Il assiste de droit aux réunions des commissions à l'exception de celle de la commission des finances.

« Il présente le projet de budget arrêté par le bureau à la commission des finances pour avis préalable et à l'assemblée générale pour adoption.

« Il transmet pour approbation au ministre chargé de l'artisanat les budgets et les comptes de gestion votés par l'assemblée générale. »

Sous réserve des dispositions du statut du personnel des chambres de métiers et de l'artisanat, établi en application de la loi n° 52-1311 du 10 décembre 1952 relative à l'établissement obligatoire d'un statut du personnel administratif des chambres d'agriculture, des chambres de commerce et des chambres de métiers, le président peut conclure des transactions dans les litiges affectant *(Décr. n° 2019-56 du 30 janv. 2019, art. 6)* « CMA France », après y avoir été autorisé, pour chaque litige, par délibération de l'assemblée générale de *(Décr. n° 2019-56 du 30 janv. 2019, art. 6)* « CMA France » ou, en cas d'urgence, après autorisation du bureau.

(Décr. n° 2021-168 du 16 févr. 2021, art. 8) « II. — Le trésorier exerce les fonctions de comptable. Il peut, après accord du bureau, déléguer ses fonctions au trésorier-adjoint *[trésorier adjoint]*.

« Le trésorier est chargé, dans le respect de la séparation de ses fonctions et de celles du président, de la tenue de la comptabilité, du paiement des dépenses et de l'encaissement des recettes ainsi que de la gestion de la trésorerie.

« En cas d'empêchement majeur constaté par le bureau, de décès ou de démission du trésorier, le trésorier-adjoint *[trésorier adjoint]* assume provisoirement les fonctions de trésorier. »

Art. 14 Un directeur général nommé par le président de *(Décr. n° 2019-56 du 30 janv. 2019, art. 6)* « CMA France », *(Décr. n° 2021-168 du 16 févr. 2021, art. 8)* « après accord du » bureau, prépare et exécute les délibérations de l'assemblée générale et du bureau.

Il assure, dans le cadre des orientations définies par le bureau, la direction et la coordination de l'ensemble des services ainsi que le suivi de leurs activités, la réalisation de leurs objectifs et le contrôle de leurs résultats, dont il rend compte au président.

(Décr. n° 2021-168 du 16 févr. 2021, art. 8) « Il veille au respect des dispositions législatives et réglementaires s'appliquant à l'établissement. »

Il assiste les membres élus dans l'exercice de leurs fonctions. A ce titre, il informe les élus des conditions de régularité dans lesquelles les décisions doivent être prises. Il a la charge de leur mise en œuvre et contrôle la régularité de toutes les opérations correspondantes.

Il propose au président de *(Décr. n° 2019-56 du 30 janv. 2019, art. 6)* « CMA France » les mesures individuelles ou collectives relatives à l'emploi et à la gestion des ressources humaines.

Il peut déléguer sa signature dans les conditions prévues par le règlement intérieur.

Art. 15 *(Décr. n° 2019-56 du 30 janv. 2019, art. 6)* « CMA France » établit un règlement intérieur qui est soumis à l'approbation du ministre de tutelle. Ce règlement fixe notamment :

1° Le nombre et les attributions des commissions de *(Décr. n° 2019-56 du 30 janv. 2019, art. 6)* « CMA France » et le mode de désignation des membres de ces commissions. Sont obligatoirement créées : une commission des finances, une commission du développement économique et territorial, une commission de la formation et une commission des affaires générales ;

2° Les conditions dans lesquelles sont organisées les délégations du président et du directeur général ;

3° Les conditions dans lesquelles *(Décr. n° 2019-56 du 30 janv. 2019, art. 6)* « CMA France » peut assurer la gestion de services à l'usage des chambres lorsque cette gestion ne peut être convenablement assumée au plan régional et local ;

4° La procédure à suivre pour l'établissement de l'ordre du jour des assemblées générales ;

5° L'organisation des services administratifs et une annexe fixant la grille des emplois et déterminant le nombre, la nature et l'indice de base des emplois permanents ;

6° Les conditions de la réalisation du bilan social annuel de l'établissement et des établissements du réseau des chambres de métiers et de l'artisanat *(Décr. n° 2015-1401 du 3 nov. 2015, art. 22-D)* « , ainsi que les conditions de réalisation de la consolidation annuelle des comptes de gestion de l'ensemble des établissements du réseau, qui sont transmis au ministre chargé de l'artisanat » ;

7° Dans le respect des dispositions de l'article 11 et de l'arrêté pris pour son application, le barème et les modalités de remboursement des frais exposés par les élus.

CHAPITRE III *Les marchés et accords-cadres*

(Décr. n° 2010-1356 du 11 nov. 2010, art. 21)

Art. 16 I. — Les décisions de l'assemblée générale mentionnées au 5° de l'article 5-8 du code de l'artisanat fixent la nature des achats concernés, précisent qui, de *(Décr. n° 2019-56 du 30 janv. 2019, art. 6)* « CMA France » ou des établissements du réseau, conclut les marchés, les accords-cadres, les bons de commande ou les marchés passés sur le fondement des accords-cadres.

Ces décisions s'imposent aux établissements du réseau, pendant toute la durée de validité du marché ou de l'accord-cadre conclu par *(Décr. n° 2019-56 du 30 janv. 2019, art. 6)* « CMA France » :

1° Dès l'engagement, par celle-ci, des procédures de mise en concurrence, pour les établissements qui ne sont pas engagés à cette date par leurs propres marchés ou accords-cadres ;

2° Dès l'achèvement des marchés et accords-cadres précédemment conclus par les établissements du réseau, lorsque le terme de ces contrats intervient pendant la durée de validité des marchés ou accords-cadres conclus par *(Décr. n° 2019-56 du 30 janv. 2019, art. 6)* « CMA France ».

En application du troisième alinéa de l'article 5-1 du code de l'artisanat, ces décisions s'appliquent aux chambres de métiers régies par les articles 103 et suivants du code professionnel local maintenu par la loi du 1er juin 1924 mettant en vigueur la législation civile française dans les départements du Bas-Rhin, du Haut-Rhin et de la Moselle, avec leur accord.

II. — Lorsque les *(Décr. n° 2021-168 du 16 févr. 2021, art. 8)* « marchés » et accords-cadres concernent l'ensemble des établissements, les décisions sont votées à la majorité simple par *(Décr. n° 2021-168 du 16 févr. 2021, art. 8)* « les présidents de chambres de métiers et de l'artisanat de région.

« Lorsque les marchés et accords-cadres ne concernent que certains établissements, préalablement recensés, les décisions sont votées à la majorité simple par les présidents des établissements concernés. »

III. — Les procédures nécessaires à la passation de ces marchés ou accords-cadres sont mises en œuvre par *(Décr. n° 2019-56 du 30 janv. 2019, art. 6)* « CMA France » ou par un établissement du réseau sur délégation de *(Décr. n° 2019-56 du 30 janv. 2019, art. 6)* « CMA France ».

Les décisions de l'assemblée générale précisent quel est l'établissement qui est chargé d'engager la procédure, les modalités d'exécution du marché par les établissements concernés ainsi que les modalités et la répartition des paiements.

IV. — L'exécution des marchés passés dans le cadre du présent article fait l'objet d'un compte rendu à chaque assemblée générale de *(Décr. n° 2019-56 du 30 janv. 2019, art. 6)* « CMA France ».

CHAPITRE IV *Le régime financier*

(Décr. nº 2010-1356 du 11 nov. 2010, art. 21)

Art. 17 En complément des ressources prévues par *(Décr. nº 2021-168 du 16 févr. 2021, art. 9)* « les articles 1601 et 1601-0 A » du code général des impôts, *(Décr. nº 2019-56 du 30 janv. 2019, art. 6)* « CMA France » peut recevoir :

1º Des subventions publiques ou privées ;

2º Des *(Décr. nº 2021-168 du 16 févr. 2021, art. 9)* « produits de prestations » pour services rendus ;

3º Des dons et legs ;

4º Des produits divers.

Art. 17-1 *(Décr. nº 2021-168 du 16 févr. 2021, art. 9)* I. – La répartition du produit des taxes entre les chambres de métiers et de l'artisanat de région est assurée, conformément aux modalités fixées par une délibération de l'assemblée générale de CMA France, selon les critères suivants :

1º Pour la moitié au maximum, selon les besoins en termes de fonctionnement des chambres de région et en tenant compte notamment du nombre d'assujettis en début d'exercice et des besoins de péréquation entre chambres ; sur demande motivée du président de CMA France, le ministre chargé de l'artisanat peut autoriser expressément l'augmentation de la part maximale de ce critère aux trois quarts ;

2º Pour un pourcentage fixé par la délibération mentionnée au premier alinéa, en fonction des résultats obtenus par les chambres de région dans le cadre de la mise en œuvre des conventions d'objectifs et de moyens et de la contribution de ces résultats à l'atteinte des cibles définies au contrat d'objectif et de performance. Ce pourcentage est adopté à défaut d'approbation expresse ou d'opposition notifiée à CMA France au terme d'un délai de quinze jours à compter de la réception de la demande par le ministre en charge de l'artisanat. Si une chambre ne respecte pas les mesures contenues dans le contrat d'objectifs et de performance et dans les conventions d'objectifs et de moyens, la part de taxe qui lui est affectée sur le fondement de ce critère pourra être réduite ;

3º Les montants non répartis entre les chambres font l'objet d'un suivi spécifique par CMA France au sein de son budget et de ses comptes. Ils peuvent être attribués à une chambre dont la mise en œuvre du contrat d'objectifs et de moyens a été particulièrement performante ou à une autre chambre pour la mise en œuvre d'un projet déterminé ou pour financer un projet national.

II. – La décision de répartition des taxes, préalablement soumise à l'autorité de tutelle qui peut faire valoir ses observations ou s'y opposer dans le délai de quinze jours, est prise par l'assemblée générale de CMA France après avis de la conférence des présidents et du bureau. Cette décision expose les motifs justifiant la part versée à chaque chambre de région et son évolution par rapport à l'année précédente.

En cas d'absence de décision de l'assemblée générale de CMA France sur la répartition des taxes, seule est répartie entre les chambres la part mentionnée au 1º du I.

Art. 18 *(Décr. nº 2011-1662 du 28 nov. 2011, art. 5)* I. – Le budget de *(Décr. nº 2019-56 du 30 janv. 2019, art. 6)* « CMA France » est établi selon les règles prévues aux deux premiers alinéas du I de l'article 28 du code de l'artisanat.

(Décr. nº 2021-168 du 16 févr. 2021, art. 9) « Pour l'élaboration du budget, l'autorité de tutelle transmet à CMA France les éléments nécessaires sur le montant de la taxe. »

(Décr. nº 2015-1401 du 3 nov. 2015, art. 22-E) « Le budget primitif ou rectificatif comprend :

« – le compte de résultat prévisionnel ;

« – les états prévisionnels correspondant au tableau de financement et aux 4º à 9º du II de l'article 18-1.

« Le projet de budget, arrêté par le bureau, est transmis pour examen aux membres de la commission des finances et au ministre chargé de l'artisanat, quinze jours au moins avant la réunion de cette commission.

« Il est voté par l'assemblée générale et transmis, ainsi que la délibération correspondante, au ministre de tutelle, pour approbation, dans les conditions fixées par l'article 10.

« Les décisions de refus sont motivées.

« Le budget doit être présenté sur des bases sincères et, sauf cas exceptionnels et justifiés, il doit être voté en équilibre. Au cas où la réduction des charges ne serait pas suffisante pour assurer l'équilibre, un prélèvement sur le fonds de roulement peut être envisagé à condition que son niveau se maintienne à au moins deux mois de fonctionnement et que la trésorerie reste positive. »

En tant que de besoin, *(Décr. n° 2019-56 du 30 janv. 2019, art. 6)* « CMA France » établit un budget rectificatif avant le 1er juillet de l'année d'exécution.

Les caisses de secours créées en application du 4° de l'article 3 font l'objet d'un budget et d'un compte distincts, préparés et délibérés conformément aux dispositions des alinéas précédents.

(Décr. n° 2021-168 du 16 févr. 2021, art. 9) « II. — Lorsque le budget n'est pas adopté par l'assemblée générale ou n'a pas été approuvé par l'autorité de tutelle à la date d'ouverture de l'exercice, le président de CMA France peut être autorisé par cette autorité à exécuter temporairement et dans la limite de trois mois, sur la base du dernier budget ou compte de gestion approuvé, les opérations de recettes ainsi que les opérations de dépenses strictement nécessaires à la continuité des activités de CMA France. »

En cas de carence de *(Décr. n° 2019-56 du 30 janv. 2019, art. 6)* « CMA France », suivant le cas, le ministre :

1° Établit d'office le budget ;

2° Procède à l'inscription d'office au budget des dépenses obligatoires omises ;

3° Ordonnance et mandate d'office les dépenses obligatoires.

Art. 18-1 *(Décr. n° 2011-1662 du 28 nov. 2011, art. 5)* I. — *(Décr. n° 2013-591 du 4 juill. 2013, art. 3)* « Le compte de gestion de *(Décr. n° 2019-56 du 30 janv. 2019, art. 6)* « CMA France » et ses annexes sont établis selon les règles prévues aux deux premiers alinéas du I de l'article 28 du code de l'artisanat. Ils sont certifiés par un commissaire aux comptes. »

A l'issue de l'exercice, le président de l'établissement adresse le projet de compte de gestion, assorti des pièces et justificatifs nécessaires *(Décr. n° 2021-168 du 16 févr. 2021, art. 9)* « , dont les comptes annuels, » au commissaire aux comptes. Celui-ci exerce sa mission conformément aux dispositions des articles L. 823-9 à L. 823-18 du code de commerce.

A sa plus prochaine séance suivant le dépôt du rapport du commissaire aux comptes, l'assemblée générale adopte le compte de gestion de l'exercice précédent. *(Décr. n° 2015-1401 du 3 nov. 2015, art. 22-F)* « Les comptes annuels, prévus au II du présent article, sont certifiés par un commissaire aux comptes.

« II. — Le compte de gestion sur lequel se prononce l'assemblée générale comprend :

« 1° Les comptes annuels, dans les formes et selon la nomenclature prescrites par le ministre chargé de l'artisanat et le ministre chargé du budget en application de l'article 28 du code de l'artisanat : le bilan, le compte de résultat et l'annexe ;

« 2° Le budget réalisé, comprenant une comparaison des réalisations budgétaires, dans les formes et selon la nomenclature applicables aux établissements du réseau des chambres de métiers et de l'artisanat prescrites par le ministre chargé de l'artisanat et le ministre chargé du budget en application de l'article 28 du code de l'artisanat, avec le budget primitif ou rectificatif de l'exercice ainsi qu'avec le budget réalisé de l'exercice antérieur ;

« 3° La balance définitive des comptes du grand livre pour l'exercice ; »

(Décr. n° 2021-168 du 16 févr. 2021, art. 9) « 4° L'état en fin d'exercice des emplois permanents et non permanents de l'établissement, mentionnant, pour les cadres dirigeants, les cadres supérieurs, les cadres, les agents de maîtrise, les techniciens et les employés, le nombre d'agents, la masse indiciaire et la rémunération globale de chaque catégorie, en distinguant les agents titulaires et les agents non titulaires ; »

(Décr. n° 2015-1401 du 3 nov. 2015, art. 22-F) « 5° Les montants d'imposition votés au titre de l'exercice par l'établissement et agréés par l'autorité de tutelle en application de l'article 1601 du code général des impôts *(Décr. n° 2021-168 du 16 févr. 2021, art. 9)* « et les montants perçus au titre de l'article 1601-0 A du même code, en distinguant les parties destinées à financer respectivement les missions de l'établissement, les projets nationaux et les chambres de métiers et de l'artisanat de région ; »

« 6° Les subventions collectées par l'établissement, dont celles qu'il a utilisées pour lui-même et celles reversées aux autres établissements du réseau ;

« 7° L'état des emprunts en cours en fin d'exercice, avec leur tableau d'amortissement ;

« 8° Le montant de chaque redevance définie à l'article 26 du code de l'artisanat, les conditions de sa perception ainsi que les recettes correspondantes ;

« 9° Les informations relatives à certaines indemnités et frais pour le personnel, déterminés par le statut des personnels du réseau et, pour les élus, déterminées par arrêté conjoint des ministres chargés de l'artisanat et du budget. »

Art. 18-2 *(Décr. n° 2021-168 du 16 févr. 2021, art. 9)* Des régies de recettes et des régies d'avances destinées à traiter des opérations de faible importance, urgentes ou répétitives, peuvent être instituées par le président, avec l'accord du trésorier, dans des conditions déterminées par arrêté conjoint des ministres chargés de l'artisanat et du budget.

Le Décr. n° 2021-168 du 16 févr. 2021 ne tient pas compte d'un art. 18-2 préexistant qui, selon nous, n'est pas abrogé, de telle sorte que coexistent deux art. 18-2.

Art. 18-2 *(Décr. n° 2015-1401 du 3 nov. 2015, art. 22-G)* **Avant le 1er juillet de chaque année, l'assemblée générale adopte le compte de gestion de l'année précédente. Dans les quinze jours du vote, le président de** *(Décr. n° 2019-56 du 30 janv. 2019, art. 6)* **« CMA France » l'adresse, ainsi que la délibération correspondante, au ministre de tutelle, accompagnés des annexes obligatoires et du rapport du commissaire aux comptes.**

La délibération et le compte de gestion correspondant sont approuvés tacitement par le ministre de tutelle, à l'expiration d'un délai de deux mois à compter de leur date de réception par le ministre de tutelle, à défaut d'approbation expresse ou d'opposition notifiée à *(Décr. n° 2019-56 du 30 janv. 2019, art. 6)* **« CMA France » pendant ce délai. Les décisions de refus sont motivées.**

Lorsque le ministre de tutelle demande par écrit à *(Décr. n° 2019-56 du 30 janv. 2019, art. 6)* **« CMA France » des informations ou documents complémentaires, le délai mentionné à l'alinéa précédent est suspendu jusqu'à la production de ces informations ou documents.**

Art. 18-3 *(Décr. n° 2012-1247 du 7 nov. 2012, art. 78, en vigueur le 1er janv. 2013) (Décr. n° 2019-56 du 30 janv. 2019, art. 6)* **« CMA France » n'est pas soumise aux dispositions du décret n° 2012-1246 du 7 novembre 2012 relatif à la gestion budgétaire et comptable publique.**

Art. 18-4 *(Décr. n° 2015-1401 du 3 nov. 2015, art. 22-H)* **S'agissant des ordres de payer, le trésorier exerce des contrôles de la qualité de l'ordonnateur, de l'exacte imputation des dépenses au regard des règles relatives à la spécialité des crédits, de la disponibilité des crédits, de la validité de la dette et du caractère libératoire du paiement.**

Le contrôle de la validité de la dette porte sur la justification du service fait, l'exactitude de la liquidation, la production des pièces justificatives et l'application des règles de prescription et de déchéance.

Lorsqu'à l'occasion de ces contrôles le trésorier a constaté des irrégularités ou des inexactitudes dans les certifications de l'ordonnateur, il suspend le paiement et en informe l'ordonnateur. Ce dernier a alors la faculté de requérir par écrit le trésorier de payer.

Toutefois, le trésorier ne peut déférer à l'ordre de réquisition lorsque la suspension de paiement est motivée par :

– l'indisponibilité des crédits ;
– l'absence de justification du service fait ;
– le caractère non libératoire du règlement ;
– le manque de fonds disponibles.

Art. 19 *(Décr. n° 2021-168 du 16 févr. 2021, art. 9)* **Une délibération de l'assemblée générale de CMA France fixe les principes généraux applicables à une comptabilité analytique que l'établissement élabore à compter du 1er janvier 2022 pour l'ensemble des établissements du réseau. Ces principes sont approuvés par un arrêté du ministre chargé de l'artisanat.**

Arrêté du 17 décembre 2010,

Relatif aux conditions de présentation d'une comptabilité analytique par CMA France (Décr. n° 2019-56 du 30 janv. 2019, art. 8).

Art. 1er *(Décr. n° 2019-56 du 30 janv. 2019, art. 8)* « CMA France » tient une comptabilité analytique permettant :

— d'affecter les charges directes et d'imputer les charges indirectes aux coûts de revient des différentes actions de l'établissement après répartition dans les services fonctionnels et opérationnels ;

— de mettre en regard les différentes ressources de financement de ces actions, lorsqu'elles sont directement affectées à ces actions.

Art. 2 A cet effet, elle définit notamment les méthodes :

— de répartition des charges indirectes dans les services fonctionnels et opérationnels ;

— d'imputation des charges indirectes des services aux coûts de revient des actions.

Elle transmet également au ministre chargé de l'artisanat toute information relative à cette comptabilité analytique en tant que de besoin.

Art. 3 Le ministre chargé de l'artisanat approuve les principes de comptabilité analytique proposés par *(Décr. n° 2019-56 du 30 janv. 2019, art. 8)* « CMA France », notamment les méthodes de retraitement permettant le passage de la comptabilité générale à la comptabilité analytique de l'établissement.

Art. 4 Le commissaire aux comptes de *(Décr. n° 2019-56 du 30 janv. 2019, art. 8)* « CMA France » s'assure du respect des dispositions du présent arrêté. Il établit une déclaration de conformité qui est publiée annuellement par *(Décr. n° 2019-56 du 30 janv. 2019, art. 8)* « CMA France ».

CHAPITRE V *Dispositions diverses*

(Décr. n° 2010-1356 du 11 nov. 2010, art. 21)

Art. 20 L'assemblée plénière de la chambre de métiers d'Alsace et la chambre de métiers de la Moselle peuvent décider de confier à *(Décr. n° 2019-56 du 30 janv. 2019, art. 6)* « CMA France » l'exercice de tout ou partie des fonctions mentionnées à l'article 2.

Décret n° 83-316 du 15 avril 1983,

Relatif au crédit à l'artisanat.

Art. 1er Sont abrogés les articles 53, 54, 57 à 71 du code de l'artisanat ;

Les articles 2 et 3 du décret n° 72-322 du 20 avril 1972 relatif au crédit à l'artisanat ;

Le décret n° 79-221 du 16 mars 1979 relatif aux prêts à moyen et long terme consentis aux artisans par le Crédit agricole mutuel.

Art. 2 Des prêts bonifiés peuvent être attribués dans les conditions prévues ci-après par les établissements ayant passé une convention à cet effet avec le ministre de l'économie, des finances et du budget aux personnes immatriculées au répertoire des métiers ainsi qu'aux groupements régulièrement constitués entre ces personnes en vue de faciliter leur activité professionnelle.

Les crédits nécessaires pour couvrir le montant des bonifications sont ouverts chaque année par la loi de finances.

Peuvent seules bénéficier de ces prêts, sous réserve des dispositions des traités et conventions internationaux interdisant une restriction d'activité fondée sur la nationalité, les personnes physiques ou morales qui sont ressortissantes de l'un des États de la Communauté européenne.

Un arrêté conjoint du ministre de l'économie, des finances et du budget et du ministre du commerce et de l'artisanat fixe les conditions techniques que doivent remplir les bénéficiaires, en particulier les conditions concernant l'expérience professionnelle, la qualification et la formation des bénéficiaires, ainsi que les modalités de tenue des comptabilités des entreprises. — *V. Arr. du 15 févr. 1999 (JO 15 avr.).*

Art. 3 Ces prêts sont destinés à financer l'acquisition, l'aménagement, l'installation, la réfection totale ou partielle, la dotation en outillage ou en matériel, le besoin en fonds de roulement d'entreprises artisanales ainsi que la participation des personnes immatriculées au répertoire des métiers au capital d'un groupement régulièrement constitué entre ces personnes physiques ou morales.

Art. 4 La durée de ces prêts est au maximum de quinze ans. Leur montant maximum ainsi que les taux de bonification sont fixés par arrêté conjoint du ministre de l'économie, des finances et du budget, du ministre de l'agriculture et du ministre du commerce et de l'artisanat, en distinguant entre les prêts destinés à financer les investissements liés à la création d'une entreprise ou d'un groupement visé à l'article 2 du présent décret ainsi qu'à leur développement lorsque celui-ci s'accompagne de la création d'emplois et les autres prêts qui peuvent être affectés à toute autre opération mentionnée à l'article précédent. — *V. Arr. du 15 févr. 1999 (JO 15 avr.).*

V. Circ. du 15 févr. 1999 relative aux conditions d'attribution de prêts bonifiés et conventionnés aux entreprises artisanales et à certaines entreprises de l'alimentation de détail et de la restauration traditionnelle (JO 15 avr.).

Les dispositions des art. 2, 3 et 4 du Décr. n° 83-316 du 15 avr. 1983 sont applicables aux patrons bateliers inscrits au registre de la chambre nationale de la batellerie artisanale. — Lorsque des prêts bonifiés sont consentis à des patrons bateliers, l'arrêté prévu à l'art. 2 de ce décret est pris conjointement par le ministre chargé de l'économie, des finances et du budget, par le ministre chargé des transports et par le ministre chargé du commerce et de l'artisanat (C. transp., art. R. 4431-3). – ***C. transp.***

Sur les prêts spéciaux à l'artisanat, V. L. n° 73-1193 du 27 déc. 1973, art. 48, v° Commerce (organisation).

Loi n° 83-657 du 20 juillet 1983,

Relative au développement de certaines activités d'économie sociale.

TITRE PREMIER Statut des coopératives artisanales et de leurs unions

RÉP. SOCIÉTÉS v° *Coopérative artisanale,* par HÉRAIL.

CHAPITRE PREMIER *Définition et forme juridique*

Art. 1er Les sociétés coopératives artisanales ont pour objet la réalisation de toutes opérations et la prestation de tous services susceptibles de contribuer, directement ou indirectement, au développement des activités artisanales de leurs associés ainsi que l'exercice en commun de ces activités.

(L. n° 2014-856 du 31 juill. 2014, art. 44) « Les sociétés coopératives artisanales peuvent mettre en œuvre, par tous moyens, une politique commerciale commune, notamment par la réalisation d'opérations commerciales ou publicitaires, pouvant comporter des prix communs. »

Les associés se choisissent librement et disposent de droits égaux quelle que soit l'importance de la part du capital social détenue par chacun d'eux. Il ne peut être établi entre eux de discrimination suivant la date de leur admission.

Par la souscription ou l'acquisition d'une part sociale, l'associé s'engage à participer aux activités de la société coopérative ; les statuts peuvent déterminer le nombre de parts à souscrire ou à acquérir par chaque associé en fonction de son engagement d'activité.

Art. 1er-1 *(L. n° 2019-486 du 22 mai 2019, art. 6)* Les relations entre l'associé coopérateur et la coopérative artisanale à laquelle il adhère ainsi que les relations entre une coopérative artisanale et l'union de sociétés coopératives artisanales dont elle est membre sont régies par les principes et les règles spécifiques prévus au présent titre et par la loi n° 47-1775 du 10 septembre 1947 portant statut de la coopération. Ces relations sont définies dans les statuts de la coopérative artisanale ou de l'union de sociétés coopératives artisanales et, au besoin, dans leur règlement intérieur. Elles reposent notamment sur le caractère indissociable de la double qualité d'utilisateur des services et d'associé de la coopérative artisanale ou de l'union de sociétés coopératives artisanales.

Art. 2 Les sociétés coopératives artisanales doivent être immatriculées au registre du commerce et des sociétés. Elles doivent, en outre, faire l'objet d'une immatriculation au *(Ord. n° 2021-1189 du 15 sept. 2021, art. 40, en vigueur le 1er janv. 2023)* « registre national des entreprises en tant qu'entreprise du secteur des métiers et de l'artisanat *[ancienne rédaction : répertoire des métiers ou au registre tenu par les chambres de métiers d'Alsace et de Moselle]* ».

Art. 3 Les sociétés coopératives artisanales sont des sociétés à capital variable constituées sous forme de société à responsabilité limitée ou de société anonyme.

(L. n° 92-643 du 13 juill. 1992) « Elles peuvent à tout moment, par une décision des associés prise dans les conditions requises pour la modification des statuts, passer de l'une à l'autre de ces formes. Cette modification n'entraîne pas la création d'une personne morale nouvelle. »

Art. 4 Les sociétés coopératives artisanales sont régies par les dispositions du présent titre et, en ce qu'elles ne sont pas contraires à celles-ci, par les dispositions du titre III de la loi sur les sociétés du 24 juillet 1867 *[C. com., art. L. 231-1 s.]*, de la loi n° 47-1775 du 10 septembre 1947 portant statut de la coopération et de la loi n° 66-537 du 24 juillet 1966 modifiée sur les sociétés commerciales *[C. com., art. L. 210-1 s.]*. – *V. L. n° 47-1775 du 10 sept. 1947.* – ***C. sociétés.***

Art. 5 Les actes et documents émanant de la coopérative et destinés aux tiers, notamment les lettres, factures, annonces et publications diverses, doivent indiquer lisiblement la dénomination sociale de la coopérative, précédée ou suivie des mots : "société coopérative artisanale à capital variable", accompagnée de la mention de la forme sous laquelle la société est constituée.

Les gérants, le président, les administrateurs, les directeurs généraux, les membres du directoire ou du conseil de surveillance qui auront contrevenu aux dispositions de l'alinéa précédent seront punis des peines prévues à l'article 462 de la loi n° 66-537 du 24 juillet 1966 précitée *[C. com., art. L. 246-1]*.

L'appellation "société coopérative artisanale" ne peut être utilisée que par les sociétés coopératives fonctionnant conformément au présent titre. *(Abrogé par L. nº 2012-387 du 22 mars 2012, art. 27-IV)* « ***L'emploi illicite de cette appellation ou de toute expression de nature à prêter à confusion avec celle-ci est puni d'une amende de 2 500 €.*** »

(L. nº 2012-387 du 22 mars 2012, art. 27-IV) « Toute personne intéressée peut demander au président du tribunal compétent statuant en référé d'enjoindre, le cas échéant sous astreinte, à la personne concernée de supprimer la mention : "société coopérative artisanale" utilisée de manière illicite ainsi que toute expression de nature à prêter à confusion avec celle-ci.

« Le président du tribunal peut, en outre, ordonner la publication de la décision, son affichage dans les lieux qu'il désigne, son insertion intégrale ou par extraits dans les journaux et sa diffusion par un ou plusieurs services de communication au public en ligne qu'il indique, le tout aux frais des dirigeants de l'organisme ayant utilisé la dénomination en cause. »

CHAPITRE II *Constitution*

Art. 6 Seuls peuvent être associés d'une société coopérative artisanale :

1° Les artisans, personnes physiques ou morales immatriculées au *(Ord. nº 2021-1189 du 15 sept. 2021, art. 40, en vigueur le 1er janv. 2023)* « registre national des entreprises en tant qu'entreprise du secteur des métiers et de l'artisanat *[ancienne rédaction : répertoire des métiers ou au registre tenu par les chambres de métiers d'Alsace et de Moselle]* » *(Ord. nº 2004-274 du 25 mars 2004, art. 6-I)* « ainsi que les personnes régulièrement établies sur le territoire d'un autre État membre de la Communauté européenne ou partie à l'accord sur l'Espace économique européen, qui exercent des activités identiques à celles prévues pour l'immatriculation à » *(Ord. nº 2021-1189 du 15 sept. 2021, art. 40, en vigueur le 1er janv. 2023)* « ce même registre *[ancienne rédaction : ces mêmes répertoire ou registre]* » ; *— Pour l'application de cette disposition à Saint-Pierre-et-Miquelon, V. art. 6-1.*

(Abrogé par L. nº 2008-776 du 4 août 2008, art. 82, 1°) « ***2° Les personnes qui ont été admises comme associés au titre du 1° ci-dessus, mais qui ne remplissent plus les conditions fixées dans cet alinéa par suite de l'expansion de leur entreprise, à la condition que l'effectif permanent de celle-ci soit inférieur à cinquante salariés ;*** »

3° Les personnes physiques ou morales dont l'activité est identique ou complémentaire à celle des personnes mentionnées au 1° ci-dessus *(Abrogé par L. nº 2008-776 du 4 août 2008, art. 82, 1°)* « ***, lorsque l'effectif permanent des salariés qu'elles emploient n'excède pas cinquante*** ». Toutefois, le montant total des opérations réalisées avec une société coopérative par les associés de cette catégorie ne peut dépasser le quart du chiffre d'affaires annuel de cette coopérative ;

4° Les personnes physiques ou morales intéressées à l'objet des sociétés coopératives artisanales *(Abrogé par Ord. nº 2004-274 du 25 mars 2004, art. 6-II)* « ***, mais n'exerçant pas d'activité identique ou complémentaire à celles-ci*** ». Ces associés sont dits associés non coopérateurs. Ils ne peuvent ni participer aux opérations ni bénéficier des services mentionnés au premier alinéa de l'article 1er. Ils jouissent de tous les autres droits reconnus aux associés coopérateurs. *(L. nº 92-643 du 13 juill. 1992)* « Les statuts peuvent prévoir que, par dérogation aux dispositions du deuxième alinéa de l'article premier et pour les parts sociales de cette seule catégorie d'associés, il sera fait application des dispositions de l'article 14 de la loi n° 47-1775 du 10 septembre 1947 portant statut de la coopération » ; *— V. ce texte au* **C. sociétés.**

(L. nº 85-703 du 12 juill. 1985) « 5° D'autres sociétés coopératives artisanales et leurs unions ».

Les conditions de l'admission ou de son maintien pour les catégories d'associés mentionnées *(L. nº 2008-776 du 4 août 2008, art. 82, 1°)* « aux 3° et 4° » ci-dessus sont fixées par les statuts. Le nombre de ces associés ne peut excéder le quart du nombre total des associés de la société coopérative.

Art. 6-1 *(Ord. nº 2004-274 du 25 mars 2004, art. 46-I)* Le 1° de l'article 6 n'est applicable à Saint-Pierre-et-Miquelon que dans les limites définies par l'article L. 910-5 du code de commerce.

Art. 7 Le nombre des associés ne peut être inférieur à sept si la société coopérative est constituée sous forme de société anonyme et il ne peut être inférieur à *(Ord. n° 2004-274 du 25 mars 2004, art. 7)* « deux », ni supérieur à *(L. n° 2005-882 du 2 août 2005, art. 36)* « cent », si la société coopérative est constituée sous forme de société à responsabilité limitée.

Art. 8 La société coopérative artisanale dispose d'une année pour se conformer, selon le cas, aux dispositions de l'article 7 ou du dernier alinéa de l'article 6, à compter du jour où celles-ci ne sont plus respectées. A l'expiration de ce délai, tout intéressé peut demander la dissolution de la société coopérative. Le tribunal peut accorder à la société coopérative un délai de six mois maximum renouvelable une seule fois, pour régulariser la situation. Il ne peut prononcer la dissolution si, au jour où il statue sur le fond, cette régularisation a eu lieu.

Art. 9 Sauf disposition spéciale des statuts, l'admission de nouveaux associés est décidée par l'assemblée générale ordinaire ou l'assemblée des associés.

Les statuts peuvent prévoir que les nouveaux associés sont admis à titre provisoire pendant une période probatoire qui ne peut excéder une année.

Pendant cette période, ces associés jouissent de droits égaux à ceux des autres associés. A l'expiration de cette période, l'admission est définitive sauf décision motivée de l'assemblée générale ordinaire ou de l'assemblée des associés, l'intéressé ayant été entendu ou dûment convoqué. Toutefois, sur décision unanime des associés, ce délai peut être reconduit pour une durée d'une année.

Les statuts déterminent les modalités d'exclusion des associés. La décision d'exclusion d'un associé est prise dans les conditions retenues pour son admission sauf le droit pour l'intéressé de faire appel de la décision devant l'assemblée dans le cas où ce n'est pas celle-ci qui a pris la décision d'exclusion. L'assemblée statue dans le délai d'un mois à compter de la date à laquelle a été formé l'appel, celui-ci devant intervenir au plus tard quinze jours après la notification de la décision d'exclusion.

Tout associé peut se retirer de la société coopérative dans les conditions prévues aux statuts. L'associé qui se retire de la société coopérative ou qui en est exclu reste tenu pendant cinq ans envers les associés et envers les tiers de toutes les obligations existant au jour où cette décision a pris effet.

(L. n° 92-643 du 13 juill. 1992) « En cas de retrait ou d'exclusion, la dernière phrase du dernier alinéa de l'article 18 de la loi n° 47-1775 du 10 septembre 1947 précitée n'est pas applicable. » — *V. ce texte au* ***C. sociétés.***

Art. 10 Les sociétés coopératives artisanales peuvent admettre des tiers non associés à bénéficier de leurs services ou à participer à la réalisation des opérations entrant dans leur objet, à l'exclusion des opérations de gestion technique et financière. Cette faculté doit être mentionnée dans les statuts.

Les opérations effectuées avec des tiers non associés font l'objet d'une comptabilité séparée. Elles ne peuvent excéder le cinquième du chiffre d'affaires de la société coopérative.

Si les comptes font apparaître un dépassement de cette proportion la société dispose d'un délai d'un an pour régulariser la situation.

CHAPITRE III *Fonctionnement et administration*

Art. 11 Le capital des sociétés coopératives artisanales est représenté par des parts sociales nominatives. Leur valeur nominale est uniforme et ne peut être inférieure à un montant fixé par décret. — *Valeur minimale fixée à 15 € par Décr. n° 84-251 du 6 avr. 1984, art. 1er.* — ***C. sociétés.***

Le capital social ne peut être réduit à une somme inférieure à la moitié du capital le plus élevé atteint depuis la constitution de la société. En aucun cas, il ne peut être ramené à un montant inférieur au capital de fondation.

Les parts sociales doivent être intégralement libérées dès leur souscription, qu'elles représentent des apports en nature ou en numéraire. Toutefois, lorsqu'une société coopérative artisanale est constituée sous forme de société anonyme, les parts souscrites en numéraire peuvent être libérées lors de leur souscription d'un quart au moins de leur valeur ; la libération du surplus doit intervenir dans un délai maximum de trois ans à compter du jour de la souscription.

(L. n° 2014-856 du 31 juill. 2014, art. 44) « Dans les limites fixées à l'article 14 de la loi n° 47-1775 du 10 septembre 1947 précitée *[portant statut de la coopération]*, les statuts des sociétés coopératives artisanales peuvent prévoir la rémunération de parts sociales à avan-

tages particuliers souscrites par les seuls associés coopérateurs mentionnés aux 1°, 3° et 5° de l'article 6 de la présente loi.

« Les parts sociales qui donnent droit au versement d'un intérêt à titre d'avantage particulier ne peuvent représenter, pour chaque associé coopérateur, plus de la moitié du capital qu'il détient. »

Les statuts fixent les modalités de souscription des parts sociales et de l'augmentation ultérieure de la participation des associés au capital.

La cession des parts sociales est soumise à agrément préalable dans les conditions fixées par les statuts ou, à défaut, à agrément de l'assemblée générale ou de l'assemblée des associés.

(L. n° 92-643 du 13 juill. 1992) « L'article 11 *bis* de la loi n° 47-1775 du 10 septembre 1947 précitée n'est pas applicable. » — *V. ce texte au* ***C. sociétés***.

Art. 12 *Abrogé par L. n° 92-643 du 13 juill. 1992, art. 40.*

Art. 13 *Abrogé par L. n° 2014-856 du 31 juill. 2014, art. 44.*

Art. 14 Chaque associé dispose d'une seule voix dans les assemblées.

Sur première convocation, l'assemblée générale ordinaire ou l'assemblée des associés ne délibère valablement que si sont présents ou représentés un quart au moins des associés inscrits au jour de la convocation s'il s'agit d'une société anonyme, ou la moitié au moins dans le cas d'une société à responsabilité limitée.

Art. 15 Lorsque le quorum de l'assemblée générale ordinaire ou extraordinaire ou de l'assemblée des associés n'est pas atteint, une seconde assemblée est convoquée. Sur seconde convocation, l'assemblée délibère valablement quel que soit le nombre des associés présents ou représentés, sauf pour les sociétés coopératives constituées sous forme de société à responsabilité limitée pour lesquelles la présence de la moitié des associés reste requise. Pour ces sociétés, sur troisième convocation, l'assemblée délibère valablement quel que soit le nombre des associés présents ou représentés.

Art. 16 L'assemblée qui a pour objet la modification des statuts ne délibère valablement, sur première convocation, que si la moitié des associés inscrits au jour de la convocation sont présents ou représentés.

Une majorité des deux tiers des voix dont disposent les membres présents ou représentés est requise pour toute décision modifiant les statuts, quelle que soit la forme adoptée par la société coopérative.

Cette majorité comprend la moitié au moins d'artisans.

Art. 17 Lorsque la société coopérative exerce plusieurs activités distinctes ou a plusieurs établissements, ou lorsqu'elle étend ses activités sur plus d'un département, les statuts peuvent prévoir que l'assemblée générale ou l'assemblée des associés peut être précédée par des assemblées de section auxquelles s'appliquent les règles de composition, de convocation, de tenue, de quorum, de majorité et de procès-verbal des assemblées générales ou assemblées des associés. Ces assemblées de section délibèrent séparément sur le même ordre du jour. Elles élisent des délégués qui se réunissent sur le même ordre du jour dans un délai maximum d'un mois suivant la dernière assemblée de section ; cette réunion est réputée être l'assemblée générale ou l'assemblée des associés.

Les statuts déterminent la répartition des associés en section et fixent le nombre de délégués par section.

Les modalités d'application du présent article sont précisées par décret. — *V. Décr. n° 84-251 du 6 avr. 1984, art. 2 s.* — ***C. sociétés***.

Art. 18 La société coopérative artisanale est administrée par un ou plusieurs mandataires nommés pour quatre ans au plus par l'assemblée des associés ou l'assemblée générale, renouvelables et révocables par elle, la révocation pouvant avoir lieu même si la question n'a pas été inscrite à l'ordre du jour. *(L. n° 2019-486 du 22 mai 2019, art. 6)* « Deux tiers au moins de ces mandataires sont des associés de la catégorie prévue au 1° de l'article 6 de la présente loi, des conjoints collaborateurs mentionnés *(Ord. n° 2021-1189 du 15 sept. 2021, art. 40, en vigueur le 1er janv. 2023)* « , pour les entreprises du secteur des métiers et de l'artisanat, au registre national des entreprises *[ancienne rédaction : au répertoire des métiers ou au registre tenu par les chambres de métiers d'Alsace et de Moselle]* », des conjoints associés ou des conjoints salariés. Le président du conseil d'administration, le président du directoire, le gérant unique ou deux tiers des gérants s'ils sont plusieurs, le président du conseil de surveillance, notamment lorsque ce dernier est désigné dans les conditions fixées à l'article 19, et le vice-président du conseil de surveillance sont choisis parmi les mandataires mentionnés à la deuxième phrase du présent alinéa. Lorsque la personne désignée est une personne morale, elle peut être représentée par son représentant légal, le conjoint collaborateur mentionné en cette qualité *(Ord. n° 2021-1189 du 15 sept. 2021, art. 40, en vigueur le 1er janv. 2023)* « , pour les entreprises du secteur des métiers et de l'artisanat, au registre national des entreprises *[ancienne rédaction : au répertoire des métiers ou au registre tenu par les chambres de métiers d'Alsace et de Moselle]* », le conjoint associé ou le conjoint salarié. »

(L. n° 88-15 du 5 janv. 1988) « Lorsque la société coopérative artisanale est constituée sous forme de société à responsabilité limitée et qu'un gérant unique a été nommé, l'assemblée des associés exerce, si elle compte au plus vingt membres, les fonctions du conseil de surveillance prévu à l'article 19. »

Art. 19 Les sociétés coopératives artisanales comptant plus de vingt associés, constituées sous forme de société à responsabilité limitée, sont dotées d'un conseil de surveillance, sauf si la société est administrée par trois gérants ou plus. Le conseil de surveillance est composé de trois membres au moins et de neuf membres au plus, désignés par l'assemblée des associés et en son sein pour une durée que les statuts déterminent et qui ne peut excéder quatre ans.

Ces membres sont rééligibles. Ils doivent pour les deux tiers au moins être des artisans.

Ils peuvent être à tout moment révoqués par l'assemblée des associés, même si la question n'a pas été inscrite à l'ordre du jour.

Les fonctions de gérant et de membre du conseil de surveillance sont incompatibles.

A toute époque de l'année, le conseil de surveillance opère les vérifications et les contrôles qu'il juge opportuns et peut se faire communiquer tout document qu'il estime utile à l'accomplissement de sa mission ou demander un rapport sur la situation de la société.

Il présente à l'assemblée des associés un rapport sur la gestion de la société.

La responsabilité des membres du conseil de surveillance est soumise aux dispositions de l'article 250 de la loi n° 66-537 du 24 juillet 1966 précitée *[C. com., art. L. 225-257]*.

Art. 20 Les statuts de la société coopérative artisanale constituée sous forme de société à responsabilité limitée peuvent subordonner certains actes du ou des gérants à l'agrément préalable, selon le cas, du conseil de surveillance ou de l'assemblée des associés. Les clauses statutaires limitant les pouvoirs du ou des gérants qui résultent du présent article sont inopposables aux tiers.

Art. 21 Les fonctions de mandataire ou de membre du conseil de surveillance ne donnent pas lieu à rémunération.

Toutefois, les mandataires associés ou non qui exercent effectivement une fonction de direction de la société peuvent percevoir une rémunération.

CHAPITRE IV *Dispositions financières*

Art. 22 Le solde créditeur du compte de résultat de l'exercice, diminué des pertes reportées, est appelé excédent net de gestion.

Art. 23 Après application, le cas échéant, des dispositions de l'article 25, l'excédent net de gestion est réparti en tenant compte des règles suivantes :

1° Une fraction au moins égale à 15 p. 100 est affectée à la constitution d'un compte spécial indisponible.

Ce compte ne peut excéder le *(L. n° 2008-776 du 4 août 2008, art. 82, 2°)* « double du » niveau le plus élevé atteint par les capitaux propres de la société coopérative diminués de son propre montant.

Il est destiné à garantir les engagements pris par la société coopérative à l'égard des tiers. Il n'ouvre aucun droit aux associés et n'est susceptible ni d'être partagé entre eux, ni de faire l'objet de remboursement en cas de départ d'un associé pour quelque cause que ce soit, ni d'être incorporé au capital social.

Si les comptes font apparaître un dépassement de la limite prévue au troisième alinéa du présent article, la société dispose d'un délai d'un an pour régulariser la situation.

(L. n° 2014-856 du 31 juill. 2014, art. 44) « 1° *bis* L'excédent issu de la cession d'éléments de l'actif immobilisé est affecté à une réserve indisponible ; »

2° *(L. n° 92-643 du 13 juill. 1992)* « Après dotation au compte spécial indisponible *(L. n° 2014-856 du 31 juill. 2014, art. 44)* « , à la réserve indisponible des cessions » et à la réserve prévue à l'article 18 de la loi n° 47-1775 du 10 septembre 1947 précitée, les reliquats peuvent être affectés :

« *a*) Au service de l'intérêt aux parts sociales qui y donnent droit ;

« *b*) A la répartition, à titre de ristournes, entre les associés proportionnellement aux opérations qu'ils ont réalisées avec la société coopérative et suivant les modalités prévues par les statuts. » — *V. ledit art. 18 au* ***C. sociétés.***

Si une société coopérative artisanale effectue des opérations impliquant des activités différentes, elle établit des comptabilités distinctes dont les modalités sont fixées par son règlement intérieur en vue d'assurer pour l'ensemble des reliquats un partage équitable au prorata de la part prise par chacun des associés dans les activités de la coopérative.

Art. 24 En cas de pertes résultant des opérations avec les associés, l'assemblée générale ou l'assemblée des associés peut décider leur répartition immédiate à raison de la part prise par chacun des associés dans les différentes activités de la société coopérative. Les modalités de cette répartition sont déterminées par les statuts. A défaut d'une répartition immédiate, les pertes sont imputées sur le capital social ou reportées sur l'exercice suivant.

Les pertes ne peuvent être imputées sur le compte spécial indisponible qu'en cas de dissolution ou de cessation d'activité.

Art. 25 La part de l'excédent net de gestion résultant des opérations effectuées avec les tiers non associés est portée en totalité à un compte de réserve.

Cette réserve ne peut être ni répartie entre les associés, ni incorporée au capital. Si les pertes résultant des opérations effectuées avec les tiers excèdent cette réserve, elles sont immédiatement réparties. A défaut, elles sont imputées sur le capital social ou reportées sur l'exercice suivant.

Cette réserve ne peut être utilisée pour amortir des pertes sociales visées à l'article 24 qu'après épuisement du compte spécial indisponible.

Art. 26 L'assemblée des associés ou l'assemblée générale peut décider la transformation en parts sociales de tout ou partie des ristournes distribuables aux associés.

(L. nº 92-643 du 13 juill. 1992) « Les deux derniers alinéas de l'article 16 de la loi nº 47-1775 du 10 septembre 1947 précitée ne sont pas applicables. » — *V. ce texte au* ***C. sociétés.***

CHAPITRE V *Unions de sociétés coopératives artisanales*

Art. 27 Les sociétés coopératives artisanales peuvent constituer entre elles des unions. Ces unions ont pour objet la réalisation de toutes opérations et la prestation de tous services susceptibles de contribuer directement ou indirectement au développement des activités *(Abrogé par Ord. nº 2004-274 du 25 mars 2004, art. 9) « artisanales »* de leurs associés ainsi que l'exercice de tout ou partie de ces activités.

Ces unions peuvent prendre des participations dans des sociétés coopératives artisanales ou d'autres sociétés ayant la forme commerciale ou un objet commercial. Toutefois, les prises de participation des unions de sociétés coopératives artisanales dans des personnes morales dont l'activité principale n'est pas identique à l'activité de la société participante ou n'est pas complémentaire de cette activité sont soumises à une autorisation administrative.

La constitution d'une union de sociétés coopératives artisanales ne peut avoir pour objet de porter atteinte au caractère coopératif des sociétés coopératives artisanales associées de cette union.

Art. 28 Les unions de sociétés coopératives artisanales sont régies par le présent titre.

Toutefois :

1º Les unions de sociétés coopératives artisanales peuvent admettre comme associés, outre les sociétés coopératives artisanales, toute personne physique ou morale intéressée directement par leur objet et notamment les organismes et organisations professionnelles du secteur des métiers. Le nombre de ces associés ne peut excéder le quart du nombre total des membres de l'union ; *(L. nº 92-643 du 13 juill. 1992)* « les statuts peuvent prévoir que les parts qu'ils détiennent donnent droit à rémunération dans les conditions prévues à l'article 14 de la loi nº 47-1775 du 10 septembre 1947 précitée » ; — *V. ce texte au* ***C. sociétés.***

2º Selon des modalités prévues par les statuts, le nombre de voix dont dispose chaque société coopérative peut être proportionnel au montant des opérations réalisées par elle avec l'union ou au nombre de ses associés. Le rapport entre le nombre de voix détenues par deux coopératives ne peut excéder trois.

CHAPITRE VI *Dispositions diverses et transitoires*

Art. 29 *(L. nº 2014-856 du 31 juill. 2014, art. 25-III)* Par dérogation au premier alinéa de l'article 25-1 de la loi nº 47-1775 du 10 septembre 1947 portant statut de la coopération, les sociétés coopératives régies par la présente loi sont soumises de droit, quelle que soit l'importance de leur activité, aux dispositions relatives à la révision coopérative prévues aux articles 25-1 à 25-5 de cette même loi. — *V. au* ***C. sociétés.***

Art. 30 La décision régulièrement prise par toute société, quelle qu'en soit la forme, ou tout groupement d'intérêt économique constitué selon l'ordonnance n° 67-821 du 23 septembre 1967 *[C. com., art. L. 251-1 s.]*, de modifier ses statuts pour les adapter aux dispositions du présent titre n'entraîne pas création d'une personne morale nouvelle.

Art. 31 Les parts ou actions des groupements ou sociétés usant de la faculté ouverte à l'article 30 sont converties en parts sociales pour leur valeur nominale.

Les membres, les associés ou les actionnaires qui se seraient opposés à la transformation peuvent opter, dans un délai de trois mois, soit pour le rachat de leurs titres de capital, dans un délai de deux ans, soit pour leur annulation et l'inscription de leur contre-valeur sur un compte à rembourser, portant intérêt au taux légal, et remboursable dans un délai de cinq ans. Ces différents délais s'entendent à compter de la publication de la décision de transformation de la société ou du groupement.

Pour l'application de l'alinéa précédent, la valeur des droits sociaux dont le remboursement est demandé est déterminée, en cas de contestation, par un expert désigné, soit par les parties, soit, à défaut d'accord entre elles, par *(Ord. n° 2019-738 du 17 juill. 2019, art. 23)* « jugement du tribunal judiciaire statuant selon la procédure accélérée au fond *[ancienne rédaction : ordonnance du président du tribunal statuant en la forme des référés]* » et sans recours possible.

A la date de la transformation du groupement ou de la société, les résultats reportés, mis en réserve ou incorporés au capital social sont portés au compte spécial indisponible prévu à l'article 23 de la présente loi. A défaut, la transformation est réputée être une cession d'entreprise.

Les membres des groupements d'intérêt économique constitués selon l'ordonnance n° 67-821 du 23 septembre 1967 restent tenus sur leur patrimoine propre, conformément à l'article 4 dudit texte *[C. com., art. L. 251-6]*, de toutes les obligations existant au moment de la transformation.

Les dispositions issues de l'Ord. n° 2019-738 du 17 juill. 2019 s'appliquent aux demandes introduites à compter du 1er janv. 2020 (Ord. préc., art. 30).

Art. 32 Les sociétés coopératives d'artisans et leurs unions, existant à la date de publication de la présente loi, disposent d'un délai de *(L. n° 85-703 du 12 juill. 1985)* « trois ans » à partir de cette date pour mettre leurs statuts en conformité avec ses dispositions.

A l'expiration de ce délai, les clauses statutaires contraires aux dispositions du présent titre sont réputées non écrites.

Les assemblées générales ordinaires ou les assemblées d'associés délibèrent valablement pour la modification à cet effet des statuts.

Les coopératives créées en application de la loi locale du 20 mai 1898 dont le siège est fixé dans les départements du Haut-Rhin, du Bas-Rhin et de la Moselle ont la faculté de conserver le bénéfice des dispositions de ladite loi. Cette option est également ouverte aux coopératives créées après l'entrée en vigueur de la présente loi.

Art. 33 Les sociétés coopératives artisanales et leurs unions sont habilitées à recevoir des dons, legs et subventions.

Art. 34 Les sociétés coopératives artisanales et leurs unions sont tenues, indépendamment des obligations imposées à toutes les entreprises, et sous peine des sanctions prévues à l'article 23 de la loi n° 47-1775 du 10 septembre 1947 précitée, de fournir aux services du *ministre* chargé de l'artisanat toutes justifications nécessaires pour permettre de vérifier qu'elles fonctionnent conformément au présent titre. — *V. ce texte au* ***C. sociétés.***

Un décret fixe les conditions d'application du présent article. — *V. C. transp., art. D. 3441-1 et D. 3441-2.* — ***C. transp.***

....

Pour les dispositions applicables aux sociétés coopératives artisanales de transport fluvial, V. C. transp., art. L. 4431-2. — ***C. sociétés.***

Loi n° 96-603 du 5 juillet 1996,

Relative au développement et à la promotion du commerce et de l'artisanat.

BIBL. ▶ PUYGAUTHIER, *JCP N 1997. Prat. 4035 ; ibid. Doctr. 1213 et 1249* (statut de l'artisan).

TITRE II **Dispositions relatives à la qualification professionnelle et à l'artisanat**

CHAPITRE PREMIER *Dispositions concernant la qualification professionnelle exigée pour l'exercice de certaines activités*

BIBL. ► REVET, *D. Affaires 1998. 51* (qualifications artisanales au regard de la liberté du commerce et de l'industrie). – AZARIAN et SAINTOURENS, *JCP E 2008, n° 41, p. 21* (réforme de la reconnaissance des qualifications professionnelles). – AUBY et LIGNIÈRES, *JCP 2011, n° 327* (quand l'excès de réglementation conspire contre l'emploi).

Art. 16 I. – **Quels que soient le statut juridique et les caractéristiques de l'entreprise, ne peuvent être exercées que par une personne qualifiée professionnellement ou sous le contrôle effectif et permanent de celle-ci, les activités suivantes :**

– l'entretien et la réparation des véhicules *(L. n° 2016-1691 du 9 déc. 2016, art. 131-I)* **« terrestres »** *(Ord. n° 2015-1682 du 17 déc. 2015, art. 9, en vigueur le 1er janv. 2016)* **« à moteur » et des machines** *(L. n° 2016-1691 du 9 déc. 2016, art. 131-I)* **« agricoles, forestières et de travaux publics » ;**

– la construction, l'entretien et la réparation des bâtiments ;

– la mise en place, l'entretien et la réparation des réseaux et des équipements utilisant les fluides, ainsi que des matériels et équipements destinés à l'alimentation en gaz, au chauffage des immeubles et aux installations électriques ;

– le ramonage ;

– les soins esthétiques à la personne autres que médicaux et paramédicaux *(L. n° 2005-882 du 2 août 2005, art. 38)* **« et les modelages esthétiques de confort sans finalité médicale ».** *(L. n° 2010-853 du 23 juill. 2010, art. 48)* **« On entend par modelage toute manœuvre superficielle externe réalisée sur la peau du visage et du corps humain dans un but exclusivement esthétique et de confort, à l'exclusion de toute finalité médicale et thérapeutique. Cette manœuvre peut être soit manuelle, éventuellement pour assurer la pénétration d'un produit cosmétique, soit facilitée par un appareil à visée esthétique ; »**

– la réalisation de prothèses dentaires ;

– la préparation ou la fabrication de produits frais de boulangerie, pâtisserie, boucherie, charcuterie et poissonnerie, ainsi que la préparation ou la fabrication de glaces alimentaires artisanales ;

– l'activité de maréchal-ferrant ;

(L. n° 2016-1691 du 9 déc. 2016, art. 131-I) **« – la coiffure ; »**

(L. n° 2022-172 du 14 févr. 2022, art. 9, en vigueur au plus tard le 1er janv. 2023) **« – l'activité de toilettage des chiens, chats et autres animaux de compagnie. »** – *Toute personne qui, à la date d'entrée en vigueur de ces dispositions, exerce effectivement l'activité en cause en qualité de salarié ou pour son propre compte est réputée justifier de la qualification requise (L. n° 2022-172 du 14 févr. 2022, art. 19-II).*

II. – *(Abrogé par L. n° 2014-626 du 18 juin 2014, art. 22-I)* ***« Pour chaque activité visée au I, »*** **Un décret en Conseil d'État pris après avis** *(Ord. n° 2008-1161 du 13 nov. 2008, art. 4)* **« de l'Autorité de la concurrence »,** *(Abrogé par L. n° 2017-55 du 20 janv. 2017, art. 54-II)* ***« de la Commission de la sécurité des consommateurs, »*** **de** *(Décr. n° 2015-536 du 15 mai 2015, art. 11)* **« CCI France », de** *(Décr. n° 2019-56 du 30 janv. 2019, art. 2)* **« CMA France » et des organisations professionnelles représentatives, détermine, en fonction de la complexité de** *(L. n° 2014-626 du 18 juin 2014, art. 22-I)* **« chacun des métiers relevant des activités mentionnées au I et des risques qu'ils peuvent » présenter pour la sécurité ou la santé des personnes, les diplômes, les titres homologués ou la durée et les modalités de validation de l'expérience professionnelle qui justifient de la qualification** *(L. n° 2014-626 du 18 juin 2014, art. 22-I)* **« requise ».** *(L. n° 2016-1691 du 9 déc. 2016, art. 131-I)* **« Ce décret fixe les conditions dans lesquelles une personne qualifiée pour exercer un métier peut être autorisée à réaliser des tâches relevant de métiers connexes faisant partie de la même activité, au sens du I. »** – *V. Décr. n° 98-246 du 2 avr. 1998, infra. – Pour les sanctions pénales, V. art. 24-I (1°).*

Toutefois, toute personne qui, à la date de publication de la présente loi *[JO 6 juill.]*, **exerce effectivement l'activité en cause en qualité de salarié ou pour son propre compte est réputée justifier de la qualification requise.**

(L. n° 2005-882 du 2 août 2005, art. 17) **« Lorsque les conditions d'exercice de l'activité déterminées au I sont remplies uniquement par le chef d'entreprise et que celui-ci cesse l'exploitation de l'entreprise, les dispositions relatives à la qualification professionnelle exigée pour les activités prévues au I ne sont pas applicables, pendant une période de trois ans à compter de la cessation d'exploitation, aux activités exercées par le conjoint de ce chef d'entreprise appelé à assurer la continuité de l'exploitation, sous réserve qu'il relève d'un**

des statuts mentionnés à l'article L. 121-4 du code de commerce depuis au moins trois années et qu'il s'engage dans une démarche de validation des acquis de son expérience conformément *(L. n° 2014-288 du 5 mars 2014, art. 6-II)* « aux I et II » de l'article L. 335-5 du code de l'éducation. » — *V. art. L. 121-4 C. com.*

(L. n° 2016-1691 du 9 déc. 2016, art. 131-I) « III. — Une personne qualifiée, au sens du I, pour l'exercice d'une partie d'activité mentionnée au même I peut exercer la partie d'activité qui correspond à sa qualification ou en assurer le contrôle effectif et permanent au sein de l'entreprise.

« IV. — Un décret, pris après avis des organisations professionnelles représentatives, fixe les règles applicables à l'apprentissage de la profession de coiffeur et aux établissements qui en dispensent l'enseignement, ainsi que les qualifications nécessaires à cet enseignement. » — *V. Décr. n° 97-558 du 29 mai 1997 (JO 30 mai), relatif aux conditions d'accès à la profession de coiffeur.*

(Ord. n° 2021-1189 du 15 sept. 2021, art. 42, en vigueur le 1er janv. 2023) « IV *bis*. — Le président de la chambre de métiers et de l'artisanat de région ou, par délégation, le président de la chambre de métiers et de l'artisanat de niveau départemental informe le représentant de l'État lorsqu'il estime, à l'occasion de l'exercice de ses missions, que l'activité déclarée est exercée en méconnaissance des dispositions des I et II du présent article. Un décret en Conseil d'État détermine la nature des informations transmises. »

V. — *Modification de l'art. 35 du code professionnel local.*

Les dispositions issues de la L. n° 2016-1691 du 9 déc. 2016 sont entrées en vigueur le 1er juin 2017 (L. préc., art. 131-IV ; Décr. n° 2017-767 du 4 mai 2017, art. 17).

Sur les conditions juridiques de l'exercice de la profession d'artisan boulanger, V. C. consom., art. L. 122-17 s., v° Publicité commerciale.

1. Qualification professionnelle. C'est la nature de l'activité qui détermine l'exigence de qualification : pour le même métier, les mêmes conditions devront être remplies aussi bien par les personnes immatriculées au répertoire des métiers que par les personnes inscrites au RCS (Rép. min. n° 17465 : *JO Sénat Q, 5 déc. 1996 ; BID 6/1997. 36).* Si l'art. 16, I, de la L. n° 96-603 du 5 juill. 1996 énonce que certaines activités relevant du secteur de l'artisanat, dont la préparation ou la fabrication de produits frais de charcuterie, ne peuvent être exercées que par une personne qualifiée professionnellement ou sous le contrôle effectif et permanent de celle-ci, il est toutefois loisible à celui qui n'a pas la qualification exigée de louer des locaux exclusivement destinés à ce type d'activité ou d'acquérir le fonds de commerce et d'y exercer ensuite l'activité conventionnellement convenue sous le contrôle effectif et permanent de tout salarié qualifié qu'il entend employer. • Versailles, 27 mars 2008 : *BICC 15 nov. 2008, n° 1768.*

2. Constitutionnalité. Le législateur a adopté des mesures propres à assurer une conciliation qui n'est pas manifestement déséquilibrée entre le respect de la liberté d'entreprendre et la protection de la santé, prévue par le 11e al. du Préambule de la Constitution de 1946, ainsi que la prévention des atteintes à l'ordre public, notamment des atteintes à la sécurité des personnes, qui constitue un objectif de valeur constitutionnelle. • Cons. const. 24 juin 2011, n° 2011-139 QPC : *D. 2011. Actu. 1753, obs. Delpech ; JCP E 2011, n° 1898, spéc. n° 14, obs. Azarian et Maron ; RLDA sept. 2011. 18, obs. Mpindi* (réponse à une QPC de • CE 8 avr. 2011, n° 345637 : *AJDA 2011. 1104 ; JCP 2011, n° 604, spéc. n° 21, obs. Mathieu*).

Art. 17 *(Ord. n° 2008-507 du 30 mai 2008, art. 16)* **Pour s'établir en France, un professionnel ressortissant d'un État membre de** *(L. n° 2016-1691 du 9 déc. 2016, art. 131-I)* **« l'Union » européenne ou d'un autre État partie à l'accord sur l'Espace économique européen doit remplir les conditions énoncées au I de l'article 16.**

Les conditions d'application du présent article sont définies par décret en Conseil d'État. — *V. Décr. n° 98-246 du 2 avr. 1998, infra.*

Art. 17-1 *(Ord. n° 2008-507 du 30 mai 2008, art. 16)* **I — Un professionnel souhaitant exercer l'une des activités mentionnées au I de l'article 16 qui est ressortissant d'un État membre de** *(L. n° 2016-1691 du 9 déc. 2016, art. 131-I)* **« l'Union » européenne ou d'un autre État partie à l'accord sur l'Espace économique européen peut exercer en France, à titre temporaire et occasionnel, le contrôle effectif et permanent** *(L. n° 2016-1691 du 9 déc. 2016, art. 131-I)* **« de ces activités** *[ancienne rédaction : d'une des activités visées au I du même article]* **», sous réserve d'être légalement établi dans un de ces États pour y exercer la même activité.**

Toutefois, lorsque cette activité ou la formation y conduisant ne sont pas réglementées dans l'État d'établissement, il doit en outre l'avoir exercée dans *(L. n° 2016-1691 du 9 déc. 2016, art. 131-I)* **« un ou plusieurs États membres de l'Union européenne ou États parties à l'accord sur l'Espace économique européen** *[ancienne rédaction : cet État]* **» pendant au moins** *(L. n° 2016-1691 du 9 déc. 2016, art. 131-I)* **« une année à temps plein ou pendant une**

durée équivalente à temps partiel *[ancienne rédaction : deux années]* » au cours des dix années qui précèdent la prestation qu'il entend réaliser en France.

Le professionnel répondant à ces conditions est dispensé des exigences relatives à l'immatriculation au *(Ord. n° 2021-1189 du 15 sept. 2021, art. 42, en vigueur le 1er janv. 2023)* « registre national des entreprises en tant qu'entreprise du secteur des métiers et de l'artisanat *[ancienne rédaction : répertoire des métiers ou au registre des entreprises]* ».

(L. n° 2016-1691 du 9 déc. 2016, art. 131-I) « Une personne qualifiée, au sens du I du présent article, pour l'exercice d'une partie d'activité mentionnée au I de l'article 16 peut exercer la partie d'activité qui correspond à sa qualification ou en assurer le contrôle effectif et permanent au sein de l'entreprise. »

II. — En outre, préalablement à sa première prestation en France, le professionnel mentionné au I en informe l'autorité compétente, par une déclaration écrite, lorsqu'il souhaite exercer le contrôle effectif et permanent d'une des activités suivantes :

(L. n° 2016-1691 du 9 déc. 2016, art. 131-I) « 1° L'entretien et la réparation des véhicules terrestres à moteur et des machines agricoles, forestières et de travaux publics *[ancienne rédaction : 1° L'entretien et la réparation des véhicules et des machines, à l'exclusion des cycles]* ; »

2° La mise en place, l'entretien et la réparation des réseaux et des équipements utilisant les fluides, ainsi que des matériels et équipements destinés à l'alimentation en gaz, au chauffage des immeubles et aux installations électriques ;

3° Le ramonage ;

4° La réalisation de prothèses dentaires.

Cette déclaration écrite est réitérée en cas de changement matériel dans les éléments de la déclaration et renouvelée chaque année si l'intéressé envisage d'exercer cette activité au cours de l'année concernée.

L'autorité compétente peut procéder à une vérification de ses qualifications professionnelles. Dans ce cas, la prestation professionnelle est effectuée sous le titre de l'État membre d'accueil.

III. — Les modalités d'application du présent article sont précisées par décret en Conseil d'État. — *V. Décr. n° 98-246 du 2 avr. 1998, art. 2, infra.*

Les dispositions issues de la L. n° 2016-1691 du 9 déc. 2016 sont entrées en vigueur le 1er juin 2017 (L. préc., art. 131-IV ; Décr. n° 2017-767 du 4 mai 2017, art. 17).

Art. 18 *Modification de l'art. 3 et insertion de l'art. 3-2 de la L. n° 46-1173 du 23 mai 1946 portant réglementation des conditions d'accès à la profession de coiffeur, désormais abrogée.*

CHAPITRE II ***Dispositions relatives aux artisans et à l'artisanat*** *(L. n° 2014-626 du 18 juin 2014, art. 22-I).*

Art. 19 *(L. n° 2014-626 du 18 juin 2014, art. 22-I)* « I. — Relèvent du secteur *(Ord. n° 2021-1189 du 15 sept. 2021, art. 42, en vigueur le 1er janv. 2023)* « des métiers et » de l'artisanat les personnes immatriculées *(Ord. n° 2021-1189 du 15 sept. 2021, art. 42, en vigueur le 1er janv. 2023)* « en tant que telles au registre national des entreprises *[ancienne rédaction : au répertoire des métiers ou au registre des entreprises mentionné au IV]* ».

« Doivent être immatriculées au *(Ord. n° 2021-1189 du 15 sept. 2021, art. 42, en vigueur le 1er janv. 2023)* « registre national des entreprises *[ancienne rédaction : répertoire des métiers ou au registre des entreprises mentionné au même IV]* » les personnes physiques et les personnes morales qui *(L. n° 2019-486 du 22 mai 2019, art. 11-II et XIV, en vigueur le 1er janv. 2020)* « emploient moins de onze *[ancienne rédaction : n'emploient pas plus de dix]* » salariés et qui exercent à titre principal ou secondaire une activité professionnelle indépendante de production, de transformation, de réparation ou de prestation de services figurant sur une liste établie par décret en Conseil d'État, après consultation de *(Décr. n° 2019-56 du 30 janv. 2019, art. 2)* « CMA France », de *(Décr. n° 2015-536 du 15 mai 2015, art. 11)* « CCI France » et des organisations professionnelles représentatives. »

(Abrogé par Ord. n° 2021-1189 du 15 sept. 2021, art. 42, à compter du 1er janv. 2023) (L. n° 2015-990 du 6 août 2015, art. 45-1°) ***« Les personnes physiques et les personnes morales exerçant l'activité de fabrication de plats à consommer sur place et qui*** *(L. n° 2019-486 du 22 mai 2019, art. 11-II et XIV, en vigueur le 1er janv. 2020)* ***« emploient moins de onze*** *[ancienne rédaction : n'emploient pas plus de dix]* ***» salariés peuvent s'immatriculer dans les conditions définies au deuxième alinéa du présent I. »***

(L. n° 2016-1691 du 9 déc. 2016, art. 133-I) « Peuvent demeurer immatriculées au *(Ord. n° 2021-1189 du 15 sept. 2021, art. 42, en vigueur le 1er janv. 2023)* « registre national des entreprises *[ancienne rédaction : répertoire des métiers ou au registre des entreprises mentionné au IV]* » les personnes physiques et les personnes morales dont *(L. n° 2019-486 du 22 mai 2019,*

art. 11-II et XIV, en vigueur le 1er janv. 2020) **« l'effectif atteint ou dépasse onze salariés tout en demeurant inférieur à deux cent cinquante** *[ancienne rédaction : le nombre de salariés dépasse le plafond fixé aux deuxième et troisième alinéas du présent I tout en demeurant inférieur à cinquante]* **» salariés.**

« Peuvent s'immatriculer au *(Ord. n° 2021-1189 du 15 sept. 2021, art. 42, en vigueur le 1er janv. 2023)* **« registre national des entreprises** *[ancienne rédaction : répertoire des métiers ou au registre des entreprises mentionné au IV]* **» les personnes physiques et les personnes morales qui emploient** *(L. n° 2019-486 du 22 mai 2019, art. 11-II et XIV, en vigueur le 1er janv. 2020)* **« au moins onze salariés et moins de cent** *[ancienne rédaction : plus de dix salariés et moins de cinquante]* **» salariés et qui reprennent un fonds précédemment exploité par une personne immatriculée. »**

(L. n° 2019-486 du 22 mai 2019, art. 11-II et XIV, en vigueur le 1er janv. 2020) **« Pour l'application des** *(Ord. n° 2021-1189 du 15 sept. 2021, art. 42, en vigueur le 1er janv. 2023)* **« quatre** *[ancienne rédaction : cinq]* **» premiers alinéas du présent I, l'effectif salarié est déterminé selon les modalités prévues au I de l'article L. 130-1 du code de la sécurité sociale** *[ancienne rédaction : Les personnes physiques et les personnes morales qui dépassent le plafond de cinquante salariés mentionné aux quatrième et cinquième alinéas peuvent demeurer immatriculées au titre de l'année de dépassement ainsi que les deux années suivantes]*. **»**

(Abrogé par Ord. n° 2021-1189 du 15 sept. 2021, art. 42, à compter du 1er janv. 2023) « (L. n° 2016-1691 du 9 déc. 2016, art. 133-I) ***« Le décret prévu au deuxième alinéa du présent I » définit également les conditions de tenue du répertoire des métiers par les chambres de métiers*** *(L. n° 2014-626 du 18 juin 2014, art. 22-I)* ***« et de l'artisanat départementales ou de région ainsi que »*** *(L. n° 2003-721 du 1er août 2003)* ***« la nature des informations que leur président peut adresser au préfet lorsqu'il estime, lors de l'immatriculation ou en toute autre occasion, que l'activité déclarée est exercée en méconnaissance des dispositions des I et II de l'article 16 ».***

« (L. n° 2012-387 du 22 mars 2012, art. 31-I) ***« I bis A. — Nul ne peut être immatriculé au répertoire des métiers ou au registre des entreprises mentionné au IV s'il ne remplit les conditions nécessaires à l'exercice de son activité. »***

« (L. n° 2014-626 du 18 juin 2014, art. 22-I) ***« Les modalités de vérification par la chambre de métiers et de l'artisanat départementale ou de région compétente des conditions mentionnées au premier alinéa du présent I bis A et relatives à l'obligation de qualification professionnelle prévue à l'article 16 de la présente loi*** *(Abrogé par L. n° 2016-1691 du 9 déc. 2016, art. 131-I)* ***« et à l'article 3 de la loi n° 46-1173 du 23 mai 1946 portant réglementation des conditions d'accès à la profession de coiffeur » sont définies par décret en Conseil d'État. Ces modalités précisent la nature des pièces justifiant la qualification du chef d'entreprise qui sont remises lors de l'immatriculation au répertoire des métiers ou lors d'un changement de situation affectant les obligations de l'entreprise en matière de qualification professionnelle. Lorsque la qualification requise pour l'exercice des activités mentionnées au présent alinéa est détenue par un salarié de l'entreprise, cette dernière dispose de trois mois à compter de son immatriculation ou de son changement de situation pour fournir les pièces exigées attestant de cette qualification. En cas de non-remise de ces pièces dans le délai requis, l'entreprise est radiée du registre. »***

« (L. n° 2010-658 du 15 juin 2010, art. 3-I) ***« I bis. —*** *(Décr. n° 2019-56 du 30 janv. 2019, art. 2)* ***« CMA France » centralise, dans un répertoire national des métiers dont elle assure la publicité, le répertoire des métiers tenu par les chambres de métiers et de l'artisanat*** *(L. n° 2014-626 du 18 juin 2014, art. 22-I)* ***« départementales ou de région ». Les conditions d'application du présent I bis sont définies par décret en Conseil d'État. »***

« II. — L'immatriculation au répertoire des métiers ne dispense pas, le cas échéant, de l'immatriculation au registre du commerce et des sociétés.

« III. — Ne peut être immatriculée au répertoire des métiers ou au registre des entreprises visé au IV ci-après et doit en être radiée d'office toute personne faisant l'objet de l'interdiction prévue à l'article *(L. n° 2014-626 du 18 juin 2014, art. 22-I)* ***« L. 653-8 » du code de commerce ou de la peine complémentaire d'interdiction d'exercer une activité professionnelle ou sociale pour crime ou délit prévue au 11° de l'article 131-6 du code pénal.***

« (L. n° 2014-626 du 18 juin 2014, art. 22-I) ***« Dans l'attente de la mise en œuvre effective du fichier national automatisé des interdits de gérer créé par l'article L. 128-1 du code de commerce, le représentant de l'État dans le département, après avoir consulté le bulletin n° 2 du casier judiciaire, fait connaître au président de la chambre de métiers et de l'artisanat départementale ou de région compétente l'existence d'une éventuelle interdiction. » »***

IV. — *(Ord. n° 2021-1189 du 15 sept. 2021, art. 42, en vigueur le 1er janv. 2023)* **« Dans les départements de la Moselle, du Bas-Rhin et du Haut-Rhin, le décret prévu au deuxième alinéa du I du présent article fixe les conditions dérogatoires dans lesquelles les personnes physiques ou morales peuvent également relever du secteur des métiers et de l'artisanat.**

« Dans ces mêmes départements, le V du présent article n'est pas applicable *[ancienne rédaction : Dans les départements de la Moselle, du Bas-Rhin et du Haut-Rhin, la première section du registre des entreprises tenu par les chambres de métiers tient lieu de répertoire des métiers, les règles fixées aux I à III ci-dessus étant applicables. Les conditions d'immatriculation à la deuxième section de ce registre sont précisées au décret prévu au deuxième alinéa du I du présent article]* **».**

(L. n° 2008-776 du 4 août 2008, art. 8-II) **« V. —** *(Abrogé par L. n° 2014-626 du 18 juin 2014, art. 27-I)* ***« Par dérogation au I, les personnes physiques exerçant une activité artisanale*** *(Abrogé par L. n° 2009-1674 du 30 déc. 2009, art. 67-IV)* ***« à titre principal ou » complémentaire sont dispensées de l'obligation de s'immatriculer au répertoire des métiers ou au registre des entreprises visé au IV tant qu'elles bénéficient du régime prévu à l'article L. 133-6-8 du code de la sécurité sociale.***

« Un décret en Conseil d'État précise les conditions d'application du présent article et, notamment, les modalités de déclaration d'activité en dispense d'immatriculation, auprès du centre de formalités des entreprises compétent, les conditions de l'information des tiers sur l'absence d'immatriculation, ainsi que les modalités de déclaration d'activité consécutives au dépassement de seuil. »

« Les personnes *(L. n° 2014-626 du 18 juin 2014, art. 27-I)* **« physiques exerçant une activité** *(Ord. n° 2021-1189 du 15 sept. 2021, art. 42, en vigueur le 1er janv. 2023)* **« au sein d'une entreprise du secteur des métiers et de l'artisanat** *[ancienne rédaction : artisanale]* **» et bénéficiant du régime prévu à l'article L. 133-6-8 du code de la sécurité sociale** *[ancienne rédaction : mentionnées au premier alinéa du présent V]* **» dont l'activité principale est salariée ne peuvent exercer à titre complémentaire auprès des clients de leur employeur, sans l'accord de celui-ci, l'activité professionnelle prévue par leur contrat de travail. »**

Les dispositions issues de la L. n° 2008-776 du 4 août 2008 ne s'appliquent qu'aux personnes physiques qui n'étaient pas immatriculées au répertoire des métiers à la date de publication de la loi précitée (JO 5 août). — La suppression issue de la L. n° 2009-1674 du 30 déc. 2009 s'applique aux entreprises créées à compter du 1er avr. 2010 (L. préc., art. 67-V).

Les dispositions issues de l'art. 27 de la L. n° 2014-626 du 18 juin 2014 entrent en vigueur à une date fixée par décret et, au plus tard, six mois à compter de la date de publication de ladite loi. Les personnes dispensées d'immatriculation en application du V de l'art. 19, dans sa rédaction antérieure à la loi précitée, disposent d'un délai de douze mois à compter de l'entrée en vigueur de l'art. 27 susvisé pour s'immatriculer auprès du répertoire compétent (L. préc., art. 27-VI).

Les modifications issues de l'art. 131 de la L. n° 2016-1691 du 9 déc. 2016 sont entrées en vigueur le 1er juin 2017 (L. préc., art. 131-IV ; Décr. n° 2017-767 du 4 mai 2017, art. 17).

Les personnes qui, à la date de publication de la L. n° 2016-1691 du 9 déc. 2016, sont immatriculées au répertoire des métiers ou au registre des entreprises et emploient au moins cinquante salariés peuvent demeurer immatriculées pendant une durée de cinq ans à compter de cette date (L. préc., art. 133-II).

BIBL. ▶ SAINTOURENS, *RTD com. 2003. 693*. – DELPECH, *Rép. com. Dalloz, Cah. de l'actualité n° 2008-5, p. 15* (loi n° 2008-776 du 4 août 2008 : dispense d'immatriculation pour les commerçants « à temps partiel »).

1. Libre prestation de services. Jugeant que les artisans ressortissants d'un État membre qui effectuent temporairement des prestations de services dans un autre État membre (Allemagne) ne peuvent être soumis à l'obligation d'immatriculation au registre des métiers prévue par la réglementation de cet État : • CJCE 11 déc. 2003, n° C-58/98 : *D. 2004. IR 250 ; JCP E 2004, n° 1-2, p. 9 ; RJDA 2004, n° 506* • 3 oct. 2000, n° C-58/98 : *D. 2000. IR 279*.

2. Auto-entrepreneur. Les simplifications accordées à l'auto-entrepreneur ne permettent nullement à ce dernier d'exercer une concurrence déloyale puisqu'il reste tenu aux obligations existantes en matière de qualification et d'assurance professionnelles selon l'activité exercée. Le nouveau régime ne paraît pas de nature à avoir une incidence en matière de compétitivité pour les entreprises existantes puisqu'il est ouvert à l'ensemble des micro-entreprises (Rép. min. n° 6237 : *JO Sénat Q 26 févr. 2009, p. 499 ; Rev. sociétés 2009. 213*).

Art. 19-1 *(Abrogé par L. n° 2019-486 du 22 mai 2019, art. 1er-VII, à compter du 1er janv. 2023) (L. n° 2003-721 du 1er août 2003, art. 2-II)* ***La chambre de métiers*** *(L. n° 2014-626 du 18 juin 2014, art. 22-I)* ***« et de l'artisanat départementale ou de région » délivre gratuitement un récépissé de dépôt de dossier de création d'entreprise à toute personne assujettie à l'immatriculation au répertoire des métiers, dès que celle-ci a déposé un dossier de demande d'immatriculation complet. Ce récépissé permet d'accomplir, sous la responsabilité personnelle de la personne physique qui***

a déposé le dossier, les démarches nécessaires auprès des organismes publics et des organismes privés chargés d'une mission de service public. Il comporte la mention : "en attente d'immatriculation".

Les conditions d'application du présent article sont définies par décret en Conseil d'État.

V. note ss. art. L. 123-33 C. com.

Art. 19-2 *(Abrogé par Ord. n° 2021-1189 du 15 sept. 2021, art. 42, à compter du 1er janv. 2023) (L. n° 2018-1317 du 28 déc. 2018, art. 209, en vigueur le 1er janv. 2020) I. — Les personnes physiques et morales mentionnées au I de l'article 19 acquittent à la chambre de métiers et de l'artisanat compétente un droit dont le barème est fixé par décret :*

1° Dans la limite de 45 € pour les formalités d'immatriculation au répertoire des métiers ou au registre des entreprises ;

2° Dans la limite de 40 € pour les demandes d'inscriptions modificatives à l'un de ces registres. Ce droit est dû quel que soit le nombre de modifications demandées concomitamment ;

3° Dans la limite de 6,50 € pour les dépôts d'actes à l'un de ces registres. Lorsqu'un dépôt est effectué à l'occasion d'une demande d'immatriculation ou d'une demande d'inscriptions modificatives, il ne donne pas lieu au versement du droit prévu au présent 3°.

II. — Sont effectuées gratuitement :

1° La radiation d'une entreprise du répertoire des métiers ou du registre des entreprises ;

2° Les inscriptions modificatives effectuées d'office par la chambre de métiers et de l'artisanat ;

3° La délivrance d'extraits, de copies ou de certificats afférents aux informations et actes inscrits ou déposés au répertoire des métiers, au répertoire national des métiers ou au registre des entreprises.

III. — Sont dispensées du paiement des droits prévus au I du présent article les personnes physiques qui bénéficient du régime prévu à l'article L. 613-7 du code de la sécurité sociale ainsi que les personnes morales dont le dirigeant bénéficie de ce régime.

IV. — Les personnes physiques et morales qui sont immatriculées ou en cours d'immatriculation au registre du commerce et des sociétés s'acquittent du paiement des droits prévus aux 1° et 2° du I du présent article à hauteur d'un tiers de leur montant et sont dispensées du paiement des droits prévus au 3° du même I.

V. — Les dispositions du présent article sont applicables aux formalités mentionnées à l'article L. 526-19 du code de commerce qui sont accomplies auprès du répertoire des métiers.

A titre transitoire et jusqu'à l'entrée en vigueur du décret prévu au I de l'art. 19-2, les droits exigibles en application du même I s'élèvent au montant des plafonds fixés audit I. Ces dispositions ne s'appliquent pas aux demandes et actes déposés avant l'entrée en vigueur de l'art. 209 de la L. n° 2018-1317 du 28 déc. 2018 (L. préc., art. 209-VI).

Art. 20 *(L. n° 2014-626 du 18 juin 2014, art. 22-I)* **Relèvent des métiers d'art, selon des modalités définies par décret en Conseil d'État, les personnes physiques ainsi que les dirigeants sociaux des personnes morales qui exercent, à titre principal ou secondaire, une activité indépendante de production, de création, de transformation ou de reconstitution, de réparation et de restauration du patrimoine, caractérisée par la maîtrise de gestes et de techniques en vue du travail de la matière et nécessitant un apport artistique. La liste des métiers d'art est fixée par arrêté conjoint des ministres chargés de l'artisanat et de la culture.** — *V. Arr. du 24 déc. 2015, ci-dessous.*

(Abrogé par Ord. n° 2021-1189 du 15 sept. 2021, art. 42, à compter du 1er janv. 2023) « Une section spécifique aux métiers d'art est créée au sein du répertoire des métiers. »

(L. n° 2016-925 du 7 juill. 2016, art. 44) **« La liste prévue au premier alinéa ne préjuge pas du statut professionnel des personnes exerçant l'une des activités y figurant. Elles peuvent donc être aussi, notamment, des salariés d'entreprises artisanales ou de toute autre personne morale ayant une activité de métiers d'art, des professionnels libéraux, des fonctionnaires ou des artistes auteurs. »**

Arrêté du 24 décembre 2015,

Fixant la liste des métiers d'art, en application de l'article 20 de la loi n° 96-603 du 5 juillet 1996 relative au développement et à la promotion du commerce et de l'artisanat.

Art. 1er Les métiers qui figurent dans la liste annexée au présent arrêté sont dénommés "métiers d'art".

Art. 2 En application de l'article 21-I de la loi n° 96-603 du 5 juillet 1996 susvisée, sont inscrites dans la section "métiers d'art" du répertoire des métiers les personnes physiques ou morales exerçant une activité artisanale listée en annexe du décret n° 98-247 du 2 avril 1998 susvisé *[V. infra]*, et correspondant à l'un des métiers cités dans la liste annexée au présent arrêté.

Art. 3 Le titre de "maître artisan en métier d'art" est attribué dans les mêmes conditions que le titre de maître artisan telles que prévues aux articles 3 et 4 du décret n° 98-247 du 2 avril 1998 susvisé *[V. infra]*.

Art. 4 L'arrêté du 12 décembre 2003 fixant la liste des métiers de l'artisanat d'art est abrogé.

ANNEXE

LISTE DES MÉTIERS D'ART

*V. annexe au **C. com.***

Art. 21 *(L. n° 2014-626 du 18 juin 2014, art. 22-I)* **« I. — Les personnes physiques et les dirigeants sociaux des personnes morales relevant du secteur de l'artisanat au sens du I de l'article 19 peuvent se prévaloir de la qualité d'artisan dès lors qu'ils justifient d'un diplôme, d'un titre ou d'une expérience professionnelle dans le métier qu'ils exercent, dans des conditions définies par décret en Conseil d'État.** — *V. Décr. n° 98-247 du 2 avr. 1998, infra.*

« Sont artisans d'art les personnes mentionnées au premier alinéa du présent I et exerçant une activité relevant des métiers d'art.

« Le décret prévu au premier alinéa précise également les conditions dans lesquelles les personnes ayant la qualité d'artisan peuvent se voir attribuer le titre de maître artisan. »

Les qualités d'artisan *(Abrogé par L. n° 2014-626 du 18 juin 2014, art. 22-I) (L. n° 2012-387 du 22 mars 2012, art. 31-II) « **qualifié** »* **ou d'artisan d'art sont reconnues et le titre de maître artisan est attribué dans les mêmes conditions de diplôme ou de titre, et selon les mêmes modalités, aux conjoints collaborateurs, aux conjoints associés et aux associés prenant part personnellement et habituellement à l'activité de l'entreprise. Les maîtres artisans ayant cessé leur activité professionnelle pour prendre leur retraite peuvent conserver l'usage de cette qualité à titre honoraire.**

II. — Dans les départements du Bas-Rhin, du Haut-Rhin et de la Moselle, il est, pour l'attribution du titre de maître, fait application de l'article 133 du code professionnel local. — *Pour les sanctions pénales, V. art. 24-I (3°).*

III. — Seuls des artisans, *(Abrogé par L. n° 2014-626 du 18 juin 2014, art. 22-I) (L. n° 2012-387 du 22 mars 2012, art. 31-II) « **des artisans qualifiés,** »* **des artisans d'art, des maîtres artisans ou des personnes morales inscrites au registre du commerce et des sociétés dont le dirigeant social a la qualité d'artisan ou d'artisan d'art pour l'activité en cause peuvent utiliser le mot : "artisan" et ses dérivés pour l'appellation, l'enseigne, la promotion et la publicité de l'entreprise, du produit ou de la prestation de services.**

L'emploi du terme : "artisanal" peut être en outre subordonné au respect d'un cahier des charges homologué dans des conditions fixées par décret, qui détermine les principes essentiels du caractère artisanal de l'activité considérée.

(L. n° 2016-1691 du 9 déc. 2016, art. 131-I) **« IV. — Peuvent se prévaloir de la qualité d'artisan cuisinier les personnes mentionnées au premier alinéa du I et exerçant une activité de fabrication de plats à consommer sur place, dès lors qu'elles remplissent des conditions définies par décret. »** — *V. Décr. n° 2017-978 du 10 mai 2017 au **C. consom.***

Les dispositions issues de la L. n° 2012-387 du 22 mars 2012 entrent en vigueur au plus tard dans un délai de dix-huit mois à compter de sa promulgation (L. préc., art. 31-IV).

Les dispositions issues de la L. n° 2014-626 du 18 juin 2014 entrent en vigueur à une date fixée par décret et au plus tard douze mois à compter de la promulgation de la loi précitée. Toute personne qui, à cette date d'entrée en vigueur, bénéficie de la qualité d'artisan en application de l'art. 21 de la L. n° 96-603 du 5 juill. 1996 peut continuer à se prévaloir de cette qualité pendant deux ans (L. n° 2014-626 du 18 juin 2014, art. 22-II).

Les dispositions issues de la L. n° 2016-1691 du 9 déc. 2016 sont entrées en vigueur le 1er juin 2017 (L. préc., art. 131-IV ; Décr. n° 2017-767 du 4 mai 2017, art. 17).

BIBL. ► DELPECH, *D. 2012. Actu. 872* (L. n° 2012-387 du 22 mars 2012).

Utilisation du titre d'artisan. Censurant une cour d'appel qui s'était fondée sur les dispositions du III de l'art. 21, au motif que les juges auraient dû rechercher si la personne morale n'avait pas commis une faute en utilisant les mentions « Artisan chocolatier », « Tradition artisanale » ou encore « Fabrication artisanale » pour commercialiser des produits ne faisant pas l'objet d'une fabrication artisanale : • Com. 12 févr. 2013, ♖ nº 12-13.808 : *JCP E 2014, nº 1007, spéc. nº 22, obs. Azarian et Maron.* ♦ En faisant usage des mentions « artisan chocolatier », « tradition artisanale » et « fabrication artisanale » sur les cornets de chocolat qu'elle fabrique et commercialise alors que la qualité d'artisan de son gérant n'est pas suffisante pour établir le caractère artisanal des produits fabriqués, la société a commis des actes de concurrence déloyale. • Com. 5 juill. 2016, ♖ nº 14-17.783 : *CCC 2016, nº 208, obs. Malaurie-Vignal.*

Art. 22 *(Nantissement du fonds exploité par l'artisan). — V. cet art. ss. C. com., art. L. 142-1.*

Art. 22-1 *Abrogé par L. nº 2014-626 du 18 juin 2014, art. 22-I.*

Art. 22-2 *(L. nº 2014-626 du 18 juin 2014, art. 22-I)* **Les personnes immatriculées au** *(Ord. nº 2021-1189 du 15 sept. 2021, art. 42, en vigueur le 1er janv. 2023)* **« registre national des entreprises en tant qu'entreprise du secteur des métiers et de l'artisanat** *[ancienne rédaction : répertoire des métiers ou au registre des entreprises mentionné au IV de l'article 19 de la présente loi relevant du secteur de l'artisanat]* **» ainsi que les entrepreneurs relevant du régime prévu à l'article** *(Ord. nº 2021-1189 du 15 sept. 2021, art. 42, en vigueur le 1er janv. 2023)* **« L. 613-7** *[ancienne rédaction : L. 133-6-8]* **» du code de la sécurité sociale indiquent, sur chacun de leurs devis et sur chacune de leurs factures, l'assurance professionnelle, dans le cas où elle est obligatoire pour l'exercice de leur métier, qu'ils ont souscrite au titre de leur activité, les coordonnées de l'assureur ou du garant, ainsi que la couverture géographique de leur contrat ou de leur garantie.**

(L. nº 2019-486 du 22 mai 2019, art. 66) **« Le présent article n'est pas applicable aux personnes mentionnées aux articles L. 241-1 et L. 241-2 du code des assurances. »**

Art. 23 *Modification de l'art. 2 [abrogé] de la L. nº 82-1091 du 23 déc. 1982.*

Art. 23-1 *(L. nº 2019-486 du 22 mai 2019, art. 5)* **I. — Les organisations professionnelles d'employeurs reconnues représentatives au niveau national et interprofessionnel en application de l'article L. 2152-6 du code du travail sont habilitées à conclure un accord entre elles pour mettre en œuvre des actions collectives de communication et de promotion à caractère national et international en faveur de l'artisanat et des entreprises artisanales définies à l'article 19 de la présente loi. Cet accord est conclu entre au moins deux de ces organisations professionnelles.**

Les actions collectives de communication et de promotion ont pour objet :

1º De maintenir et développer le potentiel économique du secteur de l'artisanat et concourir à la valorisation de ses savoir-faire auprès du public ;

2º De promouvoir les métiers, les femmes et les hommes de l'artisanat auprès des jeunes, de leurs parents et des professionnels de l'éducation, de l'orientation et de l'emploi ;

3º De valoriser et promouvoir le savoir-faire de l'artisanat français à l'étranger.

II. — L'accord mentionné au I du présent article :

1º Détermine les actions collectives de communication et de promotion à caractère national et international en faveur de l'artisanat et des entreprises artisanales ;

2º Désigne l'entité de droit privé, mentionnée au V, chargée de mettre en œuvre les actions collectives de communication et de promotion ;

3º Peut prévoir une contribution destinée à financer les dépenses des actions collectives de communication et de promotion et les dépenses de fonctionnement de l'entité de droit privé mentionnée au même V, chargée de mettre en œuvre ces actions. L'accord détermine le montant forfaitaire par entreprise de cette contribution et ses modalités de perception.

L'accord précise la durée pour laquelle il est conclu. Il cesse, en tout état de cause, de produire ses effets le 1er janvier de l'année suivant celle de la publication de l'arrêté prévu à l'article L. 2152-6 du code du travail fixant la liste des organisations professionnelles d'employeurs reconnues représentatives au niveau national et interprofessionnel.

III. — L'accord et ses avenants ou annexes n'entrent en vigueur et n'acquièrent un caractère obligatoire pour les entreprises artisanales assujetties aux *a* et *b* de l'article 1601 du code général des impôts qu'à compter de leur approbation par arrêté du ministre chargé de l'artisanat, pour une durée que cet arrêté fixe. La contribution perçue, nonobstant son caractère obligatoire, demeure une créance de droit privé.

Cette approbation doit être sollicitée conjointement par les organisations professionnelles d'employeurs signataires de l'accord. Pour pouvoir faire l'objet d'un arrêté d'approbation, l'accord, ses avenants ou annexes, répondant aux conditions fixées au II du présent article, ne doivent pas avoir fait l'objet, dans un délai d'un mois à compter de la publication par

arrêté du ministre chargé de l'artisanat d'un avis au *Journal officiel*, de l'opposition écrite et motivée d'une ou de plusieurs organisations professionnelles d'employeurs mentionnées au premier alinéa du I.

Les conditions d'approbation des accords, avenants ou annexes ainsi que le droit d'opposition sont précisées par décret. Le ministre chargé de l'artisanat vérifie, en particulier, qu'aucun motif d'intérêt général ne s'oppose à leur mise en œuvre et que la contribution prévue n'est ni excessive ni disproportionnée.

IV. — L'accord peut être dénoncé par une des organisations professionnelles d'employeurs signataires. La dénonciation est portée à la connaissance du ministre chargé de l'artisanat qui procède à l'abrogation de l'arrêté d'approbation.

V. — Les actions collectives de communication et de promotion à caractère national en faveur de l'artisanat et des entreprises artisanales et la gestion de la contribution due par les entreprises artisanales sont mises en œuvre par une association, administrée par un conseil d'administration composé de représentants des organisations professionnelles d'employeurs signataires. Les statuts de l'association peuvent prévoir que des représentants de CMA France ou des personnalités qualifiées participent avec voix consultative au conseil d'administration.

VI. — L'association mentionnée au V, chargée de la mise en œuvre des actions collectives de communication et de promotion et de la gestion de la contribution due par les entreprises artisanales, fournit chaque année au ministre chargé de l'artisanat et rend publics :

1° Un bilan d'application de l'accord approuvé ;

2° Le compte financier, un rapport d'activité présentant une mesure de l'efficacité de l'emploi des fonds de l'association et le compte rendu des conseils d'administration et des assemblées générales de l'association.

Elle transmet au ministre chargé de l'artisanat tous documents dont la communication est demandée par celui-ci pour l'exercice de ses pouvoirs de contrôle.

CHAPITRE III *Dispositions communes*

Art. 24 I. — Est puni d'une amende de 7 500 € :

1° Le fait d'exercer à titre indépendant ou de faire exercer par l'un de ses collaborateurs une des activités visées à l'article 16 sans disposer de la qualification professionnelle exigée par cet article ou sans assurer le contrôle effectif et permanent de l'activité par une personne en disposant ;

(Abrogé par Ord. n° 2021-1189 du 15 sept. 2021, art. 42, à compter du 1er janv. 2023) ***« 2° Le fait d'exercer** (L. n° 2014-626 du 18 juin 2014, art. 27-I)* ***« une activité mentionnée à l'article 19** [ancienne rédaction :, hors le cas prévu au V de l'article 19, une activité visée à cet article]* ***» sans être immatriculé au répertoire des métiers ou au registre des entreprises tenu par les chambres de métiers d'Alsace et de la Moselle ; »***

3° Le fait de faire usage du mot : "artisan" ou de l'un de ses dérivés pour l'appellation, l'enseigne, la promotion ou la publicité de l'entreprise, du produit ou de la prestation de service *[services]* sans détenir la qualité d'artisan, *(Abrogé par L. n° 2014-626 du 18 juin 2014, art. 22) (L. n° 2012-387 du 22 mars 2012, art. 31-II) « d'artisan qualifié, »* de maître ou de maître artisan dans les conditions prévues par le I et le II de l'article 21.

II. — Les personnes physiques coupables de l'un des délits prévus au présent article encourent également les peines complémentaires suivantes :

1° La fermeture, pour une durée de cinq ans au plus, des établissements ou de l'un ou de plusieurs établissements de l'entreprise ayant servi à commettre les faits incriminés ;

2° L'affichage ou la diffusion de la décision prononcée, dans les conditions prévues par l'article 131-35 du code pénal.

III. — Les personnes morales peuvent être déclarées responsables pénalement, dans les conditions prévues à l'article 121-2 du code pénal, des infractions définies au présent article.

Les peines encourues par les personnes morales sont :

1° L'amende, suivant les modalités prévues par l'article 131-38 du code pénal ;

2° La peine prévue au 4° de l'article 131-39 du code pénal pour une durée de cinq ans au plus et la peine prévue au 9° dudit article.

IV. — Outre les officiers et les agents de police judiciaire agissant dans les conditions prévues au code de procédure pénale, les *(L. n° 2011-525 du 17 mai 2011, art. 94-XII)* « agents de la concurrence, de la consommation et de la répression des fraudes » sont habilités à rechercher et constater, dans des conditions prévues *(Ord. n° 2016-301 du 14 mars 2016, art. 30, en vigueur le 1er juill. 2016)* « au I de l'article L. 511-22 » du code de la consommation, les infractions prévues par le présent article.

(Abrogé par L. nº 2014-626 du 18 juin 2014, art. 22-I) (Ord. nº 2005-43 du 20 janv. 2005, art. 12-II, en vigueur le 1er févr. 2005) **« V. — Les dispositions du présent article sont applicables à Mayotte, à l'exception du 1º du I et du IV. »**

Les dispositions issues de la L. nº 2008-776 du 4 août 2008 ne s'appliquent qu'aux personnes physiques qui n'étaient pas immatriculées au répertoire des métiers à la date de sa publication (JO 5 août). — Celles issues de la L. nº 2012-387 du 22 mars 2012 entrent en vigueur au plus tard dans un délai de dix-huit mois à compter de sa promulgation (L. préc., art. 31-IV).

V. 2e note ss. art. 19 de la L. nº 96-603 du 5 juill. 1996.

Art. 25 *Abrogation de la L. nº 56-1096 du 30 oct. 1956 modifiant certaines dispositions relatives à l'élection aux chambres de métiers et aux métiers artisanaux, et de l'art. 35 ter du code de l'artisanat.*

Art. 26 *(L. nº 2014-626 du 18 juin 2014, art. 22-I)* **Le présent titre II est applicable à Mayotte, à l'exception du V de l'article 19.**

Décret nº 98-246 du 2 avril 1998,

Relatif à la qualification professionnelle exigée pour l'exercice des activités professionnelles prévues à l'article 16 de la loi nº 96-603 du 5 juillet 1996 relative au développement et à la promotion du commerce et de l'artisanat.

CHAPITRE PREMIER **Qualifications** *(Décr. nº 2009-94 du 26 janv. 2009, art. 1er).*

Art. 1er *(Décr. nº 2017-767 du 4 mai 2017, art. 2, en vigueur le 1er juin 2017)* **« I. — Les personnes qui exercent un métier ou une partie d'activité relevant de l'une des activités mentionnées aux neuf premiers alinéas du I de l'article 16 de la loi du 5 juillet 1996 susvisée ou tout ou partie du métier de coiffeur à domicile ou qui en contrôlent l'exercice par des personnes non qualifiées doivent être titulaires d'un certificat d'aptitude professionnelle, d'un brevet d'études professionnelles ou d'un diplôme ou titre de niveau égal ou supérieur homologué ou enregistré lors de sa délivrance au répertoire national des certifications professionnelles institué par l'article L. 335-6 du code de l'éducation.**

« Ces diplômes ou titres doivent attester d'une qualification dans le métier ou dans la partie d'activité en cause. »

A défaut de diplômes ou de titres mentionnés *(Décr. nº 2017-767 du 4 mai 2017, art. 2, en vigueur le 1er juin 2017)* **« aux alinéas précédents », ces personnes doivent justifier d'une expérience professionnelle de trois années effectives sur le territoire** *[d'un État membre]* **de** *(Décr. nº 2013-591 du 4 juill. 2013, art. 5)* **« l'Union » européenne ou d'***(Décr. nº 2009-94 du 26 janv. 2009, art. 2)* **« un autre État partie » à l'accord sur l'Espace économique européen acquise en qualité** *(Décr. nº 2009-94 du 26 janv. 2009, art. 2)* **« de dirigeant d'entreprise, » de travailleur indépendant ou de salarié dans l'exercice** *(Décr. nº 2017-767 du 4 mai 2017, art. 2, en vigueur le 1er juin 2017)* **« du métier ou de la partie d'activité en cause ».**

(Décr. nº 2009-94 du 26 janv. 2009, art. 2) **« Les personnes mentionnées au** *(Décr. nº 2017-767 du 4 mai 2017, art. 2, en vigueur le 1er juin 2017)* **« troisième » alinéa peuvent obtenir la délivrance d'une attestation de qualification professionnelle par la chambre de métiers et de l'artisanat** *(Décr. nº 2017-767 du 4 mai 2017, art. 2, en vigueur le 1er juin 2017)* **« compétente en application des articles 23 et suivants du code de l'artisanat »** *(Décr. nº 2013-591 du 4 juill. 2013, art. 5)* **« dans le ressort de laquelle » elles exercent, selon les modalités prévues** *(Décr. nº 2017-767 du 4 mai 2017, art. 2, en vigueur le 1er juin 2017)* **« aux deuxième à quatrième alinéas du I *bis* et aux premier, deuxième et quatrième alinéas du II de » l'article 3-1. »**

(Décr. nº 2017-767 du 4 mai 2017, art. 2, en vigueur le 1er juin 2017) **« II. — Les personnes qui exercent tout ou partie du métier de coiffeur en salon ou qui en contrôlent l'exercice par des personnes non qualifiées doivent être titulaires d'un brevet professionnel, d'un brevet de maîtrise institué dans les conditions de l'article 51 du code de l'artisanat ou d'un diplôme ou titre de niveau égal ou supérieur homologué ou enregistré lors de sa délivrance au répertoire national des certifications professionnelles institué par l'article L. 335-6 du code de l'éducation.**

« Ces diplômes ou titres doivent attester d'une qualification dans le métier ou dans la partie d'activité en cause.

« III. — Les personnes qualifiées pour l'exercice d'un métier dans les conditions prévues au présent article sont autorisées à exercer les tâches qui relèvent des métiers connexes faisant partie d'une même activité au sens du I de l'article 16 de la loi du 5 juillet 1996 susvisée, dès lors qu'elles font appel à des compétences similaires à celles mises en œuvre dans leur métier. »

BIBL. ▸ AUBY et LIGNIÈRES, *JCP 2011, n° 327* (quand l'excès de réglementation conspire contre l'emploi).

Qualifications professionnelles. Dès lors que les titres ou diplômes requis correspondent au niveau le moins élevé de l'enseignement professionnel, le degré d'exigence posé par le Décr. n° 98-246 du 2 avr. 1998 n'est pas manifestement disproportionné à son objet et ne porte pas une atteinte excessive au principe de la liberté du commerce et de l'industrie. • CE 30 déc. 2011, n° 345637 : *RLC avr.-juin 2012. 65, obs. Clamour.* ♦ V. aussi notes ss. L. n° 96-603 du 5 juill. 1996, art. 16.

CHAPITRE II ***Libre prestation de services du ressortissant d'un État membre de l'Union européenne ou d'un autre État partie à l'accord sur l'Espace économique européen*** *(Décr. n° 2013-591 du 4 juill. 2013, art. 5).*

Art. 2 *(Décr. n° 2017-767 du 4 mai 2017, art. 3, en vigueur le 1er juin 2017)* I. — Un arrêté du ministre chargé de l'artisanat fixe la liste des informations afférentes à la déclaration prévue au II de l'article 17-1 de la loi du 5 juillet 1996 susvisée ainsi que des pièces qui sont annexées à cette déclaration. — *V. Arr. du 28 oct. 2009, art. 2, infra.*

La déclaration est adressée à la chambre de métiers et de l'artisanat compétente en application des articles 23 et suivants du code de l'artisanat dans le ressort de laquelle le déclarant envisage de réaliser une prestation de services temporaire et occasionnelle. La chambre agit en tant qu'autorité compétente au sens de l'article 3 de la directive 2005/36/CE du Parlement européen et du Conseil du 7 septembre 2005 relative à la reconnaissance des qualifications professionnelles.

La chambre délivre un récépissé qui mentionne la date de réception de la déclaration complète.

En cas de déclaration incomplète, la chambre notifie à l'intéressé la liste des pièces manquantes dans un délai de quinze jours à compter de la réception de celle-ci et délivre le récépissé mentionné à l'alinéa précédent dès que le dossier est complet.

La chambre peut demander à l'autorité compétente de l'État d'établissement, en cas de doutes justifiés, toute information pertinente concernant la légalité de l'établissement du prestataire ainsi que l'absence de sanction disciplinaire ou pénale à caractère professionnel.

II. — Dans le délai d'un mois suivant la réception de la déclaration complète, la chambre décide :

1° Soit d'autoriser la prestation de services sans vérification préalable de ses qualifications professionnelles, dès lors qu'il justifie d'une expérience professionnelle de trois années effectives sur le territoire de l'Union européenne ou d'un autre État partie à l'accord sur l'Espace économique européen acquise en qualité de dirigeant d'entreprise, de travailleur indépendant ou de salarié dans l'exercice du métier ou de la partie d'activité en cause. Dans ce cas, une attestation de qualification professionnelle est jointe à la décision ;

2° Soit, s'il ne remplit pas cette condition d'expérience professionnelle et après avoir estimé que ses qualifications professionnelles sont suffisantes, d'autoriser la prestation de services ;

3° Soit, après avoir estimé que ses qualifications professionnelles sont insuffisantes, de lui imposer de passer une épreuve d'aptitude, eu égard à la différence substantielle existant entre la qualification professionnelle requise pour exercer le contrôle effectif et permanent du métier ou de la partie d'activité en cause et celle déclarée par le prestataire et si :

a) D'une part, cette différence est de nature à nuire à la santé ou à la sécurité du bénéficiaire du service ;

b) D'autre part, elle ne peut pas être compensée par l'expérience professionnelle du prestataire ou par les connaissances, aptitudes et compétences acquises lors d'un apprentissage tout au long de la vie, ayant fait l'objet, à cette fin, d'une validation en bonne et due forme par un organisme compétent.

S'il refuse de se soumettre à cette épreuve ou s'il échoue, la prestation de services ne peut être réalisée.

En cas de difficulté susceptible de provoquer un retard dans la prise de décision, la chambre informe, dans le délai mentionné au premier alinéa du présent II, le prestataire des raisons de ce retard. La difficulté est résolue dans le mois qui suit cette information et la décision est prise dans un délai de deux mois suivant cette information.

La chambre notifie sa décision d'autoriser ou non la prestation de services dans le mois suivant sa demande au prestataire de services de passer une épreuve d'aptitude. Dans le cas où la prestation est autorisée, la chambre joint à sa décision une attestation de qualification professionnelle.

A défaut de décision dans les délais mentionnés au présent II, la reconnaissance de qualification est réputée acquise et la prestation de services peut être réalisée.

III. — La prestation est réalisée sous le titre professionnel indiqué dans la langue officielle ou l'une des langues officielles de l'État dans lequel le prestataire est établi. Lorsque ce titre professionnel n'existe pas dans l'État d'établissement, le prestataire mentionne, dans la langue officielle ou l'une des langues officielles de cet État, son titre de formation et l'État membre dans lequel il a été octroyé.

Lorsque la déclaration donne lieu à la délivrance d'une attestation de qualification professionnelle selon les modalités définies au II, la prestation est réalisée sous le titre professionnel français.

Art. 2-1 *(Décr. nº 2017-767 du 4 mai 2017, art. 4, en vigueur le 1er juin 2017)* Les personnes mentionnées au I de l'article 17-1 de la loi du 5 juillet 1996 susvisée peuvent obtenir la délivrance d'une attestation de qualification professionnelle par la chambre de métiers et de l'artisanat compétente en application des articles 23 et suivants du code de l'artisanat dans le ressort de laquelle elles exercent, selon les modalités prévues aux deuxième à quatrième alinéas du I *bis* et aux premier, deuxième et quatrième alinéas du II de l'article 3-1.

CHAPITRE III ***Liberté d'établissement du ressortissant d'un État membre de l'Union européenne ou d'un autre État partie à l'accord sur l'Espace économique européen*** *(Décr. nº 2013-591 du 4 juill. 2013, art. 5)*.

Art. 3 *(Décr. nº 2017-767 du 4 mai 2017, art. 5, en vigueur le 1er juin 2017)* I. — Le professionnel ressortissant d'un État membre de l'Union européenne ou d'un autre État partie à l'accord sur l'Espace économique européen qui souhaite exercer, à titre permanent, un métier ou une partie d'activité relevant de l'une des activités mentionnées au I de l'article 16 de la loi du 5 juillet 1996 susvisée, ou qui souhaite en assurer le contrôle effectif et permanent, est qualifié professionnellement au sens de cet article dès lors qu'il remplit les conditions prévues à l'article 1er du présent décret.

II. — Sans préjudice du I, le ressortissant d'un État, membre ou partie, qui a exercé l'activité de soins esthétiques à la personne ou une partie de cette activité, pendant deux années consécutives, à titre indépendant ou en qualité de dirigeant d'entreprise, est qualifié professionnellement au sens de l'article 16 de la loi du 5 juillet 1996 susvisée pour exercer l'activité de soins esthétiques à la personne mentionnée au I du même article, ou une partie de cette activité, et pour en assurer le contrôle effectif et permanent, dès lors qu'il a reçu, pour l'exercice de cette activité ou partie d'activité, une formation sanctionnée par un certificat reconnu par l'un de ces États ou par un organisme professionnel ayant reçu délégation de cet État.

III. — Sans préjudice du I, le ressortissant d'un État, membre ou partie, qui a exercé tout ou partie du métier de coiffeur en salon est qualifié professionnellement au sens de l'article 16 de la même loi pour exercer ce métier ou la partie d'activité en cause, et pour en assurer le contrôle effectif et permanent, dès lors qu'il a exercé effectivement, et de façon licite, ce métier ou la partie d'activité en cause :

1° Soit pendant six années consécutives à titre indépendant ou en qualité de dirigeant d'entreprise ;

2° Soit pendant trois années consécutives à titre indépendant ou en qualité de dirigeant d'entreprise, lorsque l'intéressé a reçu une formation préalable d'au moins trois ans sanctionnée par un certificat reconnu par l'État ou jugé pleinement valable par un organisme professionnel compétent en vertu d'une délégation de l'État. Cette période est portée à quatre années consécutives lorsque ce certificat sanctionne une formation préalable d'au moins deux ans ;

3° *Soit pendant trois années* consécutives à titre indépendant lorsque l'intéressé a exercé le métier ou la partie d'activité en cause à titre salarié pendant cinq ans au moins ;

4° Soit pendant trois années en qualité de dirigeant d'entreprise, de travailleur indépendant ou de salarié, lorsque l'intéressé est titulaire d'un diplôme, titre ou certificat acquis dans un État tiers et admis en équivalence par un État, membre ou partie.

Dans les cas visés aux 1° et 3°, l'exercice du métier ou de la partie d'activité en cause ne doit pas avoir pris fin depuis plus de dix années au moment où l'intéressé sollicite de la chambre de métiers et de l'artisanat compétente en application des articles 23 et suivants du code de l'artisanat la délivrance d'une attestation de qualification professionnelle.

IV. — Le professionnel ressortissant d'un État, membre ou partie, est également qualifié professionnellement pour exercer, à titre permanent, un métier ou une partie d'activité relevant de l'une des activités mentionnées au I de l'article 16 de la loi du 5 juillet 1996 susvisée et en assurer le contrôle effectif et permanent, lorsqu'il est titulaire :

1° Soit d'une attestation de compétences ou d'un titre de formation qui est requis pour l'exercice du métier ou de la partie d'activité en cause dans un État, membre ou partie, lorsqu'il réglemente l'accès ou l'exercice de ce même métier ou de cette même partie d'activité sur son territoire. Cette attestation de compétence ou ce titre de formation doit avoir été délivré par une autorité compétente dans un État membre, désignée conformément aux dispositions législatives, réglementaires ou administratives de cet État membre ;

2° Soit de la justification de l'exercice, à temps plein pendant une année ou à temps partiel pendant une durée équivalente au cours des dix années précédentes, du métier ou de la partie d'activité en cause, assortie d'une attestation de compétences ou d'un titre de formation obtenu dans un État, membre ou partie, qui ne réglemente pas l'exercice de ce métier ou de cette partie d'activité. Cependant, l'expérience professionnelle n'est pas requise si le titre de formation que possède le professionnel certifie une formation réglementée. L'attestation de compétences ou le titre de formation doit avoir été délivré par une autorité compétente désignée conformément aux dispositions en vigueur dans l'un des États, membre ou partie, et doit attester la préparation du titulaire à l'exercice de la profession concernée.

Il peut être demandé à ce ressortissant d'accomplir une mesure de compensation lorsque la formation reçue porte sur des matières dont la connaissance, les aptitudes et les compétences acquises sont essentielles pour exercer ou contrôler de manière effective et permanente le métier ou la partie d'activité en cause et pour lesquelles la formation reçue par le demandeur présente des différences substantielles en termes de contenu avec l'un des diplômes ou titres mentionnés à l'article 1er.

La mesure de compensation consiste, au choix du demandeur, en un stage d'adaptation ou en une épreuve d'aptitude selon les modalités prévues à l'article 3-2.

Avant de demander une telle mesure, la chambre vérifie si les connaissances, aptitudes et compétences acquises par le demandeur au cours de son expérience professionnelle ou de l'apprentissage tout au long de la vie ayant fait l'objet, à cette fin, d'une validation en bonne et due forme par un organisme compétent dans un État, membre ou partie, ou dans un État tiers, sont de nature à couvrir, totalement ou partiellement, les différences substantielles en termes de contenu mentionnées au quatrième alinéa du présent IV.

Art. 3-1 *(Décr. n° 2009-94 du 26 janv. 2009, art. 7) (Décr. n° 2017-767 du 4 mai 2017, art. 6, en vigueur le 1er juin 2017)* « I. – Lorsqu'il ne remplit pas les conditions prévues à l'article 1er, le ressortissant d'un État, membre ou partie, qui souhaite exercer ou contrôler de manière effective et permanente un métier relevant de l'une des activités mentionnées au I de l'article 16 de la loi du 5 juillet 1996 susvisée ou une partie de ces activités doit préalablement demander la reconnaissance de ses qualifications professionnelles selon les modalités prévues au présent article et à l'article 3-2.

« I *bis*. – La demande de reconnaissance de qualification professionnelle est adressée à la chambre de métiers et de l'artisanat compétente dans le ressort de laquelle le ressortissant d'un État, membre ou partie, souhaite exercer. »

La chambre délivre un récépissé qui mentionne la date de réception de la demande complète dans un délai d'un mois à compter de sa réception.

En cas de demande incomplète, elle notifie au demandeur la liste des pièces manquantes dans un délai de quinze jours à compter de la réception de celle-ci et délivre le récépissé mentionné à l'alinéa précédent dès que le dossier est complet.

Un arrêté du ministre chargé de l'artisanat fixe la liste des informations afférentes à cette demande ainsi que des pièces qui y sont annexées. – *V. Arr. du 28 oct. 2009, infra.*

Un arrêté du ministre chargé de l'artisanat et du ministre de l'éducation nationale désigne l'organisme dont la chambre sollicite, le cas échéant, l'avis sur le niveau de *(Décr. n° 2017-767 du 4 mai 2017, art. 6, en vigueur le 1er juin 2017)* « certification » du diplôme, titre ou certificat étranger produit par un demandeur ainsi que les modalités de cette consultation. – *V. Arr. du 28 oct. 2009 (JO 4 nov.) désignant le Centre international d'études pédagogiques (CIEP), désormais appelé « France Éducation international », comme organisme de consultation.*

II. – En l'absence de notification de la décision de la chambre dans un délai de *(Décr. n° 2017-767 du 4 mai 2017, art. 6, en vigueur le 1er juin 2017)* « trois *[ancienne rédaction : quatre]* » mois à compter de la réception de la demande complète, la reconnaissance de la qualification professionnelle est réputée acquise au demandeur.

Lorsqu'elle reconnaît la qualification professionnelle, la chambre délivre au demandeur une attestation de qualification professionnelle.

Lorsqu'une mesure de compensation est exigée, la chambre en informe par écrit le demandeur *(Décr. n° 2017-767 du 4 mai 2017, art. 6, en vigueur le 1er juin 2017)* « dans les conditions prévues au I de l'article 3-2 ».

Les décisions de la chambre sont motivées.

III. — En cas de doute sérieux, la chambre peut demander à l'autorité compétente d'un autre État membre de *(Décr. n° 2013-591 du 4 juill. 2013, art. 5)* « l'Union » européenne ou d'un autre État partie à l'accord sur l'Espace économique européen de confirmer l'authenticité des attestations et titres de formation délivrés dans cet autre État.

En cas de doute sérieux, la chambre peut vérifier auprès de l'autorité compétente de l'État, membre ou partie, qui a délivré un titre de formation comprenant une formation reçue en tout ou en partie dans un établissement légalement établi sur le territoire d'un troisième État, membre ou partie :

a) Si la formation dispensée par l'établissement concerné a été formellement certifiée par l'établissement d'enseignement situé dans cet État ;

b) Si le titre de formation délivré est le même que celui qui aurait été délivré si la formation avait été entièrement suivie dans cet État ;

c) Si le titre de formation délivré confère les mêmes droits d'accès à la profession sur le territoire de cet État.

En application de l'art. L. 231-6 CRPA, et par exception à l'application du délai de deux mois prévu à l'art. L. 231-1 du même code, le délai à l'expiration duquel le silence gardé par l'administration vaut décision d'acceptation est fixé à trois mois pour une demande d'attestation de qualification professionnelle à exercer, le contrôle effectif et permanent de l'une des activités mentionnées au I de l'art. 16 de la L. n° 96-603 du 5 juill. 1996 (Décr. n° 2014-1281 du 23 oct. 2014, art. 1er).

Art. 3-2 *(Décr. n° 2009-94 du 26 janv. 2009, art. 8) (Décr. n° 2017-767 du 4 mai 2017, art. 7, en vigueur le 1er juin 2017)* « I. — La chambre notifie au demandeur sa décision tendant à l'accomplissement de l'une des mesures de compensation prévue[s] au IV de l'article 3, dans le délai mentionné au II de l'article 3-1, après une comparaison entre la qualification attestée par le demandeur et le diplôme ou titre de formation mentionné à l'article 1er requis pour l'exercice du métier ou de la partie d'activité en cause.

« Cette décision rappelle le niveau de qualification requis et le niveau de qualification que possède le demandeur. Elle énumère les matières dont la connaissance, les aptitudes et les compétences sont essentielles pour exercer ou contrôler de manière effective et permanente le métier ou la partie d'activité en cause et pour lesquelles la formation reçue par le demandeur présente des différences substantielles en termes de contenu avec l'un des diplômes ou titres mentionnés à l'article 1er. Elle précise les raisons pour lesquelles ces différences substantielles ne peuvent être comblées par les connaissances, aptitudes et compétences acquises au cours de l'expérience professionnelle ou de l'apprentissage tout au long de la vie ayant fait l'objet, à cette fin, d'une validation en bonne et due forme par un organisme compétent.

« Seules les matières mentionnées à l'alinéa précédent peuvent faire l'objet de l'épreuve d'aptitude ou du stage d'adaptation, dont la durée ne peut être supérieure à trois ans. »

Le demandeur informe la chambre de son choix de suivre un stage d'adaptation ou de passer une épreuve d'aptitude.

Tout recours contentieux contre la décision de la chambre tendant à demander une mesure de compensation est précédé, à peine d'irrecevabilité, d'un recours administratif exercé, dans un délai de deux mois à compter de la notification de cette décision, auprès du préfet du département où la chambre a son siège.

II. — L'épreuve d'aptitude prend la forme d'un examen, devant un jury constitué auprès de la chambre, organisé selon des modalités définies par un règlement d'examen établi par *(Décr. n° 2019-56 du 30 janv. 2019, art. 6)* « CMA France », après avis des organisations professionnelles *(Abrogée par Décr. n° 2017-767 du 4 mai 2017, art. 7, à compter du 1er juin 2017) « les plus »* représentatives et approuvé par arrêté du ministre chargé de l'artisanat.

L'épreuve d'aptitude est organisée dans un délai de six mois à compter de la réception par la chambre de la décision du demandeur d'opter pour cette épreuve. A défaut, la reconnaissance de la qualification est réputée acquise et la chambre établit une attestation de qualification professionnelle.

A l'issue de l'épreuve d'aptitude, la chambre délivre, dans un délai d'un mois, une attestation de qualification professionnelle au demandeur ayant réussi l'épreuve.

III. — Dans un délai d'un mois à compter de la réception de la décision du demandeur d'opter pour le stage d'adaptation, la chambre lui adresse la liste de l'ensemble des organismes susceptibles d'organiser ce stage.

A défaut, la reconnaissance de la qualification professionnelle est réputée acquise et la chambre établit une attestation de qualification professionnelle.

A l'issue du stage d'adaptation, le demandeur adresse à la chambre une attestation certifiant qu'il a accompli ce stage, accompagnée d'une évaluation de l'organisme qui l'a organisé. Sur la base de cette attestation *(Décr. n° 2017-767 du 4 mai 2017, art. 7, en vigueur le*

1er juin 2017) « et du résultat de l'évaluation », la chambre délivre à l'intéressé, dans un délai d'un mois, une attestation de qualification professionnelle.

CHAPITRE IV *Dispositions relatives aux ressortissants d'États tiers*

(Décr. nº 2009-94 du 26 janv. 2009, art. 9)

Art. 3-3 *(Décr. nº 2017-767 du 4 mai 2017, art. 8, en vigueur le 1er juin 2017)* I. – Sans préjudice des conventions internationales et des arrangements de reconnaissance mutuelle applicables en la matière, le professionnel ressortissant d'un État tiers qui souhaite exercer, à titre permanent, un métier ou une partie d'activité relevant de l'une des activités mentionnées aux neuf premiers alinéas du I de l'article 16 de la loi du 5 juillet 1996 susvisée ou tout ou partie du métier de coiffeur à domicile, ou qui souhaite en assurer le contrôle effectif et permanent, est qualifié professionnellement au sens du même article dès lors qu'il remplit les conditions prévues à l'article 1er du présent décret.

II. – Sans préjudice des conventions internationales et des arrangements de reconnaissance mutuelle applicables en la matière, le ressortissant d'un État tiers bénéficie, pour l'application du présent décret, des mêmes droits qu'un ressortissant européen pour exercer tout ou partie du métier de coiffeur en salon dès lors :

1º Qu'il est titulaire d'un diplôme ou d'un titre de formation délivré dans un État tiers et reconnu par un État membre de l'Union européenne ou par un autre État partie à l'accord sur l'Espace économique européen qui atteste d'un niveau de qualification professionnelle équivalent à celui défini au I de l'article 3 ; et

2º Qu'il a exercé effectivement le métier ou la partie d'activité en cause dans l'un de ces États pendant trois années.

III. – Lorsqu'il ne remplit pas les conditions prévues à l'article 1er, le ressortissant d'un État tiers qui souhaite exercer, à titre permanent, un métier ou une partie d'activité relevant de l'une des activités mentionnées au I de l'article 16 de la loi du 5 juillet 1996 susvisée ou qui souhaite en assurer le contrôle effectif et permanent doit préalablement demander la reconnaissance de ses qualifications professionnelles selon les modalités prévues au I *bis* et aux premier, deuxième et quatrième alinéas de l'article 3-1.

CHAPITRE V *Dispositions générales et finales* *(Décr. nº 2009-94 du 26 janv. 2009, art. 10)*.

Art. 4 *Abrogé par Décr. nº 2017-767 du 4 mai 2017, art. 9, à compter du 1er juin 2017.*

Art. 4-1 *(Décr. nº 2009-94 du 26 janv. 2009, art. 11)* L'attestation de compétences requise pour l'exercice de l'une des activités mentionnées au I de l'article 16 de la loi du 5 juillet 1996 susvisée dans un État membre de *(Décr. nº 2013-591 du 4 juill. 2013, art. 5)* « l'Union » européenne ou un autre État partie à l'accord sur l'Espace économique européen est délivrée par la chambre de métiers et de l'artisanat *(Décr. nº 2017-767 du 4 mai 2017, art. 10, en vigueur le 1er juin 2017)* « compétente en application des articles 23 et suivants du code de l'artisanat » dans le ressort de laquelle le demandeur réside, selon les modalités prévues *(Décr. nº 2017-767 du 4 mai 2017, art. 10, en vigueur le 1er juin 2017)* « aux deuxième à quatrième alinéas du I *bis* et aux premier, deuxième et quatrième alinéas du II » de l'article 3-1 pour la délivrance de l'attestation de qualification professionnelle.

Art. 4-2 *(Décr. nº 2009-94 du 26 janv. 2009, art. 11)* En cas de contrôle par les agents habilités à rechercher et à constater les infractions définies à l'article 24 de la loi du 5 juillet 1996 susvisée, *(Décr. nº 2017-767 du 4 mai 2017, art. 11, en vigueur le 1er juin 2017)* « l'entrepreneur individuel ou la personne morale qui exerce » l'une des activités mentionnées au I de l'article 16 de cette loi justifie qu'*(Décr. nº 2017-767 du 4 mai 2017, art. 11, en vigueur le 1er juin 2017)* « il » remplit les conditions pour l'exercer, soit en produisant l'un des diplômes ou titres mentionnés au premier alinéa de l'article 1er, soit en produisant une attestation de qualification professionnelle *(Décr. nº 2017-767 du 4 mai 2017, art. 11, en vigueur le 1er juin 2017)* « de la personne exerçant le contrôle effectif et permanent de l'activité » dans un délai de quatre mois à compter de la notification du contrôle. Dans ce délai *(Abrogé par Décr. nº 2017-767 du 4 mai 2017, art. 11, à compter du 1er juin 2017) « ou jusqu'à la notification de la décision de la* *(Décr. nº 2010-1356 du 11 nov. 2010, art. 25)* *« chambre »* *(Abrogé par Décr. nº 2013-591 du 4 juill. 2013, art. 5) « de métiers et de l'artisanat » de demander une mesure de compensation en application du IV de l'article 3, »* les sanctions prévues à l'article 24 de la loi du 5 juillet 1996 susvisée ne sont pas applicables.

Art. 4-3 *(Décr. n° 2009-94 du 26 janv. 2009, art. 11)* **Lorsqu'une épreuve d'aptitude ou un stage d'adaptation sont organisés en application du II de l'article 2 ou du IV de l'article 3, ou lorsque la chambre a sollicité un avis sur le niveau de** *(Décr. n° 2017-767 du 4 mai 2017, art. 12, en vigueur le 1er juin 2017)* **« certification » du diplôme, titre ou certificat étranger produit par le demandeur en application du** *(Décr. n° 2017-767 du 4 mai 2017, art. 12, en vigueur le 1er juin 2017)* **« I *bis* » de l'article 3-1, la demande d'attestation peut être subordonnée au paiement par le demandeur d'un droit dont le montant, fixé par arrêté du ministre chargé de l'artisanat, ne peut excéder le coût moyen d'instruction d'un dossier. Il est établi et recouvré par la** *(Décr. n° 2010-1356 du 11 nov. 2010, art. 25)* **« chambre »** *(Abrogé par Décr. n° 2013-591 du 4 juill. 2013, art. 5)* ***« de métiers et de l'artisanat de région »*** **à son profit.** *— V. Arr. du 28 oct. 2009, art. 6, infra.*

Art. 4-4 *(Décr. n° 2009-94 du 26 janv. 2009, art. 11)* **Les** *(Décr. n° 2010-1356 du 11 nov. 2010, art. 25)* **« chambres »** *(Abrogé par Décr. n° 2013-591 du 4 juill. 2013, art. 5)* ***« de métiers et de l'artisanat de région »*** **communiquent au ministre chargé de l'artisanat un relevé statistique des décisions prises en application du présent décret, selon des modalités définies par arrêté de ce ministre.**

Décret n° 98-247 du 2 avril 1998,

Relatif à la qualification artisanale et au répertoire des métiers.

TITRE PREMIER De la qualité d'artisan, d'artisan d'art et du titre de maître artisan

Art. 1er *(Décr. n° 2015-810 du 2 juill. 2015, art. 2)* **« Les personnes physiques, y compris les dirigeants sociaux des personnes morales, peuvent se prévaloir de la qualité d'artisan s'ils justifient soit d'un certificat d'aptitude professionnelle ou d'un brevet d'études professionnelles délivré par le ministre chargé de l'éducation** *[,]* **soit d'un titre homologué ou enregistré lors de sa délivrance au répertoire national des certifications professionnelles institué par l'article L. 335-6 du code de l'éducation d'un niveau au moins équivalent dans le métier qu'elles exercent, soit d'une expérience professionnelle dans ce métier de trois années au moins** *(Décr. n° 2017-861 du 9 mai 2017, art. 2, en vigueur le 1er juill. 2017)* **« sur le territoire d'un État membre de l'Union européenne ou partie à l'Espace économique européen ». »**

(Décr. n° 2006-80 du 25 janv. 2006, art. 1er) **« Toutefois, pour les professions dont l'exercice est réglementé, lorsque aucun diplôme ou titre homologué** *(Décr. n° 2015-810 du 2 juill. 2015, art. 2)* **« ou enregistré lors de sa délivrance au répertoire national des certifications professionnelles » n'existe dans le métier exercé** *(Abrogé par Décr. n° 2015-810 du 2 juill. 2015, art. 2)* ***« et les métiers connexes »*****, la qualité d'artisan peut être justifiée par un certificat ou une attestation de capacité professionnelle exigé pour cet exercice. »**

(Décr. n° 2019-987 du 25 sept. 2019, art. 43) **« Pour les entreprises de transport fluvial de marchandises, l'attestation de capacité professionnelle mentionnée aux articles R.* 4421-1 et suivants du code des transports justifie de la qualité d'artisan. »**

(Abrogé par Décr. n° 2015-810 du 2 juill. 2015, art. 2) ***« Un arrêté du ministre chargé de l'artisanat fixe pour chaque métier la liste des diplômes et titres homologués dans le métier et les métiers connexes qui peuvent être pris en compte. »***

1. Droit commun. Sur la notion d'artisan en droit commun, à propos de la compétence des juridictions commerciales, V. notes 43 s. ss. art. L. 110-1 C. com., et note 2. ♦ … A propos de l'application d'une procédure de redressement judiciaire, V. note 6 ss. art. L. 620-2 C. com.

2. Inscription. La personne qui, bien qu'inscrite au répertoire des métiers, n'exerce qu'une activité modeste d'ouvrière à domicile n'a pas la qualité d'artisan. • Soc. 18 nov. 1966, n° 65-20.173 P. – Comp. • Civ. 29 oct. 1985 : *Gaz. Pal. 1986. 1. 9, note Doucet.* ♦ L'inscription au répertoire des métiers d'un artisan n'est pas exclusive de la qualité de commerçant. • Com. 19 nov. 1975, n° 75-11.937 P • Poitiers, 23 nov. 1992 : *RJ Centre-Ouest 1994. 192, note Quement.* ♦ Un concessionnaire automobile exerçant à titre accessoire une activité de réparation de véhicules doit être immatriculé au registre des métiers dès lors que cette activité ne peut être considérée, eu égard au chiffre d'affaires réalisé (415 000 F), comme de « peu d'importance », au sens des dispositions de l'art. 1er du Décr. n° 83-487 du 10 juin 1983 [abrogé]. • Bordeaux, 23 juin 1998 : *JCP E 1998, n° 40, p. 1522.*

Art. 2 *(Décr. n° 2015-810 du 2 juill. 2015, art. 3)* **Les personnes physiques, y compris les dirigeants sociaux des personnes morales, remplissant les conditions prévues à l'article pré-**

cédent et exerçant un métier d'art tel que défini à l'article 20 de la loi du 5 juillet 1996 susvisée peuvent se prévaloir de la qualité d'artisan d'art.

Art. 3 Le titre de maître artisan est attribué *(Décr. n° 2015-810 du 2 juill. 2015, art. 4)* « conformément aux articles 23, 23-1 et 23-2 du code de l'artisanat » aux personnes physiques, y compris les dirigeants sociaux des personnes morales, immatriculées au répertoire des métiers, titulaires du brevet de maîtrise dans le métier exercé *(Abrogé par Décr. n° 2015-810 du 2 juill. 2015, art. 4) « ou un métier connexe »*, après deux ans de pratique professionnelle.

Les personnes physiques, y compris les dirigeants sociaux des personnes morales, immatriculées au répertoire des métiers, titulaires d'un diplôme de niveau de formation au moins équivalent au brevet de maîtrise dans le métier exercé *(Abrogé par Décr. n° 2015-810 du 2 juill. 2015, art. 4) « ou un métier connexe »* peuvent, après deux ans de pratique professionnelle, se faire attribuer le titre de maître artisan par la commission régionale des qualifications prévue à l'article 4 s'ils justifient de *(Décr. n° 2017-861 du 9 mai 2017, art. 3, en vigueur le 1er juill. 2017)* « compétences » en gestion et en psychopédagogie équivalentes à celles des unités de valeur correspondantes du brevet de maîtrise.

(Abrogé par Décr. n° 2015-810 du 2 juill. 2015, art. 4) « Un arrêté du ministre chargé de l'artisanat fixe pour chaque métier la liste des diplômes et titres homologués dans le métier et les métiers connexes. »

Le titre de maître artisan peut également être attribué par la commission régionale des qualifications prévue à l'article 4 aux personnes qui sont immatriculées au répertoire des métiers depuis au moins dix ans justifiant, à défaut de diplômes, *(Décr. n° 2017-861 du 9 mai 2017, art. 3, en vigueur le 1er juill. 2017)* « de compétences reconnues » au titre de la promotion de l'artisanat ou de leur participation aux actions de formation. *(Abrogé par Décr. n° 2017-861 du 9 mai 2017, art. 3, à compter du 1er juill. 2017) « Les demandes sont accompagnées des titres, prix, certificats et tous documents susceptibles d'informer la commission ; elles sont adressées au président de la chambre (Décr. n° 2015-810 du 2 juill. 2015, art. 4) « de métiers et de l'artisanat compétente » dont relève le candidat. Ce dernier les transmet, accompagnées de son avis, dans le délai (Décr. n° 2015-810 du 2 juill. 2015, art. 4) « de dix jours » à la commission régionale des qualifications. La commission doit statuer dans un délai de (Décr. n° 2015-810 du 2 juill. 2015, art. 4) « quarante-cinq jours » à compter de la réception du dossier. »*

(Décr. n° 2017-861 du 9 mai 2017, art. 3, en vigueur le 1er juill. 2017) « Les demandes d'attribution du titre de maître artisan mentionnées aux deuxième et troisième alinéas sont accompagnées des diplômes, titres, prix, certificats et tous documents susceptibles d'informer la commission ; elles sont adressées au président de la chambre de métiers et de l'artisanat dont relève le demandeur. Le président de la chambre transmet ces demandes, accompagnées de son avis, dans le délai de dix jours à la commission régionale des qualifications. La commission doit statuer dans un délai de quarante-cinq jours à compter de la réception du dossier.

« Le président de la chambre notifie la décision de cette commission dans un délai de deux mois à compter de la réception de la demande complète. A défaut de décision notifiée dans ce délai, le titre de maître artisan est réputé acquis. »

Art. 3 *bis* *(Décr. n° 2015-810 du 2 juill. 2015, art. 5)* Les conjoints collaborateurs, conjoints associés et associés prenant part personnellement et habituellement à l'activité de l'entreprise peuvent se prévaloir de la qualité d'artisan ou d'artisan d'art s'ils remplissent personnellement les conditions prévues aux articles 1er et 2.

Le titre de maître artisan est attribué aux conjoints collaborateurs, conjoints associés et associés prenant part personnellement et habituellement à l'activité de l'entreprise dans les conditions prévues à l'article 3.

(Décr. n° 2017-861 du 9 mai 2017, art. 4, en vigueur le 1er juill. 2017) « Le présent article est applicable aux personnes qui sont liées par un pacte civil de solidarité. »

Art. 4 *(Décr. n° 2006-665 du 7 juin 2006, art. 39-I)* Une commission régionale des qualifications est instituée dans chaque région ; ses membres sont nommés par arrêté préfectoral après chaque renouvellement *(Décr. n° 2013-591 du 4 juill. 2013, art. 6)* « quinquennal de la chambre de métiers et de l'artisanat de région ou des *(Décr. n° 2017-861 du 9 mai 2017, art. 5, en vigueur le 1er juill. 2017)* « chambres de métiers et de l'artisanat interdépartementales ou départementales » ; elle est présidée par le président de la chambre de métiers et de l'artisanat de région ou de la chambre régionale des métiers et de l'artisanat ou leur » représentant et comprend en outre :

1° *(Décr. n° 2015-810 du 2 juill. 2015, art. 6, en vigueur le 1er oct. 2015)* « Un représentant de l'État désigné » par le préfet, au sein des services déconcentrés, ayant compétence en matière d'artisanat ou de diplôme au sens du deuxième alinéa de l'article 3 ;

2° Un représentant du président du conseil régional ;

3° Quatre artisans titulaires et quatre artisans suppléants nommés sur proposition *(Décr. n° 2013-591 du 4 juill. 2013, art. 6)* « de la chambre de métiers et de l'artisanat de région ou des » *(Décr. n° 2017-861 du 9 mai 2017, art. 5, en vigueur le 1er juill. 2017)* « chambres de métiers et de l'artisanat interdépartementales ou départementales ».

Cette commission est compétente pour examiner les demandes d'attribution du titre de maître artisan prévu à l'article 3.

Elle statue sur la demande, après avis d'un expert compétent dans le métier considéré, choisi *(Abrogé par Décr. n° 2017-861 du 9 mai 2017, art. 5, à compter du 1er juill. 2017) « sur une liste établie par le président de la chambre régionale de métiers et de l'artisanat compétente, »* après avis des organisations professionnelles représentatives concernées ; ses décisions sont prises à la majorité des membres présents ; en cas de partage, la voix du président est prépondérante. Le président ne prend pas part au vote lorsque la demande émane *(Décr. n° 2013-591 du 4 juill. 2013, art. 6)* « d'une personne immatriculée *(Décr. n° 2017-861 du 9 mai 2017, art. 5, en vigueur le 1er juill. 2017)* « dans la même chambre interdépartementale ou départementale ou dans la même délégation » de chambre de région que lui. » *(Décr. n° 2015-810 du 2 juill. 2015, art. 6, en vigueur le 1er oct. 2015)* « Dans les chambres de métiers et de l'artisanat des régions ne comportant qu'un seul département, le président de la commission ne prend pas part au vote. Dans ces deux derniers cas, en cas de partage égal des voix, celle du représentant de l'État est prépondérante. »

Art. 5 *(Décr. n° 2017-861 du 9 mai 2017, art. 6, en vigueur le 1er juill. 2017)* I. – Les professionnels ressortissants d'un État membre de l'Union européenne ou partie à l'Espace économique européen qui ne remplissent pas les conditions prévues à l'article 1er du présent décret peuvent se faire attribuer la qualité d'artisan dans le métier qu'ils exercent dans l'un ou l'autre des cas suivants :

1° Ils sont titulaires d'une attestation de compétences ou d'un titre de formation dont la possession est requise pour l'exercice du métier en cause dans un État membre de l'Union européenne ou partie à l'Espace économique européen ;

2° Ils justifient de l'exercice du métier en cause, à temps plein pendant une année ou à temps partiel pendant une durée équivalente au cours des dix années précédentes, assorti d'une attestation de compétences ou d'un titre de formation ayant préparé le titulaire à l'exercice de la profession et obtenu dans un État membre de l'Union européenne ou partie à l'Espace économique européen qui ne réglemente pas l'exercice de ce métier. Cependant l'expérience professionnelle n'est pas requise dans le cas où le titre de formation sanctionne une formation réglementée.

Les attestations de compétences ou les titres de formation mentionnés ci-dessus doivent avoir été délivrés par une autorité compétente dans l'un de ces États.

Dans les deux cas mentionnés ci-dessus, il peut être demandé aux professionnels de se soumettre à une mesure de compensation lorsque la formation reçue porte sur des matières substantiellement différentes de celles couvertes par l'un des diplômes ou titres mentionnés à l'article 1er et si les connaissances, aptitudes et compétences acquises par le demandeur au cours de son expérience professionnelle ou de la formation tout au long de la vie ayant été validées par un organisme compétent dans un État membre de l'Union européenne ou partie à l'Espace économique européen ou dans un État tiers, ne sont pas de nature à couvrir, totalement ou partiellement, la différence substantielle en termes de contenu. La mesure de compensation consiste, au choix des professionnels, en un stage d'adaptation ou en une épreuve d'aptitude. Si les professionnels refusent de s'y soumettre, la qualité d'artisan ne peut leur être attribuée.

II. – Les ressortissants d'un État membre de l'Union européenne ou partie à l'accord sur l'Espace économique européen peuvent en outre se faire attribuer la qualité d'artisan par la chambre de métiers et de l'artisanat compétente s'ils ont exercé l'activité de soins esthétiques à la personne pendant deux années consécutives, à titre indépendant ou en qualité de dirigeant d'entreprise, et s'ils ont reçu, pour l'exercice de cette activité, une formation sanctionnée par un certificat reconnu par l'un de ces États.

III. – Les demandes d'attribution de la qualité d'artisan sont adressées au président de la chambre de métiers et de l'artisanat compétente en application des articles 23 et suivants du code de l'artisanat et de l'article 9 du présent décret, accompagnées des informations et pièces dont la liste est fixée par arrêté du ministre chargé de l'artisanat.

Le président de la chambre de métiers et de l'artisanat sollicite, le cas échéant, l'avis d'un organisme désigné par arrêté du ministre chargé de l'artisanat et du ministre de l'éducation nationale sur le niveau du diplôme, titre ou certificat étranger produit par un demandeur. Le même arrêté précise les modalités de cette consultation.

En cas de doute sérieux, le président de la chambre procède auprès de l'autorité compétente de l'autre État membre de l'Union européenne ou partie à l'accord sur l'Espace économique européen aux vérifications prévues par le III de l'article 3-1 du décret n° 98-246 du 2 avril 1998 relatif à la qualification professionnelle exigée pour l'exercice des activités prévues à l'article 16 de la loi n° 96-603 du 5 juillet 1996 relative au développement et à la promotion du commerce et de l'artisanat.

Dans le délai de trois mois suivant la réception de la demande complète, le président attribue la qualité d'artisan, la refuse ou, dans le cas prévu au dernier alinéa du *(Décr. n° 2019-987 du 25 sept. 2019, art. 44)* « I » du présent article, requiert la soumission à une mesure de compensation. Dans ce dernier cas, la mesure de compensation est organisée dans les conditions prévues par l'article 3-2 du décret n° 98-246 du 2 avril 1998 mentionné ci-dessus.

Les décisions du président de la chambre sont motivées.

En l'absence de notification de la décision dans un délai de trois mois à compter de la demande complète, la qualité d'artisan est réputée acquise.

Art. 5 *bis* *(Décr. n° 2017-861 du 9 mai 2017, art. 7, en vigueur le 1er juill. 2017)* Lorsqu'ils exercent un métier d'art défini à l'article 20 de la loi du 5 juillet 1996 susvisée, les ressortissants d'un État membre de l'Union européenne ou partie à l'accord sur l'Espace économique européen peuvent se prévaloir de la qualité d'artisan d'art s'ils remplissent les conditions prévues à l'article 1er ou se faire attribuer cette qualité dans les conditions prévues à l'article 5.

Art. 5 *ter* *(Décr. n° 2017-861 du 9 mai 2017, art. 7, en vigueur le 1er juill. 2017)* I. — Les professionnels ressortissants d'un État membre de l'Union européenne ou partie à l'accord sur l'Espace économique européen peuvent se faire attribuer le titre de maître artisan par la commission régionale des qualifications prévue à l'article 4, s'ils justifient :

1° Soit d'une expérience professionnelle d'au moins dix années effectives et de compétences reconnues équivalentes à celles prévues au troisième alinéa de l'article 3 ;

2° Soit d'un diplôme ou titre obtenu dans un autre État membre de l'Union européenne ou partie à l'accord sur l'Espace économique européen, ainsi que d'une expérience et de compétences équivalentes à celles prévues aux premier et deuxième alinéas de l'article 3.

Dans le cas prévu au 2°, il peut être demandé aux professionnels de se soumettre à une mesure de compensation lorsque la formation reçue porte sur des matières substantiellement différentes de celles couvertes par l'un des diplômes ou titres mentionnés à l'article 3 et si les connaissances, aptitudes et compétences acquises par le demandeur au cours de son expérience professionnelle ou de la formation tout au long de la vie ayant été validées par un organisme compétent dans un État membre de l'Union européenne ou partie à l'Espace économique européen ou dans un État tiers, ne sont pas de nature à couvrir, totalement ou partiellement, la différence substantielle en termes de contenu. La mesure de compensation consiste, au choix des professionnels, en un stage d'adaptation ou en une épreuve d'aptitude. Si les professionnels refusent de s'y soumettre, le titre de maître artisan ne peut leur être attribué.

II. — Les demandes d'attribution du titre de maître artisan sont adressées au président de la chambre de métiers et de l'artisanat dont relève le candidat, accompagnées des informations et pièces dont la liste est fixée par arrêté du ministre chargé de l'artisanat.

Le président de la chambre de métiers et de l'artisanat sollicite, le cas échéant, l'avis d'un organisme désigné par arrêté du ministre chargé de l'artisanat et du ministre de l'éducation nationale sur le niveau du diplôme, titre ou certificat étranger produit par un demandeur. Le même arrêté précise les modalités de cette consultation.

En cas de doute sérieux, le président de la chambre procède auprès de l'autorité compétente de l'autre État membre de l'Union européenne ou partie à l'accord sur l'Espace économique européen aux vérifications prévues par le III de l'article 3-1 du décret n° 98-246 du 2 avril 1998 mentionné ci-dessus.

Le président transmet à la commission régionale des qualifications les demandes, accompagnées de son avis, dans le délai de vingt jours suivant la réception de la demande complète.

La commission statue dans un délai de soixante-cinq jours à compter de la réception du dossier. Elle attribue le titre de maître artisan, le refuse ou, dans le cas prévu au troisième alinéa du I du présent article, requiert la soumission à une mesure de compensation. Dans ce dernier cas, le demandeur en est informé et la mesure de compensation est mise en place dans les conditions prévues par l'article 3-2 du décret n° 98-246 du 2 avril 1998 mentionné ci-dessus.

Les décisions de la commission sont motivées.

En l'absence de notification de la décision dans un délai de trois mois à compter de la demande complète, le titre de maître artisan est réputé acquis.

Art. 5 *quater* *(Décr. n° 2017-861 du 9 mai 2017, art. 7, en vigueur le 1er juill. 2017)* Lorsqu'une épreuve d'aptitude ou un stage d'adaptation sont organisés en application des articles 5 à 5 *ter*, ou lorsque la chambre a sollicité un avis sur le niveau de certification du diplôme, titre ou certificat étranger produit par le demandeur en application *(Décr. n° 2019-987 du 25 sept. 2019, art. 45)* « du III de l'article 5 et du II de l'article » 5 *ter*, l'attribution de la qualité d'artisan, d'artisan d'art ou du titre de maître artisan peut être subordonnée au paiement par le demandeur d'un droit dont le montant, fixé par arrêté du ministre chargé de l'artisanat, ne peut excéder le coût moyen d'instruction d'un dossier. Il est établi et recouvré par la chambre à son profit.

Art. 6 Nul ne peut se prévaloir de la qualité d'artisan, d'artisan d'art, ou du titre de maître artisan sans avoir satisfait aux obligations prévues au présent titre.

Sans préjudice des dispositions prises pour l'application du dernier alinéa de l'article 21-III de la loi susvisée *[n° 96-603 du 5 juill. 1996]*, les titulaires de la qualité d'artisan *(Décr. n° 2015-810 du 2 juill. 2015, art. 8)* « ou d'artisan d'art ou du titre de maître artisan » peuvent utiliser les marques distinctives de qualification artisanale dont le modèle et les conditions d'apposition sont fixés par arrêté du ministre chargé de l'artisanat.

1. Est constitutif du délit de publicité trompeuse (C. consom., art. L. 121-2 s., v° *Publicité commerciale*) le fait, pour le dirigeant d'une société commercialisant du café, de s'être présenté sur des prospectus publicitaires comme « maître torréfacteur » et d'avoir assuré que ses produits étaient vendus « hors commerce », alors que l'intéressé n'était pas titulaire du titre protégé de maître artisan et que la vente s'effectuait par correspondance. • Crim. 18 oct. 1995, n° 94-86.026 : *RJDA 1996, n° 141.* ♦ Le fait que l'appellation « maître artificier » soit couramment utilisée dans le milieu professionnel pour désigner le responsable du feu n'est pas de nature à conférer un caractère licite à l'emploi, réglementé, de ce terme dans des contrats destinés à des clients potentiels. • Poitiers, 9 juill. 1998 : *JCP E 1998, n° 38, p. 1427.* ♦ Considérant que l'utilisation non fondée de ce titre dans des documents destinés à la clientèle est constitutive d'un acte de concurrence déloyale, V. • Même arrêt. ♦ Pour une utilisation abusive dans une dénomination commerciale du vocable « artisan » en violation des dispositions de l'art. 24 § 1 et 2 de la L. du 5 juill. 1996, V. • TGI Paris, 21 févr. 2001 : *Gaz. Pal. 21-22 nov. 2001, p. 68.*

TITRE II Du répertoire des métiers

CHAPITRE PREMIER *Immatriculation au répertoire*

Art. 7 Sont soumises à l'obligation d'immatriculation au répertoire des métiers, en application de l'article 19-I de la loi du 5 juillet 1996 susvisée, les personnes physiques ou morales qui exercent dans les conditions prévues à cet article les activités dont la liste figure en annexe du présent décret. — *V. annexe ss. art. 30 du présent décret.*

(Abrogé par Décr. n° 2015-731 du 24 juin 2015, art. 5-1°) (Décr. n° 2010-733 du 29 juin 2010) « *Pour l'application du V de l'article 19 de la loi n° 96-603 du 5 juillet 1996 relative au développement et à la promotion du commerce et de l'artisanat, sont considérées comme exerçant une activité complémentaire et ainsi dispensées de l'obligation d'immatriculation au répertoire des métiers les personnes qui :*

« 1° Poursuivent une formation initiale ;

« 2° Ou ont liquidé leurs droits à un régime d'assurance vieillesse ;

« 3° Ou perçoivent un traitement ou un salaire pour l'exercice d'une activité au moins à mi-temps ;

« 4° Ou exercent une ou plusieurs activités non salariées non artisanales.

« La dispense d'immatriculation cesse de s'appliquer pour les personnes relevant des 2°, 3° et 4° lorsque le revenu imposable issu de l'activité artisanale constitue plus de la moitié de l'ensemble de leurs revenus d'activité ou de leurs pensions de retraite, retenus pour le calcul de l'impôt sur le revenu au titre de l'année civile précédente. »

V. aussi Arr. du 10 juill. 2008 relatif à la Nomenclature d'activités française du secteur des métiers et de l'artisanat, ss. art. 30 du présent décret.

Art. 7 *bis* (*Décr. nº 2017-861 du 9 mai 2017, art. 8, en vigueur le 1er juill. 2017*) Le répertoire des métiers porte à la connaissance du public, dans les conditions et suivant les modalités prévues par le présent titre, les mentions inscrites sur déclaration ou d'office ainsi que les actes ou pièces déposés en annexe qui se rapportent aux personnes immatriculées à titre obligatoire ou facultatif en application du I de l'article 19 de la loi du 5 juillet 1996 susvisée.

Art. 7 *ter* et 7 *quater* *Abrogés par Décr. nº 2017-861 du 9 mai 2017, art. 9, à compter du 1er juill. 2017.*

Art. 8 (*Abrogé par Décr. nº 2019-987 du 25 sept. 2019, art. 46, à compter du 1er janv. 2020*) ***L'appréciation de l'effectif donnant lieu à immatriculation au répertoire des métiers visé à l'article 19 de la loi du 5 juillet 1996 susvisée est effectuée conformément aux articles*** (*Décr. nº 2015-810 du 2 juill. 2015, art. 10*) ***« L. 1111-2 et L. 1111-3 » du code du travail.***

Art. 9 (*Décr. nº 2017-861 du 9 mai 2017, art. 10, en vigueur le 1er juill. 2017*) Le lieu d'immatriculation de la personne physique au répertoire des métiers est la chambre de métiers et de l'artisanat compétente en application des articles 23 et suivants du code de l'artisanat dans le ressort de laquelle est situé :

1° Soit le principal établissement poursuivant une activité figurant dans la liste annexée au présent décret ;

2° Soit, dans le cas prévu au troisième alinéa de l'article L. 123-10 du code de commerce, son local d'habitation ;

3° Soit, à défaut d'établissement ou du local mentionné au 2°, la commune du lieu où elle a fait élection de domicile dans les conditions prévues à l'article L. 264-1 du code de l'action sociale et des familles.

S'il s'agit d'une personne morale, le lieu de son immatriculation au répertoire des métiers est celui de son siège social.

Lorsque le siège de la personne morale est situé à l'étranger, l'immatriculation doit être demandée à la chambre dans le ressort de laquelle est situé le premier établissement installé en France poursuivant une activité figurant dans la liste annexée au présent décret.

Art. 10 La demande d'immatriculation est présentée dans le délai d'un mois avant le début de l'activité. Toutefois, elle peut être présentée au plus tard dans le délai d'un mois suivant le début d'activité, si l'intéressé a notifié la date du début de ses activités au plus tard à la veille de celle-ci, par lettre recommandée avec demande d'avis de réception au président de la (*Décr. nº 2010-1356 du 11 nov. 2010, art. 25*) « chambre » (*Abrogé par Décr. nº 2013-591 du 4 juill. 2013, art. 6*) ***« de métiers et de l'artisanat de région »*** compétente.

(*Abrogé par Décr. nº 2015-731 du 24 juin 2015, art. 5-4°*) (*Décr. nº 2008-1488 du 30 déc. 2008, art. 11-IV*) ***« Les personnes physiques dispensées de l'obligation d'immatriculation au répertoire des métiers en application du V de l'article 19 de la loi nº 96-603 du 5 juillet 1996 relative au développement et à la promotion du commerce et de l'artisanat peuvent néanmoins, à tout moment, demander à y être immatriculées.***

« Les personnes qui cessent de remplir les conditions de la dispense doivent demander leur immatriculation dans un délai de deux mois à compter de la date à laquelle elles ont perdu le bénéfice du régime prévu par l'article L. 133-6-8 du code de la sécurité sociale.

« La personne qui, bénéficiant auparavant de la dispense d'immatriculation, demande à être immatriculée en application du deuxième ou du troisième alinéa du présent article indique le numéro unique d'identification mentionné à l'article D. 123-235 du code de commerce qui lui a été attribué lors de sa déclaration d'activité. »

Art. 10 *bis* (*Décr. nº 2017-861 du 9 mai 2017, art. 11, en vigueur le 1er juill. 2017*) I. – Lors de sa demande d'immatriculation, la personne physique déclare, pour être mentionnés au répertoire des métiers :

1° Ses nom, nom d'usage, pseudonyme, prénoms, domicile personnel ou, à défaut, la commune du lieu où elle a fait élection de domicile dans les conditions prévues à l'article L. 264-1 du code de l'action sociale et des familles et, le cas échéant, son numéro unique d'identification prévu à l'article 3 de la loi du 11 février 1994 susvisée ;

2° Ses date et lieu de naissance ;

3° Sa nationalité ;

4° Le cas échéant, les nom, nom d'usage, pseudonyme, prénoms, date et lieu de naissance, domicile, lorsqu'il est différent du sien, et nationalité de son conjoint, ou de la personne qui lui est liée par un pacte civil de solidarité, qui collabore effectivement à son activité dans les conditions définies par l'article R. 121-1 du code de commerce ;

5° Le cas échéant, qu'elle est immatriculée ou en cours d'immatriculation au registre du commerce et des sociétés, en précisant le lieu ;

6° Le cas échéant, qu'elle a effectué une déclaration d'insaisissabilité de ses droits sur tout bien foncier non affecté à son usage professionnel ou qu'elle a renoncé à l'insaisissabilité de ses droits sur sa résidence principale, en application des articles L. 526-1 et suivants du code de commerce, en précisant le lieu de publication de cette déclaration ;

(Décr. n° 2019-987 du 25 sept. 2019, art. 47, en vigueur le 1er oct. 2019) « 7° Le cas échéant, qu'elle affecte à son activité professionnelle, en application de l'article L. 526-6 du code de commerce, un patrimoine séparé de son patrimoine personnel, en indiquant les informations prévues aux 2°, 3°, 4° et 5° de l'article R. 526-3 du même code ; »

8° Le cas échéant, qu'elle est bénéficiaire d'un contrat d'appui au projet d'entreprise pour la création ou la reprise d'une activité économique conclu dans les conditions prévues au chapitre VII du titre II du Livre Ier du code de commerce, en précisant la dénomination sociale de la personne morale responsable de l'appui, l'adresse de son siège social, ainsi que, si elle est immatriculée dans un registre public, le lieu d'immatriculation et le numéro unique d'identification prévu à l'article 3 de la loi du 11 février 1994 susvisée ;

9° L'adresse du principal établissement et, s'il en existe, du ou des établissements secondaires ;

10° A défaut d'établissement, l'adresse de l'entreprise fixée au local d'habitation déclaré au titre du troisième alinéa de l'article L. 123-10 du code de commerce ou la commune du lieu où elle a fait élection de domicile dans les conditions prévues à l'article L. 264-1 du code de l'action sociale et des familles ;

11° Le cas échéant, l'adresse et la mention du contrat de domiciliation prévu aux articles R. 123-167 et R. 123-168 du code de commerce, avec l'indication du nom ou de la dénomination sociale et des références de l'immatriculation principale sur un registre public de l'entreprise domiciliataire ;

12° Le cas échéant, l'existence d'établissements principaux ou secondaires situés et immatriculés dans un autre État membre de l'Union européenne ou partie à l'accord sur l'Espace économique européen ;

13° La ou les activités exercées donnant lieu à immatriculation au répertoire des métiers ;

14° La date de commencement de l'activité ;

15° En cas de reprise du fonds d'une entreprise, les nom, nom d'usage, pseudonyme, prénoms ou la dénomination sociale et le numéro unique d'identification prévu à l'article 3 de la loi du 11 février 1994 susvisée du précédent exploitant ;

16° S'il en est utilisé, le nom *(Décr. n° 2019-987 du 25 sept. 2019, art. 47)* « professionnel ou » commercial et l'enseigne ;

17° En cas de propriété indivise des éléments d'exploitation, les nom, nom d'usage, pseudonyme, prénoms et domicile des personnes physiques ou dénomination sociale et adresse des personnes morales indivisaires ;

18° En cas de location-gérance, les nom, nom d'usage, pseudonyme, prénoms et domicile ou dénomination sociale et adresse du siège du loueur de fonds ; les dates du début et du terme de la location-gérance avec, le cas échéant, l'indication que le contrat est renouvelable par tacite reconduction ;

19° En cas de gérance-mandat, les nom, nom d'usage, prénoms et domicile ou la dénomination sociale et l'adresse du siège social du gérant-mandataire de l'établissement ainsi que les mentions prévues aux 1° et 2° de l'article R. 123-237 du code de commerce ; les nom, nom d'usage, prénoms, domicile ou la dénomination sociale et l'adresse du siège social du mandant ainsi que les mentions prévues aux 1° et 2° de l'article R. 123-237 du même code ; les dates du début et du terme du contrat de gérance-mandat avec, le cas échéant, l'indication que le contrat est renouvelable par tacite reconduction ;

20° Les nom, nom d'usage, pseudonyme, prénoms, date et lieu de naissance, domicile et nationalité des personnes ayant le pouvoir d'engager à titre habituel par leur signature sa responsabilité ;

21° Si elle le souhaite, le nom de domaine de son ou ses sites internet, ainsi que ses coordonnées téléphoniques et électroniques ;

22° Si elle le souhaite, qu'elle remplit les conditions pour se prévaloir de la qualité d'artisan ou d'artisan d'art *(Décr. n° 2019-987 du 25 sept. 2019, art. 47)* « ou qu'elle s'est vu attribuer le titre de maître artisan ».

II. — Lors de son immatriculation, la personne morale déclare, pour être mentionnés au répertoire des métiers :

1° Sa raison sociale ou sa dénomination suivie, le cas échéant de son sigle et, le cas échéant, le numéro unique d'identification prévu à l'article 3 de la loi du 11 février 1994 susvisée ;

2° Sa forme juridique en précisant, s'il y a lieu, le fait que la société est constituée d'un associé unique ;

3° Le cas échéant, qu'elle a la qualité de société coopérative artisanale régie par le titre Ier de la loi du 20 juillet 1983 susvisée ;

4° Le cas échéant, les nom, nom d'usage, pseudonyme, prénoms, date et lieu de naissance, domicile, lorsqu'il est différent du sien, et nationalité du conjoint du gérant associé unique ou du gérant associé majoritaire, ou de la personne qui lui est liée par un pacte civil de solidarité, qui collabore effectivement à son activité dans les conditions définies par *(Décr. nº 2019-1048 du 11 oct. 2019, art. 2, en vigueur le 1er janv. 2020)* « l'article R. 121-1 » du code de commerce ;

5° Le cas échéant, qu'elle est bénéficiaire d'un contrat d'appui au projet d'entreprise pour la création ou la reprise d'une activité économique conclu dans les conditions prévues au chapitre VII du titre II du livre Ier du code de commerce, en précisant la dénomination sociale de la personne morale responsable de l'appui, l'adresse de son siège social, ainsi que, si elle est immatriculée dans un registre public, le lieu d'immatriculation et le numéro unique d'identification prévu à l'article 3 de la loi du 11 février 1994 susvisée ;

6° L'adresse de son siège social et du premier établissement en France s'il s'agit d'une société étrangère ainsi que, s'il en existe, du ou des établissements secondaires ;

7° Le cas échéant, que la personne morale, dont le représentant légal a installé le siège social à son domicile, use de la faculté ouverte par les dispositions du deuxième alinéa de l'article L. 123-11-1 du code de commerce ;

8° Le cas échéant, l'adresse et la mention du contrat de domiciliation prévu aux articles R. 123-167 et R. 123-168 du code de commerce, avec l'indication du nom ou de la dénomination sociale et des références de l'immatriculation principale sur un registre public de l'entreprise domiciliataire ;

9° Le cas échéant, l'existence d'établissements principaux ou secondaires situés et immatriculés dans un autre État membre de l'Union européenne ou partie à l'accord sur l'Espace économique européen ;

10° La ou les activités exercées donnant lieu à immatriculation au répertoire des métiers ;

11° La date de commencement de l'activité ;

12° En cas de reprise du fonds d'une entreprise, les nom, nom d'usage, pseudonyme, prénoms ou la dénomination sociale et le numéro unique d'identification prévu à l'article 3 de la loi du 11 février 1994 susvisée du précédent exploitant ;

13° S'il en est utilisé, le nom *(Décr. nº 2019-987 du 25 sept. 2019, art. 47)* « professionnel ou » commercial et l'enseigne ;

14° Les nom, nom d'usage, pseudonyme, prénoms, date et lieu de naissance, domicile personnel et nationalité, selon le cas, des directeurs généraux, directeurs généraux délégués, membres du directoire, président du directoire, directeur général unique, associés et tiers ayant le pouvoir de diriger, gérer ou engager à titre habituel la personne morale, administrateurs, président du conseil d'administration et président du conseil de surveillance, personnes habilitées à représenter l'association vis-à-vis des tiers aux termes des statuts ou, si l'une des personnes mentionnées ci-dessus est une personne morale, sa dénomination sociale et sa forme juridique ;

15° Si elle le souhaite, le nom de domaine de son ou ses sites internet, ainsi que ses coordonnées téléphoniques et électroniques ;

16° Si elle le souhaite, que l'un de ses dirigeants remplit les conditions pour se prévaloir de la qualité d'artisan ou d'artisan d'art *(Décr. nº 2019-987 du 25 sept. 2019, art. 47)* « ou s'est vu attribuer le titre de maître artisan ».

III. – Est un établissement secondaire, au sens du présent décret, tout établissement permanent, distinct du siège social ou du principal établissement, poursuivant une activité figurant dans la liste annexée au présent décret et dirigé par l'assujetti, un préposé ou une personne ayant le pouvoir d'engager cet établissement vis-à-vis des tiers.

Art. 10 *ter* *(Décr. nº 2017-861 du 9 mai 2017, art. 12, en vigueur le 1er juill. 2017)* I. – Toute personne physique ou morale soumise à l'obligation d'immatriculation au répertoire des métiers et dont l'activité relève de l'article 16 de la loi du 5 juillet 1996 susvisée indique, dans sa déclaration d'immatriculation, l'identité et la qualité au sein de l'entreprise de la personne exerçant le contrôle effectif et permanent de l'activité ou, à défaut, qu'elle s'engage à recruter un salarié qualifié professionnellement pour assurer ce contrôle.

La déclaration est accompagnée d'une copie du diplôme ou du titre ou de toute pièce justifiant de la qualification professionnelle requise ainsi que, le cas échéant, d'une copie du contrat de travail.

Lorsque la personne immatriculée s'est engagée à recruter un salarié qualifié professionnellement, une copie du contrat de travail et des pièces justifiant de la qualification du salarié est remise au plus tard dans le délai de trois mois à compter de l'immatriculation de l'entreprise.

Le président de la chambre de métiers vérifie, au vu des éléments communiqués, le respect des obligations de qualification.

(Décr. n° 2019-987 du 25 sept. 2019, art. 48) « I *bis*. — Pour être immatriculées, les personnes physiques et morales qui exercent l'activité de transporteur fluvial de marchandises justifient du respect de la condition de capacité professionnelle prévue aux articles R.* 4421-1 et suivants du code des transports.

« II. — Lors de sa demande d'immatriculation, la personne physique ou morale indique, dans sa déclaration, le nombre de ses salariés.

« III. — Lors de la *[sa]* demande d'immatriculation, la personne physique ou morale déclare, le cas échéant, qu'elle-même ou son dirigeant relève du régime prévu à l'article L. 613-7 du code de la sécurité sociale. »

IV. — Les éléments déclarés en application du présent article ne font pas l'objet d'une mention au répertoire des métiers.

Art. 11 *(Décr. n° 2017-861 du 9 mai 2017, art. 13, en vigueur le 1er juill. 2017)* I. — Sous sa responsabilité, lors de sa demande d'immatriculation, la personne physique dépose pour être annexée au répertoire des métiers une attestation de délivrance de l'information donnée à son conjoint commun en biens sur les conséquences des dettes contractées dans l'exercice de sa profession sur les biens communs, établie conformément au modèle défini par arrêté du garde des sceaux, ministre de la justice, en application de l'article R. 123-121-1 du code de commerce.

(Décr. n° 2019-987 du 25 sept. 2019, art. 49, en vigueur le 1er oct. 2019) « II. — Lorsqu'il est immatriculé au seul répertoire des métiers ou, en cas de double immatriculation, lorsqu'il a effectué une déclaration d'affectation mentionnée à l'article L. 526-7 du code de commerce pour inscription au répertoire des métiers, l'entrepreneur individuel à responsabilité limitée dépose, s'il y a lieu, pour être annexé au répertoire des métiers, l'état descriptif prévu à l'article L. 526-8 du code de commerce ainsi que, le cas échéant, les documents prévus à l'article R. 526-3 du même code.

« Lorsque la déclaration d'affectation est effectuée pour inscription au répertoire des métiers, l'entrepreneur dépose à ce même répertoire :

« 1° Les documents attestant de l'accomplissement des formalités prévues aux articles L. 526-9 et L. 526-11 du code de commerce en cas d'affectation de biens nouveaux ou de retrait de biens affectés postérieurement à la constitution du patrimoine affecté. Ce dépôt est effectué dans le mois suivant l'affectation ou le retrait. Le président de la chambre adresse au service des impôts dont relève l'entrepreneur une copie de ces documents dans les quinze jours suivant leur dépôt ;

« 2° Les documents comptables mentionnés à l'article L. 526-14 du même code dans le délai de six mois suivant la clôture de l'exercice. »

III. — La personne physique ou morale bénéficiant du contrat d'appui au projet d'entreprise pour la création ou la reprise d'une activité économique conclu dans les conditions prévues au chapitre VII du titre II du livre Ier du code de commerce dépose une copie de ce contrat au répertoire des métiers pour y être annexée.

Art. 11 *bis* *Abrogé par Décr. n° 2017-861 du 9 mai 2017, art. 14, à compter du 1er juill. 2017.*

Art. 12 Les personnes immatriculées au répertoire des métiers *(Décr. n° 2017-861 du 9 mai 2017, art. 15, en vigueur le 1er juill. 2017)* « déclarent » au président de la *(Décr. n° 2010-1356 du 11 nov. 2010, art. 25)* « chambre » *(Abrogé par Décr. n° 2013-591 du 4 juill. 2013, art. 6)* « *de métiers* » compétente, dans le délai d'un mois, les modifications survenues dans leur situation.

(Décr. n° 2019-987 du 25 sept. 2019, art. 50, en vigueur le 1er oct. 2019) « Les personnes physiques déjà immatriculées qui affectent à leur activité professionnelle, en application de l'article L. 526-6 du code de commerce, un patrimoine séparé de leur patrimoine personnel, déclarent, pour mention au répertoire des métiers, les informations prévues à l'article R. 526-3 du code de commerce et déposent, s'il y a lieu, les documents mentionnés à l'article 11. »

(Abrogé par Décr. n° 2017-861 du 9 mai 2017, art. 15, à compter du 1er juill. 2017) (Décr. n° 2015-810 du 2 juill. 2015, art. 12, en vigueur le 1er oct. 2015) « Dans le délai de trois mois à compter d'un changement de situation affectant les obligations de la personne immatriculée en matière de qualification professionnelle prévues par l'article 16 de la loi du 5 juillet 1996 susvisée

ou par l'article 3 de la loi du 23 mai 1946 mentionnée ci-dessus, celle-ci transmet à la chambre de métiers et de l'artisanat compétente l'identité et la qualité au sein de l'entreprise de la personne exerçant le contrôle effectif et permanent de l'activité ainsi que les pièces justificatives prévues à l'article 7 quater du présent décret. »

(Décr. n° 2019-987 du 25 sept. 2019, art. 50, en vigueur le 1er oct. 2019) **« Les personnes physiques ayant effectué une déclaration d'affectation de patrimoine pour inscription au répertoire des métiers en application de l'article L. 526-7 du code de commerce déclarent, le cas échéant, dans le délai prévu au premier alinéa, l'ensemble des événements et décisions mentionnés aux articles L. 526-15 et L. 526-17 du code de commerce. »** *(Décr. n° 2010-1706 du 29 déc. 2010, art. 22)* **« La** *(Décr. n° 2017-861 du 9 mai 2017, art. 15, en vigueur le 1er juill. 2017)* **« déclaration » relative à un patrimoine affecté à une activité professionnelle est présentée par la personne immatriculée au répertoire des métiers ou par les personnes mentionnées aux articles L. 526-15, L. 526-16, premier alinéa, et L. 526-17 du code de commerce. Le dépôt de la déclaration de reprise mentionnée au second alinéa de l'article L. 526-16 du code de commerce est effectué par la personne reprenant le patrimoine affecté. La** *(Décr. n° 2017-861 du 9 mai 2017, art. 15, en vigueur le 1er juill. 2017)* **« déclaration » relative à la cession du patrimoine affecté à une personne morale ou à son apport en société est présentée par le cédant ou l'apporteur. »**

(Décr. n° 2017-861 du 9 mai 2017, art. 15, en vigueur le 1er juill. 2017) **« Par dérogation au premier alinéa, dans le délai de trois mois à compter d'un changement de situation affectant les obligations des personnes immatriculées en matière de qualification professionnelle prévues par l'article 16 de la loi du 5 juillet 1996 susvisée, celles-ci transmettent à la chambre de métiers et de l'artisanat compétente l'identité et la qualité au sein de l'entreprise de la personne exerçant le contrôle effectif et permanent de l'activité ainsi que les pièces justificatives prévues à l'article 10 *ter* du présent décret. »**

(Décr. n° 2019-987 du 25 sept. 2019, art. 50) **« En cas de départ du titulaire de l'attestation de capacité au sein d'une entreprise de transport fluvial de marchandises, la personne physique ou morale immatriculée dispose, par dérogation à l'alinéa précédent et conformément au deuxième alinéa de l'article R. 4421-5 du code des transports, d'un délai de six mois pour transmettre à la chambre de métiers et de l'artisanat compétente l'identité et la qualité du nouveau titulaire de l'attestation de capacité et les pièces en justifiant. Ce délai est porté à un an, prorogeable de six mois au plus, en cas de décès ou d'incapacité physique ou légale de la personne titulaire de l'attestation de capacité, conformément au premier l'alinéa** *[premier alinéa]* **de l'article R. 4421-5 du code des transports. »**

(Décr. n° 2019-987 du 25 sept. 2019, art. 50, en vigueur le 1er janv. 2020) **« Par dérogation au premier alinéa, les personnes physiques et morales ne déclarent au président de la chambre un changement de leur effectif salarié que lorsqu'est atteint le seuil de deux-cent-cinquante salariés mentionné au quatrième alinéa du I de l'article 19 de la loi du 5 juillet 1996 susvisée et calculé selon les modalités prévues au sixième alinéa du même I. Cette déclaration vaut demande de radiation. »**

(Décr. n° 2006-80 du 25 janv. 2006, art. 2) **« Lorsqu'une personne physique ou morale transfère son principal établissement ou son siège dans le ressort d'une** *(Décr. n° 2010-1356 du 11 nov. 2010, art. 25)* **« chambre »** *(Abrogé par Décr. n° 2013-591 du 4 juill. 2013, art. 6)* ***« de métiers et de l'artisanat de région »*** **autre que celle où elle est immatriculée, elle déclare ce transfert à sa nouvelle chambre, laquelle effectue les démarches nécessaires à sa nouvelle immatriculation. Les informations complémentaires nécessaires à cette immatriculation sont fournies gratuitement par la** *(Décr. n° 2010-1356 du 11 nov. 2010, art. 25)* **« chambre »** *(Abrogé par Décr. n° 2013-591 du 4 juill. 2013, art. 6)* ***« de métiers et de l'artisanat de région »*** **précédemment compétente. »**

(Décr. n° 2019-987 du 25 sept. 2019, art. 50, en vigueur le 1er oct. 2019) **« Dans le cas où un entrepreneur individuel à responsabilité limitée transfère son principal établissement dans le ressort d'une nouvelle chambre de métiers et de l'artisanat, il indique, conjointement à sa demande de nouvelle immatriculation, le lieu et le registre de son immatriculation antérieure. »**

(Décr. n° 2015-913 du 24 juill. 2015, art. 10-II) **« La nouvelle chambre de métiers et de l'artisanat demande, dans le délai d'un jour franc ouvrable à compter de la nouvelle immatriculation, à la chambre dans le ressort de laquelle était exercée l'activité de procéder au transfert dans le délai d'un jour franc ouvrable à compter de la réception de sa demande. La chambre de métiers et de l'artisanat antérieurement compétente informe, par tous moyens, l'entrepreneur individuel de ce transfert. Le cas échéant, il est fait application des dispositions du** *(Décr. n° 2019-987 du 25 sept. 2019, art. 50)* **« V de l'article 15 ». »** — *Les dispositions issues de l'art. 10 du Décr. n° 2015-913 du 26 juill. 2015 ne s'appliquent pas à Wallis-et-Futuna (Décr. préc., art. 12).*

L'immatriculation au répertoire des métiers peut *(Abrogé par Décr. n° 2017-861 du 9 mai 2017, art. 15, à compter du 1er juill. 2017)* « *également* » être maintenue pendant un délai maximum d'un an en cas de cessation temporaire d'activité, sur déclaration de la personne immatriculée. *(Décr. n° 2006-80 du 25 janv. 2006, art. 2)* « Ce délai est renouvelable dans la limite d'un délai maximum de trois ans dans le cas d'un congé parental. »

Art. 13 *(Décr. n° 2017-861 du 9 mai 2017, art. 16, en vigueur le 1er juill. 2017)* « Lorsque les personnes immatriculées au répertoire des métiers ne remplissent plus les conditions d'immatriculation, elles demandent leur radiation dans le délai d'un mois. »

(Décr. n° 2006-80 du 25 janv. 2006, art. 2) « En cas de décès de la personne immatriculée, la radiation est demandée par les héritiers ou les ayants droit dans le délai de six mois à compter de la date du décès. Toutefois, ces héritiers ou ayants droit, qu'ils envisagent ou non de poursuivre l'exploitation, peuvent demander, à compter de la date du décès et dans les mêmes délais, le maintien provisoire de l'immatriculation pour une durée d'un an renouvelable une fois. » En cas de liquidation *(Décr. n° 2006-80 du 25 janv. 2006, art. 2)* « amiable » d'une société immatriculée, la radiation doit être requise à la diligence du liquidateur dans les deux mois *(Décr. n° 2006-80 du 25 janv. 2006, art. 2)* « de la publication de la clôture de la liquidation ».

Art. 14 *(Décr. n° 2017-861 du 9 mai 2017, art. 17, en vigueur le 1er juill. 2017)* I. — Sous réserve des dispositions prévues au deuxième alinéa de l'article 13 du présent décret, les demandes sont revêtues de la signature de la personne tenue à l'immatriculation ou de son mandataire qui justifie de son identité et, en ce qui concerne le mandataire, d'une procuration signée de la personne tenue à immatriculation. La procuration peut être fournie en copie lorsqu'il est recouru à une transmission par voie électronique.

La demande d'inscription ou de suppression de la mention de conjoint collaborateur est faite par la personne physique tenue à l'immatriculation.

II. — Toute demande *(Décr. n° 2019-987 du 25 sept. 2019, art. 51)* « mentionnée au I » indique :

1° Les nom, nom d'usage, pseudonyme, prénoms pour les personnes physiques, la dénomination ou la raison sociale pour les personnes morales ;

2° Le numéro unique d'identification prévu à l'article 3 de la loi du 11 février 1994 susvisée ;

3° L'objet de la demande ainsi que la date d'effet de l'événement la justifiant.

Lorsque plusieurs inscriptions modificatives sont connexes et concernent la même immatriculation, elles peuvent être effectuées sur la même déclaration, dans la mesure où elles sont réalisées dans le délai réglementaire d'un mois.

Une même déclaration peut comprendre une inscription complémentaire et des inscriptions modificatives connexes déclarées dans les délais réglementaires.

III. — Toute demande est accompagnée :

1° Des pièces justifiant les mentions contenues dans la demande ainsi que du respect des conditions d'exercice de son activité. Ces pièces *(Abrogé par Décr. n° 2019-987 du 25 sept. 2019, art. 51)* « *, dont la liste est fixée par arrêté du ministre chargé de l'artisanat,* » ne sont pas publiques. Leur validité est appréciée à la date de la demande. *(Décr. n° 2021-300 du 18 mars 2021, art. 17, en vigueur le 1er avr. 2021)* « Un arrêté du ministre chargé de l'artisanat détermine les pièces justificatives susceptibles d'être produites à l'appui de la demande » ; *— V. Arr. du 29 déc. 2021, ci-dessous.*

2° Le cas échéant, des pièces et actes déposés en application de l'article 11 et de toute autre disposition législative ou réglementaire. Ces pièces sont destinées à figurer au dossier annexe à chaque dossier individuel et sont accessibles au public dans les conditions fixées par l'article 21.

Arrêté du 29 décembre 2021,

Relatif aux pièces justificatives à produire à l'appui des demandes d'inscription et de radiation au répertoire des métiers 🏛.

Art. 15 *(Décr. n° 2017-861 du 9 mai 2017, art. 18, en vigueur le 1er juill. 2017)* I. — Sous réserve des dispositions du V de l'article 16 de la loi du 5 juillet 1996 susvisée et de l'article 35 du code professionnel local, l'immatriculation est effectuée par le président de la chambre compétente.

Le président procède à l'immatriculation des personnes physiques dans le délai d'un jour ouvrable après la délivrance, par le centre de formalités des entreprises géré par la chambre,

du récépissé de dépôt de dossier de création d'entreprise visé à l'article 19-1 de la loi du 5 juillet 1996 susvisée *(Décr. n° 2021-300 du 18 mars 2021, art. 17, en vigueur le 1er avr. 2021)* **« ou dans le délai d'un jour ouvrable qui suit la réception, par la chambre, du dossier complet transmis par le service informatique mentionné à l'article R. 123-30-14 du code de commerce. »**

Il procède à l'immatriculation des personnes morales dans le délai d'un jour ouvrable après réception de la notification de l'immatriculation au registre du commerce et des sociétés.

Le président inscrit au répertoire des métiers le numéro unique d'identification prévu à l'article 3 de la loi du 11 février 1994 susvisée attribué par l'Institut national de la statistique et des études économiques en application de l'article R. 123-221 du code de commerce.

Le président délivre, sans délai et gratuitement, à la personne immatriculée trois extraits de l'immatriculation au répertoire des métiers.

(Décr. n° 2021-300 du 18 mars 2021, art. 17, en vigueur le 1er avr. 2021) **« Lorsqu'il est saisi d'une déclaration transmise par le biais du service informatique mentionné à l'article R. 123-30-14 du code de commerce, le président échange avec ce dernier dans les conditions prévues à l'article R. 123-30-18 du même code. »**

Le président ne peut pas statuer sur une demande d'immatriculation lorsqu'il exerce la même activité. Dans ce cas, le secrétaire général de la chambre statue sur cette demande.

L'absence de notification d'une décision sur la demande d'immatriculation dans les quinze jours à compter de la réception du dossier complet vaut acceptation de cette demande. Le président est alors tenu de porter cette mention au répertoire des métiers dans le délai franc d'un jour.

(Décr. n° 2019-987 du 25 sept. 2019, art. 52) **« II. — L'immatriculation est refusée lorsque la personne ne remplit pas les conditions nécessaires à l'immatriculation, notamment en ce qui concerne le respect des obligations en matière de qualification. Toutefois, lorsque ces conditions sont satisfaites pour une activité donnant lieu à immatriculation, le président procède à l'immatriculation en ne mentionnant que cette activité.**

« Le refus d'immatriculation ou d'inscription est motivé. Il est notifié par lettre recommandée avec demande d'avis de réception ou par remise en main propre contre récépissé. La notification mentionne la possibilité pour le demandeur de former un recours devant le juge administratif et en précise les modalités. »

(Décr. n° 2021-300 du 18 mars 2021, art. 17, en vigueur le 1er avr. 2021) **« Lorsqu'il est saisi d'une déclaration transmise par le biais du service informatique mentionné à l'article R. 123-30-14 du code de commerce, le président échange avec ce dernier dans les conditions prévues par l'article R. 123-30-18 du même code, lequel service en informe le demandeur par voie électronique. »**

III. — Les radiations, intervenues sur demande de la personne immatriculée ou dans les conditions prévues *(Décr. n° 2019-1080 du 23 oct. 2019, art. 3)* **« aux articles 17 *bis* et 17 *ter* », sont effectuées par le président de la chambre compétente. Elles sont notifiées par lettre recommandée avec demande d'avis de réception ou par remise en main propre contre récépissé.**

(Décr. n° 2021-300 du 18 mars 2021, art. 17, en vigueur le 1er avr. 2021) **« Lorsqu'il est saisi d'une déclaration transmise par le biais du service informatique mentionné à l'article R. 123-30-14 du code de commerce, le président échange avec ce dernier dans les conditions prévues par l'article R. 123-30-18 du même code, lequel service en informe le demandeur par voie électronique. »**

IV. — Les personnes qui se sont vu opposer un refus d'immatriculation *(Décr. n° 2019-987 du 25 sept. 2019, art. 52)* **« ou d'inscription » ou qui ont été radiées peuvent saisir le préfet en vue de l'application des dispositions prévues au I de l'article 18.**

V. — Dans le cas prévu au 7° du I de l'article 10 *bis*, le président de la chambre qui procède à l'inscription au répertoire des métiers d'une déclaration d'affectation effectuée en application de l'article L. 526-7 du code de commerce en avise sans délai le greffier compétent aux fins de mention au registre du commerce et des sociétés, dans des formes prévues par arrêté conjoint du garde des sceaux, ministre de la justice, et du ministre chargé de l'économie.

(Décr. n° 2021-300 du 18 mars 2021, art. 17, en vigueur le 1er avr. 2021) **« Lorsque le président procède à cette inscription sur saisine du service informatique mentionné à l'article R. 123-30-14 du code de commerce, l'avis au greffier compétent est réalisé par l'intermédiaire de ce service. »**

(Décr. n° 2019-987 du 25 sept. 2019, art. 52) **« VI. — Lorsque ces décisions concernent une personne physique ou morale immatriculée au registre du commerce et des sociétés, le président informe le greffier compétent, aux fins de mise en œuvre des dispositions de l'article**

R. 123-100 du code de commerce, de toute immatriculation ou inscription au répertoire des métiers ou de toute radiation de ce répertoire, effectuée sur demande ou d'office, ainsi que de tout refus d'immatriculation ou d'inscription à ce répertoire.

« Le président informe également de ces mêmes décisions l'Institut national de la statistique et des études économiques. »

Arrêté du 29 décembre 2010, *relatif à l'entrepreneur individuel à responsabilité limitée.* **Art. 4** L'avis mentionné *(Arr. du 23 mai 2018, art. 1er)* « au V de l'article 15 » du décret n° 98-247 du 2 avril 1998 relatif à la qualification artisanale et au répertoire des métiers est constitué d'un écrit, formalisé, le cas échéant, par voie électronique, qui mentionne :

1° Les nom, nom d'usage, prénoms et domicile de l'entrepreneur individuel ;

2° La dénomination utilisée pour l'exercice de l'activité professionnelle à laquelle le patrimoine est affecté ;

3° L'adresse de l'établissement principal où est exercée l'activité professionnelle à laquelle le patrimoine est affecté ou, à défaut d'établissement, l'adresse du local d'habitation où l'entreprise est fixée ;

4° L'objet de l'activité professionnelle à laquelle le patrimoine est affecté ;

5° La date de clôture de l'exercice comptable ;

6° Le numéro unique d'identification de l'entreprise délivré conformément à l'article D. 123-235 du code de commerce ;

7° La date, le lieu et le registre *(Abrogé par Arr. du 25 sept. 2019, art. 8, à compter du 1er oct. 2019)* « *de dépôt* » de la déclaration d'affectation.

Nouvel art. 15 *(Décr. n° 2017-861 du 9 mai 2017, art. 18, en vigueur le 1er juill. 2017)* ***I. — Sous réserve des dispositions du V de l'article 16 de la loi du 5 juillet 1996 susvisée et de l'article 35 du code professionnel local, l'immatriculation est effectuée par le président de la chambre compétente.***

Le président procède à l'immatriculation des personnes physiques *(Abrogé par Décr. n° 2021-300 du 18 mars 2021, art. 42, à compter du 1er janv. 2023)* ***« dans le délai d'un jour ouvrable après la délivrance, par le centre de formalités des entreprises géré par la chambre, du récépissé de dépôt de dossier de création d'entreprise visé à l'article 19-1 de la loi du 5 juillet 1996 susvisée ou »*** *(Décr. n° 2021-300 du 18 mars 2021, art. 17, en vigueur le 1er avr. 2021)* ***« dans le délai d'un jour ouvrable qui suit la réception, par la chambre, du dossier complet transmis par*** *(Décr. n° 2021-300 du 18 mars 2021, art. 42, en vigueur le 1er janv. 2023)* ***« l'organisme unique mentionné à l'article R. 123-1 » du code de commerce. »***

Il procède à l'immatriculation des personnes morales dans le délai d'un jour ouvrable après réception de la notification de l'immatriculation au registre du commerce et des sociétés *(Décr. n° 2021-300 du 18 mars 2021, art. 42, en vigueur le 1er janv. 2023)* ***« transmise par l'organisme unique ».***

Le président inscrit au répertoire des métiers le numéro unique d'identification prévu à l'article *(Décr. n° 2021-300 du 18 mars 2021, art. 42, en vigueur le 1er janv. 2023)* ***« L. 123-34 du code de commerce » attribué par l'Institut national de la statistique et des études économiques en application de l'article R. 123-221 du*** *(Décr. n° 2021-300 du 18 mars 2021, art. 42, en vigueur le 1er janv. 2023)* ***« même code et obtenu auprès de l'organisme unique mentionné à l'article R. 123-1 du même code ».***

Le président *(Décr. n° 2021-300 du 18 mars 2021, art. 42, en vigueur le 1er janv. 2023)* ***« porte à la connaissance de l'organisme unique mentionné à l'article R. 123-1 du code de commerce les informations et pièces indiquées à l'article R. 123-7 du même code, dans les conditions prévues par ce même article et » délivre, sans délai et gratuitement, à la personne immatriculée trois extraits de l'immatriculation au répertoire des métiers.***

(Décr. n° 2021-300 du 18 mars 2021, art. 42, en vigueur le 1er janv. 2023) ***« Lorsqu'il est saisi d'une déclaration transmise par le biais du service informatique mentionné à l'article R. 123-30-14 du code de commerce, le président échange avec ce dernier dans les conditions prévues à l'article R. 123-30-18 du même code. »***

Le président ne peut pas statuer sur une demande d'immatriculation lorsqu'il exerce la même activité. Dans ce cas, le secrétaire général de la chambre statue sur cette demande.

L'absence de notification d'une décision sur la demande d'immatriculation dans les quinze jours à compter de la réception du dossier complet vaut acceptation de cette demande. Le président est alors tenu de porter cette mention au répertoire des métiers dans le délai franc d'un jour.

(Décr. no 2019-987 du 25 sept. 2019, art. 52) ***« II. — L'immatriculation est refusée lorsque la personne ne remplit pas les conditions nécessaires à l'immatriculation, notamment en ce qui concerne le respect des obligations en matière de qualification. Toutefois, lorsque ces conditions sont satisfaites pour une activité donnant lieu à immatriculation, le président procède à l'immatriculation en ne mentionnant que cette activité.***

« Le refus d'immatriculation ou d'inscription est motivé. *(Décr. no 2021-300 du 18 mars 2021, art. 42, en vigueur le 1er janv. 2023)* ***« Cette décision et ces motifs sont portés à la connaissance de l'organisme unique dans les conditions prévues par l'article R. 123-7 du code de commerce. » La notification*** *(Décr. no 2021-300 du 18 mars 2021, art. 42, en vigueur le 1er janv. 2023)* ***« au demandeur est réalisée par l'organisme unique par voie électronique, » mentionne la possibilité pour le demandeur de former un recours devant le juge administratif et en précise les modalités. »***

(Abrogé par Décr. no 2021-300 du 18 mars 2021, art. 42, à compter du 1er janv. 2023) ***« Lorsqu'il est saisi d'une déclaration transmise par le biais du service informatique mentionné à l'article R. 123-30-14 du code de commerce, le président échange avec ce dernier dans les conditions prévues par l'article R. 123-30-18 du même code, lequel service en informe le demandeur par voie électronique. »***

III. — Les radiations, intervenues sur demande de la personne immatriculée ou dans les conditions prévues *(Décr. no 2019-1080 du 23 oct. 2019, art. 3)* ***« aux articles 17 bis et 17 ter », sont effectuées par le président de la chambre compétente. Elles sont*** *(Décr. no 2021-300 du 18 mars 2021, art. 42, en vigueur le 1er janv. 2023)* ***« portées à la connaissance de l'organisme unique susvisé dans les conditions prévues par l'article R. 123-7 du code de commerce. Elles font l'objet d'une notification par voie électronique à la personne immatriculée par l'organisme unique. »***

(Abrogé par Décr. no 2021-300 du 18 mars 2021, art. 42, à compter du 1er janv. 2023) ***« Lorsqu'il est saisi d'une déclaration transmise par le biais du service informatique mentionné à l'article R. 123-30-14 du code de commerce, le président échange avec ce dernier dans les conditions prévues par l'article R. 123-30-18 du même code, lequel service en informe le demandeur par voie électronique. »***

IV. — Les personnes qui se sont vu opposer un refus d'immatriculation *(Décr. no 2019-987 du 25 sept. 2019, art. 52)* ***« ou d'inscription » ou qui ont été radiées peuvent saisir le préfet en vue de l'application des dispositions prévues au I de l'article 18.***

V. — Dans le cas prévu au 7o du I de l'article 10 bis, le président de la chambre qui procède à l'inscription au répertoire des métiers d'une déclaration d'affectation effectuée en application de l'article L. 526-7 du code de commerce en avise sans délai *(Décr. no 2021-300 du 18 mars 2021, art. 42, en vigueur le 1er janv. 2023)* ***« et par voie électronique, par l'intermédiaire de l'organisme unique, » le greffier compétent aux fins de mention au registre du commerce et des sociétés*** *(Abrogé par Décr. no 2021-300 du 18 mars 2021, art. 42, à compter du 1er janv. 2023)* ***« , dans des formes prévues par arrêté conjoint du garde des sceaux, ministre de la justice, et du ministre chargé de l'économie ».***

(Abrogé par Décr. no 2021-300 du 18 mars 2021, art. 42, à compter du 1er janv. 2023) ***« Lorsque le président procède à cette inscription sur saisine du service informatique mentionné à l'article R. 123-30-14 du code de commerce, l'avis au greffier compétent est réalisé par l'intermédiaire de ce service. »***

(Décr. no 2019-987 du 25 sept. 2019, art. 52) ***« VI. — Lorsque ces décisions concernent une personne physique ou morale immatriculée au registre du commerce et des sociétés, le président informe le greffier compétent*** *(Décr. no 2021-300 du 18 mars 2021, art. 42, en vigueur le 1er janv. 2023)* ***« par l'intermédiaire de l'organisme unique », aux fins de mise en œuvre des dispositions de l'article R. 123-100 du code de commerce, de toute immatriculation ou inscription au répertoire des métiers ou de toute radiation de ce répertoire, effectuée sur demande ou d'office, ainsi que de tout refus d'immatriculation ou d'inscription à ce répertoire.***

« Le président informe également de ces mêmes décisions *(Décr. no 2021-300 du 18 mars 2021, art. 42, en vigueur le 1er janv. 2023)* ***« et selon les mêmes modalités » l'Institut national de la statistique et des études économiques. »***

Art. 15 *bis* *(Décr. no 2006-80 du 25 janv. 2006, art. 2)* **Lorsque le président de la** *(Décr. no 2010-1356 du 11 nov. 2010, art. 25)* **« chambre »** *(Abrogé par Décr. no 2013-591 du 4 juill. 2013, art. 6)* ***« de métiers et de l'artisanat de région »*** **est informé par une autorité administrative ou judiciaire de ce que l'évolution de la situation d'une personne immatriculée nécessiterait de compléter ou de modifier les mentions la concernant figurant au répertoire, il invite la personne intéressée à s'acquitter de ses obligations déclaratives. Si l'intéressée ne**

défère pas à cette invitation dans le délai d'un mois, le président *(Abrogé par Décr. n° 2013-591 du 4 juill. 2013, art. 6)* ***« de la chambre de métiers »*** inscrit d'office les modifications appropriées au dossier individuel de la personne *(Abrogé par Décr. n° 2019-987 du 25 sept. 2019, art. 53, à compter du 1er janv. 2020)* ***« aux frais de l'assujettie »*** *(Décr. n° 2021-300 du 18 mars 2021, art. 42, en vigueur le 1er janv. 2023)* « , en procédant à une déclaration à l'organisme unique mentionné à l'article R. 123-1 du code de commerce, dans les conditions prévues au même article ».

(Décr. n° 2019-987 du 25 sept. 2019, art. 53, en vigueur le 1er oct. 2019) « Lorsque le président est informé par le greffier *[nouvelle rédaction issue du Décr. n° 2021-300 du 18 mars 2021, art. 42, en vigueur le 1er janv. 2023 : « l'organisme unique »]* qu'une personne physique également immatriculée au répertoire des métiers a effectué à raison de la même activité une déclaration d'affectation de patrimoine pour inscription au registre du commerce et des sociétés en application de l'article L. 526-7 du code de commerce, il procède d'office à la mention de cette déclaration. »

(Décr. n° 2017-861 du 9 mai 2017, art. 19, en vigueur le 1er juill. 2017) « Lorsqu'il est informé de ce qu'une personne remplit les conditions pour se prévaloir de la qualité d'artisan ou d'artisan d'art, le président procède d'office à la mention de cette qualité *(Décr. n° 2021-300 du 18 mars 2021, art. 42, en vigueur le 1er janv. 2023)* « par une déclaration à l'organisme unique ». Il procède de même lorsque la qualité d'artisan ou d'artisan d'art est attribuée conformément aux articles 5 et 5 *bis* ou lorsque le titre de maître artisan est attribué à une personne physique ou au dirigeant d'une personne morale immatriculée. »

Art. 16 *(Abrogé par Décr. n° 2019-987 du 25 sept. 2019, art. 54, à compter du 1er janv. 2020) (Décr. n° 2017-861 du 9 mai 2017, art. 20, en vigueur le 1er juill. 2017)* ***Lorsque le président de la chambre est informé par une autorité administrative ou judiciaire de ce qu'une personne immatriculée atteint le seuil de cinquante salariés mentionné aux quatrième et cinquième alinéas du I de l'article 19 de la loi du 5 juillet 1996 susvisée, il invite la personne intéressée à s'acquitter de ses obligations déclaratives et à solliciter, selon son choix, le maintien de son immatriculation en application du sixième alinéa du même article ou sa radiation. Si l'intéressée ne défère pas à cette invitation dans le délai d'un mois, le président procède d'office à sa radiation.***

Art. 16 *bis* *(Décr. n° 2017-861 du 9 mai 2017, art. 21, en vigueur le 1er juill. 2017)* I. — Lorsqu'il en est rendu destinataire par le président du tribunal *[nouvelle rédaction issue du Décr. n° 2021-300 du 18 mars 2021, art. 42, en vigueur le 1er janv. 2023 : « l'organisme unique mentionné à l'article R. 123-1 du code de commerce »]*, le président de la chambre procède d'office à la mention au répertoire des métiers des décisions intervenues dans les procédures de sauvegarde ou de redressement judiciaire ou de liquidation judiciaire des entreprises et ouvertes à compter du 1er janvier 2006 :

1° Ouvrant la procédure de sauvegarde ou de redressement judiciaire avec l'indication du nom des mandataires de justice désignés et, le cas échéant, des pouvoirs conférés à l'administrateur ;

2° Convertissant la procédure de sauvegarde en procédure de redressement judiciaire avec l'indication des pouvoirs conférés à l'administrateur ;

3° Prolongeant la période d'observation ;

4° Modifiant les pouvoirs de l'administrateur ;

5° Ordonnant la cessation partielle de l'activité en application des articles L. 622-10 ou L. 631-15 du code de commerce ;

6° Arrêtant le plan de sauvegarde ou de redressement, avec l'indication du nom du commissaire à l'exécution du plan ;

7° Modifiant le plan de sauvegarde ou de redressement ;

8° Prononçant la résolution du plan de sauvegarde ou de redressement ;

9° Mettant fin à la procédure de sauvegarde ou de redressement judiciaire ou clôturant l'une de ces procédures ;

10° Modifiant la date de cessation des paiements ;

11° Ouvrant ou prononçant la liquidation judiciaire, avec l'indication du nom du liquidateur ;

12° Autorisant une poursuite d'activité en liquidation judiciaire avec, le cas échéant, le nom de l'administrateur désigné ;

13° Appliquant à la procédure les règles de la liquidation judiciaire simplifiée ;

14° Mettant fin à l'application des règles de la liquidation judiciaire simplifiée ;

15° Arrêtant le plan de cession de l'entreprise au cours d'une procédure de redressement ou de liquidation judiciaire ;

16° Modifiant le plan de cession ;

17° Prononçant la résolution du plan de cession ;

18° Prononçant la clôture de la procédure pour extinction du passif ou insuffisance d'actif avec, le cas échéant, l'indication de l'autorisation de la reprise des actions individuelles de tout créancier à l'encontre du débiteur ;

19° Autorisant la reprise des actions individuelles de tout créancier à l'encontre du débiteur postérieurement au jugement prononçant la clôture de la procédure de liquidation judiciaire ;

20° Prononçant la faillite personnelle ou l'interdiction prévue à l'article L. 653-8 du code de commerce avec l'indication de la durée pour laquelle ces mesures ont été prononcées ;

21° Remplaçant les mandataires de justice ;

22° Décidant la reprise de la procédure de liquidation judiciaire ;

23° Prononçant la clôture de la procédure de rétablissement professionnel et l'effacement des dettes.

En outre, le président mentionne la décision, rendue par une juridiction d'un État membre de l'Union européenne soumis à l'application du règlement (UE) 2015/848 du 20 mai 2015 relatif aux procédures d'insolvabilité, ouvrant une procédure d'insolvabilité en application de l'article 3 (§ 1) de ce règlement, à l'égard d'une personne immatriculée au répertoire des métiers, dont le centre des intérêts principaux ou le domicile est situé dans cet État. Cette mention est effectuée à la demande de la personne désignée par ce règlement, qui justifie de ses pouvoirs.

(Décr. n° 2018-452 du 5 juin 2018, art. 11) « II. — Sans préjudice du I, pour les décisions ouvrant une procédure de sauvegarde ou de redressement ou liquidation judiciaires à compter du 26 juin 2018, le président de la chambre, lorsqu'il en est rendu destinataire, procède d'office à la mention au répertoire des métiers :

« 1° De la nature principale, secondaire ou territoriale de la procédure d'insolvabilité au sens des paragraphes 1, 2 ou 4 de l'article 3 du règlement (UE) n° 2015/848 du 20 mai 2015 relatif aux procédures d'insolvabilité ;

« 2° De la juridiction compétente pour connaître du recours à l'encontre de la décision d'ouverture de la procédure d'insolvabilité pour un motif de compétence internationale et du délai pour former ce recours ;

« 3° Du délai de déclaration des créances avec les références électroniques du portail prévu par les articles L. 814-2 et L. 814-13 du code de commerce.

« III. — » Sont radiées d'office les mentions relatives aux décisions mentionnées au I *(Décr. n° 2018-452 du 5 juin 2018, art. 11)* « et au II » lorsque :

1° Il a été mis fin à une procédure de sauvegarde en application de l'article L. 622-12 du code de commerce ;

2° Il a été mis fin à une procédure de redressement en application de l'article L. 631-16 du même code ;

3° Il a été constaté l'achèvement de l'exécution du plan de sauvegarde ou de redressement en application de l'article L. 626-28 du même code ;

4° Le plan de sauvegarde est toujours en cours à l'expiration d'un délai de trois ans à compter de son arrêté ;

5° Le plan de redressement est toujours en cours à l'expiration d'un délai de cinq ans à compter de son arrêté.

Les radiations prévues aux 4° et 5° font obstacle à toute nouvelle mention intéressant l'exécution du plan de sauvegarde ou de redressement, sauf si celle-ci est relative à une mesure d'inaliénabilité décidée par le tribunal ou à une décision prononçant la résolution du plan.

Art. 17 *(Décr. n° 2017-861 du 9 mai 2017, art. 22, en vigueur le 1er juill. 2017)* I. — Lorsque le président de la chambre est informé du prononcé d'une mesure d'incapacité ou d'interdiction d'exercer une activité commerciale ou professionnelle, de gérer, d'administrer ou de diriger une personne morale résultant d'une décision juridictionnelle passée en force de chose jugée ou d'une décision administrative définitive à l'encontre d'une personne immatriculée ou de l'un de ses dirigeants, il la mentionne d'office au répertoire des métiers *(Décr. n° 2021-300 du 18 mars 2021, art. 42, en vigueur le 1er janv. 2023)* « par une déclaration formée auprès de l'organisme unique mentionné à l'article R. 123-1 du code de commerce ».

II. — Les mentions prévues au I sont radiées d'office *(Décr. n° 2021-300 du 18 mars 2021, art. 42, en vigueur le 1er janv. 2023)* « , selon des modalités identiques » :

1° Lorsque intervient une décision de réhabilitation, de relevé d'incapacité ou d'amnistie faisant disparaître l'incapacité ou l'interdiction ;

2° Lorsque arrive le terme de l'interdiction fixé par la juridiction en application de l'article L. 653-11 du code de commerce ;

3° Lorsque le dirigeant qui fait l'objet d'une incapacité ou d'une interdiction n'exerce plus ses fonctions.

Art. 17 *bis* *(Décr. n° 2006-80 du 25 janv. 2006, art. 2)* Lorsque le président de la *(Décr. n° 2010-1356 du 11 nov. 2010, art. 25)* « chambre » *(Abrogé par Décr. n° 2013-591 du 4 juill. 2013, art. 6) « de métiers et de l'artisanat de région »* est informé par une autorité administrative ou judiciaire de ce qu'une personne immatriculée ne remplit plus les conditions d'immatriculation au répertoire des métiers, il procède d'office à sa radiation *(Décr. n° 2021-300 du 18 mars 2021, art. 42, en vigueur le 1er janv. 2023)* « par une déclaration formée auprès de l'organisme unique mentionné à l'article R. 123-1 du code de commerce, » après l'avoir mise en demeure, ou, le cas échéant, ses héritiers ou ayants droit, de demander la radiation de son immatriculation par lettre recommandée avec demande d'avis de réception.

Les personnes physiques sont radiées à l'issue d'un délai de trois mois après la date de l'accusé de réception et les personnes morales dans le délai de trois mois après leur radiation du registre du commerce et des sociétés.

(Décr. n° 2019-987 du 25 sept. 2019, art. 55) « Les personnes n'ayant pas transmis les éléments prévus au troisième alinéa du I de l'article 10 *ter* dans le délai de trois mois à compter de leur immatriculation sont radiées d'office. Sont également radiées d'office les personnes qui, en cas de changement de situation affectant leurs obligations en matière de qualification professionnelle, n'ont pas transmis les éléments requis dans les délais prévus aux quatrième et cinquième alinéas de l'article 12. »

(Décr. n° 2015-810 du 2 juill. 2015, art. 15, en vigueur le 1er oct. 2015) « Sont également radiées d'office les personnes qui, au vu des éléments transmis, ne respectent pas leurs obligations en matière de qualification professionnelle. »

(Décr. n° 2019-987 du 25 sept. 2019, art. 55) « Toutefois, lorsque ces obligations sont satisfaites pour une ou plusieurs activités donnant lieu à immatriculation, seule est supprimée la mention des activités pour lesquelles ces obligations ne sont pas remplies. »

(Abrogé par Décr. n° 2019-987 du 25 sept. 2019, art. 55, à compter du 1er janv. 2020) « Les personnes qui atteignent le seuil de cinquante salariés mentionné aux quatrième et cinquième alinéas du I de l'article 19 de la loi du 5 juillet 1996 susvisée sont radiées d'office au terme du délai mentionné au sixième alinéa du même article. »

(Décr. n° 2017-861 du 9 mai 2017, art. 23, en vigueur le 1er juill. 2017) « Lorsque la cessation totale de l'activité dans le ressort d'une chambre de métiers et de l'artisanat résulte du transfert de cette activité dans le ressort d'une autre chambre, la radiation est effectuée d'office dès la notification du président de la chambre ayant procédé à la nouvelle immatriculation. » *(Décr. n° 2021-300 du 18 mars 2021, art. 42, en vigueur le 1er janv. 2023)* « Chaque président informe l'organisme unique mentionné à l'article R. 123-1 du code de commerce de ses diligences, dans les conditions prévues par l'article R. 123-7 du même code. »

Lorsqu'une personne a été radiée d'office *(Abrogé par Décr. n° 2015-810 du 2 juill. 2015, art. 15, à compter du 1er oct. 2015) « en application des dispositions précédentes »*, elle peut, dans un délai de six mois à compter de sa radiation et dès lors qu'elle démontre qu'elle a régularisé sa situation, saisir le président de la *(Décr. n° 2010-1356 du 11 nov. 2010, art. 25)* « chambre » *(Abrogé par Décr. n° 2013-591 du 4 juill. 2013, art. 6) « de métiers et de l'artisanat de région »* aux fins de voir rapporter cette radiation.

S'il s'agit d'une personne morale radiée du registre du commerce et des sociétés, cette dernière peut demander que cette radiation soit rapportée dès qu'elle peut justifier de sa réinscription à ce registre en fournissant un extrait de son immatriculation.

Art. 17 *ter* *(Décr. n° 2019-1080 du 23 oct. 2019, art. 3)* Lorsque le président de la chambre est informé *(Décr. n° 2021-300 du 18 mars 2021, art. 42, en vigueur le 1er janv. 2023)* « par l'organisme unique mentionné à l'article R. 123-1 du code de commerce » qu'un entrepreneur individuel a été radié de son affiliation à la sécurité sociale en application de l'article L. 613-4 du code de la sécurité sociale, il procède sans mise en demeure préalable à sa radiation du répertoire des métiers en application des dispositions du 1° du même article.

Art. 18 *(Décr. n° 2006-80 du 25 janv. 2006, art. 2)* I. — Le préfet peut, soit à la demande d'une personne, soit d'office, demander au président de la *(Décr. n° 2010-1356 du 11 nov. 2010, art. 25)* « chambre » *(Décr. n° 2013-591 du 4 juill. 2013, art. 6)* « compétente » une immatriculation *(Abrogé par Décr. n° 2015-810 du 2 juill. 2015, art. 16) « , après avis de la commission du répertoire des métiers »*. Il peut également d'office lui demander une radiation *(Abrogé par Décr. n° 2015-810 du 2 juill. 2015, art. 16) « après avis de la même commission »*. *(Décr. n° 2021-300 du 18 mars 2021, art. 42, en vigueur le 1er janv. 2023)* « Le président de la chambre compétente procède à l'immatriculation ou à la radiation au répertoire des métiers par une déclaration effectuée par ses soins auprès de l'organisme unique mentionné à l'article R. 123-1 du code de commerce. »

II. — Lorsqu'il estime qu'une personne immatriculée au répertoire des métiers n'exerce pas son activité professionnelle en conformité avec le I de l'article 16 de la loi du 5 juillet 1996 susvisée *[nº 96-603, relative au développement et à la promotion du commerce et de l'artisanat]*, le président de la *(Décr. nº 2010-1356 du 11 nov. 2010, art. 25)* « chambre » *(Abrogé par Décr. nº 2013-591 du 4 juill. 2013, art. 6)* *« de métiers et de l'artisanat de région »* peut transmettre au préfet un extrait de l'immatriculation au répertoire des métiers de la personne concernée ainsi que les éléments d'information fondant son appréciation. — *V. art. préc.*

CHAPITRE II *Tenue du répertoire* *(Décr. nº 2017-861 du 9 mai 2017, art. 24, en vigueur le 1er juill. 2017)*.

Art. 19 *(Décr. nº 2017-861 du 9 mai 2017, art. 25, en vigueur le 1er juill. 2017)* I. — Le répertoire des métiers est tenu par la chambre de métiers et de l'artisanat compétente en application des articles 23 et suivants du code de l'artisanat dans les conditions prévues par le présent titre.

II. — Le répertoire des métiers est composé d'une section générale et d'une section spécifique aux métiers d'art prévue à l'article 20 de la loi du 5 juillet 1996 susvisée, chacune d'elles comprenant :

1º Un fichier alphabétique des personnes immatriculées soumises à l'inscription dans cette section ;

2º Les dossiers individuels des personnes immatriculées soumises à l'inscription dans cette section ;

3º Un dossier annexe à chaque dossier individuel dans lequel figurent les actes et pièces déposés en application de l'article 11 du présent décret et de toute autre disposition législative et réglementaire.

III. — Le fichier alphabétique des personnes immatriculées indique, outre le numéro unique d'identification prévu à l'article 3 de la loi du 11 février 1994 susvisée de la personne immatriculée :

1º Pour les personnes physiques, leurs nom de naissance, nom d'usage, pseudonyme, prénoms, date et lieu de naissance, l'activité exercée et l'adresse du principal établissement, ou, le cas échéant, du local d'habitation mentionné au troisième alinéa de l'article L. 123-10 du code de commerce ou la commune du lieu où elles ont fait élection de domicile dans les conditions prévues à l'article L. 264-1 du code de l'action sociale et des familles ;

2º Pour les sociétés, la raison ou la dénomination sociale, la forme juridique, le cas échéant, que la société est constituée d'un associé unique et l'activité exercée, l'adresse du siège social, et, si ce siège n'est pas situé en France, *(Décr. nº 2019-987 du 25 sept. 2019, art. 56)* « celle » du premier établissement dans son ressort ;

3º Pour les groupements d'intérêt économique et les autres personnes morales, la dénomination, l'objet et l'adresse.

IV. — Chaque dossier individuel comprend, sous forme papier ou électronique :

1º Les mentions, inscrites sur déclaration ou d'office ;

2º Un original des déclarations ;

3º Le cas échéant, les documents transmis par les autorités administrative ou judiciaire ayant donné lieu à une inscription d'office ;

4º Les pièces justificatives, sous forme papier ou électronique.

V. — La tenue des fichiers et dossiers susmentionnés fait l'objet d'un traitement informatique dans les conditions prévues par la loi nº 78-17 du 6 janvier 1978 relative à l'informatique, aux fichiers et aux libertés.

Les demandes d'immatriculation, de modification de situation ou de cessation d'activité et les pièces justificatives, transmises par voie électronique, peuvent être conservées sous forme de documents électroniques dans les conditions prévues à l'article 1366 du code civil.

(Décr. nº 2021-631 du 21 mai 2021, art. 18) « VI. — Le président de la chambre de métiers et de l'artisanat compétente transmet à CMA France, par voie électronique et dans un délai d'un jour ouvré, les informations et documents mentionnés aux 1º, 2º et 3º de l'article 21 *bis*. »

Art. 19 *bis* *Abrogé par Décr. nº 2017-861 du 9 mai 2017, art. 26, à compter du 1er juill. 2017.*

Art. 20 *(Décr. nº 2017-861 du 9 mai 2017, art. 27, en vigueur le 1er juill. 2017)* I. — Les immatriculations, les modifications et les radiations font l'objet d'une publicité, accessible gratuitement sur le site internet de la chambre de métiers et de l'artisanat compétente pendant une durée de trente jours. Cette publicité comporte :

1° Le numéro unique d'identification prévu à l'article 3 de la loi du 11 février 1994 susvisée ;

2° Les informations figurant dans le fichier alphabétique de la personne immatriculée ;

3° Le cas échéant, la nature de la modification ;

4° Selon le cas, la date de commencement de l'activité, de la modification ou de la cessation d'activité.

II. — Font l'objet d'une publicité, accessible gratuitement sur le site internet de la chambre de métiers et de l'artisanat compétente et le site de *(Décr. nº 2019-56 du 30 janv. 2019, art. 6)* « CMA France », les informations suivantes relatives aux personnes ayant *(Décr. nº 2019-987 du 25 sept. 2019, art. 57, en vigueur le 1er oct. 2019)* « effectué » une déclaration d'affectation de leur patrimoine :

1° Les nom, prénoms et adresse de la personne ;

2° L'objet de son activité ;

3° Le numéro unique d'identification de l'entreprise prévu à l'article 3 de la loi du 11 février 1994 susvisée ;

4° La date *(Abrogé par Décr. nº 2019-987 du 25 sept. 2019, art. 57, à compter du 1er oct. 2019) « de dépôt »* de la déclaration d'affectation.

Art. 21 *(Décr. nº 2006-80 du 25 janv. 2006, art. 2)* Le président de la *(Décr. nº 2010-1356 du 11 nov. 2010, art. 25)* « chambre » *(Abrogé par Décr. nº 2013-591 du 4 juill. 2013, art. 6) « de métiers et de l'artisanat de région »* délivre à toute personne qui en fait la demande les documents suivants :

— un extrait des inscriptions figurant au dossier d'une personne immatriculée au répertoire des métiers ;

— un certificat attestant qu'une personne n'est pas *(Décr. nº 2019-987 du 25 sept. 2019, art. 58)* « ou plus » immatriculée ;

— une copie intégrale des inscriptions portées au répertoire des métiers pour une même personne ;

(Décr. nº 2010-1706 du 29 déc. 2010, art. 26) « — une copie intégrale des actes et documents comptables déposés au dossier d'une même personne. »

Ces documents sont transmis, au choix du demandeur, soit sur support papier, soit par voie électronique. Dans ce dernier cas, la chambre *(Abrogé par Décr. nº 2013-591 du 4 juill. 2013, art. 6) « de métiers »* doit y apposer une signature sécurisée et veiller à ce que les transmissions soient assurées de manière sécurisée, conformément aux articles *(Décr. nº 2016-1278, du 29 sept. 2016 art. 1er, en vigueur le 1er oct. 2016)* « 1366 et 1367 » du code civil. — *V. art. 23 bis.*

(Décr. nº 2010-1706 du 29 déc. 2010, art. 26) « Les inscriptions figurant au dossier d'une personne immatriculée au répertoire des métiers sont consultables par voie électronique par toute personne, dans des conditions fixées par arrêté conjoint des ministres chargés du commerce et de l'artisanat. » — *V. Arr. du 31 déc. 2010 ci-dessous.*

(Abrogé par Décr. nº 2019-987 du 25 sept. 2019, art. 58) « Un arrêté du ministre chargé de l'artisanat fixe la liste des données contenues dans les extraits et certificats mentionnés au présent article. »

Arrêté du 31 décembre 2010,

Relatif au répertoire des métiers.

Art. 1er Pour l'application *(Arr. du 23 mai 2018, art. 1er)* « de l'avant-dernier » alinéa de l'article 21 du décret du 2 avril 1998 susvisé, les informations consultables gratuitement par voie électronique sont, à l'exclusion de toute autre mention :

— pour les personnes physiques, leurs nom, nom d'usage, prénoms, pseudonyme, date et lieu de naissance ;

— pour les personnes morales, *(Arr. du 23 mai 2018, art. 1er)* « la raison sociale ou la dénomination suivie, le cas échéant, du sigle », la forme juridique ;

— le numéro unique d'identification ;

— le code de l'activité principale donnant lieu à immatriculation au répertoire des métiers ;

— s'il y a lieu, le nom professionnel *(Arr. du 23 mai 2018, art. 1er)* « ou commercial » et l'enseigne ;

— l'adresse de l'entreprise ou du siège social ;

— la date d'immatriculation ou de radiation au répertoire des métiers ;

(Abrogé par Arr. du 23 mai 2018, art. 1er) « — la qualification artisanale du ou des exploitants ; »

— le cas échéant :

(Arr. du 23 mai 2018, art. 1er) « — la qualité d'artisan ou d'artisan d'art ou le titre de maître artisan des personnes physiques ou des dirigeants des personnes morales ; »

— les informations mentionnées *(Arr. du 23 mai 2018, art. 1er)* « au II de l'article 20 » du décret du 2 avril 1998 susvisé.

Art. 2 Le droit mentionné au dernier alinéa de l'article 21 *bis* du décret du 2 avril 1998 susvisé est fixé à *(Arr. du 7 nov. 2011, en vigueur le 1er janv. 2012)* « 1 euro *[ancienne rédaction : 2 euros]* » par déclaration transmise.

Art. 21 *bis* *(Décr. no 2010-1706 du 29 déc. 2010, art. 27) (Décr. no 2019-56 du 30 janv. 2019, art. 6)* **« CMA France » centralise, au sein du répertoire national des métiers :**

1° Les données informatiques des répertoires tenus par chaque chambre *(Abrogé par Décr. no 2013-591 du 4 juill. 2013, art. 6)* ***« de métiers et de l'artisanat »*** **;**

2° L'image numérisée des déclarations, qui vaut double original de celles-ci ;

3° La copie intégrale des actes et documents comptables déposés en application des articles L. 526-6 à L. 526-17 du code de commerce ;

(Décr. no 2015-810 du 2 juill. 2015, art. 19, en vigueur le 1er oct. 2015) **« 4° Les seconds originaux non numérisés pour la période antérieure au 17 juin 2010. »**

Son président délivre, sur support papier ou par voie électronique, à toute personne qui en fait la demande, des *(Décr. no 2017-861 du 9 mai 2017, art. 29, en vigueur le 1er juill. 2017)* **« copies ou extraits » relatifs à l'inscription d'une personne au répertoire national ainsi qu'aux actes et documents comptables déposés** *(Abrogé par Décr. no 2019-987 du 25 sept. 2019, art. 59, à compter du 1er janv. 2020)* ***« , moyennant le paiement de redevances »*****. Il délivre également des certificats attestant qu'au jour de la demande une personne ne figure pas dans les immatriculations portées au répertoire national.**

(Abrogé par Décr. no 2019-987 du 25 sept. 2019, art. 59) ***« Un arrêté du ministre chargé de l'artisanat fixe la liste des données contenues dans les extraits et certificats mentionnés au présent article. »***

Les frais supportés au titre de la conservation du double original mentionné au troisième alinéa sont couverts par un droit fixé par arrêté du ministre chargé de l'artisanat, acquitté par chaque chambre *(Abrogé par Décr. no 2013-591 du 4 juill. 2013, art. 6)* ***« de métiers et de l'artisanat »*****.** — *V. Arr. du 31 déc. 2010, ss. art. 21 du présent décret.*

Art. 21 *ter* *(Décr. no 2006-80 du 25 janv. 2006, art. 2)* **Sous réserve que cette activité conserve un caractère accessoire, le président de la** *(Décr. no 2010-1356 du 11 nov. 2010, art. 25)* **« chambre »** *(Abrogé par Décr. no 2013-591 du 4 juill. 2013, art. 6)* ***« de métiers et de l'artisanat de région »*** **peut communiquer à des tiers, pour assurer la promotion du secteur des métiers, la liste des noms, prénoms et adresses de personnes physiques et la dénomination et l'adresse de** *[des]* **personnes morales immatriculées au répertoire des métiers avec mention de leur activité et, le cas échéant, de** *(Décr. no 2017-861 du 9 mai 2017, art. 30, en vigueur le 1er juill. 2017)* **« la qualité d'artisan, d'artisan d'art ou du titre de maître artisan de la personne physique ou du ou des dirigeants des personnes morales ainsi que, lorsqu'il en dispose, des coordonnées téléphoniques et électroniques des personnes immatriculées.**

« Sous réserve que cette activité conserve un caractère accessoire, le président de *(Décr. no 2019-56 du 30 janv. 2019, art. 6)* **« CMA France » peut également communiquer à des tiers, pour assurer la promotion du secteur des métiers, la liste des noms, prénoms et adresses de personnes physiques et la dénomination et l'adresse de personnes morales immatriculées au répertoire national des métiers avec mention de leur activité et, le cas échéant, de la qualité d'artisan, d'artisan d'art ou du titre de maître artisan de la personne physique ou du ou des dirigeants des personnes morales ainsi que, lorsqu'il en dispose, des coordonnées téléphoniques et électroniques des personnes immatriculées. »**

Les personnes concernées *(Décr. no 2017-861 du 9 mai 2017, art. 30, en vigueur le 1er juill. 2017)* **« sont informées des possibilités de diffusion prévues au premier et deuxième alinéas », lors de leur immatriculation ou avant la publication des listes, afin de pouvoir s'y opposer, le cas échéant, conformément aux dispositions de la loi du 6 janvier 1978 mentionnée à l'article 19** *(Abrogé par Décr. no 2017-861 du 9 mai 2017, art. 30, à compter du 1er juill. 2017)* ***« et dans les conditions définies par l'arrêté prévu à l'article 23 bis »*****.**

Les frais de production des documents et listes délivrés en application du présent article sont à la charge du demandeur.

Art. 22 Le président de la *(Décr. n° 2010-1356 du 11 nov. 2010, art. 25)* « chambre » *(Abrogé par Décr. n° 2013-591 du 4 juill. 2013, art. 6)* « *de métiers et de l'artisanat de région* » délivre une attestation d'immatriculation à toute personne immatriculée au répertoire des métiers.

Cette attestation d'immatriculation *(Abrogé par Décr. n° 2017-861 du 9 mai 2017, art. 31, à compter du 1er juill. 2017)* « *est conforme* *(Décr. n° 2006-80 du 25 janv. 2006, art. 2)* « *à un modèle type défini par l'arrêté prévu à l'article 23 bis* ». *Elle* » comporte, outre la nature de l'activité, l'identification sous le numéro unique d'identification prévu à l'article 3 de la loi du 11 février 1994 susvisée *[n° 94-126, V. ce texte ss. art. R. 123-1]*, des personnes physiques ou morales immatriculées, *(Décr. n° 2006-80 du 25 janv. 2006, art. 2)* « les représentants des personnes morales mentionnés *(Décr. n° 2017-861 du 9 mai 2017, art. 31, en vigueur le 1er juill. 2017)* « au 14° du II de l'article 10 *bis* » et, le cas échéant, la qualité d'artisan, d'artisan d'art ou le titre de maître artisan *(Abrogé par Décr. n° 2017-861 du 9 mai 2017, art. 31, à compter du 1er juill. 2017)* « *ou de maître artisan en métiers d'art* » de la personne physique ou du ou des dirigeants des personnes morales » *(Abrogé par Décr. n° 2017-861 du 9 mai 2017, art. 31, à compter du 1er juill. 2017)* « *ainsi que, selon les cas, leur qualité d'artisan, d'artisan d'art ou leur titre de maître artisan* ». Elle est renouvelée chaque année. Elle est restituée à la *(Décr. n° 2010-1356 du 11 nov. 2010, art. 25)* « chambre » *(Abrogé par Décr. n° 2013-591 du 4 juill. 2013, art. 6)* « *de métiers et de l'artisanat de région* » en cas de radiation.

Art. 22 *bis* *(Décr. n° 2019-987 du 25 sept. 2019, art. 60, en vigueur le 1er janv. 2020)* I.– Le montant des droits prévus à l'article 19-2 de la loi du 5 juillet 1996 susvisée est fixé :

1° A 45 € pour les demandes d'immatriculation au répertoire des métiers ;

2° A 40 € pour les demandes d'inscription modificative à ce répertoire. Constituent des demandes d'inscription modificative les demandes tendant à modifier ou à supprimer une mention inscrite à ce registre ou à y ajouter une nouvelle mention ;

3° A 40 € pour les déclarations d'affectation du patrimoine effectuées en application de l'article L. 526-7 du code de commerce par des personnes déjà immatriculées ;

4° A 21 € pour les demandes d'inscription modificative qui portent sur les informations mentionnées aux 2° à 5° de l'article R. 526-3 du code de commerce ;

5° A 6,50 € pour les dépôts d'actes non concomitants à une demande d'immatriculation ou d'inscription modificative à ce registre.

II. – Pour les personnes physiques ou morales qui sont immatriculées ou en cours d'immatriculation au registre du commerce et des sociétés, les montants prévus aux 1°, 2°, 3° et 4° du I s'élèvent respectivement à 15 €, 13,33 €, 13,33 € et 7 €.

III. – Par dérogation au I, sont effectuées gratuitement les modifications auxquelles il est procédé d'office.

(Décr. n° 2021-300 du 18 mars 2021, art. 17, en vigueur le 1er avr. 2021) « IV. – La collecte des droits mentionnés aux I et II est réalisée par le centre de formalités des entreprises compétent ou par le service informatique mentionné à l'article R. 123-30-14 du code de commerce lorsque le déclarant a recours à ce service *[nouvelle rédaction issue du Décr. n° 2021-300 du 18 mars 2021, art. 42, en vigueur le 1er janv. 2023 : « l'organisme unique mentionné à l'article R. 123-1 du code de commerce »]*. »

IV *[V]*. – Le présent article peut être modifié par décret.

Les montants mentionnés aux 1° à 3° du I et au II sont entrés en vigueur le 1er janv. 2021 (Décr. n° 2019-987 du 25 sept. 2019, art. 64).

CHAPITRE III ***Mesures diverses*** *(Décr. n° 2017-861 du 9 mai 2017, art. 32, en vigueur le 1er juill. 2017).*

Art. 23 *(Décr. n° 2017-861 du 9 mai 2017, art. 33, en vigueur le 1er juill. 2017)* Toute personne exerçant une activité artisanale et ayant effectué une déclaration d'affectation en application de l'article L. 526-6 du code de commerce indique sur ses factures, notes de commande, tarifs et documents publicitaires ainsi que sur toutes correspondances et tous récépissés concernant son activité et signés par elle ou en son nom :

1° Le numéro unique d'identification de l'entreprise prévu à l'article 3 de la loi du 11 février 1994 susvisée ;

2° Son adresse ;

3° L'objet de l'activité professionnelle à laquelle le patrimoine est affecté ainsi que la dénomination utilisée pour l'exercice de son activité incorporant son nom ou son nom d'usage précédé ou suivi immédiatement des mots : "entrepreneur individuel à responsabilité limitée" ou des initiales : "EIRL" ;

4° Si elle est bénéficiaire d'un contrat d'appui au projet d'entreprise pour la création ou la reprise d'une activité économique au sens de l'article L. 127-1 du code de commerce, la dénomination sociale de la personne morale responsable de l'appui, le lieu de son siège social, ainsi que son numéro unique d'identification prévu à l'article 3 de la loi du 11 février 1994 susvisée.

Toute personne disposant d'un site internet y fait figurer les renseignements mentionnés aux 1° à 3°.

Art. 23 *bis* *Abrogé par Décr. n° 2017-861 du 9 mai 2017, art. 34, à compter du 1er juill. 2017.*

TITRE III Dispositions particulières aux départements de la Moselle, du Bas-Rhin et du Haut-Rhin

Art. 24 Dans les départements de la Moselle, du Bas-Rhin et du Haut-Rhin, les dispositions prévues aux articles 1er, 2 et 5 à 23 sont applicables à la 1re section du registre des entreprises *(Abrogé par Décr. n° 2015-810 du 2 juill. 2015, art. 20)* « *, la commission du répertoire étant remplacée par une commission du registre qui est désignée et fonctionne dans les mêmes conditions* ».

(Décr. n° 2006-80 du 25 janv. 2006, art. 3) « Les dispositions de l'article 19 sont applicables à chacune des deux sections du registre des entreprises. »

Art. 25 Les dispositions prévues à l'article 3 *(Décr. n° 2015-810 du 2 juill. 2015, art. 21)* « et au second alinéa de l'article 3 *bis* » du présent décret ne sont pas applicables dans les départements de la Moselle, du Bas-Rhin et du Haut-Rhin, dans lesquels il est fait application de l'article 133 du code professionnel local.

Art. 26 Doivent être immatriculées à une deuxième section du registre, quels que soient leur nature juridique, le lieu du principal établissement *(Décr. n° 2006-80 du 25 janv. 2006, art. 3)* « artisanal » ou le siège de leur entreprise, l'effectif de leurs salariés et le degré de perfectionnement de l'équipement technique et des machines utilisées, les personnes qui ne sont pas assujetties à l'immatriculation à la première section du registre et qui exploitent à titre principal ou non, dans un ou plusieurs établissements situés dans les départements cités à l'article 24, une ou des activités visées à l'*(Décr. n° 2006-80 du 25 janv. 2006, art. 3)* « article 7 », dès lors que :

1° Pour l'exécution et la réalisation selon les règles de l'art des travaux ou ouvrages entrant dans leurs activités ainsi déterminées :

a) L'intervention prépondérante de personnes ayant une formation professionnelle appropriée est indispensable ; une telle formation n'est pas exigée du responsable de l'établissement, qui n'est pas tenu de prendre part personnellement à l'exécution des travaux ou des ouvrages ;

b) Le travail n'est pas divisé entre les intervenants de telle façon que chacun soit affecté en permanence à un même poste comportant l'exécution de travaux parcellaires précis, de caractère généralement répétitif et étroitement limité ;

2° Les travaux et ouvrages sont effectués ou réalisés pour le compte de tiers.

(Abrogé par Décr. n° 2015-731 du 24 juin 2015, art. 5-6°) (Décr. n° 2008-1488 du 30 déc. 2008, art. 11-VII) « *L'obligation d'immatriculation à la deuxième section du registre ne s'applique pas aux personnes physiques bénéficiant des dispositions du V de l'article 19 de la loi n° 96-603 du 5 juillet 1996 relative au développement et à la promotion du commerce et de l'artisanat.* »

Art. 27 Lorsque les personnes immatriculées cessent de remplir les conditions fixées pour leur immatriculation à l'une ou l'autre section du registre, elles doivent, dans les deux mois, demander leur transfert à l'autre section ; si elles n'en remplissent pas les conditions, elles doivent demander leur radiation du registre.

Art. 28 Sous réserve des dispositions particulières prévues au présent titre, les dispositions prévues aux articles 1er, 2 et 5 à 23 du présent décret sont applicables à la deuxième section du registre *(Abrogé par Décr. n° 2015-810 du 2 juill. 2015, art. 22)* « *, la commission du répertoire étant remplacée par la commission du registre* ». *(Abrogé par Décr. n° 2021-300 du 18 mars 2021, art. 42, à compter du 1er janv. 2023)* « *Toutefois, si l'établissement principal ou le siège de l'entreprise ne sont pas situés dans l'un des départements visés à l'article 24, les personnes tenues à l'immatriculation à la deuxième section du registre à raison d'un ou plusieurs établissements qu'elles exploitent dans ces départements doivent, par dérogation à l'article 9, adresser leur demande au centre de formalités des entreprises du lieu de ces établissements.* »

Ces dispositions sont également applicables aux décisions d'immatriculation à une section du registre autre que celle demandée, et pour statuer sur les demandes de transfert d'une section à l'autre.

Les décisions d'immatriculation à la deuxième section du registre prises par les préfets de département *(Abrogé par Décr. n° 2015-810 du 2 juill. 2015, art. 22)* ***« après avis des commissions du registre »*** **sont soumises, en cas de contestation, à une commission interdépartementale du registre des entreprises dont la composition et les règles de fonctionnement sont prises par arrêté du ministre chargé de l'artisanat.**

TITRE IV **Dispositions applicables à la chambre de métiers et de l'artisanat de Mayotte** *(Décr. n° 2006-379 du 27 mars 2006, art. 10).*

Art. 29 *V. au* ***C. com.*** 🏛.

TITRE IV *bis* **Dispositions applicables à la chambre d'agriculture, de commerce, d'industrie, de métiers et de l'artisanat de Saint-Pierre-et-Miquelon**

(Décr. n° 2009-1774 du 30 déc. 2009, art. 4)

Art. 29-1 *V. au* ***C. com.*** 🏛.

TITRE V **Dispositions finales** *(Décr. n° 2006-379 du 27 mars 2006, art. 10).*

Art. 30 **Le décret n° 83-487 du 10 juin 1983 modifié relatif au répertoire des métiers est abrogé.** – *V. ce texte au* ***C. com.*** *éd. 1997-98 ou antérieures.*

ANNEXE

LISTE DES ACTIVITÉS RELEVANT DE L'ARTISANAT AVEC LEUR CORRESPONDANCE DANS LE CODE DE LA NOMENCLATURE NAF RÉV. 2

(Décr. n° 2008-565 du 17 juin 2008, JO 19 juin)

BIBL. ▶ AZARIAN et SAINTOURENS, *JCP E 2008, n° 41, p. 23* (actualisation de la liste des activités relevant de l'artisanat).

Activités relevant de l'artisanat de l'alimentation

Transformation et conservation de la viande et préparation de produits à base de viande, 10. 1.

Transformation et conservation de poissons, de crustacés et de mollusques, 10. 2.

Transformation et conservation de fruits et légumes, 10. 3 (sauf produits de la quatrième gamme).

Fabrication d'huiles et graisses végétales et animales, 10. 4.

Fabrication de produits laitiers, 10. 5.

Travail des grains, fabrication de produits amylacés, 10. 6.

Fabrication de produits de boulangerie-pâtisserie et de pâtes alimentaires, 10. 7 (sauf terminaux de cuisson, 10. 71 B).

Fabrication d'autres produits alimentaires, 10. 8.

Fabrication d'aliments pour animaux, 10. 9.

Fabrication d'eaux-de-vie naturelles et de spiritueux (inclus dans 11. 01 Z).

Fabrication de vins effervescents (inclus dans 11. 02 A).

Fabrication d'autres boissons, 11. 03 à 11. 07.

Commerce de détail de viandes et de produits à base de viande en magasin spécialisé, 47. 22.

Commerce de détail de poissons, crustacés et mollusques en magasin spécialisé dont préparations à partir de ces produits (inclus dans 47. 23).

(Décr. n° 2015-592 du 1er juin 2015, en vigueur le 1er juill. 2015) « Commerce de détail et transformation de produits à base de lait ou de fromage en magasin spécialisé, dont préparations à base de ces produits (inclus dans 47. 29). »

Commerce de détail de viandes, produits à base de viande sur éventaires et marchés (inclus dans 47. 81).

Commerce de détail de poissons, crustacés et mollusques sur éventaires et marchés dont préparations à partir de ces produits (inclus dans 47. 81).

(Décr. n° 2015-592 du 1er juin 2015, en vigueur le 1er juill. 2015) « Commerce de détail et transformation de produits à base de lait ou de fromage sur éventaire et marché, dont préparations à base de ces produits (inclus dans 47. 81). »

Fabrication de plats prêts à consommer, *(Abrogé par Décr. n° 2010-249 du 11 mars 2010, art. 2)* *« majoritairement »* à emporter, associée à la vente au détail (inclus dans 56. 10 C).

Activités relevant de l'artisanat du bâtiment

Orpaillage (inclus dans 07. 29).

Autres industries extractives, 08.
Activités de soutien aux autres industries extractives (inclus dans 09. 90).
Incinération des déchets non dangereux et production de cendres et scories associées (inclus dans 38. 21 Z).
Désamiantage, enlèvement des peintures à base de plomb (inclus dans 39. 00).
Construction de bâtiments résidentiels et non résidentiels, 41. 2.
Génie civil, 42 (sauf promotion immobilière de lotissements fonciers viabilisés).
Travaux de construction spécialisés, 43.
Installation de systèmes d'alarme et activités associées de surveillance (inclus dans 80. 20 Z).

Activités relevant de l'artisanat de fabrication

Fabrication de textiles, 13.
Fabrication de vêtements, d'articles en fourrure et d'articles à mailles, 14.
Industrie du cuir et de la chaussure, 15.
Travail du bois et fabrication d'articles en bois et en liège, en vannerie et sparterie, 16 (sauf fabrication du bois d'industrie : pieux, poteaux, bois de mine...).
Industrie du papier et du carton, 17.
Imprimerie de labeur, 18. 12.
Activités de prépresse, 18. 13.
Reliure et activités connexes, 18. 14.
Reproduction d'enregistrements, 18. 2.
Production de brai et de coke de brai (inclus dans 19. 10).
Agglomération de la tourbe (inclus dans 19. 20).
Industrie chimique, 20.
Fabrication d'édulcorants de synthèse (inclus dans 21. 10).
Fabrication d'ouates, bandes, gazes et pansements à usage médical et de substances radioactives de diagnostic (inclus dans 21. 20).
Fabrication de produits en caoutchouc et en plastique, 22.
Fabrication d'autres produits minéraux non métalliques, 23.
Métallurgie, 24.
Fabrication de produits métalliques, 25.
Fabrication de produits informatiques, électroniques et optiques, 26.
Fabrication d'équipements électriques, 27.
Fabrication de machines et équipements divers, 28.
Industrie automobile, 29.
Fabrication de matériels de transport divers, 30.
Fabrication de meubles, 31.
Autres industries manufacturières, 32 (sauf fabrication de lunettes correctrices et de verres de lunetterie et de contact).
Réparation et installation de machines et d'équipements, 33.
Collecte des déchets nucléaires (inclus dans 38. 12).
Traitement et élimination des déchets nucléaires radioactifs (inclus dans 38. 22).
Démantèlement d'épaves, 38. 31.
Récupération de déchets triés, 38. 32.
Édition d'imprimés fiduciaires, imprimés commerciaux, formulaires imprimés (inclus dans 58. 19).

Activités relevant de l'artisanat de service

Maréchalerie (inclus dans 01. 62).
Entretien de fosses septiques (inclus dans 37. 00).
Entretien et réparation de véhicules automobiles, 45. 2.
Entretien et réparation de motocycles (inclus dans 45. 4).
Préparation de plantes et de fleurs et compositions florales en magasins spécialisés (inclus dans 47. 76).
Préparation de plantes et de fleurs et compositions florales sur éventaires et marchés (inclus dans 47. 89).
Transports de voyageurs par taxis y compris à moto et par véhicules de remise, 49. 32.
Services de déménagement, 49. 42.
(Décr. no 2019-987 du 25 sept. 2019, art. 61) « Transports fluviaux de fret, 50. 40. »
Services de remorquage et d'assistance routière (inclus dans 52. 21).
Contrôle technique automobile, 71. 20 A.
Pose d'affiches (inclus dans 73. 11).
Activités d'étalagiste (inclus dans 74. 10).

Activités photographiques, 74. 2 (sauf photojournalisme).

Nettoyage courant des bâtiments, 81. 21.

Nettoyage industriel et autres activités de nettoyage des bâtiments dont ramonage, 81. 22.

Désinfection, désinsectisation, dératisation, 81. 29 A.

Autres nettoyages, 81. 29 B (sauf services de voirie et de déneigement).

Services administratifs divers, 82. 11 (limité aux services administratifs de bureau combinés).

Travaux à façon divers, 82. 19 (limité à la duplication et l'expédition de documents et au secrétariat à façon).

Activités de conditionnement, 82. 92.

Ambulances, 86. 90 A.

Spectacle de marionnettes (inclus dans 90. 01).

Restauration d'objets d'art (inclus dans 90. 03 A).

Réparation d'ordinateurs et d'équipements de communication, 95. 1.

Réparation de biens personnels et domestiques, 95. 2.

Blanchisserie-teinturerie dont nettoyage et garde de fourrures, 96. 01 (sauf libre-service).

Coiffure, 96. 02 A.

Soins de beauté dont le modelage esthétique de bien-être et de confort sans finalité médicale, 96. 02 B.

Embaumement, soins mortuaires, thanatopraxie (inclus dans 96. 03).

(Décr. n° 2017-861 du 9 mai 2017, art. 37, en vigueur le 1er juill. 2017) « Toilettage, éducation comportementaliste et pension pour animaux de compagnie » (inclus dans 96. 09). — *Les personnes qui, au 1er juill. 2017, exercent l'activité d'éducation comportementaliste ou de pension pour animaux de compagnie et sont tenues de s'immatriculer au répertoire des métiers présentent leur demande d'immatriculation au plus tard le 1er oct. 2017 au centre de formalités des entreprises compétent en application des art. R. 123-3 et R. 123-4 C. com. (Décr. n° 2017-861 du 9 mai 2017, art. 40-II).*

Arrêté du 10 juillet 2008,

Relatif à la Nomenclature d'activités française du secteur des métiers et de l'artisanat.

Art. 1er La Nomenclature d'activités française du secteur des métiers et de l'artisanat (NAFA, rév. 2) annexée au présent arrêté est approuvée.

Art. 2 La Nomenclature d'activités française du secteur des métiers et de l'artisanat annexée au présent arrêté constitue, pour les activités pour lesquelles l'immatriculation au répertoire des métiers est requise en application de l'article 7 du décret du 2 avril 1998 susvisé *[n° 98-247] (Arr. du 2 mai 2019, art. 1er)* « ou de l'article L. 4431-1 du code des transports » *(Arr. du 4 déc. 2015, art. 1er)* « , et pour celles dont l'immatriculation est prévue en application des dispositions du troisième alinéa du I de l'article 19 de la loi n° 96-603 du 5 juillet 1996 susvisée *[V. supra]* », une adaptation détaillée de la nomenclature d'activités française figurant en annexe du décret du 26 décembre 2007 susvisé *[n° 2007-1888, portant approbation des nomenclatures d'activités et de produits françaises]*.

A ce titre, elle sert également de code complémentaire au sens de l'article R. 123-223 du code de commerce.

Art. 3 L'arrêté du 8 août 2001 relatif à la Nomenclature d'activités française du secteur des métiers et de l'artisanat est abrogé.

ANNEXE

STRUCTURE DE LA NAFA RÉV. 2

V. cette annexe au ***C. com.***

Décret n° 99-433 du 27 mai 1999,

Relatif à la composition des établissements du réseau des chambres de métiers et de l'artisanat et de leurs chambres de niveau départemental et à l'élection de leurs membres (Décr. n° 2021-168 du 16 févr. 2021, art. 10).

TITRE PREMIER **Composition des chambres de métiers et de l'artisanat de région** *(Décr. nº 2021-168 du 16 févr. 2021, art. 11).*

Art. 1er *(Décr. nº 2021-168 du 16 févr. 2021, art. 11)* I. — Les membres des chambres de métiers et de l'artisanat de région sont élus au scrutin de liste régional à un tour, sans adjonction ni suppression de noms et sans modification de l'ordre de présentation. Chaque liste régionale comporte autant de sections départementales que de départements dans la région.

Pour être complète, chaque section départementale de liste régionale doit comprendre un nombre de candidats au moins égal à trente-cinq.

Chaque section départementale de la liste régionale comporte au moins quatre candidats pour chacune des catégories qui regroupent les activités figurant en annexe au décret du 2 avril 1998 *[nº 98-247, relatif à la qualification artisanale et au répertoire des métier]* susvisé parmi les dix-huit premiers candidats de chacune des sections de listes.

Au moins un candidat inscrit dans la section métiers d'art du répertoire des métiers figure parmi les sept premiers candidats de chacune des sections de listes.

Chaque section départementale de la liste régionale est composée d'au moins deux candidats de chaque sexe par groupe de cinq candidats.

II. — Chaque chambre de niveau départemental est composée de vingt-cinq membres élus, comprenant :

1º Les membres siégeant à l'assemblée générale de la chambre de métiers et de l'artisanat de région ;

2º Les membres de la chambre de niveau départemental.

Le nombre maximal d'élus siégeant à l'assemblée générale de la chambre de métiers et de l'artisanat de région est déterminé selon le nombre de départements dans la région :

NOMBRE DE DÉPARTEMENTS	NOMBRE D'ÉLUS par chambre de niveau départemental	NOMBRE D'ÉLUS par département siégeant à la chambre de métiers et de l'artisanat de région	NOMBRE TOTAL D'ÉLUS siégeant à l'assemblée générale d'une chambre de métiers et de l'artisanat de région
1	25	25	25
2	25	20	40
3	25	20	60
4	25	20	80
5	25	20	100
6	25	16	96
7	25	14	98
8	25	12	96
9	25	11	99
10	25	10	100
11	25	9	99
12	25	8	96
13	25	7	91

III. — Pour la répartition des sièges des membres de la chambre de métiers et de l'artisanat de région prévue à la troisième colonne du tableau du II du présent article, il est attribué, par département, à la section départementale de la liste régionale arrivée en tête dans le plus grand nombre de départements, un nombre de sièges égal à 10 % du nombre des sièges à pourvoir, arrondi, le cas échéant, à l'entier supérieur.

En cas d'égalité entre les listes en nombre de départements, le nombre de sièges égal à 10 % du nombre de sièges à pourvoir est attribué à la liste qui a recueilli le plus de voix au niveau régional. En cas d'égalité de suffrages entre les listes arrivées en tête, ces sièges sont attribués à la liste dont les candidats ont la moyenne d'âge la moins élevée.

Ces élus sont pris dans l'ordre de chaque section départementale de la liste régionale.

Les autres sièges à pourvoir sont répartis selon les suffrages exprimés dans le département entre toutes les listes à la représentation proportionnelle suivant la règle de la plus forte moyenne.

IV. — Pour la répartition des sièges restant à pourvoir après l'attribution des sièges des membres de l'assemblée générale de la chambre de métiers et de l'artisanat de région, il est attribué une prime de 30 % des sièges à la liste arrivée en tête au niveau du département. Cette attribution opérée, les sièges restant à pourvoir dans le département sont répartis en fonction des suffrages exprimés dans le département entre toutes les listes à la représentation proportionnelle suivant la règle de la plus forte moyenne.

Les sièges sont attribués aux candidats dans l'ordre de présentation sur chaque section départementale de la liste régionale.

Si plusieurs listes ont la même moyenne pour l'attribution du dernier siège, celui-ci revient à la liste qui a obtenu le plus grand nombre de suffrages. En cas d'égalité de suffrages, le siège est attribué au moins âgé des candidats susceptibles d'être proclamé élu.

V. — Les listes qui n'ont pas obtenu au moins 5 % des suffrages exprimés ne sont pas admises à la répartition des sièges.

VI. — Dans les collectivités d'outre-mer régies par l'article 73 de la Constitution et en Corse, les membres de la chambre de métiers et de l'artisanat de région sont élus dans les conditions prévues au I et au IV du présent article.

VII. — Le présent article ne s'applique pas aux désignations des représentants des membres des chambres de métiers régies par les articles 103 et suivants du code professionnel local maintenu en vigueur par la loi du 1er juin 1924 mettant en vigueur la législation civile française dans les départements du Bas-Rhin, du Haut-Rhin et de la Moselle. Chacune de ces chambres de métiers désigne parmi ses membres ceux d'entre eux qui siégeront à la chambre de métiers et de l'artisanat de région en nombre égal à celui de chacun des autres départements.

Art. 2 *(Décr. nº 2021-168 du 16 févr. 2021, art. 11)* Le membre de la chambre de niveau départemental venant sur une liste immédiatement après le dernier élu membre de la chambre de métiers et de l'artisanat de région est appelé à remplacer le membre de la chambre de métiers et de l'artisanat de région élu sur cette liste dont le siège devient vacant pour quelque cause que ce soit dans l'ordre de la liste.

Le candidat venant sur une liste immédiatement après le dernier élu de la chambre de niveau départemental est appelé à remplacer le membre de la chambre de niveau départemental élu sur cette liste dont le siège devient vacant pour quelque cause que ce soit dans l'ordre de la liste.

Sauf pour l'application de l'article 22, la constatation par la juridiction compétente de l'inéligibilité d'un ou de plusieurs candidats n'entraîne l'annulation de l'élection que du ou des élus inéligibles. La juridiction saisie proclame en conséquence l'élection du ou des suivants de liste.

Lorsque, dans une chambre de niveau départemental, les dispositions du deuxième alinéa ne peuvent plus être appliquées, et si la chambre de niveau départemental a perdu plus de la moitié de ses membres, il est, dans un délai de six mois à compter de la dernière vacance, procédé au renouvellement intégral des élus de la chambre de niveau départemental ou de la chambre de métiers et de l'artisanat de région élus dans cette circonscription. Toutefois, il n'est procédé à aucune élection dans les douze mois qui précèdent le renouvellement quinquennal.

Les membres élus en application de l'alinéa précédent exercent leur mandat pour la durée restant à courir.

Si le nombre de membres restants ne permet pas de constituer un bureau en application des dispositions de l'article 19 du code de l'artisanat, la chambre de métiers et de l'artisanat de région est gérée par la commission prévue à l'article 20 de ce code jusqu'à ce qu'il soit procédé à l'installation d'un nouveau bureau à la suite du renouvellement général prévu à cet article.

Art. 3 *(Décr. n° 2004-896 du 27 août 2004, art. 3)* La date de clôture du scrutin en vue du renouvellement quinquennal *(Décr. n° 2016-628 du 18 mai 2016, art. 7)* « est fixée par arrêté du ministre chargé de l'artisanat ».

Toutefois, cette date ainsi que les autres dates prévues par le présent décret pour le déroulement des opérations électorales peuvent être reportées par arrêté du ministre chargé de l'artisanat sans que la durée de ce report soit supérieure à quatre mois. La durée des mandats en cours des membres *(Décr. n° 2016-628 du 18 mai 2016, art. 7)* « des établissements du réseau des chambres de métiers et de l'artisanat et de leurs délégations » est prorogée jusqu'à la date de clôture du scrutin. — *Anc. art. 4 (Décr. n° 2021-168 du 16 févr. 2021, art. 11).*

TITRE II Électorat et éligibilité

A Électorat

Art. 5 *(Décr. n° 2007-232 du 20 févr. 2007, art. 1er)* I. — Sont électeurs, sous réserve d'être immatriculés ou mentionnés, selon les cas, au répertoire des métiers depuis au moins six mois à la date de clôture du scrutin :

1° Les personnes physiques ainsi que les dirigeants sociaux des personnes morales immatriculées à ce répertoire ;

2° Les conjoints collaborateurs mentionnés à ce répertoire.

II. — Les personnes de nationalité française doivent remplir les conditions requises pour participer aux élections au suffrage universel.

Les personnes qui n'ont pas la nationalité française doivent être âgées de dix-huit ans accomplis, jouir de leurs droits civils et politiques et ne pas avoir fait l'objet de condamnations qui, prononcées par une juridiction française ou étrangère, feraient, selon la législation française, obstacle à l'inscription sur la liste électorale établie conformément aux dispositions du code électoral.

Nationalité. Les art. 4 et 5 du Décr. n° 2004-896 du 27 août 2004 modifiant les art. 5 et 6 du Décr. n° 99-433 du 27 mai 1999 sont annulés en tant qu'ils subordonnent la qualité d'électeur et l'éligibilité des artisans aux élections aux chambres des métiers et de l'artisanat à la possession de la nationalité française ou de la nationalité d'un État membre de la Communauté européenne ou d'un État partie à l'accord sur l'Espace économique européen. • CE 31 mai 2006, n° 273638 : *RTD com. 2006. 776, obs. Orsini ; RFDA 2006. 1194, concl. Casas ; JCP E 2006, n° 29, p. 1271.* ♦ V. la rédaction de l'art. 5 issue du Décr. n° 2007-232 du 20 févr. 2007.

B Éligibilité

Art. 6 *(Décr. n° 2004-896 du 27 août 2004, art. 5)* Sont éligibles les électeurs qui remplissent en outre les conditions suivantes :

I. — Les personnes physiques ne peuvent être élues ou réélues si elles sont âgées de soixante-cinq ans révolus le 1er janvier de l'année d'établissement *(Décr. n° 2016-628 du 18 mai 2016, art. 10)* « de la liste des électeurs ». Lorsqu'ils atteignent cet âge en cours de mandat, *(Décr. n° 2021-168 du 16 févr. 2021, art. 12)* « les membres de la chambre de niveau départemental et de la chambre de métiers et de l'artisanat de région » poursuivent leur mandat jusqu'au renouvellement suivant.

II. — Les chefs d'entreprise, les conjoints collaborateurs et les dirigeants sociaux des personnes morales doivent être immatriculés ou mentionnés au répertoire des métiers de la chambre de métiers *(Décr. n° 2004-1164 du 2 nov. 2004, art. 1er)* « et de l'artisanat » de région *(Abrogé par Décr. n° 2021-168 du 16 févr. 2021, art. 12) « ou de la chambre de métiers et de l'artisanat départementale ou interdépartementale »* depuis au moins deux ans à la date de clôture du scrutin *(Décr. n° 2011-644 du 9 juin 2011, art. 8)* « , sans période d'interruption ». L'immatriculation au répertoire des métiers peut être maintenue pendant un délai maximum d'un an en cas de cessation temporaire d'activité *(Décr. n° 2011-644 du 9 juin 2011, art. 8)* « ou de poursuite d'activité entraînant un changement de forme juridique de l'entreprise », sur déclaration de la personne immatriculée.

III. — Abrogé par Décr. n° 2021-168 du 16 févr. 2021, art. 12.

1. Nationalité. V. note ss. art. 5 du Décr. du 27 mai 1999.

2. Cotisations. L'obligation d'être, à la date de l'élection, à jour de ses cotisations fiscales et sociales ou d'avoir constitué des garanties suffisantes vise l'ensemble des cotisations fiscales et sociales auxquelles le candidat est ou a été assujetti ; dès lors, en jugeant que ces cotisations ne sont limitées ni selon les périodes d'inscription au répertoire, ni à raison d'une activité particulière, les juges n'ont pas méconnu les dispositions de l'art. 6 du Décr. du 27 mai 1999 et ont suffisamment motivé leur arrêt. • CE 2 avr. 2008, n° 291501 : *AJDA 2008. 1284*.

Art. 7 *(Décr. n° 2016-628 du 18 mai 2016, art. 11)* **« Deux personnes qui exercent dans la même entreprise ne peuvent siéger simultanément dans un même établissement ou** *(Décr. n° 2021-168 du 16 févr. 2021, art. 12)* **« chambre de niveau départemental » du réseau des chambres de métiers et de l'artisanat. »**

(Abrogé par Décr. n° 2010-651 du 11 juin 2010, art. 9) ***« Au cas où elles rempliraient toutes les deux les conditions pour être proclamées élues au collège des activités, seule est proclamée élue celle qui a obtenu le plus grand nombre de voix. A égalité de voix, la moins âgée est élue. »***

Lorsque deux personnes qui exercent dans la même entreprise ont été élues *(Abrogé par Décr. n° 2010-651 du 11 juin 2010, art. 9)* ***« à des collèges différents »***, **la moins âgée peut seule être proclamée élue. Le siège ainsi laissé libre par l'autre est attribué** *(Abrogé par Décr. n° 2010-651 du 11 juin 2010, art. 9)* ***« au candidat le mieux placé après elle ou »*** **au suivant de liste.**

C Incompatibilités

Art. 8 *Abrogé par Décr. n° 2004-896 du 27 août 2004, art. 6.*

TITRE III Révision de la liste des électeurs et de la liste des candidats *(Décr. n° 2016-628 du 18 mai 2016, art. 12-I).*

A Liste des électeurs *(Décr. n° 2016-628 du 18 mai 2016, art. 12-I).*

Art. 9 *(Décr. n° 2016-628 du 18 mai 2016, art. 12-II)* **I. — La liste des électeurs est établie à l'occasion de chaque renouvellement quinquennal.**

II. — Si les circonstances l'exigent, le préfet compétent prescrit la révision de la liste des électeurs concernée, par arrêté publié au *Journal officiel* de la République française.

L'arrêté préfectoral fixe la date des différentes opérations que comporte cette révision.

Le préfet compétent est :

(Décr. n° 2021-168 du 16 févr. 2021, art. 13) **« 1° Pour les chambres de métiers et de l'artisanat de région : le préfet de région ;**

« 2° Pour les chambres de métiers d'Alsace et de Moselle : le préfet du département du siège de la chambre. »

Art. 10 *(Décr. n° 2016-628 du 18 mai 2016, art. 13)* **« La liste des électeurs est établie, par département, par la chambre de métiers et de l'artisanat de région** *(Abrogé par Décr. n° 2021-168 du 16 févr. 2021, art. 13)* ***« ou par la chambre de métiers et de l'artisanat départementale ou interdépartementale »*** **le dernier jour du sixième mois précédant celui de la date de clôture du scrutin en vue du renouvellement quinquennal ou à une date fixée par l'arrêté préfectoral mentionné au II de l'article 9. Lorsque cette date est un samedi, un dimanche, un jour férié ou chômé, la liste des électeurs est arrêtée le jour ouvrable précédent. Le président de la chambre de métiers et de l'artisanat de région** *(Abrogé par Décr. n° 2021-168 du 16 févr. 2021, art. 13)* ***« ou de la chambre de métiers et de l'artisanat départementale ou interdépartementale »*** **transmet au préfet compétent un exemplaire signé de la liste des électeurs, ainsi que le compte rendu constatant l'accomplissement des opérations de révision de cette liste, dans les cinq jours au plus tard qui suivent l'établissement de celle-ci. »**

Si le préfet *(Décr. n° 2016-628 du 18 mai 2016, art. 13)* **« compétent » estime que les formalités et les délais prescrits n'ont pas été observés, il doit, dans les deux jours suivant la réception de la liste, déférer cette dernière au tribunal administratif, qui statue dans les trois jours et fixe éventuellement le délai dans lequel il devra être procédé à de nouvelles opérations.**

Cette liste est établie *(Abrogé par Décr. n° 2011-644 du 9 juin 2011, art. 11)* ***« par catégories d'activités et »*** **dans l'ordre alphabétique du nom patronymique des électeurs.**

Doivent figurer sur la liste le nom patronymique, le nom d'épouse, les prénoms, le sexe, la date et le lieu de naissance, le domicile, la profession de l'électeur *(Décr. n° 2011-644 du 9 juin 2011, art. 11)* **« et sa catégorie d'activité** *[activités]*, *(Décr. n° 2016-628 du 18 mai*

2016, art. 13) « complétés pour les électeurs concernés de la mention de leur inscription à la section des métiers d'art du répertoire des métiers » ainsi qu'*[ainsi que]* » en outre :

1° Pour les personnes physiques immatriculées au répertoire des métiers, l'adresse de l'entreprise ou de son établissement principal et leur numéro d'immatriculation au répertoire des métiers ;

2° Pour les conjoints collaborateurs, l'adresse de l'entreprise ou de son établissement principal et le numéro d'immatriculation au répertoire des métiers sous lequel ils sont mentionnés ;

3° Pour les dirigeants sociaux, l'adresse du siège de l'entreprise et le numéro d'immatriculation au répertoire des métiers de la personne morale.

Art. 11 et 12 *Abrogés par Décr. nº 2004-896 du 27 août 2004, art. 9 et 10.*

Art. 13 *(Décr. nº 2004-896 du 27 août 2004, art. 11)* Dans les cinq jours qui suivent la date de réception de la liste *(Décr. nº 2016-628 du 18 mai 2016, art. 14)* « des électeurs », le préfet *(Décr. nº 2016-628 du 18 mai 2016, art. 14)* « compétent » informe les électeurs du dépôt de celle-ci et de la possibilité de la consulter pendant une durée de dix jours, par voie d'affiches apposées à la préfecture *(Décr. nº 2021-168 du 16 févr. 2021, art. 13)* « de région », au siège *(Décr. nº 2021-168 du 16 févr. 2021, art. 13)* « de la chambre de métiers et de l'artisanat de région et à l'adresse de ses chambres de niveau départemental » et, le cas échéant, par tout autre moyen à sa convenance.

Lorsque la consultation des listes électorales par voie électronique est prévue, elle doit s'effectuer dans des conditions de sécurité et de confidentialité assurant le respect du code électoral.

Tout électeur est autorisé à *(Décr. nº 2016-628 du 18 mai 2016, art. 14)* « obtenir » communication *(Décr. nº 2016-628 du 18 mai 2016, art. 14)* « de la liste des électeurs » et à en *(Décr. nº 2016-628 du 18 mai 2016, art. 14)* « obtenir » copie à ses frais auprès de la chambre de métiers et de l'artisanat *(Décr. nº 2021-168 du 16 févr. 2021, art. 13)* « de région. »

Tout usage commercial des listes *(Décr. nº 2016-628 du 18 mai 2016, art. 14)* « des électeurs » établies pour les élections *(Décr. nº 2016-628 du 18 mai 2016, art. 14)* « aux *(Décr. nº 2021-168 du 16 févr. 2021, art. 13)* « chambres de niveau départemental » et établissements composant le réseau des chambres de métiers et de l'artisanat » est puni de l'amende prévue pour les contraventions de la 5e classe.

Art. 14 *(Décr. nº 2004-896 du 27 août 2004, art. 12)* Pendant la période de publicité de la liste *(Décr. nº 2016-628 du 18 mai 2016, art. 15)* « des électeurs », toute personne qui prétend *(Décr. nº 2016-628 du 18 mai 2016, art. 15)* « y » avoir été omise, *(Décr. nº 2016-628 du 18 mai 2016, art. 15)* « y » avoir été radiée à tort ou *(Décr. nº 2016-628 du 18 mai 2016, art. 15)* « y » avoir été classée dans une catégorie autre que celle à laquelle elle appartient peut saisir le président de la chambre de métiers et de l'artisanat de région *(Abrogé par Décr. nº 2021-168 du 16 févr. 2021, art. 13)* ***« ou de la chambre de métiers et de l'artisanat départementale ou interdépartementale »*** d'une réclamation. La décision du président intervient dans un délai de dix jours. Elle peut être contestée devant le *(Décr. nº 2019-966 du 18 sept. 2019, art. 8, en vigueur le 1er janv. 2020)* « tribunal judiciaire *[ancienne rédaction : tribunal d'instance]* » dans le ressort duquel est située l'entreprise.

Pendant la période de publicité de la liste *(Décr. nº 2016-628 du 18 mai 2016, art. 15)* « des électeurs » et les vingt jours qui suivent, tout électeur intéressé peut directement réclamer l'inscription ou la radiation d'un électeur omis, ou indûment inscrit, ou son inscription dans une catégorie autre que celle à laquelle il appartient, devant le *(Décr. nº 2019-966 du 18 sept. 2019, art. 8, en vigueur le 1er janv. 2020)* « tribunal judiciaire *[ancienne rédaction : tribunal d'instance]* » dans le ressort duquel est située l'entreprise.

Le *(Décr. nº 2019-966 du 18 sept. 2019, art. 8, en vigueur le 1er janv. 2020)* « tribunal judiciaire *[ancienne rédaction : tribunal d'instance]* » est compétent pour statuer jusqu'au jour du scrutin.

Le même droit est ouvert au préfet *(Décr. nº 2016-628 du 18 mai 2016, art. 15)* « compétent ».

Les recours sont formés dans les conditions prévues aux 2° et 3° de l'article L. 25 et aux articles L. 27 et R. 13 à R. 15-7 du code électoral.

Art. 15 *Abrogé par Décr. nº 2004-896 du 27 août 2004, art. 13.*

Art. 16 *(Décr. nº 2004-896 du 27 août 2004, art. 14)* Au plus tard le premier jour du mois précédant celui de la date de clôture du scrutin, le préfet *(Décr. nº 2016-628 du 18 mai 2016, art. 16)* « compétent » arrête la liste *(Abrogé par Décr. nº 2016-628 du 18 mai 2016,* *art. 16)* « *générale* » des électeurs, après avoir vérifié qu'il a été procédé à toutes les rectifications ordonnées.

(Décr. n° 2016-628 du 18 mai 2016, art. 16) « Lorsque cette date est un samedi, un dimanche, un jour férié ou chômé, la liste des électeurs est arrêtée le jour ouvrable précédent. »

Art. 17 *Abrogé par Décr. n° 2004-896 du 27 août 2004, art. 15.*

B Candidatures

Art. 18 *(Décr. n° 2010-651 du 11 juin 2010, art. 13)* I. – Nul ne peut être candidat sur plus d'une liste *(Décr. n° 2011-644 du 9 juin 2011, art. 14)* « ni dans plus d'un département d'une même région ».

(Abrogé par Décr. n° 2016-628 du 18 mai 2016, art. 17) « ***Pour l'application du troisième alinéa du I de l'article 3, nul ne peut être candidat dans une autre catégorie d'activités que celle à laquelle il appartient.*** »

Les candidatures qui ne se conforment pas à *(Décr. n° 2016-628 du 18 mai 2016, art. 17)* « cette règle » sont irrecevables.

(Décr. n° 2021-168 du 16 févr. 2021, art. 13) « En cas de candidatures multiples, seule la première des candidatures déposées est recevable. »

II. – La déclaration de candidature résulte du dépôt à la préfecture d'une liste répondant aux conditions fixées par le présent décret.

La liste déposée *(Décr. n° 2016-628 du 18 mai 2016, art. 17)* « comporte » expressément :

1° Le titre de la liste présentée *(Décr. n° 2016-628 du 18 mai 2016, art. 17)* « et le nom » *(Décr. n° 2021-168 du 16 févr. 2021, art. 13)* « du candidat tête de liste régionale ainsi que les noms des candidats tête de section départementale ; »

2° Les noms de famille et, le cas échéant, d'épouse, les prénoms, le sexe, la date et le lieu de naissance, la profession, la catégorie d'activité, le numéro d'immatriculation au répertoire des métiers et l'adresse du siège de l'entreprise de chacun des candidats *(Décr. n° 2016-628 du 18 mai 2016, art. 17)* « tel qu'il figure au répertoire des métiers ;

« 3° L'attestation délivrée par *(Abrogé par Décr. n° 2021-168 du 16 févr. 2021, art. 13)* « ***la chambre de métiers et de l'artisanat départementale ou la chambre de métiers et de l'artisanat interdépartementale ou*** » la chambre de métiers et de l'artisanat de région des personnes inscrites dans la section des métiers d'art du répertoire des métiers.

« La liste des candidats est accompagnée de l'ensemble des déclarations individuelles de candidatures signées des candidats.

« Chaque candidat doit également produire une attestation de la chambre de métiers et de l'artisanat de région *(Abrogé par Décr. n° 2021-168 du 16 févr. 2021, art. 13)* « ***ou de la chambre de métiers et de l'artisanat départementale ou interdépartementale*** » constatant qu'il remplit les conditions fixées *(Décr. n° 2021-168 du 16 févr. 2021, art. 13)* « au II » de l'article 6. Cette opération peut être accomplie par un mandataire, ayant qualité d'électeur, pour le compte de chaque candidat. »

Art. 19 *(Décr. n° 2010-651 du 11 juin 2010, art. 14)* Les déclarations de candidature sont reçues selon les modalités fixées par arrêté préfectoral, à partir du premier jour et jusqu'au dixième jour à 12 heures du mois précédant celui de la date de clôture du scrutin. Lorsque le *(Décr. n° 2016-628 du 18 mai 2016, art. 18)* « premier ou le » dernier jour du délai imparti est un samedi, un dimanche ou un jour férié ou chômé, ce délai est prorogé jusqu'au premier jour ouvrable suivant.

Après enregistrement des déclarations de candidature, le préfet *(Décr. n° 2016-628 du 18 mai 2016, art. 18)* « compétent » publie l'état des listes de candidats, par affichage à la *(Décr. n° 2021-168 du 16 févr. 2021, art. 13)* « préfecture de région », au siège *(Décr. n° 2021-168 du 16 févr. 2021, art. 13)* « et à l'adresse de ses chambres de niveau départemental » et, le cas échéant, par tout autre moyen, *(Décr. n° 2016-628 du 18 mai 2016, art. 18)* « dans les cinq jours qui suivent » la date limite de dépôt des candidatures prévue au premier alinéa.

Art. 20 *(Décr. n° 2010-651 du 11 juin 2010, art. 15)* Les listes de candidats sont déposées à la préfecture *(Décr. n° 2016-628 du 18 mai 2016, art. 19)* « compétente » dans le délai prévu à l'article 19 *(Décr. n° 2021-168 du 16 févr. 2021, art. 13)* « par le candidat tête de liste ou son mandataire ayant qualité d'électeur au siège de la chambre de métiers et de l'artisanat de région ». A cet effet, *(Décr. n° 2021-168 du 16 févr. 2021, art. 13)* « le candidat tête de liste » établit un mandat signé de lui, confiant au mandataire de la liste le soin de faire toutes déclarations et démarches utiles à l'enregistrement de la liste. *(Décr. n° 2016-628 du*

18 mai 2016, art. 19) « Les listes doivent être accompagnées de ces mandats, des déclarations individuelles et des attestations prévues à l'article 18. »

Il est délivré *(Décr. nº 2021-168 du 16 févr. 2021, art. 13)* « au candidat tête de liste ou au mandataire » de la liste un récépissé de dépôt de la liste de candidats. Aucun retrait de liste ou changement de candidature n'est accepté après la date limite fixée pour le dépôt des listes de candidats. *(Décr. nº 2011-644 du 9 juin 2011, art. 16)* « Toutefois, en cas de décès de l'un des candidats après la date limite de dépôt, celui-ci n'est pas remplacé. Dans ce cas la liste demeure valide même si elle comporte moins de 35 candidats. »

Irrégularité d'une liste. Il résultait des dispositions du II de l'art. 3, du 2e al. de l'art. 20 et du 1er al. de l'art. 22 du Décr. du 27 mai 1999 [avant leur modification par le Décr. nº 2010-651 du 11 juin 2010] que pour participer régulièrement aux élections au collège des organisations professionnelles d'une chambre de métiers et de l'artisanat, une liste présentée par une organisation professionnelle devait comporter un nombre de candidats éligibles au moins égal au nombre de sièges à pourvoir. Dès lors qu'il est relevé que, compte tenu de l'inéligibilité d'un des candidats d'une liste, celle-ci comportait un nombre de candidats pouvant être élus inférieur au nombre de sièges à pourvoir, il faut considérer que l'enregistrement de cette liste était irrégulier et qu'eu égard au mode de scrutin, de liste à un tour sans panachage ni vote préférentiel, sa participation a été de nature à vicier le scrutin et à fonder l'annulation de l'élection des membres du collège des organisations professionnelles de la chambre de métiers et de l'artisanat concernée. • CE 30 déc. 2009, nº 327325 : *AJDA 2010. 862*.

Art. 21 *Abrogé par Décr. nº 2010-651 du 11 juin 2010, art. 28.*

Art. 22 *(Décr. nº 2010-651 du 11 juin 2010, art. 16)* « Lorsqu'une déclaration de candidature ne remplit pas les conditions prévues au présent décret, le préfet *(Décr. nº 2016-628 du 18 mai 2016, art. 20)* « compétent » la rejette. »

(Décr. nº 2004-896 du 27 août 2004, art. 20) « Dans ce cas, le candidat ou le mandataire de la liste a la faculté de contester dans les quarante-huit heures devant le tribunal administratif la décision de refus d'enregistrement qui lui est notifiée par le préfet *(Décr. nº 2016-628 du 18 mai 2016, art. 20)* « compétent ». Le tribunal administratif statue alors dans les trois jours.

« Faute pour le tribunal administratif d'avoir statué dans ce délai, la déclaration est enregistrée. »

La décision du tribunal ne peut être contestée qu'à l'occasion d'un recours contre l'élection.

TITRE IV Opérations électorales

Art. 23 Le droit de vote est exercé par correspondance et au plus tard *(Décr. nº 2004-896 du 27 août 2004, art. 21)* « le dernier jour du scrutin », le cachet de la poste faisant foi. Ses modalités sont fixées par arrêté du ministre chargé de l'artisanat. – *V. Arr. du 17 déc. 2004 (JO 23 déc.).*

*(Abrogé par Décr. nº 2010-651 du 11 juin 2010, art. 28) « **Chaque électeur dispose de deux suffrages ; le premier pour élire les représentants de sa catégorie, le deuxième pour élire les représentants au collège des organisations professionnelles.** »*

(Décr. nº 2004-896 du 27 août 2004, art. 21) « Le cas échéant, il peut s'exercer par voie électronique. En cas d'utilisation par un même électeur au titre de la même qualité des deux modes de vote, seul le vote par voie électronique est considéré comme valide. »

Art. 24 *(Décr. nº 2004-896 du 27 août 2004, art. 22) (Décr. nº 2016-628 du 18 mai 2016, art. 21)* « Sous réserve des dispositions de l'article 33, le ministre chargé de l'artisanat convoque les électeurs et arrête la date d'ouverture de la campagne électorale, au plus tard le premier jour du mois précédant celui de la date de clôture du scrutin. Lorsque cette date est un samedi, un dimanche, un jour férié ou chômé, cette date d'ouverture est arrêtée le jour ouvrable précédent. »

La campagne électorale débute le *(Décr. nº 2010-651 du 11 juin 2010, art. 17)* « quatorzième jour » précédant le dernier jour du scrutin et s'achève la veille de celui-ci, à minuit.

Art. 25 *(Décr. nº 2021-168 du 16 févr. 2021, art. 14)* I. – Une commission d'organisation des élections est instituée par arrêté du préfet compétent dans chaque circonscription électorale au plus tard le premier jour du mois précédant celui de la date de clôture du scrutin. Elle est composée :

1º D'un représentant du préfet de région, président ;

2º D'un membre de la chambre de niveau départemental désigné par le président de la chambre de métiers et de l'artisanat de région ;

3° D'un membre de la chambre de métiers et de l'artisanat de région désigné par le président de cette chambre ;

4° D'un représentant de la ou des entreprises chargées de l'acheminement des plis pour les attributions mentionnées aux 1° et 2° de l'article 26.

II. — A Mayotte, la commission d'organisation des élections est composée :

1° Du préfet ou de son représentant, président ;

2° D'un membre de la chambre de métiers et de l'artisanat désigné par le président de cette chambre.

Le secrétariat de la commission est assuré par les services de la préfecture compétente.

Les candidats ou les mandataires des listes peuvent participer, avec voix consultative, aux travaux de la commission.

Art. 26 La commission d'organisation des élections se réunit sur convocation de son président. Elle est chargée :

1° D'expédier aux électeurs les circulaires et les bulletins de vote *(Abrogé par Décr. n° 2010-651 du 11 juin 2010, art. 19)* *« des candidats de leur catégorie et du collège des organisations professionnelles »* ainsi que les instruments nécessaires au vote par correspondance ;

(Décr. n° 2004-896 du 27 août 2004, art. 24) « 2° D'organiser la réception des votes ;

« 3° D'organiser le dépouillement et le recensement des votes ; »

4° *(Décr. n° 2011-644 du 9 juin 2011, art. 18)* « De proclamer la liste des candidats *(Décr. n° 2016-628 du 18 mai 2016, art. 23)* « élus en qualité de membres des établissements du réseau des chambres de métiers et de l'artisanat » *(Abrogé par Décr. n° 2021-168 du 16 févr. 2021, art. 14)* *« et de leurs délégations »* ; »

5° De statuer sur les demandes de remboursement des frais de propagande des candidats.

(Décr. n° 2021-168 du 16 févr. 2021, art. 14) « Pour assurer ces opérations, le président de la commission peut solliciter le concours de la chambre de métiers et de l'artisanat de niveau départemental ainsi que de la chambre de métiers et de l'artisanat de région. »

Art. 27 *(Décr. n° 2004-896 du 27 août 2004, art. 25)* « Pour permettre à la commission d'organisation des élections de procéder à l'expédition du matériel électoral, *(Abrogé par Décr. n° 2010-651 du 11 juin 2010, art. 20)* *« chaque candidat ou son mandataire ou »* le mandataire de chaque liste doit lui remettre, *(Décr. n° 2010-651 du 11 juin 2010, art. 20)* « dix-huit jours » au moins avant la date de clôture du scrutin, une quantité de bulletins de vote au moins égale au nombre des électeurs inscrits *(Abrogé par Décr. n° 2010-651 du 11 juin 2010, art. 20)* *« dans sa catégorie ou son collège »*, ainsi qu'une quantité de circulaires au moins égale au nombre des électeurs. » *(Décr. n° 2016-628 du 18 mai 2016, art. 24)* « Lorsque le dernier jour du délai imparti est un samedi, un dimanche ou un jour férié ou chômé, ces bulletins de vote et circulaires sont remis à la commission le jour ouvrable précédent. »

(Abrogé par Décr. n° 2004-896 du 27 août 2004, art. 25) *« Pour être acceptés par la commission, les bulletins et circulaires doivent répondre aux conditions de format, de libellé et d'impression fixées par arrêté du ministre chargé de l'artisanat. »*

La commission n'assure pas l'envoi des documents remis postérieurement à la date ci-dessus mentionnée *(Décr. n° 2016-628 du 18 mai 2016, art. 24)* « ou des documents qui ne sont pas conformes aux prescriptions édictées par l'arrêté ministériel prévu à l'article 23 ».

Art. 28 *(Décr. n° 2004-896 du 27 août 2004, art. 26)* Le préfet *(Décr. n° 2016-628 du 18 mai 2016, art. 24)* « compétent » adresse à la commission, au moins *(Décr. n° 2010-651 du 11 juin 2010, art. 21)* « dix-huit jours » avant la date de clôture du scrutin, les enveloppes nécessaires à l'expédition des circulaires et des bulletins de vote ainsi que les enveloppes d'acheminement des votes. *(Décr. n° 2010-651 du 11 juin 2010, art. 21)* « Lorsque le dernier jour du délai imparti est un samedi, un dimanche ou un jour férié ou chômé, ces enveloppes sont adressées à la commission le jour ouvrable précédent. »

La commission adresse ces documents aux électeurs *(Décr. n° 2010-651 du 11 juin 2010, art. 21)* « quatorze jours » au plus tard avant le dernier jour du scrutin. *(Décr. n° 2010-651 du 11 juin 2010, art. 21)* « Lorsque le dernier jour du délai imparti est un samedi, un dimanche ou un jour férié ou chômé, cet envoi est effectué le jour ouvrable précédent. »

A cet envoi est jointe une notice indiquant les modalités du vote.

Les modalités du vote par correspondance sont fixées par arrêté du ministre chargé de l'artisanat. Ce *[Cet]* arrêté fixe notamment les conditions de format, de libellé et d'impression des bulletins de vote et des circulaires, ainsi que les conditions d'acheminement de ces votes. — *V. Arr. du 2 juill. 2021, infra.*

Les bulletins de vote et les circulaires qui ne sont pas parvenus à leur destinataire sont retournés à la préfecture *(Décr. n° 2016-628 du 18 mai 2016, art. 24)* « compétente », qui les conserve jusqu'à l'expiration des délais de recours contre les élections ou, le cas échéant, jusqu'à l'intervention d'un jugement définitif sur les contestations.

Art. 29 *Abrogé par Décr. n° 2004-896 du 27 août 2004, art. 27.*

TITRE IV *BIS* Vote électronique

(Décr. n° 2004-896 du 27 août 2004, art. 28)

Art. 29-1 La commission d'organisation des élections adresse à tous les électeurs, en même temps que les documents prévus au second alinéa de l'article 28, une circulaire relative aux modalités d'accès au système de vote électronique auquel l'électeur doit se relier pour voter, ainsi que, selon des modalités garantissant leur confidentialité, les instruments permettant l'expression du vote.

Ces instruments permettent l'authentification de l'électeur et la vérification de l'unicité de son vote, selon des exigences de sécurité et des modalités définies par arrêté du ministre chargé de l'artisanat, pris après avis de la Commission nationale de l'informatique et des libertés.

Art. 29-2 Pour voter par voie électronique, l'électeur, après connexion au site internet ou à tout autre réseau accessible à tous les électeurs, s'identifie, exprime son vote et le valide au moyen des instruments d'authentification qui lui ont été attribués. Il vérifie l'inscription sécurisée de son vote par le système de vote électronique. La transmission du vote et l'émargement de l'électeur doivent pouvoir faire l'objet d'une date certaine de réception et d'un accusé de réception électronique.

Art. 29-3 Les données relatives aux électeurs inscrits sur les listes électorales, ainsi que celles relatives à l'expression de leur vote, font l'objet, selon les modalités techniques fixées par arrêté du ministre chargé de l'artisanat, pris après avis de la Commission nationale de l'informatique et des libertés, de traitements automatisés d'information effectués sur des systèmes informatiques distincts, dédiés et isolés, respectivement dénommés "fichier des électeurs" et "contenu de l'urne électronique".

Le traitement "fichier des électeurs" est établi à partir de la liste électorale dressée *(Décr. n° 2021-168 du 16 févr. 2021, art. 15)* « par département » par le président de la chambre de métiers *(Décr. n° 2004-1164 du 2 nov. 2004, art. 1er)* « et de l'artisanat » de région *(Abrogé par Décr. n° 2021-168 du 16 févr. 2021, art. 15) « ou de la chambre de métiers et de l'artisanat départementale »*. Ce traitement permet à la commission d'organisation des élections d'adresser à chaque électeur les instruments d'authentification mentionnés à l'article 29-1 du présent décret, d'identifier les électeurs ayant pris part au vote électronique et d'éditer la liste d'émargement. L'émargement indique l'heure du vote. *(Décr. n° 2011-644 du 9 juin 2011, art. 19)* « La liste d'émargement doit être enregistrée » sur un support distinct de celui de l'urne électronique, scellé, non réinscriptible, rendant son contenu inaltérable et probant.

Le fichier dénommé "contenu de l'urne électronique" recense les votes exprimés par voie électronique. Les données de ce second fichier font l'objet d'un chiffrement et ne doivent pas comporter de lien permettant l'identification des électeurs.

Art. 29-4 Le jour du dépouillement des votes, le président de la commission d'organisation des élections imprime *(Abrogé par Décr. n° 2011-644 du 9 juin 2011, art. 20) « en deux exemplaires »* la liste d'émargement à partir du traitement "fichier des électeurs". Cette liste constitue la liste d'émargement pour le vote par correspondance.

Le président de la commission et l'un des assesseurs reçoivent chacun une clé de dépouillement distincte, selon des modalités en garantissant la confidentialité, permettant d'accéder aux données du fichier dénommé "contenu de l'urne électronique". Le président reçoit également les éléments permettant la vérification de l'intégrité du système de vote électronique.

Après la clôture des opérations de vote et vérification de l'intégrité du fichier dénommé "contenu de l'urne électronique", le président de la commission d'organisation des élections et l'assesseur mentionné à l'alinéa précédent procèdent publiquement au dépouillement.

(Décr. n° 2011-644 du 9 juin 2011, art. 20) « Les décomptes de voix par liste de candidats » doivent apparaître lisiblement à l'écran et faire l'objet d'une édition sécurisée afin d'être portée au procès-verbal de l'élection.

Le système de vote électronique est verrouillé après le dépouillement, de sorte qu'il soit impossible de reprendre ou de modifier le résultat après la décision de clôture du dépouillement prise par la commission.

La commission d'organisation des élections contrôle que le nombre total de votes exprimés par voie électronique correspond au nombre de votants figurant sur *(Abrogé par Décr. nº 2011-644 du 9 juin 2011, art. 20) « les deux exemplaires de »* la liste d'émargement.

Le nombre total de suffrages exprimés par voie électronique ainsi que le nombre de voix obtenues par chaque liste sont portés au procès-verbal.

Art. 29-5 Jusqu'à l'expiration des délais de recours contentieux, les fichiers supports comprenant la copie des programmes sources et exécutables, les matériels de vote, les fichiers d'émargement, de résultat et de sauvegarde, doivent être conservés sous scellés sous le contrôle de la commission d'organisation des élections. La procédure de décompte des votes enregistrés doit, si nécessaire, pouvoir être exécutée de nouveau.

A l'expiration de ces délais, et si aucun recours n'a été exercé, il est procédé à la destruction des fichiers supports sous le contrôle de la commission d'organisation des élections.

Art. 29-6 Les modalités d'application du présent titre et d'expertise du système de vote sont fixées par arrêté du ministre chargé de l'artisanat, pris après avis de la Commission nationale de l'informatique et des libertés.

Art. 29-7 *(Décr. nº 2021-168 du 16 févr. 2021, art. 15)* Les circulaires mentionnées au 1º de l'article 26 sont également accessibles sur la plateforme de vote.

TITRE V Recensement des votes et proclamation des résultats

Art. 30 *(Décr. nº 2004-896 du 27 août 2004, art. 29)* I. – Le cinquième jour suivant la date de clôture du scrutin, la commission d'organisation des élections procède aux opérations de dépouillement des votes, en séance publique et en présence de scrutateurs désignés parmi les électeurs par le président de la commission et par les candidats ou les mandataires des listes en présence.

(Décr. nº 2010-651 du 11 juin 2010, art. 22) « Une urne destinée à recevoir les votes est mise en place par le président de la commission d'organisation des élections ou une personne désignée par lui. »

La commission vérifie que le nombre de plis électoraux correspond à celui porté sur l'état récapitulatif. Si une différence est constatée, mention en est faite sur le procès-verbal paraphé par chaque membre de la commission d'organisation des élections.

La commission procède à l'ouverture des enveloppes d'envoi. Le président, ou un membre de la commission désigné par lui, constate le vote de chaque électeur en apposant sa signature, éventuellement avec l'assistance de moyens électroniques, en face du nom de l'électeur, sur *(Décr. nº 2011-644 du 9 juin 2011, art. 21)* « la liste d'émargement », dans les conditions de sécurité et d'authentification et selon des modalités définies par arrêté du ministre chargé de l'artisanat, pris après avis de la Commission nationale de l'informatique et des libertés. – *V. Arr. du 6 janv. 2005 (JO 15 janv.).*

(Décr. nº 2010-651 du 11 juin 2010, art. 22) « Un membre de la commission introduit ensuite chaque pli de vote dans l'urne.

« II. – Le président de la commission d'organisation des élections ou une personne désignée par lui procède à l'ouverture de l'urne contenant les votes et, après vérification du nombre des enveloppes, effectue le recensement des votes. Si le nombre d'enveloppes est différent du nombre d'émargements, il en est fait mention au procès-verbal. »

(Décr. nº 2021-168 du 16 févr. 2021, art. 16) « La commission déduit du nombre total d'électeurs les plis non acheminés aux électeurs figurant à l'état récapitulatif prévu au I du présent article.

« Ces plis sont conservés, paraphés par les membres de la commission et annexés au procès-verbal. »

(Décr. nº 2010-651 du 11 juin 2010, art. 22) « Est déclaré nul lors du dépouillement du scrutin tout bulletin différent du modèle fourni, portant des mentions manuscrites, des ratures, des noms autres que ceux des listes ou candidats enregistrés, une modification de l'ordre de présentation des candidats ou qui ne répond pas aux conditions du présent décret.

« La commission d'organisation des élections statue sur les bulletins donnant lieu à contestation, ainsi que sur toutes les questions soulevées par les opérations du scrutin.

« III. – Le président de la commission ou une personne désignée par lui totalise le nombre de suffrages obtenus par chaque liste.

« La commission détermine le quotient électoral et calcule le nombre de sièges de membres *(Décr. nº 2011-644 du 9 juin 2011, art. 21)* « de la chambre de métiers et de l'artisanat de région » *(Décr. nº 2021-168 du 16 févr. 2021, art. 16)* « et de la chambre de niveau départemental » obtenus par chaque liste. Elle attribue les sièges conformément aux dispositions de l'article 3. »

IV. — Toutes les opérations manuelles de dépouillement visées au présent article peuvent être effectuées par des moyens électroniques, selon des modalités définies par arrêté du ministre chargé de l'artisanat, pris après avis de la Commission nationale de l'informatique et des libertés. — *V. Arr. du 6 janv. 2005 (JO 15 janv.).*

Art. 31 *(Décr. n° 2011-644 du 9 juin 2011, art. 22)* « Le président de la commission proclame en public la liste des candidats relevant de la circonscription de la *(Décr. n° 2021-168 du 16 févr. 2021, art. 16)* « chambre de niveau départemental » élus à la chambre de métiers et de l'artisanat de région » *(Décr. n° 2021-168 du 16 févr. 2021, art. 16)* « et la liste des candidats élus à la chambre de niveau départemental. »

Après proclamation des résultats, un procès-verbal est dressé par la commission et signé par le président et les membres de celle-ci.

La liste d'émargement et le procès-verbal des opérations de vote sont transmis immédiatement au préfet *(Décr. n° 2016-628 du 18 mai 2016, art. 27)* « compétent » *(Abrogé par Décr. n° 2011-644 du 9 juin 2011, art. 22)* ***« ou le cas échéant au sous-préfet d'arrondissement du siège de la chambre de métiers et de l'artisanat de région »***. Ils peuvent être consultés par tout électeur pendant dix jours.

(Décr. n° 2021-168 du 16 févr. 2021, art. 16) « Le préfet compétent transmet dans les trois jours une copie du procès-verbal au ministre chargé de l'artisanat, au secrétariat de la chambre de niveau départemental et à celui de la chambre de métiers et de l'artisanat de région. »

Art. 32 *(Décr. n° 2004-896 du 27 août 2004, art. 31)* « Les réclamations contre les élections *(Décr. n° 2016-628 du 18 mai 2016, art. 28)* « des membres des établissements du réseau des chambres de métiers et de l'artisanat » *(Décr. n° 2021-168 du 16 févr. 2021, art. 16)* « et de leurs chambres de niveau départemental » sont formées, instruites et jugées dans les conditions prévues par les articles L. 248, R. 119, R. 120, R. 121 et R. 122 du code électoral. »

Toutefois, le délai de cinq jours prévu au premier alinéa de l'article R. 119 dudit code court à compter du jour de la proclamation des résultats. *(Décr. n° 2011-644 du 9 juin 2011, art. 23)* « Lorsque le dernier jour du délai imparti est un samedi, un dimanche ou un jour férié ou chômé, ce délai est prorogé jusqu'au jour ouvrable suivant. »

(Décr. n° 2004-896 du 27 août 2004, art. 31) « L'appel est formé devant la cour administrative d'appel dans les conditions fixées aux articles R. 811-1 à R. 811-14 du code de justice administrative. »

(Abrogé par Décr. n° 2010-651 du 11 juin 2010, art. 28) ***« Le recours en cassation devant le Conseil d'État est formé dans les conditions de droit commun. »***

(Décr. n° 2004-896 du 27 août 2004, art. 31) « Les membres élus restent en fonction jusqu'à ce qu'il ait été définitivement statué sur les réclamations. »

Art. 33 *(Décr. n° 2016-628 du 18 mai 2016, art. 29)* « Lorsque l'annulation d'une élection est devenue définitive, le préfet *(Décr. n° 2021-168 du 16 févr. 2021, art. 16)* « compétent » convoque les électeurs dans un délai qui ne peut excéder quatre mois. Si les circonstances l'exigent, ce délai est prolongé par arrêté du préfet *(Décr. n° 2021-168 du 16 févr. 2021, art. 16)* « compétent ». »

Les membres élus en application de l'alinéa précédent exercent leur mandat pour la durée restant à courir.

Si l'annulation intervient dans les douze mois qui précèdent la date de renouvellement *(Décr. n° 2016-628 du 18 mai 2016, art. 29)* « quinquennal », il n'est procédé à aucune élection complémentaire.

(Décr. n° 2021-168 du 16 févr. 2021, art. 16) « Si l'annulation de l'élection est totale, la chambre de métiers et de l'artisanat de région est administrée par la commission prévue au troisième alinéa de l'article 20 du code de l'artisanat. »

(Décr. n° 2010-651 du 11 juin 2010, art. 24) « Si l'annulation de l'élection est partielle, seuls les membres dont l'élection n'est pas annulée administrent la chambre en application des textes en vigueur. Toutefois, si le nombre des membres restant ne peut permettre de constituer un bureau en application de ses statuts, la chambre est gérée par la commission prévue au troisième alinéa de l'article 17 du code de l'artisanat. »

Une erreur dans le décompte des alinéas a sans doute été faite lors de la modification de l'art. 33 par le Décr. n° 2010-651 du 11 juin 2010 (qui mentionnait l'ajout d'un al. 3 et d'un al. 4 alors qu'il existait déjà un al. 3), ce qui rendait la modification introduite par le Décr. n° 2011-644 du 9 juin 2011 incompréhensible. Nous avons ici réécrit l'art. 33 dans l'ordre des alinéas qui nous semble le plus respectueux de la volonté du pouvoir réglementaire.

Art. 34 *(Décr. n° 2010-651 du 11 juin 2010, art. 25)* « Les listes de candidats qui ont obtenu au moins 5 % des suffrages exprimés par les électeurs ont droit au remboursement de leurs frais de propagande. »

La commission d'organisation des élections statue sur les demandes de remboursements dans des conditions fixées par arrêté du ministre chargé de l'artisanat. – *V. Arr. du 17 déc. 2004 (JO 23 déc.).*

Art. 35 *(Décr. n° 2011-644 du 9 juin 2011, art. 25)* Les frais de propagande mentionnés à l'article 34 et les autres frais occasionnés par les élections en application du présent décret sont à la charge des chambres de métiers et de l'artisanat *(Décr. n° 2021-168 du 16 févr. 2021, art. 16)* « de région et des chambres de métiers d'Alsace et de Moselle ».

(Abrogé par Décr. n° 2016-628 du 18 mai 2016, art. 30) « Lorsqu'une chambre de métiers et de l'artisanat départementale est rattachée à une chambre de métiers et de l'artisanat de région ou à une chambre régionale de métiers et de l'artisanat, la chambre de métiers et de l'artisanat de région ou la chambre régionale de métiers et de l'artisanat participe à la prise en charge de ces frais au prorata du nombre de ses membres élus à la chambre de métiers et de l'artisanat départementale. »

TITRE VI Dispositions applicables à la chambre des métiers de Mayotte

(Décr. n° 2006-379 du 27 mars 2006, art. 11)

Art. 36 et 36-1 *V. au **C. com.***.

TITRE VII Dispositions diverses et transitoires *(Décr. n° 2006-379 du 27 mars 2006, art. 11).*

Art. 37 *Abrogé par Décr. n° 2011-644 du 9 juin 2011, art. 27.*

Loi n° 2005-882 du 2 août 2005,

En faveur des petites et moyennes entreprises.

Art. 23 Il est créé un label "Entreprise du patrimoine vivant" pouvant être attribué à toute entreprise qui détient un patrimoine économique, composé en particulier d'un savoir-faire rare, renommé ou ancestral, reposant sur la maîtrise de techniques traditionnelles ou de haute technicité et circonscrit à un territoire.

Le label "Entreprise du patrimoine vivant" est attribué selon des critères et des modalités définis par décret en Conseil d'État. – *V. Décr. n° 2006-595 du 23 mai 2006, ci-dessous.*

Décret n° 2006-595 du 23 mai 2006,

Relatif à l'attribution du label "entreprise du patrimoine vivant".

Art. 1er *(Décr. n° 2020-67 du 30 janv. 2020, art. 9, en vigueur le 1er févr. 2020)* « Le label "entreprise du patrimoine vivant" est attribué à une entreprise immatriculée auprès des autorités compétentes conformément à l'article L. 123-1 du code de commerce, ou à l'article 19 de la loi n° 96-603 du 5 juillet 1996 relative au développement et à la promotion du commerce et de l'artisanat, ou à la législation de son État membre de l'Union européenne d'origine, et qui exerce une activité de production, de transformation, de réparation ou de restauration sur le territoire français. L'entreprise doit être à jour de ses obligations fiscales et sociales. »

(Décr. n° 2011-1091 du 9 sept. 2011, art. 1er) « Les entreprises du secteur agricole, lequel bénéficie des modes de valorisation prévus à l'article *(Décr. n° 2013-591 du 4 juill. 2013, art. 8)* « L. 640-2 » du code rural et de la pêche maritime, ne peuvent se voir attribuer le label "entreprise du patrimoine vivant". »

BIBL. ▶ NDLR, *BRDA 2011, n° 18, p. 11* (modifications issues du Décr. n° 2011-1091 du 9 sept. 2011).

Art. 2 *(Décr. n° 2020-67 du 30 janv. 2020, art. 9, en vigueur le 1er févr. 2020)* Le label "entreprise du patrimoine vivant" est attribué par l'autorité compétente aux entreprises qui répondent au moins à deux critères dans chacune des catégories 1°, 2° et 3° mentionnées ci-après :

1° Critères relatifs à la détention d'un patrimoine économique spécifique :

a) L'entreprise possède des équipements, outillages, machines, modèles, documentations techniques rares ;

b) L'entreprise détient des droits de propriété industrielle liés à ses produits, à ses services ou à ses équipements de production, résultant d'une démarche active de création ou d'innovation ;

c) L'entreprise met en œuvre une démarche active de création ou d'innovation pouvant générer un réseau de clientèle significatif et mène une politique active pour développer ce réseau, notamment à travers une stratégie numérique ;

2° Critères relatifs à la détention d'un savoir-faire rare reposant sur la maîtrise de techniques traditionnelles ou de haute technicité :

a) L'entreprise détient un savoir-faire spécifique, détenu par un petit nombre d'entreprises, contribuant de manière significative à sa valeur ajoutée produite ;

b) L'entreprise forme en interne des salariés, notamment des apprentis, à des savoir-faire qui ne sont pas accessibles directement par les voies de formation habituelles, ou concernant des petits flux de formation à l'échelle nationale, et au temps d'apprentissage long ;

c) L'entreprise emploie un ou des salariés détenant collectivement un savoir-faire d'excellence comportant une dimension créative ou d'innovation, justifié soit par des titres, des diplômes ou des récompenses de haut niveau, soit par une expérience professionnelle de durée significative leur permettant d'exécuter des travaux complexes ;

3° Critères relatifs à l'implantation géographique, à la notoriété de l'entreprise ou à l'exercice d'une démarche de responsabilité sociétale :

a) L'entreprise assure une production dans son bassin historique ou est installée dans sa localité actuelle depuis plus de cinquante ans ou est établie dans des locaux qui ont une valeur historique ou architecturale ;

b) L'entreprise dispose d'un nom ou d'une marque notoire, notamment parce qu'elle bénéficie de distinctions nationales, ou fait l'objet de publications de référence, ou parce qu'elle intervient sur des biens appartenant au patrimoine protégé au titre des monuments historiques, ou sur des objets ou des meubles estampillés permettant de perpétuer un courant stylistique, ou parce qu'elle fabrique des produits reflétant l'identité culturelle de son territoire ;

c) L'entreprise mène une démarche de responsabilité sociétale à travers, par exemple, des actions de promotion de ses métiers auprès des jeunes publics, ou une politique d'approvisionnement responsable privilégiant les circuits courts, ou des actions visant à maîtriser sa consommation énergétique, ou des actions de mécénat.

Art. 3 *(Décr. n° 2020-67 du 30 janv. 2020, art. 9, en vigueur le 1er févr. 2020)* Le préfet de la région d'implantation de l'entreprise sollicitant l'attribution ou le renouvellement du label, ou le préfet de Corse, ou le préfet de la Guadeloupe, de la Guyane, de la Martinique, de La Réunion, de Mayotte, ainsi que le préfet de Saint-Barthélemy, de Saint-Martin ou de Saint-Pierre-et-Miquelon, est l'autorité compétente mentionnée à l'article 2.

A titre dérogatoire, pour les entreprises de l'Union européenne qui ne sont pas immatriculées sur le territoire français, le ministre chargé de l'artisanat est l'autorité compétente.

Art. 4 *Abrogé par Décr. n° 2020-67 du 30 janv. 2020, art. 9, à compter du 1er févr. 2020.*

Art. 5 *(Décr. n° 2020-67 du 30 janv. 2020, art. 9, en vigueur le 1er févr. 2020)* La demande d'attribution ou de renouvellement du label est adressée à l'autorité compétente dans les conditions fixées par arrêté du ministre chargé de l'artisanat. Cet arrêté définit les éléments que comporte le dossier de demande d'attribution ou le dossier de demande de renouvellement, lesquels doivent permettre de vérifier que les conditions mentionnées à l'article 2 sont remplies. L'autorité compétente délivre un accusé de réception pour chaque demande reçue.

L'instruction des demandes d'attribution ou de renouvellement du label est assurée par un secrétariat dans les conditions définies par arrêté ministériel. En tant que de besoin, le secrétariat peut faire appel à des personnalités extérieures dans le cadre de cette instruction.

L'instruction des dossiers de candidature est soumise à une redevance pour service rendu en vue de couvrir, en totalité ou partiellement, les coûts de traitement d'instruction supportés par le secrétariat. Le montant et les conditions de versement de cette redevance sont fixés par arrêté des ministres chargés du budget et de l'artisanat. — *V. Arr. du 26 mai 2006 relatif à la procédure d'attribution du label "entreprise du patrimoine vivant"* 🏛.

Art. 6 *(Décr. n° 2020-67 du 30 janv. 2020, art. 9, en vigueur le 1er févr. 2020)* Le label est délivré pour une durée de cinq ans. La décision de l'autorité compétente d'attribution ou de refus du label est notifiée au demandeur.

Le silence gardé pendant quatre mois par l'autorité compétente sur une demande d'attribution du label vaut décision de rejet.

L'autorité compétente peut retirer le label à une entreprise qui ne respecte plus les critères d'attribution. Le retrait du label est prononcé par l'autorité compétente après que l'entreprise concernée a été mise à même de présenter ses observations.

Le délai à l'expiration duquel la décision de rejet est acquise en cas de silence gardé par l'administration, en application des art. L. 231-4 et L. 231-6 CRPA, est de quatre mois pour les demandes d'attribution du label « entreprise du patrimoine vivant » (Décr. nº 2014-1280 du 23 oct. 2014, art. 2).

....

Arrêté du 28 octobre 2009,

Relatif à la présentation de la déclaration et des demandes prévues par le décret nº 98-246 du 2 avril 1998 et le titre Ier du décret nº 98-247 du 2 avril 1998 (Arr. du 17 oct. 2017, art. 1er).

Art. 1er *(Arr. du 17 oct. 2017, art. 2)* Sont soumises aux conditions prévues par le présent arrêté :

1° Les demandes d'attestation de qualification professionnelle prévues par les articles 1er et 2-1 du décret nº 98-246 du 2 avril 1998 susvisé *[relatif à la qualification professionnelle exigée pour l'exercice des activités prévues à l'article 16 de la loi nº 96-603 du 5 juillet 1996 relative au développement et à la promotion du commerce et de l'artisanat]* ;

2° La déclaration prévue par l'article 2 du même décret ;

3° Les demandes de reconnaissance des qualifications professionnelles prévues aux articles 3-1 et 3-3 du même décret ;

4° La demande d'attestation de compétence prévue à l'article 4-1 du même décret ;

5° Les demandes d'attribution de la qualité d'artisan ou d'artisan d'art ou du titre de maître artisan présentées en application des articles 5 à 5 *ter* du décret nº 98-247 du 2 avril 1998 relatif à la qualification artisanale et au répertoire des métiers.

Art. 2 *(Arr. du 17 oct. 2017, art. 2)* I. — La déclaration et les demandes mentionnées à l'article 1er comportent les informations suivantes :

1° Les nom, prénoms et adresse du déclarant ou du demandeur ;

2° Sa nationalité ;

3° Le métier ou la partie d'activité pour lequel il effectue une déclaration ou une demande.

II. — La déclaration et les demandes mentionnées à l'article 1er sont accompagnées des documents suivants :

1° La copie de la carte nationale d'identité, du passeport ou du document de séjour au sens de l'article *(Ord. nº 2020-1733 du 16 déc. 2020, en vigueur le 1er mai 2021)* « L. 411-1 *[ancienne rédaction : L. 311-1]* » du code de l'entrée et du séjour des étrangers et du droit d'asile en cours de validité ou, pour les Français, tout document prévu par l'article R. 113-5 du code des relations entre le public et l'administration ;

2° Une attestation certifiant que le déclarant ou le demandeur est légalement établi dans un État membre de l'Union européenne ou partie à l'accord sur l'Espace économique européen, lorsqu'il souhaite exercer son activité à titre temporaire et occasionnel ;

3° La ou les pièces permettant de justifier de la qualification professionnelle du déclarant ou du demandeur et figurant dans la liste suivante :

a) Diplôme, titre ou certificat ;

b) Attestation de compétence ;

c) Pour les demandes fondées même partiellement sur une expérience professionnelle : attestation portant sur la nature et la durée de l'activité délivrée par l'autorité ou l'organisme compétent de l'État membre ou partie à l'accord sur l'Espace économique européen dans lequel l'expérience a été effectuée ou tous documents attestant de l'expérience professionnelle ;

d) Pour les demandes relatives à l'attribution du titre de maître artisan fondées sur des compétences reconnues : récompenses, titres, prix, certificats ou tous documents de nature à établir les compétences alléguées.

Les documents non établis en français doivent être accompagnés d'une traduction certifiée conforme à l'original par un traducteur assermenté ou habilité à intervenir auprès des autorités judiciaires ou administratives d'un État membre de l'Union européenne ou partie à l'accord sur l'Espace économique européen.

Art. 3 *(Arr. du 17 oct. 2017, art. 2)* En complément des informations et pièces mentionnées aux articles précédents, la chambre de métiers et de l'artisanat compétente peut inviter le déclarant ou le demandeur à lui fournir des informations concernant le niveau, la durée et le contenu de sa formation propres à lui permettre de déterminer l'existence éventuelle de différences substantielles avec la formation française exigée, telle que prévue à l'article 1er du décret n° 98-246 du 2 avril 1998 susvisé et aux articles 1er et 3 du décret n° 98-247 du 2 avril 1998 mentionné ci-dessus.

Si le demandeur est dans l'impossibilité de fournir ces informations, la chambre s'adresse à l'autorité compétente ou au centre d'assistance de l'État membre d'origine au sens des articles 3 et 57 *ter* de la directive 2005/36/CE du Parlement européen et du Conseil du 7 septembre 2005 relative à la reconnaissance des qualifications professionnelles, ou à tout autre organisme compétent de l'État membre d'origine.

Si aucune information complémentaire n'est disponible, la chambre arrête sa décision sur la base des éléments dont elle dispose.

Art. 4 *(Arr. du 17 oct. 2017, art. 2)* En complément des informations et pièces mentionnées aux articles précédents, et lorsqu'une mesure de compensation peut être demandée en application du IV de l'article 3 du décret n° 98-246 du 2 avril 1998 susvisé, du I de l'article 5 du décret n° 98-247 du 2 avril 1998 mentionné ci-dessus ou du I de l'article 5 *ter* du même décret, la chambre de métiers et de l'artisanat compétente invite le déclarant ou le demandeur à apporter la preuve par tout moyen de connaissances, aptitudes et compétences acquises au cours de l'expérience professionnelle ou de la formation tout au long de la vie, et ayant été validées par un organisme compétent dans un État membre de l'Union européenne ou partie à l'accord sur l'Espace économique européen ou dans un État tiers de nature à compenser, totalement ou partiellement, la différence substantielle en termes de contenu mentionnée à ces articles.

Art. 5 *(Arr. du 17 oct. 2017, art. 2)* Les chambres de métiers et de l'artisanat communiquent à *(Décr. n° 2019-56 du 30 janv. 2019, art. 8)* « CMA France » les statistiques relatives aux décisions prises dans le cadre de la déclaration et des demandes mentionnées à l'article 1er du présent arrêté.

(Décr. n° 2019-56 du 30 janv. 2019, art. 8) « CMA France » transmet ces statistiques annuelles au ministre chargé de l'artisanat au plus tard le 31 janvier de l'année qui suit l'année pour laquelle elles sont établies.

Les statistiques transmises indiquent le sens des décisions et le fondement sur la base duquel elles sont prises, qu'il s'agisse du régime général (reconnaissance selon le titre III, chapitre Ier de la directive 2005/36/CE du 7 septembre 2005 mentionnée ci-dessus) ou du régime de reconnaissance automatique de l'expérience professionnelle (reconnaissance selon le titre III, chapitre II de la directive 2005/36/CE du 7 septembre 2005 mentionnée ci-dessus).

Elles précisent :

– si elles ont été prises après une épreuve d'aptitude ou un stage d'adaptation ;

– si elles ont mis en œuvre la notion d'accès partiel au sens de l'article 4 *septies* de la directive 2005/36/CE du 7 septembre 2005 mentionnée ci-dessus.

Ces statistiques sont éventuellement complétées d'une description des difficultés rencontrées à l'occasion de ces décisions.

En outre, sont également transmises les statistiques relatives :

– aux recours ;

– au nombre de dossiers à l'étude ;

– au nombre d'épreuves d'aptitude et de stages d'adaptation en cours.

Art. 6 *(Arr. du 17 oct. 2017, art. 2)* Le montant du droit prévu à l'article 4-3 du décret n° 98-246 du 2 avril 1998 susvisé et à l'article 5 *quater* du décret n° 98-247 du 2 avril 1998 mentionné ci-dessus est fixé :

1° Au tarif en vigueur voté par le conseil d'administration *(Décr. n° 2020-956 du 31 juill. 2020, art. 4)* « de France Éducation international » lorsque la chambre a sollicité l'avis de ce centre sur le diplôme ou titre étranger produit par le demandeur en application du I *bis* de l'article 3-1 du décret n° 98-246 du 2 avril 1998 susvisé, du III de l'article 5 du décret n° 98-247 du 2 avril 1998 mentionné ci-dessus ou du II de l'article 5 *ter* du même décret ;

2° Lorsqu'une épreuve d'aptitude est organisée en application du II de l'article 2 du décret n° 98-246 du 2 avril 1998 susvisé, du IV de l'article 3 du même décret, du I de l'article 5 du décret n° 98-247 du 2 avril 1998 mentionné ci-dessus ou du I de l'article 5 *ter* du même décret, au montant correspondant à la préparation, à la réalisation et à l'évaluation de l'épreuve d'aptitude. Ce montant est calculé sur la base horaire utilisée par la chambre dans le cadre de l'organisation des jurys de validation des acquis de l'expérience, dans la double limite de 50 € par heure et de 250 € pour l'ensemble de l'épreuve d'aptitude. Les coûts éventuels de matière d'œuvre restent à la charge du demandeur, le cas échéant sur la base de justificatifs produits par la chambre ;

3° Lorsqu'un stage d'adaptation doit être organisé en application du IV de l'article 3 du décret n° 98-246 du 2 avril 1998 susvisé, du I de l'article 5 du décret n° 98-247 du 2 avril 1998 mentionné ci-dessus ou du I de l'article 5 *ter* du même décret, à 50 € correspondant au coût d'établissement de la liste des matières mentionnée au I de l'article 3-2 du décret n° 98-246 du 2 avril 1998 susvisé. Lorsque le stage est organisé par la chambre, ce montant est augmenté du coût du stage, calculé sur la base horaire utilisée dans le cadre de la formation aux titres de la filière de l'artisanat qu'elle dispense.

Art. 7 Le règlement d'examen annexé au présent arrêté est approuvé. — *V. l'annexe ci-dessous.*

ANNEXE

Règlement d'examen de l'épreuve d'aptitude mentionné à l'article 7

I Modalités de convocation

Le demandeur ayant choisi l'épreuve pratique est convoqué par le président de la chambre de métiers et de l'artisanat au moins quinze jours avant la date des épreuves. Cette convocation précise la date, le lieu, l'horaire et la durée des épreuves et l'outillage et/ou le matériel dont le demandeur doit être muni.

II Organisation de l'épreuve

a) Fréquence.

Les épreuves sont organisées autant que de besoin dans le respect des délais réglementaires. Les épreuves sont mises en place par le président de la chambre de métiers et de l'artisanat.

b) Définition de l'épreuve d'aptitude.

L'épreuve d'aptitude porte sur les seules différences substantielles identifiées par la chambre à l'issue d'une comparaison entre la qualification attestée par le demandeur et le référentiel du titre de niveau V de la filière de formation de l'artisanat lorsqu'un tel titre existe pour l'activité considérée. A défaut, la chambre utilise le référentiel du certificat d'aptitude professionnel correspondant à l'activité considérée ou, en troisième lieu, le référentiel du titre professionnel de niveau V délivré par le ministère chargé de l'emploi.

L'épreuve d'aptitude est construite sur la base du référentiel de certification qui a été utilisé pour établir la différence substantielle.

c) Modalités d'évaluation des aptitudes.

Les épreuves peuvent prendre la forme :

— de QCM ;

— d'études de cas ;

— de présentation orale de travaux ;

— d'épreuves pratiques.

La nature et le contenu de l'épreuve sont déterminés par le jury.

d) Délivrance de l'attestation de qualification.

L'attestation est délivrée par la chambre après décision du jury.

e) Jury.

Le jury est constitué et présidé par le président de la chambre.

Le jury est obligatoirement composé de trois personnes :

— un formateur intervenant dans la formation au titre de référence, chargé de la préparation de l'épreuve d'aptitude ;

— un artisan choisi sur une liste présentée par l'organisation professionnelle concernée ;

— le président de la *chambre ou* son représentant, qui doit être artisan.

Sous l'autorité de son président, le jury est chargé de la détermination de la nature et de la durée, de l'organisation matérielle, de la surveillance, de la correction et de la notation de l'épreuve d'aptitude.

f) Lieu de déroulement des épreuves et d'organisation des jurys.

Les épreuves et les jurys peuvent être regroupés au niveau régional ou interrégional dans le respect des délais réglementaires.

Arrêté du 2 juillet 2021,

Fixant les conditions du vote par correspondance pour les élections des membres des chambres de métiers et de l'artisanat de région et de leurs chambres de niveau départemental 🏛.

BANQUE ET FINANCEMENT DE L'ENTREPRISE

Code monétaire et financier

PREMIÈRE PARTIE : ***LÉGISLATIVE***

(Ord. nº 2000-1223 du 14 déc. 2000)

BIBL. GÉN. ▶ DRUMMOND, Le code de commerce 1807-2007, Livre du bicentenaire, *Dalloz, 2007, p. 95* (code de commerce et code monétaire et financier, ou l'enchevêtrement des codes).

LIVRE PREMIER **La monnaie**

TITRE PREMIER **Dispositions générales**

CHAPITRE PREMIER ***L'unité monétaire***

Art. L. 111-1 La monnaie de la France est l'euro. Un euro est divisé en cent centimes. – *[Règl. CE nº 974/98 du 3 mai 1998, art. 1er, al. 1er et 6, art. 2, 3 et 6, al. 1er et 2.]*

Art. L. 111-2 *Abrogé par Ord. nº 2005-429 du 6 mai 2005, art. 12.*

CHAPITRE II ***Règles d'usage de la monnaie***

SECTION I ***L'indexation***

Art. L. 112-1 **Sous réserve des dispositions du premier alinéa de l'article L. 112-2 et des articles L. 112-3** *(Ord. nº 2009-15 du 8 janv. 2009, art. 6)* **« , L. 112-3-1 » et L. 112-4, l'indexation automatique des prix de biens ou de services est interdite.**

Est réputée non écrite toute clause d'un contrat à exécution successive, et notamment des baux et locations de toute nature, prévoyant la prise en compte d'une période de variation de l'indice supérieure à la durée s'écoulant entre chaque révision.

Est interdite toute clause d'une convention portant sur un local d'habitation prévoyant une indexation fondée sur l'indice "loyers et charges" servant à la détermination des indices généraux des prix de détail. Il en est de même de toute clause prévoyant une indexation fondée sur le taux des majorations légales fixées en application de la loi nº 48-1360 du 1er septembre 1948, à moins que le montant initial n'ait lui-même été fixé conformément aux dispositions de ladite loi et des textes pris pour son application. – *[Ord. nº 58-1374 du 30 déc. 1958, art. 79-1 et 3, al. 3 et 4.]*

BIBL. ▶ MONÉGER, *JCP E 2011, nº 1723 ; Loyers et copr. 2011. Étude 9* (la périodicité dans la clause d'indexation du loyer et l'ordre public monétaire). – JACQUIN, *Gaz. Pal. 2012. 2620* (interprétation de l'art. L. 112-1 : quand l'esprit l'emporte sur la lettre). – BRAULT, *JCP E 2013, nº 1455* (bail commercial et indexation du loyer). – CONFINO, *AJDI 2013. 403* (les loyers progressifs et les règles statutaires et monétaires). – JACQUIN, *Gaz. Pal. 2013. 2241* (clauses d'indexation : variations autour de l'art. L. 112-1). – REGNAULT, *AJ contrat 2018. 118* (les avatars de la clause d'indexation : le droit classique de la clause d'indexation).

Art. L. 112-2 **Dans les dispositions statutaires ou conventionnelles, est interdite toute clause prévoyant des indexations fondées sur le salaire minimum de croissance, sur le niveau général des prix ou des salaires ou sur les prix des biens, produits ou services n'ayant pas de relation directe avec l'objet du statut ou de la convention ou avec l'activité de l'une des parties. Est réputée en relation directe avec l'objet d'une convention relative à un immeuble bâti toute clause prévoyant une indexation sur la variation de l'indice national du coût de la construction publié par l'Institut national des statistiques et des études économiques** *(L. nº 2008-776 du 4 août 2008, art. 47-II)* **« ou, pour des activités commerciales** *(L. nº 2011-525 du 17 mai 2011, art. 63-I)* **« ou artisanales » définies par décret, sur la variation de l'indice trimestriel des loyers commerciaux publié dans des conditions fixées par ce même décret par l'Institut national de la statistique et des études économiques ».** – *V. C. mon. fin., art. D. 112-2 et Décr. nº 2008-1139 du 4 nov. 2008 (JO 6 nov.).* – ***C. baux.***

(L. nº 2011-525 du 17 mai 2011, art. 63-I) **« Est également réputée en relation directe avec l'objet d'une convention relative à un immeuble toute clause prévoyant, pour les activités autres que celles visées au premier alinéa ainsi que pour les activités exercées par les profes-**

sions libérales, une indexation sur la variation de l'indice trimestriel des loyers des activités tertiaires publié par l'Institut national de la statistique et des études économiques dans des conditions fixées par décret. »

Les dispositions *(L. n° 2011-525 du 17 mai 2011, art. 63-I)* « des précédents alinéas » ne s'appliquent pas aux dispositions statutaires ou conventionnelles concernant des dettes d'aliments.

Doivent être regardées comme dettes d'aliments les rentes viagères constituées entre particuliers, notamment en exécution des dispositions *(L. n° 2001-1135 du 3 déc. 2001, en vigueur le 1er juill. 2002)* « de l'article 759 du code civil ». – *[Ord. n° 58-1374 du 30 déc. 1958, art. 79-3, al. 1er ; L. n° 63-699 du 13 juill. 1963, art. 4.]*

BIBL. ▸ BRAULT, *Loyers et copr. 2008. Étude 9* (la révision du loyer du bail commercial et la loi n° 2008-776 du 4 août 2008). – MONÉGER, *Loyers et copr. 2008. Alerte 61* (le Décr. n° 2008-1139 du 4 nov. 2008 relatif à l'indice national trimestriel des loyers commerciaux). – PRIGENT, *Rev. loyers 2008. 539* (idem). – KENFACK, *JCP E 2009, n° 3, p. 15* (consécration légale de l'ILC). – BLATTER et MARTEL, *AJDI 2009. 6* (ILC : approche juridique et impact économique). – BRAULT, *Gaz. Pal. 2009. 1571* (sur l'indexation du loyer du bail commercial). – DE GALEMBERT, *Rev. loyers 2011. 2 et 46* (risques pesant sur la validité des clauses d'indexation dans les baux commerciaux). – LE DOUCE-BERCOT ET NOUEL, *LPA 10 juin 2011* (à propos de l'indexation : on ne peut pas avoir mathématiquement raison et juridiquement tort). – LATIEULE, *AJDI 2011. 436* (ICC, ILC, ILAT : quel indice, pour quels locaux et quelle activité ?). – BRAULT, *Loyers et copr. 2011. Alerte 56* (bail commercial : de l'ILC à l'ILAT). – PRIGENT, *Rev. loyers 2012. 90* (de quelques difficultés dans la détermination du champ d'application de l'ILAT). – LEGRIX DE LA SALLE, *JCP E 2012, n° 1503* (consécration judiciaire de la validité des clauses d'indexation ayant recours à un indice de base fixe).

Prescription. L'action en nullité des clauses d'indexation pour illicéité des indices retenus, qui est fondée sur l'art. L. 112-2 C. mon. fin., n'entre pas dans le champ d'application de la prescription biennale de l'art. L. 145-60 C. com. • Com. 2 févr. 2010, n° 09-11.293 : *AJDI 2011. 134, note Denizot ; Loyers et copr. 2010, n° 110, obs. Brault.*

Décret n° 2009-1568 du 15 décembre 2009,

Relatif à l'indice national du coût de la construction.

Art. 1er L'indice relatif au coût de la construction mentionné à l'article L. 112-2 du code monétaire et financier et aux articles L. 145-34 et L. 145-38 du code de commerce est l'indice du coût de la construction publié chaque trimestre au *Journal officiel* de la République française par l'Institut national de la statistique et des études économiques.

Art. 2 Cet indice mesure l'évolution du prix des marchés de constructions neuves passés entre les maîtres d'ouvrage et les entreprises assurant les travaux de bâtiment.

Les opérations de réhabilitation et les travaux d'entretien ne sont pas pris en compte pour le calcul de cet indice.

Art. 3 Sont abrogés :

— le décret n° 82-898 du 19 octobre 1982 relatif au calcul de l'indice national pris en compte pour la révision des loyers des contrats de location en application de l'article 58 de la loi n° 82-526 du 22 juin 1982 relative aux droits et obligations des locataires et des bailleurs ;

— le décret n° 85-487 du 3 mai 1985 relatif au calcul de l'indice national prévu à l'article 7 de la loi n° 84-595 du 12 juillet 1984 définissant la location-accession à la propriété immobilière.

Décret n° 2011-2028 du 29 décembre 2011,

Relatif à l'indice des loyers des activités tertiaires.

Art. 1er L'indice des loyers des activités tertiaires (ILAT), calculé sur une base trimestrielle, est constitué par la somme pondérée d'indices représentatifs du niveau des prix à la consommation, de celui des prix de la construction neuve et de celui du produit intérieur brut en valeur.

Art. 2 I. — L'indice représentatif du niveau des prix à la consommation est l'indice des prix à la consommation hors tabac et hors loyers concernant l'ensemble des ménages et relatif à la métropole et aux départements d'outre-mer publié par l'Institut national de la statistique et des études économiques (INSEE).

Dans le calcul de l'indice des loyers des activités tertiaires est utilisée la moyenne de l'indice sur douze mois consécutifs, le dernier mois correspondant au dernier mois du trimestre pour lequel est calculé l'indice des loyers des activités tertiaires. Cette moyenne (mIPCL) est exprimée en retenant la référence 100 pour la moyenne relative au premier trimestre 2010.

II. — L'indice représentatif du niveau des prix de la construction neuve est l'indice du coût de la construction (ICC) publié par l'INSEE.

Dans le calcul de l'indice des loyers des activités tertiaires est utilisée la moyenne de l'indice sur quatre trimestres consécutifs, le dernier trimestre correspondant au trimestre pour lequel est calculé l'indice des loyers des activités tertiaires. Cette moyenne (mICC) est exprimée en retenant la référence 100 pour la moyenne relative au premier trimestre 2010.

III. — La variable représentative du produit intérieur brut en valeur est le produit intérieur brut en valeur, corrigé des variations saisonnières et des jours ouvrables (PIB) publié par l'INSEE.

Dans le calcul de l'indice des loyers des activités tertiaires est utilisée la moyenne sur quatre trimestres consécutifs du produit intérieur brut en valeur corrigé des variations saisonnières et des jours ouvrables, le dernier trimestre correspondant au trimestre pour lequel est calculé l'indice des loyers des activités tertiaires (MoyPIB). Cette moyenne (MoyPIB) est rapportée, à chaque calcul, à la moyenne des quatre trimestres consécutifs se terminant au premier trimestre 2010 de ce même produit intérieur brut en valeur corrigé des variations saisonnières et des jours ouvrables, afin de construire un indice (mPIB) référence 100 au premier trimestre 2010.

IV. — Le calcul de l'indice des loyers des activités tertiaires est basé sur les valeurs de ses trois composantes contenues dans la dernière publication disponible à la date de calcul de l'indice des loyers des activités tertiaires. Si l'une des composantes est modifiée postérieurement à la publication d'un indice un trimestre donné, ces modifications ne seront pas prises en compte pour rectifier l'indice déjà publié. Les indices relatifs aux trimestres antérieurs à la première publication sont aussi calculés à partir de l'ensemble des dernières valeurs connues des différentes composantes, à la date de la première publication.

Art. 3 Chaque composante, définie aux I, II et III de l'article 2, intervient dans le calcul de l'indice des loyers des activités tertiaires selon la formule de pondération suivante :

ILAT = 50 % mIPCL + 25 % mICC + 25 % mPIB

Les différents calculs sont effectués de façon exacte sans passage intermédiaire par des arrondis. L'indice des loyers des activités tertiaires et ses variations sont publiés avec deux décimales, les variations étant calculées par référence aux valeurs publiées.

Art. 4 Si un des indices constitutifs de l'ILAT est rebasé du fait d'une modification de la méthode de calcul, ou change d'année de référence (année où l'indice vaut 100), l'INSEE calculera le coefficient de raccord à appliquer à la nouvelle série de façon à continuer à pouvoir appliquer la formule explicitée dans l'article 3 qui assure une référence à 100 au premier trimestre 2010 à l'ILAT et à chacune de ses composantes.

Art. 5 L'indice des loyers des activités tertiaires ainsi calculé est publié trimestriellement par l'INSEE.

Art. L. 112-3 *(L. n° 2004-804 du 9 août 2004, art. 3)* **Par dérogation aux dispositions de l'article L. 112-1 et** *(L. n° 2011-525 du 17 mai 2011, art. 63-II)* **« des premier et deuxième alinéas » de l'article L. 112-2 et selon des modalités définies par décret, peuvent être indexés sur le niveau général des prix :** *— V. C. mon. fin., art. D. 112-1.*

(Abrogé par Ord. n° 2009-15 du 8 janv. 2009, art. 6) *« **1° Les titres de créance et les instruments financiers à terme mentionnés aux 2 et 4 du I de l'article L. 211-1 ;** »* *— V. C. mon. fin., art. L. 112-3-1.*

2° *(L. n° 2008-776 du 4 août 2008, art. 145-VII, 1°)* **« Les livrets A définis à l'article L. 221-1 ; »** *— V. cet art., infra.*

3° Les comptes sur livret d'épargne populaire définis à l'article L. 221-13 ;

(L. n° 2008-776 du 4 août 2008, art. 145-VII, 1°) **« 4° Les livrets de développement durable** *(L. n° 2016-1691 du 9 déc. 2016, art. 80-II)* **« et solidaire » définis à l'article L. 221-27 ; »** *— V. cet art., infra.*

5° Les comptes d'épargne-logement définis à l'article L. 315-1 du code de la construction et de l'habitation ;

6° Les livrets d'épargne-entreprise définis à l'article 1er de la loi n° 84-578 du 9 juillet 1984 sur le développement de l'initiative économique ;

7° Les livrets d'épargne institués au profit des travailleurs manuels définis à l'article 80 de la loi de finances pour 1977 (n° 76-1232 du 29 décembre 1976) ;

8° Les prêts accordés aux personnes morales ainsi qu'aux personnes physiques pour les besoins de leur activité professionnelle ;

(L. n° 2005-841 du 26 juill. 2005, art. 35-I, en vigueur le 1er juill. 2006) « 9° Les loyers prévus par les conventions portant sur un local d'habitation » *(L. n° 2008-776 du 4 août 2008, art. 40)* « ou sur un local affecté à des activités commerciales *(L. n° 2011-525 du 17 mai 2011, art. 63-II)* « ou artisanales » relevant du décret prévu au premier alinéa de l'article L. 112-2 » ;

(L. n° 2011-525 du 17 mai 2011, art. 63-II) « 10° Les loyers prévus par les conventions portant sur un local à usage des activités prévues au deuxième alinéa de l'article L. 112-2 » ;

(L. n° 2013-431 du 28 mai 2013, art. 11) « 11° Les rémunérations des cocontractants de l'État et de ses établissements publics ainsi que les rémunérations des cocontractants des collectivités territoriales, de leurs établissements publics et de leurs groupements, au titre des *(Ord. n° 2018-1074 du 26 nov. 2018, art. 8)* « contrats de concession et de marché de partenariat *[ancienne rédaction : contrats de délégation de service public, des contrats de partenariat et des concessions de travaux publics]* » conclus dans le domaine des infrastructures et des services de transport.

Sur l'entrée en vigueur des dispositions issues de l'Ord. n° 2018-1074 du 26 nov. 2018, V. art. 20 de ladite ordonnance.

Art. L. 112-3-1 *(Ord. n° 2009-15 du 8 janv. 2009, art. 6)* Nonobstant toute disposition législative contraire, l'indexation des titres de créance et des contrats financiers mentionnés respectivement au 2 du II et au III de l'article L. 211-1 est libre.

SECTION II *Pouvoir libératoire*

Art. L. 112-5 En cas de paiement en billets et pièces, il appartient au débiteur de faire l'appoint. — *[Décr. 22 avr. 1790, art. 7.] — V. art. R. 112-2 C. mon. fin.*

V. aussi C. civ., art. 1243. — **C. civ.**

BIBL. ▶ LASSERRE CAPDEVILLE, *Banque et Dr. 3-4/2008. 6* (vers un rétrécissement du droit de payer en espèces ?).

Appoint. Fait une exacte application de l'art. 7 du Décr. du 22 avr. 1790 (C. mon. fin., art. L. 112-5) et de l'art. 1243 C. civ. la cour d'appel qui énonce que l'usager d'un parcmètre est tenu de se conformer aux modalités de paiement fixées par l'autorité publique. • Crim. 27 oct. 1993, n° 93-80.404 P : *D. 1994. Somm. 263, obs. Couvrat et Massé* ; *RSC 1993. 99* (obligation de se munir de monnaie). ♦ Pour l'utilisation obligatoire d'une carte prépayée (Paris-carte), V. • Crim. 26 avr. 2006, n° 06-80.263 P : *D. 2006. IR 1632* ; *AJ pénal 2006. 309, obs. Céré* ; *AJDA 2006. 2011, note Lombard* ; *RSC 2007. 87, obs. Mascala* ; *Gaz. Pal. 2006. 4044, obs. Y. M.* ; *RJDA 2006, n° 1263* ; *Dr. pénal 2006, n° 111, obs. Robert.* – V. aussi • Crim. 13 juin 2007, n° 06-86.050 : *cité note 5 ss. art. L. 133-15.* ♦ ... Ou de la carte Monéo, V. • TA Paris, 29 sept. 2004, n° 0317958/3.

Méconnaît le sens et la portée de l'art. L. 112-5 C. mon. fin., ensemble l'art. R. 642-3 C. pén., une cour d'appel qui, pour déclarer un responsable de magasin coupable de la contravention prévue par l'art. R. 642-3, relève que le prévenu a délibérément et en connaissance de cause refusé le billet litigieux et énonce que l'art. L. 112-5 ne justifie pas le refus d'un directeur de supermarché d'accepter en paiement un billet de 500 euros présenté par une cliente et de rendre la monnaie. • Crim. 14 déc. 2005, n° 04-87.536 P : *D. 2006. AJ 498, obs. Avena-Robardet* ; *RTD com. 2006. 501, obs. Bouloc* ; *RSC 2006. 309, obs. Vermeille* ; *JCP E 2006, n° 23, p. 993, note Kenfack et de Lamy* ; *Dr. pénal 2006, n° 57, obs. Véron* ; *RJDA 2006, n° 695.*

Code pénal Art. R. 642-3 Le fait de refuser de recevoir des pièces de monnaie ou des billets de banque ayant cours légal en France selon la valeur pour laquelle ils ont cours est puni de l'amende prévue pour les contraventions de la 2e classe. — *V. aussi C. mon. fin., art. R. 162-2.*

(Abrogé par Décr. n° 2010-671 du 18 juin 2010, art. 4) « *Les personnes morales peuvent être déclarées responsables pénalement, dans les conditions prévues par l'article 121-2, de l'infraction définie au présent article.*

« *La peine encourue par les personnes morales est l'amende, suivant les modalités prévues par l'article 131-41.* »

Acceptation des espèces. Se rend coupable de la contravention prévue par l'art. R. 642-3 une société créancière n'acceptant aucun règlement en numéraire, le débiteur n'étant donc pas en mesure d'effectuer un paiement en billets et pièces ni même de s'acquitter de l'obligation de faire l'appoint. • Crim. 3 oct. 2007, n° 07-80.045 P : *D. 2007. AJ 2803, obs. Avena-Robardet ; RTD com. 2008. 432, obs. Bouloc ; AJ pénal 2007. 538 ; RJDA 2008, n° 187.*

Art. L. 112-5-1 *(L. n° 2018-287 du 20 avr. 2018, art. 14, en vigueur le 1er oct. 2018)* **Par dérogation au premier alinéa de l'article 1343-3 du code civil, le paiement peut avoir lieu en une autre monnaie si l'obligation ainsi libellée procède d'un instrument financier à terme ou d'une opération de change au comptant.**

L'art. L. 112-5-1 est applicable aux actes juridiques conclus ou établis à compter de l'entrée en vigueur de la L. n° 2018-287 du 20 avr. 2018 (L. préc., art. 16).

SECTION III *Interdiction du paiement en espèces de certaines créances*

Art. L. 112-6 *(Ord. n° 2009-104 du 30 janv. 2009, art. 1er) (Ord. n° 2016-1635 du 1er déc. 2016 art. 14)* **« I. — Ne peut être effectué en espèces ou au moyen de monnaie électronique le paiement d'une dette supérieure à un montant fixé par décret, tenant compte du lieu du domicile fiscal du débiteur, de la finalité professionnelle ou non de l'opération et de la personne au profit de laquelle le paiement est effectué. »** — *V. art. D. 112-3.*

Au-delà d'un montant mensuel fixé par décret, le paiement des traitements et salaires est soumis à l'interdiction mentionnée à l'alinéa précédent et doit être effectué par chèque barré ou par virement à un compte bancaire ou postal *(Ord. n° 2009-866 du 15 juill. 2009, art. 2-I)* **« ou à un compte tenu par un établissement de paiement »** *(L. n° 2013-100 du 28 janv. 2013, art. 1er)* **« ou un établissement de monnaie électronique qui fournit des services de paiement ».** — *Montant fixé à 1 500 € (Décr. n° 85-1073 du 7 oct. 1985, art. 1er). — V. aussi C. trav., art. L. 3241-1 et R. 3246-1 (pén.), ss. art. L. 112-10.*

(L. n° 2014-344 du 17 mars 2014, art. 24-III) **« Lorsqu'un professionnel achète des métaux à un particulier ou à un autre professionnel, le paiement est effectué par chèque barré ou par virement à un compte ouvert au nom du vendeur. »** *(L. n° 2010-788 du 12 juill. 2010, art. 203)* **« Le non-respect de cette obligation est puni par une contravention de cinquième classe. »**

II. — Nonobstant les dispositions du I, les dépenses des services concédés qui excèdent la somme de 450 € doivent être payées par virement.

(L. n° 2016-1691 du 9 déc. 2016, art. 80-II) **« II *bis*. — Nonobstant le I, le paiement des opérations afférentes au prêt sur gage peut être effectué en espèces ou au moyen de monnaie électronique, dans la limite d'un montant fixé par décret. »** — *V. art. D. 112-3.*

III. — Les dispositions qui précèdent ne sont pas applicables :

a) **Aux paiements réalisés par des personnes qui sont incapables de s'obliger par chèque ou par un autre moyen de paiement, ainsi que par celles qui n'ont pas de compte de dépôt ;**

b) **Aux paiements effectués entre personnes physiques n'agissant pas pour des besoins professionnels ;**

c) **Au paiement des dépenses de l'État et des autres personnes publiques.**

BIBL. ▶ NDLR, *BRDA 2009, n° 3, p. 7* (limitation des paiements en espèces).

1. Dépôt d'espèces. Le versement direct d'espèces au compte bancaire ouvert au nom du créancier ne répond pas aux exigences légales. • Com. 24 juin 1977, n° 75-14.464 P : *RTD com. 1977. 339, obs. Cabrillac et Rives-Lange.*

2. Lettre de crédit. L'exécution d'une lettre de crédit permettant à un tiers de retirer des fonds en espèces dans une autre banque n'est pas un des paiements prohibés par la loi du 22 août 1940. • Toulouse, 11 sept. 1989 : *D. 1991. Somm. 32, obs. Vasseur .*

3. Étranger. La circonstance que la plupart des clients auraient été des ressortissants étrangers ne disposant pas de compte bancaire et de chéquier, ou celle qu'un règlement par chèque ou par virement de leur part n'aurait donné aucune garantie au vendeur d'être payé, est indifférente. • CE 28 avr. 1993, n° 872114 : *RJF 1993, n° 865.* ♦ L'obligation de paiement par chèque, virement ou carte de paiement prévue par l'art.

L. 112-6 n'est pas réservée aux ventes à des clients domiciliés ou ayant leur siège en France. Dès lors, elle s'applique à l'ensemble des transactions réalisées par des commerçants sur le territoire français, quelle que soit la nationalité ou le lieu d'établissement du client : Rép. min. n° 67915 : *BRDA 2005, n° 17, p. 5.* ♦ Mais les dispositions du 1er al. de l'art. 3 C. civ. n'ont pas pour effet de soumettre les règlements effectués hors du territoire français à l'obligation instaurée au I de l'art. L. 112-6. • CE 10 mai 2012, n° 337573 : *D. 2012. 2289, note Kleiner ; AJDA 2012. 982, obs. de Montecler ; JCP E 2012, n° 1600, obs. D. F. ; LPA 6-7 sept. 2012, note Lasserre Capdeville.*

4. Choix du moyen de paiement. Le choix du moyen de paiement doit rester une liberté économique négociable, et le principe de réciprocité entre distributeur et fournisseurs doit être recherché dans la négociation. En dernier ressort il est plus normal que le choix du moyen de paiement revienne à l'émetteur du paiement. • T. com. Lille, 6 janv. 2010 : *cité note 8 ss. art. L. 442-6 C. com.* ♦ Les commerçants sont libres d'accepter ou non les paiements par carte bancaire ou par tout autre moyen de paiement. Un commerçant qui accepte les paiements par carte a le droit de refuser les transactions de faible montant, à condition d'en informer ses clients. En effet, seules les espèces ont cours légal : * Rép. min. n° 57747 : *RDBF 2010, n° 1, obs. Crédot et Samin ; Dr. et pr. 2010, suppl. n° 4, p. 11, obs. Piedelièvre.*

Art. L. 112-6-1 A *(L. n° 2017-1775 du 28 déc. 2017, art. 45, en vigueur le 1er janv. 2019)* **Les professionnels qui, par voie électronique, assurent un service de réservation ou de location ou de mise en relation en vue de la location d'un hébergement situé en France ne peuvent effectuer aucun paiement au profit du loueur par une valeur monétaire stockée sous forme électronique et utilisable au moyen d'un support physique au sens de l'article L. 315-9 du présent code.**

Art. L. 112-6-1 *(L. n° 2011-331 du 28 mars 2011, art. 10, en vigueur le 1er janv. 2013)* **Les paiements effectués ou reçus par un notaire pour le compte des parties à un acte reçu en la forme authentique et donnant lieu à publicité foncière doivent être assurés par virement. Un décret en Conseil d'État précise les modalités d'exécution de ce virement ainsi que le seuil au-dessous duquel d'autres modalités de paiement demeurent autorisées.** — *V. art. R. 112-5 C. mon. fin.*

BIBL. ▶ SALATI, *Dr. et pr. 2011. 110, spéc. n° 6* (forme des paiements effectués ou reçus par notaire).

Art. L. 112-6-2 *(L. n° 2016-1547 du 18 nov. 2016, art. 98, en vigueur le 1er nov. 2017)* **Les paiements effectués par les administrateurs judiciaires et les mandataires judiciaires au profit des institutions mentionnées à l'article L. 3253-14 du code du travail en application des articles L. 3253-15, L. 3253-16 et L. 3253-18-1 du même code sont assurés par virement.**

Le paiement des traitements et salaires est effectué par virement par le mandataire judiciaire lorsqu'il était, avant l'ouverture de la procédure collective, effectué par virement sur un compte bancaire ou postal, sous réserve de l'article L. 112-10 du présent code.

Les deux premiers alinéas du présent article s'appliquent également aux administrateurs judiciaires et aux mandataires judiciaires désignés en application du deuxième alinéa de l'article L. 811-2 du code de commerce et du premier alinéa du II de l'article L. 812-2 du même code.

Art. L. 112-7 *(L. n° 2016-1547 du 18 nov. 2016, art. 98, en vigueur le 1er nov. 2017)* **Les infractions aux articles L. 112-6 à L. 112-6-2 sont constatées par des agents désignés par arrêté du ministre chargé du budget. Le débiteur ou le mandataire de justice ayant procédé à un paiement en violation des mêmes articles L. 112-6 à L. 112-6-2 sont passibles d'une** *amende dont le* **montant est fixé compte tenu de la gravité des manquements et qui ne peut excéder 5 % des sommes payées en violation des dispositions susmentionnées. Le débiteur et le créancier sont solidairement responsables du paiement de cette amende en cas d'infraction aux articles L. 112-6 et L. 112-6-1.** — *[L. du 22 oct. 1940, art. 3.]*

Les transactions relatives aux bons qui offrent la possibilité au porteur de demeurer anonyme peuvent être effectuées par tout moyen de paiement (L. n° 86-824 du 11 juill. 1986, art. 26). — Sur les transactions portant sur l'or, V. CGI, art. 537. — **CGI.**

....

SECTION VI *Fourniture d'espèces dans le cadre d'une opération de paiement* (L. n° 2018-700 du 3 août 2018, art. 2)

Art. L. 112-14 I. — Les commerçants mentionnés à l'article L. 121-1 du code de commerce peuvent fournir des espèces à l'utilisateur de services de paiement dans le cadre d'une opération de paiement pour l'achat de biens ou de services.

II. — Ce service ne peut être fourni qu'à la demande de l'utilisateur de services de paiement agissant à des fins non professionnelles formulée juste avant l'exécution d'une opération de paiement pour l'achat de biens ou de services et dans des conditions conformes à l'article L. 112-1 du code de la consommation. – *V. Arr. du 29 janv. 2019 relatif à l'information des consommateurs sur les prix et les conditions applicables à la fourniture d'espèces dans le cadre d'une opération de paiement. –* ***C. mon. fin.***

Les paiements par chèque ou réalisés par le biais de titres-papiers, d'instruments spéciaux de paiement au sens de l'article L. 521-3-2 du présent code ou de titres spéciaux de paiement dématérialisés au sens de l'article L. 525-4 ne peuvent donner lieu à fourniture d'espèces.

III. — Afin d'assurer la qualité de la circulation fiduciaire et de limiter les risques de blanchiment et de financement du terrorisme, un décret précise les modalités de fourniture du service mentionné au I du présent article. Il détermine :

1° Le montant minimal de l'opération de paiement d'achat de biens ou de services dans le cadre de laquelle des espèces sont fournies ;

2° Le montant maximal en numéraire pouvant être décaissé dans ce cadre. — *V. C. mon. fin., art. D. 112-6 et R. 112-7, infra.*

IV. — La Banque de France peut, en cas de menace pour la qualité de la circulation fiduciaire ou d'événement exceptionnel ayant pour conséquence d'entraver de manière significative l'approvisionnement de billets en euros, et après avoir informé le ministre chargé de l'économie, autoriser temporairement un plafond supérieur ou inférieur à celui mentionné au 2° du III et ajuster la liste des instruments de paiement figurant au second alinéa du II. Le ministre chargé de l'économie peut à tout moment mettre fin à ce régime temporaire.

BIBL. ▶ NDLR, *BRDA 2018, n° 18, p. 16* (le retrait d'espèces chez un commerçant *[cash back]* est encadré). – DELPECH, *AJ contrat 2019. 52* (un cadre juridique pour la fourniture d'espèces dans le cadre d'une opération de paiement).

....

TITRE III Les instruments de la monnaie scripturale

CHAPITRE PREMIER *Le chèque bancaire et postal* (L. n° 2005-516 du 20 mai 2005, art. 16-IV).

RÉP. COM. v[is] *Chèque*, par BONHOMME ; *Chèque (Régime fiscal)*, par CRUVELIER.

BIBL. GÉN. ▶ BONNEAU, *Mél. Jeantin, Dalloz, 1999, p. 323* (à propos du refus de considérer le chèque comme un effet de commerce). – JUDE, *D. 2003. 2675* (unité ou dualité du règlement par carte bancaire et par chèque ?). – LASSERRE CAPDEVILLE, *Banque et Dr. 11-12/2007. 3* (l'information en matière de chèque). – DJOUDI, *RDBF 2011. Dossier 18* (la protection des utilisateurs du chèque).

SECTION I *Dispositions générales* (L. n° 2005-516 du 20 mai 2005, art. 16-IV).

Art. L. 131-1 *(L. n° 2006-387 du 31 mars 2006, art. 26-II)* Dans le présent chapitre, le terme : "banquier" désigne les établissements de crédit et les institutions, services ou personnes habilités à tenir des comptes sur lesquels des chèques peuvent être tirés.

Art. L. 131-1-1 *(L. n° 2009-1255 du 19 oct. 2009, art. 17)* La date de valeur d'une opération de paiement par chèque libellée en euros ne peut différer de plus d'un jour ouvré de la date retenue pour sa comptabilisation sur un compte de dépôts *(L. n° 2010-737 du 1er juill. 2010, art. 38-II)* « ou sur un compte de paiement ».

BIBL. ▶ TRÉHEL et GASTEBLED, *Banque et Dr. 3-4/2012. 8* (dates de valeur : itinéraire d'une pratique bancaire sous surveillance).

SECTION II *Création et forme du chèque* (L. n° 2005-516 du 20 mai 2005, art. 16-IV).

Art. L. 131-2 Le chèque contient :

1. La dénomination de chèque, insérée dans le texte même du titre et exprimée dans la langue employée pour la rédaction de ce titre ;

2. Le mandat pur et simple de payer une somme déterminée ;
3. Le nom de celui qui doit payer, nommé le tiré ;
4. L'indication du lieu où le paiement doit s'effectuer ;
5. L'indication de la date et du lieu où le chèque est créé ;
6. La signature de celui qui émet le chèque, nommé le tireur. – *[Décr.-L. du 30 oct. 1935, art. 1er.]*

BIBL. ▶ LASSERRE CAPDEVILLE, *Banque et Dr. 3-4/2009. 3* (le contentieux autour des mentions du chèque).

1. Chèque sur papier libre. Le chèque établi sur un papier libre et non pas sur une formule délivrée par le banquier tiré est valable : • Paris, 30 avr. 1931 : *DP 1932. 2. 152, note A. C.* • Aix-en-Provence, 14 nov. 1958 : *Gaz. Pal. 1959. 1. 54.*

2. Utilisation par le tireur de ses propres chèques. Le choix par le tireur d'utiliser ses propres chèques au lieu de ceux de la banque et de refuser le système d'autorisation préalable qui lui était proposé constitue un risque qu'il appartenait à la banque tirée de refuser mais qu'elle a, en l'espèce, accepté d'assurer. • Com. 9 févr. 1993, n° 90-21.792 P : *D. 1993. Somm. 316, obs. Cabrillac*. ♦ Sur les chèques en euros, V. note 7.

3. Rédacteur. A l'exception de la signature du tireur, les mentions obligatoires peuvent ne pas être apposées matériellement par le tireur. • Com. 11 janv. 1966 : *D. 1966. 51 ; RTD com. 1966. 628 ; ibid. 1967. 210.*

4. Procuration. Le titulaire du compte peut donner mandat à un tiers de tirer des chèques en son nom, dont la révocation doit être notifiée au tiré. • Lyon, 24 févr. 1965 : *D. 1965. Somm. 102* • Paris, 26 avr. 1977 : *RTD com. 1977. 752.*

5. Langue. Sur le défaut de validité d'un chèque libellé en breton : • Crim. 3 juin 1986 : *Rev. transp. 1986. 613, note Gavalda.*

6. Somme à payer. V. notes ss. art. L. 131-10 C. mon. fin. ♦ Sur la falsification du montant, V. note 13 ss. art. L. 131-38.

7. Chèques mutés en euros. Aucune règle juridique n'interdisant aujourd'hui la « mutation » des chèques, qui consiste à libeller une formule de chèque dans une unité monétaire autre que celle qui s'y trouve inscrite, les établissements de crédit ne rejettent pas les chèques mutés, mais facturent à l'émetteur du chèque des frais destinés à couvrir les coûts de traitements supplémentaires induits par ce type de chèque (utilisation de formules de chèques en francs pour y inscrire des sommes en euros) : * Rép. min. n° 20431 : *JOAN Q, 18 janv. 1999, p. 333.*

8. Bénéficiaire. V. art. L. 131-6.

9. Date. V. note 3 ss. art. L. 131-3.

10. Signature du tireur. V. notes ss. art. L. 131-38.

11. Numéro de compte. V. • Com. 18 mai 2005, n° 02-13.358 P : *cité note 3 ss. art. L. 131-4.*

Art. L. 131-3 Le titre dans lequel une des énonciations indiquées à l'article L. 131-2 fait défaut ne vaut pas comme chèque, sauf dans les cas déterminés par les alinéas suivants.

A défaut d'indication spéciale, le lieu désigné à côté du nom du tiré est réputé être le lieu de paiement. Si plusieurs lieux sont indiqués à côté du nom du tiré, le chèque est payable au premier lieu indiqué.

A défaut de ces indications ou de toute autre indication, le chèque est payable au lieu où le tiré a son établissement principal.

Le chèque sans indication du lieu de sa création est considéré comme souscrit dans le lieu désigné à côté du nom du tireur. – *[Décr.-L. du 30 oct. 1935, art. 2.]*

1. Dénomination chèque. A défaut de la mention chèque insérée dans le texte du titre, celui-ci ne vaut pas comme chèque. • Crim. 9 oct. 1940 : *S. 1942. 1. 149 ; JCP 1941. II. 1647.*

2. Ordre de payer. Le chèque de voyage, qui constitue un engagement de payer du banquier émetteur ne comporte pas un ordre de payer qui est l'une des mentions obligatoires du chèque. • Crim. 16 janv. 1963 : *D. 1963. 517, note Despax.* ♦ Sur le chèque de voyage, V. note 9.

3. Date. **BIBL.** Youego, *RDBF 2008. Étude 21* (la date d'émission du chèque). ♦ La date d'un chèque s'entend de l'indication, non seulement de l'année, mais encore du mois et du jour où il est créé, et en l'absence de telles énonciations, un titre ne vaut pas comme chèque. • Com. 24 juin 1997, n° 95-11.300 P : *D. 1997. IR 172 ; RTD com. 1997. 655, obs. Cabrillac ; Gaz. Pal. 1998. 2. 698, note Mbarga.*

4. Lieu de création. Si, à défaut d'indication expresse de son lieu de création, le chèque est réputé créé au lieu indiqué à côté du nom du tireur, ce lieu ne peut être l'adresse du tiré, qui ne peut indiquer que le lieu du paiement, lieu qui doit également figurer obligatoirement sur le chèque et dont l'indication ne peut suppléer au défaut de mention du lieu de création (à propos d'un chèque de casino). • Civ. 1re, 19 mai 1992, n° 89-21.903 : *D. 1992. 494, note Diener*. ♦ Sur les chèques de casino, V. notes 5 et 6 ss. art. L. 131-25.

5. Mentions complétées par un tiers. Sur la

validité d'un chèque dont les mentions manquantes relatives au nom du bénéficiaire et à la somme à payer ont été complétées par un tiers, V. • Paris, 18 janv. 2002 : *BICC n° 644*.

6. Signature du tireur. En l'absence de signature du tireur ou au cas de fausseté de cette signature le chèque est nul. • Civ. 20 avr. 1939 : *Gaz. Pal. 1939. 2. 91* • Com. 24 févr. 1987 : *LPA 22 janv. 1988*. ♦ Comp. note 11 ss. art. L. 131-31, et notes ss. art. L. 131-38.

7. Commencement de preuve par écrit. La cour d'appel n'a fait que tirer les conséquences qui s'évinçaient de l'absence des mentions exigées par l'art. L. 131-2 (défaut de date et de lieu de création), dont il résultait que le chèque ne valait plus que comme commencement de preuve de la créance invoquée par le bénéficiaire contre le tireur, ces conséquences étant indépendantes de la faute imputée au tireur. • Com. 16 déc. 2014, n° 13-20.895 P : *D. 2015. Actu. 68 ; JCP E 2015, n° 1061 ; RJDA 2015, n° 215*. ♦ V. aussi, pour un chèque périmé, note 9 ss. art. L. 131-59.

8. Disqualification en reconnaissance de dette. Un titre incomplet qui n'est pas un chèque valable peut servir à prouver une reconnaissance de dette. • Crim. 9 oct. 1940 : *préc. note 3* • Civ. 1re, 26 janv. 1977, n° 75-11.945 P. – *Contra* : • Civ. 1re, 4 déc. 1973, n° 72-13.385 P. ♦ V., pour une absence de date, • Civ. 1re, 26 janv. 1988, n° 86-15.300 P : *D. 1988. IR 40 ; RTD com. 1988. 471, obs. Cabrillac et Teyssié*. ♦ Sur la responsabilité du banquier qui paye un chèque falsifié, V. note 11 ss. art. L. 131-31.

9. Chèques de voyage. Sur leur nature juridique, V. notes Despax ss. • Crim. 20 janv. 1960 : *D. 1961. 56*. ♦ Sur leur perte ou leur vol, V. • Com. 6 avr. 1999, n° 96-16.397 P : *D. 2000. Somm. 458, obs. Martin ; JCP E 1999, n° 23, p. 982*.

10. Chèques cadeaux. En l'absence de plusieurs mentions obligatoires (date de création, signature du tireur, nom du tiré), les chèques cadeaux ne sont pas des chèques. • T. com. Nanterre, 20 nov. 1998 : *D. Affaires 1999. 212, obs. X. D. et A. M.* ♦ Sur la nature juridique des chèques cadeaux, V. note ss. art. L. 311-3.

Art. L. 131-4 Le chèque ne peut être tiré que sur un établissement de crédit, un prestataire de services d'investissement *(Ord. n° 2017-1107 du 22 juin 2017, art. 1er, en vigueur le 3 janv. 2018)* « autre qu'une société de gestion de portefeuille », le Trésor public, la Caisse des dépôts et consignations, la Banque de France, ayant au moment de la création du titre, des fonds à la disposition du tireur et conformément à une convention expresse ou tacite d'après laquelle le tireur a le droit de disposer de ces fonds par chèque.

La provision doit être faite par le tireur ou par celui pour le compte de qui le chèque sera tiré, sans que le tireur pour compte d'autrui cesse d'être personnellement obligé envers les endosseurs et le porteur seulement.

Le tireur seul est tenu de prouver, en cas de dénégation, que ceux sur qui le chèque était tiré avaient provision au moment de la création du titre, sinon il est tenu de le garantir quoique le protêt ait été fait après les délais fixés.

Les titres tirés et payables en France sous forme de chèques sur toute autre personne que celles mentionnées au premier alinéa du présent article ne sont pas valables comme chèques. — *[Décr.-L. du 30 oct. 1935, art. 3.]*

Sur la normalisation des formules de chèques libellés en euros, V. Arr. du 5 nov. 1998. — ***C. mon. fin.***

1. Existence de la provision. Le transfert de la provision est réalisé par l'émission du chèque consistant à la fois en sa création et en sa mise en circulation. • Com. 18 déc. 1990, n° 89-12.532 P : *D. 1991. Somm. 216, obs. Cabrillac*. ♦ Il ne convient pas, pour apprécier l'existence de la provision, de tenir compte d'une remise de fonds ultérieure à la date de présentation du chèque, V. • Com. 12 mai 2004, n° 01-14.113 : *cité note 6*. ♦ V. aussi note 1 ss. art. L. 131-31.

2. Compte clôturé. La notion même de défaut de provision suppose l'existence d'un compte, un compte clôturé n'ayant plus d'existence juridique ni financière, V. • Paris, 12 janv. 1999 : *D. 1999. Somm. 148, obs. Cabrillac*. ♦ V. aussi, note ss. art. R. 131-18.

3. Pluralité de comptes. Au cas de pluralité de comptes ouverts au nom du même client du banquier tireur, l'existence et la suffisance de la provision ne s'apprécient qu'à l'égard du compte sur lequel le chèque a été tiré. • Rouen, 15 mai 1979 : *Gaz. Pal. 1980. 1. 117, note De Fontbressin ; D. 1980. IR 200 ; RTD com. 1980. 125*. ♦ Sur la responsabilité de la banque qui avait considéré sans provision un chèque sur lequel le tireur avait remplacé à la main le numéro de compte par un autre numéro de compte dont la provision était suffisante, V. • Com. 18 mai 2005, n° 02-13.358 P : *D. 2005. AJ 1549, obs. Delpech ; RTD com. 2005. 572, obs. Cabrillac ; JCP E 2005, n° 47, p. 1980, obs. Stoufflet ; RJDA 2005, n° 1144*.

4. Affectation spéciale. L'affectation spéciale d'une somme inscrite au crédit d'un compte de dépôt n'est pas opposable au bénéficiaire du chèque. • Com. 25 mars 1991, n° 89-12.584 : *RTD com. 1991. 417, obs. Cabrillac et Teyssié*.

5. Ouverture de crédit et facilités de caisse. Si la banque, sur laquelle un chèque a été émis, n'est pas tenue d'en payer le montant lorsque le solde du compte tiré, supérieur à la provision du chèque lors de son émission, est devenu insuffisant à la suite de retraits ordonnés par le client titulaire du compte, il en est autrement lorsque la provision était constituée lors de l'émission, grâce à une autorisation de découvert alors consentie au tireur, la révocation ultérieure de ce découvert ne pouvant préjudicier au bénéficiaire du chèque. • Com. 30 mai 2000, n° 96-20.423 P : *D. 2000. AJ 358 ; RDBF 2000, n° 183, obs. Crédot et Gérard.* ♦ V. aussi art. L. 313-12.

Sur la responsabilité d'une banque ayant débité le compte d'un de ses clients du montant de chèques falsifiés, ce dont il est résulté un solde débiteur, alors qu'aucune convention de crédit par découvert, pour un montant déterminé, ni la pratique antérieure de crédit par découvert tacite n'était établie, V. • Com. 5 déc. 2000, n° 97-19.285 P : *JCP E 2001, n° 13, p. 538, obs. Bouteiller.* ♦ Comp., jugeant que lorsqu'il n'existe pas de provision préalable suffisante, le banquier, en passant au débit du compte de son client un chèque émis par ce dernier et présentant toutes les apparences de la régularité, lui consent une facilité de caisse sur sa demande implicite (absence de responsabilité de la banque). • Com. 30 mars 2010, n° 09-65.949 P : *D. 2010. 1527, note Lasserre Capdeville ; RTD com. 2010. 592, obs. Legeais ; JCP E 2010, n° 1739, note Rodriguez ; RJDA 2010, n° 674.*

6. *Tolérance exceptionnelle.* L'existence de découverts sur des comptes bancaires pendant deux mois ne constitue qu'une tolérance exceptionnelle et non une ouverture de crédit à durée indéterminée. • Com. 30 juin 1992, n° 90-18.639 P. ♦ La provision d'un chèque résultant d'une autorisation tacite de découvert en compte courant n'est constituée que si, au jour de la présentation au paiement du chèque, le montant disponible de cette autorisation en permet le règlement. • Com. 12 mai 2004, n° 01-14.113 : *JCP E 2004, n° 25, p. 982.*

7. *Titres à l'encaissement.* La seule remise d'effets de commerce à un banquier à fin d'encaissement ne saurait valoir provision, dès lors que leur paiement n'a pas encore été effectué entre les mains du banquier. • Com. 15 janv. 1968 : *D. 1968. 474.* ♦ L'inscription immédiate du montant d'un chèque en l'absence de recouvrement effectif ne vaut pas provision. • Com. 4 mars 1986, n° 84-16.880 P : *D. 1987. 25, note Cabrillac ; Gaz. Pal. 1986. 2. 505, obs. Piedelièvre.* ♦ Une banque n'ayant mis à la disposition de son client le montant d'un chèque que sous réserve d'encaissement, c'est-à-dire sous une condition contractuellement déterminée, le client ne peut pas agir contre la banque, qui ne lui aurait indiqué que tardivement l'absence de provision du chèque, sur le fondement de l'enrichissement sans cause, dès lors que l'appauvrissement et l'enrichissement trouvent leur cause dans la convention conclue entre les parties. • Com. 29 mars 1994, n° 92-12.780 P : *JCP 1994. IV. 1464.*

8. *Mauvaise foi du bénéficiaire.* V. note 10 ss. art. L. 131-31.

9. *Sanctions bancaires.* V. art. 131-73 s.

10. *Preuve de la provision.* La charge de la preuve de la provision, au cas de contestation, pèse sur le tireur. • Crim. 19 déc. 1957 : *Banque 1958. 178* • Com. 4 déc. 1979, n° 78-12.160 P : *JCP E 1980. II. 8456.* ♦ Toutefois, faute de les avoir présentés au paiement, le porteur, à qui il incombait de le prouver, n'établit pas que les chèques, dont l'encaissement différé était sollicité, n'auraient pas été payés. • Com. 3 juin 2003, n° 01-10.612 P : *cité note 8 ss. art. L. 131-31.*

11. *Répétition de l'indu.* Il appartient au tiré qui a payé par erreur un chèque sans provision et qui agit en répétition de l'indu contre le porteur d'apporter la preuve de l'absence de provision. • Req. 5 mai 1891 : *S. 1892. 1. 369, note Appert.* ♦ V. aussi note 11 ss. art. L. 131-38.

Art. L. 131-5 Le chèque ne peut pas être accepté. Une mention d'acceptation portée sur le chèque est réputée non écrite.

Toutefois, le tiré a la faculté de viser le chèque ; le visa a pour effet de constater l'existence de la provision à la date à laquelle il est donné. — *[Décr.-L. du 30 oct. 1935, art. 4.]*

En ce qui concerne la certification du chèque, V. C. mon. fin., art. L. 131-14.

BIBL. ► DJOUDI, *Gaz. Pal. 2009. 2833* (l'intégrité du chèque de banque).

1. *Visa.* L'apposition d'un visa sur le chèque n'emporte aucun devoir de blocage de la provision à la charge du banquier tiré. • Com. 11 déc. 1973, n° 71-12.942 P : *D. 1975. 64, note Vezian.*

2. *Chèque de banque.* Le fait pour un banquier de tirer sur lui-même un chèque est une certification. • Com. 10 déc. 1974, n° 73-12.251 P : *D. 1975. 345, note Gavalda ; RTD com. 1975. 332, obs. Cabrillac et Rives-Lange.* ♦ N'est pas un chèque de banque le chèque tiré sur la banque par un tiers. • Com. 4 juill. 1995, n° 93-14.209 : *RJDA 1995, n° 1415.* ♦ Une banque n'ayant qu'un seul établissement n'est pas privée de la possibilité d'émettre un chèque de banque. • Com. 26 janv. 1999, n° 96-11.779 P.

3. *Blocage de la provision.* La garantie de la provision à laquelle s'est engagée la banque émettrice d'un chèque de banque tiré sur ses caisses n'est souscrite qu'au profit de son bénéficiaire dénommé. • Com. 19 sept. 2006, n° 05-11.105 P : *D. 2007. Pan. 763, obs. D.-R. Martin ; RTD com. 2007. 205, obs. Legeais ; JCP E 2006, n° 42, p. 1772 ; LPA 4 mai 2007, note Loyer-Lemercier ; RJDA 2007, n° 92.* ♦ V. aussi note 7 ss. art. L. 131-71. ♦ Ni les dispositions de l'art. L. 131-14, disposant que la provision d'un chèque certifié reste sous la responsabilité du tiré et est bloquée au profit du porteur jusqu'au terme du délai de présentation, ni le fait que, en cas de chèque de banque, le banquier cumule les qualités de tireur et de tiré, ne peuvent faire échec aux dispositions de l'art. L. 131-35, al. 2, autorisant l'opposition au paiement d'un chèque en cas de perte, de vol, d'utilisation frauduleuse ou de procédure collective du porteur et à celles des art. L. 131-2 et L. 131-3 selon lesquelles un chèque ne comportant pas la signature de celui qui l'émet ne vaut pas comme chèque. • Paris, 27 avr. 2007 : *Banque et Dr. 7-8/2008. 30, obs. Guillot ; BRDA 2007, n° 14, p. 9.*

4. *Responsabilité de la banque.* Une banque peut voir sa responsabilité recherchée dans le cadre de son obligation générale de prudence et de sécurité, soit pour n'avoir pas libellé le montant d'un chèque de banque en lettres, soit pour n'avoir pas utilisé un procédé de marquage ou d'impression indélébile offrant toute garantie de sécurité. • Com. 11 févr. 2003, n° 00-18.058 P : *D. 2003. 2565, note Djoudi ; JCP E 2003, n° 21-22, p. 904, note Gauberti ; RTD com. 2003. 341, obs. Cabrillac ; LPA 7 juill. 2003, obs. E. C. ; RJDA 2003, n° 770.*

5. *Contre-passation.* La banque présentatrice qui justifie d'un motif légitime tel que le rejet pour falsification du titre en cause, fût-il un chèque de banque, est fondée à se rembourser de l'avance qu'elle a consentie à son client, ce dont il résulte que la contre-passation litigieuse ne constitue pas un trouble manifestement illicite. • Com. 14 févr. 2006, n° 05-12.805 P : *D. 2006. AJ 856, obs. Avena-Robardet ; RTD com. 2006. 457, obs. Legeais ; JCP E 2006, n° 11, p. 515 ; RJDA 2006, n° 574.*

6. *Procédure collective.* Il résulte des dispositions des art. L. 632-1, I, al. 1er, et L. 632-3, al. 2, C. com., dans leur rédaction issue de la L. n° 2005-845 du 26 juill. 2005, que le paiement par chèque de banque intervenu depuis la date de cessation des paiements est soumis à l'action en rapport, dès lors que le débiteur a fourni la contrepartie à l'établissement de crédit émetteur du chèque. • Com. 3 juill. 2012, n° 11-22.974 P : *cité note 4 ss. art. L. 632-3 C. com.*

Art. L. 131-6 Le chèque peut être stipulé payable :
— à une personne dénommée, avec ou sans clause expresse "à ordre" ;
— à une personne dénommée, avec la clause "non à ordre" ou une clause équivalente ;
— au porteur.

Le chèque au profit d'une personne dénommée, avec la mention "ou au porteur" ou un terme équivalent, vaut comme chèque au porteur.

Le chèque sans indication du bénéficiaire vaut comme chèque au porteur. — *[Décr.-L. du 30 oct. 1935, art. 5.]*

BIBL. ▶ GRILLOT et SAINT-CENE, *Banque et Dr. 7-8/2000. 551* (recours ouverts au banquier en cas de paiement erroné à un tiers). – NIORÉ et DROCHON, *Gaz. Pal. 2004. Doctr. 2125* (le chèque falsifié : responsabilités).

1. *Présomption de destination.* La remise d'un chèque à l'ordre d'une personne établit nécessairement qu'elle a été personnellement destinataire du transfert de fonds que ce chèque a permis de réaliser. • Com. 12 juill. 2005, n° 04-11.243 P : *cité note 6 ss. art. L. 131-20.*

I. MODALITÉS DE DÉSIGNATION

2. *Chèque en blanc.* L'indication du bénéficiaire n'est soumise à aucun formalisme et n'est pas au nombre des énonciations exigées par l'art. 1er [C. mon. fin., art. L. 131-2] à peine de non-validité du chèque. • Paris, 14 juin 1983 : *D. 1984. IR 69, obs. Cabrillac.* ♦ Un chèque sans indication de bénéficiaire vaut comme chèque au porteur ; il peut, dès lors, être transmis sans endossement, seule modalité de transmission soumise à des conditions restrictives, en cas d'application de l'art. 65-1 [C. mon. fin., art. L. 131-71]. • Com. 12 nov. 1996, n° 94-18.145 P : *D. 1996. IR 257 ; RTD com. 1997. 121, obs. Cabrillac.* ♦ Le paiement du prix de vente par un chèque ne comportant pas de nom du destinataire est libératoire dès lors qu'il est remis à un mandataire apparent : • Civ. 3e, 4 févr. 2004, n° 02-18.655 : *RJDA 2004, n° 693.*

3. *Désignation du bénéficiaire.* La désignation du bénéficiaire est valablement réalisée par la mention que lui-même inscrit de son enseigne. • Paris, 14 juin 1983 : *préc. note 2.* ♦ V. aussi note 12 ss. art. L. 131-38.

4. *Société en formation.* Les banques ne peuvent procéder à l'encaissement de chèques qu'au profit des bénéficiaires désignés sur les titres ou d'endossataires et aucune exception n'est prévue même en présence d'une société en formation. • Com. 25 mars 2003, n° 01-00.536 : *RDBF 2003, n° 130, obs. Crédot et Gérard ; RJDA 2003, n° 1108.*

II. RESPONSABILITÉ DE LA BANQUE

5. *Défaut d'indication du nom du bénéficiaire.* S'il est admis que la banque bénéficiaire d'un chèque pour le compte d'un de ses clients, titulaire de compte, se trouve fondée à en porter le montant au crédit de ce dernier, assimilé à un porteur, sans avoir besoin de prendre la précaution de solliciter les instructions du tireur, il reste que ledit organisme engage sa responsabilité si ne sont pas mentionnés sur le chèque présenté le nom du bénéficiaire et le numéro du compte à créditer, de la main du débiteur. • Paris, 20 mai 1999 : *D. 1999. IR 182.*

6. Désignation alternative de bénéficiaires. Le banquier chargé de l'encaissement d'un chèque n'engage pas sa responsabilité à l'égard du tireur en portant le montant de cet effet sur le compte d'une EURL, alors que la mention du bénéficiaire portait à la fois le patronyme de l'associé unique, libellé en lettres minuscules, et la dénomination sociale, libellée en lettres majuscules. • Paris, 18 juin 1998 : *D. 1999. Somm. 147, obs. Cabrillac.*

7. Désignation cumulative de bénéficiaires. La juxtaposition du nom de deux bénéficiaires sur un chèque ne constitue pas, en elle-même, une anomalie apparente. Lors de la remise d'un chèque portant une telle mention par l'un des deux bénéficiaires pour encaissement à son seul profit, la banque tirée, qui verse la provision entre les mains de la banque présentatrice à charge pour celle-ci d'en créditer le montant sur le compte du ou des bénéficiaires du chèque, n'est tenue ni de vérifier auprès du tireur, en l'absence d'anomalie apparente, matérielle ou intellectuelle, la sincérité de la mention ni de s'assurer du consentement de l'autre bénéficiaire. • Com. 27 nov. 2019, n° 18-11.439 P : *D. 2019. Actu. 2348 ; JCP 2020, n° 134, note Lasserre Capdeville ; RJDA 2020, n° 169.* ♦ Si la juxtaposition du nom de deux bénéficiaires sur un chèque ne constitue pas, en elle-même, une anomalie apparente, la banque présentatrice est cependant tenue, lors de la remise d'un chèque portant une telle mention par l'un des deux bénéficiaires pour encaissement à son seul profit, de s'assurer du consentement de l'autre, sauf circonstances particulières lui permettant de tenir un tel consentement pour acquis. • Même arrêt. ♦ Commet une faute au sens de l'art. 1382 C. civ. le banquier qui encaisse un chèque émis à l'ordre de deux cobénéficiaires (dont le nom était séparé par un tiret) et en verse le montant sur le compte de l'un des deux sans s'assurer du consentement de l'autre. • Com. 3 janv. 1996, n° 93-18.863 P : *D. 1996. IR 53 ; JCP 1996. II. 22617, note Bonneau ; RTD com. 1996. 301, obs. Cabrillac.* ♦ Commet une faute la banque présentatrice qui accepte un chèque comportant le nom de deux bénéficiaires mais la signature d'un seul et le porte au crédit de ce dernier qui était son seul client sans recueillir l'accord de l'autre bénéficiaire alors que l'absence du terme « ou » entre les deux noms ne permettait pas d'adopter un tel procédé. • Paris, 22 avr. 1997 : *D. Affaires 1997. 670.* ♦ Le seul fait d'avoir laissé en blanc une partie de la ligne affectée à l'énonciation du nom du bénéficiaire qui n'est contraire à aucune règle ou à aucun usage constant ne constitue pas une faute. • Même arrêt. ♦ V. aussi note 20 ss. art. L. 131-38.

8. Chèque émis à l'ordre d'une société en formation. En jugeant qu'une banque ne pouvait se voir reprocher d'avoir encaissé les chèques litigieux émis au nom d'une société en formation sur un compte spécial ouvert au nom du fondateur, au motif qu'une société en formation ne peut avoir de compte bancaire fonctionnant à son nom avant son immatriculation au RCS, alors que, sauf pour la banque à respecter les précautions d'usage, un compte de dépôt peut être ouvert au nom d'une société en formation à la demande du ou des fondateurs et fonctionner sous leur signature, les juges ont violé l'art. 1382 C. civ. • Com. 25 mars 2003, n° 01-00.536 : *préc. note 4.*

9. Chèque émis à l'ordre de deux époux. Un chèque ayant été émis à l'ordre de deux époux séparés de biens en paiement de la vente d'un bien indivis et endossé par chacun des époux, à l'égard de la banque, dont la connivence n'était pas alléguée, l'épouse avait, par application de l'art. 1321 C. civ., le pouvoir suffisant d'encaisser le montant du chèque sur son compte personnel. • Com. 21 nov. 2000, n° 97-18.187 P : *D. 2001. Somm. 2932, obs. Brémond ; LPA 19 déc. 2000, obs. E. C. ; RTD com. 2001. 199, obs. Cabrillac.*

10. Inscription directe au compte d'un tiers. Une cour d'appel ne peut refuser de retenir la responsabilité de la banque ayant inscrit le montant d'un chèque sur un autre compte que celui du bénéficiaire alors que ni celui-ci ni son mandataire ne peuvent ordonner que le montant en soit remis directement à un tiers. • Com. 18 sept. 2002, n° 00-12.033 P : *Banque et Dr. 1-2/2003. 58, obs. Bonneau ; RTD com. 2003. 341, obs. Cabrillac.*

Art. L. 131-7 Le chèque peut être à l'ordre du tireur lui-même.

Le chèque peut être tiré pour le compte d'un tiers.

Le chèque ne peut être tiré sur le tireur lui-même, sauf dans le cas où il s'agit d'un chèque tiré entre différents établissements d'un même tireur et à condition que ce chèque ne soit pas au porteur. — *[Décr.-L. du 30 oct. 1935, art. 6.]*

1. Tireur-bénéficiaire. La même personne peut valablement tirer un chèque en se désignant en qualité de bénéficiaire. • Crim. 4 nov. 1972, n° 71-92.495 P : *D. 1973. 224, note Crémieux ; JCP 1973. II. 17336, note Gavalda ; RTD com. 1973. 120, obs. Cabrillac et Rives-Lange.*

2. Chèque de banque. Les dispositions de l'art. 6 ne privent pas une banque n'ayant qu'un seul établissement de la possibilité d'émettre des chèques de banque. • Com. 26 janv. 1999, n° 96-11.779 P : *D. 1999. Somm. 147, obs. Cabrillac ; RTD com. 1999. 473, obs.*

Cabrillac ♦ Il est donc vainement soutenu qu'un chèque ne peut être tiré par le tireur sur lui-même à moins qu'il ne soit tiré entre deux établissements différents de la même banque. • Même arrêt. ♦ V. note 2 ss. art. L. 131-5.

Art. L. 131-8 Toute stipulation d'intérêts insérée dans le chèque est réputée non écrite. – *[Décr.-L. du 30 oct. 1935, art. 7.]*

Art. L. 131-9 Le chèque peut être payable au domicile d'un tiers soit dans la localité où le tiré a son domicile, soit dans une autre localité, à condition toutefois que le tiers soit un banquier ou un centre de chèques postaux.

Cette domiciliation ne peut, au surplus, être faite contre la volonté du porteur, à moins que le chèque ne soit barré et que la domiciliation n'ait lieu à la Banque de France, sur la même place. – *[Décr.-L. du 30 oct. 1935, art. 8.]*

Art. L. 131-10 Le chèque dont le montant est écrit à la fois en toutes lettres et en chiffres ne vaut, en cas de différence, que pour la somme écrite en toutes lettres.

Le chèque dont le montant est écrit plusieurs fois, soit en toutes lettres, soit en chiffres, ne vaut, en cas de différence, que pour la moindre somme. – *[Décr.-L. du 30 oct. 1935, art. 9.]*

1. Discordance. En cas de différence entre la somme inscrite en chiffres et en lettres, le chèque vaut pour la somme écrite en toutes lettres. • Paris, 13 févr. 1985 : *D. 1985. IR 417, obs. Cabrillac.* ♦ V., pour une somme inscrite plusieurs fois en lettres ou en chiffres : • Paris, 30 sept. 1982 : *D. 1983. IR 42, obs. Cabrillac.*

2. Unités monétaires. Lorsque le chèque a été libellé en francs, la somme due est celle inscrite sur le titre sans que puisse être opposée à l'exercice de l'action cambiaire une erreur sur l'unité monétaire (« anciens » et « nouveaux » francs). • Com. 17 juin 1970, n° 69-12.984 : *Banque 1970. 1137, obs. Marin ; RTD com. 1971. 141, obs. Cabrillac et Rives-Lange.* – Comp. : • Paris, 30 sept. 1982 : *préc. note 1.*

3. Montant indiqué uniquement en chiffres. Une banque ne peut reprocher au tireur d'avoir émis un chèque ne comportant pas en toutes lettres l'indication de la somme à payer dès lors qu'elle a accepté elle-même de le recevoir à l'encaissement. • Com. 17 oct. 1995, n° 94-11.664 P : *RTD com. 1996. 92, obs. Cabrillac.*

Art. L. 131-11 Si le chèque porte des signatures de personnes incapables de s'obliger par chèques, des signatures fausses ou des signatures de personnes imaginaires, ou des signatures qui, pour toute autre raison, ne sauraient obliger les personnes qui ont signé le chèque, ou au nom desquelles il a été signé, les obligations des autres signataires n'en sont pas moins valables. – *[Décr.-L. du 30 oct. 1935, art. 10.]*

Lorsque la personne protégée a fait l'objet d'une interdiction d'émettre des chèques : fonctionnement de ses comptes sous la signature de la personne chargée de la mesure de protection et disposition par celle-ci de tous les moyens de paiement habituels (Décr. n° 2008-1484 du 22 déc. 2008, annexe I, JO 31 déc.). – V. aussi C. civ., art. 427, al. 7. – **C. civ.**

1. Capacité. Dès lors que l'insanité d'esprit du tireur est suffisamment établie à l'époque de l'émission des chèques (art. 489 C. civ.), leur nullité doit être prononcée. • Dijon, 31 mars 1998 : *D. Affaires 1998. 1745, obs. X. D.*

2. Signature fausse. V. notes ss. art. L. 131-38.

Art. L. 131-12 Quiconque appose sa signature sur un chèque, comme représentant d'une personne pour laquelle il n'avait pas le pouvoir d'agir, est obligé lui-même en vertu du chèque et, s'il a payé, a les mêmes droits qu'aurait eus le prétendu représenté. Il en est de même du représentant qui a dépassé ses pouvoirs. – *[Décr.-L. du 30 oct. 1935, art. 11.]*

Art. L. 131-13 Le tireur est garant du paiement. Toute clause par laquelle le tireur s'exonère de cette garantie est réputée non écrite. – *[Décr.-L. du 30 oct. 1935, art. 12.]*

Art. L. 131-14 Tout chèque pour lequel la provision correspondante existe à la disposition du tireur doit être certifié par le tiré si le tireur ou le porteur le demande, sauf la faculté pour le tiré de remplacer ce chèque par un chèque émis dans les conditions prévues au troisième alinéa de l'article L. 131-7.

La provision du chèque certifié reste, sous la responsabilité du tiré, bloquée au profit du porteur jusqu'au terme du délai de présentation fixé par l'article L. 131-32. – *[Décr.-L. du 30 oct. 1935, art. 12-1, al. 1er et 2.] – V. C. mon. fin., art. R. 131-2.*

1. Demande de certification. N'est pas constitutive d'une voie de fait l'utilisation par l'Administration de la possibilité légale de demander au tireur de faire certifier un chèque par le tiré, préalablement à sa remise. • Civ. 1re, 27 févr. 1990, n° 87-15.335 P : *RTD com. 1990. 613, obs. Cabrillac et Teyssié*. ♦ Un créancier ne commet aucune faute en refusant un chèque ordinaire alors qu'il avait demandé le paiement par chèque certifié ou chèque de banque. • Com. 27 févr. 1996, n° 94-14.031 : *RTD com. 1996. 304, obs. Cabrillac*.

2. Chèque de banque. V. note 3 ss. art. L. 131-5.

3. Effet de la certification. La certification de l'existence de la provision n'ayant d'effet que pour une durée de huit jours, elle ne peut constituer une garantie de paiement pour une durée supérieure. • Com. 11 juill. 2000, n° 96-21.031 P : *D. 2000. AJ 378, obs. Avena-Robardet ; Banque et Dr. 11-12/2000. 48, obs. Rontchevsky.*

4. Chèque non certifié : défaut d'immobilisation de la provision. Aucun texte législatif ne prescrit au tiré de bloquer la provision nécessaire au paiement du chèque, après l'opposition du tireur, dès lors que le chèque n'est pas certifié. • Riom, 4 juill. 1980 : *D. 1981. IR 303, obs. Cabrillac.* ♦ V. note 1 ss. art. L. 131-5.

Art. L. 131-15 **Toute personne qui remet un chèque en paiement doit justifier de son identité au moyen d'un document officiel portant sa photographie.** – *[Décr.-L. du 30 oct. 1935, art. 12-2.]*

1. Responsabilité du titulaire du chéquier. Sur la responsabilité délictuelle du titulaire du chéquier dont la négligence a rendu possible le vol de son chéquier à l'égard du commerçant bénéficiaire d'un chèque tiré par le voleur, V. • Bordeaux, 17 nov. 1982 : *Banque 1983. 781.* ♦ Sur le lien de causalité entre l'imprudence du titulaire du chéquier et le préjudice subi par le commerçant, V. • Civ. 2e, 7 déc. 1988, n° 87-18.917 P : *Gaz. Pal. 1989. 1. Pan. 29 ; RTD com. 1989. 275, obs. Cabrillac et Teyssié.* ♦ Sur la charge de la preuve de l'imprudence du titulaire, V. • Com. 13 déc. 1988, n° 87-12.661 P. ♦ V. aussi note 23 ss. art. L. 131-38.

2. Responsabilité du banquier. Sur la responsabilité du banquier à l'égard de tiers victimes d'usurpations, V. notamment • Com. 28 févr. 1989, n° 75-13.428 P : *RTD com. 1989. 275, obs. Cabrillac et Teyssié* (chéquier envoyé sous pli postal ordinaire). ♦ Sur la responsabilité du banquier à l'égard de son client pour défaut de comparaison entre le spécimen de signature et les signatures apposées sur les chèques volés, V. • Com. 4 nov. 1976, n° 75-13.428 P : *JCP 1978. II. 18750, note Stoufflet.* ♦ Sur la faute du banquier, V. aussi note 11 ss. art. L. 131-31, notes ss. art. L. 131-38 et note 4 ss. art. L. 131-71.

3. Responsabilité partagée entre le titulaire du chéquier et le commerçant. Sur l'exonération partielle du titulaire en raison d'une faute du commerçant (absence de contrôle d'identité), V. • TI Versailles, 18 déc. 1980 : *D. 1981. IR 301, obs. Cabrillac* • TGI Besançon, 5 juin 1970 : *Banque 1971. 205.* – *Contra* : • TI Saint-Denis de la Réunion, 26 juill. 1973 : *JCP 1973. IV. 433.* – Comp. : Stoufflet, note ss. • Com. 4 nov. 1976, n° 75-13.428 P : *préc. note 2.*

SECTION III *Transmission* *(L. n° 2005-516 du 20 mai 2005, art. 16-IV).*

RÉP. COM. v° *Chèque*, par CABRILLAC.

Art. L. 131-16 **Le chèque stipulé payable au profit d'une personne dénommée avec ou sans clause expresse "à ordre" est transmissible par la voie de l'endossement.**

Le chèque stipulé payable au profit d'une personne dénommée avec la clause "non à ordre" ou une clause équivalente n'est transmissible que dans la forme et avec les effets d'une cession ordinaire. – *[Décr.-L. du 30 oct. 1935, art. 13.]*

1. Qualification de l'endossement. L'endossement non qualifié d'un chèque est réputé translatif et les tiers ne sont pas admis à démontrer que l'endossement n'est que de procuration. • Com. 9 janv. 1990, n° 88-15.401 P : *D. 1990. 485, note D.-R. Martin ; RTD com. 1990. 232, obs. Cabrillac et Teyssié*. ♦ Sur l'endossement translatif, V. notes ss. art. L. 131-20.

2. Endossement pignoratif. Pour un exemple, V. • Com. 10 juill. 1989, n° 87-15.603 P : *D. 1990. Somm. 120, obs. Cabrillac* (endossement pignoratif privé d'effet en raison de l'ouverture d'une procédure collective à l'encontre de l'endosseur commerçant).

3. Conflit de lois. La Conv. de Genève du 19 mars 1932, destinée à régler certains conflits de lois en matière de chèques, ne s'applique que pour la solution des conflits de lois qu'elle énumère en matière cambiaire et n'a pas pour effet de désigner la loi compétente en matière de responsabilité bancaire. • Civ. 1re, 23 janv. 2007, n° 03-13.422 P : *D. 2007. 1244, note Bouche ; RTD com. 2008. 211, obs. Delebecque ; Rev. crit. DIP 2007. 760, note Boskovic*. ♦ La banque ayant engagé sa responsabilité envers le tireur en s'abstenant de vérifier la régularité du chèque et en garantissant les endos, ce qui constituait le fait générateur du dommage, qui s'est réalisé au lieu où le compte du client a été crédité, de sorte que la loi allemande était applicable. • Même arrêt.

Art. L. 131-17 L'endossement peut être fait même au profit du tireur ou de tout autre obligé. Ces personnes peuvent endosser le chèque à nouveau. — *[Décr.-L. du 30 oct. 1935, art. 14.]*

Art. L. 131-18 L'endossement doit être pur et simple. Toute condition à laquelle il est subordonné est réputée non écrite.

L'endossement partiel est nul.

Est également nul l'endossement du tiré.

L'endossement au porteur vaut comme un endossement en blanc.

L'endossement au tiré ne vaut que comme quittance, sauf dans le cas où le tiré a plusieurs établissements et où l'endossement est fait au bénéfice d'un établissement autre que celui sur lequel le chèque a été tiré. — *[Décr.-L. du 30 oct. 1935, art. 15.]*

Tiré endossataire. La banque tirée qui a payé à découvert un chèque sans provision est irrecevable à exercer l'action civile, n'ayant pas la qualité de porteur. • Crim. 1er févr. 1978, nº 76-91.757 P : *Gaz. Pal. 1978. 2. 453.*

Art. L. 131-19 L'endossement doit être inscrit sur le chèque ou sur une feuille qui y est attachée, dite allonge. Il doit être signé par l'endosseur. La signature de celui-ci est apposée, soit à la main, soit par tout procédé non manuscrit.

L'endossement peut ne pas désigner le bénéficiaire ou consister simplement dans la signature de l'endosseur nommé endossement en blanc. Dans ce dernier cas, l'endossement, pour être valable, doit être inscrit au dos du chèque ou sur l'allonge. — *[Décr.-L. du 30 oct. 1935, art. 16.]*

1. Endossement par la banque. Sur la validité de la pratique qui consiste, pour une banque, à endosser un chèque non revêtu de l'endos du bénéficiaire, pour porter ce chèque au crédit du compte de l'intéressé, V. • Paris, 9 nov. 1990 : *D. 1991. Somm. 216, obs. Cabrillac.*

2. Banque désignée comme bénéficiaire. Une banque, à l'ordre de laquelle a été émis un chèque qui ne comportait aucune indication sur la volonté du tireur d'en attribuer le bénéfice au porteur, est tenue de se comporter comme étant elle-même bénéficiaire des fonds et ne peut créditer le compte de ce porteur du montant du chèque sans prendre aucune précaution pour s'assurer de l'intention du tireur. • Com. 26 janv. 1999, nº 96-12.409 : *RJDA 1999, nº 325 ; RDBB 1999. 70, obs. Crédot et Gérard.*

3. Allonge. Sur la validité du procédé consistant à joindre au chèque une allonge, revêtue des coordonnées du chèque et au verso de laquelle est mentionnée la somme complémentaire demandée au titre des intérêts et frais, en application des art. 45 et 65-3, dernier al. [C. mon. fin., art. L. 131-52 et L. 131-73, dern. al.], afin d'en assurer le recouvrement, en même temps que celui du montant du chèque, sur seconde présentation, V. de Reguardati, *Annonces de la Seine, 6 mars 1995* ; Cabrillac, *ibid. 12 déc. 1996.* ♦ Ce procédé, également connu sous le nom de « modulo-chèque », qui est susceptible de permettre au porteur du chèque de recouvrer simultanément, sur seconde présentation, le montant nominal du chèque impayé ainsi que les intérêts et frais, ne semble pas se heurter aux dispositions du décret-loi du 30 oct. 1935 (Rép. min. nº 6817 : *JOAN Q, 27 avr. 1998, p. 2391*). ♦ Comp. note 12 ss. art. L. 131-73.

4. Vérification de l'endos. Le banquier récepteur, chargé de l'encaissement d'un chèque, est tenu de vérifier la régularité apparente de l'endos apposé sur le titre. • Com. 28 oct. 2008, nº 07-18.818 P : *D. 2008. AJ 2862, obs. Avena-Robardet ; RTD com. 2009. 185, obs. Legeais ; JCP E 2008, nº 48, p. 16, note Stoufflet ; RJDA 2009, nº 774.*

Art. L. 131-20 L'endossement transmet tous les droits résultant du chèque et notamment la propriété de la provision.

Si l'endossement est en blanc, le porteur peut :

1. Remplir le blanc, soit de son nom, soit du nom d'une autre personne ;
2. Endosser le chèque de nouveau en blanc, ou à une autre personne ;
3. Remettre le chèque à un tiers, sans remplir le blanc et sans l'endosser. — *[Décr.-L. du 30 oct. 1935, art. 17.]*

1. Transmission au porteur de la propriété du chèque et de la provision. En l'absence de toute mention restrictive de la portée de l'endossement, celui-ci transmet au porteur les droits résultant du chèque, notamment la propriété de la provision. • Com. 16 mai 1977, nº 76-10.881 P : *D. 1977. IR 397, obs. Vasseur* • 11 juill. 1988, nº 86-17.584 : *D. 1988. IR 238 ; Gaz. Pal. 1989. 1. Somm. 161, obs.* Piedelièvre. ♦ Sur le caractère translatif de l'émission du chèque, V. note 1 ss. art. L. 131-4.

2. Saisie-arrêt ou saisie-attribution dans les rapports endosseur/endossataire. Une banque ayant reçu notification d'une saisie-arrêt sur un chèque de la part d'un créancier du bénéficiaire doit en réserver le paiement pour ce saisissant, sauf à tout porteur prétendant avoir droit sur la provision d'établir judiciairement que l'endossement à son profit est antérieur à la voie d'exécution. • Com. 15 févr. 1994, n° 91-21.316 P : *D. 1994. Somm. 183, obs. Cabrillac*. ♦ Comp., sur les effets de la procédure de saisie-attribution, V. C. pr. exéc., art. L. 211-4. – **C. pr. exéc.**

3. Présomption simple dans les rapports endosseur/endossataire. La présomption d'endos translatif n'est pas irréfragable dans les rapports de l'endosseur et de l'endossataire. • Com. 13 mai 1981, n° 79-16.270 P : *D. 1982. 241, obs. Vasseur ; RTD com. 1981. 802, obs. Cabrillac et Teyssié.* ♦ La preuve contraire peut être rapportée par tout moyen. • Com. 5 déc. 1955 : *JCP 1956. II. 9134, note Cabrillac* • 6 nov. 1984, n° 83-12.053 P : *D. 1986. IR 323, obs. Vasseur.* ♦ La présomption d'endossement translatif tombe devant la reconnaissance par la banque qu'elle n'a pas crédité le compte à raison d'une convention d'escompte, même tacite, mais conformément aux usages qui font accompagner la remise à l'encaissement d'une avance des fonds. • Paris, 12 juill. 1991 : *D. 1991. IR 217.*

4. Clause « sauf réserve de bonne fin ». Cette clause, contenue dans un bordereau de remise, s'applique aussi bien à l'escompte translatif de droits qu'à la remise pour encaissement. • Com. 13 mai 1981, n° 79-16.270 P : *préc. note 3.* ♦ V. note 1 ss. art. L. 131-26.

5. Présomption irréfragable à l'égard des tiers. La présomption d'endos translatif est irréfragable dans les rapports des parties à l'égard des tiers. • Com. 16 mai 1977, n° 76-10.881 P : *D. 1977. IR 397, obs. Vasseur* • 7 avr. 1992, n° 90-17.080 : *RJDA 1992, n° 733.* ♦ Si la preuve que l'endossataire n'est qu'un simple mandataire peut être rapportée dans les relations entre l'endosseur et l'endossataire, elle ne peut être faite par un tiers. • Com. 9 janv. 1990, n° 88-15.401 P : *D. 1990. 485, note D. Martin ; RTD com. 1990. 232, obs. Cabrillac et Teyssié*.

6. Force probante du chèque endossé. Si le chèque ne peut, en tant que tel, valoir commencement de preuve par écrit contre le bénéficiaire, il en est différemment du chèque endossé par celui-ci. • Civ. 1re, 10 mai 1995, n° 93-13.133 P : *D. 1996. Somm. 36, obs. Cabrillac*. ♦ Ainsi, un *accipiens* peut être condamné, à titre de remboursement d'un prêt, à payer le montant d'un chèque établi à son ordre et qu'il a lui-même remis à la banque après l'avoir endossé. • Même arrêt. ♦ La remise d'un chèque à l'ordre d'une personne établit nécessairement qu'elle a été personnellement destinataire du transfert de fonds que ce chèque a permis de réaliser, ce dont il se déduit que c'est à l'intéressé d'établir qu'il peut ne pas être tenu à restitution. • Com. 12 juill. 2005, n° 04-11.243 P : *D. 2005. AJ 2069, obs. Delpech ; JCP E 2005, n° 40, p. 1633 ; LPA 12 févr. 2007, obs. E. C. ; RJDA 2005, n° 1272.* ♦ Comp., considérant que viole l'art. 1341 C. civ., l'arrêt qui pour condamner, à titre de remboursement de prêts, un endosseur à payer à l'émetteur le montant de chèques retient que l'endossement constituait un commencement de preuve par écrit rendant vraisemblables les prêts invoqués alors que l'endossement démontre seulement la réalité de la remise de fonds, V. • Civ. 1re, 3 juin 1998, n° 96-14.232 P : *D. 1999. 453, note Ravignaux ; JCP 1999. II. 10062, note Prieur.*

Art. L. 131-21 L'endosseur est, sauf clause contraire, garant du paiement.

Il peut interdire un nouvel endossement ; dans ce cas, il n'est pas tenu à la garantie envers les personnes auxquelles le chèque est ultérieurement endossé. – *[Décr.-L. du 30 oct. 1935, art. 18.]*

Art. L. 131-22 Le détenteur d'un chèque endossable est considéré comme porteur légitime s'il justifie de son droit par une suite ininterrompue d'endossements, même si le dernier endossement est en blanc. Les endossements biffés sont, à cet égard, réputés non écrits. Quand un endossement en blanc est suivi d'un autre endossement, le signataire de celui-ci est réputé avoir acquis le chèque par l'endossement en blanc. – *[Décr.-L. du 30 oct. 1935, art. 19.]*

Porteur légitime. Le banquier endossataire commet une faute lorsqu'il escompte un titre *présentant* une rupture apparente dans la chaîne des endossements. • Com. 8 févr. 1984 : *RTD com. 1984. 306, obs. Cabrillac et Teyssié ; Gaz. Pal. 1984. 2. Pan. 212* • 26 mars 1973, n° 72-11.565 P : *RTD com. 1973. 839, obs. Cabrillac et Rives-Lange.*

Art. L. 131-23 Un endossement figurant sur un chèque au porteur rend l'endosseur responsable aux termes des dispositions qui régissent le recours ; il ne convertit d'ailleurs pas le titre en un chèque à ordre. – *[Décr.-L. du 30 oct. 1935, art. 20.]*

Art. L. 131-24 Lorsqu'une personne a été dépossédée d'un chèque à ordre par quelque événement que ce soit, le bénéficiaire qui justifie de son droit de la manière indiquée à l'article L. 131-22, n'est tenu de se dessaisir du chèque que s'il l'a acquis de mauvaise foi ou si, en l'acquérant, il a commis une faute lourde. – *[Décr.-L. du 30 oct. 1935, art. 21.]*

1. Opposition au paiement. V. art. L. 131-35.

2. Mauvaise foi. V. note 3 ss. art. L. 131-35.

Art. L. 131-25 Les personnes actionnées en vertu du chèque ne peuvent pas opposer au porteur les exceptions fondées sur leurs rapports personnels avec le tireur ou avec les porteurs antérieurs, à moins que le porteur, en acquérant le chèque, n'ait agi sciemment au détriment du débiteur. – *[Décr.-L. du 30 oct. 1935, art. 22.]*

1. Banquier escompteur. Sur le recours du banquier, V. • TGI Créteil, 5 nov. 1980 : *D. 1982. IR 172, obs. Cabrillac.*

2. Mauvaise foi. Est de mauvaise foi le banquier endossataire d'un chèque d'un montant élevé longtemps après l'émission, alors que le bénéficiaire, en difficultés financières, avait intérêt à en obtenir le paiement à bref délai. • TGI Créteil, 5 nov. 1980 : *préc. note 1.*

3. Exceptions opposables. Les juges doivent préciser quelles exceptions, dont une banque aurait eu connaissance, pouvaient être opposées par le tireur au bénéficiaire du chèque. • Com. 24 oct. 1977, n° 76-13.237 P : *D. 1978. 507, note Contamine-Raynaud.*

4. Absence de cause du rapport fondamental. Une cour d'appel doit répondre aux conclusions du tireur opposant au bénéficiaire du chèque une exception tirée de l'absence de cause du rapport fondamental. • Com. 7 janv. 1997, n° 94-18.494 P.

5. Licéité des chèques de casino. Le client d'un casino dont l'activité est autorisée par la loi et réglementée par les pouvoirs publics ne peut pas se prévaloir de l'art. 1965 C. civ., selon lequel la loi n'accorde aucune action pour une dette de jeu. • Cass., ch. mixte, 14 mars 1980, n° 79-90.154 P : *D. 1980. IR 336, obs. Puech ; D. 1980. 434, obs. Cabrillac ; RTD com. 1980. 577, obs. Cabrillac et Rives-Lange* • Crim. 21 oct. 1991, n° 90-85.266 P : *D. 1992. IR 16 ; RTD com. 1992. 705, obs. Cabrillac et Teyssié.*

6. Exception de jeu. Le client d'un casino peut se prévaloir de l'art. 1965 C. civ. s'il est établi que la dette se rapporte à des prêts consentis par le casino ou par une société chargée par celui-ci d'encaisser les chèques gérés par lui et de recouvrer les dettes de jeu. • Civ. 1re, 3 juin 1998, n° 96-13.047 : *D. 1998. IR 172.* ♦ Si toute remise de plaques de casino contre un chèque ne constitue pas une avance et ne caractérise pas une opération de crédit, il peut en être autrement lorsque les circonstances de l'espèce démontrent que cette remise n'a pour but que de couvrir un prêt consenti par le casino pour alimenter le jeu. • Civ. 1re, 31 janv. 1984, n° 82-15.904 P : *D. 1985. 40, note Diener ; RTD com. 1984. 493, obs. Cabrillac et Teyssié* • 20 juill. 1988, n° 86-18.995 P : *D. 1989. Somm. 88, obs. Cabrillac* • Crim. 15 nov. 1993, n° 93-80.205 P : *D. 1995. 302, note Mouralis.* ♦ Dans ce cas, le titre litigieux ne peut être considéré comme un instrument de paiement mais constitue un simple titre de créance. • Civ. 1re, 19 mai 1992, n° 89-21.903 : *D. 1992. 494, note Diener.*

Art. L. 131-26 Lorsque l'endossement contient la mention "valeur en recouvrement", "pour encaissement", "par procuration", ou toute autre mention impliquant un simple mandat, le porteur peut exercer tous les droits découlant du chèque, mais il ne peut endosser celui-ci qu'à titre de procuration.

Les obligés ne peuvent, dans ce cas, invoquer contre le porteur que les exceptions opposables à l'endosseur.

Le mandat renfermé dans un endossement de procuration ne prend pas fin par le décès du mandant ou la survenance de son incapacité. – *[Décr.-L. du 30 oct. 1935, art. 23.]*

1. Preuve de la nature de l'endossement. V. notes ss. art. L. 131-20. ♦ La mention « sauf bonne fin » ne saurait par elle-même caractériser un endossement de procuration. • Com. 13 mai 1981, n° 79-16.270 P : *D. 1982. IR 171, obs. Cabrillac ; D. 1982. 241, obs. Vasseur ; RTD com. 1981. 802, obs. Cabrillac et Teyssié.* ♦ V. aussi notes ss. art. L. 131-19.

2. Qualité de porteur. Le bénéficiaire d'un chèque qui le remet à l'encaissement conserve la qualité de porteur lorsque le banquier présentateur a la qualité de mandataire, la formule d'endos révélant un endossement de procuration, ou lorsqu'en cas d'endossement translatif, le banquier a acquis le chèque de mauvaise foi ou en commettant une faute lourde, V. • Com. 26 janv. 1999, n° 96-11.779 P : *D. 1999. Somm. 147, obs. Cabrillac.* ♦ Comp., considérant que la simple remise d'un chèque par son bénéficiaire à une banque opère mandat d'encaissement : • Paris, 5 janv. 1999 : *D. 1999. IR 43 ; RTD com. 1999. 474, obs. Cabrillac.*

3. Endossement subséquent. Sur une subdélégation, V. • Grenoble, 10 mars 1977 : *Banque 1978. 524.*

4. Responsabilité du banquier endossataire. V. notes ss. art. L. 131-38.

5. Chèque de garantie. Pour l'endossement d'un chèque de garantie à une banque alors qu'il a été consenti seulement à titre de procuration, V. • Com. 24 sept. 2003, n° 00-21.952 : *RJDA 2004, n° 214.*

Art. L. 131-27 L'endossement fait après le protêt ou après l'expiration du délai de présentation ne produit que les effets d'une cession ordinaire.

Sauf preuve contraire, l'endossement sans date est présumé avoir été fait avant le protêt ou avant l'expiration du délai de présentation.

Il est défendu d'antidater les ordres à peine de faux. – *[Décr.-L. du 30 oct. 1935, art. 24.]*

1. Endossement postérieur à l'expiration du délai de présentation. Selon l'art. 24, al. 1er [C. mon. fin., art. L. 131-27], l'endossement du chèque effectué après l'expiration du délai de présentation n'a produit que les effets d'une cession ordinaire, ce dont il résulte que, n'étant pas porteur, la banque endossataire ne pouvait demander la mainlevée de l'opposition pratiquée et la contestation sérieuse existant entre tireur et tiré excluait l'application de l'art. 808 NCPC [renommé C. pr. civ.] (mesures ordonnées en référé). • Com. 17 oct. 1995, n° 93-14.262 P : *RTD com. 1996. 93, obs. Cabrillac ; Rev. dr. bancaire 1996. 8, obs. Crédot et Gérard.*

2. Absence de date. L'endos en l'absence d'indication de la date est présumé réalisé avant l'établissement du protêt, sauf preuve contraire. • Com. 13 oct. 1970, n° 68-13.551 P.

SECTION IV *Aval* *(L. n° 2005-516 du 20 mai 2005, art. 16-IV).*

RÉP. COM. v° *Aval*, par GIBIRILA.

Art. L. 131-28 Le paiement d'un chèque peut être garanti pour tout ou partie de son montant par un aval.

Cette garantie est fournie par un tiers, sauf le tiré, ou même par un signataire du chèque. – *[Décr.-L. du 30 oct. 1935, art. 25.]*

Art. L. 131-29 L'aval est donné soit sur le chèque ou sur une allonge, soit par un acte séparé indiquant le lieu où il est intervenu.

Il est exprimé par les mots "bon pour aval" ou par toute autre formule équivalente ; il est signé par le donneur d'aval.

Il est considéré comme résultant de la seule signature du donneur d'aval, apposée au recto du chèque, sauf quand il s'agit de la signature du tireur.

L'aval doit indiquer pour le compte de qui il est donné. A défaut de cette indication, il est réputé donné pour le tireur. – *[Décr.-L. du 30 oct. 1935, art. 26.]*

Art. L. 131-30 Le donneur d'aval est tenu de la même manière que celui dont il s'est porté garant.

Son engagement est valable, alors même que l'obligation qu'il a garantie serait nulle pour toute cause autre qu'un vice de forme.

Quand il paie le chèque, le donneur d'aval acquiert les droits résultant du chèque contre le garanti et contre ceux qui sont tenus envers ce dernier en vertu du chèque. – *[Décr.-L. du 30 oct. 1935, art. 27.]*

SECTION V *Présentation et paiement* *(L. n° 2005-516 du 20 mai 2005, art. 16-IV).*

RÉP. COM. v° *Chèque*, par CABRILLAC.

Art. L. 131-31 Le chèque est payable à vue. Toute mention contraire est réputée non écrite.

Le chèque présenté au paiement avant le jour indiqué comme date d'émission est payable le jour de la présentation. – *[Décr.-L. du 30 oct. 1935, art. 28.]*

BIBL. ► YOUEGO, *RDBF 2009. Étude 30* (la non-présentation du chèque à l'encaissement).

I. ÉMISSION DU CHÈQUE

1. Date d'émission. *La date d'émission d'un chèque ne peut être présumée être celle de sa création.* • Com. 31 janv. 2006, n° 04-15.315 P : *D. 2007. Pan. 756, obs. D.-R. Martin ; RTD com. 2006. 455, obs. Legeais ; JCP E 2006, n° 50, p. 2134, note Guerchoun ; RJDA 2006, n° 573.* ♦ Un chèque est émis au moment où le tireur s'en dessaisit au profit du bénéficiaire. • Com. 3 déc. 1991, n° 90-13.356 P : *D. 1992. Somm. 338, obs. Cabrillac ; Banque 1992. 645, obs. Rives-Lange* • 16 juin 1992, n° 90-19.533 P : *D. 1992. IR 223 ; RTD com. 1992. 648, obs. Cabrillac et Teyssié.* ♦ Il résulte de l'art. L. 131-31 qu'un chèque est émis et sa provision transférée dès que le tireur s'en est dessaisi au profit du bénéficiaire, toute mention contraire étant réputée non écrite. • Com. 12 janv. 2010, n° 08-20.241 P : *D. 2010. AJ 264, et les obs. ; RTD com. 2010. 592, obs. Legeais ; JCP E 2010, n° 1142 ; RJDA 2010, n° 553 ; RLDA juin 2010. 27, note Gibirila.* ♦ Il résulte de la combinaison des art. L. 131-31 C. mon. fin. et L. 622-7 C. com. que la provision d'un chèque émis par un tireur avant d'être mis en redressement judiciaire n'est transférée au profit du bénéficiaire qu'autant qu'elle ait existé au jour du jugement d'ouverture. • Même arrêt.

2. Postdate. Des chèques, dont l'un était postdaté, ayant été émis antérieurement à l'ouverture de la procédure de redressement judiciaire du tireur, à des dates où leurs provisions étaient constituées, c'est à bon droit qu'une cour d'appel décide que celles-ci étaient transférées au bénéficiaire. • Com. 16 juin 1992, n° 90-19.533 P : *préc. note 1.* ♦ Un chèque postdaté peut être présenté immédiatement au paiement. • Crim. 26 nov. 1974, n° 74-90.491 P.

3. Exactitude des dates. L'exactitude des dates portées sur le chèque et la lettre d'envoi au bénéficiaire relève de l'appréciation souveraine des faits de la cause par les juges du fond. • Com. 7 juin 1994, n° 92-16.312 : *RJDA 1994, n° 1174.* ♦ La date d'émission d'un chèque étant un fait qui peut être établi par tout moyen, c'est dans l'exercice de son pouvoir souverain qu'une cour d'appel fixe cette date, en l'absence de tout autre élément, à celle de la remise des chèques litigieux à l'encaissement. • Com. 31 janv. 2006, n° 04-15.315 P : *préc. note 1.*

4. Date fausse. Un chèque faussement daté est un titre valable. • Montpellier, 12 oct. 1932 : *Gaz. Pal. 1933. 1. 106.* ♦ Sur la sanction, V. art. L. 131-69.

5. Date de valeur. V. note 3 ss. art. L. 313-2 C. consom., v° *Prêts d'argent-Intérêts.*

6. Chèque remis à un mandataire tireur. L'émission d'un chèque n'a pas été réalisée et, par conséquent, la provision n'avait pas à en rester bloquée pendant le délai de présentation, dès lors que celui qui avait la qualité de mandataire de la banque pour mettre le chèque en circulation au profit du bénéficiaire n'a pas engagé cette circulation parce qu'il ne s'est pas dessaisi du chèque. • Com. 18 oct. 1994, n° 92-20.086 P : *D. 1994. IR 251 ; JCP 1994. IV. 2538.*

II. PRÉSENTATION AU PAIEMENT

7. Dessaisissement du tireur. La présentation d'un chèque à l'encaissement implique le dessaisissement du tireur au profit du bénéficiaire. • Com. 18 juin 1996, n° 94-16.033 P. ♦ Sur la preuve de la matérialité du dessaisissement opéré au moyen d'un automate bancaire, V. note 3 ss. art. L. 131-67.

8. Paiement à vue. Les chèques, dont un encaissement différé est sollicité, non refusés lors de leur remise, sont payables à vue nonobstant toute mention contraire, réputée non écrite. • Com. 3 juin 2003, n° 01-10.612 P : *D. 2003. AJ 1836, obs. Avena-Robardet ; JCP E 2003, n° 32-35, p. 1310 ; RTD com. 2003. 782, obs. Cabrillac ; RJDA 2003, n° 1166.* ♦ Comp., pour une condition stipulée dans un acte séparé : • Com. 15 juill. 1986, n° 85-13.463 P : *RTD com. 1986. 532, obs. Cabrillac et Teyssié.*

9. Clause attributive de compétence. Une clause attributive de compétence figurant dans une lettre comportant transmission d'un chèque émis sous condition et ne pouvant être encaissé que selon certaines modalités n'est pas contraire à la règle de l'art. 28, al. 1er [C. mon. fin., art. L. 131-31, al. 1er]. • Com. 12 juin 1979, n° 78-10.089 P. ♦ V. aussi, pour l'opposabilité d'une clause attributive de juridiction figurant dans un bordereau accompagnant le chèque : • Com. 20 nov. 2001, n° 99-14.172 P : *D. 2002. Somm. 2112, obs. Boujeka .*

10. Chèque de garantie. Le chèque étant un instrument de paiement, le bénéficiaire peut le faire encaisser, même dans le cas où il lui a été remis à titre de garantie sauf, pour lui, à en restituer le montant si le paiement reçu était indu. • Com. 17 nov. 1998, n° 96-14.296 P : *D. 1999. Somm. 304, obs. Piedelièvre ; JCP 1999. II. 10226, note Gibirila ; RTD com. 1999. 165, obs. Cabrillac ; JCP 1999. I. 158, n° 12, obs. Simler et Delebecque.* ♦ Mais, si l'émission d'un chèque réalise le dessaisissement irrévocable du tireur au profit du bénéficiaire, qui acquiert immédiatement la propriété de la provision et est tenu de présenter l'effet au paiement dans un délai de huit jours, il résulte des art. 1235 et 1376 C. civ. que ce qui a été payé indûment est sujet à répétition. • Com. 22 juin 1993, n° 90-16.998 P : *D. 1993. Somm. 315, obs. Cabrillac .* ♦ Aussi, retenant qu'un chèque a été émis, non en règlement d'une dette existante, mais à titre de « relais de garantie », dans l'attente de la régularisation de cautionnements bancaires. • Même arrêt.

V. aussi notes 4 et 10 ss. art. L. 131-35 et note 2 ss. art. L. 131-79.

11. Vérifications. La responsabilité de la banque peut être retenue lorsque, fussent-elles semblables aux signatures récentes de l'employeur, les signatures qui figuraient sur les titres litigieux n'étaient pas conformes au spécimen déposé par celui-ci, de telle sorte qu'il appartenait à la banque, en l'absence de nouveau dépôt, de refuser le paiement sollicité du préposé, sauf instruction contraire de son client. • Com. 31 mai 2005, n° 03-20.952 P : *JCP E 2005, n° 30, p. 1278 ; Gaz. Pal. 2006. Somm. 1954, obs. F. B. ; RJDA 2005, n° 1144.* ♦ V. aussi notes ss. art. L. 131-38.

Art. L. 131-32 Le chèque émis et payable dans la France métropolitaine doit être présenté au paiement dans le délai de huit jours.

Le chèque émis hors de la France métropolitaine et payable dans la France métropolitaine doit être présenté dans un délai, soit de vingt jours, soit de soixante-dix jours, selon que le lieu de l'émission se trouve situé en Europe ou hors d'Europe.

Pour l'application de l'alinéa précédent, les chèques émis dans un pays riverain de la Méditerranée sont considérés comme émis en Europe.

Le point de départ des délais indiqués au deuxième alinéa est le jour porté sur le chèque comme date d'émission. – *[Décr.-L. du 30 oct. 1935, art. 29.]*

1. Avis de non-paiement. V. art. L. 131-49, et sur le domaine d'application de ces textes, • Com. 6 févr. 1978, n° 76-12.639 P : *D. 1979. IR 276, obs. Cabrillac ; RTD com. 1979. 279, obs. Cabrillac et Rives-Lange.*

2. Allongement du délai de présentation des effets de commerce. La loi du 29 oct. 1940 portant à 10 jours le délai de présentation des effets de commerce n'est pas applicable au chèque. • Com. 4 juill. 1961, n° 58-11.943 P.

3. Départements d'outre-mer. Le délai de présentation de huit jours applicable en France métropolitaine, lorsque le chèque y est émis et payable, l'est également dans les mêmes conditions en Martinique, l'art. 29 [C. mon. fin., art. L. 131-32] ne prévoyant un allongement de ce délai qu'au cas où le lieu de création et de paiement du chèque sont distincts. • Fort-de-France, 30 sept. 1994 : *D. 1996. 10, note Larrieu ; JCP E 1995. Pan. 488.*

4. Maintien du recours du porteur. Le porteur d'un chèque a un recours fondé sur le droit du chèque contre le tireur devant garantir la provision jusqu'à l'expiration du délai de prescription, et ce même si le titre n'a pas été présenté au paiement dans le délai énoncé à l'art. 29 [C. mon. fin., art. L. 131-32]. • Com. 7 janv. 1997, n° 95-11.078 P : *D. 1997. IR 34 ; RTD com. 1997. 294, obs. Cabrillac* ♦ Si le porteur du chèque perd ses recours contre les signataires antérieurs, pour n'avoir pas présenté le chèque au paiement dans le délai prévu par l'art. L. 131-32, il ne commet pas pour autant de faute à l'égard du tireur pour avoir différé la présentation dès lors qu'aucune circonstance particulière ne l'alertait sur l'urgence de la remise à l'encaissement. • Com. 19 juin 2001, n° 98-22.647 P : *D. 2001. AJ 2297, obs. Avena-Robardet ; RTD com. 2001. 958, obs. Cabrillac*

5. Responsabilité du banquier. Le banquier auquel un chèque est remis à l'encaissement, s'il ne procède pas à son inscription en compte immédiatement, a l'obligation d'en prévenir son client, faute de quoi il engagerait sa responsabilité, sauf stipulations contractuelles contraires ou circonstances particulières. • Com. 19 juin 2012, n° 11-17.061 P : *D. 2012. 2364, note Lasserre Capdeville ; RTD com. 2012. 596, obs. Legeais ; LPA 18 oct. 2012, note Laulier ; RJDA 2013, n° 254.* ♦ V. aussi notes 7 et 8 ss. art. L. 131-59 et note 8 ss. art. L. 131-67.

Art. L. 131-33 Lorsqu'un chèque payable en France est émis dans un pays où est en usage un calendrier autre que le calendrier grégorien, le jour de l'émission est ramené au jour correspondant du calendrier grégorien. – *[Décr.-L. du 30 oct. 1935, art. 30.]*

Art. L. 131-34 La présentation à une chambre de compensation équivaut à la présentation au paiement. – *[Décr.-L. du 30 oct. 1935, art. 31.]*

V. Règl. CRBF n° 2001-04 du 29 oct. 2001 relatif à la compensation des chèques. – ***C mon. fin.***

BIBL. ▶ ROMANI, *D. 1993. Chron. 223* (recours du banquier tiré ou domiciliataire au cas de non-respect du règlement des chambres de compensation).

Art. L. 131-35 Le tiré doit payer même après l'expiration du délai de présentation. Il doit aussi payer même si le chèque a été émis en violation de l'injonction prévue à l'article L. 131-73 ou de l'interdiction prévue au deuxième alinéa de l'article L. 163-6.

Il n'est admis d'opposition au paiement par chèque qu'en cas de perte, de vol ou d'utilisation frauduleuse du chèque, *(L. n° 2005-845 du 26 juill. 2005, art. 165)* « de procédure de sauvegarde, » de redressement ou de liquidation judiciaires du porteur. Le tireur doit immédiatement confirmer son opposition par écrit, quel que soit le support de cet écrit. – *V. art. L. 163-1 C. mon. fin.*

Tout banquier doit informer par écrit les titulaires de compte des sanctions encourues en cas d'opposition fondée sur une autre cause que celles prévues au présent article. – *Sur ces sanctions, V. art. L. 163-2 C. mon. fin. – V. art. R. 131-51 C. mon. fin.*

Si, malgré cette défense, le tireur fait une opposition pour d'autres causes, le juge des référés, même dans le cas où une instance au principal est engagée, doit, sur la demande du porteur, ordonner la mainlevée de l'opposition. – *[Décr.-L. du 30 oct. 1935, art. 32.]*

BIBL. ▶ JUDE, *D. 2003. 2675* (unité ou dualité du règlement par carte bancaire et par chèque ?). – LASSERRE CAPDEVILLE, *Banque et Dr. 11-12/2004. 3* (éclaircissements jurisprudentiels de l'opposition en matière de chèque). – YOUEGO, *RDBF mai-juin 2005. 51* (domaine de l'opposition au paiement par chèque).

I. CAS D'OPPOSITION

A. OPPOSITION VALABLE

1. *Énumération limitative.* L'énumération, limitative, ne vise pas le cas de la dissolution du porteur lorsque celui-ci est une personne morale. • Besançon, 24 juin 2009 : *RJDA 2010, n° 627 ; Dr. sociétés 2009, n° 218, obs. M.-L. C.* ♦ L'art. L. 131-35, qui énumère limitativement les clauses d'opposition, exige du tireur qu'il confirme immédiatement son opposition par écrit ; il suffit donc, pour qu'une opposition soit valable, qu'elle soit faite par écrit et que le contenu permette à la banque d'identifier le chèque en cause. • Paris, 28 sept. 2004 : *RJDA 2005, n° 320.* ♦ Comp., jugeant abusive la clause stipulant que l'opposition au paiement d'un chèque doit identifier suffisamment le chèque concerné, dans la mesure où elle est de nature à laisser penser au client que, s'il n'est pas en mesure de fournir l'ensemble des renseignements demandés, son opposition ne pourra pas être prise en compte, alors que, dans cette hypothèse, une opposition imprécise touchera tous les chèques en circulation : • TGI Paris, 9 nov. 2005 : *D. 2006. AJ 295, obs. Avena-Robardet* ; *RJDA 2006, n° 469.*

2. *Preuve.* Il appartient à l'opposant de rapporter la preuve du cas motivant son opposition. • Crim. 10 janv. 1968, n° 67-92.257 P : *D. 1968. 477 ; RTD com. 1968. 737, obs. Cabrillac et Rives-Lange.* – Comp. : • Com. 12 oct. 1982, n° 81-10.692 P : *RTD com. 1983. 260, obs. Cabrillac et Teyssié.*

3. *Perte du chèque.* Les tireurs admettant eux-mêmes avoir remis les chèques litigieux à la personne qui en était bénéficiaire, il en résulte, indépendamment des conditions dans lesquelles le bénéficiaire effectif avait pu rentrer en possession de ces titres, indifférentes à la solution du litige, que l'opposition pratiquée par l'un d'eux, qui n'en avait pas été involontairement dépossédé, n'était pas licite. • Com. 18 févr. 2004, n° 01-03.136 P : *D. 2004. AJ 1082* ; *JCP E 2004, n° 17, p. 643 ; RTD com. 2004. 577, obs. Cabrillac* ; *RJDA 2004, n° 888.* ♦ Sur la responsabilité du titulaire du chéquier, V. notes ss. art. L. 131-15. ♦... Du banquier, V. note 11 ss. art. L. 131-31 et note 4 ss. art. L. 131-71.

4. *Vol du chèque.* L'extorsion par violence est assimilable au vol. • Com. 26 juin 1979, n° 78-12.281 P : *D. 1980. IR 134, obs. Cabrillac ; RTD com. 1979. 780, obs. Cabrillac et Rives-Lange.*

5. *Manœuvres frauduleuses.* L'utilisation frauduleuse d'un chèque pouvant justifier l'opposition à son paiement ne se limite pas seulement au cas où il y a eu contrefaçon ou falsification du titre mais peut également être retenue lorsque le chèque a été obtenu et utilisé à la suite de manœuvres frauduleuses. • Com. 22 oct. 2002, n° 01-03.562 : *RJDA 2003, n° 182.* ♦ Tel est le cas lorsque pour obtenir le chèque, le bénéficiaire a procédé à la publicité pour une société inexistante, établi des documents descriptifs donnant faussement une apparence de sérieux à l'opération frauduleuse organisée par lui et qu'il l'a endossé au profit de la banque alors qu'il était en état de cessation des paiements, l'utilisant illicitement pour obtenir un paiement indu. • Com. 19 déc. 2000, n° 98-10.420 : *RJDA 2001, n° 497.*

6. *Redressement ou liquidation judiciaires.* Le tireur peut faire opposition au paiement du chèque qu'il a émis au profit d'un bénéficiaire soumis à une procédure collective le jour même de la remise de ces chèques au paiement. • Paris, 11 févr. 2005 : *RDBF 2005, n° 95, obs. Lucas.* ♦ Le fait que l'opposition ait été formée en raison du redressement judiciaire du porteur, alors que la société débitrice avait été placée en liquidation judiciaire, n'est pas de nature à affecter la validité de l'opposition, justifiée en raison de l'ouverture d'une procédure collective dessaisissant le porteur de ses biens. • Même arrêt. ♦ En cas d'opposition motivée par la liquidation des biens [liquidation judiciaire] du bénéficiaire, la demande en mainlevée ne peut être accueillie, dès lors qu'une telle demande n'est possible qu'en cas d'opposition pour une cause non prévue par l'art. 32 [C. mon. fin., art. L. 131-35]. • Com. 31 janv. 1984, n° 82-16.380 P : *D. 1985. IR 31, obs. Cabrillac.*

B. OPPOSITION ILLICITE

7. *Détournement ou contrepartie défectueuse.* L'art. 32, al. 2 [C. mon. fin., art. L. 131-35], est inapplicable lorsque le chèque, remis volontairement, a été frauduleusement détourné par un représentant du bénéficiaire. • Com. 9 févr. 1981, n° 79-15.168 P : *D. 1981. IR 303, obs. Cabrillac.* ♦ V. aussi, pour l'irrégularité d'une opposition au cas d'escroquerie ou d'un abus de confiance, • Crim. 22 juill. 1980, n° 79-92.746 P : *JCP E 1981. II. 9211* • Com. 4 juin 1991, n° 89-19.934 P. ♦... Pour une fausse signature, V. • Pau, 6 mars 1981 : *D. 1982. IR 172, obs. Cabrillac.* ♦ Sur les sanctions pénales, V. art. L. 163-2.

8. *Plainte pénale.* Une plainte pénale n'ayant pas pour objet d'établir l'une des causes d'opposition prévues par l'art. 32 [C. mon. fin., art. L. 131-35], le juge des référés ne peut refuser d'ordonner la mainlevée d'une opposition non fondée sur une de ces causes. • Com. 21 juin 1994, n° 92-11.827 P : *Banque nov. 1994. 98, obs. Guillot ; Rev. huiss. 1996. 53, note Hesbert.*

9. *Redressement judiciaire du tireur.* Il n'est pas admis d'opposition en cas de redressement judiciaire du tireur. • Com. 12 mars 1996, n° 94-10.214 : *RTD com. 1996. 501, obs. Cabrillac* . ♦ L'opposition au paiement d'un chèque prévue à l'art. L. 131-35 au motif que son porteur est en liquidation judiciaire ne peut plus être admise s'il est établi que le titre en cause a été remis à son liquidateur judiciaire. • Com. 8 juill. 2008, n° 07-16.936 P : *D. 2008. AJ 2139, obs. Delpech ; RTD com. 2008. 827, obs. Legeais ; JCP E 2009, n° 1, p. 26, obs. Cabrillac ; LPA 18 juin 2009, note Sortais ; RJDA 2008, n° 1175.*

10. Chèque de garantie. Le droit d'obtenir paiement d'un chèque ne pouvant être subordonné à la réalisation d'une condition, ne constitue pas une utilisation frauduleuse justifiant l'opposition la remise de chèque à l'encaissement, même s'il a été reçu à titre de garantie. • Com. 24 oct. 2000, n° 97-24.710 P : *D. 2000. AJ 417, obs. Lienhard ; RJ com. 2001. 184, note Nemedeu* • 18 févr. 2003, n° 97-20.341 : *RDBF 2003, n° 61, obs. Crédot et Gérard* (chèque de garantie en blanc). ♦ La notion de chèque de garantie n'existant pas en droit français, et le chèque litigieux n'ayant été ni volé, ni perdu, ni utilisé de façon manifestement frauduleuse, l'opposition faite à son paiement par le tireur est injustifiée et doit être levée. • Paris, 8 déc. 1993 : *RJ com. 1994. 113, note L. R. ; RTD com. 1994. 324, obs. Cabrillac et Teyssié.*

11. Saisie-arrêt ou saisie-attribution du compte. Sur l'obligation de payer un chèque émis antérieurement à la saisie-arrêt d'un compte courant, V. • Com. 8 janv. 1991, n° 89-11.674 P : *D. 1991. IR 38.* ♦ V. aussi, sur le droit du porteur sur la provision d'un chèque endossé avant la saisie-arrêt : • Com. 15 févr. 1994, n° 91-21.316 P : *D. 1994. Somm. 183, obs. Cabrillac.* ♦ Comp., sur les effets de la procédure de saisie-attribution : V. C. pr. exéc., art. L. 162-1. – **C. pr. civ.** ♦ Malgré le blocage total du compte par l'effet d'une saisie-arrêt (désormais saisie-attribution), son solde créditeur reste disponible pour la liquidation des opérations en cours, si bien que les règlements faits à cette fin par la banque, dans la limite d'un tel solde, ne peuvent donner lieu à la perception d'agios. • Com. 1er juin 1999, n° 97-17.924 P : *D. 1999. IR 194 ; LPA 17 juin 1999, obs. L. C. ; RTD com. 1999. 730, obs. Cabrillac.*

II. EFFETS DE L'OPPOSITION

A. OPPOSITION VALABLE

12. Vérification incombant au banquier. L'établissement de crédit sur lequel a été tiré un chèque frappé d'opposition n'a pas à vérifier la réalité du motif d'opposition invoqué. • Com. 8 oct. 2002, n° 00-12.174 P : *D. 2002. AJ 2940, note Avena-Robardet ; JCP E 2003, n° 5, p. 222, note Cholet ; RTD com. 2003. 140, obs. Cabrillac ; RJDA 2003, n° 183.* ♦ ... Mais seulement si ce motif est l'un de ceux autorisés par la loi. • Com. 16 juin 2015, n° 14-13.493 P : *D. 2015. Actu. 1364 ; RTD com. 2016. 167, obs. Legeais ; JCP 2015, n° 916, note Lasserre Capdeville ; RJDA 2015, n° 703.* ♦ Comp., art. L. 163-1, qui prévoit des sanctions pénales pour le banquier admettant une opposition infondée au regard de l'art. L. 131-35.

13. Révocation du mandat de payer. L'opposition au paiement de chèques emporte révocation immédiate du mandat de payer confié au banquier par le titulaire du compte et s'étend à l'ensemble des agences. • Com. 20 juin 1977, n° 75-15.141 P : *D. 1978. 398, note Gavalda ; JCP 1978. II. 18808, note Vézian ; RTD com. 1977. 338, obs. Cabrillac et Rives-Lange.*

14. Durée. A défaut de mainlevée, l'opposition se poursuit jusqu'à l'expiration du délai de prescription. • Com. 9 févr. 1982, n° 80-15.397 P : *RTD com. 1982. 590, obs. Cabrillac et Teyssié ; Gaz. Pal. 1982. 2. Pan. 229, obs. A. P.* ♦ Le tiré d'un chèque frappé d'opposition n'est tenu d'en immobiliser la provision que jusqu'à la décision judiciaire sur la validité de l'opposition, s'il a été mis en cause dans l'instance engagée à cette fin. • Com. 26 nov. 2003, n° 01-10.165 : *RDBF 2004, n° 59, obs. Crédot et Gérard.* ♦ La banque tirée d'un chèque frappé d'opposition est tenue d'en immobiliser la provision jusqu'à décision judiciaire sur la validité de l'opposition, si elle a été mise en cause dans l'instance en référé engagée à cette fin, ou, sinon, pendant une année suivant l'expiration du délai de présentation du chèque ; elle doit, après mainlevée de l'opposition au cours de ces périodes, soit dès la décision judiciaire de mainlevée, si elle a été elle-même en cause, soit dès qu'elle lui a été notifiée ou signifiée, payer au bénéficiaire le montant, jusqu'alors bloqué, de la provision du chèque, sous la seule réserve que le titre puisse lui être remis en contrepartie. • Com. 21 nov. 2018, n° 17-24.014 P : *D. 2019. 471, note Lasserre Capdeville ; JCP E 2019, n° 1048, note Rodriguez ; RJDA 2019, n° 219.*

15. Violation de l'opposition. Pour accueillir les prétentions de la banque (remboursement de chèques honorés malgré opposition), l'arrêt retient que l'erreur qu'elle a commise ne lui interdit pas de solliciter un remboursement ; en statuant ainsi la cour d'appel viole l'art. 1371 C. civ. et les principes qui régissent l'enrichissement sans cause dès lors que l'action *de in rem verso* ne peut aboutir lorsque l'appauvrissement est dû à la faute de l'appauvri. • Civ. 1re, 19 mars 2015, n° 14-10.075 P : *D. 2015. 1084, note Lasserre Capdeville ; JCP E 2015, n° 1238, note Le Gac-Pech ; RJDA 2015, n° 550.*

16. Chèque de banque. Pour le vol et la falsification d'un chèque de banque, V. • Paris, 27 avr. 2007 : *cité note 3 ss. art. L. 131-5.*

17. Prescription. V. art. L. 131-59, al. 2, et note 14.

18. Exclusion de la mainlevée. En présence d'une opposition régulière, le juge ne peut, sans excéder les pouvoirs qu'il tient de l'art. 32 [C. mon. fin., art. L. 131-35], en ordonner la mainlevée au seul motif que le chèque a été retrouvé. • Com. 22 nov. 1988, n° 87-12.223 P : *D. 1989. Somm. 88, obs. Cabrillac.*

19. Restitution du chèque. Le porteur d'un chèque volé qui lui a été endossé ne peut être contraint de restituer le titre au cas d'opposition du tireur qu'en raison de mauvaise foi ou de fraude prouvées. • Com. 16 juin 1976 : *JCP 1976. IV. 262.*

B. OPPOSITION ILLICITE

20. Assimilation à un défaut de provision. Dès lors que l'opposition n'a pas été faite pour un des motifs prévus par la loi, le tireur doit être assimilé à un tireur n'ayant pas fait provision ou ayant retiré la provision avant paiement. • Com. 30 mai 1995, n° 93-10.454 P : *D. 1996. Somm. 35, obs. Cabrillac*. ♦ V. note 4 ss. art. L. 131-59.

21. Saisine du juge des référés. C'est au porteur à qui le paiement est refusé en raison d'une opposition du tireur qu'il incombe de saisir le juge des référés. • Paris, 5 juill. 1977 : *D. 1978. IR 339.* ♦ Le juge des référés ne peut désigner un séquestre auquel le bénéficiaire remettrait le chèque, ce qui aurait pour conséquence de tourner l'interdiction de l'opposition. • Com. 17 mai 1988, n° 87-10.026 P : *RTD com. 1988. 657, obs. Cabrillac et Teyssié.*

22. Mainlevée de l'opposition. Il résulte de l'art. L. 131-59, al. 2 *in fine*, que le bénéficiaire d'un chèque peut agir en mainlevée de l'opposition tant que celle-ci garde effet, jusqu'à la prescription de l'action contre le tiré. • Com. 27 nov. 2012, n° 11-19.864 P : *D. 2013. 214, note Lasserre Capdeville* ; *JCP E 2013, n° 1008* ; *RJDA 2013, n° 359.* ♦ Lorsque l'opposition est formée par le tireur, en application de l'art. 32, al. 2 [C. mon. fin., art. L. 131-35], en raison de la faillite (en Belgique) de la société à l'ordre de laquelle le chèque est tiré, la demande de mainlevée de l'opposition ne peut être accueillie, même dans une instance au principal, dès lors qu'une telle demande n'est prévue par cet art. qu'à l'égard des oppositions faites pour d'autres causes que celles visées par lui. • Com. 12 oct. 1993, n° 91-15.648 P : *D. 1993. IR 256* ; *RTD com. 1994. 75, obs. Cabrillac et Teyssié*. ♦ Le juge des référés est seul compétent pour ordonner, en application de l'art. L. 131-35, al. 4, la mainlevée d'une opposition au paiement d'un chèque. • Com. 5 déc. 2018, n° 17-22.658 P : *D. actu. 21 déc. 2018, obs. Delpech* ; *D. 2018. Actu. 2356* ; *RJDA 2019, n° 456.*

23. Provision accordée en référé au créancier. Le juge des référés, seul compétent en application de l'art. 32 [C. mon. fin., art. L. 131-35] pour ordonner la mainlevée d'une opposition au paiement d'un chèque, disposant, en outre, de l'ensemble des pouvoirs attribués à la juridiction des référés, a le pouvoir d'accorder une provision au créancier dans le cas où l'existence de l'obligation n'est pas sérieusement contestable. • Com. 26 mars 1996, n° 94-10.872 : *RTD com. 1996. 503, obs. Cabrillac*. ♦ L'opposition illicite au paiement du chèque est une faute quasi délictuelle directement à l'origine du préjudice du porteur, justifiant la condamnation du tireur à payer une somme provisionnelle égale au montant du chèque avec intérêts au taux légal à compter de la citation devant le juge des référés. • Douai, 10 oct. 2000 : *JCP E 2000, n° 49, p. 1931.*

24. Influence du redressement ou de la liquidation judiciaires. La demande de mainlevée des oppositions irrégulièrement formées par le tireur, faite par le porteur, devenu propriétaire de la provision par l'effet de la remise de chèques avant l'ouverture de la procédure collective du tireur, est une action en revendication, qui doit être accueillie. • Paris, 20 déc. 1988 : *D. 1989. Somm. 87, obs. Cabrillac.*

Art. L. 131-36 Ni le décès du tireur ni son incapacité survenant après l'émission ne touchent aux effets du chèque. — *[Décr.-L. du 30 oct. 1935, art. 33.]*

Don manuel. V. note 1 ss. art. L. 131-67.

Art. L. 131-37 Le tiré peut exiger, en payant le chèque, qu'il lui soit remis acquitté par le porteur.

Le porteur ne peut pas refuser un paiement partiel.

Si la provision est inférieure au montant du chèque, le porteur a le droit d'exiger le paiement jusqu'à concurrence de la provision.

En cas de paiement partiel, le tiré peut exiger que mention de ce paiement soit faite sur le chèque et qu'une quittance lui en soit donnée.

Cette quittance, délivrée sur titre séparé, jouit, à l'égard du droit de timbre, de la même dispense que la quittance donnée sur le chèque lui-même.

Les paiements partiels sur le montant d'un chèque sont à la décharge des tireurs et endosseurs.

Le porteur est tenu de faire protester le chèque pour le surplus. — *[Décr.-L. du 30 oct. 1935, art. 34.]*

1. Présomption de libération du tiré. La remise du chèque acquitté est une présomption de libération du tiré qui peut tomber devant la preuve contraire. • Req. 9 juill. 1924 : *DH 1924. 529.* ♦ *Contra*, s'agissant de la lettre de change : note 1 ss. art. L. 511-27 C. com. ♦ La remise d'un chèque ne vaut paiement que sous réserve de son encaissement. • Civ. 3e, 1er juill. 2009, n° 07-19.446 P : *D. 2009. 2904, note Lasserre Capdeville ; RTD com. 2009. 790, obs. Legeais ; JCP E 2009, n° 43, p. 23, obs. Leveneur ; RJDA 2009, n° 1114.*

2. *Provision partielle.* En n'informant pas le porteur de l'existence d'une provision partielle au jour de la présentation du chèque, la banque tirée ne l'a pas mis en mesure d'exercer son droit d'exiger le paiement jusqu'à due concurrence de cette provision, ce dont il résulte une faute qui peut être génératrice d'un préjudice pour le porteur du chèque. • Com. 8 janv. 1991, n° 89-16.752 P : *D. 1991. IR 31 ; RTD com. 1991. 264, obs. Cabrillac et Teyssié*. ♦ Faute d'avoir laissé au bénéficiaire un délai utile pour exercer son droit tiré de l'art. 34 [C. mon. fin., art. L. 131-37], la banque doit être condamnée à régler le montant de la provision existant au jour de la présentation. • Paris, 19 sept. 1995 : *D. 1995. IR 217 ; Rev. dr. bancaire 1995. 214, obs. Crédot et Gérard.* ♦ Mais en l'absence de demande du porteur en paiement partiel, la banque n'a pas l'obligation d'honorer le chèque au moins à due concurrence de la provision partielle existante. • Com. 8 mars 2005, n° 02-20.348 P : *cité note 8 ss. art. L. 131-73.*

Art. L. 131-38 Celui qui paie un chèque sans opposition est présumé valablement libéré.

Le tiré qui paie un chèque endossable est obligé de vérifier la régularité de la suite des endossements, mais non la signature des endosseurs. — *[Décr.-L. du 30 oct. 1935, art. 35.]*

BIBL. ► Nioré et Drochon, *Gaz. Pal. 2004. Doctr. 2125* (le chèque falsifié : le banquier, son client et le faussaire – responsabilités).

I. VÉRIFICATION DE LA RÉGULARITÉ DU CHÈQUE ET DES DROITS DU PORTEUR

1. *Vérification de la régularité formelle du chèque par le tiré.* La banque tirée est tenue de vérifier la régularité formelle du chèque et en s'abstenant de le faire, elle prend un risque dont elle doit assumer les conséquences. V. • Com. 9 juill. 2002, n° 00-22.788 P : *D. 2003. Somm. 1289, obs. Boujeka ; RTD com. 2002. 710, obs. Cabrillac ; RJDA 2003, n° 60.* ♦ Sur l'obligation de moyens du banquier tiré, tenu d'une vérification au moins sommaire de la signature apposée sur les chèques, V. • Versailles, 2 oct. 1998 : *D. 1998. IR 258.*

2. *Vérification de la régularité apparente du chèque par le banquier présentateur.* Au cas d'endos de procuration, le banquier endossataire doit vérifier la régularité apparente du chèque avant de prendre le titre à l'encaissement. • Com. 26 mars 1973, n° 72-11.565 P : *RTD com. 1973. 839, obs. Cabrillac et Rives-Lange.* ♦ V. art. L. 131-16.

3. *Non-ingérence de la banque dans les affaires de ses clients.* Le devoir de non-ingérence fait interdiction à un établissement de crédit d'intervenir pour empêcher son client d'accomplir un acte illicite. • Com. 14 oct. 2008, n° 07-16.522 : *RDBF 2009, n° 41, obs. Crédot et Samin ; RJDA 2009, n° 131.*

4. *Vérification d'écriture en référé.* Le juge des référés peut procéder, incidemment, à une vérification d'écriture sous seing privé (vérification de la signature d'un chèque), dès lors que la contestation n'est pas sérieuse. • Civ. 1re, 27 juin 2000, n° 98-19.726 P.

5. *Vérification des droits du porteur.* Le banquier tiré doit vérifier la qualité du porteur légitime par la régularité apparente de la chaîne des endossements et non pas la réalité des signatures des endosseurs ou des pouvoirs du remettant. • Com. 3 janv. 1977, n° 75-14.674 P : *RTD com. 1977. 335, obs. Cabrillac et Rives-Lange.* ♦ La banque a le devoir de vérifier les pouvoirs de son client avant de porter au crédit du compte qu'il vient d'ouvrir des chèques d'un montant important ; l'erreur éventuelle de la banque quant au pouvoir de ce dernier étant inexcusable : • Com. 26 mars 2002, n° 99-17.046 : *Banque et Dr. 5-6/2003. 62, obs. Guillot.*

6. *Titre au porteur.* Lorsque le titre est au porteur, le banquier peut payer tout présentateur, sans qu'il puisse lui être reproché l'absence de vérification d'identité. • Paris, 11 janv. 1952 : *Banque 1952. 308* • 6 juill. 1966 : *ibid. 1966. 799, obs. Marin.*

II. RESPONSABILITÉ

7. *Portée d'une clause limitative.* La clause par laquelle le banquier exclurait sa responsabilité ne peut l'exonérer que de ses fautes légères mais non pas de ses fautes lourdes. • Com. 5 janv. 1957 : *JCP 1957. II. 9769.*

A. RESPONSABILITÉ DU BANQUIER TIRÉ

1° CHÈQUE IRRÉGULIER DÈS L'ORIGINE

8. *Irrégularité dans la signature du tireur.* En cas de faux ordre de paiement revêtu dès l'origine d'une fausse signature et n'ayant eu à aucun moment la qualité légale de chèque, s'il n'a pas été facilité par la faute du déposant, ou d'un préposé de celui-ci, le banquier n'est pas libéré envers le client qui lui a confié des fonds quand il s'en défait sur présentation d'un tel document et ce même s'il n'a lui-même commis aucune faute. • Com. 26 nov. 1996, n° 94-19.071 P : *D. 1997.*

IR 9 ✎. ♦ Les juges doivent rechercher si la contrefaçon de signature était, ou non, décelable par un employé de banque normalement diligent. • Com. 9 juill. 1996, n° 94-17.119 P : *D. 1996. IR 198* ✎.

9. Préjudices réparables. En cas de paiement de chèques volés à une société et grossièrement falsifiés, le banquier est tenu de payer des dommages-intérêts tant à la société titulaire du compte qu'à son dirigeant personnellement touché, ces dommages-intérêts devant englober tant le remboursement des taxes, commissions et frais divers débités au titre du découvert créé par la faute de la banque que des montants pour réparer les interdictions bancaires d'émettre des chèques. • Colmar, 3 févr. 1992 : *JCP 1993. IV. 434.*

10. Responsabilité envers le bénéficiaire d'un autre chèque. Le banquier qui a payé un chèque irrégulier commet une faute engageant sa responsabilité à l'égard du bénéficiaire d'un autre chèque, présenté ultérieurement, et rejeté pour défaut de provision. • Com. 4 juin 1991, n° 89-14.629 P : *D. 1992. 399, note D. Martin* ✎ ; *RTD com. 1991. 614, obs. Cabrillac et Teyssié* ✎.

11. Paiement de l'indu et négligence de la banque. La répétition des sommes versées par erreur par une banque à une personne dont la procuration sur le compte débité vient d'être révoquée n'exclut pas que le bénéficiaire de cette remise soit fondé à réclamer à la banque réparation du préjudice qu'elle a pu lui causer par sa négligence. • Civ. 1re, 18 mai 1994, n° 91-21.332 P : *RTD com. 1994. 531, obs. Cabrillac et Teyssié* ✎. ♦ V. aussi note 9 ss. art. L. 131-67.

2° CHÈQUE FALSIFIÉ

12. Falsification de l'identité du bénéficiaire. V. note 7 ss. art. L. 131-6. ♦ En l'absence de tout élément révélateur d'agissements illicites, un établissement bancaire n'est pas fautif à considérer l'inscription, sur un chèque, du numéro d'un compte ouvert dans ses livres, à côté de son propre nom commercial, comme désignant, selon la volonté du tireur, le titulaire du compte comme bénéficiaire. • Com. 5 nov. 2002, n° 00-18.175 P : *D. 2003. AJ 203* ✎ ; *JCP E 2003, n° 1, p. 36, note Bonneau ; RTD com. 2003. 139, obs. Cabrillac* ✎ ; *RJDA 2003, n° 307.* ♦ De même, la banque tirée ne commet pas de faute engageant sa responsabilité en payant des chèques détournés et falsifiés au préjudice du bénéficiaire par un préposé de celui-ci, dès lors que la falsification, par surcharge de l'indication du bénéficiaire, n'est pas normalement décelable même pour un œil exercé, les irrégularités pouvant être attribuées à la maladresse du scripteur. • Com. 5 nov. 2002, n° 00-11.314 P : *D. 2002. AJ 3268, obs. Avena-Robardet* ✎ ; *JCP E 2003, n° 1, p. 36, note Bonneau ; RJDA 2003, n° 306.* ♦ Ni l'importance des opérations antérieurement inscrites au crédit ou au débit des comptes de la cliente ou de son employée de maison, ni les fluctuations significatives de leurs soldes respectifs, ne doivent conduire la banque à s'interroger sur la cause ou le montant des mouvements de fonds litigieux en absence de falsifications aisément décelables. • Même arrêt. ♦ Mais retenant la responsabilité de la banque pour ne pas avoir pris en considération des documents extérieurs au titre lui-même (certificat de paiement) qui étaient de nature à donner connaissance au banquier d'agissements illicites, V. • Com. 12 nov. 2008, n° 07-19.632 : *RDBF 2009, n° 42, obs. Crédot et Samin ; RJDA 2009, n° 384.*

13. Falsification du montant. Dès lors que les chèques présentés à l'encaissement par le titulaire d'un compte ont une apparence de régularité parfaite et que rien ne permet de déceler la fraude, la banque, qui est seulement tenue de surveiller la régularité des opérations, n'a pas à procéder à des investigations sur l'origine et l'importance des fonds versés, ni à considérer comme anormales les autres rentrées de fonds que le salaire de l'intéressé. • Com. 15 juin 1993, n° 91-15.431 P.

14. Anomalies apparentes. En cas d'anomalies apparentes (adjonction de la mention d'un second bénéficiaire et encaissement sur le compte personnel de celui-ci), la banque engage sa responsabilité. • Com. 3 déc. 2002, n° 00-20.566 P : *D. 2003. 1756, note Djoudi* ✎ ; *JCP E 2003, n° 5, p. 199 ; RTD com. 2003. 340, obs. Cabrillac* ✎ ; *RJDA 2003, n° 534.* ♦ Viole les art. 1147 et 1992 C. civ., l'arrêt qui déduit l'absence de responsabilité d'une banque du fait de l'inscription du montant de chèques destinés à une société au compte d'un tiers d'une faute commise par cette personne morale, l'un de ses membres ou l'un de ses employés, alors que l'organisme, pour traiter ces opérations avec un matériel informatique, a utilisé, sans les vérifier, des bordereaux falsifiés dont l'altération était apparente. • Com. 7 déc. 1993, n° 91-22.203 P : *D. 1994. Somm. 182, obs. Cabrillac* ✎ ; *JCP 1994. IV. 391.* ♦ Ayant constaté que les chèques remis ne présentaient aucune anomalie apparente, ce dont il résultait que la banque avait satisfait à la seule obligation s'imposant à elle, qui était de vérifier l'authenticité des signatures figurant sur les titres dont le paiement lui était demandé, une cour d'appel a pu en déduire que la banque n'avait pas commis de faute. • Com. 22 mars 2005, n° 02-11.982 : *RJDA 2005, n° 882.*

15. Perte de l'original du chèque. Sur la responsabilité du banquier tiré, pour avoir perdu l'original du chèque, empêchant de ce fait le tireur de prouver la falsification, V. • Versailles, 20 oct. 1995 : *Banque et Dr. 3-4/1996. 35.*

B. RESPONSABILITÉ DU BANQUIER PRÉSENTATEUR

16. Défaut de vérification de la régularité apparente. Sur l'obligation de vérifier la régularité apparente du chèque avant de prendre le titre à l'encaissement, V. note 2. ♦ Le banquier présentateur de chèques grossièrement altérés ou surchargés ne saurait exciper de la responsabilité des banques tirées alors, d'une part, que le banquier présentateur est la première personne qui doit exercer un contrôle efficace des titres qui lui sont remis à l'encaissement et, d'autre part, que s'il n'est pas discutable qu'une banque tirée doit également vérifier la régularité formelle des chèques présentés, elle peut estimer inutile de recourir à de telles vérifications lorsque ces chèques lui sont présentés par la banque du bénéficiaire qui est seule en mesure de contrôler le nom de ce dernier, la falsification portant essentiellement sur la mention du bénéficiaire. • Paris, 14 avr. 1995 : *D. 1996. Somm. 35, obs. Cabrillac*. – Comp. • Toulouse, 20 mai 1996 : *BICC 1996, n° 896.*

17. Chèques détournés ou falsifiés. Le banquier n'a pas à se préoccuper de la disproportion du montant d'un chèque par rapport à celui des chèques habituellement remis par le client : • Com. 30 janv. 1990, n° 88-13.703 : *RTD com. 1990. 437, obs. Cabrillac et Teyssié*. ♦ ... Ou du fait que la remise à l'encaissement, mois après mois, de plusieurs dizaines de chèques, n'était guère explicable s'agissant d'un compte d'un simple particulier : • Com. 30 sept. 2008, n° 07-18.988 : *RJDA 2009, n° 53.* ♦ La faute éventuellement commise par une banque qui a pris à l'encaissement un titre détourné par le préposé du bénéficiaire ne peut qu'ouvrir une action récursoire au profit de la banque tirée, également tenue pour fautive, mais non décharger celle-ci de sa responsabilité envers la victime pour ne pas avoir décelé une falsification grossière • Com. 3 déc. 2002, n° 00-20.566 P : *préc. note 14.*

18. Obligation de signaler les anomalies. En cas de détection de falsification de chèques de la part d'un client, une banque ne peut se borner à lui refuser son concours et doit signaler les anomalies relevées aux banques tirées. • Com. 15 nov. 1994, n° 92-21.776 P : *D. 1995. IR 3 ; RTD com. 1995. 450, obs. Cabrillac*.

19. Risque d'impayé. S'il n'appartient pas à la banque de s'immiscer dans les affaires de son client, lorsque celui-ci lui demande de façon expresse et précise son avis sur le degré de risque d'impayé d'un chèque, la banque engage sa responsabilité en fournissant une réponse de nature à induire son client en erreur. • Paris, 11 juin 2004 : *RJDA 2004, n° 1371.*

20. Encaissement du chèque sur un mauvais compte. BIBL. Grillot et Saint-Cene, *Banque et Dr. 7-8/2000. 551* (recours ouverts au banquier en cas de paiement erroné à un tiers). ♦ Commet une faute au sens de l'art. 1382 (art. 1240) C. civ. le banquier qui encaisse un chèque émis à l'ordre de deux cobénéficiaires (dont le nom était séparé par un tiret) et en verse le montant sur le compte de l'un des deux sans s'assurer du consentement de l'autre. • Com. 3 janv. 1996, n° 93-18.863 P : *D. 1996. IR 53 ; JCP 1996. II. 22617, note Bonneau ; RTD com. 1996. 301, obs. Cabrillac*. – V. aussi note 7 ss. art. L. 131-6.

21. Conflit entre banques. Une banque, titulaire d'un mandat d'encaissement de la part du seul bénéficiaire désigné sur le titre, et tenue de respecter les instructions de sa cliente dans les affaires de laquelle elle n'avait pas à s'immiscer, peut, sans commettre de faute, porter le montant de chèques au crédit du compte ouvert dans ses livres au nom de celle-ci quand bien même saurait-elle que certaines des sommes ainsi versées à son client doivent recevoir une affectation particulière en exécution du contrat le liant à une autre banque. • Com. 8 oct. 2002, n° 00-10.491 : *RJDA 2003, n° 174.*

C. RESPONSABILITÉ DU TITULAIRE DU COMPTE

22. Opposition au paiement. V. art. L. 131-35, et sur les droits du porteur de bonne foi, art. L. 131-24.

23. Exonération du banquier en cas de faute du titulaire du compte. La faute qui a pu être commise par le client et qui a, notamment, facilité le vol de son chéquier et la réalisation de la fraude peut exonérer totalement ou partiellement le banquier de sa responsabilité. • Com. 10 juin 1980, n° 78-15.980 P : *RTD com. 1981. 110, obs. Cabrillac et Teyssié* • 27 avr. 1982, n° 80-17.312 P : *Gaz. Pal. 1982. 2. Pan. 280, obs. Piedelièvre ; RTD com. 1982. 589, obs. Cabrillac et Teyssié.* ♦ Si l'établissement de ce faux ordre de paiement a été rendu possible à la suite d'une faute du titulaire du compte, ou de l'un de ses préposés, le banquier n'est tenu envers lui que s'il a lui-même commis une négligence, en ne décelant pas une signature apparemment différente de celle du titulaire du compte, et ce seulement pour la part de responsabilité en découlant. • Com. 9 juill. 1996, n° 94-17.119 P : *préc. note 8.*

24. Responsabilité du titulaire du compte du fait de son préposé. Une société est responsable à l'égard d'une banque du fait de son préposé, dès lors que l'employé, qui a falsifié des chèques, a agi dans l'exercice de ses fonctions. • Com. 7 juin 1994, n° 91-22.328 P : *D. 1994. IR 184 ; Defrénois 1995. 343, obs. Delebecque.* ♦ Toutefois, le comportement de l'interlocuteur client n'est pas négligeable et il importe d'apprécier si ce dernier est susceptible ou non de croire, de manière légitime, que le préposé agissait dans le cadre normal de ses fonctions. • Paris, 20 mai 1999 : *D. 1999. IR 182.* ♦ Sur le cas de présentation d'un chèque falsifié par le préposé du tireur : • Com. 15 juin 1993, n° 91-15.431 P : *D. 1993. IR 167* • Versailles, 20 nov. 1995 : *RJDA 1996, n° 532.*

25. Absence de faute du titulaire du

compte : illustrations. Les banques ne peuvent procéder à l'encaissement de chèques qu'au profit des bénéficiaires désignés sur les titres ou d'endossataires et l'émetteur de ces chèques ne commet pas de faute à les confier à un mandataire pour transmission aux bénéficiaires désignés. • Com. 26 mars 1996, n° 94-11.665 : *RJDA 1996, n° 952.* ♦ Aucun texte ni aucun usage ne fixent un seuil de montant au-delà duquel un chèque devrait être envoyé par lettre recommandée et en l'absence de circonstances de nature à lui imposer une vigilance particulière, le fait pour le tireur d'expédier par courrier simple un chèque n'est pas à lui seul constitutif d'une faute. • Com. 10 déc. 2003, n° 00-18.653 P : *D. 2004. AJ 208* ; *JCP E 2004, n° 7, p. 250* ; *RJDA 2004, n° 469.* – V. aussi • Com. 4 mars 1980, n° 78-15.926 P : *RTD com. 1980. 577, obs. Cabrillac et Rives-Lange.* ♦ V. aussi note 5 ss. art. L. 131-71. ♦ La réception sans protestation des relevés ne vaut consentement du titulaire du compte aux opérations inscrites que sauf preuve contraire. • Com. 19 juin 2001, n° 98-21.079 P : *JCP E 2003, n° 11, p. 465, obs. Stoufflet.* ♦ V. aussi notes ss. art. L. 131-15.

D. RESPONSABILITÉ DU BÉNÉFICIAIRE DU CHÈQUE

26. Partage de responsabilité avec le banquier présentateur. Pour un exemple, V. • Paris, 12 janv. 1999 : *D. Affaires 1999. 557, obs. X. D.*

27. Absence de faute du bénéficiaire. Il ne peut pas être reproché à la société bénéficiaire des chèques d'avoir omis de porter sa griffe ou son numéro de compte sur les chèques qu'elle avait endossés, de telles formalités n'étant pas obligatoires, ni d'avoir eu recours à la pratique courante consistant à déposer des chèques dans la boîte à lettres de son agence bancaire dès lors que rien n'impose aux clients des banques de ne remettre les chèques qu'au guichet et qu'au cas particulier aucun avis n'appelait l'attention sur le risque de vol. • Versailles, 24 févr. 1994 : *RJDA 1994, n° 1057.*

Art. L. 131-39 Lorsqu'un chèque est stipulé payable en une monnaie n'ayant pas cours en France, le montant peut en être payé, dans le délai de présentation du chèque, d'après sa valeur en *(Ord. n° 2005-429 du 6 mai 2005, art. 18)* « euros » au jour du paiement. Si le paiement n'a pas été effectué à la présentation, le porteur peut, à son choix, demander que le montant du chèque soit payé en monnaie ayant cours en France d'après le cours, soit du jour de la présentation, soit du jour du paiement.

Les usages français pour la cotation des différentes monnaies étrangères dans lesquelles sont libellés les chèques doivent être suivis pour déterminer la valeur de ces monnaies, en monnaie ayant cours en France. Toutefois, le tireur peut stipuler que la somme à payer sera calculée d'après un cours déterminé dans le chèque.

Les règles ci-énoncées ne s'appliquent pas au cas où le tireur stipule une clause de paiement effectif en une monnaie étrangère.

Si le montant du chèque est indiqué dans une monnaie ayant la même dénomination, mais une valeur différente, dans le pays d'émission et dans celui du paiement, on est présumé s'être référé à la monnaie du lieu du paiement. – *[Décr.-L. du 30 oct. 1935, art. 36.]*

1. Chèque muté. V. note 7 ss. art. L. 131-2.

2. Erreur du remettant sur l'unité monétaire. Pour un exemple de remise à l'encaissement d'un chèque libellé en francs CFP dont le remettant avait cru de bonne foi qu'il était libellé en francs français, V. • Paris, 30 avr. 1993 : *D. 1994. Somm. 181, obs. Cabrillac.*

Art. L. 131-40 En cas de perte du chèque, celui à qui il appartient peut en poursuivre le paiement sur un second, troisième, quatrième, etc.

Si celui qui a perdu le chèque ne peut représenter le second, troisième, quatrième, etc., il peut demander le paiement du chèque perdu et l'obtenir par ordonnance du juge en justifiant de sa propriété par ses livres et en donnant caution.

Dans toutes les dispositions *(L. n° 2005-516 du 20 mai 2005, art. 16-IV)* « du présent chapitre » relatives à la perte du chèque, le vol est assimilé à la perte. – *[Décr.-L. du 30 oct. 1935, art. 36 a.]*

Art. L. 131-41 En cas de refus de paiement, sur la demande formée en vertu de l'article L. 131-40, le propriétaire du chèque perdu conserve tous ses droits par un acte de protestation. Cet acte doit être fait au plus tard le premier jour ouvrable qui suit l'expiration du délai de présentation. Les avis prescrits par l'article L. 131-49 doivent être donnés au tireur et aux endosseurs dans les délais fixés par cet article. – *[Décr.-L. du 30 oct. 1935, art. 36 b.]*

Art. L. 131-42 Le propriétaire du chèque égaré doit, pour s'en procurer le second, s'adresser à son endosseur immédiat qui est tenu de lui prêter son nom et ses soins pour agir envers son propre endosseur et ainsi en remontant d'endosseur à endosseur jusqu'au tireur du chèque. Le propriétaire du chèque égaré supporte les frais. – *[Décr.-L. du 30 oct. 1935, art. 36 c.]*

Art. L. 131-43 L'engagement de la caution mentionné dans l'article L. 131-40 est éteint après six mois si, pendant ce temps, il n'y a eu ni demandes ni poursuites en justice. – *[Décr.-L. du 30 oct. 1935, art. 36 d.]*

SECTION VI *Chèque barré* *(L. nº 2005-516 du 20 mai 2005, art. 16-IV).*

RÉP. COM. vº *Chèque*, par CABRILLAC.

Art. L. 131-44 Le tireur ou le porteur d'un chèque peut le barrer avec les effets indiqués dans l'article suivant.

Le barrement s'effectue au moyen de deux barres parallèles apposées au recto. Il peut être général ou spécial.

Le barrement est général s'il ne porte entre les deux barres aucune désignation ou la mention "banquier" ou un terme équivalent ; il est spécial si le nom d'un banquier est inscrit entre les deux barres.

Le barrement général peut être transformé en barrement spécial, mais le barrement spécial ne peut être transformé en barrement général.

Le biffage du barrement ou du nom du banquier désigné est réputé non avenu. – *[Décr.-L. du 30 oct. 1935, art. 37.]*

Procédé. Les barres dont l'apposition est exigée par l'art. 37 [C. mon. fin., art. L. 131-44] ne peuvent s'entendre de lignes tracées en relief, dues à une machine à barrer non encrée. • Civ. 18 déc. 1961, nº 59-12.191 P : *D. 1962. 124.*

Art. L. 131-45 Un chèque à barrement général ne peut être payé par le tiré qu'à un banquier, *(L. nº 2013-100 du 28 janv. 2013, art. 2-I)* « à un établissement de monnaie électronique, » *(Ord. nº 2009-866 du 15 juill. 2009, art. 1er, en vigueur le 1er nov. 2009)* « à un établissement de paiement, » à un chef de centre de chèques postaux ou à un client du tiré.

Un chèque à barrement spécial ne peut être payé par le tiré qu'au banquier *(L. nº 2013-100 du 28 janv. 2013, art. 2-I)* « , à l'établissement de monnaie électronique » *(Ord. nº 2009-866 du 15 juill. 2009, art. 1er, en vigueur le 1er nov. 2009)* « ou à l'établissement de paiement » désigné, ou, si *(Ord. nº 2009-866 du 15 juill. 2009, art. 1er, en vigueur le 1er nov. 2009)* « le banquier » est le tiré, qu'à son client. Toutefois, le banquier *(L. nº 2013-100 du 28 janv. 2013, art. 2-I)* « , l'établissement de monnaie électronique » *(Ord. nº 2009-866 du 15 juill. 2009, art. 1er, en vigueur le 1er nov. 2009)* « ou l'établissement de paiement » désigné peut recourir pour l'encaissement à un *(Abrogé par L. nº 2013-100 du 28 janv. 2013, art. 2-I)* « *autre* » banquier.

(L. nº 2013-100 du 28 janv. 2013, art. 2-I) « Il est interdit à un établissement de monnaie électronique d'encaisser tout chèque aux fins d'émission de monnaie électronique, sauf à en être lui-même bénéficiaire.

« Un banquier, un établissement de monnaie électronique ou un établissement de paiement ne peut acquérir un chèque barré que d'un de ses clients, d'un chef de centre de chèques postaux, d'un autre banquier, d'un établissement de monnaie électronique ou d'un établissement de paiement. Il ne peut l'encaisser pour le compte d'autres personnes que celles-ci. »

Un chèque portant plusieurs barrements spéciaux ne peut être payé par le tiré que dans le cas où il s'agit de deux barrements dont l'un pour encaissement par une chambre de compensation.

Le tiré *(Ord. nº 2009-866 du 15 juill. 2009, art. 1er, en vigueur le 1er nov. 2009)* « , le banquier *(L. nº 2013-100 du 28 janv. 2013, art. 2-I)* « , l'établissement de monnaie électronique » ou l'établissement de paiement » qui n'observe pas les dispositions ci-dessus est responsable du préjudice jusqu'à concurrence du montant du chèque. – *[Décr.-L. du 30 oct. 1935, art. 38.]*

1. Notion de client. Le présentateur du chèque aura la qualité de client du banquier dès lors que ce dernier aura procédé à la vérification de son identité et de son domicile. • Com. 7 févr. 1962, nº 58-11.963 P : *JCP 1962. II. 15592 ; D. 1962. 306 ; Banque 1962. 341, obs. Marin.*

2. Refus de l'ordre de virement donné par le bénéficiaire. Une pratique bancaire ne pouvant se transformer en une obligation pour une banque, surtout lorsqu'elle est contraire à une disposition légale, une banque peut refuser l'ordre du bénéficiaire de créditer le compte d'une personne autre que le bénéficiaire désigné par le tireur. • Paris, 16 avr. 1996 : *D. 1997. Somm. 263, obs. Cabrillac ; JCP E 1998, nº 9, p. 326, obs. Gavalda et Stoufflet.*

Art. L. 131-46 Les chèques à porter en compte émis à l'étranger et payables sur le territoire français sont traités comme chèques barrés. – *[Décr.-L. du 30 oct. 1935, art. 39.]*

SECTION VII *Recours en cas de non-paiement* (*L. n° 2005-516 du 20 mai 2005, art. 16-IV*).

RÉP. COM. v° *Chèque*, par CABRILLAC.

Art. L. 131-47 Le porteur peut exercer ses recours contre les endosseurs, le tireur et les autres obligés, si le chèque, présenté en temps utile, n'est pas payé et si le refus de paiement est constaté par un acte authentique nommé protêt. – *[Décr.-L. du 30 oct. 1935, art. 40.]*

1. Contre-passation. La contre-passation en compte courant d'un chèque impayé vaut paiement et implique renonciation à l'exercice de poursuites sur le fondement du droit du chèque contre le tireur. • Com. 5 juill. 1994, n° 92-18.041 P : *RTD com. 1994. 755, obs. Cabrillac*. ♦ La banque présentatrice, en droit de créditer le compte de son client sans attendre que le chèque ait été compensé, ne peut contre-passer l'effet qu'au vu de l'original, en raison de l'obligation qu'elle a de répondre de la restitution de cet effet à son client, sans être juge des suites que celui-ci pouvait donner à l'affaire, et notamment de sa faculté d'exercer des recours. • Com. 4 mars 2008, n° 06-15.528 : *RDBF 2008, n° 65, obs. Crédot et Samin ; RJDA 2008, n° 843*. ♦ La banque, simple porteur et bénéficiaire du chèque, n'a pas à faire son affaire de son recouvrement ; dès lors, elle est fondée à exercer un recours contre sa cliente par voie de contre-passation, sans avoir à recourir contre le tireur du chèque. • Com. 13 nov. 2012, n° 02-10.220 P : *D. 2012. Actu. 2732, obs. Avena-Robardet ; JCP 2012, n° 1269, obs. Lasserre Capdeville ; RJDA 2013, n° 450.*

2. Bénéficiaire en redressement judiciaire. Le banquier qui contrepasse un chèque impayé remis par le bénéficiaire en redressement judiciaire conserve son recours contre le tireur. • Com. 17 mars 1998, n° 95-21.435 P : *D. Affaires 1998. 671, obs. X. D. ; RTD com. 1998. 648, obs. Cabrillac ; JCP E 1998, n° 42, p. 1642, note Mainguy.*

3. Certificat de non-paiement. V. art. L. 131-73.

4. Responsabilité de la banque en cas de perte des recours. V. note 8 ss. art. L. 131-67.

Art. L. 131-48 Le protêt doit être fait avant l'expiration du délai de présentation.

Si la présentation a lieu le dernier jour du délai, le protêt peut être établi le premier jour ouvrable suivant. – *[Décr.-L. du 30 oct. 1935, art. 41.]*

Sanction de l'absence de protêt. Le banquier endossataire d'un chèque, qui n'a pas fait dresser protêt par acte authentique dans les délais prévus par l'art. 41 [C. mon. fin., art. L. 141-48], ne peut réclamer paiement à l'endosseur au profit de qui il avait été escompté. • Pau, 3 juin 1998 : *Cah. jurispr. d'Aquitaine 1999, n° 1, p. 125.*

Art. L. 131-49 Le porteur doit donner avis du défaut de paiement à son endosseur et au tireur dans les quatre jours ouvrables qui suivent le jour du protêt et, en cas de clause de retour sans frais, le jour de la présentation.

Les notaires et les huissiers sont tenus à peine de dommages-intérêts, lorsque le chèque indique les nom et domicile du tireur, de prévenir celui-ci dans les quarante-huit heures qui suivent l'enregistrement, par la poste et par lettre recommandée, des motifs du refus de payer. Cette lettre donne lieu à un honoraire, au profit du notaire ou de l'huissier.

Chaque endosseur doit, dans les deux jours ouvrables qui suivent le jour où il a reçu l'avis, faire connaître à son endosseur l'avis qu'il a reçu, en indiquant les noms et adresses de ceux qui ont donné les avis précédents, et ainsi de suite, en remontant jusqu'au tireur. Les délais ci-dessus indiqués courent de la réception de l'avis précédent.

Lorsqu'en conformité de l'alinéa précédent, un avis est donné à un signataire du chèque, le même avis doit être donné dans le même délai à son avaliseur.

Dans le cas où un endosseur n'a pas indiqué son adresse ou l'a indiquée d'une façon illisible, il suffit que l'avis soit donné à l'endosseur qui le précède.

Celui qui a un avis à donner peut le faire sous une forme quelconque, même par un simple renvoi du chèque.

Il doit prouver qu'il a donné l'avis dans le délai imparti. Ce délai est considéré comme observé si une lettre-missive donnant l'avis a été mise à la poste dans ledit délai.

Celui qui ne donne pas l'avis dans le délai ci-dessus indiqué n'encourt pas la déchéance ; il est responsable, s'il y a lieu, du préjudice causé par sa négligence, sans que les dommages-intérêts puissent dépasser le montant du chèque. – *[Décr.-L. du 30 oct. 1935, art. 42.]*

Art. L. 131-50 Le tireur, un endosseur ou un avaliseur peut, par la clause "retour sans frais", "sans protêt", ou toute autre clause équivalente, inscrite sur le titre et signée, dispenser le porteur, pour exercer ses recours, de faire établir un protêt.

Cette clause ne dispense le porteur ni de la présentation du chèque dans le délai prescrit ni des avis à donner. La preuve de l'inobservation du délai incombe à celui qui s'en prévaut contre le porteur.

Si la clause est inscrite par le tireur, elle produit ses effets à l'égard de tous les signataires ; si elle est inscrite par un endosseur ou un avaliseur, elle produit ses effets seulement à l'égard de celui-ci. Si, malgré la clause inscrite par le tireur, le porteur fait établir le protêt, les frais en restent à sa charge. Quand la clause émane d'un endosseur ou d'un avaliseur, les frais du protêt, s'il en est dressé un, peuvent être recouvrés contre tous les signataires. – *[Décr.-L. du 30 oct. 1935, art. 43.]*

Art. L. 131-51 Toutes les personnes obligées en vertu d'un chèque sont tenues solidairement envers le porteur.

Le porteur a le droit d'agir contre toutes ces personnes, individuellement ou collectivement, sans être astreint à observer l'ordre dans lequel elles se sont obligées.

Le même droit appartient à tout signataire d'un chèque qui a remboursé celui-ci.

L'action intentée contre un des obligés n'empêche pas d'agir contre les autres, même postérieurs à celui qui a été d'abord poursuivi. – *[Décr.-L. du 30 oct. 1935, art. 44.]*

Art. L. 131-52 Le porteur peut réclamer à celui contre lequel il exerce son recours :

1. Le montant du chèque non payé ;
2. Les intérêts à partir du jour de la présentation, dus au taux légal applicable en France ;
3. Les frais de protêt, ceux des avis donnés, ainsi que les autres frais. – *[Décr.-L. du 30 oct. 1935, art. 45.]*

Art. L. 131-53 Celui qui a remboursé le chèque peut réclamer à ses garants :

1. La somme intégrale qu'il a payée ;
2. Les intérêts de ladite somme, à partir du jour où il l'a déboursée, calculés au taux légal applicable en France ;
3. Les frais qu'il a faits. – *[Décr.-L. du 30 oct. 1935, art. 46.]*

Art. L. 131-54 Tout obligé contre lequel un recours est exercé ou qui est exposé à un recours peut exiger, contre remboursement, la remise du chèque avec le protêt et un compte acquitté.

Tout endosseur qui a remboursé le chèque peut biffer son endossement et ceux des endosseurs subséquents. – *[Décr.-L. du 30 oct. 1935, art. 47.]*

Art. L. 131-55 Quand la présentation du chèque ou la confection du protêt dans les délais prescrits est empêchée par un obstacle insurmontable comme la prescription légale ou autre cas de force majeure, ces délais sont prolongés.

Le porteur est tenu de donner, sans retard, avis du cas de force majeure à son endosseur et de mentionner cet avis, daté et signé de lui, sur le chèque ou sur une allonge ; pour le surplus, les dispositions de l'article L. 131-49 sont applicables.

Après la cessation de la force majeure, le porteur doit, sans retard, présenter le chèque au paiement et, s'il y a lieu, faire établir le protêt.

Si la force majeure persiste au-delà de quinze jours à partir de la date à laquelle le porteur a, même avant l'expiration du délai de présentation, donné avis de la force majeure à son endosseur, les recours peuvent être exercés, sans que ni la présentation ni le protêt soit nécessaire, à moins que ces recours ne se trouvent suspendus pour une période plus longue, par application de l'article L. 511-61 du code de commerce.

Ne sont pas considérés comme constituant des cas de force majeure les faits purement personnels au porteur ou à celui qu'il a chargé de la présentation du chèque ou de l'établissement du protêt. – *[Décr.-L. du 30 oct. 1935, art. 48.]*

BIBL. ▸ YOUEGO, *RDBF 2009. Étude 30* (la non-présentation du chèque à l'encaissement).

Séquestre conventionnel. Sur la responsabilité d'un séquestre conventionnel pour présentation tardive d'un chèque à l'encaissement (perte d'une chance d'obtenir paiement), V. • Civ. 1re, 21 févr. 1995, nº 93-21.436 P : *Defrénois 1995. 1053, obs. Delebecque ; RTD com. 1995. 816, obs. Cabrillac* ; *RTD civ. 1996. 175, obs. Jourdain*.

SECTION VIII **Établissement de chèques en plusieurs exemplaires** *(L. n° 2005-516 du 20 mai 2005, art. 16-IV).*

Art. L. 131-56 Sauf les chèques au porteur, tout chèque émis dans un pays et payable dans un autre pays ou dans une partie d'outre-mer du même pays et vice versa, ou bien émis et payable dans la même partie ou dans diverses parties d'outre-mer du même pays, peut être tiré en plusieurs exemplaires identiques. Lorsqu'un chèque est établi en plusieurs exemplaires, ces exemplaires doivent être numérotés dans le texte même du titre, faute de quoi chacun d'eux est considéré comme un chèque distinct. – *[Décr.-L. du 30 oct. 1935, art. 49.]*

Art. L. 131-57 Le paiement fait sur un des exemplaires est libératoire, alors même qu'il n'est pas stipulé que ce paiement annule l'effet des autres exemplaires.

L'endosseur qui a transmis les exemplaires à différentes personnes, ainsi que les endosseurs subséquents, sont tenus à raison de tous les exemplaires portant leur signature qui n'ont pas été restitués. – *[Décr.-L. du 30 oct. 1935, art. 50.]*

SECTION IX **Altération** *(L. n° 2005-516 du 20 mai 2005, art. 16-IV).*

RÉP. COM. v° *Chèque*, par CABRILLAC.

Art. L. 131-58 En cas d'altération du texte du chèque, les signataires postérieurs à cette altération sont tenus dans les termes du texte altéré ; les signataires antérieurs le sont dans les termes du texte originaire. – *[Décr.-L. du 30 oct. 1935, art. 51.]*

V. notes ss. art. L. 131-38.

SECTION X **Prescription** *(L. n° 2005-516 du 20 mai 2005, art. 16-IV).*

RÉP. COM. v° *Chèque*, par CABRILLAC.

Art. L. 131-59 Les actions en recours du porteur contre les endosseurs, le tireur et les autres obligés se prescrivent par six mois à partir de l'expiration du délai de présentation.

Les actions en recours des divers obligés au paiement d'un chèque les uns contre les autres se prescrivent par six mois à partir du jour où l'obligé a remboursé le chèque ou du jour où il a été lui-même actionné. L'action du porteur du chèque contre le tiré se prescrit par un an à partir de l'expiration du délai de présentation.

Toutefois, en cas de déchéance ou de prescription, il subsiste une action contre le tireur qui n'a pas fait provision ou les autres obligés qui se seraient enrichis injustement. – *[Décr.-L. du 30 oct. 1935, art. 52.]*

I. RECOURS CAMBIAIRE DU PORTEUR CONTRE LES SIGNATAIRES

1. *Nature de la prescription.* Le délai de l'art. 52, al. 3 [4] [C. mon. fin., art. L. 131-59, al. 2, *in fine*], ne repose pas sur une présomption de paiement et ne peut être combattu par l'aveu. • Com. 20 nov. 1984, n° 83-12.214 P : *Gaz. Pal. 1985. 1. Pan. 67, obs. Piedelièvre ; RTD com. 1985. 534, obs. Cabrillac et Teyssié.*

2. *Point de départ.* Le délai de prescription court à partir de l'expiration du délai de présentation et non de la date de présentation s'agissant de l'action du porteur contre le tiré. • Paris, 15 déc. 1982 : *D. 1983. IR 246, obs. Cabrillac.*

3. *Opposition illicite du tireur.* Même si l'opposition du tireur a eu un caractère manifestement illicite, cette circonstance est sans incidence sur le cours du délai de prescription faute par le bénéficiaire d'avoir remis le chèque à l'encaissement avant l'acquisition de la prescription. • Paris, 12 mars 1993 : *D. 1993. Somm. 316, obs. Cabrillac.*

4. *Recours contre le tireur.* Il résulte de l'art. L. 131-59, al. 1er et 3 que, si les actions en recours du porteur contre les endosseurs, le tireur et les autres obligés se prescrivent par six mois à partir de l'expiration du délai de présentation, il subsiste un recours, fondé sur le droit du chèque, du porteur contre le tireur qui n'a pas fait provision ; ce recours spécifique suppose toutefois que le défaut de provision soit constaté. • Com. 3 mai 2016, n° 14-23.950 P : *D. 2016. 1687, note Lasserre Capdeville ; JCP E 2016, n° 1367, note Rodriguez ; RJDA 2016, n° 813 ; RLDA juill.-août 2016. 13, note Piedelièvre.* ♦ Le défaut de provision, qui permet l'ouverture de ce recours spécifique, doit être constaté avant l'expiration du délai de prescription prévu par l'al. 2 de l'art. L. 131-59, qui est d'une année courant à partir de l'expiration du délai de présentation. • Même arrêt. ♦ La prescription laisse subsister au profit du porteur une action contre le tireur qui n'a pas fait provision ou qui a retiré la provision ou fait défense au tiré de payer hors des cas légaux. • Com. 4 juin 1991, n° 89-19.934 P : *D. 1991. IR 185 ; RTD com. 1991. 616, obs. Cabrillac et Teyssié.* ♦ Le porteur d'un chèque a un recours fondé sur le droit cambiaire qui subsiste en cas de déchéance ou de prescription contre le tireur qui a fait opposition en dehors des cas prévus par la loi. • Com. 27 sept. 2011, n° 10-21.812 P : *D. 2011. 2845, note Lasserre Capdeville ; JCP E 2011, n° 1750 ; RJDA 2011, n° 1072 ; RLDA déc. 2011. 29, note Djoudi.* ♦ V. aussi note 6 ci-dessous, et note 20 ss. art. L. 131-35. ♦ L'action du porteur d'un chèque de banque contre le tiré se prescrivant par un an à partir de l'expiration du délai de présentation, la provision correspondante qui existe au profit du porteur durant le délai de prescription de cette action constitue un actif disponible. • Com. 18 déc. 2007, n° 06-16.350 P : *D. 2008. AJ 83, obs. Lienhard ; JCP E 2008, n° 11, p. 30, note Grimonprez ; RJ com. 2008. 237, obs. Roussel Galle.*

5. *Recours contre les endosseurs.* Sur les recours exercés contre les endosseurs qui se seraient injustement enrichis, V. • Com. 4 juill. 1961, n° 59-10.549 P : *JCP 1962. II. 12646, note Rives-Lange.*

II. AUTRES RECOURS

6. *Rapports fondamentaux.* Le porteur peut exercer contre le débiteur cambiaire, malgré la prescription, un recours fondé sur la créance fondamentale qui obéit à son propre régime juridique. • Com. 8 janv. 1958, n° 1.350 P. ♦ L'art. 52 [C. mon. fin., art. L. 131-59] ne s'applique pas au recours du tiré contre le porteur ; il en résulte que l'action du banquier tiré contre le banquier ayant présenté des chèques en chambres de compensation, et ayant refusé la restitution de ceux-ci, qu'il a portés au crédit du compte de son client, malgré leur rejet par le tiré, n'est pas atteinte par la prescription. • Com. 3 mai 2000, n° 96-20.563 P : *D. 2000. AJ 340, obs. Faddoul ; RTD com. 2000. 988, obs. Cabrillac.* ♦ Le délai de prescription de l'art. 52 [C. mon. fin., art. L. 131-59] concernant l'action du porteur du chèque contre le tireur, laisse subsister l'action du tiré contre le tireur. • Paris, 9 nov. 1999 : *D. 2000. AJ 68 ; RTD com. 2000. 152, obs. crit. Cabrillac.*

7. *Subrogation.* La banque, qui avait crédité le compte de sa cliente du montant de deux chèques, puis les avaient perdus avant leur présentation en chambre de compensation, peut exercer à l'encontre du tireur l'action en recouvrement de sa créance à l'égard de laquelle elle était légalement subrogée après en avoir payé le montant. • Com. 15 avr. 2008, n° 06-13.346 P : *D. 2009. Pan. 1048, obs. Synvet ; JCP E 2008, n° 23, p. 13 ; RJDA 2008, n° 945.* ♦ Dès lors que la banque fondait son action sur le droit commun né de sa relation contractuelle avec sa cliente, à supposer prescrites ses actions cambiaires, elle pouvait encore exercer contre cette dernière l'action en recouvrement de la créance à l'égard de laquelle elle était subrogée après en avoir payé le montant. • Com. 12 déc. 2006, n° 05-18.347 P : *D. 2008. Pan. 874, obs. Synvet ; JCP E 2007, n° 5, p. 21 ; RJDA 2007, n° 390.* ♦ V. aussi note 8 ss. art. L. 131-67.

8. *Actions en responsabilité.* Les actions en responsabilité se prescrivent selon le droit commun, qu'il s'agisse de l'action exercée par le tireur contre le banquier qui a payé un chèque volé, apparemment irrégulier. • Rouen, 26 nov. 1976 : *D. 1978. IR 339.* ♦ ... Ou de l'action contre le tiré fondée sur l'art. 1382 (art. 1240) C. civ. • Riom, 4 juill. 1980 : *D. 1981. IR 303, obs. Cabrillac.*

9. *Valeur des chèques périmés.* En ce sens qu'un chèque prescrit ne peut valoir comme reconnaissance de dette, mais seulement comme un simple commencement de preuve par écrit, même s'il porte, écrites de la main du tireur, les mentions requises d'une promesse de payer, V. • Com. 5 févr. 1991, n° 89-16.333 P : *D. 1991. Somm. 217, obs. Cabrillac.*

Art. L. 131-60 **Les prescriptions en cas d'action exercée en justice ne courent que du jour de la dernière poursuite judiciaire. Elles ne s'appliquent pas s'il y a eu condamnation ou si la dette a été reconnue par acte séparé.**

L'interruption de la prescription n'a d'effet que contre celui à l'égard duquel l'acte interruptif a été fait.

Néanmoins, les prétendus débiteurs sont tenus, s'ils en sont requis, d'affirmer sous serment qu'ils ne sont plus redevables et leurs veuves, héritiers ou ayants cause, qu'ils estiment de bonne foi ne plus rien devoir. — *[Décr.-L. du 30 oct. 1935, art. 53.]*

SECTION XI *Protêt* (*L. n° 2005-516 du 20 mai 2005, art. 16-IV*).

RÉP. COM. v° *Protêt*, par MASSOT-DURIN.

Art. L. 131-61 **Le protêt doit être fait, par un notaire ou par un huissier, au domicile de celui sur qui le chèque était payable, ou à son dernier domicile connu. En cas de fausse indication de domicile, le protêt est précédé d'un acte de perquisition.** — *[Décr.-L. du 30 oct. 1935, art. 54.]*

Art. L. 131-62 **L'acte de protêt contient la transcription littérale du chèque et des endossements, ainsi que la sommation de payer le montant du chèque. Il énonce la présence ou l'absence de celui qui doit payer, les motifs du refus de payer et l'impuissance ou le refus de signer et, en cas de paiement partiel, le montant de la somme qui a été payée.**

Les notaires et huissiers sont tenus, à peine de dommages-intérêts, de faire, sous leur signature, mention sur le chèque du protêt avec sa date. – *[Décr.-L. du 30 oct. 1935, art. 55.]*

Art. L. 131-63 Nul acte de la part du porteur du chèque ne peut suppléer l'acte de protêt, hors le cas prévu par les articles L. 131-40 à L. 131-43 touchant la perte du chèque. – *[Décr.-L. du 30 oct. 1935, art. 56.]*

Art. L. 131-64 Les notaires et les huissiers sont tenus, à peine de destitution, dépens, dommages-intérêts envers les parties, de laisser copie exacte des protêts. Sous les mêmes sanctions, ils sont également tenus de remettre contre récépissé au greffier du tribunal de commerce ou du *(Ord. nº 2019-964 du 18 sept. 2019, art. 35, en vigueur le 1er janv. 2020)* « tribunal judiciaire *[ancienne rédaction : tribunal de grande instance]* » statuant commercialement du domicile du débiteur, ou de lui adresser, par lettre recommandée avec demande d'avis de réception, deux copies exactes des protêts, dont l'une est destinée au parquet ; cette formalité doit être accomplie dans la quinzaine de l'acte. – *[Décr.-L. du 30 oct. 1935, art. 57.]* – *V. C. com., art. R. 511-2.*

Art. L. 131-65 Les dispositions des articles L. 511-56 à L. 511-61 du code de commerce sont applicables au protêt dressé faute de paiement d'un chèque.

Art. L. 131-66 Aucune prorogation de délai, ni légale, ni judiciaire, n'est admise, sauf dans les cas prévus par l'article L. 511-61 du code de commerce. – *[Décr.-L. du 30 oct. 1935, art. 61.]*

Art. L. 131-67 La remise d'un chèque en paiement, acceptée par un créancier, n'entraîne pas novation. En conséquence, la créance originaire, avec toutes les garanties qui y sont attachées, subsiste jusqu'au paiement du chèque. – *[Décr.-L. du 30 oct. 1935, art. 62.]*

BIBL. ▸ JUDE, *D. 2003. 675* (unité ou dualité du règlement par carte bancaire et par chèque ?).

I. REMISE DE CHÈQUE

1. Don manuel. Le don manuel d'une somme d'argent au moyen de la remise d'un chèque bancaire réalise la tradition par le désaisissement irrévocable du tireur au profit du bénéficiaire qui acquiert immédiatement la propriété de la provision. • Civ. 1re, 10 févr. 1993, nº 91-14.486 P : *D. 1994. Somm. 182, obs. Cabrillac*. ♦ Le don manuel d'une somme d'argent au moyen de la remise d'un chèque suppose, pour qu'il y ait dépouillement actuel et irrévocable de la part du donateur, l'existence d'une provision égale à son montant, une provision partiellement constituée étant insuffisante. • Civ. 1re, 5 févr. 2002, nº 99-18.578 P : *D. 2002. Somm. 2447, obs. Nicod ; Defrénois. 2003. 43, obs. Champenois.* ♦ Si le don manuel peut être fait au moyen d'un chèque, encore faut-il que le donateur ait procédé à la remise matérielle de son vivant de ce chèque au bénéficiaire. • Civ. 1re, 3 avr. 2002, nº 99-20.527 P : *Defrénois 2003. 46, obs. Champenois ; RJDA 2003, nº 20.*

2. Testament. BIBL. Boujeka, *D. 2003. 2712* (des libéralités par chèques). ♦ La remise d'un chèque ne peut constituer un testament au sens de l'art. 895 C. civ. • Civ. 1re, 5 févr. 2002, nº 99-18.578 P : *préc. note 1.*

3. Remise dans un automate. Lorsqu'un automate répute par la délivrance d'un reçu qu'un chèque a été déposé, celui-ci doit être impérativement porté au crédit du compte client. Le fait de délivrer le reçu pour la somme déposée doit nécessairement témoigner de la matérialité mais aussi de la précision monétaire du dépôt. • T. com. Blois, 4 mars 2005 : *JCP E 2005, nº 23, p. 958.* ♦ La société cliente titulaire d'un reçu apporte la preuve de l'accomplissement de son acte ; la banque inverse la charge de la preuve en arguant péremptoirement que la preuve du dépôt ne résulterait pas de la délivrance du reçu. • Même jugement.

II. DATE DU PAIEMENT

4. Encaissement du chèque. La remise d'un chèque ne vaut paiement que sous la condition de son encaissement. • Civ. 1re, 4 avr. 2001, nº 99-14.927 P. ♦ Les chèques remis à l'encaissement par leur bénéficiaire ne sont portés au crédit du compte que sous réserve d'encaissement. • Com. 12 janv. 2010, nº 08-19.332. ♦ L'origine de la créance d'indu étant le fait juridique du paiement, la créance d'indu contre le bénéficiaire d'un chèque trouve son origine non dans l'émission du chèque mais dans son encaissement. • Com. 5 juin 2007, nº 06-14.863 P : *D. 2007. AJ 1730, obs. Lienhard ; JCP E 2007, nº 31-34, p. 23 ; RJDA 2007, nº 865.*

5. Paiement des dettes. S'agissant de dettes fiscales, le débiteur exécute son obligation dans les délais, s'il adresse un chèque ayant provision avant l'expiration de l'échéance, le cachet postal faisant foi. • CE 25 nov. 1968 : *JCP 1970. II. 16337.* ♦ S'agissant de majorations de retard, le débiteur n'est réputé avoir acquitté sa dette qu'à la date à laquelle l'organisme d'assurances sociales a effectivement reçu le chèque et sous réserve qu'il soit honoré. • Soc. 17 mai 1972, nº 71-

10.805 P : *D. 1973. 129, note Gavalda* • 3 mai 1984, n° 82-14.312 P • 26 oct. 1978, n° 77-11.646 P : *D. 1979. IR 273* • 4 juill. 1983, n° 82-10.655 P • Versailles, 21 févr. 1983 : *RTD com. 1984. 307, obs. Cabrillac et Teyssié.* ♦ Pour les primes d'assurance (date de remise du chèque), Durry, *JCP 1984. I. 3161* • Civ. 1re, 2 déc. 1968, n° 66-12.727 P : *JCP 1969. II. 15775, concl. Lindon, note Besson ; RTD com. 1969. 550.* ♦ ... Pour un contrat de bail : • Com. 27 févr. 1968, n° 66-12.649 P.

III. RECOURS

6. Responsabilités diverses. Sur la responsabilité d'un mandataire délivrant la marchandise avant encaissement, V. • Com. 21 juin 1954 : *D. 1955. 161, note Rodière ; RTD com. 1954. 700, obs. Hémard.* ♦ Sur la levée d'une sûreté, V. • Lyon, 25 févr. 1982 : *D. 1983. IR 43, obs. Cabrillac.* ♦ Sur les ventes par correspondance, V. H. Cabrillac, *JCP 1951. I. 931 et 1954. I. 1184 ;* Rodière, *D. 1952. Chron. 179.*

7. Créance de provision. Le créancier conserve le droit de poursuivre l'exécution de l'obligation primitive par l'action du contrat, quand l'impossibilité du payement du chèque a eu pour cause directe, non une faute par lui commise, mais un fait imputable au débiteur endosseur du titre. • Req. 30 nov. 1938 : *DH 1939. 35.* ♦ Sur l'exception résultant de l'absence de cause du rapport fondamental, V. • Civ. 1re, 11 févr. 1997, n° 95-10.238 P : *D. 1997. Somm. 263, obs. Cabrillac.*

8. Faute de la banque. La faute commise par la banque en laissant se perdre les recours cambiaires n'a d'effet qu'envers le bénéficiaire du chèque et elle ne la prive pas, en conséquence, du droit d'exercer l'action en recouvrement de la créance contre le tireur. • Com. 12 juill. 1993, n° 91-20.063 P : *D. 1993. IR 230 ; Banque nov. 1993. 100, obs. Guillot.* ♦ En cas de rejet, pour défaut de provision, d'un chèque endossé à son ordre, le retard d'une banque à faire dresser protêt et à aviser le client remettant de l'incident engage la responsabilité de celle-ci, mais le client remettant n'est recevable à mettre en œuvre une telle responsabilité que par une demande principale ou reconventionnelle en dommages-intérêts, à charge pour lui d'établir le lien de causalité entre la faute reprochée et le préjudice prétendu, et ne peut l'invoquer, en défense, pour prétendre la banque déchue de son droit au remboursement de l'avance consentie « sous réserve d'encaissement » sur le montant de l'effet. • Com. 30 janv. 1996, n° 94-12.885 P : *D. 1996. 320, note Rives-Lange ; LPA 13 mai 1996, note D. Martin ; RTD com. 1996. 302, obs. Cabrillac.*

9. Répétition de l'indu. Le tireur d'un chèque payé par la banque peut exercer une action en répétition de l'indu s'il rapporte la preuve de son erreur et qu'aucune dette entre les deux parties ne justifiait le paiement d'un tel chèque. • Civ. 1re, 4 juill. 1995, n° 93-20.174 P.

10. Enrichissement sans cause. Une cour d'appel viole l'art. 1371 (désormais art. 1303) C. civ. et les principes qui régissent l'enrichissement sans cause en rejetant l'action *de in rem verso* d'une banque à l'encontre du tireur d'un chèque crédité au compte de la cliente mais qui n'a pu être présenté au paiement, quand la seule faute commise par la banque était la perte du chèque, laquelle, en dépit de sa découverte tardive, ne constituait pas une faute lourde au regard de l'enrichissement sans cause. • Civ. 1re, 19 déc. 2006, n° 04-17.664 P : *D. 2008. Pan. 874, obs. Synvet ; RTD com. 2007. 421, obs. Legeais ; JCP E 2007, n° 8, p. 20 ; LPA 12 mars 2007, obs. M.-É Mathieu ; RJDA 2007, n° 815.*

11. Recours de droit commun : preuve. Lorsque la demande en paiement d'une somme figurant sur un chèque n'est pas fondée sur le droit cambiaire, il appartient à celui qui poursuit le paiement de prouver l'existence de l'obligation dont il réclame l'exécution. • Civ. 3e, 19 juin 2002, n° 01-01.499 P : *D. 2002. AJ 2186, obs. Avena-Robardet ; RTD com. 2002. 711, obs. Cabrillac ; RJDA 2002, n° 1348.*

Art. L. 131-68 Indépendamment des formalités prescrites pour l'exercice de l'action en garantie, le porteur d'un chèque protesté peut, en obtenant la permission du juge, saisir conservatoirement les effets mobiliers des endosseurs. – *[Décr.-L. du 30 oct. 1935, art. 63.]*

L'autorisation judiciaire préalable à la pratique d'une mesure conservatoire (saisie-conservatoire ou sûreté judiciaire) sur les biens du débiteur, exigée par le code des procédures civiles d'exécution, n'est pas nécessaire en cas de défaut de paiement d'un chèque (V. C. pr. exéc., art. L. 511-1 s.). – ***C. pr. exéc.***

SECTION XII **Incidents de paiement et sanctions** *(L. n° 2005-516 du 20 mai 2005, art. 16-IV).*

Art. L. 131-69 Le tireur qui émet un chèque ne portant pas l'indication du lieu de l'émission ou sans date, celui qui revêt un chèque d'une fausse date, celui qui tire un chèque sur une personne autre qu'un banquier, est passible d'une amende maximale de 6 % de la somme pour laquelle le chèque est tiré, sans que cette amende puisse être inférieure à 0,75 €. – *[Décr.-L. du 30 oct. 1935, art. 64.]*

Nullité du chèque. V. art. L. 131-3.

Art. L. 131-70 **Tout banquier qui délivre à son créancier des formules de chèques en blanc, payables à sa caisse, doit, sous peine d'une amende de 7,50 € par infraction, mentionner sur chaque formule le nom de la personne à laquelle cette formule est délivrée.**

Tout banquier qui, ayant provision et en l'absence de toute opposition, refuse de payer un chèque régulièrement assigné sur ses caisses est tenu responsable du dommage résultant, pour le tireur, tant de l'inexécution de son ordre que de l'atteinte portée à son crédit. – *[Décr.-L. du 30 oct. 1935, art. 65.]*

1. Paiement du chèque à concurrence de la provision. Le banquier tiré ne peut, au seul prétexte que le montant cumulé des chèques créés et présentés à l'encaissement excède celui de la provision disponible inscrite au compte du tireur, bloquer celle-ci sans droit ni titre. • Paris, 10 janv. 1997 : *D. 1997. IR 43.* ♦ S'il n'a pas à instaurer un ordre qui serait arbitraire entre les porteurs de chèque, lettres de change ou billets échus, il lui appartient de payer, dans les limites de la provision et jusqu'à épuisement de celle-ci, les effets au fur et à mesure des présentations et dans l'ordre chronologique de celles-ci. • Même arrêt. ♦ Le porteur d'un chèque dont le montant est supérieur à la provision disponible est en droit d'en exiger le paiement jusqu'à concurrence de cette provision. • Même arrêt. ♦ Sur la responsabilité à l'égard du porteur, V. note 2 ss. art. L. 131-37.

2. Responsabilité du tiré à l'égard d'un tiers au rapport cambiaire. Une banque tirée, condamnée à des dommages-intérêts au profit d'une société étrangère qui a acheté des chèques émis en faveur de ses fournisseurs français par une banque tireur, chèques rejetés par négligence lors de leur présentation, ne peut opposer à ce tiers au rapport cambiaire les dispositions de l'art. 65, al. 2 [C. mon. fin., art. L. 131-70, al. 2], lesquelles ne peuvent être invoquées par le banquier qu'à l'égard du tireur. • Com. 5 nov. 1980, ☎ n° 78-15.165 P : *D. 1981. IR 303, obs. Cabrillac.*

3. Responsabilité du tiré à l'égard du tireur. Le banquier qui refuse le paiement d'un chèque approvisionné engage sa responsabilité à l'égard du tireur. • Grenoble, 7 juill. 1976 : *D. 1976. 489, note Derrida ; RTD com. 1976. 770, obs. Cabrillac et Rives-Lange.*

4. Faute pénale du tiré. Sur le délit du banquier, V. art. L. 163-10 (1).

5. Faute délictuelle du tiré. Sur la faute de nature délictuelle, telle la rupture abusive de facilités de caisse consenties au tireur par le banquier, V. • Com. 26 avr. 1984, ☎ n° 82-16.824 P : *D. 1985. IR 31, obs. Cabrillac ; RTD com. 1985. 126, obs. Cabrillac et Teyssié.* ♦ V. aussi note 2 ss. art. L. 313-1.

Art. L. 131-71 **Tout banquier peut, par décision motivée, refuser de délivrer au titulaire d'un compte les formules de chèques autres que celles qui sont remises pour un retrait de fonds par le tireur auprès du tiré ou pour une certification. Il peut, à tout moment, demander la restitution des formules antérieurement délivrées. Cette restitution doit être demandée lors de la clôture du compte.**

Lorsqu'il en est délivré, les formules de chèques sont mises gratuitement à la disposition du titulaire du compte.

Il peut être délivré des formules de chèques barrées d'avance et rendues, par une mention expresse du banquier, non transmissibles par voie d'endossement, sauf au profit d'un établissement de crédit *(Ord. n° 2009-866 du 15 juill. 2009, art. 1er, en vigueur le 1er nov. 2009)* **« , d'un établissement assimilé,** *(Ord. n° 2013-544 du 27 juin 2013, art. 1er, en vigueur le 1er janv. 2014)* **« d'une société de financement, »** *(L. n° 2013-100 du 28 janv. 2013, art. 2-II)* **« d'un établissement de monnaie électronique » ou d'un établissement de paiement ». L'administration des impôts peut obtenir à tout moment, sur sa demande, communication de l'identité des personnes auxquelles sont délivrées des formules ne répondant pas à ces caractéristiques ainsi que le numéro de ces formules.**

Les formules de chèques mentionnent le numéro de téléphone de la succursale ou agence bancaire auprès de laquelle le chèque est payable.

Elles mentionnent également l'adresse du titulaire du compte. – *[Décr.-L. du 30 oct. 1935, art. 65-1, al. 1er, 2, 3 (1re et 2e phrases), 4 et 5.] – V. C. mon. fin., art. R. 131-44, R. 131-50 et R. 312-2.*

Sur la normalisation des formules de chèques libellés en euros, V. Arr. du 5 nov. 1998. – ***C. mon. fin.***

I. REFUS DE DÉLIVRANCE

1. Motivation du refus de délivrance. L'art. L. 131-71 qui permet à la banque, par décision motivée, de refuser de délivrer à son client un carnet de chèques, n'impose pas un écrit préalable lorsque aucune demande écrite n'a été formulée. • Paris, 4 mars 2003 : *RJDA 2003, n° 768.* ♦ Une banque peut régulièrement donner, postérieurement à son refus, un motif en réponse à la demande écrite de son client, l'obligation de motiver le refus ayant pour objet de permettre au client d'en contester le bien-fondé et à la juridiction saisie d'en contrôler la pertinence. • Même arrêt. ♦ La clause d'une convention type de compte courant subordonnant la délivrance d'un chéquier à l'agrément de la banque sans préciser que sa décision doit être motivée est de nature à induire le client en erreur sur ses droits et est abusive. • TGI Paris, 9 nov. 2005 : *D. 2006. AJ 295, obs. Avena-Robardet* ; *RJDA 2006, n° 469.* ♦ Mais il ne saurait être exigé de la banque qu'elle dresse la liste de tous les cas où elle est en droit de refuser la délivrance d'un chéquier, le client restant libre de contester en justice le motif de refus, qui doit figurer dans la décision, s'il le juge abusif. • Même jugement.

2. Absence de renouvellement des formules de chèque. En ce sens que l'absence de renouvellement des formules de chèques n'est pas constitutive d'une rupture de crédit, V. note 7 ss. art. L. 313-12. ♦ Contestant le refus fondé sur le débit antérieur du compte alors que la banque avait toléré des découverts et que le solde du compte était constamment créditeur depuis quatre mois, V. • Paris, 4 mars 2003 : *préc. note 1.*

3. Retrait du chéquier. N'est pas abusive la clause mentionnant que la banque peut, à tout moment, en motivant sa décision, demander au titulaire du compte la restitution de son chéquier. • Civ. 1re, 28 mai 2009, n° 08-15.802 P : *cité note 7 ss. art. L. 133-15.*

II. DÉLIVRANCE FAUTIVE

4. Pli d'envoi. Sur la responsabilité pour faute de la banque qui a adressé au titulaire du compte un chéquier par courrier ordinaire, V. • Com. 28 févr. 1989, n° 87-17.374 P. – V. cependant, • Com. 10 déc. 2003, n° 00-18.653 P : *cité note 25 ss. art. L. 131-38.* ♦ Sur la preuve de la remise des formules de chèque au titulaire du compte, V. art. R. 131-50.

5. Délivrance d'un chéquier à un tiers non habilité. Le banquier qui délivre un chéquier à un tiers non habilité par le titulaire du compte commet une faute susceptible d'engager sa responsabilité. • TGI Nîmes, 20 mars 1973 : *RTD com. 1973. 607* • Paris, 17 oct. 1931 : *Gaz. Pal. 1932. 1. 21.* ♦ Sur la délivrance de chéquiers à une société en formation, V. note 4 ss. art. R. 312-2.

6. Chèque sans provision. Un banquier est responsable de la délivrance de chèques alors qu'il ne pouvait ignorer qu'ils seraient émis sans provision. • Com. 18 juin 1985, n° 84-13.052 P : *D. 1986. IR 47* ; *RTD com. 1986. 270, obs. Cabrillac et Teyssié.* ♦ Sa responsabilité est engagée à l'égard du porteur mais pas du tireur. • Paris, 26 sept. 1985 : *D. 1987. Somm. 70, obs. Cabrillac.*

III. CHÈQUES BARRÉS

7. Encaissement. Un chèque portant la mention de sa transmissibilité au seul profit d'une banque, d'une caisse d'épargne ou d'un établissement assimilé ne peut être encaissé par celui-ci qu'en vue de la remise de son montant au bénéficiaire du chèque, sauf le cas où cet établissement l'a reçu en paiement d'une somme due à lui-même, ni le bénéficiaire du chèque, ni son mandataire ne peut ordonner que son montant soit directement remis à un tiers. • Civ. 1re, 18 sept. 2002, n° 00-12.033 P : *D. 2002. AJ 3011* ; *RTD com. 2003. 141, obs. Cabrillac* ; *RJDA 2003, n° 59.*

8. Endos irrégulier. Sur la faute de la banque ayant payé, bien qu'ils fussent revêtus d'endos au profit de tiers n'ayant pas la qualité de banques, les chèques litigieux, mentionnant qu'ils étaient non endossables dans de telles conditions, V. • Com. 26 nov. 1996, n° 94-19.071 P : *D. 1997. IR 9*. ♦ Pour un endossement à l'étranger, V. • T. com. Paris, 28 oct. 2008 : *D. 2009. Pan. 1048, obs. Synvet* ; *RDBF 2009, n° 5, obs. Crédot et Samin.*

Art. L. 131-72 **Des formules de chèques autres que celles qui sont remises pour un retrait de fonds par le tireur auprès du tiré ou pour une certification ne peuvent, sous réserve des dispositions de l'article L. 131-78 et dans les conditions prévues par cet article, être délivrées au titulaire d'un compte ou à son mandataire à compter d'un incident de paiement relevé au nom du titulaire du compte pour défaut de provision suffisante lorsque celui-ci n'a** ***pas exécuté les obligations*** **prévues par les deuxième à** *(L. n° 2010-737 du 1er juill. 2010, art. 36-I)* **« quatrième » alinéas de l'article L. 131-73.**

Les dispositions du présent article doivent être observées par le banquier qui a refusé le paiement d'un chèque pour défaut de provision suffisante et par tout banquier qui a été informé de l'incident de paiement, notamment par la Banque de France, en application de l'article L. 131-85. – *[Décr.-L. du 30 oct. 1935, art. 65-2.]*

La modification issue de la L. n° 2010-737 du 1er juill. 2010 s'applique à compter de la publication de la loi (JO 2 juill.), y compris pour les chèques impayés émis à une date antérieure et n'ayant pas encore fait l'objet d'une régularisation (L. préc., art. 36-II).

BIBL. ► THULLIER, *Mél. Jeantin, Dalloz, 1999, p. 353* (l'interdiction bancaire : déchéance et mesure de sûreté).

1. Représentant d'une société. V. art. L. 131-80.

2. Cotitulaires. Le cotitulaire n'est pas soumis à l'interdiction, dès lors qu'il a dénoncé son engagement avant une émission fautive par un autre co-titulaire. • Paris, 19 oct. 1989 : *JCP E 1989. I. 19200 ; RTD com. 1990. 66, obs. Cabrillac et Teyssié* .

Art. L. 131-73 *(Ord. nº 2016-1808 du 22 déc. 2016, art. 1er, en vigueur le 23 juin 2017)* « Le banquier » tiré *(L. nº 2001-1168 du 11 déc. 2001)* « peut, après avoir informé par tout moyen approprié mis à disposition par lui le titulaire du compte des conséquences du défaut de provision, refuser le paiement d'un chèque pour défaut de provision suffisante. Il » doit enjoindre au titulaire du compte de restituer à tous les banquiers dont il est le client les formules en sa possession et en celle de ses mandataires et de ne plus émettre des chèques autres que ceux qui permettent exclusivement le retrait de fonds par le tireur auprès du tiré ou ceux qui sont certifiés. Le banquier tiré en informe dans le même temps les mandataires de son client.

(L. nº 2010-737 du 1er juill. 2010, art. 36-I) « Toutefois, le titulaire du compte recouvre la possibilité d'émettre des chèques lorsqu'il justifie avoir, à la suite de cette injonction adressée après un incident de paiement, réglé le montant du chèque impayé ou constitué une provision suffisante et disponible destinée à son règlement par les soins du tiré. » — *L'ancienne rédaction prévoyait également comme cause de régularisation le fait de payer une pénalité libératoire dans les conditions et sous les réserves fixées par les art. L. 131-75 à L. 131-77 aujourd'hui abrogés.*

Un certificat de non-paiement est délivré à la demande du porteur, au terme d'un délai de trente jours, à compter de la première présentation d'un chèque impayé dans le cas où celui-ci n'a pas été payé lors de sa seconde présentation ou si une provision n'a pas été constituée, pour en permettre le paiement dans ce même délai. Ce certificat est délivré par le tiré lorsque au-delà du délai de trente jours une nouvelle présentation s'avère infructueuse.

La notification effective ou, à défaut, la signification du certificat de non-paiement au tireur par ministère d'huissier vaut commandement de payer.

L'huissier de justice qui n'a pas reçu justification du paiement du montant du chèque et des frais dans un délai de quinze jours à compter de la réception de la notification ou de la signification délivre, sans autre acte de procédure ni frais, un titre exécutoire.

En tout état de cause, les frais de toute nature qu'occasionne le rejet d'un chèque sans provision sont à la charge du tireur. *(L. nº 2007-290 du 5 mars 2007, art. 70-I)* « Les frais perçus par le tiré ne peuvent excéder un montant fixé par décret. » — *[Décr.-L. du 30 oct. 1935, art. 65-3 ; L. nº 84-46 du 24 janv. 1984, art. 58, al. 7 (partie).] — V. art. R. 131-11 s. et R. 131-46 s. — V. sur le plafonnement des frais bancaires, art. D. 131-25.*

Les modifications issues de la L. nº 2010-737 du 1er juill. 2010 s'appliquent à compter de la publication de la loi (JO 2 juill.), y compris pour les chèques impayés émis à une date antérieure et n'ayant pas encore fait l'objet d'une régularisation (L. préc., art. 36-II).

L'effacement d'une créance en application des dispositions de l'art. L. 733-10 ou de l'art. L. 733-15 C. consom. vaut régularisation de l'incident de paiement au sens de l'art. L. 131-73 C. mon. fin. (C. consom., art. L. 733-18). — ***C. consom.***

Sur les incidences du redressement, de la liquidation judiciaires ou du rétablissement professionnel du débiteur sur la régularisation des incidents de paiement, V. C. com., art. L. 626-13, L. 631-12 et L. 643-12.

Les commissaires de justice sont les officiers publics et ministériels qui ont seuls qualité, dans les conditions fixées par les lois et règlements en vigueur, pour délivrer et mettre à exécution le titre prévu par l'art. L. 131-73, en cas de non-paiement d'un chèque (Ord. nº 2016-728 du 3 juin 2016, art. 1er-I-6º, en vigueur le 1er juill. 2022). — Sur la compétence territoriale des commissaires de justice et leurs attributions (activités réservées et activités sans monopole), V. Décr. nº 2021-1625 du 10 déc. 2021. — V. ces textes au ***C. pr. civ.***

BIBL. ▸ CASAL, *Dr. et pr. 2002. 212* (recouvrement des chèques impayés : une histoire tourmentée). – YOUEGO, *RDBF sept.-oct. 2005. 41* (régularisation de l'incident d'émission du chèque sans provision). – LASSERRE CAPDEVILLE, *Banque et Dr. 11-12/2007. 3* (l'information en matière de chèque). – BOUTEILLER, *RLDA févr. 2008. 30* (les nouvelles mesures régissant les relations entre les établissements de crédit et leurs clients). – LASSERRE CAPDEVILLE, *JCP 2013, nº 1358* (le chèque sans provision en France, 1992-2013).

I. DÉFAUT DE PROVISION

1. Notion de provision. V. notes 1 s. ss. art. L. 131-5, note 2 ss. art. L. 131-37 et note 3 ss. art. L. 131-70.

2. Découverts habituels. Les paiements de chèques effectués par une banque selon des découverts habituels ne pouvant être assimilés à des incidents de paiement au sens de l'art. 63-3 [C. mon. fin., art. L. 131-73], encourt la cassation l'ordonnance de référé qui, pour condamner une banque à verser au porteur d'un chèque rejeté pour absence de provision, un montant correspondant à cette provision, retient que malgré le découvert que présentait le compte du tireur à une période antérieure à l'émission du titre, celle-ci n'avait entrepris aucune diligence pour récupérer les formules de chèques, alors qu'il ne résulte pas de ces motifs qu'antérieurement au rejet du chèque litigieux, un précédent incident de paiement ait justifié une demande de restitution des chéquiers. • Com. 26 janv. 1999, n° 96-14.865 : *RJDA 1999, n° 463.* ♦ V. aussi note 2 ss. art. R. 131-15.

3. *Paiement d'un chèque sans provision.* Il ne résulte d'aucun texte ni d'aucun principe qu'une banque engage sa responsabilité à l'égard des tiers en payant un chèque émis sans provision. • Amiens, 12 sept. 2002 : *RDBF 2003, n° 100, obs. Crédot et Gérard ; Banque et Dr. 1-2/2004. 64, obs. Guillot.*

4. *Obligation d'information.* En toute circonstance, et quelle que soit la connaissance éventuelle par le client de l'insuffisance de provision du chèque qu'il se propose d'émettre et de ses conséquences juridiques, le banquier doit se conformer aux dispositions de l'art. L. 131-73 lui imposant, avant le rejet d'un chèque, d'adresser à son client un avertissement précis à son sujet. • Com. 14 mars 2006, n° 04-16.946 P : *D. 2007. Pan. 763, obs. D.-R. Martin ; RTD com. 2006. 455, obs. Legeais ; JCP E 2006, n° 17, p. 765 ; RJDA 2007, n° 391.* ♦ Il convient ainsi de rechercher si le rejet des chèques suivant le premier rejet de chèque, lequel avait fait l'objet d'un courrier, avait été précédé d'un avertissement précis visant chacun des chèques concernés. • Com. 18 janv. 2011, n° 10-10.259 P : *D. 2011. Actu. 364, obs. Avena-Robardet ; JCP E 2011, n° 1206 ; Gaz. Pal. 2011. 839, note Lasserre Capdeville ; RJDA 2011, n° 458.* ♦ Il incombe seulement à l'établissement de crédit de prouver, lorsqu'il délivre par courrier l'information requise par l'art. L. 131-73, qu'il l'a adressée au tireur avant le rejet du chèque en cause, sans qu'il soit nécessaire qu'il démontre que celui-ci l'a effectivement reçue. • Com. 19 nov. 2013, n° 12-26.253 P : *D. 2013. Actu. 2764, obs. Delpech ; JCP E 2013, n° 1696 ; RJDA 2014. 179, note Gibirila.* ♦ Le préjudice résultant du défaut de délivrance de l'information prévue par l'art. L. 131-73, al. 1er, qui ne se confond pas avec le rejet fautif du chèque, consiste en la perte de la chance, pour le titulaire du compte, d'approvisionner celui-ci pour couvrir les chèques émis et échapper aux conséquences qui résultent du refus de paiement du chèque. • Com. 14 juin 2016, n° 14-19.742 P : *D. 2016. Actu. 1364 ; JCP E 2016, n° 1413 ; RJDA 2016, n° 727.*

5. *Délai d'injonction.* Les dispositions de l'art. 65-3, al. 1er [C. mon. fin., art. L. 131-73, al. 1er], ne prévoyant pas de délai, impliquent nécessairement que la lettre d'injonction doit être adressée au titulaire du compte dès que le chèque a été rejeté faute de provision. • Crim. 19 mai 1980, n° 79-92.979 P : *D. 1980. 513, note Gavalda.*

6. *Responsabilité du banquier envers le titulaire du compte.* Le banquier tiré en omettant d'adresser la lettre d'injonction à son client frappé d'interdiction commet une faute engageant sa responsabilité à l'égard de celui-ci. • Paris, 26 sept. 1985 : *D. 1985. IR 70, obs. Cabrillac.* ♦ Sur la nullité de la lettre, V. • Paris, 19 juill. 1982 : *D. 1983. IR 42, obs. Cabrillac.*

7. *Responsabilité du banquier envers le remettant.* Sur la responsabilité du banquier qui informe tardivement un client, qui lui a remis un chèque pour encaissement, du retour de ce titre pour défaut de provision, V., déclarant opposables à la banque des clauses figurant sur les bordereaux de remise de chèque, • Com. 21 janv. 1997, n° 95-10.991 : *D. 1997. Somm. 263, obs. Cabrillac ; RJDA 1997, n° 679.*

8. *Rejet de chèque de complaisance.* Si un établissement de crédit suspecte son client de procéder à un circuit d'effets de complaisance constituant un comportement gravement répréhensible, il n'est pas tenu de lui accorder un délai avant de rejeter de nouveaux chèques litigieux, peu important l'ancienneté de ce type d'opération. • Com. 8 mars 2005, n° 02-20.348 P : *D. 2005. AJ 950, obs. Avena-Robardet ; RTD com. 2005. 571, obs. Cabrillac ; JCP E 2005, n° 18-19, p. 771 ; RJDA 2005, n° 757.*

9. *Remboursement d'avances et répétition de l'indu.* En l'absence de faute de sa part, la banque a toujours, et quelle que soit la nature de l'endossement lui ayant bénéficié, le droit de se faire rembourser par le bénéficiaire de chèques, qui se sont révélés ensuite sans provision, le montant des avances qu'elle lui avait accordées lors de leur remise dans l'attente de leur encaissement. • Com. 23 janv. 2007, n° 05-18.557 P : *D. 2008. Pan. 875, obs. Synvet ; RTD com. 2007. 420, obs. Legeais ; JCP E 2007, n° 10, p. 12 ; RJDA 2007, n° 546.*

II. RÉGULARISATION

10. *Procédure collective.* V. C. com., art. L. 626-13, L. 631-12 et L. 643-12. ♦ Une procédure collective ne peut en aucun cas valoir régularisation des incidents au sens de l'art. L. 131-73 • Com. 28 mai 2002, n° 99-18.105 : *Procédures 2002, n° 188, obs. Laporte ; Banque et Dr. 11-12/2002. 52, obs. Bonneau ; RDBF 2002, n° 170, obs. Crédot et Gérard.*

11. *Responsabilité du banquier.* Sur la responsabilité de la banque qui n'a pas avisé la Banque de France de la régularisation dans le délai imparti, V. la note ss. art. R. 131-31.

12. Remboursement des frais. Il ne résulte d'aucune disposition de la loi qu'une banque ait l'obligation, lors de la seconde présentation d'un chèque sans provision, de payer, outre le montant du chèque, les frais de recouvrement et des intérêts de retard, l'art. 65-3 [C. mon. fin., art. L. 131-73] ne prévoyant la délivrance d'un certificat de non-paiement qu'en cas de non-paiement du montant du chèque. • Com. 21 oct. 1997, n° 95-12.465 P : *D. 1999. Somm. 148, obs. Cabrillac ; RTD com. 1998. 182, obs. Cabrillac*. – V. aussi, sur la portée de cet arrêt après la réforme résultant de la L. n° 98-657 du 29 juill. 1998, Cabrillac, *RTD com. 1998. 897*. ♦ D'autre part, l'art. 45 [C. mon. fin., art. L. 131-52] s'applique dans le cadre du recours exercé par le porteur du chèque, donc en cas de non-paiement à la deuxième présentation et, si rien n'interdit au porteur du chèque de requérir à l'intervention d'un huissier de justice, ou d'ailleurs d'un autre mandataire avant la phase contentieuse du recouvrement, la loi ne prévoit cependant l'intervention de l'huissier de justice, en tant que tel, qu'après la seconde présentation et la remise par la banque, sans frais, du certificat de non-paiement : • Même arrêt. ♦ Dès lors, l'établissement de crédit tiré n'est tenu de payer, si la provision existe et sous réserve d'instructions spéciales du tireur, que le montant du chèque, et les intérêts et frais ne peuvent faire l'objet d'un recouvrement forcé que dans le cadre du recours que le porteur peut exercer. • Même arrêt. ♦ V. note 3 ss. art. L. 131-19.

III. CERTIFICAT DE NON-PAIEMENT

13. Irrégularité du certificat. Est nulle et de nul effet la signification d'un certificat de non-paiement, lui-même dépourvu de toute efficacité cambiaire, et le commandement de payer inséré dans cette signification visant les termes de l'art. 65-3 [C. mon. fin., art. L. 131-73], dès lors que l'attestation de non-paiement délivrée par la banque n'a pas été établie dans les conditions prescrites par l'art. 65-3 et ne vise pas les règles expressément édictées par ce texte. • Paris, 21 nov. 1995 : *D. Affaires 1996. 151.*

14. Titre exécutoire. Le titre exécutoire que l'huissier de justice est autorisé à établir en application de l'art. L. 131-73, en l'absence de justification du paiement du montant d'un chèque et des frais dans un délai de quinze jours à compter de la réception de la notification d'un certificat de non-paiement au tireur du chèque, ne constitue pas une décision de justice. • Civ. 2e, 7 janv. 2016, n° 14-26.449 P : *D. 2016. Actu. 124*. ♦ Le délai pour justifier du paiement du chèque et des frais avant délivrance d'un titre exécutoire par l'huissier de justice, ne constitue pas un délai pour agir et aucune forclusion n'est prévue par la loi. • Paris, 17 mai 1990 : *D. 1991. Somm. 217, obs. Cabrillac*.

15. Débiteur autre que l'émetteur du chèque. Sur la valeur du certificat de non-paiement à l'égard du débiteur de l'obligation qui n'est pas l'émetteur du chèque sans provision, V. • Civ. 1re, 18 oct. 2005, n° 04-14.809 P : *D. 2005. AJ 3011, obs. Delpech ; JCP E 2005, n° 47, p. 1982 ; RJDA 2006, n° 576.*

16. Décès de l'émetteur. Selon l'art. L. 131-36, ni le décès du tireur ni son incapacité survenant après l'émission ne touchent aux effets du chèque de sorte que c'est à l'ayant droit du tireur, venant à ses droits et obligations, que le certificat de non-paiement doit être signifié par l'huissier instrumentaire en vue de la délivrance d'un titre exécutoire conformément à l'art. L. 131-73. • Com. 3 juill. 2012, n° 11-14.227 P : *D. 2012. Actu. 1877, obs. Avena-Robardet ; JCP E 2012, n° 1562 ; RJDA 2012, n° 1103.*

Art. L. 131-74 **Tout versement effectué par le tireur sur le compte duquel a été émis le chèque impayé est affecté en priorité à la constitution d'une provision pour paiement intégral de celui-ci.** – *[L. n° 84-46 du 24 janv. 1984, art. 58, dernière phrase.]*

Art. L. 131-75 à L. 131-77 *Abrogés par L. n° 2010-737 du 1er juill. 2010, art. 36-I. – Cette abrogation s'applique à compter de la publication de la L. n° 2010-737 du 1er juill. 2010 (JO 2 juill.), y compris pour les chèques impayés émis à une date antérieure et n'ayant pas encore fait l'objet d'une régularisation (L. préc., art. 36-II).*

Art. L. 131-78 **Le titulaire d'un compte auquel a été notifiée une injonction de ne plus émettre des chèques recouvre cette faculté dès lors qu'il a procédé à la régularisation dans les conditions prévues** *(L. n° 2010-737 du 1er juill. 2010, art. 36-I)* **« à l'article L. 131-73** *[ancienne rédaction : aux articles L. 131-73, L. 131-75 à L. 131-77]* **». S'il n'a pas procédé à cette régularisation, il ne recouvre la faculté d'émettre des chèques qu'à l'issue d'un délai de** *(L. n° 2001-420 du 15 mai 2001)* **« cinq ans » qui court à compter de l'injonction.** – *[Décr.-L. du 30 oct. 1935, art. 65-3-4.]*

Les dispositions introduites par la L. n° 2001-420 du 15 mai 2001 s'appliquent aux interdictions d'émissions de chèques en cours (L. préc., art. 23-II ; JO 16 mai).

V. note ss. C. mon. fin., art. L. 131-75.

Art. L. 131-79 Les contestations relatives à l'interdiction d'émettre des chèques *(Abrogé par L. nº 2010-737 du 1er juill. 2010, art. 36-I) « et aux pénalités libératoires fixées par les articles L. 131-75 et L. 131-76 »* sont déférées à la juridiction civile.

L'action en justice devant la juridiction civile n'a pas d'effet suspensif. Toutefois, la juridiction saisie peut, même en référé, ordonner la suspension de l'interdiction d'émettre des chèques en cas de contestation sérieuse. – *[Décr.-L. du 30 oct. 1935, art. 65-3-5.]*

V. note ss. C. mon. fin., art. L. 131-75.

Sur la suspension des effets de l'interdiction d'émettre des chèques en cas d'ouverture d'une procédure de redressement judiciaire, V. C. com., art. L. 626-13.

1. Contestation sérieuse. Lorsqu'une action tendant à engager la responsabilité de la banque pour son refus d'honorer le chèque litigieux est pendante devant le tribunal de commerce, le juge des référés civils ne peut apprécier le sérieux de la contestation. • TGI Paris, réf., 2 oct. 1992 : *RJ com. 1992. 335, note Grua ; RTD com. 1993. 138, obs. Cabrillac et Teyssié*.

2. Chèque de garantie. Dès lors que le tireur soutient que le chèque dont il réclame la restitution n'était pas destiné à constituer un instrument de paiement car il l'avait seulement remis à titre de caution, il reconnaît avoir accepté de se situer en dehors des dispositions légales relatives au chèque ; il s'ensuit qu'il ne peut invoquer les dispositions de l'art. 65-3-5 [C. mon. fin., art. L. 131-78] pour obtenir la suspension de l'interdiction d'émettre des chèques qui lui a été faite. • TGI Paris, réf., 17 août 1994 : *BICC 1994, nº 1108.*

3. Chèque sans cause. La demande de mainlevée ou de suspension de l'interdiction d'émettre des chèques par l'auteur d'un chèque sans provision au motif que le chèque émis est sans cause et n'aurait pas été présenté à l'encaissement ne peut être jugée que lorsque la juridiction du fond, saisie, jugera que le chèque émis est totalement sans cause alors qu'il a été librement émis par son auteur. • TGI Clermont-Ferrand, réf., 26 mars 1996 : *Gaz. Pal. 1997. 2. Somm. 337, obs. Vray.*

4. Convention EDH. Ne justifie pas la suspension de l'interdiction d'émettre des chèques la demande fondée sur l'incompatibilité des pénalités libératoires fixées par la réglementation avec l'art. 6 de la Conv. EDH (procès équitable). • Aix-en-Provence, 19 févr. 2001 : *Banque et Dr. 3-4/2002. 63, obs. Guillot.*

Art. L. 131-80 Lorsque l'incident de paiement est le fait de l'un quelconque des titulaires d'un compte collectif, avec ou sans solidarité, les dispositions des articles L. 131-72 et L. 131-73 sont de plein droit applicables à celui des titulaires qui aura été désigné à cet effet d'un commun accord, tant en ce qui concerne ce compte qu'en ce qui concerne les autres comptes dont il pourrait être individuellement titulaire. Elles sont aussi applicables aux autres titulaires en ce qui concerne ce compte.

Si, lors du rejet d'un chèque pour défaut de provision suffisante, le tiré constate qu'aucun titulaire du compte n'est désigné dans les conditions définies à l'alinéa précédent, les dispositions des articles L. 131-72 et L. 131-73 sont de plein droit applicables à tous les titulaires du compte en ce qui concerne ce compte et les autres comptes dont ils pourraient être individuellement titulaires. – *[Décr.-L. du 30 oct. 1935, art. 65-4.]*

Représentant d'une société et co-titulaires. V. notes ss. art. L. 131-72.

Art. L. 131-81 I. – Le tiré doit payer, nonobstant l'absence, l'insuffisance ou l'indisponibilité de la provision, tout chèque :

1. Émis au moyen d'une formule dont il n'a pas obtenu la restitution dans les conditions prévues à l'article L. 131-73, sauf s'il justifie qu'il a mis en œuvre les diligences prévues par cet article ;

2. Émis au moyen d'une formule qu'il a délivrée en violation des dispositions de l'article L. 131-72 *et du troisième alinéa* de l'article L. 163-6, ou au moyen d'une formule qu'il a délivrée à un nouveau client alors que celui-ci faisait l'objet d'une condamnation sur le fondement du deuxième alinéa de l'article L. 163-6 ou d'une interdiction émise en application du premier alinéa de l'article L. 131-73 et dont le nom figurait pour ces motifs sur le fichier de la Banque de France centralisant les incidents de paiement de chèques.

II. – Le tiré qui refuse le paiement d'un chèque émis au moyen de l'une des formules mentionnées au I est solidairement tenu de payer, outre une somme égale au montant du chèque, les dommages-intérêts accordés au porteur en raison du non-paiement.

Lorsqu'il a refusé le paiement d'un chèque, le tiré doit être en mesure de justifier qu'il a satisfait aux prescriptions légales et réglementaires relatives à l'ouverture du compte et à la délivrance des formules de chèques ainsi qu'aux obligations légales et réglementaires résultant des incidents de paiement, notamment en ce qui concerne l'injonction d'avoir à restituer les formules de chèques. – *[Décr.-L. du 30 oct. 1935, art. 73.]*

1. Responsabilité du tiré. Ayant constaté qu'il n'était pas contesté que, lors de l'ouverture du compte, la société, tireur, créée dix jours auparavant, n'avait fait l'objet ni d'une interdiction bancaire ni d'incidents de paiement, une cour d'appel a fait une exact application des art. L. 131-81 et 30 du Décr. n° 92-456 du 22 mai 1992 [C. mon. fin., art. R. 131-44] en rejetant l'action du porteur en responsabilité de la banque tirée. • Com. 12 juill. 2004, n° 03-10.748 P : *D. 2004. AJ 2372 ; JCP E 2004, n° 40, p. 1515 ; RTD com. 2004. 791, obs. Cabrillac ; Gaz Pal. 2005. Somm. 2047, obs. Piedelièvre ; RJDA 2005, n° 184.*

2. Injonction de restitution. Ayant relevé que, si la banque ne produit pas le double de la lettre d'injonction, elle produit un accusé de réception visant le numéro de chèque qui en est l'objet, et constatant par ailleurs que l'existence de ce document est corroborée par les frais de commission prélevés sur le compte, relatifs à la lettre d'injonction, une cour d'appel, en l'état de ces constatations, peut en déduire que la banque avait effectué toutes les diligences qui lui incombaient quant à l'interdiction d'émettre des chèques et l'obligation corollaire d'avoir à remettre les formules de chèque. • Com. 12 juill. 2004, n° 03-10.748 P : *préc. note 1.*

Art. L. 131-82 Le tiré doit payer, nonobstant l'absence, l'insuffisance ou l'indisponibilité de provision, tout chèque établi sur une formule délivrée par lui d'un montant égal ou inférieur à *(L. n° 2001-1276 du 28 déc. 2001)* « 15 € », le titulaire du compte et le tiré étant en ce cas réputés légalement avoir conclu lors de la délivrance de la formule une convention portant ouverture de crédit irrévocable.

L'obligation du tiré résultant des dispositions du présent article n'est pas soumise à la prescription de l'article L. 131-59 ; elle prend fin un mois après la date d'émission du chèque. Elle ne s'impose pas au tiré si celui-ci ne doit ou ne peut payer un chèque pour tout motif autre que l'absence ou l'insuffisance de provision.

Les dispositions du présent article sont d'ordre public. — *[Décr.-L. du 30 oct. 1935, art. 73-1.] — V. art. R. 131-11 s.*

Art. L. 131-83 Le tiré qui a payé un chèque en dépit de l'absence, de l'insuffisance ou de l'indisponibilité de la provision est, sauf dans le cas prévu au premier alinéa du II de l'article L. 131-81, subrogé dans les droits du porteur à concurrence de la somme dont il a fait l'avance ; il peut, à cet effet, faire constater l'absence ou l'insuffisance de la provision disponible par acte dressé en la forme du protêt.

Il peut, à défaut de prélèvement d'office sur le compte et sans préjudice de toute autre voie de droit, faire une mise en demeure par huissier de justice au titulaire du compte d'avoir à payer la somme qui lui est due en application de l'alinéa précédent. — *[Décr.-L. du 30 oct. 1935, art. 73-2, al. 1er et 2.]*

Art. L. 131-84 Le tiré qui a refusé le paiement d'un chèque pour défaut de provision suffisante ou qui a clôturé un compte sur lequel des formules de chèque ont été délivrées ou qui a enregistré une opposition pour perte ou vol de chèques ou de formules de chèque en avise la Banque de France. — *[Décr.-L. du 30 oct. 1935, art. 73-3.] — V. art. R. 131-26 s. et R. 131-34 s.*

Déclaration abusive. Sur la responsabilité de l'établissement de crédit pour déclaration abusive d'incident de paiement, V. • Com. 3 oct. 1995, n° 93-15.980 : *Rev. huiss. 1995. 299, note Hesbert.*

Art. L. 131-85 La Banque de France informe les établissements et les personnes sur lesquels peuvent être tirés des chèques, *(Ord. n° 2013-544 du 27 juin 2013, art. 1er, en vigueur le 1er janv. 2014)* « les sociétés de financement » *(L. n° 2008-776 du 4 août 2008, art. 81-IV, 1°)* « , les organismes mentionnés au 5 de l'article L. 511-6 » *(L. n° 2013-100 du 28 janv. 2013, art. 2-III)* « , les établissements de monnaie électronique » *(Ord. n° 2009-866 du 15 juill. 2009, art. 1er-III, en vigueur le 1er nov. 2009)* « , les établissements de paiement » ainsi que, sur sa demande, le procureur de la République, des incidents de paiement de chèque, des interdictions prononcées en application de l'article L. 163-6 et des levées d'interdiction d'émettre des chèques.

Seule la Banque de France assure la centralisation des informations prévues à l'alinéa précédent.

Pour l'application du premier alinéa, la Banque de France reçoit de l'administration des impôts les informations détenues par celle-ci en application de l'article 1649 A du code général des impôts, qui permettent d'identifier l'ensemble des comptes ouverts par les personnes physiques ou morales mentionnées à l'article L. 131-72 et au deuxième alinéa de l'article L. 163-6 et sur lesquels peuvent être tirés des chèques. Elle lui fournit, aux seules fins poursuivies par *(L. n° 2005-516 du 20 mai 2005, art. 16-IV)* « le présent chapitre », les renseignements permettant d'identifier les titulaires de ces comptes.

(Abrogé par Ord. n° 2022-230 du 15 févr. 2022, art. 4) (Ord. n° 2013-79 du 25 janv. 2013, art. 2, en vigueur le 1er janv. 2014) ***« Pour l'application du premier alinéa à Saint-Barthélemy, à Saint-Martin, et à Saint-Pierre-et-Miquelon ainsi qu'en Nouvelle-Calédonie, en Polynésie française et dans les îles Wallis-et-Futuna, la Banque de France reçoit de l'Institut d'émission des départements d'outre-mer ou de l'Institut d'émission d'outre-mer les informations qu'ils détiennent, en application des articles*** *(Ord. n° 2021-1200 du 15 sept. 2021, art. 6, en vigueur le 26 févr. 2022)* ***« L. 721-14 et L. 721-24*** *[ancienne rédaction : L. 711-7 et L. 712-5]* ***», permettant d'identifier l'ensemble des comptes ouverts par les personnes physiques ou morales mentionnées à l'article L. 131-72 et au deuxième alinéa de l'article L. 163-6, sur lesquels peuvent être tirés des chèques. »***

Elle communique également au procureur de la République les renseignements concernant les infractions réprimées par les troisième et quatrième alinéas de l'article L. 163-2 et par les premier et deuxième alinéas de l'article L. 163-7.

Les dispositions de l'article L. 163-11 ne font pas obstacle à ce que les établissements de crédit, *(Ord. n° 2013-544 du 27 juin 2013, art. 1er, en vigueur le 1er janv. 2014)* **« les sociétés de financement, »** *(L. n° 2008-776 du 4 août 2008, art. 81-VI, 1°)* **« les organismes mentionnés au 5 de l'article L. 511-6 »** *(L. n° 2013-100 du 28 janv. 2013, art. 2-III)* **« , les établissements de monnaie électronique »** *(Ord. n° 2009-866 du 15 juill. 2009, art. 1er-III, en vigueur le 1er nov. 2009)* **« et les établissements de paiement » utilisent ces informations comme élément d'appréciation avant d'accorder un financement** *(L. n° 2013-100 du 28 janv. 2013, art. 2-III)* **« , une ouverture de crédit ou de délivrer un moyen de paiement. »** – *[Décr.-L. du 30 oct. 1935, art. 74, al. 1er à 4 et al. 6.] – V. art. R. 131-38 s.*

Art. L. 131-86 **La Banque de France assure l'information de toute personne qui, lors de la remise d'un chèque pour le paiement d'un bien ou d'un service, souhaite vérifier la régularité, au regard** *(L. n° 2005-516 du 20 mai 2005, art. 16-IV)* **« du présent chapitre », de l'émission de celui-ci. L'origine de ces demandes d'information donne lieu à enregistrement.** – *[Décr.-L. du 30 oct. 1935, art. 74-1, al. 1er.] – V. art. R. 131-5 s. et R. 163-2.*

Art. L. 131-86-1 *(Ord. n° 2010-1512 du 9 déc. 2010, art. 10)* **Lorsque le titulaire du compte est un entrepreneur individuel à responsabilité limitée, les dispositions de la présente section s'appliquent :**

– aux comptes afférents au patrimoine non affecté lorsque l'incident de paiement résulte d'un chèque émis sur l'un de ces comptes ;

– aux comptes afférents au patrimoine affecté à une activité professionnelle lorsque l'incident de paiement résulte d'un chèque émis sur l'un de ces comptes, à l'exclusion, le cas échéant, des comptes afférents au patrimoine affecté à une autre activité professionnelle.

BIBL. ▶ LASSERRE CAPDEVILLE, *LPA 24 déc. 2010* (modifications de l'interdiction bancaire par l'ordonnance sur l'EIRL). – LEGEAIS, *RTD com. 2011. 615* (portée de l'interdiction d'émettre des chèques).

Art. L. 131-87 **Les mesures d'application** *(L. n° 2005-516 du 20 mai 2005, art. 16-IV)* **« du présent chapitre » sont, en tant que de besoin, déterminées par décret en Conseil d'État. Ce décret fixe notamment les modalités selon lesquelles l'injonction est portée à la connaissance du titulaire du compte et précise également ses droits et obligations ainsi que les conditions dans lesquelles il peut régulariser sa situation. Il détermine également les conditions dans lesquelles la Banque de France assure les obligations qui lui incombent en application des articles L. 131-85 et L. 131-86.** – *[L. n° 91-1382 du 30 déc. 1991, art. 24.]*

CHAPITRE II *La lettre de change et le billet à ordre*

Art. L. 132-1 **La lettre de change est régie par les articles L. 511-1 à L. 511-81 du code de commerce.** – *Ancien art. L. 134-1 avant le 1er nov. 2009 (Ord. n° 2009-866 du 15 juill. 2009, art. 1er-IV).*

Art. L. 132-2 **Le billet à ordre est régi par les articles L. 512-1 à L. 512-8 du code de commerce.** – *Ancien art. L. 134-2 avant le 1er nov. 2009 (Ord. n° 2009-866 du 15 juill. 2009, art. 1er-IV).*

CHAPITRE III *Les règles applicables aux autres instruments de paiement et à l'accès aux comptes* (Ord. n° 2017-1252 du 9 août 2017, art. 2, en vigueur le 13 janv. 2018).

(Ord. n° 2009-866 du 15 juill. 2009, art. 1er-V, en vigueur le 1er nov. 2009)

RÉP. COM. v° *Carte de paiement*, par GIBIRILA.

BIBL. GÉN. ▶ Instruments de paiement : Bouteiller, *JCP E 2009, n° 39, p. 11* (la transposition en droit français des dispositions européennes régissant la fourniture de services de paiement et portant création des établissement de paiement). – S. Piedelièvre, *Gaz. Pal. 2009. 2807 et 2820* (l'Ord. du 15 juill. 2009 relative aux conditions régissant la fourniture de services de paiement). – Gruner, *RLDA déc. 2009. 27* (la transposition française de la directive services de paiement). – Legeais, *RTD com. 2009. 784* (présentation générale de l'Ord. du 15 juill. 2009). – Bonneau, *JCP E 2010, n° 2, p. 18* (le domaine d'application de l'ordonnance). – Mathey, *RDBF 2010. Étude 1* (la réforme des services de paiement). – Dossier, *RDBF janv.-févr. 2011* (le droit des services de paiement : tentative de clarification). – Défossez, *RDBF 2011. Dossier 15* (l'encadrement de la tarification des instruments de paiement).

▶ Carte de paiement : Jude, *D. 2003. 2675* (unité ou dualité du règlement par carte bancaire et par chèque ?). – Djoudi et Loiseau, *RDBF 2004. 292* (l'état du paiement en ligne). – Leclercq et Khalil, *CCE 2004. Chron. 40* (confiance dans les moyens de paiement en ligne ?). – Lasserre Capdeville, *Banque et Dr. 5-6/2005. 26* (répression de la fraude à la carte bancaire). – Djoudi, *RDBF juill.-août 2005. 51* (règlement des risques de transfert de fond) ; *Gaz. Pal. 2005. Doctr. 805* (l'internet ou le défi au paiement sécurisé). – Rochet, *RLC 2006, n° 7, p. 96* (analyse économique de la concurrence dans les réseaux de cartes de paiement). – Rodriguez, *RDBF 2010. Étude 16* (fraude à la carte bancaire : vers un renforcement de la sécurité du titulaire). – Roussille, *Gaz. Pal. 2012. 556* (la carte bancaire : reine des moyens de paiement à la destinée juridique tortueuse).

SECTION I *Champ d'application et définitions*

Art. L. 133-1 I. — *(Ord. n° 2017-1252 du 9 août 2017, art. 2, en vigueur le 13 janv. 2018)* **« Dans les conditions prévues aux II à IV » les dispositions du présent chapitre s'appliquent aux** *(Ord. n° 2017-1252 du 9 août 2017, art. 2, en vigueur le 13 janv. 2018)* **« services » de paiement** *(Ord. n° 2017-1252 du 9 août 2017, art. 2, en vigueur le 13 janv. 2018)* **« fournis » par les prestataires de services de paiement mentionnés au livre V dans le cadre des activités définies au II de l'article L. 314-1.**

(Ord. n° 2017-1252 du 9 août 2017, art. 2, en vigueur le 13 janv. 2018) **« II. — Les dispositions du présent chapitre s'appliquent si le prestataire de services de paiement du bénéficiaire et celui du payeur sont situées** *[situés]*, **l'un sur le territoire de la France métropolitaine, en Guadeloupe, en Guyane, en Martinique, à La Réunion, à Mayotte ou à Saint-Martin, l'autre sur le territoire de la France métropolitaine, en Guadeloupe, en Guyane, en Martinique, à La Réunion, à Mayotte, à Saint-Martin ou dans un autre État membre de l'Union européenne ou dans un autre État partie à l'accord sur l'Espace économique européen, et que l'opération est réalisée en euros ou dans la devise d'un État membre de l'Union européenne qui n'appartient pas à la zone euro ou d'un autre État partie à l'accord sur l'Espace économique européen.**

« III. — A l'exception de celles des articles L. 133-11 à L. 133-13 et du II de l'article L. 133-14, les dispositions du présent chapitre s'appliquent si le prestataire de services de paiement du bénéficiaire et celui du payeur sont situés, l'un sur le territoire de la France métropolitaine, en Guadeloupe, en Guyane, en Martinique, à La Réunion, à Mayotte ou à Saint-Martin, l'autre sur le territoire de la France métropolitaine, en Guadeloupe, en Guyane, en Martinique, à La Réunion, à Mayotte, à Saint-Martin ou dans un autre État membre de l'Union européenne ou dans un autre État partie à l'accord sur l'Espace économique européen, et que l'opération est réalisée dans la devise d'un État qui n'appartient pas à l'accord sur l'Espace économique européen, pour ce qui concerne les parties de l'opération de paiement qui sont effectuées dans l'Union.

« IV. — A l'exception de celles de l'article L. 133-11, du I de l'article L. 133-13, de l'article L. 133-22, des articles L. 133-25 à L. 133-25-2 et de l'article L. 133-27, les dispositions du présent chapitre s'appliquent si seul le prestataire de services de paiement du bénéficiaire ou celui du payeur sont situés sur le territoire de la France métropolitaine, en Guadeloupe, en Guyane, en Martinique, à La Réunion, à Mayotte, à Saint-Martin, quelle que soit la devise dans laquelle l'opération est réalisée, pour ce qui concerne les parties de l'opération de paiement qui sont effectuées dans l'Union.

« V. — A l'exception de celles des articles L. 133-16, L. 133-17, L. 133-41 et L. 133-44, les dispositions du présent chapitre ne s'appliquent pas aux services fournis par les prestataires de services d'information sur les comptes mentionnés à l'article L. 522-1. »

(L. n° 2018-700 du 3 août 2018, art. 4) **« VI. — Le présent chapitre ne s'applique pas aux opérations de paiement effectuées entre prestataires de services de paiement pour leur propre compte.**

« VII. – » *(L. n° 2013-100 du 28 janv. 2013, art. 2-IV)* « Sans préjudice de l'application de la section XII, le présent chapitre s'applique à l'émission et la gestion de monnaie électronique. » – *V. C. mon. fin., art. L. 133-29 s.* – ***C. mon. fin.***

Art. L. 133-1-1 I. – Si le prestataire de services de paiement du payeur est situé à Saint-Pierre-et-Miquelon *(Ord. n° 2017-1252 du 9 août 2017, art. 2, en vigueur le 13 janv. 2018)* « ou à Saint-Barthélemy » *(Abrogé par Ord. n° 2013-79 du 25 janv. 2013, art. 1er, à compter du 1er janv. 2014) « ou à Mayotte »* et que le prestataire de services de paiement du bénéficiaire est situé hors de France, quelle que soit la devise utilisée pour l'opération de paiement, les dispositions suivantes s'appliquent :

a) Les dispositions de la section V du présent chapitre ;

b) Les dispositions de la section VI du présent chapitre pour les opérations de paiement par carte non autorisées. Dans ce cas, par dérogation au deuxième alinéa du I de l'article L. 133-19, le payeur supporte, avant l'information prévue à l'article L. 133-17, les pertes liées à l'utilisation de l'instrument perdu ou volé dans la limite d'un plafond de *(Ord. n° 2017-1252 du 9 août 2017, art. 2, en vigueur le 13 janv. 2018)* « 50 € » en cas d'opération de paiement non autorisée effectuée sans utilisation *(L. n° 2018-700 du 3 août 2018, art. 4)* « des données de sécurité personnalisées » ;

c) Les dispositions du premier alinéa de l'article L. 133-23 et de l'article L. 133-24 pour les opérations de paiement par carte non autorisées. Dans ce cas, par dérogation à l'article L. 133-24, le délai de treize mois est ramené à soixante-dix jours. Il peut être prolongé contractuellement sans pouvoir dépasser cent vingt jours ;

(L. n° 2010-737 du 1er juill. 2010, art. 38-II) « *d)* Les dispositions du II de l'article L. 133-26. »

II. – Les dispositions du I s'appliquent également si le prestataire de services de paiement du payeur est situé sur le territoire de la France métropolitaine, dans les départements d'outre-mer *(Ord. n° 2013-79 du 25 janv. 2013, art. 1er, en vigueur le 1er janv. 2014)* « dans le Département de Mayotte, » à Saint-Martin ou à Saint-Barthélemy et que le prestataire de services de paiement du bénéficiaire est situé dans un État qui n'est pas membre de l'Union européenne ni partie à l'accord sur l'Espace économique européen, quelle que soit la devise utilisée pour l'opération de paiement.

Art. L. 133-2 Sauf dans les cas où l'utilisateur est une personne physique agissant pour des besoins non professionnels, il peut être dérogé par contrat aux dispositions de l'article L. 133-1-1, des *(L. n° 2018-700 du 3 août 2018, art. 4)* « deux derniers » alinéas de l'article L. 133-7, des articles L. 133-8, L. 133-19, L. 133-20, L. 133-22, L. 133-23, L. 133-25, L. 133-25-1, L. 133-25-2 et *(Ord. n° 2017-1252 du 9 août 2017, art. 2, en vigueur le 13 janv. 2018)* « aux I et III de l'article L. 133-26 ».

Art. L. 133-3 *(Ord. n° 2017-1252 du 9 août 2017, art. 2, en vigueur le 13 janv. 2018)* « I. – Une opération de paiement est une action consistant à verser, transférer ou retirer des fonds, indépendamment de toute obligation sous-jacente entre le payeur et le bénéficiaire, initiée par le payeur, ou pour son compte, ou par le bénéficiaire. »

II. – *(Ord. n° 2017-1252 du 9 août 2017, art. 2, en vigueur le 13 janv. 2018)* « L'opération de paiement peut être initiée : »

a) Par le payeur, qui donne un ordre de paiement à son prestataire de services de paiement ;

b) Par le payeur, qui donne un ordre de paiement par l'intermédiaire du bénéficiaire qui, après avoir recueilli l'ordre de paiement du payeur, le transmet au prestataire de services de paiement du payeur, le cas échéant, par l'intermédiaire de son propre prestataire de services de paiement ;

c) Par le bénéficiaire, qui donne un ordre de paiement au prestataire de services de paiement du payeur, fondé sur le consentement donné par le payeur au bénéficiaire et, le cas *échéant, par l'intermédiaire* de son propre prestataire de services de paiement.

Sur la possibilité de payer par carte de paiement ou de crédit dans le cadre des dispositions prohibant le règlement en espèces au-delà d'un certain montant, V. C. mon. fin., art. L. 112-6 s.

Sur la centralisation des incidents de paiement, V. C. mon. fin., art. L. 313-6 s.

Sur le caractère d'opération de banque de la gestion des cartes de paiement, V. C. mon. fin., art. L. 311-1, L. 311-3 et L. 511-1.

1. Opération de paiement. Le retrait d'espèces sur un compte de paiement, y compris au guichet d'une agence bancaire, constitue une opération de paiement. • Com. 24 janv. 2018, n° 16-26.188 P : *cité note 2 ss. art. L. 133-24.*

2. Prélèvement. Il résulte de l'art. L. 133-3 qu'un prélèvement peut être initié par le bénéficiaire, qui donne un ordre de paiement au prestataire de services de paiement (PSP) du payeur, fondé sur le consentement donné par ce dernier au bénéficiaire. Sauf anomalie apparente, le PSP n'est pas tenu de s'assurer de l'existence du mandat de prélèvement donné par le payeur au bénéficiaire, préalablement à l'exécution de l'ordre de prélèvement donné par celui-ci. • Com. 24 mai 2018, n° 17-11.710 P : *D. 2018. 1628, note Lasserre Capdeville ; JCP E 2018, n° 1316 ; RJDA 2018, n° 758.*

3. Règlements à distance. V. note 2 ss. art. L. 133-4.

4. Système « carte bancaire ». Le GIE des cartes bancaires assure, en qualité de mandataire à titre gratuit des banques adhérentes, l'étude, la normalisation et la répression des fraudes dues au système de paiement par cartes bancaires et n'intervient pas dans les relations contractuelles des banques avec leurs clients. • Paris, 5 déc. 1997 : *D. 1998. IR 18 ; D. Affaires 1998. 251, obs. X. D.* ♦ V. aussi note 27 ss. C. consom., art. L. 212-1, v° *Ventes commerciales (dispositions générales).*

5. Contrat d'adhésion. Le contrat d'adhésion (ou contrat commerçant) au système de paiement par carte bancaire faisant l'obligation au commerçant accepteur de s'équiper de matériels électroniques agréés par le groupement des cartes ne comporte aucune réserve sur un matériel non fourni par la banque, laquelle devra donner à l'accepteur toutes les informations permettant la sécurité des transactions et notamment l'accès au système d'autorisation pour que celui-ci puisse déclarer en toute connaissance de cause qu'il utilise un équipement électronique qui assure automatiquement les opérations de sécurité et qui permet de détecter les contrefaçons au moment de la demande d'autorisation. • Paris, 11 déc. 1998 : *D. Affaires 1999. 217, obs. X. D.* ♦ La clause figurant aux conditions générales du « contrat monétique » ayant pour objet l'acceptation des paiements à distance dans le cadre d'achats par internet, qui permet à la banque de débiter d'office le compte du commerçant du montant de toute opération de paiement dont la réalité ou le montant serait contesté par le titulaire de la carte et qui fait supporter au commerçant les risques de fraude, n'est ni potestative, ni abusive, dès lors que le commerçant est bénéficiaire du système de paiement que le banquier met à sa disposition, en ce qu'il lui permet d'atteindre une clientèle éloignée, et par voie de conséquence d'augmenter son volume d'affaires. • Pau, 8 janv. 2007 : *JCP E 2007, n° 12, p. 13 ; CCE 2007, n° 58, obs. Debet ; RDBF 2007, n° 124, obs. Caprioli ; RJDA 2007, n° 1274.* ♦ Sur la prédominance des conditions particulières du contrat d'adhésion sur les conditions générales, V. • Com. 6 déc. 2005, n° 03-19.750 P : *RTD com. 2006. 166, obs. Legeais ; JCP E 2006, n° 22, p. 966, obs. Mathey ; RJDA 2006, n° 575.*

6. Garantie de la banque. Le commerçant qui fractionne sciemment le paiement pour échapper au contrôle et qui s'abstient d'utiliser l'imprimante manuelle permettant de vérifier l'identification de la carte ne peut pas bénéficier de la garantie contractuelle de la banque. • Paris, 21 juin 1991 : *JCP 1991. IV. 421.* ♦ Un commerçant ne peut demander à une banque de lui payer le montant d'une transaction réglée par carte bancaire à l'aide d'un sabot manuel et pour laquelle il avait demandé une autorisation au centre carte bleue, dans la mesure où ayant signé un contrat d'adhésion au système de paiement par carte bancaire, qui permettait à la banque d'apporter toute modification au contrat initial par lettre simple, la banque lui avait fait savoir par courrier qu'il avait dorénavant l'obligation d'utiliser un matériel propre au contrôle du code secret et qu'à défaut de respecter cette obligation le règlement des paiements par carte bleue n'était plus garanti. • Paris, 5 déc. 1997 : *cité note 4.* ♦ Pour une hypothèse de légèreté blâmable d'une banque qui, après avoir crédité le compte d'un commerçant sans invoquer de difficulté, annule l'opération sous prétexte d'une réalité douteuse, V. • Paris, 9 nov. 2006 : *RJDA 2007, n° 284.* ♦ Sur le partage de responsabilité entre un commerçant et son banquier en raison de l'utilisation frauduleuse d'une carte de paiement, V., retenant l'absence de faute de la banque ayant pratiqué des débits litigieux sur le compte de son cocontractant, bien qu'il n'ait jamais été avisé de l'opposition affectant la carte de crédit de son client, dans la mesure où les opérations frauduleuses ont chacune excédé le montant du plafond maximum garanti et où, aux termes des conditions générales d'adhésion au système de paiement par carte, le montant des opérations non garanties pouvait être débité dans un délai de six mois à partir de la date du crédit du compte : • Com. 6 juin 2001, n° 98-18.577 P : *D. 2001. AJ 2197, obs. Delpech.* ♦ Sur l'absence de responsabilité d'un commerçant ayant accepté des paiements fractionés de l'un de ses clients, la carte s'étant avérée volée, V. • Paris, 26 févr. 2002 : *BRDA 2002, n° 8, p. 13.* – Dans le même sens, dès lors que le commerçant n'a pas été informé par l'émetteur de la carte. • Orléans, 21 mars 2002 : *RDBF 2002, n° 126, obs. Crédot et Gérard.* ♦ Le système de paiement en ligne est destiné à protéger les clients des commerçants et non pas les commerçants eux-mêmes. • Orléans, 26 mai 2005 : *JCP E 2006, n° 22, p. 966, obs. Mathey.*

7. Dénonciation du contrat commerçant par la banque. Pour une dénonciation motivée par la violation de la convention par le commerçant, V. • Com. 27 févr. 1990, n° 88-16-352 : *D. 1991. Somm. 37, obs. Vasseur.*

8. Escroquerie du commerçant. Caractérise l'existence de manœuvres frauduleuses déterminantes de la remise de fonds le fait pour un commerçant d'utiliser sa propre carte bancaire sur le terminal électronique de paiement remis par sa banque pour des opérations d'achats fictifs, dans le seul but de disposer d'un crédit indu. • Crim. 13 sept. 2006, n° 05-81.737 P : *D. 2006. AJ 2525, obs. Avena-Robardet* ; *RTD civ. 2007. 350, obs. Mestre et Fages* ; *JCP 2007. II. 10033, note Lasserre Capdeville.*

Art. L. 133-4 Pour l'application du présent chapitre :

(Ord. n° 2017-1252 du 9 août 2017, art. 2, en vigueur le 13 janv. 2018) « *a)* Les données de sécurité personnalisées s'entendent des données personnalisées fournies à un utilisateur de services de paiement par le prestataire de services de paiement à des fins d'authentification ; »

b) Un identifiant unique s'entend d'une combinaison de lettres, de chiffres ou de symboles indiquée à l'utilisateur de services de paiement par le prestataire de services de paiement, que l'utilisateur de services de paiement doit fournir pour permettre alternativement ou cumulativement l'identification certaine de l'autre utilisateur de services de paiement et de son compte de paiement pour l'opération de paiement ;

c) Un instrument de paiement s'entend, alternativement ou cumulativement, de tout dispositif personnalisé et de l'ensemble de procédures convenu entre l'utilisateur de services de paiement et le prestataire de services de paiement et *(Ord. n° 2017-1252 du 9 août 2017, art. 2, en vigueur le 13 janv. 2018)* « utilisé » pour donner un ordre de paiement ;

d) Un jour ouvrable est un jour au cours duquel le prestataire de services de paiement du payeur ou celui du bénéficiaire exerce une activité permettant d'exécuter des opérations de paiement ;

(Ord. n° 2017-1252 du 9 août 2017, art. 2, en vigueur le 13 janv. 2018) « *e)* Une authentification s'entend d'une procédure permettant au prestataire de services de paiement de vérifier l'identité d'un utilisateur de services de paiement ou la validité de l'utilisation d'un instrument de paiement spécifique, y compris l'utilisation des données de sécurité personnalisées de l'utilisateur ;

« *f)* Une authentification forte du client s'entend d'une authentification reposant sur l'utilisation de deux éléments ou plus appartenant aux catégories "connaissance" (quelque chose que seul l'utilisateur connaît), "possession" (quelque chose que seul l'utilisateur possède) et "inhérence" (quelque chose que l'utilisateur est) et indépendants en ce sens que la compromission de l'un ne remet pas en question la fiabilité des autres, et qui est conçue de manière à protéger la confidentialité des données d'authentification ;

« *g)* Les données de paiement sensibles s'entendent des données, y compris les données de sécurité personnalisées, qui sont susceptibles d'être utilisées pour commettre une fraude. En ce qui concerne les activités des prestataires de services de paiement fournissant le service d'initiation de paiement et des prestataires de services de paiement fournissant le service d'information sur les comptes, le nom du titulaire du compte et le numéro de compte ne constituent pas des données de paiement sensibles ;

« *h)* Un groupe s'entend de l'ensemble formé par une société et celles qu'elle contrôle au sens de l'article L. 233-16 du code de commerce ou d'établissements au sens des articles 4, 5, 6 et 7 du règlement délégué (UE) n° 241/2014 de la Commission européenne qui sont liés entre eux par une relation au sens de l'article 10, paragraphe 1, ou de l'article 113, paragraphes 6 ou 7, du règlement (UE) n° 575/2013. »

1. Ordre de paiement par signature électronique. Sur l'assimilation conventionnelle de la composition d'un code confidentiel à un ordre de paiement, V. • Civ. 1re, 8 nov. 1989, n° 86-16.196 P : *D. 1990. 369, note Gavalda* ; *JCP 1990. II. 21576, note Virassamy* ; *RTD com. 1990. 78, obs. Cabrillac et Teyssié* .

2. Ordre de paiement par communication du numéro de carte. Dès lors qu'il est établi que le titulaire d'une carte bancaire a passé commande verbalement et a accepté de procéder au règlement de la transaction au moyen de sa carte bancaire dont il a communiqué le numéro, l'absence de facture signée par le titulaire de la carte ou l'absence de communication du code confidentiel importe peu. • Paris, 8 juin 1999 : *D. Affaires 1999. 1287, obs. X. D.* ; *RTD com. 1999. 939, obs. Cabrillac* . ♦ En signant le formulaire « carte bancaire » et en utilisant celle-ci, le titulaire a renoncé implicitement mais nécessairement au système de preuve légale institué par l'art. 1341 C. civ. • Même arrêt. ♦ Sur la portée de la communication du numéro de carte bancaire en vue de la réservation d'une prestation, V. • Civ. 1re, 19 oct. 1999, n° 97-10.556 P : *D. 2000. Somm. 337, obs. Thullier* ; *RTD com. 2000. 159, obs. Cabrillac* ; *JCP E 1999, n° 47, p. 1845, obs. Bouteiller* ; *CCC 2000, n° 1, obs. Leveneur.* – Rappr. note 3 ss. art. L. 133-3. ♦ Sur le jeu des stipulations contractuelles, V. note 3. ♦ Sur le paiement à distance par carte bancaire, V. aussi notes 15 à 17 ss. art. L. 133-19.

3. Stipulations contractuelles. La constatation de la communication volontaire à distance, par le titulaire d'une carte bancaire, du numéro de cette carte, de sa date de validité et du cryptogramme visuel à trois chiffres constitue un motif impropre à établir que le titulaire de la carte, qui n'avait communiqué ces données que pour garantir la réservation d'une chambre d'hôtel sur un formulaire précisant que cette communication ne donnerait lieu à aucun débit, avait donné mandat de payer, de telle sorte qu'à défaut d'un tel mandat, la banque est tenue de restituer la somme débitée. • Com. 24 mars 2009, n° 08-12.025 : *D. 2009. Chron. C. cass. 1241, obs. Bélaval ; JCP E 2009, n° 25, p. 17, note Bouteiller ; Gaz. Pal. 2009. 2647, obs. Forster ; CCE 2009, n° 56, obs. Debet ; RJDA 2009, n° 671.* ♦ Sur le paiement à distance par carte bancaire et les effets des stipulations contractuelles, V. aussi : • Com. 11 janv. 2005, n° 02-20.316 : *JCP E 2005, n° 9, p. 351, obs. Bouteiller ; RDBF 2005, n° 32, obs. Crédot et Gérard* • 12 déc. 2006, n° 05-15.481 P : *D. 2007. AJ 219, obs. Avena-Robardet ; RTD com. 2007. 424, obs. Legeais ; JCP E 2007, n° 22, p. 24, obs. Stoufflet.*

Art. L. 133-5 **La responsabilité prévue aux sections II à IX du présent chapitre ne s'applique pas aux cas de force majeure, ni lorsque le prestataire de services de paiement est lié par d'autres obligations légales prévues par des législations nationales ou communautaires.**

SECTION II *Autorisation d'une opération de paiement*

Art. L. 133-6 **I. — Une opération de paiement est autorisée si le payeur a donné son consentement à son exécution.**

Toutefois, le payeur et son prestataire de services de paiement peuvent convenir que le payeur pourra donner son consentement à l'opération de paiement après l'exécution de cette dernière.

II. — Une série d'opérations de paiement est autorisée si le payeur a donné son consentement à l'exécution de la série d'opérations *(Ord. n° 2017-1252 du 9 août 2017, art. 2, en vigueur le 13 janv. 2018)* **« , notamment sous la forme d'un mandat de prélèvement ».** — *V. art. D. 133-1 C. mon. fin.*

La demande de délivrance d'une carte bancaire de retrait doit être regardée comme un acte d'administration du patrimoine des personnes placées en curatelle ou en tutelle, alors que la demande de délivrance d'une carte bancaire de crédit doit être regardée comme un acte de disposition (Décr. n° 2008-1484 du 22 déc. 2008, annexe I, JO 31 déc.). — ***C. civ.***

BIBL. ▸ BONHOMME, *JCP E 2010, n° 2, p. 26* (déclenchement de l'opération de paiement : consentement et ordre). - SIGUOIRT, *RDBF 2011. Dossier 17* (preuve de l'opération de paiement).

Art. L. 133-7 **Le consentement est donné sous la forme convenue entre le payeur et son prestataire de services de paiement.**

(Ord. n° 2017-1252 du 9 août 2017, art. 2, en vigueur le 13 janv. 2018) **« Le consentement peut être donné par l'intermédiaire du bénéficiaire ou d'un prestataire de services de paiement fournissant un service d'initiation de paiement mentionné au 7° du II de l'article L. 314-1. »**

En l'absence d'un tel consentement, l'opération ou la série d'opérations de paiement est réputée non autorisée.

Le consentement peut être retiré par le payeur tant que l'ordre de paiement n'a pas acquis un caractère d'irrévocabilité conformément aux dispositions de l'article L. 133-8.

Le consentement à l'exécution d'une série d'opérations de paiement peut *(Ord. n° 2017-1252 du 9 août 2017, art. 2, en vigueur le 13 janv. 2018)* **« aussi » être retiré, avec pour effet que toute opération postérieure est réputée non autorisée.**

1. Forme du consentement. V. notes ss. art. L. 133-4.

2. Irrévocabilité de l'ordre de virement. V. note ss. art. L. 133-8.

Art. L. 133-8 **I. — L'utilisateur de services de paiement ne peut révoquer un ordre de paiement une fois qu'il a été reçu par le prestataire de services de paiement du payeur sauf disposition contraire du présent article.**

II. — *(Ord. n° 2017-1252 du 9 août 2017, art. 2, en vigueur le 13 janv. 2018)* **« Lorsque l'opération de paiement est initiée par le bénéficiaire ou par le payeur qui donne un ordre de paiement par l'intermédiaire du bénéficiaire, le payeur ne peut révoquer l'ordre de paiement après avoir transmis l'ordre de paiement au bénéficiaire ou donné son consentement à l'exécution de l'opération de paiement au bénéficiaire.**

« Lorsque l'opération de paiement est initiée par un prestataire de services de paiement fournissant un service d'initiation de paiement mentionné au 7° du II de l'article L. 314-1, le payeur ne peut révoquer l'ordre de paiement après avoir donné son consentement à ce que le prestataire de services de paiement fournissant le service d'initiation de paiement initie l'opération de paiement. »

Toutefois, en cas de prélèvement et sans préjudice du droit à remboursement mentionné à l'article L. 133-25, le payeur peut révoquer l'ordre de paiement au plus tard à la fin du jour ouvrable précédant le jour convenu pour le débit des fonds.

III. – Dans le cas où il a été convenu entre l'utilisateur qui a ordonné l'opération de paiement et son prestataire de services de paiement que l'exécution de l'ordre de paiement commencera un jour donné ou à l'issue d'une période déterminée ou le jour où le payeur aura mis les fonds à la disposition de son prestataire de services de paiement, l'utilisateur de services de paiement peut révoquer l'ordre de paiement au plus tard à la fin du jour ouvrable précédant le jour convenu ;

IV. – A l'expiration des délais mentionnés aux I, II et III, l'ordre de paiement ne peut être révoqué que si l'utilisateur de services de paiement et son prestataire de services de paiement en sont convenus. Dans les cas mentionnés au II, le consentement du bénéficiaire est également requis. Si la convention de compte de dépôt ou le contrat-cadre de services de paiement le prévoit, le prestataire de services de paiement peut imputer des frais pour la révocation.

Irrévocabilité de l'ordre de paiement. L'apposition de la signature du titulaire de la carte sur l'ordre de paiement confère à celui-ci un caractère irrévocable et abstrait ; le donneur d'ordre doit rembourser les factures réglées par l'émetteur sans pouvoir lui opposer aucune exception tirée du rapport fondamental qui a donné lieu au paiement. • Paris, 12 mai 1995 : *Rev. dr. bancaire 1995. 217, obs. Crédot et Gérard.* ♦ Sur l'irrévocabilité de l'ordre de paiement pour une commande passée à distance avec indication sur la commande du numéro de carte par le porteur en cas de contestation tardive et d'absence de justification de l'annulation de la commande, V. • Paris, 8 juin 1999 : *Banque et Dr. 9-10/2000. 54, obs. Guillot.* ♦ L'engagement de payer étant irrévocable, l'opposition pour motif « marchandise défectueuse » n'est donc pas valable. • T. com. Versailles, 17 déc. 2003 : *Banque et Dr. 9-10/2005. 75, obs. Guillot.* ♦ Mais jugé qu'une juridiction n'a pas donné de base légale à sa décision en ne recherchant pas si la contestation formulée quant à la portée de son engagement par le titulaire d'une carte de crédit, qui avait été utilisée pour souscrire un abonnement payable mensuellement, ne valait pas révocation pour l'avenir du mandat de paiement ainsi donné. • Com. 27 mars 2012, n° 11-11.275 P : *D. 2012. 1520, note Lasserre Capdeville ; JCP E 2012, n° 1407, note Rodriguez ; RJDA 2012, n° 614.* ♦ Pour une appréciation de l'obligation pour l'émetteur de payer les paiements faits par la carte, V. • Versailles, 26 juin 2003 : *RJDA 2004, n° 614.* ♦ V. aussi note 5 ss. art. L. 133-17 et note 9 ss. art. L. 133-19.

SECTION III *Conditions d'exécution d'une opération de paiement*

Art. L. 133-9 Le moment de réception est le moment où l'ordre de paiement est reçu par le prestataire de services de paiement du payeur.

Si l'utilisateur de services de paiement qui a ordonné l'opération de paiement et son prestataire de services de paiement conviennent que l'exécution de l'ordre de paiement commencera un jour donné ou à l'issue d'une période déterminée ou le jour où le payeur aura mis les fonds à la disposition de son prestataire de services de paiement, le moment de réception est réputé être le jour convenu.

Si le moment de réception n'est pas un jour ouvrable pour le prestataire de services de paiement du payeur, l'ordre de paiement est réputé avoir été reçu le jour ouvrable suivant. – *V. art. D. 133-2 C. mon. fin.*

BIBL. ▶ TORCK, *JCP E 2010, n° 2, p. 30* (exécution et contestation des opérations de paiement).

Art. L. 133-10 I. – Lorsque le prestataire de services de paiement refuse d'exécuter un ordre de paiement *(Ord. n° 2017-1252 du 9 août 2017, art. 2, en vigueur le 13 janv. 2018)* « ou d'initier une opération de paiement », il le notifie à l'utilisateur de services de paiement, ou met la notification à sa disposition selon les modalités convenues, dès que possible et, en tout état de cause, dans un délai ne pouvant excéder celui prévu à l'article L. 133-13, et lui en donne, si possible et à moins d'une interdiction en vertu d'une autre *(Ord. n° 2017-1252 du 9 août 2017, art. 2, en vigueur le 13 janv. 2018)* « disposition du droit de l'Union ou de droit national pertinente », les motifs. Lorsque le refus est justifié par une erreur matérielle, il indique, si possible, à l'utilisateur de services de paiement la procédure à suivre pour corriger cette erreur.

La convention de compte de dépôt ou le contrat-cadre de services de paiement peut prévoir la possibilité pour le prestataire de services de paiement d'imputer des *(L. n° 2018-700 du 3 août 2018, art. 4)* « frais proportionnés aux coûts induits par » une telle notification si le refus est objectivement justifié.

Pour l'application des articles L. 133-13 et L. 133-22, un ordre de paiement refusé est réputé non reçu.

II. – Dans le cas du prélèvement, lorsque le montant crédité à l'échéance sur le compte du bénéficiaire constitue une avance, le contrat-cadre de services de paiement ou la convention de compte de dépôt prévoit les conséquences de la contre-passation de l'opération lorsqu'elle n'est pas imputée au compte du payeur.

Art. L. 133-11 *(Ord. nº 2017-1252 du 9 août 2017, art. 2, en vigueur le 13 janv. 2018)* « Le ou les prestataires de services de paiement du payeur et celui ou ceux du bénéficiaire » ainsi que leurs intermédiaires intervenant pour la réalisation d'une opération de paiement transfèrent le montant total de l'opération de paiement et ne peuvent prélever des frais sur le montant transféré.

Cependant, le bénéficiaire peut convenir avec son prestataire de services de paiement que ce dernier prélève préalablement les frais qui lui sont dus sur le montant transféré. Dans ce cas, le montant total de l'opération de paiement et les frais sont séparés dans l'information donnée au bénéficiaire.

Si d'autres frais sont déduits du montant transféré, lorsque l'opération de paiement est ordonnée par le payeur, le prestataire de services de paiement du payeur veille à ce que le bénéficiaire reçoive le montant total de l'opération. Lorsque l'opération de paiement est ordonnée par le bénéficiaire ou par le payeur qui donne un ordre de paiement par l'intermédiaire du bénéficiaire, le prestataire de services de paiement du bénéficiaire veille à ce que celui-ci reçoive le montant total de l'opération de paiement.

SECTION IV *Délai d'exécution des opérations de paiement et dates de valeur*

Art. L. 133-12 Sans préjudice des dispositions de l'article L. 133-1, les dispositions de la présente section s'appliquent aux opérations de paiement effectuées en euros et aux opérations de paiement entraînant une seule conversion entre l'euro et la devise officielle d'un État partie à l'accord sur l'Espace économique européen ne relevant pas de la zone euro, à condition que la conversion requise soit effectuée dans cet État et que, en cas d'opérations de paiement transfrontalières, le transfert transfrontalier s'effectue en euros.

Elles s'appliquent également aux opérations de paiement autres que celles mentionnées à l'alinéa précédent, sauf convention contraire entre l'utilisateur de services de paiement et son prestataire de services de paiement. Cependant, lorsque le prestataire de services de paiement et l'utilisateur conviennent de délais plus longs que ceux fixés à l'article L. 133-13, ce délai ne peut dépasser quatre jours ouvrables à compter du moment de réception de l'ordre de paiement.

BIBL. ▶ TORCK, *JCP E 2010, nº 2, p. 30* (exécution et contestation des opérations de paiement).

Art. L. 133-13 I. – Le montant de l'opération de paiement est crédité sur le compte du prestataire de services de paiement du bénéficiaire au plus tard à la fin du premier jour ouvrable suivant le moment de réception de l'ordre de paiement tel que défini à l'article L. 133-9. Ce délai peut être prolongé d'un jour ouvrable supplémentaire pour les opérations de paiement ordonnées sur support papier.

*(Abrogé par Ord. nº 2017-1252 du 9 août 2017, art. 2, à compter du 13 janv. 2018) **« Jusqu'au 1er janvier 2012, pour l'application du présent article, le payeur et le prestataire de services de paiement peuvent convenir d'un délai d'exécution différent, ne pouvant excéder trois jours ouvrables. Ce délai peut être prolongé d'un jour ouvrable supplémentaire pour les opérations de paiement ordonnées sur support papier. »***

II. – Le prestataire de services de paiement du bénéficiaire transmet un ordre de paiement donné par le bénéficiaire, ou par le payeur qui donne un ordre de paiement par l'intermédiaire du bénéficiaire, au prestataire de services de paiement du payeur dans les délais convenus entre le bénéficiaire et son prestataire de services de paiement. Ces délais doivent permettre le règlement des prélèvements à la date convenue.

III. – Lorsque le bénéficiaire d'un paiement n'est pas titulaire d'un compte auprès du prestataire de services de paiement, les fonds sont mis à sa disposition par le prestataire de services de paiement qui reçoit les fonds dans les délais prévus au présent article.

Art. L. 133-14 I. – La date de valeur d'une somme portée au crédit du compte du bénéficiaire ne peut être postérieure à celle du jour ouvrable au cours duquel le montant de l'opération de paiement est crédité sur le compte du prestataire de services de paiement du bénéficiaire.

(Ord. nº 2017-1252 du 9 août 2017, art. 2, en vigueur le 13 janv. 2018) « Le prestataire de services de paiement du bénéficiaire met le montant de l'opération à disposition du béné-

ficiaire immédiatement après que son propre compte a été crédité, y compris pour les opérations de paiement qui se déroulent au sein d'un seul et même prestataire de services de paiement, lorsque, pour sa part :

« *a)* Il n'y a pas de conversion ; ou

« *b)* Il y a conversion entre l'euro et la devise d'un État membre ou entre les devises de deux États membres. »

La date de valeur du débit inscrit au compte de paiement du payeur ne peut être antérieure au jour où le montant de l'opération de paiement est débité de ce compte.

Ces dispositions s'appliquent si l'un des prestataires de services de paiement impliqués dans l'opération est situé sur le territoire de la France métropolitaine, dans les départements d'outre-mer, *(Ord. n° 2013-79 du 25 janv. 2013, art. 1er, en vigueur le 1er janv. 2014)* « dans le Département de Mayotte, » à Saint-Martin, à Saint-Barthélemy *(Abrogé par Ord. n° 2013-79 du 25 janv. 2013, art. 1er, à compter du 1er janv. 2014)* « *, à Mayotte* » ou à Saint-Pierre-et-Miquelon.

Toute stipulation contraire au présent I est réputée non écrite.

II. — Lorsqu'une personne physique n'agissant pas pour des besoins professionnels verse des espèces sur un compte auprès d'un prestataire de services de paiement, dans la devise de ce compte, le prestataire de services de paiement veille à ce que le montant versé soit mis à disposition et reçoive une date de valeur aussitôt que les fonds sont reçus.

Lorsque le versement est effectué par une personne autre que celle mentionnée à l'alinéa précédent, le montant versé est mis à disposition et reçoit une date de valeur au plus tard le jour ouvrable suivant celui de la réception des fonds.

BIBL. ▶ TRÉHEL et GASTEBLED, *Banque et Dr. 3-4/2012. 8* (dates de valeur : itinéraire d'une pratique bancaire sous surveillance).

SECTION V *Obligations des parties en matière d'instruments de paiement*

SOUS-SECTION 1 *Relation entre le prestataire de services de paiement et l'utilisateur de services de paiement (Ord. n° 2017-1252 du 9 août 2017, art. 2, en vigueur le 13 janv. 2018).*

Art. L. 133-15 I. — Le prestataire de services de paiement qui délivre un instrument de paiement doit s'assurer que *(Ord. n° 2017-1252 du 9 août 2017, art. 2, en vigueur le 13 janv. 2018)* « les données de sécurité personnalisées telles que définies » à l'article L. 133-4 ne sont pas accessibles à d'autres personnes que l'utilisateur autorisé à utiliser cet instrument.

Le prestataire de services de paiement s'abstient d'envoyer tout instrument de paiement non sollicité, sauf dans le cas où un instrument de paiement déjà donné à l'utilisateur de services de paiement doit être remplacé.

II. — Le prestataire de services de paiement met en place *(Ord. n° 2017-1252 du 9 août 2017, art. 2, en vigueur le 13 janv. 2018)* « , à titre gratuit, » les moyens appropriés permettant à l'utilisateur de procéder à tout moment à l'information prévue à l'article L. 133-17.

Il fournit sur demande à l'utilisateur les moyens de prouver qu'il a effectué l'information prévue à l'article L. 133-17, dans les conditions fixées par décret. — *V. art. D. 133-3 C. mon. fin.*

III. — Le prestataire de services de paiement empêche toute utilisation de l'instrument de paiement après avoir été informé, conformément aux dispositions de l'article L. 133-17, de sa perte, de son vol, de son détournement ou de toute utilisation non autorisée de l'instrument de paiement ou des données qui lui sont liées.

IV. — Le prestataire de services de paiement supporte le risque lié à l'envoi au payeur d'un instrument de paiement ou de *(Ord. n° 2017-1252 du 9 août 2017, art. 2, en vigueur le 13 janv. 2018)* « toute donnée de sécurité personnalisée » de celui-ci.

BIBL. ▶ GÉRARD, *JCP E 2010, n° 2, p. 40* (utilisation frauduleuse des instruments de paiement).

A. DÉLIVRANCE DE L'INSTRUMENT DE PAIEMENT

1. Refus de délivrance. Une banque ne commet pas de faute en refusant de délivrer une carte de crédit à son client à qui elle avait retiré une autorisation de découvert, ce client ayant fait l'objet d'une mesure d'interdiction bancaire à la suite d'incidents de paiement dans d'autres banques. ● Paris, 9 sept. 1998 : *RDBB 1998. 227, obs. Crédot et Gérard.*

2. Capacité. La délivrance d'une carte à un majeur en curatelle ne peut être valablement décidée sans l'assistance du curateur. ● Civ. 1re, 21 nov. 1984, n° 83-13.199 P : *D. 1985. 297, note Lucas de Leyssac ; RTD com. 1985. 544, obs. Cabrillac et Teyssié ; Gaz. Pal. 1985. 2. 473, note Massip ; JCP 1986. I. 3265, n° 151, chron. Gavalda et Stoufflet.*

3. Conclusion et modification du « contrat carte de crédit ». Le seul fait que le titulaire d'un compte n'ait pas protesté à la réception des cartes de crédit ou des mises en demeure formulées par la banque ne suffit pas à établir qu'il a entendu contracter avec la banque pour obtenir des cartes de crédit supplémentaires, dès lors qu'aucun acte positif n'est venu manifester son intention. • Rouen, 12 mai 1993 : *JCP 1994. IV. 1972.* ♦ Sur le caractère non abusif des clauses permettant des modifications unilatérales, V. note 28 ss. art. L. 212-1 C. consom., v° *Ventes commerciales (Dispositions générales).*

4. Carte accréditive. Considérant que la mise à disposition d'une carte accréditive à débit différé n'est pas une opération de crédit soumise au code de la consommation, V. • Paris, 20 oct. 2000 : *D. 2001. AJ 229, obs. crit. Delpech*. ♦ Sur l'obligation par l'Amex de vérifier le caractère anormal ou inhabituel des dépenses du titulaire d'une carte *American express*, V. note 8 ss. art. L. 133-17.

5. Carte prépayée. La carte prépayée destinée à s'acquitter de la redevance de stationnement ne saurait constituer une carte de paiement au sens de l'art. L. 132-1 [ancien] C. mon. fin. • Crim. 13 juin 2007, n° 06-86.050 : *Gaz. Pal. 2009. 3282, obs. Lasserre Capdeville ; Dr. pénal 2007, n° 137, obs. J.-H. Robert.*

6. Envoi de la carte. Ne commet pas de faute la banque qui, en l'absence d'instructions contraires de son client, adresse une carte par voie postale ordinaire, le code secret ayant été envoyé séparément. • TI Nice, 17 févr. 1998 : *JCP E 1999, n° 17, p. 765, obs. Gavalda et Stoufflet.* ♦ Sur une limitation de l'indemnisation par La Poste de la banque qui a remboursé à son client les sommes résultant de retraits frauduleux consécutifs à l'envoi par lettre recommandée AR de la carte bancaire qui n'est jamais arrivée à destination, V. • Civ. 1re, 18 févr. 2009, n° 08-12.855 P : *JCP E 2009, n° 24, p. 15, obs. Routier ; CCC 2009, n° 122, obs. Leveneur ; RJDA 2009, n° 540.*

7. Retrait de la carte. Sur l'exercice du droit de retrait par l'établissement de crédit et les conventions ou stipulations réglementant ce droit, V. • Com. 26 mai 2004, n° 01-12.594 : *RDBF 2004, n° 155, obs. Crédot et Gérard.* ♦ La clause permettant, à tout moment, à une banque de retirer, faire retirer, bloquer l'usage d'une carte bancaire ou en demander la restitution réserve à l'établissement financier le droit de modifier unilatéralement, sans préavis, les conditions d'utilisation de la carte et constitue une clause abusive. • Civ. 1re, 28 mai 2009, n° 08-15.802 P : *D. 2009. AJ 1602* ; *JCP E 2009, n° 44-45, p. 10, obs. Mathey ; RDC 2009. 1430, note Fenouillet* (cassation de • Paris, 3 avr. 2008 : *RJDA 2008, n° 859*).

B. TITULAIRE DE L'INSTRUMENT DE PAIEMENT

8. Compte joint. Lorsqu'une carte est délivrée à l'un des titulaires d'un compte joint, celui-ci, en l'absence de solidarité stipulée entre les titulaires du compte, est seul tenu du remboursement des sommes dues à l'organisme émetteur. • TGI Bayonne, 5 févr. 1986 : *D. 1987. Somm. 300, obs. Vasseur ; LPA 15 sept. 1986, obs. Sousi-Roubi.* ♦ L'approbation des cotitulaires du compte pour la délivrance d'un instrument de paiement n'a pas à être recueillie par la banque en présence d'une convention de compte joint qui comporte solidarité active des cotitulaires et qui ne comporte aucune stipulation restreignant les modalités de fonctionnement du compte. • Paris, 21 déc. 2007 : *JCP E 2008, n° 24, p. 15.*

9. Procuration. Le mandat de faire fonctionner un compte chèques ne permet pas au banquier de délivrer une carte de crédit au mandataire sans que le titulaire du compte en soit avisé. • Versailles, 30 juin 1989 : *RTD com. 1990. 238, obs. Cabrillac et Teyssié*.

10. Carte de société. Au cas de délivrance d'une carte destinée à faciliter le règlement de frais de déplacement des salariés d'une personne morale, il doit être tenu compte de la stipulation par laquelle le titulaire comme l'utilisateur de la carte sont liés de manière solidaire et indivisible, à raison de son utilisation régulière. • Civ. 1re, 24 févr. 1987, n° 85-12.859 P : *D. 1987. Somm. 300, obs. Vasseur* • 22 mai 1991, n° 89-20.107 P : *D. 1991. IR 168.*

C. DYSFONCTIONNEMENTS DE L'INSTRUMENT DE PAIEMENT

11. Absence de cause apparente du dysfonctionnement. Dès lors que le dysfonctionnement n'a aucune cause apparente, il ne peut être reproché au titulaire de la carte une manipulation abusive ou aberrante. • Paris, 11 mai 2001 : *RTD com. 2001. 962, obs. Cabrillac*. ♦ Il appartient au banquier d'attirer l'attention de son client sur le risque de démagnétisation de la carte et de lui proposer une protection appropriée, tel un étui. • Même arrêt.

12. Responsabilité de l'émetteur. Engage sa responsabilité la banque qui délivre à son client une carte de paiement international ne permettant pas les retraits d'argent à l'étranger. • Paris, 11 mai 2001 : *CCC 2002, n° 66, obs. Raymond.*

Art. L. 133-16 **Dès qu'il reçoit un instrument de paiement, l'utilisateur de services de paiement prend toute mesure raisonnable pour préserver la sécurité de ses** *(Ord. n° 2017-1252 du 9 août 2017, art. 2, en vigueur le 13 janv. 2018)* **« données de sécurité personnalisées ».**

Il utilise l'instrument de paiement conformément aux conditions régissant sa délivrance et son utilisation *(Ord. n° 2017-1252 du 9 août 2017, art. 2, en vigueur le 13 janv. 2018)* **« qui doivent être objectives, non discriminatoires et proportionnées. »**

Art. L. 133-17 I. – Lorsqu'il a connaissance de la perte, du vol, du détournement ou de toute utilisation non autorisée de son instrument de paiement ou des données qui lui sont liées, l'utilisateur de services de paiement en informe sans tarder, aux fins de blocage de l'instrument, son prestataire ou l'entité désignée par celui-ci.

II. – Lorsque le paiement est effectué par une carte de paiement émise par un établissement de crédit, une institution ou un service mentionné à l'article L. 518-1 et permettant à son titulaire de retirer ou de transférer des fonds, il peut être fait opposition au paiement en cas de procédure de redressement ou de liquidation judiciaires du bénéficiaire *(Ord. n° 2017-1252 du 9 août 2017, art. 2, en vigueur le 13 janv. 2018)* « tant que le compte du prestataire de services de paiement du bénéficiaire n'a pas été crédité du montant de l'opération de paiement. »

I. OPPOSITION

1. *Délai d'opposition.* Le juge doit rechercher si l'opposition a été effectuée dans les meilleurs délais compte tenu des habitudes d'utilisation du titulaire de la carte. • Com. 19 déc. 2006, n° 05-16.391 : *RJDA 2007, n° 392.* ♦ V. aussi notes 8 s. ss. art. L. 133-19.

2. *Procédure collective.* Il résulte de la combinaison des art. L. 132-2 et L. 132-6 [anciens] C. mon. fin. que le porteur d'une carte ne peut contester, dans le délai prévu par le second de ces textes, la régularité d'une opération effectuée au moyen de cet instrument au profit d'un bénéficiaire mis en procédure collective que s'il a notifié une opposition pour ce motif à l'émetteur de sa carte, avant que ce dernier ne procède au règlement des sommes dues entre les mains du banquier du bénéficiaire. • Com. 11 oct. 2011, n° 10-20.954 P : *D. 2011. Actu. 2588, obs. Delpech ; RTD com. 2011. 781, obs. Legeais ; JCP E 2012, n° 1373, spéc. n° 25, obs. Salgueiro ; LPA 19 janv. 2012, note Épal ; RJDA 2012, n° 86.*

II. OPÉRATIONS RÉALISÉES PAR CARTE

A. PAIEMENT PAR CARTE

BIBL. Alterman, *LPA 29 mai 1996* (cartes bancaires et preuve).

3. *Nature du paiement.* Le paiement par carte bancaire s'analyse comme un paiement au comptant, au même titre que le paiement en espèces ou par chèque : * Rép. min. n° 2260 : *JOAN Q, 3 nov. 1997, p. 3828 ; D. Affaires 1998. 27.*

1° ORDRE DE PAIEMENT

4. *Forme.* Sur l'ordre de paiement par signature électronique et communication du numéro de carte, V. notes ss. art. L. 133-4.

5. *Irrévocabilité de l'ordre de paiement.* Jugé, dans une hypothèse autre que le vol ou la perte de la carte bancaire, que le banquier, n'ayant pas à se faire juge de la validité de l'opposition qui emporte révocation immédiate du mandat de payer qui lui est confié par le titulaire du compte, commet une faute s'il procède au paiement malgré cette opposition et qu'il appartient au bénéficiaire de la faire lever en justice s'il l'estime injustifiée : V. • Orléans, 2 févr. 1994 : *D. 1998. 37, note Lucas de Leyssac .* ♦ V. aussi note ss. art. L. 133-8.

6. *Paiement d'une dette de jeu.* Ne donne pas de base légale à sa décision, au regard de l'art. 1965 C. civ., la cour d'appel qui, pour déclarer irrecevable la demande en paiement formée contre un client par une société exploitant un casino, s'attache exclusivement au mode de paiement de la dette, à savoir une carte de crédit, sans rechercher dans quelles conditions et à quelles fins elle avait été contractée. • Civ. 1re, 3 déc. 1996, n° 94-21.713 P : *D. Affaires 1997. 129 ; CCC 1997, n° 43, obs. Leveneur.* ♦ Lorsque l'achat de plaques ou jetons est réalisé par le joueur au moyen d'une carte de crédit, il lui appartient, s'il entend invoquer contre le casino agissant en paiement contre lui l'exception de dette de jeu, d'établir que le casino, en acceptant en paiement les bordereaux de carte de crédit, savait ou ne pouvait ignorer que le compte bancaire sur lequel interviendrait leur paiement différé était sans provision ou qu'il le serait à coup sûr, eu égard à l'importance et à l'accumulation des ventes successives, observation étant faite que le paiement des plaques ou jetons par « carte bleue » n'a pas pour effet d'instituer une opération de crédit et de donner à cette opération, à lui seul, les caractères d'un prêt ou d'une avance. • Bordeaux, 2 juin 1998 : *BICC 1999, n° 72.* ♦ Pour la jurisprudence relative aux « chèques de casino », V. notes 5 et 6 ss. art. L. 131-25.

2° VÉRIFICATIONS À OPÉRER

7. *Vérifications incombant à l'émetteur de la carte.* Il appartient à la banque, en toutes circonstances, d'effectuer toutes vérifications du code ou de la signature de l'utilisateur de la carte bleue avant de valider la transaction. • Versailles, 24 oct. 2001 : *Banque et Dr. 11-12/2002. 57, obs. Guillot.* ♦ L'émetteur qui paye une facture en l'absence de signature du titulaire ou qui n'en vérifie pas la régularité après opposition au paiement engage sa responsabilité au cas d'irrégularité. • Paris, 16 oct. 1984 : *D. 1985. IR 343, obs. Vasseur.* ♦ Comp., jugeant que l'établissement de crédit ne saurait se voir reprocher un quelconque défaut de vérification des signatures apocryphes, cette diligence incombant au Groupement des cartes bancaires : • Paris, 17 déc.

1992 : *Rev. huiss. 1993. 665, note Hesbert.* ♦ Sur la responsabilité du GIE émetteur, V. aussi • Com. 3 mai 1988, n° 86-12.171 P : *D. 1989. Somm. 330, obs. Vasseur ; RTD com. 1988. 661, obs. Cabrillac et Teyssié.* – Comp. notes 12 et 14 ss. art. L. 133-19. ♦ Sur les conséquences de l'absence de production par la banque de la facturette signée par le client sur la régularité de l'opération de paiement par carte bancaire, V. • Paris, 21 mai 2002 : *Banque et Dr. 3-4/2004. 63, obs. Guillot.*

8. Vérification des dépenses. Le fait que les conditions générales d'utilisation des cartes *American express* réservant à l'Amex le droit de refuser l'autorisation de paiement si la dépense prescrite a un caractère anormal ou inhabituel constituent une simple faculté et non une obligation dont le non-respect serait susceptible d'engager la société de crédit et qu'il ressort des conditions générales d'utilisation de la carte que cette utilisation n'est assortie d'aucun plafond préétabli de dépense ne doit pas empêcher de rechercher si l'Amex n'avait pas commis une faute en ne vérifiant pas si les dépenses litigieuses, en l'absence de plafond, ne présentaient à l'examen du compte carte un caractère anormal ou inhabituel. • Com. 1er juill. 2003, n° 00-18.650 P : *D. 2003. AJ 2374, obs. Avena-Robardet ; RTD com. 2003. 795, obs. Legeais ; JCP E 2003, n° 48, p. 1917, note Bernheim-Desvaux ; RJDA 2004, n° 91.* ♦ V. aussi, jugeant que la stipulation d'un plafond des achats autorisés ne signifie nullement que les paiements doivent être exécutés jusqu'à ce montant maximum, si le débit a pour effet de rendre le compte débiteur au-delà du découvert autorisé : • Com. 13 mars 2001, n° 98-10.109 P : *cité note 7 ss. art. L. 133-19.* ♦ En dépit de son devoir de non-ingérence, la banque a commis une faute en payant, pendant une période de 23 jours consécutifs, 22 retraits journaliers de 3 000 francs, alors que la convention n'autorisait qu'un solde débiteur de 3 000 francs devant être couvert au plus tard le trentième jour et qu'il n'était par ailleurs allégué ni l'existence d'une autre autorisation de découvert, ni même l'existence antérieure d'un découvert tacite. • Com. 6 févr. 2007, n° 05-14.872 : *RDBF 2007, n° 134, obs. Crédot et Samin ; RJDA 2007, n° 888.* ♦ Mais la banque, tenue d'une obligation de non-ingérence dans les affaires de son client, n'a pas à analyser la nature, le montant, la fréquence, la date et le lieu des opérations effectuées sur le compte de ce dernier ni à les comparer avec celles précédemment réalisées sur lui. • Paris, 21 juin 2007 : *RJDA 2007, n° 1271.*

9. Vérifications incombant au commerçant. Dès lors que la signature apposée sur un ticket de caisse est totalement différente de celle figurant sur la carte de crédit, les juges peuvent estimer, en cas d'utilisation frauduleuse de la carte, que le commerçant, en s'abstenant de vérifier la conformité des signatures, commet une faute justifiant le partage de responsabilité avec le titulaire de la carte. • Civ. 1re, 14 juin 1988, n° 86-16.163 P : *D. 1989. Somm. 330, obs. Vasseur ; RTD com. 1988. 660, obs. Cabrillac et Teyssié.* ♦ Les juges peuvent décider que la signature apposée sur une « facturette » est très différente de celle du titulaire d'une carte de paiement sans que la carte (d'ailleurs dérobée) soit produite aux débats. • Com. 10 juin 1997, n° 95-14.486 : *D. Affaires 1997. 962.* ♦ En cas de non-respect d'une seule des mesures de sécurité prévues par le contrat, les factures et les enregistrements ne sont réglés que sous réserve de bonne fin d'encaissement. • Com. 27 sept. 2005, n° 04-10.686 : *JCP E 2006, n° 22, p. 966, obs. Mathey ; RDBF 2005, n° 198, obs. Crédot et Gérard.* ♦ Le commerçant accepteur ayant l'obligation de prendre toutes précautions pour s'assurer de l'identité de l'utilisateur d'une carte bancaire, par le moyen du contrôle de la signature lorsque le code confidentiel n'est pas utilisé, il ne saurait donc être soutenu que l'obtention d'un numéro d'autorisation suffirait à le mettre à l'abri d'un risque d'impayé du fait d'une utilisation frauduleuse, la carte bancaire utilisée pouvant être présentée par une personne autre que son titulaire. • Paris, 27 mars 1998 : *D. 1998. IR 116 ; JCP E 1999, n° 17, p. 765, obs. Gavalda et Stoufflet.* ♦ Un commerçant doit respecter les obligations contractuelles essentielles de sécurité mises à sa charge, à savoir l'obligation de signature lui permettant d'identifier la personne payant par carte et l'obligation de ne pas fractionner le montant d'une facture sans qu'il puisse reprocher à la banque un manque de sécurité du système général de paiement en cas de vente à distance ni un défaut de conseil. • Rennes, 18 oct. 2001 : *Banque et Dr. 11-12/2002. 57, obs. Guillot.* ♦ Pour un commerçant jugé fautif pour ne pas avoir respecté une procédure d'acceptation (appel téléphonique de la société émettrice si le terminal de paiement le lui demandait), V. • Com. 1er juill. 2003, n° 00-19.188 : *RTD com. 2003. 797, obs. Legeais.* ♦ ... Pour avoir fractionné les encaissements et agi avec légèreté en ne prenant pas de garantie sérieuse : • T. com. Nancy, 7 avr. 2003 : *Banque et Dr. 11-12/2004. 61, obs. Guillot.* ♦ ... Ou pour avoir méconnu les règles de sécurité qui lui étaient opposables : • Com. 23 juin 2004, n° 02-10.044 : *RJDA 2004, n° 1374.*

B. RETRAIT PAR CARTE

10. Retraits automatiques. Sur la valeur probante d'opérations de retrait dans les GAB, résultant d'enregistrements des appareils automatiques ou de leur reproduction sur un support automatique, V. • T. com. Paris, 2 sept. 1997 : *Banque et Dr. 1-2/1998. 41, obs. Guillot.*

SOUS-SECTION 2 *Relation entre les prestataires de services de paiement respectivement parties avec l'utilisateur de services de paiement*

(Ord. nº 2017-1252 du 9 août 2017, art. 2, en vigueur le 13 janv. 2018)

Art. L. 133-17-1 Un prestataire de services de paiement gestionnaire du compte peut refuser à un prestataire de services de paiement fournissant un service d'information sur les comptes ou d'initiation de paiement l'accès à un compte de paiement, pour des raisons objectivement motivées *(L. nº 2018-700 du 3 août 2018, art. 4)* « et documentées » liées à un accès non autorisé ou frauduleux au compte de paiement de la part de ce prestataire, y compris l'initiation non autorisée ou frauduleuse d'une opération de paiement.

Dans les cas visés au premier alinéa, le prestataire de services de paiement gestionnaire du compte informe l'utilisateur de services de paiement, de la manière convenue entre les parties, du refus d'accès au compte de paiement et des raisons de ce refus. Cette information est, si possible, donnée à l'utilisateur avant que l'accès ne soit refusé et au plus tard immédiatement après ce refus, à moins que cette information ne soit pas communicable pour des raisons de sécurité objectivement justifiées*[,]* ou soit interdit en vertu d'une autre disposition du droit de l'Union ou de droit national pertinente.

Le prestataire de services de paiement gestionnaire du compte permet l'accès au compte de paiement dès lors que les raisons mentionnées à l'alinéa premier n'existent plus.

Lorsque le prestataire de services de paiement gestionnaire du compte refuse à un prestataire de services de paiement fournissant un service d'information sur les comptes ou un service d'initiation de paiement l'accès à un compte de paiement conformément au premier alinéa, le prestataire de services de paiement gestionnaire du compte notifie immédiatement l'incident à la Banque de France. La notification contient les informations pertinentes relatives à l'incident et les raisons justifiant les mesures prises. La Banque de France évalue l'incident, prend au besoin des mesures appropriées et, si elle l'estime nécessaire, en informe l'Autorité de contrôle prudentiel et de résolution en application de l'article L. 631-1.

SECTION VI ***Contestation et responsabilité en cas d'opération de paiement non autorisée***

SOUS-SECTION 1 *Régime de la responsabilité*

Art. L. 133-18 *(Ord. nº 2017-1252 du 9 août 2017, art. 2, en vigueur le 13 janv. 2018)* « En cas d'opération de paiement non autorisée signalée par l'utilisateur dans les conditions prévues à l'article L. 133-24, le prestataire de services de paiement du payeur rembourse au payeur le montant de l'opération non autorisée immédiatement après avoir pris connaissance de l'opération ou après en avoir été informé, et en tout état de cause au plus tard à la fin du premier jour ouvrable suivant, sauf s'il a de bonnes raisons de soupçonner une fraude de l'utilisateur du service de paiement et s'il communique ces raisons par écrit à la Banque de France. Le cas échéant, le prestataire de services de paiement du payeur rétablit le compte débité dans l'état où il se serait trouvé si l'opération de paiement non autorisée n'avait pas eu lieu.

« Lorsque l'opération de paiement non autorisée est initiée par l'intermédiaire d'un prestataire de services de paiement fournissant un service d'initiation de paiement, le prestataire de services de paiement gestionnaire du compte rembourse immédiatement, et en tout état de cause au plus tard à la fin du premier jour ouvrable suivant, au payeur le montant de l'opération non autorisée et, le cas échéant, rétablit le compte débité dans l'état où il se serait trouvé si l'opération de paiement non autorisée n'avait pas eu lieu. La date de valeur à laquelle le compte de paiement du payeur est crédité n'est pas postérieure à la date à laquelle il avait été débité.

« Si le prestataire de services de paiement qui a fourni le service d'initiation de paiement est responsable de l'opération de paiement non autorisée, il indemnise immédiatement le prestataire de services de paiement gestionnaire du compte, à sa demande, pour les pertes subies ou les sommes payées en raison du remboursement du payeur, y compris le montant de l'opération de paiement non autorisée. »

Le payeur et son prestataire de services de paiement peuvent décider contractuellement d'une indemnité complémentaire.

BIBL. ▶ TORCK, *JCP E 2010, nº 2, p. 30* (exécution et contestation des opérations de paiement).

Contre-passation. Sauf stipulations contractuelles contraires, lorsque le montant d'un virement a été remboursé au payeur par son prestataire de services de paiement (PSP) en application de l'art. L. 133-18, serait-ce en raison de l'existence d'une fraude, le PSP du bénéficiaire, s'il a déjà inscrit le montant de ce virement au crédit du compte de son client, ne peut contre-passer l'opération sur le compte de celui-ci sans son autorisation, quand bien même il aurait lui-même restitué le montant du virement au PSP du payeur. • Com. 24 nov. 2021, n° 20-10.044 : *D. 2022. 268, note Lasserre Capdeville*.

SOUS-SECTION 2 *Cas particulier des instruments de paiement dotés de données de sécurité personnalisées (Ord. n° 2017-1252 du 9 août 2017, art. 2, en vigueur le 13 janv. 2018).*

Art. L. 133-19 **I. — En cas d'opération de paiement non autorisée consécutive à la perte ou au vol de l'instrument de paiement, le payeur supporte, avant l'information prévue à l'article L. 133-17, les pertes liées à l'utilisation de cet instrument, dans la limite d'un plafond de** *(Ord. n° 2017-1252 du 9 août 2017, art. 2, en vigueur le 13 janv. 2018)* **« 50 € ».**

(Ord. n° 2017-1252 du 9 août 2017, art. 2, en vigueur le 13 janv. 2018) **« Toutefois, la responsabilité du payeur n'est pas engagée en cas :**

« — d'opération de paiement non autorisée effectuée sans utilisation des données de sécurité personnalisées ;

« — de perte ou de vol d'un instrument de paiement ne pouvant être détecté par le payeur avant le paiement ;

« — de perte due à des actes ou à une carence d'un salarié, d'un agent ou d'une succursale d'un prestataire de services de paiement ou d'une entité vers laquelle ses activités ont été externalisées. »

II. — La responsabilité du payeur n'est pas engagée si l'opération de paiement non autorisée a été effectuée en détournant, à l'insu du payeur, l'instrument de paiement ou les données qui lui sont liées.

Elle n'est pas engagée non plus en cas de contrefaçon de l'instrument de paiement si, au moment de l'opération de paiement non autorisée, le payeur était en possession de son instrument.

III. — Sauf agissement frauduleux de sa part, le payeur ne supporte aucune conséquence financière si le prestataire de services de paiement ne fournit pas de moyens appropriés permettant l'information aux fins de blocage de l'instrument de paiement prévue à l'article L. 133-17.

IV. — Le payeur supporte toutes les pertes occasionnées par des opérations de paiement non autorisées si ces pertes résultent d'un agissement frauduleux de sa part ou s'il n'a pas satisfait intentionnellement ou par négligence grave aux obligations mentionnées aux articles L. 133-16 et L. 133-17.

(Ord. n° 2017-1252 du 9 août 2017, art. 2, en vigueur le 13 janv. 2018) **« V. — Sauf agissement frauduleux de sa part, le payeur ne supporte aucune conséquence financière si l'opération de paiement non autorisée a été effectuée sans que le prestataire de services de paiement du payeur n'exige une authentification forte du payeur prévue à l'article L. 133-44.**

« VI. — Lorsque le bénéficiaire ou son prestataire de services de paiement n'accepte pas une authentification forte du payeur prévue à l'article L. 133-44, il rembourse le préjudice financier causé au prestataire de services de paiement du payeur. »

I. UTILISATION ABUSIVE OU FRAUDULEUSE DE LA CARTE PAR UN TIERS

BIBL. Lucas de Leyssac, *Mél. Jeantin, Dalloz, 1999, p. 329* (les cas d'opposition au paiement d'une opération-carte). — Lasserre Capdeville, *Banque et Dr. 5-6/2005. 26* (répression de la fraude à la carte bancaire).

A. OPÉRATIONS RÉALISÉES AVANT L'OPPOSITION

BIBL. Hontebeyrie, *D. 2009. 1492* (perte ou vol d'une carte bancaire : quel régime probatoire ?).

1. *Limitation d'indemnisation sauf faute lourde.* Seule la faute lourde, caractérisée par une négligence d'une extrême gravité confinant au dol et dénotant l'inaptitude du débiteur de l'obligation à l'accomplissement de sa mission contractuelle, peut mettre en échec la limitation d'indemnisation prévue au contrat et par la législation. • Orléans, 9 févr. 2006 : *JCP E 2006, n° 48, p. 2036, n° 49, obs. Mathey.*

2. *Preuve de la faute lourde ou de la négligence grave.* BIBL. Henry et Guinamant, *D. 2018. 2316* (utilisation frauduleuse de la carte bancaire après hameçonnage : la recherche d'un équilibre). ♦ La banque qui se prévaut de la faute lourde de sa cliente, au sens de l'art. L. 132-3 [ancien] C. mon. fin., doit être en mesure d'en apporter la preuve ; l'utilisation par un tiers de la carte avec composition du code confidentiel étant à elle seule insusceptible de constituer la preuve d'une telle faute. • Com. 2 oct. 2007, n° 05-19.899 P : *D. 2007. Chron. C. cass. 2765, obs. Bélaval ; RTD com. 2007. 813, obs. Legeais ; JCP E 2007, n° 46, p. 12, note*

Bouteiller ; LPA 14 mars 2008, note Boulaire ; CCC 2008, n° 26, obs. Raymond ; RJDA 2008, n° 81. ♦ C'est au prestataire de paiement qu'il incombe, par application des art. L. 133-19-IV et L. 133-23, de rapporter la preuve que l'utilisateur, qui nie avoir autorisé une opération de paiement, a agi frauduleusement ou n'a pas satisfait intentionnellement ou par négligence grave à ses obligations ; cette preuve ne peut se déduire du seul fait que l'instrument de paiement ou les données personnelles qui lui sont liées ont été effectivement utilisés. • Com. 18 janv. 2017, n° 15-18.102 P : *D. 2017. Actu. 156 ; RTD com. 2017. 154, obs. Legeais ; JCP E 2017, n° 1122, note Rodriguez ; RJDA 2017, n° 205.* ♦ En cas de perte ou de vol, le titulaire d'une carte de paiement qui a effectué la mise en opposition dans les meilleurs délais compte tenu de ses habitudes d'utilisation de cette carte, ne supporte intégralement la perte subie que s'il a agi avec négligence constituant une faute lourde, une telle faute n'étant pas présumée du fait de la composition du code confidentiel. • Civ. 1re, 28 mars 2008, n° 07-10.186 P : *D. 2008. AJ 1136, obs. Avena-Robardet ; RTD com. 2008. 607, obs. Legeais ; JCP E 2008, n° 23, p. 11, note Bouteiller ; RJDA 2008, n° 706.* ♦ Sur la responsabilité du titulaire, V. note 14.

Il revient au juge de rechercher, au regard des circonstances de l'espèce, si l'utilisateur n'aurait pas pu avoir conscience que le courriel qu'il avait reçu était frauduleux et si, en conséquence, le fait d'avoir communiqué son nom, son numéro de carte bancaire, la date d'expiration de celle-ci et le cryptogramme figurant au verso de la carte, ainsi que des informations relatives à son compte SFR permettant à un tiers de prendre connaissance du code 3D Secure ne caractérisait pas un manquement, par négligence grave, à ses obligations mentionnées à l'art. L. 133-16. • Com. 25 oct. 2017, n° 16-11.644 P : *D. 2017. 2465, note Mélin ; JCP E 2017, n° 1685, note Legeais ; RJDA 2018, n° 354.* ♦ Manque, par négligence grave, à son obligation de prendre toute mesure raisonnable pour préserver la sécurité de ses dispositifs de sécurité personnalisés l'utilisateur d'un service de paiement qui communique les données personnelles de ce dispositif de sécurité en réponse à un courriel qui contient des indices permettant à un utilisateur normalement attentif de douter de sa provenance, peu important qu'il soit, ou non, avisé des risques d'hameçonnage. • Com. 28 mars 2018, n° 16-20.018 P : *D. 2018. Actu. 716 ; RTD com. 2018. 436, obs. Legeais ; JCP E 2018, n° 1272, note Rodriguez ; CCC 2018, n° 121, obs. Bernheim-Desvaux ; RJDA 2018, n° 676.*

3. Décès du titulaire. Le banquier émetteur qui paye des factures relatives à des achats effectués après le décès du titulaire, dont il avait connaissance, commet une faute exclusive d'une action à l'égard des héritiers. • TI Toulon, 15 janv. 1981 : *RTD com. 1981. 335, obs. Cabrillac et Rives-Lange.*

4. Inopposabilité des exceptions. Le litige élevé entre le titulaire et le fournisseur ne saurait être opposé à l'émetteur qui, ayant payé, agit en remboursement à l'égard de son cocontractant. • Aix-en-Provence, 18 juin 1984 : *D. 1986. IR 326, obs. Vasseur.* ♦ Comp., s'agissant des clauses du contrat conclu entre le titulaire et le fournisseur : • Com. 30 nov. 1982, n° 81-13.514 P : *D. 1983. IR 470, obs. Vasseur ; RTD com. 1983. 450, obs. Cabrillac et Rives-Lange.*

5. Encaissement. Sur l'inscription en compte au profit du fournisseur par le banquier de celui-ci, sous réserve de bonne fin d'encaissement, V. • Com. 30 nov. 1982, n° 81-13.514 P : *préc. note 4.*

6. Fausse carte « carburant ». S'agissant de la mise à disposition de cartes magnétiques pour un approvisionnement en carburant, le fournisseur doit être débouté de sa demande de paiement dans la mesure où il y a eu création frauduleuse d'une fausse carte et utilisation de celle-ci, à l'insu de la société cliente, dans des conditions ne reflétant pas la pratique habituelle. • Besançon, 18 juin 2008 : *JCP E 2009, n° 7, p. 41.*

7. Pertes subies avant l'opposition (relative à l'anc. art. L. 132-3). Le titulaire d'une carte bancaire, victime du vol de celle-ci, reste tenu (en exécution du contrat de carte bancaire) des débits frauduleux antérieurs à son opposition, même en l'absence de faute de sa part (il avait immédiatement informé par téléphone le centre spécialisé et n'avait pu s'opposer par écrit que le surlendemain du vol, l'agence bancaire gérant son compte étant fermée pour deux jours). • Com. 1er mars 1994, n° 91-21.144 P : *D. 1995. 167, note Ekollo ; RTD com. 1994. 538, obs. Cabrillac et Teyssié ; JCP 1994. II. 22286, note Gavalda.* ♦ Pour des paiements effectués avant la date d'opposition, en ce sens que doit être établi que les enregistrements de débit comportaient les références du compte de l'intéressé ainsi que sa signature : • Civ. 1re, 23 mars 1994, n° 91-21.242 P : *Rev. dr. bancaire 1994. 233, obs. Crédot et Gérard.* ♦ Comp., sur la condamnation d'une banque à rembourser aux titulaires d'une carte, victimes du vol de celle-ci, une partie des sommes frauduleusement dépensées grâce à l'usage de la carte, avant l'opposition effectuée par ses titulaires, au motif qu'elle avait laissé le découvert du compte s'accroître jusqu'à un montant important excédant le découvert contractuellement autorisé, et ce, bien que le montant des sommes contestées soit inférieur aux paiements mensuels permis par le contrat porteur : • Com. 13 mars 2001, n° 97-10.611 P : *D. 2001. AJ 1535, obs. Delpech ; RTD com. 2001. 750, obs. Cabrillac ; LPA 10 mai 2001, obs. E. C.* ♦ Sauf à apporter son concours pour permettre au titulaire de la carte l'exercice utile de ses recours contre les commerçants qui n'auraient pas rempli leurs obligations de vérification, la banque est, contractuellement, dispensée de vérifications des signatures, sauf pour elle à supporter les conséquences des faux, au-delà d'une franchise avant opposition de la part du titulaire, hors le cas d'imprudence de celui-ci. • Même arrêt. ♦ Comp., jugeant qu'il appartient à la banque, en toutes circonstances, d'effectuer toutes vérifications du code ou de la signature de l'utilisateur de la carte avant de valider la transaction : • Versailles, 24 oct. 2001 : *cité note 7 ss. art. L. 133-17.* ♦ Comp., cassant pour violation des art. 1147 et 1315, al. 2, C. civ., le jugement qui a débouté le titulaire de la carte bancaire, victime du vol de celle-ci, de sa demande en remboursement de la somme retirée le même jour dans un distributeur de billets, alors qu'il ne résulte pas du jugement qu'une présomption de faute ait été invoquée, et qu'en cet état du litige il appartenait à la banque, laquelle prétendait que sa cliente avait commis l'imprudence de ne pas tenir son code secret, de démontrer la violation, par la titulaire de la carte, de cette obligation contractuelle de moyens : • Com. 8 oct. 1991, ☎ n° 88-19.898 : *cité note 12.*

B. OPÉRATIONS RÉALISÉES APRÈS L'OPPOSITION

8. Délai d'opposition. V. note 1 ss. art. L. 133-17. ♦ Sur la responsabilité du titulaire en cas d'opposition tardive, V. note 14.

9. Cas d'opposition. Selon l'art. L. 132-2 [ancien] C. mon. fin., l'ordre ou l'engagement de payer donné au moyen d'une carte bancaire est irrévocable et l'opposition au paiement ne peut être formée que pour des cas limitativement énumérés. Il en résulte que la banque du porteur ne peut admettre une opposition dont le motif n'est pas prévu par la loi et que la banque du bénéficiaire, lorsqu'elle est informée d'un tel motif, est tenue de procéder au rejet de l'impayé résultant de la prise en compte, par la banque du porteur, de l'opposition. • Com. 20 janv. 2009, ☎ n° 08-11.273 P : *D. 2010. Pan. 1046, obs. D. R. Martin* ✎ ; *RTD com. 2009. 416, obs. Legeais* ✎ ; *JCP E 2009, n° 8-9, p. 13, note Bouteiller ; RJDA 2009, n° 386.*

10. Stipulations contractuelles relatives à l'opposition. Il résulte du contrat type conclu entre l'organisme émetteur et le titulaire de la carte que ce dernier n'est libéré de sa responsabilité au cas de vol de la carte que lorsqu'il a fait opposition régulière. • Com. 2 déc. 1980, ☎ n° 79-11.231 P : *D. 1981. IR 352, obs. Vasseur ; RTD com. 1981. 578, obs. Cabrillac et Teyssié.* ♦ L'autorisation donnée par un établissement émetteur d'une carte de paiement en vue de son utilisation, avec maintien de sa garantie de l'existence de la provision en faveur du destinataire des fonds, pour un montant supérieur à celui des opérations courantes, n'emporte pas renonciation de la part de cet établissement à invoquer contre le titulaire de la carte les stipulations souscrites par lui pour le cas d'opposition tardive après perte ou vol. • Com. 9 avr. 1996, ☎ n° 94-15.408 : *RTD com. 1996. 510, obs. Cabrillac* ✎. ♦ Sur l'obligation, le cas échéant, de déclarer le vol simultané de la carte et du code confidentiel, V. • Com. 18 avr. 1989, ☎ n° 87-12.166 P : *D. 1991. Somm. 40, obs. Vasseur* ✎. ♦ Mais la clause de la convention de compte bancaire qui stipule que « toute opposition qui n'a pas fait l'objet d'une déclaration écrite doit être confirmée sans délai par écrit à l'agence où est ouvert le compte sur lequel fonctionne la carte » est abusive, en ce qu'elle donne à penser que seule une déclaration écrite rend efficace l'opposition, alors qu'une opposition verbale dont il peut être justifié est suffisante. • TGI Paris, 9 nov. 2005 : *D. 2006. AJ 295, obs. Avena-Robardet* ✎ ; *RJDA 2006, n° 469.*

11. Date de l'opposition. Le paiement par carte bancaire s'analysant non comme un ordre de virement mais comme un paiement comptant, le commerçant bénéficiaire acquiert un droit sur la provision dès l'inscription de celle-ci au crédit de son compte, c'est-à-dire dès le traitement de l'opération en chambre de compensation. Par conséquent, doit être déclarée comme tardive l'opposition à un ordre de paiement donné par carte bancaire en faveur d'une société en redressement judiciaire formée plusieurs jours après le traitement de l'opération en chambre de compensation, peu important le fait qu'elle soit intervenue avant l'inscription du montant du paiement au débit du titulaire de la carte. • Paris, 18 avr. 2000 : *BRDA 2000, n° 14, p. 11.* ♦ Comp., attribuant un effet immédiat à l'opposition : • Montpellier, 27 avr. 2004 : *JCP E 2005, n° 21, p. 871, obs. Stoufflet.*

12. Responsabilité de l'émetteur. Une banque, professionnelle avertie, et réceptionnaire d'un ordre d'opposition téléphonique, ne peut se borner, pour la rejeter, à un seul traitement sur la numérotation de la carte donnée par son titulaire, sans aucune vérification avec la concordance des cartes en cours de validité du titulaire du compte. • Orléans, 21 mars 2002 : *JCP E 2003, n° 38, p. 1458.* ♦ L'opposition téléphonique formulée à la suite du vol d'une carte et non confirmée par écrit, doit être considérée comme étant valablement formée, la confirmation écrite de l'opposition exigée aux termes des conditions générales d'utilisation contenues dans le contrat ne pouvant s'analyser comme une condition de validité de l'opposition. • Caen, 24 juin 1993 : *JCP 1993. IV. 2471 ; Rev. huiss. 1994. 64, note Hesbert.* ♦ Justifie légalement sa décision d'ordonner le remboursement par la banque des sommes retirées à un distributeur le lendemain d'un vol d'une carte bancaire, alors que le client le jour même du vol en avait informé la banque en indiquant que le code confidentiel n'était pas joint

à la carte, le tribunal qui retient qu'une opposition a été portée à la connaissance de la banque et que celle-ci « n'a pas utilisé tous les moyens mis à sa disposition pour que les retraits ne soient pas effectués et n'a donc pas satisfait à l'obligation de moyens qui pèse sur elle ». • Com. 8 oct. 1991, n° 88-19.899 P : *D. 1991. 581, concl. Jéol et note Vasseur* ; *JCP E 1992. II. 254, note Gavalda*. ♦ L'organisme émetteur commet une faute en réglant, après réception de l'opposition, des factures qui lui seraient parvenues même avant la déclaration de vol. • Paris, 27 avr. 1982 : *D. 1982. IR 499, obs. Vasseur ; RTD com. 1983. 107, obs. Cabrillac et Teyssié* • 16 oct. 1984 : *D. 1985. IR 343, obs. Vasseur.* ♦ La banque engage sa responsabilité en autorisant une opération avec une carte volée à propos de laquelle elle avait reçu une opposition plus d'une demi-heure auparavant. • T. com. Strasbourg, 10 janv. 1992 : *Gaz. Pal. 1993. 1. Somm. 184.* ♦ Dès lors que le commerçant a reçu l'autorisation, il suffit qu'il ait procédé à une simple vérification de conformité des signatures. • Même jugement.

13. Utilisation abusive de la carte par un salarié. Bien que, aux termes des conditions générales du contrat, le titulaire de la carte et la personne morale qui en a sollicité l'établissement demeurent, en dehors des cas de perte et de vol, solidairement responsables du règlement de toutes les dépenses qui auraient été effectuées avec la carte, lorsque celle-ci n'a été ni perdue ni volée, mais retenue par un salarié indélicat contre le gré de son employeur, il appartient à l'établissement émetteur, après avoir reçu opposition à l'utilisation de cette carte, de mettre en œuvre tous les moyens à sa disposition pour éviter que les retraits et ordres de paiement soient effectués. • Com. 20 oct. 1998, n° 96-10.259 P : *D. Affaires 1998. 1859, obs. X. D. ; RTD com. 1999. 174, obs. Cabrillac ; JCP E 1999, n° 25, p. 1101, note Devèze ; CCC 1999, n° 2, obs. Leveneur.*

14. Responsabilité du titulaire. Il convient de prendre en considération la responsabilité éventuelle du titulaire de la carte, s'il n'y a pas apposé sa signature. • Aix-en-Provence, 25 févr. 1980 : *D. 1981. IR 506, obs. Vasseur.* ♦ ... Ou s'il a commis une négligence, par exemple en ne dissimulant pas suffisamment le code confidentiel. • Versailles, 17 janv. 1980 : *RTD com. 1980. 556, obs. Cabrillac et Teyssié ; JCP 1981. I. 3048, obs. Gavalda et Stoufflet* • Paris, 1er déc. 1980 : *D. 1981. 369, note Gavalda* • Chambéry, 5 mars 2002 : *JCP 2002. IV. 2639.* ♦ Pour un partage de responsabilité entre le client qui, en faisant opposition, communique un numéro de carte erroné à la banque, et cette dernière qui ne s'en est pas aperçue, V. • Paris, 21 mars 1990 : *D. 1990. IR 89 ; Rev. dr. bancaire 1991. 23, obs. Crédot et Gérard.* ♦ Comp., retenant la seule responsabilité de la banque : • Orléans, 21 mars 2002 : *préc. note 12.* ♦ Jugé qu'est particulièrement négligent le client de la banque qui a déclaré la perte de sa carte plus de quinze jours après sa disparition, V. • Paris, 17 déc. 1992 : *JCP E 1993. Pan. 349.* ♦ Le titulaire d'une carte de paiement qui, par contrat, a autorisé sa banque à débiter son compte pour les achats effectués sans factures signées par lui ou sans utilisation du code confidentiel par téléphone, minitel, audiotex, ne peut, alors qu'il n'a que très tardivement fait opposition sur sa carte, réclamer le remboursement des sommes prélevées frauduleusement sur son compte à la suite des paiements effectués sur internet au moyen de cette carte. • TI Épinal, 11 mai 2000 : *Banque et Dr. 1-2/2001. 52, obs. Guillot.* ♦ Sur le partage de responsabilité en cas de vol d'une carte bancaire déclarée défectueuse par son titulaire, mais conservée par lui dans un endroit où se trouvait aussi l'indication écrite du numéro de code confidentiel, V. • Com. 10 janv. 1995, n° 92-21.975 P : *D. 1995. IR 41.* ♦ Commet une faute lourde le titulaire d'une carte volée qui avait laissé cette carte dans son véhicule et son code confidentiel dans la boîte à gants. • Com. 16 oct. 2012, n° 11-19.981 P : *D. 2013. 407, note Lasserre Capdeville ; RTD com. 2012. 825, obs. Legeais ; JCP E 2012, n° 1680, note Piedelièvre ; RJDA 2013, n° 157.* – V. aussi • Lyon, 3 juin 2004 : *BICC 2004, n° 1903.* ♦ Comp., jugeant que le fait par les titulaires de cartes de crédit de les laisser dans leur véhicule fermé durant la journée en face du restaurant où ils se trouvaient n'est pas constitutif d'une faute ni d'une imprudence, car s'ils les avaient eues avec eux, ils couraient le risque d'être victimes de pickpockets, V. • Paris, 12 déc. 2002 : *Gaz. Pal. 2003. 1. 474, obs. J.-G. M.* ♦ V. aussi notes 1 et 2.

C. PAIEMENT À DISTANCE

BIBL. Lasserre Capdeville, *D. 2009. 2373* (la communication à distance des données figurant sur une carte bancaire vaut-elle mandat de payer ?).

15. Annulation du paiement frauduleux. La responsabilité du titulaire d'une carte n'est pas engagée si le paiement contesté a été effectué frauduleusement, à distance, sans utilisation physique de sa carte et la négligence du titulaire n'est pas de nature à décharger l'émetteur de son obligation de recréditer le montant d'une opération qui a été contestée dans le délai de soixante-dix jours, ou dans celui contractuellement prolongé dans la limite de cent vingt jours. • Com. 12 nov. 2008, n° 07-19.324 P : *D. 2008. AJ 2931, obs. Avena-Robardet ; RTD com. 2009. 186, obs. Legeais ; JCP E 2008, n° 50, p. 9, note Bouteiller ; RJDA 2009, n° 266.* ♦ Dès lors qu'il n'était pas discuté que le paiement était intervenu à distance, sans utilisation physique de la carte ni saisie du code confidentiel, il en résulte pour la banque l'obligation d'annuler le débit

constaté. • Com. 23 juin 2004, n° 02-15.147 P : *D. 2004. AJ 1972* ; *RTD com. 2004. 792, obs. Legeais* ; *JCP E 2005, n° 21, p. 872, obs. Mathey ; Gaz Pal. 2005. Somm. 2046, obs. Piedelièvre ; RJDA 2005, n° 72* (décision rendue sur le fondement de l'art. 1937 C. civ.). ♦ Il incombe au titulaire de la carte de prouver qu'il était resté en possession physique de sa carte, que le paiement effectué était frauduleux ou obtenu à l'aide d'une carte contrefaite. • Paris, 9 déc. 2004 : *JCP E 2005, n° 23, p. 956, note Bouteiller ; RJDA 2006, n° 63.* ♦ Comp., jugeant que le juge a inversé la charge de la preuve en imposant au titulaire de la carte de démontrer la fraude dont il dit avoir été victime alors que l'art. L. 132-4 [ancien] a pour finalité, s'agissant de paiements effectués à distance avec une carte bancaire, de protéger son titulaire dès lors qu'il n'y a pas eu utilisation physique de la carte et/ou communication du code secret, sans lui imposer une preuve très souvent impossible : • Paris, 4 oct. 2007 : *RDBF 2008, n° 22, obs. Caprioli.*

16. Fraude sur internet. Sur l'obligation faite à un fournisseur d'accès à internet, sur le fondement de l'art. 145 NCPC [renommé C. pr. civ.], de communiquer les données permettant l'identification de l'utilisateur frauduleux d'une carte bancaire, V. • TGI Paris, réf., 1er févr. 2002 : *CCE 2003, n° 26, obs. Grynbaum.*

17. Relations banquier/commerçant. V. • Pau, 8 janv. 2007 : *cite note 5 ss. art. L. 133-3.* – V. aussi : • Caen, 2 mars 2006 : *JCP 2007. IV. 1891* • Metz, 21 janv. 2009 : *JCP E 2009, n° 25, p. 19.* ♦ Sur le paiement à distance par carte bancaire et les effets des stipulations contractuelles, V. aussi note 3 ss. art. L. 133-4.

D. SANCTIONS PÉNALES

18. Vol d'une carte. Le voleur d'une carte qui procède à des retraits commet une escroquerie dont il est civilement responsable à l'égard des victimes. • Crim. 19 mai 1987 : *Gaz. Pal. 1988. 1. Somm. 5* • Paris, 28 janv. 1999 : *D. Affaires 1999. 673, obs. X. D.* ♦ Sur la complicité d'escroquerie des fournisseurs qui ont facilité l'infraction, V. • T. corr. Lyon, 29 juin 1988 : *RTD com. 1989. 548, obs. Bouzat.*

19. Détournement d'un numéro de carte. Constitue un abus de confiance le fait de détourner le numéro de carte bancaire communiqué par un client pour un paiement déterminé, et par là même d'en faire un usage non convenu par les parties. • Crim. 14 nov. 2000, n° 99-84.522 P : *RTD com. 2001. 526, obs. Bouloc* .

20. Fausses cartes. V. note 6 ss. art. L. 163-3.

21. Constitution de partie civile. En déclarant recevables les constitutions de partie civile des établissements bancaires victimes des escroqueries, et en condamnant l'auteur à réparer le préjudice découlant directement pour elles de l'infraction commise, un arrêt fait l'exacte application des art. 405 C. pén. [art. 313-1 nouv. C. pén.] et 2 C. pr. pén. • Crim. 3 nov. 1993, n° 92-85.337 : *Banque mars 1994. 97, obs. Guillot.* ♦ Le Groupement des cartes bancaires, dont l'objet est notamment la promotion et la défense des intérêts liés aux cartes bancaires, a, au sens de l'art. 2 C. pr. pén., souffert d'un préjudice du fait des agissements frauduleux retenus à l'encontre d'utilisateurs de cartes bancaires volées, ledit préjudice résultant notamment de l'atteinte portée à la crédibilité du système d'achat par carte. • Paris, 28 janv. 1999 : *préc. note 18.* ♦ Dans le même sens, jugeant recevable la constitution de partie civile, en retenant que le préjudice direct subi par le Groupement des cartes bancaires résulte également de l'accroissement des frais de gestion pour l'organisation de la lutte contre les fraudeurs en sa qualité de responsable de la sécurité du fonctionnement de l'interbancarité qu'il coordonne, V. • Paris, 13 sept. 2000 : *JCP E 2001, n° 10, p. 394.* ♦ Rappr. : • TGI Paris, 25 févr. 2000 : *D. 2000. AJ 219, obs. Delpech* . ♦ La fraude par contrefaçon porte préjudice non seulement au propriétaire de la carte contrefaite mais aussi au banquier détenteur des fonds de son client. • Crim. 14 nov. 2007, n° 06-88.538 P.

II. UTILISATION ABUSIVE OU FRAUDULEUSE DE LA CARTE PAR SON TITULAIRE

22. Délits d'escroquerie ou d'abus de confiance. Au cas de résiliation du contrat conclu avec l'émetteur, le titulaire commet une escroquerie s'il continue à utiliser la carte. • T. corr. Paris, 16 août 1974 : *RTD com. 1975. 157, obs. Cabrillac et Rives-Lange.* ♦ A été qualifié d'abus de confiance l'emploi d'une carte périmée que le titulaire s'est refusé à rendre. • T. corr. Créteil, 15 janv. 1985 : *D. 1985. IR 344, obs. Vasseur.* ♦ ... Ou l'emploi aux fins personnelles du salarié de la « carte société ». • Crim. 19 mai 2004, n° 03-83.675 P : *D. 2004. Somm. 2748, obs. de Lamy* ; *RTD com. 2004. 824, obs. Bouloc* ; *AJ pénal 2004. 325, obs. Girault* . ♦ Mais commet une faute l'émetteur de cartes d'entreprise qui ne fait pas suite à la demande de suppression des cartes faite par le titulaire qui, premier informé de la réception des nouvelles cartes, est le maître de leur mise en service et seul à même de prendre l'initiative tendant à l'annulation des cartes anciennes. • Paris, 8 déc. 2005 : *RJDA 2007, n° 191.*

23. Retraits excessifs du titulaire de la carte. L'exécution de retraits successifs supérieurs au montant du crédit disponible au compte ouvert au titulaire ne constitue pas en soi une infraction pénale. • Crim. 24 nov. 1983, n° 82-90.672 P : *D. 1984. 465, note Lucas de Leyssac ; RTD com. 1984. 326, obs. Cabrillac et Teyssié ; JCP 1985. II. 20040, note Croze.* ♦ *Contra,* pour la qualification de vol : • Lyon, 20 avr. 1982 :

D. 1982. 938 • T. corr. Troyes, 27 avr. 1976 : *D. 1977. 122, note Cazals ; RTD com. 1977. 347, obs. Cabrillac et Rives-Lange.* ♦ ... Pour la qualification d'escroquerie : • Douai, 10 mars 1976 : *RTD com. 1976. 584, obs. Cabrillac et Rives-Lange.*

Art. L. 133-20 Après avoir informé son prestataire ou l'entité désignée par celui-ci, conformément à l'article L. 133-17 aux fins de blocage de l'instrument de paiement, le payeur ne supporte aucune conséquence financière résultant de l'utilisation de cet instrument de paiement ou de l'utilisation détournée des données qui lui sont liées, sauf agissement frauduleux de sa part.

SECTION VII *Responsabilité en cas d'opération de paiement mal exécutée*

Art. L. 133-21 Un ordre de paiement exécuté conformément à l'identifiant unique fourni par l'utilisateur du service de paiement est réputé dûment exécuté pour ce qui concerne le bénéficiaire désigné par l'identifiant unique.

Si l'identifiant unique fourni par l'utilisateur du service de paiement est inexact, le prestataire de services de paiement n'est pas responsable de la mauvaise exécution *(L. n° 2018-700 du 3 août 2018, art. 4)* « ou de la non-exécution » de l'opération de paiement.

Toutefois, le prestataire de services de paiement du payeur s'efforce de récupérer les fonds engagés dans l'opération de paiement. *(Ord. n° 2017-1252 du 9 août 2017, art. 2, en vigueur le 13 janv. 2018)* « Le prestataire de services de paiement du bénéficiaire communique au prestataire de services de paiement du payeur toutes les informations utiles pour récupérer les fonds. Si le prestataire de services de paiement du payeur ne parvient pas à récupérer les fonds engagés dans l'opération de paiement, il met à disposition du payeur, à sa demande, les informations qu'il détient pouvant documenter le recours en justice du payeur en vue de récupérer les fonds. »

Si la convention de compte de dépôt ou le contrat-cadre de services de paiement le prévoit, le prestataire de services de paiement peut imputer des frais de recouvrement à l'utilisateur de services de paiement.

Si l'utilisateur de services de paiement fournit des informations en sus de l'identifiant unique ou des informations définies dans la convention de compte de dépôt ou dans le contrat-cadre de services de paiement comme nécessaires aux fins de l'exécution correcte de l'ordre de paiement, le prestataire de services de paiement n'est responsable que de l'exécution de l'opération de paiement conformément à l'identifiant unique fourni par l'utilisateur de services de paiement.

Art. L. 133-22 I. — Lorsque l'ordre de paiement est donné par le payeur, son prestataire de services de paiement est, sous réserve *(L. n° 2018-700 du 3 août 2018, art. 4)* « de l'article L. 133-5, des deuxième et troisième alinéas de l'article L. 133-21 et de l'article L. 133-24 », responsable de la bonne exécution de l'opération de paiement à l'égard du payeur jusqu'à réception du montant de l'opération de paiement, conformément au I de l'article L. 133-13, par le prestataire de services de paiement du bénéficiaire. Ensuite, le prestataire de services de paiement du bénéficiaire est responsable de la bonne exécution de l'opération de paiement à l'égard du bénéficiaire.

Lorsque le prestataire de services de paiement du payeur est responsable, au titre du premier alinéa, de l'opération de paiement mal exécutée, il restitue sans tarder son montant au payeur. Si besoin est, il rétablit le compte débité dans la situation qui aurait prévalu si l'opération de paiement mal exécutée n'avait pas eu lieu. *(Ord. n° 2017-1252 du 9 août 2017, art. 2, en vigueur le 13 janv. 2018)* « La date de valeur à laquelle le compte de paiement du payeur est crédité n'est pas postérieure à la date à laquelle il a été débité. »

Lorsque le prestataire de services de paiement du bénéficiaire est responsable, au titre du premier alinéa, il met immédiatement le montant de l'opération de paiement à la disposition du bénéficiaire et, si besoin est, crédite son compte du montant correspondant. *(Ord. n° 2017-1252 du 9 août 2017, art. 2, en vigueur le 13 janv. 2018)* « La date de valeur à laquelle le compte de paiement du bénéficiaire a été crédité n'est pas postérieure à la date de valeur qui lui aurait été attribuée si l'opération avait été correctement exécutée.

« Lorsqu'une opération de paiement est exécutée tardivement, le prestataire de services de paiement du bénéficiaire veille, à la demande du prestataire de services de paiement du payeur agissant pour le compte du payeur, à ce que la date de valeur à laquelle le compte de paiement du bénéficiaire a été crédité ne soit pas postérieure à la date de valeur qui lui aurait été attribuée si l'opération avait été correctement exécutée. »

II. — Lorsqu'une opération de paiement est *(Ord. n° 2017-1252 du 9 août 2017, art. 2, en vigueur le 13 janv. 2018)* « initiée » par le bénéficiaire ou par le payeur qui donne un ordre de paiement par l'intermédiaire du bénéficiaire, le prestataire de services de paiement du bénéficiaire est, sous réserve *(L. n° 2018-700 du 3 août 2018, art. 4)* « de l'article L. 133-5, des deuxième et troisième alinéas de l'article L. 133-21 et de l'article L. 133-24 », responsable à l'égard du bénéficiaire de la bonne transmission de l'ordre de paiement au prestataire de services de paiement du payeur conformément aux modalités convenues afin de permettre une exécution de l'opération dans le respect du délai prévu au II de l'article L. 133-13.

En cas de défaut de transmission, le prestataire de services de paiement du bénéficiaire retransmet immédiatement l'ordre de paiement au prestataire de services de paiement du payeur, qui devient alors responsable de la bonne exécution de l'opération.

Dès que le montant a été mis à sa disposition par le prestataire de services de paiement du payeur, le prestataire de services de paiement du bénéficiaire redevient responsable à l'égard du bénéficiaire, sous réserve *(L. n° 2018-700 du 3 août 2018, art. 4)* « de l'article L. 133-5, des deuxième et troisième alinéas de l'article L. 133-21 et de l'article L. 133-24 », du traitement immédiat de l'opération de paiement conformément aux obligations qui lui incombent au titre du I de l'article L. 133-14. *(Ord. n° 2017-1252 du 9 août 2017, art. 2, en vigueur le 13 janv. 2018)* « La date de valeur attribuée au montant de cette opération sur le compte de paiement du bénéficiaire n'est pas postérieure à la date de valeur qui lui aurait été attribuée si l'opération avait été correctement exécutée. »

En cas d'opération de paiement mal exécutée, lorsque le prestataire de services de paiement du bénéficiaire n'est pas responsable, le prestataire de services de paiement du payeur, dont la responsabilité est dès lors engagée, restitue au payeur, si besoin est et sans tarder, le montant de l'opération de paiement mal exécutée et rétablit le compte débité dans la situation qui aurait prévalu si l'opération de paiement mal exécutée n'avait pas eu lieu. *(Ord. n° 2017-1252 du 9 août 2017, art. 2, en vigueur le 13 janv. 2018)* « La date de valeur attribuée au montant de l'opération sur le compte de paiement du payeur n'est pas postérieure à la date de valeur qui lui aurait été attribuée si l'opération avait été correctement exécutée.

« Toutefois, lorsque le prestataire de services de paiement du payeur prouve que le prestataire de services de paiement du bénéficiaire a reçu le montant de l'opération de paiement, l'obligation prévue au précédent alinéa ne s'applique pas, quand bien même l'exécution de l'opération de paiement était retardée. Dans ce cas, le prestataire de services de paiement du bénéficiaire attribue une date de valeur au montant de cette opération sur le compte de paiement du bénéficiaire qui n'est pas postérieure à la date de valeur qui lui aurait été attribuée si l'opération avait été correctement exécutée.

« En cas de transmission tardive de l'ordre de paiement, la date de valeur attribuée au montant de l'opération sur le compte de paiement du bénéficiaire n'est pas postérieure à la date de valeur qui lui aurait été attribuée si l'opération avait été correctement exécutée. »

III. — Dans le cas d'une opération de paiement mal exécutée, sans préjudice de sa responsabilité, le prestataire de services de paiement de l'utilisateur s'efforce immédiatement, sur sa demande, de retrouver la trace de l'opération de paiement et notifie le résultat de sa recherche à son utilisateur *(Ord. n° 2017-1252 du 9 août 2017, art. 2, en vigueur le 13 janv. 2018)* « , sans frais pour celui-ci. »

IV. — Les prestataires de services de paiement sont redevables, vis-à-vis de leurs utilisateurs de services de paiement respectifs, des frais et des intérêts supportés par l'utilisateur de services de paiement imputables à la *(L. n° 2018-700 du 3 août 2018, art. 4)* « non-exécution, la mauvaise exécution ou l'exécution tardive » de l'opération de paiement dont ils sont responsables. — *V. art. D. 133-4 C. mon. fin.*

Art. L. 133-22-1 *(Ord. n° 2017-1252 du 9 août 2017, art. 2, en vigueur le 13 janv. 2018)* Sans préjudice des dispositions des deuxième et troisième alinéas de l'article L. 133-21 et de l'article L. 133-24, lorsqu'un ordre de paiement est initié par le payeur par l'intermédiaire d'un prestataire de services de paiement fournissant un service d'initiation de paiement, le prestataire de services de paiement gestionnaire du compte rembourse au payeur le montant de l'opération de paiement non exécutée ou mal exécutée et, le cas échéant, rétablit le compte de paiement débité dans l'état où il se serait trouvé si l'opération de paiement mal exécutée n'avait pas eu lieu.

Art. L. 133-22-2 *(Ord. n° 2017-1252 du 9 août 2017, art. 2, en vigueur le 13 janv. 2018)* Si le prestataire de services de paiement fournissant un service d'initiation de paiement est responsable de la non-exécution, de la mauvaise exécution ou de l'exécution tardive de l'opération de paiement, il indemnise immédiatement le prestataire de services de paiement gestionnaire du compte, à sa demande, pour les pertes subies ou les sommes payées en raison du remboursement du payeur.

SECTION VIII *Modalités pratiques et délais en cas d'opérations de paiement non autorisées ou mal exécutées*

Art. L. 133-23 Lorsqu'un utilisateur de services de paiement nie avoir autorisé une opération de paiement qui a été exécutée, ou affirme que l'opération de paiement n'a pas été exécutée correctement, il incombe à son prestataire de services de paiement de prouver que l'opération en question a été authentifiée, dûment enregistrée et comptabilisée et qu'elle n'a pas été affectée par une déficience technique ou autre.

L'utilisation de l'instrument de paiement telle qu'enregistrée par le prestataire de services de paiement ne suffit pas nécessairement en tant que telle à prouver que l'opération a été autorisée par le payeur ou que celui-ci n'a pas satisfait intentionnellement ou par négligence grave aux obligations lui incombant en la matière. *(Ord. n° 2017-1252 du 9 août 2017, art. 2, en vigueur le 13 janv. 2018)* « Le prestataire de services de paiement, y compris, le cas échéant, le prestataire de services de paiement fournissant un service d'initiation de paiement, fournit des éléments afin de prouver la fraude ou la négligence grave commise par l'utilisateur de services de paiement. »

BIBL. ▶ Gérard, *JCP E 2010, n° 2, p. 40* (utilisation frauduleuse des instruments de paiement).

Charge de la preuve. Il résulte des art. L. 133-19-IV et L. 133-23, dans leur rédaction issue de l'Ord. n° 2009-866 du 15 juill. 2009, que s'il entend faire supporter à l'utilisateur d'un instrument de paiement doté d'un dispositif de sécurité personnalisé les pertes occasionnées par une opération de paiement non autorisée rendue possible par un manquement de cet utilisateur, intentionnel ou par négligence grave, aux obligations mentionnées aux art. L. 133-16 et L. 133-17, le prestataire de services de paiement doit aussi prouver que l'opération en cause a été authentifiée, dûment enregistrée et comptabilisée et qu'elle n'a pas été affectée par une déficience technique ou autre. • Com. 12 nov. 2020, n° 19-12.112 P : *D. 2020. Actu. 2284* ; *RJDA 2021, n° 115 ; Gaz. Pal. 2 févr. 2021, p. 52, note Houin-Bressand.*

Art. L. 133-23-1 *(Ord. n° 2017-1252 du 9 août 2017, art. 2, en vigueur le 13 janv. 2018)* Lorsqu'un utilisateur de services de paiement nie avoir autorisé une opération de paiement qui a été exécutée, ou affirme que l'opération de paiement n'a pas été exécutée correctement, et que l'ordre de paiement est initié par l'intermédiaire d'un prestataire de services de paiement fournissant un service d'initiation de paiement à la demande du payeur, il incombe à ce prestataire de services de paiement de prouver que l'ordre de paiement a été reçu par le prestataire de services de paiement gestionnaire du compte du payeur et que, pour ce qui le concerne, l'opération de paiement a été authentifiée et dûment enregistrée et correctement exécutée*[,]* qu'elle n'a pas été affectée par une déficience technique ou autre en relation avec soit le service qu'il fournit, soit la non-exécution, la mauvaise exécution ou l'exécution tardive de l'opération.

Art. L. 133-24 L'utilisateur de services de paiement signale, sans tarder, à son prestataire de services de paiement une opération de paiement non autorisée ou mal exécutée et au plus tard dans les treize mois suivant la date de débit sous peine de forclusion à moins que le prestataire de services de paiement ne lui ait pas fourni ou n'ait pas mis à sa disposition les informations relatives à cette opération de paiement conformément au chapitre IV du titre Ier du livre III.

Sauf dans les cas où l'utilisateur est une personne physique agissant pour des besoins non professionnels, les parties peuvent *(L. n° 2010-737 du 1er juill. 2010, art. 38-II)* « convenir d'un délai distinct de celui prévu au présent article. »

(Ord. n° 2017-1252 du 9 août 2017, art. 2, en vigueur le 13 janv. 2018) « Les dispositions du présent article s'appliquent, indifféremment de l'intervention d'un prestataire de services de paiement fournissant un service d'initiation de paiement dans l'opération de paiement. »

1. *Réclamation du titulaire.* Jugé sur le fondement de l'anc. art. L. 132-6 que la négligence du titulaire n'est pas de nature à décharger l'émetteur de son obligation de recréditer le montant d'une opération qui a été contestée dans le délai de soixante-dix jours, ou dans celui contractuellement prolongé dans la limite de cent vingt jours. • Com. 12 nov. 2008, n° 07-19.324 P : *cité note 15 ss. art. L. 133-19.*

2. *Forclusion.* Pour rejeter la demande de la banque opposant la forclusion partielle, l'arrêt retient que l'art. L. 133-24 est inséré dans un titre consacré aux instruments de la monnaie scripturale, de sorte qu'un service de paiement qui n'a pas été effectué au moyen d'une monnaie scripturale, tel un retrait d'espèces au guichet de l'agence, n'est pas soumis au délai de forclusion de treize mois. En statuant ainsi, alors que le retrait d'espèces sur un compte de paiement, y compris au guichet d'une agence bancaire, constitue une opération de paiement que, faute d'autorisation ou en cas de mauvaise exécution, l'utilisateur de services de paiement doit signaler à son prestataire de services de paiement sans tarder et au plus tard dans les treize mois de la date de débit sous peine de forclusion, la cour d'appel a violé les art. L. 133-1, L. 133-3, L. 133-24 et L. 314-1. • Com. 24 janv. 2018, n° 16-26.188 P : *D. 2018. Pan. 2109, obs. Synvet ; JCP E 2018, n° 1254, note Lasserre Capdeville ; RJDA 2018, n° 355.*

SECTION IX *Remboursement d'une opération de paiement ordonnée par le bénéficiaire ou par le payeur qui donne un ordre de paiement par l'intermédiaire du bénéficiaire*

Art. L. 133-25 I. — Le payeur a droit au remboursement par son prestataire de services de paiement d'une opération de paiement autorisée, ordonnée par le bénéficiaire ou par le payeur qui donne un ordre de paiement par l'intermédiaire du bénéficiaire, si l'autorisation donnée n'indiquait pas le montant exact de l'opération de paiement et si le montant de l'opération dépassait le montant auquel le payeur pouvait raisonnablement s'attendre en tenant compte du profil de ses dépenses passées, des conditions prévues par son contrat-cadre et des circonstances propres à l'opération.

A la demande du prestataire de services de paiement, le payeur fournit tous éléments relatifs au remboursement demandé.

II. — Dans le cas où le montant de l'opération dépasse le montant auquel le payeur pouvait raisonnablement s'attendre conformément au I, le payeur ne peut invoquer des raisons liées à une opération de change si le taux de change de référence convenu avec son prestataire de services de paiement a été appliqué.

III. — Le payeur présente sa demande de remboursement avant l'expiration d'une période de huit semaines à compter de la date à laquelle les fonds ont été débités. Dans un délai de dix jours ouvrables suivant la réception de la demande de remboursement, le prestataire de services de paiement soit rembourse le montant total de l'opération de paiement, soit justifie son refus de rembourser, en indiquant la possibilité de recourir à la procédure de médiation mentionnée à l'article *(L. n° 2013-100 du 28 janv. 2013, art. 2-V)* « L. 316-1 ».

IV. — Le remboursement prévu dans la présente section correspond au montant total de l'opération de paiement exécutée. *(Ord. n° 2017-1252 du 9 août 2017, art. 2, en vigueur le 13 janv. 2018)* « La date de valeur à laquelle le compte de paiement du payeur est crédité n'est pas postérieure à la date à laquelle il a été débité. »

Art. L. 133-25-1 *(Ord. n° 2017-1252 du 9 août 2017, art. 2, en vigueur le 13 janv. 2018)* Sans préjudice des dispositions prévues à l'article L. 133-25-2, en cas de prélèvements visés à l'article 1er du règlement (UE) n° 260/2012, le payeur jouit d'un droit au remboursement inconditionnel dans les délais fixés à l'article L. 133-25.

Art. L. 133-25-2 Le payeur et son prestataire de services de paiement peuvent convenir dans la convention de compte de dépôt ou dans le contrat-cadre de services de paiement que le payeur n'a pas droit à remboursement lorsqu'il a donné son consentement à l'exécution de l'opération de paiement directement à son prestataire de services de paiement et, le cas échéant, que les informations relatives à la future opération de paiement ont été fournies au payeur ou mises à sa disposition de la manière convenue, au moins quatre semaines avant l'échéance, par le prestataire de services de paiement ou par le bénéficiaire.

SECTION X *Frais applicables*

(Ord. n° 2009-866 du 15 juill. 2009, art. 1er-V, en vigueur le 1er nov. 2009)

Art. L. 133-26 I. — Le prestataire de services de paiement ne peut imputer de frais à l'utilisateur de services de paiement pour l'accomplissement de ses obligations d'information ni pour l'exécution des mesures correctives et préventives en vertu du présent chapitre, sauf cas prévus au IV de l'article L. 133-8, au I de l'article L. 133-10 et à l'article L. 133-21. Les frais mentionnés aux articles précités sont alors convenus entre l'utilisateur de services de paiement et le prestataire de services de paiement et doivent être appropriés et en rapport avec les coûts réellement supportés par le prestataire de services de paiement.

II. — Le montant des frais consécutifs à un incident de paiement autre que le rejet d'un chèque est plafonné dans des conditions fixées par décret, en fonction de la nature et du montant de l'incident, sans excéder en tout état de cause ce dernier montant. — *V. art. D. 133-5 et D. 133-6 C. mon. fin.*

(Ord. n° 2017-1252 du 9 août 2017, art. 2, en vigueur le 13 janv. 2018) « III. — Le prestataire de services de paiement ne peut imputer de frais à l'utilisateur de services de paiement en cas de révocation par le payeur d'un mandat de prélèvement au sens du règlement (UE)

nº 260/2012 du Parlement européen et du Conseil, du 14 mars 2012, sauf cas prévu au IV de l'article L. 133-8.

« IV. — Lorsque l'utilisateur de services de paiement procède à l'information prévue à l'article L. 133-17, le prestataire de services de paiement ne peut facturer éventuellement que les coûts de remplacement directement imputables à cet instrument de paiement. »

Art. L. 133-27 *(Ord. nº 2017-1252 du 9 août 2017, art. 2, en vigueur le 13 janv. 2018)* Le bénéficiaire paie les frais prélevés par son prestataire de services de paiement et le payeur paie les frais prélevés par le sien, lorsque :

1º Une opération de paiement est effectuée à l'intérieur de l'Espace économique européen et que le prestataire de services de paiement du payeur et celui du bénéficiaire sont tous deux situés dans un État membre de l'Union européenne ou d'un autre État partie à l'accord sur l'Espace économique européen ;

2º L'unique prestataire de services de paiement intervenant dans l'opération de paiement est situé dans un État membre de l'Union européenne ou d'un autre État partie à l'accord sur l'Espace économique européen.

SECTION XI *Instruments réservés aux paiements de faibles montants*

(Ord. nº 2009-866 du 15 juill. 2009, art. 1er-V, en vigueur le 1er nov. 2009)

Art. L. 133-28 I. — Un décret définit les montants maximaux de paiement, de dépenses ou de stockage des fonds en dessous desquels les instruments de paiement conçus pour garantir le respect de ces seuils, sont considérés comme réservés aux paiements de faibles montants. — *V. art. D. 133-7 C. mon. fin.*

II. — Pour les instruments mentionnés au I, le prestataire de services de paiement peut convenir avec le payeur que :

1º Le payeur ne pourra pas révoquer l'ordre de paiement après l'avoir transmis ou après avoir donné son consentement à l'exécution de l'opération de paiement au bénéficiaire ;

2º D'autres délais d'exécution que ceux mentionnés à l'article L. 133-13 peuvent s'appliquer ;

3º Le prestataire de services de paiement n'est pas tenu de notifier à l'utilisateur de services de paiement le refus de l'ordre de paiement si l'utilisateur de paiement en a connaissance lors de la passation de son ordre de paiement ;

4º Les II et III de l'article L. 133-15, l'article L. 133-17, le III de l'article L. 133-19 et l'article L. 133-20 peuvent ne pas s'appliquer aux instruments mentionnés au I pour lesquels le prestataire de services de paiement n'a pas la capacité de bloquer le compte ou l'instrument de paiement ;

5º L'article L. 133-18, les I, II et IV de l'article L. 133-19 et *(L. nº 2018-700 du 3 août 2018, art. 4)* « les articles L. 133-20, L. 133-23 et L. 133-23-1 » peuvent ne pas s'appliquer aux instruments mentionnés au présent article si l'instrument est utilisé de manière anonyme ou si le prestataire de services de paiement n'est pas en mesure, pour d'autres raisons inhérentes à l'instrument de paiement, d'apporter la preuve qu'une opération a été autorisée.

....

SECTION XIII *Modalités d'accès aux comptes de paiement*

(Ord. nº 2017-1252 du 9 août 2017, art. 2, en vigueur le 13 janv. 2018)

Art. L. 133-39 I. — Lorsque le paiement est initié au moyen d'un instrument de paiement lié à une carte, le prestataire de services de paiement gestionnaire du compte, à la demande du prestataire de services de paiement émetteur de cet instrument, confirme immédiatement si le montant nécessaire à l'exécution de l'opération de paiement liée à une carte est disponible sur le compte de paiement du payeur, pour autant que l'ensemble des conditions suivantes soient remplies :

1º Le compte de paiement du payeur est accessible en ligne au moment de la demande ;

2º Le payeur a donné son consentement exprès au prestataire de services de paiement gestionnaire du compte pour qu'il réponde aux demandes d'un prestataire de services de paiement donné en vue de confirmer que le montant correspondant à une opération de paiement donnée liée à une carte est disponible sur le compte de paiement du payeur ;

3º Le consentement mentionné au 2º a été donné avant la première demande de confirmation.

II. — Le prestataire de services de paiement émetteur de l'instrument de paiement lié à une carte peut demander la confirmation mentionnée au I si l'ensemble des conditions suivantes sont remplies :

1° Le payeur lui a donné son consentement exprès pour qu'il demande la confirmation mentionnée au I ;

2° Le payeur a initié l'opération de paiement pour le montant en question au moyen d'un instrument de paiement lié à une carte émis par ce prestataire de services de paiement ;

3° Le prestataire de services de paiement s'authentifie auprès du prestataire de services de paiement gestionnaire du compte avant chaque demande de confirmation et communique avec le prestataire de services de paiement gestionnaire du compte dans les conditions prévues par l'acte délégué adopté en vertu de l'article 98.1 de la directive (UE) 2015/2366 du Parlement européen et du Conseil du 25 novembre 2015 *(L. n° 2018-700 du 3 août 2018, art. 4)* « concernant les services de paiement dans le marché intérieur ».

III. — La confirmation ne porte que sur la disponibilité du montant mentionné au II au moment de la demande. Cette réponse n'est ni stockée ni utilisée à d'autres fins que l'exécution d'une opération de paiement liée à une carte. Elle ne permet pas au prestataire de services de paiement gestionnaire du compte de bloquer des fonds sur le compte de paiement du payeur.

IV. — Le payeur peut demander au prestataire de services de paiement gestionnaire du compte de lui communiquer l'identification du prestataire de services de paiement et la réponse qui lui a été transmise.

V. — Les dispositions du présent article ne s'appliquent pas aux opérations de paiement initiées au moyen d'instruments de paiement liés à une carte sur lesquels est stockée de la monnaie électronique au sens de l'article L. 315-1 du présent code.

Jusqu'à la date mentionnée en note ss. l'art. L. 133-40, le 3° du II de l'art. L. 133-39 est remplacé par les dispositions suivantes : « 3° Le prestataire de services de paiement s'authentifie auprès du prestataire de services de paiement gestionnaire du compte avant chaque demande de confirmation. » (Ord. n° 2017-1252 du 9 août 2017, art. 34-X).

Art. L. 133-40 I. — Sous réserve que le compte de paiement soit accessible en ligne, le payeur peut s'adresser à un prestataire de services de paiement de son choix pour obtenir le service d'initiation de paiement mentionné au 7° du II de l'article L. 314-1.

Lorsque le payeur donne son consentement explicite à l'exécution d'un paiement conformément à l'article L. 133-6, le prestataire de services de paiement gestionnaire du compte exécute les actions prévues au III.

II. — Lorsqu'il fournit le service d'initiation de paiement mentionné au 7° du II de l'article L. 314-1, le prestataire de services de paiement :

1° Ne détient à aucun moment les fonds du payeur ayant fait l'objet de l'opération de paiement initiée par le prestataire de services de paiement fournissant le service d'initiation de paiement ;

2° Veille à ce que les données de sécurité personnalisées de l'utilisateur de services de paiement ne soient pas accessibles à d'autres parties que cet utilisateur et l'émetteur desdites données et veille à transmettre celles-ci au moyen de canaux sûrs et efficaces ;

3° Veille à ce que toute autre information relative à l'utilisateur de services de paiement, obtenue lors de la fourniture de services d'initiation de paiement, ne soit communiquée qu'au bénéficiaire et uniquement avec le consentement exprès de l'utilisateur de services de paiement ;

4° S'identifie auprès du prestataire de services de paiement gestionnaire du compte du payeur chaque fois qu'un paiement est initié et communique dans les conditions prévues par l'acte délégué adopté en vertu de l'article 98.1 de la directive (UE) 2015/2366 du Parlement européen et du Conseil du 25 novembre 2015 *(L. n° 2018-700 du 3 août 2018, art. 4)* « concernant les services de paiement dans le marché intérieur » avec le prestataire de services de paiement gestionnaire du compte, le payeur et le bénéficiaire ;

5° Ne stocke pas de données de paiement sensibles concernant l'utilisateur de services de paiement ;

6° Ne demande pas à l'utilisateur de services de paiement des données autres que celles nécessaires pour fournir le service d'initiation de paiement ;

7° N'utilise, ne consulte ou ne stocke des données à des fins autres que la fourniture du service d'initiation de paiement expressément demandée par le payeur ;

8° Ne modifie pas le montant, le bénéficiaire ou tout autre caractéristique de l'opération.

III. — Lorsqu'un utilisateur de services de paiement utilise un service d'initiation de paiement, son prestataire de services de paiement gestionnaire du compte :

1° Communique dans les conditions prévues par l'acte délégué adopté en vertu de l'article 98.1 de la directive (UE) 2015/2366 du Parlement européen et du Conseil du 25 novembre 2015 *(L. n° 2018-700 du 3 août 2018, art. 4)* « précitée » avec le prestataire de services de paiement fournissant le service d'initiation de paiement ;

2° Fournit au prestataire de services de paiement fournissant le service d'initiation de paiement, ou met à sa disposition, immédiatement après réception d'un ordre de paiement, toutes les informations sur l'initiation de l'opération de paiement et toutes les informations auxquelles il a lui-même accès concernant l'exécution de l'opération de paiement ;

3° Traite les ordres de paiement transmis par le prestataire de services fournissant le service d'initiation de paiement sans aucune discrimination autre que fondée sur des raisons objectives, en termes de délai, de priorité ou de frais par rapport aux ordres de paiement transmis directement par le payeur.

IV. — La fourniture de services d'initiation de paiement n'est pas subordonnée à l'existence de relations contractuelles entre les prestataires de services de paiement fournissant le service d'initiation de paiement et les prestataires de services de paiement gestionnaires de comptes.

Le 4° du II et le 1° du III de l'art. L. 133-40 entrent en vigueur dix-huit mois après l'entrée en vigueur de l'acte délégué adopté en vertu de l'art. 98.1 de la Dir. (UE) 2015/2366 du 25 nov. 2015 (Ord. n° 2017-1252 du 9 août 2017, art. 34-VIII).

Jusqu'à la date mentionnée ci-dessus, les prestataires de services de paiement gestionnaires de comptes ne peuvent se prévaloir de leur non-conformité pour bloquer ou entraver l'utilisation de services d'initiation de paiement et de services d'information sur les comptes pour les comptes dont ils sont gestionnaires (Ord. n° 2017-1252 du 9 août 2017, art. 34-XI).

Art. L. 133-41 I. — Sous réserve que son compte de paiement soit accessible en ligne, l'utilisateur de services de paiement peut accéder aux données de ses comptes de paiement par l'intermédiaire d'un prestataire de services de paiement de son choix fournissant le service d'information sur les comptes mentionné au 8° du II de l'article L. 314-1.

II. — Lorsqu'il fournit le service d'information sur les comptes, le prestataire de services de paiement :

1° Recueille le consentement exprès de l'utilisateur de services de paiement ;

2° Veille à ce que les données de sécurité personnalisées de l'utilisateur de services de paiement ne soient pas accessibles à d'autres parties que l'utilisateur et l'émetteur desdites données et veille à transmettre celles-ci de manière sécurisée ;

3° S'identifie, pour chaque session de communication, auprès du ou des prestataires de services de paiement gestionnaires de comptes de l'utilisateur de services de paiement et communique de manière sécurisée dans les conditions prévues par l'acte délégué adopté en vertu de l'article 98.1 de la directive (UE) 2015/2366 du Parlement européen et du Conseil du 25 novembre 2015 *(L. n° 2018-700 du 3 août 2018, art. 4)* « concernant les services de paiement dans le marché intérieur » avec le ou les prestataires de services de paiement gestionnaires de comptes et l'utilisateur de services de paiement ;

4° Accède uniquement aux informations provenant des comptes de paiement désignés par l'utilisateur de services de paiement et des opérations de paiement associées ;

5° Ne demande pas de données de paiement sensibles liées à des comptes de paiement ;

6° N'utilise, ne consulte ou ne stocke des données qu'aux seuls fins de la fourniture du service d'information sur les comptes expressément demandée par l'utilisateur de services de paiement.

III. — Lorsqu'un utilisateur de services de paiement utilise un service d'information sur les comptes, son prestataire de services de paiement gestionnaire du compte :

1° Communique de manière sécurisée dans les conditions prévues par l'acte délégué adopté en vertu de l'article 98.1 de la directive (UE) 2015/2366 du Parlement européen et du Conseil du 25 novembre 2015 *(L. n° 2018-700 du 3 août 2018, art. 4)* « précitée » avec les prestataires de services de paiement fournissant le service d'information sur les comptes ;

2° Traite les demandes de données transmises par les prestataires de services de paiement fournissant le service d'information sur les comptes sans aucune discrimination, autre que fondée sur des raisons objectives.

IV. — La fourniture du service d'information sur les comptes n'est pas subordonnée à l'existence de relations contractuelles entre les prestataires de services de paiement fournissant un service d'information sur les comptes et les prestataires de services de paiement gestionnaires de comptes.

Le 3° du II et le 1° du III de l'art. L. 133-41 entrent en vigueur dix-huit mois après l'entrée en vigueur de l'acte délégué adopté en vertu de l'art. 98.1 de la Dir. (UE) 2015/2366 du 25 nov. 2015 (Ord. n° 2017-1252 du 9 août 2017, art. 34-VIII).

SECTION XIV *Opérations de paiement dont le montant n'est pas connu à l'avance*

(Ord. nº 2017-1252 du 9 août 2017, art. 2, en vigueur le 13 janv. 2018)

Art. L. 133-42 Lorsqu'une opération de paiement est initiée par l'intermédiaire du bénéficiaire dans le cadre d'une opération de paiement liée à une carte et que le montant exact n'est pas connu au moment où le payeur donne son consentement à l'exécution de l'opération de paiement, le prestataire de services de paiement du payeur ne peut bloquer des fonds sur le compte de paiement du payeur que si celui-ci a donné son consentement quant au montant exact des fonds à bloquer.

Art. L. 133-43 Le prestataire de services de paiement du payeur débloque les fonds bloqués sur le compte de paiement du payeur mentionné à l'article L. 133-42 sans retard injustifié après réception des informations sur le montant exact de l'opération de paiement et au plus tard immédiatement après réception de l'ordre de paiement.

SECTION XV *Authentification*

(Ord. nº 2017-1252 du 9 août 2017, art. 2, en vigueur le 13 janv. 2018)

Art. L. 133-44 I. — Le prestataire de services de paiement applique l'authentification forte du client définie au *f* de l'article L. 133-4 lorsque le payeur :

1º Accède à son compte de paiement en ligne ;

2º Initie une opération de paiement électronique ;

3º Exécute une opération par le biais d'un moyen de communication à distance, susceptible de comporter un risque de fraude en matière de paiement ou de toute autre utilisation frauduleuse.

II. — Pour les opérations de paiement électronique à distance, l'authentification forte du client définie au *f* de l'article L. 133-4 comporte des éléments qui établissent un lien dynamique entre l'opération, le montant et le bénéficiaire donnés.

III. — En ce qui concerne l'obligation du I, les prestataires de services de paiement mettent en place des mesures de sécurité adéquates afin de protéger la confidentialité et l'intégrité des données de sécurité personnalisées des utilisateurs de services de paiement.

IV. — Le prestataire de services de paiement gestionnaire du compte autorise le prestataire de services de paiement fournissant un service d'initiation de paiement et le prestataire de services de paiement fournissant le service d'information sur les comptes à se fonder sur ses procédures d'authentification lorsqu'ils agissent pour l'un de leurs utilisateurs conformément aux I et III et, lorsque le prestataire de services de paiement fournissant le service d'initiation de paiement intervient, conformément aux I, II et III.

Les I, II et III de l'art. L. 133-44 entrent en vigueur dix-huit mois après l'entrée en vigueur de l'acte délégué adopté en vertu de l'art. 98.1 de la Dir. (UE) 2015/2366 du 25 nov. 2015 (Ord. nº 2017-1252 du 9 août 2017, art. 34-VIII).

Jusqu'à la date mentionnée ci-dessus, le IV de l'art. L. 133-44 est remplacé par les dispositions suivantes : « IV. — Le prestataire de services de paiement gestionnaire du compte autorise le prestataire de services de paiement fournissant un service d'initiation de paiement et le prestataire de services de paiement fournissant le service d'information sur les comptes à se fonder sur ses procédures d'authentification lorsqu'ils agissent pour l'un de leurs utilisateurs. » (Ord. nº 2017-1252 du 9 août 2017, art. 34-IX).

SECTION XVI *Traitement des réclamations*

(Ord. nº 2017-1252 du 9 août 2017, art. 2, en vigueur le 13 janv. 2018)

Art. L. 133-45 Les prestataires de services de paiement mettent en place et appliquent des procédures destinées au traitement des réclamations des utilisateurs de services de paiement portant sur le respect des dispositions de la section V du chapitre II du titre Ier du livre Ier, du chapitre III du titre III du livre Ier, du chapitre IV du titre Ier du livre III et du chapitre Ier du titre II du livre V.

Ces procédures sont accessibles dans une des langues officielles de l'État membre concerné ou dans une autre langue si le prestataire de services de paiement mentionné à l'alinéa premier et l'utilisateur de services de paiement en sont convenus ainsi.

Les prestataires de services de paiement mentionnés à l'alinéa premier répondent sur support papier ou, s'ils en sont convenus ainsi avec l'utilisateur de services de paiement, sur un autre support durable, aux réclamations des utilisateurs de services de paiement.

Cette réponse aborde tous les points soulevés dans la réclamation et est transmise dans les meilleurs délais et au plus tard dans les quinze jours ouvrables suivant la réception de la réclamation.

Dans des situations exceptionnelles, si une réponse ne peut être donnée dans les quinze jours ouvrables pour des raisons échappant au contrôle du prestataire de services de paiement, celui-ci envoie une réponse d'attente motivant clairement le délai complémentaire nécessaire pour répondre à la réclamation et précisant la date ultime à laquelle l'utilisateur de services de paiement recevra une réponse définitive. En tout état de cause, l'utilisateur de services de paiement reçoit une réponse définitive au plus tard trente-cinq jours ouvrables suivant la réception de la réclamation.

(L. n° 2018-700 du 3 août 2018, art. 4) « Lorsque l'utilisateur de services de paiement est un consommateur, le prestataire de services de paiement l'informe d'au moins une instance » de règlement extrajudiciaire compétente pour connaître des litiges résultant de l'application des dispositions de la section V du chapitre II du titre Ier du livre Ier, du chapitre III du titre III du livre Ier, du chapitre IV du titre Ier du livre III et du chapitre Ier du titre II du livre V. Ces informations sont mentionnées de manière claire, complète et aisément accessible sur le site internet du prestataire de services de paiement, quand il en existe *[un]*, auprès de la succursale ou de tout autre lieu de commercialisation de services de paiement, et dans les conditions générales du contrat conclu entre le prestataire de services de paiement et l'utilisateur de services de paiement. Il y est également précisé comment de plus amples informations sur l'instance de règlement extrajudiciaire concernée et sur les conditions d'un tel recours peuvent être obtenues.

(L. n° 2018-700 du 3 août 2018, art. 4) « Lorsque l'utilisateur de services de paiement n'est pas un consommateur, le prestataire de services de paiement l'informe de l'existence ou non d'une instance de règlement extrajudiciaire telle que définie à l'avant-dernier alinéa du présent article. »

TITRE VI Dispositions pénales

....

CHAPITRE III *Infractions relatives aux chèques et aux autres instruments de la monnaie scripturale* (*Ord. n° 2009-866 du 15 juill. 2009, art. 2-IV*).

Art. L. 163-1 Est puni d'une amende de 6 000 € le fait, pour le tiré, de refuser le paiement d'un chèque hors les cas mentionnés au deuxième alinéa de l'article L. 131-35, au motif que le tireur y a fait opposition. — *[Décr.-L. du 30 oct. 1935, art. 65-1 A.]*

Art. L. 163-2 Est puni d'un emprisonnement de cinq ans et d'une amende de 375 000 €, le fait pour toute personne d'effectuer après l'émission d'un chèque, dans l'intention de porter atteinte aux droits d'autrui, le retrait de tout ou partie de la provision, par transfert, virement ou quelque moyen que ce soit, ou de faire dans les mêmes conditions défense au tiré de payer.

Est puni des mêmes peines le fait, pour toute personne, d'accepter de recevoir ou d'endosser en connaissance de cause un chèque émis dans les conditions définies à l'alinéa précédent.

Est puni des mêmes peines le fait, pour toute personne, d'émettre un ou plusieurs chèques au mépris de l'injonction qui lui a été adressée en application de l'article L. 131-73.

Est puni des mêmes peines le fait, pour un mandataire, d'émettre, en connaissance de cause, un ou plusieurs chèques dont l'émission était interdite à son mandant en application de l'article L. 131-73.

Pour la recherche, la poursuite, l'instruction et le jugement des infractions mentionnées aux alinéas précédents, le tribunal du lieu où le chèque est payable est compétent, sans préjudice de l'application des articles 43, 52 et 382 du code de procédure pénale. — *[Décr.-L. du 30 oct. 1935, art. 66 et 75.]*

A. JURISPRUDENCE ANTÉRIEURE À LA LOI DU 30 DÉC. 1991

1. Retrait ou blocage de la provision. Commet une infraction, le tireur qui, ayant conscience de porter atteinte aux droits d'autrui, procède au retrait ou au blocage de la provision. • Crim. 13 avr. 1983, n° 82-92.898 P : *D. 1984. 461, note Bouloc ; RTD com. 1983. 439, obs. Cabrillac et Teyssié* • 5 oct. 1983, n° 83-91.209 P : *D. 1984. 461, note Bouloc ; RTD com. 1984. 120, obs. Cabrillac et Teyssié.* ♦ Pour un arrêt ayant déclaré le gérant d'une société, coupable de défense au tiré de payer un chèque émis sur son compte personnel et remis, à titre de cautionnement de la société, à un créancier de celle-ci, au motif que tant la dénonciation du vol imaginaire du chèque que l'opposition subséquente, formalisées quelques jours avant la déclaration de cessation des paiements de la société, ont constitué une manœuvre du prévenu pour éluder ses engagements avec l'intention de porter atteinte aux droits du bénéficiaire du chèque, V. • Crim. 4 janv. 1996, n° 94-85.465 P.

2. Intention dolosive. Il est nécessaire de caractériser l'élément moral de l'infraction qui ne repose pas sur la seule mauvaise foi du prévenu. • Crim. 17 juill. 1980, n° 78-94.172 P : *JCP 1981. II. 19589, note Gavalda.* ♦ La seule connaissance par le tireur de l'absence de provision ne dispense pas les juges du fond de rechercher si le prévenu avait l'intention de porter atteinte aux droits d'autrui et ne suffit pas à caractériser le délit dans son élément intentionnel. • Crim. 5 oct. 1983, n° 83-91.209 P : *préc. note 1.* – V. aussi • Crim. 10 janv. 1991, n° 90-84.292 P : *D. 1991. IR 64.* ♦ Il est du pouvoir souverain des juges du fond d'apprécier l'existence de l'intention de porter atteinte aux droits d'autrui. • Crim. 13 avr. 1983, n° 82-92.898 P : *préc. note 1.*

N'a pas eu l'intention de porter atteinte aux droits d'autrui le tireur qui a confié en dépôt à un huissier un chèque que ce dernier ne devait remettre à son bénéficiaire qu'après apurement d'un contentieux entre eux, et qui a fait opposition au paiement dès qu'il a su que l'huissier avait donné l'effet à son adversaire en violation de ses instructions. • Douai, 16 mai 1991 : *BICC 1991, n° 1680.* ♦ A l'intention de porter atteinte aux droits du bénéficiaire du chèque le prévenu qui, en faisant défense au tiré de payer ce chèque, a eu conscience que celui-ci serait impayé à sa présentation, et la volonté de le laisser impayé. • Crim. 3 avr. 1979, n° 78-91.889 P : *D. 1980. IR 134, obs. Cabrillac.* ♦ Pour un tireur faisant défense au tiré de payer deux chèques qu'il avait émis, non datés, en prétendant la perte de ces derniers, mais où il apparaît que le tireur voulait éviter le paiement, V. • Crim. 27 sept. 2006, n° 06-83.454 : *Gaz. Pal. 2007. 3344, obs. Lasserre Capdeville ; RDBF 2007, n° 90, obs. Crédot et Samin ; Dr. pénal 2007, n° 38, obs. Robert.* ♦ Sur la preuve de l'intention délictuelle, à partir de l'irrégularité de la date d'émission du chèque, V. • Crim. 16 nov. 1974, n° 74-90.491 P. – Comp. : • Crim. 21 oct. 1985 : *D. 1986. IR 406, obs. Roujou de Boubée ; RTD com. 1987. 85, obs. Cabrillac et Teyssié.*

3. Droit international. L'émission par un étranger en France d'un chèque payable dans un pays étranger entre dans le champ d'application de la loi pénale française. • TGI Paris, 21 avr. 1987 : *D. 1988. IR 50, obs. crit. Cabrillac.* ♦ En revanche, en application des dispositions de l'art. 689, al. 2, C. pr. pén., un citoyen français, résidant hors du territoire de la République, qui a fait opposition au paiement d'un chèque payable à l'étranger, ne peut être poursuivi, selon les termes de l'art. 66 [C. mon. fin., art. L. 163-2], dès lors que le fait reproché n'est pas puni par la législation du pays où il a été commis. • Paris, 24 oct. 1989 : *D. 1991. Somm. 218, obs. Cabrillac.*

4. Réception illicite. Le délit était constitué au cas de réception d'un chèque sans provision par un préposé dès lors que l'élément moral apparaissait en la personne du commettant. • Crim. 23 mars 1965, n° 64-92.879 P • 26 nov. 1974, n° 74-90.491 P : *Gaz. Pal. 1975. 1. Somm. 1.* ♦ Il en allait autrement, au cas de seule réception matérielle du titre. • Crim. 10 mai 1978, n° 77-93.596 P : *D. 1978. IR 440, obs. Cabrillac.* ♦ ... Ou de la simple réception pour encaissement par un banquier. • Paris, 9 juill. 1969 : *Banque 1969. 829.*

Sur l'infraction commise par le bénéficiaire d'un chèque « de garantie » sans provision, V. Bouteron, *Gaz. Pal. 1954. 1. Doctr. 15* • Crim. 12 juill. 1961 : *Banque 1961. 823, obs. Marin* • 8 déc. 1955 : *D. 1956. 698, note Derrida* • 8 déc. 1953 : *D. 1954. 437, note Vouin.*

B. APPLICATION DANS LE TEMPS DE LA LOI DU 30 DÉC. 1991

5. Loi pénale plus douce. Sur les effets du principe de rétroactivité de la loi pénale plus douce, s'agissant de l'abrogation de l'infraction d'émission de chèque sans provision, V. • Paris, 9 févr. 1992 : *JCP 1992. IV. 1757.*

6. Entrée en vigueur. Bien qu'il ait été commis avant le 1er juin 1992, le délit d'émission de chèque sans provision malgré une injonction bancaire, tel qu'il était prévu par l'art. 69 du Décr.-L. du 30 oct. 1935 dans sa rédaction antérieure à la loi du 30 déc. 1991, entre dans les prévisions de l'art. 66, al. 3, dans sa rédaction issue de ladite loi [C. mon. fin., art. L. 163-2, al. 3] et demeure punissable dans les limites des peines maximales prévues par ce texte. • Crim. 29 juin 1993, n° 92-83.749 P : *JCP E 1993. Pan. 1288.* ♦ Il importe que le Décr. n° 92-456 du 22 mai 1992 ait prévu, pour l'avenir, les modalités dans lesquelles seraient délivrées les injonctions prévues par l'art. 65-3 du Décr.-L. [C. mon. fin., art. L. 131-73], ses dispositions étant sans effet sur les poursuites régulièrement engagées avant son entrée en vigueur. • Même arrêt.

Art. L. 163-3 **Est puni d'un emprisonnement de** *(L. n° 2019-222 du 23 mars 2019, art. 61, en vigueur le 1er sept. 2019)* **« cinq ans et d'une amende de 375 000 €** *[ancienne rédaction : sept ans et d'une amende de 750 000 €]* **» le fait pour toute personne :**

1. De contrefaire ou de falsifier un chèque *(Ord. n° 2009-866 du 15 juill. 2009, art. 2-IV, en vigueur le 1er nov. 2009)* **« ou un autre instrument mentionné à l'article L. 133-4 » ;**

2. De faire ou de tenter de faire usage, en connaissance de cause, d'un chèque *(Ord. n° 2009-866 du 15 juill. 2009, art. 2-IV, en vigueur le 1er nov. 2009)* « ou un autre instrument mentionné à l'article L. 133-4 » *(L. n° 2007-1544 du 29 oct. 2007, art. 41-IV)* « contrefaisant » ou falsifié ;

3. D'accepter, en connaissance de cause, de recevoir un *(Ord. n° 2009-866 du 15 juill. 2009, art. 2-IV, en vigueur le 1er nov. 2009)* « paiement au moyen d'un » chèque *(Ord. n° 2009-866 du 15 juill. 2009, art. 2-IV, en vigueur le 1er nov. 2009)* « ou d'un autre instrument mentionné à l'article L. 133-4 » *(L. n° 2007-1544 du 29 oct. 2007, art. 41-IV)* « contrefaisant » ou falsifié. — *[Décr.-L. du 30 oct. 1935, art. 67.]*

BIBL. ► LASSERRE CAPDEVILLE, *Banque et Dr. 5-6/2005. 26* (répression de la fraude à la carte bancaire).

1. Élément intentionnel. Sur la déduction à partir d'expertises psychiatriques de la conscience qu'a eue le prévenu de commettre les faits qui lui sont reprochés, V. • Crim. 25 nov. 1985 : *Gaz. Pal. 1986. 2. Somm. 266.*

2. Préjudice. L'existence d'un préjudice n'est pas un élément constitutif de la contrefaçon de chèques et usage. • Crim. 8 janv. 2003, n° 02-82.433 P : *D. 2003. 2037, note Djoudi ; JCP E 2003, n° 11, p. 439 ; Dr. pénal 2003, n° 48, obs. Robert ; RTD com. 2003. 580, obs. Bouloc.*

3. Signature inhabituelle. Commet le délit prévu au texte, le titulaire d'un chéquier qui, après avoir faussement prétendu avoir été volé, a apposé une signature de fantaisie sur une formule de chèque et fait opposition à son paiement. • Crim. 28 janv. 1964 : *Rev. dr. pén. 1964. 323.*

4. Fausses certifications. Jugé que la remise de chèques revêtus de fausses certifications du tiré s'analyse non pas en falsification de chèques dont les mentions ne sont pas altérées, et usage de chèques falsifiés, mais en faux en écritures de banque et usage de ces faux. • Paris, 30 juin 1989 : *D. 1990. Somm. 119, obs. crit. Cabrillac.*

5. Contrefaçon de carte bancaire. Pour un exemple de condamnation sur ce fondement : • TGI Paris, 25 févr. 2000 : *D. 2000. AJ 219, obs. Delpech* (conf. par • Paris, 6 déc. 2000 : *CCE 2001, n° 28, obs. Le Stanc*). ♦ L'utilisation frauduleuse d'une carte bancaire en raison de sa contrefaçon porte préjudice non seulement au propriétaire mais encore au détenteur et possesseur des sommes détournées (banque émettrice). • Crim. 14 nov. 2007, n° 06-88.538 P : *D. 2008. 759, note Lasserre Capdeville ; RTD civ. 2008. 309, obs. Jourdain ; RJDA 2008, n° 707.*

6. Fausses cartes. Sur la condamnation d'un établissement de crédit à restituer à sa cliente le retrait effectué sur son compte avec une fausse carte de crédit, retrait dont le montant dépassait le plafond journalier, ce qui suffisait à prouver l'existence d'un dysfonctionnement imputable à la banque, qui est tenue d'assurer à ses clients une sécurité parfaite dans le déroulement des opérations de retrait, V. • TGI Paris, 23 nov. 2000 : *D. 2001. AJ 475, obs. Avena-Robardet.*

Art. L. 163-4 *(L. n° 2001-1062 du 15 nov. 2001)* **Est puni de sept ans d'emprisonnement et de 750 000 € d'amende le fait, pour toute personne, de fabriquer, d'acquérir, de détenir, de céder, d'offrir ou de mettre à disposition des équipements, instruments, programmes informatiques ou toutes données conçus ou spécialement adaptés pour commettre les infractions prévues au 1° de l'article L. 163-3** *(Abrogé par Ord. n° 2009-866 du 15 juill. 2009, art. 2-IV) « et au 1° de l'article L. 163-4 ». — Anc. art. L. 163-4-1 (Ord. n° 2009-866 du 15 juill. 2009, art. 2-IV et 21, en vigueur le 1er nov. 2009).*

Art. L. 163-4-1 *(L. n° 2001-1062 du 15 nov. 2001)* **La tentative des délits prévus au 1° de l'article L. 163-3** *(Abrogé par Ord. n° 2009-866 du 15 juill. 2009, art. 2-IV) « , au 1° de l'article L. 163-4 »* **et à l'article** *(Ord. n° 2009-866 du 15 juill. 2009, art. 2-IV)* **« L. 163-4 » est punie des mêmes peines.** — *Anc. art. L. 163-4-2 (Ord. n° 2009-866 du 15 juill. 2009, art. 2-IV et 21, en vigueur le 1er nov. 2009).*

Art. L. 163-4-2 *(L. n° 2011-267 du 14 mars 2011, art. 3-I)* **Les peines encourues sont portées à dix ans d'emprisonnement et un million d'euros d'amende lorsque les infractions prévues aux articles L. 163-3, L. 163-4 et L. 163-4-1 sont commises en bande organisée.**

Art. L. 163-5 *(L. n° 2001-1062 du 15 nov. 2001)* **La confiscation, aux fins de destruction, des chèques et** *(Ord. n° 2009-866 du 15 juill. 2009, art. 2-IV, en vigueur le 1er nov. 2009)* **« autres instruments mentionnés à l'article L. 133-4 »** *(L. n° 2007-1544 du 29 oct. 2007, art. 41-IV)* **« contrefaisants » ou falsifiés est obligatoire dans les cas prévus aux articles L. 163-3 à L. 163-4-1. Est également obligatoire la confiscation des matières, machines, appareils, instruments, programmes informatiques ou de toutes données qui ont servi ou étaient destinés à servir à la fabrication desdits** *(Ord. n° 2009-866 du 15 juill. 2009, art. 2-IV, en vigueur le 1er nov. 2009)* **« instruments », sauf lorsqu'ils ont été utilisés à l'insu du propriétaire.**

*Sur la répression des falsifications des cartes de crédit ou de paiement, V. aussi C. pén., art. 323-1 à 323-7, applicables à compter du 1er mars 1994. — **C. pén.***

Art. L. 163-6 *(L. nº 2001-1062 du 15 nov. 2001)* **« Dans tous les cas prévus aux articles L. 163-2 à L. 163-4-1 et L. 163-7, le tribunal peut prononcer l'interdiction des droits civiques, civils et de famille prévue par l'article 131-26 du code pénal ainsi que l'interdiction, pour une durée de cinq ans au plus, d'exercer une activité professionnelle ou sociale, en application des dispositions des articles 131-27 et 131-28 du code pénal. »**

Dans les mêmes cas, il peut interdire au condamné, pour une durée de cinq ans, d'émettre des chèques autres que ceux qui permettent exclusivement le retrait de fonds par le tireur auprès du tiré ou ceux qui sont certifiés. Cette interdiction peut être déclarée exécutoire par provision. Elle est assortie d'une injonction adressée au condamné d'avoir à restituer aux banquiers qui les avaient délivrées les formules en sa possession et en celle de ses mandataires. Le tribunal peut ordonner, aux frais du condamné, la publication par extraits de la décision portant interdiction dans les journaux qu'il désigne et selon les modalités qu'il fixe.

En conséquence de l'interdiction, tout banquier informé de celle-ci par la Banque de France doit s'abstenir de délivrer au condamné et à ses mandataires des formules de chèques autres que celles mentionnées à l'alinéa précédent. — *[Décr.-L. du 30 oct. 1935, art. 68.] — V. art. R. 131-33 à R. 131-37 et R. 131-39.*

*Pour les infractions sanctionnées par l'interdiction judiciaire d'émettre des chèques ou d'utiliser des cartes de paiement, prononcée à titre de peine principale ou complémentaire, et les modalités de cette sanction, V., notamment, C. pén., art. 131-6, 131-14, 131-17, 131-19, 131-20, 131-39, 131-42, 131-48, 132-12, 133-21, 132-32 et 132-34. — **C. pén.***

1. Mandataire. La peine complémentaire de l'interdiction a un caractère personnel et empêche celui qui en est frappé d'émettre des chèques autres que ceux qui permettent exclusivement le retrait de fonds auprès du tiré ou ceux qui sont certifiés, soit à titre personnel, soit à titre de mandataire. • Crim. 3 juill. 1979, nº 79-90.575 P : *D. 1980. IR 133, obs. Cabrillac.*

2. Effets de l'interdiction. L'interdiction bancaire ne privant pas celui qui en est frappé de la possibilité d'obtenir un prêt d'un organisme financier, un tel organisme n'a pas l'obligation de se renseigner sur une éventuelle interdiction bancaire. • Com. 15 juin 1993, nº 91-17.123 P : *D. 1993. IR 197.*

3. Escroquerie. L'établissement de multiples chèques sans provision dans un laps de temps assez court ne permettant pas au tiré de mettre en œuvre la procédure d'interdiction bancaire, ne constitue qu'une succession de mensonges écrits, qui s'avère insuffisante à caractériser le délit d'escroquerie. • Crim. 1er juin 2005, nº 04-87.757 P : *RTD com. 2006. 224, obs. Bouloc ; AJ pénal 2005. 329, obs. Redon ; Dr. pénal 2005, nº 147, obs. Véron.* ♦ *Contra*, jugeant que constitue une tentative d'escroquerie la demande d'ouverture de compte assortie de la remise, en connaissance de cause, de chèques sans provision ou frappés d'opposition : • Cass., ass. plén., 18 janv. 2006, nº 02-80.787 P : *D. 2006. 1950, note Père ; RTD com. 2006. 682, obs. Bouloc ; JCP 2007. I. 111, nº 5, obs. Véron.* ♦ L'ouverture d'un compte bancaire dans le seul but de se faire délivrer un chéquier destiné à créer l'apparence d'une solvabilité et l'utilisation des chèques ainsi obtenus pour se voir remettre des marchandises avec le dessein formé dès l'origine de ne pas en payer le prix forment un stratagème caractérisant les manœuvres frauduleuses constitutives de l'escroquerie. • Crim. 1er juin 2011, nº 10-83.568 P : *D. 2011. 2008, note Lasserre Capdeville ; RTD com. 2011. 653, obs. Bouloc ; AJ pénal 2011. 523, obs. Gallois ; RJDA 2012, nº 199 ; Dr. pénal 2011, nº 117, obs. Véron.*

Art. L. 163-7 Est puni d'un emprisonnement de cinq ans et d'une amende de 375 000 € le fait, pour toute personne, d'émettre un ou plusieurs chèques en violation de l'interdiction prononcée en application de l'article L. 163-6.

Est puni des mêmes peines le fait, pour un mandataire, d'émettre, en connaissance de cause, un ou plusieurs chèques dont l'émission était interdite à son mandant en application de l'article L. 163-6.

Pour la recherche, la poursuite, l'instruction et le jugement des infractions mentionnées aux alinéas précédents, le tribunal du lieu où le chèque est payable est compétent, sans préjudice de l'application des articles 43, 52 et 382 du code de procédure pénale. — *[Décr.-L. du 30 oct. 1935, art. 69 et 75.]*

Art. L. 163-8 Tous les faits punis par les articles L. 163-2, L. 163-3 *(Ord. nº 2009-866 du 15 juill. 2009, art. 2-IV, en vigueur le 1er nov. 2009)* **« pour ce qui concerne les dispositions en matière de chèque » et L. 163-7 sont considérés, pour l'application des dispositions concernant la récidive, comme constituant une même infraction.** — *[Décr.-L. du 30 oct. 1935, art. 70.]*

Art. L. 163-9 A l'occasion des poursuites pénales exercées contre le tireur, le porteur qui s'est constitué partie civile est recevable à demander devant les juges de la juridiction pénale une somme égale au montant du chèque, sans préjudice, le cas échéant, de tous dommages-intérêts. Il peut, néanmoins, s'il le préfère, agir en paiement de sa créance devant la juridiction civile ou commerciale.

En l'absence de constitution de partie civile et si la preuve du paiement du chèque ne résulte pas des éléments de la procédure, les juges de la juridiction pénale peuvent, même d'office, condamner le tireur à payer au bénéficiaire, outre les frais d'exécution de la décision, une somme égale au montant du chèque, majorée, le cas échéant, des intérêts à partir du jour de la présentation conformément à l'article L. 131-52 et des frais résultant du non-paiement, lorsque le chèque n'a pas été endossé si ce n'est aux fins de recouvrement et qu'il figure en original au dossier de la procédure. Lorsqu'il est fait application des dispositions du présent alinéa, le bénéficiaire peut se faire délivrer une expédition de la décision en forme exécutoire dans les mêmes conditions qu'une partie civile régulièrement constituée. — *[Décr.-L. du 30 oct. 1935, art. 71.]*

1. *Ouverture de l'action civile.* Le bénéficiaire d'un chèque sans provision émis en violation d'une interdiction bancaire est recevable à se constituer partie civile contre l'auteur de l'infraction, sur le fondement de l'art. 71 [C. mon. fin., art. L. 163-9]. • Crim. 29 nov. 1993, n° 93-84.221 P : *JCP E 1994. Pan. 390.*

2. *Actions distributives.* L'action en paiement d'une somme égale au montant du chèque prévue par l'art. 71 [C. mon. fin., art. L. 163-9] n'est ouverte que contre le débiteur personnel de l'obligation que ledit chèque prétendait éteindre. • Crim. 6 avr. 1992, n° 91-84.474 P : *D. 1992. IR 207*. ♦ Si les juges du fond peuvent, en vertu de l'art. 71, condamner l'auteur du chèque sans provision à verser à la victime des dommages-intérêts en réparation du préjudice ainsi causé, ils ne peuvent, en revanche, le condamner au remboursement dudit chèque si le prévenu n'est pas lui-même personnellement débiteur de la créance que ce chèque devait éteindre. • Crim. 7 oct. 1991, n° 90-87.210 P : *D. 1992. Somm. 337, obs. Cabrillac*. ♦ Le remboursement ne peut donc être accordé à la victime lorsque le prévenu avait émis le chèque, non en règlement d'une dette personnelle, mais en paiement d'une dette sociale. • Même arrêt • Crim. 18 oct. 1972, n° 72-90.717 P. – Comp. : • Crim. 6 oct. 1982 : *D. 1983. IR 245, obs. Cabrillac.* ♦ C'est à bon droit que l'action en paiement d'une somme égale au montant du chèque est déclarée irrecevable contre la prévenue du délit d'opposition indue au paiement d'un chèque que celle-ci avait émis pour l'exécution d'un contrat de location-gérance de fonds de commerce, conclu par son ex-concubin avec la société partie civile, dès lors que, selon les juges du fond, il n'existe aucune preuve que la personne pénalement poursuivie ait été le débiteur de l'obligation en cause. • Crim. 6 avr. 1992, n° 91-84.474 P : *préc.* ♦ L'action en paiement du chèque et l'action en dommages et intérêts sont indépendantes, le succès de l'une n'étant pas lié à celui de l'autre. • Crim. 14 mars 1957 : *JCP 1957. II. 10068, note Granier.*

Sur l'opposabilité des exceptions, V. • Crim. 20 mars 1952 : *JCP 1952. II. 7162, note Léauté* • 12 juin 1956 : *RTD com. 1956. 704.*

Le bénéficiaire des chèques sans provision ayant, pour le remboursement de sa créance, choisi la voie ordinaire, son action au pénal ne peut s'analyser qu'en une demande de réparation du préjudice moral que les agissements du prévenu lui ont causé. • Crim. 25 nov. 1991, n° 90-85.813 P : *JCP 1992. IV. 797.*

3. *Demandeur.* Tout porteur légitime du chèque est recevable à se constituer partie civile. • Crim. 9 mai 1984, n° 83-92.674 P : *RTD com. 1985. 334, obs. Cabrillac et Teyssié.*

4. *Mauvaise foi du porteur.* Le porteur de mauvaise foi ne peut agir devant la juridiction répressive ni en paiement du chèque, ni en dommages et intérêts. • Crim. 27 mars 1968, n° 67-92.602 P : *D. 1968. 523, note Vouin* • 26 juin 1969, n° 68-93.488 P : *Gaz. Pal. 1969. 2. 177.* – Comp. : • Com. 2 mars 1971, n° 69-13.300 P : *D. 1974. 234, note Sortais ; RTD com. 1972. 135, obs. Becqué et Cabrillac* • Crim. 28 juin 1982, n° 81-94.186 P : *RTD com. 1983. 95, obs. Cabrillac et Teyssié, et 285, obs. Bouzat.* ♦ V. cependant, *contra*, s'agissant de la seule action en dommages et intérêts : • Crim. 8 déc. 1953 : *D. 1954. 437, note Vouin ; JCP 1954. II. 8005.*

5. *Prescription.* Le porteur négligent, au sens du droit cambiaire, pour ne pas avoir présenté le chèque au paiement dans le délai de huit jours, est recevable à se constituer partie civile. • Crim. 19 mars 1953 : *JCP 1953. II. 7713.*

6. *Remboursement d'office.* Le tribunal qui peut ordonner le remboursement d'office du chèque doit rechercher si la créance existe et notamment si elle a une cause licite. • Crim. 12 févr. 1975, n° 74-91.960 P : *D. 1975. IR 115.*

Art. L. 163-10 Est puni d'une amende de 12 000 € le fait, pour le tiré :

1. D'indiquer une provision inférieure à la provision existante et disponible ;

2. De rejeter un chèque pour insuffisance ou indisponibilité de la provision sans indiquer, lorsque tel est le cas, que le chèque a été émis au mépris d'une injonction adressée en appli-

cation de l'article L. 131-73 ou en violation d'une interdiction prononcée en application de l'article L. 163-6 ;

3. De ne pas déclarer, dans les conditions prévues par décret en Conseil d'État, les incidents de paiement ainsi que les infractions prévues par le troisième alinéa de l'article L. 163-2 et les premier et deuxième alinéas de l'article L. 163-7 ;

4. De contrevenir aux dispositions des articles L. 131-72, L. 131-73 et au troisième alinéa de l'article L. 163-6. – *[Décr.-L. du 30 oct. 1935, art. 72.]*

1. Directeur d'agence. Sur la responsabilité d'un directeur d'agence bancaire, V. • Crim. 17 mars 1966, n° 65-92.551 P : *RTD com. 1967. 833.*

2. Indemnisation. V. note 2 ss. art. L. 131-70. ♦ Sur la responsabilité civile du banquier résultant d'un renseignement téléphonique erroné donné à un commerçant, quant à la solvabilité du tireur, V. • Com. 21 mai 1996, n° 94-16.200 : *RJDA 1996, n° 1225.*

3. Injonction tardive. Sur l'envoi tardif de la lettre d'injonction, V. note 5 ss. art. L. 131-73.

Art. L. 163-10-1 *(L. n° 2009-526 du 12 mai 2009, art. 125-XIV)* « Les personnes morales déclarées responsables pénalement, dans les conditions prévues par l'article 121-2 du code pénal, des infractions définies aux articles L. 163-2 à *(Ord. n° 2009-866 du 15 juill. 2009, art. 2-IV, en vigueur le 1er nov. 2009)* « L. 163-4 », L. 163-7 et L. 163-10 encourent, outre l'amende suivant les modalités prévues par l'article 131-38 du code pénal, les peines prévues par l'article 131-39 du même code. »

(L. n° 2001-1062 du 15 nov. 2001) « L'interdiction mentionnée au 2° de l'article 131-39 du code pénal porte sur l'activité dans l'exercice ou à l'occasion de l'exercice de laquelle l'infraction a été commise. »

Art. L. 163-11 Est puni des peines prévues par l'article 226-21 du code pénal le fait, pour toute personne :

1. D'utiliser, à d'autres fins que celles poursuivies par les articles L. 131-1 à *(L. n° 2005-516 du 20 mai 2005, art. 16-IV)* « L. 131-87 » relatifs aux chèques et par les articles *(Ord. n° 2009-866 du 15 juill. 2009, art. 2-IV, en vigueur le 1er nov. 2009)* « L. 133-1 à *(L. n° 2010-737 du 1er juill. 2010, art. 38-III)* « L. 133-28 » lorsqu'ils s'appliquent » à la carte de paiement, les informations centralisées par la Banque de France en application du premier alinéa de l'article L. 131-85 ;

2. D'assurer, aux *[au]* lieu et place de la Banque de France, la centralisation des informations prévues par le premier alinéa de l'article L. 131-85. – *[Décr.-L. du 30 oct. 1935, art. 74, al. 5.]*

Sur l'utilisation par la Banque de France du répertoire national d'identification des personnes physiques pour la gestion du fichier central des chèques impayés, V. note ss. C. mon. fin., art. L. 313-6.

Art. L. 163-12 Est puni des peines prévues à l'article 226-21 du code pénal le fait, pour toute personne, de diffuser ou de conserver des informations obtenues en application de l'article L. 131-86. – *[Décr.-L. du 30 oct. 1935, art. 74-1, al. 2.]*

....

LIVRE II Les produits

TITRE PREMIER Les instruments financiers

BIBL. GÉN. ▶ REYGROBELLET, *RTD com. 1999. 305* (le droit de propriété du titulaire d'instruments financiers). – PEROT-REBOUL, *D. 2000. Chron. 353* (exécution forcée des instruments financiers). – GOUTAY et DEBUSSY, *Dr. et patr. 5/2000. 68* (notion d'instrument financier). – PRIEUR et BIENVENU-PERROT, *ibid. 79* (transfert de propriété dans les cessions d'instruments financiers). – GAUVIN, *RDBF 2004. 211* (qualification juridique des dérivés de crédit). – D. R. MARTIN, *D. 2004. 2285* (du corporel). – AUCKENTHALER, Le code de commerce 1807-2007, Livre du bicentenaire, *Dalloz, 2007, p. 343* (les titres financiers dans le code de commerce). – COLIN, *Gaz. Pal. 2007. 3968* (la transmissibilité des instruments financiers à terme). – DUBERTRET et MANGENET, *D. 2009. 448* (réforme du droit des titres par l'Ord. n° 2009-15 du 8 janv. 2009). – BONNEAU, *JCP E 2009, n° 5, p. 18* (même thème). – DAIGRE, *RTDF mai 2009. 200* (de la frontière entre le code monétaire et financier et le code de commerce à propos des titres financiers). – DE WATRIGANT, *LPA 28 avr. 2010* (instrument financier et valeur mobilière). – MERVILLE, *RJ com. 2013. 373* (typologie des contrats à terme).

CHAPITRE PREMIER *Définitions et règles générales*

(Ord. nº 2009-15 du 8 janv. 2009, art. 1er)

SECTION I *Définitions*

Art. L. 211-1 I. — Les instruments financiers sont les titres financiers et les contrats financiers.

II. — Les titres financiers sont :

1. Les titres de capital émis par les sociétés par actions ;

2. Les titres de créance *(Abrogé par Ord. nº 2016-520 du 28 avr. 2016, art. 2-I, à compter du 1er oct. 2016)* « *, à l'exclusion des effets de commerce et des bons de caisse* » ; — *Sur l'application aux titres de créance du taux de l'usure, V. note 9 ss. art. L. 314-6 C. consom., vº Prêts d'argent.*

3. Les parts ou actions d'organismes de placement collectif.

III. — Les contrats financiers, également dénommés "instruments financiers à terme", sont les contrats à terme qui figurent sur une liste fixée par décret. — *V. C. mon. fin., art. D. 211-1 A, infra.*

(Ord. nº 2016-520 du 28 avr. 2016, art. 2-I, en vigueur le 1er oct. 2016) « IV. — Les effets de commerce et les bons de caisse ne sont pas des instruments financiers. »

Sur la question de savoir si les actes portant sur des instruments financiers au sens de l'art. L. 211-1 doivent être regardés comme des actes d'administration ou de disposition du patrimoine des personnes placées en curatelle ou en tutelle, V. Décr. nº 2008-1484 du 22 déc. 2008, annexes I et II (JO 31 déc.). — **C. civ.**

BIBL. ▶ Baudouin, *LPA 19 mai 2004* (distinction entre contrats financiers à terme et contrats commerciaux à terme sur marchandises). - Favero, *JCP E 2005, nº 10, p. 424* (de la notion de spéculation à une réforme de l'exception de jeu) ; *JCP E 2010, nº 1899* (le contrat d'échange de risques). - Arnaud, Ginon et Petit, *JCP N 2012, nº 1258* (transfert de propriété des valeurs mobilières).

SECTION II *Les titres financiers*

SOUS-SECTION 1 *Conditions d'émission*

Art. L. 211-2 Les titres financiers, qui comprennent les valeurs mobilières au sens du deuxième alinéa de l'article L. 228-1 du code de commerce, ne peuvent être émis que par l'État, une personne morale, un fonds commun de placement, un fonds de placement immobilier *(Ord. nº 2013-676 du 25 juill. 2013, art. 36)* « , un fonds professionnel de placement immobilier » *(Ord. nº 2017-1432 du 4 oct. 2017, art. 5-I, en vigueur le 3 janv. 2018)* « , un fonds de financement spécialisé, ou un fonds commun de titrisation ».

BIBL. ▶ Reigné et Delorme, *JCP E 2001, p. 214* (code monétaire et financier et valeurs mobilières). - Drummond, *RDBF 2004. 361* (la liberté d'émettre « toutes valeurs mobilières »). - Allegaert, *BJS 2005. 340* (de la propriété des valeurs mobilières).

SOUS-SECTION 2 *Inscription des titres financiers (Ord. nº 2017-1674 du 8 déc. 2017, art. 2).*

§ 1er *Dispositions générales*

Art. L. 211-3 *(Ord. nº 2017-1674 du 8 déc. 2017, art. 2)* Les titres financiers, émis en territoire français et soumis à la législation française, sont inscrits soit dans un compte-titres tenu par l'émetteur ou par l'un des intermédiaires mentionnés aux 2º à 7º de l'article L. 542-1, soit, dans le cas prévu au second alinéa de l'article L. 211-7, dans un dispositif d'enregistrement électronique partagé.

L'inscription dans un dispositif d'enregistrement électronique partagé tient lieu d'inscription en compte.

Un décret en Conseil d'État fixe les conditions dans lesquelles les titres financiers peuvent être inscrits dans un dispositif d'enregistrement électronique partagé mentionné ci-dessus, présentant des garanties, notamment en matière d'authentification, au moins équivalentes à celles présentées par une inscription en compte-titres.

Les dispositions issues de l'Ord. nº 2017-1674 du 8 déc. 2017 entrent en vigueur à la publication du décret prévu à l'art. L. 211-3 et, au plus tard, le 1er juill. 2018 (Ord. préc., art. 8).

Art. L. 211-4 Le compte-titres est ouvert *(Ord. n° 2017-1674 du 8 déc. 2017, art. 2)* « ou l'inscription dans un dispositif d'enregistrement électronique partagé est réalisée, » au nom d'un ou de plusieurs titulaires, propriétaires des titres financiers qui y sont inscrits.

Par dérogation, le compte-titres peut être ouvert *(Ord. n° 2017-1674 du 8 déc. 2017, art. 2)* « ou, dans les cas mentionnés aux 1 et 3 ci-après, l'inscription dans un dispositif d'enregistrement électronique partagé peut être réalisée » :

1. Au nom d'un fonds commun de placement, d'un fonds de placement immobilier *(Ord. n° 2013-676 du 25 juill. 2013, art. 36)* « , d'un fonds professionnel de placement immobilier » *(Ord. n° 2017-1432 du 4 oct. 2017, art. 5-I, en vigueur le 3 janv. 2018)* « , *[d']*un fonds de financement spécialisé, ou *[d']*un fonds commun de titrisation », la désignation du fonds pouvant être valablement substituée à celle de tous les copropriétaires ;

2. Au nom d'un intermédiaire inscrit agissant pour le compte du propriétaire des titres financiers, mentionné au septième alinéa de l'article L. 228-1 du code de commerce et dans les conditions prévues par ce même code ;

(L. n° 2016-1691 du 9 déc. 2016, art. 117-VI) « 3. Au nom d'un intermédiaire inscrit agissant pour le compte d'un ou de plusieurs propriétaires de parts ou d'actions d'organismes de placement collectif, lorsque ces propriétaires n'ont pas leur domicile sur le territoire français au sens de l'article 102 du code civil.

« L'intermédiaire inscrit est tenu, au moment de l'ouverture de son compte-titres *(Ord. n° 2017-1674 du 8 déc. 2017, art. 2)* « ou de son inscription dans un dispositif d'enregistrement électronique partagé », de déclarer sa qualité d'intermédiaire détenant des titres pour le compte d'autrui.

« Un décret précise les modalités et conditions d'application du présent 3. »

V. note ss. art. L. 211-3.

Art. L. 211-5 La procédure d'identification des propriétaires de titres de capital est fixée aux articles L. 228-2 à *(L. n° 2019-486 du 22 mai 2019, art. 198-I et V, en vigueur au plus tard le 10 juin 2019)* « L. 228-3-6 » du code de commerce.

(Ord. n° 2009-107 du 30 janv. 2009, art. 4) « La procédure d'identification mentionnée au premier alinéa est applicable aux organismes de placement collectif, qu'ils aient ou non la forme de société par actions, et peut être exercée par leur société de gestion. Pour l'ensemble de ces organismes, cette procédure est applicable, nonobstant l'absence de stipulations spécifiques dans les statuts ou le règlement. » *(Abrogé par L. n° 2021-1308 du 8 oct. 2021, art. 38)* ***« La demande d'identification est exercée soit directement auprès des établissements teneurs de compte-conservateurs, soit par l'intermédiaire du dépositaire central. »***

§ 2 *Tenue de compte-conservation et inscription dans un dispositif d'enregistrement électronique partagé (Ord. n° 2017-1674 du 8 déc. 2017, art. 2).*

Art. L. 211-6 Le compte-titres est tenu par l'émetteur lorsque la loi l'exige ou lorsque l'émetteur le décide. Dans les autres cas, il est tenu au choix du propriétaire des titres par l'émetteur ou par un intermédiaire mentionné à l'article L. 211-3.

Un décret en Conseil d'État précise les conditions d'application du présent article. — *V. art. R. 211-1 s. C. mon. fin.*

Art. L. 211-7 Les titres financiers admis aux opérations d'un dépositaire central peuvent être inscrits dans un compte-titres tenu par un intermédiaire mentionné à l'article L. 211-3, sauf décision contraire de l'émetteur.

(Ord. n° 2017-1674 du 8 déc. 2017, art. 2) « Les titres financiers qui ne sont pas admis aux opérations d'un dépositaire central doivent être inscrits, au nom du propriétaire des titres, dans un compte-titres tenu par l'émetteur ou, sur décision de l'émetteur, dans un dispositif d'enregistrement électronique partagé mentionné à l'article L. 211-3. » Toutefois, sauf lorsque la loi ou l'émetteur l'interdit, les parts ou actions d'organismes de placement collectif peuvent être inscrites dans un compte-titres tenu par un intermédiaire mentionné à l'article L. 211-3.

V. note ss. art. L. 211-3.

Art. L. 211-8 Le teneur de compte-conservateur de titres financiers peut, dans les conditions fixées par le règlement général de l'Autorité des marchés financiers, confier à un tiers tout ou partie de ses tâches.

§ 3 *Protection du titulaire du compte*

Art. L. 211-9 Le teneur de compte-conservateur sauvegarde les droits des titulaires des comptes sur les titres financiers qui y sont inscrits. Il ne peut utiliser ces titres pour son propre compte que dans les conditions prévues au *(Ord. n° 2016-827 du 23 juin 2016, art. 26-I, en vigueur le 3 janv. 2018)* « 4° du II de l'article L. 533-10 ».

Art. L. 211-10 En cas d'ouverture d'une procédure de redressement ou de liquidation judiciaire d'un intermédiaire mentionné à l'article L. 211-3, l'administrateur judiciaire ou le liquidateur, conjointement avec l'administrateur provisoire ou le liquidateur nommé, le cas échéant, par *(L. n° 2013-672 du 26 juill. 2013, art. 24-I)* « l'Autorité de contrôle prudentiel et de résolution », vérifie titre financier par titre financier que l'ensemble des titres financiers figurant en compte chez un dépositaire central ou chez un autre intermédiaire au nom de l'intermédiaire défaillant, quelle que soit la nature des comptes ouverts chez ces derniers, sont en nombre suffisant pour que l'intermédiaire puisse remplir ses obligations vis-à-vis des titulaires de compte.

En cas d'insuffisance du nombre de ces titres, il est procédé titre financier par titre financier à une répartition proportionnelle entre les titulaires de compte concernés ; ceux-ci peuvent faire virer à un compte-titres tenu par un autre intermédiaire ou par l'émetteur les titres dont ils obtiennent restitution.

Pour la créance correspondant aux titres financiers qui, faute d'une encaisse suffisante chez le dépositaire central ou chez un autre intermédiaire, n'auront pu être restitués aux titulaires de compte, ceux-ci sont dispensés de la déclaration prévue à l'article L. 622-24 du code de commerce.

Le juge-commissaire est informé du résultat de la vérification opérée par l'administrateur judiciaire ou le liquidateur et, le cas échéant, de la répartition proportionnelle des titres financiers ainsi que des virements effectués à la demande des titulaires de compte. — *V. art. L. 613-31.*

Art. L. 211-11 Aucune saisie, même à titre conservatoire, n'est admise sur les comptes ouverts auprès d'un dépositaire central.

Aucune mesure d'exécution forcée ou conservatoire menée à l'encontre d'un intermédiaire mentionné à l'article L. 211-3 n'est admise sur les titres financiers inscrits sur un compte, ouvert à son nom dans les livres d'un autre intermédiaire mentionné au même article, lorsqu'ils ne sont pas la propriété du premier intermédiaire.

Art. L. 211-12 Sous réserve des dispositions de l'article L. 211-11, les saisies de titres financiers sont régies par les dispositions de *(Ord. n° 2011-1895 du 19 déc. 2011, art. 3-9°, en vigueur le 1er juin 2012)* « la partie législative du code des procédures civiles d'exécution ».

BIBL. ► HOONAKKER, *Dr. et patr. 1/2009. 64* (saisie des droits d'associé et des valeurs mobilières).

§ 4 *Dispositions transitoires*

Art. L. 211-13 Les dispositions de la présente sous-section ne concernent pas les obligations émises avant le 3 novembre 1984, amortissables par tirage au sort de numéros. Elles ne concernent pas non plus les rentes perpétuelles sur l'État, détenues sous forme nominative, émises avant cette date.

Les détenteurs de titres financiers émis avant la même date ne peuvent exercer les droits attachés à leurs titres que si ceux-ci ont été inscrits en compte par l'émetteur ou présentés à un intermédiaire mentionné à l'article L. 211-3 en vue de leur inscription en compte. Dans des conditions définies par décret, les émetteurs ou les intermédiaires doivent procéder à la vente des droits correspondant aux titres financiers non présentés ou dont les titulaires sont inconnus ou n'ont pas été atteints depuis la même date du 3 novembre 1984. Le produit de la vente est consigné jusqu'à restitution éventuelle aux ayants droit.

SOUS-SECTION 3 *Transmission*

§ 1er *Négociabilité*

Art. L. 211-14 A l'exception des parts des sociétés civiles de placement immobilier mentionnées à l'article *(Ord. n° 2013-676 du 25 juill. 2013, art. 36)* « L. 214-114 » et des parts des sociétés d'épargne forestière mentionnées à l'article *(Ord. n° 2013-676 du 25 juill. 2013, art. 36)* « L. 214-121 », les titres financiers sont négociables.

Art. L. 211-15 Les titres financiers se transmettent par virement de compte à compte *(Ord. n° 2017-1674 du 8 déc. 2017, art. 2)* « ou par inscription dans un dispositif d'enregistrement électronique partagé mentionné à l'article L. 211-3 ».

V. note ss. art. L. 211-3.

Art. L. 211-16 Nul ne peut revendiquer pour quelque cause que ce soit un titre financier dont la propriété a été acquise de bonne foi par le titulaire du compte-titres dans lequel ces titres sont inscrits *(Ord. n° 2017-1674 du 8 déc. 2017, art. 2)* « ou par la personne identifiée par le dispositif d'enregistrement électronique partagé mentionné à l'article L. 211-3 ».

V. note ss. art. L. 211-3.

§ 2 *Transfert de propriété*

Art. L. 211-17 *(Ord. n° 2015-1686 du 17 déc. 2015, art. 1er)* « I. — » Le transfert de propriété de titres financiers résulte de l'inscription de ces titres au compte-titres de l'acquéreur *(Ord. n° 2017-1674 du 8 déc. 2017, art. 2)* « ou de l'inscription de ces titres au bénéfice de l'acquéreur dans un dispositif d'enregistrement électronique partagé mentionné à l'article L. 211-3 ».

(Ord. n° 2015-1686 du 17 déc. 2015, art. 1er) « II. — » Lorsque les titres financiers sont admis aux opérations d'un dépositaire central ou livrés dans un système de règlement et de livraison d'instruments financiers mentionné à l'article L. 330-1, *(Ord. n° 2015-1686 du 17 déc. 2015, art. 1er)* « l'inscription prévue au I a lieu » à la date et dans les conditions définies par le règlement général de l'Autorité des marchés financiers.

Par dérogation *(Ord. n° 2015-1686 du 17 déc. 2015, art. 1er)* « à ce qui précède », le transfert n'intervient au profit de l'acquéreur que lorsque celui-ci a réglé le prix. Tant que l'acquéreur n'a pas réglé le prix, l'intermédiaire qui a reçu les titres financiers en est le propriétaire. Le règlement général de l'Autorité des marchés financiers précise les modalités particulières de transfert de propriété applicables dans le cas prévu au présent alinéa.

(Ord. n° 2015-1686 du 17 déc. 2015, art. 1er) « III. — Lorsque des transactions sur des titres financiers sont conclues sur un marché réglementé ou un système multilatéral de négociation et que le compte du teneur de compte-conservateur de l'acheteur, ou le compte du mandataire de ce teneur de compte-conservateur, est crédité dans les livres du dépositaire central, l'inscription prévue au I a lieu à la date de dénouement effectif de la négociation mentionnée dans les règles de fonctionnement du système de règlement et de livraison.

« Cette date intervient au plus tard le deuxième jour d'ouverture du système de règlement et de livraison après la négociation, à l'exception des cas prévus au point 2 de l'article 5 du règlement (UE) n° 909/2014 du Parlement européen et du Conseil du 23 juillet 2014 concernant l'amélioration du règlement de titres dans l'Union européenne et les dépositaires centraux de titres.

« Cette même date s'applique lorsque les titres financiers de l'acheteur et du vendeur sont inscrits dans les livres d'un teneur de compte-conservateur commun. »

V. note ss. art. L. 211-3.

Art. L. 211-17-1 *(L. n° 2010-1249 du 22 oct. 2010, art. 27-I)* I. — L'acheteur et le vendeur d'instruments financiers mentionnés au I de l'article L. 211-1 sont, dès l'exécution de l'ordre, définitivement engagés, le premier à payer, le second à livrer, à la date mentionnée au *(Ord. n° 2015-1686 du 17 déc. 2015, art. 2)* « III de l'article L. 211-17 ».

(L. n° 2013-100 du 28 janv. 2013, art. 36) « Sans préjudice du règlement (UE) n° 236/2012 du Parlement européen et du Conseil, du 14 mars 2012, sur la vente à découvert et certains aspects des contrats d'échange sur risque de crédit, » il est interdit à un vendeur d'instruments financiers mentionnés au I de l'article L. 211-1 et admis à la négociation sur un marché réglementé d'émettre un ordre de vente s'il ne dispose pas sur son compte des instruments financiers appelés à être cédés, ou s'il n'a pas pris les mesures nécessaires auprès d'une tierce partie afin de disposer d'assurances raisonnables sur sa capacité à livrer ces instruments financiers, au plus tard à la date prévue pour la livraison consécutive à la négociation.

Il peut être dérogé au présent article dans des conditions prévues par décret après avis motivé du collège de l'Autorité des marchés financiers.

Le prestataire auquel l'ordre est transmis peut exiger, lors de la réception de l'ordre ou dès son exécution, la constitution dans ses livres, à titre de couverture, d'une provision en espèces en cas d'achat, en instruments financiers objets de la vente en cas de vente.

(Ord. n° 2015-1686 du 17 déc. 2015, art. 2) « II. — » L'Autorité des marchés financiers peut prononcer les sanctions prévues aux II et III de l'article L. 621-15 à l'encontre de

toute personne physique ou morale qui exécute une opération ayant pour objet ou pour effet de contrevenir aux dispositions *(Abrogé par Ord. nº 2015-1686 du 17 déc. 2015, art. 2)* « *des I et II* » du présent article *(Ord. nº 2015-1686 du 17 déc. 2015, art. 2)* « et du III de l'article L. 211-17 ». – *L'Ord. nº 2015-1686 du 17 déc. 2015 a abrogé l'anc. II, dont les dispositions ont été reprises au III de l'art. L. 211-17, et renuméroté le III de l'art. L. 211-17-1 en II.*

Art. L. 211-18 En cas de livraison de titres financiers contre règlement d'espèces, le défaut de livraison ou de règlement constaté à la date et dans les conditions définies dans le règlement général de l'Autorité des marchés financiers ou, à défaut, par une convention entre les parties délie de plein droit de toute obligation la partie non défaillante vis-à-vis de la partie défaillante, nonobstant toute disposition législative contraire.

Lorsqu'un intermédiaire mentionné à l'article L. 211-3 procède à la livraison des titres ou au paiement du prix en se substituant à son client défaillant, il acquiert la pleine propriété des titres financiers ou des espèces reçus de la contrepartie. Les dispositions du livre VI du code de commerce ne font pas obstacle à l'application du présent article. Aucun créancier du client défaillant ne peut opposer un droit quelconque sur ces titres financiers ou espèces.

Art. L. 211-19 Pour chaque ordre de négociation, cession ou mutation d'un titre financier inscrit dans un compte tenu par l'émetteur et admis aux opérations d'un dépositaire central, ou pour toute autre modification affectant l'inscription en compte dudit titre financier, l'intermédiaire mentionné à l'article L. 211-3 établit un bordereau de références nominatives. Ce bordereau indique les éléments d'identification du donneur d'ordre, la nature juridique de ses droits et les restrictions dont le titre financier peut être frappé et porte un code permettant de déterminer l'opération à laquelle il se rattache.

Le règlement général de l'Autorité des marchés financiers détermine les modalités et les délais de circulation du bordereau de références nominatives entre l'intermédiaire, le dépositaire *(Ord. nº 2015-1686 du 17 déc. 2015, art. 3)* « central » et l'émetteur.

SOUS-SECTION 4 *Nantissement de comptes-titres et de titres financiers (Ord. nº 2017-1674 du 8 déc. 2017, art. 2).*

Art. L. 211-20 I. – Le nantissement d'un compte-titres est *(Ord. nº 2021-1192 du 15 sept. 2021, art. 29, en vigueur le 1er janv. 2022)* « constitué *[ancienne rédaction : réalisé]* », tant entre les parties qu'à l'égard de la personne morale émettrice et des tiers, par une déclaration signée par le titulaire du compte. Cette déclaration comporte les énonciations fixées par décret. Les titres financiers figurant initialement dans le compte nanti, ceux qui leur sont substitués ou les complètent en garantie de la créance initiale du créancier nanti, de quelque manière que ce soit, ainsi que *(Ord. nº 2021-1192 du 15 sept. 2021, art. 29, en vigueur le 1er janv. 2022)* « , sauf convention contraire des parties, » leurs fruits et produits en toute monnaie, sont compris dans l'assiette du nantissement. Les titres financiers et les sommes en toute monnaie postérieurement inscrits au crédit du compte nanti, en garantie de la créance initiale du créancier nanti, sont soumis aux mêmes conditions que ceux y figurant initialement et sont considérés comme ayant été remis à la date de déclaration de nantissement initiale. Le créancier nanti peut obtenir, sur simple demande au teneur de compte, une attestation de nantissement de *(Ord. nº 2009-107 du 30 janv. 2009, art. 5-I)* « compte-titres », comportant inventaire des titres financiers et sommes en toute monnaie inscrits en compte nanti à la date de délivrance de cette attestation.

(Ord. nº 2021-1192 du 15 sept. 2021, art. 29, en vigueur le 1er janv. 2022) « I *bis*. – Lorsqu'un même compte-titres fait l'objet de plusieurs nantissements successifs, le rang des créanciers est réglé par l'ordre de leur déclaration. Dans ce cas, le titulaire du compte ou le créancier nanti notifie successivement chacun des nantissements au teneur de compte. »

II. – Le compte nanti prend la forme d'un compte spécial ouvert au nom du titulaire et tenu par un intermédiaire mentionné à l'article L. 211-3, un dépositaire central ou, le cas échéant, l'émetteur.

A défaut d'un compte spécial, sont réputés constituer le compte nanti les titres financiers mentionnés au premier alinéa, ainsi que *(Ord. nº 2021-1192 du 15 sept. 2021, art. 29, en vigueur le 1er janv. 2022)* « , le cas échéant, » les sommes en toute monnaie ayant fait l'objet d'une identification à cet effet par un procédé informatique.

(Ord. nº 2021-1192 du 15 sept. 2021, art. 29, en vigueur le 1er janv. 2022) « III. – Lorsque les titres financiers figurant dans le compte nanti sont inscrits dans un compte tenu par l'émetteur et que celui-ci n'est pas une personne autorisée à recevoir des fonds remboursables du public au sens de l'article L. 312-2, les fruits et produits mentionnés au I versés en toute monnaie sont, lorsqu'ils n'ont pas été exclus de l'assiette du nantissement par convention des parties, inscrits au crédit d'un compte fruits et produits ouvert au nom du

titulaire du compte nanti dans les livres d'un intermédiaire mentionné à l'article L. 211-3 ou d'un établissement de crédit. Cette inscription peut avoir lieu à tout moment. Les fruits et produits sont réputés faire partie intégrante du compte nanti à la date de signature de la déclaration de nantissement quelle que soit la date d'ouverture du compte fruits et produits. Le créancier nanti peut obtenir, sur simple demande au teneur du compte fruits et produits, une attestation comportant l'inventaire des sommes en toute monnaie inscrites au crédit de ce compte à la date de la délivrance de cette attestation.

« A défaut d'inscription au crédit d'un compte fruits et produits, à la date à laquelle la sûreté peut être réalisée, les fruits et produits sont exclus de l'assiette du nantissement *[ancienne rédaction : III. — Lorsque les titres financiers figurant dans le compte nanti sont inscrits dans un compte tenu par l'émetteur et que celui-ci n'est pas une personne autorisée à recevoir des fonds remboursables du public au sens de l'article L. 312-2, les fruits et produits mentionnés au I versés en toute monnaie doivent être inscrits au crédit d'un compte spécial ouvert au nom du titulaire du compte nanti dans les livres d'un intermédiaire mentionné à l'article L. 211-3 ou d'un établissement de crédit. Ce compte spécial est réputé faire partie intégrante du compte nanti à la date de signature de la déclaration de nantissement. Le créancier nanti peut obtenir, sur simple demande au teneur du compte spécial, une attestation comportant l'inventaire des sommes en toute monnaie inscrites au crédit de ce compte à la date de la délivrance de cette attestation]*. »

IV. — Le créancier nanti définit avec le titulaire du compte-titres les conditions dans lesquelles ce dernier peut disposer des titres financiers et des sommes en toute monnaie figurant dans le compte nanti. Le créancier nanti bénéficie en toute hypothèse d'un droit de rétention sur les titres financiers et sommes en toute monnaie figurant au compte nanti.

V. — Le créancier nanti titulaire d'une créance certaine, liquide et exigible peut, pour les titres financiers, français ou étrangers, *(Ord. n° 2021-1192 du 15 sept. 2021, art. 29, en vigueur le 1er janv. 2022)* « admis sur une plateforme de négociation *[ancienne rédaction : négociés sur un marché réglementé]* », les parts ou actions d'organismes de placement collectif, ainsi que pour les sommes en toute monnaie, réaliser le nantissement, civil ou commercial, huit jours — ou à l'échéance de tout autre délai préalablement convenu avec le titulaire du compte — après mise en demeure du débiteur remise en mains propres ou adressée par courrier recommandé. Cette mise en demeure du débiteur est également notifiée au constituant du nantissement lorsqu'il n'est pas le débiteur ainsi qu'au teneur de compte lorsque ce dernier n'est pas le créancier nanti. La réalisation du nantissement intervient selon des modalités fixées par décret. — *V. C. mon. fin., art. D. 211-10 s.*

(Ord. n° 2021-1192 du 15 sept. 2021, art. 29, en vigueur le 1er janv. 2022) « Pour les instruments financiers autres que ceux mentionnés à l'alinéa précédent, le créancier nanti titulaire d'une créance certaine, liquide et exigible peut réaliser le nantissement, civil ou commercial, huit jours après mise en demeure du débiteur remise en mains propres ou adressée par lettre recommandée avec demande d'avis de réception, à défaut d'un autre délai préalablement convenu avec le titulaire du compte. Cette mise en demeure du débiteur est également notifiée au constituant du nantissement lorsqu'il n'est pas le débiteur ainsi qu'au teneur de compte lorsque ce dernier n'est pas le créancier nanti. La réalisation du nantissement intervient par vente publique. Le créancier peut également demander l'attribution judiciaire des titres nantis ou convenir de son appropriation conformément aux articles 2347 et 2348 du code civil *[ancienne rédaction : Pour les instruments financiers autres que ceux mentionnés à l'alinéa précédent, la réalisation du nantissement intervient conformément aux dispositions de l'article L. 521-3 du code de commerce]*. »

VI. — Les dispositions du V du présent article relatives à la réalisation du nantissement s'appliquent aux nantissements de titres financiers constitués antérieurement au 4 juillet 1996.

(Ord. n° 2017-1674 du 8 déc. 2017, art. 2) « VII. — Un décret en Conseil d'État précise les modalités d'application du présent article au nantissement de titres financiers inscrits dans un dispositif d'enregistrement électronique partagé mentionné à l'article L. 211-3. »

V. note ss. art. L. 211-3.

1. Mise en demeure. Le défaut de mise en demeure, par le créancier gagiste d'un compte d'instruments financiers, du débiteur fait obstacle à la réalisation du gage, de sorte que le premier doit restituer au second l'intégralité du portefeuille de titres indûment réalisés. • Com. 18 nov. 2008, n° 07-21.975 P : *D. 2008. AJ 3009 ; JCP 2009. I. 150, n° 22, obs. Delebecque ; Gaz. Pal. 2009. 1255, note Chabot ; RJDA 2009, n° 232.*

2. Droit de rétention. Le droit de rétention sur les instruments financiers ne résulte pas de la possession matérielle de la chose mais d'une disposition légale, de sorte qu'il n'est pas soumis à l'exigence du maintien de la possession de la chose qui en est l'objet, et le désistement, même volontaire, du compte titre faisant l'objet du droit de rétention ne peut entraîner la perte de ce droit. • Reims, 11 mai 2009 : *RDBF 2009, n° 210, obs. Bonneau.*

SOUS-SECTION 5 *Formes particulières de transmission*

§ 1er *Adjudication*

Art. L. 211-21 Les adjudications publiques volontaires ou forcées de titres financiers sont faites, si ces titres sont admis aux négociations sur un marché réglementé, par les prestataires de services d'investissement membres du marché réglementé où ces titres sont négociés et, dans le cas contraire, par un prestataire de services d'investissement ou par un notaire.

Même en cas de dispositions statutaires contraires, les dispositions du présent article s'appliquent aux adjudications pour défaut de libération d'actions.

Les dispositions du présent article ne sont pas applicables aux adjudications de titres de la dette publique effectuées pour le compte de l'État.

§ 2 *Prêt de titres financiers*

Art. L. 211-22 Les dispositions de l'article L. 211-24 sont applicables aux prêts de titres financiers qui remplissent les conditions suivantes :

1. Le prêt porte sur des titres financiers ;
2. Le prêt porte sur des titres financiers qui ne sont pas susceptibles de faire l'objet, pendant la durée du prêt, du détachement d'un droit à dividende ou du paiement d'un intérêt soumis à la retenue à la source prévue au 1° de l'article 119 *bis* ou à l'article 1678 *bis* du code général des impôts ou ouvrant droit au crédit impôt prévu au *b* du 1 de l'article 220 du même code, d'un amortissement, d'un tirage au sort pouvant conduire au remboursement ou d'un échange ou d'une conversion prévus par le contrat d'émission ;
3. Le prêt est soumis aux dispositions des articles 1892 à 1904 inclus du code civil ;
4. Les titres financiers sont empruntés par une personne morale soumise de plein droit à un régime réel d'imposition, par un organisme de placement collectif, ou par une personne, société ou institution non résidente ayant un statut comparable.

Les parties peuvent convenir de remises complémentaires, en pleine propriété, d'espèces ou de titres financiers, pour tenir compte de l'évolution de la valeur des titres financiers prêtés.

Art. L. 211-23 Le régime de la rémunération allouée en paiement de prêts de titres financiers est fixé par les dispositions du 2 du I de l'article 38 *bis* du code général des impôts.

Art. L. 211-24 Lorsque les titres financiers sont prêtés par une entreprise, ils sont prélevés par priorité sur les titres de même nature acquis ou souscrits à la date la plus récente.

(Abrogé par Décr. n° 2020-1732 du 29 déc. 2020, art. 1er) ***« La créance représentative des titres financiers prêtés est inscrite distinctement au bilan à la valeur d'origine de ces titres.***

« A l'expiration du prêt, les titres financiers restitués sont inscrits au bilan à cette même valeur.

« La provision pour dépréciation constituée antérieurement, le cas échéant, sur les titres financiers prêtés n'est pas réintégrée lors du prêt. Elle doit figurer sur une ligne distincte au bilan et demeurer inchangée jusqu'à la restitution de ces titres. »

Les 2e, 3e et 4e al. de l'art. L. 211-24, l'art. L. 211-25 ainsi que les 2e et 3e al. de l'art. L. 211-26 ont un caractère réglementaire (Cons. const. 21 déc. 2020, n° 2020-289 L, JO 22 déc.).

Art. L. 211-25 *(Abrogé par Décr. n° 2020-1732 du 29 déc. 2020, art. 2)* ***Les titres financiers empruntés et la dette représentative de l'obligation de restitution de ces titres sont inscrits distinctement au bilan de l'emprunteur au prix du marché au jour du prêt.***

V. note ss. art. L. 211-24.

Art. L. 211-26 Lorsque l'emprunteur cède des titres financiers, ceux-ci sont prélevés par priorité sur les titres de même nature empruntés à la date la plus ancienne. Les achats ultérieurs de titres de même nature sont affectés par priorité au remplacement des titres empruntés.

(Abrogé par Décr. n° 2020-1732 du 29 déc. 2020, art. 3) ***« A la clôture de l'exercice, les titres financiers empruntés qui figurent au bilan de l'emprunteur et la dette représentative de l'obligation de restitution qui résulte des contrats en cours sont inscrits au prix que ces titres ont sur le marché à cette date.***

« A l'expiration du prêt, les titres financiers empruntés sont réputés restitués à la valeur pour laquelle la dette représentative de l'obligation de restitution figure au bilan. »

V. note ss. art. L. 211-24.

§ 3 *Pension*

Art. L. 211-27 La pension est l'opération par laquelle une personne morale, un fonds commun de placement, un fonds de placement immobilier *(Ord. n° 2013-676 du 25 juill. 2013, art. 36-5°)* « , un fonds professionnel de placement immobilier » *(Ord. n° 2017-1432 du 4 oct. 2017, art. 5-I-1°, en vigueur le 3 janv. 2018)* « , un fonds de financement spécialisé, ou un fonds commun de titrisation » cède en pleine propriété à une autre personne morale, à un fonds commun de placement, à un fonds de placement immobilier *(Ord. n° 2013-676 du 25 juill. 2013, art. 36-5°)* « , *[à]* un fonds professionnel de placement immobilier » *(Ord. n° 2017-1432 du 4 oct. 2017, art. 5-I-1°, en vigueur le 3 janv. 2018)* « , *[à]* un fonds de financement spécialisé, ou *[à]* un fonds commun de titrisation », moyennant un prix convenu, des titres financiers et par laquelle le cédant et le cessionnaire s'engagent respectivement et irrévocablement, le premier à reprendre les titres, le second à les rétrocéder pour un prix et à une date convenus.

Art. L. 211-28 La pension porte sur des titres financiers qui ne sont pas susceptibles de faire l'objet, pendant toute la durée de l'opération :

1. Du détachement d'un droit à dividende, ouvrant droit au crédit d'impôt prévu au *b* du 1 de l'article 220 du code général des impôts ;
2. Du paiement d'un intérêt soumis à la retenue à la source prévue au 1 de l'article 119 *bis* ou à l'article 1678 *bis* du code général des impôts ou ouvrant droit à un crédit d'impôt prévu au *b* du 1 de l'article 220 du même code.

L'amortissement, le tirage au sort conduisant au remboursement, l'échange, la conversion ou l'exercice d'un bon de souscription mettent fin à l'opération de pension.

Art. L. 211-29 La pension devient opposable aux tiers dès la livraison, dont les modalités sont fixées par décret, des titres financiers. – *V. art. D. 211-15 C. mon. fin.*

Art. L. 211-30 Au terme fixé pour la rétrocession, le cédant paye le prix convenu au cessionnaire et ce dernier rétrocède les titres financiers au cédant ; si le cédant manque à son obligation de payer le prix de la rétrocession, les titres restent acquis au cessionnaire et si le cessionnaire manque à son obligation de rétrocéder les titres, le montant de la cession reste acquis au cédant.

Art. L. 211-31 La rémunération du cessionnaire, quelle qu'en soit la forme, constitue un revenu de créance. Elle est traitée sur le plan comptable comme des intérêts.

Lorsque la durée de la pension couvre la date de paiement des revenus attachés aux titres financiers donnés en pension, le cessionnaire les reverse au cédant qui les comptabilise parmi les produits de même nature.

Art. L. 211-32 La pension entraîne, chez le cédant, d'une part, le maintien à l'actif de son bilan des titres financiers mis en pension et, d'autre part, l'inscription au passif du bilan du montant de sa dette vis-à-vis du cessionnaire ; ces titres et cette dette sont individualisés à une rubrique spécifique dans la comptabilité du cédant. En outre, le montant des titres financiers mis en pension, ventilé selon la nature des actifs concernés, doit figurer dans les documents annexés aux comptes annuels.

Art. L. 211-33 Les titres financiers reçus en pension ne sont pas inscrits au bilan du cessionnaire ; celui-ci enregistre à l'actif de son bilan le montant de sa créance sur le cédant.

Lorsque le cessionnaire cède des titres financiers qu'il a lui-même reçus en pension, il constate au passif de son bilan le montant de cette cession représentatif de sa dette de titres financiers qui, à la clôture de l'exercice, est évaluée au prix de marché de ces actifs. Les écarts de valeur constatés sont retenus pour la détermination du résultat imposable de cet exercice.

Lorsque le cessionnaire donne en pension des titres financiers qu'il a lui-même reçus en pension, il inscrit au passif de son bilan le montant de sa dette à l'égard du nouveau cessionnaire.

Les montants représentatifs des créances et dettes mentionnées au présent article sont individualisés dans la comptabilité du cessionnaire.

Art. L. 211-34 Pour l'application des articles L. 211-27 à L. 211-33, les effets publics ou privés sont assimilés à des titres financiers.

Toutefois, seuls les établissements de crédit *(Ord. n° 2013-544 du 27 juin 2013, art. 2, en vigueur le 1er janv. 2014)* « et les sociétés de financement » peuvent prendre ou mettre en pension les effets privés.

SECTION III *Contrats financiers*

Art. L. 211-35 Nul ne peut, pour se soustraire aux obligations qui résultent de contrats financiers, se prévaloir de l'article 1965 du code civil, alors même que ces opérations se résoudraient par le paiement d'une simple différence.

SECTION IV *Règles communes applicables aux opérations sur instruments financiers*

§ 1er *Compensation et cessions de créances*

Art. L. 211-36 I. — Les dispositions du présent paragraphe sont applicables :

1° Aux obligations financières résultant d'opérations sur instruments financiers *(L. n° 2019-486 du 22 mai 2019, art. 80)* « ou aux marchandises représentées par un reçu d'entreposage mentionné à l'article L. 522-37-1 du code de commerce, » *(L. n° 2019-486 du 22 mai 2019, art. 77-I et 206-XXX)* « ou sur des unités mentionnées à l'article L. 229-7 du code de l'environnement, d'opérations de change au comptant ou d'opérations de vente, d'achat ou de livraison d'or, d'argent, de platine, de palladium ou d'autres métaux précieux » lorsque l'une au moins des parties à l'opération est un établissement de crédit *(Ord. n° 2013-544 du 27 juin 2013, art. 2, en vigueur le 1er janv. 2014)* « , une société de financement », un prestataire de services d'investissement *(Ord. n° 2017-1107 du 22 juin 2017, art. 2, en vigueur le 3 janv. 2018)* « autre qu'une société de gestion de portefeuille », un établissement public, une collectivité territoriale, une institution, une personne ou entité bénéficiaire des dispositions de l'article L. 531-2 *(L. n° 2019-486 du 22 mai 2019, art. 77-I)* « du présent code », une chambre de compensation, un établissement non résident ayant un statut comparable, une organisation ou organisme financier international dont la France ou l'Union européenne est membre ;

2° Aux obligations financières résultant de tout contrat donnant lieu à un règlement en espèces ou à une livraison d'instruments financiers *(L. n° 2019-486 du 22 mai 2019, art. 80)* « ou aux marchandises représentées par un reçu d'entreposage mentionné à l'article L. 522-37-1 du code de commerce, » lorsque toutes les parties appartiennent à l'une des catégories de personnes mentionnées à l'alinéa précédent, à l'exception des personnes mentionnées aux alinéas *(Ord. n° 2009-107 du 30 janv. 2009, art. 5-I)* « *c* à *n* » du 2° de l'article L. 531-2 ;

3° Aux obligations financières résultant de tout contrat conclu dans le cadre d'un système mentionné à l'article L. 330-1 ;

(L. n° 2016-1691 du 9 déc. 2016, art. 56) « 4° Aux obligations financières résultant de contrats conclus entre une ou plusieurs chambres de compensation et un de leurs adhérents, entre cet adhérent et un client auquel il fournit, directement ou indirectement, un service de compensation, et entre ce client et la ou les chambres de compensation mentionnées au présent 4°.

« Pour l'application du 4° du présent I, le mot "client" désigne, si les parties en sont convenues, l'ensemble des personnes morales faisant partie d'un même périmètre de consolidation. »

(L. n° 2010-1249 du 22 oct. 2010, art. 28-I) « II. — Pour l'application de la présente section, sont également des instruments financiers les contrats d'option, contrats à terme ferme, contrats d'échange et tous autres contrats à terme autres que ceux mentionnés au III de l'article L. 211-1, à condition que, lorsque ces instruments doivent être réglés par livraison physique, ils fassent l'objet d'un enregistrement par une chambre de compensation reconnue ou d'appels de couverture périodiques. »

Art. L. 211-36-1 I. — Les conventions relatives aux obligations financières mentionnées *(Ord. n° 2009-107 du 30 janv. 2009, art. 5-I)* « à l'article L. 211-36 » sont résiliables, et les dettes et les créances y afférentes sont compensables *(L. n° 2016-1691 du 9 déc. 2016, art. 56)* « entre toutes les parties ». Les parties peuvent prévoir l'établissement d'un solde unique, que ces obligations financières soient régies par une ou plusieurs conventions ou conventions-cadres.

II. — Les modalités de résiliation, d'évaluation et de compensation des opérations et obligations mentionnées *(Ord. n° 2009-107 du 30 janv. 2009, art. 5-I)* « à l'article L. 211-36 et au I du présent article » sont opposables aux tiers. Ces modalités peuvent être notamment prévues par des conventions ou conventions-cadres. Toute opération de résiliation, d'évaluation ou de compensation faite en raison d'une procédure civile d'exécution ou de l'exercice d'un droit d'opposition est réputée être intervenue avant cette procédure.

III. — *Abrogé par L. n° 2010-1249 du 22 oct. 2010, art. 28-II. — V. le II de l'art. L. 211-36.*

Art. L. 211-37 La cession de créances afférentes aux obligations financières mentionnées à l'article L. 211-36 est opposable aux tiers du fait de la notification de la cession au débiteur. La cession de contrats afférents aux obligations financières mentionnées à l'article L. 211-36 est opposable aux tiers du fait de l'accord écrit des parties.

§ 2 *Garantie des obligations financières*

Art. L. 211-38 I. — A titre de garantie des obligations financières présentes ou futures mentionnées à l'article L. 211-36, les parties peuvent prévoir des remises en pleine propriété, opposables aux tiers sans formalités, d'instruments financiers *(L. n° 2019-486 du 22 mai 2019, art. 80)* « , marchandises représentées par un reçu d'entreposage », effets, créances, contrats ou sommes d'argent, ou la constitution de sûretés sur de tels biens ou droits, réalisables, même lorsque l'une des parties fait l'objet d'une des procédures prévues par le livre VI du code de commerce, ou d'une procédure judiciaire ou amiable équivalente sur le fondement d'un droit étranger, ou d'une procédure civile d'exécution ou de l'exercice d'un droit d'opposition.

(L. n° 2016-1691 du 9 déc. 2016, art. 56) « Les remises et sûretés mentionnées au premier alinéa du présent I peuvent être effectuées ou constituées par les parties elles-mêmes ou par des tiers. »

Les dettes et créances relatives à ces garanties et celles afférentes à ces obligations sont alors compensables conformément au I de l'article L. 211-36-1.

II. — Lorsque les garanties mentionnées au I sont relatives aux obligations financières mentionnées aux 2° *(L. n° 2016-1691 du 9 déc. 2016, art. 56)* « , 3° et 4° du I » de l'article *(L. n° 2009-526 du 12 mai 2009, art. 138-XII)* « L. 211-36 » :

1° La constitution de telles garanties et leur opposabilité ne sont subordonnées à aucune formalité. Elles résultent du transfert des biens et droits en cause, de la dépossession du constituant ou de leur contrôle par le bénéficiaire ou par une personne agissant pour son compte ;

2° L'identification des biens et droits en cause, leur transfert, la dépossession du constituant ou le contrôle par le bénéficiaire doivent pouvoir être attestés par écrit ;

3° La réalisation de telles garanties intervient à des conditions normales de marché, par compensation, appropriation ou vente, sans mise en demeure préalable, selon les modalités d'évaluation prévues par les parties dès lors que les obligations financières couvertes sont devenues exigibles.

III. — L'acte prévoyant la constitution des sûretés mentionnées au I peut définir les conditions dans lesquelles le bénéficiaire de ces sûretés peut utiliser ou aliéner les biens ou droits en cause, à charge pour lui de restituer au constituant des biens ou droits équivalents. Les sûretés concernées portent alors sur les biens ou droits équivalents ainsi restitués comme si elles avaient été constituées dès l'origine sur ces biens ou droits équivalents. Cet acte peut permettre au bénéficiaire de compenser sa dette de restitution des biens ou droits équivalents avec les obligations financières au titre desquelles les sûretés ont été constituées, lorsqu'elles sont devenues exigibles.

Par biens ou droits équivalents, on entend :

1° Lorsqu'il s'agit d'espèces, une somme de même montant et dans la même monnaie ;

2° Lorsqu'il s'agit d'instruments financiers, des instruments financiers ayant le même émetteur ou débiteur, faisant partie de la même émission ou de la même catégorie, ayant la même valeur nominale, libellés dans la même monnaie et ayant la même désignation, ou d'autres actifs, lorsque les parties le prévoient, en cas de survenance d'un fait concernant ou affectant les instruments financiers constitués en sûreté.

Lorsqu'il s'agit d'autres biens ou droits que ceux mentionnés aux 1° et 2°, la restitution porte sur ces mêmes biens ou droits.

IV. — Les modalités de réalisation et de compensation des garanties mentionnées au I et des obligations mentionnées à l'article L. 211-36 sont opposables aux tiers. Toute réalisation ou compensation effectuée en raison d'une procédure civile d'exécution ou de l'exercice d'un droit d'opposition est réputée être intervenue avant cette procédure.

Art. L. 211-38-1 *(L. n° 2016-1691 du 9 déc. 2016, art. 56)* Aucun créancier du bénéficiaire autre que le constituant de garanties financières mentionnées à l'article L. 211-38 et constituées à titre de marge initiale en application de l'article 11 du règlement (UE) n° 648/2012 du Parlement européen et du Conseil du 4 juillet 2012 sur les produits dérivés de gré à gré, les contreparties centrales et les référentiels centraux ne peut se prévaloir d'un droit quelconque sur les biens ou droits sur lesquels portent ces garanties, même sur le fondement du livre VI du code de commerce ou d'une procédure équivalente sur le fondement d'un droit étranger.

Art. L. 211-39 Les droits ou obligations du constituant, du bénéficiaire ou de tout tiers relatifs aux garanties mentionnées au I de l'article L. 211-38 portant sur des titres financiers sont déterminés par la loi de l'État où est situé le compte dans lequel ces titres sont remis ou constitués en garantie.

§ 3 *Disposition commune*

Art. L. 211-40 Les dispositions du livre VI du code de commerce, ou celles régissant toutes procédures judiciaires ou amiables équivalentes ouvertes sur le fondement de droits étrangers, ne font pas obstacle à l'application des dispositions de la présente section.

(L. nº 2019-486 du 22 mai 2019, art. 77-I et 206-XXX) « L'article 1343-2 du code civil ne fait pas obstacle à ce que la capitalisation des intérêts dus en application d'une convention ou d'une convention-cadre mentionnée à l'article L. 211-36-1 du présent code soit prévue par celles-ci. »

Art. L. 211-40-1 *(L. nº 2018-287 du 20 avr. 2018, art. 8, en vigueur le 1er oct. 2018)* L'article 1195 du code civil n'est pas applicable aux obligations qui résultent d'opérations sur les titres et les contrats financiers mentionnés aux I à III de l'article L. 211-1 du présent code.

L'art. L. 211-40-1 est applicable aux actes juridiques conclus ou établis à compter de l'entrée en vigueur de la L. nº 2018-287 du 20 avr. 2018 (L. préc., art. 16).

BIBL. ▸ Brunie, *JCP E 2019, nº 1185* (la révision judiciaire pour imprévision à l'issue de la loi de ratification de la réforme du droit des contrats : création de l'art. L. 211-40-1).

SECTION V *Régime des instruments financiers étrangers*

Art. L. 211-41 Sont assimilés aux titres financiers mentionnés à l'article L. 211-1 tous les instruments équivalents ou droits représentatifs d'un placement financier dans une entité émis sur le fondement de droits étrangers.

CHAPITRE II *Titres de capital* *(Ord. nº 2009-15 du 8 janv. 2009, art. 1er)*.

Art. L. 212-1 A *(Ord. nº 2009-15 du 8 janv. 2009, art. 1er)* Les titres de capital émis par les sociétés par actions comprennent les actions et les autres titres donnant ou pouvant donner accès au capital ou aux droits de vote.

SECTION I *Les actions* *(Ord. nº 2009-15 du 8 janv. 2009, art. 1er)*.

SOUS-SECTION 1 *Actions de numéraire et d'apport*

Art. L. 212-1 Les différentes formes d'actions sont définies par l'article L. 228-7 du code de commerce reproduit ci-après : – *V. cet art., supra.*

SOUS-SECTION 2 *Actions à forme nominative obligatoire*

Art. L. 212-2 Les actions de numéraire relèvent des dispositions de l'article L. 228-9 du code de commerce, reproduit ci-après : – *V. cet art., supra.*

(L. nº 2012-387 du 22 mars 2012, art. 17-IV) « Le non-respect du premier alinéa peut entraîner l'annulation de ladite action. »

Art. L. 212-3 I. – *(Ord. nº 2004-604 du 24 juin 2004, art. 52-V)* « Sous réserve des dispositions » *(Ord. nº 2009-15 du 8 janv. 2009, art. 1er)* « de l'article L. 211-7 », les actions émises en territoire français et soumises à la législation française, des sociétés par actions, autres que les SICAV *(Ord. nº 2013-676 du 25 juill. 2013, art. 36)* « , les sociétés de placement à prépondérance immobilière à capital variable ou les sociétés professionnelles de placement à prépondérance immobilière à capital variable », qui ne sont pas admises aux négociations sur un marché réglementé *(L. nº 2021-1308 du 8 oct. 2021, art. 45)* « ou sur un système multilatéral de négociation » revêtent la forme nominative.

II. – Cette obligation doit être satisfaite dans un délai de six mois à compter de la date d'émission des actions concernées ou de la date à laquelle celles-ci ont cessé d'être admises *(Ord. nº 2004-604 du 24 juin 2004, art. 52-V)* « aux opérations d'un dépositaire central. »

Passé ce délai, les détenteurs d'actions qui ne satisfont pas à l'obligation prévue au I, ne peuvent exercer les droits attachés à ces titres, que si ceux-ci ont été présentés à la société émettrice ou un intermédiaire habilité en vue de leur mise sous forme nominative.

III. – Les sociétés émettrices doivent, dans un délai d'un an, à partir de l'expiration du délai prévu au II, procéder à la vente des droits correspondant aux actions non présentées, dans des conditions fixées par décret. Le produit de la vente est consigné jusqu'à restitution éventuelle aux ayants droit. — *V. Décr. nº 82-893 du 18 oct. 1982 (D. et BLD 1982. 446), mod. par Décr. nº 83-1167 du 27 déc. 1983 (D. et ALD 1984. 57).*

IV. — Lorsqu'ils ne justifient pas avoir effectué toute diligence pour assurer l'application effective des présentes dispositions, les gérants, le président du conseil d'administration ou du directoire de la société émettrice sont, pour l'application des droits de mutation par décès et de l'impôt *(L. nº 2017-1837 du 30 déc. 2017, art. 31)* « sur la fortune immobilière » présumés, sauf preuve contraire, être les propriétaires des actions qui ne revêtiraient pas la forme nominative ou qui n'auraient pas été vendues dans les conditions prévues au III. — *[L. nº 81-1160 du 30 déc. 1981, art. 94 (I), al. 1er, 3 (en partie) et 4 à 7.]*

Art. L. 212-4 L'obligation imposée à certaines actions de revêtir la forme nominative est réputée satisfaite lorsque sont réalisées les conditions définies à l'article L. 228-2 du code de commerce.

SOUS-SECTION 3 *Actions de préférence (Ord. nº 2004-604 du 24 juin 2004, art. 52-VI).*

Art. L. 212-5 *(Ord. nº 2004-604 du 24 juin 2004, art. 52-VI)* Les règles relatives à la création des actions de préférence sont fixées par les articles L. 228-11 à L. 228-20 du code de commerce.

SOUS-SECTION 4 *Dispositions applicables aux catégories de titres en voie d'extinction (Ord. nº 2004-604 du 24 juin 2004, art. 52-VII).*

Art. L. 212-6 *(Ord. nº 2004-604 du 24 juin 2004, art. 52-VII)* Les règles relatives à la création d'actions de priorité sont fixées par les articles L. 228-29-8 à L. 228-29-10 et L. 228-35-1 du code de commerce.

Art. L. 212-6-1 *(Ord. nº 2004-604 du 24 juin 2004, art. 52-VII)* Les règles relatives à la création d'actions à dividende prioritaire sans droit de vote sont fixées par les articles L. 228-29-8 à L. 228-29-10 et L. 228-35-2 à L. 228-35-11 du code de commerce.

Art. L. 212-6-2 *(Ord. nº 2004-604 du 24 juin 2004, art. 52-VII)* Les règles relatives aux certificats d'investissement et aux certificats de droit de vote sont fixées par les dispositions des articles L. 228-29-8 à L. 228-35 du code de commerce.

Art. L. 212-6-3 *(Ord. nº 2004-604 du 24 juin 2004, art. 52-VII)* Afin d'assurer l'égalité des porteurs de certificats d'investissement ou de certificats de droit de vote et la transparence du marché, le règlement général de l'Autorité des marchés financiers détermine :

1º Les conditions applicables aux procédures d'offre publique et de demande de retrait portant sur des certificats d'investissement ou des certificats de droit de vote admis aux négociations sur un marché réglementé ou qui ont cessé d'être négociés sur un marché réglementé, lorsque le ou les actionnaires majoritaires de la société émettrice de ces certificats détiennent seul ou de concert au sens des dispositions de l'article L. 233-10 du code de commerce une fraction déterminée du capital et des droits de vote ;

2º Les conditions dans lesquelles, à l'issue d'une procédure d'offre publique ou de demande de retrait, les certificats d'investissement ou les certificats de droit de vote non présentés par leurs porteurs, dès lors qu'ils ne représentent pas plus de 5 % du capital ou des droits de vote, sont transférés aux actionnaires majoritaires à leur demande, et les détenteurs indemnisés.

Cet art. reprend une partie de l'ancien art. L. 212-12 désormais abrogé (Ord. nº 2004-604 du 24 juin 2004, art. 52-VII et VIII).

Art. L. 212-6-4 *(Ord. nº 2004-604 du 24 juin 2004, art. 52-VII)* En cas de mise en œuvre du 2º de l'article L. 212-6-3, l'évaluation des titres est faite selon les méthodes objectives pratiquées en cas de cession d'actifs et tient compte, selon une pondération appropriée à chaque cas, de la valeur des actifs, des bénéfices réalisés, de la valeur boursière, de l'existence de filiales et des perspectives d'activité. L'indemnisation est égale, par titre, au résultat de l'évaluation précitée ou, s'il est plus élevé, au prix proposé lors de l'offre ou de la demande de retrait. Le montant de l'indemnisation revenant aux détenteurs non identifiés est consigné.

V. note ss. art. L. 212-6-3.

SECTION II *Les autres titres donnant ou pouvant donner accès au capital ou aux droits de vote* (*Ord. n° 2009-15 du 8 janv. 2009, art. 1er*).

Les sous-sections 1, 2, 3, 4 et 5 sont abrogées et leurs art. L. 212-7, L. 212-8, L. 212-9, L. 212-10, L. 212-11 et L. 212-12 sont remplacés par un art. L. 212-7 (Ord. n° 2004-604 du 24 juin 2004, art. 52-VIII).

Art. L. 212-7 *(Ord. n° 2004-604 du 24 juin 2004, art. 52-VIII)* Les règles relatives à l'émission de titres donnant accès au capital et aux titulaires de ces titres sont fixées par les articles L. 228-91 à L. 228-106 du code de commerce relatifs aux valeurs mobilières donnant accès au capital.

Art. L. 212-8 à L. 212-12 *Abrogés par Ord. n° 2004-604 du 24 juin 2004, art. 52-VIII.*

SECTION III *Régimes particuliers d'accès au capital en faveur du personnel salarié*

Art. L. 212-13 à L. 212-17 – *V. C. sociétés.*

CHAPITRE III *Titres de créance*

Art. L. 213-0-1 *(Ord. n° 2017-970 du 10 mai 2017, art. 19)* Les titres de créance représentent chacun un droit de créance sur la personne morale ou le fonds commun de titrisation qui les émet.

Par dérogation à l'article 1349 du code civil et à l'article L. 228-74 du code de commerce, peuvent être acquis et conservés par leurs émetteurs aux fins de favoriser leur liquidité et, pour les titres mentionnés au 3° ci-dessous, peuvent être souscrits ou acquis et conservés par leurs émetteurs lorsque ces émetteurs ont le statut d'établissement de crédit, d'entreprise d'investissement ou de société de financement :

1° Les titres de créances négociables ;

2° Les titres de créance ne donnant pas accès au capital admis aux négociations sur un marché réglementé ou sur un système multilatéral de négociation qui se soumet aux dispositions législatives et réglementaires visant à protéger les investisseurs contre les opérations d'initiés, les manipulations de cours et la diffusion de fausses informations dans les conditions déterminées par le règlement général de l'Autorité des marchés financiers ;

3° Les obligations ne donnant pas accès au capital émises par des émetteurs ayant le statut d'établissement de crédit, d'entreprise d'investissement ou de société de financement.

Pendant le temps de leur conservation par l'émetteur, tous les droits attachés aux titres de créance mentionnés aux 2° et 3°sont suspendus.

Le règlement général de l'Autorité des marchés financiers détermine les conditions dans lesquelles l'émetteur rend public le rachat d'une quantité de titres de créance mentionnés au 2°.

Un décret détermine la durée maximale de détention des titres de créance mentionnés aux 2° et 3°, souscrits ou acquis, et conservés par l'émetteur.

Un émetteur ne peut détenir plus de 15 % d'une même émission d'un titre de créance mentionné aux 2° et 3°. Toutefois, cette limite n'est pas applicable pour les titres mentionnés au 3° souscrits ou acquis pour les besoins du placement par l'émetteur de ces titres.

Un décret détermine les conditions dans lesquelles l'émetteur peut racheter des titres de créances négociables qu'il a émis et informe la Banque de France de ces rachats.

SECTION I *Les titres de créances négociables*

RÉP. SOCIÉTÉS v° *Titres de créances négociables*, par BONNEAU.

Art. L. 213-1 Les titres de créances négociables sont des titres *(Ord. n° 2009-15 du 8 janv. 2009, art. 1er)* « financiers » émis au gré de l'émetteur, négociables sur *(L. n° 2019-486 du 22 mai 2019, art. 77-I)* « une plateforme de négociation mentionnée à l'article L. 420-1 » ou de gré à gré, qui représentent chacun un droit de créance *(Abrogé par Ord. n° 2009-15 du 8 janv. 2009, art. 1er)* *« pour une durée déterminée »*. – *[L. n° 91-716 du 26 juill. 1991, art. 19 (I).]*

Art. L. 213-2 *(Ord. n° 2009-15 du 8 janv. 2009, art. 1er)* Les titres de créances négociables sont inscrits dans un compte-titres tenu par un intermédiaire mentionné à l'article L. 211-3 *(Ord. n° 2017-1674 du 8 déc. 2017, art. 3)* « ou dans un dispositif d'enregistrement électronique partagé mentionné au même article ».

V. note ss. art. L. 211-3.

Art. L. 213-3 Sont habilités à émettre des titres de créances négociables :

1. Les établissements de crédit, les entreprises d'investissement et la caisse des dépôts et consignations, sous réserve de respecter les conditions fixées à cet effet par le *(L. n° 2003-706 du 1er août 2003, art. 46-I)* « ministre chargé de l'économie » ;

(Ord. n° 2013-544 du 27 juin 2013, art. 2, en vigueur le 1er janv. 2014) « 1 *bis*. Les sociétés de financement, sous réserve de respecter les conditions fixées à cet effet par le ministre chargé de l'économie et à condition que le produit de ces émissions ne constitue pas des fonds remboursables du public au sens de l'article L. 312-2 ; »

2. Les entreprises autres que celles mentionnées *(Ord. n° 2013-544 du 27 juin 2013, art. 2, en vigueur le 1er janv. 2014)* « aux 1 et 1 *bis* », sous réserve de remplir les conditions de forme juridique, de capital *(Abrogé par L. n° 2003-706 du 1er août 2003, art. 36-I)* « *, de durée d'existence* » et de contrôle des comptes requises *(Ord. n° 2009-80 du 22 janv. 2009, art. 2-I, en vigueur le 1er avr. 2009)* « pour procéder à une offre au public de titres financiers ou à une admission de titres financiers aux négociations sur un marché réglementé et dont le capital social est précisé par décret », ou des conditions équivalentes pour les entreprises ayant un siège social à l'étranger ;

(Ord. n° 2009-80 du 22 janv. 2009, art. 2-I, en vigueur le 1er avr. 2009) « 3. Les entreprises du secteur public dès lors qu'elles remplissent les conditions fixées au 2 ;

« 4. Les entreprises du secteur public ne disposant pas de capital social mais qui sont autorisées à procéder à une offre au public ; »

5. Les groupements d'intérêt économique et les sociétés en nom collectif, composés exclusivement de sociétés par actions satisfaisant aux conditions prévues au 2 ;

6. Les institutions de l'Union européenne et les organisations internationales *(Abrogé par L. n° 2003-706 du 1er août 2003, art. 36)* « *dont la France est membre* » ;

7. La caisse d'amortissement de la dette sociale instituée par l'article 1er de l'ordonnance n° 96-50 du 24 janvier 1996 relative au remboursement de la dette sociale ;

8. *(L. n° 2001-420 du 15 mai 2001)* « Les collectivités locales et leurs groupements ; »

9. *(L. n° 2003-706 du 1er août 2003, art. 37)* « Les associations régies par la loi du 1er juillet 1901 relative au contrat d'association ou par les articles 21 à 79 du code civil local applicable dans les départements du Bas-Rhin, du Haut-Rhin et de la Moselle et répondant aux conditions prévues pour l'émission d'obligations par appel public à l'épargne ;

« 10. Les États ;

« 11. Les *(Ord. n° 2008-556 du 13 juin 2008, art. 16-II)* « organismes de titrisation » *(Ord. n° 2017-1432 du 4 oct. 2017, art. 5-I, en vigueur le 3 janv. 2018)* « ou de financement spécialisé » ; »

12. *(L. n° 2006-1640 du 21 déc. 2006, art. 38)* « L'Agence centrale des organismes de sécurité sociale » ;

(L. n° 2013-672 du 26 juill. 2013, art. 49) « 13. Les centres hospitaliers régionaux dont la liste est fixée par décret, dans la limite d'un plafond global d'émissions fixé pour chacun d'entre eux par le même décret. »

(Ord. n° 2019-1067 du 21 oct. 2019, art. 7) « Pour l'application du 2 et du 4, les entreprises autorisées à procéder à une offre au public s'entendent des entreprises autorisées à procéder à une offre au public autre que celles mentionnées au 1° ou au 2° de l'article L. 411-2 ou à l'article L. 411-2-1. »

Un décret précise les conditions que doivent remplir les émetteurs mentionnés aux 2 *(L. n° 2013-672 du 26 juill. 2013, art. 49)* « à 13 » et fixe les conditions d'émission des titres de créances négociables. – *[L. n° 91-716 du 26 juill. 1991, art. 19 (III).] – V. art. D. 213-1, D. 213-7 et D. 213-8.*

Art. L. 213-4 *(L. n° 2003-706 du 1er août 2003, art. 36-II)* Les émetteurs de titres de créances négociables établissent préalablement à leur première émission de tels titres une documentation financière, qui porte sur leur activité, leur situation économique et financière ainsi que sur le programme d'émission. Cette documentation financière, rédigée en français, est déposée auprès de la Banque de France, qui est chargée de veiller au respect par les émetteurs des conditions d'émission prévues à l'article L. 213-3. Un décret fixe les conditions d'application du présent article ainsi que les cas et conditions dans lesquels la documentation financière peut être rédigée dans une langue usuelle en matière financière autre que le français. – *V. art. D. 213-2 et D. 213-11.*

Art. L. 213-4-1 *(L. n° 2010-1249 du 22 oct. 2010, art. 76-II)* L'émetteur ne peut constituer un gage quelconque sur ses propres titres de créances négociables.

SECTION II *Les obligations*

RÉP. SOCIÉTÉS v° *Obligation*, par LECOURT.

SOUS-SECTION 1 *Règles générales*

Art. L. 213-5 Les obligations sont des titres négociables qui, dans une même émission, confèrent les mêmes droits de créance pour une même valeur nominale. – *[L. n° 66-537 du 24 juill. 1966, art. 284.]*

Art. L. 213-6 L'émission d'obligations à lots doit être autorisée par la loi.

(L. n° 2003-706 du 1er août 2003) « Toute émission faite en violation des dispositions du présent article est nulle. Sans préjudice de l'action en responsabilité contre les mandataires sociaux, le ministère public ainsi que tout intéressé peut exercer l'action en nullité. » – *[L. n° 66-537 du 24 juill. 1966, art. 292.]*

Art. L. 213-6-1 *(L. n° 2006-387 du 31 mars 2006, art. 26-III)* Tout acte qui interrompt la prescription des intérêts à l'égard de l'un des porteurs d'obligations émises en France par toute collectivité privée ou publique, société commerciale ou civile, française ou étrangère, profite aux autres obligataires du même emprunt.

Ce même acte interrompt également au profit du Trésor la prescription des impôts et taxes qui peuvent lui être dus sur les intérêts visés au premier alinéa.

Art. L. 213-6-2 *(L. n° 2006-387 du 31 mars 2006, art. 26-III)* La décision judiciaire définitive rendue en faveur de l'un des porteurs d'obligations émises en France par toute collectivité privée ou publique, ou par toute société commerciale ou civile, française ou étrangère, et concernant les droits communs des obligataires, peut acquérir force exécutoire au profit de tout obligataire qui n'a pas figuré dans l'instance par une ordonnance du président du *(Ord. n° 2019-964 du 18 sept. 2019, art. 35, en vigueur le 1er janv. 2020)* « tribunal judiciaire » dans la circonscription duquel l'affaire a été portée en première instance.

Art. L. 213-6-3 *(Ord. n° 2017-970 du 10 mai 2017, art. 20)* I. — Sous réserve des dispositions du III, le contrat d'émission des obligations dont la valeur nominale à l'émission est au moins égale à un montant fixé par décret en Conseil d'État peut prévoir que tout ou partie des dispositions législatives et réglementaires relatives à la masse des obligataires, aux représentants de la masse et aux assemblées générales d'obligataires ne leur sont pas applicables. Dans cette hypothèse, le contrat d'émission des obligations organise la représentation des obligataires et prévoit les règles de quorum et de majorité applicables à leurs décisions.

Les dispositions de l'alinéa précédent sont également applicables lorsque les obligations émises ne peuvent être acquises que pour un montant par investisseur et par opération au moins égal à un montant fixé par décret en Conseil d'État. – *V. C. mon. fin., art. R. 213-16-1.*

Dans les cas prévus aux deux alinéas précédents *(Abrogé par Ord. n° 2019-1067 du 21 oct. 2019, art. 7)* ***« et lorsque l'émission ne constitue pas une offre au public au sens de l'article L. 411-1 »***, le contrat d'émission ainsi que tout autre document contractuel afférent à l'émission des obligations, à leur service financier ou à leur couverture peuvent être rédigés dans une langue, autre que le français, usuelle en matière financière.

II. — Le contrat d'émission peut également prévoir les conditions dans lesquelles les obligataires peuvent voter avec d'autres créanciers, sous réserve d'un accord préalablement convenu avec eux.

III. — Lorsque le contrat d'émission prévoit la nomination d'un ou plusieurs représentants des obligataires ou du mandataire mentionné au IV, les dispositions des articles L. 228-49, L. 228-62 et L. 228-63 du code de commerce sont applicables.

IV. — En l'absence de masse et d'un représentant, lorsque l'émetteur participe à une opération de fusion, de scission, de réduction de capital non motivée par des pertes ou, s'il est constitué sous forme de société européenne, de transfert du siège social dans un autre État membre, les obligataires bénéficient des mêmes droits que les créanciers non obligataires.

Le contrat d'émission peut prévoir que les obligataires désignent un mandataire chargé de les représenter lorsque l'émetteur fait l'objet d'une des procédures du livre VI du code de commerce ou des procédures similaires de droit étranger. Ce mandataire procède à la déclaration des créances obligataires.

V. — L'émetteur a la faculté de modifier le contrat d'émission des obligations mentionnées au I sans le consentement des obligataires afin de corriger une erreur matérielle.

VI. — Les dispositions du présent article ne sont pas applicables aux obligations donnant accès à des titres de capital à émettre, ni aux titres émis par l'État.

....

TITRE II Les produits d'épargne

CHAPITRE III *Les bons de caisse*

(Ord. n° 2016-520 du 28 avr. 2016, art. 2-II, en vigueur le 1er oct. 2016)

RÉP. COM. v° *Bon de caisse*, par LECOURT.

Art. L. 223-1 Les bons de caisse sont des titres nominatifs et non négociables comportant engagement par un commerçant de payer à échéance déterminée, délivrés en contrepartie d'un prêt. Les conditions de leur émission et de leur mise en vente ou en circulation, par voie d'offre au public *(Ord. n° 2019-1067 du 21 oct. 2019, art. 8)* « autre que celle s'adressant exclusivement à des investisseurs qualifiés mentionnés au 1° de l'article L. 411-2 ou que celle portant sur un prêt supérieur ou égal à un montant fixé par décret », sont régies par les dispositions du présent chapitre.

Les bons de caisse ne peuvent, dans une même émission, conférer des droits de créance identiques pour une même valeur nominale.

1. Prescription. S'agissant de bons de caisse à ordre, la prescription de l'action cambiaire en vertu de l'art. L. 511-78 C. com. laisse subsister l'action en paiement fondée sur le rapport fondamental assimilable à un prêt d'argent, et celle-ci n'est pas éteinte dès lors que la prescription résultant de l'art. L. 110-4 C. com. n'est pas acquise. • Paris, 6 janv. 1993 : *Dr. sociétés 1993, n° 104, obs. Hovasse.* – V. aussi • Com. 21 mars 1995, n° 93-12.383 P : *cité note 4 ss. art. L. 110-4 C. com.* ♦ V. toutefois, retenant la prescription triennale abrégée : • TGI Nantes, 21 mai 2003 : *Banque et Dr. 5-6/2005. 78, obs. Guillot* (conf. par • Rennes, 6 janv. 2005 : *ibid. 5-6/2006. 85, obs. Guillot*). – V. aussi • Com. 27 nov. 2005, n° 03-17.843 : *JCP E 2006, n° 22, p. 959, obs. Mathey ; RDBF 2006, n° 1, obs. Crédot et Samin.*

La mise en possession du gage portant sur un bon de caisse est réalisée et le demeure tant que celui-ci est resté en la possession du créancier ou d'un tiers convenu entre les parties. Le maintien du gage entre les mains du créancier ou du tiers convenu, en ce qu'il emporte reconnaissance tacite permanente du droit du créancier par le débiteur, interrompt la prescription. • Com. 31 oct. 2006, n° 05-15.868 P : *D. 2006. AJ 3052, obs. Delpech ; RTD com. 2007. 439, obs. Bouloc ; RJDA 2007, n° 290.*

2. Opposition. L'opposition pratiquée sur les bons de caisse au porteur émis par un établissement de crédit est régie par les dispositions de droit commun applicables aux obligations. • Com. 14 déc. 2004, n° 01-13.302 P : *D. 2005. AJ 213, obs. Lienhard ; JCP E 2005, n° 47, p. 1972, obs. Stoufflet ; RTD com. 2005. 391, obs. Cabrillac ; RJDA 2005, n° 446.*

3. Paiement. Un bon de caisse anonyme est toujours payable en espèces, au porteur quel qu'il soit, le banquier n'ayant pas à vérifier son identité ni à exiger, au moment du paiement, la remise de l'original du certificat de dépôt puisque celui-ci ne confère aucun droit à paiement direct, ce droit étant incorporé dans le titre lui-même. • Com. 30 nov. 2004, n° 03-12.647 : *RJDA 2005, n° 447.*

4. Secret bancaire. V. note 16 ss. art. L. 511-33.

Art. L. 223-2 Seuls peuvent émettre des bons de caisse :

1° Les établissements de crédit ;

2° Les personnes physiques et sociétés qui exercent en qualité de commerçant et ont établi le bilan de leur *(L. n° 2019-486 du 22 mai 2019, art. 217)* « premier [*ancienne rédaction : troisième*] » exercice commercial.

Les bons de caisse sont souscrits directement auprès de ces personnes. – *V. cependant C. mon. fin., art. L. 223-6.* – ***C. mon. fin.***

Toute émission de bons de caisse est interdite aux sociétés de financement.

Sur le monopole des établissements de crédit pour l'émission de bons de caisse, V. note 4 ss. art. L. 511-5 C. mon. fin.

Art. L. 223-3 Les bons de caisse ne peuvent être souscrits à plus de *(L. n° 2019-486 du 22 mai 2019, art. 217)* sept [*ancienne rédaction : cinq*] » années d'échéance.

Art. L. 223-4 Les bons de caisse sont inscrits au nom de leur propriétaire dans un registre tenu par l'émetteur.

L'émetteur remet au propriétaire du bon de caisse un certificat d'inscription dans le registre et, lorsqu'il est au nombre des personnes mentionnées au 2° de l'article L. 223-2, met à sa disposition ses derniers comptes annuels, dont il atteste la sincérité. Un décret précise, pour chaque catégorie d'émetteur de bons de caisse, les mentions figurant sur le certificat d'inscription.

L'émetteur de bons de caisse ne peut se prévaloir des dispositions de l'article L. 232-25 du code de commerce.

Art. L. 223-5 La cession de bons de caisse s'effectue selon les modalités prévues à la section Ire du chapitre II du titre IV du livre III du code civil.

Art. L. 223-6 à L. 223-9 *Abrogés par Ord. nº 2021-1735 du 22 déc. 2021, art. 3.*

Art. L. 223-10 Le taux d'intérêt conventionnel applicable aux prêts en contrepartie desquels les bons de caisse sont délivrés est de nature fixe. Il n'excède pas le taux mentionné à l'article L. 313-5-1.

Les conditions d'amortissement de la valeur nominale des bons de caisse et celles du paiement des intérêts dus sont fixées par décret.

Art. L. 223-11 à L. 223-13 *Abrogés par Ord. nº 2021-1735 du 22 déc. 2021, art. 3.*

TITRE III Dispositions pénales

CHAPITRE PREMIER *Infractions relatives aux instruments financiers*

SECTION I *Infractions relatives aux titres*

SOUS-SECTION 1 *Obligations*

Art. L. 231-1 Les infractions relatives aux obligations sont prévues et sanctionnées dans les conditions fixées par *(Ord. nº 2005-429 du 6 mai 2005, art. 42)* « l'article L. 245-9 » du code de commerce.

CHAPITRE II *Infractions relatives aux produits d'épargne*

SECTION UNIQUE *Bons de caisse*

RÉP. COM. vº *Bon de caisse*, par LECOURT.

Art. L. 232-1 Est puni des peines prévues par les articles 313-1, 313-7 et 313-8 du code pénal le fait, pour l'émetteur, *(Ord. nº 2016-520 du 28 avr. 2016, art. 2-III, en vigueur le 1er oct. 2016)* « de mettre à disposition des comptes annuels inexacts et faussement attestés sincères dans le cas prévu à l'article L. 223-4 ». – *[Décr.-L. du 25 août 1937, art. 4.]*

LIVRE III Les services

TITRE PREMIER Les opérations de banque, les services de paiement et l'émission et la gestion de monnaie électronique *(L. nº 2013-100 du 28 janv. 2013, art. 5-I).*

CHAPITRE PREMIER *Dispositions générales*

SECTION I *Définition des opérations de banque*

RÉP. COM. vº *Banque et établissement de crédit*, par H. AUBRY.

Art. L. 311-1 Les opérations de banque comprennent la réception de fonds *(Ord. nº 2013-544 du 27 juin 2013, art. 3, en vigueur le 1er janv. 2014)* « remboursables » du public, les opérations de crédit, ainsi que *(Ord. nº 2009-866 du 15 juill. 2009, art. 3, en vigueur le 1er nov. 2009)* « les services bancaires de paiement ». – *[L. nº 84-46 du 24 janv. 1984, art. 1er, al. 2.]*

V. note 1 ss. art. L. 511-4.

SECTION II *Définition des opérations connexes aux opérations de banque*

RÉP. COM. vº *Banque et établissement de crédit*, par H. AUBRY.

Art. L. 311-2 *(Ord. nº 2013-544 du 27 juin 2013, art. 3, en vigueur le 1er janv. 2014)* « I. – » *(Ord. nº 2005-429 du 6 mai 2005, art. 43)* « Les établissements de crédit peuvent aussi effectuer les opérations connexes à leur activité telles que : »

1. Les opérations de change ;
2. Les opérations sur or, métaux précieux et pièces ;

3. Le placement, la souscription, l'achat, la gestion, la garde et la vente de valeurs mobilières et de tout produit financier ;

4. Le conseil et l'assistance en matière de gestion de patrimoine ;

5. Le conseil et l'assistance en matière de gestion financière, l'ingénierie financière et d'une manière générale tous les services destinés à faciliter la création et le développement des entreprises, sous réserve des dispositions législatives relatives à l'exercice illégal de certaines professions ;

6. Les opérations de location simple de biens mobiliers ou immobiliers pour les établissements habilités à effectuer des opérations de crédit-bail ;

(Ord. n° 2009-866 du 15 juill. 2009, art. 3, en vigueur le 1er nov. 2009) « 7. Les services de paiement mentionnés au II de l'article L. 314-1 » ;

(L. n° 2013-100 du 28 janv. 2013, art. 5-II) « 8. L'émission et la gestion de monnaie électronique. »

Lorsqu'il constitue la fourniture de services d'investissement au sens de l'article L. 321-1, l'exercice des opérations connexes et de l'activité de conservation est subordonné à l'agrément préalable prévu à l'article L. 532-1.

(Ord. n° 2013-544 du 27 juin 2013, art. 3, en vigueur le 1er janv. 2014) « II. — Les sociétés de financement peuvent également effectuer les opérations connexes à leur activité mentionnées aux 1, 2, 5 et 6 du I. » — *[L. n° 84-46 du 24 janv. 1984, art. 5.]*

SECTION III *Définition des opérations de mise à disposition de la clientèle ou de gestion de moyens de paiement* *(Ord. n° 2009-866 du 15 juill. 2009, art. 3)*.

Art. L. 311-3 Sont considérés comme moyens de paiement tous les instruments qui permettent à toute personne de transférer des fonds, quel que soit le support ou le procédé technique utilisé. — *[L. n° 84-46 du 24 janv. 1984, art. 4.]*

(Ord. n° 2009-866 du 15 juill. 2009, art. 3, en vigueur le 1er nov. 2009) « Les opérations de mise à disposition de la clientèle ou de gestion de moyens de paiement comprennent les services bancaires de paiement mentionnés à l'article L. 311-1 *(L. n° 2013-100 du 28 janv. 2013, art. 5-II)* « , les activités d'émission et de gestion de monnaie électronique » et les services de paiement dont la liste figure au II de l'article L. 314-1. »

BIBL. ▶ MUNOZ, *LPA 28 août 2000* (interrogations sur le paiement électronique). – MARTIN, *RDBF 2003. 65* (de la [fausse] monnaie électronique). – GRYNBAUM, *ibid. 183 ; CCE 2003, n° 40* (le porte-monnaie électronique, un instrument de paiement indiscret). – SÉRIAUX, *RTD civ. 2004. 225* (conception juridique d'une opération économique : le paiement). – S. PIEDELIÈVRE, *AJ fam. 2006. 275* (instruments de paiement et famille). – MAY et VINCENT-MOREAU, *Banque et Dr. 1-2/2011. 15* (une deuxième chance pour la monnaie électronique).

Chèques cadeaux. Si aux termes des art. L. 311-1 et L. 311-3, les moyens de paiement sont des instruments qui, quel que soit le support ou le procédé utilisé, permettent à toute personne de transférer des fonds, les chèques cadeaux, dans la mesure où ils sont dépourvus de tout caractère fongible et liquide et ne représentent pas une valeur monétaire, pas même après inscription en compte pour une utilisation ultérieure de leurs montants à des fins indifférenciées, ne sont pas des instruments de paiement mais des moyens de transférer des créances sur des débiteurs prédéterminés. • Com. 6 juin 2001, n° 99-18.296 P : *D. 2002. Somm. 635, obs. R. Martin ; RTD com. 2001. 741, obs. Cabrillac ; Gaz. Pal. 23-27 déc. 2001, p. 31, note Guével.* ♦ V. déjà, jugeant que les chèques cadeaux ne peuvent être qualifiés de moyens de paiement, ce dont il résulte que l'intervention de la société qui les commercialise auprès d'une clientèle d'entreprises, de comités d'entreprise, de collectivités et d'associations ne constitue pas une opération de banque au sens de la loi : • T. com. Nanterre, 20 nov. 1998 : *D. 1999. IR 57 ; D. Affaires 1999. 212, obs. X. D. et A. M. ; RTD com. 1999. 168, obs. Cabrillac ; JCP E 2000, n° 26, p. 1039, obs. Gavalda et Stoufflet.*

Art. L. 311-4 *(Ord. n° 2009-866 du 15 juill. 2009, art. 3, en vigueur le 1er nov. 2009)* Ne sont pas considérées comme mise à disposition ou gestion de moyens de paiement les activités *(Ord. n° 2017-1252 du 9 août 2017, art. 4, en vigueur le 13 janv. 2018)* « mentionnées aux 2° à 7° du III de l'article L. 314-1. »

SECTION IV *Les titres de monnaies locales complémentaires*

(L. n° 2014-856 du 31 juill. 2014, art. 16)

BIBL. ▶ PILLARD, *RDBF 2015. Étude 6* (monnaies locales complémentaires et droit bancaire).

Art. L. 311-5 Les titres de monnaies locales complémentaires peuvent être émis et gérés par une des personnes mentionnées à l'article 1er de la loi n° 2014-856 du 31 juillet 2014 relative à l'économie sociale et solidaire dont c'est l'unique objet social.

Art. L. 311-6 Les émetteurs et gestionnaires de titres de monnaies locales complémentaires sont soumis au titre Ier du livre V lorsque l'émission ou la gestion de ces titres relèvent des services bancaires de paiement mentionnés à l'article L. 311-1, ou au titre II du même livre lorsqu'elles relèvent des services de paiement au sens du II de l'article L. 314-1 ou de la monnaie électronique au sens de l'article L. 315-1.

....

CHAPITRE II *Comptes et dépôts*

RÉP. COM. v° *Dépôt et compte en banque*, par BONHOMME.

BIBL. ▶ GRUA, *D. 1999. Chron. 256* (qu'est-ce qu'un compte en banque ?). – WATINE-DROUIN, *Clés pour le siècle, Dalloz, 2000, p. 1479* (les comptes bancaires des époux). – NAUDIN, *AJ fam. 2006. 273* (les comptes bancaires et la famille). – CH. CLÉMENT, *D. 2007. 1805* (solidarité et compte bancaire). – SYNVET, *Dr. et patr. 7-8/2007. 62* (le nantissement de compte). – LASSERRE CAPDEVILLE, *RDBF mars-avr. 2008. 11* (le compte en banque du mineur). – Dossier, *AJ fam. 2011. 399* (séparation et compte bancaire). – Dossier, *RDBF 2013, nos 23 à 26* (compte en banque du majeur protégé). – LASSERRE CAPDEVILLE, *JCP E 2015, no 1268* (encadrement juridique de la clôture du compte en banque et de ses conséquences).

SECTION I *Droit au compte et relations avec le client* (*L. no 2001-1168 du 11 déc. 2001*).

SOUS-SECTION 1 *Droit au compte* (*Ord. no 2009-866 du 15 juill. 2009, art. 4*).

BIBL. ▶ PRÜM, *RDBF 2003. 153* (distinction entre compte de dépôt et compte courant). – CAUSSE, *ibid. 315* (l'obligation de restitution du banquier dépositaire peut-elle être payante ?). – BOUCRIS-MAITRAL, *D. 2006. 820* (autonomie bancaire : entre protection et collusion des époux). – BOUTEILLER, *RLDA sept. 2008. 59* (la convention de compte et la médiation bancaire). – LASSERRE CAPDEVILLE, *LPA 21 juill. 2011* (extension légale du droit au compte par la loi du 17 mai 2011).

Art. L. 312-1 *(Ord. no 2016-1808 du 22 déc. 2016, art. 2, en vigueur le 23 juin 2017)* « I. – A *[Ont]* droit à l'ouverture d'un compte de dépôt dans l'établissement de crédit de son choix, sous réserve d'être dépourvu d'un tel compte en France :

« 1° Toute personne physique ou morale domiciliée en France ;

« 2° Toute personne physique résidant légalement sur le territoire d'un autre État membre de l'Union européenne n'agissant pas pour des besoins professionnels ainsi que toute personne physique de nationalité française résidant hors de France. »

(L. no 2021-1774 du 24 déc. 2021, art. 2) « La détention d'un compte collectif par une personne physique mentionnée au présent article ne fait pas obstacle au droit à l'ouverture d'un compte individuel dans les conditions prévues au présent article. »

(Ord. no 2016-1808 du 22 déc. 2016, art. 2, en vigueur le 23 juin 2017) « II. – Pour les personnes physiques n'agissant pas pour des besoins professionnels, les établissements de crédit disposent, au sein de leur gamme de services, de prestations de base définies par décret. – *V. art. D. 312-5.*

« Lorsque ces personnes sont en situation de fragilité financière au sens de l'article L. 312-1-3, elles se voient proposer l'offre spécifique mentionnée au même article dans les conditions fixées par décret en Conseil d'État.

« Sous réserve du respect des dispositions du chapitre Ier du titre VI du livre V, l'établissement procède à l'ouverture du compte de dépôt demandée par les personnes mentionnées au premier alinéa du présent II au plus tard dans les six jours ouvrés à compter de la réception de l'ensemble *des pièces qui lui* sont nécessaires à cet effet.

« L'établissement peut rejeter la demande d'ouverture de compte au motif que ces personnes peuvent bénéficier d'un compte de dépôt dans les conditions mentionnées au III. »

(Ord. no 2017-1433 du 4 oct. 2017, art. 16, en vigueur le 1er avr. 2018) « Si l'établissement refuse l'ouverture du compte de dépôt, il fournit au demandeur gratuitement, sur support papier, et sur un autre support durable lorsque celui-ci en fait la demande expresse, les motifs de ce refus en mentionnant, le cas échéant, la procédure prévue au III. »

(Ord. no 2016-1808 du 22 déc. 2016, art. 2, en vigueur le 23 juin 2017) « III. – En cas de refus de la part de l'établissement choisi d'ouvrir un tel compte à l'une des personnes mentionnées au I, celle-ci peut saisir la Banque de France afin qu'elle lui désigne un établissement de crédit situé à proximité de son domicile ou d'un autre lieu de son choix, en prenant en considération les parts de marché de chaque établissement concerné, dans un délai d'un jour ouvré à compter de la réception des pièces requises définies par arrêté. »

(Ord. n° 2017-1433 du 4 oct. 2017, art. 16, en vigueur le 1er avr. 2018) « L'établissement de crédit qui a refusé l'ouverture d'un compte fournit au demandeur systématiquement, gratuitement et sans délai, sur support papier, et sur un autre support durable lorsque celui-ci en fait la demande expresse, une attestation de refus d'ouverture de compte et l'informe qu'il peut demander à la Banque de France de lui désigner un établissement de crédit pour lui ouvrir un compte. »

Il lui propose, s'il s'agit d'une personne physique, d'agir en son nom et pour son compte en transmettant la demande de désignation d'un établissement de crédit à la Banque de France ainsi que les informations requises pour l'ouverture du compte. *(L. n° 2013-672 du 26 juill. 2013, art. 64)* « A la demande d'une personne physique, le département, la caisse d'allocations familiales, le centre communal ou intercommunal d'action sociale dont cette personne dépend, une association ou une fondation à but non lucratif dont l'objet est d'accompagner les personnes en difficulté ou de défendre les intérêts des familles ou une association de consommateurs agréée peut également transmettre en son nom et pour son compte la demande de désignation et les pièces requises à la Banque de France. Un décret détermine les conditions dans lesquelles les associations et fondations peuvent agir sur le fondement du présent alinéa. » *— V. art. R. 312-6-1 et D. 312-8-2. — Sur les pièces requises, V. Arr. du 30 mai 2014 (JO 11 juin). —* ***C. mon. fin.***

(L. n° 2013-672 du 26 juill. 2013, art. 64) « Les établissements de crédit ainsi désignés par la Banque de France sont tenus d'offrir au titulaire du compte des services bancaires de base dont le contenu et les conditions tarifaires sont précisés par décret. » *(Ord. n° 2016-1808 du 22 déc. 2016, art. 2, en vigueur le 23 juin 2017)* « Ils procèdent à l'ouverture du compte de dépôt dans les trois jours ouvrés à compter de la réception de l'ensemble des pièces qui lui sont nécessaires à cet effet. » *(Ord. n° 2017-1433 du 4 oct. 2017, art. 16, en vigueur le 1er avr. 2018)* « La gestion de ce compte de dépôt est réglée par une convention écrite sur support papier ou sur un autre support durable lorsque le demandeur y consent. » *— V. art. R. 312-7 et D. 312-8.*

« L'Association française des établissements de crédit et des entreprises d'investissement, mentionnée à l'article L. 511-29, adopte une charte d'accessibilité bancaire afin de renforcer l'effectivité du droit au compte. Cette charte précise les délais et les modalités de transmission par les établissements de crédit à la Banque de France des informations requises pour l'ouverture d'un compte. Elle définit les documents d'information que les établissements de crédit doivent mettre à disposition de la clientèle et les actions de formation qu'ils doivent réaliser. *(L. n° 2013-672 du 26 juill. 2013, art. 64)* « Elle fixe un modèle d'attestation de refus d'ouverture de compte. » *— V. Arr. du 18 déc. 2008 portant homologation de la charte d'accessibilité pour renforcer l'effectivité du droit au compte (JO 26 déc.) au* ***C. consom.***

« La charte d'accessibilité bancaire, homologuée par arrêté du ministre chargé de l'économie, après avis du comité consultatif du secteur financier et du comité consultatif de la législation et de la réglementation financières, est applicable à tout établissement de crédit. Le contrôle du respect de la charte est assuré par *(L. n° 2013-672 du 26 juill. 2013, art. 24-I)* « l'Autorité de contrôle prudentiel et de résolution » et relève de la procédure prévue à l'article *(L. n° 2010-1249 du 22 oct. 2010, art. 17)* « **L. 612-31** ».

(Ord. n° 2016-1808 du 22 déc. 2016, art. 2, en vigueur le 23 juin 2017) « IV. — L'établissement de crédit ne peut résilier unilatéralement la convention de compte de dépôt assorti des services bancaires de base, ouvert en application du III, que si l'une au moins des conditions suivantes est remplie :

« 1° Le client a délibérément utilisé son compte de dépôt pour des opérations que l'organisme a des raisons de soupçonner comme poursuivant des fins illégales ;

« 2° Le client a fourni des informations inexactes ;

« 3° Le client ne répond plus aux conditions de domicile ou de résidence définies au I ;

« 4° Le client a ultérieurement ouvert un deuxième compte de dépôt en France qui lui permet d'utiliser les services bancaires de base ;

« 5° Le client a fait preuve d'incivilités répétées envers le personnel de l'établissement de crédit ;

« 6° L'établissement est dans l'une des situations prévues à l'article L. 561-8. »

(Ord. n° 2017-1433 du 4 oct. 2017, art. 16, en vigueur le 1er avr. 2018) « Toute résiliation à l'initiative de l'établissement de crédit fait l'objet d'un courrier sur support papier, envoyé gratuitement au client. La décision de résiliation est motivée sauf lorsque cette motivation contrevient aux objectifs de sécurité nationale ou de maintien de l'ordre public. La décision de résiliation à l'initiative de l'établissement est adressée, pour information, à la Banque de France. »

(Ord. n° 2016-1808 du 22 déc. 2016, art. 2, en vigueur le 23 juin 2017) **« Un délai minimum de deux mois de préavis est octroyé au titulaire du compte, sauf dans les cas mentionnés au 1° et au 2°.**

« L'établissement informe le client, *(Ord. n° 2017-1433 du 4 oct. 2017, art. 16, en vigueur le 1er avr. 2018)* **« dans son courrier de résiliation », de l'existence d'un service de relations avec la clientèle et de la médiation pour traiter les litiges éventuels liés à la résiliation de la convention de compte de dépôt.**

« V. – » *(L. n° 2013-672 du 26 juill. 2013, art. 64)* **« Le présent article s'applique aux personnes inscrites aux fichiers gérés par la Banque de France en application de l'article L. 131-85 du présent code et** *(Ord. n° 2016-1808 du 22 déc. 2016, art. 2, en vigueur le 23 juin 2017)* **« de l'article L. 751-1 » du code de la consommation. »** – *[L. n° 84-46 du 24 janv. 1984, art. 58, al. 1er à 6.]*

V. aussi C. mon. fin., art. R. 312-1 s.

Sur l'institution d'un service bancaire universel au regard des règles de concurrence, V. Cons. conc., avis, n° 05-A-08 du 31 mars 2005 : AJDA 2005. 1222, obs. Jeanneney ; JCP E 2005, n° 47, p. 1972, obs. Mathey ; RDLC 2005, n° 3, p. 146, obs. Gosset-Grainville.

BIBL. ▶ SAMIN, *Banque et Dr. 1-2/1999, p. 3 ; ibid. 9-10/1999. 26* (aspects juridiques de la tarification des services bancaires). – MINSIEUX, *JCP E 1999, n° 12, p. 521* (euro et services bancaires). – BOUILHOL, *Banque et Dr. 11-12/2000. 3* (aspects juridiques de l'*e-banking*).

1. Usages bancaires. En l'absence d'adhésion d'une cliente, co-titulaire avec son époux d'un compte joint, aux usages bancaires qui ne feraient aucune obligation aux banques d'informer ses clients de la décision prise par l'autre co-titulaire, de se désolidariser du fonctionnement du compte, la banque devait informer sa cliente de la décision que lui avait notifiée son époux et qui avait eu pour effet de mettre fin à la convention de compte joint dont elle était gestionnaire. • Com. 4 mai 1999, n° 95-21.752 P : *D. 2000. 191, note Djoudi ; JCP E 2000, n° 23, p. 895, note Neau-Leduc ; RTD com. 1999. 731, obs. Cabrillac*.

2. Ordre de virement. **BIBL.** Gracia, *LPA 18 avr. 2008* (la nature du virement : la qualification juridique d'un procédé extralégal). ♦ RÉP. COM. v° *Virement*, par BONHOMME. ♦ Il appartient au banquier, dépositaire des fonds que lui a confiés son client et qui, à ce titre, a l'obligation de ne les restituer qu'à celui qui les lui a confiés ou, conformément aux indications de paiement de ce dernier, d'établir, en cas de contestation, qu'il a reçu du déposant l'ordre d'effectuer le virement contesté. • Com. 16 sept. 2008, n° 07-14.822 : *JCP E 2009, n° 22, p. 13, obs. Stoufflet ; CCC 2008, n° 267, obs. Leveneur ; RJDA 2008, n° 1300.* ♦ Un établissement de crédit n'est tenu d'exécuter un ordre de virement, ne serait-ce qu'en vue de la restitution de fonds *indûment* perçus par son client, que si à la date de cet ordre il existe sur le compte des fonds disponibles, soit en raison de l'état créditeur du compte, soit en raison de l'existence d'un découvert autorisé. • Com. 19 déc. 2000, n° 97-15.394 P : *D. 2002. Somm. 640, obs. R. Martin ; JCP E 2001, n° 31-35, p. 1331, obs. Stoufflet ; RTD com. 2001. 749, obs. Cabrillac*. ♦ Lorsqu'elle exécute, de manière ponctuelle, un ordre de virement bien qu'il n'existe pas de provision préalable suffisante, la banque consent, à due concurrence, une simple facilité de caisse à son client, sur la demande implicite de celui-ci. • Com. 28 févr. 2006, n° 04-17.204 P : *D. 2006. AJ 854, obs. Avena-Robardet ; RTD com. 2006. 458, obs. Legeais ; JCP E 2006, n° 14-15, p. 666 ; RJDA 2006, n° 688.* ♦ Sur une action en répétition de l'indu d'une banque qui a exécuté deux fois le même ordre de virement : • Com. 24 sept. 2003, n° 01-16.359 : *RJDA 2004, n° 138* • Civ. 1re, 16 mai 2006, n° 05-12.972 P : *Banque et Dr. 9-10/2006. 47, obs. Bonneau.* ♦ Jugeant que la banque ne peut se faire justice elle-même en débitant d'office le compte crédité par erreur, mais doit utiliser les voies de droit à sa disposition, V. • Paris, 5 janv. 2006 : *RJDA 2006, n° 754.* ♦ Il appartient à la banque du destinataire du virement, dûment avertie du caractère indu du virement qu'elle était susceptible de recevoir, de prendre toute disposition utile pour que, dans l'hypothèse où ils lui seraient effectivement transférés, les fonds litigieux ne soient pas inscrits au crédit du compte de son client. • Com. 8 mars 2005, n° 02-15.539 : *RJDA 2005, n° 868 ; Dr. et patr. 12/2005. 102, obs. Mattout et Prüm.* ♦ Le donneur d'ordre est dessaisi de la somme objet du virement par son inscription au crédit du compte du banquier du bénéficiaire. • Com. 8 juill. 2003, n° 99-10.590 P : *RDBF 2004, n° 60, obs. Crédot et Gérard ; LPA 15 janv. 2004, obs. E. C.* ♦ En effet, le virement vaut paiement dès réception des fonds par le banquier du bénéficiaire qui les détient pour le compte de son client. • Com. 3 févr. 2009, n° 06-21.184 P : *D. 2010. Pan. 1047, obs. D. R. Martin ; RTD com. 2009. 417, obs. Legeais ; JCP E 2009, n° 11, p. 12, note Stoufflet ; CCC 2009, n° 95, obs. Leveneur ; RJDA 2009, n° 667.* ♦ Viole les art. 1134 et 1937 C. civ. une cour d'appel qui rejette les demandes en restitution des sommes correspondant à vingt-quatre virements et en dommages-intérêts alors qu'elle-même a relevé qu'aucun ordre écrit relatif aux virements litigieux n'était signé des personnes ayant pouvoir de faire fonctionner les comptes des sociétés débitées et qu'à supposer qu'aucune faute ne soit imputable à la banque dans l'exécution des virements litigieux cette circonstance n'était pas de nature à la décharger de son obligation de ne restituer les fonds qu'aux déposants ou à leurs mandataires. • Com. 3 nov. 2004, n° 01-16.238 P : *D. 2005. 579, note Naudin ; JCP E 2005, n° 21, p. 865, obs. Stoufflet ; Gaz Pal. 2005. Somm. 2045, obs. Piedelièvre ; RJDA 2005, n° 311 ; RTD com. 2005. 150, obs. Cabrillac*. ♦ En l'absence de faute de la part du déposant, ou d'un préposé de celui-ci, et même s'il n'a lui-même commis aucune faute, le banquier n'est pas libéré envers le client qui lui a confié des fonds quand il se défait de ces derniers sur présentation d'un faux ordre de paiement revêtu dès l'origine d'une fausse signature. • Com. 8 nov. 2005, n° 03-20.402 : *JCP E 2006, n° 22, p. 962, obs. Stoufflet ; RJDA 2006, n° 315*. – V. aussi en matière de chèque, note 23 ss. art. L. 131-38.

Le silence prolongé après la réception des avis d'opération de virement fait présumer l'acceptation par le client de l'existence et l'exécution des opérations comme la régularité des écritures portées sur le relevé ; mais cette présomption n'est pas irréfragable et peut être écartée si le titulaire du compte justifie d'éléments de nature à la combattre. • Montpellier, 19 sept. 2003 : *RDBF 2004, n° 4, obs. Crédot et Gérard ; Banque et Dr. 3-4/2005. 56, obs. Guillot*. – V. aussi • Com. 7 janv. 2004, n° 01-03.223 : *RDBF 2004, n° 60, obs. Crédot et Gérard*. ♦ Si la réception sans protestation ni réserve des avis d'opéré et des relevés de compte fait présumer l'existence et l'exécution des opérations qu'ils indiquent, elle n'empêche pas le client, pendant le délai convenu ou, à défaut, pendant le délai de prescription, de reprocher à celui qui a effectué ces opérations d'avoir agi sans mandat. • Com. 10 févr. 1998, n° 96-11.241 P : *D. 1998. IR 63 ; D. Affaires 1998. 424, obs. V. A.-R. ; RTD com. 1998. 394, obs. Cabrillac*. ♦ L'absence de protestation du client dans le délai d'un mois de la réception des relevés de compte n'emporte, selon la convention des parties (qui stipule que l'accord du client sur les opérations portées au compte serait présumé résulter de l'absence de réclamation de la part de celui-ci dans le délai d'un mois de la réception de son relevé de compte), qu'une présomption d'accord du client sur les opérations y figurant laquelle ne prive pas celui-ci de la faculté de rapporter, pendant la durée de prescription légale, la preuve d'éléments propres à l'écarter. • Com. 3 nov. 2004, n° 01-16.238 P : *préc.* ♦ V. aussi, jugeant abusive la clause qui donne à penser au client que, passé le délai de trois mois, aucune contestation ne pourrait plus être reçue, car le silence gardé par le client pendant ce délai n'emporte qu'une présomption simple d'acceptation par le client des opérations inscrites sur le relevé, susceptible d'être contredite par la preuve contraire. • TGI Paris, 9 nov. 2005 : *D. 2006. AJ 295, obs. Avena-Robardet ; RJDA 2006, n° 469*.

3. Ordre de virement électronique. L'établissement bancaire bénéficiaire d'un ordre de virement, même électronique, ne peut se borner avant d'en affecter le montant au profit de l'un de ses clients, à un traitement automatique sur son seul numéro de compte, dès lors qu'il est inclus dans les enregistrements reçus du donneur d'ordre et qu'il n'a pas été exclu de tout contrôle avec l'assentiment de ce dernier. • Com. 29 janv. 2002, n° 99-16.571 P : *D. 2003. Somm. 1289, obs. Boujeka ; RTD com. 2002. 354, obs. Cabrillac ; JCP E 2003, n° 11, p. 465, obs. Stoufflet*. – V. aussi • Com. 9 juill. 2002, n° 00-22.788 P : *D. 2003. Somm. 1289, obs. Boujeka ; RTD com. 2002. 710, obs. Cabrillac ; RJDA 2003, n° 60*.

4. Forme de l'ordre de virement. Aucun texte n'impose qu'un ordre de virement, même émanant d'un non-commerçant, soit rédigé par écrit. • Com. 19 juin 2007, n° 06-11.070 : *RDBF 2007, n° 208, obs. Crédot et Samin ; RJDA 2007, n° 1139*. ♦ L'utilisation d'un ordre oral (en l'espèce par téléphone) implique l'urgence et rend difficile pour l'établissement de crédit d'assurer toutes les vérifications souhaitables et spécifiquement de demander la confirmation écrite de l'ordre. • TGI Paris, 3 sept. 2003 : *Banque et Dr. 5-6/2005. 76, obs. Guillot*. ♦ Pour un ordre de virement comportant à l'origine un blanc-seing : • Com. 28 févr. 2006, n° 04-17.204 P : *préc. note 2*. ♦ Pour un ordre de virement donné par fax et partiellement illisible, engageant la responsabilité de la banque : • Paris, 7 sept. 2006 : *JCP E 2006. IV. 3080*. ♦ Bien que la banque ait été imprudente en se satisfaisant de l'accord oral de sa cliente pour remettre des fonds prélevés sur son compte par son conjoint, la titulaire du compte ne justifie d'aucun appauvrissement ni, *a fortiori*, d'une appropriation illicite des sommes. • Colmar, 27 sept. 2006 : *JCP 2007. IV. 1694*.

5. Tenue de compte. Sur la responsabilité d'un établissement de crédit qui, après avoir crédité par erreur le compte d'un client puis contrepassé l'écriture sans l'informer, a commis un abus de droit en mettant en œuvre une interdiction bancaire pour le rejet d'un chèque et en résiliant le contrat de prêt qui les liait pour échéance impayée, V. • Com. 13 mars 2001, n° 98-12.438 P : *JCP E 2001, n° 31-35, p. 1334, obs. Stoufflet ; LPA 10 mai 2001, obs. E. C.* (et sur renvoi • Paris, 5 mars 2003 : *RJDA 2003, n° 990*, qui s'en tient à la notion de faute). ♦ Commet une faute envers son client la banque qui, à la demande d'un locataire, restitue à ce dernier le montant du dernier virement de loyer effectué selon lui par erreur, alors que son client le lui avait interdit. • Paris, 20 sept. 2002 : *BRDA 2002, n° 21, p. 8*. ♦ Même sous un régime communautaire, la banque commet une faute en permettant au conjoint du titulaire d'un compte personnel de disposer des sommes figurant au crédit de ce compte, alors qu'il n'a pas reçu de procuration. • Civ. 1re, 3 juill. 2001, n° 99-19.868 P : *D. 2002. 1102, note Comangès ; JCP E 2003, n° 11, p. 464, obs. Stoufflet.* – V. aussi • Com. 11 mars 2003, n° 00-20.866 : *D. 2004. 1479, note Laugier ; LPA 5 juill. 2004, note Laugier ; RJDA 2003, n° 988.* ♦ Comp. • Civ. 1re, 18 févr. 2003, n° 00-21.362 P : *D. 2003. Somm. 1864, obs. Brémond ; JCP N 2003, n° 48, p. 1731, obs. Casey ; RTD civ. 2003. 536, obs. Vareille* (clause de prélèvement automatique). ♦ Le banquier, dépositaire des fonds prêtés à son client par un établissement tiers en vue d'un emploi déterminé, n'engage pas sa responsabilité en procédant aux paiements ordonnés par son client à d'autres fins. • Com. 11 févr. 2003, n° 00-12.860 : *RDBF 2003, n° 175, obs. Crédot et Gérard ; RJDA 2003, n° 759.* ♦ Sur la responsabilité de la banque dans la tenue d'un compte de réserve, V. • TI Paris, 5 juin 2001 : *Banque et Dr. 1-2/2003. 66, obs. Guillot.* ♦ Sur l'effet de la solidarité passive dans le cadre d'un compte joint, V. • Com. 8 févr. 2005, n° 02-16.967 P : *D. 2006. Pan. 161, obs. Martin ; JCP E 2005, n° 21, p. 866, obs. Stoufflet ; CCC 2005, n° 106, obs. Leveneur ; RTD com. 2005. 396, obs. Legeais ; RJDA 2005, n° 609.* ♦ Sur la responsabilité de la banque pour manquement à son obligation de surveillance lors de la réception et de l'emploi des capitaux d'un compte ouvert au nom d'un majeur en curatelle, V. • Besançon, 8 juin 2001 : *JCP N 2003, n° 10, p. 401, obs. Fossier.*

Sur l'obligation de vigilance du banquier en dépit de son devoir de non-ingérence, V. • Com. 25 mars 2003, n° 00-11.066 : *RJDA 2003, n° 989.* ♦ Mais son devoir de non-ingérence interdit à la banque de s'immiscer dans les affaires de son client, comme de procéder à des investigations notamment sur la nature et la cause des encaissements, sauf anomalie manifeste qu'il lui appartient de signaler à son client conformément à l'obligation de surveillance qui lui incombe. • Paris, 14 mai 2003 : *RDBF 2004, n° 3, obs. Crédot et Gérard.* ♦ La banque dépositaire, à laquelle le déposant donne l'ordre de lui restituer tout ou partie des fonds déposés, a l'obligation de procéder à cette restitution, ni l'ancienneté des relations entretenues avec le déposant, ni les habitudes *antérieures* de celui-ci quant aux *opérations* qu'il pratiquait sur son compte ne devant conduire la banque à s'interroger sur la cause et l'opportunité des retraits ordonnés et à s'immiscer dans les affaires de l'intéressé. • Com. 21 sept. 2004, n° 02-17.083 : *RDBF 2005, n° 3, obs. Crédot et Gérard ; Banque et Dr. 1-2/2006. 67, obs. Guillot.* ♦ En vertu de l'art. R. 312-1, la banque doit informer le titulaire du compte de ce que, au cas où le solde du compte en espèces associé à un PEA ne permettrait pas le financement de l'ordre d'acquisition, celui-ci serait exécuté par prélèvement des sommes nécessaires sur son compte de dépôt. • Com. 4 mars 2008, n° 04-16.280 P : *D. 2008. Chron. C. cass. 1233, obs. Bélaval ; JCP E 2008, n° 24, p. 22, obs. Causse ; RJDA 2008, n° 839.*

6. Clôture du compte. Jugeant que l'absence de procuration d'un époux justifiant la clôture du compte de l'autre époux (plan d'épargne logement) n'exclut pas une possibilité de ratification (même tacite) par ce dernier de la clôture de son compte : • Civ. 1re, 6 mai 2003, n° 00-18.891 P : *D. 2003. Somm. 1865, obs. Brémond ; JCP E 2003, n° 27, p. 1119 ; RJDA 2003, n° 1107.* ♦ L'écoulement d'un délai de vingt jours entre la formalisation, par un ordre explicite, d'une demande de clôture de compte épargne et le virement du solde créditeur sur un compte courant caractérise une faute de la banque dès lors qu'en application des conditions générales du compte épargne la clôture peut intervenir à tout moment, peu important que le calcul des intérêts et des prélèvements libératoires soient effectués par quinzaine. • Versailles, 11 mai 2004 : *BICC 2005, n° 297.* ♦ La clôture du compte épargne étant motivée par un événement concernant un autre compte, en l'occurrence la situation débitrice du compte de dépôt, et non par réunion des conditions d'une résiliation de plein droit, une banque commet une faute en clôturant d'office le compte épargne après en avoir viré le solde pour alimenter le compte de dépôt. • Com. 22 nov. 2005, n° 04-14.142 P : *JCP E 2006, n° 22, p. 961, obs. Coudert ; LPA 12 févr. 2007, obs. E. C.* ♦ Sur la prescription d'une clôture de compte, V. note ss. art. 2 de la L. n° 77-4 du 3 janv. 1977, citée ss. art. L. 110-4 C. com.

7. Droit au compte. En l'absence de disposition légale particulière, toute partie à un contrat à durée indéterminée peut, sans avoir à motiver sa décision, mettre fin unilatéralement à celui-ci, sauf à engager sa responsabilité en cas d'abus ; si elle considère que cette faculté de résiliation discrétionnaire et arbitraire constitue une source potentielle de discrimination, une société n'établit pas, ni même ne prétend, que la décision de la banque qui a été assortie d'un délai de préavis de 90 jours suffisant à permettre à sa cliente de retrouver un nouveau banquier procéderait d'un motif illégitime ou d'une volonté de nuire. • Com. 26 janv. 2010, n° 09-65.086 P : *D. 2010. AJ 379 ; RTD com. 2010. 762, obs. Legeais ; JCP E 2010, n° 1496, spéc. n° 6, obs. Stoufflet ; LPA 7 juill. 2010, note Pomade ; RJDA 2010, n° 470.* ♦ Pour un arrêt précisant que le droit au compte ne se confond pas avec la possibilité de retrouver dans un autre établissement des comptes courants fonctionnant dans des conditions semblables, V. • Paris, 23 janv. 2002 : *Banque et Dr. 1-2/2004. 63, obs. Guillot.* ♦ Un établissement bancaire peut valablement refuser de recevoir les dépôts relatifs à la libération des apports en numéraire d'une société en formation, cette opération n'entrant pas dans le cadre du « droit au compte » qui ne concerne que le compte ordinaire de dépôt (Rép. min. n° 89139 : *D. 2006. 1884 ; Rev. sociétés 2006. 686 ; Banque et Dr. 7-8/2006. 46, obs. Storck ; BRDA 2006, n° 15-16, p. 3*).

8. Procuration. Aucune disposition légale n'exige qu'une procuration soit recueillie en la présence d'un représentant de l'établissement de crédit teneur de compte. • Com. 28 avr. 2004, n° 02-13.591 P : *D. 2004. AJ 1524 ; JCP E 2004, n° 20-21, p. 786 ; RTD com. 2004. 579, obs. Legeais ; RJDA 2004, n° 1151.* ♦ La procuration sur un compte bancaire, n'entraînant pas la renonciation du mandant à la propriété des fonds retirés à l'aide de celle-ci, n'opère pas de ce fait tradition. • Civ. 1re, 3 mai 2006, n° 04-20.423 P : *D. 2006. AJ 1526, obs. Avena-Robardet ; JCP E 2006, n° 23, p. 1000 ; RJDA 2006, n° 1064.* ♦ Le fait que le compte ait été administré par l'époux ne caractérise pas le pouvoir de le faire fonctionner donné à ce dernier par le titulaire du compte. • Com. 30 oct. 2007, n° 06-10.726 : *RJDA 2008, n° 562.* ♦ Une banque a manqué à son obligation de vigilance et de diligence en admettant qu'un mineur, ne bénéficiant pas de la signature sur son compte épargne et sur son PEL, effectue des prélèvements importants ainsi que des virements sur une courte période, en se présentant au guichet de la banque, sans se préoccuper de l'absence d'autorisation de son représentant légal. • Pau, 12 déc. 2005 : *LPA 31 janv. 2007, note Lasserre Capdeville et Lecourt.*

Les époux exerçant en commun leur autorité parentale sur leur enfant légitime, la femme administratrice légale des biens de sa fille mineure, avait le pouvoir de retirer seule les fonds déposés sur le compte de l'intéressée, et ce, même en l'absence de dépôt de signature, dans la mesure où ses pouvoirs procédaient des dispositions légales relatives à l'autorité parentale et à l'administration légale et non du dépôt de signature ou de la signature de la convention de compte. • Paris, 23 nov. 2006 : *Banque et Dr. 1-2/2008. 46, obs. Guillot.* ♦ Il résulte des art. 371-1, 382, 383, 488 et 1147 C. civ. que l'administration légale des biens de l'enfant mineur par ses parents cesse de plein droit à sa majorité ; le banquier ne peut exécuter un ordre de paiement émis par une personne qui n'a pas qualité pour représenter le titulaire du compte. • Civ. 1re, 9 janv. 2008, n° 05-21.000 P : *JCP E 2008, n° 14, p. 8, note Lasserre Capdeville ; Banque et Dr. 3-4/2008. 13, obs. Bonneau.*

9. Unité du compte. L'unité d'un compte n'est incompatible ni avec l'existence de chapitres libellés en devises étrangères dès lors que, celles-ci étant convertibles, une balance peut être calculée à chaque établissement de solde, ni avec l'existence d'intérêts différenciés selon les opérations auxquelles ils se rapportent, ni avec l'établissement de relevés séparés pendant le cours du fonctionnement de ce compte. • Com. 28 sept. 2004, n° 01-16.986 P : *D. 2006. Pan. 162, obs. Martin ; JCP E 2004, n° 43, p. 1660 ; RJDA 2005, n° 183 ; RTD com. 2005. 153, obs. Legeais.* ♦ Sur la mise en œuvre d'une convention de fusion de comptes, V. • Com. 23 juin 2004, n° 03-12.876 : *RJDA 2005, n° 68.* ♦ Sur les contradictions d'une banque dans la mise en œuvre d'une convention d'unité de compte, V. • Com. 8 mars 2005, n° 02-15.783 P : *D. 2005. Pan. 2843, obs. Fauvarque-Cosson ; JCP E 2005, n° 47, p. 1973, obs. Mathey ; RTD com. 2005. 397, obs. Legeais ; LPA 27 sept. 2005, note Dagorne-Labbe ; RJDA 2005, n° 870.*

10. Donation. Le virement fait sur un compte sur lequel le *solvens* a procuration ne réalise pas une dépossession irrévocable. • Civ. 1re, 14 déc. 2004, n° 03-18.413 P : *D. 2005. 626, note Noblot ; RTD com. 2005. 394, obs. Cabrillac.*

11. Fusion de compte. Sur les conditions de mise en œuvre d'une convention de fusion de comptes de copropriété, V. • Com. 17 janv. 2006, n° 03-17.129 P : *D. 2006. AJ 440, obs. Delpech ; RTD com. 2006. 459, obs. Legeais ; AJDI 2006. 914, note Capoulade ; JCP E 2006, n° 9, p. 405 ; RJDA 2006, n° 568.* ♦ Sur la responsabilité de la banque qui, dans le cadre d'un mandat de gestion, n'a pas mis en œuvre une convention prévoyant la compensation de comptes bancaires, V. • Paris, 15 janv. 2009 : *RJDA 2009, n° 569.*

12. Transformation d'un compte joint. Le décès du cotitulaire d'un compte joint ne prive pas le titulaire survivant du droit de continuer à faire fonctionner le compte ; il appartient seulement à la banque qui clôture le compte d'en aviser chacun des héritiers du cotitulaire décédé. Le fait que la banque ait modifié l'intitulé du compte joint en compte personnel du titulaire survivant équivaut à avoir clôturé le compte joint. • Paris, 6 avr. 2006 : *Banque et Dr. 9-10/2007. 51, obs. Guillot.*

SOUS-SECTION 1 *BIS* *Inclusion bancaire et prévention du surendettement*
(L. n° 2013-672 du 26 juill. 2013, art. 55)

Art. L. 312-1-1 A *(L. n° 2013-672 du 26 juill. 2013, art. 55)* **L'Association française des établissements de crédit et des entreprises d'investissement, mentionnée à l'article L. 511-29, adopte une charte d'inclusion bancaire et de prévention du surendettement homologuée par arrêté du ministre chargé de l'économie, après avis du Comité consultatif du secteur financier et du Comité consultatif de la législation et de la réglementation financières. Cette charte est applicable à tout établissement de crédit. Le contrôle du respect de la charte est**

assuré par l'Autorité de contrôle prudentiel et de résolution et relève de la procédure prévue à l'article L. **612-31**. – *V. Arr. du 5 nov. 2014 (JO 13 nov.).* – ***C. mon. fin.*** *ou* ***C. consom.***

Cette charte a pour objet de renforcer l'accès aux services bancaires et de faciliter l'usage de ces services, en particulier en ce qui concerne les moyens de paiement, pour les personnes physiques n'agissant pas pour des besoins professionnels. Elle a également pour objet de mieux prévenir le surendettement de ces personnes.

Cette charte précise notamment les modalités d'information des clientèles concernées par les offres mentionnées au deuxième alinéa de l'article L. **312-1-3**. Elle précise également les actions de formation et de sensibilisation réalisées par les établissements de crédit afin de favoriser la diffusion de ces offres auprès des personnes concernées.

Cette charte définit également les conditions dans lesquelles chaque établissement de crédit se dote d'un dispositif de détection précoce des situations de fragilité financière de ses clients et apporte à ces situations des réponses adaptées, en concertation avec le client concerné.

Art. L. 312-1-1 B *(L. n° 2013-672 du 26 juill. 2013, art. 56-I)* Il est créé, auprès de la Banque de France, un observatoire de l'inclusion bancaire chargé de collecter des informations sur l'accès aux services bancaires des personnes physiques n'agissant pas pour des besoins professionnels, sur l'usage que ces personnes font de ces services bancaires et sur les initiatives des établissements de crédit en la matière. Cet observatoire est également chargé de définir, de produire et d'analyser des indicateurs relatifs à l'inclusion bancaire visant notamment à évaluer l'évolution des pratiques des établissements de crédit dans ce domaine.

Les établissements de crédit fournissent à l'observatoire les informations nécessaires à l'exercice de ses missions.

Un décret en Conseil d'État précise l'organisation et le fonctionnement de l'observatoire. – *V. C. mon. fin., art. R. 312-9 s.* – ***C. mon. fin.***

L'observatoire de l'inclusion bancaire publie un rapport annuel sur la mise en œuvre de ses missions. Ce rapport comporte notamment une analyse des indicateurs d'inclusion bancaire et de leur évolution, une évaluation des pratiques des établissements de crédit ainsi que les préconisations éventuelles de l'observatoire afin d'améliorer l'inclusion bancaire. Il peut également décrire et analyser les exemples de bonnes ou de mauvaises pratiques individuelles de certains établissements de crédit.

SOUS-SECTION 2 *Relations des établissements de crédit avec le client (Ord. n° 2009-866 du 15 juill. 2009, art. 4).*

Art. L. 312-1-1 I. – *(L. n° 2004-1484 du 30 déc. 2004, art. 106)* « Les établissements de crédit sont tenus *(Ord. n° 2017-1433 du 4 oct. 2017, art. 16, en vigueur le 1er avr. 2018)* « de mettre à la disposition, sur support papier ou sur un autre support durable, de leur clientèle et du public les conditions » générales et tarifaires applicables aux opérations relatives à la gestion d'un compte de dépôt, selon des modalités fixées par un arrêté du ministre chargé de l'économie *(Abrogé par Ord. n° 2009-866 du 15 juill. 2009, art. 4) « et des finances ».* » – *V. Arr. du 5 sept. 2018.* – ***C. mon. fin.***

(Ord. n° 2017-1433 du 4 oct. 2017, art. 16, en vigueur le 1er avr. 2018) « II. – La gestion d'un compte de dépôt des personnes physiques n'agissant pas pour des besoins professionnels est réglée par une convention écrite, sur support papier ou sur un autre support durable, passée entre le client et son établissement de crédit. »

(L. n° 2004-1484 du 30 déc. 2004, art. 106) « Les principales stipulations que la convention de compte de dépôt doit comporter, notamment les conditions générales et tarifaires d'ouverture, de fonctionnement et de clôture, sont précisées par un arrêté du ministre chargé de l'économie *(Abrogé par Ord. n° 2009-866 du 15 juill. 2009, art. 4) « et des finances ».* » – *V. Arr. du 5 sept. 2018.* – ***C. mon. fin.***

(Ord. n° 2009-866 du 15 juill. 2009, art. 4) « Avant que le client ne soit lié par cette convention, l'établissement de crédit *(Ord. n° 2017-1433 du 4 oct. 2017, art. 16, en vigueur le 1er avr. 2018)* « lui fournit lesdites » conditions sur support papier ou sur un autre support durable. L'établissement de crédit peut s'acquitter de cette obligation en fournissant au client une copie du projet de convention de compte de dépôt.

« Si, à la demande du client, cette convention est conclue par un moyen de communication à distance ne permettant pas à l'établissement de crédit de se conformer au précédent alinéa, ce dernier satisfait à ses obligations aussitôt après la conclusion de la convention de compte de dépôt.

« L'acceptation de la convention de compte de dépôt est formalisée par la signature du ou des titulaires du compte. »

(Ord. nº 2017-1433 du 4 oct. 2017, art. 16, en vigueur le 1er avr. 2018) « III. — » *(Ord. nº 2009-866 du 15 juill. 2009, art. 4)* « Lorsque l'établissement de crédit est amené à proposer à son client de nouvelles prestations de services de paiement dont il n'était pas fait mention dans la convention de compte de dépôt, les informations relatives à ces nouvelles prestations font l'objet d'un contrat-cadre de services de paiement régi par les dispositions des sections II à IV du chapitre IV du présent titre relatives au contrat-cadre de services de paiement ou d'une modification de la convention de compte de dépôt dans les conditions mentionnées au II du présent article. »

(Ord. nº 2017-1433 du 4 oct. 2017, art. 16, en vigueur le 1er avr. 2018) « Lorsqu'un relevé de compte est fourni en application des stipulations de la convention visée à l'alinéa précédent et que celui-ci indique, à titre d'information, qu'un montant de découvert est autorisé, il mentionne immédiatement après, dans les mêmes caractères, le taux annuel effectif global au sens des articles **L. 314-1** à **L. 314-4** du code de la consommation, quelle que soit la durée du découvert autorisé considéré.

« IV. — » *(Ord. nº 2009-866 du 15 juill. 2009, art. 4)* « Tout projet de modification de la convention de compte de dépôt est *(Ord. nº 2017-1433 du 4 oct. 2017, art. 16, en vigueur le 1er avr. 2018)* « fourni » sur support papier ou sur un autre support durable au client au plus tard deux mois avant la date d'application envisagée. Selon les modalités prévues dans la convention de compte de dépôt, l'établissement de crédit informe le client qu'il est réputé avoir accepté la modification s'il ne lui a pas notifié, avant la date d'entrée en vigueur proposée de cette modification, qu'il ne l'acceptait pas ; dans ce cas, l'établissement de crédit précise également que, si le client refuse la modification proposée, il peut résilier la convention de compte de dépôt sans frais, avant la date d'entrée en vigueur proposée de la modification. »

(Abrogé par Ord. nº 2009-866 du 15 juill. 2009, art. 4) (L. nº 2008-3 du 3 janv. 2008, art. 24-I) ***« Dans les mêmes conditions, au cours du mois de janvier de chaque année, est porté à la connaissance des personnes physiques et des associations un document distinct récapitulant le total des sommes perçues par l'établissement de crédit au cours de l'année civile précédente au titre de produits ou services dont ces personnes bénéficient dans le cadre de la gestion de leur compte de dépôt, y compris les intérêts perçus au titre d'une position débitrice de celui-ci. Ce récapitulatif distingue, pour chaque catégorie de produits ou services liés à la gestion du compte de dépôt, le sous-total des frais perçus et le nombre de produits ou services correspondant. »*** *— Un premier récapitulatif est porté à la connaissance de ses bénéficiaires au plus tard le 31 janv. 2009 (L. nº 2008-3 du 3 janv. 2008, art. 24-II).*

(Ord. nº 2017-1433 du 4 oct. 2017, art. 16, en vigueur le 1er avr. 2018) « V. — » *(Ord. nº 2009-866 du 15 juill. 2009, art. 4)* « Le client peut résilier la convention de compte de dépôt à tout moment, sauf stipulation contractuelle d'un préavis qui ne peut dépasser trente jours.

« Au-delà de *(Ord. nº 2017-1252 du 9 août 2017, art. 5, en vigueur le 13 janv. 2018)* « six » mois, la convention de compte de dépôt peut être résiliée sans frais. Dans les autres cas, les frais de résiliation doivent être proportionnés aux coûts induits par cette résiliation.

« L'établissement de crédit résilie une convention de compte de dépôt conclue pour une durée indéterminée moyennant un préavis d'au moins deux mois *(Ord. nº 2017-1433 du 4 oct. 2017, art. 16, en vigueur le 1er avr. 2018)* « , fourni sur support papier ou sur un autre support durable ». Les frais régulièrement imputés pour la prestation de services de paiement ne sont dus par le client qu'au prorata de la période échue à la date de résiliation de la convention de compte de dépôt. S'ils ont été payés à l'avance, ces frais sont remboursés au prorata. »

(L. nº 2010-737 du 1er juill. 2010, art. 37) « Avec l'accord du client, la convention de compte peut être adaptée avant l'expiration du délai de deux mois mentionné au II lorsqu'il bénéficie de la procédure de surendettement afin de faciliter l'exécution des mesures de traitement prévue au *(Ord. nº 2016-301 du 14 mars 2016, art. 2, en vigueur le 1er juill. 2016)* « Livre VII *[ancienne rédaction : titre III du livre III]* » du code de la consommation. L'association française des établissements de crédit *(L. nº 2014-1662 du 30 déc. 2014, art. 21-I)* « et des entreprises d'investissement », mentionnée à l'article **L. 511-29** du présent code, adopte des normes professionnelles qui précisent les modalités et la durée du maintien du compte de dépôt et les adaptations, en particulier des moyens de paiement, de nature à en faciliter le fonctionnement et à éviter les incidents.

« Ces normes, homologuées par le ministre de l'économie, après avis du comité consultatif du secteur financier et du comité consultatif de la législation et de la réglementation financières, sont applicables par tout établissement de crédit. Le contrôle du respect de ces normes est assuré par *(L. nº 2013-672 du 26 juill. 2013, art. 24-I)* « l'Autorité de contrôle

prudentiel et de résolution » et relève de la procédure prévue à l'article *(L. nº 2010-1249 du 22 oct. 2010, art. 17)* **« L. 612-31 ». »** – *V. Arr. du 24 mars 2011.* – **C. *consom.*** *ou* **C. *mon. fin.***
« *(L. nº 2019-486 du 22 mai 2019, art. 218)* **« VI. – » Pour chaque opération de paiement mentionnée à l'article L. 314-2 relevant d'une convention de compte de dépôt et ordonnée par le payeur, le prestataire de services de paiement fournit à celui-ci, à sa demande, des informations** *(Ord. nº 2017-1433 du 4 oct. 2017, art. 16, en vigueur le 1er avr. 2018)* **« sur support papier ou sur un autre support durable, » sur le délai d'exécution maximal de cette opération spécifique, sur les frais qu'il doit payer et, le cas échéant, sur le détail de ces frais. »**

Les dispositions issues de l'Ord. nº 2009-866 du 15 juill. 2009 sont entrées en vigueur le 1er nov. 2009 (Ord. préc., art. 21). — Sur les modalités de l'entrée en vigueur, V. Ord. préc., art. 19 et 20. **— C. *mon. fin.***

V. Recomm. CCA nº 2005-02 relative aux conventions de compte de dépôt (BOCC 20 sept. 2005). **— C. *consom.***

Sur les différentes clientèles visées par l'art. L. 312-1-1 C. mon. fin., V. Rép. min. nº 1617, JO Sénat Q 8 janv. 2009 ; RDBF 2009, nº 81, obs. Crédot et Samin.

V. aussi C. consom., art. L. 121-13, vº Ventes commerciales.

BIBL. ▶ STOUFFLET, *RDBF 2003. 122* (la Charte relative aux conventions de compte de dépôt). – TCHOTOURIAN, *Banque et Dr. 5-6/2003. 6* (même thème). – PIEDELIÈVRE, *RTD com. 2003. 467* (même thème). – CRÉDOT et GÉRARD, *RDBF 2003, nº 212* (L. nº 2003-706 de sécurité financière). – BRUNENGO-BASSO, *Dr. et patr. 1/2004. 73* (même thème). – MATHEY, *CCC 2005. Chron. 5* (les relations des banques avec leur clientèle : les conventions de compte). – ROUTIER, *D. 2006. 985* (multiplication des frais et commissions de banque). ▶ Loi nº 2008-3 du 3 janv. 2008 : BOUTEILLER, *RLDA févr. 2008. 30* (les nouvelles mesures régissant les relations entre les établissements de crédit et leurs clients). – SAINT-ALARY, *RLDA sept. 2008. 66* (aspects juridiques et pratiques de la tarification bancaire). – LASSERRE CAPDEVILLE, *LPA 16 déc. 2010* (loi de régulation bancaire et financière et tarification bancaire). – DÉFOSSEZ, *RDBF 2011. Dossier 15* (l'encadrement de la tarification des instruments de paiement).

Jurisprudence antérieure à l'Ord. nº 2009-866 du 15 juill. 2009.

1. *Tarif bancaire.* La banque est libre de fixer le prix qu'elle entend pratiquer dès lors que le client, qui bénéficiait d'un préavis d'un mois pour résilier son contrat, avait été tenu informé du changement de politique de la banque plus de six mois avant l'échéance, disposant ainsi du temps nécessaire pour s'adresser à la concurrence, de sorte qu'il n'était pas démontré en quoi il avait été contraint de se soumettre aux conditions de la banque en renouvelant un contrat qu'il restait libre de ne pas poursuivre. • Civ. 1re, 30 juin 2004, nº 01-00.475 P : *D. 2005. 1828, note D. Mazeaud* ; *JCP E 2005, nº 21, p. 864, obs. Mathey* ; *CCC 2004, nº 150, obs. Leveneur* ; *RTD com. 2004. 800, obs. Legeais* ; *RJDA 2005, nº 94* (location de coffre-fort), qui casse • Paris, 24 oct. 2000 : *D. 2001. Somm. 3236, obs. Mazeaud*. ♦ Les parties peuvent convenir que *le prix soit* unilatéralement fixé par l'une d'entre elles, seul pouvant être sanctionné l'abus dans l'exercice de ce droit, lequel ne peut résulter que de circonstances particulières révélant un comportement déloyal motivé par un intérêt illégitime. • Versailles, 25 janv. 2006 : *Banque et Dr. 5-6/2007. 64, obs. Guillot* (sur renvoi de • Civ. 1re, 30 juin 2004, nº 01-00.475 P : *préc.*). ♦ Jugeant qu'une banque est parfaitement en droit de prélever des frais et commissions dont les montants sont spécifiés dans les conditions appliquées aux opérations bancaires de particuliers, remises au titulaire du compte et acceptées lors de la souscription de la convention : • Com. 23 juin 2004, nº 02-19.765 : *RDBF 2004, nº 227, obs. Crédot et Gérard.*

Dès lors que la convention de compte comportait une clause permettant à la banque de procéder à la tarification de services jusqu'alors gratuits, ainsi que relative à la manière dont ces modifications devaient être portées à la connaissance des clients, une cour d'appel a reconnu exactement que l'absence de protestation des clients équivalait à une acceptation tacite des nouveaux tarifs. • Civ. 1re, 25 nov. 2003, nº 01-18.021 : *RDBF 2004, nº 190, obs. Crédot et Gérard ; Banque et Dr. 5-6/2005. 79, obs. Guillot.*

2. *Modification de la convention de compte.* Est abusive, la clause prévoyant que chaque titulaire ne dispose que d'un délai d'un mois à compter de la notification de modifications de la convention de compte pour les refuser et dénoncer la convention et que, à défaut, la modification sera considérée à son égard comme définitivement approuvée. Ce délai apparaît nettement insuffisant et n'est de toute façon pas conforme aux délais applicables en cas de modification tarifaire, soit trois mois de prévenance avant la date d'application du changement projeté et deux mois pour refuser cette modification. • TGI Paris, 9 nov. 2005 : *D. 2006. AJ 295, obs. Avena-Robardet* ; *RJDA 2006, nº 469.* ♦ Une clause qui se borne à prévoir l'information par voie de circulaire de modifications substantielles apportées à la convention, sans que le client ait été prévenu à l'avance et ainsi mis en mesure, avant leur application, de les apprécier pour ensuite mettre pertinemment en œuvre, dans le délai fixé, son droit de les refuser, limite de façon inappropriée les droits légaux du consommateur de dénoncer la convention et, partant, a pour effet de créer un déséquilibre significatif entre les droits et obligations des parties au détriment du consommateur. • Civ. 1re, 28 mai 2009, n° 08-15.802 P : *cité note 7 ss. art. L. 133-15.* ♦ V. aussi C. consom., art. L. 121-13, v° *Ventes commerciales.*

3. Interprétation de la convention. Dénature la clause d'une convention de compte de dépôt se rapportant exclusivement aux obligations de conseil du banquier relatives aux chèques sans provision, la juridiction de proximité qui étend ces obligations au cas où le banquier avait consenti une facilité de caisse à son client. • Com. 24 juin 2008, n° 07-10.106 : *RJDA 2008, n° 1087.*

4. Compte d'instruments financiers. Il résulte de l'art. L. 312-1-1, et de l'Arr. du 8 mars 2005 pris pour son application (remplacé par l'Arr. du 29 juill. 2009), que la procédure de modification tarifaire qu'il prévoit ne s'applique qu'aux seuls comptes de dépôt et ne concerne pas les comptes d'instruments financiers. • Com. 6 juill. 2010, n° 09-70.544 P : *D. 2010. Actu. 1861, obs. Delpech ; JCP E 2010, n° 2008, spéc. n° 42, obs. Causse ; Dr. sociétés 2010, n° 208, obs. Mortier.*

5. Restitution de chéquiers. La clause de la convention de compte bancaire qui stipule que l'établissement financier peut à tout moment demander au titulaire la restitution de son chéquier sans préciser les modalités de cette restitution est abusive, ces modalités ne pouvant être abandonnées à la seule discrétion du banquier. • TGI Paris, 9 nov. 2005 : *D. 2006. AJ 295, obs. Avena-Robardet ; RJDA 2006, n° 469.*

6. Octroi et retrait de la carte bancaire. La clause qui se borne à affirmer que la délivrance d'une carte bancaire est subordonnée à l'agrément de l'établissement et à l'absence d'inscription au fichier des cartes bancaires géré par la Banque de France et que la banque peut à tout moment retirer la carte ou ne pas la renouveler, ce qui donne à l'établissement bancaire un pouvoir discrétionnaire dans l'octroi et le retrait de la carte bancaire, ne répond pas aux exigences de l'art. 2, 4 *a)* de l'Arr. du 8 mars 2005. • TGI Paris, 9 nov. 2005 : *préc. note 5.*

Art. L. 312-1-2 *(L. n° 2001-1168 du 11 déc. 2001, en vigueur le 12 déc. 2002)* **I. — 1. Est interdite la vente ou offre de vente de produits ou de prestations de services groupés sauf lorsque les produits ou prestations de services inclus dans l'offre groupée peuvent être achetés individuellement ou lorsqu'ils sont indissociables.**

2. Est interdite toute vente ou offre de vente de produits ou de prestations de services faite au client et donnant droit à titre gratuit, immédiatement ou à terme, à une prime financière ou en nature de produits, biens ou services dont la valeur serait supérieure à un seuil fixé, en fonction du type de produit ou de service offert à la clientèle, par un règlement pris par arrêté du ministre chargé de l'économie, pris après avis du *(L. n° 2003-706 du 1er août 2003, art. 46-V)* **« Comité consultatif institué à l'article »** *(Ord. n° 2005-429 du 6 mai 2005, art. 45)* **« L. 614-1 ».** — *Pour la sanction, V. art. L. 351-1.*

(Ord. n° 2009-866 du 15 juill. 2009, art. 4, en vigueur le 1er nov. 2009) **« Ces dispositions s'appliquent également aux services de paiement mentionnés au II de l'article L. 314-1. »**

II. — *Abrogé par Ord. n° 2009-866 du 15 juill. 2009, art. 4, à compter du 1er nov. 2009. — V. désormais art. L. 316-1 C. mon. fin.*

La location d'un coffre-fort doit être regardée comme un acte d'administration du patrimoine des personnes placées en curatelle ou en tutelle (Décr. n° 2008-1484 du 22 déc. 2008, annexe I, JO 31 déc.). — **C. civ.**

BIBL. ▶ SAINT-ALARY, *Banque et Dr. 3-4/2002. 12* (le nouveau dispositif sur les ventes groupées et les ventes à prime doit-il inquiéter les banques ?). – LUCAS DE LEYSSAC, *RDBF 11-12/2002. 349* (de quelques aspects de l'art. 13 de la loi MURCEF). – BOUTEILLER, *JCP E 2003, n° 9, p. 352* (mise en œuvre des nouvelles relations entre les banques et leurs clients). – GIRARDIN et GRISON, *CCC 2004. Chron. 18* (techniques de vente et de promotion des produits et services bancaires).

Location de coffre-fort. RÉP. COM. v° *Coffre-fort,* par PIEDELIÈVRE. ♦ Pour un arrêt retenant le caractère « indivisible » du contrat de location de coffre-fort et d'ouverture de compte bancaire, V. • Com. 21 janv. 2004, n° 02-16.727 : *RDBF 2004, n° 57, obs. Crédot et Gérard.* ♦ L'art. 1722 C. civ. n'est pas applicable au contrat par lequel la banque loue à un client un compartiment ou un coffre-fort dont elle assume la surveillance et auquel le client ne peut accéder qu'avec le concours du banquier. • Com. 11 oct. 2005, n° 03-10.975 P : *D. 2005. AJ 2869, obs. Delpech ; RTD com. 2006. 177, obs. Legeais ; JCP E 2005,* n° 46, p. *1915 ; LPA 23 déc. 2005, p. 13, note Rouvière ; CCC 2006,* n° 19, *obs. Leveneur ; RJDA 2006, n° 183.* ♦ La banque qui met un coffre-fort à la disposition d'un client est tenue d'une obligation de surveillance qui lui impose d'établir qu'elle a accompli toutes les diligences utiles pour en contrôler l'accès par un tiers, fût-il muni d'une clé. • Com. 9 févr. 2016, n° 14-23.006 P : *D. 2016. Actu. 420* ; *JCP E 2016, n° 1143 ; RJDA 2016, n° 726.*

Arrêté du 11 août 2003, *fixant le seuil de la valeur des primes visées au I de l'article L. 312-1-2 du code monétaire et financier.* **Art. 1er** La valeur maximale de la prime financière ou en nature visée au deuxième alinéa de l'article L. 312-1-2 du code monétaire et financier est déterminée en fonction du prix net, toutes taxes comprises, du produit ou de la prestation de service vendu ou offert à la vente et dont le client bénéficie ou peut bénéficier dans le cadre de la gestion d'un compte de dépôt, dans les conditions suivantes : 15 % du prix net, toutes taxes comprises, si celui-ci est inférieur ou égal à 100 € ; 15 € plus 1 % du prix net, toutes taxes comprises, si celui-ci est supérieur à 100 €. Lorsque le produit ou la prestation de service vendu ou offert à la vente ne donne pas lieu au paiement d'un prix mais expose son bénéficiaire à des frais ultérieurs, la prime ne peut excéder 80 €.

La valeur de la prime ne doit en aucun cas dépasser 80 € et s'entend du prix habituellement facturé ou, à défaut, de la valeur vénale, toutes taxes comprises pour le produit, le bien ou la prestation de service constituant la prime.

Lorsque le contrat est une prestation de service à exécution successive, la prime dont le montant est déterminé dans les conditions ci-dessus peut être offerte au client chaque année.

Art. L. 312-1-3 *(L. n° 2013-672 du 26 juill. 2013, art. 52)* **Les commissions perçues par un établissement de crédit à raison du traitement des irrégularités de fonctionnement d'un compte bancaire sont plafonnées, par mois et par opération, pour les personnes physiques n'agissant pas pour des besoins professionnels. Parmi ces personnes, celles qui souscrivent l'offre mentionnée au deuxième alinéa du présent article ainsi que celles qui bénéficient** *(Ord. n° 2016-1808 du 22 déc. 2016, art. 3, en vigueur le 23 juin 2017)* **« du compte assorti » des services bancaires de base** *(Ord. n° 2016-1808 du 22 déc. 2016, art. 3, en vigueur le 23 juin 2017)* **« ouvert en application de la procédure mentionnée au III » de l'article L. 312-1 se voient appliquer des plafonds spécifiques.**

Les établissements de crédit proposent aux personnes physiques n'agissant pas pour des besoins professionnels qui se trouvent en situation de fragilité, eu égard, notamment, au montant de leurs ressources, une offre spécifique qui comprend des moyens de paiement, dont au moins deux chèques de banque par mois, et des services appropriés à leur situation et de nature à limiter les frais supportés en cas d'incident.

Les conditions d'application du présent article sont fixées par décret en Conseil d'État. – *V. C. mon. fin., art. R. 312-4-1 à R. 312-4-3.*

BIBL. ▸ PIEDELIÈVRE, *D. 2013. 2110* (loi sur la séparation et la régulation des activités bancaires). – ÉRÉSÉO, *LPA 27 sept. 2013* (plafonnement des commissions d'intervention). LASSERRE CAPDEVILLE, *ibid.* (renforcement du droit au compte et aux services bancaires de base). – ROUSSILLE, *JCP E 2013, n° 1661* (loi SRAB : incidences sur les relations des banques avec leur clientèle). – LASSERRE CAPDEVILLE, *RDBF 2014. Alerte 1* (précisions et interrogation autour de la protection de la clientèle en situation de fragilité financière) ; *JCP E 2015, n° 1514* (encadrement juridique des commissions d'intervention).

Art. L. 312-1-4 *(L. n° 2013-672 du 26 juill. 2013, art. 72)* **La personne qui a qualité pour pourvoir aux funérailles du défunt peut obtenir, sur présentation de la facture des obsèques, le débit sur les comptes de paiement du défunt, dans la limite du solde créditeur de ces comptes, des** *sommes* **nécessaires au paiement de tout ou partie des frais funéraires, auprès des banques teneuses desdits comptes, dans la limite d'un montant fixé par arrêté du ministre chargé de l'économie.** – *Montant fixé à 5 000 euros et revalorisé annuellement en fonction de l'indice INSEE des prix à la consommation hors tabac (Arr. du 7 mai 2015, JO 14 mai).*

(L. n° 2015-177 du 16 févr. 2015, art. 4) **« Sous réserve de justifier de sa qualité d'héritier, tout successible en ligne directe peut :**

« 1° Obtenir, sur présentation des factures, du bon de commande des obsèques ou des avis d'imposition, le débit sur les comptes de paiement du défunt, dans la limite des soldes créditeurs de ces comptes, des sommes nécessaires au paiement de tout ou partie des actes conservatoires, au sens du 1° de l'article 784 du code civil, auprès des établissements de crédit teneurs desdits comptes, dans la limite d'un montant fixé par arrêté du ministre chargé de l'économie ; – *Montant fixé à 5 000 € et revalorisé annuellement en fonction de l'indice INSEE des prix à la consommation hors tabac (Arr. du 7 mai 2015, JO 14 mai).*

« 2° Obtenir la clôture des comptes du défunt et le versement des sommes y figurant, dès lors que le montant total des sommes détenues par l'établissement est inférieur à un montant fixé par arrêté du ministre chargé de l'économie. — *Montant fixé à 5 000 € et revalorisé annuellement en fonction de l'indice INSEE des prix à la consommation hors tabac (Arr. du 7 mai 2015, JO 14 mai).*

« Pour l'application des 1° et 2°, l'héritier justifie de sa qualité d'héritier auprès de l'établissement de crédit teneur desdits comptes soit par la production d'un acte de notoriété, soit par la production d'une attestation signée de l'ensemble des héritiers, par lequel ils attestent :

« *a)* Qu'il n'existe pas de testament ni d'autres héritiers du défunt ;

« *b)* Qu'il n'existe pas de contrat de mariage ;

« *c)* Qu'ils autorisent le porteur du document à percevoir pour leur compte les sommes figurant sur les comptes du défunt ou à clôturer ces derniers ;

« *d)* Qu'il n'y a ni procès, ni contestation en cours concernant la qualité d'héritier ou la composition de la succession.

« Pour l'application du présent 2°, l'attestation mentionnée au cinquième alinéa doit également préciser que la succession ne comporte aucun bien immobilier.

« Lorsque l'héritier produit l'attestation mentionnée au cinquième alinéa, il remet à l'établissement de crédit teneur des comptes :

« — son extrait d'acte de naissance ;

« — un extrait d'acte de naissance du défunt et une copie intégrale de son acte de décès ;

« — le cas échéant, un extrait d'acte de mariage du défunt ;

« — les extraits d'actes de naissance de chaque ayant droit désigné dans l'attestation susmentionnée ;

« — un certificat d'absence d'inscription de dispositions de dernières volontés. »

Art. L. 312-1-5 *(L. n° 2013-672 du 26 juill. 2013, art. 66)* Le client, personne physique n'agissant pas pour des besoins professionnels, est informé gratuitement, par le biais de son relevé de compte mensuel, du montant et de la dénomination des frais bancaires liés à des irrégularités et incidents que l'établissement entend débiter sur son compte de dépôt. Ce débit a lieu au minimum quatorze jours après la date d'arrêté du relevé de compte.

Les conditions d'application du présent article sont fixées par décret en Conseil d'État. Le dispositif mis en place par le présent article entre en vigueur dix-huit mois après la publication du décret mentionné à la première phrase. — *V. C. mon. fin., art. R. 312-1-2.*

Art. L. 312-1-6 *(L. n° 2013-672 du 26 juill. 2013, art. 59)* La gestion d'un compte de dépôt pour les personnes physiques agissant pour des besoins professionnels est réglée par une convention écrite *(Ord. n° 2017-1433 du 4 oct. 2017, art. 16, en vigueur le 1er avr. 2018)* « sur support papier ou sur un autre support durable, » entre le client et son établissement de crédit.

Les principales stipulations que cette convention de compte doit comporter, notamment les modalités d'accès à la médiation, sont précisées par un arrêté du ministre chargé de l'économie. — *V. Arr. du 1er sept. 2014 (JO 13 sept.).* — ***C. mon. fin.***

Art. L. 312-1-7 *(L. n° 2014-344 du 17 mars 2014, art. 53-I) (L. n° 2015-990 du 6 août 2015, art. 43-I-1°)* « I. — » La clôture de tout compte de dépôt ou compte sur livret est gratuite.

(L. n° 2015-990 du 6 août 2015, 43-I-2° et 3°) « II. — Les établissements de crédit mettent à la disposition de leurs clients une documentation relative à la mobilité bancaire, gratuitement et sans condition, sur *(Ord. n° 2017-1433 du 4 oct. 2017, art. 16, en vigueur le 1er avr. 2018)* « support » papier ou sur un autre support durable dans leurs locaux et sous forme électronique sur leur site internet.

« III. — L'établissement d'arrivée, qui ouvre le nouveau compte de dépôt dans le cadre du changement de domiciliation bancaire, propose au client, gratuitement et sans condition, un service d'aide à la mobilité bancaire permettant un changement automatisé des domiciliations bancaires, vers le nouveau compte, des prélèvements valides et virements récurrents du compte d'origine.

« Si le client souhaite bénéficier de ce service, l'établissement d'arrivée recueille son accord formel pour effectuer en son nom les formalités liées au changement de compte afin que les virements et prélèvements réguliers se présentent sur le nouveau compte, ainsi que les coordonnées bancaires de son établissement de départ.

« Dans un délai de deux jours ouvrés à compter de la réception de l'accord formel du client, l'établissement d'arrivée sollicite de l'établissement de départ le transfert des informations relatives aux mandats de prélèvements valides et aux virements récurrents ayant transité sur ce compte au cours des treize derniers mois, ainsi qu'aux chèques non débités sur les chéquiers utilisés au cours des treize derniers mois.

« L'établissement de départ transfère ces informations à l'établissement d'arrivée dans un délai de cinq jours ouvrés à compter de la réception de la demande qui lui a été faite par l'établissement d'arrivée.

« L'établissement d'arrivée communique, dans un délai de cinq jours ouvrés à compter de la réception des informations demandées à l'établissement de départ, les coordonnées du nouveau compte aux émetteurs de prélèvements valides et de virements récurrents.

« Les émetteurs de prélèvements et de virements disposent d'un délai pour prendre en compte ces modifications et informer le client. Ce délai est défini par décret en Conseil d'État.

« L'établissement d'arrivée *(Ord. n° 2017-1433 du 4 oct. 2017, art. 16, en vigueur le 1er avr. 2018)* « fournit à son client, sur support papier ou sur un autre support durable, » la liste des opérations pour lesquelles le changement de domiciliation a été envoyé à ses créanciers et à ses débiteurs et lui adresse la liste des formules de chèques non débitées transmise par l'établissement de départ. Il informe également le client des conséquences associées à un incident de paiement en cas d'approvisionnement insuffisant de son compte dans l'établissement de départ, s'il fait le choix de ne pas le clôturer. »

L'établissement *(L. n° 2015-990 du 6 août 2015, art. 43-I-4°)* « d'arrivée » informe également le client de l'existence d'un service de relations avec la clientèle et de la médiation pour traiter les litiges éventuels liés au changement de domiciliation bancaire.

IV. – *(Ord. n° 2017-1433 du 4 oct. 2017, art. 16, en vigueur le 1er avr. 2018)* « En cas de clôture du compte dans l'établissement de départ, celui-ci fournit gratuitement, durant une période de treize mois à compter de la date de clôture du compte, par tout moyen approprié et dans un délai de trois jours ouvrés, au titulaire du compte clôturé ayant bénéficié du service d'aide à la mobilité défini au III toute information relative à : »

(L. n° 2015-990 du 6 août 2015, art. 43-I-5° à 7° ; Ord. n° 2017-1433 du 4 oct. 2017, art. 16, en vigueur le 1er avr. 2018) « 1° La présentation de toute opération de virement ou prélèvement sur compte clos. Cette information est faite au moins une fois par émetteur impliqué ;

« 2° La présentation d'un chèque sur compte clos. L'ancien titulaire du compte clôturé est également informé par l'établissement de départ qu'il a l'obligation de refuser le paiement du chèque et des conséquences de ce refus, ainsi que des conditions dans lesquelles il peut régulariser sa situation.

« L'établissement de départ transfère sur le compte ouvert auprès de l'établissement d'arrivée tout solde positif éventuel du compte, à la date indiquée dans l'accord formel du client.

« V. – En cas d'ouverture d'un compte auprès d'un établissement situé dans un autre État membre de l'Union européenne, l'établissement de départ, teneur du compte de dépôt que le client souhaite clôturer, propose gratuitement, dans les six jours ouvrés qui suivent la demande de clôture du compte, un récapitulatif des opérations automatiques et récurrentes ayant transité sur ce compte au cours des treize derniers mois.

« L'établissement de départ transfère tout solde positif éventuel du compte, sous réserve de disposer des informations permettant d'identifier l'établissement d'arrivée et le nouveau compte du client. Ce transfert est opéré à la date sollicitée par le client, au plus tôt six jours ouvrés après la réception de la demande de clôture du compte. »

(Ord. n° 2016-1808 du 22 déc. 2016, art. 4, en vigueur le 6 févr. 2017) « VI. – L'établissement d'arrivée ou de départ indemnise sans délai le titulaire de compte de tout préjudice subi, résultant directement du non-respect des obligations lui incombant dans le cadre de la *procédure* de mobilité bancaire prévue au présent article.

« L'établissement d'arrivée ou de départ est exonéré de cette obligation d'indemnisation en cas de circonstances anormales et imprévisibles échappant à son contrôle, dont les suites auraient été inévitables malgré tous les efforts déployés, ou lorsqu'il est lié par d'autres obligations légales spécifiques.

« VII. – » *(L. n° 2015-990 du 6 août 2015, art. 43-I-5° à 7°)* « Le service d'aide à la mobilité bancaire s'applique aux comptes de dépôt ou aux comptes de paiement ouverts auprès de tous les prestataires de services de paiement et détenus par les personnes physiques n'agissant pas pour des besoins professionnels. »

(Ord. n° 2016-1808 du 22 déc. 2016, art. 4, en vigueur le 6 févr. 2017) « VIII. – » Les modalités d'application du présent article sont définies par décret en Conseil d'État. – *V. C. mon. fin., art. R. 312-4-4.*

Les modifications issues de la L. n° 2015-990 du 6 août 2015 entrent en vigueur dix-huit mois après la promulgation de la loi (L. préc., art. 43-II).

....

SECTION II **Fonds remboursables du public** *(Ord. n° 2013-544 du 27 juin 2013, art. 3, en vigueur le 1er janv. 2014).*

Art. L. 312-2 *(Ord. n° 2013-544 du 27 juin 2013, art. 3, en vigueur le 1er janv. 2014)* **« Sont considérés comme fonds remboursables du public les fonds qu'une personne recueille d'un tiers, notamment sous la forme de dépôts, avec le droit d'en disposer pour son propre compte mais à charge pour elle de les restituer. Un décret en Conseil d'État précise les conditions et limites dans lesquelles les émissions de titres de créance sont assimilables au recueil de fonds remboursables du public, au regard notamment des caractéristiques de l'offre ou du montant nominal des titres. Toutefois, ne sont pas considérés comme fonds remboursables du public : »**

1. Les fonds reçus ou laissés en compte par les associés en nom ou les commanditaires d'une société de personnes, les associés ou actionnaires *(Abrogé par L. n° 2019-486 du 22 mai 2019, art. 76)* ***« détenant au moins 5 % du capital social »*****, les administrateurs, les membres du directoire et du conseil de surveillance** *(L. n° 2019-486 du 22 mai 2019, art. 76)* **« , les directeurs généraux et directeurs généraux délégués, les présidents de sociétés par actions simplifiées » ou les gérants ainsi que les fonds provenant de prêts participatifs ;**

2. Les fonds qu'une entreprise reçoit de ses salariés sous réserve que leur montant n'excède pas 10 % de ses capitaux propres. Pour l'appréciation de ce seuil, il n'est pas tenu compte des fonds reçus des salariés en vertu de dispositions législatives particulières. – *[L. n° 84-46 du 24 janv. 1984, art. 2.] – V. art. R. 312-18.*

BIBL. ► CAUSSE, *RDBF 2003. 315* (l'obligation de restitution du banquier dépositaire peut-elle être payante ?). – HOVASSE, *JCP E 2010, n° 1284* (comptes courants d'associés et monopole des banques). – LASSERRE CAPDEVILLE, *AJ contrat 2016. 515* (le dépôt bancaire, un dépôt « à part »).

1. Obligation de restitution. Il résulte de la combinaison des art. 1239 et 1937 C. civ. que le banquier ne peut être dégagé de son obligation de restitution qu'en procédant à des paiements entre les mains du véritable créancier ou de celui qui a reçu pouvoir de ce dernier. • Paris, 18 mars 1992 : *D. 1993. Somm. 57, obs. Vasseur.* ♦ Il s'ensuit que les virements ne sont opposables au titulaire du compte qu'à la condition d'avoir été exécutés sur son ordre, sauf à l'établissement de crédit, si l'ordre se révèle être un faux, à apporter la preuve de la faute de la victime. • Même arrêt. ♦ En disposant à son profit des fonds inscrits au compte litigieux sans titre l'y autorisant, une banque a commis une faute envers sa cliente. • Com. 11 juill. 2006, n° 04-18.058 : *RTD com. 2006. 891, obs. Legeais ; RJDA 2006, n° 1255.* – V. aussi : • Com. 31 oct. 2006, n° 05-14.377. ♦ Il appartient à la banque d'établir qu'elle avait restitué le titre litigieux à son client. • Com. 26 janv. 2010, n° 09-12.335 : *RJDA 2010, n° 781* • 19 sept. 2006, n° 05-16.406 : *RJDA 2007, n° 83* • 9 févr. 2010, n° 09-12.853 : *RJDA 2010, n° 994.* ♦ La remise d'une chose déposée à une autre personne que celle qui a été indiquée par le déposant pour la recevoir n'a pas pour effet de libérer le dépositaire de son obligation de restituer la chose au déposant, sans que ce dernier ait à démontrer l'existence d'un préjudice. • Com. 16 juin 2009, n° 08-12.654 : *RDBF 2009, n° 179, obs. Crédot et Samin ; Banque et Dr. 9-10/2009. 21, obs. Bonneau.* ♦ Le banquier dépositaire, qui se borne à exécuter les ordres de paiement que lui transmet le mandataire du déposant, peut rapporter la preuve par tous moyens du contrat de mandat auquel il n'est pas partie. • Civ. 1re, 3 juin 2015, n° 14-19.825 P : *D. 2015. 1588, note Tehrani.*

2. Fonds laissés en compte. Sur la conformité aux art. L. 312-2 s. C. mon. fin. de la situation d'une société actionnaire détenant plus de 5 % du capital d'une autre société, mais n'en détenant pas le contrôle au sens de l'art. L. 233-3 C. com., qui laisse les fonds en compte courant chez la société émettrice, V. *Dossier ANSA juill.-août 1999, n° 3010.*

3. Effet d'une remise en compte. L'inscription du montant d'un prêt, ainsi que celle de l'ouverture de crédit, au crédit du compte courant de l'emprunteur n'a d'autre effet que de mettre à disposition de celui-ci les concours consentis, sans entraîner l'extinction des cautionnements souscrits pour garantir les dettes de remboursement. • Com. 13 mai 2003, n° 99-18.175 : *RDBF 2003, n° 129, obs. Crédot et Gérard ; JCP E 2004, n° 3, p. 78, obs. Simler.* ♦ Comp., jugeant que dès lors qu'il n'est pas soutenu qu'une stipulation contractuelle aurait exclu la fusion de la remise litigieuse dans le compte courant, l'effet novatoire de l'inscription, au crédit de ce compte, de la somme avancée par la banque à sa cliente, a éteint, à due concurrence, la dette garantie par la caution : • Com. 1er juill. 2003, n° 00-16.591 P : *D. 2004. 48, note Djoudi ; JCP E 2004, n° 3, p. 78, obs. Simler ; RTD com. 2003. 799, obs. Cabrillac.*

4. Exercice illégal de l'activité bancaire. V. note 4 ss. art. L. 511-5.

5. Nature du droit du déposant. Une demande de restitution de fonds ne peut être formée par voie de revendication, la seule voie ouverte au créancier d'une somme d'argent étant de déclarer sa créance à la procédure collective de son débiteur (droit de créance et non droit de propriété). • Com. 4 févr. 2003, n° 00-13.356 : *cité note 87 ss. art. L. 622-24 C. com.*

6. Preuve du dépôt. La preuve d'un dépôt en banque peut être faite contre le banquier par tous les moyens. • Com. 8 mars 2005, n° 02-11.154 : *RDBF 2005, n° 155, obs. Crédot et Gérard.* ♦ Pour l'application d'une clause de la convention de compte liant la banque à son client et ne reconnaissant aucune valeur au ticket de remise dans un automate bancaire, V. • Paris, 31 janv. 2008 : *JCP E 2008, n° 48, p. 11, obs. Mathey.* ♦ Une banque ne peut contester le dépôt effectué par son client dès lors qu'elle se trouve dans l'impossibilité de produire le procès-verbal d'inventaire qui, selon la convention, faisait foi jusqu'à preuve contraire. • Montpellier, 16 oct. 2007 : *JCP E 2008, n° 48, p. 12, obs. Mathey.*

7. Action civile de la banque. Les manœuvres frauduleuses employées, qui ont eu pour effet de déposséder la banque de fonds détenus pour le compte de clients auxquels elle était tenue de les représenter, étant directement à l'origine du préjudice invoqué, la cour d'appel a méconnu le sens et la portée de l'art. 2 C. pr. pén. en déclarant irrecevable la constitution de partie civile de la banque. • Crim. 14 nov. 2007, n° 07-80.576 P : *JCP E 2008, n° 12-13, p. 14, note Lasserre Capdeville ; Gaz. Pal. 2008. 3432, obs. Y. M. ; RJDA 2008, n° 699.*

8. Abus de confiance. L'appropriation indue par la banque du solde créditeur d'un compte clôturé caractérise le délit d'abus de confiance, peu important que durant le fonctionnement du compte l'établissement ait eu la libre disposition des fonds. • Crim. 20 juill. 2011, n° 10-81.726 P : *D. 2011. Actu. 2242, obs. Lasserre Capdeville ; RTD com. 2011. 805, obs. Bouloc ; JCP 2011, n° 1226, note Samin et Torck.*

Art. L. 312-3 *Abrogé par L. n° 2007-1774 du 17 déc. 2007, art. 7-I. — V.* ***C. mon. fin.***

....

SECTION IV *Comptes inactifs*

(L. n° 2014-617 du 13 juin 2014, art. 1er, en vigueur le 1er janv. 2016)

BIBL. ▸ PERROTIN, *LPA 7 août 2014* (contrats d'assurance-vie en déshérence et comptes bancaires inactifs : un nouveau texte de loi). – LASSERRE CAPDEVILLE, *RDBF 2014. Étude 17* (encadrement légal des comptes bancaires et des coffres-forts inactifs).

Art. L. 312-19 **I. — Les établissements de crédit mentionnés au titre Ier du livre V ainsi que les établissements de monnaie électronique et les établissements de paiement mentionnés au titre II du même livre recensent chaque année les comptes inactifs ouverts dans leurs livres.**

Un compte est considéré comme inactif :

1° Soit à l'issue d'une période de douze mois au cours de laquelle les deux conditions suivantes sont remplies :

a) Le compte n'a fait l'objet d'aucune opération, hors inscription d'intérêts et débit par l'établissement tenant le compte de frais et commissions de toutes natures ou versement de produits ou remboursement de titres de capital ou de créance ;

b) Le titulaire du compte, son représentant légal ou la personne habilitée par lui ne s'est pas manifesté, sous quelque forme que ce soit, auprès de cet établissement ni n'a effectué aucune opération sur un autre compte ouvert à son nom dans les livres de l'établissement.

La période de douze mois est portée à cinq ans pour les comptes sur lesquels sont inscrits des titres financiers, les comptes sur livret, les comptes à terme et les comptes sur lesquels sont inscrits des avoirs et dépôts au titre des produits d'épargne mentionnés au titre II du livre II *(L. n° 2019-486 du 22 mai 2019, art. 94)* **« , au titre des produits de l'épargne salariale mentionnés aux chapitres III et IV du titre III du livre III de la troisième partie du code du travail ainsi qu'au titre des produits de la participation affectés à un compte courant bloqué en vertu du 2° de l'article L. 3323-2 du même code ». Lorsque les sommes déposées sur un compte ou les titres inscrits en compte sont indisponibles pendant une certaine période en vertu de dispositions légales, de stipulations contractuelles ou de l'existence d'une sûreté conventionnelle, la période de cinq ans commence à courir au terme de la période d'indisponibilité ;**

2° Soit, si son titulaire est décédé, à l'issue d'une période de douze mois suivant le décès au cours de laquelle aucun de ses ayants droit n'a informé l'établissement tenant le compte de sa volonté de faire valoir ses droits sur les avoirs et dépôts qui y sont inscrits.

Un compte qui remplit les conditions prévues au 1° en raison de l'application de dispositions légales ou réglementaires ou d'une décision de justice n'est pas un compte inactif au sens du présent article.

Pour l'application du 2°, les établissements mentionnés au premier alinéa du présent I mettent en œuvre, dans le respect de la loi n° 78-17 du 6 janvier 1978 relative à l'informatique, aux fichiers et aux libertés, des traitements de *(Ord. n° 2018-1125 du 12 déc. 2018, art. 11, en vigueur au plus tard le 1er juin 2019)* « données à caractère personnel » ayant pour finalité la recherche des titulaires décédés de comptes remplissant les conditions prévues au 1°. A cet effet, ils consultent chaque année, dans des conditions fixées par décret en Conseil d'État, les données figurant au répertoire national d'identification des personnes physiques et relatives au décès des personnes inscrites.

Lorsqu'un compte est considéré comme inactif, l'établissement tenant ce compte en informe par tout moyen à sa disposition le titulaire, son représentant légal, la personne habilitée par lui ou, le cas échéant, ses ayants droit connus de l'établissement et leur indique les conséquences qui y sont attachées en application du présent article et de l'article L. 312-20.

II. — Les établissements mentionnés au premier alinéa du I du présent article publient, chaque année, chacun pour ce qui le concerne, le nombre de comptes inactifs ouverts dans leurs livres et le montant total des dépôts et avoirs inscrits sur ces comptes.

III. — Le montant annuel des frais et commissions de toutes natures prélevés sur les comptes mentionnés aux 1° et 2° du I est plafonné.

IV. — Les conditions d'application du présent article sont déterminées par décret en Conseil d'État. — *V. C. mon. fin., art. R. 312-19 s.* — ***C. mon. fin.***

Pour les dispositions transitoires, V. L. n° 2014-617 du 13 juin 2014, art. 13 (JO 15 juin).

Art. L. 312-20 I. — Les dépôts et avoirs inscrits sur les comptes inactifs mentionnés à l'article L. 312-19 sont déposés à la Caisse des dépôts et consignations :

1° Pour les comptes inactifs mentionnés au 1° du I du même article L. 312-19, à l'issue d'un délai de dix ans à compter de la date de la dernière opération, hors inscription d'intérêts et débit par l'établissement tenant le compte de frais et commissions de toutes natures ou versement de produits ou remboursement de titres de capital ou de créance, ou à compter de la date de la dernière manifestation du titulaire du compte, de son représentant légal ou de la personne habilitée par lui ou à compter du terme de la période d'indisponibilité mentionnée au dernier alinéa du même 1°. Il est pris en compte la date la plus récente parmi les trois dates mentionnées à la première phrase du présent 1°. *(L. n° 2015-990 du 6 août 2015, art. 140-I-1°)* « Pour les plans d'épargne-logement dont le titulaire ne détient aucun autre compte au sein du même établissement de crédit, le délai de dix ans est porté à vingt ans à compter de la date du dernier versement ; »

2° Pour les comptes inactifs mentionnés au 2° du I du même article L. 312-19, à l'issue d'un délai de trois ans après la date du décès du titulaire du compte.

(L. n° 2021-874 du 1er juill. 2021, art. 3 ; L. n° 2021-875 du 1er juill. 2021, art. 4) « Lorsqu'il dépose les dépôts et avoirs mentionnés au premier alinéa du présent I à la Caisse des dépôts et consignations, l'établissement lui communique les informations qu'il détient permettant de distinguer les personnes physiques et les personnes morales et, pour ces dernières, leur statut juridique. Les conditions d'application du présent alinéa sont déterminées par décret. »

Les établissements procédant aux dépôts mentionnés au premier alinéa du présent I publient, chaque année, chacun pour ce qui le concerne, le nombre de comptes dont les dépôts et avoirs sont ainsi déposés et le montant total des dépôts et avoirs ainsi déposés.

Les avoirs en instruments financiers sont liquidés par l'établissement tenant le compte, nonobstant toute stipulation contraire, dans les meilleurs délais à l'issue des périodes de dix ans ou de trois ans mentionnées, respectivement, aux 1° et 2° du présent I. Cet établissement ne peut être tenu responsable des effets de la liquidation sur la valeur des avoirs. Le produit de la liquidation est déposé à la Caisse des dépôts et consignations dans les trois mois qui suivent l'expiration des périodes de dix ans ou de trois ans mentionnées, respectivement, aux mêmes 1° et 2° ou, le cas échéant, dans le mois suivant la liquidation effective des titres lorsque la liquidation n'a pu être réalisée, pour des raisons indépendantes de la volonté de l'établissement, dans le délai de trois mois qui lui est accordé pour déposer le produit de cette liquidation à la Caisse des dépôts et consignations. Le titulaire du compte ou ses ayants droit ne peuvent en obtenir le versement qu'en numéraire. *(L. n° 2019-486 du 22 mai 2019, art. 71-IX)* « La Caisse des dépôts et consignations procède à la restitution des sommes sous la forme d'un capital. »

Les droits d'associé et les titres financiers mentionnés aux 1 et 2 du II de l'article L. 211-1 non admis aux négociations sur un marché réglementé ou sur un système multilatéral de négociation ne sont ni liquidés, ni déposés à la Caisse des dépôts et consignations.

Six mois avant l'expiration du délai mentionné au 1° du présent I, l'établissement tenant le compte informe, par tout moyen à sa disposition, son titulaire, son représentant légal, la personne habilitée par lui ou, le cas échéant, ses ayants droit connus de l'établissement de la mise en œuvre du présent article.

II. — Le dépôt, à la Caisse des dépôts et consignations, des sommes déposées sur un compte ou du produit de la liquidation des titres inscrits sur un compte dans les conditions prévues au I entraîne la clôture de ces comptes, nonobstant toute stipulation contractuelle contraire.

III. — Par dérogation au premier alinéa de l'article L. 518-24, les sommes déposées à la Caisse des dépôts et consignations en application du I du présent article et qui n'ont pas été réclamées par leurs titulaires ou par leurs ayants droit sont acquises à l'État à l'issue d'un délai :

1° De vingt ans à compter de la date de leur dépôt à la Caisse des dépôts et consignations en application du 1° du même I ;

2° De vingt-sept ans à compter de la date de leur dépôt à la Caisse des dépôts et consignations en application du 2° dudit I ;

(L. n° 2015-990 du 6 août 2015, art. 140-I-2°) « 3° De dix ans à compter de la date de leur dépôt à la Caisse des dépôts et consignations en application du 1° du I pour les plans d'épargne-logement dont le titulaire ne détient aucun autre compte au sein du même établissement de crédit. »

Jusqu'à l'expiration de ces délais, les sommes déposées à la Caisse des dépôts et consignations sont détenues par celle-ci pour le compte des titulaires ou de leurs ayants droit.

IV. — Jusqu'à l'expiration des délais prévus au III du présent article, les établissements mentionnés au premier alinéa du I de l'article L. 312-19 sont tenus de conserver les informations et documents relatifs au solde des comptes à la date du dépôt prévu au I du présent article, à la computation des délais mentionnés au même I et au régime d'imposition applicable, ainsi que les informations et documents permettant d'identifier les titulaires de ces comptes et, le cas échéant, leurs ayants droit. Ces informations et documents sont transmis à la Caisse des dépôts et consignations à sa demande.

V. — Pour chaque dépôt correspondant à un compte, le montant des sommes versées par la Caisse des dépôts et consignations à son titulaire ou à ses ayants droit ou acquises par l'État ne peut être inférieur au montant des sommes déposées à la Caisse des dépôts et consignations, diminué, le cas échéant, des versements partiels réalisés par la Caisse des dépôts et consignations en application du III.

La Caisse des dépôts et consignations organise, dans le respect de la loi n° 78-17 du 6 janvier 1978 relative à l'informatique, aux fichiers et aux libertés, la publicité appropriée de l'identité des titulaires de compte dont les avoirs ont fait l'objet du dépôt mentionné au premier alinéa du I, afin de permettre à ces personnes ou à leurs ayants droit de percevoir les sommes qui ont été ainsi déposées et qui leur sont dues.

Les titulaires de compte ou les ayants droit communiquent à la Caisse des dépôts et consignations les informations permettant de vérifier leur identité et de déterminer le montant des sommes qui leur sont dues.

Le notaire chargé d'établir l'actif successoral en vue du règlement de la succession pour laquelle il a été mandaté obtient sur sa demande auprès de la Caisse des dépôts et consignations la communication des informations détenues par celle-ci en application du IV ainsi que le versement des sommes déposées en application du I, à charge pour lui de les restituer aux ayants droit du titulaire du compte.

Le notaire joint à sa demande le mandat l'autorisant à agir au nom des ayants droit.

VI. — Un coffre-fort mis à disposition par un établissement de crédit est considéré comme inactif lorsque son titulaire, le représentant légal de ce dernier ou la personne habilitée par lui ou l'un de ses ayants droit ne s'est pas manifesté, sous quelque forme que ce soit, ni n'a effectué aucune opération sur un compte ouvert à son nom dans les livres de l'établissement pendant une durée d'au moins dix ans et que, à l'issue de cette période de dix ans, les frais de location n'ont pas été payés au moins une fois.

Lorsqu'un coffre-fort est considéré comme inactif au sens du premier alinéa du présent VI, l'établissement de crédit procède à la recherche du titulaire éventuellement décédé dans les conditions prévues à l'avant-dernier alinéa du I de l'article L. 312-19. Il informe le titulaire, son représentant légal, la personne habilitée par lui ou, le cas échéant, ses ayants droit connus de l'établissement des conséquences prévues aux deux derniers alinéas du présent VI liées à l'inactivité du coffre-fort en application du présent article. Ces deux opérations de recherche et d'information sont renouvelées tous les cinq ans à compter de la date du premier impayé.

A l'expiration d'un délai de vingt ans à compter de la date du premier impayé mentionné au premier alinéa du présent VI, l'établissement est autorisé à procéder à l'ouverture du coffre-fort, en présence d'un huissier de justice qui dresse l'inventaire de son contenu, et, selon les cas, soit à liquider les titres déposés dans le coffre-fort dans les conditions définies au *(L. n° 2021-874 du 1er juill. 2021, art. 3 ; L. n° 2021-875 du 1er juill. 2021, art. 4)* « sixième » alinéa du I du présent article, soit à faire vendre judiciairement aux enchères publiques les biens déposés dans le coffre-fort. Six mois avant l'expiration de ce délai, il informe, par courrier recommandé et par tout autre moyen à sa disposition, le titulaire, son représentant légal, la personne habilitée par lui ou, le cas échéant, ses ayants droit connus de l'établissement de la mise en œuvre du présent alinéa. Le produit de la vente, déduction faite des frais annuels de location impayés, à l'exclusion de toute pénalité et de tout intérêt de retard, et des frais liés à l'ouverture du coffre-fort et à la vente des biens, est acquis à l'État. L'établissement de crédit est autorisé, pour les objets d'une valeur estimée par une personne habilitée pour organiser et réaliser les ventes judiciaires de meubles aux enchères publiques, et inférieure à un seuil fixé par un arrêté du ministre chargé de l'économie, ainsi que pour les objets qui n'ont pu être vendus judiciairement aux enchères publiques après deux tentatives intervenues à six mois d'intervalle, soit à les détruire, soit à les conserver pour le compte du titulaire ou de ses ayants droit, soit, pour les biens pouvant présenter un intérêt culturel ou historique, à les transférer à un service public intervenant dans ces domaines. Dans ce dernier cas, la personne morale dont dépend ce service public devient propriétaire du bien transféré. — *V. Arr. du 4 juill. 2017.* — ***C. mon. fin.***

L'établissement de crédit ne peut être tenu pour responsable des effets de la vente sur la valeur des biens concernés.

VII. — Les conditions d'application du présent article sont déterminées par décret en Conseil d'État. — *V. C. mon. fin., art. R. 312-19 s.* — ***C. mon. fin.***

Pour les dispositions transitoires, V. L. n° 2014-617 du 13 juin 2014, art. 13 (JO 15 juin).

....

CHAPITRE III *Crédits*

SECTION I *Dispositions générales*

SOUS-SECTION 1 *Définition*

Art. L. 313-1 Constitue une opération de crédit tout acte par lequel une personne agissant à titre onéreux met ou promet de mettre des fonds à la disposition d'une autre personne ou prend, dans l'intérêt de celle-ci, un engagement par signature tel qu'un aval, un cautionnement, ou une garantie.

Sont assimilés à des opérations de crédit le crédit-bail, et, de manière générale, toute opération de location assortie d'une option d'achat. — *[L. n° 84-46 du 24 janv. 1984, art. 3.]*

BIBL. ▶ Bey, *RJDA 1997, p. 103* (crédit-bail avec convention de trésorerie). – Ansaloni, *JCP E 2008, n° 38, p. 11* (crédit revolving et spécialité quant à la créance garantie des sûretés réelles). – Routier, *D. 2008. 2960* (le prêt entre particuliers sur internet : un financement alternatif ?). – Ansaloni, *Banque et Dr. 3-4/2013. 18* (le risque de crédit, critère de la notion d'opération de crédit).

1. Opération de crédit. En ce sens que l'affacturage constitue une opération de crédit, V. • Versailles, 24 nov. 1989 : *JCP E 1991. I. 91, n° 36, obs. Gavalda et Stoufflet.* ♦ De même, estimant que la cession de créance par bordereau Dailly constitue une opération de crédit au sens de l'art. L. 313-1, le tranfert de créance étant l'instrument juridique d'une avance de fonds dont la créance transmise assure à la fois la garantie et le remboursement : * Rép. min. n° 4067 : *JCP E 2003, n° 7-8, p. 294.* ♦ Pour un arrêt considérant que l'opération, par laquelle un fournisseur se limite à assurer, par ses ristournes, le remboursement des avances qu'il a permis à l'un de ses clients d'obtenir de sa banque, ne peut être analysée comme une opération de crédit, V. • Paris, 14 avr. 1999 : *D. 2000. Somm. 456, obs. Synvet* ; *RJDA 1999, n° 981.* ♦ Dans le même sens, s'agissant du cautionnement délivré par ce fournisseur, en vue de garantir lesdites avances, dès lors que cette garantie ne donnait pas lieu à la perception de commissions. • Même arrêt.

Lorsqu'une entreprise d'investissement permet à un investisseur intervenant sur un marché à règlement différé de reporter d'un mois boursier sur l'autre ses positions, en inscrivant au débit de son compte espèces la moins-value constatée lors du report, et que, en raison d'une couverture insuffisante, cette inscription a pour conséquence un solde débiteur du compte, l'entreprise doit être regardée, dès lors qu'elle ne fait pas diligence pour obtenir du donneur d'ordres l'apurement de ce débit, comme mettant des fonds à la disposition de l'investisseur au sens de l'art. L. 313-1. • CE 25 juill. 2007, n° 266735 : *RFDA 2007. 1211, concl. Guyomar ; JCP E 2007, n° 45, p. 12, obs. Stoufflet ; RJDA 2008, n° 834.* ♦ La circonstance qu'un solde débiteur ne s'accompagne pas de la perception d'intérêts n'est pas de nature à exclure que l'opération ait un caractère onéreux, celui-ci pouvant découler de la perception de commissions de report, rendue possible par les facilités ainsi accordées. • Même décision. – V. aussi : • Com. 26 juin 2012, n° 11-11.450 P : *JCP E 2012, n° 1486, note Bonneau ; RJDA 2012, p. 950, rapport Riffault-Silk.*

V. aussi note 3 ss. art. L. 511-7.

2. Opération de crédit à titre onéreux. V. note 3 ss. art. L. 511-5.

3. Opération de banque. V. note 1 ss. art. L. 511-5.

SOUS-SECTION 2 *Taux d'intérêt*

§ 1er *Taux de l'intérêt légal*

Art. L. 313-2 *(Ord. n° 2014-947 du 20 août 2014, art. 1er, en vigueur le 1er janv. 2015)* **Le taux de l'intérêt légal est, en toute matière, fixé par arrêté du ministre chargé de l'économie.**

Il comprend un taux applicable lorsque le créancier est une personne physique n'agissant pas pour des besoins professionnels et un taux applicable dans tous les autres cas.

Il est calculé semestriellement, en fonction du taux directeur de la Banque centrale européenne sur les opérations principales de refinancement et des taux pratiqués par les établissements de crédit et les sociétés de financement. – *Pour le 1er semestre 2022, taux fixé à 3,13 % pour les créances des personnes physiques n'agissant pas pour des besoins professionnels et à 0,76 % pour tous les autres cas (Arr. du 26 déc. 2021).*

Les taux pratiqués par les établissements de crédit et les sociétés de financement pris en compte pour le calcul du taux applicable lorsque le créancier est une personne physique n'agissant pas pour des besoins professionnels sont les taux effectifs moyens de crédits consentis aux particuliers.

Les modalités de calcul et de publicité de ces taux sont fixées par décret. – *V. C. mon. fin., art. D. 313-1-A.*

Art. L. 313-3 **En cas de condamnation pécuniaire par décision de justice, le taux de l'intérêt légal est majoré de cinq points à l'expiration d'un délai de deux mois à compter du jour où la décision de justice est devenue exécutoire, fût-ce par provision.** *(Ord. n° 2006-461 du 21 avr. 2006, art. 15, en vigueur le 1er janv. 2007)* **« Cet effet est attaché de plein droit au jugement d'adjudication sur saisie immobilière, quatre mois après son prononcé. »**

Toutefois, le juge de l'exécution peut, à la demande du débiteur ou du créancier, et en considération de la situation du débiteur, exonérer celui-ci de cette majoration ou en réduire le montant. – *[L. n° 75-619 du 11 juill. 1975, art. 3.]*

1. Point de départ du taux majoré. Le taux majoré d'intérêt légal ne court qu'à l'expiration d'un délai de deux mois à compter de la signification de la décision de condamnation, bien que le jugement ait été assorti de l'exécution provisoire. • Civ. 2e, 4 avr. 2002, n° 00-19.822 P : *D. 2002. AJ 1484, obs. Lienhard ; Rev. huiss. 2002. 298, obs. Hoonakker.* ♦ Considérant que n'a pas donné de base légale à sa décision au regard de l'art. 503 NCPC [renommé C. pr. civ.], ensemble l'art. 3 [C. mon. fin., art. L. 313-3], la cour d'appel qui a majoré de cinq points le montant des intérêts au taux légal de la somme allouée sans rechercher à quelle date avait été effectuée la notification de l'arrêt de condamnation, V. • Civ. 3e, 3 juin 1992, n° 90-16.792 P : *RTD civ. 1992. 640, obs. Perrot ; JCP 1994. II. 22221, note Enama.* ♦ Pour un jugement ne pouvant, en vertu de l'art. 503 NCPC [renommé C. pr. civ.], être exécuté qu'après avoir été notifié à ceux auxquels il est opposé, la majoration des intérêts n'est due que deux mois après la signification de l'arrêt de la cour d'appel. • Paris, 6 nov. 1992 : *BICC 1993, n° 713.* ♦ Sur les effets de la suspension de l'exécution provisoire d'un jugement sur le point de départ du taux majoré, V. • Com. 8 déc. 2009, n° 08-20.680.

2. Fonds de garantie contre les accidents. Viole l'art. 3 [C. mon. fin., art. L. 313-3] et l'art. L. 421-8-1 C. assur. (en vertu duquel les délais prévus audit art. 3 ne courent à l'encontre du Fonds de garantie contre les accidents qu'à compter du jour où celui-ci a reçu les éléments justifiant son intervention), l'arrêt qui refuse de déclarer le Fonds de garantie tenu au paiement de la majoration de cinq points au motif que l'art. 3 concerne exclusivement les parties condamnées. • Civ. 1re, 3 nov. 1993, n° 91-19.912 P : *D. 1994. IR 5.*

3. Réformation partielle en appel. Au cas de réformation partielle en appel, lorsque le jugement est assorti de l'exécution provisoire, la majoration du taux s'applique à la condamnation dans la mesure où elle est confirmée. • Civ. 1re, 18 déc. 1990, n° 88-18.700 P. ♦ Sur les conséquences de l'annulation par la Cour de cassation d'une décision du premier président d'une cour d'appel qui, par ordonnance, avait estimé que les conséquences manifestement excessives au préjudice des banques en cause provoquées par l'application de l'exécution provisoire justifiaient l'arrêt de celle-ci, V. • Dijon, 3 sept. 2002 : *JCP E 2003, n° 10, p. 390.*

4. Obligation de restitution. L'arrêt de cassation constitue une décision de justice faisant naître un droit à restitution de la somme versée en exécution de la décision cassée, de telle sorte que les dispositions de l'art. L. 313-3 sont applicables à la créance de restitution après signification de cet arrêt. • Civ. 2e, 20 janv. 2011, n° 10-11.904 P : *D. actu. 4 févr. 2011, obs. Avena-Robardet ; JCP 2011, n° 377, note Barbiéri ; Dr. et pr. 2011. 99, note Lauvergnat.*

5. Exonération de la majoration. Pour une application de l'art. 3, al. 2 [C. mon. fin., art. L. 313-3, al. 2], V. • TGI Paris, 8 mars 1993 : *Rev. huiss. 1993. 682 ; D. 1993. Somm. 278, obs. Julien*. ♦ Jugeant que même si la condamnation des banques en cause au paiement de sommes considérables ne va pas les mettre définitivement en péril et entraîner leur dépôt de bilan, il existe un risque certain de perturbations graves dans l'équilibre financier de ces organismes bancaires justifiant que la majoration des intérêts soit réduite de deux points : • Dijon, 3 sept. 2002 : *préc. note 3.* ♦ L'art. L. 313-3 C. mon. fin. s'applique aux dettes d'aliments à défaut d'exclusion expresse, contrairement à l'art. 1244-1 C. civ. • Civ. 2e, 22 mars 2012, n° 11-13.915 P : *D. 2012. Actu. 945 ; Dr. et pr. 2012. 181, note Vinckel.*

6. Juge de l'exécution. Aux termes de l'art. 88 de la L. du 9 juill. 1991 et par dérogation aux dispositions de l'art. L. 313-3, la demande d'exonération ou de réduction des intérêts à taux majoré, formée par le débiteur, après la publication d'un commandement aux fins de saisie immobilière, constitue un incident de saisie, relevant de la compétence de la chambre des criées du TGI et non du JEX. • Limoges, 3 déc. 2003 : *BICC 2004, n° 354.* ♦ L'art. L. 313-3, al. 2, ne distingue pas selon que les intérêts sont dus pour la période antérieure ou postérieure à la décision du juge de l'exécution. • Civ. 2e, 6 juin 2013, n° 12-20.129 P : *D. 2013. Actu. 1486 ; JCP E 2013, n° 1406.*

§ 2 *Taux effectif global*

Art. L. 313-4 *(Ord. n° 2019-740 du 17 juill. 2019, art. 2)* **Les règles relatives au taux effectif global des crédits sont fixées par les articles L. 314-1 à L. 314-5, L. 341-48-1 et L. 341-49 du code de la consommation.** — *V. ces art., v° Prêts d'argent — Intérêts des capitaux.*

Pour une Bibl., V. § 3 Taux de l'usure et v° Prêts d'argent — Intérêts des capitaux.

Sur le délit de non-mention du TEG dans un contrat de prêt tel qu'issu de la L. n° 2003-721 du 1er août 2003, V. Circ. CRIM 03-15/G3 (JUS D 03 30 212 C) du 18 déc. 2003 (D. 2004. 124 ; RDBF 2004, n° 100, obs. Portier ; BRDA 2004, n° 1, p. 13).

§ 3 *Taux de l'usure*

RÉP. COM. v° *Usure*, par S. Piedelièvre.

BIBL. ▸ Bouloc, *RDBF 2003. 387* (L. n° 2003-721 pour l'initiative économique). – Caramalli, *LPA 25 août 2003* (même thème). – Robert, *Dr. pénal 2004, n° 26* (même thème). – Piedelièvre, *JCP E 2003, n° 42, p. 1658* (même thème). – Portier, *RDBF 2004, n° 100* (circulaire du 18 déc. 2003). – Stoufflet, *ibid., n° 101* (incidences internationales de la réforme de l'usure). – N. Ferrier, *RTD com. 2005. 219* (incertitudes du régime de l'usure liées à sa codification).

Art. L. 313-5 La définition du taux de l'usure est fixée par *(Ord. n° 2016-301 du 14 mars 2016, art. 2, en vigueur le 1er juill. 2016)* **« les articles L. 314-6 à L. 314-9** *[ancienne rédaction : l'article L. 313-3]* **» du code de la consommation, ci-après reproduit :** — *V. cet art., v° Prêts d'argent — Intérêts des capitaux.*

Art. L. 313-5-1 *(L. n° 2003-721 du 1er août 2003, art. 32-II)* **Pour les découverts en compte, constitue un prêt usuraire** *(L. n° 2005-882 du 2 août 2005, art. 7-II)* **« à une personne physique agissant pour ses besoins professionnels ou » à une personne morale se livrant à une activité industrielle, commerciale, artisanale, agricole ou professionnelle non commerciale tout prêt conventionnel consenti à un taux effectif global qui excède, au moment où il est accordé, de plus du tiers, le taux effectif moyen pratiqué au cours du trimestre précédent par les établissements de crédit** *(Ord. n° 2013-544 du 27 juin 2013, art. 3, en vigueur le 1er janv. 2014)* **« ou les sociétés de financement » pour les opérations de même nature comportant des risques analogues telles que définies par l'autorité administrative après avis du Conseil national du crédit et du titre.**

Les conditions de calcul et de publicité des taux effectifs moyens mentionnés au premier alinéa sont fixées par décret.

Absence de sanctions pénales. L'art. L. 313-5-1 ne fait aucune référence à l'art. L. 313-5 [L. 341-50] C. consom. visant les sanctions pénales. • Montpellier, 16 déc. 2003 : *cité note ss. art. L. 313-5-2.*

Art. L. 313-5-2 *(L. nº 2003-721 du 1er août 2003)* **Lorsqu'un prêt conventionnel est usuraire, les perceptions excessives au regard des articles L. 313-4 et L. 313-5-1 sont imputées de plein droit sur les intérêts normaux et subsidiairement sur le capital de la créance.**

Si la créance est éteinte en capital et intérêts, les sommes indûment perçues doivent être restituées avec intérêts légaux du jour où elles auront été payées.

Sur l'aménagement de l'usure pour les personnes morales tel qu'issu de la L. nº 2003-721 du 1er août 2003, V. Circ. CRIM 03-15/G3 (JUS D 03 30 212 C) du 18 déc. 2003 (D. 2004. 124 ; RDBF 2004, nº 100, obs. Portier ; BRDA 2004, nº 1, p. 13). Sur les opérations de prêts d'argent, V. vº Prêts d'argent – Intérêts des capitaux.

Personnes morales. Pour les découverts en compte accordés à des personnes morales, prévus par l'art. L. 313-5-1, un prêt usuraire encourt la seule sanction civile de restitution des perceptions excessives, en application de l'art. L. 313-5-2. • Crim. 3 nov. 2005, nº 04-87.835 P : *D. 2006. AJ 138, obs. Lienhard ; RTD com. 2006. 499, obs. Bouloc ; JCP E 2006, nº 22, p. 964, obs. Coudert ; RJDA 2006, nº 454.* ♦ L'art. L. 313-5-2 visant les découverts en compte précisés à l'art. L. 313-5-1, institue seulement des sanctions civiles. • Montpellier, 16 déc. 2003 : *RDBF 2004. 136, note Bouloc.*

SOUS-SECTION 3 *Fichier des incidents de paiement caractérisés*

Art. L. 313-6 **Les règles relatives au fichier des incidents de paiement caractérisés sont fixées par les articles** *(Ord. nº 2016-301 du 14 mars 2016, art. 2, en vigueur le 1er juill. 2016)* **« L. 751-1 et suivants** *[ancienne rédaction : L. 333-4 et L. 333-5]* **» du code de la consommation.**
– Fin de l'al. et 2e à 10e al., reproduisant les art. L. 333-4 et L. 335-5 C. consom., supprimés par L. nº 2015-992 du 17 août 2015, art. 23-VI). – V. ces art. au ***C. mon. fin.*** *ou au* ***C. consom.***

SOUS-SECTION 4 *Accès au crédit et risques aggravés*
(L. nº 2016-41 du 26 janv. 2016, art. 190-III)

Art. L. 313-6-1 **L'accès au crédit est garanti dans les conditions fixées aux articles L. 1141-1 à L. 1141-3, L. 1141-5 et L. 1141-6 du code de la santé publique.**

SECTION II ***Catégories de crédits et opérations assimilées*** *(Ord. nº 2005-429 du 6 mai 2005, art. 46).*

SOUS-SECTION 1 *Crédit-bail*

RÉP. COM. vis *Crédit-bail immobilier ; Crédit-bail mobilier*, par T. et M. DE RAVEL D'ESCLAPON.

RÉP. CIV. vº *Crédit-bail*, par SCHÜTZ.

BIBL. GÉN. ▸ DAUPHIN, *CCC 1997. Chron. 2* (essor de la location longue durée : un contrat de location-service). – HARRICHAUX-RAMU, *RJDA 1997. 103* (crédit-bail avec convention de trésorerie). – LE CORRE-BROLY, *Gaz. Pal. 2005. Doctr. 1010* (déclaration de créance du bailleur financier et du crédit-bailleur). – FERRY, *JCP E 2007, nº 23, p. 25* (mise en place d'un crédit-bail de titres de société). – ANSALONI et BILLIET, *RDBF 2009. Étude 35* (remarques sur le conflit entre le privilège du bailleur d'immeuble et le *leasing* de biens d'équipement). – RUY, *CCC 2009. Étude 13* (location de matériel sans option d'achat à l'épreuve du droit des contrats). – BARAT, *RDBF 2010. Dossier 13* (la levée d'option d'achat du crédit-bail par le preneur soumis à une procédure collective après l'Ord. du 18 déc. 2008). – REYGROBELLET, *Rev. sociétés 2010. 419* (crédit-bail portant sur les parts sociales d'une SCI). – MARTIN et GÉRARD GODARD, *RLDA mai 2011. 81* (crédit-bail portant sur un immeuble loué).

Art. L. 313-7 **Les opérations de crédit-bail mentionnées par la présente sous-section sont :**

1. Les opérations de location de biens d'équipement ou de matériel d'outillage achetés en vue de cette location par des entreprises qui en demeurent propriétaires, lorsque ces opérations, quelle que soit leur qualification, donnent au locataire la possibilité d'acquérir tout ou partie des biens loués, moyennant un prix convenu tenant compte, au moins pour partie, des versements effectués à titre de loyers ;

2. Les opérations par lesquelles une entreprise donne en location des biens immobiliers à usage professionnel, achetés par elle ou construits pour son compte, lorsque ces opérations,

quelle que soit leur qualification, permettent aux locataires de devenir propriétaires de tout ou partie des biens loués, au plus tard à l'expiration du bail, soit par cession en exécution d'une promesse unilatérale de vente, soit par acquisition directe ou indirecte des droits de propriété du terrain sur lequel ont été édifiés le ou les immeubles loués, soit par transfert de plein droit de la propriété des constructions édifiées sur le terrain appartenant audit locataire.

En cas d'opération de crédit-bail sur le droit au renouvellement d'un bail, ce droit ne peut être invoqué que par le crédit-bailleur, par dérogation aux dispositions de l'article *(Ord. n° 2000-912 du 18 sept. 2000, art. 3)* « L. 145-8 du code de commerce ». Les autres droits et obligations que le locataire tient des dispositions du décret précité sont répartis par contrat entre le propriétaire, le crédit-bailleur et le crédit-preneur. *[;]*

3. Les opérations de location de fonds de commerce, d'établissement artisanal ou de l'un de leurs éléments incorporels, assorties d'une promesse unilatérale de vente moyennant un prix convenu tenant compte, au moins pour partie, des versements effectués à titre de loyers, à l'exclusion de toute opération de location à l'ancien propriétaire du fonds de commerce ou de l'établissement artisanal. *[;] – [L. n° 66-455 du 2 juill. 1966, art. 1er.]*

(L. n° 2005-882 du 2 août 2005, art. 27-I) « 4. Les opérations de location de parts sociales ou d'actions prévues aux articles L. 239-1 à L. 239-5 du code de commerce, assorties d'une promesse unilatérale de vente moyennant un prix convenu tenant compte, au moins pour partie, des versements effectués à titre de loyers. »

A. NATURE JURIDIQUE DU CRÉDIT-BAIL

1. *Exigence d'une promesse de vente.* Pour relever de la L. du 2 juill. 1966 [C. mon. fin., art. L. 313-7 s., L. 515-2 s. et L. 571-13], les contrats de location doivent comporter une promesse unilatérale de vente de la part du bailleur donnant au locataire la possibilité d'acquérir tout ou partie des biens loués. • Com. 14 avr. 1972, n° 70-13.333 P : *JCP 1972. II. 17269, note Alfandari.* ♦ Il importe peu que l'option puisse être levée à plusieurs échéances. • Com. 8 déc. 1987, n° 85-13.064 : *RTD com. 1988. 490, obs. Hémard et Bouloc ; JCP 1988. II. 21065, note Bey.* ♦ En l'absence de promesse de vente l'opération est disqualifiée en location pure et simple. • Com. 13 juin 1977, n° 76-11.026 P : *D. 1977. IR 454* ♦ Est un contrat de crédit-bail, au sens de l'art. 1er [C. mon. fin., art. L. 313-7], le contrat qui offre au locataire une option d'achat avec pour seule condition de faire connaître au bailleur sa décision un mois avant l'expiration du contrat, ce dont il résulte que cette option n'est pas soumise à l'agrément du bailleur, cette clause s'interprétant en une promesse unilatérale de vente. • Com. 4 juin 1996, n° 94-15.120 : *D. Affaires 1996. 1165* • 13 mai 1997, n° 95-12.996 : *RJDA 1997, n° 1231.*

2. *Abus de confiance.* En l'absence d'option d'achat à l'expiration du contrat, le locataire qui ne restitue pas le bien dont il a disposé est susceptible d'avoir commis un abus de confiance. • Crim. 12 nov. 1979, n° 79-90.165 P : *D. 1980. IR 202.* ♦ Comp. note 4.

3. *Acquisition préalable du bailleur.* Le crédit-bailleur doit être un acquéreur des biens qu'il donne en location, ce qui exclut l'application de la L. du 2 juill. 1966 [C. mon. fin., art. L. 313-7 s., L. 515-2 s. et L. 571-13] au cas où un fabricant conclut une opération portant sur sa propre production. • Com. 13 avr. 1976, n° 74-12.564 P : *D. 1976. 695, note Lucas de Leyssac.* ♦ Est nul comme étant dépourvu d'objet le contrat de crédit-bail dans lequel, n'étant pas propriétaire des matériels loués, le crédit-bailleur n'a pu en transmettre la jouissance et l'usage au preneur, sans qu'il y ait lieu de rechercher s'il pouvait justifier de sa bonne foi lors de l'achat de ces équipements. • Com. 10 janv. 1995, n° 92-20.009 : *RJDA 1995, n° 609.*

4. *Exclusion de la sous-location.* La sous-location n'est pas une opération de crédit-bail. • Com. 11 mai 1982, n° 80-13.025 P : *D. 1983. 271, note Witz ; JCP 1983. II. 20074, note Bey.* ♦ En l'absence de convention contraire, le preneur peut commettre un abus de confiance s'il procède à une sous-location du bien sans l'accord du crédit-bailleur. • Crim. 14 févr. 1979, n° 78-92.315 P : *D. 1979. IR 177, obs. Roujou de Boubée ; ibid. 215, obs. Puech.*

5. *Crédit-bail adossé.* Le crédit-bail est dit adossé lorsque l'utilisateur a la faculté de sous-louer le bien. • Versailles, 14 avr. 1988 : *Gaz. Pal. 1988. 2. Somm. 462.*

6. *Location à l'utilisateur.* Le crédit-bail suppose nécessairement que le bien soit loué à l'utilisateur ce qui exclut que la convention puisse comporter une clause de réserve de propriété, laquelle caractérise un contrat de vente. • Com. 19 juin 1978, n° 76-15.317 P.

7. *Rente viagère.* Le fait que le crédit-preneur reste tenu du paiement des échéances d'une rente viagère jusqu'à la date de réalisation de la promesse de vente est sans effet sur l'objet du contrat de crédit-bail, ce mode d'acquisition n'étant pas de nature à affecter le droit de propriété du crédit-preneur en cas de levée d'option. • Civ. 3e, 4 mai 2000, n° 98-19.806 P : *D. 2000. AJ 326, obs. Faddoul ; RDI 2000. 358, obs. Saint-Alary-Houin ; Banque et Dr. 2000. 45, obs. Rontchevsky.*

8. *Lease-back.* V. Parléani, *RTD com. 1973.*

699. ♦ Sur la distinction avec le crédit-bail, V. • Com. 14 janv. 1992, n° 90-13.683 : *RJDA 1992, n° 372* • Civ. 3e, 19 mai 1999, n° 97-18.433 P : *D. Affaires 1999. 1078.*

9. Usure. Les redevances dues par l'utilisateur ont la nature d'un loyer et non pas d'intérêts et ne relèvent pas de la législation sur l'usure. • Toulouse, 8 mai 1970 : *JCP E 1970. II. 16481, note Bey* • Rouen, 3 juill. 1970 : *D. 1971. 465.*

B. BIENS OBJETS DU CRÉDIT-BAIL

10. Biens d'équipement. Une voiture automobile, fût-elle de tourisme, constitue un bien d'équipement, dès lors qu'elle est utilisée pour le fonctionnement de la société locataire. • Com. 15 déc. 1975, n° 73-14.857 P : *D. 1976. 407, note Lucas de Leyssac.*

11. Immeubles. Le contrat de crédit-bail immobilier s'analyse comme une location d'un immeuble à usage professionnel suivie, le cas échéant, d'une cession. • Civ. 3e, 19 oct. 2011, n° 10-13.651 P : *D. 2011. Actu. 2652 ; JCP E 2011, n° 1885 ; RJDA 2012, n° 197 ; Constr.-Urb. 2011, n° 182, obs. Sizaire.*

12. Exclusion du statut des baux commerciaux. V. art. L. 313-9 et note 1 ss. cet art.

13. Enregistrement. L'opération de crédit-bail immobilier échappe par son essence aux dispositions de l'art. 1840 A CGI [abrogé, V. désormais art. 1589-2 C. civ., ss. art. L. 143-23 C. com.], et n'a donc pas à être enregistrée dans les dix jours de l'acte comme une promesse unilatérale de vente. • Civ. 3e, 3 nov. 1981, n° 79-15.671 P : *RDI 1982. 272, obs. Lancereau et Stoufflet ; D. 1982. IR 409, obs. Vasseur ; JCP 1982. II. 19867, note Bey.*

14. Publicité foncière. V. note 2 ss. art. L. 313-10.

15. Fonds de commerce. BIBL. Derruppé, *RTD com. 1986. 320.* – Zenati, *ibid. 450.* – Bey, *JCP E 1987. II. 14860.* ♦ Sur les éléments incorporels du fonds de commerce, V. Derruppé, *RTD com. 1990. 24 et 187* ; Brault, *Gaz. Pal. 1989. 1. Doctr. 18.*

16. Logiciels. BIBL. Carneroli, *LPA 3 juill. 2000.* – Kamina, *CCE 2007. Étude 18* (location financière et crédit-bail de logiciels). ♦ V. aussi • Aix-en-Provence, 12 sept. 1986 : *Gaz. Pal. 1987. 1. 341, note Bey.*

17. Service public. Le caractère accessoire au contrat de crédit-bail de la convention tripartite litigieuse (entre une commune, une société de restauration et une société de crédit-bail) eu égard à son objet purement financier, le fait que la convention tripartite ne contient aucune clause exorbitante de droit commun, et encore qu'elle n'a pas pour objet de faire participer le crédit-bailleur à l'exécution du service public et enfin que son objet purement financier n'en faisait pas un contrat d'occupation du domaine public, militent pour reconnaître à cette convention le caractère d'un contrat de droit privé. • Civ. 1re, 28 mai 2008, n° 07-17.648 P : *D. 2008. AJ 1627, obs. Delpech ; JCP E 2008, n° 27, p. 14 ; RJDA 2009, n° 422.*

C. NULLITÉ OU RÉSILIATION DU CRÉDIT-BAIL

18. Manœuvres dolosives. Le représentant du vendeur d'un matériel en crédit-bail, qui avait été chargé par l'établissement de crédit de proposer ses financements aux clients potentiels puis de les recommander à son approbation n'étant pas, pour la conclusion des contrats, un tiers, les manœuvres dolosives de ce représentant, viciant le consentement des clients, sont opposables à l'établissement de crédit. • Com. 24 mai 1994, n° 92-14.344 P • 13 juin 1995, n° 93-17.409 P : *RJDA 1995, n° 1404.* ♦ La clause du contrat de financement selon laquelle « aucune des difficultés pouvant naître des relations de l'emprunteur avec son fournisseur de biens ne sera opposable » à l'établissement de crédit n'a pu avoir pour effet de rendre les manœuvres dolosives commises par le négociateur des financements inopposables à l'établissement de crédit. • Com. 24 mai 1994, n° 92-14.344 P : *préc.*

19. Vice du consentement. Un fournisseur ayant conclu un contrat de concession avec les personnes à qui il avait livré du matériel, en vue de son exploitation, tandis que, pour assurer le financement de cette opération, une tierce société en devenait propriétaire et le donnait en location aux concessionnaires, l'annulation pour dol du contrat de location peut être prononcée, dès lors qu'est retenue l'existence de manœuvres dolosives, imputables au bailleur et déterminantes du consentement des intéressés à cette location, sans qu'une telle annulation constitue la conséquence de l'annulation du contrat de concession. • Com. 24 nov. 1992, n° 91-11.561 P. ♦ En revanche, doit être cassé l'arrêt qui retient que l'annulation de la vente, pour vice du consentement, prive de cause le contrat de crédit-bail, alors que, sauf cause de nullité l'affectant directement, le contrat de crédit-bail n'est que résilié en conséquence de l'annulation du contrat de vente. • Com. 15 mars 1994, n° 92-12.926 P : *D. 1994. IR 86 ; JCP 1994. II. 22339, note Labarthe ; Defrénois 1994. 1127, obs. Delebecque ; CCC 1994, n° 135, obs. Leveneur.* ♦ La clause du contrat de crédit-bail donnant au preneur mandat pour acheter le matériel loué et prévoyant que ce dernier serait solidairement tenu avec le fournisseur du remboursement au bailleur du prix d'acquisition du matériel dans tous les cas d'annulation judiciaire de la vente permet la condamnation solidaire au remboursement à la suite de l'annulation de la vente pour dol du fournisseur, peu important que le preneur n'ait pas manqué à ses obligations contractuelles. • Com. 27 juin 1995, n° 93-17.614 : *RJDA 1995, n° 1406.*

20. Délivrance. Sauf fraude de sa part, les manquements du preneur à ses obligations de mandataire du bailleur engagent sa responsabilité mais ne le privent pas du droit d'opposer au bailleur l'exception de manquement à l'obligation de délivrance incombant à celui-ci. • Com. 13 déc. 1994, n° 93-11.735 : *RJDA 1995, n° 464.* ♦ Doit être cassé l'arrêt qui, après avoir constaté que le bon de livraison avait été signé par le locataire et le fournisseur, déboute le crédit-bailleur de sa demande en paiement au motif qu'il est tenu d'une obligation de délivrance, sans même rechercher si les dispositions du contrat ne mettaient pas à la charge exclusive du fournisseur l'obligation de délivrer le matériel et ne limitaient pas les obligations du crédit-bailleur au paiement du prix au seul vu du bon de livraison. • Civ. 1re, 24 févr. 1998, n° 96-10.452 P.

21. Action directe du preneur. BIBL. Arbellot, *LPA 10 août 1998* (exercice de l'action en garantie des vices cachés). ♦ Par une clause du contrat de crédit-bail, les bailleur et locataire peuvent convenir avec le vendeur que le locataire agira directement en garantie contre le vendeur au cas de vice de la chose. • Com. 26 janv. 1977, n° 75-12.613 P. ♦ ... Et en résolution de la vente. • Com. 2 févr. 1981 : *Gaz. Pal. 1981. 1. Pan. 198.* ♦ Cette clause vaut renonciation du locataire à la garantie légale du bailleur. • Com. 24 mai 1994, n° 92-18.953 : *CCC 1994, n° 192, obs. Leveneur.* ♦ La clause de délégation de maîtrise d'ouvrage en matière de crédit-bail immobilier au profit du crédit-preneur, si elle est inefficace, prive d'effet la clause limitative de responsabilité et de transfert des risques de l'opération de construction au profit du crédit-bailleur ; ces clauses doivent dès lors être réputées non écrites et le contrat s'exécuter comme un crédit-bail ordinaire. • Civ. 3e, 13 sept. 2006, n° 04-20.729 P : *D. 2006. 2787, obs. Delpech ; RTD com. 2006. 898, obs. Legeais ; JCP E 2006, n° 41, p. 1722 ; RJDA 2006, n° 1260.*

22. Garantie du vendeur. Par la clause par laquelle le crédit-bailleur délègue au locataire tous ses droits et actions contre le constructeur ou le fournisseur concerné, le crédit-bailleur a transféré au locataire ses droits contre le fournisseur relatifs à la garantie des vices cachés, et l'assignation en résolution du contrat de vente du fournisseur, par le preneur, qui invoque, avec le bailleur, la clause en question, opère signification de la cession de créance de garantie. • Com. 4 juin 1996, n° 94-14.768 P : *D. 1996. 630, note Billiau ; JCP 1996. II. 22744, note Taillens-Dessalle.* ♦ Le vendeur ne peut pas invoquer ce contrat entre le crédit-preneur et le crédit-bailleur, auquel il n'a pas été partie, pour prétendre être dégagé envers l'acheteur de la garantie qu'il lui doit. • Com. 7 juin 1994 : *CCC 1994, n° 244, obs. Leveneur ; RJDA 1994, n° 244.* ♦ Le mandat d'ester en justice donné par un crédit-bailleur à un crédit-preneur ne peut conférer à l'action engagée par ce dernier à l'encontre du fabricant sur le fondement d'un manquement à l'obligation de délivrance et subsidiairement de la garantie des vices cachés, une nature contractuelle au sens de la Conv. de Bruxelles du 27 sept. 1968. • Civ. 1re, 17 janv. 2006, n° 02-12.745 P : *D. 2006. IR 322* .

23. Bailleur exonéré de garantie. BIBL. Harichaux-Ramu, *RTD com. 1978. 209.* – Boyer, *RJ com. 1980. 333 ; ibid. 1981. 41.* ♦ Le crédit-bailleur peut, par une stipulation expresse du contrat, s'exonérer de la garantie des vices cachés de l'art. 1721 C. civ., dès lors que le locataire a un recours direct contre le vendeur du bien avec lequel il a déterminé les caractéristiques de celui-ci. • Com. 30 oct. 1973, n° 72-11.232 P • 7 mai 1974, n° 73-10.310 P • Civ. 3e, 15 janv. 2003, n° 00-16.106 P : *RJDA 2003, n° 628.*

24. Vérifications du preneur. Le preneur en signant un certificat de réception qu'il sait inexact commet une faute l'obligeant à réparer le préjudice subi par la société de crédit-bail qui a, en conséquence, versé le prix du matériel au fournisseur tombé ultérieurement en cessation des paiements. • Civ. 1re, 5 nov. 1980 : *Gaz. Pal. 1981. 1. Pan. 86.* ♦ De même, le preneur qui a signé le bon attestant de la livraison du matériel loué, bien qu'il ne lui eût pas été livré, document valant contractuellement bon à payer pour le bailleur, qui a réglé le prix au fournisseur, ne peut se prévaloir de son erreur ou de sa négligence à l'encontre du crédit-bailleur, qui a exécuté son obligation. • Civ. 1re, 2 nov. 1994, n° 92-16.683 P.

25. Obligation du vendeur. En tant qu'intermédiaire professionnel et vendeur du matériel litigieux, le vendeur est tenu à l'égard de l'acquéreur d'une obligation d'information et de garantie sur la réalité de l'opération de financement dont il avait eu l'initiative. • Com. 26 oct. 1993, n° 91-14.594 P : *RTD com. 1994. 350, obs. Bouloc* .

26. Résiliation du crédit-bail. BIBL. Bey, *Gaz. Pal. 1992. 2. Doctr. 568.* – Virassamy, *JCP E 1992. II. 137* (clauses contractuelles aménageant l'après-contrat). ♦ La résolution du contrat de vente entraîne nécessairement la résiliation du contrat de crédit-bail, sous réserve de l'application de clauses ayant pour objet de régler les conséquences de cette résiliation. • Cass., ch. mixte, 23 nov. 1990, n° 86-19.396 P : *D. 1991. 121, note Larroumet ; JCP E 1991. II. 111, note Legeais* • Com. 22 mai 1991, n° 89-21.578 P. – Comp. : • Civ. 1re, 11 avr. 1995, n° 93-12.764 P : *D. 1995. IR 142 ; JCP E 1995. II. 754, note* Del *Sol.* ♦ ... Ces clauses elles-mêmes étant soumises à l'application éventuelle des dispositions de l'art. 1152, al. 2, C. civ. • Com. 21 mars 1995, n° 93-19.085 P : *D. 1995. IR 106.* ♦ La clause d'un contrat de crédit-bail qui n'a pour objet que de régler les conséquences de la résolution de la vente du matériel en mettant à la charge du crédit-preneur l'obligation de garantir les restitutions dont le vendeur était tenu envers le crédit-bailleur doit recevoir exécution. • Cass., ch. mixte, 3 mars 1989, n° 86-11.941 P : *D. 1990. 301, note Dupuis-Toubol* ; *JCP 1989. II. 21365.*

27. Paiement des loyers. Le juge doit rechercher si, jusqu'à la décision prononçant la résolution, le paiement des loyers par le crédit-preneur n'avait pas eu sa contrepartie dans l'exécution de ses propres obligations par le bailleur. • Com. 22 mai 1991, n° 89-21.578 P • 6 avr. 1993, n° 91-18.408 : *RJDA 1993, n° 928.* ♦ Le preneur obtenant la résiliation d'un bail ou d'un crédit-bail en conséquence de la résolution du contrat de vente est dispensé du paiement des loyers à compter du jour de sa demande judiciaire en résolution de la vente. • Com. 12 oct. 1993, n° 91-17.621 P : *D. 1993. IR 238* ; *JCP E 1994. II. 548, note Legeais.*

28. Contrats interdépendants. Sur la résiliation d'un contrat de crédit-bail, en cas de résiliation d'un contrat de publicité qui lui est interdépendant, et ce, malgré une stipulation contractuelle prévoyant le contraire, V. • Com. 15 févr. 2000, n° 97-19.793 P : *D. 2000. Somm. 364, obs. Delebecque* ; *JCP 2000. I. 272, n° 9, obs. Constantin* ; *Banque et Dr. 2000. 44, obs. Rontchevsky* ; *RJ com. 2000. 366, note Salvat.* ♦ Sur les effets, sur le contrat de crédit-bail, de la résiliation d'un contrat de coopération liant le vendeur au crédit-preneur, en cas d'indivisibilité conventionnelle entre ces contrats, V. • Com. 26 nov. 1996, n° 94-21.196 : *RJDA 1997, n° 300.* – V. déjà • Com. 4 avr. 1995, n° 93-20.029 P. – V. rapp. Leclercq, *RJDA 1995. 414.*

29. Clause d'apport preneur. La clause dite « d'apport preneur », par laquelle une certaine somme d'argent apportée par le crédit-preneur est affectée à la garantie de la parfaite exécution de toutes les obligations contractées par celui-ci et en particulier du paiement des loyers et indemnités de résiliation, n'empêche pas le crédit-bailleur de se prévaloir, en cas d'impayés, de l'application de la clause résolutoire. • Paris, 17 janv. 2002 : *RJDA 2002, n° 801.*

30. Assurance. Lorsque l'assureur s'est engagé à informer le bailleur au cas de défaut de paiement des primes, il peut être condamné à verser au crédit-bailleur le montant de l'indemnité d'assurance à titre de dommages et intérêts. • Paris, 6 mars 1984 : *Gaz. Pal. 1984. 1. 14, note Bey.*

31. Escroquerie. Constitue les manœuvres frauduleuses constitutives du délit d'escroquerie prévu et puni par l'art. 405 ancien C. pén. [nouv. C. pén., art. 313-1] la fourniture aux établissements de crédit et de crédit-bail, parties civiles, de fausses factures et de bons de livraisons fictifs faisant croire à l'existence de matériels inexistants ou d'équipements neufs qui sont, en vérité, d'occasion, par des individus qui n'ont eu pour but que de réapprovisionner leur trésorerie défaillante. • Paris, 1er déc. 1988 : *Gaz. Pal. 1990. 2. Somm. 599, obs. Bey.*

32. Enrichissement sans cause. Dès lors que le crédit-bailleur dispose d'une action contre les cautions du crédit-preneur, dont il n'est pas établi qu'elles étaient insolvables, bien que vainement mises en demeure, l'action *de in rem verso* dirigée contre ce dernier est irrecevable. • Com. 10 oct. 2000, n° 98-21.814 P : *D. 2000. AJ 409, obs. Avena-Robardet* ; *Dr. et patr. 2/2001. 111, obs. Chauvel.*

33. Réserve de propriété. L'établissement de crédit qui procède au refinancement en crédit-bail d'un bien acquis par le preneur n'est pas tenu de rechercher l'existence d'une clause de réserve de propriété. • Com. 19 nov. 2002, n° 01-03.484 : *RJDA 2003, n° 424.*

34. Imprévision. Le crédit-bailleur n'avait pas l'obligation de proposer un protocole modifiant le contrat initial de crédit-bail immobilier suite à l'apparition de difficultés du marché locatif de bureaux dont il ne peut être tenu pour responsable, V. • Civ. 3e, 10 déc. 2003, n° 02-14.990 : *AJDI 2004. 127.*

35. Bonne foi. Dès lors que ses constatations et appréciations font ressortir que le crédit-bailleur détenait, au moment de la conclusion du cautionnement, des informations sur la viabilité de l'opération entreprise par la société emprunteuse dirigée par les cautions, que, par suite de circonstances exceptionnelles, ces dernières ignoraient, une cour d'appel a pu en déduire que ce crédit-bailleur avait manqué à son obligation de contracter de bonne foi à l'égard de ces cautions. • Com. 20 sept. 2005, n° 03-19.732 P : *D. 2006. Pan. 2863, obs. Crocq* ; *RTD com. 2005. 822, obs. Legeais* ; *JCP E 2006, n° 4, p. 180, note Legeais* ; *LPA 23 janv. 2006, obs. Houtcieff* ; *RJDA 2006, n° 65.*

D. INDEMNITÉ DE RÉSILIATION

36. Évaluation. Est légalement justifiée la décision qui, se référant aux stipulations contractuelles, fixe la valeur des biens repris par le crédit-bailleur, à la suite de la résiliation du contrat aux torts du locataire, à celle du prix dégagé par leur revente. • Com. 26 avr. 1994, n° 91-14.940 : *RJDA 1994, n° 950.* ♦ Sur l'inclusion dans l'indemnité de résiliation de la TVA et des intérêts légaux, V. • Com. 11 mai 1993, n° 90-20.293 P • Civ. 1re, 7 mars 1995, n° 93-10.766 P.

37. Clauses pénales. Constitue une clause pénale, réductible en vertu de l'art. 1152, al. 2, C. civ. (nouvel art. 1231-5) en cas d'excès, la majoration des charges financières pesant sur le débiteur de loyers d'un matériel acquis en crédit-bail, résultant de l'anticipation de l'exigibilité des redevances dès la date de la résiliation éventuelle du contrat, stipulée à la fois comme un moyen de le contraindre à l'exécution et comme l'évaluation conventionnelle et forfaitaire du préjudice futur subi par le crédit-bailleur du fait de l'accroissement de ses frais ou risques à cause de l'interruption des paiements prévus. • Com. 5 juill. 1994, n° 92-19.106 P : *D. 1994. IR 214* • 18 avr. 2000, n° 96-22.319 : *RJDA 2000, n° 745.*

38. Prescription. L'action tendant à la résiliation du crédit-bail et à la restitution du bien étant distincte, par son objet, de l'action en paiement de sommes dues au titre du contrat résilié, la mise en œuvre de l'une n'a pas pour effet d'interrompre le cours de la prescription de l'autre. • Com. 4 juill. 2006, n° 04-16.578 P : *D. 2006. AJ 2459, obs. Delpech ; RTD com. 2007. 438, obs. Bouloc .* ♦ La prescription quinquennale de l'art. 2277 C. civ. est applicable à une action en paiement de loyers de crédit-bail, créances payables à termes périodiques, mais pas à l'action en recouvrement de l'indemnité contractuelle de résiliation. • Com. 24 nov. 1992, n° 90-19.204 P : *D. 1993. IR 12 ; JCP 1993. II. 22078, note Banial.*

E. DESTRUCTION ET DÉGRADATIONS

39. Destruction du matériel. Sur la validité de la clause d'un contrat de crédit-bail prévoyant, en cas de destruction du matériel même par force majeure, le paiement par le locataire des loyers restant à courir, déduction faite de l'indemnité d'assurance, V. • Civ. 1re, 17 nov. 1998, n° 96-17.341 P : *D. 2000. Somm. 46, obs. Pizzio ; CCC 1999, n° 21, obs. Leveneur ; LPA 6 oct. 1999, obs. Martin.*

40. Entretien de l'immeuble. Les art. L. 313-7 s. C. mon. fin. régissant le crédit-bail immobilier ne contenant pas de disposition spéciale sur les obligations du crédit-preneur quant à l'entretien de l'immeuble, il peut être fait application des dispositions de l'art. 1732 C. civ. pour des dégradations survenues dans les locaux pendant leur occupation par le crédit-preneur postérieurement à la résiliation du contrat. • Civ. 3e, 2 mars 2005, n° 02-15.298 P : *RTD com. 2005. 580, obs. Legeais ; JCP 2006. II. 10037, note Hardouin-Le Goff ; RJDA 2005, n° 879.*

F. INFLUENCE DU REDRESSEMENT OU DE LA LIQUIDATION JUDICIAIRES

41. Effets d'une procédure collective. **BIBL.** Marion-Fondanèche, *Gaz. Pal. 1982. 2. Doctr. 571.* – Tamboise, *Defrénois 1983. 148.* – Chaput, *Dr. sociétés 1997. Chron. 3.* ♦ Le fait que le crédit-bailleur d'un véhicule, qui n'était pas intervenu à l'acte de vente du fonds de commerce du preneur soumis à une procédure de liquidation judiciaire, n'avait pas été tenu au courant de la clause prévoyant la reprise du crédit-bail par le repreneur et ne l'avait pas acceptée, ait appréhendé ce véhicule dans les locaux du repreneur, où il se trouvait du seul fait de la cession, ne suffit pas à prouver la novation par changement de débiteur. • Com. 8 mars 1994, n° 92-11.854 P : *RJDA 1994, n° 771.*

V. aussi C. com., art. L. 624-10, L. 626-18, al. 4 et L. 642-7.

G. ENGAGEMENT DE RACHAT PAR LE FOURNISSEUR

42. Engagement de rachat. L'engagement, non prouvé, du vendeur de reprendre le matériel avant le terme du contrat ne peut avoir d'effet à l'égard du crédit-bailleur. • Paris, 15 déc. 1990 : *JCP E 1991. Pan. 368.* ♦ V. aussi • Com. 4 janv. 1995, n° 92-20.009 : *LPA 11 oct. 1995, note Calendini.*

43. Replacement du matériel. Le crédit-bailleur, en imposant au locataire défaillant l'obligation de restituer le matériel loué et de régler immédiatement une indemnité égale à la totalité des loyers qui auraient dû être versés jusqu'au terme du contrat, déduction faite du prix de revente ou de replacement du matériel, contracte implicitement mais nécessairement l'obligation d'œuvrer à cette revente ou à ce replacement au mieux des intérêts économiques des deux parties. • Paris, 9 oct. 1997 : *RJDA 1998, n° 96.*

Art. L. 313-8 En cas de cession de biens compris dans une opération de crédit-bail, et pendant la durée de l'opération, le cessionnaire est tenu aux mêmes obligations que le cédant qui en reste garant. – *[L. n° 66-455 du 2 juill. 1966, art. 1er-1.]*

BIBL. ▶ Bey, *RJDA 1992. 651.* – Harrichaux-Ramu, *RTD com. 1978. 209* (transfert des garanties). – Montuori et Cohen, *Banque 1979. 488* (transmission du crédit-bail immobilier).

Art. L. 313-9 Les dispositions des deuxième et troisième alinéas de l'article 3-1 du décret n° 53-960 du 30 septembre 1953 *[C. com., art. L. 145-4]* modifié et complété par la loi n° 65-356 du 12 mai 1965, ne sont pas applicables aux contrats de crédit-bail immobilier.

Ces contrats prévoient, à peine de nullité, les conditions dans lesquelles leur résiliation pourra, le cas échéant, intervenir à la demande du preneur. – *[L. n° 66-455 du 2 juill. 1966, art. 1er-2.]*

1. Exclusion du statut des baux commerciaux. **BIBL.** Hohl et Letellier, *JCP E 1999, n° 20, p. 852.* ♦ Par sa spécificité, la convention de crédit-bail, en ce qu'elle tend essentiellement à l'acquisition des murs, n'entre pas dans le champ d'application du Décr. du 30 sept. 1953. • Civ. 3e, 10 juin 1980, n° 78-11.032 P : *D. 1980. 566, note Guyon ; JCP 1981. II. 19655, note Bey ; RTD com. 1982. 249, obs. Pédamon* • 7 mai 1997, n° 95-15.444 P : *D. Affaires 1997. 723 ; CCC 1997, n° 144, obs. Leveneur.* ♦ Le contrat conclu entre le crédit-preneur et un sous-occupant titulaire du bail, par ailleurs commerçant inscrit au RCS et exploitant d'un fonds de commerce dans les lieux loués, étant un contrat distinct du contrat de crédit-bail obéissant à des règles qui lui sont propres, il faut en déduire que le contrat de location consenti par la société crédit-preneuse est un contrat de bail soumis au statut des baux commerciaux. • Civ. 3e, 10 déc. 2002, n° 01-15.062 P : *D. 2003. AJ 136, obs. Rouquet ; Loyers et copr. 2003, n° 36, obs. Brault ; JCP N 2003, n° 17, p. 653, note Garçon ; Rev. loyers 2003. 84, obs. Quément.*

2. Clause de résiliation impérative. BIBL. E. Cohen, *Gaz. Pal. 1996. 2. Doctr. 975.* – Cohen-Steiner, *JCP E 2001, n° 13, p. 661.* ♦ Viole l'art. 1er-2, al. 2 [C. mon. fin., art. L. 313-9, al. 2], la stipulation qui, sous le couvert d'une possibilité de résiliation anticipée à l'initiative du locataire, tend à l'exécution de toutes les clauses du contrat, supposé non résilié, dans le seul intérêt du crédit-bailleur, dès lors qu'elle prévoit que si le preneur use de la faculté qui lui est laissée, il sera redevable à son cocontractant d'une indemnité égale au cumul des loyers révisés restant à courir jusqu'au terme du bail. • Civ. 3e, 27 avr. 1988, n° 84-13.101 P : *JCP 1989. II. 21171, note Bey.* – V. aussi • Civ. 3e, 27 nov. 1996, n° 94-20.034 P : *JCP 1997. I. 4039, n° 9, obs. Virassamy.* ♦ N'est pas contraire aux dispositions de l'art. L. 313-9, al. 2, la clause de résiliation anticipée mettant à la charge du preneur la seule obligation de payer le capital restant dû représentant une somme sensiblement inférieure au cumul des loyers restant à courir jusqu'au terme du contrat puisqu'elle ne comprend pas les intérêts. • Civ. 3e, 27 juin 2001, n° 00-11.996 P : *AJDI 2002. 699, note Cohet-Cordet ; JCP E 2001, n° 39, p. 1505 ; Banque et Dr. 11-12/2001. 41, obs. Rontchevsky.*

3. Régime de la nullité. La nullité édictée par l'art. 1er-2, al. 2 [C. mon. fin., art. L. 313-9, al. 2], destinée à protéger les droits du crédit-preneur, est relative et relève des dispositions de l'art. 1304 C. civ. • Civ. 3e, 15 mai 1996, n° 94-14.987 P : *D. 1996. IR 153 ; Defrénois 1996. 1076, obs. Bénabent ; CCC 1996, n° 138, obs. Leveneur.* ♦ La nullité du contrat de crédit bail-immobilier édictée par l'art. 1er-2, al. 2, de la loi de 1966 [C. mon. fin., art. L. 313-9, al. 2], étant une nullité relative, l'associé de la société civile immobilière crédit-preneur qui n'est pas poursuivi sur le fondement du contrat de crédit-bail mais sur le fondement de l'obligation résultant de sa qualité d'associé, n'est pas recevable à remettre en cause le contrat de crédit-bail immobilier. • Civ. 3e, 28 mars 2001, n° 99-17.395 P : *Banque et Dr. 7-8/2001. 58, obs. Rontchevsky.*

4. Résiliation par le crédit-bailleur. L'art. L. 313-9, al. 2, C. mon. fin., qui vise à permettre la sortie anticipée du preneur, ne s'applique pas en cas de résiliation du contrat par le crédit-bailleur consécutive au défaut de paiement des loyers par le preneur. • Paris, 9 nov. 2001 : *RJDA 2002, n° 426.*

5. Indemnité de résiliation anticipée. L'indemnité de résiliation anticipée ne constitue pas une clause pénale. • Civ. 3e, 27 juin 2001, n° 00-11.996 P : *préc. note 2.* ♦ Comp., jugeant qu'en l'absence de contestation du débiteur, l'indemnité de résiliation fixée par la clause résolutoire d'un contrat de crédit-bail immobilier, qui constitue une clause pénale, est certaine, liquide et exigible dès que la résiliation du contrat est acquise. • Civ. 3e, 4 janv. 2006, n° 04-18.642 P : *D. 2006. AJ 228, obs. Lienhard ; JCP N 2006, n° 36, p. 1546, obs. Piedelièvre ; RJDA 2006, n° 826.* ♦ Même fixée de manière forfaitaire, l'indemnité de résiliation due en cas d'exercice du droit de résilier le contrat de manière anticipée conféré au crédit-preneur en application de l'art. L. 313-9, al. 2, C. mon. fin., ou à son liquidateur en application de l'art. L. 641-11-1, II, et III, 3°, C. com., dans sa rédaction issue de l'Ord. n° 2008-1345 du 18 déc. 2008, ne constitue pas une pénalité au sens des art. L. 341-1 et L. 341-6 [L. 343-5 et L. 343-6] C. consom., mais a pour objet de réparer le préjudice subi par le crédit-bailleur du fait de l'exercice par le crédit-preneur de sa faculté de résiliation anticipée du contrat. • Com. 11 avr. 2018, n° 16-24.143 P : *D. 2018. Actu. 844 ; AJ contrat 2018. 295, obs. de Ravel d'Esclapon ; JCP E 2018, n° 1246 ; LPA 25 juin 2018, note Lasserre Capdeville.*

6. Prescription. Le point de départ du délai de prescription de l'action en nullité prévue à l'art. 1er-2, al. 2, est la date de conclusion du contrat de crédit-bail. • Civ. 3e, 4 oct. 2000, n° 98-22.554 P : *D. 2000. AJ 402 ; Banque et Dr. 11-12/2000. 49, obs. Rontchevsky ; Dr. et patr. 2/2001. 109, obs. Chauvel.* ♦ Si la caution du crédit-preneur peut assigner les crédit-bailleurs en nullité du contrat de crédit-bail, l'action introduite plus de cinq ans après la conclusion du contrat est prescrite. • Civ. 3e, 4 avr. 2001, n° 99-18.301 P : *Banque et Dr. 7-8/2001. 58, obs. Rontchevsky.*

7. Exception de nullité. En ce sens que l'exception de nullité du contrat de crédit-bail, au motif que la clause de résiliation anticipée n'assurerait pas une faculté effective de résiliation, ne peut plus être présentée après l'expiration du délai de prescription lorsque le contrat a déjà été exécuté, et jugeant que le délai de prescription s'applique aussi aux cautions, V. • Civ. 3e, 30 janv. 2002, n° 00-18.682 P : *D. 2002. AJ 802, obs. Avena-Robardet ; JCP 2003. II. 10089, note*

Padé ; *Banque et Dr. 3-4/2002. 51, obs. Rontchevsky ; CCC 2002, n° 89, obs. Leveneur.*

8. Pouvoirs du juge des référés. Une assignation invoquant la nullité du contrat de crédit-bail au motif que la clause sur la résiliation anticipée à l'initiative du preneur serait nulle ne met pas en évidence une contestation sérieuse pouvant conduire le juge des référés à considérer que la demande en constatation de l'acquisition de la clause résolutoire pour non-paiement des loyers excède ses pouvoirs. • Civ. 3e, 13 juin 2001, n° 99-19.580 : *RJDA 2001, n° 1176.*

9. Office du juge. Jugeant que la clause résolutoire est un mécanisme purement contractuel organisant la résiliation automatique des contrats en cas de manquement de l'une des parties à ses obligations, que sa mise en œuvre est régie par les seules stipulations du contrat, et qu'à défaut en ce domaine du crédit-bail d'un texte particulier lui en donnant le pouvoir, le juge ne saurait s'immiscer dans l'exécution du contrat en modifiant les effets qu'ont voulu lui donner les parties pour notamment suspendre l'application de la clause litigieuse : • Paris, 21 janv. 2004 : *AJDI 2004. 297.*

Art. L. 313-10 **Les opérations mentionnées à l'article L. 313-7 sont soumises à une publicité dont les modalités sont fixées par décret. Ce décret précise les conditions dans lesquelles le défaut de publicité entraîne l'inopposabilité aux tiers.** — *[L. n° 66-455 du 2 juill. 1966, art. 1er-3.] — V. art. R. 313-3 s.*

BIBL. ► ADELLE et BERNARD, *Dr. et patr. 6/1995. 54.* – R. MARTIN, *JCP 1998. I. 121* (location et possession : du bien loué et revendu).

1. Publicité impérative. **BIBL.** Bey, *Gaz. Pal. 1987. 2. Doctr. 650 ; JCP E 1973. II. 10869.* – La Haye, *Gaz. Pal. 1987. 1. Doctr. 7.* ♦ Le caractère occasionnel d'une opération de crédit-bail n'exclut pas la publicité, qui est obligatoire. • Com. 15 déc. 1975, n° 73-14.857 P : *D. 1976. 407, note Lucas de Leyssac ; ibid. 678, note Caporale.*

2. Publicité immobilière. **BIBL.** Dagot, *JCP N 1985. Prat. 285.*

3. Publicité comptable. **BIBL.** Gavalda et Crémieux-Israël, *Gaz. Pal. 1987. 2. Doctr. 650.* – Delvaille, *RF compt. 1987, n° 185.*

4. Nationalité des parties. L'obligation de publicité ne s'applique pas à un contrat de crédit-bail conclu entre deux sociétés étrangères, quand bien même le client aurait donné le bien en sous-location à une société française. • Com. 11 mai 1982, n° 80-13.025 P : *D. 1983. 271, note Witz ; RTD com. 1983. 273, obs. Pédamon ; JCP 1983. II. 20074, note Bey.*

5. Résiliation d'un crédit-bail immobilier. Pour devenir opposable aux tiers, la résiliation d'un contrat de crédit-bail immobilier n'a pas à être soumise à la formalité préalable de la publicité foncière du Décr. du 4 janv. 1955, qui n'est exigée que pour les actes portant bail d'une durée de plus de douze années, s'il a une durée inférieure. • Rennes, 10 juill. 1986 : *JCP 1987. II. 20784, note Bey.*

6. Absence de publicité. V. • Civ. 2e, 15 mars 1989, n° 87-17.287 P : *Gaz. Pal. 1990. 2. Somm. 352, obs. Bey.*

7. Redressement et liquidation judiciaires. **BIBL.** Le Corre-Broly, *JCP E 1997. I. 621.* – Cordier, *RJDA 1999, p. 939.* – V. aussi, note 41 ss. art. L. 313-7. ♦ Le droit de propriété du crédit-bailleur sur le bien donné en location n'est opposable aux créanciers du preneur, à défaut des formalités de publicité, que si le crédit-bailleur établit qu'ils en avaient connaissance antérieurement à l'ouverture de la procédure collective. • Com. 12 avr. 1988, n° 86-16.275 P : *Gaz. Pal. 1988. 1. 155* • 17 mai 1988, n° 87-12.303 : *JCP 1988. II. 21117, note Bey.* ♦ Jugeant que le crédit-bailleur ne doit pas se contenter de démontrer que le représentant des créanciers avait connaissance du contrat, mais qu'il doit établir cette connaissance chez chacun des créanciers avant l'ouverture de la procédure collective, V. • Com. 29 avr. 1997, n° 95-15.099 P : *JCP 1997. IV. 1268.* ♦ Considérant que le droit de propriété du crédit-bailleur n'est opposable aux créanciers du locataire mis en redressement judiciaire que si les contrats de crédit-bail ont été publiés avant le jugement d'ouverture de la procédure collective, V. • Com. 11 mai 1999, n° 96-22.763 P : *D. 2000. Somm. 95, obs. Honorat ; JCP E 1999, n° 27-28, p. 1173, obs. Crocq ; JCP 1999. I. 177, n° 16, obs. Cabrillac ; LPA 14 sept. 1999, note Courtier.* ♦ V. aussi C. com., art. L. 624-10. ♦ Sur la qualité pour agir du représentant des créanciers, V. note 5 ss. art. L. 622-20 C. com.

Art. L. 313-11 *(Abrogé par Ord. n° 2021-1192 du 15 sept. 2021, art. 31, à compter d'une date qui sera fixée par décret et qui ne pourra être postérieure au 1er janv. 2023)* ***« Pour les opérations de crédit-bail en matière mobilière, les inscriptions prises en vertu de l'article L. 313-10 se prescrivent par cinq ans, sauf renouvellement. »*** — *[L. n° 66-455 du 2 juill. 1966, art. 1er-4.]*

SOUS-SECTION 2 *Crédits aux entreprises*

§ 1er *Crédit d'exploitation*

Art. L. 313-12 **Tout concours à durée indéterminée, autre qu'occasionnel, qu'un établissement de crédit** *(Ord. n° 2013-544 du 27 juin 2013, art. 3, en vigueur le 1er janv. 2014)* **« ou une société de financement » consent à une entreprise, ne peut être réduit ou interrompu que sur notification écrite et à l'expiration d'un délai de préavis fixé lors de l'octroi du concours.** *(L. n° 2003-721 du 1er août 2003, art. 24)* **« Ce délai ne peut, sous peine de nullité de la rupture du concours, être inférieur à** *(L. n° 2009-1255 du 19 oct. 2009, art. 1er)* **« soixante jours. Dans le respect des dispositions légales applicables, l'établissement de crédit** *(Ord. n° 2013-544 du 27 juin 2013, art. 3, en vigueur le 1er janv. 2014)* **« ou la société de financement » fournit, sur demande de l'entreprise concernée, les raisons de cette réduction ou interruption, qui ne peuvent être demandées par un tiers, ni lui être communiquées. » L'établissement de crédit** *(Ord. n° 2013-544 du 27 juin 2013, art. 3, en vigueur le 1er janv. 2014)* **« ou la société de financement » ne peut être tenu pour responsable des préjudices financiers éventuellement subis par d'autres créanciers du fait du maintien de son engagement durant ce délai. »** – *V. art. D. 313-14-1.*

L'établissement de crédit *(Ord. n° 2013-544 du 27 juin 2013, art. 3, en vigueur le 1er janv. 2014)* **« ou la société de financement » n'est pas tenu de respecter un délai de préavis, que l'ouverture de crédit soit à durée indéterminée ou déterminée, en cas de comportement gravement répréhensible du bénéficiaire du crédit ou au cas où la situation de ce dernier s'avérerait irrémédiablement compromise.**

Le non-respect de ces dispositions peut entraîner la responsabilité pécuniaire de l'établissement de crédit *(Ord. n° 2013-544 du 27 juin 2013, art. 3, en vigueur le 1er janv. 2014)* **« ou de la société de financement ».** – *[L. n° 84-46 du 24 janv. 1984, art. 60.]*

Sur l'obligation d'information de la caution, V. C. mon. fin., art. L. 313-22.

Sur la responsabilité des fournisseurs de crédit, V. C. com., art. L. 650-1.

RÉP. COM. v° *Responsabilité du banquier dispensateur de crédit de l'entreprise,* par PASQUALINI et MARAIN.

DALLOZ ACTION *Obligations et responsabilités du banquier,* par ROUTIER.

BIBL. ▶ AZDDOU, *LPA 1er févr. 2010* (l'emprunteur averti en matière bancaire). – BOISMAIN, *JCP 2010. 301* (l'obligation de mise en garde du banquier dispensateur de crédit). – LEGEAIS, *RDBF 2010. Étude 4* (responsabilité du banquier en matière de crédit). – BAZIN, *Banque et Dr. 3-4/2010. 23* (retour sur le devoir de mise en garde du prêteur). – GUERCHOUN, *RLDC juin 2010. 25* (le devoir de mise en garde de la caution par le banquier dispensateur de crédit). – FAVARIO, *RDBF 2010. Étude 12* (contours jurisprudentiels du devoir de mise en garde du banquier à l'égard de l'emprunteur non averti). – ALBARIAN, *LPA 30 déc. 2010* (droit de rupture unilatérale des contrats bancaires pour cause de perte de confiance : exemple de l'ouverture de crédit). – LAMANDA, *Mél. Tricot, Dalloz/Litec, 2011, p. 21* (responsabilité du banquier dans la délivrance du crédit). – MARTY, *JCP E 2011, n° 1250* (les clauses d'événements défavorables et de déchéance du terme dans les contrats de financement). – GOURIO, *Dr. et patr. 11/2011. 55* (le devoir de mise en garde du banquier menacé d'éviction par le devoir d'abstention). – BARBIER, *RDBF 2013. Dossier 49* (du devoir de ne pas contracter au devoir de contracter du banquier). – ATTARD, *RTD com. 2013. 639* (exécution de son devoir de conseil par le banquier).

▶ Loi n° 2005-845 du 26 juill. 2005 : LEGEAIS, *JCP E 2005, n° 42, p. 1747* (les concours consentis à une entreprise en difficulté). – BONHOMME, *Mél. Bouloc, Dalloz, 2006, p. 59* (place des établissements de crédit dans les nouvelles procédures collectives). – STOUFFLET et MATHEY, *RDBF janv.-févr. 2006, p. 54* (dispositions applicables aux concours financiers). – GEROSA, *LPA 17 févr. 2006* (nouveau rôle pour le banquier face aux entreprises en difficulté). – DORLÉAC, *LPA 22 sept. 2006* (le banquier et la nouvelle loi de sauvegarde). – VIDAL, *RDBF nov.-déc. 2006. 87* (responsabilité civile du banquier dans la faillite de son client). – TURCZYNSKI, *LPA 20 mars 2007* (le soutien abusif). – LAISNEY, *RLDA avr. 2010. 60* (nouvelles incertitudes sur la responsabilité du banquier pour soutien abusif). ▶ Pour une Bibl. complète, V. au-dessous de l'art. L. 650-1 C. com.

I. RUPTURE DES CONCOURS BANCAIRES ACCORDÉS AUX ENTREPRISES

A. CHAMP D'APPLICATION

1. Notion d'entreprise. Les dispositions de l'art. L. 313-12 ne concernent que les concours à durée indéterminée consentis à une entreprise et non à des particuliers. • Paris, 5 juin 2008 : *JCP E 2009, n° 24, p. 13, obs. Routier.* ♦ Pour une application du texte à une entreprise artisanale, V. • Com. 10 juin 1997, n° 95-14.966 P : *D. Affaires 1997. 896 ; RDBB 1997. 218, obs. Crédot et Gérard ; RTD com. 1997. 657, obs. Cabrillac.*

2. Concours bancaires : insuffisance d'un simple accord de principe. Dès lors qu'une banque n'avait donné à une SCI, qui sollicitait son concours, qu'un accord de principe l'obligeant seulement à poursuivre de bonne foi les négociations entreprises avec celle-ci, ce dont il se déduisait que les conditions définitives de l'octroi de son concours restaient à préciser, n'est pas abusif le refus d'accorder le prêt dès lors que la SCI n'a pas respecté les obligations convenues. • Com. 2 juill. 2002, n° 00-13.459 : *RJDA 2003, n° 52 ; RTD civ. 2003. 76, obs. Mestre et Fages.* ♦ Pour une rupture de pourparlers préalables à une ouverture de crédit, V. • Com. 8 nov. 2005, n° 04-12.322 : *JCP E 2006, n° 22, p. 963, obs. Dumoulin ; RDBF 2006, n° 7, obs. Crédot et Gérard ; RJDA 2006, n° 490.*

3. Découvert autorisé. La permanence des soldes négatifs d'un compte courant qui fonctionne constamment en position débitrice montre l'existence d'un découvert autorisé par la banque à hauteur du solde moyen. • Paris, 31 janv. 1991 : *D. 1992. 298, note Tridi.* ♦ V. aussi, déduisant l'existence d'un découvert important habituellement consenti de la caution donnée par le président de la société à la banque. • Com. 2 juin 1992, n° 90-17.667 P. ♦ Comp., déduisant de la brève durée d'un découvert (deux mois) son caractère de tolérance exceptionnelle : • Com. 30 juin 1992, n° 90-18.639 P. ♦ Un banquier, qui a mis fin à l'autorisation de découvert octroyé à son client, n'a pas consenti un nouveau découvert en acceptant un plan d'apurement de la dette proposé par le débiteur, lequel peut être dénoncé sans que l'art. L. 313-12 ait vocation à s'appliquer : • Com. 18 juin 2002, n° 00-11.943 : *Banque et Dr. 11-12/2002. 54, obs. Bonneau ; RJDA 2003, n° 414.* ♦ Rejetant la responsabilité de la banque, la preuve n'étant pas rapportée d'une tolérance à concurrence du montant allégué, le concours octroyé devant s'analyser comme un concours occasionnel : • Com. 19 juin 2007, n° 06-11.065 : *JCP E 2007, n° 46, p. 18, obs. Dumoulin ; RDBF 2007, n° 212, obs. Crédot et Samin ; RJDA 2007, n° 1140.*

4. Montant du découvert autorisé. Pour déterminer le montant du découvert tacitement consenti, les juges ne sont pas tenus d'adopter la méthode dite « du plus fort découvert ». • Com. 16 janv. 1990, n° 88-14.883 P : *Banque 1990. 538, note Rives-Lange.* ♦ En présence de dépassements seulement ponctuels, le recours à une telle méthode est exclu, • Com. 4 mars 1997, n° 95-10.507 P : *D. Affaires 1997. 473 ; RDBB 1997. 116, obs. Crédot et Gérard ; Rev. huiss. 1998. 669, note Courtier.* ♦ Dès lors que la banque a toléré avec continuité que le montant du découvert consenti à son client fût constamment supérieur au montant initialement déterminé par écrit, elle ne pouvait rompre brutalement ce crédit à une époque où le montant utilisé était en régression par rapport à ce qu'elle avait antérieurement accordé. • Com. 23 oct. 2001, n° 99-18.441 : *RJDA 2002, n° 292.* ♦ Comp., en ce sens que ne constitue pas une rupture abusive de crédit le refus de paiement d'un créancier qui, s'il avait eu lieu, aurait généré un découvert supérieur au montant du découvert moyen autorisé par la banque, les dépassements ponctuels dont a pu bénéficier le client dans le passé, qui ne constituaient que des concours occasionnels laissés à la discrétion de la banque, ne pouvant être pris en compte. • Com. 17 juill. 2001, n° 98-22.841 : *RJDA 2002, n° 78.* ♦ De la même façon, viole l'art. L. 313-12, la cour d'appel qui, pour retenir la responsabilité de la banque à la suite du rejet d'un chèque pour défaut de provision a pris en compte un découvert moyen tacitement autorisé et tenu compte d'un solde débiteur limité compte tenu d'un versement ultérieur, se fondant ainsi sur une remise postérieure à la date de présentation du chèque pour apprécier l'existence de la provision. • Com. 12 mai 2004, n° 01-14.113 : *cité note 6 ss. art. L. 131-4.* ♦ Une banque, qui est libre de ne pas laisser s'aggraver le déficit du compte au-delà du montant autorisé, n'a, en rejetant les ordres de virement litigieux, commis aucune faute. • Com. 11 juill. 2006, n° 04-18.810 P : *RTD com. 2006. 889, obs. Legeais ; JCP E 2006, n° 38, p. 1569 ; RJDA 2006, n° 1256.*

5. Opérations de bourse. Sur la distinction entre autorisation de découvert et opération d'achat sur le marché à règlement mensuel, V. • Paris, 11 mars 2003 : *Banque et Dr. 9-10/2003. 51, obs. de Vauplane et Daigre.* ♦ En laissant son client acheter des titres alors que le solde de son compte titres s'est constamment dégradé, la banque a consenti un concours dont la rupture brutale sans information est constitutive d'une faute. • Paris, 9 déc. 2003 : *Banque et Dr. 5-6/2004. 28, obs. de Vauplane et Daigre.*

6. Ligne de crédit. Une ligne de crédit documentaire import constitue une forme de crédit ou de concours justiciable de l'art. L. 313-12. • Lyon, 13 janv. 2005 : *JCP E 2005, n° 47, p. 1976, obs. Stoufflet.*

7. Non-renouvellement des formules de chèques. L'absence de renouvellement des for-

mules de chèques n'est pas constitutive d'une rupture de crédit. • Com. 6 mai 1997, n° 94-19.017 P : *D. Affaires 1997. 760 ; JCP E 1997. II. 996, note Legeais ; RTD com. 1997. 488, obs. Cabrillac*.

8. Non-renouvellement d'un crédit à durée déterminée. Une cour d'appel a pu considérer qu'une banque n'a pas commis de faute en ne renouvelant pas une nouvelle fois ses crédits après avoir constaté que cette banque avait refusé de les maintenir après l'expiration du terme pour lequel ils avaient été consentis et relevé que la situation du débiteur était très obérée, qu'il n'était pas parvenu à trouver les concours d'autres entreprises et que la poursuite du soutien bancaire aurait pu être tenue pour abusive. • Com. 3 déc. 1991, n° 90-16.905 P : *Banque 1992. 842, obs. Rives-Lange*. ♦ Un crédit consenti pour une durée déterminée prend fin sans préavis au terme convenu, ce qui est le cas de l'ouverture de crédit consentie pour les besoins de la poursuite de l'exploitation de l'entreprise durant la période d'observation et qui a trouvé nécessairement son terme à la date du jugement qui y a mis fin. • Com. 3 mai 2006, n° 04-17.075 : *RJDA 2006, n° 1158*. ♦ Il appartient au juge de rechercher si les relations ayant existé entre la banque et son client étaient de nature à entraîner la croyance de celui-ci dans la reconduction du crédit : • Com. 21 sept. 2004, n° 03-11.528 : *RDBF 2004, n° 229, obs. Crédot et Gérard ; Banque et Dr. 1-2/2006. 67, obs. Guillot*. ♦ La décision d'un établissement de crédit de ne pas renouveler un concours revêt un caractère discrétionnaire, de sorte que le banquier n'est responsable du fait d'une telle décision de refus que s'il est tenu par un engagement ; le renouvellement de concours bancaires à durée déterminée succédant à un concours à durée indéterminée, auquel il a été mis fin avec préavis, n'étant pas, à lui seul, de nature à caractériser l'existence d'une promesse de reconduction du crédit au-delà du terme. • Com. 25 oct. 2017, n° 16-16.839 P : *cité note 13*.

B. RÉDUCTION OU INTERRUPTION DES CONCOURS BANCAIRES MOYENNANT UN PRÉAVIS SUFFISANT

9. Notification écrite. Sur la nécessité d'une notification écrite, V. • Com. 22 mai 2002, n° 00-16-571 : *Banque et Dr. 11-12/2002. 54, obs. Bonneau ; RJDA 2002, n° 1178*. ♦ De simples lettres de mise en garde au client contre les insuffisances de sa structure financière ne constituent pas une notification en des termes non équivoques de la décision de ne plus accorder de crédit. • Com. 18 mai 1993, n° 91-17.675 P : *Rev. huiss. 1993. 1415, note Courtier ; Banque 1993. 100, obs. Guillot*. ♦ V. aussi note 20.

10. Dispense de motivation de la rupture (jurispr. antérieure à la L. n° 2009-1255 du 19 oct. 2009). BIBL. Mathey, *JCP E 2010, n° 1550* (vers une remise en cause de la liberté du banquier en matière de crédit ?). ♦ L'art. L. 313-12 n'exige pas que le banquier invoque, dans la lettre de notification de la rupture, le motif de sa décision. • Com. 22 févr. 2005, n° 02-12.199 : *JCP E 2006, n° 22, p. 965, obs. Salgueiro ; RJDA 2005, n° 744*. ♦ Si l'art. L. 313-12 n'exige pas que le banquier invoque, dans sa lettre de notification de la rupture, le motif de sa décision, force est de constater que l'établissement de crédit ne démontre pas l'existence d'un comportement gravement répréhensible de son client ou sa situation irrémédiablement compromise à la date de la rupture. • Paris, 3 juill. 2008 : *Gaz. Pal. 2009. 505, note Routier*.

11. Aménagements conventionnels de la rupture. Sur la possibilité d'aménager par une convention écrite les modalités de la dénonciation d'un découvert, V. • Com. 10 juin 1997, n° 95-14.966 P : *préc. note 1*. ♦ Pour une rupture fautive, les causes autorisant la banque à mettre fin aux concours bancaires limitativement énoncés à l'acte de prêt ne visant pas le motif invoqué : • Com. 13 mars 2007, n° 06-13.325 P : *D. 2007. AJ 1020, obs. Lienhard ; JCP E 2008, n° 37, p. 28, note Paclot et Roussel Galle*.

12. Effet de la notification. La cessation de l'ouverture de crédit ne pouvant prendre effet que du jour de la réception par le crédité de la notification de la rupture, commet une faute la banque qui n'honore pas les chèques émis avant la date de réception de l'avis de rupture, dès lors que leur paiement n'entraîne pas un dépassement du montant du crédit promis. • Paris, 24 juin 1992 : *Banque 1992. 1057, obs. Rives-Lange*. ♦ Sur le respect par la banque de son obligation de notification lors de l'interruption des concours bancaires ayant entraîné la résiliation de la convention initiale sans mise en demeure préalable d'en exécuter les obligations, V. • Com. 8 oct. 2002, n° 01-01.200 P : *LPA 10 janv. 2003, obs. E. C. ; RJDA 2003, n° 105*.

13. Durée et respect du préavis. Sur le délai minimal de 60 jours de préavis, V. art. D. 313-14-1. ♦ Les dispositions de l'art. L. 442-6-I-5° C. com. relatives à la rupture brutale d'une relation commerciale établie ne s'appliquent pas à la rupture ou au non-renouvellement de crédits consentis par un établissement de crédit à une entreprise, opérations exclusivement régies par les dispositions du code monétaire et financier. • Com. 25 oct. 2017, n° 16-16.839 P : *D. 2017. Pan. 2449, obs. Riéra ; AJ contrat 2017. 530, obs. Lasserre Capdeville ; RTD com. 2017. 972, obs. Legeais ; JCP E 2017, n° 1665, note Dissaux ; RJDA 2018, n° 166 ; RLC févr. 2018. 32, note Beaumont et Maugère*. ♦ Si, en raison de l'existence de la disposition particulière de l'art. L. 313-12 C. mon. fin. régissant la matière, l'art. L. 442-6-I-5° C. com. ne s'applique pas en cas de rupture de concours financiers à durée indéterminée, cette règle ne permet pas, par elle-même, d'écarter l'application de cette dernière disposition en cas de rupture brutale de concours à durée déterminée, nonobstant le fait qu'une banque ne soit jamais tenue de consentir des crédits. • T. com. Paris, 30 oct. 2014 : *RDBF 2015, n° 2, obs. Crédot et Samin.* ♦ Sauf stipulation contractuelle, une ouverture de crédit consentie à une entreprise pour une durée déterminée ne peut être réduite ou interrompue avant son terme que dans les cas prévus par l'art. L. 313-12, al. 2 ; si c'est à tort qu'après avoir constaté que la banque ne rapportait pas la preuve du caractère irrémédiablement compromis de la situation de l'EURL, la cour d'appel en a déduit qu'elle était tenue de respecter le délai de préavis de soixante jours fixé par l'al. 1er de ce texte, qui ne concerne que les concours à durée indéterminée, l'arrêt n'encourt pas pour autant la censure dès lors que n'était invoquée aucune autre cause de rupture anticipée. • Com. 24 mars 2015, n° 13-16.076 P : *D. 2015. Actu. 797, obs. Avena-Robardet ; AJCA 2015. 273, obs. Albiges ; RTD com. 2015. 338, obs. Legeais ; RJDA 2015, n° 517.*

14. *Exclusion du préavis par accord de volonté des parties.* Lorsque la décision de réduire le découvert n'est pas unilatérale mais résulte d'un accord de volonté des parties (accord de désengagement) la nécessité d'un préavis est exclue. • Com. 14 janv. 1992, n° 90-10.966 P : *Rev. dr. bancaire 1992. 72, obs. Crédot et Gérard.* ♦ V. aussi note 11.

C. COMPORTEMENT GRAVEMENT RÉPRÉHENSIBLE OU SITUATION IRRÉMÉDIABLEMENT COMPROMISE

15. *Dispense de préavis.* L'éventuel manquement de l'établissement de crédit à son obligation de vérifier que le déposant était le bénéficiaire des chèques ne le prive pas de la faculté, qu'il tient de l'art. L. 313-12, de rompre sans préavis les concours accordés en cas de comportement gravement répréhensible du bénéficiaire du crédit ou au cas où la situation de ce dernier s'avérerait irrémédiablement compromise. • Com. 11 sept. 2019, n° 17-26.594 P : *D. 2019. Actu. 1756 ; JCP E 2019, n° 1510, note Rodriguez ; RJDA 2020, n° 37.*

16. *Comportement gravement répréhensible établi.* Constituent des comportements gravement répréhensibles : la cession, dans le cadre de la loi Dailly du 2 janv. 1981, de créances manifestement éteintes. • Aix-en-Provence, 14 déc. 1990 : *Banque 1991. 657, obs. Rives-Lange.* ♦ ... La présentation à la banque par un dirigeant, caution de la société emprunteuse, d'une fausse attestation notariée certifiant sa solvabilité. • Poitiers, 5 déc. 1990 : *Dr. sociétés 1992, n° 112, obs. Chaput.* ♦ ... Le fonctionnement du compte sans versements au crédit, l'aggravation permanente de la situation et la carence de la société à fournir les documents et la sûreté demandés. • Com. 2 juin 1992, n° 90-18.313 P : *Defrénois 1992. 1577, obs. Honorat.* ♦ ... Des dépassements importants et répétés des autorisations de trésorerie consenties nonobstant les rappels et mises en garde répétés du banquier. • Com. 2 nov. 1994, n° 92-15.920 : *RJDA 1995, n° 310.* ♦ ... Le refus de remédier aux dysfonctionnements dans la mobilisation des créances « Dailly », de se conformer aux modalités de suivi de ces créances fixées par les parties et de fournir les documents comptables indispensables à l'examen des concours à court terme réclamés par la banque. • Com. 26 nov. 2002, n° 00-20.400 : *RJDA 2003, n° 422.* ♦ ... L'ouverture auprès d'un établissement bancaire tiers d'un compte destiné à recevoir la dotation mensuelle que le client s'était engagé à céder à la banque en contrepartie de divers concours. • Com. 5 nov. 2002, n° 00-17.261 : *eod. loc.* ♦ ... La participation à un circuit d'effets de complaisance. • Com. 14 févr. 2006, n° 04-16.464 : *RJDA 2006, n° 689.* ♦ ... La production de compte de résultats non sincère. • Com. 20 juin 2006, n° 04-16.238 P : *cité note ss. art. L. 123-13 C. com.*

17. *Comportement gravement répréhensible non établi.* Ne constituent pas le comportement gravement répréhensible prévu à l'art. 60, al. 2 [C. mon. fin., art. L. 313-12, al. 2] : ... la mise en examen de l'emprunteur pour faux et escroquerie, une mise en examen ne suffisant pas, en raison de la présomption d'innocence, à établir sa culpabilité. • Rouen, 6 mai 1999 : *JCP E 2000, n° 26, p. 1014.* ♦ ... La perte de confiance des banquiers, qu'elle soit fondée ou pas. • Même arrêt. ♦ ... Le comportement d'une société, qui n'avait pas laissé s'aggraver la situation de son compte et avait commencé à apurer sa dette de façon significative. • Com. 8 mars 2005, n° 03-17.091 : *RJDA 2005, n° 875.*

18. *Situation irrémédiablement compromise établie.* L'impossibilité de l'entreprise de faire face à la poursuite de son exploitation caractérise suffisamment la situation irrémédiablement compromise visée par l'art. 60, al. 2 [C. mon. fin., art. L. 313-12, al. 2]. • Douai, 17 janv. 1991 : *Banque 1991. 657, obs. Rives-Lange.* ♦ La légitimité d'une brusque rupture d'une ouverture de crédit peut résulter des termes de la requête tendant à la désignation d'un mandataire *ad hoc* pour aider au redressement de l'entreprise, ainsi que de la situation irrémédiablement compromise d'autres sociétés du groupe. • Paris, 24 juin 1992 : *préc. note 12.* – V. aussi • Com. 28 mars 1995, n° 92-20.323 : *Banque 1995. 91, obs. Guillot.* ♦ Dès lors que la situation du bénéficiaire de l'autorisation de découvert en compte courant était irrémédiablement compromise, il importe peu que le montant du solde débiteur de ce compte ait été, au moment de la dénonciation par la banque, inférieur à celui du découvert autorisé. • Com. 8 juill. 1997, n° 95-13.371 : *D. Affaires 1997. 1077.*

19. Situation irrémédiablement compromise et procédure collective. L'adoption d'un plan de continuation, assorti d'un report de l'exigibilité des créances, et de diverses mesures de restructuration, est impropre à exclure que l'entreprise ait été en situation irrémédiablement compromise, avant l'ouverture de la procédure de redressement judiciaire, lors de la rupture de ses crédits par la banque. • Com. 19 oct. 1999, n° 96-16.377 P : *D. 1999. AJ 74, obs. J. F. ; RTD com. 2000. 155. obs. Cabrillac .* ♦ Sur la non-assimilation de l'état de cessation des paiements aux circonstances légalement prévues comme justificatives de la rupture sans préavis, V. • Com. 25 mars 2003, n° 00-11.674 : *RJDA 2003, n° 994.* ♦ En écartant l'existence d'une situation irrémédiablement compromise, un arrêt antérieur n'a pas statué sur l'état de cessation des paiements. • Com. 31 mars 2004, n° 02-16.437 P : *D. 2004. AJ 1231, obs. Avena-Robardet ; RTD com. 2004. 582, obs. Legeais ; JCP E 2004, n° 23, p. 887 ; RJDA 2004, n° 1347.*

20. Notification obligatoire de la rupture. Si, en raison de la situation irrémédiablement compromise d'une société cliente, la banque est dispensée de respecter un délai de préavis, elle n'en est pas moins tenue de lui notifier par écrit l'interruption de son concours. • Com. 19 févr. 1991, n° 89-14.825 : *D. 1992. Somm. 27, obs. Vasseur ; RTD com. 1991. 421, obs. Cabrillac et Teyssié .* – V. aussi • Com. 18 mars 2014, n° 12-29.583 P : *D. 2014. Actu. 772 ; RJDA 2014, n° 859 ; Gaz. Pal. 2014. 1623, note Lasserre Capdeville.* ♦ La banque doit mettre en demeure le débiteur de combler le déficit avant de sanctionner le dépassement du découvert par la clause résolutoire prévue dans la convention, dès lors que cette dernière ne comportait aucune dispense de mise en demeure. • Paris, 20 déc. 2007 : *RJDA 2008, n° 701.*

21. Situation irrémédiablement compromise non établie. Si des informations précises concernant des dangers croissants justifiaient des inquiétudes de la part de la banque, celle-ci ne pouvait pour autant considérer la situation de sa cliente comme étant prochainement et irrémédiablement compromise. • Com. 2 nov. 1994, n° 92-17.190 : *RJDA 1995, n° 311.* ♦ Ayant relevé l'importance des capitaux propres et des réserves, l'existence d'apports en compte courant faits par le dirigeant, le fait que ce dernier ait pris diverses mesures, notamment de délocalisation de la fabrication et de diversification de la production, ainsi que l'absence d'inscription de privilège du Trésor et de l'Urssaf, les juges ont pu retenir que la situation de l'entreprise n'était pas irrémédiablement compromise au moment de la rupture de crédit. • Com. 17 juill. 2001, n° 98-21.545 : *RJDA 2002, n° 79.*

D. SANCTION DE LA RUPTURE ABUSIVE DES CONCOURS BANCAIRES

22. Intervention du juge des référés. Le juge des référés, par application de l'art. 873 NCPC [renommé C. pr. civ.], peut, devant le péril imminent que provoque la brusque cessation, par une banque, de la garantie financière qu'elle accordait depuis plusieurs années à une agence immobilière, prendre la mesure conservatoire de prolonger la garantie financière. • Aix-en-Provence, 23 févr. 1996 : *Gaz. Pal. 1996. 2. 367.*

23. Réparation du dommage causé au client. Le banquier qui interrompt brusquement le crédit ouvert à un client sans que les conditions légales soient réunies commet un abus de droit l'obligeant à réparer le dommage causé à son client. • Com. 13 janv. 1987, n° 85-17.056 P : *D. 1987. IR 17 ; Rev. dr. bancaire 1987. 53, obs. Crédot et Gérard.* – V. aussi • Com. 2 oct. 1990, n° 88-11.198 P • 5 mars 1996, n° 93-10.606 : *D. 1996. IR 97 ; D. Affaires 1996. 485.* ♦ La banque qui, en dehors des cas prévus par l'al. 2 de l'art. L. 313-22, interrompt un crédit sans préavis engage sa responsabilité pour rupture abusive. • Com. 10 oct. 2000, n° 97-20.614 : *Dr. sociétés 2001, n° 3, obs. Bonneau.* ♦ Est responsable une banque qui, connaissant la situation difficile d'une société, a pourtant diminué puis interrompu soudainement son concours dans des circonstances anormales en utilisant, pour justifier son comportement, des lettres qui n'ont pas été expédiées aux dates indiquées parmi lesquelles figurait celle dénonçant le concours adressée non aux dirigeants, mais au seul directeur administratif, le retrait brusque du concours ayant entraîné inéluctablement la déclaration de cessation des paiements. • Com. 5 janv. 1999, n° 96-20.591 P : *JCP E 1999, n° 7, p. 297 ; RTD com. 1999. 476, obs. Cabrillac .*

24. Procédure collective. Sur l'exercice de l'action en responsabilité en cas de redressement et de liquidation judiciaires de la victime de la rupture abusive de crédit, V. note 8 ss. art. L. 626-25 C. com. ♦ L'action engagée par son client contre l'établissement de crédit qui a abusivement rompu son concours est une action en responsabilité contractuelle que le débiteur en redressement judiciaire a qualité pour exercer seul, à la condition que celle-ci tende à la réparation d'un préjudice distinct de celui des créanciers. • Com. 13 mars 2007, n° 06-13.325 P : *D. 2007. AJ 1020, obs. Lienhard ; RJDA 2007, n° 880 ; BJS 2007. 839, obs. F.-X. Lucas.* ♦ Pour déclarer l'action en responsabilité irrecevable, l'arrêt retient que les demandes fondées sur les dispositions de l'art. L. 313-12 C. mon. fin., tendant à l'octroi de dommages-intérêts en raison de la rupture du crédit court terme, doivent s'analyser comme constituant, au sens de l'art. L. 650-1 C. com., des demandes tendant à ce que les créanciers soient tenus pour responsables des préjudices subis du fait des concours consentis et qu'il n'est pas établi ni même allégué que les banques se seraient rendues coupables de fraude, d'immixtion caractérisée dans la gestion du débiteur ou que les garanties prises en contrepartie des concours auraient été disproportionnées et en déduit que les prétentions des sociétés se heurtent nécessairement aux dispositions du texte précité. En statuant ainsi, alors que, les dispositions de l'art. L. 650-1 ne concernant que la responsabilité du créancier lorsqu'elle est recherchée du fait des concours qu'il a consentis, seul l'octroi estimé fautif de ceux-ci, et non leur retrait, peut donner lieu à l'application de ce texte, la cour d'appel a, par fausse application, violé celui-ci. • Com. 23 sept. 2020, n° 19-12.542 P : *RTD com. 2020. 932, obs. Legeais ; JCP E 2020, n° 1411 ; RJDA 2021, n° 109 ; LPA 19 janv. 2021, note Teboul.*

25. Exigence d'un lien de causalité. Une rupture fautive de crédit étant intervenue après la date de l'état de cessation des paiements fixée par le jugement d'ouverture de la procédure collective, c'est à bon droit qu'une cour d'appel, se fondant sur la date de survenance de cet état et non sur celle de sa constatation, en déduit que la faute du banquier était sans relations de cause à effet avec la cessation d'activité de la société débitrice. • Com. 3 nov. 1992, n° 90-19.304 P : *JCP 1993. II. 21993, note Vidal.* ♦ Pour un arrêt établissant un lien de causalité entre une rupture de crédit et la liquidation judiciaire de la société débitrice, dès lors qu'une corrélation avait pu être établie entre la rupture, la connaissance qu'en ont eue les fournisseurs, les autres banquiers, et une baisse importante du chiffre d'affaires, V. • Com. 14 déc. 1999, n° 97-14.500 P : *D. 2000. AJ 90, obs. Faddoul ; RTD com. 2000. 157, obs. Cabrillac ; JCP E 2000, n° 27, p. 1087, obs. Gavalda et Stoufflet.* ♦ Pour l'absence de responsabilité d'une banque dans le suicide de son client, qui imputait son geste au comportement de la banque, en l'absence de lien de causalité entre la faute de cette dernière, résultant d'une rupture de crédit sans préavis, et le geste du client, V. • Com. 4 déc. 2001, n° 99-17.664 P : *D. 2002. AJ 719 ; RDBF 2002, n° 5, obs. Crédot et Gérard ; Banque et Dr. 3-4/2002. 56, obs. Bonneau.*

26. Incidence à l'égard de la caution. La caution du débiteur peut être indemnisée de la perte d'une chance de ne pas être poursuivie. • Paris, 27 janv. 1995 : *JCP 1995. IV. 1420.* ♦ La caution peut obtenir réparation du préjudice subi en cas de rupture abusive des crédits consentis au débiteur principal dès lors que la rupture a aggravé la dette de ce dernier. • *Com. 21 juin 2005,* n° 03-18.595 : *RDBF 2005, n° 169, obs. Legeais.* ♦ Jugeant que le retrait brutal de tout concours par la banque créancière, sans raisons suffisantes, après qu'elle a obtenu d'être garantie par un cautionnement, entraîne la nullité de celui-ci pour absence de cause : • Paris, 6 juin 2003 : *RTD com. 2004. 143, obs. Legeais ; Banque et Dr. 3-4/2004. 51, obs. Jacob.*

27. Responsabilité délictuelle de la banque à l'égard des tiers. Sur la responsabilité délictuelle d'une banque à l'égard des tirés ayant subi un dommage du fait de l'inexécution de la convention initiale, constitutive d'une rupture abusive de crédit, V. • Paris, 28 sept. 1998 : *Gaz. Pal. 11-12 déc. 1998, p. 31.*

28. Prescription. Sur la prescription de l'action en responsabilité pour rupture abusive de crédit, V. • Com. 9 mai 2007, n° 06-10.185 P : *D. 2007. AJ 1497, obs. Delpech ; RTD com. 2007. 581, obs. Legeais ; JCP E 2007, n° 46, p. 18, obs. Dumoulin ; RJDA 2007, n° 1178.*

29. Responsabilité des fournisseurs de crédits non banquiers. V. note 25 ss. art. L. 330-2 C. com.

II. RESPONSABILITÉ BANCAIRE EN MATIÈRE D'OCTROI DE CRÉDIT

V. également, C. com., art. L. 650-1.

BIBL. Routier, *Gaz. Pal. 2005. Doctr. 3012* (cantonnement de la responsabilité pour soutien abusif). – Bonneau, *Banque et Dr. 1-2/2006. 61* (L. n° 2005-845 du 26 juill. 2005). – Hoang, *D. 2006. 1458* (de la suppression du dispositif prétorien de la responsabilité pour soutien abusif). – Bury, *RDBF mai-juin 2007. 65* (exigence d'un consentement libre et éclairé et recentrage de l'obligation d'informer du banquier). – Macorig-Venier, *RLDA févr. 2008. 119* (le soutien abusif). – Attard, *RTD com. 2011. 11* (champ d'application du devoir de conseil du banquier). – Juredieu, *Gaz. Pal. 2011. 603* (perte d'une chance et devoir de mise en garde du banquier). – Mathey, *JCP E 2011, n° 1542* (devoir de mise en garde du banquier à l'égard de l'emprunteur professionnel). – Vabres, *JCP 2012, n° 1052* (le devoir de ne pas contracter dans le secteur bancaire et financier).

30. Pouvoir discrétionnaire. BIBL. Legeais, *RJ com. 2008. 427* (sur le droit au crédit). ♦ Hors le cas où il est tenu par un engagement antérieur, le banquier est toujours libre, sans avoir à justifier sa décision qui est discrétionnaire, de proposer ou de consentir un crédit quelle qu'en soit la forme, de s'abstenir ou de refuser de le faire. • Cass., ass. plén., 9 oct. 2006, n° 06-11.056 P : *BICC 15 déc. 2006, p. 19, rapp. Petit, avis Lafortune ; D. 2007. Pan. 758, obs. D.-R. Martin ; RTD com. 2007. 207, obs. Legeais ; JCP 2006. II. 10175, note Bonneau ; RJDA 2007, n° 50.* ♦ Mais si la décision de consentir ou non un crédit est discrétionnaire, cette faculté ne peut s'exercer que dans le respect des dispositions d'ordre public édictées par le code pénal, lequel interdit les discriminations fondées sur l'âge et ne prévoit pas d'exception à cette interdiction en matière de crédit. • HALDE, Délib. n° 2010-206 du 27 sept. 2010 : *Banque et Dr. 5-6/2011. 26,* *obs. Bonneau.* ♦ Ne rompt pas abusivement les pourparlers et ne commet pas de faute la banque qui, sans qu'il soit démontré qu'elle s'était engagée à le consentir, refuse un prêt dans le délai de trois semaines à compter de la date à laquelle elle a été mise en possession des documents nécessaires à sa prise de décision, peu important que les pourparlers avec l'emprunteur se soient étalés sur plusieurs mois. • Versailles, 14 févr. 2008 : *JCP E 2008, n° 11, p. 21.* ♦ V. aussi note 1 ss. art. L. 511-4.

A. PRINCIPE DE NON-IMMIXTION ET DEVOIR DE VIGILANCE DU BANQUIER

31. Principe de non-immixtion. Le banquier n'a pas à s'immiscer dans les affaires de son client. • Com. 11 mai 1999, n° 96-16.088 P : *D. 1999. IR 155 ; JCP E 1999, n° 43, p. 1730, note Legeais ; RJDA 1999. 495, concl. Piniot ; Defrénois 1999. 997, obs. Delebecque.* ♦ Dès lors, un établissement de crédit ne commet pas de faute du seul fait de l'octroi d'un concours à une entreprise concurrente. • Com. 19 nov. 2002, n° 99-20.828 P : *D. 2003. AJ 420 ; JCP E 2003, n° 3, p. 105 ; RTD com. 2003. 150, obs. Legeais ; RJDA 2003, n° 421.* – V. aussi Gibirila, *RLDA févr. 2000, p. 8.* ♦ Une banque n'est tenue que d'une obligation de moyens lors de la recherche de renseignements commerciaux et elle n'a pas à se substituer à son client dans la prise de décision. • Com. 25 mars 2003, n° 99-20.326 : *RJDA 2003, n° 1117.* ♦ Une banque, n'ayant pas mission d'effectuer une étude de marché ni à s'immiscer dans la gestion de son client, professionnel averti, et qui a procédé aux diligences normales à partir du compte prévisionnel et d'éléments fournis par ce dernier, ne méconnaît pas son devoir de renseignement. • Com. 26 mars 2002, n° 00-13.922 : *Banque et Dr. 2003. 64, obs. Guillot.* – V. aussi • Civ. 1re, 12 juill. 2007, n° 06-17.070 : *D. 2008. Chron. C. cass. 645, obs. Creton ; RDBF 2007, n° 182, obs. Legeais.*

Une clause contenue dans un contrat de prêt consenti à une société civile de construction-vente ayant pour seul objet de contrôler l'emploi des fonds empruntés pour le financement d'une opération immobilière n'est pas susceptible de conférer à la banque un pouvoir de direction sur l'activité de son client ; dès lors, les demandes tendant à la condamnation de la banque pour soutien abusif et pour immixtion dans la gestion de la société emprunteuse doivent être rejetées. • Com. 30 oct. 2007, n° 06-12.677 P : *D. 2007. AJ 2870, obs. Delpech ; RDI 2008. 34, obs. Heugas-Darraspen ; JCP E 2007, n° 49, p. 15 ; RJDA 2008, n° 182.*

32. Devoir de vigilance et droit d'information du banquier. Il est de la plus élémentaire prudence que les banques, dans le souci de ne pas compromettre les relations commerciales en accordant inconsidérément des crédits à un client dont la situation aurait été désespérée, exigent d'une société anonyme qui sollicite des concours très importants, la présentation de bilans dont la régularité et la sincérité se trouvent certifiées par des commissaires aux comptes. • Com. 22 mai 1985, n° 84-10.499 P. ♦ Sur le devoir de vigilance, V. aussi • Com. 18 janv. 1994, n° 91-15.279 : *BJS 1994. 323.* ♦ Sur le droit d'information de la banque sur la situation de la société, V., considérant comme non fautif le fait de se renseigner auprès des clients : • Com. 31 mai 1994, n° 91-18.621 P : *BJS 1994. 967, note Bonneau ; Rev. sociétés 1995. 496, note Stoufflet ; Rev. dr. bancaire 1994. 236, obs. Crédot et Gérard.* ♦ Pour la réticence dolosive d'une banque résultant d'un défaut d'information des cautions sur l'état du fonds de commerce acquis au moyen du prêt cautionné et sur le caractère illusoire des engagements de remboursement pris par l'emprunteur, V. • Paris, 12 oct. 2001 : *BRDA 2001, n° 22, p. 6.* ♦ Pour une solution inverse dès lors que l'opération financée l'était sur la base d'un prévisionnel sérieux, V. • Com. 11 juin 2003, n° 00-11.913 P : *RDBF 2003, n° 225, obs. Legeais.* ♦ Sur l'obligation de conseil du banquier envers les associés mineurs d'une société civile emprunteuse : • Civ. 3e, 28 sept. 2005, n° 04-14.756 : *JCP E 2006, n° 22, p. 962, obs. Mathey ; Rev. sociétés 2006. 103, note Dom.* ♦ V. et comp. notes 42 s.

A privé sa décision de base légale, au regard de l'art. 1147 C. civ., une cour d'appel qui a accueilli la demande de dommages-intérêts des emprunteurs, alors qu'à la date de leur octroi, les prêts litigieux auraient été excessifs au regard des facultés de remboursement des emprunteurs, compte tenu des revenus produits par les locations escomptées des biens acquis au moyen de ces prêts, ce dont elle aurait pu déduire que l'établissement de crédit avait manqué à son devoir de mise en garde. • Com. 3 mai 2006, n° 04-15.517 P : *D. 2006. 1618, note J. François ; JCP E 2006, n° 23, p. 996, note Legeais ; RJDA 2006, n° 159.* ♦ Une cour d'appel, qui retient que des époux se sont engagés dans une opération commerciale importante à laquelle ils sont directement impliqués et qu'ils ne démontrent pas que la crédit-bailleresse ait eu sur leur situation et leurs facultés de remboursement raisonnablement prévisibles en l'état du succès escompté de l'opération entreprise par la SCI des informations qu'eux-mêmes auraient ignorées, constatations dont il se déduit que les intéressés détenaient toutes les informations utiles pour leur permettre d'apprécier la portée des engagements qu'ils souscrivaient, a pu décider que la crédit-bailleresse n'était tenue d'aucun devoir de mise en garde à l'égard de ces cautions. • Com. 3 mai 2006, n° 04-19.315 P. – V. aussi : • Com. 12 déc. 2006, n° 03-20.176 P : *RTD com. 2007. 214, obs. Legeais ; RDI 2007. 270, obs. Heugas-Darraspen ; JCP E 2007, n° 10, p. 10, note Legeais ; RJDA 2007, n° 388.* ♦ Il revient à la banque de rechercher si la charge du remboursement du prêt, en s'ajoutant aux autres charges du fonds, peut être supportée par l'exploitation du fonds à l'acquisition duquel le prêt était affecté, peu important que les emprunteurs, profanes, aient disposé des mêmes informations que la banque. • Com. 20 juin 2006, n° 04-14.114 P : *D. 2006. AJ 1887, obs. Delpech ; RTD com. 2006. 645, obs. Legeais ; JCP 2006. II. 10122, note Gourio ; RJDA 2006, n° 1258.* – V. aussi : • Civ. 1re, 12 juill. 2006, n° 05-12.699 P : *JCP E 2007, n° 3, p. 16, note Le Goff ; CCC 2007, n° 38, obs. Raymond ; LPA 12 oct. 2006, note Boismain ; RJDA 2007, n° 87.* ♦ Sur l'obligation de motivation des juges du fond, V. • Civ. 1re, 13 févr. 2007, n° 04-17.287 P : *D. 2007. AJ 723, obs. Avena-Robardet ; RTD com. 2007. 427, obs. Legeais ; JCP E 2007, n° 13, p. 20 ; RJDA 2007, n° 881.* ♦ La banque qui consent un prêt à un emprunteur non averti est tenu à son égard, lors de la conclusion du contrat, d'un devoir de mise en garde en considération de ses capacités financières et des risques de l'endettement né de l'octroi du prêt, dont elle ne peut être dispensée par la présence au côté de l'emprunteur d'une personne avertie, peu important qu'elle soit tiers ou partie. • Civ. 1re, 30 avr. 2009, n° 07-18.334 P : *D. 2009. AJ 1351, obs. Avena-Robardet ; RTD com. 2009. 604, obs. Legeais ; JCP 2009, n° 38, p. 25, avis Mellottée ; Gaz. Pal. 2009. 1979, note Piedelièvre ; RJDA 2009, n° 882.* ♦ Prive sa décision de base légale au regard de l'art. 1147 C. civ. la cour d'appel qui retient qu'un établissement bancaire qui consent un prêt n'est débiteur d'aucune obligation à l'égard du professionnel emprunteur, sans préciser si l'intéressé était un emprunteur non averti et, dans l'affirmative, si, conformément au devoir de mise en garde auquel elle était tenue à son égard lors de la conclusion du contrat, la banque justifiait avoir satisfait à cette obligation à raison des capacités financières de l'emprunteur et des risques de l'endettement né de l'octroi des prêts. • Cass., ch. mixte, 29 juin 2007, n° 05-21.104 P : *BICC 15 oct. 2007, p. 12, rapp. Betch, avis Maynial ; D. 2007. 2081, note Piedelièvre ; RTD com. 2007. 579, obs. Legeais ; JCP 2007. II. 10146, note Gourio ; LPA 30 nov. 2007, note Chendeb ; CCC 2008. Étude 5, par Guyader ; Dr. et patr. 10/2007. 42, note Le Goff ; RJDA 2007, n° 1142* • Civ. 1re, 6 déc. 2007, n° 06-15.258 P : *D. 2008. AJ 80, obs. Avena-Robardet ; RTD com. 2008. 163, obs. Legeais ; JCP E 2008, n° 3, p. 12 ; RJDA 2008, n° 317 ; RLDA févr. 2008. 35, note Bazin* • Com. 11 déc. 2007, n° 03-20.747 P : *D. 2008. Pan. 2822, obs. Vasseur ; RTD com. 2008. 165, obs. Legeais ; JCP 2008. II. 10055, note Gourio ; RJDA 2008, n° 447.* ♦ Les juges du fond doivent préciser si les emprunteurs étaient des emprunteurs non avertis et, dans l'affirmative, si conformément au devoir de mise en garde dont il était tenu à leur égard lors de la conclusion du contrat, le banquier justifiait avoir satisfait à cette obligation au regard non seulement des « charges du prêt » mais aussi de leurs capacités financières et du risque de l'endettement né de l'octroi du prêt. • Civ. 1re, 18 sept. 2008, n° 07-17.270 P : *D. 2008. AJ 2343, obs. Avena-Robardet ; RTD com. 2008. 830, obs. Legeais ; JCP E 2008, n° 42, p. 16, note Legeais ; Gaz. Pal. 2008. 3990, note Huchet ; RLDA déc. 2008. 30, note Bazin.* – V. aussi • Civ. 1re, 24 sept. 2009, n° 08-16.345 P : *D. 2009. AJ 2341 ; JCP E 2009, n° 44-45, p. 22 ; LPA 19 févr. 2010, note Dagorne-Labbe ; RJDA 2010, n° 280.* ♦ Mais faute d'avoir mis la cour d'appel en mesure de constater l'existence d'un risque d'endettement né de l'octroi de la somme prêtée, l'emprunteur n'est pas fondé à lui reprocher d'avoir omis de rechercher s'il était non averti et, dans l'affirmative, si la banque avait satisfait à son devoir de mise en garde. • Civ. 1re, 18 févr. 2009, n° 08-11.221 P : *D. 2009. Chron. C. cass. 756, obs. Creton ; RTD com. 2009. 422, obs. Legeais ; JCP E 2009, n° 15, p. 20, note Piedelièvre ; RJDA 2009, n° 467.* ♦ Dès lors qu'il est constaté qu'à la date de la conclusion du contrat le crédit était adapté au regard des capacités financières des emprunteurs et du risque de l'endettement né de l'octroi de ce prêt, il en résulte que la banque, en l'absence d'un tel risque, n'était pas tenue à l'égard de ceux-ci d'un devoir de mise en garde. • Com. 7 juill. 2009, n° 08-13.536 P : *D. 2009. Chron. C. cass. 2580, obs. Bélaval ; RTD com. 2009. 795, obs. Legeais ; JCP E 2009, n° 41, p. 21, note Legeais ; RJDA 2009, n° 1110.* ♦ Les juges n'ont pas à rechercher, au préalable, si le débiteur avait la qualité d'emprunteur non averti s'ils font apparaître que le crédit était adapté aux capacités financières de celui-ci. • Civ. 1re, 19 nov. 2009, n° 08-13.601 P : *D. 2010. Chron. C. cass. 530, obs. Creton ; RTD civ. 2010. 109, obs. Jourdain ; JCP E 2009, n° 49, p. 14, note Legeais ; LPA 30 avr. 2010, note Brusorio-Aillaud ; Gaz. Pal. 2010. 240, note Guerchoun ; RJDA 2010, n° 995.* ♦ ... Mais ils doivent le faire dans le cas contraire. • Civ. 1re, 19 nov. 2009, n° 07-21.382 P. ♦ Le banquier auquel il appartient de démontrer qu'il a rempli son obligation de mise en garde est dispensé de cette obligation s'il établit que son client a la qualité d'emprunteur averti. • Com. 17 nov. 2009, n° 08-70.197 P : *D. 2009. AJ 2926 ; RJDA 2010, n° 281.* ♦ En l'état des constatations et appréciations, dont elle a pu déduire que, compte tenu de la profession exercée ou ayant été exercée par les époux et de leur expérience en matière de crédit immobilier, ceux-ci devaient être considérés comme des emprunteurs avertis, aptes à comprendre les informations qui leur étaient fournies et capables d'apprécier la nature et la portée de leurs engagements, ainsi que de mesurer les risques encourus, et que la banque avait satisfait à son obligation d'information, la cour d'appel a pu décider que la banque n'était débitrice à leur égard d'aucune obligation de mise en

garde. • Civ. 1re, 29 mars 2017, n° 16-13.050 P : *D. 2017. Chron. C. cass. 1860, obs. Barel ; RTD com. 2017. 409, obs. Legeais ; AJ contrat 2017. 278, note Brignon ; JCP E 2017, n° 1267, note Lasserre Capdeville.*

Le caractère averti de l'emprunteur, personne morale, s'apprécie en la personne de son représentant légal et non en celle de ses associés, même si ces derniers sont tenus solidairement des dettes sociales. • Com. 11 avr. 2018, n° 15-27.133 P : *D. 2018. Actu. 844 ; RTD com. 2018. 427, obs. Legeais ; Rev. sociétés 2019. 56, note Juillet ; JCP 2018, n° 775, note Gallois ; RJDA 2018, n° 524.* ♦ Si un établissement de crédit est tenu d'une obligation de mise en garde envers un emprunteur averti si, au moment de l'octroi du prêt, il a, sur les revenus et le patrimoine de celui-ci, ou ses facultés de remboursement raisonnablement prévisibles, des informations que lui-même ignorait, il n'en demeure pas moins que, lorsque l'emprunteur est une société, seule celle-ci, et non ses associés, est créancière de cette obligation. • Même arrêt. ♦ L'obligation de mise en garde à laquelle peut être tenu un établissement de crédit à l'égard d'un emprunteur averti avant de lui consentir un prêt ne porte que sur l'inadaptation de celui-ci aux capacités financières de l'emprunteur et sur le risque de l'endettement qui résulte de son octroi et non sur l'opportunité ou les risques de l'opération financée. • Même arrêt.

B. FAUTES DU BANQUIER

1° OCTROI DE CRÉDIT AUX ENTREPRISES

33. *Soutien artificiel d'une entreprise en situation irrémédiablement compromise.* Une cour d'appel a légalement justifié sa décision de rejeter l'action en responsabilité contre une banque en constatant qu'à aucun moment elle n'avait accordé ou maintenu un crédit à une entreprise dont elle savait ou aurait dû savoir, en faisant preuve d'une diligence normale, que la situation était irrémédiablement compromise, ou octroyé, en connaissance de cause, un crédit dont le coût était insupportable pour l'équilibre de la trésorerie de la société et incompatible pour elle avec toute rentabilité, V. • Com. 24 sept. 2003, n° 00-19.067 P : *D. 2003. AJ 2568 ; JCP E 2004, n° 6, p. 231, note Lamoril ; RJDA 2004, n° 227 ; BJS 2003. 1260, note Barbièri.*

Dès lors qu'il est constaté que les marges de l'entreprise demeuraient suffisantes pour couvrir les coûts correspondants et laisser subsister un résultat d'exploitation positif, la concomitance entre l'état de cessation des paiements et le manque d'avenir de la société n'était pas suffisamment établie, de telle sorte que le liquidateur de la société ne pouvait invoquer la responsabilité quasi-délictuelle de la banque pour soutien abusif. • Versailles, 29 sept. 2006 : *JCP E 2006, n° 51-52, p. 2200.* ♦ Le maintien par un banquier d'un niveau de découvert élevé, ou l'accord d'un découvert excédant les conventions écrites passées, ne constitue pas en soi une faute au titre d'un soutien abusif, alors que la société n'était pas en cessation de paiement, à tout le moins pas à la connaissance dudit banquier, et qu'il n'était pas rapporté la preuve de sa connaissance d'une situation irrémédiablement compromise. • Nîmes, 26 janv. 2006 : *Banque et Dr. 5-6/2007. 66, obs. Guillot.* ♦ Mais le professionnel de la banque qui éprouve de vives inquiétudes à l'égard de son débiteur qui se trouve dans une situation difficile caractérisée par le dépassement du découvert autorisé ainsi que par l'impossibilité de produire son bilan doit, à défaut de rompre l'ensemble des concours accordés, limiter au moins le montant des concours. • Lyon, 1er juin 2006 : *BICC 15 nov. 2006, n° 2265.*

34. *Financement d'une opération dépourvue de viabilité.* Pour engager la responsabilité de la banque les juges doivent constater qu'au moment de son octroi, le crédit était destiné à financer une opération dépourvue de viabilité : • Com. 7 janv. 2004, n° 01-11.947 P : *D. 2004. AJ 345 ; JCP E 2004, n° 10, p. 346 ; RTD com. 2004. 354, obs. Legeais ; RJDA 2004, n° 622* (crédit-relais). ♦ Commet une faute le créancier qui consent un prêt en vue d'une opération immobilière qu'il sait non viable (crédit-bail immobilier). • Com. 23 juin 1998, n° 95-16.117 P. – V. aussi • Com. 20 sept. 2005, n° 95-16.117 P : *Banque et Dr. 11-12/2005. 76, obs. Rontchevsky* (crédit-bail mobilier). ♦ Mais l'action en responsabilité dirigée contre une banque sur le fondement de l'octroi de crédits excessifs doit être rejetée dès lors que l'analyse de la situation financière de l'emprunteur, telle que pouvait la connaître cet établissement de crédit, permet de déduire qu'eu égard aux finalités des emprunts contractés (acquisition et rénovation d'immeubles), dont le montant devait être couvert par le prix de revente d'immeubles, ceux-ci n'étaient pas disproportionnés par rapport aux capacités de remboursement de l'emprunteur. • Com. 11 mai 1999, n° 96-13.441 : *JCP E 1999, n° 43, p. 1730, note Legeais.* ♦ Retenant la responsabilité de la banque au motif que, s'il appartient aux banques de prendre des risques pour accompagner le développement économique, ces risques ne doivent pas être déraisonnables, les banques devant vérifier les possibilités de réalisation des projets qu'elles financent : • Paris, 26 nov. 2002 : *RTD com. 2003. 348, obs. Legeais.* – V. aussi • Paris, 14 mai 2003 : *RJDA 2004, n° 881.* ♦ Comp., jugeant qu'il n'appartient pas à la banque, qui elle-même prend un risque, de se substituer à son client pour apprécier les risques de l'entreprise envisagée : • Grenoble, 16 avr. 2003 : *JCP E 2004, n° 15-16, p. 593.* ♦ V. aussi, n'engageant pas la responsabilité de la banque dès lors qu'il n'était pas établi que le budget prévisionnel établi par le gérant ne

constituait pas un document sérieux donnant des informations suffisantes sur le projet et sa rentabilité prévisible à la date de l'octroi des concours : • Com. 25 avr. 2006, n° 04-17.462 : *RTD com. 2006. 646, obs. Legeais*. ♦ Sur la responsabilité de la banque en cas de disproportion de la garantie demandée, V. note 56.

35. Crédit consenti à une société en formation. La circonstance que le crédit de trésorerie ait été accordé à une entreprise, avant toute activité et pour en permettre le démarrage, afin de financer l'activité d'achat et de revente de produits, n'est pas de nature à elle seule à caractériser un comportement fautif de la banque. • Com. 22 mars 2005, n° 02-20.678 P : *D. 2005. AJ 1020, obs. Lienhard ; JCP E 2005, n° 47, p. 1975, obs. Dumoulin ; RTD com. 2005. 402, obs. Legeais ; RJDA 2005, n° 874 ; BJS 2005. 1213, obs. Lucas.* ♦ Si la banque qui finance un projet de création d'entreprise a une obligation d'information à l'égard de l'emprunteur, il ne lui appartient pas de se faire juge de l'opportunité du crédit, en particulier de ne pas avoir fourni des documents prévisionnels ou des études de marché, alors que ces diligences incombent au premier chef au créateur d'entreprise. • Paris, 19 mai 2005 : *Gaz. Pal. 2006. Somm. 1264, obs. Vray.*

36. Soutien abusif : illustrations. A commis une faute entraînant sa responsabilité dans l'aggravation du passif de la société à l'encontre de laquelle a été ouverte une procédure collective, une banque qui a continué d'accorder à une société, dont il importe peu que la situation n'ait pas alors été irrémédiablement compromise, des crédits considérables, et les a même accrus à certains moments, en méconnaissance des résultats d'une étude à laquelle elle avait elle-même fait procéder, et alors que n'apparaissait aucune contrepartie dans la gestion de l'entreprise. • Com. 2 mai 1983, n° 81-14.223 P : *D. 1984. IR 12, obs. Derrida.* – V. aussi • Com. 26 janv. 1993, n° 91-13.462 : *RTD com. 1993. 345, obs. Cabrillac et Teyssié*. ♦ Et, pour une banque associée de SCI, V. • Com. 8 oct. 1991, n° 89-11.230 : *D. 1993. Somm. 357, obs. Magnin*. ♦ Sur la responsabilité d'un banquier pour soutien ruineux, dès lors qu'en participant à des financements par crédits de « cavalerie » il avait permis à un emprunteur, alors même que sa situation n'était pas irrémédiablement compromise, de se constituer une trésorerie fictive et ce, à un coût excessif, V. • Com. 6 oct. 1998, n° 95-19.505 : *D. Affaires 1998. 1904.* ♦ Commet une faute de nature à engager sa responsabilité la banque qui, bien que disposant d'informations qui auraient dû alerter sa vigilance et lui faire renforcer ses contrôles, maintient, sans garanties sérieuses, des facilités de caisse, créant ainsi, par un concours financier abusif, une apparence trompeuse de solvabilité de l'entreprise, mise en liquidation judiciaire, au détriment de ceux qui avaient contracté avec elle. • Com. 18 janv. 1994, n° 91-15.279 : *BJS 1994. 323.* ♦ Pour une banque n'ayant pas tenu compte d'un rapport d'audit, V. • Com. 26 mars 1996, n° 94-13.907 P : *D. Affaires 1996. 580.* ♦ Pour un exemple de soutien abusif à un groupe de sociétés, V. • Dijon, 18 juill. 2000 : *RDBF 2000, n° 188, obs. crit. Crédot et Gérard* (partiellement censurée par • Com. 19 nov. 2003, n° 00-19.584 : *RTD com. 2004. 145, obs. Legeais ; RDBF 2004, n° 192, obs. Crédot et Gérard*). ♦ Sur la condamnation d'un établissement de crédit alors même que le crédit en cause ayant aggravé le passif de la société irrémédiablement conduite au redressement judiciaire avait été octroyé, non à celle-ci, mais à sa société-mère, V. • Com. 25 mars 2003, n° 01-01.690 P : *D. 2003. AJ 1291 ; JCP E 2004, n° 25, p. 1007, note Croze ; RTD com. 2003. 557, obs. Legeais ; Rev. sociétés 2003. 859, note Daigre ; BJS 2003. 765, note Dom ; RJDA 2003, n° 982.*

37. Connaissance de la situation irrémédiablement compromise. Ne donne pas de base légale à sa décision, au regard de l'art. 1147 C. civ., l'arrêt qui, pour retenir la responsabilité d'une banque dans l'octroi d'un découvert excessif en compte courant, retient que le banquier ne pouvait ignorer, à la date de cet octroi, que la situation du chef d'entreprise était « très obérée », sans relever que la banque savait que la situation de l'entreprise était irrémédiablement compromise, et, sans rechercher, dans le cas où elle l'aurait été, si par suite de circonstances exceptionnelles, le chef d'entreprise l'ignorait. • Com. 11 mai 1999, n° 96-16.088 P : *préc. note 31.* ♦ Une cour d'appel a pu exclure la responsabilité civile d'une banque dans l'octroi de crédits en relevant que la preuve n'est pas rapportée de ce que au moment de l'octroi des crédits, la situation du fonds de commerce était irrémédiablement compromise. • Com. 18 févr. 1997, n° 95-10.840 P. ♦ Rappr., s'agissant d'un créancier fournisseur qui a reporté les échéances de lettres de change : • Com. 30 oct. 2000, n° 97-21.154 P : *D. 2001. AJ 231*. ♦ Il ne peut être fait grief à une banque, même si elle n'ignorait rien de la situation compromise d'une personne morale, d'avoir, aux côtés des pouvoirs publics dans le cadre d'un projet de restructuration approuvé par le trésorier-payeur général, accordé un concours bancaire que sollicitait lui-même le chef d'entreprise désireux de maintenir l'activité de sa société. • Com. 9 nov. 1993, n° 91-18.337 P : *Gaz. Pal. 1994. 2. 638, note J.-P. M. ; Dr. sociétés 1994, n° 30, obs. Chaput.*

Le caractère abusif du soutien bancaire accordé au débiteur principal s'apprécie à la date des concours pour lesquels la caution a fourni sa garantie. • Rennes, 24 févr. 2004 : *JCP E 2004, n° 49, p. 1904.* ♦ Pour rechercher l'éventuelle faute de la banque, il convient de se situer à la date de l'octroi du crédit pour apprécier si la

situation de l'entreprise était irrémédiablement compromise, une insuffisance de trésorerie, même grave, ne suffisant pas à caractériser une situation sans issue. • Paris, 15 déc. 1995 : *D. 1996. IR 65 ; RJDA 1996, n° 656.* – V. aussi • Rouen, 13 sept. 2001 : *RJDA 2002, n° 542.* ♦ L'existence d'un soutien abusif est établie lorsqu'il est prouvé qu'une banque, au jour de l'ouverture d'un crédit consenti à une société, mise par la suite en redressement judiciaire, aurait pu ou dû prévoir l'aggravation de la situation financière de cette société ou que cet octroi y a contribué substantiellement, ce qui n'est pas le cas, lorsqu'au jour de l'octroi du crédit, une assemblée générale a décidé la continuation de la société malgré un actif net devenu inférieur à la moitié du capital social. • Paris, 11 déc. 2001 : *BICC 2002, n° 839.* ♦ Une mesure d'interdiction bancaire ne suffisant pas à caractériser la situation obérée de l'emprunteur, une banque n'est pas tenue à un devoir de mise en garde à son égard. • Com. 3 juill. 2012, n° 11-18.945 P : *D. 2012. Actu. 1878, obs. Avena-Robardet ; RTD com. 2012. 599, obs. Legeais ; JCP E 2012, n° 1519, note Legeais ; LPA 12 oct. 2012, note Laulier ; RJDA 2013, n° 151.*

38. Appréciation du soutien abusif. Jugeant que l'appréciation du soutien abusif doit être faite en considération de la situation de la société emprunteuse mais aussi de celles auxquelles elle est liée, et plus précisément celles dont elle est associée et donc solidairement et indéfiniment responsable : • Paris, 14 mai 2003 : *préc. note 34.* ♦ L'appréciation de la gravité de la situation de l'entreprise soutenue par la banque ressortit à l'appréciation souveraine des juges du fond. • Com. 1er févr. 1994, n° 91-19.430 P : *RJDA 1994, n° 683.*

39. Soutien abusif de fournisseurs de crédit non banquiers. Une caisse de mutualité sociale agricole engage sa responsabilité à l'égard des créanciers de l'entreprise à laquelle elle a conféré une apparence trompeuse de solvabilité en accordant des délais de paiement à un de ses ressortissants dont elle savait ou aurait dû savoir la situation irrémédiablement compromise. • Com. 10 déc. 2003, n° 01-03.746 P : *D. 2004. AJ 136, obs. Delpech ; JCP 2004. II. 10057, note Bugada ; Gaz. Pal. 2004. 434, avis Lafortune ; RTD com. 2004. 139, obs. Legeais ; BJS 2004. 491, note Lucas ; RJDA 2004, n° 595.* – Comp. • Com. 30 oct. 2000, n° 97-21.154 P : *préc. note 37* (connaissance de la situation irrémédiablement compromise du bénéficiaire du crédit non établie). ♦ Pour des concédants fournissant à leur concessionnaire une trésorerie fictive, V. note 25 ss. art. L. 330-2 C. com.

40. Défaut de contrôle de l'affectation des fonds. Une banque ne peut favoriser, consciemment ou imprudemment, au mépris des termes des contrats de mandat et de prêt, l'utilisation du montant de ce prêt pour d'autres fins que le financement des travaux auquel il est destiné. • Com. 18 mai 1993, n° 91-16.700 P : *D. 1993. 609, note Bénabent ; RTD com. 1994. 84, obs. Cabrillac et Teyssié.* ♦ Comp., jugeant, à propos d'un prêt contractuellement soumis à l'Ord. n° 67-838 du 28 sept. 1967 [C. mon. fin., art. L. 313-36 s.], qu'aucune disposition ne prévoit la nullité d'un contrat de prêt qui a financé un objet différent de celui apparemment prévu mais entrant cependant dans le champ de l'activité économique de l'emprunteur : • Paris, 19 sept. 1995 : *D. Affaires 1995. 110.* ♦ V. aussi, refusant la condamnation pour soutien abusif, dès lors que le prêt a été consenti à titre personnel aux associés, qui ont seuls pris l'initiative d'injecter les capitaux obtenus dans la société, • Com. 12 nov. 1996, n° 94-15.910 : *RJDA 1997, n° 236.* ♦ ... Ou dès lors que l'emprunteur n'ignorait pas la véritable destination des fonds prêtés et que la banque n'avait pas agi contrairement à ses instructions, • Com. 23 mai 2006, n° 03-17.249 : *RTD com. 2006. 648, obs. Legeais.* ♦ Jugeant que le gérant est tenu de rembourser le prêt dès lors que l'acte de prêt avait été conclu par lui et que le prêteur avait remis les fonds au notaire pour être affectés par celui-ci selon les instructions de l'emprunteur (affectation à la société) • Civ. 1re, 22 juin 2004, n° 01-14.165 P : *D. 2004. IR 2477 ; JCP E 2004, n° 50, p. 1984, note Piedelièvre ; BRDA 2004, n° 13, p. 9.* ♦ Pour l'absence de responsabilité d'une banque à l'égard d'entrepreneurs qui n'avaient pas été payés des travaux faits pour le compte de la SCI emprunteuse, aux motifs que cette dernière avait la libre disposition des fonds empruntés et que la clause contractuelle prévoyant l'exigibilité anticipée des sommes empruntées en cas d'emploi à un autre objet que celui indiqué avait été stipulée dans le seul intérêt du prêteur, V. • Com. 27 mars 2001, n° 98-11.556 : *Banque et Dr. 3-4/2002. 61, obs. Guillot* (et sur renvoi • Paris, 23 oct. 2002 : *RDBF 2003, n° 103, obs. Crédot et Gérard ; Banque et Dr. 5-6/2004. 54, obs. Guillot*). ♦ V. aussi, écartant la responsabilité de la banque, en l'absence d'engagement de celle-ci d'opérer un contrôle *a posteriori* de l'utilisation effective des fonds : • Com. 3 juill. 2001, n° 98-17.016 : *RJDA 2001, n° 1243.* – V. aussi • Com. 23 janv. 2007, n° 05-18.368 P : *RTD com. 2007. 432, obs. Legeais ; JCP E 2007, n° 22, p. 18, obs. Stoufflet ; RJDA 2007, n° 1272.* ♦ ... Et jugeant que la clause contractuelle faisant référence à l'emploi des fonds n'est stipulée que dans le seul intérêt du prêteur : • Com. 8 juill. 2003, n° 00-15.584 : *RJDA 2004, n° 86* • 20 juin 2006, n° 05-11.059 : *RTD com. 2006. 649, obs. Legeais ; RDBF 2006, n° 189, obs. Crédot et Samin* • 14 nov. 2006, n° 05-16.298 : *JCP E 2007, n° 22, p. 18, obs. Stoufflet.* ♦ Sur la clause de contrôle d'emploi des fonds et les risques d'immixtion de la banque, V. • Com. 30 oct. 2007, n° 06-12.677 P : *préc. note 31.* ♦ Sur la responsabilité à l'égard de la caution, V. note 55.

41. Délégation. Sur la responsabilité d'une banque délégataire de créance qui, tenue d'une obligation d'information et de conseil vis-à-vis de l'emprunteur délégant, commet une faute en versant les fonds prêtés à la société déléguée alors qu'elle connaissait la situation irrémédiablement compromise de cette société, et en n'alertant pas l'emprunteur du risque qu'il encourt dans ces conditions à donner son accord pour une telle réalisation du prêt bancaire : • Dijon, 30 janv. 1998 : *JCP E 1998, n° 51, p. 1997.*

2° OCTROI DE CRÉDIT AUX PARTICULIERS

42. Devoir de conseil et de mise en garde. La présentation d'une offre préalable conforme à la législation sur les prêts immobiliers aux consommateurs ne dispense pas l'établissement de crédit de son devoir de conseil à l'égard de l'emprunteur, en particulier lorsqu'il apparaît que les charges du prêt sont excessives par rapport à la modicité des ressources du consommateur. • Civ. 1re, 27 juin 1995, n° 92-19.856 P : *D. 1995. IR 178 ; JCP E 1996. II. 772, note Legeais.* ♦ Manque à son devoir de mise en garde, la banque qui, n'ayant pas vérifié les capacités financières d'emprunteurs profanes, accorde à ceux-ci un prêt excessif au regard de leurs capacités financières. • Civ. 1re, 12 juill. 2005, n° 03-10.921 P : *D. 2005. 3084, note Parance ; RTD com. 2005. 820, obs. Legeais ; JCP 2005. II. 10140, note Gourio ; RJDA 2006, n° 319* • 2 nov. 2005, n° 03-17.443 P : *D. 2005. AJ 3084, obs. Avena-Robardet ; RTD com. 2006. 171, obs. Legeais ; JCP E 2005, n° 50, p. 2147 ; RJDA 2006, n° 452.* ♦ Une banque, en fournissant à son client un conseil inadapté à sa situation personnelle dont elle avait connaissance, a commis une faute sans laquelle ce dernier n'aurait pas procédé aux opérations génératrices de pertes. • Com. 8 avr. 2008, n° 07-13.013 P : *D. 2008. AJ 1202, obs. Delpech ; JCP E 2008, n° 49, p. 16, obs. Causse.* ♦ Jugeant que la mise en garde faite par une banque à deux époux quant à leurs facultés de remboursement (prévisibilité d'un endettement excessif) ne peut bénéficier à l'établissement de crédit qui a finalement octroyé le prêt : • Civ. 1re, 8 juin 2004, n° 02-12.185 P : *D. 2004. AJ 1897 ; JCP 2004. II. 10142, note Dagorne-Labbe ; Gaz. Pal. 2005. 1183, note Boucard ; RTD com. 2004. 581, obs. Legeais ; RJDA 2004, n° 1367.*

Ayant constaté que l'emprunteur avait dissimulé à la société de crédit l'existence de prêts en cours de remboursement, de sorte que les éléments d'information qu'il avait, sur la demande de cette société, portés à la connaissance de celle-ci étaient compatibles avec l'octroi de l'ouverture de crédit litigieuse, le tribunal en a exactement déduit que l'emprunteur, eu égard à sa déloyauté que la banque ne pouvait normalement déceler, n'était pas fondé à imputer, de ce chef, à la société un manquement au devoir de mise en garde auquel est tenu le professionnel du crédit à l'égard de son client non averti. • Civ. 1re, 30 oct. 2007, n° 06-17.003 P : *D. 2008. Chron. C. cass. 645, obs. Creton ; RTD com. 2008. 163, obs. Legeais ; JCP 2008. II. 10055, note Gourio ; RJDA 2008, n° 565.* – Dans le même sens, pour une espèce où les emprunteurs n'avaient pas mis la banque en mesure de constater l'existence d'un risque né de l'octroi du crédit, V. : • Com. 23 sept. 2014, n° 13-20.874 P : *D. actu. 8 oct. 2014, obs. Delpech ; RTD com. 2014. 839, obs. Legeais ; JCP E 2014, n° 1539 ; RJDA 2014, n° 931.*

43. Devoir d'éclairer le choix de l'emprunteur. La banque auprès de laquelle un client a ouvert un compte de dépôt, un compte d'épargne logement et un plan d'épargne populaire, est tenue, en tant que gestionnaire de ces comptes, d'éclairer son client sur les avantages et inconvénients du choix qui s'offre à celui-ci, pour couvrir le solde débiteur de son compte de dépôt, entre le recours au crédit et la mobilisation de l'épargne figurant sur ses autres comptes. • Civ. 1re, 12 juill. 2005, n° 03-10.115 P : *D. 2005. 3094, note Parance ; RTD com. 2005. 820, obs. Legeais ; JCP 2005. II. 10140, note Gourio.*

44. Emprunteur averti. Une cour d'appel qui a relevé que des époux, cadres supérieurs clients d'une banque, ayant créé une société qui avait pour objet la réalisation d'opérations immobilières, étaient des emprunteurs avertis, qu'aux revenus certains dont ils faisaient état au titre de leurs emplois devaient être ajoutés les revenus allant raisonnablement leur échoir au titre de leurs activités professionnelles secondaires et qu'en outre les époux percevaient d'autres revenus tirés de diverses activités a pu en déduire que l'établissement de crédit n'avait pas commis de faute en consentant aux emprunteurs un prêt dont les échéances étaient supérieures à leurs revenus. • Civ. 1re, 12 juill. 2005, n° 02-13.155 P : *D. 2005. 3094, note Parance ; RTD com. 2005. 820, obs. Legeais ; JCP 2005. II. 10140, note Gourio.* ♦ C'est à bon droit qu'une cour d'appel énonce que, ne prétendant pas que l'établissement de crédit prêteur aurait eu sur sa situation financière des renseignements que lui-même aurait ignorés, un emprunteur averti ne peut faire grief à cette banque de lui avoir accordé un prêt qu'il avait lui-même sollicité. • Civ. 1re, 12 juill. 2005, n° 03-10.770 P : *D. 2005. 3094, note Parance ; RTD com. 2005. 820, obs. Legeais ; JCP 2005. II. 10140, note Gourio.* – V. aussi • Civ. 1re, 21 févr. 2006, n° 02-19.066 P : *D. 2006. 1618, note J. François ; RTD com. 2006. 462, obs. Legeais ; JCP E 2006, n° 13, p. 611, note Legeais ; RJDA 2006, n° 820.* ♦ Une cour d'appel, relevant que les prêts litigieux avaient été souscrits par une personne assistée de son conjoint, présent lors de la signature des actes, lequel exerçait alors des fonctions de cadre supérieur au sein même de l'établissement prêteur et présentait, de ce fait, toute compétence pour apprécier la portée des obligations ainsi contractées par rapport aux capacités pécuniaires du ménage a pu décider, en l'état de ces constatations et appréciations, dont il se déduisait que l'intéressée avait été en mesure d'obtenir de son conjoint toutes les informations utiles pour lui permettre d'apprécier l'opportunité des engagements qu'elle souscrivait pour l'amélioration de son propre patrimoine, que la banque, qui n'avait dès lors aucun devoir de mise en garde, n'avait pas commis de faute. • Com. 3 mai 2006, n° 02-11.211 P : *D. 2006. 1618, note J. François ; JCP E 2006, n° 23, p. 996, note Legeais ; RJDA 2006, n° 1159.* ♦ Sur l'obligation de rechercher si l'intéressé peut être considéré comme un emprunteur averti, indépendamment de savoir s'il était moins bien informé sur sa situation financière que ne l'était le banquier, V. • Civ. 1re, 27 juin 2006, n° 04-18.845 P : *D. 2006. AJ 1887, obs. Delpech ; JCP 2006. IV. 2603 ; Banque et Dr. 9-10/2006. 49, obs. Bonneau.* ♦ Appréciant la qualité d'emprunteur averti d'une personne morale au regard du dirigeant de celle-ci, V. • Paris, 5 févr. 2009 : *RJDA 2009, n° 572.* ♦ Est emprunteur averti le client qui dispose soit d'une expérience du type d'opération pour laquelle il demande un nouveau financement, soit d'un savoir-faire professionnel en relation au moins indirecte avec les opérations de crédit, soit d'une tactique de gestion – domestique ou entrepreneuriale, selon les cas – qui traduit une volonté forte d'aboutir dans son projet sur le moyen et le long terme ; le caractère averti ou pas du client s'analyse par surcroît en considération de la complexité de l'opération et de la clarté de l'information dont la banque est, en toute hypothèse, débitrice. • Paris, 14 mai 2009 : *RJDA 2010, n° 169.*

C. MISE EN JEU DE LA RESPONSABILITÉ DU BANQUIER

45. Prescription. La prescription d'une action en responsabilité court à compter de la réalisation du dommage ou de la date à laquelle il est révélé à la victime si celle-ci établit qu'elle n'en avait pas eu précédemment connaissance ; le dommage résultant d'un manquement à l'obligation de mise en garde consistant en une perte de chance de ne pas contracter se manifeste dès l'octroi des crédits. • Com. 26 janv. 2010, n° 08-18.354 P : *D. 2010. 934, note Lasserre Capdeville ; JCP E 2010, n° 1153, note Legeais ; Gaz. Pal. 2010. 829, note Piedelièvre ; RJDA 2010, n° 580.* ♦ Sur l'application à l'action en responsabilité contre la banque de la prescription commerciale, V. note 8 ss. art. L. 110-4 C. com.

46. Opposabilité du secret bancaire. Sur l'opposabilité du secret bancaire par le banquier partie au procès, V. note 19 ss. art. L. 511-33. ♦ Pour un arrêt refusant d'ordonner la communication du dossier de l'analyse faite par la banque lors de la mise en place du financement, au motif que la charge de la preuve incombait à la caution, V. • Versailles, 19 févr. 1998 : *Banque et Dr. 9-10/1998. 34, obs. Guillot.*

1° ACTION EN RESPONSABILITÉ DES CRÉANCIERS DU BÉNÉFICIAIRE DU CRÉDIT

47. Apparence trompeuse de solvabilité. Sur la prise en compte de la création, par la banque, d'une apparence trompeuse de solvabilité à l'égard des tiers, V. • Com. 18 juin 1996, n° 94-14.567 P : *D. Affaires 1996. 1059 ; JCP E 1996. II. 896, note Legeais.*

48. Étendue de la réparation du préjudice. L'établissement de crédit qui a fautivement retardé l'ouverture de la procédure collective de son client n'est tenu de réparer que l'aggravation de l'insuffisance d'actif qu'il a ainsi contribué à créer. • Com. 22 mars 2005, n° 03-12.922 P : *D. 2005. AJ 1020, obs. Lienhard ; RTD com. 2005. 578, obs. Legeais ; JCP E 2005, n° 47, p. 1975, obs. Dumoulin ; RJDA 2005, n° 873 ; BJS 2005. 1212, obs. Lucas.* ♦ Comp. note 13 ss. art. L. 622-20 C. com. ♦ Le banquier qui a permis par ses agissements la continuation d'une exploitation déficitaire et a contribué à la création d'un passif supplémentaire est tenu de réparer le préjudice qu'il a causé aux créanciers de la société et non à ceux de l'associé. • Aix-en-Provence, 21 juin 2007 : *JCP E 2007, n° 48, p. 14.* ♦ Le passif créé postérieurement à la cessation des concours bancaires doit être pris en considération dans l'évaluation du préjudice car la poursuite de l'activité n'a été rendue possible que grâce au crédit antérieurement et abusivement accordé. • Même arrêt.

49. Procédure collective. BIBL. V. art. L. 650-1 C. com. ♦ Lorsqu'une procédure de sauvegarde, de redressement judiciaire ou de liquidation judiciaire est ouverte, les créanciers ne peuvent être tenus pour responsables des préjudices subis du fait des concours consentis, sauf les cas de fraude, d'immixtion caractérisée dans la gestion du débiteur ou de disproportion des garanties prises que si les concours consentis sont en eux-mêmes fautifs. • Com. 27 mars 2012, n° 10-20.077 P : *cité note 9 ss. art. L. 650-1 C. com.* ♦ Le maintien du compte en position largement débitrice constitue une fraude à la loi, en l'espèce aux dispositions de l'art. L. 313-12 C. mon. fin. Selon les dispositions de l'art. L. 650-1 C. com., la banque créancière ne peut, de ce simple fait, bénéficier de l'exonération de responsabilité édictée par les dispositions de cet article. • T. com. Nanterre, 19 juin 2009 : *Gaz. Pal. 2010. 1069, obs. Routier ; RDBF 2010, n° 208, obs. Crédot et Samin* (infirmé par • Versailles, 12 mai 2011 : *RPC 2011, n° 205, obs. Martin-Serf*). ♦ Sur l'exercice de l'action en responsabilité en cas de redressement et de liquidation judiciaires, V. note 1 ss. art. L. 622-20 C. com.

50. Compétence territoriale. V. note 12 ss. art. L. 622-20 C. com.

2° ACTION EN RESPONSABILITÉ DU BÉNÉFICIAIRE DU CRÉDIT

51. Vice du consentement. Sur la nécessité, lorsque la faute de la banque est invoquée par le bénéficiaire du crédit, d'apporter la preuve d'un vice du consentement, V. • Com. 24 janv. 1995, n° 93-12.542 : *RJDA 1995, n° 605.* – V. aussi • Versailles, 18 déc. 1998 : *RJDA 1998, n° 320.*

52. Emprunteur averti. Un emprunteur ne saurait invoquer le manquement à son obligation de conseil de la banque qui lui avait octroyé un crédit, dès lors que, homme d'affaires expérimenté, il connaissait les risques inhérents aux opérations dont il avait pris l'initiative. • Com. 11 mai 1999, n° 96-13.441 : *JCP E 1999, n° 43, p. 1730, note Legeais.* ♦ Rejetant la responsabilité de la banque dès lors qu'il n'est pas démontré qu'elle aurait eu des informations sur les capacités de remboursement de l'emprunteur ou sur les risques de l'opération financée que, par suite de circonstances exceptionnelles, celui-ci aurait pu ignorer : • Com. 1er juill. 2003, n° 98-22.286 : *RJDA 2004, n° 82.* ♦ V. aussi, sur la prise en compte de la connaissance par l'emprunteur des risques encourus, s'agissant d'un prêt contracté par des parents pour aider leur enfant à rembourser un prêt destiné à financer l'acquisition d'un fonds de commerce : • Com. 9 oct. 2001, n° 98-14.815 : *RJDA 2002, n° 345.* ♦ Sur l'absence de responsabilité d'une banque dans l'octroi d'un prêt à l'épouse du dirigeant d'une société se trouvant dans une situation irrémédiablement compromise au su de la banque, la bénéficiaire du prêt l'ayant demandé en toute connaissance de ses difficultés, V. • Com. 9 avr. 2002, n° 99-16.022 : *RJDA 2002, n° 795.* – V. aussi • Civ. 1re, 12 juill. 2005, n° 02-13.155 P : *préc. note 44.*

53. Préjudice de l'emprunteur. Le préjudice né du manquement par un établissement de crédit à son obligation de mise en garde s'analyse en la perte d'une chance de ne pas contracter. • Com. 20 oct. 2009, n° 08-20.274 P : *D. 2009. 2971, note Houtcieff ; JCP E 2009, n° 46, p. 12, note Legeais ; LPA 5 mars 2010, note Serlooten ; Gaz. Pal. 2009. 3779, note Guerchoun ; RJDA 2010, n° 68.* ♦ Le préjudice réparé s'analyse en une perte de chance dont la cour d'appel évalue souverainement le montant. • Com. 26 janv. 2010, n° 08-20.505 : *RJDA 2010, n° 423.* ♦ Le manquement d'une banque à son obligation de mettre en garde un emprunteur non averti sur le risque d'endettement excessif né de l'octroi d'un prêt prive cet emprunteur d'une chance d'éviter le risque qui s'est réalisé, la réalisation de ce risque supposant que l'emprunteur ne soit pas en mesure de faire face au paiement des sommes exigibles au titre du prêt. Il résulte de ses constatations que le terme du prêt, remboursable *in fine*, n'était pas échu, de sorte que le risque, sur lequel la banque s'était abstenue de mettre l'emprunteur en garde, ne s'était pas réalisé, de telle sorte que la cour d'appel a indemnisé un préjudice éventuel. • Com. 13 févr. 2019, n° 17-14.785 P : *D. 2019. Actu. 380 ; JCP E 2019, n° 1125 ; RJDA 2019, n° 366.*

3° ACTION EN RESPONSABILITÉ DE LA CAUTION

BIBL. Paul, *Dr. et patr. 6/2002. 40* (ampleur de la décharge directe de la caution en raison de la faute du créancier) – Arlie, *LPA 24 sept. 2002* (responsabilité civile du banquier : une voie étroite de libération pour la caution). – Farge, *D. 2003. 892* (recours personnel de la caution : la voie possible d'un renouveau du cautionnement). – Roman, *ibid. 2156* (la caution et l'action paulienne) ; *Dr. et patr. 3/2004. 50* (les moyens de défense de la caution : l'importance accrue des aspects procéduraux). – Gallois-Cochet, *JCP 2006. I. 175* (responsabilité civile du banquier comme moyen de défense de la caution en cas de cession de créance). – SDECC, *BICC 15 janv. 2010, p. 31* (les obligations du banquier au regard des cautions). – Crédot et Bouteiller, *JCP E 2010, n° 1785* (de quel manquement au devoir de mise en garde la caution peut-elle se prévaloir ?).

54. Défaut d'information de la caution. Manque à son obligation de renseignement l'établissement de crédit qui omet d'informer les cautions de l'arrêt par le débiteur principal du paiement des cotisations du contrat d'assurance de groupe couvrant les risques invalidité-décès souscrits par ce dernier en même temps que l'emprunt, et les met dans l'impossibilité de se substituer au débiteur principal dans le paiement de cotisations et donc de maintenir le contrat. • Civ. 1re, 27 juin 1995, n° 92-21.085 P.

55. Absence de contrôle de l'affectation des fonds. Sur la responsabilité d'une banque à l'égard de la caution d'un prêt affecté, l'établissement de crédit n'ayant effectué aucun contrôle quant à l'affectation des fonds, V. • Com. 26 avr. 2000, n° 95-20.946 : *RJDA 2000, n° 917* • 10 juill. 2001, n° 98-22.481 : *RDBF 2001, n° 221, obs. Legeais.* ♦ V., au contraire, écartant la responsabilité de la banque à l'égard de la caution en l'absence de clause d'affectation dans l'acte de prêt : • Com. 17 juill. 2001, n° 98-18.871 : *RDBF 2001, n° 220, obs. Legeais.* ♦ Sur l'effet relatif de la convention d'affectation, V. • Com. 8 oct. 2002, n° 00-12.156 P : *RTD com. 2003. 144, obs. Cabrillac ; LPA 10 janv. 2003, obs. E. C.* ♦ V. aussi note 40.

56. Cautionnement disproportionné. La sanction de la disproportion entre la situation de la caution et le montant de son engagement souscrit envers un établissement de crédit ne peut être recherchée que sur le terrain de la responsabilité civile du banquier et ne saurait consister en l'annulation du cautionnement. • Civ. 1re, 29 juin 2004, n° 02-13424 P. ♦ Mais des cautions dirigeantes, n'ayant jamais prétendu ni démontré que la banque envers laquelle ils avaient souscrit un cautionnement auraient eu sur leurs revenus, leurs patrimoines et leurs facultés de remboursement raisonnablement prévisibles en l'état du succès escompté de l'opération immobilière entreprise par la société, des informations qu'eux-mêmes auraient ignorées, ne sont pas fondées à rechercher la responsabilité civile de cette banque en raison d'une disproportion entre le montant de leur engagement et leur capacité financière. • Com. 8 oct. 2002, n° 99-18.619 P : *D. 2003. 414, note Koering*; *JCP 2003. II. 10017, note Picod*; *RTD civ. 2003. 125, obs. Crocq*.

57. Caution avertie. Lorsqu'en qualité de dirigeant de la société cautionnée la caution avait une parfaite connaissance de la situation de l'entreprise, elle ne peut reprocher à la banque d'avoir accordé des crédits inconsidérés. • Com. 15 févr. 1994, n° 92-11.591 P : *Rev. dr. bancaire 1994. 236, obs. Crédot et Gérard.* ♦ Ainsi, le gérant de société, caution solidaire des dettes sociales et assigné en exécution de ses engagements par la banque, ne peut, à défaut de circonstances exceptionnelles, mettre en œuvre la responsabilité de cette dernière pour soutien abusif de crédit. • Com. 12 nov. 1997, n° 95-13.681 P : *D. Affaires 1998. 22, obs. X. D.*; *JCP E 1998, n° 5, p. 182, note Legeais*; *BJS 1998. 105, note Delebecque*; *RTD com. 1999. 683, obs. Champaud et Danet*. ♦ Dans le même sens s'agissant d'associés fondateurs et bailleurs de fonds de la société, V. • Com. 15 oct. 2002, n° 93-20.262 : *RJDA 2003, n° 190.* ♦ Pour un arrêt ayant en revanche admis la responsabilité d'un établissement de crédit-bail envers des cautions dirigeantes en présence de circonstances exceptionnelles (connaissance par la banque d'informations sur la non-viabilité de l'opération non transmises aux cautions), V. • Com. 20 sept. 2005, n° 03-19.732 P : *préc. note 34.* ♦ Jugeant qu'une caution dirigeante peut se prévaloir du dol commis par un établissement de crédit dans l'octroi d'un prêt, V. • Com. 23 juin 1998, *n° 95-16.117 P* : *JCP E 1998, n° 47, p. 1831, note Legeais.* ♦ Sur l'étendue du contrôle opéré par la Cour de cassation en matière de qualification de caution avertie, V. • Com. 3 févr. 2009, n° 07-19.778 : *JCP 2009. II. 10081, note Legeais*; *RJDA 2009, n° 571.*

58. Préjudice de la caution. En dehors des cas visés par l'art. 2037 [2314] C. civ., la faute du créancier ne peut donner lieu qu'à l'allocation de dommages et intérêts à la mesure du préjudice subi. • Civ. 1re, 17 mars 1998, n° 96-16.190 P : *D. Affaires 1998. 668, obs. J. F.*; *Dr. sociétés 1998, n° 84, note Bonneau.* ♦ Le préjudice né du manquement par un établissement de crédit à son obligation de mise en garde s'analyse en la perte d'une chance de ne pas contracter. • Com. 20 oct. 2009, n° 08-20.274 P : *préc. note 53* • 1er déc. 2009, n° 08-17.675 : *Gaz. Pal. 2010. 330, obs. Dumont-Lefrand*; *Dr. et patr. 9/2010. 89, obs. Dupichot.*

59. Défense au fond ou demande reconventionnelle de la caution. La caution qui, poursuivie en paiement par le créancier, demande à être déchargée de son obligation en raison de la faute commise par celui-ci à l'encontre du débiteur principal, sans prétendre obtenir un avantage autre que le simple rejet de la prétention de son adversaire, peut procéder par voie de défense au fond ; elle peut aussi, par voie de demande reconventionnelle, demander à être déchargée indirectement en sollicitant des dommages et intérêts puis la compensation entre le montant de sa dette et celui des dommages et intérêts. • Com. 26 oct. 1999, n° 96-16.837 P : *D. 2000. Somm. 340, obs. Jobard-Bachellier*; *JCP 1999. II. 10262, note Legeais*; *Procédures 2000, n° 36, obs. H. C.*; *RTD com. 2000. 157, obs. Cabrillac* • 26 avr. 2000, n° 96-21.941 P : *D. 2000. 665, note Grimaldi*; *RDBF 2000, n° 151, obs. Legeais* • Civ. 1re, 4 oct. 2000, n° 98-10.075 P : *D. 2000. AJ 401, obs. Avena-Robardet*; *RDBF 2000, n° 223, obs. Legeais*; *Banque et Dr. 3-4/2001. 45, obs. Jacob.* ♦ Comp. en ce sens que lorsqu'elle se situe en dehors du cadre de l'art. 2037 [2314] C. civ., la caution ne peut agir en responsabilité à l'encontre de la banque pour faute de cette dernière envers la société, que par voie de demande reconventionnelle et non pas par voie d'exception. • Com. 22 avr. 1997, n° 95-11.532 P : *D. Affaires 1997. 666*; *LPA 4 mars 1998, note D. Boccara* • Civ. 1re, 24 juin 1997, n° 95-15.055 P : *D. Affaires 1997. 958.* – V. déjà • Com. 16 mars 1993, n° 90-20.614 P : *D. 1993. Somm. 314, obs. Aynès* • 25 juin 1996, n° 94-20.100 P : *D. Affaires 1996. 1091*; *JCP 1996. II. 22687, rapp. Rémery* (donneur d'aval). – V. aussi Haehl, *RTD com. 1990. 275*. ♦ Les demandes reconventionnelles et les moyens de défense étant formés de la même manière à l'encontre des parties à l'instance, la cour d'appel doit répondre à la demande de la caution qui invoque la faute du créancier pour s'opposer au paiement, quelle qu'en soit la qualification procédurale. • Cass., ch. mixte, 21 févr. 2003, n° 99-18.759 P : *D. 2003. AJ 829, obs. Avena-Robardet*; *JCP E 2003, n° 28-29, p. 1194, note Legeais*; *RJDA 2003, p. 495, concl. de Gouttes*; *RTD com. 2003. 353, obs. Legeais*; *Procédures 2003, n° 118, obs. Croze.*

La caution qui demande reconventionnellement des dommages-intérêts à une banque, en raison du préjudice personnel qu'elle allègue contre cette dernière, n'est pas tenue de mettre en cause le débiteur principal ou les organes de la procédure collective de celui-ci. • Com. 25 juin 1996, n° 94-17.244 P : *D. Affaires 1996. 1068 ; JCP E 1997. II. 900, note Legeais.*

60. Défense de la caution à une action paulienne de la banque. Dès lors que la banque justifie d'un principe certain de créance, la faute de cette dernière ne peut être invoquée par voie d'exception dans le cadre d'une défense à une action paulienne. • Cass., ch. mixte, 21 févr. 2003, n° 99-13.563 P : *D. 2003. AJ 829, obs. Avena-Robardet ; RJDA 2003, p. 495, concl. de Gouttes ; JCP E 2004, n° 3, p. 77, obs. Simler.*

61. Autres recours de la caution. Avant même d'avoir payé, la caution qui dispose contre le débiteur d'une créance personnelle d'indemnité, peut agir contre celui-ci, bien qu'il soit lui-même poursuivi en paiement par le créancier. • Com. 21 janv. 2003, n° 00-21.654 P : *D. 2003. AJ 620 ; JCP E 2003, n° 11, p. 438 ; RDC 2003. 177, obs. Houtcieff ; RJDA 2003, n° 642.* ♦ La caution, poursuivie en paiement par le créancier, dispose, avant même d'avoir payé, d'une créance personnelle d'indemnité contre les héritiers de l'emprunteur, de sorte que du chef de cette créance, elle était recevable à agir, par voie oblique, contre la compagnie d'assurance en exécution du contrat d'assurance. • Civ. 1re, 25 mai 2005, n° 04-11.622 P : *JCP E 2005, n° 29, p. 1220 ; RDBF 2005, n° 122, obs. Legeais ; Banque et Dr. 7-8/2005. 62, obs. Rontchevsky ; RJDA 2005, n° 1151.*

62. Cumul des actions. Jugeant que, en matière de responsabilité bancaire en ce qui concerne l'octroi de crédit, la caution peut se prévaloir du devoir de mise en garde et de la responsabilité fondée sur le soutien abusif de crédit de l'art. L. 650-1 C. com., V. • Versailles, 26 mai 2011 : *RDBF 2012, n° 7, obs. Legeais.*

Art. L. 313-12-1 *(L. n° 2009-1255 du 19 oct. 2009, art. 2)* **Les établissements de crédit** *(Ord. n° 2013-544 du 27 juin 2013, art. 3, en vigueur le 1er janv. 2014)* **« ou les sociétés de financement » fournissent aux entreprises qui sollicitent un prêt ou bénéficient d'un prêt** *(L. n° 2013-672 du 26 juill. 2013, art. 57)* **« leur notation et » une explication sur les éléments ayant conduit aux décisions de notation les concernant, lorsqu'elles en font la demande. Ces explications ou éléments ne peuvent pas être demandés par un tiers, ni lui être communiqués.**

BIBL. ▶ MATHEY, *JCP E 2010, n° 1550* (vers une remise en cause de la liberté du banquier en matière de crédit ?).

Art. L. 313-12-2 *(L. n° 2009-1255 du 19 oct. 2009, art. 5)* **La Banque de France publie chaque trimestre, à partir du volume des encours de crédits et des nouveaux crédits consentis par les établissements de crédit** *(Ord. n° 2013-544 du 27 juin 2013, art. 3, en vigueur le 1er janv. 2014)* **« ou les sociétés de financement » aux entreprises, un document faisant apparaître la part et le volume de ceux consentis :**

– aux entreprises créées depuis moins de trois ans ;

– aux petites et moyennes entreprises.

Les données précisent, pour chaque catégorie, le nombre d'entreprises concernées.

§ 2 *Prêts participatifs*

RÉP. SOCIÉTÉS v° *Prêt participatif*, par QUIEVY.

BIBL. GÉN. ▶ FAUGÉROLAS, *JCP E 1991. I. 84* (subordination des créances). – BACHELOT, *Dr. sociétés 1995. Chron. 6* (problèmes posés par la pratique). – LÉCUYER, *Dr. sociétés 2005. Chron. 12* (L. n° 2005-882 du 2 août 2005 : aspects de droit commun des sociétés). – ANSALONI, *Banque et Dr. 1-2/2012. 19* (retour sur la subordination des créances).

Art. L. 313-13 L'État, sous réserve des articles L. 313-18 à L. 313-20 *[,]* **les établissements de crédit,** *(Ord. n° 2013-544 du 27 juin 2013, art. 3, en vigueur le 1er janv. 2014)* **« les sociétés de financement, les autres sociétés commerciales »,** *(L. n° 2020-1721 du 29 déc. 2020, art. 209)* **« , les fonds d'investissements alternatifs régis par la section II du chapitre IV du titre Ier du livre II et habilités à consentir des prêts aux entreprises non financières »** *(L. n° 2005-882 du 2 août 2005, art. 11-I)* **« les établissements publics dont la liste est fixée par décret en Conseil d'État, »** *(Ord. n° 2001-350 du 19 avr. 2001)* **« les sociétés et mutuelles d'assurances,** *(L. n° 2005-882 du 2 août 2005, art. 11-I)* **« les associations sans but lucratif mentionnées au 5 de l'article L. 511-6, » les mutuelles et unions régies par le code de la mutualité » et les institutions relevant du titre II et du titre III du livre IX du code de la sécurité sociale peuvent consentir sur leurs ressources disponibles à long terme des concours aux entreprises** *(L. n° 2013-672 du 26 juill. 2013, art. 78)* **« agricoles, »** *(L. n° 2005-882 du 2 août 2005, art. 11-I)* **« artisanales, industrielles ou commerciales » sous forme de prêts participatifs régis par les articles L. 313-14 à L. 313-20. Les dispositions du présent article ne font pas obstacle à l'application des dispositions pénales du titre IV du livre II du code de commerce.** – *[L. n° 78-741 du 13 juill. 1978, art. 24.] – V. art. R. 313-14-1.*

(L. n° 2005-882 du 2 août 2005, art. 11-I) « L'attribution d'un prêt participatif à une entreprise individuelle n'emporte pas, par elle-même, constitution d'une société entre les parties au contrat. »

1. Champ d'application. Les prêts participatifs n'étant consentis qu'aux entreprises industrielles et commerciales, les personnes physiques non commerçantes, seraient-elles les dirigeants sociaux de ces entreprises, ne peuvent contracter de tels prêts. • Com. 7 mars 1995, n° 92-13.527 P : *D. 1995. IR 88 ; BJS 1995. 519, note Couret ; Rev. sociétés 1995. 703, note Barbièri ; Dr. sociétés 1995, n° 130, obs. Bonneau.* ♦ Sur la qualification de prêt participatif dans l'hypothèse d'une société en formation, peu important à cet égard que le prêt n'ait pas été repris ultérieurement par la société, V. • Com. 18 juin 2002, n° 00-14.779 : *RJDA 2002, n° 1310 ; Banque et Dr. 11-12/2002. 54, obs. Bonneau.* ♦ Jugeant que pour qualifier le prêt litigieux il convient de ne pas s'arrêter au sens littéral des termes de la convention mais de rechercher quelle avait été la commune intention des parties, V. • Même arrêt.

2. Garantie. La garantie prise sur le patrimoine d'un tiers à l'entreprise industrielle ou commerciale bénéficiaire du prêt ne peut exclure la qualification de prêt participatif. • Com. 7 avr. 2009, n° 08-11.360 : *D. 2010. Pan. 1049, obs. D. R. Martin ; Banque et Dr. 7-8/2009. 19, obs. Bonneau ; RJDA 2009, n° 995.* ♦ L'établissement de crédit qui accorde un prêt participatif garanti par la Société française d'assurance du capital-risques des petites et moyennes entreprises (SOFARIS), accepte par là même les modalités et conditions de cette garantie qui sont définies par une convention passée entre l'État et la SOFARIS et par une note d'instruction de cette dernière. • Civ. 1re, 19 avr. 1988, n° 86-13.746 P : *JCP 1989. II. 21176, note Delebecque.* ♦ V. aussi, sur les conditions de l'intervention de la SOFARIS dans l'octroi d'un prêt participatif : • Com. 17 oct. 1995, n° 94-10.240 : *RJDA 1996, n° 87.*

V. note 2 ss. art. L. 313-16.

Sous-§ 1er Régime général

Art. L. 313-14 Les prêts participatifs sont inscrits sur une ligne particulière du bilan de l'organisme qui les consent et de l'entreprise qui les reçoit *(L. n° 2005-882 du 2 août 2005, art. 11-II)* « et qui, en outre, les mentionne dans l'annexe prévue à l'article L. 123-12 du code de commerce ».

Ils sont, au regard de l'appréciation de la situation financière des entreprises qui en bénéficient, assimilés à des fonds propres. — *[L. n° 78-741 du 13 juill. 1978, art. 25.]*

Art. L. 313-15 En cas de liquidation amiable, de liquidation judiciaire *(L. n° 2005-845 du 26 juill. 2005, art. 165)* « , de sauvegarde » ou de redressement judiciaire par cession de l'entreprise débitrice, les prêts participatifs ne sont remboursés qu'après désintéressement complet de tous les autres créanciers privilégiés ou chirographaires. *(L. n° 2005-882 du 2 août 2005, art. 11-III)* « Sauf stipulations contractuelles contraires ayant requis l'accord global de l'ensemble des titulaires de prêts participatifs ceux-ci sont, pour les répartitions à intervenir, placés sur le même rang. » — *[L. n° 78-741 du 13 juill. 1978, art. 26.] — V. C. com., art. L. 228-36, al. 4.*

Art. L. 313-16 En cas *(L. n° 2005-845 du 26 juill. 2005, art. 165-II)* « de procédure de sauvegarde ou » de redressement judiciaire par continuation de l'entreprise débitrice, le remboursement des prêts participatifs et le paiement des rémunérations prévues sont suspendus pendant toute la durée de l'exécution *(L. n° 2005-845 du 26 juill. 2005, art. 165-II)* « des plans de sauvegarde ou de redressement judiciaire ». — *[L. n° 78-741 du 13 juill. 1978, art. 27, al. 1er.]*

1. Applicabilité au redressement judiciaire. Jugé que les dispositions de l'art. 27 [C. mon. fin., art. L. 313-16] ne peuvent être étendues aux plans de redressement par continuation prévus par la L. du 25 janv. 1985 [C. com., art. L. 621-62 s. anc.], dès lors qu'un tel plan ne peut être assimilé ni à un concordat, ni à une suspension provisoire des poursuites. • Lyon, 26 juill. 1991 : *RJDA 1992, n° 90.*

2. Cautionnement spécial. Le caractère des prêts participatifs et le régime auquel, en vertu des art. 26 et 27 de la L. du 13 juill. 1978 [C. mon. fin., art. L. 313-15 et L. 313-16], ils sont soumis en cas d'ouverture d'une procédure collective, ne permettent pas de faire entrer pareils prêts dans le champ des cautionnements qui n'ont pas été consentis spécialement pour leur garantie, même si ces cautionnements ont été stipulés sans limitation quant à la nature et au montant des engagements du débiteur. • Com. 9 juin 1992, n° 90-17.792 P : *D. 1992. IR 198 ; Rev. sociétés 1993. 93, note Delebecque ; RPC 1992. 404, obs. Soinne.* ♦ L'établissement de crédit qui accorde un prêt participatif garanti par SOFARIS accepte les modalités et conditions limitatives des sûretés prévues par la convention du 2 déc. 1982 entre l'État et SOFARIS, laquelle ne prévoit pas l'éventualité du cautionnement consenti par le dirigeant de l'entreprise emprunteuse. • Civ. 1re, 8 juill. 1997, n° 95-18.898 P : *D. Affaires 1997. 1003* • Com. 27 oct. 1998, n° 96-13.570 P : *D. Affaires 1999. 207, obs. X. D. ; Dr. sociétés 1999, n° 50, obs. Bonneau.* ♦ Comp., ayant jugé que ni les dispositions du code civil, ni celles de la L. du 13 juill. 1978 [C. mon. fin., art. L. 313-13 s.] ne faisaient obstacle à ce que le remboursement d'un prêt participatif soit garanti par un cautionnement, sous réserve que celui-ci soit consenti spécialement à cette fin et qu'une restriction au champ d'application du contrat de cautionnement, fixé par la loi, ne pouvait résulter d'une instruction ministérielle, • Com. 31 mai 1994, n° 96-13.570 P : *D. 1994. IR 172 ; Dr. sociétés 1994, n° 150, note Bonneau.* ♦ Comp. aussi • Com. 20 mai 1997, n° 95-13.513 P : *BJS 1997. 808, note Barbièri ; Dr. sociétés 1997, n° 140, note Bonneau ; RTD com. 1997. 492, obs. Cabrillac ; JCP E 1997. Pan. 668, obs. Bouteiller.*

3. Action récursoire. La circonstance que l'action récursoire du cautionné à l'encontre du débiteur principal soit limitée, puisque le créancier participatif ne bénéficie que d'une créance de dernier rang, n'a pas pour autant pour effet de priver le cautionné de toute action récursoire au sens de l'art. 2028 [2305] C. civ., pas plus que le créancier participatif n'est privé d'action contre le débiteur principal. • Com. 20 mai 1997, n° 95-13.513 P : *préc. note 2.*

4. Sous-cautionnement. Le sous-cautionnement souscrit au profit des cautions d'un prêt participatif doit être spécialement consenti à cette fin. • Com. 20 mai 1997, n° 95-13.513 P : *préc. note 2.*

Art. L. 313-17 Sans préjudice des articles *(Ord. n° 2016-301 du 14 mars 2016, art. 2, en vigueur le 1er juill. 2016)* « L. 314-1 à L. 314-9 *[ancienne rédaction : L. 313-1 à L. 313-6]* » du code de la consommation, l'intérêt fixe du prêt participatif peut être majoré dans les conditions qui sont déterminées par le contrat, notamment par le jeu d'une clause de participation au bénéfice net de l'emprunteur *(L. n° 2005-882 du 2 août 2005, art. 11-IV)* « ou au bénéfice réalisé par l'emprunteur lors de l'utilisation des biens dont l'acquisition a été financée totalement ou partiellement par ce prêt ou à la plus-value réalisée lors de leur cession ou sous forme de rétrocession de la marge réalisée ». — *V. ces art., v° Prêts d'argent — Intérêts des capitaux.*

(L. n° 2005-882 du 2 août 2005, art. 11-IV) « Lorsqu'une clause de participation au bénéfice net de l'entreprise est prévue, elle s'exerce sous la forme d'un prélèvement prioritaire, pour les personnes physiques, sur le bénéfice comptable et, pour les sociétés, sur le bénéfice distribuable avant toute autre affectation.

« Dans les cas où l'approbation des assemblées spéciales mentionnées aux articles L. 225-99 et L. 228-35-6 du code de commerce ou des assemblées générales des masses constituées en application de l'article L. 228-103 du même code est nécessaire, cette clause est approuvée par l'assemblée générale extraordinaire. Dans les autres cas, elle est approuvée par les associés statuant selon les conditions requises pour l'approbation des comptes. »

Sous-§ 2 Prêts participatifs accordés par l'État

Art. L. 313-18 L'octroi de prêts participatifs par l'État est subordonné à des engagements précis et datés de la part de l'emprunteur en matière industrielle ou commerciale ainsi qu'en matière financière.

Si le contenu ou l'échéancier des engagements ne sont pas respectés, le remboursement du prêt devient exigible, sauf dans le cas prévu à l'article L. 313-16. — *[L. n° 78-741 du 13 juill. 1978, art. 31.]*

Art. L. 313-19 L'intérêt fixe du prêt participatif est majoré, dans les conditions qui sont déterminées par le contrat, par le jeu d'une clause de participation, notamment au bénéfice net de l'emprunteur.

Cette participation constitue une charge de l'exercice.

Le taux effectif global de la rémunération versée par l'emprunteur à l'État ne peut être inférieur au taux moyen des intérêts rémunérant les comptes courants des associés de la société emprunteuse. — *[L. n° 78-741 du 13 juill. 1978, art. 32.]*

Art. L. 313-20 Le montant de chaque prêt participatif accordé par l'État est rendu public chaque année. — *[L. n° 78-741 du 13 juill. 1978, art. 33, al. 1er.]*

§ 3 *Garanties des crédits aux entrepreneurs individuels*

Art. L. 313-21 A l'occasion de tout concours financier qu'il envisage de consentir à un entrepreneur individuel pour les besoins de son activité professionnelle, l'établissement de crédit *(Ord. n° 2013-544 du 27 juin 2013, art. 3, en vigueur le 1er janv. 2014)* « ou la société de financement » qui a l'intention de demander une sûreté réelle sur un bien non nécessaire à l'exploitation ou une sûreté personnelle consentie par une personne physique doit informer par écrit l'entrepreneur de la possibilité qui lui est offerte de proposer une garantie sur les biens nécessaires à l'exploitation de l'entreprise *(L. n° 2010-658 du 15 juin 2010, art. 10)* « ou de solliciter une garantie auprès d'un autre établissement de crédit, *(Ord. n° 2013-544 du 27 juin 2013, art. 3, en vigueur le 1er janv. 2014)* « d'une société de financement ou » d'une entreprise d'assurance habilitée à pratiquer les opérations de caution *(Abrogé par Ord. n° 2013-544 du 27 juin 2013, art. 3, à compter du 1er janv. 2014)* *« ou d'une société de caution mutuelle mentionnée aux articles L. 515-4 à L. 515-12 »*. L'établissement de crédit » *(Ord. n° 2013-544 du 27 juin 2013, art. 3, en vigueur le 1er janv. 2014)* « ou la société de financement » indique, compte tenu du montant du concours financier sollicité, le montant de la garantie qu'il souhaite obtenir.

A défaut de réponse de l'entrepreneur individuel dans un délai de quinze jours ou en cas de refus par l'établissement de crédit *(Ord. n° 2013-544 du 27 juin 2013, art. 3, en vigueur le 1er janv. 2014)* « ou la société de financement » de la garantie proposée par l'entrepreneur individuel, l'établissement de crédit *(Ord. n° 2013-544 du 27 juin 2013, art. 3, en vigueur le 1er janv. 2014)* « ou la société de financement » fait connaître à ce dernier le montant chiffré des garanties qu'il souhaite prendre sur les biens non nécessaires à l'exploitation de l'entreprise ou auprès de tout autre garant. En cas de désaccord de l'entrepreneur, l'établissement de crédit *(Ord. n° 2013-544 du 27 juin 2013, art. 3, en vigueur le 1er janv. 2014)* « ou la société de financement » peut renoncer à consentir le concours financier sans que sa responsabilité puisse être mise en cause.

L'établissement de crédit *(Ord. n° 2013-544 du 27 juin 2013, art. 3, en vigueur le 1er janv. 2014)* « ou la société de financement » qui n'a pas respecté les formalités prévues aux premier et deuxième alinéas ne peut dans ses relations avec l'entrepreneur individuel se prévaloir des garanties qu'il aurait prises. En cas de garantie constituée par une sûreté immobilière ou mobilière donnant lieu à publicité, l'établissement de crédit *(Ord. n° 2013-544 du 27 juin 2013, art. 3, en vigueur le 1er janv. 2014)* « ou la société de financement » ne peut plus s'en prévaloir à compter de la radiation de l'inscription de la sûreté. — *[L. n° 84-46 du 24 janv. 1984, art. 60-1.]*

BIBL. ► RUBELLIN, *JCP 1995. I. 3856.*

1. Entrepreneur individuel. Dès lors que la sûreté réelle prise sur un bien non nécessaire à l'exploitation n'a pas été demandée par la banque, mais offerte par l'entrepreneur individuel, il ne peut être reproché à la banque de ne pas avoir respecté les dispositions de l'art. 60-1 [C. mon. fin., art. L. 313-21]. • Bordeaux, 4 avr. 2001 : *Banque et Dr. 3-4/2002. 62, obs. Guillot.*

2. Caution. Après avoir énoncé que la sanction prévue en cas de non-respect des formalités qu'édicte l'art. L. 313-21 ne s'applique que dans les relations entre la banque et l'entrepreneur individuel, la cour d'appel en a exactement déduit que la caution ne pouvait s'en prévaloir. • Com. 3 juin 2009, n° 08-13.613 P : *D. 2009. AJ 1601, obs. Avena-Robardet ; RTD com. 2009. 797, obs. Legeais ; JCP 2010, n° 4, obs. Simler ; RJDA 2009, n° 1010.*

Art. L. 313-21-1 *(L. n° 2005-842 du 26 juill. 2005, art. 18-I)* Les sociétés retenues pour contribuer à la création d'activités ou au développement des emplois dans le cadre d'une convention passée avec l'État en application *(Ord. n° 2007-329 du 12 mars 2007, art. 3)* « des articles L. 1233-84 à L. 1233-89 » du code du travail ainsi que les sociétés agréées par le ministre chargé de l'économie sont autorisées à consentir des garanties partielles au profit d'établissements de crédit *(Ord. n° 2013-544 du 27 juin 2013, art. 3, en vigueur le 1er janv. 2014)* « ou de sociétés de financement » octroyant des prêts pour des projets de développement d'entreprises situées dans des bassins d'emploi connaissant des difficultés économiques ou révélant une fragilité économique, ainsi qu'aux sociétés de caution mutuelle artisanales qui cautionnent de tels projets.

Les conditions d'application de ces dispositions, notamment en ce qui concerne l'agrément et l'étendue des garanties, sont fixées par décret en Conseil d'État. — *V. C. mon. fin., art. R. 518-65 s.* — ***C. mon. fin.***

§ 4 *Régime des engagements de garantie (L. n° 2010-737 du 1er juill. 2010, art. 26-I).*

Art. L. 313-22 *(Abrogé par Ord. n° 2021-1192 du 15 sept. 2021, art. 32, à compter du 1er janv. 2022) Les établissements de crédit (Ord. n° 2013-544 du 27 juin 2013, art. 3, en vigueur le 1er janv. 2014) « ou les sociétés de financement » ayant accordé un concours financier à une entreprise, sous la condition du cautionnement par une personne physique ou une personne morale, sont tenus au plus tard avant le 31 mars de chaque année de faire connaître à la caution le montant du principal et des intérêts, commissions, frais et accessoires restant à courir au 31 décembre de l'année précédente au titre de l'obligation bénéficiant de la caution, ainsi que le*

terme de cet engagement. Si l'engagement est à durée indéterminée, ils rappellent la faculté de révocation à tout moment et les conditions dans lesquelles celle-ci est exercée.

(L. n° 2016-1691 du 9 déc. 2016, art. 84) ***« La réalisation de cette obligation légale ne peut en aucun cas être facturée à la personne qui bénéficie de l'information. »***

Le défaut d'accomplissement de la formalité prévue à l'alinéa précédent emporte, dans les rapports entre la caution et l'établissement tenu à cette formalité, déchéance des intérêts échus depuis la précédente information jusqu'à la date de communication de la nouvelle information. Les paiements effectués par le débiteur principal sont réputés, dans les rapports entre la caution et l'établissement, affectés prioritairement au règlement du principal de la dette. – *[L. n° 84-148 du 1er mars 1984, art. 48.]*

RÉP. COM. v° *Cautionnement commercial*, par PIETTE.

BIBL. ▶ LE CORRE-BROLY, *LPA 17 août 1998* (faculté de résiliation de la caution). – CERLES, *Banque et Dr. 3-4/1999. 3* (incidences sur les cautionnements de personnes physiques de la loi relative à la lutte contre les exclusions). – BRÉMONT et JOBARD-BACHELLIER, *RTD com. 1999. 327* (cautionnement d'activités professionnelles : de l'utilité du droit de la responsabilité pour assurer l'équilibre des intérêts des contractants). – MEYER, *Dr. sociétés 2001. Chron. 26* (information des cautions et mise en jeu des garanties en cas de redressement ou de liquidation judiciaires du débiteur principal et/ou du garant). – VUILLEMIN-GONZALEZ, *D. 2001. 3338* (la réticence dolosive des établissements bancaires à l'égard des cautions). – PICOD, *D. 2002. 1971* (réflexions sur la sanction de l'obligation d'information bénéficiant aux cautions d'entreprises). – MIGNOT, *Dr. et patr. 12/2002. 30* (nature du cautionnement réel à la lumière de la pratique contractuelle bancaire). – HOUTCIEFF, *RTD civ. 2003. 3* (remarques sur la considération de la personne du créancier par la caution). – CERLES, *Dr. et patr. 7-8/2003. 54* (protection de la caution personnelle). – LEGEAIS, *Mél. Bouloc, Dalloz, 2006, p. 599* (la caution dirigeante). – PICOD, *Mél. Simler, Dalloz-Litec, 2006, p. 395* (l'évolution de l'obligation d'information de la caution pendant l'exécution du contrat). – ROUTIER, *LPA 29 mars 2006* (défaut d'information justifiant le non-paiement du banquier). – DJOUDI, *RDBF mai-juin 2007. 60* (sanction de l'obligation d'information annuelle de la caution). – BOUTEILLER, *JCP E 2008, n° 16, p. 13* (la faute du banquier et les moyens de défense de la caution poursuivie). – DELATTRE-BEYNET, *Dr. et patr. 7-8/2008. 82* (cautionnement et entreprise : difficultés pratiques). – SDECC, *BICC 15 janv. 2010, p. 31* (obligations du banquier au regard des cautions).

1. *Ordre public.* Les parties ne peuvent déroger aux dispositions d'ordre public de l'art. 48 [C. mon. fin., art. L. 313-22]. • Com. 14 déc. 1993, n° 91-17.928 P.

2. *Application dans le temps.* **BIBL.** Élie, *LPA 17 oct. 2003.* ♦ L'art. 48 [C. mon. fin., art. L. 313-22] est applicable aux effets des cautionnements souscrits antérieurement à l'entrée en vigueur de la L. du 1er mars 1984. • Com. 18 févr. 1992, n° 89-21.187 : *CCC 1992, n° 114, obs. Leveneur ; JCP 1992. I. 3623, n° 5, obs. Simler et Delebecque* • Civ. 1re, 27 juin 1995, n° 93-14.053 P : *Dr. sociétés 1995, n° 180, obs. Bonneau ; RJDA 1996, n° 105.* ♦ Cependant, la loi de 1984 [C. mon. fin., art. L. 313-22], qui ne présente aucun caractère interprétatif, ne peut entraîner la déchéance du droit aux intérêts conventionnels qu'à compter de son entrée en vigueur (V. art. 62). • Civ. 1re, 10 juin 1992, n° 90-20.898 P. – V. aussi • Com. 27 oct. 1998, n° 96-10.968 P : *D. 1998. IR 251 ; Dr. sociétés 1999, n° 33, obs. Bonneau.* ♦ Pour la consécration du caractère non interprétatif des dispositions introduites dans l'art. 48 de la loi de 1984 [C. mon. fin., art. L. 313-22] par l'art. 114 de la loi du 25 juin 1999, de sorte qu'à défaut de disposition expresse de la loi de 1999, celle-ci n'est pas applicable à des situations consommées avant la date de son entrée en vigueur, V. • Civ. 1re, 18 mars 2003, n° 00-11.476 P : *D. 2003. AJ 1035, obs. Lienhard ; JCP E 2004, n° 3, p. 76, obs. Simler ; LPA 25 avr. 2003, note Coudert ; Gaz. Pal. 2003. 2337, note Sainte-Rose ; RJDA 2003, n° 1014* • Com. 29 avr. 2003, n° 00-15.874 P : *D. 2003. AJ 1562 ; JCP E 2004, n° 3, p. 76, obs. Simler ; LPA 14 déc. 2004, note Rodière-Granger ; RJDA 2003, n° 1016.*

3. *Application dans le temps : règlements effectués par les cautions.* Même si, eu égard au caractère d'ordre public des dispositions de la loi de 1984, les dispositions de l'art. 48 telles que modifiées par la L. du 25 juin 1999 [C. mon. fin., art. L. 313-22], aux termes desquelles les paiements effectués par le débiteur principal sont réputés dans les rapports entre la caution et l'établissement financier affectés prioritairement au règlement du principal, sont applicables aux cautionnements antérieurs, celles-ci ne sont pas applicables aux règlements effectués par les cautions. • Paris, 16 juin 2000 : *D. 2000. AJ 347, obs. Lienhard ; JCP 2001. I. 315, n° 5, obs. Simler et Delebecque.* ♦ Considérant que l'art. 48 [C. mon. fin., art. L. 313-22] ne s'applique qu'aux règlements intervenus postérieurement à son entrée en vigueur, V. • Versailles, 31 mars 2000 : *RDBF 2001, n° 12, obs. Crédot et Gérard.* ♦ Pour des décisions reconnaissant à l'art. 114 de la L. du 25 juin 1999 une valeur de texte interprétatif, V. • Pau, 8 févr. 2001 : *RJDA 2002, n° 201* • TGI Versailles, 17 déc. 1999 : *Banque et Dr. 11-12/2000.*

53, obs. crit. Guillot ; JCP 2001. I. 315, n° 5, obs. Simler et Delebecque • Rennes, 20 déc. 2002 : *JCP E 2003, n° 43, p. 1694* • Colmar, 12 déc. 2002 : *JCP E 2003, n° 49, p. 1339.*

I. CHAMP D'APPLICATION

BIBL. Piotraut, *JCP N 1992. I. 243.* – J.-M. Fernandez, *LPA 27 févr. 1998.* – Schiller, *RDBF 2002. 154* (la définition de l'entreprise au secours de la caution).

A. ÉTABLISSEMENT DE CRÉDIT

4. *Société d'affacturage.* Une société d'affacturage qui bénéficie du cautionnement d'une personne physique garantissant le solde débiteur du compte courant de l'adhérent, est soumise à l'obligation prévue par l'art. 48 [C. mon. fin., art. L. 313-22]. • Versailles, 24 nov. 1989 : *JCP 1990. II. 21498, note Estoup.* ♦ V. aussi note 6. ♦ Tel n'est pas le cas, en revanche, d'un organisme de caution mutuelle. • Paris, 4 mars 1992 : *JCP E 1992. Pan. 463* • Pau, 3 avr. 2007 : *BICC 15 mars 2008, n° 461.*

5. *Créanciers n'ayant pas la qualité d'établissement de crédit.* L'art. 48 [C. mon. fin., art. L. 313-22] ne s'applique qu'au cas de concours financier consenti par un établissement de crédit ; V., excluant ce texte quand le prêteur est un mandataire d'une banque : • Paris, 15 déc. 1994 : *Rev. dr. bancaire 1995. 151, obs. Contamine-Raynaud.* ♦ ... Lorsque la société intimée n'est pas « l'établissement de crédit ayant accordé le concours financier » mais un organisme de caution mutuelle venant aux droits du garant de deuxième rang, sans autres obligations envers les cofidéjusseurs que celles prévues aux art. 2025 s. [2302 s.] C. civ. : • Toulouse, 6 oct. 1997 : *JCP E 1998, n° 7-8, p. 246.* ♦ ... Les compagnies d'assurances qui ne sont pas habilitées à pratiquer des opérations de crédit et ne peuvent consentir des prêts aux collectivités locales que par une dérogation légale particulière : • Com. 26 oct. 1999, n° 96-14.123 P : *D. 1999. AJ 88, obs. V. A.-R. ; JCP E 2001, n° 27, p. 1088, obs. Gavalda et Stoufflet ; CCC 2000, n° 20, obs. Leveneur ; RTD com. 2000. 158, obs. Cabrillac.* – V. aussi • Com. 23 oct. 2019, n° 17-25.656 P. ♦ ... La Caisse des dépôts et consignations : • Rouen, 30 mai 2001 : *RDBF 2001, n° 227, obs. Cerles ; RJDA 2002, n° 99.* ♦ ... L'État, même lorsqu'il consent un prêt par l'intermédiaire d'un établissement habilité comme tel dans le cadre du Décr. du 15 juill. 1960 portant organisation du compte spécial « prêts du fonds de développement économique et social » : • Com. 23 nov. 2004, n° 01-15.989 : *RJDA 2005, n° 462.* ♦ Ayant relevé qu'une société était intervenue en qualité de caution principale et non d'établissement de crédit ayant accordé un crédit financier, une cour d'appel écarte, à bon droit, l'application de l'art. L. 313-22. • Com. 13 févr. 2007, n° 05-13.308 P : *D. 2007. AJ 651, obs. Avena-Robardet ; RTD com. 2007. 432, obs. Legeais ; JCP E 2007, n° 25, p. 10, obs. Simler.*

B. CONCOURS FINANCIER

6. *Découvert en compte.* Étant de principe admis qu'un découvert de compte s'analyse en un concours financier, les cessions Dailly, tout comme l'affacturage, sont soumises aux dispositions de l'art. 48 [C. mon. fin., art. L. 313-22], alors même que ces opérations sont gérées en compte courant. • Paris, 31 oct. 1997 : *D. Affaires 1997. 1420.*

7. *Exclusion du cautionnement bancaire.* Les dispositions de l'art. 48 [C. mon. fin., art. L. 313-22] ne sont applicables qu'aux seuls « concours financiers » ; n'entre pas dans cette catégorie le cautionnement accordé par un établissement de crédit, qui constitue une garantie et non une opération de crédit. • Com. 3 déc. 2003, n° 99-12.653 P : *D. 2004. AJ 206, obs. Avena-Robardet ; JCP E 2004, n° 6, p. 200 ; RJDA 2004, n° 476.*

8. *Exclusion du crédit-bail.* Les dispositions de l'art. 48 [C. mon. fin., art. L. 313-22] ne sont pas applicables à la caution du crédit-preneur qui s'acquitte de loyers. • Com. 30 nov. 1993, n° 91-12.123 P : *Defrénois 1994. 1173, obs. Aynès ; LPA 12 mai 1995, note Courtier* • Civ. 1re, 12 déc. 1995, n° 94-10.783 P : *D. Affaires 1996. 176 ; Dr. sociétés 1996, n° 52, obs. Bonneau.* ♦ ... Ni à la caution du locataire avec option d'achat, qui s'acquitte de loyers. • Com. 28 janv. 2014, n° 12-24.592 P : *D. 2014. Chron. C. cass. 1013, obs. Guillou ; JCP 2014, n° 301, note Lasserre Capdeville ; CCC 2014, n° 95, obs. Leveneur ; RJDA 2014, n° 478.* ♦ Malgré l'extension des dispositions de l'art. 48 [C. mon. fin., art. L. 313-22] par l'art. 47 (II) de la L. de du 1er mars 1994 (V. *infra*), au cautionnement à durée indéterminée, consenti par une personne physique pour garantir une dette professionnelle d'un entrepreneur individuel, le gérant qui s'est porté caution de sa société, dans le cadre d'un contrat de crédit-bail, ne peut invoquer les dispositions de l'art. précité. • Com. 29 mai 2001, n° 97-11.151 P : *D. 2001. AJ 2122, obs. Avena-Robardet.* ♦ Le crédit-bail ne constituant pas un concours financier, l'art. 48 [C. mon. fin., art. L. 313-22] n'est pas applicable : • Civ. 3e, 23 juin 2004, n° 02-14.289 P : *JCP E 2004, n° 37, p. 1367 ; RJDA 2004, n° 1382.*

9. *Exclusion des obligations aux dettes.* Sauf disposition contractuelle expresse, les dispositions de l'art. L. 313-22 ne sont applicables qu'aux concours financiers accordés à une entreprise sous la condition du cautionnement par une personne physique ou morale (inapplicabilité aux obligations aux dettes sociales). • Com. 9 déc. 2008, n° 07-14.694 : *RTD com. 2009. 393, obs. Monsèrié-Bon ; JCP 2009. I. 150, n° 5, obs. Simler ; Dr. sociétés 2009, n° 27, obs. Mortier.*

C. ENTREPRISE

10. *Exercice d'une activité économique.* L'exercice d'une activité économique libérale constitue, au sens de l'art. L. 313-22, une entreprise, peu important qu'elle soit en voie de création. • Civ. 1re, 12 mars 2002, n° 99-13.917 P : *D. 2002. AJ 1199, obs. Lienhard ; JCP 2002. I. 162, n° 2, obs. Simler et Delebecque ; Dr. sociétés 2002, n° 126, obs. Bonneau ; LPA 17 janv. 2003, note Marmayou ; RJ com. 2003. 276, note Courtier* (agent d'assurance) • 23 mars 2004, n° 01-02.755 P : *JCP E 2005, n° 5, p. 177, obs. Simler ; RJDA 2004, n° 902* (notaire). ♦ En effet, l'entreprise, au sens de la loi, ne se réduit pas aux seules sociétés commerciales, mais englobe également : les personnes physiques ou morales ayant une activité artisanale, agricole ou libérale. • Fort-de-France, 13 déc. 1996 : *BICC 1997, n° 546.* ♦ ... Les personnes physiques ayant contracté un prêt destiné à permettre l'acquisition d'un fonds de commerce ou des parts de la société propriétaire du fonds. • Com. 20 févr. 2001, n° 98-13.232 : *RPC 2002. 1988, obs. Léguevaques.* ♦ Mais les dispositions de l'art. 48 [C. mon. fin., art. L. 313-22] ne s'appliquent qu'aux prêts consentis à des entreprises ou à des commerçants. • Paris, 29 mai 1990 : *Rev. dr. bancaire 1990. 242, obs. Contamine-Raynaud.*

11. *Société civile immobilière.* Pour l'application de l'art. L. 313-22 aux SCI ayant une activité économique, V. • Civ. 1re, 12 mars 2002, n° 99-15.598 P : *préc. note 10* • 15 mars 2005, n° 02-20.335 P : *D. 2005. AJ 1080, obs. Chevrier ; JCP E 2005, n° 23, p. 1003, obs. Simler ; AJDI 2005. 489, obs. Cohet-Cordey ; RJDA 2005, n° 1043 ; RDC 2005. 841, obs. Houtcieff.* ♦ Constitue une entreprise au sens de l'art. 48 [C. mon. fin., art. L. 313-22] une SCI ayant pour objet l'acquisition d'un immeuble, sa location et la souscription d'un emprunt pour y procéder. • Civ. 1re, 5 mai 2004, n° 01-12.278 : *JCP E 2005, n° 24, p. 1003, obs. Simler ; RJDA 2004, n° 1163.*

12. *Concours financiers à une entreprise : illustrations.* Le fait que la banque ait consenti des crédits à un commerçant pour les besoins de son exploitation suffit à caractériser l'octroi de concours financiers à une entreprise. • Com. 18 févr. 1997, n° 95-10.840 P : *BJS 1997. 414, note Delebecque.* ♦ Caractérise l'octroi de concours financiers à une entreprise le prêt qui, bien que soumis aux dispositions des art. L. 312-1 s. [L. 313-2 s.] C. consom., est assorti d'un nantissement sur fonds de commerce et de la caution d'un distributeur de boissons, de telle sorte qu'il a été consenti pour les besoins de l'exploitation d'un fonds de commerce de bar-débit de boissons. • Civ. 1re, 4 févr. 2003, n° 00-16.694 P : *D. 2003. AJ 689 ; JCP E 2003, n° 13, p. 538 ; RJDA 2003, n° 882.* ♦ Dès lors qu'il est relevé que le contrat constatant le prêt consenti par la banque aux emprunteurs stipulait que celui-ci était « destiné à être incorporé dans la SARL par voie d'augmentation de capital », il en résulte qu'au regard de sa destination, expressément entrée dans le champ contractuel, un tel prêt, fût-il qualifié de personnel, s'analysait en un concours financier à une entreprise. • Civ. 1re, 29 juin 2004, n° 02-19.445 P : *D. 2004. AJ 2498 ; JCP E 2005, n° 5, p. 176, obs. Simler ; RTD com. 2004. 748, obs. Champaud et Danet ; RJDA 2005, n° 78.*

D. CAUTIONNEMENT

13. *Subordination du concours financier au cautionnement.* C'est dans l'exercice de son pouvoir souverain d'appréciation qu'une cour d'appel a retenu qu'en raison de leur montant et de leur date de régularisation, des cautionnements étaient la condition d'un prêt au sens de l'art. 48 [C. mon. fin., art. L. 313-22]. • Civ. 1re, 10 déc. 2002, n° 00-18.726 P : *JCP E 2003, n° 6, p. 246 ; RDC 2003. 179, obs. Houtcieff ; RJDA 2003, n° 542.* ♦ L'obligation d'information édictée par l'art. 48 [C. mon. fin., art. L. 313-22] est applicable aux établissements de crédit qui ont demandé un cautionnement en vue de maintenir une ouverture de crédit. • Com. 11 avr. 1995, n° 93-10.575 P : *D. 1995. 588, note Picod ; Dr. sociétés 1995, n° 159, obs. Bonneau.* ♦ Sur la nécessité de caractériser la subordination du prêt au cautionnement donné antérieurement, V. • Civ. 1re, 1er déc. 1998, n° 96-20.055 P : *JCP 1999. IV. 1119 ; Dr. sociétés 1999, n° 33, obs. Bonneau.* ♦ Le fait que les concours accordés au débiteur principal soient postérieurs à la signature du cautionnement est sans incidence sur l'application de l'art. L. 313-22, dès lors que la fourniture de la caution a été la condition du crédit. • Paris, 11 janv. 2008 : *JCP E 2008, n° 12-13, p. 13.*

14. *Cautionnement donné par acte authentique.* Les dispositions de l'art. 48 [C. mon. fin., art. L. 313-22] s'appliquent aux contrats de cautionnement conclus sous forme d'un acte authentique. • Versailles, 22 juin 1995 : *RJDA 1995, n° 1423.*

15. *Cautionnement réel.* BIBL. Gallois, *D. 2010. 335* (quelle proportionnalité pour les sûretés réelles ?). ♦ Une sûreté réelle consentie pour garantir la dette d'un tiers n'impliquant aucun engagement personnel à satisfaire à l'obligation d'autrui et n'étant pas dès lors un cautionnement, les dispositions de l'art. L. 313-22 ne sont pas applicables à l'hypothèque consentie par le garant. • Civ. 1re, 7 févr. 2006, n° 02-16.010 P : *D. 2006. 1543, note Bonnet ; JCP E 2006, n° 51-52, p. 2191, obs. Simler ; RJDA 2006, n° 835 ; Dr. et pr. 2006. 234, note Salati* • Com. 7 mars 2006, n° 04-13.762 P : *D. 2006. AJ 782, obs. Lienhard ; JCP E 2006, n° 51-52, p. 2191, obs. Simler ; RJDA 2006, n° 836* • Civ. 1re, 1er févr.

2000, n° 98-11.390 P : *D. 2001. Somm. 694, obs. Aynès ; JCP 2000. I. 257, n° 9, obs. Simler et Delebecque ; Defrénois 2000. 831, note Piedelièvre* • 29 févr. 2000, n° 98-10.902 P : *D. 2000. 829, note Bonnet*. ♦ Comp., retenant le caractère mixte du cautionnement réel, • Civ. 1re, 15 mai 2002, n° 00-13.527 P : *D. 2002. 1780, note Barbérot ; JCP 2002. II. 10109, concl. Petit et note Piedelièvre ; LPA 27 mars 2003, note Arlie.* ♦ Comp., jugeant qu'une sûreté consentie pour garantir la dette d'un tiers n'impliquant aucun engagement personnel à satisfaire l'obligation d'autrui, n'est pas un cautionnement et échappe à l'emprise de l'art. 1415 C. civ. • Cass., ch. mixte, 2 déc. 2005, n° 03-18.210 P : *D. 2006. 729, avis Sainte-Rose, note Aynès ; RTD civ. 2006. 357, obs. Vareille ; JCP 2005. II. 10183, note Simler ; LPA 10 févr. 2006, note Prigent ; CCC 2006, n° 62, obs. Leveneur ; Defrénois 2006. 1600, note Champenois ; RJDA 2006, n° 197.* – V. aussi • Com. 21 févr. 2006, n° 04-19.847 P : *D. 2006. 1543, note Bonnet ; JCP E 2006, n° 51-52, p. 2191, obs. Simler ; RJDA 2006, n° 834* • Civ. 3e, 15 févr. 2006, n° 04-19.847 P : *D. 2006. AJ 716, obs. Avena-Robardet ; JCP E 2006, n° 51-52, p. 2191, obs. Simler ; RJDA 2006, n° 588.*

Mais ne donne pas de base légale à sa décision une cour d'appel qui, pour rejeter la demande des cautions sur le fondement de l'art. L. 313-22, se borne à affirmer que le cautionnement solidaire fourni par les cautions qui ont consenti à la banque la constitution d'une hypothèque conventionnelle pour garantir le remboursement de la dette d'une société est une sûreté réelle et non pas un cautionnement personnel, de sorte que les dispositions de l'art. L. 313-22 ne sont pas applicables, sans rechercher si les cautions, tout en constituant l'un de leurs biens en garantie des dettes de la société, n'avaient pas en outre voulu se porter cautions personnelles de ces dettes. • Com. 21 mars 2006, n° 05-12.864 P : *D. 2006. AJ 913, obs. Avena-Robardet ; RTD com. 2007. 227, obs. Martin-Serf ; JCP E 2006, n° 18, p. 811 ; LPA 31 mai 2006, note Prigent ; RJDA 2006, n° 953 ; BJS 2006. 1007, note Macorig-Venier.*

La banque qui fait souscrire une hypothèque sur un bien pour garantir la dette d'un tiers n'est pas tenue d'un devoir de mise en garde à l'égard du constituant, que celui-ci soit ou non averti. • Com. 24 mars 2009, n° 08-13.034 P : *D. 2009. 1661, note Borga ; RTD com. 2009. 425, obs. Legeais ; JCP E 2009, n° 16-17, p. 17, note Legeais ; Gaz. Pal. 2009. 1982, note Piedelièvre ; Dr. et patr. 9/2009. 48, note Pailler ; RLDA mai 2009. 31, note Bazin.*

16. *Signataire d'un billet à ordre.* L'art. 48 [C. mon. fin., art. L. 313-22] ne s'applique pas au signataire d'un billet à ordre qui est tenu sur le fondement du droit cambiaire. • Paris, 31 mars 1992 : *JCP E 1992. Pan. 598.* ♦ L'aval qui garantit le paiement d'un titre cambiaire ne constitue pas le cautionnement d'un concours financier accordé par un établissement de crédit à une entreprise : dès lors une personne, en sa qualité d'avaliste, ne peut pas se prévaloir des dispositions de l'art. L. 313-22. • Com. 16 juin 2009, n° 08-14.532 P : *D. 2009. AJ 1755, obs. Delpech ; RTD com. 2009. 605 et 798, obs. Legeais ; JCP E 2010. 1035, note Dumont-Lefrand ; Gaz. Pal. 2009. 2588, note Piedelièvre ; RJDA 2009, n° 891.*

17. *Garantie du remboursement d'obligations à terme.* Dès lors qu'elle garantissait le remboursement d'obligations à terme, la caution ne disposait pas de la faculté de révocation de son engagement ; ainsi les dispositions de l'art. 48 [C. mon. fin., art. L. 313-22] portant sur cette faculté n'étaient pas applicables. • Com. 28 juin 2004, n° 00-21.039 : *RJDA 2004, n° 755.*

E. BÉNÉFICIAIRES DE L'INFORMATION

18. *Caution dirigeant de la société garantie.* L'obligation d'information prévue par l'art. 48 [C. mon. fin., art. L. 313-22] doit être respectée, même lorsque le cautionnement a été souscrit par un dirigeant de la société cautionnée en connaissant exactement la situation. • Com. 25 mai 1993, n° 91-15.183 P : *D. 1994. 177, note Ngafaounain ; JCP 1993. II. 22147, note Croze ; Dr. sociétés 1993, n° 155, obs. Bonneau* • Civ. 1re, 27 févr. 1996, n° 94-10.789 P : *Dr. sociétés 1996, n° 143, obs. Bonneau.* ♦ Comp. l'arrêt ayant retenu qu'en sa qualité de dirigeant de la société parfaitement au fait des engagements de celle-ci, il n'est pas fondé à invoquer la violation de l'art. L. 313-22 ; qu'ainsi, et quelle que soit la valeur de cette réponse, il a été satisfait aux exigences de l'art. 455 C. pr. civ. • Com. 25 nov. 2008, n° 07-18.125 : *Rev. sociétés 2009. 106, obs. Stoufflet ; JCP E 2008, n° 51-52, p. 14, note Bonneau.*

19. *Pluralité de cautions.* Si l'emprunteur a plusieurs cautions solidaires pour le même prêt, l'établissement de crédit a l'obligation d'informer personnellement chacune d'elles, sans que la circonstance que l'une des cautions ne puisse se prévaloir de ce texte soit opposable aux autres en raison de la représentation mutuelle des codébiteurs. • Com. 17 mai 1994, n° 92-22.064 P : *Dr. sociétés 1994, n° 164, obs. Bonneau.* ♦ V. aussi en matière de cautionnement solidaire, note 41.

20. *Héritiers de la caution.* Les prescriptions de l'art. 48 [C. mon. fin., art. L. 313-22], devant être respectées jusqu'à l'extinction de la dette, sont applicables à l'égard des héritiers de la caution. • Civ. 1re, 6 nov. 2001, n° 99-12.124 P : *D. 2003. Somm. 342, obs. Martin ; RTD com. 2002. 143, obs. Cabrillac ; JCP E 2002, n° 16-17, p. 679, note Legeais ; Defrénois 2002. 540, note Brémond.*

21. Cautions ayant la qualité d'établissement financier. Dès lors que l'acte de caution ne prévoit aucune obligation d'information de la caution sur l'évolution de la situation financière de la société cautionnée, la seule obligation légale à cet égard résulte de l'art. 48 [C. mon. fin., art. L. 313-22], dont la jurisprudence considère qu'il n'a pas vocation à s'appliquer aux établissements financiers s'étant portés cautions, ceux-ci étant particulièrement bien placés pour connaître et apprécier l'état de leur caution et client. • T. com. Paris, 1er avr. 1997 : *Gaz. Pal. 12-13 août 1997, p. 14.*

II. OBLIGATION D'INFORMATION

A. CONTENU

22. Intégralité des mentions exigées par le texte. Une cour d'appel ne donne pas de base légale à sa décision considérant qu'une banque avait rempli son obligation d'information envers la caution en retenant que les notifications adressées à celle-ci détaillent son engagement et le montant des concours utilisés par la société cautionnée, sans rechercher si les notifications contenaient les autres mentions exigées par l'art. 48 [C. mon. fin., art. L. 313-22]. • Com. 22 juin 1993, n° 91-14.741 P. ♦ V. aussi notes 31 s.

23. Intérêts échus. L'obligation d'information prévue par l'art. 48 [C. mon. fin., art. L. 313-22] n'a trait qu'aux intérêts échus postérieurement à l'engagement de la caution. • Com. 6 déc. 1994, n° 91-18.429 : *RJDA 1995, n° 489.*

24. Cessation du paiement de primes d'assurances. Le principe selon lequel l'établissement de crédit doit informer la caution de l'emprunteur adhérent à l'assurance de la cessation du paiement des primes n'est pas applicable lorsque, l'emprunteur n'étant pas adhérent, la gérante de la société emprunteuse a souscrit l'assurance en sa seule qualité de caution. • Riom, 20 févr. 2002 : *JCP 2003. IV. 1534.*

25. Obligation de conseil à l'égard du dirigeant-caution. BIBL. Buy, *Dr. et patr. 7-8/2003. 58* (cautionnement et cession de contrôle). ♦ La banque n'est tenue ni d'une obligation d'information ni d'une obligation de conseil sur la persistance, faute de novation, des engagements de la caution du dirigeant de la société à la suite de la cession de ses actions au nouveau dirigeant qui s'est porté caution solidaire de toutes sommes que cette société pourrait devoir à la banque, avec substitution de garantie. • Com. 29 janv. 2002, n° 99-12.976 P : *D. 2002. Somm. 3335, obs. Aynès ; JCP 2002. I. 184, p. 2117, obs. Barthez ; Banque et Dr. 3-4/2002. 50, obs. Rontchevsky ; RTD civ. 2003. 124, obs. Crocq.* ♦ Ni la bonne foi devant régir les relations entre la banque et la caution, ni le devoir d'information n'imposent à la banque d'avertir l'ancien dirigeant de l'octroi d'un nouveau prêt, le cautionnement qu'il a souscrit garantissant toutes les dettes, y compris les dettes futures de la société et ne cessant pas avant que la caution ne révoque expressément celui-ci. • Com. 8 janv. 2008, n° 05-13.735 P : *D. 2008. AJ 474, obs. Avena-Robardet ; RTD com. 2008. 569, obs. Champaud et Danet ; RJDA 2008, n° 573 ; BJS 2008. 182, note Barbiéri ; RJ com. 2008. 204, obs. Macorig-Venier.* ♦ V. aussi note 18.

26. Information sur les effets de la prescription. L'art. L. 312-22 ne prévoit pas d'information portant sur les effets de la prescription. • Com. 25 févr. 2004, n° 01-13.588 P : *JCP E 2004, n° 18, p. 691 ; RDBF 2004, n° 117, obs. Legeais* (substitution de la prescription trentenaire à la prescription décennale, consécutive à l'admission de la créance, dans les rapports entre le créancier et le débiteur en liquidation judiciaire).

27. Information sur l'évolution du risque. L'envoi de la lettre d'information prévue par l'art. L. 313-22 est la seule obligation d'information dont la banque est redevable envers la caution. • Com. 26 mai 2004, n° 02-15.878 : *RDBF 2004, n° 235, obs. Legeais ; RJDA 2004, n° 1265.* ♦ Sur l'absence d'obligation de la banque de renseigner les cautions sur l'évolution de la solvabilité du débiteur principal, V. • Com. 7 avr. 1992, n° 90-16.455 P : *Rev. sociétés 1992. 722, note Legeais ; JCP 1993. II. 22009, note Picod ; BJS 1992. 679, note Delebecque.*

B. DURÉE

28. Extinction de la dette. L'établissement de crédit ayant accordé un concours financier au sens de l'art. L. 313-22 est tenu de fournir à la caution les informations prévues par ce texte jusqu'à extinction de la dette et au plus tard avant le 31 mars de chaque année dès lors que la dette existait au 31 décembre, fût-elle née au cours de l'exercice. • Com. 25 nov. 2008, n° 07-17.776 P : *D. 2009. AJ 15, obs. Avena-Robardet ; JCP 2009. I. 150, n° 5, obs. Simler ; RJDA 2009, n° 267 ; RJ com. 2009. 226, obs. Macorig-Venier.* ♦ Une caution, tenue à titre personnel, en vertu de l'art. 1153, al. 3, C. civ., des intérêts au taux légal à compter de la première mise en demeure qu'elle a reçue, bénéficie néanmoins des dispositions de l'art. 48 [C. mon. fin., art. L. 313-22], jusqu'à l'extinction de la dette, ce dont il résulte que l'établissement de crédit, qui a omis de lui fournir les informations requises, est déchu, pour cette période, des intérêts au taux conventionnel. • Com. 2 nov. 1993, n° 91-17.256 P. ♦ Les prescriptions de l'art. 48 [C. mon. fin., art. L. 313-22] étant applicables jusqu'à l'extinction de la dette garantie par le cautionnement, doit être déboutée de sa demande en paiement d'intérêts au taux conventionnel afférents à une période postérieure à l'introduction de l'instance dirigée contre la caution de son cocontractant, la société d'affacturage qui ne s'est pas conformée aux exigences légales. • Com. 25 avr. 2001, n° 97-12.861 P : *D. 2001. AJ 1793, obs. Avena-Robardet ; RTD com. 2001. 752, obs. Bouloc ; Dr. sociétés 2001, n° 125, obs. Bonneau* • Civ. 1re, 6 nov. 2001, n° 99-15.506 P : *D. 2003. Somm. 342, obs. Martin ; Dr. sociétés 2002, n° 20, obs. Bonneau ; RTD com. 2002. 143, obs. Cabrillac*. ♦ L'information est due après comme avant le jugement de condamnation de la caution, quand bien même le jugement la condamnant au paiement du principal et des intérêts au taux conventionnel aurait acquis force de chose jugée. • Cass., ch. mixte, 17 nov. 2006, n° 04-12.863 P : *BICC 1er févr. 2007, p. 44, rapp. Aldigé, avis Jobard ; D. 2007. 842, note Libchaber ; JCP E 2007, n° 25, p. 10, obs. Simler ; LPA 25 mai 2007, note Prigent ; RJDA 2007, n° 398.* ♦ L'établissement de crédit est tenu de respecter, jusqu'à l'extinction du cautionnement, l'obligation d'information, mise à sa charge par l'art. L. 313-22, et dont le jugement servant de fondement aux poursuites ne le dispensait pas. • Civ. 2e, 4 juill. 2007, n° 06-11.910 P : *D. 2007. AJ 2098, obs. Avena-Robardet ; JCP E 2007, n° 38, p. 15.* ♦ *Contra*, jugeant qu'en cas de condamnation de la caution à payer la banque bénéficiaire de la garantie, l'obligation contractuelle initiale de la caution est remplacée par celle résultant de la condamnation irrévocable à payer les dettes garanties, de sorte que, pour ces dettes, la banque n'est plus tenue, à compter de la condamnation, de se conformer à l'obligation d'information. • Civ. 1re, 13 déc. 2005, n° 02-13.492 P : *D. 2006. Pan. 2863, obs. Crocq ; RTD com. 2006. 466, obs. Legeais ; JCP E 2006, n° 18, p. 855, n° 6, obs. Simler ; RJDA 2006, n° 702.* ♦ V. jugeant que l'obligation d'information pèse sur l'établissement de crédit jusqu'à l'extinction de la dette garantie par le cautionnement, peu important la mise en redressement judiciaire du débiteur principal : • Com. 21 janv. 2003, n° 99-18.685 : *RJDA 2003, n° 641.* ♦... Ou le prononcé de la liquidation judiciaire : • Com. 3 juin 2009, n° 07-14.091 : *Gaz. Pal. 2009. 2735, obs. P.-M. I.*

29. Absorption de la banque bénéficiaire. Sur le sort de l'obligation d'information de la caution en cas d'absorption de la banque bénéficiaire de cette garantie lors d'une opération *d'apport partiel d'actif*, V., déclarant la société absorbante déchue du droit aux intérêts contractuels, les lettres d'informations adressées à la caution ne contenant pas les informations prescrites par l'art. 48 [C. mon. fin., art. L. 313-22] : • Versailles, 17 sept. 1998 : *JCP E 1999, n° 14, p. 624, note Varin.*

C. MODALITÉS ET PREUVE DE L'INFORMATION

30. Forme de l'information. L'art. 48 [C. mon. fin., art. L. 313-22] n'impose aucune forme particulière pour porter à la connaissance de la caution les informations mentionnées à cet art. • Com. 25 avr. 2001, n° 96-22.035 P : *D. 2001. AJ 1793, obs. Avena-Robardet ; Procédures 2001, n° 124, obs. Croze.*

31. Exigence d'une information complète. S'agissant d'un découvert en compte courant, l'information annuelle relative au principal et aux intérêts due à la caution par l'établissement de crédit doit comprendre, le cas échéant, le montant de l'autorisation de découvert, le solde du compte arrêté au 31 décembre de l'année précédente et le taux de l'intérêt applicable à cette date. • Com. 10 janv. 2012, n° 10-25.586 P : *D. 2012. Pan. 1578, obs. Crocq ; RTD com. 2012. 178, obs. Legeais ; JCP 2012, n° 327, note Simber ; RJDA 2012, n° 432 ; RPC 2012, n° 56, obs. Patureau et Perot-Reboul ; Dr. et pr. 2012. 126, note Piedelièvre.* ♦ V. aussi note 22.

32. Exemples d'information insuffisante. Les lettres d'information sur lesquelles ne sont mentionnés que la date d'échéance finale et le montant restant dû en capital ne constituent pas une information conforme aux dispositions de l'art. L. 313-22. • Pau, 8 févr. 2001 : *préc. note 3.* ♦ N'est pas valable l'information adressée par simple lettre indiquant que la banque tient à la disposition de la caution, « sur simple demande écrite de sa part », le montant de l'exercice écoulé des différents engagements garantis. • Paris, 2 févr. 1996 : *D. 1996. IR 78.* ♦ Pour d'autres exemples d'information insuffisante, V. • Paris, 31 oct. 1997 : *préc. note 6* (mise en demeure ou assignation) • 12 févr. 1998 : *Gaz. Pal. 1999. 1. Somm. 262* (même motif) • 2 oct. 1990 : *D. 1990. IR 240* (relevés de compte imprécis) • Metz, 15 mars 1991 : *Rev. dr. bancaire 1992. 80, obs. Contamine-Raynaud* (tableau d'amortissement) • Paris, 28 juin 1988 : *D. 1988. IR 202* (listing informatique à date incertaine) • Limoges, 25 mars 1996 : *BICC 1996, n° 726* (même motif) • Paris, 19 nov. 1992 : *RJDA 1993, n° 1069* (listing envoyé par courrier simple, auquel se réfère une attestation d'un commissaire aux comptes), conf. par • Com. 11 avr. 1995, n° 93-10.575 P : *préc. note 13* • Nancy, 15 sept. 1997 : *JCP 1998. I. 149, n° 4, obs. Simler et Delebecque* (listing et procès-verbal de constat de l'envoi des courriers) • Paris, 27 juin 1997 : *JCP E 1997. Pan. 1085* (relevés habituels, ne précisant pas la période) • Chambéry, 4 mars 1997 : *JCP 1997. IV. 2494* (relevés sur lesquels les opérations ne figurent qu'avec des numéros de code) • Paris, 24 avr. 1998 : *Gaz. Pal. 1998. 2. Somm. 618* (listing informatique sans indication sur l'envoi, sa forme, sur le destinataire et sans ventilation entre principal et intérêts).

33. Exemples d'information suffisante. Pour des décisions jugeant l'information suffisante. • Paris, 19 nov. 1987 : *D. 1988. Somm. 278* (sommations chiffrées) • Rouen, 9 nov. 1994 : *RJDA 1995, n° 1137 ; JCP 1995. IV. 300* (relevé de compte détaillé, rappelant les informations données et leur date). ♦ Jugeant suffisant l'envoi de tickets informatiques, s'agissant d'une caution dirigeant : • Paris, 21 janv. 1992 : *préc. note 7* • Versailles, 4 déc. 1998 : *RJDA 1999, n° 339.* ♦ V. également, considérant comme suffisante la production d'une liste informatique sur laquelle figurent les éléments requis par la loi, • Versailles, 14 mai 1998 : *Banque et Dr. 1-2/1999. 53, obs. Guillot.* ♦ Une banque, en produisant la photocopie des listes d'informations sur lesquelles figurent les nom et adresse de la caution, les indications afférentes au montant restant dû sur le principal et les intérêts du prêt, apporte la preuve qu'elle a accompli son obligation d'information sans qu'il lui incombe de prouver que la caution a effectivement reçu l'information. • Douai, 27 avr. 2000 : *JCP E 2001, n° 39, p. 1501.*

34. Exigence d'une information exacte. Les inexactitudes et erreurs qui affectent l'information donnée aux cautions disqualifient totalement l'information annuelle délivrée à celles-ci et doit conduire à la déchéance des intérêts conventionnels réclamés. • Rouen, 18 déc. 2008 : *Banque et Dr. 3-4/2009. 32, obs. Bonneau.*

35. Charge et objet de la preuve. Il appartient à la banque d'établir la preuve du contenu et de la date des informations données aux cautions (insuffisance d'une attestation d'un huissier). • Com. 11 avr. 1995, n° 93-10.575 P : *préc. note 13.* ♦ En revanche, il n'incombe pas à l'établissement de crédit d'apporter la preuve que la caution a effectivement reçu l'information envoyée. • Civ. 1re, 2 oct. 2002, n° 01-03.921 P : *D. 2002. AJ 3011 ; CCC 2003, n° 21, obs. Leveneur ; RJDA 2003, n° 189* • 25 nov. 1997, n° 96-10.527 P : *D. Affaires 1998. 23, obs. X. D. ; RTD com. 1998. 185, obs. Cabrillac ; RTD civ. 1998. 154, obs. Crocq* • Com. 17 oct. 2000, n° 97-18.746 P : *D. 2001. Somm. 698, obs. Aynès ; JCP E 2001, n° 47, p. 1834, obs. Bouteiller.* ♦ C'est à la caution qui prétend ne pas avoir reçu la lettre d'information dont la copie est produite par la banque qu'il incombe d'établir ce fait. • Paris, 16 déc. 1998 : *RJDA 1999, n° 339.*

36. Moyens de preuve. L'information prévue par l'art. 48 [C. mon. fin., art. L. 313-22] constitue un fait qui peut être prouvé par tous moyens et notamment par une lettre simple. • Com. 17 juin 1997, n° 95-14.105 P : *D. 1997. IR 165 ; BJS 1997. 866, note Le Cannu ; JCP E 1997. II. 1007, note Legeais.* ♦ Un acte de cautionnement ayant prévu que l'information serait donnée à la caution par lettre simple et que la caution devrait aviser la banque avant le 31 mars au cas où elle ne l'aurait pas reçue, jugé que la banque n'était pas tenue de se préconstituer la preuve de l'envoi de l'information et que sa carence ne saurait être déduite de la simple affirmation de la caution. • Limoges, 18 déc. 1995 : *BICC 1996, n° 677.* ♦ Comp., en ce sens que l'organisme doit justifier d'un accusé de réception postal : • Paris, 27 juin 1997 : *préc. note 32* • 7 avr. 1999 : *Banque et Dr. 11-12/1999. 59, obs. Guillot.* ♦ Comp. aussi, considérant qu'une banque qui produit seulement le double des lettres qu'elle soutient avoir envoyées à la caution mais qui ne remet aucun justificatif de cet envoi n'apporte pas la preuve de son obligation d'information : • Paris, 6 nov. 1998 : *RJDA 1999, n° 339.* ♦ Pour un arrêt ayant jugé qu'une banque justifie avoir informé la caution dès lors qu'il résulte des relevés du compte de la société, débitrice principale, que cette société a payé, par prélèvement effectué sur son compte, des frais d'information de la caution et qu'elle n'a pas protesté contre cette opération de débit, V. • Rouen, 9 nov. 1994 : *préc. note 33.* – V. aussi • Besançon, 11 sept. 1998 : *RTD com. 1998. 904, obs. Cabrillac ; JCP E 1998, n° 41, p. 1569, obs. Bouteiller.* ♦ *Contra,* jugeant que l'allégation de la banque selon laquelle l'imputation des frais d'information sur le compte courant de la société n'a fait l'objet d'aucune contestation de la part de cette dernière, n'est pas suffisante pour démontrer l'information effective des cautions, la banque ne justifiant par ailleurs pas de l'envoi de lettres personnalisées et encore moins du contenu de l'information. • Colmar, 12 déc. 2002 : *préc. note 3.*

37. Appréciation des juges du fond. Les juges du fond disposent d'un pouvoir souverain pour apprécier si la caution a été informée. • Com. 27 nov. 1991, n° 89-16.184 P : *Gaz. Pal. 1992. 2. Pan. 212* (information par lettre simple jugée probante) • 11 avr. 1995, n° 93-10.575 P : *préc. note 13.* ♦ Mais manque de base légale l'arrêt qui estime qu'une banque a respecté son obligation d'information dès lors que les notifications qu'elle a adressées à la caution détaillent « son engagement et le montant des concours utilisés par la société cautionnée », sans rechercher si les notifications contiennent les autres mentions exigées par le texte. • Com. 22 juin 1993, n° 91-14.741 P : *D. 1993. IR 210 ; Dr. sociétés 1993, n° 197, obs. Bonneau* • 14 juin 2005, n° 04-10.811 : *RDBF 2005, n° 166, obs. Cerles ; Gaz. Pal. 2005. 3443, note Daussy-Roman* (absence de mention de la faculté de révocation). ♦ C'est dans l'exercice de son pouvoir souverain d'appréciation qu'une cour d'appel retient, sans inverser la charge de la preuve, que le créancier qui produit la copie de la lettre d'information datée ne justifie pas de son envoi et n'établit donc pas avoir accompli son obligation d'information pour l'année concernée. • Com. 28 oct. 2008, n° 06-17.145 P : *D. 2009. Pan. 2714, obs. Bretzner ; RTD civ. 2009. 146, obs. Crocq ; JCP E 2008, n° 48, p. 17 ; RJDA 2009, n° 138.*

III. SANCTIONS DU DÉFAUT D'INFORMATION

A. DÉCHÉANCE DU DROIT AUX INTÉRÊTS

38. Déchéance des seuls intérêts. Sauf dol ou faute lourde du dispensateur de crédit, l'omission des informations prévues par l'art. L. 313-22 est sanctionnée par la seule déchéance des intérêts, mais le prêteur ne saurait être débouté de sa demande de paiement. • Com. 25 avr. 2001, n° 97-14.486 P : *D. 2003. Somm. 342, obs. Martin ; RTD com. 2001. 751, obs. Bouloc ; Defrénois 2001. 1407, note Brémond ; RTD civ. 2001. 922, obs. Crocq*. – V. aussi • Com. 11 juin 2002, n° 96-22.906 : *D. 2002. Somm. 3335, obs. Aynès* • Civ. 1re, 4 févr. 2003, n° 99-20.023 P : *JCP E 2003, n° 42, p. 1672, note Gentili-Picard ; CCC 2003, n° 83, obs. Leveneur.* ♦ En condamnant la caution pour une somme correspondant aux échéances impayées, en l'absence d'accomplissement par la banque de l'obligation d'information prévue par l'art. L. 313-22, une cour d'appel, qui s'est déterminée sans rechercher si les échéances impayées ne comprenaient pas pour partie des intérêts contractuels, dont elle avait prononcé la déchéance, n'a pas donné de base légale à sa décision. • Com. 4 oct. 2005, n° 04-16.791 P : *D. 2005. AJ 2804, obs. Delpech*. ♦ Mais pour obtenir gain de cause, encore faut-il que la demande de la caution vise précisément à obtenir la déchéance des intérêts (non-respect de l'information annuelle invoqué par la caution, non pas pour obtenir la déchéance, mais pour tenter de démontrer que son cautionnement souscrit en faveur d'une société ne pouvait être étendu à la société nouvellement dénommée). • Com. 20 juin 2006, n° 04-16.238 P : *D. 2006. AJ 1886, obs. Avena-Robardet ; RDBF 2006, n° 195, obs. Cerles.*

39. Intérêts inscrits en compte courant. La déchéance des intérêts s'applique même lorsque ceux-ci ont été inscrits en compte courant. • Com. 25 mai 1993, n° 91-15.183 P : *préc. note 18* • 27 oct. 1998, n° 96-10.968 P : *préc. note 2.* ♦ ... Peu important la position du compte pendant la période au cours de laquelle l'obligation n'a pas été respectée. • Com. 28 janv. 2004, n° 00-11.559 : *RJDA 2004, n° 756.* ♦ Ainsi, la caution ne saurait être condamnée au paiement du solde débiteur du compte courant cautionné, alors que le relevé de compte fait mention d'« agios ». • Com. 12 juin 2001, n° 99-12.681 P : *RJDA 2001, n° 1260.* ♦ Toutefois, si, au cours de la période litigieuse, le solde du compte est redevenu créditeur, la déchéance des intérêts ne saurait avoir pour conséquence la répétition de sommes antérieurement payées par le débiteur. • Versailles, 23 janv. 1997 : *JCP 1997. I. 4033, n° 6, obs. Simler.* ♦ La somme due par la caution étant, en application de la L. n° 99-532 du 25 juin 1999 entrée en vigueur le 30 suivant, calculée après imputation des versements sur le capital, la banque doit, la réouverture des débats étant ordonnée à cet effet, fournir un nouveau décompte des montants dus par la caution, distinguant, tant sur le compte courant que sur le prêt consenti, la déchéance des intérêts, antérieurement à cette date et l'imputation des versements sur le capital, postérieurement. • Versailles, 21 févr. 2008 : *JCP E 2008, n° 14, p. 11.*

40. Apurement partiel de la dette. Lorsqu'une partie de la dette en principal et intérêts se trouve éteinte par suite d'une collocation d'ordre amiable, les cautions recherchées postérieurement à cette opération pour le paiement du reliquat de la dette en principal et intérêts ne peuvent opposer à l'établissement de crédit créancier la déchéance d'intérêts visée par l'art. 48 [C. mon. fin., art. L. 313-22] que pour ceux échus après la date de cet apurement partiel de la dette. • Bordeaux, 13 févr. 1996 : *BICC 1996, n° 676.*

41. Exception personnelle à la caution. S'agissant d'une exception personnelle la déchéance du droit aux intérêts peut être opposée par la caution solidaire, nonobstant la chose jugée par l'admission définitive de la créance à la procédure collective du débiteur. • Com. 22 avr. 1997, n° 94-12.862 P : *D. Affaires 1997. 671 ; RTD com. 1997. 489, obs. Cabrillac*. ♦ L'exception tirée de l'inobservation par la banque de l'obligation d'information prescrite par l'art. L. 313-22 est personnelle à la caution qui l'invoque et ne profite pas aux autres cautions, fussent-elles solidaires. • Civ. 1re, 9 nov. 2004, n° 01-03.772 P : *D. 2004. AJ 3135 ; JCP E 2005, n° 25, p. 1004, obs. Simler ; Gaz. Pal. 2005. Somm. 2058, obs. Piedelièvre ; RJDA 2005, n° 463.*

42. Recevabilité en appel. La demande d'une caution visant à obtenir la déchéance des intérêts, faute de respect de l'art. L. 313-22, tend à faire écarter la prétention articulée par la banque relativement aux intérêts litigieux ; par suite elle est recevable pour la première fois en appel. • Civ. 1re, 12 avr. 2005, n° 04-10.670 : *Procédures 2005, n° 186, obs. Croze.*

43. Prescription. La prétention de la caution fondée sur le défaut d'information annuelle de la caution, laquelle tendait seulement au rejet de la demande en paiement des intérêts au taux contractuel formée par la banque à son encontre, constitue un moyen de défense au fond, sur lequel la prescription est sans incidence. • Com. 6 juin 2018, n° 17-10.103 P : *D. 2018. Actu. 1204 ; RJDA 2018, n° 770.*

44. Absence de déchéance des intérêts moratoires dus par la caution. Les dispositions de l'art. 48 [C. mon. fin., art. L. 313-22] concernent les intérêts dus par la caution en cette dernière qualité et non ceux dus par la caution par application de l'art. 1153, al. 3, C. civ., après qu'elle eut été mise en demeure d'exécuter son engagement. • Com. 25 juin 1991, n° 89-20.071 P • 17 mai 1994, n° 92-13.103 P : *préc. note 19.* ♦ De même, la déchéance des intérêts prévue à l'art. 48 [C. mon. fin., art. L. 313-22] ne peut être étendue aux intérêts au taux légal auxquels, en vertu de l'art. 1153, al. 3, C. civ., la caution est tenue à titre personnel, à compter de la première mise en demeure qu'elle reçoit. • Civ. 1re, 9 déc. 1997, n° 95-19.940 P : *D. 1998. IR 27* ; *D. Affaires 1998. 148, obs. X. D.* • 12 mars 2002, n° 99-10.278 P : *D. 2002. AJ 1342* . ♦ Le défaut d'accomplissement de la formalité prévue à l'art. 48 [C. mon. fin., art. L. 313-22] ne fait pas obstacle à l'action en paiement exercée par l'établissement contre la caution pour les autres sommes dues en vertu du cautionnement. • Com. 25 mai 1993, n° 91-14.774 P : *Dr. sociétés 1993, n° 197, obs. Bonneau* • 11 juin 1996, n° 94-15.097 P : *D. 1996. IR 170* • Civ. 1re, 31 mars 1998, n° 96-14.953 P : *D. 1998. IR 116* ; *JCP 1999. I. 116, obs. Simler.* ♦ Dans le même sens, V. • Civ. 1re, 17 nov. 1998, n° 96-22.455 P : *D. 1999. IR 51* ; *D. Affaires 1999. 30, obs. X. D.* ; *JCP 1999. I. 116, obs. Simler* ; *Dr. sociétés 1999, n° 33, obs. Bonneau.* ♦ V. aussi note 28.

B. AUTRES SANCTIONS

45. Responsabilité du banquier. L'omission des informations prévues par l'art. L. 313-22 ne peut à elle seule être sanctionnée que par la déchéance des intérêts, et une cour d'appel, sans constater le caractère dolosif de l'omission d'information imputée à la banque, ou un manquement distinct de celle-ci, ne peut allouer à la caution une indemnité du montant égal à celui de son engagement de caution. • Civ. 1re, 10 déc. 2002, n° 00-18.726 P : *préc. note 13.* ♦ L'art. L. 313-22 ne saurait être invoqué pour fonder la recherche en responsabilité du banquier. • Com. 17 juin 2001, n° 97-14.256 P : *RPC 2002. 199, obs. Léguevaques.*

46. Nullité ou révocation du cautionnement. La sanction prévue par l'art. 48 [C. mon. fin., art. L. 313-22] est la privation du droit à percevoir des intérêts au taux contractuel échus depuis la dernière information et non la nullité de l'acte de cautionnement. • Paris, 6 nov. 1998 : *RJDA 1999, n° 339.* ♦ L'absence d'information ne permet pas à la caution de révoquer unilatéralement son engagement. • Même arrêt. ♦ Même si elle avait révoqué l'engagement de caution litigieux avant les premiers incidents de paiement, la caution était néanmoins tenue de garantir, dans la limite du montant de cet engagement, le remboursement du prêt consenti antérieurement à une telle révocation par la banque au débiteur principal, de sorte que la caution ne pouvait être regardée comme ayant perdu une chance d'échapper à cette obligation. • Civ. 1re, 10 déc. 2002, n° 00-18.726 P : *préc. note 13.* ♦ L'information annuelle délivrée à la caution ne constitue pas un acte d'exécution du cautionnement rendant irrecevable l'exception de nullité de ce cautionnement par la caution. • Com. 8 avr. 2015, n° 13-14.447 P : *D. actu. 23 avr. 2015, obs. Avena-Robardet* ; *JCP 2015, n° 652, note Séjean* ; *RJDA 2015, n° 525.* ♦ Sur la nullité du cautionnement en cas d'erreur de la caution sur la solvabilité du débiteur principal ou de dol du créancier, V. v° *Contrats d'affaires (généralités)*, notes 49 et 66.

Loi n° 94-126 du 11 février 1994, *relative à l'initiative et à l'entreprise individuelle.* **Art. 47** *(Abrogé par Ord. n° 2021-1192 du 15 sept. 2021, art. 32, à compter du 1er janv. 2022) II. — Les stipulations de solidarité et de renonciation au bénéfice de discussion figurant dans un contrat de cautionnement d'une dette contractuelle professionnelle consenti par une personne physique au bénéfice d'un entrepreneur individuel sont réputées non écrites si l'engagement de la caution n'est pas limité à un montant global, expressément et contractuellement déterminé, incluant le principal, les intérêts, les frais et accessoires.*

En cas de cautionnement à durée indéterminée consenti par une personne physique pour garantir une dette professionnelle d'un entrepreneur individuel, le créancier doit respecter les dispositions prévues à l'article 48 de la loi n° 84-148 du 1er mars 1984 relative à la prévention et au règlement amiable des difficultés des entreprises [C. mon. fin., art. L. 313-22]. — V. ce texte.

(L. n° 98-657 du 29 juill. 1998) « Lorsque le cautionnement est consenti par une personne physique pour garantir une dette professionnelle d'un entrepreneur individuel ou d'une entreprise constituée sous forme de société, le créancier informe la caution de la défaillance du débiteur principal dès le premier incident de paiement non régularisé dans le mois de l'exigibilité de ce paiement. A défaut, la caution ne saurait être tenue au paiement des pénalités ou intérêts de retard échus entre la date de ce premier incident et celle à laquelle elle en a été informée. »

Les dispositions du premier alinéa seront applicables aux contrats conclus après l'entrée en vigueur de la présente loi [publiée au JO 13 févr.] et celles du second alinéa aux créanciers mentionnés à cet alinéa à compter du 1er septembre 1994.

BIBL. ▶ D. Martin, *Rev. dr. bancaire 1994. 50.* – Legeais, *JCP E 1998, n° 44, p. 1724* (réforme du cautionnement par la loi du 29 juill. 1998). – Piedelièvre, *JCP 1998. I. 170* (même thème). – Crédot, *Banque et Dr. 11-12/1998* ; *LPA 21 mai 1999* (même thème). –

SEIGNEUR, *ibid. 7 mai 1999.* – CERLES, *Banque et Dr. 3-4/1999. 3.* – B. AUBERT, *CCC 1999. Chron. 7.*

Caution dirigeante. L'obligation d'information prévue par l'art. 47, II, al. 3, de la loi du 11 févr. 1994, qui impose à tout créancier d'aviser la caution de la défaillance du débiteur principal dès le premier incident de paiement, non régularisé dans le mois de l'exigibilité de ce paiement, doit être respectée même lorsque le cautionnement a été souscrit par un dirigeant de la société cautionnée en connaissant exactement la situation. • Com. 27 nov. 2007, n° 06-15.128 P : *D. 2008. Pan. 2108, obs. Crocq ; RTD com. 2008. 169, obs. Legeais ; JCP E 2008, n° 2, p. 23 ; RJDA 2008, n° 326 ; RJ com. 2008. 40, obs. Macorig-Venier.*

Art. L. 313-22-1 *(L. n° 2010-737 du 1er juill. 2010, art. 26-II, en vigueur le 1er mai 2011)* **Les établissements de crédit** *(Ord. n° 2013-544 du 27 juin 2013, art. 3, en vigueur le 1er janv. 2014)* **« ou les sociétés de financement » ayant fourni un cautionnement, un aval ou une garantie, que ces derniers soient d'origine légale, réglementaire ou conventionnelle, disposent de plein droit et dans tous les cas d'un recours contre le client donneur d'ordre de l'engagement, ses coobligés et les personnes qui se sont portées caution et, pour les paiements effectués au titre de leur engagement, de la subrogation dans les droits du créancier prévue** *(Ord. n° 2016-131 du 10 févr. 2016, art. 6-III, en vigueur le 1er oct. 2016)* **« à l'article 1346** *[ancienne rédaction : au 3° de l'article 1251]* **» du code civil.**

L'art. L. 313-22-1 s'applique aux contrats dont l'offre a été émise après la date d'entrée en vigueur (L. n° 2010-737 du 1er juill. 2010, art. 61-I).

Les contrats conclus avant le 1er oct. 2016 demeurent soumis à la loi ancienne, y compris pour leurs effets légaux et pour les dispositions d'ordre public. Lorsqu'une instance a été introduite avant l'entrée en vigueur de l'Ord. n° 2016-131 du 10 févr. 2016, l'action est poursuivie et jugée conformément à la loi ancienne. Cette loi s'applique également en appel et en cassation (Ord. préc., art. 9).

BIBL. ► SIMLER, *JCP 2011, n° 130* (la loi rétablit le recours du garant contre le constructeur que la Cour de cassation a cru devoir lui refuser). – BERLY, *RDI 2011. 109* (l'entrée en vigueur de l'art. L. 313-22-1 C. mon. fin.).

Application dans le temps. L'art. L. 313-22-1, issu de la loi du 1er juill. 2010 et relatif aux recours à l'encontre des cautions des établissements de crédit ayant accordé des garanties, a un caractère interprétatif. • Civ. 3e, 19 mars 2013, n° 11-27.851 : *RDI 2013. 313, obs. Heugas-Darraspen ; JCP 2013, n° 585, obs. Simler ; Gaz. Pal. 2013. 1765, obs. Tricoire ; Banque et Dr. 7-8/2013. 19, obs. Bonneau.*

SECTION III *Procédures de mobilisation des créances professionnelles*

SOUS-SECTION 1 *Cession et nantissement des créances professionnelles*

RÉP. COM. v° *Cession et nantissement de créances professionnelles*, par DUMAS et COHEN-BRANCHE.

BIBL. GÉN. ► CHVIKA, *D. 2000. Chron. 615* (déclin de la négociabilité des instruments de paiement et de crédit). – LE MAIGAT, *RDBF 2002. 92* (protection du débiteur cédé face au caractère occulte de la cession Dailly). – CROCQ, *Dr. et patr. 7-8/2002. 80* (efficacité incertaine de la cession Dailly). – STOUFFLET, *RDBF 2003. 67* (financements par cession de créances futures). – ATTAL, *Dr. et patr. 5/2005. 34* (validité et utilités de la cession de créance future à titre de garantie). – LASBORDES - DE VIRVILLE, *RDBF mars-avr. 2006. 54* (risques encourus par le banquier cessionnaire). – FILLE-LAMBIE et LAISNEY, *Banque et Dr. 7-8/2010. 3* (le nantissement de créance, supplétif ou alternative à la cession Dailly ?). – ANSAULT, *Journ. sociétés 3/2012. 12* (la cession *Dailly* dans la tourmente des procédures collectives). – KUNTZ et CAVELIER, *BJE 2015. 123* (notification d'une cession Dailly ou d'un nantissement de créances et exécution du plan de sauvegarde ou de redressement).

Art. L. 313-23 Tout crédit qu'un établissement de crédit *(Ord. n° 2017-1432 du 4 oct. 2017, art. 2-II, en vigueur le 3 janv. 2018)* **« , qu'un FIA relevant du paragraphe 2 de la sous-section 3 ou de la sous-section 5 de la section II du chapitre IV du titre Ier du livre II, »** *(Ord. n° 2013-544 du 27 juin 2013, art. 3, en vigueur le 1er janv. 2014)* **« ou qu'une société de financement » consent à une personne morale de droit privé ou de droit public, ou à une personne physique dans l'exercice par celle-ci de son activité professionnelle, peut donner lieu au profit de cet établissement** *(Ord. n° 2017-1432 du 4 oct. 2017, art. 2-II, en vigueur le 3 janv. 2018)* **« , de ce FIA, »** *(Ord. n° 2013-544 du 27 juin 2013, art. 3, en vigueur le 1er janv. 2014)* **« ou de cette société », par la seule remise d'un bordereau, à la cession ou au nantis-**

sement par le bénéficiaire du crédit, de toute créance que celui-ci peut détenir sur un tiers, personne morale de droit public ou de droit privé ou personne physique dans l'exercice par celle-ci de son activité professionnelle.

Peuvent être cédées ou données en nantissement les créances liquides et exigibles, même à terme. Peuvent également être cédées ou données en nantissement les créances résultant d'un acte déjà intervenu ou à intervenir mais dont le montant et l'exigibilité ne sont pas encore déterminés.

Le bordereau doit comporter les énonciations suivantes :

1. La dénomination, selon le cas, "acte de cession de créances professionnelles" ou "acte de nantissement de créances professionnelles" ;

2. La mention que l'acte est soumis aux dispositions des articles L. 313-23 à L. 313-34 ;

3. Le nom ou la dénomination sociale de l'établissement de crédit *(Ord. n° 2017-1432 du 4 oct. 2017, art. 2-II, en vigueur le 3 janv. 2018)* « , du FIA mentionné au premier alinéa, » *(Ord. n° 2013-544 du 27 juin 2013, art. 3, en vigueur le 1er janv. 2014)* « ou de la société de financement » bénéficiaire ;

4. La désignation ou l'individualisation des créances cédées ou données en nantissement ou des éléments susceptibles d'effectuer cette désignation ou cette individualisation, notamment par l'indication du débiteur, du lieu de paiement, du montant des créances ou de leur évaluation et, s'il y a lieu, de leur échéance.

Toutefois, lorsque la transmission des créances cédées ou données en nantissement est effectuée par un procédé informatique permettant de les identifier, le bordereau peut se borner à indiquer, outre les mentions indiquées aux 1, 2 et 3 ci-dessus, le moyen par lequel elles sont transmises, leur nombre et leur montant global.

En cas de contestation portant sur l'existence ou sur la transmission d'une de ces créances, le cessionnaire pourra prouver, par tous moyens, que la créance objet de la contestation est comprise dans le montant global porté sur le bordereau.

Le titre dans lequel une des mentions indiquées ci-dessus fait défaut ne vaut pas comme acte de cession ou de nantissement de créances professionnelles au sens des articles L. 313-23 à L. 313-34. – *[L. n° 81-1 du 2 janv. 1981, art. 1er.]*

I. CONDITIONS DE FOND DE LA CESSION DE CRÉANCES PROFESSIONNELLES

A. QUANT AUX PARTIES À LA CESSION

1. Qualité du cédant. Pour l'application de la L. du 2 janv. 1981 [C. mon. fin., art. L. 313-23 s.], dès lors que tant le cédant que le débiteur sont des personnes morales, peu important qu'elles soient soumises au droit public, ou au droit privé, l'opération de crédit est valable sans qu'il y ait lieu de vérifier que la créance est née dans l'exercice de leurs activités professionnelles, une telle condition ne s'imposant que lorsque soit le cédant soit le débiteur est une personne physique. • Com. 3 janv. 1996, n° 93-20.783 P : *D. 1996. IR 46.* ♦ Pour une cession de créance effectuée par un préposé de la société cédante, V. • Com. 20 mars 2007, n° 06-13.552 P : *RTD com. 2007. 423, obs. Legeais ; JCP E 2007, n° 18, p. 16 ; RJDA 2007, n° 771.*

2. Qualité du cessionnaire. La cession de créances par bordereau Dailly constitue une opération de crédit au sens de l'art. L. 313-1 C. mon. fin. ; à ce titre le cessionnaire doit obligatoirement être un établissement de crédit tel que défini par l'art. L. 511-1 C. mon. fin., ou un des services ou institutions énumérés à l'art. L. 518-1, qui peuvent effectuer des opérations de banque dans la mesure où ils y sont autorisés par leur statut : * Rép. min. n° 4067 : *JCP E 2003, n° 7-8, p. 294.*

B. QUANT AU DÉBITEUR

3. Exercice d'une activité professionnelle. La vérification que la créance est née dans l'exercice d'une activité professionnelle ne s'impose que lorsque soit le cédant soit le débiteur est une personne physique. • Com. 3 janv. 1996, n° 93-20.783 P : *préc. note 1.*

C. QUANT AUX CRÉANCES CÉDÉES

1° NATURE DES CRÉANCES CÉDÉES

4. Indifférence de la nature de la créance. Les dispositions de la L. du 2 janv. 1981 [C. mon. fin., art. L. 313-23 s.] concernent la cession à un établissement de crédit de toute créance détenue par une personne morale de droit public, quelle que soit la nature de cette créance, et non seulement les cessions de créances de nature contractuelle. • CAA Nantes, 29 juin 2001 : *JCP E 2002, n° 2, 43.* ♦ Solution confirmée par : • CE 7 avr. 2004, n° 239000 : *JCP E 2004, n° 18, p. 690 ; RJDA 2004, n° 1114 ; LPA 12 juill. 2004, obs. Vidal,* qui reconnaît au cessionnaire la possibilité de se prévaloir de la créance qu'il avait acquise pour en poursuivre le recouvrement sur la base du nouveau fondement juridique né de la constatation de la nullité du contrat à l'origine de ladite créance.

5. Subvention. L'engagement pris par une collectivité locale de verser une subvention annuelle à un organisme de droit public ou de droit privé constituant une base suffisante pour que le bénéficiaire d'un tel engagement puisse se considérer comme titulaire d'une créance sur ladite collectivité locale, résultant d'un acte à intervenir au montant et à l'exigibilité non encore déterminés, comme prévu à l'art. 1er [C. mon. fin., art. L. 313-23], est légale la cession à un établissement de crédit d'une telle créance. • TA Strasbourg, 28 sept. 1993 : *JCP E 1994. Pan. 4 ; RJDA 1994, n° 318 ; RTD com. 1994. 333, obs. Cabrillac et Teyssié* ✐.

6. Cession en garantie. La cession de créance professionnelle peut être utilisée afin de garantir le remboursement d'un crédit accordé antérieurement par le cessionnaire au cédant. • Com. 24 avr. 1990, ☏ n° 88-20.466 P : *D. 1990. IR 118 ; RTD com. 1990. 442, obs. Cabrillac et Teyssié* ✐.

7. Opération dite de « défaisance ». Le rachat par une société des créances impayées détenues par une autre en vue de les recouvrer pour son propre compte s'analyse en une opération assimilable à l'escompte de titre de créance et, par conséquent, à une opération de crédit consentie à la société cédante pour les besoins de son exploitation et l'exercice de son activité professionnelle. • Versailles, 24 mai 2005 : *JCP E 2005, n° 38, p. 1527.*

2° CARACTÈRES DES CRÉANCES CÉDÉES

8. Créances éteintes. Des créances éteintes, du fait de leur paiement antérieur au bordereau les visant, ne peuvent faire l'objet d'aucune cession. • Com. 20 févr. 1996, ☏ n° 94-11.650 : *D. Affaires 1996. 455 ; RTD com. 1996. 309, obs. Cabrillac* ✐.

9. Créances échues. Les cessions de créances échues sont, en principe, autorisées, même à titre de garantie. • Com. 8 janv. 1991, ☏ n° 89-13.711 P : *D. 1991. IR 44 ; RJ com. 1993. 190, note Fenouillet ; RTD com. 1991. 271, obs. Cabrillac et Teyssié* ✐.

10. Créances futures. Bien que n'étant pas encore exigible, est parfaitement cessible une créance résultant d'un contrat d'affacturage, alors qu'après le dénouement de la totalité des opérations d'affacturage, cette créance deviendra exigible. • Paris, 26 mai 1994 : *D. 1994. IR 207.* ♦ De même, les opérations liées à un dépôt-vente peuvent être cédées. • Versailles, 14 déc. 1995 : *D. Affaires 1996. 264.* ♦ L'art. L. 313-23 autorise la cession d'une créance à naître dans la mesure où elle est identifiable. • Colmar, 18 mars 2008 : *JCP E 2008, n° 41, p. 16.*

11. Créances éventuelles. Le bénéficiaire d'une cession de créance ne peut exiger le paiement de celle-ci que si le cédant possède un droit né et actuel sur le débiteur cédé et, s'agissant d'une créance reposant sur un acte non encore intervenu, lorsque la créance est devenue exigible. Lorsqu'une telle créance éventuelle s'éteint, la cession de créance devient dépourvue d'effet juridique. Il en irait ainsi, selon ce jugement, même dans le cas d'acceptation de la créance par le débiteur cédé selon la procédure prévue à l'art. 6 [C. mon. fin., art. L. 313-29], une telle acceptation ne pouvant pas avoir pour effet de transformer en droits acquis au bénéfice du cessionnaire les droits seulement éventuels initialement détenus par le cédant sur le débiteur et qui ne se sont pas réalisés. • TA Strasbourg, 28 sept. 1993 : *préc. note 5.* ♦ V. aussi, sur l'inefficacité d'une acceptation portant sur une créance éventuelle, V. • Com. 1er déc. 1998, ☏ n° 95-20.390 : *D. Affaires 1999. 376, obs. J. F.*

3° CONVENTIONS PRÉALABLES

12. Sélection des créances. L'établissement de crédit, alors même qu'existe une « convention-cadre », conserve le droit de refuser la transmission des créances présentées. • Com. 8 déc. 1987, ☏ n° 86-11.170 P : *Rev. dr. bancaire 1988. 90.* ♦ Son refus ne saurait, toutefois, être exercé de manière intempestive, sous peine de dégénérer en abus. • Paris, 3 mars 1992 : *Gaz. Pal. 1994. 2. Somm. 729.* ♦ Encourt la cassation l'arrêt qui condamne une banque à « traiter » des actes de cessions de créances sans rechercher si la convention d'escompte de créances professionnelles permettait à l'établissement de crédit de rejeter ou de refuser certaines des créances présentées par son client. • Com. 26 janv. 1999, ☏ n° 95-21.426 : *RJDA 1999, n° 323.* ♦ Sur l'exercice par la banque de sa faculté, contractuellement prévue, de refuser, après examen, la mobilisation de créances Dailly, V. • Com. 20 nov. 2001, ☏ n° 98-21.708 P : *Banque et Dr. 3-4/2003. 64, obs. Guillot.*

13. Clause interdisant la cession de la créance. BIBL. Renfert et Brun, *RTDF 2009, n° 3, p. 37* (les clauses prohibant la cession de créances en droit français et en droit comparé). ♦ V. note 10 ss. art. L. 313-28 C. mon. fin. et art. L. 442-6, II, C. com. déclarant nuls les clauses ou contrats prévoyant pour un producteur, un commerçant, un distributeur, un industriel ou un artisan la possibilité d'interdire au cocontractant la cession à des tiers des créances qu'il détient sur lui.

II. CONDITIONS DE FORME DE LA CESSION DE CRÉANCES PROFESSIONNELLES

A. MENTIONS OBLIGATOIRES

14. Dénomination de l'acte. A défaut d'être expressément dénommés « Acte de cession/nantissement de créances professionnelles », des bordereaux ne valent pas comme tels. • Com. 8 nov. 1994, ☏ n° 93-10.332 : *RJDA 1995, n° 320.* ♦ Pour un bordereau de cession comportant la dénomination « acte de cession de créance de la loi Dailly » et comportant la mention qu'il est soumis à la L. du 2 janv. 1984, V. • Com. 11 juill. 2000, n° 97-22.452 P : *D. 2000. AJ 339, obs. Lienhard ; JCP E 2001, n° 31-35, p. 1331, obs. Stoufflet ; RTD com. 2000. 992, obs. Cabrillac .*

15. Nom ou dénomination sociale du bénéficiaire. N'est pas conforme au texte, l'acte de cession comportant la mention « Agence République du Groupe X » comme énonciation de la dénomination sociale de l'établissement de crédit bénéficiaire, V. • Com. 23 oct. 2001, n° 98-20.442 P : *D. 2002. Somm. 2046, obs. Lemée ; RTD com. 2002. 141, obs. Cabrillac .*

16. Désignation ou individualisation des créances. Pour valoir acte de cession, le bordereau doit comporter les éléments permettant d'individualiser les créances cédées ; cette condition n'est pas remplie lorsque la différenciation entre les créances effectivement cessibles et les autres se révèle impossible à l'examen du bordereau. • Com. 13 oct. 1992, n° 90-21.077 P : *JCP E 1993. II. 395, note Stoufflet.* ♦ ... Ou lorsque les bordereaux de cession ne comportaient que l'indication du montant global des créances cédées en renvoyant, pour l'identification et l'individualisation de celles-ci, à des documents annexes que le cessionnaire n'établissait pas avoir joints. • Com. 3 oct. 2006, n° 04-30.820 P : *D. 2007. Pan. 764, obs. D.-R. Martin ; JCP E 2007, n° 22, p. 20, obs. Coudert.* ♦ La cession de créance est nulle faute de désignation certaine de celle-ci, dès lors que le bordereau comporte plusieurs mentions erronées et que les autres mentions sont insuffisantes pour permettre l'identification de la créance par le cessionnaire ainsi que par le débiteur désigné, même après comparaison avec divers autres documents contractuels ou comptables aisément disponibles. • Com. 21 juin 1994, n° 92-15.410 P : *JCP 1994. IV. 2100.* ♦ La désignation du débiteur cédé n'est pas une mention obligatoire du bordereau, mais seulement l'un des moyens alternatifs susceptibles de permettre aux parties d'effectuer l'identification des créances cédées. • Com. 1er févr. 2011, n° 10-13.595 P : *D. 2011. Actu. 508, obs. Delpech ; RTD com. 2011. 395, obs. Legeais ; JCP E 2011, n° 1394, spéc. n° 23, obs. Stoufflet ; Gaz. Pal. 2011. 1758, obs. Houin-Bressand ; RJDA 2011, n° 456.*

17. Autres mentions. Une cession de créance professionnelle, effectuée selon les modalités prévues par les art. L. 313-23 s., produit ses effets et est opposable aux tiers ainsi qu'au débiteur cédé dans les conditions prévues par ces dispositions légales, auxquelles aucune autre condition ne peut être ajoutée dans le contrat générateur de la créance. • Com. 11 oct. 2017, n° 15-18.372 P : *D. 2017. Actu. 2028 ; AJ contrat 2017. 527, note Forti ; RTD civ. 2017. 861, obs. Barbier ; JCP E 2017, n° 1668, note Marty ; RJDA 2018, n° 273.* ♦ Après avoir constaté que le bordereau comportait la mention des art. L. 313-23 à L. 313-34, exigée par le 2° de l'art. L. 313-23, mais aussi celle, non exigée, des art. R. 313-15 à R. 313-18, l'arrêt retient à bon droit que l'ajout de ces textes réglementaires, fussent-il abrogés, n'a pas d'incidence sur la validité de la cession. • Même arrêt.

18. Cession par un procédé informatique. N'est pas valable le bordereau qui, lorsque la transmission des créances cédées est effectuée par un procédé informatique permettant de les identifier, n'indique pas, notamment, le moyen par lequel ces créances sont transmises. • Com. 21 mars 1995, n° 93-13.514 : *RJDA 1995, n° 1013.* ♦ Si la transmission des créances professionnelles cédées peut être effectuée par un procédé informatique tel qu'un « listing », joint au bordereau, permettant de les individualiser, le bordereau de cession n'en doit pas moins être lui-même revêtu de toutes les mentions exigées par la loi en ce cas, c'est-à-dire, outre l'indication du moyen par lequel les créances sont transmises, le nombre et le montant global des cessions. • Com. 20 févr. 2007, n° 05-20.562 P : *D. 2008. Pan. 882, obs. D. R. Martin ; RTD com. 2007. 423, obs. Legeais ; JCP E 2007, n° 22, p. 21, obs. Stoufflet ; RJDA 2007, n° 542.*

19. Effets de l'individualisation des créances. Un acte de cession de créances comportant toutes les mentions exigées par l'art. 1er, § 4 [C. mon. fin., art. L. 313-23, § 4], c'est au débiteur cédé, demandeur à l'exception, d'établir l'inexistence des créances ainsi individualisées. • Com. 13 déc. 1994, n° 92-15.091 P : *D. 1995. IR 10 ; JCP E 1995. II. 733, note Virassamy ; RJ com. 1995. 316, note Malecky.* – Comp. : • Com. 18 oct. 1994, n° 93-10.078 P : *cité note 14 ss. art. L. 313-28* • 18 févr. 1997, n° 95-11.569 P : *eod. loc.*

B. SANCTION DE L'OMISSION DES MENTIONS OBLIGATOIRES

20. Inopposabilité de la cession au débiteur. Le titre dans lequel l'une des mentions exigées par l'art. L. 313-23 fait défaut ne vaut pas comme acte de cession au sens de ses dispositions. • Com. 13 nov. 2003, n° 01-10.724 : *RDBF 2004, n° 165, obs. Cerles ; RJDA 2004, n° 466.* – V. aussi • Com. 9 avr. 1991, n° 89-20.871 P : *D. 1991. IR 124 ; RTD com. 1991. 421, obs. Cabrillac et Teyssié .* ♦ En l'absence de production des bordereaux de cession de créances revêtus de toutes les mentions exigées par l'art. L. 313-23, fût-elle justifiée par une impossibilité matérielle, les cessions litigieuses, à les supposer même établies, n'étaient pas opposables aux tiers, ce dont il résultait que le cessionnaire ne pouvait demander le paiement au débiteur cédé sur le fondement de documents qu'il ne présentait pas. • Com. 25 févr. 2003, n° 00-22.117 P : *JCP E 2003, n° 16, p. 681 ; RTD com. 2003. 555, obs. Cabrillac ; LPA 22 déc. 2004, note Lasbordes de Virville ; RJDA 2003, n° 765.*

21. Validité de la cession entre les parties. Si au cas où l'une des énonciations exigées a été omise, la cession est inopposable aux tiers, elle reste valable entre les parties. • Rouen, 6 mars 1986 : *D. 1988. Somm. 279, obs. Vasseur.* – V. note 1 ss. art. L. 313-27.

III. INFRACTIONS PÉNALES

22. Fausses factures. BIBL. Dekeuwer, *JCP E 1995. I. 451.* ♦ Constitue un faux en écriture de commerce pénalement punissable l'altération de la vérité dans un document valant titre ; constituent des titres les factures jointes à l'appui des bordereaux de cession de créances prévus par l'art. 1er [C. mon. fin., art. L. 313-23]. • Crim. 30 mars 1992, n° 91-81.143 P : *D. 1994. Somm. 157, obs. Roujou de Boubée* ; *JCP E 1992. Pan. 1355, obs. Véron.*

23. Escroquerie. BIBL. Dekeuwer, *JCP E 1995. I. 451.* ♦ Les documents produits à l'appui de bordereaux prévus par l'art. 1er [C. mon. fin., art. L. 313-23] peuvent servir de base à des poursuites du chef d'escroquerie lorsqu'ils affirment l'existence de créances fictives ou devenues sans valeur. • Crim. 22 févr. 1993, n° 92-81.811 P. ♦ Dans le même sens, pour un bordereau faisant état de créances inexistantes ou sorties du patrimoine du cédant, V. • Crim. 22 févr. 1993, n° 91-85.162 P : *RTD com. 1993. 695, obs. Cabrillac et Teyssié* ; *JCP E 1994. II. 530, note Véron.*

Art. L. 313-24 **Même lorsqu'elle est effectuée à titre de garantie et sans stipulation d'un prix, la cession de créance transfère au cessionnaire la propriété de la créance cédée.**

Sauf convention contraire, le signataire de l'acte de cession ou de nantissement est garant solidaire du paiement des créances cédées ou données en nantissement. – *[L. n° 81-1 du 2 janv. 1981, art. 1er-1.]*

Les dispositions du 1er al. de l'art. L. 313-24 facilitant le crédit aux entreprises sont de caractère interprétatif (L. n° 84-46 du 24 janv. 1984, art. 62).

BIBL. ▸ Tchotourian, *RJDA 2006. 331* (cession à titre de garantie : entre cession et garantie fiduciaire). – Aynès, *D. 2007. 961* (cession de créance à titre de garantie : quel avenir ?). – Adelle, *RDBF 2007. Analyse 5* (cession de créances en garantie et fiducie). – Auckenthaler, *JCP E 2007, n° 40, p. 13* (cession de créance en garantie). – Emy, *D. 2008. 2886* (opposabilité d'une cession de créance). – Dreyfuss, *RTD com. 2018. 869* (la cession Dailly à titre de garantie, une opération à l'épreuve des procédures collectives ?).

I. CESSION EN GARANTIE

1. Cession en garantie d'un crédit antérieur. La cession de créance professionnelle peut être utilisée afin de garantir le remboursement d'un crédit accordé antérieurement par le cessionnaire au cédant. • Com. 24 avr. 1990, n° 88-20.466 P : *D. 1990. IR 118* ; *RTD com. 1990. 442, obs. Cabrillac et Teyssié* . ♦ Sur la validité de la cession de créances échues à titre de garantie V. • Com. 8 janv. 1991, n° 89-13.711 P : *préc. note 9 ss. art. L. 313-23.*

2. Nantissement temporaire. Il ne résulte pas des art. 1-1 et 4 [C. mon. fin., art. L. 313-24 et L. 313-27], qu'un nantissement de créance ne puisse être constitué à titre temporaire par une mention portée sur le bordereau. • Com. 16 mai 2000, n° 96-20.070 P : *D. 2000. Somm. 392, obs. Piedelièvre* ; *JCP 2001. II. 10517, note Favier* ; *RTD com. 2000. 993, obs. Cabrillac* .

3. Rétrocession de créances cédées en garantie. C'est seulement lorsque la cession de créance a été effectuée à titre de garantie que le cédant d'origine peut retrouver la propriété de la créance cédée sans formalité particulière dans la mesure où la garantie prend fin lorsque son bénéficiaire n'a plus de créance à faire valoir ou lorsqu'il y renonce. • Civ. 1re, 19 sept. 2007, n° 04-18.372 P : *D. 2007. AJ 2532, obs. Delpech* ; *RTD com. 2008. 162, obs. Legeais* ; *JCP E 2007, n° 42, p. 10* ; *LPA 15 janv. 2008, note Rakotovahiny.* ♦ La cession de créance effectuée à titre de garantie prend fin sans formalité particulière pour les sommes excédant la créance qui reste due à la banque cessionnaire par le cédant. • Com. 9 févr. 2010, n° 09-10.119 P : *D. 2010. AJ 578, obs. Delpech* ; *RTD com. 2015. 343, obs. Legeais* ; *JCP 2011, n° 112, note Aynès* ; *Gaz. Pal. 2010. 2246, obs. Bonhomme* ; *RJDA 2010, n° 997.*

4. Restitution de la créance. V. C. civ., art. 2011. – C. civ. ♦ Si la cession de créance faite à titre de garantie, qui implique la restitution du droit cédé au cas où la créance garantie viendrait à être payée, n'opère qu'un transfert provisoire de la titularité de ce droit, l'éventualité de la restitution de la créance au cédant reste subordonnée à l'épuisement de l'objet de la garantie consentie. • Com. 22 nov. 2005, n° 03-15.669 P : *D. 2006. Pan. 2861, obs. Crocq* ; *RTD com. 2006. 169, obs. Legeais* ; *JCP E 2006, n° 14-15, p. 673, obs. Cabrillac* ; *Defrénois 2006. 601, obs. Savaux* ; *RJDA 2006, n° 325.* ♦ Dès lors que la banque cessionnaire d'une créance professionnelle à titre de garantie a elle-même soutenu que l'ensemble des obligations réciproques qu'elle avait avec son client était fondu dans un compte courant unique, et que la cour d'appel constate que les sommes litigieuses correspondant aux créances cédées et encaissées sont entrées en compte au nom de la société cédante à la date des versements, il en résulte qu'elles sont entrées au crédit de son compte courant sans que la banque établisse ni même allègue les avoir portées dans un compte spécial indisponible à son propre nom. Ainsi, la cour d'appel, faisant ressortir que la banque n'était pas fondée à invoquer la compensation entre sa dette correspondant au solde créditeur du compte courant de son client et sa créance résultant de ses engagements par signature, qui n'étaient qu'éventuels, a exactement jugé que la banque n'était pas en droit de refuser la restitution du solde créditeur du compte courant. • Com. 4 juill. 2006, n° 05-11.688 P : *D. 2007. Pan. 760, obs. D.-R. Martin* ; *RTD com. 2006. 894, obs. Legeais* ; *JCP E 2006, n° 41, p. 1719, note Ansaloni* ; *RJDA 2007, n° 91.* ♦ En dehors des cas prévus par la loi, l'acte par lequel un débiteur cède et transporte à son créancier, à titre de garantie, tous ses droits sur des créances, constitue un nantissement de créance. • Com. 19 déc. 2006, n° 05-16.395 P : *R. 2006, p. 370* ; *D. 2007. 319, note Dammann et Podeur* ; *RTD com. 2007. 217, obs. Legeais* ; *AJDI 2007. 757, obs. Cohet-Cordey* ; *JCP E 2007, n° 5, p. 13, rapport Cohen-Branche, note Legeais* ; *LPA 27 févr. 2007, note Prigent* ; *Gaz. Pal. 2007. 1903, obs. Piedelièvre* ; *RJDA 2007, n° 474.* – Sur cet arrêt, V. aussi, Beuzelin, *Dr. et patr. 9/2007. 74* (cession de loyer à titre de garantie ou nantissement de créance, que faire ?). ♦ Dès lors qu'une cession de loyers en garantie du remboursement d'un prêt a été signifiée au locataire conformément aux dispositions de l'art. 1690 C. civ., le cessionnaire a la qualité de créancier nanti. • Com. 26 mai 2010, n° 09-13.388 P : *D. 2010. 2201, note Borga* ; *RTD com. 2010. 595, obs. Legeais* ; *Gaz. Pal. 2010. 2902, obs. Albigès* ; *RJDA 2010, n° 945.* ♦ En cas de cession à titre de garantie d'une créance professionnelle, seul le cessionnaire peut réclamer au débiteur le paiement total de la créance cédée, même lorsque son montant excède celui de la créance garantie, le cédant ne retrouvant ses droits à agir qu'après le remboursement intégral de la dette garantie ou la renonciation du cessionnaire à tout ou partie de la créance cédée. • Com. 18 nov. 2014, n° 13-13.336 P : *D. 2014. Actu. 2404* ; *AJCA 2015. 127, obs. Bert* ; *RTD com. 2015. 343, obs. Legeais* ; *JCP E 2015, n° 1101, note Marty* ; *RJDA 2015, n° 303.*

II. GARANTIE SOLIDAIRE DU CÉDANT

5. Recours en garantie du cessionnaire contre le cédant. Le cédant d'une créance professionnelle, en sa qualité de garant solidaire du paiement des créances cédées à l'égard du banquier cessionnaire, de même que les cautions du cédant, sont tenus des mêmes obligations que le débiteur cédé. • Com. 26 mars 2002, n° 99-17.917 : *RDBF 2003, n° 20, obs. Cerles.* ♦ Il n'y a pas lieu de déduire du montant de la déclaration de créance du banquier cessionnaire de créances professionnelles à titre de garantie au redressement judiciaire du cédant, les créances pour lesquelles il ne justifie pas qu'elles n'ont pas été recouvrées depuis l'ouverture de la procédure collective, dès lors que le cédant, en sa qualité de garant solidaire des créances cédées à l'égard du banquier cessionnaire, est tenu des mêmes obligations que le débiteur cédé, V. • Com. 4 déc. 2001, n° 98-17.052 P : *D. 2002. AJ 210, obs. Lienhard* ; *Banque et Dr. 3-4/2002. 56, obs. Bonneau.* ♦ Si le cessionnaire d'une créance professionnelle qui a notifié la cession en application de l'art. L. 313-28 bénéficie d'un recours en garantie contre le cédant, garant solidaire, ou sa caution solidaire, sans avoir à justifier d'une poursuite judiciaire contre le débiteur cédé ou même de sa mise en demeure, il est cependant tenu de justifier d'une demande amiable adressée préalablement à ce débiteur ou de la survenance d'un événement rendant impossible le paiement. • Com. 18 janv. 2017, n° 15-12.951 P : *D. 2017. Actu. 212* ; *JCP E 2017, n° 1105.*

6. Indifférence d'une compensation entre le cédant et le débiteur cédé. L'extinction de la créance par compensation ne fait pas disparaître l'obligation de garantie. • Com. 26 avr. 1994, n° 92-15.025 : *RJDA 1994, n° 952* ; *JCP 1994. IV. 1582.*

7. Option du cessionnaire. Si le cessionnaire d'une créance professionnelle qui a notifié la cession en application de l'art. L. 313-28 bénéficie d'un recours en garantie contre le cédant, garant solidaire, sans avoir à justifier préalablement d'une poursuite judiciaire contre le débiteur cédé ou même de sa mise en demeure, il est cependant tenu de justifier d'une demande amiable adressée à ce débiteur ou de la survenance d'un événement rendant impossible le paiement, la circonstance que le cédant ait autorisé la banque, par convention cadre, à débiter son compte, si le débiteur cédé laissait impayée sa créance à l'échéance, n'étant pas susceptible d'exonérer la banque notificatrice de cette démarche amiable. • Com. 18 sept. 2007, n° 06-13.736 P : *D. 2007. AJ 2532, obs. Delpech* ; *RTD com. 2007. 821, obs. Legeais* ; *JCP E 2007, n° 46, p. 19, obs. Stoufflet* ; *RJDA 2008, n° 79* ; *RLDA janv. 2008. 31, note Grimonprez.* ♦ La solidarité existant entre le cédant et le débiteur cédé confère au cessionnaire le droit d'exercer son recours contre le cédant ou le cédé sans avoir à justifier de son choix. • Paris, 17 avr. 1992 : *JCP 1992. II. 22019, note Legeais* • Chambéry, 27 oct. 1993 : *BICC 1993, n° 1363.* ♦ Le cessionnaire, qui a notifié la cession au débiteur cédé, bénéficie du recours en garantie contre le cédant et sa caution, sans avoir à justifier préalablement d'une poursuite judiciaire à l'encontre du débiteur cédé. • Com. 14 mars 2000, n° 96-14.034 P : *D. 2000. AJ 236, obs. Faddoul* ; *JCP E 2000,* n° 20, p. 774; RTD com. 2000. 996, obs. Cabrillac.

8. *Nature de la dette de garantie du cédant.* Selon les dispositions de l'art. L. 313-24, al. 2, sauf convention contraire, le signataire de l'acte de cession est garant solidaire du paiement des créances cédées, ce dont il résulte qu'en l'absence de collusion frauduleuse entre le cessionnaire et le cédant, la dette n'a pas une nature délictuelle (recevabilité de l'action en paiement du banquier cessionnaire contre la caution du cédant, dans l'hypothèse où l'une des créances cédées avait déjà été payée et l'autre cédée précédemment à un autre établissement bancaire). • Com. 22 janv. 2002, n° 98-10.805 P: *D. 2002. AJ 954, obs. Avena-Robardet; RTD com. 2002. 357, obs. Cabrillac; Banque et Dr. 5-6/2002. 50, obs. Bonneau.*

9. *Portée de la dette de garantie du cédant.* La garantie, à laquelle le cédant est tenu lors du paiement en application de l'al. 2 de l'art. L. 313-24, porte non seulement sur la solvabilité du débiteur cédé mais également sur l'existence de la créance cédée. • Com. 1er févr. 2011, n° 09-73.000 P: *D. 2011. Actu. 509, obs. Delpech; RTD com. 2011. 394, obs. Legeais; JCP E 2011, n° 1394, spéc. n° 24, obs. Stoufflet; Gaz. Pal. 2011. 1759, obs. Houin-Bressand; RJDA 2011, n° 457.*

10. *Assignation du débiteur cédé en redressement judiciaire.* Le cédant, bien qu'il demeure garant du paiement de la créance, ne peut se substituer au cessionnaire pour assigner le débiteur en redressement judiciaire, et les délais accordés par le cessionnaire lui sont opposables. • Com. 8 janv. 1991, n° 89-13.711 P: *D. 1991. IR 44; RJ com. 1993. 190, note Fenouillet; RTD com. 1991. 271, obs. Cabrillac et Teyssié.*

11. *Procédure collective contre le débiteur cédé.* Le cessionnaire qui n'a pas déclaré sa créance à la procédure collective du débiteur cédé n'est pas privé de son recours en garantie contre le cédant et sa caution. • Com. 14 mars 2000, n° 96-14.034 P: *préc. note 7.* ♦ La cession de créance, même effectuée à titre de garantie, transférant au cessionnaire la propriété de la créance cédée, le cédant n'a plus qualité pour déclarer cette créance à la procédure collective ouverte contre le débiteur cédé. • Com. 1er mars 2005, n° 05-15.862: *RJDA 2005, n° 881.* ♦ En application de l'art. L. 313-24, le cessionnaire bénéficie d'un recours en garantie contre le cédant peu important que le débiteur cédé ait reconnu sa dette dans un effet de commerce dès lors qu'il ne l'a pas payé. • Com. 27 févr. 2007, n° 05-17.154: *Gaz. Pal. 2007. 2773, obs. R. B.* ♦ Lorsque la cession de créance professionnelle est effectuée à titre de garantie d'un crédit, le cédant reste tenu, en sa qualité de débiteur principal, vis-à-vis de l'établissement cessionnaire lui ayant accordé le crédit, peu important que la créance cédée n'ait pas été déclarée au passif du débiteur cédé. • Com. 20 oct. 2009, n° 08-18.233 P: *D. 2009. AJ 2611, obs. Lienhard; RTD com. 2010. 422, obs. Martin-Serf; JCP E 2009, n° 49, p. 16; RJDA 2010, n° 780.*

12. *Redressement ou liquidation judiciaires du cédant.* Il résulte de la solidarité instituée à l'al. 2 de l'art. L. 313-24, que l'admission des créances cédées au passif de la procédure collective du créancier cédant est opposable au débiteur cédé. • Com. 28 avr. 2004, n° 01-03.250: *RJDA 2004, n° 1143.* ♦ Mais l'autorité de la chose jugée attachée à la décision d'admission de la créance du cessionnaire au passif de la procédure collective du cédant ne fait pas obstacle à ce que le débiteur cédé puisse opposer au cessionnaire l'exception d'inexécution de son obligation par le cédant. • Com. 1er avr. 2008, n° 06-21.458 P: *D. 2009. Pan. 1052, obs. D. R. Martin; RTD com. 2008. 401, obs. Legeais; ibid. 2009. 208, obs. Martin-Serf; JCP E 2008, n° 22, p. 15; RJDA 2008, n° 830.* ♦ Lorsque la cession de créances professionnelles par bordereau est consentie à titre de garantie, les règlements effectués avant l'ouverture de la procédure collective du cédant par le débiteur cédé entre les mains du cessionnaire restent acquis à ce dernier tant que les créances garanties par cette cession ne sont pas payées, l'excédent éventuel n'étant restitué qu'après ce paiement. • Com. 30 juin 2015, n° 14-13.784 P: *D. 2015. Actu. 1484; JCP 2015, n° 1095, note Coupet; RJDA 2015, n° 860.* ♦ Sur les nullités de la période suspecte, V. art. L. 632-1 et L. 632-2 C. com., et sur les droits du cessionnaire en cas de procédure collective du cédant, V. note 41 ss. art. L. 622-21 C. com. ♦ Sur l'effet à l'égard du débiteur cédé de l'extinction de la créance, faute de déclaration à la procédure collective du cédant, V. note 13 ss. anc. art. L. 621-46 C. com. cité ss. art. L. 622-26 C. com.

Art. L. 313-25 **Le bordereau est signé par le cédant. La signature est apposée soit à la main, soit par tout procédé non manuscrit. Le bordereau peut être stipulé à ordre.**

La date est apposée par le cessionnaire. — *[L. n° 81-1 du 2 janv. 1981, art. 2.]* — *V. art. R. 313-19.*

1. *Absence de signature.* BIBL. Gavalda, *JCP E 1989. II. 15374.* ♦ Si l'irrégularité formelle d'un bordereau, qui porte un cachet humide et une signature dont il n'est pas possible de dire si elle a été apposée à la main ou incorporée au cachet, peut avoir des incidences quant à l'opposabilité de la cession aux tiers, elle n'affecte en rien l'efficacité de la cession entre les parties. • TGI Colmar, 13 mars 1987: *D. 1988. Somm. 279, obs. Vasseur; RTD com. 1988. 100, obs. Cabrillac et Teyssié.*

2. *Délégation de signature.* Le défaut de pouvoir du signataire d'un bordereau de cession de créances Dailly est sanctionné par une inopposabilité qui ne peut être invoquée que par le cédant lui-même. • Com. 21 sept. 2010, n° 09-11.707 P : *D. 2011. Pan. 1653, obs. D. R. Martin ; RTD com. 2010. 759, obs. Legeais ; JCP E 2010, n° 2099, note Rodriguez ; RJDA 2011, n° 75.*

Art. L. 313-26 **Le bordereau n'est transmissible qu'à un autre établissement de crédit** *(Ord. n° 2013-544 du 27 juin 2013, art. 3, en vigueur le 1er janv. 2014)* **« ou** *[à]* **une autre société de financement »** *(Ord. n° 2017-1432 du 4 oct. 2017, art. 2-II, en vigueur le 3 janv. 2018)* **« ou à un autre FIA mentionné à l'article L. 313-23 ».** — *[L. n° 81-1 du 2 janv. 1981, art. 3.]*

Art. L. 313-27 *(L. n° 2003-706 du 1er août 2003, art. 67)* **« La cession ou le nantissement prend effet entre les parties et devient opposable aux tiers à la date apposée sur le bordereau lors de sa remise, quelle que soit la date de naissance, d'échéance ou d'exigibilité des créances, sans qu'il soit besoin d'autre formalité, et ce quelle que soit la loi applicable aux créances et la loi du pays de résidence des débiteurs. »**

A compter de cette date, le client de l'établissement de crédit *(Ord. n° 2013-544 du 27 juin 2013, art. 3, en vigueur le 1er janv. 2014)* **« ou de la société de financement »** *(Ord. n° 2017-1432 du 4 oct. 2017, art. 2-II, en vigueur le 3 janv. 2018)* **« ou du FIA mentionné à l'article L. 313-23 » bénéficiaire du bordereau ne peut, sans l'accord de cet établissement** *(Ord. n° 2013-544 du 27 juin 2013, art. 3, en vigueur le 1er janv. 2014)* **« ou de cette société »** *(Ord. n° 2017-1432 du 4 oct. 2017, art. 2-II, en vigueur le 3 janv. 2018)* **« ou de ce FIA », modifier l'étendue des droits attachés aux créances représentées par ce bordereau.**

(L. n° 2003-706 du 1er août 2003, art. 67) **« La remise du bordereau entraîne de plein droit le transfert des sûretés, des garanties et des accessoires attachés à chaque créance, y compris les sûretés hypothécaires, et son opposabilité aux tiers sans qu'il soit besoin d'autre formalité. »**

En cas de contestation de la date portée sur le bordereau, l'établissement de crédit *(Ord. n° 2013-544 du 27 juin 2013, art. 3, en vigueur le 1er janv. 2014)* **« ou la société de financement »** *(Ord. n° 2017-1432 du 4 oct. 2017, art. 2-II, en vigueur le 3 janv. 2018)* **« ou le FIA mentionné à l'article L. 313-23 » rapporte, par tous moyens, l'exactitude de celle-ci.** — *[L. n° 81-1 du 2 janv. 1981, art. 4.]*

BIBL. ▶ D'Ambra, *RJ com. 1993. 45* (notion de tiers). - Le Maigat, *RDBF 2002. 92* (protection du débiteur cédé face au caractère occulte de la cession Dailly). - Bonneau, *Banque et Dr. 9-10/2003. 74* (L. du 1er août 2003). - Cabrillac, *RTD com. 2003. 784* (même thème). - Deckon, *RTD com. 2005. 649* (notification de la cession de créances professionnelles). - de Kergommeaux, *RTDF 2006, n° 1, p. 108* (cession Dailly de créances futures : où en est-on ?). - Kuntz et Nurit, *BJE 2014. 58* (la cession de créances Dailly à titre de garantie à l'épreuve du plan de sauvegarde).

I. PRISE D'EFFET DE LA CESSION DES CRÉANCES ET OPPOSABILITÉ AUX TIERS

1. Date portée sur le bordereau. L'opération ne produit ses effets, tant à l'égard des parties qu'à l'égard des tiers, qu'avec l'apposition de la date sur le bordereau, conformément au texte. • Com. 28 oct. 1986, n° 85-15.612 : *D. 1986. 592, note Vasseur ; RTD com. 1987. 89, obs. Cabrillac et Teyssié ; JCP 1987. II. 20735, note Stoufflet* • 12 oct. 1993, n° 91-15.820 P : *D. 1993. IR 237 ; Rev. dr. bancaire 1993. 247, obs. crit. Crédot et Gérard* • 14 juin 2000, n° 96-22.634 P : *D. 2000. AJ 372 ; JCP E 2001, p. 518, note Virassamy ; RTD com. 2000. 992, obs. Cabrillac.* ♦ La qualité de cessionnaire, au sens de la loi de 1981 [C. mon. fin., art. L. 313-23 s.], ne pouvant être opposée par un établissement de crédit, vis-à-vis d'un tiers, qu'à compter de la date portée par lui sur le bordereau de cession, l'établissement ne peut, avant la date du bordereau, notifier la cession et utilement inviter en cette qualité, le débiteur à l'accepter. • Com. 8 févr. 2000, n° 97-17.627 P : *D. 2000. 567, note Chazal ; RTD civ. 2000. 877, obs. Crocq ; RDBF 2000, n° 50, obs. Crédot et Gérard.*

2. Contestation de la date. Jugeant que le cédant ainsi que sa caution ne peuvent pas se prévaloir d'une contestation sur la date apposée sur un bordereau de cession de créances professionnelles pour rejeter le recours exercé contre eux par le cessionnaire : • Com. 3 juill. 2012, n° 11-19.796 P : *D. 2012. Actu. 1876, obs. Delpech ; JCP E 2012, n° 1561 ; RJDA 2012, n° 1102.*

3. Pluralité de dates. Lorsque le bordereau porte plusieurs dates, il y a lieu de lui donner effet à celle dont l'établissement de crédit démontre qu'elle correspond au jour où il a accepté la cession. • Com. 7 déc. 1993, n° 92-10.953 P : *D. 1994. IR 13 ; RTD com. 1994. 535, obs. Cabrillac et Teyssié.*

4. Sanction de l'absence de date. Malgré le silence de la loi, qui n'a pas prévu de sanction en cas d'absence de date, cette irrégularité doit priver de tout effet un bordereau qui en est dépourvu. Il importe peu que la date manquante puisse être établie par d'autres éléments de preuve, et la date de notification ne saurait suppléer la date du bordereau, V. • Com. 14 juin 2000, n° 96-22.634 P : *préc. note 1.*

II. TRANSMISSION DES CRÉANCES CÉDÉES AVEC LEURS SÛRETÉS ET ACCESSOIRES

A. TRANSMISSION DES CRÉANCES CÉDÉES

5. Inefficacité d'une opposition ultérieure. En application de l'art. 4, al. 1er [C. mon. fin., art. L. 313-27, al. 1er], la créance détenue sur un centre hospitalier en exécution d'un marché de travaux étant sortie du patrimoine de l'entrepreneur principal à la date portée sur le bordereau, l'opposition ultérieure, en vertu de l'art. 9 du Décr. du 18 août 1807 [abrogé par Décr. n° 93-977 du 31 juill. 1993], était sans effet. • CE 17 févr. 1993, n° 115272 : *D. 1993. IR 73 ; RTD com. 1993. 348, obs. Cabrillac et Teyssié*. – Rappr. : • CAA Nantes, 27 déc. 2002 : *RJDA 2003, n° 766.* ♦ V. aussi note 13.

6. Cession de créances nées d'un contrat à exécution successive. Il résulte des art. L. 313-23, L. 313-24 et L. 313-27 que, même si son exigibilité n'est pas encore déterminée, la créance peut être cédée et que, sortie du patrimoine du cédant, son paiement n'est pas affecté par l'ouverture de la procédure collective de ce dernier postérieurement à cette date. • Com. 7 déc. 2004, n° 02-20.732 P : *D. 2005. 230, note Larroumet ; JCP E 2005, n° 6, p. 231, note Raby ; RJDA 2005, n° 441 ; RTD com. 2005. 155, obs. Cabrillac*. ♦ Même lorsqu'elle est effectuée à titre de garantie et sans stipulation d'un prix, la cession de créance transfère au cessionnaire la propriété de la créance cédée et prend effet entre les parties et devient opposable aux tiers à la date apposée sur le bordereau et, étant sortie du patrimoine du cédant, son paiement n'est pas affecté par l'ouverture de la procédure collective de celui-ci postérieurement à cette date. • Com. 22 nov. 2005, n° 03-15.669 P : *cité note 4 ss. art. L. 313-24.* ♦ V. aussi note 41 ss. art. L. 622-21 C. com.

7. Subrogation du cessionnaire dans les droits du cédant. Le cessionnaire de la créance, qui peut se prévaloir de l'ensemble des droits du cédant dans lesquels il a été subrogé, est fondé, en cas de nullité d'un marché public [en exécution duquel les créances ont été cédées], à demander à la collectivité publique le paiement du montant des dépenses qui ont été utiles à la collectivité envers laquelle il s'était engagé. • CAA Nantes, 29 juin 2001 : *JCP E 2002, n° 2, 43.*

8. Compensation. La caution solidaire, également créancière du cédant, ne peut se soustraire à l'action en paiement diligentée contre elle par le banquier cessionnaire, en invoquant une compensation entre la dette de garantie de la caution et la créance acquise par elle. • Com. 14 janv. 2004, n° 01-13.026 : *LPA 29 déc. 2004, note Loyer.*

9. Modification de l'étendue des droits attachés aux créances. L'avoir établi au débiteur cédé pour annuler la facture cédée dans les formes prévues par la L. du 2 janv. 1981 [C. mon. fin., art. L. 313-23 s.] est inopposable à la banque cessionnaire dans la mesure où il n'est pas la conséquence directe d'un défaut, allégué seulement comme partiel, de fourniture des matériels vendus par le cédant. • Com. 8 nov. 1994, n° 92-17.265 : *D. 1995. IR 10.*

10. Caution. La caution solidaire d'une société à laquelle est consentie une convention d'escompte ne peut être tenue au titre de la garantie donnée au profit de la banque que des créances cédées à cette banque avant l'apport de son fonds de commerce à une autre banque. • Com. 19 févr. 2013, n° 11-27.666 P : *D. 2013. Pan. 1714, obs. Crocq ; RTD com. 2013. 571, obs. Legeais ; JCP E 2013, n° 1175 ; RJDA 2013, n° 518.*

B. TRANSMISSION DES ACCESSOIRES DES CRÉANCES CÉDÉES

11. Action directe et responsabilité à l'égard d'une caution. En s'abstenant d'exercer l'action directe du sous-traitant, cédant, à l'encontre du maître de l'ouvrage, la banque créancière a perdu un droit dans lequel la caution avait vocation à être subrogée au sens de l'art. 2037 [2314] C. civ. • Com. 14 janv. 2004, n° 01-13.917 : *JCP E 2005, n° 5, p. 179, obs. Simler ; RDBF 2004, n° 122, obs. Cerles ; Gaz. Pal. 2004. 555, note Raby.*

12. Clause d'arbitrage. La clause d'arbitrage international, valable par le seul effet de la volonté des cocontractants, est transmise au cessionnaire avec la créance, telle que cette créance existe dans les rapports entre le cédant et le débiteur cédé. • Civ. 1re, 5 janv. 1999, n° 96-20.202 P : *D. 1999. IR 31 ; D. Affaires 1999. 291, obs. X. D. ; Defrénois 1999. 752, obs. Delebecque.* – V. aussi • Civ. 2e, 20 déc. 2001, n° 00-10.806 P : *D. 2002. IR 251 ; RTD com. 2002. 279, obs. Loquin*. – V. Pradel, *D. 2003. 569*.

III. CONFLITS ENTRE LE CESSIONNAIRE ET UN TIERS INVOQUANT UN DROIT SUR LES CRÉANCES CÉDÉES

A. CONFLIT ENTRE CESSIONNAIRE ET CRÉANCIER SAISISSANT OU BÉNÉFICIAIRE D'UN AVIS À TIERS DÉTENTEUR

13. Conflits entre un cessionnaire de créance et un créancier saisissant. Indépendamment de sa notification au débiteur cédé, la cession prend effet entre les parties et devient opposable aux tiers à la date portée sur le bordereau, ce dont il résulte que les créances cédées étant sorties, à cette date, du patrimoine du cédant par un acte opposable au créancier saisissant, elles n'étaient plus susceptibles d'être appréhendées par ce dernier. • Com. 26 nov. 2003, n° 01-03.685 P : *D. 2004. Somm. 1485, obs. Taormina* ; *JCP E 2004, n° 4, p. 104* ; *RTD com. 2004. 138, obs. Cabrillac* ; *RJDA 2004, n° 467.*

14. *Conflit entre cessionnaire et bénéficiaire d'un avis à tiers détenteur.* Dans le cas de la cession, par un sous-traitant, de créances détenues sur l'entrepreneur principal, que celui-ci, débiteur cédé, n'a pas à obtempérer à un avis à tiers détenteur, dès lors que ce dernier ne peut avoir d'effet que sur les sommes appartenant ou devant appartenir au redevable de l'impôt et que ledit entrepreneur principal avait reçu les notifications des cessions de créances antérieurement à la notification de l'avis à tiers détenteur ; ... que, d'autre part, cet avis ne peut porter sur des créances n'existant pas au jour de la notification : • Com. 13 févr. 1996, n° 93-21.192 : *Banque avr. 1996. 91, obs. Guillot.*

B. CONFLIT ENTRE CESSIONNAIRES SUCCESSIFS DES CRÉANCES

15. *Bordereaux successifs : primauté du premier cessionnaire.* BIBL. Cabrillac, *D. 1990. Chron. 127*. – Larroumet, *JCP E 1990. II. 15877.*

♦ A compter de la date portée sur le bordereau, la créance est passée du patrimoine du cédant à celui du cessionnaire, de sorte que le cédant ne pouvait plus transmettre une seconde fois une créance qu'il ne détenait plus. • Paris, 4 janv. 1990 : *D. 1990. Somm. 233, obs. Vasseur*. ♦ Le second cessionnaire qui a reçu le paiement indu doit donc répétition. • Même arrêt. ♦ Du fait de la première cession, le deuxième cessionnaire, ne pouvant avoir la qualité de créancier du débiteur de la créance cédée et recevoir paiement de celui-ci en cette qualité, doit, malgré sa bonne foi, rembourser au débiteur la somme indûment reçue. • Com. 5 juill. 1994, n° 92-14.966 P.

16. *Situation du débiteur cédé.* Le débiteur ayant reçu notification d'une cession de créance de la part d'une banque doit lui en payer le montant sans avoir à chercher si un autre établissement n'a pas bénéficié d'une cession de créance antérieure. Mais, si avant d'en exécuter le paiement, il a reçu, pour une même dette, notification de deux cessions de créances concurrentes de la part de deux banques, il ne peut en payer le montant qu'à l'établissement dont le titre est le plus ancien. • Com. 12 janv. 1999, n° 96-13.723 P : *D. Affaires 1999. 336, obs. X. D.* ; *RJDA 1999, n° 216* ; *RTD com. 1999. 479, obs. Cabrillac*. ♦ Comp., lorsque la créance cédée a fait l'objet d'une fraction, de telle sorte que la cession portait sur deux créances distinctes : • CE 9 mai 2005, n° 266060 : *RJDA 2006, n° 324* ; *Gaz. Pal. 2006. 1082.*

17. *Fraude du cédant.* La cession de la même créance professionnelle à deux établissements bancaires dans le cadre de la loi du 2 janv. 1981 [C. mon. fin., art. L. 313-23 s.] peut constituer une manœuvre frauduleuse constitutive du délit d'escroquerie. • Paris, 12 nov. 1990 : *Gaz. Pal. 1991. 2. 595, note Marchi* ; *JCP E 1992. I. 154, n° 9, obs. Gavalda et Stoufflet.*

C. CONFLIT ENTRE CESSIONNAIRE ET AFFACTUREUR (FACTOR)

18. *Primauté du premier cessionnaire des créances.* Est justifiée la demande d'une banque, cessionnaire de créances professionnelles selon les modalités prévues par la L. du 2 janv. 1981 [C. mon. fin., art. L. 313-23 s.], qui réclame à une société d'affacturage à qui ces mêmes créances avaient été cédées ultérieurement, le montant des sommes que cette dernière avait perçues du débiteur. • Com. 19 mai 1992, n° 90-15.342 P : *RTD com. 1992. 655, obs. Cabrillac et Teyssié*. ♦ Un arrêt ne peut rejeter la demande en paiement du cessionnaire de créances, faisant par ailleurs l'objet d'une convention d'affacturage, sans rechercher si, pour chacune d'entre elles, la date du bordereau était antérieure à la cession au profit du factor. • Com. 3 janv. 1996, n° 93-21.675 P : *D. 1996. IR 69* ; *JCP 1996. II. 22682, note Stoufflet* ; *RTD com. 1996. 311, obs. Cabrillac*.

19. *Connaissance par le cessionnaire d'une convention d'affacturage conclue par le cédant.* En l'absence de fraude, il ne saurait être fait grief au cessionnaire Dailly de ne pas avoir refusé d'acquérir les créances litigieuses au motif qu'il connaissait l'existence d'une convention générale d'affacturage, comportant une clause d'exclusivité, conclue entre le cédant et un tiers. • Com. 3 janv. 1996, n° 93-21.675 P : *préc. note 18.* ♦ V. déjà, approuvant un arrêt ayant décidé que, même parfaitement informée de l'existence du contrat d'affacturage, la banque n'était pas tenue, au regard des règles de prudence ordinaires, d'aviser la société d'affacturage de toute cession de créance opérée à son profit : • Com. 19 mai 1992, n° 90-15.342 P : *RJDA 1992, n° 855.*

20. *Mobilisation de créances distinctes.* N'a pas fait une double cession de factures et doit donc être relaxé du chef d'escroquerie le prévenu, président du conseil d'administration d'une société mise en redressement judiciaire, qui n'a fait qu'utiliser les possibilités offertes par la L. du 2 janv. 1981 [C. mon. fin., art. L. 313-23 s.] en mobilisant auprès d'une banque des créances qui faisaient l'objet d'un contrat d'affacturage passé avec une autre société, dès lors que les obligations attachées aux créances étaient successives, distinctes et avaient des causes juridiques différentes, ce qui lui permettait de les mobiliser en deux temps. • Paris, 20 juin 1994 : *JCP E 1994.*

Pan. 1360. ♦ Comp. note 22 ss. art. L. 313-23.

21. *Répétition de l'indu.* L'affactureur n'est pas tenu de restituer les fonds litigieux au débiteur cédé qui les avait réglés entre ses mains, dès lors qu'il les avait reçus en qualité de mandataire et que cette réception faisait obstacle à une quelconque répétition de l'indu, seul le mandant bénéficiaire du règlement étant tenu à remboursement. • Com. 2 oct. 2007, n° 06-14.343 P : *D. 2007. AJ 2604, obs. Delpech* ; *RTD com. 2008. 161, obs. Legeais* ; *JCP E 2008, n° 9, p. 8, note Huchet ; RJDA 2008, n° 83.*

D. CONFLIT ENTRE CESSIONNAIRE ET PORTEUR D'UN EFFET DE COMMERCE

22. *Conflit entre cessionnaire et porteur d'une traite acceptée.* BIBL. Martin et Synvet, *JCP E 1987. II. 14940.* ♦ Dans le conflit qui oppose le banquier escompteur d'une lettre de change acceptée par le tiré et le banquier cessionnaire de la même créance par bordereau Dailly, le banquier escompteur est, en sa qualité de porteur de bonne foi, en droit d'en percevoir le montant sans qu'il y ait lieu de tenir compte de l'antériorité de l'acquisition de la créance. • Com. 19 déc. 2000, n° 97-15.011 P : *D. 2001. AJ 1022, obs. Delpech* ; *RTD com. 2001. 737, obs. Cabrillac* ; *LPA 1er févr. 2001, obs. E. C.*

23. *Conflit entre cessionnaire et porteur d'une lettre de change-relevé.* S'agissant de lettres de change-relevé, qui ne sont pas soumises à acceptation, les droits du tiers-porteur d'une lettre de change non acceptée n'étant définitivement acquis qu'à l'arrivée de l'échéance si la provision est alors constituée, le conflit doit se régler en faveur du cessionnaire du bordereau, dès lors que l'échéance de la traite est postérieure à la date portée sur le bordereau. • Paris, 2 juin 1995 : *Rev. dr. bancaire 1996. 9, obs. Crédot et Gérard.* ♦ V., confirmant cette solution, tout en excluant qu'une lettre de change-relevé-papier ne puisse par nature être acceptée : • Com. 30 juin 1998, n° 95-17.785 P : *D. Affaires 1998. 1448, obs. X. D.* ♦ Pour le cas de la cession d'une créance doublée de l'émission d'une traite sur le débiteur cédé, V. notes 17 s. ss. art. L. 511-7 C. com.

24. *Conflit entre cessionnaire et porteur de billet à ordre.* Un souscripteur de billets à ordre qui n'a pas encore payé les montants de ces billets, avant d'avoir reçu notification de cession de créances pour les mêmes contreparties, doit opposer au bénéficiaire de ces billets, qui en est resté porteur, l'exception tenant à cette notification et l'obligeant à payer le cessionnaire. • Com. 10 mars 1998, n° 94-11.268 : *D. 1998. 620, note Goyet* ; *RTD com. 1998. 648, obs. Cabrillac* ; *RJDA 1998, n° 906.* ♦ La souscription de billets à ordre antérieure à la notification de la cession de créance n'est pas libératoire vis-à-vis du cessionnaire de la créance. • Même arrêt.

E. CONFLIT ENTRE CESSIONNAIRE ET BANQUIER RÉCEPTIONNAIRE DES FONDS

25. *Absence d'obligation de restitution du banquier réceptionnaire.* Le banquier réceptionnaire (c'est-à-dire le banquier du cédant) ne peut être condamné à verser au banquier cessionnaire le montant des paiements reçus, inscrits en compte courant, alors qu'il avait reçu les paiements au nom et pour le compte de son client, qui en était destinataire, de sorte qu'il n'était pas tenu à restitution envers le tiers qu'est le cessionnaire (cassation de l'arrêt pour violation des art. 1937 et 1993 C. civ.). • Com. 4 juill. 1995, n° 93-12.977 P : *D. 1996. Somm. 208, obs. Piedelièvre* ; *JCP 1995. II. 22553, note Legeais ; JCP E 1995. II. 738, note Stoufflet ; RTD civ. 1996. 192, obs. Gautier* . – Dans le même sens : • Com. 19 déc. 2000, n° 97-16.763 P : *D. 2001. AJ 375* ; *LPA 1er févr. 2001, obs. E. C. ; JCP 2002. II. 10013, note Verges* • 23 avr. 2003, n° 00-11.065 P : *JCP E 2003, n° 24, p. 976 ; Banque et Dr. 7-8/2003. 67, obs. Bonneau ; RTD com. 2003. 556, obs. Cabrillac* ; *RJDA 2003, n° 1005.* ♦ Le banquier réceptionnaire de paiements litigieux au nom et pour le compte de ses clients, qui en étaient destinataires, pour les porter au crédit de leur compte courant n'est pas tenu à restitution envers le cessionnaire Dailly auquel les créances ont été précédemment cédées. • Com. 30 janv. 2001, n° 97-17.784 P : *D. 2001. AJ 1238, obs. Delpech* . ♦ La cause du contrat de dépôt étant la remise de la chose qui en est l'objet, la cession antérieure des créances litigieuses ne saurait priver de cause le contrat de dépôt au titre duquel leur encaissement pouvait être envisagé par le banquier réceptionnaire. • Même arrêt. ♦ Le banquier cessionnaire est sans droit à réclamer au banquier réceptionnaire restitution de sommes correspondant à des créances, dès lors que le règlement de celles-ci par le débiteur cédé est intervenu avant la date de leur cession. • Com. 20 févr. 1996, n° 94-11.650 : *D. Affaires 1996. 455 ; RTD com. 1996. 309, obs. Cabrillac* . ♦ Comp., réservant l'hypothèse où la somme n'a pas été confondue : • Com. 25 mars 1997, n° 94-18.337 P : *D. 1997. 481, note crit. D. Martin* ; *JCP E 1997. 991, note Pétel.*

26. *Cédant mandataire.* Lorsque les fonds ont été encaissés par le cédant en qualité de mandataire de la banque cessionnaire, les actes de disposition de ces sommes sont opposables à celle-ci et le cédant ne doit reverser le montant en cause qu'à concurrence du solde disponible à la date de la réclamation. • Paris, 10 juin 1994 : *Banque mars 1995. 88, note Guillot ; Rev. dr. bancaire 1995. 78, obs. Campana et Calendini ; RJ com. 1995. 329, note Grua.* ♦ ... Sauf faute démontrée de l'établissement réceptionnaire : • Paris, 19 mai 1995 : *BICC 1995, n° 1306.* ♦ Comp. aussi, subordonnant la restitution à la mauvaise foi ou la faute du banquier réceptionnaire : • Rennes, 18 janv. 1995 : *Rev. dr. bancaire 1995. 78, obs. Campana et Calendini.*

F. CONFLIT ENTRE CESSIONNAIRE ET SOUS-TRAITANT DU CÉDANT

27. Inopposabilité au sous-traitant de la cession de créances consentie par l'entrepreneur principal. BIBL. Chaput, *RPC 1989. 363.* – Peisse, *Gaz. Pal. 1989. 1. Doctr. 146.* – Synvet, *JCP 1990. I. 3425.* – Hauptmann, *RJ com. 1992. 45 et 106.* ♦ En application des dispositions de l'art. 13-1, al. 2, de la L. du 31 déc. 1975 (V. ce texte, v° *Sous-traitance*), l'entrepreneur principal ne peut céder à un banquier les créances résultant du contrat avec le maître de l'ouvrage au-delà des sommes qui lui sont dues au titre des travaux qu'il effectue personnellement, sauf obtention préalable par écrit d'un cautionnement, à défaut de quoi la cession, par l'entrepreneur principal, de la part de la créance correspondant à sa dette envers le sous-traitant est inopposable au sous-traitant, et dès lors la date du bordereau, de la notification ou de l'exercice de l'action directe est sans incidence. • Com. 22 nov. 1988, n° 86-16.400 P : *D. 1989. 212, note Bénabent ; RTD com. 1989. 281, obs. Martin-Serf ; JCP E 1989. II. 15574, note Dubois ; RJ com. 1988. 252, note Gavalda.* – V. aussi • Civ. 3e, 18 mars 1992, n° 89-21.405 P : *D. 1992. IR 135* • Com. 3 déc. 2002, n° 00-14.704 : *RTD civ. 2003. 130, obs. Crocq ; RJDA 2003, n° 533.*

Que le maître de l'ouvrage soit, ou non, une entreprise publique, les établissements de crédit, porteurs des créances cédées par les entreprises principales, que leur antériorité ait été établie, ou non, ne disposent pas, du fait de cette subrogation, de plus de droits que leurs cédants et ne peuvent donc pas s'opposer au paiement du sous-traitant agissant pour obtenir le paiement direct du maître de l'ouvrage qui ne s'y oppose pas. • Com. 20 juin 1989, n° 87-14.974 P : *D. 1990. 246, note Virassamy, et Somm. 236, obs. Vasseur ; Banque 1989. 859, obs. Rives-Lange.* – V. aussi • Civ. 3e, 12 mai 1993, n° 91-14.228 P : *D. 1993. IR 159.* ♦ Dans la mesure où la cession de créance litigieuse intervenue sans l'obtention du cautionnement exigé par l'art. 13-1 de la L. du 31 déc. 1975 est inopposable au sous-traitant et que le cessionnaire ne pouvait alors lui opposer aucun droit sur les sommes payées par le maître de l'ouvrage au titre des prestations sous-traitées, cette cession ne pouvait, par elle-même, avoir été source d'aucun préjudice pour le sous-traitant, ce dont il résultait que les conditions de mise en œuvre de la responsabilité délictuelle de la banque ne se trouvaient pas réunies. • Com. 26 mai 2004, n° 02-18.160 P : *D. 2004. AJ 2040, obs. Chevrier ; JCP E 2004, n° 30, p. 1176 ; Gaz. Pal. 2005. Somm. 2132, obs. Peisse ; LPA 10 mai 2005, obs. E. C. ; RJDA 2004, n° 1212.* – V. aussi note 8 ss. art. L. 313-28, et note 6 ss. art. 8, notes ss. art. 13-1 et note 1 ss. art. 15 de la L. n° 75-1334 du 31 déc. 1975, v° *Sous-traitance.* ♦ Sur la responsabilité d'une banque cessionnaire Dailly à l'égard d'une caution garantissant ses avances à un sous-traitant, V. note 11.

28. Preuve de l'antériorité du sous-traité. L'antériorité d'un sous-traité conclu dans le cadre d'un marché public ne peut être appréciée au regard de la notification prévue à l'art. 5 [C. mon. fin., art. L. 313-28], mais en considération de la date figurant sur le bordereau, date à laquelle la cession devient opposable aux tiers. • CAA Paris, 22 nov. 1994 : *JCP E 1995. Pan. 189.*

29. Preuve de la régularité de la cession de créances consentie par l'entrepreneur principal. C'est à la banque cessionnaire qu'il appartient de démontrer que la créance qui lui a été cédée l'a été dans le respect des dispositions de l'art. 13-1 de la L. du 31 déc. 1975, et qu'elle correspond à des sommes dues au titre des travaux que l'entrepreneur principal a effectués personnellement. • Versailles, 22 sept. 1994 : *JCP E 1995. Pan. 486.*

G. CONFLIT ENTRE CESSIONNAIRE ET FOURNISSEUR INVOQUANT UNE CLAUSE DE RÉSERVE DE PROPRIÉTÉ

30. Droit propre du vendeur sur la créance du prix de revente. BIBL. Cabrillac, *D. 1988. Chron. 255.* – Chaput, *RPC 1989. 363.* – Martin, *D. 1986. Chron. 323.* – Hauptmann, *RJ com. 1992. 45.* ♦ La cession de créance effectuée en application de l'art. L. 313-27 C. mon. fin. ne peut pas faire échec à l'action en revendication du vendeur initial sur des marchandises pour lesquelles il dispose d'une réserve de propriété. • CE 25 juin 2003, n° 232665 : *RJDA 2003, n° 1234.* ♦ L'action en revendication ne peut être exercée par l'établissement cessionnaire à l'égard du sous-acquéreur, le vendeur initial, bénéficiaire de la clause de réserve de propriété, pouvant se prévaloir d'un droit propre sur la créance du prix de revente dès le jour de la revente. • Com. 20 juin 1989, n° 88-11.720 P : *D. 1989. 431, note Pérochon ; RTD com. 1989. 702, obs. Martin-Serf ; RJ com. 1989. 364, note Gallet.*

31. Exclusion de la revendication en cas de règlement du prix des marchandises. Dès lors qu'en paiement du prix de marchandises vendues avec une clause de réserve de propriété, l'acheteur remet à son vendeur des lettres de change acceptées, le règlement en valeur du prix desdites marchandises fait obstacle à l'action en revendication du prix. • Com. 9 janv. 1990, n° 88-14.966 P : *D. 1990. Somm. 121, obs. Cabrillac.* ♦ V. aussi notes ss. art. L. 624-18 C. com.

H. CONFLIT ENTRE CESSIONNAIRE ET TITULAIRE DU PRIVILÈGE DE PLUVIÔSE

32. Créance de travaux publics (C. trav., art. L. 3253-22). Les droits des bénéficiaires d'une cession de créance professionnelle sur le titulaire d'un marché public ne sont primés par le privilège résultant, au profit des fournisseurs des entrepreneurs de travaux publics, de l'art. L. 143-6 C. trav., que si le fournisseur justifie d'un agrément exprès donné par l'autorité compétente aux fournitures dont le privilège garantit le paiement, porté sur le registre des agréments antérieurement à la date de la signification de la cession de créance au comptable public assignataire désigné dans le marché. • Com. 5 avr. 2005, n° 02-19.407 P : *D. 2005. 2090, note Barthez ; RTD com. 2005. 570, obs. Cabrillac ; JCP E 2005, n° 47, p. 1976, obs. Mathey ; RJDA 2005, n° 1037.*

Art. L. 313-28 L'établissement de crédit *(Ord. n° 2013-544 du 27 juin 2013, art. 3, en vigueur le 1er janv. 2014)* « ou la société de financement » *(Ord. n° 2017-1432 du 4 oct. 2017, art. 2-II, en vigueur le 3 janv. 2018)* « ou le FIA mentionné à l'article L. 313-23 » peut, à tout moment, interdire au débiteur de la créance cédée ou nantie de payer entre les mains du signataire du bordereau. A compter de cette notification, dont les formes sont fixées par le décret en Conseil d'État prévu à l'article L. 313-35, le débiteur ne se libère valablement qu'auprès de l'établissement de crédit *(Ord. n° 2013-544 du 27 juin 2013, art. 3, en vigueur le 1er janv. 2014)* « ou de la société de financement » *(Ord. n° 2017-1432 du 4 oct. 2017, art. 2-II, en vigueur le 3 janv. 2018)* « ou du FIA mentionné à l'article L. 313-23 ». — *[L. n° 81-1 du 2 janv. 1981, art. 5.] — V. art. R. 313-15 s.*

I. ABSENCE DE NOTIFICATION DE LA CESSION

1. Notification facultative. La notification de la cession de créances étant, au regard de l'art. 5 [C. mon. fin., art. L. 313-28], une faculté pour la banque cessionnaire, le non accomplissement de cette formalité n'est pas constitutif de faute à l'égard des cautions du cédant. • Com. 18 nov. 1997, n° 95-13.581 P : *D. 1998. Somm. 140, obs. Bénabent ; JCP E 1998, n° 4, p. 97, obs. Bouteiller* • 11 déc. 2001, n° 98-18.580 P : *D. 2003. Somm. 342, obs. Martin ; JCP 2002. IV. 1166 ; Banque et Dr. 3-4/2002. 55, obs. Bonneau.* ♦ ... Ou du débiteur cédé. • Com. 26 mai 2004, n° 01-10.842 : *RJDA 2004, n° 1258.*

2. Refus du bénéfice de cession d'actions. L'art. 2037 [2314] C. civ. n'étant applicable qu'en présence de droits qui comportent un droit préférentiel conférant un avantage particulier au créancier pour le recouvrement de sa créance, la caution d'un compte courant de société ne peut en bénéficier lorsque ladite société a cédé par bordereau Dailly, à une banque créancière, une créance sur un tiers qui, faute d'avoir reçu notification de cette cession, a payé sa dette au tiers créancier, V. • Civ. 1re, 30 sept. 1997, n° 95-18.545 : *JCP 1998. I. 103, n° 15, obs. Simler.* ♦ Lorsqu'un établissement de crédit, cessionnaire d'une créance professionnelle, s'abstient de notifier la cession au débiteur cédé, la caution qui invoque la subrogation dans les droits du cessionnaire ne justifie pas de la perte d'un droit préférentiel conférant un avantage particulier au créancier pour le recouvrement de sa créance et n'est, dès lors, pas fondée à se prévaloir des dispositions de l'art. 2314 C. civ. • Com. 2 nov. 2016, n° 15-12.491 P : *D. 2017. 147, note Dumont-Lefrand ; AJ contrat 2016. 530, note Bougerol ; RTD civ. 2017. 195, obs. Crocq ; JCP E 2016, n° 1653, note Legeais ; RJDA 2017, n° 117.*

II. FORME ET DESTINATAIRE DE LA NOTIFICATION

3. Notification par tout moyen. La notification de la cession de créances Dailly peut être faite par tout moyen. • Com. 21 sept. 2010, n° 09-11.707 P : *cité note 2 ss. art. L. 313-25.*

4. Mentions de la notification. V., note 3 ss. art. R. 313-15. ♦ Une demande en paiement formée par une banque à l'encontre du débiteur de la créance cédée ne vaut pas notification si elle omet les mentions nécessaires. • Com. 7 janv. 1997, n° 95-12.949 P : *RTD civ. 1997. 474, obs. Crocq .*

5. Marchés publics. Lorsque la créance résulte d'un marché public, la notification doit être adressée au comptable public assignataire désigné dans le marché public et non au maire. • CAA Paris, 23 mai 1995 : *JCP 1995. II. 22552, note crit. Eckert.* ♦ Il résulte de la combinaison des art. L. 313-28 et R. 313-17 que le second, qui désigne l'autorité à laquelle la notification doit être faite lorsque la créance est cédée ou nantie au titre d'un marché public, n'est applicable qu'aux cessions de créance détenues sur des personnes morales de droit public. • Civ. 3e, 8 déc. 2021, n° 20-16.152 B : *D. 2021. Actu. 2228 ; JCP E 2022, n° 1006 ; BRDA 2022, n° 4, p. 15.*

III. EFFETS DE LA NOTIFICATION

A. ABSENCE D'OBLIGATION D'INFORMATION À LA CHARGE DU DÉBITEUR CÉDÉ

6. Silence du débiteur cédé. La notification prévue à l'art. 5 [C. mon. fin., art. L. 313-28] n'entraînant pas, à la charge du débiteur cédé, une obligation d'information, au profit du cessionnaire, sur l'existence et la valeur des créances cédées, viole ledit article et l'art. 1382 C. civ. l'arrêt qui condamne, en raison de son silence, un débiteur à payer à une banque une partie des créances cédées, alors qu'il n'a été constaté aucun comportement frauduleux du débiteur au préjudice de la banque cessionnaire. • Com. 24 mars 1992, n° 90-14.678 P : *D. 1992. IR 130 ; JCP 1992. II. 21938, note Legeais* • 23 mars 1993, n° 91-10.415 P : *D. 1993. IR 93*. ♦ Il en va ainsi alors même que la notification invitait le destinataire à préciser les raisons qu'il pourrait avoir de ne pas payer. • Com. 24 mai 1994, n° 92-16.232 : *RTD com. 1994. 761, obs. Cabrillac*. ♦ En l'absence d'acceptation de la cession de créance dans les formes prévues par l'art. 6 [C. mon. fin., art. L. 313-29], le fait par un professionnel de ne pas émettre de réserves à la suite de la notification du bordereau ne peut avoir pour effet de le priver du droit d'opposer à la demande en paiement de l'établissement de crédit les exceptions fondées sur ses rapports personnels avec le signataire du bordereau. • Com. 3 nov. 1992, n° 90-18.728 P : *D. 1992. IR 275*. ♦ ... Même si l'inexécution du contrat, sur lequel est fondée la créance litigieuse, est apparue postérieurement à la notification de la cession. • Com. 9 févr. 1993, n° 91-13.601 P : *D. 1993. IR 58* • 9 nov. 1993, n° 91-18.116 P.

7. Faute ou légèreté du débiteur cédé. Pour un arrêt retenant la responsabilité : d'une compagnie d'assurance, débiteur cédé, qui avait, antérieurement à la notification, pris l'initiative de faire connaître à la banque cessionnaire son engagement à payer une somme complémentaire à l'assurée, et ce sans formuler les réserves adéquates eu égard aux possibilités d'évolution du dossier après enquête, et qui s'était, ensuite, abstenue de l'avertir de la survenance de faits nouveaux de nature à justifier la dénégation de sa dette : • Com. 13 févr. 1996, n° 93-17.692 : *JCP 1996. II. 22725, note Routier ; RJDA 1996, n° 664.*

B. INTERDICTION DE PAYER ENTRE LES MAINS DU SIGNATAIRE DU BORDEREAU

8. Portée de l'interdiction faite au débiteur cédé. A compter de la notification régulière de la cession de créance au débiteur cédé, celui-ci, même s'il n'accepte pas la cession, ne se libère valablement qu'entre les mains du cessionnaire. • Com. 17 déc. 2013, n° 12-26.706 P : *D. actu. 10 janv. 2014, obs. Delpech ; D. 2014. Actu. 4 ; RJDA 2014, n° 377 ; RLDA mars 2014. 26, note Djoudi.* ♦ Le paiement direct du sous-traitant (qui avait cédé sa créance sur l'entrepreneur principal) par le maître de l'ouvrage, sur présentation par l'entrepreneur principal, après réception par celui-ci de la notification de la cession, d'une situation mensuelle de travaux, ne saurait constituer un paiement effectué par le débiteur cédé en violation de l'art. 5 [C. mon. fin., art. L. 313-28]. • Com. 4 avr. 1995, n° 93-14.348 P : *RJDA 1995, n° 1131.* ♦ Le paiement effectué par le débiteur cédé au cédant postérieurement à la notification n'a aucun caractère libératoire. • Com. 17 mars 2004, n° 01-13.849 : *LPA 17 déc. 2004, note Tchotourian.*

C. OPPOSABILITÉ DES EXCEPTIONS

9. Opposabilité au cessionnaire des exceptions inhérentes à la créance cédée. Sur les conditions de l'exception de compensation, V. notes 14 à 16. ♦ La notification de la cession d'une créance professionnelle, dès lors que cette cession n'a pas été acceptée par le débiteur, ne fait pas obstacle à l'exercice ultérieur par lui des exceptions fondées sur ses rapports personnels avec le cédant, en particulier sur la compensation entre créances connexes dont ils seraient réciproquement titulaires. • Com. 15 juin 1993, n° 91-19.677 P : *D. 1993. 495, note Larroumet*. ♦ En cas de cession de créance, en la forme prévue par la L. n° 81-1 du 2 janv. 1981 [C. mon. fin., art. L. 313-23 s.], non acceptée par le débiteur, celui-ci peut invoquer contre la banque cessionnaire l'exception d'inexécution des obligations du cédant ou la compensation de sa créance avec la créance connexe cédée, même si l'exception ou la compensation sont apparues postérieurement à la notification de la cession. • Com. 8 févr. 1994, n° 92-13.464 P : *D. 1994. IR 64 ; JCP 1995. II. 22455, note Ammar* • 29 nov. 1994, n° 92-19.367 P : *D. 1995. IR 3 ; RJ com. 1995. 315, note Malecki.* ♦ Il en est ainsi, par exemple, en cas de résolution amiable du contrat de vente, quand bien même le matériel objet de la vente aurait été livré et sans que le débiteur ait à en établir la non-conformité, dès lors qu'il n'est pas allégué que la résolution de la vente a été conclue en fraude des droits de la banque. • Com. 30 mai 1995, n° 93-13.170 P. ♦ Le débiteur cédé, qui est informé de la création d'un groupement d'entreprises, constitutif d'une société en participation, et de la désignation, au sein de ce groupement, d'un mandataire commun, peut, lorsque les créances ont été cédées par un membre du groupement n'ayant pas la qualité de gérant, opposer au cessionnaire lui réclamant paiement de la créance commune la non-conformité de cette prétention au pacte social, et ce jusqu'à dissolution du groupement, V. • Com. 20 nov. 2001, n° 98-21.708 P : *D. 2002. AJ 96 ; Rev. sociétés 2002. 316, note Daigre ; RDBF 2002, n° 3, obs. Crédot et Gérard ; Banque et Dr. 3-4/2002. 54, obs. Bonneau.*

10. Clause interdisant la cession de créance. BIBL. Renfert et Brun, *RTDF 2009, n° 3, p. 37* (les clauses prohibant la cession de créances en droit français et en droit comparé). ♦ V. aussi C. com., anc. art. L. 442-6-II-c. ♦ Le débiteur cédé, qui n'a pas accepté la cession de créance, peut opposer à l'établissement de crédit cessionnaire les exceptions fondées sur ses rapports personnels avec le cédant (et notamment la clause interdisant au cédant de céder la créance sans le consentement du cédé) : • Com. 22 oct. 2002, n° 99-14.793 : *RDBF 2003, n° 3, obs. Crédot et Gérard ; RTD civ. 2003. 129, obs.*

Crocq ✎. ♦ *Contra*, considérant que la banque cessionnaire d'une créance née d'un contrat souscrit entre le cédé et le cédant n'est pas engagée par la clause d'agrément figurant dans ledit contrat, par laquelle il est interdit au cocontractant du cédé de céder ses créances sans le consentement écrit et préalable de ce dernier, sauf si elle l'avait acceptée, ce que le cédé n'établissait pas. • Com. 21 nov. 2000, n° 97-16.874 P : *D. 2003. Somm. 343, obs. Martin* ✎ ; *JCP E 2001, n° 31-35, p. 1332, obs. Stoufflet ; RTD civ. 2001. 933, obs. Crocq* ✎ ; *Defrénois 2001. 635, note Billiau*. – V. Licari, *RJ com. 2002. 66*.

11. Clause de substitution. L'exception de substitution est opposable aux banques cessionnaires, même si cette substitution est intervenue postérieurement aux cessions, dès lors que la clause de substitution de débiteur était antérieure auxdites cessions. • Paris, 26 janv. 1996 : *RJ com. 1996. 188, note Grua ; RTD com. 1996. 310, obs. Cabrillac* ✎.

12. Compte courant. Le débiteur cédé ne peut opposer au cessionnaire l'existence d'une convention de compte courant conclue avec le cédant et faisant obstacle à ce que les créances soient cédées à un tiers, en l'absence de véritable compte courant, V. • Com. 9 oct. 2001, n° 99-13.714 P : *D. 2001. AJ 3191, obs. Delpech* ✎ ; *LPA 14 nov. 2001, note E. C. ; Banque et Dr. 1-2/2002. 46, obs. Bonneau ; RDBF 2004, n° 107, obs. Crédot et Gérard*.

13. Acompte. Le débiteur-cédé est fondé à se prévaloir, pour obtenir restitution de l'acompte versé, de la disparition de la créance consécutive à la résolution de la vente ayant donné naissance à la créance cédée par voie de bordereau Dailly. • Com. 11 juill. 2006, n° 04-15.335 : *D. 2006. AJ 2788, obs. Delpech* ✎.

14. Charge de la preuve. Sauf acceptation de la cession par le prétendu débiteur, il incombe à celui qui invoque contre lui la créance de la prouver. • Com. 18 oct. 1994, n° 93-10.078 P : *D. 1994. IR 247* ✎ • 18 févr. 1997, n° 95-11.569 P : *D. Affaires 1997. 377 ; RTD com. 1997. 299, obs. Cabrillac* ✎. – Comp. : • Com. 13 déc. 1994, n° 92-15.091 P : *cité note 19 ss. art. L. 313-23*. ♦ Si l'existence même de la créance cédée et non acceptée est contestée, c'est à celui qui l'invoque de la prouver. • Com. 14 juin 2000, n° 97-13.019 P : *D. 2000. AJ 366* ✎ ; *RTD com. 2000. 994, obs. Cabrillac* ✎ ; *JCP E 2001, n° 31-35, p. 1334, obs. Stoufflet*. ♦ Si son existence est reconnue par le débiteur prétendu ou tenue pour établie par la juridiction saisie, la contestation ne portant plus que sur le montant de la dette, il incombe au débiteur d'apporter la preuve de l'inexécution incomplète ou défectueuse de la contrepartie contractuellement prévue. • Même arrêt. – V. aussi • Com. 3 janv. 1991, n° 89-14.262 P. ♦ La banque cessionnaire n'est pas tenue de justifier du non-paiement des créances litigieuses. • Com. 4 déc. 2001, n° 98-17.052 P : *cité note 5 ss. art. L. 313-24*.

15. Exception de compensation : règles générales. Le débiteur est en droit d'opposer l'exception de compensation au cessionnaire lorsque les créances dont il invoque la compensation sont connexes avec ses dettes litigieuses ou, sinon, lorsque ses créances sont, antérieurement à la notification de la cession, devenues certaines, liquides et exigibles, ces dernières conditions étant nécessaires pour qu'il y ait compensation légale. • Com. 14 déc. 1993, n° 91-22.033 P : *D. 1994. 269, note Larroumet* ✎ • 6 oct. 1998, n° 95-21.350 P : *D. 1998. IR 243* ✎ ; *JCP E 1998, n° 47, p. 1806, obs. Morvan ; RTD com. 1999. 163, obs. Cabrillac* ✎. – V. aussi • Com. 15 juin 1993, n° 91-19.677 P : *préc. note 9*. ♦ Si la compensation conventionnelle n'est pas opposable au cessionnaire Dailly, tiers au contrat, le débiteur cédé peut néanmoins lui opposer la compensation légale dès lors que sa créance sur le cédant est devenue certaine, liquide et exigible avant la notification de la cession. • Com. 29 oct. 2003, n° 01-02.512 P : *cité note 3 ss. art. L. 313-29*.

16. Compensation de créances connexes. En matière de compensation pour créances connexes, les juges ne sont pas obligés de vérifier la liquidité et l'exigibilité des créances. • Com. 12 nov. 1996, n° 94-17.032 P : *JCP 1997. IV. 24*. – V. aussi • Com. 24 juin 1997, n° 95-14.326 : *RJDA 1997, n° 1515* • Civ. 3e, 30 mars 1989, n° 87-12.470 P : *RTD com. 1990. 77, obs. Cabrillac et Teyssié* ✎.

17. Compensation de créances non connexes. Une cession de créance, qui n'a pas été acceptée par le débiteur, empêche seulement la compensation des créances non connexes postérieures à la notification. • Com. 26 avr. 1994, n° 92-15.025 : *RJDA 1994, n° 952 ; Banque déc. 1994. 91, obs. Guillot*.

18. Défaut de recouvrement des créances cédées. Une banque bénéficiaire d'un cautionnement omnibus garantissant les dettes d'une entreprise n'engage pas sa responsabilité à l'égard de la caution en s'abstenant de poursuivre le recouvrement d'hypothétiques créances cédées après que les débiteurs eurent refusé de payer les factures au motif que celles-ci n'avaient pas été acceptées et que les travaux correspondants n'avaient pas été réalisés ou achevés, V. • Com. 10 oct. 1995, n° 93-11.374 P : *D. 1995. IR 256 ; Rev. huiss. 1996. 311, note Courtier ; RTD com. 1996. 100, obs. Cabrillac* ✎.

19. Délégation. BIBL. Grimonet et Fayner, *Banque et Dr. 1989. 55* (cession de créance professionnelle et délégation imparfaite : efficacité respective).

Art. L. 313-29 Sur la demande du bénéficiaire du bordereau, le débiteur peut s'engager à le payer directement : cet engagement est constaté, à peine de nullité, par un écrit intitulé : « Acte d'acceptation de la cession ou du nantissement d'une créance professionnelle ».

Dans ce cas, le débiteur ne peut opposer à l'établissement de crédit *(Ord. n° 2013-544 du 27 juin 2013, art. 3, en vigueur le 1er janv. 2014)* « ou à la société de financement » *(Ord. n° 2017-1432 du 4 oct. 2017, art. 2-II, en vigueur le 3 janv. 2018)* « ou au FIA mentionné à l'article **L. 313-23** » les exceptions fondées sur ses rapports personnels avec le signataire du bordereau, à moins que l'établissement de crédit *(Ord. n° 2013-544 du 27 juin 2013, art. 3, en vigueur le 1er janv. 2014)* « ou la société de financement » *(Ord. n° 2017-1432 du 4 oct. 2017, art. 2-II, en vigueur le 3 janv. 2018)* « ou le FIA mentionné à l'article **L. 313-23** », en acquérant ou en recevant la créance, n'ait agi sciemment au détriment du débiteur. — *[L. n° 81-1 du 2 janv. 1981, art. 6.] — V. art. R. 313-19.*

Sur la possibilité d'utiliser la procédure d'injonction de payer lorsque l'engagement résulte de l'acceptation d'une cession de créance conformément à la loi du 2 janv. 1981, V. C. pr. civ., art. 1405 s. — ***C. pr. civ.***

BIBL. ▶ HOCQUET DE LAJARTRE, *RTD com. 1996. 211* (protection des droits du débiteur cédé). – LE MAIGAT, *RDBF 2002. 92* (protection du débiteur cédé face au caractère occulte de la cession Dailly).

I. ACCEPTATION DU DÉBITEUR

1. Domaine de l'acceptation. Pour des arrêts appliquant l'art. L. 313-29 à une créance née d'un acte de droit public, V. • CE 25 juin 2003, n° 240679 : *AJDA 2003. 1729, concl. Le Chatelier ; JCP E 2003, n° 30, p. 1214 ; RTD com. 2003. 792, obs. Cabrillac ; RJDA 2003, n° 1235* • 19 nov. 2004, n° 231103 : *JCP E 2004, n° 51, p. 1998* (société d'économie mixte).

2. Demande de l'acceptation. La demande d'acceptation prévue à l'art. 6 de la loi du 2 janv. 1981 [C. mon. fin., art. L. 313-29] n'entraîne pas, à la charge du débiteur cédé, une obligation d'information au profit du cessionnaire, sur l'existence et la valeur des créances cédées. • Com. 23 mars 1993, n° 91-10.415 P.

3. Formalisme légal de l'acte d'acceptation. Les actes d'acceptation ne sont valables que s'ils sont exactement rédigés dans les termes énoncés par la loi (à propos d'un acte intitulé « acte(s) d'acceptation d'une créance cédée »). • Com. 5 nov. 1991, n° 90-12.334 P : *D. 1991. IR 270.* ♦ A défaut, et en dépit de l'engagement de payer qu'il comporte, l'acte ne vaut pas acceptation de la cession par le débiteur cédé. • Com. 29 oct. 2003, n° 01-02.512 P : *D. 2004. Somm. 1969, obs. Boujeka ; JCP E 2004, n° 22, p. 864, note Malecki ; RTD com. 2004. 137, obs. Cabrillac ; RJDA 2004, n° 360.* ♦ En revanche, est conforme aux prescriptions de l'art. 6 [C. mon. fin., art. L. 313-29] la mention qui n'indique que l'acceptation d'une « cession » dès lors qu'elle correspond à la nature de l'opération en cause et que, par conséquent, il ne s'agit pas d'un nantissement. • Com. 22 févr. 1994, n° 92-10.632 P. ♦ Le débiteur cédé qui n'a pas accepté la cession de créance ne peut être condamné au paiement au motif qu'il avait connaissance de la cession. • Com. 30 juin 1992, n° 90-16.802 P.

4. Acceptation par le débiteur cédé d'une lettre de change. L'acceptation d'une lettre de change par le tiré n'entre pas dans les prévisions de l'art. 6 [C. mon. fin., art. L. 313-29] relatif à l'acceptation de la créance par le débiteur cédé. En conséquence, le tiré accepteur d'une lettre de change émise en règlement d'une créance elle-même cédée dans les formes prévues par la loi du 2 janv. 1981 peut opposer au bénéficiaire les exceptions fondées sur ses rapports personnels avec le tireur dès lors que celui-ci n'a émis l'effet que pour le compte de celui-là. • Com. 29 nov. 1994, n° 92-17.810 P : *RTD com. 1995. 172, obs. Cabrillac .*

5. Preuve de l'acceptation. L'écrit, constituant aux termes de l'art. 6 [C. mon. fin., art. L. 313-29] l'acte d'acceptation d'une cession ou d'un nantissement de créance professionnelle, peut, dès lors que son intégrité et l'imputabilité de son contenu à l'auteur désigné ont été vérifiées ou ne sont pas contestées, être établi et conservé sur tout support, y compris par télécopies. • Com. 2 déc. 1997, n° 95-14.251 P : *D. 1998. 192, note Martin ; JCP E 1998, n° 5, p. 178, note Bonneau ; RTD com. 1998. 187, obs. Cabrillac .* – V. aussi Catala et Gautier, *JCP 1998, n° 21-22, p. 905.*

6. Dol. A défaut de caractériser des manœuvres frauduleuses auxquelles le cessionnaire aurait eu recours pour faire signer l'acceptation, le débiteur de la créance cédée, pour échapper au paiement, ne peut prétendre avoir été victime d'un dol. • Paris, 13 nov. 1990 : *D. 1991. 594, note D. Martin .*

7. Acceptation conditionnelle. Dès lors que l'exigibilité de la créance est subordonnée à la livraison d'un bien déterminé et que le débiteur cédé ne s'est engagé à payer le cessionnaire que sous la même condition, l'exception d'inexécution est opposable dans les rapports entre l'établissement acceptant et le cessionnaire. • Com. 2 juin 1992, n° 90-18.821 P. – V. déjà • Com. 14 nov. 1989, n° 88-13.720 : *D. 1990. Somm. 227, obs. Vasseur .* – Comp., sur renvoi : • Versailles, 11 avr. 1991 : *RTD com. 1991. 624, obs. Cabrillac et Teyssié .*

8. *Acceptation anticipée.* L'acceptation anticipée d'une cession qui n'a pas encore pris effet est sans portée et ne peut être confirmée que par un acte d'acceptation conforme aux dispositions de l'art. L. 313-29 et signé postérieurement à la date mentionnée sur le bordereau de cession. • Com. 3 nov. 2015, n° 14-14.373 P : *D. 2015. Actu. 2316* ; *RTD civ. 2016. 123, obs. Barbier* ; *JCP E 2015, n° 1589* ; *RJDA 2016, n° 141.*

II. EFFETS DE L'ACCEPTATION

9. *Inopposabilité des exceptions.* Le débiteur cédé ayant donné son acceptation à la cession de créance d'un montant déterminé, il doit payer à l'échéance la somme prévue sans pouvoir opposer à l'établissement de crédit cessionnaire des exceptions fondées sur ses rapports personnels avec le cédant. • Com. 3 déc. 1991, n° 89-21.920 P : *Banque 1992. 644, obs. Rives-Lange.* ♦ Il résulte de l'art. 1165 C. civ. que le débiteur cédé, qui a accepté la cession de la créance effectuée selon les modalités prévues par la L. du 2 janv. 1981 [C. mon. fin., art. L. 313-23 s.], ne peut, pour échapper au paiement de la dette, se prévaloir du non-respect par le cédant ou le cessionnaire des conventions intervenues entre eux. • Com. 19 mai 1992, n° 90-16.155 P : *JCP 1992. IV. 2039.* ♦ Dès lors que le bordereau de cession est irrégulier, il en résulte que l'engagement de payer du débiteur cédé ne vaut pas acceptation de la cession de créance au sens de l'art. L. 313-29, celui-ci étant alors fondé à opposer au cessionnaire les exceptions tirées de ses rapports personnels avec le cédant. • Com. 16 oct. 2007, n° 06-14.675 P : *D. 2007. AJ 2728, obs. Delpech* ; *JCP 2007. IV. 3088* ; *RJDA 2008, n° 77.*

10. *Mauvaise foi du cessionnaire.* Il résulte de l'art. 6 [C. mon. fin., art. L. 313-29] que la bonne ou mauvaise foi de l'établissement de crédit cessionnaire doit s'apprécier au moment de la cession de créance. • Com. 1er déc. 1998, n° 95-20.390 : *D. Affaires 1999. 376, obs. J. F.* ♦ ... Indépendamment de toute référence à la convention-cadre. • Com. 6 juin 2001, n° 98-14.355 : *RJDA 2001, n° 1250.* – V. aussi • Com. 4 janv. 1994, n° 92-11.567 : *RTD com. 1994. 334, obs. Cabrillac* .

11. *Référé-provision.* Le juge des référés qui constate que la bonne foi du cessionnaire au jour de la cession ne peut pas être sérieusement contestée peut lui accorder une provision. • Com. 4 janv. 1994, n° 92-11.567 : *préc. note 10.*

12. *Effets d'une acceptation irrégulière.* Sur une éventuelle opposition au paiement du cédant par le cédé, V. Cabrillac, *D. 1985. 328, II* ; Vasseur, *D. 1988. Somm. 280* ; Rives-Lange, *Banque 1987. 727.* ♦ La responsabilité du débiteur cédé peut être engagée s'il a donné sans aucune réserve une acceptation irrégulière. • Com. 2 déc. 1997, n° 95-11.596 : *D. Affaires 1998. 472.*

Art. L. 313-29-1 *(L. n° 2009-179 du 17 févr. 2009, art. 12)* **« Lorsque tout ou partie de la rémunération due en vertu d'un contrat de partenariat ou d'un contrat mentionné au premier alinéa de l'article L. 6148-5 du code de la santé publique au titre des coûts d'investissement, lesquels comprennent notamment les coûts d'étude et de conception, les coûts de construction et ses coûts annexes, les frais financiers intercalaires, et des coûts de financement, est cédé en application des articles L. 313-23 à L. 313-29 du présent code, le contrat peut prévoir que** *(Abrogé par L. n° 2010-1249 du 22 oct. 2010, art. 72-II) « 80 % au maximum de »* **cette cession fait l'objet de l'acceptation prévue à l'article L. 313-29** *(L. n° 2010-1249 du 22 oct. 2010, art. 72-II)* **« , dans la limite prévue à l'article L. 313-29-2 ».**

« L'acceptation *(L. n° 2010-1249 du 22 oct. 2010, art. 72-II)* **« prévue à l'article L. 313-29 » est subordonnée à la constatation par la personne publique contractante que les investissements ont été réalisés conformément aux prescriptions du contrat. »** *(L. n° 2008-735 du 28 juill. 2008, art. 42)* **« A compter de cette constatation, et à moins que le cessionnaire, en acquérant ou en recevant la créance, n'ait agi sciemment au détriment du débiteur public, aucune compensation ni aucune exception fondée sur les rapports personnels du débiteur avec le titulaire du contrat de partenariat ou du contrat mentionné au premier alinéa de l'article L. 6148-5 du code de la santé publique, telles que l'annulation, la résolution ou la résiliation du contrat, ne peut être opposée au cessionnaire, excepté la prescription quadriennale relevant de la loi n° 68-1250 du 31 décembre 1968 relative à la prescription des créances sur l'État, les départements, les communes et les établissements publics.**

« Le titulaire du contrat est tenu de se libérer auprès de la personne publique contractante des dettes dont il peut être redevable à son égard du fait de manquements à ses obligations contractuelles et, notamment, du fait des pénalités qui ont pu lui être infligées ; l'opposition à l'état exécutoire émis par la personne publique n'a pas d'effet suspensif dans la limite du montant ayant fait l'objet de la garantie au profit du cessionnaire. »

L'art. L. 313-29-1, tel qu'il résulte de la L. n° 2008-735 du 28 juill. 2008, s'applique aux projets de contrat de partenariat pour lesquels un avis d'appel public à la concurrence est envoyé à la publication postérieurement à la date de publication de la loi précitée (JO 29 juill.).

V. Ord. n° 2015-899 du 23 juill. 2015, art. 84. – **C. mon. fin.** *ou* **C. marchés.**

Art. L. 313-29-2 *(L. nº 2010-1249 du 22 oct. 2010, art. 72-III)* Lorsque la personne publique contractante accepte, dans les conditions prévues à l'article L. 313-29-1 ou à l'article *(Ord. nº 2013-544 du 27 juin 2013, art. 35, en vigueur le 1er janv. 2014)* « L. 513-14 », une ou plusieurs cessions de créances qui portent chacune sur tout ou partie de la rémunération due au titre des coûts d'investissement et des coûts de financement mentionnés aux mêmes articles L. 313-29-1 ou *(Ord. nº 2013-544 du 27 juin 2013, art. 35, en vigueur le 1er janv. 2014)* « L. 513-14 », l'engagement global de la personne publique au titre de cette ou ces acceptations ne peut dépasser 80 % de la rémunération due au titre des coûts d'investissement et des coûts de financement définis ci-avant.

SOUS-SECTION 2 *Mobilisation des crédits par le cessionnaire ou le nanti*

§ 1er *Dispositions générales*

Art. L. 313-30 L'établissement de crédit *(Ord. nº 2013-544 du 27 juin 2013, art. 3, en vigueur le 1er janv. 2014)* « ou la société de financement » cessionnaire ou nanti de créances professionnelles dans les conditions prévues à l'article L. 313-23 peut, à tout moment, émettre des titres destinés à la mobilisation de tout ou partie des crédits consentis.

Les porteurs successifs de ces titres bénéficient des droits énumérés aux articles L. 313-31 à L. 313-33 sous la condition que les bordereaux aient été mis à la disposition de l'organisme qui assure le financement conformément aux conventions intervenues entre celui-ci et l'établissement prêteur. — *[L. nº 81-1 du 2 janv. 1981, art. 8.]*

Art. L. 313-31 Les opérations de crédit à court terme n'ayant pas entraîné une cession ou un nantissement de créances professionnelles en faveur de l'établissement de crédit *(Ord. nº 2013-544 du 27 juin 2013, art. 3, en vigueur le 1er janv. 2014)* « ou de la société de financement » prêteur peuvent donner lieu à l'émission par celui-ci de titres destinés à la mobilisation de tout ou partie des crédits consentis.

Les porteurs successifs de ces titres bénéficient des droits énumérés aux articles L. 313-32 et L. 313-33 sous la condition que les bordereaux constatant ces crédits aient été mis à la disposition de l'organisme qui assure le financement, conformément aux conventions intervenues entre celui-ci et *(Ord. nº 2013-544 du 27 juin 2013, art. 3, en vigueur le 1er janv. 2014)* « l'entreprise prêteuse » ; ces bordereaux qui sont dénommés "actes de cession de créances financières" sont soumis, en tant que de besoin, aux dispositions des articles L. 313-23 à L. 313-29. — *[L. nº 81-1 du 2 janv. 1981, art. 9.]*

Art. L. 313-32 Les porteurs successifs des titres créés par un établissement de crédit *(Ord. nº 2013-544 du 27 juin 2013, art. 3, en vigueur le 1er janv. 2014)* « ou une société de financement » en application des articles L. 313-30 et L. 313-31 bénéficient des droits prévus en matière d'endossement par les articles L. 511-8 à L. 511-14 du code de commerce. — *[L. nº 81-1 du 2 janv. 1981, art. 10.]*

Assimilation à des effets de commerce. Les créances professionnelles visées par la loi du 2 janv. 1981 [C. mon. fin., art. L. 313-23 s.] ne sont pas assimilables à des effets de commerce. V. • Com. 15 déc. 1992, nº 90-19.735 P • 8 nov. 1994, nº 92-19.722 : *D. 1994. IR 267.*

Art. L. 313-33 Les droits attachés aux titres de mobilisation portent sur l'intégralité des créances désignées sur les bordereaux ; ils portent également sur tous intérêts et frais accessoires ainsi que sur les garanties assortissant ces créances. — *[L. nº 81-1 du 2 janv. 1981, art. 11.]*

Étendue des droits. Sauf stipulation contraire dont il appartient au cédant d'établir l'existence, les droits attachés aux titres de mobilisation portent sur l'intégralité des créances désignées sur les bordereaux et aussi sur tous intérêts frais accessoires ainsi que sur les garanties assortissant ces créances. • Com. 24 sept. 2002, nº 00-20.787 : *LPA 11 févr. 2003, note Tchotourian.*

Art. L. 313-34 A compter de la mise à la disposition de l'organisme de financement des bordereaux et pendant la durée de celle-ci, l'établissement de crédit *(Ord. nº 2013-544 du 27 juin 2013, art. 3, en vigueur le 1er janv. 2014)* « ou la société de financement » ne peut, sauf stipulation contraire, transmettre les créances représentées par les bordereaux, sous quelque forme que ce soit. — *[L. nº 81-1 du 2 janv. 1981, art. 12.]*

Art. L. 313-35 Un décret en Conseil d'État fixe les modalités d'application des articles L. 313-23 à L. 313-34. — *[L. nº 81-1 du 2 janv. 1981, art. 13, 2e phrase.]* — *V. art. R. 313-15 s.*

§ 2 *Mobilisation des crédits à moyen terme*

Art. L. 313-36 Les avances à moyen terme consenties par un établissement de crédit et faisant l'objet, au moins pour partie, d'un accord de réescompte de l'institut d'émission peuvent donner lieu à la signature, par l'emprunteur, de contrats fixant le montant des avances et les conditions de leur utilisation et de leur amortissement, ainsi que, le cas échéant, à la signature d'effets à échéances diverses. – *[Ord. n° 67-838 du 28 sept. 1967, art. 25.]*

Prêt bonifié. Lorsqu'un contrat de prêt précise qu'il est soumis aux prescriptions de l'Ord. n° 67-838 du 28 sept. 1967 [C. mon. fin., art. L. 313-36 s.], cette seule mention n'emporte aucune conséquence quant au caractère spécifique du crédit susceptible d'être accordé par la banque, dès lors qu'aucune référence à des prêts bonifiés, avec la garantie ou l'aide de l'État relatifs à des prêts à l'artisanat ou au crédit des petites et moyennes entreprises, n'y est mentionnée. • Paris, 19 sept. 1995 : *D. Affaires 1995. 110.*

Art. L. 313-37 Lorsque les établissements de crédit qui ont accordé des avances mentionnées à l'article L. 313-36 émettent des titres destinés à la mobilisation de tout ou partie de ces avances, les porteurs de ces titres bénéficient des droits énumérés à l'article L. 313-38 à condition que les contrats ou effets aient été mis à la disposition de l'organisme qui assure le réescompte, conformément aux conventions intervenues entre celui-ci et l'établissement prêteur. – *[Ord. n° 67-838 du 28 sept. 1967, art. 26.]*

Art. L. 313-38 Les porteurs de titres créés par les établissements de crédit bénéficient des droits prévus par les articles L. 511-8 à L. 511-14 du code de commerce en matière d'endossement.

Leur droit porte sur l'intégralité des créances nées au profit de l'établissement de crédit du fait des contrats passés ou des effets souscrits pour la réalisation des avances ; il porte également sur tous intérêts et frais accessoires ainsi que sur les garanties assortissant ces avances, même s'ils résultent d'actes distincts des contrats ou effets.

Ce droit est exercé par préférence et à égalité de rang par les porteurs des titres de mobilisation créés au profit de l'organisme qui assure le réescompte des avances consenties. – *[Ord. n° 67-838 du 28 sept. 1967, art. 27.]*

Art. L. 313-39 Les contrats prévus à l'article L. 313-36, qui bénéficient des mêmes avantages cambiaires que les effets auxquels ils se substituent, ne peuvent ouvrir droit à opposition. – *[Ord. n° 67-838 du 28 sept. 1967, art. 28.]*

Art. L. 313-40 A compter de la mise à la disposition de l'organisme réescompteur des contrats ou effets et pendant la durée de celle-ci, l'établissement de crédit titulaire des créances mentionnées à l'article L. 313-38 ne peut, sauf clause contraire des conventions prévues à l'article L. 313-37, transmettre ces créances sous quelque forme que ce soit. – *[Ord. n° 67-838 du 28 sept. 1967, art. 29.]*

Art. L. 313-41 Doivent faire référence aux articles L. 313-36 à L. 313-41 les contrats ou effets représentatifs des avances ainsi que, sous peine pour le porteur de se voir privé du droit mentionné à l'article L. 313-38, les titres de mobilisation. – *[Ord. n° 67-838 du 28 sept. 1967, art. 30.]*

§ 3 *Mobilisation des créances hypothécaires et assimilées*

Art. L. 313-42 Sont soumis aux dispositions du présent paragraphe les billets à ordre émis par les établissements de crédit *(Ord. n° 2013-544 du 27 juin 2013, art. 3, en vigueur le 1er janv. 2014)* « ou les sociétés de financement » pour mobiliser des créances à long terme destinées au financement d'un bien immobilier situé en France ou dans les autres États de l'Espace économique européen et garanties :

– par une hypothèque de premier rang ou une sûreté immobilière conférant une garantie au moins équivalente ;

– ou par un cautionnement consenti par un établissement de crédit *(Ord. n° 2013-544 du 27 juin 2013, art. 3, en vigueur le 1er janv. 2014)* « ou une société de financement » ou une entreprise d'assurance *(Ord. n° 2021-858 du 30 juin 2021, art. 1er, en vigueur le 8 juill. 2022)* « , lesquelles *[lesquels]* relèvent au minimum du deuxième échelon de qualité de crédit établi par un organisme externe d'évaluation de crédit reconnu par l'Autorité de contrôle prudentiel et de résolution en application des dispositions de l'article L. 511-44 et » n'entrant pas dans le périmètre de consolidation défini à l'article L. 233-16 du code de commerce dont relève l'établissement de crédit *(Ord. n° 2013-544 du 27 juin 2013, art. 3, en vigueur le 1er janv. 2014)* « ou la société de financement » émetteur du billet à ordre.

(Abrogé par Ord. nº 2021-858 du 30 juin 2021, art. 1er, à compter du 8 juill. 2022) (Ord. nº 2005-429 du 6 mai 2005, art. 47) ***« Sont assimilées** [assimilés]* ***aux créances mentionnées ci-dessus les parts ou titres de créances émis par des** (Ord. nº 2008-556 du 13 juin 2008, art. 16-II)* ***« organismes de titrisation », dès lors que l'actif de ces fonds** [organismes]* ***est composé, à hauteur de 90 % au moins, de créances de même nature, à l'exclusion des parts spécifiques ou titres de créances supportant le risque de défaillance des débiteurs des créances. »***

Les créances mobilisées par des billets à ordre doivent respecter, à compter du 1er janvier 2002, les conditions prévues au I de l'article *(Ord. nº 2013-544 du 27 juin 2013, art. 35, en vigueur le 1er janv. 2014)* « L. **513-3** » selon des modalités déterminées par un décret en Conseil d'État. Ce décret précise les conditions dans lesquelles la quotité peut être dépassée si le montant desdites créances excède celui des billets à ordre qu'elles garantissent. — *[L. nº 69-1263 du 31 déc. 1969, art. 16 (I).] — V. art. R. 313-20 s.*

Art. L. 313-43 Les contrats constituant ces créances avec leurs garanties, les avenants à ces contrats qui ont pu être passés pour fournir au prêteur des garanties supplémentaires et les effets signés par l'emprunteur pour assurer le respect de ses obligations, s'il existe de tels effets, doivent être mis par l'établissement prêteur à la disposition du porteur du billet à ordre, si celui-ci en fait la demande, pour un montant en capital égal au montant en capital du billet à ordre.

L'établissement prêteur assume la garde des contrats et effets mis à la disposition du porteur du billet à ordre et réalise cette mise à disposition en conservant, sous un dossier au nom de ce dernier, une liste nominative, visant les articles L. 313-42 à L. 313-49, de chacune des créances correspondant aux contrats et effets ci-dessus, avec indication, tenue à jour, de leur montant. — *[L. nº 69-1263 du 31 déc. 1969, art. 16 (II).]*

Art. L. 313-44 I. — Sauf application de l'article L. 313-46, l'organisme prêteur recouvre, à due concurrence, la libre disposition des créances mentionnées à l'article L. 313-43 au fur et à mesure de leur exigibilité ou de leur remboursement, ou à son initiative. Il est tenu, tant que le billet à ordre demeure en circulation, de remplacer sans discontinuité les contrats et effets dont il recouvre la libre disposition par un égal montant en capital d'autres titres de créances mis à la disposition du porteur du billet à ordre dans les conditions prévues à l'article L. 313-43.

II. — Les titres de créances mis à la disposition du porteur du billet à ordre conformément au I sont substitués de plein droit, par voie de subrogation réelle, aux titres de créances dont l'organisme prêteur recouvre la libre disposition. Cette substitution préserve les droits du porteur du billet à ordre et notamment emporte les effets prévus à l'article L. 313-45, même si la signature des nouveaux titres de créances mis à la disposition de ce porteur est postérieure à la signature du billet à ordre. — *[L. nº 69-1263 du 31 déc. 1969, art. 16 (III).]*

Art. L. 313-45 La mise à la disposition au profit du porteur du billet à ordre de créances ou d'effets emporte, sans autre formalité, constitution de gage au profit des porteurs successifs. *(Ord. nº 2021-858 du 30 juin 2021, art. 1er, en vigueur le 8 juill. 2022)* « Le gage ainsi constitué bénéficie des dispositions des articles L. 211-38 à L. 211-40. »

Le droit du porteur du billet à ordre s'exerce sur l'intégralité des créances nées au profit de l'organisme prêteur du fait des contrats et des effets qui ont été mis à la disposition de ce porteur en application du présent paragraphe, sans autre formalité. Il porte également sur tous intérêts et frais accessoires ainsi que sur les garanties hypothécaires ou autres assortissant les prêts, même si ces garanties résultent d'actes distincts des contrats ou des effets.

Ce droit est exercé par le porteur du billet à ordre par préférence à l'organisme prêteur et, au cas où une même créance serait partagée entre plusieurs porteurs de billets à ordre, à égalité de rang entre ces porteurs.

Pendant la mise à disposition au profit du porteur du billet à ordre, l'organisme prêteur ne peut transmettre ces créances ou ces effets sous quelque forme que ce soit. — *[L. nº 69-1263 du 31 déc. 1969, art. 16 (IV).]*

Art. L. 313-46 A défaut de paiement à l'échéance soit du montant du billet à ordre, soit du montant des intérêts attachés à ce billet, et indépendamment des recours qu'il peut exercer contre l'organisme prêteur, le porteur du billet à ordre obtient, sur sa demande et contre restitution de ce billet, la remise de la liste nominative prévue à l'article L. 313-43 et, le cas échéant, des effets mis à sa disposition en exécution du présent paragraphe. Cette remise lui transfère, sans autre formalité, la propriété des créances avec les intérêts, les avantages et les garanties qui y sont attachés dans la limite des droits qu'il tient du billet à ordre qu'il a détenu. — *[L. nº 69-1263 du 31 déc. 1969, art. 16 (V).]*

Art. L. 313-47 Pour la radiation des inscriptions, aucune pièce justificative n'est exigée à l'appui des énonciations de l'acte de mainlevée établissant qu'il y a eu mise à la disposition ou remise en propriété si lesdites énonciations sont certifiées exactes dans cet acte. Les bénéficiaires de la mise à la disposition ou de la remise en propriété ne sont pas considérés comme parties intéressées, au sens de l'article *(Ord. n° 2021-1192 du 15 sept. 2021, art. 15 et 33, en vigueur le 1er janv. 2022)* « **2435** *[ancienne rédaction : 2440]* » du code civil, si l'acte de mainlevée ne fait pas état de l'opération intervenue à leur profit. — *[L. n° 69-1263 du 31 déc. 1969, art. 16 (VI).]*

Art. L. 313-48 En garantie du paiement à l'échéance, soit du montant du billet à ordre mentionné à l'article L. 313-42, soit du montant des intérêts attachés à ce billet, le porteur de ce billet peut demander à l'organisme prêteur de mettre à sa disposition des contrats constituant des créances à long terme, avec leurs garanties, s'ajoutant à ceux déjà mis à disposition en vertu de l'article L. 313-43, pour un montant convenu, dès lors que ces contrats peuvent donner lieu à la création de billets à ordre ayant les caractéristiques de ceux mentionnées à l'article L. 313-42.

Les contrats ainsi mis à titre de garantie à disposition du porteur d'un billet mentionné à l'article L. 313-42, sont indiqués à ce porteur, en même temps que la mise à disposition des contrats, selon la procédure décrite aux articles L. 313-43 et L. 313-44.

Les effets de cette mise à disposition à titre de garantie sont ceux précisés aux articles L. 313-45 à L. 313-47.

Les articles L. 313-44 à L. 313-46 sont applicables nonobstant toutes dispositions contraires, et notamment celles du livre VI du code de commerce. Ces dispositions s'appliquent aux mobilisations effectuées avant le 29 juin 1999 en application des dispositions du présent paragraphe. — *[L. n° 69-1263 du 31 déc. 1969, art. 16 (VI bis et VII).]*

Art. L. 313-49 *(L. n° 2013-672 du 26 juill. 2013, art. 24-I)* « L'Autorité de contrôle prudentiel et de résolution » est chargée de veiller au respect par les établissements de crédit *(Ord. n° 2013-544 du 27 juin 2013, art. 3, en vigueur le 1er janv. 2014)* « et les sociétés de financement » des dispositions des articles L. 313-42 à L. 313-48. — *[L. n° 69-1263 du 31 déc. 1969, art. 16 (VIII).]*

Art. L. 313-49-1 *(Ord. n° 2013-544 du 27 juin 2013, art. 3, en vigueur le 1er janv. 2014)* Un décret en Conseil d'État fixe les conditions dans lesquelles la présente sous-section est applicable aux sociétés de financement.

....

TITRE V Dispositions pénales

CHAPITRE PREMIER *Infractions relatives au droit au compte et aux relations avec le client* *(L. n° 2001-1168 du 11 déc. 2001, art. 13-II).*

Art. L. 351-1 *(L. n° 2004-1484 du 30 déc. 2004, art. 106)* « Est puni d'une amende fiscale de 75 € le fait de méconnaître l'une des obligations mentionnées aux *(L. n° 2018-700 du 3 août 2018, art. 5)* « premier, deuxième, troisième et dernier alinéas du II de l'article L. 312-1-1 et, lorsque le client est une personne physique agissant pour des besoins non professionnels, à l'article L. 314-12 et au III de l'article L. 314-13. » Cette amende est prononcée et recouvrée suivant les règles applicables à la taxe sur la valeur ajoutée. Le contentieux est suivi par l'administration qui a constaté l'infraction.

« Est puni de la peine d'amende prévue pour les contraventions de la cinquième classe le fait de méconnaître l'une des obligations mentionnées *(L. n° 2018-700 du 3 août 2018, art. 4)* « aux I et IV de l'article L. 312-1-1, au I de l'article L. 314-13, ainsi qu'au IV du même article L. 314-13 lorsque le client est une personne physique agissant pour des besoins non professionnels, » *(L. n° 2013-100 du 28 janv. 2013, art. 7)* « et aux articles L. 315-5 à L. 315-8 » ou l'une des interdictions édictées au I de l'article L. 312-1-2. »

Al. 3 Abrogé par L. n° 2009-526 du 12 mai 2009, art. 125-XIV.

Al. 4 à 6 Abrogés par Ord. n° 2015-1033 du 20 août 2015, art. 2-2°.

Les dispositions de l'art. L. 351-1 sont entrées en vigueur un an après la publication de la L. n° 2001-1168 du 11 déc. 2001 (L. préc., art. 13-III).

Art. L. 351-2 et L. 351-3 *Abrogés par L. 2007-1774 du 17 déc. 2007, art. 8-I.*

....

LIVRE V **Les prestataires de services**

TITRE PREMIER **Prestataires de services bancaire***[s] (Ord. n° 2013-544 du 27 juin 2013, art. 4, en vigueur le 1er janv. 2014).*

CHAPITRE PREMIER ***Dispositions générales*** *(Ord. n° 2013-544 du 27 juin 2013, art. 4, en vigueur le 1er janv. 2014).*

SECTION I ***Définitions et activités***

Art. L. 511-1 *(Ord. n° 2013-544 du 27 juin 2013, art. 4, en vigueur le 1er janv. 2014) (Ord. n° 2021-796 du 23 juin 2021, art. 2, en vigueur le 26 juin 2021)* **« I. — Les établissements de crédit sont les entreprises définies au point 1 du paragraphe 1 de l'article 4 du règlement (UE) n° 575/2013 du Parlement européen et du Conseil du 26 juin 2013** *[concernant les exigences prudentielles applicables aux établissements de crédit et aux entreprises d'investissement]*. **»**

II. — Les sociétés de financement sont des personnes morales, autres que des établissements de crédit, qui effectuent à titre de profession habituelle et pour leur propre compte des opérations de crédit dans les conditions et limites définies par leur agrément. *(Ord. n° 2014-158 du 20 févr. 2014, art. 3)* **« Elles sont des établissements financiers au sens du 4 de l'article L. 511-21. »**

Art. L. 511-2 **Les établissements de crédit** *(Ord. n° 2013-544 du 27 juin 2013, art. 4, en vigueur le 1er janv. 2014)* **« et les sociétés de financement » peuvent, en outre, dans des conditions définies par le** *(L. n° 2003-706 du 1er août 2003, art. 46-VI)* **« ministre chargé de l'économie », prendre et détenir des participations** *(L. n° 2013-672 du 26 juill. 2013, art. 44)* **« après, selon le cas, autorisation préalable de l'Autorité de contrôle prudentiel et de résolution, déclaration ou notification. »** — *[L. n° 84-46 du 24 janv. 1984, art. 6.] — V. Règl. CRBF n° 90-06 du 20 juin 1990 relatif aux participations des établissements de crédit dans le capital d'entreprises.* — ***C. mon. fin.***

BIBL. ▶ SAMIN, *Banque et Dr.* 1-2/2001. 3 (réglementation applicable aux établissements de crédit lors des prises de participation dans les entreprises non financières).

Art. L. 511-3 **Les établissements de crédit** *(Ord. n° 2013-544 du 27 juin 2013, art. 4, en vigueur le 1er janv. 2014)* **« et les sociétés de financement » ne peuvent exercer à titre habituel une activité autre que celles mentionnées aux articles L. 311-1, L. 311-2 et L. 511-2** *(L. n° 2014-773 du 7 juill. 2014, art. 11-II)* **« ou régies par le chapitre VIII du titre Ier du livre III** *[aide publique au développement]* **» que dans des conditions définies par le** *(L. n° 2003-706 du 1er août 2003, art. 46-VI)* **« ministre chargé de l'économie ».** — *V. Règl. CRBF n° 86-21 du 24 nov. 1986 relatif aux activités non bancaires.* — ***C. mon. fin.***

Ces opérations doivent, en tout état de cause, demeurer d'une importance limitée par rapport à l'ensemble des activités habituelles de l'établissement *(Ord. n° 2013-544 du 27 juin 2013, art. 4, en vigueur le 1er janv. 2014)* **« ou de la société » et ne pas empêcher, restreindre ou fausser le jeu de la concurrence sur le marché considéré.** — *[L. n° 84-46 du 24 janv. 1984, art. 7.]*

Art. L. 511-4 *Al. 1er abrogé par Ord. n° 2010-76 du 21 janv. 2010, art. 5. — V. C. mon. fin., art. L. 612-22, ci-dessous.*

Les articles L. 420-1 à L. 420-4 du code de commerce s'appliquent aux établissements de crédit *(Ord. n° 2013-544 du 27 juin 2013, art. 4, en vigueur le 1er janv. 2014)* **« et aux sociétés de financement » pour leurs opérations de banque et leurs opérations connexes définies à l'article L. 311-2** *(L. n° 2013-100 du 28 janv. 2013, art. 9)* **« , aux établissements de monnaie électronique pour l'émission et la gestion de monnaie électronique et leurs opérations mentionnées à l'article L. 526-2 »** *(Ord. n° 2009-866 du 15 juill. 2009, art. 9, en vigueur le 1er nov. 2009)* **« ainsi qu'aux établissements de paiement pour leurs services de paiement et leurs services connexes définis à l'article L. 522-2 ». Les infractions à ces dispositions sont poursuivies dans les conditions fixées par les articles** *(Ord. n° 2019-698 du 3 juill. 2019, art. 7)* **« L. 442-6, L. 442-9 », L. 462-5 à L. 462-8, L. 463-1 à L. 463-7, L. 464-1 à L. 464-8,** *(Ord. n° 2017-303 du 9 mars 2017, art. 2-I)* **« L. 490-1 à L. 490-12 » du code de commerce. La notification de griefs prévue à l'article L. 463-2 du même code est communiquée à** *(L. n° 2013-672 du 26 juill. 2013, art. 24-I)* **« l'Autorité de contrôle prudentiel et de résolution » qui rend son avis dans un délai de deux mois.** *(L. n° 2008-776 du 4 août 2008, art. 96-II)* **« Dans l'hypothèse où l'Autorité de la concurrence prononce une sanction à l'issue de la procédure prévue aux articles L. 463-2, L. 463-3 et L. 463-5 du code de com-**

merce, elle indique, le cas échéant, les raisons pour lesquelles elle s'écarte de l'avis de l'Autorité de contrôle prudentiel et de résolution ». » – *[L. n° 84-46 du 24 janv. 1984, art. 89.]*

L'examen des affaires de concentration notifiées avant la date de la première réunion de l'Autorité de la concurrence et l'examen des affaires de pratiques anticoncurrentielles ayant donné lieu à une notification de griefs ou à une proposition de non-lieu avant cette même date se poursuivent selon les règles de procédure en vigueur antérieurement à cette date. Le collège de l'Autorité de la concurrence est substitué au collège du Conseil de la concurrence pour l'examen de ces affaires, y compris pour les affaires en délibéré (Ord. n° 2008-1161 du 13 nov. 2008, art. 5-III).

BIBL. ▶ GAVALDA, *D. 1985. Chron. 265* (soumission des ententes interbancaires à la commission de la concurrence). – CRUT, *Vie judiciaire, 26 oct. 1981* (banques et règles de concurrence dans le marché commun). – EHLERMANN, *RTD eur. 1993. 457* (le secteur bancaire et le droit européen de la concurrence). – MAIGRE, *RCC juill.-août 1997, p. 26* (banque et concurrence). – DAMY, *D. 2003. 1828* (concentrations bancaires : compétence controversée des autorités). – PARLÉANI, *RDBF 2003-239* (affaire Crédit Agricole/Crédit Lyonnais). – L. et V. VOGEL, *JCP E 2003, n° 28-29, p. 1179* (même thème). – DAMY, *CCC 2003. Chron. 12* (dispositions concurrentielles dans la loi de sécurité financière). – CLAUDEL, *RTD com. 2003. 718* (même thème). – KRIMMER, *LPA 7 nov. 2003* (soumission des concentrations bancaires au droit commun). – PARLÉANI, *RDBF 2004, n° 103* (règl. CE 139/2004 et concentration bancaire). – GUNTHER, *RLC 2006, n° 7, p. 98* (ententes et accords interbancaires). – ARNAUD, *RTDF déc. 2006. 79* (le rôle du CECEI en cas d'OPA bancaire et le contrôle des concentrations). – THÉOPHILLE, *ibid. 84* (contrôle des concentrations et offres publiques : aspects procéduraux). – PELLET, *ibid. 88* (comment le droit de la concurrence analyse-t-il la concentration entre les sociétés de bourses). – OSTER, *RLC janv.-mars 2009. 89* (le contrôle des concentrations en temps de crise : quelle marge de manœuvre pour le pouvoir politique ?). – BILLARD et JOUVENSAL, *Banque et Dr. 11-12/2009. 9* (l'analyse de la concurrence au plan local dans le cadre du contrôle des concentrations bancaires). – BRUNET et DUPREY, *RLC janv.-mars 2010. 9* (secteur bancaire et contrôle des concentrations : entre rupture et continuité). – ÉRÉSÉO, *LPA 9 nov. 2012* (banque et concurrence : deux années particulièrement mouvementées).

1. Refus de vente. Il résulte du rapprochement des al. 1 et 2 de l'art. 89 [C. mon. fin., art. L. 511-4] que les dispositions des art. 30 [C. consom., art. L. 121-11] et 36 [dans sa rédaction antérieure à la L. du 1er juill. 1996] de l'Ord. n° 86-1243 du 1er déc. 1986, relatives au refus de vente, ne sont pas applicables aux opérations de banque prévues à l'art. 1er de la L. du 24 janv. 1984 [C. mon. fin., art. L. 311-1], lesquelles comprennent les opérations de crédit. • Civ. 1re, 11 oct. 1994, n° 92-13.947 P : *D. 1994. IR 241.* ♦ Rappr., jugeant que le banquier est toujours libre, sans avoir à justifier sa décision qui est discrétionnaire, de proposer ou de consentir un crédit : • Cass., ass. plén., 9 oct. 2006, n° 06-11.056 : *cité note 30 ss. art. L. 313-12.* ♦ L'offre de crédit présentée parmi d'autres (offres d'assurance) ne constitue pas un refus de vente ou une vente subordonnée, mais une opération particulière de banque relevant de la loi de 1984 [C. mon. fin., art. L. 311-1] et qui, comme telle, échappe aux art. 30 et 36 préc. • Paris, 12 nov. 1996 : *D. Affaires 1996. 1369.* ♦ Pour la reconnaissance du caractère indivisible du contrat de location de coffre-fort et d'ouverture de compte bancaire alors même que les opérations de location de coffre-fort ne sont pas mentionnées au nombre des opérations connexes aux opérations de banque dans l'art. L. 311-1, V. • Com. 21 janv. 2004, n° 02-16.727 : *RDBF 2004, n° 57, obs. Crédot et Gérard.*

2. Pratique anticoncurrentielle. Il résulte du rapprochement et de la combinaison des art. L. 410-1 C. com. et L. 511-1 C. mon. fin., que, comme l'exprime l'art. L. 511-4, al. 1er, l'ensemble des dispositions du livre IV du code de commerce ne s'appliquent qu'aux activités annexes des établissements de crédit telles qu'elles sont définies à l'art. L. 511-3 C. mon. fin., et que, comme l'exprime l'art. 511-4, al. 2, seules les dispositions du titre deuxième du livre IV du code de commerce, relatives aux pratiques anticoncurrentielles, et non celles du titre troisième du même livre, relatives aux concentrations, sont applicables aux opérations de banque et aux opérations connexes des établissements de crédit. • CE 16 mai 2003, n° 255482 : *D. 2003. AJ 1433 ; JCP 2003. II. 10126, note Touboul ; RFDA 2004. 109, concl. Goulard ; RDBF 2003. 239, note Parléani ; CCC 2003, n° 125, obs. Malaurie-Vignal ; RJDA 2003, n° 1256.* – Sur cet arrêt, V. Vilmart, *JCP E 2003, n° 25, p. 1017.* ♦ V. aussi note 18 ss. art. L. 420-1 C. com.

3. Concentration. V. C. mon. fin., art. L. 612-22, ci-dessous.

4. Droit communautaire. Le fait que les banques interviennent dans les transferts internationaux de capitaux ne suffit pas pour les faire reconnaître comme des entreprises chargées de la gestion de services d'intérêt économique général, au sens de l'art. 90-2 du traité de Rome (actuel art. 106-2 TFUE) ; il en résulte qu'elles entrent dans le champ d'application des art. 85 et 86 du traité (actuels art. 101 et 102 TFUE) ; il pourrait en être différemment dans la mesure où elles établiraient qu'elles gèrent, ce faisant, un service d'intérêt économique général dont elles seraient chargées en vertu d'un acte de la puissance publique. • CJCE 14 juill. 1981 : *D. 1982. IR 122, obs. Vasseur ; RTD eur. 1982. 740, obs. Gavalda.*

5. Avis de l'Autorité de contrôle prudentiel. Les rapporteurs de l'Autorité de la concurrence ne sont pas tenus de répondre aux arguments développés par l'Autorité de contrôle prudentiel dans ses avis consultatifs dans la mesure où l'obligation de motivation qui résulte de l'art. L. 511-4, *in fine*, s'impose à l'Autorité de la concurrence et non aux services d'instruction. • Aut. conc. n° 10-D-28 du 20 sept. 2010.

Code monétaire et financier Art. L. 612-22 *(Ord. n° 2010-76 du 21 janv. 2010, art. 1er-II)* Lorsqu'une opération de concentration concernant, directement ou indirectement, une personne soumise au contrôle de *(L. n° 2013-672 du 26 juill. 2013, art. 24-I)* « l'Autorité de contrôle prudentiel et de résolution » fait l'objet d'un examen approfondi en application du dernier alinéa du III de l'article L. 430-5 du code de commerce, l'Autorité de la concurrence recueille, avant de se prononcer en application de l'article L. 430-7 du même code, l'avis de l'Autorité de contrôle prudentiel et de résolution. L'Autorité de la concurrence communique à cet effet à l'Autorité de contrôle prudentiel et de résolution toute saisine relative à de telles opérations. L'Autorité de contrôle prudentiel et de résolution transmet son avis à l'Autorité de la concurrence dans un délai d'un mois suivant la réception de cette communication. L'avis de l'Autorité de contrôle prudentiel et de résolution est rendu public dans les conditions fixées à l'article L. 430-10 du code de commerce.

SECTION II *Interdictions*

Art. L. 511-5 Il est interdit à toute personne autre qu'un établissement de crédit *(Ord. n° 2013-544 du 27 juin 2013, art. 4, en vigueur le 1er janv. 2014)* **« ou une société de financement » d'effectuer des opérations de** *(Ord. n° 2013-544 du 27 juin 2013, art. 4, en vigueur le 1er janv. 2014)* **« crédit » à titre habituel.**

(Ord. n° 2013-544 du 27 juin 2013, art. 4, en vigueur le 1er janv. 2014) **« Il est, en outre, interdit à toute personne autre qu'un établissement de crédit de recevoir à titre habituel des fonds remboursables du public ou de fournir des services bancaires de paiement. »** — *[L. n° 84-46 du 24 janv. 1984, art. 10.] — V. art. L. 571-3.*

1. Nécessité de caractériser des opérations de banque. Le fait d'avoir consenti plusieurs prêts successifs à une société ne peut suffire à qualifier l'exercice illégal de la profession de banquier ; encore faut-il rechercher si de tels prêts constituent des opérations de banque au sens des art. 1 à 4 [C. mon. fin., art. L. 311-1, L. 311-3, L. 312-2 et L. 313-1] et s'ils sont effectués à titre habituel. • Crim. 2 mai 1994, n° 93-83.512 P. ♦ Sur la nécessité, pour établir le délit d'exercice illégal, de caractériser l'existence d'opérations passées au débit ou au crédit de comptes ouverts à des tiers permettant le transfert de fonds au sens des art. 1er et 4 de la loi du 24 janv. 1984 [C. mon. fin., art. L. 311-1 et L. 311-3], V. • Crim. 26 févr. 1998, n° 97-80.238 P : *D. Affaires 1998. 1045, obs. V. A.-R. ; RTD com. 1998. 958, obs. Bouloc ; JCP E 1999, n° 17, p. 759, obs. Gavalda et Stoufflet.* ♦ V. sur renvoi, considérant que la gestion des moyens de paiement doit s'entendre de tous actes matériels et juridiques d'administration destinés à la conservation des effets, à la sauvegarde et à l'exercice des droits qui y sont attachés, de l'émission au paiement : • Paris, 13 sept. 1999 : *D. 2000. Somm. 455, obs. Martin ; JCP E 2000, n° 26, p. 1039, obs. Gavalda et Stoufflet.* ♦ Comp., dans la même affaire : • Crim. 21 sept. 1994, n° 93-83.218 P : *cité note 4.* ♦ Il résulte des art. 1er, 10, 11 et 15 [C. mon. fin., art. L. 511-1, L. 511-5, L. 511-6 et L. 511-10], que les organismes collecteurs de la participation des employeurs à l'effort de construction ne sont pas des établissements de crédit. • Civ. 1re, 15 juin 1999, n° 98-04.001 P : *D. 1999. IR 196 ; D. Affaires 1999. 1208, obs. C. R.* ♦ Jugeant que si les entreprises régies par le code des assurances peuvent, en application de l'art. L. 511-6 C. mon. fin., effectuer des opérations de banque, elles ne constituent pas pour autant des établissements de crédit en application des art. L. 511-1, L. 311-1, L. 511-5 et L. 511-6 du même code : • Com. 24 mars 2004, n° 00-13.447 : *Banque et Dr. 7-8/2004. 55, obs. Rontchevsky ; RDBF 2004, n° 162, obs. Cerles ; RJDA 2004, n° 846.*

2. Indifférence d'un préjudice pour le client. L'exercice illégal de la profession de banquier ne suppose pas nécessairement pour les clients créanciers une perte financière ni un détournement punissable. • Crim. 3 nov. 1994, n° 93-82.724 P : *D. 1995. IR 25 ; JCP 1995. II. 22445, note Pollaud-Dulian.*

3. Caractère habituel des opérations de

banque. Le caractère habituel des opérations de banque effectuées par des personnes non agréées suppose la recherche de clientèle, et l'incrimination prévue par la L. du 24 janv. 1984 [C. mon. fin., art. L. 511-5 s.] a pour objet de réprimer les prêteurs d'habitude se présentant comme des professionnels auprès de plusieurs emprunteurs éventuels. • Paris, 26 juin 1995 : *Rev. dr. bancaire 1996. 233, obs. Crédot et Gérard.* ♦ Sur la caractérisation du caractère habituel, V., considérant comme insuffisante la seule constatation que le prévenu a consenti plusieurs prêts successifs à une même société : • Crim. 5 févr. 1995 : *Rev. dr. bancaire 1995. 77, obs. Campana et Calendini.* ♦ Est coupable d'opération de banque effectuée à titre habituel le prévenu qui prête régulièrement des sommes d'argent à des particuliers sur une période brève dont il obtenait remboursement en se faisant remettre au moment de la mise à disposition des fonds des chèques qu'il disposait au fur et à mesure en vue de leur encaissement, ce qui lui permet de percevoir une rémunération sur les sommes prêtées, le fait de ne pas effectuer de démarchage étant indifférent quant à la constitution de l'infraction. • Pau, 8 juill. 2004 : *JCP 2004. IV. 3543.*

Le fait pour toute personne non agréée de consentir à titre habituel sur neuf années, neuf prêts successifs contenant la remise de fonds à titre onéreux à la disposition d'un même client, en des termes révélant chez le prêteur la connaissance des règles de droit applicables aux contrats, est insuffisant à caractériser le caractère habituel des opérations de banque effectuées. • Com. 3 déc. 2002, n° 00-16.957 P : *D. 2003. AJ 202 ; JCP E 2003, n° 23, p. 953, note Dondero ; RTD com. 2003. 344, obs. Legeais ; Gaz. Pal. 2003. Somm. 2475, obs. Piedelièvre ; RJDA 2003, n° 532.* ♦ Pour la condamnation du dirigeant d'une société de distribution de bières et d'un de ses salariés pour avoir effectué des opérations de banque en recevant des fonds d'anciens exploitants de débits de boissons ou de particuliers disposant de liquidités qu'ils désiraient placer et pour avoir accordé des prêts à de futurs exploitants pour leur permettre de financer l'acquisition de leur fonds de commerce, V. • Crim. 3 juin 2004, n° 03-83.514 P : *D. 2004. 2782, note Dondero ; JCP E 2004, n° 32-35, p. 1271 ; Gaz. Pal. 2005. 421, note Monnet ; RTD com. 2004. 795, obs. Legeais.*

Sur la cassation, pour absence de base légale au regard des art. L. 312-2, L. 313-1 et L. 511-5, d'un arrêt qui, pour rejeter l'exception de nullité d'un prêt, consenti par une personne exerçant à titre habituel des opérations de crédit sans avoir la qualité d'établissement de crédit, retient que la condamnation pénale du prêteur pour avoir effectué des opérations de banque à titre habituel n'était pas établie et qu'il résultait des pièces produites que celui-ci ne prêtait que des fonds provenant de son « patrimoine privé personnel » ce qui ne pouvait constituer un exercice illégal de la profession de banquier, sans rechercher si le prêteur ne se livrait pas habituellement à des opérations de crédit à titre onéreux, V. • Com. 27 févr. 2001, n° 95-18.569 P : *D. 2002. Somm. 636, obs. Synvet ; JCP E 2001, n° 17, p. 682 ; LPA 10 mai 2001, note E. C.*

4. Illustrations. Constituent le délit, lorsqu'elles sont exercées à titre habituel : des opérations d'achats de créances à terme par un non-banquier. • Crim. 20 févr. 1984, n° 83-90.738 P : *RTD com. 1984. 316, obs. Cabrillac et Teyssié ; D. 1985. IR 327, obs. Vasseur.* ♦ ... L'émission de bons de caisse et de l'ouverture de comptes à court terme. • Paris, 12 mars 1992 : *Dr. sociétés 1992, n° 193, obs. Hovasse.* ♦ ... La pratique du versement d'espèces contre la remise de chèques au porteur, qui caractérise la gestion de moyens de paiement. • Crim. 21 sept. 1994, n° 93-83.218 P : *Rev. dr. bancaire 1995. 77, obs. Campana et Calendini.* – Comp., dans la même affaire : • Crim. 26 févr. 1998, n° 97-80.238 P : *préc. note 1.* ♦ Sont à bon droit condamnés pour complicité d'exercice illégal de la profession de banquier les prévenus qui ont recueilli diverses sommes d'argent en espèces auprès de particuliers, les ont transmises à un coprévenu en sachant que celui-ci avait pour activité habituelle de recevoir des fonds du public, sous forme de dépôts, à charge de placer les capitaux ainsi recueillis. • Crim. 21 mars 1996, n° 94-86.134 P. ♦ Comp., considérant que dès lors que la prévenue, qui proposait à ses clients des placements à haut rendement sur un marché international de garanties interbancaires, ne pouvait pas librement disposer des fonds à elle versés par ses victimes, dans la mesure où elle avait fait signer à ses clients une convention de fiducie l'habilitant à ouvrir des sous-comptes au nom de chacun des investisseurs et à affecter les sommes qui lui étaient confiées aux seuls placements prévus par la convention, elle n'a donc pas « reçu des fonds du public », ce qui fait obstacle à sa condamnation pour exercice illégal d'une activité bancaire : • Paris, 25 févr. 1999 : *D. 2000. Somm. 455, obs. Synvet.* ♦ Commet le délit d'exercice illégal de la profession de banquier le gérant d'une société exploitant plusieurs bureaux de change qui, moyennant une rémunération et sous le couvert de transactions fictives d'achats et ventes de devises, d'une part, a émis des chèques et des ordres de virement au bénéfice d'une société exportant du matériel informatique qui lui remettait en contrepartie les espèces reçues de ses clients, et, d'autre part, s'est fait délivrer des chèques par une seconde société et son dirigeant en échange d'espèces. • Crim. 17 oct. 2007, n° 07-81.038 : *RJDA 2008, n° 315.* ♦ Pour avoir, par l'intermédiaire de sociétés de change dont ils étaient les dirigeants, transféré de France en Chine des fonds remis par leur clientèle, les prévenus doivent être déclarés coupables d'exercice illégal de la profession de banquier. • Crim. 14 janv. 2009, n° 08-82.095 : *RJDA 2009, n° 665.* ♦ Sur l'exercice de la profession de banquier par un notaire, V. note 7 ss. art. L. 110-1 C. com.

5. Chèques cadeaux. Sur la commercialisation de chèques cadeaux, V. note ss. art. L. 311-3.

6. Sanction civile. L'interdiction pesant sur toute personne autre qu'un établissement de crédit d'effectuer à titre habituel des opérations de crédit-bail protégeant, non seulement l'intérêt général et celui des établissements de crédit, mais aussi celui des crédits-preneurs, sont dès lors recevables les actions engagées par ceux-ci en annulation des conventions conclues en infraction à la règle précitée. • Com. 19 nov. 1991, n° 90-10.270 P : *D. 1993. Somm. 53, obs. Rives-Lange ; JCP E 1992. I. 154, n° 5, obs. Gavalda et Stoufflet.* – V. aussi • Crim. 3 nov. 1994, n° 93-82.724 P : *préc. note 2.* ♦ Mais compte tenu de la transparence des opérations de banque et de l'ancienneté des relations professionnelles unissant les prévenus aux prêteurs, ces derniers n'ont pu se méprendre sur la qualité des prévenus, brasseurs et non banquiers, et se sont ainsi délibérément affranchis des garanties que pouvaient leur offrir un véritable établissement de crédit. • Crim. 3 juin 2004, n° 03-83.514 P : *préc. note 3.* ♦ Nul ne pouvant être puni d'une peine qui n'est pas prévue par la loi, les juges ne pouvaient pas sanctionner le prévenu de l'interdiction d'exercer la profession d'expert-comptable et de commissaire aux comptes pendant cinq ans dans la mesure où cette peine complémentaire n'est pas prévue par l'art. L. 571-3 réprimant le délit reproché. • Crim. 11 févr. 2009, n° 08-83.870 : *Gaz. Pal. 2009. 3144, obs. Lasserre Capdeville.* ♦ Dès lors que l'infraction à l'interdiction d'effectuer à titre habituel des opérations de banque ne porte atteinte qu'à l'intérêt général et à celui de la profession de banquier, n'est pas recevable l'action du Conseil supérieur de l'ordre des experts-comptables. • Même arrêt.

7. Sanctions pénales. V. art. L. 571-3.

Art. L. 511-6 **Sans préjudice des dispositions particulières qui leur sont applicables, les interdictions définies à l'article L. 511-5 ne concernent ni les institutions et services énumérés à l'article L. 518-1, ni les entreprises régies par le code des assurances, ni les sociétés de réassurance,** *(L. n° 2015-990 du 6 août 2015, art. 170)* **« ni les institutions de prévoyance régies par le titre III du livre IX du code de la sécurité sociale, »** *(L. n° 2003-706 du 1er août 2003, art. 35)* **« ni les organismes agréés soumis aux dispositions du livre II du code de la mutualité »** *(Abrogé par L. n° 2015-990 du 6 août 2015, art. 170)* ***« pour les opérations visées au e du 1° de l'article L. 111-1 dudit code »,*** *(Ord. n° 2017-484 du 6 avr. 2017, art. 3)* **« ni les fonds de retraite professionnelle supplémentaire mentionnés à l'article L. 381-1 du code des assurances, ni les mutuelles ou unions de retraite professionnelle supplémentaire mentionnées à l'article L. 214-1 du code de la mutualité, ni les institutions de retraite professionnelle supplémentaire mentionnées à l'article L. 942-1 du code de la sécurité sociale, » ni les entreprises d'investissement,** *(L. n° 2013-100 du 28 janv. 2013, art. 9)* **« ni les établissements de monnaie électronique, »** *(Ord. n° 2009-866 du 15 juill. 2009, art. 9, en vigueur le 1er nov. 2009)* **« ni les établissements de paiement, » ni** *(Ord. n° 2016-1408 du 20 oct. 2016, art. 3-I)* **« un organisme agréé mentionné au deuxième alinéa de l'article L. 313-1 du code de la construction et de l'habitation » pour les opérations prévues par le code de la construction et de l'habitation,** *(Ord. n° 2013-676 du 25 juill. 2013, art. 36)* **« ni les OPCVM ni les FIA relevant des paragraphes 1, 2, 3 et 6 de la sous-section 2, et des sous-sections 3, 4 et 5 de la section II du chapitre IV du titre Ier du livre II »** *(Ord. n° 2017-1432 du 4 oct. 2017, art. 2-I, en vigueur le 3 janv. 2018)* **« , ni les FIA qui ont reçu l'autorisation d'utiliser la dénomination "ELTIF" en application** *[du]* **règlement (UE) 2015/760 du Parlement européen et du Conseil du 29 avril 2015 relatif aux fonds européens d'investissement à long terme »** *(Ord. n° 2017-1107 du 22 juin 2017, art. 5, en vigueur le 3 janv. 2018)* **«** *[,]* **ni les sociétés de gestion qui les gèrent ».**

L'interdiction relative aux opérations de crédit ne s'applique pas :

1. Aux organismes sans but lucratif qui, dans le cadre de leur mission et pour des motifs d'ordre social, accordent, sur leur ressources propres, des prêts à conditions préférentielles à certains de leurs ressortissants ;

(L. n° 2021-875 du 1er juill. 2021, art. 3) **« 1 *bis*. Aux associations régies par la loi du 1er juillet 1901 relative au contrat d'association ou inscrites au registre des associations en application du code civil local applicable dans les départements du Bas-Rhin, du Haut-Rhin et de la Moselle, déclarées depuis trois ans au moins et dont l'ensemble des activités est mentionné au *b* du 1 de l'article 200 du code général des impôts, ainsi qu'aux associations et fondations reconnues d'utilité publique, qui octroient sur leurs ressources disponibles à long terme des prêts à** *[de]* **moins de deux ans à taux zéro aux membres de l'union mentionnée** *[mentionnés]* **à l'article 7 du décret du 16 août 1901 pris pour l'exécution de la loi du 1er juillet 1901 relative au contrat d'association ou de la fédération d'associations constituée sous forme d'association dont elles sont membres ; »**

2. Aux organismes qui, pour des opérations définies à l'article L. 411-1 du code de la construction et de l'habitation, et exclusivement à titre accessoire à leur activité de constructeur ou de prestataire de services, consentent aux personnes physiques accédant à la propriété le paiement différé du prix des logements acquis ou souscrits par elles ;

3. Aux entreprises qui consentent des avances sur salaires ou des prêts de caractère exceptionnel consentis pour des motifs d'ordre social à leurs salariés ;

(L. n° 2015-990 du 6 août 2015, art. 167-1°) « 3 *bis*. Aux sociétés *(L. n° 2019-486 du 22 mai 2019, art. 95)* « commerciales » dont les comptes *(L. n° 2019-486 du 22 mai 2019, art. 96)* « du dernier exercice clos ont fait » l'objet d'une certification par un commissaire aux comptes *(L. n° 2019-486 du 22 mai 2019, art. 95)* « ou qui ont désigné volontairement un commissaire aux comptes dans les conditions définies au II de l'article L. 823-3 du code de commerce et » qui consentent, à titre accessoire à leur activité principale, des prêts à moins de *(L. n° 2019-486 du 22 mai 2019, art. 95)* « trois *[ancienne rédaction : deux]* » ans à des microentreprises, des petites et moyennes entreprises ou à des entreprises de taille intermédiaire avec lesquelles elles entretiennent des liens économiques le justifiant. L'octroi d'un prêt ne peut avoir pour effet d'imposer à un partenaire commercial des délais de paiement ne respectant pas les plafonds légaux définis aux articles *(Ord. n° 2019-698 du 3 juill. 2019, art. 7)* « L. 441-10 à L. 441-13 » du code de commerce. Un décret en Conseil d'État fixe les conditions et les limites dans lesquelles ces sociétés peuvent octroyer ces prêts. — *V. C. mon. fin., art. R. 511-2-1-1 et R. 511-2-1-2.* — ***C. mon. fin.***

« Les prêts ainsi accordés sont formalisés dans un contrat de prêt, soumis, selon le cas, aux articles L. 225-38 à L. 225-40 ou aux articles L. 223-19 et L. 223-20 du même code. Le montant des prêts consentis est communiqué dans le rapport de gestion et fait l'objet d'une attestation *(L. n° 2019-486 du 22 mai 2019, art. 96)* « d'un » commissaire aux comptes selon des modalités prévues par décret en Conseil d'État. — *V. C. mon. fin., art. R. 511-2-1-3.* — ***C. mon. fin.***

« Nonobstant toute disposition ou stipulation contraire, les créances détenues par le prêteur ne peuvent, à peine de nullité, être acquises par un organisme de titrisation mentionné à l'article L. 214-168 du présent code ou un fonds professionnel spécialisé mentionné à l'article L. 214-154 ou faire l'objet de contrats constituant des instruments financiers à terme ou transférant des risques d'assurance à ces mêmes organismes ou fonds ; »

(Ord. n° 2017-1432 du 4 oct. 2017, art. 2-I, en vigueur le 3 janv. 2018) « 4° *[4.]* Aux entités et institutions régies par un droit étranger, cessionnaires de créances non échues ou qui se voient transférer ou céder de telles créances résultant d'opérations de crédit conclues par des établissements de crédit, par des sociétés de financement ou par les OPCVM et FIA mentionnés au premier alinéa du présent article, à l'exception, à peine de nullité, des créances dont le débiteur est une personne physique agissant à des fins non professionnelles.

« Les entités et institutions de droit étranger mentionnées ci-dessus sont celles dont l'objet ou l'activité est similaire à celui des personnes mentionnées au premier alinéa du présent article ou à celui des établissements de crédit ou des sociétés de financement, des placements collectifs mentionnés au I de l'article L. 214-1, des organismes de retraite et des organismes de titrisation. »

(L. n° 2008-776 du 4 août 2008, art. 81-III) « 5. Aux associations sans but lucratif et aux fondations reconnues d'utilité publique accordant sur ressources propres et sur » *(L. n° 2010-737 du 1er juill. 2010, art. 25)* « ressources empruntées des prêts pour la création, le développement et la reprise d'entreprises dont l'effectif salarié ne dépasse pas un seuil fixé par décret ou pour la réalisation de projets d'insertion par des personnes physiques.

« Ces associations et fondations ne sont pas autorisées à procéder à l'offre au public d'instruments financiers. Elles peuvent financer leur activité par des ressources empruntées auprès des établissements de crédit *(Ord. n° 2013-544 du 27 juin 2013, art. 4, en vigueur le 1er janv. 2014)* « , des sociétés de financement » et des institutions ou services mentionnés à l'article L. 518-1. *(L. n° 2015-990 du 6 août 2015, art. 167-2°)* « Elles peuvent également financer leur activité par des ressources empruntées, à titre gratuit et pour une durée qui ne peut être inférieure à deux ans, auprès de personnes morales autres que celles mentionnées au présent alinéa ou auprès de personnes physiques, dûment avisées des risques encourus. »

« Ces associations et fondations sont habilitées dans des conditions définies par décret en Conseil d'État. Elles indiquent dans leur rapport annuel le montant et les caractéristiques des prêts qu'elles financent ou qu'elles distribuent répondant à la définition visée au III de l'article 80 de la loi n° 2005-32 du 18 janvier 2005 de programmation pour la cohésion sociale et bénéficiant à ce titre de garanties publiques ; »

(L. n° 2005-842 du 26 juill. 2005, art. 18-II) « 6. Aux personnes morales pour les prêts participatifs qu'elles consentent en vertu des articles L. 313-13 à L. 313-17 et aux per-

sonnes morales mentionnées à l'article L. 313-21-1 pour la délivrance des garanties prévues par cet article » ;

(L. n° 2018-1021 du 23 nov. 2018, art. 84) « 6 *bis*. Aux organismes et sociétés qui constituent un groupe d'organismes de logement social mentionné à l'article L. 423-1-1 du code de la construction et de l'habitation pour les opérations de crédit auxquelles ils procèdent entre eux ; »

(Ord. n° 2021-1735 du 22 déc. 2021, art. 9) « 7. A toute personne physique ou morale qui octroie des prêts à des fins de financement participatif en ayant recours au service d'un prestataire de services de financement participatif au sens du règlement (UE) 2020/1503 ou conformément aux dispositions de l'article L. 548-1 et dans la limite d'un prêt par projet. Le taux conventionnel applicable aux crédits onéreux est de nature fixe et ne dépasse pas le taux mentionné à l'article L. 314-6 du code de la consommation sous réserve des dispositions de l'article L. 314-9 du même code » ;

(Abrogé par Ord. n° 2021-1735 du 22 déc. 2021, art. 9) (Ord. n° 2016-520 du 28 avr. 2016, art. 4-I, en vigueur le 1er oct. 2016) « 7 bis. Aux personnes physiques agissant à des fins non professionnelles ou commerciales et aux sociétés agissant à titre accessoire à leur activité principale, qui achètent ou souscrivent des minibons mentionnés à l'article L. 223-6 ; »

(L. n° 2015-992 du 17 août 2015, art. 23-I) « 8. Aux sociétés de tiers-financement définies à l'article L. 381-2 du code de la construction et de l'habitation dont l'actionnariat est majoritairement formé par des collectivités territoriales ou qui sont rattachées à une collectivité territoriale de tutelle.

« Ces sociétés de tiers-financement ne sont autorisées ni à procéder à l'offre au public de titres financiers, ni à collecter des fonds remboursables du public. Elles peuvent se financer par des ressources empruntées aux établissements de crédit ou aux sociétés de financement ou par tout autre moyen. Un décret précise les conditions dans lesquelles elles sont autorisées par l'Autorité de contrôle prudentiel et de résolution à exercer des activités de crédit, ainsi que les règles de contrôle interne qui leur sont applicables à ce titre.

« L'Autorité de contrôle prudentiel et de résolution statue sur la demande d'exercice des activités de crédit dans un délai de deux mois à compter de la réception d'un dossier complet. L'absence de notification de sa décision par l'autorité au terme de ce délai vaut acceptation.

« Lorsque l'autorité demande des informations complémentaires, elle le notifie par écrit, en précisant que les éléments demandés doivent lui parvenir dans un délai de trente jours. A défaut de réception de ces éléments dans ce délai, la demande d'autorisation est réputée rejetée. Dès réception de l'intégralité des informations demandées, l'autorité en accuse réception par écrit. Cet accusé de réception mentionne un nouveau délai d'instruction, qui ne peut excéder deux mois.

« Les sociétés de tiers-financement vérifient la solvabilité de l'emprunteur à partir d'un nombre suffisant d'informations, y compris des informations fournies par ce dernier à leur demande. Elles consultent le fichier prévu à l'article *(Ord. n° 2016-301 du 14 mars 2016, art. 2, en vigueur le 1er juill. 2016)* « L. 751-1 *[ancienne rédaction : L. 333-4]* » du code de la consommation dans les conditions prévues par l'arrêté mentionné à l'article *(Ord. n° 2016-301 du 14 mars 2016, art. 2, en vigueur le 1er juill. 2016)* « L. 751-6 *[ancienne rédaction : L. 333-5]* » du même code. Elles indiquent dans leur rapport annuel le montant et les caractéristiques des avances qu'elles consentent au titre de leur activité de tiers-financement et des ressources qu'elles mobilisent à cet effet. »

Art. L. 511-7 *(L. n° 2003-706 du 1er août 2003, art. 70)* « I. — » Les interdictions définies à l'article L. 511-5 ne font pas obstacle à ce qu'une entreprise, quelle que soit sa nature, puisse :

1. Dans l'exercice de son activité professionnelle consentir à ses contractants des délais ou avances de paiement ;

2. Conclure des contrats de location de logements assortis d'une option d'achat ;

3. Procéder à des opérations de trésorerie avec des sociétés ayant avec elle, directement ou indirectement, des liens de capital conférant à l'une des entreprises liées un pouvoir de contrôle effectif sur les autres ;

(Ord. n° 2009-15 du 8 janv. 2009, art. 4) « 4. Émettre des titres financiers *(Ord. n° 2016-520 du 28 avr. 2016, art. 4-II, en vigueur le 1er oct. 2016)* « et des bons de caisse mentionnés au chapitre III du titre II du livre II » *(Ord. n° 2013-544 du 27 juin 2013, art. 4, en vigueur le 1er janv. 2014)* « si elle n'effectue pas *(Ord. n° 2016-520 du 28 avr. 2016, art. 4-II, en vigueur le 1er oct. 2016)* « , à titre de profession habituelle, » d'opération de crédit mentionnée à l'article L. 313-1 » ; »

5. Émettre des *(Ord. n° 2009-866 du 15 juill. 2009, art. 9, en vigueur le 1er nov. 2009)* « instruments de paiement » délivrés pour l'achat auprès d'elle *(Ord. n° 2009-866 du 15 juill. 2009, art. 9, en vigueur le 1er nov. 2009)* « ou auprès d'entreprises liées avec elle par un accord de franchise commerciale », d'un bien ou d'un service déterminé ;

6. *(L. n° 2001-420 du 15 mai 2001)* « Remettre des espèces en garantie d'une opération sur instruments financiers ou d'une opération de prêt de titres régies par les dispositions *(Ord. n° 2009-15 du 8 janv. 2009, art. 4)* « des articles L. 211-36 et L. 211-36-1 ; »

7. *(L. n° 2001-420 du 15 mai 2001)* « Prendre ou mettre en pension des instruments financiers et effets publics *(Ord. n° 2009-15 du 8 janv. 2009, art. 4)* « mentionnés aux articles L. 211-27 et L. 211-34. »

(Abrogé par Ord. n° 2016-1408 du 20 oct. 2016, art. 3-I) (L. n° 2014-366 du 24 mars 2014, art. 123-VIII) ***« Ces interdictions ne font pas non plus obstacle à ce que l'union mentionnée à l'article L. 313-17 du code de la construction et de l'habitation puisse procéder à des opérations de trésorerie avec ses associés collecteurs agréés et les associations mentionnées aux articles L. 313-33 et L. 313-34 du même code. »***

(L. n° 2018-1021 du 23 nov. 2018, art. 84) « I *bis*. — Les interdictions définies à l'article L. 511-5 ne font pas obstacle à ce que les organismes et sociétés qui constituent un groupe d'organismes de logement social mentionné à l'article L. 423-1-1 du code de la construction et de l'habitation procèdent à des opérations de trésorerie entre eux dans les conditions prévues à l'article L. 423-15 du même code. »

(L. n° 2003-706 du 1er août 2003, art. 70) « II. — *(Ord. n° 2009-866 du 15 juill. 2009, art. 9, en vigueur le 1er nov. 2009)* « L'Autorité de contrôle prudentiel et de résolution peut exempter d'agrément une entreprise fournissant des services bancaires de paiement, pour l'acquisition de biens ou de services dans les locaux de cette entreprise ou dans le cadre d'un accord commercial avec elle, s'appliquant à un réseau limité de personnes acceptant ces services bancaires de paiement ou pour un éventail limité de biens ou de services ». — *V. Instr. ACPR n° 2013-I-13 du 12 nov. 2013 relative aux formulaires de déclaration d'exemption d'agrément d'établissement de crédit pour la fourniture de services bancaires de paiement, ss. art. L. 525-6.*

« Pour accorder l'exemption, l'Autorité de contrôle prudentiel et de résolution doit notamment prendre en compte la sécurité des moyens de paiement, les modalités retenues pour assurer la protection des utilisateurs, le montant unitaire et les modalités de chaque transaction. »

(Abrogé par L. n° 2013-100 du 28 janv. 2013, art. 9) ***« Lorsque l'entreprise bénéficiaire de l'exemption gère ou met à disposition des moyens de paiement sous forme de monnaie électronique :***

« 1° La capacité maximale de chargement du support électronique mis à la disposition des porteurs à des fins de paiement ne peut excéder un montant fixé par arrêté du ministre chargé de l'économie ;

« 2° Un rapport d'activité, dont le contenu est fixé par arrêté du ministre chargé de l'économie, est fourni annuellement à la Banque de France. » — *Sur la monnaie électronique et les établissements de monnaie électronique, V. art. L. 315-1 s., L. 525-1 s., L. 526-1 s., et Arr. du 2 mai 2013, ss. art. L. 526-40.*

V. les 1re et 2e notes ss. art. L. 511-6.

Les entreprises qui bénéficient, à la date de promulgation de la L. n° 2013-100 du 28 janv. 2013, d'une exemption accordée au titre du II de l'art. L. 511-7, dans une version antérieure à la loi précitée, confirment dans les douze mois qui suivent la promulgation de cette loi, auprès de l'ACPR, qu'elles satisfont aux ou se mettent en conformité avec les exigences fixées aux art. L. 525-5 et L. 525-6 ou à l'art. L. 526-7 (L. préc., art. 31).

Les modifications apportées par l'Ord. n° 2013-544 du 27 juin 2013 sont applicables en Nouvelle-Calédonie, en Polynésie française et dans les îles Wallis-et-Futuna (Ord. préc., art. 26-I).

Sur la communication à l'ACPR de l'identifiant international « identifiant d'entité juridique » (legal entity identifier) pour les sociétés et succursales (hors passeports européens) françaises ou monégasques des compagnies financières et des entreprises mères des sociétés de financement, V. Instr. ACPR n° 2013-I-16 du 12 déc. 2013.

BIBL. ▶ RIVES-LANGE et OHL, *Banque 1985. 439* (monopole bancaire et liberté). – OHL, *RJ com. nov. 1989. 33* (opérations de trésorerie). – TOUSSAINT, DUVAL et SIMONS, *LPA 14-16 déc. 1988* (prêts intra-groupes). – KOLIFRATH, *Banque et Dr. 5-6/1996. 3.* – TEBOUL, *RJ com. 2005. 114* (financement des entreprises en difficulté pendant la période de prévention). – ALAMOWITCH, *RDBF 2014. Prat. 6* (nouveau regard sur une exception négligée au monopole bancaire : droit bancaire et crédit à la consommation).

1. Lien de capital. Sur les opérations autorisées entre des sociétés unies, directement ou indirectement, par des liens de capital conférant à l'une d'elles un pouvoir de contrôle effectif sur les autres, V. • Paris, 29 mai 1986 : *Rev. dr. bancaire 1987. 93, obs. Jeantin et Viandier.* ♦ V. aussi, en ce sens que la condition de l'art. 12 (3°) [C. mon. fin., art. L. 511-7-I-3] est réalisée, dès lors que la société gérante détient plus de 40 % du capital de la société détentrice du compte, • Paris, 12 juin 1996 : *Rev. dr. bancaire 1996. 234, obs. Crédot et Gérard.* ♦ Dès lors que la personne physique, qui dirigeait les deux sociétés, détenait une participation majoritaire dans le capital de l'une et une participation à égalité dans le capital de l'autre, il en résulte que les conditions du contrôle effectif prévues par l'art. L. 511-7 étaient remplies entre ces deux sociétés sœurs, peu important que ce contrôle soit assuré par une personne physique en qualité d'entrepreneur individuel ou de dirigeant de société. • Com. 10 déc. 2003, n° 02-13.449 : *D. 2004. Somm. 2930, obs. Hallouin ; Rev. sociétés 2004. 669, note Daigre ; BJS 2004. 503, note Moulin.*

2. Bons et cartes. Il ne résulte pas des dispositions de l'art. L. 511-7-I-5, qui autorise l'émission par les entreprises de bons et cartes délivrés pour l'achat auprès d'elles-mêmes d'un bien ou d'un service déterminé, que la diffusion de chèques-cadeaux multi-enseignes permettant d'acquérir un bien ou un service auprès de l'un quelconque des distributeurs partenaires est une opération de banque. • Com. 6 juin 2001, n° 99-18.296 P : *D. 2001. AJ 2124, obs. Delpech ; Gaz. Pal. 23-27 déc. 2001, p. 31, note Guével.* ♦ Sur l'application de l'art. 12 (5°) [C. mon. fin., art. L. 511-7-I-5] à des chèques-cadeaux, V. • T. com. Nanterre, 20 nov. 1998 : *D. 1999. IR 57 ; D. Affaires 1999. 212, obs. X. D. et A. M.* ♦ V. aussi note ss. art. L. 311-3.

L'exception prévue à l'art. L. 511-7-I-5 permet aux entreprises d'émettre librement des cartes prépayées mono-enseigne mais ne s'applique pas aux cartes prépayées multi-enseignes. Les émetteurs de ces dernières cartes peuvent alors solliciter une exemption d'agrément en application du II de l'art. L. 511-7, la rédaction issue de l'Ord. du 15 juill. 2009 devant aboutir à l'évolution de la doctrine de l'Autorité de contrôle prudentiel, qui n'accordera plus qu'une importance secondaire à l'exclusivité des relations commerciales pour accorder l'agrément. • Aut. conc. n° 10-D-07 du 2 mars 2010.

3. Avances ou délais de paiement. L'art. 12 (1°) [C. mon. fin., art. L. 511-7-I-1], en couvrant de façon large les crédits consentis par un fournisseur à sa clientèle même s'ils sont stipulés remboursables avec intérêts ou s'ils ne sont pas directement liés au règlement d'une vente déterminée, tels les prêts consentis pour l'installation d'un équipement d'un détaillant en contrepartie d'un accord d'approvisionnement, autorise les fournisseurs à accorder à leur clientèle des avances sur ristournes. • Paris, 14 avr. 1999 : *RJDA 1999, n° 981.* ♦ V. aussi, jugeant que l'engagement pris par un fournisseur de cautionner, sans perception d'une commission, à concurrence de 50 %, le prêt consenti par une banque à un distributeur pour financer l'acquisition ou les besoins du fonds de commerce ne constitue pas une opération prohibée par l'art. L. 511-5 lorsqu'elle est pratiquée à titre habituel dès lors que, non purement financière, elle n'est que le complément indissociable d'un contrat d'approvisionnement exclusif, entrant dans l'activité commerciale ordinaire du distributeur et se trouve par là permise par l'art. L. 511-7 : • Paris, 22 mai 2003 : *RJDA 2004, n° 604 ; Lettre distrib. 10/2003, p. 1, obs. Ferrier* • Poitiers, 7 avr. 2009 : *JCP E 2010, n° 1496, spéc. n° 5, obs. Stoufflet.* ♦ Doit être considéré licite et comme entrant dans l'activité commerciale ordinaire du distributeur le prêt consenti par le brasseur créancier et destiné à l'acquisition du fonds de commerce exploité par la société débitrice principale en contrepartie de l'accord d'approvisionnement exclusif dont il est le complément indissociable. • Colmar, 29 juin 2005 : *JCP E 2006, n° 22, p. 957, obs. Salgueiro ; RDBF 2006, n° 52, obs. Crédot et Samin.*

Art. L. 511-8 *(Ord. n° 2013-544 du 27 juin 2013, art. 4, en vigueur le 1er janv. 2014)* **« Il est interdit à toute entreprise autre qu'un établissement de crédit ou une société de financement d'utiliser une dénomination, une raison sociale, une publicité ou, d'une façon générale, des expressions faisant croire qu'elle est agréée respectivement en tant qu'établissement de crédit ou société de financement, ou de créer une confusion en cette matière. »**

Il est interdit à un établissement de crédit *(Ord. n° 2013-544 du 27 juin 2013, art. 4, en vigueur le 1er janv. 2014)* **« ou** *[à]* **une société de financement » de laisser entendre qu'il appartient à une catégorie autre que celle au titre de laquelle il a obtenu son agrément ou de créer une confusion sur ce point.** – *[L. n° 84-46 du 24 janv. 1984, art. 14.] – Pour les sanctions pénales, V. C. mon. fin., art. L. 571-3.*

Sur les interdictions pesant sur les membres du conseil d'administration et du conseil de surveillance d'un établissement de crédit, V. C. mon. fin., art. L. 500-1. – ***C. mon. fin.***

BIBL. ▸ LASSERRE CAPDEVILLE, *Banque et Dr. 9-10/2011. 9* (quelle utilité aux délits prévus par l'art. L. 511-8 ?).

SECTION V *Le secret professionnel*

Art. L. 511-33 *(L. n° 2008-776 du 4 août 2008, art. 154-I) (Ord. n° 2014-158 du 20 févr. 2014, art. 3)* « I. — » Tout membre d'un conseil d'administration et, selon le cas, d'un conseil de surveillance et toute personne qui à un titre quelconque participe à la direction ou à la gestion d'un établissement de crédit *(Ord. n° 2013-544 du 27 juin 2013, art. 4, en vigueur le 1er janv. 2014)* « , d'une société de financement » ou d'un organisme mentionné *(L. n° 2015-992 du 17 août 2015, art. 23-IV)* « aux 5 et 8 » de l'article L. 511-6 ou qui est employée par l'un de ceux-ci est tenu au secret professionnel.

Outre les cas où la loi le prévoit, le secret professionnel ne peut être opposé ni à *(L. n° 2013-672 du 26 juill. 2013, art. 24-I)* « l'Autorité de contrôle prudentiel et de résolution », ni à la Banque de France, *(Ord. n° 2015-859 du 15 juill. 2015, art. 15)* « ni à l'Institut d'émission des départements d'outre-mer, ni à l'Institut d'émission d'outre-mer, » ni à l'autorité judiciaire agissant dans le cadre d'une procédure pénale *(L. n° 2013-672 du 26 juill. 2013, art. 31-I)* « , ni aux commissions d'enquête créées en application de l'article 6 de l'ordonnance n° 58-1100 du 17 novembre 1958 relative au fonctionnement des assemblées parlementaires ». — *V. ce texte au* **C. *const.***

Les établissements de crédit *(Ord. n° 2013-544 du 27 juin 2013, art. 4, en vigueur le 1er janv. 2014)* « et les sociétés de financement » peuvent par ailleurs communiquer des informations couvertes par le secret professionnel, d'une part, aux agences de notation pour les besoins de la notation des produits financiers et, d'autre part, aux personnes avec lesquelles ils négocient, concluent ou exécutent les opérations ci-après énoncées, dès lors que ces informations sont nécessaires à celles-ci :

1° Opérations de crédit effectuées, directement ou indirectement, par un ou plusieurs établissements de crédit *(Ord. n° 2013-544 du 27 juin 2013, art. 4, en vigueur le 1er janv. 2014)* « ou sociétés de financement » ;

2° Opérations sur instruments financiers, de garanties ou d'assurance destinées à la couverture d'un risque de crédit ;

(Ord. n° 2013-544 du 27 juin 2013, art. 4, en vigueur le 1er janv. 2014) « 3° Prises de participation ou de contrôle dans un établissement de crédit, une entreprise d'investissement ou une société de financement ; »

4° Cessions d'actifs ou de fonds de commerce ;

5° Cessions ou transferts de créances ou de contrats ;

6° Contrats de prestations de services conclus avec un tiers en vue de lui confier des fonctions opérationnelles importantes ;

7° Lors de l'étude ou l'élaboration de tout type de contrats ou d'opérations, dès lors que ces entités appartiennent au même groupe que l'auteur de la communication.

(L. n° 2016-1691 du 9 déc. 2016, art. 56) « Lors d'opérations sur contrats financiers, les établissements de crédit et les sociétés de financement peuvent également communiquer des informations couvertes par le secret professionnel, lorsqu'une législation ou une réglementation d'un État qui n'est pas membre de l'Union européenne prévoit la déclaration de ces informations à un référentiel central. Lorsque ces informations constituent des données à caractère personnel soumises à la loi n° 78-17 du 6 janvier 1978 relative à l'informatique, aux fichiers et aux libertés, leur transmission doit s'effectuer dans les conditions prévues par la même loi. »

Outre les cas exposés ci-dessus, les établissements de crédit *(Ord. n° 2013-544 du 27 juin 2013, art. 4, en vigueur le 1er janv. 2014)* « et les sociétés de financement » peuvent communiquer des informations couvertes par le secret professionnel au cas par cas et uniquement lorsque les personnes concernées leur ont expressément permis de le faire.

Les personnes recevant des informations couvertes par le secret professionnel, qui leur ont été fournies pour les besoins d'une des opérations ci-dessus énoncées, doivent les conserver confidentielles, que l'opération susvisée aboutisse ou non. Toutefois, dans l'hypothèse où l'opération susvisée aboutit, ces personnes peuvent à leur tour communiquer les informations couvertes par le secret professionnel dans les mêmes conditions que celles visées au présent article aux personnes avec lesquelles elles négocient, concluent ou exécutent les opérations énoncées ci-dessus.

(Abrogé par L. n° 2022-401 du 21 mars 2022, art. 16, à compter du 1er sept. 2022) (Ord. n° 2014-158 du 20 févr. 2014, art. 3) « ***II. — Le personnel des établissements de crédit, des sociétés de financement, des compagnies financières holding, des compagnies financières holding mixtes et des entreprises mères de société de financement soumis au contrôle de l'Autorité de contrôle prudentiel et de résolution, ainsi que le personnel des prestataires externes de ces personnes, peuvent signaler à l'Autorité les manquements et infractions potentiels ou avérés au règlement (UE) n° 575/2013 du Parlement européen et du Conseil du 26 juin 2013*** *(Ord. n° 2017-1107 du*

22 juin 2017, art. 5, en vigueur le 3 janv. 2018) ***« et au règlement (UE) n° 600/2014 du Parlement européen et du Conseil du 15 mai 2014 », aux dispositions du présent titre et du titre III du présent livre ou d'un règlement pris pour leur application ou de toute autre disposition législative ou réglementaire dont la méconnaissance entraîne celle des dispositions précitées. Les signalements sont faits sous forme écrite et accompagnés de tout élément de nature à établir la réalité des faits signalés.***

« L'Autorité de contrôle prudentiel et de résolution recueille les signalements dans des conditions qui garantissent la protection des personnes signalant les manquements, notamment en ce qui concerne leur identité, et la protection des données à caractère personnel relatives aux personnes concernées par les signalements. »

Le procureur de la République, le juge d'instruction ou le tribunal saisi peuvent obtenir des parties, de toute administration, de tout établissement financier, ou de toute personne détenant des fonds du prévenu, la communication des renseignements utiles de nature financière ou fiscale, sans que puisse être opposée l'obligation au secret (C. pén., art. 132-22).

Sur l'inopposabilité du secret professionnel : … au juge-commissaire et au tribunal, dans le cadre d'une procédure de redressement ou de liquidation judiciaires, V. C. com., art. L. 623-2 et L. 651-4. — … au président du TGI, dans le cadre d'une procédure de conciliation, V. C. com., art. L. 611-2 et L. 611-6. — … à la commission départementale d'examen des situations de surendettement des particuliers, V. C. consom., art. L. 712-6. — ***C. consom.*** *— … au juge dans le cadre d'une procédure de divorce, s'agissant de fixer une prestation compensatoire, une pension alimentaire ou de liquider un régime matrimonial, V. C. civ., art. 259-3. —* ***C. civ.***

Sur le secret professionnel des établissements de paiement, V. C. mon. fin., art. L. 522-19. — Sur la levée du secret bancaire ou professionnel dans le cadre de la lutte contre le blanchiment des capitaux provenant du trafic des stupéfiants, V. C. mon. fin., art. L. 562-12. — ***C. mon. fin.***

Sur le droit de communication de l'administration fiscale, V. LPF, art. L. 83. — ***C. pr. fisc.***

Sur l'obligation de renseignement du tiers saisi dans le cadre de la procédure de saisie-attribution, V. C. pr. exéc., art. L. 123-1, L. 162-1 et L. 211-3. — ***C. pr. exéc.***

RÉP. COM. v° *Responsabilité du banquier dispensateur de crédit de l'entreprise*, par Pasqualini et Marain.

DALLOZ ACTION *Obligations et responsabilités du banquier*, par Routier.

BIBL. ▶ Bouloc, *Gaz. Pal. 2004. Doctr. 1813* (principe et limite du secret professionnel du banquier). – Moreau, *ibid. 1817* (secret bancaire et communication de pièces). – Delleci, *ibid. 1819* (… et procédures civiles d'exécution). – Legrand, *JCP E 2005, n° 26, p. 1105* (le secret bancaire ou la théorie de la relativité). – Lasserre Capdeville, *RLDA févr. 2008. 101* (le secret bancaire en 2007). – Saintourens, *Procédures 2008. Dossier 11* (la saisie des avoirs bancaires). – Fatier, *LPA 26 sept. 2008* (la réforme du secret bancaire par la L. du 4 août 2008). – Lasserre Capdeville, *AJ pénal 2009. 165* (le secret bancaire en 2009 : un principe en voie de disparition ?). – Lécuyer, *RJ com. 2010. 317* (l'évidence du secret bancaire). – Routier, *RLDA mai 2010. 55* (le secret bancaire face au juge civil et commercial). – Lasserre Capdeville, *ibid. 64* (… au juge pénal). – Durand, *ibid. 71* (… à l'administration fiscale). – Morel-Maroger, *RDBF 2011. Étude 10* (protection des données personnelles des clients des banques : bilan et perspectives). – Bouloc, *RLDA févr. 2012. 102* (transparence du patrimoine et secret professionnel).

I. DOMAINE DU SECRET BANCAIRE

1. Personnes tenues. L'art. L. 511-33 soumet au secret professionnel toute personne employée dans un établissement de crédit auquel est assimilée une personne morale intervenant sur le marché monétaire interbancaire. • Paris, 15 nov. 2002 : *JCP E 2003, n° 11, p. 438.* ♦ En communiquant des éléments sensibles et confidentiels propriétés de la banque à une salariée d'un concurrent direct, un salarié a manifestement violé le secret bancaire qui s'imposait à lui. • Cons. prud'h. Nanterre, 15 sept. 2005 : *RDBF 2006, n° 82, obs. Caprioli.*

2. Personnes protégées. Le secret professionnel du banquier est seulement institué dans la perspective de la protection des intérêts de son client et n'a pas strictement pour but de protéger la comptabilité interne de l'établissement bancaire. • Poitiers, 2 nov. 2005 : *BICC 2006, n° 1334.*

A. INFORMATIONS COUVERTES

3. Informations confidentielles. Commet les délits de violation du secret bancaire, de manquement à la sécurité informatique, de divulgation d'informations nominatives susceptibles de porter atteinte à la réputation des personnes le directeur d'un établissement de crédit qui communique à des commerçants, qui ont reçu délégation afin de remettre au nom de ce dernier l'offre préalable de crédit, une liste informatique de personnes, clients de l'établissement de crédit supposés présenter un risque quant à l'octroi d'un éventuel crédit. • Rennes, 13 janv. 1992 : *D. 1993. Somm. 54, obs. Vasseur ; JCP E 1993. II. 432, note Gavalda.* ♦ Le secret ne s'étend pas à toutes les informations que les établissements bancaires seraient susceptibles de connaître dans le cadre de leur activité professionnelle, mais seulement à celles qui portent sur des renseignements confidentiels présentant un caractère privé, tels que la vie privée ou la fortune des particuliers. • Poitiers, 2 nov. 2005 : *préc. note 2.*

4. *Verso de chèques.* En divulgant les informations figurant au verso des chèques litigieux, une banque porte atteinte au secret professionnel dont bénéficient le ou les tiers bénéficiaires des titres. • Com. 8 juill. 2003, n° 00-11.993 P : *D. 2003. AJ 2170, obs. Avena-Robardet ; RTD com. 2003. 783, obs. Cabrillac ; JCP E 2004, n° 27, p. 1109, note Gibirila ; RJDA 2004, n° 210 ; Dr. et pr. 2004. 22, obs. Salati.* ♦ Le secret professionnel autorise l'établissement de crédit à refuser la communication du verso d'un chèque demandée par les héritiers du tireur. • Com. 13 juin 1995, n° 93-16.317 P : *D. 1995. IR 166 ; Banque oct. 1995. 93, obs. Guillot* • 5 oct. 2004, n° 02-13.476 : *RTD civ. 2005. 135, obs. Mestre et Fages ; RJDA 2005, n° 67.* – V. aussi note 16. ♦ Pour l'impossibilité d'enjoindre à une banque d'identifier le bénéficiaire d'un chèque de banque ou de fournir les clés d'identification de ce bénéficiaire, alors que celle-ci fait valoir que ces renseignements sont détenus par un autre établissement de crédit, V. • Com. 26 févr. 2002, n° 99-11.125 P : *RDBF 2002, n° 75, obs. Crédot et Gérard ; Banque et Dr. 9-10/2002, p. 45, obs. Bonneau.*

5. *Permanence du secret.* L'obligation au secret à laquelle est tenu le banquier ne cesse pas avec la résiliation du contrat de garde conclu avec son client. • Civ. 1re, 2 juin 1993, n° 91-10.971 P. ♦ Le secret bancaire ne cesse pas avec la disparition de la personne qui en bénéficie et s'étend aux personnes qui ont eu le pouvoir de faire fonctionner le compte, et constitue un empêchement légitime opposable au juge civil. • Com. 25 févr. 2003, n° 00-21.184 P : *D. 2003. AJ 1162, obs. Avena-Robardet ; RTD com. 2003. 343, obs. Legeais ; JCP 2003. II. 10195, note Ayissi Manga ; RJDA 2003, n° 756 ; Procédures 2003, n° 135, obs. Perrot.*

6. *Croyance légitime du banquier.* Les banquiers qui communiquent sur la demande du frère du titulaire d'un compte ouvert chez eux des relevés de comptes en croyant légitimement qu'il s'agissait d'une demande du titulaire lui-même ne se rendent pas coupables de violation de secret professionnel dans la mesure où ils n'avaient pas conscience de communiquer des informations couvertes par le secret. • Grenoble, 9 févr. 2000 : *JCP E 2001, n° 11, p. 444.*

7. *Secret bancaire et secret de l'instruction.* Le banquier n'a pas à révéler à son client une information parvenue à sa connaissance dans l'exercice de sa profession à laquelle la loi a conféré un caractère confidentiel ; il en est ainsi des informations couvertes par le secret de l'instruction. • Com. 10 déc. 2003, n° 00-12.903 P : *D. 2004. AJ 209, obs. Delpech ; RTD com. 2004. 351, obs. Legeais ; JCP E 2004, n° 20-21, p. 812, obs. Stoufflet ; Gaz. Pal. 2004. Somm. 1995, obs. Piedelièvre ; RJDA 2004, n° 461.* ♦ Commet le délit de violation du secret professionnel le banquier qui informe son client d'une réquisition adressée par un officier de police judiciaire à l'établissement bancaire. • Crim. 30 janv. 2001, n° 00-80.367 P : *RTD com. 2001. 787, obs. Bouloc ; JCP E 2001, n° 31-35, p. 1328, obs. Stoufflet.*

B. INFORMATIONS NON COUVERTES

8. *Informations à caractère factuel.* Si le secret bancaire couvre tous les renseignements d'ordre privé, notamment la situation médicale des clients, dans le cadre d'une demande de prêt, il ne s'étend pas aux éléments purement factuels relatifs à la demande de prêt, ses modalités précises et la réponse motivée donnée par la banque. • Versailles, 23 mars 1994 : *D. 1994. Somm. 328, obs. crit. Vasseur ; Banque févr. 1995. 89, obs. Guillot.* ♦ En ce sens que l'état civil d'un client ne constitue pas une information confidentielle couverte par le secret professionnel du banquier, V. • Paris, 6 févr. 1998 : *RDBB 1998. 175, obs. Crédot et Gérard.* ♦ L'obligation au secret professionnel à laquelle sont tenus les établissements de crédit leur interdit de fournir à un client qui en formule la demande des renseignements autres que simplement commerciaux d'ordre général et économique sur la solvabilité d'un autre de leurs clients. • Com. 18 sept. 2007, n° 06-10.663 P : *D. 2007. AJ 2466, obs. Delpech ; JCP E 2008, n° 24, p. 13, obs. Stoufflet ; RJDA 2008, n° 80.*

9. *Renseignements entre banquiers.* L'usage permet à un banquier d'obtenir des renseignements d'un autre banquier sur la « position générale » de l'un de ses clients, mais ce dernier engagerait sa responsabilité éventuelle si les informations étaient erronées. • Com. 9 janv. 1978, n° 76-13.107 P : *D. 1978. IR 308, obs. Vasseur* • 9 juin 1980, n° 78-15.100 P : *D. 1981. IR 192, obs. Vasseur* • 24 nov. 1983, n° 82-13.721 P : *D. 1984. IR 707, obs. Vasseur ; RTD com. 1984. 321, obs. Cabrillac et Teyssié.* ♦ Ne seraient pas couvertes par le secret des indications objectives d'ordre général. • Com. 5 févr. 1962 : *Banque 1962. 169* (conf. • Paris, 6 févr. 1975 : *D. 1975. 318, note Vezian*). ♦ En revanche, les conditions à la clôture d'un compte et la révélation du découvert subsistant sont des renseignements couverts par le secret, qui ne peuvent être divulgués. • Toulouse, 6 févr. 1980 : *D. 1981. IR 18, obs. Vasseur.*

10. Responsabilité civile du fait des renseignements bancaires. Engage sa responsabilité envers son client le banquier qui, par courrier adressé au président du conseil d'administration de la société avec laquelle ce client se trouvait en relations d'affaires, fait part des difficultés qu'il rencontre pour joindre ce dernier aux fins de régularisation de sa situation avant toute instance judiciaire. • Paris, 24 sept. 1996 : *Rev. dr. bancaire 1996. 235, obs. Crédot et Gérard.* ♦ Par ailleurs, le banquier qui donne des renseignements inexacts sur la solvabilité d'un de ses clients engage sa responsabilité, peu important – dès lors qu'il a accepté de répondre à la demande dont il était saisi – que les renseignements aient été donnés à titre gratuit ou onéreux. • Rouen, 20 déc. 1995 : *RJDA 1996, n° 531 ; Rev. dr. bancaire 1997. 67, obs. Crédot et Gérard.* ♦ Engage sa responsabilité la banque qui a fourni aux créanciers des renseignements inexacts voire frauduleux en déclarant une somme rendue indisponible diminuée de chèques litigieux inscrits au débit du compte. • Civ. 2e, 13 févr. 2003, n° 01-00.543 P : *JCP E 2003, n° 14, p. 585 ; Gaz. Pal. 2003. Somm. 3248, obs. Brenner ; RJDA 2003, n° 774.*

II. OPPOSABILITÉ DU SECRET BANCAIRE

A. OPPOSABILITÉ AUX TIERS

11. Associés d'une société. Le secret professionnel est opposable à l'associé d'une SARL demandant communication de documents relatifs à la société. • Paris, 20 mars 1990 : *D. 1992. Somm. 31, obs. Vasseur.* ♦ Comp., jugeant que le secret professionnel ne peut être opposé à l'associé d'une SCP, fondé, en application de l'art. 1855 C. civ., à obtenir communication de tout document intéressant la société : • TGI La Rochelle, ord., 15 juin 1993 : *JCP 1994. IV. 1686.*

12. Ancien dirigeant d'une société. Sur l'opposabilité du secret bancaire dans le cadre d'une expertise *in futurum* à l'ancienne dirigeante d'une SARL ayant fait l'objet d'une procédure de liquidation judiciaire, V. • Com. 16 janv. 2001, n° 98-11.744 P : *D. 2003. Somm. 340, obs. Synvet ; JCP E 2003, n° 11, p. 463, obs. Stoufflet ; Dr. sociétés 2001, n° 55, obs. Bonneau ; RJ com. 2001. 133, note Moulin.*

13. Syndicat de copropriété. Ayant relevé qu'un syndic avait déposé les fonds relevant de la gestion du syndicat de copropriété non sur un compte individualisé mais sur un sous-compte lui appartenant, la banque a considéré à juste titre le syndicat comme un tiers et lui a opposé le secret bancaire, dont il en résultait l'impossibilité pour elle de lui communiquer les relevés afférents au sous-compte. • Paris, 17 oct. 2008 : *JCP E 2009, n° 22, p. 14, obs. Routier.*

14. Commissaire à l'exécution du plan. Un établissement de crédit est tenu d'opposer le secret bancaire au commissaire à l'exécution du plan agissant dans l'intérêt collectif des créanciers : • Com. 10 déc. 2002, n° 00-10.824 P : *D. 2003. AJ 134 ; RTD com. 2003. 147, obs. Legeais ; LPA 17 déc. 2002, concl. Lafortune ; JCP E 2003, n° 20, p. 849, obs. Cabrillac ; RJDA 2003, n° 531.* ♦ Comp. note ss. art. L. 623-2 C. com. s'agissant de la situation du juge-commissaire.

15. Caution. Dès lors qu'il appartient au banquier d'établir l'existence et le montant de la créance dont il réclame le paiement à la caution ou à ses ayants droit, ceux-ci sont en droit d'obtenir la communication par lui des documents concernant le débiteur principal nécessaires à l'administration d'une telle preuve, sans que puisse leur être opposé le secret bancaire. • Com. 16 déc. 2008, n° 07-19.777 P : *D. 2009. 784, note Lasserre Capdeville ; RTD civ. 2009. 147, obs. Crocq ; JCP E 2009, n° 3, p. 11, note Bonneau ; LPA 29 mai 2009, note Chabot ; Banque et Dr. 1-2/2009. 45, obs. Rontchevsky ; RJDA 2009, n° 666.*

16. Inopposabilité aux héritiers d'une personne physique. Jugé que le secret bancaire ne peut être opposé aux héritiers car ceux-ci continuent la personne du défunt et disposent des mêmes droits à l'encontre du banquier : • TGI Paris, 10 juill. 1991 : *D. 1993. Somm. 55, obs. Vasseur ; JCP E 1992. I. 154, n° 14, obs. Gavalda et Stoufflet* • Paris, 1er juill. 2003 : *RTD com. 2004. 136, obs. Legeais.* ♦ Si le secret bancaire entourant la souscription de bons anonymes par le *de cujus* doit être préservé, ce droit étant personnel au défunt et n'étant pas transmis aux héritiers dans le patrimoine de celui-ci, il doit néanmoins être strictement entendu pour permettre aux héritiers d'accéder aux informations relatives au patrimoine actuel du *de cujus* de sorte qu'un compromis est nécessaire. • Pau, 15 mai 2006 : *JCP 2006. II. 10156, note Lasserre Capdeville.* ♦ La banque ne doit ainsi communiquer que les numéros des bons souscrits et les numéros des bons effectivement payés sans que soit nommé le ou les bénéficiaires s'ils sont autres que le souscripteur. • Même arrêt. ♦ En divulguant la date de remboursement des bons de caisse, une banque porte atteinte au secret dont le porteur est seul bénéficiaire, à l'exception du souscripteur, qui s'était dessaisi des bons, ou de ses héritiers. • Com. 30 mai 2007, n° 06-11.036 P : *D. 2007. AJ 1722, obs. Avena-Robardet ; JCP E 2007, n° 31-34, p. 16 ; RJDA 2007, n° 1004.*

17. Conjoint. Le banquier n'a pas à informer un époux emprunteur sur l'état du compte personnel de son conjoint co-emprunteur. • Paris, 26 oct. 2007 : *JCP E 2008, n° 48, p. 10, obs. Routier.* ♦ Le conjoint divorcé ne peut demander communication de pièces concernant les relations bancaires ayant existé entre son ancien conjoint et sa banque. • Reims, 25 mars 2008 : *JCP E 2008, n° 48, p. 10, obs. Routier.*

B. OPPOSABILITÉ AU JUGE CIVIL

18. Motif ou empêchement légitime. Il résulte de la combinaison de l'art. L. 511-33 C. mon. fin. et de l'art. 10 C. civ. que le pouvoir du juge civil d'ordonner à une partie ou à un tiers de produire tout document qu'il estime utile à la manifestation de la vérité est limité par l'exigence d'un motif légitime tenant notamment au secret professionnel. • Com. 25 févr. 2003, n° 00-21.184 P : *préc. note 5* • 8 juill. 2003, n° 00-11.993 : *préc. note 4.* ♦ V. aussi, infirmant une ordonnance enjoignant à une banque, dans le cadre de la liquidation du régime matrimonial d'époux divorcés, de communiquer l'identité et les coordonnées de la personne ayant encaissé, sur un compte ouvert dans ses livres, un chèque débité du compte joint ouvert au nom des époux dans une autre banque : • Com. 18 févr. 2004, n° 01-11.728 P : *JCP E 2004, n° 17, p. 642 ; Banque et Dr. 5-6/2004. 49, obs. Bonneau ; RJDA 2004, n° 878.* ♦ Sur la protection du secret bancaire, dans le cadre d'une procédure de référé, V. • T. com. Paris, 7 sept. 1999 : *JCP E 2000, n° 26, p. 1040, obs. Gavalda et Stoufflet ; Banque et Dr. 5-6/2000. 54, obs. Guillot.*

19. Banquier partie au procès. S'il est légitime d'exiger de la banque qu'elle démontre avoir délivré le crédit confirmé conformément aux engagements bénéficiant aux acquéreurs, en revanche, en tant qu'ils étaient relatifs au fonctionnement d'un compte bancaire ou susceptibles de comporter des informations dont la banque avait eu connaissance dans l'exercice de son activité professionnelle, les documents réclamés pour permettre d'établir la destination donnée aux fonds perçus par le promoteur pour construire la résidence inachevée étaient couverts par le secret bancaire dont le requérant n'était pas bénéficiaire et ce secret constituait un empêchement légitime opposable au juge civil hors les cas, qui n'étaient pas réalisés en l'espèce, prévus par la loi, ce dont il se déduisait que bien qu'ayant la qualité de partie au litige, la banque était fondée à l'opposer pour refuser la communication sollicitée. • Com. 25 janv. 2005, n° 03-14.693 P : *D. 2005. AJ 485, obs. Avena-Robardet ; RTD com. 2005. 395, obs. Legeais ; JCP E 2005, n° 47, p. 1971, obs. Salgueiro ; RJDA 2005, n° 607.* ♦ V. aussi jugeant que la production, à la demande du débiteur cédé, de documents concernant les relations du banquier cessionnaire avec la société cédante et une autre société se heurte au secret bancaire auquel est tenu un établissement de crédit envers son client, qui ne cesse pas du seul fait que cet établissement est partie à un procès, dès lors que son contradicteur n'est pas le bénéficiaire du secret auquel le client n'a lui-même pas renoncé. • Com. 13 nov. 2003, n° 00-19.575 : *JCP E 2004, n° 20-21, p. 812, obs. Stoufflet ; Banque et Dr. 3-4/2004. 57, obs. Bonneau ; RDBF 2004, n° 152, obs. Crédot et Gérard* • 10 févr. 2015, n° 13-14.779 P : *D. 2015. 959, note Lasserre Capdeville.* ♦ Comp., jugeant que le secret professionnel n'est pas opposable lorsque la demande est dirigée contre la banque, non pas en sa qualité de tiers confident, mais en celle de partie au procès en responsabilité intenté contre elle par les créanciers de la société soumise à une procédure collective. • Com. 19 juin 1990, n° 88-19.618 P : *D. 1992. Somm. 32, obs. Vasseur ; RDBB 1991, n° 27, obs. Crédot et Gérard.* ♦ Ainsi, le secret bancaire ne constitue pas un empêchement légitime au sens de l'art. 145 C. pr. civ. lorsque la demande de communication de documents est dirigée contre l'établissement de crédit non en sa qualité de tiers confident mais en celle de partie au procès intenté contre lui en vue de rechercher son éventuelle responsabilité dans la réalisation de l'opération contestée. • Com. 29 nov. 2017, n° 16-22.060 P : *D. 2018. 603, note Kleiner ; JCP E 2018, n° 1038, note Lasserre Capdeville ; RJDA 2018, n° 269.* ♦ Une cour d'appel peut ordonner la production en copie recto verso de chèques, dès lors que la communication intervient dans un litige opposant les banquiers respectivement présentateur et tiré des chèques litigieux aux tireurs, lesquels leur reprochaient un comportement fautif en l'absence de vérification des endossements frauduleux opérés par leur comptable, de sorte que les règles du secret bancaire ne pouvaient être invoquées. • Com. 11 oct. 2011, n° 10-10.490 P : *D. 2011. Actu. 2532, obs. Avena-Robardet ; JCP 2011, n° 1388, note Lasserre Capdeville ; RJDA 2012, n° 81.*

Le secret professionnel ne peut être invoqué qu'au bénéfice du client de l'établissement, puisqu'il est institué pour sa protection ; dès lors le détenteur du secret bancaire ne peut opposer les obligations qui s'imposent à lui à ce titre lorsqu'il est partie au procès. • Paris, 15 nov. 2002 : *préc. note 1.* ♦ Le secret bancaire ne revêt pas un caractère absolu et ne dispense pas les parties à un litige de l'obligation d'apporter leur concours à la justice en vue de la manifestation de la vérité. • Paris, 26 sept. 2001 : *D. 2003. Somm. 340, obs. Synvet.* ♦ V. aussi, ordonnant la communication à l'administrateur et au représentant des créanciers, sur le fondement de l'art. 145 NCPC [renommé C. pr. civ.], du dossier interne de la banque concernant les concours consentis à l'entreprise en redressement judiciaire : • Bordeaux, 9 oct. 1992 : *D. 1994. Somm. 327, obs. crit. Vasseur* (conf. par • Com. 11 avr. 1995, n° 92-20.985 P : *préc. note 20.* ♦ Pour un autre exemple de mesure d'instruction ordonnée sur le fondement de l'art. 145, C. pr. civ., V. • Paris, 23 févr. 1996 : *Banque et Dr. 7-8/1996. 44, obs. Guillot ; Rev. dr. bancaire 1996. 235, obs. Crédot et Gérard.* – V. aussi • Paris, 26 sept. 2001 : *préc.* ♦ Comp., à défaut de motif légitime : • Bordeaux, 11 mars 1993 : *D. 1994. Somm. 329, obs. Vasseur.* – *Contra* :

• T. com. Paris, réf., 20 sept. 1995 : *Banque et Dr. 1-2/1996. 34, obs. Guillot.*

III. EXCEPTIONS AU SECRET BANCAIRE

20. Renonciation du client. Le secret professionnel du banquier est de simple protection de son client et celui-ci peut y renoncer. • Com. 11 avr. 1995, n° 92-20.985 P : *D. 1996. 573, note Matsopoulou*. ♦ Le client d'une banque peut toujours renoncer à la protection du secret bancaire à condition d'y consentir librement et de manière expresse au vu d'une information complète lui permettant de prendre sa décision de manière éclairée. • CE 30 déc. 2009, n° 306173 : *AJDA 2010. 460 ; CCE 2010, n° 36, obs. Lepage ; RDBF 2010, n° 86, obs. Mathey.* ♦ Le client concerné peut renoncer pour lui-même au secret, les informations sur les tiers restant couvertes par le secret. • Poitiers, 2 nov. 2005 : *préc. note 2.* ♦ Un mandataire *ad hoc*, judiciairement désigné pour représenter la société dans la procédure collective pour l'exercice de ses droits et actions propres, ayant déclaré expressément renoncer au nom de la société au secret bancaire, la banque se trouve déliée de ce secret en ce qui concerne l'ensemble des opérations passées avec la société. • Paris, 23 juin 2006 : *JCP E 2007, n° 22, p. 14, obs. Salgueiro.* ♦ V. aussi les décisions citées notes 16 et 19.

A. DÉROGATIONS LÉGALES DIVERSES

21. Procédure pénale. Il résulte de l'art. 57, al. 2 [C. mon. fin., art. L. 511-33, al. 2], que les officiers de police judiciaire agissant sur réquisitions du procureur de la République dans le cadre d'une enquête préliminaire ne peuvent se voir opposer le secret bancaire ; en toute hypothèse, la violation éventuelle d'un tel secret serait sans incidence sur la régularité de la procédure. • Crim. 27 avr. 1994, n° 93-82.976 P : *D. 1994. 402, note Gavalda ; BJB 1994. 469, note Bonneau.* ♦ Le législateur ne visant que le cadre d'une procédure pénale, le secret est maintenu dans les autres procédures. • TGI Arras, 9 avr. 1987 : *Rev. dr. bancaire 1987. 91, obs. Crédot et Gérard* • TGI Paris, 20 nov. 1990 : *D. 1992. Somm. 31, obs. Vasseur* • Limoges, 27 déc. 1995 : *BICC 1996, n° 564.*

22. Droit de communication des douanes. V. C. douanes, art. 65 et 455. – **C. douanes.** ♦ Le secret professionnel des établissements de crédit n'est pas opposable aux agents des douanes exerçant le droit de communication prévu par l'art. 65 C. douanes. • Crim. 3 mai 2001, n° 00-81.691 P : *D. 2001. IR 2875*. ♦ Le droit de communication des douanes ne peut s'exercer qu'à la condition que les documents demandés se rapportent à des opérations régulières ou irrégulières relevant de la compétence du service des douanes ; tel n'est pas le cas d'une étude faite à la demande d'une banque par l'un de ses agents sur la situation financière d'un client, document dont le prévenu, se prévalant du secret professionnel, a refusé la communication. • Crim. 25 janv. 1977, n° 75-93.120 P : *D. 1977. 666, note Vasseur ; RTD com. 1977. 770, obs. Cabrillac et Rives-Lange ; JCP 1977. II. 18651, note Gavalda.* ♦ Sur le droit de communication dans le cadre de la réglementation financière avec l'étranger, V. • Crim. 30 janv. 1975, n° 74-91.309 P : *RTD com. 1975. 346, obs. Cabrillac et Rives-Lange ; JCP 1975. II. 18137, note Gavalda.*

23. Droit de communication du juge-commissaire. V. note ss. art. L. 623-2 C. com.

B. PROCÉDURES CIVILES D'EXÉCUTION

24. V. au **C. mon. fin.** ou au **C. pr. exéc.**

TITRE VII Dispositions pénales

CHAPITRE PREMIER *Dispositions relatives aux établissements du secteur bancaire*

SECTION I *Dispositions générales*

Art. L. 571-1 *(L. n° 2009-526 du 12 mai 2009, art. 125-XIV)* « Les personnes morales déclarées responsables pénalement, dans les conditions prévues par l'article 121-2 du code pénal, des infractions définies aux articles L. 571-3, L. 571-4, L. 571-6 à L. 571-9, L. 571-14 et L. 571-16 encourent, outre l'amende suivant les modalités prévues par l'article 131-38 du code pénal, les peines prévues par l'article 131-39 du même code. »

L'interdiction mentionnée au 2° de l'article 131-39 du code pénal porte sur l'activité dans l'exercice ou à l'occasion de l'exercice de laquelle l'infraction a été commise. – *[L. n° 84-46 du 24 janv. 1984, art. 84-1.]*

Art. L. 571-2 Les autorités judiciaires saisies de poursuites relatives à des infractions prévues aux articles L. 571-3 à L. 571-9 et L. 571-14 à L. 571-16 peuvent, en tout état de la procédure, demander à *(L. n° 2013-672 du 26 juill. 2013, art. 24-I)* « l'Autorité de contrôle prudentiel et de résolution » tous avis et informations utiles. – *[L. n° 84-46 du 24 janv. 1984, art. 85, al. 1er.]*

Art. L. 571-3 Le fait, pour toute personne, de méconnaître l'une des interdictions prescrites par les articles L. 511-5 et L. 511-8 est puni de trois ans d'emprisonnement et de 375 000 € d'amende.

Le tribunal peut ordonner l'affichage ou la diffusion de la décision prononcée dans les conditions prévues par l'article 131-35 du code pénal. – *[L. nº 84-46 du 24 janv. 1984, art. 75.]*

Art. L. 571-4 *(L. nº 2008-776 du 4 août 2008, art. 154-III)* Le fait, pour tout dirigeant d'un établissement de crédit *(Ord. nº 2013-544 du 27 juin 2013, art. 4, en vigueur le 1er janv. 2014)* « , d'une société de financement » ou d'une des personnes morales ou filiales mentionnées *(Ord. nº 2014-158 du 20 févr. 2014, art. 3)* « aux articles L. 612-24 et L. 612-26 », de ne pas répondre, après mise en demeure, aux demandes d'informations de l'Autorité de contrôle prudentiel et de résolution, de mettre obstacle de quelque manière que ce soit à l'exercice par celle-ci de sa mission de contrôle ou de lui communiquer des renseignements inexacts est puni d'un an d'emprisonnement et de 15 000 € d'amende.

(L. nº 2014-344 du 17 mars 2014, art. 57) « Les mêmes dispositions s'appliquent aux dirigeants des personnes morales et aux personnes physiques que l'Autorité de contrôle prudentiel et de résolution a décidé de soumettre à son contrôle en application du 3° *(Ord. nº 2021-1735 du 22 déc. 2021, art. 26)* « et du 4° » du II de l'article L. 612-2. »

Le fait pour les personnes *(Ord. nº 2014-158 du 20 févr. 2014, art. 3)* « soumises au I de l'article L. 511-33, à l'article L. 511-34 ou relevant du chapitre VII du titre Ier du présent livre » de méconnaître le secret professionnel est sanctionné par les peines prévues à l'article 226-13 du code pénal.

....

DEUXIÈME PARTIE : *RÉGLEMENTAIRE*

(Décr. nº 2005-1007 du 2 août 2005)

LIVRE PREMIER La monnaie

TITRE PREMIER Dispositions générales

CHAPITRE PREMIER *L'unité monétaire*

Le présent chapitre ne comprend pas de dispositions réglementaires.

CHAPITRE II *Règles d'usage de la monnaie*

SECTION I *L'indexation*

Art. D. 112-1 L'indexation sur le niveau général des prix autorisée pour certains produits et prêts par l'article L. 112-3 est mise en œuvre en utilisant l'indice des prix à la consommation pour l'ensemble des ménages, hors tabac, publié mensuellement par l'Institut national de la statistique et des études économiques.

Peut être également utilisé l'indice harmonisé des prix à la consommation, hors tabac, de la zone euro calculé mensuellement par l'office statistique des Communautés européennes à Luxembourg (EUROSTAT) et publié par l'agence France Trésor. – *[Décr. nº 98-816 du 11 sept. 1998, art. 1er.]*

Art. D. 112-2 *(Décr. nº 2008-1139 du 4 nov. 2008, art. 6)* Les activités mentionnées dans la seconde phrase du premier alinéa de l'article L. 112-2 du code monétaire et financier sont les activités commerciales *(Décr. nº 2011-2028 du 29 déc. 2011, art. 6)* « et les activités artisanales.

« Les activités mentionnées au deuxième alinéa de l'article L. 112-2 sont les activités tertiaires autres que les activités commerciales et artisanales mentionnées au premier alinéa du présent article. Elles recouvrent notamment les activités des professions libérales et celles effectuées dans des entrepôts logistiques. »

SECTION II *Pouvoir libératoire*

Art. R. 112-2 Les règles relatives au pouvoir libératoire des pièces en euro sont prévues par l'article 11 du règlement (CE) nº 974-98 du Conseil du 3 mai 1998 concernant l'introduction de l'euro.

SECTION III *Interdiction du paiement en espèces de certaines créances*

Art. D. 112-3 *(Décr. nº 2010-662 du 16 juin 2010) (Décr. nº 2016-1985 du 30 déc. 2016, art. 1er, en vigueur le 1er janv. 2017)* « I. – » Le montant prévu *(Décr. nº 2016-1985 du 30 déc. 2016, art. 1er, en vigueur le 1er janv. 2017)* « au I de » l'article L. 112-6 est fixé :

1º Lorsque le débiteur a son domicile fiscal *(Décr. nº 2014-585 du 4 juin 2014)* « sur le territoire de la République française » ou agit pour les besoins d'une activité professionnelle *(Décr. nº 2016-1985 du 30 déc. 2016, art. 1er, en vigueur le 1er janv. 2017)* « , à 1 000 euros pour les paiements effectués en espèces et à 3 000 euros pour les paiements effectués au moyen de monnaie électronique » ;

(Décr. nº 2018-284 du 18 avr. 2018, art. 1er, en vigueur le 1er oct. 2018) « 2º Lorsque le débiteur justifie qu'il n'a pas son domicile fiscal sur le territoire de la République française, n'agit pas pour les besoins d'une activité professionnelle et paie une dette au profit d'une personne qui n'est pas mentionnée à l'article L. 561-2, à 10 000 euros pour les paiements effectués en espèces ou au moyen de monnaie électronique ;

« 3º Lorsque le débiteur justifie qu'il n'a pas son domicile fiscal sur le territoire de la République française, n'agit pas pour les besoins d'une activité professionnelle et paie une dette au profit d'une personne mentionnée à l'article L. 561-2, à 15 000 euros pour les paiements effectués en espèces ou au moyen de monnaie électronique. »

(Décr. nº 2016-1985 du 30 déc. 2016, art. 1er, en vigueur le 1er janv. 2017) « II. – Le montant mentionné au II *bis* de l'article L. 112-6 est fixé à 3 000 euros. »

BIBL. ▶ CUTAJAR, *JCP 2010, nº 718* (à propos du Décr. du 16 juin 2010).

Art. D. 112-4 *(Abrogé par Décr. nº 2015-741 du 24 juin 2015, art. 3, à compter du 1er sept. 2015) (Décr. nº 2011-114 du 27 janv. 2011, art. 1er)* ***Le montant prévu au troisième alinéa de l'article L. 112-6 relatif à l'achat au détail de métaux ferreux et non ferreux est fixé à 500 €.***

Art. R. 112-5 *(Décr. nº 2013-232 du 20 mars 2013, art. 3-II, en vigueur le 1er janv. 2015)* I. – Le seuil mentionné à l'article L. 112-6-1 est fixé à 3 000 euros.

II. – Outre les informations habituellement fournies en vue de l'exécution d'une opération de paiement, le payeur à l'origine du virement prévu à l'article L. 112-6-1 transmet à son prestataire de services de paiement son nom, le nom du bénéficiaire du virement ainsi qu'un libellé d'opération comportant l'objet du paiement et la désignation de l'acte. Ce libellé est repris dans toute opération de paiement subséquente jusqu'à sa communication au bénéficiaire du virement par son prestataire de services de paiement.

SECTION V *Fourniture d'espèces dans le cadre d'une opération de paiement*

(Décr. nº 2018-1224 du 24 déc. 2018)

Art. D. 112-6 Le montant minimal mentionné au 1º du III de l'article L. 112-14 est fixé à 1 euro.

Le montant maximal mentionné au 2º du même III est fixé à 60 euros.

Art. R. 112-7 Est puni de l'amende prévue pour les contraventions de la cinquième classe le fait, à l'occasion de la fourniture du service mentionné au I de l'article L. 112-14 :

1º De fournir des espèces contre paiement au moyen d'un instrument de paiement figurant dans la liste mentionnée au second alinéa du II du même article L. 112-14, le cas échéant telle qu'ajustée par la Banque de France conformément au IV de cet article ;

2º De fournir des espèces à l'occasion d'une opération de paiement d'achat de biens ou de services effectuée en méconnaissance du montant minimal fixé au premier alinéa de l'article D. 112-6 ;

3º De fournir des espèces pour un montant supérieur au montant fixé au deuxième alinéa de l'article D. 112-6, le cas échéant tel qu'ajusté par la Banque de France conformément au IV du même article L. 112-14.

La récidive des contraventions prévues au présent article est réprimée conformément aux articles 132-11 et 132-15 du code pénal.

....

TITRE III Les instruments de la monnaie scripturale

CHAPITRE PREMIER *Le chèque bancaire* *(Décr. n° 2006-1115 du 5 sept. 2006, art. 3).*

SECTION I *Dispositions générales* *(Décr. n° 2006-1115 du 5 sept. 2006, art. 3).*

Art. R. 131-1 Au sens du présent chapitre, le terme « banquier » désigne les établissements de crédit et les institutions, services ou personnes habilités à tenir des comptes sur lesquels des chèques peuvent être tirés. – *[Décr. n° 92-456 du 22 mai 1992, art. 1er.]*

Art. R. 131-1-1 *(Décr. n° 2006-1115 du 5 sept. 2006, art. 3)* La Banque de France et les autorités de contrôle propres à chaque catégorie d'établissements tirés veillent, conformément aux dispositions législatives en vigueur, au respect par les banquiers des dispositions du présent chapitre. – *[Décr. n° 92-456 du 22 mai 1992, art. 42.]*

SECTION II *Création et forme du chèque* *(Décr. n° 2006-1115 du 5 sept. 2006, art. 3).*

Art. R. 131-2 La certification résulte de l'apposition sur le chèque par le tiré d'une formule comportant, outre sa signature, les mentions relatives à la certification et à la date de celle-ci, au montant pour lequel le chèque a été établi et à la désignation de l'établissement tiré. Ces mentions doivent être apposées au moyen d'un procédé de marquage ou d'impression indélébile offrant toute garantie de sécurité.

Dans tous les cas où la remise d'un chèque certifié est exigée, il peut être valablement satisfait à cette exigence par la remise d'un chèque émis dans les conditions prévues par le troisième alinéa de l'article L. 131-7 *(Abrogé par Décr. n° 2006-1115 du 5 sept. 2006, art. 3)* *« ou d'un chèque émis sur le compte courant postal d'un chef de centre de chèques postaux ».* – *[Décr. n° 92-456 du 22 mai 1992, art. 32.]*

Jugeant que lors de l'établissement d'un chèque de banque, l'établissement de crédit n'a pas à remplir les obligations légales imposées au seul chèque certifié de l'art. 32 du Décr. du 22 mai 1992 [C. mon. fin., art. R. 131-2] mais doit satisfaire aux obligations plus souples du Décr.-loi du 30 oct. 1935 : • Paris, 3 sept. 2002 : *Banque et Dr. 3-4/2004, 63. obs. Guillot.*

SECTION III *Transmission* *(Décr. n° 2006-1115 du 5 sept. 2006, art. 3).*

La présente section ne comprend pas de dispositions réglementaires.

SECTION IV *Aval* *(Décr. n° 2006-1115 du 5 sept. 2006, art. 3).*

La présente section ne comprend pas de dispositions réglementaires.

SECTION V *Présentation et paiement* *(Décr. n° 2006-1115 du 5 sept. 2006, art. 3).*

SOUS-SECTION 1 *Délais de présentation et échéances de paiement* *(Décr. n° 2006-1115 du 5 sept. 2006, art. 3).*

Art. R. 131-3 Les délais prévus par le présent chapitre ne comprennent pas le jour qui leur sert de point de départ. – *[Décr.-L. du 30 oct. 1935, art. 60.]*

Art. R. 131-4 La présentation et le protêt d'un chèque ne peuvent être faits qu'un jour ouvrable.

Lorsque le dernier jour du délai fixé pour l'accomplissement des actes relatifs au chèque, et notamment pour la présentation ou pour l'établissement du protêt, est un jour férié légal, ce délai est prorogé jusqu'au premier jour ouvrable qui en suit l'expiration. Les jours fériés intermédiaires sont compris dans la computation du délai.

Aux jours fériés légaux sont assimilés les jours où, aux termes des dispositions en vigueur, aucun paiement ne peut être exigé ni aucun protêt dressé. – *[Décr.-L. du 30 oct. 1935, art. 59.]*

SOUS-SECTION 2 *Procédures de vérification auprès de la Banque de France* *(Décr. n° 2006-1115 du 5 sept. 2006, art. 3).*

Art. R. 131-5 Toute personne à laquelle est remis un chèque pour le paiement d'un bien ou d'un service peut, directement ou par l'intermédiaire d'un mandataire, vérifier auprès de la Banque de France si ce chèque n'a pas été déclaré comme volé ou perdu, n'a pas été tiré sur un compte clôturé ou émis par une personne frappée d'une interdiction judiciaire ou bancaire.

Le service ainsi rendu donne lieu à rémunération. – *[Décr. nº 92-467 du 26 mai 1992, art. 1er.]*

V. Arr. du 24 juill. 1992 relatif au traitement automatisé des informations sur la régularité des chèques mis en œuvre par la Banque de France. – ***C. mon. fin.***

Art. R. 131-6 La Banque de France attribue à chaque personne souhaitant procéder ou faire procéder par un mandataire aux vérifications mentionnées à l'article R. 131-5 un code d'accès au fichier constitué à cet effet. – *[Décr. nº 92-467 du 26 mai 1992, art. 2.]*

Art. R. 131-7 La personne qui consulte le fichier indique le code d'accès qui lui est attribué. S'il s'agit d'un mandataire, celui-ci mentionne son propre code d'accès et celui du bénéficiaire du chèque.

L'interrogation comporte les renseignements suivants tels qu'ils figurent sur le chèque présenté :

a) Le numéro de la formule ;

b) L'identification précise du tiré ;

c) Les coordonnées bancaires du tireur. – *[Décr. nº 92-467 du 26 mai 1992, art. 3.]*

Art. R. 131-8 La réponse de la Banque de France est transmise sans délai à la personne qui consulte le fichier. S'il s'agit d'un mandataire, celui-ci en informe sans délai son mandant.

Lorsque la Banque de France constate que l'émission d'un chèque n'est pas régulière pour une des causes mentionnées au premier alinéa de l'article R. 131-5, elle en informe la personne qui a consulté le fichier sans indiquer la nature de l'irrégularité, enregistre l'ensemble des éléments d'identification mentionnés à l'article R. 131-7 et les conserve pendant une durée minimale de deux mois. – *[Décr. nº 92-467 du 26 mai 1992, art. 4.]*

Art. R. 131-9 La Banque de France précise à toute personne qui effectue les vérifications prévues par la présente sous-section que la diffusion et la conservation, par quiconque, des informations obtenues sont interdites sous peine des sanctions prévues par l'article 226-21 du code pénal. – *[Décr. nº 92-467 du 26 mai 1992, art. 5.]*

SECTION VI ***Chèque barré*** *(Décr. nº 2006-1115 du 5 sept. 2006, art. 3).*

La présente section ne comprend pas de dispositions réglementaires.

SECTION VII ***Recours en cas de non-paiement*** *(Décr. nº 2006-1115 du 5 sept. 2006, art. 3).*

La présente section ne comprend pas de dispositions réglementaires.

SECTION VIII ***Établissement de chèques en plusieurs exemplaires*** *(Décr. nº 2006-1115 du 5 sept. 2006, art. 3).*

La présente section ne comprend pas de dispositions réglementaires.

SECTION IX ***Altération*** *(Décr. nº 2006-1115 du 5 sept. 2006, art. 3).*

La présente section ne comprend pas de dispositions réglementaires.

SECTION X ***Prescription*** *(Décr. nº 2006-1115 du 5 sept. 2006, art. 3).*

La présente section ne comprend pas de dispositions réglementaires.

SECTION XI ***Protêt*** *(Décr. nº 2006-1115 du 5 sept. 2006, art. 3).*

Art. R. 131-10 Les dispositions *(Décr. nº 2007-431 du 25 mars 2007, art. 2)* « des articles R. 511-2 à R. 511-11 du code de commerce » sont applicables au protêt dressé faute de paiement d'un chèque.

SECTION XII ***Incidents de paiement et sanctions***

SOUS-SECTION 1 *Enregistrement par les banquiers des incidents de paiement de chèques tenant à un défaut de provision suffisante (Décr. nº 2006-1115 du 5 sept. 2006, art. 3).*

Art. R. 131-11 Le tiré qui refuse en tout ou en partie le paiement d'un chèque pour défaut de provision suffisante enregistre l'incident au plus tard le deuxième jour ouvré suivant le refus de paiement. Lorsque le titulaire a émis le chèque au mépris d'une interdiction toujours en vigueur, ce délai expire au plus tard le cinquième jour ouvré suivant le refus de paiement.

Le tiré procède dans les mêmes conditions à un enregistrement lorsque le paiement du chèque est refusé pour un autre motif si la provision est, par ailleurs, insuffisante pour en permettre le paiement.

Le nouveau refus de paiement d'un chèque ayant déjà fait l'objet d'un enregistrement n'est pas enregistré. – *[Décr. nº 92-456 du 22 mai 1992, art. 2.]*

Art. R. 131-12 L'enregistrement par le banquier tiré des incidents de paiement de chèques tenant à un défaut de provision suffisante comporte, pour chaque incident, les renseignements suivants :

1° Le numéro du compte, l'indication qu'il s'agit d'un compte individuel ou d'un compte collectif ainsi que les éléments permettant l'identification précise du tiré ;

2° Le nom ou la dénomination ou raison sociale du titulaire du compte, son adresse ainsi que :

a) S'il s'agit d'une personne physique, ses prénoms, date et lieu de naissance et, le cas échéant, le nom d'usage, lorsqu'il est connu du tiré ;

b) S'il s'agit d'une personne morale, sa forme juridique ;

c) En outre, le numéro national d'identification des entreprises prévu par les dispositions réglementaires en vigueur, s'il s'agit d'une entreprise individuelle ou d'une personne morale qui en est pourvue ;

3° Le numéro du chèque ;

4° Le montant du chèque exprimé en euros et, le cas échéant, sa date de création lorsque le titulaire du compte a émis le chèque au mépris d'une interdiction d'émettre toujours en vigueur lors du refus de paiement ;

5° La date du refus de paiement du chèque ;

6° La cause du refus de paiement et le montant de l'insuffisance de la provision ;

7° L'indication, s'il y a lieu, que le chèque a été émis au mépris d'une injonction faite en application de l'article L. 131-73, ou en violation d'une interdiction prononcée en application de l'article L. 163-6 ;

8° L'indication, s'il y a lieu, que le compte sur lequel le chèque a été émis était clôturé lors du refus de paiement.

L'enregistrement est complété par la date de régularisation de l'incident dès que celle-ci intervient. – *[Décr. nº 92-456 du 22 mai 1992, art. 3.]*

Sur la déclaration à la Banque de France des violations des interdictions d'émettre des chèques, V. C. mon. fin., art. R. 131-36.

Art. R. 131-13 Tout banquier qui reçoit de la Banque de France, en application de l'article R. 131-42, avis d'une interdiction d'émettre des chèques concernant une personne titulaire de compte dans son établissement enregistre cet avis au plus tard le troisième jour ouvré suivant cette réception. Il mentionne également la date à laquelle cette interdiction lui a été notifiée. Il enregistre dans les mêmes conditions les levées d'interdiction. – *[Décr. nº 92-456 du 22 mai 1992, art. 4.]*

Art. R. 131-14 Les incidents sont enregistrés dans l'ordre chronologique, chacun étant affecté d'un numéro pris dans une série annuelle ininterrompue. Les enregistrements prévus par les articles R. 131-12 et R. 131-13 sont conservés et doivent pouvoir être justifiés pendant un an à compter de la date de régularisation ou, à défaut, pendant cinq ans à compter de l'injonction. – *[Décr. nº 92-456 du 22 mai 1992, art. 5.]*

SOUS-SECTION 2 *Injonction et régularisation (Décr. nº 2011-243 du 4 mars 2011).*

Art. R. 131-15 Le tiré qui a refusé en tout ou en partie le paiement d'un chèque pour défaut de provision suffisante adresse au titulaire du compte l'injonction prévue par l'article L. 131-73 par lettre recommandée avec demande d'avis de réception.

Il lui précise le numéro et le montant du chèque dont le règlement n'a pu être assuré, ainsi que la situation du compte à la date du refus de paiement.

Il lui enjoint de restituer à tous les banquiers dont il est le client les formules de chèques en sa possession et en celle de ses mandataires. Il lui interdit d'émettre à l'avenir des chèques, sauf des chèques de retrait ou certifiés, jusqu'à la régularisation effectuée dans les conditions prévues par les articles R. 131-20 à R. 131-22 ou, à défaut, pendant cinq ans à compter de l'injonction.

Il informe par tout moyen tout mandataire que le titulaire, à sa demande, lui aura fait connaître comme étant en possession de chèques utilisables sur le compte qu'il ne lui est plus possible, jusqu'à régularisation, d'émettre des chèques sur ce compte.

En cas de refus de paiement du même chèque lors d'une nouvelle présentation, le tiré n'adresse pas de lettre d'injonction. — *[Décr. n° 92-456 du 22 mai 1992, art. 6.] — V. Arr. du 20 avr. 2011 (JO 29 avr.). —* ***C. mon. fin.***

1. Délai d'injonction. V. note 5 ss. art. L. 131-73.

2. Obligations du banquier. En vertu des dispositions des art. 6 s. du décret de 1992 [C. mon. fin., art. R. 131-15 s.], le tiré qui a refusé le paiement d'un chèque pour défaut de provision suffisante n'a d'autre obligation que d'adresser au titulaire du compte, par lettre recommandée avec demande d'avis de réception, l'injonction prévue par l'art. L. 131-73, ce qui a été fait à la suite de l'émission de chèques sans provision ayant ultérieurement donné lieu à régularisation. • Com. 6 mai 2002, n° 00-15.648 : *Banque et Dr. 9-10/2002, p. 47, obs. Bonneau.* ♦ En ce sens que, sauf circonstances particulières, l'établissement de crédit ne commet pas de faute en ne retirant pas les formules de chèques à l'auteur de chèques sans provision qui avaient donné lieu à régularisation, V. • Même arrêt.

Art. R. 131-16 La lettre d'injonction précise les moyens par lesquels la faculté de régularisation peut être exercée. — *[Décr. n° 92-456 du 22 mai 1992, art. 7.]*

Al. 2 et 3 abrogés par Décr. n° 2011-243 du 4 mars 2011.

Art. R. 131-17 Lorsqu'un incident de paiement survient sur le même compte après un précédent incident non régularisé, une nouvelle injonction est adressée au moyen d'une lettre simple. Il est précisé au titulaire que l'interdiction en cours continuera de s'exécuter jusqu'à régularisation de tous les chèques impayés *(Abrogé par Décr. n° 2011-243 du 4 mars 2011)* ***« et paiement, le cas échéant, de la ou des pénalités libératoires afférentes à chaque chèque rejeté et dont le montant est indiqué ».*** — *[Décr. n° 92-456 du 22 mai 1992, art. 8.] — V. Arr. du 20 avr. 2011 (JO 29 avr). —* ***C. mon. fin.***

Art. R. 131-18 Les injonctions prévues par le présent paragraphe sont adressées par le tiré au titulaire de compte alors même que le compte sur lequel le chèque ou les chèques ont été tirés a été clôturé. Cette obligation cesse à l'issue d'un délai d'un an à compter de la date de clôture de compte. — *[Décr. n° 92-456 du 22 mai 1992, art. 9.]*

Compte clôturé. Si, aux termes de l'art. 9 du décret de 1992 [C. mon. fin., art. R. 131-18], l'obligation pour la banque d'émettre des injonctions en application de la loi cesse à l'issue d'un délai d'un an à compter de la date de clôture du compte, cette disposition, qui ne saurait être interprétée comme offrant à la banque, à compter de ce délai, une faculté perpétuelle de déclencher une procédure d'interdiction bancaire, signifie seulement qu'un an après la clôture du compte, la procédure prévue par la loi et le décret cesse d'être applicable, les titres émis sur le compte clôturé n'ayant plus la valeur de chèques et ne pouvant être traités comme tels. • Paris, 12 janv. 1999 : *D. 1999. Somm. 148, obs. Cabrillac.* ♦ V. note 2 ss. art. L. 131-4.

Art. R. 131-19 *Abrogé par Décr. n° 2011-243 du 4 mars 2011.*

Art. R. 131-20 Lorsque le titulaire du compte a réglé entre les mains du bénéficiaire le montant du chèque impayé, il doit justifier du règlement par la remise de ce chèque au tiré *(Abrogé par Décr. n° 2011-243 du 4 mars 2011)* ***« , ainsi que, le cas échéant, du paiement de la pénalité libératoire ».*** — *[Décr. n° 92-456 du 22 mai 1992, art. 11.]*

Art. R. 131-21 Dans le cas où le chèque rejeté a été payé lors d'une nouvelle présentation, le tireur en fait état auprès du tiré. *(Abrogé par Décr. n° 2011-243 du 4 mars 2011)* ***« Il justifie aussi, le cas échéant, du paiement de la pénalité libératoire. »*** — *[Décr. n° 92-456 du 22 mai 1992, art. 12.]*

Art. R. 131-21-1 *(Décr. n° 2010-1304 du 29 oct. 2010, art. 11-I)* En application des articles *(Ord. n° 2016-301 du 14 mars 2016, en vigueur le 1er juill. 2016)* « L. 733-18 et L. 743-1 » du code de la consommation, l'effacement d'une créance correspondant au montant d'un chèque impayé vaut régularisation de l'incident. Le tireur justifie auprès du tiré de cet effacement par la remise de l'attestation mentionnée aux articles *(Décr. n° 2016-884 du 29 juin 2016, en vigueur le 1er juill. 2016)* « R. 733-18 et R. 743-1 » du même code.

Art. R. 131-22 Dans les cas autres que ceux prévus par les *(Décr. n° 2010-1304 du 29 oct. 2010, art. 11-I)* « articles R. 131-20, R. 131-21 et R. 131-21-1 », la régularisation de l'incident est acquise lorsqu'est constituée, à la demande du tireur, une provision bloquée affectée au paiement effectif du chèque *(Abrogé par Décr. n° 2011-243 du 4 mars 2011)* *« et que le tireur justifie auprès du tiré du paiement de la pénalité libératoire s'il en est redevable ».*

La provision mentionnée au premier alinéa redevient disponible à l'issue d'un délai d'un an, si elle n'a pas été utilisée par l'effet d'une nouvelle présentation du chèque impayé, ou immédiatement lorsque le titulaire du compte justifie du règlement par la remise du chèque au tiré.

Lorsque la régularisation concerne un incident survenu sur un compte clôturé, le tiré demeure seul compétent pour la constater et pour accomplir les formalités prévues par les articles R. 131-23 et R. 131-31.

Les justifications des régularisations effectuées en application des *(Décr. n° 2010-1304 du 29 oct. 2010, art. 11-I)* « articles R. 131-20, R. 131-21 et R. 131-21-1 » et du présent article sont conservées pendant un an par le tiré. – *[Décr. n° 92-456 du 22 mai 1992, art. 13.]*

BIBL. ▸ YOUEGO, *RDBF sept.-août 2005. 41* (régularisation de l'incident d'émission du chèque sans provision).

Blocage de la provision. Il résulte de la combinaison des art. L. 131-73, L. 131-74 C. mon. fin. et de l'art. 13 du décret de 1992 [C. mon. fin., art. R. 131-22] que l'affectation d'un versement du tireur en priorité à la constitution d'une provision pour paiement d'un chèque impayé suppose que le tireur ait opté pour cette modalité de régularisation en demandant à cet effet que la provision soit bloquée. • Com. 22 févr. 2005, n° 03-17.326 P : *D. 2005. AJ 708, obs. Avena-Robardet ; RTD com. 2005. 393, obs. Cabrillac ; JCP E 2005, n° 21, p. 865, obs. Stoufflet ; RJDA 2005, n° 756 ; LPA 25 mars 2005, rapp. Cohen-Branche.*

Art. R. 131-23 *(Décr. n° 2011-243 du 4 mars 2011)* « Lorsqu'il a été procédé, selon les modalités prévues par la présente sous-section, à la régularisation de tous les incidents survenus sur le compte, un document attestant de cette régularisation est remis ou adressé par le tiré au titulaire. »

Le titulaire du compte est également informé de la situation dans laquelle il se trouve au regard des dispositions applicables en matière de prévention et de répression des infractions en matière de chèques.

Il est précisé au titulaire du compte qu'il ne recouvre la faculté d'émettre des chèques qu'à la condition qu'il ne soit pas sous le coup d'une interdiction judiciaire ou d'une injonction qui lui aurait été notifiée par un banquier à la suite d'un incident qui aurait été constaté sur un autre compte. – *[Décr. n° 92-456 du 22 mai 1992, art. 14.]* – *V. Arr. du 20 avr. 2011 (JO 29 avr.).* – ***C. mon. fin.***

Art. R. 131-24 Un arrêté conjoint du garde des sceaux, ministre de la justice, et du ministre chargé de l'économie précise les mentions que doivent comporter les injonctions, avis et autres documents prévus par *(Décr. n° 2011-243 du 4 mars 2011)* « la présente sous-section ». – *V. Arr. du 20 avr. 2011 (JO 29 avr.).* – ***C. mon. fin.***

Les dispositions du présent paragraphe *[de la présente sous-section]* reçoivent une application distincte pour chacun des comptes dont l'intéressé est titulaire. – *[Décr. n° 92-456 du 22 mai 1992, art. 15.]*

Art. D. 131-25 *(Décr. n° 2007-1611 du 15 nov. 2007, art. 1er, en vigueur le 16 mai 2008)* Les frais bancaires perçus par le tiré à l'occasion du rejet d'un chèque, pour défaut ou insuffisance de provision, comprennent l'ensemble des sommes facturées par le tiré au titulaire du compte, quelles que soient la dénomination et la justification de ces sommes.

En particulier, les frais engendrés par l'obligation mise à la charge du tiré, au titre de l'article L. 131-73, d'informer le titulaire du compte du défaut de provision, sont inclus dans les frais mentionnés au premier alinéa dès lors qu'un incident de paiement est constitué. La facturation de l'envoi d'une lettre d'injonction ou d'une commission d'incident ou de rejet de chèque est également comprise dans ces mêmes frais.

Les frais bancaires perçus par le tiré à l'occasion du rejet d'un chèque ne peuvent excéder un montant de 30 € pour les chèques d'un montant inférieur ou égal à 50 € et un montant de 50 € pour les chèques d'un montant supérieur à 50 €.

Constitue un incident de paiement unique le rejet d'un chèque présenté au paiement à plusieurs reprises dans les 30 jours suivant le premier rejet.

SOUS-SECTION 3 *Déclaration à la Banque de France des incidents de paiement et des régularisations (Décr. nº 2006-1115 du 5 sept. 2006, art. 3).*

Art. R. 131-26 L'avis de non-paiement pour défaut de provision suffisante établi en application de l'article L. 131-84 doit comporter tous les renseignements prévus aux 1°, 2°, 4°, 5°, 6° et 8° de l'article R. 131-12, ainsi que le numéro d'enregistrement de l'incident chez le tiré.

Cet avis est transmis à la Banque de France au plus tard le deuxième jour ouvré suivant le refus de paiement du chèque. Lorsque le titulaire du compte a émis le chèque au mépris d'une interdiction toujours en vigueur, ce délai expire au plus tard le cinquième jour ouvré suivant le refus de paiement. — *[Décr. nº 92-456 du 22 mai 1992, art. 16.]*

Dernier al. abrogé par Décr. nº 2011-243 du 4 mars 2011.

Art. R. 131-27 La Banque de France annule la déclaration d'incident de paiement sur la demande du tiré dans les cas suivants :

1° Lorsque le refus de paiement ou l'établissement de l'avis de non-paiement résulte d'une erreur du tiré ;

2° Lorsqu'il est établi par le titulaire du compte qu'un événement qui n'est pas imputable à l'une des personnes habilitées à tirer des chèques sur le compte a entraîné la disparition de la provision.

La mesure d'interdiction d'émettre des chèques mise en œuvre par le tiré cesse alors d'avoir effet.

La Banque de France avise le tiré qu'elle a procédé à l'annulation. Le tiré doit en informer son client et compléter l'enregistrement prévu par l'article R. 131-12 par la mention de l'annulation et de sa cause.

Lorsque le titulaire du compte lui demande de faire application de la procédure prévue par le présent article, le tiré, s'il donne suite, saisit la Banque de France au plus tard le dixième jour ouvré suivant cette demande. Il en avise son client dans le même délai. Son silence à l'issue du délai vaut refus. — *[Décr. nº 92-456 du 22 mai 1992, art. 17.]*

Annulation de la déclaration. L'interdiction faite par l'art. 33 de la L. nº 85-98 du 25 janv. 1985 [C. com., art. L. 622-7], à un débiteur mis en redressement judiciaire, de payer toute créance née antérieurement au jugement d'ouverture ne peut être considérée comme un cas d'annulation de déclaration d'incident de paiement par chèque au sens de l'art. 17 (2°) [C. mon. fin., art. R. 131-27, 2°], dès lors qu'elle n'est pas une cause de disparition de la provision du chèque émis avant ce jugement, mais constitue seulement un obstacle à l'exercice par le tireur de sa faculté de régularisation. • Paris, 24 avr. 1998 : *D. Affaires 1998. 1002, obs. X. D.* ♦ Pour un exemple de demande d'annulation : • Com. 27 mars 2001, nº 98-14.494 : *RJDA 2001, nº 900.*

Art. R. 131-28 Les décisions mentionnées à l'article 103-1 du décret nº 85-1388 du 27 décembre 1985 relatif au redressement et à la liquidation judiciaires des entreprises *[abrogé]* sont, dans les deux jours ouvrés de leur notification à la Banque de France, transmises par celle-ci à chaque banquier ayant déclaré des incidents de paiement de chèques. — *V., désormais, C. com., art. R. 626-24.*

En cas de suspension des effets d'une mesure d'interdiction d'émettre des chèques, le tiré transmet à la Banque de France, au plus tard le deuxième jour ouvré suivant la réception de la décision du tribunal, les demandes d'annulation de chacune des déclarations des incidents mentionnés par cette décision.

En cas de résolution du plan prononcée en application de l'article L. 621-82 *[L. 626-27]* du code de commerce, le tiré, dans les mêmes délais, procède selon les modalités fixées par l'article R. 131-12 du présent code à un nouvel enregistrement des incidents de paiement dont il a demandé l'annulation dans les conditions prévues au deuxième alinéa ci-dessus. Il transmet les nouvelles déclarations de chacun de ces incidents à la Banque de France. La mesure d'interdiction d'émettre des chèques reprend effet à compter de sa date initiale. — *[Décr. nº 92-456 du 22 mai 1992, art. 17-1.]*

Art. R. 131-29 En cas de suspension des effets d'une mesure d'interdiction d'émettre des chèques en application de l'article L. 643-12 du code de commerce, le tiré transmet à la Banque de France, au plus tard le deuxième jour ouvré suivant la remise par le débiteur de l'expédition du jugement de clôture accompagnée du relevé des incidents de paiement, les demandes d'annulation de chacune des déclarations d'incidents concernant les chèques émis avant le jugement d'ouverture de la procédure. — *[Décr. nº 92-456 du 22 mai 1992, art. 17-2.]*

Art. R. 131-30 Si la mesure d'interdiction d'émettre des chèques ayant fait l'objet d'une suspension en application de l'article L. 643-12 du code de commerce reprend ses effets, l'ordonnance mentionnée à l'article 154-2 du décret n° 85-1388 du 27 décembre 1985 relatif au redressement et à la liquidation judiciaires des entreprises est, dans les deux jours ouvrés de sa notification à la Banque de France, transmise par celle-ci à chaque banquier ayant déclaré un ou des incidents de paiement, accompagnée du relevé d'incidents communiqué par le greffier.

Le tiré procède, au plus tard le deuxième jour ouvré suivant la réception de l'ordonnance et du relevé d'incidents, à un nouvel enregistrement des incidents de paiement dont il avait demandé l'annulation dans les conditions prévues à l'article R. 131-29. Il transmet les nouvelles déclarations de chacun de ces incidents à la Banque de France. La mesure d'interdiction d'émettre des chèques reprend effet, pour la durée restant à courir, à compter de la délivrance du titre exécutoire mentionné au IV de l'article L. 622-32 du code de commerce *[désormais : au V de l'art. L. 643-11]*. — *[Décr. n° 92-456 du 22 mai 1992, art. 17-3.]*

Art. R. 131-31 Le tiré avise la Banque de France de la régularisation au plus tard le deuxième jour ouvré suivant la justification.

Lorsque le titulaire du compte a fait l'objet de plusieurs avis de non-paiement, le tiré informe la Banque de France par un seul avis de la régularisation de tous les incidents. — *[Décr. n° 92-456 du 22 mai 1992, art. 18.]*

Information de la régularisation. En n'avisant la Banque de France de la régularisation opérée par la société émettrice du chèque sans provision que quatre mois plus tard, la banque tirée a commis une faute ayant causé un préjudice à la société dans la mesure où celle-ci était toujours inscrite sur le fichier national des chèques irréguliers accessible aux tiers, ce qui pouvait faire naître un doute sur sa solvabilité. • Versailles, 5 déc. 2002 : *RJDA 2003, n° 760.*

SOUS-SECTION 4 *Déclaration à la Banque de France des comptes clôturés et des vols ou pertes de formules de chèques (Décr. n° 2006-1115 du 5 sept. 2006, art. 3).*

Art. R. 131-32 Le banquier avise la Banque de France des clôtures de comptes autres que celles qui résultent d'un transfert dans son établissement et des oppositions à paiement mentionnées à l'article L. 131-84 dans le meilleur délai et au plus tard le premier jour ouvré suivant la clôture du compte ou l'opposition à paiement. A cette fin, il communique les renseignements prévus au 1° de l'article R. 131-12, ainsi que, s'il en a connaissance, les numéros des formules de chèque volées ou perdues.

Le banquier enregistre les faits et les renseignements mentionnés ci-dessus. Il conserve cet enregistrement pendant un délai d'un an à compter de l'avis. — *[Décr. n° 92-456 du 22 mai 1992, art. 19.]*

SOUS-SECTION 5 *Interdiction d'émettre des chèques prononcée par le juge pénal (Décr. n° 2006-1115 du 5 sept. 2006, art. 3).*

Art. R. 131-33 Lorsque l'interdiction prévue par l'article L. 163-6 a été prononcée, le ministère public notifie sans délai la décision exécutoire à la Banque de France qui en accuse réception. Cette notification comporte les renseignements suivants :

1° La référence du parquet ;

2° L'état civil complet du condamné, sa dernière adresse connue et, le cas échéant, le nom d'usage ;

3° L'indication de la juridiction qui a prononcé l'interdiction et la date de la décision ;

4° La durée de la mesure, sa date de prise d'effet ainsi que sa date d'expiration. — *[Décr. n° 92-456 du 22 mai 1992, art. 20.]*

SOUS-SECTION 6 *Déclaration à la Banque de France des violations des interdictions d'émettre des chèques (Décr. n° 2006-1115 du 5 sept. 2006, art. 3).*

Art. R. 131-34 Le tiré à qui est présenté au paiement un chèque émis sur un compte dont le titulaire est sous le coup d'une interdiction mise en œuvre à l'occasion d'un précédent incident doit en faire la déclaration à la Banque de France au plus tard le cinquième jour ouvré suivant la présentation. — *[Décr. n° 92-456 du 22 mai 1992, art. 21.]*

Dernier al. abrogé par Décr. n° 2011-243 du 4 mars 2011.

Art. R. 131-35 Le tiré à qui est présenté au paiement un chèque émis sur un compte dont le titulaire est sous le coup d'une interdiction prononcée en application de l'article L. 163-6 doit, lorsque la date de présentation du chèque est comprise dans la période d'application de cette mesure, en faire la déclaration à la Banque de France au plus tard le cinquième jour ouvré suivant la présentation. — *[Décr. n° 92-456 du 22 mai 1992, art. 22.]*

Art. R. 131-36 Les déclarations prescrites par les articles R. 131-34 et R. 131-35 doivent comporter tous les renseignements prévus aux 1°, 2°, 4°, 6° et 8° de l'article R. 131-12. – *[Décr. n° 92-456 du 22 mai 1992, art. 23.]*

Art. R. 131-37 Lorsque le chèque présenté au paiement doit être déclaré à la Banque de France en application des dispositions des articles R. 131-34 et R. 131-35 et que son paiement est refusé pour défaut de provision suffisante, la déclaration résulte d'une mention spéciale sur l'avis de non-paiement prévu par l'article R. 131-26, signalant que le chèque a été émis en infraction aux dispositions des articles L. 131-73 ou L. 163-6. – *[Décr. n° 92-456 du 22 mai 1992, art. 24.]*

SOUS-SECTION 7 *Information de l'autorité judiciaire par la Banque de France (Décr. n° 2006-1115 du 5 sept. 2006, art. 3).*

Art. R. 131-38 La Banque de France peut communiquer au procureur de la République et, s'il en fait la demande, lui communique les renseignements relatifs aux émissions de chèques qui lui ont été déclarées comme constituant une infraction à une interdiction résultant de l'application des articles L. 131-73 ou L. 163-6. – *[Décr. n° 92-456 du 22 mai 1992, art. 25.]*

Art. R. 131-39 Lorsque la Banque de France reçoit du ministère public notification d'une interdiction prononcée en application de l'article L. 163-6 concernant une personne qui se trouve déjà sous le coup de la même mesure en cours d'exécution, elle en avise le parquet qui l'a saisie en dernier lieu en faisant retour de la notification et en donnant tous renseignements utiles, sauf si la date de prise d'effet de la deuxième interdiction suit immédiatement la date d'expiration de la première. – *[Décr. n° 92-456 du 22 mai 1992, art. 38.]*

Art. R. 131-40 La Banque de France communique à tout magistrat et à tout officier de police judiciaire agissant sur instructions du procureur de la République ou sur commission rogatoire le relevé des incidents de paiement enregistrés au nom d'un titulaire de compte. – *[Décr. n° 92-456 du 22 mai 1992, art. 26.]*

Art. R. 131-41 La demande présentée en application de l'article R. 131-40 doit préciser :

1° Lorsqu'elle concerne une personne physique, son nom patronymique, ses prénoms, date et lieu de naissance et, le cas échéant, le nom d'usage ;

2° Lorsqu'elle concerne une personne morale, sa dénomination ou raison sociale, son numéro national d'entreprise si elle en est pourvue, l'adresse de son siège et sa forme juridique.

Dans sa réponse, la Banque de France indique, s'il y a lieu, que les chèques impayés lui ont été signalés comme ayant été émis en infraction aux dispositions des articles L. 131-73 ou L. 163-6. Elle indique également, s'il y a lieu, que la personne qui fait l'objet de la demande est frappée d'une interdiction d'émettre des chèques en application de l'un de ces articles et précise les caractéristiques de cette interdiction. – *[Décr. n° 92-456 du 22 mai 1992, art. 27.]*

SOUS-SECTION 8 *Information des banquiers, des sociétés de financement, des établissements de monnaie électronique et des établissements de paiement par la Banque de France (Décr. n° 2014-1315 du 3 nov. 2014, art. 1er).*

Art. R. 131-42 La Banque de France informe tout banquier intéressé des interdictions d'émettre des chèques résultant de l'application des articles L. 131-73 ou L. 163-6, au plus tard le deuxième jour ouvré suivant la réception de l'avis envoyé par l'administration des impôts en application de l'article L. 131-85.

Dans les mêmes délais, la Banque de France informe tout banquier intéressé des levées des interdictions résultant de l'application de l'article L. 131-73, des annulations et des nouvelles déclarations d'incidents effectuées en application des articles R. 131-27 et R. 131-28, et des annulations effectuées en application de l'article R. 131-27.

Les banquiers sont réputés avoir connaissance des informations mentionnées aux alinéas ci-dessus au plus tard le troisième jour suivant leur réception.

Préalablement à l'enregistrement des informations mentionnées aux deux premiers alinéas, le banquier s'assure de la concordance entre ces informations et les éléments d'identification dont il dispose, notamment le numéro du compte, le nom, les prénoms, les date et lieu de naissance pour les personnes physiques, la désignation, la forme juridique, le numéro national d'entreprise si elle en est pourvue et l'adresse pour les personnes morales. Le banquier avise la Banque de France de l'enregistrement ou du défaut de concordance dans un délai maximum de trois jours ouvrés à compter de l'expiration du délai prévu au troisième alinéa. – *[Décr. nº 92-456 du 22 mai 1992, art. 28.]*

Art. R. 131-43 La Banque de France communique aux banquiers, *(Décr. nº 2014-1315 du 3 nov. 2014, art. 1er)* « aux sociétés de financement » *(Décr. nº 2013-383 du 6 mai 2013, art. 1er)* « , aux établissements de monnaie électronique » *(Décr. nº 2010-257 du 12 mars 2010, art. 1er)* « et aux établissements de paiement », sur leur demande, les renseignements relatifs aux incidents de paiement de chèques enregistrés dans son fichier central au nom de toute personne désignée par le demandeur. – *[Décr. nº 92-456 du 22 mai 1992, art. 29.]*

Art. R. 131-44 Tout banquier doit interroger la Banque de France avant de procéder à la première délivrance de formules de chèques à un nouveau titulaire de compte.

Les réponses doivent être conservées pendant deux ans. – *[Décr. nº 92-456 du 22 mai 1992, art. 30.]*

Art. R. 131-45 La Banque de France diffuse à tous les banquiers, une fois par mois au moins, les renseignements sur les levées d'interdiction résultant de nouvelles décisions judiciaires.

Les destinataires sont réputés avoir connaissance des levées d'interdiction au plus tard le seizième jour suivant la diffusion par la Banque de France. – *[Décr. nº 92-456 du 22 mai 1992, art. 31.]*

SOUS-SECTION 9 *Dispositions diverses (Décr. nº 2006-1115 du 5 sept. 2006, art. 3).*

Art. R. 131-46 Le tiré qui a refusé en tout ou en partie le paiement d'un chèque pour défaut de provision suffisante doit établir à l'intention du bénéficiaire une attestation de rejet de ce chèque.

Cette attestation indique que le tireur est privé de la faculté d'émettre des chèques et qu'il ne la recouvrera qu'à l'issue d'un délai de cinq ans si le montant du chèque n'est pas payé *(Abrogé par Décr. nº 2011-243 du 4 mars 2011) « et, le cas échéant, la pénalité libératoire acquittée »*.

Elle précise que le tiré n'est pas tenu de payer le chèque en application des 1 et 2 du I de l'article L. 131-81 et de l'article L. 131-82. Si le chèque a été émis au mépris d'une injonction adressée en application de l'article L. 131-73 ou en violation d'une interdiction prononcée en application de l'article L. 163-6, le tiré indique qu'il est en mesure de fournir les justifications prévues par le 1 du I de l'article L. 131-81.

L'attestation indique enfin qu'à défaut de paiement ou de constitution de la provision à l'issue du délai de trente jours à compter de la première présentation un certificat de non-paiement pourra être, sur demande du bénéficiaire, délivré dans les conditions de l'article L. 131-73. L'attestation est annexée au chèque lors de sa restitution au présentateur.

Les documents remis au bénéficiaire comportent les renseignements énumérés à l'article R. 131-12. – *[Décr. nº 92-456 du 22 mai 1992, art. 34.]*

Art. R. 131-47 Lorsque le tiré a refusé le paiement d'un chèque pour un motif autre que l'absence ou l'insuffisance de la provision et que celle-ci est par ailleurs insuffisante pour en permettre le paiement, il doit établir à l'intention du bénéficiaire un avis indiquant le motif précis du rejet et mentionnant l'insuffisance de la provision.

L'avis est annexé au chèque lors de la restitution de celui-ci au présentateur. – *[Décr. nº 92-456 du 22 mai 1992, art. 35.]*

Motif du rejet. Sur l'absence de responsabi*lité du banquier tiré*, à l'égard du bénéficiaire, qui avait indiqué comme motif du rejet la non-conformité de la signature du tireur, V. • Com. 27 févr. 1996, nº 94-17.020 : *RTD com. 1996. 302, obs. Cabrillac*. ♦ Le tiré est tenu d'informer le bénéficiaire du chèque du motif précis du rejet mentionnant l'insuffisance de provision de façon à le mettre en mesure d'engager une action en mainlevée dont l'issue favorable permettrait à son tour au porteur du chèque de représenter celui-ci au paiement. • Com. 21 janv. 2004, nº 01-11.872 : *RDBF 2004, nº 59, obs. Crédot et Gérard*. ♦ Faute d'être représenté, aucun lien de causalité ne peut être établi entre le préjudice du porteur et une quelconque faute du tiré. • Même arrêt.

Art. R. 131-48 Le certificat de non-paiement prévu par l'article L. 131-73 doit être conforme à un modèle fixé par arrêté conjoint du garde des sceaux, ministre de la justice, et du ministre chargé de l'économie. Il doit comporter tous renseignements permettant d'identifier le tireur et le tiré, ainsi que les numéro et montant du chèque dont le paiement a été refusé. Ce certificat est délivré par le tiré au plus tard quinze jours après la demande du porteur. — *V. Arr. du 20 avr. 2011 (JO 29 avr.).* — ***C. mon. fin.***

Dans le cas d'une nouvelle présentation infructueuse et passé le délai de trente jours prévu à l'article L. 131-73, le banquier tiré délivre d'office le certificat de non-paiement au porteur du chèque, le cas échéant par l'intermédiaire du banquier de celui-ci. Cette délivrance se fera sans frais pour le porteur. — *[Décr. n° 92-456 du 22 mai 1992, art. 36.]*

Art. R. 131-49 Lorsque le titulaire du compte est soumis à l'obligation d'immatriculation au registre du commerce et des sociétés ou au répertoire des métiers et que le montant du chèque impayé est supérieur à un montant déterminé par arrêté conjoint du garde des sceaux, ministre de la justice, et du ministre chargé de l'économie, le tiré dénonce au greffier du tribunal de commerce ou, le cas échéant, du *(Décr. n° 2019-966 du 18 sept. 2019, art. 8, en vigueur le 1er janv. 2020)* « tribunal judiciaire *[ancienne rédaction : tribunal de grande instance]* » statuant en matière commerciale dans le ressort duquel se trouve le domicile du titulaire du compte, le certificat de non-paiement établi en application de l'article L. 131-73.

Le certificat de non-paiement fait l'objet d'une publicité par le greffier dans les conditions fixées par les articles L. 511-56 à L. 511-60 *(Décr. n° 2007-431 du 25 mars 2007, art. 2)* « et R. 511-2 à R. 511-11 » du code de commerce. — *[Décr. n° 92-456 du 22 mai 1992, art. 37.]* — *V. Arr. du 20 avr. 2011 (JO 29 avr.).* — ***C. mon. fin.***

Art. R. 131-50 Le tiré doit être en mesure de justifier, pendant deux ans, de la date à laquelle il a remis ou adressé les formules de chèque au titulaire du compte. — *[Décr. n° 92-456 du 22 mai 1992, art. 39.]*

Art. R. 131-51 Lorsque le tiré reçoit une opposition qui n'est pas fondée sur l'un des motifs prévus par le deuxième alinéa de l'article L. 131-35 ou la confirmation écrite d'une telle opposition, il adresse au titulaire du compte une lettre lui indiquant la raison pour laquelle cette opposition ne peut être admise. — *[Décr. n° 92-456 du 22 mai 1992, art. 41.]*

CHAPITRE II ***La lettre de change et le billet à ordre*** *(Décr. n° 2010-257 du 12 mars 2010, art. 1er).*

Le chapitre II ne contient plus de dispositions réglementaires.

Art. R. 132-1 *Abrogé par Décr. n° 2010-257 du 12 mars 2010, art. 1er.*

CHAPITRE III ***Les règles applicables aux autres instruments de paiement***

(Décr. n° 2009-934 du 29 juill. 2009, art. 1er, en vigueur le 1er nov. 2009)

SECTION I ***Champ d'application et définitions***

La présente section ne comprend pas de dispositions réglementaires.

SECTION II ***Autorisation d'une opération de paiement***

Art. D. 133-1 Pour l'application de l'article L. 133-6, lorsqu'un instrument de paiement spécifique est utilisé pour donner le consentement, le payeur et le prestataire de services de paiement peuvent convenir de limites de dépenses pour les opérations de paiement exécutées avec ledit instrument de paiement.

Si la convention de compte de dépôt ou le contrat-cadre de services de paiement le prévoit, le prestataire de services de paiement peut se réserver le droit de bloquer l'instrument de paiement, pour des raisons objectivement motivées ayant trait à la sécurité de l'instrument de paiement, à la présomption d'une utilisation non autorisée ou frauduleuse de l'instrument de paiement ou au risque sensiblement accru que le payeur soit dans l'incapacité de s'acquitter de son obligation de paiement.

Dans ces cas, le prestataire de services de paiement informe, dans les formes convenues entre les parties, le payeur du blocage de l'instrument de paiement et des raisons de ce blocage, si possible avant que l'instrument de paiement ne soit bloqué et au plus tard immédiatement après, à moins que le fait de donner cette information ne soit pas acceptable pour des raisons de sécurité objectivement motivées ou soit interdite en vertu d'une autre législation communautaire ou nationale pertinente.

Le prestataire de services de paiement débloque l'instrument ou le remplace par un nouvel instrument de paiement dès lors que les raisons justifiant le blocage n'existent plus.

Le prestataire de services de paiement met en place les moyens appropriés permettant à l'utilisateur de demander à tout moment le déblocage de l'instrument de paiement.

SECTION III *Conditions d'exécution d'une opération de paiement*

Art. D. 133-2 Pour l'application de l'article L. 133-9, le prestataire de services de paiement peut établir une heure limite proche de la fin d'un jour ouvrable au-delà de laquelle tout ordre de paiement reçu est réputé reçu le jour ouvrable suivant.

SECTION IV *Délai d'exécution des opérations de paiement et dates de valeur*

La présente section ne comprend pas de dispositions réglementaires.

SECTION V *Obligations des parties en matière d'instruments de paiement*

Art. D. 133-3 Lorsqu'un utilisateur de services de paiement a utilisé les moyens mis à sa disposition par son prestataire de services de paiement conformément au II de l'article L. 133-15, pour l'informer de la perte, du vol ou du détournement de son instrument de paiement, le prestataire de services de paiement fournit au client, sur demande de ce dernier et pendant dix-huit mois à compter de l'information faite par celui-ci, les éléments lui permettant de prouver que ce dernier a procédé à cette information.

SECTION VI *Contestation et responsabilité en cas d'opération de paiement non autorisée*

La présente section ne comprend pas de dispositions réglementaires.

SECTION VII *Responsabilité en cas d'opération de paiement mal exécutée*

Art. D. 133-4 Lorsque la responsabilité d'un prestataire de services de paiement au titre de l'article L. 133-22 est imputable à un autre prestataire de services de paiement ou à un intermédiaire, ledit prestataire de services de paiement ou intermédiaire indemnise le premier prestataire de services de paiement pour toutes pertes subies ou toutes sommes payées en application de ce même article. *(Décr. n° 2017-1314 du 31 août 2017, art. 1er, en vigueur le 13 janv. 2018)* « Cette indemnisation s'applique au cas où l'un des prestataires de services de paiement ne recourt pas à l'authentification forte du client. »

Des indemnisations financières supplémentaires peuvent être convenues entre les prestataires de services de paiement et les intermédiaires.

SECTION VIII *Modalités pratiques et délais en cas d'opérations de paiement non autorisées ou mal exécutées*

La présente section ne comprend pas de dispositions réglementaires.

SECTION IX *Remboursement d'une opération de paiement ordonnée par le bénéficiaire ou par le payeur qui donne un ordre de paiement par l'intermédiaire du bénéficiaire*

La présente section ne comprend pas de dispositions réglementaires.

SECTION X *Frais applicables*

Art. D. 133-5 Pour l'application du II de l'article L. 133-26, constitue un incident de paiement tout rejet d'un ordre de paiement reçu par le prestataire de services de paiement du payeur en raison d'un défaut ou d'une insuffisance de provision, quel que soit le moyen de paiement utilisé.

Art. D. 133-6 Pour les incidents de paiement autres que le rejet d'un chèque, les frais perçus par le prestataire de services de paiement du payeur au titre d'un incident ne peuvent excéder le montant de l'ordre de paiement rejeté, dans la limite d'un plafond de 20 €.

Les frais perçus par le prestataire de services de paiement du payeur à l'occasion d'un incident de paiement comprennent l'ensemble des sommes facturées par le prestataire de services de paiement du payeur au titulaire du compte, quelles que soient la dénomination et la justification de ces sommes.

Lorsque plusieurs demandes de paiement concernant la même opération de paiement ont été rejetées par le prestataire de services de paiement, le payeur peut demander le remboursement des frais perçus au titre de ces incidents au-delà du montant facturé pour le premier rejet. La preuve que ces demandes de paiement concernent la même opération de paiement est apportée par le payeur par tout moyen.

SECTION XI *Instruments réservés aux paiements de faibles montants*

Art. D. 133-7 Un instrument de paiement est considéré comme réservé à des paiements de faibles montants lorsque la convention de compte de dépôt ou le contrat-cadre de services de paiement relatif à cet instrument précise :

– qu'il permet de réaliser exclusivement des opérations de paiement ne dépassant pas unitairement 30 euros ;

– ou qu'il a une limite de dépenses de 150 euros ;

– ou qu'il ne permet pas de stocker plus de 150 euros.

....

CHAPITRE IV *La lettre de change et le billet à ordre*

Le présent chapitre ne comprend pas de dispositions réglementaires.

....

TITRE VI Dispositions pénales

CHAPITRE PREMIER *Infractions relatives à la prohibition du paiement en espèces de certaines créances*

Le présent chapitre ne comprend pas de dispositions réglementaires.

....

CHAPITRE III *Infractions relatives aux chèques et aux autres instruments de la monnaie scripturale* (*Décr. n° 2009-934 du 29 juill. 2009, art. 2-I*).

Art. R. 163-1 Le fait d'exiger ou de provoquer, par quelque moyen que ce soit, directement ou indirectement, pour le paiement d'une somme supérieure à 15 euros, la remise d'un ou plusieurs chèques d'un montant inférieur ou égal à 15 euros est puni de l'amende prévue pour les contraventions de la 5e classe. La récidive de la contravention prévue au présent article est réprimée conformément à l'article 132-11 du code pénal. – *[Décr. n° 92-456 du 22 mai 1992, art. 40.]*

Art. R. 163-2 Le fait, pour toute personne, d'interroger la Banque de France sur la régularité d'un chèque en méconnaissance des conditions fixées par le premier alinéa de l'article R. 131-5 est puni de l'amende prévue par les contraventions de la 5e classe. La récidive de la contravention prévue au présent article est réprimée conformément à l'article 132-11 du code pénal.

La même peine est applicable au mandataire qui ne se conforme pas aux dispositions du premier alinéa de l'article R. 131-8. – *[Décr. n° 92-467 du 26 mai 1992, art. 6.]*

Art. R. 163-3 (*Décr. n° 2005-1738 du 30 déc. 2005, art. 1er-II, en vigueur le 1er janv. 2006*) Le fait, pour toute personne chargée à un titre quelconque de la direction ou de l'administration d'un établissement de crédit, ou d'un des établissements ou services mentionnés à l'article L. 518-1 du code monétaire et financier, à l'exception du Trésor public, de facturer à un client pour ses opérations de paiement électronique en euros ou ses virements en euros d'un montant maximum de 50 000 euros opérés entre deux États membres des frais différents de ceux que l'établissement ou le service en cause lui facture pour des opérations nationales en euros à l'intérieur du territoire de l'État membre, de même nature et de même montant, pour lesquelles il dispose des mêmes renseignements, est puni de l'amende prévue pour les contraventions de 1re classe.

....

LIVRE II Les produits

TITRE PREMIER Les instruments financiers

CHAPITRE PREMIER *Définition et règles générales*

SECTION I *Définitions*

Art. D. 211-1 A I. – (*Décr. n° 2009-297 du 16 mars 2009, art. 1er*) « Les contrats financiers mentionnés au III de l'article L. 211-1 sont : »

(Décr. nº 2007-904 du 15 mai 2007, art. 1er, en vigueur le 1er nov. 2007) « 1. Les contrats d'option, contrats à terme fermes, contrats d'échange, accords de taux futurs et tous autres contrats à terme relatifs à des instruments financiers, des devises, des taux d'intérêt, des rendements, *(Décr. nº 2017-1324 du 6 sept. 2017, art. 1er, en vigueur le 3 janv. 2018)* « des unités mentionnées à l'article L. 229-7 du code de l'environnement, à » des indices financiers ou des mesures financières qui peuvent être réglés par une livraison physique ou en espèces ;

« 2. Les contrats d'option, contrats à terme fermes, contrats d'échange, accords de taux futurs et tous autres contrats à terme relatifs à des *(Décr. nº 2017-1324 du 6 sept. 2017, art. 1er, en vigueur le 3 janv. 2018)* « matières premières » qui doivent être réglés en espèces ou peuvent être réglés en espèces à la demande d'une des parties *(Décr. nº 2017-1324 du 6 sept. 2017, art. 1er, en vigueur le 3 janv. 2018)* « pour des raisons autres qu'une » défaillance ou d'autre incident conduisant à la résiliation ;

« 3. Les contrats d'option, contrats à terme fermes, contrats d'échange et tous autres contrats à terme relatif *[relatifs]* à des *(Décr. nº 2017-1324 du 6 sept. 2017, art. 1er, en vigueur le 3 janv. 2018)* « matières premières » qui peuvent être réglés par livraison physique, à condition qu'ils soient négociés sur un marché réglementé *(Décr. nº 2017-1324 du 6 sept. 2017, art. 1er, en vigueur le 3 janv. 2018)* « [,] un système multilatéral de négociation ou un système organisé de négociation, à l'exception des produits énergétiques de gros, au sens du point 4 de l'article 2 du règlement (UE) nº 1227/2011 du Parlement européen et du Conseil du 25 octobre 2011 concernant l'intégrité et la transparence du marché de gros de l'énergie, qui sont négociés sur un système organisé de négociation et qui doivent être réglés par livraison physique » ;

« 4. Les contrats d'options, contrats à terme fermes, contrats d'échange et tous autres contrats à terme relatifs à des *(Décr. nº 2017-1324 du 6 sept. 2017, art. 1er, en vigueur le 3 janv. 2018)* « matières premières » qui peuvent être réglés par livraison physique, non mentionnés par ailleurs au 3, et non destinés à des fins commerciales, qui présentent les caractéristiques d'autres instruments financiers à terme *(Abrogé par Décr. nº 2017-1324 du 6 sept. 2017, art. 1er, à compter du 3 janv. 2018)* « ***, en tenant compte de ce que, notamment, ils sont compensés et réglés par l'intermédiaire d'une chambre de compensation reconnue ou font l'objet d'appels de couvertures périodiques*** » ;

« 5. Les contrats à terme servant au transfert du risque de crédit ;

« 6. Les contrats financiers avec paiement d'un différentiel ;

« 7. Les contrats d'options, contrats à terme fermes, contrats d'échanges, accords de taux futurs et tous autres contrats à terme relatifs à des variables climatiques, à des tarifs de fret *(Abrogé par Décr. nº 2017-1324 du 6 sept. 2017, art. 1er, à compter du 3 janv. 2018)* « ***, à des autorisations d'émissions*** » ou à des taux d'inflation ou d'autres statistiques économiques officielles qui doivent être réglés en espèces ou peuvent être réglés en espèces à la demande d'une des parties *(Décr. nº 2017-1324 du 6 sept. 2017, art. 1er, en vigueur le 3 janv. 2018)* « pour des raisons autres qu'une » défaillance ou d'autre incident amenant la résiliation ;

« 8. Tout autre contrat à terme concernant des actifs, des droits, des obligations, des indices et des mesures, non mentionné par ailleurs aux 1 à 7 ci-dessus, qui présente les caractéristiques d'autres instruments financiers à terme, en tenant compte de ce que, notamment, il est négocié sur un marché réglementé *(Décr. nº 2017-1324 du 6 sept. 2017, art. 1er, en vigueur le 3 janv. 2018)* « [,] un système multilatéral de négociation ou un système organisé de négociation ». »

II. – *(Décr. nº 2017-1324 du 6 sept. 2017, art. 1er, en vigueur le 3 janv. 2018)* « Dans cet article, une matière première est un bien ayant les caractéristiques mentionnées au paragraphe 6 de l'article 2 du règlement délégué (UE) 2017/565 de la Commission du 25 avril 2016. »

SECTION II ***Les titres financiers*** *(Décr. nº 2009-295 du 16 mars 2009, art. 1er).*

SOUS-SECTION 1 *Conditions d'émission*

La présente sous-section ne comprend pas de dispositions réglementaires.

SOUS-SECTION 2 *Inscription des titres financiers* *(Décr. nº 2018-1226 du 24 déc. 2018, art. 4).*

(Décr. nº 2009-295 du 16 mars 2009, art. 1er)

Art. R. 211-1 Les titres financiers ne sont matérialisés que par une inscription *(Décr. nº 2018-1226 du 24 déc. 2018, art. 4)* « dans le compte-titres du ou des propriétaires ou au bénéfice du ou des propriétaires dans un dispositif d'enregistrement électronique partagé ».

Art. R. 211-2 Lorsque le compte-titres est tenu par l'émetteur *(Décr. n° 2018-1226 du 24 déc. 2018, art. 4)* « ou que les titres financiers sont inscrits par l'émetteur dans un dispositif d'enregistrement électronique partagé », les titres financiers revêtent la forme nominative. *(Décr. n° 2018-1226 du 24 déc. 2018, art. 4)* « Lorsque le compte-titres » est tenu par un intermédiaire mentionné à l'article L. 211-3, les titres financiers revêtent la forme au porteur.

Art. R. 211-3 *(Décr. n° 2018-1226 du 24 déc. 2018, art. 4)* Lorsque la tenue des comptes-titres ou l'inscription de titres dans un dispositif d'enregistrement électronique partagé incombe à l'émetteur et que ce dernier désigne un mandataire à cet effet, il publie au *Bulletin des annonces légales obligatoires* la dénomination et l'adresse de son mandataire, ainsi que la catégorie de titres financiers qui fait l'objet du mandat.

Art. R. 211-4 Un propriétaire de titres financiers nominatifs peut charger un intermédiaire mentionné à l'article L. 211-3 de tenir son compte-titres ouvert chez un émetteur *(Décr. n° 2018-1226 du 24 déc. 2018, art. 4)* « ou d'administrer les inscriptions figurant dans le dispositif d'enregistrement électronique partagé mentionné au même article ». En ce cas, les inscriptions figurant sur ce compte-titres *(Décr. n° 2018-1226 du 24 déc. 2018, art. 4)* « ou dans le dispositif d'enregistrement électronique partagé » figurent également dans un compte d'administration tenu par cet intermédiaire. Le titulaire du compte-titres s'oblige à ne plus donner d'ordre qu'à ce dernier.

Art. R. 211-5 Les titres financiers à forme obligatoirement nominative ne peuvent être négociés sur *(Décr. n° 2018-1226 du 24 déc. 2018, art. 4)* « une plate-forme » de négociation qu'après avoir été placés en compte d'administration.

Les titres financiers qui ne revêtent pas la forme obligatoirement nominative ne peuvent être négociés sur *(Décr. n° 2018-1226 du 24 déc. 2018, art. 4)* « une plate-forme » de négociation que sous la forme au porteur.

(Décr. n° 2018-1226 du 24 déc. 2018, art. 4) « Toutefois, dès lors qu'ils sont inscrits dans un dispositif d'enregistrement électronique partagé, les parts ou actions d'organismes de placement collectif et les titres de créance négociables peuvent être négociés sur une plate-forme de négociation sous forme nominative sans nécessairement avoir été préalablement placés en compte d'administration. »

Art. R. 211-6 Un dépositaire central ouvre des comptes aux émetteurs de titres financiers admis à ses opérations et aux intermédiaires mentionnés à l'article L. 211-3 qui acquièrent de ce fait la qualité d'adhérent.

Il assure, pour les titres financiers admis à ses opérations, la livraison par débit et crédit des comptes ouverts à ses adhérents.

Art. R. 211-7 Un dépositaire central peut créer des certificats représentatifs de titres financiers français ne pouvant circuler qu'à l'étranger.

Il peut déléguer ce droit à un adhérent pour une émission déterminée.

Art. R. 211-8 Lorsqu'un dépositaire central s'est affilié à un organisme étranger de même nature, il a la faculté, d'une part, de prévoir que les inscriptions nominatives de titres financiers étrangers se font sous le nom de son homologue étranger, d'autre part, de laisser les titres financiers étrangers au porteur ou assimilés en dépôt auprès de celui-ci.

Art. R. 211-9 Les règles relatives à l'identification des détenteurs de titres sont définies par les articles R. 228-3 à R. 228-6 du code de commerce.

Art. D. 211-9-1 *(Décr. n° 2017-973 du 9 mai 2017, art. 1er)* L'inscription mentionnée au 3 de l'article L. 211-4 peut être faite sous la forme d'un compte collectif ou en plusieurs comptes individuels correspondant chacun à un propriétaire.

Art. D. 211-9-2 *(Décr. n° 2017-973 du 9 mai 2017, art. 1er)* La déclaration mentionnée à l'article L. 211-4 est effectuée auprès de l'organisme de placement collectif, auprès d'un intermédiaire mentionné à l'article L. 211-3 ou auprès d'un dépositaire central lorsque l'intermédiaire inscrit a ouvert un compte de titres dans les livres de ce dépositaire central*[.]*

Art. D. 211-9-3 *(Décr. n° 2017-973 du 9 mai 2017, art. 1er)* Lorsque les parts ou actions d'organismes de placement collectif sont nominatives, l'intermédiaire inscrit est tenu, dans un délai de dix jours ouvrables à compter de la demande d'identification formulée en application de l'article L. 211-5 et mentionnée à l'article L. 228-3 du code de commerce, de révéler l'identité des propriétaires de ces titres, ainsi que la quantité de titres détenus par chacun d'eux.

Art. D. 211-9-4 *(Décr. n° 2017-973 du 9 mai 2017, art. 1er)* Sans préjudice de l'article *(Décr. n° 2020-1742 du 29 déc. 2020, art. 15, en vigueur le 1er janv. 2021)* « R. 22-10-28 » du code de commerce, il est également justifié du droit de participer à l'assemblée générale des organismes de placement collectif prenant la forme de société dont les actions sont admises aux négociations sur *(Décr. n° 2018-1226 du 24 déc. 2018, art. 4)* « une plate-forme de négociation » ou aux opérations d'un dépositaire central par l'inscription *(Abrogé par Décr. n° 2018-1226 du 24 déc. 2018, art. 4) « en compte »* des actions au nom de l'intermédiaire inscrit mentionné au 3 de l'article L. 211-4 pour le compte de l'actionnaire, au deuxième jour ouvré précédant l'assemblée à zéro heure, heure de Paris, soit dans les comptes de titres nominatifs tenus par la société, *(Décr. n° 2018-1226 du 24 déc. 2018, art. 4)* « soit dans un dispositif d'enregistrement électronique partagé, » soit dans les comptes de titres au porteur tenus par un intermédiaire mentionné à l'article L. 211-3.

Sans préjudice de l'article R. 225-86 du code de commerce, il est également justifié du droit de participer à l'assemblée générale des organismes de placement collectif prenant la forme de société dont les actions ne sont ni admises aux négociations sur *(Décr. n° 2018-1226 du 24 déc. 2018, art. 4)* « une plate-forme de négociation » ni aux opérations d'un dépositaire central par l'inscription *(Abrogé par Décr. n° 2018-1226 du 24 déc. 2018, art. 4) « en compte »* des actions au nom de l'intermédiaire inscrit mentionné au 3 de l'article L. 211-4 pour le compte de l'actionnaire au jour de l'assemblée générale, dans les comptes de titres nominatifs tenus par l'organisme de placement collectif prenant la forme de société *(Décr. n° 2018-1226 du 24 déc. 2018, art. 4)* « ou dans un dispositif d'enregistrement électronique partagé ». Les organismes de placement collectif prenant la forme de société peuvent cependant, par une disposition spéciale de leurs statuts, décider qu'il sera justifié du droit de participer aux assemblées par l'inscription des titres dans les mêmes comptes *(Décr. n° 2018-1226 du 24 déc. 2018, art. 4)* « ou dans un dispositif d'enregistrement électronique partagé » au deuxième jour ouvré précédant l'assemblée à zéro heure, heure de Paris.

Art. D. 211-9-5 *(Décr. n° 2017-973 du 9 mai 2017, art. 1er)* Sous réserve de l'article L. 225-106 du code de commerce, l'intermédiaire inscrit mentionné au 3 de l'article L. 211-4 peut, en vertu d'un mandat général de gestion des titres, transmettre le vote ou le pouvoir d'un actionnaire pour une assemblée d'un organisme de placement collectif prenant la forme de société.

Avant de transmettre des pouvoirs ou des votes en assemblée générale, l'intermédiaire inscrit est tenu, à la demande de l'organisme de placement collectif prenant la forme de société ou de son mandataire, de fournir la liste des actionnaires non-résidents auxquels ces droits de vote sont attachés ainsi que la quantité d'actions détenues par chacun d'eux. Cette liste est fournie dans les conditions prévues, selon le cas, aux articles L. 228-2 ou L. 228-3 du code de commerce.

Le vote ou le pouvoir émis par un intermédiaire inscrit qui soit ne s'est pas déclaré comme tel en vertu du 3 de l'article L. 211-4, soit n'a pas révélé l'identité des propriétaires des titres en vertu des articles L. 228-2 ou L. 228-3 du code de commerce, ne peut être pris en compte aux assemblées générales.

Art. D. 211-9-6 *(Décr. n° 2017-973 du 9 mai 2017, art. 1er)* L'intermédiaire inscrit bénéficiaire d'un mandat mentionné à l'article D. 211-9-5 peut transmettre ou émettre sous sa signature les votes des actionnaires. Les mandats et procurations mentionnés à l'article D. 211-9-5 sont conservés durant un délai de trois ans à compter de l'assemblée générale au cours de laquelle ont été exercés les droits de vote.

Art. R. 211-9-7 *(Décr. n° 2018-1226 du 24 déc. 2018, art. 4)* Le dispositif d'enregistrement électronique partagé mentionné à l'article L. 211-3 est conçu et mis en œuvre de façon à garantir l'enregistrement et l'intégrité des inscriptions et à permettre, directement ou indirectement, d'identifier les propriétaires des titres, la nature et le nombre de titres détenus.

Les inscriptions réalisées dans ce dispositif d'enregistrement font l'objet d'un plan de continuité d'activité actualisé comprenant notamment un dispositif externe de conservation périodique des données.

Lorsque des titres sont inscrits dans ce dispositif d'enregistrement, le propriétaire de ces titres peut disposer de relevés des opérations qui lui sont propres.

SOUS-SECTION 3 *Transmission*

(Décr. n° 2009-297 du 16 mars 2009, art. 1er)

La présente sous-section ne comporte pas de dispositions réglementaires.

SOUS-SECTION 4 *Nantissement de comptes-titres et de titres financiers (Décr. n° 2018-1226 du 24 déc. 2018, art. 5).*

(Décr. n° 2009-297 du 16 mars 2009, art. 1er)

§ 1er *Dispositions communes aux différentes modalités de nantissement (Décr. n° 2018-1226 du 24 déc. 2018, art. 5).*

Art. D. 211-10 La déclaration de nantissement d'un compte-titres tenu par un intermédiaire mentionné à l'article L. 211-3, un dépositaire central ou, le cas échéant, l'émetteur *(Décr. n° 2018-1226 du 24 déc. 2018, art. 5)* « ou la déclaration de nantissement de titres financiers inscrits dans un dispositif d'enregistrement électronique partagé » doit être datée et contenir :

1° La dénomination "Déclaration de nantissement de compte de titres financiers" *(Décr. n° 2018-1226 du 24 déc. 2018, art. 5)* « ou "Déclaration de nantissement de titres financiers inscrits dans un dispositif d'enregistrement électronique partagé" » ;

2° La mention que la déclaration est soumise aux dispositions de l'article L. 211-20 ;

3° Le nom ou la dénomination sociale ainsi que l'adresse du constituant et du créancier nanti ou de leur siège social s'il s'agit de personnes morales ;

4° Le montant de la créance garantie ou, à défaut, les éléments permettant d'assurer l'identification de cette créance ;

5° Les éléments d'identification du compte spécial prévu au II de l'article L. 211-20 lorsqu'un tel compte existe *(Décr. n° 2018-1226 du 24 déc. 2018, art. 5)* « ou, à défaut, les éléments d'identification des titres financiers identifiés par le procédé informatique prévu au second alinéa du même II » ;

6° La nature et le nombre des titres financiers inscrits initialement au compte nanti.

Art. D. 211-11 La mise en demeure prévue au V de l'article L. 211-20 contient, à peine de nullité, les indications suivantes :

1° Faute de paiement, le nantissement pourra être réalisé par le créancier dans les huit jours ou à l'échéance de tout autre délai préalablement convenu avec le *(Décr. n° 2018-1226 du 24 déc. 2018, art. 5)* « constituant du nantissement » ;

2° Le *(Décr. n° 2018-1226 du 24 déc. 2018, art. 5)* « constituant du nantissement » peut, jusqu'à l'expiration du délai mentionné ci-dessus, faire connaître au teneur de compte *(Décr. n° 2018-1226 du 24 déc. 2018, art. 5)* « ou au gestionnaire du procédé informatique d'identification » l'ordre dans lequel les sommes ou titres financiers devront être attribués en pleine propriété ou vendus, au choix du créancier.

Art. D. 211-12 Dans la limite du montant de la créance garantie et, le cas échéant, dans le respect de l'ordre indiqué par le *(Décr. n° 2018-1226 du 24 déc. 2018, art. 5)* « constituant du nantissement », la réalisation du nantissement *(Décr. n° 2018-1226 du 24 déc. 2018, art. 5)* « du compte nanti ou des titres » prévue aux IV et V de l'article L. 211-20 intervient :

1° Pour les sommes en toute monnaie *(Abrogé par Décr. n° 2018-1226 du 24 déc. 2018, art. 5)* « *figurant dans le compte nanti* », directement par transfert en pleine propriété au créancier nanti ;

2° Pour les titres financiers, français ou étrangers admis aux négociations sur *(L. n° 2021-1889 du 29 déc. 2021, art. 1er, en vigueur le 1er janv. 2022)* « une plateforme de négociations » que le *(Décr. n° 2018-1226 du 24 déc. 2018, art. 5)* « constituant du nantissement » ou, à défaut, le créancier nanti a désignés, par vente sur *(L. n° 2021-1889 du 29 déc. 2021, art. 1er, en vigueur le 1er janv. 2022)* « une plateforme de négociations ou selon une offre visée au 1° de l'article L. 411-2 » ou attribution en propriété de la quantité déterminée par le créancier nanti. Cette quantité est établie, par le créancier nanti, sur la base du dernier cours de clôture disponible sur *(L. n° 2021-1889 du 29 déc. 2021, art. 1er, en vigueur le 1er janv. 2022)* « une plateforme de négociations » ;

3° Pour les parts ou actions d'organisme de placement collectif au sens du 3 du II de l'article L. 211-1, que le *(Décr. n° 2018-1226 du 24 déc. 2018, art. 5)* « constituant du nantissement » ou, à défaut, le créancier nanti a désignées, par présentation au rachat ou attribution en propriété de la quantité qu'il détermine. Cette quantité est établie, par le créancier nanti, sur la base de la dernière valorisation disponible desdites parts ou actions.

Le *(Décr. n° 2018-1226 du 24 déc. 2018, art. 5)* « constituant du nantissement » supporte tous les frais résultant de la réalisation du nantissement. Ces frais sont imputés sur le montant résultant de cette réalisation.

Art. D. 211-13 *(Décr. n° 2018-1226 du 24 déc. 2018, art. 5)* Lorsque le créancier nanti a autorisé le constituant du nantissement à disposer des titres financiers et des sommes en toute monnaie, objets du nantissement, le constituant du nantissement et le créancier nanti informent par écrit le teneur de compte ou le gestionnaire du procédé informatique d'identification des conditions de cette disposition. Le teneur de compte ou le gestionnaire du procédé informatique d'identification ne peut déroger aux instructions reçues sans l'accord du créancier nanti.

Lorsque le créancier nanti estime réunies les conditions de la réalisation du nantissement, il demande par écrit au teneur de compte ou au gestionnaire du procédé informatique d'identification de procéder à cette réalisation dans les conditions prévues à l'article D. 211-12. Le teneur de compte ou le gestionnaire du procédé informatique d'identification exécute, aux frais du créancier nanti, les instructions reçues.

Les dispositions des deux alinéas précédents ne s'appliquent pas lorsque le créancier nanti est le teneur de compte mentionné au II de l'article L. 211-20 ou le gestionnaire du procédé informatique d'identification.

Art. D. 211-14 Les dispositions des articles D. 211-10 à D. 211-13 ne s'appliquent pas aux nantissements portant sur des parts de sociétés civiles de placement immobilier ou des parts de sociétés d'épargne forestière, qui demeurent soumis aux dispositions des articles 1866 à 1868 du code civil.

§ 2 *Dispositions spécifiques au nantissement de titres inscrits dans un dispositif d'enregistrement électronique partagé*

(Décr. n° 2018-1226 du 24 déc. 2018, art. 5)

Art. R. 211-14-1 I. – Si l'émetteur ou son mandataire chargé de l'inscription des titres financiers dans le dispositif d'enregistrement électronique partagé conformément à l'article R. 211-3 n'est pas une personne autorisée à recevoir des fonds remboursables du public au sens de l'article L. 312-2, les fruits et produits des titres financiers versés en toute monnaie doivent être inscrits au crédit d'un compte ouvert dans les livres d'un intermédiaire mentionné à l'article L. 211-3 ou d'un établissement de crédit dans les conditions prévues au III de l'article L. 211-20.

II. – Pour l'application du IV de l'article L. 211-20, le créancier nanti définit avec le constituant du nantissement les conditions dans lesquelles ce dernier peut disposer des titres financiers nantis et des sommes en toute monnaie figurant dans le compte ouvert dans les livres d'un intermédiaire mentionné à l'article L. 211-3 ou d'un établissement de crédit mentionné au I.

III. – Le gestionnaire du procédé informatique d'identification fournit les attestations mentionnées au I et au III de l'article L. 211-20.

SOUS-SECTION 5 *Formes particulières de transmission*

(Décr. n° 2009-297 du 16 mars 2009, art. 1er)

§ 1er *Adjudication*

Ce paragraphe ne comporte pas de dispositions réglementaires.

§ 2 *Prêt de titres financiers*

Ce paragraphe ne comporte pas de dispositions réglementaires.

§ 3 *Pension*

Art. D. 211-15 Les modalités de livraison mentionnées à l'article L. 211-29 sont arrêtées comme suit :

1° Les titres financiers ou effets créés matériellement sont dits livrés si, au moment de la mise en pension, ils sont effectivement et physiquement délivrés au cessionnaire ou à son mandataire ; s'agissant d'effets à ordre, ils doivent être préalablement endossés conformément à l'article L. 511-8 du code de commerce ;

2° Les titres financiers ou effets dématérialisés et ceux matériellement créés, conservés chez un dépositaire central, mais circulant par virement de compte à compte, sont dits livrés s'ils font l'objet, au moment de la mise en pension, d'une inscription à un compte ouvert au nom du cessionnaire chez un intermédiaire mentionné à l'article L. 211-3, chez un dépositaire central ou, le cas échéant, chez l'émetteur.

SECTION III ***Contrats financiers***

(Décr. n° 2009-297 du 16 mars 2009, art. 1er)

La présente section ne comprend pas de dispositions réglementaires.

SECTION IV *Règles communes applicables aux opérations sur instruments financiers*

(Décr. n° 2009-297 du 16 mars 2009, art. 1er)

La présente section ne comprend pas de dispositions réglementaires.

SECTION V *Régime des instruments financiers étrangers*

(Décr. n° 2009-297 du 16 mars 2009, art. 1er)

La présente section ne comprend pas de dispositions réglementaires.

CHAPITRE II *Titres de capital* *(Décr. n° 2009-295 du 16 mars 2009, art. 1er).*

SECTION I *Les actions* *(Décr. n° 2009-295 du 16 mars 2009, art. 1er).*

SOUS-SECTION 1 *Actions de numéraire et d'apport*

La présente sous-section ne comprend pas de dispositions réglementaires.

SOUS-SECTION 2 *Actions à forme nominative obligatoire*

La présente sous-section ne comprend pas de dispositions réglementaires.

SOUS-SECTION 3 *Actions de préférence*

Art. R. 212-1 Les règles relatives aux actions de préférence sont définies par les articles *(Décr. n° 2007-431 du 25 mars 2007, art. 2)* « R. 228-15 à R. 228-22 du code de commerce ».

SOUS-SECTION 4 *Dispositions applicables aux catégories de titres en voie d'extinction*

Art. R. 212-2 Les règles relatives aux actions à dividende prioritaire sans droit de vote sont définies par les articles *(Décr. n° 2007-431 du 25 mars 2007, art. 2)* « R. 228-40 à R. 228-48 du code de commerce ».

Art. R. 212-3 Les règles relatives aux certificats d'investissements sont définies par les articles *(Décr. n° 2007-431 du 25 mars 2007, art. 2)* « R. 228-33 à R. 228-39 du code de commerce ».

SECTION II *Les autres titres donnant ou pouvant donner accès au capital ou aux droits de vote* *(Décr. n° 2009-295 du 16 mars 2009, art. 1er).*

Art. R. 212-4 Les règles relatives aux titres donnant accès au capital sont définies par les articles *(Décr. n° 2007-431 du 25 mars 2007, art. 2)* « R. 228-87 à R. 228-95 du code de commerce ».

....

CHAPITRE III *Titres de créance*

SECTION I *Les titres de créances négociables* *(Décr. n° 2016-707 du 30 mai 2016, art. 1er).*

SOUS-SECTION 1 *Conditions d'émission des titres de créances négociables* *(Décr. n° 2016-707 du 30 mai 2016, art. 1er).*

Art. D. 213-1 *(Décr. n° 2016-707 du 30 mai 2016, art. 1er)* I. — Les titres de créances négociables définis à l'article L. 213-1 comprennent :

1° Les titres négociables à court terme, d'une durée initiale inférieure ou égale à un an, émis par l'ensemble des émetteurs mentionnés à l'article L. 213-3 ;

2° Les titres négociables à moyen terme, d'une durée initiale supérieure à un an, émis par l'ensemble des émetteurs mentionnés à l'article L. 213-3, à l'exception de celui mentionné au 12 du même article.

II. — La rémunération des titres de créances négociables est libre. Lorsque la rémunération varie en application d'une clause d'indexation qui ne porte pas sur un taux usuel du marché interbancaire, du marché monétaire ou du marché obligataire, cette clause est portée à la connaissance de la Banque de France.

Art. D. 213-2 *(Décr. n° 2016-707 du 30 mai 2016, art. 1er)* La Banque de France veille au respect par les émetteurs de titres de créances négociables des conditions d'émission prévues par les articles L. 213-1 à L. 213-4, par la présente sous-section et par l'arrêté mentionné à l'article D. 213-7.

Pour l'exercice de cette mission, les nouveaux émetteurs informent la Banque de France, dans un délai déterminé par celle-ci avant leur première émission, de leur intention d'entrer sur ce marché, par l'envoi de la documentation financière établie selon les modalités définies aux articles D. 213-9 à D. 213-12.

Elle reçoit communication immédiate par l'ensemble des émetteurs des documents établis en application de leurs obligations d'information conformément à l'article L. 213-4 et prévus par les articles D. 213-1-A et D. 213-9 à D. 213-12.

La Banque de France peut suspendre ou interdire d'émission un émetteur qui manque au respect de ces dispositions.

Art. D. 213-3 *(Décr. n° 2016-707 du 30 mai 2016, art. 1er)* Les émetteurs rendent publique une notation de leur programme d'émission, obtenue auprès d'une agence spécialisée qui répond aux conditions arrêtées par l'autorité administrative compétente ou, le cas échéant, disposent d'un garant remplissant les conditions fixées par arrêté et bénéficiant d'une telle notation.

Sont exemptés de cette obligation :

1° Les établissements de crédit et les entreprises d'investissement établis dans l'Espace économique européen ;

2° La Caisse des dépôts et consignations ;

3° Les émetteurs dont des titres sont admis aux négociations sur un marché réglementé de l'Espace économique européen, ou sur un marché hors de l'Espace économique européen reconnu comme équivalent par la Commission européenne ;

4° Les organismes de titrisation qui émettent des titres de créances conférant tous des droits de même rang. Ces titres sont intégralement adossés à des créances éligibles de manière non temporaire au refinancement octroyé par l'Eurosystème dans le cadre de sa politique monétaire, à l'exclusion de tout critère de montant nominal minimum. Lorsqu'un organisme de titrisation comporte plusieurs compartiments, l'ensemble des compartiments est soumis aux critères précédemment définis, l'absence de subordination des droits entre les titres émis étant appréciée au sein de chaque compartiment. Ces organismes figurent sur une liste fixée par arrêté du ministre chargé de l'économie, sur avis conforme de la Banque de France.

Art. D.* 213-4 L'autorité administrative compétente mentionnée à l'article D. 213-3 est le ministre chargé de l'économie. – *[Décr. n° 92-137 du 13 févr. 1992, art. 6.]*

Art. D. 213-5 *(Décr. n° 2016-707 du 30 mai 2016, art. 1er)* L'ensemble des titres de créances négociables émis dans le cadre d'un même programme peut bénéficier d'une garantie à première demande dans les conditions fixées par arrêté du ministre chargé de l'économie.

Lorsque les titres de créances négociables bénéficient d'une telle garantie, la documentation financière en fait mention et fournit, pour le garant, les mêmes renseignements que pour l'émetteur.

Art. D. 213-6 *(Décr. n° 2016-707 du 30 mai 2016, art. 1er)* Les titres de créances négociables peuvent être émis en euros ou en toute devise.

La Banque de France peut suspendre pour un délai qu'elle détermine des émissions de titres libellés dans une devise déterminée.

Art. D. 213-7 *(Décr. n° 2016-707 du 30 mai 2016, art. 1er)* Les conditions d'émission des titres de créances négociables prévues aux articles L. 213-1 A à L. 213-4-1 et à la présente sous-section sont précisées par arrêté du ministre chargé de l'économie. – *V. Arr. du 30 mai 2016. – **C. mon. fin.***

SOUS-SECTION 2 *Règles applicables à certains émetteurs*

Art. D. 213-8 *(Décr. n° 2016-707 du 30 mai 2016, art. 1er)* Pour être habilitées à émettre des titres de créances négociables, les entreprises mentionnées au 2 de l'article L. 213-3 doivent appartenir à l'une des catégories suivantes :

1° Les entreprises revêtant la forme de sociétés par actions ou, pour celles dont le siège social est situé à l'étranger, une forme reconnue comme équivalente par l'autorité mentionnée à l'article D. 213-2, et disposant d'un capital social dont la partie libérée est au moins égale à 37 000 euros ou la contre-valeur de ce montant en devises ;

2° Les entreprises du secteur public dès lors qu'elles remplissent les conditions fixées au 1° ;

3° Les entreprises du secteur public qui ne disposent pas de capital social mais qui ont été autorisées à procéder à *(Décr. n° 2019-1097 du 28 oct. 2019, art. 7)* « des offres au public de titres financiers autres que celles mentionnées au 1° ou au 2° de l'article L. 411-2 ou à l'article L. 411-2-1 » ;

4° Les sociétés coopératives agricoles et leurs unions disposant d'un capital social dont la partie libérée est au moins égale à 37 000 euros ;

5° Les sociétés coopératives par actions disposant d'un capital social dont la partie libérée est au moins égale à 37 000 euros.

SOUS-SECTION 3 *Documentation financière et informations statistiques*

Art. D. 213-9 *(Décr. n° 2016-707 du 30 mai 2016, art. 1er)* Préalablement à l'émission, l'émetteur de titres de créances négociables dépose auprès de la Banque de France une documentation financière qui comprend :

1° Une présentation du ou des programmes d'émission contenant les éléments fixés par arrêté du ministre chargé de l'économie ; *— V. Arr. du 30 mai 2016. —* ***C. mon. fin.***

2° Une présentation de la situation juridique et financière de l'émetteur ;

3° Les documents mis à disposition de l'assemblée générale des actionnaires, ou de l'organe qui en tient lieu, relatifs aux deux derniers exercices, incluant notamment les comptes annuels et, le cas échéant, les comptes consolidés, les rapports du conseil d'administration ou du directoire et du conseil de surveillance, selon le cas, et les rapports des commissaires aux comptes, ou des personnes qui en tiennent lieu, sur la sincérité des informations comptables données. Ces documents sont incorporés par référence ou sont insérés directement dans la documentation financière.

Les données comptables, consolidées, ou à défaut, sociales, sont établies selon les normes internationales d'information financière, selon des normes comptables reconnues comme équivalentes par la Commission européenne, selon les normes comptables locales des pays de l'Espace économique européen ou selon les normes comptables françaises.

En outre, lorsque l'émetteur a son siège social en dehors de l'Espace économique européen, il dispose de données comptables faisant l'objet d'un contrôle légal dont le système de supervision publique est reconnu comme équivalent par la Commission européenne.

Lorsque l'émetteur est une société chargée, au sein d'un groupe, de gérer la trésorerie, ces mêmes renseignements sont fournis pour l'ensemble du groupe sur la base des comptes consolidés de la société consolidante ;

4° Une attestation des personnes physiques, avec indication de leur identité et de leur fonction dans la société, ou des personnes morales, avec indication de leur dénomination et de leur siège, qui assurent la responsabilité de la documentation financière et certifient qu'à leur connaissance l'information donnée par l'émetteur est exacte, précise et qu'elle ne comporte pas d'omissions de nature à en altérer la portée ni d'indications fausses ou de nature à induire en erreur.

La Banque de France peut demander toute information complémentaire à l'émetteur.

A compter de la mise à jour de la documentation financière, les émetteurs disposent d'un an pour se conformer aux dispositions des 5e et 6e al. de l'art. D. 213-9 (Décr. n° 2016-707 du 30 mai 2016, art. 3).

Art. D. 213-10 Un arrêté du ministre chargé de l'économie précise les mentions obligatoires du dossier de présentation financière. Il peut prévoir des modalités spécifiques adaptées aux différentes catégories d'émetteurs. *— [Décr. n° 92-137 du 13 févr. 1992, art. 11.] — V. Arr. du 30 mai 2016. —* ***C. mon. fin.***

Art. D. 213-11 *(Décr. n° 2016-707 du 30 mai 2016, art. 1er)* La documentation financière remise à la Banque de France est rédigée en français ou dans une langue usuelle en matière financière autre que le français, dans le cas où les titres ne peuvent être souscrits ou acquis que pour un montant au moins équivalent à 200 000 euros ou la contre-valeur de ce montant en devises et à condition que l'émetteur fasse figurer un avertissement en français dans sa documentation financière invitant l'investisseur, le cas échéant, à recourir à une traduction en français de cette documentation, dans les conditions précisées par un arrêté du ministre chargé de l'économie. *— V. Arr. du 30 mai 2016. —* ***C. mon. fin.***

Art. D. 213-12 *(Décr. n° 2016-707 du 30 mai 2016, art. 1er)* L'émetteur communique chaque année à la Banque de France la documentation financière actualisée du programme dans un délai de quarante-cinq jours après la tenue de l'assemblée générale des actionnaires, ou de l'organe qui en tient lieu, statuant sur les comptes du dernier exercice.

Toutefois, l'émetteur met à jour sans délai la documentation financière sur toute modification relative au plafond de son encours, à l'identité des agences spécialisées attribuant une notation au programme d'émission lorsqu'une telle notation est requise, à la notation du programme d'émission si elle figure expressément dans sa documentation financière, à l'identité du garant ou aux termes et modalités de la garantie, ainsi que sur tout fait nouveau rendu public susceptible d'avoir une incidence significative sur l'évaluation des titres émis ou sur la bonne fin du programme d'émission.

Par dérogation à l'art. D. 213-12, l'émetteur met à jour sa documentation financière dans un délai de trois mois à compter de la tenue de l'assemblée générale des actionnaires qui suit l'entrée en vigueur du Décr. n° 2016-707 du 30 mai 2016, ou de l'organe qui en tient lieu, statuant sur les comptes du dernier exercice (Décr. préc., art. 3).

Art. D. 213-13 *(Décr. n° 2016-707 du 30 mai 2016, art. 1er)* L'émetteur de titres de créances négociables communique sans délai et sans frais la documentation financière de son programme d'émission et ses mises à jour aux établissements domiciliataires des titres émis dans le cadre du programme, et à toute personne qui en fait la demande.

La Banque de France met en ligne sur son site internet tout ou partie de la documentation financière remise par l'émetteur, comprenant au moins la présentation du programme d'émission et de l'émetteur, et ses mises à jour.

Art. D. 213-14 *(Décr. n° 2016-707 du 30 mai 2016, art. 1er)* L'émetteur de titres de créances négociables communique à la Banque de France des informations statistiques sur les titres émis dans le cadre du programme, dans les conditions définies par l'arrêté mentionné à l'article D. 213-7.

La Banque de France fixe la fréquence de la fourniture de ces informations et en assure régulièrement la diffusion.

L'émetteur de titres de créances négociables rend également compte à la Banque de France des remboursements anticipés des titres émis dans le cadre du programme.

SECTION II *Les obligations*

SOUS-SECTION 1 *Règles générales*

Art. R. 213-15 Les règles relatives aux obligations émises par les sociétés commerciales sont définies par les articles *(Décr. n° 2007-431 du 25 mars 2007, art. 2)* « R. 228-57 à R. 228-86 du code de commerce ». — *V. C. mon. fin., art. R. 231-1.*

Art. R. 213-16 Lorsqu'une émission obligataire est amortie selon un tableau qui indique le nombre de titres à amortir à chaque période et que les titres ne sont pas groupés en séries identifiées, le choix des titres amortis s'opère comme suit :

1° A une date de référence précédant le remboursement et fixée par le contrat d'émission, le teneur de comptes établit la liste des titulaires des comptes où figurent les titres. Les titulaires y sont classés dans l'ordre croissant de leur numéro de compte, ou dans tout autre ordre préalablement établi par le teneur de compte et notifié au dépositaire central chez qui l'émission a été déposée, et le nombre de leurs titres y est indiqué. La liste est datée et certifiée le jour même par la personne habilitée à cet effet par l'adhérent ;

2° Le lendemain de la date de référence, l'émetteur communique au dépositaire central le nombre de titres à amortir. Le dépositaire central calcule alors, jusqu'à la cinquième décimale, le rapport, dit d'amortissement, qui est le rapport du nombre de titres à amortir au *nombre de* titres en circulation. Pour déterminer le nombre de titres amortis à attribuer à chaque adhérent, il applique le rapport d'amortissement au nombre de titres inscrits au compte de chaque adhérent en arrondissant le résultat à l'unité inférieure et en répartissant le solde éventuel selon la règle du plus fort reste. Il notifie alors à chaque adhérent le rapport d'amortissement et le nombre de titres amortis qui lui est attribué ;

3° Au reçu de cette notification, l'adhérent procède à une première répartition des titres à amortir. Il applique le rapport d'amortissement au nombre de titres figurant dans chaque compte. Le résultat arrondi à l'unité inférieure est le nombre de titres amortis affecté au compte considéré au cours de cette première répartition ;

4° L'adhérent procède ensuite à une deuxième répartition. Il détermine sur la liste des titulaires de comptes un point de départ en multipliant le nombre total des titres de la liste par le nombre de cent-millièmes formé par la suite des cinq décimales du rapport d'amortissement et en l'arrondissant au nombre entier immédiatement supérieur. A partir du rang du titre correspondant à ce point de départ, l'adhérent affecte les titres à répartir aux titulaires figurant sur la liste dans l'ordre d'inscription, abstraction faite de ceux qui ont bénéficié de la première répartition ;

5° L'adhérent affecte le solde éventuel aux titulaires ayant bénéficié de la première répartition en suivant la règle du plus fort reste ;

6° L'adhérent conserve pendant dix ans la liste visée au 1° et l'indication du nombre de titres amortis au compte des titulaires y figurant. — *[Décr. nº 83-359 du 2 mai 1983, art. 9.]*

Art. R. 213-16-1 *(Décr. nº 2017-1165 du 12 juill. 2017, art. 11)* Le montant mentionné au premier et au deuxième alinéa du I de l'article L. 213-6-3 est fixé à 100 000 euros.

....

TITRE II Les produits d'épargne

CHAPITRE III *Bons de caisse*

Art. D. 223-1 *(Décr. nº 2016-1453 du 28 oct. 2016, art. 4)* Le certificat d'inscription dans le registre remis au propriétaire d'un bon de caisse comporte les mentions suivantes :

1° Informations relatives à l'émetteur du bon de caisse :

a) Identité ou dénomination sociale et coordonnées de l'émetteur ;

b) Greffe du tribunal de commerce où l'émetteur est immatriculé ;

c) Numéro d'identification au registre du commerce et des sociétés ;

d) Lorsque l'émetteur est une personne physique : objet de son commerce et lieu où il est exploité ;

e) Lorsque l'émetteur est une société : siège social, objet social et montant du capital social ;

2° Informations relatives au propriétaire du bon de caisse :

a) État civil ou dénomination sociale et, le cas échéant, numéro SIREN ;

b) Adresses du domicile ou du siège social ;

3° Caractéristiques du prêt en contrepartie duquel est délivré le bon de caisse :

a) Montant total du prêt ;

b) Modalités d'amortissement du prêt ;

c) Montant total des intérêts ;

d) Échéance du bon de caisse ;

e) Taux d'intérêt applicable au prêt ;

f) Coût total du prêt, faisant apparaître les frais supportés par l'émetteur et le souscripteur.

Art. D. 223-1-1 *(Décr. nº 2019-1097 du 28 oct. 2019, art. 8)* Le montant mentionné à l'article L. 223-1 est fixé à 100 000 euros.

TITRE III Dispositions pénales

CHAPITRE PREMIER *Infractions relatives aux instruments financiers*

SECTION I *Infractions relatives aux titres*

SOUS-SECTION 1 *Obligations*

Art. R. 231-1 Les règles relatives aux infractions aux dispositions de l'article R. 213-13 *[R. 213-15]* sont définies à l'article 242 *[abrogé]* du décret nº 67-236 du 23 mars 1967 sur les sociétés commerciales.

....

CHAPITRE II *Infractions relatives aux produits d'épargne*

Le présent chapitre ne comprend pas de dispositions réglementaires.

....

LIVRE III Les services

TITRE PREMIER Les opérations de banque, les services de paiement et l'émission et la gestion de monnaie électronique *(Décr. n° 2013-383 du 6 mai 2013, art. 2).*

CHAPITRE PREMIER *Dispositions générales*

Le présent chapitre ne comprend pas de dispositions réglementaires.

CHAPITRE II *Comptes et dépôts*

SECTION I *Droit au compte et relations avec le client*

SOUS-SECTION 1 Dispositions de droit commun

Art. R. 312-1 Les établissements de crédit sont tenus de *(Décr. n° 2018-229 du 30 mars 2018, art. 21)* « mettre à disposition » de leur clientèle et du public les conditions générales de banque qu'ils pratiquent pour les opérations qu'ils effectuent.

Lorsqu'ils ouvrent un compte, les établissements de crédit doivent *(Décr. n° 2018-229 du 30 mars 2018, art. 21)* « fournir à leurs clients, sur support papier ou sur un autre support durable, les conditions d'utilisation du compte », le prix des différents services auxquels il donne accès et les engagements réciproques de l'établissement et du client. – *[Décr. n° 84-708 du 24 juill. 1984, art. 7.]*

V. aussi, C. mon. fin., art. L. 312-1-1, et C. consom., art. L. 111-3 et L. 121-12, v° Ventes commerciales (dispositions générales).

BIBL. ▶ Fernandez, *LPA 9 mai 1997* (application de l'art. L. 122-3 [L. 121-12] C. consom.). – Samin, *Banque et Dr. 9-10/1999. 26* (aspects juridiques de la tarification des services bancaires).

1. Modalités d'information. Un établissement de crédit ayant omis de porter à la connaissance d'un nouveau client auquel il ouvre un compte les conditions d'utilisation de ce compte et le prix de ses différents services n'est pas déchu du droit de percevoir le prix de ses prestations de services et les frais y afférents, dès lors qu'il a, *a posteriori*, recueilli l'accord de son client sur son droit à leur perception et sur leur montant, accord pouvant résulter, pour l'avenir, de leur inscription sur un relevé d'opération dont la réception par le client n'a été suivie d'aucune protestation ou réserve de sa part. • Com. 13 mars 2001, n° 97-10.611 P : *RTD com. 2001. 743, obs. Cabrillac ; JCP E 2001, n° 31-35, p. 1329, obs. Stoufflet.* ♦ Il en est ainsi même lorsque la convention de compte stipule que les conditions de banque et son tarif seront portés à la connaissance du client par des moyens spécifiques, une telle convention n'excluant pas un accord tacite postérieur du client. • Com. 11 déc. 2019, n° 18-15.369 P : *D. 2020. Actu. 4 ; JCP E 2020, n° 1018.* ♦ Comp. : art. L. 312-1-1.

2. Étendue de l'information. La banque doit informer le titulaire du compte de ce que, au cas où le solde du compte en espèces associé à un PEA ne permettrait pas le financement de l'ordre d'acquisition, celui-ci serait exécuté par prélèvement des sommes nécessaires sur son compte de dépôt. • Com. 4 mars 2008, n° 04-16.280 P : *cité note 5 ss. art. L. 312-1.*

Art. D. 312-1-1 *Dénomination commune des principaux frais et services bancaires. – V.* **C. mon. fin.**

Art. R. 312-1-2 *(Décr. n° 2014-739 du 30 juin 2014, en vigueur le 1er janv. 2016)* I. – Les frais bancaires liés aux irrégularités de fonctionnement d'un compte bancaire mentionnées à l'article L. 312-1-3, aux incidents de paiement mentionnés à l'article L. 131-73 et au II de l'article L. 133-26 ainsi que ceux liés aux autres irrégularités et incidents font l'objet de l'information préalable gratuite du client prévue à l'article *(Décr. n° 2016-1811 du 22 déc. 2016, art. 1er, en vigueur le 23 juin 2017)* « L. 312-1-5 ». Ils comportent notamment les frais suivants :

1° Les frais d'opposition (blocage) de la carte par la banque ;
2° Les frais de lettre d'information préalable pour chèque sans provision ;
3° Les frais de lettre d'information pour compte débiteur non autorisé ;
4° Le forfait de frais par chèque rejeté pour défaut de provision ;
5° Les frais de rejet de prélèvement pour défaut de provision ;
6° Les frais par *(Décr. n° 2018-970 du 8 nov. 2018, art. 3, en vigueur le 1er janv. 2019)* « saisie administrative » à tiers détenteur ;

(Abrogé par Décr. n° 2018-970 du 8 nov. 2018, art. 3, à compter du 1er janv. 2019) « 7° Les frais par opposition à tiers détenteur ; »

8° Les frais par saisie-attribution ;

(Abrogé par Décr. n° 2018-970 du 8 nov. 2018, art. 3, à compter du 1er janv. 2019) « 9° Les frais par opposition administrative ; »

10° Les frais par virement occasionnel incomplet ;

11° Les frais de non-exécution de virement permanent pour défaut de provision ;

12° Les commissions d'intervention ;

13° Les frais suite à la notification signalée par la Banque de France d'une interdiction pour le client d'émettre des chèques ;

14° Les frais pour déclaration à la Banque de France d'une décision de retrait de carte bancaire.

II. — Le montant de chacun de ces frais est précisé par l'intermédiaire du relevé de compte du client établi mensuellement ou, le cas échéant, selon la périodicité indiquée dans la convention de compte mentionnée à l'article L. 312-1-1. A défaut de relevé de compte l'information préalable gratuite est *(Décr. n° 2018-229 du 30 mars 2018, art. 21)* « fournie » par l'établissement de crédit par tout autre moyen.

Art. R. 312-2 *(Abrogé par Décr. n° 2020-118 du 12 févr. 2020, art. 1er) (Décr. n° 2009-1087 du 2 sept. 2009, art. 3)* ***« Le banquier doit, préalablement à l'ouverture d'un compte, vérifier le domicile et l'identité du postulant, qui est tenu de présenter un document officiel comportant sa photographie. Le banquier doit recueillir et conserver les informations suivantes : nom, prénoms, date et lieu de naissance du postulant, nature, date et lieu de délivrance du document présenté et nom de l'autorité ou de la personne qui l'a délivré ou authentifié.***

« Pour l'ouverture d'un compte au nom d'une personne morale, le banquier demande la présentation de l'original ou l'expédition ou la copie de tout acte ou extrait de registre officiel datant de moins de trois mois constatant la dénomination, la forme juridique, l'adresse du siège social et l'identité des dirigeants. »

Pour l'application *(Décr. n° 2009-1087 du 2 sept. 2009, art. 3)* ***« des dispositions du premier alinéa »,*** *(Décr. n° 2007-893 du 15 mai 2007, art. 6, en vigueur le 1er juill. 2007)* ***« l'adresse du centre communal ou intercommunal d'action sociale ou de l'organisme agréé au titre de l'article L. 264-2 du code de l'action sociale et des familles » figurant sur la carte nationale d'identité en application des dispositions du cinquième alinéa de l'article 2 du décret n° 55-1397 du 22 octobre 1955 instituant la carte nationale d'identité vaut justification du domicile.*** *(Décr. n° 2007-893 du 15 mai 2007, art. 6, en vigueur le 1er juill. 2007)* ***« Il en est de même de l'attestation d'élection de domicile présentée par la personne ne disposant pas d'un domicile stable instituée par le même article. »*** *— [Décr. n° 92-456 du 22 mai 1992, art. 33.]*

V. C. mon. fin., art. L. 561-5 s., R. 561-5 s. — V. aussi CASF, art. D. 264-1 s. — **CASF.**

BIBL. ▸ RENUCCI, *RTD com. 1993. 441* (identité du cocontractant). - NDLR, *BRDA 2009, n° 18, p. 10* (Décr. n° 2009-1087 du 2 sept. 2009).

1. Vérification du domicile. V. pour une absence fautive de vérification du domicile, en raison de l'apparence douteuse de la pièce d'identité produite, • Com. 9 oct. 1985, n° 84-13.795 P. ♦ Sur l'insuffisance de la seule présentation : D'une carte de séjour. • Com. 3 avr. 1990, n° 88-20.135 P. ♦ ... D'une quittance de loyers. • Com. 17 oct. 1995, n° 94-11.664 P : *D. 1995. IR 239 ; RTD com. 1996. 92, obs. Cabrillac*. ♦ ... D'une attestation d'EDF-GDF. • Com. 12 mars 1996, n° 94-14.546 : *D. Affaires 1996. 615.* ♦ ... D'un permis de conduire vieux de 14 ans et de la production d'un contrat établi par un opérateur téléphonique qui, à défaut de mentionner aucun numéro de téléphone, ne pouvait valoir justificatif sérieux de l'adresse du souscripteur. • Versailles, 4 déc. 2003 : *JCP E 2004, n° 11, p. 394.* ♦ La banque doit, à tout le moins, adresser au postulant une lettre dite « d'accueil ». • Com. 12 mars 1996, n° n° 94-14.546 : *préc.* – V. aussi • Com. 21 janv. 1997, n° 94-18.855 P : *RJDA 1997, n° 670.* ♦ Cependant, lorsqu'aucune circonstance particulière ne justifie que la vérification du domicile soit faite au moyen d'une lettre recommandée AR, l'envoi d'une lettre simple est suffisant. • Com. 6 avr. 1993, n° 91-21.660 : *RJDA 1993, n° 533.* ♦ Une banque ne peut se contenter, comme justification du domicile, d'une simple photocopie aisément falsifiable d'une facture d'électricité, d'autant que ce document, qui révélait une différence surprenante entre le siège de la société et le domicile de l'escroc et était libellé au nom d'une entité commerciale aurait dû éveiller à lui seul les soupçons. • Paris, 11 mars 1994 : *RJDA 1994, n° 546.*

En ce sens que la vérification de domicile n'est pas obligatoire, s'agissant d'un compte ne permettant aucune autre opération de débit que le simple retrait au guichet, à l'exclusion de tout prélèvement effectué au moyen d'un chèque tiré sur ce compte, V. • Rouen, 29 juin 1997 : *BRDA 1997, n° 14, p. 7.*

2. Titre de séjour. Sur le fondement de l'art.

L. 312-1, qui institue la procédure du droit au compte applicable à « toute personne physique ou morale domiciliée en France », il a été considéré que la désignation d'un établissement de crédit n'était pas subordonnée à la régularité du séjour du demandeur en France et que la Banque de France ne pouvait donc pas opposer un refus à une demande de bénéfice du droit au compte au motif que le demandeur ne disposait pas d'un titre de séjour en cours de validité. • TA Paris, ord., 16 mars 2005 : *RDBF 2008, n° 4, obs. Crédot et Samin.* ♦ Le récépissé de dépôt d'une demande de statut de réfugié ne constitue pas un document officiel permettant l'ouverture et le fonctionnement d'un compte bancaire. • Paris, 24 févr. 2006 : *JCP E 2006, n° 48, p. 2030, n° 12, obs. Salgueiro.* ♦ La Poste ne peut refuser l'accès au compte et la délivrance d'un RIB, au seul motif que le récépissé constatant le dépôt d'une demande de statut de réfugié était périmé, dès lors que le tenant pour une pièce officielle d'identité, elle n'avait exigé lors de l'ouverture du compte aucun autre document justificatif et qu'il n'existait aucun doute sur l'identité de la personne, ce dont il résultait que ce refus constituait un trouble manifestement illicite qu'il convenait de faire cesser. • Com. 18 déc. 2007, n° 07-12.382 P : *D. 2008. AJ 287, obs. Avena-Robardet ; JCP E 2008, n° 24, p. 13, obs. Salgueiro ; RJDA 2008, n° 445.*

3. Vérification de l'identité. L'obligation de vérifier l'identité est d'autant plus impérieuse si le client est nouveau, si la somme versée à l'ouverture du compte est d'un montant anormalement important et, plus encore, si la banque est l'objet de demandes pressantes de retraits de fonds en espèces. • Paris, 11 mars 1994 : *préc. note 1.* ♦ Pour une absence de responsabilité de la banque dès lors qu'il est constaté que les pièces d'identité produites (carte d'identité et permis de conduire volés et falsifiés) avaient l'apparence de la sincérité, que l'escroc avait justifié de l'adresse indiquée en fournissant un abonnement EDF et que les signatures apposées sur la carte d'identité et déposées à la banque présentaient une certaine similitude, une signature pouvant évoluer dans le temps alors que celle figurant sur la carte d'identité remontait à sept ans, V. • Nîmes, 25 nov. 2003 : *Banque et Dr. 5-6/2005. 77, obs. Guillot.* ♦ En revanche, engage sa responsabilité une banque qui, pour l'ouverture du compte litigieux où le client avait présenté une carte d'identité périmée portant une adresse différente de celle qu'il déclarait être la sienne, ne justifiait pas avoir vérifié l'exactitude de cette indication, ce dont il résultait qu'il lui incombait de faire preuve d'une vigilance particulière relativement au fonctionnement du compte. • Civ. 1re, 2 nov. 2005, n° 03-10.909 P : *D. 2006. AJ 62, obs. Avena-Robardet ; JCP E 2006, n° 22, p. 959, obs. Salgueiro ; RJDA 2006, n° 231.*

4. Société en formation. En ce sens que, pour engager la responsabilité du banquier qui ouvre un compte et remet un chéquier à une société en formation, il convient de rechercher si le banquier a manqué aux obligations qui lui incombent lors de l'ouverture du compte, dont seules peuvent être titulaires les personnes agissant au nom de la société en formation, V. • Com. 6 févr. 1990, n° 88-18.873 P : *D. 1990. IR 49 ; Rev. sociétés 1990. 237, note Stoufflet ; BJS 1990. 352, note P. L. C.* ♦ Pour des exemples d'imprudence du banquier : • Com. 31 mai 1988, n° 86-10.146 P : *Rev. sociétés 1989. 39, note Stoufflet* (société dépourvue de toute trésorerie) • Paris, 29 janv. 1992 : *D. 1992. IR 121* (acceptation d'un projet de statuts sans valeur) • Com. 24 mars 1992, n° 90-13.157 P (vérification limitée à l'identité de l'un des deux titulaires du compte), cassant • Paris, 5 oct. 1989 : *D. 1990. Somm. 119, obs. Cabrillac.* ♦ V., sur renvoi, considérant qu'il incombe au banquier d'apporter la preuve de l'exécution par lui des exigences légales sur la vérification de l'identité de tout nouveau client, ainsi que sur celle des indications le concernant dans les fichiers de la banque de France, avant la première délivrance de formules de chèques : • Com. 11 janv. 2000, n° 97-11.584 P : *D. 2000. AJ 101, obs. Faddoul ; JCP E 2000, n° 26, p. 1041, obs. Gavalda et Stoufflet.* ♦ En l'absence de toute circonstance particulière, il n'y a aucun motif de procéder à des recherches plus approfondies sur le compte du fondateur que la simple interrogation de la Banque de France. • Com. 6 mai 2002, n° 00-15.648 : *RDBF 2002, n° 125, obs. Crédot et Gérard.* ♦ Sur l'obligation de vérifier la pertinence des mentions figurant sur l'extrait K *bis*, V. • Com. 19 juin 1990, n° 89-11.151 P : *RTD com. 1991. 74, obs. Cabrillac et Teyssié.* ♦ Sur le refus non fautif d'une banque d'ouvrir un compte courant à une société qui venait de s'immatriculer alors qu'elle avait accepté d'ouvrir un compte dépôts à la même société en formation, V. • Versailles, 27 juin 2002 : *RTD com. 2003. 307, obs. Champaud et Danet ; RJDA 2002, n° 1308 ; Dr. sociétés 2003, n° 35, obs. Monnet.* ♦ Un établissement bancaire peut valablement refuser de recevoir les dépôts relatifs à la libération des apports en numéraire d'une société en formation (Rép. min. n° 89139 : *D. 2006. 1884 ; Rev. sociétés 2006. 686 ; Banque et Dr. 7-8/2006. 46, obs. Stork ; BRDA 2006, n° 15-16, p. 3*). ♦ Pour une société étrangère, V. • Com. 26 mai 2004 : *RJDA 2004, n° 1253.* ♦ Pour un GIE, V. • Com. 14 mars 2006, n° 04-15.316 : *RJDA 2006, n° 937.*

5. Société en participation. S'agissant d'une société non immatriculée, la banque remplit ses obligations en vérifiant l'identité des deux associés par la remise de leur carte nationale d'identité. • Paris, 4 avr. 1997 : *BJS 1997. 681, note Garaud.*

6. Modification de l'intitulé du compte. Jugeant que les obligations prescrites par l'art. 33

du décret de 1992 (C. mon. fin., art. R. 312-2) doivent également être respectées lors de la modification de l'intitulé du compte (modification du statut du titulaire du compte déjà ouvert), V. • T. com. Nantes, 15 sept. 1997 : *JCP E 1999, n° 4, p. 167, obs. Belleil.*

7. Compte sur livret. L'obligation prévue à l'art. 30 [art. 33] du décret de 1992 (C. mon. fin., art. R. 312-2) est applicable à tout compte pouvant servir à l'encaissement d'un chèque, et, dès lors, à l'ouverture d'un compte sur livret. • Paris, 17 févr. 1989 : *RTD com. 1989. 700, obs. Cabrillac et Teyssié ; Gaz. Pal. 1989. 2. 521, note Piedelièvre* • T. com. Paris, 18 oct. 1990 : *Gaz. Pal. 1992. 2. Somm. 392.*

8. Comptes professionnels. Sur l'absence de responsabilité d'une banque pour avoir omis de vérifier la capacité d'un inspecteur d'assurance à ouvrir un compte professionnel ayant servi à réaliser des détournements, V. • Toulouse, 6 mai 1992 : *D. 1993. 555, note le Tourneau.* ♦ En sa qualité de professionnelle, une banque doit s'assurer, lors de l'ouverture du compte, de la régularité de la situation d'une société au regard des dispositions légales régissant la profession d'agent immobilier (détention d'une carte professionnelle) et lui faire ouvrir un compte affecté à la réception des fonds. • Paris, 6 nov. 2001 : *Banque et Dr. 1-2/2003. 66, obs. Guillot.*

9. Responsabilité civile du banquier. A supposer même qu'elle n'ait pas été la cause exclusive du dommage subi par l'émetteur (qui aurait insuffisamment libellé l'ordre), la négligence imputable à la banque pour avoir ouvert sans précaution suffisante le compte sur lequel l'auteur du détournement avait encaissé le chèque litigieux avait concouru au succès de la fraude commise par celui-ci. • Com. 23 juin 2004, n° 02-17.789 : *D. 2004. AJ 2373 ; RDBF 2004, n° 228, obs. Crédot et Gérard.* ♦ Pour un exemple de condamnation d'un banquier en raison du préjudice subi par le tireur d'un chèque payé une deuxième fois à son bénéficiaire à la suite d'une falsification, sa faute ayant permis à l'auteur de la falsification d'en obtenir le paiement, V. • Paris, 23 mars 1997 : *Gaz. Pal. 1997. 2. Somm. 334, obs. Vray.* ♦ Retenant la responsabilité de la banque qui, en qualité de commettante, est civilement responsable de la faute de son agent dans l'exercice de ses fonctions (falsification de l'identité du titulaire du compte avec pour objectif de contourner son interdiction bancaire), V. • Nîmes, 16 mai 2002 : *JCP 2003. IV. 1264.* ♦ Il appartient à la banque, tant lors de l'ouverture du compte bancaire d'une personne morale que, le cas échéant, en cours de fonctionnement à l'occasion du changement de mandataire, de vérifier la conformité des pouvoirs de ses représentants à la loi et aux statuts de cette personne morale. • Com. 27 mai 2008, n° 07-15.132 P : *D. 2008. AJ 1687, obs. Avena-Robardet ; JCP 2008. IV. 2175 ; RJDA 2008, n° 1299 ; BJS 2008. 667, obs. Barbièri.*

10. Loi applicable. Sur la loi applicable en matière d'ouverture de comptes, V. • Com. 6 mars 2007, n° 05-19.776 : *Banque et Dr. 7-8/2007. 37, obs. Affaki et Stoufflet.*

Art. R. 312-3 *(Abrogé par Décr. n° 2022-347 du 11 mars 2022, art. 1er, à compter du 13 juin 2022) (Décr. n° 2018-229 du 30 mars 2018, art. 21)* ***Lorsque l'une des institutions ou l'un des services mentionnés à l'article L. 518-1 oppose un refus à une demande écrite d'ouverture de compte de dépôt, une copie de cette décision de refus est fournie gratuitement au demandeur sur support papier et sur un autre support durable lorsque celui-ci en fait la demande expresse.***

Sur le modèle de lettre de refus d'ouverture de compte, V. l'annexe I à l'Arr. du 18 déc. 2008 portant homologation de la charte d'accessibilité pour renforcer l'effectivité du droit au compte (JO 26 déc.) au ***C. mon. fin.*** *ou* ***C. consom.***

Art. R. 312-4 Les règles relatives au solde bancaire insaisissable sont prévues aux articles *(Décr. n° 2012-783 du 30 mai 2012, art. 2, en vigueur le 1er juin 2012)* « R. 112-5, R. 162-2 à R. 162-8, et R. 213-10 du code des procédures civiles d'exécution » ci-après reproduits : — *V.* ***C. mon. fin.*** *ou* ***C. pr. exéc.***

Art. R. 312-4-1 *(Décr. n° 2013-931 du 17 oct. 2013, en vigueur le 1er janv. 2014)* **Les commissions perçues par les établissements de crédit, mentionnées à la première phrase de l'article L. 312-1-3 du code monétaire et financier ne peuvent dépasser par compte bancaire un montant de 8 euros par opération et de 80 euros par mois.**

Art. R. 312-4-2 *(Décr. n° 2013-931 du 17 oct. 2013, en vigueur le 1er janv. 2014)* **Les plafonds spécifiques, mentionnés au premier alinéa de l'article L. 312-1-3, applicables aux montants des commissions perçues sur les personnes ayant souscrit l'offre mentionnée au deuxième alinéa du même article ou sur celles qui bénéficient** *(Décr. n° 2016-1811 du 22 déc. 2016, art. 2, en vigueur le 23 juin 2017)* **« du compte assorti » des services bancaires de base** *(Décr. n° 2016-1811 du 22 déc. 2016, art. 2, en vigueur le 23 juin 2017)* **« ouvert en application de la procédure mentionnée au III de » l'article L. 312-1, sont fixés à 4 euros par opération et à 20 euros par mois.**

Art. R. 312-4-3 *(Décr. nº 2014-738 du 30 juin 2014, en vigueur le 1er oct. 2014)* I. — A. — Pour l'application de l'article L. 312-1-3, la situation de fragilité financière du client titulaire du compte est appréciée par l'établissement teneur de compte à partir :

1º De l'existence d'irrégularités de fonctionnement du compte ou d'incidents de paiement ainsi que de leur caractère répété constaté pendant trois mois consécutifs *(Décr. nº 2020-889 du 20 juill. 2020, art. 1er, en vigueur le 1er nov. 2020)* « et en particulier lorsque leur nombre est supérieur ou égal à cinq au cours d'un même mois. Dans ce dernier cas, le client est considéré comme étant en situation de fragilité financière pour une durée minimale de trois mois » ;

2º Et du montant des ressources portées au crédit du compte.

Dans son appréciation, l'établissement peut également prendre en compte les éléments dont il aurait connaissance et qu'il estime de nature à occasionner des incidents de paiement, notamment les dépenses portées au débit du compte.

B. — Pour l'application *(Décr. nº 2016-1811 du 22 déc. 2016, art. 3, en vigueur le 23 juin 2017)* « du II de l'article L. 312-1 et de l'article L. 312-1-3 », sont également considérés en situation de fragilité financière :

1º Les personnes au nom desquelles un chèque impayé ou une déclaration de retrait de carte bancaire est inscrit pendant trois mois consécutifs au fichier de la Banque de France centralisant les incidents de paiement de chèques ;

2º Les débiteurs dont la demande tendant au traitement de leur situation de surendettement a été déclarée recevable en application de l'article *(Décr. nº 2020-889 du 20 juill. 2020, art. 1er, en vigueur le 1er nov. 2020)* « **L. 722-1** » du code de la consommation *(Décr. nº 2020-889 du 20 juill. 2020, art. 1er, en vigueur le 1er nov. 2020)* « ainsi que ceux qui bénéficient de mesures de traitement de leur situation de surendettement, pendant la durée de leur inscription au fichier prévu à l'article L. 751-1 du code de la consommation ».

II. — La proposition de souscrire à l'offre spécifique est formulée *(Décr. nº 2018-229 du 30 mars 2018, art. 21)* « sur support papier ou sur un autre support durable ». Les établissements de crédit en conservent une copie.

III. — L'offre spécifique comprend au moins les services bancaires suivants :

1º La tenue, la fermeture et, le cas échéant, l'ouverture du compte de dépôt ;

2º Une carte de paiement à autorisation systématique ;

3º Le dépôt et le retrait d'espèces dans l'agence de l'établissement teneur du compte ;

4º Quatre virements mensuels SEPA, dont au moins un virement permanent, ainsi que des prélèvements SEPA en nombre illimité ;

5º Deux chèques de banque par mois ;

6º Un moyen de consultation du compte à distance ainsi que la possibilité d'effectuer à distance des opérations de gestion vers un autre compte du titulaire au sein du même établissement ;

7º Un système d'alertes sur le niveau du solde du compte ;

8º La fourniture de relevés d'identités *[identité]* bancaires *[bancaire]* ;

9º Le plafonnement spécifique des commissions d'intervention prévu à l'article R. 312-4-2 ;

10º Un changement d'adresse une fois par an.

IV. — L'offre spécifique est proposée pour un tarif ne pouvant dépasser trois euros par mois. Ce montant est revalorisé annuellement en fonction de l'indice INSEE des prix à la consommation hors tabac.

V. — Lorsque le titulaire d'un compte ayant souscrit l'offre spécifique souhaite ne plus en bénéficier et opter pour une autre offre, sa renonciation *(Décr. nº 2018-229 du 30 mars 2018, art. 21)* « sur support papier ou sur un autre support durable » est recueillie par l'établissement de crédit.

Art. R. 312-4-4 *(Décr. nº 2015-838 du 8 juill. 2015, en vigueur le 1er oct. 2015) (Décr. nº 2016-73 du 29 janv. 2016, art. 3, en vigueur le 6 févr. 2017)* « I. — Les notions de virement récurrent ou de virement régulier mentionnées à l'article L. 312-1-7 s'entendent de toute opération présentée au moins deux fois, par le même émetteur, au crédit du compte du client au cours des treize mois précédant l'accord formel mentionné à ce même article. »

(Décr. nº 2016-73 du 29 janv. 2016, art. 2, en vigueur le 18 sept. 2016) « II. — La documentation relative à la mobilité bancaire mentionnée à l'article L. 312-1-7 que les établissements de crédit sont tenus de mettre gratuitement sans condition à la disposition de leurs clients précise de façon claire les informations suivantes :

« 1º Le rôle de l'établissement d'arrivée et de l'établissement de départ à chacune des étapes de la procédure de mobilité bancaire, telle qu'elle est prévue à l'article L. 312-1-7 ;

« 2º Les délais d'accomplissement des différentes étapes ;

« 3º Les informations que le titulaire de compte devra éventuellement communiquer ;

« 4° Les modalités de saisine du service de relations avec la clientèle aux fins de recevoir d'éventuelles réclamations ;

« 5° La possibilité de recourir au processus de médiation mentionné à l'article L. 316-1. »

(Décr. nº 2016-73 du 29 janv. 2016, art. 3, en vigueur le 6 févr. 2017) « III. – Dans l'accord formel le client mentionne :

« 1° L'annulation de tous les ordres de virement permanent présents sur son compte d'origine ainsi que la date de fin d'émission des virements permanents par l'établissement de départ ;

« 2° S'il demande ou non la clôture du compte ouvert dans l'établissement de départ ;

« 3° En cas de demande de clôture du compte d'origine, la date à compter de laquelle il souhaite que le solde positif éventuel de ce compte soit transféré sur le nouveau compte ouvert auprès de l'établissement d'arrivée.

« IV. – Dans le cas où l'établissement d'arrivée ou de départ ne respecte pas les obligations qui lui incombent dans le cadre de la procédure de mobilité bancaire mentionnée à l'article L. 312-1-7, aucuns frais en résultant ni aucune pénalité de ce chef ne peut être mis à la charge du client.

« V. – Lorsque le titulaire de compte choisit de fournir lui-même ses nouvelles coordonnées bancaires aux émetteurs de prélèvement et de virement récurrents, l'établissement d'arrivée lui fournit sur *(Décr. nº 2018-229 du 30 mars 2018, art. 21)* « support » papier ou autre support durable dans un délai de cinq jours ouvrés à compter de la réception de sa demande, des modèles de *(Décr. nº 2018-229 du 30 mars 2018, art. 21)* « rédaction » indiquant les coordonnées du compte.

« VI. – Dès réception de l'accord formel mentionné à l'article L. 312-1-7 et aux dates indiquées dans ce document, l'établissement de départ :

« 1° Annule les ordres de virement permanent ;

« 2° Transfère, en cas de demande de clôture de compte, sur le compte détenu auprès de l'établissement d'arrivée le solde positif éventuel du compte d'origine ;

« 3° Clôture, en cas de demande en ce sens, ce compte, une fois le solde positif éventuel transféré sur le nouveau compte. »

(Décr. nº 2018-229 du 30 mars 2018, art. 21) « Le cas échéant, l'établissement de départ fournit, sur support papier ou, lorsque cela est approprié, sur un autre support durable, au titulaire de compte les obligations en suspens ou toute autre circonstance de nature à empêcher le transfert du solde et la clôture de son compte. »

(Décr. nº 2016-73 du 29 janv. 2016, art. 3, en vigueur le 6 févr. 2017) « Sauf demande expresse du client, l'établissement de départ ne résilie pas les instruments de paiement avant la date de clôture donnée par le titulaire de compte.

« VII. – Lors de l'information mentionnée au septième alinéa du III de l'article L. 312-1-7, l'établissement d'arrivée alerte son client sur la nécessité de s'assurer du caractère exhaustif de la liste des opérations pour lesquelles le changement de domiciliation a été envoyé à ses créanciers et débiteurs.

« VIII. – Le bénéfice de l'information mentionnée au premier alinéa du IV de l'article L. 312-1-7 sur les opérations de virement et de prélèvement se présentant sur compte clos s'applique aux clôtures de compte intervenant, au plus tard, dans les six mois à compter de la date de l'accord formel recueilli en application de ce même article.

« IX. – » 1° Le délai, mentionné à l'article L. 312-1-7, pour la prise en compte par les émetteurs de prélèvement des coordonnées du nouveau compte bancaire de leur client est de dix jours ouvrés à compter de la réception de celles-ci.

(Décr. nº 2018-229 du 30 mars 2018, art. 21) « Dans ce délai, l'émetteur de prélèvement fournit au client l'information sur :

« – la prise en compte des coordonnées du nouveau compte ;

« – la date, le cas échéant, de la dernière échéance présentée sur l'ancien compte et de la date de l'échéance suivante présentée sur le nouveau compte ; »

2° A l'issue de ce délai de prise en compte, tout nouveau prélèvement est effectué sur le nouveau compte. Si ce prélèvement a été initié avant l'issue de ce délai, les nouvelles coordonnées bancaires s'appliquent au prélèvement suivant.

Un prélèvement présenté sur l'ancien compte à l'issue de cette échéance ne pourra donner lieu, de la part de l'émetteur de prélèvement, à aucune pénalité liée à des rejets pour compte clos ou non approvisionné.

3° Le délai mentionné au 1° est porté à vingt jours ouvrés lorsque la réception des coordonnées du nouveau compte bancaire par les émetteurs de prélèvement intervient avant le 1er avril 2017.

(Décr. n° 2016-73 du 29 janv. 2016, art. 3, en vigueur le 6 févr. 2017) « X. – Pour l'application du sixième alinéa du III de l'article L. 312-1-7, l'émetteur de virement est informé par l'établissement d'arrivée de l'accord formel mentionné à ce même article.

« Le délai pour la prise en compte par les émetteurs de virement des coordonnées du nouveau compte bancaire du client destinataire de ce virement est de dix jours ouvrés à compter de la réception de celles-ci. »

(Décr. n° 2018-229 du 30 mars 2018, art. 21) « Dans ce délai, l'émetteur de virement fournit au client destinataire de virement l'information sur :

« – la prise en compte des coordonnées du nouveau compte ;

« – la date à compter de laquelle tout virement sera exécuté sur le nouveau compte. Lorsque l'émetteur de virement ne peut déterminer la date du prochain virement qui sera exécuté sur le nouveau compte, il en informe le client. »

(Décr. n° 2016-73 du 29 janv. 2016, art. 3, en vigueur le 6 févr. 2017) « Tout virement dont la date d'exécution est postérieure à l'avant-dernier jour du mois suivant l'expiration du délai de dix jours mentionné ci-dessus est exécuté sur le nouveau compte. »

SOUS-SECTION 2 *Prestations de base et services bancaires de base (Décr. n° 2016-1811 du 22 déc. 2016, art. 4, en vigueur le 23 juin 2017).*

BIBL. ▶ Stoufflet, *RDBF 2001. 116* (service bancaire de base).

Art. D. 312-5 *(Décr. n° 2016-1811 du 22 déc. 2016, art. 4, en vigueur le 23 juin 2017)* « Les prestations de base mentionnées au II » de l'article L. 312-1 comprennent :

1° L'ouverture, la tenue et la clôture du compte ;

2° Un changement d'adresse par an ;

3° La délivrance à la demande de relevés d'identité bancaire *(Abrogé par Décr. n° 2006-384 du 27 mars 2006, art. 1er) « ou postale »* ;

4° La domiciliation de virements bancaires *(Abrogé par Décr. n° 2006-384 du 27 mars 2006, art. 1er) « ou postaux »* ;

5° *(Décr. n° 2018-229 du 30 mars 2018, art. 21)* « La fourniture mensuelle » d'un relevé des opérations effectuées sur le compte ;

(Décr. n° 2016-1811 du 22 déc. 2016, art. 4, en vigueur le 23 juin 2017) « 6° L'encaissement de chèques et de virements bancaires ;

« 7° Les paiements par prélèvements SEPA, titre interbancaire de paiement SEPA ou par virement bancaire SEPA, ce dernier pouvant être réalisé aux guichets ou à distance ;

« 8° Des moyens de consultation à distance du solde du compte ;

« 9° Les dépôts et les retraits d'espèces au guichet ou aux distributeurs automatiques de l'organisme teneur de compte ;

« 10° Une carte de paiement permettant notamment le paiement d'opérations sur internet et le retrait d'espèces dans l'Union européenne. » – *[Décr. n° 2001-45 du 17 janv. 2001, art. 1er.]*

Art. D. 312-5-1 *(Décr. n° 2016-1811 du 22 déc. 2016, art. 4, en vigueur le 23 juin 2017)* Les services bancaires de base mentionnés au III de l'article L. 312-1 comprennent :

1° Les prestations de base mentionnées aux 1° à 8° de l'article D. 312-5 ;

2° Les dépôts et les retraits d'espèces au guichet de l'organisme teneur de compte ;

3° Une carte de paiement dont chaque utilisation est autorisée par l'établissement de crédit qui l'a émise permettant notamment le paiement d'opération sur internet et le retrait d'espèces dans l'Union européenne ;

4° Deux formules de chèques de banque par mois ou moyens de paiement équivalents offrant les mêmes services ;

5° La réalisation des opérations de caisse.

SOUS-SECTION 3 *Droit au compte (Décr. n° 2014-251 du 27 févr. 2014, art. 1er).*

Art. R. 312-6 *(Décr. n° 2022-347 du 11 mars 2022, art. 2, en vigueur le 13 juin 2022)* Les personnes disposant d'un unique compte de dépôt dont la convention est résiliée par l'établissement de crédit teneur du compte sont considérées comme étant dépourvues d'un compte de dépôt, au sens du I de l'article L. 312-1, à compter de la date de réception de la décision de résiliation.

Art. R. 312-6-1 *(Décr. n° 2022-347 du 11 mars 2022, art. 2, en vigueur le 13 juin 2022)* Pour l'application du III de l'article L. 312-1, le silence gardé par un établissement de crédit pendant un délai de quinze jours à compter de la date de l'avis de réception, ou du dépôt en main propre par le demandeur, au guichet, d'une demande d'ouverture de compte, est considéré comme un refus d'ouvrir le compte.

A l'expiration de ce délai, l'établissement de crédit communique au demandeur une attestation de refus et le motif de ce dernier, et lui indique qu'il peut bénéficier d'un compte de dépôt en saisissant la Banque de France afin qu'elle lui désigne un établissement de crédit.

L'art. R. 312-6-1 s'applique aux demandes d'ouverture de compte présentées à compter de l'entrée en vigueur du Décr. nº 2022-347 du 11 mars 2022 (Décr. préc., art. 4-II).

Art. R. 312-7 *(Décr. nº 2022-347 du 11 mars 2022, art. 2, en vigueur le 13 juin 2022)* Pour l'application du quatrième alinéa du III de l'article L. 312-1, l'établissement de crédit désigné par la Banque de France notifie au demandeur, dans les trois jours ouvrés à compter de la réception de la décision de désignation, sur support papier ou sur un autre support durable lorsque celui-ci en fait la demande expresse, une liste des pièces nécessaires à l'ouverture du compte ainsi que le nom et les coordonnées de l'agence concernée.

Des pièces complémentaires peuvent, en cas de besoin, être demandées après ce délai par l'établissement de crédit.

Les art. R. 312-7 et R. 312-7-1 s'appliquent aux décisions de désignation prises par la Banque de France à compter de l'entrée en vigueur du Décr. nº 2022-347 du 11 mars 2022 (Décr. préc., art. 4-III).

Art. R. 312-7-1 *(Décr. nº 2022-347 du 11 mars 2022, art. 2, en vigueur le 13 juin 2022)* La désignation d'un établissement de crédit par la Banque de France devient, à défaut de toute réponse du demandeur à la notification qui lui est faite en application de l'article L. 312-7, caduque dans un délai de six mois.

V. note ss. art. R. 312-7.

Art. D. 312-8 Toute personne physique ou morale *(Décr. nº 2016-1811 du 22 déc. 2016, art. 5, en vigueur le 23 juin 2017)* « mentionnée au I de l'article L. 312-1 » ayant ouvert un compte de dépôt auprès d'un établissement désigné selon la procédure définie au *(Décr. nº 2016-1811 du 22 déc. 2016, art. 5, en vigueur le 23 juin 2017)* « III de ce même article » peut bénéficier des services bancaires mentionnés à l'article *(Décr. nº 2016-1811 du 22 déc. 2016, art. 5, en vigueur le 23 juin 2017)* « D. 312-5-1 » sans contrepartie contributive de sa part. — *[Décr. nº 2001-45 du 17 janv. 2001, art. 2.] — Anc. art. D. 312-6 (Décr. nº 2022-347 du 11 mars 2022, art. 2, en vigueur le 13 juin 2022)* .

Art. R. 312-8-1 *(Décr. nº 2022-347 du 11 mars 2022, art. 2, en vigueur le 13 juin 2022)* La Banque de France est informée dans les meilleurs délais par l'établissement de crédit des motifs du refus d'ouverture de compte en application de la procédure prévue au III de l'article L. 312-1 ou des motifs, sur le fondement du IV du même article, de la résiliation de la convention de compte de dépôt.

Art. D. 312-8-2 *(Décr. nº 2014-251 du 27 févr. 2014, art. 1er)* L'association ou la fondation qui agit au nom et pour le compte d'une personne physique précise à cette dernière les pièces requises pour l'exercice du droit au compte auprès de la Banque de France, mentionnées *(Décr. nº 2016-1811 du 22 déc. 2016, art. 5, en vigueur le 23 juin 2017)* « au III » de l'article L. 312-1. Elle informe également le demandeur que l'établissement de crédit désigné par la Banque de France procédera à l'examen des justificatifs requis et pourra lui demander de lui fournir des informations et documents complémentaires en application des obligations lui incombant en termes de connaissance du client, en particulier au titre de la lutte contre le blanchiment de capitaux et le financement du terrorisme.

Les personnes habilitées à agir pour le compte de l'association ou fondation *(Abrogé par Décr. nº 2022-347 du 11 mars 2022, art. 2, à compter du 13 juin 2022) « dans les conditions mentionnées au deuxième alinéa de l'article D. 312-7 »* remplissent un formulaire de demande d'exercice du droit au compte signé par le demandeur et s'assurent que les documents fournis par ce dernier correspondent aux pièces requises. Elles transmettent le jour même à la Banque de France le dossier complet. — *Sur les pièces requises, V. Arr. du 30 mai 2014 (JO 11 juin). —* ***C. mon. fin.***

Les associations et fondations agissent au nom et pour le compte du demandeur sans contrepartie contributive de sa part. — *Anc. art. D. 312-8 (Décr. nº 2022-347 du 11 mars 2022, art. 2, en vigueur le 13 juin 2022).*

SECTION II ***Fonds remboursables du public*** *(Décr. nº 2014-1315 du 3 nov. 2014, art. 3).*

Art. R. 312-18 *(Décr. nº 2013-1149 du 12 déc. 2013, art. 1er, en vigueur le 1er janv. 2014)* Pour l'application de l'article L. 312-2, les émissions de titres de créance sont assimilables au recueil de fonds remboursables du public lorsqu'elles respectent les conditions et limites suivantes :

1° Ces émissions portent sur des titres de créance mentionnés au 2 du II de l'article L. 211-1, à l'exception :

a) Des titres subordonnés de dernier rang émis en application de l'article L. 228-97 du code de commerce ;

b) Des titres participatifs mentionnés aux articles L. 213-32 à L. 213-35 ;

c) Des autres instruments de dernier rang, mentionnés au *b* du 9° de l'article L. 613-31-16, dont le contrat d'émission prévoit qu'ils absorbent les pertes en continuité d'exploitation ;

d) Des titres dont le contrat d'émission prévoit qu'en cas de liquidation de l'émetteur ils ne sont remboursés qu'après désintéressement des créanciers privilégiés et chirographaires ;

2° Ces émissions ne sont réservées ni aux personnes fournissant le service de gestion de portefeuille pour le compte de tiers mentionné au 4 de l'article L. 321-1, ni à des investisseurs qualifiés au sens *(Décr. nº 2019-1097 du 28 oct. 2019, art. 9)* « du 1° » de l'article L. 411-2 ;

3° Pour les titres autres que les titres de créances négociables, la valeur nominale de chacun des titres est inférieure à 100 000 €. — *Anc. art. R. 312-7 (Décr. nº 2014-737 du 30 juin 2014, art. 2).*

SECTION III *Garantie des déposants*

La présente section ne comprend pas de dispositions réglementaires.

CHAPITRE III *Crédits*

SECTION I *Dispositions générales*

SOUS-SECTION 1 *Définition*

La présente sous-section ne comprend pas de dispositions réglementaires.

SOUS-SECTION 2 *Taux d'intérêt*

§ 1er *Taux de l'intérêt légal*

Art. D. 313-1-A *(Décr. nº 2014-1115 du 2 oct. 2014)* I. — Pour chacune des catégories mentionnées au deuxième alinéa de l'article L. 313-2, le taux d'intérêt légal applicable un semestre donné est calculé selon les modalités suivantes :

1° Pour les créances des personnes physiques n'agissant pas pour des besoins professionnels, le taux d'intérêt légal est égal à la somme du taux des opérations principales de refinancement de la Banque centrale européenne en vigueur deux mois avant le début du semestre considéré et de 60 % de la moyenne, au cours de la période de 24 mois glissants s'achevant deux mois avant le début du semestre considéré, de l'écart constaté par la Banque de France entre, d'une part, le taux des nouveaux crédits amortissables à la consommation des particuliers dont la période de fixation initiale du taux est inférieure ou égale à un an et, d'autre part, le taux des opérations principales de refinancement de la Banque centrale européenne en vigueur simultanément.

2° Pour tous les autres cas, le taux d'intérêt légal est égal à la somme du taux des opérations principales de refinancement de la Banque centrale européenne en vigueur deux mois avant le début du semestre considéré et de 60 % de la moyenne, au cours de la période de 24 mois glissants s'achevant deux mois avant le début du semestre considéré, de l'écart constaté par la Banque de France entre, d'une part, le taux des nouveaux crédits aux sociétés non financières résidentes (hors découverts) dont la période de fixation initiale du taux est inférieure ou égale à un an et, d'autre part, le taux des opérations principales de refinancement de la Banque centrale européenne en vigueur simultanément.

II. — La Banque de France procède aux calculs précités et en communique les résultats à la direction générale du Trésor au plus tard quinze jours avant l'échéance de publication. Le ministre chargé de l'économie fait procéder à la publication par arrêté au *Journal officiel* de la République française des taux qui serviront de référence pour le semestre suivant.

Pour l'entrée en vigueur, V. C. mon. fin., art. L. 313-2.

§ 2 *Taux effectif global*

Art. R. 313-1 Les règles relatives au taux effectif global sont fixées par les articles *(Décr. nº 2016-884 du 29 juin 2016, en vigueur le 1er juill. 2016)* « R. 314-1 à R. 314-10 » du code de la consommation ci-après reproduits : — *V. C. **consom.***

§ 3 *Taux de l'usure*

Art. D. 313-2 Les règles relatives au taux de l'usure sont prévues par les articles *(Décr. nº 2016-884 du 29 juin 2016, en vigueur le 1er juill. 2016)* « R. 314-15 à R. 314-17 » du code de la consommation ci-après reproduits : — *V. C. consom.*

SOUS-SECTION 3 *Fichier des incidents de paiement caractérisés*

La présente sous-section ne comprend pas de dispositions réglementaires.

SECTION II *Catégories de crédits et opérations assimilées*

SOUS-SECTION 1 *Crédit-bail*

RÉP. COM. vis *Crédit-bail immobilier ; Crédit-bail mobilier*, par T. et M. DE RAVEL D'ESCLAPON.

RÉP. CIV. vº *Crédit-bail*, par SCHÜTZ.

Art. R. 313-3 Les opérations de crédit-bail, mentionnées à l'article L. 313-7, sont soumises à une publicité. Celle-ci doit permettre l'identification des parties et des biens faisant l'objet de ces opérations. — *[Décr. nº 72-665 du 4 juill. 1972, art. 1er.]*

1. Identification des biens. Pour un exemple de publicité insuffisante : • Com. 5 déc. 1989, nº 88-10.725 : *Gaz. Pal. 1990. 1. 160, note Bey.*

2. Portée des erreurs. N'empêchent pas l'identification du crédit-preneur des discordances dans l'orthographe de son nom et dans celle de la voie où est situé son domicile. • Com. 16 mai 1995, nº 93-15.042 : *RJDA 1995, nº 1254 ; RPC 1995. 467, obs. Soinne.* ♦ En revanche, la demande en revendication d'un crédit-bailleur a été rejetée, la publication portant sur un bien acquis par une personne physique indiquant, au titre de l'identité du crédit-preneur, l'enseigne sous laquelle il exerçait. • Com. 29 avr. 1997, nº 95-15.099 P : *D. Affaires 1997. 835.*

3. Office du juge. Le juge, avant d'accueillir la demande en revendication de matériel ayant fait l'objet d'un contrat crédit-bail, doit rechercher si la publication de ce contrat au registre prévue à l'art. 2 du décret de 1972 [C. mon. fin., art. R. 313-4] a réellement été effectuée (en l'occurrence, le requérant avait produit le bordereau de sa demande). • Com. 13 janv. 1998, nº 95-17.543 P : *D. Affaires 1998. 299, obs. V. A.-R.*

§ 1er *Publicité des opérations de crédit-bail en matière mobilière*

Art. R. 313-4 Pour les opérations de crédit-bail en matière mobilière, l'entreprise de crédit-bail demande la publication *(L. nº 2021-1887 du 29 déc. 2021, art. 4, en vigueur le 1er janv. 2023)* « au registre visé à l'article R. 521-1 du code de commerce, selon des modalités prévues aux articles R. 521-1 et suivants du code de commerce, sous réserve des dispositions du présent paragraphe *[ancienne rédaction : , au registre ouvert à cet effet au greffe du tribunal de commerce ou du tribunal judiciaire statuant commercialement, des renseignements prévus à l'article R. 313-3]* ». — *[Décr. nº 72-665 du 4 juill. 1972, art. 2.]*

Art. R. 313-5 *(Abrogé par Décr. nº 2021-1887 du 29 déc. 2021, art. 4, à compter du 1er janv. 2023) **Lorsque le client de l'entreprise de crédit-bail est immatriculé au registre du commerce et des sociétés, la publication s'effectue auprès du greffe du tribunal dans le ressort duquel ce client est immatriculé à titre principal.***

Lorsque le client n'est pas immatriculé au registre du commerce et des sociétés, la publication s'effectue auprès du greffe du tribunal de commerce ou du *(Décr. nº 2019-966 du 18 sept. 2019, art. 8, en vigueur le 1er janv. 2020)* ***« tribunal judiciaire » statuant commercialement dans le ressort duquel est situé l'établissement de ce client bénéficiaire du crédit-bail.*** — *[Décr. nº 72-665 du 4 juill. 1972, art. 3.]*

Art. R. 313-6 *(Abrogé par Décr. nº 2021-1887 du 29 déc. 2021, art. 4, à compter du 1er janv. 2023) **Toute modification affectant les renseignements mentionnés à l'article R. 313-3 est publiée en marge de l'inscription existante au registre mentionné à l'article R. 313-4.***

Dans le cas où cette modification implique un changement du tribunal territorialement compétent, l'entreprise de crédit-bail doit en outre faire reporter l'inscription modifiée sur le registre du greffe du nouveau tribunal. — *[Décr. nº 72-665 du 4 juill. 1972, art. 4.]*

Art. R. 313-7 *(Abrogé par Décr. nº 2021-1887 du 29 déc. 2021, art. 4, à compter du 1er janv. 2023) **Les inscriptions régulièrement faites en application des articles R. 313-4 et R. 313-6 prennent effet à leur date.*** — *[Décr. nº 72-665 du 4 juill. 1972, art. 5.]*

Art. R. 313-8 *(Abrogé par Décr. nº 2021-1887 du 29 déc. 2021, art. 4, à compter du 1er janv. 2023)* ***Les inscriptions sont radiées, soit sur justification de l'accord des parties, soit en vertu d'une décision juridictionnelle passée en force de chose jugée.*** *— [Décr. nº 72-665 du 4 juill. 1972, art. 6.]*

Art. R. 313-9 *(Abrogé par Décr. nº 2021-1887 du 29 déc. 2021, art. 4, à compter du 1er janv. 2023)* ***Le greffier délivre à tout demandeur une copie de l'état intégral ou des extraits des inscriptions modificatives.*** *— [Décr. nº 72-665 du 4 juill. 1972, art. 7.]*

Art. R. 313-10 **Si les formalités de publicité n'ont pas été accomplies dans les conditions fixées** *(Décr. nº 2021-1887 du 29 déc. 2021, art. 4, en vigueur le 1er janv. 2023)* **« par les articles R. 521-1 et suivants du code de commerce** *[ancienne rédaction : aux articles R. 313-4 à R. 313-6]* **», l'entreprise de crédit-bail ne peut opposer aux créanciers ou ayants cause à titre onéreux de son client, ses droits sur les biens dont elle a conservé la propriété, sauf si elle établit que les intéressés avaient eu connaissance de l'existence de ces droits.** *— [Décr. nº 72-665 du 4 juill. 1972, art. 8.]*

1. Crédit-bail occasionnel. L'art. 8 du décret de 1972 [C. mon. fin., art. R. 313-10] est applicable au contrat de crédit-bail consenti à titre occasionnel par une entreprise sans statut particulier. • Rouen, 12 janv. 1995 : *RJDA 1995, nº 1126 ; JCP E 1995. Pan. 940.* – V. note 2 ss. art. L. 313-10.

2. Sous-acquéreur. Si la publicité prévue par le Décr. du 4 juill. 1972 [C. mon. fin., art. R. 313-3 s.] permet l'identification des parties au contrat et des biens objets de l'opération par les créanciers ou ayants cause à titre onéreux du client de l'entreprise de crédit-bail, il n'en est pas de même pour le sous-acquéreur, possesseur de bonne foi du bien mobilier, dont le droit de propriété demeure opposable au crédit-bailleur en dépit de l'accomplissement des formalités de publicité. • Com. 14 oct. 1997, nº 95-10.006 P : *D. 2000. Somm. 74, obs. Pérochon et Mainguy ; JCP E 1998, nº 9, p. 327, note Leveneur.*

3. Portée de la sanction. Le crédit-preneur n'a pas qualité pour se prévaloir de l'éventuelle inobservation des mesures de publicité mises en place par le Décr. du 4 juill. 1972 [C. mon. fin., art. R. 313-3 s.] en vue de la protection des tiers au contrat. • Com. 16 mai 1995, nº 93-13.063 P : *JCP 1995. II. 22497, note Clément ; RPC 1995. 468, obs. Soinne.*

4. Redressement et liquidation judiciaires. Le défaut de publicité a pour seul effet d'empêcher le crédit-bailleur de se prévaloir envers les créanciers ou ayants cause à titre onéreux du crédit-preneur de son droit de propriété sur la chose louée, mais n'affecte pas ses droits sur les mensualités perçues antérieurement à l'ouverture de la procédure. • Com. 29 avr. 2014, nº 13-12.528 P : *D. 2014. Actu. 1036 ; AJCA 2014. 179, obs. Le Corre-Broly ; JCP E 2014, nº 1301 ; RJDA 2014, nº 664.* ♦ V. aussi note 7 ss. art. L. 313-10.

Art. R. 313-11 *(Abrogé par Décr. nº 2021-1887 du 29 déc. 2021, art. 4, à compter du 1er janv. 2023)* ***Les pièces justificatives qui doivent être présentées au greffier, ainsi que les modalités de publication ou de radiation et les modèles de bordereaux d'inscription, copies ou extraits sont fixés par arrêté conjoint du garde des sceaux, ministre de la justice, et du ministre chargé de l'économie.*** *— [Décr. nº 72-665 du 4 juill. 1972, art. 9.] — V. Arr. du 4 juill. 1972. —* ***C. mon. fin.***

Production de l'extrait. A défaut de production de l'extrait du registre des publicités délivré par le greffe du tribunal de commerce, le droit du crédit-bailleur ne peut être opposable aux tiers sur la seule production du bordereau d'inscription remis par le greffe. • Com. 27 févr. 1990, nº 88-15.951 P : *Gaz. Pal. 1990. 2. 547, note Cordier ; RTD com. 1990. 630, obs. Bouloc.* ♦ Sur le défaut de responsabilité du greffier, V. • TGI Paris, 14 oct. 1992 : *Gaz. Pal. 1993. 1. 160.*

§ 2 *Publicité des opérations de crédit-bail en matière immobilière*

Art. R. 313-12 **Les contrats mentionnés au 2 de l'article L. 313-7 donnent lieu, selon les stipulations qu'ils comportent, à publicité obligatoire ou facultative,** *(Décr. nº 2012-1462 du 26 déc. 2012, art. 35-IX, en vigueur le 1er janv. 2013)* **« auprès du service de la publicité foncière » suivant les modalités fixées pour les contrats de même nature régis par les articles 28 et 37 du décret nº 55-22 du 4 janvier 1955 modifié portant réforme de la publicité foncière.** *— [Décr. nº 72-665 du 4 juill. 1972, art. 10.] — V. ce texte au* ***C. civ.***

Publicité foncière. La demande en résiliation d'un contrat de crédit-bail immobilier n'est pas soumise à la publicité foncière. • Civ. 3e, 21 févr. 1996, nº 94-13.836 P : *D. 1996. Somm. 391, obs. Piedelièvre* • 27 mai 1998, nº 96-16.171 P : *RJDA 1998, nº 935 ; Banque et Dr. 1-2/1999. 50, obs. Rontchevsky.* – V. Frémont, *JCP N 1997. I. 861.*

Art. R. 313-13 Le défaut de publicité entraîne l'inopposabilité aux tiers dans les conditions prévues à l'article 30 du décret du 4 janvier 1955 précité. – *[Décr. n° 72-665 du 4 juill. 1972, art. 11.] – V. ce texte au* ***C. civ.***

Inopposabilité. Sur l'inopposabilité aux créanciers du crédit-preneur mis en liquidation judiciaire, d'un contrat de crédit-bail immobilier non publié, V. note 10 ss. art. L. 622-24 C. com.

§ 3 *Publicité comptable des opérations de crédit-bail*

Art. R. 313-14 I. – Les sociétés commerciales qui recourent à des opérations de crédit-bail pour se procurer des biens d'équipement, des matériels ou des immeubles à usage professionnel et qui ne bénéficient pas du régime de présentation simplifiée, tel qu'il est prévu à l'article *[aux articles]* L. 123-16 *(Décr. n° 2007-431 du 25 mars 2007, art. 2)* « et R. 123-200 » du code de commerce, mentionnent dans l'annexe prévue à l'article L. 123-12 du même code les informations suivantes :

1° La valeur de ces biens au moment de la signature du contrat ;

2° Le montant des redevances afférentes à l'exercice ainsi que le montant cumulé des redevances des exercices précédents ;

3° Les dotations aux amortissements qui auraient été enregistrées pour ces biens au titre de l'exercice clos s'ils avaient été acquis par l'entreprise ainsi que le montant cumulé des amortissements qui auraient été effectués au titre des exercices précédents ;

4° L'évaluation à la date de clôture du bilan des redevances restant à payer ainsi que du prix d'achat résiduel de ces biens stipulé aux contrats.

Les informations prévues aux 1° à 4° sont ventilées selon les postes du bilan dont auraient relevé les biens en cause ; les informations prévues au 4° sont ventilées selon les échéances à un an au plus, à plus d'un an et cinq ans au plus et à plus de cinq ans. – *Sur les sanctions pénales, V. art. R. 351-5.*

II. – Les autres personnes morales et les personnes physiques ayant la qualité de commerçants doivent, en distinguant les opérations de crédit-bail mobilier et les opérations de crédit-bail immobilier :

1° Faire apparaître séparément, dans leur compte de résultat, les loyers correspondant à l'exécution des contrats relatifs aux opérations précitées ;

2° Évaluer dans l'annexe et à la date de clôture du bilan le montant total des redevances leur restant à supporter en exécution des obligations stipulées dans un ou plusieurs contrats de crédit-bail. – *[Décr. n° 72-665 du 4 juill. 1972, art. 12.]*

Sur les sociétés autorisées à prendre la dénomination de « sociétés immobilières pour le commerce et l'industrie », V. Ord. n° 67-837 du 28 sept. 1967, art. 5 (D. 1967. 378 ; BLD 1967. 670), mod. par L. n° 88-1149 du 23 déc. 1988, art. 74-I (D. et ALD 1989. 19). – ***C. sociétés.***

SOUS-SECTION 2 *Crédits aux entreprises*

Art. R. 313-14-1 *(Décr. n° 2006-697 du 14 juin 2006)* Les établissements publics mentionnés à l'article L. 313-13 sont les établissements publics de l'État à caractère industriel et commercial dont l'objet les autorise à participer au financement de l'activité économique.

Art. D. 313-14-1 *(Décr. n° 2005-1743 du 30 déc. 2005, art. 1er, en vigueur le 1er juin 2006)* Le délai de préavis minimal mentionné à la deuxième phrase du premier alinéa de l'article L. 313-12 est de soixante jours pour toutes les catégories de crédits.

BIBL. ▶ S. Piedelièvre, *D. 2006. 434* (préavis en cas de rupture de crédit à durée indéterminée).

SECTION III *Procédures de mobilisation des créances professionnelles*

SOUS-SECTION 1 *Cession et nantissement des créances professionnelles*

Art. R. 313-15 La notification prévue à l'article L. 313-28 peut être faite par tout moyen.

La notification au débiteur d'une créance cédée ou nantie, en application des articles L. 313-23 à L. 313-35, comporte les mentions obligatoires suivantes :

1° Dans les conditions prévues par les articles L. 313-23 à L. 313-35 du code monétaire et financier, le nom du cédant ou de la personne qui consent le nantissement, comme suit :

"Nous a cédé/nanti la/les créance(s)" ;

2° La désignation de la (ou les) créance(s) cédée(s) ou nantie(s), comme suit :

"Dont vous êtes débiteur envers lui/elle.

"Conformément aux dispositions de l'article L. 313-28, nous vous demandons de cesser, à compter de la présente notification, tout paiement au titre de cette/ces créance(s) à ..." ;

3° Le mode de règlement et l'indication de la personne à l'ordre de laquelle ce règlement doit être effectué, comme suit :

"En conséquence, le règlement de votre dette (indication du mode de règlement) devra être effectué à l'ordre de ... (indication de la personne à l'ordre de laquelle le règlement doit être effectué)." — *[Décr. n° 81-862 du 9 sept. 1981, art. 2, al. 1er et annexe I.]*

1. Forme de la notification. La notification par lettre recommandée ne constitue pas un élément de validité de la notification, mais un simple élément de preuve. • Paris, 15 oct. 1993 : *RTD com. 1994. 82, obs. Cabrillac et Teyssié*. ♦ Pour une notification résultant de l'apposition, par le cessionnaire, d'un « papillon jaune » sur la facture émise par le cédant, V. • Paris, 15 déc. 1994 : *RJDA 1995, n° 471.* ♦ V. note ss. art. R. 313-18. ♦ Sur l'absence d'effets d'une notification faite en langue étrangère, V. • T. com. Paris, 15 sept. 1993 : *RTD com. 1994. 536, obs. Cabrillac et Teyssié*.

2. Destinataire. Est valable la notification adressée à l'établissement destinataire des factures correspondant aux créances cédées et non au siège social de l'entreprise. • Paris, 15 oct. 1993 : *préc. note 1.* ♦ De même est valable la notification faite à un service de la SNCF autre que celui chargé du paiement. • Paris, 17 févr. 1995 : *Banque juin 1995. 94, obs. Guillot.*

3. Mentions obligatoires. Les documents adressés par une banque cessionnaire à une société débitrice doivent, pour valoir notification et interdiction de payer au cédant signataire du bordereau, mentionner expressément, outre la référence à la L. n° 81-1 du 2 janv. 1981 [C. mon. fin., art. L. 313-23 s.], la désignation du créancier cédant, celle de la créance ou des créances cédées, une interdiction de payer ces créances entre les mains du créancier signataire du bordereau de cession. • Com. 7 janv. 1997, n° 95-12.949 P : *RTD com. 1997. 300, obs. Cabrillac*. ♦ En revanche, l'annexe I du décret de 1981 [C. mon. fin., art. R. 313-15, al. 2 s.] n'oblige pas le bénéficiaire du bordereau qui adresse un acte d'acceptation à rappeler les dispositions de l'art. 6 de la loi relatives aux effets de l'acceptation et notamment à l'impossibilité pour le débiteur qui accepte d'opposer au cessionnaire les exceptions fondées sur ses rapports avec le cédant. • Paris, 13 nov. 1990 : *D. 1991. 594, note D. Martin*.

Art. R. 313-16 Lorsque la créance est cédée en vertu d'un contrat d'affacturage, la société d'affacturage doit, dans le cadre de la notification au débiteur cédé de cette cession de créance, en application des articles L. 313-23 à L. 313-35, faire figurer sur la facture afférente à la créance qui lui a été cédée, les mentions obligatoires suivantes :

1° Le nom de la société d'affacturage, comme suit :

"La créance relative à la présente facture a été cédée à ... dans le cadre des articles L. 313-23 à L. 313-35 du code monétaire et financier" ;

2° Le mode de règlement, comme suit :

"Le paiement doit être effectué par chèque, traite, billets, etc., établi à l'ordre de (nom de la société d'affacturage ou de son mandataire)... et adressé à ... ou par virement au compte n° ... chez ... *(Abrogé par Décr. n° 2006-1115 du 5 sept. 2006, art. 3)* « ou au CCP n° ... ». — *[Décr. n° 81-862 du 9 sept. 1981, art. 2, al. 2 et annexe II.]*

Art. R. 313-17 Lorsque la créance est cédée ou nantie au titre d'un marché public, la notification doit être faite entre les mains du comptable assignataire désigné dans les documents contractuels. Elle doit comporter les mentions obligatoires suivantes, conformément aux articles L. 313-23 à L. 313-35 :

1° Dans les conditions prévues par les articles L. 313-23 à L. 313-35 du code monétaire et financier, le titulaire du marché/le sous-traitant/le bénéficiaire de la facture ci-dessous désigné comme suit (raison sociale et adresse de l'entreprise cédante) :

"Nous a cédé/nanti en totalité/en partie par bordereau en date du... la (les) créance(s) suivante(s) :

"Marché n°..."

2° L'indication de la commande, comme suit :

"Bon de commande n°...

"Ordre de service n°... (préciser en cas de marché à commandes ou marchés de clientèle).

"Acompte ou facture...

"Sous-traité n° (1)...

"Lieu d'exécution...

"Administration contractante..."

3° Le montant ou l'évaluation de la créance cédée ou nantie, comme suit :

"En cas de cession ou de nantissement total : montant ou évaluation :

"En cas de cession ou de nantissement partiel, désignation de la part du marché ou du sous-traité : montant ou évaluation :

"Conformément aux dispositions de l'article L. 313-28, nous vous demandons de cesser, à compter de la réception de la présente notification, tout paiement au titre de cette (ces) créance(s) à ... (raison sociale et adresse de l'entreprise cédante)."

4° Le mode de règlement, comme suit :

"En conséquence, le règlement des sommes revenant à l'entreprise ci-dessus devra être effectué à ... (indication de la personne à l'ordre de laquelle il doit être effectué et du mode de règlement)." — *[Décr. n° 81-862 du 9 sept. 1981, art. 2, al. 3 et annexe III.]*

1. Défaut de notification. A défaut de notification de la cession au comptable assignataire, la demande en paiement de la banque cessionnaire d'un bordereau Dailly doit être déclarée irrecevable, l'acceptation de la cession par le débiteur n'ayant aucune influence sur les droits du porteur et les obligations du comptable. • Riom, 27 sept. 1994 : *JCP 1995. IV. 94 ; RJDA 1995, n° 472.*

2. Destinataire de la notification. Un établissement public, débiteur d'une créance professionnelle cédée, n'ayant pas transmis à son comptable les notifications de créances adressées par la banque cessionnaire et s'étant acquitté de sa dette en réglant le cédant, alors même qu'il avait déjà connaissance de la cession, la banque est fondée à se prévaloir de fautes de nature à engager la responsabilité pécuniaire de l'établissement public à son égard. • CAA Paris, 9 juill. 1992 : *JCP E 1992. Pan. 1317 ; Dr. adm. avr. 1995, p. 1, obs. Blais.* ♦ Toutefois, la banque ayant elle-même commis une faute en adressant la notification à l'établissement public et non à son comptable assignataire, la responsabilité doit être partagée. • Même arrêt. ♦ Comp., jugeant que le maire de la commune, à qui les notifications avait été adressées, n'était pas tenu de les transmettre au comptable : • CAA Paris, 23 mai 1995 : *JCP 1995. II. 22552, note Eckert.* ♦ La notification ayant été effectuée auprès d'une autorité administrative incompétente, l'acquéreur de la créance cédée ne peut s'en prévaloir à l'encontre de l'exception de compensation qui a éteint la créance sur l'État. • CAA Paris, 12 nov. 1993 : *JCP E 1994. Pan. 134 ; LPA 29 août 1994, concl. Mendras.* ♦ L'action en répétition de l'indu n'est pas recevable : V. • Com. 21 oct. 1997 : *RDBB 1998. 10, obs. Crédot et Gérard.* ♦ S'il résulte de l'art. 189 C. marchés [abrogé] que la notification de la cession de créances doit être adressée par le cessionnaire au comptable public assignataire désigné dans le marché et que celui-ci doit en conséquence payer à l'établissement de crédit le montant de la créance cédée telle qu'elle résulte de l'exécution du contrat de marché public, l'engagement facultatif prévu par l'art. 6 de la loi du 2 janv. 1981 [C. mon. fin., art. L. 313-29], laquelle ne modifie pas les règles de répartition de compétences entre les ordonnateurs et les comptables publics, qui a pour effet la renonciation du maître de l'ouvrage à certaines garanties qu'il tient du marché, ne peut pas être souscrit par le comptable public mais par le représentant qualifié de l'administration contractante. • CAA Bordeaux, 28 déc. 1995 : *JCP E 1996. II. 818, concl. Bousquet ; RJDA 1996, n° 1080.*

3. Forme de la notification. La notification à la personne publique de la cession d'une créance née de l'exécution d'un marché public qui est entaché de nullité doit être effectuée dans les conditions de droit commun prévues par l'art. 2 du Décr. du 9 sept. 1981, et non dans les formes propres aux marchés publics, prévues par l'art. 189 C. marchés [abrogé]. • CAA Nantes, 29 juin 2001 : *JCP E 2002, n° 2, 43.* ♦ Comp., jugeant que les dispositions de l'art. 2 du Décr. du 9 sept. 1981, qui ne concernent que la forme de la notification, ne dispensent pas de l'obligation de l'adresser à son destinataire selon les règles applicables, notamment en matière de comptabilité publique : • CAA Douai, 29 avr. 2003 : *JCP E 2003, n° 39, p. 1516.*

Art. R. 313-17-1 *(Décr. n° 2006-22 du 5 janv. 2006, art. 1er)* Lorsque la créance est cédée ou nantie au titre d'un contrat de partenariat ou d'un contrat mentionné au premier alinéa de l'article L. 6148-5 du code de la santé publique, la notification est faite entre les mains du comptable public assignataire désigné dans les documents contractuels. Elle comporte les mentions obligatoires suivantes :

"1° Dans les conditions prévues par les articles L. 313-23 à L. 313-35 du code monétaire et financier, le titulaire du contrat de partenariat ou d'un contrat mentionné au premier alinéa de l'article L. 6148-5 du code de la santé publique (raison sociale et adresse du titulaire du contrat de partenariat ou du contrat mentionné au premier alinéa de l'article L. 6148-5 du code de la santé publique, le cédant) nous a cédé / a nanti, en totalité / en partie, par bordereau en date du ... ..., la créance relative au contrat de partenariat ou au contrat mentionné au premier alinéa de l'article L. 6148-5 du code de la santé publique signé le ... ... par (nom de la collectivité publique contractante) ;

"2° Le montant de la créance cédée ou nantie est de ... ... ;

"3° Conformément aux dispositions de l'article L. 313-28 du code monétaire et financier, nous vous demandons de cesser, à compter de la réception de la présente notification, tout paiement au titre de cette créance, à (raison sociale et adresse du cédant) ;

"4° En conséquence, le règlement des sommes revenant à l'entreprise désignée ci-dessus devra être effectué à (désignation de l'établissement cessionnaire et du mode de règlement)."

Art. R. 313-17-2 *(Décr. n° 2006-22 du 5 janv. 2006, art. 1er)* Si la créance cédée comporte une part représentant une fraction du coût des investissements, définie en application de l'article L. 313-29-1 du code monétaire et financier, la notification mentionnée à l'article R. 313-17-1 comporte, outre les mentions prévues à cet article, la mention obligatoire suivante :

"La part fixée contractuellement à l'article n° ... du contrat de partenariat ou du contrat mentionné au premier alinéa de l'article L. 6148-5 du code de la santé publique, en application de l'article L. 313-29-1 du code monétaire et financier, est cédée en totalité / en partie pour un montant de ... ...".

Art. R. 313-18 En cas de litige, l'établissement qui a notifié doit apporter la preuve de la connaissance par le débiteur de la notification. Cette preuve est établie selon les règles de preuve applicables au débiteur de la créance cédée ou nantie. – *[Décr. n° 81-862 du 9 sept. 1981, art. 2, al. 4.]*

Preuve de la notification. La preuve de la notification peut être faite par tout moyen, et résulter notamment : du fait que le cédé a reconnu avoir reçu du cessionnaire le pli contenant la notification. • Paris, 15 sept. 1992 : *RJ com. 1994. 248, note X. Vincent.* ♦ ... D'une lettre recommandée avec accusé de réception ou de tout autre moyen permettant de donner date certaine. • CAA Paris, 23 mai 1995 : *cité note 2 ss. art. R. 313-17.* ♦ Mais la preuve que la notification comportait les mentions obligatoires ne résulte pas de la seule production de l'accusé de réception de la lettre recommandée. • Versailles, 31 oct. 1996 : *RJDA 1997, n° 538.*

SOUS-SECTION 2 *Mobilisation des crédits par le cessionnaire ou le nanti*

§ 1er *Dispositions générales*

Art. R. 313-19 La disposition du deuxième alinéa de l'article L. 313-25, selon laquelle la date de cession ou de nantissement est apposée par le cessionnaire, peut ne pas s'appliquer aux cessions de créances financières prévues à l'article L. 313-31.

L'engagement pris par le débiteur de payer directement le cessionnaire de créances financières selon les règles posées par l'article L. 313-29 est constaté par un écrit intitulé :

"Acte d'acceptation de la cession d'une créance financière". – *[Décr. n° 81-862 du 9 sept. 1981, art. 3.]*

*Sur le recouvrement des créances par la procédure d'injonction de payer, V. C. pr. civ., art. 1405. – **C. pr. civ.***

§ 2 *Mobilisation des crédits à moyen terme*

Le présent paragraphe ne comprend pas de dispositions réglementaires.

§ 3 *Mobilisation des créances hypothécaires et assimilées*

Art. R. 313-20 *(Décr. n° 2007-745 du 9 mai 2007, art. 1er)* I. – Une créance garantie au sens de l'article L. 313-42 ne peut être mobilisée par application des dispositions de cet article que dans la limite du plus petit des montants ci-dessous :

1. Le montant du capital restant dû de cette créance ;

2. Le produit de la quotité de financement définie au II et de la valeur du bien financé ou apporté en garantie.

(Décr. n° 2021-898 du 6 juill. 2021, art. 2, en vigueur le 8 juill. 2022) « II. – La quotité *mentionnée* au 2 du I est égale à :

« 1. 60 % de la valeur du bien apporté en garantie pour les prêts hypothécaires lorsque le bien apporté en garantie est un bien immobilier commercial ;

« 2. 80 % de la valeur du bien financé pour les prêts cautionnés ou du bien apporté en garantie pour les prêts hypothécaires lorsque le bien financé ou apporté en garantie est un bien immobilier résidentiel. Dans le cas de prêts finançant la construction de logements ou à la fois l'acquisition d'un terrain à bâtir et la construction de logements, à l'exception des financements spéculatifs de biens immobiliers, la valeur du bien immobilier résidentiel retenu est le prix de vente du bien en l'état d'achèvement ;

« 3. 100 % de la valeur du bien apporté en garantie, pour la portion des prêts bénéficiant de la garantie du fonds de garantie à l'accession sociale à la propriété mentionné à l'article L. 312-1 du code de la construction et de l'habitation ou de toute personne qui viendrait à s'y substituer.

« Pour l'application du 2, sont assimilés à la construction de logements les travaux ayant pour objet, en vue de la réalisation d'un logement, la création ou la transformation d'une surface habitable, par agrandissement ou par remise en état. »

III. – L'évaluation des biens financés ou apportés en garantie correspondant aux créances mobilisées est faite par les émetteurs de billets à ordre selon les modalités prévues par un arrêté du ministre chargé de l'économie. – *[Décr. n° 2000-664 du 17 juill. 2000, art. 1er.]*

Art. R. 313-21 *(Abrogé par Décr. n° 2021-898 du 6 juill. 2021, art. 2, à compter du 8 juill. 2022) (Décr. n° 2007-745 du 9 mai 2007, art. 1er)* ***La quotité mentionnée au 2 du II de l'article R. 313-20 est portée à :***

1. 90 % de la valeur du bien lorsque le montant des créances mobilisées excède de 25 % au moins celui des billets à ordre qu'elles garantissent ;

2. 100 % de la valeur du bien apporté en garantie, pour les prêts bénéficiant de la garantie du fonds de garantie à l'accession sociale à la propriété mentionné à l'article L. 312-1 du code de la construction et de l'habitation ou de toute personne qui viendrait à s'y substituer ou les prêts couverts, pour la partie excédant la quotité fixée, par un cautionnement répondant aux conditions posées à l'article L. 313-42 du présent code ou par la garantie d'une ou plusieurs personnes publiques mentionnées à l'article *(Ord. n° 2013-544 du 27 juin 2013, art. 35, en vigueur le 1er janv. 2014)* ***« L. 513-4 » du présent code.*** – *[Décr. n° 2000-664 du 17 juill. 2000, art. 2.]*

Art. R. 313-22 Une sûreté immobilière, conférant une garantie équivalente à une hypothèque de 1er rang au sens de l'article L. 313-42, est celle qui confère au créancier, quelle que soit la situation juridique du débiteur, le droit de faire procéder à la vente de l'immeuble grevé par cette sûreté dans quelques mains qu'il se trouve et de se faire payer sur le prix de vente par préférence aux autres créanciers. – *[Décr. n° 2000-664 du 17 juill. 2000, art. 3.]*

Art. R. 313-23 *Abrogé par Décr. n° 2007-745 du 9 mai 2007, art. 1er.*

Art. R. 313-24 Pour l'application du 2° du I de l'article *(Ord. n° 2013-544 du 27 juin 2013, art. 35, en vigueur le 1er janv. 2014)* « L. 513-3 », les créances cautionnées éligibles sont celles dont un établissement de crédit *(Décr. n° 2014-1315 du 3 nov. 2014, art. 3)* « , une société de financement » ou une entreprise d'assurances détenant des capitaux propres d'au moins 12 millions d'euros est caution solidaire.

(Abrogé par Décr. n° 2021-898 du 6 juill. 2021, art. 2, à compter du 8 juill. 2022) ***« Le montant total des créances cautionnées mobilisées ne peut dépasser*** *(Décr. n° 2007-745 du 9 mai 2007, art. 1er)* ***« 35 % » du montant total des créances mises à disposition au profit de l'établissement détenteur des billets à ordre émis en application des articles L. 313-42 à L. 313-48. »*** – *[Décr. n° 2000-664 du 17 juill. 2000, art. 5.] – V. C. mon. fin., art. L. 515-14. –* ***C. mon. fin.***

Art. R. 313-25 Le contrat d'émission des obligations émises *(Décr. n° 2014-1315 du 3 nov. 2014, art. 3)* « par un établissement de crédit dont l'objet exclusif est de refinancer les billets à ordre répondant aux dispositions des articles L. 313-42 à L. 313-49 » mentionne explicitement :

1° La finalité de la mobilisation ;

2° L'objet exclusif de l'établissement de crédit émetteur ;

3° La dérogation prévue *(Décr. n° 2011-922 du 1er août 2011, art. 11)* « au 2° du IV de l'article R. 214-21 » ;

4° Le privilège dont bénéficie l'établissement de crédit émetteur conformément aux dispositions des articles L. 313-42 à L. 313-49. – *[Décr. n° 2000-664 du 17 juill. 2000, art. 7.]*

Art. R. 313-25-1 *(Décr. n° 2014-1315 du 3 nov. 2014, art. 3)* L'émission par les sociétés de financement de titres mentionnés aux articles L. 313-30 et L. 313-31 ou de billets à ordre mentionnés à l'article L. 313-42, remplit l'une ou l'autre des deux conditions suivantes :

1° La souscription des titres émis en application des articles L. 313-30 et L. 313-31 ou des billets à ordre émis en application de l'article L. 313-42 est réservée aux personnes fournissant le service de gestion de portefeuille pour le compte de tiers ou aux investisseurs qualifiés au sens *(Décr. n° 2019-1097 du 28 oct. 2019, art. 9)* « du 1° » de l'article L. 411-2 et de l'article D. 411-1 ;

2° La valeur nominale de chacun de ces titres ou billets à ordre est égale ou supérieure à 100 000 euros.

....

TITRE V Dispositions pénales

CHAPITRE PREMIER *Infractions relatives au droit au compte et aux relations avec le client*

Art. D. 351-1 Les amendes fiscales sanctionnant les infractions mentionnées aux articles L. 351-2 et L. 351-3 sont recouvrées comme en matière de timbre et, notamment, suivant les dispositions prévues au titre IV du livre des procédures fiscales. – *[Décr. n° 56-1071 du 23 oct. 1956, art. 4.]*

Art. D. 351-2 L'action du Trésor pour la constatation des infractions mentionnées aux articles L. 351-2 et L. 351-3 est prescrite à l'expiration du délai prévu au deuxième alinéa de l'article L. 188 du livre des procédures fiscales. – *[Décr. n° 56-1071 du 23 oct. 1956, art. 5.]*

Art. R. 351-3 Le pouvoir de statuer sur les demandes formées par les contrevenants à l'effet d'obtenir la remise des amendes encourues est réservé à l'autorité administrative compétente. Cette dernière statue sur demande transmise conjointement par le *(Décr. n° 2014-551 du 27 mai 2014, art. 16)* « directeur général des finances publiques » et le *(Décr. n° 2010-291 du 18 mars 2010, art. 2)* « directeur général du Trésor ». – *[Décr. n° 56-1071 du 23 oct. 1956, art. 6.]*

Les tables de concordance fournies par le ministère de l'Économie et l'art. D. 351-4 mentionnent un art. D. 351-3 en lieu et place de l'art. R. 351-3 prévu par le Décr. n° 2005-1007 du 2 août 2005 (JO 25 août, annexe, p. 34062).*

Art. D.* 351-4 L'autorité administrative compétente mentionnée à l'article D. *[R.]* 351-3 est le ministre chargé de l'économie. – *[Décr. n° 56-1071 du 23 oct. 1956, art. 6.]*

Art. R. 351-4 Le fait, pour tout dirigeant de droit ou de fait, d'une société commerciale mentionnée à l'article R. 313-14 de contrevenir aux obligations mentionnées au I de cet article, ou pour toute autre personne morale ou personne physique ayant la qualité de commerçant, de contrevenir aux obligations mentionnées au II dudit article est puni de l'amende prévue pour les contraventions de la 5e classe.

La récidive de la contravention au présent article est réprimée conformément à l'article 132-11 du code pénal. – *[Décr. n° 72-665 du 4 juill. 1972, art. 13.]*

Art. R. 351-5 *(Décr. n° 2005-1738 du 30 déc. 2005, art. 2, en vigueur le 1er janv. 2006)* Le fait, pour toute personne chargée à un titre quelconque de la direction ou de l'administration d'un établissement de crédit, ou d'un des établissements ou services mentionnés à l'article L. 518-1 du code monétaire et financier, à l'exception du Trésor public, de méconnaître l'obligation consistant, pour tout compte ayant vocation à recevoir des opérations initiées par des tiers, à indiquer sur le relevé de compte adressé au client, ou en annexe à celui-ci, le numéro international de compte bancaire (IBAN) du client et le code d'identification de banque (BIC) de l'établissement est puni de l'amende prévue par les contraventions de 1re classe.

....

Code général de la propriété des personnes publiques

Art. L. 1126-1 Sont acquis à l'État, à moins qu'il ne soit disposé de ces biens par des lois particulières :

1° *Le montant des* coupons, intérêts ou dividendes, atteints par la prescription quinquennale ou conventionnelle et afférents à des actions, parts de fondateur, obligations ou autres valeurs mobilières négociables, émises par toute société commerciale ou civile ou par toute collectivité privée ou publique

(Abrogé par L. n° 2014-617 du 13 juin 2014, art. 11, à compter du 1er janv. 2016) « 2° Les actions, parts de fondateur, obligations et autres valeurs mobilières des mêmes collectivités, lorsqu'elles sont atteintes par la prescription trentenaire ou conventionnelle ; »

3° Les dépôts de sommes d'argent et, d'une manière générale, tous avoirs en espèces dans les banques, les établissements de crédit et tous autres établissements qui reçoivent des fonds en dépôt ou en compte courant, lorsque ces dépôts ou avoirs n'ont fait l'objet de la part des ayants droit d'aucune opération ou réclamation depuis trente années *(L. n° 2014-617 du 13 juin 2014, art. 11, en vigueur le 1er janv. 2016)* « et n'ont pas fait l'objet d'un dépôt à la Caisse des dépôts et consignations en application de l'article L. 312-20 du code monétaire et financier et que le titulaire du compte, son représentant légal ou la personne habilitée par lui n'a effectué aucune opération sur un autre compte ouvert à son nom dans le même établissement » ;

4° Les dépôts de titres et, d'une manière générale, tous avoirs en titres dans les banques et autres établissements qui reçoivent des titres en dépôt ou pour tout autre cause lorsque ces dépôts ou avoirs n'ont fait l'objet, de la part des ayants droit, d'aucune opération ou réclamation depuis trente années *(L. nº 2014-617 du 13 juin 2014, art. 11, en vigueur le 1er janv. 2016)* « et n'ont pas fait l'objet d'un dépôt à la Caisse des dépôts et consignations en application de l'article L. 312-20 du code monétaire et financier et que le titulaire du compte, son représentant légal ou la personne habilitée par lui n'a effectué aucune opération sur un autre compte ouvert à son nom dans le même établissement » ; – *[C. dom. Ét., art. L. 27.]*

(L. nº 2006-1640 du 21 déc. 2006, art. 18-I) « 5° Les sommes dues au titre de contrats d'assurance sur la vie *(L. nº 2014-617 du 13 juin 2014, art. 11, en vigueur le 1er janv. 2016)* « et de bons ou contrats de capitalisation » *(Abrogé par L. nº 2014-617 du 13 juin 2014, art. 11, à compter du 1er janv. 2016) « comportant des valeurs de rachat »* ou de transfert et n'ayant fait l'objet, à compter du décès de l'assuré ou du terme du contrat, d'aucune demande de prestation auprès de l'organisme d'assurance depuis trente années » *(L. nº 2014-617 du 13 juin 2014, art. 11, en vigueur le 1er janv. 2016)* « , ni d'un dépôt à la Caisse des dépôts et consignations en application des articles L. 132-27-2 du code des assurances et L. 223-25-4 du code de la mutualité ».

Art. L. 1126-2 *V. au **C. sociétés**.*

Art. L. 1126-3 *(L. nº 2014-617 du 13 juin 2014, art. 11, en vigueur le 1er janv. 2016)* « Sous réserve de l'article L. 312-20 du code monétaire et financier, » les banques, les établissements de crédit et tous autres établissements qui reçoivent soit des fonds en dépôt ou en compte courant, soit des titres en dépôt ou pour tout autre cause sont tenus de remettre *(L. nº 2009-526 du 12 mai 2009, art. 121-I)* « au Trésor public » tous les dépôts ou avoirs en espèces ou en titres, qui n'ont fait l'objet, de la part des ayants droit, d'aucune opération ou réclamation depuis trente ans et qui n'ont pas été déposés dans un établissement habilité à cet effet par décret. – *[C. dom. Ét., art. R. 47, al. 1er.]*

....

Art. L. 2222-21 Les agents désignés par l'autorité administrative compétente ont droit de prendre communication au siège des banques, établissements ou collectivités mentionnés aux *(L. nº 2006-1640 du 21 déc. 2006, art. 18-I)* « 1° à 5° » de l'article L. 1126-1, ou dans leurs agences ou succursales, de tous registres, délibérations et documents quelconques pouvant servir au contrôle des sommes ou titres à remettre à l'État.

Art. L. 2222-22 Toute contravention aux dispositions des articles L. 1126-2 et L. 1126-3, et tout refus de communication dans le cadre des dispositions de l'article L. 2222-21 sont punis de l'amende prévue *(L. nº 2013-1117 du 6 déc. 2013, art. 20-III)* « au premier alinéa de » l'article 1734 du code général des impôts.

Les règles applicables en matière domaniale régissent le recouvrement de l'amende ainsi que la présentation, l'instruction et le jugement des réclamations.

*V. aussi CGPPP, art. R. 1126-2 s. – **C. sociétés** ou **CGPPP**.*

Loi nº 2020-289 du 23 mars 2020,

De finances rectificative pour 2020.

Art. 6 I. – La garantie de l'État peut être accordée aux prêts consentis par les établissements de crédit et les sociétés de financement *(L. nº 2020-473 du 25 avr. 2020, art. 16)* « ou par des prêteurs mentionnés à l'article L. 548-1 du code monétaire et financier », à compter du 16 mars 2020 et jusqu'au *(L. nº 2021-1900 du 30 déc. 2021, art. 161)* « 30 juin 2022 » inclus, à des entreprises *(L. nº 2020-473 du 25 avr. 2020, art. 16)* « immatriculées en France autres que des établissements de crédit ou des sociétés de financement ».

II. – *(L. nº 2020-935 du 30 juill. 2020, art. 41)* « Les garanties mentionnées aux I et VI *quater* s'exercent » en principal, intérêts et accessoires dans la limite d'un encours total garanti de 300 milliards d'euros.

III. – Les prêts couverts par la garantie prévue au I doivent répondre à un cahier des charges défini par arrêté du ministre chargé de l'économie. Ils comportent un différé d'amortissement minimal de douze mois et une clause donnant à l'emprunteur la faculté, à l'issue de la première année, de les amortir sur une période additionnelle calculée en nombre d'années, selon son choix et dans la limite d'un nombre maximal d'années précisé par l'arrêté susmentionné. Les concours totaux apportés par l'établissement prêteur *(L. n° 2020-473 du 25 avr. 2020, art. 16)* « ou par un même intermédiaire en financement participatif » à l'entreprise concernée ne doivent pas avoir diminué, lors de l'octroi de la garantie, par rapport au niveau qui était le leur le 16 mars 2020 *(L. n° 2020-1721 du 29 déc. 2020, art. 213)* « , dans le cas où cet octroi intervient avant le 1er janvier 2021, ou par rapport au niveau qui était le leur le 31 décembre 2020, dans le cas où cet octroi intervient *(L. n° 2021-1900 du 30 déc. 2021, art. 161)* « entre le 1er janvier 2021 et le 31 décembre 2021, ou par rapport au niveau qui était le leur au 31 décembre 2021, dans le cas où l'octroi intervient à compter du 1er janvier 2022 » inclus ».

IV. — Les caractéristiques de la garantie prévue au I, notamment le fait générateur de son appel *(L. n° 2021-953 du 19 juill. 2021, art. 23, en vigueur le 1er juill. 2021)* « , ses modalités d'indemnisation, le cas échéant à titre provisionnel, » et les diligences que les établissements prêteurs *(L. n° 2020-473 du 25 avr. 2020, art. 16)* « ou les intermédiaires en financement participatif pour le compte des prêteurs » doivent accomplir avant de pouvoir prétendre au paiement des sommes dues par l'État à son titre, sont définies par l'arrêté prévu au III. La garantie est rémunérée et ne peut couvrir la totalité du prêt concerné. Elle n'est acquise qu'après un délai de carence, fixé par le cahier des charges. *(Abrogé par L. n° 2020-473 du 25 avr. 2020, art. 16)* ***« Elle ne peut être accordée à des prêts bénéficiant à des entreprises faisant l'objet de l'une des procédures prévues aux titres II, III et IV du livre VI du code de commerce. »***

V. — Pour les demandes de garanties portant sur des prêts consentis aux entreprises qui emploient, lors du dernier exercice clos *(L. n° 2020-1721 du 29 déc. 2020, art. 213)* « précédent *[précédant]* la date du premier octroi d'un tel prêt à une même entreprise », moins de cinq mille salariés *(L. n° 2020-473 du 25 avr. 2020, art. 16)* « et » qui ont un chiffre d'affaires inférieur à 1,5 milliard d'euros, l'établissement prêteur *(L. n° 2020-473 du 25 avr. 2020, art. 16)* « ou l'intermédiaire en financement participatif » notifie à l'établissement mentionné au VI du présent article les créances qui répondent au cahier des charges prévu au III. Cette notification vaut octroi de la garantie, sous réserve du respect de ces conditions. Les garanties portant sur des prêts consentis aux entreprises qui emploient, lors du dernier exercice clos *(L. n° 2020-1721 du 29 déc. 2020, art. 213)* « précédent *[précédant]* la date du premier octroi d'un tel prêt à une même entreprise », au moins cinq mille salariés *(L. n° 2020-473 du 25 avr. 2020, art. 16)* « ou » qui ont un chiffre d'affaires supérieur à 1,5 milliard d'euros sont octroyées par arrêté du ministre chargé de l'économie.

VI. — *(Ord. n° 2020-739 du 17 juin 2020, art. 3)* « La société anonyme Bpifrance *[ancienne rédaction : L'établissement de crédit Bpifrance Financement SA]* » est *(L. n° 2020-935 du 30 juill. 2020, art. 41)* « chargée » par l'État, sous le contrôle, pour le compte et au nom de l'État, d'assurer *(Abrogé par L. n° 2021-1900 du 30 déc. 2021, art. 161, à compter du 1er janv. 2022)* ***« , à titre gratuit, »*** le suivi des encours des prêts garantis mentionnés au I *(L. n° 2020-935 du 30 juill. 2020, art. 41)* « et des financements mentionnés au VI *quater* », de percevoir et de reverser à l'État *(L. n° 2020-473 du 25 avr. 2020, art. 16)* « les recettes liées à la gestion *(L. n° 2020-935 du 30 juill. 2020, art. 41)* « de ces dispositifs » et, notamment, » les commissions de garantie et *(L. n° 2021-953 du 19 juill. 2021, art. 23, en vigueur le 1er juill. 2021)* « tout éventuel trop-perçu par l'établissement prêteur ou un prêteur mentionné à l'article L. 548-1 du code monétaire et financier ainsi que » de vérifier, en cas d'appel de la garantie, que les conditions définies dans le cahier des charges prévu *(L. n° 2020-935 du 30 juill. 2020, art. 41)* « , selon le cas, au III ou au deuxième alinéa du VI *quater* » sont remplies. Dans ce dernier cas, *(L. n° 2020-935 du 30 juill. 2020, art. 41)* « elle » procède au paiement des sommes dues en application du IV *(L. n° 2020-935 du 30 juill. 2020, art. 41)* « ou du troisième alinéa du VI *quater* », *(L. n° 2020-473 du 25 avr. 2020, art. 16)* « à la suite d'un appel de fonds auprès de l'État établi sur la base des appels en garantie éligibles, » dans des *conditions fixées* par une convention. *(L. n° 2020-473 du 25 avr. 2020, art. 16)* « Dans le cas de prêts intermédiés par un intermédiaire en financement participatif, si les vérifications de *(Ord. n° 2020-739 du 17 juin 2020, art. 3)* « la société anonyme Bpifrance *[ancienne rédaction : Bpifrance Financement SA]* » conduisent à constater que le prêt ne remplit pas les conditions définies dans le cahier des charges prévu au III, la responsabilité de l'intermédiaire est engagée, au titre d'un manquement à ses obligations professionnelles prévues à l'article L. 548-6 du code monétaire et financier, vis-à-vis des prêteurs qui peuvent obtenir un dédommagement à hauteur de la perte que la garantie de l'État aurait couverte si le cahier des charges avait été rempli. *(L. n° 2021-1900 du 30 déc. 2021, art. 161, en vigueur le 1er janv. 2022)* « Les missions confiées à Bpifrance par le présent VI peuvent donner lieu à la compensation des frais engagés par la société anonyme Bpifrance pour leur réalisation. »

« VI *bis*. — Tout refus *(L. n° 2020-935 du 30 juill. 2020, art. 42)* « d'instruction ou » de consentement d'un prêt de moins de 50 000 euros qui répond au cahier des charges mentionné au III par un établissement de crédit ou une société de financement doit être notifié par écrit à l'entreprise à l'origine de la demande de prêt *(L. n° 2020-935 du 30 juill. 2020, art. 42)* « dans un délai raisonnable ».

« VI *ter*. – L'avant-dernier alinéa du III de l'article 46 de la loi n° 2005-1719 du 30 décembre 2005 de finances pour 2006 est complété par une phrase ainsi rédigée : "Jusqu'au 31 décembre 2020, les prêts octroyés à des très petites entreprises ou à des petites entreprises prennent la forme de prêts participatifs au sens de l'article L. 313-14 du code monétaire et financier, afin de renforcer leurs fonds propres et d'assurer la pérennité de leur activité et des emplois associés." »

(L. n° 2020-935 du 30 juill. 2020, art. 41) « VI *quater*. – La garantie de l'État peut être accordée aux nouveaux financements octroyés à compter du 1er août 2020 par des établissements de crédit et des sociétés de financement à des entreprises immatriculées en France, au titre d'une ou plusieurs cessions de créances professionnelles régies par les articles L. 313-23 à L. 313-34 du code monétaire et financier qui interviennent jusqu'au *(L. n° 2021-953 du 19 juill. 2021, art. 23, en vigueur le 1er juill. 2021)* « 31 décembre 2021 » et résultent de commandes confirmées par ces entreprises.

« Les financements mentionnés au premier alinéa du présent VI *quater* et les opérations dans le cadre desquelles ils s'inscrivent doivent respecter un cahier des charges défini par arrêté du ministre chargé de l'économie.

« La date d'échéance finale de chaque financement couvert par cette garantie ne peut pas dépasser une date limite précisée par le cahier des charges mentionné au deuxième alinéa et fixée au plus tard au *(L. n° 2021-953 du 19 juill. 2021, art. 23, en vigueur le 1er juill. 2021)* « 30 juin 2022 ». Cette date limite est fixée par référence à la date la plus tardive parmi celles initialement prévues pour l'émission des factures portant sur les commandes auxquelles le financement couvert par cette garantie est adossé, si ces dates sont connues de l'établissement prêteur. Pour chaque financement qu'elle couvre, la garantie de l'État prend fin de plein droit à la date d'échéance finale de ce financement, sauf à ce qu'elle soit mise en jeu avant dans les conditions fixées par l'arrêté mentionné au même deuxième alinéa.

« Les caractéristiques de la garantie prévue au premier alinéa, notamment le fait générateur de son appel *(L. n° 2021-953 du 19 juill. 2021, art. 23, en vigueur le 1er juill. 2021)* « , ses modalités d'indemnisation, le cas échéant à titre provisionnel, » et les diligences que les établissements de crédit et les sociétés de financement doivent accomplir avant de pouvoir prétendre au paiement des sommes dues par l'État à son titre, sont définies par l'arrêté prévu au deuxième alinéa. La garantie est rémunérée et ne couvre pas la totalité du financement concerné.

« Les établissements de crédit et les sociétés de financement qui souhaitent bénéficier de la garantie mentionnée au premier alinéa notifient à la société mentionnée au VI, dans des conditions prévues par l'arrêté mentionné au deuxième alinéa du présent VI *quater*. Cette notification vaut octroi de la garantie, sous réserve du respect du cahier des charges susmentionné. »

VII. – Les modalités d'application du présent article, notamment celles du contrôle exercé par l'État sur la mise en œuvre de ces dispositions par *(Ord. n° 2020-739 du 17 juin 2020, art. 3)* « la société anonyme Bpifrance *[ancienne rédaction : Bpifrance Financement SA]* », sont fixées par décret.

(L. n° 2021-953 du 19 juill. 2021, art. 23, en vigueur le 1er juill. 2021) « VIII. – Le présent article est applicable en Nouvelle-Calédonie, en Polynésie française et dans les îles Wallis-et-Futuna, dans sa rédaction résultant de la loi *(L. n° 2021-1900 du 30 déc. 2021, art. 161)* « n° 2021-1900 du 30 décembre 2021 de finances pour 2022 ».

« Pour l'application du présent article en Nouvelle-Calédonie, en Polynésie française et dans les îles Wallis-et-Futuna :

« 1° La contrevaleur en euros des encours garantis s'impute sur le plafond mentionné au II ;

« 2° Le seuil de 1,5 milliard d'euros mentionné au V est fixé à 178,95 milliards de francs CFP ;

« 3° Le plafond de 50 000 euros mentionné au VI *bis* est fixé à 5,965 millions de francs CFP. »

IX. – Un comité de suivi placé auprès du Premier ministre est chargé de veiller au suivi de la mise en œuvre et à l'évaluation des mesures de soutien financier aux entreprises confrontées à l'épidémie de covid-19.

(L. n° 2020-1721 du 29 déc. 2020, art. 249) « A. – » *(L. n° 2020-473 du 25 avr. 2020, art. 16)* « Le comité de suivi est chargé du suivi et de l'évaluation de la mise en œuvre des dispositifs suivants :

« *a)* *(L. n° 2020-935 du 30 juill. 2020, art. 41)* « Les garanties de l'État mentionnées aux I et VI *quater* » du présent article. A cette fin, il dispose notamment d'une statistique hebdomadaire sur le taux de refus et le taux de demandes restées sans réponse de la part de ces établissements de crédit et de ces sociétés de financement, parmi les demandes de prêts répondant au cahier des charges mentionné au III, émanant d'entreprises qui emploient, lors du dernier exercice clos *(L. n° 2020-1721 du 29 déc. 2020, art. 213)* « précédent *[précédant]* la date du premier octroi d'un tel prêt à une même entreprise », moins de cinq mille salariés et qui ont un chiffre d'affaires inférieur à 1,5 milliard d'euros ;

« *b)* La garantie de l'État accordée à la caisse centrale de réassurance dans les conditions définies à l'article 7 de la présente loi *(L. n° 2020-935 du 30 juill. 2020, art. 43)* « , la garantie de l'État accordée à la Banque de France dans les conditions définies à l'article 31 de la loi n° 2020-935 du 30 juillet 2020 de finances rectificative pour 2020, la garantie de l'État accordée à la Banque européenne d'investissement dans les conditions définies à l'article 33 de la même loi, la garantie de l'État accordée à l'Union européenne dans les conditions définies à l'article 32 de ladite loi, la garantie de l'État accordée à l'Agence française de développement dans les conditions définies à l'article 36 de la même loi », ainsi que celle accordée dans les conditions définies au e du 1° de l'article L. 432-2 du code des assurances ;

« *c)* Le fonds de solidarité créé par l'ordonnance n° 2020-317 du 25 mars 2020 portant création d'un fonds de solidarité à destination des entreprises particulièrement touchées par les conséquences économiques, financières et sociales de la propagation de l'épidémie de covid-19 et des mesures prises pour limiter cette propagation. A cette fin, le comité dispose notamment d'une statistique hebdomadaire sur les versements du fonds de solidarité ;

« *d)* Le dispositif d'activité partielle. A cette fin, le comité dispose notamment d'une statistique hebdomadaire sur le nombre d'heures indemnisées, le nombre d'entreprises et de salariés en bénéficiant et le coût de cette indemnisation ;

« *e)* Les prêts et les avances remboursables accordés sur le compte de concours financiers "Prêts et avances à des particuliers ou à des organismes privés", notamment les prêts accordés par le Fonds de développement économique et social. A cette fin, le comité dispose notamment d'une statistique hebdomadaire sur le montant des prêts accordés et le taux de refus » ;

(L. n° 2020-935 du 30 juill. 2020, art. 43) « *f)* Le remboursement anticipé des créances de report en arrière des déficits. A cette fin, le comité dispose notamment d'une statistique mensuelle sur le montant des créances remboursées au titre des pertes de l'exercice 2020 ;

« *g)* Le dégrèvement exceptionnel de cotisation foncière des entreprises de taille petite ou moyenne des secteurs relevant du tourisme, de l'hôtellerie, de la restauration, du sport, de la culture, du transport aérien et de l'évènementiel. A cette fin, le comité dispose notamment d'une statistique mensuelle sur le nombre de collectivités territoriales ayant instauré un dégrèvement de cotisation foncière des entreprises et sur le montant des dégrèvements accordés ;

« *h)* Les exonérations de cotisations patronales et les remises de dette prévues à l'article 65 de la loi n° 2020-935 du 30 juillet 2020 précitée. A cette fin, le comité dispose de la liste détaillée de chacun des secteurs et sous-secteurs mentionnés au I du même article 65, des règles d'appréciation de la baisse du chiffre d'affaires prévue au *b* du 1° du même I ainsi que des modalités de mise en œuvre des plans d'apurement et des remises partielles. Ces informations sont complétées par une statistique mensuelle sur le montant des exonérations et des remises accordées pour chaque secteur et sous-secteur d'activité ainsi que le nombre et la durée moyenne des plans d'apurement et le taux de refus opposés aux demandes de remises partielles ; »

(L. n° 2020-1721 du 29 déc. 2020, art. 249) « *i)* La déductibilité des abandons de créances de loyers prévue à l'article 3 de la loi n° 2020-473 du 25 avril 2020 de finances rectificative pour 2020 et le crédit d'impôt prévu à l'article 20 de la loi n° 2020-1721 du 29 décembre 2020 de finances pour 2021. A cette fin, le comité dispose d'une statistique sur le montant *des déductions inscrites ainsi* que sur le montant des abandons et renonciations de loyers au titre desquels le crédit d'impôt a été octroyé.

« B. – Le présent comité est également chargé, à compter du 1er avril 2020, de la préparation et de la conduite de l'évaluation du plan "France Relance".

« C. – » Le comité est présidé par une personnalité désignée par le Premier ministre. Il est composé :

1° De *(L. n° 2020-473 du 25 avr. 2020, art. 16)* « trois » membres de l'Assemblée nationale et de *(L. n° 2020-473 du 25 avr. 2020, art. 16)* « trois » membres du Sénat ;

2° De deux membres de la Cour des comptes, désignés par cette cour ;

3° De *(L. n° 2020-1721 du 29 déc. 2020, art. 249)* « trois » représentants de l'État, désignés au sein des administrations compétentes ;

4° De *(L. n° 2020-1721 du 29 déc. 2020, art. 249)* « huit représentants des organisations représentatives patronales et syndicales » ;

5° D'un représentant de l'Association des maires de France, d'un représentant de l'Assemblée des départements de France et d'un représentant de Régions de France ;

(L. n° 2020-1721 du 29 déc. 2020, art. 249) **« 6° Au titre des travaux prévus au B, de trois personnalités qualifiées, respectivement désignées par le ministre chargé de l'économie, le ministre chargé de la transition écologique et le ministre chargé du travail. »**

Les membres du comité exercent leurs fonctions à titre gratuit.

(L. n° 2020-473 du 25 avr. 2020, art. 16) **« Les documents communiqués par le Gouvernement au comité de suivi sont transmis, pour information, aux commissions des finances de l'Assemblée nationale et du Sénat. »**

Le comité établit un rapport public *(L. n° 2020-1721 du 29 déc. 2020, art. 249)* **« au plus tard le 31 juillet 2021 pour les dispositifs mentionnés au A du présent IX. Le comité établit chaque année un rapport public sur l'évaluation du plan "France Relance" ; le premier rapport est remis au Premier ministre et au ministre chargé de la relance au plus tard le 15 octobre 2021. »**

Les dispositions issues de la L. n° 2021-1900 du 30 déc. 2021, modifiant les I, III et VIII, entrent en vigueur à compter de la publication de la décision de la Commission européenne déclarant ce dispositif conforme au droit de l'Union européenne (L. préc., art. 161-II).

Arrêté du 23 mars 2020,

Accordant la garantie de l'État aux établissements de crédit et sociétés de financement, ainsi qu'aux prêteurs mentionnés à l'article L. 548-1 du code monétaire et financier, en application de l'article 6 de la loi n° 2020-289 du 23 mars 2020 de finances rectificative pour 2020 (Arr. du 6 mai 2020, art. 2).

Cet Arr. est étendu à la Nouvelle-Calédonie, à la Polynésie française et aux îles Wallis-et-Futuna (Arr. du 3 avr. 2020, art. 1er). — Les Arr. des 15 sept. et 29 déc. 2020, modifiant l'Arr. du 23 mars 2020, sont étendus à la Nouvelle-Calédonie, à la Polynésie française et aux îles Wallis-et-Futuna (Arr. du 12 févr. 2021, art. 1er).

Art. 1er En application de l'article 6 de la loi n° 2020-289 du 23 mars 2020 de finances rectificative pour 2020, la garantie de l'État est accordée aux établissements de crédit et sociétés de financement *(Arr. du 6 mai 2020, art. 2)* « , ainsi qu'aux prêteurs mentionnés à l'article L. 548-1 du code monétaire et financier, » pour les prêts du même type que ceux visés à l'article 2, consentis, sans autre garantie ou sûreté, à compter du 16 mars 2020 et jusqu'au *(Arr. du 19 janv. 2022, art. 2)* « 30 juin 2022 » inclus, à des entreprises remplissant les conditions visées à l'article 3, notifiés à Bpifrance Financement SA conformément à l'article 4, et dont le montant ainsi que le moment de leur octroi assurent le respect du plafond par entreprise visé à l'article 5.

Cette garantie *(Arr. du 17 avr. 2020, art. 1er)* « irrévocable et inconditionnelle, valable sur toute la durée du prêt, » porte sur le principal, les intérêts et les accessoires, dans les conditions visées aux articles 6 et 7.

Art. 2 Sont éligibles les prêts qui présentent l'ensemble des caractéristiques suivantes :

— un différé d'amortissement minimal de douze mois ;

— une clause donnant aux emprunteurs la faculté, à l'issue de la première année, de les amortir sur une période additionnelle de un, deux, trois, quatre, ou cinq ans.

(Arr. du 13 juill. 2020, art. 2) « La durée du prêt ne pourra en tout état de cause pas excéder une période de 6 ans à compter de la date du premier décaissement du prêt *(Arr. du 8 juill. 2021, art. 2)* « , à l'exception des cas mentionnés au troisième alinéa du V de l'article 6 lorsque les conditions qui s'y appliquent sont remplies ». »

L'établissement prêteur *(Arr. du 6 mai 2020, art. 3)* « , ou l'intermédiaire en financement participatif pour le compte des prêteurs, » doit en outre démontrer, en cas de demande de mise en jeu de la garantie visée à l'article 1er, qu'après l'octroi du prêt couvert par cette garantie, le niveau des concours *(Arr. du 13 juill. 2020, art. 2)* « tirés » qu'il détenait vis-à-vis de l'emprunteur était supérieur au niveau des concours *(Arr. du 13 juill. 2020, art. 2)* « tirés » qu'il apportait à ce dernier à la date du 16 mars 2020 *(Arr. du 29 déc. 2020, art. 3)* « dans le cas où cet octroi intervient avant le 1er janvier 2021, ou au niveau qui était le leur le 31 décembre 2020 dans le cas où cet octroi intervient à compter du 1er janvier 2021 inclus, *(Arr. du 19 janv. 2022, art. 3)* « ou au niveau qui était le leur le 31 décembre 2021 dans le cas où cet octroi intervient à compter du 1er janvier 2022 inclus, » corrigé des réductions intervenues entre la date d'octroi et respectivement le 16 mars 2020 ou le 31 décembre 2020 *(Arr. du 19 janv. 2022, art. 3)* « ou le 31 décembre 2021 », et résultant de l'échéancier contractuel antérieur à la date respectivement du 16 mars 2020 ou du 31 décembre 2020 *(Arr. du 19 janv. 2022, art. 3)* « ou du 31 décembre 2021 », ou d'une décision de l'emprunteur ».

Art. 3 Sont concernées les entreprises personnes morales ou physiques en ce compris les artisans, commerçants, exploitants agricoles, professions libérales et micro-entrepreneurs, ainsi que les associations et fondations ayant une activité économique au sens de l'article 1er de la loi n° 2014-856 du 31 juillet 2014 relative à l'économie sociale et solidaire, inscrites au répertoire national des entreprises et de leurs établissements mentionné à l'article R. 123-220 du code de commerce, qui présentent l'ensemble des caractéristiques suivantes :

(Arr. du 6 mai 2020, art. 4) « — celles qui ne sont pas des sociétés civiles immobilières, à l'exception des sociétés civiles immobilières de construction-vente, des sociétés civiles immobilières dont le patrimoine est majoritairement constitué de monuments historiques classés ou inscrits au sens de la loi du 31 décembre 1913 sur les monuments historiques et qui collectent des recettes liées à l'accueil du public, et des sociétés civiles immobilières *(Arr. du 13 juill. 2020, art. 3)* « dont le capital est détenu, individuellement ou conjointement, à 95 % au moins, » par des organismes de placement collectif immobilier mentionnés à l'article L. 214-33 de code monétaire et financier, ou par des sociétés civiles de placement immobilier mentionnées à l'article L. 214-86 du même code, ou par des organismes professionnels de placement collectif immobilier mentionnés à l'article L. 214-148 du même code *(Arr. du 13 juill. 2020, art. 3)* « , ou par des sociétés d'investissement immobilier cotées mentionnées à l'article 208 C du code général des impôts, ou par des sociétés répondant aux conditions fixées au III *bis* de ce même article » ; »

— celles qui ne sont pas des établissements de crédit ou des sociétés de financement ;

(Arr. du 6 mai 2020, art. 4) « — celles qui, au 31 décembre 2019, ne faisaient pas l'objet d'une procédure de liquidation judiciaire ou de rétablissement professionnel s'agissant de personnes physiques, ou n'étaient pas en période d'observation d'une procédure de sauvegarde ou de redressement judiciaire, sauf à ce qu'un plan de sauvegarde ou de redressement ait été arrêté par un tribunal avant la date d'octroi du prêt mentionné à l'article 1er. »

Pour l'application de l'art. 3, les références au code de commerce et à l'art. 1er de la L. n° 2014-856 du 31 juill. 2014 relative à l'économie sociale et solidaire sont remplacées par les références aux dispositions applicables localement en Nouvelle-Calédonie et en Polynésie française (Arr. du 2 avr. 2020, art. 2).

Art. 4 L'établissement prêteur *(Arr. du 6 mai 2020, art. 5)* « , ou l'intermédiaire en financement participatif pour le compte des prêteurs, » qui souhaite faire bénéficier de la garantie de l'État visée à l'article 1er, un prêt du même type que ceux visés à l'article 2, *(Arr. du 6 mai 2020, art. 5)* « consenti sans autre garantie ou sûreté », à une entreprise remplissant les conditions visées à l'article 3 et qui, lors du dernier exercice clos *(Arr. du 29 déc. 2020, art. 4)* « précédant la date du premier octroi d'un tel prêt à une même entreprise », ou si elle n'a jamais clôturé d'exercice, au 16 mars 2020, emploie en France moins de 5 000 salariés, et réalise un chiffre d'affaires inférieur à 1,5 milliard d'euros, notifie à Bpifrance Financement SA de l'octroi de ce prêt via un système unique dédié et sécurisé reposant sur un format de fichier standardisé, que met à disposition de l'établissement prêteur *(Arr. du 6 mai 2020, art. 5)* « , ou de l'intermédiaire en financement participatif pour le compte des prêteurs, » Bpifrance Financement SA dans le cadre d'une convention conclue entre ces derniers.

(Arr. du 6 mai 2020, art. 5) « Pour le seul exercice des missions qui lui sont confiées en application de l'article 6 de la loi n° 2020-289 susvisée, Bpifrance Financement SA, au nom, pour le compte et sous le contrôle de l'État, reçoit les informations nécessaires sur les *emprunteurs de la part* des établissements prêteurs ou des intermédiaires en financement participatif pour le compte des prêteurs. »

Pour l'application du 1er al. de l'art. 4 et du 3e al. du I de l'art. 6, les mots : « 1,5 milliard d'euros » sont remplacés par les mots : « 178,95 milliards de francs CFP ». Pour l'application du 4e al. du I de l'art. 6, les mots : « 5 milliards d'euros » sont remplacés par les mots : « 596,658 milliards de francs CFP » (Arr. du 12 févr. 2021, art. 2).

Art. 5 *(Arr. du 13 juill. 2020, art. 4)* « I. — » Une même entreprise visée à l'article 3 ne peut bénéficier de prêts couverts par la garantie de l'État visée à l'article 1er pour un montant total supérieur à un plafond défini comme :

— pour les entreprises créées à compter du 1er janvier 2019, la masse salariale France estimée sur les deux premières années d'activité *(Arr. du 13 juill. 2020, art. 4)* « ou, si le critère suivant leur est plus favorable, 25 % du chiffre d'affaires 2019 constaté ou, le cas échéant, de la dernière année disponible » *(Arr. du 29 déc. 2020, art. 5)* « précédant 2019 » ; *(Arr. du 15 sept. 2020, art. 2)* « il existe quatre exceptions à l'application de ce plafond, décrites aux quatre alinéas suivants »

— pour les entreprises créées avant le 1er janvier 2019, 25 % du chiffre d'affaires 2019 constaté ou, le cas échéant, de la dernière année disponible *(Arr. du 29 déc. 2020, art. 5)* « précédant 2019 » ; *(Arr. du 15 sept. 2020, art. 2)* « il existe quatre exceptions à l'application de ce plafond, décrites aux quatre alinéas suivants » ;

(Arr. du 13 juill. 2020, art. 4) « — par exception, pour les entreprises innovantes telles que définies à l'article 44 *sexies*-0 A du code général des impôts ou répondant à au moins l'un des critères définis au II de l'article D. 313-45-1 *[art. D. 421-17 à compter du 1er mai 2021]* du code de l'entrée et du séjour des étrangers et du droit d'asile, si le critère suivant leur est plus favorable, jusqu'à 2 fois la masse salariale France 2019 constatée ou, le cas échéant, de la dernière année disponible ;

« — par exception, pour les entreprises inscrites, à la date d'octroi du prêt, sous un code de la NAF (Nomenclature des activités françaises) appartenant à l'un quelconque des divisions, groupes ou classes dont la liste est fixée en annexe I du présent arrêté, *(Arr. 19 mars 2021, art. 2)* « ou qui réalisent des ventes directement sur leur site de production, aux visiteurs et qui ont obtenu le label "entreprise du patrimoine vivant" en application du décret n° 2006-595 du 23 mai 2006 modifié relatif à l'attribution du label "entreprise du patrimoine vivant" ou qui sont titulaires de la marque d'État "Qualité Tourisme TM" au titre de la visite d'entreprise ou qui utilisent des savoir-faire inscrits sur la liste représentative du patrimoine culturel immatériel de l'humanité prévue par la convention pour la sauvegarde du patrimoine culturel immatériel adoptée à Paris le 17 octobre 2003, dans la catégorie des "savoir-faire liés à l'artisanat traditionnel", » les trois meilleurs mois de chiffres d'affaires 2019 constatés, ou, le cas échéant, de la dernière année disponible *(Arr. du 29 déc. 2020, art. 5)* « précédant 2019 ». »

(Arr. du 15 sept. 2020, art. 2) « — par exception, pour les entreprises qui vendent des pièces destinées à la fabrication d'avions ou d'équipements majeurs montés sur avions et qui réalisent par là au moins 15 % de leur chiffre d'affaires du dernier exercice clos sur les marchés liés à la construction ou la maintenance aéronautiques, la somme du plafond qui leur est applicable en vertu des autres dispositions du I et du montant correspondant à la valeur de deux années de stocks, entendue comme la valeur la plus élevée entre deux années du stock 2019 ou deux fois la moyenne des stocks 2018 et 2019 ;

« — par exception, pour les entreprises qui acquièrent des stocks de matière ou de pièces auprès d'entreprises mentionnées à l'alinéa précédent, la somme du plafond qui leur est applicable en vertu des autres dispositions du I et du montant correspondant à la valeur des stocks qu'elles prévoient d'acquérir d'ici le 31 décembre 2021 auprès d'entreprises mentionnées à l'alinéa précédent » ;

(Arr. du 7 avr. 2022, art. 2) « — par exception, à compter du 6 avril 2022, pour les entreprises qui auto-certifient qu'elles subissent un impact fort des perturbations économiques engendrées par les conséquences de l'agression russe de l'Ukraine, ce plafond est égal à la somme du montant calculé en application des alinéas précédents cumulé à un montant correspondant à 15 % de leur chiffre d'affaires moyen constaté sur les trois derniers exercices comptables, ou les deux derniers exercices si elles ne disposent que de deux exercices comptables ou le dernier exercice si elles ne disposent que d'un exercice comptable, ou calculé comme le chiffre d'affaires annualisé par projection linéaire à partir du chiffre d'affaires réalisé à date si elles ne disposent d'aucun exercice comptable clos. »

(Arr. du 13 juill. 2020, art. 4) « II. — Lorsqu'une entreprise est concernée par l'un des plafonds mentionnés aux *(Arr. du 7 avr. 2022, art. 2)* « cinquième, sixième et septième alinéas du I », elle certifie auprès de l'établissement prêteur ou de l'intermédiaire en financement participatif pour le compte des prêteurs, sans que ces derniers ne soient à aucun moment tenus de le vérifier, que ce plafond est inférieur à 12 mois de son besoin de trésorerie estimé dans le cas où, lors du dernier exercice clos *(Arr. du 29 déc. 2020, art. 5)* « précédant la date du premier octroi d'un tel prêt à une même entreprise », elle emploie plus de 250 salariés, ou a à la fois un chiffre d'affaires qui excède 50 millions d'euros et un total de bilan qui excède 43 millions d'euros, et dans le cas contraire, que ce plafond est inférieur à 18 mois de son besoin de trésorerie estimé.

« III. — Pour l'application des dispositions du I » *(Arr. du 6 mai 2020, art. 6)* « , le chiffre d'affaires à prendre en considération s'agissant des sociétés civiles immobilières dont le patrimoine est majoritairement constitué de monuments historiques classés ou inscrits est constitué des seules recettes liées à l'accueil du public. »

(Arr. du 13 juill. 2020, art. 4) « IV. — Pour l'application des dispositions du I », et dans les cas où Bpifrance Financement SA reçoit, dans le cadre de la procédure visée à l'article 4 lorsqu'elle s'applique, la notification de plusieurs prêts consentis à une même entreprise, la garantie de l'État est acquise dans l'ordre chronologique d'octroi de ces prêts, et *(Arr. du 13 juill. 2020, art. 4)* « dans la limite du plafond mentionné au I, qui s'applique à leur montant cumulé. Le cas échéant, la portion du prêt qui, en vertu du principe précédent, dépasserait ce plafond ne serait donc pas couverte par la garantie de l'État mais le prêteur conserverait le bénéfice de cette garantie sur la portion du prêt comprise dans ce plafond.

« V. — » Le contrat de prêt peut prévoir que son remboursement devienne immédiatement exigible en cas de détection, postérieurement à l'octroi du prêt, du non-respect du cahier des charges constitué de l'ensemble des conditions visées aux articles 2, 3 et 5, notamment en raison de la fourniture, par l'emprunteur, d'une information intentionnellement erronée à l'établissement prêteur *(Arr. du 6 mai 2020, art. 6)* « , à l'intermédiaire en financement participatif pour le compte des prêteurs, » ou à Bpifrance Financement SA.

Art. 6 *(Arr. du 13 juill. 2020, art. 5)* « I. — » La garantie de l'État visée à l'article 1er couvre un pourcentage du montant du capital, intérêts et accessoires *(Arr. du 13 juill. 2020, art. 5)* « , y compris les commissions de garantie, » restant dus de la créance jusqu'à *(Arr. du 13 juill. 2020, art. 5)* « l'échéance du prêt », sauf à ce qu'elle soit appelée avant lors d'un évènement de crédit *(Arr. du 13 juill. 2020, art. 5)* « et sans préjudice des délais de détermination du montant indemnisable, qui peuvent courir au-delà de la date d'échéance contractuelle du prêt sans que cela ne puisse remettre en cause le bénéfice de la garantie ».

Ce pourcentage est fixé à :

— 90 % pour les entreprises qui, lors du dernier exercice clos *(Arr. du 29 déc. 2020, art. 6)* « précédant la date du premier octroi d'un tel prêt à une même entreprise », ou si elles n'ont jamais clôturé d'exercice, au 16 mars 2019, emploient en France moins de 5 000 salariés et réalisent un chiffre d'affaires inférieur à 1,5 milliard d'euros ;

— 80 % pour les autres entreprises qui, lors du dernier exercice clos *(Arr. du 29 déc. 2020, art. 6)* « précédant la date du premier octroi d'un tel prêt à une même entreprise », réalisent un chiffre d'affaires *(Abrogé par Arr. du 6 mai 2020, art. 7)* « *supérieur à 1,5 milliard d'euros et* » inférieur à 5 milliards d'euros ;

— 70 % pour les autres entreprises.

(Arr. du 13 juill. 2020, art. 5) « II. — Sans préjudice des dispositions des III, IV, V, VI *(Arr. du 8 juill. 2021, art. 3)* « , VI *bis*, VI *ter* » et VII, l'appel de la garantie, entendu comme la première demande de versement provisionnel ou à défaut la demande d'indemnisation finale, pourra intervenir au plus tard *(Arr. du 7 avr. 2022, art. 2)* « six mois » après la date d'échéance contractuelle finale du prêt *(Arr. du 8 juill. 2021, art. 3)* « initial ou le cas échéant du prêt restructuré ».

« III. — Pour l'application du présent article, constitue un évènement de crédit la survenance de l'un quelconque des événements suivants :

« — le non-paiement de toute somme due au prêteur par l'emprunteur, au titre du prêt garanti par l'État, conformément au contrat de prêt, y compris en cas d'exigibilité anticipée résultant d'un événement contractuellement prévu permettant à l'établissement prêteur ou à l'intermédiaire en financement participatif pour le compte des prêteurs de demander le remboursement anticipé du prêt ou d'en prononcer la déchéance du terme *(Arr. du 8 juill. 2021, art. 3)* « , et toute restructuration intervenue dans un cadre amiable faisant suite à un tel non-paiement et conduisant le prêteur à constater une perte actuarielle » ;

(Arr. du 8 juill. 2021, art. 3) « — la restructuration du prêt intervenue dans le cadre d'une conciliation homologuée ou constatée par un juge, ou résultant de la décision d'un juge en application de l'article 1343-5 du code civil *(Arr. du 19 janv. 2022, art. 4)* « , ou intervenue dans le cadre de la procédure que la Médiation du crédit, créée par l'accord de place sur la médiation du crédit aux entreprises renouvelé le 25 janvier 2021, met spécialement en place à cet effet en application d'une convention que l'État conclut avec la Banque de France, et le cas échéant d'autres parties prenantes » ; »

« — l'ouverture d'une procédure de sauvegarde, de sauvegarde accélérée, de sauvegarde financière accélérée, de redressement judiciaire, *(Arr. du 8 juill. 2021, art. 3)* « de traitement de sortie de crise, » de liquidation judiciaire ou de rétablissement professionnel, ou de l'une des procédures équivalentes ouvertes à l'étranger. »

(Arr. du 8 juill. 2021, art. 3) « La perte actuarielle mentionnée au deuxième alinéa est définie comme la différence lorsqu'elle est positive entre les sommes respectives des flux de remboursement restant dus conformément au contrat de prêt antérieurement et postérieurement

à sa restructuration, y compris le cas échéant la valeur comptable, établie par le prêteur à la date de la restructuration, des actifs distincts du prêt lui-même ou des autres droits sur un éventuel retour à meilleure fortune de l'emprunteur, obtenus par le prêteur dans le cadre de la restructuration de ce prêt, hors commissions de garantie dues au titre de l'article 7, actualisés au taux d'intérêt du contrat de prêt tel qu'il s'appliquait antérieurement à cette restructuration. »

(Arr. du 13 juill. 2020, art. 5) « IV. — » Le montant indemnisable, auquel s'applique la quotité garantie pour déterminer les sommes dues par l'État au titre de sa garantie, correspond à la perte constatée, le cas échant, postérieurement à l'exercice par l'établissement prêteur *(Arr. du 6 mai 2020, art. 7)* « , ou pour le compte des prêteurs par l'intermédiaire en financement participatif ou un mandataire qu'ils désignent sans qu'il soit besoin de leur confier un mandat spécial à cet effet, » de toutes les voies de droit amiables et éventuellement judiciaires *(Arr. du 13 juill. 2020, art. 5)* « qu'il juge utiles », dans la mesure où elles auront pu normalement s'exercer *(Abrogé par Arr. du 13 juill. 2020, art. 5)* « *, et à défaut, l'assignation auprès de la juridiction compétente en vue de l'ouverture d'une procédure collective, faisant suite à un évènement de crédit* ».

(Arr. du 8 juill. 2021, art. 3) « Dans le cas où le prêt fait l'objet d'une restructuration telle que mentionnée au troisième alinéa du V, ces voies de droit incluent le recouvrement par le prêteur, selon leur nouveau plan de remboursement, des sommes restant dues au titre de ce prêt. Les sommes qui ne sont pas récupérées par le prêteur à la fin du prêt restructuré sont prises en compte pour le calcul de la perte constatée, et réciproquement, les sommes qui sont récupérées par le prêteur sont déduites du montant indemnisable. »

(Arr. du 19 janv. 2022, art. 5) « Dans le cas où le prêt fait l'objet d'une restructuration qui comporte d'une part un abandon ou une conversion en actions ou bons de souscriptions d'actions ou certificats d'investissements d'une fraction de la créance garantie, d'autre part un maintien de son solde, le cas échéant assorti d'un nouvel échéancier de remboursement, le montant indemnisable est déterminé de façon distincte pour chaque fraction de la créance garantie, en appliquant à chaque fraction la règle d'indemnisation correspondante prévue aux IV et V. »

(Arr. du 13 juill. 2020, art. 5) « V. — » Pour le calcul de ce montant indemnisable :

(Arr. du 8 juill. 2021, art. 3) « — dans le cadre d'une restructuration de la créance garantie qui intervient suite au non-paiement d'une somme due tel que mentionné au deuxième alinéa du III et hors des procédures mentionnées au troisième ou quatrième alinéa du III, et qui aboutit à une novation ou à la mise en place sans novation d'un nouvel échéancier dont le nouveau terme excède le sixième anniversaire de la date du premier décaissement du prêt, l'indemnisation de la perte actuarielle intervient à la conclusion de cette restructuration et marque la fin de la garantie de l'État ;

« — dans le cas où la restructuration intervient dans les conditions mentionnées à l'alinéa précédent mais aboutit à la mise en place *(Arr. du 19 janv. 2022, art. 6)* « , pour tout ou partie de la créance garantie, » d'un nouvel échéancier sans novation, dont le nouveau terme n'excède pas le sixième anniversaire de la date du premier décaissement du prêt, ou dans le cas où la restructuration intervient dans le cadre de l'une des procédures mentionnées au troisième ou quatrième alinéa du III, et aboutit à la mise en place *(Arr. du 19 janv. 2022, art. 6)* « , pour tout ou partie de la créance garantie, » d'un nouvel échéancier sans novation, y compris si le nouveau terme excède le sixième anniversaire de la date du premier décaissement du prêt, le montant indemnisable *(Arr. du 19 janv. 2022, art. 6)* « , pour la fraction de la créance garantie ainsi restructurée, » est déterminé dans le cadre d'un solde définitif de la garantie qui intervient à la fin du prêt restructuré ;

(Arr. du 19 janv. 2022, art. 6) « — dans le cas d'une restructuration qui intervient dans le cadre de l'une des procédures mentionnées au troisième ou au quatrième alinéa du III et qui aboutit à l'abandon ou à la conversion en actions ou bons de souscriptions d'actions ou certificats d'investissements, de tout ou partie de la créance garantie, le montant indemnisable, pour la fraction de la créance garantie ainsi abandonnée ou convertie, correspond à la quotité garantie de cette fraction ; l'indemnisation définitive intervient à la conclusion de cette restructuration et marque la fin de la garantie de l'État pour la fraction de la créance garantie ainsi abandonnée ou convertie ; cette indemnisation ne met pas fin à la garantie pour la fraction de la créance garantie éventuellement maintenue, le cas échéant selon un nouvel échéancier de remboursement, et ne remet pas en cause la règle d'indemnisation applicable à cette dernière ; »

« — dans le cadre d'une procédure de liquidation judiciaire, y compris quand cette procédure fait suite à un jugement arrêtant un plan de cession, le montant indemnisable est calculé, selon le cadre applicable, à la remise d'un certificat d'irrecouvrabilité par le liquidateur judiciaire désigné, ou à la clôture de la procédure de liquidation judiciaire ou de rétablissement professionnel ; les sommes recouvrées par le prêteur sont retranchées au montant indemnisable. »

(Arr. du 19 janv. 2022, art. 6) « Sans préjudice de ce qui précède, si la restructuration dans le cadre de l'une des procédures mentionnées au troisième ou quatrième alinéa du III aboutit, pour tout ou partie de la créance garantie, à une novation, l'indemnisation de la perte actuarielle pour la fraction de la créance ainsi restructurée intervient à la conclusion de cette restructuration et marque la fin de la garantie de l'État pour la fraction de la créance ainsi restructurée. Pour les besoins du présent arrêté, les conversions visées au troisième alinéa du IV et au quatrième alinéa du V ne sont pas considérées comme des novations. »

(Arr. du 13 juill. 2020, art. 5) « VI. — » *(Arr. du 17 avr. 2020, art. 2)* « En cas d'événement de crédit *(Arr. du 13 juill. 2020, art. 5)* « y compris » lorsqu'un paiement contractuellement dû par le débiteur n'est pas honoré, *(Arr. du 6 mai 2020, art. 7)* « le prêteur » a le droit d'obtenir, au plus tard dans les 90 jours suivant la date de demande d'obtention, un versement provisionnel *(Arr. du 6 mai 2020, art. 7)* « de Bpifrance Financement SA au nom et pour le compte de l'État » qui représente une estimation solide du montant des pertes susceptibles d'être supportées par *(Arr. du 6 mai 2020, art. 7)* « le prêteur ». Le montant du versement provisionnel est proportionnel à la quotité garantie. »

(Arr. du 8 juill. 2021, art. 3) « Une fois le montant indemnisable définitivement connu, y compris dans le cadre d'un solde définitif de la garantie qui intervient à la fin du prêt restructuré dans l'un des cas mentionnés au troisième alinéa du V, si celui-ci est supérieur au montant du versement provisionnel effectué duquel sont retranchés les montants éventuellement reversés à l'État au titre du VI *bis*, la différence entre ces deux montants est payé *[payée]* rapidement au prêteur. A l'inverse, si le montant indemnisable est inférieur au montant du versement provisionnel effectué duquel sont retranchés les montants éventuellement reversés à l'État au titre du VI *bis*, le prêteur reverse rapidement à l'État le trop-perçu. »

(Arr. du 6 mai 2020, art. 7) « Le versement provisionnel, en tant qu'avance sur le paiement du montant indemnisable, fait partie intégrante des sommes dues au sens du IV de l'article 6 de la loi n° 2020-289 susvisée et qui sont payées conformément aux dispositions prévues au VI du même article. Dans le cas de prêteurs mentionnés à l'article L. 548-1 du code monétaire et financier, *(Arr. du 13 juill. 2020, art. 5)* « il ne peut pas être obtenu de versement provisionnel lors de l'appel de la garantie, et les sommes dues au titre du montant indemnisable » le cas échéant leur sont payées via l'intermédiaire en financement participatif ou un mandataire. »

(Arr. du 8 juill. 2021, art. 3) « VI *bis*. — Dans les cas mentionnés au troisième alinéa du V où le nouvel échéancier excède le sixième anniversaire de la date du premier décaissement du prêt, l'établissement prêteur reverse à l'État en début de chaque année, et dans la limite d'un reversement total cumulé égal au montant obtenu au titre du versement provisionnel, le montant correspondant à la différence entre les deux termes suivants, calculés au 31 décembre de l'année précédente, lorsque ce montant est positif :

« — le montant de toutes les sommes que l'emprunteur a remboursées ou que l'établissement prêteur a récupérées, au titre du prêt garanti, depuis la date de l'évènement de crédit ayant déclenché la demande de versement provisionnel, multiplié par la quotité garantie, auquel s'ajoutent les sommes que le prêteur a obtenues au titre du versement provisionnel, net des sommes qu'il a éventuellement déjà reversées à l'État au titre des dispositions du présent VI *bis* ;

« — et le montant correspondant à la fraction garantie des sommes qui restaient dues au titre du prêt garanti à la date du même évènement de crédit.

« Pour le calcul du solde définitif des comptes mentionné au VI, tout montant ainsi reversé à l'État vient en déduction du montant du versement provisionnel effectué.

« VI *ter*. — Sans préjudice des autres dispositions du présent article, le prêteur reverse le cas échéant à l'État, pour la quotepart correspondant à la quotité garantie du prêt initial, et dans la limite d'un reversement cumulé égal à la somme qu'il a effectivement perçue au titre du montant indemnisable, les sommes suivantes, selon le cas applicable :

« — le produit de tout actif distinct du prêt garanti lui-même et les revenus tirés de tout autre droit sur un éventuel retour à meilleure fortune de l'emprunteur *(Arr. du 19 janv. 2022, art. 7)* « ou de ses actionnaires ou associés actuels ou futurs », obtenus par le prêteur dans le cadre de la restructuration de ce prêt, pour les restructurations intervenues dans le cadre de l'une des procédures mentionnées au troisième ou quatrième alinéa du III, y compris le cas échéant le produit de la cession de l'actif ou du droit concerné lorsqu'il est cédé à toute entité *(Arr. du 19 janv. 2022, art. 7)* « qui n'est ni une autre filiale ou entité affiliée au même groupe bancaire, ni un tiers avec qui l'entité cédante a conclu un contrat prévoyant une rétrocession ultérieure à elle-même, y compris conditionnelle, de tout ou partie de l'actif ou du droit concerné ou du produit ou des revenus de ce dernier, en ce compris notamment un transfert dans une fiducie dont l'entité cédante est bénéficiaire ». La présente obligation donne lieu à un reversement annuel à l'État et n'est pas limitée dans le temps. *(Arr. du 19 janv. 2022, art. 7)* « Elle pèse sur le prêteur initial ainsi que le cas échéant sur tout autre personne ou entité à laquelle les actifs et droits susmentionnés sont cédés dès lors que celle-ci est une filiale ou entité affiliée au même groupe bancaire ou un tiers avec qui l'entité cédante a conclu un contrat prévoyant une rétrocession ultérieure à elle-même, y compris conditionnelle, de tout ou partie de l'actif ou du droit concerné ou du produit ou des revenus de ce dernier, en ce compris notamment un transfert dans une fiducie dont l'entité cédante est bénéficiaire ; »

« — la valeur comptable établie par le prêteur à la date de fin du prêt restructuré le cas échéant de tout actif distinct du prêt garanti lui-même ou de tout autre droit sur un éventuel retour à meilleure fortune de l'emprunteur, obtenus par le prêteur dans le cadre de la restructuration de ce prêt, pour les restructurations mentionnées au troisième alinéa du V autres que celles intervenues dans le cadre de l'une des procédures mentionnées au troisième ou quatrième alinéa du III.

« L'obligation de reversement à l'État, faite au prêteur aux alinéas précédents, lui est applicable de plein droit sans qu'il soit besoin qu'il en ait convenu au préalable par contrat avec l'État, dès lors qu'il choisit d'appeler la garantie de l'État conformément aux dispositions du présent arrêté et que les conditions d'applications mentionnées aux alinéas précédents sont réunies. »

(Arr. du 19 janv. 2022, art. 7) « Lorsque l'actif ou le droit mentionné au deuxième alinéa est transféré dans une fiducie dont l'État accepte d'être le ou l'un des bénéficiaires, les conditions et modalités de l'obligation de reversement peuvent être aménagées par le contrat de fiducie. »

(Arr. du 13 juill. 2020, art. 5) « VII. — » En cas de survenance d'un évènement de crédit dans les deux mois suivants le décaissement du prêt, la garantie de l'État ne peut pas être *(Arr. du 13 juill. 2020, art. 5)* « appelée et aucune somme ne sera due par l'État à son titre. *(Arr. du 26 mai 2020, art. 1er)* « Ce délai de deux mois peut être réduit pour les garanties faisant l'objet d'une décision individuelle de la Commission européenne, le délai applicable étant alors celui qui figure dans cette décision. »

« VIII. — Sous réserve des dispositions de l'alinéa suivant, la cession, directe ou indirecte, par le prêteur de tout ou partie de la créance issue du prêt au profit de tout tiers, y compris dans le cadre d'une syndication du prêt, entraîne la déchéance, à compter de la date de cession, de la garantie au prorata du montant de la créance cédée. »

(Arr. du 6 mai 2020, art. 7) « La garantie reste attachée au prêt en cas de cession de celui-ci à une autre filiale ou entité affiliée au même groupe bancaire, ou en cas de mobilisation de celui-ci, y compris par l'intermédiaire d'un organisme de titrisation dont les titres sont souscrits uniquement par l'établissement prêteur ou par des entités affiliées au même groupe bancaire, dans le cadre des opérations de politique monétaire du Système européen des banques centrales (SEBC) en ce compris les éventuels transferts subséquents au profit de tiers. »

(Arr. du 13 juill. 2020, art. 5) « IX. — Sans préjudice de ce qui précède, il est précisé que tout prêt faisant l'objet de la garantie peut faire l'objet d'une sous-participation en risque ou en trésorerie sans que cela n'entraîne une déchéance de la garantie en raison d'une telle opération, et que la garantie reste attachée au prêt en cas de cession ou transfert de celui-ci à la suite d'une opération de fusion, scission, absorption, apport partiel d'actifs, transmission universelle de patrimoine, ou autre opération similaire, de l'emprunteur en faveur d'une personne morale ou entité immatriculée en France. »

V. note ss. art. 4.

Art. 7 *(Arr. du 13 juill. 2020, art. 6)* « I. — » La garantie de l'État visée à l'article 1er est rémunérée *(Arr. du 13 juill. 2020, art. 6)* « par des commissions de garantie » selon un barème qui dépend de la taille de l'entreprise et de la maturité du prêt qu'elle couvre.

(Arr. du 13 juill. 2020, art. 6) « II. — » Pour les entreprises visées à l'article 3 qui, lors du dernier exercice clos *(Arr. du 29 déc. 2020, art. 7)* « précédant la date du premier octroi d'un tel prêt à une même entreprise », emploient plus de 250 salariés, *(Arr. du 6 mai 2020, art. 8)* « ou ont à la fois un chiffre d'affaires qui excède 50 millions d'euros et un total de bilan qui excède 43 millions d'euros », ce barème est le suivant.

— Pour la première année, la prime de garantie est fixée à 50 points de base.

— A l'issue de la première année, en cas de décision par l'emprunteur d'amortir le prêt sur une période additionnelle, la prime de garantie est fixée :

— pour la première année supplémentaire, à 100 points de base ;

— pour la deuxième année supplémentaire, à 100 points de base ;

— pour la troisième année supplémentaire, à 200 points de base ;

— pour la quatrième année supplémentaire, à 200 points de base ;

— pour la cinquième année supplémentaire, à 200 points de base.

Pour les autres entreprises visées à l'article 3, ce barème est le suivant.

— Pour la première année, la prime de garantie est fixée à 25 points de base.

— A l'issue de la première année, en cas de décision par l'emprunteur d'amortir le prêt sur une période additionnelle, la prime de garantie est fixée :

— pour la première année supplémentaire, à 50 points de base ;

— pour la deuxième année supplémentaire, à 50 points de base ;

— pour la troisième année supplémentaire, à 100 points de base ;

— pour la quatrième année supplémentaire, à 100 points de base ;

— pour la cinquième année supplémentaire, à 100 points de base.

(Arr. du 13 juill. 2020, art. 6) « III. — Les commissions de garantie, qui ont vocation à être supportées par l'emprunteur, sont dues, pour la quotité garantie, par l'établissement prêteur ou l'intermédiaire en financement participatif pour le compte des prêteurs, et perçues auprès d'eux par Bpifrance Financement SA, au nom, pour le compte et sous le contrôle de l'État en une première fois à l'octroi de la garantie, et en une seconde fois, le cas échéant, lors de l'exercice par l'emprunteur de la clause permettant d'amortir le prêt sur une période additionnelle calculée en nombre d'années. Pour leur calcul, le barème susmentionné s'applique au montant du capital restant dû à chaque échéance sur la périodicité prévue au contrat du prêt.

« IV. — Dans le cas où un nouvel échéancier est mis en place et où la garantie est automatiquement étendue *(Abrogé par Arr. du 8 juill. 2021, art. 4) « conformément aux dispositions prévues au V de l'article 6 »*, une nouvelle commission de garantie est due pour la période additionnelle non prévue dans le calcul des commissions déjà perçues par Bpifrance Financement SA, laquelle est calculée sur la base des seuils applicables à l'emprunteur à la date de décaissement du prêt. Cette commission est perçue à la date à laquelle le nouvel échéancier devient effectif.

(Arr. du 8 juill. 2021, art. 4) « Par exception, dans le cas où l'extension de durée du prêt garanti intervient dans le cadre d'une des procédures mentionnées au troisième ou quatrième alinéa du III, aucune nouvelle commission de garantie n'est due pour la période additionnelle. »

« V. — Toute commission de garantie perçue par l'État lui reste acquise quelle que soit l'issue du prêt y compris lorsque le prêt fait l'objet d'un remboursement anticipé, de même que lorsque la garantie ne peut pas être appelée soit parce que l'événement de crédit survient dans les deux premiers mois qui suivent la date de décaissement du prêt soit parce qu'il s'avère que les critères d'éligibilité fixés au présent arrêté n'étaient pas satisfaits à la date de décaissement du prêt.

« VI. — Le non-paiement, par l'établissement prêteur ou par l'intermédiaire en financement participatif pour le compte des prêteurs, de tout ou partie des commissions dues au titre de la garantie pour un prêt, après délai raisonnable et mise en demeure infructueuse, entraîne *la suspension de ses droits* au paiement de toute somme due au titre de la garantie, jusqu'à régularisation du versement des commissions de garantie.

« VII. — Si les éléments utilisés par l'établissement prêteur, ou l'intermédiaire en financement participatif pour le compte des prêteurs, pour connaître la procédure d'octroi applicable, la quotité et le montant de la commission de la garantie, s'avèrent erronés, le prêteur conserve bien le bénéfice de cette garantie, mais dans la limite de la quotité découlant de l'application de l'article 6 de la loi n° 2020-289 susmentionnée et du présent arrêté à la situation vérifiée de l'emprunteur, et s'il y a lieu régularise le versement des commissions de garantie. »

Pour l'application du 1er al. du II de l'art. 7, les mots : « 50 millions d'euros » sont remplacés par les mots : « 5,965 milliards de francs CFP » et les mots : « 43 millions d'euros » par les mots : « 5,1299 milliards de francs CFP » (Arr. du 12 févr. 2021, art. 2).

Art. 7-1 *(Arr. du 2 mai 2020, art. 1er)* Il pourra être dérogé aux dispositions des articles 2, 6 et 7 du présent arrêté pour les garanties accordées par arrêté du ministre chargé de l'économie en application de la dernière phrase du V de l'article 6 de la loi n° 2020-289 susvisée.

Art. 7-2 *(Arr. du 8 juill. 2021, art. 6) (Arr. du 7 avr. 2022, art. 4)* « I. — Le présent arrêté est applicable en Nouvelle-Calédonie, en Polynésie française et dans les îles Wallis-et-Futuna, dans sa rédaction résultant de l'arrêté du 7 avril 2022 portant modification de l'arrêté du 23 mars 2020 accordant la garantie de l'État aux établissements de crédit et sociétés de financement en application de l'article 6 de la loi n° 2020-289 de finances rectificative pour 2020, sous réserve des adaptations suivantes : »

1° En Nouvelle-Calédonie et en Polynésie française, les références au code civil et au code de commerce sont remplacées par les références aux dispositions applicables ayant le même objet localement ;

2° En Nouvelle-Calédonie et en Polynésie française, les références aux procédures de liquidation judiciaire, de rétablissement professionnel, de sauvegarde, de sauvegarde accélérée, de sauvegarde financière accélérée, de redressement judiciaire, de traitement de sortie de crise et de liquidation judiciaire ainsi qu'au plan de sauvegarde, au plan de redressement, au plan de cession, au certificat d'irrecouvrabilité et au liquidateur judiciaire sont remplacées par les références aux dispositions applicables localement ayant le même objet ;

3° A l'article 3 :

a) En Nouvelle-Calédonie et en Polynésie française, les références à l'article 1er de la loi n° 2014-856 du 31 juillet 2014 relative à l'économie sociale et solidaire sont remplacées par les références aux dispositions applicables localement ayant le même objet ;

b) Les mots : "par des organismes de placement collectif immobilier mentionnés à l'article L. 214-33 du code monétaire et financier" sont supprimés ;

c) Les mots : "ou par des sociétés d'investissement immobilier cotées mentionnées à l'article 208 C du code général des impôts, ou par des sociétés répondant aux conditions fixées au III *bis* de ce même article" sont supprimés ;

4° Aux articles 4 et 6, les mots : "1,5 milliard d'euros" sont remplacés par les mots : "178,95 milliards de francs CFP" et les mots : "5 milliards d'euros" par les mots : "596,658 milliards de francs CFP" ;

5° Au quatrième alinéa du I de l'article 5 :

a) Les références aux entreprises innovantes telles que définies à l'article 44 *sexies*-0 A du code général des impôts ou répondant à au moins l'un des critères définis au II de l'article D. 313-45-1 du code de l'entrée et du séjour des étrangers et du droit d'asile sont remplacées par les références aux dispositions applicables localement ayant le même objet ;

b) Les mots : "ou qui réalisent des ventes directement sur leur site de production, aux visiteurs et qui ont obtenu le label « entreprise du patrimoine vivant » en application du décret n° 2006-595 du 23 mai 2006 modifié relatif à l'attribution du label « entreprise du patrimoine vivant »" sont supprimés ;

6° Au II de l'article 5 et à l'article 7, les mots : "50 millions d'euros" sont remplacés par les mots : "5,965 milliards de francs CFP" et les mots : "43 millions d'euros" par les mots : "5,1299 milliards de francs CFP" ;

7° A l'article 6, la deuxième phrase du VII est supprimée et au dernier alinéa du VIII, les mots : "du Système européen des banques centrales (SEBC)" sont remplacés par les mots : "de l'Institut d'émission d'outre-mer".

II. — Le présent arrêté est applicable à Saint-Barthélemy, à Saint-Martin et à Saint-Pierre-et-Miquelon, sous réserve des adaptations suivantes :

1° A l'article 3, les mots : "ou par des sociétés d'investissement immobilier cotées mentionnées à l'article 208 C du code général des impôts, ou par des sociétés répondant aux conditions fixées au III *bis* de ce même article" sont supprimés ;

2° A l'article 5, les références aux entreprises innovantes telles que définies à l'article 44 *sexies*-0 A du code général des impôts ou répondant à au moins l'un des critères définis au II de l'article D. 313-45-1 du code de l'entrée et du séjour des étrangers et du droit d'asile sont remplacées par les références aux dispositions applicables localement ayant le même objet ;

3° A Saint-Barthélemy et à Saint-Pierre-et-Miquelon, à l'article 6, la deuxième phrase du VII est supprimé *[suprimée]*.

ANNEXE I

LISTE DES CODES DE LA NAF ÉLIGIBLES AU PLAFOND DES TROIS MEILLEURS MOIS DE CHIFFRE D'AFFAIRES MENTIONNÉ AU I DE L'ARTICLE 5

(Arr. du 13 juill. 2020, art. 7)

Codes de la NAF (rév. 2)	Désignation de la division, du groupe ou de la classe
– Tous les codes appartenant à la division 55	– Hébergement
– Tous les codes appartenant à la division 56	– Restauration
– Tous les codes appartenant à la division 79	– Activités des agences de voyage, voyagistes, services de réservation et activités connexes
– Tous les codes appartenant à la classe 59.11	– Production de films cinématographiques, de vidéo et de programme de télévision
– Tous les codes appartenant à la classe 59.14	– Projection de films cinématographiques
– Tous les codes appartenant à la division 90	– Activités créatives, artistiques et de spectacle
– Tous les codes appartenant à la division 91	– Bibliothèques, archives, musées et autres activités culturelles
– Tous les codes appartenant à la division 93	– Activités sportives, récréatives et de loisirs
– Tous les codes appartenant à la classe 49.39	– Autres transports terrestres de voyageurs n.c.a
– Tous les codes appartenant à la classe 77.21	– Location et location-bail d'articles de loisirs et de sport
– Tous les codes appartenant à la classe 82.30	– Organisation de salons professionnels et congrès
– Tous les codes appartenant au groupe 74.2	– Activités photographiques
– Tous les codes appartenant à la classe 50.10	– Transports maritimes et côtiers de passagers
– Tous les codes appartenant à la classe 50.30	– Transports fluviaux de passagers
– Tous les codes appartenant à la classe 51.10	– Transports aériens de passagers
Les codes appartenant à la classe 85.51	– Enseignement de disciplines sportives et d'activités de loisirs
Les codes appartenant à la classe 74.30	– Traduction et interprétation
Les codes appartenant à la classe 96.04	– Entretien corporel

Codes de la NAF (rév. 2)	Désignation de la division, du groupe ou de la classe
Les codes appartenant à la classe 85.52	– Enseignement culturel
Les codes appartenant à la classe 49.10	– Transport ferroviaire interurbain de voyageurs
Sous-catégorie parmi les entreprises dont le code NAF est 78.10Z	– Sous-catégorie des activités des agences de mannequin, à l'exclusion des autres catégories d'entreprises partageant le même code NAF
Sous-catégorie parmi les entreprises dont le code NAF est 66.12Z	– Sous-catégorie des services de change de devises, à l'exclusion des autres catégories d'entreprises partageant le même code NAF
Sous-catégorie parmi les entreprises dont le code NAF est 47.78C	– Sous-catégorie du commerce de détail de souvenirs, d'objets artisanaux et d'articles religieux, à l'exclusion des autres catégories d'entreprises partageant le même code NAF
Tous les codes appartenant au groupe 01.1	Cultures non permanentes
Tous les codes appartenant au groupe 01.2	Cultures permanentes
Tous les codes appartenant au groupe 01.3	Reproduction de plantes
Tous les codes appartenant au groupe 01.4	Production animale
Tous les codes appartenant au groupe 01.5	Culture et élevage associés
Tous les codes appartenant au groupe 10.3	Produits à base de fruits et légumes
Tous les codes appartenant au groupe 10.4	Huiles et graisses végétales et animales
Tous les codes appartenant au groupe 10.6	Produits du travail des grains
Tous les codes appartenant à la classe 11.01	Boissons alcoolisées distillées
Tous les codes appartenant à la classe 11.02	Vins de raisin
Tous les codes appartenant à la classe 11.03	Cidre et autre*[s]* vins de fruits
Tous les codes appartenant à la classe 11.04	Autres boissons fermentées non distillées
Tous les codes appartenant à la classe 11.05	Fabrication de bière

Arrêté du 4 septembre 2020,

Accordant la garantie de l'État aux établissements de crédit et sociétés de financement en application du VI quater de l'article 6 de la loi n° 2020-289 du 23 mars 2020 de finances rectificative pour 2020.

Art. 1er I. — En application du VI *quater* de l'article 6 de la loi n° 2020-289 du 23 mars 2020 de finances rectificative pour 2020, la garantie de l'État est accordée aux établissements de crédit et sociétés de financement, pour les financements remplissant les conditions visées à l'article 2, consentis, sans autre garantie ou sûreté que celles découlant le cas échéant de l'application des dispositions du même article, à compter du 1er août 2020 et jusqu'au *(Arr. du 23 juill. 2021, art. 2)* « 31 décembre 2021 » inclus, à des entreprises remplissant les conditions visées à l'article 3, et notifiés à la société anonyme Bpifrance conformément à l'article 4.

II. — Pour chaque financement mentionné au I, cette garantie, irrévocable et inconditionnelle, porte sur le principal, les intérêts et les accessoires et vaut sur toute la durée du financement, dans les conditions visées aux articles 5 et 6.

Art. 2 I. — Sont éligibles les financements qui donnent lieu à une ou plusieurs cessions de créances professionnelles par toute entreprise remplissant les conditions visées à l'article 3 au bénéfice de l'établissement de crédit ou de la société de financement qui lui consent ces financements. Pour le présent arrêté, le terme "cédant" désigne cette entreprise et le terme "cessionnaire" désigne cet établissement de crédit ou société de financement.

Les créances cédées correspondent à des commandes, notamment les devis acceptés et les marchés attribués, privés ou publics, confirmés par les cédants bénéficiaires des financements mentionnés au premier alinéa, et leurs cessions ont lieu conformément aux dispositions des articles L. 313-23 à L. 313-34 du code monétaire et financier ainsi qu'à leurs modalités d'application fixées conformément aux dispositions de l'article L. 313-35 du même code.

L'octroi de ces financements et les cessions de créance auxquelles ils donnent lieu sont régis par un contrat type conclu entre le cédant et le cessionnaire des créances concernées.

Ces financements, ces commandes et ces contrats types présentent l'ensemble des caractéristiques décrites respectivement aux II, III et IV.

Au titre d'un même contrat type conclu avec une même entreprise, ces financements ne sont éligibles au bénéfice de la garantie de l'État mentionnée à l'article 1er qu'à concurrence du plafond mentionné au III.

II. — Les commandes mentionnées au I comportent les caractéristiques suivantes :

1° Elles ont pour donneur d'ordre une entité privée ou publique, quelles que soient sa forme juridique et sa nationalité, exerçant une activité économique ;

2° Elles font l'objet, dans le contrat type mentionné au I, d'un engagement du cédant à ce qu'elles soient fermes et définitives, et confirmées par le cédant bénéficiaire du financement mentionné au I selon des modalités fixées par l'établissement de crédit ou la société de financement dans le même contrat type. Ces modalités prévoient que pour les commandes dont le montant unitaire excède 500 000 euros HT le cessionnaire recueille systématiquement la trace écrite ou électronique documentant la commande, qui porte les références du donneur d'ordre, et en vérifie les termes auprès de ce dernier sauf dans les cas où le contrat type prévoit expressément l'absence de notification au donneur d'ordre des cessions de créances ;

3° Elles font l'objet, dans le contrat type, d'un engagement du cédant à ce qu'elles donnent lieu à l'émission des factures prévues, y compris le cas échéant les factures de situation, au plus tard six mois après la date d'émission de la commande ;

4° Les créances professionnelles correspondant à chaque commande confirmée sont cédées conformément aux dispositions du I, dans un délai d'au plus trente jours à compter de la date d'émission de la commande, et au plus tard le *(Arr. du 23 juill. 2021, art. 3)* « 31 décembre 2021 ».

III. — Les financements mentionnés au I comportent les caractéristiques suivantes :

1° Leur date d'échéance finale est fixée au plus tard soixante jours après la date la plus tardive parmi celles initialement prévues par le cédant conformément aux dispositions du 3° du II pour l'émission des factures portant sur les commandes auxquelles ce financement est adossé, et en tout état de cause au plus tard au *(Arr. du 23 juill. 2021, art. 3)* « 30 juin 2022 » ;

2° A aucun moment les sommes mises à disposition du cédant au titre de ces financements n'excèdent un plafond, dénommé le "plafond de financement des commandes", qui est fixé contractuellement entre le cédant et le cessionnaire des créances dans le contrat type mentionné au troisième alinéa du I ;

3° Les sommes mises à disposition du cédant par le cessionnaire au titre de ces financements le sont au fur et à mesure de la cession des créances correspondant aux commandes, et sont apurées dans le cadre des opérations décrites au IV ;

4° Ils peuvent faire l'objet d'une exigibilité anticipée dans le cadre de l'application de toute clause prévue à cet effet dans le contrat type.

IV. — Les contrats types mentionnés au I sont établis en modifiant par avenant les contrats d'affacturage ou les contrats de financement de créances professionnelles soumis aux dispositions des articles L. 313-23 à L. 313-34 du code monétaire et financier, déjà en vigueur entre les mêmes cédant et cessionnaire, ou, s'il n'existe pas de tels contrats, par la conclusion de nouveaux contrats soumis aux dispositions précitées.

Ces contrats types comportent les caractéristiques suivantes :

1° Ils prévoient deux facilités de financement distinctes assurant, d'une part, le financement des commandes visé au I, sur lequel porte la garantie de l'État, et, d'autre part, le financement des factures émises par le même cédant, qui sont liées ou non liées à ces commandes. Ce second financement n'est pas couvert par la garantie de l'État. Au fur et à mesure que les factures correspondant aux commandes financées et éligibles au second financement sont transmises au cessionnaire, ce second financement assure l'apurement des sommes mises à disposition du cédant au titre du premier financement, en portant au crédit du compte des commandes financées mentionné au 3°, pour chacune de ces factures, le montant financé de la commande à laquelle elle correspond ;

2° Ils prévoient que des critères d'éligibilité prévus contractuellement entre le cédant et le cessionnaire s'appliquent aux factures mentionnées à l'alinéa précédent, et, pour ceux parmi ces critères qui s'y prêtent, qu'ils sont appliqués dès l'acceptation par le cessionnaire de la cession de créance intervenant au stade de la commande confirmée, et, pour les autres, lors de l'acceptation par le même cessionnaire du financement des factures émises au titre de ces créances ;

3° Ils distinguent deux comptes ou sous-comptes distincts de concours ou de disponibilités ouverts dans les livres du cessionnaire au nom du cédant, qui présentent respectivement le solde de la situation créditrice ou débitrice de ce dernier vis-à-vis du cessionnaire au titre des opérations de financement donnant lieu, pour le premier de ces comptes ou sous-comptes, à la cession des créances correspondant aux commandes et intervenues avant que les factures correspondantes n'aient été acceptées par le cessionnaire et, pour le second de ces comptes ou sous-comptes, aux opérations de financement intervenues au titre des factures liées ou non liées aux commandes financées. Dans le présent arrêté, les termes "compte des commandes financées" désignent le premier compte ou sous-compte, et les termes "compte des factures financées" désignent le second compte ou sous-compte ;

4° Ils prévoient pour toute créance financée conformément au I qu'en cas d'absence d'apurement par la mise à disposition d'un financement en relais conformément au 1° après qu'au plus trente jours se sont écoulés à compter de la date initialement prévue pour l'émission de la facture correspondant à cette créance, le montant de cette créance est débité du compte des commandes financées. Le solde débiteur qui en résulte le cas échéant est apuré par les sommes disponibles le cas échéant sur le compte des factures financées et dans un délai qui ne dépasse pas cinq jours ouvrés à compter du trentième jour suivant la date initialement prévue pour l'émission de la facture ;

5° Ils prévoient en tout état de cause qu'en cas d'exigibilité du financement mentionné au I ou de survenance d'un événement de crédit tel que défini au III de l'article 5, le cessionnaire procède sans délai à la compensation de toute créance correspondant aux sommes que le cédant lui doit au titre du financement mentionné au I, par toute créance constituée des sommes disponibles sur le compte des factures financées et sur le compte des commandes financées. Cette compensation intervient avant la détermination du montant indemnisable dont les conditions sont définies au IV de l'article 5.

Art. 3 I. — Sont concernées les entreprises personnes morales ou physiques en ce compris les artisans, commerçants, exploitants agricoles, professions libérales et micro-entrepreneurs, ainsi que les associations et fondations ayant une activité économique au sens de l'article 1er de la loi n° 2014-856 du 31 juillet 2014 relative à l'économie sociale et solidaire, inscrites au répertoire national des entreprises et de leurs établissements mentionné à l'article R. 123-220 du code de commerce, qui présentent l'ensemble des caractéristiques suivantes :

— celles qui ne sont pas des établissements de crédit ou des sociétés de financement ;

— celles qui, au 31 décembre 2019, ne faisaient pas l'objet d'une procédure de liquidation judiciaire ou de rétablissement professionnel s'agissant de personnes physiques, ou n'étaient pas en période d'observation d'une procédure de sauvegarde ou de redressement judiciaire, sauf à ce qu'un plan de sauvegarde ou de redressement ait été arrêté par un tribunal avant la date d'octroi du financement mentionné à l'article 1er.

II. — Lorsqu'une entreprise est concernée au sens du I, elle auto-certifie lors de la mise en place du financement visé à l'article 1er que la somme du plafond de financement, tel qu'il est défini au 2° du III de l'article 2, et des montants des prêts garantis par l'État en application du I de l'article 6 de la loi n° 2020-289 susvisée qu'elle a obtenus est inférieure ou égale à 12 mois de son besoin de trésorerie estimé dans le cas où, lors du dernier exercice clos *(Arr. du 12 févr. 2021, art. 4)* « précédant la date du premier octroi d'un tel financement à une même entreprise », elle emploie plus de 250 salariés, ou a à la fois un chiffre d'affaires qui excède 50 millions d'euros et un total de bilan qui excède 43 millions d'euros, et, dans le cas contraire, que cette somme est inférieure à 18 mois de son besoin de trésorerie estimé.

III. — Ni l'établissement de crédit ou la société de financement qui consent le financement mentionné à l'article 1er, ni l'État qui lui apporte sa garantie, ni la société anonyme Bpifrance ne sont tenus d'exercer une quelconque vérification du contenu de l'auto-certification mentionnée au II.

En cas d'erreur intentionnelle ou non dans le contenu de cette auto-certification, l'établissement de crédit ou la société de financement qui a consenti le financement concerné conserve le bénéfice de la garantie de l'État.

Art. 4 I. — L'établissement de crédit ou la société de financement qui souhaite faire bénéficier de la garantie de l'État visée à l'article 1er un financement du même type que ceux visés à l'article 2 à une entreprise remplissant les conditions visées à l'article 3 se soumet aux obligations suivantes :

1° Il notifie à la société anonyme Bpifrance l'octroi de ce financement via un système unique dédié et sécurisé reposant sur un format de fichier standardisé, que met à sa disposition la société anonyme Bpifrance dans le cadre d'une convention conclue entre ces derniers ;

2° Si le plafond du financement, tel qu'il est défini au 2° du III de l'article 2, excède un montant de 300 millions d'euros, la notification visée à l'alinéa précédent est précédée, au plus tard cinq jours ouvrés avant la conclusion du contrat de financement, d'une transmission à la direction générale du Trésor du projet de contrat.

II. — Pour le seul exercice des missions qui lui sont confiées en application du VI de l'article 6 de la loi n° 2020-289 susvisée, la société anonyme Bpifrance, au nom, pour le compte et sous le contrôle de l'État, reçoit les informations nécessaires sur les cédants de la part des cessionnaires.

Art. 5 I. — La garantie de l'État couvre un pourcentage des sommes restant dues au titre du financement mentionné à l'article 1er, dans la limite du plafond de financement mentionné à l'article 2, ainsi qu'un même pourcentage des intérêts et accessoires, jusqu'à l'échéance finale du financement, sauf à ce qu'elle soit appelée avant lors d'un événement de crédit et sans préjudice des délais de détermination du montant indemnisable, qui peuvent courir au-delà de la date d'échéance contractuelle du financement sans que cela ne puisse remettre en cause le bénéfice de la garantie.

Le pourcentage mentionné au premier alinéa est fixé à :

— 90 % pour les entreprises qui, lors du dernier exercice clos *(Arr. du 12 févr. 2021, art. 5)* « précédant la date du premier octroi d'un tel financement à une même entreprise », ou si elles n'ont jamais clôturé d'exercice, au 1er août 2020, emploient en France moins de 5 000 salariés et réalisent un chiffre d'affaires inférieur à 1,5 milliard d'euros ;

— 80 % pour les autres entreprises qui, lors du dernier exercice clos *(Arr. du 12 févr. 2021, art. 5)* « précédant la date du premier octroi d'un tel financement à une même entreprise », réalisent un chiffre d'affaires inférieur à 5 milliards d'euros ;

— 70 % pour les autres entreprises.

II. — Sans préjudice des dispositions des III, IV, V et VI, l'appel de la garantie, entendu comme la première demande de versement provisionnel, ou à défaut la demande d'indemnisation finale pourra intervenir au plus tard le *(Arr. du 23 juill. 2021, art. 4)* « 30 septembre 2022 ».

III. — Pour l'application du présent article, constitue un événement de crédit la survenance de l'un quelconque des événements suivants :

— le non-paiement de toute somme due par le cédant conformément aux dispositions encadrant la facilité de financement des commandes mentionnée au 1° du IV de l'article 2, y compris en cas de survenance d'un événement contractuellement prévu permettant au cessionnaire de demander le remboursement anticipé du financement ou d'en prononcer la déchéance du terme ;

— la restructuration du financement intervenue dans tout cadre amiable ou judiciaire et conduisant le cessionnaire à constater une perte actuarielle définie comme la différence entre les sommes respectives des flux de remboursement issus du contrat de financement antérieurement et postérieurement à sa restructuration, hors commissions de garantie dues au titre de l'article 6, actualisées au taux d'intérêt du contrat de financement tel qu'il s'appliquait antérieurement à cette restructuration ;

— l'ouverture à l'encontre du cédant d'une procédure de sauvegarde, de sauvegarde accélérée, de sauvegarde financière accélérée, de redressement judiciaire, de liquidation judiciaire ou de rétablissement professionnel, ou de l'une des procédures équivalentes ouvertes à l'étranger.

IV. — Le montant indemnisable, auquel s'applique la quotité garantie pour déterminer les sommes dues par l'État au titre de sa garantie, correspond à la perte constatée, le cas échant, postérieurement à la compensation de créances réalisée par le cessionnaire, conformément aux dispositions du 5° du IV de l'article 2, et postérieurement à l'exercice par le cessionnaire de toutes les voies de droit amiables et éventuellement judiciaires qu'il juge utiles, dans la mesure où elles auront pu normalement s'exercer.

V. — Pour le calcul de ce montant indemnisable :

— dans le cadre d'une restructuration, dans un cadre judiciaire ou amiable, de sa créance correspondant aux sommes que le cédant lui doit au titre du financement mentionné à l'article 1er, qui donne lieu à une perte actuarielle, il est tenu compte, le cas échéant, de la valeur des créances détenues par le cessionnaire postérieurement à la restructuration de cette créance ; à l'exception des cas de restructurations décrits au paragraphe suivant, l'indemnisation de la perte actuarielle intervient à la conclusion de cette restructuration et marque la fin de la garantie de l'État ;

— dans le cadre d'une procédure de liquidation judiciaire, le montant indemnisable est calculé, selon le cadre applicable, à l'arrêté du plan de cession donnant lieu à une perte actuarielle, à la remise d'un certificat d'irrecouvrabilité par le liquidateur judiciaire désigné, ou à la clôture de la procédure de liquidation judiciaire ou de rétablissement professionnel ; les sommes recouvrées par le cessionnaire sont retranchées au montant indemnisable.

VI. — En cas d'événement de crédit y compris lorsqu'un paiement contractuellement dû par le cédant n'est pas honoré, le cessionnaire a le droit d'obtenir, au plus tard dans les 90 jours suivant la date de demande d'obtention, un versement provisionnel de la société anonyme Bpifrance au nom et pour le compte de l'État qui représente une estimation solide du montant des pertes susceptibles d'être supportées par le cessionnaire. Le montant du versement provisionnel est proportionnel à la quotité garantie.

Une fois le montant indemnisable définitivement connu, y compris dans le cadre d'un solde définitif de la garantie qui intervient à l'échéance finale du financement dans les cas où le cédant a remboursé l'ensemble des sommes dues alors que le cessionnaire a obtenu un versement provisionnel à quelque moment que ce soit pendant la vie du financement, si celui-ci est supérieur au montant du versement provisionnel effectué, la différence entre ces deux montants est payée rapidement au cessionnaire. A l'inverse, si le montant indemnisable est inférieur au montant du versement provisionnel effectué, le cessionnaire reverse rapidement à l'État le trop-perçu.

Le versement provisionnel, en tant qu'avance sur le paiement du montant indemnisable, fait partie intégrante des sommes dues au sens du IV de l'article 6 de la loi n° 2020-289 susvisée et qui sont payées conformément aux dispositions prévues au VI du même article.

VII. — Sous réserve des dispositions du paragraphe suivant, la cession, directe ou indirecte, par le cessionnaire de tout ou partie du financement ou de la créance à la cession de laquelle il a donné lieu, au profit de tout tiers, y compris dans le cadre d'une syndication, entraîne la déchéance, à compter de la date de cession, de la garantie au prorata du montant du financement ou de la créance cédée.

La garantie reste attachée au financement en cas de cession de celui-ci à une autre filiale ou entité affiliée au même groupe bancaire le cas échéant, ou en cas de mobilisation de celui-ci, y compris par l'intermédiaire d'un organisme de titrisation dont les titres sont souscrits uniquement par l'établissement cessionnaire ou par des entités affiliées au même groupe bancaire le cas échéant, dans le cadre des opérations de politique monétaire du Système européen des banques centrales (SEBC) en ce compris les éventuels transferts subséquents au profit de tiers.

VIII. — Sans préjudice de ce qui précède, il est précisé que tout financement faisant l'objet de la garantie peut faire l'objet d'une sous-participation en risque ou en trésorerie sans que cela n'entraîne une déchéance de la garantie en raison d'une telle opération, et la garantie reste attachée au financement en cas de cession ou transfert de celui-ci à la suite d'une opération de fusion, scission, absorption, apport partiel d'actifs, transmission universelle de patrimoine, ou autre opération similaire, de l'entreprise bénéficiaire du financement garanti en faveur d'une personne morale ou entité immatriculée en France.

Art. 6 I. — La garantie de l'État visée à l'article 1er est rémunérée par des commissions de garantie selon un barème qui dépend de la taille de l'entreprise et de la périodicité maximale du financement qu'elle couvre, *(Arr. du 12 févr. 2021, art. 6)* « définie soit comme *(Arr. du 23 juill. 2021, art. 5)* « la période séparant la date de conclusion du contrat type et le 30 juin 2022 dans le cas où le contrat type est conclu à compter du 1er juillet 2021 ou si, conclu avant cette date, il fait l'objet d'un avenant visant à porter l'échéance finale du financement garanti qu'il régit au-delà du 31 décembre 2021, soit comme » la période séparant la date de conclusion du contrat type et le 31 décembre 2021 dans le cas où le contrat type est conclu à compter du 1er janvier 2021 inclus ou si, conclu avant cette date, il fait l'objet d'un avenant visant à porter l'échéance finale du financement garanti qu'il régit au-delà du 30 juin 2021, soit comme la période séparant la date de conclusion du contrat type et le 30 juin 2021 dans les autres cas ».

1° Pour les entreprises visées à l'article 3 qui, lors du dernier exercice clos *(Arr. du 12 févr. 2021, art. 6)* « précédant la date du premier octroi d'un tel financement à une même entreprise », emploient plus de 250 salariés, ou ont à la fois un chiffre d'affaires qui excède 50 millions d'euros et un total de bilan qui excède 43 millions d'euros, la commission de garantie sur 12 mois est fixée à 50 points de base ;

2° Pour les autres entreprises visées à l'article 3, la commission de garantie sur 12 mois est fixée à 25 points de base.

II. — Les commissions de garantie sont dues par le cessionnaire et perçues auprès de lui par la société anonyme Bpifrance au nom, pour le compte et sous le contrôle de l'État en une fois à l'octroi de la garantie. Pour leur calcul, le barème susmentionné s'applique *pro rata temporis* à la quotité garantie du plafond de financement, défini à l'article 2, sur la périodicité maximale définie au I.

III. — Dans le cas où le plafond de financement de commandes est modifié, *(Arr. du 12 févr. 2021, art. 6)* « ou que sa date d'échéance finale est portée par avenant au-delà du 30 juin 2021, » une nouvelle commission de garantie est due pour le montant supplémentaire non prévu dans le calcul des commissions déjà perçues par la société anonyme Bpifrance, laquelle est calculée sur la base des seuils applicables à l'entreprise bénéficiaire du financement garanti à la date d'octroi du financement. Cette commission est perçue à la date à laquelle les modifications deviennent effectives.

IV. — Toute commission de garantie perçue par l'État lui reste acquise quelle que soit l'issue du financement y compris lorsqu'il fait l'objet d'un remboursement anticipé, de même que lorsque la garantie ne peut pas être appelée parce qu'il s'avère que les critères d'éligibilité fixés au présent arrêté n'étaient pas satisfaits à la date d'octroi du financement.

V. — Le non-paiement, par le cessionnaire, de tout ou partie des commissions dues au titre de la garantie pour un financement, après délai raisonnable et mise en demeure infructueuse, entraîne la suspension de ses droits au paiement de toute somme due au titre de la garantie, jusqu'à régularisation du versement des commissions de garantie.

VI. — Si les éléments utilisés par le cessionnaire, pour connaître la quotité et le montant de la commission de la garantie, s'avèrent erronés, il conserve bien le bénéfice de cette garantie, mais dans la limite de la quotité découlant de l'application du présent arrêté à la situation vérifiée du cédant, et s'il y a lieu régularise le versement des commissions de garantie.

Art. 7 Les dispositions des articles 1er à 6 du présent arrêté sont applicables en Nouvelle-Calédonie, en Polynésie française et dans les îles Wallis-et-Futuna *(Arr. du 23 juill. 2021, art. 6)* « , dans leur rédaction résultant de l'arrêté du 23 juillet 2021 portant modification de l'arrêté du 4 septembre 2020 accordant la garantie de l'État aux établissements de crédit et sociétés de financement en application du VI *quater* de l'article 6 de la loi n° 2020-289 de finances rectificative pour 2020, » sous réserve des adaptations suivantes :

1° Pour l'application du troisième alinéa du II de l'article 2,les mots : "500 000 euros" sont remplacés par les mots : "59,65 millions de francs CFP" ;

2° Pour l'application du premier alinéa du I de l'article 3 :

a) Les références à l'article 1er de la loi n° 2014-856 du 31 juillet 2014 relative à l'économie sociale et solidaire et au code de commerce sont remplacées par les références aux dispositions applicables localement en Nouvelle-Calédonie et en Polynésie française ;

b) Les références au 1° du II de l'article 1er de la loi précitée sont remplacées par les références aux dispositions applicables localement aux îles Wallis-et-Futuna ;

3° Pour l'application du troisième alinéa du I de l'article 3, les mots : "l'objet d'une procédure de liquidation judiciaire ou de rétablissement professionnel s'agissant de personnes physiques, ou n'étaient pas en période d'observation d'une procédure de sauvegarde ou de redressement judiciaire, sauf à ce qu'un plan de sauvegarde ou de redressement ait été arrêté par un tribunal" sont remplacés par les références aux dispositions applicables localement en Nouvelle-Calédonie et en Polynésie française ;

4° Pour l'application du II de l'article 3, les mots : "50 millions d'euros" sont remplacés par les mots : "5,965 milliards de francs CFP" et les mots : "43 millions d'euros" sont remplacés par les mots : "5,1299 milliards de francs CFP" ;

5° Pour l'application du troisième alinéa du I de l'article 4, les mots : "300 millions d'euros" sont remplacés par les mots : "35,79 milliards de francs CFP" ;

6° Pour l'application du I de l'article 5, les mots : "1,5 milliard d'euros" sont remplacés par les mots : "178,95 milliards de francs CFP" et les mots : "5 milliards d'euros" par les mots : "596,5 milliards de francs CFP" ;

7° Pour l'application du quatrième alinéa du III de l'article 5, les mots : "l'ouverture à l'encontre du cédant d'une procédure de sauvegarde, de sauvegarde accélérée, de sauvegarde financière accélérée, de redressement judiciaire, de liquidation judiciaire ou de rétablissement professionnel" sont remplacés par les références aux dispositions applicables localement en Nouvelle-Calédonie et en Polynésie française ;

8° Pour l'application du dernier alinéa du V de l'article 5, les mots : "procédure de liquidation judiciaire", "plan de cession", "certificat d'irrecouvrabilité", "liquidateur judiciaire" et "clôture de la procédure de liquidation judiciaire ou de rétablissement professionnel" sont remplacés par les références aux dispositions applicables localement en Nouvelle-Calédonie et en Polynésie française ;

9° Pour l'application du dernier alinéa du VII de l'article 5, les mots : "du Système européen des banques centrales (SEBC)" sont remplacés par les mots : "de l'Institut d'émission d'outre-mer" ;

10° Pour l'application du 1° du I de l'article 6, les mots : "50 millions d'euros" sont remplacés par les mots : "5,965 milliards de francs CFP" et les mots : "43 millions d'euros" par les mots : "5,1299 milliards de francs CFP".

Art. 7 *(L. n° 2020-935 du 30 juill. 2020, art. 34)* **La caisse centrale de réassurance, agissant avec la garantie de l'État, est habilitée à pratiquer les opérations d'assurance et de réassurance, intervenant avant le** *(L. n° 2020-1721 du 29 déc. 2020, art. 215)* **« 31 décembre 2021 », des risques d'assurance-crédit couvrant des assurés situés en France.**

L'engagement maximal de l'État en faveur de la caisse centrale de réassurance est limité à 8 milliards d'euros pour la garantie des encours des dispositifs de réassurance des risques individuels et à 2 milliards d'euros pour la garantie des pertes finales liées à la mise en œuvre des dispositifs de réassurance de portefeuilles de risques. La garantie des dispositifs de réassurance de portefeuilles de risques inclut les risques mentionnés au *e* du 1° de l'article L. 432-2 du code des assurances.

La garantie de l'État n'est acquise que dans la mesure où l'assureur-crédit cosignataire du traité de réassurance conserve à sa charge, pour chaque risque réassuré, une part minimale de risque. Pour les dispositifs de réassurance de portefeuilles de risques, cette part ne peut être inférieure à 25 %.

(Abrogé par L. n° 2020-1721 du 29 déc. 2020, art. 215) ***« Au titre des dispositifs de réassurance de portefeuilles de risques, les traités de réassurance conclus entre la caisse centrale de réas-***

surance et les assureurs-crédit couvrent des risques rattachés à la période entre le 16 mars 2020 et le 31 décembre 2020, non réalisés à la date de signature des traités de réassurance et non réassurés dans le cadre des dispositifs de réassurance de risques individuels. »

Un décret précise les conditions d'application du présent article, notamment les conditions d'exercice et de rémunération de la garantie de l'État, le fait générateur de l'appel en garantie de l'État, les catégories d'opérations de réassurance pratiquées *(L. n° 2020-1721 du 29 déc. 2020, art. 215)* **« , la part de risque que les assureurs-crédit cosignataires des traités de réassurance conservent à leur charge ainsi que les dates d'échéance de ces traités pour chaque catégorie d'opérations de réassurance pratiquées ».**

Les dispositions du présent article s'appliquent aux traités de réassurance liés à la mise en œuvre des dispositifs de réassurance de risques individuels et des dispositifs de réassurance de portefeuilles de risques, déjà conclus entre la caisse centrale de réassurance et les assureurs-crédit entre le 23 mars 2020 et sa date d'entrée en vigueur.

Décret n° 2020-397 du 4 avril 2020,

Portant modalités d'application de l'article 7 de la loi de finances rectificative pour 2020 en vue de définir les modalités d'octroi de la garantie de l'État aux opérations de réassurance de certains risques d'assurance-crédit effectuées par la Caisse centrale de réassurance.

Art. 1er *(Décr. n° 2020-849 du 3 juill. 2020, art. 1er)* La garantie de l'État au titre de l'article 7 de la loi *[n° 2020-289]* du 23 mars 2020 susvisée donne lieu, de la part de la Caisse centrale de réassurance, au versement d'une rémunération égale à un pourcentage du montant des primes acquises au titre des opérations mentionnées au premier alinéa du même article.

Cette garantie est appelée lorsque le montant d'indemnités pour sinistres restant à la charge de la Caisse centrale de réassurance dépasse un seuil exprimé en fonction des réserves et provisions constituées par celle-ci au titre des risques d'assurance-crédit.

Une convention passée entre le ministre chargé de l'économie et la Caisse centrale de réassurance précise les modalités de rémunération et de mise en jeu de la garantie de l'État, notamment s'agissant du pourcentage mentionné au premier alinéa et du seuil mentionné au second alinéa.

Art. 2 *(Décr. n° 2020-849 du 3 juill. 2020, art. 1er)* Les opérations de réassurance mentionnées à l'article 7 de la même loi sont classées en trois catégories :

1° Les garanties complémentaires à des risques individuels ;

2° Les garanties de substitution à des risques individuels ;

3° La réassurance de portefeuilles de risques.

Pour chaque catégorie, les opérations de réassurance font l'objet de traités de réassurance distincts conclus avec les entreprises d'assurance, et établis par la Caisse centrale de réassurance selon les usages et méthodes du marché de la réassurance, et précisant les conditions particulières notamment tarifaires.

Art. 3 Pour les opérations de réassurance de la première catégorie *(Décr. n° 2020-849 du 3 juill. 2020, art. 1er)* « , mentionnées au 1° de l'article 2 », la garantie de l'État n'est acquise que dans la mesure où l'exposition de la Caisse centrale de réassurance est au plus égale, pour chaque risque réassuré, *(Décr. n° 2020-1652 du 22 déc. 2020)* « à deux fois celle que l'assureur-crédit » cosignataire du traité de réassurance conserve à sa charge sur ce même risque.

A titre exceptionnel, la garantie de l'État peut toutefois être acquise à la Caisse centrale de réassurance pour une exposition supérieure à celle mentionnée au premier alinéa, sur proposition du directeur général de la caisse et après accord du ministre chargé de l'économie, pour autant que l'assureur-crédit conserve une exposition sur le risque correspondant.

(Abrogé par Décr. n° 2020-849 du 3 juill. 2020, art. 1er) « Le deuxième alinéa n'est pas applicable à la réassurance des engagements pris au titre du g de l'article L. 231-13 du code de la construction et de l'habitation. »

Art. 4 Pour les opérations de réassurance *(Décr. n° 2020-849 du 3 juill. 2020, art. 1er)* « de la deuxième catégorie, mentionnées au 2° de l'article 2 », la garantie de l'État n'est acquise que dans la mesure où les garanties délivrées par les assureurs-crédit couvrent un risque dont la probabilité de défaut à un an associée, telle qu'évaluée par l'entreprise d'assurance à la date de souscription de la garantie, se situe entre 2 % et 6 % et que les garanties sont délivrées à un fournisseur contre le risque de non-paiement de ses encours de crédit client, lorsque :

— le fournisseur garanti a reçu une notification de cessation de garantie sur un client donné par son assureur-crédit ;

— le fournisseur garanti ou sollicitant une garantie a reçu une notification de refus de garantie sur un client donné par son assureur-crédit.

La garantie de l'État n'est acquise que dans la mesure où l'assureur-crédit conserve à sa charge, pour chaque risque réassuré, *(Décr. n° 2020-849 du 3 juill. 2020, art. 1er)* « une part supérieure ou égale à 5 % du risque » et où la quotité garantie par l'assureur-crédit est au maximum de 80 % du risque correspondant.

Art. 5 *(Décr. n° 2020-849 du 3 juill. 2020, art. 1er)* Pour les opérations de réassurance de la troisième catégorie, mentionnées au 3° de l'article 2, la garantie de l'État n'est acquise que dans la mesure où l'exposition de la Caisse centrale de réassurance est au plus égale à 75 % pour chaque risque réassuré et que les traités de réassurance conclus avec les entreprises d'assurance prévoient que l'engagement maximal de la Caisse centrale de réassurance est de cinq fois le montant des primes cédées au titre de ces opérations de réassurance par ces entreprises d'assurance.

Art. 6 Les traités de réassurance mentionnés à l'article 2 sont conclus pour une période ne pouvant aller au-delà de la date visée à l'article 7 de la loi du 23 mars 2020 susvisée. — *Anc. art. 5 (Décr. n° 2020-849 du 3 juill. 2020, art. 1er).*

Art. 7 *(Décr. n° 2020-849 du 3 juill. 2020, art. 1er)* Sans préjudice des dispositions de l'article R. 431-16-3 du code des assurances, les trois catégories d'opérations de réassurance mentionnées à l'article 2 sont retracées au sein d'un compte distinct ouvert dans les livres de la Caisse centrale de réassurance.

Ce compte fait apparaître de manière détaillée l'ensemble des provisions, produits, charges, pertes et profits, relatifs aux opérations concernées, y compris une quote-part des provisions, produits, charges, pertes et profits non directement affectables.

La convention mentionnée à l'article 1er fixe les modalités de fonctionnement de ce compte, notamment les règles d'affectation des provisions, produits, charges, pertes et profits. — *Anc. art. 6 (Décr. n° 2020-849 du 3 juill. 2020, art. 1er).*

Art. 8 *(Décr. n° 2020-849 du 3 juill. 2020, art. 1er)* Le bilan de la Caisse centrale de réassurance comporte un compte de réserve spéciale correspondant aux trois catégories d'opérations de réassurance mentionnées à l'article 2. Ce compte de réserve spéciale est intitulé "Réserve spéciale pour les risques d'assurance-crédit".

Sans préjudice des dispositions de l'article R. 431-16-4 du code des assurances, le bénéfice non distribué de l'exercice après dotation aux réserves légales et réglementées est affecté en priorité au compte de réserve mentionné ci-dessus, jusqu'à concurrence du montant de la contribution de ces opérations de réassurance. Cette contribution est égale au solde bénéficiaire de l'exercice tel qu'il ressort du compte distinct dédié à ces opérations, après déduction de la quote-part de dividendes et de la dotation aux réserves légales et réglementées.

La réserve spéciale mentionnée ci-dessus ne peut être distribuée ou réaffectée qu'après approbation du ministre chargé de l'économie. La perte d'un exercice ne peut lui être imputée que dans la limite du montant de la contribution des opérations de réassurance. Cette contribution est égale au solde déficitaire de l'exercice, tel qu'il ressort du compte distinct dédié à ces opérations. — *Anc. art. 7 (Décr. n° 2020-849 du 3 juill. 2020, art. 1er).*

COMMERCE (ORGANISATION)

RÉP. COM. v° *Commerce et industrie*, par GUIBAL.

Code du travail

Travail dissimulé

Art. L. 8221-6 *(Ord. n° 2007-329 du 12 mars 2007)* **I. — Sont présumés ne pas être liés avec le donneur d'ordre par un contrat de travail dans l'exécution de l'activité donnant lieu à immatriculation ou inscription :**

1° Les personnes physiques immatriculées au registre du commerce et des sociétés, au *(Ord. n° 2021-1189 du 15 sept. 2021, art. 35, en vigueur le 1er janv. 2023)* **« registre national des entreprises en tant qu'entreprise du secteur des métiers et de l'artisanat** *[ancienne rédaction : répertoire des métiers]* **», au registre des agents commerciaux ou auprès des unions de recouvrement des cotisations de sécurité sociale et d'allocations familiales pour le recouvrement des cotisations d'allocations familiales ;**

2° Les personnes physiques inscrites au registre des entreprises de transport routier de personnes, qui exercent une activité de transport scolaire prévu par l'article *(L. n° 2015-991 du 7 août 2015, art. 15-IV, en vigueur le 1er sept. 2017)* **« L. 214-18** *[ancienne rédaction : L. 213-11]* **» du code de l'éducation ou de transport à la demande conformément à l'article** *(Ord. n° 2010-1307 du 28 oct. 2010, art. 3)* **« L. 3111-13 du code des transports » ;**

3° Les dirigeants des personnes morales immatriculées au registre du commerce et des sociétés et leurs salariés.

(Abrogé par L. n° 2014-626 du 18 juin 2014, art. 27-III) (L. n° 2008-776 du 4 août 2008, art. 11-I) ***« 4° Les personnes physiques relevant de l'article L. 123-1-1 du code de commerce ou du V de l'article 19 de la loi n° 96-603 du 5 juillet 1996 relative au développement et à la promotion du commerce et de l'artisanat. »*** *— V. cette loi, App., v° Artisans. — V. 2e note ss. lesdits art. L. 123-1-1 et 19.*

II. — L'existence d'un contrat de travail peut toutefois être établie lorsque les personnes mentionnées au I fournissent directement ou par une personne interposée des prestations à un donneur d'ordre dans des conditions qui les placent dans un lien de subordination juridique permanente à l'égard de celui-ci.

(L. n° 2011-1906 du 21 déc. 2011, art. 125) **« Dans ce cas, la dissimulation d'emploi salarié est établie si le donneur d'ordre s'est soustrait intentionnellement par ce moyen à l'accomplissement des obligations incombant à l'employeur mentionnées à l'article L. 8221-5.**

« Le donneur d'ordre qui a fait l'objet d'une condamnation pénale pour travail dissimulé en application du présent II est tenu au paiement des cotisations et contributions sociales à la charge des employeurs, calculées sur les sommes versées aux personnes mentionnées au I au titre de la période pour laquelle la dissimulation d'emploi salarié a été établie. »

BIBL. ▶ BARTHÉLEMY, *JCP E 2009, n° 18, p. 42* (statut de l'auto-entrepreneur, présomption renforcée d'absence de contrat de travail et développement de la création d'entreprise).

Présomption de non-salariat. La disposition de l'art. L. 120-3 [devenu L. 8221-6] dans sa rédaction résultant de la L. du 1er août 2003, qui institue une présomption de non-salariat pour les personnes inscrites au RCS, n'est pas applicable aux relations contractuelles antérieures à son entrée en vigueur. • *Soc. 22 mars 2006*, n° 05-42.346 P : *JCP E 2006, n° 24, p. 1087, note Puigelier.* ♦ Une inscription au RCS n'exclut pas la qualité de salarié dès lors que l'intéressé a été soumis à une période d'essai, travaille trente-cinq heures par semaine, bénéficie en contrepartie d'une rémunération mensuelle et de l'avantage en nature que constitue un logement, reçoit des directives précises quant à l'exécution de sa tâche et est tenu d'obtenir un accord pour fixer sa période de congés. • Même arrêt. – V. aussi • Crim. 14 févr. 2006, n° 05-82.287 P : *RTD com. 2006. 688, obs. Bouloc ; JCP E 2006, n° 26, p. 1181, note Boulmier* (sous-traitant immatriculé au répertoire des métiers). ♦ En déduisant le statut de salarié de l'absence d'immatriculation au registre des agents commerciaux et d'affiliation au régime des travailleurs indépendants, sans caractériser l'existence d'un lien de subordination entre les intéressés et la société, la cour d'appel a violé les art. L. 242-1 CSS et L. 121-1 [L. 1221-1 et L. 1221-3] C. trav. alors applicable. • Civ. 2e, 12 févr. 2009, n° 07-21.790 P : *D. 2009. AJ 571 ; JCP E 2009, n° 13, p. 43 ; RLDA janv. 2010. 71, obs. Grignon.* ♦ Viole le II de l'art. L. 8221-6 la cour d'appel qui retient qu'un coursier ne justifie pas d'un contrat de travail le liant à une société utilisant une plateforme web et une application afin de mettre en relation des restaurateurs partenaires, des clients passant commande de repas par le truchement de la plate-forme et des livreurs à vélo exerçant sous le statut de travailleur indépendant des livraisons de repas, alors qu'il résulte de ses constatations que l'application était dotée d'un système de géolocalisation permettant le suivi en temps réel par la société de la position du coursier et la comptabilisation du nombre total de kilomètres parcourus par celui-ci et que la société disposait d'un pouvoir de sanction à l'égard du coursier. • Soc. 28 nov. 2018, n° 17-20.079 P : *D. 2019. 169, concl. Courcol-Bouchard, note Escande-Vamiol ; AJ contrat 2019. 46, obs. Gamet ; Dalloz IP/IT 2019. 186, obs. Sénéchal ; RDT 2019. 36 , note M. Peyronnet ; JCP E 2019, n° 1031, note Bossu.* ♦ Si, dans l'exécution de leur activité donnant lieu à immatriculation sur des registres ou répertoires professionnels, les personnes physiques sont présumées ne pas être liées avec le donneur d'ordre par un contrat de travail, celui-ci peut, toutefois, être établi lorsque ces personnes fournissent des prestations dans des conditions qui les placent dans un lien de subordination juridique permanente à l'égard du donneur d'ordre. En conséquence, l'existence d'une relation de travail ne dépend ni de la volonté exprimée par les parties ni de la dénomination qu'elles ont donnée à leur convention mais des conditions de fait dans lesquelles est exercée l'activité des travailleurs. • Com. 12 janv. 2022, n° 20-11.139 B : *cité note 11 ss. L. n° 63-628 du 2 juill. 1963, art. 2, v° Concurrence.*

Art. L. 8221-6-1 *(L. n° 2008-776 du 4 août 2008, art. 11-II)* **Est présumé travailleur indépendant celui dont les conditions de travail sont définies exclusivement par lui-même ou par le contrat les définissant avec son donneur d'ordre.**

Code général de la propriété des personnes publiques

Utilisation du domaine public dans le cadre de l'exploitation de certaines activités commerciales

BIBL. GÉN. ▶ CHAMARD-HEIM et YOLKA, *AJDA 2014. 1641* (reconnaissance du fonds de commerce sur le domaine public). – ANDREANI et BRIGNON, *D. 2014. 1883* (consécration législative du fonds de commerce sur le domaine public). – DEROUESNÉ et STEFANINI-COSTE, *JCP E 2014, n° 1511* (fonds de commerce sur le domaine public : reconnaissance législative). – BAINVEL et PAPAPOLYCHRONIOU, *Dr. adm. 2015, n° 5* (admission de l'existence d'un fonds de commerce sur le domaine public). – WEILL et TIXIER, *BRDA 2015, n° 12, p. 22* (fonds de commerce sur le domaine public : vers une simili propriété commerciale ?). – SACKSICK, DENIS-VERNET, JACQUIN et LAVERGNE, *Gaz. Pal. 2015. 3498* (la loi du 18 juin 2014 a-t-elle créé un fonds de commerce sur le domaine public ?). – MURGUE-VAROCLIER, *RFDA 2019. 471* (la cession « administrée » d'un fonds de commerce exploité sur le domaine public).

Art. L. 2124-32-1 *(L. n° 2014-626 du 18 juin 2014, art. 72)* **Un fonds de commerce peut être exploité sur le domaine public sous réserve de l'existence d'une clientèle propre.**

1. Entrée en vigueur. Les dispositions de l'art. L. 2124-32-1, issues de la loi Pinel, ne sont, dès lors que la loi n'en a pas disposé autrement, applicables qu'aux fonds de commerce dont les exploitants occupent le domaine public en vertu de titres délivrés à compter de son entrée en vigueur. Par suite, l'exploitant qui occupe le domaine public ou doit être regardé comme l'occupant en vertu d'un titre délivré avant cette date, qui n'a jamais été légalement propriétaire d'un fonds de commerce, ne peut prétendre à l'indemnisation de la perte d'un tel fonds. • CE 24 nov. 2014, n° 352402 : *D. 2015. Pan. 1619, obs. Dumont-Lefrand ; AJCA 2014. 392, obs. Dreyfus ; AJDI 2015. 361, obs. Otero ; JCP E 2014, n° 1660, note Brignon ; RJDA 2015, n° 737.*

2. Clientèle propre. Ayant retenu souverainement que l'exploitant d'une activité de location de bateaux dans le bassin du jardin du Luxembourg ne justifiait pas d'une clientèle propre dès lors que, soumis au règlement intérieur du jardin du Luxembourg, il ne pouvait exercer son activité que pendant les horaires d'ouverture du jardin et s'en trouvait privé en cas de fermeture, que ses clients ne constituaient pas une clientèle autonome indépendante de la situation de son exploitation, qu'il bénéficiait de l'attractivité exercée par le site du jardin et ne démontrait aucune fidélisation de clients qui aurait résulté de ses qualités de commerçant et que, de surcroît, la questure du Sénat fixait les prix de location des bateaux, privant ainsi l'exploitant de son autonomie, la cour d'appel en a exactement déduit qu'il n'était pas titulaire d'un fonds de commerce. • Civ. 3e, 5 avr. 2018, n° 17-10.466 : *AJDA 2018. 1679, note Bousquet ; RJDA 2018, n° 634.*

3. Convention d'occupation. Il résulte de l'art. L. 2224-32-1 que le législateur a reconnu aux occupants d'une dépendance du domaine public, lorsque celle-ci ne se trouve pas sur le domaine public naturel, le droit d'exploiter un fonds de commerce sur cette dépendance pendant la durée du titre d'occupation à la condition qu'ils disposent d'une clientèle propre distincte des usagers du domaine public. Toutefois, la CAA a estimé, par une appréciation souveraine exempte de dénaturation, que la clause figurant à la convention litigieuse, selon laquelle l'occupation du domaine ne donnerait pas lieu à la création d'un fonds de commerce, formait un ensemble indivisible avec les autres stipulations. En jugeant que la méconnaissance par une telle clause des dispositions de l'art. L. 2124-32-1 ne pouvait constituer, à elle seule, un vice d'une particulière gravité justifiant l'annulation de la convention ou de cette seule clause indivisible du reste de la convention, la cour, par un arrêt suffisamment motivé, n'a pas commis d'erreur de droit. • CE 11 mars 2022, n° 453440 : *AJDA 2033. 548, obs. de Montecler*.

Art. L. 2124-33 *(L. n° 2014-626 du 18 juin 2014, art. 72)* **Toute personne souhaitant se porter acquéreur d'un fonds de commerce ou d'un fonds agricole peut, par anticipation, demander à l'autorité compétente une autorisation d'occupation temporaire du domaine public pour l'exploitation de ce fonds.**

L'autorisation prend effet à compter de la réception par l'autorité compétente de la preuve de la réalisation de la cession du fonds.

Art. L. 2124-34 *(L. n° 2014-626 du 18 juin 2014, art. 72)* **En cas de décès d'une personne physique exploitant un fonds de commerce ou un fonds agricole en vertu d'une autorisation d'occupation temporaire du domaine public, l'autorité compétente délivre à la demande de ses ayants droit, sauf si un motif d'intérêt général s'y oppose, une autorisation d'occupation temporaire du domaine public identique à celle accordée à l'ancien titulaire pour la seule poursuite de l'exploitation du fonds, durant trois mois.**

Si les ayants droit ne poursuivent pas l'exploitation du fonds, ils peuvent, dans le délai de six mois à compter du décès, présenter à l'autorité compétente une personne comme successeur. En cas d'acceptation de l'autorité compétente, cette personne est subrogée dans les droits et obligations de l'ancien titulaire.

La décision est notifiée aux ayants droit ayant sollicité l'autorisation ou ayant présenté un successeur ainsi que, le cas échéant, au successeur présenté. Toute décision de refus est motivée.

Art. L. 2124-35 *(L. n° 2014-626 du 18 juin 2014, art. 72)* **La présente section n'est pas applicable au domaine public naturel.**

Code de l'urbanisme

Droit de préemption des communes sur les fonds artisanaux, les fonds de commerce, les baux commerciaux et les terrains faisant l'objet de projets d'aménagement commercial

BIBL. ▶ Dutrieux, *JCP N 2005, n° 35, p. 1377*. – Delfosse et Péniguel, *Dr. et patr. 10/2005, suppl., p. 18*. – Blatter, *AJDI 2005. 705*. – Saintourens, *RTD com. 2005. 707*. – Jacquin, *Gaz. Pal. 2005. Doctr. 3950*. – Bénard, *Dr. et patr. 2/2006. 32*. – de Girard et Pascaud, *JCP N 2006, n° 10, p. 497* (quel impact en matière de fusions-acquisitions ?). – Pérignon, *AJDA 2008. 743* (le droit de préemption communal sur les biens commerciaux). – Boituzat, *RDI 2008. 313* (le droit de préemption des communes sur les cessions de fonds de commerce et artisanaux et de baux commerciaux) – Hinfray, *Loyers et copr. 2008. Étude 6* (le nouveau droit de préemption communal sur les fonds de commerce). – Marchand et Schütz, *Defrénois 2009. 1109* (la purge du droit de préemption commercial). ▶ Décret n° 2007-1827 du 26 déc. 2007 : Dutrieux, *JCP E 2008, n° 3, p. 3* (mesures réglementaires). – Viannay et Poirier, *LPA 6 févr. 2008*. – Blatter, *AJDI 2008. 88*. – Inforeg, *Cah. dr. entr. 2008, n° 1, p. 62*. – Kenfack, *RLDA mars 2008. 17*. – Ringler, *LPA 3 avr. 2008*. – Vaissié, *Rev. loyers 2008. 198*. – Bosgiraud, *JCP N 2008, n° 16, p. 27* (préempter pour rétrocéder…). – Foundoux et Glon, *JCP E 2008, n° 21, p. 13* (formules). – Broussolle, *Defrénois 2008. 1065*. – Vaissié, *Dr. et patr. 6/2008. 40* – Jacquin, *Gaz. Pal. 2008. 2097* (droit de préemption dans les périmètres de sauvegarde du commerce et de l'artisanat de proximité). ▶ Loi n° 2008-776 du 4 août 2008 : Dutrieux, *JCP N 2008, n° 37, p. 6* (préemption et vente de certains terrains). – Durteste et Glon, *ibid., n° 43-44, p. 27* (formules). – Broussolle, *Defrénois 2008. 2382* (extension du droit de préemption aux terrains destinés à l'aménagement commercial). – Bon-Julien, *LPA 15 avr. 2009* (le droit de préemption « commercial » : un droit inapplicable ?). – Zolynski, *Constr.-Urb. 2009. Étude 16* (l'exemple de la préemption commerciale). – Savarit-Bourgeois, *JCP E 2009, n° 51-52, p. 34* (le cadre juridique du droit de préemption commercial). – Rapp, *Gaz. Pal. 2009. 1752* (l'appréhension du fonds de commerce par les politiques publiques). – Panepinto, *Administrer 11/2009. 19* (le droit de préemption des communes sur les fonds artisanaux ou de commerce, les baux commerciaux et les terrains). ▶ Décr. n° 2009-753 du 22 juin 2009 : Dutrieux, *JCP N 2009, n° 27, p. 3* (mesures réglementaires concernant la préemption sur les terrains portant ou destinés à porter des commerces). –

Schütz, *Defrénois 2009. 1787* (les suites de la préemption commerciale). – Driard, *AJDI 2009. 679* (le droit de préemption des communes sur les terrains à vocation commerciale). – Meng, *Defrénois 2009. 2129* (la purge du droit de préemption en cas de cession de terrains dits « commerciaux »). – Dumont-Lefrand, *JCP N 2011, n° 1262* (préemption des espaces commerciaux). – Maurey et Tarrade, *BRDA 2013, n° 7, p. 12* (droit de préemption commerciale). – Couton, *Constr.-Urb. 2014, n° 110* (urbanisme opérationnel dans la loi Pinel : préemption commerciale).

Art. L. 214-1 *(L. n° 2005-882 du 2 août 2005, art. 58-I)* **Le conseil municipal peut, par délibération motivée, délimiter un périmètre de sauvegarde du commerce et de l'artisanat de proximité, à l'intérieur duquel sont soumises au droit de préemption institué par le présent chapitre les** *(L. n° 2012-387 du 22 mars 2012, art. 5)* **« aliénations à titre onéreux » de fonds artisanaux, de fonds de commerce ou de baux commerciaux.** – *V. C. com., art. L. 750-1-1. – V. aussi CGPPP, art. L. 1112-6. –* ***CGPPP.***

(L. n° 2008-776 du 4 août 2008, art. 101-I) **« A l'intérieur de ce périmètre, sont également soumises au droit de préemption visé à l'alinéa précédent les** *(L. n° 2012-387 du 22 mars 2012, art. 5)* **« aliénations à titre onéreux » de terrains portant ou destinés à porter des commerces d'une surface de vente comprise entre 300 et 1 000 mètres carrés. »**

Chaque *(L. n° 2012-387 du 22 mars 2012, art. 5)* **« aliénation à titre onéreux » est subordonnée, à peine de nullité, à une déclaration préalable faite par le cédant à la commune.** *(L. n° 2014-626 du 18 juin 2014, art. 17-I)* **« Cette déclaration précise le prix, l'activité de l'acquéreur pressenti, le nombre de salariés du cédant, la nature de leur contrat de travail et les conditions de la cession. Elle comporte également le bail commercial, le cas échéant, et précise le chiffre d'affaires lorsque la cession porte sur un bail commercial ou un fonds artisanal ou commercial. »** – *V. C. urb., art. R.* 214-4, infra.*

Le droit de préemption est exercé selon les modalités prévues par les articles L. 213-4 à L. 213-7. Le silence *(L. n° 2014-626 du 18 juin 2014, art. 17-I)* **« du titulaire du droit de préemption » pendant** *(L. n° 2008-776 du 4 août 2008, art. 101-II-2°)* **« le délai de deux mois à compter de la réception de cette » déclaration vaut renonciation à l'exercice du droit de préemption. Le cédant peut alors réaliser la vente aux prix et conditions figurant dans sa déclaration.**

(Abrogé par L. n° 2008-776 du 4 août 2008, art. 101-II-3°) ***« L'action en nullité se prescrit par cinq ans à compter de la prise d'effet de la cession. »*** – *V. C. urb., art. R.* 214-10, infra.*

1. Entrée en vigueur. Si l'application des dispositions de l'art. L. 214-1 n'était pas manifestement impossible, en l'absence du décret prévu à l'art. L. 214-3, en tant qu'elles permettent au conseil municipal de délimiter un périmètre de sauvegarde du commerce et de l'artisanat de proximité, à l'intérieur duquel les cessions [désormais aliénations à titre onéreux] de fonds de commerce ou de baux commerciaux pourront être soumises au droit de préemption, il en va différemment des autres dispositions de cet article et de celles de l'art. L. 214-2 relatives à l'exercice du droit de préemption et au droit de rétrocession qui en est inséparable, dès lors que ce dispositif entièrement nouveau, qui se distingue des droits de préemption existants régis par les art. L. 213-1 à L. 213-18 – auxquels il n'est d'ailleurs fait renvoi que sur certains points – ne peut être mis en œuvre sans qu'aient été apportées par voie réglementaire les précisions nécessaires à son application, notamment sur les modalités de rétrocession du bien préempté. • CE 21 mars 2008, n° 310173 : *AJDA 2008. 669 ; JCP 2008. II. 10104, note Kenfack ; RJDA 2008, n° 1008.* ♦ V. aussi, subordonnant l'entrée en vigueur du droit de préemption à la publication du décret prévu à l'art. L. 214-3 C. urb. : • TA Paris, 2 août 2007 : *JCP N 2008, n° 2, p. 19, obs. Dutrieux.* – V. désormais les art. R.* 214-1 s., *infra.*

2. Droit de préemption. Pour une commune s'étant placée sur le terrain du droit de préemption urbain et non sur celui institué aux art. L. 214-1 s. pour devenir propriétaire de bâtiments commerciaux dans le but d'assurer la pérennité d'un bail commercial, V. • TA Lyon, 24 mai 2006 : *AJDA 2006. 1800, concl. Gondouin .* ♦ Sur la responsabilité de la commune à l'égard du cédant en cas d'illégalité entachant l'exercice du droit de préemption commerciale : • TA Cergy-Pontoise, 29 mars 2018 : *RJDA 2018, n° 897.*

3. Périmètre de sauvegarde. Le silence des textes quant à la définition de ce périmètre permet une grande souplesse pour la commune, qui peut définir librement son contour ainsi que sa superficie. Elle peut, par exemple, choisir uniquement le centre-ville, certains quartiers ou certaines rues. Les textes ne précisent pas non plus quels sont les fonds de commerce, les fonds artisanaux et les baux commerciaux concernés, ce qui permet un choix au plan local des commerces à préempter, au regard des insuffisances constatées en matière de satisfaction des besoins essentiels et courants des consommateurs. * Rép. min. n° 82275 : *AJDI 2010. 772.*

4. Renonciation. Jugeant que la renonciation au droit de préemption sur les biens commerciaux est définitive : • CE 27 avr. 2011, n° 342329 : *AJCT 2011. 422, note Forest .*

5. Déclaration préalable. Sur l'absence de

déclaration préalable et la nullité de la cession du fonds de commerce, V. • Paris, 10 oct. 2012 : *Administrer 12/2012. 49, obs. Lipman-W. Boccara.* ♦ Dans l'hypothèse d'une déclaration incomplète, le titulaire du droit de préemption peut adresser au propriétaire une demande de précisions complémentaires, qui proroge le délai de deux mois ; en revanche, lorsqu'il a décidé de renoncer à exercer le droit de préemption, il se trouve dessaisi et ne peut, par la suite, retirer cette décision ni, par voie de conséquence, légalement exercer son droit de préemption. Si la cession est intervenue et s'il estime que la déclaration préalable sur la base de laquelle il a pris sa décision était entachée de lacunes substantielles de nature à entraîner la nullité de la cession, il lui est loisible de saisir le juge judiciaire d'une action à cette fin. • CE 27 juill. 2015, n° 374646 : *AJDA 2015. 1565, obs. Pastor ; RDI 2015. 498, obs. Decout-Paolini ; RJDA 2016, n° 183 ; Constr.-Urb. 2015, n° 133, obs. Cornille.*

6. Motivation. A pour objet d'organiser le maintien d'activités économiques au sens de l'art. L. 300-1 C. urb. l'acquisition des fonds de commerce par la commune ayant pour but de permettre soit la réinstallation dans la rue principale de commerces ou d'artisanats remplacés récemment par des boutiques vendant des produits régionaux à vocation essentiellement saisonnière et touristique, soit l'installation de producteurs ou d'artisans d'art. • CAA Bordeaux, 26 mars 2013 : *JCP E 2014, n° 1007, spéc. n° 15, obs. Azarian et Maron ; Constr.-Urb. 2013, n° 67, obs. Couton.* ♦ En revanche, le droit de préemption commerciale ne peut être utilisé à des fins de protection de la sécurité et de l'ordre public. • CE 26 avr. 2013, n° 362949 : *JCP E 2014, n° 1007, spéc. n° 15, obs. Azarian et Maron ; RJDA 2013, n° 786 ; Defrénois 2013. 1076, obs. Daudré.* ♦ L'opération projetée est de nature à compromettre la diversité commerciale recherchée au sein du périmètre communal de sauvegarde du commerce et de l'artisanat de proximité, dès lors que le déménagement de la banque ne permet pas de pallier la suppression des commerces de coiffure et de vente d'articles de sport résultant de la cession litigieuse. • CAA Bordeaux, 12 juill. 2016 : *AJCT 2017. 351, obs. Peynet.*

Art. L. 214-1-1 *(L. n° 2014-626 du 18 juin 2014, art. 17-I)* **Lorsque la commune fait partie d'un établissement public de coopération intercommunale y ayant vocation, elle peut, en accord avec cet établissement, lui déléguer tout ou partie des compétences qui lui sont attribuées par le présent chapitre.**

La commune ou l'établissement public de coopération intercommunale délégataire mentionné au premier alinéa peut déléguer ce droit de préemption à un établissement public y ayant vocation, à une société d'économie mixte, au concessionnaire d'une opération d'aménagement ou *(L. n° 2022-217 du 21 févr. 2022, art. 110)* **« à la personne titulaire d'un contrat mentionné à l'article L. 300-9 lorsque le contrat prévoit les éléments mentionnés au deuxième alinéa du même article L. 300-9 ». Cette délégation peut porter sur une ou plusieurs parties du périmètre de sauvegarde ou être accordée à l'occasion de l'aliénation d'un fonds de commerce, d'un fonds artisanal, d'un bail commercial ou de terrains. Les biens ainsi acquis entrent dans le patrimoine du délégataire.**

(L. n° 2022-217 du 21 févr. 2022, art. 112) **« Dans le périmètre d'une grande opération d'urbanisme au sens de l'article L. 312-3 du présent code, le droit de préemption prévu au présent chapitre est exercé par la collectivité territoriale ou l'établissement public cocontractant mentionné au même article L. 312-3. La collectivité territoriale ou l'établissement public peut déléguer l'exercice de ce droit à un établissement public y ayant vocation ou au concessionnaire d'une opération d'aménagement. »**

Art. L. 214-2 *(L. n° 2005-882 du 2 août 2005, art. 58-I) (L. n° 2014-626 du 18 juin 2014, art. 17-I)* **« Le titulaire du droit de préemption » doit, dans le délai** *(L. n° 2012-387 du 22 mars 2012, art. 4-II)* **« de deux ans** *[ancienne rédaction : d'un an]* **» à compter de la prise d'effet de** *(L. n° 2012-387 du 22 mars 2012, art. 5)* **« l'aliénation à titre onéreux », rétrocéder le fonds artisanal, le fonds de commerce** *(L. n° 2008-776 du 4 août 2008, art. 101-III)* **« , le bail commercial ou le terrain » à une entreprise immatriculée au registre du commerce et des sociétés ou au** *(Ord. n° 2021-1189 du 15 sept. 2021, art. 36, en vigueur le 1er janv. 2023)* **« registre national des entreprises en tant qu'entreprise du secteur des métiers et de l'artisanat** *[ancienne rédaction : répertoire des métiers]* **», en vue d'une exploitation destinée à préserver la diversité** *(L. n° 2008-776 du 4 août 2008, art. 101-III)* **« et à promouvoir le développement » de l'activité commerciale et artisanale dans le périmètre concerné.** *(L. n° 2014-626 du 18 juin 2014, art. 17-I)* **« Ce délai peut être porté à trois ans en cas de mise en location-gérance du fonds de commerce ou du fonds artisanal. » L'acte de rétrocession prévoit les conditions dans lesquelles il peut être résilié en cas d'inexécution par le cessionnaire du cahier des charges.** *– V. C. urb., art. R.* 214-11, infra.*

L'acte de rétrocession d'un fonds de commerce est effectué dans le respect des conditions fixées par les dispositions du chapitre Ier du titre IV du livre Ier du code de commerce.

La rétrocession d'un bail commercial est subordonnée, à peine de nullité, à l'accord préalable du bailleur. Cet accord figure dans l'acte de rétrocession.

(L. n° 2012-387 du 22 mars 2012, art. 4-II) « Pendant le délai indiqué au premier alinéa du présent article, *(L. n° 2014-626 du 18 juin 2014, art. 17-I)* « le titulaire du droit de préemption » peut mettre le fonds en location-gérance dans les conditions prévues aux articles L. 144-1 à L. 144-13 du code de commerce. »

(L. n° 2014-626 du 18 juin 2014, art. 17-I) « A l'article L. 214-1 et au présent article, les mots : "titulaire du droit de préemption" s'entendent également, s'il y a lieu, du délégataire en application de l'article L. 214-1-1. »

1. Création d'un service public. Déduisant des stipulations de la convention par laquelle une commune a confié l'exploitation d'un cinéma qu'elle avait racheté qu'elle a entendu ériger celui-ci en service public de telle sorte que le fonds de commerce acquis par la commune avait disparu et ne pouvait plus faire l'objet d'une cession : • TA Dijon, 2 févr. 2006 : *AJDA 2006. 1437, note Rousset* ; *RLC oct.-déc. 2006. 61, obs. Clamour.*

2. Obligations de la commune. Pendant le délai de conservation du fonds, la commune se trouve placée dans la même situation juridique et matérielle que tout propriétaire d'un fonds de commerce ou d'un fonds artisanal exerçant une activité * Rép. min. n° 20233 : *JOAN Q, 23 déc. 2008, p. 11122 ; JCP N 2009, n° 1-2, p. 14.*

Art. L. 214-3 *(L. n° 2005-882 du 2 août 2005, art. 58-I)* Un décret en Conseil d'État précise les conditions d'application des dispositions du présent chapitre. — *V. C. urb., art. R.* 214-1, infra.*

V. note 1 ss. art. L. 214-1 C. urb., supra.

...

Art. R.* 214-1 *(Décr. n° 2009-753 du 22 juin 2009)* « Lorsqu'une commune *(Décr. n° 2015-914 du 24 juill. 2015, art. 2)* « ou un établissement public de coopération intercommunale auquel la compétence en a été déléguée en application du premier alinéa de l'article L. 214-1-1 » envisage d'instituer, en application de l'article L. 214-1, le droit de préemption sur les fonds artisanaux, les fonds de commerce, les baux commerciaux et les terrains portant ou destinés à porter des commerces d'une surface de vente comprise entre 300 et 1 000 mètres carrés, » *(Décr. n° 2007-1827 du 26 déc. 2007 ; Décr. n° 2010-1356 du 11 nov. 2010, art. 25 ; Décr. n° 2010-1463 du 1er déc. 2010, art. 87 ; Décr. n° 2015-914 du 24 juill. 2015, art. 2)* « , le maire ou, le cas échéant, le président de l'établissement public de coopération intercommunale soumet pour avis le projet de délibération du conseil municipal ou, le cas échéant, de l'organe délibérant de l'établissement public de coopération intercommunale à la chambre de commerce et d'industrie territoriale et à la chambre de métiers et de l'artisanat de région dans le ressort desquelles se trouve la commune. Le projet de délibération est accompagné du projet de plan délimitant le périmètre de sauvegarde du commerce et de l'artisanat de proximité et d'un rapport analysant la situation du commerce et de l'artisanat de proximité à l'intérieur de ce périmètre et les menaces pesant sur la diversité commerciale et artisanale. En l'absence d'observations de la chambre de commerce et d'industrie territoriale et de la chambre de métiers et de l'artisanat de région dans les deux mois de leur saisine, l'avis de l'organisme consulaire est réputé favorable. »

Avis des chambres consulaires. Dans le silence du décret, l'avis des chambres consulaires est nécessairement un avis consultatif que le conseil municipal est donc libre de ne pas suivre. Toutefois, en pratique, compte tenu de la connaissance par ces organismes de l'activité commerciale et artisanale locale, leur avis présente un grand intérêt et gagnerait à être pris en compte (Rép. min. n° 3742 : *JO Sénat Q 28 août 2008, p. 1733 ; JCP E 2008, n° 37, p. 13*).

Art. R.* 214-2 *(Décr. n° 2007-1827 du 26 déc. 2007)* La délibération du conseil municipal *(Décr. n° 2015-914 du 24 juill. 2015, art. 3)* « ou, le cas échéant, de l'organe délibérant de l'établissement public de coopération intercommunale » délimitant le périmètre de sauvegarde du commerce et de l'artisanat de proximité fait l'objet des mesures de publicité et d'information dans les conditions prévues par l'article R. 211-2.

Art. R.* 214-3 *(Décr. n° 2009-753 du 22 juin 2009)* Le droit de préemption institué en application de l'article L. 214-1 peut s'exercer sur les biens suivants, lorsqu'ils sont aliénés à titre onéreux :

a) Les fonds artisanaux, les fonds de commerce ou les baux commerciaux ;

b) Les terrains portant des commerces ou destinés à porter des commerces dans un délai de cinq ans à compter de leur aliénation, dès lors que ces commerces sont des magasins de vente au détail ou des centres commerciaux au sens de l'article L. 752-3 du code de commerce, ayant une surface de vente comprise entre 300 et 1 000 mètres carrés.

Le présent article ne s'applique pas aux biens ou droits qui sont inclus dans la cession d'une ou de plusieurs activités prévue à l'article L. 626-1 du code de commerce ou dans le plan de cession arrêté en application de l'article L. 631-22 ou des articles L. 642-1 à L. 642-17 du code de commerce.

Art. R.* 214-4 *(Décr. n° 2009-753 du 22 juin 2009)* La déclaration préalable prévue au troisième aliéna de l'article L. 214-1 est établie dans les formes prescrites par un arrêté *(Décr. n° 2015-914 du 24 juill. 2015, art. 4)* « conjoint des ministres chargés de l'urbanisme, de la justice, du commerce et de l'artisanat ». – *V. le formulaire enregistré par la direction générale de la modernisation de l'État sous le numéro CERFA 13644*01 et disponible sur le site www. developpement-durable. gouv. fr (Arr. du 29 févr. 2008, JO 1er avr.). – Sur ce formulaire, V. Rép. min. n° 4864, JO Sénat Q 28 août 2008, p. 1727 ; JCP N 2008, n° 37, p. 12.*

(Décr. n° 2012-489 du 13 avr. 2012, art. 3-I) « La déclaration en quatre exemplaires est adressée au maire de la commune où est situé le fonds, l'immeuble dont dépendent les locaux loués ou le terrain portant les commerces ou destiné à porter des commerces d'une surface de vente comprise entre 300 et 1 000 mètres carrés. Elle est adressée par pli recommandé avec demande d'avis de réception, ou par voie électronique en un seul exemplaire dans les conditions prévues aux articles L. 112-11 et L. 112-12 du code des relations entre le public et l'administration. » La déclaration peut aussi être déposée en mairie contre récépissé.

Lorsque l'aliénation porte sur un terrain défini au *b* de l'article R. 214-3 et qu'elle est soumise au droit de préemption institué par le chapitre II ou le chapitre III du présent titre, la déclaration est souscrite dans les formes et conditions prévues par l'article R. 213-5. Elle précise, selon le cas, la surface de vente du commerce existant sur le terrain ou la possibilité d'implanter sur le terrain, dans les cinq ans suivant l'aliénation, un commerce d'une surface de vente comprise entre 300 et 1 000 mètres carrés.

(Décr. n° 2015-914 du 24 juill. 2015, art. 4) « Lorsque la commune a délégué son droit de préemption, le maire transmet la déclaration au délégataire. Lorsque le délégataire est un établissement public de coopération intercommunale ayant lui-même délégué ce droit, en application du second alinéa de l'article L. 214-1-1, son président transmet à son tour la déclaration à son délégataire. »

BIBL. ► DUTRIEUX, *JCP E 2008, n° 16, p. 3* (formulaire de déclaration préalable).

Art. R.* 214-4-1 *(Décr. n° 2009-753 du 22 juin 2009)* Lorsque la déclaration préalable porte sur un terrain défini au *b* de l'article R. 214-3, le maire transmet copie de la déclaration dès sa réception au *(Décr. n° 2014-551 du 27 mai 2014, art. 31)* « directeur départemental ou, le cas échéant, régional des finances publiques » en lui précisant si cette transmission vaut demande d'avis.

Art. R.* 214-4-2 *(Décr. n° 2009-753 du 22 juin 2009)* Lorsque *(Décr. n° 2015-914 du 24 juill. 2015, art. 5)* « le titulaire du droit de préemption » décide d'acquérir un terrain qui est soumis à la fois au droit de préemption prévu par le présent chapitre et au droit de préemption institué par le chapitre *(Décr. n° 2015-914 du 24 juill. 2015, art. 5)* « I ou le chapitre II » du présent titre, *(Décr. n° 2015-914 du 24 juill. 2015, art. 5)* « il » indique sur le fondement de quel chapitre *(Décr. n° 2015-914 du 24 juill. 2015, art. 5)* « il » exerce son droit de préemption.

Art. R.* 214-4-3 *(Décr. n° 2009-753 du 22 juin 2009)* Lorsqu'un terrain situé dans un périmètre délimité en application de l'article R. 214-1 fait l'objet d'une aliénation sans que celle-ci ait été précédée de la déclaration prévue à l'article R. 214-4, le vendeur en informe l'acquéreur par une mention spécifique figurant dans l'acte de vente ou, en cas de vente par adjudication, par une mention spécifique portée dans le cahier des charges.

Art. R.* 214-5 *(Décr. n° 2007-1827 du 26 déc. 2007)* Dans un délai de deux mois à compter de la réception de la déclaration préalable, *(Décr. n° 2012-489 du 13 avr. 2012, art. 3-II)* « ou du premier des accusés de réception ou d'enregistrement délivré en application des articles L. 112-11 et L. 112-12 du code des relations entre le public et l'administration, » le titulaire du droit de préemption notifie au cédant soit sa décision d'acquérir aux prix et conditions indiqués dans la déclaration préalable, soit son offre d'acquérir aux prix et conditions fixés par l'autorité judiciaire saisie dans les conditions prévues à l'article R. 214-6, soit sa décision de renoncer à l'exercice du droit de préemption.

(Décr. n° 2012-489 du 13 avr. 2012, art. 3-II) « Il notifie sa décision au cédant par pli recommandé avec demande d'avis de réception, par remise contre décharge au domicile ou

au siège social du cédant, ou par voie électronique en un seul exemplaire dans les conditions prévues aux articles L. 112-11 et L. 112-12 du code des relations entre le public et l'administration. La notification par voie électronique n'est possible que si la déclaration prévue à l'article R.* 214-4 a été faite de la même manière. » Lorsque le cédant est lié par un contrat de bail, une copie de cette notification est adressée au bailleur.

Le silence gardé par le titulaire du droit de préemption au terme du délai fixé au premier alinéa vaut renonciation à l'exercice de son droit.

Art. R.* 214-6 *(Décr. nº 2007-1827 du 26 déc. 2007)* En cas de désaccord sur le prix ou les conditions indiqués dans la déclaration préalable, le titulaire du droit de préemption qui veut acquérir saisit dans le délai fixé à l'article R. 214-5 la juridiction compétente en matière d'expropriation par lettre recommandée avec demande d'avis de réception adressée au secrétariat de cette juridiction, accompagnée d'une copie en double exemplaire de son mémoire. Copie de la lettre de saisine et du mémoire est simultanément notifiée au cédant et, le cas échéant, au bailleur.

Art. R.* 214-7 *(Décr. nº 2009-753 du 22 juin 2009)* « En cas de cession, par voie d'adjudication, d'un fonds artisanal, d'un fonds de commerce, d'un bail commercial ou d'un terrain portant ou destiné à porter des commerces d'une surface de vente comprise entre 300 et 1 000 mètres carrés » *(Décr. nº 2007-1827 du 26 déc. 2007)* « , le commissaire-priseur judiciaire, le greffier de la juridiction ou le notaire chargé de procéder à la vente, selon la nature de l'adjudication, procède à la déclaration préalable prévue à l'article L. 214-1. Cette déclaration est établie dans les formes prescrites à l'article R. 214-4 et indique la date et les modalités de la vente. Elle est adressée au maire trente jours au moins avant la date fixée pour la vente par lettre recommandée avec demande d'avis de réception *(Décr. nº 2012-489 du 13 avr. 2012, art. 3-III)* « ou par voie électronique dans les conditions prévues aux articles L. 112-11 et L. 112-12 du code des relations entre le public et l'administration ».

(Décr. nº 2015-914 du 24 juill. 2015, art. 6) « Lorsque la commune a délégué son droit de préemption, le maire transmet la déclaration au délégataire. Lorsque le délégataire est un établissement public de coopération intercommunale ayant lui-même délégué ce droit, en application du second alinéa de l'article L. 214-1-1, son président transmet à son tour la déclaration à son délégataire. »

(Décr. nº 2007-1827 du 26 déc. 2007) « Le titulaire du droit de préemption dispose d'un délai de trente jours à compter de l'adjudication pour notifier, par lettre recommandée avec demande d'avis de réception » *(Décr. nº 2012-489 du 13 avr. 2012, art. 3-III)* « ou par voie électronique dans les conditions prévues aux articles L. 112-11 et L. 112-12 du code des relations entre le public et l'administration », au greffier ou au notaire sa décision de se substituer à l'adjudicataire. Copie de cette décision est annexée au jugement ou à l'acte de l'adjudication et publiée au bureau des hypothèques en même temps que celui-ci.

« La substitution ne peut intervenir qu'au prix et aux conditions de la dernière enchère ou de la surenchère.

« Le greffier, le notaire ou le rédacteur de l'acte, selon les cas, informe l'adjudicataire évincé de l'acquisition réalisée par voie de préemption. »

Art. R.* 214-8 *(Décr. nº 2009-753 du 22 juin 2009)* « En cas de cession de gré à gré d'un fonds artisanal, d'un fonds de commerce, d'un bail commercial ou d'un terrain portant ou destiné à porter des commerces d'une surface de vente comprise entre 300 et 1 000 mètres carrés » *(Décr. nº 2007-1827 du 26 déc. 2007)* « autorisée par le juge-commissaire en application de l'article L. 642-19 du code de commerce, le liquidateur procède, avant la signature de cet acte, à la déclaration préalable prévue à l'article L. 214-1 dans les formes prévues à l'article R. 214-7.

« Le titulaire du droit de préemption peut exercer son droit dans les conditions prévues à l'article R. 214-7. En cas d'acquisition par voie de préemption, le liquidateur en informe l'acquéreur évincé. »

Art. R.* 214-9 *(Décr. nº 2009-753 du 22 juin 2009)* « En cas d'acquisition du fonds, d'un bail ou d'un terrain » *(Décr. nº 2007-1827 du 26 déc. 2007)* « par le titulaire du droit de préemption, l'acte constatant la cession est dressé dans un délai de trois mois suivant la notification de l'accord sur le prix et les conditions indiqués dans la déclaration préalable ou de la décision judiciaire devenue définitive fixant le prix et les conditions de la cession ou suivant la date de l'acte ou du jugement d'adjudication.

« Le prix est payé au moment de l'établissement de l'acte constatant la cession, sous réserve de l'application des dispositions des articles L. 141-12 et suivants du code de commerce. »

Art. R.* 214-10 *(Décr. nº 2007-1827 du 26 déc. 2007)* L'action en nullité prévue à l'article L. 214-1 s'exerce devant le tribunal judiciaire du lieu de situation du fonds ou de l'immeuble dont dépendent les locaux loués *(Décr. nº 2009-753 du 22 juin 2009)* « ou du terrain ».

Art. R.* 214-10-1 *(Abrogé par Décr. nº 2017-932 du 10 mai 2017, art. 3) (Décr. nº 2012-489 du 13 avr. 2012, art. 3-IV)* ***Un arrêté du ministre chargé de l'urbanisme fixe les conditions dans lesquelles sont effectuées les transmissions par voie électronique prévues au présent chapitre.***

Art. R.* 214-11 *(Décr. nº 2007-1827 du 26 déc. 2007)* Le cahier des charges de rétrocession mentionné à l'article L. 214-2 est approuvé par délibération du conseil municipal *(Décr. nº 2015-914 du 24 juill. 2015, art. 7)* « ou, le cas échéant, de l'organe délibérant de l'établissement public de coopération intercommunale ayant reçu délégation à cet effet en application du premier alinéa de l'article L. 214-1-1 ». *(Abrogé par Décr. nº 2009-753 du 22 juin 2009)* ***« Il comporte les clauses permettant d'assurer le respect des objectifs de diversité de l'activité commerciale ou artisanale. »***

Art. R.* 214-12 *(Décr. nº 2007-1827 du 26 déc. 2007)* Avant toute décision de rétrocession *(Décr. nº 2009-753 du 22 juin 2009)* « du fonds artisanal, du fonds de commerce, du bail commercial ou du terrain », le maire publie, par voie d'affichage en mairie pendant une durée de quinze jours, un avis de rétrocession. Cet avis comporte un appel à candidatures, *(Décr. nº 2009-753 du 22 juin 2009)* « la description du fonds, du bail ou du terrain », le prix proposé et mentionne que le cahier des charges peut être consulté en mairie. Lorsque la rétrocession porte sur un bail commercial, l'avis précise que la rétrocession est subordonnée à l'accord préalable du bailleur. Il indique le délai dans lequel les candidatures doivent être présentées.

(Décr. nº 2015-914 du 24 juill. 2015, art. 8) « Lorsque l'exercice du droit de préemption a été délégué, le délégataire transmet l'avis de rétrocession au maire qui en assure la publicité dans les conditions fixées au premier alinéa. »

Les personnes candidates à la rétrocession justifient de leur immatriculation au registre du commerce et des sociétés ou au répertoire des métiers ou, lorsqu'elles sont établies dans un autre État membre de l'Union européenne, d'un titre équivalent leur conférant ou leur reconnaissant la qualité de commerçant ou d'artisan.

Art. R.* 214-13 *(Décr. nº 2007-1827 du 26 déc. 2007)* En cas de rétrocession d'un bail commercial, *(Décr. nº 2015-914 du 24 juill. 2015, art. 9)* « le titulaire du droit de préemption » recueille l'accord préalable du bailleur sur le projet d'acte accompagné du cahier des charges qu'il lui a transmis par lettre recommandée avec demande d'avis de réception.

Si le bailleur entend s'opposer au projet de rétrocession, il saisit, *(Décr. nº 2019-1419 du 20 déc. 2019, art. 11, en vigueur le 1er janv. 2020)* « selon la procédure accélérée au fond », le président du tribunal judiciaire du lieu de situation de l'immeuble dont dépendent les lieux loués pour faire valider son opposition à la rétrocession. A défaut d'avoir notifié *(Décr. nº 2015-914 du 24 juill. 2015, art. 9)* « au titulaire du droit de préemption », dans le délai de deux mois suivant la réception du projet d'acte, la saisine motivée de la juridiction, le bailleur est réputé avoir donné son accord à la rétrocession.

Le délai *(Abrogé par Décr. nº 2015-914 du 24 juill. 2015, art. 9)* ***« d'un an »*** imparti *(Décr. nº 2015-914 du 24 juill. 2015, art. 9)* « au titulaire du droit de préemption » pour procéder à la rétrocession est suspendu à compter de la notification du projet d'acte au bailleur jusqu'au recueil de l'accord du bailleur ou, à défaut d'accord, pendant la durée de la procédure jusqu'à l'intervention d'une décision juridictionnelle devenue définitive. La cession ne peut intervenir avant le terme de cette procédure, sauf accord exprès du bailleur.

Art. R.* 214-14 *(Décr. nº 2007-1827 du 26 déc. 2007)* La rétrocession est autorisée par délibération du conseil municipal *(Décr. nº 2015-914 du 24 juill. 2015, art. 10)* « ou, le cas échéant, de l'organe délibérant de l'établissement public de coopération intercommunale ayant reçu délégation à cet effet en application du premier alinéa de l'article L. 214-1-1, » indiquant les conditions de la rétrocession et les raisons du choix du cessionnaire.

Art. R.* 214-15 *(Décr. nº 2007-1827 du 26 déc. 2007)* Dans le mois suivant la signature de l'acte de rétrocession, le maire procède à l'affichage en mairie, pendant une durée de quinze jours, d'un avis comportant *(Décr. nº 2009-753 du 22 juin 2009)* « la désignation sommaire du fonds, du bail ou du terrain rétrocédé », le nom et la qualité du cessionnaire, ainsi que les conditions financières de l'opération.

(Décr. nº 2015-914 du 24 juill. 2015, art. 11) « Lorsque l'exercice du droit de préemption a été délégué, le délégataire transmet cet avis au maire qui en assure la publicité dans les conditions fixées au premier alinéa. »

Art. R.* 214-16 *(Décr. nº 2007-1827 du 26 déc. 2007)* Si la rétrocession n'est pas intervenue à l'expiration du délai *(Décr. nº 2015-914 du 24 juill. 2015, art. 11)* « fixé à l'article L. 214-2 », l'acquéreur évincé, dans le cas où son identité a été mentionnée dans la déclaration préalable mentionnée à l'article R. 214-4, bénéficie d'un droit de priorité d'acquisition.

1. Délai de rétrocession. Le délai d'un an imparti à la commune pour procéder à la rétrocession est suspendu, en application du 3e al. de l'art. R. 214-13, jusqu'au recueil de l'accord du bailleur à la rétrocession ou, à défaut d'accord, jusqu'à l'intervention de la décision devenue définitive du tribunal de grande instance que le bailleur avait saisi en référé en application du 2e al. de l'art. R. 214-13 (Rép. min. nº 18532 : *JOAN Q, 17 nov. 2009, p. 10897 ; RLDA janv. 2010. 23*).

2. Droit de priorité d'acquisition. L'acquéreur évincé ne bénéficie d'aucun droit de « propriété » sur le fonds ou le bail dans le cas où la mairie n'aurait pas trouvé preneur, mais d'un simple droit de « priorité » d'achat. En effet, l'acquéreur évincé ne pourrait éventuellement se prévaloir que d'une simple promesse de vente, qui pourrait s'analyser comme une promesse de vente sous condition suspensive que la commune ne préempte pas (Rép. min. nº 18532 : *préc. note 1*).

Art. R. 214-17 *(Décr. nº 2015-914 du 24 juill. 2015, art. 13)* **A la présente section et à la section II** *[soit les art. R.* 214-3 à R. 214-17]*, **les mots : "titulaire du droit de préemption" s'entendent également, s'il y a lieu, du délégataire, en application de l'article L. 214-1-1.**

Art. R. 214-18 *(Décr. nº 2015-914 du 24 juill. 2015, art. 14)* **La délégation prévue au premier alinéa de l'article L. 214-1-1 résulte d'une délibération du conseil municipal. Cette délibération précise, le cas échéant, les conditions auxquelles est subordonné l'exercice des compétences déléguées. Elle peut être retirée par une délibération prise dans les mêmes formes.**

Art. R. 214-19 *(Décr. nº 2015-914 du 24 juill. 2015, art. 14)* **La délégation du droit de préemption prévue au deuxième alinéa de l'article L. 214-1-1 résulte d'une délibération du conseil municipal ou, le cas échéant, de l'organe délibérant de l'établissement public de coopération intercommunale auquel la commune a délégué cette compétence. Cette délibération précise, le cas échéant, les conditions auxquelles est subordonné l'exercice des compétences déléguées. Elle peut être retirée par une délibération prise dans les mêmes formes.**

Loi du 2-17 mars 1791,

Portant suspension de tous les droits d'aides, de toutes les maîtrises et jurandes et établissement des droits de patente.

Art. 7 A compter du 1er avril prochain, il sera libre à toute personne de faire tel négoce ou d'exercer telle profession, art ou métier qu'elle trouvera bon ; mais elle sera tenue de se pourvoir auparavant d'une patente, d'en acquitter le prix, et de se conformer aux règlements de police qui sont ou pourront être faits.

BIBL. ▶ Kdhir, *D. 1994. Chron. 30*. – Lombard, *ibid. 163* (liberté de concurrence entre opérateurs publics et privés). – Truchet, *D. Affaires 1996. 731* (liberté d'entreprendre des personnes publiques). – Fraissinier-Amiot, *RLDA mai 2012. 100* (le principe de proportionnalité protecteur de la liberté d'entreprendre face à l'activité normative de l'État). – Galokho, *RTD com. 2014. 489* (atteintes à la liberté du commerce et de l'industrie résultant de la prévention et du traitement des difficultés des entreprises).

1. Racolage. L'arrêté du préfet de police du 26 juin 1933 qui interdit sur la voie publique l'offre d'opérations commerciales et notamment le racolage des clients éventuels aux abords des lieux et des immeubles destinés à l'exploitation d'un commerce, comportement de nature à troubler l'ordre, la tranquillité publique ainsi que la liberté et la commodité de la circulation, n'entrave en rien le principe de la liberté du commerce et de l'industrie. • Crim. 8 avr. 1992, nº 91-84.530 P : *D. 1992. IR 217 ; Gaz. Pal. 1993. 1. 8, note Doucet.* ♦ Sur des manœuvres de racolage ou de drainage de la clientèle d'un opticien bénéficiant d'un agrément de la Sécurité sociale pour la fourniture d'articles d'optique-lunetterie, V. • Metz, 7 oct. 2002 : *JCP E 2003, nº 9, p. 343.*

2. Clause d'exclusivité. Si la clause d'exclusivité contenue dans le bail d'un local situé dans un centre commercial apporte bien une restriction au principe de la liberté du commerce et de l'industrie, la restriction en cause, limitée dans son champ matériel, le temps et l'espace, ne constitue pas une atteinte disproportionnée au regard des intérêts légitimes qu'elle vise à protéger, lesquels sont ceux des organismes gestionnaires du centre, qui se confondent en grande partie avec ceux des locataires, et qui visent à préserver la « commercialité » du centre au profit commun de celui-ci et des commerçants installés. • Paris, 3 juill. 2013 : *cité note 29 ss. C. com., art. L. 420-1.*

3. Valeur constitutionnelle. Les dispositions selon lesquelles « il sera libre à toute personne de faire tel négoce ou d'exercer telle profession, art ou métier qu'elle trouvera bon », qui avaient pour but de supprimer l'organisation corporative de l'ancien régime, ont donné naissance au principe à valeur constitutionnelle de la liberté du commerce et d'industrie. • CAA Bordeaux, 14 oct. 2013 : *RLC janv.-mars 2014. 92, note Bramaret.*

Décret du 30 septembre 1928,

Portant institution d'une carte d'identité spéciale pour les personnes se livrant à des transactions dans les foires et marchés de bétail, à l'exception des producteurs et de leurs représentants.

Art. 1er Toute personne se livrant à des transactions commerciales, achats ou ventes, dans les foires et marchés de bétail, à l'exception des producteurs et de leurs représentants, est tenue de présenter, à toute réquisition des magistrats et fonctionnaires visés à l'article 3 ci-après, et à défaut des justifications et carte de commerce prévue par l'article 7 de la loi de finances du 31 décembre 1921, une carte d'identité spéciale, dont le modèle est annexé au présent décret, et qui sera délivrée au requérant sur sa demande et à ses frais par le préfet ou le sous-préfet de son domicile.

Art. 2 La carte d'identité spéciale sera valable pour un an sur toute l'étendue du territoire et renouvelable chaque année.

Elle est passible, au moment de sa délivrance et de son renouvellement, du droit de timbre prévu par l'article 6 du décret du 3 août 1926.

Art. 3 Le droit de réquisition prévu à l'article 1er est exercé par les maires, adjoints et tous officiers ou agents de police municipale ou judiciaire, et tous agents chargés de la surveillance des foires et marchés.

Art. 4 A défaut de la remise immédiate de la carte d'identité, un récépissé provisoire tenant lieu de carte devra être remis au requérant contre consignation du droit de timbre auquel est soumise la délivrance de la carte.

Ce récépissé, établi sur papier libre, devra comporter toutes les indications prévues pour la carte elle-même par le présent décret.

Le récépissé provisoire devra être échangé sans frais, auprès de l'autorité qui l'a délivré, contre une carte d'identité réglementaire.

Sur la carte professionnelle délivrée aux personnes exerçant des activités relatives à certaines opérations portant sur les immeubles et les fonds de commerce, V. L. n° 70-9 du 2 janv. 1970, art. 3, et Décr. n° 72-678 du 20 juill. 1972, art. 1er à 10, 80 s. — C. ***baux.***

Décret n° 53-933 du 30 septembre 1953,

Relatif au statut, à l'organisation et au fonctionnement des organismes d'intervention économique de caractère privé.

Décret n° 53-962 du 30 septembre 1953,

Tendant à soumettre à certaines conditions techniques et financières la création, l'extension et le transfert d'établissements commerciaux.

Art. 1er *En* vue d'assurer la protection de la santé publique et la bonne conservation des marchandises, la création, l'extension et le transfert des fonds de commerce ayant pour objet, en tout ou en partie, la vente des produits alimentaires, pourront être assujettis à des conditions techniques d'installation ou d'équipement.

Ces conditions seront fixées par décret pris sur rapport du ministre des finances et des affaires économiques, du ministre de l'industrie et du commerce, du ministre de la santé publique et de la population, du ministre de l'agriculture et du secrétaire d'État au commerce, après consultation du conseil supérieur du commerce et du conseil supérieur d'hygiène publique de France.

Art. 2 L'immatriculation ou, le cas échéant, la déclaration modificative au registre du commerce et des sociétés, ne pourront être effectuées que sur présentation d'une justification attestant qu'il a été satisfait aux conditions fixées par l'article 1er ci-dessus.

Art. 3 Les dispositions de l'article 1er pourront être étendues, suivant la même procédure, et après consultation des organisations professionnelles intéressées, à tous les fonds de commerce de produits alimentaires.

Art. 4 Toute infraction aux dispositions précédentes sera constatée et réprimée conformément à la législation sur la répression des fraudes.

Art. 5 Des décrets en Conseil d'État pourront éventuellement assujettir l'exercice de certaines professions commerciales ou certaines formes d'entreprises commerciales à la constitution de sûretés personnelles ou réelles, en vue de garantir l'exécution des obligations fiscales, sociales ou professionnelles inhérentes à l'activité considérée.

Les modalités d'application du présent article seront déterminées par un décret qui fixera notamment les conditions suivant lesquelles les intéressés devront justifier avoir satisfait à l'obligation prévue ci-dessus.

Loi n° 73-1193 du 27 décembre 1973,

D'orientation du commerce et de l'artisanat.

TITRE PREMIER Principes d'orientation

CHAPITRE PREMIER *Orientations économiques et formation professionnelle*

Art. 1er La liberté et la volonté d'entreprendre sont les fondements des activités commerciales et artisanales. Celles-ci s'exercent dans le cadre d'une concurrence claire et loyale. – *Sur la concurrence déloyale, V. ss. L. n° 63-628 du 2 juill. 1963, art. 2, v° Concurrence.*

(L. n° 96-603 du 5 juill. 1996, art. 1er) « Le commerce et l'artisanat ont pour fonction de satisfaire les besoins des consommateurs, tant en ce qui concerne les prix que la qualité des services et des produits offerts. Ils doivent participer au développement de l'emploi et contribuer à accroître la compétitivité de l'économie nationale, animer la vie urbaine et rurale et améliorer sa qualité. »

Les pouvoirs publics veillent à ce que l'essor du commerce et de l'artisanat permette l'expansion de toutes les formes d'entreprises, indépendantes, groupées ou intégrées, en évitant qu'une croissance désordonnée des formes nouvelles de distribution ne provoque l'écrasement de la petite entreprise et le gaspillage des équipements commerciaux *(L. n° 96-603 du 5 juill. 1996, art. 1er)* « et ne soit préjudiciable à l'emploi ». – *V. C. com., art. L. 750-1.*

Art. 2 Pour rendre effective la liberté d'entreprendre, les pouvoirs publics, dans le cadre des enseignements scolaires et universitaires et de l'apprentissage, organisent la formation initiale de ceux qui se destinent à l'exercice d'une profession commerciale ou artisanale. Cette formation a pour objet de dispenser les connaissances de base et les éléments d'une culture générale incluant les données scientifiques et techniques, de préparer à une qualification et à son perfectionnement ultérieur.

Facteur d'amélioration de la compétitivité et des services rendus, la formation continue des commerçants et artisans doit leur permettre d'actualiser, d'adapter et de perfectionner leurs connaissances, de tenir compte de l'évolution des conditions du marché, des méthodes de commercialisation et de gestion et d'assurer leur promotion économique et sociale. A cet effet, l'État, les collectivités locales, les établissements publics, les établissements d'enseignement, les associations, les organisations professionnelles et les entreprises concourent soit par une assistance technique et financière, soit en tant que dispensateur de formation, à cette formation continue.

Art. 3 *Al. 1er abrogé par L. n° 96-603 du 5 juill. 1996, art. 2.*

Les pouvoirs publics favorisent, par leur concours technique et financier, la première installation des jeunes commerçants et artisans ainsi que la conversion des commerçants et artisans atteints par les mutations économiques.

....

TITRE III Dispositions économiques

CHAPITRE II *L'équipement commercial*

Art. 36 En vue de préserver l'animation commerciale du centre des villes, les communes de moins de 100 000 habitants et les communes classées "communes touristiques" bénéficient d'une priorité pour l'obtention de prêts de la caisse d'aide à l'équipement des collectivités locales (CAECL) et de la Caisse des dépôts et consignations pour l'aménagement de parcs de stationnement.

....

CHAPITRE IV *Adaptation et modernisation des entreprises*

Art. 47 Des dispositions particulières sont prises pour faire bénéficier de conditions privilégiées de crédit les commerçants qui veulent reconvertir leur activité ou s'intégrer à une des formes du commerce indépendant associé, ainsi que les jeunes qui veulent s'installer en tant que chef d'entreprise commerciale et justifient de leur qualification dans la profession.

Ils pourront, en particulier, percevoir des prêts du fonds de développement économique et social et des sociétés de développement régional.

Un arrêté des ministres intéressés précise, en tant que de besoin, les conditions d'application du présent article.

Art. 48 En vue d'aider les artisans, des concours financiers particuliers sont destinés à faciliter :

L'installation en qualité de chef d'entreprise des jeunes qui justifient d'une formation professionnelle suffisante ;

La reconversion des chefs d'entreprise ayant subi avec succès un stage de conversion ou de promotion professionnelle au sens des paragraphes 1° et 3° de l'article 10 de la loi du 16 juillet 1971 portant organisation de la formation professionnelle continue dans le cadre de l'éducation permanente ;

L'installation d'entreprises dans des zones artisanales situées à l'intérieur des zones urbaines nouvelles ou rénovées.

Les artisans peuvent percevoir en particulier des prêts du fonds de développement économique et social.

Art. 49 Au terme des stages de conversion ou de promotion professionnelle organisés dans les conditions prévues à l'article 10 (1° et 3°) de la loi n° 71-575 du 16 juillet 1971 *[portant organisation de la formation professionnelle continue dans le cadre de l'éducation permanente]*, les commerçants et artisans bénéficieront en priorité d'un prêt d'installation et d'équipement.

Art. 50 *Abrogé par Ord. n° 2004-637 du 1er juill. 2004, art. 10.*

Art. 51 Une aide particulière sera instituée en faveur des entreprises artisanales de sous-traitance, situées dans les régions déterminées par arrêté et qui désirent transférer leur installation dans les zones ou régions où peut être attribuée la prime de développement régional instituée par le décret n° 72-270 du 11 avril 1972 ou la prime de localisation créée par le décret n° 72-271 du 11 avril 1972, ainsi que dans les zones à économie rurale dominante définies en application du décret n° 67-938 du 24 octobre 1967 et la zone d'économie montagnarde définie par le décret n° 61-650 du 23 juin 1961.

Un décret définit les mesures propres à :

Éviter que les sous-traitants ne subissent les conséquences de la défaillance du donneur d'ordres et notamment du titulaire d'un marché public ;

Inciter les entreprises artisanales à participer directement ou par voie de sous-traitance aux marchés publics.

Art. 52 Les commerçants et artisans dont la situation est compromise de façon irrémédiable du fait d'une opération d'équipement collectif engagée par une collectivité publique ou un organisme en dépendant, et en priorité, du fait d'une opération de rénovation urbaine, peuvent recevoir une aide pour leur reconversion lorsqu'ils ne bénéficient pas d'une indemnisation directe. – *Comp. : C. urb., art. L. 318-8 reprenant l'alinéa ci-dessus.* – ***C. urb.***

Un décret détermine les conditions, notamment de ressources et d'ancienneté d'établissement, que devront remplir les demandeurs pour avoir vocation à l'aide ; il fixe la composition des commissions qui statueront sur les demandes. – *V. Décr. n° 74-64 du 28 janv. 1974 (D. et BLD 1974. 84).*

Les dépenses correspondant à l'aide prévue ci-dessus sont inscrites à un compte spécial tenu dans les écritures de la caisse de compensation de l'organisation autonome nationale de l'industrie et du commerce (Organic).

Le décret prévu au 1° de l'article 3 de la loi n° 72-657 du 13 juillet 1972 pourra affecter audit compte une part de la taxe d'entraide.

Loi n° 2004-575 du 21 juin 2004,

Pour la confiance dans l'économie numérique.

RÉP. COM. v° *Internet et commerce électronique (Droit de la concurrence)*, par ARHEL.

BIBL. GÉN. ▶ AYMA, *LPA 3 juill. 2003* (la revente sur le web). – Colloque, *LPA 6 févr. 2004* (internet, commerce et droit). – GRIMAUX, *CCE 2004. Chron. 10* (détermination de la date de conclusion du contrat par voie électronique). – GRYNBAUM, *D. 2004. 2213* (loi économie numérique). – STOFFEL-MUNCK, *CCE 2004. Chron. 30* (réforme des contrats du commerce électronique). – CACHARD, *ibid. Chron. 31* (définition et loi applicable). – STOFFEL-MUNCK, *JCP E 2004, n° 38, p. 1428* (réforme des contrats du commerce électronique). – VERBIEST et WÉRY, *D. 2004. 2981* (commerce électronique par téléphonie mobile : m-commerce). – CASTETS-RENARD, *Defrénois 2006. 1529* (le formalisme du contrat électronique). – BLAISE et HUET, Le code de commerce 1807-2007, Livre du bicentenaire, *Dalloz, 2007, p. 423* (commerce électronique et code de commerce). – SAVARY et DUBUISSON, *RLDA avr. 2009. 21* (un site internet est-il un fonds de commerce ?). – DEBET, *Mél. Payet, Dalloz, 2011, p. 129* (encadrement juridique du commerce électronique : réflexions sur les sources du droit).

Art. 14 Le commerce électronique est l'activité économique par laquelle une personne propose ou assure à distance et par voie électronique la fourniture de biens ou de services.

Entrent également dans le champ du commerce électronique les services tels que ceux consistant à fournir des informations en ligne, des communications commerciales et des outils de recherche, d'accès et de récupération de données, d'accès à un réseau de communication ou d'hébergement d'informations, y compris lorsqu'ils ne sont pas rémunérés par ceux qui les reçoivent.

Une personne est regardée comme étant établie en France au sens du présent chapitre lorsqu'elle s'y est installée d'une manière stable et durable pour exercer effectivement son activité, quel que soit, s'agissant d'une personne morale, le lieu d'implantation de son siège social.

Art. 15 I. — Toute personne physique ou morale exerçant l'activité définie au premier alinéa de l'article 14 est responsable de plein droit à l'égard de l'acheteur de la bonne exécution des obligations résultant du contrat, que ces obligations soient à exécuter par elle-même ou par d'autres prestataires de services, sans préjudice de son droit de recours contre ceux-ci.

Toutefois, elle peut s'exonérer de tout ou partie de sa responsabilité en apportant la preuve que l'inexécution ou la mauvaise exécution du contrat est imputable soit à l'acheteur, soit au fait, imprévisible et insurmontable, d'un tiers étranger à la fourniture des prestations prévues au contrat, soit à un cas de force majeure.

II. — ……………………………………………………………………………………

Art. 16 I. — L'activité définie à l'article 14 s'exerce librement sur le territoire national à l'exclusion des domaines suivants :

1° Les jeux d'argent, y compris sous forme de paris et de loteries, légalement autorisés ;

2° Les activités de représentation et d'assistance en justice ;

3° Les activités exercées par les notaires en application des dispositions de l'article 1er de l'ordonnance n° 45-2590 du 2 novembre 1945 relative au statut du notariat.

II. — En outre, lorsqu'elle est exercée par des personnes établies dans un État membre de la Communauté européenne autre que la France, l'activité définie à l'article 14 est soumise au respect :

1° Des dispositions relatives au libre établissement et à la libre prestation des services à l'intérieur de la Communauté européenne dans le domaine de l'assurance, prévues aux articles L. 361-1 à L. 364-1 du code des assurances ;

2° Des dispositions relatives à la publicité et au démarchage des organismes de placement collectif en valeurs mobilières, prévues à l'article L. 214-12 du code monétaire et financier ; – *V. cet art. au* ***C. mon. fin.*** *ou au* ***C. sociétés***.

3° Des dispositions relatives aux pratiques anticoncurrentielles et à la concentration économique, prévues aux titres II et III du livre IV du code de commerce ;

4° Des dispositions relatives à l'interdiction ou à l'autorisation de la publicité non sollicitée *envoyée par courrier électronique* ;

5° Des dispositions du code général des impôts ;

6° Des droits protégés par le code de la propriété intellectuelle.

Art. 17 L'activité définie à l'article 14 est soumise à la loi de l'État membre sur le territoire duquel la personne qui l'exerce est établie, sous réserve de la commune intention de cette personne et de celle à qui sont destinés les biens ou services.

L'application de l'alinéa précédent ne peut avoir pour effet :

1° De priver un consommateur ayant sa résidence habituelle sur le territoire national de la protection que lui assurent les dispositions impératives de la loi française relatives aux obligations contractuelles, conformément aux engagements internationaux souscrits par la France. Au sens du présent article, les dispositions relatives aux obligations contractuelles comprennent les dispositions applicables aux éléments du contrat, y compris celles qui définissent les droits du consommateur, qui ont une influence déterminante sur la décision de contracter ;

2° De déroger aux règles de forme impératives prévues par la loi française pour les contrats créant ou transférant des droits sur un bien immobilier situé sur le territoire national ;

3° De déroger aux règles déterminant la loi applicable aux contrats d'assurance pour les risques situés sur le territoire d'un ou plusieurs États parties à l'accord sur l'Espace économique européen et pour les engagements qui y sont pris, prévues aux articles L. 181-1 à L. 183-2 du code des assurances.

Art. 18 *Abrogé par L. n° 2014-344 du 17 mars 2014, art. 78.*

Art. 19 Sans préjudice des autres obligations d'information prévues par les textes législatifs et réglementaires en vigueur, toute personne qui exerce l'activité définie à l'article 14 est tenue d'assurer à ceux à qui est destinée la fourniture de biens ou la prestation de services un accès facile, direct et permanent utilisant un standard ouvert aux informations suivantes :

1° S'il s'agit d'une personne physique, ses nom et prénoms et, s'il s'agit d'une personne morale, sa raison sociale ;

2° L'adresse où elle est établie, son adresse de courrier électronique, ainsi que *(L. n° 2008-3 du 3 janv. 2008, art. 29-III, en vigueur le 1er juin 2008)* « des coordonnées téléphoniques permettant d'entrer effectivement en contact avec elle » ;

3° Si elle est assujettie aux formalités d'inscription au registre du commerce et des sociétés ou au répertoire des métiers, le numéro de son inscription, son capital social et l'adresse de son siège social ;

4° Si elle est assujettie à la taxe sur la valeur ajoutée et identifiée par un numéro individuel en application de l'article 286 *ter* du code général des impôts, son numéro individuel d'identification ;

5° Si son activité est soumise à un régime d'autorisation, le nom et l'adresse de l'autorité ayant délivré celle-ci ;

6° Si elle est membre d'une profession réglementée, la référence aux règles professionnelles applicables, son titre professionnel, l'État membre dans lequel il a été octroyé ainsi que le nom de l'ordre ou de l'organisme professionnel auprès duquel elle est inscrite.

Toute personne qui exerce l'activité définie à l'article 14 doit, même en l'absence d'offre de contrat, dès lors qu'elle mentionne un prix, indiquer celui-ci de manière claire et non ambiguë, et notamment si les taxes et les frais de livraison sont inclus. Le présent alinéa s'applique sans préjudice des dispositions régissant *(L. n° 2008-3 du 3 janv. 2008, art. 39-V, en vigueur le 1er juin 2008)* « les pratiques commerciales trompeuses » prévues *(Ord. n° 2016-301 du 14 mars 2016, art. 2, en vigueur le 1er juill. 2016)* « aux articles L. 121-2 et L. 121-3 *[ancienne rédaction : à l'article L. 121-1]* » du code de la consommation, ni des obligations d'information sur les prix prévues par les textes législatifs et réglementaires en vigueur.

(Ord. n° 2016-301 du 14 mars 2016, art. 31, en vigueur le 1er juill. 2016) « Les infractions aux dispositions du présent article sont recherchées et constatées par les agents mentionnés aux articles L. 511-3 et L. 511-21 du code de la consommation dans les conditions prévues à l'article L. 511-7 du même code. »

Sur les contrats sous forme électronique, V. C. civ., art. 1125 s. — **C. civ.**

Loi n° 2005-882 du 2 août 2005,

En faveur des petites et moyennes entreprises.

Art. 60 I. — Le commerce équitable s'inscrit dans la stratégie nationale de développement durable.

(L. n° 2014-856 du 31 juill. 2014, art. 94) « II. — Le commerce équitable a pour objet d'assurer le progrès économique et social des travailleurs en situation de désavantage économique du fait de leur précarité, de leur rémunération et de leur qualification, organisés au sein de structures à la gouvernance démocratique, au moyen de relations commerciales avec un acheteur, qui satisfont aux conditions suivantes :

« 1° Un engagement entre les parties au contrat sur une durée permettant de limiter l'impact des aléas économiques subis par ces travailleurs, qui ne peut être inférieure à trois ans ;

« 2° Le paiement par l'acheteur d'un prix rémunérateur pour les travailleurs, établi sur la base d'une identification des coûts de production et d'une négociation équilibrée entre les parties au contrat ;

« 3° L'octroi par l'acheteur d'un montant supplémentaire obligatoire destiné aux projets collectifs, en complément du prix d'achat ou intégré dans le prix, visant à renforcer les capacités et l'autonomisation des travailleurs et de leur organisation.

« Chaque entreprise intervenant dans ces filières *(L. n° 2021-1104 du 22 août 2021, art. 275)* **« valorise des modes de production et d'exploitation respectueux de l'environnement et de la biodiversité, tels que l'agroécologie lorsqu'il s'agit de filières alimentaires, et » est en mesure de produire des informations relatives à la traçabilité des produits.**

« Les entreprises faisant publiquement état de leur appartenance au commerce équitable participent à des actions de sensibilisation et d'éducation à des modes de production et de consommation socialement et écologiquement durables.

« Ces dispositions ne font pas obstacle à l'application du livre IV du code de commerce.

« Un décret en Conseil d'État précise les critères du désavantage économique, au sens du premier alinéa du présent II, et les modalités contractuelles définies aux 1° à 3°. » — *V. Décr. n° 2015-1157 du 17 sept. 2015, ci-dessous.*

(L. n° 2019-486 du 22 mai 2019, art. 173) **« II *bis*. — Seuls les produits satisfaisant aux conditions définies au II** *(L. n° 2021-1104 du 22 août 2021, art. 275, en vigueur le 1er janv. 2023)* **« et soumis à des systèmes de garantie ou conformes à des labels reconnus dans les conditions prévues au III » peuvent comporter le terme "équitable" dans leur dénomination de vente. »**

(L. n° 2015-990 du 6 août 2015, art. 219) **« III. — Les systèmes de garantie et les labels de commerce équitable sont reconnus** *(L. n° 2021-1104 du 22 août 2021, art. 275)* **« , pour une durée renouvelable de trois ans, par la plateforme nationale d'actions globales pour la responsabilité sociétale des entreprises, qui comprend parmi ses membres un député et un sénateur et dont les missions et la composition sont précisées » par décret. »** — *V. Décr. n° 2015-1311 du 19 oct. 2015, ci-dessous.*

BIBL. ▶ Blin-Franchomme, *RLDA janv. 2007. 73* (pratiques commerciales : l'émergence juridique du commerce équitable). – Nahon, *RLDA juill. 2007. 51* (commerce équitable : après l'émergence vient la reconnaissance). – Raymond, *CCC 2007. Repère 8* (commerce « équitable »). – Grandvuillemin, *JCP E 2007, n° 51-52, p. 34* (commerce équitable : comment réguler un marché alternatif ?). – Pédamon, Le code de commerce 1807-2007, Livre du bicentenaire, *Dalloz, 2007, p. 141* (le commerce équitable).

V., relatif à l'examen, au regard des règles de concurrence, des modalités de fonctionnement de la filière du commerce équitable en France, Cons. conc., avis, n° 06-A-07 du 22 mars 2006 : JCP E 2007, n° 30, p. 40, obs. Trébulle ; CCC 2006, n° 90, obs. Malaurie-Vignal ; RLDA mai 2006. 48, obs. Méar ; RDLC 2006, n° 2, p. 85, obs. Debroux ; Lettre distrib. 6/2006, p. 2.

Décret n° 2015-1157 du 17 septembre 2015,

Relatif au commerce équitable.

Art. 1er Sont considérés comme étant en situation de désavantage économique au sens du II de l'article 60 de la loi du 2 août 2005 susvisée les travailleurs se trouvant dans l'une ou l'autre des situations suivantes :

a) Ceux qui n'ont pas accès aux moyens économiques et financiers et à la formation nécessaires pour leur permettre d'investir dans leur outil de production et de commercialisation ;

b) Ceux qui sont en situation de vulnérabilité spécifique du fait de leur environnement physique, économique, social ou politique ;

c) Ceux dont les productions sont liées aux ressources et spécificités de leur territoire et qui n'ont accès habituellement qu'au marché local pour la distribution de leurs produits.

Art. 2 I. — Le contrat mentionné au 1° du II de l'article 60 de la même loi peut prévoir une période d'essai non reconductible d'une durée maximale d'un an.

II. — Le prix versé par l'acheteur mentionné au 2° du même II et défini au contrat doit permettre :

a) De couvrir les coûts de production ;

b) De verser une rémunération suffisante pour satisfaire les besoins fondamentaux et améliorer le niveau de vie des travailleurs ainsi que de leurs familles ;

c) De dégager une marge permettant aux travailleurs de réaliser les investissements nécessaires à l'amélioration de l'efficacité de leur outil de production et de commercialisation de leurs produits.

Art. 3 Le décret n° 2007-986 du 15 mai 2007 pris pour l'application de l'article 60 de la loi n° 2005-882 du 2 août 2005 en faveur des petites et moyennes entreprises et relatif à la reconnaissance des personnes veillant au respect des conditions du commerce équitable est abrogé.

Art. 4 Les dispositions du présent décret entrent en vigueur le 1er octobre 2015.

Art. 60-1 *(L. n° 2018-699 du 3 août 2018, art. 8)* **I. — La Commission de concertation du commerce comprend parmi ses membres un député et un sénateur, ainsi qu'un représentant au Parlement européen élu en France.**

II. — Les missions, la composition, l'organisation et le fonctionnement de la commission sont précisés par décret.

Décret n° 2015-1311 du 19 octobre 2015,

Relatif à la commission de concertation du commerce.

Art. 1er Il est créé, auprès du ministre chargé du commerce, une commission de concertation du commerce.

Art. 2 La commission de concertation du commerce a pour mission d'éclairer et de conseiller les pouvoirs publics sur la situation du commerce en France, aux niveaux national et territorial, quels que soient ses modes d'organisation ainsi que sur sa contribution spécifique au développement de l'économie et de l'emploi.

La commission peut proposer des actions, de dimension nationale ou européenne, visant à soutenir la compétitivité, l'innovation et le développement de ce secteur ainsi que des emplois et des compétences associés. Elle peut soumettre des avis et des propositions relatifs à l'efficacité des aides publiques dont bénéficie le commerce, ainsi qu'à l'impact des politiques publiques sur ce secteur.

Dans cet objectif, la commission :

— établit un diagnostic économique concernant la situation du commerce, en articulation avec les travaux de la commission des comptes commerciaux de la nation ;

— formule toute proposition pour favoriser le développement de l'activité et de l'emploi dans le commerce, tenant compte notamment de l'évolution des modes de consommation et de commercialisation ;

— émet des avis sur l'évaluation des dispositifs existants de soutien au commerce, notamment en matière de compétitivité et d'innovation ;

— réalise des études prospectives sur tout domaine d'intérêt pour le secteur ;

— contribue aux études d'impact sur des projets de textes législatif ou réglementaire, nationaux ou communautaires, susceptibles d'avoir un impact sur le commerce, ainsi que sur toute initiative structurante pour les filières commerciales.

La commission peut être consultée sur tout projet de texte législatif ou réglementaire ayant une incidence sur le secteur du commerce.

La commission établit un rapport public annuel.

Art. 3 La commission de concertation du commerce est également chargée de reconnaître les systèmes de garantie et les labels de commerce équitable, en application de l'article 60 de la loi du 2 août 2005 susvisée *[n° 2005-882 en faveur des petites et moyennes entreprises]*.

Les demandes de reconnaissance, dont les éléments sont définis par arrêté du ministre chargé du commerce, sont instruites par une section thématique de la commission de concertation du commerce. La section thématique entend le demandeur à sa requête et rend un avis motivé sur la demande de reconnaissance.

Les systèmes de garantie et les labels du commerce équitable reposent sur les critères suivants :

— échanges commerciaux poursuivant le développement économique et social durable ;

— existence d'un dispositif de régulation des prix ;

— caractère démocratique des groupements de producteurs ;
— respect d'engagements environnementaux et sociaux contrôlés par un tiers ;
— initiatives valorisant des modes de production et d'exploitation respectueux de la biodiversité ;
— transparence vis-à-vis des consommateurs.

Les décisions de reconnaissance sont prononcées pour une durée de trois ans renouvelable.

Art. 4 La commission de concertation du commerce est présidée par le ministre chargé du commerce ou son représentant.

Art. 5 La commission de concertation du commerce comprend, outre son président :

I. — Des membres de droit :
— le ministre chargé de l'économie ou son représentant ;
— le ministre chargé de la consommation ou son représentant ;
— le ministre chargé du travail ou son représentant ;
— le ministre chargé du développement durable ou son représentant ;
— le ministre chargé de l'aménagement du territoire ou son représentant ;
— le ministre chargé de l'agriculture ou son représentant ;
— le président de l'Association des régions de France ou son représentant ;
— le président de l'Assemblée des départements de France ou son représentant ;
— le président de l'Association des maires de France ou son représentant ;
— le président de CCI France ou son représentant ;
— le président de *(Décr. n° 2019-56 du 30 janv. 2019, art. 7)* « CMA France » ou son représentant ;
— le directeur général de Bpifrance ou son représentant ;
— le médiateur des relations interentreprises ou son représentant ;
— le directeur général de l'Institut national de la statistique et des études économiques (INSEE) ou son représentant.

II. — Quatre membres issus du Parlement, du Conseil économique, social et environnemental et du Parlement européen, soit :
a) Un député ;
b) Un sénateur ;
c) Un représentant du Conseil économique, social et environnemental, issu de la section des activités économiques ;
d) Un représentant français au Parlement européen.

III. — Les membres énumérés ci-après, qui sont répartis au sein de trois collèges :
— le collège des entreprises de commerce, composé de dix-sept membres issus d'organisations professionnelles ou du monde de l'entreprise ;
— le collège des personnalités qualifiées, composé de huit membres choisis en fonction de leurs compétences ou de leur expérience dans le domaine du commerce, dont un membre est spécialisé dans le commerce équitable ;
— le collège des salariés du commerce, composé, dans la limite de cinq membres, des organisations syndicales les plus représentatives au plan national.

Le président peut inviter, en tant que de besoin, toute autre personnalité ou expert pour assister la commission dans ses travaux.

Les membres de la commission sont nommés pour trois ans par arrêté du ministre chargé du commerce. Lorsqu'un membre perd la qualité au titre de laquelle il a été nommé ou en cas de vacance avant la date d'expiration du mandat, il est procédé à la désignation d'un remplaçant pour la durée du mandat restant à courir.

Les fonctions de membre ne donnent pas lieu à rémunération.

Le président de la commission désigne les premier et deuxième vice-présidents, respectivement parmi les membres du collège des entreprises et du collège des personnalités qualifiées, mentionnés au III du présent article. Le premier vice-président peut le remplacer en cas d'absence. Le mandat des deux vice-présidents est renouvelable une fois.

Art. 6 La commission de concertation du commerce se réunit au moins une fois par an en formation plénière, sur convocation de son président. Elle arrête son programme de travail pour l'année et constitue des sections thématiques. Les représentants des professions mentionnés au III de l'article 4 assurent la présidence des sections thématiques. Les sections peuvent faire appel à des experts pour les assister dans leurs travaux.

Art. 7 Le premier vice-président est assisté d'un bureau, qu'il préside. Ce bureau est chargé de l'organisation, de la coordination et de l'animation des travaux de la commission.

Sa composition et son fonctionnement sont précisés dans le règlement intérieur qui est adopté en réunion plénière.

Art. 8 La commission de concertation du commerce est rattachée pour sa gestion administrative et budgétaire au ministre chargé du commerce. Son secrétariat est assuré par la direction générale des entreprises.

Loi nº 2008-776 du 4 août 2008,

De modernisation de l'économie.

Art. 51 Pour les besoins de l'analyse statistique et économique, les entreprises peuvent être distinguées selon les quatre catégories suivantes :
– les microentreprises ;
– les petites et moyennes entreprises ;
– les entreprises de taille intermédiaire ;
– les grandes entreprises.
Un décret précise les critères permettant de déterminer la catégorie d'appartenance d'une entreprise. – *V. Décr. nº 2008-1354 du 18 déc. 2008, ci-dessous.*

BIBL. ► Beyneix et Hébert, *RTD com. 2012. 671* (prise en compte de l'entrepreneuriat par le droit).

Décret nº 2008-1354 du 18 décembre 2008,

Relatif aux critères permettant de déterminer la catégorie d'appartenance d'une entreprise pour les besoins de l'analyse statistique et économique.

Art. 1er La notion d'entreprise utilisée pour l'application de l'article 51 de la loi de modernisation de l'économie susvisée est celle du règlement (CEE) du Conseil du 15 mars 1993 susvisé *[relatif aux unités statistiques d'observation et d'analyse du système productif dans la Communauté]*, c'est-à-dire la plus petite combinaison d'unités légales qui constitue une unité organisationnelle de production de biens et de services jouissant d'une certaine autonomie de décision, notamment pour l'affectation de ses ressources courantes.

Art. 2 Les données retenues pour déterminer la catégorie d'entreprise au sein de laquelle une entreprise doit être affectée pour les besoins de l'analyse statistique et économique sont celles afférentes au dernier exercice comptable clôturé et sont calculées sur une base annuelle. Elles sont prises en compte à partir de la date de clôture des comptes et se conforment aux définitions suivantes :

— l'effectif correspond au nombre d'unités de travail par année (UTA), c'est-à-dire au nombre de personnes ayant travaillé dans l'entreprise considérée ou pour le compte de cette entreprise à temps plein pendant toute l'année considérée. Le travail des personnes n'ayant pas travaillé toute l'année, ou ayant travaillé à temps partiel, quelle que soit sa durée, ou le travail saisonnier, est compté comme fractions d'UTA ;

— le chiffre d'affaires retenu est calculé hors taxe sur la valeur ajoutée (TVA) et hors autres droits ou taxes indirects, pour le montant des facturations effectuées à l'endroit de personnes physiques et de personnes morales extérieures au périmètre de définition de l'entreprise, au sens de l'article 1er du présent décret ;

— le total de bilan est considéré pour sa valeur consolidée au sein du périmètre de définition de l'entreprise, au sens de l'article 1er du présent décret.

Art. 3 La catégorie des microentreprises est constituée des entreprises qui :
— d'une part occupent moins de 10 personnes ;
— d'autre part ont un chiffre d'affaires annuel ou un total de bilan n'excédant pas 2 millions d'euros.

La catégorie des petites et moyennes entreprises (PME) est constituée des entreprises qui :
— d'une part occupent moins de 250 personnes ;
— d'autre part ont un chiffre d'affaires annuel n'excédant pas 50 millions d'euros ou un total de bilan n'excédant pas 43 millions d'euros.

La catégorie des entreprises de taille intermédiaire (ETI) est constituée des entreprises qui n'appartiennent pas à la catégorie des petites et moyennes entreprises, et qui :
— d'une part occupent moins de 5 000 personnes ;

— d'autre part ont un chiffre d'affaires annuel n'excédant pas 1 500 millions d'euros ou un total de bilan n'excédant pas 2 000 millions d'euros.

La catégorie des grandes entreprises (GE) est constituée des entreprises qui ne sont pas classées dans les catégories précédentes.

Art. 4 Lorsque les conditions dans lesquelles les statistiques ont été élaborées ne permettent pas d'appliquer intégralement la notion d'entreprise ou de déterminer précisément la catégorie dont relève une entreprise dans le respect des dispositions du présent décret, une définition permettant une bonne approximation de cette notion peut être retenue. Cette définition doit alors être jointe aux données publiées de façon à permettre d'apprécier le degré d'approximation qui en résulte.

Loi n° 2012-1270 du 20 novembre 2012,

Relative à la régulation économique outre-mer et portant diverses dispositions relatives aux outre-mer.

Art. 4 Dans les collectivités relevant de l'article 73 de la Constitution et dans les collectivités d'outre-mer de Saint-Barthélemy, de Saint-Martin, de Saint-Pierre-et-Miquelon et de Wallis-et-Futuna, les entreprises de grande distribution ont l'obligation de réserver une surface de vente dédiée aux productions régionales.

Loi n° 2014-626 du 18 juin 2014,

Relative à l'artisanat, au commerce et aux très petites entreprises.

Art. 19 En application de l'article 37-1 de la Constitution, une expérimentation est engagée pour une période de cinq années à compter de la date de promulgation de la présente loi en vue de favoriser la redynamisation du commerce et de l'artisanat. Cette expérimentation porte sur la mise en œuvre par l'État et les collectivités territoriales, ainsi que par leurs établissements publics, de contrats de revitalisation artisanale et commerciale.

(Ord. n° 2018-1074 du 26 nov. 2018, art. 13) « Ces contrats sont des marchés publics globaux sectoriels ou des contrats de concessions soumis aux dispositions du code de la commande publique, sous réserve des dispositions de la présente loi.

« Ils » ont pour objectif de favoriser la diversité, le développement et la modernisation des activités dans des périmètres caractérisés soit par une disparition progressive des activités commerciales, soit par un développement de la mono-activité au détriment des commerces et des services de proximité, soit par une dégradation de l'offre commerciale, ou de contribuer à la sauvegarde et à la protection du commerce de proximité. Les quartiers prioritaires de la politique de la ville figurent parmi les périmètres ciblés par ce dispositif expérimental.

Le contrat de revitalisation artisanale et commerciale précise les obligations de chacune des parties, notamment :

1° L'objet du contrat, sa durée et les conditions dans lesquelles il peut éventuellement être prorogé ou modifié ;

2° Le périmètre géographique d'intervention de l'opérateur ;

3° Les conditions de rachat, de résiliation ou de déchéance par la collectivité territoriale ou le groupement ainsi que, éventuellement, les conditions et les modalités d'indemnisation de l'opérateur ;

4° Les conditions financières de réalisation de l'opération.

L'élaboration du projet de contrat de revitalisation artisanale et commerciale fait l'objet d'une concertation dans les conditions prévues *(Ord. n° 2015-1174 du 23 sept. 2015, art. 10-XI, en vigueur le 1er janv. 2016)* « aux articles L. 103-2 à L. 103-6 *[ancienne rédaction : à l'article L. 300-2]* » du code de l'urbanisme.

Sont associés à l'élaboration du contrat de revitalisation artisanale et commerciale :

a) La chambre de commerce et d'industrie territoriale et la chambre de métiers et de l'artisanat dont le ressort correspond au périmètre géographique d'intervention envisagé pour l'opérateur ;

b) Le président de l'établissement public ou du syndicat mixte mentionné à l'article *(Ord. n° 2015-1174 du 23 sept. 2015, art. 10-XI, en vigueur le 1er janv. 2016)* « L. 143-16 *[ancienne rédaction : L. 122-4]* » du code de l'urbanisme.

Le projet de contrat de revitalisation, avant sa conclusion, est arrêté par l'organe délibérant des collectivités territoriales signataires.

L'État et les collectivités territoriales, ainsi que leurs établissements publics, peuvent charger l'opérateur du contrat de revitalisation artisanale et commerciale d'acquérir des biens nécessaires à la mise en œuvre du contrat, y compris, le cas échéant, par voie d'expropriation ou de préemption. L'opérateur peut procéder à la vente, à la location ou à la concession des biens immobiliers situés à l'intérieur du périmètre de son intervention. Il assure, le cas échéant, la maîtrise d'ouvrage des travaux nécessaires à l'exécution du contrat ainsi que les études et les missions concourant à son exécution. A cet effet, l'État et les collectivités territoriales, ainsi que leurs établissements publics, fixent à l'opérateur des objectifs et des priorités en termes de diversification, de développement et de réhabilitation de l'offre commerciale, ainsi qu'un calendrier pour la réalisation de ces objectifs. Le non-respect de ce calendrier peut être un motif de résiliation anticipée du contrat de revitalisation artisanale et commerciale.

La demande d'expérimentation est transmise pour information au représentant de l'État dans le département concerné. L'attribution du contrat de revitalisation s'effectue après une mise en concurrence, dans des conditions fixées par décret en Conseil d'État. — *V. Décr. n° 2015-815 du 3 juill. 2015, infra.*

Les ministres chargés du commerce et de l'urbanisme assurent le suivi et l'évaluation de l'expérimentation. Ils remettent avant la fin de l'année 2019 un rapport d'évaluation au Premier ministre, ainsi qu'un rapport intermédiaire avant la fin de l'année 2017. Ces rapports sont préalablement transmis aux collectivités territoriales qui ont participé à l'expérimentation ; celles-ci peuvent émettre des observations.

(L. n° 2018-1021 du 23 nov. 2018, art. 157) « Lorsque l'un des signataires de l'opération de revitalisation de territoire définie à l'article 157 de la loi n° 2018-1021 du 23 novembre 2018 portant évolution du logement, de l'aménagement et du numérique est engagé, avant la signature de ladite opération, dans un contrat de revitalisation artisanale et commerciale, les droits et la délégation de ces droits prévus dans le cadre de ce contrat peuvent perdurer pendant toute la durée de la convention d'opération de revitalisation de territoire, y compris si celle-ci dépasse la durée de l'expérimentation prévue au premier alinéa du présent article. »

Sur l'entrée en vigueur des dispositions issues de l'Ord. n° 2018-1074 du 26 nov. 2018, V. art. 20 de ladite ordonnance.

BIBL. ▶ NOGUELLOU, *Dr. adm. 2015. Alerte 79* (contrats de revitalisation artisanale et commerciale).

Décret n° 2015-815 du 3 juillet 2015,

Relatif à la procédure d'attribution des contrats de revitalisation artisanale et commerciale.

Art. 1er *(Décr. n° 2016-86 du 1er févr. 2016, art. 53, en vigueur le 1er avr. 2016)* L'attribution d'un contrat de revitalisation artisanale et commerciale prévue par l'article 19 de la loi *[n° 2014-626]* du 18 juin 2014 susvisée est soumise à une procédure de mise en concurrence définie aux articles 2 et 3 du présent décret.

CHAPITRE Ier. *Procédure applicable aux contrats de revitalisation artisanale et commerciale transférant un risque d'exploitation*

(Décr. n° 2016-86 du 1er févr. 2016, art. 53, en vigueur le 1er avr. 2016)

Art. 2 I. — Les contrats de revitalisation artisanale et commerciale qui transfèrent à leur titulaire un risque d'exploitation sont passés en application des règles prévues :

1° Pour l'État et ses établissements publics, par *(Décr. n° 2018-1075 du 3 déc. 2018, art. 11)* « la troisième partie du code de la commande publique » ;

2° Pour les collectivités territoriales et leurs établissements publics, par les articles L. 1410-1 *à L. 1411-19 du code* général des collectivités territoriales.

Sur l'entrée en vigueur des dispositions issues du Décr. n° 2018-1075 du 3 déc. 2018, V. art. 16 dudit décret.

CHAPITRE II. *Procédure applicable aux contrats de revitalisation artisanale et commerciale qui présentent les caractéristiques des marchés publics*

(Décr. n° 2016-360 du 25 mars 2016, art. 185, en vigueur le 1er avr. 2016)

Art. 3 Les dispositions du présent chapitre sont applicables aux contrats de revitalisation artisanale et commerciale prévus par l'article 19 de la loi du 18 juin 2014 susvisée qui présentent les caractéristiques des marchés publics définis à *(Décr. n° 2018-1075 du 3 déc. 2018, art. 11)* « l'article L. 1111-1 du code de la commande publique ».

V. NDLR ss. art. 2.

Art. 4 I. — La passation et l'exécution des contrats de revitalisation artisanale et commerciale de l'article 3 sont soumises aux règles prévues :

1° Pour l'État et ses établissements publics, par *(Décr. n° 2018-1075 du 3 déc. 2018, art. 11)* « la deuxième partie du code de la commande publique » ;

2° Pour les collectivités territoriales, leurs établissements publics et leurs groupements, par les articles L. 1414-1 à L. 1414-4 du code général des collectivités territoriales.

II. — Toutefois :

1° Pour l'application *(Décr. n° 2018-1075 du 3 déc. 2018, art. 11)* « des articles R. 2121-1 à R. 2121-9 et du 2° de l'article R. 2123-1 du code de la commande publique, la valeur estimée du besoin prend en compte la valeur totale estimée des produits de l'opération ;

2° *(Décr. n° 2018-1075 du 3 déc. 2018, art. 11)* « Les articles L. 2191-2 à L. 2191-7, L. 2193-1 à L. 2193-14 et L. 2196-3 à L. 2196-5 du code de la commande publique » ne sont pas applicables ;

3° Lorsque la valeur estimée du contrat de revitalisation artisanale et commerciale est égale ou supérieure aux seuils de procédure formalisée :

a) Le programme fonctionnel ou le projet partiellement défini mentionné à *(Décr. n° 2018-1075 du 3 déc. 2018, art. 11)* « l'article R. 2161-24 du code de la commande publique » indique, au minimum, les objectifs et les priorités en termes de diversification, de développement et de réhabilitation de l'offre commerciale, le calendrier prévisionnel pour la réalisation de ces objectifs ainsi que les caractéristiques essentielles et les conditions de mise en œuvre de l'opération ;

b) La procédure de passation retenue a pour objet de sélectionner l'offre économiquement la plus avantageuse, le cas échéant après un dialogue permettant de définir et d'identifier les moyens propres à satisfaire au mieux les besoins de la personne publique en ce qui concerne la réalisation de l'opération de revitalisation artisanale et commerciale dont elle définit les caractéristiques ;

c) Les critères de choix des offres sont définis et appréciés de manière à tenir compte du coût global de l'opération au regard de son bilan prévisionnel intégrant la totalité des recettes et des dépenses ;

d) Par dérogation à *(Décr. n° 2018-1075 du 3 déc. 2018, art. 11)* « l'article R. 2131-18 du code de la commande publique », les avis d'appel à la concurrence font l'objet d'une publication supplémentaire dans un journal habilité à recevoir des annonces légales et dans une publication spécialisée correspondant au secteur économique concerné ;

e) La commission mentionnée aux articles L. 1414-2 et L. 1414-4 du code général des collectivités territoriales est composée dans les conditions prévues à l'article R.* 300-9 du code de l'urbanisme.

V. NDLR ss. art. 2.

Loi n° 2014-856 du 31 juillet 2014,

Relative à l'économie sociale et solidaire.

BIBL. ▶ MONNET, *Dr. sociétés 2014. Étude 22* (ouverture du secteur de l'économie sociale et solidaire aux sociétés commerciales). – HIEZ, *Rev. sociétés 2015. 147* (les richesses de la loi ESS).

Art. 1er **I. – L'économie sociale et solidaire est un mode d'entreprendre et de développement économique adapté à tous les domaines de l'activité humaine auquel adhèrent des personnes morales de droit privé qui remplissent les conditions cumulatives suivantes :**

1° Un but poursuivi autre que le seul partage des bénéfices ;

2° Une gouvernance démocratique, définie et organisée par les statuts, prévoyant l'information et la participation, dont l'expression n'est pas seulement liée à leur apport en capital ou au montant de leur contribution financière, des associés, des salariés et des parties prenantes aux réalisations de l'entreprise ;

3° Une gestion conforme aux principes suivants :

***a)* Les bénéfices sont majoritairement consacrés à l'objectif de maintien ou de développement de l'activité de l'entreprise ;**

***b)* Les réserves obligatoires constituées, impartageables, ne peuvent pas être distribuées. Les statuts peuvent autoriser l'assemblée générale à incorporer au capital des sommes prélevées sur les réserves constituées au titre de la présente loi et à relever en conséquence la valeur des parts sociales ou à procéder à des distributions de parts gratuites. La première incorporation ne peut porter que sur la moitié, au plus, des réserves disponibles existant à la clô-**

ture de l'exercice précédant la réunion de l'assemblée générale extraordinaire ayant à se prononcer sur l'incorporation. Les incorporations ultérieures ne peuvent porter que sur la moitié, au plus, de l'accroissement desdites réserves enregistré depuis la précédente incorporation. En cas de liquidation ou, le cas échéant, en cas de dissolution, l'ensemble du boni de liquidation est dévolu soit à une autre entreprise de l'économie sociale et solidaire au sens du présent article, soit dans les conditions prévues par les dispositions législatives et réglementaires spéciales qui régissent la catégorie de personne morale de droit privé faisant l'objet de la liquidation ou de la dissolution.

II. — L'économie sociale et solidaire est composée des activités de production, de transformation, de distribution, d'échange et de consommation de biens ou de services mises en œuvre :

1° Par les personnes morales de droit privé constituées sous la forme de coopératives, de mutuelles ou d'unions relevant du code de la mutualité ou de sociétés d'assurance mutuelles relevant du code des assurances, de fondations ou d'associations régies par la loi du 1er juillet 1901 relative au contrat d'association ou, le cas échéant, par le code civil local applicable aux départements du Bas-Rhin, du Haut-Rhin et de la Moselle ;

2° Par les sociétés commerciales qui, aux termes de leurs statuts, remplissent les conditions suivantes :

a) Elles respectent les conditions fixées au I du présent article ;

b) Elles recherchent une utilité sociale au sens de l'article 2 de la présente loi ;

c) Elles appliquent les principes de gestion suivants :

— le prélèvement d'une fraction définie par arrêté du ministre chargé de l'économie sociale et solidaire et au moins égale à 20 % des bénéfices de l'exercice, affecté à la constitution d'une réserve statutaire obligatoire, dite "fonds de développement", tant que le montant total des diverses réserves n'atteint pas une fraction, définie par arrêté du ministre chargé de l'économie sociale et solidaire, du montant du capital social. Cette fraction ne peut excéder le montant du capital social. Les bénéfices sont diminués, le cas échéant, des pertes antérieures ;

— le prélèvement d'une fraction définie par arrêté du ministre chargé de l'économie sociale et solidaire et au moins égale à 50 % des bénéfices de l'exercice, affecté au report bénéficiaire ainsi qu'aux réserves obligatoires. Les bénéfices sont diminués, le cas échéant, des pertes antérieures ; — *V. Arr. du 3 août 2015 (JO 11 août).*

— l'interdiction pour la société d'amortir le capital et de procéder à une réduction du capital non motivée par des pertes, sauf lorsque cette opération assure la continuité de son activité, dans des conditions prévues par décret. Le rachat de ses actions ou parts sociales est subordonné au respect des exigences applicables aux sociétés commerciales, dont celles prévues à l'article L. 225-209-2 du code de commerce. — *V. Décr. n° 2015-760 du 24 juin 2015 (JO 28 juin).*

III. — Peuvent faire publiquement état de leur qualité d'entreprise de l'économie sociale et solidaire et bénéficier des droits qui s'y attachent les personnes morales de droit privé qui répondent aux conditions mentionnées au présent article et qui, s'agissant des sociétés commerciales, sont immatriculées, sous réserve de la conformité de leurs statuts, au registre du commerce et des sociétés avec la mention de la qualité d'entreprise de l'économie sociale et solidaire. — *Sur l'agrément "entreprise solidaire d'utilité sociale", V. C. trav., art. L. 3332-17-1.* — ***C. trav.***

IV. — Un décret précise les conditions d'application du présent article, et notamment les règles applicables aux statuts des sociétés mentionnées au 2° du II. — *V. Décr. n° 2015-858 du 13 juill. 2015 (JO 16 juill.).*

Sur l'obligation de publication par les chambres régionales de l'économie sociale et solidaire de la liste des entreprises régies par l'art. 1er de la L. n° 2014-856 du 31 juill. 2014, V. Décr. n° 2015-1732 du 22 déc. 2015 (JO 24 déc.).

Art. 2 Sont considérées comme poursuivant une utilité sociale au sens de la présente loi les entreprises dont l'objet social satisfait à titre principal à l'une au moins des *(L. n° 2019-486 du 22 mai 2019, art. 105)* « quatre » conditions suivantes :

1° Elles ont pour objectif d'apporter, à travers leur activité, un soutien à des personnes en situation de fragilité soit du fait de leur situation économique ou sociale, soit du fait de leur situation personnelle et particulièrement *(L. n° 2019-486 du 22 mai 2019, art. 105)* « de leurs besoins en matière d'accompagnement social, médico-social ou sanitaire, ou de contribuer à la lutte contre leur exclusion ». Ces personnes peuvent être des salariés, des usagers, des clients, des membres ou des bénéficiaires de cette entreprise ;

2° Elles ont pour objectif de contribuer *(Abrogé par L. n° 2019-486 du 22 mai 2019, art. 105)* ***« à la lutte contre les exclusions et les inégalités sanitaires, sociales, économiques et*** *culturelles, à l'éducation à la citoyenneté, notamment par l'éducation populaire,* » à la préservation et au développement du lien social ou au maintien et au renforcement de la cohésion territoriale ;

(L. nº 2019-486 du 22 mai 2019, art. 105) « 3º Elles ont pour objectif de contribuer à l'éducation à la citoyenneté, notamment par l'éducation populaire et par la mise en œuvre de modes de participation impliquant, sur les territoires concernés, les bénéficiaires de ces activités. Elles participent ainsi à la réduction des inégalités sociales et culturelles, notamment entre les femmes et les hommes ;

« 4º Elles ont pour objectif de concourir au développement durable, à la transition énergétique, à la promotion culturelle ou à la solidarité internationale, dès lors que leur activité contribue également à produire un impact soit par le soutien à des publics vulnérables, soit par le maintien ou la recréation de solidarités territoriales, soit par la participation à l'éducation à la citoyenneté. »

Art. 3 I. — Le Conseil supérieur de l'économie sociale et solidaire adopte, sur proposition de ses membres, un guide définissant les conditions d'amélioration continue des bonnes pratiques des entreprises de l'économie sociale et solidaire définies à l'article 1er de la présente loi.

Ces conditions tiennent compte des spécificités de chacune des différentes formes juridiques d'entreprise de l'économie sociale et solidaire et des obligations légales, réglementaires et conventionnelles existantes répondant déjà, totalement ou partiellement, aux informations demandées.

Le conseil détermine les conditions dans lesquelles ces informations sont portées à la connaissance des salariés.

Ces bonnes pratiques concernent notamment :

1º Les modalités effectives de gouvernance démocratique ;

2º La concertation dans l'élaboration de la stratégie de l'entreprise ;

3º La territorialisation de l'activité économique et des emplois ;

4º La politique salariale et l'exemplarité sociale, la formation professionnelle, les négociations annuelles obligatoires, la santé et la sécurité au travail et la qualité des emplois ;

5º Le lien avec les usagers et la réponse aux besoins non couverts des populations ;

6º La situation de l'entreprise en matière de diversité, de lutte contre les discriminations et d'égalité réelle entre les femmes et les hommes en matière d'égalité professionnelle et de présence dans les instances dirigeantes élues.

II. — A l'occasion de la tenue de leur assemblée générale annuelle, les entreprises de l'économie sociale et solidaire présentent des informations sur l'application des pratiques définies par le guide et, le cas échéant, organisent un débat sur les réalisations et les objectifs de progrès concernant les pratiques mentionnées au I.

III. — Ce guide est adopté au plus tard douze mois après la publication du décret en Conseil d'État prévu au VII de l'article 4 de la présente loi. Le Conseil supérieur de l'économie sociale et solidaire suit l'application de ce guide et publie tous les trois ans un rapport d'évaluation du dispositif comprenant des données qualitatives et statistiques.

IV. — Le II s'applique au plus tard deux ans après la publication du guide pour les entreprises de moins de deux cent cinquante salariés et au plus tard un an après cette publication pour les entreprises d'au moins deux cent cinquante salariés. Les modalités de calcul des effectifs autres que salariés présents dans l'entreprise sont précisées par décret. — *V. Décr. nº 2016-1593 du 24 nov. 2016 (JO 26 nov.).*

BIBL. ▶ DURAND, *D. 2014. 1645* (le principe *« comply or explain »* appliqué aux entreprises sociales et solidaires : se conformer, sans pouvoir se justifier).

Arrêté du 7 juin 2016,

Relatif à l'Observatoire des délais de paiement.

Art. 1er Il est institué un Observatoire des délais de paiement dont l'objet est de réaliser, à la demande des pouvoirs publics et des commissions ou organismes publics compétents en matière de modalités de paiement des entreprises, des analyses et études économiques fondées sur des observations statistiques des comportements des entreprises en la matière. L'Observatoire peut aussi être consulté par le ministre chargé de l'économie sur toutes questions économiques concernant les délais de paiement.

Art. 2 Sont membres de l'Observatoire des délais de paiement :

Un président, désigné par arrêté du ministre chargé de l'économie ;

(Arr. du 22 nov. 2021, art. 1er) « Un vice-président, désigné par arrêté du ministre chargé de l'économie, sur proposition du gouverneur de la Banque de France ; »

Un représentant du Mouvement des entreprises de France ;

Un représentant de la Confédération générale des petites et moyennes entreprises ;

Un représentant de l'Union professionnelle artisanale ;

Un représentant du Groupe des fédérations industrielles ;

Un représentant du Conseil national du commerce ;

Un représentant de la Confédération française du commerce interentreprises ;

Un représentant de l'Association des régions de France ;

Un représentant de l'Association des départements de France ;

Un représentant de l'Association des maires de France ;

Un représentant de la Fédération hospitalière de France ;

Un représentant de la Fédération bancaire française ;

Un représentant de l'Association des sociétés financières ;

Trois personnalités qualifiées nommées par arrêté du ministre chargé de l'économie en raison de leurs compétences dans les domaines des relations interentreprises ;

Le directeur général du Trésor ou son représentant ;

Le directeur général de la concurrence, de la consommation et de la répression des fraudes ou son représentant ;

Le directeur général des finances publiques ou son représentant ;

Le directeur général des entreprises ou son représentant ;

Le directeur général de l'Institut national de la statistique et des études économiques ou son représentant ;

Le directeur général des collectivités locales ou son représentant ;

Le directeur général de la sécurité sociale ou son représentant ;

Le directeur général des activités fiduciaires et de place à la Banque de France ou son représentant.

Art. 3 L'Observatoire des délais de paiement publie tous les ans un rapport comportant un bilan de l'évolution des délais de paiement.

Son secrétariat est assuré par la Banque de France.

Le président peut associer aux travaux de l'Observatoire des participants invités.

Art. 4 L'arrêté du 29 juin 2006 relatif à l'Observatoire des délais de paiement est abrogé.

Règlement (UE) 2019/1150 du Parlement européen et du Conseil du 20 juin 2019,

Promouvant l'équité et la transparence pour les entreprises utilisatrices de services d'intermédiation en ligne.

V. C. ***consom.***

Ordonnance n° 2020-306 du 25 mars 2020,

Relative à la prorogation des délais échus pendant la période d'urgence sanitaire et à l'adaptation des procédures pendant cette même période.

V. Circ. NOR : JUSC2008608C du 26 mars 2020 de présentation des dispositions du titre Ier de l'ordonnance no 2020-306 du 25 mars 2020 relative à la prorogation des délais échus pendant la période d'urgence sanitaire et à l'adaptation des procédures pendant cette même période. — V. aussi Circ. NOR : JUSC2009856C du 17 avr. 2020 de présentation des dispositions du titre I de l'ordonnance no 2020-427 du 15 avril 2020 portant diverses dispositions en matière de délais pour faire face à l'épidémie de covid-19.

BIBL. ▶ DESHAYES, *D. 2020. 831* (la prorogation des délais en période de Covid-19 : quels effets sur les contrats ?).

TITRE PREMIER Dispositions générales relatives à la prorogation des délais

Art. 1er I. — Les dispositions du présent titre sont applicables aux délais et mesures qui ont expiré ou qui expirent entre le 12 mars 2020 et *(Ord. no 2020-560 du 13 mai 2020, art. 1er)* « le 23 juin 2020 inclus ».

II. — Les dispositions du présent titre ne sont pas applicables :

1° Aux délais et mesures résultant de l'application de règles de droit pénal et de procédure pénale, ou concernant les élections régies par le code électoral et les consultations auxquelles ce code est rendu applicable ;

2° Aux délais concernant l'édiction et la mise en œuvre de mesures privatives de liberté ;

(Ord. n° 2020-427 du 15 avr. 2020, art. 1er) « 3° Aux délais concernant les procédures d'inscription dans un établissement d'enseignement ou d'inscription à un examen conduisant à la délivrance d'un diplôme ;

« 3° *bis* Aux délais dont le respect conditionne l'accès aux corps, cadres d'emploi, emplois ou grades de la fonction publique ainsi que le bénéfice de mutations, détachements, mises à disposition ou autres affectations des agents publics ; »

4° Aux obligations financières et garanties y afférentes mentionnées aux articles L. 211-36 et suivants du code monétaire et financier ;

(Ord. n° 2020-427 du 15 avr. 2020, art. 1er) « 4° *bis* Aux obligations qui résultent, pour les personnes mentionnées à l'article L. 561-2 du code monétaire et financier, de la section IV du chapitre Ier ainsi que du chapitre II du titre VI du livre V du même code ;

« 4° *ter* Aux obligations de déclaration prévues par les articles L. 512-3 du code des assurances et L. 546-2 du code monétaire et financier, pour les personnes tenues de s'immatriculer au registre unique mentionné aux articles L. 512-1 du code des assurances et L. 546-1 du code monétaire et financier, ainsi que pour leurs mandants, les entreprises d'assurance auprès desquelles ils ont souscrit un contrat au titre de leur responsabilité civile professionnelle et les établissements de crédit ou les sociétés de financement auprès desquels ils ont souscrit une garantie financière ;

« 4° *quater* Aux obligations, notamment de déclaration et de notification imposées en application des livres II, IV, V et VI du code monétaire et financier aux entités, personnes, offres et opérations mentionnées à l'article L. 621-9 du même code ainsi qu'aux obligations imposées en application du I et II de l'article L. 233-7 du code de commerce. »

(Ord. n° 2020-666 du 3 juin 2020, art. 1er) « Toutefois, les dispositions du présent titre sont applicables à l'obligation mentionnée au dernier alinéa du I des articles L. 214-17-2 et L. 214-24-51 et à l'article L. 214-52 du code monétaire et financier. Elles sont également applicables à l'obligation de respecter, au plus tard lors de l'inventaire de clôture de l'exercice suivant celui au cours duquel le fonds de capital investissement a été constitué, les quotas d'investissement mentionnés au V de l'article L. 214-28, au dernier alinéa du I de l'article L. 214-30, au A du V de l'article L. 214-31 et au I de l'article L. 214-159 du même code, dès lors que cette obligation devait être remplie à une échéance fixée entre le 12 mars et le 30 juin 2020 inclus ; »

(Ord. n° 2020-427 du 15 avr. 2020, art. 1er) « 4° *quinquies* Aux délais concernant les déclarations prévues aux articles L. 152-1, L. 721-2, L. 741-4, L. 751-4, L. 761-3 et L. 771-1 du code monétaire et financier ; »

5° Aux délais et mesures ayant fait l'objet d'autres adaptations particulières par la loi du 23 mars 2020 d'urgence pour faire face à l'épidémie de Covid-19 ou en application de celle-ci ;

(Ord. n° 2020-427 du 15 avr. 2020, art. 1er) « 6° Aux délais concernant les déclarations relatives aux produits chimiques et aux installations fabriquant, stockant, traitant ou consommant de tels produits, mentionnées aux articles L. 2342-8 à L. 2342-21 du code de la défense ;

« 7° Aux délais de demande de restitution de l'enfant déclaré pupille de l'État à titre provisoire, tels que définis au deuxième alinéa de l'article L. 224-6 du code de l'action sociale et des familles ;

« 8° Aux demandes d'aides ainsi qu'aux déclarations et formalités nécessaires pour bénéficier des différents régimes d'aides relevant de la politique agricole commune ;

« 9° Aux délais, régis par le code de l'environnement ou le code de la défense, concernant les déclarations d'accident ou d'incident nucléaire ainsi que toute autre procédure de déclaration, d'information ou d'alerte ou acte destiné à assurer la sécurité nucléaire et la protection des installations, des matières et des équipements nucléaires ainsi que celles du transport des substances radioactives et des matières nucléaires ;

« 10° Aux délais dans lesquels doivent être présentées les demandes d'attribution de logements destinés aux étudiants et gérés par les centres régionaux des œuvres universitaires et scolaires ;

« 11° Aux délais accordés par des procédures d'appels à projets aux personnes souhaitant concourir à la réalisation de politiques publiques et bénéficier à ce titre d'aides publiques » ;

(Ord. n° 2020-560 du 13 mai 2020, art. 1er) « 12° Aux délais pour l'établissement des actes de l'état civil relatant des événements survenus à compter du 24 mai 2020 » ;

(Ord. n° 2020-666 du 3 juin 2020, art. 1er) « 13° Aux délais de livraisons mentionnés dans les contrats portant sur le transfert de la propriété ou la livraison de marchandises d'origine

agricole fongibles non périssables et sèches et des produits de leur première transformation, ainsi qu'aux délais mentionnés dans les contrats d'affrètement maritime et fluvial de ces marchandises et produits. » — *Le 13° s'applique aux contrats en cours à l'expiration d'un délai de sept jours suivant la date de l'entrée en vigueur de l'Ord. n° 2020-666 du 3 juin 2020 (Ord. préc., art. 4).*

III. — Les dispositions du présent titre sont applicables aux mesures restrictives de liberté et aux autres mesures limitant un droit ou une liberté constitutionnellement garanti, sous réserve qu'elles n'entraînent pas une prorogation au-delà du 30 juin 2020.

Art. 2 Tout acte, recours, action en justice, formalité, inscription, déclaration, notification ou publication prescrit par la loi ou le règlement à peine de nullité, sanction, caducité, forclusion, prescription, inopposabilité, irrecevabilité, péremption, désistement d'office, application d'un régime particulier, non avenu ou déchéance d'un droit quelconque et qui aurait dû être accompli pendant la période mentionnée à l'article 1er sera réputé avoir été fait à temps s'il a été effectué dans un délai qui ne peut excéder, à compter de la fin de cette période, le délai légalement imparti pour agir, dans la limite de deux mois.

Il en est de même de tout paiement prescrit par la loi ou le règlement en vue de l'acquisition ou de la conservation d'un droit.

(Ord. n° 2020-427 du 15 avr. 2020, art. 2) « Le présent article n'est pas applicable aux délais de réflexion, de rétractation ou de renonciation prévus par la loi ou le règlement, ni aux délais prévus pour le remboursement de sommes d'argent en cas d'exercice de ces droits. » — *Cette modification a un caractère interprétatif (Ord. n° 2020-427 du 15 avr. 2020, art. 2, al. 3).*

(Ord. n° 2020-666 du 3 juin 2020, art. 2) « Lorsque les dispositions du présent article s'appliquent à un délai d'opposition ou de contestation, elles n'ont pas pour effet de reporter la date avant laquelle l'acte subordonné à l'expiration de ce délai ne peut être légalement accompli ou produire ses effets ou avant laquelle le paiement ne peut être libératoire. » — *Cette modification a un caractère interprétatif (Ord. n° 2020-666 du 3 juin 2020, art. 2, al. 3).*

Art. 3 Les mesures administratives ou juridictionnelles suivantes et dont le terme vient à échéance au cours de la période définie au I de l'article 1er sont prorogées de plein droit jusqu'à l'expiration d'un délai de *(Ord. n° 2020-560 du 13 mai 2020, art. 1er)* « trois » mois suivant la fin de cette période :

1° Mesures conservatoires, d'enquête, d'instruction, de conciliation ou de médiation ;

2° Mesures d'interdiction ou de suspension qui n'ont pas été prononcées à titre de sanction ;

3° Autorisations, permis et agréments ;

4° Mesures d'aide, d'accompagnement ou de soutien aux personnes en difficulté sociale ;

(Abrogé par Ord. n° 2020-595 du 20 mai 2020, art. 15) « ***5° Mesures judiciaires d'aide à la gestion du budget familial.*** »

(Ord. n° 2020-427 du 15 avr. 2020, art. 3) « Les dispositions du présent article ne font pas obstacle à l'exercice, par le juge ou l'autorité compétente, de ses compétences pour modifier ces mesures ou y mettre fin, ou, lorsque les intérêts dont il a la charge le justifient, pour prescrire leur application ou en ordonner de nouvelles en fixant un délai qu'il détermine. Dans tous les cas, le juge ou l'autorité compétente tient compte, dans la détermination des prescriptions ou des délais à respecter, des contraintes liées à l'état d'urgence sanitaire. »

Art. 4 Les astreintes, les clauses pénales, les clauses résolutoires ainsi que les clauses prévoyant une déchéance, lorsqu'elles ont pour objet de sanctionner l'inexécution d'une obligation dans un délai déterminé, sont réputées n'avoir pas pris cours ou produit effet, si ce délai a expiré pendant la période définie au I de l'article 1er.

(Ord. n° 2020-427 du 15 avr. 2020, art. 4) « Si le débiteur n'a pas exécuté son obligation, la date à laquelle ces astreintes prennent cours et ces clauses produisent leurs effets est reportée d'une durée, calculée après la fin de cette période, égale au temps écoulé entre, d'une part, le 12 mars 2020 ou, si elle est plus tardive, la date à laquelle l'obligation est née et, d'autre part, la date à laquelle elle aurait dû être exécutée.

« La date à laquelle ces astreintes prennent cours et ces clauses prennent effet, lorsqu'elles ont pour objet de sanctionner l'inexécution d'une obligation, autre que de sommes d'argent, dans un délai déterminé expirant après la période définie au I de l'article 1er, est reportée d'une durée égale au temps écoulé entre, d'une part, le 12 mars 2020 ou, si elle est plus tardive, la date à laquelle l'obligation est née et, d'autre part, la fin de cette période. »

Le cours des astreintes et l'application des clauses pénales qui ont pris effet avant le 12 mars 2020 sont suspendus pendant la période définie au I de l'article 1er.

Art. 5 Lorsqu'une convention ne peut être résiliée que durant une période déterminée ou qu'elle est renouvelée en l'absence de dénonciation dans un délai déterminé, cette période ou ce délai sont prolongés s'ils expirent durant la période définie au I de l'article 1er, de deux mois après la fin de cette période.

Ordonnance n° 2020-316 du 25 mars 2020,

Relative au paiement des loyers, des factures d'eau, de gaz et d'électricité afférents aux locaux professionnels des entreprises dont l'activité est affectée par la propagation de l'épidémie de covid-19.

Art. 1er Peuvent bénéficier des dispositions des articles 2 à 4 les personnes physiques et morales de droit privé exerçant une activité économique qui sont susceptibles de bénéficier du fonds de solidarité mentionné à l'article 1er de l'ordonnance n° 2020-317 du 25 mars 2020 susvisée *[portant création d'un fonds de solidarité à destination des entreprises particulièrement touchées par les conséquences économiques, financières et sociales de la propagation de l'épidémie de covid-19 et des mesures prises pour limiter cette propagation]*. Celles qui poursuivent leur activité dans le cadre d'une procédure de sauvegarde, de redressement judiciaire ou de liquidation judiciaire peuvent également bénéficier de ces dispositions au vu de la communication d'une attestation de l'un des mandataires de justice désignés par le jugement qui a ouvert cette procédure.

Les critères d'éligibilité aux dispositions mentionnées ci-dessus sont précisés par décret, lequel détermine notamment les seuils d'effectifs et de chiffre d'affaires des personnes concernées ainsi que le seuil de perte de chiffre d'affaires constatée du fait de la crise sanitaire.

Décret n° 2020-378 du 31 mars 2020,

Relatif au paiement des loyers, des factures d'eau, de gaz et d'électricité afférents aux locaux professionnels des entreprises dont l'activité est affectée par la propagation de l'épidémie de covid-19.

Art. 1er Peuvent bénéficier des dispositions des articles 2 à 4 de l'ordonnance n° 2020-316 susvisée les personnes physiques et personnes morales de droit privé résidentes fiscales françaises exerçant une activité économique, remplissant les conditions et critères définis aux 1° et 3° à 8° de l'article 1er et aux 1° et 2° de l'article 2 du décret n° 2020-371 susvisé *[V. ce texte, infra]*.

Art. 2 Les personnes mentionnées à l'article 1er justifient qu'elles remplissent les conditions pour bénéficier des dispositions des articles 2 à 4 de l'ordonnance n° 2020-316 susvisée en produisant une déclaration sur l'honneur attestant du respect des conditions prévues à l'article 1er du présent décret et de l'exactitude des informations déclarées.

Elles présentent en outre l'accusé-réception du dépôt de leur demande d'éligibilité au fonds de solidarité ou, lorsqu'elles ont déposé une déclaration de cessation de paiements ou sont en difficulté au sens de l'article 2 du règlement (UE) n° 651/2014 de la Commission du 17 juin 2014 déclarant certaines catégories d'aides compatibles avec le marché intérieur en application des articles 107 et 108 du traité, le cas échéant, une copie du dépôt de la déclaration de cessation de paiements ou du jugement d'ouverture d'une procédure collective.

Art. 3 Le présent décret est applicable à Wallis-et-Futuna.

Art. 2 A compter de l'entrée en vigueur de la présente ordonnance et jusqu'à la date de cessation de l'état d'urgence sanitaire déclaré par l'article 4 de la loi du 23 mars 2020 susvisée *[n° 2020-290, d'urgence pour faire face à l'épidémie de covid-19]*, ne peuvent procéder à la suspension, à l'interruption ou à la réduction, y compris par résiliation de contrat, de la fourniture d'électricité, de gaz ou d'eau aux personnes mentionnées à l'article 1er pour non-paiement par ces dernières de leurs factures :

1° Les fournisseurs d'électricité titulaires de l'autorisation mentionnée à l'article L. 333-1 du code de l'énergie ;

2° Les fournisseurs de gaz titulaires de l'autorisation mentionnée à l'article L. 443-1 du même code ;

3° Les fournisseurs et services distribuant l'eau potable pour le compte des communes compétentes au titre de l'article L. 2224-7-1 du code général des collectivités territoriales.

En outre, les fournisseurs d'électricité ne peuvent procéder au cours de la même période à une réduction de la puissance distribuée aux personnes concernées.

Les personnes mentionnées à l'article 1er attestent qu'elles remplissent les conditions pour bénéficier des dispositions du présent article, selon les modalités précisées par le décret mentionné au second alinéa de l'article 1er.

Art. 3 A compter de l'entrée en vigueur de la présente ordonnance, les fournisseurs d'électricité titulaires de l'autorisation mentionnée à l'article L. 333-1 du code de l'énergie et les fournisseurs de gaz titulaires de l'autorisation mentionnée à l'article L. 443-1 du même code alimentant plus de 100 000 clients, les fournisseurs d'électricité qui interviennent dans les zones non interconnectées au réseau métropolitain continental, les entreprises locales de distribution définies à l'article L. 111-54 du même code ainsi que les fournisseurs et services distribuant l'eau potable pour le compte des communes compétentes au titre de l'article L. 2224-7-1 du code général des collectivités territoriales sont tenus, à la demande des personnes mentionnées à l'article 1er, de leur accorder le report des échéances de paiement des factures exigibles entre le 12 mars 2020 et la date de cessation de l'état d'urgence sanitaire déclaré par l'article 4 de la loi du 23 mars 2020 précitée et non encore acquittées. Ce report ne peut donner lieu à des pénalités financières, frais ou indemnités à la charge des personnes précitées.

Le paiement des échéances ainsi reportées est réparti de manière égale sur les échéances de paiement des factures postérieures au dernier jour du mois suivant la date de fin de l'état d'urgence sanitaire, sur une durée ne pouvant être inférieure à six mois.

Lorsqu'elles demandent à leur fournisseur le rééchelonnement du paiement des factures, les personnes mentionnées à l'article 1er attestent qu'elles remplissent les conditions pour bénéficier des dispositions du présent article, selon les modalités précisées par le décret mentionné au second alinéa de l'article 1er.

Art. 4 Les personnes mentionnées à l'article 1er ne peuvent encourir de pénalités financières ou intérêts de retard, de dommages-intérêts, d'astreinte, d'exécution de clause résolutoire, de clause pénale ou de toute clause prévoyant une déchéance, ou d'activation des garanties ou cautions, en raison du défaut de paiement de loyers ou de charges locatives afférents à leurs locaux professionnels et commerciaux, nonobstant toute stipulation contractuelle et les dispositions des articles L. 622-14 et L. 641-12 du code de commerce.

Les dispositions ci-dessus s'appliquent aux loyers et charges locatives dont l'échéance de paiement intervient entre le 12 mars 2020 et l'expiration d'un délai de deux mois après la date de cessation de l'état d'urgence sanitaire déclaré par l'article 4 de la loi du 23 mars 2020 précitée.

Ordonnance n° 2020-317 du 25 mars 2020,

Portant création d'un fonds de solidarité à destination des entreprises particulièrement touchées par les conséquences économiques, financières et sociales de la propagation de l'épidémie de covid-19 et des mesures prises pour limiter cette propagation.

Art. 1er Il est institué *(Ord. n° 2020-705 du 10 juin 2020, art. 1er ; L. n° 2021-953 du 19 juill. 2021, art. 28 ; L. n° 2021-1900 du 30 déc. 2021, art. 129)* « , jusqu'au 31 décembre 2021, » un fonds de solidarité ayant pour objet le versement d'aides financières aux personnes physiques et morales de droit privé exerçant une activité économique particulièrement touchées par les conséquences économiques, financières et sociales de la propagation du Covid-19 et des mesures prises pour en limiter la propagation.

Sa durée d'intervention peut être prolongée par décret pour une durée d'au plus *(L. n° 2021-1900 du 30 déc. 2021, art. 129)* « six » mois. — *En application de l'art. 1er de l'Ord. n° 2020-317 du 25 mars 2020, la durée d'intervention du fonds de solidarité est prolongée jusqu'au 30 juin 2022 (Décr. n° 2022-347 du 12 mars 2022, art. 2).*

Dès lors que cette mesure est considérée comme conforme au droit de l'Union européenne en matière d'aides d'État, les aides versées par le fonds de solidarité sont exonérées d'impôt sur les sociétés, d'impôt sur le revenu et de toutes les contributions et cotisations sociales d'origine légale ou conventionnelle. Il n'est pas tenu compte du montant de ces aides pour l'appréciation des limites prévues aux art. 50-0, 69, 102 ter, 151 septies et 302 septies A bis CGI (L. n° 2020-473 du 25 avr. 2020, art. 1er).

Art. 2 Le fonds de solidarité est financé par l'État, et peut également l'être, sur une base volontaire, par les régions, les collectivités de Saint-Barthélemy, Saint-Martin, Saint-Pierre-et-Miquelon, Wallis-et-Futuna, la Polynésie française, la Nouvelle-Calédonie et toute autre collectivité territoriale ou établissement public de coopération intercommunale à fiscalité propre.

Le montant et les modalités de cette contribution sont définis dans le cadre d'une convention conclue entre l'État et chaque collectivité territoriale ou établissement public de coopération intercommunale à fiscalité propre volontaire.

Art. 3 Un décret fixe le champ d'application du dispositif, les conditions d'éligibilité et d'attribution des aides, leur montant ainsi que les conditions de fonctionnement et de gestion du fonds.

L'État peut conclure avec la Polynésie française et la Nouvelle-Calédonie une convention définissant les conditions dans lesquelles ces collectivités distribuent des aides aux entreprises situées sur leur territoire.

Décret n° 2020-371 du 30 mars 2020,

Relatif au fonds de solidarité à destination des entreprises particulièrement touchées par les conséquences économiques, financières et sociales de la propagation de l'épidémie de covid-19 et des mesures prises pour limiter cette propagation 🏛.

Décret n° 2020-1049 du 14 août 2020,

Adaptant pour les discothèques certaines dispositions du décret n° 2020-371 du 30 mars 2020 relatif au fonds de solidarité à destination des entreprises particulièrement touchées par les conséquences économiques, financières et sociales de la propagation de l'épidémie de covid-19 et des mesures prises pour limiter cette propagation 🏛.

Art. 3-1 *(Ord. n° 2020-460 du 22 avr. 2020, art. 18, en vigueur le 27 mars 2020)* I. — Les aides versées au titre du fonds le sont sur la base d'éléments déclaratifs prévus par décret.

Sous réserve des dispositions du troisième alinéa du II, elles sont insaisissables.

II. — Les documents attestant du respect des conditions d'éligibilité au fonds et du correct calcul du montant de l'aide sont conservés par le bénéficiaire pendant cinq années à compter de la date de versement de cette dernière.

Les agents de la direction générale des finances publiques *(Ord. n° 2020-705 du 10 juin 2020, art. 2)* « et les agents publics affectés dans les services déconcentrés des administrations civiles de l'État » peuvent demander à tout bénéficiaire du fonds communication de tout document relatif à son activité, notamment administratif ou comptable, permettant de justifier de son éligibilité et du correct montant de l'aide reçue pendant cinq années à compter de la date de son versement. Le bénéficiaire dispose d'un délai d'un mois pour produire ces justifications à compter de la date de la demande.

En cas d'irrégularités constatées, d'absence de réponse ou de réponse incomplète à la demande prévue au premier alinéa, les sommes indûment perçues font l'objet d'une récupération selon les règles et procédures applicables en matière de créances étrangères à l'impôt et au domaine.

La procédure prévue au présent II ne constitue pas une procédure de contrôle de l'impôt.

(Ord. n° 2020-705 du 10 juin 2020, art. 2) « III. — Les organismes et services chargés de la gestion d'un régime obligatoire de sécurité sociale ainsi que les organismes chargés du recouvrement de leurs ressources communiquent à la direction générale des finances publiques, spontanément ou à sa demande, tous les renseignements et documents nécessaires à l'instruction des demandes tendant à l'obtention des aides financières prévues par la présente ordonnance ainsi qu'au contrôle des aides octroyées.

« Les services de l'État, les collectivités territoriales et les établissements publics mentionnés à l'article 2 procèdent aux échanges de données strictement nécessaires à l'instruction des demandes d'aides financières, au contrôle de celles-ci, à la gestion du fonds et au suivi du dispositif.

« Un décret détermine les modalités des échanges de données qui sont réalisés en application du présent III. »

Art. 4 La présente ordonnance est applicable sur l'ensemble du territoire de la République *L. n° 2021-1900 du 30 déc. 2021, art. 129)* « , dans sa rédaction résultant de la loi n° 2021-1900 du 30 décembre 2021 de finances pour 2022 » *(Ord. n° 2020-460 du 22 avr. 2020, art. 18, en vigueur le 27 mars 2020)* « , sous réserve des dispositions de l'article 3-1 ».

Décret n° 2021-310 du 24 mars 2021,

Instituant une aide visant à compenser les coûts fixes non couverts des entreprises dont l'activité est particulièrement affectée par l'épidémie de covid-19 🏛.

Décret n° 2021-624 du 20 mai 2021,

Instituant une aide à la reprise et à la création visant à soutenir les entreprises ayant repris ou créé un fonds de commerce en 2020 et dont l'activité est particulièrement affectée par l'épidémie de covid-19 (Décr. n° 2021-1337 du 14 oct. 2021, art. 1er) 🏛.

Loi n° 2021-689 du 31 mai 2021,

Relative à la gestion de la sortie de crise sanitaire.

Art. 13 I. — A. — Il est institué une procédure de traitement de sortie de crise ouverte sur demande d'un débiteur mentionné à l'article L. 620-2 du code de commerce qui, étant en cessation des paiements, dispose cependant des fonds disponibles pour payer ses créances salariales et justifie être en mesure, dans les délais prévus au présent article, d'élaborer un projet de plan tendant à assurer la pérennité de l'entreprise.

La procédure ne peut être ouverte qu'à l'égard d'un débiteur dont le nombre de salariés et le total de bilan sont inférieurs à des seuils fixés par décret et dont les comptes apparaissent réguliers, sincères et aptes à donner une image fidèle de la situation financière de l'entreprise.

L'ouverture de la procédure est examinée en présence du ministère public.

B. — Le tribunal désigne un mandataire inscrit sur la liste prévue à l'article L. 811-2 du code de commerce ou sur celle prévue à l'article L. 812-2 du même code. Par décision spécialement motivée, il peut désigner une autre personne dans les conditions prévues aux mêmes articles L. 811-2 et L. 812-2. Les troisième et quatrième alinéas de l'article L. 621-4 et l'article L. 621-4-1 dudit code ne sont pas applicables.

Le mandataire ainsi désigné exerce les fonctions prévues aux articles L. 622-1, à l'exception de toute mission d'assistance, et L. 622-20 du même code.

C. — Les contrôleurs sont désignés dans les conditions prévues à l'article L. 621-10 du code de commerce. Le deuxième alinéa du même article L. 621-10 n'est pas applicable.

D. — Le jugement ouvre une période d'observation d'une durée de trois mois. Au plus tard au terme d'un délai de deux mois à compter du jugement d'ouverture, le tribunal ordonne la poursuite de la période d'observation s'il lui apparaît que le débiteur dispose à cette fin de capacités de financement suffisantes.

E. — Le ministère public saisit le tribunal à l'effet de mettre fin à la procédure de traitement de sortie de crise s'il apparaît que le débiteur ne sera pas en mesure de proposer un plan, avec l'assistance du mandataire désigné, dans le délai de trois mois mentionné au D du I du présent article. Le tribunal peut également être saisi aux mêmes fins par le mandataire désigné ou le débiteur. Il est alors fait application, le cas échéant, du D du IV.

II. — A. — L'inventaire du patrimoine du débiteur ainsi que des garanties qui le grèvent est établi dans les conditions prévues aux articles L. 622-6 et L. 622-6-1 du code de commerce. Le tribunal peut dispenser le débiteur, à sa demande, de procéder à l'inventaire.

B. — Le débiteur établit la liste des créances de chaque créancier identifié dans ses documents comptables ou avec lequel il est lié par un engagement dont il peut justifier l'existence. Cette liste comporte les indications prévues aux deux premiers alinéas de l'article L. 622-25 du code de commerce. Elle fait l'objet d'un contrôle dont les modalités sont fixées par décret en Conseil d'État.

C. — La liste est déposée au greffe du tribunal par le débiteur. Le mandataire désigné *transmet* à chaque créancier figurant sur la liste l'extrait de cette liste déposée concernant sa créance. Dans des délais fixés par décret en Conseil d'État, les créanciers peuvent faire connaître au mandataire leur demande d'actualisation des créances mentionnées ou toute contestation sur le montant et l'existence de ces créances.

D. — Les engagements pour le règlement du passif, mentionnés à l'article L. 626-10 du code de commerce, peuvent être établis sur la base de la liste prévue au B du présent II, actualisée le cas échéant, dès lors que ces créances ne sont pas contestées.

III. — A. — La procédure de traitement de sortie de crise est soumise aux règles prévues au titre III du livre VI du code de commerce, sous réserve du présent article. Les III et IV de l'article L. 622-13, les sections I, III et IV du chapitre IV et le chapitre V du titre II du livre VI du même code ne sont pas applicables.

B. — En cas de contestation par un créancier de l'existence ou du montant de sa créance portée sur la liste établie par le débiteur, le juge-commissaire, saisi par le mandataire désigné, le débiteur ou le créancier, statue sur la créance dans les conditions fixées à l'article L. 624-2 du code de commerce. La décision du juge-commissaire n'a d'autorité qu'à l'égard des parties entendues ou convoquées. Les conditions et formes du recours contre sa décision sont fixées par décret en Conseil d'État.

IV. — A. — Le tribunal arrête le plan dans les conditions prévues au chapitre VI du titre II du livre VI du code de commerce, sous réserve du présent article. Toutefois, le plan ne peut comporter de dispositions relatives à l'emploi que le débiteur ne pourrait financer immédiatement. Le mandataire désigné exerce les fonctions confiées au mandataire judiciaire par le même chapitre VI.

B. — Le plan ne peut affecter que les créances mentionnées sur la liste prévue au B du II du présent article, nées antérieurement à l'ouverture de la procédure. Il ne peut affecter les créances nées d'un contrat de travail, les créances alimentaires, les créances d'origine délictuelle, ni celles d'un montant inférieur à une somme fixée par décret en Conseil d'État.

C. — Le montant des annuités prévues par le plan à compter de la troisième ne peut être inférieur à 8 % du passif établi par le débiteur.

D. — A défaut de plan arrêté dans le délai de trois mois prévu au D du I, le tribunal, à la demande du débiteur, du mandataire désigné ou du ministère public, ouvre une procédure de redressement judiciaire, si les conditions prévues à l'article L. 631-1 du code de commerce sont réunies, ou prononce la liquidation judiciaire, si les conditions prévues à l'article L. 640-1 du même code sont réunies. Cette décision met fin à la procédure. La durée de la période d'observation de la procédure de traitement de sortie de crise s'ajoute à celle de la période définie à l'article L. 631-8 dudit code.

V. — Les titres VI et VIII du livre VI du code de commerce sont applicables à la procédure de traitement de sortie de crise prévue au présent article.

VI. — Le présent article est applicable à Wallis-et-Futuna.

VII. — Le présent article s'applique aux procédures ouvertes à compter du premier jour suivant la publication de la présente loi et aux demandes formées avant l'expiration d'un délai de deux ans à compter de cette même date.

V. Décr. nos 2021-1354 et 2021-1355 du 16 oct. 2021.

BIBL. ▶ DE RAVEL D'ESCLAPON et GUYOMARD, *D. 2021. 1486* (la nouvelle procédure de traitement de sortie de crise). – SAINTOURENS, *RPC 2021. Étude 19* (procédure collective de traitement de sortie de crise : un important complément réglementaire).

Décret n° 2021-943 du 16 juillet 2021,

Instituant une aide visant à compenser les coûts fixes non couverts des entreprises dont l'activité est particulièrement affectée par l'épidémie de covid-19 et qui ont été créées après le 1er janvier 2019.

Décret n° 2021-960 du 20 juillet 2021,

Instituant une aide visant à soutenir les entreprises multi-activités dont l'activité est particulièrement affectée par l'épidémie de covid-19.

Décret n° 2021-1354 du 16 octobre 2021,

Relatif à la procédure de traitement de sortie de crise.

CHAPITRE PREMIER *Dispositions spécifiques à la procédure de traitement de sortie de crise*

Art. 1er La demande d'ouverture de la procédure de traitement de sortie de crise est déposée par le représentant légal de la personne morale ou par le débiteur personne physique au greffe du tribunal compétent. Elle précise s'il s'engage à établir l'inventaire, qui sera remis au mandataire désigné conformément au B du I de l'article 13 de la loi *[n° 2021-689]* du 31 mai 2021 susvisée, dans les conditions prévues à l'article L. 622-6-1 du code de commerce ainsi que le délai nécessaire à l'établissement de celui-ci, ou s'il demande à en être dispensé, ou s'il demande la désignation de l'une des personnes mentionnées à l'article L. 622-6-1 pour y procéder à sa place.

A cette demande sont jointes, outre les comptes annuels du dernier exercice, les pièces suivantes :

1° L'état du passif exigible et de l'actif disponible ainsi qu'une déclaration de cessation des paiements ; lorsque l'activité en difficulté est exercée par un entrepreneur individuel à responsabilité limitée, cet état est complété, le cas échéant, par la liste des autres créances dont le paiement est poursuivi sur le patrimoine en cause ;

2° Un extrait d'immatriculation aux registres et répertoires mentionnés à l'article R. 621-8 du code de commerce et à l'article L. 526-7 du même code ou, le cas échéant, le numéro unique d'identification ;

3° Une situation de trésorerie ;

4° Un compte de résultat prévisionnel ;

5° Le nombre des salariés employés à la date de la demande et le total du bilan ainsi que le montant du chiffre d'affaires, défini conformément au sixième alinéa de l'article D. 123-200 du code de commerce, appréciés à la date de clôture du dernier exercice comptable ;

6° La justification du paiement des créances salariales, au sens de l'article L. 3253-1 du code du travail, échues et l'état chiffré des créances salariales à échoir ; à défaut, le débiteur peut attester sur l'honneur être à jour de ses obligations à l'égard de ses salariés ;

7° L'état chiffré des créances et des dettes avec l'indication selon le cas, du nom ou de la dénomination et du domicile ou siège des créanciers ainsi que, par créancier ou débiteur, le montant total des sommes à payer et à recouvrer au cours d'une période de trente jours à compter de la demande ; lorsque la demande est formée par un entrepreneur individuel à responsabilité limitée pour l'activité à laquelle un patrimoine a été affecté, les dettes portées sur l'état chiffré sont celles qui sont affectées à ce patrimoine et celles qui sont nées à l'occasion de l'exercice de cette activité ;

8° L'état actif et passif des sûretés ainsi que celui des engagements hors bilan ;

9° L'inventaire sommaire des biens du débiteur ou, si un patrimoine a été affecté à l'activité en difficulté, des biens affectés à l'exercice de cette activité ;

10° S'il s'agit d'une personne morale comportant des membres responsables solidairement des dettes sociales, la liste de ceux-ci avec l'indication de leur nom et domicile ;

11° Le nom et l'adresse des représentants de la délégation du personnel du comité social et économique habilité à être entendus par le tribunal s'ils ont déjà été désignés ;

12° Une attestation sur l'honneur certifiant l'absence de mandat *ad hoc* ou de procédure de conciliation relative au patrimoine en cause dans les dix-huit mois précédant la date de la demande ou, dans le cas contraire, mentionnant la date de la désignation du mandataire *ad hoc* ou de l'ouverture de la procédure de conciliation ainsi que l'autorité qui y a procédé ;

13° Lorsque le débiteur exerce une profession libérale soumise à un statut législatif ou réglementaire ou dont le titre est protégé, la désignation de l'ordre professionnel ou de l'autorité dont il relève ;

14° Lorsque le débiteur exploite une ou des installations classées au sens du titre Ier du livre V du code de l'environnement, la copie de la décision d'autorisation ou d'enregistrement ou la déclaration.

Ces documents doivent être datés, signés et certifiés sincères et véritables par le débiteur. Ceux qui sont mentionnés aux 1°, 2°, 3°, 7°, 9° et 10° sont établis à la date de la demande ou dans les sept jours qui précèdent.

Dans le cas où l'un ou l'autre de ces documents ne peut être fourni ou ne peut l'être qu'incomplètement, la demande indique les motifs qui empêchent cette production.

Art. 2 Lorsque les comptes du débiteur n'ont pas été certifiés par un commissaire aux comptes, ou établis par un expert-comptable, le tribunal peut désigner un administrateur judiciaire, un mandataire judiciaire, un expert, un commissaire aux comptes ou un expert-comptable, dont il détermine la rémunération, afin d'assister le juge mentionné au quatrième alinéa de l'article L. 621-1 du code de commerce. Cette mission, confiée par le tribunal, porte sur le contrôle de la condition de qualité des comptes du débiteur définie par la deuxième phrase du A du I de l'article 13 de la loi du 31 mai 2021 susvisée. Elle peut également porter sur le respect, par l'employeur, de ses obligations relatives aux créances *salariales* au sens de *l'*article L. 3253-1 du code du travail. Elle ne peut excéder un mois.

Art. 3 Lorsque la demande d'ouverture de la procédure de traitement de sortie de crise a été faite alors que le débiteur était engagé dans une procédure de conciliation, le tribunal statue sur l'ouverture de la procédure après un rapport du conciliateur sur la situation comptable, économique et financière du débiteur.

Art. 4 Lorsqu'il apparaît que le débiteur ne remplit pas les conditions requises pour l'ouverture d'une procédure de traitement de sortie de crise, le tribunal rejette la demande.

Le jugement qui statue sur la demande d'ouverture de la procédure est notifié au débiteur par le greffier dans les huit jours de son prononcé.

Art. 5 Dans le jugement qui ouvre la procédure, le tribunal fixe la date de l'audience prévue par la dernière phrase du D du I de l'article 13 de la loi du 31 mai 2021 susvisée. Dans les huit jours de son prononcé, le greffier avise le ministère public ainsi que le mandataire désigné conformément au B du I du même article 13 de la date de cette audience et convoque, par lettre recommandée avec demande d'avis de réception, le débiteur ainsi que les représentants de la délégation du personnel du comité social et économique. Les contrôleurs désignés par le juge-commissaire sont convoqués dans les mêmes formes sans délai.

Art. 6 Dans les dix jours du jugement d'ouverture, le débiteur dépose au greffe la liste mentionnée au B du II de l'article 13 de la loi du 31 mai 2021 susvisée. Outre les éléments prévus par ce texte, la liste comporte les nom ou dénomination, siège ou domicile de chaque créancier avec l'indication du montant des sommes dues au jour du jugement d'ouverture, des sommes à échoir et de leur date d'échéance, de la nature de la créance, des sûretés et privilèges dont chaque créance est assortie. Elle indique l'objet des principaux contrats en cours. Elle précise également les modalités de calcul des intérêts dont le cours n'est pas arrêté.

Le greffier remet un exemplaire de la liste au mandataire désigné en application du B du I du même article 13. Celui-ci vérifie la conformité de la liste aux documents comptables de l'entreprise.

Si les informations portées sur cette liste et celles portées sur la liste prévue au 7° de l'article 1er du présent décret diffèrent, seules les premières sont prises en considération.

Art. 7 Le délai prévu au C du II de l'article 13 de la loi du 31 mai 2021 susvisée est d'un mois à compter soit de la publication du jugement d'ouverture au *Bulletin officiel des annonces civiles et commerciales* soit, si elle postérieure, de la date de la communication prévue à l'alinéa suivant.

Dans les huit jours suivant la remise par le greffier de la liste mentionnée au B du II de l'article 13 de la loi du 31 mai 2021 susvisée, le mandataire désigné communique par lettre recommandée avec demande d'avis de réception, ou, le cas échéant, par la voie du portail mentionné aux articles L. 814-2 et L. 814-13 du code de commerce, à chaque créancier concerné les informations relatives aux créances dont il est titulaire telles qu'elles résultent de la liste et porte à sa connaissance les dispositions du C du II du même article 13 ainsi que le délai fixé au présent article.

Art. 8 Le mandataire désigné informe, par lettre recommandée avec demande d'avis de réception, de l'ouverture de la procédure de traitement de sortie de crise, les personnes coobligées ou ayant consenti une sûreté personnelle ou ayant affecté un bien en garantie, dont l'existence a été portée à sa connaissance par le débiteur ou par tout autre moyen.

Lorsqu'une créance n'a pas été mentionnée sur la liste prévue par le B du II de l'article 13 de la loi 31 mai 2021 susvisée et est portée à sa connaissance, le mandataire désigné informe le créancier, s'il peut être identifié, par lettre simple de l'ouverture de la procédure et l'invite à préciser les caractéristiques de la créance qu'il invoque à l'égard du débiteur. Cette lettre reproduit les termes du présent alinéa ainsi que ceux du B du II et du B du IV de l'article 13 de la loi du 31 mai 2021 susvisée.

Lorsqu'une ou plusieurs créances omises sont de nature à remettre en cause la qualité des comptes de l'entreprise ou à compromettre l'exécution d'un plan de traitement de sortie de crise, le mandataire en informe sans délai le juge-commissaire.

Art. 9 Le juge-commissaire constate, sur la demande de tout intéressé, la résiliation de plein droit du bail des immeubles donnés à bail au débiteur et utilisés pour l'activité de l'entreprise lorsque le mandataire désigné conformément au B du I de l'article 13 de la loi du 31 mai 2021 susvisée a fait connaître sa décision de ne pas continuer le bail. Le mandataire désigné porte sur la liste des créances établie par le débiteur les dommages et intérêts auxquels donnent lieu la résiliation.

Art. 10 Le mandataire désigné par le tribunal établit la liste des créances mentionnées au I de l'article L. 622-17 du code de commerce dont il a connaissance. Il la transmet dès la cessation de ses fonctions au commissaire à l'exécution du plan, ou, à défaut, la dépose au greffe.

A l'issue du délai d'un an qui suit la fin de la période d'observation, le commissaire à l'exécution du plan dépose cette liste au greffe du tribunal, où tout intéressé peut en prendre connaissance.

Le greffier fait publier au *Bulletin officiel des annonces civiles et commerciales* une insertion indiquant ce dépôt et le délai pour présenter une contestation.

Tout intéressé peut contester cette liste devant le juge-commissaire dans un délai d'un mois à compter de la publication.

Les créances rejetées de cette liste par le juge-commissaire ne peuvent se voir imposer les délais mentionnés au quatrième alinéa de l'article L. 626-18 du code de commerce lorsqu'elles n'ont pas été mentionnées sur la liste prévue par le B du II de l'article 13 de la loi du 31 mai 2021 susvisée.

Art. 11 L'instance interrompue en application de l'article L. 622-22 du code de commerce est reprise à l'initiative du créancier demandeur, dès que celui-ci a mis en cause le mandataire désigné en application du B du I de l'article 13 de la loi du 31 mai 2021 susvisée, ou le commissaire à l'exécution du plan.

Les créances résultant de décisions passées en force de chose jugée rendues après reprise d'instance sont, à la demande de ce mandataire, ajoutées, s'il y a lieu, à la liste prévue au B du II du même article par le greffier du tribunal qui a ouvert la procédure.

Art. 12 I. – Le tribunal peut être saisi à tout moment pour statuer sur le projet de plan.

II. – Lorsque le délai de trois mois prévu au D du I de l'article 13 de la loi du 31 mai 2021 susvisée est écoulé, à défaut de plan arrêté, le tribunal met fin à la procédure de traitement de sortie de crise.

III. – Pour l'application du D du IV du même article 13, le tribunal est saisi par voie de requête. Le jugement qui ouvre la procédure de redressement ou de liquidation judiciaire met fin à la procédure de traitement de sortie de crise.

IV. – Dans les cas prévus aux II et III, le tribunal fait convoquer le débiteur, lorsqu'il n'est pas le demandeur, à la diligence du greffier, par lettre recommandée avec demande d'avis de réception. Lorsque le tribunal est saisi par voie de requête, elle est jointe à la convocation. Le ministère public et le mandataire désigné en application du B du I de l'article 13 de la loi du 31 mai 2021 susvisée sont avisés de la date de l'audience par le greffier.

V. – Le jugement qui met fin à la procédure de traitement de sortie de crise est notifié au débiteur dans les huit jours de son prononcé. Lorsqu'il n'est pas demandeur, il lui est signifié dans le même délai.

Ce jugement est, en outre, signifié à la diligence du greffier, dans le même délai, aux personnes qui ont qualité pour interjeter appel, à l'exception du ministère public.

Il est communiqué aux personnes citées à l'article R. 621-7 du code de commerce et fait l'objet des publicités prévues à l'article R. 621-8 du même code.

Le mandataire désigné dépose sans délai un compte rendu de fin de mission dans les conditions des articles R. 626-39 et R. 626-40 du code de commerce. L'article R. 626-41 du même code est applicable.

Art. 13 A moins qu'il n'en soit disposé autrement par le présent décret :

1° Les règles du code de procédure civile sont applicables ;

2° Les notifications des décisions auxquelles procède le greffier sont faites par lettre recommandée avec demande d'avis de réception, conformément aux dispositions de la section IV du chapitre III du titre XVII du livre Ier du code de procédure civile ;

3° Les notifications et communications adressées au débiteur personne physique par lettre recommandée avec demande d'avis de réception sont régulièrement faites à l'adresse préalablement indiquée au greffe du tribunal à l'ouverture de la procédure ou en cours de procédure. Les lettres du mandataire désigné en application du B du I de l'article 13 de la loi du 31 mai 2021 susvisée ou du commissaire à l'exécution du plan sont transmises à cette même adresse. La date de la notification est celle de la signature de l'avis de réception. Toutefois, lorsque l'avis de réception n'a pas été signé par son destinataire ou une personne munie d'un pouvoir à cet effet, la date de la notification est celle de la présentation de la lettre recommandée ;

4° Les notifications et lettres adressées au débiteur, personne morale de droit privé, peuvent l'être au domicile de son représentant légal.

Art. 14 Les formes de procéder applicables devant le tribunal judiciaire sont déterminées par les articles 853 et suivants du code de procédure civile pour tout ce qui n'est pas réglé par l'article 13 de la loi du 31 mai 2021 susvisée et le présent décret.

Toute partie qui ne se présente pas personnellement ne peut être représentée que par un avocat.

Art. 15 Les dispositions de l'article 47 du code de procédure civile ne sont pas applicables aux litiges qui relèvent de la compétence du seul juge-commissaire.

Art. 16 Lorsque sa compétence est contestée, le tribunal, s'il se déclare compétent, statue au fond dans le même jugement.

Art. 17 Le ministère public est avisé de la date de l'audience par le greffier dans toute affaire qui doit lui être communiquée.

Art. 18 Lorsque le débiteur relève d'un ordre professionnel ou d'une autorité, cet ordre ou cette autorité fait connaître au greffe et aux organes de la procédure la personne habilitée à le représenter. En l'absence d'une telle déclaration, son représentant légal exerce cette fonction.

Art. 19 Le tribunal statue sur rapport du juge-commissaire.

Toutefois, il n'est pas fait de rapport lorsque le tribunal statue sur un recours formé contre une ordonnance de ce juge.

Art. 20 Les jugements rendus par le tribunal sont prononcés en audience publique, à l'exception de ceux rejetant la demande d'ouverture de la procédure de traitement de sortie de crise.

Art. 21 Si des fonds dus au débiteur ont été consignés à la Caisse des dépôts et consignations par des tiers, la caisse transfère ces fonds avec les droits, charges et inscriptions qui les grèvent sur le compte de dépôt ouvert par le mandataire de justice désigné par le jugement d'ouverture de la procédure ou le commissaire à l'exécution du plan. Le mandataire de justice est tenu vis-à-vis de l'acquéreur et des créanciers des obligations qui découlent de ces sûretés.

Art. 22 Les informations prévues par l'article R. 662-15 du code de commerce sont complétées par celles correspondant aux procédures de traitement de sortie de crise.

Art. 23 Sont mentionnées d'office au registre du commerce et des sociétés les décisions intervenues dans les procédures de traitement de sortie de crise :

1° Ouvrant la procédure avec l'indication du nom du mandataire de justice désigné ;

2° Arrêtant le plan de traitement de sortie de crise, avec l'indication du nom du commissaire à l'exécution du plan ;

3° Modifiant ce plan ;

4° Prononçant la résolution du plan de traitement de sortie de crise ;

5° Mettant fin à la procédure de traitement de sortie de crise ;

6° Modifiant la date de cessation des paiements ;

7° Remplaçant le mandataire désigné conformément au B du I de l'article 13 de la loi du 31 mai 2021 susvisée.

Art. 24 Sont radiées d'office les mentions relatives aux décisions mentionnées à l'article 23 du présent décret lorsque :

1° Il a été mis fin à la procédure de traitement de sortie de crise en application du E du I de l'article 13 de la loi du 31 mai 2021 susvisée ;

2° Il a été constaté l'achèvement de l'exécution du plan arrêté dans la procédure instituée par ce même article ;

3° Le plan de traitement de sortie de crise est toujours en cours à l'expiration d'un délai d'un an à compter de son arrêté. La radiation fait alors obstacle à toute nouvelle mention intéressant l'exécution du plan de traitement de sortie de crise, sauf si celle-ci est relative à une mesure d'inaliénabilité décidée par le tribunal ou à une décision prononçant la résolution du plan.

CHAPITRE II *Dispositions réglementaires des titres II et III du livre VI du code de commerce applicables à la procédure de traitement de sortie de crise*

Art. 25 I. — Pour l'application des dispositions du A du III de l'article 13 de la loi du 31 mai susvisée et sous réserve des dispositions incompatibles avec celles de cette loi et du chapitre Ier du présent décret, et les références à l'administrateur judiciaire ou au mandataire judiciaire y étant, en tant que de besoin, remplacées par des références au mandataire désigné en application du B du I du même article 13, sont applicables à la procédure de traitement de sortie de crise les articles suivants des titres II et III du livre VI du code de commerce :

— l'article R. 621-2 ;

— les articles R. 621-3 et R. 621-4 ;

— les articles R. 621-7 à R. 621-10 ;

— les articles R. 621-12 à R. 621-18 ;

— les articles R. 621-21 et R. 621-23 ;

– l'article R. 621-24 à l'exception de ses deuxième et troisième alinéas ;
– l'article R. 621-25 ;
– les articles R. 622-1, R. 622-2, R. 622-4 et R. 622-4-1 ;
– l'article R. 622-6 ;
– le premier alinéa de l'article R. 622-7 ;
– les articles R. 622-8, R. 622-14 et R. 622-16 à R. 622-19 ;
– l'article R. 622-26 ;
– les articles R. 623-1 et R. 623-2 ;
– les articles R. 624-17 et R. 624-18 ;
– les articles R. 631-13 à R. 631-15 ;
– les articles R. 631-23, R. 631-25 et R. 631-26 ;
– l'article R. 631-30.

II. – L'article R. 621-21 est applicable aux ordonnances rendues par le juge-commissaire saisi d'une contestation prévue par le B du III de l'article 13 de la loi du 31 mai 2021 susvisée.

Art. 26 I. – Pour l'application du A du IV de l'article 13 de la loi du 31 mai 2021 susvisée et sous réserve des dispositions incompatibles avec celles de cette loi et du chapitre Ier du présent décret, sont applicables à la procédure de traitement de sortie de crise les articles suivants du titre II du livre VI du code de commerce :
– les articles R. 626-1 à R. 626-3 ;
– l'article R. 626-17 ;
– l'article R. 626-20, le délai mentionné au deuxième alinéa étant toutefois réduit à un an ;
– l'article R. 626-21 ;
– les articles R. 626-23 à R. 626-51.

II. – A la demande du mandataire désigné en application du B du I de la loi du 31 mai 2021 susvisée, le juge-commissaire peut réduire à quinze jours les délais prévus par la deuxième phrase du deuxième alinéa et la dernière phrase du troisième alinéa de l'article L. 626-5 du code de commerce.

Pour l'application des deuxième et troisième alinéas de l'article L. 626-5 du code de commerce, les propositions pour le règlement des dettes ainsi que les éventuelles réponses à ces propositions peuvent être communiquées par tout moyen permettant au mandataire désigné d'établir avec certitude la date de leur réception.

Sous réserve des alinéas précédents, le mandataire désigné en application du B du I de l'article 13 de la loi du 31 mai 2021 susvisée effectue les actes prévus par les dispositions des articles R. 626-7 et R. 626-8 du code de commerce en ce qu'elles concernent les créanciers mentionnés au B et au C du II du même article 13 et au second alinéa de l'article 11 du présent décret.

III. – Le montant des créances ne pouvant être affectées par le plan, conformément au B du IV du même article 13, est défini par l'article R. 626-34 du code de commerce.

CHAPITRE III *Dispositions relatives aux voies de recours*

Art. 27 Les jugements et ordonnances rendus en matière de procédure de traitement de sortie de crise sont exécutoires de plein droit à titre provisoire.

Toutefois, ne sont pas exécutoires de plein droit à titre provisoire les jugements et ordonnances rendus en application des articles L. 622-8 et L. 626-22 du code de commerce, rendus applicables à cette procédure.

Les dispositions des articles 514-1 et 514-2 du code de procédure civile ne sont pas applicables.

Par dérogation aux dispositions de l'article 514-3 du code de procédure civile, le premier président de la cour d'appel, statuant en référé, ne peut arrêter l'exécution provisoire des décisions mentionnées aux deux premiers alinéas du présent article que lorsque les moyens à l'appui de l'appel paraissent sérieux.

Dès le prononcé de la décision du premier président arrêtant l'exécution provisoire, le greffier de la cour d'appel en informe le greffier du tribunal.

En cas d'appel du ministère public d'un jugement mentionné au A du I ou au A du IV de l'article 13 de la loi du 31 mai 2021 susvisée, l'exécution provisoire est arrêtée de plein droit à compter du jour de cet appel.

Le premier président de la cour d'appel peut, sur requête du procureur général, prendre toute mesure conservatoire pour la durée de l'instance d'appel.

Art. 28 L'opposition et la tierce opposition sont formées contre les décisions rendues en matière de procédure de traitement de sortie de crise par déclaration au greffe dans le délai de dix jours à compter du prononcé de la décision.

Toutefois, pour les décisions soumises aux formalités d'insertion dans un support d'annonces légales et au *Bulletin officiel des annonces civiles et commerciales*, le délai ne court que du jour de la publication au *Bulletin officiel des annonces civiles et commerciales*. Pour les décisions soumises à la formalité d'insertion dans un support d'annonces légales, le délai ne court que du jour de la publication de l'insertion.

Art. 29 Sauf dispositions contraires, le délai d'appel des parties est de dix jours à compter de la notification qui leur est faite des décisions rendues en matière de procédure de traitement de sortie de crise.

Le délai d'appel du procureur de la République et du procureur général est de dix jours. Ces délais sont comptés à partir de la réception par le procureur de la République de l'avis qui lui est donné de la décision dans les formes prévues, selon le cas, à l'article R. 621-7 du code de commerce.

Art. 30 L'appel du procureur de la République et du procureur général est fait par une déclaration d'appel remise ou adressée au greffe de la cour d'appel.

Lorsque cette déclaration est faite par voie postale, la date de l'acte d'appel est celle de l'expédition.

Lorsque l'appel est interjeté par le procureur de la République ou le procureur général, l'appelant en informe immédiatement, par tout moyen, le greffier du tribunal et le mandataire désigné en application du B du I de l'article 13 de la loi du 31 mai 2021 susvisée. Le greffier de la cour d'appel notifie par lettre simple cet appel au débiteur et aux représentants des salariés lorsqu'ils ne sont pas parties à la procédure.

Art. 31 Le mandataire de justice qui n'est pas appelant doit être intimé.

Le procureur général est avisé de la date de l'audience.

Lorsqu'ils ne sont pas parties à l'instance d'appel, les représentants de la délégation du personnel du comité social et économique sont convoqués pour être entendus par la cour. La convocation est faite par lettre simple du greffier.

Art. 32 Le greffier de la cour d'appel transmet dans les huit jours du prononcé de l'arrêt une copie de celui-ci au greffier du tribunal pour l'accomplissement des mesures de publicité prévues à l'article R. 621-8 du code de commerce lorsque l'arrêt infirme une décision soumise à la publicité.

Il notifie l'arrêt aux parties et, par remise contre récépissé, au procureur général. Il informe les représentants des salariés du prononcé de l'arrêt.

Art. 33 Le pourvoi en cassation du ministère public est fait par une déclaration au greffe de la Cour de cassation selon les règles prévues au premier alinéa de l'article 30 du présent décret.

CHAPITRE IV *Dispositions relatives aux frais de procédure et aux émoluments du mandataire désigné en application du B du I de l'article 13 de la loi susvisée*

Art. 34 I. — Les émoluments du mandataire désigné conformément au B du I de l'article 13 de la loi du 31 mai 2021 susvisée sont, pour l'accomplissement des diligences résultant de l'application de cet article, soumises aux règles prévues par les articles suivants.

II. — Pour l'application du présent chapitre :

1° Le montant du chiffre d'affaires est défini hors taxes conformément aux dispositions du sixième alinéa de l'article D. 123-200 du code de commerce. Il est apprécié à la date de clôture du dernier exercice comptable. Pour l'application de l'article 36 du présent décret, le chiffre d'affaires est celui réalisé pendant la période d'observation. Lorsque le débiteur est une personne morale de droit privé non commerçante, la référence au chiffre d'affaires est, le cas échéant, remplacée par la référence aux ressources hors taxes ou produits hors taxes ;

2° Le total du bilan est défini conformément aux dispositions du cinquième alinéa de l'article D. 123-200 du code de commerce et apprécié à la date de clôture du dernier exercice comptable ;

3° Le nombre des salariés est celui des salariés employés par le débiteur à la date de la demande d'ouverture de la procédure.

Art. 35 Il est alloué au mandataire désigné, pour les diligences relatives au diagnostic, un émolument déterminé par un arrêté conjoint du garde des sceaux, ministre de la justice et du ministre chargé de l'économie en fonction du nombre de salariés employés par le débiteur ou de son chiffre d'affaires, qui ne peut excéder un montant fixé par le même arrêté. — *V. Arr. du 5 nov. 2021, art. 1er.*

Art. 36 Il est alloué au mandataire désigné, au titre de sa mission de surveillance du débiteur, un émolument déterminé par un arrêté conjoint du garde des sceaux, ministre de la justice et du ministre chargé de l'économie en fonction du nombre de salariés employés par le débiteur ou de son chiffre d'affaires. — *V. Arr. du 5 nov. 2021, art. 2.*

Art. 37 Il est alloué au mandataire désigné, pour l'élaboration du bilan économique, social et environnemental et l'assistance apportée au débiteur pour la préparation d'un plan de traitement de sortie de crise, un émolument déterminé par un arrêté conjoint du garde des sceaux, ministre de la justice et du ministre chargé de l'économie en fonction du nombre de salariés employés par le débiteur ou de son chiffre d'affaires. Cet émolument ne peut excéder un montant fixé par le même arrêté. — *V. Arr. du 5 nov. 2021, art. 3.*

L'émolument prévu au présent article est majoré de 50 % en cas d'arrêté du plan de traitement de sortie de crise. Toutefois, cette majoration n'est pas due si le mandataire désigné a été rémunéré au titre d'une conciliation ou d'un mandat *ad hoc* demandé par le même débiteur dans les cinq mois précédant l'ouverture de la procédure de traitement de sortie de crise.

Art. 38 Ces rémunérations sont acquises lorsque le tribunal a statué sur le plan de traitement de sortie de crise ou mis fin à la procédure.

S'il est mis fin à la procédure sans plan de traitement de sortie de crise :

1° Lorsqu'une procédure de redressement judiciaire est ouverte à l'égard du même débiteur avant l'expiration d'un délai de deux mois à compter du jugement mettant fin à la procédure de traitement de sortie de crise, la rémunération due au titre de l'article R. 663-4 du code de commerce à l'administrateur judiciaire éventuellement désigné est diminuée de 50 % ;

2° Lorsqu'une procédure de redressement judiciaire est ouverte à l'égard du même débiteur avant l'expiration d'un délai de deux mois à compter du jugement mettant fin à la procédure de traitement de sortie de crise, et que le mandataire judiciaire a été désigné pour exercer les fonctions prévues au B du I de l'article 13 de la loi du 31 mai 2021 susvisée dans cette procédure, l'émolument prévu au premier alinéa de l'article R. 663-18 du code de commerce est diminué de 50 % ;

3° Lorsqu'une procédure de liquidation judiciaire est ouverte à l'égard du même débiteur avant l'expiration d'un délai de deux mois à compter du jugement mettant fin à la procédure de traitement de sortie de crise, et que le liquidateur a été désigné pour exercer les fonctions prévues au B du I de l'article 13 de la loi du 31 mai 2021 susvisée dans cette procédure, l'émolument prévu au premier alinéa de l'article R. 663-18 du code de commerce est diminué de 50 %.

Art. 39 Au terme de chacune des années de l'exécution du plan, il est alloué au commissaire à l'exécution du plan, au titre de sa mission de surveillance de l'exécution du plan, des actions qu'il engage ou qu'il poursuit dans l'intérêt collectif des créanciers, de l'exécution des actes permettant la mise en œuvre du plan et de son rapport annuel prévu à l'article R. 626-43 du code de commerce applicable à la procédure de traitement de sortie de crise, une rémunération égale à la moitié de la rémunération fixée en application de l'article 35 du présent décret. Cette rémunération n'est acquise que sur justification du dépôt de ce rapport.

Le président du tribunal peut demander à ce que ce rapport soit présenté oralement, le débiteur dûment appelé.

Art. 40 Il peut être alloué, par le président du tribunal ou son délégué, une rémunération au commissaire à l'exécution du plan lorsqu'il a assisté le débiteur dans la préparation d'un projet ayant pour objet une modification substantielle dans les objectifs ou les moyens du *plan, ou lorsqu*'il a présenté au tribunal une demande en résolution du plan ou saisi le président du tribunal sur le fondement de l'article R. 626-47-1 du code de commerce applicable à la procédure de traitement de sortie de crise.

Cette rémunération ne peut être supérieure à la moitié de celle fixée en application du barème prévu à l'article 37 du présent décret. La situation du débiteur est appréciée à la date de la saisine du tribunal ou du président du tribunal.

Art. 41 Il est alloué au commissaire à l'exécution du plan, au titre d'une mission de perception et de répartition des dividendes arrêtés par le plan, une rémunération égale à un émolument déterminé par un arrêté conjoint du garde des sceaux, ministre de la justice et du ministre chargé de l'économie, en fonction du montant cumulé des sommes encaissées par l'ensemble des créanciers ou, à défaut d'encaissement par les créanciers, consignées à la Caisse des dépôts et consignations au cours de chacune des années d'exécution du plan.

Lorsqu'il n'est pas fait de répartition entre plusieurs créanciers, un seul d'entre eux étant en mesure de percevoir le dividende, cette rémunération est réduite de moitié.

Cette rémunération ne peut excéder un montant fixé par le même arrêté. — *V. Arr. du 5 nov. 2021, art. 4.*

Art. 42 Sont applicables les articles R. 663-32 et R. 663-33, le second alinéa de l'article R. 663-35 et les articles R. 663-38, R. 663-39 et R. 663-40 du code de commerce.

CHAPITRE V *Dispositions diverses et finales*

Art. 43 *Modification des art. R. 621-2 et R. 621-3 C. com. — V. ces art.*

Art. 44 I. — Le présent décret est applicable dans les îles Wallis-et-Futuna.

II. — *Modification de l'art. R. 950-1 C. com. — V. cet art.*

Décret no 2021-1355 du 16 octobre 2021,

Portant diverses mesures d'application de l'article 13 de la loi no 2021-689 du 31 mai 2021 relative à la gestion de la sortie de crise sanitaire et fixant notamment les seuils prévus par le A du I de cet article.

Art. 1er Les seuils fixés en application du A du I de l'article 13 de la loi susvisée sont pour le nombre de salariés de vingt et pour le bilan de 3 000 000 euros de total du passif hors capitaux propres.

Art. 2 Le nombre de salariés à prendre en compte est le nombre de salariés employés par le débiteur à la date de la demande d'ouverture de la procédure.

Art. 3 Le critère relatif au bilan est apprécié à la date de clôture du dernier exercice comptable.

Art. 4 Les articles D. 626-9 à D. 626-15 du code de commerce sont applicables à la procédure de traitement de sortie de crise instituée par l'article 13 de la loi susvisée.

Toutefois, la saisine de la commission mentionnée à l'article D. 626-14 du même code est faite, en cas d'ouverture d'une procédure de traitement de sortie de crise, par le mandataire désigné conformément au B du I de l'article 13 de la loi susvisée.

Art. 5 Le présent décret est applicable dans les îles Wallis-et-Futuna.

Décret no 2021-1430 du 3 novembre 2021,

Instituant une aide « coûts fixes rebond » visant à compenser les coûts fixes non couverts des entreprises dont l'activité est particulièrement affectée par l'épidémie de covid-19.

Décret no 2021-1431 du 3 novembre 2021,

Instituant une aide « nouvelle entreprise rebond » visant à compenser les coûts fixes non couverts des entreprises créées après le 1er janvier 2019 dont l'activité est particulièrement affectée par l'épidémie de covid-19.

Arrêté du 5 novembre 2021,

Adaptant temporairement les tarifs applicables aux administrateurs judiciaires, mandataires judiciaires et commissaires à l'exécution du plan pour l'application des dispositions de l'article 13 de la loi no 2021-689 du 31 mai 2021 relative à la gestion de la sortie de crise sanitaire.

Art. 1er 1° L'émolument prévu à l'article 35 du décret no 2021-1354 du 16 octobre 2021 pour le mandataire désigné conformément au B du I de l'article 13 de la loi susvisée*[,]* au titre de l'élaboration du diagnostic, varie en fonction du nombre de salariés employés par le débiteur ou du montant de son chiffre d'affaires, selon le barème suivant :

NOMBRE DE SALARIÉS	CHIFFRE D'AFFAIRES EN €	ÉMOLUMENT EN €
De 0 à 5	De 0 à 750 000	940,50 €
De 6 à 19	De 750 001 à 3 000 000	1 881,00 €

Lorsque le débiteur relève de deux tranches de rémunération différentes au titre respectivement du nombre de salariés employés et du montant de son chiffre d'affaires, il y a lieu de se référer à la tranche la plus élevée.

2° Lorsque le montant du chiffre d'affaires du débiteur est supérieur à 3 000 000 €, cet émolument est d'un montant fixe de 3 762 €, quel que soit le nombre de salariés.

Art. 2 L'émolument prévu à l'article 36 du décret n° 2021-1354 du 16 octobre 2021 pour le mandataire désigné conformément au B du I de l'article 13 de la loi susvisée*[,]* au titre de la mission de surveillance, est fixé proportionnellement au chiffre d'affaires de ce débiteur, selon le barème suivant :

CHIFFRE D'AFFAIRES EN €	TAUX DE L'ÉMOLUMENT EN €
De 0 à 150 000	1,411 %
De 150 001 à 750 000	0,706 %
Au-delà de 750 001	0,423 %

Art. 3 1° L'émolument prévu à l'article 37 du décret n° 2021-1354 du 16 octobre 2021 pour le mandataire désigné conformément au B du I de l'article 13 de la loi susvisée*[,]* au titre de l'élaboration du bilan économique, social et environnemental et de l'assistance apportée au débiteur pour la préparation d'un plan de traitement de sortie de crise, varie en fonction du nombre de salariés employés par le débiteur ou du montant de son chiffre d'affaires, selon le barème suivant :

NOMBRE DE SALARIÉS	CHIFFRE D'AFFAIRES EN €	ÉMOLUMENT EN €
De 0 à 5	De 0 à 750 000	1 410,75 €
De 6 à 19	De 750 001 à 3 000 000	1 881,00 €

Lorsque le débiteur relève de deux tranches de rémunération différentes au titre respectivement du nombre de salariés employés et du montant de son chiffre d'affaires, il y a lieu de se référer à la tranche la plus élevée.

2° Lorsque le montant du chiffre d'affaires du débiteur est supérieur à 3 000 000 €, cet émolument est d'un montant fixe de 5 643 €, quel que soit le nombre de salariés.

Art. 4 L'émolument prévu à l'article 41 du décret n° 2021-1354 du 16 octobre 2021 pour le commissaire à l'exécution du plan*[,]* au titre d'une mission de perception et de répartition des dividendes arrêtés par le plan, est fixé proportionnellement au montant cumulé des sommes encaissées par l'ensemble des créanciers ou, à défaut d'encaissement par les créanciers, au montant cumulé des sommes consignées à la Caisse des dépôts et consignations au cours de chacune des années d'exécution du plan, selon le barème suivant :

TRANCHES D'ASSIETTE EN €	TAUX DE L'ÉMOLUMENT EN €
De 0 à *15 000*	3,292 %
De 15 001 à 50 000	2,351 %
De 50 001 à 150 000	1,411 %
De 150 001 à 300 000	0,470 %
Au-delà de 300 000	0,235 %

L'émolument est réduit de moitié lorsqu'il n'est pas fait de répartition entre plusieurs créanciers et qu'un seul d'entre eux est en mesure de percevoir le dividende.

Art. 5 Le présent arrêté est applicable aux procédures ouvertes entrant dans le champ d'application de l'article 13 de la loi n° 2021-689 du 31 mai 2021 relative à la gestion de la sortie de crise sanitaire à compter de l'entrée en vigueur du décret n° 2021-1354 du 16 octobre 2021 relatif à la procédure de traitement de sortie de crise *[JO 17 oct.]*.

Art. 6 Les dispositions du présent arrêté sont applicables à Wallis-et-Futuna.

Décret n° 2021-1488 du 16 novembre 2021,

Instituant une aide relative aux loyers ou redevances et charges de certains commerces de détail et services interdits d'accueil du public afin de lutter contre la propagation de l'épidémie de covid-19 🏛.

Décret n° 2021-1582 du 7 décembre 2021,

Instituant une aide complémentaire au fonds de solidarité destinée aux entreprises dont l'activité est particulièrement affectée par l'épidémie de covid-19 🏛.

Décret n° 2021-1664 du 16 décembre 2021,

Instituant une aide « fermeture » visant à compenser les coûts fixes non couverts des entreprises dont l'activité a été affectée par les mesures de restriction administratives visant à lutter contre l'épidémie de covid-19 🏛.

Décret n° 2022-3 du 4 janvier 2022,

Instituant une aide « renfort » visant à compenser certaines charges pour les entreprises dont l'activité est interdite d'accueil du public à la suite des restrictions sanitaires mises en place pour faire face à l'épidémie de covid-19 🏛.

Décret n° 2022-111 du 2 février 2022,

Instituant une aide dite « coûts fixes consolidation » visant à compenser les charges fixes non couvertes des entreprises dont l'activité est particulièrement affectée par l'épidémie de covid-19 🏛.

Décret n° 2022-221 du 21 février 2022,

Instituant une aide dite « nouvelle entreprise consolidation » visant à compenser les charges fixes non couvertes des entreprises créées entre le 1er janvier 2019 et le 31 octobre 2021 dont l'activité est particulièrement affectée par l'épidémie de covid-19 🏛.

Décret n° 2022-222 du 21 février 2022,

Instituant au titre du mois de novembre 2021 une aide dite « coûts fixes novembre » visant à compenser les charges fixes non couvertes des entreprises dont l'activité est particulièrement affectée par les mesures sanitaires de lutte contre l'épidémie de covid-19 🏛.

Décret n° 2022-349 du 12 mars 2022,

Instituant au titre du mois de novembre 2021 une aide dite « nouvelle entreprise novembre » visant à compenser les charges fixes non couvertes des entreprises dont l'activité est particulièrement affectée par les mesures sanitaires de lutte contre l'épidémie de covid-19 🏛.

Décret n° 2022-370 du 16 mars 2022,

Instituant une aide visant à favoriser l'attractivité des principaux salons et foires français dans le contexte de la crise de la covid-19 🏛.

Décret n° 2022-475 du 4 avril 2022,

Instituant une aide « coûts fixes rebond association » visant à compenser les coûts fixes non couverts des entreprises sous forme associative dont l'activité est particulièrement affectée par l'épidémie de covid-19 🏛.

Décret n° 2022-476 du 4 avril 2022,

Instituant une aide « coûts fixes consolidation association » visant à compenser les charges fixes non couvertes des entreprises sous forme associative dont l'activité est particulièrement affectée par l'épidémie de covid-19.

Décret n° 2022-617 du 23 avril 2022,

Autorisant le partage des données relatives à différentes aides versées aux entreprises dont l'activité a été affectée par les mesures de restriction administrative visant à lutter contre l'épidémie de covid-19 à des fins d'établissement de statistiques, de recherche scientifique ou de versement d'autres aides dans le cadre de la lutte contre l'épidémie de covid-2019.

CONCURRENCE

I Droit interne

Sur la liberté des prix et de la concurrence, V. C. com., livre IV.

Loi de finances n° 63-628 du 2 juillet 1963,

Rectificative pour 1963 portant maintien de la stabilité économique et financière.

Art. 2 I. — **Tout commerçant, industriel ou artisan qui introduit une action en réparation du préjudice subi du fait d'actes de concurrence déloyale ou illicite, peut, en outre, demander suivant une procédure qui sera fixée par décret en Conseil d'État que, en attendant qu'il soit définitivement statué au fond, la cessation des agissements reprochés au défendeur soit ordonnée à titre provisoire et sous astreinte comminatoire.**

Les dispositions qui précèdent ne sont pas applicables en matière de propriété industrielle.

II. — Les juridictions ayant statué sur les actions visées au paragraphe précédent pourront en outre ordonner la publication de leurs décisions, soit par affichage en certains lieux qu'elles fixeront, soit par insertion intégrale ou par extraits dans les journaux qu'elles désigneront. — *Sur l'applicabilité de ce texte, V. note 38.*

RÉP. COM. v° *Concurrence déloyale,* par PICOD, AUGUET et DORANDEU.

BIBL. ► FRISON-ROCHE, *RJDA 1994, p. 483* (principes originels du droit de la concurrence déloyale et du parasitisme). - IZORCHE, *RTD com. 1998. 17* (fondements de la sanction de la concurrence déloyale et du parasitisme). - LE TOURNEAU, *ibid. 83* (de la spécificité du préjudice concurrentiel). - Colloque, *Gaz. Pal. 9-10 nov. 2001* (concurrence déloyale : amendes civiles ou « dommages punitifs » ?). - SCHMIDT-SZALEWSKI, *Mél. Guyon, Dalloz, 2003, p. 993* (développements de l'action en concurrence déloyale). - PAYET, *1804-2004 Le Code civil, Dalloz, 2004, p. 715* (code civil et concurrence). - ALTERMAN et ZIMMERMANN, *RJ com. 2004. 345* (concurrence déloyale sur internet). - BÉLOT, *LPA 28 déc. 2005* (pour une reconnaissance de la notion de préjudice économique en droit français) ; BÉLOT, *LPA 6 déc. 2006* (pour une meilleure protection des valeurs économiques). - CALAIS-AULOY, *Mél. Serra, Dalloz, 2006, p. 59* (concurrence déloyale et protection des consommateurs). - GUINCHARD, *ibid., p. 229* (de la loyauté de la concurrence à la loyauté de la procédure). - MATHIEU-IZORCHE, *ibid., p. 257* (un nouveau cas de concurrence déloyale : l'abus de mauvais caractère). - PASSA, *ibid., p. 289* (protection de la dénomination sociale et du nom commercial par l'action en concurrence déloyale). - PICOD, *ibid., p. 359* (plaidoyer pour une consécration législative de la concurrence déloyale). - BÉLOT, *D. 2007. 1681* (l'évaluation du préjudice économique). - AZZI, *RTD civ. 2007. 227* (relations entre la responsabilité civile délictuelle et les droits subjectifs). - VAN DEN BULCK, *CCE 2007. Étude 26* (quel régime juridique pour l'*ambush marketing* ?). - PICOD, *RLC avr.-juin 2008. 168* (concurrence déloyale et pratiques anticoncurrentielles : affinités ou divergences ? approche juridique). - REY, *ibid. 175* (... approche économique). - ARCELIN-LÉCUYER, *D. 2008. 1501* (de la difficulté d'appréhender l'opportunisme commercial : l'exemple de l'« *ambush marketing* »). - PIRONON, *Mél. Gaudemet-Tallon, Dalloz, 2008, p. 545* (les pratiques commerciales déloyales entre DIP et droit communautaire). - BÉLOT, *D. 2008. 1569* (l'évaluation du préjudice économique subi par une entreprise nouvelle ou innovante). - MATHEY, *RTD civ. 2008. 205* (les droits et libertés fondamentaux des personnes morales de droit privé). - TOPORKOFF, *LPA 11-12 nov. 2008* (rôle des associations professionnelles dans la défense des intérêts de leurs membres contre le dénigrement collectif) ; *LPA 30-31 août 2011* (idem). - DECOCQ, *RJ com. 2010. 88* (concurrence déloyale et parasitisme : deux régimes autonomes ?). - GRANVUILLEMIN, *LPA 24 nov. 2011* (déontologie et concurrence déloyale). - MALAURIE-VIGNAL, *RLC avr.-juin 2012. 138* (publicité et concurrence déloyale). - NUSSENBAUM, *RDBF 2013. Étude 13* (évaluation des préjudices économiques). - FAJGENBAUM et LACHACINSKI, *CCE 2013. Étude 15* (l'*ambush marketing* de mieux en mieux embusqué... pour l'instant ?). - Dossier, *AJCA 2014. 151* (concurrence déloyale : développements récents). - D'ALÈS et AYNÈS, *CCC 2014. Étude 12* (*ambush marketing* : panorama jurisprudentiel et conseils pratiques). - AUGAGNEUR, *JCP E 2015, n° 1295* (évaluation du préjudice concurrentiel à l'ère du *big data*). - LEBLOND, *LPA 31 juill. 2015* (secret d'affaires : évaluation du rôle de l'action en concurrence déloyale). - PALOMBI et SOUTY, *RLC juill.-août 2015. 110* (réflexions en vue d'une codification intégrée et modernisée du droit français de la concurrence déloyale). - GRIDEL, *JCP 2017, n° 543* (le dénigrement en droit des affaires : la mesure d'une libre critique). - TIREL, *RJ com. 2017. 271* (la prévention des risques concurrentiels encourus par le dirigeant). - CARVAL, LABORDE et NÉROT,

D. 2018. 252 (la réparation de la perte de marge). – Bau, *JCP E 2018, n° 1430* (évaluation du préjudice de l'entreprise innovante). – Bigot, *D. 2019. 319* (dénigrement et concurrence déloyale : vers un changement de paradigme). – Ballot-Léna, *CCC 2019. Dossier 3* (concurrence déloyale et responsabilité civile de droit commun). – Malaurie-Vignal, *ibid. 4* (autonomie de l'action en concurrence déloyale). – Suire et Dreyfuss-Bechmann, *RLC déc. 2020. 29* (concurrence, contrefaçon et secrets d'affaires : des actions complémentaires et subsidiaires). – Colloque, *RLC déc. 2021. 17* (concurrence déloyale, une nouvelle arme dans la concurrence).

V. C. civ., art. 1240 et 1241. — ***C. civ.***

Code de la consommation

(Ord. n° 2016-301 du 14 mars 2016, en vigueur le 1er juill. 2016)

Art. L. 121-1 *(Ord. n° 2016-301 du 14 mars 2016, en vigueur le 1er juill. 2016)* Les pratiques commerciales déloyales sont interdites.

Une pratique commerciale est déloyale lorsqu'elle est contraire aux exigences de la diligence professionnelle et qu'elle altère ou est susceptible d'altérer de manière substantielle le comportement économique du consommateur normalement informé et raisonnablement attentif et avisé, à l'égard d'un bien ou d'un service.

Le caractère déloyal d'une pratique commerciale visant une catégorie particulière de consommateurs ou un groupe de consommateurs vulnérables en raison d'une infirmité mentale ou physique, de leur âge ou de leur crédulité s'apprécie au regard de la capacité moyenne de discernement de la catégorie ou du groupe.

Constituent, en particulier, des pratiques commerciales déloyales les pratiques commerciales trompeuses définies aux articles L. 121-2 à L. 121-4 et les pratiques commerciales agressives définies aux articles L. 121-6 et L. 121-7.

Sur les pratiques commerciales trompeuses, V. C. consom., art. L. 121-2 s., v° Publicité commerciale. — Sur les pratiques commerciales agressives, V. C. consom., art. L. 121-6 et L. 121-7, v° Ventes commerciales.

BIBL. ► Loi n° 2008-3 du 3 janv. 2008 : Montfort, *RLDA janv. 2008. 53* (loyauté des pratiques commerciales : concurrents, agissez en cessation !). ► Pour une bibliographie détaillée, V. **C. consom.**

I. PRINCIPE DE LIBERTÉ DU COMMERCE ET DES PRIX

1. *Démarchage de la clientèle d'autrui.* Le démarchage de la clientèle d'autrui qui ne s'accompagne pas d'un acte déloyal est par application du principe de la liberté du commerce libre. • Com. 24 oct. 2000, n° 98-19.774 : *RJDA 2001, n° 97.* ♦ V. déjà considérant qu'une entreprise ne bénéficie d'aucun droit privatif sur sa clientèle et que la simple démarche de la clientèle d'un concurrent est licite dès lors qu'elle ne s'accompagne d'aucun acte déloyal : • Paris, 26 févr. 1991 : *D. 1991. IR 101* • 27 mai 1992 : *D. 1993. Somm. 155, obs. Izorche* • 27 mars 1996 : *RJDA 1996, n° 999.* ♦ Le principe fondamental de la liberté du commerce permet de s'attacher les clients d'un concurrent sans que puisse être engagée la responsabilité de l'instigateur du déplacement ainsi opéré, dans la mesure où aucune clientèle ne peut faire l'objet d'un droit privatif. L'application de ce principe n'est limité que par l'obligation de respecter les usages loyaux du commerce, dont la preuve de la violation incombe à l'ancien employeur. • Paris, 9 juin 1999 : *LPA 20 mars 2000, obs. Reboul.* ♦ Le fait pour un ancien employé ayant créé sa propre entreprise d'avoir conservé un carnet sur lequel étaient consignés les noms des clients de son employeur n'est pas susceptible à lui seul de constituer un procédé de désorganisation constitutif de concurrence déloyale. • Même arrêt.

2. *Reproduction des produits d'autrui.* En vertu du principe de la liberté du commerce, la copie, même servile, d'un modèle non protégeable à raison de sa banalité, de son caractère exclusivement utilitaire ou de son appartenance au domaine public n'est pas en elle-même un fait de concurrence déloyale. • Paris, 15 janv. 1997 : *D. 1999. Somm. 99, obs. Izorche* ; *RJDA 1997, n° 982.* – V. aussi • Com. 29 nov. 1994, n° 92-19.579 : *RJDA 1995, n° 791.* ♦ V. encore note 36.

3. *Création d'une entreprise concurrente.* La concomitance de la démission de plusieurs salariés, qui ont créé une entreprise concurrente, ne caractérise pas la faute de concurrence déloyale dès lors qu'ils n'avaient pas accompli de démarches de nature à nuire à l'entreprise, ni d'actes effectifs de concurrence alors qu'ils étaient encore liés par leur contrat de travail. • Com. 24 mars 1998, n° 96-14.268 P : *D. 1999. Somm. 113, obs. Libchaber* ; *LPA 19 août 1998, obs. Malaurie-Vignal.* ♦ La création d'une société concurrente par des salariés encore liés à leur employeur par un contrat de travail, ne constitue, en soi, un acte de concurrence déloyale qu'autant que cette création a pour effet de concurrencer dans des conditions déloyales l'activité de l'entreprise de l'employeur. • Paris, 25 sept. 2000 : *D. 2001. Somm. 1313, obs. Serra*. ♦ V. aussi notes 38 s.

4. Liberté des prix. La liberté des prix est la règle et un fabricant ne commet pas un acte de concurrence déloyale en vendant des produits à un prix inférieur à ceux de l'un de ses concurrents, sacrifiant ainsi la séduction de la clientèle par la présentation pour préférer une séduction par le prix. • Versailles, 20 oct. 1993 : *RJDA 1994, n° 751.* ♦ La seule pratique d'un prix inférieur ne constitue pas en soi un acte de concurrence déloyale, dès lors qu'il n'est pas démontré que ce prix soit dérisoire ou excéderait les usages du commerce soumis au principe de l'économie libérale. • Paris, 3 juill. 1996 : *RJDA 1996, n° 1422* • 25 sept. 1996 : *D. Affaires 1996. 1218.* ♦ V. sur la prohibition des prix de vente abusivement bas, C. com., art. L. 420-5.

Sur la condamnation d'un parfumeur, ayant mis en place un système de cartes de fidélité conduisant à des rabais permanents, V. • Dijon, 11 févr. 1997 : *JCP 1997. IV. 1981.*

II. CONDAMNATION DE LA CONCURRENCE DÉLOYALE

A. THÉORIE GÉNÉRALE DE LA CONCURRENCE DÉLOYALE

5. Fondement juridique. L'action en concurrence déloyale trouve son fondement dans les art. 1382 et 1383 [1240 et 1241] C. civ., lesquels impliquent l'existence d'une faute commise par le défendeur et également celle d'un préjudice souffert par le demandeur. • Versailles, 8 déc. 1994 : *D. 1995. Somm. 261, obs. Serra*. – V. déjà • Com. 29 mai 1967, n° 65-12.494 P. ♦ L'action en concurrence déloyale est fondée non sur une présomption de responsabilité au sens de l'art. 1384 [1242] C. civ., mais sur les art. 1382 et 1383 du même code. • Paris, 29 janv. 2003 : *D. 2004. Somm. 1157, obs. Picod* • 21 juin 2006, n° 04-07.551 : *D. 2006. Pan. 2930, obs. Picod*. ♦ La circonstance que la publicité mensongère soit érigée en délit par les dispositions des art. L. 121-1 s. [L. 121-2 s.] C. consom. ne fait pas obstacle à une action fondée uniquement sur l'art. 1382 [1240] C. civ. • Versailles, 10 févr. 2004 : *CCC 2004, n° 145, obs. Raymond.*

6. Auteur de l'acte. L'action en concurrence déloyale pouvant être mise en œuvre quel que soit le statut juridique de l'auteur de la faute alléguée, une telle action peut valablement être engagée à l'encontre d'une association soumise à la loi du 1er juill. 1901. • Com. 30 mai 2000, n° 98-15.549 : *D. 2001. 2587, note Serra* ; *CCC 2000, n° 161, obs. Malaurie-Vignal.* – V. aussi • Versailles, 16 déc. 2004 : *D. 2005. Pan. 2465, obs. Dorandeu*. ♦ L'action en parasitisme, fondée sur l'art. 1382, devenu 1240, C. civ., qui implique l'existence d'une faute commise par une personne au préjudice d'une autre, peut être mise en œuvre quels que soient le statut juridique ou l'activité des parties, dès lors que l'auteur se place dans le sillage de la victime en profitant indûment de ses efforts, de son savoir-faire, de sa notoriété ou de ses investissements (association et fondation). • Com. 16 févr. 2022, n° 20-13.542 B : *D. actu. 14 mars 2022, obs. Pinat ; D. 2022. Actu. 349* ; *JCP E 2022, n° 1110.* ♦ Une mutuelle d'assurance qui fait croire que les seuls barèmes de réparation automobile sérieux sont publiés dans une revue déterminée, et que l'agrément peut être retiré si on ne se réfère pas à ces barèmes, commet une faute en contribuant par cette fausse information à détourner au bénéfice de cette revue la clientèle d'une revue concurrente. • Paris, 20 sept. 1996 : *D. 1997. Somm. 238, obs. Izorche*. ♦ Pour un arrêt retenant un acte de concurrence déloyale à l'encontre d'un agent d'assurance ayant détourné la clientèle d'un autre agent, alors même que cette faute ne profitait pas à celui qui l'avait commise, V. • Com. 21 mars 2000, n° 98-11.098 P : *D. 2000. 625, note Serra* ; *CCC 2000, n° 127, obs. Malaurie-Vignal.* ♦ Le refus de France Télécom d'attribuer à une société le code télématique « vacances », est déloyal dès lors que des codes génériques avaient été consentis, au mépris de ses propres règles, à d'autres entreprises. • Com. 25 janv. 2000, n° 97-19.957 : *CCC 2000, n° 63, obs. Malaurie-Vignal.* ♦ La notion d'entité économique, propre au droit de la concurrence, ne trouve pas application en matière de responsabilité civile délictuelle de droit commun, fondée sur les dispositions des art. 1382 et 1383 [1240 et 1241] C. civ., et la responsabilité civile d'une personne juridique ne peut être retenue, sur la base de l'existence d'une entité économique, pour des actes commis par d'autres personnes. • Com. 14 févr. 2018, n° 16-24.619 : *D. 2018. Pan. 2334, obs. Picod* ; *CCC 2018, n° 87, obs. Malaurie-Vignal ; RJDA 2018, n° 613.*

7. Rapport de concurrence et clientèle commune. Une cour d'appel n'a pas à caractériser une situation de concurrence directe ou effective entre les sociétés, lesquelles ne sont pas des conditions de l'action en concurrence déloyale qui exige seulement l'existence de faits fautifs générateurs d'un préjudice. • Com. 12 févr. 2008, n° 06-17.501 P : *D. 2008. 2573, note Picod* ; *JCP E 2009, n° 2, p. 12, obs. Caron ; CCC 2008, n° 103, obs. Malaurie-Vignal ; LPA 17 oct. 2008, note Mendoza-Caminade ; RJDA 2008, n° 735 ; RDLC 2009, n° 1, p. 130, obs. Morel.* ♦ L'existence d'un lien entre une association et ses adhérents auquel toute notion de clientèle est étrangère est impropre à écarter l'existence d'actes de concurrence déloyale d'un ancien salarié de l'association. • Com. 8 nov. 1994, n° 92-17.994 P :

CCC 1995, n° 6, obs. Vogel. ♦ La circonstance que la clientèle que se disputent les opérateurs soit réputée être celle d'un tiers est indifférente pour accueillir une action en concurrence déloyale, laquelle suppose seulement que soit établie l'existence de faits fautifs générateurs d'un préjudice. • Com. 30 mai 2000, n° 98-15.549 : *CCC 2000, n° 161, obs. Malaurie-Vignal.* ♦ Viole l'art. 1382 [1240] C. civ. en ajoutant à la loi une condition qu'elle ne comporte pas l'arrêt qui rejette une action en concurrence déloyale pour dénigrement au motif que les parties ne sont pas en situation de concurrence. • Com. 20 nov. 2007, n° 05-15.643 : *D. 2008. Pan. 255, obs. Picod ; CCC 2008, n° 51, obs. Malaurie-Vignal.* ♦ V. aussi, jugeant que l'entreprise visée par un dénigrement peut être concurrente ou non de celle qui en est l'auteur : • Versailles, 9 sept. 1999 : *D. 2000. Somm. 311, obs. Serra.* ♦ Comp., jugeant que faute de clientèle commune, les sociétés en cause n'étaient pas en situation de concurrence et qu'en conséquence l'une ne peut reprocher à l'autre de s'être livrée à des actes de concurrence déloyale à son égard. • Com. 19 nov. 2002, n° 00-13.154 P : *JCP E 2003, n° 3, p. 107 ; RJDA 2003, n° 211.* ♦ Jugeant que la situation de concurrence nécessaire pour fonder une action en concurrence déloyale ne pouvait être retenue, dès lors que les parties n'exerçaient pas la même activité et n'utilisaient pas le même circuit de distribution : • Com. 25 avr. 2006, n° 04-13.072 : *D. 2006. Pan. 2930, obs. Picod ; CCC 2006, n° 141, obs. Malaurie-Vignal ; RDLC 2006, n° 3, p. 109, obs. Fasquelle et Morel.* ♦ Rejetant l'action en contrefaçon de marque et en concurrence déloyale au motif que le fait reproché ne tendait pas à l'obtention d'un avantage direct ou indirect de nature économique et qu'il était, en conséquence, étranger à la vie des affaires, V. • Com. 10 mai 2011, n° 10-18.173 P : *D. 2011. Actu. 1410 ; CCC 2011, n° 157, obs. Malaurie-Vignal ; Gaz. Pal. 2011. 1742, obs. Marino ; RJDA 2011, n° 742 ; Prop. ind. 2011, n° 72, obs. Tréfigny-Goy.* ♦ Sur la nécessité d'une situation de concurrence pour que puisse prospérer l'action en concurrence déloyale, V. aussi les décisions citées notes 23 et 59.

B. ÉLÉMENTS CONSTITUTIFS DE LA CONCURRENCE DÉLOYALE

1° FAUTE

8. Absence d'élément intentionnel. La caractérisation de la faute de concurrence déloyale n'exige pas la constatation d'un élément intentionnel. • Com. 12 mai 2004, n° 02-19.199 P : *JCP E 2004, n° 27, p. 1082 ; Gaz. Pal. 2005. Somm. 571, obs. Guével ; RDLC déc. 2004. 69, obs. Fasquelle ; RJDA 2004, n° 1279* • 13 oct. 2021, n° 19-20.504 B : *cité note 31.* ♦ L'action en concurrence déloyale suppose seulement l'existence d'une faute, sans requérir un élément intentionnel. • Com. 26 avr. 1994, n° 92-16.895 P • 3 mai 2000, n° 97-20.888 P • 19 sept. 2006, n° 03-20.511 : *CCC 2006, n° 234, obs. Malaurie-Vignal ; RJDA 2006, n° 1285.* – V. déjà • Com. 6 nov. 1990, n° 88-15.117 P : *D. 1992. Somm. 49, obs. Serra* • 3 juill. 2001, n° 99-19.632 : *RJDA 2002, n° 113.* ♦ Dans le même sens, retenant la responsabilité d'une entreprise au motif qu'elle pratiquait des prix inférieurs à ses prix de revient, V. • Com. 3 mai 2000, n° 97-20.888 P : *D. 2001. Somm. 1312, obs. Serra ; CCC 2000, n° 111, obs. Malaurie-Vignal.* ♦ Les actes de concurrence déloyale peuvent aussi résulter d'une simple faute d'imprudence ou de négligence. • Dijon, 25 mars 1994 : *JCP 1994. IV. 1702.* – V. aussi • Civ. 2e, 2 avr. 1997, n° 95-14.687 P : *cité note 16* • Paris, 21 oct. 1998 : *RJDA 1999, n° 110* • 8 oct. 1992 : *D. 1994. Somm. 223, obs. Serra.* ♦ Pour un comportement de mauvaise foi caractérisant la faute constitutive d'actes de concurrence déloyale, V. • Com. 7 avr. 1998, n° 96-14.885 : *D. 1999. Somm. 128, obs. Schmidt-Szalewski.*

9. Faisceau de présomptions. L'action en concurrence déloyale n'étant pas fondée sur une présomption de responsabilité, une cour d'appel ne peut, en se déterminant sur un faisceau de présomptions de fautes, condamner un comptable démissionnaire engagé par un concurrent. • Com. 13 mai 1997, n° 95-15.592 : *JCP E 1998, n° 3, p. 79, note Fourgoux.* ♦ Mais pour retenir l'existence d'actes de concurrence déloyale, les juges du fond apprécient souverainement la valeur des présomptions qui leur sont soumises. • Civ. 1re, 23 janv. 2001, n° 98-19.432 P.

10. Charge de la preuve. Il appartient au demandeur d'apporter la preuve positive des agissements déloyaux et non à l'intimé de rapporter la preuve négative de l'absence de telles pratiques. • Amiens, 29 janv. 2004 : *BICC 2004, n° 1834.*

2° PRÉJUDICE

11. Spécificité du préjudice. BIBL. Ménard, *D. 2019. 1549* (le dommage induit de l'acte de concurrence déloyale. Quelle explication ? Quelle application ?). ♦ Il s'infère nécessairement des actes déloyaux constatés l'existence d'un préjudice, fût-il seulement moral. • Com. 9 févr. 1993, n° 91-12.258 P : *JCP E 1994. II. 545, note Danglehant ; CCC 1993, n° 49, obs. Vogel* • 27 févr. 1996, n° 94-16.885 : *D. 1997. Somm. 104, obs. Serra ; RJDA 1996, n° 732.* – V. aussi • Com. 1er avr. 1997, n° 94-22.129 P : *D. Affaires 1997. 598* • Paris, 29 avr. 1998 : *D. 1999. Somm. 99, obs. Izorche* • 22 févr. 2000 : *CCC 2000, n° 81, obs. Malaurie-Vignal* • Com. 9 oct. 2001, n° 99-16.512 : *RTD civ. 2002. 304, obs. Jourdain ; CCC 2002, n° 6, obs. Malaurie-Vignal* (pour une clause de non-concurrence). ♦ Un préjudice s'infère nécessairement d'un acte de concurrence déloyale, générateur d'un trouble commercial, fût-il seulement moral, et la perte d'une chance implique seulement la disparition d'une éventualité favorable. Pour rejeter les demandes de la société, l'arrêt, après avoir énoncé que, même si les griefs d'actes illicites étaient fondés, encore faudrait-il que la société démontre que ces actes ont entraîné pour elle un préjudice, relève que celle-ci se borne, pour invoquer un gain manqué, à comparer la réussite de son concurrent et son propre « business plan », reposant sur des hypothèses optimistes. En statuant ainsi, par des motifs impropres à exclure l'existence de tout préjudice résultant des agissements reprochés, lesquels sont de nature à conférer un avantage concurrentiel à leur auteur, la cour d'appel a violé l'art. 1382, devenu 1240, C. civ. • Com. 12 janv. 2022, n° 20-11.139 B : *D. 2022. Actu. 116*. ♦ V. également, dans le cas d'une publicité comparative illicite, considérant que le dénigrement commis, générateur d'un trouble commercial, entraîne nécessairement un préjudice : • Com. 14 juin 2000, n° 98-10.689 P : *RJDA 2000, n° 1184*. ♦ ... Sauf pour l'auteur de tels actes, à établir que ces faits n'ont pas généré de dommages. • Com. 8 juill. 1997, n° 95-16.984 : *RJDA 1997, n° 1572*. ♦ Comp. sur la nécessité pour le demandeur de prouver l'existence d'un préjudice : • Com. 19 juill. 1976, n° 75-11.836 P : *JCP 1976. II. 18507, note R. D. M.* • 25 févr. 1992, n° 90-14.329 P.

A été jugée recevable la demande d'une société dénigrée qui ne fonde son action en réparation ni sur la baisse de son chiffre d'affaires, ni sur la perte de clientèle, mais sur l'atteinte portée à son enseigne par la campagne de dénigrement entreprise par un groupe commercial et qui la visait nommément, car tendant à l'indemnisation d'un dommage effectif causé à un bien incorporel compris dans ses éléments d'actif, valorisé par ses investissements et sa politique commerciale. • Paris, 29 mars 1993 : *D. 1994. Somm. 223, obs. Serra*. – V. aussi • Paris, 3 avr. 1995 : *D. 1996. Somm. 254, obs. Picod*.

Le droit de la concurrence est dans l'intérêt final du consommateur ; le commerçant qui orchestre une promotion publicitaire tendant à induire en erreur le consommateur sur la nature ou la qualité du produit se rend coupable d'une manœuvre de concurrence déloyale qui justifie sa condamnation à des dommages et intérêts à l'égard d'un autre commerçant concurrent. • Paris, 25 mai 2011 : *Prop. ind. 2011, n° 75, obs. Larrieu*.

12. Nature du préjudice. L'effet relatif des contrats n'interdit pas aux tiers d'invoquer la situation de fait créée par les conventions auxquelles ils n'ont pas été parties, si cette situation de fait leur cause un préjudice de nature à fonder une action en responsabilité délictuelle (préjudice résultant du non-respect par un distributeur agréé des exigences de la distribution sélective) : • Com. 1er juill. 2003, n° 99-17.183 P : *cité note 64 ss. art. L. 330-2 C. com.* – V. aussi • Com. 11 janv. 2005, n° 02-10.566 : *D. 2006. Pan. 516, obs. Ferrier* ; *JCP E 2005, n° 31-34, p. 1327, obs. Mainguy ; CCC 2005, n° 89, obs. Malaurie-Vignal* • 5 avr. 2005, n° 03-19.370 P : *cité note 181, v° Contrats d'affaires* (absence de préjudice du fait de la violation d'une clause de non-concurrence) • 29 janv. 2008, n° 07-10.611 : *CCC 2008, n° 97, obs. Malaurie-Vignal.* ♦ En revanche, la concurrence déloyale par détournement de clientèle reprochée aux dirigeants ayant fait l'objet d'une action de la société elle-même, les actionnaires, n'ayant aucun droit personnel sur la clientèle qui constitue l'actif de la société, doivent être déboutés dès lors qu'ils ne justifient pas d'un préjudice distinct. • Paris, 6 déc. 2002 : *BJS 2003. 474, obs. Barbièri.*

13. Entreprise en difficulté. Jugeant qu'une entreprise en difficulté bénéficie de la protection offerte par le droit de la concurrence déloyale : • Com. 12 oct. 2004, n° 02-13.404 : *RDLC 2005, n° 1, p. 75, obs. Fasquelle et Morel.*

3° LIEN DE CAUSALITÉ

14. Exigence et appréciation du lien de causalité. Le lien de causalité entre des agissements fautifs (parasitisme) et les difficultés financières de la société victime doit être établi. • Com. 30 janv. 2001, n° 99-10.654 P : *D. 2001. 1939, note le Tourneau* ; *CCC 2001, n° 58, obs. Malaurie-Vignal ; JCP 2001. I. 340, n° 29, obs. Viney.* ♦ Les juges du fond établissent l'existence d'un lien de causalité entre la faute et le préjudice dès lors qu'ils constatent la corrélation entre l'installation concurrente et la diminution du chiffre d'affaires du commerçant et écartent formellement d'autres causes de cette baisse. • Com. 29 nov. 1976, n° 75-12.431 P. ♦ Comp. : • Com. 30 nov. 1976, n° 75-13.123 P • 11 févr. 1980, n° 78-12.626 P : *D. 1980. IR 441* • 29 juin 1993, n° 91-18.990 P.

III. ACTES DE CONCURRENCE DÉLOYALE

A. DÉNIGREMENT

1° NOTION DE DÉNIGREMENT

15. Définition. Le dénigrement consiste à porter atteinte à l'image de marque d'une entreprise ou d'un produit désigné ou identifiable afin de détourner la clientèle, en usant de propos et d'arguments répréhensibles ayant ou non une base exacte, diffusés ou émis de manière à toucher les clients de l'entreprise visée, concurrente ou non de celle qui en est l'auteur. • Versailles, 9 sept. 1999 : *préc. note 7.* ♦ La divulgation d'une information de nature à jeter le discrédit sur un concurrent constitue un dénigrement, peu important qu'elle soit exacte. • Com. 24 sept. 2013, n° 12-19.790 P : *D. 2013. Pan. 2822, obs. Auguet* ; *RLDA mars 2014. 32, note Dupisson-*

Guihéneuf ; JCP E 2013, n° 1567 ; CCC 2013, n° 262, obs. Malaurie-Vignal ; RJDA 2013. 911, rapp. Mouillard. ♦ La diffusion par un laboratoire pharmaceutique d'un article paru dans la presse et critiquant un produit parapharmaceutique concurrent auprès de pharmacies distribuant ledit produit avec un marque-page mentionnant en gros caractères « cet article vous concerne... » constitue un acte de dénigrement dans la mesure où il n'a pas pour finalité l'information des consommateurs, mais traduit une intention de dénigrer le laboratoire concurrent. • Com. 23 mars 1999, n° 96-22.334 : *CCC 1999, n° 91, obs. Malaurie-Vignal ; LPA 8 nov. 1999, obs. Reboul ; Gaz. Pal. 19-20 mai 2000, p. 26, obs. Grelier-Lenain.* ♦ Mais ne constituent pas un dénigrement les propos tenus dans la presse faisant état, pour les comparer, des méthodes de vente, des choix stratégiques et d'implantation de deux sociétés, alors que ces propos s'analysent en une appréciation critique de la politique commerciale d'un concurrent et que les termes employés ne sont pas outranciers et qu'aucune critique n'est portée sur les produits. • Paris, 24 nov. 2004 : *JCP E 2005, n° 10, p. 405 ; Gaz. Pal. 2005. Somm. 2183, obs. Roiland ; BRDA 2005, n° 10, p. 11.* ♦ De la même façon, la publication de critiques, même sévères, concernant du vin ne peut constituer une faute caractérisant un dénigrement dans le contexte d'un débat public. • Civ. 2e, 16 juin 2005, n° 03-18.625 P : *D. 2005. 2916, note Agostini ; JCP 2005. IV. 2744* (cassation de • Lyon, 13 août 2003 : *Gaz. Pal. 2005. 346, note Goni*). ♦ Comp., jugeant que l'assimilation d'un vin à un « picrate » « à peine buvable » voire « d'imbuvable » s'apparente à un dénigrement manifestement excessif dans la mesure où ce vin avait été régulièrement récompensé, avait fait l'objet d'une dégustation organisée, et où l'appréciation avait été portée de manière péremptoire sans détailler les qualités et les défauts gustatifs de ce vin. • Civ. 1re, 5 juill. 2006, n° 05-16.614 P : *D. 2007. Pan. 1040, obs. Massis ; JCP 2006. IV. 2682.* ♦ Ne constitue pas un acte de concurrence déloyale le fait pour un fournisseur d'établir à l'adresse d'un client un tableau comparatif non objectif entre deux produits dès lors que celui-ci n'est pas destiné à être diffusé et que le client conserve la possibilité d'interroger le deuxième fournisseur potentiel. • *Lyon, 30 nov. 2006 : BICC 1er avr. 2007, n° 748.*

16. Dénigrement et liberté d'expression. **BIBL.** Derieux, *LPA 28 mai 2003* (libre critique et dénigrement fautif). – Geiger, *D. 2007. 884* (de la proportionnalité de la libre critique). – Fraissinier-Amiot, *RLDA mai 2010. 81* (la liberté d'expression des entreprises à l'aune des droits de l'homme européens). ♦ V. aussi note 33. ♦ Même en l'absence d'une situation de concurrence directe et effective entre les personnes concernées, la divulgation, par l'une, d'une information de nature à jeter le discrédit sur un produit commercialisé par l'autre peut constituer un acte de dénigrement, sans que la caractérisation d'une telle faute exige la constatation d'un élément intentionnel ; cependant, lorsque l'information en cause se rapporte à un sujet d'intérêt général et repose sur une base factuelle suffisante, cette divulgation relève du droit à la liberté d'expression, qui inclut le droit de libre critique, et ne saurait, dès lors, être regardée comme fautive, sous réserve qu'elle soit exprimée avec une certaine mesure. • Civ. 1re, 11 juill. 2018, n° 17-21.457 P : *D. 2018. 2010, note Bigot ; JCP E 2018, n° 1447 ; CCC 2018, n° 191, obs. Malaurie-Vignal ; RJDA 2018, n° 783* • 12 déc. 2018, n° 17-31.758 P : *D. 2019. Actu. 6 ; RJDA 2019, n° 304.* ♦ Les propos, mettant en cause les véhicules d'une marque automobile, qui s'inscrivaient dans le cadre d'une émission satirique diffusée par une entreprise de communication audiovisuelle et ne pouvaient être dissociés de la caricature faite de son P-DG, relèvent de la liberté d'expression sans créer aucun risque de confusion entre la réalité et l'œuvre satirique de sorte que l'entreprise de communication audiovisuelle n'a commis aucune faute. • Cass., ass. plén., 12 juill. 2000, n° 99-19.004 P : *JCP 2000. II. 10439, note Lepage ; LPA 14 août 2000, note Derieux ; RTD civ. 2000. 842, obs. Jourdain*. – V. l'arrêt de renvoi : • Reims, 9 févr. 1999 : *D. 1999. 449, note Edelman ; JCP 1999. II. 10144, note Bigot.* – V. aussi dans la même affaire : • Civ. 2e, 2 avr. 1997, n° 95-14.687 P : *D. 1997. 411, note crit. Edelman*, cassant • Paris, 14 mars 1995 : *D. 1996. Somm. 252, obs. Izorche*. – V. concl. Kessous, *RJDA 1997, p. 398.* – V. aussi Gridel, *D. 1998. Chron. 183* ; Sabireau-Perez, *D. Affaires 1998. 1683* (liberté de la presse et liberté de la concurrence).

De même, l'information sur les propriétés objectives que le consommateur peut attendre d'un produit, dont le caractère mensonger n'est pas soulevé, dès lors qu'elle est donnée en termes mesurés, fussent-elles destinées à remédier aux conséquences de l'usage d'un autre produit non concurrent, ne constitue pas un dénigrement caractérisant un trouble manifestement illicite. • Com. 15 janv. 2002, n° 00-13.107 P : *JCP 2002. I. 186, n° 3, obs. Viney ; Gaz. Pal. 2003. Somm. 1896, obs. Roiland ; RJDA 2002, n° 709* (référence au pouvoir tachant du café dans les publicités d'un dentifrice). – Sur cet arrêt, V. Champalaune, *RJDA 2002. 495.* ♦ Les annonces publiées dans un journal sur le thème de « l'excès d'énergie peut être dangereux » n'ont pas un caractère dénigrant dans la mesure où elles ne mettent pas en cause les services offerts par le groupe NRJ tant aux auditeurs qu'aux annonceurs publicitaires, mais expriment seulement l'hostilité à la concentration en cours dans le secteur radiophonique de la bande FM. • Paris, 26 janv. 2001 : *Gaz. Pal. 21-22 nov. 2001. Somm. 42.* ♦ Mais l'utilisation d'une marque réputée dans le domaine du sport sur un site internet dénigrant cette activité montre l'intention de dénigrer une entité déterminée et non pas seulement l'activité sportive en soi. • TGI Paris, 8 sept. 2003 : *LPA 23 mai 2005, obs. P. M.* ♦ Pour une hypothèse où l'auteur d'un propos dénigrant tentait de se retrancher derrière la liberté d'expression et la responsabilité d'un journaliste pour échapper à sa propre responsabilité, V. • Paris, 20 nov. 2003 : *Gaz. Pal. 2004. Somm. 1273, obs. Roiland.* ♦ La liberté d'expression et le caractère se voulant humoristique des propos tenus n'autorisent cependant pas une atteinte à la réputation d'une marque. • Paris, 7 mai 2004 : *Gaz. Pal. 2007. 2024, obs. Staeffen.* ♦ Des messages contradictoires sur la façon dont une personne exerce son activité de voyante, postés sur un forum consacré à l'astrologie, s'ils constituent effectivement une critique, parfois virulente, de la qualité et du prix de ses prestations, s'inscrivent dans le cadre d'une discussion entre internautes libres d'exprimer leur opinion. • Paris, 14 nov. 2007 : *BICC 15 nov. 2008, n° 1775.* – V. aussi • Paris, 15 mai 2008 : *BICC 15 nov. 2008, n° 1776.*

17. Distinction entre dénigrement et diffamation. **BIBL.** Quiquerez, *CCC 2018. Étude 12* (clair-obscur autour de la distinction entre diffamation et dénigrement). ♦ Les appréciations, mêmes excessives, touchant les produits, les services ou les prestations d'une entreprise industrielle n'entrent pas dans les prévisions de la diffamation mais du dénigrement dès lors qu'elles ne concernent pas la personne physique ou morale. • Civ. 2e, 5 juill. 2000, n° 98-14.255 P : *D. 2000. AJ 359, obs. Marmontel.* ♦ Des allégations de « faux certificats » et de « faux rapports » constituent un dénigrement et non une diffamation, mêmes si elles visent le gérant, dans la mesure où elles n'ont pour objet que de mettre en cause la qualité des prestations fournies par la société victime, qu'elles émanent d'une société concurrente de la même spécialité exerçant dans le même secteur d'activité et sont proférées dans le but manifeste d'en détourner la clientèle. • Civ. 1re, 5 déc. 2006, n° 05-17.710 P : *D. 2008. 672, note Valette-Ercole ; JCP E 2007, n° 9, p. 20, note Tiquant ; CCC 2007, n° 54, obs. Malaurie-Vignal ; RJDA 2007, n° 422.* ♦ Ayant retenu qu'un article portait sur un produit une appréciation générale très négative, dépassant les limites du billet d'humeur et faisant référence à une enquête qui ne concernait pas le produit en cause, que les propos dénigrants et l'amalgame erroné avec cette enquête avaient jeté le discrédit sur ce produit, que l'éditeur de cet article avait manqué à son devoir de prudence et d'objectivité, une cour d'appel a décidé à bon droit que cette société avait commis une faute de nature à engager sa responsabilité. • Civ. 2e, 8 avr. 2004, n° 02-17.588 P : *RJDA 2004, n° 914* • 7 oct. 2004, n° 02-18.995 P : *JCP 2004. IV. 3157.* ♦ L'art. 29 de la L. du 29 juill. 1881 sur la liberté de la presse (V. **C. pén.**) dispose que toute allégation ou imputation d'un fait qui porte atteinte à l'honneur ou à la considération de la personne ou du corps auquel le fait est imputé est une diffamation. Par suite, la courte prescription prévue par l'art. 65 de cette loi ne peut être écartée au motif que les propos litigieux tenus par une société dans une revue qu'elle édite visaient uniquement une autre revue en tant que produit concurrentiel de nature commerciale, à l'exclusion de toute mise en cause personnelle des responsables de cette revue, alors que les allégations de vol et de spoliation portaient atteinte à l'honneur et à la considération de la société à laquelle elles étaient imputées. • Civ. 2e, 19 juin 1996, n° 94-20.515 P : *D. Affaires 1996. 1056.* – V. aussi • Cass., ass. plén., 12 juill. 2000, n° 99-19.004 P : *préc. note 16.*

18. Dénigrement et publicité comparative. V. v° *Publicité commerciale*, C. consom., art. L. 121-8 s.

2° *ÉLÉMENTS CONSTITUTIFS DU DÉNIGREMENT*

19. Informations péjoratives ou malveillantes. Se rend coupable de concurrence déloyale le responsable d'une société qui, dans une interview publiée par une revue, dénigre un concurrent alors que ce dénigrement n'émane pas d'une personne étrangère au milieu professionnel qui n'aurait en vue que d'informer le plus exactement possible le public des avantages et des inconvénients respectifs de chacun des modes de distribution, mais d'un concurrent qui se garde d'émettre la moindre réserve sur les méthodes de sa propre société. • Paris, 20 févr. 1992 : *D. 1993. Somm. 155, obs. Izorche.* ♦ De même, se rend coupable de concurrence déloyale la société qui, dans sa publicité commerciale effectuée par lettre circulaire, donne des informations malveillantes de nature à jeter le discrédit sur un concurrent en le dénigrant et en faisant référence aux termes de sa publicité, ce qui permet d'identifier parfaitement la personne morale visée et cela d'autant plus facilement que son nom est cité dans cette même lettre. • Paris, 15 déc. 1994 : *D. 1995. Somm. 261, obs. Serra.* – V. aussi • Dijon, 12 sept. 1995 : *JCP 1996. IV. 630* • Paris, 5 juin 1996 : *CCC 1997, n° 16, obs. Raymond* (identification par les prénoms utilisés). ♦ L'utilisation dans un catalogue de noms ayant un rapport direct et certain avec une entreprise concurrente, pour désigner des produits, constitue une action positive de dénigrement destinée à nuire à ce concurrent en faisant croire qu'il s'agit de produits qu'il fabrique, afin d'en détourner la clientèle. • Paris, 1er oct. 1997 : *D. Affaires 1997. 1348.*

Sur le caractère déloyal de l'emploi du qualificatif « véritable » pour désigner un produit, tendant à jeter le discrédit sur les produits concurrents, V. • Paris, 10 avr. 1996 : *Gaz. Pal. 1996. 2. Somm. 495.* ♦ Pour un exemple de dénigrement indirect (message se présentant comme la critique du discours d'un tiers à la fois défavorable à l'auteur du message et favorable à un concurrent de celui-ci), V. • T. com. Paris, 14 févr. 1996 : *D. 1997. Somm. 234, obs. Izorche*. ♦ Pour un exemple de dénigrement direct et indirect au moyen de slogans publicitaires portant à la fois sur une société, sur les prix et les services de celle-ci, V. • Paris, 5 mars 1999 : *LPA 8 nov. 1999, obs. Reboul.* ♦ Pour un exemple de dénigrement d'une société cotée par des analyses financières, diffusées pendant de nombreuses années par une banque d'affaires, qui comportaient de nombreuses inexactitudes ou omissions, V. • T. com. Paris, 12 janv. 2004 : *D. 2004. 335, note Couret ; Dr. sociétés 2004, n° 66, obs. Bonneau ; LPA 28 avr. 2004, obs. Le Bars ; Rev. sociétés 2004. 297, note F.-L. Simon ; BJS 2004. 388, note Schmidt ; RTD com. 2004. 337, obs. Rontchevsky ; RJDA 2004, n° 424.*

La forme humoristique d'un spot publicitaire n'excuse en rien l'appréciation péjorative portée sur un produit dès lors qu'elle n'apporte rien à la force du message (dénigrement du sucre incarné par un personnage lui donnant une image caricaturale et dévalorisante), V. • Versailles, 2 juin 2004 : *RJDA 2004, n° 1405* (conf. par • Com. 30 janv. 2007, n° 04-17.203 : *CCC 2007, n° 103, obs. Malaurie-Vignal ; RJDA 2007, n° 576*). ♦ Mais l'image d'une parure faite de pilules et de gélules (pour dénoncer l'onérosité de la vente en officine) si elle est sans doute d'une ironie un peu agressive ne dépasse manifestement pas les limites de ce qui est permis en matière d'expression humoristique. • Com. 13 oct. 2009, n° 08-16.972 : *D. actu. 29 oct. 2009, obs. Chevrier ; CCC 2010, n° 21, obs. M. M.-V. ; RLDA janv. 2010. 39, note Rousset.*

20. Atteinte à l'image ou à la réputation d'autrui. V., pour des agissements condamnables : • Paris, 9 déc. 1992 : *D. 1994. Somm. 223, obs. Serra* (dénigrement des professionnels de l'immobilier) • Versailles, 17 mai 1994 : *D. 1995. 539 ; Gaz. Pal. 1995. 1. 49, note Junqua-Lamarque* (dénigrement de producteurs de programmes par la société FR 3), conf. par • Com. 21 mai 1996, n° 94-17.410 : *D. 1997. Somm. 85, obs. Hassler et Lapp* • Versailles, 1er juill. 2004 : *D. 2004. IR 2764* (atteinte à l'image d'une compagnie aérienne par le photomontage d'un de ses avions en train de s'écraser).

21. Critique de produits ou services. Même en l'absence d'une situation de concurrence directe et effective entre les personnes concernées, la divulgation, par l'une, d'une information de nature à jeter le discrédit sur un produit commercialisé par l'autre constitue un acte de dénigrement, à moins que l'information en cause ne se rapporte à un sujet d'intérêt général et repose sur une base factuelle suffisante, et sous réserve qu'elle soit exprimée avec une certaine mesure. • Com. 4 mars 2020, n° 18-15.651 P : *D. 2020. Actu. 596 ; CCC 2020, n° 96, obs. Malaurie-Vignal ; RJDA 2020, n° 337.* ♦ Pour des exemples : • Douai, 26 sept. 1956 : *RTD com. 1959. 108, obs. Roubier et Chavanne* (le vrai cinémascope) • Paris, 17 nov. 1970 : *D. 1972. 73, note Guinchard* (le seul apéritif naturel) • 4 nov. 1976 : *D. 1977. 405, note Vuitton ; RTD com. 1977. 319, obs. Chavanne et Azéma* (produits qualifiés d'invendables) • Versailles, 12 févr. 1990 : *D. 1990. 264, note Serra* (dénigrement des lessives sans phosphates dans une campagne publicitaire lancée par un producteur de phosphates). – V. aussi Biolay, *Gaz. Pal. 1991. 2. Doctr. 716* • Paris, 24 sept. 1996 : *D. 1997. Somm. 235, obs. Izorche* (comparaison, par un fabricant de cigarettes, en termes de risques pour la santé, entre la consommation de biscuits et l'inhalation passive de tabac) • Com. 1er déc. 1998, n° 96-22.465 : *RJDA 1999, n° 112*, conf. de • Paris, 28 oct. 1996 : *D. 1996. IR 258* (dénigrement du port de manteaux de fourrure au profit de produits de substitution) • Versailles, 30 janv. 1997 : *D. 1999. Somm. 93, obs. Izorche* (dénigrement par l'utilisation, par un fabricant, de l'appellation « compote fraîche »), conf. sur ce point par • Com. 12 janv. 1999, n° 97-13.801 : *D. 1999. IR 114 ; Gaz. Pal. 17-18 nov. 1999, p. 36, obs. Staeffen et Veyssières* • Paris, 21 sept. 1998 : *LPA 18 juin 1999, obs. Petitier* (dénigrement par un concessionnaire de pompes funèbres résultant de l'apposition sur sa vitrine d'une affiche portant la mention « stop aux mensonges »). • Civ. 1re, 30 mai 2006, n° 05-16.437 P : *D. 2007. Pan. 1040, obs. Massis* (commentaires d'un test comparatif publié dans une revue).

22. Publicité d'une action ou d'une décision de justice. BIBL. Bout, *RLC 2005, n° 1, p. 152* (action en justice, instrument de concurrence déloyale). ♦ Est fautive la dénonciation faite à la clientèle d'une action judiciaire n'ayant pas donné lieu à une décision de justice. • Com. 12 mai 2004, n° 02-16.623 P : *D. 2004. AJ 1524 ; JCP E 2004, n° 48, p. 1877, obs. Caron ; CCC 2004, n° 112, obs. Malaurie-Vignal ; RDLC déc. 2004. 69, obs. Fasquelle ; RJDA 2004, n° 1279 ; RLC 2005, n° 1, p. 110, obs. Chagny.* ♦ La divulgation à la clientèle d'une action en contrefaçon n'ayant pas donné lieu à une décision de justice, dépourvue de base factuelle suffisante en ce qu'elle ne reposait que sur le seul acte de poursuite engagé par le titulaire des droits, constitue un dénigrement fautif. • Com. 9 janv. 2019, n° 17-18.350 P : *D. 2019. 872, note Bruguière et Brégou ; JCP E 2019, n° 1044 ; CCC 2019, n° 43, obs. Malaurie-Vignal ; RJDA 2019, n° 303.* ♦ Le simple fait de dénoncer à la clientèle les agissements d'un concurrent nommément désigné comme contrefacteur, alors qu'aucune décision de justice ne vient en établir la réalité, constitue un dénigrement contraire aux usages loyaux du commerce engageant la responsabilité de celui qui y procède. • Paris, 3 avr. 1995 : *préc. note 11.* ♦ Le fait de donner une publicité à une décision de justice non définitive relative à une contrefaçon de marque constitue un dénigrement ouvrant droit à réparation. • Bastia, 6 déc. 1999 : *BICC n° 1298.* ♦ Est constitutif d'un acte de concurrence déloyale, l'utilisation, par l'un des adversaires, de l'existence d'une instance judiciaire en cours, dans la concurrence qui oppose les deux entreprises en cause pour l'obtention d'un marché à l'étranger, afin d'introduire un doute dans l'esprit d'un client dans un pays dans lequel les questions de responsabilité sont particulièrement sensibles et sont susceptibles d'engendrer des frais exorbitants. • T. com. Paris, 2 févr. 1998 : *Gaz. Pal. 15-16 oct. 1999, p. 4.*

Un fournisseur ne peut user de manière excessive du droit de faire publier la condamnation d'un des membres de son réseau de distribution exclusive. Tel est le cas, lorsqu'il est établi que l'importance de l'encart réservé à cette publication ainsi que la mention très apparente de la marque du commerçant condamné constituent un détournement de l'information tant à des fins publicitaires que de dénigrement. • Aix-en-Provence, 13 mars 1997 : *JCP 1997. IV. 2305.* ♦ Ayant, par une appréciation souveraine des éléments de fait qui lui étaient soumis, retenu que le texte mis en ligne était neutre dans sa présentation, ne comportait aucun commentaire, et que, s'agissant des deux exceptions apportées à la reproduction du dispositif du jugement, si la première n'était pas de nature à tromper le lecteur sur la portée exacte de la décision ou sur ses motifs, la seconde augmentait l'impact de la publicité donnée au jugement au-delà des limites résultant des termes mêmes de son dispositif, ce dont elle a déduit que la société avait commis une faute constitutive de concurrence déloyale, la cour d'appel a légalement justifié sa décision. • Com. 18 oct. 2017, n° 15-27.136 P : *D. 2018. 653, note Chacornac ; RTD civ. 2018. 488, obs. Cayrol ; Dalloz IP/IT 2018. 1999, obs. Derieux ; JCP E 2017, n° 1616 ; CCC 2018, n° 6, obs. Malaurie-Vignal ; RJDA 2018, n° 84.* ♦ Doit être condamnée pour dénigrement une entreprise faisant état, sur son site internet, d'une procédure en cours à l'encontre d'un concurrent, alors qu'aucune condamnation n'est encore intervenue. • T. com. Nantes, ord., 12 juill. 2005 : *Gaz. Pal. 2006. Somm. 523, obs. Tellier-Loniewski et Revel de Lambert.* ♦ Réagissant au prospectus d'introduction en bourse d'une société, qui devait contenir toutes les informations nécessaires pour éclairer les investisseurs, une entreprise peut légitimement s'adresser au régulateur boursier pour lui faire part de ses contestations de droits de propriété intellectuelle. • Com. 9 juill. 2013, n° 12-15.841 : *RJDA 2014, n° 63.* ♦ La contestation de la validité du brevet d'un concurrent ne constitue pas en soi un acte de dénigrement, sauf à faire systématiquement dégénérer en abus de droit la publicité, restreinte aux sites internet des sociétés, des actions en revendication de brevet ou autres contestations de droits de propriété intellectuelle engagés par elles, pourtant fréquentes dans la vie des affaires. • Même décision. ♦ Comp. les décisions citées notes 23, 83 et 86.

23. Site internet. BIBL. Thoré, *Gaz. Pal. 2003. 1. Doctr. 53* (indemnisation du préjudice de l'entreprise victime de dénigrement sur internet). – Alterman et Zimmermann, *RJ com. 2004. 345* (concurrence déloyale sur internet). – Marino, *CCE 2007. Étude 27* (internet et concurrence déloyale). – Guégan, *RLDC déc. 2008. 15* (de la libre critique d'une entreprise, à partir de sa marque, par les associations de protection de l'environnement). ♦ Les associations qui agissent conformément à leur objet, dans un but d'intérêt général et de santé publique par des moyens proportionnés à cette fin, n'abusent pas de leur droit de libre expression (*affaire Greenpeace c/ Areva*). • Civ. 1re, 8 avr. 2008, n° 07-11.251 P : *D. 2008. 2402, note Neyret ; RTD civ. 2008. 487, obs. Jourdain ; JCP 2008. II. 10106, note Hugon ; CCE 2008, n° 77, obs. Caron ; RLDC juin 2008. 24, obs. Gaudin.* ♦ Si la création au sein d'un site d'un lien hypertexte permettant l'accès direct à d'autres sites n'est pas, en soi, de nature à engager la responsabilité de l'exploitant du site d'origine à raison du contenu du site auquel il renvoie, il en est toutefois autrement lorsque la création de ce lien procède d'une démarche délibérée et malicieuse, entreprise en toute connaissance de cause par l'exploitant du site d'origine, lequel doit alors répondre du contenu dénigrant du site auquel il s'est, en créant ce lien, volontairement et délibérément associé. • Paris, 19 sept. 2001 : *D. 2002. AJ 643, obs. Manara ; JCP E 2003, n° 4, p. 172, obs. S. P.-N.* ♦ Le caractère automatique des résultats affichés et l'absence de toute analyse de contenu excluent de la part du moteur de recherche une intention de nuire ou délictueuse, que ce soit de diffamer ou de dénigrer. • Paris, 19 mars 2009 : *D. 2009. AJ 1275, obs. Manara ; RJDA 2009, n° 1129.* ♦ Pour un site dont le contenu a été jugé dénigrant pour un distributeur de cycles, V. • TGI Paris, 9 juill. 2002 : *CCE 2003, Actualités, p. 4.*

La diffusion sur un site internet d'une décision de justice rendue entre les parties ne constitue pas un acte de concurrence déloyale dès lors qu'il n'est pas démontré que les parties ont la même activité et s'adressent à la même clientèle et qu'aucune atteinte n'a été portée à l'honneur et à la considération par la diffusion d'une décision de justice défavorable. • Colmar, 3 sept. 2002 : *2003, n° 4, p. 175, obs. S. C. ; CCE 2002, n° 143, obs. Grynbaum ; Gaz. Pal. 2003. 2367, note Pradère.* ♦ Pour le dénigrement d'une société concurrente dans des publications et sur un site internet, pouvant constituer le délit de diffusion de fausses informations (C. mon. fin., art. L. 465-1) : • T. corr. Paris, 9 janv. 2004 : *RTD com. 2004. 782, obs. Rontchevsky* ; *BJB 2004. 255, note Ducouloux-Favard.* ♦ Pour la responsabilité de l'entreprise dont le salarié crée un site web personnel illicite, V. • Aix-en-Provence, 13 mars 2006 : *D. 2006. AJ 1284, obs. Manara* ; *JCP 2006. II. 10168, note Maetz* ; *CCE 2006, n° 81, obs. Grynbaum.* ♦ Se rend coupable de dénigrement jetant le discrédit sur l'ensemble des produits d'un fabricant, le vendeur de produits sur internet qui remplace les avis négatifs exprimés par les internautes par une mention précisant que le fournisseur avait indiqué ne pas souhaiter que ces avis figurent dans la rubrique « avis sur le produit » et qu'il n'avait donc pas d'autre choix que de supprimer tous les avis positifs et négatifs sur les produits de celui-ci. • Com. 24 nov. 2009, n° 08-15.002 P : *RTD com. 2010. 599, obs. Bouloc* ; *CCC 2010, n° 75, obs. Malaurie-Vignal* ; *RJDA 2010, n° 447.*

Pour la condamnation en référé, pour dénigrement, fut-ce involontairement, de la société Google du fait de son logiciel « google suggest », V. • T. com. Paris, ord., 7 mai 2009 : *JCP E 2009, n° 40, p. 20, note Bourgeois* ; *Gaz. Pal. 2009. 3288, obs. Marcellesi et Platon* ; *CCE 2010, n° 4, obs. Debet.* (partiellement réformée par • Paris, 9 déc. 2009 : *CCE 2010, n° 49, obs. Debet*).

24. Dénigrement de personnes identifiables. Une cour d'appel ne peut décider que deux sociétés étaient la cible d'une campagne publicitaire de dénigrement réalisée par voie d'annonces parues dans des magazines sans établir que les annonces litigieuses permettaient l'identification, par les consommateurs, des sociétés s'estimant victimes (dénigrement des aspirateurs à sac). • Com. 19 juin 2001, n° 99-13.870 P (cassation de • Paris, 12 févr. 1999 : *D. 2000. Somm. 311, obs. Serra* ; *Gaz. Pal. 23-27 mai 1999, p. 32, obs. Grelier-Lenain* ; *LPA 5 nov. 1999, obs. Etner*). ♦ Mais la victime du dénigrement peut être suffisamment désignée malgré le caractère générique de la campagne publicitaire. • Versailles, 12 févr. 1990 : *préc. note 21.* – V. aussi : • TGI Paris, 9 mai 2001 : *RJDA 2002, n° 112* (propos agressifs tant à l'égard de son ancien supérieur hiérarchique que d'autres cadres de la société, celle-ci n'étant pas expressément citée mais aisément identifiable) • T. com. Paris, 22 oct. 1999 : *Gaz. Pal. 17-18 nov. 1999, p. 26* (dénigrement des hamburgers et plus généralement de la restauration rapide).

Il appartient au juge de rechercher si les propos tenus à la clientèle, même exacts, qui n'étaient pas donnés en termes généraux mais visaient l'intervention des salariés d'une société concurrente, n'étaient pas de nature à jeter le discrédit sur cette société : • Com. 12 mai 2004, n° 02-19.199 P : *D. 2004. AJ 1810* ; *JCP E 2004, n° 27, p. 1082* ; *Gaz. Pal. 2005. Somm. 571, obs. Guével* ; *RJDA 2004, n° 1279* ; *BJS 2004. 1103, note Larrieu.* ♦ En utilisant des éléments du décor de paquets de cigarettes d'une marque, à titre d'illustration, sur un mode humoristique, dans des affiches et des timbres diffusés à l'occasion d'une campagne générale de prévention dénonçant les dangers de la consommation du tabac, produit nocif pour la santé, une association, agissant, conformément à son objet, dans un but de santé publique, par des moyens proportionnés à ce but, n'abuse pas de son droit de libre expression. • Civ. 2e, 19 oct. 2006, n° 05-13.489 P : *D. 2006. IR 2691* ; *JCP E 2007, n° 25, p. 23, note Raynaud* ; *LPA 18 sept. 2008, note Guérin-Seysen* ; *Gaz. Pal. 2007. 435, avis Kessous, note E. B.* ; *CCC 2007, n° 22, obs. Malaurie-Vignal* ; *RJDA 2007, p. 123, rapp. Grignon Dumoulin* (cassation de • Paris, 14 janv. 2005 : *D. 2005. Pan. 2463, obs. Auguet* ; *Gaz. Pal. 2006. 554, et les obs.*). ♦ Le constructeur automobile dont l'un des véhicules a été utilisé dans un spot publicitaire pour une marque concurrente ne saurait reprocher à ce concurrent d'avoir, pour les seuls besoins de son film, occulté la marque du véhicule concerné, à plus forte raison alors que celui-ci a été modifié dans son aspect extérieur ; il ne saurait davantage voir sa demande de dénigrement prospérer faute de démontrer en quoi la campagne publicitaire critiquée aurait permis son identification. • Paris, 24 janv. 2008 : *Gaz. Pal. 2008. 4135, obs. Pauvert.*

25. Diffusion des propos dénigrants. Le dénigrement suppose une diffusion des informations à la clientèle ; dès lors une documentation interne à l'entreprise ne saurait en constituer le support. • Paris, 27 févr. 1984 : *Ann. propr. ind. 1984. 209* • 1er juill. 1991 : *D. 1992. Somm. 341, obs. Izorche* • 3 juill. 1991 : *ibid.* • 1er déc. 2004 : *D. 2005. Pan. 2463, obs. Auguet*. ♦ Comp., en ce sens qu'un document ne peut être considéré comme interne, dès lors qu'il est adressé aux salariés de l'entreprise : • Versailles, 17 oct. 1996 : *BRDA 1996, n° 21, p. 16* (conf. par • Com. 17 nov. 1998, n° 96-22.225 : *RJDA 1999, n° 358*). – Comp. aussi • Versailles, 3 juill. 1991 : *BRDA 1996, n° 21, p. 16.* ♦ En retenant qu'après sa révocation un agent d'assurance avait mené, au moyen d'affiches, de lettres circulaires adressées aux assurés et de messages publiés sur un blog, une campagne de dénigrement à l'encontre de leurs mandants, qui avait conduit une partie de leur clientèle, inexactement informée, à résilier ses contrats pour en souscrire d'autres auprès d'entreprises d'assurances concurrentes, par l'intermédiaire du cabinet de courtage géré par l'épouse de leur ancien agent général, la cour d'appel a pu caractériser l'existence d'actes de dénigrement. • Civ. 1re, 27 nov. 2013, n° 12-24.651 P : *D. 2014. Pan. 2495, obs. Picod* ; *RTD civ. 2014. 127, obs. Jourdain* ; *JCP E 2014, n° 1009* ; *CCC 2014, n° 37, obs. Malaurie-Vignal.*

♦ Dès lors que les propos dénigrants ont été adressés à un blog, qui est un lieu de discussion accessible partout et par tous comme une page web, l'auteur du courriel ne peut prétendre que ce message aurait un caractère privé. • Poitiers, 18 mars 2008 : *CCC 2009, n° 23, obs. M. M.-V.* ♦ Pour une condamnation pour dénigrement sur *Twitter*, sans que le tribunal s'interroge sur le caractère public ou privé des messages (*tweets*) incriminés, V. • T. com. Paris, 26 juill. 2011 : *CCE 2011, n° 88, obs. Debet.*

B. CONFUSION

1° NOTION DE CONFUSION

26. Imitation. Une société qui commercialise un produit de même nature ayant la même finalité et dans un même conditionnement que celui d'un concurrent, alors que cette reprise n'est nullement justifiée par des nécessités techniques, commet à tout le moins une faute de négligence en imitant plusieurs caractéristiques d'un produit qui venait d'être lancé par une autre société. • Paris, 3 avr. 1998 : *D. 1999. Somm. 95, obs. Izorche* ✎. ♦ L'imitation pure et simple du produit d'un concurrent n'est pas en soi fautive ; elle ne le devient que si elle est source de confusion. • Com. 27 janv. 2009, n° 08-10.991 : *CCC 2009, n° 79, obs. Malaurie-Vignal ; RDLC 2009, n° 2, p. 133, obs. Mesa.* ♦ En l'absence de pratiques déloyales destinées à fausser le jeu de la libre concurrence, la simple similitude de présentation des produits, qui s'inscrivait dans des courants de mode le plus souvent éphémères dont chaque commerçant essaie de bénéficier, ne peut traduire un comportement déloyal. • Com. 7 juin 2011, n° 10-19.742 P : *CCC 2011, n° 189, obs. Malaurie-Vignal ; RJDA 2011, n° 858.*

27. Licéité d'une simple similitude avec les produits d'un concurrent. La concurrence exercée par une société qui commercialise des pièces de rechange, non protégées par un droit privatif, adaptables au produit d'un concurrent est licite et, en l'absence de possibilité de confusion dans l'esprit de la clientèle, la correspondance existant entre les références des produits des deux sociétés qui se justifie par le caractère interchangeable de la production litigieuse appelant une certaine équivalence dans l'identification des composants ne présente pas un caractère déloyal. • Com. 16 mai 2000, n° 98-10.230 P. ♦ Le simple fait de copier la prestation d'autrui ne constitue pas comme tel un acte de concurrence fautif, le principe étant qu'une prestation qui ne fait pas ou ne fait plus l'objet de droits de propriété intellectuelle peut être librement reproduite. • Paris, 18 oct. 2000 : *D. 2001. 850, note Passa* ✎. ♦ Un fabricant ne peut valablement incriminer la reproduction à l'identique de ses produits si cet agissement n'a pas été commis dans le seul but de tromper le public sur l'origine de la marchandise et de détourner ainsi sa clientèle ou de profiter indûment de ses investissements. • Paris, 15 janv. 1997 : *préc. note 2.* ♦ N'est pas fautif en soi, au regard du principe de la liberté du commerce, le fait de commercialiser à un prix moindre et dans un environnement différent, des produits identiques à ceux d'un concurrent, s'agirait-il de copies serviles, dès lors qu'il n'existe aucun droit privatif. • Orléans, 12 mai 2005 : *RJDA 2005, n° 1401.*

28. Exigence d'une clientèle commune. La confusion n'existe pas lorsque la clientèle est distincte. • Civ. 1re, 3 mars 1982, n° 80-12.710 P : *D. 1983. IR 98, obs. Colombet.* ♦ L'existence de circuits de distribution différents pour des produits de beauté n'exclut pas l'existence d'une clientèle commune. • Paris, 3 avr. 1998 : *préc. note 26.* ♦ En ce sens que le risque de confusion peut être caractérisé alors même que les entreprises concurrentes ayant une dénomination identique ont des clientèles nationale pour l'une et locale pour l'autre, V. • Com. 16 janv. 2001, n° 98-23.101 : *CCC 2001, n° 60, obs. Malaurie-Vignal.* ♦ Considérant qu'aucune confusion n'est possible dans l'esprit du public entre l'activité de deux entreprises lorsque celles-ci n'exercent pas dans le même secteur géographique, V. • Com. 19 déc. 2000, n° 98-11.979 P. ♦ Un risque de confusion existe si les deux sociétés exercent des activités qui s'adressent à la même clientèle, peu important qu'elles soient ou non directement concurrentes, dans la mesure où la clientèle peut être incitée à penser que la même société a deux départements spécialisés. • Versailles, 9 févr. 2006 : *RJDA 2006, n° 776.* ♦ Il y a un risque de confusion dès lors que les deux sociétés exercent dans la même zone géographique et ont la même activité, sans qu'il y ait à rechercher si elles ont les mêmes clients. • Com. 27 janv. 2009, n° 07-15.971 : *D. 2009. Pan. 1446, obs. Picod* ✎ *; CCC 2009, n° 78, obs. Malaurie-Vignal.* ♦ Le chef de concurrence déloyale par détournement de la clientèle du titulaire de la marque antérieure ne peut être retenu dans la mesure où celle-ci est attirée par le prix bas tandis que celle du titulaire de la marque internationale litigieuse s'intéresse au haut de gamme. • Aix-en-Provence, 6 nov. 2008 : *JCP E 2009, n° 14, p. 16.*

2° ILLUSTRATION DE LA CONFUSION

a. Imitation des signes de ralliement de la clientèle ou de la publicité

29. Nom commercial. Le nom commercial n'est protégé que s'il est connu ou utilisé sur le territoire français. • Com. 17 juill. 1984, n° 82-15.138 P. ♦ Un groupe de lettres sans signification, présentant un caractère arbitraire, est protégeable en cas de risque de confusion phonétique avec un autre sigle (SAPRA et CEEPRA). • Com. 16 juill. 1991, n° 89-19.949 P : *RJDA 1991, n° 922.* ♦ La protection dont bénéficie le nom commercial contre tout risque de confusion avec une dénomination voisine s'étend à toutes les utilisations qui peuvent en être faites et sur tous les supports où il est susceptible d'être utilisé (utilisation d'un nom commercial pour désigner un service Minitel). • Paris, 7 avr. 1995 : *RJDA 1995, n° 1312.* ♦ Sur la condamnation de l'utilisation d'un nom de domaine imitant le nom commercial et l'enseigne d'un concurrent bénéficiant d'une antériorité d'usage de ces signes, V. • Com. 7 juill. 2004, n° 02-17.416 P : *cité note 34.*

30. Dénomination sociale. Le caractère original ou distinctif d'une dénomination sociale, d'une enseigne, ou d'un nom commercial n'est pas une condition du succès de l'action en concurrence déloyale, mais seulement un critère éventuel d'appréciation de la faute et du risque de confusion. • Com. 10 mai 2006, n° 05-15.832 : *RJDA 2006, n° 1024.* – V. aussi • Com. 12 juin 2007, n° 05-17.349 P : *cité note 36.* ♦ Une société ayant pris pour dénomination, en lui adjoignant un préfixe, un vocable de notoriété industrielle, qui constitue l'élément essentiel, dominant et caractéristique du groupe de deux mots employés par une autre société pour son appellation, les juges du fond peuvent admettre que cette dernière société est fondée à s'opposer à l'usage de la dénomination adoptée sciemment par l'autre société, dès lors qu'ils ont également relevé que cette dernière appellation était propre à créer une confusion préjudiciable aux intérêts de la société demanderesse, contraire à la sécurité des relations commerciales, le vocable notoire (Nobel) inclus dans la dénomination de chacune de ces sociétés créant une similitude sur la foi de laquelle le public est fondé à croire à une parenté entre celles-ci. • Com. 6 janv. 1969, n° 67-12.657 P : *D. 1969. 454.* ♦ L'atteinte au nom commercial ou à la dénomination de fantaisie d'une personne morale nom commercial découle aussi bien d'une faute caractérisée par une intention de nuire ou une imitation consciente de la dénomination d'une autre société que d'une négligence fautive caractérisée par un défaut de recherche d'une antériorité éventuelle. • TGI Strasbourg, 12 avr. 1989 : *D. 1993. Somm. 117, obs. Burst.*

Pour un exemple de concurrence déloyale résultant de l'utilisation par une société de la dénomination sociale d'une autre société comme code d'accès de son service de messagerie, V. • Paris, 29 mars 2000 : *LPA 23 mars 2001, obs. Fraudin.* ♦ Sur un risque de confusion entre deux sociétés ayant la même dénomination à la suite de l'extension de son activité par l'une d'elles, V. • Com. 12 mai 2004, n° 02-15.210 : *Rev. sociétés 2004. 904, note Passa ; RJDA 2004, n° 1119.* ♦ Comp., refusant de retenir l'existence d'un acte de concurrence déloyale à l'encontre d'une société faisant usage de la même dénomination sociale qu'une autre société, dans la mesure où elles sont localisées dans des secteurs géographiques éloignés et où leurs activités respectives s'exercent dans des secteurs différents, aucun élément ne permettant de dire qu'elles recouvrent une clientèle commune : • Besançon, 11 déc. 2001 : *JCP 2002. IV. 1800.* – V. aussi • Versailles, 15 févr. 2007 : *JCP 2007. IV. 2912.*

31. Nom patronymique. BIBL. Pansier et Salvia, *Gaz. Pal. 2007. 2956* (usage commercial du nom de famille). ♦ Le fait de se servir de son nom patronymique dans l'exercice d'un commerce similaire à celui d'un homonyme constitue, en l'absence de mesures distinctives propres à éviter la confusion, un acte de concurrence déloyale. • Com. 6 avr. 1954 : *D. 1954. 386.* ♦ Justifie sa décision la cour d'appel qui, ayant constaté l'antériorité et la notoriété d'un nom commercial et ayant souverainement retenu le risque de confusion existant entre l'utilisation de ce nom commercial et le commerce d'une société, a décidé, sans prononcer d'interdiction, de réglementer par l'adjonction du prénom l'usage du nom patronymique dans les activités professionnelles de l'intéressé. • Com. 5 nov. 1985, n° 83-15.017 P : *D. 1987. Jur. 22, note Burst.* – V. aussi • TGI Paris, 4 juill. 1984 : *D. 1985. 293, note S. M.-P.* • Com. 12 févr. 2002, n° 00-11.602 P : *D. 2003. Somm. 1032, obs. Picod ; JCP E 2002, n° 12, p. 478.* – Comp. : Colombet, *D. 1989. Chron. 31* ; Agostini, *JCP 1987. I. 3284.* ♦ Mais lorsqu'un fonds de commerce est le fruit d'une histoire familiale, l'acquéreur de ce fonds est en droit de se prévaloir de cette histoire, sous réserve de ne pas créer un risque de confusion entre son activité et celle des membres de la famille restés actifs dans le même domaine. • Com. 13 oct. 2021, n° 19-20.504 B : *D. 2021. Actu. 1919 ; Rev. sociétés 2022. 245, obs. Pollaud-Dulian ; BRDA 2022, n° 2, p. 19.* ♦ Sur le dépôt d'un nom commercial à titre de marque, V. • Com. 1er déc. 1987, n° 86-11.328 P : *JCP 1988. II. 21081, note Agostini.* ♦ Sur l'usage d'un nom patronymique dans une dénomination sociale, V. • Dijon, 28 févr. 2002 : *RJDA 2003, n° 261.*

En utilisant, dans un lien internet, le nom du gérant d'une société concurrente pour promouvoir ses propres produits, une société a nécessairement généré une confusion dans l'esprit des internautes et a ainsi commis un acte de concurrence déloyale susceptible de générer un détournement de clientèle et, par là même, une distorsion dans le jeu normal du marché considéré, les sites offrant des produits analogues. • Paris, 17 oct. 2007 : *CCE 2008, n° 41, obs. Chagny ; RJDA 2008, n° 965.*

32. Enseigne. RÉP. COM. v° *Enseigne*, par OLSZAK. ♦ Pour être valable sur le plan juridique et susceptible de protection, l'enseigne doit, comme la marque, être distinctive et non générique, ni nécessaire. Mais l'association de termes génériques ou banaux (Hôtel résidence Saint-Honoré) peut constituer une dénomination distinctive susceptible d'être à ce titre l'objet d'un droit privatif. • Paris, 20 déc. 1989 : *D. 1993. Somm. 115, obs. Burst*. ♦ V. aussi, pour la protection d'une enseigne de restaurant notoire (La Tour d'Argent) : • Com., 16 juin 1992, n° 90-18.329 P : *RJDA 1992, n° 965.*

Le terme téléachat qui désigne une technique commerciale d'achat à distance à l'aide de différents moyens de communication est à disposition de tous et il ne peut donc figurer seul à peine d'entretenir la confusion d'où pourrait naître une concurrence déloyale. • T. com. Nanterre, 13 avr. 1995 : *D. 1996. Somm. 180, obs. Gavalda et Lucas de Leyssac*. ♦ De même, une société de grande distribution peut ouvrir un magasin portant l'enseigne « parapharmacie », dès lors que la notion de parapharmacie vise l'ensemble des produits dont la vente n'est pas réservée aux pharmaciens d'officine et qui sont, par le choix des fabricants, vendus dans le circuit de la distribution pharmaceutique. • Versailles, 2 mai 1996 : *BRDA 1996, n° 19, p. 15.*

33. Marque notoire et liberté d'expression. BIBL. Brunet-Stoclet, *Gaz. Pal. 2003. Doctr. 2133* (délicat équilibre entre liberté d'expression et droit des marques). – Brunot et Walon, *ibid. 2157* (même thème). – Geiger, *JCP 2004. I. 150* (les droits fondamentaux, garanties de la cohérence du droit de la propriété intellectuelle ?). ♦ La représentation caricaturale ou parodique d'une marque figurative notoire ne relève pas de la contrefaçon mais elle ne doit pas être spécialement destinée à susciter une réaction commerciale positive des clients en faveur d'une autre société. • Paris, 9 sept. 1998 : *D. Affaires 1998, 960.* ♦ Sur l'imitation de marque notoire à des fins polémiques, V. • TGI Paris, 30 janv. 2004 : *D. 2004. AJ 879 ; CCE 2004, n° 39, obs. Caron* (conf. par • Paris, 16 nov. 2005 : *D. 2006. Pan. 787, obs. Tréfigny*, partiellement censurée par • Com. 8 avr. 2008, n° 06-10.961 P : *D. 2008. AJ 1274, obs. Daleau ; RTD civ. 2008. 487, obs. Jourdain ; JCP E 2008, n° 22, p. 18 ; CCE 2008, n° 77, obs. Caron ; LPA 23 mars 2009, obs. P. M.)* • 9 juill. 2004 : *JCP E 2004, n° 47, p. 1835, note Leroux ; CCE 2004, n° 110, obs. Caron ; Gaz. Pal. 2004. Somm. 3928, obs. Staeffen* • Paris, 26 févr. 2003 : *D. 2003. 1831, note Edelman ; CCE 2003, n° 38, obs. Caron* • 30 avr. 2003 : *D. 2003. AJ 1760, obs. Manara ; JCP E 2003, n° 42, p. 1665, obs. Boespflug, Greffer et Barthelemy ; RJDA 2003, n° 892* • TGI Paris, réf., 2 août 2002 : *JCP E 2003, n° 4, p. 172, obs. Vivant ; CCE 2002, n° 141, obs. Caron ; LPA 28 janv. 2003, obs. Amouzou ; RJDA 2003, n° 203* • 8 juill. 2002 : *D. 2002. AJ 2801, obs. Manara ; JCP E 2003, n° 4, p. 172, obs. Vivant ; CCE 2002, n° 141, obs. Caron ; RJDA 2003, n° 203.* – V. aussi Schahl et Bresson, *D. 2004. 556.*

34. Noms de domaine. BIBL. Alterman et Zimmermann, *RJ com. 2004. 345* (concurrence déloyale sur internet). – Tardieu-Guigues, *Cah. dr. entr. 2003, n° 3, p. 14* (protection des noms de domaine). – Manara, *D. 2007. 1740* (le décret relatif à l'attribution des noms de domaine français). – Marino, *CCE 2007. Étude 27* (internet et concurrence déloyale). ♦ RÉP. COM. v° *Nom de domaine*, par MANARA.

Un nom de domaine est susceptible de protection par application de l'art. 1382 [1240] C. civ. et ce pour éviter le risque de confusion. • Paris, 25 mai 2005 : *D. 2005. AJ 1846, obs. Manara ; JCP E 2006, n° 5, p. 234, obs. Tardieu-Guigues ; RJDA 2006, n° 722 ; RLC 2005, n° 5, p. 78, obs. Bouvel ; CCE 2005, n° 181, obs. Caron* • Lyon, 31 janv. 2008 : *cité note 52.* ♦ L'utilisation d'un nom commercial dans un nom de domaine, qui porte atteinte à la fonction d'identification ou de publicité du nom commercial antérieurement utilisé par un concurrent exerçant dans un même secteur d'activité et sur une même zone géographique, constitue un acte de concurrence déloyale. • Com. 7 juill. 2004, n° 02-17.416 P : *D. 2004. AJ 2151, obs. Manara ; JCP E 2005, n° 8, p. 333, note Duard-Berton ; CCE 2004, n° 111, obs. Caron ; RJDA 2004, n° 1274 ; RLC 2005, n° 1, p. 115, obs. Sélinsky.* – V. aussi : • Com. 22 févr. 2005, n° 03-14.668 : *D. 2005. AJ 885, obs. Manara ; RLC 2005, n° 3, p. 91, obs. n° 03-14.668 : Delord.* ♦ Le simple enregistrement en « . com » d'un nom de domaine préalablement enregistré en « .fr » ne constitue pas une atteinte aux droits du titulaire de ce nom de domaine dès lors qu'il n'est pas constaté que les sociétés en litige exerçaient des activités identiques ou concurrentes et qu'il en résultait un risque de confusion. • Com. 13 déc. 2005, n° 04-10.143 P : *D. 2006. AJ 63, obs. Manara ; JCP E 2006, n° 6-7, p. 289, note Caron ; CCC 2006, n° 26, obs. Malaurie-Vignal ; CCE 2006, n° 21, obs. Caron ; RJDA 2006, n° 472 ; RLDA févr. 2006. 20, note Azéma.* ♦ L'adjonction du suffixe « fr » n'altère pas l'identité des signes puisqu'il s'agit d'une simple extension nécessaire à tout nom de domaine. • Versailles, 27 avr. 2006 : *D. 2007. Pan. 1994, obs. Tréfigny ; JCP E 2006, n° 29, p. 1263.* ♦ Retenant comme un acte de contrefaçon l'utilisation, par un distributeur exclusif, de la marque de son fournisseur en tant que nom de domaine sur le Web, V. • TGI Nanterre, 20 mars 2000 : *D. 2000. AJ 287, obs. Manara*. ♦ Comp., jugeant qu'un distributeur a le droit d'enregistrer et d'utiliser un nom de domaine incorporant la marque de son fournisseur dès lors que le site web utilisant ce nom promeut et vend des produits revêtus de cette marque et que ce site n'est pas source de confusion : • Centre d'arbitrage et de médiation de l'OMPI, 20 déc. 2001 : *D. 2002. AJ 1275, obs. Manara*. ♦ Les noms de domaine pouvant avoir ou non une fonction distinctive, l'action en concurrence déloyale ne peut protéger contre le risque de confusion qu'en cas de signe présentant un caractère d'originalité suffisant. • Douai, 9 sept. 2002 : *D. 2003. AJ 62, obs. Manara ; CCE 2002, n° 141, obs. Caron.* –

Contra : • TGI Lille, 10 juill. 2001 : *D. 2001. AJ 2410, obs. Manara* . ♦ A propos d'un conflit entre un nom commercial antérieur et un nom de domaine constitué par un même terme générique, V. • T. com. Paris, 25 avr. 2003 : *LPA 9 août 2004, note Mendoza-Caminade.* ♦ Pour des exemples de conflit entre noms de domaine : • Paris, 8 oct. 2003 : *D. 2004. Somm. 1157, obs. Auguet* • 15 févr. 2006 : *CCC 2006, n° 93, obs. Malaurie-Vignal.* ♦ La simple reproduction du terme « plagne » dans le nom de domaine d'un site web privé est insuffisant pour établir un risque de confusion avec la marque « La Plagne, toute la montagne en 10 stations » déposée par l'Office du tourisme de La Plagne, dès lors que de nombreux sites l'incluant l'utilisent comme nom commun pour désigner une petite plaine en pays de montagne ou comme nom géographique. • Paris, 28 janv. 2003 : *D. 2003. AJ 690, obs. Manara* ; *JCP E 2004, n° 4, p. 125, obs. E. T.-G.* ; *RJDA 2003, n° 550.* ♦ Sur le classement d'un professionnel dans un annuaire directement à la lettre initiale de la marque distribuée et non à celle de sa propre dénomination, V. • Paris, 15 mai 1998 : *RJDA 1999, n° 107* • TGI Paris, 22 févr. 2001 : *Gaz. Pal. 21-22 nov. 2001, p. 68.* ♦ Comp., pour l'utilisation publicitaire d'une marque comme référence nécessaire : • CJCE 23 févr. 1999, n° C-63/97 : *D. Affaires 1999. 901, obs. E. C.*

En ce sens que constitue un agissement déloyal l'utilisation du procédé de « métaname » ou « métatag », consistant à enregistrer dans le code source d'un site le nom d'un concurrent de manière à ce que les moteurs de recherches orientent les internautes sur les deux sites, V. • Paris, 13 mars 2002 : *D. 2003. Somm. 1030, obs. Auguet* ; *JCP 2003, n° 4, p. 172, obs. S. A.-D.* ; *CCE 2002, n° 99, obs. Grynbaum* • 12 janv. 2005 : *RLC 2005, n° 3, p. 90, obs. A. B.* • TGI Paris, 22 mai 2006 : *Gaz. Pal. 2006. 3387, obs. Stutzmann.* ♦ Comp., jugeant que l'utilisation de la dénomination d'un concurrent à titre de métabalise d'un site n'emporte pas détournement de clientèle : • Paris, 9 mars 2005 : *D. 2006. Pan. 2931, obs. Picod* ; *JCP E 2006, n° 1, p. 26, obs. Caron.* – V. aussi Schahl et Bresson, *D. 2004. 556* ; Sardain, *CCE 2005. Chron. 21* (contrefaçon du fait des liens hypertextes). ♦ A propos de noms de domaines génériques, V. : • Com. 23 janv. 2007, n° 05-13.352 : *D. 2007. AJ 794, obs. Manara* ; *JCP E 2007, n° 20-21, p. 9, note Larrieu* ; *CCC 2007, n° 100, obs. Malaurie-Vignal* ; *LPA 30 juin 2008, obs. Daverat* ; *RJDA 2007, n° 421* ; *CCE 2007, n° 55, obs. Caron* (argus.fr) • 20 févr. 2007, n° 05-10.319 : *eod loc* ; *RJDA 2007, n° 570* ; *CCE 2007, n° 93, obs. Caron* (decathlon.pl).

35. *Publicité.* La reprise d'une idée publicitaire par un concurrent n'est constitutive de concurrence déloyale que s'il y a, d'une part, un risque de confusion et, d'autre part, une faute. • Paris, 17 nov. 1992 : *JCP E 1993. II. 418, note Greffe* ; *RJ com. 1993. 369, note Hassler* • Versailles, 24 nov. 1994 : *D. 1995. Somm. 262, obs. Serra* ; *RJDA 1995, n° 386.* ♦ Prétendre être le numéro un dans son secteur d'activité n'est pas en soi déloyal, et il appartient à celui qui le conteste de démontrer que ce slogan est emprunt de fausseté. • Paris, 1er oct. 1997 : *préc. note 20.* ♦ Pour des exemples de condamnations en raison de publicités exploitant le même concept ou le même slogan publicitaire qu'un concurrent : • T. com. Paris, 5 juill. 1995 : *Gaz. Pal. 1995. 2. Somm. 591* • 1er mars 1996 : *ibid. 1996. 2. Somm. 533* • TGI Meaux, 16 sept. 1995 : *D. Affaires 1996. 128* • Paris, 9 mai 2001 : *Gaz. Pal. 15-16 mai 2002, p. 22* • Versailles, 15 févr. 2001 : *ibid. 21-22 nov. 2001, p. 38, obs. Roiland* • Com. 17 juill. 2001, n° 99-16.499 : *ibid., p. 49.* ♦ La proximité des expressions utilisées dans un même secteur d'activité et ciblées pour une même catégorie de lecteurs engendre un risque de confusion. • Paris, 23 juin 2006 : *JCP E 2006, n° 41, p. 1735.* ♦ Refusant de retenir un acte de concurrence déloyale en cas d'imitation partielle d'un slogan publicitaire : • Paris, 2 juin 2000 : *CCE 2001, n° 18, obs. Decocq.* ♦ Retenant le risque de confusion résultant de la présentation des gammes de chemisiers selon des modalités identiques, de l'utilisation des mêmes bustes, de l'imitation de l'aménagement des magasins et de l'exposition des panneaux publicitaires du concurrent en prenant le soin de dissimuler à l'aide d'un crayon feutre la dénomination de celui-ci, V. • Com. 28 nov. 2006, n° 04-20.555 P : *JCP E 2007, n° 3, p. 36* ; *RJDA 2007, n° 423.* ♦ Pour des cas de parasitisme, V. note 62.

b. Imitation des produits ou de leur conditionnement

36. *Imitation des produits.* L'originalité d'un produit n'est pas une condition de l'action en concurrence déloyale à raison de sa copie, cette circonstance n'étant que l'un des facteurs possibles d'appréciation de l'existence d'une faute par création d'un risque de confusion. • Com. 12 juin 2007, n° 05-17.349 P : *R. 2007, p. 427* ; *D. 2008. Pan. 253, obs. Picod* ; *JCP 2007. II. 10181, note Malaurie-Vignal* ; *RJDA 2008, n° 466* ; *CCE 2007, n° 107, obs. Caron* ; *RLC oct.-déc. 2007. 82, note Chagny* • 10 févr. 2009, n° 07-21.912 P : *D. 2009. AJ 626, obs. Chevrier* ; *JCP E 2009, n° 14, p. 16* ; *CCC 2009, n° 134, obs. Malaurie-Vignal* ; *RJDA 2009, n° 482.* ♦ Si le seul fait de proposer à la vente des produits imités constitue une concurrence déloyale prohibée, c'est à la condition que l'imitation ait pour effet de créer une confusion. • Versailles, 27 juin 1996 : *D. 1997. Somm. 237, obs. Izorche* . ♦ ... Ou s'accompagne d'actes de parasitisme caractérisés. • Com. 8 juill. 2003, n° 01-13.293 : *CCC 2003, n° 161, obs. Malaurie-Vignal.* – Sur cette question, V. Toporkoff, *D. Affaires 1997. 949.*

♦ En présence de deux entreprises exerçant une activité identique ou proche et commercialisant des produits de même nature, le constat d'un risque de confusion découlant de la fabrication et de la vente par l'une de produits similaires à ceux commercialisés par l'autre n'est pas subordonné à la condition que la marque de la seconde ait été apposée sur les produits commercialisés par la première. • Com. 9 juill. 2013, n° 12-22.166 : *CCC 2013, n° 206, obs. Malaurie-Vignal.* ♦ Dès lors que constitue un acte de concurrence déloyale la copie servile d'un produit commercialisé par une entreprise susceptible de créer un risque de confusion dans l'esprit de la clientèle, il incombe aux juges de rechercher s'il n'existe pas un tel risque de confusion. • Civ. 1re, 9 avr. 2015, n° 14-11.853 P : *CCC 2015, n° 177, obs. M. M.-V.*

Doit être condamné pour concurrence déloyale un imitateur qui, non content d'avoir emprunté un modèle de pull-over présentant un dessin original, recherche la confusion, s'adresse à une même clientèle et pratique des prix comparables, après avoir obtenu des échantillons de l'initiateur du modèle litigieux. • Douai, 7 sept. 2006 : *BICC 15 déc. 2006, n° 2444.* ♦ Commet un acte déloyal le concurrent qui imite ou reproduit un aspect distinctif, non compris dans le dépôt de la marque, d'un produit marqué ou d'un élément extérieur du produit marqué, par exemple les documents commerciaux, ce dont il résulte un risque de confusion visuelle. • Colmar, 20 févr. 2002 : *JCP E 2002, n° 49, p. 1942.* ♦ Sur le risque de confusion semblant être délibérément recherché par une société ayant commercialisé une compilation d'œuvres musicales sans indiquer de manière suffisamment apparente que les morceaux reproduits n'étaient pas des originaux, V. • Paris, 21 juin 2000 : *D. 2001. Somm. 1231, obs. Izorche.* ♦ Sur l'absence de confusion entre un médicament générique et son « princeps », V. • Paris, 29 mars 2001 : *D. 2002. Somm. 1259, obs. Serra.* ♦ Sur la confusion créée par la présentation d'un guide local comme une nouvelle formule d'un guide existant, V. • Paris, 6 mai 1987 : *D. 1987. IR 40.* ♦ ... Celle résultant de la présentation d'un whisky, laissant croire à l'achat d'un produit écossais, V. • Versailles, 4 nov. 1993 : *Gaz. Pal. 1994. 2. Somm. 746* • Dijon, 12 janv. 1995 : *JCP E 1995. Pan. 808.* ♦ ... De bonbons jaunes, commercialisés sous l'appellation « Cachou », V. • Com. 24 janv. 1995, n° 93-11.835 P. ♦ Sur l'absence de confusion entre les films « Tarzan » et leur parodie en dessin animé « Tarzoon la honte de la jungle », V. • TGI Paris, 3 janv. 1978 : *D. 1979. 99, note Desbois.* ♦ Sur une confusion dans le secteur de la bande dessinée, V. • Paris, 1er juill. 2005 : *JCP E 2006, n° 1, p. 26, obs. Caron ; RDLC 2005, n° 4, p. 89, obs. Fasquelle et Morel.* – Comp. • Paris, 14 avr. 1999 : *cité note 63.*

37. Imitation du conditionnement. Le bien-fondé d'une action en concurrence déloyale engagée en raison de la similitude du conditionnement de produits concurrents s'apprécie d'après les ressemblances et non d'après les différences, le juge devant rechercher si l'impression d'ensemble est de nature à établir une confusion dans l'esprit de la clientèle. • Com. 21 juin 1994, n° 92-17.666 : *RJDA 1994, n° 1401* • 17 mars 2004, n° 02-13.242 : *JCP E 2004, n° 48, p. 1877, obs. Caron ; LPA 27 juin 2005, obs. Baccichetti et Dom* (reprise d'éléments caractéristiques du conditionnement) • Versailles, 8 nov. 2001 : *D. 2003. Somm. 1032, obs. Dorandeu.* ♦ Comp., appréciant la faute au regard de chacun des éléments de similitude : • Versailles, 20 oct. 1993 : *préc. note 4.* ♦ V. aussi, jugeant que ne constituent pas des actes de concurrence déloyale les emballage et présentation de produits similaires à ceux d'un concurrent, dès lors que les étiquettes sont bien différentes. • Grenoble, 12 sept. 2002 : *JCP 2002. IV. 3085.* ♦ Précisant que le risque de confusion s'apprécie pour un consommateur d'attention moyenne qui ne dispose pas en même temps des produits litigieux : • Com. 3 juill. 2001, n° 99-19.632 : *RJDA 2002, n° 113.* ♦ ... Sauf lorsque le produit en cause est destiné à une clientèle déterminée, auquel cas l'existence du risque de confusion doit s'apprécier en fonction de la clientèle visée. • Com. 24 mai 1994, n° 92-21.966 : *RJDA 1994, n° 988* • 8 oct. 2002, n° 00-14.948 : *RJDA 2003, n° 451.*

C. DÉSORGANISATION

1° CRÉATION D'UNE ENTREPRISE CONCURRENTE

38. Liberté du travail et de la création d'entreprise. Le droit d'exercer une activité professionnelle est une liberté fondamentale. • Soc. 17 déc. 2004, n° 03-40.008 P : *cité note 91.* ♦ Un ancien employeur ne saurait faire échec au droit qu'a tout salarié qui n'est plus lié à lui, et qui n'est débiteur d'aucune clause de non-concurrence, de passer au service de tel de ses concurrents de son choix, quelle que puisse être la répercussion de ce changement d'employeur sur une clientèle dont la liberté reste entière, sauf à démontrer l'existence de manœuvres déloyales. • Paris, 8 nov. 1996 : *D. 1997. Somm. 241, obs. Serra* • Com. 11 févr. 2003, n° 00-15.149 P : *D. 2003. AJ 692 ; JCP E 2003, n° 14, p. 588 ; RJDA 2003, n° 722.* ♦ L'employeur ne saurait se plaindre d'une concurrence déloyale de la part d'une société créée par son ancien salarié, alors qu'il ne démontre pas la faute qu'aurait commise ce dernier qui, alors qu'il était dégagé de son obligation de fidélité, s'est vu confier la commercialisation de produits antérieurement accordés à son ancien employeur sans que soient démontrées des manœuvres déloyales de sa part. • Versailles, 29 juin 1993 : *D. 1994. Somm. 217, obs. Serra.* ♦ Il ne saurait être interdit au salarié d'une société de se porter acquéreur d'actions d'une autre société, fût-il porteur majoritaire. • Soc. 8 nov. 1989, n° 86-44.323 : *D. 1990, Somm. 333, obs. Serra*. – V. aussi • Versailles, 22 mars 2001 : *BRDA 2001, n° 9, p. 8.*

39. Restrictions résultant des clauses de non-concurrence. BIBL. Cervetti, *CCC 2014. Étude 2* (la concurrence de l'associé). – Dossier, *Journ. sociétés 12/ 2014. 9* (obligation de non-concurrence et sociétés). ♦ En présence d'une action intentée par un gérant de SNC, doit être approuvé l'arrêt qui déclare non fondées l'action sociale et l'action personnelle en concurrence déloyale exercées contre l'associé cogérant, à défaut d'invoquer la clause de non-concurrence pourtant prévue au contrat. • Com. 15 mai 2007, n° 05-21.087 : *LPA 19 déc. 2007, note Cocquempot.* ♦ Dès lors que les statuts n'interdisaient pas aux associés d'exercer une activité concurrente et que l'obligation de loyauté d'un associé doit être appréciée au vu de l'importance de celui-ci pour la société, il y a lieu de considérer que l'associé n'était pas lié par une clause de non-concurrence implicite rendant fautive sa prise de participation dans une autre société. • Rouen, 19 nov. 2009 : *D. 2010. Pan. 2540, obs. Picod ; Rev. sociétés 2010. 297, note Brès ; RJDA 2010, n° 147.* ♦ Sauf stipulation contraire, l'associé d'une SARL n'est, en cette qualité, tenu ni de s'abstenir d'exercer une activité concurrente de celle de la société ni d'informer celle-ci d'une telle activité et doit seulement s'abstenir d'actes de concurrence déloyale. • Com. 15 nov. 2011, n° 10-15.049 P : *D. 2012. 134, note Favario ; RTD com. 2012. 134, obs. Constantin ; Rev. sociétés 2012. 292, note Godon ; JCP E 2011, n° 1893, note Couret et Dondero ; CCC 2012, n° 41, obs. Malaurie-Vignal ; Gaz. Pal. 2012. 255, note Albiges ; RJDA 2012, n° 164 ; BJS 2012. 112, note Le Nabasque* • 19 mars 2013, n° 12-14.407 : *D. 2013. Chron. C. cass. 1172, obs. Pietton ; JCP E 2013, n° 1258, note Mortier ; RJDA 2013, n° 514* • 3 mars 2015, n° 13-25.237 : *D. 2015. Pan. 2527, obs. Gomy ; Rev. sociétés 2015. 585, note Saintourens ; CCC 2015, n° 143, obs. Malaurie-Vignal ; Dr. sociétés 2015, n° 103, obs. Mortier.* ♦ Sauf stipulation contraire, l'associé d'une SAS n'est pas, en cette qualité, tenu de s'abstenir d'exercer une activité concurrente de celle de la société et doit seulement s'abstenir d'actes de concurrence déloyale. • Com. 10 sept. 2013, n° 12-23.888 P : *D. 2013. Pan. 2813, obs. Gomy ; RTD com. 2013. 759, obs. Constantin ; Rev. sociétés 2013. 625, note Saintourens ; JCP E 2013, n° 1580, note Couret et Dondero ; CCC 2013, n° 238, obs. Malaurie-Vignal ; RJDA 2013, n° 896 ; LPA 22 nov. 2013, note Atani ; RLDA nov. 2013. 10, note Parachkévova ; BJS 2013. 724, note Barbièri.* ♦ La nullité de la clause de non-concurrence ne fait pas obstacle à l'action en responsabilité engagée par l'employeur contre son ancien salarié en raison d'actes de concurrence déloyale de ce dernier lui portant préjudice. • Soc. 31 oct. 2012, n° 11-16.945 : *CCC 2013, n° 28, obs. Malaurie-Vignal ; RJDA 2013, n° 76.* ♦ Sur les limites apportées à la liberté d'entreprendre par les clauses de non-concurrence, V. notes 90 s.

40. Restrictions résultant d'une clause de non-sollicitation. V. note 101.

41. Agissements d'anciens salariés. Si le fait pour un salarié de préparer l'exercice d'une activité concurrente de celle de son employeur n'est pas fautif, c'est à la condition qu'il n'accomplisse aucun acte effectif de concurrence avant le terme de son contrat de travail. • Com. 9 oct. 2001, n° 99-13.294 : *CCC 2002, n° 7, obs. Malaurie-Vignal* • 13 mars 2001, n° 99-11.178 : *D. 2002. Somm. 1264, obs. Picod*. ♦ Sur la concurrence déloyale d'un ancien comptable salarié d'une association s'étant établi à son compte après avoir démissionné, V. • Com. 8 nov. 1994, n° 92-17.994 P : *D. 1995. Somm. 209, obs. Serra ; CCC 1995, n° 6, obs. Vogel.* ♦ Un manquement à une règle déontologique, dont l'objet est de fixer les devoirs des membres d'une profession et qui est assortie de sanctions disciplinaires, ne constitue pas nécessairement un acte de concurrence déloyale ; encore faut-il que la faute déontologique soit à l'origine du transfert de clientèle. • Com. 10 sept. 2013, n° 12-19.356 P : *D. 2013. Pan. 2820, obs. Auguet ; JCP E 2013, n° 1676, note Brigant ; CCC 2013, n° 237, obs. Malaurie-Vignal ; RJDA 2013. 819, rapp. Mouillard ; LPA 4 avr. 2014, note Benisty ; BJS 2013. 707, note Barbièri.* – V. aussi • Com. 24 juin 2014, n° 11-27.450 P : *D. 2014. Pan. 2494, obs. Picod ; AJCA 2014. 287, obs. Jégou ; Rev. sociétés 2015. 174, note Thomas ; JCP E 2014, n° 1417 ; CCC 2014, n° 215, obs. Malaurie-Vignal ; RLDA sept. 2014. 49, obs. Lecourt.* ♦ Comp., jugeant que des transferts de dossiers de clients de l'ancien employeur au nouveau, effectués en méconnaissance des règles déontologiques de la profession, suffisent à établir l'acte de concurrence déloyale : • Com. 29 avr. 1997, n° 94-21.424 P : *D. 1997. 459, note Serra ; RTD civ. 1998. 218, obs. Libchaber ; JCP 1997. I. 4068, obs. Viney ; LPA 22 juill. 1998, note Goffaux* • 18 avr. 2000, n° 97-17.719 : *RJDA 2000, n° 930* • 12 juill. 2011, n° 10-25.386 : *D. 2011. 2782, note A. Robert ; CCC 2011, n° 211, obs. Malaurie-Vignal ; RJDA 2011, n° 1085.* ♦ V. aussi, pour un ancien salarié d'une banque qui avait systématiquement démarché ses anciens clients en utilisant notamment son ancien code d'accès au fichier clients : • Com. 19 déc. 2000, n° 98-22.596 : *Banque et Dr. 11-12/2001. 46, obs. Guillot.* ♦ Pour l'utilisation des programmes sources d'un logiciel de comptabilité enregistrés sur disquette : • Crim. 9 sept. 2003, n° 02-87.098 : *Gaz. Pal. 2004. Somm. 1338, obs. Delvoie.* ♦ ... Pour l'utilisation d'informations techniques et commerciales recueillies par l'ancien salarié dans le cadre de ses fonctions et relatives au contenu des offres présentées par son ancien employeur : • Com. 2 mai 2007, n° 05-20.709 : *RJDA 2007, n° 1300.* – V. aussi • Versailles, 25 nov. 2010 : *RJDA 2011, n° 747.* ♦ ... Pour le détournement de correspondances électroniques en installant sur les ordinateurs de l'ancienne société des règles de messagerie qui déroutaient les courriels en provenance de certaines adresses électroniques ou empêchaient la réception de ceux contenant certains mots-clé comme « devis », « tarif » ou « commande » : • Versailles, 8 oct. 2008 : *RJDA 2009, n° 281.* ♦ ... Pour la conservation par un salarié de l'adresse e-mail de son ancien employeur : • Com. 31 mars 2009, n° 08-12.554 : *CCC 2009, n° 169, obs. Malaurie-Vignal.* ♦ Sur la concurrence déloyale d'anciens salariés ayant créé leur propre société, V. aussi • Com. 13 févr. 1990, n° 88-13.828 P : *RTD com. 1990. 207* • 5 févr. 1991, n° 88-18.400 P : *BJS 1991. 631, note Le Cannu* • 24 mars 1998, n° 96-15.694 P : *D. 1999. Somm. 105, obs. Serra ; LPA 19 août 1998, obs. Malaurie-Vignal et Etner* • 2 mai 2007, n° 05-16.626 : *RJDA 2007, n° 1029* • Paris, 24 févr. 1994 : *JCP E 1994. Pan. 539* • Versailles, 24 nov. 1994 : *BJS 1995. 186.* ♦ Pour engager la responsabilité d'un ancien salarié devenu gérant ou associé d'une société concurrente, il convient de rechercher si celui-ci a commis, dans l'exercice de cette activité, des fautes personnelles engageant sa responsabilité en sa qualité de gérant puis d'associé. • Com. 11 mars 2014, n° 12-35.107 : *Rev. sociétés 2014. 491, note Dondero ; BJS 2014. 440, note Messaï-Bahri.* ♦ Sur les effets d'une clause de confidentialité, V. • Dijon, 6 avr. 2000 : *D. 2002. Somm. 1271, obs. Robinne*. – V. aussi note 103. ♦ Le « directeur de magasin » salarié qui, après l'expiration d'un contrat de travail ne contenant aucune clause de non-concurrence, installe un commerce concurrent à une centaine de mètres dans la même rue, manque à la plus élémentaire des obligations de loyauté. • Paris, 7 mars 1995 : *RJ com. 1996. 147, note Guével.* ♦ *Contra,* jugeant licite l'installation d'un franchiseur à proximité immédiate du fonds de son ancien franchisé : • Paris, 21 avr. 2000 : *D. 2002. Somm. 1264, obs. Auguet*.

42. *Agissements d'anciens dirigeants.* Sur le devoir de l'ancien dirigeant (mandataire social) à l'égard de l'entreprise qu'il a quittée (à propos de démissions massives des salariés de cette société pour rejoindre la société créée par l'ex-dirigeant, dont certains avaient été déliés de leur clause de non-concurrence durant le mandat de l'ex-dirigeant), V. • Com. 24 févr. 1998, n° 96-12.638 P : *RTD com. 1998. 612, obs. Champaud et Danet ; JCP 1998. II. 10003, note Kéita ; BJS 1998. 813, note Petit* • Aix-en-Provence, 4 mars 2005 : *JCP E 2006, n° 9, p. 429.* ♦ Pour un arrêt considérant qu'un gérant de SARL manque à son obligation de loyauté s'il crée une société concurrente de celle dans laquelle il exerçait les fonctions de directeur général et d'administrateur, V. • Com. 6 juin 2001, n° 98-16.390 : *CCC 2001, n° 158, obs. Malaurie-Vignal.* – V. aussi : • Com. 12 févr. 2002, n° 00-11.602 P : *préc. note 31* • Soc. 16 mai 2007, n° 06-40.062 : *BRDA 2007, n° 13, p. 2.* ♦ Les actes de concurrence du gérant constituent des manquements à son obligation de loyauté et de fidélité. • Com. 15 nov. 2011, n° 10-15.049 P : *préc. note 39.* ♦ Pour un cogérant démissionnaire qui a transféré sur sa messagerie personnelle de très nombreux dossiers relatifs aux principaux clients de son ancienne société et entretenu à leur égard, postérieurement, une confusion, V. • Com. 29 sept. 2015, n° 13-27.587 P : *JCP E 2015, n° 1533 ; CCC 2015, n° 277, obs. Malaurie-Vignal ; BJS 2015. 661, note Parachkévova.* ♦ Pour une violation de la clause de non-concurrence commise par les cédants de parts sociales d'une société qui, lors de la cession du contrôle de la société, s'étaient engagés à ne pas débaucher de personnel ni démarcher la clientèle, V. • Paris, 2 févr. 2010 : *RJDA 2010, n° 962* (conf. sur ce point par • Com. 29 mars 2011, n° 10-16.100 : *RJDA 2011, n° 706*). ♦ Mais jugeant que le père et son fils, anciens dirigeants d'une société, n'ont commis aucune faute à l'égard de celle-ci en créant une société concurrente dès lors qu'au moment de cette création le père n'avait plus aucune fonction au sein de la première société et que le fils, révoqué et évincé de celle-ci, et bien qu'en détenant encore 50 %, n'avait d'autre solution que de s'investir dans une nouvelle activité professionnelle. • Com. 17 janv. 2006, n° 04-14.108 : *RJDA 2006, n° 774.*

43. *Responsabilité de l'entreprise concurrente.* Si la responsabilité des anciens salariés est de nature contractuelle, celle de la société elle-même ne peut être recherchée que sur le fondement des art. 1382 et 1383 [1240 et 1241] C. civ. • Com. 18 janv. 1994, n° 92-11.224 : *D. 1996. Somm. 253, obs. Picod ; CCC 1994, n° 112, obs. Leveneur.* – V. aussi • Limoges, 21 oct. 1996 : *BICC 1997, n° 315.* ♦ Sur la responsabilité de la société dont le gérant a commis des actes de concurrence déloyale, V. • Com. 4 mai 1999, n° 97-11.925 : *RJDA 1999, n° 784.* ♦ Même solution pour avoir laissé un de ses salariés se servir des renseignements qu'il détenait de son ancien employeur : • Paris, 24 oct. 2002 : *RJDA 2003, n° 555.* ♦ Mais, jugeant qu'une société n'est pas fautive du seul fait qu'elle a été fondée par l'associé d'une société concurrente, faute de démontrer l'existence d'une faute qui lui est personnellement imputable, distincte de celle retenue à la charge de l'associé : • Com. 3 déc. 2002, n° 99-21.758 : *Dr. sociétés 2003, n° 84, obs. Trébulle.* ♦ Sur la concurrence déloyale d'une société ayant désigné comme PDG le responsable démissionnaire d'un département d'une entreprise concurrente qui n'était pas encore dégagé de tout lien contractuel avec son ancien employeur dans la mesure où aucune dispense de préavis n'était établie, V. • Paris, 28 févr. 2001 : *BRDA 2001, n° 9, p. 8.* ♦ Dans le même sens, pour un gérant démissionnaire devant respecter un préavis, V. • Com. 12 févr. 2002, n° 00-11.602 P : *préc. note 31.*

Constitue un acte de concurrence déloyale le fait, pour une société, de détourner la clientèle d'une autre société en utilisant frauduleusement le fichier de celle-ci copié par d'anciens employés. • Versailles, 19 févr. 1998 : *RJDA 1998, n° 811* • 26 nov. 2009 : *RJDA 2010, n° 892* • Paris, 24 oct. 2002 : *préc.* ♦ Dans le même sens, s'agissant d'anciens actionnaires d'une SA ayant constitué leur propre société en s'appropriant la clientèle de la SA par détournement de fichiers : • Com. 20 oct. 1998, n° 96-21.859 : *RJDA 1999, n° 109.* ♦ En revanche, ne donne pas de base légale à sa décision condamnant un employeur pour concurrence déloyale une cour d'appel qui, sans établir le caractère confidentiel des informations qui auraient été détenues par la salariée et qui auraient relevé d'un savoir-faire propre à l'employeur qu'elle avait quitté, n'a fait que constater le démarchage non fautif de la clientèle et des prestataires de services d'un concurrent. • Com. 11 févr. 2003, n° 00-15.149 P : *préc. note 38.* ♦ Le fait que des clients de l'agence concurrente aient spontanément suivi la salariée en raison de ses qualités humaines et de son dévouement ne saurait constituer une faute imputable à son nouvel employeur. • Dijon, 18 avr. 2006 : *JCP E 2006, n° 37, p. 1528.* ♦ L'acquisition d'un fonds de commerce, faite sans déloyauté et dans le respect du droit de préemption conféré au franchiseur, ne constitue pas une faute de nature à rendre l'acquéreur complice de la rupture, même fautive, du contrat de franchise par le cédant. • Com. 15 mai 2007, n° 06-12.871 P : *D. 2008. Pan. 2199, obs. Ferrier ; RTD civ. 2007. 794, obs. Gautier ; JCP E 2008, n° 15, p. 24, obs. Éréséo ; CCC 2007, n° 204, obs. Malaurie-Vignal ; RJDA 2007, n° 1222.* ♦ Sur d'autres actions en concurrence déloyale contre un concurrent d'un franchiseur pour sa part prise dans la rupture des contrats de franchise, V. • Com. 23 janv. 2007, n° 05-10.422 : *D. 2008. Pan. 2199, obs. Ferrier ; RJDA 2007, n° 574.*

44. Responsabilité d'un tiers. Sur l'action en responsabilité d'une société à l'encontre de l'un de ses client qui avait confié son projet à deux ex-salariés qui venaient de créer une société exerçant une activité concurrente de celle de leur ancien employeur, V. • Com. 26 mars 2002, n° 00-10.528 P : *RJDA 2002, n° 961.* ♦ En l'absence de faute de concurrence déloyale, doit être écartée l'action dirigée contre le tiers qui se serait rendu complice de ces agissements. • Com. 15 mai 2007, n° 05-21.087 : *préc. note 39.*

2° *DÉBAUCHAGE*

BIBL. Labarthette, *D. 2005. 1231* (le débauchage du personnel, parent pauvre de l'action en concurrence déloyale). – Poumarède, *RTD com. 2012. 651* (sanction de l'embauche déloyale d'un salarié d'une entreprise concurrente).

45. Liberté du travail et liberté d'embauche. L'existence de manœuvres déloyales ne peut résulter de la seule constatation de l'embauche par un concurrent des représentants démissionnaires, de l'attribution à ce personnel de fonctions identiques et du transfert d'une partie importante de la clientèle dans les mois ayant suivi l'embauche dès lors qu'il n'est pas démontré de façon concrète que ces faits ont entraîné la désorganisation du fonctionnement de l'entreprise concurrente. • Com. 9 mars 1999, n° 97-12.009 : *D. 2000. Somm. 321, obs. Picod ; CCC 1999, n° 73, obs. Malaurie-Vignal.* ♦ V. aussi • Com. 21 janv. 1997, n° 94-17.800 : *RJDA 1997, n° 738* • Paris, 22 oct. 1997 : *Gaz. Pal. 1998. 2. Somm. 510* • 19 févr. 1999 : *LPA 5 nov. 1999, obs. Reboul* • 6 oct. 1999 : *ibid. 18 juill. 2000* • 25 janv. 2000 : *CCC 2000, n° 62, obs. Malaurie-Vignal* • 2 mai 2001 : *D. 2002. Somm. 1272, obs. Robinne* • 3 avr. 2002 : *D. 2003. Somm. 1031, obs. Robinne .* ♦ Il appartient ainsi au juge de vérifier de façon concrète si le transfert des employés a entraîné une véritable désorganisation de l'entreprise concurrente et non une simple perturbation. • Com. 20 sept. 2011, n° 10-19.443 P : *D. 2011. Actu. 2396, obs. Chevrier ; JCP E 2011, n° 1719 ; CCC 2011, n° 256, obs. Malaurie-Vignal ; RLDC nov. 2011. 24, obs. Bugnicourt.* ♦ Il n'est pas interdit de discuter et d'arrêter les clauses d'un contrat de travail et de s'engager à embaucher le salarié d'une entreprise concurrente avant même que ce salarié ait manifesté à cette dernière son intention de la quitter. • Paris, 17 avr. 1996 : *Gaz. Pal. 1996. 2. Somm. 495.* ♦ De la même façon, le départ de deux salariés occupant des postes subalternes et embauchés depuis moins de deux ans, suite à une offre d'emploi publiée, ne caractérise pas une manœuvre tendant à désorganiser l'entreprise concurrente. • Colmar, 20 févr. 2002 : *préc. note 36.* ♦ Le fait que le nouveau titulaire d'un marché de nettoyage ait repris le personnel de l'ancien ne saurait être constitutif d'un acte de débauchage, dès lors que cette reprise s'est faite en application de la convention collective nationale des entreprises de propreté. • Colmar, 7 févr. 2006 : *JCP E 2006, n° 20-21, p. 923.* ♦ Aucun agissement constitutif de concurrence déloyale ne peut être retenu dès lors qu'il est établi que la clientèle s'est déplacée spontanément d'un concurrent à l'autre sans que ce déplacement soit la conséquence de manœuvres déloyales. • Rennes, 28 mars 2006 : *JCP 2006. IV. 3461.* ♦ Le recrutement massif de salariés libres de tout engagement ne saurait à lui seul, hors toute manœuvre déloyale, constituer un fait caractéristique de concurrence déloyale. • Com. 26 sept. 2006, n° 05-14.410 : *RJDA 2007, n° 207.* ♦ Il n'y a pas de débauchage de salariés dès lors que l'employée a quitté de son plein gré l'entreprise et que les conditions salariales largement supérieures proposées par le concurrent (progression de 38 %) ne sont pas anormalement élevées. • Pau, 18 sept. 2008 : *JCP 2009. IV. 1276.* ♦ V. encore, posant des conditions très strictes pour reconnaître l'existence d'un débauchage déloyal : • Com. 23 oct. 2007, n° 05-17.155 : *D. 2008. Pan. 254, obs. Picod ; CCC 2008, n° 22, obs. Malaurie-Vignal ; RJDA 2008, n° 205* • 29 janv. 2008, n° 06-18.654 P : *cité note 99.*

46. Débauchage fautif. Est fautive l'embauche massive de salariés désorganisant une entreprise concurrente. • Com. 18 déc. 2001, n° 99-17.553 : *RJDA 2002, n° 578.* ♦ L'embauche simultanée de plusieurs salariés d'une même entreprise par une entreprise concurrente pour y remplir les mêmes fonctions et ce après avoir offert des conditions de rémunération plus favorables constitue, indépendamment de toute clause de non-concurrence, un acte de concurrence déloyale. • Paris, 17 févr. 1993 : *D. 1994. Somm. 223, obs. Serra .* – Comp. • Amiens, 22 mars 2004 : *JCP E 2005, n° 13, p. 551.* ♦ ... A moins que ce soit l'ancien employeur qui soit à l'origine du départ des salariés consécutivement à la réorganisation de son entreprise. • Com. 2 juill. 2002, n° 02-12.411. ♦ ... Ou en raison d'un mauvais fonctionnement de l'entreprise antérieur au départ de salariés. • Com. 9 févr. 1999, n° 96-15.834 P : *cité note 95.* ♦ En embauchant uniquement les salariés de son concurrent dans un moment crucial, un entrepreneur désorganise nécessairement de façon importante ledit concurrent, en le mettant dans l'obligation de recruter de nouveaux salariés qui n'ont ni la connaissance des produits ni celles des territoires ou clients. • Douai, 29 sept. 2005 : *RJDA 2006, n° 463.* ♦ Sur la condamnation sur le fondement de la concurrence déloyale d'un ancien salarié qui, ayant créé sa propre société, a détourné la clientèle de son ancien employeur et débauché plusieurs de ses anciens collègues, V. • Paris, 2 déc. 1998 : *LPA 5 nov. 1999, obs. Reboul* • Colmar, 14 déc. 2004 : *JCP E 2005, n° 35, p. 1380.* ♦ Si la démission concomitante de deux salariés d'un même service composé de trois personnes et la création d'une entreprise concurrente n'est pas fautive, le débauchage par ces derniers de la troisième et dernière personnes dans un secteur où les compétences sont rares, contribue à désorganiser volontairement le service et constitue un acte de concurrence déloyale. • Versailles, 25 juin 2009 : *RJDA 2010, n° 94.* ♦ La cour d'appel prive sa décision de base légale en retenant que le débauchage de salariés présentait un caractère déloyal en raison de l'anormalité économique des conditions d'embauche proposées par le nouvel employeur, sans répondre aux conclusions de ce dernier faisant valoir que les conditions d'embauche des salariés concernés n'étaient pas plus avantageuses que celles que leur garantissaient leur ancien emploi. • Com. 10 nov. 2009, n° 08-20.484 : *CCC 2010, n° 10, obs. Malaurie-Vignal.*

Sur la désorganisation de l'entreprise d'un concurrent par les débauchages de son personnel, V. aussi : • Com. 8 nov. 1988 : *Gaz. Pal. 1989. 1. Pan. 7* • 12 déc. 1995, n° 94-14.003 : *Quot. jur. 7 mars 1996, p. 2* • Paris, 20 nov. 1984 : *D. 1984. IR 444, obs. Serra* • 11 janv. 1989 : *D. 1989. IR 53* • 10 avr. 1995 : *D. 1996. Somm. 248, obs. Serra* • 29 mai 1998 : *LPA 18 juin 1999, obs. Reboul* • 22 sept. 2000 : *D. 2002. AJ 1271, obs. Robinne* • 15 oct. 2008 : *CCC 2009, n° 105, obs. Malaurie-Vignal* • Toulouse, 25 mars 2008 : *CCC 2008, n° 246, obs. M. M.-V.* ♦ Comp. : C. trav., art. L. 1237-3. – **C. trav.** ♦ Sur la compétence, V. notes 73 et 74.

3° AUTRES AGISSEMENTS DÉSORGANISANT L'ENTREPRISE OU SON ACTIVITÉ

47. Reprise massive des produits. La reprise massive des produits d'un concurrent peut être constitutive d'un acte de concurrence déloyale. • Com. 5 oct. 1976, n° 75-12.029 P : *D. 1977. IR 5 ; RTD com. 1977. 150, obs. Hémard.*

48. Rabais et prix d'appel. Constituent des actes de concurrence déloyale les pratiques d'un client détaillant qui a effectué des soldes sans autorisation avec des rabais importants à un endroit précis, alors que le distributeur en gros commercialisait les vêtements de la même marque à proximité et qu'une telle circonstance incitait la clientèle à se diriger de préférence vers le premier magasin, la distance séparant les deux boutiques étant relativement faible. • Com. 18 oct. 1994, n° 92-21.087 P : *D. 1995. IR 12 ; JCP 1994. IV. 2582.* ♦ En revanche, n'est pas déloyale à l'égard des boulangers la distribution gratuite mais exceptionnelle de pains par un grand magasin. • Riom, 6 juin 1990 : *JCP E 1991. I. 31, n° 4, obs. Azéma.* ♦ Pour un acte de concurrence déloyale résultant de la commercialisation par une entreprise de la copie servile d'un produit à un prix inférieur à celui proposé par un concurrent, ce qui lui a permis de remporter le marché, causant ainsi à l'autre entreprise un préjudice constitué par la privation des gains résultant desdits marchés, V. • Com. 16 janv. 2001, n° 99-10.756 : *CCC 2001, n° 59, obs. Malaurie-Vignal.* ♦ V. aussi, sur la diffusion, à proximité immédiate des boutiques du concurrent, de copies serviles à prix inférieurs : • Paris, 19 janv. 1996 : *D. Affaires 1996. 348.* ♦ Ne donne pas de base légale à sa décision, au regard de l'art. 1382 [1240] C. civ., la cour d'appel qui n'avait pas à prendre en considération les sujétions imposées à une société de télévision en raison de ses missions spécifiques pour justifier les prix anormalement bas qu'elle pratiquait dans le domaine de la production audiovisuelle au profit de tiers, et ne recherche pas si de tels agissements pouvaient constituer une faute à l'égard de ses concurrents. • Com. 28 janv. 1992, n° 90-16.766 P : *D. 1995. 538* (sur renvoi : • Versailles, 17 mai 1994 : *D. 1995. 539* ; *Gaz. Pal. 1995. 1. 49, note Junqua-Lamarque*). ♦ Le fait de vendre un produit contrefait à seulement la moitié du prix publié de son modèle ne caractérise aucune faute constitutive de concurrence déloyale. • Civ. 1re, 3 avr. 2001, n° 99-15.767 P. ♦ La revente à prix réduit d'un produit dont l'approvisionnement illicite n'est pas établi ne constitue pas une faute constitutive de concurrence déloyale et de parasitisme. • Com. 8 nov. 2016, n° 15-15.072 : *CCC 2017, n° 34, obs. Malaurie-Vignal ; RJDA 2017, n° 131.*

Après avoir constaté qu'une société reproche sur le fondement de l'art. 1382 [1240] C. civ. à une autre de consentir à ses filiales des prix anormalement bas ayant pour conséquence de la désavantager et que ce grief n'est pas différent de celui soumis à l'avis du Conseil de la concurrence et écarté par le tribunal sur le fondement des dispositions du code de commerce, une cour d'appel, qui a relevé que la société plaignante ne conteste plus que les pratiques qu'elle incrimine ne contreviennent pas aux dispositions des art. L. 420-1, L. 420-2 et L. 420-5 C. com., et qui a retenu que cette société n'invoque aucun fait déloyal autre qu'une pratique de prix, qualifié d'« anormalement bas », désorganisant le marché, a pu statuer comme elle l'a fait en rejetant la demande en responsabilité pour concurrence déloyale. • Com. 6 déc. 2005, n° 05-10.929 P : *D. 2006. Pan. 2929, obs. Auguet* ; *JCP 2006. II. 10048, note Reifegerste ; CCC 2006, n° 48, obs. Malaurie-Vignal ; RJDA 2006, n° 599.* ♦ Pour des auto-entrepreneurs, qui vendaient des articles sur un site de vente en ligne, condamnés par voie de référé pour concurrence déloyale pour avoir pratiqué des prix trop bas : • T. com. Béziers, 19 juill. 2010 : *D. 2010. Actu. 1996, obs. Delpech* ; *CCE 2010, n° 97, obs. Debet ; RJDA 2010, n° 1189.* ♦ Sur la sanction civile des prix de vente abusivement bas, V. C. com., art. L. 420-5.

49. Marque d'appel. Pour apprécier si la société, qui a fait distribuer un catalogue publicitaire comportant une page dans laquelle était annoncée la vente de montres de marque dans divers magasins portant son enseigne, s'est rendue coupable de la pratique de marque d'appel, il convient de rechercher si l'état des stocks détenus par le distributeur dans l'ensemble de ses locaux est suffisant pour assurer la disponibilité à bref délai de tous les produits faisant l'objet de la publicité. • Com. 30 janv. 2001, n° 98-21.359 P : *D. 2002. Somm. 1262, obs. Picod*. – V. aussi • Com. 19 mai 1998, n° 96-16.042 P (parfumeur non agréé n'ayant en stock que deux flacons de parfum). ♦ Sur la condamnation pour concurrence déloyale d'une grande surface ayant utilisé dans sa campagne promotionnelle une marque d'appel, V. • Paris, 3 sept. 1999 : *D. 1999. AJ 30* ; *LPA 18 juill. 2000, obs. Etner.* ♦ Est constitutive d'une pratique de marque d'appel toute offre publicitaire portant sur des produits de marque dont le distributeur ne dispose pas en quantité suffisante pour satisfaire la clientèle. • TGI Paris, 15 déc. 2006 : *Gaz. Pal. 2007. 4223, obs. Staeffen.*

50. Captation ou détournement de la clientèle. Constitue un acte de concurrence déloyale le démarchage systématique de la clientèle d'une entreprise, accompagné d'un débauchage massif et sélectif du personnel, de la création d'une confusion entre les marchandises et services produits et de la similitude du catalogue et des tarifs. • Com. 19 nov. 1991, n° 89-21.280 : *RJDA 1992, n° 213.* ♦ Suffit à caractériser une manœuvre déloyale engageant la responsabilité de son auteur, le fait d'annoncer dans un document publicitaire, de manière manifestement mensongère, la cessation des activités d'une société concurrente dans l'intention manifeste de récupérer sa clientèle. • Paris, 21 oct. 1998 : *RJDA 1999, n° 110.* ♦ ... De même que le fait de procéder à l'installation de panneaux publicitaires susceptibles de masquer la visibilité de ceux d'une entreprise concurrente. • Com. 29 mai 1967, n° 65-12.495 P : *D. 1967, Somm. 110.* ♦ Une compagnie d'assurance commet un acte de concurrence déloyale en favorisant les garagistes agréés par l'envoi systématique à ses adhérents de courriers et de notes indiquant les noms de ces garagistes et en prenant en charge leurs factures. • Paris, 29 sept. 1998 : *D. 1998. IR 243 ; CCC 1999, n° 6, obs. Malaurie-Vignal.* ♦ Pour une condamnation en référé pour acte de concurrence déloyale, en raison d'une publicité trompeuse sur les conditions d'octroi d'un crédit, V. • Versailles, 10 avr. 1996 : *CCC 1996, n° 81, obs. Vogel.* ♦ Sur un détournement de clientèle consécutif à la vente par un boucher d'articles de triperie, qui ne peut être légitimé par un arrêté de despécialisation, dont l'objet est de surmonter la crise de la « vache folle », V. • Paris, 17 févr. 1999 : *JCP 1999. IV. 2518 ; LPA 20 mars 2000, obs. Etner.*

La foire internationale d'une grande agglomération, qui ne pouvait ignorer les dates de la foire d'une ville moyenne voisine a franchi les limites de la concurrence déloyale et a fait preuve, à tout le moins, d'une désinvolture fautive en modifiant l'époque de sa manifestation la plaçant à l'intérieur des dates de la petite ville. • Rennes, 14 déc. 1993 : *JCP 1994. IV. 2588.* ♦ Pour un arrêt condamnant un établissement de crédit pour avoir incité les clients d'un autre établissement de crédit, encore tenus à l'égard de celui-ci, à se dégager par anticipation de leurs prêts et à conclure de nouveaux contrats avec lui, V.

• Com. 15 févr. 1994, n° 92-12.088 : *D. 1994. Somm. 323, obs. Vasseur*. ♦ S'il est légitime, pour le propriétaire d'une marque et d'une enseigne, de passer à la vente directe de ses produits, sans cesser pour autant de fournir son revendeur ordinaire, et s'il est légitime de le faire dans les lieux du meilleur achalandage, rien ne contraint ce propriétaire à retenir le magasin le plus proche possible de son revendeur. • Douai, 10 mai 2007 : *BICC 1er nov. 2007, n° 2223.*

Ne constitue pas des actes de concurrence déloyale la reproduction dans une revue de photographies diffusées sur internet alors que cette revue, qui comporte une centaine de pages, étant essentiellement constituée de photographies reproduites n'en représentant qu'une infime partie et n'étant pas mises en valeur, le public ne peut risquer de confondre les produits et les deux entreprises et être détourné de la consultation du site internet pour acheter la revue, d'autant que le site est en anglais tandis que la revue s'adresse à un public de langue française. • Paris, 14 déc. 2007 : *JCP E 2008, n° 9, p. 21.* ♦ Ne constitue pas un détournement de clientèle le fait pour les dirigeants d'un point de vente sous enseigne nationale d'envoyer un courrier aux clients d'un autre point de vente de cette même enseigne leur faisant connaître qu'ils pouvaient utiliser, dans leurs propres points de vente, la carte de fidélité développée par l'enseigne, alors que le retrait de la société requérante de l'enseigne avait privé la possibilité, pour la clientèle de ce point de vente, d'utiliser la carte de fidélité souscrite, de telle sorte que cet envoi postérieur à ce retrait correspondait à une information légitime de la clientèle et non à un détournement fautif de celle-ci. • Chambéry, 2 oct. 2007 : *JCP 2008. IV. 1683 ; CCC 2008, n° 98, obs. Malaurie-Vignal ; RJDA 2008, n° 900.*

51. Couponnage croisé. Est déloyale la pratique dite du « couponnage croisé » (délivrance de bons de réduction à valoir sur des produits directement concurrents de ceux achetés par le consommateur, identifiés au passage à la caisse par la lecture des codes-barres). • Com. 18 nov. 1997, n° 95-17.445 P : *D. 1998. 260, note Bout ; JCP 1998. II. 10026, note Gautier ; CCC 1998, n° 6, obs. Vogel* (V. l'arrêt cassé : • Aix-en-Provence, 30 juin 1995 : *D. 1997. 39, note Parléani ; CCC 1995, n° 145, note Vogel ;* et le jugement infirmé : • T. com. Marseille, 2 févr. 1995 : *BRDA 1995, n° 5, p. 12*). – V. sur renvoi : • Lyon, 5 nov. 2001 : *RJDA 2002, n° 329.* ♦ Sur l'absence de règles expresses autorisant un distributeur à pratiquer des relevés de prix pratiqués par un concurrent à l'aide d'un lecteur optique de codes-barres, V. • Com. 16 juill. 1991, n° 90-15.242. – V. désormais • Com. 4 oct. 2011, n° 10-21.862 P : *cité note 6 ss. C. consom., art. L. 122-1, App., v° Publicité commerciale.*

52. Inobservation d'une réglementation. Une cour d'appel peut condamner pour concurrence déloyale des sociétés qui n'ont pas respecté la réglementation fixant le prix du livre et ont ainsi causé un préjudice à une autre société commercialisant des ouvrages de même nature. • Com. 1er avr. 1997, n° 94-22.129 P : *RJDA 1997, n° 862* • Paris, 23 mai 2007 : *cité note 1 ss. art. 6 de la L. n° 81-766 du 10 août 1981, infra.* ♦ V. aussi pour la vente en ligne de support d'enregistrement par des sociétés étrangères qui, bien que non tenues d'acquitter la rémunération pour copie privée, doivent exercer leur commerce d'une façon saine et honnête : • T. com. Bobigny, 15 sept. 2005 : *D. 2005. AJ 2674, obs. Manara ; CCE 2005, n° 168, obs. Caron. – Contra* : • Paris, 22 mars 2007 : *D. 2007. AJ 1076, obs. Manara ; JCP E 2007, n° 19, p. 19 ; CCE 2007, n° 70, obs. Caron ; RJ com. 2007. 192, obs. Alterman* (décision cassée par • Civ. 1re, 27 nov. 2008, n° 07-15.066 P : *D. 2008. AJ 3081, obs. Manara ; RTD com. 2009. 131, obs. Pollaud-Dulian ; JCP E 2009, n° 11, p. 23, note Beyneix ; CCC 2009, n° 18, obs. Malaurie-Vignal*). ♦ Pour une condamnation sur le fondement de la concurrence déloyale, d'une société en cas de non-respect : du taux de TVA en vigueur : • Lyon, 31 janv. 2008 : *JCP 2008. II. 10136, note Chabert ; CCC 2008, n° 240, obs. Malaurie-Vignal.* ♦ ... Du repos dominical : • Com. 26 janv. 1999, n° 97-13.849 : *LPA 4 nov. 1999, obs. Reboul* • Nîmes, 28 févr. 2002 : *BICC 2004, n° 530.* ♦ ... De la réglementation sur l'équipement commercial : • Com. 19 juin 2001, n° 99-15.411 P : *Gaz. Pal. 2003. 1. Somm. 1154, obs. Guével ; Cah. dr. entr. 2002, n° 5, p. 34, obs. Destours.* – V. aussi • Civ. 1re, 22 févr. 2005, n° 03-10.408 : *cité note 82* • 6 juill. 2011, n° 10-20.588 : *RJDA 2012, n° 98.* ♦ ... De celle régissant l'activité de taxi : • Nîmes, 19 avr. 2011 : *RJDA 2011, n° 659.* ♦ ... De l'interdiction faite aux médecins de toute publicité directe ou indirecte : • Civ. 1re, 5 juill. 2006, n° 04-11.564 P : *JCP 2006. IV. 2688.* ♦ Du monopole du service extérieur des pompes funèbres : • Com. 23 oct. 2001, n° 99-12.623 P : *JCP E 2001, n° 48, p. 1890 ; RJDA 2002, n° 243.* ♦ Mais le seul fait de ne pas se conformer à une norme que certains professionnels ont librement décidé d'instaurer entre eux sans qu'elle s'impose en droit à tous les opérateurs du marché ne peut être constitutif de concurrence déloyale. • Com. 23 avr. 2003, n° 01-10.623 : *RJDA 2003, n° 1137.* ♦ Jugeant que la plateforme eBay ne cherche aucunement à nuire à la profession de brocanteur dès lors qu'il n'est pas établi qu'elle soutiendrait, encouragerait ou inciterait les vendeurs à ne pas se déclarer comme professionnels auprès des autorités et qu'au contraire les mesures importantes mises en place par eBay montrent bien son intention de lutter contre le paracommercialisme et de favoriser le respect des lois et règlements par ses utilisateurs. • T. com. Paris, 11 déc. 2009 : *CCE 2010, n° 26, obs. Stoffel-Munck ; Propr. ind. 2010, n° 19, obs. Larrieu.* ♦ Jugeant que le covoiturage n'est pas constitutif de concurrence déloyale au détriment des transporteurs professionnels : • Com. 12 mars 2013, n° 11-21.908 P : *D. 2013. Chron. C. cass. 1180, obs. Lecaroz ; JCP E 2013, n° 1231 ; RJDA 2013, n° 676.*

La solution du litige fondé sur une action en concurrence déloyale n'impose pas qu'il soit statué préalablement sur la violation des dispositions du code général des impôts, du code du travail, du code pénal et du code de la sécurité sociale entraînant les faits de concurrence déloyale. • Com. 3 oct. 2006, n° 04-11.741 : *CCC 2007, n° 24, obs. Malaurie-Vignal.* ♦ Pour une référence au non-respect de la législation environnementale (installations classées), V. • Crim. 5 déc. 2006, n° 06-83.527 : *JCP E 2007, n° 30, p. 39, obs. Trébulle.* ♦ Pour une entreprise qui, dans l'exercice de son activité, s'était affranchie du respect des exigences administratives et donc des coûts en résultant (nécessité d'un agrément), V. • Com. 2 mai 2007, n° 05-21.361 : *JCP E 2007, n° 43-44, p. 15, obs. Caron.* ♦ Pour une agence matrimoniale qui se présentait comme la seule du département à être agréée par la Fédération française matrimoniale alors qu'il n'existe aucun organisme reconnu officiellement comme étant habilité à délivrer un quelconque agrément dans ce domaine d'activité, V. • Riom, 11 juin 2008 : *JCP 2009. IV. 1809.* ♦ Il s'infère nécessairement un préjudice d'un acte de concurrence déloyale ; la cour d'appel, qui n'a pas recherché si l'octroi de délais de paiement illicites et de prêts en méconnaissance du monopole bancaire n'avait pas pour effet d'avantager déloyalement des franchisés au détriment des franchisés d'un autre réseau, et ainsi de porter atteinte à la rentabilité et à l'attractivité du réseau concurrent, a privé sa décision de base légale. • Com. 15 janv. 2020, n° 17-27.778 P : *D. 2020. Actu. 148 ; JCP E 2020, n° 1115, note Lasserre-Capdeville ; CCC 2020, n° 40, obs. Malaurie-Vignal ; RJDA 2020, n° 338.*

53. Violation d'un réseau de distribution sélective. V. notes 74 s. ss. C. com., art. L. 330-2.

54. Non-respect du « day one ». L'offre de jeu vidéo avant la date de sortie prévue par l'éditeur constitue une désorganisation du marché à laquelle il peut être mis fin en référé. • T. com. Paris, réf., 17 oct. 2006 : *CCE 2006, n° 159, obs. Grynbaum ; CCC 2007, n° 7, obs. Malaurie-Vignal.*

55. Concurrence déloyale de l'administration et d'opérateurs publics. **BIBL.** Lucas de Leyssac, *D. 1995. Chron. 288 .* – Junqua-Lamarque, *Gaz. Pal. 1995. 2. Doctr. 981.* ♦ Constitue un acte de concurrence déloyale la commercialisation par l'administration, en faisant largement état de sa qualité dans les plaquettes publicitaires, d'un logiciel élaboré par ses soins et contrefaisant le logiciel d'une entreprise privée. En effet, la mission de service public dont est investie l'administration n'a pas pour effet de la dispenser de respecter les règles du marché dès lors qu'en commercialisant ce logiciel elle exerce une activité de droit privé. • Paris, 31 mai 1995 : *JCP E 1995. Pan. 1219.* ♦ En revanche, une activité qui s'exerce en application d'un arrêté municipal dont la légalité n'a pas été remise en cause, ne peut être considérée comme illicite et constituer de ce seul fait une concurrence déloyale. • Com. 13 nov. 2003, n° 01-11.453 : *RJDA 2004, n° 494.* ♦ N'est pas fautif le prêt gratuit de matériel médical à ses assurés, pratiqué par une CPAM, organisme privé chargé de la gestion d'un service public, dès lors qu'il est conforme à son objet social, et que cette activité licite est exercée en dehors de tout agissement déloyal de la part dudit organisme, au seul bénéfice des assurés du régime général de la sécurité sociale qui s'adressent à lui, en sorte qu'est exclu l'exercice d'un monopole par la caisse. • Soc. 13 janv. 1994, n° 91-14.758 P. ♦ Le concessionnaire de service public ne peut utilement invoquer un principe général de protection contre la concurrence par le concédant, indépendamment de toute clause contractuelle posant une telle obligation à ce dernier. • CE 10 oct. 2007, n° 255213 : *AJDA 2007. 2350, note Nicinski ; JCP E 2007, n° 51-52, p. 26, note Guettier ; CCC 2008. Chron. 1, n° 6, obs. Marson ; LPA 28 juill. 2008, obs. Baghestani-Perrey ; RJDA 2008, n° 1010.*

D. PARASITISME

BIBL. Malaurie-Vignal, *JCP 1995. I. 3888* (parasitisme et notoriété d'autrui) ; *D. 1996. Chron. 177* (parasitisme des investissements et du travail d'autrui). – Le Tourneau, *Dr. et patr. 10/1999. 97* (contribution du parasitisme à la défense de la marque) ; *D. 2000. Chron. 403* (retour sur le parasitisme). – Passa, *D. 2000. Chron. 297* (propos dissidents sur la sanction du parasitisme économique). – Binn et Hueber, *CCC 2000. Chron. 13* (comment sauver la théorie du parasitisme ?). – G. et I. Parléani, *Mél. Gavalda, Dalloz, 2001, p. 243* (2001, la tentation du Moyen Age : l'exemple du parasitisme). – Bonnefond, *CCC 2001. Chron. 4* (parasitisme et concurrence déloyale : il faut garder le cap). – Malaurie-Vignal, *CCC 2001. Chron. 15* (réflexions sur la théorie du parasitisme économique). – Huillier, *Gaz. Pal. 7-8 nov. 2001, p. 6* (le parasitisme parasite-t-il la propriété intellectuelle ?). – Mésa, *RDLC 2007, n° 2, p. 52* (parasitisme économique et contrefaçon : critère et utilité d'une distinction). – Le Stanc, *Propr. ind. 2010. Repère 6* (pour en finir avec le parasitisme... mais y parviendra-t-on ?). – de Dampierre, *CCE 2010. Fiche pratique 14* (protection de la valeur économique par le parasitisme). – Mésa, *RDLC 2011, n° 3, p. 82* (de la complexité et des conséquences des rapports entre concurrence parasitaire et parasitisme économique). – Larrieu, *Propr. ind. 2012. Alerte 36* (rapport sur la copie parasitaire en Europe). – Fajgenbaum et Lachacinski, *AJCA 2014. 158* (concurrence déloyale, parasitisme et contrefaçon). – Allamelou, *RLC avr. 2018. 38* (le parasitisme : un concept autonome ?).

1° NOTION DE PARASITISME

56. Exploitation du travail, des investissements ou de la notoriété d'autrui. Le parasitisme économique se définit comme l'ensemble des comportements par lesquels un agent économique s'immisce dans le sillage d'un autre afin de tirer profit, sans rien dépenser, de ses efforts et de son savoir-faire. • Com. 26 janv. 1999, n° 96-22.457 : *D. 2000. 87, note Serra* ; *LPA 4 nov. 1999, obs. Petitier* • Paris, 16 mai 2008 : *CCE 2008, n° 110, obs. Caron.* ♦ Le parasitisme est caractérisé par la circonstance selon laquelle une personne, à titre lucratif et de façon injustifiée, s'inspire ou copie la valeur économique d'autrui, individualisée et procurant un avantage concurrentiel fruit d'un savoir-faire, d'un travail intellectuel et d'investissements. • Paris, 18 mai 2005 : *JCP E 2006, n° 1, p. 27, obs. Caron ; RJDA 2005, n° 1296* • 16 avr. 2008 : *JCP E 2009, n° 2, p. 12, obs. Caron ; CCE 2008, n° 110, obs. Caron.* ♦ A la différence de la concurrence déloyale, qui ne saurait résulter d'un faisceau de présomptions, le parasitisme résulte d'un ensemble d'éléments appréhendés dans leur globalité. • Com. 4 févr. 2014, n° 13-11.044 : *CCC 2014, n° 90, obs. Malaurie-Vignal ; Dr. pénal 2014, n° 53, obs. Larrieu.* ♦ Constitue un agissement parasitaire le fait, pour un agent économique, de s'introduire sur un marché, avec ou sans risque de confusion, mais en utilisant une valeur économique d'autrui, fruit d'un investissement en argent ou en travail. • Versailles, 20 oct. 1993 : *préc. note 4.* ♦ Comp., jugeant que ne peut être parasitaire celui qui, par ses comportements ne crée aucune confusion dans l'esprit du consommateur entre deux marchés différents, même si, selon la jurisprudence, il s'immisce dans le sillage d'un autre : • T. com. Paris, 17 mars 2006 : *Gaz. Pal. 2007. 2124, et les obs.* ♦ Bien que la revente hors réseau de produits acquis régulièrement par une personne physique ou morale, en dépit des droits d'exclusivité dont bénéficie à sa connaissance un concessionnaire déterminé, ne constitue pas en soi un acte de concurrence déloyale, un tel comportement est en revanche entaché de parasitisme économique s'il est établi que la personne visée s'appuie sans contrepartie sur les initiatives, efforts et renom légitimes d'un concurrent en vue d'entamer les positions commerciales de celui-ci. • Paris, 14 janv. 1998 : *Gaz. Pal. 1998. 2. Somm. 510.* ♦ Constitue une faute au sens de l'art. 1382 [1240] C. civ., engageant la responsabilité de son auteur, le simple fait de s'appuyer sur les initiatives et les efforts d'un concurrent pour entamer ses positions commerciales. Tel est le cas, lorsque, dans la réalisation d'un objet, l'auteur met en sommeil ses facultés créatrices et conduit un processus d'élaboration asservi à l'imitation de l'œuvre d'autrui, cette démarche fournissant l'impulsion au travail créateur et lui servant de guide. • Paris, 18 mai 1989 : *D. 1990. 340, note Cadiet*. – V. la solution contraire en présence d'un réel effort d'innovation : • Com. 18 juin 2002, n° 00-15.857. ♦ Caractérise un comportement parasitaire fautif le fait de s'approprier les fonctionnalités d'un logiciel conçu et mis au point par une société en utilisant le travail de recherche et en détournant le savoir-faire de personnes avec lesquelles elle avait entretenu des relations contractuelles, ce qui lui avait permis de réaliser des économies importantes au détriment de ces personnes. • Civ. 1re, 13 déc. 2005, n° 03-21.154 P. ♦ Ayant souverainement estimé que la preuve de la recherche d'une économie au détriment d'un concurrent, par reprise de savoir-faire, de notoriété ou des fruits d''investissements, n'était pas rapportée, la cour d'appel en a exactement déduit que la demande formée au titre du parasitisme n'était pas fondée. • Com. 20 mars 2014, n° 12-18.518 P : *CCC 2014, n° 127, obs. Malaurie-Vignal ; Dr. pénal 2014, n° 53, obs. Larrieu.* ♦ Les idées étant de libre parcours, le seul fait de reprendre, en le déclinant, un concept mis en œuvre par un concurrent ne constitue pas un acte de parasitisme. • Civ. 1re, 22 juin 2017, n° 14-20.310 P : *D. 2017. Actu. 1359* ; *RTD com. 2017. 885, obs. Pollaud-Dulian* ; *Dalloz IP/IT 2017. 597, obs. Lecourt* ; *JCP E 2017, n° 1429 ; RJDA 2017, n° 675.*

57. Reproduction non fautive de la prestation d'autrui. Si le fait de copier la prestation d'autrui procure nécessairement à celui qui le pratique des économies, il ne saurait à lui seul être tenu pour fautif sauf à vider de toute substance le principe selon lequel toute prestation qui ne fait pas ou ne fait plus l'objet de droits de propriété intellectuelle peut être librement reproduite, lui-même étroitement lié à la règle fondamentale de la liberté de la concurrence. • Paris, 18 oct. 2000 : *préc. note 27.* ♦ N'est pas fautif le seul fait de commercialiser des produits identiques à ceux distribués par un concurrent. • Com. 9 juill. 2002, n° 00-19.575 : *CCC 2003, n° 7, obs. Malaurie-Vignal.* – V. aussi le Tourneau, *D. 2001. Chron. 1226*. ♦ Une entreprise ne peut se plaindre d'un comportement parasitaire d'un concurrent dans la mesure où elle ne dispose pas d'un positionnement particulier sur le marché par rapport à ces concurrences et qu'aucun investissement intellectuel particulier n'a été fourni pour la mise au point des modèles litigieux somme toute banal et standard. • Dijon, 15 sept. 2005 : *JCP E 2005, n° 47, p. 2004.* – V. aussi • Riom, 16 févr. 2005 : *JCP E 2005, n° 49, p. 2095.* ♦ Une entreprise ne saurait être admise à incriminer le simple fait de la commercialisation par l'un de ses concurrents de produits appartenant au même genre que ceux qu'elle distribue dans la mesure où elle ne justifie pas de la notoriété dont elle se prévaut et qu'il n'existe pas de risque de confusion entre les produits. • Paris, 27 avr. 2001 : *Propr. ind. 2002, n° 10, obs. Greffe.* ♦ Un concept consistant en une méthode de commercialisation doit être apprécié dans son ensemble et l'usurpation d'un seul des trois éléments de ce concept, au demeurant d'utilisation courante, ne suffit pas à caractériser un acte de parasitisme économique. • Com. 26 janv. 1999, n° 96-22.457 : *préc. note 56.* ♦ Sur cette distinction, V. aussi • Paris, 24 mars 1999 : *LPA 4 nov. 1999, obs. Etner.* – Comp. • Paris, 8 sept. 2004 : *RDLC déc. 2004. 71, obs. Mitchell.* ♦ Sur les difficultés d'appréhender, sous l'angle du parasitisme, l'appropriation d'une idée ou d'un concept commercial consécutive à une rupture de pourparlers, V. • Nîmes, 17 avr. 2008 : *Lettre distrib. 10/2008, p. 5.*

Le simple fait de reprendre les éléments d'une brique de jeu afin de permettre la construction de meubles modulaires visuellement comparables à ceux pouvant être réalisés en miniature par l'imbrication de briques et d'opérer ainsi, sans impératif technique ou fonctionnel, la transposition de l'univers du jouet à celui du meuble ne saurait suffire à caractériser des agissements parasitaires dès lors que cette transposition ne relève pas du savoir-faire de la fabrication de jouets adaptés aux enfants mais d'efforts et d'investissements particuliers compte tenu des contraintes spécifiques en matière d'ameublement, notamment en créant un système d'attache propre capable de supporter le poids de ces briques. • Com. 3 mai 2012, n° 11-18.077 : *RJDA 2012, n° 909.*

58. *Absence de droit privatif.* L'action en concurrence déloyale peut être intentée même par celui qui ne peut se prévaloir d'un droit privatif. • Com. 22 oct. 2002, n° 00-14.849 P : *D. 2003. Somm. 1031, obs. Serra ; JCP E 2003, n° 13, p. 563, note Mainguy ; CCC 2003, n° 6, obs. Malaurie-Vignal ; RJDA 2003, n° 209.* V. aussi • Com. 8 juill. 2003, n° 01-13.293 : *RJDA 2004, n° 108* • 26 mai 2004, n° 03-10.399 : *JCP E 2004, n° 48, p. 1877, obs. Caron* • T. com. Nancy, 9 déc. 2002 : *Lettre distrib. 4/2003, p. 3* • T. com. Lyon, 6 sept. 2002 : *ibid.* ♦ L'offre d'une copie servile d'une célèbre montre porte manifestement atteinte à l'image de marque de cette montre qu'elle vulgarise et déprécie de telle sorte que cet usage, en ce qu'il affecte l'image, qualifiée de prestigieuse, d'un produit notoire, ne fût-il plus couvert par un droit privatif, est fautif. • Com. 22 oct. 2002, n° 00-12.914 P : *D. 2002. AJ 3142, obs. Chevrier ; JCP E 2003, n° 13, p. 563, note Mainguy ; CCC 2003, n° 8, obs. Malaurie-Vignal ; RJDA 2003, n° 210.* – Sur cet arrêt, V. aussi Bonnefont, *CCC 2004. Chron. 3.* – V. aussi • Paris, 14 juin 2006 : *CCE 2006, n° 153, obs. Caron.* ♦ L'action en contrefaçon et l'action en concurrence déloyale ne constituent pas, sous des formes différentes, l'exercice d'un même droit et ne tendent pas aux mêmes fins, la première a pour fondement l'atteinte à un droit privatif tandis que la seconde sanctionne une faute commise à l'encontre d'une personne qui ne peut justifier d'un droit privatif ou en tout cas qui peut justifier d'une faute distincte de l'atteinte portée à un tel droit. • Paris, 14 mai 2003 : *JCP E 2003, n° 47, p. 1863, obs. Caron.* ♦ Le licencié d'une marque, qui ne dispose pas personnellement d'un droit privatif sur le titre de propriété industrielle, est recevable à agir en concurrence déloyale et parasitaire, peu important que les éléments sur lesquels il fonde sa demande soient les mêmes que ceux que le titulaire de la marque aurait pu opposer. • Com. 22 mars 2005, n° 02-21.105 : *D. 2005. Pan. 2462, obs. Auguet ; CCC 2005, n° 132, obs. Malaurie-Vignal ; CCE 2005, n° 101, obs. Caron.* ♦ Après avoir écarté le grief de contrefaçon pour défaut de droits privatifs, il appartient à une cour d'appel de rechercher, comme elle y était invitée, si la réalisation et l'exploitation d'une imitation servile d'un modèle, après rupture des relations contractuelles, ne caractérisaient pas un comportement déloyal ou parasitaire visant à tirer profit des efforts et investissements déployés. • Civ. 1re, 20 mars 2007, n° 06-11.522 P : *D. 2008. Pan. 253, obs. Auguet ; JCP E 2007, n° 18, p. 25 ; CCE 2007, n° 107, obs. Caron ; RJDA 2007, n° 1024* • Com. 6 nov. 2007, n° 06-15.227 : *CCE 2008, n° 5, obs. Ch. C.* (brevet) • 10 févr. 2009, n° 07-21.912 P : *préc. note 36.*

59. *Absence de situation concurrentielle.* Les agissements parasitaires d'une société peuvent être constitutifs d'une faute au sens de l'art. 1382 [1240] C. civ., même en l'absence de toute situation de concurrence. Ainsi, caractérise une faute l'imitation d'une formule publicitaire utilisée depuis plusieurs années, indéniablement réalisée par la mise en œuvre d'un slogan publicitaire qui n'est que l'adaptation du précédent aux produits commercialisés par la société parasite, pour les besoins d'une publicité, dans le but évident de profiter à moindre coût de l'impact des campagnes promotionnelles du parasité, même si les protagonistes ne sont pas en situation de concurrence. • Com. 30 janv. 1996, n° 94-15.725 P : *D. 1997. 232, note Serra ; CCC 1996, n° 41, obs. Vogel.* ♦ Les juges peuvent, dans ce cas, accorder des dommages-intérêts en raison de la banalisation du slogan et de la perte de rentabilité des investissements publicitaires, sans rechercher l'existence d'un préjudice commercial résultant de la perte de clientèle. • Même arrêt. ♦ V. aussi • Paris, 29 sept. 1995 : *cité note 62* • 11 mars 1998 : *cité note 63.* ♦ Le parasitisme ne nécessite pas que l'agent économique se situe dans une relation de concurrence directe avec celui qu'il qualifie de parasite.

• Com. 7 avr. 2009, n° 07-17.529 : *RJDA 2009, n° 908.*

2° ILLUSTRATIONS DU PARASITISME

60. Reproduction des produits d'autrui. La fabrication de produits ayant des caractéristiques techniques identiques et leur vente dans une présentation extérieure semblable sans que cela soit justifié par aucune nécessité constitue un acte de concurrence déloyale. • Com. 14 déc. 1999, n° 97-20.274 : *Propr. ind. 2002, n° 11, obs. Schmidt-Szalewski.* ♦ Constituent des actes de parasitisme, les agissements d'un grossiste consistant en l'importation et la commercialisation de copies serviles de thermostats d'ambiance portant son nom dans le but de détourner la clientèle de la société adverse qui avait commercialisé avant lui les mêmes produits, tout en profitant des efforts mis en œuvre par cette dernière pour mettre au point les produits concernés. • Rennes, 28 janv. 1998 : *JCP E 1998, n° 50, p. 1252.* ♦ Sur la condamnation pour parasitisme d'une société alors qu'il est constaté à la fois une fabrication à l'identique et une commercialisation à un prix nettement inférieur, ce dont il résulte qu'elle s'est placée dans le sillage de son concurrent et avait profité de ses investissements. • Com. 8 juill. 2003, n° 01-13.293 : *préc. note 36.* ♦ Si la vente de produits adaptables sur des machines concurrentes n'est pas en soi interdite, il est toutefois nécessaire, pour le commerçant qui entend fabriquer ou distribuer de tels produits, d'informer le client sur leur origine différente. • Paris, 17 sept. 1999 : *CCC 1999, n° 176, obs. Malaurie-Vignal.* ♦ La reproduction de propos tenus lors d'un entretien, publié par un autre journal, sans aucune indication de source, constitue un comportement parasitaire. • Civ. 1re, 22 oct. 2009, n° 08-19.499 P : *RTD com. 2010. 107, obs. Pollaud-Dulian ; Propr. ind. 2010, n° 11, obs. Larrieu.* ♦ La fabrication de pièces de rechange identiques à celles fabriquées par un concurrent et adaptables aux produits qu'il fabrique n'est ni déloyale ni parasitaire dès lors que la preuve d'une appropriation déloyale du travail d'autrui n'est pas rapportée. • Com. 16 mai 2000, n° 98-10.230 P : *D. 2001. Somm. 1309, obs. Auguet ; CCC 2000, n° 160, obs. Malaurie-Vignal ; JCP E 2001, n° 28, p. 1189, note Ambroise-Castérot.* – V. aussi Lambert, *RJ com. 2002. 4* (la pièce détachée en droit économique). ♦ Le fait de reproduire le modèle d'une société concurrente n'est répréhensible que s'il est démontré que cette reproduction n'a été faite que dans le but de tromper le public sur l'origine d'une marchandise et de détourner ainsi la clientèle d'un concurrent ou de profiter indûment des investissements, des efforts de recherche et de création de celui-ci. • Paris, 15 janv. 1997 : *préc. note 2.* ♦ Sur la licéité d'une similitude justifiée par un souci de normalisation, V. aussi • Com. 7 mars 1989, n° 87-18.941 P : *D. 1990. Somm. 76, obs. Serra* • 29 mars 1994, n° 92-12.210 P : *D. 1995. Somm. 209, obs. Serra*. – Comp. : • Paris, 7 nov. 1994 : *BRDA 1995, n° 10, p. 13.*

61. Exploitation du travail ou des investissements d'autrui. Pour l'utilisation d'un code d'accès à un service télématique, similaire au code d'accès d'un autre service : • Paris, 20 sept. 1991 : *D. 1993. Somm. 153, obs. Izorche*. ♦ Pour une émission de télévision similaire à une autre émission diffusée par une chaîne concurrente : • Versailles, 11 mars 1993 : *D. 1993. Somm. 244, obs. Hassler* (conf. par • Com. 7 févr. 1995, n° 93-14.569 : *D. 1997. Somm. 105, obs. Picod ; JCP 1995. II. 22411, note le Tourneau*). ♦ Pour la publication parasitaire d'études statistiques : • Paris, 22 mai 1990 : *D. 1990. IR 175.* ♦ Pour l'utilisation parasitaire des plans d'un chalet concurrent : • Civ. 1re, 5 juill. 2006, n° 05-12.193 P : *RTD com. 2007. 79, obs. Pollaud-Dulian ; JCP 2006. IV. 2686 ; CCC 2006, n° 196, obs. Malaurie-Vignal.* ♦ Pour des actes de parasitisme : Dans le domaine de la joaillerie : • Paris, 12 mars 1992 : *JCP E 1992. Pan. 565.* ♦ ... Dans le secteur de la presse : • Paris, 23 juin 2004 : *RTD com. 2004. 731, obs. Pollaud-Dulian* • 21 mars 2008 : *RJDA 2008, n° 1197* • Com. 1er juill. 2008, n° 07-14.741 : *CCC 2008, n° 241, obs. Malaurie-Vignal ; RJDA 2008, n° 1325.* ♦ ... Ou des agences immobilières : • TGI Paris, 3 oct. 2003 : *CCE 2004, n° 28, obs. Grynbaum.* ♦ Sur les actes de concurrence parasitaire d'une société qui a non seulement repris à son compte les concepts pédagogiques et commerciaux d'une autre société mais également démarqué, ligne par ligne, dans sa brochure de présentation celle diffusée par sa concurrente, cherchant ainsi à se placer dans le sillage de celle-ci pour profiter de ses efforts d'innovation et des investissements par elle consacrés à la mise au point de nouvelles prestations, V. • Paris, 20 nov. 1996 : *D. 1999. Somm. 94, obs. Izorche*. ♦ De même, si une société ne peut revendiquer un monopole sur la couleur rouge et des lettres blanches, il n'en subsiste pas moins qu'il est incontestable que cette société, par l'effet d'investissements publicitaires substantiels, distingue ses produits, de manière intensive et depuis de nombreuses années par un cartouche rouge sur lequel est inscrite sa dénomination en lettres blanches ; cette assemblage de couleurs constitue donc un élément d'identification des produits aux yeux de la clientèle, sa reprise ne saurait être fortuite et procède de la volonté délibérée de se placer dans le sillage du concurrent. • Paris, 18 mai 2005 : *préc. note 56.* ♦ La ressemblance frappante du livre imitant, qui ne pouvait être le fruit du hasard, ne pouvait que résulter du dessein de l'éditeur de reproduire les caractéristiques essentielles du livre du concurrent, de telle sorte qu'un air de famille situait le livre imitant au niveau du livre imité dont la notoriété était ainsi exploitée fautivement. • Paris, 19 déc. 2007 : *RJDA 2008, n° 1067.* ♦ Mais la longévité et le succès d'un produit sont insuffisants à caractériser une valeur économique protégeable contre le parasitisme. • Com. 5 juill. 2016, n° 14-10.108 P : *D. 2016. Chron. C. cass. 2247, obs. Le Bras ; AJCA 2016. 399, obs. Chatry ; JCP E 2016, n° 1477 ; CCC 2016, n° 209, obs. Malaurie-Vignal ; RJDA 2016, n° 749 ; RLDA nov. 2016. 42, note Couard.*

En exploitant pour son propre compte la technologie et l'architecture des outillages dont la fabrication lui avait été précédemment confiée en sous-traitance sans avoir à investir dans leur mise au point, une société s'est livrée à des actes de concurrence parasitaire, caractérisant ainsi la faute dans l'utilisation d'un même savoir-faire. • Com. 10 sept. 2013, n° 12-20.933 : *CCC 2013, n° 263, obs. Malaurie-Vignal.* ♦ Sur un détournement de savoir-faire et de documentation technique constitutif d'actes de concurrence parasitaire, V. aussi : • Paris, 16 juin 1999 : *LPA 20 mars 2000, obs. Reboul.* ♦ Sur l'imitation du style d'un artiste, V. • Paris, 10 sept. 2004 : *RTD com. 2004. 734, obs. Pollaud-Dulian .* ♦ Pour une absence de parasitisme dans la seule citation de titres dans une revue de presse, V. • T. com. Paris, 28 févr. 1980 : *D. 1982. IR 43, obs. Colombet.* ♦ Comp., pour une banque de données de titres de journaux ou d'articles, valide au regard de la loi du 11 mars 1957 [désormais codifiée au CPI] : • Cass., ass. plén., 30 oct. 1987, n° 86-11.918 P : *D. 1988. 21, concl. Cabannes, et Somm. 206, obs. Colombet.* ♦ Les emprunts faits par une société à la liste d'adresses d'un annuaire, dès lors qu'ils ne constituent pas une reprise systématique de cette liste, ne caractérisent pas un comportement parasitaire. • Civ. 1re, 5 mai 1998, n° 95-22.071 P : *D. 1999. Somm. 98, obs. Izorche ; LPA 18 juin 1999, obs. Reboul.* ♦ La mise en vente de produits obtenus par un tel canal (distributeur non agréé) et commercialisés dans de telles conditions (entrepôt) est constitutive de parasitisme dès lors que le distributeur s'est affranchi des contraintes pesant sur les membres du réseau de distribution sélective, tout en bénéficiant de leurs investissements et de leurs efforts pour assurer le renom de la marque. • Paris, 8 juin 2005 : *RLC 2005, n° 4, p. 88, obs. André.*

62. *Exploitation de la publicité d'autrui.* Pour la reprise d'un concept publicitaire : • Paris, 3 mai 2000 : *BRDA 2000, n° 19, p. 10.* – Comp. : • Versailles, 27 sept. 1995 : *D. 1997. Somm. 83, obs. Hassler et Lapp .* ♦ Pour l'imitation du concept publicitaire d'un concurrent : • Paris, 10 mars 2000 : *Gaz. Pal. 21-22 nov. 2001, p. 40* (films faisant appel à des ressorts différents). ♦ Pour la reprise dans un slogan publicitaire de la marque « Dessine-moi... » : • Paris, 2 avr. 2003 : *Gaz. Pal. 2004. Somm. 1352, obs. Saya-Salvador.* ♦ Pour un film publicitaire contrefaisant une vidéo-musique : • T. com. Nanterre, 25 juin 1996 : *D. 1998. Somm. 127, obs. Hassler et Lapp .* ♦ ... Ou un film de cinéma : • Paris, 8 sept. 2004 : *D. 2004. AJ 2574 ; LPA 23 mai 2005, note Daverat ; Gaz. Pal. 2004. Somm. 4011, obs. Greffe ; RTD com. 2004. 732, obs. Pollaud-Dulian ; RJDA 2005, n° 475.* ♦ Pour une idée publicitaire reprise par une agence concurrente pour le compte du même annonceur : • Paris, 30 avr. 1997 : *Gaz. Pal. 1998. 1. Somm. 320.* ♦ Pour l'utilisation du jeu de mots ou d'images précédemment utilisé par un concurrent dans le cadre de la même activité : • Versailles, 15 févr. 2001 : *Gaz. Pal. 21-22 nov. 2001, p. 38, obs. Roiland.* ♦ Pour des agissements parasitaires résultant, en dehors de toute situation de concurrence entre les produits, du plagiat d'une publicité : • Paris, 29 sept. 1995 : *D. 1996. Somm. 251, obs. Izorche .* ♦ Pour l'implantation de panneaux publicitaires masquant ceux d'un concurrent : • Paris, 28 janv. 1998 : *Gaz. Pal. 25-26 nov. 1998, p. 30* • Versailles, 12 mars 1998 : *ibid., p. 31.* ♦ Pour l'utilisation de la photographie du dépliant publicitaire d'un concurrent pour une publicité dans les pages jaunes de l'annuaire téléphonique : • Versailles, 26 sept. 1991 : *D. 1992. Somm. 344, obs. Izorche .* – Comp., pour l'utilisation dans un catalogue de photographies publiées dans les catalogues d'un concurrent : • Versailles, 11 févr. 1987 : *D. 1988. Somm. 201, obs. Colombet.* ♦ Pour un catalogue d'accessoires et de mobilier de maison utilisant une présentation et des slogans voisins de ceux d'un concurrent : • Versailles, 16 janv. 1997 : *D. Affaires 1997. 565.* ♦ Pour la reprise, quasi identique et non fortuite, d'un slogan publicitaire : • Com. 9 juin 2015, n° 14-11.242 : *D. 2015. Pan. 2534, obs. Picod ; CCC 2015, n° 200, obs. Malaurie-Vignal.*

63. *Exploitation de la notoriété d'autrui.* Le parasitisme consiste, pour un opérateur économique, à se placer dans le sillage d'un autre afin de tirer profit, sans rien dépenser, de ses efforts et de son savoir-faire, de la notoriété acquise ou des investissements consentis. Il convient ainsi de prendre en considération le prestige et la notoriété acquise, non contestés, de la dénomination sociale et du nom commercial en cause. • Com. 10 juill. 2018, n° 16-23.694 P : *D. 2018. Chron. C. cass. 2444, obs. Le Bras ; JCP E 2018, n° 1451 ; RJDA 2018, n° 956.* ♦ Pour des actes de parasitisme commis par une cristallerie qui s'est installée à Baccarat à côté de l'usine concurrente afin de profiter de sa renommée : • Nancy, 21 févr. 1980 : *D. 1980. IR 556 ; RTD com. 1981. 79, obs. Chavanne et Azéma* (et sur pourvoi : • Com. 17 mai 1982, n° 80-12.556 P : *ibid. 1982. 553*). ♦ Sur l'interdiction de l'exploitation par un fabricant de parfums de luxe de la notoriété et de l'effet attractif de l'appellation champagne : • Paris, 15 déc. 1993 : *D. 1994. 145, note Bout ; JCP 1994. II. 22229, note Pollaud-*

Dulian. ♦ Pour la distribution de produits de luxe par un distributeur non agréé : • Paris, 22 sept. 2004 : *D. 2005. Pan. 149, obs. Ferrier*. ♦ Pour l'usage illicite d'une marque désignant des produits similaires : • Paris, 18 juin 1992 : *JCP E 1992. Pan. 1020.* ♦ Pour l'utilisation d'une semelle rouge pour certains de ses souliers par une marque de prêt-à-porter afin de créer volontairement une confusion non pas entre sa semelle et la marque notoire mais bien entre sa chaussure et les souliers de la marque notoire : • TGI Paris, 4 nov. 2008 : *CCC 2009, n° 133, obs. Malaurie-Vignal.* ♦ Pour l'incorporation dans un jeu vidéo d'éléments directement empruntés au tournoi de Roland-Garros sur lequel la FFT avait pu légitimement conférer des droits et demeurait à même d'en consentir à nouveau : • Paris, 28 sept. 2007 : *RJDA 2008, n° 734.* – V. aussi en matière de paris en ligne : • TGI Paris, 30 mai 2008 : *cité note 65.* ♦ Pour l'utilisation, dans une brochure, de la référence aux championnats internationaux de France de tennis pour se placer dans le sillage de la Fédération française de tennis : • Paris, 20 nov. 1995 : *D. 1996. IR 6.* ♦ Sur l'*ambush* marketing, V. : • Com. 20 mai 2014, n° 13-12.102 P : *D. 2014. 1428, note Marmayou ; JCP E 2014, n° 1519, note Corvisier et Vichnievsky ; CCC 2014, n° 186, obs. Leveneur ; Propr. intell. 2014. 284, obs. Bruguière.*

Manifeste une volonté de parasitisme et constitue donc une faute de concurrence déloyale le fait de vendre des produits revêtus illicitement d'une marque à des prix très inférieurs à ceux pratiqués pour les produits revêtus licitement de la marque, en faisant une promotion dans une vitrine située à proximité d'un magasin vendant dans des conditions normales les produits revêtus de la marque litigieuse. • Com. 21 juin 1994, n° 92-12.584 P : *D. 1994. IR 201.* ♦ Est un agissement parasitaire le fait, pour un ancien commercial, de se présenter comme un spécialiste de la marque. • Com. 29 juin 1993, n° 91-21.764 : *D. 1995. Somm. 211, obs. Picod*. – Comp. : • Com. 25 avr. 1983, n° 82-11.050 P : *D. 1984. 449, note Daverat ; JCP 1983. II. 20090, note Chavanne.* ♦ S'il n'est pas interdit de fabriquer et de commercialiser des produits compatibles avec ceux d'un concurrent, l'utilisation abusive de cet argument comme moyen de vente constitue, à l'évidence, un comportement parasitaire fautif, puisque en agissant ainsi, les sociétés en cause ont utilisé la notoriété et les efforts techniques et commerciaux de l'entreprise concurrente et ont cherché à accaparer la clientèle de celle-ci. • Versailles, 26 sept. 1996 : *D. 1999. Somm. 99, obs. Izorche* • 14 janv. 1999 : *RJDA 1999, n° 492* • TGI Lyon, 17 mars 2005 : *Lettre distrib. 4/2005, p. 3.* ♦ V. aussi, pour des lames de rasoir, détachables du rasoir, vendues séparément et exclusivement adaptables sur ces rasoirs, mais dont le conditionnement reprend la combinaison de couleurs utilisée par des rasoirs d'une marque donnée : • Com. 3 juill. 2001, n° 98-23.236 P : *D. 2001. AJ 2892, obs. Chevrier*. ♦ Pour le dépôt, par le bénéficiaire d'un contrat de licence d'exploitation d'une marque pour des produits et services limitativement énumérés, de la même marque pour des services et produits non protégés : • Com. 4 juill. 1995, n° 93-16.355 P.

Pour l'imitation des étiquettes d'un concurrent : • Colmar, 13 mai 1994 : *D. 1995. 96, note Burst*. ♦ ... Ou d'un conditionnement de chocolat : • Com. 27 juin 1995, n° 93-18.601 P. ♦ Pour l'utilisation ostensible par une société de pompes funèbres du nom de son directeur commercial Michel Leclerc : • Paris, 12 juill. 1993 : *D. 1993. IR 192* • Aix-en-Provence, 19 mai 1994 : *D. 1995. Somm. 212, obs. Izorche*. ♦ Pour une utilisation commerciale d'une contrefaçon du Petit Larousse Illustré et du Dictionnaire Le Petit Robert (l'ouvrage Maxidico), constitutive d'un agissement parasitaire, V. • T. com. Paris, 5 janv. 1998 : *D. Affaires 1998. 162, obs. E. P. ; LPA 19 août 1998, obs. Malaurie-Vignal et Etner.* ♦ Pour l'utilisation, par une entreprise de vente par correspondance, de produits authentiques d'une marque notoirement connue, comme lot dans une loterie publicitaire : • Versailles, 19 nov. 1998 : *D. Affaires 1999. 381, obs. C. R. ; Gaz. Pal. 23-27 mai 1999, p. 26, obs. Staeffen ; LPA 4 nov. 1999, obs. Reboul.* ♦ Pour l'emploi, par un constructeur automobile, d'un slogan publicitaire le faisant bénéficier de l'impact de la marque concurrente : • Versailles, 10 mars 1995 : *D. 1996. 489, note Picod*. – V. aussi • Paris, 24 mai 1995 : *D. 1996. Somm. 252, obs. Izorche* • 26 juin 1996 : *D. 1997. Somm. 236, obs. Izorche*. ♦ Pour la condamnation de la volonté parasitaire d'une société qui, en vue de vendre ses propres produits, a associé ceux-ci à l'imagerie, notoirement connue du grand public, d'un personnage de bande dessinée et à son univers spécifique tel que voulu par ses auteurs : • Paris, 14 avr. 1999 : *D. 2000. Somm. 314, obs. Izorche*. ♦ Pour des agissements parasitaires résultant de l'utilisation d'une référence, implicite mais non équivoque, à une autre entreprise notoirement connue, mais non concurrente en raison de l'absence d'une clientèle commune, en vue de bénéficier indûment des efforts réalisés par celle-ci et notamment de la réputation attachée à son image : • Paris, 11 mars 1998 : *D. 1999. Somm. 97, obs. Izorche*. – Dans le même sens, V. • Paris, 10 mars 1999 : *LPA 21 mars 2000, obs. Reboul et Fraudin.*

Mais l'utilisation, par un constructeur automobile, de la dénomination « caisse d'épargne » dans une publicité ne constitue pas un acte de parasitisme, cette expression, mentionnée dans des caractères totalement identiques au reste de la phrase publicitaire, étant entendue dans le sens commun en dehors de toute référence à un établissement précis dès lors que le vocabulaire employé, s'il rappelle les valeurs auxquelles peut être attachée la clientèle du demandeur, correspond tout aussi parfaitement aux priorités définies par le constructeur lors de la conception et la réalisation de son véhicule. • TGI Paris, 16 nov. 1998 : *D. 1999. IR 59 ; LPA 4 nov. 1999, obs. Etner.* ♦ Sous réserve des droits à l'image personnels du compétiteur et en l'absence de restrictions particulières convenues entre les organisateurs et les participants de la course ou les sponsors, en ce qui concerne l'utilisation du nom et de l'image du vainqueur, la publicité d'une entreprise qui se présente comme partenaire officiel d'une compétition sportive et salue la victoire du vainqueur en occultant le nom des sponsors ne constitue pas un détournement des efforts consentis par ceux-ci. • Paris, 17 mars 2000 : *D. 2001. Somm. 1232, obs. Izorche* .

64. Aménagement intérieur d'un magasin. BIBL. Larrieu, *Propr. ind. 2018. Étude 9* (protection juridique de la présentation d'un point de vente). ♦ Pour une condamnation en raison de la reproduction de l'architecture intérieure d'un concurrent : • Paris, 25 juin 1997 : *D. 1999. Somm. 96, obs. Izorche* • T. com. Nancy, 9 déc. 2002 : *préc. note 58* • T. com. Lyon, 6 sept. 2002 : *ibid.* ♦ Pour une condamnation résultant de la reproduction servile d'un projet de stand en dur devant prendre place dans un salon professionnel : • Paris, 10 déc. 2009 : *RJDA 2010, n° 445.* ♦ Comp., refusant de déduire la qualification de parasitisme de la seule similitude de l'architecture d'intérieur de l'espace culturel d'une grande surface : • TGI Paris, 21 févr. 1996 : *D. 1997. Somm. 107, obs. Picod* ; *CCC 1996, n° 42, obs. Vogel.* ♦ Aucun acte de parasitisme ne peut être retenu à l'encontre d'un commerçant ayant installé dans la galerie marchande d'un hypermarché un espace de vente de produits cosmétiques, d'hygiène et de diététique, signalé par des enseignes portant en lettres blanches sur fond vert le terme « parapharmacie », et composé d'un mobilier où prédominent ces mêmes couleurs, magasin fonctionnant de manière autonome par rapport à l'hypermarché et à l'entrée duquel est apposé un panneau portant l'inscription « pharmacien conseil », dès lors que la mise en place de cet espace répond au caractère spécifique des produits offerts à la vente et aux exigences imposées par les fabricants, et que le logo en forme de L de couleur blanche sur fond vert, qui évoque pour le consommateur l'appartenance à un circuit de grande distribution, ne présente aucune similitude avec la croix verte, marque collective dont est titulaire le Conseil national de l'ordre des pharmaciens. • Paris, 27 nov. 1998 : *D. 1999. 661, note Fallet et Fouassier* ; *LPA 4 nov. 1999, obs. Etner* (conf. par • Com. 16 janv. 2001, n° 99-11.045 P : *D. 2001. AJ 777, obs. Rondey* ; *JCP N 2001, n° 19, p. 903, obs. Hugot ; CCC 2001, n° 43, obs. Malaurie-Vignal ; LPA 16 mai 2001, note Fouassier*). ♦ Sur la question du droit d'auteur portant sur l'aménagement intérieur d'un magasin, V. • Civ. 1re, 17 juin 2003, n° 01-17.650 P : *D. 2003. AJ 2014* ; *JCP E 2004, n° 26, p. 1049, obs. Greffe ; RTD com. 2004. 271, obs. Pollaud-Dulian* ; *LPA 15 juin 2004, obs. Bacchichetti* • Paris, 26 oct. 2005 : *RTD com. 2006. 80, obs. Pollaud-Dulian* .

65. Agissement parasitaire sur internet. BIBL. Alterman et Zimmermann, *RJ com. 2004. 345* (concurrence déloyale sur internet). – Marino, *CCE 2007. Étude 27* (internet et concurrence déloyale). – Bomsel, *Propr. ind. 2012. Étude 9* (luxe et parasitisme sur internet). – Zolinsky, *AJCA 2014. 162* (concurrence déloyale et internet). ♦ Pour un cas particulier de concurrence parasitaire sur internet : • TGI Versailles, 22 oct. 1998 : *D. 1999. Somm. 118, obs. Hassler et Lapp* . ♦ Pour une décision retenant que la mise en vente aux enchères sur internet de noms de domaine reproduisant des marques notoires révèle une volonté de parasitisme, ces agissements à des fins de pur commerce au détriment des sociétés titulaires de marques renommées leur occasionnant un trouble manifestement illicite en leur causant un préjudice d'image : • TGI Nanterre, réf., 31 janv. 2000 : *D. 2001. 292, note Gallot le Lorier et Varet* . ♦ Sur l'action en parasitisme exercée contre un huissier ayant créé son propre site internet de dépôt en ligne de règlements de jeux et concours en reprenant une page du site concurrent, V. • Aix-en-Provence, 17 avr. 2002 : *JCP 2003. II. 10095, note Bosco ; CCE 2002, n° 116, obs. Grynbaum ; Gaz. Pal. 2003. 1. Somm. 1155, obs. Guével.* ♦ Pour la reproduction et l'utilisation des CGV d'un site de ventes privées en ligne qui devait son succès, notamment, à la relation de confiance nouée avec la clientèle et basée sur ces conditions générales de ventes : • Paris, 24 sept. 2008 : *CCE 2009, n° 25, obs. Debet ; RJDA 2009, n° 278 ; RLC avr.-juin 2009. 96, obs. Chagny.* – V. aussi • T. com. Paris, 22 juin 2012 : *CCE 2012, n° 108, obs. Debet.* ♦ Sur l'extraction d'une partie substantielle de la base de données d'un concurrent : • Versailles, 11 avr. 2002 : *Dr. et patr. 6/2003. 92, obs. Caprioli* • Civ. 1re, 5 mars 2009, n° 07-19.734 P : *RTD com. 2009. 724, obs. Pollaud-Dulian* ; *JCP E 2009, n° 15, p. 29 ; CCE 2009, n° 43, obs. Caron.* ♦ Sur les sanctions du détournement d'une adresse électronique : • Paris, 15 déc. 2004 : *D. 2005. AJ 709, obs. Manara* ; *JCP E 2005, n° 11, p. 458.* ♦ ... Ou pour avoir recopié l'architecture et une partie du contenu d'un site internet concurrent : • TGI Paris, 25 avr. 2007 : *Tourisme & Droit mars 2008. 6, obs. J. C.* ♦ Pour la condamnation d'un site de paris en ligne pour s'être placé délibérément dans le sillage de la FFT pour tirer profit, sans bourse délier, des investissements réalisés par cette dernière pour organiser et promouvoir le tournoi de Roland-Garros : • TGI Paris, 30 mai 2008 : *D. 2008. AJ 1619, obs. Manara* ; *CCE 2008, n° 103, obs. Debet ;*

LPA 23 mars 2009, obs. XD • 5 févr. 2008 : *Tourisme et Droit juill. 2008. 11, obs. J. C.* – *Contra* : • T. prem. inst. Liège, 28 avr. 2008 : *CCE 2008, n° 103, obs. Debet.* ♦ Comp., jugeant que l'activité commerciale de paris sportifs en ligne ne peut s'exercer que si les équipes de football engagées dans des matchs sur lesquels les consommateurs sont appelés à parier sont identifiés, de telle sorte qu'en désignant ces équipes, la société organisatrice ne se place pas dans le sillage d'une de ces équipes qui ne peut lui interdire par ce biais d'exercer son activité : • Paris, 11 déc. 2009 : *RTD com. 2010. 298, obs. Azéma* ; *JCP E 2010, n° 1404, note Fontaine et Bourgeois.* ♦ V. aussi, notes 34 et 66.

66. Publicité sur internet à partir de mots-clés. BIBL. Alterman et Herzog, *RJ com. 2006. 368* (panorama de la jurisprudence *Google* sur les liens commerciaux). – Singh, *JCP E 2007, n° 14-15, p. 9* (contrefaçon de marque résultant du choix de mots-clés commandant l'affichage de liens promotionnels sur internet). – Gavanon et Huet, *D. 2008. 1529* (conflits entre liens commerciaux et marques : leçons à tirer de la saga judiciaire Google). – Cordier, *CCE 2008. Prat. 8* (le contrat de référencement : quelques références du *ranking*) ; *CCE 2009. Étude 27* (les liens sponsorisés devant la CJCE : point d'étape et de réflexion sur la notion d'hébergement). – Bosco, *CCE 2011. Étude 7* (Google et le droit de la concurrence : avis de tempête !). – Prault, *Propr. ind. 2012. Étude 17* (référencement sur internet, menace ou opportunité pour les titulaires de droits de propriété intellectuelle ?). – Perbost, de Vaucresson et Carrier, *RJ com. 2015. 440* (les logiciels publicitaires sont-ils licites ?). – Ginsburg et Ullrich, *Propr. ind. 2022. Dossier 3* (la « confusion initiale *[Initial Interest Confusion]* de marques sur Internet). ♦ Il résulte du constat dressé par l'Agence pour la protection des programmes (APP) qu'en recherchant le nom du produit Jean-Paul Gaultier sur le site internet ebay, l'internaute est conduit à la vente du parfum Inmate for men, proposé avec les mentions « style Gauthier », « dans le style Gauthier », et d'un autre constat dressé par l'APP que le parfum J. P. L'homme est vendu sur d'autres sites internet comme une fragrance inspirée de l'eau de toilette originale Mâle Jean-Paul Gaultier, au prix de 7 euros au lieu de 40 à 60 euros, qu'une société a cherché, par la commercialisation d'eaux de toilette présentées comme équivalentes, à se placer dans le sillage de la société commercialisant les parfums Gaultier, en s'appropriant à moindres frais les investissements financiers engagés par cette dernière. • Com. 1er juill. 2008, n° 07-13.952 P : *JCP E 2008, n° 37, p. 14.* ♦ Sur la condamnation pour concurrence déloyale de Google pour avoir proposé aux internautes ayant saisi le terme « Vuitton », sous l'appellation liens commerciaux, des annonces publicitaires pour des sites commercialisant des produits contrefaisant la marque de maroquinerie : • TGI Paris, 4 févr. 2005 : *D. 2005. 1037, note Hugon* ; *CCE 2005, n° 117, obs. Stoffel-Munck.* – Sur cette question, Manara, *D. 2005. 2066.* – Rappr. : • TGI Paris, 12 juill. 2006 : *D. 2007. Pan. 1997, obs. Tréfigny* ; *CCE 2006, n° 144, obs. Grynbaum* ; *RLC janv.-févr. 2007. 16, note Brault et Proust* • 7 janv. 2009 : *D. 2009. AJ 293, obs. Manara* . ♦ Les art. 5, § 1, a), de la Dir. n° 89/104/CEE du 21 déc. 1988, et 9, § 1, a), du Règl. (CE) n° 40/94 du 20 déc. 1993 doivent être interprétés en ce sens que le titulaire d'une marque est habilité à interdire à un annonceur de faire, à partir d'un mot clé identique à ladite marque que cet annonceur a, sans le consentement dudit titulaire, sélectionné dans le cadre d'un service de référencement sur internet de la publicité pour des produits ou des services identiques à ceux pour lesquels ladite marque est enregistrée, lorsque ladite publicité ne permet pas ou permet seulement difficilement à l'internaute moyen de savoir si les produits ou les services visés par l'annonce proviennent du titulaire de la marque ou d'une entreprise économiquement liée à celui-ci ou, au contraire, d'un tiers. • CJUE 23 mars 2010, n° C-236/08 : *D. 2010. Pan. 1971, obs. Tréfigny-Goy* ; *RTD eur. 2010. 707, obs. Aubert de Vincelles* ; *JCP 2010, n° 642, note Marino* ; *Gaz. Pal. 2010. 1104, note Brunot* ; *CCC 2010, n° 132, obs. Malaurie-Vignal* ; *CCE 2010. Étude 12, par Bonet* ; *RJDA 2010. 659, note Cadio et Gendreau* ; *Prop. ind. 2010, n° 3, obs. Tréfigny-Goy* ; *Europe 2010, n° 181, obs. Idot.* – V. aussi : • CJUE 25 mars 2010, n° C-278/08 : *Prop. ind. 2010, n° 39, obs. Folliard-Monguiral* ; *Europe 2010, n° 188, obs. L. I.* ♦ Dès lors qu'il est constaté que le signe incriminé, tel qu'il apparaît à l'utilisateur du moteur de recherche, constitue à tout le moins une imitation de cette marque, et ce pour des produits ou services identiques ou similaires à ceux désignés dans l'enregistrement, qu'il est relevé que la circonstance que ces sites figurent dans une colonne séparée sous le titre « liens commerciaux », et qu'ils apparaissent en marge, en haut et à droite des résultats de recherche traditionnels, n'est pas de nature à éviter tout risque de confusion pour un utilisateur moyennement attentif du moteur de recherche, il s'en déduit que la cour d'appel, qui a fait ainsi ressortir que l'annonce incriminée, tout en ne suggérant pas l'existence d'un lien économique, restait à tel point vague sur l'origine des produits ou des services en cause qu'un internaute normalement informé et raisonnablement attentif n'était pas en mesure de savoir, sur la base du lien promotionnel et du message commercial qui y était joint, si l'annonceur était un tiers par rapport au titulaire de la marque ou, bien au contraire, économiquement lié à celui-ci, et que par conséquent elle ne permettait pas, ou ne permettait que difficilement, à l'internaute moyen de savoir si les produits ou les services visés par l'annonce provenaient du titulaire de la marque ou d'une entreprise économiquement liée, ce dont résultait en l'espèce une atteinte à la fonction d'identification d'origine de la marque, a pu retenir l'existence d'une contrefaçon. • Com. 13 juill. 2010, n° 06-15.136 P : *D. 2010. Pan. 1972, obs. Tréfigny-Goy ; JCP E 2010, n° 1961, note Caron ; Gaz. Pal. 2010. 3101, note Brunot ; CCC 2010, n°s 229 à 231, obs. Malaurie-Vignal ; CCE 2010, n° 93, obs. Caron ; Propr. ind. 2010, n° 66, obs. Tréfigny-Goy.* ♦ Déclencher l'affichage d'un lien promotionnel vers un site sur lequel sont proposés à la vente des produits et des services identiques à ceux pour lesquels une marque est saisie sur un moteur par un internaute à des fins de recherche constitue un usage de cette marque par l'annonceur ; toutefois, un tel usage, en l'absence de toute référence explicite ou implicite à la marque, ne porte pas atteinte à la fonction essentielle d'indication d'origine de ces produits et services. • Paris, 2 févr. 2011 : *D. 2011. Actu. 741, obs. Manara ; CCE 2011, n° 52, obs. Caron ; RJDA 2011, n° 856.* ♦ En favorisant la création de liens orientant vers leur site, le plaçant de ce fait en tête des moteurs de recherche, les défendeurs ont commis des actes de concurrence déloyale en privant le site appartenant au demandeur, qui exerce dans le même secteur d'activité, d'être normalement visité. • Douai, 5 oct. 2011 : *D. 2011. Actu. 2861, obs. crit. Manara ; RJDA 2012, n° 355 ; Prop. ind. 2012, n° 9, obs. Larrieu.* ♦ Les utilisateurs de Google savent que les annonces publicitaires apparaissent concomitamment aux résultats naturels et permettent la mise en œuvre de la concurrence. Pour que celle-ci soit qualifiée de déloyale, il faut démontrer que le libellé de l'annonce a eu pour objet de détourner par des moyens déloyaux les clients du résultat naturel vers l'annonce publicitaire. • TGI Paris, 27 mars 2012 : *JCP E 2012, n° 1374, note Bourgeois.*

L'art. 6 de la Dir. n° 89/104/CEE doit être interprété en ce sens que, lorsque l'usage par des annonceurs de signes identiques ou similaires à des marques en tant que mots clés dans le cadre d'un service de référencement sur internet est susceptible d'être interdit en application de l'art. 5 de ladite directive, ces annonceurs ne sauraient, en règle générale, se prévaloir de l'exception énoncée à cet art. 6, § 1, pour échapper à une telle interdiction ; il incombe toutefois à la juridiction nationale de vérifier, eu égard aux circonstances propres à l'espèce, s'il n'y a effectivement aucun usage au sens dudit art. 6, § 1, qui puisse être considéré comme ayant été fait conformément aux usages honnêtes en matière industrielle ou commerciale. • CJUE 8 juill. 2010, n° C-558/08 : *Gaz. Pal. 2010. 3358, note Maréchal ; Dr. et patr. 10/2010. 96, obs. Velardocchio ; Propr. ind. 2010, n° 64, obs. Folliard-Monguiral.* ♦ L'art. 7 de la Dir. n° 89/104/CEE doit être interprété en ce sens que le titulaire d'une marque n'est pas habilité à interdire à un annonceur de faire, à partir d'un signe identique ou similaire à ladite marque que cet annonceur a sans le consentement dudit titulaire sélectionné en tant que mot clé dans le cadre d'un service de référencement sur internet, de la publicité pour la revente de produits fabriqués par ce titulaire et mis dans le commerce dans l'Espace économique européen par celui-ci ou avec son consentement, à moins qu'il n'existe un motif légitime, au sens du § 2 dudit article, qui justifie que ledit titulaire s'y oppose, tel qu'un usage dudit signe laissant penser qu'il existe un lien économique entre le revendeur et le titulaire de la marque ou un usage portant une atteinte sérieuse à la renommée de la marque. • Même arrêt.

Les art. 5, § 1, a), de la Dir. n° 89/104/CEE et 9, § 1, a), du Règl. (CE) n° 40/94 du 20 déc. 1993, doivent être interprétés en ce sens que le titulaire d'une marque est habilité à interdire à un concurrent de faire, à partir d'un mot clé identique à cette marque que ce concurrent a, sans le consentement dudit titulaire, sélectionné dans le cadre d'un service de référencement sur internet, de la publicité pour des produits ou des services identiques à ceux pour lesquels ladite marque est enregistrée, lorsque cet usage est susceptible de porter atteinte à l'une des fonctions de la marque (fonctions d'origine, de publicité et d'investissement). • CJUE 22 sept. 2011, n° C-323/09 : *D. 2012. Pan. 1362, obs. Durrande ; RTD com. 2012. 103, obs. Azéma ; JCP E 2012, n° 1058, note Bourgeois ; Gaz. Pal. 2012. 427, obs. Marino ; CCE 2011, n° 112, obs. Caron.*

IV. EXERCICE DE L'ACTION EN CONCURRENCE DÉLOYALE

BIBL. Doucet, *Gaz. Pal. 1964. 2. Doctr. 105* (prescription et nature juridique de l'action). – Bretzner et Duminy, *AJCA 2014. 155* (l'urgence, la preuve et la concurrence déloyale).

67. Droit international privé. Au regard des règles du droit international privé, la loi applicable à des faits de concurrence déloyale est celle du lieu où les faits allégués se sont produits et ont pu affecter le marché. • Paris, 1er oct. 2008 : *D. 2009. Pan. 1449, obs. Auguet ; CCC 2009, n° 19, obs. Malaurie-Vignal.* ♦ Si le principe selon lequel la loi applicable à l'action en concurrence déloyale est celle du pays sur le territoire duquel les relations de concurrence ou les intérêts collectifs des consommateurs sont affectés ou sont susceptibles de l'être connaît une exception lorsque ce comportement affecte exclusivement les intérêts d'un concurrent déterminé, c'est à la condition que ces actes n'aient pas d'effet sur le marché de sorte qu'en se déterminant par voie de simple affirmation, sans rechercher, comme il lui était demandé, si les agissements litigieux n'étaient pas susceptibles d'affecter le marché japonais, la cour d'appel a privé sa décision de base légale. • Com.15 janv. 2020, n° 17-22.295 : *D. 2020. Pan. 956, obs. Clavel ; RLC juin 2020. 35, note Querneux et Beaumont.* ♦ L'action en concurrence déloyale fondée sur la diffusion en France de journaux étrangers est soumise au droit français. • Paris, 21 juin 2000 : *D. 2002. Somm. 1389, obs. Audit .* ♦ Sur l'application de l'art. 1382 [1240] C. civ. à des analyses financières d'une banque étrangère visant une société cotée française : • T. com. Paris, 12 janv. 2004 : *préc. note 19.* ♦ Sur la compétence française pour une action d'une société danoise reprochant à des sociétés française et anglaise des actes de concurrence déloyale : • Civ. 1re, 6 mai 2003, n° 01-01.774 P : *Gaz. Pal. 2004. 405, concl. Sainte-Rose ; ibid. 2003. Somm. p. 4013, obs. Niboyet.* ♦ L'action en indemnisation engagée par une société française contre une société monégasque étant fondée sur la concurrence déloyale, c'est-à-dire une relation non contractuelle, tandis que l'art. 14 C. civ., s'applique aux « obligations contractées » par un étranger et un Français, ce texte ne saurait fonder la compétence des tribunaux français. • Aix-en-Provence, 28 févr. 2006 : *JCP 2006. IV. 3218.* ♦ V. Règl. CE n° 864/2007 du 11 juill. 2007, art. 4, *infra.* ♦ Des actions en responsabilité civile telles que l'action en concurrence déloyale, de nature délictuelle en droit national, doivent, néanmoins, être considérées comme relevant de la « matière contractuelle », au sens de l'art. 5, point 1, sous a), du Règl. (CE) n° 44/2001 du 22 déc. 2000, concernant la compétence judiciaire, la reconnaissance et l'exécution des décisions en matière civile et commerciale, si le comportement reproché peut être considéré comme un manquement aux obligations contractuelles, telles qu'elles peuvent être déterminées compte tenu de l'objet du contrat. • CJUE 13 mars 2014, n° C-548/12 : *D. 2014. Pan. 1973, obs. Bollée ; Rev. crit. DIP 2014. 863, note Haftel ; RLDA juill.-août 2014. 58, note Reydellet ; Procédures 2014, n° 141, obs. Nourissat ; RDC 2014. 691, note Laazouzi.* ♦ Si le juge n'a pas, sauf règles particulières, l'obligation de changer le fondement juridique des demandes, il est tenu, lorsque les faits dont il est saisi le justifient, de faire application des règles d'ordre public issues du droit de l'Union européenne, telle une règle de conflit de lois lorsqu'il est interdit d'y déroger, même si les parties ne les ont pas invoquées. Il en résulte que le juge doit mettre en œuvre d'office les dispositions impératives de l'art. 6 du Règl. (CE) n° 864/2007 du 11 juill. 2007 sur la loi applicable aux obligations non contractuelles pour déterminer la loi applicable au litige. • Civ. 1re, 26 mai 2021, n° 19-15.102 P : *D. 2021. 1522, note Guillaumé ; RTD com. 2021. 800, obs. Passa ; JCP 2021, n° 733, note d'Avout ; CCC 2021, n° 149, obs. Malaurie-Vignal ; RJDA 2021, n° 627 ; RLC déc. 2021. 12, note Heyraud.*

68. *Abus.* BIBL. Deharo, *RJ com. 2011. 183* (utilisation frauduleuse de la procédure : état de la jurisprudence). ♦ Une entreprise en position dominante n'abuse pas de sa domination au sens de l'art. L. 420-2 C. com. en agissant en concurrence déloyale contre son concurrent. • Cons. conc. n° 02-D-35 du 13 juin 2002 : *CCC 2002, n° 174, obs. Malaurie-Vignal.* – V. aussi note 21 ss. art. L. 420-2. ♦ V., retenant que l'action en concurrence déloyale et parasitaire intentée par le demandeur procède d'une intention de nuire et peut être assimilée à une tentative de déstabilisation d'un concurrent : • T. com. Roubaix, 14 oct. 2004 : *RLC 2005, n° 2, p. 87, obs. André.* ♦ Il appartient aux juges du fond, fussent-ils saisis sur le fondement de la concurrence déloyale, de caractériser la faute ayant fait dégénérer en abus l'exercice du droit d'agir en justice. • Com. 7 oct. 2014, n° 13-19.797 : *Propr. ind. 2014, n° 86, obs. Larrieu.*

69. *Autorité de la chose jugée.* Le juge pénal, statuant en matière de tromperie sur les qualités substantielles d'un produit, ne peut décider sur le fait de concurrence déloyale, de telle sorte que la règle de l'autorité de la chose jugée au pénal sur le civil doit être écartée. • Com. 3 mai 2006, n° 03-14.171 P : *D. 2006. Pan. 2927, obs. Valette ; JCP E 2006, n° 26, p. 1160 ; RJDA 2006, n° 1186.*

A. SPÉCIFICITÉ DE L'ACTION EN CONCURRENCE DÉLOYALE

70. *Subsidiarité de l'action.* Une cour d'appel, ayant relevé les ressemblances existant entre les produits offerts à la vente, leur emballage et l'étiquette les présentant et ayant retenu que la société en cause avait, par cette ressemblance volontairement créée, voulu tirer bénéfice d'une assimilation erronée, par la clientèle, entre les produits d'une société concurrente et les siens, alors qu'elle n'avait pas à appliquer le droit des marques pour statuer sur la demande de réparation du préjudice causé par une faute, a pu déduire de ces constatations et appréciations que le comportement de la société en cause permettait, notamment par l'imitation de la marque, la présentation de son produit dans des conditions créant une confusion sur son origine dans l'esprit de la clientèle et caractérisait une concurrence déloyale. • Com. 12 juill. 1993, n° 91-16.915 P : *RJDA 1993, n° 1107.*

71. *Distinction entre l'action en concurrence déloyale et l'action en contrefaçon.* BIBL. Durrande, *D. 1984. Chron. 187.* – Schmidt-Szalewski, *RTD com. 1994. 455* . – Roubin-Devrieudt, *LPA 6 janv. 1997.* – Chagny, *RLC oct.-déc. 2009. 87* (quelle concurrence pour l'action en concurrence déloyale et l'action en contrefaçon ?). ♦ La recevabilité de l'action en concurrence déloyale est indépendante de la recevabilité de l'action en contrefaçon. • Civ. 1re, 10 avr. 2013, n° 12-12.886 P : *D. 2013. Actu.*

993 ; *RTD com. 2013. 290, obs. Pollaud-Dulian* ; *CCC 2013, n° 156, obs. Malaurie-Vignal.* ♦ L'action en concurrence déloyale et l'action en contrefaçon procèdent de causes différentes et ne tendent pas aux mêmes fins ; la seconde n'est pas l'accessoire, la conséquence ou le complément de la première. • Com. 22 sept. 1983, n° 82-12.120 P • Paris, 18 avr. 1989 : *D. 1990. Somm. 77, obs. Serra* . ♦ Comp., en ce sens qu'à l'expiration de la protection attachée à un certificat d'utilité publique, seule l'action en concurrence déloyale pour copie servile du produit est possible ; que cette action tend aux mêmes fins que l'action initiale en contrefaçon et qu'elle est donc virtuellement comprise dans la demande initiale : • Com. 24 nov. 1987, n° 87-11.876 P : *D. 1987. IR 257.* ♦ L'art. L. 716-6 CPI, qui déroge aux règles de droit commun applicables en matière de référé, ne concerne que les actions en contrefaçon de marques introduites selon les règles particulières et ne saurait être appliqué à des actes de concurrence déloyale fussent-ils connexes à des actes de contrefaçon. • Com. 3 déc. 2002, n° 99-21.888 P : *D. 2003. Somm. 2690, obs. Durrande* ; *JCP 2003. IV. 1182* ; *CCE 2003, n° 24, obs. Caron.* ♦ Jugeant que l'action en concurrence déloyale ne nécessite pas l'originalité, V. • Com. 12 juin 2007, n° 05-17.349 P : *préc. note 36.* – V. aussi • Com. 10 mai 2006, n° 05-15.832 : *préc. note 30.* ♦ Sur le droit privatif, V. note 58.

72. Cumul des actions en concurrence déloyale et en contrefaçon. **BIBL.** Caron, *JCP 2010. 235* (articulation de l'action en contrefaçon et de l'action en concurrence déloyale ou parasitisme). ♦ Il peut être décidé que des faits de vente d'un produit portant une marque contrefaite constituent une concurrence déloyale distincte de la contrefaçon résultant de l'usage pendant la même période de documents portant ladite marque. • Com. 18 oct. 1994, n° 92-12.206 P : *JCP 1994. IV. 2557.* ♦ Ainsi, en vendant, en vue de leur commercialisation à l'étranger, des bouteilles de vin portant une marque contrefaite, cette vente étant un fait distinct de la contrefaçon, une société a commis des actes de concurrence déloyale envers une autre personne morale qui, en sa qualité de licenciée de la marque litigieuse en France pour les vins et sirops, était seule habilitée à vendre ces produits portant la marque. • Même arrêt. ♦ Caractérise une faute distincte de la contrefaçon la cour d'appel qui relève qu'au-delà des actes de contrefaçon retenus à l'encontre d'une société celle-ci avait voulu tirer parti de la réputation d'une entreprise et perturber ainsi l'organisation et les sources de revenus de cette dernière. • Civ. 1re, 25 mai 2004, n° 01-17.805 P : *D. 2004. 1893, note crit. Bouche* ; *JCP 2004. II. 10170, note Lucas.*

En ce sens qu'une action en concurrence déloyale peut être le complément d'une demande initiale en contrefaçon, si le demandeur rapporte la preuve de faits distincts, V. • Com. 6 déc. 1984, n° 01-15.740 P • 3 juin 2003, n° 01-14.214 P : *JCP E 2003, n° 32-35, p. 1315.* – V. aussi • Paris, 22 févr. 1995 : *D. 1996. Somm. 250, obs. Izorche* • Versailles, 4 mai 1995 : *D. 1996. Somm. 248, obs. Serra* • Paris, 3 oct. 1997 : *D. Affaires 1997. 1364* • Versailles, 4 mars 1999 : *D. 2001. Somm. 1314, obs. Izorche* . ♦ Tel n'est pas le cas, par exemple, de la seule copie servile d'un vêtement. • Paris, 3 juill. 1996 : *préc. note 4.* ♦ ... Ni de la reprise du titre d'une émission dans un journal. • TGI Paris, 16 mars 1999 : *LPA 21 mars 2000, obs. Reboul et Fraudin.* ♦ ... Ni de celle du climat et de l'esprit d'un thème musical. • TGI Paris, 1er juin 2004 : *JCP E 2005, n° 51-52, p. 2215, obs. Ratovo* ; *LPA 18 août 2005, note Poumarède.* ♦ L'imitation d'une marque notoirement connue ne constituant pas le même fait que son emploi, seul visé par l'art. L. 713-5 CPI, le dépositaire d'une telle marque est recevable à agir, quant à une telle imitation, dans les termes du droit commun. • Com. 11 mars 2003, n° 00-22.722 P : *D. 2003. Somm. 2688, obs. Durrande* ; *JCP 2004. II. 10034, note Debat* ; *CCC 2003, n° 126, obs. Malaurie-Vignal* ; *Rev. sociétés 2003. 557, note Pollaud-Dulian* ; *RJDA 2003, n° 891* (et sur renvoi • Orléans, 2 juill. 2004 : *CCE 2004, n° 101, obs. Caron* ; *RJDA 2005, n° 206* ; *LPA 16 mars 2005, note Larère et Koné-Loumeau*). ♦ Comp., toutefois, jugeant qu'indépendamment de la contrefaçon de l'image publicitaire, un contrefacteur s'était aussi rendu coupable de parasitisme en profitant à moindre coût des efforts de conception et de réalisation publicitaire de la victime et les avait ainsi dévalorisés, V. • Civ. 1re, 19 oct. 2004, n° 02-16.057 : *LPA 31 août 2005, note Poumarède.* ♦ L'exploitant d'une marque, qui ne dispose pas d'un droit privatif sur le titre de propriété industrielle, est recevable à agir en concurrence déloyale, peu important que les éléments sur lesquels il fonde sa demande soient les mêmes que ceux que le titulaire de la marque a opposés au titre de la contrefaçon. • Com. 13 déc. 2005, n° 04-10.775 : *RJDA 2006, n° 473.* ♦ De la même façon, les actes de contrefaçon par imitation d'une marque constituent des actes de concurrence déloyale à l'égard de la société titulaire d'une licence d'exploitation de cette marque. • Paris, 13 févr. 2009 : *CCC 2009, n° 170, obs. Malaurie-Vignal.*

B. PROCÉDURE

1° COMPÉTENCE

73. Compétence des juridictions civiles et commerciales. **BIBL.** Ulmann et Marchand, *JCP E 2015, n° 1450* (concurrence déloyale par imitation de produit : quelle juridiction saisir ?). – Boissard et Diringer, *CCE 2020. Prat. 14* (articulation entre contrefaçon de droit d'auteur et concurrence déloyale du point de vue de la compétence d'attribution). ♦ Les actions en matière de concurrence déloyale ne relèvent pas de la compétence du Conseil de la concurrence, mais de celle des juridictions civiles et commerciales. • T. com. Nanterre, réf., 6 mars 1991 : *Gaz. Pal. 1991. 2. 639, note Guyot-Sionnest.* ♦ ... Sauf si les pratiques se rattachent à une action concertée de caractère anticoncurrentiel ou à l'exploitation abusive d'une position dominante ou d'un état de dépendance économique. • Cons. conc. nº 93-D-05 du 27 avr. 1993. ♦ ... Il en va ainsi lorsque l'acte déloyal a contribué à aggraver les effets perturbateurs d'un abus de position dominante. • Cons. conc. nº 04-D-09 du 31 mars 2004 : *D. 2004. AJ 1232*. ♦ Tout dénigrement mis en œuvre par une entreprise en position dominante, s'il peut relever de la concurrence déloyale et engager la responsabilité de l'entreprise vis-à-vis de ses concurrents, n'est pas nécessairement constitutif d'un abus sanctionné au titre de l'art. L. 420-2 C. com. ; pour qu'un dénigrement puisse être qualifié d'abus de position dominante, il convient que soit établi un lien entre la domination de l'entreprise et la pratique de dénigrement. • Cons. conc. nº 07-D-33 du 15 oct. 2007 : *cité note 48 ss. art. L. 464-2 C. com.* • Aut. conc. nº 09-D-21 du 23 juin 2009.

Les actes de concurrence déloyale peuvent être appréciés par la juridiction civile lorsque le défendeur n'est pas commerçant (artisan). • Paris, 12 sept. 1991 : *D. 1992. Somm. 352, obs. Serra* • Versailles, 14 sept. 2006 : *JCP E 2007, nº 47, p. 24, obs. Azarian et Saintourens ; RJDA 2007, nº 307* (conf. par • Com. 11 mars 2008, nº 06-20.089 P : *D. 2008. AJ 980, obs. Chevrier ; JCP E 2008, nº 36, p. 23, note Lebel ; CCC 2008, nº 169, obs. Malaurie-Vignal ; RJDA 2008, nº 743*). ♦ Le juge des référés commerciaux n'est pas compétent pour statuer sur une demande d'interdiction de l'usage d'une dénomination commerciale fondée sur la concurrence déloyale, dès lors que le défendeur se prévaut d'une marque ressemblante enregistrée et publiée avant l'introduction de l'instance (compétence du TGI en application de l'art. L. 716-3 CPI). • Paris, 27 nov. 2002 : *BICC 2003, nº 937.* ♦ Dès lors que l'action en concurrence déloyale met la juridiction saisie dans l'obligation d'apprécier la contrefaçon ou l'imitation d'un produit protégé par un dépôt de marque, l'action relève de la compétence du TGI. • Com. 20 févr. 2007, nº 04-20.646 P : *JCP E 2007, nº 43-44, p. 14, obs. Caron ; Dr. et patr. 10/2007. 120, obs. Velardocchio.* ♦ La mesure de constat sollicitée étant liée de façon indissociable à des actes de contrefaçon de marque, le juge compétent pour connaître de l'affaire au fond était, en application de l'art. L. 716-3 CPI, le TGI et en conséquence seul le président de ce tribunal était compétent pour ordonner une mesure d'instruction sur le fondement de l'art. 145 C. pr. civ. • Com. 20 nov. 2012, nº 11-23.216 P : *D. 2012. Actu. 2798 ; RJDA 2013, nº 673 ; CCE 2013, nº 24, obs. Caron.* ♦ Dans un litige où il est reproché au concédant d'une marque « à titre d'enseigne » d'avoir enfreint l'interdiction contractuelle d'exploiter la marque sur le territoire concédé avec la complicité d'une société tierce dont la responsabilité quasi-délictuelle est recherchée, l'exploitation litigieuse doit s'apprécier exclusivement au regard de la commune intention des parties lors de la conclusion du contrat de licence ; une telle appréciation demeurant exclusive de toute question de marque, au sens de l'art. L. 716-3 CPI, c'est à bon droit que le tribunal de commerce saisi s'est déclaré compétent. • Versailles, 25 mars 2004 : *BICC 2004, nº 1648.* ♦ L'art. L. 331-1 CPI vient confirmer cette compétence exclusive des tribunaux de grande instance en matière d'action et demande en matière de propriété littéraire et artistique, y compris lorsque ces actions et demandes portent à la fois sur une question de propriété littéraire et artistique et une question connexe de concurrence déloyale ; il s'agit ainsi d'une compétence d'attribution d'ordre public. • T. com. Lille, réf., 20 déc. 2007 : *CCE 2008, nº 50, obs. Caron.* ♦ Mais, en l'état des constatations faisant ressortir que seule la violation de l'obligation de ne pas divulguer un savoir-faire était imputée à une société lors de l'action en concurrence déloyale et qu'aucune contrefaçon du brevet n'était incriminée, la cour d'appel a retenu à bon droit la compétence du tribunal de commerce. • Com. 7 juin 2011, nº 10-19.030 P : *JCP 2011, nº 977, spéc. nº 1, obs. Caron.* ♦ Le demandeur ne fondant sa demande que sur des actes de concurrence déloyale et de détournement de savoir-faire, ce qui n'implique aucun examen de l'existence ou de la méconnaissance d'un droit attaché à un brevet, cette demande ne ressort pas à la compétence exclusive du TGI. • Com. 16 févr. 2016, nº 14-24.295 P : *D. 2016. Actu. 478 ; AJCA 2016. 204, obs. Lecourt ; JCP 2016, nº 428, note de Haas ; CCC 2016, nº 140, obs. Malaurie-Vignal ; CCE 2016, nº 31, obs. Caron.*

Il appartient à la juridiction judiciaire de déterminer si les pratiques incriminées (activités commerciales étrangères aux missions statutaires) se détachent de la mission de service public conférée à une fédération sportive et constituent des actes de concurrence illicite ou déloyale. • Civ. 1re, 11 févr. 2003, nº 00-13.761 : *D. 2003. IR 665 ; JCP E 2003, nº 14, p. 588 ; RJDA 2003, nº 667.* – V. aussi : • Com. 11 févr. 2003, nº 00-16.935 P : *D. 2003. IR 864 ; JCP E 2003, nº 14, p. 589 ; RJDA 2003, nº 799* (maison funéraire) • Nîmes, 23 janv. 2003 : *JCP E 2004, nº 26, p. 1032* (laboratoire départemental vétérinaire). ♦ V. note 26 ss. C. com., art. L. 410-1.

Sur le tribunal compétent pour connaître des actions civiles et des demandes connexes de concurrence déloyale en matière de propriété littéraire et artistique (CPI, art. L. 331-1), de dessins et modèles (CPI, art. L. 521-3-1), de brevets d'invention (CPI, art. L. 615-17), d'obtentions végétales (CPI, art. L. 623-31), de marques (CPI, art. L. 716-3) et d'indications géographiques (CPI, art. L. 722-8), V. **CPI**. – Pour l'entrée en vigueur, faute des décrets d'application, V. • T. com. Paris, 23 oct. 2008 : *CCE 2009, n° 3, obs. Caron.*

74. Compétence de la juridiction prud'homale. L'action dirigée contre la société créée par l'ancien salarié, fondée sur la complicité de celle-ci dans la violation de la clause de non-concurrence relève de la compétence du tribunal de commerce et suppose que soit tranchée la question préalable de la violation de la clause de non-concurrence laquelle relève de la compétence exclusive de la juridiction prud'homale. • Com. 6 mai 2003, n° 01-15.268 P : *D. 2004. Somm. 1154, obs. Bugada ; Dr. sociétés 2004, n° 18, obs. Trébulle ; Procédures 2003, n° 258, obs. Croze.* ♦ Le différend qui oppose l'employeur à un ancien salarié au sujet de l'inexécution d'une obligation figurant dans l'accord transactionnel réglant les conséquences de la rupture du contrat de travail relève de la compétence exclusive du conseil des prud'hommes (actes de démarchage auprès de clients de l'ancien employeur). • Com. 15 nov. 2011, n° 10-26.028 P : *D. actu. 24 nov. 2011, obs. Delpech ; CCC 2012, n° 40, obs. Malaurie-Vignal ; RJDA 2012, n° 221.* ♦ Sur la compétence du conseil de prud'hommes en cas d'action en concurrence déloyale formée contre un représentant de commerce par son employeur : • Com. 24 janv. 1977, n° 75-15.232 P : *D. 1977. IR 174.* ♦ Sur la compétence du conseil de prud'hommes, s'agissant de demandes de dommages et intérêts intentées par l'ancien employeur contre ses salariés : • Soc. 15 mai 1974, n° 72-13.582 P : *D. 1974. 702, note Serra.* ♦ La juridiction commerciale n'est pas compétente pour connaître de l'action en concurrence déloyale introduite contre un ancien salarié, auquel il est reproché d'avoir établi des devis pour le compte de la société qu'il était en train de constituer et d'avoir détourné des commandes alors qu'il était toujours au service du plaignant. • Colmar, 26 juin 2007 : *BICC 15 janv. 2008, n° 79.* ♦ En revanche, sur l'incompétence du conseil de prud'hommes à connaître de l'action engagée contre le nouvel employeur, V. • Soc. 3 juill. 1968, n° 67-40.442 P : *Cah. prud'h. 1968. 219* • Com. 27 mars 2001, n° 99-11.320 P : *D. 2002. Somm. 1258, obs. Serra* • Paris, 13 nov. 1991 : *JCP E 1992. Pan. 56.* ♦ Saisie d'un litige opposant deux sociétés commerciales, et la juridiction prud'homale n'étant pas saisie par les parties au contrat de travail, il appartient à la juridiction saisie de trancher la contestation, formée en défense par la société mise en cause, relative à l'applicabilité de la clause figurant au contrat de travail qui lui était opposé. • Com. 8 avr. 2008, n° 07-11.821. ♦ L'absence de décision de la juridiction prud'homale sur la validité ou la nullité des clauses de non-concurrence et sur la violation par les salariés concernés de leur obligation de non-concurrence n'empêche pas la juridiction commerciale de trancher cette question lors de l'instance opposant les employeurs successifs constitués en sociétés commerciales. • Com. 14 mai 2013, n° 12-19.351 P : *D. 2013. Actu. 1284, obs. Chevrier ; Dr. soc. 2013. 622, note Poumarède ; JCP E 2013, n° 1351 ; CCC 2013, n° 181, obs. Malaurie-Vignal ; RJDA 2013, n° 756 ; Gaz. Pal. 2013. 2558, obs. Colonna ; RLDA sept. 2013. 58, obs. Farache.* ♦ Ayant relevé que les faits de concurrence déloyale imputés aux sociétés commerciales ainsi qu'à leurs dirigeants et associés étaient susceptibles de relever de la compétence au fond du tribunal de commerce, peu important dès lors qu'une partie des faits litigieux aient pu être commis par les dirigeants en leur qualité de salariés, la cour d'appel a légalement justifié sa décision en estimant que le juge des requêtes pouvait ordonner une mesure d'instruction, dès lors que le fond du litige était de nature à relever, ne serait-ce qu'en partie, de la compétence de la juridiction à laquelle il appartient. • Civ. 2e, 7 juin 2012, n° 11-15.490 P : *D. actu. 12 juill. 2012, obs. Tahri.* ♦ Si la juridiction commerciale, qui a compétence, dans le cadre d'un litige opposant deux sociétés commerciales, pour statuer sur la validité et sur la violation de la clause de non-concurrence souscrite par le salarié de l'une d'elles qui recherche la responsabilité de l'autre pour complicité de la violation de cette clause, doit surseoir à statuer lorsque la juridiction des prud'hommes a été saisie de cette question, il n'en va pas de même du juge des référés commercial dont la décision présente un caractère provisoire et ne tranche pas le fond du litige. • Com. 9 juin 2021, n° 19-14.485 P : *D. 2021. Actu. 1138 ; JCP E 2021, n° 1332 ; RJDA 2021, n° 694.*

75. Droit international : internet. BIBL. Pironon, *Gaz. Pal. 2007. 3548* (l'internet et la mondialisation). – Pollaud-Dulian, *Gaz. Pal. 2008. 3601* (à propos des conflits de juridictions en matière de contrefaçon par internet). ♦ Sur la compétence juridictionnelle en matière de concurrence déloyale sur internet : • Civ. 1re, 9 déc. 2003, n° 01-03.225 P : *D. 2004. AJ 276, obs. Manara ; RTD com. 2004. 281, obs. Pollaud-Dulian ; JCP 2004. II. 10055, note Chabert ; LPA 23 févr. 2005, note Brière ; CCE 2004, n° 40, obs. Caron* • Com. 20 mars 2007, n° 04-19.679 P : *Rev. crit. DIP 2008. 322, note Treppoz ; JCP 2007. II. 10088, note Ancel ; CCC 2007, n° 150, obs. Malaurie-Vignal ; CCE 2007, n° 119, obs. Caron* • Paris, 6 juin 2007 : *JCP 2007. II. 10151, note M.-E. Ancel ; LPA 8 nov. 2007, note Mendoza-Caminade ; CCE 2007, n° 119, obs. Caron (3e esp.), et Étude 23, par M.-E. Ancel ; RJDA 2007, n° 1045* • Com. 10 juill. 2007, n° 05-18.571 P : *D. 2007. AJ 2112, obs. Daleau ; Rev. crit. DIP 2008. 322, note Treppoz ; JCP E 2007, n° 42, p. 13, note Passa ; CCC 2007, n° 275, obs.*

Malaurie-Vignal ; CCE 2007, n° 119, obs. Caron ; RJDA 2008, n° 90 • Versailles, 26 juin 2008 : *D. 2008. AJ 2284, obs. Manara* • Com. 9 mars 2010, n° 08-16.752 P : *D. 2010. 1183, note Lardeux ; JCP E 2011, n° 1135, spéc. n° 1, obs. Ballot-Léna ; CCC 2010, n° 204, obs. Malaurie-Vignal ; CCE 2010, n° 47, obs. Caron ; RJDA 2010, n° 691 ; Propr. ind. 2010, n° 44, obs. Larrieu.* ♦ V. aussi, en matière de propriété littéraire et artistique (contrefaçon) : • Paris, 9 nov. 2007 : *D. 2008. AJ 8, obs. Manara ; RTD com. 2008. 95, obs. Gaudrat ; JCP 2008. II. 10016, note Chabert* • 18 juin 2008 : *JCP 2008. II. 10180, note Chabert* • T. com. Paris, 30 juin 2008 : *JCP 2008. II. 10168, note Vuitton ; LPA 3 nov. 2008, note Malan ; CCE 2008, n° 113, obs. Debet ; LPA 23 mars 2009, obs. PM ; RJDA 2008, n° 1327.*

Posant une question préjudicielle sur le point de savoir si les dispositions de l'art. 7, pt. 2, du Règl. (UE) n° 1215/2012 doivent être interprétées en ce sens que la personne qui, estimant qu'une atteinte a été portée à ses droits par la diffusion de propos dénigrants sur internet, agit tout à la fois aux fins de rectification des données et de suppression des contenus, ainsi qu'en réparation des préjudices moral et économique en résultant, peut réclamer, devant les juridictions de chaque État membre sur le territoire duquel un contenu mis en ligne est ou a été accessible, l'indemnisation du dommage causé sur le territoire de cet État membre, ou si elle doit porter cette demande indemnitaire devant la juridiction compétente pour ordonner la rectification des données et la suppression des commentaires dénigrants. • Civ. 1re, 13 mai 2020, n° 18-24.850 P : *D. 2020. Actu. 1114 ; RJDA 2020, n° 468.*

2° RECEVABILITÉ DE L'ACTION

76. Intérêt à agir. L'action en concurrence déloyale suppose que les parties en cause s'adressent à une clientèle, au moins potentielle, en proposant des produits ou des services suffisamment identifiés. • Paris, 13 avr. 2005 : *D. 2005. Pan. 2465, obs. Dorandeu.* ♦ Sur l'existence du préjudice, V. notes 11 s. ♦ Sur le rapport de concurrence, V. notes 7 et 59.

77. Qualité pour agir. La société mère d'un groupe n'a pas qualité pour agir sur le fondement d'une action en concurrence déloyale contre une société directement concurrente d'une de ses filiales, dès lors qu'elle n'est susceptible de subir qu'un préjudice par ricochet. *A fortiori*, elle ne peut pas agir pour le compte de sa filiale qui est dotée de la personnalité morale et est juridiquement indépendante. • Versailles, 19 févr. 1998 : *préc. note 43.* ♦ La situation donnant lieu à fin de non-recevoir se trouve toutefois régularisée et l'action doit être déclarée recevable, car la filiale, dont la qualité et l'intérêt à agir ne sont pas contestables, est intervenue aux débats avant qu'une décision définitive ne soit rendue et a déclaré faire siennes les écritures prises jusque-là par la société mère. • Même arrêt.

78. Syndicat professionnel. Des syndicats professionnels des métiers de la fourrure sont fondés à demander l'interdiction de la diffusion d'un film publicitaire réalisé par une société de vente de vêtements par correspondance qui présente un mannequin dont le manteau de fourrure se transforme en une quinzaine de visons qui sautent à terre, pour entourer le catalogue de vente de la société. • Paris, 28 oct. 1996 : *RJDA 1997, n° 739.* ♦ Mais il a été jugé qu'un syndicat professionnel n'étant habilité à agir que pour obtenir la réparation de l'atteinte portée à l'intérêt collectif de la profession, il en résulte que le syndicat, qui ne dénonce pas une infraction à la réglementation mais une campagne promotionnelle qui aurait été constitutive de concurrence déloyale, invoque le préjudice subi par ses membres et ne caractérise pas une atteinte propre à l'intérêt collectif de la profession, de telle sorte que l'action doit être déclarée irrecevable. • Com. 24 nov. 2009 : *D. 2010. Pan. 2547, obs. Auguet ; CCC 2010, n° 48, obs. Malaurie-Vignal ; RJDA 2010, n° 186.* ♦ Sur l'action des organismes interprofessionnels, V. C. com., art. L. 490-10.

79. Association. V. note 6.

3° MESURES PROVISOIRES

80. Saisine du juge des référés. La victime de pratiques déloyales est recevable à saisir le juge des référés, selon le droit commun : • Com. 24 mars 1981, n° 79-16.382 P. ♦ Le fait que les dispositions de l'Arr. du 2 sept. 1977 relatif à la publicité des prix [remplacé par Arr. du 31 déc. 2008, relatif aux annonces de réduction de prix à l'égard des consommateurs, V. **C. consom.**] et de l'art. L. 121-1 [L. 121-2] C. consom. sur la publicité mensongère soient sanctionnées pénalement ne fait pas obstacle à ce que le juge des référés puisse prescrire en la matière les mesures qui s'imposent pour faire cesser un trouble manifestement illicite. • Com. 19 oct. 1999, n° 97-18.490 P.

81. Mesures conservatoires ou de remise en état. Il appartient au juge des référés commerciaux de prendre, sur le fondement de l'art. 873 NCPC [renommé C. pr. civ.], toutes les mesures nécessaires pour faire cesser toute action de nature à jeter le discrédit sur un concurrent ou sur les produits qu'il fabrique. Par suite, le juge des référés peut valablement enjoindre à une société de cesser sous astreinte toute diffusion d'un spot publicitaire dont le scénario est de nature à jeter le doute dans l'esprit du public sur les qualités d'une voiture. • Paris, 25 sept. 1991 : *RJDA 1992, n° 793.* ♦ Le risque indéniable de confusion entre deux émissions de télévision justifie de faire droit à la demande d'interdiction de diffusion sollicitée en référé. • T. com. Nanterre, 27 août 1992 : *D. 1993. Somm., 245, obs. Hassler* • 25 sept. 1992 : *ibid.* • Versailles, 11 mars 1993 : *ibid.* (et sur pourvoi • Com. 7 févr. 1995, n° 93-14.569 : *préc. note 61*). ♦ Pour d'autres illustrations, V. notamment : • Com. 19 oct. 1999, n° 97-18.490 P : *préc. note 80* • Douai, 2 oct. 1995 : *RJDA 1996, n° 301* • Paris, 28 oct. 1996 : *préc. note 78.*

En matière de concurrence déloyale, la nécessité d'agir rapidement afin de mettre un terme, si elles sont démontrées, aux pratiques illicites, causant chaque jour un préjudice important et d'éviter la disparition de documents établis lors de la création de la société suspectée de concurrence déloyale, justifie qu'une mesure de saisie de documents soit ordonnée en application de l'art. 875 NCPC [renommé C. pr. civ.] (V. cet art., v° *Tribunaux de commerce*). • Dijon, 20 févr. 2007 : *BICC 1er juill. 2007, n° 1445.* ♦ Mais la saisie d'objets litigieux chez des clients de la société défenderesse à une action en concurrence déloyale ayant été diligentée par le demandeur à ses risques et périls, ce dernier doit réparation du préjudice commercial résultant de l'atteinte portée à l'image de marque. • Limoges, 14 juin 2004 : *JCP 2005. IV. 2597 ; RDBF 2005, n° 26, obs. S. Piedelièvre.*

82. Mesures d'instruction in futurum. **BIBL.** Seifert, *RCA 2013. Form. 8* (collecte anticipée d'éléments de preuve en matière de concurrence déloyale). – Charlier-Bonatti, *CCE 2016. Prat. 8* (pratique contentieuse et procédurale dans le domaine de la concurrence déloyale). ♦ La simple éventualité d'une action en concurrence déloyale autorise le juge judiciaire à ordonner des mesures d'instruction afin de conserver des éléments de preuve. • Civ. 1re, 22 févr. 2005, n° 03-10.408 : *D. 2005. Pan. 2465, obs. Dorandeu ; RLC 2005, n° 3, p. 89, note André ; RJDA 2005, n° 910.* ♦ Pour la désignation d'un huissier de justice pour se rendre aux sièges des sociétés soupçonnées de concurrence déloyale aux fins de constatations, remises de documents et auditions de personnes, V. • Civ. 2e, 15 janv. 2009, n° 08-10.771 P : *D. 2009. Chron. C. cass. 2071, obs. Sommer ; ibid. 1455, note Mouy ; RTD civ. 2009. 364, obs. Perrot ; JCP E 2009, n° 30, p. 19, obs. Decocq ; Procédures 2009, n° 72, obs. Perrot ; BJS 2009. 355, note Staes.* ♦ L'interdiction faite au juge des référés d'ordonner une mesure d'instruction sur le fondement de l'art. 145 C. pr. civ., lorsque le juge du fond est déjà saisi du procès en vue duquel la mesure est sollicitée, ne s'applique pas lorsque le litige déjà engagé (contestation de la révocation d'un ancien dirigeant) est distinct de celui en vue duquel la requête aux fins de mesures d'instruction *in futurum* est formée (actes de concurrence déloyale). • Com. 3 avr. 2013, n° 12-14.202 : *JCP E 2013, n° 1245 ; RJDA 2013, n° 76 ; BJS 2013. 486, obs. Massart.* ♦ Pour un refus d'expertise motivé par la nécessité de préserver la liberté d'entreprendre et le secret de la correspondance professionnelle : • Pau, 15 févr. 2005 : *JCP 2005. IV. 3039.* ♦ Justifie son refus d'ordonner une expertise sollicitée pour établir des faits constitutifs d'une concurrence déloyale, commis par une société créée par deux anciens employés de la société demanderesse, la cour d'appel qui, appréciant l'opportunité de cette mesure, constate l'absence d'intérêt légitime de cette dernière société après avoir relevé que la diminution du chiffre d'affaires invoquée avait commencé avant le début de l'activité de l'entreprise concurrente, rejeté l'allégation que celle-ci aurait pratiqué des marges commerciales réduites et estimé que l'expertise demandée lui permettrait de connaître, malgré le secret des affaires, la structure commerciale de sa concurrente. • Com. 5 janv. 1988, n° 86-15.322 P : *D. 1989. 354, note Virassamy.* ♦ Pour rétracter l'ordonnance sur requête, l'arrêt retient que par sa formulation, l'autorisation donnée à l'huissier de justice permet l'accès à des informations se rapportant à l'intégralité de l'activité de production, transformation et distribution de la société X, mais potentiellement sans aucun lien avec la société Y, que si les investigations de l'huissier de justice ont été guidées par l'établissement d'une liste limitative de mots-clefs relatifs aux marques utilisées, aux fournisseurs, aux collaborateurs, aux produits et couleurs, cette liste, qui révèle le besoin d'ajouter à l'ordonnance pour limiter l'exécution de la mesure au strict nécessaire, a été établie unilatéralement par la requérante sans avoir été soumise à l'appréciation du juge des requêtes et que par son caractère mal délimité et partant très général, la mesure ordonnée porte une atteinte disproportionnée aux droits de la société X tenant au secret des affaires et des correspondances ainsi qu'à la liberté du commerce. En statuant ainsi, tout en relevant que la société X avait été créée par un ancien salarié de la société Y et alors qu'il résultait des termes de la mission de l'huissier de justice qu'il n'était autorisé à appréhender que les documents en lien avec les actes de concurrence déloyale dénoncés par la société Y, soit à partir de mots-clés pré-définis, soit à partir de mots-clés renvoyant aux marques, produits et couleurs utilisés par la société Y, ou à ses fournisseurs et collaborateurs, de sorte que la mesure, dont il n'a pas été allégué qu'elle avait été exécutée en dehors de ces limites, qui était nécessairement circonscrite dans le temps et dans son objet, instituait des mesures légalement admissibles proportionnées à l'objectif poursuivi et qui ne portaient pas atteinte de manière disproportionnée aux droits de la société X, la cour d'appel a violé l'art. 145 C. pr. civ. • Civ. 2e, 24 mars 2022, n° 20-21.925 B.

Ayant retenu que le demandeur avait eu recours, pour établir des faits de concurrence déloyale, à un stratagème consistant à faire appel aux services de tiers rémunérés pour une mise en scène de nature à faire douter de la neutralité de leur comportement à l'égard du défendeur, la cour d'appel a pu en déduire que les attestations, ainsi que les devis et factures qui les accompagnaient, avaient été obtenus de manière déloyale et étaient donc irrecevables. • Com. 10 nov. 2021, n° 20-14.669 B : *D. 2022. 497, note Golhen ; CCC 2022, n° 5, obs. Malaurie-Vignal.*

C. EFFETS DE L'ACTION EN CONCURRENCE DÉLOYALE

83. Prévention et réparation du préjudice. L'action en concurrence déloyale, action en responsabilité civile, autorise celui qui l'exerce à solliciter tant une condamnation à des dommages et intérêts qu'une injonction à l'encontre de l'auteur du comportement incriminé et une publication de la décision sanctionnant celui-ci. • Paris, 10 avr. 1995 : *préc. note 46.* ♦ Comp. note 22. ♦ Jugeant qu'une cour d'appel peut ordonner qu'il soit mis fin à des manœuvres de concurrence déloyale sans rechercher si les clients se sont définitivement détournés de l'entreprise victime de ces manœuvres : • Com. 19 nov. 1991, n° 89-21.280 : *préc. note 50.* ♦ Pour une condamnation à restituer, sous astreinte, le courrier électronique reçu sur le site parasitaire ainsi que les recettes afférentes à son exploitation : • TGI Grasse, 2 nov. 2005 : *D. 2005. AJ 3011, obs. Manara .*

84. Injonction de cesser les agissements déloyaux. Les juges du fond peuvent faire défense à l'auteur d'actes de concurrence déloyale de continuer à fabriquer, vendre ou faire vendre des modèles de meubles. • Com. 21 nov. 1972, n° 71-12.403 P : *cité note 88.* ♦ Une cour d'appel peut interdire à l'auteur d'agissements parasitaires de faire usage d'une marque de quelque façon que ce soit. • Com. 29 juin 1993, n° 91-21.764 : *D. 1995. Somm. 211, obs. Picod .* ♦ L'interdiction de faire usage d'une marque, tendant à faire cesser un comportement parasitaire, ne s'applique que dans les conditions de vente constituant ce comportement. • Com. 26 mars 1996, n° 94-15.701 : *D. Affaires 1996. 672.*

85. Astreintes. L'astreinte ayant été prononcée pour faire cesser un comportement constitutif de concurrence déloyale au détriment du cédant, il en résulte qu'elle n'est pas l'accessoire du droit cédé. • Com. 3 mars 2009, n° 08-10.923 P : *D. 2009. Pan. 1448, obs. Picod ; JCP E 2009, n° 30, p. 20, obs. Decocq ; Gaz. Pal. 2009. 3305, obs. Brenner ; Procédures 2009, n° 164, obs. H. C.* ♦ Aucune disposition légale n'a pour effet de rendre incessible l'astreinte, mesure de contrainte destinée à vaincre la résistance opposée à l'exécution de l'obligation qu'elle assortit ; si l'action en concurrence déloyale, fondée sur l'art. 1382 [1240] C. civ., faute d'être un accessoire du droit sur le titre ayant fait l'objet de la cession, n'a pu être transmise avec ce titre, il est loisible aux parties de convenir à cette occasion de la cession de la créance assortie d'astreinte. • Civ. 2e, 7 juill. 2011, n° 10-20.296 P : *D. 2011. Pan. 2968, obs. Auguet ; Dr. et pr. 2011. 244, obs. Putman.*

86. Mesures de publicité. La victime d'actes de concurrence déloyale peut obtenir la publication, dans une ou plusieurs publications, de la décision de condamnation de leur auteur aux frais de celui-ci. • TGI Paris, 18 nov. 1987 : *Gaz. Pal. 1989, 1, Somm. 14* • 9 mai 2001 : *RJDA 2002, n° 112* (condamnation de l'auteur d'un dénigrement fautif à publier le dispositif du jugement dans deux journaux et à l'afficher pendant un mois sur la page d'accueil de son site internet). – V. aussi • Paris, 26 janv. 2005 : *D. 2005. Pan. 2466, obs. Dorandeu.* ♦ La réparation du préjudice subi par la victime d'actes de concurrence déloyale peut consister en une diffusion d'extraits d'une décision de justice sur les ondes de radios périphériques. • Paris, 17 nov. 1970 : *D. 1972. 78, note Guinchard.* – V. aussi notes 22 et 83.

87. Préjudice matériel et moral. BIBL. Stoffel-Munck, *Mél. le Tourneau, Dalloz, 2008, p. 959* (le préjudice moral des personnes morales). ♦ Pour un exemple de réparation du préjudice matériel (perte de recettes publicitaires évaluées à 50 millions de francs) et du préjudice moral (évalué à 5 millions de francs) résultant du plagiat d'une émission de télévision, V. • Com. 7 févr. 1995, n° 93-14.569 : *préc. note 61.* ♦ V. aussi, déniant tout préjudice commercial mais acceptant de réparer le préjudice moral : • Colmar, 24 mai 2006 : *JCP E 2006, n° 41, p. 1735.* ♦ V. cassant un arrêt retenant que s'agissant de sociétés elles ne peuvent prétendre à un quelconque préjudice moral au titre d'actes de concurrence déloyale : • Com. 15 mai 2012, n° 11-10.278 P : *D. 2012. 2285, note Dondero ; Rev. sociétés 2012. 620, note Stoffel-Munck ; CCC 2012, n° 205, obs. Malaurie-Vignal ; LPA 3 sept. 2012, note Bascoulergue ; Gaz. Pal. 2012. 2279, obs. Zattara-Gros ; RJDA 2012, n° 769 ; BJS 2012. 536, note Barbièri ; RLDA sept. 2012. 10, note Marpeau et Nezam.*

88. Évaluation du préjudice. BIBL. Haas et de Tissot, *LPA 30 mai 2006* (un euro ce n'est pas une indemnité commerciale !). – Bélot, *D. 2007. 1681* (l'évaluation du préjudice économique). ♦ Il appartient aux juridictions du fond de réparer, dans les limites des conclusions des parties, le préjudice économique dont elles reconnaissent le principe. • Crim. 8 mars 2005, n° 04-83.410 P : *D. 2005. IR 1050 ; RDLC 2005, n° 3, p. 88, obs. Fasquelle et Mésa.* ♦ Les juges du fond apprécient souverainement le préjudice, tant matériel que moral, subi par le créateur de modèles de meubles du fait des agissements de concurrence déloyale d'un fabricant. • Com. 21 nov. 1972, n° 71-12.403 P : *D. 1973. Somm. 55.* ♦ Les juges du fond ne sont pas tenus de confier à un expert le soin d'évaluer le préjudice. • Com. 6 déc.

1967, n° 66-10.210 P. ♦ Le fait que des comportements constitutifs de concurrence déloyale portent atteinte à l'image de marque et entraînent quasi mécaniquement des transferts d'achats et un manque à gagner tangible peut être établi par des études économiques. • Colmar, 13 mai 1994 : *D. 1995. 96, note Burst*. ♦ Si les effets préjudiciables de pratiques tendant à détourner ou s'approprier la clientèle ou à désorganiser l'entreprise du concurrent peuvent être assez aisément démontrés, en ce qu'elles induisent des conséquences économiques négatives pour la victime, soit un manque à gagner et une perte subie, y compris sous l'angle d'une perte de chance, tel n'est pas le cas de ceux des pratiques consistant à parasiter les efforts et les investissements, intellectuels, matériels ou promotionnels, d'un concurrent, ou à s'affranchir d'une réglementation, dont le respect a nécessairement un coût, tous actes qui, en ce qu'ils permettent à l'auteur des pratiques de s'épargner une dépense en principe obligatoire, induisent un avantage concurrentiel indu dont les effets, en termes de trouble économique, sont difficiles à quantifier avec les éléments de preuve disponibles. Lorsque tel est le cas, il y a lieu d'admettre que la réparation du préjudice peut être évaluée en prenant en considération l'avantage indu que s'est octroyé l'auteur des actes de concurrence déloyale, au détriment de ses concurrents, modulé à proportion des volumes d'affaires respectifs des parties affectés par ces actes. • Com. 12 févr. 2020, n° 17-31.614 P : *D. actu. 21 févr. 2020, obs. Pinat ; D. 2020. 1086, note Borghetti ; RTD com. 2020. 313, obs. Chagny ; JCP E 2020, n° 1363, note d'Alès et Tiberghien ; CCC 2020, n° 62, obs. Malaurie-Vignal ; RJDA 2020, n° 249 ; LPA 27 août 2020, note Dinh ; RLC juin 2020. 39, note de Moncuit de Boiscuillé ; RLC déc. 2020. 20, note Martin.*

Sur l'évaluation du préjudice résultant de l'usurpation frauduleuse du savoir-faire d'une entreprise concurrente : • Paris, 27 sept. 2000 : *D. 2001. Somm. 1309, obs. Auguet*. ♦ Pour la prise en compte de la baisse du chiffre d'affaires, de la marge réalisée habituellement par la société et les investissements publicitaires déployés pour contrecarrer les effets de la concurrence déloyale : • Paris, 16 déc. 2004 : *D. 2005. Pan. 2466, obs. Dorandeu.* ♦ Sur l'impossibilité d'indemniser les préjudices commercial et moral par un montant forfaitaire : • Civ. 3e, 12 déc. 2007, n° 06-20.638 : *AJDI 2008. 314* • Com. 23 nov. 2010, n° 09-71.665 : *RJDA 2011, n° 364 ; Propr. ind. 2011, n° 20, obs. Larrieu.* ♦ Un comportement parasitaire génère nécessairement un préjudice, fût-il moral, dont les juges du fond déterminent souverainement les modalités réparatrices. • Civ. 1re, 22 oct. 2009, n° 08-19.499 P : *D. 2009. AJ 2685 ; JCP 2009, n° 47, p. 20.* ♦ Le préjudice subi du fait d'actes de concurrence déloyale et de parasitisme ne s'identifie pas à l'économie réalisée par l'auteur de ces actes. • Com. 21 févr. 2012, n° 10-27.966 : *D. 2012. Pan. 2767, obs. Picod ; CCC 2012, n° 122, obs. Malaurie-Vignal ; RJDA 2012, n° 727.* ♦ Le montant des dommages-intérêts alloués en réparation d'une atteinte portée à un droit de propriété intellectuelle étant déterminé en fonction de critères que le juge doit prendre en considération distinctement, énoncés à l'art. 2 de la L. n° 2014-315 du 11 mars 2014 renforçant la lutte contre la contrefaçon, l'arrêt retient à bon droit que ces dispositions ne sont pas applicables à la fixation des dommages-intérêts alloués en réparation d'actes de parasitisme. • Civ. 1re, 3 mai 2018, n° 16-26.531 : *CCC 2018, n° 130, obs. Malaurie-Vignal.*

89. Appel en garantie. Le fournisseur de produits dont l'étiquette a été considérée comme constitutive de concurrence déloyale doit décharger le revendeur des condamnations prononcées à son encontre. • Colmar, 13 mai 1994 : *préc. note 88.*

V. CLAUSE DE NON-CONCURRENCE

BIBL. Serra, *D. 1983. Chron. 51 ; D. 1987. Chron. 113 ; D. 1996. Chron. 245 ; RTD com. 1998. 7* (fondements et régime de l'obligation de non-concurrence). – Champaud, *RJ com. 1986. 161.* – Amiel-Donat, *CCC juill. 1992. 1.* – Youego, *JCP N 1998. p. 202* (transmissibilité d'une clause de non-concurrence). – Trébulle, *Dr. sociétés 2003. Chron. 6* (clause de non-concurrence dans un acte de cession de droits sociaux). – Reynès, *D. 2004. 1543* (renonciation à la clause de non-concurrence : portée des arrêts du 10 juill. 2002). – Mémeteau, *D. 2005. 899* (société de médecins et non-concurrence). – Méar, *RLDA mars 2006. 38* (renforcement jurisprudentiel en faveur des clauses de non-concurrence). – Pinna, *JCP 2006. I. 192* (la mesure du préjudice consécutif à l'exécution d'une obligation de non-concurrence illicite). – Martinon, Le code de commerce 1807-2007, Livre du bicentenaire, *Dalloz, 2007, p. 527* (vers une harmonisation des jurisprudences sociale et commerciale ? à propos des conditions de validité de la clause de non-concurrence). – Pignarre, *RDT 2009. 151* (contrepartie financière de la clause de non-concurrence et droit des obligations : jeux d'influences). – Mazan et Samson, *JCP E 2009, n° 14, p. 10* (contrat de collaborateur libéral et clause de non-concurrence). – Pellier, *LPA 10 juill. 2009* (idem). – Depincé, *RTD com. 2009. 259* (la clause de non-concurrence post-contractuelle et ses alternatives). – Petkova, *JCP E 2009, n° 44-45, p. 42* (clause de non-concurrence : interaction entre les actions en justice). – Beckhard-Cardoso et Desplats, *JCP E 2010. 1157* (non-concurrence : trois clauses, deux chambres, une question). – Stulz, *LPA 1er-2 sept. 2011* (la clause de non-concurrence : du contrat de travail au contrat commercial). – Brès, *RTD com. 2011. 463* (l'obligation de non-concurrence de plein droit de l'associé). – Guenzoui, *LPA 24 nov. 2011* (moralisation des clauses de non-concurrence ?). – Chagny et Fourgoux, *RLDA févr. 2012. 62* (les clauses de non-concurrence : approche pratique). – Marsin-Rose, *JCP E 2012, n° 1713* (obligation de non-concurrence en droit des sociétés). – Navarro, *Journ. sociétés 2013. 39* (même thème). – Gomy, *RLC oct.-déc. 2012. 67* (préjudice lié à la stipulation d'une clause de non-concurrence post-contractuelle nulle). – Dossier, *Journ. sociétés 12/2014. 9* (obligation de non-concurrence et sociétés). – Rosa, *RDT 2018. 735* (contrepartie financière de l'obligation de non-concurrence dans le contrat de travail : analyse au prisme de l'immobilisation de la force de travail). – Kouhaiz, *RTD com. 2021. 269* (la révision des clauses de non-concurrence : quels apports de la théorie anglo-américaine du *blue pencil* ?).

RÉP. COM. V° *Concurrence (obligation de non-concurrence)*, par PICOD, AUGUET et GOMY.

A. VALIDITÉ DES CLAUSES DE NON-CONCURRENCE

90. *Exigence de proportionnalité.* Lorsqu'elle a pour effet d'entraver la liberté de se rétablir d'un salarié, actionnaire ou associé de la société qui l'emploie, la clause de non-concurrence signée par lui n'est licite que si elle est indispensable à la protection des intérêts légitimes de l'entreprise, limitée dans le temps et dans l'espace, qu'elle tient compte des spécificités de l'emploi du salarié et comporte l'obligation pour la société de verser à ce dernier une contrepartie financière, ces conditions étant cumulatives • Com. 15 mars 2011, n° 10-13.824 P : *D. 2011. 1261, note Picod ; RTD com. 2011. 361, obs. Constantin ; Rev. sociétés 2011. 620, note Godon ; JCP E 2011, n° 1409, note Couret et Dondero ; CCC 2011, n° 138, obs. Malaurie-Vignal ; RJDA 2011, n° 549 ; BJS 2011. 524, note Le Cannu* (cassation de l'arrêt estimant que la validité d'une clause de non-concurrence insérée dans un pacte d'actionnaires n'est pas subordonnée à l'existence d'une contrepartie financière). – Pour un pacte d'actionnaires respectant l'obligation de contrepartie financière à une clause de non-concurrence, V. • Paris, 24 janv. 2012 : *BRDA 2012, n° 4, p. 2.* ♦ Mais la validité d'une clause de non-concurrence prévue à l'occasion de la cession de droits sociaux n'est subordonnée à l'existence d'une contrepartie financière que dans le cas où les associés ou actionnaires qui l'ont souscrites avaient, à la date de leur engagement, la qualité de salariés de la société qu'ils se sont engagés à ne pas concurrencer. • Com. 8 oct. 2013, n° 12-25.984 : *D. 2013. 2741, note Favario ; Rev. sociétés 2014. 102, note Barbièri ; Dr. soc. 2014. 174, note Mouly ; JCP E 2014, n° 1000, note Couret et Dondero ; CCC 2013, n° 260, obs. Malaurie-Vignal ; RJDA 2014, n° 124 ; BJS 2014. 17, note Saintourens.* ♦ Mais jugeant que, lorsqu'elle a pour effet d'entraver la liberté de se rétablir d'un associé, la clause de non-concurrence signée par lui n'est licite que si elle comporte l'obligation pour la société de verser à ce dernier une contrepartie financière. • Paris, 20 mai 2015, n° 13/04108 : *AJCA 2015. 366, note Godon*. ♦ Au regard du caractère exclusivement libéral de l'activité de mandataire d'assurance prévue à l'art. R. 511-2-4° C. assur. de l'intéressé, la validité de la clause de non-réinstallation litigieuse n'est pas subordonnée à l'octroi d'une contrepartie financière. • Civ. 1re, 2 oct. 2013, n° 12-22.846 P : *D. 2013. 2622, note Bahurel ; JCP E 2013, n° 1565 ; CCC 2013, n° 261, obs. Malaurie-Vignal ; RJDA 2014, n° 30 ; Gaz. Pal. 2013. 3744, note Garinot.*

Une clause de non-concurrence ne saurait être déclarée licite aux motifs qu'elle est limitée dans le temps et dans l'espace et que la licéité des restrictions aux libertés individuelles qu'elle stipule est reconnue, sans que soit recherché si cette clause, même avec ces caractéristiques, n'est pas disproportionnée au regard de l'objet du contrat. • Com. 4 janv. 1994, n° 92-14.121 P : *D. 1995. 205, note Serra* • 16 déc. 1997, n° 96-10.859 P : *JCP E 1998, n° 7-8, p. 252 ; CCC 1998, n° 39, obs. Leveneur ; BJS 1998. 351, note Granier* • 9 juill. 2002, n° 00-18.311 : *D. 2003. Somm. 902, obs. Auguet ; CCC 2003, n° 5, obs. Malaurie-Vignal ; RJDA 2002, n° 1228* • 12 mars 2002, n° 99-14.762 : *D. 2003. Somm. 903, obs. Dorandeu* • 17 déc. 2002, n° 99-14.308 : *D. 2004. Somm. 1156, obs. Auguet ; JCP E 2003, n° 28-29, p. 1196, note Moracchini-Zeidenberg.* ♦ ... Et elle ne doit pas apporter une restriction excessive à la liberté d'exercice de l'ex-collaborateur. • Com. 4 juin 2002, n° 00-15.790 : *D. 2003. Somm. 902, obs. Auguet ; CCC 2002, n° 140, obs. Malaurie-Vignal ; RJDA 2002, n° 1228.* ♦ V. aussi considérant que ne donne pas de base légale à sa décision au regard de l'art. 1131 [ancien] C. civ., la cour d'appel qui décide qu'une clause de non-concurrence est licite sans rechercher si cette clause était proportionnée aux intérêts légitimes à protéger : • Civ. 1re, 11 mai 1999, n° 97-14.493 P : *D. 2000. Somm. 312, obs. Serra ; Defrénois 1999. 992, obs. Mazeaud* • Paris, 26 avr. 2000 : *D. 2002. Somm. 1262, obs. Gomy*. ♦ Il revient au juge de vérifier de façon concrète si la clause de non-concurrence a pour effet d'empêcher un ancien locataire-gérant d'exercer son activité professionnelle. • Com. 3 oct. 2006, n° 04-16.679 : *D. 2008. Pan. 248, obs. Gomy*. ♦ Sur l'illicéité d'une clause de non-concurrence souscrite par un sous-traitant qui, par sa généralité, est susceptible d'entraver la liberté du commerce et de la concurrence : • Paris, 7 févr. 2001 : *D. 2002. Somm. 1266, obs. Auguet*. ♦ Pour une hypothèse où le cumul de la limitation géographique particulièrement large avec le domaine d'activité conduisait à une impossibilité totale pour le salarié de trouver un emploi en rapport avec son expérience : • Riom, 4 avr. 2006 : *JCP E 2006, n° 42, p. 1805.* ♦ En étendant l'interdiction de non-concurrence à toutes les régions dans lesquelles elle exercera son activité le jour de la cessation du contrat de travail, l'entreprise a créé une condition potestative dans la mesure où elle a mis la salariée dans l'impossibilité de connaître à l'avance l'étendue des interdictions qu'elle devait respecter. • Nîmes, 13 déc. 2006 : *JCP 2007. IV. 1942.* ♦ Reconnaissant que la clause était limitée dans l'espace dès lors que l'obligation de non-concurrence était limitée aux pays susceptibles de constituer le marché des produits développés par la société et qu'elle ne concernait que des produits limitativement et précisément énumérés : • Com. 11 mars 2014, n° 12-12.074 : *D. 2014. Pan. 2490, obs. Gomy ; RJDA 2014, n° 537.* ♦ Jugeant que le montant de l'indemnité de non-concurrence versée ne constitue pas un critère permettant d'apprécier la proportionnalité de la clause de non-concurrence : • Com. 21 sept. 2004, n° 00-18.265 : *RDLC 2005, n° 1, p. 77, obs. Fasquelle et Charrière.* ♦ Comp., estimant que le montant de la contrepartie financière doit être déterminé proportionnellement à la durée et à l'intensité de l'atteinte portée à la liberté professionnelle du salarié au regard de ses revenus professionnels antérieurs : • Versailles, 20 févr. 2003 : *BICC 2003, n° 819.* ♦ Pour l'appréciation d'une clause de non-concurrence stipulée dans un contrat de remplacement, V. • Aix-en-Provence, 18 oct. 2007 : *JCP E 2008, n° 39, p. 21, note Pellier.* ♦ Sur l'application du critère de proportionnalité aux clauses de non-concurrence des agents commerciaux, V. note 1 ss. art. L. 134-14 C. com.

91. Contrat de travail. Conformément au principe fondamental de libre exercice d'une activité professionnelle et à l'art. L. 120-2 [L. 1121-1] C. trav., une clause de non-concurrence n'est licite que si elle est indispensable à la protection des intérêts légitimes de l'entreprise, limitée dans le temps et dans l'espace, qu'elle tient compte des spécificités de l'emploi du salarié et comporte l'obligation pour l'employeur de verser au salarié une contrepartie financière, ces conditions étant cumulatives. • Soc. 10 juill. 2002, n° 00-45.387 P : *D. 2002. 2491, note Serra ; CCC 2002, n° 141, obs. Malaurie-Vignal ; JCP E 2003, n° 12, p. 508, obs. Morvan ; LPA 22 août 2002, p. 10, note Picca et Sauret ; Defrénois 2002. 1619, obs. Libchaber.* ♦ ... Y compris pour les contrats conclus avant ce revirement : • Soc. 17 déc. 2004, n° 03-40.008 P : *D. 2005. Pan. 2457, obs. Bugada ; RTD civ. 2005. 625, obs. Théry ; JCP E 2005, n° 29, p. 1239, obs. Morvan ; CCC 2005, n° 44, obs. Malaurie-Vignal ; LPA 16 mai 2005, obs. Pignarre.* ♦ Une contrepartie financière dérisoire équivaut à une absence de contrepartie. • Soc. 15 nov. 2006, n° 04-46.721 P : *D. 2006. IR 2946 ; RDT 2007. 95, obs. Pélissier ; JCP 2007. II. 10039, note Corrignan-Carsin ; CCC 2007, n° 21, obs. Malaurie-Vignal.* ♦ ... Qui justifie l'annulation de la clause sans permettre au juge, sous couvert de l'appréciation du caractère dérisoire de la contrepartie pécuniaire, de substituer son appréciation du montant de cette contrepartie à celle fixée par les parties. • Soc. 16 mai 2012, n° 11-10.760 P : *D. 2012. Pan. 2765, obs. Robine ; Dr. soc. 2012. 784, note Radé ; JCP 2012, n° 681 ; Gaz. Pal. 2012. 2102, note Le Gac-Pech.* ♦ Le montant de la contrepartie financière ne peut dépendre uniquement de la durée d'exécution du contrat ni son paiement intervenir avant la rupture. • Soc. 7 mars 2007, n° 05-45.511 P : *D. 2007. 1708, note Lefranc-Hamoniaux ; RDT 2007. 308, obs. Auzero ; JCP 2007. II. 10077, note Corrignan-Carsin ; RLC oct.-déc. 2007. 85, obs. Chagny ; RDC 2007. 825, obs. Radé.* ♦ Le paiement de la contrepartie financière ne pouvant intervenir avant la rupture du contrat de travail, seul doit être pris en considération le montant qu'il était prévu de verser après la rupture. • Soc. 22 juin 2011, n° 09-71.567 P : *D. 2011. Pan. 2964, obs. Robinne ; JCP E 2011, n° 1731, obs. Malaurie-Vignal ; RLDC oct. 2011. 13, obs. Paulin.* ♦ Est nulle la clause de non-concurrence qui ne prévoit le versement d'une contrepartie pécuniaire qu'en cas de rupture du contrat de travail à l'initiative de l'employeur. • Soc. 31 mai 2006, n° 04-44-598 P : *D. 2007. Pan. 180, obs. Condemine ; JCP E 2006, n° 38, p. 1590, note Béal ; LPA 11 oct. 2006, note Beyneix.* ♦ ... Ou à l'initiative du salarié. • Soc. 27 févr. 2007, n° 05-44.984 P : *D. 2007. Pan. 2262, obs. Desbarats ; JCP E 2008, n° 15, p. 25, obs. Mouly ; LPA 13 avr. 2007, note Pierroux.* ♦ La contrepartie financière de la clause de non-concurrence étant une condition de sa validité, le bénéfice de cette contrepartie ne peut pas être subordonné à l'absence de faute grave ou lourde. • Soc. 10 déc. 2008, n° 07-41.791 : *D. 2009. 1256, note Pignarre.* ♦ Une cour d'appel ne peut débouter un salarié, lié par une clause de non-concurrence, de sa demande relative à la contrepartie financière au motif que le contrat de travail exclut le bénéfice de l'indemnité qu'il institue au cas où le salarié serait licencié pour faute grave, alors que, le salarié lié par une clause de non-concurrence devant bénéficier d'une contrepartie financière, les parties ne peuvent dissocier les conditions d'ouverture de l'obligation de non-concurrence de celles de son indemnisation. • Soc. 28 juin 2006, n° 04-40.990 P : *D. 2006. IR 1989 ; JCP E 2006, n° 35, p. 1444 ; CCC 2006, n° 202, obs. Malaurie-Vignal ; RDLC 2006, n° 4, p. 88, obs. Fasquelle et Charrière.* ♦ De même, une convention collective ne peut déroger à la loi pour interdire, en cas de faute grave, au salarié soumis à une clause de non-concurrence de bénéficier d'une contrepartie financière. • Soc. 4 juin 2008, n° 04-40.609 P : *D. 2009. Pan. 1443, obs. Robinne ; JCP 2008. Actu 434, obs. Miara ; RLDA oct. 2008. 77, obs. Darmaisin.* ♦ Il en va également ainsi de l'art. 75 du code de commerce local (Alsace-

Moselle) en vertu de l'art. 6, 1, du Pacte international relatif aux droits économiques, sociaux et culturels du 16 déc. 1966. • Soc. 16 déc. 2008, n° 05-40.876 P : *D. 2009. Pan. 1443, obs. Robinne ; JCP E 2009, n° 6, p. 46.* ♦ La clause de non-concurrence minorant la contrepartie financière en cas de licenciement pour faute n'est pas nulle, mais doit être réputée non écrite en ses seules dispositions minorant la contrepartie en cas de faute : • Soc. 8 avr. 2010, n° 08-43.056 P : *D. 2010. Actu. 1085, obs. Perrin ; JCP E 2010, n° 1667, note Béal et Klein ; RLDA juill.-août 2010. 58, obs. Canut ; RDC 2010. 1199, note Géninon.* ♦ La cour d'appel qui constate qu'une clause de non-concurrence n'était assortie d'aucune contrepartie financière, en déduit exactement que son exécution était de nature à caractériser un trouble manifestement illicite, et peut la déclarer inopposable au salarié. • Soc. 25 mai 2005, n° 04-45.794 P : *D. 2005. Pan. 2456, obs. Robinne ; JCP E 2005, n° 29, p. 1244 ; CCC 2005, n° 168, obs. Malaurie-Vignal ; LPA 8 juill. 2005, p. 11, note Touchent ; RDC 2005. 1108, obs. Radé.* ♦ Seul le salarié peut se prévaloir de la nullité de la clause de non-concurrence ne comportant pas de contrepartie financière. • Soc. 25 janv. 2006, n° 04-43.646 P : *D. 2006. Pan. 2926, obs. Robinne ; JCP E 2006, n° 9, p. 433 ; RLC 2006, n° 7, p. 60, obs. Chagny.* ♦ ... Il s'ensuit qu'un nouvel employeur ne peut former, en invoquant une telle nullité, tierce opposition au jugement qui a statué sur cette action. • Soc. 2 févr. 2006, n° 04-41.004 P : *D. 2006. IR 471 ; JCP E 2006, n° 10, p. 484.* – V. en matière de clause de non-sollicitation, note 101.

Sur la qualification juridique de la contrepartie financière en indemnité compensatrice de salaire dont l'action en paiement se prescrit par cinq ans : • Soc. 26 sept. 2002, n° 00-40.461 P : *D. 2003. Somm. 905, obs. Fadeuilhe* • 17 mai 2006, n° 04-47.597 P : *D. 2007. Pan. 181, obs. Condemine ; JCP E 2006, n° 47, p. 1999, note Vachet.* ♦ L'indemnisation du débiteur en cas d'illicéité de la clause est indépendante de la possibilité ou de l'impossibilité pour celui-ci d'exercer un emploi concurrent. • Soc. 12 juill. 2006, n° 04-47.687 : *RDLC 2006, n° 4, p. 87, obs. Fasquelle.* ♦ La stipulation dans le contrat de travail d'une clause de non-concurrence nulle cause nécessairement un préjudice au salarié. • Soc. 12 janv. 2011, n° 08-45.280 P : *D. 2011. Pan. 2965, obs. Robinne ; JCP E 2011, n° 1085, note Beyneix.* ♦ Le respect par un salarié d'une clause de non-concurrence illicite lui cause « nécessairement » un préjudice dont il appartient au juge d'apprécier l'étendue. • Soc. 11 janv. 2006, n° 03-46.933 P : *R. 2006, p. 262 ; D. 2006. IR 249 ; RTD civ. 2006. 311, obs. Mestre et Fages ; JCP E 2006, n° 10, p. 482, note Grosser ; LPA 13 mars 2006, obs. Picca et Sauret ; CCC 2006, n° 74, obs. Malaurie-Vignal ; RLC 2006, n° 7, p. 60, obs. Chagny.* ♦ Comp., jugeant seulement qu'il « peut » prétendre à des dommages-intérêts : • Soc. 18 mars 2003, n° 00-46.358 P : *D. 2003. IR 1007 ; JCP E 2003, n° 21-22, p. 883 ; Dr. et patr. 6/2003. 105, obs. Antonmattei* • 19 oct. 2005 : *RDLC 2006, n° 1, p. 152, obs. Fasquelle et Charrière.* – V. aussi, subordonnant l'indemnisation à l'établissement d'un préjudice : • Soc. 25 mai 2016, n° 14-20.578 P : *D. 2016. Actu. 1205 ; RDT 2016. 557, obs. Bento de Carvalho ; Dr. soc. 2016. 773, obs. Mouly .* ♦ Le salarié ne peut prétendre au paiement de l'indemnité de non-concurrence que pour la période pendant laquelle il a respecté son obligation, et, le cas échéant, au versement de dommages-intérêts en réparation du préjudice que lui a causé l'inexécution par l'employeur de son obligation de verser la contrepartie financière à laquelle il était tenu. • Soc. 25 févr. 2003, n° 00-46.263 P : *D. 2003. IR 738 ; JCP E 2003, n° 23, p. 958, note Corrignan-Carsin ; LPA 28 juill. 2003, obs. Picca et Sauret ; Gaz. Pal. 2003. Somm. 2007, obs. Boubli.* – V. aussi • Soc. 5 mai 2004, n° 01-46.261 P : *LPA 26 juill. 2004, obs. Picca et Sauret ; JCP 2004. IV. 2324.* ♦ Si la dispense tardive de l'obligation de non-concurrence ne décharge pas l'employeur de son obligation d'en verser au salarié la contrepartie pécuniaire, celle-ci ne lui est due que pour la période pendant laquelle il a respecté ladite clause. • Soc. 13 sept. 2005, n° 02-46.795 P : *D. 2006. 1357, note Séchier-Dechevrens .* ♦ En l'absence de fixation par le contrat de travail ou la convention collective des modalités de renonciation au bénéfice de la clause de non-concurrence, l'employeur doit notifier dans un délai raisonnable qu'il renonce à l'application de cette clause ; ce délai court à compter de la date à laquelle l'employeur a eu connaissance de la prise d'acte de la rupture par le salarié. • Soc. 13 juin 2007, n° 04-42.740 P : *D. 2007. AJ 1874 ; RDT 2007. 579, obs. Pélissier ; JCP E 2007, n° 41, p. 40, note Mel ; CCC 2007, n° 247, obs. Malaurie-Vignal ; RLDA sept. 2007. 64, obs. Darmaisni.* ♦ En cas de rupture du contrat de travail avec dispense d'exécution du préavis par le salarié, la date à partir de laquelle celui-ci est tenu de respecter l'obligation de non-concurrence, la date d'exigibilité de la contrepartie financière de la clause de non-concurrence et la date à compter de laquelle doit être déterminée la période de référence pour le calcul de cette indemnité sont celles du départ effectif de l'entreprise. • Soc. 13 mars 2013, n° 11-21.150 P : *D. 2013. Pan. 2818, obs. Robinne ; Dr. soc. 2013. 455, obs. Mouly ; JCP 2013, n° 381, obs. Lefranc-Hamoniaux ; LPA 4 juin 2013, note Hemadache.*

La nullité de la clause de non-concurrence ne fait pas obstacle à l'action en responsabilité engagée par l'employeur contre son ancien salarié dès lors qu'il démontre que ce dernier s'est livré à des actes de concurrence déloyale illicite. • Soc. 14 déc. 2005, n° 04-40.561 P : *D. 2006. IR 98 ; JCP E 2006, n° 4, p. 212 ; RJDA 2006, n° 502 ; RLC 2006, n° 7, p. 60, obs. Chagny.*

92. Attestation de non-concurrence. N'est pas licite la disposition contractuelle qui subordonne l'obligation pour l'employeur de verser au salarié une contrepartie pécuniaire de la clause de non-concurrence à la condition préalable que le salarié lui fournisse pour chaque trimestre une attestation de présence de son nouvel employeur ou une attestation de non-emploi, dès lors que cette obligation naît de l'existence même d'une obligation de non-concurrence et qu'une telle condition a pour conséquence de faire présumer que la clause de non-concurrence n'est pas respectée jusqu'à ce que le salarié rapporte la preuve contraire. • Poitiers, 15 juin 2004 : *BICC 2004, n° 1836.*

93. Contrat de franchise. Justifie légalement sa décision par laquelle elle déclare valide une clause de non-concurrence stipulée dans un contrat de franchise, la cour d'appel qui, d'une part, a recherché à juste titre si cette clause était nécessaire pour maintenir l'identité commune ou la réputation du réseau et, d'autre part, a retenu que la clause litigieuse n'interdisait nullement la poursuite d'une activité identique sous une autre enseigne et procurait seulement au franchiseur un délai d'un an pendant lequel l'implantation par l'ancien franchisé d'une enseigne renommé concurrente ne serait pas possible, de sorte qu'il pourrait reconstituer son réseau localement. • Com. 22 févr. 2000, n° 97-15.560 : *CCC 2000, n° 92, obs. Leveneur.* ♦ V. aussi note 46 ss. art. L. 330-3 C. com.

94. Vente de lot d'un centre commercial. Dès lors que la répartition des commerces dans le centre commercial d'un ensemble immobilier en copropriété n'est pas le fait du règlement de copropriété, la clause de non-concurrence insérée dans l'acte de vente d'un lot ne peut être annulée sur le fondement des dispositions de l'art. 8, al. 2 et 9, de la L. du 10 juill. 1965 qui sont inapplicables. • Civ. 3e, 9 nov. 1982, n° 81-10.353 P.

B. EFFETS DES CLAUSES DE NON-CONCURRENCE

95. Portée d'une clause de non-concurrence. Une clause de non-concurrence qui apporte une restriction aux principes de la liberté fondamentale d'exercer une activité professionnelle et de la liberté d'entreprendre est d'interprétation stricte et ne peut être étendue au-delà de ses prévisions, la perception d'indemnités à l'expiration du contrat de travail ne faisant pas obstacle à ce principe d'interprétation. • Soc. 17 janv. 2006, n° 04-41.038 P. ♦ Une clause de non-concurrence interdisant à un salarié d'une entreprise, après son départ, de travailler dans un secteur géographique déterminé pendant une période limitée, fait obstacle à ce que ce dernier, même s'il est employé dans une entreprise située en dehors de la zone d'interdiction, effectue des travaux commandés par des clients de son ancienne société résidant dans le secteur géographique visé par la clause de non-concurrence. • Com. 9 févr. 1999, n° 96-15.834 P : *D. 2000. Somm. 323, obs. Auguet ; LPA 11 nov. 1999, obs. Etner.* ♦ Comp. jugeant que la clause qui prohibe une réinstallation directe ou indirecte n'interdit ni le rachat de la clientèle d'un médecin installé dans la zone interdite dès lors que le débiteur s'est réinstallé à la limite extérieure du périmètre, ni l'exercice d'une vacation hebdomadaire au service radiologique d'un hôpital situé dans la zone interdite dès lors qu'elle ne constitue pas une réinstallation de cabinet privé : • Bordeaux, 28 févr. 2006 : *CCC 2006, n° 115, obs. Malaurie-Vignal.* ♦ Une clause de non-concurrence qui interdit seulement à des salariés de détourner ou de tenter de détourner la clientèle, les fournisseurs ou d'autres salariés de leur ancienne société, ne pose en revanche aucune interdiction de se faire embaucher par une société concurrente dès lors que c'est pour y exercer de nouvelles activités. • Paris, 2 févr. 2000 : *D. 2002. Somm. 1260, obs. Serra .* – Rappr. • Paris, 1er juill. 2004 : *JCP 2004. IV. 3370.* ♦ La clause de non-concurrence ne peut concerner que la société cocontractante de l'intéressé et non les autres sociétés du groupe. • Soc. 22 mai 1995, n° 93-41.719 P : *JCP 1995. II. 22544, note Adour ; BJS 1995. 749, note Arseguel et Fadeuilhe.* ♦ Comp., jugeant que des filiales ayant violé la clause de non-concurrence au su de la société mère et avec son accord, si ce n'était à son instigation, celle-ci, qui s'était engagée à ne pas s'intéresser directement ou indirectement à un fonds concurrent, devait répondre de ces agissements : • Com. 11 mars 2003, n° 02-21.089 : *RJDA 2003, n° 595.* ♦ En estimant qu'un salarié d'une enseigne de distribution n'a pas violé l'obligation de non-concurrence à laquelle il était soumis en étant embauché dans un magasin de la même enseigne, alors que l'intégration dans un même réseau de distribution ne suffit pas en elle-même à exclure l'existence d'un état de concurrence entre les entreprises qui en font partie, la cour d'appel, à laquelle il appartenait de vérifier concrètement l'existence d'une situation de concurrence entre les deux magasins concernés, a privé sa décision de base légale. • Soc. 16 mai 2012, n° 11-10.712 P : *D. 2012. Chron. C. cass. 1768, obs. Ducloz ; RDT 2012. 418, note Ferrier ; JCP E 2012, n° 1466, note Beyneix ; CCC 2012, n° 204, obs. Malaurie-Vignal ; RJDA 2012, n° 934.* ♦ Une clause de non-rétablissement portant sur une activité n'interdit pas la pratique accessoire de cette activité, exercée concomitamment avec une activité principale (travaux de plomberie-zinguerie pour un chauffagiste). • Lyon, 28 oct. 2007 : *BICC 1er mars 2008, n° 298.* ♦ Une clause de non-concurrence insérée dans un bail commercial ne peut avoir pour effet d'interdire au preneur de solliciter la déspécialisation partielle. • Civ. 3e,

15 févr. 2012, n° 11-17.213 P : *D. 2012. Actu. 551, obs. Rouquet ; RTD com. 2012. 507, obs. Monéger ; JCP E 2012, n° 1400, note Grignon ; CCC 2012, n° 91, obs. Malaurie-Vignal ; RJDA 2012, n° 648 ; RLDA oct. 2012. 49, note Gomy ; RDC 2012. 867, obs. Seube.* ♦ En vertu de l'effet relatif des contrats, un locataire ne peut pas être personnellement tenu d'exécuter un engagement de non-concurrence contracté par le bailleur à l'égard d'un centre commercial, dès lors qu'il exerce son activité conformément à la clause de destination de son bail. • Caen, 4 oct. 2012 : *RJDA 2013, n° 90.*

Un gérant, cédant de parts sociales, viole l'obligation de non-concurrence qu'il a souscrite en exerçant les fonctions de gérant dans une société sous-traitante de celle dont il a cédé les parts et qui a modifié postérieurement à la cession son activité pour créer des activités concurrentielles de celles de la première société. • Com. 17 déc. 2002, n° 00-19.684 : *BJS 2003. 302, obs. Couret ; RJDA 2003, n° 601.* ♦ Jugeant que l'obligation de non-concurrence ne s'étend pas à l'épouse d'un ex-salarié d'une société lié par une clause de non-concurrence : • Paris, 1er oct. 2003 : *CCC 2004, n° 22, obs. Malaurie-Vignal.* ♦ Le seul fait pour un salarié d'acquérir en communauté de biens avec son épouse un fonds de commerce dont l'activité est la même que celle de son employeur ne constitue pas en lui-même un manquement à l'obligation de loyauté dès lors que l'intéressé n'a pas participé à l'activité du fonds de commerce exploité par son épouse. • Com. 20 mars 2007, n° 05-42.635 : *CCC 2007, n° 157, obs. Malaurie-Vignal.* ♦ Pour un sort différent réservé aux cédants d'un fonds de commerce selon qu'ils exercent, dans un fonds concurrent, une activité de salarié ou qu'ils en sont associés majoritaires, même non gérants, V. • Com. 21 janv. 2004, n° 02-11.543 : *RJDA 2004, n° 522 ; Lettre distrib. 3/2004, p. 3.* ♦ Dès lors que la clause de non-concurrence interdit au cédant de s'intéresser « directement ou indirectement » à tout établissement concurrent, la clause doit être interprétée comme assujettissant non seulement la société, cédant les parts sociales, expressément mentionnée dans l'acte de cession, mais également le gérant de la société. • Nancy, 18 févr. 2004 : *D. 2005. Pan. 2455, obs. Picod ; CCC 2005, n° 27, obs. Malaurie-Vignal.* ♦ *Contra*, jugeant que l'ancien dirigeant de la société cédant n'étant pas partie à l'acte de cession dans lequel était stipulée la clause litigieuse, qu'il n'y était pas visé nommément et qu'il ne l'avait jamais acceptée, la clause de non-concurrence lui est inopposable : • Com. 11 juill. 2006, n° 04-20.552 : *D. 2006. Pan. 2923, obs. Gomy ; Dr. sociétés 2006, n° 176, obs. Lécuyer.* ♦ V. aussi pour une clause de non-concurrence insérée dans un protocole de cession d'actions : • Nancy, 28 nov. 2007 : *JCP 2008. IV. 2546 ; RJDA 2009, n° 352.* ♦ Jugeant qu'une clause de non-concurrence figurant dans les statuts d'une société n'est pas opposable au dirigeant non associé nommé en cours de vie sociale s'il n'est pas démontré qu'il l'a acceptée : • Com. 10 juill. 2012, n° 11-20.268 : *RJDA 2012, n° 1076 ; Dr. sociétés 2013, n° 19, obs. Mortier ; BJS 2013. 31, note Barbièri.* ♦ La clause de non-concurrence interdisant au débiteur de l'obligation d'apporter son concours directement ou par personne interposée dans le domaine scientifique à des entreprises susceptibles de concurrencer son ancienne société, une cour d'appel a interprété souverainement les termes ambigus de cette clause en considérant que le seul fait de devenir actionnaire d'une société concurrente ne constituait pas, en lui-même et compte tenu du contexte dans lequel il était intervenu, une violation de la clause de non-concurrence. • Com. 2 déc. 2008, n° 07-17.521 : *BJS 2009. 350, obs. Poracchia.* ♦ Une clause interdisant de créer, d'exploiter, de s'intéresser directement ou indirectement, à quelque titre que ce soit, même comme associé commanditaire, à une activité concurrente, n'interdit pas de devenir salarié dès lors que les termes employés évoquent une exploitation personnelle ou tout au moins un intéressement à l'exploitation de l'entreprise concurrente. • Paris, 8 janv. 2009 : *RJDA 2009, n° 307 ; BJS 2009. 753, obs. Poracchia.* ♦ La clause « d'interdiction de rétablissement et de reprise d'affaires » stipulée dans l'accord d'entreprise conclu entre une société d'assurances et le syndicat des agents généraux de cette société ne concerne que l'agent général personne physique ; elle ne peut être invoquée contre une personne morale qui, n'ouvrant droit à l'indemnité de cessation de mandat qu'en cas de dissolution, n'est assujettie à l'obligation statutaire de non-concurrence, dont cette indemnité est la contrepartie, qu'en la personne des associés ou des tiers qui avaient le pouvoir de la gérer ou de l'administrer. • Civ. 1re, 14 janv. 2016, n° 15-14.202 P.

Une cour d'appel, qui constate que la clause de non-concurrence imposée par le bailleur initial à tous ses locataires a disparu des baux consentis ultérieurement à une société locataire du même immeuble, a pu en déduire que le bailleur, qui s'est exonéré de l'obligation qui pesait sur lui d'insérer cette clause dans les baux concernés par la zone de non-concurrence, a commis une faute dans l'exécution du bail, rendant de fait impossible le respect de ladite clause et qu'il y a lieu en conséquence de prononcer la résolution de la clause de non-concurrence insérée dans le bail liant le preneur à la SCI bailleresse à compter de la date de l'assignation. • Civ. 3e, 3 mai 2007, n° 06-11.591 P : *D. 2007. 2068, note Rochfeld ; JCP E 2007, n° 35, p. 21, note Auque ; LPA 27 juin 2007, note Berlioz ; Gaz. Pal. 2007. 2533, note Barbier ; CCC 2007, n° 181, obs. Malaurie-Vignal ; RJDA 2007, n° 939 ; Rev. loyers 2007. 336, note Quément.*

La stipulation de dommages et intérêts en cas de non-respect de l'interdiction de réinstallation ne fait pas obstacle à ce que le créancier de l'obligation poursuive l'exécution de la convention nonobstant l'absence de disposition contractuelle l'y autorisant expressément, cette exécution étant en l'espèce réalisable par la seule cessation de l'activité contrevenant à la clause. • Bordeaux, 11 déc. 2007 : *RTD com. 2008. 776, obs. Champaud et Danet* ; *Dr. sociétés 2008, n° 115, obs. Coquelet.* ♦ Ayant pour objet d'indemniser le salarié qui, après rupture du contrat de travail, est tenu d'une obligation qui limite ses possibilités d'exercer un emploi, la contrepartie de la clause de non-concurrence n'est pas due en cas de rupture du contrat de travail à la suite du décès du salarié. • Soc. 29 oct. 2008, n° 07-43.093 P : *D. 2009. Pan. 1443, obs. Robinne* ; *JCP E 2008, n° 48, p. 49 ; RLDA mars 2009. 59, obs. Canut.*

96. *Réduction proportionnelle.* En présence d'une clause de non-concurrence insérée dans un contrat de travail, même indispensable à la protection des intérêts légitimes de l'entreprise, le juge peut, lorsque cette clause ne permet pas au salarié d'exercer une activité conforme à sa formation et à son expérience professionnelle, en restreindre l'application en en limitant l'effet dans le temps, l'espace ou ses autres modalités. • Soc. 18 sept. 2002, n° 00-42.904 P : *D. 2002. 3229, note Serra* ; *JCP E 2003, n° 12, p. 509, obs. Morvan ; RDC 2003. 150, obs. Radé.*

97. *Cessation d'activité.* La cessation volontaire d'activité de l'entreprise n'a pas pour effet de décharger de plein droit le salarié de son obligation de non concurrence. • Soc. 5 avr. 2005, n° 02-45.540 P : *D. 2005. Pan. 2456, obs. Gomy* ; *JCP E 2005, n° 23, p. 984 ; Gaz. Pal. 2005. Somm. 2254, obs. Boubli ; RDC 2005. 765, obs. Radé ; RJDA 2005, n° 1066* • 7 mars 2007, n° 06-42.262 : *D. 2008. Pan. 250, obs. Robinne* ; *JCP E 2007, n° 39, p. 18, note Arcelin.* ♦ Rappr., sanctionnant la violation de la clause de non-concurrence même si le bénéficiaire n'a pas subi de préjudice : • Civ. 1re, 10 mai 2005, n° 02-15.910 P : *RTD civ. 2005. 594, obs. Mestre et Fages* ; *CCC 2005, n° 184, obs. Leveneur ; RJDA 2005, n° 930 ; RDC 2006. 326, obs. D. Mazeaud* • 31 mai 2007, n° 05-19.978 P : *D. 2007. 2784, note Lisanti* ; *RTD civ. 2007. 568 obs. Fages* ; *JCP E 2008, n° 15, p. 26, obs. Mouly ; CCC 2007, n° 230, obs. Leveneur ; RJDA 2007, n° 1191.* ♦ L'obligation au paiement de l'indemnité compensatrice de non-concurrence qui est liée à la cessation d'activité du salarié, au respect de la clause de non-concurrence et à l'absence de renonciation de l'employeur, ne peut être affectée par les circonstances de la rupture du contrat de travail et la possibilité pour le salarié de reprendre ou non une activité concurrentielle (départ à la retraite). • Soc. 24 sept. 2008, n° 07-40.098 P : *D. 2008. AJ 2437* ; *JCP E 2008, n° 41, p. 9.* ♦ L'activité de chirurgien-dentiste, exempt de limite d'âge ou de durée, exige seulement la réunion des conditions de diplôme et de nationalité prévues au code de la santé publique et l'absence d'interdiction légale ou disciplinaire d'exercice, de sorte que la renonciation du débiteur de l'obligation de non-concurrence à une activité qu'il lui eût été loisible de continuer ou reprendre plus tard constituait, à la date de sa formation, la cause de l'engagement pécuniaire litigieux, distincte des mobiles, indifférents en l'espèce, qui l'avaient amené à céder son cabinet. • Civ. 1re, 3 avr. 2007, n° 05-11.405 P : *RTD civ. 2007. 566, obs. Fages* ; *JCP E 2007, n° 39, p. 18, note Arcelin ; LPA 1er févr. 2008, note Bonnet.* ♦ Pour une renonciation du créancier de l'obligation de non-concurrence, V. • Bordeaux, 17 janv. 2007 : *D. 2008. Pan. 249, obs. Gomy*.

98. *Transmission de la clause de non-concurrence.* La clause de non-concurrence souscrite par un membre d'une profession libérale au profit d'un confrère à l'occasion de la cession des éléments constitutifs de son cabinet doit être, sauf clause contraire, présumée comprise parmi les droits transmis par le cessionnaire lorsqu'il vient à son tour à procéder à la même opération au profit d'un tiers. • Civ. 1re, 3 déc. 1996, n° 95-10.913 P : *D. 1997. 131, rapp. Chartier* , *note Serra* . ♦ Jugeant que la clause de non-concurrence convenue à l'occasion de la vente d'un fonds de commerce se transmet de plein droit, sauf clause contraire, aux acquéreurs successifs de ce fonds, V. • Lyon, 6 nov. 1998 : *RJDA 2000, n° 7.* ♦ Comp., sur l'absence de transmission d'une clause de non-concurrence à l'acquéreur ou au locataire-gérant du fonds de commerce, V. note 27 ss. C. com., art. L. 141-5. ♦ L'interdiction faite à l'acquéreur d'un fonds de l'affecter à un usage déterminé peut revêtir le caractère d'une servitude établie par le fait de l'homme attachée au fonds dans l'intérêt d'un autre fonds et est valable pourvu que ce service ne soit pas contraire à l'ordre public. • Com. 15 juill. 1987, n° 86-11.272 P. ♦ Sur le sort d'une clause de non-concurrence en cas de cession d'actions, V. • Com. 11 mars 2003, n° 99-20.331 : *BJS 2003. 666, note Massart.* ♦ Si la clause interdisant, avant l'expiration d'un certain délai, au salarié quittant une entreprise d'entrer dans une autre entreprise exerçant une activité similaire ne s'applique pas dès lors que les deux entreprises ne sont pas en situation réelle de concurrence mais appartiennent au même groupe économique, et que le passage du salarié de l'une à l'autre est le résultat d'une entente entre lui et ses deux employeurs successifs, elle reprend ses effets normaux à partir du jour où le contrat de travail avec le second employeur a été rompu, sans que ce délai puisse s'en trouver reporté ou allongé. • Soc. 12 sept. 2018, n° 17-10.853 P : *D. 2018. Actu.1812 ; RTD civ. 2018. 894, obs. Barbier* ; *RDT 2018. 758, note*

Bento de Carvalho ; *Dr. soc. 2018. 1061, obs. Mouly* ; *RJDA 2018, n° 912.*

99. *Responsabilité du tiers complice.* Il s'infère nécessairement un préjudice de la participation d'une société à la violation d'une clause de non-concurrence. • Com. 17 déc. 2007, n° 05-13.697 : *CCC 2008, n° 86, obs. M. M.-V.* ♦ Toute personne qui emploie sciemment un salarié en violation d'une clause de non-concurrence souscrite par ce dernier commet une faute délictuelle à l'égard de la victime de l'infraction et doit être condamnée à réparer le préjudice subi, indépendamment d'un détournement effectif de la clientèle. • Com. 5 févr. 1991, n° 88-18.400 P : *préc. note 41* • 21 mars 1995, n° 93-13.455 : *RJDA 1995, n° 926.* – Rappr., sur la responsabilité d'un employeur ayant été négligent en recrutant comme directeur commercial, l'ancien gérant d'une société avec laquelle il était précédemment lié par un accord de distribution, sans vérifier que la résiliation amiable du contrat de travail du nouvel embauché, notamment quant à la renonciation à la clause de non-concurrence dont il avait connaissance, avait été effective, V. • Versailles, 29 juin 2000 : *D. 2001. Somm. 1234, obs. Picod* . ♦ Sur la responsabilité d'un franchiseur ayant eu connaissance de l'embauche par un de ses distributeurs d'un salarié lié par une clause de non-concurrence : • Com. 22 févr. 2000, n° 97-18.728 : *CCC 2000, n° 81, obs. Malaurie-Vignal.* ♦ Sur la responsabilité de sociétés s'étant abstenues de vérifier si les personnes nouvellement recrutées étaient libres de tout engagement à l'égard de leur précédent employeur et notamment, si elles n'étaient pas liées par une clause de non-concurrence : • Paris, 10 janv. 2001 : *D. 2001. Somm. 1311, obs. Serra* • 25 oct. 2000 : *ibid.* ♦ Sur la preuve de la connaissance par le nouvel employeur de la clause de non-concurrence et son obligation de vérifier la liberté du salarié embauché, V. • Com. 18 déc. 2001, n° 00-10.978 P : *D. 2003. Somm. 1029, obs. Picod* ; *CCC 2002, n° 59, obs. Malaurie-Vignal.* ♦ Sur la question de savoir si l'illicéité d'une clause de non-concurrence pour absence de contrepartie financière rend celle-ci inopposable au second employeur auquel on ne peut alors reprocher un acte de concurrence déloyale, V. • Com. 29 janv. 2008, n° 06-18.654 P : *D. 2008. AJ 540, obs. Chevrier* ; *RDT 2008. 453, obs. Chagny* ; *JCP E 2008, n° 10, p. 27* ; *CCC 2008, n° 111, obs. M. M.-V.* ; *RJDA 2008, n° 605.*

100. *Cumul d'actions en responsabilité.* L'action en concurrence déloyale dirigée contre l'employeur ayant embauché un salarié lié par une clause de non-concurrence est recevable nonobstant l'existence d'une action contractuelle de l'ancien employeur contre le salarié, ces deux actions, l'une délictuelle, l'autre contractuelle, qui tendent à la réparation d'un préjudice différent pouvant se cumuler. • Com. 24 mars 1998, n° 96-15.694 P : *D. 1999. Somm. 113, obs. Libchaber* ; *LPA 19 août 1998, obs. Malaurie-Vignal.* ♦ L'action en concurrence déloyale engagée contre le nouvel employeur du salarié devant la juridiction commerciale, qui n'a ni le même objet, ni la même cause et qui n'oppose pas les mêmes parties, ne fait pas obstacle à ce que l'ancien employeur agisse contre son ancien salarié en réparation du préjudice qu'il lui a causé par sa faute. • Soc. 28 janv. 2005, n° 02-47.527 P : *D. 2005. Pan. 2462, obs. Auguet* ; *JCP E 2005, n° 40, p. 1661, note Depingé* ; *CCC 2005, n° 65, obs. Malaurie-Vignal* ; *LPA 8 mars 2005, obs. Picca et Sauret* ; *RJDA 2005, n° 635* • 24 mai 2005, n° 03-43.471 : *CCC 2005, n° 167, obs. Malaurie-Vignal* ; *RDLC 2005, n° 3, p. 89, obs. Fasquelle et Mésa.* ♦ Le créancier d'une obligation contractuelle (clause de non-concurrence) peut également se prévaloir contre le débiteur de cette obligation des règles de la responsabilité délictuelle (concurrence déloyale) dès lors qu'il invoque des faits distincts. • Com. 8 juill. 2014, n° 13-11.208 : *AJCA 2014. 335, obs. le Tourneau* . ♦ Mais la responsabilité pour concurrence déloyale suppose une faute caractérisée par des agissements distincts de la seule violation d'une éventuelle obligation de non-concurrence sanctionnée par la perte de l'indemnité compensatrice. • Civ. 1re, 18 janv. 2005, n° 03-15.911 : *D. 2005. Pan. 2462, obs. Auguet* ; *JCP E 2005, n° 26, p. 1114, obs. Caron* ; *CCC 2005, n° 88, obs. Malaurie-Vignal* ; *LPA 15 mai 2006, obs. Bacchichetti.*

101. *Clause de non-sollicitation.* BIBL. Cottereau, *Journ. sociétés 12/ 2013. 47* (incidence sur les accords de non-sollicitation, clause de non-concurrence et engagement de confidentialité). – Caseau-Roche, *AJCA 2015. 64* (la clause de non-sollicitation). – Lucas-Puget, *CCC 2016. Formule 4* (clause de non-sollicitation de collaborateurs). – Meillassoux, *CCE 2018. Prat. 18* (clauses restrictives de concurrence : la non-sollicitation assortie d'une clause pénale). – Tatoux, *RLDA avr. 2019. 43* (la non-sollicitation de personnel : pour une préservation des savoir-faire de l'entreprise). ♦ La clause de non-sollicitation ne constitue pas une clause de non-concurrence dont elle n'est ni une variante, ni une précision de celle-ci. • Com. 11 juill. 2006, n° 04-20.438 : *D. 2006. Pan. 2925, obs. Gomy* ; *RTD civ. 2007. 111, obs. Mestre et Fages* ; *JCP E 2006, n° 36, p. 1487* ; *CCC 2006, n° 232, obs. Malaurie-Vignal* ; *RJDA 2006, n° 1199* ; *RDLC 2006, n° 4, p. 86, obs. de La Laurencie et Sanglé-Ferrière.* ♦ Une clause de non-sollicitation, par laquelle les clients de l'employeur s'engagent pour une durée déterminée à ne pas recourir aux services de ses salariés ou collaborateurs quand bien même ceux-ci auraient quitté l'entreprise, ne constitue pas une clause de non-concurrence. • Lyon, 12 juill. 2005 : *D. 2006. Pan. 2925, obs. Gomy* ; *JCP E 2006, n° 16, p. 726, note Stoffel-Munck* ; *CCE 2006, n° 26, obs. Stoffel-Munck* • Paris, 11 févr. 2010 : *CCC 2010,* *n° 262, obs. M. M.-V.* ♦ La validité d'une clause de non-sollicitation est subordonnée à la réunion de plusieurs conditions, à savoir sa limitation dans le temps, la protection d'un intérêt légitime et le caractère proportionné entre l'interdiction posée et l'intérêt protégé. • Com. 20 oct. 2021, n° 19-22.546 : *RJDA 2022, n° 132.* ♦ Dès lors qu'en exécution de la clause de non-sollicitation conclue entre son employeur et la société le salarié n'avait pas pu être engagé par cette dernière, il en résulte que cette clause avait porté atteinte à sa liberté de travailler et que son employeur devait l'indemniser du préjudice qu'il lui avait ainsi causé. • Soc. 2 mars 2011, n° 09-40.547 : *CCC 2011, n° 139, obs. Malaurie-Vignal.* ♦ Seul le salarié peut se prévaloir du trouble qu'est susceptible de lui causer une clause de non-sollicitation ne comportant pas de contrepartie financière. • Com. 10 mai 2006, n° 04-10.149 P : *D. 2006. Pan. 2925, obs. Gomy ; RTD civ. 2007. 111, obs. Mestre et Fages ; JCP E 2006, n° 36, p. 1497, note Vatinet ; CCC 2006, n° 164, obs. Malaurie-Vignal ; RJDA 2006, n° 1108.* – V. en matière de clause de non-concurrence, note 91. ♦ Le fait pour le salarié d'être en période d'essai à l'égard du fournisseur ne lui retire pas la qualité de collaborateur de ce dernier, de telle sorte que le client viole l'interdiction prévue dans la clause de non-sollicitation en l'embauchant. • Paris, 14 déc. 2005 : *BRDA 2006, n° 10, p. 9.* ♦ Pour une difficulté à distinguer clause de non-concurrence et clause de non-sollicitation : • Soc. 13 juin 2007, n° 06-41.753 : *CCC 2007, n° 248, obs. Malaurie-Vignal.* ♦ V. aussi pour un engagement, de la part d'un PDG révoqué, de ne pas démarcher les clients ou les collaborateurs du groupe, constitutif d'un engagement de non-concurrence reconnu comme tel par tous les organes de la société alors même qu'à défaut d'engagement de sa part, l'ancien dirigeant n'était tenu par aucune obligation, légale ou conventionnelle, de nature à restreindre sa liberté de travailler pour un groupe concurrent : • TGI Paris, 27 janv. 2009 : *JCP E 2009, n° 8-9, p. 45.* ♦ Pour une obligation de non-sollicitation figurant dans une clause de non-concurrence : • Com. 11 mars 2008, n° 06-18.329 : *RJDA 2008, n° 981.* ♦ La clause de clientèle contenant une interdiction faite au salarié de contracter avec les clients de son ancien employeur, y compris dans le cas où ces derniers envisageraient spontanément, en dehors de toute sollicitation ou démarchage, de contracter directement ou indirectement avec lui, s'analyse en une clause de non-concurrence. • Soc. 27 oct. 2009, n° 08-41.501 P : *D. actu. 13 nov. 2009, obs. crit. Perrin ; JCP 2010, n° 1-2, p. 33, note Corrignan-Carsin ; CCC 2009, n° 288, obs. Malaurie-Vignal ; RJDA 2010, n° 113* • 15 févr. 2012, n° 10-21.328 : *RJDA 2012, n° 639.* – V. aussi • Soc. 9 mars 2011, n° 09-66.535 : *CCC 2011, n° 163, obs. N. M.* ♦ Eu égard à l'ampleur de l'atteinte portée à la liberté de travailler d'un salarié par une clause du contrat de travail qualifiée de clause de non-sollicitation, il convient de la requalifier en clause de non-concurrence : • Soc. 20 nov. 2014, n° 13-20.387 : *LPA 10 avr. 2015, note Falxa.* ♦ Pour juger que la clause intitulée « Force commerciale » est valide, l'arrêt, après avoir relevé qu'elle est limitée dans le temps, retient qu'elle constitue une clause de non-sollicitation et non une clause de non-concurrence, dont elle n'est ni une variante ni une précision, et en déduit que le cadre rigoureux des clauses de non-concurrence ne trouve pas à s'appliquer. L'arrêt retient ensuite que cette clause, qui permet aux salariés de rechercher un emploi auprès d'autres entreprises non-membres du groupement, ne porte en conséquence pas atteinte à la liberté du travail et qu'elle n'est pas disproportionnée puisqu'elle précise que des accords dérogatoires sont possibles. En se déterminant ainsi, alors que, conclue entre entreprises concurrentes, la clause litigieuse portait atteinte à la liberté du travail des personnes qui étaient contractuellement liées à ces entreprises ainsi qu'à la liberté d'entreprendre de ces dernières, la cour d'appel, qui n'a pas recherché si ces atteintes étaient proportionnées aux intérêts légitimes que la clause était censée protéger, a privé sa décision de base légale. • Com. 27 mai 2021, n° 18-23.261 P : *D. 2021. Chron. C. cass. 2267, obs. Bellino ; JCP E 2021, n° 1434, note Malaurie-Vignal ; RJDA 2022, n° 60.*

Pas plus que le juge du principal, le juge des référés n'a pas le pouvoir, à la demande d'un tiers, d'ordonner la résiliation d'un contrat de travail conclu en violation d'une clause de non-sollicitation ni de prendre une mesure entraînant la rupture de celui-ci. • Soc. 18 nov. 2009, n° 08-19.419 P : *D. actu. 3 déc. 2009, obs. Perrin.*

102. Clause de respect de clientèle. **BIBL.** Castronovou, *RDT 2010. 507* (clause de clientèle et clause de non-concurrence). ♦ Cette clause, qui interdit au salarié ou à l'associé de considérer comme personnels pendant la durée du contrat de travail, ou de conserver comme personnels après la rupture de celui-ci, les clients de la société pour lesquels il a travaillé, n'est pas une clause de non-concurrence en ce qu'elle n'interdit pas au salarié de s'engager auprès d'un employeur concurrent ou de créer une entreprise concurrente après la rupture. • Aix-en-Provence, 7 nov. 2006 : *JCP E 2007, n° 27-28, p. 47.* ♦ Cette clause, qui doit se distinguer de la clause de non-concurrence qu'elle ne constitue pas, n'a pas été respectée par le salarié qui a conservé des mandats de commissaire aux comptes détenus à titre personnel pendant l'exécution du contrat de travail, et a ainsi détourné une partie de la clientèle devant revenir à la société. • Même arrêt. ♦ Pour une clause de propriété commerciale interdisant de démarcher un client ou ancien client de l'employeur, V. • Paris, 2 avr. 2008 : *JCP 2009. IV. 1942.*

Sur le portage salarial, V. C. trav., art. L. 1254-1 s. – C. trav.

103. Clause de confidentialité. **BIBL.** Caseau-Roche, *AJCA 2014. 119* (clause de confidentialité). – Sassolas, *RTD com. 2015. 625* (durée des clauses de confidentialité). ♦ Une clause de confidentialité destinée à protéger le savoir-faire propre à l'entreprise peut valablement prévoir qu'elle s'appliquera après la fin du contrat de travail. • Soc. 19 mars 2008, n° 06-45.322 : *RLDA juill.-août 2008. 55, note Cornesse.* ♦ L'inexécution par le salarié de l'obligation de confidentialité postérieurement à son départ de l'entreprise le rend responsable du préjudice qui en résulte pour celle-ci, même en l'absence de faute lourde. • Même décision. ♦ L'obligation de secret professionnel figurant au contrat doit être distinguée de l'obligation de non-concurrence qui interdit d'être embauché par un concurrent après la rupture du contrat de travail. • Nîmes, 19 mars 2008 : *JCP E 2008, n° 38, p. 47.* ♦ Ayant constaté que la clause litigieuse ne portait pas atteinte au libre exercice par le salarié d'une activité professionnelle, mais se bornait à imposer la confidentialité des informations détenues par lui et concernant la société, la cour d'appel en a exactement déduit que cette clause n'ouvrait pas droit à contrepartie financière. • Soc. 15 oct. 2014, n° 13-11.524 P : *D. 2014. Actu. 2118 ; RDT 2015. 39, note Gratton ; JCP E2014, n° 823 ; Gaz. Pal. 2014. 3717, note Garinot.* ♦ L'engagement du salarié, après la rupture du contrat de travail, à ne déposer aucun brevet pour des créations inventées pendant l'exécution de son contrat ainsi que son engagement à ne publier aucun article scientifique et à ne diffuser aucune information commerciale ni aucun renseignement technique, relatifs à la société, ne sont pas assimilables à une clause de non-concurrence et n'ouvrent pas droit au paiement d'une contrepartie financière. • Soc. 3 mai 2018, n° 16-25.067 P : *D. 2018. Actu. 1018 ; Dalloz IP/IT 2018. 689, obs. Latil ; RJDA 2018, n° 700.* ♦ En application d'une clause de confidentialité, un salarié est tenu d'une obligation de loyauté vis-à-vis de son ancien employeur, prohibant tout propos préjudiciable auprès de tiers relativement à ce dernier en vue de nuire à sa réputation. • TGI Béthune, 14 déc. 2010 : *CCE 2011, n° 48, obs. Caprioli.*

Règlement CE n° 864/2007 du 11 juillet 2007,

Sur la loi applicable aux obligations non contractuelles (« Rome II »).

BIBL. ▶ Duintjer Tebbens, *Rev. crit. DIP 1994. 451* (les conflits de lois en matière de publicité déloyale à l'épreuve du droit communautaire). – Pironon, *Europe 2008. Étude 2* (l'entrée du droit de la concurrence dans le règlement « Rome II » : bonne mauvaise idée ?). – Mélin, *LPA 5 août 2008, spéc. p. 7* (concurrence déloyale et actes restreignant la libre concurrence). – Luciani, *JCP E 2008, n° 48, p. 18* (regards critiques sur l'art. 6 relatif à la loi applicable à la concurrence déloyale et aux actes restreignant la libre concurrence). – Béhar-Touchais, *RLC janv.-mars 2010. 31* (l'art. 6 du Règl. Rome II et les pratiques restrictives de concurrence internationales).

Art. 4 *Règle générale.* 1. Sauf dispositions contraires du présent règlement, la loi applicable à une obligation non contractuelle résultant d'un fait dommageable est celle du pays où le dommage survient, quel que soit le pays où le fait générateur du dommage se produit et quels que soient le ou les pays dans lesquels des conséquences indirectes de ce fait surviennent

2. Toutefois, lorsque la personne dont la responsabilité est invoquée et la personne lésée ont leur résidence habituelle dans le même pays au moment de la survenance du dommage, la loi de ce pays s'applique.

3. S'il résulte de l'ensemble des circonstances que le fait dommageable présente des liens manifestement plus étroits avec un pays autre que celui visé aux paragraphes 1 ou 2, la loi de cet autre pays s'applique. Un lien manifestement plus étroit avec un autre pays pourrait se fonder, notamment, sur une relation préexistante entre les parties, telle qu'un contrat, présentant un lien étroit avec le fait dommageable en question.

……………………………………………………………………………

Art. 6 *Concurrence déloyale et actes restreignant la libre concurrence.* 1. La loi applicable à une obligation non contractuelle résultant d'un acte de concurrence déloyale est celle du pays sur le territoire duquel les relations de concurrence ou les intérêts collectifs des consommateurs sont affectés ou susceptibles de l'être.

2. Lorsqu'un acte de concurrence déloyale affecte exclusivement les intérêts d'un concurrent déterminé, l'article 4 est applicable.

3. a) La loi applicable à une obligation non contractuelle résultant d'un acte restreignant la concurrence est celle du pays dans lequel le marché est affecté ou susceptible de l'être.

b) Lorsque le marché est affecté ou susceptible de l'être dans plus d'un pays, le demandeur en réparation qui intente l'action devant la juridiction du domicile du défendeur peut choisir de fonder sa demande sur la loi de la juridiction saisie, pourvu que le marché de cet État membre compte parmi ceux qui sont affectés de manière directe et substantielle par la restriction du jeu de la concurrence dont résulte l'obligation non contractuelle sur laquelle la demande est fondée. Lorsque le demandeur, conformément aux règles applicables en matière de compétence judiciaire, cite plusieurs défendeurs devant cette juridiction, il peut uniquement choisir de fonder sa demande sur la loi de cette juridiction si l'acte restreignant la concurrence auquel se rapporte l'action intentée contre chacun de ces défendeurs affecte également de manière directe et substantielle le marché de l'État membre de cette juridiction.

4. Il ne peut être dérogé à la loi applicable en vertu du présent article par un accord tel que mentionné à l'article 14.

....

Art. 14 *Liberté de choix.* 1. Les parties peuvent choisir la loi applicable à l'obligation non contractuelle :

a) par un accord postérieur à la survenance du fait générateur du dommage ;
ou

b) lorsqu'elles exercent toutes une activité commerciale, par un accord librement négocié avant la survenance du fait générateur du dommage.

Ce choix est exprès ou résulte de façon certaine des circonstances et ne porte pas préjudice aux droits des tiers.

2. Lorsque tous les éléments de la situation étaient, au moment de la survenance du fait générateur du dommage, localisés dans un pays autre que celui dont la loi a été choisie, le choix d'une loi par les parties ne peut porter atteinte à l'application des dispositions auxquelles la loi de cet autre pays ne permet pas de déroger par accord.

3. Lorsque tous les éléments de la situation étaient, au moment de la survenance du fait générateur du dommage, localisés dans un ou plusieurs États membres, le choix par les parties de la loi d'un pays tiers ne peut, le cas échéant, porter atteinte à l'application des dispositions du droit communautaire auxquelles il ne peut être dérogé par un accord, et telles qu'elles ont été mises en œuvre dans l'État membre du for.

BIBL. ▶ Boskovic, *D. 2009. 1639* (l'autonomie de la volonté dans le règlement Rome II).

Art. 15 *Portée de la loi applicable.* La loi applicable à une obligation non contractuelle en vertu du présent règlement régit notamment :

a) les conditions et l'étendue de la responsabilité, y compris la détermination des personnes susceptibles d'être déclarées responsables des actes qu'elles commettent ;

b) les causes d'exonération, de limitation et de partage de responsabilité ;

c) l'existence, la nature et l'évaluation des dommages, ou la réparation demandée ;

d) dans les limites des pouvoirs conférés au tribunal par le droit procédural de l'État dont il relève, les mesures que ce tribunal peut prendre pour assurer la prévention, la cessation du dommage ou sa réparation ;

e) la transmissibilité du droit à réparation, y compris par succession ;

f) les personnes ayant droit à réparation du dommage qu'elles ont personnellement subi ;

g) la responsabilité du fait d'autrui ;

h) le mode d'extinction des obligations ainsi que les règles de prescription et de déchéance fondées sur l'expiration d'un délai, y compris les règles relatives au point de départ, à l'interruption et à la suspension d'un délai de prescription ou de déchéance.

Art. 16 *Dispositions impératives dérogatoires.* Les dispositions du présent règlement ne portent pas atteinte à l'application des dispositions de la loi du for qui régissent impérativement la situation, quelle que soit la loi applicable à l'obligation non contractuelle.

....

Art. 26 *Ordre public du for.* L'application d'une disposition de la loi d'un pays désignée par le présent règlement ne peut être écartée que si cette application est manifestement incompatible avec l'ordre public du for.

....

Art. 31 *Application dans le temps.* Le présent règlement s'applique aux faits générateurs de dommages survenus après son entrée en vigueur.

Art. 32 *Date d'application.* Le présent règlement est applicable à partir du 11 janvier 2009, à l'exception de l'article 29, lequel est applicable à partir du 11 juillet 2008.

Loi n° 81-766 du 10 août 1981,

Relative au prix du livre.

Sur le médiateur du livre, V. L. n° 2014-344 du 17 mars 2014 et Décr. n° 2014-936 du 19 août 2014 au ***C. consom.***

Art. 1er Toute personne physique ou morale qui édite ou importe des livres est tenue de fixer, pour les livres qu'elle édite ou importe, un prix de vente au public.

Ce prix est porté à la connaissance du public. Un décret précisera, notamment, les conditions dans lesquelles il sera indiqué sur le livre et déterminera également les obligations de l'éditeur ou de l'importateur en ce qui concerne les mentions permettant l'identification du livre et le calcul des délais prévus par la présente loi. *— V. Décr. n° 81-1068 du 3 déc. 1981. —* ***C. consom.***

Tout détaillant doit offrir le service gratuit de commande à l'unité. Toutefois, et dans ce seul cas, le détaillant peut ajouter au prix effectif de vente au public qu'il pratique les frais ou rémunérations correspondant à des prestations supplémentaires exceptionnelles expressément réclamées par l'acheteur et dont le coût a fait l'objet d'un accord préalable.

Les détaillants doivent pratiquer un prix effectif de vente au public compris entre 95 p. 100 et 100 p. 100 du prix fixé par l'éditeur ou l'importateur. *(L. n° 2014-779 du 8 juill. 2014, art. 1er)* **« Lorsque le livre est expédié à l'acheteur et n'est pas retiré dans un commerce de vente au détail de livres, le prix de vente est celui fixé par l'éditeur ou l'importateur. »** *(L. n° 2021-1901 du 30 déc. 2021, art. 1er-I-1°)* **« Le service de livraison du livre ne peut en aucun cas, que ce soit directement ou indirectement, être proposé par le détaillant à titre gratuit, sauf si le livre est retiré dans un commerce de vente au détail de livres. Il doit être facturé dans le respect d'un montant minimal de tarification fixé par arrêté des ministres chargés de la culture et de l'économie sur proposition de l'Autorité de régulation des communications électroniques, des postes et de la distribution de la presse. Cet arrêté tient compte des tarifs proposés par les prestataires de services postaux sur le marché de la vente au détail de livres et de l'impératif de maintien sur le territoire d'un réseau dense de détaillants** *[ancienne rédaction : Le détaillant peut pratiquer une décote à hauteur de 5 % de ce prix sur le tarif du service de livraison qu'il établit, sans pouvoir offrir ce service à titre gratuit]***. »**

Dans le cas où l'importation concerne des livres édités en France, le prix de vente au public fixé par l'importateur est au moins égal à celui qui a été fixé par l'éditeur.

(L. n° 85-500 du 13 mai 1985) **« Les dispositions de l'alinéa précédent ne sont pas applicables aux livres importés en provenance d'un État membre de la Communauté européenne** *(L. n° 93-1420 du 31 déc. 1993, en vigueur le 1er janv. 1994)* **« ou d'un autre État partie à l'accord sur l'Espace économique européen », sauf si des éléments objectifs, notamment l'absence de commercialisation effective dans cet État, établissent que l'opération a eu pour objet de soustraire la vente au public aux dispositions du quatrième alinéa du présent article. »**

(L. n° 2021-1901 du 30 déc. 2021, art. 1er-I-2°) **« Les personnes vendant simultanément des livres neufs et des livres d'occasion ainsi que celles qui mettent à la disposition de tiers des infrastructures leur permettant de vendre ces deux types de produits s'assurent que le prix de vente des livres est communiqué en distinguant, à tout moment et quel qu'en soit le mode de consultation, l'offre de livres neufs et l'offre de livres d'occasion. L'affichage du prix des livres ne doit pas laisser penser au public qu'un livre neuf peut être vendu à un prix différent de celui qui a été fixé par l'éditeur ou l'importateur. Un décret fixe les conditions d'application du présent alinéa. »**

Les obligations des détaillants prévues au 1° du I de l'art. 1er de la L. n° 2021-1901 du 30 déc. 2021 entrent en vigueur six mois après la publication de l'arrêté mentionné au même 1°. Les obligations prévues au 2° du I du même article entrent en vigueur six mois après la publication du décret mentionné au même 2°. Dans un délai de deux ans à compter de l'entrée en vigueur de l'arrêté mentionné au 1° du I, le Gouvernement remet au Parlement un rapport sur les effets de la mise en œuvre du même 1° sur le marché du livre, sur le réseau des détaillants de livres et sur l'accès du public à l'achat de livres (L. préc., art. 1er-III à V).

1. Droit communautaire. **BIBL.** Focsaneanu, *JCP E 1985. II. 14498.* – Grelon, *RTD eur. 1987. 405.* – Pouchard, *RTD eur. 2001. 63* (les systèmes de prix fixe du livre dans les zones linguistiques transnationales au regard du droit communautaire). ♦ Sur la conformité de la L. du

10 août 1981 au traité de Rome, V. • CJCE 3 oct. 2000, n° C-9/99 : *JCP 2000, n° 45, Actualités, p. 2007* • 10 janv. 1985, n° C-229/83 : *JCP 1985. II. 20395, note Develleunes* • Com. 5 mai 1987, n° 85-13.845 P • Crim. 19 déc. 1988, n° 87-91.379 P • Paris, 11 avr. 1988 : *D. 1988. IR 126.* – V. aussi • CE 22 nov. 1991, n° 68121 : *D. 1992. IR 11.* ♦ V., en matière d'aides d'État, Berlin et Adam, *RLDA avr. 2008. 39* ; Cheynel, *RLC avr.-juin 2008. 40* ; Coutrelis, *RLDA juin 2008. 43.*

2. Internet. Les dispositions de la L. du 10 août 1981 sont applicables à une société qui a pour objet la commercialisation de livres via internet. • TGI Versailles, réf., 5 juill. 2001 : *Gaz. Pal. 2003. 1. Somm. 587, obs. Noguier.*

3. Partitions musicales. La L. du 10 août 1981, qui est d'interprétation stricte puisque dérogeant au principe de la liberté des prix, ne s'applique pas aux partitions musicales, qui n'y sont pas visées. • Civ. 1re, 28 janv. 2010, n° 08-70.026 P : *D. 2010. AJ 379, obs. Gallmeister* ; *JCP E 2011, n° 1135, spéc. n° 17, obs. Decocq ; CCC 2010, n° 88, obs. Leveneur ; RJDA 2010, n° 787.*

4. Vente par les adhérents d'une association. Une campagne publicitaire contraire à la L. du 10 août 1981 et génératrice d'un trouble manifestement illicite, décidée et coordonnée par une association regroupant les exploitants de magasins distribuant leurs produits sous une même enseigne, peut être interdite par voie de référé. • Com. 2 oct. 1990, n° 88-13.923 P : *RTD com. 1991. 429, obs. Bouloc* . ♦ En revanche, viole l'art. 1er de la L. du 1er juill. 1901, l'arrêt qui fait défense à une association, sous astreinte, de laisser vendre ou exposer des livres édités en France à un prix non conforme à la loi de 1981, alors qu'une association a une personnalité distincte de celle de ses membres et que les agissements visés étaient imputables aux sociétés adhérentes de l'association. • Même arrêt.

5. Notion de prix effectif. La notion de prix effectif s'entend d'une contrepartie monétaire de la fourniture d'un livre, indépendamment de tout amalgame avec la fourniture d'une autre marchandise ou d'un service que sa remise viserait à promouvoir, la somme à payer pour l'obtenir étant précisément minorée à cette fin. • Versailles, 2 févr. 1996 : *D. 1996. IR 142 ; CCC 1996, n° 179, obs. Raymond.* ♦ Pour les faits, V. note 2 ss. art. 8. ♦ V. aussi, dans la même affaire, jugeant que faute d'avoir fourni à la cour d'appel des éléments de nature à apprécier différemment le prix retenu, le vendeur ne pouvait utilement lui reprocher d'avoir retenu le prix apparent que l'acheteur devait acquitter au titre de la prime, et non le prix effectif du livre vendu. • Com. 29 janv. 2002, n° 99-16.053 P : *D. 2002. AJ 885, obs. Chevrier* ; *Légipresse 2002, p. 67, note Pollaud-Dulian.*

Le détaillant pratiquant un prix effectif de vente au public non compris entre 95 % et 100 % du prix fixé par l'éditeur ou l'importateur doit être puni d'une peine d'amende, hypothèse dans laquelle se situe celui qui vend des livres à un prix supérieur à 100 % du prix fixé par l'éditeur ou l'importateur. • Crim. 3 avr. 2001, n° 00-85.263 P : *Dr. pénal 2001, n° 104, obs. Robert ; RTD com. 2001. 793, obs. Bouloc* ; *RJDA 2001, n° 1268.*

6. Remises supérieures à 5 %. Est illicite la mise sur le marché d'un ouvrage au prix fixé par l'éditeur, mais accompagné d'un livre, offert en prime, en ramenant le prix réel à un montant inférieur à 95 % du prix fixé par l'éditeur. • Paris, 25 oct. 1994 : *Gaz. Pal. 1995. 2. Somm. 492.* ♦ Le pourvoi contre cet arrêt, qui invoquait que l'art. 1er, al. 3, ne s'applique qu'aux détaillants, a été rejeté, au motif que l'éditeur n'avait pas fixé le prix de vente des dictionnaires diffusés ou les avait commercialisés sans respecter le prix de vente indiqué. • Com. 1er avr. 1997, n° 94-22.129 P : *D. 1998. Somm. 218, obs. Serra* .

7. Détaillant. En ce sens que la L. du 10 août 1981, ne faisant aucune distinction entre les différentes catégories de détaillants, que la vente de livres soit leur activité principale, accessoire ou occasionnelle, et ne permettant pas que ces dispositions soient écartées lors d'opérations promotionnelles, est donc applicable à l'opération consistant en la remise d'un livre moyennant le versement d'une somme d'argent, à des automobilistes ayant fait un plein d'essence, cette opération devant s'analyser, quelle que soit la qualification qu'en donnent les parties, en un contrat de vente et ce, peu important que cette vente soit consécutive à la conclusion préalable d'un autre contrat : • Versailles, 28 janv. 1999 : *D. 1999. IR 71 ; D. Affaires 1999. 449, obs. E. P. ; LPA 8 nov. 1999, obs. Etner* (conf. par • Com. 29 janv. 2002, n° 99-16.053 P : *préc. note 5*).

La remise de 25 albums de bandes dessinées à celui qui n'en a payé que 20 au prix public ne constitue pas une vente avec prime mais une vente avec rabais, en violation des dispositions de l'art. 1er, al. 4, dès lors que cette vente ne remplit pas les conditions de l'art. 6, dans la mesures où l'auteur de l'offre n'est pas, au sens de ce texte, l'éditeur ou l'importateur et que ces ventes ne portent pas sur des livres faisant l'objet d'une édition exclusivement réservée à la vente par courtage. • Paris, 10 mai 2000 : *D. 2000. AJ 372, obs. Petit* ; *JCP 2001. II. 10471, note Pollaud-Dulian ; Gaz. Pal. 11-12 août 2000, p. 20, obs. Vray* (conf. par • Com. 13 mars 2001, n° 00-16.759 P : *D. 2001. AJ 1241, obs. Chevrier* ; *RTD com. 2001. 756, obs. Bouloc* ; *CCC 2001, n° 152, obs. Raymond*).

8. Obligation de l'éditeur. L'éditeur ne peut se prévaloir des dispositions de la L. du 10 août 1981 qu'autant qu'il s'y est lui-même conformé, la démonstration que le détaillant n'a pas pratiqué « un prix effectif de vente au public compris entre 95 % et 100 % du prix fixé par l'éditeur » étant à sa charge et supposant que puisse être déterminé avec certitude et précision, dans les conditions prévues par la loi et les textes pris pour son application, le prix de vente au public fixé par l'éditeur. • Paris, 8 déc. 2000 : *Gaz. Pal. 21-22 nov. 2001, p. 50, note Pezé.*

L'obligation qui pèse sur l'éditeur de fixer, pour les livres qu'il édite, un prix de vente au public à partir duquel les détaillants doivent pratiquer le prix effectif, ne fait pas obstacle à ce que cet éditeur consente un remboursement partiel à ceux qui achètent simultanément plusieurs livres qu'il édite, pourvu que ce remboursement s'applique à tous les acheteurs quel que soit le détaillant auprès duquel ils se sont fournis. • Com. 26 févr. 2008, n° 07-12.725 P : *D. 2008. AJ 779, obs. Delpech ; RTD com. 2008. 839, obs. Bouloc ; JCP E 2008, n° 15, p. 28 ; CCC 2008, n° 151, obs. Leveneur ; RJDA 2008, n° 1315.* ♦ Considérant cette condition non remplie en l'espèce : • Paris, 6 mars 2009 : *D. 2009. AJ 1018, obs. Delpech.*

Art. 2 **Par dérogation aux dispositions de l'article 37 (1°) de la loi n° 73-1193 du 27 décembre 1973 modifiée, les conditions de vente établies par l'éditeur ou l'importateur, en appliquant un barème d'écart sur le prix de vente au public hors taxes, prennent en compte la qualité des services rendus par les détaillants en faveur de la diffusion du livre. Les remises correspondantes doivent être supérieures à celles résultant de l'importance des quantités acquises par les détaillants.**

Art. 3 *(L. n° 2003-517 du 18 juin 2003, en vigueur le 1er août 2003)* **Par dérogation aux dispositions du quatrième alinéa de l'article 1er et sous réserve des dispositions du dernier alinéa, le prix effectif de vente des livres peut être compris entre 91 % et 100 % du prix de vente au public lorsque l'achat est réalisé :**

1° Pour leurs besoins propres, excluant la revente, par l'État, les collectivités territoriales, les établissements d'enseignement, de formation professionnelle ou de recherche, les syndicats représentatifs ou les comités d'entreprise ;

2° Pour l'enrichissement des collections des bibliothèques accueillant du public, par les personnes morales gérant ces bibliothèques. Le prix effectif inclut le montant de la rémunération au titre du prêt en bibliothèque assise sur le prix public de vente des livres prévue à l'article L. 133-3 du code de la propriété intellectuelle.

Le prix effectif de vente des livres scolaires peut être fixé librement dès lors que l'achat est effectué par une association facilitant l'acquisition de livres scolaires par ses membres ou, pour leurs besoins propres, excluant la revente, par l'État, une collectivité territoriale ou un établissement d'enseignement. — *V. Décr. n° 85-862 du 8 août 1985.* — ***C. consom.***

Sur les modalités d'entrée en vigueur des dispositions issues de la L. n° 2003-517 du 18 juin 2003, V. ***C. com.***

1. Livres scolaires. Les critères fixés par le Décr. n° 85-862 du 8 août 1985 sont précis et excluent les ouvrages couramment utilisés par les étudiants, tels les codes juridiques, qui ne sont pas des manuels scolaires, au sens d'un ouvrage édité pour répondre au programme d'une classe, indiqué comme tel sur sa couverture, et conformément au programme officiel de l'éducation nationale. • TGI Paris, 5 juill. 2011, n° 10/01701.

2. Associations. L'art. 3, al. 1er [désormais al. 4], qui prévoit une exception à l'art. 1er au bénéfice des associations, facilitant l'acquisition des livres scolaires pour leurs membres, ne vise nullement les membres de ces associations pris individuellement. • Paris, 24 sept. 1997 : *D. 1997. IR 225 ; D. Affaires 1997. 1246.*

3. Collectivités territoriales. Il résulte des art. 1er, 3 et 5 de la L. du 10 août 1981 que le prix de vente aux collectivités territoriales, pour leurs besoins propres, excluant la revente, d'un livre, n'ayant pas le caractère d'un livre scolaire, édité ou importé depuis moins de deux ans et dont le dernier approvisionnement par le vendeur remonte à moins de six mois, ne peut être inférieur à 91% du prix de vente au public fixé par l'éditeur (pour des dictionnaires personnalisés qui comportaient une première et une dernière page de couverture modifiée par rapport à la version vendue au public et huit pages supplémentaires, ce qui ne suffisait pas à les faire regarder comme des ouvrages distincts du dictionnaire destiné au public). • CE 28 sept. 2016, n° 400393 : *AJCT 2017. 49, obs. Dreyfus.*

Art. 4 **Toute personne qui publie un livre en vue de sa diffusion par courtage, abonnement ou par correspondance moins de neuf mois après la mise en vente de la première édition fixe, pour ce livre, un prix de vente au public au moins égal à celui de cette première édition.**

1. Si la loi confie à l'éditeur le soin de fixer le prix de vente au public du livre qu'il publie, elle ne laisse nullement entendre qu'il peut modifier à son gré et à son seul bénéfice le prix de vente au détail d'une même édition. • T. com. Paris, 1er oct. 1997 : *Gaz. Pal. 12-13 août 1998, p. 6.*

2. Les dispositions de l'art. 4 ne s'appliquent pas aux publications successives de deux ouvrages distincts (à propos d'ouvrages différenciés, malgré l'accord de partenariat entre l'éditeur et France Loisirs et l'identité du thème, par leur titre, leur couverture et une partie de leur contenu). • Paris, 20 janv. 1999 : *D. Affaires 1999. 327, obs. E. P. ; JCP 1999. II. 10149, note E. D.*

3. Les livres ne peuvent être vendus à des prix réduits au-delà des limites légalement autorisées, sous couvert de ventes à primes par courtage, abonnement ou correspondance, et de telles ventes ne peuvent intervenir, avant l'expiration du délai de neuf mois, que pour des livres édités exclusivement en vue d'une telle diffusion hors librairie. • Com. 13 mars 2001, n° 00-16.759 P : *D. 2001. AJ 1241, obs. Chevrier ; RTD com. 2001. 756, obs. Bouloc .* ♦ V. l'arrêt confirmé, qui avait retenu la violation de l'art. 4 par un club de livres également éditeur d'ouvrages ayant offert à ses acquéreurs, sous le couvert de « points cadeaux », la possibilité d'acquérir un autre exemplaire du même titre ou un ouvrage comparable, à un prix qui serait payé par l'addition des réductions de 20 à 25 % ainsi consenties sur le prix public de vente de la première édition : • Paris, 10 mai 2000 : *D. 2000. AJ 372, obs. Petit ; JCP 2001. II. 10471, note Pollaud-Dulian ; Gaz. Pal. 11-12 août 2000, p. 20, obs. Vray.*

Art. 5 **Les détaillants peuvent pratiquer des prix inférieurs au prix de vente au public mentionné à l'article 1er sur les livres édités ou importés depuis plus de deux ans, et dont le dernier approvisionnement remonte à plus de six mois.**

(L. n° 2021-1901 du 30 déc. 2021, art. 1er) **« Le premier alinéa du présent article ne s'applique pas aux éditeurs dans leurs activités de détaillants lorsqu'ils vendent les livres qu'ils éditent. »**

Le délai de deux ans prévu à l'art. 5 est calculé en se référant à la date du dépôt légal mentionné sur les ouvrages (Rép. min. : *JOAN Q, 4 mars 1996, p. 1784).*

Art. 6 **Les ventes à prime ne sont autorisées, sous réserve des dispositions de la loi n° 51-356 du 20 mars 1951 modifiée et de la loi n° 73-1193 du 27 décembre 1973 modifiée** *[abrogée par Ord. n° 86-1243 du 1er déc. 1986 ; V. désormais C. consom., art. L. 121-19, v° Ventes commerciales, IV – Primes ou cadeaux (ventes avec)]*, **que si elles sont proposées, par l'éditeur ou l'importateur, simultanément et dans les mêmes conditions à l'ensemble des détaillants ou si elles portent sur des livres faisant l'objet d'une édition exclusivement réservée à la vente par courtage, par abonnement ou par correspondance.**

BIBL. ► FELDMAN, *D. 2007. 2311* (la loi Lang est-elle à la page ?).

1. Frais de port. La prise en charge par le vendeur du coût afférent à l'exécution de son obligation de délivrance du produit vendu ne constitue pas une prime. • Com. 6 mai 2008, n° 07-16.381 P : *D. 2008. 2186, note Feldman ; RTD com. 2009. 200, obs. Bouloc ; JCP E 2008, n° 28-29, p. 25, note Prieur ; RJDA 2008, n° 954 ; RDC 2008. 1222, obs. Fenouillet* (conf. par • Paris, 9 avr. 2009 : *D. 2009. AJ 1534*). ♦ ... Cassant l'arrêt qui avait jugé que les frais de port étant normalement à la charge de l'acheteur, le seul fait pour le vendeur, dans un but de promotion et d'incitation à l'achat, d'annoncer au client auquel le lie un contrat à titre onéreux, qu'il assume lui-même le paiement de la livraison et d'en faire un service gratuit, caractérise la prime au sens des art. 6 de la L. du 10 août 1981 et L. 121-35 [L. 121-19] C. consom. • Paris, 23 mai 2007 : *D. 2007. 2311, note Feldman ; JCP E 2008, n° 3, p. 18, obs. Alma-Delettre ; CCC 2007, n° 292, obs. Raymond* • TGI Versailles, 11 déc. 2007 : *CCE 2008, n° 22, obs. Debet ; RLC avr.-juin 2008. 104, obs. Arcelin-Lécuyer.*

2. Rabais. Sur la distinction entre vente à prime et vente à rabais, V. note 7 ss. art. 1er, et note 3 ss. art. 4.

Art. 7 **Toute publicité annonçant des prix inférieurs au prix de vente au public mentionné à** ***l'article*** **1er (alinéa 1er) est interdite hors des lieux de vente.**

BIBL. ► ACKAD, *RLC janv.-mars 2013. 38* (les *newsletters* annonçant des rabais sur le prix du livre sont-elles licites ?).

Art. 8 **En cas d'infraction aux dispositions de la présente loi, les actions en cessation ou en réparation peuvent être engagées, notamment par tout concurrent, association agréée de défense des consommateurs ou syndicat des professionnels de l'édition ou de la diffusion de livres ainsi que par l'auteur ou toute organisation de défense des auteurs.**

(L. n° 2021-1901 du 30 déc. 2021, art. 1er) **« Les actions prévues au premier alinéa sont soumises à la conciliation préalable du médiateur du livre prévue à l'article 144 de la loi n° 2014-344 du 17 mars 2014 relative à la consommation. »** – *V. C.* ***consom.***

1. Notion de concurrent. Un concurrent est, vis-à-vis d'un agent économique offrant sur un marché un bien donné, celui, qui, s'adressant à la même demande, offre un bien susceptible d'être comparé au premier ou d'en être rapproché par une démarche analogique ou de substitution déclenchant chez l'acheteur potentiel un arbitrage ou un choix, et la situation de concurrence s'entend de deux offreurs proposant des biens assez similaires ou rapprochables pour prétendre à la satisfaction du même intérêt ou du même besoin ; il en est ainsi de l'intérêt ou du besoin qui peut s'attacher à la lecture d'une bande dessinée ayant un thème assez notoire pour être attractif indépendamment des titres ou scénarios adoptés. • Versailles, 2 févr. 1996 : *D. 1998. Somm. 222, obs. Serra* ; *CCC 1996, n° 179, obs. Raymond.*

2. Liste non exhaustive. L'adverbe « notamment » indiquant sans ambiguïté que l'énumération de l'art. 8 n'est pas limitative, un éditeur, directement intéressé à la distribution des ouvrages de librairie et en particulier des dictionnaires, dont il justifie être un des éditeurs les plus connus, peut être considéré comme un concurrent, au sens de ce texte, d'un autre éditeur mettant en vente des dictionnaires. • Paris, 25 oct. 1994 : *D. 1995. IR 22 ; Gaz. Pal. 1995. 2. Somm. 492.* ♦ La liste de l'art. 8 n'étant pas limitative dès lors qu'est employé le terme « notamment », et la demande formée dans le cadre de la présente instance ayant pour finalité la défense d'intérêts collectifs visés dans l'objet de l'association, à savoir la défense de divers professionnels du livre en rapport avec la L. du 10 août 1981, la fin de non-recevoir soulevée pour défaut d'intérêt à agir doit être rejetée. • TGI Paris, 5 juill. 2011, n° 10/01701.

Est recevable l'action d'un éditeur de bandes dessinées contre une compagnie pétrolière offrant aux automobilistes faisant, dans ses stations-services, un plein de carburant d'au moins 30 litres, la faculté d'acquérir pour la somme de 6 F des bandes dessinées d'une série vendue chez les détaillants au prix de 53 F. • Versailles, 2 févr. 1996 : *préc. note 1.*

Art. 8-1 *(Abrogé par L. n° 2021-1901 du 30 déc. 2021, art. 1er) (L. n° 2014-344 du 17 mars 2014, art. 142)* ***Des agents relevant du ministre chargé de la culture peuvent procéder aux enquêtes nécessaires à l'application de la présente loi. Ces agents sont désignés par le ministre chargé de la culture et prêtent serment dans les conditions prévues par décret en Conseil d'État.*** *— V. Décr. n° 2015-519 du 11 mai 2015, infra.*

Art. 8-2 *(Abrogé par L. n° 2021-1901 du 30 déc. 2021, art. 1er) (L. n° 2014-344 du 17 mars 2014, art. 142)* ***Les enquêtes donnent lieu à l'établissement de procès-verbaux et, le cas échéant, de rapports.***

Les procès-verbaux sont transmis au procureur de la République. Un double en est laissé aux parties intéressées. Ils font foi jusqu'à preuve contraire.

Art. 8-3 *(Abrogé par L. n° 2021-1901 du 30 déc. 2021, art. 1er) (L. n° 2014-344 du 17 mars 2014, art. 142)* ***Les agents mentionnés à l'article 8-1 peuvent accéder à tous locaux, terrains ou moyens de transport à usage professionnel, demander la communication des livres, factures et tous autres documents professionnels et en obtenir ou prendre copie par tous moyens et sur tous supports, recueillir sur convocation ou sur place les renseignements et justifications.***

Ils peuvent, sans se voir opposer le secret professionnel, accéder à tout document ou élément d'information détenu par les services et établissements de l'État et des autres collectivités publiques.

Ils peuvent demander au ministre chargé de la culture de désigner un expert pour procéder à toute expertise contradictoire nécessaire.

Art. 8-4 *(Abrogé par L. n° 2021-1901 du 30 déc. 2021, art. 1er) (L. n° 2014-344 du 17 mars 2014, art. 142)* ***Pour le contrôle de la vente de livres par un service de communication au public en ligne, les agents mentionnés à l'article 8-1 peuvent faire usage d'un nom d'emprunt. Un décret en Conseil d'État précise les conditions dans lesquelles ils procèdent à leurs constatations.***

Art. 8-5 *(Abrogé par L. n° 2021-1901 du 30 déc. 2021, art. 1er) (L. n° 2014-344 du 17 mars 2014, art. 142)* ***Est puni d'un emprisonnement de six mois et d'une amende de 7 500 € le fait pour quiconque de s'opposer, de quelque façon que ce soit, à l'exercice des fonctions dont les agents mentionnés à l'article 8-1 sont chargés en application de la présente loi.***

Art. 8-6 *(Abrogé par L. n° 2021-1901 du 30 déc. 2021, art. 1er) (L. n° 2014-344 du 17 mars 2014, art. 142)* ***Les agents habilités à constater les infractions à la présente loi peuvent, après une procédure contradictoire, enjoindre au professionnel, en lui impartissant un délai raisonnable, de se conformer à ces obligations ou de cesser tout agissement illicite.***

Art. 8-7 *(Abrogé par L. n° 2021-1901 du 30 déc. 2021, art. 1er) (L. n° 2014-344 du 17 mars 2014, art. 142)* ***Pour l'application de la présente loi, le ministre chargé de la culture ou son représentant peut, devant les juridictions civiles ou pénales, déposer des conclusions et les développer oralement à l'audience. Il peut également produire les procès-verbaux et les rapports d'enquête.***

Art. 9 Les dispositions de la présente loi ne font pas obstacle à l'application, le cas échéant, de l'ordonnance n° 45-1483 du 30 juin 1945 modifiée relative aux prix, à l'exception toutefois des premier et deuxième alinéas du 4° de l'article 37 de ladite ordonnance.

Art. 10 Un décret détermine les modalités d'application de la présente loi aux départements d'outre-mer, compte tenu des sujétions dues à l'éloignement de ces départements. – *V. Décr. n° 2018-170 du 7 mars 2018 (JO 9 mars) et Arr. du 10 mars 2018 (JO 14 mars).*

(L. n° 2002-1575 du 30 déc. 2002) « Le prix des livres scolaires est identique en métropole et dans les départements d'outre-mer. »

Art. 10 *bis* *(L. n° 85-500 du 13 mai 1985)* Un décret en Conseil d'État détermine les peines d'amendes contraventionnelles applicables en cas d'infraction aux dispositions de la présente loi. – *V. Décr. n° 85-556 du 29 mai 1985.* – ***C. consom.***

Art. 11 *(al. 1er)* La présente loi entrera en vigueur à la date du 1er janvier 1982, y compris pour l'ensemble des livres édités ou importés antérieurement à cette date.

Art. 11-1 *(Ord. n° 2007-1801 du 21 déc. 2007, art. 13-I)* La présente loi est applicable à Mayotte à compter du 1er janvier 2009.

Loi n° 2011-590 du 26 mai 2011,

Relative au prix du livre numérique.

Sur le médiateur du livre, V. L. n° 2014-344 du 17 mars 2014 et Décr. n° 2014-936 du 19 août 2014 au ***C. consom.***

BIBL. ▶ NDLR, *BRDA 2011, n° 10, p. 16* (réglementation du prix du livre numérique). – KERJEAN, *CCE 2011. Étude 15* (vers une nouvelle exception culturelle française). – POLLAUD-DULIAN, *RTD com. 2011. 556* (présentation de la loi). – GEORGES et DE CARVALHO, *RLC avr.-juin 2012. 125* (une loi d'exception pour préserver la création éditoriale). – LE MORE, *ibid. 175* (incidences des règles de concurrence sur le marché du livre numérique). – DE MUIZON, *ibid. 177* (analyse économique : application au livre numérique). – KERJEAN, *CCE 2013. Prat. 15* (livre numérique et contrat d'édition, la révolution est en marche !).

Art. 1er La présente loi s'applique au livre numérique lorsqu'il est une œuvre de l'esprit créée par un ou plusieurs auteurs et qu'il est à la fois commercialisé sous sa forme numérique et publié sous forme imprimée ou qu'il est, par son contenu et sa composition, susceptible d'être imprimé, à l'exception des éléments accessoires propres à l'édition numérique.

Un décret précise les caractéristiques des livres entrant dans le champ d'application de la présente loi. – *V. Décr. n° 2011-1499 du 10 nov. 2011, art. 1er.* – ***C. consom.***

Art. 2 Toute personne établie en France qui édite un livre numérique dans le but de sa diffusion commerciale en France est tenue de fixer un prix de vente au public pour tout type d'offre à l'unité ou groupée. Ce prix est porté à la connaissance du public.

Ce prix peut différer en fonction du contenu de l'offre et de ses modalités d'accès ou d'usage.

Le premier alinéa ne s'applique pas aux livres numériques, tels que définis à l'article 1er, lorsque ceux-ci sont intégrés dans des offres proposées sous la forme de licences d'utilisation et associant à ces livres numériques des contenus d'une autre nature et des fonctionnalités. Ces licences bénéficiant de l'exception définie au présent alinéa doivent être destinées à un usage collectif et proposées dans un but professionnel, de recherche ou d'enseignement supérieur dans le strict cadre des institutions publiques ou privées qui en font l'acquisition pour leurs besoins propres, excluant la revente.

Un décret fixe les conditions et modalités d'application du présent article. – V. Décr. n° 2011-1499 du 10 nov. 2011, art. 2 s. – ***C. consom.***

Art. 3 Le prix de vente, fixé dans les conditions déterminées à l'article 2, s'impose aux personnes proposant des offres de livres numériques aux acheteurs situés en France.

Art. 4 Les ventes à primes de livres numériques ne sont autorisées, sous réserve des dispositions de l'article *(Ord. n° 2016-301 du 14 mars 2016, art. 2, en vigueur le 1er juill. 2016)* « L. 121-19 *[ancienne rédaction : L. 121-35]* » du code de la consommation *[V. cet art., v° Ventes commerciales]*, que si elles sont proposées par l'éditeur, tel que défini à l'article 2, simultanément et dans les mêmes conditions à l'ensemble des personnes mentionnées à l'article 3.

Art. 5 Pour définir la remise commerciale sur les prix publics qu'il accorde aux personnes proposant des offres de livres numériques aux acheteurs situés en France, l'éditeur, tel que défini à l'article 2, tient compte, dans ses conditions de vente, de l'importance des services qualitatifs rendus par ces derniers en faveur de la promotion et de la diffusion du livre numérique par des actions d'animation, de médiation et de conseil auprès du public.

Art. 6 *V. CPI, art. L. 132-5. — **CPI.***

Art. 7 Un décret en Conseil d'État détermine les peines d'amende contraventionnelle applicables en cas d'infraction aux dispositions de la présente loi. — *V. Décr. n° 2012-146 du 30 janv. 2012. — **C. consom.***

(L. n° 2021-1901 du 30 déc. 2021, art. 1er) « Les actions en cessation ou en réparation qui peuvent être engagées en cas d'infraction à la présente loi sont soumises à la conciliation préalable du médiateur du livre prévue à l'article 144 de la loi n° 2014-344 du 17 mars 2014 relative à la consommation. » — *V. **C. consom.***

Art. 7-1 *(Abrogé par L. n° 2021-1901 du 30 déc. 2021, art. 1er) (L. n° 2014-344 du 17 mars 2014, art. 143-I) Les agents mentionnés à l'article 8-1 de la loi n° 81-766 du 10 août 1981 relative au prix du livre sont habilités à rechercher et à constater les infractions à la présente loi et disposent à cet effet des pouvoirs prévus aux articles 8-2 à 8-7 de la loi n° 81-766 du 10 août 1981 précitée. — V. Décr. n° 2015-519 du 11 mai 2015, infra.*

Art. 8 *Abrogé par L. n° 2018-699 du 3 août 2018, art. 80, à compter du 1er juill. 2022.*

Art. 9 La présente loi est applicable en Nouvelle-Calédonie.

Décret n° 2015-519 du 11 mai 2015,

Relatif aux agents habilités en matière de contrôle du prix des livres.

CHAPITRE PREMIER *Désignation et assermentation des agents chargés du contrôle*

Art. 1er I. — Le ministre chargé de la culture habilite de manière individuelle, pour une durée de trois ans, les agents mentionnés aux articles 8-1 à 8-7 de la loi du 10 août 1981 susvisée *[n° 81-766, V. supra]* et 7-1 de la loi du 26 mai 2011 susvisée *[n° 2011-590, V. supra]*. L'habilitation précise la compétence territoriale de l'agent.

La délivrance de l'habilitation est subordonnée à la vérification que l'agent présente les capacités et garanties requises au regard des missions prévues par les dispositions législatives mentionnées à l'alinéa précédent.

II. — Pour l'application du I du présent article, le directeur général des médias et des industries culturelles, les directeurs régionaux des affaires culturelles et les directeurs des affaires culturelles apportent au ministre tout concours utile afin de le mettre en mesure de choisir, au sein de leurs services, les agents susceptibles d'être habilités, compte tenu notamment de leur niveau de formation, de leur expérience ou des missions qu'ils exercent dans le domaine du livre et de la lecture.

Art. 2 Il est mis fin à l'habilitation lorsque son titulaire cesse d'être employé par le ministère de la culture et de la communication.

Il peut y être mis fin lorsque l'intéressé n'exerce plus les fonctions qu'il occupait lors de son habilitation.

Il est également mis fin à l'habilitation lorsque les conditions définies au deuxième alinéa du I de l'article 1er cessent d'être remplies. La personne intéressée est préalablement informée des motifs et de la nature de la mesure envisagée et mise à même de présenter des observations. En cas d'urgence, le ministre peut suspendre l'habilitation pour une durée maximale de six mois.

Art. 3 Les agents habilités prêtent serment devant le *(Décr. n° 2019-913 du 30 août 2019, art. 35, en vigueur le 1er janv. 2020)* « juge du tribunal judiciaire de leur résidence, au siège de ce tribunal ou, le cas échéant, de l'une de ses chambres de proximité *[ancienne rédaction : juge d'instance de leur résidence]*. »

La formule de serment est la suivante : "Je jure de bien et loyalement remplir mes fonctions et de ne rien révéler ou utiliser de ce qui sera porté à ma connaissance à l'occasion de leur exercice." — *V. art. 9.*

Le greffier du tribunal porte mention de l'accomplissement de cette prestation de serment, de sa date et de son lieu sur la décision d'habilitation.

L'agent demeure lié par les termes de son serment tout au long de l'exercice de ses fonctions sans être tenu de prêter à nouveau serment à chaque renouvellement de son habilitation, ni en cas de changement de grade ou de résidence.

Art. 4 L'habilitation est renouvelable selon la procédure prévue à l'article 1er.

Art. 5 Une carte professionnelle portant mention de l'habilitation, de son objet, de son champ territorial et de sa durée est délivrée aux agents habilités en application de l'article 1er du présent décret.

Lorsque l'habilitation prend fin, la carte professionnelle est restituée sans délai par son détenteur à l'administration.

CHAPITRE II *Recherche et constatation des infractions*

Art. 6 Lorsque l'agent effectue des constatations ou des contrôles sur place, il informe le responsable des lieux ou son représentant, au plus tard lors de son arrivée sur place, de son identité, de sa qualité et de l'objet des vérifications qu'il compte entreprendre.

Art. 7 Les constatations ou contrôles sur place prévus aux articles 8-2 et 8-4 de la loi du 10 août 1981 susvisée *[n° 81-766, V. supra]* donnent lieu à l'établissement de procès-verbaux qui comportent :

1° Les nom, prénom, qualité et résidence administrative de l'agent verbalisateur ;

2° La date, l'heure et le lieu où ont été effectuées les opérations de contrôle ;

3° Un exposé des faits constatés susceptibles de constituer un manquement ou une infraction ;

4° Le libellé du manquement ou de l'infraction constaté ainsi que le visa des dispositions législatives et réglementaires concernées ;

5° La liste des documents ou pièces qui ont été obtenus ou dont il a été pris copie ;

6° La date d'établissement du procès-verbal ;

7° La signature de l'agent verbalisateur ;

8° Le cas échéant, les déclarations des personnes concernées par l'enquête ou de toute personne susceptible d'apporter des éléments utiles aux constatations, signées par les déclarants.

Art. 8 Lorsque les agents effectuent des contrôles en application de l'article 8-4 de la loi du 10 août 1981 *[n° 81-766]. V. supra*, ils dressent un procès-verbal dans lequel sont mentionnées, outre les éléments mentionnés à l'article 7 du présent décret, les modalités de consultation et d'utilisation du service de communication au public en ligne, notamment :

1° L'identité d'emprunt sous laquelle le contrôle a été le cas échéant conduit ;

2° Les modalités de connexion au site et de recueil des informations.

CHAPITRE III *Dispositions finales*

Art. 9 Pour l'application de l'article 3 à Saint-Pierre-et-Miquelon, les mots : "devant le juge d'instance" sont remplacés par les mots : "devant le juge près le tribunal de première instance".

Art. 10 Le *présent décret est* applicable en Nouvelle-Calédonie en tant qu'il intéresse le respect de la loi du 26 mai 2011 susvisée *[n° 2011-590, V. supra]*.

II Droit européen

Traité de Rome du 25 mars 1957,

Instituant la Communauté économique européenne. — Publié par Décr. n° 58-84 du 28 janv. 1958 (D. 1958. 73 ; BLD 1958. 121). — Devenu le traité sur le fonctionnement de l'Union européenne, depuis le traité de Lisbonne publié par Décr. n° 2009-1466 du 1er déc. 2009 (JO 2 déc.).

Règles de concurrence applicables aux entreprises

RÉP. EUR. v[is] *Abus de position dominante,* par Bosco ; *Concurrence (mise en œuvre par les autorités et juridictions nationales),* par Arhel ; *Concurrence (procédure devant la Commission),* par Collin, Marcinkowski et Lajnet ; *Ententes,* par Blaise, *Politique de concurrence,* par Kovar et Poillot-Peruzzetto ; *Restrictions horizontales de concurrence,* par Moreau ; *Restrictions verticales de concurrence,* par Ferrier.

RÉP. COM. v° *Accords de distribution (droit de la concurrence),* par Arhel.

BIBL. GÉN. ► Laurent, *CCC 1993. Chron. 6* (nouveau régime des plaintes fondées sur les art. 85 et 86). – Idot, *RTD eur. 1993. 581* (les mesures provisoires en droit de la concurrence) ; *D. 1994. Chron. 37* (principe de subsidiarité). – Trochu, *D. 1995. Chron. 179* (incidence du droit communautaire sur la rédaction des contrats de distribution). – Arhel, *LPA 30 nov. 2001* (influence de la réforme communautaire des restrictions verticales sur le droit national). – Devellennes et Kiriazis, *ibid. 18 déc. 2001, p. 20* (vers un réseau international de la concurrence). – Viennois, *RTD com. 2002. 1* (portée du droit communautaire de la concurrence et le mythe du champ d'application exclusif du droit national). – Briand-Mélédo, *ibid. 2004. 205* (droit de la concurrence, droit constitutionnel substantiel de l'UE). – Priéto, *RDLC 2005, n° 1, p. 20* (quelle concurrence face à la mondialisation économique ?). – Durande et Montesa Lloreda, *RDLC 2005, n° 4, p. 34* (les droits des tiers dans les procédures concurrences devant la Commission européenne). – Priéto, *D. 2006. 1603* (pouvoir de marché et liberté des entreprises, les fondements de la politique de concurrence). – Coutrelis et Giacobbo, *RDLC 2006, n° 2, p. 66* (accès au dossier en droit communautaire de la concurrence). – Puel et François-Martin, *ibid., n° 3, p. 80* (méthodologie d'une démarche de clémence). – Lévêque, *ibid., n° 4, p. 31* (l'efficacité multiforme des programmes de clémence). – de Broca, *ibid., p. 37* (nouvelles lignes directrices de la Commission en matière d'amendes). – Anadon, *RLDA janv. 2007. 43* (une politique de clémence communautaire renforcée). – Roda, *CCC 2007. Étude 4* (clémence communautaire : apports de la communication du 8 déc. 2006). – Prieto, *JCP 2007. I. 132* (l'Europe et le droit de la concurrence). – Ferry-Maccario et Bouskila, *Gaz. Pal. 2007. 2229* (le droit de la concurrence communautaire, entre sécurité juridique et équité : l'exemple des prix prédateurs). – Vilmart, *JCP E 2007, n° 20-21, p. 16* (procédures alternatives aux sanctions en droit communautaire de la concurrence). – Cheynel, *RLC oct.-déc. 2007. 33* (l'autonomie procédurale des juridictions nationales en train de se réduire comme peau de chagrin ?). – Kazzi, *CCC 2007. Étude 15* (l'analyse des barrières à l'entrée : entre convergences et risques). – Rubio, *RTD eur. 2007. 597* (les instruments de *soft law* dans les politiques communautaires : vecteur d'une meilleure articulation entre la politique de la concurrence et la politique de cohésion économique et sociale). – Rivel, *D. 2008. 237* (la règle de raison et le droit communautaire de la concurrence, « *inelegantia juris ?*) ». – Debroux, *RDLC 2008, n° 1, p. 42* (sanction des cartels en droit communautaire). – Kipiani, *RLC avr.-juin 2008. 114* (procédure d'engagements en matière de pratiques anticoncurrentielles : état des lieux). – Tierno Centella et Cuziat, *RDLC 2008, n° 2, p. 76* (procédure de transaction communautaire). – Idot, *Mél. Gaudemet-Tallon, Dalloz, 2008, p. 85* (réflexions sur la *soft law* en droit de la concurrence). – Barbier de la Serre, *RLC juill.-août 2008. 56* (place des tiers dans le référé communautaire en matière de concurrence). – von Danwitz, *RDLC 2008, n° 4, p. 31* (la protection des droits fondamentaux lors de la mise en œuvre décentralisée du droit communautaire de la concurrence). – Pietrini, *RLC oct.-déc. 2009. 153* (le recours à la négociation en droit de la concurrence : l'exemple des programmes de clémence). – Dutheil de la Rochère, *Liber amicorum Larroumet, Economica, 2010, p. 111* (concurrence et activités d'intérêt général dans l'Union européenne). – Truchot, *Just. et cass. 2009. 187* (services publics et droit communautaire de la concurrence). – Decocq, *ibid. 294* (l'influence des droits nationaux sur le droit communautaire de la concurrence). – Arcelin-Lécuyer, *RLDA avr. 2010. 57* (l'entreprise et le groupe de sociétés en droit communautaire de la concurrence). – Barbier de la Serre, *RLC janv.-mars 2010. 57* (le traité de Lisbonne, les droits fondamentaux et le droit processuel de la concurrence). – Néron, *RLC avr.-juin 2010. 116* (vers le renforcement de l'interdépendance des droits communautaires de la concurrence et de la consommation). – Idot, *Europe 2010. Étude 11* (le Règl. n° 1049/2001 doit-il s'appliquer aux « procédures concurrences » ?). – Girgenson et Grelier, RLC oct.-*déc. 2011. 66* (même thème). – Idot, *RSC 2012. 315* (répression des pratiques anticoncurrentielles par les institutions de l'UE). – Melloni, *RLDA sept. 2013. 141* (quantification du préjudice dans les actions en dommages et intérêts fondées sur les infractions aux art. 101 ou 102 TFUE). – Rassafi-Guibal, *Rev. UE 2014. 85* (de quelques aspects des usages des instruments de *soft law* comme vecteurs de normativité économique). – de Beaufort (ss. la dir.), *ibid. 110* (compétitivité, concurrence et réciprocité). – Idot, *Europe 2014. Prat. 3* (quelle voie d'action pour la victime d'une pratique contraire aux art. 101 et/ou 102 TFUE ?). – Choné-Grimaldi et Godiveau, *RJ com. 2014. 456* (l'entreprise, interface des rapports entre l'UE et les États membres : le droit antitrust). – Colloque, *Rev. UE 2015. 277* (l'effectivité du droit européen de la concurrence). – Mezaguer, *ibid. 353* (approche transactionnelle et garanties procédurales en droit antitrust de l'UE).

*Sur l'action de groupe intervenant en matière de pratiques anticoncurrentielles au sens des art. 101 et 102 TFUE, V. C. consom., art. L. 623-1 et L. 623-24 à L. 623-26. — **C. consom.***

Art. 101 **1. Sont incompatibles avec le marché commun et interdits tous accords entre entreprises, toutes décisions d'associations d'entreprises, et toutes pratiques concertées, qui sont susceptibles d'affecter le commerce entre États membres et qui ont pour objet ou pour effet d'empêcher, de restreindre ou de fausser le jeu de la concurrence à l'intérieur du marché commun, et notamment ceux qui consistent à :**

a) Fixer de façon directe ou indirecte les prix d'achat ou de vente ou d'autres conditions de transaction ;

b) Limiter ou contrôler la production, les débouchés, le développement technique ou les investissements ;

c) Répartir les marchés ou les sources d'approvisionnement ;

d) Appliquer, à l'égard de partenaires commerciaux, des conditions inégales à des prestations équivalentes en leur infligeant de ce fait un désavantage dans la concurrence ;

e) Subordonner la conclusion de contrats à l'acceptation, par les partenaires, de prestations supplémentaires qui, par leur nature ou selon les usages commerciaux, n'ont pas de lien avec l'objet de ces contrats.

2. Les accords ou décisions interdits en vertu du présent article sont nuls de plein droit.

3. Toutefois, les dispositions du paragraphe 1 peuvent être déclarées inapplicables :

— à tout accord ou catégorie d'accords entre entreprises,

— à toute décision ou catégorie de décisions d'associations d'entreprises et

— à toute pratique concertée ou catégorie de pratiques concertées,

qui contribuent à améliorer la production ou la distribution des produits ou à promouvoir le progrès technique ou économique, tout en réservant aux utilisateurs une partie équitable du profit qui en résulte, et sans :

a) Imposer aux entreprises intéressées des restrictions qui ne sont pas indispensables pour atteindre ces objectifs ;

b) Donner à ces entreprises la possibilité, pour une partie substantielle des produits en cause, d'éliminer la concurrence. — *[Traité CE, art. 85, puis art. 81.]*

Le traité d'Amsterdam du 2 oct. 1997 ayant opéré une renumérotation du traité de Rome, les art. 85, 86 et 177 sont devenus respectivement les art. 81, 82 et 234 (V. traité d'Amsterdam du 2 oct. 1997, art. 12 ; JOCE C 340 du 10 nov. 1997). — Le traité de Lisbonne du 13 déc. 2007 a opéré une renumérotation du traité de Rome, les art. 81, 82 et 234 devenant respectivement les art. 101, 102 et 267 (JOUE C 306 du 17 déc. 2007 ; V. la loi de ratification n° 2008-125 du 13 févr. 2008, JO 14 févr. et le Décr. de publication n° 2009-1466 du 1er déc. 2009, JO 2 déc.).

V. note ss. art. 102.

*Pour l'application de l'art. 101, § 3 [anc. art. 81, § 3], V. notamment, Règl. CE n° 2790/1999 du 22 déc. 1999 concernant l'application de l'art. 81 § 3 à des catégories d'accords verticaux et de pratiques concertées (JOCE L 336 du 29 déc.), entré en vigueur le 1er juin 2000. — V. les lignes directrices sur les restrictions verticales, Communication Comm. CE, 24 mai 2000 (JOCE 13 oct. 2000, n° C 291, p. 1). — … Règl. CE n° 1400/2002 du 31 juill. 2002 concernant l'application de l'art. 81 § 3, du traité à des catégories d'accords verticaux et de pratiques concertées dans le secteur de l'automobile (JOCE L 203 du 1er août) en vigueur à compter du 1er oct. 2002 et Règl. CE n° 1475/95 du 28 juin 1995 relatif à des catégories d'accords de distribution et de service de vente et d'après-vente de véhicules automobiles (JOCE L 145 du 29 juin 1995) qui expirait le 30 sept. 2002. — … Règl. CE n° 240/96 du 31 janv. 1996 relatif à des catégories d'accords de transfert de technologie (JOCE L 31 du 9 févr.). — **C. eur. conc.** — … Règl. CE n° 487/2009 du 25 mai 2009 concernant l'application de l'art. 81 § 3 à des catégories d'accords et de pratiques concertées dans le domaine des transports aériens (JOUE L 148 du 11 juin). — … Règl. UE n° 267/2010 du 24 mars 2010 concernant l'application de l'art. 101 § 3 TFUE à certaines catégories d'accords, de décisions et de pratiques concertées dans le secteur des assurances (JOUE L 83 du 30 mars). — … Règl. UE n° 330/2010 du 20 avr. 2010, concernant l'application de l'art. 101 § 3 TFUE à des catégories d'accords verticaux et de pratiques concertées (JOUE L 102 du 23 avr., V. infra). — … Règl. UE n° 461/2010 du 27 mai 2010, concernant l'application de l'art. 101 § 3 TFUE à des catégories d'accords verticaux et de pratiques concertées dans le secteur automobile (JOUE L 129 du 28 mai, V. infra). — Sur la distribution de véhicules automobiles, V. aussi, notes 81 s. ss. C. com., art. L. 330-2.*

Sur certains aspects du traitement des affaires de concurrence résultant de l'expiration du traité CECA (23 juill. 2002) qui sont désormais soumis aux règles du traité CE ainsi qu'aux règles de procédure et au droit dérivé du traité CE, V. Communication Comm. CE, 26 juin 2002 (JOCE 26 juin, nº C 152, p. 5). — Jugeant que la Commission ne peut pas fonder une décision « concurrence » sur l'art. 65 du traité CECA après l'expiration de ce dernier, V. TPICE 25 oct. 2007, Europe 2007, nº 323, obs. Simon, et nº 354, obs. Idot ; RDLC 2008, nº 1, p. 107, obs. Sarrazin. — Jugeant que les règles de compétence et de procédure à l'égard des pratiques éventuellement mises en œuvre dans les secteurs du charbon et de l'acier relèvent des dispositions du droit commun de la concurrence, que ce soit dans l'ordre communautaire ou dans l'ordre national, V. Cons. conc. nº 08-D-32 du 16 déc. 2008, BOCC 5 févr. 2009 ; conf. par Paris, 19 janv. 2010, nº 2009/00334.

V. aussi les Lignes directrices sur l'applicabilité de l'art. 101 TFUE aux accords de coopération horizontale (JOUE C 11 du 14 janv. 2011) : JCP E 2011, nº 1134, note Vilmart ; CCC 2011. Étude 4, par Wilhelm et Lorieul, LPA 17 juin 2011, note Schallenberg.

BIBL. ▶ Gastinel, *D. 1996. Chron. 53* (plaidoyer pour la reconnaissance de l'effet direct à l'art. 85, § 3). - Lianos, *RTD eur. 2000. 239* (la confusion des infractions de l'art. 81, § 1). - Arhel, *LPA 4 déc. 2000* (modernisation des règles relatives aux ententes et abus de position dominante). - Halimi-Dechelette, *CCC 2000. Chron. 6* (même thème). - Fourgoux, *JCP E 2001, nº 20-21, p. 821* (modernisation du droit communautaire de la concurrence). - Arhel, *LPA 22 févr. 2002* (procédures de clémence dans les droits européens de la concurrence). - Poillot-Peruzzetto, *CCC 2002. Chron. 32* (nouvelle communication sur les accords d'importance mineure), *ibid., nº 160* (soumission des secteurs du charbon et de l'acier aux règles du traité CE). - Cot, *RJDA 2004, p. 603* (notion d'entente dans la jurisprudence communautaire récente). - Idot, *LPA 1er févr. 2005* (les nouveaux règlements d'exemption). - Prieto, Roda, Gauer, Lemaire, Girard et Idot, *RDLC 2005, nº 3, p. 12* (politiques de clémence en Europe). - Muguet-Poullennec et Barbier de la Serre, *RLC oct.-déc. 2008. 17* (sanction des contributions actives et conscientes à la réalisation d'un cartel). - Decocq, *RJ com. 2011. 256* (l'imbroglio juridique de l'expiration du traité CECA). - Galokho, *RTD eur. 2013. 727* (preuves indirectes de l'existence d'une entente et sécurité juridique en droit européen de la concurrence). - Grynfogel, *RJDA 2014. 627* (la notion d'« objet concurrentiel » et la sécurité juridique des entreprises).

Art. 102 Est incompatible avec le marché commun et interdit, dans la mesure où le commerce entre États membres est susceptible d'en être affecté, le fait pour une ou plusieurs entreprises d'exploiter de façon abusive une position dominante sur le marché commun ou dans une partie substantielle de celui-ci.

Ces pratiques abusives peuvent, notamment, consister à :

a) Imposer de façon directe ou indirecte des prix d'achat ou de vente ou d'autres conditions de transaction non équitables ;

b) Limiter la production, les débouchés ou le développement technique au préjudice des consommateurs ;

c) Appliquer à l'égard de partenaires commerciaux des conditions inégales à des prestations équivalentes, en leur infligeant de ce fait un désavantage dans la concurrence ;

d) Subordonner la conclusion de contrats à l'acceptation, par les partenaires, de prestations supplémentaires, qui, par leur nature ou selon les usages commerciaux, n'ont pas de lien avec l'objet de ces contrats. — *[Traité CE, art. 86, puis art. 82.]*

V. note ss. art. 101.

V. la Communication relative aux orientations sur les priorités retenues par la Commission pour l'application de l'art. 82 du traité CE [art. 102 TFUE] aux pratiques d'éviction abusives des entreprises dominantes (JOUE C 45 du 24 févr. 2009).

Sur les pouvoirs dont disposent le ministre chargé de l'économie, les fonctionnaires qu'il a désignés et habilités et l'Autorité de la concurrence, pour l'application des art. 81 à 83 du traité de Rome [art. 101 à 103 TFUE], et sur les règles de procédure applicables, V. C. com., art. L. 490-9.

BIBL. ▶ Hawk, *RDLC 2005, nº 3, p. 33* (regards croisés sur l'art. 82 CE et la section 2 du Sherman Act). - Calvet, *RLC 2005, nº 4, p. 131* (abus de position dominante : plaidoyer pour le bien-être du consommateur). - Wachsmann, Sarrazin, Wezenbeek, Paulis, Géradin et Whish, *RDLC 2005, nº 4, p. 10* (quelle réforme pour l'art. 82 CE ?). - Ehlermann, *RDLC 2006, nº 2, p. 1* (projet de lignes directrices sur l'application de l'art. 82 CE). - Lévêque, *RLC avr.-juin 2007. 111* (quel test de preuve pour l'art. 82 ?). - Chagny et Choisy, *CCE 2009. Étude 5* (tarifs des droits musicaux et abus de position dominante). - Dumont et Marthan, *ibid. 7* (la tarification des sociétés de gestion collective à l'épreuve de l'art. 82 CE). - N. Petit, *CCC 2015. Dossier 3* (droit européen de l'abus de position dominante en 2014).

▶ Communication de la Commission européenne : ARHEL, *JCP E 2008, n° 51-52, p. 3* (projet de communication sur l'application de l'art. 82 CE aux abus d'exclusion de position dominante). – BOSCO, *CCC 2009, n° 50* (la Commission publie sa communication tant attendue !). – CHONÉ, *Europe 2009. Étude 3* (premiers regards sur les orientations de la Commission pour l'application de l'art. 82 CE aux pratiques d'éviction). – SIBONY, *RDLC 2009, n° 1, p. 118* (intégration de l'analyse économique à la qualification d'abus de position dominante). – MONTET, *RLC avr.-juin 2009. 118* (appliquer l'art. 82 CE aux évictions abusives).

Règlement CE n° 1-2003 du 16 décembre 2002,

Relatif à la mise en œuvre des règles de concurrence prévues aux articles 81 et 82 du traité de Rome du 25 mars 1957 (actuels art. 101 et 102 TFUE, depuis l'entrée en vigueur du traité de Lisbonne ; V. Décr. n° 2009-1466 du 1er déc. 2009, JO 2 déc.).

RÉP. EUR. v° *Concurrence (procédure devant la Commission)*, par COLLIN, MARCINKOWSKI et LAJNET.

BIBL. ▶ ARHEL, *LPA 4 déc. 2000* (modernisation des règles relatives aux ententes et abus de position dominante). – J.-C. FOURGOUX, *RJ com. 2002. 51* (nouvel antitrust européen : espoirs et craintes). – IDOT, *Europe 2003. Chron. 2* (premières vues sur le nouveau règlement antitrust). – KOVAR, *D. 2003. 478* . – IDOT, *JCP E 2003, n° 4, p. 145*. – DAVID, *Bull. act. Lamy droit économique, janv. 2003, p. 1*. – FERRIER, *Lettre distrib. 1/2003, p. 1*. – POILLOT-PERUZZETTO, *CCC 2003, n° 45*. – NOURISSAT, *Procédures 2003, n° 64*. – ARHEL, *LPA 2 avr. 2003*. – REIFEGERSTE, *JCP 2003. I. 125* (articulation du droit communautaire et du droit national de la concurrence). – DERAINS, *Gaz. Pal. 2003. Doctr. 1520* (l'arbitre, la commission et la Cour : questions de procédure). – RINCAZAUX, *Bull. act. Lamy droit économique, mai et juin 2003, p. 1* (même thème). – POILLOT-PERUZZETTO, *RTD com. 2003. 397* . – PARLÉANI, *JCP E 2003, n° 28-29, p. 1192*. – CASCALES, *LPA 3 juill. 2003*. – VIENNOIS, *Cah. dr. entr. 2003, n° 5, p. 1* (rapports entre droit communautaire de la concurrence et droit national). – ARHEL, *ibid. 30 déc. 2003, p. 4* (réseau européen de la concurrence). – FAVRET, *AJDA 2004. 177* (renforcement du rôle des autorités nationales). – RIOU, *Cah. dr. entr. 2004, n° 2, p. 28* (mise en œuvre par les autorités nationales de concurrence, révolution ou évolution ?). – MEFFRE et LAMY, *D. 2004. 1295* (réflexions du praticien). – POILLOT-PERUZZETTO, *CCC 2004. Chron. 8* (les réformes de fond à l'occasion des réformes de procédure en droit communautaire de la concurrence). – DECOCQ, *RJ com. 2004. 274* (réforme du droit processuel européen des pratiques anticoncurrentielles). – RIFFAULT-SILK, *Cah. dr. entr. 2004, n° 3, p. 1* (quel modèle pour l'application des nouvelles règles communautaires ?). – NOURISSAT et WTTERWULGHE (ss. la DIR), *Thèmes & commentaires, Dalloz 2004* (actes du colloque du 4 mars 2004 de l'Université de Lyon 3). – BÉHAR-TOUCHAIS, *LPA 5 oct. 2004* (internormativité et droit de la concurrence). – CANIVET, *RDLC déc. 2004. 21* (organisation des juridictions nationales pour l'application du droit communautaire de la concurrence). – LASSERRE, *ibid. 29* (les adaptations nécessaires du Conseil de la concurrence). – ARHEL, *JCP E 2004, n° 51, p. 2010* (adaptation du droit national au droit communautaire de la concurrence). – MEFFRE et GUET, *D. 2005. 361* (contrôle *a posteriori* de la licéité des accords par le juge national : questions de procédure). – PAULIS et GAUER, *RDLC 2005, n° 1, p. 32* (principe du *ne bis in idem*). – IDOT, *Europe 2005. Chron. 4* (réforme du droit antitrust en Europe : un an de pratique). – LASSERRE, *RDLC 2005, n° 3, p. 42* (le Conseil de la concurrence dans le réseau communautaire). – J.-C. FOURGOUX, *RLC août-oct. 2005. 123* (quel rôle désormais pour les juridictions nationales ?). – GERADIN et N. PETIT, *RTD eur. 2005. 795* (droit de la concurrence et recours en annulation à l'ère post-modernisation). – RIFFAULT-SILK, *RLC janv.-mars 2006. 84* (les actions privées en droit de la concurrence). – BARBIER DE LA SERRE, *RLC oct.-déc. 2006. 14* (lignes directrices de 2006 pour le calcul des amendes). – LEMAIRE, *Europe 2006. Étude 12* (la clémence : nouvelle étape de la convergence des droits de la concurrence en Europe). – MONÉGER, *CCC 2006. Dossier 29* (relations entre les autorités communautaires et nationales). – SCHWARZE, *RTD eur. 2007. 1* (les sanctions imposées pour les infractions au droit européen de la concurrence selon l'art. 23 du Règl. n° 1-2003 à la lumière des principes généraux de droit). – BATTISTA et ROQUES, *RLC janv.-mars 2008. 136* (les inspections communautaires en matière de concurrence). – KRENZER, *RDLC 2008, n° 3, p. 55* (premières applications des nouvelles lignes directrices communautaires pour le calcul des amendes). – LEMAIRE, *LPA 17 déc. 2009* (premier bilan de l'application du Règl. n° 1/2003). – FROT et SAUTEL, *RLDA déc. 2011. 35* (demander réparation d'un préjudice causé par une pratique anticoncurrentielle). – CHRIST et GAUER, *RDLC 2012, n° 4, p. 29* (infractions procédurales en droit européen de la concurrence). – IDOT, *RSC 2013. 167* (procédures quasi répressives en droit européen de la concurrence).

V. Règl. CE n° 773/2004 du 7 avr. 2004, relatif aux procédures mises en œuvre par la Commission en application des art. 81 et 82 du traité CE, infra. — V. aussi Communication de la Commission sur la coopération entre la Commission et les juridictions nationales pour l'application des art. 81 et 82 du traité

CE ; Projet de Communication de la Commission relative au traitement par la Commission des plaintes déposées au titre des art. 81 et 82 du traité CE ; Communication de la Commission relative à des orientations informelles sur des questions nouvelles qui se posent dans des affaires individuelles au regard des art. 81 et 82 du traité CE (lettres d'orientation) ; Lignes directrices relatives à la notion d'affectation du commerce figurant aux art. 81 et 82 du traité CE ; Lignes directrices concernant l'application de l'art. 81, § 3, du traité CE (JOUE, n° C 101 du 27 avr.). – Sur ces textes, V. Poillot-Peruzzetto, CCC 2004, n° 98 ; Idot, Europe 2004. Chron. 6 et Procédures 2004. Chron. 10 ; L et J. Vogel, JCP E 2004, n° 39, p. 1474 ; Viennois, LPA 22 sept. 2004 ; Van der Woude, RDLC déc. 2004. 54. – V. aussi BEEI 2004, n° 3, p. 2, 10 et 12 s.

V. Communication de la Commission concernant les bonnes pratiques relatives aux procédures d'application des art. 101 et 102 TFUE (JOUE C 308 du 20 oct. 2011 ; BRDA 2011, n° 20, p. 10 ; RLC janv.-mars 2012. 67, note Barbier de la Serre et Chassaing) 🏛.

CHAPITRE PREMIER *Principes*

Art. 1er ***Application des articles 81 et 82 [101 et 102] du traité.*** **1. Les accords, décisions et pratiques concertées visés à l'article 81, paragraphe 1, du traité** *[art. 101, § 1]* **qui ne remplissent pas les conditions de l'article 81, paragraphe 3, du traité** *[art. 101, § 3]* **sont interdits, sans qu'une décision préalable soit nécessaire à cet effet.**

2. Les accords, décisions et pratiques concertées visés à l'article 81, paragraphe 1, du traité *[art. 101, § 1]* **qui remplissent les conditions de l'article 81, paragraphe 3, du traité** *[art. 101, § 3]* **ne sont pas interdits, sans qu'une décision préalable soit nécessaire à cet effet.**

3. L'exploitation abusive d'une position dominante visée à l'article 82 du traité *[art. 102]* **est interdite, sans qu'une décision préalable soit nécessaire à cet effet.**

Restriction par objet. BIBL. Vogel, *CCC 2015. Dossier 2* (une nouvelle venue sur la scène du droit de la concurrence : la restriction par objet). – Petit, *AJCA 2015. 422* (la rationalisation au long cours de la restriction de concurrence par objet dans la jurisprudence de la CJUE). – Lacresse et Ferré, *RLC févr. 2017. 18* (l'arrêt *Toshiba* de la CJUE : l'objet ne fait plus effet). ♦ Des accords verticaux contraires à l'art. 101, § 1, TFUE peuvent être anticoncurrentiels « par objet » au sens de cette disposition si, à la suite d'un examen individuel et concret de la teneur et de l'objectif de ces accords ainsi que du contexte économique et juridique dans lequel ils s'inscrivent, il apparaît que ceux-ci sont, par leur nature même, nuisibles au bon fonctionnement du jeu normal de la concurrence sur l'un des marchés concernés. • CJUE 14 mars 2013, n° C-32/11 : *RLDA juin 2013. 41, obs. Lalot ; RLC juill.-sept. 2013. 30, obs. Robin.* ♦ Estimant qu'une telle restriction de la concurrence « par objet » doit être interprétée de manière restrictive, le critère juridique essentiel à prendre en considération étant le degré de nocivité de l'accord entre entreprises à l'égard de la concurrence eu égard aux objectifs de l'entente, au contexte économique dans lequel elle s'est déroulée, à la nature des biens ou des services affectés et aux conditions réelles du fonctionnement et de la structure du marché : • CJUE 11 sept. 2014, n° C-67/13 : *D. 2015. Pan. 943, obs. Ferrier ; AJCA 2014. 334, obs. Milchior ; RTD eur. 2014. 935, obs. Idot ; CCC 2014, n° 250, obs. Bosco ; RJDA 2015. 71, note Luc ; RLDA nov. 2014. 43, note Giraud.*

Art. 2 ***Charge de la preuve.*** **Dans toutes les procédures nationales et communautaires d'application des articles 81 et 82 du traité** *[art. 101 et 102]*, **la charge de la preuve d'une violation de l'article 81, paragraphe 1, ou de l'article 82 du traité** *[art. 101, § 1 ou art. 102]* **incombe à la partie ou à l'autorité qui l'allègue. En revanche, il incombe à l'entreprise ou à l'association d'entreprises qui invoque le bénéfice des dispositions de l'article 81, paragraphe 3, du traité** *[art. 101, § 3]* **d'apporter la preuve que les conditions de ce paragraphe sont remplies.**

BIBL. ▸ Sibony et Barbier de la Serre, *RTD eur. 2007. 205* (charge de la preuve et théorie du contrôle en droit communautaire de la concurrence : pour un changement de perspective).

Art. 3 ***Rapport entre les articles 81 et 82 du traité [art. 101 et 102] et les droits nationaux de la concurrence.*** **1. Lorsque les autorités de concurrence des États membres ou les juridictions nationales appliquent le droit national de la concurrence à des accords, des décisions d'associations d'entreprises ou des pratiques concertées au sens de l'article 81, paragraphe 1, du traité** *[art. 101, § 1]* **susceptibles d'affecter le commerce entre États membres au sens de cette disposition, elles appliquent également l'article 81 du traité** *[art. 101]* **à ces accords, décisions ou pratiques concertées. Lorsque les autorités de concurrence des États membres ou les juridictions nationales appliquent le droit national de la concurrence à une pratique abusive interdite par l'article 82 du traité, elles appliquent également l'article 82 du traité** *[art. 102]*.

2. L'application du droit national de la concurrence ne peut pas entraîner l'interdiction d'accords, de décisions d'associations d'entreprises ou de pratiques concertées qui sont susceptibles d'affecter le commerce entre États membres, mais qui n'ont pas pour effet de restreindre la concurrence au sens de l'article 81, paragraphe 1, du traité *[art. 101, § 1]*, ou qui satisfont aux conditions énoncées à l'article 81, paragraphe 3, du traité *[art. 101, § 3]* ou qui sont couverts par un règlement ayant pour objet l'application de l'article 81, paragraphe 3, du traité *[art. 101, § 3]*. Le présent règlement n'empêche pas les États membres d'adopter et de mettre en œuvre sur leur territoire des lois nationales plus strictes qui interdisent ou sanctionnent un comportement unilatéral d'une entreprise.

3. Sans préjudice des principes généraux et des autres dispositions du droit communautaire, les paragraphes 1 et 2 ne s'appliquent pas lorsque les autorités de concurrence et les juridictions des États membres appliquent la législation nationale relative au contrôle des concentrations, et ils n'interdisent pas l'application de dispositions de droit national qui visent à titre principal un objectif différent de celui visé par les articles 81 et 82 du traité *[art. 101 et 102]*.

1. Affectation du commerce communautaire. BIBL. Bosco, Luc, Rincazaux et Cardonnel, *RDLC 2011, n° 2, p. 17* (affectation du commerce entre États membres : une question d'actualité). ♦ Il appartient à la défenderesse de faire la démonstration que l'accord est susceptible d'affecter le commerce entre États membres et a pour objet ou pour effet d'empêcher, de restreindre ou de fausser le jeu de la concurrence à l'intérieur du marché commun. • TGI Strasbourg, 3 févr. 2005 : *CCC 2005, n° 139, obs. crit. Poillot-Peruzzetto ; RDC 2005. 1033, obs. Idot.* ♦ Les termes « susceptible d'affecter » énoncés par les art. 101 et 102 TFUE supposent que l'accord ou la pratique abusive en cause permette, sur la base d'un ensemble d'éléments objectifs de droit ou de fait, d'envisager avec un degré de probabilité suffisant qu'il puisse exercer une influence directe ou indirecte, actuelle ou potentielle, sur les courants d'échanges entre États membres, sans que soit exigée la constatation d'un effet réalisé sur le commerce intracommunautaire. • Com. 31 janv. 2012, n° 10-25.772 P : *D. 2013. Pan. 733, obs. Ferrier ; JCP E 2012, n° 1165 ; CCC 2012, n° 103, obs. Decocq ; RJDA 2012, n° 531 ; RLC avr.-juin 2012. 33, obs. Cholet.* – Et sur renvoi, concluant finalement à une affectation des échanges intracommunautaires, V. • Paris, 4 juill. 2013 : *cité note 8 ss. art. L. 420-2.* ♦ Une potentialité d'affectation indirecte suffit pour imposer l'application du droit de l'Union, à condition par ailleurs que cette potentialité d'affectation puisse être caractérisée et qu'elle soit sensible. • Aut. conc. n° 11-D-07 du 24 févr. 2011 : *RLC juill.-août 2011. 15, note Venayre.* ♦ Il n'est pas nécessaire, pour que le droit de l'Union soit applicable à une entente verticale, de démontrer que les distributeurs qu'elle concerne sont implantés en tous points du territoire national ; il doit en revanche être relevé que la politique commerciale de l'entreprise porte sur une gamme de produits susceptibles d'être vendus sur l'ensemble du territoire et tend à régir les relations de cette entreprise avec la généralité de ses revendeurs, indépendamment de leur point d'implantation géographique exact. • Aut. conc. n° 11-D-19 du 15 déc. 2011. ♦ Une entente s'étendant à l'ensemble du territoire d'un État membre, ayant, par sa nature même, pour effet de consolider des cloisonnements de caractère national, induit une forte présomption d'affectation du commerce entre les États membres, qui ne peut être écartée que si l'analyse des caractéristiques de l'accord et du contexte économique dans lequel il s'insère démontre le contraire. • Com. 7 oct. 2014, n° 13-19.476 : *cité note 5 ss. C. com., art. L. 420-1.* – V. aussi • Aut. conc. n° 12-D-24 du 13 déc. 2012 : *cité note 43 ss. art. L. 464-2 C. com.*

En se déterminant par des motifs pris de la seule taille des entreprises et du lieu de leurs activités, insuffisants à établir le caractère sensible de l'affectation du commerce entre États membres, lequel, en l'état d'une entente ne couvrant qu'une partie d'un tel État, devait être apprécié en priorité au regard du volume de ventes affecté par la pratique par rapport au volume de ventes global des produits en cause à l'intérieur de cet État, la cour d'appel a privé sa décision de base légale. • Com. 1er mars 2011, n° 09-72.655 P : *D. 2011. Actu. 813, obs. Chevrier ; RTD eur. 2011. 420, obs. Idot ; JCP E 2011. Actu. 128 ; CCC 2011, n° 120, obs. Bosco ; RJDA 2011, n° 579 ; RLC avr.-juin 2011. 30, obs. Sélinsky et Cholet* (sur renvoi • Paris, 28 mars 2013 : *cité note 4 ss. art. R. 464-17*). ♦ Comp., jugeant qu'en l'état de pratiques cumulées d'entente et d'abus de position dominante commises sur une partie seulement d'un État membre le caractère sensible de l'affectation du commerce intracommunautaire résulte d'un ensemble de critères, parmi lesquels la nature des pratiques, la nature des produits concernés et la position de marché des entreprises en cause, le volume de ventes global concerné par rapport au volume national n'étant qu'un élément parmi d'autres : • Com. 31 janv. 2012, n° 10-25.775 P : *préc.* ♦ Ainsi, il ne peut être soutenu qu'une analyse multicritères ne serait pas nécessaire pour vérifier le caractère sensible de l'affectation du commerce entre États membres et ce, que ce soit en l'état de pratiques cumulées d'entente et d'abus de position dominante commises sur une partie seulement d'un État membre ou en l'état d'une entente ne couvrant qu'une partie d'un État membre, et que le seul fait que le volume des ventes affecté par la pratique n'ait représenté que 1,24 % du volume de ventes global en France durant la même période est insuffisant pour établir que l'accord en cause n'avait pas la « capacité » d'affecter de façon sensible le commerce entre États membres. • Com. 20 janv. 2015, n° 13-16.745 P : *D. 2015. Actu. 261, obs. Chevrier ; AJCA 2015. 169, note Parleani ; RTD com. 2015. 258, obs. Claudel ; JCP E 2015, n° 1218, obs. Mainguy ; CCC 2015, n° 96, obs. Decocq ; RJDA 2015, n° 308.*

2. Loi nationale plus stricte. L'art. 3 (2) précise que le présent règlement n'empêche pas les États membres d'adopter et de mettre en œuvre sur leur territoire des lois nationales plus strictes. L'art. L. 420-2, al. 2, C. com. vise les pratiques d'abus de dépendance économique qui constituent une catégorie d'infractions distincte de celle des ententes anticoncurrentielles prévue par les art. L. 420-1 C. com. et 81 du traité CE (art. 101 TFUE). Par ailleurs, l'infraction d'abus de dépendance économique de l'art. L. 420-2, al. 2, C. com. n'a pas d'équivalent en droit communautaire de la concurrence. Dans ces conditions, les pratiques dénoncées peuvent être appréciées au regard de l'art. L. 420-2, sans en rechercher au préalable la conformité avec les art. L. 420-1 C. com., 81 du traité CE (art. 101 TFUE) et le Règl. n° 2790/1999 du 22 déc. 1999. • Aut. conc. n° 10-D-08 du 3 mars 2010 : *CCC 2010, n° 123, obs. Malaurie-Vignal ; RLC avr.-juin 2010. 93, note Boy.*

Les art. 101, § 1, TFUE et 3, § 2, du Règl. n° 1/2003 doivent être interprétés en ce sens qu'ils ne s'opposent pas à ce qu'une autorité nationale de concurrence applique l'art. 101, § 1, à un accord entre entreprises qui est susceptible d'affecter le commerce entre États membres, mais qui n'atteint pas les seuils fixés par la Commission européenne dans sa communication concernant les accords d'importance mineure (*de minimis*), pourvu que cet accord constitue une restriction sensible de la concurrence au sens de cette disposition. • CJUE 13 déc. 2012, n° C-226/11 : *D. 2013. 473, note Vincent ; JCP E 2013, n° 1020, note Maréchal ; CCC 2013, n° 41, obs. Decocq ; RJDA 2013, n° 261 ; CCE 2013, n° 28, obs. Chagny ; RJ com. janv.-févr. 2013. 52, note Decocq ; RLC avr.-juin 2013. 26, obs. Robin ;.* – Réponse à une question préjudicielle de : • Com. 10 mai 2011, n° 10-14.881 : *D. actu. 19 mai 2011, obs. Chevrier ; RJDA 2011, n° 843 ; RDLC 2011, n° 3, p. 105, obs. Debroux ; RDC 2011. 1208, note Idot.*

L'art. L. 442-6-I-5° [ancien] C. com. doit être interprété et appliqué en considération du droit communautaire dont les impératifs priment les règles générales et spéciales du droit français ; ces impératifs résultant de la combinaison des règles de la concurrence des art. 81 et 82 du traité de Rome [art. 101 et 102 TFUE] et du Règl. n° 1400/2002 du 31 juill. 2002 justifient le préavis abrégé d'un an, peu important la durée des relations antérieures entre les parties. • Paris, 11 mai 2011 : *RDLC 2011, n° 3, p. 123, obs. Éréséo.* – Comp. • Versailles, 4 sept. 2012 : *cité note 38 ss. anc. art. L. 442-6, reproduit ss. art. L. 442-1 C. com.*

3. Question prioritaire de constitutionnalité. Ne sont pas des dispositions législatives entrant dans le champ de la QPC les règlements communautaires, de telle sorte que la question posée qui tend à contester la conformité à la Constitution du Règl. CE n° 1/2003 n'est pas recevable. • Cass., QPC, 18 juin 2010, n° 09-72.655 P : *RLC janv.-févr. 2011. 68, note Mexis.*

CHAPITRE II *Compétences*

Art. 5 *Compétence des autorités de concurrence des États membres.* **Les autorités de concurrence des États membres sont compétentes pour appliquer les articles 81 et 82 du traité** *[art. 101 et 102]* **dans des cas individuels. À cette fin, elles peuvent, agissant d'office ou saisies d'une plainte, adopter les décisions suivantes :**

– ordonner la cessation d'une infraction,
– ordonner des mesures provisoires,
– accepter des engagements,
– infliger des amendes, astreintes ou toute autre sanction prévue par leur droit national.

Lorsqu'elles considèrent, sur la base des informations dont elles disposent, que les conditions d'une interdiction ne sont pas réunies, elles peuvent également décider qu'il n'y a pas lieu pour elles d'intervenir.

RÉP. EUR. v° *Concurrence (mise en œuvre par les autorités et juridictions nationales)*, par ARHEL.

BIBL. ► IDOT, *Europe 2014. Prat. 4* (quelle voie d'action pour la victime d'une pratique contraire aux art. 101 et/ou 102 TFUE ? qui saisir au sein du REC ?).

Compétence des autorités nationales. L'art. 5 du Règl. n° 1/2003 du 16 déc. 2002 doit être interprété en ce sens qu'il s'oppose à ce qu'une autorité de concurrence nationale, lorsque, afin d'appliquer l'art. 102 TFUE, elle examine si les conditions d'application de cet article sont réunies et que, à la suite de cet examen, elle estime qu'une pratique abusive n'a pas eu lieu, puisse prendre une décision concluant à l'absence de violation dudit article. • CJUE 3 mai

2011, n° C-375/09 : *AJDA 2011. 1621, obs. Aubert, Broussy et Donnat ; RTD eur. 2011. 841, obs. Blaise ; JCP 2011, n° 597, obs. Picod ; CCC 2011, n° 173, obs. Decocq ; RJDA 2011, n° 963 ; RLC juill.-sept. 2011. 23, obs. Robin ; RJ com. 2011. 473, note Decocq ; RDC 2011. 1201, note Idot.* ♦ L'art. 5, al. 2, est d'application directe et s'oppose à l'application d'une règle de droit national qui imposerait de clore une procédure relative à l'application de l'art. 102 TFUE par une décision constatant l'absence de violation dudit article. • Même arrêt. ♦ L'art. 101 TFUE doit être interprété en ce sens qu'une entreprise ayant enfreint cette disposition ne peut pas échapper à l'infliction d'une amende lorsque ladite infraction a pour origine une erreur de cette entreprise sur la licéité de son comportement en raison de la teneur d'un avis juridique d'un avocat ou de celle d'une décision d'une autorité nationale de concurrence. • CJUE 18 juin 2013, n° C-681/11 : *D. 2014. Pan. 894, obs. Ferrier ; JCP E 2013. Actu. 493 ; CCC 2013, n° 193, obs. Decocq ; RJDA 2013, n° 841 ; RLDA sept. 2013. 79, note Robert ; RJ com. 2013. 411, note Decocq ; RLC oct.-déc. 2013. 25, obs. Robin.* ♦ L'art. 101 TFUE ainsi que les art. 5 et 23, § 2, du Règl. n° 1/2003 du 16 déc. 2002, doivent être interprétés en ce sens que, dans le cas où l'existence d'une infraction à l'art. 101 TFUE est établie, les autorités nationales de concurrence peuvent exceptionnellement se limiter à constater cette infraction sans infliger une amende lorsque l'entreprise concernée a participé à un programme national de clémence. • Même décision. ♦ Sur le principe de confiance légitime : • Aut. conc. n° 18-D-23 du 24 oct. 2018

Art. 6 *Compétence des juridictions nationales.* **Les juridictions nationales sont compétentes pour appliquer les articles 81 et 82 du traité** *[art. 101 et 102]*.

CHAPITRE III *Décisions de la Commission*

....

CHAPITRE IV *Coopération*

Art. 11 *Coopération entre la Commission et les autorités de concurrence des États membres.* **1. La Commission et les autorités de concurrence des États membres appliquent les règles communautaires de concurrence en étroite collaboration.**

2. La Commission transmet aux autorités de concurrence des États membres une copie des pièces les plus importantes qu'elle a recueillies en vue de l'application des articles 7, 8, 9 et 10 et de l'article 29, paragraphe 1. Si l'autorité de concurrence d'un État membre en fait la demande, la Commission lui fournit une copie des autres documents existants qui sont nécessaires à l'appréciation de l'affaire.

3. Lorsqu'elles agissent en vertu de l'article 81 ou 82 du traité *[art. 101 et 102]*, **les autorités de concurrence des États membres informent la Commission par écrit avant ou sans délai après avoir initié la première mesure formelle d'enquête. Cette information peut également être mise à la disposition des autorités de concurrence des autres États membres.**

4. Au plus tard trente jours avant l'adoption d'une décision ordonnant la cessation d'une infraction, acceptant des engagements ou retirant le bénéfice d'un règlement d'exemption par catégorie, les autorités de concurrence des États membres informent la Commission. A cet effet, elles communiquent à la Commission un résumé de l'affaire, la décision envisagée ou, en l'absence de celle-ci, tout autre document exposant l'orientation envisagée. Ces informations peuvent aussi être mises à la disposition des autorités de concurrence des autres États membres. Sur demande de la Commission, l'autorité de concurrence concernée met à la disposition de la Commission d'autres documents en sa possession nécessaires à l'appréciation de l'affaire. Les informations fournies à la Commission peuvent être mises à la disposition des autorités de concurrence des autres États membres. Les autorités nationales de concurrence peuvent également échanger entre elles les informations nécessaires à l'appréciation d'une affaire qu'elles traitent en vertu de l'article 81 ou 82 du traité *[art. 101 ou 102]*.

5. Les autorités de concurrence des États membres peuvent consulter la Commission sur tout cas impliquant l'application du droit communautaire.

6. L'ouverture par la Commission d'une procédure en vue de l'adoption d'une décision en application du chapitre III dessaisit les autorités de concurrence des États membres de leur compétence pour appliquer les articles 81 et 82 du traité *[art. 101 et 102]*. **Si une autorité de concurrence d'un État membre traite déjà une affaire, la Commission n'intente la procédure qu'après avoir consulté cette autorité nationale de concurrence.**

BIBL. ▶ Zarka, *D. 2007. 1738* (à propos du rôle prépondérant de la commission dans la recherche des infractions aux règles de concurrence). – Zivy, *RDLC 2007, n° 4, p. 50* (quel schéma institutionnel pour la régulation de la concurrence ? Portrait de famille européenne).

1. Consultation. Aucun texte n'impose au Conseil de la concurrence d'informer la Commission européenne de la procédure en cours dès lors qu'il envisageait de prendre une décision de non-lieu, l'art. 11 § 4 ne prévoyant pas l'obligation d'informer la Commission dans cette hypothèse. • Paris, 23 janv. 2007 : *cité note 5 ss. art. L. 450-6 C. com.*

2. Information. En l'absence d'affectation du commerce entre les États membres, le droit communautaire n'est pas applicable et par voie de conséquence la procédure d'information prévue à l'art. 11 § 3 n'a pas à être mise en œuvre tandis que la Commission européenne n'a pas compétence pour dessaisir le Conseil de la concurrence. • Cons. conc. nº 08-D-12 du 21 mai 2008 : *RDLC 2008, nº 3, p. 143, obs. Gstalter.* ♦ ... Par ailleurs, cette abstention ne peut pas être considérée comme portant atteinte aux droits de la défense des entreprises visées, dès lors que les chances d'obtenir une décision plus favorable au niveau communautaire sont purement hypothétiques. • Paris, 29 sept. 2009 : *D. actu. 5 oct. 2009, obs. Chevrier ; RLC janv.-mars 2010. 72, obs. Cheynel.*

3. Accès aux pièces. C'est en acceptant d'aller au-delà du débat contradictoire organisé par le code de commerce que l'Autorité de la concurrence a demandé à la Commission européenne, sur le fondement des art. 11 et 12 du Règl. nº 1/2003, qui pourtant ne régissent pas l'accès des parties ou des tiers à un dossier ouvert par une autorité membre du REC, mais organisent la coopération, et notamment l'échange d'informations confidentielles, entre autorités de concurrence et à l'initiative de ces dernières, de transférer à l'Autorité les pièces du dossier que la Commission européenne avait constitué. • Aut. conc. nº 11-D-17 du 8 déc. 2011. ♦ Si les droits de la défense des parties concernées doivent être pleinement assurés dans le déroulement de la procédure d'engagements, aucune disposition du code de commerce ou du Règl. nº 1/2003 ne prévoit que le droit des parties d'accès au dossier de l'Autorité s'étend aux documents internes à la Commission ou des autorités de concurrence des États membres et, en particulier, à la correspondance qui a pu être échangée entre la Commission et les autorités de concurrence des États membres ou entre ces derniers en application de l'art. 11. • Paris, 19 déc. 2013 : *cité note 10 ss. art. R. 464-2.* ♦ Les échanges institutionnels entre l'Autorité de la concurrence et la Commission européenne, relevant de documents internes, n'ayant pas été utilisés par les services d'instruction ni opposés aux parties concernées par l'affaire, la cour d'appel a pu en déduire que le défaut de communication de tels échanges ne portait pas atteinte aux intérêts des sociétés. • Com. 12 mai 2015, nº 14-10.792 P : *cité note 2 ss. art. R. 464-2.* ♦ La divulgation des documents transmis au titre de l'art. 11, § 4, du Règl. nº 1/2003 porte, en principe, atteinte à la protection des intérêts commerciaux des entreprises sur lesquelles portent les informations en cause et aux objectifs des activités d'enquête de l'autorité nationale de concurrence. • Trib. UE, 12 mai 2015, nº T-623/13 : *D. 2016. Pan. 966, obs. Ferrier ; AJCA 2015. 328, obs. Ponsard ; RLC juill.-août 2015. 86, obs. Robin.*

4. Dessaisissement. L'ouverture par la Commission européenne d'une procédure, au titre du chapitre III du Règl. nº 1/2003, à l'encontre d'une entente ne dessaisit pas, en vertu de l'art. 11, § 6, lu en combinaison avec l'art. 3, § 1, du même règlement, l'autorité de concurrence de l'État membre concerné de sa compétence pour sanctionner, par application du droit national de la concurrence, les effets anticoncurrentiels produits par cette entente sur le territoire dudit État membre au cours de périodes antérieures à l'adhésion de ce dernier à l'Union européenne. • CJUE 14 févr. 2012, nº C-17/10 : *D. actu. 23 mars 2012, obs. Constantin ; RTD eur. 2012. 453, obs. Idot ; CCC 2012, nº 99, obs. Decocq ; RLC avr.-juin 2012. 81, obs. Barbier de la Serre.* ♦ Le principe *ne bis in idem* ne fait pas obstacle à ce que les entreprises ayant participé à une entente soient condamnées à des amendes par l'autorité nationale de concurrence de l'État membre concerné, aux fins de sanctionner les effets produits par cette entente sur le territoire de ce dernier avant qu'il n'adhère à l'Union européenne, dès lors que les amendes infligées aux membres de cette entente par une décision de la Commission européenne prise avant l'adoption de la décision de ladite autorité nationale de concurrence n'avaient pas pour objet de réprimer lesdits effets. • Même arrêt. ♦ La position clairement et précisément exprimée par la Commission européenne sur le caractère distinct des infractions poursuivies au niveau européen et au niveau français et les conséquences qu'elle en tire en décidant qu'elle n'inclurait pas dans le champ de sa propre saisine et de la procédure suivie devant elle les faits visés par la procédure en cours d'instruction devant l'Autorité de la concurrence, et qu'en définitive c'est l'autorité française qui était la mieux placée pour continuer à poursuivre l'infraction nationale en France, suffit à établir que celle-ci était en droit de sanctionner les pratiques dont elle était saisie sans encourir alors, *a priori*, le grief de violation du principe *non bis in idem*. • Paris, 30 janv. 2014 : *cité note 5 ss. art. L. 420-1.* ♦ L'art. 11, § 6, 1re phrase, du Règl. (CE) nº 1/2003 du 16 déc. 2002 doit être interprété en ce sens que les autorités de concurrence des États membres sont dessaisies de leur compétence pour appliquer les art. 101 et 102 TFUE lorsque la Commission européenne ouvre une procédure aux fins de l'adoption d'une décision constatant une infraction à ces dispositions, pour autant que cet acte formel porte sur les mêmes violations présumées des art. 101 et 102 TFUE, commises par la ou les mêmes entreprises sur le ou les mêmes marchés de produits et le ou les mêmes marchés géographiques, au cours de la ou des mêmes périodes que celles visées par la ou les procédures préalablement ouvertes par ces autorités. • CJUE 25 févr. 2021, n° C-857/19 : *D. 2021. Actu. 420 ; RTD eur. 2021. 951, obs. Idot ; CCC 2021, n° 66, obs. Bosco ; RJ com. 2021. 229, note Decocq.* ♦ Le principe *ne bis in idem*, tel que consacré à l'art. 50 de la charte des droits fondamentaux de l'Union européenne, doit être interprété en ce sens qu'il s'applique à des infractions au droit de la concurrence, telles que l'abus de position dominante visé à l'art. 102 TFUE, et interdit qu'une entreprise soit condamnée ou poursuivie une nouvelle fois du fait d'un comportement anticoncurrentiel du chef duquel elle a été sanctionnée ou dont elle a été déclarée non responsable par une décision antérieure qui n'est plus susceptible de recours. En revanche, ce principe ne trouve pas à s'appliquer lorsqu'une entreprise est poursuivie et sanctionnée séparément et indépendamment par une autorité de concurrence d'un État membre et par la Commission européenne pour des violations de l'art. 102 TFUE portant sur des marchés de produits ou des marchés géographiques distincts ou lorsqu'une autorité de concurrence d'un État membre est dessaisie de sa compétence en application de l'art. 11, § 6, 1re phrase du Règl. n° 1/2003. • Même arrêt.

5. Coexistence des programmes de clémence. L'art. 101 TFUE et le Règl. n° 1/2003 doivent être interprétées en ce sens que les instruments adoptés dans le cadre du REC, notamment le programme modèle de ce réseau en matière de clémence, n'ont pas d'effet contraignant à l'égard des autorités nationales de concurrence. • CJUE 20 janv. 2016, n° C-428/14 : *D. 2016. Actu. 196 ; AJCA 2016. 196, obs. Saint-Esteben ; RTD eur. 2016. 830, obs. Idot ; RJDA 2016, n° 483 ; RLDA mars 2016. 28, obs. Soltani ; RLC mai 2016. 16, note Roskis et Macé de Gastines ; RJ com. 2016. 247, note Decocq.* ♦ Ces mêmes dispositions doivent être interprétées en ce sens qu'il n'existe aucun lien juridique entre la demande d'immunité qu'une entreprise a présentée ou s'apprête à présenter à la Commission européenne et la demande sommaire présentée à une autorité nationale de concurrence pour la même entente, obligeant cette autorité à apprécier la demande sommaire à la lumière de la demande d'immunité. La circonstance que la demande sommaire reflète fidèlement ou non le contenu de la demande présentée à la Commission est, à cet égard, dénuée de pertinence. De la même façon, une autorité nationale de concurrence peut accepter une demande sommaire d'immunité d'une entreprise qui a présenté à la Commission, non pas une demande d'immunité totale, mais une demande de réduction d'amendes. • Même décision.

Art. 12 *Échanges d'informations.* **1. Aux fins de l'application des articles 81 et 82 du traité** *[art. 101 ou 102]*, **la Commission et les autorités de concurrence des États membres ont le pouvoir de se communiquer et d'utiliser comme moyen de preuve tout élément de fait ou de droit, y compris des informations confidentielles.**

2. Les informations échangées ne peuvent être utilisées comme moyen de preuve qu'aux fins de l'application de l'article 81 ou 82 du traité *[art. 101 ou 102]* **et pour l'objet pour lequel elles ont été recueillies par l'autorité qui transmet l'information. Toutefois, lorsque le droit national de la concurrence est appliqué dans la même affaire et parallèlement au droit communautaire de la concurrence, et qu'il aboutit au même résultat, les informations échangées en vertu du présent article peuvent également être utilisées aux fins de l'application du droit national de la concurrence.**

3. Les informations transmises en vertu du paragraphe 1 ne peuvent être utilisées comme moyen de preuve pour infliger une sanction à une personne physique que lorsque :

— la loi de l'autorité qui transmet l'information prévoit des sanctions similaires en cas de violation de l'article 81 ou 82 du traité *[art. 101 ou 102]* **ou, si tel n'est pas le cas, lorsque**

— les informations ont été recueillies d'une manière qui assure le même niveau de protection des droits de la défense des personnes physiques que celui qui est reconnu par les règles nationales de l'autorité destinataire. Dans ce cas, cependant, les informations échangées ne peuvent être utilisées par l'autorité destinataire pour infliger des peines privatives de liberté.

Utilisation des informations. La protection qui est assurée par les dispositions de l'art. 12, 3°, vise expressément et exclusivement les personnes physiques. • Paris, 24 nov. 2009 : *D. actu. 30 nov. 2009, obs. Chevrier ; CCC 2010, n° 16, obs. Decocq ; RDLC 2010, n° 1, p. 160, obs. Momège ; RLC avr.-juin 2010. 83, obs. Barbier de la Serre.* ♦ Les dispositions du droit de l'Union en matière d'ententes, et en particulier le Règl. (CE) n° 1/2003, doivent être interprétées en ce sens qu'elles ne s'opposent pas à ce qu'une personne, lésée par une infraction au droit de la concurrence de l'Union et cherchant à obtenir des dommages et intérêts, obtienne l'accès aux documents relatifs à une procédure de clémence concernant l'auteur de cette infraction. Il appartient toutefois aux juridictions des États membres, sur la base de leur droit national, de déterminer les conditions dans lesquelles un tel accès doit être autorisé ou refusé en mettant en balance les intérêts protégés par le droit de l'Union. • CJUE 14 juin 2011, n° C-360/09 : *AJDA 2011.*

1620, obs. Aubert, Broussy et Donnat ; RTD eur. 2011. 844, obs. Blaise ; JCP 2011, n° 733, obs. F. Picod ; CCC 2011, n° 198, obs. Decocq ; RLC oct.-déc. 2011. 59, note Barbier de la Serre et Quiles ; RDC 2011. 1201, note Idot. ♦ Le droit de l'Union, en particulier le principe d'effectivité, s'oppose à une disposition du droit national en vertu de laquelle l'accès aux documents figurant dans le dossier afférent à une procédure nationale relative à l'application de l'art. 101 TFUE, y compris aux documents communiqués dans le cadre d'un programme de clémence, de tiers n'étant pas parties à cette procédure et envisageant d'engager des recours en dommages et intérêts à l'encontre de participants à une entente est subordonné au seul consentement de toutes les parties à ladite procédure, sans qu'aucune possibilité d'effectuer une mise en balance des intérêts en présence soit laissée aux juridictions nationales. • CJUE 6 juin 2013, n° C-536/11 : *AJDA 2013. 1691, obs. Aubert, Broussy et Cassagnabère ; RTD civ. 2013. 843, obs. Barbier ; JCP 2013, n° 717, obs. Picod ; CCC 2013, n° 218, obs. Decocq ; RJ com. 2013. 338, obs. Chagny ; RLC oct.-déc. 2013. 67, note Chassaing.*

Art. 13 *Suspension ou clôture de la procédure.* 1. Lorsque les autorités de concurrence de plusieurs États membres sont saisies d'une plainte ou agissent d'office au titre de l'article 81 ou 82 du traité *[art. 101 ou 102]* à l'encontre d'un même accord, d'une même décision d'association ou d'une même pratique, le fait qu'une autorité traite l'affaire constitue pour les autres autorités un motif suffisant pour suspendre leur procédure ou rejeter la plainte. La Commission peut également rejeter une plainte au motif qu'une autorité de concurrence d'un État membre la traite.

2. Lorsqu'une autorité de concurrence d'un État membre ou la Commission est saisie d'une plainte contre un accord, une décision d'association ou une pratique qui a déjà été traitée par une autre autorité de concurrence, elle peut la rejeter.

Rejet d'une plainte. En vertu de l'art. 13, § 1, du Règl. n° 1/2003, la Commission peut rejeter une plainte fondée sur d'éventuelles infractions à l'art. 102 TFUE au motif qu'une autorité nationale de concurrence a déjà traité l'affaire. Pour ce faire, la Commission doit s'assurer que l'autorité nationale de concurrence a commencé à enquêter sur l'affaire dont elle est saisie, sans avoir à vérifier les moyens institutionnels, financiers ou techniques dont dispose l'autorité nationale de concurrence saisie. • Trib. UE, 17 déc. 2014, n° T-201/11 : *AJCA 2015. 134, obs. Utzschneider et Mussi ; RTD eur. 2015. 812, obs. Idot ; RLC avr.-juin 2015. 16, obs. Robin.* ♦ La Commission européenne dispose d'une large marge d'appréciation dans l'application de l'art. 13, et le contrôle juridictionnel se limite à vérifier que les faits sur lesquels la Commission s'est fondée étaient matériellement exacts et qu'elle n'a pas commis, dans sa décision, d'erreur de droit, d'erreur manifeste d'appréciation ou de détournement de pouvoir. • Trib. UE, 21 janv. 2015, n° T-355/13 : *AJCA 2015. 178, obs. Luc ; RTD eur. 2015. 812, obs. Idot ; CCC 2015, n° 71, obs. Bosco ; RLC avr.-juin 2015. 16, obs. Robin.*

Art. 15 *Coopération avec les juridictions nationales.* 1. Dans les procédures d'application de l'article 81 ou 82 du traité *[art. 101 ou 102]*, les juridictions des États membres peuvent demander à la Commission de leur communiquer des informations en sa possession ou un avis au sujet de questions relatives à l'application des règles communautaires de concurrence.

2. Les États membres transmettent à la Commission copie de tout jugement écrit rendu par des juridictions nationales statuant sur l'application de l'article 81 ou 82 du traité *[art. 101 ou 102]*. Cette copie est transmise sans délai lorsque le jugement complet est notifié par écrit aux parties.

3. Les autorités de concurrence des États membres, agissant d'office, peuvent soumettre des observations écrites aux juridictions de leur État membre respectif au sujet de l'application de l'article 81 ou 82 du traité *[art. 101 ou 102]*. Avec l'autorisation de la juridiction en question, elles peuvent aussi présenter des observations orales. Lorsque l'application cohérente de l'article 81 ou 82 du traité *[art. 101 ou 102]* l'exige, la Commission, agissant d'office, peut soumettre des observations écrites aux juridictions des États membres. Avec l'autorisation de la juridiction en question, elle peut aussi présenter des observations orales.

Afin de leur permettre de préparer leurs observations, et à cette fin uniquement, les autorités de concurrence des États membres et la Commission peuvent solliciter la juridiction compétente de l'État membre afin qu'elle leur transmette ou leur fasse transmettre tout document nécessaire à l'appréciation de l'affaire.

4. Le présent article est sans préjudice des pouvoirs plus étendus que le droit national confère aux autorités de concurrence des États membres de présenter des observations aux juridictions.

BIBL. ▶ Claudel, *RDLC 2012, n° 4, p. 38* (procédure d'*amicus curiae* : bilan en demi-teinte de la pratique européenne et française). – Pietrini, *CCC 2013. Dossier 10* (relations entre juges de droit commun et autorités de concurrence : approche européenne).

Amicus curiae. Pour une application du § 3 de l'art. 15 par la Commission européenne, V. • Paris, 7 juin 2007 : *Gaz. Pal. 2008. 423, et les obs.* • Paris, 29 oct. 2009 : *RDLC 2010, n° 1, p. 161, obs. Momège.* ♦ L'art. 15 § 3, 1er al., 3e phrase, doit être interprété en ce sens qu'il autorise la Commission européenne à soumettre d'office des observations écrites à une juridiction d'un État membre dans une procédure relative à la possibilité de déduire des bénéfices imposables le montant d'une amende ou une partie de celle-ci que la Commission a infligée pour la violation de l'art. 81 CE ou 82 CE (art. 101 et 102 TFUE). • CJCE 11 juin 2009, n° C-429/07 : *JCP 2010, n° 5, p. 248, obs. Bringuier-Fau ; Gaz. Pal. 2009. 3183, obs. Vialens ; CCC 2009, n° 199, obs. Decocq ; RDLC 2009, n° 3, p. 120, note Maitrepierre ; RLC oct.-déc. 2009. 68, note Barbier de la Serre et Lavedan.*

Art. 16 *Application uniforme du droit communautaire de la concurrence.* **1. Lorsque les juridictions nationales statuent sur des accords, des décisions ou des pratiques relevant de l'article 81 ou 82 du traité** *[art. 101 ou 102]* **qui font déjà l'objet d'une décision de la Commission, elles ne peuvent prendre de décisions qui iraient à l'encontre de la décision adoptée par la Commission. Elles doivent également éviter de prendre des décisions qui iraient à l'encontre de la décision envisagée dans une procédure intentée par la Commission. À cette fin, la juridiction nationale peut évaluer s'il est nécessaire de suspendre sa procédure. Cette obligation est sans préjudice des droits et obligations découlant de l'article 234 du traité** *[art. 267]***.**

2. Lorsque les autorités de concurrence des États membres statuent sur des accords, des décisions ou des pratiques relevant de l'article 81 ou 82 du traité *[art. 101 ou 102]* **qui font déjà l'objet d'une décision de la Commission, elles ne peuvent prendre de décisions qui iraient à l'encontre de la décision adoptée par la Commission.**

Principe de primauté. Ayant relevé que les juridictions communautaires avaient confirmé la décision de la Commission dont le dispositif énonçait que la société avait enfreint les dispositions de l'art. 81 du traité CE, c'est sans méconnaître le droit au procès équitable, le principe de la primauté du droit communautaire et l'effet relatif qui s'attache à l'autorité de la chose jugée par les juridictions communautaires que la cour d'appel a retenu que le fait qu'elle ne soit pas condamnée par les décisions communautaires n'interdit pas à la juridiction nationale d'apprécier, au regard des éléments qui lui sont soumis, notamment des décisions communautaires, les éléments de son comportement constitutifs d'une faute. • Com. 6 oct. 2015, n° 13-24.854 P : *D. 2015. Actu. 2069 ; AJCA 2015. 526, obs. Saint-Esteben ; JCP E 2015, n° 1532 ; CCC 2016, n° 18, obs. Decocq ; RJDA 2016, n° 323 ; RJ com. 2015. 558, note Chagny.*

CHAPITRE V *Pouvoirs d'enquête*

....

Art. 22 *Enquêtes par les autorités de concurrence des États membres.* **1. Une autorité de concurrence d'un État membre peut exécuter sur son territoire toute inspection ou autre mesure d'enquête en application de son droit national au nom et pour le compte de l'autorité de concurrence d'un autre État membre afin d'établir une infraction aux dispositions de l'article 81 ou 82 du traité** *[art. 101 ou 102]***. Le cas échéant, les informations recueillies sont communiquées et utilisées conformément à l'article 12.**

2. Sur demande de la Commission, les autorités de concurrence des États membres procèdent aux inspections que la Commission juge indiquées au titre de l'article 20, paragraphe 1, ou qu'elle a ordonnées par voie de décision prise en application de l'article 20, paragraphe 4. Les agents des autorités de concurrence des États membres chargés de procéder aux inspections, ainsi que les agents mandatés ou désignés par celles-ci, exercent leurs pouvoirs conformément à leur législation nationale.

Les agents et les autres personnes les accompagnant mandatés par la Commission peuvent, sur sa demande ou sur celle de l'autorité de concurrence de l'État membre sur le territoire duquel l'inspection doit être effectuée, prêter assistance aux agents de l'autorité concernée.

BIBL. ▶ David, *RDLC 2008, n° 4, p. 39* (la coopération entre autorités nationales au sein du réseau européen de concurrence). – Barreau, *CCC 2011. Étude 13* (participation française au réseau européen de concurrence après la LME : une inopportune divergence ?) – Krenzer, *RLC oct.-déc. 2011. 135* (coopération des autorités de concurrence en matière d'inspections dans l'UE). – Philippe, Trabucchi et Gordon, *RLC avr.-juin 2013. 120* (avancées et prochains défis des programmes de clémence au sein du REC).

Réseau européen de concurrence. Les dispositions de l'art. 22 organisent, en ce qui concerne les inspections supposant l'emploi de moyens coercitifs, trois étapes qui relèvent d'un contrôle distinct : la demande d'assistance formulée par l'autorité qui souhaite en bénéficier ; l'autorisation et le déroulement de l'inspection mise en œuvre par l'autorité destinataire de la demande d'assistance ; l'utilisation des informations obtenues par l'autorité pour le compte de laquelle l'inspection a été réalisée. La première et la troisième étape sont soumises au droit national applicable dans l'État demandeur de l'assistance, sous le contrôle des juridictions compétentes de cet État ; la deuxième est régie par le droit national applicable dans l'État destinataire de la demande d'assistance, sous le contrôle des juridictions compétentes de cet autre État. • Cons. conc. n° 08-D-30 du 4 déc. 2008 : *CCC 2009, n° 56, obs. Decocq ; RDLC 2009, n° 1, p. 109, obs. Nicolas-Vullierme ; RLC avr.-juin 2009. 67, note Barbier de la Serre.* ♦ L'autorité de concurrence qui accepte d'exécuter sur son territoire une mesure d'enquête y procède en appliquant son droit national et non celui du pays de l'autorité demanderesse au nom et pour le compte de laquelle la mesure est effectuée, et il n'appartient pas au juge français d'autoriser ou de contrôler le déroulement de mesures d'enquête sur d'autres territoires que son territoire national. • Com. 20 janv. 2015, n° 13-16.745 P : *cité note 1 ss. art. 3 du présent règlement.*

En l'absence de toute disposition fixant les conditions dans lesquelles une demande d'assistance doit être établie, il revient au rapporteur général de l'Autorité de la concurrence de présenter les informations qui lui paraissent essentielles pour que l'autorité sollicitée puisse se déterminer. • Paris, 24 nov. 2009 : *D. actu. 30 nov. 2009, obs. Chevrier ; CCC 2010, n° 16, obs. Decocq ; RDLC 2010, n° 1, p. 160, obs. Momège ; RLC avr.-juin 2010. 74, obs. Barbier de la Serre.* ♦ Les dispositions des art. L. 450-1 et L. 452-4 C. com. ne subordonnent pas à une autorisation judiciaire préalable la demande d'assistance formée par le rapporteur de l'Autorité de la concurrence auprès d'une autorité d'un autre État membre dans le cadre de la procédure d'entraide prévue par l'art. 22 du Règl. n° 1/2003 ; en outre, ce règlement ne subordonne pas l'exécution d'une mesure d'enquête à l'autorisation préalable d'un juge de l'État pour le compte duquel la mesure est effectuée. • Paris, 28 mars 2013 : *cité note 4 ss. art. R. 464-17.* ♦ Les dispositions des art. 22 du Règl. n° 1/2003 et L. 450-1 C. com. n'interdisent pas en son principe l'assistance des agents qui exécutent une mesure d'enquête par des agents de l'État membre au nom et pour le compte duquel est effectuée la mesure. • Même arrêt. ♦ Lorsqu'elle agit pour l'application de l'art. 22 du Règl. n° 1/2003 du 16 déc. 2002, l'Autorité de la concurrence n'est pas pour autant privée des pouvoirs propres qu'elle tient des dispositions des art. L. 450-1 s. C. com., qui lui permettent d'enquêter sur d'éventuelles irrégularités commises en France et de demander au JLD les mesures de visites et de saisies contestées. • Crim. 17 févr. 2021, n° 19-84.310 : *CCC 2021, n° 67, obs. Bosco ; RJDA 2021, n° 345.*

CHAPITRE XI *Dispositions transitoires, modificatives et finales*

Art. 34 *Dispositions transitoires.* **1. Les demandes présentées à la Commission en application de l'article 2 du règlement n° 17 et les notifications faites en application des articles 4 et 5 dudit règlement, ainsi que les demandes et notifications correspondantes faites en application des règlements (CEE) n° 1017/68** *[abrogé et remplacé par Règl. CE n° 169/2009 du 26 févr. 2009]*, **(CEE) n° 4056/86 et (CEE) n° 3975/87, sont caduques à compter de la date d'application du présent règlement.**

2. Les actes de procédure accomplis en application du règlement n° 17 et des règlements (CEE) n° 1017/68 *[abrogé et remplacé par Règl. CE n° 169/2009 du 26 févr. 2009]*, **(CEE) n° 4056/86 et (CEE) n° 3975/87 conservent leurs effets pour l'application du présent règlement.**

Art. 35 *Désignation des autorités de concurrence des États membres.* **1. Les États membres désignent l'autorité ou les autorités de concurrence compétentes pour appliquer les articles 81 et 82 du traité** *[art. 101 et 102]* **de telle sorte que les dispositions du présent règlement soient effectivement respectées. Les mesures nécessaires pour doter ces autorités du pouvoir d'appliquer lesdits articles sont prises avant le 1er mai 2004. Des juridictions peuvent figurer parmi les autorités désignées.**

2. Lorsque l'application du droit communautaire en matière de concurrence est confiée à des autorités administratives et judiciaires nationales, les États membres peuvent assigner différentes compétences et fonctions à ces différentes autorités nationales, qu'elles soient administratives ou judiciaires.

3. Les effets de l'article 11, paragraphe 6, s'appliquent aux autorités désignées par les États membres, y compris aux juridictions qui exercent des fonctions portant sur la préparation et l'adoption des types de décisions prévus à l'article 5. Les effets de l'article 11, paragraphe 6 ne s'appliquent pas aux juridictions lorsqu'elles statuent en qualité d'instances de recours contre les types de décisions visés à l'article 5.

4. Nonobstant le paragraphe 3, dans les États membres où, en vue de l'adoption de certains types de décisions visés à l'article 5, une autorité saisit une autorité judiciaire distincte et différente de l'autorité chargée des poursuites, et pour autant que les conditions énoncées au présent paragraphe soient remplies, les effets de l'article 11, paragraphe 6, sont limités à l'autorité chargée des poursuites en question, qui doit retirer sa demande auprès de l'autorité judiciaire lorsque la Commission ouvre une procédure. Ce retrait doit effectivement mettre fin à la procédure nationale.

Autorité de concurrence nationale. L'art. 35 du Règl. n° 1/2003 doit être interprété en ce sens qu'il s'oppose à une réglementation nationale qui n'accorde pas la faculté à une autorité de concurrence nationale de participer, en tant que partie défenderesse, à une procédure judiciaire dirigée contre la décision dont cette autorité est l'auteur. Il appartient aux autorités de concurrence nationales de mesurer la nécessité et l'utilité de leur intervention au regard de l'application effective du droit de la concurrence de l'Union. Toutefois, la non-comparution systématique de l'autorité de concurrence nationale à de telles procédures judiciaires compromet l'effet utile des art. 101 et 102 TFUE. • CJUE 7 déc. 2010, n° C-439/08 : *AJDA 2011. 272, obs. Aubert, Broussy et Donnat ; RTD eur. 2011. 418, obs. Idot ; JCP E 2011, n° 1301, spéc. n° 38, obs. Decocq ; CCC 2011, n° 37, obs. Decocq ; RDLC 2011, n° 1, p. 179, note Maitrepierre ; RLC avr.-juin 2011. 477, obs. Barbier de la Serre.* ♦ En l'absence de réglementation de l'Union, les États membres demeurent compétents, conformément au principe de l'autonomie procédurale, pour désigner le ou les organes relevant de l'autorité de concurrence nationale qui disposent de la faculté de participer, en tant que partie défenderesse, à une procédure devant une juridiction nationale dirigée contre la décision dont cette autorité est l'auteur, tout en garantissant le respect des droits fondamentaux et la pleine effectivité du droit de la concurrence de l'Union. • Même décision. ♦ Sur les conséquences de cette décision en droit interne, V. C. com., art. R. 464-11, R. 464-19, R. 464-21, R. 464-28.

Art. 45 *Entrée en vigueur.* **Le présent règlement entre en vigueur le vingtième jour suivant celui de sa publication au *Journal officiel des Communautés européennes* [*JOCE L 1 du 4 janv. 2003.*]**

Il est applicable à partir du 1er mai 2004.

Règlement CEE n° 17-62 du 6 février 1962,

Premier règlement d'application des articles 85 et 86 du Traité (actuels art. 101 et 102 TFUE).

Art. 9 *Compétence.* **1. Sous réserve du contrôle de la décision par la Cour de justice, la Commission a compétence exclusive pour déclarer les dispositions de l'article 85 [*devenu art. 101*], paragraphe 1, inapplicables conformément à l'article 85 [*101*], paragraphe 3, du traité.**

2. La Commission est compétente pour appliquer les dispositions de l'article 85 [*désormais 101*], paragraphe 1, et de l'article 86 [*devenu art. 102*] du traité, même si les délais prévus à l'article 5, paragraphe 1, et à l'article 7, paragraphe 2, pour procéder à la notification ne sont pas expirés.

3. Aussi longtemps que la Commission n'a engagé aucune procédure en application des articles 2, 3 ou 6, les autorités des États membres restent compétentes pour appliquer les dispositions de l'article 85 [*101*], paragraphe 1, et de l'article 86 [*102*] conformément à l'article 88 [*104*] du traité, même si les délais prévus à l'article 5, paragraphe 1, et à l'article 7, paragraphe 2, pour procéder à la notification ne sont pas expirés.

Le traité de Lisbonne du 13 déc. 2007 (JOUE C 306 du 17 déc. 2007) a opéré une renumérotation du traité de Rome du 25 mars 1957 (V. la loi de ratification n° 2008-125 du 13 févr. 2008, JO 14 févr., et le Décr. de publication n° 2009-1466 du 1er déc. 2009, JO 2 déc.).

1. Primauté communautaire. BIBL. Guérin et Decocq, *JCP 1983. I. 3108.* – Fourgoux, *RJ com. 1989. 145* (inutilité du droit interne ?). – Idot, *Cah. dr. entr. 1991, n° 2.* ♦ Au cas de conflit entre les règles communautaires et les législations nationales, la solution repose sur l'application du principe de la primauté de la règle communautaire (arrêt *Costa c/ Enel*). • CJCE 15 juill. 1964, n° C-6/64 • Crim. 14 janv. 1980, n° 78-94.365 P : *RTD com. 1982. 288, obs. Hémard et*

Bouloc. ♦ En vertu du principe de primauté, une décision de la CJCE s'impose au juge national sans que puisse être opposé un principe général du droit, tel que le principe de la confiance légitime. • Com. 22 oct. 2002, n° 01-01.960 P : *RJDA 2003, n° 100.* ♦ V. aussi, consacrant l'existence d'une « légalité d'urgence » destinée à assurer la primauté du droit communautaire : • CE 18 juin 2003, n° 250608 : *Europe 2003, n° 288, obs. Cassia.* ♦ ... Mais affirmant la primauté des dispositions constitutionnelles sur le droit communautaire : • CE 30 juill. 2003, n° 245076 : *Europe 2004, n° 30, obs. Cassia et Saulnier.* ♦ La primauté communautaire sur le droit national, indiquée à l'art. 3 du Règl. n° 1/2003, s'applique à la répression des pratiques anticoncurrentielles pour laquelle les autorités communautaires et les autorités nationales de concurrence ont une compétence parallèle. Ce principe n'inclut pas les décisions rendues en matière de contrôle des concentrations qui relèvent de la compétence exclusive et alternative des autorités nationales ou communautaires, selon la dimension des opérations de concentration. • Cons. conc. n° 05-D-32 du 22 juin 2005.

En présence de comportements d'entreprises contraires à l'art. 81, § 1, CE (art. 101, § 1, TFUE), qui sont imposés ou favorisés par une législation nationale qui en légitime ou en renforce les effets, une autorité nationale de la concurrence : a l'obligation de laisser inappliquée cette législation nationale ; ne peut infliger de sanctions aux entreprises concernées pour des comportements passés lorsque ceux-ci leur ont été imposés par cette législation nationale ; peut infliger des sanctions aux entreprises concernées pour leurs comportements ultérieurs à la décision de laisser inappliquée cette législation nationale, une fois que cette décision est devenue définitive à leur égard ; peut infliger des sanctions aux entreprises concernées pour leurs comportements passés lorsqu'ils ont été simplement facilités ou encouragés par cette législation nationale, tout en tenant dûment compte des spécificités du cadre normatif dans lequel les entreprises ont agi. • CJCE 9 sept. 2003, n° C-198/01 : *JCP E 2003, n° 40, p. 1554 ; CCC 2003, n° 188, obs. Poillot-Peruzzetto ; LPA 29 janv. 2004, obs. Arhel ; AJDA 2004. 75, obs. Charbit ; RJDA 2003, n° 1132.* ♦ Sur la question, V. aussi Charbit, *RDLC 2006, n° 2, p. 44* (l'entente « automatique »).

2. Autorités des États membres. Les autorités des États membres, y compris dans certains États membres les juridictions spécialement chargées d'appliquer la législation nationale sur la concurrence ou de contrôler la légalité de cette application par les autorités administratives, sont également compétentes pour appliquer les dispositions des art. 85 et 86 [art. 101 et 102] du traité. • CJCE 30 janv. 1974, n° C-127/73. – Comp. : • Com. 22 mars 1979 : *JCP E 1980. II. 13212, note Jeantet.* ♦ Sur la compétence pour appliquer l'art. 85, § 3 [art. 101, § 3], V. art. 9, § 1 du Règl. du 6 févr. 1962.

La DGCCRF est, en France, au nombre des autorités visées par l'art. 9 § 3. • Com. 16 mai 1995, n° 93-20.751 P. ♦ En revanche, la restriction prévue à l'art. 9, § 3 ne s'applique pas à la cour d'appel, statuant sur un recours formé contre le jugement d'un tribunal de commerce, qui ne constitue pas « une autorité d'un État membre » au sens du règlement. • Com. 18 févr. 1992, n° 87-12.844 P. ♦ Dès lors, aucune règle communautaire ne s'oppose à ce qu'une juridiction judiciaire nationale statue sur la validité d'un accord au regard des dispositions de l'art. 81, § 1er du traité [art. 101, § 1er], lorsque cet accord a fait l'objet d'une notification en vertu de l'art. 81, § 3 [art. 101, § 3], ni même lorsqu'une procédure a été engagée par la Commission. • Com. 1er juill. 2003, n° 98-11543 P : *CCC 2004, n° 12, obs. Poillot-Peruzzetto ; RJDA 2003, n° 1131.* ♦ V., excluant aussi les juridictions nationales des « autorités des États membres » visées à l'art. 9, § 3 : • Crim. 16 mai 1991, n° 89-80.826 P.

Jugeant que les juridictions ne sont pas compétentes pour retirer le bénéfice d'un règlement d'exemption par catégorie, V. • T. com. Paris, 13 mars 2008 : *RDLC 2008, n° 3, p. 140, obs. Lemaire ; RLC oct.-déc. 2008. 106 et 116, obs. Cheynel.* ♦ En ce sens que le juge des référés est compétent pour appliquer l'art. 86 [art. 102], V. • Com. 13 oct. 1993, n° 91-19.655 : *CCC 1993, n° 220, obs. Vogel.* Sur le rôle des juridictions nationales dans l'application des art. 85 et 86 [101 et 102], V. Comm. CEE n° 93/C 39/05 du 13 févr. 1993, *JOCE C 39 du 13 févr. 1993 ; CCC 1993, n° 57.* ♦ Sur la coopération entre la Commission et les autorités de la concurrence d'un État membre pour le traitement d'affaires relevant des art. 85 et 86 [101 et 102], V. Comm. CEE n° 97/C 313/03 du 15 oct. 1997, *JOCE C 313 du 15 oct. 1997 ; CCC 1997, n° 179, obs. Vogel.* Lorsqu'une juridiction nationale se prononce sur un accord ou une pratique dont la compatibilité avec les art. 85, § 1 et 86 du traité (art. 101, § 1 et 102) font l'objet d'une décision de la Commission, elle ne peut pas prendre une décision allant à l'encontre de celle de la Commission, même si cette dernière est en contradiction avec la décision rendue par une juridiction nationale de première instance. • CJCE 14 déc. 2000, n° C-344/98 : *D. 2001. 1863, note Fourgoux ; Gaz. Pal. 3-5 févr. 2002. Somm. 28, note Vialens.* ♦ Il résulte de l'obligation de coopération loyale qu'il appartient à la juridiction nationale d'apprécier, en cas de recours en annulation formé par le destinataire d'une décision de la Commission, s'il y a lieu de surseoir à statuer jusqu'à ce qu'une décision définitive soit rendue sur ledit recours ou de déférer une question préjudicielle à la Cour. • Même arrêt.

3. Application conjointe des législations nationale et communautaire. Le Conseil de la concurrence étant une autorité nationale de concurrence au sens de l'art. 9 du Règl. n° 17-62, et donc compétent pour appliquer les art. 85-1 et 86 [art. 101-1 et 102] du traité de Rome, il doit, lorsqu'il est saisi de comportements anticoncurrentiels susceptibles d'affecter le commerce entre États membres, se prononcer sur la base des droits national et communautaire qui définissent des infractions distinctes, dont les fondements et la qualification sont différents ; dès lors, la règle *non bis in idem* ne peut trouver application. • Cons. conc. n° 95-D-76 du 29 nov. 1995 : *CCC 1996, n° 111, obs. Vogel.*

Sur la référence faite par le Conseil de la concurrence au Règl. CE n° 2790/99 pour l'examen d'un contrat de distribution sélective dont l'application est limitée au territoire national, V. • Cons. conc. n° 01-D-45 du 19 juill. 2001 : *RJDA 2002, n° 103 ; Europe 2002, n° 59, obs. Idot* • n° 03-D-53 du 26 nov. 2003 : *D. 2004. 1441, note Sabirau-Perez* • n° 03-D-60 du 17 déc. 2003 : *JCP E 2004, n° 13, p. 520, note Arhel* • n° 03-D-69 du 26 déc. 2003 : *JCP E 2004, n° 22, p. 867, note Arhel ; CCC 2004, n° 43, obs. Malaurie-Vignal.* – V. aussi, Idot, *Europe 2004, n° 260.*

4. Engagement d'une procédure. La compétence des autorités nationales cesse, pour l'application des art. 85, § 1 et 86 [art. 101, (§ 1) et 102], lors de l'engagement d'une procédure par la Commission, lequel ne saurait résulter d'un simple envoi d'une demande d'attestation négative. • CJCE 6 févr. 1973, n° C-48/72. ♦ Comp., pour le dépôt d'une plainte : • Com. 26 mars 1979, n° 77-11.290 P : *JCP 1979. II. 19249, note Jeantet.* ♦ ... Ou d'une information : • Paris, 26 janv. 1963 : *D. 1963. 189, note Robert ; JCP 1963. II. 13103, concl. Desangles.*

Mais, si l'ouverture d'une procédure par la Commission met fin à la compétence des autorités nationales pour apprécier les faits au regard du droit communautaire, celles-ci demeurent en revanche compétentes pour apprécier les faits qui leur sont soumis au regard du droit national en veillant à ce que cette appréciation ne puisse porter préjudice à l'application pleine et uniforme du droit communautaire et à l'effet des actes d'exécution de celui-ci. • Cons. conc. n° 96-D-57 du 1er oct. 1996 : *CCC 1997, n° 46, obs. Vogel.* ♦ La Commission peut ouvrir une procédure soit d'office, soit sur plainte des États membres ou de toute personne physique ou morale justifiant d'un intérêt légitime à agir, tel le client final acheteur de biens ou de services qui justifie avoir été ou être susceptible d'être lésé dans ses intérêts économiques du fait d'une pratique anticoncurrentielle. • TPICE 7 juin 2006, n° T-213/01 : *JCP 2006. II. 10185, note Zarka ; RJDA 2006, n° 961.*

5. Question préjudicielle. Pour des applications de l'art. 177 [art. 267] du Traité, V. • Com. 22 mars 1979 : *JCP E 1980. II. 13212, note Jeantet* • TGI Alençon, 5 août 1987 : *D. 1988. Somm. 291, obs. Gavalda et Lucas de Leyssac.* ♦ S'il appartient au seul juge national d'apprécier la nécessité et la pertinence des questions préjudicielles qu'il pose à la Cour de justice, cette dernière doit cependant être informée de manière circonstanciée des raisons qui amènent le juge national à considérer que la réponse à ces questions est nécessaire pour lui permettre de rendre sa décision. • CJCE 21 janv. 2003, n° C-318/00 : *Europe 2003, n° 89, obs. Gautier ; Procédures 2003, n° 66, obs. Nourissat.* ♦ Sur l'impossibilité pour les autorités nationales de concurrence de poser des questions préjudicielles, V. • CJCE 31 mai 2005, n° C-53/03 : *CCC 2005, n° 152, obs. Poillot-Peruzzetto ; RDLC 2005, n° 3, p. 116, obs. Momège ; RJ com. 2005. 516, obs. Decocq ; RLC 2005, n° 4, p. 59, note Barbier de la Serre.*

6. Utilisation des informations recueillies par les autorités communautaires. En ce sens que les juges nationaux ont la possibilité d'utiliser les informations recueillies par les autorités communautaires, au titre des moyens de preuve, dans le cadre d'une procédure judiciaire nationale, mais que cette possibilité n'est pas ouverte aux autorités administratives nationales de concurrence, V. • TPICE 18 sept. 1996, n° T-353/94 : *CCC 1996, n° 189, obs. Vogel.* – V. déjà • CJCE 16 juill. 1992, n° C-67/91 : *CCC 1992, n° 185.*

Règlement CE n° 2790-1999 du 22 décembre 1999,

Concernant l'application de l'article 81, paragraphe 3, du traité à des catégories d'accords verticaux et de pratiques concertées. — Le traité de Lisbonne a renuméroté les articles du traité de Rome, l'art. 81, § 3 étant devenu l'art. 101, § 3 TFUE (V. Décr. n° 2009-1466 du 1er déc. 2009, JO 2 déc.).

Le Règl. (CE) n° 2790-1999 du 22 déc. 1999 a expiré le 31 mai 2010 et est remplacé depuis le 1er juin 2010 par le Règl. (UE) n° 330-2010 du 20 avr. 2010 (V. infra). — L'interdiction énoncée à l'art. 101, § 1, TFUE ne s'applique pas, pendant la période allant du 1er juin 2010 au 31 mai 2011, aux accords qui, au 31 mai 2010, sont déjà en vigueur et ne remplissent pas les conditions d'exemption prévues par le Règl. (UE) n° 330-2010 du 20 avr. 2010, mais satisfont à celles qui sont prévues par le Règl. (CE) n° 2790-1999 du 22 déc. 1999 (Règl. n° 330-2010 du 20 avr. 2010, art. 9).

BIBL. ▶ FERRIER, *Cah. dr. entr. 1999, n° 5, p. 7* (effets cumulatifs de réseaux au regard des restrictions verticales). – ARHEL, *LPA 7 janv. 2000* (restrictions verticales : une réforme en profondeur) ; *JCP E 2000, n° 29, p. 1174* (lignes directrices sur les restrictions verticales) ; *LPA 6 oct. 2000* (restrictions verticales : le marché pertinent). – BENSOUSSAN, *D. 2000. Chron. 629* (franchise : l'exclusivité territoriale vidée de sa substance). – HÉNIN et DELESALLE, *LPA 22 mars 2000* (modernisation des règles communautaires : les accords verticaux). – FABRE, *D. 2001. 461* (contrats de distribution et internet à la lumière du nouveau règlement communautaire). – BRETZNER, *ibid. 1603* (application rétroactive du Règl. CE n° 2790/1999).

Règlement CE n° 1400-2002 du 31 juillet 2002,

Concernant l'application de l'article 81, paragraphe 3, du traité à des catégories d'accords verticaux et de pratiques concertées dans le secteur automobile.

Le Règl. n° 1400-2002 du 31 juill. 2002 devait expirer le 31 mai 2010. Toutefois, en vertu de l'art. 101, § 3, du traité, l'art. 101, § 1, du traité ne s'applique pas, du 1er juin 2010 au 31 mai 2013, aux accords verticaux relatifs aux conditions auxquelles les parties peuvent acheter, vendre ou revendre des véhicules automobiles neufs, qui satisfont aux conditions d'exemption prévues par le Règl. (CE) n° 1400-2002 concernant spécifiquement les accords verticaux d'achat, de vente ou de revente de véhicules automobiles neufs (Règl. n° 461-2010 du 27 mai 2010, art. 2). Ce n'est qu'à partir du 1er juin 2013 que le Règl. (UE) n° 330-2010 du 20 avr. 2010 (V. ce texte, infra) s'est appliqué.

BIBL. ▶ FERRIER, *Lettre distrib. 2/2002, p. 1.* – HERMEL, *LPA 22 mars 2002.* – ARHEL, *ibid. 29 mars 2002 ; CCC 2002. Chron. 18.* – MOREAU et SERGANT, *D. 2002. 2725*. – POILLOT-PERUZZETTO, *RTD com. 2002. 750*. – IDOT, *JCP E 2002, n° 50, p. 2000.* – ARHEL, *LPA 27 nov. 2002* (brochure explicative). – VAN GINDERACHTER, *Gaz. Pal. 2003. Doctr. 651* (réforme audacieuse mais équilibrée). – L. VOGEL, *ibid. 658* (de quelques questions juridiques). – BOURGEON, *ibid. 674* (quel avenir pour les réseaux de marque automobiles ?). – BENTEYN et CARLI, *JCP E 2003, n° 28-29, p. 1182* (rupture par le concédant). – PARLÉANI, *ibid., p. 1191.* – FOURGOUX et VILMART, *Gaz. Pal. 2003. 1515* (l'arbitrage et le règlement amiable des différends dans le Règl. CE 1400/2002). – Dossier spécial, *LPA 29 nov. 2003* (même thème). – CHAMPALAUNE, *Cah. dr. entr. 2003, n° 5, p. 15* (réforme de l'exemption des « accords automobiles » au regard du droit des contrats). – GOYER, *ibid., p. 20* (... au regard du droit de la concurrence). – FERRÉ, *ibid., p. 23* (... au regard de la propriété intellectuelle). – IDOT, *RDC 2003. 65* (nouveau règlement automobile). – BARBET, *RCC janv.-mars 2005, Débats, p. 12* (point de vue d'un économiste). – BOURGEON, *ibid., p. 16* (impact sur les structures de la distribution) ; *ibid. 59* (observations sur le rapport d'évaluation de la Commission sur le Règl. n° 1400/2002). – ÉRÉSÉO, *Lettre distrib. 10/2005, p. 1* (désorganisation en marche des réseaux de distribution automobile).

Règlement CE n° 139-2004 du 20 janvier 2004,

Relatif au contrôle des opérations de concentration entre entreprises.

RÉP. EUR. v° *Concentrations*, par PERUZZETTO-POILLOT.

RÉP. COM. v° *Concentration*, par ARHEL.

BIBL. GÉN. ▶ L. et J. VOGEL, *JCP E 2002, n° 6, p. 271* (réforme du contrôle communautaire des concentrations). – MEDDEB, *CCC 2002. Chron. 6* (contrôle communautaire des concentrations : aperçu des dernières évolutions et des réformes actuelles). – BRAULT et BUHART, *LPA 6 sept. 2002.* – ARHEL, *JCP E 2003, n° 3, p. 15* (proposition de nouveau règlement) ; *LPA 31 janv. 2003* (même thème). – FERNÁNDEZ RODRIGUEZ, *Mél. Moderne, Dalloz, 2004, p. 1201* (la concentration des entreprises et le juge communautaire). – BRUNET, *RTD eur. 2004. 1* (la double réforme du contrôle communautaire des concentrations). – IDOT, *Europe 2004. Chron. 3.* – L. et J. VOGEL, *JCP E 2004, n° 10, p. 357.* – DECOCQ, *RJ com. 2004. 270* (refonte du contrôle des concentrations). – LOWE, *LPA 13 juill. 2004* (principes et perspectives du contrôle communautaire des concentrations). – GUERSENT et WINCKLER, *RLC 2005, n° 1, p. 12.* – JORDA, *AJDA 2005. 179* (modernisation du droit communautaire des concentrations). – LÉVÊQUE, *RDLC 2005, n° 4, p. 20* (analyse statistique du contrôle européen des concentrations). – BARBIER DE LA SERRE, *RLC 2006, n° 6, p. 56* (contrôle des concentrations et procédure accélérée). – OSTER, *JCP E 2006, n° 11, p. 517* (la menace du recours à l'art. 22 du règlement sur les concentrations). – KIRCH et LIO SOON SHUN, *RDLC 2007, n° 4, p. 45* (mise en œuvre de l'art. 22 : le point de vue français est-il contraire à la pratique communautaire ?). – WILHELM et VEVER, *CCC 2007. Étude 13* (la notion de concentration en droit interne et communautaire : tentative de définition). – NDLR, *BRDA 2008, n° 13, p. 10* (procédure de transaction communautaire). – WINCKLER, *RLC juill.-sept. 2008. 9* (concentration et champions nationaux : du nouveau sur l'art. 21). – LÜBKING, *RLC juill.-sept. 2012. 8* (acquisitions de participations minoritaires : une lacune des règles européennes sur les concentrations ?). – LEVY et DE BURE, *RLC Janv.-mars 2015. 11* (contrôle des concentrations et participations minoritaires non contrôlantes : une réforme est-elle vraiment nécessaire ?). – DE BROUSSE et GORDON, *JCP E 2017, n° 1199* (faut-il élargir les seuils de notification des concentrations devant la Commission européenne ?).

V. aussi Règl. CE n° 802/2004 du 7 avr. 2004, concernant la mise en œuvre du Règl. CE n° 139/2004 relatif au contrôle des concentrations entre entreprises (JOUE n° L 133 du 30 avr. ; rect. JOUE n° L 172 du 6 mai) 🏛. *— Sur ce texte, V. BEEI 2004, n° 3, p. 14. — V. aussi note 2 ss. art. L. 430-3 C. com.*

Règlement CE n° 773-2004 du 7 avril 2004,

Relatif aux procédures mises en œuvre par la Commission en application des articles 81 et 82 du traité CE 🏛. *— Le traité de Lisbonne a renuméroté les articles du traité de Rome qui sont devenus les art. 101 et 102 TFUE (V. Décr. n° 2009-1466 du 1er déc. 2009, JO 2 déc.).*

Modifié par Règl. CE n° 1792/2006 du 23 oct. 2006 (JOUE L 362 du 20 déc. 2006), Règl. CE n° 622/2008 du 30 juin 2008 (JOUE L 171 du 1er juill. 2008)

BIBL. ▸ ARHEL, *JCP E 2008, n° 28-29, p. 3* (la Commission se dote d'un système de transaction). – NDLR, *BRDA 2008, n° 13, p. 10* (procédure de transaction communautaire). – LEDOUX et RODA, *CCC 2008. Étude 10* (adoption par la Commission d'une procédure de « transaction » en matière d'ententes). – BARBIER DE LA SERRE, *RLC oct.-déc. 2008. 95* (dispositif communautaire en matière de transactions). – JAZOTTES, *RTD com. 2009. 230* (procédure dite de transaction).

Règlement CE n° 802-2004 du 21 avril 2004,

Concernant la mise en œuvre du règlement CE n° 139/2004 du Conseil relatif au contrôle des concentrations entre entreprises 🏛.

Règlement UE n° 330-2010 du 20 avril 2010,

Concernant l'application de l'article 101, paragraphe 3, du traité sur le fonctionnement de l'Union européenne à des catégories d'accords verticaux et de pratiques concertées.

Le Règl. (UE) n° 330-2010 du 20 avr. 2010 a expiré le 31 mai 2022 et est remplacé depuis le 1er juin 2022 par le Règl. (UE) n° 2022/720 du 10 mai 2022 (V. infra). — L'interdiction énoncée à l'art. 101, § 1, TFUE ne s'applique pas, pendant la période allant du 1er juin 2022 au 31 mai 2023, aux accords qui, au 31 mai 2022, sont déjà en vigueur et ne remplissent pas les conditions d'exemption prévues par le Règl. (UE) n° 2022/720 du 10 mai 2022, mais satisfont à celles qui sont prévues par le Règl. (UE) n° 330-2010 du 20 avr. 2010 (Règl. n° 2022/720 du 10 mai 2022, art. 10).

Pour la période allant du 1er juin 2010 au 31 mai 2011, V., pour les accords en vigueur au 31 mai 2010, le Règl. (CE) n° 2790-1999 du 22 déc. 1999, supra.

V. les Lignes directrices sur les restrictions verticales (JOUE C 130 du 19 mai 2010).

RÉP. EUR. v° Accords de distribution, par FERRIER.

BIBL. ▸ RAUD et NOTTÉ, *JCP E 2010, n° 327 ; CCC 2010. Prat. 2* (nouveau règlement d'exemption par catégorie des restrictions verticales). – IDOT, *Europe 2010, n° 212* (règlement d'exemption sur les accords verticaux). – PHILIPPE et TRABUCCHI, *Gaz. Pal. 4-5 juin 2010, p. 11* (le nouveau règlement d'exemption verticale et ses lignes directrices). – VILMART, *JCP E 2010, n° 1556* (la nouvelle exemption des accords de distribution : une insécurité grandissante). – CHAGNY et CHOISY, *JCP 2010, n° 774 ; CCE 2010. Étude 17* (quels changements pour la distribution en ligne ?). – REDON et COMERT, *BRDA 2010, n° 12, p. 13* (les apports du nouveau règlement). – Dossier, *Journ. sociétés 7/2010. 15* (réforme du règlement sur les restrictions verticales). – DIENY, *RLDA juill.-août 2010. 44* (accords de distribution : d'un règlement à l'autre, les principaux changements à retenir). – IDOT, *Europe 2010. Étude 8* (aperçu du nouveau régime des accords verticaux). – MALAURIE-VIGNAL, *CCC 2010. Étude 9* (étude du Règl. n° 330/2010). – L. et J. VOGEL, *RLDA sept. 2010. 40* (le nouveau droit de la distribution automobile). – DECOCQ, *RJ com. 2010. 434* (nouvelles règles de concurrence applicables aux contrats de distribution). – GRALL et LAMY, *RLC oct.-déc. 2010. 17* (internet et la question du *dual pricing*). – GURIN, *JCP E 2011, n° 1027* (nouvelles règles relatives aux restrictions verticales). – VILMART, *ibid., n° 1028* (les nouveaux risques pour la distribution sélective des produits cosmétiques). – FERRIER, *ibid., n° 1029* (la distribution sélective dans le cadre du nouveau règlement d'exemption). – HENRY, *RLC févr. 2020. 38* (vers l'exemption catégorielle des contrats de réparation automobile agréée ?). – L. et J. VOGEL, *BRDA 2021, n° 21, p. 25* (les réseaux de distribution à l'épreuve de la révision du règlement sur les restrictions verticales).

Art. 1er *Définitions.* **1. Aux fins du présent règlement, on entend par :**

a) "accord vertical", un accord ou une pratique concertée entre deux ou plusieurs entreprises opérant chacune, aux fins de l'accord ou de la pratique concertée, à un niveau diffé-

rent de la chaîne de production ou de distribution, et relatif aux conditions auxquelles les parties peuvent acheter, vendre ou revendre certains biens ou services ;

b) "restriction verticale", une restriction de concurrence dans un accord vertical entrant dans le champ d'application de l'article 101, paragraphe 1, du traité ;

c) "entreprise concurrente", un concurrent actuel ou potentiel ; "concurrent actuel", une entreprise présente sur le même marché en cause ; "concurrent potentiel", une entreprise qui, en l'absence de l'accord vertical, pourrait entreprendre, de façon réaliste et non selon une possibilité purement théorique, les investissements supplémentaires nécessaires ou supporter les autres coûts de transformation nécessaires pour pénétrer sur le marché en cause rapidement en cas d'augmentation légère, mais permanente, des prix relatifs ;

d) "obligation de non-concurrence", toute obligation directe ou indirecte interdisant à l'acheteur de fabriquer, d'acheter, de vendre ou de revendre des biens ou des services qui sont en concurrence avec les biens ou les services contractuels, ou toute obligation directe ou indirecte imposant à l'acheteur l'obligation d'acquérir auprès du fournisseur ou d'une autre entreprise désignée par le fournisseur plus de 80 % de ses achats annuels en biens ou en services contractuels et en biens et en services substituables sur le marché en cause, calculés sur la base de la valeur ou, si cela est de pratique courante dans le secteur, du volume des achats qu'il a effectués au cours de l'année civile précédente ;

e) "système de distribution sélective", un système de distribution dans lequel le fournisseur s'engage à ne vendre les biens ou les services contractuels, directement ou indirectement, qu'à des distributeurs sélectionnés sur la base de critères définis, et dans lequel ces distributeurs s'engagent à ne pas vendre ces biens ou ces services à des distributeurs non agréés dans le territoire réservé par le fournisseur pour l'opération de ce système ;

f) "droits de propriété intellectuelle", les droits de propriété industrielle, les savoir-faire, les droits d'auteur et les droits voisins ;

g) "savoir-faire", un ensemble secret, substantiel et identifié d'informations pratiques non brevetées, résultant de l'expérience du fournisseur et testées par celui-ci ; dans ce contexte, "secret" signifie que le savoir-faire n'est pas généralement connu ou facilement accessible ; "substantiel" se réfère au savoir-faire qui est significatif et utile à l'acheteur aux fins de l'utilisation, de la vente ou de la revente des biens ou des services contractuels ; "identifié" signifie que le savoir-faire est décrit d'une façon suffisamment complète pour permettre de vérifier s'il remplit les conditions de secret et de substantialité ;

h) "acheteur", entre autres, une entreprise qui, en vertu d'un accord relevant de l'article 101, paragraphe 1, du traité, vend des biens ou des services pour le compte d'une autre entreprise ;

i) "client de l'acheteur", une entreprise non partie à l'accord qui achète les biens ou services contractuels à un acheteur partie à l'accord.

2. Aux fins du présent règlement, les termes "entreprise", "fournisseur" et "acheteur" comprennent leurs entreprises liées respectives.

Sont considérées comme "entreprises liées" :

a) les entreprises dans lesquelles une partie à l'accord dispose, directement ou indirectement :

i) de plus de la moitié des droits de vote, ou

ii) du pouvoir de désigner plus de la moitié des membres du conseil de surveillance, du conseil d'administration ou des organes représentant légalement l'entreprise, ou

iii) du droit de gérer les affaires de l'entreprise ;

b) les entreprises qui, dans une entreprise partie à l'accord, disposent, directement ou indirectement, des droits ou des pouvoirs énumérés au point a) ;

c) les entreprises dans lesquelles une entreprise visée au point b) dispose, directement ou indirectement, des droits ou des pouvoirs énumérés au point a) ;

d) les entreprises dans lesquelles une entreprise partie à l'accord et une ou plusieurs des entreprises visées aux points a), b) ou c), ou dans lesquelles deux ou plus de deux de ces dernières entreprises disposent ensemble des droits ou des pouvoirs énumérés au point a) ;

e) les entreprises dans lesquelles les droits ou les pouvoirs énumérés au point a) sont détenus conjointement par :

i) des parties à l'accord ou leurs entreprises liées respectives visées aux points a) à d), ou

ii) une ou plusieurs des parties à l'accord ou une ou plusieurs des entreprises qui leur sont liées visées aux points a) à d) et un ou plusieurs tiers.

Art. 2 *Exemption.* 1. Conformément à l'article 101, paragraphe 3, du traité, et sous réserve des dispositions du présent règlement, l'article 101, paragraphe 1, du traité est déclaré inapplicable aux accords verticaux.

La présente exemption s'applique dans la mesure où ces accords contiennent des restrictions verticales.

2. L'exemption prévue au paragraphe 1 ne s'applique qu'aux accords verticaux conclus entre une association d'entreprises et ses membres, ou entre une telle association et ses fournisseurs, si tous ses membres sont détaillants de biens et sous réserve qu'aucun des membres individuels de cette association, conjointement avec ses entreprises liées, ne réalise un chiffre d'affaires annuel total qui dépasse 50 millions d'euros. Les accords verticaux conclus par ces associations sont couverts par le présent règlement sans préjudice de l'application de l'article 101 du traité aux accords horizontaux conclus par les membres de l'association et aux décisions adoptées par l'association.

3. L'exemption prévue au paragraphe 1 s'applique aux accords verticaux contenant des dispositions concernant la cession à l'acheteur ou l'utilisation par l'acheteur de droits de propriété intellectuelle, à condition que ces dispositions ne constituent pas l'objet principal de ces accords et qu'elles soient directement liées à l'utilisation, à la vente ou à la revente de biens ou de services par l'acheteur ou ses clients. L'exemption s'applique sous réserve qu'en relation avec les biens ou les services contractuels, ces dispositions ne comportent pas de restrictions de concurrence ayant un objet identique à celui de restrictions verticales non exemptées en vertu du présent règlement.

4. L'exemption prévue au paragraphe 1 ne s'applique pas aux accords verticaux conclus entre entreprises concurrentes. Toutefois, l'exemption s'applique lorsque des entreprises concurrentes concluent entre elles un accord vertical non réciproque et que :

a) le fournisseur est un producteur et un distributeur de biens, tandis que l'acheteur est un distributeur et non une entreprise qui fabrique des biens concurrents ; ou que

b) le fournisseur est un prestataire de services à plusieurs niveaux d'activité commerciale, tandis que l'acheteur fournit ses biens ou services au stade de la vente au détail et n'est pas une entreprise concurrente au niveau de l'activité commerciale où il achète les services contractuels.

5. Le présent règlement ne s'applique pas aux accords verticaux faisant l'objet d'un autre règlement d'exemption par catégorie, sauf si ce dernier le prévoit.

Art. 3 *Seuil de part de marché.* 1. L'exemption prévue à l'article 2 s'applique à condition que la part de marché détenue par le fournisseur ne dépasse pas 30 % du marché en cause sur lequel il vend les biens ou services contractuels et que la part de marché détenue par l'acheteur ne dépasse pas 30 % du marché en cause sur lequel il achète les biens ou services contractuels.

2. Aux fins du paragraphe 1, lorsque, aux termes d'un accord multipartite, une entreprise achète les biens ou services contractuels à une entreprise partie à l'accord et vend les biens ou services contractuels à une autre entreprise partie à l'accord, la part de marché de la première entreprise doit respecter le seuil de part de marché prévu dans ce paragraphe, en tant qu'acheteur et fournisseur, pour que l'exemption prévue à l'article 2 s'applique.

Art. 4 *Restrictions retirant le bénéfice de l'exemption par catégorie — restrictions caractérisées.* L'exemption prévue à l'article 2 ne s'applique pas aux accords verticaux qui, directement ou indirectement, isolément ou cumulés avec d'autres facteurs sur lesquels les parties peuvent influer, ont pour objet :

a) de restreindre la capacité de l'acheteur de déterminer son prix de vente, sans préjudice de la possibilité pour le fournisseur d'imposer un prix de vente maximal ou de recommander un prix de vente, à condition que ces derniers n'équivaillent pas à un prix de vente fixe ou minimal sous l'effet de pressions exercées ou d'incitations par l'une des parties ;

b) de restreindre le territoire sur lequel, ou la clientèle à laquelle, un acheteur partie à l'accord peut vendre les biens ou services contractuels sans préjudice d'une restriction quant à son lieu d'établissement, sauf s'il s'agit de :

i) restreindre ses ventes actives sur un territoire ou à une clientèle que le fournisseur s'est exclusivement réservés ou qu'il a alloués à un autre acheteur, lorsque cette restriction ne limite pas les ventes réalisées par les clients de l'acheteur,

ii) restreindre les ventes aux utilisateurs finals par un acheteur agissant en tant que grossiste sur le marché,

iii) restreindre les ventes par les membres d'un système de distribution sélective à des distributeurs non agréés, dans le territoire réservé par le fournisseur pour l'opération de ce système, et

iv) restreindre la capacité de l'acheteur de vendre des composants destinés à l'incorporation à des clients qui pourraient les utiliser pour la fabrication de biens analogues à ceux qui sont produits par le fournisseur ;

c) de restreindre les ventes actives ou les ventes passives aux utilisateurs finals par les membres d'un système de distribution sélective qui agissent en tant que détaillants sur le marché, sans préjudice de la possibilité d'interdire à un membre du système d'exercer ses activités à partir d'un lieu d'établissement non autorisé ;

d) de restreindre les fournitures croisées entre distributeurs à l'intérieur d'un système de distribution sélective, y compris entre des distributeurs agissant à des stades commerciaux différents ;

e) de restreindre, dans le cadre d'un accord entre un fournisseur de composants et un acheteur qui incorpore ces composants, la capacité du fournisseur de vendre ces composants en tant que pièces détachées à des utilisateurs finals, à des réparateurs ou à d'autres prestataires de services qui n'ont pas été désignés par l'acheteur pour la réparation ou l'entretien de ses biens.

Art. 5 *Restrictions exclues.* 1. L'exemption prévue à l'article 2 ne s'applique pas aux obligations suivantes contenues dans des accords verticaux :

a) toute obligation directe ou indirecte de non-concurrence dont la durée est indéterminée ou dépasse cinq ans ;

b) toute obligation directe ou indirecte interdisant à l'acheteur, à l'expiration de l'accord, de fabriquer, d'acheter, de vendre ou de revendre des biens ou des services ;

c) toute obligation directe ou indirecte imposée aux membres d'un réseau de distribution sélective de ne pas vendre les marques de fournisseurs concurrents déterminés.

Aux fins du premier alinéa du paragraphe 1, point a), une obligation de non-concurrence tacitement renouvelable au-delà d'une période de cinq ans est considérée comme ayant été conclue pour une durée indéterminée.

2. Par dérogation au paragraphe 1, point a), la limitation de la durée à cinq ans n'est toutefois pas applicable lorsque les biens ou services contractuels sont vendus par l'acheteur à partir de locaux et de terrains dont le fournisseur est propriétaire ou que le fournisseur loue à des tiers non liés à l'acheteur, à condition que la durée de l'obligation de non-concurrence ne dépasse pas la période d'occupation des locaux et des terrains par l'acheteur.

3. Par dérogation au paragraphe 1, point b), l'exemption prévue à l'article 2 s'applique à toute obligation directe ou indirecte interdisant à l'acheteur, à l'expiration de l'accord, de fabriquer, d'acheter, de vendre ou de revendre des biens ou des services, lorsque les conditions suivantes sont remplies :

a) l'obligation concerne des biens ou des services en concurrence avec les biens ou services contractuels ;

b) l'obligation est limitée aux locaux et aux terrains à partir desquels l'acheteur a exercé ses activités pendant la durée du contrat ;

c) l'obligation est indispensable à la protection d'un savoir-faire transféré par le fournisseur à l'acheteur ;

d) la durée de l'obligation est limitée à un an à compter de l'expiration de l'accord.

Le paragraphe 1, point b), ne porte pas atteinte à la possibilité d'imposer, pour une durée indéterminée, une restriction à l'utilisation et à la divulgation d'un savoir-faire qui n'est pas tombé dans le domaine public.

Art. 6 *Non-application du présent règlement.* Conformément à l'article 1 *bis* du règlement n° 19/65/CEE, la Commission peut déclarer, par voie de règlement, lorsque des réseaux parallèles de restrictions verticales similaires couvrent plus de 50 % d'un marché en cause, que le présent règlement ne s'applique pas aux accords verticaux qui comportent des restrictions spécifiques concernant ce marché.

Art. 7 *Application du seuil de part de marché.* Aux fins de l'application du seuil de part de marché prévu à l'article 3, les règles suivantes s'appliquent :

a) la part de marché du fournisseur est calculée sur la base de données relatives à la valeur des ventes sur le marché et la part de marché de l'acheteur est calculée sur la base de données relatives à la valeur des achats sur le marché. A défaut, la détermination de la part de marché de l'entreprise considérée peut s'effectuer sur la base d'estimations fondées sur d'autres informations fiables relatives au marché, y compris le volume des ventes et des achats sur celui-ci ;

b) la part de marché est calculée sur la base de données relatives à l'année civile précédente ;

c) la part de marché du fournisseur inclut les biens ou les services fournis aux distributeurs verticalement intégrés aux fins de la vente ;

d) si la part de marché est initialement inférieure ou égale à 30 %, mais franchit ensuite ce seuil sans dépasser 35 %, l'exemption prévue à l'article 2 continue à s'appliquer pendant deux années civiles consécutives suivant l'année pendant laquelle le seuil de 30 % a été dépassé pour la première fois ;

e) si la part de marché est initialement inférieure ou égale à 30 % mais dépasse ensuite 35 %, l'exemption prévue à l'article 2 continue à s'appliquer pendant une année civile suivant l'année pendant laquelle le seuil de 35 % a été dépassé pour la première fois ;

f) le bénéfice des points d) et e) ne peut pas être combiné de manière à dépasser une période de deux années civiles ;

g) la part de marché détenue par les entreprises visées à l'article 1er, paragraphe 2, second alinéa, point e), doit être imputée à parts égales à chaque entreprise disposant des droits ou des pouvoirs énumérés à l'article 1er, paragraphe 2, second alinéa, point a).

Art. 8 *Application du seuil de chiffre d'affaires.* 1. Le chiffre d'affaires annuel total au sens de l'article 2, paragraphe 2, résulte de l'addition du chiffre d'affaires, hors taxes et autres redevances, réalisé au cours de l'exercice précédent par la partie à l'accord vertical concernée et du chiffre d'affaires réalisé par ses entreprises liées, en ce qui concerne tous les biens et services. A cette fin, il n'est pas tenu compte des transactions intervenues entre la partie à l'accord vertical et ses entreprises liées ni de celles intervenues entre ces dernières entreprises.

2. L'exemption prévue à l'article 2 reste applicable si, pendant une période de deux exercices annuels consécutifs, le seuil du chiffre d'affaires annuel total n'est pas dépassé de plus de 10 %.

Art. 9 *Période de transition.* L'interdiction énoncée à l'article 101, paragraphe 1, du traité ne s'applique pas, pendant la période allant du 1er juin 2010 au 31 mai 2011, aux accords qui, au 31 mai 2010, sont déjà en vigueur et ne remplissent pas les conditions d'exemption prévues par le présent règlement, mais satisfont à celles qui sont prévues par le règlement (CE) n° 2790/1999. – *V. ce Règl., supra.*

Art. 10 *Période de validité.* Le présent règlement entre en vigueur le 1er juin 2010.

Il expire le 31 mai 2022.

Règlement UE n° 461-2010 du 27 mai 2010,

Concernant l'application de l'article 101, paragraphe 3, du traité sur le fonctionnement de l'Union européenne à des catégories d'accords verticaux et de pratiques concertées dans le secteur automobile.

Pour la période allant du 1er juin 2010 au 31 mai 2013, V. le Règl. (CE) n° 1400/2002 du 31 juill. 2002, supra.

V. les Lignes directrices supplémentaires sur les restrictions verticales dans les accords de vente et de réparation de véhicules automobiles et de distribution de pièces de rechange de véhicules automobiles (JOUE C 138 du 28 mai 2010).

RÉP. EUR. v° *Automobile*, par ÉRÉSÉO et FERRÉ.

BIBL. ▶ J. VOGEL, *RDLC 2008, n° 4, p. 64* (vers un retour de la distribution automobile au droit commun des restrictions verticales ?) ; *RLDA déc. 2008. 55* (quel avenir juridique pour la distribution automobile ?). – IDOT, *RDC 2010. 625* (le nouveau régime pour la distribution automobile se profile...). – RAUD et NOTTÉ, *JCP E 2010. Actu. 304* (nouveau règlement d'exemption par catégorie dans le secteur de l'automobile). – ARHEL, *LPA 8 juill. 2010* (réforme des restrictions verticales). – LE MONNIER DE GOUVILLE et FRANÇOIS-MARTIN, *Journ. sociétés 7/2010. 34* (réforme du règlement d'exemption par catégorie dans le secteur automobile). – IDOT, *Europe 2010. Étude 8* (aperçu du nouveau régime des accords verticaux). – ARHEL, *CCC 2010. Étude 10* (restrictions verticales : alignement partiel du secteur de l'automobile sur le régime général). – LAMBERT, *JCP E 2010, n° 1985* (la pièce de rechange automobile). – Dossier, *RLC janv.-févr. 2011. 107* (nouveau cadre réglementaire européen applicable au secteur automobile).

CHAPITRE PREMIER *Dispositions communes*

Art. 1er *Définitions.* 1. Aux fins du présent règlement, on entend par :

a) "accord vertical", un accord ou une pratique concertée entre deux ou plusieurs entreprises opérant chacune, aux fins de l'accord ou de la pratique concertée, à un niveau différent de la chaîne de production ou de distribution, et relatif aux conditions auxquelles les parties peuvent acheter, vendre ou revendre certains biens ou services ;

b) "restriction verticale", une restriction de concurrence dans un accord vertical entrant dans le champ d'application de l'article 101, paragraphe 1, du traité ;

c) "réparateur agréé", un prestataire de services de réparation et d'entretien de véhicules automobiles qui opère au sein du système de distribution créé par un fournisseur de véhicules automobiles ;

d) "distributeur agréé", un distributeur de pièces de rechange pour véhicules automobiles qui opère au sein du système de distribution créé par un fournisseur de véhicules automobiles ;

e) "réparateur indépendant",

i) un prestataire de services de réparation et d'entretien de véhicules automobiles qui n'opère pas au sein du système de distribution créé par le fournisseur des véhicules automobiles dont il assure la réparation ou l'entretien ;

ii) un réparateur agréé opérant au sein du système de distribution d'un fournisseur donné dans tous les cas où il fournit des services de réparation ou d'entretien de véhicules automobiles provenant d'un autre fournisseur au système de distribution duquel il n'appartient pas ;

f) "distributeur indépendant",

i) un distributeur de pièces de rechange pour véhicules automobiles qui n'opère pas au sein du système de distribution créé par le fournisseur des véhicules automobiles pour lesquels il distribue des pièces de rechange ;

ii) un distributeur agréé opérant au sein du système de distribution d'un fournisseur donné dans tous les cas où il distribue des pièces de rechange pour véhicules automobiles provenant d'un autre fournisseur au système de distribution duquel il n'appartient pas ;

g) "véhicule automobile", un véhicule autopropulsé à trois roues ou plus destiné à être utilisé sur la voie publique ;

h) "pièces de rechange", des biens qui sont destinés à être montés dans ou sur un véhicule automobile pour remplacer des composants de ce véhicule, y compris des biens tels que les lubrifiants qui sont nécessaires à l'utilisation d'un véhicule automobile, à l'exception du carburant ;

i) "système de distribution sélective", un système de distribution dans lequel le fournisseur s'engage à ne vendre les biens ou les services contractuels, directement ou indirectement, qu'à des distributeurs sélectionnés sur la base de critères définis, et dans lequel ces distributeurs s'engagent à ne pas vendre ces biens ou ces services à des distributeurs non agréés sur le territoire sur lequel le fournisseur a décidé d'appliquer ce système.

2. Aux fins du présent règlement, les termes "entreprise", "fournisseur", "constructeur", "fabricant" et "acheteur" comprennent leurs entreprises liées respectives.

Par "entreprises liées", il faut entendre :

a) les entreprises dans lesquelles une partie à l'accord détient, directement ou indirectement :

i) plus de la moitié des droits de vote, ou

ii) le pouvoir de désigner plus de la moitié des membres du conseil de surveillance, du conseil d'administration ou des organes représentant légalement l'entreprise, ou

iii) le droit de gérer les affaires de l'entreprise ;

b) les entreprises qui, dans une entreprise partie à l'accord, détiennent, directement ou indirectement, les droits ou les pouvoirs énumérés au point a) ;

c) les entreprises dans lesquelles une entreprise visée au point b) détient, directement ou indirectement, les droits ou les pouvoirs énumérés au point a) ;

d) les entreprises dans lesquelles une partie à l'accord et une ou plusieurs des entreprises visées aux points a), b) ou c), ou deux ou plusieurs de ces dernières, détiennent ensemble les droits ou les pouvoirs énumérés au point a) ;

e) les entreprises dans lesquelles les droits ou les pouvoirs énumérés au point a) sont détenus conjointement par :

i) des parties à l'accord ou leurs entreprises liées respectives visées aux points a) à d), ou

ii) une ou plusieurs des parties à l'accord ou une ou plusieurs de leurs entreprises liées visées aux points a) à d), et un ou plusieurs tiers.

CHAPITRE II *Accords verticaux portant sur l'achat, la vente ou la revente de véhicules automobiles neufs*

Art. 2 *Application du règlement (CE) nº 1400/2002.* En vertu de l'article 101, paragraphe 3, du traité, l'article 101, paragraphe 1, du traité ne s'applique pas, du 1er juin 2010 au 31 mai 2013, aux accords verticaux relatifs aux conditions auxquelles les parties peuvent acheter, vendre ou revendre des véhicules automobiles neufs, qui satisfont aux conditions d'exemption prévues par le règlement (CE) nº 1400/2002 concernant spécifiquement les accords verticaux d'achat, de vente ou de revente de véhicules automobiles neufs.

Art. 3 *Application du règlement (UE) nº 330/2010.* Le règlement (UE) nº 330/2010 s'applique aux accords verticaux portant sur l'achat, la vente ou la revente de véhicules automobiles neufs à partir du 1er juin 2013.

CHAPITRE III *Accords verticaux dans le secteur de l'après-vente automobile*

Art. 4 *Exemption.* Conformément à l'article 101, paragraphe 3, du traité, et sous réserve des dispositions du présent règlement, l'article 101, paragraphe 1, du traité ne s'applique pas aux accords verticaux relatifs aux conditions auxquelles les parties peuvent acheter, vendre ou revendre des pièces de rechange de véhicules automobiles, ou fournir des services de réparation et d'entretien de véhicules automobiles, qui satisfont aux conditions d'exemption prévues par le règlement (UE) n° 330/2010 et qui ne contiennent aucune des restrictions caractérisées énumérées à l'article 5 du présent règlement.

La présente exemption s'applique dans la mesure où ces accords contiennent des restrictions verticales.

Art. 5 *Restrictions retirant le bénéfice de l'exemption par catégorie – restrictions caractérisées.* L'exemption prévue à l'article 4 ne s'applique pas aux accords verticaux qui, directement ou indirectement, isolément ou cumulés avec d'autres facteurs sur lesquels les parties peuvent influer, ont pour objet :

a) la restriction de la vente de pièces de rechange pour véhicules automobiles par les membres d'un système de distribution sélective à des réparateurs indépendants qui utilisent ces pièces pour la réparation et l'entretien d'un véhicule automobile ;

b) la restriction convenue entre un fournisseur de pièces de rechange, d'outils de réparation, d'équipements de diagnostic ou d'autres équipements, et un constructeur automobile, qui limite la faculté du fournisseur de vendre ces produits à des distributeurs agréés ou indépendants, à des réparateurs agréés ou indépendants ou à des utilisateurs finals ;

c) la restriction convenue entre un constructeur automobile qui utilise des composants pour le montage initial des véhicules automobiles et le fournisseur de ces composants, qui limite la faculté du fournisseur d'apposer effectivement et visiblement sa marque ou son logo sur les composants fournis ou sur les pièces de rechange.

CHAPITRE IV *Dispositions finales*

Art. 6 *Non-application du présent règlement.* Conformément à l'article 1er *bis* du règlement n° 19/65/CEE, la Commission peut déclarer, par voie de règlement, lorsque des réseaux parallèles de restrictions verticales similaires couvrent plus de 50 % d'un marché en cause, que le présent règlement ne s'applique pas aux accords verticaux qui comportent des restrictions spécifiques concernant ce marché.

Art. 7 *Surveillance et rapport d'évaluation.* La Commission surveille l'application du présent règlement et établit un rapport sur son fonctionnement au plus tard le 31 mai 2021, en particulier sous l'angle des conditions énoncées à l'article 101, paragraphe 3, du traité.

Art. 8 *Période de validité.* Le présent règlement entre en vigueur le 1er juin 2010.

Il expire le 31 mai 2023.

Directive 2014/104/UE du 26 novembre 2014,

Relative à certaines règles régissant les actions en dommages et intérêts en droit national pour les infractions aux dispositions du droit de la concurrence des États membres et de l'Union européenne 🏛.

BIBL. ▶ Masmi-Dazi, *RLC janv.-mars 2015. 104* (le quantum du préjudice deviendra-t-il le centre de gravité des actions en réparation de dommages concurrentiels ?). – Grangeon, *RLDA févr. 2015. 59* (révolution ou évolution du *private enforcement* dans l'Union ?). – D'Alès et Constans, *JCP E 2015, n° 1164* (le futur arsenal au bénéfice des victimes de pratiques anticoncurrentielles). – Haasbeek, CCC 2015. *Dossier 5* (directive sur les actions en dommages et intérêts pour violation au droit de la concurrence). – Carval, *D. 2015. 1290* (estimation du montant des préjudices concurrentiels : possible apport de la Dir. 2014/104 au droit commun de la responsabilité civile). – Grac-Aubert et Brousseau, *ibid. 1607* (la « clémence privée » : une innovation au service de la compensation du dommage anticoncurrentiel). – Chagny, *AJCA 2015. 316* (quels progrès en droit de la preuve après la Dir. du 26 nov. 2014). – Pietrini, *CCC 2015. Étude 12* (un pas supplémentaire dans le développement du *private enforcement* en droit de la concurrence). – Giraud et Pidancet, *RLC oct.-déc. 2015. 110* (impact de la réforme du *private enforcement* sur l'équilibre institutionnel de mise en œuvre du droit de la concurrence). – Idot, *RTD eur. 2015. 807* (présentation de la directive). – De Nijs et Arnoux, *RLC févr. 2017. 32* (*passing-on* et évaluation des préjudices économiques causés par des pratiques anticoncurrentielles). – Carval, *D. 2017. 414* (la réparation de la dimension temporelle des préjudices économiques). – Nourissat, *RLC juill.-août 2019. 41* (actions indemnitaires en droit des pratiques anticoncurrentielles : quelques enseignements procéduraux récents).

▸ Chagny et Deffains, Réparation des dommages concurrentiels, *Dalloz, Essai, sept. 2015.*

Directive (UE) 2019/1 du Parlement européen et du Conseil du 11 décembre 2018,

Visant à doter les autorités de concurrence des États membres des moyens de mettre en œuvre plus efficacement les règles de concurrence et à garantir le bon fonctionnement du marché intérieur .

BIBL. ▸ NDLR, *BRDA 2019, n° 3, p. 16* (vers un renforcement des pouvoirs de l'Autorité de la concurrence). – Claudel, *CCC 2019. Dossier 9* (quelles nouveautés procédurales à la suite de la directive ECN+ ?). – Krenzer, *RLC oct. 2019. 14* (vers une assistance européenne renforcée). – Grynfogel, *Rev. UE 2022. 78* (une Europe protectrice des victimes de pratiques anticoncurrentielles : la directive ECN+).

Règlement (UE) 2022/720 de la Commission du 10 mai 2022,

Concernant l'application de l'article 101, paragraphe 3, du traité sur le fonctionnement de l'Union européenne à des catégories d'accords verticaux et de pratiques concertées .

Pour la période allant du 1er juin 2022 au 31 mai 2023, V., pour les accords en vigueur au 31 mai 2022, le Règl. (UE) n° 330-2010 du 20 avr. 2010, supra.

CONTRATS D'AFFAIRES (GÉNÉRALITÉS)

Cette rubrique expose les règles applicables aux contrats d'affaires antérieurement à l'Ord. n° 2016-131 du 10 févr. 2016 portant réforme du droit des contrats, du régime général et de la preuve des obligations. Ce texte ne rentrant en vigueur que le 1er oct. 2016, les contrats conclus avant cette date demeurent soumis à la loi ancienne et les instances introduites avant cette même date sont poursuivies et jugées conformément à la loi ancienne (et à son interprétation jurisprudentielle), qui s'applique également en appel et en cassation. Les actions interrogatoires prévues en matière de pacte de préférence (C. civ., art. 1123, al. 3 et 4), de représentation (C. civ., art. 1158) et de nullité relative (C. civ., art. 1183) sont applicables aux contrats conclus avant le 1er oct. 2016. Les solutions remises en cause par les nouvelles dispositions du code civil sont spécialement signalées.

DALLOZ ACTION *Droit de la responsabilité et des contrats*, par LE TOURNEAU (ss. la dir.).

V. sur le Code en ligne.

ÉTRANGERS

RÉP. COM. v° *Commerçant étranger,* par CHIRONNIER.

Code de l'entrée et du séjour des étrangers et du droit d'asile

Droits attachés aux titres de séjour

Art. L. 414-10 *(Ord. n° 2020-1733 du 16 déc. 2020, en vigueur le 1er mai 2021)* La possession d'une carte de séjour temporaire, d'une carte de séjour pluriannuelle ou d'une carte de résident par un étranger résidant sur le territoire métropolitain lui confère, sous réserve des exceptions prévues à l'article L. 414-11, le droit d'exercer une activité professionnelle, sur ce même territoire, dans le cadre de la législation en vigueur.

Art. L. 414-11 *(Ord. n° 2020-1733 du 16 déc. 2020, en vigueur le 1er mai 2021)* L'article L. 414-10 ne s'applique pas lorsque l'étranger est titulaire de l'une des cartes de séjour suivantes :

1° La carte de séjour temporaire portant la mention "stagiaire ICT" prévue à l'article L. 421-30 ;

2° La carte de séjour temporaire portant la mention "stagiaire mobile ICT" prévue à l'article L. 421-31 ;

3° La carte de séjour temporaire portant la mention "vie privée et familiale" prévue à l'article L. 426-12, pour l'année qui suit la première délivrance ;

4° La carte de séjour temporaire portant la mention "visiteur" prévue à l'article L. 426-20 ;

5° La carte de séjour temporaire portant la mention "stagiaire" prévue à l'article L. 426-23 ;

6° La carte de séjour portant la mention "retraité" prévue à l'article L. 426-8.

....

Art. L. 414-15 *(Ord. n° 2020-1733 du 16 déc. 2020, en vigueur le 1er mai 2021)* L'exercice par les étrangers de certaines activités professionnelles non salariées peut être soumis à autorisation par décret en Conseil d'État.

Titre de séjour pour motif professionnel

Art. L. 421-5 *(Ord. n° 2020-1733 du 16 déc. 2020, en vigueur le 1er mai 2021)* L'étranger qui exerce une activité non salariée, économiquement viable et dont il tire des moyens d'existence suffisants, dans le respect de la législation en vigueur, se voit délivrer une carte de séjour temporaire portant la mention "entrepreneur/profession libérale" d'une durée maximale d'un an.

Loi n° 68-678 du 26 juillet 1968,

Relative à la communication de documents et renseignements d'ordre économique, commercial, industriel, financier ou technique à des personnes physiques ou morales étrangères (L. n° 80-538 du 16 juill. 1980).

V. aussi au ***C. compliance.***

BIBL. ▶ NÉVOT, *Rev. crit. DIP 1981. 15* (remarques sur la loi du 16 juill. 1980). – COHEN-TANUGI, *ibid. 1983. 9* (les juridictions américaines face aux lois interdisant la communication de renseignements économiques). – BARLOW, *JCP E 2007, n° 43-44, p. 45* (loi du 26 juill. 1968 : un état des lieux). – DUBERTRET, *Banque et Dr. 1-2/2010. 3* (le transfert d'information d'ordre économique ou à caractère personnel). – HAERI, *Gaz. Pal. 2012. 626* (laissez la loi de blocage tranquille !). – ROSENFELD, *D. 2021. 651* (le *Blocking Statute* ou comment s'en débarrasser).

Art. 1er *(L. n° 80-538 du 16 juill. 1980)* Sous réserve des traités ou accords internationaux, il est interdit à toute personne physique de nationalité française ou résidant habituellement sur le territoire français et à tout dirigeant, représentant, agent ou préposé d'une personne morale y ayant son siège ou un établissement de communiquer par écrit, oralement ou sous toute autre forme, en quelque lieu que ce soit, à des autorités publiques étrangères, les documents ou les renseignements d'ordre économique, commercial, industriel, financier ou technique dont la communication est de nature à porter atteinte à la souveraineté, à la sécurité, aux intérêts économiques essentiels de la France ou à l'ordre public, précisés par l'autorité administrative en tant que de besoin. — *V. Arr. du 20 nov. 1980 (D. et BLD 1981. 194) fixant la* *liste des documents et renseignements relatifs au transport et au travail aériens dont la communication est interdite à des autorités publiques étrangères lorsqu'ils sont de nature à compromettre les intérêts commerciaux essentiels des entreprises de transport et de travail aériens et de la France.*

Aux fins mentionnées aux III, IV et V de l'art. 32 de la L. n° 2010-853 du 23 juill. 2010 en ce qui concerne la coopération administrative et pénale en matière de contrôle des prestataires de services en application du chapitre VI de la Dir. 2006/123/CE du 12 déc. 2006 relative aux services dans le marché intérieur, les autorités françaises compétentes sont dispensées de l'application de la L. n° 68-678 du 26 juill. 1968 (L. n° 2010-853 du 23 juill. 2010, art. 32-VII).

1. Renseignements d'ordre économique. Reconnaissant la responsabilité d'un avocat, correspondant en France d'un avocat américain, dans la collecte illicite de « renseignements d'ordre économique, commercial, industriel, financier ou technique » auprès d'un ancien administrateur d'une mutuelle d'assurances, qui auraient pu servir à la constitution de preuves dans le cadre d'une procédure à l'étranger (affaire *Executive life*) : • Paris, 28 mars 2007 : *CCE 2008, n° 14, obs. Caprioli* (conf. par • Crim. 12 déc. 2007, n° 07-83.228 P : *D. 2008. Pan. 2830, obs. Delebecque* ; *RTD com. 2008. 639, obs. Bouloc* ; *Rev. sociétés 2008. 882, note Barlow* ; *Rev. crit. DIP 2008. 626, note Chilstein* ; *JCP E 2008, n° 35, p. 21, note Danis* ; *Banque et Dr. 9-10/2008. 52, obs. Affaki et Stoufflet* ; *RJDA 2008, n° 477*).

2. Convention de La Haye. L'incrimination de l'art. 1er *bis* de la L. n° 68-678 du 26 juill. 1968, qui vise à limiter les abus pouvant être commis dans la recherche de la preuve, ne constitue pas « une entrave disproportionnée aux droits de la défense » ; l'exercice de ces droits est assuré par les garanties attachées aux procédures instaurées par la Convention de La Haye du 18 mars 1970 sur l'obtention des preuves à l'étranger en matière civile et commerciale. • Paris, 28 mars 2007 : *préc. note 1.*

Art. 1er *bis* *(L. n° 80-538 du 16 juill. 1980)* **Sous réserve des traités ou accords internationaux et des lois et règlements en vigueur, il est interdit à toute personne de demander, de rechercher ou de communiquer, par écrit, oralement ou sous toute autre forme, des documents ou renseignements d'ordre économique, commercial, industriel, financier ou technique tendant à la constitution de preuves en vue de procédures judiciaires ou administratives étrangères ou dans le cadre de celles-ci.**

Art. 2 *(L. n° 80-538 du 16 juill. 1980)* **Les personnes visées aux articles 1er et 1er *bis* sont tenues d'informer sans délai le ministre compétent lorsqu'elles se trouvent saisies de toute demande concernant de telles communications.** – *V. Décr. n° 2022-207 du 18 févr. 2022 au* ***C. compliance.***

Art. 3 *(L. n° 80-538 du 16 juill. 1980)* **Sans préjudice des peines plus lourdes prévues par la loi, toute infraction aux dispositions des articles 1er et 1er *bis* de la présente loi sera punie d'un emprisonnement de six mois et d'une amende de 18 000 € ou de l'une de ces deux peines seulement.**

Pour des dérogations aux lois nos 68-678 du 26 juill. 1968 et 80-538 du 16 juill. 1980, V. C. mon. fin., art. L. 511-25, L. 612-6, L. 613-12 s. et L. 613-20-1. – ***C. mon. fin.*** – *V. aussi C. assur., art. L. 363-1.* – ***C. assur.***

Décret n° 2019-206 du 20 mars 2019,

Relatif à la gouvernance de la politique de sécurité économique.

Art. 1er **I. – La politique de sécurité économique vise à assurer la défense et la promotion des intérêts économiques, industriels et scientifiques de la Nation, constitués notamment des actifs matériels et immatériels stratégiques pour l'économie française. Elle inclut la défense de la souveraineté numérique.**

II. – L'instruction des décisions proposées au conseil de défense et de sécurité nationale en matière de sécurité économique et le suivi de leur mise en œuvre sont coordonnés par le comité de liaison en matière de sécurité économique.

Présidé par le secrétaire général de la défense et de la sécurité nationale, ce comité réunit, outre le coordonnateur national du renseignement et de la lutte contre le terrorisme, les représentants des ministres chargés *(Décr. n° 2020-1270 du 19 oct. 2020, art. 1er)* **« de l'Europe et des affaires étrangères, des armées, de la transition écologique, » des solidarités et de la santé, de l'économie et des finances, de l'action et des comptes publics, de l'intérieur, de l'enseignement supérieur, de la recherche et de l'innovation, de l'agriculture et de l'alimentation. Des représentants d'autres ministères peuvent également être invités en fonction de l'ordre du jour du comité.**

Il coordonne les actions menées par les services de l'État en matière de sécurité économique.

Il concourt à la cohérence des politiques publiques mises en œuvre par chaque ministère concerné avec la politique de sécurité économique.

Art. 2 I. — Le commissaire à l'information stratégique et à la sécurité économiques assure le secrétariat du comité de liaison en matière de sécurité économique et coordonne ses travaux.

II. — En concertation avec les ministères concernés, il élabore et propose au ministre chargé de l'économie la politique de sécurité économique, en anime la mise en œuvre et formule toute recommandation destinée à en améliorer l'efficacité.

Il contribue à la définition de la politique en matière d'investissements étrangers en France.

III. — Le commissaire anime les travaux des ministères économiques et financiers en matière de sécurité économique.

Il assiste le ministre chargé de l'économie dans la préparation des conseils de défense et de sécurité nationale sur les sujets de sécurité économique qui y sont évoqués.

IV. — Le commissaire réalise et anime des travaux prospectifs dans les domaines relevant de ses attributions. Il participe à tous autres travaux prospectifs conduits sous la responsabilité d'autres services de l'État, dès lors que ces travaux sont susceptibles d'avoir une incidence sur la sécurité économique.

V. — Le commissaire est destinataire des informations détenues par les départements ministériels ou entités leur étant rattachées, nécessaires à l'exercice de ses missions, notamment les informations relatives aux risques d'atteinte à la sécurité économique.

Il contribue, avec le coordonnateur national du renseignement et de la lutte contre le terrorisme, à orienter l'action en matière de renseignement d'intérêt économique des services mentionnés au premier alinéa de l'article R. 811-1 du code de la sécurité intérieure, ainsi que de tout autre service de renseignement y concourant.

VI. — Il anime un réseau de correspondants au sein de chaque département ministériel concerné, et, le cas échéant, dans les représentations françaises à l'étranger.

Art. 3 I. — Le service à compétence nationale dénommé "service de l'information stratégique et de la sécurité économiques" est rattaché au directeur général des entreprises. Il est notamment chargé, en concertation avec les ministères concernés :

1° Au titre de ses missions en matière d'information stratégique :

— d'identifier les secteurs, les technologies et les entités relevant des intérêts économiques, industriels et scientifiques de la Nation, de rassembler les informations stratégiques les concernant avec le concours des ministères concernés, d'en assurer la synthèse et d'en favoriser la capitalisation et le partage au profit de ces mêmes ministères ;

— d'informer les autorités de l'État sur les personnes, les entités, les standards de conformité, et toute réglementation, y compris de portée extraterritoriale, ainsi que les pratiques d'affaires, représentant une menace pour les intérêts susmentionnés et de proposer, le cas échéant, les mesures pour y remédier ;

2° Au titre de ses missions en matière de sécurité économique :

— de sensibiliser les acteurs économiques aux enjeux de la sécurité économique ;

— de contribuer à la détection et à l'identification, des opérations d'investissement étranger susceptibles de relever de la procédure d'autorisation préalable définie au I de l'article L. 151-3 du code monétaire et financier, avant leur réalisation, ou lorsque ces opérations ont été réalisées sans avoir été autorisées préalablement par le ministre chargé de l'économie ;

— de coordonner le suivi par les départements ministériels concernés ou entités leur étant rattachées des engagements pris par les entreprises dans le cadre de la procédure d'autorisation mentionnée à l'alinéa précédent ;

— de veiller à l'application des dispositions de la loi n° 68-678 du 26 juillet 1968 susvisée, par les personnes qui y sont assujetties, sous réserve des compétences attribuées par la loi en cette matière à une autre autorité et, le cas échéant, en lien avec celle-ci ;

— de formuler toute proposition destinée à renforcer l'efficacité des outils de politique publique concourant à la défense des intérêts économiques, industriels et scientifiques de la Nation ;

3° Au titre de la promotion des intérêts économiques, industriels et scientifiques de la Nation :

— d'identifier les actions susceptibles de contribuer à la promotion des intérêts économiques, industriels et scientifiques de la Nation ;

— d'appuyer, en tant que de besoin, les services de l'État chargés de la mise en œuvre de ces actions ;

— de contribuer à la diffusion auprès des acteurs économiques des informations stratégiques utiles dans le cadre de leur développement international, en lien avec les ministères concernés.

II. — Le service anime un réseau de délégués régionaux à l'information stratégique et à la sécurité économiques chargés de coordonner la mise en œuvre, sous l'autorité des préfets de région, de la politique de sécurité économique, à laquelle concourent l'ensemble des administrations concernées.

Art. 4 Les dispositions du présent décret peuvent être modifiées par décret.

Art. 5 Le décret n° 2016-66 du 29 janvier 2016 modifié instituant un commissaire à l'information stratégique et à la sécurité économiques et portant création d'un service à compétence nationale dénommé "service de l'information stratégique et de la sécurité économiques" est abrogé.

FACTURES

V. aussi C. com., art. L. 441-3 à L. 441-5, L. 490-2 à L. 490-4, R. 441-3.

Sur la facturation électronique dans le cadre d'un marché public, V. CCP, art. L. 2192-1 s., ou d'un contrat de concession, V. CCP, art. L. 3133-1 s. — **CCP.**

Sur l'emploi de la langue française, V. L. nº 94-665 du 4 août 1994, art. 2. — ***C. consom.***

Code général des impôts

Art. 237 *sexies* *(L. nº 2002-1576 du 30 déc. 2002)* 1. Les produits et charges correspondant aux pénalités de retard mentionnées à l'article *(Ord. nº 2019-698 du 3 juill. 2019, art. 6)* « L. 441-9 et au II de l'article L. 441-10 » du code de commerce sont respectivement rattachés, pour la détermination du résultat imposable à l'impôt sur le revenu ou à l'impôt sur les sociétés, à l'exercice de leur encaissement et de leur paiement.

(L. nº 2004-1484 du 30 déc. 2004, art. 35) « 2. Les dispositions du 1 s'appliquent aux pénalités de retard afférentes à des créances et dettes nées à compter de la date d'entrée en vigueur de la loi nº 2001-420 du 15 mai 2001 relative aux nouvelles régulations économiques. »

....

Art. 289-0 *(L. nº 2012-1510 du 29 déc. 2012, art. 62-I-D, en vigueur le 1er janv. 2013)* I. — Les règles de facturation prévues à l'article 289 s'appliquent aux opérations réputées situées en France en application des articles 258 à 259 D, à l'exclusion de celles qui sont réalisées par un assujetti qui a établi le siège de son activité économique dans un autre État membre ou qui y dispose d'un établissement stable à partir duquel la livraison de biens ou la prestation de services est effectuée ou, à défaut, son domicile ou sa résidence habituelle, et pour lesquelles l'acquéreur ou le preneur établi en France est redevable de la taxe, sauf si l'assujetti leur a donné mandat pour facturer en son nom et pour son compte.

II. — Elles s'appliquent également aux opérations dont le lieu d'imposition n'est pas situé en France qui sont réalisées par un assujetti qui a établi le siège de son activité économique en France ou qui y dispose d'un établissement stable à partir duquel la livraison de biens ou la prestation de services est effectuée ou, à défaut, son domicile ou sa résidence habituelle :

1° Lorsque l'acquéreur ou le preneur établi dans un autre État membre est redevable de la taxe, sauf si l'assujetti leur a donné mandat pour facturer en son nom et pour son compte ;

2° *(Abrogé par L. nº 2018-1317 du 28 déc. 2018, art. 72)* *« Ou »* Lorsque la livraison de biens ou la prestation de services est réputée ne pas être effectuée dans l'Union européenne en application du titre V de la directive 2006/112/CE du Conseil du 28 novembre 2006 relative au système commun de taxe sur la valeur ajoutée.

(L. nº 2018-1317 du 28 déc. 2018, art. 72) « III. — Elles s'appliquent également aux opérations pour lesquelles le prestataire se prévaut » *(L. nº 2019-1479 du 28 déc. 2019, art. 147)* « des régimes particuliers prévus aux articles 298 *sexdecies* F et 298 *sexdecies* G. »

Art. 289 *(L. nº 2002-1576 du 30 déc. 2002, en vigueur le 1er juill. 2003)* I. — 1. Tout assujetti est tenu de s'assurer qu'une facture est émise, par lui-même, ou en son nom et pour son compte, par son client ou par un tiers :

a) Pour les livraisons de biens ou les prestations de services qu'il effectue pour un autre assujetti, ou pour une personne morale non assujettie *(L. nº 2007-1824 du 25 déc. 2007, art. 59)* « , et qui ne sont pas exonérées en application des articles 261 à 261 E » ;

(L. nº 2019-1479 du 28 déc. 2019, art. 147) « *b)* Pour les livraisons de biens mentionnées à l'article 258 A et pour les livraisons de bien exonérées en application des I et III de l'article 262 *ter* et du II de l'article 298 *sexies*, sauf lorsque l'assujetti se prévaut du régime particulier prévu à l'article 298 *sexdecies* G ; »

c) Pour les acomptes qui lui sont versés avant que l'une des opérations visées aux *a* et *b* ne soit effectuée *(L. nº 2012-1510 du 29 déc. 2012, art. 62-I-E, en vigueur le 1er janv. 2013)* « , à l'exception des livraisons de biens exonérées en application du I de l'article 262 *ter* et du II de l'article 298 *sexies* » ;

d) Pour les livraisons aux enchères publiques de biens d'occasion, d'œuvres d'art, d'objets de collection ou d'antiquité.

(L. nº 2012-1510 du 29 déc. 2012, art. 62-I-E, en vigueur le 1er janv. 2013) « 2. Les factures peuvent être matériellement émises par le client ou par un tiers lorsque l'assujetti leur donne mandat à cet effet. Sous réserve de son acceptation par l'assujetti, chaque facture est alors émise en son nom et pour son compte.

« Un décret en Conseil d'État précise les modalités particulières d'application du premier alinéa *(Abrogé par Décr. nº 2013-463 du 3 juin 2013, art. 1er)* *« du présent 2 »* lorsque le mandataire est établi dans un pays avec lequel il n'existe aucun instrument juridique relatif à l'assistance mutuelle ayant une portée similaire à celle prévue par la directive 2010/24/UE du Conseil du 16 mars 2010 concernant l'assistance mutuelle en matière de recouvrement des créances relatives aux taxes, impôts, droits et autres mesures et par le règlement (UE) n° 904/2010 du Conseil du 7 octobre 2010 concernant la coopération administrative et la lutte contre la fraude dans le domaine de la taxe sur la valeur ajoutée. »

3. La facture est, en principe, émise dès la réalisation de la livraison ou de la prestation de services.

(L. n° 2012-1510 du 29 déc. 2012, art. 62-I-E, en vigueur le 1er janv. 2013) « Pour les livraisons de biens exonérées en application du I de l'article 262 *ter* et du II de l'article 298 *sexies* et pour les prestations de services pour lesquelles la taxe est due par le preneur en application de l'article 196 de la directive 2006/112/CE du Conseil du 28 novembre 2006 relative au système commun de taxe sur la valeur ajoutée, la facture est émise au plus tard le 15 du mois suivant celui au cours duquel s'est produit le fait générateur.

« Elle peut être établie de manière périodique pour plusieurs livraisons de biens ou prestations de services distinctes réalisées au profit d'un même acquéreur ou preneur pour lesquelles la taxe devient exigible au cours d'un même mois civil. Cette facture est établie au plus tard à la fin de ce même mois. »

4. L'assujetti doit conserver un double de toutes les factures émises.

5. Tout document ou message qui modifie la facture initiale, émise en application de cet article *(Abrogé par L. n° 2012-1510 du 29 déc. 2012, art. 62-I-E, à compter du 1er janv. 2013)* *« ou de l'article 289 bis »*, et qui fait référence à la facture initiale de façon spécifique et non équivoque est assimilé à une facture. Il doit comporter l'ensemble des mentions prévues au II.

(Abrogé par L. n° 2012-1510 du 29 déc. 2012, art. 62-I-E, à compter du 1er janv. 2013) ***« Un décret en Conseil d'État détermine et fixe les conditions et modalités d'application du présent I. »*** *— V. CGI, Ann. II, art. 242 nonies, infra.*

II. — Un décret en Conseil d'État fixe les mentions obligatoires qui doivent figurer sur *(L. n° 2012-1510 du 29 déc. 2012, art. 62-I-E, en vigueur le 1er janv. 2013)* « les factures ». Ce décret détermine notamment les éléments d'identification des parties, les données concernant les biens livrés ou les services rendus et celles relatives à la détermination de la taxe sur la valeur ajoutée. *— V. CGI, Ann. II, art. 242 nonies A, infra.*

(Abrogé par L. n° 2020-1721 du 29 déc. 2020, art. 52) ***« III. — L'entraîneur bénéficiaire des sommes mentionnées au*** *(L. n° 2010-237 du 9 mars 2010, art. 16-XIX)* ***« 4° du III de l'article 257 » s'assure qu'une facture est émise au titre des gains réalisés et y ajoute le montant de la taxe sur la valeur ajoutée. »***

IV. — Les montants figurant sur la facture peuvent être exprimés dans toute monnaie, pour autant que le montant de taxe à payer *(L. n° 2012-1510 du 29 déc. 2012, art. 62-I-E, en vigueur le 1er janv. 2013)* « ou à régulariser » soit déterminé en euros en utilisant le mécanisme de conversion prévu au 1 *bis* de l'article 266.

Lorsqu'elle est rédigée dans une langue étrangère, le service des impôts peut, à des fins de contrôle, exiger une traduction en français, dans les conditions prévues au deuxième alinéa de l'article 54.

V. — *(L. n° 2012-1510 du 29 déc. 2012, art. 62-I-E, en vigueur le 1er janv. 2013)* « L'authenticité de l'origine, l'intégrité du contenu et la lisibilité de la facture doivent être assurées à compter de son émission et jusqu'à la fin de sa période de conservation.

« VI. — Les factures électroniques sont émises et reçues sous une forme électronique quelle qu'elle soit. Elles tiennent lieu de factures d'origine pour l'application de l'article 286 et du présent article. Leur transmission et *[leur]* mise à disposition sont soumises à l'acceptation du destinataire.

« VII. — Pour satisfaire aux conditions prévues au V, l'assujetti peut émettre ou recevoir des factures :

« 1° Soit sous forme électronique en recourant à toute solution technique autre que celles prévues aux 2° et 3°, ou sous forme papier, dès lors que des contrôles documentés et permanents sont mis en place par l'entreprise et permettent d'établir une piste d'audit fiable entre la facture émise ou reçue et la livraison de biens ou prestation de services qui en est le fondement ; *— V. LPF, art. L. 13 D et L. 13 E. —* ***C. pr. fisc.***

« 2° Soit en recourant à la procédure de signature électronique *(Ord. n° 2021-1190 du 15 sept. 2021, art. 1er)* « qualifiée au sens du règlement (UE) n° 910/2014 du Parlement européen et du Conseil du 23 juillet 2014 sur l'identification électronique et les services de confiance pour les transactions électroniques au sein du marché intérieur. » Un décret précise les conditions d'émission, de signature et de stockage de ces factures ; *— V. CGI, Ann. III, art. 96 F, infra.*

« 3° Soit sous la forme d'un message structuré selon une norme convenue entre les parties, permettant une lecture par ordinateur et pouvant être traité automatiquement et de manière univoque, dans des conditions précisées par décret. » — *V. CGI, Ann. III, art. 96 G, infra.*

BIBL. ▶ CAPRIOLI, *Cah. dr. entr. 1993, n° 1* (dématérialisation de la facture). – CAPRIOLI et ROQUILLY, *ibid. 1994, n° 4* (dématérialisation des documents commerciaux). – DONSIMONI, *LPA 9 févr. 1998* (contradiction entre l'art. 289 CGI et l'art. 31 Ord. 1er déc. 1986). – BOULANGER, *Gaz. Pal. 1999. 1469* (contrôle des systèmes de télétransmission de factures) ; *ibid. 2004. 84* (nouveau régime fiscal de la télétransmission des factures).

Art. 289 *bis* *(Ord. n° 2021-1190 du 15 sept. 2021, art. 1er)* I. — Pour l'application de l'article 289 et par dérogation au VI du même article, l'émission, la transmission et la réception des factures relatives aux opérations mentionnées aux *a* et *d* du 1° du I de l'article 289, ainsi qu'aux acomptes s'y rapportant, s'opèrent sous une forme électronique selon des normes de facturation électronique définies par arrêté du ministre chargé du budget lorsque l'émetteur de la facture et son destinataire sont des assujettis qui sont établis, ont leur domicile ou leur résidence habituelle en France.

L'émission, la transmission et la réception des factures électroniques s'effectuent, au choix des intéressés, en recourant au portail public de facturation mentionné à l'article L. 2192-5 du code de la commande publique ou à une autre plateforme de dématérialisation.

Les conditions et modalités d'application du présent I sont fixées par décret en Conseil d'État.

II. — Les assujettis mentionnés au I communiquent à l'administration les données relatives aux mentions figurant sur les factures électroniques qu'ils émettent.

A cet effet, les données de facturation émises par les assujettis ayant recours au portail public de facturation mentionné au deuxième alinéa du I sont transmises par ce dernier à l'administration. Les données de facturation émises par les assujettis ayant recours à une autre plateforme de dématérialisation sont transmises par l'opérateur de plateforme de dématérialisation au portail public de facturation qui les communique à l'administration.

Les transmissions de données prévues au présent II s'effectuent par voie électronique selon une périodicité, dans des conditions et selon des modalités définies par décret en Conseil d'État.

III. — Par dérogation à l'article L. 151-1 du code de commerce, le portail public de facturation met à disposition des opérateurs de plateforme de dématérialisation un annuaire central. Cet annuaire est constitué et mis à jour à partir des informations transmises par ces opérateurs et recense les informations nécessaires à l'adressage des factures électroniques aux opérateurs de plateforme des destinataires de ces factures.

Dans le cas où l'assujetti recourt directement au portail public de facturation pour transmettre ses factures électroniques, il lui transmet ces informations.

Un décret en Conseil d'État précise les informations à transmettre aux fins de constitution et de mise à jour de l'annuaire qui permettent d'identifier les opérateurs de plateforme intéressés ainsi que les modalités de cette transmission.

IV. — Sans préjudice des dispositions de l'article L. 2392-1 du code de la commande publique, les dispositions du présent article ne sont pas applicables aux opérations faisant l'objet d'une mesure de classification au sens de l'article 413-9 du code pénal.

L'obligation d'émission, de transmission et de réception sous forme de factures électroniques prévues par l'art. 289 bis s'appliquent aux factures émises à compter du 1er juill. 2024. Toutefois, pour les assujettis autres que les assujettis uniques mentionnés à l'art. 256 C, cette obligation ne s'applique qu'à compter 1° du 1er janv. 2025 pour les factures émises par les assujettis relevant de la catégorie d'entreprises de taille intermédiaire ; 2° du 1er janv. 2026 pour les factures émises par les assujettis relevant de la catégorie des petites et moyennes entreprises et les microentreprises. Les catégories d'entreprises susmentionnées sont celles prévues pour l'application de l'art. 51 de la L. n° 2008-776 du 4 août 2008. L'appartenance à une catégorie s'apprécie au niveau de chaque personne juridique. Les dispositions ci-dessus s'appliquent après obtention de l'autorisation prévue au § 1 de l'art. 395 de la Dir. 2006/112/CE du 28 nov. 2006 (Ord. n° 2021-1190 du 15 sept. 2021, art. 3-I).

....

Art. 290 *(Ord. n° 2021-1190 du 15 sept. 2021, art. 1er)* I. — Les assujettis qui sont établis, ont leur domicile ou leur résidence habituelle en France, communiquent à l'administration sous forme électronique selon des normes de transmission définies par arrêté du ministre chargé du budget les informations relatives aux opérations suivantes lorsqu'elles ne sont pas exonérées en application des articles 261 à 261 E :

1° Les livraisons exonérées en application du I de l'article 262 et du I de l'article 262 *ter* ;

2° Les livraisons de biens expédiés ou transportés à partir de la France à destination d'un autre État membre dans le cadre de ventes à distance intracommunautaires de biens et qui ne sont pas situées en France en application du 1° du I de l'article 258 A ;

3° Les livraisons de biens dont le lieu d'imposition est situé en France conformément aux dispositions de l'article 258 lorsque le destinataire de la livraison est une personne non assujettie ou une personne assujettie qui n'est pas établie en France ou n'y dispose pas de son domicile ou de sa résidence habituelle ;

4° Les livraisons de biens expédiés ou transportés à partir d'un autre État membre à destination de la France dans le cadre de ventes à distance intracommunautaires de biens situées en France en application du 2° du I de l'article 258 A ;

5° Les prestations de services réalisées au profit de preneurs assujettis non établis en France et qui n'y sont pas situées en application des dispositions des articles 259 et 259 A ;

6° Les prestations de services réputées ne pas être situées en France mentionnées à l'article 259 B ;

7° Les prestations de services situées en France mentionnées au 2° de l'article 259 ;

8° Les acquisitions intracommunautaires de biens meubles corporels situées en France en application de l'article 258 C ;

9° Les livraisons de biens dont le lieu d'imposition est situé en France conformément aux dispositions de l'article 258 dont ils sont destinataires, lorsque la livraison est effectuée par une personne assujettie qui n'est pas établie en France ou n'y dispose pas de son domicile ou de sa résidence habituelle ;

10° Les prestations situées en France conformément aux dispositions du 1° de l'article 259 et de l'article 259 A acquises auprès d'un assujetti qui n'est pas établi en France ou n'y dispose pas de son domicile ou de sa résidence habituelle ;

11° Les livraisons de biens expédiés ou transportés à partir de la France à destination de la Principauté de Monaco ou les acquisitions de biens en provenance de la Principauté de Monaco ainsi que les prestations de services lorsque le preneur est un assujetti qui est établi dans la Principauté de Monaco ou une personne non assujettie qui y a son domicile ou sa résidence habituelle ou l'acquisition de prestations de services pour lesquelles le prestataire est établi dans la Principauté de Monaco.

II. – Les assujettis non établis en France ou leur représentant lorsqu'ils sont tenus d'en désigner un conformément à l'article 289 A transmettent à l'administration par voie électronique des informations relatives aux livraisons de biens et prestations de services situées en France pour lesquelles ils sont redevables de la taxe sur la valeur ajoutée lorsque le destinataire ou le preneur est un assujetti ou un non assujetti, à l'exception de celles pour lesquelles l'assujetti se prévaut des régimes particuliers mentionnés aux articles 359, 369 *ter* et 369 *quaterdecies* de la directive 2006/112/CE du Conseil du 28 novembre 2006 relative au système commun de taxe sur la valeur ajoutée.

III. – Les informations relatives aux opérations mentionnées aux I et II du présent article sont transmises sous forme électronique en recourant soit au portail public de facturation mentionné à l'article 289 *bis* qui les communique à l'administration, soit à un autre opérateur de plateforme de dématérialisation qui les transmet à ce portail, lequel assure leur communication à l'administration.

Les informations mentionnées au I et au II sont précisées par décret en Conseil d'État ainsi que la périodicité, les conditions et les modalités de leur transmission.

IV. – Les dispositions du présent article ne sont pas applicables aux opérations faisant l'objet d'une mesure de classification au sens de l'article 413-9 du code pénal ou aux opérations concernées par une clause de confidentialité prévue pour un motif de sécurité nationale par un contrat ayant pour objet des travaux, fournitures et services ou la fourniture d'équipements mentionnés aux 1° à 4° de l'article L. 1113-1 du code de la commande publique.

L'obligation de transmission des informations et des données de paiement s'applique aux factures émises ou, à défaut, aux opérations réalisées à compter du 1er juill. 2024. Toutefois, cette date est portée 1° au 1er janv. 2025 pour les entreprises relevant de la catégorie d'entreprises de taille intermédiaire ; 2° au 1er janv. 2026 pour les entreprises relevant de la catégorie des petites et moyennes entreprises et les microentreprises (Ord. n° 2021-1190 du 15 sept. 2021, art. 3-II).

Art. 290 A *(Ord. n° 2021-1190 du 15 sept. 2021, art. 1er)* I. – Les données relatives au paiement des opérations relevant de la catégorie des prestations de services mentionnées aux articles 289 *bis* et 290, à l'exception de celles pour lesquelles la taxe est due par le preneur, sont communiquées sous forme électronique à l'administration selon des normes de transmission définies par arrêté du ministre chargé du budget en recourant soit au portail public de facturation qui les communique à l'administration, soit à un autre opérateur de plateforme de dématérialisation qui les transmet à ce portail chargé d'assurer leur transmission à l'administration.

Les données mentionnées à l'alinéa précédent sont transmises :

1° Par l'assujetti sur lequel porte l'obligation d'émission des factures électroniques prévue par l'article 289 *bis* ;

2° Par l'assujetti sur lequel porte l'obligation de transmission prévue par l'article 290.

Les données à transmettre nécessaires à la détermination de l'exigibilité de la taxe sur la valeur ajoutée ainsi que la périodicité, les conditions et modalités de leur transmission à l'administration sont précisées par décret en Conseil d'État.

II. – Les dispositions du I s'appliquent aux factures émises dans le cadre de l'exécution de contrats de la commande publique régis par les deuxième et troisième parties du code de la commande publique à l'exception des contrats définis par l'article L. 1113-1 de ce même code.

Les dispositions du I ne sont pas applicables aux opérations mentionnées au IV de l'article 290.

Art. 290 B *(Ord. n° 2021-1190 du 15 sept. 2021, art. 1er)* Les plateformes de dématérialisation qui assurent la transmission des factures électroniques ainsi que la transmission au portail public de facturation des données mentionnées aux articles 289 *bis*, 290 et 290 A sont des opérateurs de dématérialisation identifiés comme partenaires de l'administration dans l'annuaire central mentionné au III de l'article 289 *bis*.

A cette fin, l'administration fiscale leur délivre un numéro d'immatriculation pour une durée de trois ans renouvelable, le cas échéant assortie de réserves. Un décret en Conseil d'État prévoit ses conditions et modalités de délivrance ainsi que de renouvellement.

....

Art. 1737 *(Ord. n° 2005-1512 du 7 déc. 2005, art. 13-IV)* I. – Entraîne l'application d'une amende égale à 50 % du montant :

1. Des sommes versées ou reçues, le fait de travestir ou dissimuler l'identité ou l'adresse de ses fournisseurs ou de ses clients, les éléments d'identification mentionnés aux articles 289 et 289 B et aux textes pris pour l'application de ces articles ou de sciemment accepter l'utilisation d'une identité fictive ou d'un prête-nom ;

2. De la facture, le fait de délivrer une facture ne correspondant pas à une livraison ou à une prestation de service réelle ;

(L. n° 2021-1900 du 30 déc. 2021, art. 142) « 3. De la transaction, le fait de ne pas délivrer une facture ou la note prévue à l'article 290 *quinquies* et de ne pas comptabiliser la transaction. Le client professionnel est solidairement tenu au paiement de cette amende, qui ne peut excéder 375 000 € par exercice. Toutefois, lorsque la transaction a été comptabilisée, l'amende est réduite à 5 % et ne peut excéder 37 500 € par exercice ; »

(Abrogé par L. n° 2021-1900 du 30 déc. 2021, art. 142) « 4. De la transaction, le fait de ne pas délivrer une note en violation des dispositions de l'article 290 quinquies. »

Les dispositions des 1 à 3 ne s'appliquent pas aux ventes au détail et aux prestations de services faites ou fournies à des particuliers *(L. n° 2021-1900 du 30 déc. 2021, art. 142)* « , à l'exception des prestations de services mentionnées à l'article 290 *quinquies* soumises à la délivrance d'une note ».

(Abrogé par L. n° 2021-1900 du 30 déc. 2021, art. 142) « Les dispositions des 1 à 4 s'appliquent aux opérations réalisées dans le cadre d'une activité professionnelle. »

II. – Toute omission ou inexactitude constatée dans les factures ou documents en tenant lieu mentionnés aux articles 289 et 290 *quinquies* donne lieu à l'application d'une amende de 15 €. Toutefois, le montant total des amendes dues au titre de chaque facture ou document ne peut excéder le quart du montant qui y est ou aurait dû y être mentionné.

(Ord. n° 2021-1190 du 15 sept. 2021, art. 1er) « III. – Le non-respect par l'assujetti de l'obligation d'émission d'une facture sous une forme électronique dans les conditions prévues à l'article 289 *bis* donne lieu à l'application d'une amende de 15 € par facture, sans que le total des amendes appliquées au titre d'une même année civile puisse être supérieur à 15 000 €.

« IV. – Toute omission ou manquement par un opérateur d'une plateforme de dématérialisation aux obligations de transmission de données mentionnées au II de l'article 289 *bis* donne lieu à une amende de 15 € par facture mise à la charge de cette plateforme, sans que le total des amendes appliquées au titre d'une même année civile puisse être supérieur à 45 000 €.

« V. – Les amendes mentionnées *(L. n° 2021-1900 du 30 déc. 2021, art. 142)* « au deuxième alinéa du 3 du I et aux II, » III et IV ne sont pas applicables en cas de première infraction commise au cours de l'année civile en cours et des trois années précédentes, lorsque l'infraction a été réparée spontanément ou dans les trente jours d'une première demande de l'administration. »

....

Art. 1751 1. *Abrogé par Ord. nº 86-1243 du 1er déc. 1986, art. 60-IX.*

2. *(Ord. nº 86-1243 du 1er déc. 1986)* « Dans tous les cas où est *(Ord. nº 2019-698 du 3 juill. 2019, art. 6)* « constaté un manquement » aux règles de facturation telles que prévues » aux articles *(Ord. nº 2019-698 du 3 juill. 2019, art. 6)* « L. 441-9 et L. 443-3 » du code de commerce, l'entreprise de l'auteur du délit peut être placée sous séquestre jusqu'à l'exécution de la décision définitive. La mesure de séquestre pourra être étendue à l'ensemble du patrimoine de l'auteur du délit.

La mise sous séquestre peut être ordonnée par le juge d'instruction ou par le tribunal correctionnel saisis, en tout état de la procédure, sur réquisition du procureur de la République. Elle peut l'être également, hors le cas de la saisine du juge d'instruction ou du tribunal correctionnel, par le président du tribunal statuant en référé dans les conditions prévues aux articles 485 et 486 du *(L. nº 2007-1787 du 20 déc. 2007, art. 26-IV ; Décr. nº 2008-294 du 1er avr. 2008)* « code de procédure civile ». Dans tous les cas, la décision ordonnant le séquestre est, de plein droit, exécutoire par provision et sur minute, avant enregistrement.

Le séquestre est confié au service des domaines dans les formes et conditions prévues par la loi validée du 5 octobre 1940, relative aux biens mis sous séquestre en conséquence d'une mesure de sûreté générale.

3. Un décret pris sur le rapport du garde des sceaux, ministre de la justice, du ministre de l'économie et des finances et du secrétaire d'État au budget détermine les conditions d'application du présent article. — *V. CGI, Annexe III, art. 406 A 12 à 406 A 16.* — ***CGI.***

ANNEXE II : *Dispositions revêtant la forme de décret en Conseil d'État*

Art. 242 *nonies* *(Décr. nº 2013-346 du 24 avr. 2013, art. 1er)* Pour l'application du deuxième alinéa du 2 du I de l'article 289 du code général des impôts :

a) Un mandat écrit et préalable doit être établi ;

b) L'assujetti en informe l'administration par écrit en indiquant le nom et l'adresse du client ou tiers ainsi mandaté lorsque ce dernier établit de manière régulière des factures au nom et pour le compte de cet assujetti. A cette fin, il dépose un état auprès de son service des impôts dans les mêmes délais que sa déclaration de résultats ou de bénéfices ;

c) Les factures concernées sont émises dès la réalisation de la livraison de biens ou de la prestation de services sans que puisse être utilisée la possibilité de délivrer des factures périodiques dans les conditions prévues au troisième alinéa du 3 du I de l'article 289 du code général des impôts.

Art. 242 *nonies* A *(Décr. nº 2013-346 du 24 avr. 2013, art. 2)* « I. — » *(Décr. nº 2003-632 du 7 juill. 2003, art. 1er-III)* Les mentions obligatoires qui doivent figurer sur les factures en application du II de l'article 289 du code général des impôts sont les suivantes :

1º Le nom complet et l'adresse de l'assujetti et de son client ;

2º Le numéro individuel d'identification attribué à l'assujetti en application de l'article 286 *ter* *(Décr. nº 2013-346 du 24 avr. 2013, art. 2)* « du code précité » et sous lequel il a effectué la livraison de biens ou la prestation de services ;

3º Les numéros d'identification à la taxe sur la valeur ajoutée du vendeur et de l'acquéreur pour les livraisons désignées au I de l'article 262 *ter* *(Décr. nº 2013-346 du 24 avr. 2013, art. 2)* « du code précité » ;

4º Le numéro d'identification à la taxe sur la valeur ajoutée du prestataire ainsi que celui fourni par le preneur pour les prestations pour lesquelles le preneur est redevable de la taxe *(Abrogé par Décr. nº 2013-346 du 24 avr. 2013, art. 2)* ***« en application du 1 et du 2 de l'article 283 du code général des impôts »*** ;

5º Lorsque le redevable de la taxe est un représentant fiscal au sens de l'article 289 A *(Décr. nº 2013-346 du 24 avr. 2013, art. 2)* « du code précité », le numéro individuel d'identification attribué à ce représentant fiscal en application de l'article 286 *ter* du même code, ainsi que son nom complet et son adresse ;

6º *(Décr. nº 2013-346 du 24 avr. 2013, art. 2)* « Sa date d'émission » ;

7º Un numéro unique basé sur une séquence chronologique et continue ; la numérotation peut être établie dans ces conditions par séries distinctes lorsque les conditions d'exercice de l'activité de l'assujetti le justifient ; l'assujetti doit faire des séries distinctes un usage conforme à leur justification initiale ;

8° Pour chacun des biens livrés ou des services rendus, la quantité, la dénomination précise, le prix unitaire hors taxes et le taux de taxe sur la valeur ajoutée légalement applicable ou, le cas échéant, le bénéfice d'une exonération ;

9° Tous rabais, remises, ristournes ou escomptes acquis et chiffrables lors de l'opération et directement liés à cette opération ;

10° La date à laquelle est effectuée, ou achevée, la livraison de biens ou la prestation de services ou la date à laquelle est versé l'acompte visé au *c* du 1 du I de l'article 289 *(Décr. n° 2013-346 du 24 avr. 2013, art. 2)* « du code précité », dans la mesure où une telle date est déterminée et qu'elle est différente de la date d'émission de la facture ;

11° Le montant de la taxe à payer et, par taux d'imposition, le total hors taxe et la taxe correspondante mentionnés distinctement ;

12° En cas d'exonération *(Abrogé par Décr. n° 2013-346 du 24 avr. 2013, art. 2) « ou lorsque le client est redevable de la taxe ou lorsque l'assujetti applique le régime de la marge bénéficiaire »*, la référence à la disposition pertinente du code général des impôts ou à la disposition correspondante *(Décr. n° 2013-346 du 24 avr. 2013, art. 2)* « de la directive 2006/112/CE du Conseil du 28 novembre 2006 relative au système commun de taxe sur la valeur ajoutée » ou à toute autre mention indiquant que l'opération bénéficie d'une mesure d'exonération *(Abrogé par Décr. n° 2013-346 du 24 avr. 2013, art. 2) «, d'un régime d'autoliquidation ou du régime de la marge bénéficiaire »* ;

(Décr. n° 2013-346 du 24 avr. 2013, art. 2) « 13° Lorsque l'acquéreur ou le preneur est redevable de la taxe, la mention : "Autoliquidation" ;

« 14° Lorsque l'acquéreur ou le preneur émet la facture au nom et pour le compte de l'assujetti, la mention *[:]* "Autofacturation" ;

« 15° Lorsque l'assujetti applique le régime particulier des agences de voyage, la mention *[:]* "Régime particulier - Agences de voyages" ;

« 16° En cas d'application du régime prévu par l'article 297 A du code précité, la mention "Régime particulier - Biens d'occasion", "Régime particulier - Objets d'art" ou "Régime particulier - Objets de collection et d'antiquité" selon l'opération considérée ; »

17° Les caractéristiques du moyen de transport neuf telles qu'elles sont définies au III de l'article 298 *sexies (Décr. n° 2013-346 du 24 avr. 2013, art. 2)* « du code précité » pour les livraisons mentionnées au II de ce même article ;

18° De manière distincte, le prix d'adjudication du bien, les impôts, droits, prélèvements et taxes ainsi que les frais accessoires tels que les frais de commission, d'emballage, de transport et d'assurance demandés par l'organisateur à l'acheteur du bien, pour les livraisons aux enchères publiques visées au *d* du 1 du I de l'article 289 *(Décr. n° 2013-346 du 24 avr. 2013, art. 2)* « du code précité » effectuées par un organisateur de ventes aux enchères publiques agissant en son nom propre, soumises au régime de la marge bénéficiaire mentionné à l'article 297 A du même code. Cette facture ne doit pas mentionner de taxe sur la valeur ajoutée.

(Décr. n° 2013-346 du 24 avr. 2013, art. 2) « II. — Les factures dont le montant est inférieur ou égal à 150 € hors taxe ainsi que celles mentionnées au 5 du I de l'article 289 du code général des impôts peuvent ne pas comporter les mentions énoncées aux 2° et 12° du I du présent article.

« Les dispositions du premier alinéa ne s'appliquent pas :

« *a)* Aux livraisons de biens visées aux articles 258 A et 258 B du code précité ;

« *b)* Aux livraisons de biens exonérées en application du I de l'article 262 *ter* et du II de l'article 298 *sexies* du même code ;

« *c)* Aux livraisons de biens et prestations de services visées au 1° du II de l'article 289-0 du code précité pour lesquelles, toutefois, la facture peut ne pas comporter les mentions visées au 9° du I du présent article, le prix unitaire hors taxe, le taux de la taxe applicable et son montant. »

ANNEXE III : *Dispositions revêtant la forme de décret en Conseil d'État*

Art. 96 F *(Décr. n° 2013-350 du 25 avr. 2013, art. 1er)* I. — 1. Les factures émises dans les conditions mentionnées au 2° du VII de l'article 289 du code général des impôts tiennent lieu de factures d'origine lorsque l'authenticité de leur origine et l'intégrité de leur contenu sont garanties au moyen d'une signature électronique avancée fondée sur un certificat électronique qualifié et créée par un dispositif sécurisé de création de signature électronique.

La signature électronique est une donnée sous forme électronique, qui est jointe ou liée logiquement à d'autres données électroniques et qui sert de méthode d'authentification du signataire et de l'origine des informations.

Le signataire est une personne physique qui détient et met en œuvre le moyen de création de la signature électronique précitée et qui agit soit pour son propre compte, soit pour celui d'une personne physique ou morale qu'il représente.

2. La signature électronique avancée doit satisfaire aux exigences suivantes :
a. Être propre au signataire ;
b. Permettre d'identifier le signataire ;
c. Être créée par des moyens que le signataire puisse garder sous son contrôle exclusif ;
d. Garantir le lien avec les factures auxquelles elle s'attache, de telle sorte que toute modification ultérieure de ces factures soit détectable.

3. La signature électronique avancée est créée par un dispositif sécurisé de création de signature électronique. Elle repose sur un certificat électronique qualifié qui est délivré par un prestataire de service de certification.

II. — Le dispositif sécurisé de création de signature électronique mentionné au 3 du I remplit les conditions suivantes :

1. Il garantit par des moyens techniques et des procédures appropriés que les données de création de signature électronique :
a. Ne peuvent être établies plus d'une fois et que leur confidentialité est assurée ;
b. Ne peuvent être trouvées par déduction et que la signature électronique est protégée contre toute falsification ;
c. Peuvent être protégées de manière satisfaisante par le signataire contre toute utilisation par des tiers.

2. Il n'entraîne aucune altération du contenu de l'acte à signer et ne fait pas obstacle à ce que le signataire en ait une connaissance exacte avant de le signer.

3. Il est certifié conforme aux exigences définies aux 1 et 2 :
a. Soit dans les conditions prévues par le décret n° 2002-535 du 18 avril 2002 relatif à l'évaluation et à la certification de la sécurité offerte par les produits et les systèmes des technologies de l'information. La délivrance du certificat de conformité est rendue publique ;
b. Soit par un organisme désigné à cet effet par un État membre de l'Union européenne.

III. — Le certificat électronique qualifié mentionné au 3 du I comporte :

1. Une mention indiquant que ce certificat est délivré à titre de certificat électronique qualifié.
2. L'identité du prestataire de services de certification électronique ainsi que l'État dans lequel il est établi.
3. Le nom du signataire ou un pseudonyme, celui-ci devant alors être identifié comme tel.
4. Le cas échéant, l'indication de la qualité du signataire, en fonction de l'usage auquel le certificat électronique est destiné.
5. Les données de vérification de signature électronique qui correspondent aux données de création de signature électronique.
6. L'indication du début et de la fin de la période de validité du certificat électronique.
7. Le code d'identité du certificat électronique.
8. La signature électronique avancée du prestataire de services de certification électronique qui délivre le certificat électronique.
9. Le cas échéant, les conditions d'utilisation du certificat électronique, notamment le montant maximum des transactions pour lesquelles ce certificat peut être utilisé.

IV. — Le prestataire de services de certification électronique doit :

1. Faire la preuve de la fiabilité des services de certification électronique qu'il fournit.
2. Assurer le fonctionnement, au profit des personnes auxquelles le certificat électronique est délivré, d'un service d'annuaire recensant les certificats électroniques des personnes qui en font la demande.
3. Assurer le fonctionnement d'un service permettant à la personne à qui le certificat électronique a été délivré de révoquer sans délai et avec certitude ce certificat.
4. Veiller à ce que la date et l'heure de délivrance et de révocation d'un certificat électronique puissent être déterminées avec précision.
5. Employer du personnel ayant les connaissances, l'expérience et les qualifications nécessaires à la fourniture de services de certification électronique.
6. Appliquer des procédures de sécurité appropriées.
7. Utiliser des systèmes et des produits garantissant la sécurité technique et cryptographique des fonctions qu'ils assurent.
8. Prendre toute disposition propre à prévenir la falsification des certificats électroniques.
9. Dans le cas où il fournit au signataire des données de création de signature électronique, garantir la confidentialité de ces données lors de leur création et s'abstenir de conserver ou de reproduire ces données.
10. Veiller, dans le cas où sont fournies à la fois des données de création et des données de vérification de la signature électronique, à ce que les données de création correspondent aux données de vérification.

11. Conserver, éventuellement sous forme électronique, toutes les informations relatives au certificat électronique qui pourraient s'avérer nécessaires pour faire la preuve en justice de la certification électronique.

12. Utiliser des systèmes de conservation des certificats électroniques garantissant que :

a. L'introduction et la modification des données sont réservées aux seules personnes autorisées à cet effet par le prestataire ;

b. L'information peut être contrôlée quant à son authenticité ;

c. L'accès du public à un certificat électronique ne peut avoir lieu sans le consentement préalable du titulaire du certificat ;

d. Toute modification de nature à compromettre la sécurité du système peut être détectée.

13. Vérifier, d'une part, l'identité de la personne à laquelle un certificat électronique est délivré, en exigeant d'elle la présentation d'un document officiel d'identité, d'autre part, la qualité dont cette personne se prévaut et conserver les caractéristiques et références des documents présentés pour justifier de cette identité et de cette qualité.

14. S'assurer au moment de la délivrance du certificat électronique :

a. Que les informations qu'il contient sont exactes ;

b. Que le signataire qui y est identifié détient les données de création de signature électronique correspondant aux données de vérification de signature électronique contenues dans le certificat.

15. Avant la conclusion d'un contrat de prestation de services de certification électronique, informer par écrit, le cas échéant par voie électronique, la personne demandant la délivrance d'un certificat électronique :

a. Des modalités et des conditions d'utilisation du certificat ;

b. Du fait qu'elle s'est soumise ou non au processus de qualification volontaire des prestataires de services de certification électronique ;

c. Des modalités de contestation et de règlement des litiges.

16. Fournir aux personnes qui se fondent sur un certificat électronique les éléments de l'information prévue au 15 qui leur sont utiles.

V. — Les factures, la signature électronique à laquelle elles sont liées ainsi que le certificat électronique y attaché sont conservés dans leur forme et contenu originels par l'entreprise chargée de s'assurer qu'une facture est émise au sens du I de l'article 289 du code général des impôts, dans les conditions et dans les délais fixés par l'article L. 102 B du livre des procédures fiscales.

Art. 96 F *bis* *(Décr. n° 2013-350 du 25 avr. 2013, art. 2)* L'entreprise destinataire de factures électroniques dont l'authenticité de l'origine et l'intégrité du contenu sont garantis *[garanties]* au moyen d'une signature électronique dans les conditions prévues au 1° ou au 2° du VII de l'article 289 du code général des impôts :

1° Vérifie la signature électronique apposée sur les factures au moyen des données de vérification contenues dans le certificat électronique ;

2° S'assure de l'authenticité et de la validité du certificat attaché à la signature électronique ;

3° Conserve les factures, la signature électronique à laquelle elles sont liées ainsi que le certificat électronique y attaché dans leur forme et contenu originels, dans les conditions et dans les délais fixés par l'article L. 102 B du livre des procédures fiscales.

Art. 96 G *(Décr. n° 2013-350 du 25 avr. 2013, art. 3)* I. — Pour l'application du 3° du VII de l'article 289 du code général des impôts, les factures transmises par voie électronique qui se présentent sous la forme d'un message structuré selon une norme convenue entre les parties, permettant une lecture par ordinateur et pouvant être traité automatiquement et de manière univoque, constituent, sous réserve des II et III, des documents tenant lieu de factures d'origine.

II. — Les entreprises qui transmettent leurs factures dans les conditions prévues au I recourent à un système de télétransmission répondant à des normes équivalentes à celle définie à l'article 2 de la recommandation 1994/820/CE de la Commission du 19 octobre 1994 concernant les aspects juridiques de l'échange de données informatisées, lorsque l'accord relatif à cet échange prévoit l'utilisation de procédures garantissant l'authenticité de l'origine et l'intégrité des données.

III. — L'entreprise doit s'assurer que les informations émises en application du I, par elle-même, ou par un tiers ou client mandaté à cet effet, sont accessibles et conservées dans leur forme et contenu originels et dans l'ordre chronologique de leur émission dans les conditions et dans les délais fixés par l'article L. 102 B du livre des procédures fiscales.

L'entreprise destinataire de ces informations doit, quelle que soit la personne qui les a reçues en son nom et pour son compte, s'assurer qu'elles sont accessibles et conservées dans leur forme et contenu originels et dans l'ordre chronologique de leur réception dans les conditions et dans les délais fixés par l'article L. 102 B précité.

L'entreprise, qui émet ou reçoit des factures dans les conditions mentionnées au I, doit, quelle que soit la personne qui a matériellement émis ou reçu les messages, en son nom et pour son compte, s'assurer qu'est tenue et conservée sur support informatique, pendant le délai fixé au premier alinéa du I de l'article L. 102 B précité, une liste récapitulative séquentielle de tous les messages émis et reçus et de leurs anomalies éventuelles.

IV. – Les systèmes de télétransmission des factures prévus par le présent article respectent les spécifications fixées par arrêté du ministre chargé du budget.

Art. 96 H *(Décr. n° 99-337 du 3 mai 1999, art. 1er)* La liste récapitulative mentionnée au III de l'article *(Décr. n° 2013-350 du 25 avr. 2013, art. 4)* « 96 G » du code général des impôts est restituable sur *(Décr. n° 2013-350 du 25 avr. 2013, art. 4)* « écran » ou sur support informatique. La restitution doit pouvoir être effectuée d'une façon sélective en fonction des informations obligatoires que la liste doit comporter.

Art. 96 I *(Décr. n° 2013-350 du 25 avr. 2013, art. 5)* Les factures sous forme papier ou électronique, dont l'authenticité de l'origine, l'intégrité du contenu et la lisibilité sont assurées par des contrôles visés au 1° du VII de l'article 289 du code général des impôts ainsi que les éléments constitutifs de ces contrôles sont conservés dans leur forme et contenu originels par l'entreprise chargée de s'assurer qu'une facture est émise au sens du I de l'article 289 précité et par l'entreprise destinataire de ces factures, dans les conditions et dans les délais fixés par l'article L. 102 B du livre des procédures fiscales.

Art. 96 I *bis* *(Décr. n° 2013-350 du 25 avr. 2013, art. 6)* Les informations des factures, sous forme papier ou électronique, émises et reçues doivent être identiques. Sur demande de l'administration, elles sont restituées en langage clair par l'entreprise chargée de s'assurer qu'une facture est émise au sens du I de l'article 289 du code général des impôts, quelle que soit la personne qui a émis les factures en son nom et pour son compte. Elles sont, en outre, restituées dans les mêmes conditions par l'entreprise destinataire de ces factures, quelle que soit la personne qui les a reçues en son nom et pour son compte.

Les informations des factures sous forme électronique sont, à la demande de l'administration, restituables sur écran, sur support informatique ou sur papier. La restitution porte sur l'intégralité des informations émises et reçues, qu'elles soient obligatoires ou facultatives. Elle doit pouvoir être opérée de manière sélective.

Les données sont restituées lisiblement en mode caractères, en langage clair et intelligible.

Livre des procédures fiscales

Art. L. 246 Les infractions aux règles de la facturation constatées dans les conditions prévues au premier alinéa de l'article L. 450-1 et aux articles L. 450-2 et L. 450-3 du code de commerce sont poursuivies pénalement dans le délai le plus bref selon les procédures de la comparution immédiate, de l'information ou de la citation directe. – *[Ord. n° 86-1243 du 1er déc. 1986.] – Sur les pouvoirs d'enquête de l'Administration pour rechercher les manquements aux règles de facturation, V. LPF, art. L. 80 F à L. 80 J. –* ***C. pr. fisc.***

GARANTIE AUTONOME (OU INDÉPENDANTE)

RÉP. COM. v^is *Garantie à première demande*, par S. PIEDELIÈVRE ; *Garanties financières professionnelles*, par MERLAND.

BIBL. GÉN. ▶ Ord. n° 2006-346 du 23 mars 2006 : RONTCHEVSKY, *D. 2006. 1303* (réception de la garantie autonome et de la lettre d'intention). – HOUTCIEFF, *JCP E 2006, suppl. au n° 20, p. 7* ; *RDBF mai-juin 2006. 56* (les sûretés personnelles). – PRÜM, *RDBF mai-juin 2006. 1* (autonomie légale des garanties à première demande) ; *Mél. Simler, Dalloz-Litec, 2009, p. 409* (consécration légale des garanties autonomes). – ZALEWSKI, *Rev. loyers 2006. 271* (bail d'habitation et garantie autonome). – STOUFFLET, *Rev. sociétés 2006. 473* (reconnaissance de deux types de garanties issues de la pratique : la garantie autonome et la lettre d'intention). – PUIG, *LPA 27 mars 2008* (les garanties autonomes). – BLOT, *ibid.* (les garanties autonomes face à la pratique bancaire).

Code civil

Art. 2321 *(Ord. n° 2006-346 du 23 mars 2006, art. 6)* **La garantie autonome est l'engagement par lequel le garant s'oblige, en considération d'une obligation souscrite par un tiers, à verser une somme soit à première demande, soit suivant des modalités convenues.**

Le garant n'est pas tenu en cas d'abus ou de fraude manifestes du bénéficiaire ou de collusion de celui-ci avec le donneur d'ordre.

Le garant ne peut opposer aucune exception tenant à l'obligation garantie.

Sauf convention contraire, cette sûreté ne suit pas l'obligation garantie.

La garantie autonome définie à l'art. 2321 C. civ. ne peut être souscrite à l'occasion d'un crédit relevant des chapitres II et III du présent titre (C. consom., art. L. 314-19).

1. Validité de la garantie autonome. L'engagement contracté par la banque garante, s'il est à première demande, ne constitue pas un cautionnement mais une garantie autonome qui prive la banque de la faculté de se prévaloir, en l'état, des exceptions que le donneur d'ordre pouvait opposer au bénéficiaire tenant à l'inexécution du contrat les unissant. • Com. 20 déc. 1982, n° 81-12.579 P : *D. 1983. 365, note Vasseur ; RTD com. 1983. 446, obs. Cabrillac et Teyssié.*

2. Délimitation contractuelle. L'engagement à première demande de la banque est régi par les seules dispositions de la lettre de garantie. • Com. 20 déc. 1982, n° 81-12.579 P : *préc. note 1.* – V. note 28.

3. Cause de l'engagement. L'engagement d'un garant à première demande est causé, dès lors que le donneur d'ordre a un intérêt économique à la conclusion du contrat de base, peu important qu'il n'y soit pas partie. • Com. 19 avr. 2005, n° 02-17.600 P : *D. 2005. Pan. 2086, obs. Crocq ; RTD com. 2005. 582, obs. Legeais ; LPA 18 mai 2005, rapp. Cohen-Branche ; JCP E 2005, n° 24, p. 1009, note Stoufflet ; RDBF 2005, n° 133, obs. Cerles ; Banque et Dr. 5-6/2005. 63, obs. Jacob ; RJDA 2006, n° 198.*

I. QUALIFICATION DE GARANTIE AUTONOME

A. CRITÈRES DE L'AUTONOMIE

4. Autonomie de l'objet de l'obligation du garant et inopposabilité des exceptions. L'acte par lequel une banque s'engage à payer à une autre le montant d'effets avalisés par celle-ci, sans objections ni exceptions, constitue une garantie à première demande et non un cautionnement, peu important qu'il ait été fait référence dans l'engagement à l'opération juridique génératrice de l'obligation. • Com. 7 oct. 1997, n° 95-15.259 P : *D. Affaires 1997. 1323 ; JCP E 1998, n° 6, p. 226, note Legeais ; RDBB 1998. 17, obs. Contamine-Raynaud ; RTD com. 1998. 189, obs. Cabrillac* ♦ Un engagement ne peut être qualifié de garantie autonome que s'il n'implique pas une appréciation des modalités d'exécution du contrat de base pour l'évaluation des montants garantis ou pour la détermination des durées de validité et s'il comporte une stipulation de l'inopposabilité des exceptions. • Com. 27 juin 2000, n° 96-20.045 : *CCC 2000, n° 155, obs. Leveneur ; RDBF 2000, n° 225, obs. Mattout.*

5. Défaut d'autonomie de l'engagement ayant pour objet la propre dette du débiteur principal. Une garantie n'est pas autonome dès lors que l'engagement du garant a pour objet la propre dette du débiteur principal. • Com. 11 mars 1997, n° 95-18.356 P : *D. Affaires 1997. 472 ; Rev. dr. bancaire 1997. 123, obs. Contamine-Raynaud* • 9 déc. 1997, n° 96-10.686 : *D. Affaires 1998. 199, obs. S. P. ; Rev. dr. bancaire 1998. 66, obs. Contamine-Raynaud ; JCP E 1999, n° 17, p. 765, obs. Gavalda et Stoufflet.*

6. Mentions expresses. Le caractère de la garantie doit être expressément prévu par les parties et ne saurait être présumé. • Com. 20 déc. 1982, n° 81-12.579 P : *préc. note 1* • 27 oct. 1981 : *JCP 1981. II. 19702, note Bouloy* • 26 janv. 1993, n° 91-14.498 P : *D. 1995. Somm. 13, obs. Vasseur* • 1er déc. 1998, n° 95-21.337 : *JCP E 1999, n° 17, p. 765, obs. Gavalda et Stoufflet.* ♦ Mais le critère de la distinction entre un cautionnement et une garantie à première demande ne saurait reposer sur le seul intitulé de l'acte mais réside dans l'objet de l'obligation. • Com. 16 juin 2004, n° 03-12.174 : *RDBF 2004, n° 232, obs. Cerles.* ♦ Le terme caution n'exclut pas nécessairement la qualification de garantie, s'il est complété par une disposition expresse qui ne suppose aucune mention sacramentelle. • Com. 8 déc. 1987, n° 86-13.490 P : *D. 1988. Somm. 240, obs. Vasseur* • 2 févr. 1988, n° 85-17.276 P : *D. 1988. Somm. 274, obs. Aynès* • 22 mai 1991, n° 90-11.198 : *D. 1992. Somm. 233, obs. Vasseur* • 3 nov. 1992, n° 90-16.271 P : *D. 1993. Somm. 96, obs. Vasseur ; JCP E 1993. II. 454, note Jacob* • 1er févr. 1994, n° 92-12.791 : *D. 1995. Somm. 11, obs. Vasseur*.

Sur la portée de l'expression « à première demande », V. • Com. 10 mai 1994, n° 92-10.212 P : *D. 1995. Somm. 12, obs. Vasseur* • 13 déc. 1994, n° 92-12.626 P : *D. 1995. 209, rapp. Le Dauphin, note Aynès* • 5 nov. 2002, n° 00-11.882 : *BJS 2003. 30, obs. Couret ; RJDA 2003, n° 217* • 6 mai 2003, n° 99-21.542 : *JCP E 2004, n° 14, p. 574, note Guerchoun* • 8 oct. 2003, n° 01-10.144 : *JCP E 2004, n° 36, p. 1341, obs. Simler ; RDBF 2004, n° 15, obs. Cerles ; RJDA 2004, n° 361.* ♦ ... Du terme « garantie autonome », V. • Com. 14 juin 2000, n° 97-12.692 : *RDBF 2000, n° 226, obs. Mattout.* ♦ ... D'une mention manuscrite relative à une caution solidaire, et contredisant la mention dactylographiée se référant à une garantie à première demande, V. • Com. 8 juin 1993, n° 90-16.768 P : *D. 1993. Somm. 313, obs. Aynès ; D. 1994. Somm. 11, obs. Vasseur*.

Sur le pouvoir souverain d'interprétation des juges du fond face aux mentions stipulées, V. • Com. 25 juin 2002, n° 99-10.587 : *D. 2002. Somm. 3333, obs. Aynès ; JCP 2003. I. 124, n° 10, obs. Simler ; RJDA 2002, n° 1318* • 20 nov. 2001, n° 99-11.419 : *JCP 2003. I. 124, n° 10, obs. Simler ; RJDA 2002, n° 431.*

7. *Autonomie des contre-garanties.* La contre-garantie est une obligation autonome, tant par rapport à la garantie de premier rang que par rapport au contrat de base. • Com. 8 nov. 1994, n° 92-14.542 P : *D. 1995. IR 3* • 19 févr. 1991, n° 89-19.637 P • Paris, 8 nov. 1988 : *D. 1990. Somm. 206, obs. Vasseur* – *Comp.* : • Com. 3 avr. 1990, n° 88-17.022 P : *D. 1991. Somm. 195, obs. Vasseur*.

Sur l'absence de lien de connexité entre la demande en annulation de la contre-garantie autonome d'un crédit à la consommation et la demande en réduction du contrat de crédit lui-même, V. • Civ. 1re, 27 juin 2000, n° 98-18.747 P : *RDBF 2000, n° 198, obs. Mattout ; Banque et Dr. 11-12/2000. 48, obs. Prüm.* ♦ L'appel, sans fraude ni abus manifeste, de la garantie ou contre-garantie, fait obstacle à ce que le garant, ou contre-garant, demande, sur le fondement de l'inexécution par le bénéficiaire du contrat de base, la restitution de ce qu'il a versé en exécution de son obligation autonome. • Com. 4 juill. 2006, n° 04-19.577 P : *D. 2006. AJ 2097, obs. Delpech ; RTD com. 2006. 901, obs. Legeais ; JCP E 2006, n° 36, p. 1469 RJDA 2006, n° 1266.*

B. DISTINCTION ENTRE GARANTIE AUTONOME ET CAUTIONNEMENT

BIBL. Maleville, *JCP E 2002, n° 29, p. 1233* (le point sur la confusion entre cautionnement et garantie indépendante). – Piette, *LPA 30 juill. 2010* (rédaction d'une garantie autonome, conseils pratiques pour éviter la requalification en cautionnement). – Juillet, *JCP E 2010, n° 2124* (critère de distinction du cautionnement et de la garantie autonome).

8. *Requalification en cautionnement.* En dépit de l'intitulé de l'acte, l'engagement qui se réfère à la dette du débiteur principal n'est pas autonome. • Civ. 1re, 23 févr. 1999, n° 97-10.008 P : *D. 1999. IR 80 ; CCC 1999, n° 69, obs. Leveneur ; RDBB 1999. 102, obs. Contamine-Raynaud ; JCP 1999. II. 10189, note Ginestet.* ♦ L'engagement de payer la propre dette du débiteur en cas de défaillance de celui-ci est un cautionnement, quelles que soient par ailleurs les clauses de renonciation, V. • Com. 25 juin 2002, n° 99-10.587 : *préc. note 6.* ♦ N'est pas de nature à modifier la qualification en cautionnement la clause « sans pouvoir différer le paiement ou soulever de contestation pour quelque motif que ce soit », dès lors qu'il est constaté que la banque avait entendu garantir la dette de remboursement d'une société en cas de défaillance de celle-ci. • Com. 8 oct. 2003, n° 00-12.379 : *JCP 2004. II. 10069, note Gutierrez-Lacour ; RDBF 2004, n° 15, obs. Cerles ; LPA 17 mai 2004, obs. Barthez.*

9. *Requalification en garantie autonome.* En s'obligeant à payer une certaine somme, dès la demande du créancier, et sans pouvoir soulever aucune contestation que ce soit, une société financière, professionnelle avertie, a contracté non un simple cautionnement mais une garantie autonome, en dépit de l'utilisation des termes « caution solidaire » qui ne traduisent nullement la volonté de la société, laquelle, transmettant son engagement, a, de nouveau, précisé qu'il s'agissait d'un acte de garantie à première demande. • Com. 20 nov. 2001, n° 99-11.419 : *RJDA 2002, n° 431.* ♦ L'exigence d'une demande « justifiée », qui ne confère pas au garant une quelconque faculté d'en discuter le bien-fondé, ne suffit pas à exclure la qualification de garantie autonome. • Com. 12 juill. 2005, n° 03-20.365 P : *cité note 27.* ♦ La garantie autonome justifiée se distingue du cautionnement dès lors que la poursuite du garant n'implique pas une appréciation de l'exécution du contrat principal. • Com. 7 juin 2006, n° 05-11.779 : *RDBF 2006, n° 134, obs. Legeais.*

C. DISTINCTION ENTRE GARANTIE AUTONOME ET CRÉDIT DOCUMENTAIRE

RÉP. COM. v° *Crédit documentaire,* par STOUFFLET.

BIBL. Baccar, *RLDA févr. 2007. 29* (la notion de l'original dans les règles et usances uniformes relatives aux crédits documentaires). – Affaki, *Banque et Dr. 3-4/2007. 3* (le nouveau droit des crédits documentaires : les RUU 600). – Mattout, *ibid. 22* (même thème). – Legeais, *RTD com. 2007. 577* (même thème). – Dossier spécial, *RDBF janv.-févr. 2008. 57* (le crédit documentaire en 2008). – Baccar, *RLDA mars 2008. 29* (examen de la complétude des documents dans le crédit documentaire) ; *RDBF 2008. Dossier 25* (la compatibilité interdocumentaire dans la lettre de crédit) ; *ibid. Étude 28* (la clause d'ouverture du crédit documentaire : une clause sensible) ; *ibid. 2009, Étude 36* (le danger des conditions non documentaires dans la lettre de crédit commerciale) ; *ibid. 2010. Étude 13* (la précision des instructions de l'importateur, solution à la menace d'insécurité) ; *ibid. 2011. Étude 1* (la révision des instructions dans le crédit documentaire) ; *ibid. Étude 26* (insécurité du crédit documentaire et réparation du préjudice de l'importateur) ; *ibid. 2012. Étude 13* (la suffisance des documents subsidiaires dans le crédit documentaire).

10. Spécificité du crédit documentaire. Constitue non une garantie à première demande mais une garantie documentaire, l'engagement pris par une banque française de garantir, sous certaines conditions, le remboursement d'avances liées à un achat de munitions destinées à un acheteur irakien, dès lors qu'il résulte des actes de garantie que l'observation, par le garant, de son engagement, est liée à la production d'une sentence arbitrale énonçant que l'inexécution, par le vendeur, de ses obligations, est imputable à la politique du Gouvernement français. • Com. 16 mai 1995, n° 93-11.788 : *JCP E 1995. II. 734, note Leveneur ; RJDA 1995, n° 1267.* ♦ Jugeant qu'il n'existe aucun lien de droit entre le banquier émetteur d'un crédit documentaire, fût-il irrévocable, et le vendeur tant que celui-ci n'a pas reçu de celui-là la notification du crédit ouvert, et qu'il n'était pas soutenu, ni démontré que le vendeur avait reçu du garant un accréditif, dont aurait pu découler son droit direct à l'égard de la banque. • Com. 3 juin 2003, n° 00-16.758 : *Dr. et patr. 11/2003. 100, obs. P. Mousseron ; RJDA 2003, n° 1233.* ♦ Jugeant que c'est la banque qui a ouvert un crédit documentaire qui est la débitrice de cette obligation entre les mains de laquelle une saisie peut être pratiquée : • Com. 3 juin 2003, n° 00-11.348 : *RDBF 2003, n° 238, obs. Delleci ; RJDA 2004, n° 93.* ♦ Sur le critère de la « condition documentaire », V. • Com. 6 févr. 2007, n° 05-10.214 P : *D. 2007. AJ 723, obs. Delpech ; RTD com. 2007. 428, obs. Legeais ; JCP E 2007, n° 12, p. 13 ; Banque et Dr. 3-4/2007. 47, obs. Affaki et Stoufflet ; RJDA 2007, n° 541.*

D. SPÉCIFICITÉ DE CERTAINES GARANTIES FINANCIÈRES ET PROFESSIONNELLES

11. Autonomie des garanties des professionnels de l'immobilier. En raison de son autonomie, la garantie financière exigée des personnes exerçant des activités relatives à certaines opérations portant sur les immeubles et les fonds de commerce et affectée au remboursement des fonds, effets et valeurs qu'elles ont reçus, n'est pas éteinte lorsqu'en cas de redressement ou de liquidation judiciaires de l'agent immobilier, le client ne déclare pas au passif sa créance de restitution de la somme versée et, en conséquence, ce client peut assigner directement le garant. • Cass., ass. plén., 4 juin 1999, n° 96-18.094 P : *cité note 43 ss. anc. art. L. 621-46 C. com., cité ss. art. L. 622-36 C. com.* ♦ Dans le même sens : • Civ. 3e, 12 mars 1997, n° 95-13.213 P (garantie extrinsèque d'achèvement en matière de promotion immobilière) • 28 nov. 2001, n° 00-12.947 P (garantie d'achèvement d'un lotissement) • 3 oct. 2001 : *ibid., n° 111 ; Banque et Dr. 3-4/2002. 49, obs. Jacob* (« cautionnement solidaire » substitué à la retenue de garantie en matière de marché de travaux) • Com. 25 févr. 2004, n° 00-10.346 : *RDBF 2004, n° 206, obs. Cerles* (garantie d'achèvement du code de l'urbanisme). ♦ Comp., jugeant que le cautionnement en remplacement de la retenue de garantie délivré en faveur d'une entreprise titulaire d'un marché de travaux privé, ayant pour objet de garantir l'obligation de bonne exécution par l'entrepreneur des travaux définis au contrat de base, ne constitue pas une garantie autonome : • Com. 6 mai 2003, n° 01-01.890 : *RDBF 2003, n° 187, obs. Cerles ; RJDA 2003, n° 1124.* ♦ Jugeant que la garantie de livraison à prix et délais convenus d'une maison individuelle a un caractère accessoire de sorte que les garants sont libérés de toute obligation en raison du défaut de déclaration de la créance du maître de l'ouvrage au passif de la liquidation judiciaire du constructeur : • Civ. 3e, 23 juin 2004, n° 02-21.251 P : *JCP 2004. I. 188, n° 11, obs. Simler.*

12. Autonomie des garanties prévues par le code des marchés publics. Le cautionnement donné par une banque en faveur d'une commune pour garantir la bonne exécution d'un marché public conclu avec une entreprise constitue une garantie autonome de la situation de l'entreprise en redressement judiciaire... et constitutive d'une obligation autonome. • CE 14 juin 2000, n° 199585 : *cité note 45 ss. anc. art. L. 621-46* C. com., cité ss. art. L. 622-36 C. com.

II. RÉGIME DES GARANTIES AUTONOMES

13. Validité dans les relations internes. S'agissant de relations entre professionnels, la garantie indépendante est valablement contractée pour garantir un contrat de base qui n'est pas affecté d'extranéité. • Com. 13 déc. 1983, n° 78-15.082 P : *D. 1984. 420, note Vasseur* • 8 déc. 1987, n° 86-13.490 P : *préc. note 6* • 2 févr. 1988, n° 85-17.276 P : *ibid.*

14. Validité des garanties autonomes souscrites par des personnes physiques. BIBL. Simler, *JCP E 1991. I. 90*. – Delebecque, *BJS, 1992. 374 et 606*. – Monachon-Duchene, *Gaz. Pal. 1994. 2. Doctr. 1410*. – Leguevaques, *Dr. et patr. 4/1997. 34*. ♦ La mise en jeu d'une garantie autonome, par laquelle une personne physique, gérante de la société locataire, s'est portée garante de sommes dues à première demande écrite du loueur de voitures, n'est pas subordonnée à la défaillance du débiteur principal. • Civ. 1re, 12 déc. 2000, n° 96-15.099 : *CCC 2001, n° 54, obs. Leveneur.*

15. Transmissibilité. BIBL. Ansault, *RDBF 2017. Étude 6* (sort de la garantie autonome à l'aune de la restructuration du bénéficiaire). ♦ Sauf convention contraire, la garantie autonome, qui ne suit pas l'obligation garantie, n'est pas transmise en cas de scission de la société bénéficiaire de la garantie. • Com. 31 janv. 2017, n° 15-19.158 P : *cité note 9 ss. art. L. 236-3 C. com.* ♦ Sur la cessibilité des garanties financières professionnelles, V. • Civ. 2e, 21 oct. 2004, n° 02-18.897 P : *D. 2005. 692, note S. Cabrillac ; JCP E 2004, n° 52-53, p. 2076, note Béhar-Touchais ; Defrénois 2005. 1226, note Barthez.*

16. Procédure collective. Le caractère autonome d'une garantie exclut la connexité entre la créance du garant à l'encontre du débiteur et toute créance de celui-ci à l'encontre du garant. • Com. 19 déc. 2006, n° 05-13.461 P : *D. 2007. AJ 158, obs. Lienhard ; RTD com. 2007. 450, obs. Martin-Serf ; JCP E 2007, n° 6-7, p. 30 ; LPA 28 déc. 2007, note Delrieu.*

A. FORMATION DE LA GARANTIE

1° CONSENTEMENT

17. Exigence d'un consentement éclairé du garant. Il est nécessaire, en raison du caractère particulièrement contraignant que la garantie autonome comporte pour le garant, que celui-ci soit parfaitement informé, à la date à laquelle il contracte, de la portée et de la nature de son *engagement, cette exigence* s'imposant quelle que soit la nature civile ou commerciale de cet engagement (à propos d'un gérant de société s'étant porté garant de l'exécution d'un contrat de crédit-bail) : V. • Paris, 3e ch. B, 5 févr. 1992 : *D. 1993. Somm. 107, obs. Vasseur ; Banque 1992. 844, obs. Rives-Lange.* ♦ L'engagement personnel contracté par les associés d'une société locataire-gérant en vue de garantir le reversement des sommes encaissées par la société constitue une garantie à première demande mais dont la portée quant à la nature des obligations garanties est limitée à la seule période de location-gérance. • Com. 12 mai 1992, n° 90-15.052 : *BJS 1992. 930, note Delebecque.*

18. Dol. La méconnaissance de l'obligation d'une banque, bénéficiaire d'une garantie, de renseigner le garant peut constituer une réticence dolosive ou fautive. • Com. 18 déc. 1990, n° 89-15.545 : *D. 1991. Somm. 193, obs. Vasseur*. – Comp. : • Com. 26 janv. 1993, n° 90-20.170 : *D. 1995. Somm. 14, obs. Vasseur*. ♦ Pour l'annulation d'une garantie autonome pour dol si elle a été émise en considération d'un contrat dissimulé au garant, V. • Com. 14 mai 2008, n° 06-21.108 : *JCP E 2008, n° 49, p. 14, obs. Salgueiro ; RDBF 2008, n° 111, obs. Legeais ; Banque et Dr. 9-10/2008. 81, obs. Rontchevsky.*

19. Obligation de conseil. Sur l'absence de responsabilité d'une banque n'ayant pas pris l'initiative d'informer sa cliente des conséquences de sa demande de garantie, dès lors que celle-ci avait donné des instructions laissant présumer de sa part la connaissance de la portée des engagements, V. • Com. 3 mai 2000, n° 96-21.814 P : *D. 2000. AJ 286, obs. Faddoul ; RTD com. 2000. 996, obs. Cabrillac ; Banque et Dr. 7-8/2000. 55, obs. Prüm et Rontchevsky ; RDBF 2000, n° 155, obs. Mattout.* ♦ Le créancier bénéficiaire d'une garantie à première demande n'est débiteur d'aucune obligation de mise en garde à l'égard du garant autonome. • Com. 30 janv. 2019, n° 17-21.279 P : *D. 2019. 801, note Pellier ; AJ contrat 2019. 141, obs. Piette ; JCP E 2019, n° 1097 ; RJDA 2019, n° 378.*

2° CAPACITÉ ET POUVOIR

20. Époux communs en biens. L'art. 1415 C. civ. est applicable à la garantie à première demande qui, comme le cautionnement, est une sûreté personnelle, laquelle consiste en un engagement par lequel le garant s'oblige, en considération d'une obligation souscrite par un tiers, à verser une somme déterminée, et est donc de nature à appauvrir le patrimoine de la communauté. • Civ. 1re, 20 juin 2006, n° 04-11.037 P : *D. 2006. 2539, note Courdier-Cuisinier ; RTD com. 2006. 902, obs. Legeais ; RTD civ. 2006. 593, obs. Crocq ; JCP E 2006, n° 40, p. 1664, note Gout ; LPA 29 août 2006, note Prigent ; RJDA 2007, n° 196 ; BJS 2006. 1389, obs. Lécuyer.*

21. Autorisation du conseil d'administration. La garantie indépendante constitue une garantie au sens de l'art. 98 de la L. du 24 juill. 1966 sur les sociétés commerciales [C. com., art. L. 225-35] et doit donc être soumise à l'autorisation du conseil d'administration lorsqu'elle est souscrite par une société anonyme. • Com. 26 janv. 1993, n° 91-11.704 : *D. 1995. Somm. 17, obs. Vasseur ; BJS 1993. 569, note Delebecque.*

22. Délibération d'un conseil municipal. La délibération du conseil municipal suffit à fonder et à établir l'engagement de garantie autonome donné par la commune, indépendamment de sa reprise dans un acte ultérieur. • Civ. 1re, 9 janv. 2007, n° 05-19.269 P : *D. 2007. AJ 301* ; *AJDA 2007. 118* ; *JCP 2007. I. 158, n° 1, obs. Simler.*

23. Relations bancaires internationales. Peu importe que la banque ait été abusée par un ancien directeur ayant signé le télex et les divers documents nécessaires, dès lors que, dans le domaine des relations bancaires internationales, il est d'usage que les banques soient valablement engagées lorsque des télex testés ont été échangés, conformément aux règles de sécurité existant en la matière et, en particulier, en utilisant la clé télégraphique convenue. • Versailles, 9 juin 1994 : *D. 1995. Somm. 15, obs. Vasseur*. – V. déjà • Paris, 29 juin 1990 : *D. 1993. Somm. 98, obs. Vasseur*.

3° PREUVE

24. Mention manuscrite du garant. La garantie à première demande constituant un acte unilatéral de la part du garant, les dispositions de l'art. 1326 C. civ., qui imposent la mention manuscrite de la somme garantie en toutes lettres et en chiffres, doivent être respectées. • Com. 22 oct. 1996, n° 94-20.054 : *D. Affaires 1996. 1412.*

25. Éléments extrinsèques. La preuve d'un engagement, serait-il autonome, peut résulter de la souscription d'un acte écrit, même imparfait au regard des exigences de l'art. 1326 C. civ., dès lors qu'en tant que commencement de preuve par écrit il est complété par un élément extrinsèque établissant que la personne engagée avait une exacte conscience de la nature et de la portée de l'obligation. • Com. 10 janv. 1995, n° 93-10.787 P : *D. 1995. 201, note Aynès* ; *JCP 1995. II. 22397, note Billiau ; BJS 1995. 247, note Delebecque ; Gaz. Pal. 1996. 1. 144, note Piedelièvre.* ♦ La preuve parfaite d'actes intitulés « Garantie autonome » peut être déduite de l'intérêt patrimonial des actionnaires dont l'un se présente comme le représentant de la société débitrice et des caractéristiques du contrat de crédit-bail mentionnées dans l'*instrumentum* commun à la dette principale et au cautionnement : • Civ. 1re, 12 janv. 1999, n° 96-14.047 P : *Dr. sociétés 1999, n° 48, obs. Bonneau.*

B. MISE EN JEU DE LA GARANTIE

1° APPEL DE LA GARANTIE

26. Entrée en vigueur et caducité de la garantie. Une garantie autonome ne peut être mise en œuvre avant la date par elle prévue. • Com. 5 févr. 1985, n° 82-15.297 P. ♦ Sur la caducité d'une demande présentée après la date d'expiration de l'engagement, V. • Paris, 2 avr. 1987 : *D. 1988. Somm. 248, obs. Vasseur.* ♦ Sur le terme extinctif, V. aussi • Com. 18 mars 1997, n° 94-19.118 : *RJDA 1997, n° 937.* ♦ Jugeant qu'en cas de dénonciation de la garantie avant la date prévue, le garant engage sa responsabilité envers le donneur d'ordre : • Com. 23 mai 2006, n° 04-17.970 : *JCP E 2006, n° 48, p. 2036, n° 47, obs. Stoufflet ; RDBF 2006, n° 135, obs. Legeais.*

27. Forme de l'appel en garantie. Au vu des stipulations de la garantie, une cour d'appel fait une exacte application de la loi du contrat en décidant que des conclusions prises par l'avocat devant les juges peuvent valoir appel en garantie. • Com. 24 mars 1992, n° 90-11.726 P : *D. 1993. Somm. 99, obs. Vasseur*. ♦ Jugeant que la demande de paiement de la garantie à première demande étant faite par l'avocat du bénéficiaire de la garantie, celui-ci doit justifier d'un pouvoir spécial à cette fin. • Com. 10 févr. 2015, n° 12-26.580 P : *JCP E 2015, n° 1150 ; RJDA 2015, n° 459 ; Banque et Dr. 3-4/2015. 70, obs. Rontchevsky ; RDBF 2015, n° 85, obs. Cerles.* ♦ Une demande de prorogation de la garantie (demande « prorogez ou payez ») ne saurait équivaloir, en l'absence de stipulations contraires, à un appel en garantie. • Com. 24 janv. 1989, n° 87-16.506 : *D. 1989. Somm. 159, obs. Vasseur ; RTD com. 1990. 79, obs. Cabrillac et Teyssié* ; *JCP 1990. II. 21425, note Mattout et Prüm.* ♦ Pour une mise en œuvre de la garantie subordonnée à l'envoi d'une lettre recommandée, V. • Com. 12 juill. 2005, n° 03-20.365 P : *D. 2005. AJ 2214, obs. Delpech* ; *RTD com. 2005. 823, obs. Legeais* ; *JCP E 2005, n° 51-52, p. 2206, obs. Simler ; RDBF 2005, n° 172, obs. Cerles ; RJDA 2005, n° 1286.*

28. Inopposabilité des exceptions. Le garant ne peut se prévaloir de l'exécution de ses obligations par le donneur d'ordre. • Com. 21 mai 1985, n° 83-16.925 P : *D. 1986. 213, note Vasseur ; Banque 1986. 87, obs. Rives-Lange.* ♦ Le caractère autonome de la garantie et de la contre-garantie données par des banques leur interdit, ainsi qu'à l'entrepreneur, d'exciper des exceptions que ce dernier peut opposer au maître de l'ouvrage, sauf dans le cas de fraude manifeste. • Com. 10 juin 1986, n° 84-17.769 P : *D. 1987. 17, note Vasseur.* ♦ Une garantie autonome n'est pas éteinte, en cas d'ouverture d'une procédure collective à l'encontre du donneur d'ordre même lorsque le créancier bénéficiaire de la garantie autonome ne déclare pas au passif sa créance. • Com. 30 janv. 2001, n° 98-22.060 P : *D. 2001. AJ 1024* ; *JCP E 2001, n° 13, p. 568, note Legeais ; BJS 2001. 484, note Le Nabasque ; Defrénois 2001. 1319, note Piedelièvre.* ♦ Une banque, qui a souscrit une garantie autonome, ne peut pas utilement faire valoir que le bénéficiaire de la garantie a commis une faute en ne déclarant pas sa créance au titre du contrat de base garanti dans le cadre de la procédure collective du donneur d'ordre ni prétendre avoir de ce fait subi un préjudice.

• Com. 9 juin 2004, n° 02-12.115 P : *JCP E 2004, n° 32-35, p. 1271 ; Banque et Dr. 9-10/2004. 77, obs. Rontchevsky ; RDBF 2004, n° 203, obs. Cerles ; Rev. sociétés 2004. 894, note Pariente ; RJDA 2004, n° 1389.*

29. Garantie documentaire. Les parties commerçantes peuvent subordonner l'effectivité d'un crédit documentaire à une condition suspensive. • Com. 22 mars 2011, n° 10-11.945 : *JCP E 2011, n° 1745, spéc. n° 5, obs. Béguin ; RJDA 2011, n° 652.* ♦ Le garant peut subordonner la mise en œuvre de la garantie à la remise de documents. • Com. 20 févr. 1985, n° 83-16.922 P : *D. 1986. IR 153, obs. Vasseur.*

30. Monnaie de paiement. Est régulier l'appel en dollars américains d'une garantie à première demande souscrite en dinars libyens, dès lors que cette dernière monnaie n'est pas convertible et que le paiement a été effectué à New York. • Com. 4 juill. 1995, n° 93-14.595 P : *D. 1996. 249, note S. Piedelièvre ; Rev. crit. DIP 1996. 452, note Libchaber ; Rev. dr. bancaire 1995. 222, obs. Contamine-Raynaud.* ♦ Mais le défaut de convertibilité d'une monnaie ne constitue pas un cas d'impossibilité avérée d'exécuter une contre-garantie dès lors que le débiteur de la garantie se dit à même d'en disposer pour effectuer le paiement auquel il est tenu. • Com. 5 oct. 2004, n° 02-19.563 : *RDBF 2005, n° 13, obs. Cerles ; RJDA 2005, n° 1155.*

2° INEFFICACITÉ DES MOYENS PROCÉDURAUX INCONCILIABLES AVEC L'AUTONOMIE DE LA GARANTIE

31. Mise sous séquestre. Les garanties à première demande ayant un caractère autonome, qui interdit au garant de se prévaloir des exceptions que le donneur d'ordre serait en droit d'opposer, il n'y a lieu à référé relativement à la demande de séquestre chez la banque garante des fonds correspondant à la garantie formée par le donneur d'ordre. • Paris, 7 nov. 1983 : *D. 1984. IR 205, obs. Vasseur* • 3 déc. 1984 : *Banque 1985. 93, obs. Rives-Lange ; RTD com. 1985. 342, obs. Cabrillac et Teyssié.* ♦ Comp. : • Paris, 13 oct. 1988 : *D. 1990. Somm. 211, obs. Vasseur .* – *Contra :* • *Paris, 2 juin 1982 : D. 1983. 437, note Vasseur.*

32. Saisie conservatoire ou saisie-attribution. Sur l'absence de validité d'une saisie conservatoire initiée par un donneur d'ordre sur les sommes versées par le contre-garant, V. • Com. 15 juin 1999, n° 94-13.615 P : *D. 2000. 112, note Picod ; JCP E 1999, n° 38, p. 1462, obs. Bouteiller ; ibid. 2000, n° 27, p. 1088, obs. Gavalda et Stoufflet.* – Rappr. • Paris, 23 juin 2004 : *Banque et Dr. 9-10/2004. 95, obs. Affaki et Stoufflet.*

3° SANCTION DE LA FRAUDE ET DE L'APPEL MANIFESTEMENT ABUSIF DE LA GARANTIE

33. Neutralisation de la garantie. BIBL. Stoufflet, *Mél. Tricot, Dalloz/Litec, 2011, p. 49* (les exceptions opposables au bénéficiaire d'une garantie bancaire autonome ou d'un crédit documentaire). ♦ L'exercice de la garantie peut être écarté par la démonstration d'une fraude ou d'un abus manifeste de son bénéficiaire. • Com. 10 juin 1986, n° 84-17.769 P : *préc. note 28* • 20 janv. 1987, n° 85-14.898 P : *JCP 1987. II. 20764, note Stoufflet ; D. 1987. Somm. 117, obs. Vasseur ; RTD com. 1987. 234, obs. Cabrillac et Teyssié* • 7 juin 1994, n° 92-16.585 P : *D. 1995. Somm. 20, obs. Vasseur ; JCP 1994. II. 22312, note Stoufflet.* ♦ Le juge ne pouvant que, soit suspendre le versement de la garantie en raison de la fraude, soit refuser la suspension, sans pouvoir assortir cette décision de modalités, doit être cassé l'arrêt qui, tout en retenant que l'appel d'une garantie à première demande est frauduleux, déboute le bénéficiaire de sa demande tendant au paiement immédiat de la garantie et subordonne le paiement à la délivrance par le bénéficiaire d'un cautionnement bancaire du même montant. • Com. 6 nov. 1990, n° 88-19.449 P : *D. 1991. 109, concl. Jéol , et Somm. 201, obs. Vasseur ; JCP 1991. II. 21360, concl. Jéol.*

34. Illustration de l'abus manifeste. Il en est ainsi de la reconnaissance de l'exécution satisfaisante des travaux objet du contrat de base. • Com. 10 juin 1986, n° 84-17.769 P : *préc. note 28.* ♦ ... En cas d'inexécution de son obligation par le donneur d'ordre. • Com. 12 janv. 1993, n° 91-10.634 P : *D. 1995. 24, note Vasseur .* ♦ ... Lorsque l'appel en garantie est fondé sur le refus par une société de souscrire un projet de contrat non conforme au cahier des charges. • Com. 2 déc. 1997, n° 95-17.956 P : *D. Affaires 1998. 107, obs. V. A.-R. ; CCC 1998, n° 41, obs. Leveneur ; JCP 1998. II. 10165, note Hanna ; Gaz. Pal. 20-22 déc. 1998, p. 8, obs. Piedelièvre.*

35. Abus manifeste en matière de contre-garantie. Le caractère manifestement abusif de l'appel de la contre-garantie ne peut résulter du seul caractère manifestement abusif de l'appel de la garantie de premier rang, mais suppose de démontrer l'existence, au moment de l'appel de la contre-garantie, d'une collusion entre le garant de premier rang, bénéficiaire de la contre-garantie, et le bénéficiaire de la garantie de premier rang. • Com. 3 mai 2016, n° 14-28.962 P : *D. 2016. 1748, note Netter ; AJCA 2016. 290, obs. Mégret ; JCP 2016, n° 721, note Simler ; RJDA 2016, n° 821 ; Banque et Dr. 7-8/2016. 65, obs. Jacob ; RDBF 2016, n° 164, obs. Cerles ; RDC 2017. 79, obs. Barthez.* ♦ S'agissant de contre-garantie, il appartient au garant de rapporter la preuve d'une collusion frauduleuse entre le bénéficiaire et la banque garante de premier rang. • Com. 11 déc. 1985, n° 83-14.457 P : *D. 1986. 213, note Vasseur ; JCP 1988. II. 20593, note Stoufflet* • 9 oct. 2001, n° 99-10.485 P : *D. 2001. AJ 3193 ; Banque et Dr. 1-2/2002. 40, obs. Jacob ; RTD com. 2002. 144, obs. Cabrillac*. ♦ Il revient au juge de rechercher si l'appel de garantie formulé par le maître de l'ouvrage est manifestement abusif ou frauduleux et, à supposer qu'il le fût, si, à la date où l'avait appelé la contre-garantie, le garant ne pouvait avoir lui-même aucun doute sur la réalité de ce caractère manifestement abusif ou frauduleux. • Com. 26 nov. 2003, n° 01-10.062 P : *D. 2004. AJ 133 ; JCP E 2004, n° 36, p. 1342, obs. Simler ; Gaz. Pal. 2004. Somm. 1993, obs. Piedelièvre ; RDBF 2004, n° 68, obs. Cerles ; Banque et Dr. 1-2/2004. 51, obs. Jacob ; RTD com. 2004. 146, obs. Legeais ; RJDA 2004, n° 479.*

36. Abus manifeste en matière de crédit documentaire. En raison de l'autonomie du crédit documentaire par rapport au contrat de base, le donneur d'ordre ne peut en paralyser la réalisation, lorsqu'il est stipulé irrévocable, qu'en établissant une fraude portant sur la mise en place ou l'exécution de ce crédit documentaire. Dans ce cas, il peut faire obstacle à l'exécution par la banque de ses engagements en recourant à une saisie conservatoire, sous réserve de justifier d'une créance sur le bénéficiaire du crédit documentaire, paraissant fondée en son principe et des circonstances susceptibles d'en menacer le recouvrement. • Com. 16 déc. 2008, n° 07-18.729 P : *D. 2009. AJ 161, obs. Delpech ; RTD com. 2009. 192, obs. Legeais ; JCP E 2009, n° 5, p. 21, note Stoufflet ; RJDA 2009, n° 575.* ♦ Le droit pour le donneur d'ordre de se prévaloir d'une fraude affectant les documents d'un crédit documentaire avant son exécution pour en paralyser le paiement n'est pas subordonné à la condition que cette fraude soit décelable par la banque émettrice au terme d'un simple examen formel. • Com. 25 avr. 2006, n° 04-15.817 P : *D. 2006. AJ 1366, obs. Delpech ; JCP 2006. IV. 2120 ; Banque et Dr. 7-8/2006. 79, obs. Affaki et Stoufflet ; RJDA 2006, n° 943.*

Un crédit documentaire réalisable par acceptation étant seulement exécuté par le paiement de l'effet accepté, la fraude, découverte antérieurement à ce règlement, fait échec à l'obligation de paiement de la banque acceptante au titre du crédit documentaire, hors la circonstance ou cet effet serait présenté par un tiers porteur de bonne foi, non partie au crédit. • Com. 11 oct. 2005, n° 04-11.663 P : *D. 2005. AJ 2802, obs. Delpech ; RTD com. 2006. 172, obs. Legeais ; JCP E 2005, n° 47, p. 1980, note Stoufflet ; RJDA 2005, p. 1139, rapp. Cohen-Branche.* ♦ La banque émettrice peut, quelle qu'ait été sa pratique antérieure, refuser de lever les réserves et notifier son refus d'exécution du crédit documentaire, même si elle avait usé de la faculté laissée à sa discrétion de solliciter l'avis du donneur d'ordre, et si celui-ci lui avait notifié sa décision de renoncer aux irrégularités ou non-conformités. • Com. 20 juin 2006, n° 04-19.732 P : *D. 2006. AJ 2238, obs. Delpech ; RTD com. 2006. 899, obs. Legeais ; JCP E 2006, n° 45, p. 1872, note Stoufflet ; RJDA 2006, n° 1261.*

37. Abus manifeste non établi. Le risque manifeste de fraude ou d'abus n'autorise pas la suspension de l'obligation au paiement. • Com. 5 févr. 1991, n° 89-13.877 P : *D. 1991. Somm. 199, obs. Vasseur*. ♦ L'existence d'un abus manifeste ne peut être retenu par une cour d'appel ayant relevé le caractère équivoque de la raison, tenant à la non-terminaison des travaux, invoquée pour appeler la garantie : • Com. 18 déc. 1990, n° 89-13.492 : *D. 1991. Somm. 198, obs. Vasseur*. ♦ Seuls la fraude ou l'abus manifeste dans la mise en œuvre de la garantie sont susceptibles de mettre en échec une garantie autonome et de rendre illicite son exécution ; tel n'est pas le cas de griefs tirés des conditions d'exécution du contrat de base : • Com. 25 mars 2003, n° 00-17.312 : *JCP E 2004, n° 3, p. 79, obs. Simler ; RJDA 2003, n° 1021.* – V. aussi • Com. 28 nov. 1995, n° 94-12.233 P : *D. Affaires 1996. 120 ; Rev. huiss. 1996. 604, note Courtier.* ♦ Sauf fraude ou abus, le créancier qui bénéficie d'une pluralité de sûretés (cautionnement et garantie à première demande) ne commet pas de faute en choisissant le moyen d'obtenir le paiement de sa créance. • Com. 2 juin 2004, n° 01-15.140 P : *D. 2004. Somm. 2708, obs. Aynès ; JCP E 2005, n° 21, p. 871, obs. Mathey ; Gaz. Pal. 2004. 3245, note Piedelièvre ; CCC 2004, n° 22, obs. Leveneur ; RJDA 2004, n° 1263.*

4° RECOURS

38. Recours du donneur d'ordre. Le donneur d'ordre d'une garantie à première demande est recevable à demander la restitution de son montant au bénéficiaire, à charge pour lui d'établir que le bénéficiaire en a reçu indûment le paiement, par la preuve de l'exécution de ses propres obligations contractuelles, ou par celle de l'imputabilité de l'inexécution du contrat à la faute du cocontractant bénéficiaire de la garantie ou par la nullité du contrat de base, et ce sans avoir à justifier d'une fraude ou d'un abus manifeste, comme en cas d'opposition préventive à l'exécution de la garantie par le garant. • Com. 7 juin 1994, n° 93-11.340 P : *D. 1995. Somm. 19, obs. Vasseur ; JCP E 1994. II. 637, note Leveneur.* ♦ Comp. notes 31, 32 et 47. ♦ Le donneur d'ordre d'une garantie autonome à première demande, tenu de rembourser son contre-garant des sommes versées en exécution de cette contre-garantie, est en droit d'agir en responsabilité contre le garant de premier rang, qui, en payant le bénéficiaire, n'a pas respecté les conditions définies dans la garantie de premier rang. • Com. 30 mars 2010, n° 09-12.701 P : *D. 2010. 2274, note Houin-Bressand ; RTD com. 2010. 593, obs. Legeais ; JCP 2010, n° 567, note Gout ; Gaz. Pal. 2010. 2319, obs. Morel-Maroger et Pailler ; RJDA 2010, n° 783.* ♦ L'indépendance de la contre-garantie à l'égard de la garantie de premier rang n'interdit pas au donneur d'ordre, tenu au titre de la garantie autonome à première demande, d'agir en responsabilité contre l'un quelconque des garants qui, par sa faute, l'a contraint de payer. • Même arrêt.

Si, après la mise en œuvre d'une garantie à première demande, le donneur d'ordre réclame au bénéficiaire de celle-ci le montant versé par le garant qu'il estime ne pas être dû, ce litige, eu égard à l'autonomie de la garantie à première demande, ne porte que sur l'exécution ou l'inexécution des obligations nées du contrat de base, de sorte qu'il incombe à chaque partie à ce contrat de prouver cette exécution ou inexécution conformément aux règles de preuve du droit commun. • Com. 31 mai 2016, n° 13-25.509 P : *D. 2016. Actu. 1196 ; AJCA 2016. 394, obs. de Ravel d'Esclapon ; RTD com. 2016. 843, obs. Martin-Serf ; JCP 2016, n° 857, note Ansault ; RJDA 2016, n° 820.*

39. ***Recours du garant.*** Sur l'engagement du donneur d'ordre de rembourser à première demande le garant de toutes sommes qu'il aurait été amené à payer, V. • Riom, 14 mai 1980 : *D. 1981. 336, note Vasseur.* ♦ Mais le donneur d'ordre n'est tenu d'aucune obligation de remboursement envers sa banque qui n'a pas respecté les termes de la garantie. • Com. 6 févr. 1990, n° 88-18.481 P : *D. 1990. 467, note D. Martin , et Somm. 213, obs. Vasseur* ♦ Sur les conséquences d'un défaut de déclaration de créance du bénéficiaire à la procédure collective du donneur d'ordre, V. • Com. 9 juin 2004, n° 02-12.115 P : *préc. note 28.*

40. ***Recours du contre-garant.*** Pour la recevabilité de la tierce opposition formée par le garant de premier rang contre la décision du juge des référés qui, interdisant au contre-garant de payer le bénéficiaire, lui faisait courir le risque de devoir lui-même s'exécuter, V. • Com. 9 oct. 2001, n° 99-10.485 P : *préc. note 35.*

41. ***Prescription.*** En l'absence de clause contraire, non invoquée en l'espèce, l'exigibilité de la contre-garantie n'est pas subordonnée à l'exécution par son bénéficiaire, garant de premier rang, de son propre engagement, de telle sorte que le délai de prescription du recours du garant contre le contre-garant a commencé à courir du jour de l'exigibilité de la contre-garantie. • Com. 13 sept. 2011, n° 10-19.384 P : *D. 2011. Actu. 2268, obs. Delpech ; JCP E 2012, n° 1052, spéc. n° 10, obs. Simler ; Gaz. Pal. 2011. 3092, obs. Pailler ; RJDA 2011, n° 1075.*

5° COMPÉTENCE

42. ***Loi applicable.*** En l'absence de désignation de la loi applicable, la loi régissant les relations donneur d'ordre-garant est la loi de la résidence du garant. • TGI Paris, 26 janv. 1983 : *D. 1983. IR 297, obs. Vasseur.* ♦ Il convient de rechercher dans la loi que les parties ont voulu appliquer à leur engagement de garantie, si celui-ci doit être qualifié de garantie indépendante ou d'engagement accessoire au contrat principal. • Civ. 1re, 13 oct. 1993, n° 92-10.950 : *Rev. crit. DIP 1997. 685, note Jobard-Bachellier .*

43. ***Compétence internationale.*** Sur la compétence internationale de la juridiction du domicile du garant, V. • Paris, 25 févr. 1988 : *D. 1989. Somm. 150, obs. Vasseur.* ♦ Sur la portée du Règl. CEE n° 3541-92 du 7 déc. 1992, V. • Paris, 23 juin 1995 : *JCP E 1995. II. 735, note Affaki*, conf. par • Civ. 1re, 24 févr. 1998, n° 95-19.442 P : *JCP 1998. I. 149, n° 10, obs. Simler et Delebecque.* – V. aussi Vasseur, *D. 1995. Chron. 43 .*

44. ***Compétence du juge judiciaire.*** V., s'agissant d'un litige entre une société et la COFACE : • Civ. 1re, 18 nov. 1992, n° 90-21.313 P : *D. 1995. Somm. 14, obs. Vasseur .*

45. ***Compétence du TGI.*** S'agissant d'une garantie indépendante donnée par le président-directeur général d'une société qui s'est porté garant de sommes dues par la société, elle ne saurait être considérée comme l'accessoire d'une opération commerciale, de sorte que le tribunal de grande instance est compétent pour connaître du litige opposant le garant au bénéficiaire de la garantie. • Versailles, 11 févr. 1993 : *D. 1993. IR 97.*

46. ***Compétence territoriale.*** Le tribunal territorialement compétent pour se prononcer sur la mise en œuvre d'une garantie autonome est, en application de l'art. 5 (1°) de la Conv. de Bruxelles du 27 sept. 1968, le tribunal du lieu où se réalise la remise des fonds par le banquier ayant accordé sa garantie. • Poitiers, 11 mars 1992 : *BJS 1993. 779.*

47. ***Pouvoirs du juge des référés.*** Hors le cas de fraude ou d'abus manifeste, le juge des référés ne peut ordonner ni le sursis à exécution de la garantie indépendante. • Com. 5 mai 1988 : *D. 1988. 430, note Vasseur ; Rev. dr. bancaire 1989. 134, obs. Contamine-Raynaud.* ♦ … Ni la restitution d'une somme payée par le donneur d'ordre au titre de la garantie. • Com. 7 juin 1994, n° 92-16.585 P : *D. 1995. Somm. 21, obs. Vasseur .* ♦ … Ni une exonération partielle de la banque de son obligation de garantie. • Com. 25 mars 2003, n° 00-17.312 : *préc. note 37.* ♦ Sur la compétence du juge des référés, au regard de l'art. 873, al. 2, C. pr. civ., pour apprécier la fraude manifeste, V. • Com. 31 mai 2011, n° 10-74.979 : *JCP E 2011, n° 1583, note Legeais ;*

Gaz. Pal. 2011. 2941, obs. Dumont-Lefrand ; Dr. et patr. 2/2012. 90, obs. Dupichot ; RDBF 2011, n° 167, obs. Legeais ; Banque et Dr. 9-10/2011. 43, obs. Rontchevsky.

III. AUTRES GARANTIES PERSONNELLES

48. Lettre d'intention ou de confort. V. ci-dessous, C. civ., art. 2322.

49. Codébiteur solidaire (C. civ., art. 1216). Sur l'engagement de codébiteur solidaire non intéressé à la dette, V. • Civ. 1re, 17 nov. 1999, n° 97-16.335 P : *D. 2000. 407, note Ancel ; JCP 2000. II. 10403, note Picod ; Banque et Dr. 3-4/2000. 42, obs. Rontchevsky.*

50. Engagement de payer la dette d'autrui. En dehors de tout défaut de paiement ou de manquement à ses obligations par cet autrui, V. • T. com. Paris, 23 mars 1992 : *D. 1993. Somm. 95, obs. Vasseur*. – V. aussi • Com. 7 oct. 1997, n° 95-15.259 P : *préc. note 4.* – V. également note 4 ss. art. L. 642-11 C. com.

51. Engagement de racheter un bien. Une banque ayant consenti un prêt à un emprunteur pour l'acquisition d'un matériel et une convention étant intervenue le même jour entre le prêteur, l'emprunteur et le fournisseur, aux termes de laquelle le fournisseur s'engage, sur première réquisition de la banque, à racheter à l'acquéreur le matériel vendu et à en verser directement le prix au prêteur, il n'y a pas eu constitution de gage, faute de dépossession du débiteur, l'engagement souscrit par l'acquéreur de revendre au fournisseur le matériel dont il conserve la possession ne pouvant constituer un pacte commissoire défini et prohibé par l'art. 2078 C. civ. • Civ. 1re, 4 janv. 1995, n° 92-20.013 P : *RJ com. 1996. 56, note Calendini.* ♦ Sur l'engagement d'une société mère de se substituer à sa filiale défaillante dans tous les droits et obligations nés d'un contrat de crédit-bail immobilier, V. • Paris, 4 oct. 2002 : *BJS 2003. 294, note Rontchevsky.*

52. Garantie bancaire sui generis. Pour la reconnaissance de garanties bancaires *sui generis* dont les conditions découlent de la seule volonté des parties, V. • T. féd. Suisse, 13 avr. 1993 : *D. 1995. Somm. 12, obs. Vasseur*.

Art. 2322 *(Ord. n° 2006-346 du 23 mars 2006, art. 7)* **La lettre d'intention est l'engagement de faire ou de ne pas faire ayant pour objet le soutien apporté à un débiteur dans l'exécution de son obligation envers son créancier.**

RÉP. COM. v° *Lettre d'intention*, par PIETTE.

BIBL. ▶ D. MAZEAUD, *Mél. Jeantin, Dalloz 1999, p. 341* (variations sur une garantie épistolaire et indemnitaire : la lettre d'intention). – PARIENTE, *Mél. Guyon, Dalloz, 2003 p. 861* (les lettres d'intention). – LE CANNU, *RTD com. 2006. 421* (les lettres d'intention conquises par le code civil). – RONTCHEVSKY, *Mél. Simler, Dalloz-Litec 2006, p. 417* (faire le nécessaire). – JAMBORT, *BJS 2007. 669* (les lettres d'intention sont-elles mortes ?). – POMART, *LPA 27 mars 2008* (la lettre d'intention après l'Ord. du 23 mars 2006). – SIMLER, *RJDA juill. 2007. 739* (le nouvel art. 2322 C. civ. et le régime de la lettre d'intention).

PRÊTS D'ARGENT – INTÉRÊTS DES CAPITAUX

V. aussi C. mon. fin., art. L. 313-4 s., v° Banque et financement de l'entreprise.

RÉP. COM. v° *Intérêts des capitaux*, par S. PIEDELIÈVRE.

BIBL. GÉN. ► LASSERRE CAPDEVILLE, *Banque et Dr. 7-8/2013. 8* (protection du consommateur-emprunteur par l'encadrement légal du taux d'intérêt) ; *RDBF 2013. Dossier 45* (intérêt et usure : des concepts confrontés à des objectifs contradictoires). – LEFEBVRE et MURADOVA, *JCP E 2014, n° 1353* (le TEG dans les crédits à finalité professionnelle). – SEFIANE, *JCP E 2016, n° 1141* (la sanction critiquable du TEG absent ou erroné). – PERIN-DUREAU, *RDBF 2016. Études 28 et 29* (mention du TEG : étude d'une mesure à l'efficacité et à la cohérence discutables). – MARTIN, *Banque et Dr. 11-12/2016, hors-série, p. 26* (de l'intérêt).

Code de la consommation

(Ord. n° 2016-301 du 14 mars 2016, en vigueur le 1er juill. 2016)

Taux d'intérêt

Les dispositions issues de l'Ord. n° 2016-351 du 25 mars 2016 s'appliquent aux contrats dont l'offre a été émise après leur entrée en vigueur (Ord. préc., art. 13-VII).

Taux effectif global

Art. L. 314-1 *(Ord. n° 2016-351 du 25 mars 2016, art. 4-1° et 13-II, en vigueur le 1er oct. 2016)* **Dans tous les cas, pour la détermination du taux effectif global du prêt, comme pour celle du taux effectif pris comme référence, sont ajoutés aux intérêts les frais, les taxes, les commissions ou rémunérations de toute nature, directs ou indirects, supportés par l'emprunteur et connus du prêteur à la date d'émission de l'offre de crédit ou de l'avenant au contrat de crédit, ou dont le montant peut être déterminé à ces mêmes dates, et qui constituent une condition pour obtenir le crédit ou pour l'obtenir aux conditions annoncées.**

Ancien art. L. 314-1 ***Dans tous les cas, pour la détermination du taux effectif global du prêt, comme pour celle du taux effectif pris comme référence, sont ajoutés aux intérêts les frais, commissions ou rémunérations de toute nature, directs ou indirects, y compris ceux qui sont payés ou dus à des intermédiaires intervenus de quelque manière que ce soit dans l'octroi du prêt, même si ces frais, commissions ou rémunérations correspondent à des débours réels.***

Jurispr. antérieure à l'Ord. n° 2016-351 du 25 mars 2016.

1. *Méthode de détermination du TEG.* Seuls doivent entrer en compte les éléments formant un tout avec l'acte de prêt. • Com. 3 oct. 1995, n° 93-15.424 : *Rev. huiss. 1996. 1378, note Hesbert.* ♦ Il convient de rechercher en quoi la prestation est indépendante de l'opération de crédit, peu important que le service comporte ou non un risque. • Crim. 10 sept. 2003, n° 02-85.188 : *JCP E 2004, n° 20-21, p. 815, obs. Stoufflet ; RDBF 2003, n° 219, obs. Crédot et Gérard ; RJDA 2004, n° 607* (et sur renvoi • *Lyon, 30 juin 2004 : Banque et Dr. 11-12/2005. 88, obs. Guillot,* pour une commission d'encaissement des effets de commerce).

I. ÉLÉMENTS INCLUS DANS LE TEG

2. *Éléments intervenus dans l'octroi du crédit.* Il résulte de l'art. L. 313-1 [L. 314-1] que, pour la détermination du TEG, il y a lieu d'ajouter aux intérêts les frais, commissions ou rémunérations de toute nature, directs ou indirects, intervenus dans l'octroi du prêt. • Civ. 1re, 27 sept. 2005, n° 02-13.935 P : *D. 2005. AJ 2670, obs. Delpech ; Gaz. Pal. 2005. 4097, concl. Sainte-Rose ; JCP E 2005, n° 44-45, p. 1872 ; RJDA 2006, n° 178 ; Defrénois 2005. 2003, obs. Savaux.* ♦ ... Y compris ceux payés à des intermédiaires qui sont intervenus de quelque manière que ce soit dans l'octroi du prêt, même si ces frais, commissions ou rémunérations correspondent à des débours réels. • Com. 14 déc. 2004, n° 02-19.532 P : *D. 2005. AJ 276, obs. Avena-Robardet ; RDBF 2005, n° 36, obs. Crédot et Gérard ; Banque et Dr. 3-4/2005. 47, obs. Bonneau ; RJDA 2005, n° 608.*

3. *Rémunération d'intermédiaires.* Sur la prise en compte de la rémunération versée à des intermédiaires, V. • Com. 14 déc. 2004, n° 02-19.532 P : *préc. note 2.* ♦ Ces sommes sont prises en compte qu'elles soient, ou non, stipulées par des actes distincts du prêt. • Crim. 5 juin 1989, n° 88-84.170 P • 12 nov. 1998, n° 97-82.954 P : *D. 1999. IR 42 ; D. Affaires 1999. 257, obs. X. D. ; RDBB 1999. 68, obs. Crédot et Gérard.* ♦ ... Fût-ce par un accord verbal. • Crim. 30 janv. 1975, n° 74-90.460 P : *Defrénois 1975. 696, note Morin.* ♦ ... Qu'elles soient intégralement payées au moment du prêt, ou qu'elles le soient ultérieurement, par versements échelonnés. • Crim. 5 juin 1989, n° 88-84.170 P : *préc.*

4. Commissions. Sur l'inclusion des commissions liées à l'opération de crédit, V. • Dijon, 27 janv. 2004 : *JCP E 2005, n° 21, p. 868, obs. Lassalas-Langlais* • Paris, 17 nov. 2005 : *JCP E 2006, n° 22, p. 964, obs. Lassalas-Langlais.*

5. Primes d'assurance. Les frais relatifs à l'assurance incendie ne sont intégrés dans la détermination du TEG que lorsque la souscription d'une telle assurance est imposée à l'emprunteur comme une condition de l'octroi du prêt, et non à titre d'obligation dont l'inexécution est sanctionnée par la déchéance du terme. • Civ. 1re, 6 févr. 2013, n° 12-15.722 P : *D. 2013. Actu. 429 ; RDI 2013. 207, obs. Heugas-Darraspen ; JCP E 2013, n° 1159, note Bouteiller et Crédot ; RJDA 2013, n° 446.* ♦ La somme payée par l'emprunteur au titre de la constitution d'un fonds de garantie créé par une société de caution mutuelle pour garantir la bonne exécution du prêt, et dont le montant est déterminé lors de la conclusion du prêt, est imposée comme une condition d'octroi de celui-ci de sorte qu'elle doit être prise en compte pour le calcul du TEG. • Civ. 1re, 9 déc. 2010, n° 09-14.977 P : *D. 2011. 720, note Lasserre Capdeville ; RTD com. 2011. 618, obs. Legeais ; JCP E 2011, n° 1009, note Legeais ; CCC 2011, n° 79, obs. Raymond ; RJDA 2011, n° 174 ; RLDA févr. 2011. 25, note Bouteiller.*

6. Frais de notaire et d'inscription hypothécaire (Jurispr. antérieure à la L. n° 2010-737 du 1er juill. 2010). Dès lors qu'à la date de l'acte, les frais de notaire et d'inscription hypothécaire étaient déterminables, ceux-ci doivent être compris dans le calcul du TEG. • Civ. 1re, 30 mars 2005, n° 02-11.171 P : *D. 2005. 2757, note Biardeaud et Flores ; RTD com. 2005. 575, obs. Legeais ; JCP E 2005, n° 47, p. 1974, obs. Lassalas-Langlais ; RJDA 2006, n° 176* (cassation de • Paris, 9 nov. 2001 : *D. 2002. AJ 211, obs. Lienhard*).

7. Autres frais. Sur l'inclusion : des frais afférents à la souscription de parts sociales : • Civ. 1re, 9 déc. 2010, n° 09-67.089 P : *D. 2011. Actu. 7, obs. Avena-Robardet ; RTD com. 2011. 617, obs. Legeais ; JCP E 2011, n° 1009, note Legeais ; CCC 2011, n° 55, obs. Leveneur ; LPA 17 févr. 2011, note Lasserre Capdeville ; RJDA 2011, n° 174 ; RLDA févr. 2011. 25, note Bouteiller* • 6 déc. 2007, n° 02-13.206 P : *D. 2008. AJ 81, obs. Rondey ; RTD com. 2008. 159, obs. Legeais ; JCP E 2008, n° 24, p. 16, obs. Lassalas-Langlais ; RJDA 2008, n° 704.* ♦ ... Des frais de forçage prélevés sur le compte à l'occasion de chaque opération effectuée au-delà du découvert autorisé : • Com. 5 févr. 2008, n° 06-20.783 P : *D. 2009. Pan. 1051, obs. D. R. Martin ; RTD com. 2008. 399, obs. Legeais ; JCP E 2008, n° 24, p. 16, obs. Routier ; RJDA 2008, n° 568.* ♦ ... D'une prime dite de « réaménagement » intégrée ultérieurement au capital restant dû : • Civ. 1re, 27 févr. 2007, n° 04-20.779 P : *D. 2008. AJ 879, obs. D. R. Martin ; RTD com. 2007. 427, obs. Legeais ; JCP E 2007, n° 46, p. 16, obs. Mathey ; LPA 12 nov. 2007, obs. Claret ; RJDA 2007, n° 651.* ♦ La durée de la période de franchise et les intérêts s'y rapportant étant précisément prévus par le contrat, ils étaient déterminés lorsqu'il a été signé et ils relevaient ainsi des intérêts, frais, commissions et rémunérations de toute nature qui sont une condition de l'octroi du crédit aux conditions acceptées par l'emprunteur. • Civ. 1re, 17 juin 2015, n° 14-14.326 P : *D. 2015. Actu. 1365 ; JCP E 2015, n° 1348 ; RJDA 2015, n° 857.*

II. ÉLÉMENTS EXCLUS DU TEG

8. Éléments étrangers à l'octroi du crédit. N'ont pas à être pris en compte pour la détermination du TEG le prix de services, distincts du crédit, qui consistent, soit à tenir les comptes du client, soit à rémunérer le service de caisse assuré par le banquier et ne constituant pas la contrepartie du crédit. • Com. 14 déc. 2004, n° 02-19.532 P : *préc. note 2.* ♦ Sur l'exclusion : de l'indemnité de remboursement anticipé, dont la mise en œuvre est éventuelle et donc étrangère aux frais intervenus dans l'octroi du prêt : • Civ. 1re, 27 sept. 2005, n° 02-13.935 P : *préc. note 2.* ♦ ... Du coût d'une assurance facultative dont la souscription ne conditionne pas l'octroi du prêt : • Civ. 1re, 8 nov. 2007, n° 04-18.668 P : *D. 2007. AJ 2944, obs. Rondey ; RTD com. 2008. 159, obs. Legeais ; JCP 2007. IV. 3211 ; RJDA 2008, n° 186.*

9. Indexation du capital prêté. L'indexation du capital prêté ne doit pas être prise en compte pour la détermination du TEG. • Civ. 1re, 21 janv. 1992, n° 90-18.120 P : *D. 1992. IR 72 ; RJDA 1992, n° 371.*

10. Clauses pénales. Sur l'exclusion des clauses pénales motivées par la défaillance de l'emprunteur, V. • Com. 22 févr. 1977, n° 75-15.054 P : *D. 1977. IR 244.* ♦ V. aussi note 1 ss. art. L. 314-5.

Art. L. 314-2 *(Ord. n° 2016-351 du 25 mars 2016, art. 4-1° et 13-II, en vigueur le 1er oct. 2016)* **Pour les contrats de crédit qui prévoient un amortissement échelonné, le taux effectif global doit être calculé en tenant compte des modalités de l'amortissement de la créance.**

Ancien art. L. 314-2 *Pour l'application des articles L. 313-3 à L. 313-13, les charges liées aux garanties dont les crédits sont éventuellement assortis ainsi que les honoraires d'officiers ministériels ne sont pas compris dans le taux effectif global défini à l'article L. 314-1, lorsque leur montant ne peut être indiqué avec précision antérieurement à la conclusion définitive du contrat.*

Pour les prêts qui font l'objet d'un amortissement échelonné, le taux effectif global doit être calculé en tenant compte des modalités de l'amortissement de la créance.

Art. L. 314-3 *(Ord. n° 2016-351 du 25 mars 2016, art. 4-1° et 13-II, en vigueur le 1er oct. 2016)* Pour les contrats de crédit entrant dans le champ d'application des chapitres II et III du présent titre, le taux effectif global est dénommé "Taux annuel effectif global".

Ancien art. L. 314-3 *Pour les contrats de crédit entrant dans le champ d'application du chapitre II du présent titre, le taux effectif global, qui est dénommé « Taux annuel effectif global », ne comprend pas les frais d'acte notarié.*

Art. L. 314-4 *(Ord. n° 2016-351 du 25 mars 2016, art. 4-1° et 13-II, en vigueur le 1er oct. 2016)* Un décret en Conseil d'État précise les conditions d'application des articles L. 314-1 à L. 314-3 et notamment les modalités de détermination de l'assiette et de calcul du taux effectif global, ainsi que les modalités de calcul du taux annuel effectif de l'assurance mentionné aux articles L. 312-7 et L. 313-8. – *V. au* ***C. consom.***

Ancien art. L. 314-4 *Les conditions d'application des dispositions des articles L. 314-1à L. 314-3 ainsi que des modalités de calcul du taux annuel effectif de l'assurance mentionné aux articles L. 312-7 et L. 313-6 sont déterminées par décret en Conseil d'État.*

Jurispr. relative aux anc. art. R. 313-1 et R. 313-2 dans leur rédaction antérieure au Décr. n° 2011-135 du 1er févr. 2011.

1. Périodicité non annuelle. Lorsque le TEG est exprimé par une périodicité non annuelle, seule la méthode proportionnelle, qui consiste à multiplier le taux par le nombre de périodes comprises dans l'année, peut être utilisée, • Civ. 1re, 9 janv. 1985, n° 83-13.701 P : *JCP 1986. II. 20532, note Pitou.*

2. Année bancaire. Le taux annuel de l'intérêt doit être déterminé par référence à l'année civile, laquelle comporte 365 ou 366 jours (et non pas 360, selon l'usage bancaire). • Com. 10 janv. 1995, n° 91-21.141 P : *D. 1995. 229, note Gavalda ; JCP 1995. II. 22475, note Auckenthaler* • 18 mars 1997, n° 94-22.216 : *D. Affaires 1997. 706 ; CCC 1997, n° 124, obs. Raymond.* ♦ Mais si le TEG doit être calculé sur la base de l'année civile, rien n'interdit aux parties de convenir d'un taux d'intérêt conventionnel calculé sur une autre base. Ayant relevé qu'il était expressément mentionné dans l'acte de prêt que les intérêts conventionnels seront calculés sur la base de 360 jours, l'arrêt retient, à bon droit, que ces modalités, qui sont librement convenues entre les parties, ne peuvent être remises en cause. • Com. 24 mars 2009, n° 08-12.530 P : *D. 2009. AJ 1016, obs. Avena-Robardet ; RTD com. 2009. 422, obs. Legeais ; JCP E 2009, n° 26, p. 18, note Bouteiller ; LPA 10 juin 2009, note Rousset ; Gaz. Pal. 2009. 1980, note Piedelièvre.* ♦ En application combinée des art. 1907, al. 2, C. civ., L. 313-1, L. 313-2, L. 314-1 et L. 314-5 C. consom., le taux de l'intérêt conventionnel mentionné par écrit dans l'acte de prêt consenti à un consommateur ou un non-professionnel doit, comme le TEG, sous peine de se voir substituer l'intérêt légal, être calculé sur la base de l'année civile. • Civ. 1re, 19 juin 2013, n° 12-16.651 P : *D. 2013. 2084, note Lasserre Capdeville ; JCP E 2013, n° 1409 ; CCC 2013, n° 251, obs. Raymond ; RJDA 2013, n° 1045 ; Gaz. Pal. 2013. 2318, note Piedelièvre.*

3. Découvert. Si pour les intérêts échus après la date d'entrée en vigueur du Décr. du 4 sept. 1985, qui a déterminé le mode de calcul du TEG lorsqu'il s'agit d'un découvert en compte, un tel taux ne peut être appliqué qu'après qu'il a été préalablement mentionné par écrit et si, en l'absence de toute indication de ce taux dans la convention de crédit, cette exigence suppose qu'il soit, à tout le moins, fixé dans un document postérieur, tels des relevés d'opérations ou d'agios, cette mention, qui n'est alors efficiente que pour les intérêts échus postérieurement, ne vaut toutefois jamais qu'à titre indicatif et de référence aux bases de calcul utilisées, le TEG étant susceptible de variations puisque incluant des éléments de calcul dépendant eux-mêmes des conditions d'utilisation du découvert, lesquelles ne peuvent être déterminées à l'avance. • Com. 8 nov. 2005, n° 04-11.069 P : *RTD com. 2006. 168, obs. Legeais ; JCP E 2006, n° 22, p. 960, obs. Lassalas-Langlais ; RJDA 2006, n° 317.*

Art. L. 314-5 Le taux effectif global déterminé selon les modalités prévues aux articles L. 314-1 à L. 314-4 est mentionné dans tout écrit constatant un contrat de prêt régi par la présente section. – *Sur les sanctions, V. C. consom., art. L. 341-49, infra.*

V. C. civ., art. 1907, al. 2. – ***C. civ.***

1. Intérêts et clause pénale. La stipulation selon laquelle le taux sera majoré en cas de défaillance de l'emprunteur constitue une clause pénale. • Com. 18 mai 2005, n° 03-10.508 P : *Banque et Dr. 9-10/2006. 76, obs. Guillot.* ♦ Mais le taux d'intérêt annuel d'un emprunt, qui est prévu contractuellement par les parties, constitue la rémunération du banquier et s'analyse en une des caractéristiques principales du prêt dont il fait partie intégrante ; il ne peut donc être assimilé à la majoration conventionnelle qui sanctionne le non-paiement des échéances et relève de la clause pénale qui seule est susceptible de réduction. • Versailles, 7 oct. 1999 : *BICC 2000, n° 934.*

2. Indexation et taux d'intérêt. Sur la validité de contrats internes (prêts immobiliers) stipulés en écus et comportant un taux d'intérêt variable, V. • Civ. 1re, 13 avr. 1999, n° 97-12.453 P : *D. 2000. Somm. 365, obs. Libchaber*. ♦ Sur l'indexation des annuités de l'intérêt et de l'amortissement du capital d'un prêt, V. • Civ. 1re, 21 janv. 1992, n° 90-18.116 P : *D. 1992. IR 72 ; RJDA 1992, n° 371.* ♦ Sur la réglementation de l'indexation, V. art. L. 112-3 C. mon. fin., v° *Banque et financement de l'entreprise.*

3. Dates de valeur. BIBL. Le Calvez, *D. 2002. 1891* (dates de valeur et usure). ♦ En dehors des remises de chèques en vue de leur encaissement, la pratique des « dates de valeur » ne permet pas à une banque de faire naître à la charge du titulaire d'un compte courant une obligation de payer des intérêts dès lors que les opérations concernées (remises d'espèces ou retraits) n'impliquent pas que, même pour le calcul des intérêts, les dates de crédit ou de débit soient différées ou avancées. • Com. 6 avr. 1993, n° 90-21.198 P : *D. 1993. 310, note Gavalda ; JCP 1993. II. 22062, note Stoufflet* • 29 mars 1994, n° 92-11.843 P : *D. 1994. 611, note Gavalda ; RJ com. 1994. 234, note Grua* • 10 janv. 1995, n° 91-21.141 P : *D. 1995. 229, note Gavalda*. – V. aussi • Civ. 1re, 10 mars 1998, n° 96-11.886 P : *D. Affaires 1998. 761, obs. X. D.*

I. EXIGENCE D'UNE MENTION ÉCRITE DU TEG

4. Ordre public. Il importe peu, en l'absence de l'écrit prévu par la loi, que le titulaire du compte ait eu la possibilité de connaître, par d'autres modes, le taux appliqué par la banque dans des situations semblables à la sienne. • Com. 13 juin 1995, n° 93-20.577 : *RJDA 1995, n° 1397.* ♦ Sur la sanction de l'absence d'écrit, V. notes 16 s.

A. CHAMP D'APPLICATION

5. Application générale. Le taux de l'intérêt conventionnel doit être fixé par écrit. Cette règle, prescrite pour la validité même de la stipulation d'intérêt, est d'application générale. • Civ. 1re, 9 févr. 1988, n° 86-11.557 P : *GAJC II 2008. 800, note Terré et Lequette ; JCP 1988. II. 21026, note Gavalda et Stoufflet.*

6. Compte courant. Il ne peut être dérogé à la règle selon laquelle le taux de l'intérêt conventionnel doit être fixé par écrit, même en matière d'intérêts afférents au solde débiteur d'un compte courant. • Civ. 1re, 9 févr. 1988, n° 86-11.557 P : *préc. note 5* • Com. 12 avr. 1988, n° 87-11.199 P : *D. 1988. 309, concl. Jéol ; RTD com. 1988. 475, obs. Cabrillac et Teyssié* • 12 févr. 1991, n° 89-18.412 P : *JCP 1991. II. 21740, note Amlon* • 4 mai 1993, n° 91-16.092 P : *D. 1993. IR 146 ; RJ com. 1993. 335, note Grua* • 11 juin 2003, n° 99-18.714 P : *JCP E 2004, n° 20-21, p. 814, obs. Stoufflet ; RJDA 2003, n° 1223.* ♦ L'exercice par l'affacturé de la faculté, que lui ouvrait le contrat, de prélever des sommes sur le disponible de son compte courant par anticipation de l'échéance moyenne des règlements de ses acheteurs le fait bénéficier d'avances entrant dans le champ d'application de l'art. L. 313-2 [L. 314-5]. • Civ. 1re, 30 mai 2006, n° 03-17.646 P : *JCP E 2006, n° 48, p. 2038, note Ansaloni ; CCC 2006, n° 168, obs. Raymond ; RJDA 2007, n° 280.* ♦ Sur les modalités de la stipulation du taux d'intérêt pour les découverts en compte courant, V. note 12.

7. Prêts à finalité professionnelle. Il ne résulte pas de l'art. L. 313-2 [L. 314-5], qui s'est borné à reprendre, dans le cadre de la codification à droit constant réalisée par la L. n° 93-949 du 26 juill. 1993, les règles générales, applicables à tous les prêts, figurant jusque-là dans les art. 1er à 7 de la L. n° 66-1010 du 28 déc. 1966 qu'elle abrogeait, que les prêts à finalité professionnelle soient exclus du champ d'application de ce texte. • Com. 5 oct. 2004, n° 01-12.435 P : *D. 2004. AJ 2711 ; RTD com. 2005. 153, obs. Legeais ; JCP E 2005, n° 4, p. 131, note Piedelièvre ; CCC 2005, n° 2, obs. Leveneur ; RJDA 2005, n° 185.* ♦ Une cour d'appel ajoute à l'art. L. 313-2 [L. 314-5] une restriction qu'il ne comporte pas en jugeant que l'acte notarié à finalité professionnelle n'est pas soumis à l'obligation légale de mentionner le TEG. • Civ. 1re, 22 janv. 2002, n° 99-13.456 P : *D. 2002. 2670, note Debet ; RTD civ. 2002. 287, obs. Mestre et Fages ; JCP E 2003, n° 11, p. 466, obs. Stoufflet.*

8. Cautionnement. Il importe peu que la mention manuscrite n'indique pas le taux des intérêts du prêt cautionné dès lors qu'en sa qualité de caution, l'épouse avait paraphé et signé l'acte de prêt dans lequel figurait ce taux. • Civ. 1re, 29 oct. 2002, n° 00-12.703 P : *JCP E 2002, n° 51-52, p. 2033 ; RDI 2003. 340, obs. Heugas-Darraspen*.

B. DÉTERMINATION DU TAUX D'INTÉRÊT

9. Clause de variation du taux. L'art. 1129 [ancien] C. civ. n'étant pas applicable à la détermination du prix, le taux de l'intérêt convenu dans une convention d'ouverture de compte courant peut varier en fonction de l'évolution du taux de base bancaire. • Com. 9 juill. 1996, n° 94-17.612 P : *D. 1996. IR 191 ; JCP 1996. II. 22721, note Stoufflet ; CCC 1996, n° 182, obs. Leveneur.* ♦ Sur l'inapplicabilité de l'art. 1129 [ancien] C. civ. à la fixation du prix et la sanction de l'abus dans la fixation du prix, V. • Cass., ass. plén., 1er déc. 1995, n° 93-13.688 P : *cité notes 85 et 86, v° Contrats d'affaires (généralités).* ♦ Sur la portée de ces arrêts en matière de prêt, V. Stoufflet, *Rev. dr. bancaire 1996. 2* ; Crédot et Gérard, *ibid. 46* ; Finel, *JCP 1996. I. 3957.* ♦ *Contra*, considérant qu'en application de l'art. 1129 [ancien] C. civ., est nulle la clause d'une convention de crédit utilisable par fractions qui prévoit la variabilité du taux d'intérêt selon des données fixées unilatéralement par la banque : • Paris, 13 avr. 1998 : *RJDA 1999, n° 822.* ♦ Sur la non-application de l'art. 1129 [ancien] C. civ. à la clause d'un contrat de prêt prévoyant le paiement d'une indemnité financière de remboursement anticipé, V. • Civ. 1re, 14 juin 2000, n° 98-14.438 P : *D. 2001. Somm. 1136, obs. Mazeaud ; RTD civ. 2000. 830, obs. Mestre et Fages .* – Dans le même sens, V. • Civ. 1re, 6 mars 2001, n° 98-17.057 P : *D. 2001. AJ 1172, obs. Avena-Robardet ; Defrénois 2001. 696, obs. Savaux.* ♦ Sur le contenu du contrat, V., depuis l'Ord. n° 2016-131 du 10 févr. 2016, C. civ., art. 1163 s. – **C. civ.**

10. Application erronée du TEG indiqué. Sur l'assimilation de l'application d'un TEG erroné au défaut de mention du TEG, V. • Com. 17 janv. 2006, n° 04-11.100 P : *D. 2006. AJ 439, obs. Avena-Robardet ; RTD com. 2006. 460, obs. Legeais ; JCP E 2006, n° 47, p. 1975, note Mathey ; RJDA 2006, n° 692.* ♦ Sur la prescription de l'action en nullité en cas de mention d'un TEG erroné, V. note 18.

C. LOCALISATION ET MODALITÉS DE LA STIPULATION DU TAUX D'INTÉRÊT

11. Offre de prêt. La mention du TEG pratiqué peut figurer sur l'offre qui fait corps avec le prêt. • Com. 18 mai 2005, n° 03-10.508 P : *RDBF 2005, n° 158, obs. Crédot et Gérard ; Banque et Dr. 9-10/2005. 71, obs. Bonneau.*

12. Découverts en compte courant. En cas d'ouverture de crédit en compte courant, l'obligation de payer dès l'origine des agios conventionnels par application du TEG exige non seulement que soit porté sur un document écrit préalable à titre indicatif le TEG mais aussi que *le TEG appliqué* soit porté sur les relevés périodiques, reçus par l'emprunteur sans protestation ni réserve ; à défaut de cette première exigence, les agios ne sont dus qu'à compter de l'information régulièrement reçue, valant seulement pour l'avenir, et à défaut de la seconde exigence, la seule mention indicative de ce taux ne vaut pas, s'agissant d'un compte courant, reconnaissance d'une stipulation d'agios conventionnels. • Com. 20 févr. 2007, n° 04-11.989 P : *R. 2007, p. 414 ; D. 2008. AJ 879, obs. D. R. Martin ; RTD com. 2007. 426, obs. Legeais ; JCP E 2007, n° 16, p. 18 ; RJDA 2007, n° 1005* • 22 mai 2007, n° 06-12.180 P : *cité note 18* • 8 janv. 2008, n° 06-17.927 : *JCP E 2008, n° 24, p. 13, obs. Stoufflet ; RDBF 2008, n° 34, obs. Crédot et Samin* • 10 juin 2008, n° 07-14.202 P : *JCP E 2008, n° 48, p. 12, obs. Dumoulin ; RDBF 2008, n° 102, obs. Crédot et Samin ; Banque et Dr. 7-8/2008. 15, obs. Bonneau.* ♦ Si, pour les découverts en compte, la mention du TEG doit être portée, à titre indicatif, dans la convention d'ouverture de compte ou de crédit ou tout autre document, celle du TEG appliqué doit aussi figurer sur les relevés périodiques du compte. • Com. 5 oct. 2004, n° 01-12.435 P : *préc. note 7.* ♦ V. aussi, exigeant qu'outre la mention, à titre indicatif, dans la convention d'ouverture de crédit ou dans tout autre document, du TEG correspondant à des exemples chiffrés, le TEG appliqué figure sur les relevés périodiques de compte, • Com. 9 juill. 1996, n° 94-17.612 P : *préc. note 9* • 21 oct. 1997, n° 95-14.598 : *RDBB 1998. 10, obs. Crédot et Gérard* • 1er juin 1999, n° 96-17.330 : *RJDA 1999, n° 983.* ♦ En cas d'ouverture de crédit en compte courant, la mention sur les relevés périodiques de compte du TEG régulièrement calculé pour la période écoulée vaut information de ce taux pour l'avenir à titre indicatif, et, suppléant l'irrégularité du taux figurant dans le contrat initial, emporte obligation, pour le titulaire du compte, de payer les intérêts au taux conventionnel à compter de la réception sans protestation ni réserve de cette information, même si le TEG constaté *a posteriori*, peu important qu'il soit fixe ou variable, est différent de celui qui a été ainsi communiqué. • Com. 10 mars 2015, n° 14-11.616 P : *D. 2015. Actu. 676, obs. Avena-Robardet ; RTD com. 2015. 338, obs. Legeais ; JCP 2015, n° 529, note Lasserre Capdeville ; RJDA 2015, n° 454.* ♦ Sur la restitution des intérêts indûment perçus en matière de découvert en compte courant, V. note 21.

13. Acceptation tacite du taux d'intérêt. La reconnaissance de l'obligation de payer des intérêts conventionnels afférents au solde débiteur d'un compte courant peut, en l'absence d'indication dans la convention d'ouverture de compte courant, résulter de la réception sans protestation ni réserve des relevés de compte par l'emprunteur, dès lors que les taux de ces intérêts y sont indiqués. • Com. 18 févr. 2004, n° 01-12.123 P : *JCP E 2004, n° 17, p. 642 ; LPA 27 juill. 2004, obs. E. C. ; RJDA 2004, n° 880* • 14 déc. 2004, n° 02-19.532 P : *D. 2005. AJ 276, obs. Avena-Robardet ; JCP E 2005, n° 8, p. 330, note Raby ; RJDA 2005, n° 608.*

14. Acte de prorogation du prêt. Le TEG doit également être mentionné dans un avenant prévoyant une prorogation du délai d'exigibilité en contrepartie d'une augmentation de un point du taux d'intérêt stipulé à l'acte de prêt initial. • Com. 15 oct. 1996, n° 94-14.938 P : *D. 1997. Somm. 171, obs. Aynès ; JCP E 1997. II. 921,* *note Pollaud-Dulian.* ♦ Comp., jugeant que dans le cas d'une convention d'ouverture de crédit ayant continué à produire ses effets après la date prévue initialement, aux conditions d'origine, en l'absence de toute modification du taux d'intérêt stipulé dans l'accord initial, dont il n'est pas discuté qu'il s'agissait d'un TEG, l'exigence d'un écrit mentionnant ce taux n'a pas lieu de s'appliquer aux accords de prorogations successivement intervenus. • Com. 9 juill. 2002, n° 00-22.512 P : *D. 2002. AJ 2735* ; *RTD com. 2002. 713, obs. Cabrillac* ; *RJDA 2003, n° 54.*

15. Forme de la mention du TEG. L'inscription au recto du contrat des lettres « TEG », dont le détail est donné au verso, est suffisante. • Civ. 1re, 9 janv. 1985, n° 83-13.701 P : *JCP 1986. II. 20532, note Pitou.* ♦ Comp., en ce sens que la seule indication par écrit des éléments composant le TEG, mais non du montant de ce taux, est insuffisante : • Com. 17 oct. 1995, n° 93-19.166 : *RJDA 1996, n° 84.* V. aussi note 9.

II. SANCTION DE L'ABSENCE DE MENTION DU TEG

V. aussi C. consom., art. L. 341-49, infra.

16. Nullité de la seule stipulation du taux d'intérêt. L'exigence d'un écrit mentionnant dans le contrat le TEG est une condition de validité de la stipulation d'intérêts (insuffisance d'une stipulation d'intérêts mentionnant le taux conventionnel et l'intérêt de retard). • Civ. 1re, 22 janv. 2002, n° 98-21.614 P : *Banque et Dr. 5-6/2002. 50, obs. Bonneau.* – V. aussi • Civ. 1re, 29 juin 2004, n° 02-12.598 P : *JCP E 2004, n° 47, p. 1838, note Leveneur ; CCC 2004, n° 138, obs. Leveneur ; RJDA 2005, n° 69.* ♦ ... Mais pas de la convention de prêt. • Com. 12 juill. 2005, n° 03-20.997 : *RJDA 2005, n° 1269.* ♦ A défaut d'écrit mentionnant le TEG, le contrat n'est pas nul, mais le taux d'intérêt stipulé dans le contrat ne pouvant être appliqué, il convient de faire application du taux d'intérêt légal à compter de la date du prêt. • Civ. 1re, 24 juin 1981, n° 80-12.773 P : *D. 1982. 397, note Boizard ; JCP 1982. II. 19713, note Vasseur ; RTD com. 1981. 809, obs. Cabrillac et Teyssié.* – Dans le même sens : • Civ. 1re, 21 janv. 1992, n° 90-18.120 P : *D. 1992. IR 72. RJDA 1992, n° 371* • 6 mai 1997, n° 95-15.605 P : *RJDA 1997, n° 1062* • Com. 25 mars 2003, n° 00-16.348 : *RJDA 2003, n° 995.* ♦ Sur l'application du taux légal, V. note 19.

17. Nullité relative. La méconnaissance des dispositions d'ordre public de l'art. 4 [C. consom., art. L. 314-5], édictées dans le seul intérêt de l'emprunteur, est sanctionnée par la nullité relative de la clause de stipulation des intérêts conventionnels. • Civ. 1re, 21 janv. 1992, n° 90-18.121 P : *D. 1992. IR 72 ; RJDA 1992, n° 371.* – Dans le même sens : • Com. 12 mars 2002, n° 99-17.004 : *RJDA 2002, n° 796.* ♦ Le prêteur n'est pas recevable à se prévaloir des dispositions de l'art. 4 [C. consom., art. L. 314-5]. • Civ. 1re, 21 févr. 1995, n° 92-18.019 P : *D. 1995. IR 98.* • Com. 3 mai 1995, n° 93-12.256 P : *D. 1997. 124, note Eudier* .

18. Prescription de l'action en nullité. **BIBL.** Lasserre Capdeville, *Gaz. Pal. 2013. 1585* (délai de prescription applicable à l'action formée contre un TEG non mentionné par écrit ou erroné).L'action en nullité de la clause de stipulation des intérêts conventionnels s'éteint si elle n'a pas été exercée pendant cinq ans à compter de la signature du contrat de prêt. • Civ. 1re, 21 janv. 1992, n° 90-18.121 P : *préc. note 17* • Com. 12 mars 2002, n° 99-17.004 : *ibid.* ♦ Comp., jugeant que la reconnaissance de l'obligation de payer des intérêts conventionnels, point de départ de l'action en nullité, peut résulter de la réception sans protestation ni réserve des relevés de compte par l'emprunteur : • Com. 29 mars 1994, n° 92-11.843 P : *préc. note 3* • 11 juin 2003, n° 99-18.714 P : *préc. note 6.* ♦ Après avoir constaté que la mention du TEG figurant dans chacun des actes de prêt était erronée, une cour d'appel en déduit exactement que le délai de la prescription quinquennale de l'action en annulation des stipulations d'intérêts litigieuses commençait de courir à compter de la révélation à l'emprunteur d'une telle erreur, de sorte que ladite action engagée dans l'année de cette révélation était recevable : • Civ. 1re, 7 mars 2006, n° 04-10.876 P : *D. 2006. AJ 913, obs. Avena-Robardet* ; *JCP N 2006, n° 36, p. 1546, obs. S. Piedelièvre ; RJDA 2006, n° 940.* ♦ Le point de départ de la prescription de l'action en nullité du TEG se situe au jour où l'emprunteur a connu ou aurait dû connaître l'erreur affectant celui-ci, la cour d'appel, qui a retenu comme point de départ de cette prescription la date d'un document ne constatant aucun TEG, a violé les art. 1304 [ancien], 1906 C. civ. et L. 314-5 C. consom. • Com. 31 janv. 2017, n° 14-26.360 P : *D. 2017. Actu. 294* ; *AJ contrat 2017. 179, obs. Boucard* ; *JCP 2017, n° 142, obs. Lasserre Capdeville.* ♦ La prescription de l'action en nullité de la stipulation de l'intérêt conventionnel engagée par un emprunteur qui a obtenu un concours financier pour les besoins de son activité professionnelle court à compter du jour où il a connu ou aurait dû connaître le vice affectant le TEG ; le point de départ de cette prescription est, s'agissant d'un prêt, la date de la convention et, dans les autres cas, la réception de chacun des écrits indiquant ou devant indiquer le TEG appliqué. • Com. 10 juin 2008, n° 06-19.452 P : *D. 2008. 2200, note Gérard et Pinot* ; *RTD com. 2008. 604, obs. Legeais* ; *JCP E 2008, n° 41, p. 11, note Gourio et N. Aynès ; RJDA 2009, n° 380* • 4 mai 2017, n° 15-19.141 P : *D. 2017. Actu. 972* ; *Rev. sociétés 2017. 477, note Martial-Braz* ; *JCP E 2017, n° 1405, note Lasserre Capdeville.* ♦ Ainsi, en cas d'ouverture de crédit en compte courant, la réception de chacun des relevés indiquant ou devant indiquer le TEG appliqué constitue le point de départ du délai de cette prescription. • Com. 10 juin 2008, n° 06-18.906 P : *eod. loc.* • 16 mars 2010, n° 09-11.236 P : *cité note 20.* ♦ Comp., jugeant qu'à défaut du respect de la mention du taux réellement appliqué, la seule mention indicative de ce taux dans le document préalable ne vaut pas reconnaissance d'une stipulation d'agios conventionnels, de sorte que la prescription quinquennale de l'action en nullité de la stipulation de ce taux commence seulement à courir à compter de la réception des relevés périodiques mentionnant le TEG appliqué. • Com. 22 mai 2007, n° 06-12.180 P : *R. 2007, p. 414 ; D. 2007. AJ 1654, obs. Avena-Robardet ; RTD com. 2007. 574, obs. Legeais ; JCP E 2007, n° 35, p. 17, note Berlioz ; RJDA 2007, n° 1005.*

19. Application du taux légal. En toute matière, le taux de l'intérêt légal est fixé pour la durée de l'année civile et en conséquence, le taux applicable est celui fixé par la loi en vigueur au moment où il est acquis et il doit, en conséquence, subir les modifications successives que la loi lui apporte. • Civ. 1re, 21 janv. 1992, n° 90-18.121 P : *D. 1992. IR 72 ; RJDA 1992, n° 371.* ♦ La sanction de l'erreur affectant le taux effectif global d'un prêt est la substitution au taux d'intérêt contractuel initial du taux de l'intérêt légal ; cette sanction, qui est fondée sur l'absence de consentement de l'emprunteur au coût global du prêt, ne constitue pas une atteinte disproportionnée au droit de l'établissement de crédit prêteur au respect de ses biens garanti par l'art. 1er du protocole additionnel à la Conv. EDH. • Com. 12 janv. 2016, n° 14-15.203 P : *D. actu. 25 janv. 2016, obs. Avena-Robardet ; JCP E 2016, n° 1194, note Périn-Dureau ; RJDA 2016, n° 314.*

20. Restitution des intérêts indûment perçus. Les restitutions consécutives à une annulation ne relevant pas de la répétition de l'indu mais seulement des règles de la nullité, il en résulte que l'action en restitution de sommes indûment perçues au titre d'intérêts conventionnels non stipulés régulièrement à la convention de compte courant est la conséquence de l'action en nullité de la clause ou des conditions de compte relatives à la stipulation d'intérêts conventionnels laquelle ne peut être engagée que dans le délai de cinq ans à compter de la reconnaissance de l'obligation de payer les intérêts. • Civ. 1re, 24 sept. 2002, n° 00-21.278 P : *D. 2003. 369, note Aubert ; RTD civ. 2003. 284, obs. Mestre et Fages ; JCP 2002. IV. 2702 ; Defrénois. 2003. 185, note Aubert ; RJDA 2004, n° 1368.* ♦ Mais l'action en restitution des intérêts perçus indûment par application de dates de valeurs dépourvues de cause peut être engagée dans un délai de cinq ans à partir de leur perception, peu important l'absence de demande en nullité de la stipulation d'intérêts conventionnels. • Com. 16 mars 2010, n° 09-11.236 P : *D. 2010. AJ 823, obs. Avena-Robardet ; JCP E 2010, n° 1524, note D. R. Martin ; CCC 2010, n° 150, obs. Leveneur ; RJDA 2010, n° 670 ; Gaz. Pal. 2010. 2146, note Lasserre Capdeville.*

21. Restitution des intérêts afférents au solde débiteur d'un compte courant. A l'égard des intérêts afférents au solde débiteur d'un compte courant, les effets de la règle ne remontent pas au-delà de la date d'entrée en vigueur du Décr. du 4 sept. 1985 [C. consom., anc. art. R. 313-1 s.], qui a déterminé le mode de calcul du TEG lorsqu'il s'agit d'un découvert en compte. • Com. 12 avr. 1988, n° 87-11.199 P : *préc. note 6.*

Sur la stipulation d'intérêts en matière de découvert en compte courant, V. notes 6 et 12.

Taux d'usure

RÉP. COM. v° *Usure*, par S. PIEDELIÈVRE.

Art. L. 314-6 Constitue un prêt usuraire tout prêt conventionnel consenti à un taux effectif global qui excède, au moment où il est consenti, de plus du tiers, le taux effectif moyen pratiqué au cours du trimestre précédent par les établissements de crédit et les sociétés de financement pour des opérations de même nature comportant des risques analogues, telles que définies par l'autorité administrative après avis du Comité consultatif du secteur financier. *Les catégories* d'opérations pour les prêts aux particuliers n'entrant pas dans le champ d'application *(Ord. n° 2016-351 du 25 mars 2016, art. 4-2°, en vigueur le 1er juill. 2016)* « du 1° de l'article L. 313-1 ou ne constituant pas une opération de crédit d'un montant supérieur à 75 000 euros destiné à financer, pour les immeubles à usage d'habitation ou à usage professionnel et d'habitation, les dépenses relatives à leur réparation, leur amélioration ou leur entretien *[ancienne rédaction : des articles L. 313-1 et L. 313-2]* » sont définies à raison du montant des prêts. — *V. Arr. du 24 août 2006.* — ***C. consom.***

Les crédits accordés à l'occasion de ventes à tempérament sont, pour l'application de la présente section, assimilés à des prêts conventionnels et considérés comme usuraires dans les mêmes conditions que les prêts d'argent ayant le même objet.

BIBL. ► LE CALVEZ, *D. 2002. 1891* (les dates de valeur et l'usure : touche pas à mon taux !). – BRAGANTINI-BONNET, *JCP E 2008, n° 19, p. 13, spéc. n° 8* (l'anatocisme conventionnel). ► Loi n° 2003-721 du 1er août 2003 : BOULOC, *RDBF 2003. 387.* – CARAMALLI, *LPA 25 août 2003.* –

Robert, *Dr. pénal. 2004, n° 26.* – Piedelièvre, *JCP E 2003, n° 42, p. 1658.* – Legeais, *RTD com. 2003. 786* . – N. Ferrier, *ibid. 2005. 219* (incertitudes du régime de l'usure liées à sa codification). – Lasserre Capdeville, *RLDA oct. 2008. 98* (le prêt usuraire). ▶ Loi n° 2010-737 du 1er juill. 2010 : Lagarde, *RDBF 2011, n° 46* (taux d'usure et crédit *revolving* : de quelques difficultés pratiques...).

1. Application de la loi dans le temps. Sur l'application dans le temps de la loi « Neiertz » du 31 déc. 1989, qui a modifié l'art. 1er de la L. du 28 déc. 1966, codifié à l'art. L. 313-3 [L. 314-6] C. consom., V. • Com. 26 mars 2002, n° 99-13.810 P : *D. 2002. AJ 1341, obs. Lienhard* ; *JCP E 2002, n° 22, p. 903, note Gourio.* ♦ Sur l'application dans le temps de la loi « initiative économique » du 1er août 2003, qui a supprimé le délit d'usure à l'encontre des personnes morales, V. • Montpellier, 16 déc. 2003 : *cité note 2.*

I. CHAMP D'APPLICATION DU TAUX USURAIRE

2. Personne morale. Jugeant qu'en vertu de l'art. 32 de la L. n° 2003-721 du 1er août 2003, le délit d'usure ne s'applique plus aux découverts en compte et aux lignes d'escompte consentis aux personnes morales, V. • Montpellier, 16 déc. 2003 : *RDBF 2004. 136, note Bouloc.* ♦ Sur les sanctions civiles, V. C. mon. fin., art. L. 313-5-2, v° *Banque et financement de l'entreprise.*

3. Prêt international. **bibl.** Crédot et Gérard, *LPA 15 mai 1989.* – Cafritz et Tene, *BJB 2003. 7.* ♦ Les offres de prêt émises à l'étranger proposées par des intermédiaires et acceptées en France, de sorte que les contrats ont été formés sur le territoire national, sont soumises à la loi française. • Crim. 28 nov. 1996, n° 95-80.168 P.

4. Emprunts obligataires. **bibl.** Caramalli, *D. 2002. 1413* .

5. Découvert en compte. Les dispositions de la loi s'appliquent à un découvert en compte. • Com. 12 avr. 1988, n° 87-11.199 P : *D. 1989. 309, concl. Jéol ; JCP 1988. II. 21026, note Gavalda.* ♦ V. désormais C. mon. fin., art. L. 313-5-1, v° *Banque et financement de l'entreprise.* ♦ La position débitrice d'un compte courant d'associé coopérateur, dont la vocation est de faciliter les échanges commerciaux de biens agricoles, ne peut pas être assimilée à un emprunt ; par suite, les dispositions des art. L. 313-3 et L. 313-4 C. consom. relatives au taux d'usure ne sont pas applicables au solde débiteur d'un compte courant d'associé coopérateur. • Civ. 1re, 21 févr. 2006, n° 02-19.126 : *RJDA 2006, n° 552 ; Dr. sociétés 2006, n° 87, obs. Lucas.* ♦ Sur les intérêts afférents au solde débiteur d'un compte courant, V. notes 6, 12 et 21 ss. art. L. 314-5.

6. Ouverture de crédit. La loi ne s'applique que si, dans une ouverture de crédit, les fonds mis à la disposition de l'emprunteur sont utilisés. • Com. 17 mai 1982, n° 80-12.843 P.

7. Crédit-bail. Jugé que les opérations de crédit-bail, par leur nature, ne relevaient pas des dispositions légales : • Rouen, 3 juill. 1970 : *D. 1971. 465, note Dessens* • Toulouse, 8 mai 1970 : *JCP 1970. II. 16481, note E. M. B.*

8. Opérations aléatoires. La loi est inapplicable aux prêts aléatoires, tels qu'une rémunération correspondant à un pourcentage d'une plus-value éventuelle dans la vente d'un fonds de commerce. • Paris, 11 mars 1967 : *JCP 1968. II. 15334, note H. B.* ♦ ... Ou un pourcentage de recettes du film financé par le prêt. • Com. 4 oct. 1977, n° 76-11.049 P : *D. 1978. IR 168, obs. Vasseur.*

9. Titres de créance. Pour l'avis du ministre de l'économie estimant que le taux de l'usure ne s'applique pas aux émissions de titres de créance visés à l'art. L. 211-1, I-2 C. mon. fin., V. * Rép. min. n° 1827 : *D. 2003. 259 ; LPA 15 janv. 2003, obs. Caramalli ; JCP E 2003, n° 5, p. 200 ; RDBF 2003, n° 90, obs. Portier ; Dr. sociétés 2003, n° 95, obs. Bonneau.*

10. Clause pénale. La clause pénale, fixant les dommages et intérêts dus par le débiteur qui n'exécute pas son obligation, ne joue que comme sanction de cette inexécution et n'est donc pas soumise aux dispositions des textes réprimant l'usure. • Com. 22 févr. 1977, n° 75-15.054 P : *D. 1977. IR 244.*

11. Activité professionnelle non commerciale. Ayant constaté que la société avait pour objet la propriété et l'administration de tous les immeubles et droits immobiliers à destination agricole composant son patrimoine, et relevé que la plupart de ses parcelles étaient données à bail conformément aux statuts interdisant toute exploitation en faire-valoir direct, la cour d'appel en a exactement déduit que la société exerçait une activité professionnelle non commerciale au sens de l'art. L. 313-3 [L. 314-6], en sorte que les dispositions relatives au taux d'usure ne lui étaient pas applicables. • Civ. 1re, 25 nov. 2015, n° 14-23.224 P : *D. 2015. Actu. 2500* ; *JCP E 2015, n° 1634 ; CCC 2016, n° 50, obs. Bernheim-Desvaux ; RJDA 2016, n° 219.*

II. APPRÉCIATION DU CARACTÈRE USURAIRE DU TAUX

12. Date d'appréciation du caractère usuraire. Le caractère usuraire d'un prêt au sens de l'art. L. 313-3 [L. 314-6] s'apprécie au moment où ce prêt est consenti. Il en résulte que la cour d'appel qui écarte le caractère usuraire d'un prêt en comparant le TEG de ce prêt au taux d'usure en vigueur pour la période où il a été consenti justifie légalement sa décision. • Com. 26 mars 2002, n° 99-13.810 P : *préc. note 1.* ♦ Le délit d'usure n'est constitué qu'au moment où le prêt est consenti, c'est-à-dire la date à laquelle le contrat devient parfait. S'agissant d'un crédit à la consommation, en l'absence de clause d'agrément de l'emprunteur, le contrat de prêt devient parfait à la date d'acceptation de l'offre préalable par l'emprunteur et dans le cas d'un crédit immobilier, il convient de retenir la même date (Rép. min. n° 27268 : *JO Sénat 8 févr. 2001, p. 523*).

13. Méthode d'appréciation du caractère usuraire. Il appartient aux juges du fond de rechercher le taux effectif global du prêt, puis de le comparer avec le taux de référence publié en application de la L. n° 66-1010 du 28 déc. 1966 [partiellement codifié aux art. L. 314-1 s. C. consom.]. • Civ. 1re, 22 avr. 1997, n° 95-13.270 P : *D. Affaires 1997. 698 ; CCC 1997, n° 141, obs. Raymond.* ♦ Sur la nécessité de se référer au TEG pratiqué au cours du trimestre « précédent », V. • Crim. 14 janv. 1997, n° 94-81.069 : *CCC 1997, n° 108, obs. Raymond.* ♦ Sur les éléments inclus dans l'évaluation du TEG, V. notes ss. art. L. 314-1.

Art. L. 314-7 **Les conditions de calcul et de publicité des taux effectifs moyens mentionnés à l'article L. 314-6 sont fixées par décret.** – *V. au* ***C. consom.***

Art. L. 314-8 **Des mesures transitoires, dérogeant aux dispositions de l'article L. 314-6, peuvent être mises en œuvre par le ministre chargé de l'économie, sur proposition motivée du gouverneur de la Banque de France, pour une période ne pouvant excéder huit trimestres consécutifs, en cas de :**

– variation d'une ampleur exceptionnelle du coût des ressources des établissements de crédit et des sociétés de financement ;

– modifications de la définition des opérations de même nature mentionnées à l'article L. 314-6.

Art. L. 314-9 **Les dispositions des articles L. 314-6 à L. 314-8 ne sont pas applicables aux prêts accordés à une personne physique agissant pour ses besoins professionnels ou à une personne morale se livrant à une activité industrielle, commerciale, artisanale, agricole ou professionnelle non commerciale.** – *V. C. mon. fin., art. L. 313-5-1, v° Banque et financement de l'entreprise.*

Sanctions

Art. L. 341-48 **Lorsqu'un prêt conventionnel est usuraire, les perceptions excessives au regard des articles L. 314-1 à L. 314-9 sont imputées de plein droit sur les intérêts normaux alors échus et subsidiairement sur le capital de la créance.**

Si la créance est éteinte en capital et intérêts, les sommes indûment perçues sont restituées avec intérêts légaux à compter du jour où elles ont été payées. – *Anc. art. L. 341-35 (Ord. n° 2016-351 du 25 mars 2016, art. 5-5°, en vigueur le 1er juill. 2016).*

1. Absence de nullité. Une caution solidaire ne saurait invoquer un taux usuraire pour se prétendre libérée de l'obligation principale, laquelle n'est pas annulée de ce seul fait. • Civ. 1re, 19 juill. 1978 : *Gaz. Pal. 1978. 2. Somm. 417.* ♦ V. aussi notes 16 s. ss. art. L. 314-5.

2. Restitution des excédents d'intérêts. Le prêteur doit restituer les excédents d'intérêts indûment perçus : • Com. 17 mai 1982, n° 80-12.843 P.

3. Pouvoir d'appréciation du juge civil. Sur le pouvoir d'appréciation du juge civil de fixer le taux d'usure dans la limite du taux maximal constaté par le juge pénal, V. • Reims, 29 oct. 1979 : *D. 1981. 355, note Boizard.*

4. Prescription. La sanction de l'usure ne consiste pas dans la nullité de la stipulation d'intérêts mais dans l'imputation des perceptions excessives sur les intérêts normaux alors échus et subsidiairement sur le capital de la créance, et si la créance est éteinte en capital et intérêts, dans leur restitution avec intérêt au taux légal du jour où elles auront été payées, de sorte que la prescription applicable à l'action fondée sur l'art. L. 313-4 [L. 341-48] C. consom. est celle prévue par l'art. L. 110-4 C. com. • Com. 11 oct. 2011, n° 10-14.359 P : *D. 2011. Actu. 2533 ; JCP E 2012, n° 1349, spéc. n° 13, obs. Routier ; RJDA 2012, n° 196.* ♦ V. aussi note ss. art. L. 341-51.

Art. L. 341-48-1 *(Ord. n° 2019-740 du 17 juill. 2019, art. 1er)* **En cas de défaut de mention ou de mention erronée du taux effectif global prévue à l'article L. 314-5, le prêteur peut être déchu du droit aux intérêts dans la proportion fixée par le juge, au regard notamment du préjudice pour l'emprunteur.**

Lorsque le prêteur est déchu du droit aux intérêts dans les conditions prévues à l'alinéa précédent, l'emprunteur n'est tenu qu'au seul remboursement du capital suivant l'échéancier prévu ainsi que, le cas échéant, au paiement des intérêts dont le prêteur n'a pas été déchu.

Les sommes perçues au titre des intérêts, qui sont productives d'intérêts au taux de l'intérêt légal à compter du jour de leur versement, sont restituées par le prêteur ou imputées sur le capital restant dû.

Art. L. 341-49 Le fait de ne pas respecter les dispositions de l'article L. 314-5 est puni d'une amende de 150 000 euros.

Les personnes physiques coupables encourent également à titre de peines complémentaires l'interdiction, suivant les modalités prévues à l'article 131-27 du code pénal, soit d'exercer une fonction publique ou d'exercer l'activité professionnelle ou sociale dans l'exercice ou à l'occasion de l'exercice de laquelle l'infraction a été commise, soit d'exercer une profession commerciale ou industrielle, de diriger, d'administrer, de gérer ou de contrôler à un titre quelconque, directement ou indirectement, pour leur propre compte ou pour le compte d'autrui, une entreprise commerciale ou industrielle ou une société commerciale.

Ces interdictions d'exercice ne peuvent excéder une durée de cinq ans. Elles peuvent être prononcées cumulativement. — *Anc. art. L. 341-36 (Ord. n° 2016-351 du 25 mars 2016, art. 5-5°, en vigueur le 1er juill. 2016).*

V. notes 16 s. ss. art. L. 314-5.

Art. L. 341-50 Le fait de consentir à autrui un prêt usuraire ou d'apporter à quelque titre et de quelque manière que ce soit, directement ou indirectement, son concours à l'obtention ou à l'octroi d'un prêt usuraire ou d'un prêt qui deviendrait usuraire au sens de l'article L. 314-6 du fait de son concours est puni d'un emprisonnement de deux ans et d'une amende de 300 000 euros.

En cas de condamnation, le tribunal peut en outre ordonner :

1° La publication intégrale, ou par extraits, de sa décision, aux frais du condamné, dans les journaux qu'il désigne, ainsi que l'affichage de cette décision dans les conditions prévues à l'article 131-35 du code pénal ;

2° La fermeture, pour une durée de cinq ans au plus ou définitive, de l'entreprise dont l'une des personnes chargées de l'administration ou de la direction est condamnée en application de l'alinéa premier du présent article, assortie éventuellement de la nomination d'un administrateur ou d'un liquidateur ;

3° L'interdiction, suivant les modalités prévues par l'article 131-27 du code pénal, soit d'exercer une fonction publique ou d'exercer l'activité professionnelle ou sociale dans l'exercice ou à l'occasion de l'exercice de laquelle l'infraction a été commise, soit d'exercer une profession commerciale ou industrielle, de diriger, d'administrer, de gérer ou de contrôler à un titre quelconque, directement ou indirectement, pour son propre compte ou pour le compte d'autrui, une entreprise commerciale ou industrielle ou une société commerciale. Ces interdictions d'exercice ne peuvent excéder une durée de cinq ans. Elles peuvent être prononcées cumulativement.

En cas de fermeture, le tribunal fixe la durée pendant laquelle le délinquant ou l'entreprise doit continuer à payer à son personnel les salaires, indemnités et rémunérations de toute nature auxquels celui-ci avait droit jusqu'alors ; cette durée ne saurait excéder trois mois. — *Anc. art. L. 341-37 (Ord. n° 2016-351 du 25 mars 2016, art. 5-5°, en vigueur le 1er juill. 2016).*

Personnes punissables. Un directeur d'agence bancaire ne peut pas être tenu pour responsable d'usure s'il n'a pas, en connaissance de cause, participé d'une manière quelconque, directement ou indirectement, à l'établissement ni au suivi des intérêts facturés par la banque. • Crim. 2 oct. 2002, n° 01-85.931 P : *Dr. pénal 2003, n° 11, obs. Robert ; RTD com. 2003. 147, obs. Legeais ; RJDA 2003, n° 297 ; RSC 2003. 109, obs. Renucci et Ambroise-Castérot.*

Art. L. 341-51 En ce qui concerne le délit mentionné à l'article *(Ord. n° 2016-351 du 25 mars 2016, art. 5-5°, en vigueur le 1er juill. 2016)* « **L. 341-50** *[ancienne rédaction : L. 341-37]* », la prescription de l'action publique court à compter du jour de la dernière perception, soit d'intérêt, soit de capital. — *Anc. art. L. 341-38 (Ord. n° 2016-351 du 25 mars 2016, art. 5-5°, en vigueur le 1er juill. 2016).*

Prescription. Le délit d'usure commence à courir à compter du jour de la dernière perception, soit d'intérêts, soit de capital et le recouvrement de sommes en exécution d'une décision judiciaire ne peut être considéré comme la perception, soit d'intérêts, soit de capital au sens de l'art. L. 313-5 [L. 341-50] C. consom. • Crim. 2 oct. 2002, n° 01-85.931 P : *cité ss. art. L. 341-50* • 16 nov. 2005, n° 05-81.654 : *JCP 2006. II. 10111 ; Dr. pénal 2006, n° 43, obs. Robert.* ♦ La prescription n'est pas suspendue pendant la procédure de règlement judiciaire, le débiteur n'étant pas dans l'impossibilité d'agir en justice. • Crim. 15 mars 1994, n° 93-80.818 P : *D. 1994. IR 124.* ♦ Lorsque des opérations d'escompte sont effectuées dans le cadre d'un compte courant à un taux éventuellement usuraire, la prescription du délit d'usure commence à courir à compter de la perception des derniers intérêts relatifs auxdites opérations d'escompte et non à compter de la date de la clôture du compte courant et de son apurement. • Crim. 26 sept. 1996, n° 95-85.463 P : *RJDA 1996, n° 1502 ; RTD com. 1997. 337, obs. Bouloc*.

Loi n° 98-657 du 29 juillet 1998,

Relative à la lutte contre les exclusions.

Art. 113 **L'établissement financier qui offre ou consent un prêt ou un crédit personnalisé à un mineur sans l'autorisation du juge des tutelles ou, s'agissant des actes de la vie courante, du représentant légal, est redevable d'une amende fiscale d'un montant égal au quintuple du montant de la créance figurant au contrat. Cette amende est recouvrée conformément aux dispositions prévues aux articles 1724 et 1724 A du code général des impôts.**

En cas de défaut, ou d'insuffisance de paiement, les dispositions de l'article 1727 du même code sont applicables.

PUBLICITÉ COMMERCIALE

DALLOZ RÉFÉRENCE *Droit de la publicité et de la promotion des ventes,* par Fabre, Bonnet-Desplan, Sermet et Genty, 2014/2015, 4e édition.

Loi n° 93-122 du 29 janvier 1993,

Relative à la prévention de la corruption et à la transparence de la vie économique et des procédures publiques.

RÉP. COM. v° *Contrat de publicité,* par Hassler.

BIBL. GÉN. ▶ M. Malaurie, *D. 1993. Chron. 215*. – Bonnet-Desplan, *Cah. dr. entr. 1993, n° 6.* – Fabre et Mainguy, *ibid., n° 27.* – Biolay, *JCP E 1993. I. 249.* – Lucas de Leyssac, *RJ com. 1993. 128.* – J.-L. Fourgoux, *Gaz. Pal. 1994. 2. Doctr. 887.* – Misse, *ibid. 18-20 avr. 1999, p. 32* (internet, un espace commercial). – Pecnard et Cousin, *LPA 23 mai 2003* (droit de la concurrence et les nouveaux équilibres issus de la loi Sapin). – Nossereau et Pecnard, *ibid.* (loi Sapin et perspectives dans le contexte européen). – Caritoux et Voisset, *ibid.* (loi Sapin à l'épreuve de l'imagination des publicitaires). – Boulet, *CCE 2011. Prat. 16* (contrat d'achat d'espace publicitaire) ; *ibid. 2013. Prat. 17* (... et nouveaux modes de commercialisation) ; *ibid. 2014. Prat. 17* (... et protection de l'image de l'annonceur). – Perbost et Philippe, *RJ com. 2017. 498* (de l'art d'influencer dans les règles). – Dossier, *AJ contrat 2019. 507* (les contrats de publicité).

Art. 20 **Tout achat d'espace publicitaire** *(L. n° 2015-990 du 6 août 2015, art. 131-1°)* **« , sur quelque support que ce soit, » ou de prestation ayant pour objet l'édition ou la distribution d'imprimés publicitaires ne peut être réalisé par un intermédiaire que pour le compte d'un annonceur et dans le cadre d'un contrat écrit de mandat.**

Ce contrat fixe les conditions de la rémunération du mandataire en détaillant, s'il y a lieu, les diverses prestations qui seront effectuées dans le cadre de ce contrat de mandat et le montant de leur rémunération respective. Il mentionne également les autres prestations rendues par l'intermédiaire en dehors du contrat de mandat et le montant global de leur rémunération. Tout rabais ou avantage tarifaire de quelque nature que ce soit accordé par le vendeur doit figurer sur la facture délivrée à l'annonceur et ne peut être conservé en tout ou partie par l'intermédiaire qu'en vertu d'une stipulation expresse du contrat de mandat.

Même si les achats mentionnés au premier alinéa ne sont pas payés directement par l'annonceur au vendeur, la facture est communiquée directement par ce dernier à l'annonceur. – *Sur les sanctions, V. art. 25.*

1. Domaine d'application. Il ressort de l'art. 20 qu'une agence de publicité peut intervenir, soit comme intermédiaire, notamment lorsqu'elle fait réaliser par une autre entreprise l'édition d'imprimés publicitaires pour le compte d'un annonceur qui finance la prestation, auquel cas l'agence est soumise aux dispositions de la L. du 29 janv. 1993, soit comme prestataire, notamment, lorsqu'elle assure elle-même la prestation, auquel cas l'agence est soustraite à ces dispositions. • CE 10 juill. 1996, n° 163228 : *D. 1996. IR 220*. ♦ La société qui exerce l'activité d'« entreprise de publicité, placement d'éditions et d'impressions d'objets publicitaires », ainsi que « la prise en régie d'espaces publicitaires », laquelle n'est pas une agence de publicité, n'agit pas en tant qu'intermédiaire et n'est donc pas soumise aux dispositions de la L. du 29 janv. 1993. • Paris, 22 févr. 2001 : *Gaz. Pal. 21-22 nov. 2001, p. 28.*

2. Portée du contrat de mandat. En application des dispositions des art. 20 et 21, le contrat de mandat exclut l'existence de tout contrat, notamment de commission, liant le mandataire au vendeur d'espaces publicitaires. • Paris, 6 oct. 1995 : *D. 1996. IR 268 ; RJ com. 1996. 156, note Hassler.* ♦ Dès lors qu'un contrat de mandat prévoit expressément que l'annonceur réglera l'achat d'espace à l'agence et que celle-ci réglera, après vérification, les factures émises par le vendeur d'espace, l'annonceur ne peut invoquer un quelconque mandat apparent qu'aurait présenté l'agence, celle-ci ayant agi dans la seule application du contrat de mandat. C'est donc à juste titre qu'un tribunal de commerce condamne, à titre provisionnel, un annonceur à payer à un vendeur d'espaces publicitaires le montant du coût des insertions non réglées par l'agence de publicité mise en liquidation judiciaire à laquelle il avait fait appel afin de souscrire des ordres d'insertion relatifs aux espaces publicitaires dans les annuaires officiels de France Télécom. • Même arrêt. – V. aussi • Versailles, 4 févr. 1999 : *JCP E 1999, n° 26, p. 1129.* ♦ Pour une décision rejetant la demande en paiement du solde des achats d'espaces restant dû au support en raison de l'impossibilité pour ce dernier de prouver que les prestations fournies pour l'annonceur avaient ou non été réglées par l'agence de publicité, celle-ci effectuant auprès du support des paiements globaux sans détail des annonceurs ayant payé et des sommes réglées pour chacun d'entre eux, V. • Com. 16 oct. 2001, n° 99-10.684 : *RJDA 2002, n° 323.*

Une agence de publicité chargée par un annonceur, en vertu d'un mandat conçu en des termes généraux, d'effectuer un achat d'espace publicitaire, a valablement pu accepter pour le compte de ce dernier une clause attributive de compétence territoriale dans la mesure où cette clause n'emporte aucune conséquence juridique sur les droits dont disposait l'annonceur. • Paris, 22 mars 2000 : *BRDA 2000, n° 10, p. 12.*

Le contrat concernant une campagne publicitaire conclu par un annonceur avec une agence de publicité ne satisfait pas aux exigences de l'art. 20, dès lors qu'il prévoit de se référer à des documents extérieurs afin de fixer le détail des prestations proposées, le montant de la rémunération de l'agence et les précisions concernant les prestations d'achat d'espaces publicitaires. • Civ. 1re, 24 févr. 1998, n° 95-21.591 P : *D. Affaires 1998. 905, obs. E. P. ; CCC 1998, n° 69, obs. Leveneur ; RJDA 1998, n° 917.* ♦ La L. du 29 janv. 1993 n'interdit pas aux parties de convenir que le prix sera facturé au mandataire. • Com. 30 nov. 2004, n° 02-11.125 : *Gaz. Pal. 2005. Somm. 2209, obs. Biolay.* ♦ S'il résulte de l'art. 20, al. 3, que le vendeur d'espaces publicitaires doit communiquer directement ses factures à l'annonceur, cette obligation n'a pas pour sanction la perte du droit à rémunération dont le vendeur est titulaire à l'encontre de l'annonceur. • Com. 4 oct. 2011, n° 10-24.810 P : *D. 2011. Actu. 2534, obs. Chevrier ; RTD com. 2011. 789, obs. Bouloc ; JCP E 2011, n° 1771 ; CCC 2012, n° 1, obs. Leveneur ; Gaz. Pal. 2012. 1589, obs. Greffe ; RJDA 2011, n° 1077. – Contra,* rejetant la demande de paiement faite par le vendeur d'espaces à l'annonceur, faute pour le vendeur d'établir qu'il avait communiqué directement la facture litigieuse à l'annonceur, ainsi que le lui impose l'art. 20, al. 3, de la loi : • Versailles, 16 oct. 2008 : *RJDA 2009, n° 389.*

3. Mobilisation de créances. La L. du 29 janv. 1993 n'interdit pas à l'agence de publicité de mobiliser les factures émises sur l'annonceur. • Paris, 5 juin 1998 : *JCP E 1998, n° 27, p. 1073.* ♦ Jugeant que, la créance sur les annonceurs détenue par l'agence étant contractuellement certaine, elle pouvait être acceptée par l'affactureur sans qu'il puisse lui être reproché un manquement au devoir de contrôle : • Com. 29 oct. 2002, n° 98-18.953 P : *D. 2002. AJ 3269, obs. Chevrier ; JCP E 2002, n° 50, p. 1988 ; RTD com. 2003. 361, obs. Bouloc ; RJDA 2003, n° 330.*

4. Personne publique. Sur les règles de compétence s'agissant d'un contrat passé entre un EPIC et une régie publicitaire, V. • Civ. 1re, 17 juin 2003, n° 01-17.588 P : *JCP E 2003, n° 36, p. 1358 ; RJDA 2003, n° 1057.*

5. Droit d'auteur. L'art. L. 132-31 CPI ne s'applique pas aux rapports entre l'annonceur et l'agence de publicité, ces dispositions régissant les seuls contrats consentis par l'auteur, personne physique, dans l'exercice de son droit d'exploitation et non ceux que peuvent conclure, avec des sous-exploitants, les cessionnaires ou les personnes investies par la loi sur les œuvres collectives de ce droit. • Civ. 1re, 8 déc. 2009, n° 08-18.360 P : *D. 2010. AJ 89, obs. Daleau ; RTD com. 2010. 118, obs. Pollaud-Dulian ; JCP E 2010, n° 4, p. 31, note Caron* • Paris 19 mai 2010 : *Gaz. Pal. 2010. 2962, obs. Greffe.*

6. Responsabilité. L'action en réparation dirigée contre une agence de publicité qui n'a pas respecté le contenu de l'annonce publicitaire ne relève pas de la responsabilité délictuelle mais de la responsabilité contractuelle, régie par l'art. 1147 [ancien] C. civ. • Aix-en-Provence, 3 juill. 2008 : *BICC 15 févr. 2010, n° 226.* ♦ L'agence n'a pas commis de faute en modifiant unilatéralement le contenu du message, puisqu'elle était tenue de se soumettre à une recommandation du Bureau de vérification de la publicité, qui lui en intimait l'ordre. • Même arrêt.

Art. 21 Le mandataire mentionné au premier alinéa de l'article 20 ne peut ni recevoir d'autre paiement que celui qui lui est versé par son mandant pour la rémunération de l'exercice de son mandat ni aucune rémunération ou avantage quelconque de la part du vendeur.

Rémunération. Il ne saurait être soutenu que les dispositions de l'art. 21 ont été détournées lorsqu'une régie publicitaire consent une remise à un annonceur qui recourt à l'intermédiaire d'une agence de publicité, dès lors que cette remise, dont bénéficie le seul annonceur, n'est que la contrepartie de l'économie de coût commercial réalisée par la régie et ne constitue donc pas la rémunération de l'agence de publicité, cette dernière, librement fixée par l'agence et l'annonceur, pouvant être valablement inférieure ou supérieure au montant de la remise. • Versailles, 4 févr. 1999 : *JCP E 1999, n° 26, p. 1129.*

Art. 22 Le prestataire qui fournit des services de conseil en plan média ou de préconisation de support d'espace publicitaire ne peut recevoir aucune rémunération ni avantage quelconque de la part du vendeur d'espace.

Art. 23 Le vendeur d'espace publicitaire en qualité de support ou de régie rend compte directement à l'annonceur dans le mois qui suit la diffusion du message publicitaire des conditions dans lesquelles les prestations ont été effectuées.

En cas de modification devant intervenir dans les conditions de diffusion du message publicitaire, le vendeur d'espace publicitaire avertit l'annonceur et recueille son accord sur les changements prévus. Il lui rend compte des modifications intervenues.

Dans le cas où l'achat d'espace publicitaire est effectué par l'intermédiaire d'un mandataire, les obligations prévues à l'alinéa précédent incombent tant au vendeur à l'égard du mandataire qu'au mandataire à l'égard de l'annonceur.

(L. nº 2015-990 du 6 août 2015, art. 131-2º) **« Dans le secteur de la publicité digitale, les modalités d'application des obligations de compte rendu définies aux premier et troisième alinéas du présent article sont précisées par décret en Conseil d'État. »** – *V. Décr. nº 2017-159 du 9 févr. 2017, ci-dessous.*

BIBL. ► ROSKIS, *JCP E 2017, nº 1277* (publicité digitale : plus de transparence en matière d'achat d'espaces publicitaires). – BOULET, *CCE 2017. Étude 10* (application de la loi dite « Sapin » aux nouveaux modes de commercialisation des espaces publicitaires). – PERBOST et PHILIPPE, *RJ com. 2017. 339* (la qualification des prestations de publicité digitale : ce que le décret ne dit pas).

Décret nº 2017-159 du 9 février 2017,

Relatif aux prestations de publicité digitale.

Art. 1er Le présent décret s'applique, pour l'application de l'article 23 de la loi du 29 janvier 1993 susvisée *[relative à la prévention de la corruption et à la transparence de la vie économique et des procédures publiques]*, aux prestations de publicité digitale entendues comme celles ayant pour objet la diffusion de messages sur tous supports connectés à internet tels qu'ordinateurs, tablettes, téléphones mobiles, téléviseurs et panneaux numériques.

Art. 2 S'agissant des prestations de publicité digitale mentionnées à l'article 1er, à l'exception de celles définies à l'article 3 ci-dessous, le compte rendu communiqué par le vendeur d'espace publicitaire à l'annonceur précise la date et les emplacements de diffusion des annonces, le prix global de la campagne ainsi que le prix unitaire des espaces publicitaires facturés.

Les sites ou ensemble des sites internet sur lesquels les annonces sont diffusées peuvent être regroupés en fonction de leur nature ou de leurs contenus éditoriaux.

Art. 3 Pour les campagnes de publicité digitale qui s'appuient sur des méthodes d'achat de prestations en temps réel sur des espaces non garantis, notamment par des mécanismes d'enchères, pour lesquelles les critères déterminants de l'achat sont le profil de l'internaute et l'optimisation de la performance du message, le vendeur d'espace*[s]* publicitaire*[s]* communique à l'annonceur un compte rendu comportant au moins les informations suivantes :

1º Au titre des informations permettant de s'assurer de l'exécution effective des prestations et de leurs caractéristiques :

a) L'univers de diffusion publicitaire, entendu comme les sites ou l'ensemble de sites internet qui peuvent être regroupés en fonction de leur nature ou de leurs contenus éditoriaux ;

b) Le contenu des messages publicitaires diffusés ;

c) Les formats utilisés ;

d) Le résultat des prestations au regard du ou des indicateurs de performance convenus lors de l'achat des prestations, tels que le nombre d'affichages publicitaires réalisés (par exemple "impressions", "pages vues"), le nombre d'interactions intervenues entre l'internaute et les affichages publicitaires (par exemple "clics", "actions") ou toute autre unité de mesure justifiant l'exécution des prestations ;

e) Le montant global facturé pour une même campagne publicitaire et le cas échéant tout autre élément, convenu avec l'annonceur, relatif au prix des espaces ;

2º Au titre des informations permettant de s'assurer de la qualité technique des prestations :

a) Les outils technologiques, les compétences techniques ainsi que les prestataires techniques engagés dans la réalisation des prestations ;

b) L'identification des acteurs de conseil, distincts des prestataires de technologie numérique, impliqués dans la réalisation des prestations ;

c) Les résultats obtenus par rapport aux objectifs qualitatifs définis par l'annonceur ou son mandataire avant le lancement de la campagne tels que le ciblage, l'optimisation, ou l'efficacité ;

3º Au titre des informations sur les moyens mis en œuvre pour protéger l'image de la marque de l'annonceur, toutes les mesures mises en œuvre, y compris les outils technologiques, pour éviter la diffusion de messages publicitaires sur des supports illicites ou dans des univers de diffusion signalés par l'annonceur comme étant préjudiciables à l'image de sa marque et à sa réputation ;

4° Le cas échéant, les conditions de mise en œuvre des engagements souscrits dans le cadre de chartes de bonnes pratiques applicables au secteur de la publicité digitale.

En outre l'annonceur pourra avoir accès aux outils de compte rendu mis le cas échéant à la disposition du mandataire.

Art. 4 Les dispositions du présent décret ne s'appliquent pas aux vendeurs d'espaces publicitaires établis dans un autre État membre de l'Union européenne ou partie à l'Espace économique européen lorsqu'ils sont soumis, en application de dispositions du droit national de cet État, à des obligations équivalentes en matière de compte rendu.

Art. 5 Les dispositions du présent décret sont applicables le 1er janvier 2018.

Art. 24 Toute personne qui fournit des services de conseil en plan média ou de préconisation de support d'espace publicitaire doit indiquer dans ses conditions générales de vente les liens financiers qu'elle entretient ou que son groupe entretient avec des vendeurs mentionnés à l'article 20, en précisant le montant de ces participations. — *Sur les sanctions, V. art. 25.*

Art. 25 1° Est puni d'une amende de 30 000 € le fait :

a) Pour tout annonceur ou tout intermédiaire de ne pas rédiger de contrat écrit conforme aux dispositions des deux premiers alinéas de l'article 20 ;

b) Pour la personne qui fournit des services de conseil en plan média ou de préconisation de support d'espace publicitaire, de ne pas indiquer dans ses conditions générales de vente les informations prévues à l'article 24.

2° Est puni des sanctions prévues *(Ord. n° 2019-698 du 3 juill. 2019, art. 13)* « à l'article L. 4419 *[L. 441-9]* » du code de commerce, le fait pour un vendeur de ne pas communiquer directement la facture à l'annonceur conformément aux dispositions du troisième alinéa de l'article 20.

3° Est puni d'une amende de 300 000 € le fait :

a) Pour toute personne qui fournit des services de conseil en plan média ou de préconisation de support d'espace publicitaire, de préconiser ou de réaliser un achat d'espace publicitaire, pour le compte d'un annonceur, auprès d'un vendeur d'espace publicitaire avec lequel elle entretient ou avec lequel son groupe entretient des liens financiers, en donnant sciemment à cet annonceur des informations fausses ou trompeuses sur les caractéristiques ou sur le prix de vente de l'espace publicitaire du support préconisé ou des supports qui lui sont substituables ;

b) Pour tout mandataire mentionné à l'article 20, de recevoir une rémunération ou un avantage quelconque d'autres personnes que son mandant ;

c) Pour tout vendeur mentionné à l'article 20, d'accorder une rémunération ou un avantage quelconque au mandataire ou au prestataire de l'annonceur ;

d) Pour toute personne qui fournit des services de conseil en plan média ou de préconisation de support d'espace publicitaire, de recevoir une rémunération ou un avantage quelconque de la part du vendeur d'espace publicitaire.

Pour les infractions prévues aux 1°, 2° et 3° ci-dessus, les personnes morales peuvent être déclarées responsables, conformément à l'article 121-2 du code pénal. Elles encourent également la peine d'exclusion des marchés publics, pour une durée de cinq ans au plus, en application du 5° de l'article 131-39 du code pénal.

(L. n° 2011-525 du 17 mai 2011, art. 177-II) « Les fonctionnaires désignés à l'article L. 450-1 du code de commerce peuvent procéder aux enquêtes nécessaires à l'application du présent chapitre selon les modalités prévues aux articles L. 450-2 à L. 450-4, L. 450-7 et L. 450-8 du même code. »

Art. 26 Pour l'application des articles 20 à 25 de la présente loi, la régie publicitaire est considérée comme vendeur d'espace.

Le mandataire mentionné à l'article 20 n'est pas considéré comme agent commercial au sens de l'article 1er de la loi n° 91-593 du 25 juin 1991 relative aux rapports entre les agents commerciaux et leurs mandants *[C. com., art. L. 134-1]*.

L'expression "achat d'espace publicitaire" n'a pas pour effet de limiter la responsabilité du directeur de publication établie par la loi du 29 juillet 1881 sur la liberté de la presse.

Régie publicitaire. Après avoir rappelé que, selon l'art. 20 de la L. n° 93-122 du 29 janv. 1993, tout achat d'espace publicitaire sur quelque support que ce soit ou de prestations ayant pour objet l'édition ou la distribution d'imprimés publicitaires ne peut être réalisé par un intermédiaire que pour le compte d'un annonceur et dans le cadre d'un contrat écrit de mandat et que l'art. 26 de la même loi dispose que, pour l'application de l'art. 20, la régie publicitaire est considérée comme vendeur d'espaces, l'arrêt énonce exactement que la loi n'édicte aucune condition d'exclusivité entre le support et le prestataire pour définir le régime de la régie publicitaire. • Com. 22 sept. 2021, n° 20-13.214 : *RJDA 2022, n° 177.*

Art. 27 Les dispositions du présent chapitre *[des art. 20 à 28 de la loi n° 93-122 du 29 janv. 1993]* **s'appliquent quel que soit le lieu d'établissement de l'intermédiaire, dès lors que le message publicitaire est réalisé au bénéfice d'une entreprise française et qu'il est principalement reçu sur le territoire français.**

Application territoriale. Jugeant que les deux critères exposés à l'art. 27 sont cumulatifs et que le contrat écrit de mandat n'a donc pas lieu de s'appliquer lorsque l'annonceur est une société située à l'étranger, V. • Versailles, 6 mai 2003 : *Gaz. Pal. 2003. Somm. 3988, obs. Saya-Salvador ; RJDA 2003, n° 1133.*

V. Circ. 28 oct. 1993 relative aux modalités d'application de la loi n° 93-122 du 29 janv. 1993 à la publicité financière dans la presse écrite (JO 23 nov.).

Loi n° 2004-575 du 21 juin 2004,

Pour la confiance dans l'économie numérique.

BIBL. GÉN. ▸ Colloque, *LPA 6 févr. 2004* (internet, commerce et droit). – Grunbaum, *D. 2004. 2213* (loi économie numérique). – Sauphanor-Brouillaud, *RDBF 2004. 284* (démarchage et publicité en ligne du crédit à la consommation). – Numéro spécial, *CCE sept. 2004*. – Coblence, *ibid. Chron. 25* (statut de la publicité dans la loi LCEN). – Mathey, *CCC 2004. Chron. 13*. – Verbiest et Wéry, *D. 2004. 2981* (commerce électronique par téléphonie mobile : m-commerce). – Caprioli et Agosti, *LPA 3 juin 2005* (confiance dans l'économie numérique).

Art. 20 Toute publicité, sous quelque forme que ce soit, accessible par un service de communication au public en ligne, doit pouvoir être clairement identifiée comme telle. Elle doit rendre clairement identifiable la personne physique ou morale pour le compte de laquelle elle est réalisée.

L'alinéa précédent s'applique sans préjudice des dispositions réprimant *(L. n° 2008-3 du 3 janv. 2008, art. 39-V)* **« les pratiques commerciales trompeuses » prévues** *(Ord. n° 2016-301 du 14 mars 2016, art. 2, en vigueur le 1er juill. 2016)* **« aux articles L. 121-2 et L. 121-3** *[ancienne rédaction : à l'article L. 121-1]* **» du code de la consommation.**

Identification d'une publicité. Le cheminement comportant la nécessité d'ouvrir plusieurs fenêtres, notamment en cliquant sur des rubriques comme « Qui sommes-nous ? » ou « plus d'explications sur les résultats », est incompatible avec les dispositions de l'art. 20 et revêt un caractère manifestement illicite. • Com. 29 nov. 2011, n° 09-13.223 : *RJDA 2012, n° 344.* – V. aussi • Com. 4 déc. 2012, n° 11-27.729 P : *D. actu. 13 déc. 2012, obs. Manara ; JCP E 2013, n° 1040 ; CCC 2013, n° 68, obs. Raymond ; RJDA 2013, n° 270.*

Art. 22 I. – **L'article L. 33-4-1 du code des postes et télécommunications** *[code des postes et des communications électroniques]* **est ainsi rédigé :** – *L'art. L. 33-4-1 CPCE, issu de la loi n° 2004-575 du 21 juin 2004, art. 22-I, a été renuméroté L. 34-5 par la loi n° 2004-669 du 9 juill. 2004, art. 10-I.*

Art. L. 34-5 [ancien art. L. 33-4-1] *(Ord. n° 2011-1012 du 24 août 2011, art. 8-I)* « Est interdite la prospection directe au moyen de *(L. n° 2014-344 du 17 mars 2014, art. 115)* « système automatisé *[systèmes automatisés]* de communications électroniques au sens du 6° de l'article L. 32 », d'un télécopieur ou de courriers électroniques utilisant les coordonnées d'une personne physique, abonné ou utilisateur, qui n'a pas exprimé préalablement son consentement à recevoir des prospections directes par ce moyen. »

Pour l'application du présent article, on entend par consentement toute manifestation de volonté libre, spécifique et informée par laquelle une personne accepte que des données à caractère personnel la concernant soient utilisées à fin de prospection directe.

Constitue une prospection directe l'envoi de tout message destiné à promouvoir, directement ou indirectement, des biens, des services ou l'image d'une personne vendant des biens ou fournissant des services. *(L. n° 2014-344 du 17 mars 2014, art. 115)* « Pour l'application du présent article, les appels et messages ayant pour objet d'inciter l'utilisateur ou l'abonné à appeler un numéro surtaxé ou à envoyer un message textuel surtaxé relèvent également de la prospection directe. »

Toutefois, la prospection directe par courrier électronique est autorisée si les coordonnées du destinataire ont été recueillies *(Abrogé par Ord. n° 2011-1012 du 24 août 2011, art. 8-II)* « *directement* » auprès de lui, dans le respect des dispositions de la loi n° 78-17 du 6 janvier 1978 relative à l'informatique, aux fichiers et aux libertés, à l'occasion d'une vente ou d'une prestation de services, si la prospection directe concerne des produits ou services analogues fournis par la même personne physique ou morale, et si le destinataire se voit offrir, de manière expresse et dénuée d'ambiguïté, la possibilité de s'opposer, sans frais, hormis ceux liés à la transmission du refus, et de manière simple, à l'utilisation de ses coordonnées *(Ord. n° 2011-1012 du 24 août 2011, art. 8-II)* « au moment où elles » sont recueillies et chaque fois qu'un courrier électronique de prospection lui est adressé *(Ord. n° 2011-1012 du 24 août 2011, art. 8-II)* « au cas où il n'aurait pas refusé d'emblée une telle exploitation ».

Dans tous les cas, il est interdit d'émettre, à des fins de prospection directe, des messages au moyen de *(L. n° 2014-344 du 17 mars 2014, art. 115)* « système automatisé *[systèmes automatisés]* de communications électroniques au sens du 6° de l'article L. 32 », télécopieurs et courriers électroniques, sans indiquer de coordonnées valables auxquelles le destinataire puisse utilement transmettre une demande tendant à obtenir que ces communications cessent sans frais autres que ceux liés à la transmission de celle-ci. Il est également interdit de dissimuler l'identité de la personne pour le compte de laquelle la communication est émise et de mentionner un objet sans rapport avec la prestation ou le service proposé.

La Commission nationale de l'informatique et des libertés veille, pour ce qui concerne la prospection directe utilisant les coordonnées *(Ord. n° 2011-1012 du 24 août 2011, art. 8-IV)* « d'un abonné ou » d'une personne physique, au respect des dispositions du présent article en utilisant les compétences qui lui sont reconnues par la loi n° 78-17 du 6 janvier 1978 précitée. A cette fin, elle peut notamment recevoir, par tous moyens, les plaintes relatives aux *(L. n° 2014-344 du 17 mars 2014, art. 115)* « manquements » aux dispositions du présent article.

(Ord. n° 2016-301 du 14 mars 2016, art. 13, en vigueur le 1er juill. 2016) « Les manquements aux dispositions du présent article sont recherchés et constatés par les agents mentionnées aux articles L. 511-3 et L. 511-21 du code de la consommation, dans les conditions prévues à l'article L. 511-5 du même code. »

(L. n° 2014-344 du 17 mars 2014, art. 115) « Sous réserve qu'il n'ait pas été fait application de l'article L. 36-11 et en vue d'assurer la protection du consommateur, les manquements au présent article sont sanctionnés par une amende administrative, prononcée par l'autorité administrative chargée de la concurrence et de la consommation dans les conditions prévues *(Ord. n° 2016-301 du 14 mars 2016, art. 13, en vigueur le 1er juill. 2016)* « au chapitre II du titre II du livre V *[ancienne rédaction : à l'article L. 141-1-2]* » du code de la consommation, dont le montant ne peut excéder 3 000 € pour une personne physique et 15 000 € pour une personne morale.

« Lorsque l'autorité mentionnée au huitième alinéa du présent article a prononcé une amende administrative en application du même présent article, l'autorité mentionnée à l'article L. 36-11 veille, si elle prononce à son tour une sanction, à ce que le montant global des sanctions prononcées contre la même personne à raison des mêmes faits n'excède pas le maximum légal le plus élevé. »

Un décret en Conseil d'État précise en tant que de besoin les conditions d'application du présent article, notamment eu égard aux différentes technologies utilisées.

II. et III. — *[...]*

1. Adresse électronique. Le fait d'identifier des adresses électroniques et de les utiliser, même sans les enregistrer dans un fichier, pour les adresser à leurs titulaires constitue une collecte déloyale de données nominatives. • Crim. 14 mars 2006, n° 05-83.423 P : *D. 2006. IR 1066 ; RTD com. 2006. 925, obs. Bouloc ; AJ pénal 2006. 260, obs. Roussel ; JCP 2006. IV. 1819 ; Gaz. Pal. 2006. 2815, obs. Bensoussan-Brule ; CCE 2006, n° 131, obs. Lepage ; RJDA 2006, n° 982.*

2. Prospection par télécopie. Doit être sanctionnée la société qui n'apporte aucune garantie permettant d'établir qu'elle collectait et traitait les données à caractère personnel de manière loyale et licite ; qui n'apporte aucun élément de réponse attestant qu'elle aurait cessé toute prospection commerciale par télécopie auprès de personnes physiques n'ayant pas préalablement donné leur accord pour être démarchées ; n'avait procédé à l'accomplissement d'aucune formalité préalable ; ne garantissait pas la prise en compte automatique et immédiate des demandes d'opposition. • Délib. CNIL n° 2007-352 du 22 nov. 2007 : *RJDA 2008, n° 956.*

Code de la consommation

(Ord. n° 2016-301 du 14 mars 2016, en vigueur le 1er juill. 2016)

Pratiques commerciales interdites

Pratiques commerciales trompeuses

RÉP. COM. v° *Publicité fausse ou de nature à induire en erreur – Publicité comparative*, par CARREAU.

BIBL. GÉN. ► Loi n° 2008-3 du 3 janv. 2008 : MONTFORT, *RLDA janv. 2008. 53* (loyauté des pratiques commerciales : concurrents, agissez en cessation !). – NDLR, *BRDA 2008, n° 2, p. 20* (pratiques commerciales trompeuses). – Fournier, *Dr. pénal 2008. Étude 4* (de la publicité fausse aux pratiques commerciales trompeuses). – Raymond, *JCP E 2008, n° 12-13, p. 17, spéc. p. 19 ; CCC 2008. Étude 3* (les modifications au droit de la consommation apportées par la loi n° 2008-3 du 3 janv. 2008). – Cannarsa, *JCP 2008. I. 180* (le droit commun à la rencontre du droit de la consommation). – Lasserre Capdeville, *LPA 21 nov. 2008* (substitution du délit de pratiques commerciales trompeuses au délit de publicité fausse ou de nature à induire en erreur). – Genty, *Journ. sociétés 9/2010. 20* (pratiques commerciales trompeuses).

Pour des annotations de jurisprudence et de bibliographie relatives aux pratiques commerciales trompeuses et à la publicité trompeuse, V. ***C. consom.***

Sur les pratiques commerciales déloyales, V. C. consom., L. 121-1, v° Concurrence, ss. L. n° 63-628 du 2 juill. 1963, art. 2. — Sur les pratiques commerciales agressives, V. C. consom., art. L. 121-6 et L. 121-7, v° Ventes commerciales (Dispositions générales).

V. aussi Dir. 2005/29/CE du Parlement européen et du Conseil du 11 mai 2005 relative aux pratiques commerciales déloyales des entreprises vis-à-vis des consommateurs. — ***C. consom.***

Art. L. 121-2 **Une pratique commerciale est trompeuse si elle est commise dans l'une des circonstances suivantes :**

1° Lorsqu'elle crée une confusion avec un autre bien ou service, une marque, un nom commercial ou un autre signe distinctif d'un concurrent ;

2° Lorsqu'elle repose sur des allégations, indications ou présentations fausses ou de nature à induire en erreur et portant sur l'un ou plusieurs des éléments suivants :

***a)* L'existence, la disponibilité ou la nature du bien ou du service ;**

***b)* Les caractéristiques essentielles du bien ou du service, à savoir : ses qualités substantielles, sa composition, ses accessoires, son origine** *(L. n° 2021-1104 du 22 août 2021, art. 4)* **« , notamment au regard des règles justifiant l'apposition des mentions "fabriqué en France" ou "origine France" ou de toute mention, signe ou symbole équivalent, au sens du code des douanes de l'Union sur l'origine non préférentielle des produits », sa quantité, son mode et sa date de fabrication, les conditions de son utilisation et son aptitude à l'usage, ses propriétés et les résultats attendus de son utilisation,** *(L. n° 2021-1104 du 22 août 2021, art. 10)* **« notamment son impact environnemental, » ainsi que les résultats et les principales caractéristiques des tests et contrôles effectués sur le bien ou le service ;**

***c)* Le prix ou le mode de calcul du prix, le caractère promotionnel du prix** *(Ord. n° 2021-1734 du 22 déc. 2021, art. 3, en vigueur le 28 mai 2022)* **« [,] notamment les réductions de prix au sens du I de l'article L. 112-1-1, les comparaisons de prix » et les conditions de vente, de paiement et de livraison du bien ou du service ;**

***d)* Le service après-vente, la nécessité d'un service, d'une pièce détachée, d'un remplacement ou d'une réparation ;**

***e)* La portée des engagements de l'annonceur** *(L. n° 2021-1104 du 22 août 2021, art. 10)* **« , notamment en matière environnementale », la nature, le procédé ou le motif de la vente ou de la prestation de services ;**

***f)* L'identité, les qualités, les aptitudes et les droits du professionnel ;**

***g)* Le traitement des réclamations et les droits du consommateur ;**

3° Lorsque la personne pour le compte de laquelle elle est mise en œuvre n'est pas clairement identifiable ;

(Ord. n° 2021-1734 du 22 déc. 2021, art. 3, en vigueur le 28 mai 2022) **« 4° Lorsqu'un bien est présenté comme étant identique à un bien commercialisé dans un ou plusieurs autres États membres alors qu'il a une composition ou des caractéristiques différentes. »**

Art. L. 121-3 **Une pratique commerciale est également trompeuse si, compte tenu des limites propres au moyen de communication utilisé et des circonstances qui l'entourent, elle omet, dissimule ou fournit de façon inintelligible, ambiguë ou à contretemps une information substantielle ou lorsqu'elle n'indique pas sa véritable intention commerciale dès lors que celle-ci ne ressort pas déjà du contexte.**

Lorsque le moyen de communication utilisé impose des limites d'espace ou de temps, il y a lieu, pour apprécier si des informations substantielles ont été omises, de tenir compte de ces limites ainsi que de toute mesure prise par le professionnel pour mettre ces informations à la disposition du consommateur par d'autres moyens.

Dans toute communication commerciale constituant une invitation *(L. n° 2017-203 du 21 févr. 2017, art. 5)* **« à l'achat » et destinée au consommateur mentionnant le prix et les caractéristiques du bien ou du service proposé, sont considérées comme substantielles les informations suivantes :**

1° Les caractéristiques principales du bien ou du service ;

2° L'adresse et l'identité du professionnel ;

3° Le prix toutes taxes comprises et les frais de livraison à la charge du consommateur, ou leur mode de calcul, s'ils ne peuvent être établis à l'avance ;

(Ord. n° 2021-1734 du 22 déc. 2021, art. 3, en vigueur le 28 mai 2022) « 4° Les modalités de paiement, de livraison et d'exécution, dès lors qu'elles sont différentes de celles habituellement pratiquées dans le domaine d'activité professionnelle concerné *[ancienne rédaction : 4° Les modalités de paiement, de livraison, d'exécution et de traitement des réclamations des consommateurs, dès lors qu'elles sont différentes de celles habituellement pratiquées dans le domaine d'activité professionnelle concerné]* ; »

5° L'existence d'un droit de rétractation, si ce dernier est prévu par la loi ;

(Ord. n° 2021-1734 du 22 déc. 2021, art. 3, en vigueur le 28 mai 2022) « 6° La qualité de professionnel ou non du vendeur qui propose des produits sur une place de marché, telle qu'elle a été déclarée à l'opérateur de la place de marché en ligne.

« Lorsque le consommateur peut rechercher des produits offerts par différents professionnels ou par des particuliers à partir d'une requête consistant en un mot clé, une phrase ou la saisie d'autres données, sont réputées substantielles les informations mises à sa disposition concernant les principaux paramètres qui déterminent le classement des produits qui lui sont présentés et leur ordre d'importance. Ces informations doivent figurer dans une rubrique spécifique de l'interface en ligne, directement et aisément accessible à partir de la page sur laquelle les résultats de la requête sont présentés.

« Lorsqu'un professionnel donne accès à des avis de consommateurs sur des produits, les informations permettant d'établir si et comment le professionnel garantit que les avis publiés émanent de consommateurs ayant effectivement utilisé ou acheté le produit sont réputées substantielles. »

Art. L. 121-4 Sont réputées trompeuses, au sens des articles L. 121-2 et L. 121-3, les pratiques commerciales qui ont pour objet :

1° Pour un professionnel, de se prétendre signataire d'un code de conduite alors qu'il ne l'est pas ;

2° D'afficher un certificat, un label de qualité ou un équivalent sans avoir obtenu l'autorisation nécessaire ;

3° D'affirmer qu'un code de conduite a reçu l'approbation d'un organisme public ou privé alors que ce n'est pas le cas ;

4° D'affirmer qu'un professionnel, y compris à travers ses pratiques commerciales ou qu'un produit ou service a été agréé, approuvé ou autorisé par un organisme public ou privé alors que ce n'est pas le cas ou de ne pas respecter les conditions de l'agrément, de l'approbation ou de l'autorisation reçue ;

5° De proposer l'achat de produits ou la fourniture de services à un prix indiqué sans révéler les raisons plausibles que pourrait avoir le professionnel de penser qu'il ne pourra fournir lui-même ou faire fournir par un autre professionnel, les produits ou services en question ou des produits ou services équivalents au prix indiqué, pendant une période et dans des quantités qui soient raisonnables compte tenu du produit ou du service, de l'ampleur de la publicité faite pour le produit ou le service et du prix proposé ;

6° De proposer l'achat de produits ou la fourniture de services à un prix indiqué, et ensuite :

a) De refuser de présenter aux consommateurs l'article ayant fait l'objet de la publicité ;

b) Ou de refuser de prendre des commandes concernant ces produits ou ces services ou de les livrer ou de les fournir dans un délai raisonnable ;

c) Ou d'en présenter un échantillon défectueux, dans le but de faire la promotion d'un produit ou d'un service différent ;

7° De déclarer faussement qu'un produit ou un service ne sera disponible que pendant une période très limitée ou qu'il ne sera disponible que sous des conditions particulières pendant une période très limitée afin d'obtenir une décision immédiate et priver les consommateurs d'une possibilité ou d'un délai suffisant pour opérer un choix en connaissance de cause ;

8° De s'engager à fournir un service après-vente aux consommateurs avec lesquels le professionnel a communiqué avant la transaction dans une langue qui n'est pas une langue officielle de l'État membre de l'Union européenne dans lequel il est établi et, ensuite, assurer ce service uniquement dans une autre langue sans clairement en informer le consommateur avant que celui-ci ne s'engage dans la transaction ;

9° De déclarer ou de donner l'impression que la vente d'un produit ou la fourniture d'un service est licite alors qu'elle ne l'est pas ;

10° De présenter les droits conférés au consommateur par la loi comme constituant une caractéristique propre à la proposition faite par le professionnel ;

11° D'utiliser un contenu rédactionnel dans les médias pour faire la promotion d'un produit ou d'un service alors que le professionnel a financé celle-ci lui-même, sans l'indiquer clairement dans le contenu ou à l'aide d'images ou de sons clairement identifiables par le consommateur ;

12° De formuler des affirmations matériellement inexactes en ce qui concerne la nature et l'ampleur des risques auxquels s'expose le consommateur sur le plan de sa sécurité personnelle ou de celle de sa famille s'il n'achète pas le produit ou le service ;

13° De promouvoir un produit ou un service similaire à celui d'un autre fournisseur clairement identifié, de manière à inciter délibérément le consommateur à penser que le produit ou le service provient de ce fournisseur alors que tel n'est pas le cas ;

14° De déclarer que le professionnel est sur le point de cesser ses activités ou de les établir ailleurs alors que tel n'est pas le cas ;

15° D'affirmer d'un produit ou d'un service qu'il augmente les chances de gagner aux jeux *(Ord. n° 2019-1015 du 2 oct. 2019, art. 28, en vigueur le 1er janv. 2020)* « d'argent et de hasard » ;

16° D'affirmer faussement qu'un produit ou une prestation de services est de nature à guérir des maladies, des dysfonctionnements ou des malformations ;

17° De communiquer des informations matériellement inexactes sur les conditions de marché ou sur les possibilités de trouver un produit ou un service, dans le but d'inciter le consommateur à acquérir celui-ci à des conditions moins favorables que les conditions normales de marché ;

18° D'affirmer, dans le cadre d'une pratique commerciale, qu'un concours est organisé ou qu'un prix peut être gagné sans attribuer les prix décrits ou un équivalent raisonnable ;

19° De décrire un produit ou un service comme étant "gratuit", "à titre gracieux", "sans frais" ou autres termes similaires si le consommateur doit payer quoi que ce soit d'autre que les coûts inévitables liés à la réponse à la pratique commerciale et au fait de prendre possession ou livraison de l'article ;

20° D'inclure dans un support publicitaire une facture ou un document similaire demandant paiement qui donne au consommateur l'impression qu'il a déjà commandé le produit ou le service commercialisé alors que tel n'est pas le cas ;

21° De faussement affirmer ou donner l'impression que le professionnel n'agit pas à des fins qui entrent dans le cadre de son activité commerciale, industrielle, artisanale, libérale ou agricole ou de se présenter faussement comme un consommateur ;

22° De créer faussement l'impression que le service après-vente en rapport avec un produit ou un service est disponible dans un État membre de l'Union européenne autre que celui dans lequel le produit ou le service est vendu ;

(L. n° 2020-105 du 10 févr. 2020, art. 12) « 23° Dans une publicité, de donner l'impression, par des opérations de promotion coordonnées à l'échelle nationale, que le consommateur bénéficie d'une réduction de prix comparable à celle des soldes, tels que définis à l'article L. 310-3 du code de commerce, en dehors de leur période légale mentionnée au même article L. 310-3 » ;

(L. n° 2021-1357 du 18 oct. 2021, art. 12) « 24° De faire figurer un drapeau français, une carte de France ou tout symbole représentatif de la France sur les emballages alimentaires lorsque les ingrédients primaires définis par le règlement (UE) n° 1169/2011 du Parlement européen et du Conseil du 25 octobre 2011 concernant l'information des consommateurs sur les denrées alimentaires, modifiant les règlements (CE) n° 1924/2006 et (CE) n° 1925/2006 du Parlement européen et du Conseil et abrogeant la directive 87/250/CEE de la Commission, la directive 90/496/CEE du Conseil, la directive 1999/10/CE de la Commission, la directive 2000/13/CE du Parlement européen et du Conseil, les directives 2002/67/CE et 2008/5/CE de la Commission et le règlement (CE) n° 608/2004 de la Commission ne sont pas d'origine française.

« Par dérogation au 24° du présent article, sont exclus du dispositif les ingrédients primaires dont l'origine française est difficile, voire impossible à garantir, car issus de filières non productrices en France ou dont la production est manifestement insuffisante sur le territoire » ;

(Ord. n° 2021-1734 du 22 déc. 2021, art. 3, en vigueur le 28 mai 2022) « 25° De fournir des résultats de recherche en réponse à une requête réalisée en ligne par un consommateur sans l'informer clairement de tout paiement effectué spécifiquement par un tiers pour obtenir un meilleur classement de l'un ou de plusieurs des produits apparaissant dans les résultats de recherche ou pour qu'un ou plusieurs produits y apparaissent ;

« 26° De revendre des billets pour des manifestations à des consommateurs lorsque le professionnel les a acquis en utilisant un moyen automatisé lui permettant de contourner toute limite imposée au nombre de billets qu'une personne peut acheter ou toute interdiction applicable à l'achat de billets ;

« 27° D'affirmer que des avis sur un produit sont diffusés par des consommateurs qui ont effectivement utilisé ou acheté le produit sans avoir pris les mesures nécessaires pour le vérifier ;

« 28° De diffuser ou faire diffuser par une autre personne morale ou physique des *[de]* faux avis ou de fausses recommandations de consommateurs ou modifier des avis de consommateurs ou des recommandations afin de promouvoir des produits. »

BIBL. ▶ NDLR, *BRDA 2008, n° 18, p. 11* (LME : mesures en droit de la consommation). – Bruschi, *RLDA nov. 2008. 37* (renforcement de la protection des consommateurs). – Rochfeld, *RTD civ. 2008. 732* (du droit de la consommation au droit de la régulation du marché : des dangers des listes et de l'harmonisation maximale). – Pérès, *RDC 2008. 1083* (les pratiques commerciales trompeuses sur les sources du droit des contrats). – Ambroise-Castérot, *AJ pénal 2009. 22* (les nouvelles pratiques commerciales déloyales après la loi LME du 4 août 2008). – Lagarde, *LPA 23 févr. 2009* (observations sur le volet consommation de la LME). – Fenouillet, *RDC 2009. 128* (LME et réforme du droit des pratiques commerciales déloyales).

Art. L. 121-5 Les dispositions des articles L. 121-2 *(L. n° 2017-203 du 21 févr. 2017, art. 6)* « à » L. 121-4 sont également applicables aux pratiques qui visent les professionnels *(L. n° 2017-203 du 21 févr. 2017, art. 6)* « et les non-professionnels ».

……………………………………………………………………………………………

Art. L. 132-1 A *(Ord. n° 2021-1734 du 22 déc. 2021, art. 5, en vigueur le 28 mai 2022)* Sans préjudice de l'allocation de dommages et intérêts, une amende civile peut être prononcée, à la suite d'une demande d'assistance mutuelle prévue par l'article L. 511-10 portant sur une infraction de grande ampleur ou de grande ampleur à l'échelle de l'Union européenne, en application de l'article 21 du règlement (UE) 2017/2394 du Parlement européen et du Conseil du 12 décembre 2017 sur la coopération entre les autorités nationales chargées de veiller à l'application de la législation en matière de protection des consommateurs, à l'encontre d'un professionnel qui a recours, de manière continue, à une pratique commerciale reconnue déloyale, au sens de l'article L. 121-1, autre que l'une de celles mentionnées au quatrième alinéa de cet article, par une décision de justice devenue définitive à son égard.

Une amende civile peut également être prononcée, dans les mêmes conditions, à l'encontre d'un professionnel qui a recours, de manière continue, à une pratique commerciale reconnue déloyale, au sens de l'article L. 121-1, autre que l'une de celles mentionnées au quatrième alinéa de cet article, par une décision du Conseil d'État ou un avis rendu en application de l'article L. 113-1 du code de justice administrative, ou un arrêt de la Cour de cassation ou un avis rendu en application de l'article L. 441-1 du code de l'organisation judiciaire.

L'autorité administrative chargée de la concurrence et de la consommation, agissant sur le fondement de l'article L. 524-2 ou intervenant à l'instance, les associations de défense des consommateurs, agissant sur le fondement des articles L. 621-7, L. 621-9, L. 622-1 et L. 623-1, le ministère public ou le consommateur peuvent demander à la juridiction saisie de prononcer une amende civile dont le montant ne peut excéder 300 000 euros.

Ce montant peut être porté, de manière proportionnée aux avantages tirés des pratiques en cause, à 4 % du chiffre d'affaires moyen annuel, calculé sur les trois derniers chiffres d'affaires annuels connus à la date de la décision. A défaut d'information disponible pour calculer l'amende sur le fondement du chiffre d'affaires, son montant peut être porté à deux millions d'euros.

La juridiction peut ordonner la publication, la diffusion ou l'affichage de sa décision ou *d'un extrait de celle-ci* selon les modalités qu'elle précise. Elle peut ordonner l'insertion de la décision ou de l'extrait de celle-ci dans le rapport établi sur les opérations de l'exercice par les gérants, le conseil d'administration ou le directoire de l'entreprise. Les frais sont supportés par la personne condamnée.

Art. L. 132-1 Le délit de pratique commerciale trompeuse défini aux articles L. 121-2 à L. 121-4 est constitué dès lors que la pratique est mise en œuvre ou qu'elle produit ses effets en France.

Art. L. 132-2 Les pratiques commerciales trompeuses mentionnées aux articles L. 121-2 à L. 121-4 sont punies d'un emprisonnement de deux ans et d'une amende de 300 000 euros.

Le montant de l'amende peut être porté, de manière proportionnée aux avantages tirés du délit, à 10 % du chiffre d'affaires moyen annuel, calculé sur les trois derniers chiffres d'affaires annuels connus à la date des faits, ou à 50 % des dépenses engagées pour la réalisation de la publicité ou de la pratique constituant ce délit. *(L. n° 2021-1104 du 22 août 2021, art. 11)* « Ce taux est porté à 80 % dans le cas des pratiques commerciales trompeuses mentionnées aux *b* et *e* du 2° de l'article L. 121-2 lorsqu'elles reposent sur des allégations en matière environnementale. »

Art. L. 132-3 Les personnes physiques coupables du délit puni à l'article L. 132-2 encourent également à titre de peines complémentaires l'interdiction, suivant les modalités prévues à l'article 131-27 du code pénal, soit d'exercer une fonction publique ou d'exercer l'activité professionnelle ou sociale dans l'exercice ou à l'occasion de l'exercice de laquelle l'infraction a été commise, soit d'exercer une profession commerciale ou industrielle, de diriger, d'administrer, de gérer ou de contrôler à un titre quelconque, directement ou indirectement, pour leur propre compte ou pour le compte d'autrui, une entreprise commerciale ou industrielle ou une société commerciale.

Ces interdictions d'exercice ne peuvent excéder une durée de cinq ans. Elles peuvent être prononcées cumulativement.

Les personnes morales déclarées responsables pénalement, dans les conditions prévues à l'article 121-2 du code pénal, du délit puni à l'article L. 132-2 encourent, outre l'amende suivant les modalités prévues à l'article 131-38 du code pénal, les peines prévues aux 2° à 9° de l'article 131-39 du même code.

L'interdiction mentionnée au 2° du même article 131-39 porte sur l'activité dans l'exercice ou à l'occasion de l'exercice de laquelle l'infraction a été commise. Les peines prévues aux 2° à 7° de cet article ne peuvent être prononcées que pour une durée de cinq ans au plus.

Art. L. 132-4 En cas de condamnation, le tribunal *(L. n° 2018-938 du 30 oct. 2018, art. 20)* « ordonne », par tous moyens appropriés, l'affichage ou la diffusion de l'intégralité ou d'une partie de la décision ou d'un communiqué informant le public des motifs et du dispositif de celle-ci. Il peut, de plus, ordonner la diffusion, aux frais de la personne condamnée, d'une ou de plusieurs annonces rectificatives.

Le jugement fixe les termes de ces annonces et les modalités de leur diffusion et impartit à la personne condamnée un délai pour y faire procéder.

En cas de carence, il est procédé à cette diffusion à la diligence du ministère public aux frais de la personne condamnée.

Art. L. 132-5 Le défaut d'exécution dans le délai imparti des annonces rectificatives prévues à l'article L. 132-4 est puni d'un emprisonnement de deux ans et d'une amende de 300 000 euros.

Art. L. 132-6 Pour l'application des articles L. 132-2 et L. 132-3 le tribunal peut demander tant aux parties qu'à l'annonceur la communication de tous documents utiles.

En cas de refus, il peut ordonner la saisie de ces documents ou toute mesure d'instruction appropriée.

Il peut en outre prononcer une astreinte pouvant atteindre 4 500 euros par jour de retard à compter de la date qu'il a retenue pour la production de ces documents.

Art. L. 132-7 Le refus de communication des éléments de justification ou des publicités diffusées dans les conditions prévues à l'article L. 132-6 est puni d'un emprisonnement de deux ans et d'une amende de 300 000 euros.

Art. L. 132-8 La cessation de la pratique commerciale trompeuse peut être ordonnée par le juge d'instruction ou par le tribunal saisi des poursuites, soit sur réquisition du ministère public, soit d'office. La mesure ainsi prise est exécutoire nonobstant toutes voies de recours. Mainlevée peut en être donnée par la juridiction qui l'a ordonnée ou qui est saisie du dossier. La mesure cesse d'avoir effet en cas de décision de non-lieu ou de relaxe.

Les décisions statuant sur les demandes de mainlevée peuvent faire l'objet d'un recours devant la chambre de l'instruction ou devant la cour d'appel selon qu'elles ont été prononcées par un juge d'instruction ou par le tribunal saisi des poursuites.

La chambre de l'instruction ou la cour d'appel statue dans un délai de dix jours à compter de la réception des pièces.

Art. L. 132-9 L'inobservation de la décision du juge ordonnant la cessation de la pratique commerciale trompeuse est punie d'un emprisonnement de deux ans et d'une amende de 300 000 euros.

Loteries publicitaires

Art. L. 121-20 Dès lors qu'elles sont déloyales au sens de l'article L. 121-1, sont interdites les pratiques commerciales mises en œuvre par les professionnels à l'égard des consomma-

teurs, sous la forme d'opérations promotionnelles tendant à l'attribution d'un gain ou d'un avantage de toute nature par la voie d'un tirage au sort, quelles qu'en soient les modalités, ou par l'intervention d'un élément aléatoire.

Publicité portant sur des opérations commerciales réglementées

Art. L. 121-22 **Est interdite toute publicité portant :**

1° Sur une opération commerciale soumise à autorisation ou à déclaration au titre *(L. n° 2021-1357 du 18 oct. 2021, art. 15, en vigueur le 1er janv. 2022)* **« soit de l'article L. 122-24 du présent code, » soit des articles L. 310-1 à L. 310-4 et L. 310-7 du code de commerce, soit des articles L. 752-1 et L. 752-16 du même code, et qui n'a pas fait l'objet de cette autorisation ou de cette déclaration ;**

2° Sur une opération commerciale dont la réalisation nécessite l'emploi de personnel salarié requérant une autorisation au titre du chapitre II du titre III du livre Ier de la troisième partie du code du travail et réalisée sans l'obtention préalable de cette autorisation, ou qui est en infraction avec les dispositions du chapitre IV du titre III du livre Ier de la troisième partie du même code et de leurs textes d'application ;

3° Sur une opération commerciale réalisée ou devant être réalisée en infraction avec les dispositions de l'article L. 3132-29 du code du travail ;

4° Sur une manifestation commerciale soumise à la déclaration prévue à l'article L. 762-2 du code de commerce et qui n'a pas fait l'objet de cette déclaration.

……………………………………………………………………………………………

Art. L. 132-24 **Le fait pour tout annonceur de diffuser ou faire diffuser une publicité interdite dans les conditions prévues à l'article L. 121-22 est passible d'une amende administrative dont le montant ne peut excéder 15 000 euros pour une personne physique et 75 000 euros pour une personne morale.**

Cette amende est prononcée dans les conditions prévues au chapitre II du titre II du livre V.

Pratiques commerciales réglementées

Publicité comparative

RÉP. COM. v° *Publicité fausse ou de nature à induire en erreur — Publicité comparative,* par CARREAU.

BIBL. ▶ MONTEIRO, *Gaz. Pal. 1996. 1. Doctr. 607* (droit des marques et publicité comparative). – FOURGOUX, *Liber amicorum Calais-Auloy, Dalloz, 2004, p. 399* (information ou manipulation). – ARCELIN, *RLC oct.-déc. 2007. 130 ; janv.-mars 2008. 177* (la publicité comparative, à la croisée des intérêts des consommateurs et des concurrents). – GRYNBAUM, *RLC avr.-juin 2012. 146* (publicité et internet).

Art. L. 122-1 *(Ord. n° 2016-301 du 14 mars 2016, en vigueur le 1er juill. 2016)* **Toute publicité qui met en comparaison des biens ou services en identifiant, implicitement ou explicitement, un concurrent ou des biens ou services offerts par un concurrent n'est licite que si :**

1° Elle n'est pas trompeuse ou de nature à induire en erreur ;

2° Elle porte sur des biens ou services répondant aux mêmes besoins ou ayant le même objectif ;

3° Elle compare objectivement une ou plusieurs caractéristiques essentielles, pertinentes, vérifiables et représentatives de ces biens ou services, dont le prix peut faire partie.

1. Compatibilité avec la Conv. EDH. Les art. L. 121-8 s. [L. 122-1 s.] C. consom. ne sont pas inconciliables avec l'art. 10 Conv. EDH, dès lors que cette réglementation constitue une mesure nécessaire à la protection de la réputation ou des droits d'autrui, justifiant une restriction à la liberté d'expression. • Crim. 16 oct. 1996, n° 95-84.814 P : *cité note 9.*

2. Domaine d'application. En ce sens que constitue une publicité comparative le sondage faisant apparaître des chiffres comparés de parts de marché pour deux publications, dès lors qu'il n'est pas une simple étude technique mais qu'il reprend des données de cette étude et des commentaires qui y sont apportés : • T. com. Paris, 16 mai 1995 : *CCC 1995, n° 214, obs. Raymond* (conf. par • Paris, 22 oct. 1997 : *D. Affaires 1997. 1458*). ♦ Il importe peu que le document n'ait pas eu d'objectif de promotion. • T. com. Paris, 3 oct. 1995 : *Gaz. Pal. 1996. 2. Somm. 535.* ♦ Ne peut être considérée comme une simple lettre d'information l'annonce qui, s'appuyant sur et exploitant les résultats de l'étude annexée, contient l'affirmation d'un meilleur rapport qualité/prix et d'une plus grande compétitivité des prestations de publicité du magazine de l'annonceur par rapport aux concurrents de celui-ci et ce même si son envoi a été limité à un certain nombre de professionnels faisant insérer des annonces dans le magazine dès lors qu'il est acquis que cette lettre a fait l'objet d'une large diffusion. • Versailles, 10 sept. 1998 : *D. Affaires 1998. 1895, obs. V. A.-R. ; LPA 26 nov. 1999, obs. Etner.* ♦ Constituent une publicité des tableaux comparatifs des prix et caractéristiques d'imprimantes de marques concurrentes présentés à des revendeurs multimarques par les représentants commerciaux d'un des fabricants de ces produits, dans la mesure où loin d'être destinés à l'usage exclusivement interne de l'entreprise, ils avaient été présentés à certains revendeurs, peu important que la diffusion de ces tableaux n'eût pas été systématique. • Versailles, 9 déc. 2004 : *BRDA 2005, n° 9, p. 12.* ♦ En présentant la spécialité paroxétine G Gam comme le générique du Deroxat, la société G Gam informait le public que cette spécialité avait la même composition qualitative et quantitative en principe actif, la même forme pharmaceutique que la spécialité de référence, et que sa bioéquivalence avec cette spécialité était démontrée, ce dont il résulte qu'elle procédait à une comparaison de caractéristiques essentielles, pertinentes, vérifiables et représentatives de ces produits. • Com. 26 mars 2008, n° 06-18.366 P : *D. 2008. 1524, note Azéma ; JCP E 2008, n° 20, p. 20 ; CCC 2008, n° 171, obs. G. R. ; RJDA 2008, n° 959.*

3. Revue professionnelle. Jugé que, même si une publicité comparative figure dans une revue principalement destinée aux professionnels, elle est soumise à la L. du 18 janv. 1992 [C. consom., art. L. 122-1 s.], l'intitulé de celle-ci ne limitant pas son champ d'application aux rapports entre professionnels et consommateurs. • TGI Paris, 18 nov. 1992 : *RJDA 1993, n° 73. – Contra* : • T. com. Paris, 14 sept. 1992 : *ibid. 1992, n° 1181* • T. com. Nanterre, réf., 21 avr. 1997 : *Quot. Jur. 26 févr. 1998, p. 8.* – V. aussi • Versailles, 10 sept. 1998 : *préc. note 2.* – Comp. également : • T. com. Paris, 16 mai 1995 : *préc. note 2.* ♦ La publication d'un guide de spécialités pharmaceutiques comparables ne constitue pas une publicité commerciale dès lors qu'elle ne vise qu'à présenter des informations sur des médicaments non au grand public mais aux seuls médecins. • Paris, 23 oct. 1996 : *Gaz. Pal. 1997. 1. 352, concl. Benas.* ♦ V. aussi, excluant de la réglementation une publicité parue exclusivement dans la presse médicale et s'adressant aux médecins en tant que prescripteurs : • T. com. Nanterre, réf., 21 avr. 1997 : *préc.* ♦ Dans le même sens, s'agissant de la reproduction dans une brochure publicitaire d'éléments scientifiques : • Paris, 15 mai 1998 : *D. Affaires 1998. 1311 ; CCC 1998, n° 171, obs. Raymond ; LPA 26 nov. 1999, obs. Etner.* ♦ Comp., considérant qu'une publicité comparative se référant à la comparaison de l'efficacité de médicaments, caractéristique essentielle, significative, pertinente et vérifiable, est manifestement licite dès lors qu'elle repose sur une étude comparative, sur des éléments statistiques, et que la différence significative dont elle fait état a déjà fait l'objet d'une publication : • Versailles, 3 avr. 1998 : *D. Affaires 1998. 1168, obs. V. A.-R. ; LPA 28 juin 1999, obs. Etner* • 18 févr. 1999 : *JCP E 1999, n° 16, p. 697 ; LPA 26 nov. 1999, obs. Etner ; CCC 2000, n° 72, obs. Raymond* • 15 nov. 2001 : *JCP E 2002, n° 8-9, 341 ; BRDA 2002, n° 3, p. 14* (mais jugeant la comparaison non objective).

4. Exclusion. Ne constitue pas une publicité comparative : l'apposition sur la devanture d'une pharmacie d'un bandeau annonçant « parapharmacie moins chère qu'une para » dès lors que l'emploi du terme « para » employé comme diminutif de parapharmacie, ne permet pas à lui seul d'identifier ou de reconnaître l'enseigne du magasin de parapharmacie situé à proximité de l'officine et que cette publicité ne s'appuie sur aucune opinion ou appréciation individuelle ou collective. • Versailles, 21 nov. 1997 : *JCP E 1998, n° 10, p. 350 ; Gaz. Pal. 1998. 1. Somm. 374.* ♦ ... Le message diffusé à l'adresse du grand public dans un film publicitaire en faveur de l'énergie nucléaire, et à l'évidence de fiction, dès lors que les personnes visées n'ignorent pas les inconvénients de l'énergie nucléaire, ni les inconvénients économiques et environnementaux de l'industrie pétrolière. • Paris, 17 mars 1998 : *D. 1998. IR 119 ; LPA 19 août 1998, obs. Malaurie-Vignal.* ♦ ... L'affichage de listes de prix sur un stand d'information installé dans la galerie marchande d'un hypermarché dont l'objet est d'informer les clients de l'hypermarché de l'évolution des prix pratiqués au sein de celui-ci à l'occasion d'un changement d'enseigne, et non de procéder à une comparaison entre les prix pratiqués par l'hypermarché et ceux de magasins concurrents. • Paris, 19 mai 1999 : *RJDA 1999, n° 1262.* ♦ ... L'exposition par une grande surface d'un caddy rempli de produits provenant de son magasin et d'un autre caddy contenant les mêmes produits provenant de chez un concurrent avec indication des prix de l'un et de l'autre au motif que le concurrent n'est ni identifié, ni identifiable. • Aix-en-Provence, 21 déc. 2001 : *CCC 2002, n° 83, obs. Raymond.* ♦ Sur la question de savoir si le fait de se dire « numéro un » peut être qualifié de publicité comparative, V. • Rennes, 6 sept. 1995 : *Gaz. Pal. 1996. 1. 535* • T. com. Paris, 6 nov. 2002 : *CCC 2003, n° 101, obs. Raymond ; Gaz. Pal. 2003. Somm. 3901, obs. Joseph* (conf. par • Paris, 4 mai 2006 : *Gaz. Pal. 2006. 4166, obs. Joseph*). ♦ La loi n'interdit pas de citer dans une publicité un tiers, même s'il est concurrent ; cela ne suffit pas à conférer à une publicité le caractère de publicité comparative dès lors qu'elle n'énumère aucun produit ou service offert au consommateur en en citant les prix ou tarifs. • T. com. Paris, 3 nov. 2004 : *CCE 2005, n° 12, obs. Grynbaum.*

5. Comparateur de prix. BIBL. Manara,

D. 2007. 789 (les sites comparateurs de prix sous surveillance). – Collard, *LPA 23 juill. 2007* (à propos du site « quiestlemoinscher. com »). ♦ Sur des comparateurs de prix disponibles sur internet, V. : • T. com. Paris, réf., 7 juin 2006 : *Gaz. Pal. 2006. 3479, obs. Avignon ; CCC 2007, n° 28, obs. Debet* • T. com. Nanterre, réf., 7 déc. 2006 : *eod. loc.* • T. com. Paris, 29 mars 2007 : *JCP E 2008, n° 3, p. 18, obs. Joly ; Gaz. Pal. 2007. 4227, obs. Biolay ; CCE 2007, n° 95, obs. Debet* • Paris, 18 juin 2008 : *CCE 2008, n° 104, obs. Debet* • Versailles, 11 févr. 2009 : *CCE 2009, n° 89, obs. Debet* (condamnation du site Kelkoo. fr).

6. Relevés de prix. BIBL. Lamazerolles, *JCP E 2010, n° 1471* (le droit de relevé les prix chez un concurrent à la lumière de la jurisprudence). ♦ La fixation des prix par le libre jeu de la concurrence commande que les concurrents puissent comparer leurs prix et en conséquence en faire pratiquer des relevés par leurs salariés dans leurs magasins respectifs. • Com. 4 oct. 2011, n° 10-21.862 P : *D. 2011. 2900, note Durez ; JCP E 2012, n° 1074, note Lamazerolles ; CCC 2012, n° 7, obs. Malaurie-Vignal ; LPA 8 déc. 2011, note Quiroga-Galdo ; RJDA 2012. 3, rapp. Michel-Amsellem* (cassation de • Montpellier, 18 mai 2010 : *JCP 2010, n° 892, obs. Durand,* qui avait écarté l'existence d'un usage commercial constituant une restriction licite au droit de propriété). – *Contra* • Com. 16 juill. 1991, n° 90-15.242 : *cité note 51 ss. L. n° 63-628 du 2 juill. 1963, art. 2, App., v° Concurrence.* ♦ Le fait que par le passé les relevés de prix pratiqués aient pu conduire à des actes de publicité comparative illicite, ne saurait justifier que, à titre préventif ou à titre de rétorsion, un distributeur interdise toute entrée et tout relevé de prix, dès lors que ce n'est pas la qualité des relevés faits qui a été mise en cause mais l'exploitation fallacieuse qui en a été faite ultérieurement. • Amiens, 18 déc. 2012 : *JCP E 2013, n° 1069.* ♦ La société entendant pratiquer des relevés de prix a, en tant qu'acteur économique, un intérêt né, actuel, direct et personnel à observer les prix pratiqués par ses concurrents, cet intérêt pouvant exister indépendamment de l'existence d'un litige né et actuel. Cette pratique ayant pour but de s'informer et non de procéder à des contrôles, elle n'est pas réservée aux seuls agents de l'État. • Rennes, 3 févr. 2009 : *CCC 2009, n° 259, obs. G. R.* ♦ Le fait d'opérer un relevé des prix pratiqués par un distributeur concurrent ne porte pas atteinte au respect du domicile de la personne morale ou encore à son droit de propriété, dès lors que les locaux professionnels dans lesquels les informations sont prises sont des surfaces libres d'accès au public, et que les actions de relevés, qui ne peuvent être sérieusement assimilées à des perquisitions, ne résultent pas du fait de l'autorité publique, ou à des constats d'huissiers, ne pouvant constituer des preuves devant être produites en justice, et ne sauraient être soumises à une autorisation préalable quelconque. • Même arrêt. ♦ Bien que la pratique des relevés de prix par un acteur économique chez un concurrent n'a pas été définitivement consacrée par la loi de modernisation de l'économique, l'usage n'en existe pas moins et le fait que cette proposition n'ait pas été suivie n'a pas pour effet de l'interdire, y compris par un procédé informatique et non seulement manuel, les relevés devant cependant être réalisés dans des conditions n'occasionnant pas de troubles dans le magasin. • Même arrêt • Rouen, 24 févr. 2011 : *CCC 2011, n° 181, obs. G. R.* ♦ V. aussi note 9 ss. art. L. 410-2 C. com.

7. Identification du concurrent. Jugé qu'une publicité peut être qualifiée de comparative, même si l'entreprise visée par la comparaison n'est pas nommément désignée, dès lors que cette entreprise est aisément identifiable : • TGI Paris, 18 nov. 1992 : *préc. note 3.* – V. aussi • Versailles, 18 févr. 1999 : *JCP E 1999, n° 16, p. 697* • 27 juin 2002 : *CCC 2003, n° 65, obs. Raymond* • T. com. Nanterre, 27 mai 2005 : *BRDA 2005, n° 20, p. 9* (allégation litigieuse suivie d'un astérisque renvoyant à une étude Sofrès portant sur la comparaison de 24 laboratoires pharmaceutiques dûment identifiés et nommés). ♦ Une publicité générale visant la clientèle d'un marché donné ne répond pas à la définition de l'art. L. 121-8 [L. 122-1] C. consom., qui vise un concurrent identifié. • T. com. Nanterre, 6 févr. 2004 : *CCC 2004, n° 117, obs. Raymond.* ♦ Constitue toutefois une publicité comparative, la campagne publicitaire menée par un opérateur privé, à propos des nouveaux tarifs d'une prestation, fondée sur la comparaison, présumée favorable, avec d'autres tarifs pratiqués mais dont la provenance n'est pas précisée, dès lors que, s'agissant du marché des télécommunications récemment ouvert à la concurrence mais encore largement dominé par l'opérateur public précédemment détenteur d'un monopole, cette comparaison renvoie nécessairement, dans l'esprit du public, aux tarifs de l'opérateur public, en raison de sa notoriété. • Versailles, 26 mars 1999 : *JCP E 1999, n° 44-45, p. 1753 ; Gaz. Pal. 17-18 nov. 1999, p. 33* (conf. par • Com. 27 mars 2001, n° 99-15.429 : *Gaz. Pal. 21-22 nov. 2001, p. 67*). ♦ Comp., estimant que la situation particulière du marché de la téléphonie mobile qui ne comporte que trois opérateurs en France, ne permet pas de considérer que le message de l'un d'entre eux visant à séduire la clientèle des deux autres constituerait nécessairement une publicité comparative en l'absence de tout élément permettant d'identifier l'image, la marque, les services particuliers ou les caractéristiques spécifiques de l'un ou l'autre de ces concurrents : • T. com. Nanterre, 6 févr. 2004 : *préc.* ♦ V. également, dans d'autres affaires opposant des opérateurs téléphoniques : • Versailles, 27 juin 2002 : *JCP E 2003, n° 2, p. 56* • Aix-en-Provence, 21 déc. 2001 : *CCC 2002, n° 83, obs. Raymond* • T. com. Nanterre, 19 oct. 1999 : *Gaz. Pal. 19-20 mai 2000, p. 26, obs. Grelier-Lenain* • Paris, 5 mars 2003 : *Gaz. Pal. 2003. Somm. 3990, obs. Biolay.*

La publication par un magazine d'un article représentant la photographie d'un mannequin portant des vêtements d'une marque de luxe à côté de celle d'un autre mannequin portant des vêtements du même genre, mais d'une marque de grande diffusion, dont les prix et les points de vente étaient indiqués, constitue une publicité comparative et non un article d'information dans la mesure où ces informations étaient manifestement destinées à inciter les lecteurs à acheter les produits dits de substitution. • Paris, 8 déc. 1999 : *BRDA 2000, n° 8, p. 11.* ♦ Comp. jugeant que ce type de présentation a un caractère incitatif à la vente qui ne saurait avoir pour effet de conférer à cette revue la qualité d'annonceur, et ne peut par conséquent être définie comme une publicité comparative illicite (condamnation pour usage illicite de marque). • TGI Paris, 19 sept. 1997 : *Gaz. Pal. 1998. 1. Somm. 372, obs. Staeffen.*

Pour un arrêt excluant les règles concernant la publicité comparative, de même que le dénigrement, s'agissant d'une annonce identifiant le concurrent direct et unique, d'une manière amusante et spirituelle, sans le nommer, V. • Versailles, 26 juin 1997 : *D. Affaires 1997. 1037 ; Gaz. Pal. 1997. 2, obs. A. C.*

8. Assortiment de produits. BIBL. Boulet, *CCE 2007. Étude 24* (publicité comparative d'assortiments de produits). ♦ La condition de licéité de la publicité comparative posée par l'art. 3 *bis*, § 1, ss. b), de la Dir. n° 84/450/CEE du 10 sept. 1984 doit être interprétée en ce sens qu'elle ne s'oppose pas à ce qu'une publicité comparative porte collectivement sur des assortiments de produits de consommation courante commercialisés par deux chaînes de grands magasins concurrentes pour autant que lesdits assortiments soient constitués, de part et d'autre, de produits individuels qui, envisagés par paires, satisfont individuellement à l'exigence de comparabilité que pose cette condition. • CJCE 19 sept. 2006, n° C-356/04 : *D. 2006. AJ 2394, obs. Chevrier ; JCP E 2006, n° 41, p. 1734 ; Gaz. Pal. 2007. 1409, note Bille ; CCC 2006, n° 240, obs. Raymond ; RJDA 2006, n° 1277 ; RLDA nov. 2006. 59, obs. Cheynel.* ♦ En relevant que sous couvert d'une comparaison de produits dits de consommation courante, une société avait entrepris une démarche consistant à rechercher des prix inférieurs pratiqués par son enseigne par rapport à ceux de son concurrent alors que l'exigence d'objectivité aurait impliqué de sélectionner préalablement un panel représentatif des produits couramment consommés, puis d'en faire ensuite la comparaison, en terme de prix, la cour d'appel qui constate que la publicité comparative manquait d'objectivité, loin d'avoir ajouté une condition à la loi, a justifié sa décision. • Com. 31 oct. 2006, n° 05-10.541 P : *JCP E 2006, n° 50, p. 2156 ; CCC 2007, n° 32, obs. Malaurie-Vignal ; RJDA 2007, n° 415.* ♦ S'agissant de produits vendus en grande surface, une comparaison objective exige deux conditions qui sont cumulatives, à savoir, d'une part, que les produits choisis soient représentatifs des achats moyens en grande surface et, d'autre part, qu'ils soient suffisamment nombreux pour permettre la généralisation. Tel n'est pas le cas d'une campagne publicitaire comparative portant sur vingt-trois produits seulement, puisque, d'une part, aucun d'entre eux ne concernant les liquides et les produits frais, ce qui ne correspond pas aux achats d'un consommateur ordinaire, et que, d'autre part, le nombre des produits retenus est insuffisant par rapport aux milliers de produits généralement référencés dans une grande surface. • TGI Chalon-sur-Saône, 24 juin 1994 : *Gaz. Pal. 1996. 1. Somm. 272.* ♦ La comparaison du coût de deux chariots de produits de consommation courante provenant de deux enseignes concurrentes doit être faite de manière objective, sur des produits présentant les mêmes caractéristiques essentielles. • Crim. 9 mai 2007, n° 06-86.373 P : *D. 2007. 2144, note Arcelin ; RTD com. 2008. 199, obs. Bouloc ; JCP E 2008, n° 21, p. 30, obs. Mainguy ; CCC 2007, n° 314, obs. Raymond ; RJDA 2007, n° 905* • 13 janv. 2009, n° 08-82.493 : *CCC 2009, n° 154, obs. G. R. ; Dr. pénal 2009, n° 51, obs. J.-H. Robert.* ♦ La reproduction des seuls tickets de caisse ne permet pas au consommateur de s'assurer que les produits comparés, qui, pour certains, présentaient des différences de qualité, de poids, de contenance et de composition, et qui étaient placés dans des chariots recouverts d'un film plastifié, présentaient les mêmes caractéristiques essentielles, de sorte que leur comparaison ne pouvait être opérée de façon objective. • Crim. 4 mars 2008, n° 07-83.628 P : *D. 2008. AJ 1051, obs. Rondey ; RTD com. 2008. 882, obs. Bouloc ; JCP 2008. IV. 1682 ; CCC 2008, n° 171, obs. G. R. ; RJDA 2008, n° 860 ; Dr. pénal 2008, n° 69, obs. J.-H. Robert.*

9. Publicités comparatives illicites. L'art. 4, sous a) et c), de la Dir. 2006/114/CE du 12 déc. 2006, en matière de publicité trompeuse et de publicité comparative, lu en combinaison avec l'art. 7, § 1 à 3, de la Dir. 2005/29/CE du 11 mai 2005, relative aux pratiques commerciales déloyales, doit être interprété en ce sens qu'est susceptible d'être illicite, au sens de la première de ces dispositions, une publicité comparant les prix de produits vendus dans des magasins de tailles ou de formats différents, lorsque ces magasins font partie d'enseignes possédant chacune une gamme de magasins de tailles et de formats différents et que l'annonceur compare les prix pratiqués dans les magasins de tailles ou de formats supérieurs de son enseigne avec ceux relevés dans des magasins de tailles ou de formats inférieurs des enseignes concurrentes, à moins que les consommateurs ne soient informés, de façon claire et par le message publicitaire lui-même, que la comparaison a été effectuée entre les prix pratiqués dans les magasins de tailles ou de formats supérieurs de l'enseigne de l'annonceur et ceux relevés dans les magasins de tailles ou de formats inférieurs des enseignes concurrentes. • CJUE 8 févr. 2017, n° C-562/15 : *D. 2017. Actu. 348 ; CCC 2017, n° 90, obs. Bernheim-Desvaux ; RJDA 2017, n° 292 ; RLDA avr. 2017. 49, note Dary et Titone ; RLC mai 2017. 46, note Sochirca.* la fois essentielles, pertinentes, vérifiables et représentatives des services concernés. • Com. 18 déc. 2007, n° 05-19.066 P : *D. 2008. AJ 157, obs. Rondey ; JCP E 2008, n° 6, p. 27 ; CCC 2008, n° 148, obs. Raymond ; RJDA 2008, n° 723.* ♦ N'est pas licite : la publicité comparative résultant d'une étude non exhaustive applicable à un seul site et ne faisant apparaître d'effet d'économie qu'en négligeant le coût de l'investissement nécessaire pour la réalisation des installations indispensables à l'utilisation du gaz alors que la publicité litigieuse a étendu une appréciation à l'ensemble des locaux de la capitale pouvant être chauffés soit au gaz, soit à la vapeur. • TGI Paris, 18 nov. 1992 : *BICC 1993, n° 651.* ♦ ... La publicité comparative portant sur les prix, fondée sur la moyenne pondérée tirée de relevés de prix de produits regroupés selon les critères propres à chacun des instituts de mesure, ces produits ne retrouvant leur individualité que si l'on a accès au détail des relevés, communication dont ne bénéficie par hypothèse pas le consommateur lorsque la méthode indiciaire a pu être utilisée. • Aix-en-Provence, 20 mars 1997 : *D. Affaires 1997. 789.* ♦ Par ailleurs, cet arrêt a jugé que la référence, en avril 1993, aux prix relevés durant le trimestre précédent ne répond pas, par son caractère rétrospectif et en raison de l'extrême variabilité des prix dans le secteur de la grande distribution, à cette exigence. • Même arrêt.

Ne satisfait pas à la condition de « produits identiques » la publicité qui compare des produits qui ne sont pas identiques quant à leur marque ou leur origine. • Crim. 16 oct. 1996, n° 95-84.814 P : *CCC 1997, n° 36, obs. Raymond ; JCP 1997. IV. 433.* ♦ De la même façon, est illicite la publicité comparative qui ne concerne pas des produits identiques vendus dans des conditions semblables, *qui ne se limite* pas à une comparaison objective et dont la durée des offres tarifaires n'est pas précisée. • Même arrêt. ♦ Si le prix peut être la caractéristique principale sur laquelle la publicité entend faire porter l'attention du consommateur, il n'en reste pas moins que l'exigence d'objectivité suppose que le consommateur puisse avoir connaissance des caractéristiques propres à justifier les différences de prix ; il ne s'agit pas alors de faire porter la comparaison sur ces derniers éléments mais simplement d'informer objectivement le consommateur lorsque le prix est la seule caractéristique comparée. • Com. 31 oct. 2006, n° 05-10.541 P : *préc. note 8.* ♦ Considérant qu'est illicite la publicité comparative sur le prix de produits vendus en grande surface prenant la forme d'un tract qui porte sur la comparaison du prix de produits génériques, sans précision ni de marque, ni de qualité, ni d'origine, V. • Orléans, 27 mai 1999 : *CCC 2000, n° 36, obs. Raymond* • Agen, 23 mai 2005 : *ibid. 2006, n° 40, obs. Raymond* (caddy comparatif). ♦ Il en va de même des produits dits « d'appel ou de premier prix », identifiés par une appellation générale (Porto, Whisky, etc.), dont il n'est pas établi qu'ils aient eu le même fabricant, la même présentation ni les mêmes caractéristiques. • Nancy, 14 févr. 1996 : *JCP 1997. IV. 1181.* ♦ Jugeant qu'une publicité comparative n'est licite que lorsque les termes de la comparaison sont clairement énoncés : • T. com. Paris, 7 mai 2003 : *CCC 2004, n° 31, obs. Raymond.* ♦ Sanctionnant une publicité comparative portant sur des prix de produits non identiques : • T. com. Nanterre, 19 oct. 1999 : *préc. note 7* • Versailles, 27 juin 2002 : *ibid.* ♦ V. désormais la rédaction de l'art. L. 122-1, 2°, n'exigeant plus que des « biens ou services répondant aux mêmes besoins ou ayant le même objectif » ; et pour une application : • Paris, 4 déc. 2002 : *CCC 2003, n° 65, obs. Raymond.* ♦ ... Une publicité comparative menée sur le marché des télécommunications et imputant à une société des pratiques tarifaires héritées d'une situation monopolistique révolue alors que la désuétude prêtée aux tarifs de cette société ne correspondait pas à la réalité. • Versailles, 26 mars 1999 : *préc. note 7* (conf. par • Com. 27 mars 2001, n° 99-15.429 : *Gaz. Pal. 21-22 nov. 2001, p. 67*).

V. aussi, pour une comparaison entre des audiences de deux stations de radio, déformant les résultats d'un sondage : • Paris, 24 janv. 1995 : *D. 1996. Somm. 73, obs. Hassler*. – Comp. : • TGI Paris, 31 mai 1996 : *D. 1998. Somm. 131, obs. Hassler et Lapp ; RJDA 1996, n° 1409* (conf. par • Paris, 3 sept. 1999 : *D. 1999. AJ 30 ; Gaz. Pal. 19-20 mai 2000, p. 42, obs. Grelier-Lenain*). ♦ ... Ou excluant alternativement d'un tableau comparatif certaines écoles lorsque, dans l'une ou l'autre des différentes matières enseignées, leur taux de réussite était meilleur que celui de l'établissement de formation. • Paris, 23 mai 2003 : *RJDA 2003, n° 1258.*

L'information relative à l'importance de la diffusion d'une revue constituant une caractéristique significative, pertinente et vérifiable, une revue informatique ne satisfait pas aux exigences de l'art. L. 121-8 [L. 122-1] dès lors qu'elle se présente dans une publicité comme le « numéro un » en diffusion, sans donner aucune information de cette nature sur la revue concurrente, et remplace le chiffre de diffusion de celle-ci par un point d'interrogation, lequel fait volontairement planer un doute sur la diffusion du concurrent et sur le fait que ses dirigeants pourraient être à l'origine de ce doute pour dissimuler un mauvais résultat. • Paris, 1er juill. 1998 : *D. 1998. IR 197 ; D. Affaires 1998. 1636, obs. C. R. ; LPA 28 juin 1999, obs. Etner.*

10. Responsabilité civile. La publication d'une publicité comparative qui ne satisfait pas aux conditions posées par l'art. 10 [C. consom., art. L. 122-1 s.] cause un préjudice à l'entreprise visée ouvrant droit à réparation. • TGI Paris, 18 nov. 1992 : *préc. note 3.* ♦ Le responsable du dénigrement est autant celui qui le réalise, sans être le concurrent, que celui qui en profite (le concurrent). • T. com. Paris, 3 oct. 1995 : *Gaz. Pal. 1996. 2. Somm. 495.* ♦ Pour des condamnations sur le fondement de la concurrence déloyale, V. • Orléans, 29 nov. 1994 : *JCP 1995. IV. 1214* • Versailles, 20 nov. 1997 : *RJDA 1998, n° 355.* ♦ Pour une condamnation pour contrefaçon par l'usage de la marque d'un concurrent dans une plaquette publicitaire comparative déclarée illicite en raison d'un défaut de loyauté et d'objectivité, V. • Versailles, 15 nov. 2001 : *JCP E 2002, n° 8-9, p. 345.* ♦ La publicité ne portant que sur les produits vendus en ligne, particulièrement sur les sites internet rueducommerce-.com et fnac.com, il s'ensuit que la SA Fnac, dont l'activité n'est pas visée, ne justifie du seul fait de sa dénomination sociale et de la prétendue titularité des marques éponymes d'aucun intérêt à agir. • Paris, 23 juin 2006 : *JCP E 2006, n° 45, p. 1894, note du Crest.* ♦ Pour rejeter la demande tendant à voir juger qu'une société avait, en publiant un tableau comparatif, commis des actes de concurrence déloyale en procédant à une publicité comparative illicite, l'arrêt avait retenu que l'exigence de concurrence qui présidait à la reconnaissance de la publicité comparative n'était pas remplie. En statuant ainsi, alors qu'elle avait constaté que la première société avait pour activité la vente sur internet de compléments alimentaires de différentes marques et que la seconde société commercialisait sous ses marques des compléments nutritionnels par l'intermédiaire de son site internet, ce dont il résultait que ces sociétés se trouvaient en situation de concurrence, la cour d'appel a violé l'art. L. 121-8 C. consom. • Com. 24 nov. 2009, n° 08-15.002 P : *D. 2009. AJ 2926, obs. Manara ; RJDA 2010, n° 447 ; RDLC 2010, n° 2, p. 102, obs. Roberval.*

11. Dénigrement. Le dénigrement résultant, pour une société concurrente, d'une publicité comparative illicite est générateur d'un trouble commercial et entraîne nécessairement un préjudice. • Com. 14 juin 2000, n° 98-10.689 P : *RJDA 2000, n° 1184.* ♦ Une comparaison de prix n'entraîne le discrédit d'un concurrent, au sens de l'art. 3 *bis*, § 1, de la Dir. du 10 sept. 1984, ni au motif que l'écart de prix entre les produits comparés est supérieur à l'écart de prix moyen ni en raison du nombre de comparaisons effectuées. • CJCE 8 avr. 2003, n° C-44/01 : *cité note 14.* ♦ Si l'exagération propre à toute publicité n'enfreint pas, en elle-même, les règles de loyauté de la concurrence, la revendication d'exclusivités ou de propriétés superlatives ne peut être admise si de telles insertions aboutissent, par un dénigrement indirect, à dépouiller les concurrents des mêmes vertus. • Douai, 2 oct. 1995 : *D. 1996. 99, note Fourgoux ; Gaz. Pal. 1996. 1. 77, note Massoni ; CCC 1995, n° 213, obs. Raymond.* ♦ Par ailleurs, l'outrance ayant ses limites, celles-ci interdisent de fabuler sur de prétendues supériorités, et la vérification objective de l'absence de telles ou telles qualités permet sans conteste de considérer que la publicité visée est fausse ou de nature à induire en erreur. • Même arrêt. ♦ V. aussi, pour des ajouts aux observations d'une étude scientifique de commentaires mettant en avant le produit objet de la publicité et des propos alarmistes sur les produits concurrents, créant une rumeur dénigrante : • Versailles, 15 nov. 2001 : *JCP E 2002, n° 8-9, 341 ; RJDA 2002, n° 569.* ♦ S'agissant d'une campagne publicitaire par laquelle une société de vente à distance a vanté les mérites de son nouveau service de livraison rapide en rapprochant sa prestation dite le « 24 heures gratuit » de celle proposée par son concurrent dite « le 48 heures chrono », il y a lieu de resituer les deux prestations proposées dans le cadre général de l'ensemble des prestations offertes par les deux firmes qui, à côté du service de livraison à domicile sans garantie particulière de délai, proposent toutes deux un service de livraison sous 24 heures qui est payant et un service de livraison gratuit sur site sans supplément de prix sous 48 heures pour la Redoute, qui l'assortit d'une garantie de remboursement sous forme d'un chèque cadeau égal au montant des articles commandés dans l'hypothèse d'une non-livraison dans les délais, et sous 24 heures pour les 3 Suisses, qui n'offre aucune « garantie » équivalente, et qui limite l'accès de ce service aux titulaires de certaines cartes. • Même arrêt.

12. Conflit de lois. La loi applicable à la responsabilité extra-contractuelle est celle du lieu où le fait dommageable s'est produit ; ce lieu s'entend aussi bien de celui du fait générateur du dommage que du lieu de réalisation de ce dernier (application de la loi française à une publicité émise aux États-Unis et diffusée en France). • Civ. 1re, 14 janv. 1997, n° 94-16.861 P : *D. 1997. 177, note Santa-Croce ; Rev. crit. DIP 1997. 504, note Bischoff ; JCP 1997. II. 22903, note Muir Watt.*

13. Référé. En ce sens que le juge des référés ne peut intervenir en matière de publicité comparative que s'il existe à l'évidence dans le message publicitaire une comparaison visant une autre entreprise, V. • Paris, 2 juill. 1997 : *CCC 1997, n° 185, obs. Raymond.* ♦ Pour un arrêt considérant que l'éventuelle nécessité d'un pluriel, s'agissant des « caractéristiques » mentionnées à l'art. L. 121-8 [L. 122-1] C. consom., nécessite une interprétation dépassant l'aptitude du juge des référés, V. • Versailles, 22 mai 1998 : *D. Affaires 1998. 1439, obs. V. A.-R. ; LPA 28 juin 1999, obs. Etner.* ♦ Dans un cadre de libre concurrence entre les différents opérateurs présents sur un marché, les publicités effectuées par l'un d'entre eux pour convaincre les consommateurs d'utiliser ses services plutôt que ceux de ses concurrents ne constituent pas un dommage imminent au sens de l'art. 873, al. 1er NCPC [renommé C. pr. civ.], permettant au juge des référés commerciaux d'interdire, pour ce seul motif, la diffusion des publicités incriminées. • Paris, 4 déc. 2002 : *préc. note 9.* ♦ Le comparé, qui est en droit de vérifier le caractère loyal, véridique, objectif de la publicité, justifie d'un intérêt légitime au sens de l'art. 145 du NCPC [renommé C. pr. civ.] à obtenir, avant tout procès, la preuve des faits dont pourrait dépendre la solution du litige. • Paris, 8 oct. 1997 : *D. Affaires 1997. 1318.*

14. Droit européen. Le bénéfice qu'un annonceur tire de la publicité comparative n'est pas susceptible à lui seul de constituer un élément déterminant dans l'appréciation de la légalité du comportement de l'annonceur. • CJCE 23 févr. 2006, n° C-59/05 : *CCE 2006, n° 128, obs. Chabert.* ♦ Toute publicité qui met en comparaison des biens ou services en identifiant, implicitement ou explicitement, un concurrent n'est licite que si elle ne tire pas indûment profit de la notoriété attachée à une marque, à un nom commercial ou à d'autres signes distinctifs d'un concurrent. • CJCE 25 oct. 2001, n° C-112/99 : *RTD com. 2002. 402, obs. Luby.* ♦ L'art. 7, § 2, de la Dir. du 10 sept. 1984 s'oppose à l'application à la publicité comparative de dispositions nationales plus strictes en matière de protection contre la publicité trompeuse en ce qui concerne la forme et le contenu de la comparaison, sans qu'il y ait lieu d'établir des distinctions entre les différents éléments de la comparaison, c'est-à-dire les indications relatives à l'offre de l'annonceur, les indications relatives à l'offre du concurrent et le rapport entre ces offres. • CJCE 8 avr. 2003, n° C-44/01 : *RTD com. 2003. 844, obs. Luby ; JCP E 2004, n° 43, p. 1682, n° 21, obs. Parléani ; Gaz. Pal. 2003. Somm. 3992, obs. Biolay ; RJDA 2003, n° 787.* ♦ L'art. 3 *bis*, § 1, de cette directive doit être interprété en ce sens que, si l'annonceur est en principe libre d'indiquer ou non dans une publicité comparative la marque des produits concurrents, il appartient toutefois au juge national de vérifier si, dans des circonstances particulières, caractérisées par l'importance de la marque dans le choix de l'acheteur et par l'importante différence, en terme de notoriété, entre les marques respectives des produits comparés, l'omission de la marque la plus renommé est susceptible de s'avérer trompeuse. • Même arrêt. ♦ Ce même art. ne s'oppose pas à ce que les produits comparés soient achetés par des canaux de distribution différents, ni à ce que la publicité reproduise, outre le nom du concurrent, son sigle et une image de la façade de son magasin, si cette publicité respecte les conditions de licéité fixées par le droit communautaire. • Même arrêt.

La circonstance que plusieurs concurrents de l'annonceur ou des biens ou des services qu'ils offrent puissent être identifiés comme étant concrètement visés par le message publicitaire est sans pertinence en vue de la reconnaissance du caractère comparatif de la publicité. • CJCE 19 avr. 2007, n° C-381/05 : *D. 2007. AJ 1418, obs. Rondey ; JCP E 2008, n° 21, p. 30, obs. Mainguy ; CCC 2007, n° 161, obs. Raymond ; RJDA 2007, n° 904 ; Dr. pénal 2008. Chron. 4, n° 53, par Lepage.* ♦ L'existence d'un rapport de concurrence entre l'annonceur et l'entreprise qui est identifiée dans le message publicitaire ne peut pas être établie indépendamment des biens ou des services offerts par celle-ci. • Même arrêt. ♦ Une publicité qui fait référence à un type de produits sans pour autant identifier un concurrent ou les biens offerts par ce dernier n'est pas illicite au regard de l'art. 3 *bis*, § 1, de la Dir. 84/450 ; les conditions de licéité d'une telle publicité doivent alors être examinées à la lumière d'autres dispositions, indépendamment du fait que cela pourrait impliquer une moindre protection des consommateurs ou des entreprises concurrentes. • Même arrêt. ♦ N'est pas illicite toute comparaison qui, pour des produits n'ayant pas d'appellation d'origine, se rapporte à des produits bénéficiant d'une telle appellation. • Même arrêt.

Lorsque les conditions requises à l'art. 5 § 1, sous *b)*, de la Dir. 89/104 du 21 déc. 1988 pour interdire l'usage d'un signe identique ou similaire à une marque enregistrée sont réunies, il est exclu que la publicité comparative dans laquelle ce signe est utilisé satisfasse à la condition de licéité énoncée à l'art. 3 *bis*, § 1, sous *d)*, de la Dir. 84/450 du 10 sept. 1984. • CJCE 12 juin 2008, n° C-533/06 : *D. 2008. AJ 1824, et les obs. ; JCP E 2008, n° 25, p. 6 ; Gaz. Pal. 2008. 4182, obs. Staeffen et Delucenay ; CCE 2008, n° 132, obs. Caron ; RJDA 2008, n° 1063.* ♦ L'art. 5, § 1, sous *a)*, de la Dir. n° 89/104 doit être interprété en ce sens que le titulaire d'une marque enregistrée est habilité à faire interdire l'usage par un tiers, dans une publicité comparative qui ne satisfait pas à toutes les conditions de licéité énoncées à l'art. 3 *bis*, § 1, de la Dir. 84/450/CEE du 10 sept. 1984, en matière de publicité trompeuse et de publicité comparative, d'un signe identique à cette marque pour des produits ou des services identiques à ceux pour lesquels ladite marque a été enregistrée, même lorsque cet usage n'est pas susceptible de porter atteinte à la fonction essentielle de la marque, qui est d'indiquer la provenance des produits ou services, à condition que ledit usage porte atteinte ou soit susceptible de porter atteinte à l'une des autres fonctions de la marque. • CJCE 18 juin 2009, n° C-487/07 : *JCP 2009, n° 28, p. 25, obs. F. Picod ; CCE 2009, n° 111, obs. Caron ; RJDA 2009, n° 1125 ; Europe 2009, n° 330, obs. Idot.* ♦ L'art. 3 *bis*, § 1, doit être interprété en ce sens qu'un annonceur qui mentionne de manière explicite ou implicite, dans une publicité comparative, que le produit qu'il commercialise constitue une imitation d'un produit portant une marque notoirement connue présente « un bien ou un service comme une imitation ou une reproduction », au sens de cet art. 3 *bis*, § 1, sous *h*). Le profit réalisé par l'annonceur grâce à une telle publicité comparative illicite doit être considéré comme « indûment tiré » de la notoriété attachée à cette marque, au sens dudit art. 3 *bis*, § 1, sous *g*). • Même arrêt.

L'art. 3 *bis*, § 1, sous b), de la Dir. 84/450/CEE doit être interprété en ce sens que la seule circonstance que les produits alimentaires diffèrent quant à leur comestibilité et quant au plaisir qu'ils procurent au consommateur, en fonction des conditions et du lieu de leur fabrication, de leurs ingrédients et de l'identité de leur fabricant, n'est pas de nature à exclure que la comparaison de tels produits puisse satisfaire à l'exigence édictée par ladite disposition et voulant que ceux-ci répondent aux mêmes besoins ou aient le même objectif, c'est-à-dire qu'ils présentent entre eux un degré d'interchangeabilité suffisant. • CJUE 18 nov. 2010, n° C-159/09 : *JCP E 2010, n° 637 ; CCC 2011, n° 61, obs. Malaurie-Vignal ; RDLC 2011, n° 1, p. 138, obs. Mitchell ; Europe 2011, n° 31, obs. Rigaux.*

Art. L. 122-2 La publicité comparative ne peut :

1° Tirer indûment profit de la notoriété attachée à une marque *(Ord. n° 2019-1169 du 13 nov. 2019, art. 13, en vigueur le 11 déc. 2019)* « de produits ou de services », à un nom commercial, à d'autres signes distinctifs d'un concurrent ou à l'appellation d'origine ainsi qu'à l'indication géographique protégée d'un produit concurrent ;

2° Entraîner le discrédit ou le dénigrement des marques, noms commerciaux, autres signes distinctifs, biens, services, activité ou situation d'un concurrent ;

3° Engendrer de confusion entre l'annonceur et un concurrent ou entre les marques, noms commerciaux, autres signes distinctifs, biens ou services de l'annonceur et ceux d'un concurrent ;

4° Présenter des biens ou des services comme une imitation ou une reproduction d'un bien ou d'un service bénéficiant d'une marque ou d'un nom commercial protégé.

Art. L. 122-3 Pour les produits bénéficiant d'une appellation d'origine ou d'une indication géographique protégée, la comparaison n'est autorisée qu'entre des produits bénéficiant chacun de la même appellation ou de la même indication.

Art. L. 122-4 Est interdit le fait de faire figurer des annonces comparatives telles que définies aux articles L. 122-1 et L. 122-2 sur des emballages, des factures, des titres de transport, des moyens de paiement ou des billets d'accès à des spectacles ou à des lieux ouverts au public.

Art. L. 122-5 L'annonceur pour le compte duquel la publicité comparative est diffusée doit être en mesure de prouver dans un bref délai l'exactitude matérielle des énonciations, indications et présentations contenues dans la publicité.

Art. L. 122-6 Les insertions réalisées dans la presse pour une publicité définie aux articles L. 122-1 et L. 122-2 ne donnent pas lieu au droit de réponse tel qu'il est défini par l'article 13 de la loi du 29 juillet 1881 sur la liberté de la presse et l'article 6 de la loi n° 82-652 du 29 juillet 1982 sur la communication audiovisuelle.

Art. L. 122-7 Les modalités d'application des articles L. 122-1 à L. 122-6 sont précisées par décret en Conseil d'État.

....

Art. L. 132-25 Les infractions aux dispositions des articles L. 122-1 à L. 122-5 sont, le cas échéant, punies des peines prévues, d'une part, aux articles L. 132-2 à L. 132-9, d'autre part, aux articles L. 716-9 et L. 716-12 du code de la propriété intellectuelle.

Offres et opérations promotionnelles proposées par voie électronique

Art. L. 122-8 Les publicités et notamment les offres promotionnelles, telles que les rabais, les primes ou les cadeaux, ainsi que les concours ou les jeux promotionnels, adressés *[adressées]* par courrier électronique, doivent pouvoir être identifiés *[identifiées]* de manière claire et non équivoque dès leur réception par leur destinataire ou, en cas d'impossibilité technique, dans le corps du message.

Ces messages indiquent une adresse ou moyen électronique permettant effectivement au destinataire de transmettre une demande visant à obtenir que ces publicités cessent.

Art. L. 122-9 Les conditions auxquelles sont soumises la possibilité de bénéficier d'offres promotionnelles ainsi que celle de participer à des concours ou à des jeux promotionnels, lorsque ces offres, concours ou jeux sont proposés par voie électronique, sont clairement précisées et aisément accessibles.

Art. L. 122-10 Les dispositions des articles L. 122-8 et L. 122-9 sont applicables aux publicités, offres, concours ou jeux à destination des professionnels.

....

Art. L. 132-26 Tout manquement aux obligations mentionnées aux articles L. 122-8 et L. 122-9 relatives aux offres et opérations promotionnelles par voie électronique est passible d'une amende administrative dont le montant ne peut excéder 3 000 euros pour une personne physique et 15 000 euros pour une personne morale.

Cette amende est prononcée dans les conditions prévues au chapitre II du titre II du livre V.

Appellation de boulanger et enseigne de boulangerie

Art. L. 122-17 Les professionnels qui n'assurent pas eux-mêmes, à partir de matières premières choisies, le pétrissage de la pâte, sa fermentation et sa mise en forme ainsi que la cuisson du pain sur le lieu de vente au consommateur final ne peuvent utiliser l'appellation de "boulanger" et l'enseigne commerciale de "boulangerie" ou une dénomination susceptible de porter à confusion, sur le lieu de vente du pain au consommateur final ou dans des publicités à l'exclusion des documents commerciaux à usage strictement professionnel.

La pâte et les pains ne peuvent à aucun stade de la production ou de la vente être surgelés ou congelés.

BIBL. ► Le Briero, *JCP E 2000, nº 9, p. 558* (l'entreprise boulangère par rapport au droit).

Art. L. 122-18 L'appellation de boulanger et l'enseigne commerciale de boulangerie mentionnées à l'article L. 122-17 peuvent être utilisées lorsque le pain est vendu de façon itinérante par le professionnel, ou sous sa responsabilité, lorsque ce professionnel remplit les conditions énoncées au même article.

....

Art. L. 132-27 Le fait de méconnaître les dispositions des articles L. 122-17 et L. 122-18 est puni *(Abrogé par L. nº 2016-1691 du 9 déc. 2016, art. 132) « d'un emprisonnement de deux ans et »* d'une amende de 300 000 euros.

Le montant de l'amende peut être porté, de manière proportionnée aux avantages tirés du délit, à 10 % du chiffre d'affaires moyen annuel, calculé sur les trois derniers chiffres d'affaires annuels connus à la date des faits.

Art. L. 132-28 *(Ord. nº 2016-301 du 14 mars 2016, en vigueur le 1er juill. 2016)* Les personnes physiques coupables du délit puni à l'article L. 132-27 encourent également à titre de peines complémentaires l'interdiction, suivant les modalités prévues à l'article 131-27 du code pénal, soit d'exercer une fonction publique ou d'exercer l'activité professionnelle ou sociale dans l'exercice ou à l'occasion de l'exercice de laquelle l'infraction a été commise, soit d'exercer une profession commerciale ou industrielle, de diriger, d'administrer, de gérer ou de contrôler à un titre quelconque, directement ou indirectement, pour leur propre compte ou pour le compte d'autrui, une entreprise commerciale ou industrielle ou une société commerciale.

Ces interdictions d'exercice ne peuvent excéder une durée de cinq ans. Elles peuvent être prononcées cumulativement.

Les personnes morales déclarées responsables pénalement, dans les conditions prévues à l'article 121-2 du code pénal, du délit puni à l'article L. 132-27 encourent, outre l'amende suivant les modalités prévues à l'article 131-38 du de ce code, les peines prévues aux 2° à 9° de l'article 131-39 du même code.

L'interdiction mentionnée au 2° du même article 131-39 porte sur l'activité dans l'exercice ou à l'occasion de l'exercice de laquelle l'infraction a été commise. Les peines prévues aux 2° à 7° de cet article ne peuvent être prononcées que pour une durée de cinq ans au plus.

Code pénal

Distribution d'argent à des fins publicitaires sur la voie publique

Art. 431-29 *(L. n° 2011-267 du 14 mars 2011, art. 50)* La distribution sur la voie publique, à des fins publicitaires, de pièces de monnaie ou de billets de banque ayant cours légal est puni *[punie]* de six mois d'emprisonnement et 30 000 € d'amende.

Le fait d'annoncer publiquement, par tout moyen, qu'il sera procédé sur la voie publique, à des fins publicitaires, à la distribution de pièces de monnaie ou de billets de banque ayant cours légal est puni de trois mois d'emprisonnement et 15 000 € d'amende.

Dans le cas prévu par le premier alinéa, la peine d'amende peut être portée au double des sommes ayant été distribuées.

> **Code monétaire et financier Art. R. 162-3** Le fait d'utiliser comme support d'une publicité quelconque des pièces de monnaie ou des billets de banque ayant cours légal en France ou émis par les institutions étrangères ou internationales habilitées à cette fin est réprimé conformément à l'article R. 642-4 du code pénal.

Art. 431-30 *(L. n° 2011-267 du 14 mars 2011, art. 50)* Les personnes morales déclarées responsables pénalement, dans les conditions prévues par l'article 121-2, des infractions définies à la présente section encourent, outre l'amende suivant les modalités prévues par l'article 131-38, la peine d'affichage de la décision prononcée ou de diffusion de celle-ci soit par la presse écrite, soit par tout moyen de communication au public par voie électronique.

....

Art. R. 642-4 Le fait d'utiliser comme support d'une publicité quelconque des pièces de monnaie ou des billets de banque ayant cours légal en France ou émis par les institutions étrangères ou internationales habilitées à cette fin est puni de l'amende prévue pour les contraventions de la 2e classe.

Les personnes coupables de la contravention prévue au présent article encourent également la peine complémentaire de confiscation de la chose qui a servi ou était destinée à commettre l'infraction ou de la chose qui en est le produit.

(Décr. n° 2010-671 du 18 juin 2010) « Les personnes morales déclarées responsables pénalement, dans les conditions prévues par l'article 121-2, de l'infraction définie au présent article encourent, outre l'amende suivant les modalités prévues par l'article 131-41, la peine de confiscation de la chose qui a servi ou était destinée à commettre l'infraction ou de la chose qui en est le produit. »

La peine de confiscation est obligatoire pour les signes monétaires visés au premier alinéa du présent article en application des articles 131-21 et 131-48. Les dispositions du troisième alinéa de l'article 442-13 sont applicables.

*Sur la publicité portant sur des opérations de crédit, V. C. consom., art. L. 312-5, L. 312-6, L. 312-8 à L. 312-10. — **C. consom.** ; ... la publicité faite par les franchisés, V. C. com., art. A. 441-1 ; ... la publicité relative aux opérations de soldes, V. C. com., art. L. 310-3-II et R. 310-17 ; ... l'utilisation de marques dans les textes publicitaires, V. C. consom., art. L. 433-11. — **C. consom.** ; ... les messages publicitaires télévisés ou radiodiffusés et les actions de promotion en faveur de boissons avec ajouts de sucre, de sel ou d'édulcorants de synthèse et de produits alimentaires manufacturés, V. CSP, art. L. 2133-1. — **CSP** ou **C. consom.***

Sur les mentions obligatoires et notamment le numéro d'identification de l'entreprise, devant figurer sur les documents publicitaires, V. C. com., art. R. 123-237.

*Sur la publicité, les enseignes et préenseignes, V. C. envir., art. L. 581-1 s. — **C. envir.***

*Sur les taxes communales sur la publicité (taxe sur les emplacements publicitaires et taxe sur les affiches publicitaires), V. CGCT, art. L. 2333-6 s. — **CGCT**.*

SOCIÉTÉS COMMERCIALES

Code civil

LIVRE III

TITRE IX De la société

(L. n° 78-9 du 4 janv. 1978)

CHAPITRE PREMIER *Dispositions générales*

(L. n° 78-9 du 4 janv. 1978)

Art. 1832 *(L. n° 85-697 du 11 juill. 1985)* La société est instituée par deux ou plusieurs personnes qui conviennent par un contrat d'affecter à une entreprise commune des biens ou leur industrie en vue de partager le bénéfice ou de profiter de l'économie qui pourra en résulter.

Elle peut être instituée, dans les cas prévus par la loi, par l'acte de volonté d'une seule personne.

Les associés s'engagent à contribuer aux pertes. — *V. art. 1844-10.*

Art. 1832-1 *(L. n° 82-596 du 10 juill. 1982)* « Même s'ils n'emploient que des biens de communauté pour les apports à une société ou pour l'acquisition de parts sociales, deux époux seuls ou avec d'autres personnes peuvent être associés dans une même société et participer ensemble ou non à la gestion sociale. » *(Abrogé par L. n° 85-1372 du 23 déc. 1985, art. 50, à compter du 1er juill. 1986) « Toutefois, cette faculté n'est ouverte que si les époux ne doivent pas, l'un et l'autre, être indéfiniment et solidairement responsables des dettes sociales. »* — *V. art. 1844-10.*

Les avantages et libéralités résultant d'un contrat de société entre époux ne peuvent être annulés parce qu'ils constitueraient des donations déguisées, lorsque les conditions en ont été réglées par un acte authentique.

Art. 1832-2 *(L. n° 82-596 du 10 juill. 1982)* Un époux ne peut, sous la sanction prévue à l'article 1427 *[la nullité]*, employer des biens communs pour faire un apport à une société ou acquérir des parts sociales non négociables sans que son conjoint en ait été averti et sans qu'il en soit justifié dans l'acte.

La qualité d'associé est reconnue à celui des époux qui fait l'apport ou réalise l'acquisition.

La qualité d'associé est également reconnue, pour la moitié des parts souscrites ou acquises, au conjoint qui a notifié à la société son intention d'être personnellement associé. Lorsqu'il notifie son intention lors de l'apport ou de l'acquisition, l'acceptation ou l'agrément des associés vaut pour les deux époux. Si cette notification est postérieure à l'apport ou à l'acquisition, les clauses d'agrément prévues à cet effet par les statuts sont opposables au conjoint ; lors de la délibération sur l'agrément, l'époux associé ne participe pas au vote et ses parts ne sont pas prises en compte pour le calcul du quorum et de la majorité.

Les dispositions du présent article ne sont applicables que dans les sociétés dont les parts ne sont pas négociables et seulement jusqu'à la dissolution de la communauté.

Art. 1833 *(L. n° 78-9 du 4 janv. 1978)* Toute société doit avoir un objet licite et être constituée dans l'intérêt commun des associés. — *V. art. 1844-10, infra.*

(L. n° 2019-486 du 22 mai 2019, art. 169) « La société est gérée dans son intérêt social, en prenant en considération les enjeux sociaux et environnementaux de son activité. »

Art. 1834 *(L. n° 78-9 du 4 janv. 1978)* Les dispositions du présent chapitre sont applicables à toutes les sociétés, s'il n'en est autrement disposé par la loi en raison de leur forme ou de leur objet.

Art. 1835 *(L. n° 78-9 du 4 janv. 1978)* Les statuts doivent être établis par écrit. Ils déterminent, outre les apports de chaque associé, la forme, l'objet, l'appellation, le siège social, le capital social, la durée de la société et les modalités de son fonctionnement. *(L. n° 2019-486 du 22 mai 2019, art. 169)* « Les statuts peuvent préciser une raison d'être, constituée des principes dont la société se dote et pour le respect desquels elle entend affecter des moyens dans la réalisation de son activité. »

Art. 1836 *(L. nº 78-9 du 4 janv. 1978)* Les statuts ne peuvent être modifiés, à défaut de clause contraire, que par l'accord unanime des associés.

En aucun cas, les engagements d'un associé ne peuvent être augmentés sans le consentement de celui-ci.

Art. 1837 *(L. nº 78-9 du 4 janv. 1978)* Toute société dont le siège est situé sur le territoire français est soumise aux dispositions de la loi française.

Les tiers peuvent se prévaloir du siège statutaire, mais celui-ci ne leur est pas opposable par la société si le siège réel est situé en un autre lieu.

Art. 1838 *(L. nº 78-9 du 4 janv. 1978)* La durée de la société ne peut excéder quatre-vingt-dix-neuf ans.

Art. 1839 *(L. nº 78-9 du 4 janv. 1978)* Si les statuts ne contiennent pas toutes les énonciations exigées par la législation ou si une formalité prescrite par celle-ci pour la constitution de la société a été omise ou irrégulièrement accomplie, tout intéressé est recevable à demander en justice que soit ordonnée, sous astreinte, la régularisation de la constitution. Le ministère public *(L. nº 2009-526 du 12 mai 2009, art. 10-I)* « peut » agir aux mêmes fins.

Les mêmes règles sont applicables en cas de modification des statuts.

L'action aux fins de régularisation prévue à l'alinéa premier se prescrit par trois ans à compter de l'immatriculation de la société ou de la publication de l'acte modifiant les statuts.

Art. 1840 *(L. nº 78-9 du 4 janv. 1978)* Les fondateurs, ainsi que les premiers membres des organes de gestion, de direction ou d'administration, sont solidairement responsables du préjudice causé soit par le défaut d'une mention obligatoire dans les statuts, soit par l'omission ou l'accomplissement irrégulier d'une formalité prescrite pour la constitution de la société.

En cas de modification des statuts, les dispositions de l'alinéa précédent sont applicables aux membres des organes de gestion, de direction ou d'administration alors en fonction.

L'action se prescrira par dix ans, à compter du jour où l'une ou l'autre, selon le cas, des formalités visées à l'alinéa 3 de l'article 1839 aura été accomplie.

Art. 1841 *(Abrogé par Ord. nº 2019-1067 du 21 oct. 2019, art. 1er) (L. nº 78-9 du 4 janv. 1978)* ***Il est interdit aux sociétés n'y ayant pas été autorisées par la loi de*** *(Ord. nº 2009-80 du 22 janv. 2009, art. 15, en vigueur le 1er avr. 2009)* ***« procéder à une offre au public »*** *(L. nº 2016-1691 du 9 déc. 2016, art. 45)* ***« de titres financiers, d'émettre des titres négociables ou de procéder à une offre au public, au sens de l'article L. 411-1 du code monétaire et financier, de parts sociales », à peine de nullité des contrats conclus ou des titres*** *(L. nº 2016-1691 du 9 déc. 2016, art. 45)* ***« ou parts sociales » émis.***

Art. 1842 *(L. nº 78-9 du 4 janv. 1978)* Les sociétés autres que les sociétés en participation visées au chapitre III jouissent de la personnalité morale à compter de leur immatriculation.

Jusqu'à l'immatriculation, les rapports entre les associés sont régis par le contrat de société et par les principes généraux du droit applicable aux contrats et obligations.

Art. 1843 *(L. nº 78-9 du 4 janv. 1978)* Les personnes qui ont agi au nom d'une société en formation avant l'immatriculation sont tenues des obligations nées des actes ainsi accomplis, avec solidarité si la société est commerciale, sans solidarité dans les autres cas. La société régulièrement immatriculée peut reprendre les engagements souscrits, qui sont alors réputés avoir été dès l'origine contractés par celle-ci.

Art. 1843-1 *(L. nº 78-9 du 4 janv. 1978)* L'apport d'un bien ou d'un droit soumis à publicité pour son opposabilité aux tiers peut être publié dès avant l'immatriculation et sous la condition que celle-ci intervienne. A compter de celle-ci, les effets de la formalité rétroagissent à la date de son accomplissement.

Art. 1843-2 *(L. nº 78-9 du 4 janv. 1978)* Les droits de chaque associé dans le capital social sont proportionnels à ses apports lors de la constitution de la société ou au cours de l'existence de celle-ci.

(L. nº 82-596 du 10 juill. 1982) « Les apports en industrie ne concourent pas à la formation du capital social mais donnent lieu à l'attribution de parts ouvrant droit au partage des bénéfices et de l'actif net, à charge de contribuer aux pertes. »

Art. 1843-3 *(L. nº 78-9 du 4 janv. 1978)* Chaque associé est débiteur envers la société de tout ce qu'il a promis de lui apporter en nature, en numéraire ou en industrie.

Les apports en nature sont réalisés par le transfert des droits correspondants et par la mise à la disposition effective des biens.

Lorsque l'apport est en propriété, l'apporteur est garant envers la société comme un vendeur envers son acheteur.

Lorsqu'il est en jouissance, l'apporteur est garant envers la société comme un bailleur envers son preneur. Toutefois, lorsque l'apport en jouissance porte sur des choses de genre ou sur tous autres biens normalement appelés à être renouvelés pendant la durée de la société, le contrat transfère à celle-ci la propriété des biens apportés, à charge d'en rendre une pareille quantité, qualité et valeur ; dans ce cas, l'apporteur est garant dans les conditions prévues à l'alinéa précédent.

L'associé qui devait apporter une somme dans la société et qui ne l'a point fait devient de plein droit et sans demande, débiteur des intérêts de cette somme à compter du jour où elle devait être payée et ce sans préjudice de plus amples dommages-intérêts, s'il y a lieu. *(L. n° 2001-420 du 15 mai 2001)* « En outre, lorsqu'il n'a pas été procédé dans un délai légal aux appels de fonds pour réaliser la libération intégrale du capital, tout intéressé peut demander au président du tribunal statuant en référé soit d'enjoindre sous astreinte aux administrateurs, gérants et dirigeants de procéder à ces appels de fonds, soit de désigner un mandataire chargé de procéder à cette formalité. »

L'associé qui s'est obligé à apporter son industrie à la société lui doit compte de tous les gains qu'il a réalisés par l'activité faisant l'objet de son apport.

Art. 1843-4 *(L. n° 78-9 du 4 janv. 1978) (Ord. n° 2014-863 du 31 juill. 2014, art. 37)* « I. – Dans les cas où la loi renvoie au présent article pour fixer les conditions de prix d'une cession » des droits sociaux d'un associé, ou le rachat de ceux-ci par la société, la valeur de ces droits est déterminée, en cas de contestation, par un expert désigné, soit par les parties, soit à défaut d'accord entre elles, par *(Ord. n° 2019-738 du 17 juill. 2019, art. 2)* « jugement du président du tribunal judiciaire ou du tribunal de commerce compétent, statuant selon la procédure accélérée au fond *[ancienne rédaction : ordonnance du président du tribunal statuant en la forme des référés]* » et sans recours possible.

(Ord. n° 2014-863 du 31 juill. 2014, art. 37) « L'expert ainsi désigné est tenu d'appliquer, lorsqu'elles existent, les règles et modalités de détermination de la valeur prévues par les statuts de la société ou par toute convention liant les parties.

« II. – Dans les cas où les statuts prévoient la cession des droits sociaux d'un associé ou le rachat de ces droits par la société sans que leur valeur soit ni déterminée ni déterminable, celle-ci est déterminée, en cas de contestation, par un expert désigné dans les conditions du premier alinéa.

« L'expert ainsi désigné est tenu d'appliquer, lorsqu'elles existent, les règles et modalités de détermination de la valeur prévues par toute convention liant les parties. »

Les dispositions issues de l'Ord. n° 2019-738 du 17 juill. 2019 s'appliquent aux demandes introduites à compter du 1er janv. 2020 (Ord. préc., art. 30).

Art. 1843-5 *(L. n° 88-15 du 5 janv. 1988)* Outre l'action en réparation du préjudice subi personnellement, un ou plusieurs associés peuvent intenter l'action sociale en responsabilité contre les gérants. Les demandeurs sont habilités à poursuivre la réparation du préjudice subi par la société ; en cas de condamnation, les dommages-intérêts sont alloués à la société.

Est réputée non écrite toute clause des statuts ayant pour effet de subordonner l'exercice de l'action sociale à l'avis préalable ou à l'autorisation de l'assemblée ou qui comporterait par avance renonciation à l'exercice de cette action.

Aucune décision de l'assemblée des associés ne peut avoir pour effet d'éteindre une action en responsabilité contre les gérants pour la faute commise dans l'accomplissement de leur mandat.

Art. 1844 *(L. n° 78-9 du 4 janv. 1978)* Tout associé a le droit de participer aux décisions collectives.

Les copropriétaires d'une part sociale indivise sont représentés par un mandataire unique, choisi parmi les indivisaires ou en dehors d'eux. En cas de désaccord, le mandataire sera désigné en justice à la demande du plus diligent.

(L. n° 2019-744 du 19 juill. 2019, art. 3) « Si une part est grevée d'un usufruit, le nu-propriétaire et l'usufruitier ont le droit de participer aux décisions collectives. Le droit de vote appartient au nu-propriétaire, sauf pour les décisions concernant l'affectation des bénéfices, où il est réservé à l'usufruitier. Toutefois, pour les autres décisions, le nu-propriétaire et l'usufruitier peuvent convenir que le droit de vote sera exercé par l'usufruitier. »

Les statuts peuvent déroger aux dispositions *(L. n° 2019-744 du 19 juill. 2019, art. 3)* « du deuxième alinéa et de la seconde phrase du troisième alinéa ».

Art. 1844-1 *(L. n° 78-9 du 4 janv. 1978)* La part de chaque associé dans les bénéfices et sa contribution aux pertes se déterminent à proportion de sa part dans le capital social et la part de l'associé qui n'a apporté que son industrie est égale à celle de l'associé qui a le moins apporté, le tout sauf clause contraire.

Toutefois, la stipulation attribuant à un associé la totalité du profit procuré par la société ou l'exonérant de la totalité des pertes, celle excluant un associé totalement du profit ou mettant à sa charge la totalité des pertes sont réputées non écrites. — *V. art. L. 235-1 C. com.*

Art. 1844-2 *(Abrogé par Ord. n° 2021-1192 du 15 sept. 2021, art. 26, à compter du 1er janv. 2022) (L. n° 78-753 du 17 juill. 1978)* ***Il peut être consenti hypothèque ou toute autre sûreté réelle sur les biens de la société en vertu de pouvoirs résultant de délibérations ou délégations établies sous signatures privées alors même que la constitution de l'hypothèque ou de la sûreté doit l'être par acte authentique.***

Art. 1844-3 *(L. n° 78-9 du 4 janv. 1978)* La transformation régulière d'une société en une société d'une autre forme n'entraîne pas la création d'une personne morale nouvelle. Il en est de même de la prorogation ou de toute autre modification statutaire.

Art. 1844-4 *(L. n° 78-9 du 4 janv. 1978)* Une société, même en liquidation, peut être absorbée par une autre société ou participer à la constitution d'une société nouvelle, par voie de fusion.

Elle peut aussi transmettre son patrimoine par voie de scission à des sociétés existantes ou à des sociétés nouvelles.

Ces opérations peuvent intervenir entre des sociétés de forme différente.

Elles sont décidées, par chacune des sociétés intéressées, dans les conditions requises pour la modification de ses statuts.

Si l'opération comporte la création de sociétés nouvelles, chacune de celles-ci est constituée selon les règles propres à la forme de société adoptée.

Art. 1844-5 *(L. n° 81-1162 du 30 déc. 1981)* « La réunion de toutes les parts sociales en une seule main n'entraîne pas la dissolution de plein droit de la société. Tout intéressé peut demander cette dissolution si la situation n'a pas été régularisée dans le délai d'un an. Le tribunal peut accorder à la société un délai maximal de six mois pour régulariser la situation. Il ne peut prononcer la dissolution si, au jour où il statue sur le fond, cette régularisation a eu lieu. »

L'appartenance de l'usufruit de toutes les parts sociales à la même personne est sans conséquence sur l'existence de la société.

(L. n° 88-15 du 5 janv. 1988) « En cas de dissolution, celle-ci entraîne la transmission universelle du patrimoine de la société à l'associé unique, sans qu'il y ait lieu à liquidation. Les créanciers peuvent faire opposition à la dissolution dans le délai de trente jours à compter de la publication de celle-ci. Une décision de justice rejette l'opposition ou ordonne soit le remboursement des créances, soit la constitution de garanties si la société en offre et si elles sont jugées suffisantes. La transmission du patrimoine n'est réalisée et il n'y a disparition de la personne morale qu'à l'issue du délai d'opposition ou, le cas échéant, lorsque l'opposition a été rejetée en première instance ou que le remboursement des créances a été effectué ou les garanties constituées. »

(L. n° 2001-420 du 15 mai 2001) « Les dispositions du troisième alinéa ne sont pas applicables aux sociétés dont l'associé unique est une personne physique. »

Les dispositions de l'art. 1844-5 relatives à la dissolution judiciaire ne sont pas applicables en cas de réunion en une seule main de toutes les parts d'une SARL (V. C. com., art. L. 223-4). Pour les sociétés civiles dénommées « exploitations agricoles à responsabilité limitée », V. C. rur., art. L. 324-1, al. 1er. — ***C. sociétés.***

Art. 1844-6 *(L. n° 78-9 du 4 janv. 1978)* La prorogation de la société est décidée à l'unanimité des associés, ou, si les statuts le prévoient, à la majorité prévue pour la modification de ceux-ci.

Un an au moins avant la date d'expiration de la société, les associés doivent être consultés à l'effet de décider si la société doit être prorogée.

A défaut, tout associé peut demander au président du tribunal, statuant sur requête, la désignation d'un mandataire de justice chargé de provoquer la consultation prévue *(L. n° 2019-744 du 19 juill. 2019, art. 4)* « au deuxième alinéa.

« Lorsque la consultation n'a pas eu lieu, le président du tribunal, statuant sur requête à la demande de tout associé dans l'année suivant la date d'expiration de la société, peut constater l'intention des associés de proroger la société et autoriser la consultation à titre de régularisation dans un délai de trois mois, le cas échéant en désignant un mandataire de justice chargé de la provoquer. Si la société est prorogée, les actes conformes à la loi et aux statuts antérieurs à la prorogation sont réputés réguliers et avoir été accomplis par la société ainsi prorogée. »

Art. 1844-7 *(L. n° 78-9 du 4 janv. 1978)* La société prend fin :

1° Par l'expiration du temps pour lequel elle a été constituée, sauf prorogation effectuée conformément à l'article 1844-6 ;

2° Par la réalisation ou l'extinction de son objet ;

3° Par l'annulation du contrat de société ;

4° Par la dissolution anticipée décidée par les associés ;

5° Par la dissolution anticipée prononcée par le tribunal à la demande d'un associé pour justes motifs, notamment en cas d'inexécution de ses obligations par un associé, ou de mésentente entre associés paralysant le fonctionnement de la société ;

6° Par la dissolution anticipée prononcée par le tribunal dans le cas prévu à l'article 1844-5 ;

7° *(L. n° 88-15 du 5 janv. 1988)* « Par l'effet d'un jugement ordonnant *(Ord. n° 2014-326 du 12 mars 2014, art. 100, en vigueur le 1er juill. 2014)* « la clôture de la liquidation judiciaire pour insuffisance d'actif » *(Abrogé par L. n° 2005-845 du 26 juill. 2005, art. 189)* *« ou la cession totale des actifs de la société »* ; »

8° *(L. n° 85-98 du 25 janv. 1985, en vigueur le 1er janv. 1986)* « Pour toute autre cause prévue par les statuts ».

Art. 1844-8 *(L. n° 78-9 du 4 janv. 1978)* La dissolution de la société entraîne sa liquidation, hormis les cas prévus à l'article 1844-4 *(L. n° 88-15 du 5 janv. 1988)* « et au troisième alinéa de l'article 1844-5 ». Elle n'a d'effet à l'égard des tiers qu'après sa publication.

Le liquidateur est nommé conformément aux dispositions des statuts. Dans le silence de ceux-ci, il est nommé par les associés ou, si les associés n'ont pu procéder à cette nomination, par décision de justice. Le liquidateur peut être révoqué dans les mêmes conditions. La nomination et la révocation ne sont opposables aux tiers qu'à compter de leur publication. Ni la société ni les tiers ne peuvent, pour se soustraire à leurs engagements, se prévaloir d'une irrégularité dans la nomination ou dans la révocation du liquidateur, dès lors que celle-ci a été régulièrement publiée.

La personnalité morale de la société subsiste pour les besoins de la liquidation jusqu'à la publication de la clôture de celle-ci.

Si la clôture de la liquidation n'est pas intervenue dans un délai de trois ans à compter de la dissolution, le ministère public ou tout intéressé peut saisir le tribunal, qui fait procéder à la liquidation ou, si celle-ci a été commencée, à son achèvement.

Art. 1844-9 *(L. n° 78-9 du 4 janv. 1978)* Après paiement des dettes et remboursement du capital social, le partage de l'actif est effectué entre les associés dans les mêmes proportions que leur participation aux bénéfices, sauf clause ou convention contraire.

Les règles concernant le partage des successions, y compris l'attribution préférentielle, s'appliquent aux partages entre associés.

Toutefois, les associés peuvent valablement décider, soit dans les statuts, soit par une décision ou un acte distinct, que certains biens seront attribués à certains associés. A défaut, tout bien apporté qui se retrouve en nature dans la masse partagée est attribué, sur sa demande, et à charge de soulte s'il y a lieu, à l'associé qui en avait fait l'apport. Cette faculté s'exerce avant tout autre droit à une attribution préférentielle.

Tous les associés, ou certains d'entre eux seulement, peuvent aussi demeurer dans l'indivi*sion pour tout* ou partie des biens sociaux. Leurs rapports sont alors régis, à la clôture de la liquidation, en ce qui concerne ces biens, par les dispositions relatives à l'indivision.

Art. 1844-10 *(L. n° 78-9 du 4 janv. 1978)* La nullité de la société ne peut résulter que de la violation des dispositions *(L. n° 2019-486 du 22 mai 2019, art. 169)* « de l'article 1832 et du premier alinéa des articles 1832-1 et 1833 », ou de l'une des causes de nullité des contrats en général.

Toute clause statutaire contraire à une disposition impérative du présent titre, dont la violation n'est pas sanctionnée par la nullité de la société, est réputée non écrite.

La nullité des actes ou délibérations des organes de la société ne peut résulter que de la violation d'une disposition impérative du présent titre *(L. n° 2019-486 du 22 mai 2019, art. 169)* « , à l'exception du dernier alinéa de l'article 1833, » ou de l'une des causes de nullité des contrats en général.

Art. 1844-11 *(L. nº 78-9 du 4 janv. 1978)* L'action en nullité est éteinte lorsque la cause de la nullité a cessé d'exister le jour où le tribunal statue sur le fond en première instance, sauf si cette nullité est fondée sur l'illicéité de l'objet social.

Art. 1844-12 *(L. nº 78-9 du 4 janv. 1978)* En cas de nullité d'une société ou d'actes ou délibérations postérieurs à sa constitution, fondée sur un vice de consentement ou l'incapacité d'un associé, et lorsque la régularisation peut intervenir, toute personne, y ayant intérêt, peut mettre en demeure celui qui est susceptible de l'opérer, soit de régulariser, soit d'agir en nullité dans un délai de six mois à peine de forclusion. Cette mise en demeure est dénoncée à la société.

La société ou un associé peut soumettre au tribunal saisi dans le délai prévu à l'alinéa précédent, toute mesure susceptible de supprimer l'intérêt du demandeur notamment par le rachat de ses droits sociaux. En ce cas, le tribunal peut, soit prononcer la nullité, soit rendre obligatoires les mesures proposées si celles-ci ont été préalablement adoptées par la société aux conditions prévues pour les modifications statutaires. Le vote de l'associé dont le rachat des droits est demandé est sans influence sur la décision de la société.

En cas de contestation, la valeur des droits sociaux à rembourser à l'associé est déterminée conformément aux dispositions de l'article 1843-4.

Art. 1844-13 *(L. nº 78-9 du 4 janv. 1978)* Le tribunal, saisi d'une demande en nullité, peut, même d'office, fixer un délai pour permettre de couvrir les nullités. Il ne peut prononcer la nullité moins de deux mois après la date de l'exploit introductif d'instance.

Si, pour couvrir une nullité, une assemblée doit être convoquée, ou une consultation des associés effectuée, et s'il est justifié d'une convocation régulière de cette assemblée ou de l'envoi aux associés du texte des projets de décision accompagné des documents qui doivent leur être communiqués, le tribunal accorde par jugement le délai nécessaire pour que les associés puissent prendre une décision.

Art. 1844-14 *(L. nº 78-9 du 4 janv. 1978)* Les actions en nullité de la société ou d'actes et délibérations postérieurs à sa constitution se prescrivent par trois ans à compter du jour où la nullité est encourue.

Art. 1844-15 *(L. nº 78-9 du 4 janv. 1978)* Lorsque la nullité de la société est prononcée, elle met fin, sans rétroactivité, à l'exécution du contrat.

A l'égard de la personne morale qui a pu prendre naissance, elle produit les effets d'une dissolution prononcée par justice.

Art. 1844-16 *(L. nº 78-9 du 4 janv. 1978)* Ni la société ni les associés ne peuvent se prévaloir d'une nullité à l'égard des tiers de bonne foi. Cependant, la nullité résultant de l'incapacité ou de l'un des vices du consentement est opposable même aux tiers par l'incapable et ses représentants légaux, ou par l'associé dont le consentement a été surpris par erreur, dol ou violence.

Art. 1844-17 *(L. nº 78-9 du 4 janv. 1978)* L'action en responsabilité fondée sur l'annulation de la société ou des actes et délibérations postérieurs à la constitution se prescrit par trois ans à compter du jour où la décision d'annulation est passée en force de chose jugée.

La disparition de la cause de nullité ne met pas obstacle à l'exercice de l'action en dommages-intérêts tendant à la réparation du préjudice causé par le vice dont la société, l'acte ou la délibération était entaché. Cette action se prescrit par trois ans à compter du jour où la nullité a été couverte.

V., pour l'application des articles ci-dessus, Décr. nº 78-704 du 3 juill. 1978, art. 1er à 29. — ***C. civ.*** *ou* ***C. sociétés.***

CHAPITRE II *De la société civile*

Art. 1845 à 1870-1 *V., pour application des art. 1845 à 1870-1, Décr. nº 78-704 du 3 juill. 1978, art. 30 à 57. —* ***C. civ.*** *ou* ***C. sociétés.***

CHAPITRE III *De la société en participation*

(L. nº 78-9 du 4 janv. 1978)

Art. 1871 *(L. nº 78-9 du 4 janv. 1978)* Les associés peuvent convenir que la société ne sera point immatriculée. La société est dite alors "société en participation". Elle n'est pas une personne morale et n'est pas soumise à publicité. Elle peut être prouvée par tous moyens.

Les associés conviennent librement de l'objet, du fonctionnement et des conditions de la société en participation, sous réserve de ne pas déroger aux dispositions impératives des articles 1832, 1832-1, 1833, 1836 (2e alinéa), *(Ord. no 2019-1067 du 21 oct. 2019, art. 1er)* « 1844 (1er alinéa) et 1844-1 (2e alinéa) et de l'article L. 411-1 du code monétaire et financier ».

Art. 1871-1 *(L. no 78-9 du 4 janv. 1978)* A moins qu'une organisation différente n'ait été prévue, les rapports entre associés sont régis, en tant que de raison, soit par les dispositions applicables aux sociétés civiles, si la société a un caractère civil, soit, si elle a un caractère commercial, par celles applicables aux sociétés en nom collectif.

Art. 1872 *(L. no 78-9 du 4 janv. 1978)* A l'égard des tiers, chaque associé reste propriétaire des biens qu'il met à la disposition de la société.

Sont réputés indivis entre les associés les biens acquis par emploi ou remploi de deniers indivis pendant la durée de la société et ceux qui se trouvaient indivis avant d'être mis à la disposition de la société.

Il en est de même de ceux que les associés auraient convenu de mettre en indivision.

Il peut en outre être convenu que l'un des associés est, à l'égard des tiers, propriétaire de tout ou partie des biens qu'il acquiert en vue de la réalisation de l'objet social.

Art. 1872-1 *(L. no 78-9 du 4 janv. 1978)* Chaque associé contracte en son nom personnel et est seul engagé à l'égard des tiers.

Toutefois, si les participants agissent en qualité d'associés au vu et au su des tiers, chacun d'eux est tenu à l'égard de ceux-ci des obligations nées des actes accomplis en cette qualité par l'un des autres, avec solidarité, si la société est commerciale, sans solidarité dans les autres cas.

Il en est de même de l'associé qui, par son immixtion, a laissé croire au cocontractant qu'il entendait s'engager à son égard, ou dont il est prouvé que l'engagement a tourné à son profit.

Dans tous les cas, en ce qui concerne les biens réputés indivis en application de l'article 1872 (alinéas 2 et 3), sont applicables dans les rapports avec les tiers, soit les dispositions du chapitre VI *[VII]* du titre Ier du livre III du présent code, soit, si les formalités prévues à l'article 1873-2 ont été accomplies, celles du titre IX *bis* du présent livre, tous les associés étant alors, sauf convention contraire, réputés gérants de l'indivision.

Art. 1872-2 *(L. no 78-9 du 4 janv. 1978)* Lorsque la société en participation est à durée indéterminée, sa dissolution peut résulter à tout moment d'une notification adressée par l'un d'eux à tous les associés, pourvu que cette notification soit de bonne foi, et non faite à contretemps.

A moins qu'il n'en soit autrement convenu, aucun associé ne peut demander le partage des biens indivis en application de l'article 1872 tant que la société n'est pas dissoute.

Art. 1873 *(L. no 78-9 du 4 janv. 1978)* Les dispositions du présent chapitre sont applicables aux sociétés créées de fait.

Loi no 80-834 du 24 octobre 1980,

Créant une distribution d'actions en faveur des salariés des entreprises industrielles et commerciales (D. et BLD 1980. 381). — V., pour application, Décr. no 80-935 du 26 nov. 1980 (D. et BLD 1980. 419). — ***C. sociétés.***

Loi no 90-1258 du 31 décembre 1990,

Relative à l'exercice sous forme de sociétés des professions libérales soumises à un statut législatif ou réglementaire ou dont le titre est protégé. — ***C. sociétés.***

Ordonnance no 2020-318 du 25 mars 2020,

Portant adaptation des règles relatives à l'établissement, l'arrêté, l'audit, la revue, l'approbation et la publication des comptes et des autres documents et informations que les personnes morales et entités dépourvues de personnalité morale de droit privé sont tenues de déposer ou publier dans le contexte de l'épidémie de covid-19.

BIBL. GÉN. ▶ J.-F. Barbièri, *Rev. sociétés 2020. 334* ⌀. – A. Lecourt, *RTD com. 2020. 352* ⌀. – Mortier, *Dr. sociétés 2020, no 60*. – Barrillon, *BJS 5/2020. 50.*

Art. 1er I. — Le délai fixé en application du cinquième alinéa de l'article L. 225-68 du code de commerce imparti au directoire pour présenter au conseil de surveillance les documents mentionnés au deuxième alinéa de l'article L. 225-100 du même code est prorogé de trois mois. Cette prorogation ne s'applique pas aux personnes morales et entités dépourvues de personnalité morale de droit privé qui ont désigné un commissaire aux comptes lorsque celui-ci a émis son rapport sur les comptes avant le 12 mars 2020.

II. — Les dispositions du I sont applicables aux personnes morales et entités dépourvues de personnalité morale de droit privé clôturant leurs comptes entre le 31 décembre 2019 et l'expiration d'un délai d'un mois après la date de cessation de l'état d'urgence sanitaire déclaré par l'article 4 de la loi *[nº 2020-290]* du 23 mars 2020 susvisée.

Art. 2 I. — Le délai de trois mois à compter de la clôture, imparti par le premier alinéa de l'article L. 237-25 du code de commerce au liquidateur pour établir les comptes annuels et le rapport écrit mentionnés à cet article est prorogé de deux mois.

II. — Les dispositions du I sont applicables dans les conditions fixées au II de l'article 1er de la présente ordonnance.

Art. 3 I. — Les délais imposés par des textes législatifs ou réglementaires ou par les statuts d'une personne morale ou d'une entité dépourvue de personnalité morale de droit privé pour approuver les comptes et les documents qui y sont joints le cas échéant, ou pour convoquer l'assemblée chargée de procéder à cette approbation, sont prorogés de trois mois. Cette prorogation ne s'applique pas aux personnes morales et entités dépourvues de personnalité morale de droit privé qui ont désigné un commissaire aux comptes lorsque celui-ci a émis son rapport sur les comptes avant le 12 mars 2020.

II. — Les dispositions du I sont applicables aux personnes morales et entités dépourvues de personnalité morale de droit privé clôturant leurs comptes entre le 30 septembre 2019 et l'expiration d'un délai d'un mois après la date de cessation de l'état d'urgence sanitaire déclaré par l'article 4 de la loi du 23 mars 2020 précitée.

Art. 4 I. — Les délais imposés au conseil d'administration, au directoire ou aux gérants en application de l'article L. 232-2 du code de commerce pour établir les documents mentionnés au premier alinéa de cet article sont prorogés de deux mois.

II. — Les dispositions du I sont applicables aux documents relatifs aux comptes ou aux semestres clôturés entre le 30 novembre 2019 et l'expiration d'un délai d'un mois après la date de cessation de l'état d'urgence sanitaire déclaré par l'article 4 de la loi du 23 mars 2020 précitée.

Art. 5 I. — Le délai imposé aux organismes de droit privé par le sixième alinéa de l'article 10 de la loi du 12 avril 2000 susvisée pour produire le compte rendu financier mentionné au même alinéa est prorogé de trois mois.

II. — Les dispositions du I sont applicables aux comptes rendus financiers relatifs aux comptes clôturés entre le 30 septembre 2019 et l'expiration d'un délai d'un mois après la date de cessation de l'état d'urgence sanitaire déclaré par l'article 4 de la loi du 23 mars 2020 précitée.

Art. 6 I. — Les dispositions de la présente ordonnance sont applicables à Wallis-et-Futuna.

II. — Les dispositions de l'article 5 sont applicables aux organismes bénéficiaires de subventions versées par les administrations de l'État et leurs établissements publics en Polynésie française et en Nouvelle-Calédonie.

Ordonnance nº 2020-321 du 25 mars 2020,

Portant adaptation des règles de réunion et de délibération des assemblées et organes dirigeants des personnes morales et entités dépourvues de personnalité morale de droit privé en raison de l'épidémie de covid-19.

BIBL. GÉN. ▶ COURET, DAIGRE et BARILLON, *D. 2020. Chron. 723*. – REYGROBELLET, *Rev. sociétés 2020. 275* ; *ibid. 2021. 7* (modifications issues de l'Ord. du 2 déc. 2020 et du Décr. du 18 déc. 2020). – COURET, *ibid. 331* (interprétation du texte) ; *BJS 4/2020. 7* (décret d'application). – A. LECOURT, *RTD com. 2020. 352*. – MORTIER et ZABALA, *JCP E 2020. 1160*. – JAMBORT, *RJ com. 2020. 195*. – DE BAILLIENCOURT, *Dr. sociétés 2020, nº 95* (sociétés cotées). – DONDERO, *JCP E 2021. 1042* (Décr. du 18 déc. 2020).

TITRE PREMIER Champ d'application

Art. 1er Nonobstant toute disposition législative ou réglementaire contraire, la présente ordonnance est, pendant la période prévue à l'article 11, applicable aux personnes morales et entités dépourvues de personnalité morale de droit privé, et notamment :

1° Les sociétés civiles et commerciales ;
2° Les masses de porteurs de valeurs mobilières ou de titres financiers ;
3° Les groupements d'intérêt économique et les groupements européens d'intérêt économique ;
4° Les coopératives ;
5° Les mutuelles, unions de mutuelles et fédérations de mutuelles ;
6° Les sociétés d'assurance mutuelle et sociétés de groupe d'assurance mutuelle ;
7° Les instituts de prévoyance et sociétés de groupe assurantiel de protection sociale ;
8° Les caisses de crédit municipal et caisses de crédit agricole mutuel ;
9° Les fonds de dotation ;
10° Les associations et les fondations.

TITRE II Assemblées

CHAPITRE PREMIER *Adaptation des règles de convocation et d'information*

Art. 2 *(Ord. n° 2020-1497 du 2 déc. 2020, art. 1er)* « Lorsqu'une personne ou une entité mentionnée à l'article 1er » est tenue de procéder à la convocation d'une *(Ord. n° 2020-1497 du 2 déc. 2020, art. 1er)* « assemblée » par voie postale, aucune nullité de l'assemblée n'est encourue du seul fait qu'une convocation n'a pas pu être réalisée par voie postale en raison de circonstances extérieures à *(Ord. n° 2020-1497 du 2 déc. 2020, art. 1er)* « cette personne ou entité ».

Art. 3 Lorsqu'une personne ou une entité mentionnée à l'article 1er est tenue de faire droit à une demande de communication d'un document ou d'une information à un membre d'une assemblée préalablement à la tenue de celle-ci en vertu des dispositions qui lui sont applicables, cette communication peut être valablement effectuée par message électronique, sous réserve que le membre indique dans sa demande l'adresse électronique à laquelle elle peut être faite.

CHAPITRE II *Adaptation des règles de participation et de délibération*

Art. 4 *(Ord. n° 2020-1497 du 2 déc. 2020, art. 2)* « Lorsque, à la date de la convocation de l'assemblée ou à celle de sa réunion, une mesure administrative limitant ou interdisant les déplacements ou les rassemblements collectifs pour des motifs sanitaires fait obstacle à la présence physique à l'assemblée de ses membres », l'organe compétent pour la convoquer ou *(Ord. n° 2020-1497 du 2 déc. 2020, art. 2)* « son délégataire » peut décider qu'elle se tient sans que les membres et les autres personnes ayant le droit d'y assister ne soient présents physiquement ou par conférence téléphonique ou audiovisuelle.

Dans ce cas, les membres participent ou votent à l'assemblée selon les autres modalités prévues par les textes qui la régissent tels qu'aménagés et complétés le cas échéant pas *[par]* la présente ordonnance. Les décisions sont alors régulièrement prises.

Les membres de l'assemblée et les autres personnes ayant le droit d'y assister sont avisés par tout moyen permettant d'assurer leur information effective de la date et de l'heure de l'assemblée ainsi que des conditions dans lesquelles ils pourront exercer l'ensemble des droits attachés à leur qualité de membre ou de personne ayant le droit d'y assister.

Art. 5 I. – Sans qu'une clause des statuts ou du contrat d'émission ne soit nécessaire à cet effet ni ne puisse s'y opposer, l'organe mentionné à l'article 4 ou son délégataire peut décider que sont réputés présents pour le calcul du *quorum* et de la majorité les membres des assemblées qui participent par une conférence téléphonique ou audiovisuelle permettant leur identification. Les autres personnes ayant le droit d'assister aux séances des assemblées peuvent y assister par les mêmes moyens.

II. – Les moyens techniques mis en œuvre transmettent au moins la voix des participants et satisfont à des caractéristiques techniques permettant la retransmission continue et simultanée des délibérations.

Par exception à l'alinéa précédent, pour les assemblées soumises aux dispositions du II de l'article L. 225-107 du code du commerce ou de l'article L. 228-61 du même code, la nature des moyens techniques admis et les conditions d'application de l'alinéa précédent sont celles déterminées par le décret en Conseil d'État prévu auxdits articles.

III. – Les dispositions du présent article sont applicables quel que soit l'objet de la décision sur laquelle l'assemblée est appelée à statuer.

Art. 5-1 *(Ord. no 2020-1497 du 2 déc. 2020, art. 3)* I. – Le présent article s'applique aux sociétés autres que les sociétés d'investissement à capital variable dont les actions sont admises aux négociations sur un marché réglementé ou un système multilatéral de négociation d'un État membre de l'Union européenne ou partie à l'accord sur l'Espace économique européen ou sur un marché considéré comme équivalent à un marché réglementé par la Commission européenne en application du *a* du 4 de l'article 25 de la directive 2014/65/UE du Parlement européen et du Conseil du 15 mai 2014 susvisée *[concernant les marchés d'instruments financiers et modifiant la Dir. 2002/92/CE et la Dir. 2011/61/UE]*.

II. – Lorsque l'organe mentionné à l'article 4 ou son délégataire décide que l'assemblée se tient sans que les membres de cette dernière et les autres personnes ayant le droit d'y assister n'y participent physiquement et que les membres de l'assemblée n'ont pas la possibilité d'y participer par voie de conférence téléphonique ou audiovisuelle :

1° La société assure la retransmission de l'assemblée en direct, à moins que des raisons techniques rendent impossible ou perturbent gravement cette retransmission. Elle assure également la rediffusion de l'assemblée en différé ;

2° L'ensemble des questions écrites posées par les actionnaires et des réponses qui y sont apportées en application des troisième et quatrième alinéas de l'article L. 225-108 du code de commerce sont publiées dans la rubrique consacrée aux questions-réponses du site internet de la société prévue au quatrième alinéa de cet article.

Art. 6 *(Ord. no 2020-1497 du 2 déc. 2020, art. 4)* I. – Sans qu'une clause des statuts ou du contrat d'émission ne soit nécessaire à cet effet ni ne puisse s'y opposer, l'organe mentionné à l'article 4 ou son délégataire peut décider que les décisions relevant de la compétence des assemblées sont prises par voie de consultation écrite de leurs membres.

La consultation écrite intervient dans les conditions prévues par les dispositions législatives ou réglementaires applicables aux personnes et entités mentionnées à l'article 1er, leurs statuts ou leur contrat d'émission ou, à défaut, dans les conditions déterminées par décret en Conseil d'État.

II. – Les dispositions du présent article sont applicables quel que soit l'objet de la décision sur laquelle l'assemblée est appelée à statuer.

Elles ne sont pas applicables aux assemblées d'actionnaires des sociétés dont les actions sont admises aux négociations sur un marché réglementé ou un système multilatéral de négociation d'un État membre de l'Union européenne ou partie à l'accord sur l'Espace économique européen ou sur un marché considéré comme équivalent à un marché réglementé par la Commission européenne en application du *a* du 4 de l'article 25 de la directive 2014/65/UE du Parlement européen et du Conseil du 15 mai 2014 précitée.

Art. 6-1 *(Ord. no 2020-1497 du 2 déc. 2020, art. 5)* I. – Sans qu'une clause des statuts ou du contrat d'émission des personnes et entités mentionnées à l'article 1er ne soit nécessaire à cet effet ni ne puisse s'y opposer, l'organe mentionné à l'article 4 ou son délégataire peut décider que les membres de l'assemblée peuvent voter par correspondance. Lorsque les dispositions législatives ou réglementaires qui régissent l'assemblée, les statuts ou le contrat d'émission prévoient que les membres de l'assemblée peuvent voter par correspondance sans subordonner cette faculté à une décision de l'organe mentionné à l'article 4 ou son délégataire, cette faculté demeure de droit pour les membres de l'assemblée.

II. – Le vote par correspondance s'exerce dans les conditions prévues par les dispositions législatives ou réglementaires applicables aux personnes et entités mentionnées à l'article 1er, leurs statuts ou leur contrat d'émission ou, à défaut, dans les conditions déterminées par décret en Conseil d'État.

III. – Les dispositions du présent article sont applicables quel que soit l'objet de la décision sur laquelle l'assemblée est appelée à statuer.

Art. 7 I. – Lorsque l'organe mentionné à l'article 4 ou son délégataire décide de faire application des dispositions des articles 4, 5 *(Ord. no 2020-1497 du 2 déc. 2020, art. 6)* « , 6 ou 6-1 » et que tout ou partie des formalités de convocation de l'assemblée ont été accomplies préalablement à la date de cette décision, les membres de l'assemblée *(Ord. no 2020-1497 du 2 déc. 2020, art. 6)* « et les autres personnes ayant le droit d'y assister » en sont informés par tous moyens permettant d'assurer leur information effective trois jours ouvrés au moins avant la date de l'assemblée, sans préjudice des formalités qui restent à accomplir à la date de cette décision. Dans ce cas, la modification du lieu de l'assemblée ou des modes de participation ne donne pas lieu au renouvellement des formalités de convocation et ne constitue pas une irrégularité de convocation.

II. – Par dérogation aux dispositions du I, dans les sociétés dont les actions sont admises aux négociations sur un marché réglementé ou un système multilatéral de négociation d'un

État membre de l'Union européenne ou partie à l'accord sur l'Espace économique européen ou sur un marché considéré comme équivalent à un marché réglementé par la Commission européenne en application du *a* du 4 de l'article 25 de la directive 2014/65/UE du Parlement européen et du Conseil du 15 mai 2014 précitée, lorsque l'organe mentionné à l'article 4 de la présente ordonnance ou son délégataire décide de faire application des dispositions des articles 4 *(Ord. n° 2020-1497 du 2 déc. 2020, art. 6)* « , 5 ou 6-1 » et que tout ou partie des formalités mentionnées au premier alinéa de l'article L. 225-104 du code de commerce ont été accomplies préalablement à la date de cette décision, les actionnaires *(Ord. n° 2020-1497 du 2 déc. 2020, art. 6)* « et les autres personnes ayant le droit d'assister à l'assemblée » en sont informés dès que possible *(Ord. n° 2020-1497 du 2 déc. 2020, art. 6)* « , et au plus tard trois jours ouvrés au moins avant la date de l'assemblée, » par voie de communiqué dont la diffusion effective et intégrale est assurée par la société, sans préjudice des formalités qui restent à accomplir à la date de cette décision. Dans ce cas, la modification du lieu de l'assemblée ou des modes de participation ne donne pas lieu au renouvellement des formalités de convocation et ne constitue pas une irrégularité.

Il en va de même pour les sociétés dont des titres autres que les actions sont admis aux négociations sur un marché réglementé ou un système multilatéral de négociation d'un État membre de l'Union européenne ou partie à l'accord sur l'Espace économique européen ou sur un marché considéré comme équivalent à un marché réglementé par la Commission européenne en application du *a* du 4 de l'article 25 de la directive 2014/65/UE du Parlement européen et du Conseil du 15 mai 2014 précitée, lorsque l'organe mentionné à l'article 4 de la présente ordonnance ou son délégataire décide de faire application des dispositions des articles 4 ou 5 et que tout ou partie des formalités mentionnées au premier alinéa de l'article L. 228-59 du code de commerce ont été accomplies préalablement à la date de cette décision.

(Ord. n° 2020-1497 du 2 déc. 2020, art. 6) « III. — Lorsque, après avoir d'abord décidé que l'assemblée se tiendrait sans que les membres de cette dernière et les autres personnes ayant le droit d'y assister n'y participent physiquement, l'organe mentionné à l'article 4 ou son délégataire décide finalement que les membres de l'assemblée et les autres personnes ayant le droit d'y assister peuvent être présents physiquement à l'assemblée et que tout ou partie des formalités de convocation de l'assemblée ont été accomplies préalablement à la date de cette dernière décision, les membres de l'assemblée et les autres personnes ayant le droit d'y assister en sont informés dans les conditions prévues au I ou au II, selon le cas. Dans ce cas, cette modification et, le cas échéant, la modification du lieu de l'assemblée ne donnent pas lieu au renouvellement des formalités de convocation et ne constituent pas une irrégularité de convocation.

« Toutefois, les dispositions des 1° et 2° du II de l'article 5-1 demeurent applicables à l'assemblée des sociétés mentionnées au premier alinéa du II. »

TITRE III Organes collégiaux d'administration, de surveillance et de direction

Art. 8 Sans qu'une clause des statuts ou du règlement intérieur soit nécessaire à cet effet ni ne puisse s'y opposer, sont réputés présents aux réunions des organes collégiaux d'administration, de surveillance ou de direction, leurs membres qui y participent au moyen d'une conférence téléphonique ou audiovisuelle permettant leur identification et garantissant leur participation effective.

Ces moyens transmettent au moins la voix des participants et satisfont à des caractéristiques techniques permettant la retransmission continue et simultanée des délibérations.

Les dispositions du présent article sont applicables quel que soit l'objet de la décision sur laquelle l'organe est appelé à statuer.

Art. 9 Sans qu'une clause des statuts ou du règlement intérieur ne soit nécessaire à cet effet ni ne puisse s'y opposer, les décisions des organes collégiaux d'administration, de surveillance ou de direction peuvent être prises par voie de consultation écrite de leurs membres dans des conditions assurant la collégialité de la délibération.

Les dispositions du présent alinéa sont applicables quel que soit l'objet de la décision sur laquelle l'organe est appelé à statuer.

TITRE IV Dispositions finales

Art. 10 Un décret précise, en tant que de besoin, les conditions d'application de la présente ordonnance. Il peut prendre effet dans les conditions prévues à l'article 11. — *V. Décr. n° 2020-418 du 10 avr. 2020.*

Art. 11 La présente ordonnance est applicable aux assemblées et aux réunions des organes collégiaux d'administration, de surveillance et de direction tenues à compter du 12 mars 2020 et jusqu'au *(L. n° 2021-689 du 31 mai 2021, art. 8)* « 30 septembre 2021 ».

Les dispositions de l'Ord. n° 2020-321 du 25 mars 2020 sont prorogées jusqu'au 31 juill. 2021 (Décr. n° 2021-255 du 9 mars 2021, art. 1er).

Art. 12 La présente ordonnance est applicable à Wallis-et-Futuna dans sa *(L. n° 2021-689 du 31 mai 2021, art. 8)* « rédaction résultant de la loi n° 2021-689 du 31 mai 2021 relative à la gestion de la sortie de crise sanitaire ».

Ordonnance n° 2020-341 du 27 mars 2020,

Portant adaptation des règles relatives aux difficultés des entreprises et des exploitations agricoles à l'urgence sanitaire et modifiant certaines dispositions de procédure pénale.

BIBL. GÉN. ▶ TEBOUL, *D. 2020. Chron. 785*. – ALLAIS et HOUSSIN, *JCP E 2020. 1161*. – ROUSSEL GALLE, *DP diff. entr., Bull. n° 424*. – Numéro spécial, *APC 2020, nos 103 s.* – MACORIG-VENIER, *RTD com. 2020. 447* (prévention des difficultés). – POUJADE, *ibid. 474* (prolongation de la durée des plans). – BERTHELOT, *JCP E 2020. 1205*. – BUISINE, *RPC 2020. Étude 8*. – Dossier spécial, *BJE 5-6/2020. 54*. – Dossier spécial, *Gaz. Pal. 13 juill. 2020, p. 57*. – LEGROS, *Dr. sociétés 2020, n° 96*.

Art. 1er I. – *(Ord. n° 2020-596 du 20 mai 2020, art. 9)* « Jusqu'au 23 août 2020 inclus » :

1° L'état de cessation des paiements est apprécié en considération de la situation du débiteur à la date du 12 mars 2020, sans préjudice des dispositions des deuxième, troisième et quatrième alinéas de l'article L. 631-8 du code de commerce, de la possibilité pour le débiteur de demander l'ouverture d'une procédure de redressement judiciaire ou de liquidation judiciaire ou le bénéfice d'un rétablissement professionnel, et de la possibilité de fixer, en cas de fraude, une date de cessation de paiements postérieure ;

2° Les relevés des créances résultant d'un contrat de travail sont transmis sans délai par le mandataire aux institutions de garantie mentionnées à l'article L. 3253-14 du code du travail.

Les dispositions du premier alinéa de l'article L. 625-1 et de l'article L. 625-2 du code de commerce s'appliquent sans avoir pour effet l'allongement du délai de cette transmission.

II. – La période mentionnée à la première phrase du deuxième alinéa de l'article L. 611-6 du code de commerce est prolongée de plein droit *(Ord. n° 2020-596 du 20 mai 2020, art. 9)* « d'une durée de cinq mois ».

Jusqu'à l'expiration du délai prévu au I, et sans préjudice des dispositions du dernier alinéa de l'article L. 611-7 du même code, la dernière phrase du deuxième alinéa de l'article L. 611-6 n'est pas applicable.

III. – S'agissant des plans arrêtés par le tribunal en application des dispositions de l'article L. 626-12 ou de l'article L. 631-19 du code de commerce :

1° Jusqu'à l'expiration du délai prévu au I, le président du tribunal, statuant sur requête du commissaire à l'exécution du plan, peut prolonger ces plans dans la limite *(Ord. n° 2020-596 du 20 mai 2020, art. 9)* « d'une durée de cinq mois ». Sur requête du ministère public, la prolongation peut toutefois être prononcée pour une durée maximale d'un an ;

2° Après l'expiration du délai prévu au I, et pendant un délai de six mois, sur requête du ministère public ou du commissaire à l'exécution du plan, le tribunal peut prolonger la durée du plan pour une durée maximale d'un an. – *V., infra, Arr. du 15 déc. 2020.*

IV. – Jusqu'à l'expiration du délai prévu au I, le président du tribunal, statuant sur requête de l'administrateur judiciaire, du mandataire judiciaire, du liquidateur ou du commissaire à l'exécution du plan, peut prolonger les délais qui sont imposés à ces derniers *(Ord. n° 2020-596 du 20 mai 2020, art. 9)* « d'une durée de cinq mois ».

Art. 2 I. – *(Ord. n° 2020-596 du 20 mai 2020, art. 9)* « Jusqu'au 23 juin 2020 inclus » :

1° Le I de l'article L. 631-15 du code de commerce n'est pas applicable ;

2° Les actes par lesquels le débiteur saisit la juridiction sont remis au greffe par tout moyen. Le débiteur peut y insérer une demande d'autorisation à formuler par écrit ses prétentions et ses moyens, en application du second alinéa de l'article 446-1 du code de procédure civile. Lorsque la procédure relève de sa compétence, le président du tribunal peut recueillir les observations du demandeur par tout moyen ;

3° Les communications entre le greffe du tribunal, l'administrateur judiciaire et le mandataire judiciaire ainsi qu'entre les organes de la procédure se font par tout moyen.

II. – Sont prolongés, jusqu'à l'expiration du délai prévu au I, *(Ord. n° 2020-596 du 20 mai 2020, art. 9)* « d'une durée de trois mois » :

1° Les durées relatives à la période d'observation, au plan, au maintien de l'activité, et à la durée de la procédure de liquidation judiciaire simplifiée, prévues par les titres II, III et IV du livre VI du code de commerce, ainsi que la durée prévue par l'article L. 661-9 du même code ;

2° Les délais mentionnés aux *b*, *c* et *d* du 2° de l'article L. 3253-8 du code du travail ;

3° Les durées mentionnées au 5° du même article.

Art. 3 Pour l'application des articles L. 351-1 à L. 351-7 du code rural et de la pêche maritime, *(Ord. n° 2020-596 du 20 mai 2020, art. 9)* « jusqu'au 23 août 2020 inclus » :

1° Le juge ne peut refuser de désigner un conciliateur au motif que la situation du débiteur s'est aggravée postérieurement au 12 mars 2020 ;

2° Lorsque l'accord ne met pas fin à l'état de cessation des paiements, ce dernier est apprécié en considération de la situation du débiteur à la date du 12 mars 2020.

Art. 4 *Modification de l'Ord. n° 2020-303 du 25 mars 2020.*

Art. 5 I. – La présente ordonnance s'applique aux procédures en cours.

II. – Nonobstant les dispositions de l'article R. 670-1 du code de commerce, les dispositions de l'article R. 662-2 du même code sont applicables dans les départements de la Moselle, du Bas-Rhin et du Haut-Rhin *(Ord. n° 2020-596 du 20 mai 2020, art. 9)* « jusqu'au 23 juin 2020 inclus ».

III. – La présente ordonnance est applicable à Wallis-et-Futuna *(Ord. n° 2020-596 du 20 mai 2020, art. 9)* « dans sa rédaction résultant de l'ordonnance n° 2020-596 du 20 mai 2020 ». Pour l'application du 2° du I de l'article 1er et des 2° et 3° du II de l'article 2, la référence au code du travail est remplacée par la référence aux dispositions applicables localement.

IV. – L'article 4 est applicable sur l'ensemble du territoire de la République.

V. aussi Circ. du 30 mars 2020 de présentation des art. 1er, 2, 3 et 5 de l'Ord. n° 2020-341 du 27 mars 2020 (circulaires.legifrance.gouv.fr).

Décret n° 2020-418 du 10 avril 2020,

Portant adaptation des règles de réunion et de délibération des assemblées et organes dirigeants des personnes morales et entités dépourvues de personnalité morale de droit privé en raison de l'épidémie de covid-19.

CHAPITRE PREMIER *Dispositions communes aux personnes morales et entités dépourvues de personnalité morale de droit privé*

Art. 1er Les dispositions du présent chapitre sont applicables aux personnes et entités mentionnées à l'article 1er de l'ordonnance n° 2020-321 du 25 mars 2020 susvisée.

Art. 2 Lorsque l'organe compétent pour convoquer l'assemblée délègue cette compétence *(Abrogé par Décr. n° 2020-1614 du 18 déc. 2020, art. 1er)* « *au représentant légal* » en application de l'article 4 de l'ordonnance du 25 mars 2020 précitée, la délégation est établie par écrit et précise la durée pour laquelle elle est consentie ainsi que l'identité et la qualité du délégataire.

Art. 3 *(Décr. n° 2020-1614 du 18 déc. 2020, art. 2)* « En cas de vote par correspondance en application des dispositions législatives ou réglementaires qui régissent l'assemblée, des statuts, du contrat d'émission ou de l'article 6-1 de l'ordonnance du 25 mars 2020 précitée », *l'organe compétent* pour convoquer l'assemblée ou *(Décr. n° 2020-1614 du 18 déc. 2020, art. 2)* « son délégataire » peut décider que les membres de l'assemblée peuvent adresser leurs instructions de vote, le cas échéant sous la forme prévue par les dispositions législatives ou réglementaires qui régissent l'assemblée, les statuts ou le contrat d'émission, par message électronique à l'adresse électronique indiquée à cet effet dans la convocation.

(Décr. n° 2020-1614 du 18 déc. 2020, art. 2) « De même, en cas de consultation écrite des membres de l'assemblée en application des dispositions législatives, réglementaires, statutaires ou issues du contrat d'émission qui régissent l'assemblée, ou de l'article 6 de l'ordonnance du 25 mars 2020 précitée, l'organe compétent pour convoquer l'assemblée ou son délégataire peut décider que les membres de l'assemblée peuvent adresser leur réponse, le cas échéant sous la forme prévue par les dispositions législatives ou réglementaires qui régissent l'assemblée, les statuts ou le contrat d'émission, par message électronique à l'adresse électronique indiquée à cet effet dans les documents qui leur sont adressés. »

Lorsque les dispositions législatives ou réglementaires qui régissent l'assemblée, les statuts ou le contrat d'émission, permettent aux membres de l'assemblée de se faire représenter, l'organe compétent pour convoquer l'assemblée ou *(Décr. n° 2020-1614 du 18 déc. 2020, art. 2)* « son délégataire » peut décider que les membres de l'assemblée peuvent adresser leurs mandats par message électronique à l'adresse électronique indiquée à cet effet dans la convocation.

Art. 4 Lorsqu'il est fait application des *(Décr. n° 2020-1614 du 18 déc. 2020, art. 3)* « articles 4, 5 ou 6-1 de l'ordonnance du 25 mars 2020 précitée », le procès-verbal de l'assemblée établi en application des dispositions législatives ou réglementaires ou des statuts qui régissent cette dernière le mentionne.

Lorsqu'il est fait application de l'article 4 de l'ordonnance précitée, le procès-verbal précise en outre la nature de la mesure administrative mentionnée au premier alinéa de cet article.

Art. 4-1 *(Décr. n° 2020-1614 du 18 déc. 2020, art. 4)* Pour l'application de l'article 6 de l'ordonnance du 25 mars 2020 précitée, le texte des décisions proposées, un bulletin de réponse et les documents nécessaires à l'information des membres de l'assemblée sont adressés à chacun d'eux par écrit. Le texte des décisions proposées et les documents nécessaires à l'information des membres de l'assemblée sont adressés en même temps aux autres personnes ayant le droit d'assister à l'assemblée.

Les membres de l'assemblée adressent leur réponse dans le délai fixé par l'organe compétent pour convoquer l'assemblée ou son délégataire, qui doit figurer dans les documents mentionnés au premier alinéa. Ce délai ne peut être inférieur à quinze jours à compter de l'envoi aux membres de l'assemblée de ces documents.

Les règles de quorum et de majorité sont celles applicables aux décisions prises en assemblée. Le quorum est calculé en tenant compte du nombre de membres de l'assemblée ayant exprimé un vote ou du nombre de voix dont ils disposent, selon le cas.

Les décisions prises par voie de consultation écrite sont constatées dans un procès-verbal établi par l'organe compétent pour convoquer l'assemblée ou son délégataire. Ce procès-verbal mentionne :

1° La date des décisions ;

2° Le texte des décisions proposées ;

3° Les documents adressés aux membres de l'assemblée en application du premier alinéa ;

4° La date à laquelle les documents et informations mentionnés au premier alinéa ont été adressés aux membres de l'assemblée et le délai qui leur a été imparti pour répondre ;

5° L'identité des membres de l'assemblée ayant adressé une réponse reçue au plus tard à la date d'échéance de ce délai et le nombre de voix détenues par chacun d'eux ;

6° Pour chaque décision proposée, le résultat de la consultation écrite.

Art. 4-2 *(Décr. n° 2020-1614 du 18 déc. 2020, art. 4)* Pour l'application de l'article 6-1 de l'ordonnance du 25 mars 2020 précitée, le texte des décisions proposées, un bulletin de vote et les documents nécessaires à l'information des membres de l'assemblée sont adressés à chacun d'eux par écrit, au plus tard en même temps que la convocation de l'assemblée.

Pour le calcul du quorum, les documents mentionnés au premier alinéa précisent la date limite de réception des bulletins de vote, qui ne peut être postérieure au troisième jour ouvré avant la réunion de l'assemblée.

CHAPITRE II *Dispositions applicables aux sociétés à responsabilité limitée et à certaines sociétés par actions*

Art. 5 Sans qu'une clause des statuts ne soit nécessaire à cet effet, l'organe compétent pour convoquer l'assemblée ou *(Décr. n° 2020-1614 du 18 déc. 2020, art. 5)* « son délégataire » peut décider que les associés ou les actionnaires peuvent voter aux assemblées des sociétés à responsabilité limitée régies par l'article R. 223-20-1 ou à celles des sociétés par actions régies par l'article R. 225-61 du code de commerce par des moyens électroniques de télécommunication dans les conditions prévues à ces articles.

Les dispositions de l'alinéa précédent sont applicables aux assemblées d'obligataires, de porteurs de titres participatifs et de porteurs de valeurs mobilières donnant accès au capital régies par l'article R. 228-68 du même code.

Art. 6 *(Décr. n° 2020-1614 du 18 déc. 2020, art. 6)* « Lorsque l'organe mentionné à l'article 4 de l'ordonnance du 25 mars [2020] précitée ou son délégataire décide que l'assemblée se tient sans que les membres de cette dernière et les autres personnes ayant le droit d'y assister n'y participent physiquement, que les membres de l'assemblée n'ont pas la possibilité d'y participer par voie de conférence téléphonique ou audiovisuelle, » et qu'un actionnaire donne mandat à l'une des personnes mentionnées au I de l'article L. 225-106 du code de commerce :

1° Les mandats avec indication de mandataire, y compris, par dérogation à la première phrase de l'article R. 225-80 du code de commerce, ceux donnés par voie électronique dans les conditions définies à l'article R. 225-61 du même code, peuvent valablement parvenir à la société jusqu'au quatrième jour précédant la date de l'assemblée générale ;

2° Le mandataire adresse ses instructions pour l'exercice des mandats dont il dispose, à la société ou à l'intermédiaire habilité par elle, par message électronique à l'adresse électronique indiquée par la société ou l'intermédiaire, sous la forme du formulaire mentionné à l'article R. 225-76 de ce code, au plus tard le quatrième jour précédant la date de l'assemblée.

Art. 7 Par dérogation au III de l'article R. 225-85 du code de commerce et sans qu'une clause des statuts ne soit nécessaire à cet effet, un actionnaire qui a déjà exprimé son vote à distance, envoyé un pouvoir ou demandé sa carte d'admission ou une attestation de participation dans les conditions prévues à la dernière phrase du II du même article peut choisir un autre mode de participation à l'assemblée sous réserve que son instruction en ce sens parvienne à la société dans des délais compatibles avec les dispositions du premier alinéa de l'article R. 225-77 et de l'article R. 225-80 du même code, tel qu'aménagé par l'article 6 du présent décret.

Par dérogation à la seconde phrase de l'article R. 225-80 de ce code, les précédentes instructions reçues sont alors révoquées.

Art. 8 *(Décr. n° 2020-1614 du 18 déc. 2020, art. 7)* « I. – Lorsque l'organe mentionné à l'article 4 de l'ordonnance du 25 mars *[2020]* précitée ou son délégataire décide que l'assemblée se tient sans que les membres de cette dernière et les autres personnes ayant le droit d'y assister n'y participent physiquement et que les membres de l'assemblée n'ont pas la possibilité d'y participer par voie de conférence téléphonique ou audiovisuelle : »

1° Si l'assemblée d'actionnaires ne peut être présidée par le président du conseil d'administration ou du conseil de surveillance ou, en son absence, par la personne prévue par les statuts, elle est présidée par la personne désignée à cet effet par le conseil d'administration ou le conseil de surveillance parmi ses membres ou, en cas d'indisponibilité, parmi les mandataires sociaux ;

(Décr. n° 2020-1614 du 18 déc. 2020, art. 7) « 2° L'organe compétent pour convoquer l'assemblée ou son délégataire désigne deux scrutateurs, qu'il choisit parmi les dix actionnaires disposant du plus grand nombre de droits de vote dont la société a connaissance à la date de convocation de l'assemblée. En cas d'absence de réponse ou de refus de la part de ces actionnaires, les scrutateurs peuvent être choisis en dehors des actionnaires. »

II. – Le I est applicable :

1° Aux sociétés anonymes ;

2° Aux sociétés en commandite par actions ;

3° Aux sociétés européennes ;

4° Aux assemblées spéciales des porteurs de certificats d'investissement ;

5° Aux assemblées de porteurs d'actions à dividende prioritaire sans droit de vote.

Le 2° du I est également applicable :

1° Aux assemblées d'obligataires ;

2° Aux assemblées de porteurs de titres participatifs ;

3° Aux assemblées de porteurs de valeurs mobilières donnant accès au capital.

III. – Les membres des assemblées sont informés, dès que possible et par tous moyens, de l'identité et de la qualité des personnes désignées.

Art. 8-1 *(Décr. n° 2020-1614 du 18 déc. 2020, art. 8)* I. – Le présent article est applicable aux sociétés mentionnées au I de l'article 5-1 de l'ordonnance précitée.

II. – Lorsque l'organe compétent pour convoquer l'assemblée ou son délégataire décide que l'assemblée se tient sans que les membres de cette dernière et les autres personnes ayant le droit d'y assister n'y participent physiquement, le procès-verbal de cette décision précise les considérations de droit et de fait qui fondent cette décision, en particulier la nature de la mesure administrative mentionnée au premier alinéa de cet article.

Lorsque les membres de l'assemblée n'ont pas la possibilité d'y participer par voie de conférence téléphonique ou audiovisuelle, ce procès-verbal en précise les raisons. Il précise également la façon dont il a été fait application du 2° du I de l'article 8.

III. – Les informations mentionnées au II sont portées à la connaissance des actionnaires et des autres personnes ayant le droit d'assister à l'assemblée, dès que possible et par tous moyens permettant d'assurer leur information effective.

Art. 8-2 *(Décr. nº 2020-1614 du 18 déc. 2020, art. 8)* I. – Pour l'application du 1º du II de l'article 5-1 de l'ordonnance du 25 mars 2020 précitée :

1º La retransmission de l'assemblée en direct et sa rediffusion en différé interviennent en format vidéo, ou à défaut, en format audio ;

2º La société précise, dans la convocation ou dans le communiqué prévu à l'article 7 de la même ordonnance, les conditions dans lesquelles les membres de l'assemblée peuvent assister à la retransmission de l'assemblée en direct ;

3º La société assure la rediffusion de l'assemblée en différé sur son site internet dès que possible à l'issue de l'assemblée, et au plus tard avant la fin du cinquième jour ouvré à compter de la date de l'assemblée. Cette rediffusion demeure disponible pendant au moins deux ans.

II. – Lorsque le 2º du II de l'article 5-1 de l'ordonnance du 25 mars 2020 précitée est applicable :

1º Par dérogation au premier alinéa de l'article R. 225-84 du code de commerce, les questions écrites sont prises en compte dès lors qu'elles sont reçues avant la fin du second jour ouvré précédant la date de l'assemblée générale ;

2º La publication prévue à ce 2º intervient dès que possible à l'issue de l'assemblée, et au plus tard avant la fin du cinquième jour ouvré à compter de la date de l'assemblée.

Art. 8-3 *(Décr. nº 2020-1614 du 18 déc. 2020, art. 8)* Dans le cas prévu au III de l'article 7 de l'ordonnance du 25 mars 2020 précitée, les articles 6 et 8-2 du présent décret demeurent applicables à l'assemblée des sociétés mentionnées au premier alinéa du II du même article 7.

CHAPITRE III *Dispositions applicables à certaines personnes régies par le code des assurances*

……………………………………………………………………………………

CHAPITRE IV *Dispositions finales*

Art. 11 Les dispositions de l'article 8 du présent décret peuvent être complétées par décret.

Art. 12 Les dispositions du présent décret sont applicables à Wallis-et-Futuna *(Décr. nº 2021-987 du 28 juill. 2021, art. 1er)* « dans sa rédaction résultant du décret nº 2021-987 du 28 juillet 2021 ».

Art. 13 Le présent décret est applicable aux assemblées et aux réunions des organes collégiaux d'administration, de surveillance et de direction tenues jusqu'au *(Décr. nº 2021-987 du 28 juill. 2021, art. 1er)* « 30 septembre 2021 ».

Les articles 1er, 3 à 5, 7 et 9 et 10 sont applicables à compter du 12 mars 2020.

Le 2º du I de l'article 8 est applicable aux assemblées dont la convocation intervient après l'entrée en vigueur du présent décret.

Ordonnance nº 2020-596 du 20 mai 2020,

Portant adaptation des règles relatives aux difficultés des entreprises et des exploitations agricoles aux conséquences de l'épidémie de covid-19.

BIBL. GÉN. ▶ MACORIG-VENIER, *RTD com. 2020. 447* (prévention des difficultés). – POUJADE, *ibid. 474* (prolongation de la durée des plans) ; *ibid. 715* (libéralisation sous contrôle de la cession d'entreprise). – Numéro spécial, *LEDEN 6/2020 ; ibid. 7-8/2020. 71*. – Dossier spécial, *BJE 5-6/2020. 54*. – Dossier spécial, *Gaz. Pal. 13 juill. 2020, p. 57*. – LEGROS, *Dr. sociétés 2020, nº 96*. – BUISINE, *RPC 2020. Étude 15*.

Art. 1er I. – Le présent article est applicable en cas de mise en œuvre de la procédure d'alerte prévue par les articles L. 234-1, L. 234-2 et L. 612-3 du code de commerce.

II. – Lorsqu'il lui apparaît que l'urgence commande l'adoption de mesures immédiates et que le dirigeant s'y refuse ou propose des mesures que le commissaire aux comptes estime insuffisantes, ce dernier peut en informer le président du tribunal compétent dès la première information faite, selon le cas, au président du conseil d'administration ou de surveillance ou au dirigeant.

Dans ce cas, le commissaire aux comptes informe par tout moyen et sans délai le président du tribunal de ses constats et démarches. Il lui adresse la copie de tous les documents utiles à cette information ainsi que l'exposé des raisons qui l'ont conduit à constater l'insuffisance des décisions prises.

Le commissaire aux comptes peut, à son initiative ou à la demande du président du tribunal, transmettre à ce dernier tout renseignement complémentaire de nature à lui donner une exacte information sur la situation économique et financière de l'entreprise.

Le commissaire aux comptes peut également, et à tout moment, demander à être entendu par le président du tribunal.

Il est délié du secret professionnel à l'égard du président du tribunal.

III. – Les dispositions des articles L. 234-1 à L. 234-4 et L. 612-3 du code de commerce demeurent applicables, sous réserve des dispositions du II.

Art. 2 I. – Le présent article est applicable lorsqu'est mise en œuvre la procédure de conciliation prévue par les articles L. 611-4 et L. 611-5 du code de commerce.

II. – Lorsqu'un créancier appelé à la conciliation n'accepte pas, dans le délai imparti par le conciliateur, la demande faite par ce dernier de suspendre l'exigibilité de sa créance pendant la durée de la procédure, le débiteur peut demander au président du tribunal ayant ouvert cette procédure, qui statue par ordonnance sur requête :

1° D'interrompre ou d'interdire toute action en justice de la part de ce créancier et tendant à la condamnation du débiteur au paiement d'une somme d'argent ou à la résolution d'un contrat pour défaut de paiement d'une somme d'argent ;

2° D'arrêter ou d'interdire toute procédure d'exécution de la part de ce créancier tant sur les meubles que sur les immeubles ainsi que toute procédure de distribution n'ayant pas produit un effet attributif avant la demande ;

3° De reporter ou d'échelonner le paiement des sommes dues.

Les observations du conciliateur sont jointes à la requête.

Lorsqu'il est fait application du 1° ou du 2°, les délais impartis à peine de déchéance ou de résolution des droits sont suspendus. Lorsqu'il est fait application du 3°, les majorations d'intérêts ou les pénalités prévues en cas de retard ne sont pas encourues pendant le délai fixé par le juge.

Les mesures ordonnées par le président du tribunal ne produisent leur effet que jusqu'au terme de la mission confiée au conciliateur.

L'ordonnance est communiquée au ministère public.

III. – Par dérogation au cinquième alinéa de l'article L. 611-7 du code de commerce, le débiteur peut demander au juge qui a ouvert la procédure de conciliation de faire application de l'article 1343-5 du code civil avant toute mise en demeure ou poursuite à l'égard d'un créancier qui n'a pas accepté, dans le délai imparti par le conciliateur, la demande faite par ce dernier de suspendre l'exigibilité de la créance.

Art. 3 Lorsque l'ouverture d'une procédure de sauvegarde accélérée prévue à l'article L. 628-1 ou à l'article L. 628-9 du code de commerce est demandée, les conditions de seuils mentionnés au quatrième alinéa de l'article L. 628-1 ne sont pas applicables.

A défaut de plan arrêté dans le délai prévu au premier alinéa de l'article L. 628-8 du même code, le tribunal, à la demande du débiteur, de l'administrateur, du mandataire judiciaire, ou du ministère public, ouvre une procédure de redressement judiciaire, si les conditions de l'article L. 631-1 sont réunies, ou prononce la liquidation judiciaire, si les conditions de l'article L. 640-1 sont réunies. Cette décision met fin à la procédure.

Art. 4 A la demande de l'administrateur judiciaire, s'il en a été désigné un, ou du mandataire judiciaire, le juge-commissaire peut réduire à quinze jours le délai prévu par la deuxième phrase du deuxième alinéa de l'article L. 626-5.

Pour l'application des deuxième et troisième alinéas de l'article L. 626-5 ainsi que de l'article L. 626-32 du code de commerce, les propositions pour le règlement des dettes ainsi que les éventuelles réponses à ces propositions peuvent être communiquées par tout moyen permettant au mandataire judiciaire d'établir avec certitude la date de leur réception.

Lorsque les engagements pour le règlement du passif mentionnés à l'article L. 626-10 du code de commerce peuvent être établis sur la base d'une attestation de l'expert-comptable ou du commissaire aux comptes, ils portent sur les créances déclarées admises ou non contestées, ainsi que sur les créances identifiables, notamment celles dont le délai de déclaration n'est pas expiré.

Art. 5 I. – Sur requête du ministère public ou du commissaire à l'exécution du plan, le tribunal peut prolonger la durée du plan arrêté en application des dispositions de l'article

L. 626-12 ou de l'article L. 631-19 du code de commerce pour une durée maximale de deux ans, s'ajoutant, le cas échéant à la ou aux prolongations prévues au III de l'article 1 et au II de l'article 2 de l'ordonnance *[nº 2020-341]* du 27 mars 2020 susvisée.

Lorsque le plan fait l'objet d'une prolongation en application de l'alinéa précédent ou de l'ordonnance susvisée, le président du tribunal ou le tribunal, selon les cas, adapte les délais des paiements initialement fixés par le tribunal à la durée du plan qu'il prolonge ou a prolongée, en dérogeant le cas échéant aux dispositions de l'article L. 626-18 du même code. Ils peuvent faire application des dispositions des trois premiers alinéas de l'article 1343-5 du code civil, dans la limite du terme du plan tel que prolongé en application des dispositions de l'alinéa précédent.

II. — La durée maximale du plan arrêté par le tribunal conformément à l'article L. 626-12 ou L. 631-19 du code de commerce est portée, en cas de modification substantielle, à douze ans ou, lorsque le débiteur est une personne exerçant une activité agricole définie à l'article L. 311-1 du code rural et de la pêche maritime, dix-sept ans.

III. — Lorsque la demande de modification substantielle du plan prévue par l'article L. 626-26 du même code porte sur les modalités d'apurement du passif, le défaut de réponse des créanciers intéressés à la lettre recommandée prévue par le troisième alinéa de l'article R. 626-45 vaut acceptation des modifications proposées, sauf s'il s'agit de remises de dettes ou de conversions en titres donnant ou pouvant donner accès au capital.

IV. — Les personnes qui consentent un nouvel apport de trésorerie au débiteur pendant la période d'observation définie par l'article L. 621-3 du même code en vue d'assurer la poursuite d'activité de l'entreprise et sa pérennité et celles qui s'engagent, pour l'exécution du plan de sauvegarde ou de redressement arrêté ou modifié par le tribunal conformément aux dispositions des titres II et III du livre VI du code de commerce, à effectuer un tel apport bénéficient du privilège de sauvegarde ou de redressement dans la limite de cet apport.

Les apports mentionnés au premier alinéa consentis pendant la période d'observation sont autorisés par le juge-commissaire dont la décision est transcrite sur le registre mentionné à l'article R. 622-14 du même code avec l'indication de l'identité de leur auteur et de leur montant.

Le jugement qui arrête ou modifie le plan mentionne chaque privilège ainsi constitué et précise les montants garantis. Il est notifié par le greffier à ces créanciers.

Les créanciers bénéficiant du privilège de sauvegarde ou de redressement prévu au premier alinéa sont payés, pour le montant de leur apport, par privilège avant toutes les autres créances, dans l'ordre prévu au III de l'article L. 622-17 et au III de l'article L. 641-13 du même code, après les créances mentionnées au 1º de ces dispositions et avant celles mentionnées au 2º.

Par dérogation aux articles L. 626-18, L. 626-19 et L. 626-30-2 du code de commerce, les créances garanties par le privilège de sauvegarde ne peuvent faire l'objet de remises ou de délais qui n'auraient pas été acceptés par les créanciers.

Les apports consentis par les actionnaires et associés du débiteur dans le cadre d'une augmentation de capital ne peuvent être garantis par le privilège de sauvegarde ou de redressement.

V., infra, Arr. du 15 déc. 2020.

Arrêté du 15 décembre 2020,

Adaptant temporairement les tarifs applicables aux administrateurs judiciaires et commissaires à l'exécution du plan pour l'application des ordonnances nº 2020-341 du 27 mars 2020 et nº 2020-596 du 20 mai 2020 portant adaptation des règles relatives aux difficultés des entreprises et des exploitations agricoles - épidémie de covid-19.

Art. 1er Il est alloué au commissaire à l'exécution du plan, pour la première demande de prolongation de la durée du plan, à laquelle il est fait droit et qu'il a présentée sur le fondement du 2º du III de l'article 1er de l'ordonnance nº 2020-341 du 27 mars 2020 portant adaptation des règles relatives aux difficultés des entreprises et des exploitations agricoles à l'urgence sanitaire et modifiant certaines dispositions de procédure pénale ou sur le fondement du I de l'article 5 de l'ordonnance nº 2020-596 du 20 mai 2020 portant adaptation des règles relatives aux difficultés des entreprises et des exploitations agricoles aux conséquences de l'épidémie de covid-19, un émolument fixé en fonction du nombre de salariés, du chiffre d'affaires et du total du bilan du débiteur.

Cet émolument est exclusif de toute autre rémunération au titre d'une autre demande de prolongation sur l'un des fondements prévus au précédent alinéa.

La situation du débiteur est appréciée à la date de la demande de prolongation mentionnée au premier alinéa.

L'émolument prévu au premier alinéa est ainsi fixé :

1° Lorsque le total du bilan du débiteur est inférieur à 3 650 000 euros, cet émolument varie en fonction du nombre de salariés employés par le débiteur ou du montant de son chiffre d'affaires, selon le barème suivant :

NOMBRE DE SALARIÉS	CHIFFRE D'AFFAIRES EN €	ÉMOLUMENT EN €
De 0 à 5	De 0 à 750 000	76,53 €
De 6 à 19	De 750 001 à 3 000 000	112,04 €
De 20 à 49	De 3 000 001 à 7 000 000	306,13 €
De 50 à 149	De 7 000 001 à 20 000 000	510,22 €
A compter de 150	Au-delà de 20 000 000	765,33 €

Lorsque le débiteur relève de deux tranches de rémunération différentes au titre respectivement du nombre de salariés employés et du montant de son chiffre d'affaires, il y a lieu de se référer à la tranche la plus élevée.

2° Lorsque le total du bilan du débiteur est compris entre 3 650 000 € et 10 000 000 €, cet émolument est fixé à 510,22 € quel que soit le nombre de salariés ou le montant de son chiffre d'affaires ;

3° Lorsque le total du bilan du débiteur est supérieur à 10 000 000 €, cet émolument est fixé à 765,33 € quel que soit le nombre de salariés ou le montant de son chiffre d'affaires.

Art. 2 Il est alloué à l'administrateur judiciaire, au titre des diligences qu'il a effectuées pour l'application du IV de l'article 5 de l'ordonnance n° 2020-596 du 20 mai 2020 portant adaptation des règles relatives aux difficultés des entreprises et des exploitations agricoles aux conséquences de l'épidémie de covid-19, un émolument proportionnel au montant cumulé des apports de trésorerie autorisés par le juge-commissaire ou mentionnés dans le jugement arrêtant le plan.

Cet émolument, qui ne peut excéder 20 000 euros, est fixé selon le barème suivant :

TRANCHES D'ASSIETTE EN €	TAUX DE L'ÉMOLUMENT EN %
De 0 à 15 000	3,292 %
De 15 001 à 50 000	2,351 %
De 50 001 à 150 000	1,411 %
De 150 001 à 300 000	0,470 %
Au-delà de 300 000	0,235 %

Cette rémunération n'est acquise que sur la justification du versement des fonds. Elle est arrêtée conformément à l'article R. 663-34 du code de commerce. Elle entre en compte dans le calcul du total de la rémunération de l'administrateur judiciaire pour l'application de l'article R. 663-13 de ce même code.

Art. 3 Il est alloué au commissaire à l'exécution du plan, au titre des diligences qu'il a effectuées pour l'application du IV de l'article 5 de l'ordonnance n° 2020-596 du 20 mai 2020 portant adaptation des règles relatives aux difficultés des entreprises et des exploitations agricoles aux conséquences de l'épidémie de covid-19, un émolument proportionnel au montant cumulé des apports de trésorerie mentionnés dans le jugement modifiant le plan.

L'émolument prévu au premier alinéa, qui ne peut excéder 20 000 euros, est fixé selon le barème suivant :

TRANCHES D'ASSIETTE EN €	TAUX DE L'ÉMOLUMENT EN %
De 0 à 15 000	3,292 %
De 15 001 à 50 000	2,351 %
De 50 001 à 150 000	1,411 %
De 150 001 à 300 000	0,470 %
Au-delà de 300 000	0,235 %

Cette rémunération n'est acquise que sur la justification du versement des fonds. Elle est arrêtée conformément à l'article R. 663-34 du code de commerce.

Art. 4 Le présent arrêté est applicable aux procédures et aux plans en cours entrant dans le champ d'application de l'ordonnance n° 2020-341 du 27 mars 2020 portant adaptation des règles relatives aux difficultés des entreprises et des exploitations agricoles à l'urgence sanitaire et modifiant certaines dispositions de procédure pénale et de l'ordonnance n° 2020-596 du 20 mai 2020 portant adaptation des règles relatives aux difficultés des entreprises et des exploitations agricoles aux conséquences de l'épidémie de covid-19.

Art. 5 Les dispositions du présent arrêté sont applicables à Wallis-et-Futuna.

Art. 6 La procédure de liquidation judiciaire simplifiée prévue au chapitre IV du titre IV du livre VI du code de commerce est ouverte à l'égard de toute personne physique dont le patrimoine ne comprend pas de biens immobiliers. Toutefois, si le nombre de salariés du débiteur au cours des six mois précédant l'ouverture de la procédure est supérieur à cinq, le tribunal peut décider, par un jugement spécialement motivé, de ne pas faire application des dérogations prévues pour cette procédure.

La valeur de l'actif mentionnée au premier alinéa de l'article L. 645-1 du code de commerce est fixée à 15 000 euros.

Art. 7 Lorsque la cession envisagée est en mesure d'assurer le maintien d'emplois, la requête prévue au deuxième alinéa de l'article L. 642-3 du code de commerce peut être formée par le débiteur ou l'administrateur judiciaire. Les débats ont alors lieu en présence du ministère public. Le tribunal statue par un jugement spécialement motivé, après avoir demandé l'avis des contrôleurs. Le recours formé par le ministère public contre ce jugement est suspensif.

Le délai de convocation prévu à l'article R. 642-7 du code de commerce est réduit à huit jours.

Art. 8 Les délais mentionnés aux 4°et 5° de l'article R. 123-135 du code de commerce sont réduits à un an.

Art. 9 *Modification de l'Ord. n° 2020-341 du 27 mars 2020.*

Art. 10 I. – Les dispositions des articles 1er, 2, 4, 5, à l'exception de celles du IV, et 7 de la présente ordonnance sont applicables jusqu'au 31 décembre 2020 inclus.

II. – Les dispositions de l'article 3, du IV de l'article 5, et celles de l'article 6 de la présente ordonnance s'appliquent aux procédures ouvertes entre la date de son entrée en vigueur et celle de l'entrée en vigueur de l'ordonnance prévue par l'article 196 de la loi n° 2019-486 du 22 mai 2019 relative à la croissance et à la transformation des entreprises, et au plus tard jusqu'au 17 juillet 2021 inclus.

III. – Les dispositions des articles 2, 4, 5 à l'exception de celles du IV, 7 et 8 de la présente ordonnance sont applicables aux procédures en cours.

IV. – Les dispositions de l'article 8 s'appliquent aux procédures ouvertes jusqu'à la date d'entrée en vigueur de l'ordonnance prévue par l'article 196 de la loi n° 2019-486 du 22 mai 2019 susvisée, et au plus tard jusqu'au 17 juillet 2021 inclus.

V. – Les délais fixés au second alinéa de l'article 7 et à l'article 8 peuvent être modifiés par décret.

VI. – La présente ordonnance est applicable à Wallis-et-Futuna.

Les dispositions des art. 1er à 6 de l'Ord. n° 2020-596 du 20 mai 2020 sont prolongées jusqu'au 31 déc. 2021 inclus (L. n° 2020-1525 du 7 déc. 2020, art. 124).

V. aussi Circ. du 16 juin 2020 de présentation des dispositions de l'Ord. n° 2020-596 du 20 mai 2020 (circulaires.legifrance.gouv.fr).

Ordonnance n° 2020-1443 du 25 novembre 2020,

Portant adaptation des règles relatives aux difficultés des entreprises aux conséquences de l'épidémie de covid-19.

Art. 1er La durée de la procédure de conciliation définie par la première phrase du deuxième alinéa de l'article L. 611-6 du code de commerce peut être prorogée, une ou plusieurs fois, à la demande du conciliateur, par décision motivée du président du tribunal, sans que cette durée ne puisse excéder dix mois.

Art. 2 Dès que le mandataire judiciaire a établi le relevé mentionné à la première phrase de l'article L. 625-1 du code de commerce, il en transmet un exemplaire, sous sa seule signature, à l'association prévue à l'article L. 3253-14 du code du travail.

Lorsque cet exemplaire n'est pas conforme au relevé sur lequel est apposé le visa du juge-commissaire, le mandataire judiciaire transmet sans délai ce dernier à l'association prévue à l'article L. 3253-14 du code du travail.

Art. 3 Les communications effectuées dans le cadre des procédures du livre VI du code de commerce, entre, d'une part, l'administrateur judiciaire, le mandataire judiciaire, le liquidateur, le commissaire à l'exécution du plan, le mandataire *ad hoc* désigné en application de l'article L. 611-3 du code de commerce ou le conciliateur désigné en application de l'article L. 611-6 du même code, et, d'autre part, le greffe du tribunal ainsi que les organes juridictionnels de la procédure se font par tout moyen. Les dispositions de la phrase précédente ne s'appliquent pas aux documents pour lesquels le livre VI du code de commerce prévoit la faculté d'en prendre connaissance au greffe du tribunal.

Art. 4 I. – Les dispositions des articles 1er à 3 s'appliquent jusqu'au 31 décembre 2021 inclus.

II. – Les dispositions de l'article 1er s'appliquent aux procédures en cours qui ont été ouvertes à compter du 24 août 2020 ainsi qu'à celles qui sont ouvertes à compter de l'entrée en vigueur de la présente ordonnance.

III. – Les dispositions de l'article 2 s'appliquent aux procédures en cours.

IV. – Les dispositions de l'article 3 s'appliquent aux communications effectuées à compter de la date d'entrée en vigueur de la présente ordonnance.

Art. 5 La présente ordonnance est applicable à Wallis-et-Futuna. Pour l'application de l'article 2, la référence au code du travail est remplacée par la référence aux dispositions applicables localement.

Loi n° 2022-46 du 22 janvier 2022,

Renforçant les outils de gestion de la crise sanitaire et modifiant le code de la santé publique.

Art. 13 I. – Afin de faire face aux conséquences de certaines mesures prises à l'échelle locale ou nationale pour limiter la propagation de l'épidémie de covid-19, le Gouvernement est autorisé à prendre par voie d'ordonnance, dans les conditions prévues à l'article 38 de la Constitution, dans un délai de trois mois à compter de la promulgation de la présente loi, toute mesure relevant du domaine de la loi simplifiant et adaptant les conditions dans lesquelles les assemblées et les organes dirigeants collégiaux des personnes morales de droit privé et autres entités se réunissent et délibèrent ainsi que les règles relatives aux assemblées générales et, le cas échéant, à les étendre et à les adapter aux collectivités mentionnées à l'article 72-3 de la Constitution.

Le projet d'ordonnance pris sur le fondement du présent I est dispensé de toute consultation obligatoire prévue par une disposition législative ou réglementaire.

Un projet de loi de ratification est déposé devant le Parlement dans un délai de trois mois à compter de la publication de l'ordonnance prise sur le fondement du présent I.

II. – Nonobstant toute disposition législative ou réglementaire contraire, le présent II est applicable aux personnes morales et entités dépourvues de personnalité morale de droit privé, notamment :

1° Les sociétés civiles et commerciales ;

2° Les masses de porteurs de valeurs mobilières ou de titres financiers ;

3° Les groupements d'intérêt économique et les groupements européens d'intérêt économique ;

4° Les coopératives ;

5° Les mutuelles, unions de mutuelles et fédérations de mutuelles ;

6° Les sociétés d'assurance mutuelle et sociétés de groupe d'assurance mutuelle ;

7° Les instituts de prévoyance et sociétés de groupe assurantiel de protection sociale ;

8° Les caisses de crédit municipal et caisses de crédit agricole mutuel ;

9° Les fonds de dotation ;

10° Les associations et les fondations.

A compter de la publication de la présente loi *[JO 23 janv. 2022]* et jusqu'au 31 juillet 2022 inclus, sans qu'une clause des statuts ou du règlement intérieur soit nécessaire à cet effet ni puisse s'y opposer, sont réputés présents aux réunions des organes collégiaux d'administration, de surveillance ou de direction leurs membres qui y participent au moyen d'une conférence téléphonique ou audiovisuelle permettant leur identification et garantissant leur participation effective.

Ces moyens transmettent au moins la voix des participants et satisfont à des caractéristiques techniques permettant la retransmission continue et simultanée des délibérations.

A compter de la publication de la présente loi *[JO 23 janv. 2022]* et jusqu'au 31 juillet 2022 inclus, sans qu'une clause des statuts ou du règlement intérieur soit nécessaire à cet effet ni puisse s'y opposer, les décisions des organes collégiaux d'administration, de surveillance ou de direction peuvent également être prises par voie de consultation écrite de leurs membres, dans des conditions assurant la collégialité de la délibération.

Le présent II est applicable quel que soit l'objet de la décision sur laquelle l'organe est appelé à statuer.

Le présent II est applicable à Wallis-et-Futuna.

SOUS-TRAITANCE

RÉP. COM. v° *Sous-traitance,* par ABBATUCCI.

Loi n° 75-1334 du 31 décembre 1975,

Relative à la sous-traitance.

BIBL. GÉN. ▶ DJOUDI, *D. 1992. Chron. 215* (sous-traitance dans le contexte européen). – PANSIER, *LPA 14 déc. 2001* (modifications apportées par la loi MURCEF du 11 déc. 2001). – ABBATUCCI, *RDI 2002. 488* (responsabilité du maître de l'ouvrage à l'égard des sous-traitants). – ROULET, *Gaz. Pal. 2003. Doctr. 1463* (responsabilités et assurances en opération de sous-traitance) ; *ibid. 2005. Doctr. 1504* (quelques évolutions significatives de la protection des sous-traitants). – MALINVAUD, *RDI 2006. 165* (droits et obligations des sous-traitants dans les marchés privés). – ABBATUCCI, *ibid. 417* (garantie de paiement des sous-traitants : avancées obtenues grâce à la concertation professionnelle). – ROULET, *Gaz. Pal. 2006. 3614* (sous-traitance en chaîne, chaîne de difficultés) ; *ibid. 2007. 3150* (cotraitant conjoint, sous-traitant transparent : frères jumeaux ?). – CHARLES, *RLDC oct. 2010* (sous-traitance : nécessité fait loi ?). – AUGAGNEUR, *RLDA nov. 2010. 37* (quelle réforme pour la sous-traitance ?). – MALINVAUD, *RDI 2011. 525* (sous-traitance et principe de réalité). – KOUCHNIR et CAMILLERI, *RLDA avr. 2014. 34* (le sous-traitant industriel privé de la protection de la L. du 31 déc. 1975 ?). – ABBATUCCI, *RDI 2014. 194* (sous-traitance dans le BTP : un nouveau contrat type incontournable). – Dossier, *AJCA 2015. 447* (protection du sous-traitant). – RINGLÉ, *RJ com. 2016. 81* (regard sur quelques aspects du régime français de protection au bénéfice du sous-traitant industriel).

TITRE PREMIER Dispositions générales

Art. 1er **Au sens de la présente loi, la sous-traitance est l'opération par laquelle un entrepreneur confie par un sous-traité, et sous sa responsabilité, à une autre personne appelée sous-traitant** *(L. n° 2001-1168 du 11 déc. 2001)* **« l'exécution de tout ou partie du contrat d'entreprise ou d'une partie du marché public conclu avec le maître de l'ouvrage. »**

Al. 2 abrogé par Ord. n° 2010-1307 du 28 oct. 2010, art. 7, 60°. — V. désormais C. transp., art. L. 1432-13, infra.

BIBL. ▶ PÉRINET-MARQUET, *JCP 1989. I. 3399*. – ROULET, *Gaz. Pal. 2003. Doctr. 1467* (le « contrat de sous-traitance »). – RUELLAN, *JCP E 2007, n° 42, p. 17* (mise à disposition de matériel et de personnel : distinction entre contrat de sous-traitance et contrat de location). – CARO, *Gaz. Pal. 2009. 1087* (sous-traitance de pose, mode normal d'exécution des travaux dans le BTP).

1. Loi applicable. S'agissant de la construction d'un immeuble en France, la L. du 31 déc. 1975, en ses dispositions protectrices du sous-traitant, est une loi de police au sens des dispositions combinées de l'art. 3 C. civ. et des art. 3 et 7 de la Conv. de Rome du 19 juin 1980 sur la loi applicable aux obligations contractuelles. • Cass., ch. mixte, 30 nov. 2007, n° 06-14.006 P : *D. 2008. 753, note Boyault et Lemaire ; RTD com. 2008. 456, obs. Delebecque ; RDI 2007. 511, avis Guérin ; ibid. 2008. 38, note Charbonneau ; JCP E 2008, n° 6, p. 23, note Berlioz ; CCC 2008, n° 94, obs. Leveneur ; LPA 16 avr. 2008, note Lardeux ; RJDA 2008, n° 519 ; RLDA janv. 2008. 57, note Nourissat et Pellegrini* • Civ. 3e, 30 janv. 2008, n° 06-14.641 P : *D. 2008. Pan. 2565, obs. Bollée ; RDI 2008. 272, obs. Périnet-Marquet ; JCP 2008. I. 161, n° 1, obs. Lecourt ; Gaz. Pal. 2008. 1079, obs. Niboyet ; RJDA 2008, n° 518* • 8 avr. 2008, n° 07-10.763 : *RJDA 2008, n° 907 ; Dr. et patr. 12/2008. 93, obs. M.-E. Ancel ; JDI 2008. 1073, note Perreau-Saussine* • 25 févr. 2009, n° 07-20.096 P : *D. 2009. AJ 806, obs. Delpech ; RDI 2009. 353, obs. Périnet-Marquet ; JCP E 2009, n° 15, p. 31 ; RJDA 2009, n° 736 ; Constr.-Urb. 2009, n° 59, obs. Sizaire* • Paris, 12 févr. 2009 : *RJDA 2009, n° 737.* ♦ *Contra* : • Com. 19 déc. 2006, n° 04-18.888 P : *cité note 1 ss. art. 13-1* • Civ. 1re, 23 janv. 2007, n° 04-10.897 P : *cité note 1 ss. art. 12.* ♦ Comp. aussi, jugeant que l'objet du contrat de sous-traitance étant la construction d'un ouvrage technique de nature immobilière ressortissant de la catégorie des ouvrages de génie civil en France, par application de l'art. 4-3 de la Conv. de Rome du 19 juin 1980, ce contrat présente des liens plus étroits avec la France, lieu de situation de l'immeuble objet du contrat. • Colmar, 16 mars 2006 : *JCP 2006. IV. 2963.*

2. Sous-traitance interdite. Pour une demande de nullité du contrat de sous-traitance passé entre deux sociétés en raison de leur cause illicite résultant de l'interdiction de sous-traiter prévue au contrat principal, V. • Com. 31 mars 2009, n° 08-10.244 : *RJDA 2009, n° 806.*

3. Sous-traitance intégrale. Seuls les marchés relevant de la catégorie des marchés publics sont visés par l'interdiction énoncée à l'art. 1er de la L. n° 75-1334 du 31 déc. 1975 de sous-traiter la totalité d'un marché. • Com. 12 déc. 2018, n° 17-11.367 : *RDI 2019. 268, obs. Périnet-Marquet*.

I. DÉFINITION DE LA SOUS-TRAITANCE

4. Nature du contrat principal. Dès lors que le contrat principal n'est pas un contrat d'entreprise, conclu entre un maître d'ouvrage et un entrepreneur, mais un contrat de fourniture de marchandise, conclu entre un acheteur et un fournisseur, le cocontractant du fournisseur ne peut, quelle que soit la nature de ses relations contractuelles, se prévaloir des dispositions de la L. du 31 déc. 1975. • Civ. 3e, 4 juin 2003, n° 01-17.762 P : *CCC 2003, n° 138, obs. Leveneur ; JCP E 2003, n° 32-35, p. 1313 ; Gaz. Pal. 2004. Somm. 1290, obs. Peisse ; RJDA 2003, n° 1173.* ♦ Ayant retenu que la société avait contracté les marchés en qualité de mandataire, que ce mandat avait comme seule limite le coût total de l'opération dont les entreprises ignoraient le montant qu'elles ne pouvaient vérifier, la cour d'appel a pu, sans méconnaître l'objet du litige, retenir que la loi sur la sous-traitance ne pouvait s'appliquer. • Civ. 3e, 27 oct. 2016, n° 15-25.256 : *RDI 2017. 79, obs. Périnet-Marquet*.

5. Critères de la sous-traitance. Dès lors que le contrat ne prévoit que des services effectués selon les instructions reçues, il n'a pas la nature d'une vente mais d'une sous-traitance. • Civ. 3e, 5 févr. 1985, n° 83-16.675 P : *D. 1986. 499, note Huet* • 3 juin 1992, n° 89-19.274 P • Versailles, 24 avr. 2003 : *RDI 2004. 102, obs. Périnet-Marquet*. ♦ Est un sous-traitant la société qui se voit confier des travaux portant sur la finition de l'ouvrage, soumis à des spécifications et non compatibles avec une production en série. • Com. 5 févr. 1991, n° 89-15.363 P : *D. 1992. Somm. 112, obs. Bénabent*. ♦ V. conf. pour une fabrication : • Com. 4 juill. 1989, n° 88-14.371 P : *D. 1990. 246, note Virassamy* • 17 mars 1998, n° 95-17.997 P : *D. Affaires 1998. 841, obs. J. F. ; CCC 1998, n° 88, obs. Leveneur ; RJDA 1998, n° 859 ; LPA 18 nov. 1998, obs. Lehman* • Civ. 3e, 30 oct. 1991, n° 90-11.753 P : *D. 1992. Somm. 112, obs. Bénabent* • 3 janv. 1995, n° 92-20.034 P : *D. 1995. IR 47 ; JCP 1995. I. 3880, n° 1, obs. Labarthe*. – Comp. : • Civ. 3e, 18 janv. 1983, n° 81-11.429 P : *RTD civ. 1983. 552, obs. Rémy.* ♦ ... Et aussi, estimant que le critère de l'absence de stock n'est pas en lui-même déterminant : • Civ. 3e, 20 nov. 2002, n° 01-14.051 : *BRDA 2002, n° 24, p. 7.* ♦ Pour la fourniture par un constructeur d'enrobés spécifiques à un chantier déterminé et comportant une mise en œuvre particulière sous sa seule responsabilité, V. • Civ. 3e, 9 juin 1999, n° 98-10.291 P : *D. Affaires 1999. 1396, obs. J. F. ; Dr. et patr. 1/2000. 94, obs. Chauvel.* ♦ Même si le matériel installé figurait bien dans le catalogue, l'installation commandée nécessitait la combinaison de deux modèles à laquelle s'ajoutait un troisième, ce dont il résultait que le contrat ne répondait pas simplement à la livraison d'un matériel déterminé à l'avance par le fabricant. • Toulouse, 3 sept. 2013 : *RJDA 2013, n° 890.* ♦ V. note 11 ss. art. 3. ♦ V. aussi • Com. 7 juin 1994, n° 93-11.340 P : *D. 1994. IR 182.*

Sur la question de savoir si la fourniture et la pose d'éléments de menuiserie constituent un contrat d'entreprise, V. • Civ. 3e, 31 janv. 1996, n° 93-19.662 P : *D. Affaires 1996. 351 ; JCP 1996. I. 3983, n° 10, obs. Labarthe* • 20 nov. 2002, n° 01-14.051 : *préc.* – V. aussi • Basse-Terre, 18 juin 1997 : *Gaz. Pal. 1998. 1. Somm. 325, obs. Vray.* ♦ Est un contrat de sous-traitance le contrat qui confère au fournisseur une participation active à l'exécution du contrat d'entreprise (réalisation de panneaux avec des éléments présentant de nombreuses caractéristiques spécifiques, permettant une adaptation spécifique à la structure et à la configuration du bâtiment). • Rennes, 20 sept. 2001 : *JCP 2002. IV. 2263.* ♦ En revanche, n'est pas un contrat de sous-traitance le contrat par lequel un fournisseur s'engage à livrer une chose sans accomplir un acte de production ou de service se rattachant à l'ouvrage. • Civ. 3e, 21 avr. 1982, n° 80-14.105 P : *RTD civ. 1983. 552, obs. Rémy.* ♦ Des adaptations à réaliser pour chaque commande en fonction de mesures précises n'impliquent pas pour autant une technique de fabrication spécifique à cette commande, rendant impossible la substitution d'un produit équivalent, et ne sont pas incompatibles avec une production en série normalisée. • Civ. 3e, 2 juill. 2008, n° 06-20.946 : *RJDA 2009, n° 191.*

II. QUALIFICATION DE LA SOUS-TRAITANCE

6. Ordre public. Les parties ne sont pas libres de soumettre un contrat de louage de chose à la L. du 31 déc. 1975. • Paris, 22 mai 1990 : *D. 1990. IR 159.* ♦ Comp. considérant que les parties à un contrat n'entrant pas dans le champ d'application de la L. du 31 déc. 1975 peuvent néanmoins l'y soumettre volontairement : • Rouen, 14 mai 1998 : *RJDA 1999, n° 39.*

7. Preuve. La preuve du contrat de sous-traitance, comme celle du contrat d'entreprise, n'est soumise à aucun formalisme par la loi et peut donc être faite par tout moyen. • Toulouse, 11 avr. 2005 : *BICC 2005, n° 2096.* ♦ Le contrat de sous-traitance étant un contrat d'entreprise de droit privé, il ne nécessite aucune forme particulière et peut être purement verbal ; il se forme dès que l'offre faite par l'entrepreneur principal est acceptée par le sous-traitant, sachant que cet accord de volonté peut être tacite et résulter de l'exécution du contrat par le sous-traitant. • Douai, 29 juin 2005 : *JCP E 2006, n° 4, p. 203.*

8. Appréciation par les juges du fond. Sur le pouvoir souverain d'appréciation des juges du fond, V. • Crim. 29 oct. 1985, n° 84-95.559 P. ♦ Mais la seule affirmation des juges du fond selon laquelle la société sous-traitante a fourni un travail spécifique conforme aux exigences du marché ne suffit pas à caractériser l'existence d'un contrat d'entreprise. • Civ. 3e, 11 mai 2005, n° 03-13.891 P : *D. 2005. IR 1507 ; RDI 2005. 287, obs. Périnet-Marquet ; JCP E 2005, n° 26, p. 1119 ; RJDA 2005, n° 1179 ; RDC 2005. 1111, note Puig.*

9. Distinction avec d'autres contrats. Sur la distinction par rapport : au contrat de travail : • Soc. 27 févr. 1992, n° 89-20.301 P : *RJDA 1992, n° 702* • 8 juill. 2003, n° 01-40.464 P : *D. 2004. Somm. 383, obs. Pasquier ; JCP E 2003, n° 40, p. 1557 ; RJDA 2004, n° 40* (l'inscription au RCS ne constitue qu'une simple présomption de non-salariat). ♦ ... Au prêt de main-d'œuvre illicite : • Crim. 3 déc. 1991, n° 90-86.763 P : *D. 1994. Somm. 147, obs. Bénabent* • 17 juin 2003, n° 02-84.224 : *JCP E 2004, n° 3, p. 90, note Robert* • 17 févr. 2004, n° 03-82.797 : *RJDA 2004, n° 975* • Paris, 21 mai 1999 : *RDI 1999. 651, obs. Malinvaud et Boubli* • 2 mai 2002 : *ibid. 2003. 62, obs. Périnet-Marquet* • Rouen, 25 avr. 2002 : *RJDA 2003, n° 133* (le contrôle exercé par le donneur d'ordre n'est pas en lui-même exclusif de la qualification de sous-traitance). ♦ ... A la prestation de services : • Com. 12 mars 1991, n° 88-17.181 P : *D. 1992. Somm. 112, obs. Bénabent*. ♦ ... Au louage de matériel avec mise à la disposition du personnel apte à le faire fonctionner : • Com. 1er déc. 1992, n° 90-18.315 : *CCC 1993, n° 70, obs. Leveneur ; D. 1994. Somm. 147, obs. Bénabent*. ♦ ... A l'étude et au montage d'échafaudages mis à la disposition d'un locateur d'ouvrage : • Civ. 3e, 23 janv. 2002, n° 00-17.759 P : *Defrénois 2002. 1027, obs. Périnet-Marquet ; Gaz. Pal. 2003. Somm. 1909, obs. Peisse* • Versailles, 13 déc. 1999 : *D. 2000. AJ 95, obs. Faddoul ; RDI 2000. 178, obs. Boubli et Malinvaud* • 2 mai 2000 : *RDI 2001. 573, obs. Boubli* • Civ. 3e, 28 mai 2002, n° 00-18.304 : *ibid. 2003. 62, obs. Périnet-Marquet* • CAA Lyon, 11 mai 2006 : *RJDA 2007, n° 149.* ♦ ... A la société créée de fait : • Com. 17 nov. 1970, n° 68-12.145 P. ♦ ... A la cotraitance : • Versailles, 25 janv. 2008 : *BICC 1er juin 2008, n° 962.*

10. Construction navale. Sur l'application de la loi aux contrats de sous-traitance conclus dans le cadre d'un contrat à forfait de construction navale, quelle que soit la qualification retenue pour ce dernier, contrat d'entreprise ou contrat de vente à livrer, V. • Rouen, 14 mai 1998 : *JCP E 1999, n° 26, p. 1129.*

11. Responsabilité de l'entrepreneur principal. V. note 31 ss. art. 3.

12. Construction à forfait. Les dispositions de l'art. 1793 C. civ. ne sont pas applicables à une convention de sous-traitance entre deux entreprises. • Civ. 3e, 15 févr. 1983, n° 81-15.558 P. ♦ Comp. • Civ. 3e, 5 juin 1996, n° 94-16.902 P : *RTD civ. 1997. 446, obs. Gautier*. ♦ En l'absence d'un contrat de sous-traitance signé des parties, la volonté des parties de se soumettre aux dispositions de l'art. 1793 C. civ. ne peut être tirée de la simple mention, sur l'offre de travaux en sous-traitance, des termes prix global et forfaitaire, alors que cette offre, ni aucun autre document entre l'entrepreneur principal et son sous-traitant, ne fait référence à cet article qui concerne en principe le marché conclu entre le maître d'ouvrage et l'entrepreneur. • Aix-en-Provence, 19 janv. 2012 : *Constr.-Urb. 2012, n° 115, obs. Sizaire.* ♦ Jugeant que faute de diminution substantielle des prestations mises à la charge du sous-traitant, l'entrepreneur principal doit payer le prix forfaitaire prévu au contrat avec ce dernier : • Civ. 3e, 5 nov. 2013, n° 11-18.272 : *RDI 2014. 35, obs. Périnet-Marquet*.

Code des transports

Art. L. 1432-13 *(Ord. n° 2010-1307 du 28 oct. 2010)* Les dispositions de la loi n° 75-1334 du 31 décembre 1975 relative à la sous-traitance *(Ord. n° 2018-1074 du 26 nov. 2018, art. 9)* « et du chapitre III du titre IX du livre Ier de la deuxième partie du code de la commande publique » sont applicables aux opérations de transport. Dans ce cas, le donneur d'ordre initial est assimilé au maître d'ouvrage et le transporteur qui fait appel à un transporteur sous-traitant est assimilé à l'entrepreneur principal. – *[L. n° 75-1334 du 31 déc. 1975, art. 1er, al. 2.]*

Sur l'entrée en vigueur des dispositions issues de l'Ord. n° 2018-1074 du 26 nov. 2018, V. art. 20 de ladite ordonnance.

Art. L. 3224-1 *(Ord. n° 2010-1307 du 28 oct. 2010)* S'il n'exécute pas un contrat de transport avec ses propres moyens, le transporteur public routier de marchandises peut le sous-traiter, pour tout ou partie, à une autre entreprise de transport public routier de marchandises sous sa responsabilité.

Le transporteur public routier de marchandises ne peut recourir à la sous-traitance que s'il a la qualité de commissionnaire de transport au sens du 1° de l'article L. 1411-1 ou dans des cas exceptionnels définis par décret en Conseil d'État. Les responsabilités du transporteur routier qui recourt à la sous-traitance sont celles prévues par le code de commerce pour les commissionnaires de transport.

Le contrat de sous-traitance est soumis à l'ensemble des règles et conditions applicables au transport public de marchandises. La rémunération du transporteur principal est calculée conformément aux règles applicables aux contrats d'affrètement conclus par les commissionnaires de transport régis par les dispositions de la section 2 du chapitre II du titre III du livre IV de la première partie. – *[L. n° 82-1153 du 30 déc. 1982, art. 33, al. 1er à 3.]*

Sur la sous-traitance dans le domaine du transport routier de marchandises, V. aussi C. transp., art. L. 3221-3, L. 3221-4, L. 3241-1 s., L. 3242-4, L. 3242-5. — ***C. transp.***

Sur la sous-traitance dans le domaine du transport fluvial de marchandises, V. C. transp., art. L. 4452-1. — ***C. transp.***

Art. 2 **Le sous-traitant est considéré comme entrepreneur principal à l'égard de ses propres sous-traitants.**

BIBL. ▶ MALINVAUD, *Mél. Moderne, Dalloz, 2004, p. 591* (les garanties de paiement du sous-traitant en chaîne).

V. note 4 ss. art. 3 et notes 2 s. ss. art. 13-1.

Art. 3 **L'entrepreneur qui entend exécuter un contrat ou un marché en recourant à un ou plusieurs sous-traitants doit, au moment de la conclusion et pendant toute la durée du contrat ou du marché, faire accepter chaque sous-traitant et agréer les conditions de paiement de chaque contrat de sous-traitance par le maître de l'ouvrage ; l'entrepreneur principal est tenu de communiquer le ou les contrats de sous-traitance au maître de l'ouvrage lorsque celui-ci en fait la demande.**

Lorsque le sous-traitant n'aura pas été accepté ni les conditions de paiement agréées par le maître de l'ouvrage dans les conditions prévues à l'alinéa précédent, l'entrepreneur principal sera néanmoins tenu envers le sous-traitant mais ne pourra invoquer le contrat de sous-traitance à l'encontre du sous-traitant.

Sur la sous-traitance dans la construction de maison individuelle, V. CCH, art. L. 231-13 et L. 241-9. — ***CCH.***

FORM. PR. COM. v° *Demande d'agrément du sous-traitant*, par VERNHET.

BIBL. ▶ BERLY, *RDI 1995. 483* (situation du maître de l'ouvrage privé en cas de sous-traitance irrégulière). – DEVAUX, *LPA 7 sept. 1998* (acceptation et agrément tacite du sous-traitant). – ROULET, *Gaz. Pal. 2004. Doctr. 848* (le maître de l'ouvrage doit-il motiver son refus d'acceptation du sous-traitant ?).

I. ACCEPTATION DU SOUS-TRAITANT ET AGRÉMENT DES CONDITIONS DE PAIEMENT

1. Marché public. La décision de la personne publique d'agréer et d'accepter les sous-traitants que lui propose le titulaire du marché est une décision récognitive, les droits du sous-traitant trouvant leur origine uniquement dans les relations contractuelles existant entre le titulaire du marché et lui-même. • TA Saint-Denis de la Réunion, 21 déc. 2009 : *AJDA 2010. 1653, note Benoiton*. ♦ V. aussi • CE 2 juin 1989, n° 65631 : *D. 1990. 229, note crit. Bénabent*. ♦ Sur le privilège dit « de Pluviôse », V. • Paris, 25 janv. 1977 : *D. 1977. 401, note D. Martin* • Com. 4 févr. 1992, n° 89-19.973 P : *D. 1994. Somm. 151, obs. Bénabent*. – V. aussi note 8 ss. art. 6.

2. Double objet de l'agrément. L'exercice, par le sous-traitant, de l'action directe contre le maître de l'ouvrage suppose non seulement que ce dernier ait accepté le sous-traitant, mais encore qu'il ait agréé les conditions de paiement du contrat de sous-traitance. • Civ. 3e, 1er avr. 1992, n° 90-18.868 P : *D. 1994. Somm. 148, obs. Bénabent*.

A. PROCÉDURE D'AGRÉMENT

3. Initiative de l'agrément. Sur le fait que l'obligation de faire accepter le sous-traitant incombe à l'entrepreneur principal et que l'abstention de celui-ci de révéler sa présence au maître de l'ouvrage ne constitue pas une abstention fautive, V. • Cass., ch. mixte, 13 mars 1981, n° 80-12.125 P : *D. 1981. 309, note Bénabent.* ♦ Sur la responsabilité du maître d'œuvre en cas de non-signalement au maître de l'ouvrage de la présence d'un sous-traitant non agréé sur le chantier, V. • Civ. 3e, 10 févr. 2010, n° 09-11.562 P : *D. actu. 17 févr. 2010, obs. Delpech ; RDI 2010. 547, obs. Périnet-Marquet ; JCP E 2010, n° 1293.* ♦ Sur la connaissance du sous-traitant par le maître de l'ouvrage, V. notes 10 s. ss. art. 14-1. ♦ Sur l'absence d'initiative incombant au sous-traitant, V. note 18 ss. art. 14-1.

4. Sous-traitance en chaîne. En ce sens que

le sous-traitant de premier rang n'est pas obligé de faire accepter le sous-traitant de second rang par l'entreprise principale, qui ne possède pas la qualité de maître de l'ouvrage au sens de l'art. 12, V. • Civ. 3e, 17 juill. 1987, n° 86-12.789 P. ♦ Viole l'art. 3 l'arrêt qui, pour déclarer irrecevable la demande en paiement formée par un sous-traitant de second rang, retient que le comportement fautif de l'entrepreneur principal ne peut résulter du non-respect de la procédure à l'égard du sous-traitant de premier rang, alors que ce fait a mis le sous-traitant de second rang dans l'impossibilité de se faire agréer par le maître de l'ouvrage. • Civ. 3e, 9 déc. 1998, n° 97-10.995 P : *D. Affaires 1999. 792, obs. J. F. ; Gaz. Pal. 18-19 août 1999, Somm., p. 19, obs. Peisse.* ♦ V. aussi, considérant qu'il appartient au premier entrepreneur principal qui a traité avec le maître de l'ouvrage de soumettre à son acceptation chaque sous-traitant et de faire agréer les conditions de paiement de chaque sous-traité par le maître de l'ouvrage : • Versailles, 16 janv. 1997 : *D. Affaires 1997. 376.* ♦ Tout entrepreneur principal, à quelque niveau qu'il se situe dans la chaîne de sous-traitance, est pleinement responsable de la soumission de la demande d'acceptation, qui doit être effectuée à sa diligence en application des art. 2 et 3, al. 1er. • Même arrêt. ♦ Jugeant, en application de l'art. 2 de la L. du 31 déc. 1975, ensemble l'art. 1382 [1240] C. civ., que le titulaire du marché qui choisit de sous-traiter ne supporte pas les conséquences de l'absence d'agrément du sous-traitant de second rang : • Civ. 3e, 21 janv. 2015, n° 13-18.316 P : *D. 2015. Chron. C. cass. 989, obs. Georget ; RDI 2016. 278, obs. Périnet-Marquet ; JCP E 2015, n° 1089 ; CCC 2015, n° 81, obs. Leveneur ; RJDA 2015, n° 654 ; Constr.-Urb. 2015, n° 40, obs. Sizaire.*

5. Groupement momentané d'entreprises. BIBL. Roulet, *Gaz. Pal. 2007. 3150* (cotraitant conjoint, sous-traitant transparent : frères jumeaux ?). ♦ Le mandataire commun d'un groupement momentané d'entreprises n'est tenu, en vertu de la L. du 31 déc. 1975, d'aucune obligation vis-à-vis des sous-traitants de ses cotraitants, sans constater l'existence d'un mandat spécial donné par les entrepreneurs regroupés au mandataire commun à l'effet de procéder lui-*même*, en cette qualité, aux formalités nécessaires à l'acceptation de ces sous-traitants et à l'agrément des conditions de paiement de leur contrat par le maître de l'ouvrage. • Civ. 3e, 28 sept. 2005, n° 04-16.008 P : *RDI 2005. 442, obs. Boubli ; JCP E 2005, n° 44-45, p. 1872 ; Gaz. Pal. 2006. Somm. 2014, obs. Peisse ; RJDA 2006, n° 20.* ♦ En l'absence de mandat spécial donné par les entreprises groupées pour les formalités nécessaires à l'acceptation des sous-traitants et à l'agrément de ses conditions de paiement, il ne peut être reproché au mandataire commun de n'avoir pas informé le maître de l'ouvrage de l'intervention du sous-traitant sur le chantier. • Paris, 17 janv. 2008 : *JCP 2008. IV. 1326.*

6. Date de l'agrément. L'art. 3 n'exige pas que l'acceptation et l'agrément soient préalables ou concomitants à la conclusion du contrat de sous-traitance. • Cass., ch. mixte, 13 mars 1981, n° 80-12.125 P : *D. 1981. 309, note Bénabent ; JCP 1981. II. 19568, concl. Toubas et note Flécheux.* ♦ L'acceptation du sous-traitant par le maître de l'ouvrage et l'agrément des conditions de paiement peuvent intervenir lors de l'exercice de l'action directe, c'est-à-dire encore après le jugement d'ouverture d'une procédure collective à l'encontre de l'entrepreneur principal. • Civ. 3e, 31 mars 1993, n° 91-14.958 P : *D. 1994. Somm. 148, obs. Bénabent* • 4 janv. 1996, n° 93-21.090 : *RJDA 1996, n° 783.*

7. Modalités de l'agrément. L'acceptation par le maître de l'ouvrage ne suppose pas un agrément exprès et peut être tacite. • Civ. 3e, 18 juill. 1984, n° 82-15.011 P. ♦ Cependant, l'acceptation tacite ne peut résulter que d'actes manifestant sans équivoque la volonté du maître de l'ouvrage d'accepter le sous-traitant. • Com. 14 juin 1988, n° 86-18.010 P • 27 févr. 1990, n° 88-16.907 P • Civ. 3e, 30 oct. 1991, n° 90-11.753 P : *D. 1992. Somm. 114, obs. Bénabent* • 7 oct. 1998, n° 96-20.514 P : *D. Affaires 1998. 1902 ; RJDA 1998, n° 1218* • 3 mars 1999, n° 97-14.715 P : *D. 1999. IR 91 ; D. Affaires 1999. 755, obs. J. F. ; CCC 1999, n° 89, obs. Leveneur ; Defrénois 1999. 1129, obs. Périnet-Marquet.* – V. également • Versailles, 30 mai 1996 : *BICC 1996, n° 1329* • Rouen, 18 mars 1999 : *BRDA 1999, n° 15-16, p. 6* • Versailles, 21 nov. 2005 : *RJDA 2006, n° 408.* ♦ La seule présence du sous-traitant sur le chantier, même au vu et au su du maître de l'ouvrage, ne peut constituer une preuve formelle de l'acceptation du sous-traitant. • Versailles, 17 mars 1994 : *Gaz. Pal. 1994. 2. Somm. 582* • 5 nov. 1999 : *RDI 2000. 53, obs. Malinvaud et Boubli .* – Dans le même sens : • Orléans, 12 avr. 1995 : *JCP 1996. IV. 1660.* – V. aussi • Paris, 29 sept. 1992 : *D. 1993. IR 39* • Civ. 3e, 11 janv. 1995, n° 93-11.918 : *RJDA 1995, n° 281.* ♦ La volonté d'accepter le sous-traitant ne saurait résulter de l'envoi par celui-ci au maître de l'ouvrage d'une copie de la mise en demeure qu'il avait adressée à l'entrepreneur principal. • Civ. 3e, 8 nov. 2000, n° 99-10.616 : *RDI 2001. 57, obs. Périnet-Marquet ; RJDA 2001, n° 159.* ♦ La seule mention du nom du représentant du sous-traitant sur le compte rendu de chantier ne suffit pas à reconnaître l'existence d'un agrément et d'une acceptation tacite du sous-traitant. • Colmar, 1er mars 2007 : *JCP 2007. IV. 1704.* ♦ Ne donne pas de base légale à sa décision au regard de l'art. 3, la cour d'appel qui pour accueillir l'action directe du sous-traitant, retient qu'il résulte de la signature des procès-verbaux de réception, que le maître de l'ouvrage a non seulement agréé tacitement la présence du sous-traitant sur les chantiers, mais également les conditions de paiement des travaux exécutés par lui. • Civ. 3e, 3 mars 1999, n° 97-14.715 P : *préc.* ♦ En revanche, le maître de l'ouvrage qui donne directement des ordres au sous-traitant, sans passer par l'intermédiaire de l'entrepreneur principal a accepté sans équivoque ledit sous-traitant. • Com. 29 avr. 1997, n° 94-19.736 : *D. 1998. 326, note Chenut* ; *RJDA 1997, n° 1041* • Versailles, 16 déc. 1994 : *RDI 1995. 750, obs. Malinvaud et Boubli* .

V. aussi, dès lors que la signature du contrat de sous-traitance démontre que le maître de l'ouvrage a agréé le sous-traitant, même si cela n'a pas été formalisé par un écrit, que l'agrément a été imposé par l'entrepreneur principal dans une lettre comme une des conditions préalables à la régularisation de la commande et que, en outre, l'établissement de tous les documents techniques et d'exécution, établis sous la direction et le contrôle du maître d'œuvre, mandataire direct du maître de l'ouvrage, démontre que, dès le début du chantier et au cours de son avancement, le sous-traitant a été agréé par le maître de l'ouvrage : • Versailles, 16 janv. 1997 : *D. 1997. IR 88* ; *D. Affaires 1997. 373.* – V. également • Com. 17 mars 1998, n° 95-17.997 P : *D. Affaires 1998. 841, obs. J. F.* ; *CCC 1998, n° 88, obs. Leveneur* ; *RJDA 1998, n° 859.* ♦ Mais le fait qu'un maître d'œuvre ait suivi et coordonné le chantier n'implique pas que celui-ci ait reçu mandat du maître de l'ouvrage d'accepter pour son compte les sous-traitants et d'accepter les conditions de paiement du sous-traité. • Civ. 3e, 13 sept. 2005, n° 01-17.221 P : *RDI 2006. 473, obs. Périnet-Marquet* ; *JCP 2005. IV. 3174* ; *CCC 2006, n° 5, obs. Leveneur* ; *RJDA 2006, n° 137.*

8. Agrément des conditions de paiement. Sur l'exigence de l'agrément des conditions de paiement du contrat de sous-traitance, V. note 2. ♦ L'acceptation des conditions de paiement doit être réputée acquise lorsque celles-ci sont conformes aux conditions habituelles en la matière et admises ordinairement par le maître de l'ouvrage. • Versailles, 4 janv. 1996 : *BICC 1996, n° 629.* ♦ En acceptant de régler le sous-traitant dans le cadre de l'action directe sans remettre en cause les conditions de forme de sa mise en œuvre, le maître de l'ouvrage est réputé avoir régulièrement agréé les conditions de paiement. • Versailles, 3 sept. 1999 : *RDI 2000. 53, obs. Malinvaud et Boubli* . ♦ Mais un courrier du maître de l'ouvrage qui précise au sous-traitant qu'il est accepté si certaines conditions sont mises en œuvre, et qui présente les dispositions de la L. de 1975 qui viendraient à s'appliquer le cas échéant, ne constitue ni un agrément tacite ni un agrément exprès des conditions de paiement du sous-traitant. • Rennes, 21 févr. 2006 : *JCP 2006. IV. 2489.* ♦ Sur la sanction du défaut d'agrément des conditions de paiement, V. note 14.

9. Refus d'agrément. Le maître de l'ouvrage n'est pas tenu d'accepter le sous-traitant ni d'agréer ses conditions de paiement. • Civ. 3e, 25 sept. 2002, n° 00-18.163 P : *RJDA 2003, n° 134.* ♦ Le refus d'agrément peut être discrétionnaire et n'a pas à être motivé, sous réserve de l'application de la théorie de l'abus de droit. • Paris, 25 mars 1993 : *D. 1994. Somm. 149, obs. Bénabent* . ♦ Ainsi, le maître de l'ouvrage n'engage pas sa responsabilité lorsque, le sous-traitant lui ayant été présenté, il refuse de l'accepter et d'agréer ses conditions de paiement. • Civ. 3e, 25 sept. 2002, n° 00-18.163 P : *préc.* ♦ Mais les juges du fond doivent rechercher si les motifs du refus d'agréer un sous-traitant, dont le caractère discrétionnaire est limité par un éventuel abus de droit, ne sont pas fallacieux et fabriqués avec des moyens frauduleux. • Civ. 3e, 2 févr. 2005, n° 03-15.409 P : *RDI 2005. 291, obs. Périnet-Marquet* ; *JCP 2005. II. 10077, avis Guérin* ; *Gaz. Pal. 2005. 4270, obs. Peisse* ; *RJDA 2005, n° 550.* ♦ L'abus dans le refus d'agrément engage la responsabilité civile du maître d'ouvrage. • Civ. 3e, 10 févr. 2009, n° 08-11.818 : *RDI 2009. 354, obs. Périnet-Marquet* ; *RDC 2009. 1132, obs. Puig.*

B. CONSÉQUENCE DU DÉFAUT D'AGRÉMENT

1° RELATIONS ENTRE L'ENTREPRENEUR PRINCIPAL ET LE SOUS-TRAITANT

10. Responsabilité de l'entrepreneur principal. Les dirigeants d'une société entrepreneur principal sont personnellement responsables du défaut de présentation du sous-traitant à l'agrément du maître de l'ouvrage. • Douai, 16 avr. 1992 : *D. 1994. Somm. 149, obs. Bénabent* .

11. Indifférence sur la qualification du contrat. L'absence de contrat écrit de sous-traitance et d'agrément ne suffit pas à écarter la qualification de sous-traitance pour retenir l'existence d'un contrat de vente. • Versailles, 14 janv. 1988 : *D. 1988. IR 41.*

12. Résiliation ou exécution du contrat. Le sous-traitant qui n'a pas été agréé ne peut à la fois se prévaloir du contrat de sous-traitance pour obtenir le paiement des travaux qu'il a exécutés et le rejeter pour échapper à ses obligations contractuelles. • Civ. 3e, 13 avr. 1988, n° 86-18.961 P : *D. 1998. 521, note Dubois* ; *JCP 1989. II. 21302, note D. Martin* ; *Gaz. Pal. 1988. 2. 606, note Caro et Sablier* • 10 janv. 1990, n° 88-16.190 P • 23 avr. 1992, n° 90-11.513 P : *D. 1994. Somm. 153, obs. Bénabent* . ♦ V. aussi note 13.

13. Faculté de résiliation unilatérale. Si la sanction de la sous-traitance irrégulière déduite de l'art. 3 réside dans la faculté de résiliation unilatérale ouverte au sous-traitant pendant toute la durée du contrat, cette faculté ne peut plus être exercée par un sous-traitant qui a exécuté le sous-traité et a accepté le règlement du prix convenu. • Civ. 3e, 24 avr. 2003, n° 01-11.889 : *JCP 2004. II. 10042, note Caro, Sablier et Abbatucci ; RJDA 2003, n° 1060 ; RDI 2003. 463, obs. Degoffe et Dreyfus*. ♦ Il résulte de la combinaison des art. 3 et 14 de la L. du 31 déc. 1975 que, si le sous-traitant n'use pas de la faculté de résiliation unilatérale qui lui est ouverte par l'art. 3 et n'invoque pas la nullité de celui-ci sur le fondement de l'art. 14, le contrat doit recevoir application. • Civ. 3e, 10 nov. 2021, n° 20-19.372 B : *D. 2021. Actu. 2088 ; JCP E 2021, n° 1515.*

14. Inopposabilité au sous-traitant. L'absence de la double acceptation exigée par l'art. 3 de la L. du 31 déc. 1975 ne permet pas à l'entrepreneur principal d'invoquer le contrat de sous-traitance à l'encontre du sous-traitant et constitue une contestation sérieuse faisant obstacle à l'intervention du juge des référés. • Com. 4 juill. 1989, n° 87-18.448 P. ♦ La sanction du défaut d'agrément est l'interdiction pour l'entrepreneur d'invoquer le contrat de sous-traitance à l'encontre du sous-traitant. • Versailles, 27 oct. 1988 : *D. 1989. 375, note Dubois.* ♦ L'entrepreneur principal ne peut, par conséquent, prétendre que celui-ci a commis des infractions aux stipulations contractuelles. • Paris, 1er mars 1988 : *D. 1988. 521, note Dubois.* ♦ Toutefois, le sous-traitant est tenu envers l'entrepreneur principal de l'obligation contractuelle de livrer exempts de vices les ouvrages dont il a reçu ou dont il réclame le paiement, alors même que le maître de l'ouvrage ne l'aurait pas accepté et n'aurait pas agréé les conditions de paiement. • Civ. 3e, 13 avr. 1988, n° 87-11.036 P : *D. 1988. 521, note Dubois ; JCP 1989. II. 21302, note D. Martin ; Gaz. Pal. 1988. 2. 606, note Caro et Sablier* • 3 juin 1992, n° 89-19.274 P : *D. 1994. Somm. 153, obs. Bénabent*. ♦ Lorsque le sous-traitant est accepté mais que ses conditions de paiement ne sont pas agréées, la sanction de l'inopposabilité du sous-traité est applicable. • Paris, 29 mai 1992 : *RDI 1994. 249, obs. Malinvaud et Boubli* • 27 mai 1993 : *ibid.* ♦ Comp., jugeant que l'entrepreneur principal qui n'a pas fait agréer les conditions de paiement du sous-traitant *ne peut* se prévaloir des clauses du contrat instituant des pénalités de retard : • Paris, 29 mai 1992 : *préc.* ♦ ... Ou rejetant une demande de l'entrepreneur principal qui reprochait au sous-traitant des malfaçons et un retard dans les travaux exécutés : • Paris, 27 mai 1993 : *préc.* ♦ V. note 18.

2° RELATIONS ENTRE LE SOUS-TRAITANT ET LE MAÎTRE DE L'OUVRAGE

15. Exclusion de l'action directe. Un sous-traitant, dont le maître d'ouvrage n'avait jamais eu connaissance, et qui ne s'est manifesté auprès de ce dernier qu'après le redressement judiciaire de l'entreprise principale, ne peut rechercher la responsabilité du maître de l'ouvrage, lequel n'est plus en mesure de mettre en demeure l'entreprise principale mise en redressement judiciaire. • Civ. 3e, 22 juin 2011, n° 10-18.573 P : *D. 2011. Actu. 1819 ; RDI 2011. 618, obs. Périnet-Marquet ; JCP E 2011, n° 1582 ; RJDA 2011, n° 911 ; BJE 2011. 327, note Bonhomme.* ♦ Si le maître de l'ouvrage peut opposer au sous-traitant exerçant l'action directe à son encontre l'absence de l'acceptation et de l'agrément, il n'en est de même ni de l'entrepreneur principal qui a manqué à son obligation de faire accepter le sous-traitant et agréer les conditions de paiement du contrat de sous-traitance, ni des créanciers de cet entrepreneur. • Cass., ch. mixte, 13 mars 1981, n° 80-12.125 P : *préc. note 6* • Civ. 3e, 1er juin 1988, n° 87-12.422 P • 25 févr. 1998, n° 96-10.316 P : *D. Affaires 1998. 618, obs. J. F. ; CCC 1998, n° 71, obs. Leveneur ; Gaz. Pal. 20-22 déc. 1998, p. 19, obs. Peisse* • Com. 12 févr. 1991, n° 89-16.669 P. ♦ En matière de marchés publics, V. • CE 2 juin 1989, n° 65631 : *préc. note 1.*

16. Enrichissement sans cause. V. note 4 ss. art. 12.

17. Pratique anticoncurrentielle. L'inobservation des art. 2 C. marchés [abrogé] et 3 ci-dessus ne saurait, en soi, constituer des pratiques prohibées par l'art. 7 de l'Ord. n° 86-1243 du 1er déc. 1986 [C. com., art. L. 420-1], mais seulement dans la mesure où elle fausserait le jeu de la concurrence en induisant en erreur le maître de l'ouvrage sur la réalité et l'étendue du champ de ses choix. • Paris, 5 juill. 1994 : *D. 1994. IR 220.*

II. OBLIGATIONS ET RESPONSABILITÉ DU SOUS-TRAITANT

A. À L'ÉGARD DE L'ENTREPRENEUR PRINCIPAL

18. Obligation de résultat. Le sous-traitant est tenu envers l'entrepreneur principal d'une obligation de résultat. • Civ. 3e, 2 févr. 2017, n° 15-29.420 P : *D. 2017. Actu. 353 ; RDI 2017. 196, obs. Malinvaud*. ♦ ...Dont il ne peut s'exonérer que par la preuve d'une cause étrangère. • Civ. 3e, 12 sept. 2007, n° 06-11.282 P : *D. 2007. AJ 2388, obs. Forest ; JCP E 2007, n° 41, p. 26* • 22 juin 2010, n° 09-16.199 : *RDI 2010. 550, obs. Périnet-Marquet ; Constr.-Urb. 2010, n° 131, obs. Pagès-de Varenne.* ♦ Le sous-traitant est tenu à l'égard de l'entrepreneur principal d'une obligation de résultat qui inclut l'exécution d'un ouvrage exempt de vices cachés lors de la réception et sera responsable des malfaçons, s'il ne justifie d'une cause étrangère qui ne peut lui être imputée. • Civ. 3e, 3 déc. 1980, n° 79-13.219 P : *RDI 1981. 224, obs. Malinvaud et Boubli* • 17 déc. 1997, n° 95-19.504 P : *D. Af-*

faires 1998. 291, obs. J. F. • 4 nov. 1999, n° 98-10.609 : *RDI 2000. 55, obs. Malinvaud et Boubli* • 6 déc. 2000, n° 98-19.323 : *RJDA 2001, n° 308.* ♦ ... Et ce, même lorsque le maître de l'ouvrage n'a pas formellement accepté le sous-traitant, ni agréé les conditions de paiement. • Versailles, 14 janv. 1999 : *JCP E 1999, n° 14, p. 601.* ♦ Ainsi, même si le contrat de sous-traitance ne comporte pas les garanties prévues par la L. du 31 déc. 1975, le sous-traitant reste tenu envers celui avec lequel il a contracté dans la mesure où il ne peut se prévaloir à la fois du contrat de sous-traitance pour obtenir le paiement du prix des travaux réalisés et le rejeter pour échapper à ses obligations contractuelles. • Montpellier, 14 déc. 2000 : *JCP 2002. IV. 1255.* ♦ Même en cas d'absence d'acceptation par le maître de l'ouvrage ou d'agrément des conditions de paiement, le sous-traitant d'un sous-traitant est tenu, à l'égard de ce dernier, d'une obligation contractuelle de livrer, exempts de vices, les ouvrages dont il a reçu paiement. • Civ. 3e, 15 janv. 1992, n° 90-16.081 P : *D. 1994. Somm. 153, obs. Bénabent*. ♦ Sur la possibilité, pour le maître de l'ouvrage, d'invoquer cette obligation de résultat, V. • Chambéry, 18 janv. 1988 : *D. 1988. 380, note Dubois.*

Mais l'obligation de résultat du sous-traitant à l'égard de l'entrepreneur principal ne concerne que la réalisation de sa propre prestation contractuelle à l'exclusion d'éventuels dommages aux tiers (trouble de voisinage), sauf stipulation spéciale du contrat. • Civ. 3e, 26 avr. 2006, n° 05-10.100 P : *D. 2006. 2504, note Karila* ; *RTD civ. 2006. 573, obs. Jourdain* ; *RDI 2006. 251, note Malinvaud* ; *JCP E 2006, n° 22, p. 973 ; RJDA 2006, n° 1091 ; Constr.-Urb. 2006, n° 134, obs. Pagès-de Varenne.*

19. Devoir de conseil. **BIBL.** Charbonneau, *RDI 2010. 593* (de l'obligation de conseil du sous-traitant). ♦ Un sous-traitant, spécialiste de la fabrication et de la pose de charpentes, étant tenu en cette qualité d'une obligation de conseil envers l'entrepreneur principal, ne peut faire valoir, pour s'exonérer de sa responsabilité à la suite de désordres, qu'il n'a fait que suivre les instructions données par l'entrepreneur principal. • Civ. 3e, 12 mars 1997, n° 95-14.262 P : *D. 1997. IR 94* • 23 févr. 2000, n° 98-17.138 : *RJDA 2000, n° 864.* ♦ Un sous-traitant manque à son obligation de conseil en n'avertissant pas les intervenants des risques encourus du fait du choix d'un procédé inadapté. • Civ. 3e, 10 déc. 2003, n° 01-00.614 P : *JCP E 2004, n° 7, p. 252* • Paris, 15 janv. 2004 : *BICC 2004, n° 1533* (travaux supplémentaires nécessaires à la bonne tenue de l'ouvrage). ♦ V. aussi, obligeant le sous-traitant à clairement informer le maître de l'ouvrage des risques inhérents à l'absence de réalisation de peintures anti-corrosion, sans qu'il puisse se retrancher sur le fait qu'il avait proposé en option la réalisation de telles peintures : • Civ. 3e, 3 mars 2004, n° 02-17.022 P : *JCP E 2004, n° 19, p. 741 ; Administrer août-sept. 2005. 55, obs. Artz.* ♦ Ainsi, le sous-traitant doit, soit refuser d'effectuer les travaux, soit faire expressément des réserves écrites après avoir conseillé et informé le maître de l'ouvrage sur les risques présentés. • Civ. 3e, 9 juin 2004, n° 02-20.292 : *RDI 2004. 448, obs. Périnet-Marquet*. ♦ Mais la responsabilité du sous-traitant n'est pas engagée dès lors qu'il n'est pas démontré qu'il avait une compétence supérieure à celle de l'entreprise conceptrice impliquant un devoir de conseil à l'égard de l'entreprise principale. • Civ. 3e, 16 sept. 2003, n° 02-16.220 : *RDI 2003. 583, obs. Malinvaud*. ♦ Il appartient à l'entrepreneur sous-traitant de se renseigner lui-même sur les contraintes spécifiques que va avoir à supporter le matériel qu'il installe. • Civ. 3e, 14 déc. 2004, n° 03-18.222 : *RJDA 2005, n° 694.*

20. Contrôle technique. Sur la détermination conventionnelle des obligations de contrôle technique, V. • Paris, 18 févr. 1977 : *JCP 1977. II. 18675, note Malinvaud.*

21. Pénalités de retard. Sur une condamnation motivée par les pénalités de retard dues par l'entrepreneur principal au maître de l'ouvrage, V. • Paris, 20 janv. 1988 : *JCP 1988. II. 21045, note Robine et Viandier.*

22. Clauses de non-garantie. Lorsque les parties sont des professionnels de même spécialité, les clauses de non-garantie des vices cachés sont licites. • Com. 8 oct. 1973, n° 71-14.322 P : *JCP 1975. II. 17297, note Ghestin.*

23. Recours de l'entrepreneur principal. Le recours de l'entrepreneur principal contre son sous-traitant n'est pas régi par les dispositions des art. 1792 s. C. civ., mais par la responsabilité contractuelle de droit commun. • Paris, 21 mars 2008 : *JCP 2008. IV. 1806.* ♦ Lorsque le sous-traitant lui-même, dans un courrier adressé à l'entrepreneur principal, a reconnu que des reprises devaient être effectuées, et qu'il n'établit pas avoir satisfait à son obligation de résultat de livrer un ouvrage achevé exempt de vices en rapportant la preuve de la réalisation des travaux d'achèvement demandés, l'entrepreneur principal peut valablement lui réclamer le remboursement des frais exposés pour l'achèvement de l'ouvrage. • Versailles, 14 janv. 1999 : *préc. note 18.* ♦ Dès lors que les produits fabriqués par le sous-traitant se sont révélés défectueux, celui-ci ne saurait invoquer un manquement de l'entrepreneur principal à son obligation de contrôle pour échapper au remboursement des frais de réparations que ce dernier avait engagés. • Com. 25 juin 2002, n° 99-20.689 : *RJDA 2002, n° 1139.* ♦ Une cour d'appel ne saurait limiter le recours de l'entrepreneur principal à l'encontre de son sous-traitant en se basant sur le fait que le sous-traité ne porte, en pourcentage de coût, que sur 65 % des travaux prévus par le marché principal. • Civ. 3e, 10 déc. 2003, n° 02-14.320

P : *JCP E 2004, n° 7, p. 253 ; Defrénois 2005. 58, obs. Périnet-Marquet ; Gaz. Pal. 2004. Somm. 3356, obs. Peisse.* ♦ Mais l'entrepreneur principal est tenu de rembourser le sous-traitant dès lors que ce dernier a dû faire face à des dépenses imprévues du fait du comportement de l'entrepreneur principal. • Poitiers, 8 févr. 2005 : *JCP 2005. IV. 3262.* – Comp., en matière de garde du chantier : • Paris, 1er oct. 2004 : *RDI 2005. 48, obs. Boubli* .

Condamné à réparer le préjudice subi par l'entrepreneur principal à la suite des désordres survenus sur les travaux sous-traités, le sous-traitant était en droit d'obtenir la restitution par cet entrepreneur des sommes réellement déboursées, sans que soit prise en compte la valeur de l'ouvrage. • Civ. 3e, 13 sept. 2006, n° 05-11.533 P : *D. 2006. IR 2277* ; *RDI 2007. 420, obs. Boubli et Périnet-Marquet* ; *JCP 2006. II. 10198, note Traullé ; RJDA 2007, n° 43 ; Constr.-Urb. 2006, n° 214, obs. Sizaire.* ♦ Dans le cas où le sous-traité annulé a été exécuté, l'indemnisation du sous-traitant est faite sur la base du coût réel des travaux réalisés sans que soit prise en compte la valeur de l'ouvrage. • Civ. 3e, 25 juin 2013, n° 09-16.553 : *RDI 2014. 37, obs. Périnet-Marquet* .

24. Prescription. Le sous-traitant est tenu vis-à-vis de l'entrepreneur principal d'une obligation de résultat soumise à la prescription de droit commun. • Civ. 3e, 13 juin 1990, n° 88-17.234 P : *D. 1992. Somm. 119, obs. Bénabent* ; *JCP 1991. II. 21715, note Bloch.* ♦ Pour un entrepreneur agissant en garantie contre un sous-traitant, le délai de prescription ne peut courir que du jour où lui-même a été assigné par le maître de l'ouvrage. • Civ. 3e, 29 janv. 1992, n° 90-15.099 P : *D. 1994. Somm. 153, obs. Bénabent* . ♦ L'action en garantie exercée par l'entrepreneur principal à l'encontre de son sous-traitant n'est pas enfermée dans le délai de dix ans à compter de la réception à laquelle il est étranger. • Civ. 3e, 26 avr. 2006, n° 05-13.254 P : *JCP E 2006, n° 22, p. 973 ; LPA 7 févr. 2007, note Zavaro ; RJDA 2007, n° 42 ; RDI 2006. 272, obs. Leguay* ; *Gaz. Pal. 2007. 3376, obs. Peisse.* ♦ L'action récursoire de l'entrepreneur principal envers le sous-traitant en raison des désordres de nature décennale est soumise au délai de prescription de dix ans ; l'action engagée par le maître de *l'ouvrage avant* l'expiration du délai décennal n'a pas pour effet de rendre recevable l'action récursoire de l'entrepreneur principal exercée hors de ce délai. • Paris, 1er déc. 2006 : *JCP 2007. IV. 1112.*

25. Action contre le sous-traitant de second rang. Sur l'absence de lien contractuel entre l'entrepreneur principal et le sous-traitant de son sous-traitant, V. • Civ. 3e, 13 déc. 1989, n° 88-17.661 P : *D. 1991. 25, note Kullmann* ; *JCP 1990. II. 21554, note Bouilloux-Lafont.* ♦ V. aussi : • TA Melun, 22 févr. 2005 : *RDI 2006. 238, obs. Moderne* .

B. À L'ÉGARD DU MAÎTRE DE L'OUVRAGE

26. Nature de l'action. BIBL. Jamin, *D. 1991. Chron. 263* . – Jourdain, *D. 1992. Chron. 149* . – Larroumet, *JCP 1991. I. 3531.* – Laronde-Clérac, *CCC 2003. Chron. 6.* ♦ Le sous-traitant n'étant pas contractuellement lié au maître de l'ouvrage, viole l'art. 1165 [1199] C. civ. l'arrêt qui retient que le maître de l'ouvrage ne dispose contre le sous-traitant que d'une action nécessairement contractuelle dans la limite de ses droits et de l'engagement du débiteur substitué. • Cass., ass. plén., 12 juill. 1991, n° 90-13.602 P : *D. 1991. 549, note Ghestin* ; *JCP 1991. II. 21743, note Viney ; Defrénois 1991. 1301, note Aubert* • Civ. 3e, 22 juin 1988, n° 86-16.263 P : *JCP 1988. II. 21225, note Jourdain* • 28 mars 1990, n° 88-15.197 : *D. 1991. 25, note Kullmann* • 18 nov. 1992, n° 91-10.190 P : *JCP 1993. IV. 240* • 22 mai 1997, n° 95-18.676 : *Gaz. Pal. 18-19 août 1999, Somm., p. 17, obs. Peisse* • 10 janv. 2001, n° 99-13.897 P : *JCP 2001. IV. 1378* • Civ. 1re, 7 juill. 1992, n° 91-10.162 P : *D. 1994. Somm. 153, obs. Bénabent* • 23 juin 1992, n° 91-11.091 P • Com. 4 mai 1993, n° 91-18.670 P. – *Contra* : • Civ. 1re, 8 mars 1988, n° 85-12.609 P : *JCP 1988. II. 21007, note Jourdain* • Com. 17 févr. 1987, n° 84-17.659 P : *D. 1987. 543, note Jourdain ; JCP 1987. II. 20892, note Dubois.* ♦ Le maître de l'ouvrage qui n'est pas lié par un contrat de louage d'ouvrage avec le sous-traitant ne dispose contre celui-ci que d'une action en responsabilité délictuelle pour faute prouvée. • Civ. 3e, 10 janv. 2001, n° 99-11.374 P : *RDI 2001. 166, obs. Périnet-Marquet* . ♦ La responsabilité du sous-traitant est engagée envers le maître de l'ouvrage, non sur le fondement des art. 1792 s. C. civ., mais sur celui de la responsabilité quasi délictuelle. • Civ. 3e, 17 nov. 2004, n° 03-15.495 : *Administrer 5/2006. 35, obs. Fouret.* ♦ Le maître de l'ouvrage ne dispose contre le sous-traitant que d'une action de nature quasi délictuelle. • Com. 13 oct. 2009, n° 08-19.343 : *JCP E 2010, n° 1526, note Cayol ; RDC 2010. 585, note Deshayes.*

L'action qu'exerce le maître de l'ouvrage à l'encontre du sous-traitant d'un constructeur n'est pas l'*action oblique*, puisque ce constructeur ne pourrait tout au plus exercer à l'encontre de ses sous-traitants qu'une action en garantie, secondaire et subsidiaire par rapport à l'action principale qu'exerce le maître de l'ouvrage à son encontre, directement subordonnée à celle-ci et qui n'a pas pour objet de sauvegarder ce droit faisant partie de son patrimoine. • Versailles, 25 mars 1994 : *RDI 1994. 661, obs. Malinvaud et Boubli* . ♦ Sur l'action propre quasi délictuelle d'un *architecte contre le sous-traitant* pour défaut de conformité des produits livrés, V. • Civ. 3e, 9 janv. 1991, n° 89-15.780 P : *JCP 1991. IV. 83.* ♦ L'action en réparation d'une commune contre le sous-traitant, à raison de la non-conformité du véhicule dont elle a passé commande, ne constitue pas un litige relatif à un travail public et le sous-traitant n'étant pas lié par contrat à la commune il n'appartient pas à la juridiction administrative de statuer sur l'action en responsabilité quasi délictuelle engagée par la commune, le litige relevant de la compétence de la juridiction judiciaire. • T. confl. 17 déc. 2012, n° 3885 : *BRDA 2012, n° 24, p. 6.*

27. Inopposabilité des limitations de responsabilité. Si le maître de l'ouvrage qui agit contre le sous-traitant exerce l'action que le vendeur intermédiaire lui a transmise avec la propriété de la chose livrée, le sous-traitant qui n'est pas lié contractuellement au maître de l'ouvrage ne peut invoquer les limitations éventuellement prévues dans le contrat principal passé entre le maître de l'ouvrage et le vendeur intermédiaire. • Com. 22 mai 2002, n° 99-11.113 P : *D. 2002. Somm. 2843, obs. Delebecque ; RTD civ. 2003. 94, obs. Jourdain ; Gaz. Pal. 2003. 1. Somm. 554, obs. Peisse.*

28. Prescription. Le sous-traitant n'étant pas contractuellement lié au maître de l'ouvrage, le délai de prescription de l'action en responsabilité du maître de l'ouvrage contre le sous-traitant court, conformément à l'art. 2270-1 [2226 nouv.] C. civ., à compter de la manifestation du dommage ou de son aggravation, et non à compter de la réception de l'ouvrage. • Montpellier, 9 déc. 2003 : *BICC 2004, n° 249.*

29. Responsabilité du fournisseur du sous-traitant. Dès lors que le sous-traitant engage sa responsabilité vis-à-vis du maître de l'ouvrage sur le fondement délictuel, le fournisseur de ce sous-traitant doit, à l'égard du maître de l'ouvrage, répondre de ses actes sur le même fondement. • Civ. 3e, 28 nov. 2001, n° 00-13.559 P : *D. 2002. 1442, note Karila ; JCP 2002. II. 10037, note Mainguy ; Defrénois 2002. 255, obs. Libchaber* • 26 nov. 2014, n° 13-22.067 P : *RDI 2015. 78, obs. Périnet-Marquet ; RJDA 2015, n° 271 ; Gaz. Pal. 2015. 388, obs. Gerry-Vernières. – Contra* : • Cass., ass. plén., 7 févr. 1986, n° 84-15.189 P : *D. 1986. Jur. 293, note Bénabent ; JCP 1986. II. 20616, note Malinvaud.* ♦ V. également, retenant que le maître de l'ouvrage dispose contre le fournisseur de matériaux d'une action contractuelle, celui-ci pouvant alors lui opposer la prescription décennale applicable entre commerçants ou entre commerçant et non commerçant dont le délai a commencé à courir à compter de la livraison des matériaux à l'entrepreneur : • Civ. 3e, 26 juin 2002, n° 00-12.023 P : *CCC 2002, n° 173, obs. Leveneur ; RJDA 2002, n° 125 ; RTD civ. 2003. 103, obs. Jourdain* • 12 déc. 2001, n° 00-14.671 : *RTD civ. 2002. 303, obs. Jourdain .* ♦ Comp. • Paris, 10 janv. 2002 : *JCP 2002. I. 186, n° 1, obs. Viney.*

30. Responsabilité in solidum. Un sous-traitant ne peut être condamné *in solidum* avec d'autres locateurs d'ouvrage que si les travaux relevant des lots dont il était titulaire ont indissociablement concouru, avec ceux ressortissant aux autres lots, à la création de l'entier dommage. • Civ. 3e, 23 sept. 2009, n° 07-21.634 P : *RDI 2010. 548, obs. Périnet-Marquet .*

III. RESPONSABILITÉ DE L'ENTREPRENEUR PRINCIPAL

31. Responsabilité à l'égard du maître de l'ouvrage. Les fautes d'exécution du sous-traitant engagent la responsabilité de l'entrepreneur principal envers le maître de l'ouvrage. • Civ. 3e, 13 mars 1991, n° 89-13.833 P : *D. 1992. Somm. 118, obs. Bénabent .* ♦ L'entrepreneur principal est responsable à l'égard du maître de l'ouvrage ou des propriétaires successifs de l'ouvrage des fautes de ses sous-traitants à l'origine des désordres. • Civ. 3e, 12 juin 2013, n° 11-12.283 : *RJDA 2013, n° 1008.* ♦ La démonstration d'une faute du sous-traitant suffit à entraîner la responsabilité de l'entrepreneur principal sans que la faute personnelle de ce dernier n'ait à être démontrée. • Civ. 3e, 23 juin 1999, n° 97-16.176 P : *Defrénois 1999. 1135, obs. Périnet-Marquet* • 11 mai 2006, n° 04-20.426 P : *JCP E 2006, n° 24, p. 1067 ; RJDA 2006, n° 1019 ; RDI 2006. 312, obs. Malinvaud ; Gaz. Pal. 2007. 3376, obs. Peisse ; Constr.-Urb. 2006, n° 170, obs. Pagès-de Varenne.*

32. Responsabilité à l'égard des tiers. Ayant retenu que la société entrepreneur principal n'avait pas veillé au respect par son sous-traitant des instructions qui lui avaient été données quant à la qualité des soudures à réaliser, une cour d'appel a pu en déduire que les sociétés clientes du maître de l'ouvrage étaient fondées à invoquer l'exécution défectueuse par l'entrepreneur principal de son contrat. • Civ. 3e, 27 mars 2008, n° 07-10.473 P : *D. 2008. AJ 1052, obs. Delpech ; RDI 2008. 239, obs. Noguellou ; JCP E 2008, n° 19, p. 32 ; RJDA 2008, n° 1022 ; Defrénois 2009. 81, obs. Périnet-Marquet ; Constr.-Urb. 2008, n° 81, obs. Pagès-de Varenne.* ♦ L'entrepreneur principal n'est pas responsable envers les tiers des dommages causés par son sous-traitant dont il n'est pas le commettant. • Civ. 3e, 22 sept. 2010, n° 09-11.007 P : *D. 2010. Actu. 2227, obs. Delpech ; RDI 2010. 604, obs. Périnet-Marquet ; JCP E 2010, n° 1897 ; CCC 2010, n° 267, obs. Leveneur ; Constr.-Urb. 2010, n° 144, obs. Pagès-de Varenne.* ♦ Sur la responsabilité encourue par l'entrepreneur principal en raison de dommages causés par le sous-traitant à des tiers, V. aussi • Civ. 3e, 17 mars 1999, n° 97-15.403 P : *JCP 2000. II. 10427, note Lasbordes* • 8 sept. 2009, n° 08-12.273 P : *D. 2010. 239, note Dissaux ; JCP E 2009, n° 41, p. 33 ; Gaz. Pal. 2009. 3788, note Cartier ; RJDA 2009, n° 1080 ; Constr.-Urb. 2009, n° 131, obs. Pagès-de Varenne.* ♦ L'entrepreneur principal ne peut exercer de recours subrogatoire contre les sous-traitants que pour la fraction de la dette dont il ne doit pas assumer la charge définitive ; et il lui incombe d'établir la faute contractuelle éventuelle de ses sous-traitants. • Civ. 3e, 26 avr. 2006, n° 05-10.100 P : *préc. note 18.*

Code civil

Art. 1792-4-2 *(Ord. n° 2005-658 du 8 juin 2005, art. 2 ; L. n° 2008-561 du 17 juin 2008, art. 1er-I)* Les actions en responsabilité dirigées contre un sous-traitant en raison de dommages affectant un ouvrage ou des éléments d'équipement d'un ouvrage mentionnés aux articles 1792 et 1792-2 se prescrivent par dix ans à compter de la réception des travaux et, pour les dommages affectant ceux des éléments d'équipement de l'ouvrage mentionnés à l'article 1792-3, par deux ans à compter de cette même réception. – *Ancien art. 2270– 2 C. civ.*

BIBL. ▶ KARILA, *D. 2005. Chron. 2236*. – MALINVAUD, *RDI 2005. 237*. – BERTOLASO et MENARD, *Constr.-Urb. 2006. Étude 20* (le sort du sous-traitant après l'Ord. du 8 juin 2005). – GAVIN-MILLAN-OOSTERLYNCK, *RDI 2006. 259*. – CHARBONNEAU, *Constr.-Urb. 2008. Étude 8* (synthèse du régime des actions en responsabilité contre les sous-traitants participant à la construction d'un ouvrage). – MARAIS, *RDI 2009. 361* (application dans le temps de l'art. 2270-2 devenu 1792-4-2 C. civ.). – CHARBONNEAU, *RDI 2020. 120* (de l'interprétation stricte du champ d'application des art. 1792-4-2 et 1792-4-3 C. civ.). – POUMARÈDE, *RDI 2022. 141* (des prescriptions à la forclusion des actions décennales du maître de l'ouvrage en réparation des dommages).

Application dans le temps. Si l'ordonnance du 8 juin 2005, prise en son art. 2, est d'application immédiate pour les contrats conclus antérieurement, cette application immédiate ne peut avoir pour effet, sauf à violer le principe de non-rétroactivité des lois, d'appliquer une prescription, acquise en vertu des nouveaux principes, au litige en cours. • Civ. 3e, 8 sept. 2010, n° 09-67.434 P : *RDI 2010. 548, obs. Périnet-Marquet ; JCP E 2010, n° 1873 ; RJDA 2011, n° 36 ; Constr.-Urb. 2010, n° 143, et Repère 10, par Pagès-de Varenne.* ♦ Dès lors qu'il est constaté que la réception des travaux était intervenue antérieurement à l'entrée en vigueur des dispositions de l'Ord. du 8 juin 2005, il en résulte que le délai de prescription de l'action de l'entrepreneur principal contre le sous-traitant ne peut commencer à courir à compter de cette réception, et que seul le régime de prescription prévu par les dispositions de l'art. L. 110-4 C. com. est applicable. • Civ. 3e, 24 sept. 2013, n° 12-15.856 : *RDI 2014. 41, obs. Périnet-Marquet.*

Art. 1792-4-3 *(L. n° 2008-561 du 17 juin 2008, art. 1er-II)* En dehors des actions régies par les articles 1792-3, 1792-4-1 et 1792-4-2, les actions en responsabilité dirigées contre les constructeurs désignés aux articles 1792 et 1792-1 et leurs sous-traitants se prescrivent par dix ans à compter de la réception des travaux.

BIBL. ▶ MALINVAUD, *RDI 2008. 368* (prescription et responsabilité des constructeurs après la réforme du 17 juin 2008).

Obligation de réception. L'art. 1792-4-3 ne saurait recevoir application lorsque aucune réception de l'ouvrage n'est intervenue. • Civ. 3e, 19 mars 2020, n° 19-13.459 P : *D. 2020. Actu. 710 ; RJDA 2020, n° 405.*

TITRE II Du paiement direct

Art. 4 *(Ord. n° 2018-1074 du 26 nov. 2018, art. 12)* **Le présent titre s'applique aux marchés passés par les entreprises publiques qui ne sont pas des acheteurs soumis au code de la commande publique.**

Sur l'entrée en vigueur des dispositions issues de l'Ord. n° 2018-1074 du 26 nov. 2018, V. art. 20 de ladite ordonnance.

V. CCP, art. L. 2193-1 s. – **CCP.**

BIBL. ▶ GOHON, *RDI 1996. 139*. – ABATUCCI, *Dr. adm. 1999. Chron. 11* (sous-traitance dans les marchés publics). – OLIVIER, *Contrats et marchés publics 2001, Chron. 2* (paiement direct du sous-traitant). – CARO, *Gaz. Pal. 2007. 310* (le nouveau code des marchés publics et le paiement direct du sous-traitant). – ROULET, *ibid. 313* (même thème). – POURCEL, *Constr.-Urb. 2009. Étude 11* (à propos du droit à sous-traiter dans les marchés publics). – CARO, *Gaz. Pal. 2012. 1317* (substitution du sous-traitant en cours d'exécution du marché public). – DIDRICHE, *AJCT*

2013. 178 (sous-traitance dans les marchés publics). – Simonnet, *Dr. adm. 2013. Étude 13* (action du maître d'ouvrage public à l'encontre du sous-traitant participant à une opération de travaux publics). – Palmier, *AJDA 2015. 2358* (sur la nature juridique de l'acte spécial de sous-traitance). – Schmaltz, *AJDA 2016. 1669* (limiter la sous-traitance dans les marchés publics des personnes privées).

1. Domaine : entreprise publique. Sur la notion d'entreprise publique, V. • Com. 5 févr. 1991, n° 89-12.141 P : *Rev. sociétés 1991. 741, note Debène* • 27 févr. 1990, n° 88-12.345 P • 12 janv. 1988, n° 85-12.556 P. – Comp. : • Civ. 3e, 21 févr. 1984, n° 82-16.715 P • 2 oct. 2002, n° 00-12.271 P : *RDI 2003. 63, obs. Périnet-Marquet* ; *RJDA 2003, n° 135* • Paris, 30 mai 2002 : *RDI 2003. 63, obs. Périnet-Marquet* • CE 19 nov. 2004, n° 231103 : *cité note 2 ss. art. 9.*

2. Stipulation conventionnelle. Aucune disposition ne prohibe une stipulation conventionnelle qui permette au sous-traitant ayant conclu un contrat n'entrant pas dans le champ d'application du titre II d'être payé de ses travaux directement par le maître de l'ouvrage. • Civ. 3e, 3 févr. 1988, n° 86-16.010 P. ♦ La stipulation d'une clause de paiement direct dans un contrat de sous-traitance, lorsque le maître de l'ouvrage n'appartient pas à l'une des catégories définies par l'art. 4, n'a pas pour effet de soumettre la convention au titre II de la loi et, partant, de priver le sous-traitant de l'exercice de l'action directe prévue au titre III. • Com. 15 oct. 1996, n° 94-11.897 P : *D. 1996. IR 252* ; *Gaz. Pal. 20-22 déc. 1998, p. 19, obs. Peisse.*

3. Paiement direct. BIBL. Téboul, *JCP E 1989. II. 15588* (aspects de droits administratifs). ♦ Sur le paiement direct du sous-traitant pour les travaux supplémentaires qu'il a exécutés et qui étaient indispensables à la réalisation de l'ouvrage et pour les dépenses résultant des sujétions imprévues qui ont bouleversé l'économie générale du marché, V. • CE 24 juin 2002, n° 240271 : *RJDA 2002, n° 1141* • 3 mars 2010, n° 304604 : *AJDA 2010. 1532, note Aubert* ; *JCP E 2010, n° 1511, note Linditch* ; *RJDA 2010, n° 506.* ♦ ... Y compris lorsque le marché principal a été conclu à prix forfaitaire. • CE 1er juill. 2015, n° 383613 : *AJDA 2015. 1343* ; *RJDA 2016, n° 24.*

4. Compétence juridictionnelle. Les litiges relatifs au paiement direct au sous-traitant par le maître de l'ouvrage du prix des travaux concernant l'exécution d'un marché public relèvent de la compétence administrative. En revanche, il n'appartient qu'à la juridiction judiciaire de connaître de l'action dirigée par un sous-traitant contre l'entreprise titulaire du marché, dès lors que cette action est fondée sur le contrat de sous-traitance, lequel présente le caractère d'un contrat de droit privé, bien qu'il soit relatif à l'exécution de travaux publics. • T. confl. 2 juin 2008, n° 3642 P : *AJDA 2008. 2448, note Eveillard* ; *RJDA 2008, n° 908.*

Les litiges auxquels peuvent donner lieu les contrats de sous-traitance relèvent des juridictions judiciaires s'agissant des conflits s'élevant entre le sous-traitant et l'entrepreneur principal ayant la qualité de personnes privées. • CE 20 oct. 1982 : *Dr. adm. 1982, n° 425* • T. confl. 26 sept. 2005, n° 3460 P. ♦ La juridiction judiciaire est seule compétente pour connaître de l'action en responsabilité quasi-délictuelle du maître de l'ouvrage contre le sous-traitant d'un marché de travaux publics. • T. confl. 18 juin 2007, n° 3515 P : *AJDA 2007. 2125, note Boucher et Bourgeois-Machureau*. ♦ L'action en paiement directe introduite par le sous-traitant à l'encontre du maître de l'ouvrage, SA d'économie mixte, qui l'a acceptée, relève de la compétence de la juridiction judiciaire. • T. confl. 20 juin 2005, n° 3440 P : *RFDA 2005. 1055* ; *JCP E 2005, n° 37, p. 1476* ; *RJDA 2006, n° 27.* ♦ Sur la compétence des juridictions administratives pour déterminer l'étendue des droits du sous-traitant au paiement direct d'un marché de travaux publics, V. • CE 17 mars 1982, n° 23440 : *AJDA 1982. 727.* ♦ ... Pour l'exercice de l'action directe, V. • Versailles, 6 juin 1984 : *Gaz. Pal. 1985. 2. Somm. 319.*

Art. 5 **Sans préjudice de l'acceptation prévue à l'article 3, l'entrepreneur principal doit, lors de la soumission, indiquer au maître de l'ouvrage la nature et le montant de chacune des prestations qu'il envisage de sous-traiter,** *(L. n° 2001-1168 du 11 déc. 2001)* **« ainsi que les sous-traitants auxquels il envisage de faire appel.**

« En cours d'exécution du marché, l'entrepreneur principal peut faire appel à de nouveaux sous-traitants, à la condition de les avoir déclarés préalablement au maître de l'ouvrage. »

1. Absence d'identification du sous-traitant. L'absence de mention du nom ou de la dénomination sociale du sous-traitant, lors de la soumission de l'offre, ne constitue pas une irrégularité substantielle de nature à entraîner la nullité du marché conclu. • TA Nice, 4 mars 2005 : *AJDA 2005. 1253*.

2. Dépassement du montant sous-traité. Il incombe au maître d'ouvrage, lorsqu'il a connaissance de l'exécution, par le sous-traitant, de prestations excédant celles prévues par l'acte spécial et conduisant au dépassement du montant maximum des sommes à lui verser par paiement direct, de mettre en demeure le titulaire du marché ou le sous-traitant de prendre toute mesure utile pour mettre fin à cette situation ou pour la régulariser, à charge pour le titulaire du marché, le cas échéant, de solliciter la modification de l'exemplaire unique ou du certificat de cessibilité et celle de l'acte spécial afin de tenir compte d'une nouvelle répartition des prestations avec le sous-traitant. • CE 2 déc. 2019, n° 422307 : *AJCT 2020. 361, obs. Hul* ; *RJDA 2020, n° 495.*

Art. 6 **Le sous-traitant** *(L. nº 2001-1168 du 11 déc. 2001)* **« direct du titulaire du marché » qui a été accepté et dont les conditions de paiement ont été agréées par le maître de l'ouvrage, est payé directement par lui pour la part du marché dont il assure l'exécution.**

Toutefois les dispositions de l'alinéa précédent ne s'appliquent pas lorsque le montant du contrat de sous-traitance est inférieur à un seuil qui, pour l'ensemble des marchés prévus au présent titre, est fixé à *(Ord. nº 2000-916 du 19 sept. 2000)* **« 600 € » ; ce seuil peut être relevé par décret en Conseil d'État en fonction des variations des circonstances économiques. En deçà de ce seuil, les dispositions du titre III de la présente loi sont applicables.**

(Abrogé par Ord. nº 2018-1074 du 26 nov. 2018, art. 12) ***« En ce qui concerne les marchés industriels passés par le ministère de la défense, un seuil différent peut être fixé par décret en Conseil d'État. »***

Ce paiement est obligatoire même si l'entrepreneur principal est en état de liquidation des biens *[liquidation judiciaire]*, **de règlement judiciaire** *[sauvegarde ou redressement judiciaire]* ***ou de suspension provisoire des poursuites.***

(L. nº 2001-1168 du 11 déc. 2001) **« Le sous-traitant qui confie à un autre sous-traitant l'exécution d'une partie du marché dont il est chargé est tenu de lui délivrer une caution ou une délégation de paiement dans les conditions définies à l'article 14. »**

V. NDLR ss. art. 4.

1. Agrément du sous-traitant. Le maître de l'ouvrage n'a pas l'obligation d'informer le sous-traitant de son acceptation et de l'agrément des conditions de paiement. • Civ. 3e, 7 mai 1997, n° 95-16.239 P : *D. 1997. IR 145* ; *Gaz. Pal. 18-19 août 1999, Somm., p. 20, obs. Peisse.* ♦ Le juge administratif, statuant en application des dispositions de l'art. L. 521-1 CJA (référé-suspension) ne saurait faire droit à la demande présentée par l'entreprise principale à l'effet d'obtenir la suspension de la décision par laquelle une société d'économie mixte, maître de l'ouvrage délégué, a refusé d'accepter une entreprise en qualité de sous-traitant. • CE 4 déc. 2002, n° 244134 : *RJDA 2003, n° 257.* ♦ Lorsque, comme il en a la faculté, l'entrepreneur principal ne présente un sous-traitant au maître de l'ouvrage, en vue de son agrément, qu'en cours d'exécution du marché, le sous-traitant n'est en droit de prétendre au paiement direct que pour les seules prestations exécutées postérieurement à cet agrément. • CAA Versailles, 2 mai 2007 : *RDI 2007. 427, obs. Dreyfus* ; *LPA 4 déc. 2007, note Gérard.* ♦ Le sous-traitant n'est en droit de prétendre au paiement direct par le maître de l'ouvrage, sur le fondement des art. 5 et 6 de la L. du 31 déc. 1975, que des *travaux exécutés* postérieurement à la date à compter de laquelle le contrat de sous-traitance desdits travaux a été agréé par le maître de l'ouvrage. • CAA Lyon, 22 sept. 2011 : *cité note 3 ss. art. 11.* ♦ Dans l'hypothèse où le contrat de sous-traitance est résilié, le droit établi par la loi au profit du sous-traitant s'applique à tous les travaux qui ont été réalisés avant la résiliation ; dès lors, le sous-traitant a également droit au paiement direct pour les travaux supplémentaires qu'il a exécutés et qui ont été indispensables à la réalisation de l'ouvrage, ainsi que pour les dépenses résultant pour lui de sujétions imprévues qui ont bouleversé l'économie générale du marché, dans les mêmes conditions que pour les travaux dont la sous-traitance a été expressément mentionnée dans le marché ou dans l'acte spécial signé par l'entrepreneur principal et par le maître de l'ouvrage. • CAA Bordeaux, 2 avr. 2013 : *cité note 3 ss. art. 8.*

Une entreprise qui exécute des prestations relevant de simples fournitures et non d'un contrat d'entreprise ne bénéficie pas du droit au paiement direct, même si elle a été agréée en tant que sous-traitant par le maître de l'ouvrage qui a accepté ses conditions de paiement. • CE 26 sept. 2007, n° 255993 : *AJDA 2007. 2384, note Gérard* ; *RFDA 2008. 277, concl. Boulouis, note Moderne* ; *JCP E 2007, n° 48, p. 39* ; *RJDA 2008, n° 37.*

2. Effets du paiement direct. L'institution dans les marchés publics d'un paiement direct du sous-traitant par le maître de l'ouvrage ne fait pas disparaître le contrat de sous-traitance et laisse au sous-traitant la faculté d'agir en paiement contre l'entrepreneur principal ou de solliciter la fixation de sa créance, sans être contraint d'épuiser auparavant les voies de recours contre le maître de l'ouvrage. • Civ. 3e, 3 déc. 2008, n° 07-19.997 P : *D. 2008. AJ 3083, obs. Delpech* ; *RDI 2009. 355, obs. Périnet-Marquet* ; *JCP E 2009, n° 4, p. 34* ; *Dr. et patr. 3/2009. 112, obs. Mallet-Bricout* ; *Constr.-Urb. 2009, n° 10, obs. Sizaire.* ♦ L'institution d'un paiement direct du sous-traitant par le maître de l'ouvrage n'a pas pour effet de décharger l'entrepreneur principal de son obligation contractuelle au paiement des travaux réalisés. • Civ. 3e, 10 mai 1991, n° 89-16.430 P : *D. 1992. Somm. 115, obs. Bénabent* . ♦ Le droit au paiement direct du sous-traitant agréé fait obstacle à ce que le titulaire du marché obtienne le paiement intégral de toutes les prestations effectuées en exécution du marché. • CE 21 févr. 2003, n° 230872 : *JCP E 2003, n° 38, p. 1484, obs. Guibal.* ♦ L'obligation de payer les prestations réalisées par un sous-traitant accepté et dont les conditions de paiement ont été agréées incombe au maître d'ouvrage. En cas de désaccord sur les sommes dues, le sous-traitant peut engager, devant le juge administratif si le contrat principal est administratif, une action en paiement direct, dont l'objet n'est pas de poursuivre sa responsabilité quasi-délictuelle, mais d'obtenir le paiement des sommes qu'il estime lui être dues. • CE 18 sept. 2019, n° 425716 : *AJ contrat 2019. 496, obs. Dreyfus* ; *RJDA 2020, n° 17.* ♦ Dans le cas où le maître d'ouvrage a confié à un mandataire l'exercice de certaines attributions en son nom et pour son compte, le juge, saisi d'une action en paiement direct par un sous-traitant, peut mettre à la charge du mandataire le versement des sommes éventuellement dues si et dans la mesure où il résulte de l'instruction devant lui que ce versement est au nombre des missions qui incombent au mandataire en vertu du contrat qu'il a conclu avec le maître d'ouvrage. • Même arrêt.

Dans l'hypothèse d'une rémunération directe du sous-traitant par le maître d'ouvrage, ce dernier peut contrôler l'exécution effective des travaux sous-traités et le montant de la créance du sous-traitant ; en jugeant que le maître d'ouvrage pouvait, au titre de ce contrôle, s'assurer que la consistance des travaux réalisés par le sous-traitant correspondait à ce qui était prévu par le marché, les juges n'ont pas commis d'erreur de droit. • CE 9 juin 2017, n° 396358 : *AJDA 2017. 1197, obs. Biget* ; *RJDA 2018, n° 24.*

3. Recevabilité de la demande. La procédure de paiement direct ne faisant pas disparaître le contrat de sous-traitance et laissant au sous-traitant la faculté d'agir contre l'entrepreneur principal, sans être contraint d'épuiser auparavant les voies de recours contre le maître de l'ouvrage, est recevable la demande d'un sous-traitant qui, admis au bénéfice du paiement direct et ayant reçu des acomptes du maître de l'ouvrage, assigne l'entrepreneur principal en paiement du solde du marché. • Civ. 3e, 15 janv. 1992, n° 90-11.356 P : *D. 1994. Somm. 150, obs. Bénabent* . ♦ Pour obtenir le paiement direct par le maître d'ouvrage de tout ou partie des prestations qu'il a exécutées dans le cadre de son contrat de sous-traitance, le sous-traitant régulièrement agréé doit adresser en temps utile sa demande de paiement direct à l'entrepreneur principal, titulaire du marché. Une demande adressée après la notification du décompte général du marché au titulaire de celui-ci ne peut être regardée comme ayant été adressée en temps utile. • CE 2 déc. 2019, n° 425204 : *AJDA 2019. 2468* ; *RJDA 2020, n° 367.*

4. Non-respect des formalités. Le non-respect des formalités édictées par les art. R. 123-237 et R. 123-238, bien que constitutif d'une infraction pénale, n'emportant pas nécessairement la nullité de l'acte, la cour d'appel a retenu à bon droit que l'absence de mentions prescrites sur la lettre de mise en demeure de libérer les lieux loués n'en affectait pas la validité dès lors que la société locataire avait identifié que la lettre lui avait été adressée par la société bailleresse ou son gérant. • Civ. 3e, 17 sept. 2020, n° 19-13.242 P.

5. Clause de délégation. Dès lors qu'un contrat de sous-traitance stipule que l'entrepreneur principal est dégagé de toute obligation de paiement vis-à-vis du sous-traitant à concurrence des sommes dont le paiement direct par le maître de l'ouvrage est prévu, la demande en paiement dirigée par le sous-traitant contre l'entrepreneur principal doit être rejetée puisque la clause constitue une délégation parfaite par laquelle le créancier a expressément déchargé son débiteur, que cette délégation a été acceptée par le maître de l'ouvrage et qu'elle était exclusive de toute action en paiement contre l'entrepreneur principal. • Civ. 3e, 15 déc. 1993, n° 92-10.689 P : *D. 1994. Somm. 150, obs. Bénabent* .

6. Absence de dette de l'entrepreneur principal. La demande de paiement direct doit être rejetée, dès lors qu'à la date de la réception de la copie de la mise en demeure adressée à l'entrepreneur principal, le maître de l'ouvrage n'était plus redevable d'aucune somme envers cet entrepreneur. • Civ. 3e, 7 mai 1997, n° 95-16.239 P : *préc. note 1.*

7. Portée du paiement direct en cas de cession de la créance du sous-traitant. V. note 8 ss. art. L. 313-28 C. mon. fin., v° *Banque et financement de l'entreprise.*

8. Privilège de pluviôse. La revendication du « privilège de pluviôse » par le fournisseur d'une entreprise titulaire d'un marché de travaux publics a un autre objet et un autre fondement que la demande en paiement direct. • CE 3 juin 2005, n° 275061 : *cité note 4 ss. art. 8.*

9. Demande en paiement de l'entrepreneur principal. Lorsqu'un entrepreneur principal saisit le juge du contrat d'une action indemnitaire à l'encontre du maître de l'ouvrage au titre d'un différend dans l'exécution d'un marché public, le sous-traitant ne peut être regardé comme pouvant, dans le cadre de ce litige, se prévaloir d'un droit auquel la décision à rendre est susceptible de préjudicier, y compris lorsque l'entrepreneur principal entendrait demander le paiement de sommes pour des prestations effectuées par ce sous-traitant. • CE 27 mars 2013, n° 360505 : *JCP E 2013, n° 1208* ; *RJDA 2013, n° 613* ; *Dr. adm. 2013, n° 66, obs. Carpi-Petit.*

10. Réduction du droit au paiement. **BIBL.** Haas, *RDI 2018. 147* (le droit au paiement direct et à l'action directe à l'épreuve de la défaillance du sous-traitant dans l'exécution de ses prestations). ♦ Il résulte des dispositions combinées de l'art. 6 de la L. du 31 déc. 1975 et de l'art. 114 C. marchés publics qu'en l'absence de modification des stipulations du contrat de sous-traitance relatives au volume des prestations du marché dont le sous-traitant assure l'exécution ou à leur montant, le maître de l'ouvrage et l'entrepreneur principal ne peuvent, par un acte spécial modificatif, réduire le droit au paiement direct du sous-traitant dans le but de tenir compte des conditions dans lesquelles les prestations sous-traitées ont été exécutées. • CE 27 janv. 2017, n° 397311 : *AJDA 2017. 1500, note Bourdon ; RJDA 2017, n° 330.*

Art. 7 **Toute renonciation au paiement direct est réputée non écrite.**

Renonciation. S'il résulte des art. 6 et 7 de la L. du 31 déc. 1975 que le sous-traitant agréé dispose d'un droit au paiement direct par le maître d'ouvrage, ces art. ne font pas obstacle à ce que le paiement de ce sous-traitant soit directement effectué par le titulaire du marché, éteignant ainsi à due concurrence la créance du sous-traitant sur le maître d'ouvrage. • CE 23 mai 2011, n° 338780 : *RJDA 2012, n° 161.*

Art. 8 **L'entrepreneur principal dispose d'un délai de quinze jours, comptés à partir de la réception des pièces justificatives servant de base au paiement direct, pour les revêtir de son acceptation ou pour signifier au sous-traitant son refus motivé d'acceptation.**

Passé ce délai, l'entrepreneur principal est réputé avoir accepté celles des pièces justificatives ou des parties de pièces justificatives qu'il n'a pas expressément acceptées ou refusées.

Les notifications prévues à l'alinéa 1er sont adressées par lettre recommandée avec accusé de réception.

1. Notification des pièces justificatives. La mise en œuvre de la procédure de paiement direct par le maître de l'ouvrage au sous-traitant oblige le sous-traitant, qu'il ait ou non expressément déchargé l'entrepreneur principal de toute obligation de paiement à concurrence des sommes dont le paiement direct par le maître de l'ouvrage était prévu, à notifier à l'entrepreneur principal les pièces justificatives servant de base à ce paiement. • Civ. 3e, 4 janv. 2006, n° 04-13.943 P : *RDI 2006. 472, obs. Périnet-Marquet ; Gaz. Pal. 2006. 4071, obs. Peisse ; RJDA 2006, n° 529 ; Constr.-Urb. 2006, n° 38, obs. Sizaire.* ♦ La présomption de l'art. 8, al. 2, ne s'applique qu'aux pièces justificatives de l'exécution des prestations sous-traitées et pas à d'autres éléments telles des pénalités de retard. • Civ. 3e, 30 mars 1994, n° 92-16.535 P.

2. Acceptation des pièces justificatives. L'acceptation des pièces justificatives pour le paiement direct n'implique pas, de la part de l'entrepreneur principal, renonciation dans ses rapports avec le sous-traitant à invoquer le bénéfice du contrat qui les lie et, notamment, à se prévaloir de l'inexécution des travaux ou de leur mauvaise exécution. • Versailles, 28 mars 2002 : *RDI 2003. 64, obs. Périnet-Marquet .*

3. Demande du sous-traitant au maître de l'ouvrage. Si les dispositions de l'art. 8 de la L. du 31 déc. 1975 et celles de l'art. 186 *ter* C. marchés permettent au sous-traitant de s'adresser directement au maître d'ouvrage pour obtenir le paiement direct des sommes qui lui sont dues au titre du contrat de sous-traitance, lorsque le titulaire du marché ne s'est pas acquitté de ses obligations dans un délai de quinze jours, elles n'ont ni pour objet, ni pour effet de rendre irrecevable une demande adressée par le sous-traitant au maître d'ouvrage avant l'expiration de ce délai. • CE 31 oct. 1999, n° 189580 : *RJDA 2000, n° 654 ; LPA 12 juill. 2004, obs. Vidal.* ♦ Si l'entrepreneur principal n'a ni opposé un refus motivé à la demande de paiement du sous-traitant dans le délai de quinze jours suivant la réception, ni transmis cette demande au maître de l'ouvrage, le sous-traitant doit lui-même envoyer « en temps utile » sa demande de paiement au maître de l'ouvrage. • CE 10 déc. 2003, n° 248773 : *RJDA 2004, n° 556 ; LPA 12 juill. 2004, obs. Vidal.* ♦ Pour obtenir le paiement direct par le maître d'ouvrage de tout ou partie des prestations qu'il a exécutées dans le cadre de son contrat de sous-traitance, le sous-traitant régulièrement agréé doit adresser en temps utile sa demande de paiement direct à l'entrepreneur principal, titulaire du marché, et au maître d'ouvrage ; une demande adressée avant l'établissement du décompte général et définitif du marché doit être regardée comme effectuée en temps utile. • CE 23 oct. 2017, n° 410235 : *AJDA 2018. 24 .* ♦ L'établissement du décompte général et définitif du marché ne saurait faire obstacle à ce qu'il soit ordonné au maître d'ouvrage de verser à un sous-traitant une provision au titre d'une obligation non sérieusement contestable lui incombant dans le cadre de l'exécution du marché, dès lors que la demande de paiement direct lui est parvenue en temps utile. • Même arrêt. ♦ Pour obtenir le paiement direct par le maître d'ouvrage de tout ou partie des prestations qu'il a exécutées dans le cadre de son contrat de sous-traitance, le sous-traitant régulièrement agréé doit adresser en temps utile sa demande de paiement direct à l'entrepreneur principal, titulaire du marché, et au maître d'ouvrage. Une demande adressée avant l'établissement du décompte général et définitif du marché doit être regardée comme effectuée en temps utile. A l'inverse, une demande effectuée après l'établissement de ce décompte n'est pas effectuée en temps utile et le maître d'ouvrage doit alors être regardé comme libéré de son obligation de paiement direct. • CAA Lyon, 30 août 2018 : *AJDA 2018. 2429*.

Il ressort des dispositions de l'art. 8 de la L. du 31 déc. 1975 et du code des marchés publics que si l'entrepreneur principal dispose d'un délai de quinze jours à compter de la date à laquelle il a été saisi, par le sous-traitant, d'une demande tendant à son paiement direct par le maître d'ouvrage, pour faire connaître son acceptation ou son refus motivé, il doit, faute d'avoir formulé un tel refus dans ce délai, être regardé comme ayant accepté définitivement la demande de paiement ; dès lors, le refus qu'il exprimerait après l'expiration du délai de quinze jours ne saurait constituer le refus motivé, au sens de ces dispositions, sur lequel le maître d'ouvrage peut régulièrement fonder son refus de payer au sous-traitant les sommes demandées. • CE 21 févr. 2011, n° 318364 : *RDI 2011. 274, obs. Braconnier* ; *AJCT 2011. 357, obs. Hul* ; *Gaz. Pal. 2011. 2120, note Caro ; RJDA 2011, n° 534.* ♦ La procédure prévue par les dispositions des art. 8 de la L. du 31 déc. 1975 et 116 C. marchés a pour objet de permettre au titulaire du marché d'exercer un contrôle sur les pièces transmises par le sous-traitant et de s'opposer, le cas échéant, au paiement direct, de telle sorte que sa méconnaissance par le sous-traitant fait obstacle à ce qu'il puisse se prévaloir, auprès du maître d'ouvrage, d'un droit à ce paiement. • CE 19 avr. 2017, n° 396174 : *AJDA 2017. 843, obs. Biget* ; *AJCT 2017. 382, obs. Hul* ; *RJDA 2017, n° 621.* ♦ Le sous-traitant régulièrement agréé qui n'a pas respecté la procédure prévue par les art. 8 de la L. du 31 déc. 1975 et 116 C. marchés ne saurait pour autant être définitivement privé du bénéfice du paiement direct que si le maître d'ouvrage justifie que, faute d'avoir été saisi par lui en temps utile d'une demande de paiement, il a été amené à payer, dans des délais normaux, l'entreprise principale. • CAA Bordeaux, 2 avr. 2013 : *AJDA 2013. 1913, concl. de La Taille*.

4. Contrôle de la créance du sous-traitant. Sur le contrôle de la créance du sous-traitant par le maître de l'ouvrage, V. • CE 28 avr. 2000, n° 181604 : *AJDA 2000. 844, obs. Caro* ; *Coll. terr. 2000, n° 243, obs. Célérier.* ♦ S'il est loisible au maître de l'ouvrage de soumettre au maître d'œuvre les demandes d'acompte et les pièces justificatives présentées par un sous-traitant au titre du paiement direct, aux fins de contrôler le montant de la créance de ce dernier, aucune disposition légale alors en vigueur n'imposait leur transmission au maître d'œuvre par le sous-traitant ou le titulaire du marché à peine d'irrecevabilité de la demande de paiement direct. • CE 3 juin 2005, n° 275061 : *RJDA 2005, n° 1103.*

5. Responsabilité de l'entrepreneur principal. En refusant de transmettre le décompte au maître de l'ouvrage, l'entrepreneur cause un préjudice, dont il doit réparation, au sous-traitant qui ne peut obtenir paiement du maître de l'ouvrage. • Versailles, 31 janv. 1991 : *D. 1992. Somm. 118, obs. Bénabent*. ♦ En revanche, la responsabilité contractuelle de l'entrepreneur principal ne peut être engagée, dès lors que celui-ci a transmis toutes les réclamations de son sous-traitant au maître de l'ouvrage, organisé une réunion avec lui sur les travaux en litige et indiqué par écrit au sous-traitant que les travaux supplémentaires n'étaient pris en compte qu'à la condition d'avoir été commandés par le maître de l'ouvrage. • Civ. 3e, 31 mars 1993, n° 91-12.513 P : *D. 1994. Somm. 150, obs. Bénabent*.

6. Cession de la créance du sous-traitant. Il ne peut pas utilement être reproché à l'entrepreneur d'avoir transmis au maître de l'ouvrage une situation qu'il avait vérifiée dès lors que le sous-traitant bénéficiait du paiement direct sur remise de situations mensuelles présentées à l'entrepreneur principal (à propos d'un entrepreneur informé de la cession de sa créance par le sous-traitant, celle-ci lui ayant été notifiée). • Com. 4 avr. 1995, n° 93-14.348 P : *RJDA 1995, n° 1131.*

7. Refus de paiement du maître de l'ouvrage. L'art. 8 ne crée pas, à la charge de l'entrepreneur principal, une obligation de payer les travaux à la place du maître de l'ouvrage qui s'est refusé à le faire. • Civ. 3e, 31 mars 1993, n° 91-12.513 P : *préc. note 5* • Versailles, 28 mars 2002, n° 91-12.513 P : *préc. note 2.*

Art. 9 **La part du marché pouvant être nantie par l'entrepreneur principal est limitée à celle qu'il effectue personnellement.**

Lorsque l'entrepreneur envisage de sous-traiter une part du marché ayant fait l'objet d'un nantissement, l'acceptation des sous-traitants prévue à l'article 3 de la présente loi est subordonnée à une réduction du nantissement à concurrence de la part que l'entrepreneur se propose de sous-traiter.

1. Réduction du nantissement. Un entrepreneur principal ayant sous-traité une part du marché à un sous-traitant qui a été accepté par le maître de l'ouvrage, mais le nantissement de l'ensemble du marché n'ayant fait l'objet d'aucune réduction en conséquence, il s'ensuit que l'acceptation en qualité de sous-traitant ne pouvait légalement intervenir et que le sous-traitant ne saurait bénéficier de la procédure de paiement direct. • CE 2 juin 1989, n° 656331 : *D. 1990. 229, note crit. Bénabent*.

2. Cession de créance. La limitation de la partde marché pouvant être nantie par l'entrepreneur principal doit être regardée comme concernant également les cessions consenties par celui-ci en application de la L. du 2 janv. 1981 [C. mon. fin., art. L. 313-23 s.]. • CE 19 nov. 2004, n° 231103 : *JCP E 2004, n° 51, p. 1998 ; RJDA 2005, n° 125.* ♦ Si le maître de l'ouvrage (société d'économie mixte) fait valoir que les travaux auxquels se rapportent les créances cédées à la banque par l'entreprise ont été en partie sous-traités par cette dernière, cette circonstance n'est pas de nature à justifier le rejet de la demande en paiement présentée par le cessionnaire, dès lors qu'il n'est pas contesté que les travaux ainsi sous-traités ne sont pas au nombre de ceux pour l'exécution desquels le sous-traitant a été accepté en cette qualité en vertu d'une annexe à l'acte d'engagement du marché et n'ont fait, préalablement à la cession des créances litigieuses, l'objet d'aucune acceptation de la part du maître de l'ouvrage. • Même décision.

L'acceptation du cessionnaire de la créance constitue non pas une condition suspensive au paiement direct du sous-traitant agréé lorsqu'il livre des prestations incluses dans le montant de la créance cédée par le titulaire du marché, mais une condition préalable à l'agrément. • CAA Lyon, 11 mai 2006 : *RFDA 2006. 849*.

Art. 10 **Le présent titre s'applique :**

Aux marchés sur adjudication ou sur appel d'offres dont les avis ou appels sont lancés plus de trois mois après la publication de la présente loi ;

Aux marchés de gré à gré dont la signature est notifiée plus de six mois après cette même publication.

TITRE III De l'action directe

BIBL. ▶ Courtier, *LPA 31 juill. 1996.* – Lisanti-Kalczynski, *JCP 2003. I. 102.* – Laronde-Clérac, *CCC 2003. Chron. 6.* – Valdès, *Administrer 4/2015. 21* (le point de la jurisprudence sur les garanties principales de paiement des sous-traitants dans les marchés privés de travaux).

Art. 11 **Le présent titre s'applique à tous les contrats de sous-traitance qui n'entrent pas dans le champ d'application du titre II.**

(Ord. n° 2018-1074 du 26 nov. 2018, art. 12) **« Le présent titre ne s'applique pas aux marchés publics soumis à la deuxième partie du code de la commande publique à l'exception :**

« 1° Des marchés publics relevant de ses livres Ier à III dont le montant est inférieur au seuil fixé en application du 2° de l'article L. 2193-10 ;

« 2° Des marchés publics relevant de son livre V. »

V. NDLR ss. art. 4.

1. Montant du contrat. L'action directe n'est accordée aux sous-traitants de marchés passés par l'État, les collectivités locales, les établissements et entreprises publics, que si, leur contrat de sous-traitance étant inférieur à 4 000 F (600 €), la procédure du paiement direct leur est fermée. • Civ. 3e, 12 janv. 1982, n° 80-14.212 P : *D. 1982. 384, note Bénabent* • CE 17 mars 1982, n° 23440 : *D. 1983. IR 238, obs. Delvolvé ; JCP 1983. II. 20100, note Flécheux.*

2. Clause de paiement direct. V. note 3 ss. art. 4.

3. Articulation des titres II et III. Le titre II, relatif au paiement direct, s'applique aux marchés passés par l'État, les collectivités locales, les établissements et entreprises publics sauf lorsque le montant de la sous-traitance est inférieur à 600 euros ; le titre III, relatif à l'action directe, s'applique, selon l'art. 11, à tous les contrats de sous-traitance qui n'entrent pas dans le champ d'application du titre II ; il en résulte que les champs d'application des titres II et III sont exclusifs l'un de l'autre ; par suite, le sous-traitant ne saurait valablement soutenir que, en admettant qu'il ne remplisse pas les conditions requises pour bénéficier du paiement direct pour un marché entrant dans le champ d'application du titre II, il peut néanmoins se prévaloir des dispositions du titre III ouvrant une action directe au sous-traitant à l'encontre du maître de l'ouvrage, notamment de son art. 14-1. • CAA Lyon, 22 sept. 2011 : *AJDA 2012. 342*.

Art. 12 **Le sous-traitant a une action directe contre le maître de l'ouvrage si l'entrepreneur principal ne paie pas, un mois après en avoir été mis en demeure, les sommes qui sont dues en vertu du contrat de sous-traitance ; copie de cette mise en demeure est adressée au maître de l'ouvrage.**

Toute renonciation à l'action directe est réputée non écrite.

Cette action directe subsiste même si l'entrepreneur principal est en état de liquidation des biens *[liquidation judiciaire]*, **de règlement judiciaire** *[sauvegarde ou redressement judiciaire]* ***ou de suspension provisoire des poursuites.***

(L. n° 94-475 du 10 juin 1994) **« Les dispositions du deuxième alinéa de l'article 1799-1 du code civil sont applicables au sous-traitant qui remplit les conditions édictées au présent article. »** – *La loi n° 94-475 du 10 juin 1994 entre en vigueur à une date fixée par décret et au plus tard le 1er oct. 1994 (L. préc., art. 99).*

FORM. PR. COM. v[is] *Mise en demeure de payer un sous-traitant (par lettre recommandée ou par acte d'huissier) ; Assignation au fond à fin d'action directe (devant le tribunal de commerce ou le TGI),* par VERNHET.

1. Loi de police. **BIBL.** Heuzé, *Rev. crit. DIP 1996. 243* (la loi applicable aux actions directes dans les groupes de contrats : l'exemple de la sous-traitance internationale). – Niggemann et Jonglez de Ligne, *RLDC déc. 2008. 67* (lois de police : entre protectionnisme et loyauté contractuelle). ♦ S'agissant de la construction d'un immeuble en France, la L. du 31 déc. 1975, en ses dispositions protectrices du sous-traitant, est une loi de police. • Cass., ch. mixte, 30 nov. 2007, n° 06-14.006 P : *cité note 1 ss. art. 1er*. ♦ *Contra*, jugeant que l'art. 12 de la L. du 31 déc. 1975 n'est pas une loi de police régissant impérativement la situation au sens de l'art. 7-2 de la Conv. de Rome du 19 juin 1980 : • Civ. 1re, 23 janv. 2007, n° 04-10.897 P : *D. 2007. 2008, note Borysewicz et Loncle ; RTD com. 2007. 631, obs. Delebecque ; RDI 2007. 418, obs. Boubli et Périnet-Marquet ; JCP E 2007, n° 9, p. 22 ; LPA 21 août 2007, note Mahinga ; RJDA 2007, n° 610 ; RJ com. 2007. 333, obs. Attal ; RDC 2007. 879, obs. Deumier.* ♦ V. aussi pour l'art. 13-1 de la loi : • Com. 19 déc. 2006, n° 04-18.888 P : *cité note 4 ss. art. 13-1.*

2. Ordre public. Sur la nullité d'une renonciation à l'action directe, V. • Civ. 3e, 27 sept. 1983, n° 82-12.737 P • 4 déc. 1984, n° 83-13.485 P.

3. Décharge de l'entrepreneur. L'action directe du sous-traitant contre le maître de l'ouvrage n'a pas pour effet de décharger l'entrepreneur principal de son obligation contractuelle au paiement des travaux réalisés par le sous-traitant. • Civ. 3e, 25 nov. 1998, n° 97-11.285 P : *D. 1999. 500, note D.-R. Martin ; Gaz. Pal. 1999. Somm. 422, obs. Peisse.*

4. Enrichissement sans cause. L'action du sous-traitant contre le maître de l'ouvrage ne peut être fondée sur l'enrichissement sans cause. • Civ. 3e, 9 déc. 1992, n° 91-11.210 P : *D. 1994. Somm. 152, obs. Bénabent*. ♦ L'action du sous-traitant en paiement du solde du prix sur le fondement de l'enrichissement sans cause est irrecevable dès lors qu'il est établi qu'il avait disposé d'une action directe qu'il n'avait pu exercer qu'en raison de son absence d'agrément par le maître de l'ouvrage. • Civ. 3e, 4 déc. 2002, n° 01-03.907 P : *JCP E 2003, n° 5, p. 201 ; RJDA 2003, n° 379.* – V., dans le même sens, en cas de marché public : • Amiens, 8 janv. 1987 : *D. 1987. 336, note Dubois* • CE 9 mars 1984, n° 30624 : *AJDA 1984. 400, note Sablier et Caro.* ♦ Comp., rejetant le pourvoi contre un arrêt ayant admis l'action *de in rem verso* du sous-traitant non agréé : • Civ. 3e, 11 juin 1985 : *D. 1986. 456, note Dubois.*

I. CONDITIONS D'OUVERTURE DE L'ACTION DIRECTE

5. Agrément du sous-traitant. V. notes 6 s. ss. art. 3 et note 1 ss. art. 6.

6. Action directe contre le seul maître de l'ouvrage. Sur l'irrecevabilité d'une action directe contre l'entrepreneur principal, V. • Civ. 3e, 12 juill. 1989, n° 88-11.289 P.

7. Sous-traitance en chaîne. Les sous-traitants, quel que soit leur rang, n'ont une action directe que contre celui pour le compte de qui la construction est réalisée et qui conserve la qualité de maître de l'ouvrage. • Civ. 1re, 26 oct. 2011, n° 10-17.708 P : *cité note 32 ss. art. L. 721-3 C. com.* ♦ L'action directe est accordée aux sous-traitants du sous-traitant sans distinction selon leur rang, à l'encontre du maître de l'ouvrage, qui reste toujours le même quelle que soit la succession des sous-traitants. • Civ. 3e, 29 mai 1980, n° 78-16.047 P : *D. 1980. 443, note Bénabent* • Cass., ch. mixte, 18 juin 1982, n° 81-11.617 P : *JCP 1982. II. 19858, concl. Sadon et note G. F.* ♦ V. aussi • Com. 19 mai 1998, n° 95-21.523 P : *D. Affaires 1998. 1315, obs. J. F. ; RJDA 1998, n° 1108 ; JCP E 1999, n° 5, p. 217, obs. Mainguy.*

8. Exigence d'une mise en demeure. Le sous-traitant n'a d'action directe contre le maître de l'ouvrage que si l'entrepreneur ne paie pas, un mois après en avoir été mis en demeure. • Civ. 3e, 15 sept. 2016, n° 15-22.592 P : *D. 2016. Actu. 1861 ; AJ contrat 2016. 499, obs. Charles ; RDI 2017. 83, obs. Périnet-Marquet ; JCP E 2016, n° 1529 ; Constr.-Urb. 2016, n° 147, obs. Sizaire.* ♦ Sur l'inefficacité de simples lettres d'opposition, même recommandées, V. • Civ. 3e, 8 juin 1982, n° 81-12.273 P • 4 janv. 1996, n° 93-19.238 P : *D. 1996. IR 44 ; JCP 1996. II. 22696, note Ammar* • Com. 12 mai 1992, n° 89-17.908 P : *D. 1994. Somm. 152, obs. Bénabent* • 12 mars 1996, n° 93-15.518 : *RJDA 1996, n° 917.* ♦ Considérant comme étant une interpellation suffisante la lettre recommandée avec accusé de réception par laquelle le sous-traitant a demandé à l'entrepreneur principal de lui régler promptement un certain nombre de factures pour un montant déterminé, et l'a informé de la mise en œuvre de la procédure d'action directe, V. • Versailles, 3 févr. 2000 : *BRDA 2000, n° 10, p. 7.* ♦ Sur l'inefficacité de la présentation au paiement d'une lettre de change, V. • Com. 3 juill. 1990, n° 89-12.846 P.

9. Actes équivalents à la mise en demeure. Sont équivalents à la mise en demeure : la production au passif de la procédure collective de l'entrepreneur principal. • Com. 12 mai 1992, n° 89-17.908 P : *préc. note 8* • 9 mai 1995, n° 93-10.568 P : *D. 1995. IR 163*. ♦ ... La dénonciation d'une saisie-arrêt au mandataire liquidateur de l'entrepreneur principal et la déclaration du solde de la créance du sous-traitant. • Paris, 13 mars 1992 : *RJDA 1992,* *n° 584.* ♦ ... L'assignation de l'entrepreneur principal. • Versailles, 16 déc. 1993 : *RDI 1994. 249, obs. Malinvaud et Boubli* . ♦ ... La déclaration de créance à la procédure collective ouverte à l'encontre de l'entrepreneur principal. • Paris, 21 oct. 1998 : *JCP E 1998, n° 47, p. 1809.* ♦ ... A la condition qu'elle ait été faite antérieurement à l'action directe contre le maître de l'ouvrage ; la simple information de ce dernier de l'ouverture de la procédure collective de l'entrepreneur ne saurait pallier la méconnaissance de la formalité prévue par le texte. • Colmar, 16 mars 2006 : *JCP 2006. IV. 2963.* – V. aussi : • Orléans, 23 nov. 2006 : *RJDA 2007, n° 477.*

10. Régularisation. Le défaut de respect des formalités prévues par l'art. 12 peut faire l'objet d'une régularisation. • Paris, 13 mars 1992 : *préc. note 9.* ♦ Mais dès lors que ces formalités n'ont pas été respectées, le maître de l'ouvrage ne peut valablement opposer au mandataire-liquidateur de l'entrepreneur principal le paiement qu'il a pris l'initiative d'effectuer entre les mains du sous-traitant. • Civ. 3e, 13 déc. 1995, n° 93-18.625 P : *D. 1996. IR 36 ; D. Affaires 1996. 199* • 6 déc. 2006, n° 05-17.286 P : *D. 2007. AJ 82* ; *JCP E 2007, n° 5, p. 24 ; RJDA 2007, n° 478.* – V. aussi • Paris, 20 sept. 2006 : *RDI 2007. 422, obs. Boubli et Périnet-Marquet* .

11. Inutilité d'une mise en cause. Les art. 12 et 13 ne subordonnent pas la recevabilité de l'action directe à la mise en cause de l'entrepreneur principal ou de son représentant dans l'instance opposant le sous-traitant au maître de l'ouvrage. • Com. 6 mai 1996, n° 94-13.556 : *RJDA 1996, n° 1192.*

12. Redressement et liquidation judiciaires. BIBL. Gatsi, *JCP E 2000, n° 8, p. 308.* ♦ La mise en demeure adressée à un entrepreneur principal dessaisi par l'effet d'un jugement de liquidation des biens [liquidation judiciaire] est inopérante. • Civ. 3e, 3 juill. 1996, n° 94-18.325 P : *D. Affaires 1996. 1123 ; LPA 25 oct. 1996, note Coffy de Boisdeffre ; Gaz. Pal. 20-22 déc. 1998, p. 19, obs. Peisse.* ♦ Sur l'absence de nécessité d'une déclaration des créances des sous-traitants au passif de la procédure collective ouverte à l'encontre de l'entrepreneur principal, V. note 84 ss. art. L. 622-24 C. com., et note 46 ss. anc. art. L. 621-46, cité ss. art. L. 622-26 C. com. – V. déjà • Civ. 3e, 29 févr. 1984, n° 82-15.993 P. ♦ Sur la possibilité, cependant, de produire concomitamment à titre conservatoire, V. • Versailles, 29 sept. 1988 : *D. 1988. IR 262.* ♦ V. aussi note 9.

Sur la possibilité d'adresser une mise en demeure malgré l'ouverture d'une procédure collective, V. note 86 ss. art. L. 622-21 C. com. ♦ La créance produite pour un montant inférieur à celui de la demande présentée dans l'action directe laisse subsister les droits du sous-traitant contre le maître de l'ouvrage. • Com. 11 avr. 1995, n° 93-12.524 P : *D. 1995. IR 124 ; RJDA 1995, n° 1091.* ♦ Sur l'absence de droit de priorité du sous-traitant sur les sommes que l'entrepreneur a reçues du maître de l'ouvrage, V. • Civ. 3e, 9 janv. 1991, n° 89-17.543 : *D. 1992. Somm. 116, obs. Bénabent* . ♦ Sur l'exclusion de la règle de l'arrêt du cours des intérêts en cas d'action directe, V. • Paris, 18 déc. 1990 : *D. 1991. IR 48* (loi de 1967, art. 39).

13. Rétrocession d'honoraires par l'entrepreneur principal. L'usage consistant à subordonner la rétribution des missions sous-traitées au versement par le maître de l'ouvrage des honoraires dus à l'architecte, n'est pas de nature à priver le sous-traitant de la mise en œuvre de l'action directe contre le maître de l'ouvrage, en cas de non-paiement de la rémunération par l'architecte ; par conséquent, le recours par le sous-traitant à cette procédure ne peut en soi être considéré comme fautif même si les parties étaient jusqu'alors dans une relation d'affaires qui semblait l'exclure, sous réserve toutefois d'un comportement particulier révélant l'intention de nuire par le truchement de cette procédure. • Colmar, 17 déc. 1998 : *RDI 2000. 54, obs. Malinvaud et Boubli* .

II. OBJET DE L'ACTION DIRECTE

14. Prestations fournies au titre du marché principal. Le sous-traitant peut réclamer au maître de l'ouvrage la totalité des sommes dont celui-ci reste redevable à l'égard de l'entrepreneur principal, sans distinction suivant l'origine des prestations fournies au titre du marché principal, d'où résulte cette dette. • Cass., ch. mixte, 18 juin 1982, n° 81-11.617 P : *préc. note 7* • Civ. 3e, 29 mai 1991, n° 89-13.504 P : *D. 1992. Somm. 117, obs. Bénabent* • Paris, 13 oct. 1993 : *RJDA 1994, n° 158.* ♦ Si les obligations du maître de l'ouvrage à l'égard du sous-traitant sont limitées à ce qu'il doit à l'entrepreneur principal, la loi ne faisant aucune distinction suivant l'origine des prestations fournies au titre du marché principal d'où résulte cette dette, il en résulte que l'action du sous-traitant n'est pas limitée aux sommes dues par le maître de l'ouvrage à l'entrepreneur principal sur les seuls travaux exécutés par le sous-traitant, mais qu'il doit être tenu compte de l'ensemble des dettes du maître de l'ouvrage vis-à-vis de l'entrepreneur principal pour le chantier en cause. • Lyon, 15 juin 2000 : *BICC 2000, n° 1404.* ♦ Mais les art. 1er, 12 et 13 de la loi ne conférant d'action directe au sous-traitant que sur les sommes dues au titre du contrat d'entreprise dont l'exécution lui a été confiée, l'assiette de cette action ne s'étend pas aux sommes susceptibles d'être dues par le maître de l'ouvrage au même entrepreneur au titre d'autres marchés. • Com. 10 déc. 2003, n° 00-22.262 P : *D. 2004. AJ 212* ; *JCP E 2004, n° 7, p. 253 ; Gaz. Pal. 2004. Somm. 3355, obs. Peisse ; RJDA 2004, n° 420 ; RDI 2004. 442, obs. Périnet-Marquet* .

15. Prestations contractuellement prévues. Sur l'exclusion du paiement correspondant à des travaux supplémentaires non approuvés par le maître de l'ouvrage, V. • Civ. 3e, 13 mai 1992, n° 90-13.811 P : *D. 1994. Somm. 151, obs. Bénabent*. ♦ V. aussi • Civ. 3e, 5 juin 1996, n° 94-16.202 P : *Gaz. Pal. 1998. 2. Somm. 523, obs. Peisse* • Paris, 9 févr. 2000 : *RDI 2000. 179, obs. Boubli et Malinvaud*.

16. Totalité des sommes dues. Les obligations du maître de l'ouvrage sont limitées à ce qu'il doit encore à l'entrepreneur principal à la date de la réception de la copie de la mise en demeure. • Civ. 3e, 15 févr. 1983, n° 81-15.558 P : *D. 1983. 483, note Bénabent* • 29 mai 1991, n° 89-13.504 P : *préc. note 14* • 3 juin 1992, n° 90-21.525 P. ♦ Le maître de l'ouvrage doit établir la date et le montant du règlement des travaux à l'entrepreneur principal pour se décharger envers le sous-traitant. • Civ. 3e, 8 nov. 2006, n° 05-18.482 P : *RDI 2007. 421, obs. Boubli et Périnet-Marquet* ; *JCP E 2006, n° 50, p. 2155* ; *RJDA 2007, n° 150.* ♦ Sur les conditions d'opposabilité au sous-traitant des créances de pénalité ou d'indemnité, V., exigeant que ces créances soient certaines : • Civ. 3e, 10 juill. 1996, n° 94-22.085 P : *D. Affaires 1996. 1161.* ♦ Comp., sur la nécessité également de créances liquides et exigibles : • Civ. 3e, 18 mars 1992, n° 89-21.405 P : *D. 1994. Somm. 151, obs. Bénabent*. ♦ Cependant, l'art. 12 n'impose pas que les sommes dont le paiement est demandé à l'entrepreneur soient exigibles à la date de la mise en demeure. • Civ. 3e, 13 déc. 1983, n° 82-14.428 P. ♦ V. aussi, jugeant que si deux dettes sont connexes, le juge ne peut pas, pour écarter la demande de compensation entre les sommes dues par le maître de l'ouvrage et celles dues par le sous-traitant, retenir que l'une des dettes ne réunit pas les conditions de liquidité et d'exigibilité : • Civ. 3e, 6 mai 2003, n° 01-16.567 : *LPA 8 déc. 2003, obs. Claret* ; *RJDA 2004, n° 304* ; *RDI 2003. 454, obs. Boubli et Périnet-Marquet*. ♦ En ce sens que la recevabilité de l'action directe suppose que la créance ne corresponde pas à des prestations nécessaires à l'achèvement du chantier, V. • Civ. 3e, 3 juill. 1996, n° 94-20.858 P : *CCC 1996, n° 201, obs. Leveneur.*

17. Paiement antérieur. Le sous-traitant n'a pas à démontrer que la facture dont il réclame paiement n'a pas déjà été réglée à l'entrepreneur principal par le maître de l'ouvrage. • Versailles, 22 sept. 1994 : *JCP E 1995. Pan. 486.*

18. Sommes payées en vertu d'un jugement. Le maître de l'ouvrage est tenu, envers le sous-traitant, au titre de l'action directe, alors même qu'il a payé l'entrepreneur principal en exécution d'un jugement assorti de l'exécution provisoire, ce paiement n'étant pas libératoire du maître de l'ouvrage à l'égard du sous-traitant qui exerce l'action directe. • Paris, 26 sept. 2002 : *RDI 2003. 263, obs. Périnet-Marquet*.

19. Fonds sous séquestre. Viole les art. 12 et 13 de la loi, ainsi que les art. 1956 et 1963 C. civ., l'arrêt retenant que le séquestre des fonds susceptibles de représenter le solde de la créance de l'entrepreneur principal fait échapper ces fonds à l'action directe du sous-traitant engagée postérieurement à la décision ordonnant ce séquestre, alors que le séquestre n'équivaut pas à un paiement. • Civ. 3e, 6 janv. 1999, n° 96-19.460 P : *D. 1999. IR 41* ; *D. Affaires 1999. 512, obs. J. F.*

20. Intérêts. Aucune disposition de la L. du 31 déc. 1975 ne fait obstacle au paiement d'intérêts suivant les règles du droit commun sur les créances concernées par l'action directe. • Paris, 18 déc. 1990 : *D. 1991. IR 48.* ♦ Mais l'envoi de la copie de la mise en demeure notifiée à l'entrepreneur principal ne constitue pas, à l'égard du maître de l'ouvrage, une sommation de payer au sens de l'art. 1153 [1344] C. civ. • Civ. 3e, 29 mai 1991, n° 89-13.504 P : *préc. note 14* • Com. 16 juill. 1991, n° 89-21.860 P : *D. 1992. Somm. 117, obs. Bénabent* • Civ. 3e, 30 oct. 1991, n° 90-10.956 P : *eod. loc.*

III. CONFLITS DE DROITS

BIBL. Romani, *D. 1990. Chron. 179*.

21. Concours entre sous-traitants. La L. du 31 déc. 1975 n'ayant établi ni droit de priorité, ni privilège au profit de l'un des sous-traitants, en cas de concours entre eux, ils doivent être traités à égalité, dès lors qu'ils s'étaient manifestés avant paiement par le maître de l'ouvrage de certains d'entre eux ou décision judiciaire consacrant l'exercice à leur profit de l'action directe. • Civ. 3e, 11 févr. 1987, n° 85-12.052 P : *D. 1987. 256, note Bénabent.* ♦ La « transaction » passée par un maître de l'ouvrage avec des sous-traitants, prévoyant un paiement préférentiel à leur profit peut être annulée sur demande d'un autre sous-traitant ayant rempli les obligations mises à sa charge par l'art. 12. • Civ. 3e, 9 juin 1999, n° 97-19.274 P.

22. Créanciers nantis. Aucun texte ne confère au créancier, bénéficiaire d'un nantissement sur un marché entrant dans le champ d'application du titre III, une action directe sur la créance de l'entrepreneur principal à l'égard du maître de l'ouvrage. • Com. 19 mai 1980, n° 79-10.716 P : *D. 1980. 443, note Bénabent* ; *JCP 1980. II. 19440, note Fléchaux.* ♦ Même si le sous-traitant n'a pas été agréé, il peut exciper de l'inopposabilité à son égard des privilèges résultant des nantissements consentis sur la créance de l'entrepreneur principal contre le maître de l'ouvrage. • Même arrêt. ♦ V. aussi note 15 ss. art. 3.

23. Caution. Ayant relevé que le maître de l'ouvrage avait eu connaissance du contrat de sous-traitance par une mise en demeure du 30 sept. 2009 et qu'à cette date il avait bloqué les sommes restant dues à l'entrepreneur principal, la cour d'appel a retenu à bon droit qu'après acceptation tacite du sous-traitant par le maître de l'ouvrage, la banque, qui avait fourni le cautionnement prévu à l'art. 14 de la L. du 31 déc. 1975, était subrogée, après paiement, dans les droits et actions du sous-traitant et fondée à exercer l'action directe dont disposait celui-ci contre le maître de l'ouvrage. • Civ. 3e, 18 mai 2017, n° 16-10.719 P : *D. 2017. Pan. 2002, obs. Crocq ; RTD civ. 2017. 657, obs. Barbier ; RDI 2018. 226, obs. Perinet-Marquet ; JCP E 2017, n° 1333 ; RJDA 2018, n° 231 ; Constr.-Urb. 2017, n° 104, obs. Sizaire.* ♦ L'assiette de l'action directe du sous-traitant étant limitée au marché pour lequel il était intervenu, la caution n'est pas fondée à réclamer les sommes payées en exécution d'un contrat distinct du marché sous-traité. • Même arrêt.

24. Porteur d'une lettre de change. V. note 15 ss. art. L. 511-7 C. com. ♦ En l'absence de mauvaise foi du banquier, l'art. 13-1 ne s'oppose pas à l'opération d'escompte au profit d'une banque, effectuée par un entrepreneur principal qui n'avait pas obtenu préalablement le cautionnement prévu par ce texte (à propos d'un billet à ordre). • Com. 5 mars 1991, n° 89-20.252 P : *D. 1992. Somm. 28, obs. Vasseur ; JCP 1992. II. 21888, note Crionnet ; Gaz. Pal. 1992. 2. 445, note Montout.* – Comp. : • Com. 12 févr. 1991, n° 89-16.669 P. ♦ Sur l'inopposabilité, sur le fondement de l'art. L. 512-8 C. com., du règlement d'un billet à ordre au bénéficiaire d'une action directe, V. • Civ. 3e, 6 déc. 2011, n° 10-23.463 : *RDI 2012. 507, obs. Périnet-Marquet.*

25. Cessionnaire d'un « bordereau Dailly ». Sur le rejet de la demande en paiement, formée par une banque pour une créance qui lui a été cédée par un entrepreneur et au règlement de laquelle le débiteur cédé a opposé les paiements exécutés par lui au profit de sous-traitants ayant exercé l'action directe, les sous-traitants ayant été agréés et leurs conditions de paiement acceptées par le débiteur cédé, V. • Com. 22 mai 2001, n° 98-17.128 P : *RJDA 2001, n° 1210.* ♦ V. aussi notes 27 s. ss. art. L. 313-27 C. mon. fin., v° *Banque et financement de l'entreprise.*

26. Affacturage. La société d'affacturage ne peut opposer au sous-traitant exerçant l'action directe la subrogation dans la partie de la créance relative aux travaux qu'il a exécutés. • Com. 5 févr. 1991, n° 89-15.363 P : *Rev. dr. bancaire 1991. 100, obs. Crédot et Gérard.* – V. déjà • Com. 22 nov. 1988, n° 87-10.802 P : *D. 1989. 212, note Bénabent.* ♦ Sur la responsabilité du maître de l'ouvrage ayant agi de façon trompeuse à l'égard de l'affactureur subrogé dans les droits de l'entrepreneur principal, V. • Com. 7 juin 1994, n° 92-13.125 : *RJDA 1994, n° 1140.*

27. Compte courant. Sur la possibilité pour la banque cessionnaire de la créance d'un sous-traitant de poursuivre l'entreprise principale, à laquelle elle avait notifié la cession, en paiement de la créance, lorsque le contrat liant l'entrepreneur principal et le sous-traitant prévoit que toutes les opérations résultant de son exécution sont comptabilisées dans le compte courant unique et indivisible ouvert au nom du sous-traitant, V. • Com. 9 oct. 2001, n° 99-13.714 P : *JCP E 2001, n° 47, p. 1840.*

Art. 13 L'action directe ne peut viser que le paiement correspondant aux prestations prévues par le contrat de sous-traitance et dont le maître de l'ouvrage est effectivement bénéficiaire.

Les obligations du maître de l'ouvrage sont limitées à ce qu'il doit encore à l'entrepreneur principal à la date de la réception de la copie de la mise en demeure prévue à l'article précédent.

FORM. PR. COM. v° *Avis au maître d'ouvrage de la mise en demeure adressée à l'entrepreneur principal*, par VERNHET.

V. notes 14 à 20 ss. art. 12.

Art. 13-1 *(L. n° 81-1 du 2 janv. 1981)* L'entrepreneur principal ne peut céder ou nantir les créances résultant du marché ou du contrat passé avec le maître de l'ouvrage qu'à concurrence des sommes qui lui sont dues au titre des travaux qu'il effectue personnellement.

(L. n° 84-46 du 24 janv. 1984) « Il peut, toutefois, céder ou nantir l'intégralité de ces créances sous réserve d'obtenir, préalablement et par écrit, le cautionnement personnel et solidaire visé à l'article 14 de la présente loi vis-à-vis des sous-traitants. »

I. CHAMP D'APPLICATION

1. Loi de police. Les prescriptions résultant de l'art. 13-1 ne peuvent être valablement opposées aux banques cessionnaires qu'à la condition que la loi française soit applicable au contrat liant le cédant et le sous-traitant. • Com. 19 déc. 2006, n° 04-18.888 P : *JCP E 2007, n° 22, p. 21 ; Banque et Dr. 7-8/2007. 38, obs. Affaki et Stoufflet ; Dr. et patr. 12/2007. 83, obs. M.-E. Ancel.* ♦ Il convient de caractériser l'existence d'un lien de rattachement de l'opération avec la France au regard de l'objectif de protection des sous-traitants poursuivi par la L. de 1975. • Com. 27 avr. 2011, n° 09-13.524 P : *D. 2011. 1654, note Le Bos ; RTD com. 2012. 214, obs. Delebecque ; RDI 2011. 620, obs. Périnet-Marquet ; JCP E 2011, n° 1745, spéc. n° 4, obs. Nourissat ; LPA 22 juill. 2011, note Legrand ; Gaz. Pal. 2011. 2182, note Guerchoun ;*

RJDA 2011, n° 710. ♦ L'application de la L. du 31 déc. 1975 suppose de caractériser l'existence d'un lien de rattachement de l'opération avec la France au regard de l'objectif de protection des sous-traitants poursuivi par l'art. 13-1 et qu'à cette condition, le sous-traitant étranger ayant contracté avec une société française bénéficie de la même protection que le sous-traitant français. • Com. 20 avr. 2017, n° 15-16.922 P : *D. 2017. Pan. 2064, obs. d'Avout ; AJ contrat 2017. 289, obs. Pironon ; RDI 2018. 221, obs. Perinet-Marquet ; JCP E 2017, n° 1288 ; RJDA 2017, n° 547.* ♦ Ni la circonstance que le recours à un sous-traitant italien ait permis à l'entrepreneur principal, société de droit français dont le siège social est situé à Paris, de remplir ses obligations et de recevoir en contrepartie le paiement de ses factures, ni le fait que le financement de cette société soit assuré par des banques françaises ne suffisent à caractériser l'existence d'un tel lien dès lors que le financement de l'entrepreneur principal et la satisfaction de ses objectifs économiques ne répondent pas au but de cet article. Ainsi, dès lors qu'il est constaté que l'Italie est, au premier chef, le pays bénéficiaire économique de l'opération de sous-traitance, les terminaux ayant été fabriqués et installés sur le territoire italien, il en résulte qu'en l'absence de tout autre critère de rattachement à la France qui soit en lien avec l'objectif poursuivi, la condition du lien de rattachement à la France, exigée pour faire, conformément à l'art. 7 de la Conv. de Rome du 19 juin 1980, une application immédiate à l'opération litigieuse des dispositions de l'art. 13-1 de la L. du 31 déc. 1975, n'est pas remplie. • Même arrêt. ♦ V. aussi pour l'art. 12 de la loi : • Civ. 1re, 23 janv. 2007, n° 04-10.897 P : *cité note 1 ss. art. 12.* ♦ V., *contra*, jugeant que la L. de 1975 est une loi de police : • Cass., ch. mixte, 30 nov. 2007, n° 06-14.006 P : *cité note 1 ss. art. 1er.*

2. *Exclusion des rapports ne concernant pas le sous-traitant.* Les dispositions de l'art. 13-1, par lesquelles le législateur a entendu préserver le droit d'action directe du sous-traitant, n'ont pas vocation à s'appliquer dans un litige ne concernant que les rapports entre l'entrepreneur principal, créancier cédant, le maître de l'ouvrage, débiteur cédé et la banque cessionnaire de la créance. • Paris, 23 févr. 2000 : *D. 2000. AJ 178, obs. Faddoul .* ♦ En l'absence de tout conflit entre les sous-traitants et le banquier cessionnaire, le débiteur cédé n'est pas fondé à se prévaloir des dispositions de l'art. 13-1, al. 2, de la L. du 31 déc. 1975. • Com. 18 juin 2002, n° 00-11.668 : *RDBF 2002, n° 174, obs. Crédot et Gérard.*

En l'absence d'exercice de son action directe par le sous-traitant, le débiteur cédé n'est pas fondé à se prévaloir à l'encontre du cessionnaire de la violation de l'art. 13-1, le bénéfice de cette inopposabilité étant réservé au seul sous-traitant. • Com. 3 déc. 2002, n° 00-14.704 : *RTD civ. 2003. 130, obs. Crocq ; RJDA 2003, n° 533.* ♦ Seul le sous-traitant peut se prévaloir des dispositions des art. 13-1 et 14 de la L. du 31 déc. 1975 et cette loi ne met aucune obligation à la charge du cessionnaire de la créance résultant du marché sous-traité envers le maître de l'ouvrage. • Com. 13 nov. 2007, n° 06-18.978 P : *cité note 14 ss. art. L. 132-8 C. com.* • 13 nov. 2007, n° 06-16.429.

3. *Sous-traitant de premier rang.* Le sous-traitant de premier rang, considéré, aux termes de l'art. 2, comme un entrepreneur principal à l'égard de son sous-traitant, ne peut, selon l'art. 13-1, céder les créances résultant du marché que pour le prix des travaux qu'il a effectués personnellement. • Com. 4 janv. 1994, n° 91-21.412 : *RJDA 1994, n° 649 ; Rev. dr. bancaire 1994. 127, obs. Crédot et Gérard.*

4. *Sous-traitance occulte.* La cession de créance consentie par un entrepreneur principal à un tiers est inopposable au sous-traitant, même occulte, dès lors que la créance de l'entrepreneur principal sur le maître de l'ouvrage ne correspond pas à des travaux effectués personnellement par cet entrepreneur. • Civ. 3e, 9 juin 1999, n° 98-10.291 P : *D. Affaires 1999. 1396, obs. J. F. ; Dr. et patr. 2000. 94, obs. Chauvel.* ♦ La cession étant intervenue en fraude des droits du sous-traitant, l'entrepreneur principal ne peut opposer à ce dernier aucun droit sur les sommes payées à ce titre par le maître de l'ouvrage. • Même arrêt. – V. aussi • Civ. 3e, 30 janv. 2007, n° 06-10.076 : *RDI 2007. 416, obs. Boubli et Périnet-Marquet .*

Dès lors que le crédit-preneur, maître d'ouvrage délégué, avait l'obligation, en vertu des stipulations du contrat de crédit-bail, de veiller à la mise en œuvre des dispositions protectrices de la L. du 31 déc. 1975 à l'égard des sous-traitants, cela englobait nécessairement les dispositions concernant les cessions de créances visées à l'art. 13-1 de la loi. • Civ. 3e, 6 juill. 2010, n° 09-12.323 : *RDI 2010. 545, obs. Périnet-Marquet ; RJDA 2010, n° 1099.*

II. SANCTION

5. *Inopposabilité de la cession de créance.* En l'absence du cautionnement personnel et solidaire prévu par l'art. 14, la cession par l'entrepreneur principal de créances correspondant à des travaux qu'il a sous-traités est inopposable au sous-traitant. Peu importe qu'une telle cession et le paiement effectué pour en assurer l'exécution soient intervenus antérieurement à l'exercice de l'action directe du sous-traitant contre le maître de l'ouvrage. • Com. 16 mai 1995, n° 92-21.876 P : *Rev. huiss. 1996. 84, note Courtier ; RTD civ. 1995. 937, obs. Croq ; D. 1995. IR 155.* ♦ Les cessions de créance pratiquées en contravention à l'interdiction édictée par l'art. 13-1 ne sont pas nulles mais seulement inopposables aux sous-traitants concernés. • Com. 3 déc. 2002, n° 00-14.704 : *préc. note 2* • Civ. 3e, 17 janv. 2019, n° 17-11.853 : *RJDA 2019, n° 255.* ♦ La méconnaissance des dispositions de l'art. 13-1 de la L. du 31 déc. 1975, sans entraîner l'annulation de la cession de créance, fait obstacle au paiement par le maître de l'ouvrage au profit du cessionnaire, des sommes dues au titre des travaux que l'entrepreneur principal n'a pas personnellement effectués. • Civ. 3e, 17 janv. 2019, n° 17-11.853 : *RDI 2019. 269, obs. Périnet-Marquet ; RJDA 2019, n° 255.* ♦ Ayant retenu que le maître de l'ouvrage exerçait, après subrogation, l'action en restitution bénéficiant au sous-traitant dont la créance avait été cédée en violation des dispositions de l'art. 13-1 sans qu'une caution préalable eût été fournie, la cour d'appel, devant laquelle il n'était pas soutenu qu'une telle subrogation n'aurait pu s'effectuer qu'au bénéfice de l'entreprise principale, a pu en déduire que cette action, qui n'était pas personnelle, avait été transmise au maître d'ouvrage et pouvait être exercée contre le cessionnaire du montant des travaux sous-traités. • Civ. 3e, 16 juin 2016, n° 15-17.403 : *RDI 2017. 81, obs. Périnet-Marquet.* ♦ Ayant retenu que la société de financement n'avait pas exercé un contrôle minimal sur la validité de la cession de créance, alors que les dispositions de l'art. 13-1 impliquaient le contrôle par la banque de l'obtention de la caution écrite préalable à la cession de la partie de créance correspondant aux travaux sous-traités, la cour d'appel a pu en déduire que la faute du cessionnaire, antérieure au paiement effectué par le maître d'ouvrage, était la seule cause de l'action subrogatoire. • Même arrêt. ♦ Il résulte de l'art. 13-1 que le maître de l'ouvrage ne peut invoquer, à l'égard du cessionnaire, l'inopposabilité de la cession de créance faite en fraude des droits du sous-traitant que lorsque celui-ci exerce l'action directe prévue par l'art. 12. Le sous-traitant qui agit en indemnisation de son préjudice sur le fondement de l'art. 14-1 n'est pas en conflit avec le cessionnaire pour l'attribution des sommes dues par le maître d'ouvrage en exécution du marché de travaux. Viole, dès lors, l'art. 13-1, la cour d'appel qui rejette la demande formée par le cessionnaire contre le débiteur cédé au motif que celui-ci ne peut payer au cessionnaire le prix de travaux que le cédant n'a pas réalisés lui-même, après avoir constaté que le sous-traitant n'avait pas été indemnisé sur le fondement d'une action directe mais sur un fondement quasi-délictuel. • Civ. 3e, 16 mars 2022, n° 20-22.037 B : *D. 2022. Actu. 558.*

V. aussi notes 27 s. ss. art. L. 313-27 C. mon. fin., v° *Banque et financement de l'entreprise.* ♦ V. notes 21 à 23 ss. art. 12 et note ss. art. 15.

6. Tribunal compétent. Sur le point de savoir si le litige relève des tribunaux judiciaires ou administratifs, V. • Civ. 1re, 18 juill. 2000, n° 97-22.448 P : *RJDA 2001, n° 108.* ♦ Comp. • Civ. 1re, 25 févr. 2003, n° 00-17.684 : *RJDA 2003, n° 668.*

Art. 14 **A peine de nullité du sous-traité les paiements de toutes les sommes dues par l'entrepreneur au sous-traitant, en application de ce sous-traité, sont garantis par une caution personnelle et solidaire obtenue par l'entrepreneur d'un établissement qualifié, agréé dans des conditions fixées par décret. Cependant, la caution n'aura pas lieu d'être fournie si l'entrepreneur délègue le maître de l'ouvrage au sous-traitant dans les termes de** *(Ord. n° 2016-131 du 10 févr. 2016, art. 6-XXXV, en vigueur le 1er oct. 2016)* **« l'article 1338** *[ancienne rédaction : l'article 1275]* **» du code civil, à concurrence du montant des prestations exécutées par le sous-traitant.**

A titre transitoire, la caution pourra être obtenue d'un établissement figurant sur la liste fixée par le décret pris en application de la loi n° 71-584 du 16 juillet 1971 concernant les retenues de garantie.

Les contrats conclus avant le 1er oct. 2016 demeurent soumis à la loi ancienne, y compris pour leurs effets légaux et pour les dispositions d'ordre public. Lorsqu'une instance a été introduite avant l'entrée en vigueur de l'Ord. n° 2016-131 du 10 févr. 2016, l'action est poursuivie et jugée conformément à la loi ancienne. Cette loi s'applique également en appel et en cassation (Ord. préc., art. 9).

BIBL. ▶ SIMLER, *RDI 1996. 149* (délégation du maître de l'ouvrage). – ABBATUCCI, *RDI 2010. 31* (influence de la crise sur les garanties des constructeurs et des sous-traitants) ; *RDI 2013. 41* (garanties de paiement des sous-traitants). – SEIFERT, *RCA 2013. Formule 4* (obligation du maître de l'ouvrage de veiller à ce que l'entrepreneur principal fournisse une caution au sous-traitant). – CHARBONNEAU, *RDI 2015. 20* (les restitutions consécutives à la nullité du contrat de sous-traitance).

1. Champ d'application. L'art. 14 n'est pas applicable à un contrat de sous-traitance intervenu pour l'exécution d'un marché public. • Civ. 3e, 24 avr. 2003, n° 01-11.889 : *JCP 2004. II. 10042, note Caro, Sablier et Abbatucci ; AJDA 2003. 1486, note Dreyfus ; RJDA 2003, n° 1060* • 13 janv. 2009, n° 07-21.543 : *RDI 2009. 355, obs. Périnet-Marquet.* ♦ La société étant sous-traitante directe d'un marché passé par une entreprise publique, le contrat relevait des dispositions du titre II de la L. n° 75-1334 du 31 déc. 1975, et non de celles du titre III de cette loi ; en conséquence, l'entrepreneur principal n'était pas tenu de fournir une caution en application des dispositions de l'art. 14 de cette loi. • Com. 26 juin 2019, n° 17-30.970 P : *D. actu. 25 juill. 2019, obs. Delpech.* ♦ L'obligation pour l'entrepreneur principal d'obtenir une caution pour les contrats de sous-traitance relevant du titre III de la L. du 31 déc. 1975 n'est pas subordonnée à l'exercice de l'action directe ou à l'acceptation du sous-traitant par le maître de l'ouvrage. • Civ. 3e, 14 oct. 1992, n° 90-21.525 P : *D. 1994. Somm. 148, obs. Bénabent*. ♦ De même, l'obligation d'obtenir préalablement un cautionnement ne se limite pas aux seuls cas où l'entrepreneur principal cède ou nantit l'intégralité des créances résultant du contrat passé avec le maître de l'ouvrage. • Civ. 3e, 18 juill. 2001, n° 00-16.380 : *RJDA 2001, n° 1211 ; RDI 2002. 56, obs. Périnet-Marquet*.

Viole l'art. 14 l'arrêt qui, pour rejeter le moyen tiré de la nullité du sous-traité concernant un chantier, opposée par le sous-traitant à la demande de l'entrepreneur principal, tendant à faire constater la résolution de ce sous-traité et obtenir le paiement de dommages et intérêts, retient que l'entrepreneur n'est pas tenu de fournir caution avant le début des travaux et que le sous-traitant ne pouvait plus invoquer la nullité d'un contrat qu'il n'avait pas exécuté et qui était résolu avant qu'il ne puisse se prévaloir du défaut de caution. • Civ. 3e, 30 mars 1994, n° 92-16.535 P : *D. 1994. IR 105.*

2. *Ordre public.* Le sous-traitant ne peut renoncer aux droits que lui confère l'art. 14, et sont nuls et de nul effet, quelle qu'en soit la forme, les clauses, stipulations et arrangements qui auraient pour effet de faire échec à ces dispositions. • Civ. 3e, 11 oct. 1989, n° 88-11.960 P : *D. 1990. 119, note Caro et Sablier* • 4 févr. 2004, n° 02-19.147 P : *cité note 10* • Versailles, 22 févr. 1990 : *D. 1992. Somm. 113, obs. Bénabent*. ♦ Un sous-traitant ne pouvant renoncer aux dispositions d'ordre public de la L. du 31 déc. 1975, une cour d'appel ne peut retenir qu'ayant eu communication du cahier des clauses administratives particulières stipulant que le maître de l'ouvrage n'accepterait pas de délégation de paiement et ayant été informé de l'absence de cautionnement, le sous-traitant avait ainsi accepté l'absence de garantie de paiement si bien qu'il ne pouvait pas arguer de ses propres erreurs pour agir contre le maître de l'ouvrage. • Civ. 3e, 9 juill. 2003, n° 02-10.644 P : *JCP E 2003, n° 40, p. 1553 ; Dr. et patr. 11/2003. 87, obs. Chauvel ; Gaz. Pal. 2004. Somm. 1293, obs. Peisse ; RJDA 2004, n° 553 ; RDI 2004. 105, obs. Périnet-Marquet*.

3. *Constitutionnalité.* La disposition prévoyant la fourniture d'une caution par l'entreprise principale trouve sa justification dans l'intérêt général de protection du sous-traitant et la L. du 31 déc. 1975 prévoit des modes alternatifs de garantie du sous-traitant et n'institue pas une différence de traitement entre des entreprises placées dans une situation identique. • Civ. 3e, QPC, 10 juin 2014, n° 14-40.020 P : *RJDA 2014, n° 762 ; Constr.-Urb. 2014, n° 115, obs. Sizaire* (QPC transmise par • T. com. Lyon, 11 mars 2014 : *RDI 2014. 239, obs. Noguellou*).

4. *Nature du cautionnement.* Malgré les termes utilisés, le cautionnement de l'art. 14, imposé par la loi et dont la conclusion intervient entre le débiteur et le garant, ne constitue pas une caution au sens des art. 2011 s. [2288 s.] C. civ. • Paris, 27 sept. 2002 : *RDI 2003. 263, obs. Périnet-Marquet*. ♦ La garantie de livraison de l'ouvrage, prise en application de l'art. L. 231-6 CCH, s'analyse en un cautionnement d'un caractère particulier stipulé en faveur du maître de l'ouvrage en cas de défaillance du constructeur, et en aucun cas en une garantie de paiement en faveur des sous-traitants. • Civ. 3e, 15 janv. 2003, n° 01-14.697 P : *Gaz. Pal. 2003. Somm. 3905, obs. Peisse ; RDI 2003. 268, obs. Périnet-Marquet*.

5. *Date du cautionnement.* Il résulte de l'art. 14, qui trouve sa justification dans l'intérêt général de protection du sous-traitant, que l'entrepreneur principal doit fournir la caution avant la conclusion du sous-traité et, si le commencement d'exécution des travaux lui est antérieur, avant celui-ci. • Civ. 3e, 21 janv. 2021, n° 19-22.219 P : *D. actu. 16 févr. 2021, obs. Garcia ; JCP E 2021, n° 1095 ; RJDA 2021, n° 384.* – V. aussi : • Civ. 3e, 30 mars 1994, n° 92-16.535 P : *préc. note 1* • 17 juill. 1996, n° 94-15.035 P : *cité note 7.* ♦ Comp., jugeant que la caution prévue par les dispositions de l'art. 14 peut être fournie pendant toute la durée du contrat. • Civ. 3e, 16 juin 2016, n° 15-17.403 : *cité note 5 ss. art. 13-1.*

6. *Forme du cautionnement.* BIBL. Guerchoun, *D. 2005. 1154* (interdiction des cautions-flottes en matière de sous-traitance). ♦ Viole les art. 14 et 15 de la L. du 31 déc. 1975 la cour d'appel qui, pour rejeter la demande en nullité du sous-traité, retient que ce contrat comporte en annexe un modèle de caution établi par une banque (caution-flotte), sans relever l'existence d'un engagement de caution personnel et solidaire, pour l'entrepreneur principal, signé par l'établissement bancaire. • Civ. 3e, 11 oct. 1989, n° 88-11.960 P : *préc. note 2.* – V. dans la même affaire • Civ. 3e, 20 oct. 1993, n° 91-20.957 : *RDI 1994. 52, obs. Malinvaud et Boubli*. ♦ La caution personnelle et solidaire, garantissant le paiement de toutes les sommes dues par l'entrepreneur principal au sous-traitant en application du sous-traité, doit comporter le nom de ce sous-traitant et le montant du marché garanti (refus du système de la caution-flotte). • Civ. 3e, 18 déc. 2002, n° 00-12.511 P : *D. 2003. 1158, note Caro et Sablier ; Gaz. Pal. 2003. Somm. 3917, obs. Peisse ; RDI 2003. 85, obs. Berly ; JCP E 2003,* n° 7-8, p. 297 ; RJDA 2003, n° 381 (et sur renvoi • Paris, 30 juin 2004 : *RDI 2005. 288, obs. Périnet-Marquet*) • 15 déc. 2004, n° 03-13.588 P : *D. 2005. IR 460* ; *RDI 2005. 288, obs. Périnet-Marquet* ; *JCP E 2005, n° 6, p. 210 ; RJDA 2005, n° 256.* ♦ ... Ce qui exclut l'existence d'une stipulation pour autrui. • Civ. 3e, 18 déc. 2002, n° 99-18.141 : *D. 2003. 1158, note Caro et Sablier*. ♦ *Contra*, validant un système de cautions de sous-traitance par attestations mis en place entre un entrepreneur principal et une banque : • Civ. 3e, 20 juin 2012, n° 11-18.463 P : *RDI 2012. 508, note Berly* ; *RJDA 2012, n° 957 ; Constr.-Urb. 2012, n° 152, obs. Sizaire.* ♦ Sur les obligations du maître de l'ouvrage s'agissant de l'identité de l'organisme caution, V. • Civ. 3e, 18 juin 2003, n° 01-17.366 P : *cité note 15 ss. art. 14-1.*

7. Nature de la nullité. Le contrat est nul, dès lors que le cautionnement n'a pas été fourni lors de la conclusion et il importe peu qu'un acte de cautionnement ait été obtenu par l'entrepreneur après que le sous-traitant eut invoqué la nullité dans une lettre de mise en demeure. • Civ. 3e, 17 juill. 1996, n° 94-15.035 P : *D. Affaires 1996. 1191.* ♦ Dans le même sens, lorsque l'acte de cautionnement a été obtenu par l'entrepreneur concomitamment à la délivrance de l'assignation en nullité du sous-traité : • Civ. 3e, 7 févr. 2001, n° 98-19.937 P : *RDI 2001. 163, obs. Périnet-Marquet*. – V. aussi • Civ. 3e, 5 mai 2011, n° 09-17.137 P : *RDI 2011. 619, obs. Périnet-Marquet*. ♦ De même, il importe que le sous-traitant ait reçu de l'entrepreneur principal le paiement intégral de ses prestations telles que contractuellement prévues. • Civ. 3e, 12 mars 1997, n° 95-15.522 P : *D. Affaires 1997. 504.* ♦ Comp., en ce sens que la nullité prévue par l'art. 14 n'étant que relative, le sous-traitant ne peut plus s'en prévaloir dès lors qu'il a donné *quitus* à l'entrepreneur principal des paiements reçus par une reconnaissance de paiement sous réserve, laquelle vaut effectivement confirmation du marché de sous-traitance exécuté : • Orléans, 12 déc. 1994 : *JCP 1995. IV. 1215.* ♦ La nullité du contrat ne peut être prononcée alors que l'entrepreneur principal avait mis en demeure le sous-traitant de venir signer le contrat et que seul le refus du sous-traitant de signer les documents avait empêché l'entrepreneur de justifier du cautionnement. • Civ. 3e, 14 nov. 2001, n° 00-12.885 P : *RDI 2002. 55, obs. Périnet-Marquet*. – Comp. • Com., 12 juill. 2005, n° 02-16.048 P : *D. 2005. AJ 2380, obs. Chevrier* ; *JCP E 2005, n° 40, p. 1637 ; RJDA 2005, n° 1213* • Civ. 3e, 25 mai 2011, n° 09-17.137 P : *D. actu. 15 juin 2011, obs. Dreveau ; JCP E 2011, n° 1509 ; BRDA 2011, n° 11, p. 7.*

8. Action en nullité. L'action en nullité est soumise à la prescription quinquennale prévue à l'art. 1304 [ancien] C. civ. et le délai court – hormis les exceptions édictées par ce texte – à compter de la date de conclusion du sous-traité et non à compter de la date du complet paiement du marché. • Civ. 3e, 20 févr. 2002, n° 00-17.406 P : *D. 2002. AJ 1347, obs. Chevrier* ; *Gaz. Pal. 2003. Somm. 1908, obs. Peisse ; RDI 2003. 64, obs. Périnet-Marquet*. ♦ Comp., jugeant que la L. de 1975 ne prévoit aucun délai de forclusion pour invoquer la nullité qui peut l'être même après la levée des réserves, dans le délai de prescription de droit commun : • Versailles, 22 févr. 1990 : *préc. note 2.* ♦ *Contra*, jugeant que l'entreprise ne peut agir en nullité qu'au cours de l'exécution du contrat, soit qu'elle n'ait pas encore achevé son travail, soit que le prix n'en ait pas été entièrement soldé par l'entrepreneur principal : • Rouen, 14 juin 1990 : *D. 1992. Somm. 113, obs. Bénabent*. ♦ Sur la nullité du sous-traité et l'absence d'abus de droit, V. • Civ. 3e, 21 juin 2018, n° 17-23.909 : *RDI 2019. 271, obs. Périnet-Marquet*.

9. Effets de la nullité. Le sous-traitant étant fondé à refuser de poursuivre l'exécution d'un contrat nul, il en résulte que la nullité rétroactive du sous-traité interdisait à l'entrepreneur principal de revendiquer un préjudice du fait de la rupture unilatérale du contrat et qu'en conséquence de cette nullité, le sous-traitant était en droit de solliciter le paiement de la contre valeur des travaux qu'il avait réalisés. • Civ. 3e, 18 nov. 2009, n° 08-19.355 P : *D. 2010. 741, note Labarthe* ; *RDI 2010. 543, obs. Périnet-Marquet* ; *JCP E 2009, n° 51-52, p. 28 ; CCC 2010, n° 37, obs. Leveneur ; LPA 17 mai 2010, note Choné ; RJDA 2010, n° 240.* ♦ Lorsqu'un contrat de sous-traitance a été annulé, le sous-traitant est fondé à réclamer au titre de l'évaluation de ses prestations, dont la restitution est devenue impossible, le montant des sommes déboursées et les charges supportées. • Paris, 9 nov. 2001 : *RDI 2002. 51, obs. Périnet-Marquet*. ♦ En cas d'annulation du sous-traité, la rémunération du sous-traitant doit se faire non en fonction du prix qui avait été convenu entre les parties mais en fonction du juste coût des prestations réalisées. • Paris, 29 janv. 2004 : *RDI 2004. 443, obs. Périnet-Marquet*. ♦ Ordonnant à un sous-traitant de restituer le trop-perçu, le coût réel de l'ouvrage s'étant avéré inférieur aux sommes d'ores et déjà réglées par l'entrepreneur principal : • Reims, 26 janv. 2016 : *JCP 2016, n° 310, note Borysewicz, Henry et Bizzini.* ♦ Jugeant que le montant des restitutions à verser à un sous-traitant, à la suite de l'annulation du contrat, peut se baser sur le rapport d'expertise prenant en compte les travaux réellement exécutés et le prix habituel de ces travaux : • Civ. 3e, 30 nov. 2011, n° 10-27.021 P : *D. actu. 19 déc. 2011, obs. Dreveau ; JCP E 2012, n° 1008 ; RJDA 2012, n° 287.* ♦ Mais, le sous-traitant ne pouvant se prévaloir du contrat de sous-traitance pour obtenir le paiement de ses travaux et le rejeter pour échapper à ses obligations contractuelles, il en résulte que le non-respect par l'entrepreneur principal des dispositions relatives aux garanties de paiement dues à son sous-traitant ne le prive pas du droit d'agir à son encontre en réparation des malfaçons affectant les travaux qu'il a réalisés. • Civ. 3e, 14 déc. 2011, n° 10-28.149 P : *D. 2012. Actu. 149 ; RDI 2012. 503, obs. Périnet-Marquet ; JCP E 2012, n° 1079 ; Gaz. Pal. 2012. 464, obs. Parmentier ; Constr.-Urb. 2012, n° 30, obs. Sizaire.*

Sur les effets de la nullité sur une garantie à première demande. V. • Paris, 14 janv. 1993 : *JCP 1993. II. 22069, note Dumesnil-Rossi.*

10. Délégation. Pour un arrêt exigeant l'accord du maître de l'ouvrage lors de la conclusion du sous-traité pour la délégation de paiement proposée par l'entrepreneur principal, V. • Civ. 3e, 4 févr. 2004, n° 02-19.147 P : *JCP E 2004, n° 14, p. 540 ; RJDA 2004, n° 703 ; Gaz. Pal. 2004. Somm. 3356, obs. Peisse ; RDI 2004. 441, obs. Périnet-Marquet .* ♦ L'acceptation du sous-traitant et l'agrément des conditions de paiement par le maître de l'ouvrage n'impliquent pas l'existence d'une délégation de paiement. • Civ. 3e, 26 sept. 2007, n° 06-15.441 P : *D. 2007. AJ 2533, obs. Delpech ; JCP 2008. I. 104, n° 17, obs. Barthez* • Com. 11 févr. 2014, n° 13-10.146 : *RJDA 2014, n° 522.* ♦ La clause de délégation de paiement qui stipule que « le maître de l'ouvrage ne procédera au règlement des situations présentées par le sous-traitant que sur ordre de l'entreprise principale » ne peut être opposée au sous-traitant dès lors que, le jour de la signature de la convention, le maître de l'ouvrage connaissait le montant des travaux sous-traités et savait qu'ils étaient achevés. • Civ. 3e, 23 mai 2007, n° 06-13.723 P : *RJDA 2007, n° 1092.* ♦ L'ordre de paiement n'est ni une condition de validité ni un élément constitutif de la délégation mais une modalité de son exécution. • Civ. 3e, 19 déc. 2012, n° 11-25.622 P : *D. 2013. Chron. C. cass. 1168, obs. Georget ; RDI 2013. 265, obs. Périnet-Marquet ; JCP 2013, n° 230, note Boffa ; Constr.-Urb. 2013, n° 23, obs. Sizaire.*

Art. 14-1 *(L. n° 86-13 du 6 janv. 1986)* **Pour les contrats de travaux de bâtiment et de travaux publics :**

— le maître de l'ouvrage doit, s'il a connaissance de la présence sur le chantier d'un sous-traitant n'ayant pas fait l'objet des obligations définies à l'article 3, *(L. n° 2001-1168 du 11 déc. 2001)* **« ou à l'article 6, ainsi que celles définies à l'article 5, mettre l'entrepreneur principal ou le sous-traitant en demeure de s'acquitter de ces obligations. Ces dispositions s'appliquent aux marchés publics et privés ; »**

— si le sous-traitant accepté, et dont les conditions de paiement ont été agréées par le maître de l'ouvrage dans les conditions définies par décret en Conseil d'État, ne bénéficie pas de la délégation de paiement, le maître de l'ouvrage doit exiger de l'entrepreneur principal qu'il justifie avoir fourni la caution.

Les dispositions ci-dessus concernant le maître de l'ouvrage ne s'appliquent pas à la personne physique construisant un logement pour l'occuper elle-même ou le faire occuper par son conjoint, ses ascendants, ses descendants ou ceux de son conjoint.

(L. n° 2005-845 du 26 juill. 2005, art. 186) **« Les dispositions du deuxième alinéa s'appliquent également au contrat de sous-traitance industrielle lorsque le maître de l'ouvrage connaît son existence, nonobstant l'absence du sous-traitant sur le chantier. Les dispositions du troisième alinéa s'appliquent également au contrat de sous-traitance industrielle. »**

FORM. PR. COM. Vis *Demande de justification de la caution donnée ; Demande du maître de l'ouvrage à fin d'agrément,* par VERNHET.

BIBL. ▶ PÉRINET-MARQUET, *JCP 1994. I. 3745.* – BERLY, *RDI 1995. 483* . – ROULET, *Gaz. Pal. 1er-4 nov. 2000, p. 19.* – HOUTCIEFF, *D. 2002. 1506* . – ABBATUCCI, *RDI 2002. 488* (responsabilité du maître de l'ouvrage à l'égard des sous-traitants). – GUÉRIN, *Rapport 2002 de la Cour de cassation, p. 237* (même thème). – GAREAU, *AJDI 2004. 271* (le maître de l'ouvrage et la garantie de paiement du sous-traitant). – PÉRINET-MARQUET, *RDI 2005. 376* (sécurisation financière du sous-traitant).

1. Entrée en vigueur. L'art. 14-1 est d'application immédiate. • Civ. 3e, 13 juin 1990, n° 88-19.229 P : *D. 1990. 465, note Dubois .*

2. Ordre public. Le maître de l'ouvrage ne peut, par le biais d'une stipulation contractuelle interdisant la sous-traitance, se dégager de l'application de la loi d'ordre public du 31 déc. 1975 et notamment des obligations découlant de son art. 14-1. • Paris, 23 avr. 2003 : *RDI 2004. 103, obs. Périnet-Marquet .*

I. CHAMP D'APPLICATION

3. Marché principal. En ce sens que seuls les travaux de bâtiments ou de travaux publics réalisés au titre de marché principal entrent dans le champ d'application de l'art. 14-1, V. • Civ. 3e, 2 oct. 2002, n° 00-11.439 P : *cité note 4.* ♦ Le maître de l'ouvrage n'est pas tenu des obligations de l'art. 14-1 à l'égard du locateur d'ouvrage qui, n'ayant pas exécuté une partie du marché principal, mais des travaux de réfection imputables à une faute de l'entrepreneur, n'avait pas agi en qualité de sous-traitant pour les travaux supplémentaires. • Civ. 3e, 15 déc. 2004, n° 03-15.396 P : *JCP E 2005, n° 6, p. 210 ; RJDA 2005, n° 257 ; Gaz. Pal. 2005. 4269, obs. Peisse ; Defrénois 2006. 56, obs. Périnet-Marquet.* – V. aussi : • Civ. 3e, 14 avr. 2010, n° 09-12.339 P : *D. 2010. Actu. 1209 ; RDI 2010. 543, obs. Périnet-Marquet ; JCP E 2010, n° 1531 ; Gaz. Pal. 2010. 2672, note Caro ; RJDA 2010, n° 744.*

4. Travaux de bâtiment. Ne constituent pas des travaux de bâtiment l'installation et la modification de machines. • Com. 12 mars 1996, n° 93-15.518 : *RJDA 1996, n° 917.* ♦ Dans le même sens, s'agissant de marchés d'achat de matériel à usage industriel, V. • Civ. 3e, 20 déc. 2000, n° 98-13.927 : *RDI 2001. 164, obs. Périnet-Marquet* • Versailles, 8 janv. 1998 : *RJDA 1998, n° 590.* ♦ Le contrat de maîtrise d'œuvre, bien que portant sur une prestation intellectuelle, et dont partie était sous-traitée, dès lors qu'il a été conclu pour l'exécution d'un programme de construction immobilière, peut entrer dans la catégorie des travaux de bâtiment. • Civ. 3e, 26 mai 2004, n° 02-19.629 P : *D. 2004. IR 1866 ; JCP E 2004, n° 30, p. 1177 ; Gaz. Pal. 2005. Somm. 2133, obs. Peisse ; CCC 2004, n° 124, obs. Leveneur ; RJDA 2004, n° 1117 ; RDI 2004. 444, obs. Périnet-Marquet .* ♦ *Contra*, jugeant que le contrat de l'architecte avec le maître de l'ouvrage a pour objet une prestation intellectuelle et non une opération matérielle de « travaux » au sens du texte, V. • Paris, 3 juill. 2002 : *RDI 2003. 66, obs. Périnet-Marquet .* ♦ Sur la notion de travaux de bâtiment, V. aussi • Civ. 3e, 2 oct. 2002, n° 00-15.459 P : *D. 2002. IR 2989 ; RDI 2003. 65, obs. Périnet-Marquet ; RJDA 2002, n° 1269.* ♦ Sur l'application de l'art. 14-1 à des travaux de construction d'un atelier pour la réalisation d'une unité industrielle, V. • Civ. 3e, 9 déc. 1998, n° 97-10.995 P : *D. Affaires 1999. 792, obs. J. F. ; Gaz. Pal. 18-19 août 1999, Somm., p. 18, obs. Peisse.* ♦ La sous-traitance de travaux de démolition relève de la notion de « travaux de bâtiment » au sens de l'art. 14-1. • Civ. 3e, 24 sept. 2014, n° 13-14.404 P : *D. 2014. Actu. 1939 ; RDI 2015. 76, obs. Périnet-Marquet ; Constr.-Urb. 2014, n° 146, obs. Sizaire.*

5. Travaux publics. L'expression « travaux publics » figurant à l'art. 14-1 concerne les travaux de génie civil. • Civ. 3e, 4 juin 1997, n° 95-16.982 P : *D. Affaires 1997. 1144 ; Gaz. Pal. 1998. 2. Somm. 522, obs. Peisse.* ♦ Jugeant que les travaux de génie civil dont se prévalait le sous-traitant n'étaient pas extérieurs mais intérieurs au bâtiment et ne pouvaient pas correspondre à des travaux publics : • Com. 26 mai 2004, n° 02-18.160 P : *JCP E 2004, n° 30, p. 1176 ; Gaz. Pal. 2005. Somm. 2133, obs. Peisse ; RJDA 2004, n° 12.*

6. Marché public. Il résulte des dispositions des deux premiers alinéas de l'art. 14-1 qui, d'une part, ne portent pas sur les modalités de mise en œuvre de l'action directe, d'autre part, renvoient notamment à la procédure d'agrément des sous-traitants prévue aux art. 5 et 6 du titre II de la loi et, enfin, s'appliquent expressément aux marchés publics et privés, que le législateur a entendu, par dérogation aux dispositions de l'art. 11 de la même loi, que ces dispositions s'imposent à l'ensemble des marchés de sous-traitance, que leurs modalités de paiement relèvent du titre II ou du titre III de la L. du 31 déc. 1975. • CE 15 nov. 2012, n° 354255 : *AJDA 2012. 2254 ; RDI 2013. 83, note Galland ; RJDA 2013, n° 230.*

7. Chaîne de contrats. L'art. 14-1 ne crée d'obligation qu'à l'égard du maître de l'ouvrage qui reste toujours le même quelle que soit la succession des sous-traitants. En conséquence, doit être cassé l'arrêt qui, pour accueillir la demande du sous-traitant de second rang en paiement du solde du prix, retient que l'entrepreneur principal avait nécessairement connaissance de l'existence du contrat de sous-traitance conclu par le sous-traitant de premier rang et que l'entrepreneur principal commet une faute en s'abstenant de mettre l'entreprise directement liée à ce sous-traitant en demeure de faire procéder à son acceptation par le maître de l'ouvrage. • Civ. 3e, 15 janv. 2003, n° 01-02.967 P : *JCP E 2003, n° 10, p. 394 ; Gaz. Pal. 2004. Somm. 1294, obs. Peisse ; RJDA 2003, n° 718 ; RDI 2003. 268, obs. Périnet-Marquet* • 21 janv. 2004, n° 02-12.432 : *RDI 2004. 445, obs. Périnet-Marquet .* – V. aussi • Civ. 3e, 15 sept. 2015, n° 13-26.781 : *RDI 2016. 279, obs. Périnet-Marquet ; RJDA 2016, n° 282 ; Constr.-Urb. 2015, n° 155, obs. Sizaire.* ♦ Jugeant qu'un franchiseur vérifiant les standards de sa marque ne peut être systématiquement assimilé à un maître d'ouvrage délégué au regard de l'application de l'art. 14-1, V. • Civ. 3e, 12 nov. 2014, n° 13-21.466 : *RDI 2015. 77, obs. Périnet-Marquet .*

8. Sous-traitance industrielle. Les dispositions du 2e al. de l'art. 14-1 s'appliquent au contrat de sous-traitance industrielle lorsque le maître de l'ouvrage connaît son existence, nonobstant l'absence du sous-traitant sur le chantier. • Civ. 3e, 7 nov. 2012, n° 11-18.138 P : *D. 2012. Actu. 2736 ; RDI 2013. 266, obs. Périnet-Marquet ; JCP E 2012, n° 1765 ; CCC 2013, n° 27, obs. Leveneur ; Gaz. Pal. 2013. 803, note Caro.* ♦ L'application de l'art. 14-1, al. 2, par renvoi de l'al. 5, au contrat de sous-traitance industrielle n'est nullement subordonnée à l'existence d'un marché de travaux de bâtiment ou de travaux publics. • Com. 5 nov. 2013, n° 12-14.645 P : *D. 2013. Actu. 2638 ; RDI 2014. 38, obs. Périnet-Marquet ; RJDA 2014, n° 218 ; CCC 2014, n° 33, obs. Leveneur.* ♦ Pour une application du dernier al. de l'art. 14-1, V. aussi • Versailles, 13 déc. 2010 : *RJDA 2011, n° 533.*

II. OBLIGATION DU MAÎTRE DE L'OUVRAGE

9. *Office du juge.* Les juges du fond ne sont pas tenus de rechercher d'office si le maître de l'ouvrage a rempli les obligations mises à sa charge par l'art. 14-1, al. 3. • Civ. 3e, 25 sept. 2002, n° 00-18.163 P : *RJDA 2003, n° 134 ; RDI 2003. 69, obs. Périnet-Marquet*.

10. *Connaissance de la présence sur le chantier.* L'appréciation de la connaissance du sous-traitant par le maître de l'ouvrage résulte d'une appréciation souveraine des juges du fond. • Civ. 3e, 12 févr. 2003, n° 01-11.578 : *RDI 2003. 266, obs. Périnet-Marquet*. ♦ Sur la question de savoir qui, du maître de l'ouvrage personne morale ou de ses dirigeants ou actionnaires, doit avoir connaissance de la présence du sous-traitant sur le chantier, V. • Civ. 3e, 2 févr. 2005, n° 03-18.554 P : *RDI 2005. 290, obs. Périnet-Marquet ; Gaz. Pal. 2005. 4269, obs. Peisse ; JCP E 2005, n° 12, p. 500 ; RJDA 2005, n° 693*. ♦ En cas de mandat, c'est en la personne de la SCI mandante, tenue, en sa qualité de maître de l'ouvrage, d'exécuter l'obligation légale imposée par l'art. 14-1, qu'il convient d'apprécier la connaissance de la présence du sous-traitant sur le chantier. • Civ. 3e, 4 févr. 2004, n° 02-15.377 : *RDI 2004. 446, obs. Périnet-Marquet*. ♦ La faute délictuelle ou quasi délictuelle du mandataire n'engageant pas la responsabilité du mandant, celui-ci ne peut être condamné sur le fondement de l'art. 14-1 que s'il a personnellement connaissance de la présence du sous-traitant sur le chantier. Pour condamner le maître d'ouvrage à réparer le préjudice subi par le sous-traitant, l'arrêt retient que le promoteur avait connaissance de sa présence sur le chantier. En se déterminant ainsi, sans rechercher, comme il le lui était demandé, si la SCI avait connaissance de la présence du sous-traitant sur le chantier, la cour d'appel n'a pas donné de base légale à sa décision. • Civ. 3e, 15 avr. 2021, n° 19-20.424 P : *D. 2021. Actu. 799 ; JCP E 2021, n° 1249 ; RJDA 2021, n° 659*.

11. *Moment de la connaissance de l'intervention du sous-traitant.* Le texte ne comporte aucune condition relative au moment de la connaissance de l'intervention du sous-traitant par le maître de l'ouvrage : • Civ. 3e, 2 oct. 2002, n° 01-10.328 P : *D. 2002. IR 2917 ; Gaz. Pal. 2003. Somm. 3917, obs. Peisse ; RJDA 2003, n° 22 ; RDI 2003. 67, obs. Périnet-Marquet*. ♦ En ce sens que l'action en réparation engagée par le sous-traitant contre le maître de l'ouvrage ne saurait être rejetée du seul fait que celui-ci n'avait pas connaissance de la présence du sous-traitant dès le premier jour de son intervention. • Civ. 3e, 9 juill. 2003, n° 02-10.644 P : *cité note 1 ss. art. 14*. ♦ ... Ou n'a eu connaissance de la présence du sous-traitant qu'après la fin des travaux. • Civ. 3e, 2 oct. 2002, n° 01-10.328 P : *préc.* ♦ Le maître de l'ouvrage est tenu des obligations instituées par l'art. 14-1 dès qu'il a connaissance de l'existence du sous-traitant, nonobstant son absence sur le chantier et l'achèvement de ses travaux ou la fin du chantier. • Civ. 3e, 11 sept. 2013, n° 12-21.077 P : *D. 2013. Actu. 2172 ; RDI 2014. 39, obs. Périnet-Marquet ; RJDA 2013, n° 1006 ; Constr.-Urb. 2013, n° 160, obs. Sizaire*.

12. *Preuve de la connaissance de l'intervention du sous-traitant.* Le sous-traitant ayant effectué sur le chantier des travaux se chiffrant à près de 200 000 F [3 049 €], son intervention n'a pu ainsi être passée inaperçue au maître de l'ouvrage, d'autant que ce dernier a réceptionné sans aucune objection des matériaux livrés sur ledit chantier pour le compte du sous-traitant. • Bourges, 23 janv. 1996 : *JCP 1996. IV. 1661*. ♦ V. aussi, pour d'autres indices et éléments de preuve (ampleur et durée du chantier, présence sur le chantier de matériel, baraques et pancartes, émission de factures, attestations...) : • Civ. 3e, 4 juin 1997, n° 95-16.982 P : *préc. note 5* • 1er déc. 2000, n° 98-13.252 P : *RDI 2000. 56, obs. Périnet-Marquet* • 16 déc. 2008, n° 08-10.060 : *RDI 2009. 356, obs. Périnet-Marquet ; RJDA 2009, n° 336*. ♦ Le maître de l'ouvrage a nécessairement connaissance de l'intervention de la société concernée sur le chantier puisqu'il a été destinataire d'une demande d'acompte de sa part. • Versailles, 25 janv. 2008 : *JCP E 2008, n° 10, p. 27*. ♦ En revanche, une délégation de paiement du maître de l'ouvrage au profit du sous-traitant pour des travaux lui ayant été confiés à l'origine ne permet pas de déduire que le maître de l'ouvrage avait connaissance de la présence du sous-traitant sur le chantier pour la réalisation de nouveaux travaux. • Civ. 3e, 12 juin 2002, n° 00-21.553 P : *D. 2002. IR 2778 ; JCP E 2003, n° 9, p. 369, note Lutun ; Defrénois 2003. 323, obs. Périnet-Marquet ; Gaz. Pal. 2003. Somm. 1908, obs. Peisse*. ♦ Même solution en présence d'un simple accord donné par le maître de l'ouvrage, dans le marché le liant à l'entrepreneur principal, à la réalisation de travaux en sous-traitance, dès lors qu'il n'est pas justifié de l'acceptation d'un sous-traitant particulier : • Civ. 3e, 12 juin 2002, n° 00-10.439 : *RJDA 2002, n° 1270 ; RDI 2003. 67, obs. Périnet-Marquet*. ♦ Un sous-traitant qui ne fait état que de correspondances avec un bureau de contrôle, soit antérieures à la conclusion du contrat de sous-traitance, soit ne permettant pas de déterminer son intervention effective en cette qualité, soit largement postérieures à la fin de la mission de contrôle, ne rapporte pas la preuve que le maître de l'ouvrage savait que l'entrepreneur principal ne réalisait pas lui-même la prestation confiée à ce sous-traitant. • Versailles, 6 sept. 2001 : *JCP E 2002, n° 1, p. 8*. ♦ Les comptes rendus de chantier signalant la présence du sous-traitant mais qui n'ont pas été signés par les participants aux réunions ne sauraient constituer la preuve que le maître de l'ouvrage a effectivement été informé de ladite présence. • Rennes, 20 sept. 2001 : *JCP 2002. IV. 2263* • Colmar, 16 mars 2006 : *JCP E 2006, n° 41, p. 1735.* – Comp. • Lyon, 13 nov. 2007 : *BICC 15 janv. 2008, n° 84.*

13. Identification par le maître de l'ouvrage. Ayant exactement retenu que l'application de l'art. 14-1 suppose que le sous-traitant ait été identifié par le maître de l'ouvrage, une cour d'appel retient souverainement que cette preuve n'est pas établie par une lettre adressée en recommandé par laquelle le maître de l'ouvrage se plaignait à l'entrepreneur principal de réclamations de la part des sous-traitants qui menaçaient d'enlever les équipements installés. • Civ. 3e, 7 nov. 2007, n° 06-18.870 P : *D. 2007. AJ 3003, obs. Delpech ; JCP E 2007, n° 50, p. 25 ; RJDA 2008, n° 268 ; Constr.-Urb. 2008, n° 48, obs. Charbonneau ; Defrénois 2009. 79, obs. Périnet-Marquet.*

14. Mise en demeure de l'entrepreneur principal. L'art. 14-1 n'édictant aucun formalisme, ne commet pas de faute le maître de l'ouvrage qui, par courrier, a mis en demeure l'entrepreneur principal de s'acquitter de ses obligations. • Metz, 12 févr. 1997 : *JCP 1998. IV. 1407.* ♦ Si le législateur n'exige pas expressément que la mise en demeure prenne la forme d'une lettre recommandée, encore faut-il en cas d'envoi d'une lettre simple, outre la mention d'une interpellation suffisante pour constituer une telle mise en demeure, que la réception de ladite lettre par l'entreprise principale soit, non pas possible ou probable, mais certaine, preuve à défaut de laquelle il est impossible de retenir l'existence d'une mise en demeure. • Paris, 10 avr. 2002 : *RDI 2003. 68, obs. Périnet-Marquet*. ♦ Comp., pour une analyse de la mise en demeure en une injonction personnelle donnée par le maître d'ouvrage à l'entrepreneur imposant, d'une part, que celle-ci soit adressée par lettre recommandée avec AR et, d'autre part, qu'elle vise nommément le sous-traitant concerné, seul un tel visa permettant de rendre effective la mise en demeure : • Paris, 30 janv. 1998 : *JCP E 1998, n° 15-16, p. 585.* ♦ Si la mise en demeure n'est soumise à aucun formalisme, encore faut-il qu'il s'agisse d'une véritable mise en demeure présentant un caractère comminatoire certain, et non pas d'une simple invitation laissée à la discrétion de l'entrepreneur principal. • Versailles, 16 mai 2002 : *RDI 2003. 68, obs. Périnet-Marquet*. ♦ Ne satisfait pas à l'obligation légale le maître de l'ouvrage qui se borne à mentionner, même à plusieurs reprises, dans des comptes rendus de chantier à l'adresse de l'entrepreneur principal, le nom d'une entreprise sous-traitante, en indiquant « agréments de sous-traitants : à transmettre rapidement ». • Même arrêt. ♦ De même, ne vaut pas mise en demeure la lettre du maître de l'ouvrage « demandant » ou « exigeant » que l'entrepreneur fournisse caution. • Paris, 27 nov. 1996 : *RJDA 1997, n° 352.*

15. Vérification incombant au maître de l'ouvrage. Il appartient au maître de l'ouvrage de veiller à l'efficacité des mesures qu'il met en œuvre pour satisfaire aux obligations mises à sa charge par l'art. 14-1. • Civ. 3e, 21 nov. 2012, n° 11-25.101 P : *D. 2013. Chron. C. cass. 1168, obs. Georget ; RDI 2013. 268, obs. Périnet-Marquet ; JCP E 2012, n° 1786 ; RJDA 2013, n° 319.* ♦ L'obligation pesant sur le maître de l'ouvrage d'exiger de l'entrepreneur principal qu'il justifie avoir fourni la caution incluait la vérification non seulement de l'obtention par cet entrepreneur d'une caution bancaire, mais encore de la communication par lui au sous-traitant de l'identité de l'organisme caution et des termes de cet engagement. • Civ. 3e, 18 juin 2003, n° 01-17.366 P : *D. 2003. IR 1881 ; JCP E 2003, n° 36, p. 1361 ; Gaz. Pal. 2005. Somm. 2133, obs. Peisse ; RJDA 2003, n° 1061 ; RDI 2004. 105, obs. Périnet-Marquet*. ♦ La cour d'appel, qui n'a pas relevé les moyens mis en œuvre par le maître de l'ouvrage pour contraindre l'entrepreneur principal à respecter ses obligations en matière de sous-traitance, n'a pas donné de base légale à sa décision. • Civ. 3e, 8 sept. 2010, n° 09-68.724 P : *D. 2010. Actu. 2063 ; RDI 2010. 546, obs. Périnet-Marquet ; JCP E 2010, n° 1872 ; Gaz. Pal. 2011. 183, note Caro ; RJDA 2010, n° 1151 ; Constr.-Urb. 2011, n° 11, obs. Gareau.* ♦ Sur la forme du cautionnement, V. note 6 ss. art. 14. ♦ Le maître de l'ouvrage ne peut prétendre avoir satisfait à ses obligations vis-à-vis du sous-traitant par la seule mention de l'existence de l'obligation de fourniture de caution par l'entreprise principale dans les marchés conclus entre les parties. • Paris, 8 sept. 2006 : *JCP E 2006, n° 48, p. 2056.* ♦ Le respect des exigences légales impose que le maître de l'ouvrage veille à être en mesure de pouvoir vérifier par lui-même de l'existence et du contenu de la caution prise, sans se contenter sur ce point des affirmations de l'entreprise générale. • Paris, 4 juin 2004 : *RDI 2005. 291, obs. Périnet-Marquet*. ♦ Le maître de l'ouvrage qui ne demande pas à l'entrepreneur principal de justifier la fourniture d'une caution doit s'assurer que celui-ci a accepté la délégation de paiement au profit du sous-traitant. • Civ. 3e, 12 juin 2013, n° 12-21.317 P : *D. 2013. Actu. 1546 ; RDI 2014. 37, obs. Périnet-Marquet ; JCP E 2013, n° 1424 ; RJDA 2013, n° 1009.*

III. RESPONSABILITÉ DU MAÎTRE DE L'OUVRAGE

16. Responsabilité extracontractuelle du maître de l'ouvrage. BIBL. Périnet-Marquet, *RDI 1996. 159*. ♦ Le maître de l'ouvrage commet une faute en n'exigeant pas de l'entrepreneur principal la fourniture de la caution imposée par la loi. • Civ. 3e, 5 juin 1996, n° 94-

17.371 P : *D. 1996. IR 163 ; JCP 1996. II. 22715, note Périnet-Marquet* • 18 févr. 2015, n° 14-10.604 P : *D. 2015. Chron. C. cass. 989, obs. Georget ; RDI 2016. 280, obs. Périnet-Marquet ; BRDA 2015, n° 7, p. 9 ; Constr.-Urb. 2015, n° 73, obs. Sizaire.* ♦ Il résulte des art. 14-1 de la L. n° 75-1334 du 31 déc. 1975 et 1240 C. civ. qu'il appartient au maître de l'ouvrage de veiller à l'efficacité des mesures qu'il met en œuvre pour satisfaire aux obligations mises à sa charge et que, à défaut, il commet une faute qui engage sa responsabilité à l'égard du sous-traitant. • Civ. 3e, 17 nov. 2021, n° 20-20.731 : *RJDA 2022, n° 78.* ♦ Commet une faute engageant sa responsabilité extracontractuelle le maître de l'ouvrage qui, ayant connaissance de l'existence du sous-traitant et de sa présence sur le chantier, s'abstient de mettre l'entrepreneur en demeure de faire procéder à l'acceptation du sous-traitant et à l'agrément des conditions de paiement de celui-ci. • Paris, 22 janv. 1991 : *D. 1992. 500, note Morvan*. ♦ Le maître de l'ouvrage doit ainsi réparer le préjudice subi par le sous-traitant, qui a été privé du droit d'exercer l'action directe, du fait du non-respect des dispositions de l'art. 14-1. • Même arrêt. – Dans le même sens : • Versailles, 7 févr. 1992 : *JCP 1994. I. 3745 (annexe I)* • Toulouse, 26 mai 1997 : *BICC 1998, n° 202* • Basse-Terre, 18 juin 1997 : *Gaz. Pal. 1998. 1. Somm. 325, obs. Vray.* ♦ Sur la responsabilité d'un maître d'ouvrage délégué apparent à l'égard du sous-traitant, V. • Civ. 3e, 12 janv. 2005, n° 03-17.668 : *RDI 2005. 293, obs. Périnet-Marquet*.

17. Absence de faute du maître de l'ouvrage. Les dispositions de la L. du 31 déc. 1975 n'imposant d'obligation qu'à l'entrepreneur principal et non au maître de l'ouvrage, à l'exception de l'art. 14-1 inapplicable en l'espèce, et la société sous-traitante ne pouvant donc reprocher au maître de l'ouvrage de n'avoir pas mis l'entrepreneur principal en demeure de remplir ses obligations, la faute du maître de l'ouvrage n'était pas démontrée. • Civ. 3e, 4 déc. 2002, n° 01-03.929 P : *JCP E 2003, n° 5, p. 201 ; Gaz. Pal. 2004. Somm. 1294, obs. Peisse ; RJDA 2003, n° 380 ; RDI 2003. 265, obs. Périnet-Marquet*. ♦ Considérant que le maître de l'ouvrage qui doit exiger de l'entrepreneur principal une justification de la fourniture de caution prévue à l'art. 14-1 se conforme à cette obligation en subordonnant la poursuite des travaux sous-traités à la fourniture du cautionnement et en retenant, sur les sommes qu'il doit à l'entrepreneur, le prix correspondant à ces travaux, le simple envoi d'une lettre recommandée de mise en demeure étant insuffisant, V. • Paris, 15 sept. 2000 : *AJDI 2000. 958 ; BRDA 2000, n° 23, p. 8.* – V. aussi • Paris, 3 févr. 2003 : *RDI 2003. 456, obs. Boubli et Périnet-Marquet*. ♦ Le maître d'ouvrage, qui engage sa responsabilité personnelle s'il ne met pas l'entreprise en demeure de régulariser la situation des sous-traitants, est par conséquent en droit de sanctionner cette carence grave de l'entrepreneur par la rupture du contrat ; il ne peut lui être reproché d'y avoir procédé sans attendre une décision de justice au fond sur ce point. • Paris, 13 févr. 2013 : *Constr.-Urb. 2013, n° 72, obs. Sizaire.* ♦ L'obligation de mettre en demeure l'entrepreneur principal de fournir une caution bancaire n'est prévue qu'en cas d'acceptation du sous-traitant. • Civ. 3e, 9 mai 2012, n° 10-27.079 P : *D. 2012. Actu. 1330 ; RDI 2012. 505, obs. Périnet-Marquet ; RJDA 2012, n° 958 ; Gaz. Pal. 2012. 2778, obs. Parmentier.* ♦ Ayant relevé que l'entrepreneur principal avait sollicité l'agrément du sous-traitant, que le maître de l'ouvrage lui avait demandé de préciser le montant du marché sous-traité, et que, faute de réponse, il avait expressément refusé l'intervention du sous-traitant sur son chantier par lettre recommandée avec accusé de réception, la cour d'appel a pu en déduire que le maître de l'ouvrage, qui n'était pas tenu d'exiger l'exclusion du chantier du personnel de l'entreprise sous-traitante, n'avait commis aucune faute. • Civ. 3e, 16 juin 2015, n° 14-12.564 : *RDI 2016. 278, obs. Périnet-Marquet ; RJDA 2015, n° 744.*

18. Absence de responsabilité partielle du sous-traitant. La L. du 31 déc. 1975 n'impose au sous-traitant aucune diligence particulière à l'égard de l'entrepreneur principal ou du maître de l'ouvrage. • Civ. 3e, 3 avr. 2013, n° 12-16.795 : *RJDA 2013, n° 1007.* ♦ La L. du 31 déc. 1975 n'impose pas au sous-traitant de susciter son acceptation et l'agrément de ses conditions de paiement par le maître de l'ouvrage, ni d'exiger de l'entrepreneur principal une délégation de paiement ou la fourniture d'une caution (pas de partage de responsabilité). • Civ. 3e, 5 juin 1996, n° 94-17.475 P : *préc. note 20* • 14 avr. 1999, n° 97-17.055 P : *ibid.* • Versailles, 24 avr. 2003 : *BICC 2004, n° 169.* ♦ Le sous-traitant n'est pas obligé de se manifester auprès du maître de l'ouvrage. • Civ. 3e, 29 janv. 1997, n° 95-11.802 P : *D. 1997. IR 54 ; Gaz. Pal. 20-22 déc. 1998, p. 19, obs. Peisse.* ♦ Non seulement un sous-traitant ne peut pas renoncer par avance à se prévaloir, à l'égard du maître de l'ouvrage, du non-respect par celui-ci de ses obligations légales, mais la L. de 1975 ne lui impose aucune obligation de déclarer sa présence ou d'exiger son agrément à l'égard du maître de l'ouvrage. • Toulouse, 7 juin 2004 : *BICC 2005, n° 1086.* ♦ La responsabilité du maître de l'ouvrage est engagée sans qu'il puisse invoquer ni le fait qu'il ne se serait pas opposé à la délégation de paiement, ni la carence du sous-traitant à qui il n'incombe pas d'imposer la mise en place des garanties légales, cette abstention ne pouvant s'analyser en une renonciation du sous-traitant à ses droits, laquelle n'est d'ailleurs pas possible. • Versailles, 28 sept. 2005 : *RDI 2006. 473, obs. Périnet-Marquet*.

Manque de base légale, au regard de l'art. 14-1, l'arrêt qui, pour rejeter la demande d'une entreprise sous-traitante ayant assigné en paiement d'un solde de travaux le maître de l'ouvrage et l'entrepreneur principal, retient que, si le maître de l'ouvrage a eu connaissance de la présence du sous-traitant sur le chantier, le sous-traitant n'a pas adressé de mise en demeure préalable à l'action directe à l'entrepreneur principal et qu'il n'est pas contesté que le maître de l'ouvrage a payé l'ensemble des travaux dus à l'entrepreneur principal, sans rechercher à quelle date le maître de l'ouvrage avait eu connaissance de la présence du sous-traitant sur le chantier et avait payé l'intégralité des sommes dues à l'entrepreneur principal. • Civ. 3e, 5 juin 1996, n° 94-15.825 P : *D. 1996. IR 163* • 4 juin 1997, n° 95-16.982 P : *RJDA 1997, n° 1488.* ♦ V. aussi, jugeant que la cour d'appel ne pouvait rejeter la demande en paiement du sous-traitant, alors qu'elle avait constaté que l'entrepreneur principal avait été réglé postérieurement à la connaissance, par le maître de l'ouvrage, de la présence du sous-traitant sur le chantier : • Civ. 3e, 14 nov. 2001, n° 00-12.722 P : *RJDA 2002, n° 254 ; RDI 2002. 55, obs. Périnet-Marquet*. ♦ Sur l'absence de condition relative au moment de la connaissance de l'intervention du sous-traitant par le maître de l'ouvrage, V. note 11.

19. Action en responsabilité autonome du sous-traitant. Ajoute à l'art. 14-1 une condition relative au recouvrement préalable infructueux de la créance qu'il ne comporte pas une cour d'appel qui, pour rejeter sur le fondement de ce texte une demande en dommages-intérêts, retient que le sous-traitant ne justifie ni même n'allègue qu'il serait dans l'impossibilité de recouvrer sa créance auprès de l'entrepreneur principal, et ne fait notamment pas état d'une suspension des poursuites à l'encontre de cet entrepreneur qui l'empêcherait d'exercer une action en recouvrement, qu'il n'établit donc pas que la faute du maître de l'ouvrage, qui n'a pas mis en demeure l'entrepreneur principal de faire agréer les conditions de paiement du sous-traité, lui a causé un préjudice. • Civ. 3e, 26 nov. 2003, n° 02-13.094 P : *D. 2004. IR 190 ; JCP 2004. II. 10179, note Le Gars ; RJDA 2004, n° 419 ; RDI 2004. 106, obs. Périnet-Marquet*.

20. Réparation du préjudice du sous-traitant. Sur la réparation intégrale du préjudice, V. : • Civ. 3e, 5 juin 1996, n° 94-17.371 P : *D. 1996. IR 163 ; JCP 1996. II. 22715, note Périnet-Marquet* • 29 janv. 1997, n° 95-11.802 P : *ibid.* – V. aussi • Civ. 3e, 26 févr. 1997, n° 95-17.961 : *D. Affaires 1997. 415* • 14 avr. 1999, n° 97-17.055 P : *D. Affaires 1999. 938 ; Defrénois 1999. 1130, obs. Périnet-Marquet ; Administrer août-sept. 2000. 30, note Valdes.* ♦ Dans le même sens, V. • Civ. 3e, 4 nov. 1999, n° 98-11.451 : *RDI 2000. 54, obs. Malinvaud et Boubli* • 10 janv. 2001, n° 99-12.836 : *RDI 2001. 165, obs. Périnet-Marquet*. ♦ V. aussi, condamnant le maître de l'ouvrage à payer au sous-traitant l'intégralité des sommes dues : • Versailles, 17 mars 1994 : *Gaz. Pal. 1994. 2. Somm. 582* • 16 janv. 1997 : *D. 1997. IR 88 ; D. Affaires 1997. 373* • Bourges, 23 janv. 1996 : *préc. note 12.* ♦ Pour une décision calculant les sommes dues au sous-traitant en proportion des travaux réalisés lorsque le chantier n'a été réalisé que partiellement, V. • Paris, 21 févr. 2007 : *RDI 2007. 422, obs. Boubli et Périnet-Marquet*. ♦ Le maître d'ouvrage soumis aux obligations prévues à l'art. 14-1, qui ne met pas en demeure l'entrepreneur principal de fournir au sous-traitant agréé ne bénéficiant pas d'une délégation de paiement la caution prévue à l'art. 14, prive ce dernier d'une garantie sûre de paiement intégral et lui cause, par sa faute, un préjudice égal à la somme qu'il n'a pas recouvrée et dont il lui doit réparation en application des art. 1382 et 1383 [1240 et 1241] C. civ. • Paris, 21 oct. 1998 : *JCP E 1998, n° 47, p. 1810.* ♦ Le préjudice du sous-traitant résultant de la faute commise par le maître d'ouvrage est, outre la perte de l'action directe, la perte du recours contre la caution, recours qui lui aurait assuré une quasi-certitude de paiement et constitue sa garantie principale. • Paris, 30 janv. 1998 : *préc. note 14.* ♦ Le préjudice à la perte d'une chance certaine d'avoir le droit d'exercer l'action directe et jugeant que la réparation peut équivaloir au montant de la facture impayée par le sous-traité admis à la procédure collective lorsqu'il ressort des circonstances que l'acceptation du sous-traitant par le maître de l'ouvrage eût été certaine : • Bordeaux, 23 nov. 1993 : *Gaz. Pal. 1994. 2. 613, note Caro et Sablier.* ♦ Sur la perte d'une chance, V. aussi • Montpellier, 8 oct. 1992 : *JCP 1994. I. 3745 (annexe II)* • Versailles, 10 déc. 1993 : *RDI 1994. 250, obs. Malinvaud et Boubli* • Paris, 17 janv. 2001 : *RDI 2001. 166, obs. Périnet-Marquet* • 31 déc. 2001 : *RDI 2003. 69, obs. Périnet-Marquet*. ♦ Le fait que le sous-traitant ne se trouve pas dans l'impossibilité d'être payé par l'entrepreneur principal puisqu'il a accepté le paiement intégral de sa créance sur huit années ne suffit pas à exclure l'existence d'un préjudice résultant pour le sous-traitant de l'absence de certitude de paiement des travaux exécutés. • Civ. 3e, 28 mai 2013, n° 12-22.257 : *RDI 2014. 39, obs. Périnet-Marquet ; BRDA 2013, n° 15-16, p. 5.* ♦ En ce sens que le sous-traitant conserve un recours qui doit produire les mêmes effets qu'une acceptation forcée du sous-traitant, V. • Toulouse, 22 nov. 1994 : *RDI 1995. 549, obs. Malinvaud et Boubli*. ♦ Pour un arrêt retenant que le non-respect des prescriptions de l'art. 14-1 n'est pas la cause du préjudice du sous-traitant dès lors que l'action directe se serait avérée infructueuse, V. • Civ. 3e, 26 janv. 2000, n° 98-15.999 P : *D. 2000. IR 77 ; RDI 2000. 179, obs. Boubli et Malinvaud ; RJDA 2000, n° 413.* – V. aussi : • Civ. 3e,

13 juill. 2016, n° 15-20.779 : *RDI 2017. 82, obs. Périnet-Marquet ; Constr.-Urb. 2016, n° 120, obs. Sizaire.*

21. Recours du maître de l'ouvrage. Jugeant que le maître de l'ouvrage, actionné par le sous-traitant sur le fondement de l'art. 14-1, peut se retourner contre celui avec lequel il avait signé une convention d'assistance : • Civ. 3e, 22 oct. 2002, n° 00-27.578 : *RDI 2003. 267, obs. Périnet-Marquet*. ♦ ... Mais pas contre son assureur, dès lors qu'une clause de la police d'assurance exclut des garanties les responsabilités constitutives d'une violation délibérée par l'assuré des règles régissant l'exercice de sa profession. • Paris, 11 sept. 2002 : *RDI 2003. 267, obs. Périnet-Marquet*. ♦ Sur la possibilité pour le maître de l'ouvrage de se retourner contre son prestataire de service chargé d'une mission d'assistance, en cas de mise en œuvre de sa responsabilité fondée sur l'inobservation des dispositions de l'art. 14-1, V. • Paris, 12 avr. 2002 : *RDI 2003. 67, obs. Périnet-Marquet*.

Sur la mise en œuvre de la responsabilité du maître d'œuvre à l'égard du maître de l'ouvrage n'ayant pas respecté les obligations découlant de l'art. 14-1, V. • Civ. 3e, 18 juin 2003, n° 01-02.254 : *RDI 2003. 457, obs. Boubli et Périnet-Marquet*. ♦ Le devoir de conseil du maître d'œuvre ne lui fait pas obligation d'informer le maître de l'ouvrage des conséquences du défaut d'agrément du sous-traitant. • Civ. 3e, 12 mars 2008, n° 07-13.651 P : *D. 2008. AJ 981, obs. Delpech ; RDI 2008. 175, obs. Noguellou ; JCP E 2008, n° 19, p. 32 ; Defrénois 2009. 79, obs. Périnet-Marquet.* ♦ Mais, ayant exactement retenu qu'une société, maître d'œuvre chargé d'une mission de surveillance des travaux, avait pour obligation d'informer le maître de l'ouvrage de la présence d'un sous-traitant et de lui conseiller de se le faire présenter et, le cas échéant, de l'agréer et de définir les modalités de règlement de ses situations, une cour d'appel a pu en déduire que cette société était tenue à garantie. • Civ. 3e, 10 déc. 2014, n° 13-24.892 P : *D. 2015. Chron. C. cass. 988, obs. Georget ; RDI 2015. 127, obs. Boubli ; JCP 2014, n° 1333 ; BRDA 2015, n° 1, p. 9 ; Constr.-Urb. 2015, n° 25, obs. Sizaire.*

TITRE IV Dispositions diverses

Art. 15 **Sont nuls et de nul effet, quelle qu'en soit la forme, les clauses, stipulations et arrangements qui auraient pour effet de faire échec aux dispositions de la présente loi.**

1. Cession de créance. Il résulte de l'art. 15 qu'une cession opérée au mépris des droits des sous-traitants (art. 13-1) leur est inopposable, même si elle a été acceptée par le cédé. • T. com. Paris, 2 mai 1995 : *RJ com. 1996. 137, note d'Ambra.* ♦ V. aussi • Com. 3 déc. 2002, n° 00-14.704 : *RTD civ. 2003. 130, obs. Crocq*.

2. Cautionnement bancaire. Est sans effet la clause d'un cautionnement bancaire, consenti dans le cadre des dispositions de l'art. 14, qui subordonne la mise en œuvre de la garantie à la preuve de la défaillance de l'entrepreneur principal ainsi qu'à l'exercice préalable par le sous-traitant de l'action directe contre le maître de l'ouvrage. • Civ. 3e, 21 juin 2006, n° 05-10.122 : *RDI 2007. 420, obs. Boubli et Périnet-Marquet ; RJDA 2006, n° 1137.* ♦ Dès lors qu'elles permettent à la caution de se soustraire à son engagement, en violation des dispositions d'ordre public prévues par la loi, les conditions de mise en œuvre du cautionnement doivent être déclarées nulles. • Paris, 7 oct. 2011 : *RJDA 2012, n° 286.* ♦ Les dispositions d'ordre public de la L. du 31 déc. 1975 interdisant toute renonciation ou remise conventionnelle accordée par le sous-traitant à la caution, la cour d'appel a exactement retenu que la « mainlevée » donnée par le sous-traitant était nulle et que la banque, en sa qualité de caution, ne pouvait s'en prévaloir pour dénier sa garantie. • Civ. 3e, 14 sept. 2017, n° 16-18.146 P : *D. 2017. Actu. 1836 ; RDI 2018. 223, obs. Perinet-Marquet ; JCP E 2017, n° 1527 ; RJDA 2018, n° 124.* ♦ V. aussi note 2 ss. art. 14.

3. Clause de confidentialité. Une clause de confidentialité ne saurait faire échec à l'obligation, pesant sur l'entrepreneur principal, de faire agréer le sous-traitant par le maître de l'ouvrage. • Com. 30 juin 2015, n° 13-28.692 : *AJCA 2015. 470, obs. Garinot ; RDI 2016. 277, obs. Périnet-Marquet*.

Art. 15-1 *(Abrogé par Ord. n° 2018-1074 du 26 nov. 2018, art. 12) (L. n° 94-638 du 25 juill. 1994)* ***La présente loi est applicable à Mayotte. Elle s'applique aux contrats de sous-traitance conclus à partir du premier jour du douzième mois qui suit la publication de la loi n° 94-638 du 25 juillet 1994 tendant à favoriser l'emploi, l'insertion et les activités économiques dans les départements d'outre-mer, à Saint-Pierre-et-Miquelon et à Mayotte*** *[JO 27 juill.].*

Pour son application à la collectivité territoriale de Mayotte, il y a lieu de lire au premier alinéa de l'article 14 : "agréé dans les conditions fixées par arrêté du représentant du Gouvernement à Mayotte", au lieu de : "agréé dans des conditions fixées par décret".

V. note ss. art. 4.

Art. 15-2 *(Abrogé par Ord. nº 2018-1074 du 26 nov. 2018, art. 12) (L. nº 96-609 du 5 juill. 1996)* ***La présente loi est applicable à la collectivité territoriale de Saint-Pierre-et-Miquelon. Elle s'applique aux contrats de sous-traitance conclus à partir du 1er janvier 1997.***

Pour son application à la collectivité territoriale de Saint-Pierre-et-Miquelon, il y a lieu de lire, au premier alinéa de l'article 14 : "agréé dans les conditions fixées par arrêté du préfet" au lieu de : "agréé dans des conditions fixées par décret".

V. note ss. art. 4.

Art. 15-3 *(Ord. nº 2018-1074 du 26 nov. 2018, art. 12)* **La présente loi, à l'exception du dernier alinéa de l'article 12, est applicable en Nouvelle-Calédonie et en Polynésie française sous réserve des dispositions suivantes :**

Au premier alinéa de l'article 14, les mots : "dans les termes de l'article 1338 du code civil" sont supprimés.

V. note ss. art. 4.

Art. 15-4 *(Ord. nº 2018-1074 du 26 nov. 2018, art. 12)* **La présente loi est applicable dans les îles Wallis-et-Futuna et dans les Terres australes et antarctiques françaises, aux contrats passés par l'État et ses établissements publics.**

V. note ss. art. 4.

Art. 16 **Des décrets en Conseil d'État précisent les conditions d'application de la présente loi.**

TRIBUNAUX DE COMMERCE

V. aussi C. com., art. L. 721-1 s.

BIBL. GÉN. ▶ JEULAND, *D. 2000. Chron. 209* (expertise commerciale). – LACABARATS, *BJS 2008. 917* (les procédures d'urgence en droit des affaires). – CHOLET, *JCP E 2010, n° 558* (Décr. n° 2010-1165 du 1er oct. 2010 : réforme de la procédure devant le tribunal de commerce). – FRICERO, *Dr. et pr. 2011. 2* (une justice conciliatoire modernisée). – CROZE, *JCP E 2012, n° 1659* (la communication électronique procédurale devant les tribunaux de commerce). – BLÉRY et TEBOUL, *JCP 2013, n° 67* (instruction des affaires devant le tribunal de commerce). – GERBAY, *JCP E 2013. Actu. 114* (à propos du Décr. n° 2012-1451 du 24 déc. 2012 et sur l'utilité du rapport d'audience). – GENTIN, *LPA 14 févr. 2013* (le renforcement du parquet, une alternative au projet d'échevinage ?). – TEBOUL, *Gaz. Pal. 2014. 2611* (métamorphose de la procédure devant le tribunal de commerce impliquant une stratégie de conduite du changement). – THÉRON, *Gaz. Pal. 30 août 2016, p. 52* (les tribunaux de commerce renforcés par le projet de loi de modernisation de la justice du XXIe siècle). – DESPRÉS, *RTD. com. 2016. 657* (mesures d'instruction avant tout procès : plaidoyer pour une anticipation efficace).

Code de procédure civile

LIVRE II **Dispositions particulières à chaque juridiction**

TITRE III **Dispositions particulières au tribunal de commerce**

RÉP. COM. et **RÉP. PR. CIV.** v° *Procédure commerciale*, par BRUSCHI.

Art. 853 *(Décr. n° 2019-1333 du 11 déc. 2019, art. 5, en vigueur le 1er janv. 2020)* **Les parties sont, sauf disposition contraire, tenues de constituer avocat devant le tribunal de commerce.**

La constitution de l'avocat emporte élection de domicile.

Les parties sont dispensées de l'obligation de constituer avocat dans les cas prévus par la loi ou le règlement, lorsque la demande porte sur un montant inférieur ou égal à 10 000 euros *(Décr. n° 2020-1452 du 27 nov. 2020, art. 1er-19°, en vigueur le 1er janv. 2021)* **« ou qu'elle a pour origine l'exécution d'une obligation dont le montant n'excède pas 10 000 euros », dans le cadre des procédures instituées par le livre VI du code de commerce ou pour les litiges relatifs à la tenue du registre du commerce et des sociétés.** *(Décr. n° 2020-1452 du 27 nov. 2020, art. 1er-19°, en vigueur le 1er janv. 2021)* **« Le montant de la demande est apprécié conformément aux dispositions des articles 35 à 37. »**

Dans ces cas, elles ont la faculté de se faire assister ou représenter par toute personne de leur choix.

Le représentant, s'il n'est avocat, doit justifier d'un pouvoir spécial.

(Décr. n° 2021-1322 du 11 oct. 2021, art. 2, en vigueur le 1er nov. 2021) **« L'État, les régions, les départements, les communes et leurs établissements publics peuvent se faire assister ou représenter par un fonctionnaire ou un agent de leur administration. »** – *Al. applicable aux instances en cours à la date d'entrée en vigueur (Décr. n° 2021-1322 du 11 oct. 2021, art. 8).*

Les dispositions de l'art. 5 du Décr. n° 2019-1333 du 11 déc. 2019 sont applicables aux instances introduites à compter du 1er janv. 2020 (Décr. préc., art. 55).

Les dispositions de l'art. 1er-19° du Décr. n° 2020-1452 du 27 nov. 2020 s'appliquent aux instances introduites à compter du 1er janv. 2021 (Décr. préc., art. 12).

CHAPITRE PREMIER *La procédure devant le tribunal de commerce*

SECTION I *L'introduction de l'instance*

Art. 854 *(Décr. n° 2019-1333 du 11 déc. 2019, art. 5, en vigueur le 1er janv. 2020)* **La demande en justice est formée par assignation ou par la remise au greffe d'une requête conjointe.**

V. note ss. art. 853 C. pr. civ.

SOUS-SECTION 1 *L'assignation*

Art. 855 *(Décr. n° 2019-1333 du 11 déc. 2019, art. 5, en vigueur le 1er janv. 2020)* **L'assignation contient, à peine de nullité, outre les mentions prescrites par les articles 54 et 56, les**

nom, prénoms et adresse de la personne chez qui le demandeur élit domicile en France s'il réside à l'étranger.

L'acte introductif d'instance mentionne en outre les conditions dans lesquelles le défendeur peut ou doit se faire assister ou représenter, s'il y a lieu, le nom du représentant du demandeur ainsi que, lorsqu'il contient une demande en paiement, les dispositions de l'article 861-2.

V. note ss. art. 853 C. pr. civ.

FORM. PR. COM. v[is] *Assignation au fond ; Assignation réitérée au fond délivrée à un unique défendeur à la demande du juge ou du demandeur ; Assignation réitérée au fond délivrée à l'un des défendeurs non cité à personne et défaillant,* par TRAVIER.

Art. 856 L'assignation doit être délivrée quinze jours au moins avant la date de l'audience.

Art. 857 Le tribunal est saisi, à la diligence de l'une ou l'autre partie, par la remise au greffe d'une copie de l'assignation.

Cette remise doit avoir lieu au plus tard huit jours avant la date de l'audience *(Décr. nº 2005-1678 du 28 déc. 2005, art. 21, en vigueur le 1er mars 2006)* « , sous peine de caducité de l'assignation constatée d'office par ordonnance, selon le cas, du président ou du *(Décr. nº 2015-282 du 11 mars 2015, art. 28)* « juge chargé d'instruire l'affaire », ou, à défaut, à la requête d'une partie. »

Art. 858 En cas d'urgence, les délais de comparution et de remise de l'assignation peuvent être réduits par autorisation du président du tribunal.

Dans les affaires maritimes et aériennes, l'assignation peut être donnée, même d'heure à heure, sans autorisation du président, lorsqu'il existe des parties non domiciliées ou s'il s'agit de matières urgentes et provisoires.

FORM. PR. COM. v[is] *Requête à fin d'assignation à bref délai ; Assignation au fond délivrée à bref délai,* par TRAVIER.

SOUS-SECTION 2 *La requête conjointe*

Art. 859 *(Décr. nº 2019-1333 du 11 déc. 2019, art. 5, en vigueur le 1er janv. 2020)* Les parties peuvent exposer leurs prétentions par requête conjointe.

V. note ss. art. 853 C. pr. civ.

FORM. PR. COM. v° *Requête conjointe à fin de saisine du tribunal de commerce,* par TRAVIER.

Art. 860 *(Décr. nº 2019-1333 du 11 déc. 2019, art. 5, en vigueur le 1er janv. 2020)* Le tribunal est saisi par la remise de la requête conjointe.

V. note ss. art. 853 C. pr. civ.

SECTION II *L'instance*

SOUS-SECTION 1 *Dispositions générales*

(Décr. nº 2010-1165 du 1er oct. 2010, art. 7)

Les art. 860-1 à 861-2 C. pr. civ. sont entrés en vigueur le 1er déc. 2010 (Décr. préc., art. 17). Ils sont applicables dans les îles Wallis-et-Futuna (Décr. préc., art. 18-I).

BIBL. ▶ CHOLET, *JCP E 2010, nº 558* (la réforme de la procédure devant le tribunal de commerce). – FRICERO, *Dr. et pr. 2011. 2* (une justice conciliatoire modernisée). – BLÉRY, *JCP 2013, nº 1390* (la dispense de présentation devant le tribunal de commerce : de l'oral à l'écrit électronique).

Art. 860-1 La procédure est orale.

BIBL. ▶ CAUSSE, *Mél. Tricot, Dalloz/Litec, 2011, p. 343* (l'oralité devant les tribunaux de commerce). ▶ Décr. nº 2010-1165 du 1er oct. 2010 : DEHARO, *RJ com. 2010. 497* (oralité dans la procédure commerciale de première instance).

Art. 860-2 Si une conciliation entre les parties apparaît envisageable, la formation de jugement peut *(Abrogé par Décr. nº 2015-282 du 11 mars 2015, art. 26)* « *, avec l'accord des parties,* » désigner un conciliateur de justice à cette fin. Cette désignation peut revêtir la forme d'une simple mention au dossier.

Art. 861 En l'absence de conciliation, si l'affaire n'est pas en état d'être jugée, la formation de jugement la renvoie à une prochaine audience ou confie à l'un de ses membres le soin de l'instruire *(Abrogé par Décr. n° 2012-1451 du 24 déc. 2012, art. 12, à compter du 1er févr. 2013)* « *en qualité de juge rapporteur* ».

A moins que l'affaire ne soit jugée dès la première audience, le greffier avise par *(Décr. n° 2015-282 du 11 mars 2015, art. 5)* « tous moyens » les parties qui ne l'auraient pas été verbalement de la date des audiences ultérieures.

Art. 861-1 *(Décr. n° 2020-1452 du 27 nov. 2020, art. 1er-20°, en vigueur le 1er janv. 2021)* La formation de jugement peut, conformément au second alinéa de l'article 446-1, dispenser une partie qui en fait la demande de se présenter à une audience ultérieure. Dans ce cas, le juge organise les échanges entre les parties. La communication entre elles est faite par lettre recommandée avec demande d'avis de réception ou par notification entre avocats et il en est justifié auprès de la formation de jugement dans les délais qu'elle impartit. A l'issue de la dernière audience, le greffe informe les parties de la date à laquelle le jugement sera rendu.

Les dispositions de l'art. 1er-20° du Décr. n° 2020-1452 du 27 nov. 2020 s'appliquent aux instances en cours au 1er janv. 2021 (Décr. préc., art. 12).

V. Arr. du 21 juin 2013 portant communication par voie électronique entre les avocats et entre les avocats et la juridiction dans les procédures devant les tribunaux de commerce, ss. C. pr. civ., art. 748-6. — ***C. pr. civ.***

Art. 861-2 Sans préjudice des dispositions de l'article 68, la demande incidente tendant à l'octroi d'un délai de paiement en application de l'article *(Décr. n° 2016-1278 du 29 sept. 2016, art. 1er, en vigueur le 1er oct. 2016)* « 1343-5 » du code civil peut être formée par *(Décr. n° 2019-1333 du 11 déc. 2019, art. 29, en vigueur le 1er janv. 2020)* « requête » faite, remise ou adressée au greffe, où elle est enregistrée. L'auteur de cette demande doit justifier avant l'audience que l'adversaire en a eu connaissance par lettre recommandée avec demande d'avis de réception. Les pièces que la partie invoque à l'appui de sa demande de délai de paiement sont jointes à la *(Décr. n° 2019-1333 du 11 déc. 2019, art. 29, en vigueur le 1er janv. 2020)* « requête ».

L'auteur de cette demande incidente peut ne pas se présenter à l'audience, conformément au second alinéa de l'article 446-1. Dans ce cas, le juge ne fait droit aux demandes présentées contre cette partie que s'il les estime régulières, recevables et bien fondées.

SOUS-SECTION 2 *Le juge chargé d'instruire l'affaire (Décr. n° 2012-1451 du 24 déc. 2012, art. 12, en vigueur le 1er févr. 2013).*

Art. 861-3 *(Décr. n° 2010-1165 du 1er oct. 2010, en vigueur le 1er déc. 2010)* Le *(Décr. n° 2012-1451 du 24 déc. 2012, art. 12, en vigueur le 1er févr. 2013)* « juge chargé d'instruire l'affaire » organise le cas échéant les échanges entre les parties comparantes dans les conditions et sous les sanctions prévues à l'article 446-2.

Il peut dispenser une partie de se présenter à une audience ultérieure dans les conditions prévues à l'article 861-1.

Art. 862 *(Décr. n° 2010-1165 du 1er oct. 2010, art. 7, en vigueur le 1er déc. 2010)* Le *(Décr. n° 2012-1451 du 24 déc. 2012, art. 12, en vigueur le 1er févr. 2013)* « juge chargé d'instruire l'affaire » peut entendre les parties.

Il dispose des pouvoirs de mise en état prévus à l'article 446-3.

Art. 863 *(Décr. n° 2010-1165 du 1er oct. 2010, art. 7, en vigueur le 1er déc. 2010)* Le *(Décr. n° 2012-1451 du 24 déc. 2012, art. 12, en vigueur le 1er févr. 2013)* « juge chargé d'instruire l'affaire » constate la conciliation, même partielle, des parties.

Il peut également désigner un conciliateur de justice dans les conditions prévues à l'article 860-2.

Art. 864 Le *(Décr. n° 2012-1451 du 24 déc. 2012, art. 12, en vigueur le 1er févr. 2013)* « juge chargé d'instruire l'affaire » procède aux jonctions et disjonctions d'instance.

Art. 865 Le *(Décr. n° 2012-1451 du 24 déc. 2012, art. 12, en vigueur le 1er févr. 2013)* « juge chargé d'instruire l'affaire » peut ordonner, même d'office, toute mesure d'instruction.

Il tranche les difficultés relatives à la communication des pièces.

Il constate l'extinction de l'instance. En ce cas, il statue, s'il y a lieu, sur les dépens *(Décr. n° 2010-1165 du 1er oct. 2010, art. 7, en vigueur le 1er déc. 2010)* « et les demandes formées en application de l'article 700 ».

Art. 866 Les mesures prises par le *(Décr. n° 2012-1451 du 24 déc. 2012, art. 12, en vigueur le 1er févr. 2013)* « juge chargé d'instruire l'affaire » sont l'objet d'une simple mention au dossier : avis en est donné aux parties.

Toutefois, dans les cas prévus à l'article précédent, le *(Décr. n° 2012-1451 du 24 déc. 2012, art. 12, en vigueur le 1er févr. 2013)* « juge chargé d'instruire l'affaire » statue par ordonnance motivée, sous réserve des règles particulières aux mesures d'instruction.

Art. 867 Les ordonnances du *(Décr. n° 2012-1451 du 24 déc. 2012, art. 12, en vigueur le 1er févr. 2013)* « juge chargé d'instruire l'affaire » n'ont pas, au principal, l'autorité de la chose jugée.

Art. 868 Les ordonnances du *(Décr. n° 2012-1451 du 24 déc. 2012, art. 12, en vigueur le 1er févr. 2013)* « juge chargé d'instruire l'affaire » ne sont susceptibles d'aucun recours indépendamment du jugement sur le fond.

Toutefois, elles peuvent être frappées d'appel, soit dans les cas et conditions prévus en matière d'expertise, soit dans les quinze jours de leur date lorsqu'elles constatent l'extinction de l'instance.

Art. 869 *(Décr. n° 2012-1451 du 24 déc. 2012, art. 12, en vigueur le 1er févr. 2013)* Le juge chargé d'instruire l'affaire la renvoie devant le tribunal dès que l'état de l'instruction le permet.

Art. 870 *(Décr. n° 2012-1451 du 24 déc. 2012, art. 12, en vigueur le 1er févr. 2013)* A la demande du président de la formation, le juge chargé d'instruire l'affaire fait un rapport oral de l'affaire à l'audience avant les plaidoiries. Ce rapport peut également être fait par le président de la formation ou un autre juge de la formation qu'il désigne.

Le rapport expose l'objet de la demande et les moyens des parties, précise les questions de fait et de droit soulevées par le litige et fait mention des éléments propres à éclairer le débat, sans faire connaître l'avis du juge qui en est l'auteur.

Art. 871 *(Décr. n° 2012-1451 du 24 déc. 2012, art. 12, en vigueur le 1er févr. 2013)* Le juge chargé d'instruire l'affaire peut également, si les parties ne s'y opposent pas, tenir seul l'audience pour entendre les plaidoiries. Il en rend compte au tribunal dans son délibéré.

CHAPITRE II *Les pouvoirs du président*

SECTION I *Les ordonnances de référé*

RÉP. COM. v° *Référé commercial,* par DEHARO.

Art. 872 Dans tous les cas d'urgence, le président du tribunal de commerce peut, dans les limites de la compétence du tribunal, ordonner en référé toutes les mesures qui ne se heurtent à aucune contestation sérieuse ou que justifie l'existence d'un différend.

Sur la possibilité, en référé, pour le président de la juridiction saisie de pratiques restrictives de vente d'enjoindre la cessation des agissements en cause ou d'ordonner toute autre mesure provisoire, V. C. com., art. L. 442-4.

FORM. PR. COM. v° *Assignation en référé fondée sur l'art. 872 C. pr. civ.,* par TRAVIER.

BIBL. ▶ LACABARATS, *BJS 2008. 917* (les procédures d'urgence en droit des affaires).

Art. 873 Le président peut, dans les mêmes limites, *(Décr. n° 87-434 du 17 juin 1987)* « et même en présence d'une contestation sérieuse », prescrire en référé les mesures conservatoires ou de remise en état qui s'imposent, soit pour prévenir un dommage imminent, soit pour faire cesser un trouble manifestement illicite.

Dans les cas où l'existence de l'obligation n'est pas sérieusement contestable, il peut accorder une provision au créancier, *(Décr. n° 85-1330 du 17 déc. 1985)* « ou ordonner l'exécution de l'obligation même s'il s'agit d'une obligation de faire ». — *Modification entrée en vigueur le 1er janv. 1986.*

FORM. PR. COM. vis *Assignation en référé fondée sur l'art. 873, al. 1er, C. pr. civ. ; Assignation en référé fondée sur l'art. 873, al. 2, C. pr. civ.,* par TRAVIER.

Art. 873-1 *(Décr. n° 2005-1678 du 28 déc. 2005, art. 74, en vigueur le 1er mars 2006)* A la demande de l'une des parties, et si l'urgence le justifie, le président saisi en référé peut renvoyer l'affaire à une audience dont il fixe la date pour qu'il soit statué au fond. Il veille à ce que le défendeur dispose d'un temps suffisant pour préparer sa défense. L'ordonnance emporte saisine du tribunal.

SECTION II *Les ordonnances sur requête*

Art. 874 *(Décr. n° 2019-1333 du 11 déc. 2019, art. 5, en vigueur le 1er janv. 2020)* Le président du tribunal de commerce est saisi par requête dans les cas spécifiés par la loi.

Les parties sont dispensées de l'obligation de constituer avocat en matière de gage des stocks et de gage sans dépossession.

En cette matière, les parties peuvent présenter elles-mêmes leur requête.

Elles ont la faculté de se faire assister ou représenter par toute personne de leur choix.

Le représentant, s'il n'est avocat, doit justifier d'un pouvoir spécial.

V. note ss. art. 853 C. pr. civ.

En matière de mesures conservatoires, V., notamment, C. pr. exéc., art. L. 511-3, R. 511-2 et R. 511-3. — ***C. pr. exéc.*** *ou* ***C. pr. civ.***

FORM. PR. COM. v° *Requête afin d'obtenir une ordonnance dans un des cas spécifiés par la loi*, par TRAVIER.

Art. 875 Le président peut ordonner sur requête, dans les limites de la compétence du tribunal, toutes mesures urgentes lorsque les circonstances exigent qu'elles ne soient pas prises contradictoirement.

FORM. PR. COM. v° *Requête afin d'obtenir une mesure urgente*, par TRAVIER.

Art. 876 En cas d'urgence, la requête peut être présentée au domicile du président ou au lieu où il exerce son activité professionnelle.

Art. 876-1 *(Décr. nº 2019-1419 du 20 déc. 2019, art. 5, en vigueur le 1er janv. 2020)* **Dans les cas prévus par la loi ou le règlement, le président du tribunal de commerce statue selon la procédure accélérée au fond.**

CHAPITRE III *Dispositions diverses*

Art. 877 Les tribunaux de commerce ne connaissent pas l'exécution forcée de leurs jugements.

Art. 878 Le président du tribunal de commerce peut déléguer à un ou plusieurs membres de ce tribunal tout ou partie des pouvoirs qui lui sont dévolus par le présent titre.

Art. 878-1 *(Décr. nº 2008-522 du 2 juin 2008, art. 9)* **Lorsque le** *(Décr. nº 2019-966 du 18 sept. 2019, art. 8, en vigueur le 1er janv. 2020)* **« tribunal judiciaire** *[ancienne rédaction : tribunal de grande instance]* **» statue en matière commerciale en application de l'article L. 722-4 du code de commerce, les demandes sont formées, instruites et jugées conformément aux règles établies par le présent titre.**

Ordonnance nº 2020-1400 du 18 novembre 2020,

Portant adaptation des règles applicables aux juridictions de l'ordre judiciaire statuant en matière non pénale et aux copropriétés 🏛.

Décret nº 2020-1405 du 18 novembre 2020,

Portant adaptation des règles applicables aux juridictions de l'ordre judiciaire statuant en matière non pénale 🏛.

UNITÉS DE MESURE

RÉP. COM. v° *Instruments de mesure réglementés,* par Ranc.

RÉP. PÉN. v° *Poids et mesures,* par Fonteix.

Décret n° 61-501 du 3 mai 1961,

Relatif aux unités de mesure et au contrôle des instruments de mesure.

Décret n° 2001-387 du 3 mai 2001,

Relatif au contrôle des instruments de mesure.

Décret n° 2016-769 du 9 juin 2016,

Relatif aux instruments de mesure.

VENTES COMMERCIALES

Dispositions générales

V. aussi C. com., art. L. 441-6 et L. 442-6 relatifs à la communication des barèmes et conditions de vente et à la réparation civile des pratiques discriminatoires.

Code de la consommation

(Ord. n° 2016-301 du 14 mars 2016, en vigueur le 1er juill. 2016)

Le code de la consommation Dalloz comporte l'ensemble des textes, codifiés ou non, régissant la matière, assortis de commentaires, d'annotations de jurisprudence et de bibliographie. — ***C. consom.***

Information des consommateurs

Obligation générale d'information précontractuelle

Art. L. 111-1 *à* L. 111-8 et L. 131-1 *à* L. 131-4 *V. au* ***C. com.*** *ou au* ***C. consom.***

Prix et conditions de vente

Art. L. 112-1 Tout vendeur de produit ou tout prestataire de services informe le consommateur, par voie de marquage, d'étiquetage, d'affichage ou par tout autre procédé approprié, sur les prix et les conditions particulières de la vente et de l'exécution des services, selon des modalités fixées par arrêtés du ministre chargé de l'économie, après consultation du Conseil national de la consommation. — *V. les Arr. cités ss. ce même art. au* ***C. consom.***

V. Arr. du 11 mars 2015 relatif aux annonces de réduction de prix à l'égard des consommateurs. — ***C. consom.***

Sur l'information du consommateur dans le secteur de la franchise, V. C. com., art. A. 441-1.

Sur la publicité relative aux ventes en solde, V. C. com., art. L. 310-3 (II) et R. 310-17.

Art. L. 112-1-1 *(Ord. n° 2021-1734 du 22 déc. 2021, art. 2, en vigueur le 28 mai 2022)* I. — Toute annonce d'une réduction de prix indique le prix antérieur pratiqué par le professionnel avant l'application de la réduction de prix.

Ce prix antérieur correspond au prix le plus bas pratiqué par le professionnel à l'égard de tous les consommateurs au cours des trente derniers jours précédant l'application de la réduction de prix.

Par exception au deuxième alinéa, en cas de réductions de prix successives pendant une période déterminée, le prix antérieur est celui pratiqué avant l'application de la première réduction de prix.

Le présent I ne s'applique pas aux annonces de réduction de prix portant sur des produits périssables menacés d'une altération rapide.

II. — Les présentes dispositions ne s'appliquent pas aux opérations par lesquelles un professionnel compare les prix qu'il affiche avec ceux d'autres professionnels.

Art. L. 112-2 Les dispositions de l'article L. 112-1 s'appliquent à toutes les activités de production, de distribution et de services, y compris celles qui sont le fait de personnes publiques, notamment dans le cadre de conventions de délégation de service public ainsi qu'aux prestations mentionnées au titre IV *bis* du livre IV du code de commerce.

(Abrogé par L. n° 2017-203 du 21 févr. 2017, art. 4-I) ***« Elles sont également applicables en cas de manquements au règlement (CE) n° 1008/2008 du Parlement européen et du Conseil du 24 septembre 2008 établissant des règles communes pour l'exploitation de services aériens dans la Communauté. »***

Les règles relatives à l'obligation de renseignements du public par les établissements de crédit, les sociétés de financement, les établissements de monnaie électronique, les établissements de paiement et les organismes mentionnés à l'article L. 518-1 du code monétaire et financier sont fixées par l'article L. 312-1-1 du même code. — *V. cet art., v° Banque et financement de l'entreprise.*

Art. L. 112-3 à L. 112-6 *V. au* **C. com.** *ou au* **C. consom.**

Art. L. 131-5 Tout manquement aux dispositions de l'article L. 112-1 définissant les modalités d'information sur le prix et les conditions de vente ainsi qu'aux dispositions des arrêtés pris pour son application est passible d'une amende administrative dont le montant ne peut excéder 3 000 euros pour une personne physique et 15 000 euros pour une personne morale.

Cette amende est prononcée dans les conditions prévues au chapitre II du titre II du livre V.

Art. L. 131-6 *V. au* **C. com.** *ou au* **C. consom.**

Art. L. 141-1 Dans les collectivités relevant de l'article 73 de la Constitution *(Ord. n° 2017-269 du 2 mars 2017, art. 1er, en vigueur au plus tard le 1er juill. 2017)* « et dans les collectivités de Saint-Barthélemy, de Saint-Martin, de Saint-Pierre-et-Miquelon et des îles Wallis-et-Futuna », en cas de situation conjoncturelle où le prix de cession par leur producteur de produits agricoles périssables ou de produits issus de cycles courts de production est anormalement bas par rapport à la moyenne des prix observés lors de la période correspondante de la précédente campagne, l'observatoire des prix, des marges et des revenus mentionné au titre Ier A du livre IX du code de commerce peut proposer au représentant de l'État de rendre obligatoire l'affichage sur les lieux de vente du prix d'achat au producteur et du prix de vente au consommateur.

Pratiques commerciales interdites

Pratiques commerciales agressives

Art. L. 121-6 Une pratique commerciale est agressive lorsque du fait de sollicitations répétées et insistantes ou de l'usage d'une contrainte physique ou morale, et compte tenu des circonstances qui l'entourent :

1° Elle altère ou est de nature à altérer de manière significative la liberté de choix d'un consommateur ;

2° Elle vicie ou est de nature à vicier le consentement d'un consommateur ;

3° Elle entrave l'exercice des droits contractuels d'un consommateur.

Afin de déterminer si une pratique commerciale recourt au harcèlement, à la contrainte, y compris la force physique, ou à une influence injustifiée, les éléments suivants sont pris en considération :

1° Le moment et l'endroit où la pratique est mise en œuvre, sa nature et sa persistance ;

2° Le recours à la menace physique ou verbale ;

3° L'exploitation, en connaissance de cause, par le professionnel, de tout malheur ou circonstance particulière d'une gravité propre à altérer le jugement du consommateur, dans le but d'influencer la décision du consommateur à l'égard du produit ;

4° Tout obstacle non contractuel important ou disproportionné imposé par le professionnel lorsque le consommateur souhaite faire valoir ses droits contractuels, et notamment celui de mettre fin au contrat ou de changer de produit ou de fournisseur ;

5° Toute menace d'action alors que cette action n'est pas légalement possible.

Art. L. 121-7 Sont réputées agressives au sens de l'article L. 121-6 les pratiques commerciales qui ont pour objet :

1° De donner au consommateur l'impression qu'il ne pourra quitter les lieux avant qu'un contrat n'ait été conclu ;

2° D'effectuer des visites personnelles au domicile du consommateur, en ignorant sa demande de voir le professionnel quitter les lieux ou de ne pas y revenir, sauf si la législation nationale l'y autorise pour assurer l'exécution d'une obligation contractuelle ;

3° De se livrer à des sollicitations répétées et non souhaitées par téléphone, télécopieur, courrier électronique ou tout autre outil de communication à distance ;

4° D'obliger un consommateur qui souhaite demander une indemnité au titre d'une police d'assurance à produire des documents qui ne peuvent raisonnablement être considérés comme pertinents pour établir la validité de la demande ou s'abstenir systématiquement de répondre à des correspondances pertinentes, dans le but de dissuader ce consommateur d'exercer ses droits contractuels ;

5° Dans une publicité, d'inciter directement les enfants à acheter ou à persuader leurs parents ou d'autres adultes de leur acheter le produit faisant l'objet de la publicité ;

6° D'informer explicitement le consommateur que s'il n'achète pas le produit ou le service, l'emploi ou les moyens d'existence du professionnel seront menacés ;

7° De donner l'impression que le consommateur a déjà gagné, gagnera ou gagnera en accomplissant tel acte un prix ou un autre avantage équivalent, alors que, en fait :

– soit il n'existe pas de prix ou autre avantage équivalent ;

– soit l'accomplissement d'une action en rapport avec la demande du prix ou autre avantage équivalent est subordonné à l'obligation pour le consommateur de verser de l'argent ou de supporter un coût.

....

Art. L. 132-10 Le contrat conclu à la suite d'une pratique commerciale agressive mentionnée aux articles L. 121-6 et L. 121-7 est nul et de nul effet.

Art. L. 132-11 Les pratiques commerciales agressives mentionnées aux articles L. 121-6 et L. 121-7 sont punies d'un emprisonnement de deux ans et d'une amende de 300 000 euros.

Le montant de l'amende peut être porté, de manière proportionnée aux avantages tirés du délit, à 10 % du chiffre d'affaires moyen annuel, calculé sur les trois derniers chiffres d'affaires annuels connus à la date des faits.

(L. n° 2018-938 du 30 oct. 2018, art. 20) « En cas de condamnation, le tribunal ordonne, par tous moyens appropriés, l'affichage ou la diffusion de l'intégralité ou d'une partie de la décision ou d'un communiqué informant le public des motifs et du dispositif de celle-ci. »

Art. L. 132-12 Les personnes physiques coupables du délit puni à l'article L. 132-11 encourent une interdiction, pour une durée de cinq ans au plus, d'exercer directement ou indirectement une activité commerciale.

Les personnes morales déclarées pénalement responsables dans les conditions prévues à l'article 121-2 du code pénal, du délit puni à l'article L. 132-11 encourent, outre l'amende suivant les modalités prévues à l'article 131-38 du code pénal, les peines prévues aux 2° à 9° de l'article 131-39 du même code.

L'interdiction mentionnée au 2° du même article 131-39 porte sur l'activité dans l'exercice ou à l'occasion de l'exercice de laquelle l'infraction a été commise. Les peines prévues aux 2° à 7° de cet article ne peuvent être prononcées que pour une durée de cinq ans au plus.

Abus de faiblesse

Art. L. 121-8 Est interdit le fait d'abuser de la faiblesse ou de l'ignorance d'une personne pour lui faire souscrire, par le moyen de visites à domicile, des engagements au comptant ou à crédit sous quelque forme que ce soit, lorsque les circonstances montrent que cette personne n'était pas en mesure d'apprécier la portée des engagements qu'elle prenait ou de déceler les ruses ou artifices déployés pour la convaincre à y souscrire ou font apparaître qu'elle a été soumise à une contrainte.

Art. L. 121-9 Est interdit le fait d'abuser de la faiblesse ou de l'ignorance d'une personne pour obtenir des engagements :

1° Soit à la suite d'un démarchage par téléphone ou télécopie ;

2° Soit à la suite d'une sollicitation personnalisée, sans que cette sollicitation soit nécessairement nominative, à se rendre sur un lieu de vente, effectuée à domicile et assortie de l'offre d'avantages particuliers ;

3° Soit à l'occasion de réunions ou d'excursions organisées par l'auteur de l'infraction ou à son profit ;

4° Soit lorsque la transaction a été faite dans des lieux non destinés à la commercialisation du bien ou du service proposé ou dans le cadre de foires ou de salons ;

5° Soit lorsque la transaction a été conclue dans une situation d'urgence ayant mis la victime de l'infraction dans l'impossibilité de consulter un ou plusieurs professionnels qualifiés, tiers au contrat.

Art. L. 121-10 Est interdit le fait d'abuser de la faiblesse ou de l'ignorance d'une personne pour se faire remettre, sans contreparties réelles, des sommes en numéraire ou par virement, des chèques bancaires ou postaux, des ordres de paiement par carte de paiement ou carte de crédit ou bien des valeurs mobilières, au sens de l'article 529 du code civil.

....

Art. L. 132-13 Le contrat conclu à la suite d'un abus de faiblesse est nul et de nul effet.

Art. L. 132-14 Le fait d'abuser de la faiblesse ou de l'ignorance d'une personne au sens des articles L. 121-8 à L. 121-10 est puni d'un emprisonnement de trois ans et d'une amende de 375 000 euros.

Le montant de l'amende peut être porté, de manière proportionnée aux avantages tirés du délit, à 10 % du chiffre d'affaires moyen annuel, calculé sur les trois derniers chiffres d'affaires annuels connus à la date des faits.

Art. L. 132-15 Les personnes physiques coupables du délit puni à l'article L. 132-14 encourent également à titre de peines complémentaires l'interdiction, suivant les modalités prévues à l'article 131-27 du code pénal, soit d'exercer une fonction publique ou d'exercer l'activité professionnelle ou sociale dans l'exercice ou à l'occasion de l'exercice de laquelle l'infraction a été commise, soit d'exercer une profession commerciale ou industrielle, de diriger, d'administrer, de gérer ou de contrôler à un titre quelconque, directement ou indirectement, pour leur propre compte ou pour le compte d'autrui, une entreprise commerciale ou industrielle ou une société commerciale.

Ces interdictions d'exercice ne peuvent excéder une durée de cinq ans. Elles peuvent être prononcées cumulativement.

Les personnes morales déclarées responsables pénalement, dans les conditions prévues à l'article 121-2 du code pénal, du délit puni à l'article L. 132-14 encourent, outre l'amende suivant les modalités prévues à l'article 131-38 du code pénal, les peines prévues aux 2° à 9° de l'article 131-39 du même code.

L'interdiction mentionnée au 2° du même article 131-39 porte sur l'activité dans l'exercice ou à l'occasion de l'exercice de laquelle l'infraction a été commise. Les peines prévues aux 2° à 7° de cet article ne peuvent être prononcées que pour une durée de cinq ans au plus.

Refus et subordination de vente ou de prestation de services

Art. L. 121-11 Est interdit le fait de refuser à un consommateur la vente d'un produit ou la prestation d'un service, sauf motif légitime*[.]*

Est également interdit le fait de subordonner la vente d'un produit à l'achat d'une quantité imposée ou à l'achat concomitant d'un autre produit ou d'un autre service ainsi que de subordonner la prestation d'un service à celle d'un autre service ou à l'achat d'un produit dès lors que cette subordination constitue une pratique commerciale déloyale au sens de l'article L. 121-1.

(Ord. n° 2018-361 du 16 mai 2018, art. 11, en vigueur le 1er oct. 2018) « Est également interdit le fait de subordonner la vente d'un bien ou la fourniture d'un service à la conclusion d'un contrat d'assurance accessoire au bien ou au service vendu, sans permettre au consommateur d'acheter le bien ou d'obtenir la fourniture du servcie séparément. »

Pour les établissements de crédit et les organismes mentionnés à l'article L. 518-1 du code monétaire et financier, les règles relatives aux ventes subordonnées sont fixées par les dispositions du 1 du I de l'article L. 312-1-2 du même code. — *V. cet art., v° Banque et financement de l'entreprise.*

Les dispositions du présent article s'appliquent à toutes les activités de production, de distribution et de services, y compris celles qui sont le fait de personnes publiques, notamment dans le cadre de conventions de délégation de service public.

Sur la sanction pénale du refus discriminatoire de fourniture d'un bien ou d'un service fondé sur une distinction entre les personnes à raison de leur origine, de leur sexe, de leur situation de famille, de leur état de santé, de leur handicap, de leurs mœurs, de leurs opinions politiques, de leurs activités syndicales, de leur appartenance, vraie ou supposée, à une ethnie, une nation, une race ou une religion déterminée, ou de la subordination de la fourniture d'un bien ou d'un service à une condition fondée sur l'un de ces éléments, V. C. pén., art. 225-1 s. — ***C. pén.***

Vente et prestation de services sans commande préalable

Art. L. 121-12 Est interdit le fait d'exiger le paiement immédiat ou différé de biens ou de services fournis par un professionnel ou, s'agissant de biens, d'exiger leur renvoi ou leur conservation, sans que ceux-ci aient fait l'objet d'une commande préalable du consommateur.

Les dispositions du présent article s'appliquent également aux contrats portant sur la fourniture d'eau, de gaz ou d'électricité lorsqu'ils ne sont pas conditionnés dans un volume délimité ou en quantité déterminée ainsi que sur la fourniture de chauffage urbain et de contenu numérique non fourni sur support matériel.

Art. L. 121-13 Les dispositions de l'article L. 121-12 ne font pas obstacle à la perception d'intérêts, de commissions ou de frais au titre de facilités de caisse ou de découverts bancaires prévus par la convention de compte instituée à l'article L. 312-1-1 du code monétaire et financier qui précise le montant ou le mode de calcul de ces rémunérations. – *V. art. L. 312-1-1 C. mon. fin., v° Banque et financement de l'entreprise.*

Il en est de même dans le cas où une modification des conditions initiales du contrat résulte de la mise en œuvre d'une clause de révision dont les modalités ont été expressément définies et ont recueilli l'accord des parties au moment de la signature du contrat.

BIBL. ▸ FERNANDEZ, *LPA 9 mai 1997* (contractualisation des conditions de facturation de services bancaires).

Art. L. 132-16 Tout contrat conclu à la suite d'une pratique commerciale illicite mentionnée à l'article L. 121-12 est nul et de nul effet.

Le professionnel doit, en outre, restituer les sommes qu'il aurait indûment perçues sans engagement exprès et préalable du consommateur. Ces sommes sont productives d'intérêts au taux légal à compter de la date du paiement indu et d'intérêts au taux légal majoré de moitié à compter de la demande de remboursement faite par le consommateur.

Art. L. 132-17 La violation de l'interdiction mentionnée à l'article L. 121-12 est punie d'un emprisonnement de deux ans et d'une amende de 300 000 euros.

Le montant de l'amende peut être porté, de manière proportionnée aux avantages tirés du délit, à 10 % du chiffre d'affaires moyen annuel, calculé sur les trois derniers chiffres d'affaires annuels connus à la date des faits.

Art. L. 132-18 Les personnes physiques coupables du délit puni à l'article L. 132-17 encourent une interdiction, pour une durée de cinq ans au plus, d'exercer directement ou indirectement une activité commerciale.

Les personnes morales déclarées pénalement responsables, dans les conditions prévues à l'article 121-2 du code pénal, du délit puni à l'article L. 132-17 encourent, outre l'amende suivant les modalités prévues à l'article 131-38 du code pénal, les peines prévues aux 2° à 9° de l'article 131-39 du même code.

L'interdiction mentionnée au 2° du même article 131-39 porte sur l'activité dans l'exercice ou à l'occasion de l'exercice de laquelle l'infraction a été commise. Les peines prévues aux 2° à 7° de cet article ne peuvent être prononcées que pour une durée de cinq ans au plus.

Ventes ou prestations « à la boule de neige »

Art. L. 121-15, L. 132-19 et L. 132-20 *V. au C. com.* 🔒 *ou au C. consom.*

Paiements supplémentaires

Art. L. 121-17 Préalablement à la conclusion d'un contrat de vente ou de prestation de services, le professionnel s'assure du consentement exprès du consommateur pour tout paiement supplémentaire venant s'ajouter au prix de l'objet principal du contrat.

Dans l'hypothèse où le paiement supplémentaire résulte d'un consentement du consommateur donné par défaut, c'est-à-dire en l'absence d'opposition expresse de sa part à des options payantes qu'il n'a pas sollicitées, le consommateur peut prétendre au remboursement des sommes versées au titre de ce paiement supplémentaire.

Les dispositions du présent article s'appliquent aux contrats portant sur la fourniture d'eau, de gaz ou d'électricité lorsqu'ils ne sont pas conditionnés dans un volume délimité ou en quantité déterminée ainsi que sur la fourniture de chauffage urbain et de contenu numérique non fourni sur un support matériel.

Art. L. 121-18 Les dispositions de la présente section sont d'ordre public.

Art. L. 132-22 Tout manquement à l'obligation de recueil du consentement exprès du consommateur dans les conditions prévues à l'article L. 121-17 est passible d'une amende administrative dont le montant ne peut excéder 3 000 euros pour une personne physique et 15 000 euros pour une personne morale.

Cette amende est prononcée dans les conditions prévues au chapitre II du titre II du livre V.

Ventes ou prestations de services avec primes

Art. L. 121-19 Est interdite toute vente ou offre de vente de produits ou de biens ou toute prestation ou offre de prestation de services faite aux consommateurs et donnant droit, à titre gratuit, immédiatement ou à terme, à une prime consistant en produits, biens ou services dès lors que la pratique en cause revêt un caractère déloyal au sens de l'article L. 121-1.

Les dispositions du présent article s'appliquent à toutes les activités de production, de distribution et de services, y compris celles qui sont le fait de personnes publiques, notamment dans le cadre de conventions de délégation de service public.

Les règles relatives aux ventes avec primes applicables aux produits et services proposés pour la gestion d'un compte de dépôt sont fixées au 2 du I de l'article L. 312-1-2 du code monétaire et financier. – *V. cet art., v° Banque et financement de l'entreprise.*

Formation et exécution de certains contrats

Art. L. 211-1 à L. 211-4 *V. au* ***C. com.*** *ou au* ***C. consom.***

Présentation des contrats et clauses abusives

RÉP. COM. v° *Déséquilibre significatif*, par CHANTEPIE et SAUPHANOR-BROUILLAUD.

Art. L. 212-1 Dans les contrats conclus entre professionnels et consommateurs, sont abusives les clauses qui ont pour objet ou pour effet de créer, au détriment du consommateur, un déséquilibre significatif entre les droits et obligations des parties au contrat.

Sans préjudice des règles d'interprétation prévues aux *(Ord. n° 2016-131 du 10 févr. 2016, art. 6-IV, en vigueur le 1er oct. 2016)* « articles 1188, 1189, 1191 et 1192 *[ancienne rédaction : articles 1156 à 1161, 1163 et 1164]* » du code civil, le caractère abusif d'une clause s'apprécie en se référant, au moment de la conclusion du contrat, à toutes les circonstances qui entourent sa conclusion, de même qu'à toutes les autres clauses du contrat. Il s'apprécie également au regard de celles contenues dans un autre contrat lorsque les deux contrats sont juridiquement liés dans leur conclusion ou leur exécution.

L'appréciation du caractère abusif des clauses au sens du premier alinéa ne porte ni sur la définition de l'objet principal du contrat ni sur l'adéquation du prix ou de la rémunération au bien vendu ou au service offert pour autant que les clauses soient rédigées de façon claire et compréhensible.

Un décret en Conseil d'État, pris après avis de la commission des clauses abusives, détermine des types de clauses qui, eu égard à la gravité des atteintes qu'elles portent à l'équilibre du contrat, doivent être regardées, de manière irréfragable, comme abusives au sens du premier alinéa.

Un décret pris dans les mêmes conditions, détermine une liste de clauses présumées abusives ; en cas de litige concernant un contrat comportant une telle clause, le professionnel doit apporter la preuve du caractère non abusif de la clause litigieuse.

Ces dispositions sont applicables quels que soient la forme ou le support du contrat. Il en est ainsi notamment des bons de commande, factures, bons de garantie, bordereaux ou bons de livraison, billets ou tickets, contenant des stipulations négociées librement ou non ou des références à des conditions générales préétablies.

Art. L. 212-2 Les dispositions de l'article L. 212-1 sont également applicables aux contrats conclus entre des professionnels et des non-professionnels.

Art. L. 212-3 *(Abrogé par Ord. n° 2021-1247 du 29 sept. 2021, art. 7 à compter du 1er janv. 2022) Les dispositions du présent chapitre sont d'ordre public.*

....

Art. L. 241-1 Les clauses abusives sont réputées non écrites.

Le contrat reste applicable dans toutes ses dispositions autres que celles jugées abusives s'il peut subsister sans ces clauses.

Les dispositions du présent article sont d'ordre public.

Art. L. 241-1-1 *(Ord. n° 2021-1734 du 22 déc. 2021, art. 8, en vigueur le 28 mai 2022)* Sans préjudice de l'allocation de dommages et intérêts, une amende civile peut être prononcée à l'encontre d'un professionnel qui dans les contrats proposés ou conclus avec des consommateurs ou des non-professionnels continue de recourir, dans des contrats identiques, à des clauses contractuelles qui ont été jugées abusives, au sens de l'article L. 212-1 à l'exception de son quatrième alinéa, par une décision de justice devenue définitive à son égard.

L'autorité administrative chargée de la concurrence et de la consommation, agissant sur le fondement de l'article L. 524-2 ou intervenant à l'instance, les associations de défense des consommateurs, agissant sur le fondement des articles L. 621-7, L. 621-9, L. 622-1 et L. 623-1, le ministère public ou le consommateur peuvent demander à la juridiction saisie de prononcer une amende civile, dont le montant ne peut excéder 15 000 euros pour une personne physique et 75 000 euros pour une personne morale.

Lorsque cette amende est prononcée à la suite d'une demande d'assistance mutuelle prévue par l'article L. 511-10 portant sur une infraction de grande ampleur ou de grande ampleur à l'échelle de l'Union européenne, en application de l'article 21 du règlement (UE) 2017/2394 du Parlement européen et du Conseil du 12 décembre 2017 sur la coopération entre les autorités nationales chargées de veiller à l'application de la législation en matière de protection des consommateurs, son montant peut être porté, de manière proportionnée aux avantages tirés des pratiques en cause, à 4 % du chiffre d'affaires moyen annuel, calculé sur les trois derniers chiffres d'affaires annuels connus à la date de la décision. A défaut d'information disponible pour calculer l'amende sur le fondement du chiffre d'affaires, son montant peut être porté à deux millions d'euros.

La juridiction peut ordonner la publication, la diffusion ou l'affichage de sa décision ou d'un extrait de celle-ci selon les modalités qu'elle précise. Elle peut ordonner l'insertion de la décision ou de l'extrait de celle-ci dans le rapport établi sur les opérations de l'exercice par les gérants, le conseil d'administration ou le directoire de l'entreprise. Les frais sont supportés par la personne condamnée.

Art. L. 241-2 Dans les contrats mentionnés à l'article L. 212-1, la présence d'une ou de plusieurs clauses abusives relevant du décret pris en application du quatrième alinéa de l'article L. 212-1 est passible d'une amende administrative dont le montant ne peut excéder *(Ord. nº 2021-1734 du 22 déc. 2021, art. 8, en vigueur le 28 mai 2022)* « 15 000 *[ancienne rédaction : 3 000]* » euros pour une personne physique et *(Ord. nº 2021-1734 du 22 déc. 2021, art. 8, en vigueur le 28 mai 2022)* « 75 000 *[ancienne rédaction : 15 000]* » euros pour une personne morale.

(Ord. nº 2021-1734 du 22 déc. 2021, art. 8, en vigueur le 28 mai 2022) « Lorsque l'amende est prononcée à la suite d'une demande d'assistance mutuelle prévue par l'article L. 511-10 portant sur une infraction de grande ampleur ou de grande ampleur à l'échelle de l'Union européenne, en application de l'article 21 du règlement (UE) 2017/2394 du Parlement européen et du Conseil du 12 décembre 2017 sur la coopération entre les autorités nationales chargées de veiller à l'application de la législation en matière de protection des consommateurs, son montant peut être porté à 4 % du chiffre d'affaires moyen annuel, calculé sur les trois derniers chiffres d'affaires annuels connus à la date des faits. A défaut d'information disponible pour calculer l'amende sur le fondement du chiffre d'affaires, son montant ne peut excéder deux millions d'euros. »

Cette amende est prononcée dans les conditions prévues au chapitre II du titre II du livre V.

Art. L. 241-2-1 *(L. nº 2020-105 du 10 févr. 2020, art. 20)* L'absence dans les documents contractuels remis aux consommateurs des mentions prévues à l'article L. 211-2 est passible d'une amende administrative dont le montant ne peut excéder 3 000 € pour une personne physique et 15 000 € pour une personne morale. Cette amende est prononcée dans les conditions prévues au chapitre II du titre II du livre V.

Délivrance, fourniture et transfert de risque

Art. L. 216-1 à L. 216-8 et L. 241-4 *V. au* **C. com.** *ou au* **C. consom.**

Contrats conclus dans les foires et salons

Art. L. 224-59 Avant la conclusion de tout contrat entre un consommateur et un professionnel à l'occasion d'une foire, d'un salon ou de toute manifestation commerciale relevant du chapitre II du titre VI du livre VII du code de commerce, le professionnel informe le consommateur qu'il ne dispose pas d'un délai de rétractation.

Art. L. 224-60 Les offres de contrat faites dans les foires et les salons mentionnent l'absence de délai de rétractation, en des termes clairs et lisibles, dans un encadré apparent.

Art. L. 224-61 Les modalités de mise en œuvre des dispositions des articles L. 224-59 et L. 224-60 sont fixées par arrêté du ministre chargé de l'économie. — *V. Arr. du 2 déc. 2014. —* ***C. consom.***

Art. L. 224-62 Lorsque la conclusion d'un contrat de vente ou de prestation de services entre un professionnel et un consommateur, à l'occasion d'une foire, d'un salon ou de toute manifestation commerciale relevant du chapitre II du titre VI du livre VII du code de commerce, s'accompagne, de la part du professionnel, d'une offre de crédit affecté tel que défini au 9° de l'article L. 311-1, le contrat de vente ou de prestation de services mentionne en des termes clairs et lisibles, dans un encadré apparent, que :

1° L'acheteur dispose d'un droit de rétractation pour le crédit affecté servant à financer son achat ;

2° Le contrat de vente ou de prestation de services est résolu de plein droit, sans indemnité, si l'emprunteur, dans le délai de quatorze jours, exerce son droit de rétractation relatif au crédit affecté dans les conditions prévues à l'article L. 312-52 ;

3° En cas de résolution du contrat de vente ou de prestation de services consécutive à l'exercice du droit de rétractation pour le crédit affecté, le vendeur ou le prestataire de services rembourse, sur simple demande, toute somme que l'acheteur aurait versée d'avance sur le prix.

Art. L. 224-62-1 *(L. n° 2022-217 du 21 févr. 2022, art. 187)* Lorsqu'une foire, un salon ou une autre manifestation commerciale relevant du chapitre II du titre VI du livre VII du code de commerce se déroule sur le territoire d'un groupement européen de coopération territoriale, le représentant de l'État dans le département peut, par dérogation à l'article 2 de la loi n° 94-665 du 4 août 1994 relative à l'emploi de la langue française, autoriser l'usage, sans traduction, de la langue du pays frontalier pour les documents commerciaux ou à destination du public relatifs à un produit ou à un service, dès lors que l'absence de traduction en langue française de ces documents ne peut constituer un risque pour la sécurité ou la santé des consommateurs et que l'achat de ce produit ou de ce service a préalablement fait l'objet du consentement écrit du consommateur au fait que ces documents ne soient pas traduits.

……………………………………………………………………………………………………

Art. L. 242-22 Lorsque le vendeur ou le prestataire de services n'a pas remboursé le consommateur dans les conditions prévues à l'article L. 224-62, la somme due est productive d'intérêts, de plein droit, aux taux de l'intérêt légal majoré de moitié.

Art. L. 242-23 Tout manquement aux dispositions des articles L. 224-59 *(L. n° 2017-203 du 21 févr. 2017, art. 7)* « à » L. 224-62 est passible d'une amende administrative dont le montant ne peut excéder 3 000 euros pour une personne physique et 15 000 euros pour une personne morale.

Cette amende est prononcée dans les conditions prévues au chapitre II du titre II du livre V.

I Condition illicite (ventes sous)

Loi du 27 mai 1942,

Portant interdiction pour les fabricants et commerçants de subordonner la vente des produits à une fourniture d'objets.

Art. 1er Hors le cas où cette remise est ou sera rendue obligatoire par une loi, par un décret, par un arrêté du secrétaire d'État à la production industrielle ou par une décision du répartiteur chef de la section compétente de l'office central de répartition des produits industriels, nul ne peut subordonner la vente d'un produit à la remise par l'acheteur d'un produit industriel, d'un emballage, d'un objet usagé, de déchets et vieilles matières quelconques.

Art. 2 Toute infraction à l'interdiction édictée par la présente loi entraînera l'application des sanctions prévues en matière de répartition des produits industriels. Les infractions aux lois, décrets, arrêtés ou décisions visés à l'article 1er seront punies des mêmes peines, à moins que d'autres sanctions ne soient applicables en vertu de ces textes ou des lois en application desquelles ils sont pris.

Peuvent dresser procès-verbal de ces infractions les officiers de police judiciaire, les personnes habilitées conformément à la loi du 9 mars 1941 précitée *[sic]*, à la loi du 18 août 1941 sur la récupération des déchets et vieilles matières, à la loi du 31 décembre 1941 portant création du service général de contrôle économique et à la loi du 25 janvier 1941 relative aux agents du contrôle du ravitaillement, ainsi que toutes personnes prévues par les lois, décrets et arrêtés visés à l'article 1er.

V. aussi Dispositions générales, C. consom., art. L. 121-11, relatif au refus et à la subordination de vente ou de prestation de services.

II Distance (ventes à)

Code de la consommation

(Ord. n° 2016-301 du 14 mars 2016, en vigueur le 1er juill. 2016)

Contrats conclus à distance et hors établissement

Les dispositions issues de la L. n° 2014-344 du 17 mars 2014, reprises aux art. L. 221-1 s. C. consom., s'appliquent aux contrats conclus après le 13 juin 2014 (L. préc., art. 34). Pour les dispositions antérieures relatives à la vente à distance et au démarchage, V. ***C. com.****, éd. 2014 et antérieures, ou* ***C. consom.****, éd. 2015 et antérieures.*

Définitions et champ d'application

Art. L. 221-1 I. — Pour l'application du présent titre, sont considérés comme :

1° Contrat à distance : tout contrat conclu entre un professionnel et un consommateur, dans le cadre d'un système organisé de vente ou de prestation de services à distance, sans la présence physique simultanée du professionnel et du consommateur, par le recours exclusif à une ou plusieurs techniques de communication à distance jusqu'à la conclusion du contrat ;

2° Contrat hors établissement : tout contrat conclu entre un professionnel et un consommateur :

a) Dans un lieu qui n'est pas celui où le professionnel exerce son activité en permanence ou de manière habituelle, en la présence physique simultanée des parties, y compris à la suite d'une sollicitation ou d'une offre faite par le consommateur ;

b) Ou dans le lieu où le professionnel exerce son activité en permanence ou de manière habituelle ou au moyen d'une technique de communication à distance, immédiatement après que le consommateur a été sollicité personnellement et individuellement dans un lieu différent de celui où le professionnel exerce en permanence ou de manière habituelle son activité et où les parties étaient, physiquement et simultanément, présentes ;

c) Ou pendant une excursion organisée par le professionnel ayant pour but ou pour effet de promouvoir et de vendre des biens ou des services au consommateur ;

(Abrogé par Ord. n° 2021-1247 du 29 sept. 2021, art. 11) *« 3° Support durable : pour l'application du chapitre Ier du présent titre, tout instrument permettant au consommateur ou au professionnel de stocker des informations qui lui sont adressées personnellement afin de pouvoir s'y reporter ultérieurement pendant un laps de temps adapté aux fins auxquelles les informations sont destinées et qui permet la reproduction à l'identique des informations stockées ;*

« 4° Contenu numérique : des données produites et fournies sous forme numérique. » — *V. désormais art. liminaire. —* ***C. consom.***

II. — Les dispositions du présent titre s'appliquent aux contrats portant sur la vente d'un ou plusieurs biens, au sens de l'article 528 du code civil, et au contrat en vertu duquel le professionnel fournit ou s'engage à fournir un service au consommateur en contrepartie duquel le consommateur en paie ou s'engage à en payer le prix. *(Ord. n° 2021-1734 du 22 déc. 2021, art. 6, en vigueur le 28 mai 2022)* « Le contrat ayant pour objet à la fois le transfert de propriété d'un bien et la fourniture d'une prestation de services, y compris la prestation de livraison de biens, est assimilée *[assimilé]* à un contrat de vente *[ancienne rédaction : Le contrat ayant pour objet à la fois la fourniture de prestation de services et la livraison de biens est assimilé à un contrat de vente]*.

« III. — Les dispositions du présent titre s'appliquent également aux contrats par lesquels le professionnel fournit ou s'engage à fournir au consommateur un contenu numérique sans support matériel ou un service numérique et pour lesquels le consommateur lui fournit ou s'engage à lui fournir des données à caractère personnel, sauf lorsque ces données sont exclusivement traitées par lui pour fournir le contenu numérique sans support matériel ou le service numérique, ou lui permettre de remplir les obligations légales qui lui incombent. »

Art. L. 221-2 Sont exclus du champ d'application du présent chapitre :

1° Les contrats portant sur les services sociaux, y compris le logement social, l'aide à l'enfance et aux familles, à l'exception des services à la personne mentionnés à l'article L. 7231-1 du code du travail ;

2° Les contrats portant sur les services de santé fournis par des professionnels de la santé aux patients pour évaluer, maintenir ou rétablir leur état de santé, y compris la prescription, la délivrance et la fourniture de médicaments et de dispositifs médicaux ;

3° Les contrats portant sur les *(Ord. n° 2019-1015 du 2 oct. 2019, art. 28, en vigueur le 1er janv. 2020)* « jeux d'argent et hasard mentionnés à l'article L. 320-6 du code de la sécurité intérieure » et les transactions portant sur des paris ;

4° Les contrats portant sur les services financiers ;

5° Les contrats portant sur un forfait touristique, au sens de l'article L. 211-2 du code du tourisme ;

6° Les contrats portant sur les contrats d'utilisation de biens à temps partagé, les contrats de produits de vacances à long terme et les contrats de revente et d'échange mentionnés aux articles L. 224-69 et L. 224-70 ;

7° Les contrats rédigés par un officier public ;

8° Les contrats portant sur la fourniture de denrées alimentaires, de boissons ou d'autres biens ménagers de consommation courante, qui sont livrés physiquement par un professionnel lors de tournées fréquentes et régulières au domicile ou au lieu de résidence ou de travail du consommateur ;

9° Les contrats portant sur les services de transport de passagers, à l'exception des dispositions prévues à l'article L. 221-14 ;

10° Les contrats conclus au moyen de distributeurs automatiques ou de sites commerciaux automatisés ;

11° Les contrats conclus avec des opérateurs de télécommunications pour l'utilisation des cabines téléphoniques publiques ou *(Ord. n° 2021-1734 du 22 déc. 2021, art. 6, en vigueur le 28 mai 2022)* « conclus » aux fins d'une connexion unique par téléphone, internet ou télécopie, notamment les services et produits à valeur ajoutée accessibles par voie téléphonique ou par message textuel ;

12° Les contrats portant sur la création, l'acquisition ou le transfert de biens immobiliers ou de droits sur des biens immobiliers, la construction d'immeubles neufs, la transformation importante d'immeubles existants ou la location d'un logement à des fins résidentielles ;

(Ord. n° 2021-1734 du 22 déc. 2021, art. 6, en vigueur le 28 mai 2022) « 13° Les contrats portant sur des biens vendus sur saisie ou de quelque autre manière par autorité de justice. »

Art. L. 221-3 Les dispositions des sections II, III, VI du présent chapitre applicables aux relations entre consommateurs et professionnels, sont étendues aux contrats conclus hors établissement entre deux professionnels dès lors que l'objet de ces contrats n'entre pas dans le champ de l'activité principale du professionnel sollicité et que le nombre de salariés employés par celui-ci est inférieur ou égal à cinq.

Art. L. 221-4 Les dispositions du présent chapitre s'appliquent aux contrats portant sur la fourniture d'eau, de gaz ou d'électricité lorsqu'ils ne sont pas conditionnés dans un volume délimité ou en quantité déterminée ainsi que sur la fourniture de chauffage urbain.

Elles s'appliquent également aux contrats portant sur la fourniture de contenu numérique *(Ord. n° 2021-1734 du 22 déc. 2021, art. 6, en vigueur le 28 mai 2022)* « sans *[ancienne rédaction : indépendamment de tout]* » support matériel.

Obligation d'information précontractuelle

Art. L. 221-5 *(Ord. n° 2021-1734 du 22 déc. 2021, art. 6, en vigueur le 28 mai 2022)* I. — Préalablement à la conclusion d'un contrat de vente de biens ou de fourniture de services, de contenu numérique ou de services numériques, le professionnel fournit au consommateur, de manière lisible et compréhensible, les informations suivantes :

1° Les caractéristiques essentielles du bien, du service, du service numérique ou du contenu numérique ;

2° Le prix du bien, du service, du service numérique ou du contenu numérique, en application des articles L. 112-1 à L. 112-4 ;

3° La date à laquelle ou le délai dans lequel le professionnel s'engage à livrer le bien ou à fournir le service, le service numérique ou le contenu numérique ;

4° Les informations relatives à son identité, à ses coordonnées postales, téléphoniques et électroniques, aux modalités de résiliation, aux modes de règlement des litiges, aux autres conditions contractuelles et, le cas échéant, aux coûts de l'utilisation de la technique de communication à distance, à l'existence de codes de bonne conduite et aux cautions et garanties financières ;

5° S'il y a lieu, les informations relatives aux garanties légales, aux fonctionnalités, à la compatibilité et à l'interopérabilité du contenu numérique, du service numérique ou du bien comportant des éléments numériques, aux autres conditions contractuelles et, le cas échéant, à l'existence de toute restriction d'installation de logiciel ;

6° La possibilité de recourir à un médiateur de la consommation dans les conditions prévues au titre Ier du livre VI ;

7° Lorsque le droit de rétractation existe, les conditions, le délai et les modalités d'exercice de ce droit ainsi que le formulaire type de rétractation, dont les conditions de présentation et les mentions qu'il contient sont fixées par décret en Conseil d'État ;

8° Le cas échéant, le fait que le consommateur supporte les frais de renvoi du bien en cas de rétractation et, pour les contrats à distance, le coût de renvoi du bien lorsque celui-ci, en raison de sa nature, ne peut normalement être renvoyé par la poste ;

9° L'information sur l'obligation du consommateur de payer des frais lorsqu'il exerce son droit de rétractation d'un contrat de prestation de services, de distribution d'eau, de fourniture de gaz ou d'électricité et d'abonnement à un réseau de chauffage urbain dont il a demandé expressément l'exécution avant la fin du délai de rétractation ; ces frais sont calculés selon les modalités fixées à l'article L. 221-25 ;

10° Lorsque le droit de rétractation ne peut être exercé en application de l'article L. 221-28, l'information selon laquelle le consommateur ne bénéficie pas de ce droit ou, le cas échéant, les circonstances dans lesquelles il le perd ;

11° L'application d'un prix personnalisé sur la base d'une prise de décision automatisée, s'il y a lieu.

La liste et le contenu de ces informations sont précisés par décret en Conseil d'État.

Dans le cas d'une vente aux enchères publiques telle que définie par le premier alinéa de l'article L. 321-3 du code de commerce, les informations relatives à l'identité et aux coordonnées postales, téléphoniques et électroniques du professionnel prévues au 4° du I du présent article peuvent être remplacées par celles du mandataire.

II. — Outre les informations prévues au I, tout professionnel, avant la conclusion d'un contrat de fourniture de services et, lorsqu'il n'y a pas de contrat, avant l'exécution de la prestation de services, fournit les informations complémentaires prévues par l'article L. 111-2.

Art. L. 221-6 Si le professionnel n'a pas respecté ses obligations d'information concernant les frais supplémentaires mentionnés à l'article L. 112-3 et au *(Ord. n° 2021-1734 du 22 déc. 2021, art. 6, en vigueur le 28 mai 2022)* « 8° *[ancienne rédaction : 3°]* » de l'article L. 221-5, le consommateur n'est pas tenu au paiement de ces frais.

Art. L. 221-7 La charge de la preuve du respect des obligations d'information mentionnées à la présente section pèse sur le professionnel.

Dispositions particulières applicables aux contrats conclus hors établissement

Art. L. 221-8 Dans le cas d'un contrat conclu hors établissement, le professionnel fournit au consommateur, sur papier ou, sous réserve de l'accord du consommateur, sur un autre support durable, les informations prévues à l'article L. 221-5.

Ces informations sont rédigées de manière lisible et compréhensible.

Art. L. 221-9 Le professionnel fournit au consommateur un exemplaire daté du contrat conclu hors établissement, sur papier signé par les parties ou, avec l'accord du consommateur, sur un autre support durable, confirmant l'engagement exprès des parties.

Ce contrat comprend toutes les informations prévues à l'article L. 221-5.

Le contrat mentionne, le cas échéant, l'accord exprès du consommateur pour la fourniture d'un contenu numérique *(Ord. n° 2021-1734 du 22 déc. 2021, art. 6, en vigueur le 28 mai 2022)* « sans *[ancienne rédaction : indépendant de tout]* » support matériel avant l'expiration du délai de rétractation et, dans cette hypothèse, le renoncement de ce dernier à l'exercice de son droit de rétractation.

Le contrat est accompagné du formulaire type de rétractation mentionné au *(Ord. n° 2021-1734 du 22 déc. 2021, art. 6, en vigueur le 28 mai 2022)* « 7° *[ancienne rédaction : 2°]* » de l'article L. 221-5.

Art. L. 221-10 Le professionnel ne peut recevoir aucun paiement ou aucune contrepartie, sous quelque forme que ce soit, de la part du consommateur avant l'expiration d'un délai de sept jours à compter de la conclusion du contrat hors établissement.

Toutefois, ne sont pas soumis aux dispositions du premier alinéa :

1° La souscription à domicile d'un abonnement à une publication quotidienne et assimilée, au sens de l'article 39 *bis* du code général des impôts ;

2° Les contrats à exécution successive, conclus dans les conditions prévues au présent chapitre et proposés par un organisme agréé ou relevant d'une décision de l'autorité administrative, ayant pour objet la fourniture de services mentionnés à l'article L. 7231-1 du code du travail ;

3° Les contrats conclus au cours de réunions organisées par le vendeur à son domicile ou au domicile d'un consommateur ayant préalablement et expressément accepté que cette opération se déroule à son domicile ;

4° Les contrats ayant pour objet des travaux d'entretien ou de réparation à réaliser en urgence au domicile du consommateur et expressément sollicités par lui, dans la limite des pièces de rechange et travaux strictement nécessaires pour répondre à l'urgence.

Pour les contrats mentionnés aux 1° et 2°, le consommateur dispose d'un droit de résiliation du contrat à tout moment et sans préavis, frais ou indemnité et d'un droit au remboursement, dans un délai de quinze jours, des sommes versées au prorata de la durée du contrat restant à courir.

Art. L. 221-10-1 *(Ord. n° 2021-1734 du 22 déc. 2021, art. 6, en vigueur le 28 mai 2022)* Est interdite toute visite non sollicitée d'un professionnel au domicile d'un consommateur en vue de vendre des produits ou de fournir des services lorsque le consommateur a manifesté de manière claire et non ambiguë ne pas vouloir faire l'objet d'une telle visite.

Dispositions particulières applicables aux contrats conclus à distance

Art. L. 221-11 Lorsque le contrat est conclu à distance, le professionnel fournit au consommateur, de manière lisible et compréhensible, les informations prévues à l'article L. 221-5 ou les met à sa disposition par tout moyen adapté à la technique de communication à distance utilisée.

Art. L. 221-12 Lorsque la technique de communication à distance utilisée impose des limites d'espace ou de temps pour la présentation des informations, le professionnel fournit au consommateur *(Ord. n° 2021-1734 du 22 déc. 2021, art. 6, en vigueur le 28 mai 2022)* « par le moyen de communication utilisé par celui-ci », avant la conclusion du contrat et dans les conditions prévues à l'article L. 221-5, au moins les informations relatives aux caractéristiques essentielles des biens ou des services, à leur prix, à son identité, à la durée du contrat et au droit de rétractation.

Le professionnel transmet au consommateur les autres informations prévues au même article par tout autre moyen adapté à la technique de communication à distance utilisée.

Art. L. 221-13 Le professionnel fournit au consommateur, sur support durable, dans un délai raisonnable, après la conclusion du contrat et au plus tard au moment de la livraison du bien ou avant le début de l'exécution du service *(Ord. n° 2021-1734 du 22 déc. 2021, art. 6, en vigueur le 28 mai 2022)* « ou du contrat de fourniture de contenu numérique fourni sans support matériel ou de services numériques », la confirmation du contrat comprenant toutes les informations prévues à l'article L. 221-5, sauf si le professionnel les lui a déjà fournies, sur un support durable, avant la conclusion du contrat. Le contrat est accompagné du formulaire type de rétractation mentionné au *(Ord. n° 2021-1734 du 22 déc. 2021, art. 6, en vigueur le 28 mai 2022)* « 7° [ancienne rédaction : 2°] » du même article.

Le cas échéant, le professionnel fournit au consommateur, dans les mêmes conditions et avant l'expiration du délai de rétractation, la confirmation de son accord exprès pour la fourniture d'un contenu numérique non présenté sur un support matériel et de *(Ord. n° 2021-1734 du 22 déc. 2021, art. 6, en vigueur le 28 mai 2022)* « la reconnaissance de la perte de son [ancienne rédaction : son renoncement à l'exercice du] » droit de rétractation.

Art. L. 221-14 Pour les contrats conclus par voie électronique, le professionnel rappelle au consommateur, avant qu'il ne passe sa commande, de manière lisible et compréhensible, les informations relatives aux caractéristiques essentielles des biens ou des services qui font *l'objet de la* commande, à leur prix, à la durée du contrat et, s'il y a lieu, à la durée minimale des obligations de ce dernier au titre du contrat, telles que prévues à l'article L. 221-5.

Le professionnel veille à ce que le consommateur, lors de sa commande, reconnaisse explicitement son obligation de paiement. A cette fin, la fonction utilisée par le consommateur pour valider sa commande comporte la mention claire et lisible : commande avec obligation de paiement ou une formule analogue, dénuée de toute ambiguïté, indiquant que la passation d'une commande oblige à son paiement.

Les sites de commerce en ligne indiquent clairement et lisiblement, au plus tard au début du processus de commande, les moyens de paiement acceptés par le professionnel et les éventuelles restrictions de livraison.

Art. L. 221-15 Le professionnel est responsable de plein droit à l'égard du consommateur de la bonne exécution des obligations résultant du contrat conclu à distance, que ces obligations soient exécutées par le professionnel qui a conclu ce contrat ou par d'autres prestataires de services, sans préjudice de son droit de recours contre ceux-ci.

Toutefois, il peut s'exonérer de tout ou partie de sa responsabilité en apportant la preuve que l'inexécution ou la mauvaise exécution du contrat est imputable soit au consommateur, soit au fait, imprévisible et insurmontable, d'un tiers au contrat, soit à un cas de force majeure.

Démarchage téléphonique et prospection commerciale

Art. L. 221-16 Sans préjudice des dispositions de l'article L. 221-12, le professionnel qui contacte un consommateur par téléphone en vue de conclure un contrat portant sur la vente d'un bien ou sur la fourniture d'un service indique au début de la conversation *(L. n° 2020-901 du 24 juill. 2020, art. 2)* « , de manière claire, précise et compréhensible, » son identité, le cas échéant l'identité de la personne pour le compte de laquelle il effectue cet appel et la nature commerciale de celui-ci. *(L. n° 2020-901 du 24 juill. 2020, art. 2)* « Le professionnel indique également au consommateur qu'il peut s'inscrire gratuitement sur la liste d'opposition au démarchage téléphonique prévue à l'article L. 223-1 s'il ne souhaite pas faire l'objet de prospection commerciale par cette voie. »

A la suite d'un démarchage par téléphone, le professionnel adresse au consommateur, sur papier ou sur support durable, une confirmation de l'offre qu'il a faite et reprenant toutes les informations prévues à l'article L. 221-5.

Le consommateur n'est engagé par cette offre qu'après l'avoir signée et acceptée *(Ord. n° 2021-1734 du 22 déc. 2021, art. 6, en vigueur le 28 mai 2022)* « sur support durable *[ancienne rédaction : par écrit ou avoir donné son consentement par voie électronique]* ».

Art. L. 221-17 Lorsqu'un professionnel contacte un consommateur par téléphone dans les conditions prévues à l'article L. 221-16, l'utilisation d'un numéro masqué est interdite.

Le numéro affiché avant l'établissement de l'appel en application du premier alinéa est affecté au professionnel pour le compte duquel l'appel est effectué. En cas de rappel du consommateur à ce numéro, ce professionnel s'identifie préalablement à la facturation de toute prestation de services autre que le prix de la communication.

Un arrêté conjoint des ministres chargés de la consommation et de l'économie numérique, pris après avis de l'Autorité de régulation des communications électroniques *(L. n° 2019-1063 du 18 oct. 2019, art. 7)* « , des postes et de la distribution de la presse », définit les tranches de numéro *[numéros]* qui ne peuvent être utilisées comme identifiant d'appel par un professionnel qui joint un consommateur, en tenant compte du plafond de tarification et du format de ces numéros.

Droit de rétractation applicable aux contrats conclus à distance et hors établissement

Art. L. 221-18 Le consommateur dispose d'un délai de quatorze jours pour exercer son droit de rétractation d'un contrat conclu à distance, à la suite d'un démarchage téléphonique ou hors établissement, sans avoir à motiver sa décision ni à supporter d'autres coûts que ceux prévus aux articles L. 221-23 à L. 221-25.

Le délai mentionné au premier alinéa court à compter du jour :

1° De la conclusion du contrat, pour les contrats de prestation de services et ceux mentionnés à l'article L. 221-4 ;

2° De la réception du bien par le consommateur ou un tiers, autre que le transporteur, désigné par lui, pour les contrats de vente de biens. Pour les contrats conclus hors établissement, le consommateur peut exercer son droit de rétractation à compter de la conclusion du contrat.

Dans le cas d'une commande portant sur plusieurs biens livrés séparément ou dans le cas d'une commande d'un bien composé de lots ou de pièces multiples dont la livraison est échelonnée sur une période définie, le délai court à compter de la réception du dernier bien ou lot ou de la dernière pièce.

Pour les contrats prévoyant la livraison régulière de biens pendant une période définie, le délai court à compter de la réception du premier bien.

Art. L. 221-19 Conformément au règlement n° 1182/71/CEE du Conseil du 3 juin 1971 portant détermination des règles applicables aux délais, aux dates et aux termes :

1° Le jour où le contrat est conclu ou le jour de la réception du bien n'est pas compté dans le délai mentionné à l'article L. 221-18 ;

2° Le délai commence à courir au début de la première heure du premier jour et prend fin à l'expiration de la dernière heure du dernier jour du délai ;

3° Si ce délai expire un samedi, un dimanche ou un jour férié ou chômé, il est prorogé jusqu'au premier jour ouvrable suivant.

Art. L. 221-20 Lorsque les informations relatives au droit de rétractation n'ont pas été fournies au consommateur dans les conditions prévues au *(Ord. n° 2021-1734 du 22 déc. 2021, art. 6, en vigueur le 28 mai 2022)* « 7° *[ancienne rédaction : 2°]* » de l'article L. 221-5, le délai de rétractation est prolongé de douze mois à compter de l'expiration du délai de rétractation initial, déterminé conformément à l'article L. 221-18.

Toutefois, lorsque la fourniture de ces informations intervient pendant cette prolongation, le délai de rétractation expire au terme d'une période de quatorze jours à compter du jour où le consommateur a reçu ces informations.

Art. L. 221-21 Le consommateur exerce son droit de rétractation en informant le professionnel de sa décision de se rétracter par l'envoi, avant l'expiration du délai prévu à l'article L. 221-18, du formulaire de rétractation mentionné au *(Ord. n° 2021-1734 du 22 déc. 2021, art. 6, en vigueur le 28 mai 2022)* « 7° *[ancienne rédaction : 2°]* » de l'article L. 221-5 ou de toute autre déclaration, dénuée d'ambiguïté, exprimant sa volonté de se rétracter.

Le professionnel peut également permettre au consommateur de remplir et de transmettre en ligne, sur son site internet, le formulaire ou la déclaration prévus au premier alinéa. Dans cette hypothèse, le professionnel communique, sans délai, au consommateur un accusé de réception de la rétractation sur un support durable.

Art. L. 221-22 La charge de la preuve de l'exercice du droit de rétractation dans les conditions prévues à l'article L. 221-21 pèse sur le consommateur.

Art. L. 221-23 Le consommateur renvoie ou restitue les biens au professionnel ou à une personne désignée par ce dernier, sans retard excessif et, au plus tard, dans les quatorze jours suivant la communication de sa décision de se rétracter conformément à l'article L. 221-21, à moins que le professionnel ne propose de récupérer lui-même ces biens.

Le consommateur ne supporte que les coûts directs de renvoi des biens, sauf si le professionnel accepte de les prendre à sa charge ou s'il a omis d'informer le consommateur que ces coûts sont à sa charge. Néanmoins, pour les contrats conclus hors établissement, lorsque les biens sont livrés au domicile du consommateur au moment de la conclusion du contrat, le professionnel récupère les biens à ses frais s'ils ne peuvent pas être renvoyés normalement par voie postale en raison de leur nature.

La responsabilité du consommateur ne peut être engagée qu'en cas de dépréciation des biens résultant de manipulations autres que celles nécessaires pour établir la nature, les caractéristiques et le bon fonctionnement de ces biens, sous réserve que le professionnel ait informé le consommateur de son droit de rétractation, conformément au *(Ord. n° 2021-1734 du 22 déc. 2021, art. 6, en vigueur le 28 mai 2022)* « 7° *[ancienne rédaction : 2°]* » de l'article L. 221-5.

Art. L. 221-24 Lorsque le droit de rétractation est exercé, le professionnel rembourse le consommateur de la totalité des sommes versées, y compris les frais de livraison, sans retard injustifié et au plus tard dans les quatorze jours à compter de la date à laquelle il est informé de la décision du consommateur de se rétracter.

Pour les contrats de vente de biens, à moins qu'il ne propose de récupérer lui-même les biens, le professionnel peut différer le remboursement jusqu'à récupération des biens ou jusqu'à ce que le consommateur ait fourni une preuve de l'expédition de ces biens, la date retenue étant celle du premier de ces faits.

Le professionnel effectue ce remboursement en utilisant le même moyen de paiement que celui utilisé par le consommateur pour la transaction initiale, sauf accord exprès du consommateur pour qu'il utilise un autre moyen de paiement et dans la mesure où le remboursement n'occasionne pas de frais pour le consommateur.

Le professionnel n'est pas tenu de rembourser les frais supplémentaires si le consommateur a expressément choisi un mode de livraison plus coûteux que le mode de livraison standard proposé par le professionnel.

Art. L. 221-25 *(Ord. n° 2021-1734 du 22 déc. 2021, art. 6, en vigueur le 28 mai 2022)* « Si le consommateur souhaite que l'exécution d'une prestation de services ou d'un contrat mentionné au premier alinéa de l'article L. 221-4 commence avant la fin du délai de rétractation prévu à l'article L. 221-18 et si le contrat soumet le consommateur à une obligation de payer, le professionnel recueille sa demande expresse par tout moyen pour les contrats conclus à distance et sur papier ou sur support durable pour les contrats conclus hors établissement. Il demande au consommateur de reconnaître qu'après qu'il aura entièrement exécuté le contrat, celui-ci ne disposera plus du droit de rétractation *[ancienne rédaction : Si le consommateur souhaite que l'exécution d'une prestation de services ou d'un contrat mentionné au premier alinéa de l'article L. 221-4 commence avant la fin du délai de rétractation mentionné à l'article L. 221-18, le professionnel recueille sa demande expresse par tout moyen pour les contrats conclus à distance et sur papier ou sur support durable pour les contrats conclus hors établissement]*. »

Le consommateur qui a exercé son droit de rétractation d'un contrat de prestation de services ou d'un contrat mentionné au premier alinéa de l'article L. 221-4 dont l'exécution a commencé, à sa demande expresse, avant la fin du délai de rétractation verse au professionnel un montant correspondant au service fourni jusqu'à la communication de sa décision de se rétracter ; ce montant est proportionné au prix total de la prestation convenu dans le contrat. Si le prix total est excessif, le montant approprié est calculé sur la base de la valeur marchande de ce qui a été fourni.

Aucune somme n'est due par le consommateur ayant exercé son droit de rétractation si sa demande expresse n'a pas été recueillie en application du premier alinéa ou si le professionnel n'a pas respecté l'obligation d'information prévue au *(Ord. nº 2021-1734 du 22 déc. 2021, art. 6, en vigueur le 28 mai 2022)* « 9º *[ancienne rédaction : 4º]* » de l'article L. 221-5.

Art. L. 221-26 Le consommateur qui a exercé son droit de rétractation d'un contrat de fourniture de contenu numérique *(Ord. nº 2021-1734 du 22 déc. 2021, art. 6, en vigueur le 28 mai 2022)* « sans *[ancienne rédaction : non fourni sur un]* » support matériel n'est redevable d'aucune somme si :

1º Le professionnel n'a pas recueilli son accord préalable exprès pour l'exécution du contrat avant la fin du délai de rétractation ainsi que la preuve *(Ord. nº 2021-1734 du 22 déc. 2021, art. 6, en vigueur le 28 mai 2022)* « que le consommateur a reconnu perdre son droit de rétractation après que le contrat aura été pleinement exécuté à la demande expresse de celui-ci *[ancienne rédaction : de son renoncement à son droit de rétractation]* » ;

2º Le contrat ne reprend pas les mentions prévues au *(L. nº 2017-203 du 21 févr. 2017, art. 7)* « troisième alinéa de l'article L. 221-9 et au second alinéa de l'article L. 221-13 ».

Art. L. 221-26-1 *(Ord. nº 2021-1734 du 22 déc. 2021, art. 6, en vigueur le 28 mai 2022)* I. — Le professionnel s'abstient d'utiliser tout contenu, autre que les données à caractère personnel pour lesquelles il respecte les obligations résultant du règlement (UE) 2016/679 du Parlement européen et du Conseil du 27 avril 2016, qui a été fourni ou créé par le consommateur lors de l'utilisation du contenu numérique ou du service numérique fourni par le professionnel, sauf lorsque ce contenu :

1º N'est d'aucune utilité pour le consommateur dès lors qu'il ne l'utilise plus ;

2º N'a trait qu'à l'activité du consommateur lorsqu'il utilise le contenu numérique ou le service numérique fourni par le professionnel ;

3º A été agrégé avec d'autres données par le professionnel et ne peut être désagrégé ou ne peut l'être que moyennant des efforts disproportionnés ;

4º A été généré conjointement par le consommateur et d'autres personnes, et d'autres consommateurs peuvent continuer à en faire usage.

II. — Sauf dans les situations visées aux 1º à 3º du II, le professionnel met à la disposition du consommateur, à la demande de ce dernier, tout contenu, autre que les données à caractère personnel, qui a été fourni ou créé par le consommateur lors de l'utilisation du contenu numérique ou du service numérique fourni par le professionnel.

III. — Le consommateur a le droit de récupérer ce contenu numérique sans frais, sans que le professionnel y fasse obstacle, dans un délai raisonnable et dans un format couramment utilisé et compatible avec une lecture par machine.

IV. — En cas de rétractation du contrat, le professionnel peut empêcher toute utilisation ultérieure du contenu numérique ou du service numérique par le consommateur, notamment en faisant en sorte que le contenu numérique ou le service numérique soit inaccessible au consommateur ou en désactivant le compte d'utilisateur du consommateur, sans préjudice du II.

V. — Lorsque le consommateur a exercé son droit de rétractation, il s'abstient d'utiliser le contenu numérique et de le rendre accessible à des tiers.

Art. L. 221-27 L'exercice du droit de rétractation met fin à l'obligation des parties soit d'exécuter le contrat à distance ou le contrat hors établissement, soit de le conclure lorsque le consommateur a fait une offre.

L'exercice du droit de rétractation d'un contrat principal à distance ou hors établissement met automatiquement fin à tout contrat accessoire, sans frais pour le consommateur autres que ceux prévus aux articles L. 221-23 à L. 221-25.

Art. L. 221-28 Le droit de rétractation ne peut être exercé pour les contrats :

(Ord. nº 2021-1734 du 22 déc. 2021, art. 6, en vigueur le 28 mai 2022) « 1º De fourniture de services pleinement exécutés avant la fin du délai de rétractation et, si le contrat soumet le consommateur à une obligation de payer, dont l'exécution a commencé avec son accord préalable et exprès et avec la reconnaissance par lui de la perte de son droit de rétractation, lorsque la prestation aura été pleinement exécutée par le professionnel *[ancienne rédaction : 1º De fourniture de services pleinement exécutés avant la fin du délai de rétractation et dont l'exécution a commencé après accord préalable exprès du consommateur et renoncement exprès à son droit de rétractation]* ; »

2º De fourniture de biens ou de services dont le prix dépend de fluctuations sur le marché financier échappant au contrôle du professionnel et susceptibles de se produire pendant le délai de rétractation ;

3º De fourniture de biens confectionnés selon les spécifications du consommateur ou nettement personnalisés ;

4º De fourniture de biens susceptibles de se détériorer ou de se périmer rapidement ;

5º De fourniture de biens qui ont été descellés par le consommateur après la livraison et qui ne peuvent être renvoyés pour des raisons d'hygiène ou de protection de la santé ;

6º De fourniture de biens qui, après avoir été livrés et de par leur nature, sont mélangés de manière indissociable avec d'autres articles ;

7º De fourniture de boissons alcoolisées dont la livraison est différée au-delà de trente jours et dont la valeur convenue à la conclusion du contrat dépend de fluctuations sur le marché échappant au contrôle du professionnel ;

8º De travaux d'entretien ou de réparation à réaliser en urgence au domicile du consommateur et expressément sollicités par lui, dans la limite des pièces de rechange et travaux strictement nécessaires pour répondre à l'urgence ;

9º De fourniture d'enregistrements audio ou vidéo ou de logiciels informatiques lorsqu'ils ont été descellés par le consommateur après la livraison ;

10º De fourniture d'un journal, d'un périodique ou d'un magazine, sauf pour les contrats d'abonnement à ces publications ;

11º Conclus lors d'une enchère publique ;

12º De prestations de services d'hébergement, autres que d'hébergement résidentiel, de services de transport de biens, de locations de voitures, de restauration ou d'activités de loisirs qui doivent être fournis à une date ou à une période déterminée ;

(Ord. nº 2021-1734 du 22 déc. 2021, art. 6, en vigueur le 28 mai 2022) « 13º De fourniture d'un contenu numérique sans support matériel dont l'exécution a commencé avant la fin du délai de rétractation et, si le contrat soumet le consommateur à une obligation de payer, lorsque :

« *a)* Il a donné préalablement son consentement exprès pour que l'exécution du contrat commence avant l'expiration du délai de rétractation ; et

« *b)* Il a reconnu qu'il perdra son droit de rétractation ; et

« *c)* Le professionnel a fourni une confirmation de l'accord du consommateur conformément aux dispositions du deuxième l'alinéa de l'article L. 221-13 *[ancienne rédaction : 13º De fourniture d'un contenu numérique non fourni sur un support matériel dont l'exécution a commencé après accord préalable exprès du consommateur et renoncement exprès à son droit de rétractation]*. »

Dispositions d'ordre public

Art. L. 221-29 Les dispositions du présent chapitre sont d'ordre public.

Sanctions

Art. L. 242-1 *(Ord. nº 2021-1734 du 22 déc. 2021, art. 9, en vigueur le 28 mai 2022)* Les dispositions des articles L. 221-9 et L. 221-10 sont prévues à peine de nullité du contrat conclu hors établissement.

Art. L. 242-2 Les dispositions du deuxième alinéa de l'article L. 221-14 sont prévues à peine de nullité du contrat conclu par voie électronique.

Art. L. 242-3 Est nulle toute clause par laquelle le consommateur abandonne son droit de rétractation défini à l'article L. 221-18.

Art. L. 242-4 Lorsque le professionnel n'a pas remboursé les sommes versées par le consommateur, les sommes dues sont de plein droit majorée *[majorées]* du taux d'intérêt légal si le remboursement intervient au plus tard dix jours après l'expiration des délais fixés aux premier et deuxième alinéas de l'article L. 221-24, de 5 % si le retard est compris entre dix et vingt jours, de 10 % si le retard est compris entre vingt et trente jours, de 20 % si le retard est compris entre trente et soixante jours, de 50 % entre soixante et quatre-vingt-dix jours et de cinq points supplémentaires par nouveau mois de retard jusqu'à concurrence du prix du produit, puis du taux d'intérêt légal.

Art. L. 242-5 Le fait de ne pas remettre au client un exemplaire du contrat dans les conditions prévues à l'article L. 221-9 ou de remettre un contrat non conforme aux dispositions du même article est puni d'une peine d'emprisonnement de deux ans et d'une amende de 150 000 euros.

Art. L. 242-6 *(Ord. nº 2021-1734 du 22 déc. 2021, art. 9, en vigueur le 28 mai 2022)* L'absence de remise du formulaire type de rétractation prévu par l'article L. 221-9 ou la fourniture d'un formulaire non conforme aux dispositions du 7º de l'article L. 221-5 sont punies d'une peine d'emprisonnement de deux ans et d'une amende de 150 000 euros.

Art. L. 242-7 Le fait d'exiger ou d'obtenir du client, en infraction aux dispositions de l'article L. 221-10 *(L. nº 2017-203 du 21 févr. 2017, art. 7)* « , un paiement ou une contrepartie » avant l'expiration du délai de sept jours à compter de la conclusion du contrat hors établissement est puni d'une peine d'emprisonnement de deux ans et d'une amende de 150 000 euros.

Art. L. 242-7-1 *(Ord. nº 2021-1734 du 22 déc. 2021, art. 9, en vigueur le 28 mai 2022)* Le fait de contrevenir aux dispositions de l'article L. 221-10-1 est puni d'une peine d'un an d'emprisonnement et d'une amende de 150 000 euros.

Art. L. 242-7-2 *(Ord. nº 2021-1734 du 22 déc. 2021, art. 9, en vigueur le 28 mai 2022)* Lorsqu'une amende est prononcée en application des articles L. 242-5 et L. 242-6, à la suite d'une demande d'assistance mutuelle prévue par l'article L. 511-10 portant sur une infraction de grande ampleur ou de grande ampleur à l'échelle de l'Union européenne, en application de l'article 21 du règlement (UE) 2017/2394 du Parlement européen et du Conseil du 12 décembre 2017 sur la coopération entre les autorités nationales chargées de veiller à l'application de la législation en matière de protection des consommateurs, son montant peut être porté à 4 % du chiffre d'affaires moyen annuel, calculé sur les trois derniers chiffres d'affaires annuels connus à la date des faits.

Art. L. 242-8 Les personnes physiques déclarées coupables des délits punis aux articles L. 242-5 *(Ord. nº 2021-1734 du 22 déc. 2021, art. 9, en vigueur le 28 mai 2022)* « à L. 242-7-1 *[ancienne rédaction : et L. 242-7]* » encourent également, à titre de peines complémentaires, l'interdiction, suivant les modalités prévues à l'article 131-27 du code pénal, soit d'exercer une fonction publique ou d'exercer l'activité professionnelle ou sociale dans l'exercice ou à l'occasion de l'exercice de laquelle l'infraction a été commise, soit d'exercer une profession commerciale ou industrielle, de diriger, d'administrer, de gérer ou de contrôler à un titre quelconque, directement ou indirectement, pour leur propre compte ou pour le compte d'autrui, une entreprise commerciale ou industrielle ou une société commerciale.

Ces interdictions d'exercice ne peuvent excéder une durée de cinq ans. Elles peuvent être prononcées cumulativement.

Les personnes morales déclarées responsables pénalement, dans les conditions prévues à l'article 121-2 du code pénal, des délits punis aux articles L. 242-5 *(Ord. nº 2021-1734 du 22 déc. 2021, art. 9, en vigueur le 28 mai 2022)* « à L. 242-7-1 *[ancienne rédaction : et L. 242-7]* » encourent, outre l'amende suivant les modalités prévues à l'article 131-38 du code pénal, les peines prévues aux 2º à 9º de l'article 131-39 du même code.

L'interdiction mentionnée au 2º du même article 131-39 porte sur l'activité dans l'exercice ou à l'occasion de l'exercice de laquelle l'infraction a été commise. Les peines prévues aux 2º à 7º de cet article ne peuvent être prononcées que pour une durée de cinq ans au plus.

Art. L. 242-9 A l'occasion des poursuites pénales exercées contre le vendeur, le prestataire de services ou le démarcheur, en application des dispositions des articles L. 242-5 *(Ord. nº 2021-1734 du 22 déc. 2021, art. 9, en vigueur le 28 mai 2022)* « à L. 242-7-1 *[ancienne rédaction : et L. 242-7]* »*[,]* le consommateur qui s'est constitué partie civile est recevable à demander devant la juridiction répressive une somme égale au montant des paiements effectués ou des effets souscrits, sans préjudice de tous dommages et intérêts.

Art. L. 242-10 Tout manquement aux obligations d'information prévues aux articles L. 221-5, L. 221-6, L. 221-8, L. 221-11, L. 221-12 à L. 221-14 est passible d'une amende administrative dont le montant ne peut excéder *(Ord. nº 2021-1734 du 22 déc. 2021, art. 9, en vigueur le 28 mai 2022)* « 15 000 *[ancienne rédaction : 3 000]* » euros pour une personne physique et *(Ord. nº 2021-1734 du 22 déc. 2021, art. 9, en vigueur le 28 mai 2022)* « 75 000 *[ancienne rédaction : 15 000]* » euros pour une personne morale.

Cette amende est prononcée dans les conditions prévues au chapitre II du titre II du livre V.

Art. L. 242-11 Tout manquement aux obligations de confirmation du contrat et, le cas échéant, du support choisi par le consommateur, définies à l'article L. 221-13, est passible d'une amende administrative dont le montant ne peut excéder *(Ord. nº 2021-1734 du 22 déc. 2021, art. 9, en vigueur le 28 mai 2022)* « 15 000 *[ancienne rédaction : 3 000]* » euros pour une personne physique et *(Ord. nº 2021-1734 du 22 déc. 2021, art. 9, en vigueur le 28 mai 2022)* « 75 000 *[ancienne rédaction : 15 000]* » euros pour une personne morale.

Cette amende est prononcée dans les conditions prévues au chapitre II du titre II du livre V.

Art. L. 242-12 Tout manquement aux obligations prévues à l'article L. 221-16 en matière de démarchage téléphonique et de prospection commerciale est passible d'une amende administrative dont le montant ne peut excéder *(L. nº 2020-901 du 24 juill. 2020, art. 5)* « 75 000 € » pour une personne physique et *(L. nº 2020-901 du 24 juill. 2020, art. 5)* « 375 000 € » pour une personne morale.

Cette amende est prononcée dans les conditions prévues au chapitre II du titre II du livre V.

Art. L. 242-13 Tout manquement aux dispositions des articles *(Ord. nº 2021-1734 du 22 déc. 2021, art. 9, en vigueur le 28 mai 2022)* « L. 221-18, L. 221-21 et L. 221-23 à L. 221-27 *[ancienne rédaction : L. 221-18 à L. 221-28]* » encadrant les conditions d'exercice du droit de rétractation reconnu au consommateur, ainsi que ses effets, est passible d'une amende administrative dont le montant ne peut excéder 15 000 euros pour une personne physique et 75 000 euros pour une personne morale.

Cette amende est prononcée dans les conditions prévues au chapitre II du titre II du livre V.

Art. L. 242-14 Tout manquement aux dispositions de l'article L. 221-17 relatif à l'interdiction des numéros masqués en matière de démarchage téléphonique est passible d'une amende administrative dont le montant ne peut excéder *(L. nº 2020-901 du 24 juill. 2020, art. 6)* « 75 000 € » pour une personne physique et *(L. nº 2020-901 du 24 juill. 2020, art. 6)* « 375 000 € » pour une personne morale.

Cette amende est prononcée dans les conditions prévues au chapitre II du titre II du livre V.

Art. L. 242-14-1 *(Ord. nº 2021-1734 du 22 déc. 2021, art. 9, en vigueur le 28 mai 2022)* Lorsqu'une amende est prononcée en application des articles L. 242-10 à L. 242-13, à la suite d'une demande d'assistance mutuelle prévue par l'article L. 511-10 portant sur une infraction de grande ampleur ou de grande ampleur à l'échelle de l'Union européenne, en application de l'article 21 du règlement (UE) 2017/2394 du Parlement européen et du Conseil du 12 décembre 2017 sur la coopération entre les autorités nationales chargées de veiller à l'application de la législation en matière de protection des consommateurs, son montant peut être porté à 4 % du chiffre d'affaires moyen annuel, calculé sur les trois derniers chiffres d'affaires annuels connus à la date des faits.

Cette amende est prononcée dans les conditions prévues au chapitre II du titre II du livre V.

Dispositions particulières aux contrats conclus à distance portant sur des services financiers

Art. L. 222-1 *à* L. 222-18 *et* L. 242-15 *V. au* **C. consom.** *ou au* **C. mon. fin.**

III Objets mobiliers usagés (vente ou échange d')

Code pénal

Art. 321-7 Est puni de six mois d'emprisonnement et de 30 000 € d'amende le fait, par une personne dont l'activité professionnelle comporte la vente d'objets mobiliers usagés ou acquis à des personnes autres que celles qui les fabriquent ou en font le commerce, *(L. nº 92-1336 du 16 déc. 1992)* « d'omettre, y compris par négligence, de tenir » jour par jour, dans des conditions prévues par décret en Conseil d'État, un registre *(L. nº 2011-267 du*

14 mars 2011, art. 55) « indiquant la nature, les caractéristiques, la provenance, le mode de règlement de l'objet et » contenant une description des objets acquis ou détenus en vue de la vente ou de l'échange et permettant l'identification de ces objets ainsi que celle des personnes qui les ont vendus ou apportés à l'échange.

Est puni des mêmes peines le fait, par une personne, à l'exception des officiers publics ou ministériels, qui organise, dans un lieu public ou ouvert au public, une manifestation en vue de la vente ou de l'échange d'objets visés à l'alinéa précédent, *(L. n° 92-1336 du 16 déc. 1992)* « d'omettre, y compris par négligence, de tenir » jour par jour, dans des conditions prévues par décret en Conseil d'État, un registre permettant l'identification des vendeurs.

Lorsque l'activité professionnelle définie au premier alinéa est exercée par une personne morale, ou que l'organisateur de la manifestation prévue au deuxième alinéa est une personne morale, l'obligation de tenir le registre incombe aux dirigeants de cette personne morale. — *V. C. pén., art. R. 321-1 s. et R. 633-1 s.*

1. Tenue irrégulière. Pour un exemple, V. • Crim. 24 nov. 1992, n° 90-87.751 : *CCC 1993, n° 99, obs. Raymond.* ♦ A fait une juste application du délit de l'art. 321-7 C. pén. la cour d'appel qui, pour reprocher au prévenu, brocanteur de son métier, le défaut de tenue de registre de revendeurs d'objets mobiliers, a relevé qu'il avait acheté des objets en s'abstenant volontairement de demander une pièce d'identité à la personne ayant réalisé la vente. • Crim. 1er mars 2005, n° 04-84.824 : *Dr. pénal 2005, n° 94, obs. Véron.*

2. Enregistrement au jour le jour. Sur la nécessité de cette condition, V. • Crim. 18 sept. 1990, n° 89-85.717 P : *D. 1990. IR 262.*

3. Lieu public ou ouvert au public. Par ces termes, le législateur a entendu viser les foires à la brocante, kermesses, braderies, bourses d'échanges, au sein desquelles les particuliers comme les professionnels offrent à la vente ou à l'échange des biens qui leur appartiennent (Rép. min. n° 27658 : *JOAN Q, 31 juill. 1995 ; BID 10/1995. 29*).

4. Particuliers. Les particuliers peuvent être autorisés, à titre exceptionnel, à vendre dans les lieux publics des objets mobiliers personnels usagés à l'occasion de marchés aux puces et de foires à la brocante. Ils doivent demander au maire une autorisation qui est accordée à titre individuel et non sous la forme d'une autorisation générale ou collective (Rép. min. n° 27658 : *préc. note 3*).

5. Procédure. Les vérifications effectuées sur le fondement des art. 321-7 et 321-8 C. pén. ne sont pas soumises aux dispositions du C. pr. pén. relatives aux perquisitions et saisies. • Crim. 13 oct. 1998, n° 98-82.522 P.

6. Produits visés. Est justifiée la décision de non-lieu d'une chambre d'accusation du chef de non-tenue à jour du registre d'objets mobiliers, dès lors que les produits litigieux constitués de boîtes de plastique de marque Tupperware à l'état neuf, non référencés, et, en conséquence, non identifiables et ayant été acquis auprès d'une ancienne employée d'une concession Tupperware, n'entrent pas dans les prévisions de l'art. 321-7 C. pén. • Crim. 22 oct. 1998, n° 98-80.455 P : *JCP 1999. IV. 1340.*

7. Sociétés étrangères. L'obligation de tenir un registre d'objets mobiliers s'impose au brocanteur travaillant sous couvert d'une société immatriculée en Grande-Bretagne et exerçant son activité sur le territoire français. C'est donc à bon droit que la cour d'appel qui, par une appréciation souveraine des faits, déduit que l'intéressé n'exerçait pas en France de manière temporaire mais avait poursuivi, après sa radiation du RCS, la même activité que celle qu'il exerçait auparavant, condamne le prévenu pour défaut de tenue de registre d'objets mobiliers. • Crim. 3 oct. 2006, n° 05-87.436 P : *RTD com. 2007. 470, obs. Bouloc ; AJ pénal 2007. 30, obs. Saas.*

Art. 321-8 Est puni de six mois d'emprisonnement et de 30 000 € d'amende le fait, par une personne visée à l'article précédent, d'apposer sur le registre prévu par cet article des mentions inexactes.

Est puni des mêmes peines le fait, par cette personne, de refuser de présenter ce registre à l'autorité compétente.

Dispositions relatives aux personnes dont l'activité professionnelle comporte la vente ou l'échange de certains objets mobiliers

Art. R. 321-1 et R. 321-2 *(Déclaration administrative préalable).*

Art. R. 321-3 *(Décr. n° 2012-99 du 26 janv. 2012, art. 1er)* « Le registre d'objets mobiliers prévu au premier alinéa de l'article 321-7 comporte : »

1° Les nom, prénoms, qualité et domicile de chaque personne qui a vendu, apporté à l'échange ou remis en dépôt en vue de la vente un ou plusieurs objets, ainsi que la nature, le numéro et la date de délivrance de la pièce d'identité produite par la personne physique qui a réalisé la vente, l'échange ou le dépôt, avec l'indication de l'autorité qui l'a établie ;

2° Lorsqu'il s'agit d'une personne morale, la dénomination et le siège de celle-ci ainsi que les nom, prénoms, qualité et domicile du représentant de la personne morale qui a effectué l'opération pour son compte, avec les références de la pièce d'identité produite ;

(Décr. n° 2012-99 du 26 janv. 2012, art. 1er) « 3° La nature, la provenance et la description des objets acquis ou détenus en vue de la vente ou de l'échange.

« La description de chaque objet comprend ses caractéristiques ainsi que les noms, signatures, monogrammes, lettres, chiffres, numéros de série, emblèmes et signes de toute nature apposés sur lui et qui servent à l'identifier*[.]*

« Toutefois, les objets dont la valeur unitaire » n'excède pas un montant fixé par un arrêté conjoint du garde des sceaux, ministre de la justice, du ministre de l'intérieur et du ministre chargé du commerce et qui ne présentent pas un intérêt artistique ou historique peuvent être regroupés et faire l'objet d'une mention et d'une description communes sur le registre. *– Montant fixé à 400 F par Arr. du 29 déc. 1988 (D. et ALD 1989. 74).*

Art. R. 321-4 Chaque objet exposé à la vente ou détenu en stock est affecté d'un numéro d'ordre.

Les objets mentionnés au dernier alinéa de l'article R. 321-3 peuvent faire l'objet d'un numéro d'ordre commun.

Le numéro d'ordre est porté sur le registre et figure de manière apparente sur chaque objet ou lot d'objets. *– V. art. R. 633-2.*

Art. R. 321-5 Le registre comporte également :

1° Le prix d'achat *(Décr. n° 2012-99 du 26 janv. 2012, art. 2)* « et le mode de règlement de chaque objet ou lot d'objets » ou, en cas d'échange, d'acquisition à titre gratuit ou de dépôt en vue de la vente, une estimation de la valeur vénale de chaque objet ou lot d'objets ;

2° Le cas échéant, l'indication *(Décr. n° 2013-287 du 4 avr. 2013, art. 2)* « de la mesure de protection de l'objet mobilier en application des dispositions du code du patrimoine » *[C. patr., art. L. 611-1 s.]*, lorsqu'il en est donné connaissance au revendeur d'objets mobiliers.

Art. R. 321-6 Les mentions figurant sur le registre sont inscrites à l'encre indélébile, sans blanc, rature ni abréviation.

Le registre est coté et paraphé par le commissaire de police ou, à défaut, par le maire de la commune où est situé l'établissement ouvert au public.

Lorsque les personnes mentionnées à l'article R. 321-1 possèdent plusieurs établissements ouverts au public, un registre est tenu pour chaque établissement.

Lorsque ces mêmes personnes ne possèdent pas d'établissement fixe ouvert au public, le registre est coté et paraphé par un commissaire de police ou un maire.

Le registre est conservé pendant un délai de cinq ans à compter de sa date de clôture. *– V. art. R. 633-3.*

Art. R. 321-6-1 *(Décr. n° 2013-287 du 4 avr. 2013, art. 3)* La tenue du registre au moyen d'un traitement automatisé de données à caractère personnel dispense de la tenue d'un registre physique coté et paraphé.

Le registre tenu au moyen d'un traitement automatisé comporte les mentions prévues aux articles R. 321-3 à R. 321-5.

Le traitement automatisé garantit l'intégrité, l'intangibilité et la sécurité des données enregistrées.

La durée de conservation des données est de dix ans à compter de leur enregistrement dans le traitement.

Art. R. 321-7 Lorsque la personne mentionnée à l'article R. 321-1 est une personne morale, les obligations prévues par la présente sous-section incombent aux dirigeants de celle-ci.

Art. R. 321-8 Le modèle du registre d'objets mobiliers est déterminé par arrêté conjoint du ministre de l'intérieur et du ministre chargé du commerce. *– V. Arr. du 29 déc. 1988 (JO 5 janv. 1989).*

(Décr. n° 2013-287 du 4 avr. 2013, art. 4) « Les modalités de tenue du registre d'objets mobiliers au moyen d'un traitement automatisé de données à caractère personnel prévu à l'article R. 321-6-1 et les obligations techniques devant être respectées par un tel traitement sont déterminées par arrêté conjoint du ministre de l'intérieur et du ministre de la culture. »

Dispositions concernant les manifestations publiques en vue de la vente ou de l'échange de certains objets mobiliers

Art. R. 321-9 Le registre tenu à l'occasion de toute manifestation mentionnée au deuxième alinéa de l'article 321-7 doit comprendre :

1° Les nom, prénoms, qualité et domicile de chaque personne qui offre à la vente ou à l'échange des objets mobiliers usagés ou acquis de personnes autres que celles qui les fabriquent ou en font commerce ainsi que la nature, le numéro et la date de délivrance de la pièce d'identité produite par celle-ci avec l'indication de l'autorité qui l'a établie ;

(Décr. n° 2009-16 du 7 janv. 2009, art. 3) « 2° Pour les participants non professionnels, la mention de la remise d'une attestation sur l'honneur de non-participation à deux autres manifestations de même nature au cours de l'année civile ;

« 3° » Lorsqu'il s'agit d'une personne morale, la dénomination et le siège de celle-ci ainsi que les nom, prénoms, qualité et domicile du représentant de la personne morale à la manifestation, avec les références de la pièce d'identité produite.

Art. R. 321-10 Le registre doit être coté et paraphé par le commissaire de police ou, à défaut, par le maire de la commune du lieu de la manifestation.

Il est tenu à la disposition des services de police et de gendarmerie, des services fiscaux, des douanes ainsi que des services de la concurrence, de la consommation et de la répression des fraudes pendant toute la durée de la manifestation.

Au terme de celle-ci et au plus tard dans le délai de huit jours, il est déposé à la préfecture ou à la sous-préfecture du lieu de la manifestation. – *V. art. R. 633-5 et R. 635-5.*

Art. R. 321-11 Lorsque l'organisateur de la manifestation est une personne morale, les obligations prévues par la présente sous-section incombent aux dirigeants de celle-ci.

Art. R. 321-12 Le modèle du registre est déterminé par arrêté conjoint du ministre de l'intérieur et du ministre chargé du commerce. – *V. Arr. du 21 juill. 1992 (JO 31 juill.), mod. par Arr. du 15 mai 2009 (JO 10 juin).*

Registre d'objets mobiliers. L'Arr. du 21 juill. 1992, qui a abrogé l'Arr. du 29 déc. 1988, permet l'édition du registre sous la forme de « listing » en supprimant l'exigence de la reliure (Rép. min. n° 10948 : *JOAN Q, 13 juin 1994, p. 3029*).

Violation des dispositions réglementant la vente ou l'échange de certains objets mobiliers

Art. R. 633-1 *(Sanction pénale des obligations prévues à l'art. R. 321-1).*

Art. R. 633-2 Le fait, par une personne mentionnée à l'article R. 321-1, d'omettre de faire figurer de manière apparente sur un objet ou lot d'objets exposé à la vente ou détenu en stock le numéro d'ordre correspondant, conformément aux prescriptions de l'article R. 321-4, est puni de l'amende prévue pour les contraventions de la 3e classe.

Art. R. 633-3 Le fait, par une personne mentionnée à l'article R. 321-1, d'omettre de faire parapher le registre d'objets mobiliers prévu à l'article R. 321-3, conformément aux prescriptions de l'article R. 321-6, est puni de l'amende prévue pour les contraventions de la 3e classe.

(Décr. n° 2013-287 du 4 avr. 2013, art. 5) « Le fait, par une personne mentionnée à l'article R. 321-1, tenant un registre d'objets mobiliers au moyen d'un traitement automatisé de données à caractère personnel, de ne pas tenir ce registre dans les conditions garantissant l'intégrité, l'intangibilité et la sécurité des données enregistrées telles que définies par l'arrêté prévu au deuxième alinéa de l'article R. 321-8 est puni de l'amende prévue pour les contraventions de la 3e classe. »

Art. R. 633-4 *Abrogé par Décr. n° 2010-671 du 18 juin 2010, art. 4.*

Art. R. 633-5 Le fait, par une personne mentionnée au deuxième alinéa de l'article 321-7, d'omettre de faire parapher le registre prévu par l'article R. 321-9, conformément aux prescriptions de l'article R. 321-10, est puni de l'amende prévue pour les contraventions de la 3e classe.

(Abrogé par Décr. n° 2010-671 du 18 juin 2010, art. 4) ***« Les personnes morales peuvent être déclarées responsables pénalement, dans les conditions prévues par l'article 121-2, de l'infraction définie au présent article.***

« La peine encourue par les personnes morales est l'amende, *suivant* ***les modalités prévues par l'article 134-41. »***

....

Art. R. 635-3 *(Sanction pénale des obligations prévues aux art. R. 321-1 et R. 321-2).*

Art. R. 635-4 ....

Art. R. 635-5 Le fait, par une personne mentionnée au deuxième alinéa de l'article 321-7, d'omettre de déposer le registre prévu par l'article R. 321-9 auprès des services compétents dans les conditions prévues à l'article R. 321-10 est puni de l'amende prévue pour les contraventions de la 5e classe.

Art. R. 635-6 *Abrogé par Décr. nº 2010-671 du 18 juin 2010, art. 4.*

Art. R. 635-7 La récidive des contraventions prévues aux articles R. 635-3, R. 635-4 et R. 635-5 est réprimée conformément aux articles 132-11 et 132-15.

IV Vente internationale de marchandises

Convention de Vienne du 11 avril 1980,

Sur les contrats de vente internationale de marchandises.

La Convention des Nations unies, faite à Vienne, le 11 avr. 1980, a été publiée au JO du 27 déc. 1987 par le Décr. nº 87-1034 du 22 déc. 1987. Elle est entrée en vigueur en France le 1er janv. 1988.

DALLOZ RÉFÉRENCE *Contrats de vente internationale de marchandises,* par Schlechtriem et Witz, *Dalloz, 2008, 1re édition.*

BIBL. GÉN. ▸ Plantard, *JDI 1988. 311.* – Mouly, *D. 1991. Chron. 77* . – Fadlallah, *JDI 1979. 755.* – Zénati, *RTD civ. 1988. 194.* – Rémery, *Gaz. Pal. 1992. 1. Doctr. 426* (relations avec la Convention de Rome du 19 juin 1980). – Vida, *RTD com. 1994. 21* (« vices juridiques » dans la vente internationale de marchandises). – Witz, *D. 1995. Chron. 143* (Convention de Vienne à l'épreuve de la jurisprudence naissante) ; *Cah. dr. entr. 1997, nº 6, p. 5* (droit matériel de la vente internationale : droit national et droit conventionnel) ; *RJ com., nº spéc. nov. 1997. 79* (champ d'application de la Convention de Vienne). – Audit, *ibid. 112* (ventes internationales hors la Convention de Vienne). – Jacquet, *Cah. dr. entr. 1997, nº 6, p. 8* (contentieux de la vente internationale). – Huet, *Mél. Lagarde, Dalloz, 2005, p. 417* (Convention de Vienne et compétence des tribunaux en droit judiciaire européen). – Witz, *JDI 2006. 5* (25 ans de la Convention de Vienne : bilans et perspectives). – Ferrari, *ibid. 27* (la Convention de Vienne et le DIP). – Kenfack, *RLDA juin 2006. 78* (brèves réflexions sur la Convention de Vienne) ; *Mél. le Tourneau, Dalloz, 2008, p. 541* (bref retour sur l'esprit de liberté du droit du commerce international). – Granier, *JCP E 2012, nº 1203* (pourquoi et comment se référer à la Convention de Vienne ?). – Delebecque (dir.), *Larcier, 2016, 1re éd.* (l'entreprise et la vente internationale de marchandises). – Nourissat et de Clavière, *RLDA sept. 2017. 23* (la CVIM devant les juges du fond français : quelques observations à partir de la pratique). – Nourissat, *AJ contrat 2019. 24* (observations sur la réforme du droit des obligations à la lumière de la CVIM). – Penda Matipe, *ibid. 2020. 372* (OHADA et CVIM : instruments alternatifs ou complémentaires ?). – Dossier, *ibid. 507* (les 40 ans de la CVIM). – Witz et Köhler, *D. 2022. 754* (le covid-19 et les ventes internationales régies par la Conv. de Vienne).

▸ Panoramas Dalloz : Witz, *D. 2005. 2281* (panorama 2004) ; *D. 2007. 530* (janv. 2005 – juin 2006) ; *D. 2008. 2620* (juill. 2006 – déc. 2007) ; *D. 2010. 921* (janv. 2008 – nov. 2009) ; *D. 2012. 1144* (déc. 2009 – nov. 2011) ; *D. 2013. 2874* (janv. 2012 – juill. 2013) ; *D. 2015. 881* (juill. 2013 – déc. 2014) ; *D. 2017. 613* (janv. 2015 – déc. 2016) ; *D. 2018. 1986* (janv. 2017 – juin 2018). – Witz et Köhler, *D. 2020. 1074* (juill. 2018 – déc. 2019) ; *D. 2021. 2017* (janv. 2020 – juin 2021).

PREMIÈRE PARTIE **Champ d'application et dispositions générales**

CHAPITRE PREMIER *Champ d'application*

Art. 1er 1. La présente Convention s'applique aux contrats de vente de marchandises entre des parties ayant leur établissement dans des États différents :

a) Lorsque ces États sont des États contractants ; ou

b) Lorsque les règles du droit international privé mènent à l'application de la loi d'un État contractant.

2. Il n'est pas tenu compte du fait que les parties ont leur établissement dans des États différents lorsque ce fait ne ressort ni du contrat, ni de transactions antérieures entre les parties, ni de renseignements donnés par elles à un moment quelconque avant la conclusion ou lors de la conclusion du contrat.

3. Ni la nationalité des parties ni le caractère civil ou commercial des parties ou du contrat ne sont pris en considération pour l'application de la présente Convention.

1. Notion d'établissement. L'établissement au sens des art. 1 et 10 est le lieu à partir duquel l'activité d'affaires est effectivement et essentiellement exercée, étant précisé que l'établissement doit pouvoir disposer d'une certaine durée et stabilité ainsi que d'une certaine liberté d'action. • T. régional sup. Stuttgart, 28 févr. 2000 : *D. 2002. Somm. 315, obs. Limbach* • Colmar, 24 oct. 2000 : *ibid. 393, obs. Witz*.

2. Application dans le temps. Sur l'application de la convention à des contrats antérieurs à la date d'entrée en vigueur de la CVIM des pays contractants, V. • Amiens, 30 janv. 2001 : *D. 2002. Somm. 323, obs. Witz*.

3. Application implicite. Pour un arrêt admettant l'application implicite de la convention par le juge dans le cadre du contentieux du provisoire, V. • Civ. 1re, 8 janv. 2002, n° 00-13.453 P : *Rev. crit. DIP 2002. 343, note Muir Watt* ; *JCP 2003. I. 107, obs. Poillot-Peruzzetto.*

4. Application volontaire. Aux termes de l'art. 93 CVIM, tout État contractant peut décider que ce traité s'appliquera à une ou plusieurs de ses unités territoriales, dans lesquelles des systèmes de droit différents sont en vigueur dans les matières qu'elle régit, par une déclaration faite au secrétaire général des Nations unies désignant expressément les unités territoriales auxquelles elle s'appliquera. Il résulte des pièces versées aux débats que la République populaire de Chine a déposé, le 20 juin 1997, auprès du secrétaire général des Nations unies, une déclaration énonçant, pour les conventions auxquelles la Chine était partie à cette date, celles devant s'appliquer au territoire de Hong-Kong ; que la CVIM, qui ne figure pas sur cette liste, n'a fait l'objet d'aucune déclaration à cette fin par la Chine alors qu'avant la rétrocession à cet État par le Royaume-Uni de ce territoire, cette convention ne s'y appliquait pas. Dès lors, la République populaire de Chine a accompli auprès du dépositaire de la convention, une formalité équivalente à celle prévue par son art. 93 de sorte que ce traité n'est pas applicable à la région administrative spéciale de Hong-Kong. • Civ. 1re, 2 avr. 2008, n° 04-17.726 P : *D. 2008. AJ 1141, obs. Gallmeister* ; *RTD civ. 2008. 264, obs. Remy-Corlay* ; *JCP 2008. Actu. 271, obs. crit. Mahinga* ; *Gaz. Pal. 2008. 1897, obs. Mauro.* – V. aussi • US district court Northern district of Georgia, 17 déc. 2009 : *D. 2012. Pan. 1146, obs. Witz*.

Art. 2 La présente Convention ne régit pas les ventes :

a) De marchandises achetées pour un usage personnel, familial ou domestique, à moins que le vendeur, à un moment quelconque avant la conclusion ou lors de la conclusion du contrat, n'ait pas su et n'ait pas été censé savoir que ces marchandises étaient achetées pour un tel usage ;

b) Aux enchères ;

c) Sur saisie ou de quelque autre manière par autorité de justice ;

d) De valeurs mobilières, effets de commerce et monnaies ;

e) De navires, bateaux, aéroglisseurs et aéronefs ;

f) D'électricité.

Bateaux. Sur l'application de la CVIM à un contrat portant sur des bateaux alors même que la convention l'écarte expressément de son champ d'application, V. • Hof Leenworden, 31 août 2005 : *D. 2007. Pan. 532, obs. Witz*.

Art. 3 1. Sont réputés ventes les contrats de fourniture de marchandises à fabriquer ou à produire, à moins que la partie qui commande celle-ci n'ait à fournir une part essentielle des éléments matériels nécessaires à cette fabrication ou production.

2. La présente Convention ne s'applique pas aux contrats dans lesquels la part prépondérante de l'obligation de la partie qui fournit les marchandises consiste en une fourniture de main-d'œuvre ou d'autres services.

1. Contrat-cadre. En application de l'art. 3, al. 2, échappent au droit uniforme les contrats de distribution, de franchise et autres accords contractuels qui sont conçus pour fixer les obligations globales de livraison et d'approvisionnement. • T. sup. du canton de Lucerne, 8 janv. 1997 : *D. 1998. Somm. 315, obs. Witz*. ♦ En revanche, sont régis par la convention les contrats individuels de livraison conclus en exécution de ces conventions-cadre. • Même décision. ♦ La CVIM a vocation à s'appliquer aux contrats de vente de marchandises passés entre un vendeur français et un acheteur vénézuélien sans qu'il importe que ces opérations soient intervenues en application d'un contrat-cadre de distribution exclusive, lui-même non soumis à ladite convention. • Com. 20 févr. 2007, n° 04-17.752 P : *D. 2008. Pan. 2622, obs. Witz* ; *RTD com. 2008. 208, obs. Delebecque* ; *RTD civ. 2007. 302, obs. Remy-Corlay* ; *JCP 2007. I. 172, n° 1, obs. Nadaud* ; *RLDA sept. 2007. 75, note Pellegrini* ; *RJDA 2007, n° 1219* • Reims, 30 avr. 2013 : *D. 2013. Pan. 2876, obs. Witz*.

2. Livraison. S'agissant d'une obligation de livraison conforme de marchandises, c'est l'art. 3 CVIM qui s'applique, le requérant n'étant pas fondé à prétendre que la livraison se trouve réalisée par la remise des marchandises au premier transporteur pour acheminement à l'acheteur. • Lyon, 24 juill. 2002 : *JCP E 2003, n° 6, p. 248.*

3. Prestation de services. Sur le caractère prépondérant d'une prestation de services (contrat de fourniture et d'installation de logiciel), V. • Gand, 24 nov. 2004 : *D. 2005. Pan. 2282, obs. Witz*. ♦ Jugeant au contraire que le travail rendu nécessaire par la fabrication et le conditionnement de *flyers* (produits imprimés) ne saurait être considéré comme une fourniture de mains d'œuvre ou une prestation de services au sens de l'art. 3, sauf à vider l'al. 1er de son contenu : • Colmar, 26 févr. 2008 : *D. 2010. Pan. 922, obs. Witz*.

Art. 4 **La présente Convention régit exclusivement la formation du contrat de vente et les droits et obligations qu'un tel contrat fait naître entre le vendeur et l'acheteur. En particulier, sauf disposition contraire expresse de la présente Convention, celle-ci ne concerne pas :**

a) La validité du contrat ni celle d'aucune de ses clauses non plus que celle des usages ;

b) Les effets que le contrat peut avoir sur la propriété des marchandises vendues.

BIBL. ▶ Missaoui, *JCP 1996. I. 3927* (validité des clauses aménageant la garantie des vices cachés). – Farnous, *AJ contrat 2020. 521* (la CVIM et l'action directe : retour sur des liaisons dangereuses).

1. Champ d'application. La Conv. de Vienne ne s'applique pas aux rapports contractuels entre un fabricant de système frigorifique et un transporteur utilisateur dès lors que, la convention supposant le transfert de propriété d'une chose moyennant le paiement d'un prix, l'existence d'un contrat de vente n'est pas établie entre les parties. • Civ. 1re, 5 janv. 1999, n° 96-22.213 P : *D. 1999. 383, note Witz ; Rev. crit. DIP 1999. 519, note Heuzé ; CCC 1999, n° 53, obs. Leveneur ; JCP 2000. I. 199, n° 19, obs. Viney.* ♦ Elle régit exclusivement la formation du contrat de vente et les droits et obligations qu'un tel contrat fait naître entre le vendeur et l'acheteur mais ne concerne pas la validité du contrat ni d'aucune de ses clauses (clauses de garantie et exonératoire de responsabilité). • Com. 13 févr. 2007, n° 05-13.538 : *D. 2008. Pan. 2623, obs. Witz ; RTD civ. 2007. 302, obs. Remy-Corday*. ♦ La CVIM ne règle pas la validité des contrats de livraison (art. 4, al. 2) conclus en application d'un contrat de franchise. • C. féd. de justice allemande, 23 juill. 1997 : *D. 1998. Somm. 308, obs. Witz*. ♦ La remise durable d'un *software* incorporé dans un support de données moyennant paiement d'un prix payable en une seule fois doit être qualifiée de vente d'une chose mobilière. • Cour suprême Autriche, 21 juin 2005 : *D. 2007. Pan. 531, obs. Witz*. ♦ Les règles de la Conv. de Vienne sur la preuve ne s'étendent pas au-delà du champ d'application matériel du droit uniforme. Dès lors, la question de savoir quels effets probatoires découlent d'une reconnaissance de fait ne fait pas partie du champ d'application de la CVIM car elle est sans rapport interne avec les aspects de fait et de droit du commerce international de marchandises qui forment l'objet de la réglementation de la CVIM. • C. féd. de justice allemande, 9 janv. 2002 : *D. 2003. Somm. 2362, obs. Limbach*.

2. Application du droit national. Pour la mise en œuvre des dispositions du droit national applicable en matière d'annulation d'un contrat de vente internationale pour erreur en l'absence de compétence de la CVIM, V. • T. féd. Suisse, 22 déc. 2000 : *D. 2002. Somm. 396, obs. Rosch et Spiegel*. – V. aussi : • Rechtbank van Koophandel Hasselt, 19 avr. 2006 : *D. 2007. Pan. 533, obs. Witz*.

3. Prescription et dénonciation des vices. Sur la distinction entre le délai de prescription non soumis à la CVIM et le délai de dénonciation des vices, V. note 4 ss. art. 39.

Art. 5 **La présente Convention ne s'applique pas à la responsabilité du vendeur pour décès ou lésions corporelles causés à quiconque par les marchandises.**

Art. 6 **Les parties peuvent exclure l'application de la présente Convention ou, sous réserve des dispositions de l'article 12, déroger à l'une quelconque de ses dispositions ou en modifier les effets.**

BIBL. ▶ Witz, *D. 1990. Chron. 107* (exclusion de la convention par la volonté des parties). – Bertrand, Calvo, Claret et Sleigh, *Gaz. Pal. 1992. 1. Doctr. 263 et 266* (clauses limitatives de responsabilité, points de vue français et anglais). – Sinay-Cytermann, *ibid. 2003. 1. Doctr. 234* (l'application d'office de la Convention de Vienne et le respect du principe du contradictoire). – Cerqueira et Nord, *AJ contrat 2020. 517* (retour sur le silence des parties à propos de l'application de la CVIM).

1. Exclusion. La Conv. de Vienne constitue le droit substantiel français de la vente internationale de marchandises et à ce titre, s'impose au juge français, qui doit en faire application sous réserve de son exclusion, même tacite, selon l'art. 6, dès lors que les parties se sont placées sous l'empire d'un droit déterminé. • Civ. 1re, 25 oct. 2005, n° 99-12.879 P : *D. 2007. Pan. 533, obs. Witz ; RTD com. 2006. 249, obs. Delebecque ; Rev. crit. DIP 2006. 373, note Bureau ; JCP 2006. II. 10086, note Mahinga ; RJDA 2006, n° 895 ; RDC 2006. 515, obs. Deumier ; RJ com. 2007. 42, obs. Rueda.* ♦ Comp., jugeant que l'art. 6 s'interprète comme permettant aux parties d'éluder tacitement la convention, en s'abstenant de l'invoquer devant le juge français : • Civ. 1re, 26 juin 2001, n° 99-16.118 P : *D. 2001. Jur. 3607, note Witz ; RTD com. 2001. 1052, obs. Jacquet ; Rev. crit. DIP 2002. 93, note Muir Watt ; LPA 8 févr. 2002, note Malan.* ♦ Une cour d'appel a violé l'art. 16 NCPC [renommé C. pr. civ.] en appliquant d'office la CVIM, sans inviter les parties à un débat contradictoire sur ce point. • Civ. 1re, 2 oct. 2001, n° 99-13.461 P : *D. 2001. AJ 3195 ; CCC 2002, n° 5, obs. Leveneur ; LPA 30 mai 2002, obs. F. J.*

2. Exclusion consciente. La Conv. de Vienne constituant le droit substantiel français de la vente internationale de marchandises, il en résulte que les parties qui ont voulu soumettre leur litige « aux lois françaises » n'ont pas eu l'intention d'exclure l'application de la convention puisque celle-ci fait partie du droit français. • Com. 13 sept. 2011, n° 09-70.305 : *D. 2012. Pan. 1147, obs. Witz ; RTD com. 2012. 213, obs. Delebecque ; JCP E 2011, n° 1899, note Leveneur ; CCC 2011, n° 254, obs. Leveneur ; LPA 10 févr. 2012, note Granier ; RJDA 2012, n° 33.* ♦ Pour un arrêt considérant implicitement que l'application de la convention n'est pas écartée par le choix des parties de la loi française, sans autre précision, V. • Com. 17 déc. 1996, n° 95-20.273 : *D. 1997. 337, note Witz ; Rev. crit. DIP 1997. 72, note Rémery.* ♦ Dans le même sens, V. • C. féd. de justice allemande, 23 juill. 1997 : *D. 1998. Somm. 308, obs. Witz.* ♦ V. aussi, considérant qu'une clause contractuelle de droit applicable ne vaut pas exclusion implicite du droit uniforme : • C. féd. de justice allemande, 25 nov. 1998 : *D. 1999. Somm. 356, obs. Witz.* ♦ En ce sens que le choix du droit applicable ne vaut exclusion de la CVIM que si la volonté des parties est certaine, V. • Cour suprême Autriche, 12 févr. 1998 : *D. 1999. Somm. 359, obs. Niessen.* ♦ En invoquant et en discutant sans réserve la garantie de la chose vendue définie par les art. 1641 s. C. civ., toutes les parties ont, en connaissance du caractère international des ventes qu'elles avaient conclues, volontairement placé la solution de leurs différends sous le régime du droit interne français de la vente. • Civ. 1re, 25 oct. 2005, n° 99-12.879 P : *préc. note 1.* ♦ En présence de conclusions invoquant à la fois les dispositions du code civil et celles de la Conv. de Vienne, une cour d'appel ne peut en déduire la volonté des parties d'exclure l'application de cette convention. • Com. 3 nov. 2009, n° 08-12.399 : *D. 2010. Pan. 924, obs. Witz ; JDI 2010. 496, note Jacquet.*

CHAPITRE II *Dispositions générales*

Art. 7 **1. Pour l'interprétation de la présente Convention, il sera tenu compte de son caractère international et de la nécessité de promouvoir l'uniformité de son application ainsi que d'assurer le respect de la bonne foi dans le commerce international.**

2. Les questions concernant les matières régies par la présente Convention et qui ne sont pas expressément tranchées par elle seront réglées selon les principes généraux dont elle s'inspire ou, à défaut de ces principes, conformément à la loi applicable en vertu des règles du droit international privé.

BIBL. ▸ FERRARI, *Rev. crit. DIP 2013. 323* (tendance insulariste et « lex-forisme » malgré un droit uniforme de la vente). – WITZ, *AJ contrat 2020. 508* (le défi de l'interprétation uniforme).

1. Clauses pénales. Aucune disposition de la CVIM, pas même celles contenues aux articles 8 et 77, ne fournit de base légale à la réduction d'une clause pénale. • CA Arnhem, 22 août 1995 : *D. 1997. Somm. 223, obs. Papandréou-Deterville.*

2. Compensation. N'étant pas réglée par la convention, la question de la compensation doit être tranchée selon la loi désignée par les règles de droit international privé. • T. arrondissement Middelburg, 25 janv. 1995 : *D. 1997. Somm. 223, obs. Papandréou-Deterville.* ♦ V. aussi • T. régional sup. Munich, 11 mars 1998 : *D. 1999. Somm. 356, obs. Witz.*

3. Restitution du prix de vente. La question du lieu de restitution du prix par le vendeur, après résolution de la vente, n'étant pas réglée par la CVIM, et ne pouvant être réglée selon les principes généraux dont s'inspire ce texte, doit être tranchée en se référant à la loi désignée en vertu des règles de droit international privé. • Paris, 14 janv. 1998 : *D. 1998. Somm. 288, obs. Audit.* ♦ Le lieu d'exécution de l'obligation de restitution doit être déterminé grâce à la transposition des obligations primaires par un effet de miroir aux obligations de restitution, ce qui correspond à un principe général de la convention et ne nécessite pas le recours au droit national. • Cour Suprême Autriche, 29 juin 1999 : *D. 2002. Somm. 318, obs. Babusiaux.*

4. Bonne foi. La bonne foi est l'un des principes directeurs du commerce international, dont la portée s'apprécie en fonction de son caractère international, indépendamment de la loi du for et les parties ne peuvent ni l'exclure ni le modifier. • Comm. pour la protection du comm. ext., 30 nov. 1998 : *D. 2000. Somm. 449, obs. Rosch*. ♦ L'intégration efficace de conditions d'affaires implique non seulement que la volonté du stipulant soit discernable par le destinataire, mais aussi, eu égard au principe de bonne foi et du devoir de coopération et d'information pesant sur les parties, que le stipulant adresse au destinataire le texte des conditions générales ou les rende accessible d'une autre manière. • C. féd. de justice allemande, 31 oct. 2001 : *D. 2003. Somm. 2362, obs. Limbach*.

5. Procédure. Sur l'application de la CVIM à la charge de la preuve de l'existence des défauts de conformité au moment du transfert des risques, V. • T. appel Lugano, 15 janv. 1998 : *D. 2000. Somm. 445, obs. Spiegel*.

6. Frais d'avocat. Il n'existe pas de principe au sens de l'art. 7, al. 2, dont il pourrait être déduit que la perte subie [au sens de l'art. 74 CVIM] inclut les frais d'avocat ; aussi cette question doit être laissée à la compétence du droit national déterminé par les règles du droit international privé. • US circuit court of appeal, 19 nov. 2002 : *D. 2003. Somm. 2372, obs. Papandréou-Deterville*.

7. Action directe. Ayant énoncé que la Conv. de Vienne régit exclusivement la formation du contrat de vente entre le vendeur et l'acheteur, la cour d'appel en a exactement déduit que la loi française, dont l'application n'a pas été contestée, qui régit l'action directe d'un sous-acquéreur contre le vendeur, devait s'appliquer. • Com. 16 janv. 2019, n° 17-21.477 P : *D. actu. 7 févr. 2019, obs. Mélin ; AJ contrat 2019. 139, obs. Nourissat ; RTD com. 2019. 199, obs. Bouloc ; JCP E 2019, n° 1153, note Heyraud ; CCC 2019, n° 61, obs. Leveneur ; RJDA 11/2019. 811, note Kleiman, Monnerville Smith et Brasart ; RLDA mai 2019. 36, note Behaja.*

Art. 8 1. Aux fins de la présente Convention, les indications et les autres comportements d'une partie doivent être interprétés selon l'intention de celle-ci lorsque l'autre partie connaissait ou ne pouvait ignorer cette intention.

2. Si le paragraphe précédent n'est pas applicable, les indications et autres comportements d'une partie doivent être interprétés selon le sens qu'une personne raisonnable de même qualité que l'autre partie, placée dans la même situation, leur aurait donné.

3. Pour déterminer l'intention d'une partie ou ce qu'aurait compris une personne raisonnable, il doit être tenu compte des circonstances pertinentes, notamment des négociations qui ont pu avoir lieu entre les parties, des habitudes qui se sont établies entre elles, des usages et de tout comportement ultérieur des parties.

1. Intention subjective des parties. En raison de relations commerciales se poursuivant depuis au moins plusieurs mois, un vendeur italien lié à un acheteur français savait que les marchandises devaient être commercialisées en France et cette connaissance l'obligeait, ainsi que le stipule l'art. 8, § 1, à interpréter la commande comme portant sur des marchandises devant satisfaire aux règles de commercialisation sur le marché français. • Grenoble, 13 sept. 1995 : *JCP 1996. IV. 712*. ♦ Interprétant les éléments de preuve qui lui étaient soumis au regard de l'art. 8 et notamment de celui selon lequel les contrats doivent s'interpréter de bonne foi, une cour d'appel a pu en déduire que l'accord comportait des obligations réciproques *de livrer* et d'acheter une marchandise déterminée, à un prix convenu, de sorte qu'il constituait une vente soumise à la CVIM, sans avoir à constater expressément l'obligation pour le fournisseur de transférer la propriété. • Civ. 1re, 30 juin 2004, n° 01-15.964 P : *cité note 3 ss. art. 79.*

2. Parole evidence rule. En ce sens que, la règle de droit américain *(parole evidence rule)* selon laquelle une partie à un contrat ne peut chercher à établir que les termes de l'accord sont différents de ceux inscrits dans le contrat écrit n'est pas applicable à un contrat régi par la convention : • US circuit court of appeal, 29 juin 1998 : *D. 1999. Somm. 367, obs. Papandréou-Deterville*. ♦ V. aussi, jugeant que l'art. 8 qui prévaut sur la *parole evidence rule* veut que le juge prenne en considération les preuves orales relatives aux négociations antérieures dans la mesure ou ces preuves révèlent l'intention subjective des parties : • Northern district of Illinois Court, 28 oct. 1998 : *ibid.*

3. Interprétation objective. Les caractéristiques de la marchandise convenues par les parties et devenues partie intégrante du contrat nécessitent, le cas échéant, une interprétation objective de la volonté des parties selon les règles de l'art. 8. • T. féd. suisse, 22 déc. 2000 : *D. 2002. Somm. 396, obs. Rosch et Spiegel*.

4. Conditions générales. Les conditions générales doivent avoir été un élément de l'offre selon la volonté de la partie déclarante, reconnaissable par le partenaire. Ceci peut résulter du renvoi opéré aux conditions générales ou de manière tacite, sur la base des pourparlers entre les parties, ou d'une pratique suivie entre elles au sens de l'art. 9, al. 1er, de la CVIM. • Cour suprême Autriche, 31 août 2005 : *D. 2007. Pan. 536, obs. Witz*. ♦ Sur l'intégration de conditions générales dans un contrat et le principe de bonne foi, V. note 4 ss. art. 7.

Art. 9 1. Les parties sont liées par les usages auxquels elles ont consenti et par les habitudes qui se sont établies entre elles.

2. Sauf convention contraire des parties, celles-ci sont réputées s'être tacitement référées dans le contrat et pour la formation à tout usage dont elles avaient connaissance ou auraient dû avoir connaissance et qui, dans le commerce international, est largement connu et régulièrement observé par les parties à des contrats de même type dans la branche commerciale considérée.

1. Usage. Un usage du commerce international est considéré comme étant connu et régulièrement observé s'il est respecté par la majorité des commerçants actifs dans la branche commerciale considérée et établis dans la zone de diffusion de cette branche ou actifs dans ce lieu et dans la branche concernée. • Cour suprême Autriche, 21 mars 2000 : *D. 2002. Somm. 320, obs. Babusiaux*. ♦ Sous l'empire de la CVIM, l'absence de protestation à une lettre de confirmation ne saurait valoir acquiescement que si celle-ci correspond à une habitude entre les parties ou à des usages internationaux, à la différence de la solution retenue en droit suisse. • Fribourg, 11 oct. 2004 : *D. 2005. Pan. 2285, obs. Witz* (censuré par : • T. féd. Suisse, 5 avr. 2005 : *D. 2007. Pan. 535, obs. Witz*).

2. Habitudes établies. Constitue une rupture abusive des relations commerciales le fait pour un fournisseur de refuser de livrer son client au motif qu'il n'était pas agréé par l'entreprise d'affacturage qu'il avait chargée de recouvrer ses créances, alors qu'il avait honoré ses commandes pendant plusieurs mois, sans exiger que sa solvabilité fût établie. • Grenoble, 13 sept. 1995 : *Rev. crit. DIP 1996. 666, note Pardoel* ; *JCP 1996. IV. 712*. ♦ Jugeant que les parties étant liées par les habitudes qui se sont établies entre elles, selon l'art. 9 CVIM, la clause d'arbitrage contenue dans plusieurs contrats antérieurs continue à régir leur relation d'affaires ultérieure. • Lietuvos apeliacinio teismo Civiliniu, 27 mars 2000 : *D. 2003. Somm. 2369, obs. Foght et Rosch*.

Art. 10 Aux fins de la présente Convention :

a) Si une partie a plus d'un établissement, l'établissement à prendre en considération est celui qui a la relation la plus étroite avec le contrat et son exécution eu égard aux circonstances connues des parties ou envisagées par elles à un moment quelconque avant la conclusion ou lors de la conclusion du contrat ;

b) Si une partie n'a pas d'établissement, sa résidence habituelle en tient lieu.

Relation la plus étroite avec le contrat. Sur la notion d'« établissement », V. note ss. art. 1er. ♦ Constatant que les confirmations de commande du vendeur, les factures ainsi que les livraisons de marchandises ont été faites à partir du siège de la société venderesse en Allemagne et qu'il convient en conséquence de prendre en considération l'établissement dont le siège est dans ce pays, V. • Colmar, 24 oct. 2000 : *D. 2002. Somm. 393, obs. Witz*. ♦ Jugeant au vu des circonstances (déclarations relatives à la description des marchandises faites depuis le Canada, composants fabriqués dans ce pays, quartier général et entrepôts également dans ce pays) que l'établissement qui a la relation la plus étroite avec le contrat et son exécution est le Canada et non la Californie où, pourtant, nombre de ses ingénieurs travaillent, V. • US district court Northern district of California, 27 juill. 2001 : *D. 2003. Somm. 2370, obs. Papandréou-Deterville*.

Art. 11 Le contrat de vente n'a pas à être conclu ni constaté par écrit et n'est soumis à aucune autre condition de forme. Il peut être prouvé par tous moyens, y compris par témoins.

Preuves orales. Contrairement à *l'Uniform Commercial Code* qui l'a incorporé, le *Statute of Frauds* ne s'applique pas à la CVIM et les preuves orales sont admissibles pour établir qu'un contrat a été conclu entre les parties. • US district court Southern district of New York, 8 août 2000 : *D. 2002. Somm. 398, obs. Papandréou-Deterville*. ♦ V. aussi • US district court Southern district of New York, 6 avr. 1998 : *D. 1999. Somm. 367, obs. Papandréou-Deterville*.

Art. 12 Toute disposition de l'article 11, de l'article 29 ou de la deuxième partie de la présente Convention autorisant une forme autre que la forme écrite, soit pour la conclusion ou pour la *modification ou la résiliation amiable* d'un contrat de vente soit pour toute offre, acceptation ou autre manifestation d'intention, ne s'applique pas dès lors qu'une des parties a son établissement dans un État contractant qui a fait une déclaration conformément à l'article 96 de la présente Convention. Les parties ne peuvent déroger au présent article ni en modifier les effets.

Obligation d'un écrit. Pour un exemple d'un État contractant exigeant la forme écrite (législation argentine), V. • Paris, 12 mars 2009 : *RTD com. 2009. 643, obs. Delebecque*.

Art. 13 Aux fins de la présente Convention, le terme « écrit » doit s'entendre également des communications adressées par télégramme ou par télex.

DEUXIÈME PARTIE Formation du contrat

Art. 14 1. Une proposition de conclure un contrat adressée à une ou plusieurs personnes déterminées constitue une offre si elle est suffisamment précise et si elle indique la volonté de son auteur d'être lié en cas d'acceptation. Une proposition est suffisamment précise lorsqu'elle désigne les marchandises et, expressément ou implicitement, fixe la quantité et le prix ou donne des indications permettant de les déterminer.

2. Une proposition adressée à des personnes indéterminées est considérée seulement comme une invitation à l'offre, à moins que la personne qui a fait la proposition n'ait clairement indiqué le contraire.

Prix déterminable. Sur la nécessité d'un prix « déterminable », V. • Civ. 1re, 4 janv. 1995, n° 92-16.993 : *D. 1995. 289, note Witz*. ♦ Pour la validité d'un contrat prévoyant que le « prix devra être déterminé au cours de la saison », V. • Landgericht Neubrandenburg, 3 août 2005 : *D. 2007. Pan. 536, obs. Witz*.

Art. 15 1. Une offre prend effet lorsqu'elle parvient au destinataire ;

2. Une offre, même si elle est irrévocable, peut être rétractée si la rétractation parvient au destinataire avant ou en même temps que l'offre.

Art. 16 1. Jusqu'à ce qu'un contrat ait été conclu, une offre peut être révoquée si la révocation parvient au destinataire avant que celui-ci ait expédié une acceptation.

2. Cependant, une offre ne peut être révoquée :

a) Si elle indique, en fixant un délai déterminé pour l'acceptation, ou autrement, qu'elle est irrévocable ; ou

b) S'il était raisonnable pour le destinataire de considérer l'offre comme irrévocable et s'il a agi en conséquence.

Art. 17 Une offre, même irrévocable, prend fin lorsque son rejet parvient à l'auteur de l'offre.

Art. 18 1. Une déclaration ou autre comportement du destinataire indiquant qu'il acquiesce à une offre constitue une acceptation. Le silence ou l'inaction à eux seuls ne peuvent valoir acceptation.

2. L'acceptation d'une offre prend effet au moment où l'indication d'acquiescement parvient à l'auteur de l'offre. L'acceptation ne prend pas effet si cette indication ne parvient pas à l'auteur de l'offre dans le délai qu'il a stipulé ou, à défaut d'une telle stipulation, dans un délai raisonnable, compte tenu des circonstances de la transaction et de la rapidité des moyens de communication utilisés par l'auteur de l'offre. Une offre verbale doit être acceptée immédiatement, à moins que les circonstances n'impliquent le contraire.

3. Cependant, si, en vertu de l'offre, des habitudes qui se sont établies entre les parties ou des usages, le destinataire de l'offre peut indiquer qu'il acquiesce en accomplissant un acte se rapportant, par exemple, à l'expédition des marchandises ou au paiement du prix, sans communication à l'auteur de l'offre, l'acceptation prend effet au moment où cet acte est accompli, pour autant qu'il le soit dans les délais prévus par le paragraphe précédent.

Acceptation. Pour une application du principe selon lequel le silence de l'acheteur, à lui seul, ne vaut pas acceptation d'une offre de vente internationale de marchandises : • Civ. 1re, 27 janv. 1998, n° 95-19.448 P : *D. 1998. Somm. 312, obs. Witz*. ♦ Jugeant que la question de la formation du contrat de vente par le jeu d'une lettre de confirmation ne relève pas de la convention, V. • T. régional de l'Est, 23 avr. 1998 : *D. 1999. Somm. 360, obs. Morten Midtgaard Fogt*.

Art. 19 1. Une réponse qui tend à être l'acceptation d'une offre, mais qui contient des additions, des limitations ou autres modifications, est un rejet de l'offre et constitue une contre-offre.

2. Cependant, une réponse qui tend à être l'acceptation d'une offre, mais qui contient des éléments complémentaires ou différents n'altérant pas substantiellement les termes de l'offre, constitue une acceptation, à moins que l'auteur de l'offre, sans retard injustifié, n'en relève les différences verbalement ou n'adresse un avis à cet effet. S'il ne le fait pas, les termes du contrat sont ceux de l'offre, avec les modifications comprises dans l'acceptation.

3. Des éléments complémentaires ou différents relatifs notamment au prix, au paiement, à la qualité et à la quantité des marchandises, au lieu et au moment de la livraison, à l'éten-

due de la responsabilité d'une partie à l'égard de l'autre ou au règlement des différends, sont considérés comme altérant substantiellement les termes de l'offre.

1. Contre-offre. La confirmation de commande du vendeur, qui contient les conditions générales de vente, étant postérieure à la date de formation du contrat, ne peut s'analyser comme une contre-offre au sens de l'art. 19 (1). • Paris, 13 déc. 1995 : *JCP 1997. II. 22772, note de Vareilles-Sommières.* ♦ V. aussi, jugeant qu'après la formation du contrat, l'acheteur ne saurait unilatéralement se rétracter, toute proposition émanant de sa part pour renégocier le prix ayant alors la valeur non pas d'une contre-offre, mais d'une offre de novation de contrat sous des conditions modifiées : • T. suprême Espagne, 28 janv. 2000 : *D. 2002. Somm. 322, obs. Rosch*.

2. Acceptation de l'offre. Pour faire droit à la demande en paiement d'un vendeur allemand des marchandises livrées à un acheteur français, une cour d'appel retient souverainement que les parties étaient d'accord sur la chose et sur le prix, y compris sur une révision du prix initial en fonction du marché et sur les modifications apportées à une commande qui avaient fait l'objet de la réponse du vendeur. • Civ. 1re, 4 janv. 1995, nº 92-16.993 : *D. 1995. 289, note Witz*. ♦ La réponse tendant à l'acceptation d'une offre, mais qui contient une stipulation divergente sur le règlement des différends, contient selon l'art. 19 (3º) des éléments différents altérant substantiellement les termes de l'offre ; il en résulte qu'elle ne vaut pas acceptation et n'entraîne pas l'application de la clause attributive de compétence contenue dans l'offre initiale. • Civ. 1re, 16 juill. 1998, nº 96-11.984 P : *D. 1999. 117, note Witz ; RJDA 1998, nº 1203 ; Rev. crit. DIP 1999. 122, obs. Muir Watt ; Gaz. Pal. 1999. Somm. 718, note Mauro.* ♦ Sur des dissentiments partiels ne mettant pas en danger la formation du contrat, V. • C. féd. de justice allemande, 9 janv. 2002 : *D. 2003. Somm. 2362, obs. Limbach*.

Art. 20 1. Le délai d'acceptation fixé par l'auteur de l'offre dans un télégramme ou une lettre commence à courir au moment où le télégramme est remis pour expédition ou à la date qui apparaît sur la lettre ou, à défaut, à la date qui apparaît sur l'enveloppe. Le délai d'acceptation que l'auteur de l'offre fixe par téléphone, par télex ou par d'autres moyens de communication instantanés commence à courir au moment où l'offre parvient au destinataire.

2. Les jours fériés ou chômés qui tombent pendant que court le délai d'acceptation sont comptés dans le calcul de ce délai. Cependant, si la notification ne peut être remise à l'adresse de l'auteur de l'offre le dernier jour du délai, parce que celui-ci tombe un jour férié ou chômé au lieu d'établissement de l'auteur de l'offre, le délai est prorogé jusqu'au premier jour ouvrable suivant.

Art. 21 1. Une acceptation tardive produit néanmoins effet en tant qu'acceptation si, sans retard, l'auteur de l'offre en informe verbalement le destinataire ou lui adresse un avis à cet effet.

2. Si la lettre ou autre écrit contenant une acceptation tardive révèle qu'elle a été expédiée dans des conditions telles que, si sa transmission avait été régulière, elle serait parvenue à temps à l'auteur de l'offre, l'acceptation tardive produit effet en tant qu'acceptation à moins que, sans retard, l'auteur de l'offre n'informe verbalement le destinataire de l'offre qu'il considère que son offre avait pris fin ou qu'il ne lui adresse un avis à cet effet.

Art. 22 L'acceptation peut être rétractée si la rétractation parvient à l'auteur de l'offre avant le moment où l'acceptation aurait pris effet ou à ce moment.

Rétractation. Pour une rétractation inopérante de l'acceptation, V. • T. suprême Espagne : 28 janv. 2000 : *préc. note 1 ss. art. 19.*

Art. 23 Le contrat est conclu au moment où l'acceptation d'une offre prend effet conformément aux dispositions de la présente Convention.

Art. 24 Aux fins de la présente partie de la Convention, une offre, une déclaration d'acceptation ou toute autre manifestation d'intention « parvient » à son destinataire lorsqu'elle lui est faite verbalement ou est délivrée par tout autre moyen au destinataire lui-même, à son établissement, à son adresse postale ou, s'il n'y a pas d'établissement ou d'adresse postale, à sa résidence habituelle.

TROISIÈME PARTIE Vente de marchandises

CHAPITRE PREMIER *Dispositions générales*

Art. 25 Une contravention au contrat commise par l'une des parties est essentielle lorsqu'elle cause à l'autre partie un préjudice tel qu'elle la prive substantiellement de ce que celle-ci était en droit d'attendre du contrat, à moins que la partie en défaut n'ait pas prévu un tel résultat et qu'une personne raisonnable de même qualité placée dans la même situation ne l'aurait pas prévu non plus.

Contravention essentielle. Constitue une contravention essentielle, au sens de l'art. 25, le défaut de livraison à la date fixée par le contrat alors que le vendeur ne pouvait pas avoir de doutes quant à l'importance d'une livraison ponctuelle pour l'acheteur eu égard aux ventes de fin d'année. • CA Milan, 20 mars 1998 : *D. 1999. Somm. 364, obs. Spiegel*. ♦ Le refus d'établir une lettre de crédit au moment prévu par le contrat, à savoir lorsque le vendeur indique à l'acheteur les détails quant au navire affrété, est une contravention essentielle au sens de l'art. 25. • Cour suprême Queensland, 17 nov. 2000 : *D. 2002. Somm. 399, obs. Papandréou-Deterville*.

Art. 26 Une déclaration de résolution du contrat n'a d'effet que si elle est faite par notification à l'autre partie.

Art. 27 Sauf disposition contraire expresse de la présente partie de la Convention, si une notification, demande ou autre communication est faite par une partie au contrat conformément à la présente partie et par un moyen approprié aux circonstances, un retard ou une erreur dans la transmission de la communication ou le fait qu'elle n'est pas arrivée à destination ne prive pas cette partie au contrat du droit de s'en prévaloir.

Art. 28 Si, conformément aux dispositions de la présente Convention, une partie a le droit d'exiger de l'autre l'exécution d'une obligation, un tribunal n'est tenu d'ordonner l'exécution en nature que s'il le ferait en vertu de son propre droit pour des contrats de vente semblables non régis par la présente Convention.

Art. 29 1. Un contrat peut être modifié ou résilié par accord amiable entre les parties.

2. Un contrat écrit qui contient une disposition stipulant que toute modification ou résiliation amiable doit être faite par écrit ne peut être modifié ou résilié à l'amiable sous une autre forme. Toutefois, le comportement de l'une des parties peut l'empêcher d'invoquer une telle disposition si l'autre partie s'est fondée sur ce comportement.

CHAPITRE II *Obligations du vendeur*

Art. 30 Le vendeur s'oblige, dans les conditions prévues au contrat et par la présente Convention, à livrer les marchandises, à en transférer la propriété et, s'il y a lieu, à remettre les documents s'y rapportant.

SECTION I *Livraison des marchandises et remise des documents*

Art. 31 Si le vendeur n'est pas tenu de livrer les marchandises en un autre lieu particulier, son obligation de livraison consiste :

a) Lorsque le contrat de vente implique un transport des marchandises, à remettre les marchandises au premier transporteur pour transmission à l'acheteur ;

b) Lorsque, dans les cas non visés au précédent alinéa, le contrat porte sur un corps certain ou sur une chose de genre qui doit être prélevée sur une masse déterminée ou qui doit être fabriquée ou produite et lorsque, au moment de la conclusion du contrat, les parties savaient que les marchandises se trouvaient ou devaient être fabriquées ou produites en un lieu particulier, à mettre les marchandises à la disposition de l'acheteur en ce lieu ;

c) Dans les autres cas, à mettre les marchandises à la disposition de l'acheteur au lieu où le vendeur avait son établissement au moment de la conclusion du contrat.

Compétence judiciaire. Les contrats internationaux de vente de marchandises sont soumis, pour la détermination des règles de compétence judiciaire, aux dispositions de l'art. 5 du Règl. du 22 déc. 2000, qui désignent comme compétent le tribunal dans le ressort duquel la marchandise a été ou aurait dû être livrée, ce lieu de livraison par le vendeur étant lui-même défini, en l'absence de dispositions contractuelles, par les art. 30 et 31 CVIM comme étant celui du lieu de remise au premier transporteur pour acheminement à l'acheteur ou, en cas de marchandises devant être fabriquées ou produites, du lieu de fabrication. • Lyon, 25 janv. 2007 : *BICC 1er mai 2007, n° 951.*

Art. 32 1. Si, conformément au contrat ou à la présente Convention, le vendeur remet les marchandises à un transporteur et si les marchandises ne sont pas clairement identifiées aux fins du contrat par l'apposition d'un signe distinctif sur les marchandises, par des documents de transport ou par tout autre moyen, le vendeur doit donner à l'acheteur avis de l'expédition en désignant spécifiquement les marchandises.

2. Si le vendeur est tenu de prendre des dispositions pour le transport des marchandises, il doit conclure les contrats nécessaires pour que le transport soit effectué jusqu'au lieu prévu par les moyens de transport appropriés aux circonstances et selon les conditions usuelles pour un tel transport.

3. Si le vendeur n'est pas tenu de souscrire lui-même une assurance de transport, il doit fournir à l'acheteur, à la demande de celui-ci, tous renseignements dont il dispose qui sont nécessaires à la conclusion de cette assurance.

Art. 33 Le vendeur doit livrer les marchandises :

a) Si une date est fixée par le contrat ou déterminable par référence au contrat, à cette date ;

b) Si une période de temps est fixée par le contrat ou déterminable par référence au contrat, à un moment quelconque au cours de cette période, à moins qu'il ne résulte des circonstances que c'est à l'acheteur de choisir une date ; ou

c) Dans tous les autres cas, dans un délai raisonnable à partir de la conclusion du contrat.

1. Défaut de livraison à la date fixée. V. note ss. art. 25.

2. Délai raisonnable. Lorsqu'en application de l'art. 33 *c*), la livraison doit intervenir dans un délai raisonnable à partir de la conclusion du contrat, l'acheteur a intérêt à dénoncer une prétendue tardiveté lors de la réception de la marchandise. • C. provinciale Barcelone, 20 juin 1997 : *D. 1999. Somm. 361, obs. Rosch* ✎.

Art. 34 Si le vendeur est tenu de remettre les documents se rapportant aux marchandises, il doit s'acquitter de cette obligation au moment, au lieu et dans la forme prévus au contrat. En cas de remise anticipée, le vendeur conserve, jusqu'au moment prévu pour la remise, le droit de réparer tout défaut de conformité des documents, à condition que l'exercice de ce droit ne cause à l'acheteur ni inconvénients ni frais déraisonnables. Toutefois, l'acheteur conserve le droit de demander des dommages-intérêts conformément à la présente Convention.

SECTION II *Conformité des marchandises et droits ou prétentions des tiers*

Art. 35 1. Le vendeur doit livrer des marchandises dont la quantité, la qualité et le type répondent à ceux qui sont prévus au contrat, et dont l'emballage ou le conditionnement correspond à celui qui est prévu au contrat.

2. A moins que les parties n'en soient convenues autrement, les marchandises ne sont conformes au contrat que si :

a) Elles sont propres aux usages auxquels serviraient habituellement des marchandises du même type ;

b) Elles sont propres à tout usage spécial qui a été porté expressément ou tacitement à la connaissance du vendeur au moment de la conclusion du contrat, sauf s'il résulte des circonstances que l'acheteur ne s'en est pas remis à la compétence ou à l'appréciation du vendeur ou qu'il n'était pas raisonnable de sa part de le faire ;

c) Elles possèdent les qualités d'une marchandise que le vendeur a présentée à l'acheteur comme échantillon ou modèle ;

d) Elles sont emballées ou conditionnées selon le mode habituel pour les marchandises du même type ou, à défaut de mode habituel, d'une manière propre à les conserver et à les protéger.

3. Le vendeur n'est pas responsable, au regard des alinéas *a* et *d* du paragraphe précédent, d'un défaut de conformité que l'acheteur connaissait ou ne pouvait ignorer au moment de la conclusion du contrat.

1. Appréciation de la conformité. L'on ne saurait en principe attendre du vendeur, dans le cadre de l'appréciation de la conformité contractuelle d'une marchandise au sens de l'art. 35, al. 2 (*a* et *b*), qu'il respecte des règles déterminées de droit public du pays de l'acheteur et de celui de commercialisation affectant le caractère revendable de la marchandise. • C. féd. de justice allemande, 8 mars 1995 : *D. 1997. Somm. 217, obs. Witz* ✎. ♦ V. aussi • Eastern district Louisiane,

17 mai 1999 : *D. 1999. Somm. 369, obs. Papandréou-Deterville* • Cour suprême Autriche, 13 avr. 2000 : *D. 2002. Somm. 317, obs. Babusiaux*. ♦ Ce sont, en règle générale, les standards en vigueur dans le pays du vendeur qui déterminent l'aptitude aux usages habituels de la marchandise ; même si l'acheteur a communiqué au vendeur le pays de destination des marchandises, on ne peut en déduire que le vendeur soit obligé de respecter la réglementation de droit public qui y est en vigueur. • Cour suprême Autriche, 25 janv. 2006 : *D. 2007. Pan. 538, obs. Witz*. ♦ Pour une application implicite de la Conv. de Vienne sans que les juges n'aient à déterminer plus avant le droit applicable au fond, V. • Civ. 1re, 8 janv. 2002, n° 00-13.453 P : *LPA 4 déc. 2002, obs. Chanteloup.*

2. Applications. En livrant du vin chaptalisé, une société n'a pas exécuté son obligation de livrer une marchandise conforme au contrat. • Civ. 1re, 23 janv. 1996, n° 93-16.542 P : *D. 1996. 334, note Witz ; Rev. crit. DIP 1996. 460, note Bureau ; JCP 1996. II. 22734, note Muir Watt ; CCC 1996, n° 77, obs. Leveneur.* ♦ Cette manipulation ayant, à elle seule, rendu le vin impropre à la consommation, est légalement justifiée la décision prononçant aux torts de cette société la résiliation de la vente. • Même arrêt.

3. Preuve. C'est sans inversion de la charge de la preuve qu'une cour d'appel, après avoir procédé à une analyse concrète des éléments de fait qui lui ont été soumis, a retenu qu'il était impossible, en l'état des éléments techniques divergents et parcellaires, d'imputer au vendeur les défauts apparus sur la marchandise livrée. • Com. 24 sept. 2003, n° 01-16.107 P : *D. 2005. Pan. 2286, obs. Witz ; JCP 2004. I. 111, n° 1, obs. Rueda ; RTD com. 2004. 362, obs. Bouloc ; LPA 9 juin 2004, obs. Brière.*

Art. 36 1. Le vendeur est responsable, conformément au contrat et à la présente Convention, de tout défaut de conformité qui existe au moment du transfert des risques à l'acheteur, même si ce défaut n'apparaît qu'ultérieurement.

2. Le vendeur est également responsable de tout défaut de conformité qui survient après le moment indiqué au paragraphe précédent et qui est imputable à l'inexécution de l'une quelconque de ses obligations, y compris à un manquement à une garantie que, pendant une certaine période, les marchandises resteront propres à leur usage normal ou à un usage spécial ou conserveront des qualités ou caractéristiques spécifiées.

Défaut de conformité. La survenance d'une panne intervenue dans un court délai après la livraison établit, nonobstant toute connaissance plus précise du vice, le défaut de conformité du bien voulu. • Grenoble, 15 mai 1996 : *D. 1997. Somm. 221, obs. Witz*. ♦ Comp. : • Com. 24 sept. 2003, n° 01-16.107 P : *cité note 3 ss. art. 35* (impossibilité, en l'état d'éléments techniques divergents et parcellaires, d'imputer au vendeur les défauts apparus sur la marchandise).

Art. 37 En cas de livraison anticipée, le vendeur a le droit, jusqu'à la date prévue pour la livraison, soit de livrer une partie ou une quantité manquante, ou des marchandises nouvelles en remplacement des marchandises non conformes au contrat, soit de réparer tout défaut de conformité des marchandises, à condition que l'exercice de ce droit ne cause à l'acheteur ni inconvénients ni frais déraisonnables. Toutefois, l'acheteur conserve le droit de demander des dommages-intérêts conformément à la présente Convention.

Art. 38 1. L'acheteur doit examiner les marchandises ou les faire examiner dans un délai aussi bref que possible eu égard aux circonstances.

2. Si le contrat implique un transport des marchandises, l'examen peut être différé jusqu'à leur arrivée à destination.

3. Si les marchandises sont déroutées ou réexpédiées par l'acheteur sans que celui-ci ait eu raisonnablement la possibilité de les examiner et si, au moment de la conclusion du contrat, le vendeur connaissait ou aurait dû connaître la possibilité de ce déroutage ou de cette réexpédition, l'examen peut être différé jusqu'à l'arrivée des marchandises à leur nouvelle *destination.*

1. Portée de l'obligation. La remise de certificats, selon les normes en vigueur au moment des faits, qui garantissent à l'acheteur la conformité de la marchandise livrée aux spécifications contractuelles, le dispense, nonobstant les anomalies présentées par ces documents, du contrôle de la qualité des produits vendus (visa des art. 30, 34 et 35 CVIM). • Com. 13 févr. 2019, n° 17-21.409 : *RJDA 2019, n° 554.*

2. Délai d'examen. Sur la durée moyenne du délai prescrit pour l'examen des marchandises, V. note 3 ss. art. 39.

Art. 39 1. L'acheteur est déchu du droit de se prévaloir d'un défaut de conformité s'il ne le dénonce pas au vendeur, en précisant la nature de ce défaut, dans un délai raisonnable à partir du moment où il l'a constaté ou aurait dû le constater.

2. Dans tous les cas, l'acheteur est déchu du droit de se prévaloir d'un défaut de conformité, s'il ne le dénonce pas au plus tard dans un délai de deux ans à compter de la date à laquelle les marchandises lui ont été effectivement remises, à moins que ce délai ne soit incompatible avec la durée d'une garantie contractuelle.

BIBL. ▶ Witz, *D. 2002. Chron. 2860* (nouveaux délais de prescription du droit allemand applicables aux ventes internationales de marchandises régies par la Convention de Vienne) ; *D. 2009. 1568* (le redoutable délai-butoir de deux ans consacré par la Convention de Vienne). – Mignot, *AJ contrat 2020. 525* (les liens entre le délai de forclusion et le délai de prescription). ▶ V. aussi bibl. ss. art. 4.

1. Responsabilité délictuelle. L'acheteur d'une marchandise défectueuse peut agir contre le vendeur sur le terrain de la responsabilité délictuelle alors que la vente est régie par la Conv. de La Haye portant loi uniforme sur la vente internationale des objets mobiliers corporels (LUVI). • T. régional sup. Munich, 9 août 1995 : *D. 1997. Somm. 219, obs. Witz*. ♦ Il n'y a pas lieu d'appliquer à l'action en responsabilité délictuelle les dispositions du droit uniforme relatives à la dénonciation des défauts. • Même arrêt.

2. Délai raisonnable. Pour un arrêt laissant à l'appréciation souveraine des juges du fond la détermination de la durée du délai de dénonciation prévu à l'art. 39, al. 1er, de la CVIM : • Civ. 1re, 26 mai 1999, n° 97-14.315 : *D. 2000. 788, note Witz*.

3. Délai global. Le délai d'examen des marchandises et le délai de dénonciation des défauts se suivent l'un l'autre et forment ensemble le délai global de dénonciation. • T. régional sup. Cologne, 21 août 1997 : *D. 1998. Somm. 311, obs. Witz*. ♦ Dans un souci d'interprétation uniforme de la convention, il convient de prendre en compte la tradition des États contractants, qui, comme la France, accordent un délai plus long et devrait donc être retenu un délai ayant une durée globale d'un mois. • Même arrêt. – Dans le même sens, V. • C. féd. de justice allemande, 3 nov. 1999 : *D. 2000. Somm. 434, obs. Witz*.

4. Délai de dénonciation. L'acheteur est déchu du droit de se prévaloir d'un défaut de conformité s'il ne le dénonce pas au plus tard dans un délai de deux ans à compter de la date à laquelle les marchandises lui ont été effectivement remises. • Civ. 1re, 8 avr. 2009, n° 08-10.678 : *D. 2009. 2907, note Witz ; RTD civ. 2009. 688, obs. Remy-Corlay ; CCC 2009, n° 187, obs. Leveneur ; RJDA 2009, n° 949*. ♦ La CVIM, si elle impose à l'acheteur un délai pour dénoncer un défaut de conformité, ne comporte aucune règle de prescription. • Com. 2 nov. 2016, n° 14-22.114 : *D. 2017. Pan. 618, obs. Witz ; Rev. crit. DIP 2017. 404, note Boskovic ; RJ com. 2017. 212, obs. Reclus*. ♦ Le délai de deux ans de l'art. 39 CVIM est un délai de dénonciation du défaut de conformité et non un délai pour agir. • Com. 3 févr. 2009, n° 07-21.827 : *D. 2009. 2907, note Witz ; RTD com. 2009. 642, obs. Delebecque ; JCP E 2009, n° 16-17, p. 30, note Leveneur ; CCC 2009, n° 96, obs. Leveneur ; RDC 2009. 1549, note Racine* • 21 juin 2016, n° 14-25.359 P : *D. 2017. Pan. 617, obs. Witz ; AJ contrat 2016. 431, note Sindres ; RTD com. 2016. 583, obs. Delebecque ; JCP E 2016, n° 1433 ; RJDA 2016, n° 678*. ♦ Pour condamner la société X, vendeur antérieur, à garantir la société Y, vendeur final, l'arrêt retient, en premier lieu, que l'action récursoire du vendeur final contre son propre vendeur trouve sa cause non dans le défaut de conformité lui-même mais dans l'action engagée contre ce vendeur final par le consommateur, en second lieu, que la CVIM régit les relations contractuelles entre vendeur et acheteur et ne s'applique pas à un tel recours. Il en déduit que le débat sur l'application des art. 39 et 40 CVIM est inopérant. En statuant ainsi, la cour d'appel a violé, par refus d'application, l'art. 39 CVIM. • Com. 3 févr. 2021, n° 19-13.260 P : *D. 2021. Pan. 929, obs. Clavel ; RTD com. 2021. 412, obs. Bouloc ; JCP E 2021, n° 1261, note Heyraud*.

5. Point de départ du délai de dénonciation. Le délai de l'art. 39. 2 CVIM court à compter de la date à laquelle les marchandises ont été effectivement remises à l'acheteur, ce qui suppose de connaître précisément la date de chaque vente en cas de livraisons successives de marchandises. • Com. 27 nov. 2012, n° 11-14.588 : *D. 2013. Pan. 2884, obs. Witz ; JCP E 2013, n° 1134, note Nourissat ; CCC 2013, n° 57, obs. N. M.* ♦ Lorsque le bien livré est atteint d'un défaut caché, le point de départ du délai d'examen et de dénonciation ne commence pas à courir dès le jour de la survenance du dommage dans l'hypothèse où celui-ci a pu avoir d'autres causes que le défaut caché du bien. • C. féd. de justice allemande, 3 nov. 1999 : *préc. note 3*.

6. Renonciation du vendeur. La renonciation du vendeur à se prévaloir du caractère tardif de la dénonciation par l'acheteur du défaut de conformité de la marchandise est en principe admissible selon le droit uniforme de la vente internationale de marchandises. • C. féd. de justice allemande, 25 juin 1997 : *D. 1998. Somm. 309, obs. Witz* • 25 nov. 1998 : *D. 1999. Somm. 356, obs. Witz*.

Art. 40 **Le vendeur ne peut pas se prévaloir des dispositions des articles 38 et 39 lorsque le défaut de conformité porte sur des faits qu'il connaissait ou ne pouvait ignorer et qu'il n'a pas révélés à l'acheteur.**

1. Mauvaise foi du vendeur. Concluant à la mauvaise foi du vendeur qui, en sa qualité de producteur, ne pouvait pas ignorer les vices du produit et qui les avait même délibérément dissimulés à l'acquéreur en ne lui fournissant pas le certificat d'analyse pourtant prévu au contrat : • Civ. 1re, 4 oct. 2005, n° 02-15.981 P : *D. 2007. Pan. 539, obs. Witz ; RTD civ. 2006. 272, obs. Remy-Corlay ; JCP E 2005, n° 47, p. 1992 ; RJDA 2006, n° 128.* ♦ Doit être considéré de mauvaise foi, en vertu de l'art. 40, le vendeur qui, lors de la livraison d'une machine en pièces détachées, alors qu'il ne pouvait ignorer l'éventualité d'une installation incorrecte par l'acquéreur et le risque évident qu'une défaillance sérieuse de la machine se produise, n'accompagne cette livraison d'aucune mise en garde. • Institut d'arbitrage ch. com. Stockholm, 5 juin 1998 : *D. 1999. Somm. 365, obs. Limbach.* ♦ Jugeant qu'il ressortait de la nature des défauts constatés que le vendeur professionnel devait non seulement avoir connu les défauts, mais encore qu'il les connaissait ou ne pouvait les ignorer, V. • Anvers, 27 juin 2001 : *D. 2003. Somm. 2365, obs. Papandréou-Deterville.*

2. Garantie conventionnelle. La stipulation d'une garantie conventionnelle de dix-huit mois, susceptible d'être interprétée comme portant dérogation aux art. 38 et 39, n'entraîne pas la mise à l'écart de l'art. 40. • Institut d'arbitrage ch. com. Stockholm, 5 juin 1998 : *préc. note 1.*

3. Charge de la preuve. Jugeant que l'art. 40 a pour fonction entre autres d'alléger la charge de la preuve par l'acquéreur de la mauvaise foi du vendeur, V. • Institut d'arbitrage ch. com. Stockholm, 5 juin 1998 : *préc. note 1.* ♦ Comp., jugeant qu'il appartient à l'acquéreur d'établir que le vendeur avait la connaissance tant de l'usage et de la destination du produit acquis que de la non conformité alléguée, V. • Paris, 25 févr. 2005 : *D. 2007. Pan. 534, obs. Witz ; RTD com. 2005. 639, obs. Delebecque.*

Art. 41 Le vendeur doit livrer les marchandises libres de tout droit ou prétention d'un tiers, à moins que l'acheteur n'accepte de prendre les marchandises dans ces conditions. Toutefois, si ce droit ou cette prétention est fondé sur la propriété industrielle ou autre propriété intellectuelle, l'obligation du vendeur est régie par l'article 42.

Art. 42 1. Le vendeur doit livrer les marchandises libres de tout droit ou prétention d'un tiers fondé sur la propriété industrielle ou autre propriété intellectuelle, qu'il connaissait ou ne pouvait ignorer au moment de la conclusion du contrat, à condition que ce droit ou cette prétention soit fondé sur la propriété industrielle ou autre propriété intellectuelle :

a) En vertu de la loi de l'État où les marchandises doivent être revendues ou utilisées, si les parties ont envisagé au moment de la conclusion du contrat que les marchandises seraient revendues ou utilisées dans cet État ; ou

b) Dans tous les autres cas, en vertu de la loi de l'État où l'acheteur a son établissement.

2. Dans les cas suivants, le vendeur n'est pas tenu de l'obligation prévue au paragraphe précédent :

a) Au moment de la conclusion du contrat, l'acheteur connaissait ou ne pouvait ignorer l'existence du droit ou de la prétention ; ou

b) Le droit ou la prétention résulte de ce que le vendeur s'est conformé aux plans techniques, dessins, formules ou autres spécifications analogues fournis par l'acheteur.

Contrefaçon. Dès lors que l'acheteur ne pouvait, en sa qualité de professionnel, ignorer le caractère contrefaisant d'un élément du produit acheté à une société étrangère, et qu'il a agi en connaissance du droit de la propriété intellectuelle, le vendeur n'est plus tenu à l'obligation de livrer des marchandises libres de tout droit de propriété intellectuelle. • Civ. 1re, 19 mars 2002, n° 00-14.414 P : *D. 2003. Somm. 2366, obs. Witz ; JCP 2003. II. 10016, note Raynard ; RTD com. 2002. 717, obs. Bouloc ; LPA 4 déc. 2002, obs. Chanteloup* • Colmar, 13 nov. 2002 : *D. 2003. Somm. 2367, obs. Witz* • Versailles, 28 sept. 2006 : *RJDA 2007, n° 141.*

Art. 43 1. L'acheteur perd le droit de se prévaloir des dispositions des articles 41 et 42 s'il ne dénonce pas au vendeur le droit ou la prétention du tiers, en précisant la nature de ce droit ou de cette prétention, dans un délai raisonnable à partir du moment où il en a eu connaissance ou aurait dû en avoir connaissance.

2. Le vendeur ne peut pas se prévaloir des dispositions du paragraphe précédent s'il connaissait le droit ou la prétention du tiers et sa nature.

Art. 44 Nonobstant les dispositions du paragraphe 1 de l'article 39 et du paragraphe 1 de l'article 43, l'acheteur peut réduire le prix conformément à l'article 50 ou demander des dommages-intérêts, sauf pour le gain manqué, s'il a une excuse raisonnable pour n'avoir pas procédé à la dénonciation requise.

SECTION III *Moyens dont dispose l'acheteur en cas de contravention au contrat par le vendeur*

Art. 45 1. Si le vendeur n'a pas exécuté l'une quelconque des obligations résultant pour lui du contrat de vente ou de la présente Convention, l'acheteur est fondé à :

a) Exercer les droits prévus aux articles 46 à 52 ;

b) Demander les dommages-intérêts prévus aux articles 74 à 77.

2. L'acheteur ne perd pas le droit de demander des dommages-intérêts lorsqu'il exerce son droit de recourir à un autre moyen.

3. Aucun délai de grâce ne peut être accordé au vendeur par un juge ou par un arbitre lorsque l'acheteur se prévaut d'un des moyens dont il dispose en cas de contravention au contrat.

Dommages-intérêts. Le droit de demander des dommages-intérêts subsiste, en principe, en cas d'exercice du droit de réduire le prix de vente, mais ce droit est exclu en ce qui concerne le dommage résultant directement du défaut de la chose. • T. féd. suisse, 28 oct. 1998 : *D. 2000. Somm. 443, obs. Schneider* .

Art. 46 1. L'acheteur peut exiger du vendeur l'exécution de ses obligations, à moins qu'il ne soit prévalu d'un moyen incompatible avec cette exigence.

2. Si les marchandises ne sont pas conformes au contrat, l'acheteur ne peut exiger du vendeur la livraison de marchandises de remplacement que si le défaut de conformité constitue une contravention essentielle au contrat et si cette livraison est demandée au moment de la dénonciation du défaut de conformité faite conformément à l'article 39 ou dans un délai raisonnable à compter de cette dénonciation.

3. Si les marchandises ne sont pas conformes au contrat, l'acheteur peut exiger du vendeur qu'il répare le défaut de conformité, à moins que cela ne soit déraisonnable compte tenu de toutes les circonstances. La réparation doit être demandée au moment de la dénonciation du défaut de conformité faite conformément à l'article 39 ou dans un délai raisonnable à compter de cette dénonciation.

Art. 47 1. L'acheteur peut impartir au vendeur un délai supplémentaire de durée raisonnable pour l'exécution de ses obligations.

2. A moins qu'il n'ait reçu du vendeur une notification l'informant que celui-ci n'exécuterait pas ses obligations dans le délai ainsi imparti, l'acheteur ne peut, avant l'expiration de ce délai, se prévaloir d'aucun des moyens dont il dispose en cas de contravention au contrat. Toutefois, l'acheteur ne perd pas, de ce fait, le droit de demander des dommages-intérêts pour retard dans l'exécution.

Délai supplémentaire. L'attitude d'un acheteur consistant à faire preuve d'une grande tolérance à l'égard des retards du vendeur peut être assimilée à la stipulation d'un délai supplémentaire. • C. provinciale Barcelone, 3 nov. 1997 : *D. 1999. Somm. 363, obs. Rosch* .

Art. 48 1. Sous réserve de l'article 49, le vendeur peut, même après la date de la livraison réparer à ses frais tout manquement à ses obligations, à condition que cela n'entraîne pas un retard déraisonnable et ne cause à l'acheteur ni inconvénients déraisonnables ni incertitude quant au remboursement par le vendeur des frais faits par l'acheteur. Toutefois, l'acheteur conserve le droit de demander des dommages-intérêts conformément à la présente Convention.

2. Si le vendeur demande à l'acheteur de lui faire savoir s'il accepte l'exécution et si l'acheteur ne lui répond pas dans un délai raisonnable, le vendeur peut exécuter ses obligations dans le délai qu'il a indiqué dans sa demande. L'acheteur ne peut, avant l'expiration de ce délai, se prévaloir d'un moyen incompatible avec l'exécution par le vendeur de ses obligations.

3. Lorsque le vendeur notifie à l'acheteur son intention d'exécuter ses obligations dans un délai déterminé, il est présumé demander à l'acheteur de lui faire connaître sa décision conformément au paragraphe précédent.

4. Une demande ou une notification faite par le vendeur en vertu des paragraphes 2 ou 3 du présent article n'a d'effet que si elle est reçue par l'acheteur.

Art. 49 1. L'acheteur peut déclarer le contrat résolu :

a) Si l'inexécution par le vendeur de l'une quelconque des obligations résultant pour lui du contrat ou de la présente Convention constitue une contravention essentielle au contrat ; ou *b*) En cas de défaut de livraison, si le vendeur ne livre pas les marchandises dans le délai supplémentaire imparti par l'acheteur conformément au paragraphe 1 de l'article 47 ou s'il déclare qu'il ne les livrera pas dans le délai ainsi imparti.

2. Cependant, lorsque le vendeur a livré les marchandises, l'acheteur est déchu du droit de déclarer le contrat résolu s'il ne l'a pas fait :

a) En cas de livraison tardive, dans un délai raisonnable à partir du moment où il a su que la livraison avait été effectuée ;

b) En cas de contravention autre que la livraison tardive, dans un délai raisonnable :

i) A partir du moment où il a eu connaissance ou aurait dû avoir connaissance de cette contravention ;

ii) Après l'expiration de tout délai supplémentaire imparti par l'acheteur conformément au paragraphe 1 de l'article 47 ou après que le vendeur a déclaré qu'il n'exécuterait pas ses obligations dans ce délai supplémentaire ;

ou

iii) Après l'expiration de tout délai supplémentaire indiqué par le vendeur conformément au paragraphe 2 de l'article 48 ou après que l'acheteur a déclaré qu'il n'accepterait pas l'exécution.

1. Résolution. Le système des remèdes prévu par la CVIM ne consacre pas, en principe, la distinction classique entre la violation de l'obligation de délivrance et la garantie pour les défauts de la chose. • C. féd. de justice allemande, 3 avr. 1996 : *D. 1997. Somm. 218, obs. Spiegel* ✐. ♦ L'acheteur auquel a été livrée une marchandise non conforme doit établir, pour résoudre le contrat, que les conditions de l'art. 49, 1 (*a*), sont réunies. • Même arrêt. ♦ Il appartient à l'acheteur, avant de déclarer le contrat résolu, de déterminer, lorsque la contravention résulte de la non-conformité des qualités de la marchandise, si une autre transformation ou revente de cette marchandise dans des conditions normales, même avec réduction du prix, reste possible sans trop de difficultés et dans les limites de l'acceptable. • T. féd. suisse, 28 oct. 1998 : *D. 2000. Somm. 443, obs. Schneider* ✐.

2. Délai. En ce sens que, une déclaration de résolution, opérée sept jours après la livraison, doit être considérée comme tardive faute d'avoir été faite dans le délai raisonnable de l'art. 49, 2 (*b*), eu égard à la rapide déperdition de valeur du bien, V. • T. régional de l'Ouest danois, 10 nov. 1999 : *D. 2000. Somm. 438, obs. Fogt* ✐.

Art. 50 En cas de défaut de conformité des marchandises au contrat, que le prix ait été ou non déjà payé, l'acheteur peut réduire le prix proportionnellement à la différence entre la valeur que les marchandises effectivement livrées avaient au moment de la livraison et la valeur que des marchandises conformes auraient eue à ce moment. Cependant, si le vendeur répare tout manquement à ses obligations conformément à l'article 37 ou à l'article 48 ou si l'acheteur refuse d'accepter l'exécution par le vendeur conformément à ces articles, l'acheteur ne peut réduire le prix.

Art. 51 1. Si le vendeur ne livre qu'une partie des marchandises ou si une partie seulement des marchandises livrées est conforme au contrat, les articles 46 à 50 s'appliquent en ce qui concerne la partie manquante ou non conforme.

2. L'acheteur ne peut déclarer le contrat résolu dans sa totalité que si l'inexécution partielle ou le défaut de conformité constitue une contravention essentielle au contrat.

Art. 52 1. Si le vendeur livre les marchandises avant la date fixée, l'acheteur a la faculté d'en prendre livraison ou de refuser d'en prendre livraison.

2. Si le vendeur livre une quantité supérieure à celle prévue au contrat, l'acheteur peut accepter ou refuser de prendre livraison de la quantité excédentaire. Si l'acheteur accepte d'en prendre livraison en tout ou en partie, il doit la payer au tarif du contrat.

CHAPITRE III *Obligations de l'acheteur*

Art. 53 L'acheteur s'oblige, dans les conditions prévues au contrat et par la présente Convention, à payer le prix et à prendre livraison des marchandises.

SECTION I *Paiement du prix*

Art. 54 L'obligation qu'a l'acheteur de payer le prix comprend celle de prendre les mesures et d'accomplir les formalités destinées à permettre le paiement du prix qui sont prévues par le contrat ou par les lois et les règlements.

Lettre de crédit. En ce sens qu'en refusant d'établir une lettre de crédit au moment prévu par le contrat, l'acheteur ne respecte pas son obligation de payer le prix telle que décrite à l'art. 54, V. • Cour suprême Queensland, 17 nov. 2000 : *D. 2002. Somm. 399, obs. Papandréou-Deterville* .

Art. 55 Si la vente est valablement conclue sans que le prix des marchandises vendues ait été fixé dans le contrat expressément ou implicitement ou par une disposition permettant de le déterminer, les parties sont réputées, sauf indications contraires, s'être tacitement référées au prix habituellement pratiqué au moment de la conclusion du contrat, dans la branche commerciale considérée, pour les mêmes marchandises vendues dans des circonstances comparables.

Art. 56 Si le prix est fixé d'après le poids des marchandises, c'est le poids net qui, en cas de doute, détermine ce prix.

Art. 57 1. Si l'acheteur n'est pas tenu de payer le prix en un autre lieu particulier, il doit payer le vendeur :

a) A l'établissement de celui-ci ; ou

b) Si le paiement doit être fait contre la remise des marchandises ou des documents, au lieu de cette remise.

2. Le vendeur doit supporter toute augmentation des frais accessoires au paiement qui résultent de son changement d'établissement après la conclusion du contrat.

1. Cession du prix. Pour une décision considérant que la cession du prix de vente entraîne le transfert du lieu de paiement à l'établissement du cessionnaire, V. • T. régional sup. Celle, 11 nov. 1998 : *D. 2000. Somm. 437, obs. crit. Rosch* .

2. Compétence territoriale. Sur l'application combinée des art. 5, 1°, de la Conv. de Bruxelles fixant la compétence judiciaire territoriale au lieu d'exécution de l'obligation servant de base à la demande et l'art. 57 CVIM, V. • Civ. 1re, 26 juin 2001, n° 99-18.582 P : *D. 2001. AJ 2593* ♦ V. aussi, • Civ. 1re, 26 juin 2001, n° 99-14.844 P : *D. 2001. 3607, note Witz* .

Art. 58 1. Si l'acheteur n'est pas tenu de payer le prix à un autre moment déterminé, il doit le payer lorsque, conformément au contrat et à la présente Convention, le vendeur met à sa disposition soit les marchandises soit des documents représentatifs des marchandises. Le vendeur peut faire du paiement une condition de la remise des marchandises ou des documents.

2. Si le contrat implique un transport des marchandises, le vendeur peut en faire l'expédition sous condition que celles-ci ou les documents représentatifs ne seront remis à l'acheteur que contre paiement du prix.

3. L'acheteur n'est pas tenu de payer le prix avant d'avoir eu la possibilité d'examiner les marchandises, à moins que les modalités de livraison ou de paiement dont sont convenues les parties ne lui en laissent pas la possibilité.

Art. 59 L'acheteur doit payer le prix à la date fixée au contrat ou résultant du contrat et de la présente Convention, sans qu'il soit besoin d'aucune demande ou autre formalité de la part du vendeur.

SECTION II *Prise de livraison*

Art. 60 L'obligation de l'acheteur de prendre livraison consiste :

a) A accomplir tout acte qu'on peut raisonnablement attendre de lui pour permettre au vendeur d'effectuer la livraison ; et

b) A retirer les marchandises.

SECTION III *Moyens dont dispose le vendeur en cas de contravention au contrat par l'acheteur*

Art. 61 1. Si l'acheteur n'a pas exécuté l'une quelconque des obligations résultant pour lui du contrat de vente ou de la présente Convention, le vendeur est fondé à :

a) Exercer les droits prévus aux articles 62 à 65 ;

b) Demander les dommages-intérêts prévus aux articles 74 à 77.

2. Le vendeur ne perd pas le droit de demander des dommages-intérêts lorsqu'il exerce son droit de recourir à un autre moyen.

3. Aucun délai de grâce ne peut être accordé à l'acheteur par un juge ou par un arbitre lorsque le vendeur se prévaut d'un des moyens dont il dispose en cas de contravention au contrat.

Art. 62 Le vendeur peut exiger de l'acheteur le paiement du prix, la prise de livraison des marchandises ou l'exécution des autres obligations de l'acheteur, à moins qu'il ne se soit prévalu d'un moyen incompatible avec ces exigences.

Art. 63 1. Le vendeur peut impartir à l'acheteur un délai supplémentaire de durée raisonnable pour l'exécution de ses obligations.

2. A moins qu'il n'ait reçu de l'acheteur une notification l'informant que celui-ci n'exécuterait pas ses obligations dans le délai ainsi imparti, le vendeur ne peut, avant l'expiration de ce délai, se prévaloir d'aucun des moyens dont il dispose en cas de contravention au contrat. Toutefois, le vendeur ne perd pas, de ce fait, le droit de demander des dommages-intérêts pour retard dans l'exécution.

Art. 64 1. Le vendeur peut déclarer le contrat résolu :

a) Si l'inexécution par l'acheteur de l'une quelconque des obligations résultant pour lui du contrat ou de la présente Convention constitue une contravention essentielle au contrat ; ou

b) Si l'acheteur n'exécute pas son obligation de payer le prix ou ne prend pas livraison des marchandises dans le délai supplémentaire imparti par le vendeur conformément au paragraphe 1 de l'article 63 ou s'il déclare qu'il ne le fera pas dans le délai ainsi imparti.

2. Cependant, lorsque l'acheteur a payé le prix, le vendeur est déchu du droit de déclarer le contrat résolu s'il ne l'a pas fait :

a) En cas d'exécution tardive par l'acheteur, avant d'avoir su qu'il y avait eu exécution ; ou

b) En cas de contravention par l'acheteur autre que l'exécution tardive, dans un délai raisonnable ;

i) A partir du moment où le vendeur a eu connaissance ou aurait dû avoir connaissance de cette contravention ; ou

ii) Après l'expiration de tout délai supplémentaire imparti par le vendeur conformément au paragraphe 1 de l'article 63 ou après que l'acheteur a déclaré qu'il n'exécuterait pas ses obligations dans ce délai supplémentaire.

1. Contrats à livraisons successives. En l'absence d'exécution satisfaisante du premier contrat, un vendeur est fondé à rompre les relations contractuelles pour les opérations suivantes assorties des mêmes obligations, alors que l'art. 73, al. 2, CVIM autorise en effet, dans les contrats à livraisons successives, une partie, victime d'une contravention essentielle pour une livraison, qui a de sérieuses raisons de penser que la méconnaissance des obligations se reproduira, à déclarer le contrat résolu pour l'avenir si elle le fait dans un délai raisonnable permettant au cocontractant de trouver un fournisseur de remplacement. • Grenoble, 22 févr. 1995 : *D. 1995. IR 100* ✎.

2. Notion de contravention essentielle. Dans le cadre d'une vente internationale de marchandises à livraisons successives, la télécopie du vendeur faisant état d'un manque de produit, éclairée le surlendemain d'un message reprochant à l'acheteur de ne pas avoir pris livraison de la marchandise livrée fin août, s'analyse une résolution de contrat, laquelle constitue une rupture fautive, l'acheteur n'ayant pu comprendre qu'un retard de quelques jours à prendre livraison constituerait de sa part, une contravention essentielle. • Grenoble, 4 févr. 1999 : *D. 1999. Somm. 363, obs. Witz* ✎. ♦ Le refus d'établir une lettre de crédit au moment prévu par le contrat, à savoir lorsque le vendeur indique à l'acheteur les détails quant au navire affrété, est une contravention essentielle au sens de l'art. 64, § 1, l'acheteur, par ce refus, ne respectant pas son obligation de payer le prix telle que décrite à l'art. 54. • Cour suprême Queensland, 17 nov. 2000 : *D. 2002. Somm. 399, obs. Papandréou-Deterville* ✎.

Art. 65 1. Si le contrat prévoit que l'acheteur doit spécifier la forme, la mesure ou d'autres caractéristiques des marchandises et si l'acheteur n'effectue pas cette spécification à la date convenue ou dans un délai raisonnable à compter de la réception d'une demande du vendeur, celui-ci peut, *sans préjudice* de tous autres droits qu'il peut avoir, effectuer lui-même cette spécification d'après les besoins de l'acheteur dont il peut avoir connaissance.

2. Si le vendeur effectue lui-même la spécification, il doit en faire connaître les modalités à l'acheteur et lui impartir un délai raisonnable pour une spécification différente. Si, après réception de la communication du vendeur, l'acheteur n'utilise pas cette possibilité dans le délai ainsi imparti, la spécification effectuée par le vendeur est définitive.

CHAPITRE IV *Transfert des risques*

Art. 66 La perte ou la détérioration des marchandises survenue après le transfert des risques à l'acheteur ne libère pas celui-ci de son obligation de payer le prix, à moins que ces événements ne soient dus à un fait du vendeur.

Clause coût et fret. Lorsqu'un contrat de vente internationale contient la clause C & F, le vendeur n'est tenu que de remettre la marchandise à bord, de payer les frais de transport et de remettre les documents y afférents, tandis qu'il incombe à l'acheteur de supporter les risques du transport. • Ch. nat. argentine des appels commerciaux, 31 oct. 1995 : *D. 1997. Somm. 225, obs. Rosch*. ♦ Il y a lieu d'appliquer de surcroît les dispositions de la Conv. de Vienne sur le transfert des risques (art. 66 s.). • Même décision.

Art. 67 1. Lorsque le contrat de vente implique un transport des marchandises et que le vendeur n'est pas tenu de les remettre en un lieu déterminé, les risques sont transférés à l'acheteur à partir de la remise des marchandises au premier transporteur pour transmission à l'acheteur conformément au contrat de vente. Lorsque le vendeur est tenu de remettre les marchandises à un transporteur en un lieu déterminé, les risques ne sont pas transférés à l'acheteur tant que les marchandises n'ont pas été remises au transporteur en ce lieu. Le fait que le vendeur soit autorisé à conserver les documents représentatifs des marchandises n'affecte pas le transfert des risques.

2. Cependant, les risques ne sont pas transférés à l'acheteur tant que les marchandises n'ont pas été clairement identifiées aux fins du contrat, que ce soit par l'apposition d'un signe distinctif sur les marchandises, par des documents de transport, par un avis donné à l'acheteur ou par tout autre moyen.

Art. 68 En ce qui concerne les marchandises vendues en cours de transport, les risques sont transférés à l'acheteur à partir du moment où le contrat est conclu. Toutefois, si les circonstances l'impliquent, les risques sont à la charge de l'acheteur à compter du moment où les marchandises ont été remises au transporteur qui a émis les documents constatant le contrat de transport. Néanmoins, si, au moment de la conclusion du contrat de vente, le vendeur avait connaissance ou aurait dû avoir connaissance du fait que les marchandises avaient péri ou avaient été détériorées et qu'il n'en a pas informé l'acheteur, la perte ou la détérioration est à la charge du vendeur.

Art. 69 1. Dans les cas non visés par les articles 67 et 68, les risques sont transférés à l'acheteur lorsqu'il retire les marchandises ou, s'il ne le fait pas en temps voulu, à partir du moment où les marchandises sont mises à sa disposition et où il commet une contravention au contrat en n'en prenant pas livraison.

2. Cependant, si l'acheteur est tenu de retirer les marchandises en un lieu autre qu'un établissement du vendeur, les risques sont transférés lorsque la livraison est due et que l'acheteur sait que les marchandises sont mises à sa disposition en ce lieu.

3. Si la vente porte sur des marchandises non encore individualisées, les marchandises ne sont réputées avoir été mises à la disposition de l'acheteur que lorsqu'elles ont été clairement identifiées aux fins du contrat.

Art. 70 Si le vendeur a commis une contravention essentielle au contrat, les dispositions des articles 67, 68 et 69 ne portent pas atteinte aux moyens dont l'acheteur dispose en raison de cette contravention.

CHAPITRE V *Dispositions communes aux obligations du vendeur et de l'acheteur*

SECTION I *Contravention anticipée et contrats à livraisons successives*

Art. 71 1. Une partie peut différer l'exécution de ses obligations lorsqu'il apparaît, après la conclusion du contrat, que l'autre partie n'exécutera pas une partie essentielle de ses obligations du fait :

a) D'une grave insuffisance dans la capacité d'exécution de cette partie ou sa solvabilité ; ou

b) De la manière dont elle s'apprête à exécuter ou exécute le contrat.

2. Si le vendeur a déjà expédié les marchandises lorsque se révèlent les raisons prévues au paragraphe précédent, il peut s'opposer à ce que les marchandises soient remises à l'acheteur, même si celui-ci détient un document lui permettant de les obtenir. Le présent paragraphe ne concerne que les droits respectifs du vendeur et de l'acheteur sur les marchandises.

3. La partie qui diffère l'exécution, avant ou après l'expédition des marchandises, doit adresser immédiatement une notification à cet effet à l'autre partie, et elle doit procéder à l'exécution si l'autre partie donne des assurances suffisantes de la bonne exécution de ses obligations.

Suspension du contrat. Le paiement tardif du prix des marchandises ne justifie pas la suspension du contrat car il ne relève pas une grave insuffisance de solvabilité. • Cour suprême Autriche, 12 févr. 1998 : *D. 1999. Somm. 359, obs. Niessen* . ♦ V. aussi : • Cour suprême Autriche, 8 nov. 2005 : *D. 2007. Pan. 540, obs. Witz* • Com. 20 févr. 2007, n° 04-17.752 P : *cité note 1 ss. art. 3.*

Art. 72 **1. Si, avant la date de l'exécution du contrat, il est manifeste qu'une partie commettra une contravention essentielle au contrat, l'autre partie peut déclarer celui-ci résolu.**

2. Si elle dispose du temps nécessaire, la partie qui a l'intention de déclarer le contrat résolu doit le notifier à l'autre partie dans des conditions raisonnables pour lui permettre de donner des assurances suffisantes de la bonne exécution de ses obligations.

3. Les dispositions du paragraphe précédent ne s'appliquent pas si l'autre partie a déclaré qu'elle n'exécuterait pas ses obligations.

Art. 73 **1. Dans les contrats à livraisons successives, si l'inexécution par l'une des parties d'une obligation relative à une livraison constitue une contravention essentielle au contrat en ce qui concerne cette livraison, l'autre partie peut déclarer le contrat résolu pour ladite livraison.**

2. Si l'inexécution par l'une des parties d'une obligation relative à une livraison donne à l'autre partie de sérieuses raisons de penser qu'il y aura contravention essentielle au contrat en ce qui concerne des obligations futures, elle peut déclarer le contrat résolu pour l'avenir, à condition de le faire dans un délai raisonnable.

3. L'acheteur qui déclare le contrat résolu pour une livraison peut, en même temps, le déclarer résolu pour les livraisons déjà reçues ou pour les livraisons futures si, en raison de leur connexité, ces livraisons ne peuvent être utilisées aux fins envisagées par les parties au moment de la conclusion du contrat.

V. note ss. art. 64.

SECTION II *Dommages-intérêts*

Art. 74 **Les dommages-intérêts pour une contravention au contrat commise par une partie sont égaux à la perte subie et au gain manqué par l'autre partie par suite de la contravention. Ces dommages-intérêts ne peuvent être supérieurs à la perte subie et au gain manqué que la partie en défaut avait prévus ou aurait dû prévoir au moment de la conclusion du contrat, en considérant les faits dont elle avait connaissance ou aurait dû avoir connaissance, comme étant des conséquences possibles de la contravention au contrat.**

1. Préjudice réparable. Est réparable le préjudice lié au *goodwill* ou résultant de la perte définitive d'un client en raison d'une livraison défectueuse dans la mesure où il peut être prévisible pour le vendeur même en l'absence d'avertissement exprès lorsque l'acheteur agit manifestement en tant qu'intermédiaire dans un marché « sensible », et qu'il lui est, par ailleurs, impossible de livrer à ses clients, à temps et par d'autres moyens, une marchandise conforme. • T. féd. suisse, 28 oct. 1998 : *D. 2000. Somm. 443, obs. Schneider* .

2. Frais d'avocat. Rien dans le contexte de la CVIM ne suggère que la perte visée par l'art. 74 est destinée à inclure les frais d'avocat. • US circuit court of appeal, 19 nov. 2002 : *D. 2003. Somm. 2372, obs. Papandréou-Deterville* . – V. aussi, note 6 ss. art. 7.

3. Caractère accessoire. Après avoir déclaré que l'acheteur était déchu de son droit de se prévaloir du défaut de conformité des marchandises pour ne pas l'avoir dénoncé à son vendeur dans un délai raisonnable à compter de sa constatation, la cour d'appel a pu rejeter par voie de conséquence la demande de dommages-intérêts, qui était accessoire à la demande fondée sur le défaut de conformité. • Com. 4 nov. 2014, n° 13-10.776 P : *D. 2015. 902, note Witz* ; *RTD com. 2015. 143, obs. Bouloc* ; *JCP E 2015, n° 1166, spéc. n° 5, obs. Nourissat ; CCC 2015, n° 29, obs. Leveneur ; RJDA 2015, n° 337.*

Art. 75 **Lorsque le contrat est résolu et que, d'une manière raisonnable et dans un délai raisonnable après la résolution, l'acheteur a procédé à un achat de remplacement ou le vendeur à une vente compensatoire, la partie qui demande des dommages-intérêts peut obtenir la différence entre le prix du contrat et le prix de l'achat de remplacement ou de la vente compensatoire ainsi que tous autres dommages-intérêts qui peuvent être dus en vertu de l'article 74.**

Pour une application : • Grenoble, 4 févr. 1999 : *D. 1999. Somm. 363, obs. Witz* .

Art. 76 **1. Lorsque le contrat est résolu et que les marchandises ont un prix courant, la partie qui demande des dommages-intérêts peut, si elle n'a pas procédé à un achat de remplacement ou à une vente compensatoire au titre de l'article 75, obtenir la différence entre**

le prix fixé dans le contrat et le prix courant au moment de la résolution ainsi que tous autres dommages-intérêts qui peuvent être dus au titre de l'article 74. Néanmoins, si la partie qui demande des dommages-intérêts a déclaré le contrat résolu après avoir pris possession des marchandises, c'est le prix courant au moment de la prise de possession qui est applicable et non pas le prix courant au moment de la résolution.

2. Aux fins du paragraphe précédent, le prix courant est celui du lieu où la livraison des marchandises aurait dû être effectuée ou, à défaut de prix courant en ce lieu, le prix courant pratiqué en un autre lieu qu'il apparaît raisonnable de prendre comme lieu de référence, en tenant compte des différences dans les frais de transport des marchandises.

Art. 77 La partie qui invoque la contravention au contrat doit prendre les mesures raisonnables, eu égard aux circonstances, pour limiter la perte, y compris le gain manqué, résultant de la contravention. Si elle néglige de le faire, la partie en défaut peut demander une réduction des dommages-intérêts égale au montant de la perte qui aurait dû être évitée.

BIBL. ▶ Witz, *LPA 20 nov. 2002* (l'obligation de minimiser son propre dommage dans les conventions internationales : l'exemple de la Convention de Vienne).

Minimisation du dommage. Retenant qu'il appartient au juge de faire application d'office du principe obligeant la victime à minimiser le dommage prévu à l'art. 77, V. • C. féd. de justice allemande, 24 mars 1999 : *D. 2000. Somm. 435, obs. Witz*. ♦ Pour une application de ce principe et jugeant qu'en cas d'inexécution du contrat par l'acheteur, la proposition de celui-ci d'acquérir la marchandise à moindre prix doit être prise en considération par le vendeur, désireux de se séparer de la marchandise par vente compensatoire, V. • T. suprême Espagne, 28 janv. 2000 : *D. 2002. Somm. 322, obs. Rosch*.

SECTION III *Intérêts*

Art. 78 Si une partie ne paie pas le prix ou toute autre somme due, l'autre partie a droit à des intérêts sur cette somme, sans préjudice des dommages-intérêts qu'elle serait fondée à demander en vertu de l'article 74.

BIBL. ▶ Ferrari, *AJ contrat 2020. 529* (la question des taux d'intérêt sur les arriérés).

SECTION IV *Exonération*

Art. 79 1. Une partie n'est pas responsable de l'inexécution de l'une quelconque de ses obligations si elle prouve que cette inexécution est due à un empêchement indépendant de sa volonté et que l'on ne pouvait raisonnablement attendre d'elle qu'elle le prenne en considération au moment de la conclusion du contrat, qu'elle le prévienne ou le surmonte ou qu'elle en prévienne ou surmonte les conséquences.

2. Si l'inexécution par une partie est due à l'inexécution par un tiers qu'elle a chargé d'exécuter tout ou partie du contrat, cette partie n'est exonérée de sa responsabilité que dans le cas :

a) Où elle l'est en vertu des dispositions du paragraphe précédent ; et

b) Où le tiers serait lui aussi exonéré si les dispositions de ce paragraphe lui étaient appliquées.

3. L'exonération prévue par le présent article produit effet pendant la durée de l'empêchement.

4. La partie qui n'a pas exécuté doit avertir l'autre partie de l'empêchement et de ses effets sur sa capacité d'exécuter. Si l'avertissement n'arrive pas à destination dans un délai raisonnable à partir du moment où la partie qui n'a pas exécuté a connu ou aurait dû connaître l'empêchement, celle-ci est tenue à des dommages-intérêts du fait de ce défaut de réception.

5. Les dispositions du présent article n'interdisent pas à une partie d'exercer tous ses droits autres que celui d'obtenir des dommages-intérêts en vertu de la présente Convention.

BIBL. ▶ Pailler, *AJ contrat 2020. 536* (pour une réinterprétation de la notion d'empêchement de l'exécution).

1. Livraison défectueuse. L'art. 79, § 1er ou 2, ne permet au vendeur, qui supporte les risques de fabrication, de s'exonérer, dans l'hypothèse où les origines de la défectuosité de la marchandise se trouve dans le domaine du fournisseur, uniquement si la défectuosité repose sur des circonstances se situant en dehors de son propre domaine d'influence et de celui de chacun de ses fournisseurs. • C. féd. de justice allemande, 24 mars 1999 : *D. 2000. Somm. 435, obs. Witz*.

2. État de nécessité. Le cocontractant défaillant qui entend se prévaloir de l'exonération prévue par l'art. 79 est tenu d'établir l'état de nécessité dans lequel il se trouve de rompre le contrat ; il n'en va pas ainsi de la baisse significative de 50 % du prix de revente invoquée par l'acheteur défaillant, cette baisse n'équivalant pas nécessairement à une réduction insurmontable ou que l'on ne pouvait raisonnablement attendre et n'est ni exceptionnelle, ni imprévisible. • Colmar, 12 juin 2001 : *D. 2003. Somm. 2367, obs. Schneider*.

3. Imprévision. Dès lors qu'il n'est pas établi le caractère imprévisible d'une modification des conditions de vente – alors qu'il appartient au professionnel, rompu à la pratique des marchés internationaux, de prévoir des mécanismes contractuels de garantie ou de révision – une cour d'appel a pu en déduire qu'à défaut de telles prévisions, il appartient au professionnel d'assumer le risque d'inexécution sans pouvoir se prévaloir des dispositions de l'art. 79 CVIM. • Civ. 1re, 30 juin 2004, n° 01-15.964 P : *D. 2005. Pan. 2289, obs. Witz ; JCP 2005. I. 110, n° 1, obs. Rueda ; RTD com. 2004. 847, obs. Delebecque ; RJDA 2005, n° 24 ; RDC 2005. 456, note Deumier.* ♦ Un changement de circonstances, non raisonnablement prévisible lors de la conclusion du contrat et de nature à augmenter de manière certaine le poids de l'exécution du contrat de façon disproportionnée, peut constituer, selon les circonstances, un empêchement au sens de l'art. 79. • Cass. Belgique, 19 juin 2009 : *D. 2010. Pan. 932, obs. Witz ; RDC 2010. 1405, note Fauvarque-Cosson.* ♦ Ainsi, selon les principes généraux qui gouvernent le droit du commerce international, au sens de l'art. 7, al. 2, CVIM, tels qu'incorporés entre autres dans les Principes Unidroit, la partie qui invoque un changement de circonstances perturbant fondamentalement l'équilibre contractuel est en droit de réclamer la renégociation du contrat. • Même arrêt.

Art. 80 Une partie ne peut pas se prévaloir d'une inexécution par l'autre partie dans la mesure où cette inexécution est due à un acte ou à une omission de sa part.

SECTION V *Effets de la résolution*

Art. 81 1. La résolution du contrat libère les deux parties de leurs obligations, sous réserve des dommages-intérêts qui peuvent être dus. Elle n'a pas d'effet sur les stipulations du contrat relatives au règlement des différends ou aux droits et obligations des parties en cas de résolution.

2. La partie qui a exécuté le contrat totalement ou partiellement peut réclamer restitution à l'autre partie de ce qu'elle a fourni ou payé en exécution du contrat. Si les deux parties sont tenues d'effectuer des restitutions, elles doivent y procéder simultanément.

Art. 82 1. L'acheteur perd le droit de déclarer le contrat résolu ou d'exiger du vendeur la livraison de marchandises de remplacement s'il lui est impossible de restituer les marchandises dans un état sensiblement identique à celui dans lequel il les a reçues.

2. Le paragraphe précédent ne s'applique pas :

a) Si l'impossibilité de restituer les marchandises ou de les restituer dans un état sensiblement identique à celui dans lequel l'acheteur les a reçues n'est pas due à un acte ou à une omission de sa part ;

b) Si les marchandises ont péri ou sont détériorées, en totalité ou en partie, en conséquence de l'examen prescrit à l'article 36 ; ou

c) Si l'acheteur, avant le moment où il a constaté ou aurait dû constater le défaut de conformité, a vendu tout ou partie des marchandises dans le cadre d'une opération commerciale normale ou a consommé ou transformé tout ou partie des marchandises conformément à l'usage normal.

Transformation de la marchandise. En ce sens que l'acheteur conserve le droit de déclarer le contrat résolu lorsque la marchandise a été transformée et que cette transformation a été rendue nécessaire par l'examen prescrit par l'art. 38 CVIM (défaut de conformité), V. • C. féd. de *justice allemande*, 25 juin 1997 : *D. 1998. Somm. 309, obs. Witz*. ♦ L'acquéreur, qui avait connaissance des dysfonctionnements de la machine depuis sa mise en service, l'ayant néanmoins utilisée pendant près de six ans, ce qui en a accentué les désordres, il en résulte une impossibilité pour lui de restituer la machine dans un état sensiblement identique à celui dans lequel il l'a reçue. • Com. 27 nov. 2012, n° 11-24.358 : *D. 2013. Pan. 2885, obs. Witz ; RTD com. 2013. 385, obs. Delebecque ; JCP E 2013, n° 1134, spéc. n° 2, obs. Nourissat.*

Art. 83 L'acheteur qui a perdu le droit de déclarer le contrat résolu ou d'exiger du vendeur la livraison de marchandises de remplacement en vertu de l'article 82 conserve le droit de se prévaloir de tous les autres moyens qu'il tient du contrat et de la présente Convention.

Art. 84 1. Si le vendeur est tenu de restituer le prix, il doit aussi payer des intérêts sur le montant de ce prix à compter du jour du paiement.

2. L'acheteur doit au vendeur l'équivalent de tout profit qu'il a retiré des marchandises ou d'une partie de celles-ci :

a) Lorsqu'il doit les restituer en tout ou partie, ou

b) Lorsqu'il est dans l'impossibilité de restituer tout ou partie des marchandises ou de les restituer en tout ou en partie dans un état sensiblement identique à celui dans lequel il les a reçues et que néanmoins il a déclaré le contrat résolu ou a exigé du vendeur la livraison de marchandises de remplacement.

SECTION VI *Conservation des marchandises*

Art. 85 Lorsque l'acheteur tarde à prendre livraison des marchandises ou qu'il n'en paie pas le prix, alors que le paiement du prix et la livraison doivent se faire simultanément, le vendeur, s'il a les marchandises en sa possession ou sous son contrôle, doit prendre les mesures raisonnables, eu égard aux circonstances, pour en assurer la conservation. Il est fondé à les retenir jusqu'à ce qu'il ait obtenu de l'acheteur le remboursement de ses dépenses raisonnables.

Art. 86 1. Si l'acheteur a reçu les marchandises et entend exercer tout droit de les refuser en vertu du contrat ou de la présente convention, il doit prendre les mesures raisonnables, eu égard aux circonstances, pour en assurer la conservation. Il est fondé à les retenir jusqu'à ce qu'il ait obtenu du vendeur le remboursement de ses dépenses raisonnables.

2. Si les marchandises expédiées à l'acheteur ont été mises à sa disposition à leur lieu de destination et si l'acheteur exerce le droit de les refuser, il doit en prendre possession pour le compte du vendeur à condition de pouvoir le faire sans paiement du prix et sans inconvénients ou frais déraisonnables. Cette disposition ne s'applique pas si le vendeur est présent au lieu de destination ou s'il y a en ce lieu une personne ayant qualité pour prendre les marchandises en charge pour son compte. Les droits et obligations de l'acheteur qui prend possession des marchandises en vertu du présent paragraphe sont régis par le paragraphe précédent.

Pour une application : • Civ. 1re, 4 janv. 1995, n° 92-16.993 : *D. 1995. 289, note Witz*.

Art. 87 La partie qui est tenue de prendre des mesures pour assurer la conservation des marchandises peut les déposer dans les magasins d'un tiers aux frais de l'autre partie, à condition que les frais qui en résultent ne soient pas déraisonnables.

Art. 88 1. La partie qui doit assurer la conservation des marchandises conformément aux articles 85 ou 86 peut les vendre par tous moyens appropriés si l'autre partie a apporté un retard déraisonnable à prendre possession des marchandises ou à les reprendre ou à payer le prix ou les frais de leur conservation, sous réserve de notifier à cette autre partie, dans des conditions raisonnables, son intention de vendre.

2. Lorsque les marchandises sont sujettes à une détérioration rapide ou lorsque leur conservation entraînerait des frais déraisonnables, la partie qui est tenue d'assurer la conservation des marchandises conformément aux articles 85 ou 86 doit raisonnablement s'employer à les vendre. Dans la mesure du possible, elle doit notifier à l'autre partie son intention de vendre.

3. La partie qui vend les marchandises a le droit de retenir sur le produit de la vente un montant égal aux frais raisonnables de conservation et de vente des marchandises. Elle doit le surplus à l'autre partie.

QUATRIÈME PARTIE **Dispositions finales**

....

Art. 90 La présente Convention ne prévaut pas sur un accord international déjà conclu ou à conclure qui contient des dispositions concernant les matières régies par la présente Convention, à condition que les parties au contrat aient leur établissement dans des États parties à cet Accord.

....

Art. 100 1. La présente Convention s'applique à la formation des contrats conclus à la suite d'une proposition intervenue après l'entrée en vigueur de la Convention à l'égard des États contractants visés à l'alinéa *a* du paragraphe 1 de l'article 1er ou de l'État contractant visé à l'alinéa *b* du paragraphe 1 de l'article 1er.

2. La présente Convention s'applique uniquement aux contrats conclus après son entrée en vigueur à l'égard des États contractants visés à l'alinéa *a* du paragraphe 1 de l'article 1er ou de l'État contractant visé à l'alinéa *b* du paragraphe 1 de l'article 1er.

TABLE CHRONOLOGIQUE

NOTA. Avant la table chronologique proprement dite, on trouvera ci-dessous la liste des différents codes, autres que le code de commerce, reproduits en extraits dans le présent ouvrage. Les textes postérieurs à la codification, qui ont modifié, ajouté ou abrogé des articles du code, sont suivis d'un renvoi à l'article concerné. Il en va de même des textes et codes complémentaires reproduits dans l'ouvrage.
Les textes reproduits dans la partie appendice sont suivis d'un renvoi à la rubrique de l'appendice correspondante.
Le picto signale que le texte est accessible intégralement ou partiellement sur le Code en ligne.

Code de l'artisanat

– Art. 4 *bis (compagnon)*, 5 à 33 *(chambres de métiers)*, 36 à 52 *(apprentissage artisanal)*, 73 à 75 *(adjudications et marchés)*, 76 à 80 *(artisans sans travail)*, 81 à 81 *ter (outre-mer)*, 82 *(Haut-Rhin, Bas-Rhin et Moselle)*. – V. App., v° *Artisans*, **p. 3241.**

Code civil

– Art. 388-1-2 *(mineur commerçant)*, ss. C. com., art. L. 121-2.
– Art. 1111, 1164 *(contrat cadre)*, ss. C. com., art. L. 341-1.
– Art. 1202, 1589-2 *(cession de fonds de commerce)*, ss. C. com., art. L. 143-23.
– Art. 1387-1 *(patrimoine professionnel)*, ss. C. com., art. L. 526-4.
– Art. 1792-4-2, 1792-4-3 *(actions en responsabilité contre un sous-traitant)*. – V. App., v° *Sous-traitance*, **p. 3799.**
– Art. 1832 à 1873 *(société)*. – V. App., v° *Sociétés commerciales*, **p. 3767.**
– Art. 2321 *(garantie autonome)*, 2322 *(lettre d'intention)*. – V. App., v° *Garantie autonome (ou indépendante)*, **p. 3726.**

Code de la consommation

– Art. art. L. 111-1 à L. 111-8, L. 112-1 à L. 112-6, L. 131-1 à L. 131-6, L. 141-1 *(information des consommateurs)*, L. 121-6, L. 121-7, L. 132-10 à L. 132-12 *(pratiques commerciales agressives)*, L. 121-8 à L. 121-10, L. 132-13 à L. 132-15 *(abus de faiblesse)*, L. 121-11 *(refus de vente)*, L. 121-12, L. 121-13, L. 132-16 à L. 132-18 *(vente sans commande préalable)*, L. 121-15, L. 132-19, L. 132-20 *(vente à la boule de neige)*, L. 121-17, L. 121-18, L. 132-22 *(paiement supplémentaire)*, L. 121-19 *(vente avec primes)*, L. 211-1 à L. 211-4 *(présentation des contrats)*, L. 212-1 à L. 212-3, L. 241-1, L. 241-2 *(clauses abusives)*, L. 216-1 à L. 216-6, L. 241-1 *(livraison)*, L. 221-1 à L. 221-29, L. 242-1 à L. 242-14 *(ventes à distance et hors établissement)*, L. 224-59 à L. 224-62, L. 242-22, L. 242-23 *(foires et salons)*. – V. App., v° *Ventes commerciales*, **p. 3834.**
– Art. L. 121-1 *(pratiques commerciales déloyales)*. – V. App., v° *Concurrence*, **p. 3631.**
– *Art. L. 121-2 à L. 121-5, L. 132-1 à L. 132-9 (pratiques commerciales trompeuses)*, L. 121-10 *(loterie publicitaire)*, L. 121-22, L. 132-24 *(publicité relative à des opérations commerciales réglementées)*, L. 122-1 à L. 122-7, L. 132-25 *(publicité comparative)*, L. 122-8 à L. 122-10, L. 132-26 *(opérations promotionnelles par voie électronique)*, L. 122-17, L. 122-18, L. 132-27, L. 132-28 *(appellation de boulanger)*. – V. App., v° *Publicité commerciale*, **p. 3765.**
– Art. L. 224-63 à L. 224-65 *(contrat de et hors déménagement)*, ss. C. com., art. L. 133-9.
– Art. L. 314-1 à L. 314-9, L. 341-48 à L. 341-51 *(taux d'intérêt)*. – V. App., v° *Prêts d'argent - Intérêts des capitaux*, **p. 3735.**
– Art. L. 711-7, L. 711-8 *(surendettement de l'EIRL)*, ss. C. com., art. L. 680-7.
– Art. L. 711-9 *(surendettement de l'entrepreneur individuel)*, ss. C. com., art. L. 681-4.

Code de l'entrée et du séjour des étrangers et du droit d'asile

– Art. L. 414-10, L. 414-11, L. 414-15, L. 421-5 *(commerçant étranger)*. – V. App., v° *Étrangers*, **p. 3712.**

Code général des impôts

– Art. 96 F *à* 96 I *bis*, 237 *sexies*, 242 *nonies* A, 289-0, 289, 1737. – V. App., v° *Factures*, **p. 3722.**

– Art. 1743 *(livre de commerce)*, ss. C. com., art. L. 123-14 (note).

Code général de la propriété des personnes publiques

– Art. L. 1126-1, L. 1126-3, L. 2222-21, L. 2222-22 *(sommes et valeurs prescrites au profit de l'État)*. – V. App., v° *Banque et financement de l'entreprise*, **p. 3563.**

– Art. L. 2124-32-1 à L. 2124-35 *(utilisation du domaine public dans le cadre de l'exploitation d'une activité commerciale)*. – V. App., v° *Commerce (organisation)*, **p. 3588.**

Code de justice administrative

– Art. R. 557-3 *(référé en matière de secret des affaires)*, ss. C. com., art. R. 152-1.

– Art. R. 611-30 et R. 775-5 *(protection des pièces couvertes par le secret des affaires)*, ss. C. com., art. R. 153-9.

– Art. R. 77-13-1, R. 77-13-1, R. 77-13-2 *(contentieux relatif à la prévention, la cessation ou la réparation d'une atteinte au secret des affaires)*, ss. C. com., art. R. 153-9.

Code minier

– Art. L. 131-3 *(exploitation des mines)*, ss. C. com., art. L. 110-1.

Code monétaire et financier

– Art. L. 111-1 à L. 112-7, D. 112-1 à D. 112-4 *(monnaie)*, L. 131-1 à L. 131-87, L. 163-1 à L. 163-12, R. 131-1 à R. 131-51 *(chèque)*, L. 132-1 *(lettre de change)*, L. 132-2 *(billet à ordre)*, L. 133-1 à L. 133-28, D. 133-1 à D. 133-7, R. 163-1 à R. 163-3 *(instruments de paiement)*, L. 211-1 à L. 211-41, D. 211-1 A à D. 211-15 *(instruments financiers)*, L. 212-1 A à L. 212-7, R. 212-1 à R. 212-4 *(titres de capital)*, L. 213-0-1 à L. 213-6-3, L. 231-1, D. 213-1 à R. 213-16, R. 231-1 *(titres de créance)*, L. 223-1 à L. 223-13, L. 232-1 *(bons de caisse)*, L. 311-1 à L. 311-4 *(services bancaires)*, L. 312-1 à L. 312-3, L. 312-19, L. 312-20, L. 351-1, R. 312-1 à D. 312-6, D. 351-1 à R. 351-5 *(comptes et dépôts)*, L. 313-1 à L. 313-6-1, R. 313-1, R. 312-2 *(crédits)*, L. 313-7 à L. 313-11, R. 313-3 à R. 313-14 *(crédit-bail)*, L. 313-12 à L. 313-12-2, D. 313-14-1 *(crédit d'exploitation)*, L. 313-13 à L. 313-20, R. 313-14-1 *(prêts participatifs)*, L. 313-21 à L. 313-22-1 *(garanties)*, L. 313-23 à L. 313-49, R. 313-15 à R. 313-25 *(mobilisation des créances)*, L. 511-1 à L. 511-8, L. 511-33, L. 571-1 à L. 571-8, L. 612-22 *(établissements de crédit)*. – V. App., v° *Banque et financement de l'entreprise*, **p. 3340.**

Code de l'organisation judiciaire

– Art. L. 311-17, D. 311-13 *(protection du secret des affaires)*, ss. C. com., art. R. 153-9.

Code pénal

– Art. 225-12-8 à 225-12-10, 446-1 à 446-4 *(vente à la sauvette)*, ss. C. com., art. L. 442-8.

– Art. 321-7, 321-8, R. 321-3 à R. 321-12, R. 633-2 à R. 633-5, R. 635-5 à R. 635-7 *(vente d'objets mobiliers usagés)*. – V. App., v° *Ventes commerciales*, **p. 3845.**

– Art. 431-29, 431-30, R. 642-4 *(distribution d'argent à des fins publicitaires)*. – V. App., v° *Publicité commerciale*, **p. 3766.**

– Art. R. 642-3 *(pouvoir libératoire de la monnaie)*. – V. App., v° *Banque et financement de l'entreprise*, **p. 3343.**

Code des postes et des communications électroniques

– Art. L. 34-5 *(prospection électronique)*. – V. App., v° *Publicité commerciale*, **p. 3750.**

Code de procédure civile

– Art. 853 à 871 *(tribunal de commerce)*, 872, 873 *(référé commercial)*, 874 à 876 *(ordonnances sur requête)*. – V. App., v° *Tribunaux de commerce*, **p. 3822.**

Code de la propriété intellectuelle

– Art. R. 411-17 *(redevances de procédures perçues par l'INPI)*, ss. C. com., art. R. 123-163.

Code rural et de la pêche maritime

– Art. L. 311-1 *(activités agricoles)*, ss. C. com., art. L. 110-1.
– Art. L. 311-3 *(fonds agricole)*, ss. C. com., art. L. 142-1.
– Art. L. 611-4, L. 611-4-1, L. 682-1, R. 616-4 à D. 616-7, D. 692-1 *(prix des produits alimentaires)*, ss. C. com., art. L. 442-7.
– Art. L. 631-24 à L. 631-26, R. 631-7 à R. 631-14 *(relations commerciales agricoles)*, ss. C. com., art. L. 443-2.
– Art. L. 665-3 *(délai de paiement des boissons alcooliques)*, ss. C. com., art. L. 441-11.
– Art. L. 931-1 *(pêche maritime)*, ss. C. com., art. L. 110-1.

Code de la santé publique

– Art. L. 5141-14-2 *(négociation commerciale à l'occasion de la vente de médicaments vétérinaires)*, ss. C. com., art. L. 441-3.

Code de la sécurité intérieure

– Art. L. 322-5, L. 322-6, D. 322-4 *(jeux et loteries dans les fêtes foraines)*, ss. C. com., art. L. 123-29.

Code des transports

– Art. L. 1432-1 *(contrat de transport)*, L. 3441-5 *(coopérative de transport)*, ss. C. com., art. L. 133-5.
– Art. L. 1432-7 *(contrat de commission de transport)*, L. 6422-1 *(contrat de transport de marchandise par air)*, ss. C. com., art. L. 132-9.
– Art. L. 1432-13, L. 3224-1. – V. App., v° *Sous-traitance*, **p. 3791.**
– Art. L. 1432-14 *(délais de paiement)*, ss. C. com., art. L. 441-11.

Code du travail

– Art. L. 3253-2 à L. 3253-21 *(privilèges et assurances en cas de procédure collective)*, ss. C. com., art. L. 625-9.
– Art. L. 7121-11 *(agent artistique)*, L. 7311-2, L. 7311-3, L. 7312-1, L. 7313-1 à L. 7313-18 *(VRP)*, ss. C. com., art. L. 134-17.
– Art. L. 7321-1 s. et L. 7322-1 s. *(gérants de succursales)*, ss. C. com., art. L. 146-4.
– Art. L. 8221-6, L. 8221-6-1 *(travail dissimulé)*. – V. App., v° *Commerce (organisation)*, ***p. 3587.***

Code de l'urbanisme

– Art. L. 111-6-1 *(autorisation d'exploitation commerciale)*, ss. C. com., art. L. 752-1.
– Art. L. 214-1 à L. 214-3, *R. 214-1 à *R. 214-16 *(préemption commerciale)*. – V. App., v° *Commerce (organisation)*, **p. 3590.**
– Art. L. 425-4, L. 600-1-4, L. 600-10, ss. C. com., art. L. 752-17.

Livre des procédures fiscales

– Art. L. 246. – V. App., v° *Factures*, **p. 3725.**

1791	2-17 mars	Loi. Suspension de tous les droits d'aides, de toutes les maîtrises et jurandes et établissement des droits de patente. – Art. 7. – V. App., v° *Commerce (organisation)*, **p. 3596.**
1928	30 sept.	Décret. Carte d'identité spéciale pour les personnes se livrant à des transactions dans les foires et marchés de bétail. – V. App., v° *Commerce (organisation)*, **p. 3597.**
1937	31 août	Décret-loi. Échéances des effets de commerce. – Art. 1er, 2. – V. ss. C. com., art. L. 511-81.
1940	22 oct.	Loi. Règlements par chèques et virements. – Art. 6. – V. ss. C. com., art. L. 123-24 (note).
1940	29 oct.	Loi. Forclusion en matière civile, commerciale et administrative et délai de présentation et de protêt des effets de commerce. – Validée par Ord. du 22 août 1944. – Art. 3. – V. ss. C. com., art. L. 511-26.
1942	27 mai	Loi. Interdiction de subordonner la vente des produits à une fourniture d'objets. – V. App., v° *Ventes commerciales*, **p. 3835.**
1945	13 oct.	Ordonnance n° 45-2339. Spectacles. – Art. 3. – V. ss. C. com., art. L. 143-23.
1949	2 août	Loi n° 49-1093. Publicité des protêts. – V. C. com., art. R. 511-7.
1949	31 déc.	Loi n° 49-1652. Courtiers en vins. – V. ss. C. com., art. L. 131-11.
1950	6 avr.	Décret n° 50-478. Code général des impôts : – Art. 237 *sexies*, 289, 1751, annexe II, art. 242 *nonies*. – V. App., v° *Factures*, **p. 3716.** – Art. 1743. – V. ss. C. com., art. L. 123-14 (note).
1952	16 juill.	Décret n° 52-849. Code de l'artisanat. – V. ce texte, App., v° *Artisans*, **p. 3241.**
1953	30 sept.	Décret n° 53-933. Organismes d'intervention économique de caractère privé 🏛. – V. ce texte, App., v° *Commerce (organisation)*, **p. 3597.**
1953	30 sept.	Décret n° 53-960. Baux de locaux à usage commercial, industriel ou artisanal. – Art. 33. – V. ss. C. com., art. R. 145-23.
1953	30 sept.	Décret n° 53-962. Extension et transfert d'établissements commerciaux. – V. ce texte, App., v° *Commerce (organisation)*, **p. 3597.**
1955	4 janv.	Loi n° 55-4. Annonces judiciaires et légales. – Art. 1er. – V. ss. C. com., art. R. 123-209 (note).
1956	12 nov.	Loi n° 56-1119. Usage des dénominations « Chambre de commerce », « Chambre de commerce et d'industrie », « Chambre de métiers » et « Chambre d'agriculture ». – V. ss. C. com., art. L. 710-1.
1957	25 mars	Traité de Rome. – Art. 81, 82. – Devenus art. 101, 102 du traité sur le fonctionnement de l'Union européenne. – V. App., v° Concurrence, **p. 3687.**
1958	23 sept.	Ordonnance n° 58-896. Dispositions d'ordre financier. – Art. 28 *(interruption des services bancaires)*. – V. ss. C. com., art. L. 511-81.

1959	13 févr.	Décret n° 59-296. Transferts à titre de garantie intéressant les rentes sur l'État. – Art. 5. – V. ce texte, ss. C. com., art. L. 521-1.
1959	28 déc.	Loi n° 59-1483. Révision des loyers commerciaux. – V. ce texte, ss. C. com., art. L. 145-38.
1961	3 mai	Décret n° 61-501. Unités de mesure et contrôle des instruments de mesure. – V. ce texte, App., v° *Unités de mesure*, **p. 3827.**
1962	6 févr.	Règlement CEE n° 17-62. – Art. 9. – V. App., v° *Concurrence*, **p. 3699.**
1963	2 juill.	Loi n° 63-628. De finances rectificative pour 1963. – Art. 2. – V. App., v° *Concurrence*, **p. 3630.**
1966	3 janv.	Décret n° 66-12. Modification du décret n° 53-960 du 30 sept. 1953 *(baux commerciaux)*. – Art. 8 (note). – V. ss. C. com., art. R. 145-23.
1966	7 mars	Décret n° 66-137. CMA France. – V. ce texte, App., v° *Artisans*, **p. 3265.**
1967	23 mars	Décret n° 67-238. Institution d'un *Bulletin officiel des annonces civiles et commerciales*. – Art. 8, al. 2. – V. ss. C. com., art. R. 123-217.
1968	26 juill.	Loi n° 68-678. Communication de documents et renseignements d'ordre économique, commercial, industriel, financier ou technique à des personnes étrangères. – V. App., v° *Étrangers*, **p. 3712.**
1973	27 déc.	Loi n° 73-1193. Orientation du commerce et de l'artisanat. – Art. 1er à 3, 36, 47, 52. – V. App., v° *Commerce (organisation)*, **p. 3598.**
1975	5 déc.	Décret n° 75-1123. Nouveau code de procédure civile. – Le NCPC devient le code de procédure civile (L. n° 2007-1787 du 20 déc. 2007, art. 26-III). – Art. 853 à 878 *(procédure devant le tribunal de commerce)*. – V. App., v° *Tribunaux de commerce*, **p. 3822.**
1975	31 déc.	Loi n° 75-1334. Sous-traitance. – V. App., v° *Sous-traitance*, **p. 1758.**
1977	3 janv.	Loi n° 77-4. Modification de l'art. 189 *bis* C. com. *(prescription)*. – Art. 2 à 4. – V. ss. C. com., art. L. 110-4.
1977	29 déc.	Loi n° 77-1457. Dispositions en matière de prix. – Art. 11. – V. ss. C. com., art. L. 145-40.
1978	4 janv.	Loi n° 78-9. Modification du titre IX du livre III du Code civil. – Art. 1er. – V. C. civ., art. 1832 à 1844-17,1871 à 1873, App., v° *Sociétés commerciales*, **p. 3767.**
1978	3 juill.	Décret n° 78-705. Publicité. Art. 41, 42. – V. Décr. n° 67-238 du 23 mars 1967, art. 8, ss. C. com., art. R. 123-217.
1980	11 avr.	Convention des Nations Unies sur les contrats de vente internationale de marchandises. – V. App., v° *Ventes commerciales*, **p. 3849.**
1981	10 août	Loi n° 81-766. Prix du livre. – V. App., v° *Concurrence*, **p. 3678.**
1981	15 sept.	Décret n° 81-859. Livre des procédures fiscales. – Art. L. 246. – V. App., v° *Factures*, **p. 3725.**

1981	30 déc.	Loi n° 81-1162. Mise en harmonie du droit des sociétés commerciales avec la deuxième directive du conseil des communautés européennes du 13 déc. 1976. – Art. 32 *(fonds communs de placement)*. – V. ss. C. com., art. L. 231-6.
1982	2 juin	Décret n° 82-460. Harmonisation des dispositions réglementaires du droit français des sociétés anonymes avec la deuxième directive des communautés européennes en matière de droit des sociétés. – Art. 21 *(entrée en vigueur)*. – V. note ss. C. com., art. R. 224-2.
1983	15 avr.	Décret n° 83-316. Crédit à l'artisanat. – V. App., v° *Artisans*, **p. 3276.**
1983	20 juill.	Loi n° 83-657. Développement de certaines activités d'économie sociale. – Art. 1er à 34 *(coopératives artisanales)*. – V. App., v° *Artisans*, **p. 3277.**
1984	1er mars	Loi n° 84-148. Prévention et règlement amiable des difficultés des entreprises. – Art. 30 à 32. – V. ss. C. com., art. L. 612-5.
1984	30 mai	Décret n° 84-406. Registre du commerce et des sociétés. – Art. 71. – V. ss. C. com., art. R. 123-154.
1985	25 janv.	Loi n° 85-98. Redressement et liquidation judiciaires des entreprises. – Art. 106 *[abrogé]*. – V. ss. C. com., art. L. 624-4.
1985	1er mars	Décret n° 85-295. Application de la loi n° 84-148 du 1er mars 1984 *(prévention et règlement amiable)*. – Art. 33, 34, 57. – V. ss. C. com., art. L. 612-5.
1986	11 juill.	Loi n° 86-824. De finances rectificative. – Art. 26 *(bon anonyme, moyen de paiement)*. – V. ss. C. mon. fin., art. L. 112-7 (note), App., v° *Banque et financement de l'entreprise*, **p. 3345.**
1986	1er déc.	Ordonnance n° 86-1243. Liberté des prix et de la concurrence. – Art. 58, 61. – V. ss. C. com., art. L. 490-12.
1988	9 févr.	Arrêté. Registre du commerce et des sociétés. – Art. 18. – V. ss. C. com., art. R. 123-154.
1989	2 août	Loi n° 89-549. Prévention du licenciement économique et droit à la conversion. – Art. 9. – V. ss. C. com., art. L. 611-1 (note).
1989	31 déc.	Loi n° 89-1008. Entreprises commerciales et artisanales. – Art. 14-I. – V. ce texte, ss. C. com., art. L. 121-8.
1992	22 juill.	Loi n° 92-685. Livre III du code pénal : – Art. 314-5. – V. C. com., art. L. 521-2 (note). – Art. 321-7, 321-8. – V. App., v° *Ventes commerciales*, **p. 3845.**
1993	29 janv.	Loi n° 93-122. Prévention de la corruption et transparence de la vie économique et des procédures publiques. – Art. 20 à 28. – V. App., v° *Publicité commerciale*, **p. 3746.**
1994	11 févr.	Loi n° 94-126. Initiative et entreprise individuelle : – Art. 1er à 4. – V. ce texte, ss. C. com., art. R. 123-1. – Art. 47-II. – V. App., v° *Banque et financement de l'entreprise*, **p. 3486.**

1996	5 juill.	Loi n° 96-603. Développement et promotion du commerce et de l'artisanat. – Art. 16, 17, 19 à 22, 24. – V. App., v° *Artisans*, **p. 3284.**
1996	14 nov.	Loi n° 96-987. Pacte de relance pour la ville. – Art. 28. – V. ss. C. com., art. L. 752-1 (note).
1998	2 avr.	Décret n° 98-246. Qualification professionnelle exigée pour l'exercice des activités professionnelles prévues à l'art. 16 de la loi n° 96-603 du 5 juill. 1996. – V. App., v° *Artisans*, **p. 3293.**
1998	2 avr.	Décret n° 98-247. Qualification artisanale et répertoire des métiers. – V. App., v° *Artisans*, **p. 3299.**
1998	2 juill.	Décret n° 98-550. Modification du décret n° 84-406 du 30 mai 1984 *(registre du commerce et des sociétés)*. – Art. 35 (note). – V. ss. C. com., art. R. 123-237.
1998	29 juill.	Loi n° 98-657. Lutte contre les exclusions. – Art. 113 *(prêt à un mineur)*. – V. App., v° *Prêts d'argent – Intérêts des capitaux*, **p. 3745.**
1999	27 mai	Décret n° 99-433. Composition et élection des chambres de métiers. – V. App., v° *Artisans*, **p. 3323.**
1999	22 déc.	Règlement CE n° 2790-1999. Application de l'art. 81 § 3 du traité à des catégories d'accords verticaux et de pratiques concertées 🏛.
2000	29 mai	Règlement CE n° 1346-2000. Procédures d'insolvabilité 🏛.
2000	10 juill.	Loi n° 2000-642. Réglementation des ventes volontaires de meubles aux enchères publiques. – Art. 52, 54. – V. ss. C. com., art. L. 321-38.
2000	18 sept.	Ordonnance n° 2000-912. Code de commerce (partie: législative). – Ratifiée par L. n° 2003-7 du 3 janv. 2003.
2000	13 déc.	Loi n° 2000-1208. Solidarité et renouvellement urbains. – Art. 97. – V. C. com., art. L. 752-6.
2000	14 déc.	Ordonnance n° 2000-1223. Code monétaire et financier (partie: législative). – Ratifiée par L. n° 2003-591 du 2 juill. 2003. – V. App., v° *Banque et financement de l'entreprise*, **p. 3340.**
2001	16 janv.	Loi n° 2001-43. Diverses dispositions d'adaptation au droit communautaire dans le domaine des transports : – Art. 1er-I et 7. – V. C. com., art. L. 131-4, L. 131-6 à L. 131-10. – Art. 4 à 7 🏛. – V. ce texte, ss. C. com., art. L. 131-11.
2001	19 févr.	Loi n° 2001-152. Épargne salariale. – Art. 10-III, 16-VII, 17, 24 à 27, 29. – V. C. com., art. L. 225-23, L. 225-71, L. 225-102, L. 225-106, L. 225-187 à L. 225-197, L. 225-216.
2001	3 mai	Décret n° 2001-387. Contrôle des instruments de mesure 🏛. – V. App., v° *Unités de mesure*, **p. 3827.**
2001	15 mai	Loi n° 2001-420. Nouvelles régulations économiques : – Art. 1er, 31, 32, 48, 49, 51 à 53, 56, 64 à 84, 86 à 93, 100 à 102, 104 à 115, 117 à 120 (I), 121 à 123 (II), 124, 125, 127, 128, 132. – V. C. com., art. L. 123-5-1, L. 124-1, L. 223-7, L. 224-3, L. 225-17, L. 225-21, L. 225-23, L. 225-25, L. 225-30, L. 225-35, L. 225-36-1 à

		L. 225-43, L. 225-45, L. 225-49, L. 225-51-1, L. 225-53 à L. 225-56, L. 225-61, L. 225-67, L. 225-69, L. 225-72, L. 225-77, L. 225-82, L. 225-83, L. 225-86 à L. 225-88, L. 225-94-1 à L. 225-95-1, L. 225-102, L. 225-103, L. 225-107, L. 225-107-1, L. 225-112, L. 225-119, L. 225-177, L. 225-179, L. 225-184 à L. 225-186, L. 225-231, L. 225-232, L. 225-251 à L. 225-254, L. 226-10, L. 227-1, L. 227-9 à L. 227-11, L. 228-1,, L. 228-3-2, L. 228-39, L. 231-5, L. 233-3, L. 233-7, L. 233-10, L. 233-11, L. 238-1, L. 241-4 (2° et 3°), L. 242-2 (1° à 3°), L. 242-14, L. 242-22, L. 243-2, L. 244-2, L. 245-1 à L. 245-2, L. 245-6 à L. 245-8, L. 248-1, L. 420-1, L. 420-2, L. 420-4, L. 420-6, L. 430-1 à L. 430-10, L. 440-1, L. 450-3, L. 450-4, L. 462-8, L. 462-9, L. 463-2, L. 463-8, L. 464-1, L. 464-2, L. 464-6, L. 490-9, L. 721-1, L. 721-3 à L. 721-6, L. 820-1 à L. 820-7. – Art. 131 (I, II et III). – V. ss. C. com., art. L. 225-21 (note), L. 225-53 (note).
2001	31 mai	Arrêté. Fixation des cotisations forfaitaires et des assiettes forfaitaires relatives aux personnes assurant la vente de produits et de services à domicile par démarchage de personne à personne ou par réunion en application de l'art. 42 de la loi n° 94-637 du 25 juill. 1994 relative à la sécurité sociale. – V. ss. C. com., art. L. 135-3.
2001	17 juill.	Loi n° 2001-624. Portant diverses dispositions d'ordre social, éducatif et culturel. – Art. 36. – V. C. com., art. L. 228-36.
2001	19 juill.	Décret n° 2001-650. Application des art. L. 321-1 à L. 321-38 C. com et relatif aux ventes volontaires de meubles aux enchères : – Art. 18. – V. ss. C. com., art. R. 321-21. – Art. 19 et 21 anc. – V. ss. C. com., art. R. 321-22, R. 321-26.
2001	11 déc.	Loi n° 2001-1168. Mesures urgentes de réformes à caractère économique et financier. – Art. 26 à 28 et 33. – V. C. com., art. L. 145-33, L. 145-34, L. 145-38, L. 225-22, L. 225-71, L. 225-145, L. 233-3, L. 464-8.
2001	28 déc.	Loi n° 2001-1276. De finances rectificative pour 2001. – Art. 85. – V. C. com., art. L. 461-3.
2002	17 janv.	Loi n° 2002-73. Modernisation sociale. – Art. 122 et 217. – V. C. com., art. L. 225-23, L. 225-71.
2002	31 juill.	Règlement CE n° 1400-2002. Application de l'art. 81 § 3 du traité à des catégories d'accords verticaux et de pratiques concertées dans le secteur automobile. – V. App., v° *Concurrence*, **p. 3702.**
2002	29 oct.	Loi n° 2002-1303. Modification de certaines dispositions du code de commerce relatives aux mandats sociaux. – Art. 1er et 2. – V. C. com., art. L. 225-21, L. 225-54-1, L. 225-67, L. 225-77, L. 225-94, L. 225-94-1, L. 225-95-1.
2002	16 déc.	Règlement CE n° 1-2003. Mise en œuvre des règles de concurrence prévues aux art. 81 et 82 du traité. – Art. 1er à 3, 5, 6, 11 à 13, 15, 16, 22, 34, 35, 45. – V. App., v° *Concurrence*, **p. 3690.**

2003	3 janv.	Loi n° 2003-7. Modification du livre VIII du code de commerce. – V. C. com., art. L. 123-24, L. 125-18, L. 141-14, L. 145-23, L. 222-12, L. 226-5, L. 231-1, L. 232-11, L. 251-5, L. 525-16, L. 811-1 à L. 811-3, L. 811-5, L. 811-6, L. 811-8, L. 811-10 à L. 811-12, L. 811-16, L. 812-1 à L. 812-2-1, L. 812-3 à L. 812-10, L. 813-1, L. 813-2, L. 814-2 à L. 814-11, L. 946-13.
2003	13 mars	Décret n° 2003-247. Application du chapitre Ier du titre Ier de la loi n° 2001-43 du 16 janv. 2001 *(courtiers interprètes et conducteurs de navires)*. – Art. 1er à 8 🏛. – V. ces art., ss. C. com., art. L. 131-11.
2003	30 juill.	Loi n° 2003-699. Prévention des risques technologiques et naturels. – Art. 23. – V. C. com., art. L. 225-102-2.
2003	1er août	Loi n° 2003-706. Sécurité financière. – Art. 61, 63, 98 à 100, 103, 104, 112, 115 à 121, 123 à 125, 128 à 134. – V. C. com., art. L. 224-3, L. 225-17, L. 225-21 (note), L. 225-35, L. 225-37 à L. 225-38, L. 225-51, L. 225-68, L. 225-86, L. 225-87, L. 225-94-1, L. 225-95-1, L. 225-105, L. 225-212, L. 225-219 à L. 225-226, L. 225-228, L. 226-10, L. 227-6, L. 227-10, L. 228-56, L. 228-97, L. 233-7, L. 233-8, L. 233-11, L. 233-14, L. 233-16, L. 238-2, L. 242-9, L. 242-11, L. 242-16, L. 242-18, L. 242-19, L. 245-10, L. 245-14, L. 247-7, L. 612-4, L. 612-5, L. 820-1 à L. 820-3, L. 821-1 à L. 821-3, L. 821-4, L. 821-6, L. 822-3, L. 822-9, L. 822-10, L. 822-12, L. 822-15.
2003	1er août	Loi n° 2003-710. Orientation et programmation pour la ville et la rénovation urbaine. – Art. 37 à 42. – V. C. com., art. L. 670-1 à L. 670-5, L. 670-7, L. 670-8, L. 930-1, L. 940-1, L. 950-1.
2003	1er août	Loi n° 2003-721. Initiative économique. – Art. 1er à 3, 6, 8 à 10, 20, 53, 54, 58. – V. C. com., art. L. 123-9-1 à L. 123-11-1, L. 127-1 à L. 127-7, L. 143-20, L. 223-2, L. 223-7 (note), L. 223-8, L. 223-14, L. 223-42, L. 241-7, L. 241-9, L. 242-30, L. 244-2, L. 246-1, L. 246-2, L. 526-1 à L. 526-4, L. 611-1.
2003	11 août	Arrêté. Seuil de la valeur des primes visées au I de l'art. L. 312-1-2 C. mon. fin. – V. App., v° *Banque et financement de l'entreprise*, **p. 3441**.
2003	12 nov.	Ordonnance n° 2003-1067. Élection des membres des chambres de commerce et d'industrie. – Ratifiée par L. n° 2004-1343 du 9 déc. 2004. – V. C. com., art. L. 713-1 à L. 713-5, L. 713-12, L. 713-15, L. 713-18.
2004	20 janv.	*Règlement* CE n° 139-2004. Concentration entre entreprises 🏛. – V. App., v° *Concurrence*, **p. 3702**.
2004	11 févr.	Loi n° 2004-130. Réforme du statut de certaines professions judiciaires ou juridiques. – Art. 53, 57, 58 et 69. – V. C. com., art. L. 321-17, L. 811-13, L. 812-1, L. 812-2, L. 813-1, L. 813-2, L. 950-1.
2004	25 mars	Ordonnance n° 2004-274. Simplification du droit et des formalités pour les entreprises. – Ratifiée par L. n° 2004-1343 du 9 déc. 2004. – Art. 1er à 5, 10 à 30, 34 à 49. – V. C. com., art. L. 124-1, L. 124-4, L. 124-6, L. 124-9, L. 124-11, L. 144-3, L. 144-5, L. 223-3, L. 223-8,

		L. 223-11, L. 223-13, L. 223-14, L. 223-18, L. 223-25, L. 223-27, L. 235-14, L. 238-4, L. 238-5, L. 241-2, L. 242-7, L. 242-12, L. 242-13, L. 245-9, L. 245-13, L. 310-1 à L. 310-3, L. 310-5, L. 430-2, L. 464-6 à L. 464-6-2, L. 464-8, L. 761-1 à L. 761-11, L. 762-1 à L. 762-3, L. 912-1, L. 930-1 (note), L. 932-7, L. 950-1, L. 950-2, L. 952-2, L. 953-1 à L. 953-3.
2004	25 mars	Ordonnance n° 2004-279. Simplification et adaptation des conditions d'exercice de certaines activités professionnelles. – Ratifiée par L. n° 2004-1343 du 9 déc. 2004. – Art. 6, 7. – V. C. com., art. L. 911-1, L. 921-2.
2004	7 avr.	Règlement CE n° 773-2004. Procédures mises en œuvre par la Commission en application des art. 81 et 82 du traité CE. – V. App., v° *Concurrence*, **p. 3703.**
2004	15 avr.	Ordonnance n° 2004-328. Élection des délégués consulaires et des juges des tribunaux de commerce. – Ratifiée par L. n° 2004-1343 du 9 déc. 2004. – Art. 2 à 8, 10 à 16. – V. C. com., art. L. 713-3 à L. 713-18, L. 722-6, L. 723-1, L. 723-2, L. 723-4, L. 723-6, L. 723-7, L. 723-9, L. 723-14.
2004	21 avr.	Règlement CE n° 802-2004. Mise en œuvre du Règlement CE n° 139-2004 du Conseil relatif au contrôle des concentrations entre entreprises. – V. App., v° *Concurrence*, **p. 3703.**
2004	21 juin	Loi n° 2004-575. Confiance dans l'économie numérique : – Art. 14 à 19. – V. App., v° *Commerce (organisation)*, **p. 3600.** – Art. 20 à 24. – V. App., v° *Publicité commerciale*, **p. 3750.**
2004	24 juin	Ordonnance n° 2004-604. Réforme du régime des valeurs mobilières émises par les sociétés commerciales et extension à l'outre-mer de dispositions ayant modifié la législation commerciale. – Ratifiée par L. n° 2004-1343 du 9 déc. 2004. – Art. 2 à 51, 53, 55, 56 à 66. – V. C. com., art. L. 225-100, L. 225-115, L. 225-127, L. 225-129-2, L. 225-129-5 à L. 225-134, L. 225-137 à L. 225-141, L. 225-143, L. 225-147 à L. 225-176, L. 225-181, L. 228-1, L. 228-3-3 à L. 228-4, L. 228-6-2 à L. 228-7, L. 228-10 à L. 228-19, L. 228-24, L. 228-25, L. 228-29-1 à L. 228-29-10, L. 228-33 à L. 228-35-11, L. 228-40 à L. 228-42, L. 228-60 à L. 228-61, L. 228-65, L. 228-68, L. 228-93, L. 228-95, L. 228-91 à L. 228-96, L. 228-98 à L. 228-106, L. 233-7, L. 235-9, L. 236-15, L. 238-1, L. 238-6, L. 245-4, L. 245-11, L. 245-12, L. 245-15, L. 912-4, L. 912-5, L. 922-1, L. 922-4, L. 930-1, L. 932-1 à L. 932-6, L. 932-9, L. 932-11, L. 932-13, L. 938-1, L. 940-1, L. 950-1 (note), L. 951-12, L. 952-1, L. 952-4, L. 952-5, L. 958-2.
2004	9 juill.	Loi n° 2004-669. Communications électroniques et services de communication audiovisuelle. – Art. 18, 35 et 77. – V. C. com., art. L. 420-1 (note), L. 420-2 (note), L. 430-1 (note), L. 462-1 (note).
2004	9 août	Loi n° 2004-804. Soutien à la consommation et à l'investissement. – Art. 18. – V. C. com., art. L. 750-1, L. 752-6.
2004	19 août	Ordonnance n° 2004-823. Actualisation et adaptation du droit économique et financier applicable à Mayotte, en Nouvelle-Calédonie, en

		Polynésie française et dans les îles Wallis-et-Futuna. – Ratifiée par L. n° 2007-224 du 21 févr. 2007. – Art. 3. – V. C. com., art. L. 924-3 à L. 924-6, L. 954-1 à L. 954-7.
2004	4 nov.	Ordonnance n° 2004-1173. Adaptation de certaines dispositions du code de commerce au droit communautaire. – V. C. com., art. L. 420-7, L. 450-4, L. 462-6 à L. 462-9, L. 463-1, L. 464-2 à L. 464-4, L. 464-8, L. 490-9.
2004	9 déc.	Loi n° 2004-1343. Simplification du droit. – Art. 78 et 83. – V. C. com., art. L. 223-11, L. 223-13, L. 225-129-6, L. 225-149-1, L. 228-13, L. 228-103, L. 233-7, L. 430-3, L. 464-8, L. 490-9, L. 713-3, L. 713-14, L. 713-16, L. 723-2, L. 723-4, L. 723-5.
2004	20 déc.	Ordonnance n° 2004-1382. Adaptation de dispositions législatives relatives à la comptabilité des entreprises aux dispositions communautaires dans le domaine de la réglementation comptable. – Art. 1er. – V. C. com., art. L. 233-24.
2004	30 déc.	Loi n° 2004-1484. De finances pour 2005. – Art. 83. – V. C. com., art. L. 225-129-2, L. 225-197-1 à L. 225-197-5, L. 225-208.
2005	6 mai	Ordonnance n° 2005-428. Incapacités en matière commerciale et publicité du régime matrimonial des commerçants. – V. C. com., anc. art. L. 128-1 s. 🏛.
2005	26 juill.	Loi n° 2005-842. Pour la confiance et la modernisation de l'économie. – Art. 5 à 8, 11, 24, 33. – V. C. com., art. L. 225-37, L. 225-68, L. 225-79-1, L. 225-82, L. 225-96, L. 225-98, L. 225-99, L. 225-235, L. 225-245-1, L. 228-65, L. 229-1 à L. 229-15, L. 233-3, L. 233-7 à L. 233-9, L. 233-13, L. 233-14, L. 238-3-1, L. 244-5, L. 246-2, L. 248-1, L. 910-1, L. 930-1, L. 950-1.
2005	26 juill.	Loi n° 2005-845. Sauvegarde des entreprises. – Art. 155, 158, 161, 162, 164, 165, 194 à 196. – V. C. com., art. L. 141-12, L. 141-19, L. 221-16, L. 234-1, L. 234-2, L. 234-4, L. 610-1 s., L. 811-1, L. 811-10, L. 811-11, L. 812-1, L. 812-8, L. 814-6, L. 814-7, L. 822-15, L. 916-1, L. 926-1 à L. 926-3, L. 926-5 à L. 926-7, L. 930-1, L. 936-1, L. 936-2, L. 936-5 à L. 936-12, L. 950-1, L. 956-1 à L. 956-9, L. 958-1.
2005	28 juill.	Ordonnance n° 2005-856. Simplification du régime des libéralités consenties aux associations, fondations et congrégations, de certaines déclarations administratives incombant aux associations, et modification des obligations des associations et fondations relatives à leurs comptes annuels. – Ratifiée par L. n° 2009-526 du 12 juin 2009. – Art. 5. – V. C. com., art. L. 612-4.
2005	2 août	Loi n° 2005-882. En faveur des petites et moyennes entreprises : – Art. 12, 14, 19, 21, 24, 26, 30 à 35, 40 à 42, 44 à 53, 55 à 58, 61 à 66. – V. C. com., art. L. 121-4, L. 121-7, L. 123-11-1, L. 124-6, L. 129-1, L. 141-2, L. 145-2, L. 146-1 à L. 146-4, L. 223-1, L. 223-18, L. 223-30, L. 223-31, L. 239-1 à L. 239-5, L. 310-2, L. 420-2, L. 420-5, L. 440-1, L. 490-2, L. 490-5 à L. 490-7, L. 712-1 à L. 712-10. – Art. 23, 72. – V. App., v° *Artisans*, **p. 3335.** – Art. 60, 60-1. – V. App., v° *Commerce (organisation)*, **p. 3601.**

2005	1er sept.	Ordonnance n° 2005-1086. Instauration d'un règlement transactionnel pour les contraventions au code de commerce et au code de la consommation, adaptation des pouvoirs d'enquête et renforcement de la coopération administrative en matière de protection des consommateurs. – Art. 1er. – V. C. com., art. L. 490-5.
2005	8 sept.	Ordonnance n° 2005-1126. Commissariat aux comptes. – Ratifiée par L. n° 2009-526 du 12 juin 2009. – Art. 2, 7, 12, 18 à 20, 22. – V. C. com., art. L. 221-10, L. 221-11, L. 223-38, L. 223-39, L. 225-100, L. 225-227 à L. 225-229, L. 225-234 à L. 225-242, L. 233-38, L. 252-13, L. 820-2, L. 820-4, L. 822-1-1, L. 822-1-2, L. 822-12, L. 822-13, L. 822-17, L. 822-18, L. 823-1 à L. 823-3, L. 823-4 à L. 823-8, L. 823-9, L. 823-10, L. 823-11, L. 823-12, L. 823-13 à L. 823-16, L. 823-17, L. 932-11, L. 942-9, L. 942-11, L. 952-5.
2005	8 déc.	Ordonnance n° 2005-1527. Permis de construire et autorisations d'urbanisme. Ratifiée par L. n° 2006-872 du 13 juill. 2006. – Art. 29. – V. C. com., art. L. 145-6, L. 145-18, L. 911-9, L. 921-9, L. 931-12, L. 941-12, L. 951-8.
2005	30 déc.	Décret n° 2005-1756. Liste et ressort des juridictions spécialisées en matière de concurrence, de propriété industrielle et de difficultés des entreprises. – V. C. com., art. R. 420-3 à R. 420-5, R. 600-3, R. 600-4.
2006	23 mars	Ordonnance n° 2006-346. Sûretés. Ratifiée par L. n° 2007-212 du 20 févr. 2007 : – Art. 43 à 48, 56. – V. C. com., art. L. 521-1 à L. 521-3, L. 526-5, L. 622-7, L. 624-16 à L. 624-18. – Art. 55. – V. l'*avant-propos* en début d'ouvrage.
2006	31 mars	Loi n° 2006-387. Offres publiques d'acquisition. – Ratification des Ord. n° 2005-429 du 6 mai 2005 et n° 2005-648 du 6 juin 2005. – Art. 4, 6, 11 à 23. – V. C. com., L. 225-129-3, L. 233-10-1, L. 233-32 à L. 233-40, L. 235-2-1.
2006	31 mars	Loi n° 2006-396. Égalité des chances. – Art. 36. – V. C. com., art. L. 752-16, L. 752-17.
2006	21 avr.	Ordonnance n° 2006-461. Réformant la saisie immobilière. – Ratifiée par L. n° 2010-1609 du 22 déc. 2010. – Art. 14. – V. C. com., art. L. 642-18.
2006	23 mai	Décret n° 2006-595. Attribution du label « entreprise du patrimoine vivant ». – V. App., v° *Artisans*, **p. 3335.**
2006	26 mai	Arrêté. Procédure d'attribution du label « entreprise du patrimoine vivant » 🏛. – V. App., v° *Artisans*.
2006	8 juin	Ordonnance n° 2006-673. Portant refonte du code de l'organisation judiciaire et modifiant le code de commerce. – Ratifiée par L. n° 2009-526 du 12 juin 2009. – V. Livre VII du code de commerce, **p. 1759**. – Art. 2, 9. – V. C. com., art. L. 713-3, L. 713-4, L. 713-15, L. 721-1 à L. 762-3, L. 930-1, L. 937-1 à L. 937-13, L. 940-1, L. 947-1 à L. 947-13, L. 950-1.

2006	23 juin	Loi n° 2006-728. Réforme des successions et des libéralités. – Art. 35. – V. C. com., art. L. 321-2.
2006	13 juill.	Loi n° 2006-872. Engagement national pour le logement. – Art. 45. – V. C. com., art. L. 145-4, L. 145-23-1.
2006	24 juill.	Loi n° 2006-911. Immigration et intégration. – Art. 22. – V. C. com., art. L. 122-1 à L. 122-4.
2006	1er août	Loi n° 2006-961. Droit d'auteur et droits voisins dans la société de l'information. – Art. 14. – V. C. com., art. L. 462-5 (note).
2006	5 oct.	Ordonnance n° 2006-1225. Coopératives agricoles. – Ratifiée par L. n° 2009-526 du 12 mai 2009. – Art. 6-III. – V. C. com., art. L. 612-1.
2006	21 déc.	Loi n° 2006-1666. De finances pour 2007. – Art. 116. – V. C. com., art. L. 741-2.
2006	23 déc.	Décret n° 2006-1804. Publicité du gage sans dépossession. – V. C. com., art. L. 743-12-1 (note).
2006	30 déc.	Loi n° 2006-1770. Développement de la participation et de l'actionnariat salarié. – Art. 32, 39 à 41, 62, 72. – V. C. com., art. L. 225-23, L. 225-71, L. 225-129, L. 225-177, L. 225-180, L. 225-185, L. 225-197-1 à L. 225-197-3, L. 932-1 (note), L. 952-1 (note).
2007	5 févr.	Décret n° 2007-154. Désignation des autorités compétentes au sein des administrations financières pour statuer sur les demandes de remise présentées en application de l'art. L. 626-6 C. com., **p. 2507.**
2007	19 févr.	Loi n° 2007-211. Instituant la fiducie. – Art. 18. – V. C. com., art. L. 233-10, L. 632-1.
2007	25 mars	Décret n° 2007-431. Partie réglementaire du code de commerce. – Art. 4, **p. 2495.**
2007	29 mars	Décret n° 2007-478. Application de l'art. L. 129-1 C. com. (*tutorat en entreprise*). – V. ss. C. com., art. L. 129-1.
2007	19 avr.	Décret n° 2007-574. Modalités de tutelle exercée par l'État sur les établissements du réseau des chambres de commerce et d'industrie. – V. C. com., art. R. 711-9, R. 711-10, R. 711-16, R. 711-17, R. 711-22, R. 711-23, R. 711-30, R. 711-31, R. 711-52, R. 711-67, R. 712-2 à R. 712-37, R. 927-2 à R. 927-4.
2007	*9 mai*	Décret n° 2007-750. Relatif au registre du commerce et des sociétés et modifiant le code de commerce (partie réglementaire). – Art. 2 à 40. – V. C. com., art. R. 122-1 à R. 122-17, R. 123-37 à R. 123-39, R. 123-42, R. 123-45, R. 123-46, R. 123-49, R. 123-51 à R. 123-54, R. 123-58 (annexe 1-3), R. 123-60, R. 123-68, R. 123-69, R. 123-73, R. 123-77, R. 123-78, R. 123-82, R. 123-103, R. 123-111, R. 123-121-1, R. 123-125, R. 123-128, R. 123-133, R. 123-135, R. 123-135-1, R. 123-157, R. 123-159, R. 123-168, R. 123-169-1, R. 123-171-1, R. 123-237, R. 134-5, R. 210-9, R. 225-73, R. 228-19, R. 236-8, R. 910-1, R. 920-1, R. 930-1, R. 950-1.

2007	10 mai	Décret n° 2007-812. Tarif des greffiers des tribunaux de commerce et modification du code de commerce (partie réglementaire) : – Art. 2, 4, 6. – V. C. com., art. R. 232-10, R. 612-4. – Art. 4. – V. ce texte, ss. C. com., art. R. 743-145.
2007	14 mai	Décret n° 2007-862. Bourse commune des greffiers des tribunaux de commerce. – V. C. com., art. D. 741-24.
2007	15 mai	Décret n° 2007-987. Conditions d'exercice des missions du réseau des chambres de commerce et d'industrie. – V. C. com., art. D. 711-9, D. 711-10, D. 711-34-1, D. 711-34-2, D. 711-41-1, D. 711-56-1 à D. 711-56-3, D. 711-67 à D. 711-67-8.
2007	13 juill.	Décret n° 2007-1104. Modification de l'annexe 7-2 au livre VII du code de commerce relative au nombre de juges des tribunaux de commerce. – V. cette annexe, ss. C. com., art. D. 721-3.
2007	26 juill.	Décret n° 2007-1141. Application de l'art. L. 122-1 C. com. relatif aux étrangers exerçant une profession commerciale, industrielle ou artisanale sur le territoire français sans y résider. – V. C. com., art. D. 122-1 à D. 122-4.
2007	20 août	Décret n° 2007-1231. Modification de l'annexe 7-2 au livre VII du code de commerce relative au nombre de juges des tribunaux de commerce. – V. cette annexe, ss. C. com., art. D. 721-3.
2007	21 août	Loi n° 2007-1223. En faveur du travail, de l'emploi et du pouvoir d'achat. – Art. 17. – V. C. com., L. 823-10.
2007	5 sept.	Décret n° 2007-1308. Composition de la chambre régionale de commerce et d'industrie et modification de l'art. R. 711-47 C. com. – V. C. com., art. R. 711-68.
2007	17 déc.	Loi n° 2007-1774. Portant diverses dispositions d'adaptation au droit communautaire dans les domaines économique et financier. – Art. 10. – V. C. com., art. L. 233-7, L. 233-8, L. 233-13.
2007	20 déc.	Loi n° 2007-1787. Simplification du droit. – Art. 26. – V. C. com., art. L. 133-6, L. 523-8.
2007	26 déc.	Décret n° 2007-1851. Modifiant le code de commerce et relatif au tarif des huissiers de justice. – V. C. com., art. R. 123-28, R. 123-75-1, R. 123-120-1, R. 123-237, R. 225-60, R. 225-89, R. 233-15, R. 631-31, R. 641-31, R. 652-1 *[abrogé]*, R. 812-4, R. 910-1, R. 920-1, R. 930-1, R. 950-1.
2008	3 janv.	Décret n° 2008-12. Conditions dans lesquelles les établissements du réseau des chambres de commerce et d'industrie peuvent transiger et compromettre. – V. C. com., art. R. 711-74 s.
2008	3 janv.	Décret n° 2008-21. Bourse commune des greffiers des tribunaux de commerce. – V. tableau 1 de l'annexe 7-4-1, ss. C. com., art. D. 741-24.
2008	15 févr.	Décret n° 2008-146. Modification du siège et du ressort des tribunaux de commerce. – V. annexe 7-1, ss. C. com., art. D. 721-2 (note), R. 721-5 (note), annexe 7-3, ss. C. com., art. D. 732-1 (note).

2008	13 mars	Décret n° 2008-258. Publication de l'information financière réglementée. – V. C. com., art. R. 225-83, R. 225-120, R. 228-51, R. 228-58 à R. 228-59, R. 232-9 à R. 232-16, R. 247-1, R. 247-2.
2008	24 avr.	Arrêté. Redevances de procédures perçues par l'Institut national de la propriété industrielle. – V. ss. C. com., art. R. 123-163.
2008	22 mai	Décret n° 2008-484. Procédure devant la Cour de cassation. – Art. 22. – V. C. com., art. R. 123-141, R. 123-148, R. 143-23, R. 145-28, R. 229-8, R. 464-10, R. 464-22, R. 464-26, R. 464-31, R. 527-16.
2008	30 mai	Ordonnance n° 2008-507. Transposition de la directive n° 2005/36/CE du Parlement européen et du Conseil du 7 sept. 2005 relative à la reconnaissance des qualifications professionnelles. – Art. 20. – V. C. com., art. L. 321-24.
2008	2 juin	Décret n° 2008-522. Refonte de la partie réglementaire du code de l'organisation judiciaire. – Art. 1er à 3, 12. – V. C. com., art. L. 721-2 (note), D. 721-2 (note), D. 721-3 (note), art. R. 722-5, D. 731-1 (note), D. 732-1 (note), R. 743-1.
2008	5 juin	Décret n° 2008-535. Liste des produits agricoles visée au III de l'article L. 442-10 du code de commerce. – V. ss. C. com., art. L. 442-8.
2008	11 juin	Décret n° 2008-551. Modification de l'art. R. 123-223 du code de commerce. – V. C. com., art. R. 123-223.
2008	16 juin	Décret n° 2008-563. Fixant le nombre des juges et le nombre des chambres des tribunaux de commerce. – V. annexe 7-2 🏛, ss. C. com., art. D. 721-3, annexe 7-4 🏛, ss. C. com., art. D. 731-3 et D. 732-2.
2008	17 juin	Loi n° 2008-561. Réforme de la prescription en matière civile. – Art. 9, 15. – V. C. com., art. L. 110-4, L. 321-17.
2008	17 juin	Règlement CE n° 593/2008. Loi applicable aux obligations contractuelles (« Rome I »). – Art. 5. – V. ss. C. com., art. L. 132-9.
2008	3 juill.	Loi n° 2008-649. Adaptation du droit des sociétés au droit communautaire. – Art. 1er, 8 à 12, 31. – V. C. com., art. L. 225-245-1, L. 229-2, L. 229-4, L. 229-9, L. 236-2, L. 236-10, L. 236-11, L. 236-23, L. 236-25 à L. 236-32, L. 743-14.
2008	10 juill.	Arrêté. Nomenclature d'activités française du secteur des métiers et de l'artisanat. – V. App., v° *Artisans*, **p. 3323.**
2008	4 août	Loi n° 2008-776. Modernisation de l'économie : – Art. 8, 9, 10, 14, 16, 21, 22, 24, 37, 42 à 47, 53, 54, 56, 57, 59, 61, 69 à 71, 76, 77, 92 à 96, 98, 100, 102. – V. C. com., art. L. 121-8, L. 123-1-1, L. 123-10, L. 123-28, L. 123-29 à L. 123-31, L. 128-1 à L. 128-6, L. 129-1, L. 135-1 à L. 135-3, L. 141-1, L. 145-1, L. 145-2, L. 145-5, L. 145-8 à L. 145-10, L. 145-12, L. 145-26, L. 145-29, L. 145-34, L. 145-38, L. 210-5, L. 223-1, L. 223-27, L. 223-31, L. 225-25, L. 225-72, L. 225-124, L. 225-178, L. 225-209-1, L. 227-1, L. 227-2, L. 227-9, L. 227-9-1, L. 227-10, L. 228-11, L. 228-15, L. 228-98, L. 236-10, L. 249-1, L. 310-2, L. 310-3, L. 310-5, L. 430-2 à L. 430-10, L. 440-1, L. 461-1 à L. 461-5, L. 526-1, L. 526-2,

		L. 526-3, L. 611-7, L. 626-26, L. 643-11 (note), L. 653-11 (note), L. 654-5, L. 713-3, L. 713-12, L. 723-2, L. 750-1, L. 750-1-1, L. 751-1, L. 751-2, L. 751-3, L. 751-6, L. 751-7, L. 751-9, L. 752-1, L. 752-2, L. 752-3-1, L. 752-4 à L. 752-11, L. 752-14 à L. 752-26, L. 823-12-1, L. 933-2, L. 937-5, L. 943-2. – Art. 51. – V. App., v° *Commerce (organisation)*, **p. 3605.**
2008	5 août	Arrêté. Usage de la dénomination « Chambres de commerce étrangères en France ». – V. ss. C. com., art. L. 710-1.
2008	18 août	Décret n° 2008-786. Greffiers des tribunaux de commerce. – V. C. com., art. R. 741-3, R. 742-33, R. 742-35, R. 743-158, R. 743-163, R. 743-168.
2008	29 août	Décret n° 2008-876. Haut Conseil du commissariat aux comptes. – V. C. com., art. R. 233-15, R. 821-14-3 à R. 821-14-5, R. 821-14-8 à R. 821-14-18.
2008	6 nov.	Ordonnance n° 2008-1145. Actions de préférence. – Ratifiée par L. n° 2009-526 du 12 mai 2009. – V. C. com., art. L. 228-11, L. 228-20.
2008	12 nov.	Décret n° 2008-1162. Détermination du nombre des assesseurs des chambres commerciales des tribunaux de grande instance des départements de Bas-Rhin, du Haut-Rhin et de la Moselle et du nombre des juges élus des tribunaux mixtes de commerce. – V. C. com., art. D. 731-3, D. 732-2.
2008	13 nov.	Ordonnance n° 2008-1161. Modernisation de la régulation de la concurrence. – Ratifiée par L. n° 2009-526 du 12 mai 2009. – V. C. com., art. L. 450-1, L. 450-3 à L. 450-8, L. 461-3, L. 462-4, L. 462-5, L. 462-7, L. 462-8, L. 463-2 à L. 463-5, L. 463-7, L. 464-1, L. 464-2, L. 464-8, L. 464-9, L. 490-11.
2008	3 déc.	Loi n° 2008-1258. Revenus du travail. – Art. 22. – V. C. com., art. L. 225-184, L. 225-197-1, L. 225-197-4.
2008	8 déc.	Ordonnance n° 2008-1278. Commissaires aux comptes. – Ratifiée par L. n° 2009-526 du 12 mai 2009. – Art. 11, 13. – V. C. com., art. L. 822-15, L. 823-16.
2008	18 déc.	Ordonnance n° 2008-1345. Réforme du droit des entreprises en difficulté. – Ratifiée par L. n° 2009-526 du 12 mai 2009 : – Art. 1er à 166 – V. livre VI mod. (partie législative). – Art. 160 à 162, 170 à 172. – V. C. com., art. L. 811-1, L. 811-2, L. 811-11-3, L. 812-1, L. 812-2, L. 926-3 à L. 926-5, L. 936-5, L. 936-8 à L. 936-10, L. 940-1, L. 956-4 à L. 956-6, L. 956-8. – Art. 173 (entrée en vigueur), **p. 1261.**
2008	18 déc.	Décret n° 2008-1342. Soldes et application de l'art. L. 310-7 C. com. – V. C. com., art. R. 310-15, R. 310-15-1.
2008	18 déc.	Décret n° 2008-1343. Soldes et modification de la section III du titre 1er du livre III de la partie réglementaire du code de commerce. – V. C. com., art. D. 310-15-2.

2008	18 déc.	Décret n° 2008-1354. Critères permettant de déterminer la catégorie d'appartenance d'une entreprise pour les besoins de l'analyse statistique et économique. – V. App., v° *Commerce (organisation)*, **p. 3605.**
2008	19 déc.	Décret n° 2008-1405. Application de l'art. 9 de la loi n° 2008-776 du 4 août 2008. – V. C. com., art. D. 123-205-1.
2008	19 déc.	Décret n° 2008-1419. Statuts types des sociétés à responsabilité limitée dont l'associé unique, personne physique, assume personnellement la gérance. – V. C. com., art. D. 223-2.
2008	22 déc.	Décret n° 2008-1484. Actes de gestion du patrimoine des personnes placées en curatelle ou en tutelles. – V. C. com., art. L. 141-1 (note), L. 144-5 (note), L. 526-1 (note).
2008	30 déc.	Décret n° 2008-1487. Commissaires aux comptes. – V. C. com., art. R. 123-198.
2008	30 déc.	Décret n° 2008-1488. Portant diverses mesures destinées à favoriser le développement des petites entreprises, pris en application des art. 8, 14, 16, 56 et 59 de la loi n° 2008-776 du 4 août 2008 de modernisation de l'économie. – Art. 1er à 10. – V. C. com., art. R. 121-6, R. 123-3, R. 123-7, R. 123-32-1, R. 123-37, R. 123-55, R. 123-155, R. 123-159, R. 123-167, R. 123-168, R. 123-211, R. 123-220, R. 123-224, R. 123-237-1, R. 526-2, R. 761-15.
2008	30 déc.	Décret n° 2008-1492. Application de l'art. L. 441-6-1 C. com. – V. C. com., art. D. 441-4, D. 823-7-1.
2009	5 janv.	Décret n° 2009-11. Fusions transfrontalières de sociétés. – V. C. com., art. R. 123-74-1, R. 229-2, R. 236-13 à R. 236-20.
2009	7 janv.	Décret n° 2009-16. Ventes au déballage et application de l'art. L. 310-2 C. com. – Art. 1er et 2. – V. C. com., art. R. 310-8 à R. 310-14, R. 310-19.
2009	8 janv.	Ordonnance n° 2009-15. Instruments financiers. – Ratifiée par L. n° 2009-526 du 12 mai 2009. – Art. 7. – V. C. com., art. L. 225-100-1, L. 228-1, L. 228-2, L. 233-7.
2009	9 janv.	Arrêté. Déclaration préalable des ventes au déballage. – V. ss. C. com., art. R. 310-8.
2009	14 janv.	Arrêté. Partie Arrêtés du code de commerce, **p. 2959.**
2009	22 janv.	Ordonnance n° 2009-79. Création de l'Autorité des normes comptables. – Ratifiée par L. n° 2009-526 du 12 mai 2009. – V. C. com., art. L. 123-15, L. 123-27, L. 233-20.
2009	22 janv.	Ordonnance n° 2009-80. Appel public à l'épargne. – Ratifiée par L. n° 2009-526 du 12 mai 2009. – Art. 7 à 11, 29. – V. C. com., art. L. 223-11, L. 224-2, L. 225-12, L. 225-96, L. 225-98, L. 225-99, L. 225-131, L. 225-136, L. 225-228, L. 225-231, L. 227-2, L. 228-23, L. 228-43, L. 229-11 à L. 229-13, L. 232-7, L. 232-8, L. 232-14, L. 233-5, L. 242-1, L. 247-2, L. 247-3, L. 612-1.
2009	30 janv.	Ordonnance n° 2009-104. Prévention de l'utilisation du système financier aux fins de blanchiment de capitaux et de financement du

		terrorisme. – Ratifiée par L. n° 2009-526 du 12 mai 2009. – Art. 9 et 10. – V. C. com., art. L. 123-11, L. 123-11-2 à L. 123-11-8, L. 821-12-1, L. 823-12.
2009	30 janv.	Ordonnance n° 2009-105. Rachats d'actions, déclarations de franchissement de seuils et déclarations d'intention. – Ratifiée par L. n° 2009-1255 du 19 oct. 2009. – V. C. com., art. L. 225-210, L. 225-211, L. 233-7, L. 233-9, L. 233-14.
2009	30 janv.	Ordonnance n° 2009-107. Sociétés d'investissement à capital fixe, fonds fermés étrangers et instruments financiers. – Ratifiée par L. n° 2009-1255 du 19 oct. 2009. – Art. 2. – V. C. com., art. L. 233-9.
2009	30 janv.	Ordonnance n° 2009-112. Fiducie. – Ratifiée par L. n° 2009-526 du 12 mai 2009. – Art. 11, 12. – V. C. com., art. L. 622-6-1, L. 626-25, L. 631-3, L. 640-3, L. 654-8.
2009	9 févr.	Décret n° 2009-143. Accès des ressortissants d'un État membre de la Communauté européenne ou d'un autre État partie à l'accord sur l'Espace économique européen à l'activité de ventes volontaires de meubles aux enchères publiques. – V. C. com., art. R. 321-18, R. 321-19, R. 321-44, R. 321-57 à R. 321-67.
2009	10 févr.	Décret n° 2009-139. Modification de la partie réglementaire du livre IV du C. com. – V. C. com., art. R. 430-1 à R. 430-10, R. 450-1, R. 450-2, R. 461-3, R. 461-5, R. 461-7, R. 461-8, R. 462-4, R. 463-12, R. 464-8, R. 464-28, R. 464-29.
2009	10 févr.	Décret n° 2009-140. Application de l'art. L. 464-9 C. com. – V. C. com., art. R. 464-9-1 s.
2009	10 févr.	Décret n° 2009-141. Représentation de l'Autorité de la concurrence par son président. – V. C. com., art. R. 461-1, R. 461-2.
2009	10 févr.	Décret n° 2009-142. Application de l'art. L. 463-4 C. com. relatif à la protection du secret des affaires devant l'Autorité de la concurrence. – V. C. com., art. R. 463-13 à R. 463-15-1.
2009	12 févr.	Décret n° 2009-160. Application de l'ordonnance n° 2008-1345 du 18 déc. 2008 portant réforme du droit des entreprises en difficulté : – Art. 1er à 122. – V. Livre VI mod. (partie réglementaire). – Art. 154. – V. C. com., art. R. 940-3, Annexes 9-2 et 9-3, ss. C. com., art. R. 916-1. – Art. 155-I (entrée en vigueur), **p. 2446**.
2009	17 févr.	Loi n° 2009-179. Accélération des programmes de construction et d'investissement publics et privés. – Art. 20. – V. C. com., art. L. 626-6.
2009	17 févr.	Décret n° 2009-185. Publicité des décisions en matière de pratiques anticoncurrentielles. – V. C. com., art. R. 464-8.
2009	17 févr.	Décret n° 2009-186. Décisions en matière de concentration devant être rendues publiques. – V. C. com., art. D. 430-8.

2009	18 févr.	Décret n° 2009-194. Exercice des activités commerciales et artisanales ambulantes. – V. C. com., art. R. 123-208-1 à R. 123-208-8.
2009	25 févr.	Décret n° 2009-234. Mesures destinées à simplifier le fonctionnement de certaines formes de société et pris en application des art. 56 et 59 de la loi n° 2008-776 du 4 août 2008 de modernisation de l'économie. – V. C. com., art. R. 123-205, R. 123-206, R. 223-20-1, R. 223-24, R. 225-98, D. 227-1.
2009	9 mars	Décret n° 2009-267. Obligations comptables des sociétés commerciales. – V. C. com., art. R. 123-197, R. 123-197-1, R. 123-198, R. 123-199-1.
2009	16 mars	Décret n° 2009-295. Application de l'ordonnance n° 2009-15 du 8 janv. 2009 relative aux instruments financiers. – Art. 4. – V. C. com., art. R. 225-71, R. 225-77, R. 225-84, R. 225-88, R. 225-112, R. 225-122, R. 225-158, R. 228-1, R. 228-2, R. 228-12, R. 228-24, R. 228-71.
2009	20 mars	Décret n° 2009-311. Délais dont dispose l'Autorité de la concurrence pour prendre la direction des investigations souhaitées par le ministre chargé de l'économie et se saisir du résultat de ces investigations. – V. C. com., art. D. 450-3.
2009	20 mars	Décret n° 2009-312. Publicité des décisions en matière de pratiques anticoncurrentielles. – V. C. com., art. D. 464-8-1.
2009	25 mars	Loi n° 2009-323. Mobilisation pour le logement et la lutte contre l'exclusion. – Art. 8 et 114. – V. C. com., art. L. 225-43, L. 225-91, L. 752-23, L. 952-3.
2009	26 mars	Décret n° 2009-335. Modalités d'intervention du conseiller auditeur auprès de l'Autorité de la concurrence. – V. C. com., art. R. 461-9.
2009	6 avr.	Décret n° 2009-385. Application de l'art. L. 626-6 C. com. – V. C. com., art. D. 626-9 à D. 626-15.
2009	22 avr.	Décret n° 2009-452. Évolution des professions juridiques et judiciaires. – Art. 14. – V. C. com., art. R. 742-21, R. 742-28, R. 743-137 à R. 743-139.
2009	24 avr.	Arrêté. Reconnaissance du caractère international des manifestations commerciales. – V. ss. C. com., art. A. 762-1.
2009	12 mai	Loi n° 2009-526. Simplification et clarification du droit et allègement des procédures. – Art. 46, 47, 54, 122, 125, 138 à 140. – V. C. com., art. L. 122-2, L. 229-3, L. 239-1, L. 310-5, L. 310-6, L. 321-15, L. 450-4, L. 461-3, L. 461-4, L. 622-26, L. 631-14, L. 752-1, L. 752-4, L. 752-23, L. 762-1, L. 821-12-1.
2009	14 mai	Ordonnance n° 2009-537. Extension et adaptation à Mayotte, dans les îles Wallis-et-Futuna, en Polynésie française, dans les Terres australes et antarctiques françaises et en Nouvelle-Calédonie de diverses dispositions de nature législative. – Art. 10. – V. C. com., art. L. 930-1, L. 934-1 à L. 934-5.

2009	19 mai	Décret n° 2009-557. Offre au public, déclarations de franchissement de seuils et déclarations d'intentions. – Art. 2 à 5. – V. C. com., art. R. 123-103, R. 123-107, R. 123-115 à R. 123-117, R. 210-6, R. 210-7, R. 225-13, R. 225-67, R. 225-73, R. 225-120, R. 225-153, R. 228-61, R. 228-92, R. 229-3, R. 229-5, R. 229-9, R. 229-10, R. 229-14, R. 229-15, R. 229-18, R. 229-20, R. 229-24, R. 233-1, R. 233-1-1, R. 236-2, R. 237-2, R. 237-8, R. 237-16, R. 330-1.
2009	19 mai	Décret n° 2009-559. Modification de certaines dispositions relatives à l'organisation de la commission d'examen des pratiques commerciales. – V. C. com., art. D. 440-2, D. 440-11, D. 440-13.
2009	12 juin	Loi n° 2009-669. Favorisant la diffusion et la protection de la création sur internet. – Art. 18. – V. C. com., art. L. 462-1.
2009	18 juin	Loi n° 2009-715. Organe central des caisses d'épargne et des banques populaires. – Art. 2. – V. C. com., art. A. 123-56.
2009	23 juin	Décret n° 2009-768. Compte affecté aux fonds détenus par les greffiers des tribunaux de commerce pour le compte de tiers. – V. C. com., art. R. 743-178 s.
2009	23 juin	Arrêté. Compte affecté aux fonds détenus par les greffiers des tribunaux de commerce pour le compte de tiers. – V. C. com., art. A. 743-1 s.
2009	15 juill.	Ordonnance n° 2009-865. Application à Saint-Barthélemy, à Saint-Martin, à Saint-Pierre-et-Miquelon, à Mayotte, en Nouvelle-Calédonie, en Polynésie française et dans les îles Wallis-et-Futuna de l'Ord. n° 2009-104 du 30 janv. 2009 relative à la prévention de l'utilisation du système financier aux fins de blanchiment de capitaux et de financement du terrorisme. – Ratifiée par L. n° 2010-1487 du 7 déc. 2010. – Art. 9. – V. C. com., art. L. 931-1-1, L. 931-1-2, L. 941-2-1, L. 951-1-1, L. 951-1-2.
2009	15 juill.	Ordonnance n° 2009-866. Conditions régissant la fourniture de services de paiement et portant création des établissements de paiement. – Ratifiée par L. n° 2010-737 du 1er juill. 2010. – Art. 17. – V. C. com., art. L. 110-1, L. 623-2, L. 651-4.
2009	22 juill.	Loi n° 2009-888. Développement et modernisation des services touristiques. – Art. 16, 34. – V. C. com., art. L. 133-3, L. 145-7-1.
2009	24 juill.	Ordonnance n° 2009-896. Actualisation du droit commercial et du droit pénal applicables en Nouvelle-Calédonie et dans les îles Wallis-et-Futuna. – Ratifiée par L. n° 2010-1487 du 7 déc. 2010. – Art. 6, 7. – V. C. com., art. L. 930-1, L. 931-15, L. 950-1, L. 951-7, L. 951-11.
2009	24 juill.	Ordonnance n° 2009-901. Partie législative du code du cinéma et de l'image animée. – Ratifiée par L. n° 2011-525 du 17 mai 2011. – Art. 2. – V. C. com., art. L. 751-1, L. 752-1, L. 752-3-1, L. 752-7, L. 752-22.

2009	23 sept.	Arrêté. Composition du dossier accompagnant la demande de reconnaissance des qualifications professionnelles et organisation des mesures de compensation prévues aux art. R. 321-66 et R. 321-67 C. com. – V. C. com., art. A. 321-27 s.
2009	25 sept.	Décret n° 2009-1150. Informations figurant au registre du commerce et des sociétés. – V. C. com., art. R. 123-101-1, R. 123-152 à R. 123-152-2, R. 741-5.
2009	7 oct.	Décret n° 2009-1193. Livre foncier et son informatisation dans les départements du Bas-Rhin, du Haut-Rhin et de la Moselle : – Art. 69. – V. ss. C. com., art. R. 123-220. – Art. 101. – V. C. com., art. R. 670-6.
2009	8 oct.	Arrêté. Modification de l'art. A. 450-1 C. com. – V. cet art.
2009	19 oct.	Loi n° 2009-1255. Tendant à favoriser l'accès au crédit des petites et moyennes entreprises et à améliorer le fonctionnement des marchés financiers. – Art. 8, 11. – V. C. com., art. L. 232-1, L. 233-7-1.
2009	28 oct.	Arrêté. Procédure de reconnaissance des qualifications professionnelles d'un professionnel ressortissant d'un État membre de la Communauté européenne ou d'un autre État partie à l'accord sur l'Espace économique européen. – V. App., v° *Artisans*, **p. 3337.**
2009	5 nov.	Ordonnance n° 2009-1358. Modification du code du cinéma et de l'image animée. – Ratifiée par L. n° 2011-525 du 17 mai 2011. – Art. 8. – V. C. com., art. L. 751-2, L. 751-6.
2009	11 nov.	Décret n° 2009-1384. Spécialisation des juridictions en matière de pratiques restrictives de concurrence. – V. C. com., art. D. 442-3, D. 914-2, D. 924-2.
2009	1er déc.	Décret n° 2009-1466. Publication du traité de Lisbonne modifiant le traité de l'Union européenne et le traité instituant la Communauté européenne, signé le 13 déc. 2007. – V. Traité de Rome, art. 101, 102, App., v° *Concurrence*, **p. 3687.**
2009	8 déc.	Loi n° 2009-1503. Organisation et régulation des transports ferroviaires et dispositions relatives aux transports : – Art. 27. – V. notes ss. C. com., art. L. 420-2, L. 462-1, R. 463-9. – Art. 34, 40. – V. C. com., art. L. 133-3, L. 133-8, L. 133-9.
2009	14 déc.	Décret n° 2009-1559. Contrôle de légalité de la constitution de la société européenne par voie de fusion. – V. C. com., art. D. 229-13 s.
2009	15 déc.	Décret n° 2009-1568. Indice national du coût de la construction. – V. ce texte ss. C. mon. fin., art. L. 112-2, App., v° *Banque et financement de l'entreprise*, **p. 3340.**
2009	18 déc.	Arrêté. Modification de l'article A. 123-7 du code de commerce. – V. cet art.
2009	23 déc.	Décret n° 2009-1629. Modification du siège et du ressort des tribunaux de commerce. – V. annexe 7-1, ss. C. com., art. D. 721-2 et annexe 7-3, ss. C. com., art. D. 732-1.

2009	28 déc.	Décret n° 2009-1661. Frais de justice en matière commerciale. – Art. 7, 8. – V. C. com., art. R. 626-20 (note), R. 661-1.
2009	30 déc.	Décret n° 2009-1695. Agrément des domiciliaires d'entreprises soumises à l'immatriculation au registre du commerce et des sociétés ou au répertoire des métiers. – V. C. com., art. R. 123-166-1 à R. 123-166-5.
2009	30 déc.	Décret n° 2009-1700. Activités commerciales et artisanales ambulantes. – V. C. com., art. R. 123-208-3.
2009	30 déc.	Décret n° 2009-1774. Chambre d'agriculture, de commerce, d'industrie, de métiers et de l'artisanat de Saint-Pierre-et-Miquelon : – Art. 1er et 5. – V. C. com., art. R. 910-2, R. 917-1 s. – Art. 2 et 3. – V. ce texte, ss. C. com., art. R. 917-10.
2010	6 janv.	Décret n° 2010-9. Application de l'Ord. du 30 janv. 2009 relative à la prévention de l'utilisation du système financier aux fins de blanchiment de capitaux et de financement du terrorisme aux sociétés de ventes volontaires. – V. C. com., art. R. 321-40-1.
2010	21 janv.	Arrêté. Carte permettant l'exercice d'une activité commerciale ou artisanale ambulante. – V. C. com., art. A. 123-80-1 s. et annexe 1-1, ss. C. com., art. A. 123-50.
2010	27 janv.	Loi n° 2010-97. Délais de paiement des fournisseurs dans le secteur du livre. – V. ss. C. com., art. L. 441-11.
2010	1er mars	Décret n° 2010-210. Centres de formalités des entreprises. – V. C. com., art. R. 123-1 s.
2010	1er mars	Arrêté. Application du III de l'art. R. 123-1 C. com. – V. ss. cet art.
2010	19 mars	Arrêté. Régime de déclaration préalable des manifestations commerciales. – V. C. com., art. A. 762-1, Annexes à l'art. A. 762-2, A. 762-3 et ses Annexes, Annexes à l'art. A. 762-4, annexe à l'art. L. 762-9.
2010	14 avr.	Arrêté. Modification des articles A. 123-81 et A. 123-85 C. com. – V. ces art.
2010	20 avr.	Règlement UE n° 330-2010. Application de l'article 101, paragraphe 3, du traité sur le fonctionnement de l'Union européenne à des catégories d'accords verticaux et de pratiques concertées. – V. ce texte, App., v° *Concurrence*, **p. 3703.**
2010	20 avr.	Arrêté. Registre du commerce et des sociétés. – V. C. com., art. A. 123-53.
2010	23 avr.	Arrêté. Modification de la partie Arrêtés du livre IV du code de commerce. – V. C. com., art. A. 450-1, A. 450-4, A. 450-5.
2010	27 avr.	Ordonnance n° 2010-420. Adaptation de dispositions résultant de la fusion de la direction générale des impôts et de la direction générale de la comptabilité publique. – Art. 102. – V. C. com., art. L. 712-8.
2010	6 mai	Ordonnance n° 2010-462. Création d'un livre IX du code rural relatif à la pêche maritime et à l'aquaculture. – Art. 7. – V. C. com., art. R. 713-7.

2010	27 mai	Règlement UE n° 330-2010. Application de l'article 101, paragraphe 3, du traité sur le fonctionnement de l'Union européenne à des catégories d'accords verticaux et de pratiques concertées dans le secteur de l'automobile. – V. App., v° *Concurrence*, **p. 3703.**
2010	10 juin	Ordonnance n° 2010-638. Suppression du régime des conservateurs des hypothèques. – Art. 13. – V. C. com., art. L. 526-1, L. 526-2, L. 526-9 (note).
2010	15 juin	Loi n° 2010-658. Entrepreneur individuel à responsabilité limitée. – Art. 1er, 2, 11. – V. C. com., art. L. 121-2, L. 223-9, L. 526-6 à L. 526-21.
2010	23 juin	Décret n° 2010-684. Droits des actionnaires de sociétés cotées. – V. C. com., art. R. 225-69, R. 225-73, R. 225-79, R. 228-33.
2010	28 juin	Décret n° 2010-720. Exercice du monopole de la vente au détail des tabacs manufacturés. – Art. 4. – V. ss. C. com., art. L. 144-1.
2010	1er juill.	Loi n° 2010-737. Réforme du crédit à la consommation. – Art. 52. – V. C. com., art. L. 670-6.
2010	12 juill.	Loi n° 2010-788. Engagement national pour l'environnement. – Art. 226, 227. – V. C. com., art. L. 225-2 (note), L. 233-5-1.
2010	14 juill.	Décret n° 2010-821. Conseil national des tribunaux de commerce. – V. C. com., art. R. 721-8, R. 721-15.
2010	23 juill.	Loi n° 2010-853. Réseaux consulaires, commerce, artisanat et services. – Art. 1er à 7, 20, 30, 35, 41, 42. – V. C. com., art. L. 146-1, L. 430-2, L. 462-1, L. 710-1, L. 711-1 à L. 711-16, L. 712-1 à L. 712-3, L. 712-5 à L. 712-7, L. 712-10 à L. 712-12, L. 713-1 à L. 713-5, L. 713-11, L. 713-12, L. 713-14 à L. 713-18, L. 761-1, L. 761-4 à L. 761-8.
2010	27 juill.	Loi n° 2010-874. Modernisation de l'agriculture et de la pêche. – Art. 13, 14, 17, 40. – V. C. com., art. L. 310-2, L. 526-6, L. 526-7, L. 924-3, L. 954-3.
2010	3 août	Décret n° 2010-924. Composition et régime électoral des chambres de commerce et d'industrie. – Art. 3 à 63. – V. C. com., art. R. 711-3, R. 711-12, R. 711-18, R. 711-19, R. 711-21, R. 711-47 à L. 711-51, R. 711-54, R. 711-59, R. 711-68, R. 713-1 à R. 713-6, R. 713-8 à R. 713-10, R. 713-12 à R. 713-14, R. 713-16 à R. 713-18, R. 713-24, R. 713-27 à R. 713-29, R. 713-68 à L. 713-70.
2010	13 août	Arrêté. Opérations électorales pour l'élection des membres des chambres de commerce et d'industrie territoriales et de région et pour l'élection des délégués consulaires. – V. C. com., art. A. 713-1 à A. 713-10, A. 713-27 à A. 713-29.
2010	26 août	Décret n° 2010-962. Modification de l'annexe 7-2 du livre VII du code de commerce fixant le nombre des juges et le nombre des chambres des tribunaux de commerce. – V. l'annexe préc. , ss. C. com., art. D. 721-3.
2010	30 août	Décret n° 2010-1010. Désignation des autorités administratives compétentes pour transiger ou saisir la juridiction civile ou administrative

		en matière de consommation et de concurrence et représenter le ministre chargé de l'économie pour l'application de l'art. L. 490-8 C. com. – Art. 4, 5. – V. C. com., art. R. 490-2 à R. 490-4, R. 490-8, R. 490-10.
2010	31 août	Décret n° 2010-1026. Taxe sur les surfaces commerciales. – V. C. com., art. R. 752-10.
2010	1er sept.	Décret n° 2010-1042. Inscription au registre du commerce et des sociétés et au répertoire national mentionné à l'art. R. 123-220 C. com. – V. C. com., art. R. 123-97, R. 123-220, R. 123-227.
2010	24 sept.	Arrêté. Suppléance des représentants du ministre chargé de l'économie désignés en application de l'art. L. 490-8 C. com. – V. ss. C. com., art. R. 490-2.
2010	30 sept.	Loi n° 2010-1149. Équipement numérique des établissements de spectacles cinématographiques. – Art. 5. – V. C. com., art. L. 145-36.
2010	5 oct.	Décret n° 2010-1175. Chambre de commerce et d'industrie de région de Corse et dispositions transitoires pour le scrutin organisé en 2010 en vue de l'élection des membres des chambres de commerce et d'industrie territoriales et de région. – V. C. com., art. R. 711-47, R. 711-53.
2010	11 oct.	Décret n° 2010-1203. Date des soldes d'été. – V. C. com., art. D. 310-15-2.
2010	11 oct.	Arrêté. Opérations électorales pour l'élection des membres des chambres de commerce et d'industrie territoriales et de région et pour l'élection des délégués consulaires. – V. C. com., art. A. 713-7.
2010	22 oct.	Loi n° 2010-1249. Régulation bancaire et financière. – Art. 48, 50, 55, 58. – V. C. com., art. L. 233-7, L. 233-8, L. 233-10, L. 626-5, L. 626-18, L. 626-21.
2010	25 oct.	Décret n° 2010-1270. Haut Conseil du commissariat aux comptes. – V. C. com., art. R. 822-25, R. 822-26.
2010	28 oct.	Ordonnance n° 2010-1307. Partie législative du code des transports. – Ratifiée par L. n° 2012-375 du 19 mars 2012. – Art. 4. – V. C. com., art. L. 133-5.
2010	2 nov.	Décret n° 2010-1310. Registre spécial des agents commerciaux. – V. C. com., art. R. 134-6, R. 134-7 (anc.), R. 134-15.
2010	1er déc.	Décret n° 2010-1463. Mise en œuvre de la réforme du réseau des chambres de commerce et d'industrie. – V. C. com., art. R. 711-2, R. 711-4, D. 711-5, R. 711-7, R. 711-8, D. 711-10 à R. 711-11-1, R. 711-13 à R. 711-15, R. 711-19, R. 711-22, R. 711-23, R. 711-25 à R. 711-27, R. 711-31 à D. 711-34-3, R. 711-37 à R. 711-39, D. 711-41 à R. 711-50, R. 711-52, R. 711-55, R. 711-55-1, D. 711-56-1, R. 711-56-4, R. 711-58 à R. 711-60, R. 711-63, R. 711-64, D. 711-67-1, D. 711-67-4, D. 711-67-7, D. 711-67-8, R. 711-68 à D. 711-71-1, R. 712-1-1 à R. 712-3, R. 712-4-1, R. 712-5, R. 712-7 à

		R. 712-11-1, R. 712-13, R. 712-14 à R. 712-15-1, R. 712-16, R. 712-18 à R. 712-19, R. 712-20-1 à R. 712-24, R. 712-26, R. 712-36, R. 713-6, R. 713-8, R. 713-9, R. 713-12, R. 713-71.
2010	7 déc.	Loi n° 2010-1487. Département de Mayotte. – Art. 18. – V. C. com., art. L. 920-1.
2010	9 déc.	Ordonnance n° 2010-1511. Transposition de la directive 2007/36/CE du 11 juill. 2007 concernant l'exercice de certains droits des actionnaires de sociétés cotées. – V. C. com., art. L. 225-105, L. 225-106, L. 225-108.
2010	9 déc.	Ordonnance n° 2010-1512. Adaptation du droit des entreprises en difficulté et des procédures de traitement des situations de surendettement à l'entrepreneur individuel à responsabilité limitée. – Ratifiée par L. n° 2012-387 du 22 mars 2012. – Art. 1er à 8. – V. C. com., art. L. 611-1, L. 611-2, L. 611-4, L. 611-10-2, L. 611-13, L. 620-2, L. 621-1, L. 621-2, L. 621-4, L. 622-6, L. 622-14, L. 624-19, L. 631-2, L. 640-2, L. 641-4, L. 641-9, L. 641-12, L. 642-3, L. 642-5, L. 643-11, L. 651-2, L. 651-4, L. 653-3, L. 653-6, L. 654-9, L. 654-14, L. 661-1, L. 680-1 à L. 680-7.
2010	21 déc.	Arrêté. Reconnaissance du caractère international des manifestations commerciales. – V. Arr. 24 avr. 2009, art. 3, ss. C. com., art. A. 762-1.
2010	22 déc.	Loi n° 2010-1609. Exécution des décisions de justice, conditions d'exercice de certaines professions réglementées et experts judiciaires. – Art. 9, 30, 31. – V. C. com., art. L. 721-7, L. 743-12, L. 743-12-1, L. 743-15.
2010	23 déc.	Décret n° 2010-1619. Droits des actionnaires de sociétés cotées. – V. C. com., art. R. 225-71 à R. 225-73, R. 225-81.
2010	29 déc.	Décret n° 2010-1669. Intervention d'un commissaire aux apports dans les sociétés à responsabilité limitée. – V. C. com., art. D. 223-6-1.
2010	29 déc.	Décret n° 2010-1706. Entrepreneur individuel à responsabilité limitée. – Art. 2 à 17. – V. C. com., art. R. 123-3, R. 123-24, R. 123-30 (annexe 1-1), R. 123-37, R. 123-42, R. 123-45, R. 123-46, R. 123-52, R. 123-77, R. 123-83, R. 123-121-2 à R. 123-121-4, R. 123-126-1, R. 123-237, R. 123-237-1, R. 134-5 à R. 134-7, R. 134-12, R. 134-13, R. 526-3 à R. 526-24.
2010	29 déc.	Arrêté. Entrepreneur individuel à responsabilité limitée. – Art. 2 et 3. – V. C. com., art. A. 123-41, A. 526-1 à A. 526-4.
2010	*31 déc.*	Décret n° 2010-1774. Modification du siège et du ressort des tribunaux de commerce. – V. annexe 7-1 🏛, ss. C. com., art. D. 721-2.
2010	31 déc.	Décret n° 2010-1775. Modification du ressort des tribunaux de commerce de Salon-de-Provence et d'Aix-en-Provence. – V. annexe 7-1 🏛, ss. C. com., art. D. 721-2.
2011	13 janv.	Décret n° 2011-55. Dispense de l'obligation d'établir un rapport de gestion des sociétés à responsabilité limitée et des sociétés par actions simplifiées dont l'associé unique, personne physique, assume personnellement la gérance ou la présidence. – V. C. com., art. R. 232-1-1.

2011	25 janv.	Loi n° 2011-94. Réforme de la représentation devant les cours d'appel. – Art. 21. – V. C. com., art. L. 742-1 (note), R. 321-21 (note), R. 742-3 (note).
2011	27 janv.	Loi n° 2011-103. Représentation équilibrée des femmes et des hommes au sein des conseils d'administration et de surveillance et égalité professionnelle. – Art. 1er, 2, 4, 8. – V. C. com., art. L. 225-1 (note), L. 225-17, L. 225-18-1, L. 225-20, L. 225-24, L. 225-27, L. 225-28, L. 225-37-1, L. 225-45, L. 225-69, L. 225-69-1, L. 225-76, L. 225-78, L. 225-79, L. 225-82-1, L. 225-83, L. 226-1 (note), L. 226-4, L. 226-4-1, L. 226-9-1.
2011	16 févr.	Directive 2011/7/UE. Lutte contre le retard de paiement dans les transactions commerciales. – V. ss. C. com., art. L. 441-11.
2011	3 mars	Décret n° 2011-236. Application des art. 57 et 58 de la loi n° 2010-1249 du 22 oct. 2010 (*régulation bancaire et financière*). – V. C. com., art. R. 611-38-1, R. 621-1, R. 626-7, R. 626-8, R. 626-33, R. 628-1 à R. 628-14, R. 631-1.
2011	18 mars	Décret n° 2011-286. Marchés d'intérêt national. – V. C. com., art. R. 761-10 à R. 761-12-7.
2011	18 mars	Arrêté. Marchés d'intérêt national. – V. C. com., art. A. 761-9 à A. 761-14.
2011	18 mars	Arrêté. Composition de la commission paritaire nationale des chambres de commerce et d'industrie. – V. C. com., art. A. 711-1.
2011	24 mars	Ordonnance n° 2011-322. Extension et adaptation en Nouvelle-Calédonie, dans les îles Wallis-et-Futuna, à Mayotte, à Saint-Pierre-et-Miquelon, à Saint-Barthélemy et à Saint-Martin de la législation relative à l'entrepreneur individuel à responsabilité limitée. – Ratifiée par L. n° 2011-884 du 27 juill. 2011. – V. C. com., art. L. 526-9 (note), L. 526-11 (note), L. 915-6, L. 920-2, L. 925-7, L. 930-2, L. 935-10, L. 950-2, L. 955-8, L. 960-1.
2011	28 mars	Loi n° 2011-331. Modernisation des professions judiciaires ou juridiques et certaines professions réglementées. – Art. 20, 23, 27, 34 à 36. – V. C. com., art. L. 732-3, L. 741-2, L. 744-1, L. 744-2, L. 811-14, L. 811-11, L. 813-1, L. 814-2, L. 814-12, L. 814-13, L. 958-1.
2011	29 mars	Ordonnance n° 2011-337. Organisation judiciaire dans le département de Mayotte. – V. C. com., art. L. 420-7, L. 430-2, L. 920-2, L. 924-3, L. 924-5.
2011	29 mars	Décret n° 2011-338. Organisation judiciaire dans le département de Mayotte. – V. C. com., art. D. 732-1 (annexe 7-3), D. 732-2 (annexe 7-4), R. 914-1 (annexes 9-4 et 9-5), D. 914-2 (annexes 9-6 et 9-7), R. 916-1 (annexes 9-2 et 9-3), R. 920-1, R. 920-2, R. 924-1, D. 924-2, R. 926-1.
2011	22 avr.	Décret n° 2011-451. Application de la loi du 25 janv. 2011 portant réforme de la représentation devant les cours d'appel. – Art. 1er, 3 et 4. – V. C. com., art. L. 742-1 (note), R. 321-21 (et note), R. 742-3 (note).

2011	17 mai	Loi n° 2011-525. Simplification et amélioration de la qualité du droit. – Art. 47, 48, 55, 58 à 64, 94, 135, 159, 177 et 178. – V. C. com., art. L. 123-16 anc., L. 123-16-1 anc., L. 123-17, L. 123-25, L. 145-34, L. 145-38, L. 225-39, L. 225-87, L. 225-115, L. 225-129-6, L. 225-135, L. 227-11, L. 232-6, L. 234-1, L. 234-2, L. 236-9, L. 236-11, L. 236-11-1, L. 236-17, L. 242-30, L. 244-1, L. 463-1, L. 522-2, L. 522-8, L. 522-11, L. 522-19, L. 522-39, L. 526-6, L. 612-3, L. 670-1, L. 670-4, L. 751-6, L. 761-8, L. 820-4, L. 820-7.
2011	25 mai	Décret n° 2011-579. Redevance pour les prestations fournies par le greffe du tribunal mixte de commerce de Nouméa. – V. C. com., art. R. 937-10.
2011	26 mai	Loi n° 2011-590. Prix du livre numérique. – V. ce texte, App., v° *Concurrence*, **p. 3683.**
2011	20 juin	Arrêté. Composition de la commission paritaire nationale des CCI. – V. C. com., art. A. 711-1.
2011	21 juin	Arrêté. Homologation de la norme d'exercice professionnel relative à l'audit des comptes réalisé par plusieurs commissaires aux comptes. – V. C. com., art. A. 823-3.
2011	21 juin	Arrêté. Homologation de la norme d'exercice professionnel relative à la connaissance de l'entité et de son environnement et à l'évaluation du risque d'anomalies significatives dans les comptes. – V. C. com., art. A. 823-7.
2011	21 juin	Arrêté. Homologation de la norme d'exercice professionnel relative aux déclarations de la direction. – V. C. com., art. A. 823-14.
2011	21 juin	Arrêté. Homologation de la norme d'exercice professionnel relative aux événements postérieurs à la clôture de l'exercice. – V. C. com., art. A. 823-19.
2011	21 juin	Arrêté. Homologation de la norme d'exercice professionnel relative à la communication des faiblesses du contrôle interne. – V. C. com., art. A. 823-5-2.
2011	21 juin	Arrêté. Homologation de la norme d'exercice professionnel relative à la prise en considération de la possibilité de fraudes lors de l'audit des comptes. – V. C. com., art. A. 823-15.
2011	21 juin	Arrêté. Homologation de la norme d'exercice professionnel relative aux relations et transactions avec les parties liées. – V. C. com., art. A. 823-18-1.
2011	21 juin	Arrêté. Homologation de la norme d'exercice professionnel relative à la prise en compte du risque d'anomalies significatives dans les comptes résultant du non-respect des textes légaux et réglementaires. – V. C. com., art. A. 823-16.
2011	4 juill.	Arrêté. Composition du dossier accompagnant la demande de reconnaissance des qualifications professionnelles prévues à l'art. R. 321-66 C. com. – V. C. com., art. A. 321-27.

2011	5 juill.	Loi n° 2011-803. Droits et protection des personnes faisant l'objet de soins psychiatriques et modalités de leur prise en charge. – V. C. com., art. L. 144-5.
2011	8 juill.	Ordonnance n° 2011-821. Adaptation à Saint-Pierre-et-Miquelon et à Mayotte de la loi n° 2010-853 du 23 juill. 2010 relative aux réseaux consulaires, au commerce, à l'artisanat et aux services. – Ratifiée par L. n° 2012-1270 du 20 nov. 2012. – V. C. com., art. L. 910-1, L. 917-2 à L. 917-4, L. 920-2, L. 927-1 à L. 927-3.
2011	20 juill.	Loi n° 2011-850. Libéralisation des ventes volontaires de meubles aux enchères publiques. – V. C. com., art. L. 131-2, L. 131-11 à L. 131-35, L. 320-1, L. 320-2, L. 321-1 à L. 321-22, L. 321-27 à L. 321-38, L. 322-2 à L. 322-10, L. 322-12, L. 322-13, L. 322-15, L. 521-3, L. 524-10, L. 524-11, L. 525-14, L. 622-6-1, L. 913-1, L. 920-1-1, L. 923-2, L. 953-3.
2011	29 juill.	Loi n° 2011-900. De finances rectificative pour 2011. – Art. 63. – V. C. com., art. L. 823-16-1.
2011	1er août	Ordonnance n° 2011-915. Organismes de placement collectif en valeurs mobilières et modernisation du cadre juridique de la gestion d'actifs. – Art. 26. – V. C. com., art. L. 225-138-1, L. 239-1.
2011	28 sept.	Décret n° 2011-1202. Droit affecté au fonds d'indemnisation de la profession d'avoué près les cours d'appel et contribution pour l'aide juridique. – Art. 9. – V. C. com., art. R. 663-1-1.
2011	28 sept.	Arrêté. Entrepreneur individuel à responsabilité limitée. – V. C. com., art. A. 526-3 à A. 526-5.
2011	3 oct.	Décret n° 2011-1230. Formation professionnelle continue de certaines professions judiciaires ou juridiques réglementées. – Art. 3. – V. C. com., art. R. 742-39, R. 742-40.
2011	11 oct.	Décret n° 2011-1270. Greffiers des tribunaux de commerce salariés. – V. C. com., art. R. 741-13, R. 743-61, R. 743-139-1 à R. 743-139-20.
2011	oct.	Communication CE. Bonnes pratiques relatives aux procédures d'application des art. 101 et 102 TFUE. – V. ce texte, App., v° *Concurrence*, **p. 3687.**
2011	9 nov.	Décret n° 2011-1473. Formalités de communication en matière de droit des sociétés. – V. C. com., art. R. 225-63, R. 225-77, R. 225-79, R. 225-81, R. 225-89, R. 225-92, R. 225-95, R. 236-1 à R. 236-3-1, R. 236-5, R. 236-8.
2011	15 nov.	Décret n° 2011-1541. Application à la profession de greffier de tribunal de commerce de la loi du 31 déc. 1990 relative à l'exercice sous forme de sociétés des professions libérales soumises à un statut législatif ou réglementaire ou dont le titre est protégé. – V. C. com., art. R. 743-120, R. 743-139-21, R. 743-139-23 à R. 743-139-31.
2011	16 nov.	Arrêté. Approbation du règlement national du Conseil national des greffiers des tribunaux de commerce. – V. C. com., art. L. 741-2 (note).

2011	29 nov.	Décret n° 2011-1660. Application des 1°, 2° et 4° de l'art. 20 de la loi n° 2011-331 du 28 mars 2011 *(modernisation des professions judiciaires ou juridiques et certaines professions réglementées)*. – V. C. com., art. L. 811-2 (note), L. 812-2 (note), R. 811-33, R. 811-36, R. 811-37, R. 811-57, R. 812-20, R. 814-2-1.
2011	5 déc.	Décret n° 2011-1772. Magasins généraux. – V. C. com., art. R. 522-4 à R. 522-7, R. 522-11, R. 920-1.
2011	7 déc.	Décret n° 2011-1836. Radiations d'office du RCS en matière de plans de sauvegarde et de redressement. – Art. 1er, 2. – V. C. com., art. R. 123-135, R. 123-135-1.
2011	13 déc.	Loi n° 2011-1862. Répartition des contentieux et allègement de certaines procédures juridictionnelles. – Art. 4, 30-II, 55. – V. C. com., art. L. 310-6-1, L. 670-1-1, L. 721-3-1, L. 722-3-1.
2011	14 déc.	Décret n° 2011-1877. Organisation judiciaire en Guyane. – Art. 6. – V. C. com., art. R. 420-3 (annexe 4-2), R. 420-4 (annexe 4-1).
2011	14 déc.	Décret n° 2011-1878. Création de la cour d'appel de Cayenne. – Art. 4. – V. C. com., art. D. 442-3 (annexe 4-2-1), D. 442-4 (annexe 4-2-2), D. 732-1 (annexe 7-3), D. 732-2 (annexe 7-4).
2011	14 déc.	Décret n° 2011-1892. Application à la profession de commissaire aux comptes de l'art. 31-1 de la L. n° 90-1258 du 31 déc. 1990 *(exercice sous forme de sociétés des professions libérales soumises à un statut législatif ou réglementaire ou dont le titre est protégé et sociétés de participations financières de professions libérales)*. – V. C. com., art. R. 822-111, R. 822-113 à R. 822-124.
2011	14 déc.	Arrêté. Conditions de tenue, de mise à jour et de publicité de la liste des sociétés de participations financières de profession libérale de commissaires aux comptes. – V. C. com., art. A. 822-34.
2011	19 déc.	Ordonnance n° 2011-1895. Partie législative du code des procédures civiles d'exécution. – Art. 2 et 3. – V. C. com., art. L. 322-1, L. 524-12, L. 721-7, L. 741-2, L. 933-5, L. 943-5, L. 953-2.
2011	20 déc.	Décret n° 2011-1908. Application du 3° de l'art. 20 de la L. n° 2011-331 du 28 mars 2011 *(modernisation des professions judiciaires ou juridiques et certaines professions réglementées)*. – V. C. com., art. D. 811-40-1, D. 814-3-1.
2011	30 déc.	Décret n° 2011-2058. Contenu de l'annexe environnementale mentionnée à l'art. L. 125-9 du code de l'environnement. – V. C. com., art. D. 145-34.
2012	5 janv.	Ordonnance n° 2012-11. Clarification et simplification des procédures d'élaboration, de modification et de révision des documents d'urbanisme. – Ratifiée par L. n° 2014-366 du 24 mars 2014. – Art. 7. – V. C. com., art. L. 752-1, L. 752-4.
2012	17 janv.	Décret n° 2012-52. Organisation de la commission d'examen des pratiques commerciales. – V. C. com., art. D. 440-2.

2012	30 janv.	Décret n° 2012-120. Application de la L. n° 2011-850 du 20 juill. 2011 de libéralisation des ventes volontaires de meubles aux enchères publiques. – V. C. com., art. R. 131-1 à R. 131-40, R. 321-1 à R. 321-4, R. 321-12 à R. 321-17, R. 321-33, R. 321-35, R. 321-38, R. 321-39, R. 321-41 à R. 321-45, R. 321-49-1, R. 321-56, R. 321-58, R. 321-61, R. 321-65, R. 321-68 à R. 321-73.
2012	30 janv.	Décret n° 2012-122. Entrepreneur individuel à responsabilité limitée. – Art. 1er-I à 4. – V. C. com., art. R. 123-48, R. 526-3, R. 526-3-1, R. 526-10-2.
2012	6 févr.	Arrêté. Conditions de tenue, de mise à jour et de publicité de la liste des sociétés de participations financières de profession libérale de greffiers des tribunaux de commerce. – V. C. com., art. A. 743-7.
2012	12 mars	Loi n° 2012-346. Mesures conservatoires en matière de procédures de sauvegarde, de redressement judiciaire ou de liquidation judiciaire et biens qui en font l'objet. – V. C. com., art. L. 621-2, L. 631-10-1, L. 631-10-2, L. 651-4, L. 663-1-1.
2012	14 mars	Loi n° 2012-354. De finances rectificative pour 2012. – Art. 6. – V. C. com., art. L. 225-209, L. 225-209-2, L. 225-211, L. 225-213, L. 225-214.
2012	14 mars	Arrêté. Courtiers de marchandises assermentés. – V. C. com., art. A. 131-1.
2012	19 mars	Arrêté. Ventes volontaires de meubles aux enchères publiques. – V. C. com., art. A. 321-1 à A. 321-37.
2012	22 mars	Loi n° 2012-387. Simplification du droit et allègement des démarches administratives. – Art. 1er à 12, 14 à 25, 30, 58, 71, 119, 120. – V. C. com., art. L. 123-3 à L. 123-5, L. 124-1, L. 124-15, L. 128-1 à L. 128-5, L. 131-11, L. 141-1, L. 143-21, L. 145-2, L. 145-8, L. 145-9, L. 145-10, L. 145-12, L. 145-16, L. 145-34, L. 223-26, L. 223-27, L. 223-32, L. 223-33, L. 225-8, L. 225-8-1, L. 225-11-1, L. 225-16-1, L. 225-18, L. 225-21-1, L. 225-44, L. 225-75, L. 225-100, L. 225-103, L. 225-109, L. 225-114, L. 225-121, L. 225-147, L. 225-147-1, L. 225-149-3, L. 225-150, L. 225-197-1, L. 225-204, L. 225-209-1, L. 225-211, L. 225-213, L. 228-9, L. 228-35-9, L. 232-21 à L. 232-24, L. 233-7 à L. 233-9, L. 233-14, L. 233-17-1, L. 236-6-1, L. 237-3, L. 237-23, L. 237-25, L. 237-30, L. 238-2, L. 238-3, L. 241-1, L. 241-5, L. 241-6, L. 242-1, L. 242-3, L. 242-4, L. 242-10, L. 242-15, L. 242-17, L. 242-23, L. 242-24, L. 242-29 à L. 242-31, L. 244-1, L. 245-3 à L. 245-5, L. 247-4, L. 247-6, L. 247-7, L. 247-10, L. 251-17, L. 251-23, L. 252-11, L. 252-12, L. 823-8-1, L. 931-3.
2012	23 mars	Décret n° 2012-403. Sociétés civiles professionnelles et sociétés de participations financières des professions judiciaires et juridiques réglementées. – Art. 1er. – V. C. com., art. R. 743-84, R. 743-111.
2012	28 mars	Décret n° 2012-423. Professions de commissaire-priseur judiciaire, huissier de justice et greffier de tribunal de commerce. – Art. 7. – V. C. com., art. R. 742-2.

2012	30 mars	Décret n° 2012-439. Greffe des tribunaux mixtes de commerce. – V. C. com., art. R. 732-6 à R. 732-8, R. 741-10, R. 743-158, R. 743-173.
2012	19 avr.	Décret n° 2012-517. Annexe environnementale mentionnée à l'art. L. 125-9 C. envir. – V. C. com., art. D. 145-34.
2012	20 avr.	Décret n° 2012-536. Application aux professions de greffier de tribunal de commerce, d'administrateur judiciaire et de mandataire judiciaire de la loi n° 90-1258 du 31 déc. 1990 *(exercice sous forme de sociétés des professions libérales soumises à un statut législatif ou réglementaire ou dont le titre est protégé et aux sociétés de participations financières de professions libérales)*. – V. C. com., art. R. 814-145, R. 814-146, R. 814-158 à R. 814-169, R. 950-1, R. 958-1.
2012	20 avr.	Arrêté. Conditions de tenue et de mise à jour de la liste des sociétés de participations financières de professions libérales d'administrateurs judiciaires ou de mandataires judiciaires. – V. C. com., art. A. 814-7.
2012	26 avr.	Ordonnance n° 2012-578. Application à Mayotte du code de commerce. – Ratifiée par L. n° 2012-1270 du 20 nov. 2012. – V. C. com., art. L. 920-1, L. 920-3, L. 921-1, L. 921-3, L. 921-5, L. 921-7, L. 921-9, L. 921-12, L. 921-14, L. 922-2, L. 922-3, L. 922-5, L. 922-6, L. 922-9, L. 922-10, L. 923-1, L. 924-1, L. 924-2, L. 924-6, L. 925-2, L. 925-3, L. 925-5, L. 925-6, L. 927-1.
2012	30 avr.	Décret n° 2012-607. Procédures de contrôle, d'inscription, de discipline et de contestation d'honoraires applicables à la profession de commissaire aux comptes et extension à la Nouvelle-Calédonie et aux îles Wallis-et-Futuna de certaines dispositions du titre II du livre VIII du code de commerce relatif à cette profession. – V. C. com., art. R. 123-54, R. 822-41, R. 822-46, R. 823-19, R. 930-1, R. 950-1.
2012	3 mai	Décret n° 2012-634. Fusion des professions d'avocat et avoué près les cours d'appel. – Art. 21. – V. C. com., art. R. 123-141, R. 123-148, R. 321-53, R. 442-1, R. 464-25, R. 490-1, R. 527-16, R. 611-26, R. 611-42, R. 742-33, R. 742-35, A. 123-50 (annexe 1-1).
2012	9 mai	Décret n° 2012-721. Diverses dispositions relatives à la participation des employeurs à l'effort de construction pris en application de l'art. L. 313-36 CCH. – Art. 6-1°. – V. C. com., art. R. 612-1.
2012	30 mai	Décret n° 2012-783. Partie réglementaire du code des procédures civiles d'exécution. – Art. 5-I. – V. C. com., art. R. 642-27, R. 642-29-1, R. 642-29-2.
2012	29 juin	Décret n° 2012-831. Modification de l'annexe 7-2 du livre VII du code de commerce fixant le nombre des juges et le nombre des chambres des tribunaux de commerce. – V. annexe 7-2 🏛, ss. C. com., art. D. 721-3.
2012	29 juin	Décret n° 2012-839. Désignation des autorités administratives compétentes pour transiger ou saisir la juridiction civile ou administrative en matière de consommation et de concurrence et représenter le ministre chargé de l'économie pour l'application de l'art. L. 490-8 C. com. dans les départements et régions d'outre-mer, le département de Mayotte et à Saint-Pierre-et-Miquelon. – Art. 4 à 6. – V. C. com., art. R. 490-2, R. 490-8, R. 914-3.

2012	29 juin	Décret n° 2012-840. Recours exercés devant la cour d'appel de Paris contre les décisions de l'Autorité de la concurrence. – V. C. com., art. R. 464-11, R. 464-19, R. 464-21, R. 464-28.
2012	19 juill.	Arrêté. Homologation de la norme d'exercice professionnel relative à l'application de la notion de caractère significatif lors de la planification et de la réalisation d'un audit. – V. C. com., art. A. 823-6.
2012	31 juill.	Décret n° 2012-928. Registre du commerce et des sociétés. – Art. 2 à 19. – V. C. com., art. R. 123-38, R. 123-53, R. 123-80, R. 123-84, R. 123-98, R. 123-102 à R. 123-105, R. 123-110 à R. 123-113, R. 123-118, R. 123-130, R. 123-138, R. 123-168, R. 921-3, R. 931-3, R. 951-3.
2012	31 juill.	Arrêté. Registre du commerce et des sociétés. – Art. 2 à 13. – V. C. com., art. A. 123-27, A. 123-28, A. 123-30 à A. 123-34, A. 123-40, A. 123-44, A. 123-46, A. 123-48, A. 123-50 (annexe 1-1), A. 123-57, A. 123-58, A. 123-60.
2012	3 août	Arrêté. Approbation de la convention du 23 sept. 2012 conclue entre la direction générale des finances publiques et le Conseil national des greffiers des tribunaux de commerce aux fins de transfert de compétence des centres de formalités des entreprises mis en place par la direction générale des finances publiques. – V. ss. C. com., art. R. 123-3.
2012	13 sept.	Décret n° 2012-1047. Suppression des tribunaux de commerce de Lille et de Roubaix-Tourcoing et création du tribunal de commerce de Lille Métropole : – Art. 2. – V. annexe 7-1, ss. C. com., art. D. 721-2. – Art. 3. – V. annexe 6-1, ss. C. com., art. R. 600-3.
2012	13 sept.	Décret n° 2012-1048. Nombre des juges et des chambres du tribunal de commerce de Lille Métropole. – V. annexe 7-2, ss. C. com., art. D. 721-3.
2012	27 sept.	Décret n° 2012-1087. Nombre des juges du tribunal de commerce de Gap. – V. annexe 7-2, ss. C. com., art. D. 721-3.
2012	24 oct.	Arrêté. Accréditation des organismes de contrôle des caractéristiques chiffrées des manifestations commerciales. – V. C. com., art. A. 762-2 et ses annexes, A. 762-3 et ses annexes, A. 762-4 et ses annexes, A. 762-9 et son annexe, A. 762-12, A. 762-15.
2012	25 oct.	Décret n° 2012-1190. Application de la loi n° 2012-346 du 12 mars 2012 *(mesures conservatoires en matière de sauvegarde, de redressement judiciaire ou de liquidation judiciaire)*. – V. C. com., art. R. 621-8-2, R. 631-7-1, R. 631-14-1, R. 641-1, R. 651-5, R. 661-1, R. 662-1-1, R. 662-1-2, R. 662-17, R. 663-45.
2012	31 oct.	Arrêté. Seuils mentionnés aux art. R. 712-7 et R. 712-30 C. com. – V. C. com., art. A. 712-7 à A. 712-17.
2012	7 nov.	Décret n° 2012-1247. Adaptation de divers textes aux nouvelles règles de la gestion budgétaire et comptable publique. – Art. 25. – V. C. com., art. R. 711-55-2.

2012	8 nov.	Décret n° 2012-1242. Transposition de la directive 2010/73/UE du 24 nov. 2010 modifiant la directive 2003/71/CE concernant le prospectus à publier en cas d'offre au public de valeurs mobilières ou en vue de l'admission de valeurs mobilières à la négociation et la directive 2004/109/CE sur l'harmonisation des obligations de transparence concernant l'information sur les émetteurs dont les valeurs mobilières sont admises à la négociation sur un marché réglementé. – V. C. com., art. R. 228-72.
2012	20 nov.	Loi n° 2012-1270. Régulation économique outre-mer : – Art. 1er, 5 à 13, 15, 19, 20, 23, 31. – V. C. com., art. L. 123-6, L. 410-3 à L. 410-5, L. 420-2-1, L. 420-3, L. 420-4, L. 430-2, L. 450-5, L. 462-1, L. 462-3, L. 462-5, L. 462-6, L. 462-7, L. 464-2, L. 464-8, L. 464-9, L. 752-6-1, L. 752-26, L. 752-27, L. 910-1 A à L. 910-1 J, L. 954-1 (note). – Art. 4. – V. App., v° *Commerce (organisation)*, **p. 3606.** – Art. 22. – V. ss. C. com., art. L. 410-3. – Art. 24. – V. ss. C. com., art. L. 441-3.
2012	20 déc.	Arrêté. Homologation de la norme d'exercice professionnel relative à la certification des comptes des organismes nationaux de sécurité sociale. – V. C. com., art. A. 823-27-2.
2012	24 déc.	Décret n° 2012-1444. Modification des annexes relatives aux tribunaux de commerce figurant aux livres IV et VII de la partie réglementaire du code de commerce : – Art. 1er. – V. annexe 4-2-1, ss. C. com., art. D. 442-3. – Art. 2. – V. annexe 7-1, ss. C. com., art. D. 721-2.
2012	24 déc.	Décret n° 2012-1451. Expertise et instruction des affaires devant les juridictions judiciaires. – Art. 13. – V. C. com., art. R. 661-6.
2012	26 déc.	Décret n° 2012-1459. Accords annuels de modération de prix de produits de grande consommation. – V. ss. C. com., art. L. 410-5.
2012	26 déc.	Décret n° 2012-1462. Application de l'ordonnance n° 2010-638 du 10 juin 2010 *(suppression du régime des conservateurs des hypothèques et adaptation de la publicité foncière)*. – Art. 35. – V. C. com., art. R. 642-23, R. 642-24, R. 643-3, R. 643-4, R. 643-9, R. 670-5.
2012	28 déc.	Décret n° 2012-1547. Insertion des annonces légales portant sur les sociétés et fonds de commerce dans une base de données numérique centrale. – Art. 1er. – V. ss. C. com., art. R. 123-209 (note).
2013	28 janv.	Loi n° 2013-100. Adaptation de la législation au droit de l'Union européenne en matière économique et financière. – Art. 22. – V. C. com., art. L. 110-1, L. 622-6, L. 623-2, L. 651-4.
2013	7 févr.	Arrêté. Abrogation de l'article A. 711-2 C. com. – V. C. com., art. A. 711-2.
2013	5 mars	Décret n° 2013-192. Formation des commissaires aux comptes. – V. C. com., art. R. 822-2 à D. 822-7-1, R. 822-22, R. 822-23, R. 930-1.
2013	5 mars	Arrêté. Modalités d'accès à la profession de commissaire aux comptes. – V. C. com., art. A. 822-1 à A. 822-2-1, A. 822-4, A. 822-5, A. 822-8, A. 822-8-1, A. 822-10 à A. 822-12, A. 822-14, A. 822-19 à A. 822-21.

2013	5 mars	Arrêté. Programme du certificat d'aptitude aux fonctions de commissaire aux comptes et du certificat préparatoire aux fonctions de commissaire aux comptes : – V. annexe 8-7, ss. C. com., art. A. 822-6. – V. annexe 8-9, ss. C. com., art. A. 822-1.
2013	3 mai	Décret n° 2013-381. Réseau des chambres de commerce et d'industrie. – V. C. com., art. R. 711-13, R. 711-28, R. 711-46, R. 711-48, R. 711-59, R. 711-61, R. 711-64, R. 711-65, R. 711-68, R. 712-7, R. 712-11, R. 712-12, R. 712-15, R. 712-16, R. 712-19, R. 712-22, R. 712-22-1, R. 712-23, R. 712-24, R. 712-26, R. 712-29, R. 712-31, R. 712-36.
2013	13 mai	Arrêté. Modalités dans lesquelles l'organisme tiers indépendant conduit sa mission. – V. C. com., art. A. 225-1, A. 225-3, A. 225-4.
2013	23 mai	Décret n° 2013-420. Suppression de commissions administratives à caractère consultatif. – Art. 10 et 56. – V. C. com., art. L. 750-1-1, R.* 712-8, R. 712-29.
2013	14 juin	Loi n° 2013-504. Sécurisation de l'emploi. – Art. 9, 18-XXIII. – V. C. com., art. L. 225-22, L. 225-25, L. 225-27-1, L. 225-28, L. 225-29, L. 225-30, L. 225-30-1, L. 225-30-2, L. 225-31, L. 225-32, L. 225-33, L. 225-34, L. 225-44, L. 225-72, L. 225-79-2, L. 225-80, L. 226-5-1, L. 631-17, L. 641-4.
2013	26 juin	Décret n° 2013-563. Extension et adaptation de certaines dispositions du code de commerce en Nouvelle-Calédonie. – V. C. com., art. R. 930-1, R. 934-1.
2013	27 juin	Ordonnance n° 2013-544. Établissements de crédit et sociétés de financement. – Art. 7. – V. C. com., art. L. 144-5, L. 225-180, L. 225-197-2, L. 225-215, L. 225-216, L. 232-1, L. 522-35, L. 523-9, L. 524-7, L. 611-1, L. 622-6, L. 622-8, L. 623-2, L. 643-3, L. 651-4, L. 721-3.
2013	9 juill.	Décret n° 2013-608. Modalités de désignation des membres de l'observatoire des prix, des marges et des revenus en Guadeloupe, en Guyane, à la Martinique, à La Réunion, à Mayotte, à Saint-Pierre-et-Miquelon et aux îles Wallis-et-Futuna. – V. C. com., art. D. 910-1 C.
2013	16 juill.	Loi n° 2013-619. Adaptation au droit de l'Union européenne dans le domaine du développement durable. – Art. 11 et 32. – V. C. com., art. L. 110-4, L. 225-102-2.
2013	25 juill.	Ordonnance n° 2013-676. Modification du cadre juridique de la gestion d'actifs. – Ratifiée par L. n° 2014-1 du 2 janv. 2014. – Art. 38. – V. C. com., art. L. 225-138-1, L. 233-9.
2013	26 juill.	Loi n° 2013-672. Séparation et régulation des activités bancaires. – Art. 24-I. – V. C. com., art. R. 463-9 (annexe).
2013	30 juill.	Décret n° 2013-692. Formes de procéder applicables devant les tribunaux de grande instance des départements du Bas-Rhin, du Haut-Rhin et de la Moselle dans les matières régies par le livre VI du code de commerce. – Art. 1er. – V. C. com., art. R. 670-1.

2013	29 août	Décret n° 2013-796. Chambres consulaires de Saint-Pierre-et-Miquelon et de Mayotte. – Art. 1er à 5, 7 à 10. – V. C. com., art. R. 910-1, R. 910-2, R. 920-1, R. 920-2, R. 927-1-5, R. 927-1-6.
2013	1er oct.	Décret n° 2013-884. Formation professionnelle des personnes habilitées à diriger des ventes volontaires de meubles aux enchères publiques. – V. C. com., art. L. 321-2 (note), R. 321-18 à R. 321-20, R. 321-22 à R. 321-29, R. 321-51, R. 920-1.
2013	11 oct.	Loi n° 2013-907. Transparence de la vie publique. – Art. 27. – V. C. com., art. L. 241-3, L. 242-6.
2013	16 oct.	Arrêté. Modification des art. A. 712-1 à A. 712-5. – V. C. com., art. A. 712-1 à A. 712-5.
2013	6 nov.	Décret n° 2013-985. Transposition de la directive 2013/24/UE du 13 mai 2013 portant adaptation de certaines directives dans le domaine du droit des sociétés, du fait de l'adhésion de la République de Croatie. – V. C. com., art. R. 123-58 (annexe 1-3).
2013	15 nov.	Loi n° 2013-1029. Diverses dispositions relatives aux outre-mer. – Art. 10 et 24. – V. C. com., art. L. 910-1 B, L. 960-2.
2013	6 déc.	Loi n° 2013-1117. Lutte contre la fraude fiscale et la grande délinquance économique et financière. – Art. 30 et 42. – V. C. com., art. L. 241-3, L. 242-6, L. 526-1.
2013	29 déc.	Décret n° 2013-1280. Suppression de la contribution pour l'aide juridique et diverses dispositions relatives à l'aide juridique. – Art. 6. – V. C. com., art. R. 663-1-1.
2014	2 janv.	Loi n° 2014-1. Habilitation du Gouvernement à simplifier et sécuriser la vie des entreprises. – Art. 21. – V. C. com., art. L. 122-1, L. 122-2, L. 911-1, L. 951-1.
2014	30 janv.	Ordonnance n° 2014-86. Allègement des obligations comptables des micro-entreprises et petites entreprises. – V. C. com., art. L. 123-16 à L. 123-16-2, L. 123-25, L. 232-25.
2014	17 févr.	Décret n° 2014-136. Seuils prévus aux art. L. 123-16 et L. 123-16-1 C. com. – V. C. com., art. D. 123-200.
2014	5 mars	Loi n° 2014-288. Formation professionnelle, emploi et démocratie sociale. – Art. 23-VIII. – V. C. com., art. L. 711-9.
2014	6 mars	Ordonnance n° 2014-295. Ventes en liquidation prévues par l'art. L. 310-1 C. com. – V. C. com., art. L. 310-1, L. 950-2, L. 960-1.
2014	12 mars	Ordonnance n° 2014-326. Réforme de la prévention des difficultés des entreprises et des procédures collectives. Ratifiée par L. n° 2016-1547 du 18 nov. 2016. – Art. 1er à 92, 94 à 99, 115. – V. C. com., art. L. 611-2-1, L. 611-3, L. 611-6 à L. 611-8-1, L. 611-10-1 à L. 611-11, L. 611-13, L. 611-14, L. 611-16, L. 621-1, L. 621-2, L. 621-4, L. 621-7, L. 621-10, L. 621-12, L. 622-7, L. 622-10, L. 622-13, L. 622-17, L. 622-20, L. 622-22, L. 622-24, L. 622-25-1 à

		L. 622-28, L. 623-2, L. 624-1, L. 624-2, L. 624-20, L. 626-1, L. 626-3, L. 626-18, L. 626-20, L. 626-26, L. 626-27, L. 631-3, L. 631-3-1, L. 631-4, L. 631-8 à L. 631-9-1, L. 631-14, L. 631-22, L. 632-1, L. 640-3-1 à L. 640-5, L. 641-1 à L. 641-4, L. 641-9, L. 641-10, L. 641-13 à L. 641-14-1, L. 642-2, L. 642-5, L. 642-7, L. 642-12, L. 642-18, L. 642-20, L. 643-7-1, L. 643-9, L. 643-11 à L. 643-13, L. 644-1-1, L. 644-2, L. 644-4,, L. 644-6, L. 645-1 à L. 645-12, L. 651-3, L. 653-5, L. 653-7, L. 653-8, L. 661-11, L. 662-2, L. 662-3, L. 663-1, L. 663-1-1, L. 663-2, L. 663-3-1, L. 811-10, L. 812-8, L. 926-3, L. 926-4, L. 956-4, L. 956-5.
2014	17 mars	Loi n° 2014-344. Consommation. – Art. 2, 24-IV, 27, 28, 108, 109, 111, 112, 120 à 123, 125 à 127, 137. – V. C. com., art. L. 123-11-6, L. 310-2, L. 321-2, L. 321-3, L. 440-1, L. 450-1 à L. 450-3-2, L. 450-8, L. 461-4, L. 462-7, L. 464-9, L. 470-1, L. 470-2, L. 490-3.
2014	19 mars	Arrêté. Programmes et modalités de l'examen d'accès au stage prévu aux art. R. 321-18 et R. 321-20 à R. 321-25 C. com. et de l'examen d'aptitude prévu à l'art. R. 321-19 du même code. – V. C. com., art. A. 321-5, A. 321-6, A. 321-8 à R. 321-11, A. 321-16 à A. 321-20.
2014	24 mars	Loi n° 2014-366. Accès au logement et urbanisme rénové. – Art. 129-VI. – V. C. com., art. L. 752-1 à L. 752-5, L. 752-15, L. 752-16, L. 752-23.
2014	29 mars	Loi n° 2014-384. Reconquête de l'économie réelle. – Art. 1er, 4, 7, 9, 10. – V. C. com., art. L. 225-123, L. 225-124, L. 225-197-1, L. 233-32, L. 233-33, L. 631-13, L. 771-1 à L. 773-3.
2014	4 avr.	Arrêté. Modification de l'art. A. 742-12 C. com. – V. cet art.
2014	15 mai	Ordonnance n° 2014-487. Extension et adaptation aux îles Wallis-et-Futuna de dispositions du code de commerce. – V. C. com., art. L. 430-2, L. 462-5, L. 752-27, L. 950-1, L. 950-7, L. 954-1, L. 954-1-1, L. 954-2-1, L. 954-3 à L. 954-5-1, L. 954-7 à L. 954-15.
2014	22 mai	Décret n° 2014-524. Modification des règles relatives à l'organisation et au fonctionnement de Pôle emploi. – Art. 18. – V. C. com., art. D. 626-9, D. 626-10.
2014	22 mai	Décret n° 2014-530. Dispositions de la partie réglementaire du code des transports *[première partie relative aux dispositions communes]*. – Art. 3. – V. C. com., art. R. 132-1.
2014	26 mai	Décret n° 2014-543. Application de l'art. L. 225-209-2 C. com. – V. C. com., art. R. 123-140, R. 225-159 à R. 225-160-3.
2014	27 mai	Décret n° 2014-551. Adaptation de dispositions pour faire suite à la fusion de la direction générale des impôts et de la direction générale de la comptabilité publique. – Art. 4. – V. C. com., art. R. 522-11, R. 621-7, R. 712-2.
2014	30 mai	Ordonnance n° 2014-559. Financement participatif. – Art. 14. – V. C. com., art. L. 227-2-1.

2014	2 juin	Décret n° 2014-571. Application de l'ordonnance n° 2014-295 du 6 mars 2014 relative aux ventes en liquidation. – V. C. com., art. R. 310-1 à R. 310-3, R. 310-6, R. 910-2, R. 950-2, R. 963-1, R. 963-2, R. 973-1, R. 973-2.
2014	18 juin	Loi n° 2014-626. Artisanat, commerce et très petites entreprises. – Art. 1er à 15, 20, 23, 27-II, 32 à 35, 42 à 57-II, 61 à 65, 68, 70. – V. C. com., art. L. 123-1-1, L. 128-2, L. 145-2, L. 145-4, L. 145-5, L. 145-5-1, L. 145-9, L. 145-13, L. 145-15, L. 145-16 à L. 145-16-2, L. 145-23, L. 145-34, L. 145-35, L. 145-38, L. 145-39, L. 145-40-1, L. 145-40-2, L. 145-46-1, L. 526-1 (note), L. 526-7, L. 526-8, L. 526-10, L. 526-14, L. 526-17, L. 526-19, L. 642-7, L. 713-12, L. 713-17, L. 743-13, L. 750-1-1, L. 751-1, L. 751-2, L. 751-5 à L. 751-7, L. 751-9, L. 752-3-1, L. 752-4 à L. 752-7, L. 752-14, L. 752-15, L. 752-17 à L. 752-23, L. 910-1, L. 911-10, L. 915-6, L. 917-1 à L. 917-1-2, L. 920-7, L. 921-10, L. 925-7, L. 950-1, L. 951-9, L. 955-8, L. 960-1.
2014	24 juin	Arrêté. Modifications des articles A. 310-4 et A. 310-5 du code de commerce relatifs aux ventes en liquidation. – V. ces art.
2014	25 juin	Décret n° 2014-695. Modification de l'annexe 7-2 du livre VII du code de commerce fixant le nombre des juges et le nombre des chambres des tribunaux de commerce. – V. annexe 7-2, ss. C. com., art. D. 721-3.
2014	30 juin	Décret n° 2014-736. Application de l'ordonnance n° 2014-326 du 12 mars 2014 *(réforme de la prévention des difficultés des entreprises et des procédures collectives)*. – Art. 1er à 130, 132 à 135. – V. C. com., art. R. 611-10 à R. 611-11, R. 611-13, R. 611-14, R. 611-16, R. 611-19, R. 611-20, R. 611-21-1, R. 611-22, R. 611-26-2, R. 611-34-1, R. 611-35, R. 611-38, R. 611-38-2, R. 611-40-1, R. 611-43, R. 611-46 à R. 611-47-1, R. 611-49 à R. 611-52, R. 621-1, R. 621-2-1, R. 621-4, R. 621-5, R. 621-7-1 à R. 621-8-1, R. 621-9, R. 621-17, R. 621-21 à R. 621-24, R. 622-1, R. 622-4, R. 622-5, R. 622-6, R. 622-10, R. 622-15, R. 622-20 à R. 622-22, R. 622-24, R. 622-25, R. 624-1, R. 624-2, R. 624-4 à R. 624-6, R. 624-13-1, R. 624-17, R. 624-18, R. 626-32-1, R. 626-33-1, R. 626-34, R. 626-39, R. 626-42, R. 626-45, R. 626-47-1 à R. 626-49, R. 628-1, R. 628-2, R. 628-4, R. 628-6 à R. 628-12, R. 631-1 à R. 631-5, R. 631-11, R. 631-18, R. 631-23, R. 631-34-5 à R. 631-34-7, R. 631-36, R. 631-43, R. 640-1, R. 640-1-1, R. 641-1, R. 641-5, R. 641-7, R. 641-11, R. 641-31, R. 641-32-1, R. 641-35, R. 641-39, R. 642-1, R. 642-5, R. 642-39, R. 642-40, R. 643-5, R. 643-17 à R. 643-19, R. 643-21, R. 644-1, R. 644-2, R. 644-4, R. 645-1 à R. 645-4, R. 645-6 à R. 645-25, R. 651-1, R. 651-5, R. 651-6, R. 661-1 à R. 661-3, R. 662-1, R. 662-3-1, R. 662-7, R. 662-9, R. 662-12-1, R. 662-17, R. 662-19 à R. 662-21, R. 663-41.
2014	25 juill.	Arrêté. Fixation de la quote-part mentionnée à l'article L. 611-16 du code de commerce dans sa rédaction issue de l'ordonnance n° 2014-326 du 12 mars 2014 portant réforme de la prévention des difficultés des entreprises et des procédures collectives. – V. ss. C. com., art. L. 611-16.

2014	31 juill.	Loi n° 2014-856. Économie sociale et solidaire : – Art. 1er, 2, 3. – V. App., v° *Commerce (organisation)*, **p. 3608.** – Art. 19 à 21, 30, 35 à 40, 60, 73, 78. – V. C. com., art. L. 124-1 à L. 124-3, L. 124-4-1 à L. 124-6-1, L. 124-8 à L. 124-12, L. 125-18, L. 141-23 à L. 141-32, L. 225-102, L. 23-10-1 à L. 23-10-12, L. 612-4, L. 626-2-1, L. 631-19, L. 642-4-1, L. 771-1 à L. 773-3.
2014	31 juill.	Ordonnance n° 2014-863. Relative au droit des sociétés, prise en application de l'art. 3 de la loi n° 2014-1 du 2 janv. 2014 habilitant le Gouvernement à simplifier et sécuriser la vie des entreprises. – Art. 2 à 10, 13 à 35. – V. C. com., art. L. 221-14, L. 223-5, L. 223-26, L. 225-38, L. 225-39, L. 225-40-1, L. 225-86, L. 225-87, L. 225-88-1, L. 225-130, L. 225-132, L. 225-211, L. 228-3-2, L. 228-3-3, L. 228-6, L. 228-6-1, L. 228-12, L. 228-12-1, L. 228-36-A, L. 228-91 à L. 228-95, L. 228-97 à L. 228-99, L. 228-101, L. 229-6.
2014	4 août	Loi n° 2014-873. Égalité réelle entre les femmes et les hommes. – Art. 67, 69. – V. C. com., art. L. 225-18-1, L. 225-69-1, L. 226-4-1, L. 713-16.
2014	20 août	Ordonnance n° 2014-948. Gouvernance et opérations sur le capital des sociétés à participation publique. – Art. 37. – V. C. com., art. L. 225-27-1, L. 225-79-2.
2014	16 sept.	Décret n° 2014-1053. Financement participatif. – Art. 4. – V. C. com., art. R. 227-2.
2014	18 sept.	Décret n° 2014-1063. Simplification de certaines obligations comptables applicables aux commerçants et de diverses mesures du droit des sociétés. – V. C. com., art. R. 123-103, R. 123-107, R. 123-111, R. 123-173, R. 223-6, R. 225-14-1, R. 225-32, R. 225-59, R. 225-81, R. 225-83, R. 225-136-1, R. 232-19-1, R. 232-20-1, R. 232-21-1.
2014	26 sept.	Ordonnance n° 2014-1088. Complétant l'ordonnance n° 2014-326 du 12 mars 2014 portant réforme de la prévention des difficultés des entreprises et des procédures collectives. Ratifiée par L. n° 2016-1547 du 18 nov. 2016. – V. C. com., art. L. 621-12, L. 631-7, L. 631-22, L. 641-1, L. 641-3, L. 643-13, L. 645-11, L. 663-1.
2014	30 sept.	Décret n° 2014-1109. Application des dispositions de la loi n° 2014-344 du 17 mars 2014 relative à la consommation, renforçant les moyens de contrôle de l'autorité administrative chargée de la protection des consommateurs et adaptant le régime de sanctions. – Art. 33 à 36. – V. C. com., art. R. 450-1, R. 464-9-4, R. 470-1, R. 470-2, R. 490-2, R. 490-8.
2014	1er oct.	Loi n° 2014-1104. Taxis et voitures de transport avec chauffeur. – Art. 5. – V. C. com., art. L. 144-5.
2014	13 oct.	Loi n° 2014-1170. D'avenir pour l'agriculture, l'alimentation et la forêt. – Art. 32, 93. – V. C. com., art. L. 642-1, L. 926-6.
2014	15 oct.	Décret n° 2014-1189. Allégement des obligations de publicité des comptes annuels des micro-entreprises. – V. C. com., art. R. 123-111-1, R. 123-154-1, R. 123-162, R. 232-21, R. 232-22.

2014	15 oct.	Arrêté. Allégement des obligations de publicité des comptes annuels des micro-entreprises. – V. C. com., art. A. 123-31, A. 123-61, A. 123-61-1, A. 123-68.
2014	28 oct.	Décret n° 2014-1254. Information des salariés en cas de cession de leur entreprise. – V. C. com., art. D. 141-3 à D. 141-5, D. 23-10-1 à D. 23-10-3.
2014	3 nov.	Décret n° 2014-1315. Adaptation au droit de l'Union européenne en matière financière et sociétés de financement. – Art. 9. – V. C. com., art. R. 123-190, R. 131-7, R. 321-10, R. 322-1, R. 522-11, R. 527-2, R. 823-17.
2014	3 nov.	Décret n° 2014-1316. Adaptation au droit de l'Union européenne en matière financière et sociétés de financement. – Art. 7. – V. C. com., art. D. 611-8.
2014	3 nov.	Décret n° 2014-1317. Bail commercial. – V. C. com., art. R. 145-1-1, R. 145-5, D. 145-18, R. 145-20, R. 145-35 à R. 145-37.
2014	5 nov.	Décret n° 2014-1333. Conventions d'objectifs et de moyens conclues entre les chambres de commerce et d'industrie de région et l'État et entre la chambre de commerce et d'industrie de Mayotte et l'État. – V. C. com., art. R. 711-40-1 à R. 711-40-4, R. 927-1-1 à R. 927-1-6.
2014	8 déc.	Directive 2014/104/UE. Actions en dommages et intérêts en droit national pour les infractions aux dispositions du droit de la concurrence des États membres et de l'Union européenne. – V. ce texte, App., v° *Concurrence*, **p. 3709.**
2014	8 déc.	Décret n° 2014-1466. Date et modalités d'établissement de la liste des personnes habilitées à participer aux assemblées d'actionnaires et d'obligataires des sociétés commerciales. – V. C. com., art. R. 225-71, R. 225-73, R. 225-86, R. 228-71.
2014	20 déc.	Loi n° 2014-1545. Simplification de la vie des entreprises. – Art. 23, 43, 44, 45, 56. – V. C. com., art. L. 223-18, L. 223-30, L. 236-6, L. 239-1, L. 711-1-1, L. 711-4, L. 711-9, L. 711-17 à L. 711-25, L. 954-8.
2014	22 déc.	Ordonnance n° 2014-1555. Fusion de l'Agence française pour les investissements internationaux et d'UBIFRANCE, Agence française pour le développement international des entreprises. – Art. 4. – V. C. com., art. L. 710-1, L. 711-16.
2014	30 déc.	Loi n° 2014-1662. Adaptation de la législation au droit de l'Union européenne en matière économique et financière. – Art. 9, 12. – V. C. com., art. L. 221-7-1, L. 223-26-1, L. 227-1, L. 232-7.
2015	28 janv.	Décret n° 2015-91. Modalités de publication des avis rendus par la commission d'examen des pratiques commerciales. – V. C. com., art. D. 440-8.
2015	12 févr.	Décret n° 2015-165. Aménagement commercial. – V. C. com., art. R. 751-1 à R. 752-48.

2015	16 févr.	Loi n° 2015-177. Modernisation et simplification du droit et des procédures dans les domaines de la justice et des affaires intérieures. – Art. 12. – V. C. com., art. L. 143-9, L. 321-14.
2015	18 févr.	Décret n° 2015-190. Chambre d'agriculture, de commerce, d'industrie, de métiers et de l'artisanat de Saint-Pierre-et-Miquelon. – V. C. com., art. R. 713-28, R. 917-1 à R. 917-33.
2015	19 févr.	Décret n° 2015-194. Fichier national des interdits de gérer. – V. C. com., art. R. 123-95, R. 128-1 à R. 128-10.
2015	18 mars	Arrêté. Modification du titre V du livre IV de la partie Arrêtés du code de commerce. – V. C. com., art. A. 450-1 à A. 450-4.
2015	27 mars	Décret n° 2015-357. Comptes des comités d'entreprise et des comités interentreprises. – Art. 1er-IV. – V. C. com., art. R. 823-17.
2015	27 mars	Arrêté. Abrogation de l'arrêté du 31 août 2009 pris pour l'application de l'article R. 752-3 du code de commerce et de l'arrêté du 13 novembre 2009 pris pour l'application des articles R. 751-13 et R. 751-17 du code de commerce. – V. C. com., art. A. 751-1 à A. 751-12.
2015	14 avr.	Décret n° 2015-417. Registre du commerce et des sociétés, répertoire des entreprises et de leurs établissements et registre spécial des entrepreneurs individuels à responsabilité limitée. – V. C. com., art. R. 123-75, R. 123-124, R. 123-227, R. 123-228, R. 123-228-1, R. 123-230, R. 128-2, R. 526-24.
2015	23 avr.	Arrêté. Clause de sauvegarde prévue à l'article 7 du décret n° 2012-1459 du 26 décembre 2012. – V. ss. C. com., art. L. 410-5.
2015	7 mai	Décret n° 2015-516. Périodes de soldes. – V. C. com., art. R. 310-15, R. 310-15-1.
2015	11 mai	Décret n° 2015-519. Agents habilités en matière de contrôle du prix des livres. – V. ce texte, App., v° *Concurrence*, **p. 3684.**
2015	11 mai	Décret n° 2015-521. Décisions du rapporteur général de l'Autorité de la concurrence en matière de protection du secret des affaires. – V. C. com., art. R. 464-29, R. 490-8.
2015	15 mai	Décret n° 2015-536. Substitution de la dénomination « CCI France » à la dénomination « assemblée des chambres françaises de commerce et d'industrie ». – Art. 2. – V. C. com., art. L. 710-1, L. 711-8, L. 711-13, L. 711-15, L. 711-16, L. 712-1, D. 711-5, D. 711-9, D. 711-41-1, D. 711-42, D. 711-43, R. 711-55, R. 711-55-1, D. 711-56 à R. 711-56-4, R. 711-59, R. 711-60 à R. 711-64, D. 711-67-4, R. 711-70, D. 711-71-1, R. 712-1-1, R. 712-2, R. 712-3, R. 712-5, R. 712-19, R. 712-23, R. 713-71.
2015	15 mai	Décret n° 2015-542. Application de l'article L. 750-1-1 du code de commerce. – V. ce texte ss. cet art.
2015	15 mai	Arrêté. Liste des diplômes admis en dispense des diplômes nationaux de licence en droit et en histoire de l'art, ou en arts appliqués, ou en

		archéologie ou en arts plastiques requis pour diriger des ventes volontaires de meubles aux enchères publiques. – V. C. com., art. A. 321-2 à A. 321-4.
2015	18 mai	Décret n° 2015-545. Application de l'ordonnance n° 2014-863 du 31 juillet 2014 relative au droit des sociétés. – V. C. com., art. R. 123-108, R. 221-9, R. 223-13, R. 223-18-1, R. 223-20, R. 225-30, R. 225-31, R. 225-57, R. 225-58, R. 225-117, R. 225-117-1, R. 225-120, R. 225-130, R. 225-132, R. 225-160-4, R. 228-6, R. 228-11 à R. 228-14, R. 228-19, R. 228-20, R. 228-22-1, R. 821-20.
2015	20 mai	Règlement UE n° 2015-848. Procédures d'insolvabilité.
2015	3 juin	Décret n° 2015-606. Temps nécessaire pour les administrateurs ou membres du conseil de surveillance élus ou désignés par les salariés pour exercer leur mandat et modalités de leur formation au sein de la société. – V. C. com., art. R. 225-34-2 à R. 225-34-6, R. 225-60-2, R. 226-1.
2015	23 juin	Décret n° 2015-720. Établissements d'enseignement supérieur consulaire. – V. C. com., art. R. 711-76 à R. 711-79.
2015	24 juin	Décret n° 2015-731. Formalités administratives nécessaires à l'exercice de l'activité économique des personnes relevant du régime prévu à l'article L. 133-6-8 du code de la sécurité sociale. – Art. 1er. – V. C. com., art. L. 123-1-1 (note), R. 123-3, R. 123-5-1, R. 123-21, R. 123-32-1, R. 123-37, R. 123-208-2 à R. 123-208-4, R. 123-220, R. 123-224, R. 123-237-1, R. 761-15.
2015	1er juill.	Décret n° 2015-800. Seuils au-delà desquels les sociétés coopératives sont soumises à la procédure de révision et adaptation de la révision coopérative aux sociétés coopératives de production. – Art. 3. – V. C. com., art. R. 124-1.
2015	1er juill.	Décret n° 2015-801. Modification des annexes 7-2 et 7-4 du livre VII du code de commerce fixant le nombre des juges et le nombre des chambres des tribunaux de commerce. – V. ss. C. com., art. D. 721-3 et D. 732-2.
2015	3 juill.	Décret n° 2015-815. Procédure d'attribution des contrats de revitalisation artisanale et commerciale. – V. ce texte, App., v° *Commerce (organisation)*, **p. 3607.**
2015	8 juill.	Décret n° 2015-840. Organisation du réseau des chambres de commerce et d'industrie. – V. C. com., art. R. 711-2, R. 711-36.
2015	9 juill.	Arrêté. Modification du code de commerce. – V. C. com., art. A. 711-1.
2015	23 juill.	Ordonnance n° 2015-900. Obligations comptables des commerçants. – V. C. com., art. L. 123-13, L. 123-17, L. 123-19, L. 123-20, L. 232-1, L. 233-1, L. 233-2, L. 233-15 à L. 233-17-2, L. 233-22 à L. 233-25, L. 247-1.

2015	23 juill.	Décret n° 2015-903. Obligations comptables des commerçants. – V. C. com., art. R. 123-173, R. 123-177, R. 123-179 à R. 123-184, R. 123-186 à R. 123-190, R. 123-193, R. 123-195 à R. 123-198, R. 123-201, R. 123-202, R. 123-204, R. 232-1-1, R. 233-5, R. 233-10 à R. 233-12, R. 233-14 à R. 233-16, R. 621-1, R. 621-11, R. 631-1, D. 641-10, R. 952-2.
2015	24 juill.	Décret n° 2015-913. Modalités de transfert et de rattachement d'un entrepreneur individuel à responsabilité limitée à un autre registre ou répertoire. – Art. 2 à 8, 11. – V. C. com., art. L. 526-7 (note), R. 123-48, R. 123-97, R. 123-121-5, R. 134-5, R. 134-13-1, R. 526-14-1, R. 526-20-1.
2015	30 juill.	Arrêté. Modification de l'article A. 123-96 du code de commerce. – V. C. com., art. A. 123-96.
2015	6 août	Loi n° 2015-990. Croissance, activité et égalité des chances économiques. – Art. 31 à 35, 37, 39, 46, 50, 52, 56, 57, 59, 60, 61, 63, 107, 135, 178, 203 à 207, 210 à 213, 215 à 218, 229, 231 à 239, 297. – V. C. com., art. L. 123-6, L. 123-28-1, L. 123-28-2, L. 141-6, L. 141-13 à L. 141-16, L. 141-19 à L. 141-21, L. 141-23, L. 141-25 à L. 141-28, L. 141-30 à L. 141-32, L. 142-4, L. 143-7, L. 143-11, L. 145-4, L. 145-9, L. 145-10, L. 145-12, L. 145-18, L. 145-19, L. 145-47, L. 145-49, L. 145-55, L. 223-18, L. 225-27-1, L. 225-79-1, L. 225-79-2, L. 225-94-1, L. 225-102, L. 225-197-1, L. 232-25, L. 23-10-1, L. 23-10-3 à L. 23-10-7, L. 23-10-9 à L. 23-10-12, L. 341-1, L. 341-2, L. 430-2 à L. 430-5, L. 430-7 à L. 430-8, L. 444-1 à L. 444-7, L. 450-3, L. 461-3, L. 462-2-1, L. 462-4-1, L. 462-4-2, L. 462-8, L. 462-10, L. 464-2, L. 464-9, L. 470-2, L. 526-1 à L. 526-3, L. 621-4, L. 621-4-1, L. 631-9, L. 631-19-2, L. 641-1, L. 641-1-2, L. 653-8, L. 661-1, L. 662-2, L. 662-8, L. 663-2, L. 663-3, L. 721-8, L. 732-8, L. 741-1, L. 743-12-1, L. 743-13, L. 752-6, L. 752-15, L. 752-27, L. 811-1, L. 811-3, L. 811-5, L. 811-7, L. 811-7-1, L. 812-1, L. 812-2-1, L. 812-3, L. 812-5, L. 812-5-1, L. 814-3, L. 814-12, L. 814-14, L. 910-1, L. 912-1, L. 917-6, L. 927-4, L. 952-2, L. 954-2, L. 954-14, L. 956-1, L. 960-3.
2015	7 août	Loi n° 2015-991. Nouvelle organisation territoriale de la République. – Art. 2-II, 4. – V. C. com., art. L. 711-6 (note), L. 711-8, L. 713-1 (note).
2015	17 août	Loi n° 2015-994. Dialogue social et emploi. – Art. 10, 11, 18. – V. C. com., art. L. 141-28, L. 141-31, L. 225-27-1, L. 225-30-2, L. 225-37-1, L. 225-79-2, L. 225-82-1, L. 226-9-1, L. 236-27, L. 23-10-7, L. 23-10-11.
2015	18 août	Décret n° 2015-1009. Mise en œuvre du portail électronique prévu aux articles L. 814-2 et L. 814-13 du code de commerce. – V. C. com., art. R. 621-8, R. 621-26, R. 622-5, R. 622-21, R. 628-10, R. 631-4, R. 640-1, R. 642-40, R. 662-12-1, R. 814-58-1 à R. 814-58-9, R. 958-1.
2015	20 août	Ordonnance n° 2015-1024. Diverses dispositions d'adaptation de la législation au droit de l'Union européenne en matière financière. – Ratifiée par L. n° 2016-1691 du 9 déc. 2016. – Art. 4. – V. C. com., art. L. 811-10, L. 812-8.

2015	10 sept.	Ordonnance n° 2015-1127. Réduction du nombre minimal d'actionnaires dans les sociétés anonymes non cotées. – Ratifiée par L. n° 2016-563 du 10 mai 2016. – V. C. com., art. L. 124-5, L. 225-1, L. 229-6, L. 711-17.
2015	17 sept.	Décret n° 2015-1157. Commerce équitable. – V. App., v° *Commerce (organisation)*, **p. 3602.**
2015	17 sept.	Arrêté. Modalités de fonctionnement du compte de dépôt mentionné à l'article R. 814-58-5 du code de commerce 🏛. – V. ss. C. com., art. R. 814-58-5.
2015	23 sept.	Ordonnance n° 2015-1174. Partie législative du livre Ier du code de l'urbanisme. – Art. 9-I. – V. C. com., art. L. 751-2, L. 752-4, L. 752-5, L. 752-6.
2015	1er oct.	Décret n° 2015-1219. Identification des personnes morales de droit privé ayant la qualité d'entreprises de l'économie sociale et solidaire. – V. C. com., art. R. 123-53, R. 123-222.
2015	1er oct.	Arrêté. Mise en œuvre du portail électronique prévu aux articles L. 814-2 et L. 814-13 du code de commerce 🏛. – V. ss. C. com., art. R. 814-58-4.
2015	14 oct.	Loi n° 2015-1268. Actualisation du droit des outre-mer. – Art. 1er, 2, 5, 6. – V. C. com., art. L. 410-5, L. 462-1, L. 611-2, L. 910-1 A, L. 910-1 C.
2015	15 oct.	Ordonnance n° 2015-1287. Fusion de la Commission nationale d'inscription et de discipline des administrateurs judiciaires et de la Commission nationale d'inscription et de discipline des mandataires judiciaires. – Ratifiée par L. n° 2016-1547 du 18 nov. 2016. – V. C. com., art. L. 811-4, L. 811-8, L. 812-2-2, L. 814-1, L. 814-1-1.
2015	19 oct.	Décret n° 2015-1311. Commission de concertation du commerce. – V. App., v° *Commerce (organisation)*, **p. 3603.**
2015	29 oct.	Décret n° 2015-1380. Transparence des paiements en faveur d'autorités publiques des entreprises du secteur extractif et forestier. – V. C. com., art. R. 221-7-1, R. 223-18-2, R. 225-105-3.
2015	13 nov.	Décret n° 2015-1469. Suppression de commissions administratives à caractère consultatif. – Art. 14. – V. C. com., art. R. 123-223.
2015	26 nov.	Ordonnance n° 2015-1540. Réseaux des chambres de commerce et d'industrie et des chambres de métiers et de l'artisanat. – Ratifiée par L. n° 2016-298 du 14 mars 2016. – Art. 1er. – V. C. com., art. L. 711-6 (note), L. 713-1 (note).
2015	27 nov.	Décret n° 2015-1553. Application de l'article L. 441-6-1 du code de commerce. – V. C. com., art. D. 441-4, D. 823-7-1.
2015	3 déc.	Ordonnance n° 2015-1576. Transposition de la directive 2013/50/UE du Parlement européen et du Conseil du 22 octobre 2013 modifiant la directive 2004/109/CE du Parlement européen et du Conseil sur

		l'harmonisation des obligations de transparence concernant l'information sur les émetteurs dont les valeurs mobilières sont admises à la négociation sur un marché réglementé. – Art. 4. – V. C. com., art. L. 233-3, L. 233-7, L. 233-9.
2015	14 déc.	Décret n° 2015-1671. Seuils de chiffres d'affaires fixés pour l'information préalable de l'Autorité de la concurrence en matière d'accords d'achats groupés. – V. C. com., art. R. 462-5.
2015	17 déc.	Ordonnance n° 2015-1682. Simplification de certains régimes d'autorisation préalable et de déclaration des entreprises et des professionnels. – Art. 19. – V. C. com., art. L. 761-4, L. 761-10.
2015	21 déc.	Loi n° 2015-1702. Financement de la sécurité sociale pour 2016. – Art. 93. – V. C. com., art. L. 643-11, L. 645-11.
2015	24 déc.	Arrêté. Liste des métiers d'art. – V. App., v° *Artisans*, **p. 3289.**
2015	28 déc.	Décret n° 2015-1783. Partie réglementaire du livre Ier du code de l'urbanisme et modernisation du contenu du plan local d'urbanisme. – Art. 9. – V. C. com., art. R. 752-23.
2015	28 déc.	Décret n° 2015-1811. Information des salariés en cas de vente de leur entreprise. – V. C. com., art. D. 141-3, D. 141-4, D. 23-10-1, D. 23-10-2.
2015	29 déc.	Loi n° 2015-1785. De finances pour 2016. – Art. 136. – V. C. com., art. L. 711-16.
2015	29 déc.	Loi n° 2015-1786. De finances rectificative pour 2015. – Art. 46, 97. – V. C. com., art. L. 143-21, L. 641-3.
2015	30 déc.	Décret n° 2015-1905. Modalités de transmission et de mise à disposition des informations constitutives du registre national du commerce et des sociétés : – Art. 1er. – V. C. com., art. D. 123-80-1, D. 123-80-2. – Art. 3 à 7. – V. ss. C. com., art. D. 123-80-2.
2015	30 déc.	Arrêté. Modalités de transmission et de mise à disposition des informations constitutives du registre national du commerce et des sociétés : – Art. 2 à 6. – V. C. com., art. A. 123-28, A. 123-30 à A. 123-33. – Art. 7 à 10. – V. ss. C. com., art. A. 123-31.
2016	29 janv.	Ordonnance n° 2016-56. Gage des stocks. – Ratifiée par L. n° 2016-1547 du 18 nov. 2016. – V. C. com., art. L. 527-1 s.
2016	29 janv.	Ordonnance n° 2016-57. Conditions d'accès à la profession de greffier de tribunal de commerce. – Ratifiée par L. n° 2016-1547 du 18 nov. 2016. – V. C. com., art. L. 742-1.
2016	29 janv.	Ordonnance n° 2016-79. Gares routières et recodification des dispositions du code des transports relatives à l'Autorité de régulation des activités ferroviaires et routières. – Art. 7. – V. C. com., art. L. 752-2.
2016	3 févr.	Décret n° 2016-109. Commission nationale d'inscription et de discipline des administrateurs judiciaires et des mandataires judiciaires. –

		V. C. com., art. R. 811-1, R. 811-2, R. 811-11, R. 811-20, R. 811-34, R. 811-35, R. 811-43, R. 811-49, R. 812-1, R. 812-2, R. 814-1, R. 814-1-1, R. 814-2 (note), R. 814-2-1 (note), R. 814-48, R. 814-50 à R. 814-53, R. 814-55 à R. 814-57, R. 814-60, R. 814-61, R. 814-64 à R. 814-66, R. 814-81, R. 814-90, R. 814-94, R. 814-97, R. 814-106, R. 814-147, R. 814-149, R. 814-156.
2016	5 févr.	Décret n° 2016-120. Application des articles L. 123-28-1 et L. 123-28-2 du code de commerce. – V. C. com., art. D. 123-208-01.
2016	10 févr.	Ordonnance n° 2016-131. Réforme du droit des contrats, du régime général et de la preuve des obligations. – Ratifiée par L. n° 2018-287 du 20 avr. 2018. – Art. 6-III. – V. C. com., art. L. 145-41, L. 321-3, L. 511-5, L. 525-5, L. 525-6, L. 527-6, L. 611-10-1, L. 622-28.
2016	26 févr.	Décret n° 2016-215. Définition des critères prévus pour l'application de l'article L. 462-4-2 du code de commerce. – V. ss. cet art.
2016	26 févr.	Décret n° 2016-216. Carte instituée au I de l'article 52 de la loi n° 2015-990 du 6 août 2015 pour la croissance, l'activité et l'égalité des chances économiques. – V. ss. C. com., art. L. 462-4-1.
2016	26 févr.	Décret n° 2016-217. Liste et ressort des tribunaux de commerce spécialisés. – V. C. com., art. D. 721-19, annexes 7-1-1 et 7-1-2.
2016	26 févr.	Décret n° 2016-230. Tarifs de certains professionnels du droit et fonds interprofessionnel de l'accès au droit et à la justice. – V. C. com., art. R. 444-1 à R. 444-70, R. 462-2, R. 662-19 à R. 662-21, R. 663-3 à R. 663-40-4, R. 713-3, R. 743-140 à R. 743-155, R. 914-2-1, R. 924-3, R. 924-4, R. 950-1, R. 954-2, R. 954-3.
2016	26 févr.	Arrêté. Tarifs réglementés des commissaires-priseurs judiciaires. – V. C. com., art. A. 444-1 à A. 444-9.
2016	26 févr.	Arrêté. Tarifs réglementés des huissiers de justice. – V. C. com., art. A. 444-10 à A. 441-52.
2016	26 févr.	Arrêté. Tarifs réglementés des notaires. – V. C. com., art. A. 444-53 à A. 444-176.
2016	26 févr.	Arrêté. Tarifs réglementés des greffiers des tribunaux de commerce. – V. C. com., art. A. 713-2, A. 743-8 à A. 743-18.
2016	11 mars	Décret n° 2016-296. Simplification de formalités en matière de droit commercial. – Art. 2 à 12, 14 à 20. – V. C. com., art. R. 123-37, R. 123-46, R. 123-80, R. 123-111-1, R. 123-154-1, R. 123-209, R. 123-211, R. 123-212, R. 141-2, R. 143-1, R. 145-1-1, R. 145-38, R. 232-22, R. 526-1, R. 526-2, R. 951-2.
2016	14 mars	Loi n° 2016-298. Réseaux des chambres de commerce et d'industrie et des chambres de métiers et de l'artisanat. – Art. 1er. – V. C. com., art. L. 711-1, L. 711-1-1, L. 711-8, L. 711-10, L. 711-13, L. 711-22, L. 712-4, L. 713-12, L. 920-1.
2016	14 mars	Ordonnance n° 2016-301. Partie législative du code de la consommation. – Ratifiée par L. n° 2017-203 du 21 févr. 2017. – Art. 6. – V. C. com., art. L. 310-6-1, L. 321-3, L. 440-1, L. 444-6, L. 752-5-1.

2016	17 mars	Ordonnance n° 2016-307. Codification des dispositions relatives à la réutilisation des informations publiques dans le code des relations entre le public et l'administration. – Art. 4. – V. C. com., art. L. 123-6.
2016	17 mars	Ordonnance n° 2016-315. Commissariat aux comptes. – Ratifiée par L. n° 2016-1691 du 9 déc. 2016. – Art. 1er à 46, 52, 54. – V. C. com., art. L. 820-1, 820-3, L. 820-3-1, L. 821-1 à L. 821-3-1, L. 821-3-3, L. 821-4, L. 821-5-1 à L. 821-5-3, L. 821-8 à L. 821-15, L. 822-1 à L. 822-9, L. 822-11 à L. 822-12, L. 822-14, L. 822-16, L. 822-19, L. 823-1, L. 823-3, L. 823-3-1, L. 823-5, L. 823-6, L. 823-9, L. 823-10-1, L. 823-12, L. 823-12-1, L. 823-14 à L. 823-16, L. 823-18 à L. 823-21, L. 824-1 à L. 824-8, L. 824-10 à L. 824-15, L. 950-1, L. 958-2, R. 821-14-5, R. 821-14-11 à R. 821-14-14, R. 822-1, A. 822-11.
2016	31 mars	Ordonnance n° 2016-391. Recodification des dispositions relatives à l'outre-mer du code rural et de la pêche maritime. – Art. 13. – V. C. com., art. L. 915-6.
2016	31 mars	Ordonnance n° 2016-394. Sociétés constituées pour l'exercice en commun de plusieurs professions libérales soumises à un statut législatif ou réglementaire ou dont le titre est protégé. – Art. 5. – V. C. com., art. L. 811-7-1-A, L. 811-10, L. 812-5-1-A, L. 812-8.
2016	1er avr.	Décret n° 2016-400. Administrateurs judiciaires et mandataires judiciaires. – V. C. com., art. R. 621-11-1, R. 641-3, R. 811-13, R. 811-17, R. 811-18, R. 811-22, R. 811-25, R. 811-26, R. 811-28-1 à R. 811-28-4, R. 811-31, R. 811-60 à R. 811-68, R. 812-7, R. 812-9, R. 812-13, R. 812-14, R. 812-18-1 à R. 812-18-4, R. 812-24, R. 950-1.
2016	26 avr.	Décret n° 2016-514. Organisation judiciaire, modes alternatifs de résolution des litiges et déontologie des juges consulaires. – Art. 16, 17. – V. C. com., art. R. 721-11-1, R. 721-20 à R. 721-22.
2016	10 mai	Loi n° 2016-563. Ratification de l'ordonnance n° 2015-1127 du 10 septembre 2015 portant réduction du nombre minimal d'actionnaires dans les sociétés anonymes non cotées. – V. C. com., art. L. 225-1.
2016	10 mai	Décret n° 2016-569. Fonctionnement des chambres de commerce et d'industrie et élection de leurs membres. – V. C. com., art. R. 711-1, R. 711-2-1, R. 711-12, R. 711-13, R. 711-15, R. 711-21, R. 711-47, R. 711-58, R. 711-68, D. 711-71-1, R. 711-73, R. 712-25-1, R. 713-1-1, R. 713-8, R. 713-9, R. 713-12 à R. 713-15, R. 713-17.
2016	28 mai	Arrêté. Tarifs réglementés des commissaires-priseurs judiciaires. – V. C. com., art. A. 444-1.
2016	28 mai	Arrêté. Fixation des tarifs réglementés applicables aux administrateurs judiciaires, commissaires à l'exécution du plan, mandataires judiciaires et liquidateurs. – V. C. com., art. A. 663-3 à A. 663-21, A. 663-22 à A. 663-29.
2016	30 mai	Arrêté. Allégement des obligations de publicité des comptes annuels des petites entreprises. – V. C. com., art. A. 123-61-1, annexe 1-5, annexe 1-5-1.

2016	2 juin	Ordonnance n° 2016-727. Désignation en justice, à titre habituel, des huissiers de justice et des commissaires-priseurs judiciaires en qualité de liquidateur ou d'assistant du juge commis dans certaines procédures prévues au titre IV du livre VI du code de commerce. – Ratifiée par L. n° 2016-1547 du 18 nov. 2016. – Art. 2 à 19. – V. C. com., art. L. 641-1, L. 645-4, L. 645-7, L. 645-8, L. 645-10, L. 654-12, L. 812-2, L. 812-6, L. 812-8-1, L. 812-10, L. 814-1, L. 814-2, L. 814-5, L. 814-8, L. 814-9, L. 814-10-1, L. 814-10-2, L. 814-13, L. 950-1, L. 956-10, L. 958-1.
2016	2 juin	Ordonnance n° 2016-728. Statut de commissaire de justice. – Art. 1er, 3, 21, 23. – V. C. com., art. L. 321-2, L. 321-4 (note), L. 321-17 (note), L. 444-1, L. 444-4, L. 462-4-1.
2016	3 juin	Loi n° 2016-731. Lutte contre le crime organisé, le terrorisme et leur financement, et amélioration de l'efficacité et des garanties de la procédure pénale. – Art. 82, 83. – V. C. com., art. L. 450-4, L. 464-5-1.
2016	7 juin	Arrêté. Observatoire des délais de paiement. – V. App., v° *Commerce (organisation)*, **p. 3610.**
2016	8 juin	Directive (UE) 2016/943. Protection des savoir-faire et des informations commerciales non divulgués (secrets d'affaires) contre l'obtention, l'utilisation et la divulgation illicites. – V. ss. C. com., art. L. 154-1.
2016	23 juin	Arrêté. Application de l'article 213 de la loi n° 2015-990 du 6 août 2015 pour la croissance, l'activité et l'égalité des chances économiques. – V. C. com., art. A. 123-68-1.
2016	29 juin	Décret n° 2016-884. Partie réglementaire du code de la consommation. – Art. 4. – V. C. com., art. R. 410-1.
2016	1er juill.	Décret n° 2016-902. Exercice sous forme de société ou d'autre entité dotée de la personnalité morale de la profession d'administrateur judiciaire ou de mandataire judiciaire. – V. C. com., art. R. 811-32, R. 814-60, R. 814-62 à R. 814-64, R. 814-76, R. 814-77, R. 814-80, R. 814-82, R. 814-92, R. 814-93, R. 814-99, R. 814-109-1, R. 814-146-1, R. 814-152.
2016	11 juill.	Arrêté. Élections des membres des chambres de commerce et d'industrie et des délégués consulaires. – V. C. com., art. A. 713-1, A. 713-30.
2016	25 juill.	Décret n° 2016-1017. Modification de l'annexe 7-2 au livre VII du code de commerce fixant le nombre des juges et le nombre des chambres des tribunaux de commerce. – V. cette annexe, ss. C. com., art. D. 721-3.
2016	26 juill.	Décret n° 2016-1026. Application de l'ordonnance n° 2016-315 du 17 mars 2016 *(commissariat aux comptes)*. – Art. 1er à 88, 93. – V. C. com., art. R. 225-160-1, R. 225-171, D. 820-1, R. 821-1 à R. 821-9, R. 821-11 à R. 821-14-2, R. 821-14-4 à R. 821-14-6, R. 821-14-7-1 à R. 821-14-16, R. 821-14-19, R. 821-15 à R. 821-22, R. 821-24, R. 821-26, R. 821-27, R. 821-46, R. 821-48, R. 821-61, R. 821-64, R. 821-65, R. 821-68 à R. 821-76, R. 822-1, R. 822-6 à

		R. 822-23, R. 822-26 à R. 822-29, R. 822-32 à R. 822-37, R. 822-39 à R. 822-41, R. 822-43, R. 822-45, R. 822-46, R. 822-49, R. 822-51, R. 822-52, R. 822-60 à R. 822-64, R. 822-69, R. 822-70, R. 822-88 à R. 822-90, R. 822-92, R. 822-94, R. 822-95, R. 822-101, R. 822-112, R. 822-116 à R. 822-119, R. 822-121, R. 823-2, R. 823-5 à R. 823-7, R. 823-10, R. 823-11, R. 823-18 à R. 823-21-3, R. 824-1 à R. 824-11, R. 824-16 à R. 814-23, R. 814-25 à R. 824-27, R. 950-1, R. 958-2.
2016	26 juill.	Décret n° 2016-1030. Centres de formalités des entreprises. – V. C. com., art. R. 123-1, R. 123-8, R. 123-19, R. 123-30-1 à R. 123-30-7, R. 950-1.
2016	1er août	Loi n° 2016-1048. Rénovation des modalités d'inscription sur les listes électorales. – Art. 11. – V. C. com., art. L. 713-14, L. 723-3.
2016	3 août	Décret n° 2016-1082. Modification de l'annexe 7-2 au livre VII du code de commerce fixant le nombre des juges et le nombre des chambres des tribunaux de commerce. – V. cette annexe, ss. C. com., art. D. 721-3.
2016	8 août	Loi n° 2016-1087. Reconquête de la biodiversité, de la nature et des paysages. – Art. 128. – V. C. com., art. L. 642-2.
2016	13 sept.	Décret n° 2016-1218. Sociétés constituées pour l'exercice de certaines professions réglementées du droit ou du chiffre relevant du code de commerce et sociétés de participations financières dans ces sociétés. – V. C. com., art. R. 814-145, R. 814-146, R. 814-147, R. 814-150, R. 814-158, R. 814-159, R. 814-161, R. 814-163, R. 814-167, R. 814-169, R. 822-62, R. 822-63, R. 822-99, R. 822-100, R. 822-112, R. 822-115, R. 822-119.
2016	29 sept.	Décret n° 2016-1278. Coordination des textes réglementaires avec l'ordonnance n° 2016-131 portant réforme du droit des contrats, du régime général et de la preuve des obligations. – V. C. com., art. R. 123-77, R. 123-152-2, R. 134-13, R. 444-3, R. 526-20, R. 527-3, R. 762-5, A. 123-30, A. 123-53, A. 444-47, A. 444-161.
2016	6 oct.	Décret n° 2016-1330. Gage des stocks. – V. C. com., art. R. 527-2, R. 527-17, R. 950-1.
2016	11 oct.	Arrêté. Commerçants étrangers. – V. C. com., art. A. 123-50, annexe 1-1.
2016	12 oct.	Décret n° 2016-1369. Modification du titre IV *bis* du livre IV de la partie réglementaire du code de commerce. – V. C. com., art. R. 444-11-1, R. 950-1.
2016	17 oct.	Décret n° 2016-1394. Modification de l'article D. 910-1 C relatif aux modalités de désignation des membres de l'observatoire des prix, des marges et des revenus en Guadeloupe, en Guyane, à la Martinique, à La Réunion, à Mayotte, à Saint-Pierre-et-Miquelon et aux îles Wallis-et-Futuna. – V. C. com., art. D. 910-1 C.
2016	17 oct.	Arrêté. Tarifs réglementés des notaires. – V. C. com., art. A. 444-69-1.

2016	28 oct.	Arrêté. Tarifs réglementés des notaires. – V. C. com., art. A. 444-76, A. 444-79-1, A. 444-82, A. 444-83, A. 444-102-1, A. 444-116, A. 444-131, A. 444-145, A. 444-163-1 à A. 444-163-6, A. 444-169, A. 444-171, A. 444-172-1, A. 444-173, A. 444-176 à A. 444-186.
2016	14 nov.	Loi n° 2016-1524. Renforcement de la liberté, de l'indépendance et du pluralisme des médias. – Art. 21. – V. C. com., art. L. 125-7, L. 141-12, L. 141-14, L. 141-17, L. 141-18, L. 141-21, L. 141-22.
2016	17 nov.	Décret n° 2016-1550. Certaines dispositions de la partie réglementaire du code des transports. – Art. 3. – V. C. com., art. R. 133-1, R. 133-2.
2016	18 nov.	Loi n° 2016-1547. Modernisation de la justice du XXIe siècle. – Art. 94 à 97, 99, 100, 107, 112. – V. C. com., art. L. 234-1, L. 234-2, L. 462-7, L. 464-8-1, L. 527-1, L. 527-4, L. 611-3, L. 611-6, L. 611-13, L. 621-1, L. 621-3, L. 621-4, L. 621-12, L. 622-10, L. 626-3, L. 626-10, L. 626-15 à L. 626-18, L. 626-25, L. 626-30-2, L. 631-9-1, L. 641-1, L. 641-2, L. 641-13, L. 642-2, L. 642-19, L. 645-1, L. 645-11, L. 653-1, L. 661-6, L. 662-7, L. 663-2, L. 713-11, L. 713-12, L. 713-17, L. 721-3, L. 722-6 à L. 722-6-3, L. 722-7, L. 722-17 à L. 722-21, L. 723-1, L. 723-4 à L. 723-8, L. 723-13, L. 724-1, L. 724-1-1, L. 724-3 à L. 724-3-3, L. 724-4, L. 731-4, L. 732-6, L. 811-2, L. 811-3, L. 811-10, L. 811-12, L. 811-15-1, L. 812-2, L. 812-8, L. 812-9, L. 814-2, L. 814-9, L. 814-15, L. 814-16, L. 910-1, L. 916-2, L. 930-1, L. 936-1, L. 937-3, L. 937-3-1, L. 937-4, L. 937-7, L. 937-8, L. 937-10, L. 940-1, L. 947-3, L. 947-3-1, L. 947-4, L. 947-7, L. 947-8, L. 947-10, L. 950-1, L. 956-1, L. 956-11.
2016	13 oct.	Arrêté. Taux de rémunération des sommes versées par les greffiers des tribunaux de commerce sur leurs comptes de dépôt obligatoire ouverts à la Caisse des dépôts et consignations. – V. ss. C. com., art. A. 743-4.
2016	21 nov.	Ordonnance n° 2016-1562. Mesures institutionnelles relatives à la collectivité de Corse. – Art. 27. – V. C. com., art. L. 751-2.
2016	24 nov.	Ordonnance n° 2016-1580. Protection du salaire à Mayotte, au titre des privilèges et de l'assurance. – Art. 3. – V. C. com., art. L. 926-1 à L. 926-3.
2016	25 nov.	Décret n° 2016-1608. Attribution de compétence à des tribunaux de grande instance en matière de procédures prévues par le livre VI du code de commerce applicables aux personnes qui ne sont ni commerçants ni artisans. – V. annexe 6-2, ss. C. com., art. R. 600-3.
2016	1er *déc.*	Ordonnance n° 2016-1635. Renforcement du dispositif français de lutte contre le blanchiment et le financement du terrorisme. – Art. 16, 20. – V. C. com., art. L. 123-6, L. 811-12, L. 814-10-2, L. 824-1 à L. 824-3, L. 824-12, L. 824-13, L. 950-1.
2016	9 déc.	Loi n° 2016-1691. Transparence, lutte contre la corruption et modernisation de la vie économique. – Art. 42, 99 à 102, 106, 107, 109, 110, 119, 123, 128 à 130, 140, 142 à 144, 146, 168. – V. C. com., art. L. 141-1, L. 141-2, L. 141-21, L. 144-7, L. 223-9, L. 223-33, L. 224-3, L. 225-8, L. 225-11, L. 225-36, L. 225-40, L. 225-65, L. 225-68, L. 225-81, L. 225-88, L. 225-95-1, L. 225-101, L. 225-124,

		L. 225-147, L. 225-209-2, L. 225-245-1, L. 227-1, L. 229-10, L. 232-23, L. 233-7, L. 233-7-1, L. 233-8, L. 236-10, L. 236-11-1, L. 310-2, L. 470-2, L. 526-8, L. 526-10, L. 526-12, L. 526-14, L. 631-19-2, L. 651-2, L. 820-3, L. 821-2, L. 821-12-2, L. 821-12-3, L. 822-1-5, L. 822-1-6, L. 822-11, L. 823-1, L. 823-3-1, L. 823-15, L. 823-16, L. 823-20, L. 824-4, L. 824-7, L. 824-9, L. 824-13, L. 824-15, L. 950-1, L. 950-1-1.
2016	15 déc.	Décret n° 2016-1728. Autorisations d'exploitation commerciale. – V. C. com., art. R. 752-20.
2016	22 déc.	Ordonnance n° 2016-1809. Reconnaissance des qualifications professionnelles de professions réglementées. – Art. 18. – V. C. com., art. L. 321-26.
2016	22 déc.	Arrêté. Modification de l'annexe 8-5 au livre VIII du code de commerce. – V. C. com., art. A. 814-4, annexes 8-5-1 et 8-5-2 🏛, ss. C. com., art. A. 814-4.
2016	23 déc.	Décret n° 2016-1851. Désignation des huissiers de justice et des commissaires-priseurs judiciaires dans certaines procédures relatives aux entreprises en difficulté. – V. C. com., art. R. 123-135, R. 611-23-1, R. 621-13, R. 641-8, D. 641-8-1, R. 645-5, R. 645-8 à R. 645-13, R. 645-20, R. 645-24, R. 645-25, R. 662-4, R. 662-18, R. 663-50, R. 811-24 à R. 811-26, R. 811-40, R. 811-41 à R. 811-42-1, R. 812-11, R. 812-13, R. 812-14, R. 812-21, R. 812-21-1, R. 812-22-1, R. 812-23-1, R. 812-23-2, R. 814-1, R. 814-2-1, R. 814-3, R. 814-3-2, R. 814-24, R. 814-41-1 à R. 814-45, R. 814-48, R. 814-166, R. 910-1, R. 920-1, R. 926-1, R. 950-1, R. 958-1, R. 966-1, R. 976-1.
2016	27 déc.	Décret n° 2016-1894. Organisation et fonctionnement des chambres de commerce et d'industrie. – V. C. com., art. R. 711-3, R. 711-6, R. 711-16, R. 711-18, R. 711-19, R. 711-32 à R. 711-35, R. 711-37 à R. 711-39, R. 711-40-1, R. 711-41 à R. 711-45, R. 711-47 à R. 711-48, R. 711-57, D. 711-67, D. 711-67-1, D. 711-67-5, R. 711-74, D. 711-75, R. 712-1-1, R. 712-9, R. 712-11, R. 712-15, R. 712-22-1, R. 712-22-2, R. 712-36.
2016	27 déc.	Décret n° 2016-1905. Dispositions statutaires relatives à la magistrature. – Art. 30. – V. C. com., art. R. 743-2, R. 743-3.
2016	29 déc.	Loi n° 2016-1920. Régulation, responsabilisation et simplification dans le secteur du transport public particulier de personnes. – Art. 3. – V. C. com., art. L. 420-2-2, L. 420-3, L. 420-4, L. 420-6, L. 450-5, L. 462-3, L. 462-5, L. 462-6, L. 464-2, L. 464-9.
2016	30 déc.	Décret n° 2016-1996. Modification du ressort de certaines juridictions à la suite de la création de communes nouvelles. – Art. 1er. – V. C. com., annexes 6-1 et 6-2 🏛.
2017	20 janv.	Loi n° 2017-55. Statut général des autorités administratives indépendantes et des autorités publiques indépendantes. – Art. 24, 28, 45. – V. C. com., art. L. 461-1, L. 461-2, L. 461-4, L. 461-5, L. 751-7, L. 821-1, L. 821-2, L. 821-3-2, L. 821-3-3.

2017	20 janv.	Arrêté. Tarifs réglementés des notaires. – V. C. com., art. A. 444-173-1.
2017	27 janv.	Loi n° 2017-86. Égalité et citoyenneté. – Art. 193, 224. – V. C. com., art. L. 123-29, L. 950-1.
2017	9 févr.	Décret n° 2017-159. Prestations de publicité digitale. – V. App., v° *Publicité commerciale*, **p. 3748.**
2017	28 févr.	Loi n° 2017-256. Programmation relative à l'égalité réelle outre-mer et autres dispositions en matière sociale et économique. – Art. 61 à 67. – V. C. com., art. L. 232-24, L. 410-5, L. 410-6, L. 420-5, L. 450-3-2, L. 752-6-1.
2017	7 mars	Arrêté. Accès aux professions d'administrateur judiciaire et de mandataire judiciaire. – V. C. com., art. A. 811-1, A. 811-4, A. 811-14, A. 811-17, A. 811-23 à A. 811-25, A. 812-1, A. 812-4, A. 812-14, A. 812-17, A. 812-22 à A. 812-24, annexe 8-1-1 🏛.
2017	8 mars	Décret n° 2017-304. Seuils d'ouverture par un administrateur judiciaire ou un mandataire judiciaire d'un compte distinct par procédure de sauvegarde, de redressement judiciaire ou de liquidation judiciaire. – V. C. com., art. D. 814-37-1.
2017	9 mars	Ordonnance n° 2017-303. Actions en dommages et intérêts du fait des pratiques anticoncurrentielles. – Art. 2 à 8. – V. C. com., art. L. 462-3, L. 462-7, L. 463-6, L. 464-2, L. 470-1, L. 470-2, L. 481-1 à L. 483-11, L. 490-1 à L. 490-12, L. 950-1, L. 950-1-1.
2017	9 mars	Décret n° 2017-305. Actions en dommages et intérêts du fait des pratiques anticoncurrentielles. – Art. 2, 3, 7. – V. C. com., art. R. 470-1, R. 470-2, R. 481-1 à R. 483-14, R. 490-1 à R. 490-10, R. 950-1.
2017	16 mars	Décret n° 2017-340. Rémunération des dirigeants et des membres des conseils de surveillance des sociétés anonymes cotées. – V. C. com., art. R. 225-33, R. 225-34, R. 225-60.
2017	20 mars	Arrêté. Application de l'article D. 441-4 du code de commerce. – V. C. com., art. A. 441-2.
2017	23 mars	Circulaire. Présentation des dispositions de l'ordonnance n° 2017-303 du 9 mars 2017 relative aux actions en dommages et intérêts du fait des pratiques anticoncurrentielles et du décret d'application n° 2017-305 du 9 mars 2017 🏛. – V. ss. C. com., art. L. 483-11.
2017	27 mars	Loi n° 2017-399. Devoir de vigilance des sociétés mères et des entreprises donneuses d'ordre. – V. C. com., art. L. 225-102-4, L. 225-102-5.
2017	29 mars	Décret n° 2017-449. Transposition de la directive 2013/55/UE modifiant la directive 2005/36/CE du Parlement européen et du Conseil du 7 septembre 2005 relative à la reconnaissance des qualifications professionnelles aux opérateurs de ventes volontaires. – V. C. com., art. R. 321-44, R. 321-58, R. 321-65, R. 321-67.
2017	3 avr.	Arrêté. Indemnités de frais de mandat des membres des chambres de commerce et d'industrie. – V. C. com., art. A. 712-2 à A. 712-5.

2017	6 avr.	Décret n° 2017-483. Activités de transport public particulier de personnes et actualisation de diverses dispositions du code des transports. – Art. 13. – V. C. com., art. R. 462-3, R. 463-13, R. 464-8, R. 464-9-1.
2017	6 avr.	Ordonnance n° 2017-484. Création d'organismes dédiés à l'exercice de l'activité de retraite professionnelle supplémentaire et adaptation des régimes de retraite supplémentaire en unités de rente. – Art. 17-I. – V. C. com., art. L. 123-16-2, L. 820-1.
2017	12 avr.	Décret n° 2017-540. Modification du code de déontologie de la profession de commissaire aux comptes. – V. C. com., art. R. 821-1, R. 821-3, R. 821-9-1, R. 821-14, R. 824-6, R. 950-1, annexe 8-1 🏛.
2017	24 avr.	Décret n° 2017-611. Sociétés constituées pour l'exercice de la profession de greffier de tribunal de commerce et sociétés de participations financières dans ces sociétés. – V. C. com., art. R. 743-32, R. 743-33, R. 743-35, R. 743-41, R. 743-44, R. 743-45, R. 743-47 à R. 743-49, R. 743-53, R. 743-57, R. 743-60-1, R. 743-68-1, R. 743-73, R. 743-74, R. 743-120, R. 743-121, R. 743-126 à R. 743-130, R. 743-139-21 à R. 743-139-26, R. 743-139-28.
2017	24 avr.	Décret n° 2017-613. Exercice de la profession de greffier de tribunal de commerce sous forme de société civile professionnelle et en qualité de salarié. – V. C. com., art. R. 743-83-1, R. 743-100, R. 743-101, R. 743-102-1, R. 743-115, R. 743-116, R. 743-139-6, R. 743-139-8 à R. 743-139-10, R. 743-139-15, R. 743-139-16, R. 743-139-18 à R. 743-139-20-1.
2017	25 avr.	Décret n° 2017-630. Simplification du droit des sociétés et statut de l'entrepreneur individuel à responsabilité limitée. – V. C. com., art. R. 225-30, R. 225-54, R. 225-57, D. 227-3, R. 526-3, R. 526-8 à R. 526-10, R. 526-10-2, R. 526-16, R. 950-1, D. 955-1, R. 955-2.
2017	2 mai	Décret n° 2017-696. Procédures de reconnaissance par voie électronique des qualifications professionnelles de professions réglementées. – V. C. com., art. R. 123-21, R. 123-30-8 à R. 123-30-13.
2017	4 mai	Ordonnance n° 2017-747. Mesures facilitant la prise de décision et la participation des actionnaires au sein des sociétés. – Ratifiée par L. n° 2019-744 du 19 juill. 2019. – V. C. com., art. L. 223-27, L. 225-103-1, L. 227-10, L. 227-19, L. 950-1.
2017	4 mai	Arrêté. Liste des indicateurs complétant les conventions d'objectifs et de moyens conclues entre les chambres de commerce et d'industrie et l'État et entre la chambre de commerce et d'industrie de Mayotte et l'État 🏛. – V. ss. C. com., art. R. 711-40-3.
2017	5 mai	Décret n° 2017-795. Application de l'article 27 de la loi n° 66-879 du 29 novembre 1966 et fixation de la majorité requise pour la transformation d'une société civile professionnelle en une société pluri-professionnelle d'exercice ou pour la participation d'une société civile professionnelle à la constitution d'une telle société. – Art. 1er. – V. C. com., art. R. 814-122-1.
2017	5 mai	Décret n° 2017-796. Exercice de la profession d'administrateur judiciaire ou de mandataire judiciaire par une société pluri-professionnelle

		d'exercice. – Art. 1er. – V. C. com., art. R. 811-30, R. 812-18, R. 814-59, R. 814-60, R. 814-62, R. 814-68, R. 814-70 à R. 814-72, R. 814-74, R. 814-75, R. 814-78 à R. 814-80, R. 814-83, R. 814-87, R. 814-89, R. 814-91 à R. 814-94, R. 814-108, R. 814-113, R. 814-121, R. 814-129, R. 814-146-1, R. 814-150, R. 814-152.
2017	5 mai	Décret n° 2017-823. Recours exercés devant la cour d'appel de Paris contre les décisions de l'Autorité de la concurrence et recours exercés devant le premier président de la cour d'appel de Paris contre certaines décisions du rapporteur général de l'Autorité de la concurrence. – V. C. com., art. R. 463-14, R. 464-10, R. 464-12 à R. 464-18, R. 464-20, R. 464-22, R. 464-24 à R. 464-24-8, R. 464-25-1, R. 464-26, R. 464-28, R. 464-30, R. 950-1.
2017	6 mai	Décret n° 2017-891. Exceptions d'incompétence et appel en matière civile. – Art. 5 et 51. – V. C. com., art. R. 624-5, R. 950-1.
2017	6 mai	Décret n° 2017-893. Conditions d'accès à la profession de greffier de tribunal de commerce. – V. C. com., art. R. 741-23, R. 742-1 à R. 742-25, R. 742-27-1 à R. 742-29, R. 742-31-1, R. 743-34, R. 743-43-1, R. 743-44, R. 743-83, R. 743-122, R. 743-139-5.
2017	9 mai	Décret n° 2017-862. Tarifs réglementés de postulation des avocats en matière de saisie immobilière, de partage, de licitation et de sûretés judiciaires. – V. C. com., art. R. 444-2, R. 444-3, R. 444-9, R. 444-15, R. 444-18, R. 444-20, R. 444-58, R. 444-68, R. 444-71 à R. 444-77, R. 950-1, annexe 4-7 (ss. art. R. 444-3), annexe 4-8 (ss. art. R. 444-3).
2017	10 mai	Ordonnance n° 2017-970. Tendant à favoriser le développement des émissions obligataires. – Ratifiée par L. n° 2019-486 du 22 mai 2019. – Art. 1er à 18, 26. – V. C. com., art. L. 228-39, L. 228-40, L. 228-46-1 à L. 228-48, L. 228-51, L. 228-53, L. 228-54, L. 228-58, L. 228-59, L. 228-61, L. 228-65, L. 228-73, L. 228-77 à L. 228-81, L. 950-1.
2017	26 mai	Arrêté. Homologation des normes d'exercice professionnel relatives à la justification des appréciations dans les rapports du commissaire aux comptes sur les comptes annuels et consolidés. – V. C. com., art. A. 823-27.
2017	26 mai	Arrêté. Homologation de la norme d'exercice professionnel relative à la continuité d'exploitation. – V. C. com., art. A. 823-18.
2017	12 juin	Décret n° 2017-1094. Registre des bénéficiaires effectifs définis à l'article L. 561-2-2 du code monétaire et financier. – Art. 2 et 4. – V. C. com., art. D. 123-80-1, R. 950-1.
2017	13 juin	Décret n° 2017-1097. Modification du ressort de certaines juridictions à la suite de la création de communes nouvelles et portant diverses dispositions d'organisation judiciaire. – Art. 1er, 5 et 6. – V. C. com., annexe 7-1, annexe 7-1-1, annexe 7-2.
2017	22 juin	Ordonnance n° 2017-1107. Marchés d'instruments financiers et séparation du régime juridique des sociétés de gestion de portefeuille de celui des entreprises d'investissement. – Art. 15, 19. – V. C. com., art. L. 225-145, L. 654-4, L. 950-1.

2017	23 juin	Arrêté. Modification du code de commerce. – V. C. com., art. A. 321-27 à A. 321-29.
2017	6 juill.	Arrêté. Tarifs réglementés de postulation des avocats en matière de saisie immobilière, de partage, de licitation et de sûretés judiciaires. – V. C. com., art. A. 444-187 à A. 444-202.
2017	7 juill.	Ordonnance n° 2017-1142. Simplification des obligations de dépôt des documents sociaux pour les sociétés établissant un document de référence. – Ratifiée par L. n° 2019-486 du 22 mai 2019. – V. C. com., art. L. 950-1.
2017	12 juill.	Ordonnance n° 2017-1162. Simplification et clarification des obligations d'information à la charge des sociétés. – Ratifiée par L. n° 2019-486 du 22 mai 2019. – V. C. com., art. L. 223-26, L. 225-37, L. 225-37-4, L. 225-68, L. 225-100 à L. 225-100-3, L. 225-102, L. 225-102-1 anc., L. 225-102-2, L. 225-102-4, L. 226-10-1, L. 950-1.
2017	12 juill.	Décret n° 2017-1163. Déontologie, éligibilité et discipline des juges des tribunaux de commerce. – V. C. com., art. R. 721-22, R. 722-22 à R. 722-17, R. 723-6, R. 724-8-1, R. 724-9, R. 724-11, R. 724-12, R. 724-14, R. 724-15, R. 724-17, R. 724-19, R. 930-1, R. 937-7, R. 940-1, R. 947-7.
2017	12 juill.	Décret n° 2017-1165. Tendant à favoriser le développement des émissions obligataires. – Art. 1er à 3, 5, 7 à 9, 12. – V. C. com., art. R. 223-10, R. 228-57, R. 228-60, R. 228-67, R. 228-81 à R. 228-83, R. 236-11, R. 950-1.
2017	18 juill.	Décret n° 2017-1174. Mesures de simplification et de clarification des obligations d'information à la charge des sociétés. – V. C. com., art. R. 950-1.
2017	19 juill.	Ordonnance n° 2017-1180. Publication d'informations non financières par certaines grandes entreprises et certains groupes d'entreprises. – Ratifiée par L. n° 2019-744 du 19 juill. 2019, art. 8-II. – Art. 1er à 4, 14. – V. C. com., art. L. 221-7, L. 225-37-4, L. 225-102-1, L. 823-10, L. 950-1.
2017	26 juill.	Décret n° 2017-1195. Modification de l'annexe 7-2 du livre VII du code de commerce (partie réglementaire) fixant le nombre des juges et le nombre des chambres des tribunaux de commerce. – V. C. com., annexe 7-2.
2017	1er août	Arrêté. Tarifs réglementés des greffiers des tribunaux de commerce. – V. C. com., art. A. 743-10-1.
2017	2 août	Décret n° 2017-1225. Modification des dispositions régissant les professionnels intervenant dans les procédures relatives aux entreprises en difficulté et application de la loi n° 2016-1547 du 18 novembre 2016. – Art. 1er à 18, 26. – V. C. com., art. L. 811-3 (note), R. 611-16, R. 645-9, R. 811-10, R. 811-19, R. 811-42, R. 811-42-1, R. 812-21, R. 812-21-1, R. 814-3-2, R. 814-4, R. 814-28-1 à R. 814-28-7, R. 814-41-1, R. 814-42, R. 814-42-2, R. 814-44, R. 814-45, R. 814-48, R. 950-1.

2017	9 août	Décret n° 2017-1253. Marchés d'instruments financiers et séparation du régime juridique des sociétés de gestion de portefeuille de celui des entreprises d'investissement. – Art. 11, 19. – V. C. com., art. R. 228-12, R. 228-24, R. 950-1.
2017	9 août	Décret n° 2017-1265. Application de l'ordonnance n° 2017-1180 du 19 juillet 2017 relative à la publication d'informations non financières par certaines grandes entreprises et certains groupes d'entreprises. – V. C. com., art. R. 225-104, R. 225-105 à R. 225-105-2, R. 950-1.
2017	11 août	Arrêté. Modalités d'organisation et programme des épreuves du concours d'accès à la profession de greffier de tribunal de commerce, et conditions de validation du stage et modalités d'organisation de l'entretien de fin de stage. – V. C. com., art. A. 742-1 à A. 742-15.
2017	17 août	Arrêté. Tarifs réglementés des notaires. – V. C. com., art. A. 444-167-1.
2017	18 sept.	Arrêté. Modalités de transmission à l'INPI du document relatif au bénéficiaire effectif mentionné au deuxième alinéa de l'article L. 561-46 du code monétaire et financier. – V. C. com., art. A. 123-30, A. 123-31.
2017	25 oct.	Ordonnance n° 2017-1491. Extension et adaptation de la partie législative du code du travail, et de diverses dispositions relatives au travail, à l'emploi et à la formation professionnelle à Mayotte. – Art. 14. – V. C. com., art. L. 920-5, L. 926-1, L. 926-2.
2017	2 nov.	Ordonnance n° 2017-1519. Adaptation du droit français au règlement (UE) n° 2015/848 du Parlement européen et du Conseil du 20 mai 2015 relatif aux procédures d'insolvabilité. – Ratifiée par L. n° 2019-486 du 22 mai 2019. – V. C. com., art. L. 643-11, L. 690-1 à L. 696-1, L. 721-8, L. 910-1, L. 917-6, L. 926-7, L. 960-3, L. 960-4.
2017	2 nov.	Décret n° 2017-1522. Personnes n'ayant en France ni domicile ni résidence fixe. – Art. 2. – V. C. com., art. R. 123-32, R. 123-35, R. 123-208-2.
2017	8 déc.	Ordonnance n° 2017-1674. Utilisation d'un dispositif d'enregistrement électronique partagé pour la représentation et la transmission de titres financiers. – Ratifiée par L. n° 2019-486 du 22 mai 2019. – Art. 1er, 4. – V. C. com., art. L. 228-1, L. 950-1.
2017	18 déc.	Arrêté. Homologation de la norme d'exercice professionnel relative aux communications avec les organes mentionnés à l'article L. 823-16 du code de commerce. – V. C. com., art. A. 823-5-1.
2017	28 déc.	Loi n° 2017-1775. De finances rectificative pour 2017. – Art. 73. – V. C. com., art. L. 632-2.
2017	30 déc.	Loi n° 2017-1837. De finances pour 2018. – Art. 149. – V. C. com., art. L. 821-5, L. 821-6-1, L. 821-7.
2018	9 févr.	Décret n° 2018-81. Procédure de déclaration des manifestations commerciales. – V. C. com., art. R. 762-1, R. 762-2, R. 762-5, R. 762-6, R. 762-9, R. 762-10, R. 762-12, R. 762-14.

2018	9 févr.	Arrêté. Procédure de déclaration des manifestations commerciales. – V. C. com., art. A. 762-1 à A. 762-8, A. 762-11, A. 762-17.
2018	13 févr.	Décret n° 2018-96. Commission départementale d'aménagement commercial en Corse. – V. C. com., art. R. 751-1 à R. 751-3.
2018	20 févr.	Arrêté. Formation professionnelle continue des commissaires aux comptes. – V. C. com., art. A. 821-1, A. 822-28-1 à A. 822-30, A. 822-34, A. 823-30 à A. 823-36-2.
2018	27 févr.	Arrêté. Tarifs réglementés des huissiers de justice. – V. C. com., art. A. 444-10.
2018	27 févr.	Arrêté. Tarifs réglementés des notaires. – V. C. com., art. A. 444-53.
2018	27 févr.	Arrêté. Tarifs réglementés des commissaires-priseurs judiciaires. – V. C. com., art. A. 444-1.
2018	27 févr.	Arrêté. Tarifs réglementés des greffiers des tribunaux de commerce. – V. C. com., art. A. 743-8 à A. 743-17.
2018	28 févr.	Décret n° 2018-146. Certaines modalités de participation des associés aux décisions collectives dans les sociétés anonymes et les sociétés à responsabilité limitée. – V. C. com., art. R. 223-20, R. 223-20-2, R. 223-20-3, R. 225-61-1 à R. 225-61-3, R. 225-63, R. 225-66, R. 225-95, R. 225-97, R. 225-99, R. 225-106, R. 950-1.
2018	21 mars	Décret n° 2018-196. Financement du Haut Conseil du commissariat aux comptes. – V. C. com., art. R. 821-14-4, R. 821-14-6 à R. 821-14-12, R. 821-14-15, R. 822-26.
2018	21 mars	Décret n° 2018-200. Modification de certaines dispositions de la partie réglementaire du code de commerce et du décret n° 2016-230 du 26 février 2016 *(tarifs de certains professionnels du droit et fonds interprofessionnel de l'accès au droit et à la justice)*. – V. C. com., art. R. 444-21, R. 444-71, R. 663-3, R. 663-4, R. 663-9, annexe 4-7 à l'art. R. 444-3 (tableaux 2, 3-1, 5, 5-1).
2018	30 mars	Décret n° 2018-229. Dématérialisation des relations contractuelles dans le secteur financier. – Art. 15, 16, 34. – V. C. com., art. R. 228-61, R. 228-79, R. 236-11, R. 950-1.
2018	9 avr.	Décret n° 2018-256. Désignation de l'autorité administrative mentionnée à l'article L. 321-3 du code de commerce. – V. C. com., art. R. 321-35-1.
2018	11 avr.	Décret n° 2018-262. Modalités d'inscription de la mention de la spécialité civile ou commerciale sur la liste nationale des administrateurs judiciaires. – V. C. com., art. R. 811-19, R. 811-23, R. 811-26, R. 811-27, R. 811-28-1, R. 811-28-2, R. 811-28-5 à R. 811-28-7, R. 811-31, R. 811-31-1, R. 812-19, R. 950-1.
2018	18 avr.	Décret n° 2018-284. Renforcement du dispositif français de lutte contre le blanchiment de capitaux et le financement du terrorisme. – Art. 79, 86. – V. C. com., art. R. 123-77, R. 950-1.

2018	25 avr.	Arrêté. Obtention de la mention de spécialité des administrateurs judiciaires. – V. C. com., art. A. 811-14, A. 811-16 à A. 811-19-1, A. 811-26 à A. 811-30, A. 812-17.
2018	26 avr.	Arrêté. Tarifs réglementés des greffiers des tribunaux de commerce. – V. C. com., art. A. 743-9.
2018	3 mai	Arrêté. Homologation de la norme d'exercice professionnel relative à l'évaluation des anomalies relevées au cours de l'audit. – V. C. com., art. A. 823-6-1.
2018	14 mai	Décret n° 2018-350. Application de la loi organique n° 2016-1046 du 1er août 2016 rénovant les modalités d'inscription sur les listes électorales des ressortissants d'un État membre de l'Union européenne autre que la France pour les élections municipales et de la loi n° 2016-1048 du 1er août 2016 rénovant les modalités d'inscription sur les listes électorales. – Art. 3. – V. C. com., art. R. 713-5.
2018	5 juin	Décret n° 2018-452. Application du règlement (UE) n° 2015/848 du Parlement européen et du Conseil du 20 mai 2015 relatif aux procédures d'insolvabilité et de l'ordonnance n° 2017-1519 portant adaptation du droit français à ce règlement. – Art. 2 à 10. – V. C. com., art. R. 123-91, R. 123-122, R. 600-1, R. 621-8, R. 662-1-1, R. 690-1 à R. 695-4, R. 743-145, R. 910-1, R. 966-1.
2018	12 juin	Ordonnance n° 2018-470. Regroupement et mise en cohérence des dispositions du code de la sécurité sociale applicables aux travailleurs indépendants. – Art. 1er. – V. C. com., art. L. 743-13.
2018	18 juill.	Arrêté. Approbation des règles professionnelles établies par le Conseil national des administrateurs judiciaires et des mandataires judiciaires 🏛.
2018	23 juill.	Loi n° 2018-643. Contrôles et sanctions en matière de concurrence en Polynésie française et en Nouvelle-Calédonie. – Art. 4. – V. C. com., art. L. 934-5.
2018	27 juill.	Décret n° 2018-664. Formation initiale et continue des juges des tribunaux de commerce. – V. C. com., art. D. 722-28 s.
2018	30 juill.	Loi n° 2018-670. Protection du secret des affaires. – Art. 1er, 2, 4, 5. – V. C. com., art. L. 151-1 à L. 154-1, L. 440-1, L. 483-2, L. 483-3, L. 950-1.
2018	10 août	Loi n° 2018-727. Pour un État au service d'une société de confiance. – Art. 21, 55. – V. C. com., art. L. 225-100-1, L. 232-1, L. 950-1.
2018	5 sept.	Loi n° 2018-771. Liberté de choisir son avenir professionnel. – Art. 84, 104. – V. C. com., art. L. 225-37-1, L. 225-37-4, L. 225-82-1, L. 225-102-1, L. 226-9-1.
2018	11 sept.	Arrêté. Recueil de données et d'informations auprès de certains professionnels du droit. – V. C. com., art. A. 444-203.
2018	14 sept.	Arrêté. Modification de l'arrêté du 13 mai 2013 déterminant les modalités dans lesquelles l'organisme tiers indépendant conduit sa mission. – V. C. com., art. A. 225-1 à A. 225-4.

2018	28 sept.	Arrêté. Modification du code de commerce (partie Arrêtés). – V. C. com., art. A. 131-2.
2018	1er oct.	Arrêté. Homologation de deux normes d'exercice professionnel relatives aux rapports du commissaire aux comptes sur les comptes annuels et consolidés et aux diligences du commissaire aux comptes relatives au rapport de gestion, aux autres documents sur la situation financière et les comptes et aux informations relevant du rapport sur le gouvernement d'entreprise adressés aux membres de l'organe appelé à statuer sur les comptes. – V. C. com., art. A. 823-26, A. 823-29, A. 823-29-1.
2018	23 oct.	Loi n° 2018-898. Lutte contre la fraude. – Art. 20. – V. C. com., art. L. 225-102-1.
2018	30 oct.	Loi n° 2018-938. Pour l'équilibre des relations commerciales dans le secteur agricole et alimentaire et une alimentation saine, durable et accessible à tous. – Art. 1er, 8 à 10, 16, 18, 19, 55, 97. – V. C. com., art. L. 123-5-2, L. 225-102-1, L. 232-24, L. 420-5, L. 462-10, L. 950-1, L. 954-3-5.
2018	23 nov.	Loi n° 2018-1021. Évolution du logement, de l'aménagement et du numérique. – Art. 28, 86, 157, 163 à 168, 170 à 173. – V. C. com., art. L. 145-4, L. 228-36, L. 751-2, L. 752-1 à L. 752-2, L. 752-4, L. 752-5-1, L. 752-6, L. 752-15, L. 752-19, L. 752-21, L. 752-23.
2018	26 nov.	Ordonnance n° 2018-1074. Partie législative du code de la commande publique. – Art. 17. – V. C. com., art. L. 464-6-1, L. 711-8, L. 711-16, L. 712-6.
2018	3 déc.	Décret n° 2018-1075. Partie réglementaire du code de la commande publique. – Art. 13. – V. C. com., art. R. 821-14-19.
2018	4 déc.	Décret n° 2018-1081. Protection fonctionnelle des magistrats de l'ordre judiciaire et des juges des tribunaux de commerce. – Art. 2 – V. C. com., art. R. 722-28 à R. 722-34.
2018	11 déc.	Décret n° 2018-1126. Protection du secret des affaires. – Art. 1er, 4. – V. C. com., art. R. 152-1, R. 153-1 à R. 153-10, R. 483-2 à R. 483-10, R. 811-48, R. 811-51, R. 823-18, R. 823-19, R. 950-1.
2018	11 déc.	Directive (UE) 2019/1. Dotation des autorités de concurrence des États membres des moyens de mettre en œuvre plus efficacement les règles de concurrence et garantie du bon fonctionnement du marché intérieur. – V. App., v° *Concurrence*.
2018	12 déc.	Ordonnance n° 2018-1125. Application de l'article 32 de la loi n° 2018-493 du 20 juin 2018 relative à la protection des données personnelles et portant modification de la loi n° 78-17 du 6 janvier 1978 relative à l'informatique, aux fichiers et aux libertés et diverses dispositions concernant la protection des données à caractère personnel. – Art. 3. – V. C. com., art. L. 128-1, L. 128-2, L. 128-4.
2018	24 déc.	Décret n° 2018-1226. Utilisation d'un dispositif d'enregistrement électronique partagé pour la représentation et la transmission de titres financiers et pour l'émission et la cession de minibons. – Art. 1er à 3. – V. C. com., art. R. 225-86, R. 228-7, R. 228-8, R. 228-10, R. 950-1.

2018	26 déc.	Décret n° 2018-1240. Compétence des services des impôts des entreprises en tant que centres de formalités des entreprises. – V. C. com., art. R. 123-3.
2018	27 déc.	Arrêté. Modification de l'arrêté du 24 avril 2008 relatif aux redevances de procédures perçues par l'Institut national de la propriété industrielle. – V. Arr. préc., annexe, ss. C. com., art. R. 123-163.
2018	28 déc.	Loi n° 2018-1317. De finances pour 2019. – Art. 209. – V. C. com., art. L. 526-19.
2019	5 mars	Décret n° 2019-162. Conditions de nomination et d'exercice de la profession de greffier de tribunal de commerce. – V. C. com., art. R. 732-8, R. 742-18, R. 742-19, R. 742-21, R. 742-22, R. 742-27-1, R. 742-29, R. 743-43-1, R. 743-44, R. 743-48, R. 743-79, R. 743-85, R. 743-100, R. 743-106, R. 743-107, R. 743-109, R. 743-116, R. 743-136 à R. 743-139, R. 743-139-5, R. 743-169 à R. 743-171, R. 743-173 à R. 743-175, R. 743-177.
2019	6 mars	Décret n° 2019-167. Conditions de remboursement des frais occasionnés par les déplacements du président du tribunal de commerce ou du juge délégué par lui appelé à siéger au sein du tribunal de commerce spécialisé compétent. – V. C. com., art. D. 721-19-1.
2019	6 mars	Décret n° 2019-169. Modalités de renouvellement partiel du collège de l'Autorité de la concurrence. – V. C. com., art. R. 461-10, R. 950-1.
2019	20 mars	Décret n° 2019-206. Gouvernance de la politique de sécurité économique. – V. App., v° *Étrangers*, **p. 3713.**
2019	23 mars	Loi n° 2019-222. Programmation 2018-2022 et réforme pour la justice. – Art. 20, 33, 102, 109. – V. C. com., art. L. 153-1, L. 444-2, L. 444-7, L. 723-3, L. 950-1.
2019	4 avr.	Décret n° 2019-276. Institution d'une indemnité pour les membres de la Commission nationale d'inscription et de discipline des administrateurs judiciaires et des mandataires judiciaires. – V. C. com., art. D. 814-1-2.
2019	17 avr.	Décret n° 2019-331. Composition et fonctionnement des commissions départementales d'aménagement commercial et demandes d'autorisation d'exploitation commerciale. – V. C. com., art. R. 751-1, R. 751-3, R. 751-4, R. 752-6 à R. 752-6-3, R. 752-10, R. 752-12 à R. 752-16.
2019	*17 avr.*	Directive (UE) 2019/633. Pratiques commerciales déloyales dans les relations interentreprises au sein de la chaîne d'approvisionnement agricole et alimentaire. – V. ss. C. com., art. L. 443-4.
2019	18 avr.	Décret n° 2019-339. Simplification du dossier de notification d'une opération de concentration à l'Autorité de la concurrence. – V. C. com., art. R. 430-2 à R. 430-4, R. 950-1, annexes 4-4 et 4-5, ss. art. R. 430-2.
2019	24 avr.	Ordonnance n° 2019-358. Action en responsabilité pour prix abusivement bas. – V. C. com., art. L. 442-7.

2019	24 avr.	Ordonnance n° 2019-359. Refonte du titre IV du livre IV du code de commerce relatif à la transparence, aux pratiques restrictives de concurrence et aux autres pratiques prohibées. – V. C. com., art. L. 441-1 à L. 443-4, L. 914-1, L. 914-2, L. 924-3 à L. 924-6, L. 950-1, L. 954-2-1 à L. 954-7.
2019	22 mai	Loi n° 2019-486. Croissance et transformation des entreprises : – Art. 1er, 3, 7, 8, 10, 11, 16, 20 à 25, 27 à 29, 40, 43, 44, 47, 48, 50, 51, 53, 56 à 59, 63, 64, 67 à 69, 80, 100 à 103, 124, 162, 163, 169, 176, 179, 184, 186 à 189, 198, 206, 212, 220. – V. C. com., art. L. 121-4, L. 123-9-1, L. 123-16, L. 123-32 à L. 123-35, L. 129-1, L. 141-12, L. 141-18, L. 141-21, L. 143-6, L. 144-6, L. 146-1, L. 152-2, L. 210-10 à L. 210-12, L. 221-9, L. 223-11, L. 223-35, L. 225-7, L. 225-16, L. 225-18-1, L. 225-23, L. 225-26, L. 225-27-1, L. 225-30-2, L. 225-37-4, L. 225-40, L. 225-40-1, L. 225-42, L. 225-44, L. 225-45, L. 225-53, L. 225-58, L. 225-64, L. 225-69-1, L. 225-71, L. 225-73, L. 225-79-2, L. 225-80, L. 225-83, L. 225-85, L. 225-88, L. 225-90, L. 225-100, L. 225-115, L. 225-135, L. 225-138, L. 225-146, L. 225-177, L. 225-197-1, L. 225-204, L. 225-209-2, L. 225-218, L. 225-231, L. 225-232, L. 225-235, L. 225-244, L. 225-261, L. 225-268, L. 226-1, L. 226-4-1, L. 226-6, L. 226-9, L. 227-1, L. 227-2-1, L. 227-9-1, L. 228-1 à L. 228-3-1, L. 228-3-3 à L. 228-3-6, L. 228-11, L. 228-12, L. 228-15, L. 228-19, L. 228-98, L. 232-3, L. 232-19, L. 232-23, L. 232-25, L. 232-26, L. 235-1, L. 236-6, L. 236-9, L. 236-10, L. 23-11-1 à L. 23-11-4, L. 310-3, L. 450-3-3, L. 470-2, L. 522-1, L. 522-6, L. 522-15, L. 522-16, L. 522-37-1 à L. 522-37-4, L. 522-38, L. 526-2, L. 526-5-1 à L. 526-17, L. 526-19, L. 611-5, L. 611-6, L. 612-1, L. 612-4, L. 620-2, L. 621-2, L. 622-24, L. 626-12, L. 626-27, L. 631-2, L. 631-7, L. 631-9, L. 631-11, L. 640-2, L. 641-1, L. 641-2-1, L. 641-3, L. 641-11, L. 642-7, L. 644-2, L. 644-5, L. 645-1, L. 645-3, L. 645-9, L. 653-3, L. 670-1-1, L. 670-6, L. 710-1, L. 711-1, L. 711-3, L. 711-7, L. 711-8, L. 711-15, L. 711-16, L. 712-2, L. 712-6, L. 712-7, L. 712-9, L. 712-11, L. 712-11-1, L. 713-1, L. 713-6 à L. 713-12, L. 713-15 à L. 713-18, L. 722-6-1, L. 723-1, L. 723-2, L. 723-4, L. 723-7, L. 723-9, L. 820-1, L. 820-1-1, L. 821-1, L. 821-6, L. 821-14, L. 822-10 à L. 822-11-1, L. 822-15, L. 823-2-1, L. 823-2-2, L. 823-3-2, L. 823-12-1, L. 823-12-2, L. 823-18-1, L. 823-20, L. 824-3, L. 824-5, L. 824-8 à L. 824-11, L. 824-13, L. 921-3, L. 950-1, L. 950-1-1. – Art. 40, 45, 46. – V. ss. C. com., art. L. 710-1.
2019	24 mai	Décret n° 2019-514. Seuils de désignation des commissaires aux comptes et délais pour élaborer les normes d'exercice professionnel. – V. C. com., art. D. 221-5, D. 223-27, D. 225-164-1, D. 227-1, D. 823-1, D. 823-1-1, D. 821-77, D. 950-1-1.
2019	27 mai	Arrêté. Dates et heures de début des soldes ainsi que leur durée en application de l'article L. 310-3 du code de commerce. – V. ss. C. com., art. L. 310-3.
2019	29 mai	Décret n° 2019-539. Application de l'article 47 de la loi n° 2019-486 du 22 mai 2019 relative à la croissance et la transformation des entreprises. – V. C. com., art. D. 123-200.

2019	3 juin	Décret n° 2019-554. Modification du titre IV du livre IV de la partie réglementaire du code de commerce. – V. C. com., art. D. 441-6.
2019	6 juin	Arrêté. Homologation de deux normes d'exercice professionnel relatives à la mission du commissaire aux comptes nommé pour trois exercices prévue à l'article L. 823-12-1 du code de commerce et à la mission du commissaire aux comptes nommé pour six exercices dans des petites entreprises. – V. C. com., art. A. 823-27-1.
2019	7 juin	Décret n° 2019-563. Procédure devant la Commission nationale d'aménagement commercial et contrôle du respect des autorisations d'exploitation commerciale. – V. C. com., art. R. 752-16, R. 752-34, R. 752-36, R. 752-38, R. 752-43-1 à R. 752-43-9, R. 752-44 à R. 752-44-19, R. 752-45 à R. 752-49.
2019	17 juin	Décret n° 2019-599. Coordination de certaines dispositions du code de commerce avec l'ordonnance du 24 avril 2019 portant refonte du titre IV du livre IV du code de commerce relatif à la transparence, aux pratiques restrictives de concurrence et autres pratiques prohibées. – V. C. com., art. D. 442-3, D. 914-2, D. 924-2.
2019	19 juin	Arrêté. Contenu du formulaire de demande d'habilitation pour réaliser l'analyse d'impact mentionnée au III de l'article L. 752-6 du code de commerce. – V. C. com., art. A. 752-1, A. 752-3.
2019	28 juin	Arrêté. Contenu du formulaire de demande d'habilitation pour établir le certificat de conformité mentionné au premier alinéa de l'article L. 752-23 du code de commerce. – V. C. com., art. A. 752-2.
2019	3 juill.	Ordonnance n° 2019-698. Mise en cohérence des dispositions législatives des codes et lois avec celles du code de commerce dans leur rédaction résultant de l'ordonnance n° 2019-359 du 24 avril 2019 portant refonte du titre IV du livre IV du code de commerce relatif à la transparence, aux pratiques restrictives de concurrence et aux autres pratiques prohibées. – Art. 2. – V. C. com., art. L. 321-11, L. 420-2, L. 470-2, L. 490-3, L. 490-4.
2019	5 juill.	Décret n° 2019-718. Regroupement et mise en cohérence des dispositions du code de la sécurité sociale applicables aux travailleurs indépendants. – Art. 2. – V. C. com., art. R. 123-5-1, R. 123-227.
2019	17 juill.	Ordonnance n° 2019-738. Application de l'article 28 de la loi n° 2019-222 du 23 mars 2019 de programmation 2018-2022 et de réforme pour la justice. – Art. 3, 29. – V. C. com., art. L. 125-17, L. 125-18, L. 225-32, L. 522-4, L. 522-39, L. 631-19-2, L. 950-1.
2019	19 juill.	Loi n° 2019-744. Simplification, clarification et actualisation du droit des sociétés. – Art. 1er, 2, 9 à 36. – V. C. com., art. L. 124-1, L. 141-1, L. 144-3 à L. 144-5, L. 144-8, L. 221-9, L. 223-24, L. 223-27, L. 223-29, L. 223-30, L. 223-35, L. 225-19, L. 225-35, L. 225-37, L. 225-48, L. 225-52, L. 225-54, L. 225-60, L. 225-68, L. 225-70, L. 225-82, L. 225-93, L. 225-96, L. 225-98, L. 225-103-1, L. 225-107, L. 225-108, L. 225-121, L. 225-129-6, L. 225-149, L. 225-177, L. 225-197-1, L. 225-208, L. 225-209-2, L. 225-214, L. 225-218, L. 225-256, L. 226-6, L. 227-1, L. 227-9-1, L. 227-19, L. 228-15,

		L. 232-20, L. 236-3, L. 236-11, L. 236-11-1, L. 236-16, L. 236-22, L. 238-6, L. 526-17, L. 642-14, L. 822-1-3, L. 822-15, L. 911-7, L. 931-8, L. 941-8, L. 950-1-1, L. 951-6.
2019	19 juill.	Arrêté. Montant de la redevance due pour l'obtention de la carte permettant l'exercice d'une activité commerciale ou artisanale ambulante. – V. C. com., art. A. 123-80-5.
2019	26 juill.	Décret n° 2019-795. Faculté de suspension de la procédure d'autorisation d'exploitation commerciale. – V. C. com., art. R. 752-29-1 à R. 752-29-9.
2019	8 août	Arrêté. Tarifs réglementés des notaires. – V. C. com., art. A. 444-90, A. 444-90-1.
2019	8 août	Arrêté. Tarifs réglementés de postulation des avocats en matière de saisie immobilière, de partage, de licitation et de sûretés judiciaires. – V. C. com., art. A. 444-187, A. 444-191, A. 444-192.
2019	21 août	Ordonnance n° 2019-848. Extension du code de commerce aux îles Wallis-et-Futuna. – V. C. com., art. L. 950-1.
2019	21 août	Décret n° 2019-867. Modalités de traitement des agents publics refusant l'engagement proposé par le repreneur d'une activité exercée par leur chambre de commerce et d'industrie d'affectation. – V. C. com., art. D. 712-11-2.
2019	30 août	Décret n° 2019-913. Application de l'article 95 de la loi n° 2019-222 du 23 mars 2019 de programmation 2018-2022 et de réforme pour la justice. – Art. 7. – V. C. com., art. R. 123-30 (annexe 1-1), R. 600-3 (annexes 6-1 et 6-2), R. 600-4 (annexe 6-4), R. 723-8, R. 743-142, R. 910-2, R. 930-2, R. 940-2, R. 950-2.
2019	30 août	Arrêté. Conséquences de l'article 95 de la loi n° 2019-222 du 23 mars 2019 de programmation 2018-2022 et de réforme pour la justice. – Art. 2. – V. C. com., art. A. 743-8.
2019	13 sept.	Décret n° 2019-955. Modification de la section III du chapitre Ier du titre IV du livre VII de la partie réglementaire du code de commerce relatif aux conditions pour être membre du Conseil national des greffiers des tribunaux de commerce. – V. C. com., art. R. 741-10.
2019	18 sept.	Ordonnance n° 2019-964. Application de la loi n° 2019-222 du 23 mars 2019 de programmation 2018-2022 et de réforme pour la justice : – Art. 3. – V. C. com., art. L. 731-2, L. 910-2, L. 930-2, L. 940-2, L. 950-2. – Art. 35. – V. l'*Avant-propos* en début d'ouvrage.
2019	18 sept.	*Décret n° 2019-966*. Substitution du tribunal judiciaire au tribunal de grande instance et au tribunal d'instance en application de l'article 95 de la loi n° 2019-222 du 23 mars 2019 de programmation 2018-2022 et de réforme pour la justice. – Art. 8. – V. l'*Avant-propos* en début d'ouvrage.

2019	25 sept.	Décret n° 2019-987. Simplification du droit de l'entrepreneur individuel à responsabilité limitée, qualification artisanale et répertoire des métiers. – Art. 2 à 34. – V. C. com., art. R. 123-3, R. 123-30 (annexes 1-1 et 1-2), R. 123-37, R. 123-42, R. 123-49-1, R. 123-77, R. 123-96, R. 123-121-2 à R. 123-121-5, R. 123-126-1, R. 123-227, R. 134-5, R. 134-6, R. 134-13-1, R. 526-3 à R. 526-6, R. 526-10-1, R. 526-12, R. 526-13, R. 526-14-1, R. 526-15, R. 526-16, R. 526-18, R. 526-20, R. 526-20-1, R. 611-43, R. 950-1, D. 955-1.
2019	25 sept.	Arrêté. Entrepreneur individuel à responsabilité limitée. – Art. 2 à 7. – V. C. com., art. A. 123-41, A. 526-1 (annexe 5-1), A. 526-3 (annexe 5-2), A. 526-5.
2019	1er oct.	Arrêté. Contenu du formulaire intitulé « certificat de conformité » en application de l'article R. 752-44-8 du code de commerce. – V. C. com., art. A. 752-3, annexe 7-8.
2019	1er oct.	Arrêté. Contenu du tableau récapitulatif des caractéristiques du projet d'équipement commercial autorisé en application des articles R. 752-16, R. 752-38 et R. 752-44 du code de commerce. – V. C. com., art. A. 752-4, annexe 7-9.
2019	2 oct.	Ordonnance n° 2019-1015. Régulation des jeux d'argent et de hasard. – Art. 27. – V. C. com., art. L. 123-11-3.
2019	10 oct.	Arrêté. Modification de l'arrêté du 27 mai 2019 fixant les dates et heures de début des soldes ainsi que leur durée en application de l'article L. 310-3 du code de commerce. – V. Arr. mod., art. 2 (note) et annexe, ss. C. com., art. L. 310-3.
2019	11 oct.	Décret n° 2019-1048. Statut du conjoint du chef d'entreprise ou du partenaire lié au chef d'entreprise par un pacte civil de solidarité travaillant dans l'entreprise familiale. – Art. 1er, 3. – V. C. com., art. R. 121-3 à R. 121-6, R. 123-8, R. 123-88, R. 910-1, R. 920-1.
2019	21 oct.	Ordonnance n° 2019-1067. Offres au public de titres. – Art. 2 à 6. – V. C. com., art. L. 221-13, L. 223-11, L. 223-12, L. 225-11-2, L. 225-12, L. 225-131, L. 225-134, L. 225-136, L. 225-145, L. 227-2, L. 227-2-1, L. 228-39, L. 228-51, L. 229-11 à L. 229-13, L. 232-23, L. 242-1, L. 242-17, L. 244-3, L. 252-10, L. 253-1, L. 950-1.
2019	23 oct.	Décret n° 2019-1080. Procédure de radiation des travailleurs indépendants de leur affiliation à la sécurité sociale prévue à l'article L. 613-4 du code de la sécurité sociale. – Art. 2. – V. C. com., art. R. 123-125, R. 123-128, R. 123-227 à R. 123-230, R. 134-9-1, R. 526-25.
2019	*28 oct.*	Décret n° 2019-1097. Offres au public de titres. – Art. 1er à 6. – V. C. com., art. R. 123-103, R. 123-107, R. 210-6, R. 210-7, R. 223-7 à R. 223-9, R. 225-1, R. 225-13, R. 225-120, R. 225-126, R. 227-2, R. 228-51, R. 247-2, R. 950-1.
2019	31 oct.	Décret n° 2019-1118. Dématérialisation des registres, des procès-verbaux et des décisions des sociétés et des registres comptables de certains commerçants. – V. C. com., art. D. 123-205-1, R. 221-3, R. 221-4, R. 223-26, R. 225-20, R. 225-22, R. 225-24, R. 225-47, R. 225-49, R. 225-51, R. 225-106, R. 227-1-1, R. 912-1, R. 950-1, R. 952-3, R. 962-1.

2019	7 nov.	Décret n° 2019-1143. Dispositions spécifiques applicables aux centres de formation d'apprentis et aux obligations des organismes prestataires d'actions de développement des compétences. – Art. 7. – V. C. com., art. R. 814-28-4.
2019	13 nov.	Ordonnance n° 2019-1169. Marques de produits ou de services. – Art. 13-II. – V. C. com., art. L. 143-17, L. 143-23, L. 950-1.
2019	15 nov.	Décret n° 2019-1185. Formation professionnelle des commissaires de justice et conditions d'accès à cette profession. – Art. 3 à 5, 42. – V. C. com., art. L. 131-28 (note), L. 321-4 (note), R. 321-18-1.
2019	20 nov.	Décret n° 2019-1207. Publicité des comptes annuels des moyennes entreprises. – V. C. com., art. D. 123-80-1, R. 123-111-1, R. 123-154-1, R. 123-162, R. 232-22, R. 950-1, D. 950-1-1.
2019	20 nov.	Arrêté. Publicité des comptes annuels des moyennes entreprises. – V. C. com., art. A. 123-61-1, annexe 1-5-2.
2019	21 nov.	Décret n° 2019-1208. Diverses dispositions relatives à la liquidation judiciaire simplifiée. – V. C. com., art. D. 641-10.
2019	26 nov.	Décret n° 2019-1227. Règles de gestion des directeurs généraux agents publics des établissements publics du réseau des chambres de commerce et d'industrie. – V. C. com., art. D. 711-70-1.
2019	27 nov.	Ordonnance n° 2019-1234. Rémunération des mandataires sociaux des sociétés cotées. – V. C. com., art. L. 225-37-3, L. 225-42-1, L. 225-45 à L. 225-47, L. 225-53, L. 225-63, L. 225-79-1, L. 225-83 à L. 225-84, L. 225-90-1, L. 225-100, L. 225-185, L. 225-197-1, L. 226-4, L. 226-8, L. 950-1.
2019	27 nov.	Décret n° 2019-1235. Transposition de la directive (UE) 2017/828 du 17 mai 2017 modifiant la directive 2007/36/CE en vue de promouvoir l'engagement à long terme des actionnaires. – Art. 1er à 3, 7. – V. C. com., art. R. 225-30 à R. 225-31, R. 225-34-1, R. 225-57 à R. 225-58, R. 225-60-1, D. 225-104-1, R. 228-3 à R. 228-5, R. 950-1.
2019	28 nov.	Décret n° 2019-1247. Procédure de communication des données de connexion aux agents mentionnés à l'article L. 450-1 du code de commerce. – V. C. com., art. R. 450-4 à R. 450-8.
2019	3 déc.	Décret n° 2019-1287. Application de l'article L. 522-37-4 du code de commerce. – V. C. com., art. R. 522-14, R. 522-17, R. 522-24-1 à R. 522-24-10.
2019	3 déc.	Arrêté. Tarifs réglementés des greffiers des tribunaux de commerce. – V. C. com., art. A. 743-10.
2019	6 déc.	Décret n° 2019-1308. Formation et conditions d'exercice des mandats des représentants des salariés actionnaires. – V. C. com., art. R. 225-34-2 à R. 225-34-4, R. 225-60-2, R. 950-1.
2019	9 déc.	Décret n° 2019-1316. Marques de produits ou de services. – Art. 14. – V. C. com., art. A. 743-11, R. 444-3 (annexe 4-7, tableaux 2 et 3-1).

2019	9 déc.	Décret n° 2019-1317. Organisation et fonctionnement des chambres de commerce et d'industrie. – V. C. com., art. D. 711-5 à R. 711-7, D. 711-9, R. 711-11, R. 711-11-1, R. 711-13 à R. 711-15, R. 711-19, R. 711-32, R. 711-33, D. 711-34-1, D. 711-34-3, R. 711-38, R. 711-40 à R. 711-40-4, D. 711-41-1, R. 711-43, R. 711-44, R. 711-46 à R. 711-51, R. 711-55, R. 711-55-1, R. 711-55-3, D. 711-56 à D. 711-56-4, R. 711-59, R. 711-63 à R. 711-65, D. 711-67, D. 711-67-2, D. 711-67-3, D. 711-67-6, R. 711-68, R. 711-70, R. 711-71, R. 712-1, R. 712-5, R. 712-6-1, R. 712-7, R. 712-9 à R. 712-11-1, R. 712-11-3, R. 712-13, D. 712-14-2, D. 712-14-3, R. 712-15, R. 712-16, R. 712-18, R. 712-19, R. 712-20-1, R. 712-21, R. 712-22 à R. 712-23, R. 712-25 à R. 712-26-1.
2019	11 déc.	Décret n° 2019-1333. Réforme de la procédure civile. – Art. 7, 16. – V. C. com., art. R. 145-26 à R. 145-29, R. 145-31, R. 152-1, R. 444-3 (annexe 4-7), R. 621-8-1, R. 621-15, R. 621-21, R. 624-10, R. 626-45, R. 626-63, R. 641-7, R. 642-5, R. 642-33, R. 642-38, R. 643-11, R. 645-19, R. 661-1, R. 663-46, R. 721-6, R. 723-26, R. 743-15, R. 811-57, R. 812-23-1, R. 927-4, R. 950-1.
2019	18 déc.	Décret n° 2019-1379. Suppression de commissions administratives à caractère consultatif. – Art. 9. – V. C. com., art. R. 123-81, A. 123-7, A. 123-10, A. 123-11, A. 123-34 à A. 123-36, A. 123-65.
2019	19 déc.	Décret n° 2019-1408. Modification du ressort du tribunal de commerce de Châlons-en-Champagne à la suite de la création de la commune nouvelle de Blancs-Coteaux, modification des compétences matérielles de la chambre détachée de Guingamp et rectification des erreurs matérielles dans les tableaux fixant le siège et ressort des tribunaux de commerce (annexé au code de commerce) et des tribunaux paritaires des baux ruraux (annexé au code rural et de la pêche maritime). – V. C. com., art. D. 721-2 (annexe 7-1 🏛).
2019	20 déc.	Décret n° 2019-1419. Procédure accélérée au fond devant les juridictions judiciaires. – Art. 2, 23. – V. C. com., art. D. 221-5, R. 223-11, R. 223-30, R. 225-163, D. 225-164-1, D. 227-1, R. 611-35, R. 692-9, R. 814-105, R. 823-5, R. 950-1.
2019	27 déc.	Décret n° 2019-1486. Délai durant lequel des actionnaires minoritaires peuvent demander la convocation d'une assemblée générale pour approuver certaines opérations de fusions, de scissions ou d'apports partiels d'actifs et aux votes au sein des assemblées générales d'actionnaires. – V. C. com., art. R. 225-76, R. 225-78, R. 236-5 à R. 236-5-2, R. 950-1.
2019	28 déc.	Loi n° 2019-1479. De finances pour 2020. – Art. 134. – V. C. com., art. L. 225-115.
2020	2 janv.	Décret n° 2020-1. Sociétés à mission. – Art. 2, 3, 6. – V. C. com., art. R. 123-53, R. 123-222, R. 210-21, R. 950-1.
2020	5 févr.	Arrêté. Montant de la redevance due en contrepartie de l'instruction des dossiers de candidature au label « entreprise du patrimoine vivant » 🏛. – V. App., v° *Artisans*.

2020	7 févr.	Décret n° 2020-100. Modalités de calcul du seuil d'effectif salarié dans le code de commerce. – V. C. com., art. R. 123-30-3, R. 225-104, R. 232-2, R. 233-16, R. 621-1, R. 621-2-1, R. 621-11, R. 621-11-1, R. 631-1, R. 663-3, R. 823-22, R. 950-1.
2020	7 févr.	Décret n° 2020-101. Modalités de calcul du seuil d'effectif salarié dans le code de commerce. – V. C. com., art. D. 123-200, D. 210-21, D. 221-5, D. 225-104-2, D. 225-164-1, D. 227-1, D. 641-8-1, D. 641-10, D. 814-37-1, D. 823-1, D. 823-1-1, D. 950-1-1.
2020	10 févr.	Décret n° 2020-106. Formalités de publicité légale en matière de droit commercial. – V. C. com., art. R. 123-38, R. 123-54, R. 123-60, R. 123-70, R. 123-135, R. 123-157, R. 123-211, R. 123-212, R. 141-1, R. 141-1-1, R. 144-1, R. 210-3, R. 210-11, R. 210-16, R. 223-36, R. 225-27, R. 225-67, R. 225-153, R. 225-166, R. 228-24, R. 228-61, R. 228-67, R. 228-79, R. 229-3, R. 229-5, R. 229-9, R. 229-10, R. 229-14, R. 229-15, R. 229-18 à R. 229-20, R. 229-24, R. 233-2, R. 236-11, R. 236-15, R. 237-2, R. 237-8, R. 237-16, R. 522-6, R. 611-43, R. 621-8, R. 625-3, R. 626-8, R. 643-6, R. 644-2, R. 645-19, R. 661-2, R. 743-89, R. 743-142-6, R. 743-142-7, R. 814-117, R. 822-77, R. 822-108, R. 950-1.
2020	12 févr.	Ordonnance n° 2020-115. Renforcement du dispositif national de lutte contre le blanchiment de capitaux et le financement du terrorisme. – Art. 15. – V. C. com., art. L. 321-38.
2020	12 févr.	Décret n° 2020-118. Renforcement du dispositif national de lutte contre le blanchiment de capitaux et le financement du terrorisme. – Art. 14, 20. – V. C. com., art. R. 123-1, R. 123-77, R. 123-30 (annexe 1-2), R. 950-1.
2020	12 févr.	Décret n° 2020-119. Renforcement du dispositif national de lutte contre le blanchiment de capitaux et le financement du terrorisme. – Art. 4, 9. – V. C. com., art. D. 123-80-1, D. 950-1-1.
2020	27 févr.	Décret n° 2020-173. Modalités de rémunération des membres des autorités administratives indépendantes et des autorités publiques indépendantes. – Art. 8. – V. C. com., art. R. 821-10.
2020	27 févr.	Décision n° 2020-843 du Conseil des ventes volontaires de meubles aux enchères publiques adoptant son règlement intérieur. – V. ss. C. com., art. R. 321-38.
2020	28 févr.	Décret n° 2020-179. Tarifs réglementés applicables à certains professionnels du droit. – V. C. com., art. R. 444-2, R. 444-3, R. 444-5 à R. 444-7, R. 444-10, R. 444-10-1, R. 444-12-1, R. 444-17, R. 444-21, R. 444-39, R. 444-43, R. 444-58, R. 444-68, R. 444-77, R. 914-2-1, R. 924-3, R. 924-4, R. 950-1, R. 954-2, R. 954-3.
2020	28 févr.	Arrêté. Tarifs réglementés applicables aux administrateurs judiciaires, commissaires à l'exécution du plan, mandataires judiciaires et aux liquidateurs. – V. C. com., art. A. 663-3 à A. 663-5, A. 663-8, A. 663-10, A. 663-11, A. 663-13, A. 663-16, A. 663-18, A. 663-20 à A. 663-22, A. 663-24 à A. 663-28.

2020	28 févr.	Arrêté. Tarifs réglementés des greffiers des tribunaux de commerce. – V. C. com., art. A. 743-8 à A. 743-17.
2020	28 févr.	Arrêté. Tarifs réglementés des commissaires-priseurs judiciaires. – V. C. com., art. A. 444-1 à A. 444-3, A. 444-5 à A. 444-9.
2020	28 févr.	Arrêté. Tarifs réglementés des huissiers de justice. – V. C. com., art. A. 444-10 à A. 444-16, A. 444-18 à A. 444-21, A. 444-23 à A. 444-25, A. 444-27, A. 444-28, A. 444-30 à A. 444-34, A. 444-36, A. 444-39, A. 444-43 à A. 444-45, A. 444-52.
2020	28 févr.	Arrêté. Tarifs réglementés des notaires. – V. C. com., art. A. 444-53, A. 444-59 à A. 444-69, A. 444-70 à A. 444-73, A. 444-75 à A. 444-79, A. 444-80 à A. 444-93, A. 444-95, A. 444-96, A. 444-98 à A. 444-123, A. 444-125, A. 444-126, A. 444-128 à A. 444-135, A. 444-137 à A. 444-139, A. 444-141 à A. 444-147, A. 444-149 à A. 444-153, A. 444-155 à A. 444-165, A. 444-167, A. 444-168 à A. 444-173, A. 444-174, A. 444-177 à A. 444-186.
2020	21 mars	Décret n° 2020-292. Commissaires aux comptes. – V. C. com., art. R. 820-1-1, R. 821-5, R. 821-7, R. 821-14 à R. 821-14-2, R. 821-14-7, R. 821-14-14, R. 821-17, R. 821-50, R. 821-71, R. 821-75, R. 822-13, R. 822-14, R. 822-22, R. 822-23, R. 822-26, R. 822-27, R. 822-30, R. 822-52, R. 822-62, R. 822-63, R. 822-89, D. 823-7-1, R. 823-7-2, R. 823-10, R. 823-11, R. 823-14, R. 823-15, R. 823-17-1 à R. 823-19, R. 823-21, R. 824-5 à R. 824-7, R. 824-11 à R. 824-19, R. 824-24, R. 824-27, R. 950-1, D. 950-1-1, R. 958-2, annexe 8-1.
2020	25 mars	Ordonnance n° 2020-306. Prorogation des délais échus pendant la période d'urgence sanitaire et à l'adaptation des procédures pendant cette même période. – Art. 1er à 5. – V. App., v° *Commerce (organisation)*, **p. 3611.**
2020	25 mars	Ordonnance n° 2020-316. Paiement des loyers, des factures d'eau, de gaz et d'électricité afférents aux locaux professionnels des entreprises dont l'activité est affectée par la propagation de l'épidémie de covid-19. – Art. 1er à 4. – V. App., v° *Commerce (organisation)*, **p. 3614.**
2020	25 mars	Ordonnance n° 2020-317. Création d'un fonds de solidarité à destination des entreprises particulièrement touchées par les conséquences économiques, financières et sociales de la propagation de l'épidémie de covid-19 et des mesures prises pour limiter cette propagation. – Art. 1er à 4. – V. App., v° *Commerce (organisation)*, **p. 3615.**
2020	*25 mars*	*Ordonnance* n° 2020-318. Adaptation des règles relatives à l'établissement, l'arrêté, l'audit, la revue, l'approbation et la publication des comptes et des autres documents et informations que les personnes morales et entités dépourvues de personnalité morale de droit privé sont tenues de déposer ou publier dans le contexte de l'épidémie de covid-19. – V. App., v° *Sociétés commerciales*, **p. 3773.**
2020	25 mars	Ordonnance n° 2020-321. Adaptation des règles de réunion et de délibération des assemblées et organes dirigeants des personnes morales et entités dépourvues de personnalité morale de droit privé en raison de l'épidémie de covid-19. – V. App., v° *Sociétés commerciales*, **p. 3774.**

2020	27 mars	Ordonnance n° 2020-341. Adaptation des règles relatives aux difficultés des entreprises et des exploitations agricoles à l'urgence sanitaire et modification de certaines dispositions de procédure pénale. – V. App., v° *Sociétés commerciales*, **p. 3778.**
2020	30 mars	Décret n° 2020-371. Fonds de solidarité à destination des entreprises particulièrement touchées par les conséquences économiques, financières et sociales de la propagation de l'épidémie de covid-19 et des mesures prises pour limiter cette propagation. – V. App., v° *Commerce (organisation)*.
2020	31 mars	Décret n° 2020-378. Paiement des loyers, des factures d'eau, de gaz et d'électricité afférents aux locaux professionnels des entreprises dont l'activité est affectée par la propagation de l'épidémie de covid-19. – V. App., v° *Commerce (organisation)*, **p. 3614.**
2020	4 avr.	Décret n° 2020-397. Modalités d'application de l'article 7 de la loi de finances rectificative pour 2020 en vue de définir les modalités d'octroi de la garantie de l'État aux opérations de réassurance de certains risques d'assurance-crédit effectuées par la Caisse centrale de réassurance. – V. App., v° *Banque et financement de l'entreprise*, **p. 3585.**
2020	10 avr.	Décret n° 2020-418. Adaptation des règles de réunion et de délibération des assemblées et organes dirigeants des personnes morales et entités dépourvues de personnalité morale de droit privé en raison de l'épidémie de covid-19. – V. App., v° *Sociétés commerciales*, **p. 3779.**
2020	20 avr.	Arrêté. Liste des matières premières pour lesquelles un reçu d'entreposage peut être délivré. – V. ss. C. mon. fin., art. L. 522-37-1.
2020	27 avr.	Décret n° 2020-482. Prorogation exceptionnelle des délais de formation obligatoire des conseillers prud'hommes et des juges des tribunaux de commerce. – Art. 1er à 3. – V. C. com., art. D. 722-29 (note), D. 722-33 (note).
2020	20 mai	Ordonnance n° 2020-596. Adaptation des règles relatives aux difficultés des entreprises et des exploitations agricoles aux conséquences de l'épidémie de covid-19. – Art. 1er à 8, 10. – V. App., v° *Sociétés commerciales*, **p. 3782.**
2020	2 juin	Décret n° 2020-667. Compagnie nationale et compagnies régionales des commissaires aux comptes. – V. C. com., art. R. 821-24 à R. 821-27, R. 821-31, R. 821-33 à R. 821-35, R. 821-37 à R. 821-40, R. 821-50 à R. 821-52, R. 821-54, R. 821-55, R. 821-57, R. 821-58, R. 821-62, R. 821-63, R. 822-1, R. 822-27, R. 822-36, R. 822-39, R. 822-53, R. 822-54, R. 822-93, R. 823-7, R. 950-1.
2020	23 juin	Arrêté. Modalités de transmission à l'INPI des informations relatives aux bénéficiaires effectifs mentionnés au premier alinéa de l'article L. 561-46 du code monétaire et financier. – V. C. com., art. A. 123-30, A. 123-31.
2020	21 juill.	Arrêté. Modification de l'arrêté du 28 février 2020 fixant les tarifs réglementés des huissiers de justice. – V. C. com., art. A. 444-12.

2020	30 juill.	Décret n° 2020-946. Désignation de l'Institut national de la propriété industrielle en tant qu'organisme unique mentionné à l'article 1er de la loi n° 2019-486 du 22 mai 2019 relative à la croissance et la transformation des entreprises. — V. C. com., art. L. 123-33 (note), R. 123-21, R. 123-30-9.
2020	14 août	Décret n° 2020-1049. Adaptation pour les discothèques de certaines dispositions du décret n° 2020-371 du 30 mars 2020 relatif au fonds de solidarité à destination des entreprises particulièrement touchées par les conséquences économiques, financières et sociales de la propagation de l'épidémie de covid-19 et des mesures prises pour limiter cette propagation 🏛. — V., App., v° *Commerce (organisation)*.
2020	18 août	Arrêté. Homologation d'une norme d'exercice professionnel relative aux obligations du commissaire aux comptes en matière de lutte contre le blanchiment des capitaux et le financement du terrorisme. — V. C. com., art. A. 823-37.
2020	4 sept.	Arrêté. Accordant la garantie de l'État aux établissements de crédit et sociétés de financement en application du VI *quater* de l'article 6 de la loi n° 2020-289 du 23 mars 2020 de finances rectificative pour 2020 🏛. — V. App., v° *Banque et financement de l'entreprise.*
2020	9 sept.	Arrêté. Contenu du dossier d'information et du rapport prévus à l'article L. 462-10 du code de commerce. — V. C. com., art. A. 462-1.
2020	16 sept.	Ordonnance n° 2020-1142. Création, au sein du code de commerce, d'un chapitre relatif aux sociétés dont les titres sont admis aux négociations sur un marché réglementé ou sur un système multilatéral de négociation. — Art. 1er à 10. — V. C. com., art. L. 221-7, L. 225-1, L. 225-18-1, L. 225-22-1, L. 225-23, L. 225-27, L. 225-27-1, L. 225-37-2 à L. 225-37-5, L. 225-39, L. 225-40-2, L. 225-45 à L. 225-47, L. 225-53, L. 225-58, L. 225-63, L. 225-68, L. 225-69-1, L. 225-71, L. 225-79-1, L. 225-79-2, L. 225-81, L. 225-82-2 à L. 225-85, L. 225-87, L. 225-88-2, L. 225-96, L. 225-98 à L. 225-100-1, L. 225-102-1, L. 225-102-3, L. 225-103-1, L. 225-106 à L. 225-106-3, L. 225-107-1, L. 225-120, L. 225-122 à L. 225-126, L. 225-129-4, L. 225-130, L. 225-135, L. 225-136, L. 225-138, L. 225-146 à L. 225-148, L. 225-149-3, L. 225-177, L. 225-179, L. 225-185 à L. 225-186-1, L. 225-197-1, L. 225-197-6, L. 225-206, L. 225-208, L. 225-209, L. 225-209-2, L. 225-211 à L. 225-214, L. 225-217, L. 225-218, L. 225-228, L. 225-230 à L. 225-233, L. 225-235, L. 225-247, L. 225-252, L. 225-256, L. 226-1, L. 226-4-1, L. 226-8 à L. 226-8-2, L. 226-10, L. 226-10-1, L. 228-15, L. 228-35-9, L. 22-10-1 à L. 22-10-78, L. 233-7, L. 233-38, L. 632-1, L. 823-12-1, L. 950-1.
2020	13 oct.	Décret n° 2020-1253. Registre national des courtiers en vins et spiritueux. — Art. 6. — V. C. com., art. D. 711-10-1.
2020	13 oct.	Décret n° 2020-1254. Accès et exercice de la profession de courtier en vins et spiritueux 🏛. — V. ce texte, ss. C. com., art. L. 131-11.
2020	13 oct.	Arrêté. Modalités d'inscription au registre national des courtiers en vins et spiritueux 🏛. — V. ce texte, ss. C. com., art. L. 131-11.

2020	18 nov.	Ordonnance n° 2020-1400. Adaptation des règles applicables aux juridictions de l'ordre judiciaire statuant en matière non pénale et aux copropriétés. – Art. 1er à 7 🏛. – V. App., v° *Tribunaux de commerce.*
2020	18 nov.	Décret n° 2020-1405. Adaptation des règles applicables aux juridictions de l'ordre judiciaire statuant en matière non pénale 🏛. – V. App., v° *Tribunaux de commerce.*
2020	19 nov.	Décret n° 2020-1421. Modification de l'article D. 814-1-2 du code de commerce relatif à l'indemnisation des commissaires du Gouvernement et de leur suppléant auprès de la Commission nationale d'inscription et de discipline des administrateurs judiciaires et des mandataires judiciaires. – V. C. com., art. D. 814-1-2.
2020	25 nov.	Ordonnance n° 2020-1443. Adaptation des règles relatives aux difficultés des entreprises aux conséquences de l'épidémie de covid-19, App., v° *Sociétés commerciales*, **p. 3787.**
2020	2 déc.	Arrêté. Modalités et programme de l'examen de contrôle des connaissances mentionné aux articles L. 811-5 et L. 812-3 du code de commerce pour l'accès aux professions d'administrateur judiciaire et de mandataire judiciaire. – V. C. com., art. A. 811-31 à A. 811-38, A. 812-25 à A. 812-29.
2020	3 déc.	Loi n° 2020-1508. Diverses dispositions d'adaptation au droit de l'Union européenne en matière économique et financière. – Art. 9, 18, 37. – V. C. com., art. L. 420-2-1, L. 442-1, L. 442-3, L. 450-4, L. 461-3, L. 462-2-1, L. 462-8, L. 463-3, L. 464-2, L. 464-5, L. 464-8, L. 464-9, L. 470-1, L. 752-27, L. 950-1, L. 954-15.
2020	7 déc.	Loi n° 2020-1525. Accélération et simplification de l'action publique : – Art. 125. – V. ss. C. com., art. L. 442-5. – Art. 126, 128, 138, 139. – V. C. com., art. L. 441-3, L. 442-1, L. 450-2-1, L. 751-9, L. 950-1.
2020	15 déc.	Arrêté. Adaptation temporaire des tarifs applicables aux administrateurs judiciaires et commissaires à l'exécution du plan pour l'application des ordonnances n° 2020-341 du 27 mars 2020 et n° 2020-596 du 20 mai 2020 portant adaptation des règles relatives aux difficultés des entreprises et des exploitations agricoles - épidémie de covid-19, App., v° *Sociétés commerciales*, **p. 3784.**
2020	17 déc.	Décret n° 2020-1616. Participation de membres des juridictions de l'ordre administratif et de l'ordre judiciaire au sein de certaines commissions administratives. – Art. 8. – V. C. com., art. R. 723-8, R. 742-36, R. 930-1, R. 940-1.
2020	17 déc.	Décret n° 2020-1617. Composition de certaines commissions administratives. – Art. 1er. – V. C. com., art. D. 440-2, D. 440-3, R. 950-1.
2020	24 déc.	Loi n° 2020-1672. Parquet européen, justice environnementale et justice pénale spécialisée. – Art. 29, 31. – V. C. com., art. L. 444-2, L. 444-7, L. 950-1.
2020	29 déc.	Décret n° 2020-1742. Création, au sein du code de commerce, d'un chapitre relatif aux sociétés dont les titres sont admis aux négociations

		sur un marché réglementé ou sur un système multilatéral de négociation. – Art. 1er à 13. – V. C. com., art. R. 123-103, R. 210-20, R. 224-3, R. 225-2 à R. 225-13, R. 225-29-1 à D. 225-29-3, R. 225-30-1, R. 225-33, R. 225-34, R. 225-56-1, R. 225-57-1, R. 225-60, R. 225-67, R. 225-70, R. 225-72 à R. 225-73-1, R. 225-77, R. 225-79 à R. 225-82-3, R. 225-85, R. 225-86, R. 225-103, R. 225-104, R. 225-105, R. 225-106-1, R. 225-114 à R. 225-117, R. 225-119, R. 225-120, R. 225-122, R. 225-129, R. 225-130, R. 225-133, R. 225-136, R. 225-136-1, R. 225-138, R. 225-140, R. 225-143, R. 225-145, R. 225-150, R. 225-151, R. 225-153, R. 225-157, R. 225-160, R. 226-1 à R. 226-2, R. 228-17, R. 228-35, R. 228-46, R. 229-16, R. 229-21, R. 229-25, R. 22-10-1 à R. 22-10-40, R. 236-6, R. 247-2, R. 950-1, D. 950-1-1.
2021	14 janv.	Décret n° 2021-29. Centralisation des disponibilités de certains organismes au Trésor et régime des dérogations à l'obligation de dépôt au Trésor. – Art. 5. – V. C. com., art. R. 821-14-17.
2021	14 janv.	Décret n° 2021-30. Modification de l'annexe 7-2 du livre VII du code de commerce fixant le nombre des juges et le nombre des chambres des tribunaux de commerce. – V. cette annexe ss. C. com., art. D. 721-3.
2021	27 janv.	Arrêté. Homologation d'une norme d'exercice professionnel relative aux diligences du commissaire aux comptes relatives aux comptes annuels et consolidés présentés selon le format d'information électronique unique européen. – V. C. com., art. A. 823-26-1.
2021	29 janv.	Arrêté. Liste des denrées ou catégories de denrées alimentaires pour lesquelles, par dérogation, l'encadrement des promotions en volume prévu par les dispositions du C du II de l'article 125 de la loi n° 2020-1525 du 7 décembre 2020 d'accélération et de simplification de l'action publique n'est pas applicable. – V. ss. C. com., art. L. 442-5.
2021	11 févr.	Décret n° 2021-144. Élections des membres des chambres de commerce et d'industrie et des juges des tribunaux de commerce. – V. C. com., art. R. 713-1 à R. 713-7, R. 713-9, R. 713-12 à R. 713-18, R. 713-20, R. 713-21, R. 713-23 à R. 713-27-1, R. 713-29 à R. 713-64, R. 713-66, R. 713-67, R. 713-70, R. 713-71, R. 722-7, R. 722-10, R. 722-16, R. 722-19, R. 723-1, R. 723-2, R. 723-6, R. 723-24, R. 910-1, R. 917-16, R. 917-20 à R. 917-22, R. 917-24, R. 917-27, R. 917-28, R. 917-31, R. 917-32, R. 930-1, R. 937-4, R. 937-5, R. 940-1, R. 947-4, R. 947-5.
2021	24 févr.	Décret n° 2021-211. Modification du code de commerce et mise en cohérence de dispositions réglementaires. – V. C. com., art. D. 440-2, D. 441-1 à R. 441-10, R. 442-1 à R. 442-4, R. 443-1, D. 443-2, R. 470-2, R. 490-2, R. 490-8, D. 823-7-1, R. 950-1, D. 950-1-1, D. 914-2, R. 914-3, D. 924-2.
2021	18 mars	Décret n° 2021-300. Application de l'article 1er de la loi n° 2019-486 du 22 mai 2019 relative à la croissance et la transformation des entreprises et introduction de diverses mesures applicables aux formalités incombant aux entreprises. – Art. 1er à 7, 22 à 31. – V. C. com.,

		art. R. 121-5, R. 121-5 nouv., R. 123-1 nouv. à R. 123-16 nouv., R. 123-8, R. 123-24, R. 123-27, R. 123-30 (annexes 1-1 et 1-2), R. 123-30-1 à R. 123-30-5, R. 123-30-6 nouv., R. 123-30-7, R. 123-30-9, R. 123-30-10, R. 123-30-14 à R. 123-30-20, R. 123-32, R. 123-35, R. 123-41, R. 123-43, R. 123-45, R. 123-45 nouv., R. 123-46, R. 123-48, R. 123-49, R. 123-49-1, R. 123-51, R. 123-52, R. 123-66, R. 123-69, R. 123-72, R. 123-73, R. 123-74-1, R. 123-75, R. 123-77 nouv., R. 123-83, R. 123-84, R. 123-87, R. 123-89, R. 123-93, R. 123-96 à R. 123-99, R. 123-102, R. 123-112, R. 123-113, R. 123-118, R. 123-121-3, R. 123-121-4, R. 123-208-2 à R. 123-208-4, R. 123-208-7, R. 123-232, R. 134-6, R. 134-8 à R. 134-11, R. 134-13 nouv., R. 134-13-1, D. 223-2, R. 444-3 (annexe 4-7), R. 526-4, R. 526-7, R. 526-14-1, R. 526-15, R. 526-16, R. 526-20, R. 526-20 nouv., R. 526-20-1, R. 526-21 à R. 526-25, D. 711-10, R. 711-67-1, D. 711-67-4, D. 711-67-4 nouv., R. 741-4, R. 743-151, R. 910-7, R. 961-1 nouv., R. 965-1, R. 971-1.
2021	24 mars	Décret n° 2021-310. Aide visant à compenser les coûts fixes non couverts des entreprises dont l'activité est particulièrement affectée par l'épidémie de covid-19 ⌂. – V. App., v° *Commerce (organisation)*.
2021	26 mars	Décision du Conseil constitutionnel n° 2021-892 QPC. – V. C. com., art. L. 464-2.
2021	30 mars	Arrêté. Application du décret n° 2021-300 du 18 mars 2021 et relatif aux modalités de paiement et versement des fonds par le guichet électronique des formalités des entreprises et l'organisme unique. – V. C. com., art. A. 123-11-2, A. 123-11-2 nouv.
2021	7 mai	Arrêté. Formats et normes de transmissions applicables au guichet électronique des formalités des entreprises et à l'organisme unique chargé des formalités d'entreprises. – V. C. com., art. A. 123-11-1, A. 123-11-1 nouv.
2021	10 mai	Décret n° 2021-568. Procédure d'exonération totale ou partielle des sanctions pécuniaires prévue au IV de l'article L. 464-2 du code de commerce. – V. C. com., art. R. 464-5 à R. 464-5-5.
2021	12 mai	Arrêté. Homologation d'une norme d'exercice professionnel révisée relative à la lettre de mission. – V. C. com., art. A. 823-1.
2021	12 mai	Arrêté. Homologation d'une norme d'exercice professionnel relative aux principes spécifiques applicables à l'audit des comptes consolidés. – V. C. com., art. A. 823-2-1.
2021	12 mai	Arrêté. Homologation d'une norme d'exercice professionnel amendée relative à l'examen limité de comptes intermédiaires en application de dispositions légales ou réglementaires. – V. C. com., art. A. 823-28.
2021	20 mai	Décret n° 2021-624. Institution d'une aide à la reprise et à la création visant à soutenir les entreprises ayant repris ou créé un fonds de commerce en 2020 et dont l'activité est particulièrement affectée par l'épidémie de covid-19 ⌂. – V. App., v° *Commerce (organisation)*.

2021	20 mai	Décret n° 2021-625. Modification du décret n° 2021-310 du 24 mars 2021 instituant une aide visant à compenser les coûts fixes non couverts des entreprises dont l'activité est particulièrement affectée par l'épidémie de covid-19 et institution d'une aide « coûts fixes » saisonnalité et d'une aide « coûts fixes » groupe. – V. Décr. mod., art. 1er, 2, 4, 5, 7 à 16, annexes 1 et 2 🏛. – V. App., v° *Commerce (organisation)*, **p. 3617.**
2021	21 mai	Décret n° 2021-631. Suppression de l'exigence de présentation par les entreprises d'un extrait d'immatriculation au registre du commerce et des sociétés ou au répertoire des métiers dans leurs démarches administratives : – Art. 1er. – V. ss. C. com., art. R. 123-1. – Art. 4. – V. C. com., art. R. 522-2, R. 611-22, R. 621-1, R. 631-1, R. 752-6-1, R. 752-7, R. 752-44-2. – Art. 18. – V. Décr. n° 98-247 du 2 avr. 1998, art. 19, App., v° *Artisans*, **p. 3316.**
2021	21 mai	Décret n° 2021-632. Suppression de l'exigence de présentation par les entreprises d'un extrait d'immatriculation au registre du commerce et des sociétés ou au répertoire des métiers dans leurs démarches administratives. – Art. 2. – V. C. com., art. D. 122-1 à D. 122-4.
2021	21 mai	Arrêté. Élections des membres des chambres de commerce et d'industrie. – V. C. com., art. A. 713-1 à A. 713-10, A. 713-28 à A. 713-30.
2021	26 mai	Ordonnance n° 2021-649. Transposition de la directive (UE) 2019/1 du Parlement européen et du Conseil du 11 décembre 2018 visant à doter les autorités de concurrence des États membres des moyens de mettre en œuvre plus efficacement les règles de concurrence et à garantir le bon fonctionnement du marché intérieur. – V. C. com., art. L. 410-1, L. 420-6, L. 420-6-1, L. 450-1, L. 450-3, L. 450-4, L. 450-7 à L. 450-10, L. 462-6 à L. 462-9-1, L. 463-1, L. 463-6, L. 464-1, L. 464-2, L. 464-8-2, L. 464-10, L. 490-13, L. 490-14, L. 752-26, L. 910-1, L. 930-1, L. 934-2, L. 934-5, L. 950-1, L. 954-12.
2021	26 mai	Décret n° 2021-651. Adaptation au titre du mois de mai 2021 du fonds de solidarité à destination des entreprises particulièrement touchées par les conséquences de l'épidémie de covid-19 et des mesures prises pour limiter cette propagation. – V. Décr. n° 2020-371 du 30 mars 2020, art. 3-27 🏛, App., v° *Commerce (organisation)*.
2021	27 mai	Décret n° 2021-669. Diverses mesures relatives aux sociétés, mutuelles et unions à mission, aux institutions de prévoyance et aux fonds de pérennité. – Art. 1er. – V. C. com., art. R. 210-21, R. 950-1.
2021	27 mai	Arrêté. Modalités selon lesquelles l'organisme tiers indépendant chargé de vérifier l'exécution par les sociétés, mutuelles et unions à mission de leurs objectifs sociaux et environnementaux accomplit sa mission. – Art. 1er. – V. C. com., art. A. 210-1, A. 210-2.
2021	31 mai	Loi n° 2021-689. Gestion de la sortie de crise sanitaire : – Art. 8. – V. Ord. n° 2020-321 du 25 mars 2020, art. 11, 12, App., v° *Sociétés commerciales*, **p. 3778** ; Ord. n° 2020-1400 du 18 nov. 2020, art. 1er 🏛, App., v° *Tribunaux de commerce.*

		– Art. 13. – V. App., v° *Commerce (organisation)*, **p. 3617.**
2021	2 juin	Décret n° 2021-715. Plateforme d'échanges sécurisés de documents électroniques dans le cadre des procédures devant l'Autorité de la concurrence. – V. C. com., art. R. 430-2, R. 463-1, R. 463-11, R. 463-13, R. 463-15, R. 464-2, R. 464-4, R. 464-6, R. 464-8, R. 950-1.
2021	3 juin	Décret n° 2021-712. Cinquième période du dispositif des certificats d'économies d'énergie. – Art. 2. – V. C. com., art. R. 128-6.
2021	23 juin	Ordonnance n° 2021-796. Transposition de la directive (UE) 2019/2034 du Parlement européen et du Conseil du 27 novembre 2019 concernant la surveillance prudentielle des entreprises d'investissement. – Art. 2. – V. C. mon. fin., art. L. 511-1, App., v° *Banque et financement de l'entreprise*, **p. 3508.**
2021	29 juin	Décret n° 2021-840. Adaptation au titre des mois de juin et juillet 2021 du fonds de solidarité à destination des entreprises particulièrement touchées par les conséquences de l'épidémie de covid-19 et des mesures prises pour limiter cette propagation. – V. Décr. n° 2020-371 du 30 mars 2020, art. 3-26 à 3-28, annexe 2, App., v° *Commerce (organisation)*.
2021	29 juin	Décret n° 2021-867. Modification de diverses dispositions d'organisation judiciaire. – Art. 7. – V. C. com., art. R. 722-5.
2021	30 juin	Ordonnance n° 2021-858. Transposition de la directive (UE) 2019/2162 du Parlement européen et du Conseil du 27 novembre 2019 concernant l'émission d'obligations garanties et la surveillance publique des obligations garanties. – Art. 1er. – V. C. mon. fin., art. L. 313-42, L. 313-45, App., v° *Banque et financement de l'entreprise*, **p. 3505.**
2021	30 juin	Ordonnance n° 2021-859. Pratiques commerciales déloyales dans les relations interentreprises au sein de la chaîne d'approvisionnement agricole et alimentaire. – V. C. com., art. L. 441-4, L. 441-11, L. 441-12, L. 441-16, L. 443-2, L. 443-5 à L. 443-7, L. 914-2, L. 924-6, L. 950-1, L. 954-7.
2021	1er juill.	Loi n° 2021-874. Engagement associatif : – Art. 1er. – V. C. com., art. L. 651-2. – Art. 3. – V. C. mon., fin., art. L. 312-20, App., v° *Banque et financement de l'entreprise*, **p. 3446.**
2021	1er juill.	Loi n° 2021-875. Amélioration de la trésorerie des associations : – Art. 3, 4. – V. C. mon., fin., art. L. 312-20, L. 511-6, App., v° *Banque et financement de l'entreprise*, **p. 3446.** – Art. 9. – V. C. com., art. L. 123-16-2, L. 822-14, L. 950-1.
2021	1er juill.	Arrêté. Fonctionnement de la commission mixte de conciliation des directeurs généraux agents publics des chambres de commerce et d'industrie. – V. C. com., art. A. 711-5.
2021	2 juill.	Arrêté. Conditions du vote par correspondance pour les élections des membres des chambres de métiers et de l'artisanat de région et de leurs chambres de niveau départemental. – V. App., v° *Artisans*.

2021	6 juill.	Décret n° 2021-898. Transposition de la directive (UE) 2019/2162 du Parlement européen et du Conseil du 27 novembre 2019 concernant l'émission d'obligations garanties et la surveillance publique des obligations garanties. – Art. 2. – V. C. mon. fin., art. R. 313-20, R. 313-21, R. 313-24, App., v° *Banque et financement de l'entreprise*, **p. 3561.**
2021	8 juill.	Arrêté. Modification de l'arrêté du 23 mars 2020 accordant la garantie de l'État aux établissements de crédit et sociétés de financement en application de l'article 6 de la loi n° 2020-289 de finances rectificative pour 2020. – V. Arr. mod., art. 2, 6, 7, 7-2, annexe I, App., v° *Banque et financement de l'entreprise*, **p. 3568.**
2021	16 juill.	Décret n° 2021-942. Modification du décret n° 2021-624 du 20 mai 2021 instituant une aide à la reprise visant à soutenir les entreprises ayant repris un fonds de commerce en 2020 et dont l'activité est particulièrement affectée par l'épidémie de covid-19. – V. Décr. mod., art. 1er, 3, App., v° *Commerce (organisation)*.
2021	16 juill.	Décret n° 2021-943. Aide visant à compenser les coûts fixes non couverts des entreprises dont l'activité est particulièrement affectée par l'épidémie de covid-19 et qui ont été créées après le 1er janvier 2019. – V. App., v° *Commerce (organisation)*.
2021	19 juill.	Loi n° 2021-953. De finances rectificative pour 2021 : – Art. 23. – V. L. n° 2020-289 du 23 mars 2020, art. 6, App., v° *Banque et financement de l'entreprise*, **p. 3564.** – Art. 28. – V. Ord. n° 2020-317 du 25 mars 2020, art. 1er, App., v° *Commerce (organisation)*, **p. 3615.**
2021	20 juill.	Décret n° 2021-959. Accès à des fins d'établissement de statistiques ou de recherche scientifique aux données relatives au fonds de solidarité à destination des entreprises des secteurs particulièrement touchés par les conséquences économiques de la crise sanitaire liée au coronavirus Covid-19. – V. Décr. n° 2020-371 du 30 mars 2020, art. 1er, App., v° *Commerce (organisation)*.
2021	20 juill.	Décret n° 2021-960. Aide visant à soutenir les entreprises multi-activités dont l'activité est particulièrement affectée par l'épidémie de covid-19. – V. App., v° *Commerce (organisation)*.
2021	23 juill.	Arrêté. Modification de l'arrêté du 23 mars 2020 accordant la garantie de l'État aux établissements de crédit et sociétés de financement en application de l'article 6 de la loi n° 2020-289 de finances rectificative pour 2020. – V. Arr. mod., art. 1er, 7-2, App., v° *Banque et financement de l'entreprise*, **p. 3568.**
2021	23 juill.	Arrêté. Modification de l'arrêté du 4 septembre 2020 accordant la garantie de l'État aux établissements de crédit et sociétés de financement en application du VI *quater* de l'article 6 de la loi n° 2020-289 de finances rectificative pour 2020. – V. Arr. mod., art. 1er, 2, 5 à 7, App., v° *Banque et financement de l'entreprise*, **p. 3579.**
2021	23 juill.	Arrêté. Instrument uniforme pris en application du IV et du V de l'article L. 462-9-1 du code de commerce. – V. C. com., art. A. 462-1, annexe 4-3.

2021	28 juill.	Décret n° 2021-987. Prorogation de la durée d'application du décret n° 2020-418 du 10 avril 2020 et du décret n° 2020-629 du 25 mai 2020. – Art. 1er. – V. Décr. n° 2020-418 du 10 avr. 2020, art. 12, 13, App., v° *Sociétés commerciales*, **p. 3782.**
2021	2 août	Arrêté. Tarifs réglementés de postulation des avocats en matière de saisie immobilière, de partage, de licitation et de sûretés judiciaires. – V. C. com., art. A. 444-187, A. 444-192, A. 444-202.
2021	2 août	Décision du Conseil d'État n° 436437. – V. C. com., art. A. 752-3.
2021	5 août	Arrêté. Modification de l'arrêté du 29 janvier 2021 relatif à la liste des denrées ou catégories de denrées alimentaires pour lesquelles, par dérogation, l'encadrement des promotions en volume prévu par les dispositions du C du II de l'article 125 de la loi n° 2020-1525 du 7 décembre 2020 d'accélération et de simplification de l'action publique n'est pas applicable. – V. Arr. mod., art. 1er, ss. C. com., art. L. 442-5.
2021	6 août	Arrêté. Attestation sur l'honneur du conjoint ou du partenaire lié par un pacte civil de solidarité qui exerce une activité régulière dans l'entreprise commerciale, artisanale ou libérale dirigée par son conjoint ou son partenaire : – Art. 1er, 2, 4, annexe. – V. ss. C. com., art. A. 123-4. – Art. 3. – V. C. com., art. A. 123-4.
2021	16 août	Décret n° 2021-1086. Modification du décret n° 2021-310 du 24 mars 2021 modifié instituant une aide visant à compenser les coûts fixes non couverts des entreprises dont l'activité est particulièrement affectée par l'épidémie de covid-19. – V. Décr. mod., art. 1er, 2, 4, 7 à 14, annexes 1 et 2, App., v° *Commerce (organisation)*.
2021	17 août	Décret n° 2021-1087. Adaptation au titre du mois d'août 2021 du fonds de solidarité à destination des entreprises particulièrement touchées par les conséquences de l'épidémie de covid-19 et des mesures prises pour limiter cette propagation. – V. Décr. n° 2020-371 du 30 mars 2020, art. 3-28, 3-29, App., v° *Commerce (organisation)*.
2021	22 août	Loi n° 2021-1104. Lutte contre le dérèglement climatique et renforcement de la résilience face à ses effets : – Art. 4, 10, 11, 30. – V. C. consom., art. L. 111-4 nouv., L. 111-4-1, L. 111-5, L. 121-2, L. 131-3, App., v° *Ventes commerciales*, **p. 3828** ; art. L. 132-2, App., v° *Publicité commerciale*, **p. 3755.** – Art. 138, 215, 216, 273. – V. C. com., art. L. 225-102-1, L. 225-102-4, L. 752-1-1, L. 752-4, L. 752-6. – Art. 275. – V. L. n° 2005-882 du 2 août 2005, art. 60, App., v° *Commerce (organisation)*, **p. 3601.**
2021	24 août	Loi n° 2021-1109. Respect des principes de la République. – Art. 21. – V. C. com., art. L. 612-4.
2021	24 août	Arrêté. Homologation d'une norme d'exercice professionnel révisée relative à l'audit des estimations comptables et des informations y afférentes fournies dans l'annexe. – V. C. com., art. A. 823-17.

2021	31 août	Décret n° 2021-1137. Modalités selon lesquelles les délais pour annuler une commande peuvent être réduits dans les conditions prévues à l'article L. 443-5 du code de commerce. – V. C. com., art. D. 443-3, D. 443-4, D. 950-1-1.
2021	14 sept.	Décret n° 2021-1180. Adaptation au titre du mois de septembre 2021 du fonds de solidarité à destination des entreprises particulièrement touchées par les conséquences de l'épidémie de covid-19 et des mesures prises pour limiter cette propagation. – V. Décr. n° 2020-371 du 30 mars 2020, art. 3-28, App., v° *Commerce (organisation)*.
2021	15 sept.	Ordonnance n° 2021-1189. Création du registre national des entreprises : – Art. 1er à 22, 44, 45. – V. C. com., art. L. 121-4 à L. 121-6, L. 123-1, L. 123-6, L. 123-10, L. 123-36 à L. 123-57, L. 124-4, L. 125-1, L. 125-5, L. 125-6, L. 128-2, L. 134-1, L. 144-2, L. 145-1, L. 145-43, L. 146-1, L. 526-1, L. 526-2, L. 526-4, L. 526-5, L. 526-7, L. 526-19, L. 611-1, L. 713-1, L. 723-4, L. 911-2-1, L. 921-3-1, L. 925-7, L. 930-6, L. 940-7, L. 947-4, L. 947-7, L. 950-6, L. 955-8, L. 960-1. – Art. 23. – V. C. artisanat, art. 5-1, App., v° *Artisans*, **p. 3241.** – Art. 35. – V. C. trav., art. L. 8221-6, App., v° *Commerce (organisation)*, **p. 3587.** – Art. 36. – V. C. urb., art. L. 214-2, App., v° *Commerce (organisation)*, **p. 3591.** – Art. 40. – V. L. n° 83-657 du 20 juill. 1983, art. 2, 6, 18, App., v° *Artisans*, **p. 3277.** – Art. 42. – V. L. n° 96-603 du 5 juill. 1996, art. 16, 17-1, 19, 19-2, 20, 22-2, 24, App., v° *Artisans*, **p. 3284.** – Art. 46. – V. ss. C. com., art. L. 123-50.
2021	15 sept.	Ordonnance n° 2021-1190. Généralisation de la facturation électronique dans les transactions entre assujettis à la taxe sur la valeur ajoutée et à la transmission des données de transaction. – Art. 1er. – V. CGI, art. 289, 289 *bis*, 290 à 290 B, App., v° *Factures*, **p. 3716.**
2021	15 sept.	Ordonnance n° 2021-1192. Réforme du droit des sûretés : – Art. 26. – V. C. civ., art. 1844-2, App., v° *Sociétés commerciales*. – Art. 27, 28, 34, 36. – V. C. com., art. L. 110-1, L. 126-1, L. 131-28, L. 141-5, L. 141-6, L. 141-8 à L. 141-10, L. 141-18, L. 141-22, L. 142-1 à L. 142-5, L. 143-1 à L. 143-3, L. 143-5, L. 143-6, L. 143-10, L. 143-12 à L. 143-14, L. 143-15-1 à L. 143-20, L. 223-15, L. 228-26, L. 521-1 à L. 521-3, L. 522-37-4, L. 523-1 à L. 523-15, L. 524-1 à L. 524-21, L. 525-1 à L. 525-20, L. 527-1 à L. 527-9, L. 624-11, L. 625-7, L. 721-3, L. 814-3, L. 910-1, L. 915-2 à L. 915-5, L. 925-4 à L. 925-6, L. 950-1, L. 950-1-1, L. 955-3 à L. 955-7. – Art. 29, 31, 32. – V. C. mon. fin., art. L. 211-20, L. 313-11, L. 313-22, App., v° *Banque et financement de l'entreprise*, **p. 3417.** – Art. 32. – V. L. n° 94-126 du 11 févr. 1994, art. 47, App., v° *Banque et financement de l'entreprise*, **p. 3486.** – Art. 35. – V. L. n° 89-1008 du 31 déc. 1989, art. 14, ss. C. com., art. L. 121-8.

2021	15 sept.	Ordonnance n° 2021-1193. Modification du livre VI du code de commerce : – Art. 2 à 70, 72-III. – V. C. com., art. L. 611-2, L. 611-2-2, L. 611-3, L. 611-6, L. 611-7, L. 611-8-1, L. 611-9, L. 611-10-2, L. 611-10-4, L. 611-11, L. 612-2, L. 612-3, L. 620-1, L. 621-1, L. 621-3, L. 621-4, L. 621-7, L. 622-7, L. 622-8, L. 622-10, L. 622-17, L. 622-21, L. 622-25, L. 622-26, L. 622-33, L. 622-34, L. 623-3, L. 624-2, L. 624-3-1, L. 624-21, L. 626-2, L. 626-2-1, L. 626-5, L. 626-8, L. 626-10, L. 626-18, L. 626-20, L. 626-22, L. 626-25, L. 626-26, L. 626-29 à L. 626-34, L. 628-1 à L. 628-8, L. 631-1, L. 631-6, L. 631-7, L. 631-10-2, L. 631-13 à L. 631-15, L. 631-19 à L. 631-20-1, L. 631-22, L. 632-1, L. 640-6, L. 641-1, L. 641-1-1, L. 641-2, L. 641-4, L. 641-13, L. 641-14, L. 642-5, L. 642-6, L. 642-9, L. 642-12, L. 642-13, L. 642-17, L. 643-3, L. 643-8, L. 644-4, L. 645-1, L. 651-2, L. 661-1, L. 661-7, L. 661-10, L. 662-4, L. 692-5, L. 950-1. – Art. 71, 72-I et II, 73. – V. ss. C. com., art. L. 611-2.
2021	15 sept.	Ordonnance n° 2021-1200. Titres Ier et II de la partie législative du livre VII du code monétaire et financier : – Art. 4. – V. C. com., art. L. 910-1 C. – Art. 6. – V. C. mon. fin., art. L. 131-85, App., v° *Banque et financement de l'entreprise*, **p. 3380.**
2021	15 sept.	Arrêté. Fixation du taux de cotisation annuelle des opérateurs de ventes volontaires de meubles aux enchères publiques pour la période 2021-2023. – V. ss. C. com., art. R. 321-41.
2021	23 sept.	Décret n° 2021-1218. Modification du livre VI du code de commerce. – V. C. com., art. R. 611-11, R. 611-12, R. 611-35, R. 611-39-1, R. 611-44, R. 611-46, R. 621-1, R. 621-3, R. 621-9, R. 621-14, R. 621-26, R. 622-5-1, R. 622-7, R. 622-23, R. 624-3, R. 624-8, D. 626-12, D. 626-13, R. 626-17, R. 626-21, R. 626-45, R. 626-52 à D. 626-65, R. 628-2 à R. 628-5, R. 628-8, R. 628-10, R. 628-11, R. 628-13 à R. 628-19, R. 631-1, R. 631-7-1-A, R. 631-18, R. 631-26, R. 631-34, R. 631-34-1, R. 631-36, R. 631-37, R. 641-14, R. 644-2, R. 645-1, R. 653-3, R. 661-5, R. 661-6, R. 691-1, R. 695-4, R. 950-1, D. 950-1-1, R. 956-2.
2021	29 sept.	Ordonnance n° 2021-1247. Garantie légale de conformité pour les biens, les contenus numériques et les services numériques : – Art. 2 à 8, 11, 13. – V. C. consom., art. L. 111-1, L. 112-4-1, L. 131-3-1, L. 131-6, L. 211-2, L. 212-3, L. 216-1 à L. 216-8, L. 241-4, L. 221-1, App., v° *Ventes commerciales*, **p. 3828.** – Art. 18. – V. C. com., art. L. 321-11.
2021	2 oct.	Arrêté. Élections des membres des chambres de commerce et d'industrie. – V. C. com., art. A. 713-8, A. 713-10-1, annexe 7-2-1.
2021	7 oct.	Décret n° 2021-1302. Modification du livre IV du code de commerce et des livres V et VIII du code de la consommation. – Art. 1er, 4. – V. C. com., art. R. 443-1, R. 444-10, R. 444-10-1, R. 450-1, R. 450-2-1 à R. 450-2-5, R. 950-1.

2021	8 oct.	Loi n° 2021-1308. Diverses dispositions d'adaptation au droit de l'Union européenne dans le domaine des transports, de l'environnement, de l'économie et des finances : – Art. 38-I et III. – V. C. com., art. L. 228-2, L. 228-3-1, L. 228-3-7, L. 228-29-7-1 à L. 228-29-7-4, L. 22-10-43-1, L. 950-1. – Art. 38-II, 45. – V. C. mon. fin., art. L. 211-5, L. 212-3, App., v° *Banque et financement de l'entreprise*, **p. 3414.**
2021	11 oct.	Loi n° 2021-1317. Réélection des juges consulaires dans les tribunaux de commerce. – V. C. com., art. L. 723-1, L. 723-2, L. 723-4, L. 723-7, L. 723-11 (note).
2021	11 oct.	Décret n° 2021-1322. Procédure d'injonction de payer, décisions en matière de contestation des honoraires d'avocat et modification de diverses dispositions de procédure civile. – Art. 2. – V. C. pr. civ., art. 853, App., v° *Tribunaux de commerce*, **p. 3822.**
2021	14 oct.	Décret n° 2021-1336. Adaptation du fonds de solidarité pour les mois de juin, juillet, août et septembre 2021 à destination des entreprises domiciliées en Guadeloupe, en Guyane, à La Réunion, en Martinique, à Mayotte, à Saint-Martin, Saint-Barthélemy, à Saint-Pierre-et-Miquelon, en Nouvelle-Calédonie, en Polynésie française et à Wallis-et-Futuna, et particulièrement touchées par les conséquences de l'épidémie de covid-19 et des mesures prises pour limiter cette propagation. – V. Décr. n° 2020-371 du 30 mars 2020, art. 3-28, App., v° *Commerce (organisation)*.
2021	14 oct.	Décret n° 2021-1337. Modification du décret n° 2021-624 du 20 mai 2021 instituant une aide à la reprise visant à soutenir les entreprises ayant repris un fonds de commerce en 2020 et dont l'activité est particulièrement affectée par l'épidémie de covid-19. – V. Décr. mod., art. 1er, 3, App., v° *Commerce (organisation)*.
2021	14 oct.	Décret n° 2021-1338. Modification au titre du mois de septembre 2021 du décret n° 2021-310 du 24 mars 2021 modifié instituant une aide visant à compenser les coûts fixes non couverts des entreprises dont l'activité est particulièrement affectée par l'épidémie de covid-19. – V. Décr. mod., art. 1er à 5, 12 à 14, App., v° *Commerce (organisation)*.
2021	16 oct.	Décret n° 2021-1354. Procédure de traitement de sortie de crise : – Art. 1er à 42, 44-I. – V. App., v° *Commerce (organisation)*, **p. 3618.** – Art. 43, 44-II. – V. C. com., art. R. 621-2, R. 621-3, R. 950-1.
2021	16 oct.	Décret n° 2021-1355. Diverses mesures d'application de l'article 13 de *la loi n° 2021-689* du 31 mai 2021 relative à la gestion de la sortie de crise sanitaire et fixant notamment les seuils prévus par le A du I de cet article. – V. App., v° *Commerce (organisation)*, **p. 3626.**
2021	18 oct.	Loi n° 2021-1357. Protection de la rémunération des agriculteurs : – Art. 1er, 3, 11. – V. C. rur., art. L. 631-24 à L. 631-24-3, L. 631-25, L. 631-27 à L. 631-28-4, ss. C. com., art. L. 443-2 ; art. L. 682-1, ss. C. com., art. L. 442-7. – Art. 4 à 8. – V. C. com., art. L. 441-1-1, L. 441-4, L. 441-7, L. 441-8, L. 441-17 à L. 441-19, L. 442-1, L. 443-2, L. 443-4, L. 443-8, L. 950-1, L. 954-3-5.

		– Art. 9. – V. L. n° 2020-1525 du 7 déc. 2020, art. 125, ss. C. com., art. L. 442-5. – Art. 12, 15. – V. C. consom., art. L. 121-4, L. 121-22, App., v° *Publicité commerciale*, **p. 3753.**
2021	21 oct.	Décret n° 2021-1375. Modalités d'élection des juges des tribunaux de commerce. – V. C. com., art. R. 723-2, R. 723-6.
2021	25 oct.	Loi n° 2021-1382. Régulation et protection de l'accès aux œuvres culturelles à l'ère numérique. – Art. 1er. – V. C. com., art. L. 462-1.
2021	29 oct.	Décret n° 2021-1426. Liste des produits alimentaires, catégories de produits alimentaires ou produits destinés à l'alimentation des animaux de compagnie exclus du champ d'application de l'article L. 441-1-1 du code de commerce. – V. ss. C. com., art. L. 441-1-1.
2021	3 nov.	Décret n° 2021-1430. Aide « coûts fixes rebond » visant à compenser les coûts fixes non couverts des entreprises dont l'activité est particulièrement affectée par l'épidémie de covid-19. – V. App., v° *Commerce (organisation)*.
2021	3 nov.	Décret n° 2021-1431. Aide « nouvelle entreprise rebond » visant à compenser les coûts fixes non couverts des entreprises créées après le 1er janvier 2019 dont l'activité est particulièrement affectée par l'épidémie de covid-19. – V. App., v° *Commerce (organisation)*.
2021	5 nov.	Arrêté. Adaptation temporaire des tarifs applicables aux administrateurs judiciaires, mandataires judiciaires et commissaires à l'exécution du plan pour l'application des dispositions de l'article 13 de la loi n° 2021-689 du 31 mai 2021 relative à la gestion de la sortie de crise sanitaire. – V. App., v° *Commerce (organisation)*, **p. 3626.**
2021	15 nov.	Loi n° 2021-1485. Réduction de l'empreinte environnementale du numérique en France. – Art. 18. – V. C. consom., art. L. 111-4 nouv., App., v° *Ventes commerciales*.
2021	16 nov.	Décret n° 2021-1488. Aide relative aux loyers ou redevances et charges de certains commerces de détail et services interdits d'accueil du public afin de lutter contre la propagation de l'épidémie de covid-19. – V. App., v° *Commerce (organisation)*.
2021	17 nov.	Décret n° 2021-1500. Ajout de renseignements au répertoire national mentionné à l'article R. 123-220 du code de commerce. – V. C. com., art. R. 123-220, R. 123-222, R. 123-232, R. 123-234-1, R. 930-1, R. 940-1, R. 950-1.
2021	22 nov.	Arrêté. Modification de l'arrêté du 7 juin 2016 relatif à l'Observatoire des délais de paiement. – V. Arr. mod., art. 2, App., v° *Commerce (organisation)*, **p. 3610.**
2021	22 nov.	Décision du Conseil d'État n° 431724. – V. C. com., art. R. 751-1 (note), R. 751-3.
2021	7 déc.	Décret n° 2021-1581. Fonds de solidarité, aide « coûts fixes rebond », aide « nouvelle entreprise rebond », aide « loyer » à destination des

		entreprises particulièrement touchées par les conséquences de l'épidémie de covid-19 et des mesures prises pour limiter cette propagation. — V. App., v° *Commerce (organisation)*, Décr. n° 2020-371 du 30 mars 2020, art. 3-28, 3-30 ; Décr. n° 2021-1430 du 3 nov. 2021, art. 2, 4 ; Décr. n° 2021-1431 du 3 nov. 2021, art. 2, 4 ; Décr. n° 2021-1488 du 16 nov. 2021, art. 6 .
2021	7 déc.	Décret n° 2021-1582. Aide complémentaire au fonds de solidarité destinée aux entreprises dont l'activité est particulièrement affectée par l'épidémie de covid-19 . — V. App., v° *Commerce (organisation)*.
2021	9 déc.	Arrêté. Modification des tarifs réglementés des notaires pour l'application de l'article 6 de la loi n° 2021-1017 du 2 août 2021 relative à la bioéthique et pour la reconnaissance de paternité ou de maternité prévue à l'article 316 du code civil. — V. C. com., art. A. 444-84, A. 444-84-1.
2021	15 déc.	Arrêté. Détermination du nombre de voix des présidents des chambres de commerce et d'industrie de région à l'assemblée générale de CCI France . — V. ss. C. com., art. R. 711-63.
2021	15 déc.	Règlement (UE) 2021/2260. Modification du règlement (UE) 2015/848 relatif aux procédures d'insolvabilité afin de remplacer ses annexes A et B. — V. lesdites annexes, .
2021	16 déc.	Décret n° 2021-1664. Aide « fermeture » visant à compenser les coûts fixes non couverts des entreprises dont l'activité a été affectée par les mesures de restriction administratives visant à lutter contre l'épidémie de covid-19 . — V. App., v° *Commerce (organisation)*.
2021	22 déc.	Ordonnance n° 2021-1734. Transposition de la directive 2019/2161 du Parlement européen et du Conseil du 27 novembre 2019 et relative à une meilleure application et une modernisation des règles de l'Union en matière de protection des consommateurs : — Art. 2, 4, 6, 8, 9. — V. C. consom., art. L. 112-1-1, L. 131-1, L. 131-1-1, L. 221-1, L. 221-2, L. 221-4 à L. 221-6, L. 221-9, L. 221-10-1, L. 221-12, L. 221-13, L. 221-16, L. 221-20, L. 221-21, L. 221-23, L. 221-25, L. 221-26, L. 221-26-1, L. 221-28, L. 241-1-1, L. 241-2, L. 242-1, L. 242-6, L. 242-7-1 à L. 242-11, L. 242-13, L. 242-14-1, App., v° *Ventes commerciales*, **p. 3828.** — Art. 3, 5. — V. C. consom., art. L. 121-2, L. 121-3, L. 121-4, L. 132-1 A, App., v° *Publicité commerciale*, **p. 3752.**
2021	22 déc.	Ordonnance n° 2021-1735. Modernisation du cadre relatif au financement participatif. — Art. 3, 9, 26. — V. C. mon. fin., art. L. 223-6 à L. 223-13, L. 511-6, L. 571-4, App., v° *Banque et financement de l'entreprise*, **p. 3429.**
2021	23 déc.	Loi n° 2021-1754. De financement de la sécurité sociale pour 2022. — Art. 24. — V. C. com., art. L. 121-4, L. 121-8.
2021	23 déc.	Loi n° 2021-1755. Visant à renforcer la régulation environnementale du numérique par l'Autorité de régulation des communications électroniques, des postes et de la distribution de la presse. — Art. 2. — V. C. consom., art. L. 111-6 , App., v° *Ventes commerciales*.

2021	24 déc.	Loi n° 2021-1774. Visant à accélérer l'égalité économique et professionnelle : – Art. 2. – V. C. mon. fin., art. L. 312-1, App., v° *Banque et financement de l'entreprise*, **p. 3431.** – Art. 14. – V. C. com., art. L. 23-12-1.
2021	24 déc.	Décret n° 2021-1801. Seuils de chiffre d'affaires annuel en dessous desquels les dispositions de l'article L. 631-24 du code rural et de la pêche maritime ne sont pas applicables. – V. C. rur., art. R. 631-6 à R. 631-8, R. 631-10, ss. C. com., art. L. 443-2.
2021	27 déc.	Décret n° 2021-1821. Désignation d'un tribunal judiciaire à compétence départementale pour connaître des procédures collectives en matière civile ainsi qu'en matière rurale et de pêche maritime en application de l'article L. 211-9-3 du code de l'organisation judiciaire. – V. annexe 6-2 🏛, ss. C. com., art. R. 600-3.
2021	29 déc.	Décret n° 2021-1887. Registre des sûretés mobilières et autres opérations connexes : – Art. 1er à 3, 14. – V. C. com., art. R. 141-6, R. 143-4, R. 143-6 à R. 143-22, R. 521-1 à R. 521-34, R. 622-14, R. 626-25 à R. 626-30, R. 641-22, R. 642-12 à R. 642-17, R. 950-1. – Art. 4. – V. C. mon. fin., art. R. 313-4 à R. 313-11, App., v° *Banque et financement de l'entreprise*, **p. 3556.**
2021	29 déc.	Décret n° 2021-1888. Application de l'ordonnance n° 2021-1192 du 15 septembre 2021 (réforme du droit des sûretés). – Art. 5, 6. – V. C. com., art. R. 444-3 (annexe 4-7), R. 444-71, R. 521-1, R. 521-2, R. 523-1, R. 524-1, R. 525-1 à R. 525-8, R. 527-1 à R. 527-17, R. 626-36, R. 643-4, R. 950-1.
2021	29 déc.	Décret n° 2021-1889. Mesures d'application et de coordination de l'ordonnance n° 2021-1192 du 15 septembre 2021 portant réforme du droit des sûretés. – Art. 1er. – V. C. mon. fin., art. D. 211-12, App., v° *Banque et financement de l'entreprise*, **p. 3540.**
2021	29 déc.	Arrêté. Pièces justificatives à produire à l'appui des demandes d'inscription et de radiation au répertoire des métiers 🏛. – V. App., v° *Artisans*, **p. 3309.**
2021	30 déc.	Loi n° 2021-1900. De finances pour 2022 : – Art. 129. – V. Ord. n° 2020-317 du 25 mars 2020, art. 1er, 4, App., v° *Commerce (organisation)*, **p. 3615.** – Art. 130. – V. C. com., art. L. 643-8. – Art. 142. – V. CGI, art. 1737, App., v° *Factures*, **p. 3720.** – Art. 161. – V. L. n° 2020-289 du 23 mars 2020, art. 6, App., v° *Banque et financement de l'entreprise*, **p. 3564.**
2021	30 déc.	Loi n° 2021-1901. Confort de l'économie du livre et renfort de l'équité et de la confiance entre ses acteurs. – Art. 1er. – V. App., v° *Concurrence*, L. n° 81-766 du 10 août 1981, art. 1er, 5, 8 à 8-7, **p. 3678** ; L. n° 2011-590 du 26 mai 2011, art. 7, 7-1, **p. 3684.**
2022	4 janv.	Décret n° 2022-3. Aide « renfort » visant à compenser certaines charges pour les entreprises dont l'activité est interdite d'accueil du public à la suite des restrictions sanitaires mises en place pour faire face à l'épidémie de covid-19 🏛. – V. App., v° *Commerce (organisation)*.

2022	4 janv.	Arrêté. Suppression de l'exigence de présentation par les entreprises d'un extrait d'immatriculation au registre du commerce et des sociétés ou au répertoire des métiers dans leurs démarches administratives : – Art. 1er. – V. C. com., art. A. 752-1, A. 752-2. – Art. 9. – V. Arr. du 19 juin 2019, annexe, ss. C. com., art. A. 752-1. – Art. 10. – V. Arr. du 28 juin 2019, annexe, ss. C. com., art. A. 752-2.
2022	19 janv.	Arrêté. Modification de l'arrêté du 23 mars 2020 accordant la garantie de l'État aux établissements de crédit et sociétés de financement en application de l'article 6 de la loi n° 2020-289 de finances rectificative pour 2020. – V. Arr. mod., art. 1er, 2, 6, 7-2, App., v° *Banque et financement de l'entreprise*, **p. 3568.**
2022	22 janv.	Loi n° 2022-46. Renforcement des outils de gestion de la crise sanitaire. – art. 13. – V. App., v° *Sociétés commerciales*, **p. 3787.**
2022	24 janv.	Arrêté. Tarifs réglementés des greffiers de tribunaux de commerce relatifs à la publicité des hypothèques maritimes en application du décret n° 2021-1887 du 29 décembre 2021 relatif au registre des sûretés mobilières et autres opérations connexes. – V. C. com., art. A. 743-12.
2022	28 janv.	Décret n° 2022-74. Adaptation au titre des mois de novembre et décembre 2021 du fonds de solidarité à destination des entreprises particulièrement touchées par les conséquences de l'épidémie de covid-19 et des mesures prises pour limiter cette propagation. – V. Décr. n° 2020-371 du 30 mars 2020, art. 3-30, App., v° *Commerce (organisation).*
2022	2 févr.	Décret n° 2022-111. Aide dite « coûts fixes consolidation » visant à compenser les charges fixes non couvertes des entreprises dont l'activité est particulièrement affectée par l'épidémie de covid-19. – V. App., v° *Commerce (organisation).*
2022	2 févr.	Décret n° 2022-112. Adaptation au titre du mois de janvier 2022 de l'aide « renfort » visant à compenser certaines charges pour les entreprises dont l'activité est interdite d'accueil du public à la suite des restrictions sanitaires mises en place pour faire face à l'épidémie de covid-19. – V. Décr. n° 2022-3 du 4 janv. 2022, art. 1er à 4, 6, App., v° *Commerce (organisation).*
2022	14 févr.	Loi n° 2022-172. En faveur de l'activité professionnelle indépendante : – Art. 1er, 2, 4 à 6, 16, 17. – V. C. com., art. L. 145-16, L. 526-1, L. 526-5-1, L. 526-6 (note), L. 526-8, L. 526-16, L. 526-17, L. 526-19, L. 526-22 à L. 526-31, L. 611-13, L. 611-17, L. 620-2, L. 621-2, L. 622-6, L. 624-19, L. 626-13, L. 631-1 à L. 631-3, L. 631-11, L. 632-1, L. 640-2, L. 640-3, L. 641-2, L. 641-4, L. 641-9, L. 641-15, L. 642-22, L. 642-22-1, L. 643-1, L. 643-11, L. 643-12, L. 645-1, L. 645-11, L. 651-1 à L. 651-4, L. 653-3, L. 653-6, L. 654-9, L. 654-14, L. 681-1 à L. 681-4, L. 710-1, L. 711-16, L. 712-11, L. 950-1. – Art. 5-III. – V. C. consom., art. L. 711-9, ss. C. com., art. L. 681-4. – Art. 9. – V. L. n° 96-603 du 5 juill. 1996, art. 16, App., v° *Artisans*, **p. 3284.**

		– Art. 16, 17. - V. L. n° 2019-486 du 22 mai 2019, art. 40, ss. C. com., art. L. 710-1.
2022	15 févr.	Ordonnance n° 2022-230. Titres III à VIII de la partie législative du livre VII du code monétaire et financier. – Art. 4. – V. C. mon. fin., art. L. 131-85, App., v° *Banque et financement de l'entreprise*, **p. 3380.**
2022	21 févr.	Loi n° 2022-217. Différenciation, décentralisation, déconcentration et diverses mesures de simplification de l'action publique locale : – Art. 96, 118, 184. – V. C. com., art. L. 145-46-1, L. 751-2, L. 752-1-2. – Art. 110, 112. – V. C. urb., art. L. 214-1-1, App., v° *Commerce (organisation)*, **p. 3591.** – Art. 187. – V. C. consom., art. L. 224-62-1, App., v° *Ventes commerciales*, **p. 3835.**
2022	21 févr.	Décret n° 2022-221. Aide dite « nouvelle entreprise consolidation » visant à compenser les charges fixes non couvertes des entreprises créées entre le 1er janvier 2019 et le 31 octobre 2021 dont l'activité est particulièrement affectée par l'épidémie de covid-19 . – V. App., v° *Commerce (organisation)*.
2022	21 févr.	Décret n° 2022-222. Institution au titre du mois de novembre 2021 d'une aide dite « coûts fixes novembre » visant à compenser les charges fixes non couvertes des entreprises dont l'activité est particulièrement affectée par les mesures sanitaires de lutte contre l'épidémie de covid-19 . – V. App., v° *Commerce (organisation)*.
2022	21 févr.	Décret n° 2022-223. Modification de l'aide dite « coûts fixes consolidation » visant à compenser les charges fixes non couvertes des entreprises dont l'activité est particulièrement affectée par l'épidémie de covid-19 instaurée par le décret n° 2022-111 du 2 février 2022. – V. Décr. préc., art. 2, 5 , App., v° *Commerce (organisation)*.
2022	23 févr.	Arrêté. Tarifs réglementés des huissiers de justice. – V. C. com., art. R. 444-7 (note), A. 444-10.
2022	23 févr.	Arrêté. Tarifs réglementés des commissaires-priseurs judiciaires. – V. C. com., art. R. 444-7 (note), A. 444-1.
2022	23 févr.	Arrêté. Tarifs réglementés des greffiers des tribunaux de commerce. – V. C. com., art. R. 444-7 (note), A. 743-8, A. 743-10-1.
2022	23 févr.	Arrêté. Tarifs réglementés applicables aux administrateurs judiciaires, commissaires à l'exécution du plan, mandataires judiciaires et aux liquidateurs. – V. C. com., art. R. 444-7 (note), A. 663-3.
2022	25 févr.	Arrêté. Tarifs réglementés des notaires. – V. C. com., art. R. 444-7 (note), A. 444-53, A. 444-172.
2022	26 févr.	Décret n° 2022-263. Liste des filières exemptées du recours obligatoire au comité mentionné à l'article L. 631-28 du code rural et de la pêche maritime et divers mesures d'application. – Art. 2. – V. C. com., art. D. 441-3-1.

2022	28 févr.	Loi n° 2022-267. Modernisation de la régulation du marché de l'art. – Art. 1er, 2, 4, 5, 7 à 11. – V. C. com., art. L. 320-1, L. 321-1, L. 321-4, L. 321-4-1, L. 321-5, L. 321-7, L. 321-10, L. 321-14, L. 321-15, L. 321-18 à L. 321-23-3, L. 321-24, L. 321-28, L. 321-28-1, L. 321-38.
2022	2 mars	Loi n° 2022-296. Démocratisation du sport en France. – Art. 6, 27. – V. C. com., art. L. 225-35, L. 225-64, L. 225-102-1.
2022	3 mars	Loi n° 2022-309. Mise en place d'une certification de cybersécurité des plateformes numériques destinée au grand public. – Art. 1er. – V. C. consom., art. L. 111-7-3, L. 131-4, App., v° *Ventes commerciales*, **p. 3828.**
2022	11 mars	Décret n° 2022-347. Procédure de droit au compte. – V. C. mon. fin., art. R. 312-3, R. 312-6 à D. 312-8-2, App., v° *Banque et financement de l'entreprise*, **p. 3550.**
2022	12 mars	Décret n° 2022-348. Adaptation au titre des mois de janvier et février 2022 du fonds de solidarité à destination des entreprises particulièrement touchées par les conséquences de l'épidémie de covid-19 et des mesures prises pour limiter cette propagation : – Art. 1er. – V. Décr. n° 2020-371 du 30 mars 2020, art. 3-30, App., v° *Commerce (organisation)*. – Art. 3. – V. Décr. n° 2021-1431 du 3 nov. 2021, art. 3, App., v° *Commerce (organisation)*.
2022	12 mars	Décret n° 2022-349. Institution au titre du mois de novembre 2021 d'une aide dite « nouvelle entreprise novembre » visant à compenser les charges fixes non couvertes des entreprises dont l'activité est particulièrement affectée par les mesures sanitaires de lutte contre l'épidémie de covid-19. – V. App., v° *Commerce (organisation)*.
2022	15 mars	Décret n° 2022-362. Modification du décret n° 2021-1488 du 16 novembre 2021 instituant une aide relative aux loyers ou redevances et charges de certains commerces de détail et services interdits d'accueil du public afin de lutter contre la propagation de l'épidémie de covid-19. – V. Décr. mod., art. 6, App., v° *Commerce (organisation)*.
2022	16 mars	Décret n° 2022-370. Aide visant à favoriser l'attractivité des principaux salons et foires français dans le contexte de la crise de la covid-19. – V. App., v° *Commerce (organisation)*.
2022	21 mars	Loi n° 2022-401. Amélioration de la protection des lanceurs d'alerte : – Art. 14, 17. – V. C. com., art. L. 151-8, L. 950-1. – Art. 16. – V. C. mon. fin., art. L. 511-33, App., v° *Banque et financement de l'entreprise*, **p. 3517.**
2022	28 mars	Arrêté. Modification de la partie Arrêtés du code de commerce en application du décret n° 2021-1500 du 17 novembre 2021 relatif à l'ajout de renseignements au répertoire national mentionné à l'article R. 123-220 du code de commerce. – V. C. com., art. A. 123-81 à A. 123-98.
2022	30 mars	Arrêté. Approbation du recueil des obligations déontologiques des opérateurs de ventes volontaires de meubles aux enchères publiques. – V. ss. C. com., art. L. 321-18.

2022	4 avr.	Décret n° 2022-475. Aide « coûts fixes rebond association » visant à compenser les coûts fixes non couverts des entreprises sous forme associative dont l'activité est particulièrement affectée par l'épidémie de covid-19 🏛. – V. App., v° *Commerce (organisation)*.
2022	4 avr.	Décret n° 2022-476. Aide « coûts fixes consolidation association » visant à compenser les charges fixes non couvertes des entreprises sous forme associative dont l'activité est particulièrement affectée par l'épidémie de covid-19 🏛. – V. App., v° *Commerce (organisation)*.
2022	4 avr.	Décret n° 2022-483. Modification de la composition de la commission d'examen des pratiques commerciales. – V. C. com., art. D. 440-2, R. 950-1.
2022	7 avr.	Arrêté. Modification de l'arrêté du 23 mars 2020 accordant la garantie de l'État aux établissements de crédit et sociétés de financement en application de l'article 6 de la loi n° 2020-289 de finances rectificative pour 2020. – V. Arr. mod., art. 5, 6, 7-2, App., v° *Banque et financement de l'entreprise*, **p. 3569.**
2022	11 avr.	Décret n° 2022-523. Adaptation au titre du mois de février 2022 de l'aide « renfort » visant à compenser certaines charges pour les entreprises dont l'activité est interdite d'accueil du public à la suite des restrictions sanitaires mises en place pour faire face à l'épidémie de covid-19. – V. App., v° *Commerce (organisation)*, Décr. n° 2022-3 du 4 janv. 2022, art. 1er, 3 à 4 *bis* 🏛 ; Décr. n° 2022-221 du 21 févr. 2022, art. 2 🏛 ; Décr. n° 2022-476 du 4 avr. 2022, art. 4 🏛.
2022	13 avr.	Ordonnance n° 2022-544. Déontologie et discipline des officiers ministériels. – Art. 31. – V. C. com., art. L. 741-2, L. 743-2 à L. 743-10, L. 743-12-1, L. 744-1, L. 744-2, L. 910-1.
2022	23 avr.	Décret n° 2022-617. Autorisation du partage des données relatives à différentes aides versées aux entreprises dont l'activité a été affectée par les mesures de restriction administrative visant à lutter contre l'épidémie de covid-19 à des fins d'établissement de statistiques, de recherche scientifique ou de versement d'autres aides dans le cadre de la lutte contre l'épidémie de covid-2019 🏛. – V. App., v° *Commerce (organisation)*.
2022	26 avr.	Décret n° 2022-709. Mise en extinction du régime de l'entrepreneur individuel à responsabilité limitée. – Art. 1er, 3 à 5. – V. C. com., art. R. 123-37, R. 123-45, R. 123-46, R. 123-83, R. 134-6, R. 526-13, R. 526-16, R. 526-21, R. 526-23, R. 526-25, R. 950-1.
2022	28 avr.	Décret n° 2022-725. Définition du patrimoine professionnel de l'entrepreneur individuel et mentions sur les documents et correspondances à usage professionnel. – Art. 1er à 3. – V. C. com., art. R. 123-237, R. 134-12, R. 526-26, R. 526-27, R. 950-1.
2022	9 mai	Arrêté. Modification de l'arrêté du 6 août 2021 relatif à l'attestation sur l'honneur du conjoint ou du partenaire lié par un pacte civil de solidarité qui exerce une activité régulière dans l'entreprise commerciale, artisanale ou libérale dirigée par son conjoint ou son partenaire : – Art. 1er. – V. Arr. mod., art. 1er, 2, 3 *bis*, annexe, ss. C. com., art. A. 123-4. – Art. 2. – V. C. com., art. A. 123-4.

2022	12 mai	Décret n° 2022-799. Conditions de renonciation à la protection du patrimoine personnel de l'entrepreneur individuel et du transfert universel du patrimoine professionnel. – V. C. com., art. D. 526-28 à D. 526-32, D. 950-1-1.
2022	12 mai	Arrêté. Formalités concernant l'entrepreneur individuel et ses patrimoines. – V. C. com., art. A. 526-6, A. 526-7.

TABLE ALPHABÉTIQUE

NOTA. Les nombres renvoient aux articles du code, non aux pages. Les nombres précédés du mot « art. » renvoient aux articles d'un texte non codifié. Quand il est renvoyé à une page, le nombre est précédé de la lettre « p. ».
La lettre J. entre parenthèses indique que l'on renvoie aux annotations de JURISPRUDENCE (sur deux colonnes). Exemples : L. 420-2 (J. 3 s.) signifie que l'on renvoie aux numéros 3 et suivants des annotations de jurisprudence situées sous l'article L. 420-2 du code de commerce ; L. n° 93-122 du 29 janv. 1993, art. 20 (J. 3), correspond au numéro 3 des annotations de jurisprudence figurant sous l'article 20 de la loi n° 93-122 du 29 janv. 1993.
Les caractères italiques indiquent un mot de renvoi. Ceux de ces mots qui sont en caractères gras et précédés d'une flèche rouge renvoient à un autre mot en caractères gras de la table, les autres, en caractères maigres et sans flèche rouge, renvoient à une autre subdivision du même mot en caractères gras.
Le picto 🏛 signale que le texte est accessible intégralement ou partiellement en hyperlien sur le Code en ligne.
Il est rappelé qu'un tableau explicatif des abréviations figure au début de l'ouvrage.

A

B

E

J

L

M

O

P

Sauvegarde, redressement et liquidation judiciaires (L. 26 juill. 2005) ***(suite)***

Sauvegarde, redressement et liquidation judiciaires (L. 26 juill. 2005) *(suite)*

Sauvegarde, redressement et liquidation judiciaires (L. 26 juill. 2005) *(suite)*

T

U

V

Photocomposé, traité sur ordinateur par :
JOUVE SAS, 561 rue Saint Léonard - 53100 MAYENNE

Certifié PEFC
Ce produit est issu de forêts gérées durablement et de sources contrôlées
PEFC/18-31-280
www.pefc-france.org

Achevé d'imprimer en mai 2022 sur les presses de
LEGO S.p.A.
Italie
Dépôt légal : juin 2022
721420-721422 (I) – OSB Px 31 – JOU – (HCH)

Imprimé en Italie

Codes Dalloz

Codes Dalloz	Parution
CIVIL	
Code civil	juin
Code du divorce, *commenté*	novembre
Code de procédure civile	juin
Code des procédures civiles d'exécution, *commenté*	mars
AFFAIRES	
Code des assurances – Code de la mutualité, *commenté*	mai
Code de commerce	juin
Code de la communication, *commenté*	novembre
Code de la compliance, *commenté*	octobre
Code de la consommation, *commenté*	août
Code de la cybersécurité, *commenté*	juin
Code des douanes, *commenté*	mars
Code général des impôts	juin
Code monétaire et financier, *commenté*	mai
Code des procédures collectives, *commenté*	février
Code de la propriété intellectuelle, *commenté*	janvier
Code des sociétés, *commenté*	septembre
Code de procédure fiscale, *commenté*	juin
Code de la protection des données personnelles, *commenté*	novembre
SOCIAL	
Code de l'action sociale et des familles, *commenté*	mai
Code de la santé publique, *commenté en ligne*	juin
Code de la sécurité sociale	avril
Code du travail, *commenté en ligne*	mars

Codes Dalloz

Codes Dalloz	Parution
PÉNAL	
Code pénal	juin
Code de la justice pénale des mineurs, *commenté*	août
Code de procédure pénale	juin
Code de la route, *commenté*	février
IMMOBILIER	
Code des baux, *commenté*	janvier
Code de la construction et de l'habitation, *commenté*	avril
Code de la copropriété, *commenté*	janvier
Code de l'urbanisme, *commenté*	avril
PUBLIC	
Code de la commande publique, *commenté*	janvier
Code constitutionnel et des droits fondamentaux, *commenté en ligne*	août
Code de l'éducation, *commenté*	août
Code électoral, *commenté*	novembre
Code de l'entrée et du séjour des étrangers et du droit d'asile, *commenté*	octobre
Code de l'environnement, *commenté*	mars
Code général de la fonction publique, *commenté*	mars
Code général des collectivités territoriales, *commenté en ligne*	novembre
Code général de la propriété des personnes publiques, *commenté*	mai
Code de justice administrative, *commenté*	septembre
Code des relations entre le public et l'administration, *commenté*	septembre
Code rural et de la pêche maritime, *commenté*	avril